Handwörterbuch

Spanisch – Deutsch

Ernst Klett Sprachen
Barcelona · Budapest · Ljubljana · London · Posen · Prag · Sofia · Stuttgart

PONS Handwörterbuch Spanisch

Bearbeitet von:
Sonia Aliaga López, Majka Dischler, Ignacio Juan Ibáñez Cuesta, Ursula Martini, Fernando de la Iglesia,
Nely Milagros Iglesias Iglesias, Yolanda Madarnás, Josep Ràfols i Ventosa, Eva Schellert-Riveiro, Marieluise Schmitz

Spanische Phonetik: Josep Ràfols i Ventosa

Entwickelt auf der Basis des Wörterbuches für Schule und Studium Spanisch-Deutsch und Deutsch-Spanisch

Warenzeichen
Wörter, die unseres Wissens eingetragene Warenzeichen darstellen, sind als solche gekennzeichnet.
Es ist jedoch zu beachten, dass weder das Vorhandensein noch das Fehlen derartiger Kennzeichnungen
die Rechtslage hinsichtlich eingetragener Warenzeichen berührt.

Dieses Werk folgt der reformierten Rechtschreibung und Zeichensetzung

1. Auflage 2004 (1,01)
© Ernst Klett Sprachen GmbH, Stuttgart 2004
Alle Rechte vorbehalten

Internet: www.pons.de
E-mail: info@pons.de

Projektleitung: María Teresa Gondar Oubiña

Sprachdatenverarbeitung: Andreas Lang, conTEXT AG für Informatik und Kommunikation, Zürich
Einbandentwurf: Ira Häußler, Stuttgart; Logoentwurf: Erwin Poell, Heidelberg
Satz: Dörr + Schiller GmbH, Stuttgart
Druck: Marteu Cromo, Pinto
Printed in Spain
ISBN 3-12-517445-7

Inhaltsverzeichnis

Hinweise zur Benutzung des Wörterbuchs	V
Liste der angewandten phonetischen Zeichen	XV
Wörterbuch Spanisch-Deutsch	1–814
Anhang I	815
Spanisch aktiv	821
Geschäftskorrespondenz	840
Wörterbuch Deutsch-Spanisch	1–846
Anhang II	847
Die regelmäßigen und unregelmäßigen spanischen Verben	849
Die regelmäßigen und unregelmäßigen deutschen Verben	869
Liste der wichtigsten unregelmäßigen Verben im Deutschen	878
Die Zahlwörter	882
Maße und Gewichte	885
Länder, Hauptstädte, Zonenzeit, Währungen, Vorwahlnummern	887
Deutschland – Länder (und Hauptstädte)	895
Österreich – Bundesländer (und Hauptstädte)	895
Die Schweiz – Kantone (und Hauptorte)	896
Spanien – Autonome Regionen (und Hauptstädte)	897
Hispanoamerikanische Länder (und Hauptstädte)	898

Índice

Indicaciones para el uso del diccionario	V
Lista de los símbolos fonéticos utilizados	XV
Diccionario Español-Alemán	1–814
Apéndice I	815
Español activo	821
Correspondencia comercial	840
Diccionario Alemán-Español	1–846
Apéndice II	847
Los verbos regulares e irregulares españoles	849
Los verbos regulares e irregulares alemanes	869
Lista de los principales verbos irregulares del alemán ...	878
Los numerales	882
Medidas y pesos	885
Países, capitales, huso horario, moneda, prefijo internacional	887
Alemania – Länder (y capitales)	895
Austria – Estados (y capitales)	895
Suiza – Cantones (y capitales)	896
España – Comunidades autónomas (y capitales)	897
Hispanoamérica – Países (y capitales)	898

Hinweise zur Benutzung des Wörterbuchs

1. Schriftarten

Fettdruck	für Stichwörter und direkte Verweise auf ein anderes Stichwort
Halbfettdruck	für Anwendungsbeispiele, Redewendungen und Ziffern
Grundschrift	für die Übersetzungen
Kursivschrift	für grammatische Angaben wie Wortart, und Genus, für Erklärungen und Definitionen, Markierungen, Synonyme und andere Zusätze

> **vierzehn** ['fɪrtseːn] *adj inv* catorce; **in ~ Tagen** en quince días, en dos semanas; *s. a.* **acht**
>
> **cuarto, -a²** ['kwarto, -a] **I.** *adj* (*parte*) viertel; (*numeración*) vierte(r, s)
> **II.** *m, f* Viertel *nt;* **~ creciente/menguante** erstes/letztes (Mond)viertel; **~ de final** (DEP) Viertelfinale *nt* ...

2. Satzzeichen und Symbole

,	trennt gleichwertige, alphabetisch aufeinander folgende Stichwortvarianten
	trennt die maskuline und feminine Form eines Wortes
	trennt gleichwertige Übersetzungen
;	steht zwischen nicht synonymen Übersetzungen; der Unterschied wird durch Gebrauchsangaben oder Bedeutungsdifferenzierungen in Klammern erläutert
:	vor einer Wendung zeigt der Doppelpunkt an, dass das Stichwort mit dieser Bedeutung in der Regel nur in der folgenden Wendung gebraucht wird
/	zeigt analoge Strukturen an
	steht zwischen mehreren Präpositionen oder Kasusangaben
~	ersetzt in Anwendungsbeispielen und Redewendungen das vorhergehende Stichwort, bei Stichwörtern mit geklammerter Endung das Wort bis zur Klammer
-	ersetzt einen Teil des Stichworts, in spitzen Klammern auch das vollständige Stichwort
–	unterscheidet in Anwendungsbeispielen zwischen zwei Sprechern
=	steht bei der Zusammenziehung zweier Wörter
≈	steht bei einer ungefähren Entsprechung aufgrund kultureller Unterschiede
()	in runden Klammern stehen Elemente, durch deren Weglassen sich die Bedeutung nicht ändert

Indicaciones para el uso del diccionario

1. Tipos de letra

negrita	para entradas y referencias directas a otra entrada
seminegrita	para ejemplos ilustrativos, modismos y cifras
redonda	para las traducciones
cursiva	para indicaciones gramaticales como la parte de la oración y el género, para aclaraciones y definiciones, marcas, sinónimos y otras acotaciones

2. Signos de puntuación y símbolos

,	separa variantes equivalentes y alfabéticamente consecutivas de una entrada
	separa la forma masculina y femenina de una palabra
	separa traducciones equivalentes
;	se encuentra entre dos traducciones no sinónimas; la diferencia entre ellas se aclara mediante indicaciones de uso o contornos semánticos entre paréntesis
:	delante de un modismo, los dos puntos indican que por lo general la palabra sólo se utiliza con este significado en el modismo que sigue
/	indica estructuras análogas
	se encuentra entre varias preposiciones o indicaciones de caso
~	sustituye en los ejemplos ilustrativos y modismos la entrada anterior, en las entradas con un final entre paréntesis, la palabra hasta el paréntesis
-	sustituye una parte de la entrada, entre paréntesis triangulares, también toda la entrada
–	en los ejemplos ilustrativos hace distinción entre dos interlocutores
=	se encuentra en la contracción de dos palabras
≈	se encuentra en una equivalencia aproximada debida a diferencias culturales
()	entre paréntesis se encuentran elementos cuya supresión no altera el significado

< >	in spitzen Klammern stehen grammatische und morphologische Angaben	< >	entre paréntesis triangulares se encuentran las indicaciones gramaticales y morfológicas
[ ]	in eckigen Klammern stehen – phonetische Angaben – in Verbindung mit *o* synonyme Elemente zu einem Teil eines Mehrwortterminus oder einer Wendung	[ ]	entre corchetes se encuentran – las indicaciones fonéticas – con *o*, sinónimos de una parte de un término formado por varias palabras o de un modismo
®	kennzeichnet eingetragene Warenzeichen	®	distingue una marca registrada
RR	kennzeichnet die reformierte Schreibweise im Deutschen	**RR**	distingue la grafía reformada en la lengua alemana
▬	kennzeichnet die alte Schreibweise im Deutschen	▬	distingue la grafía antigua en la lengua alemana

3. Stichwortanordnung – Makrostruktur

3. Orden de las entradas – Macroestructura

Alle Stichwörter sind **alphabetisch angeordnet**. Wortzwischenräume bei mehrgliedrigen Stichwörtern bleiben dabei unberücksichtigt.

Die deutschen Umlaute **ä, ö, ü** werden wie die entsprechenden nicht umgelauteten Vokale behandelt, **ß** wie *ss*. Bei Wörtern mit ansonsten gleicher Schreibung folgt das Wort mit Umlaut dem ohne Umlaut, das Wort mit ß dem mit *ss*.

Die spanischen *ch* und *ll* werden seit 1994 wie Doppelbuchstaben behandelt. Das *ñ* wird hinter *nz* eingeordnet.

Unterscheiden sich zwei Wörter nur durch einen **Akzent**, steht die Form ohne Akzent vor der mit Akzent.

Unterscheiden sich zwei Wörter nur durch **Groß- oder Kleinschreibung**, folgt das Großgeschriebene dem Kleingeschriebenen.

Unterscheiden sich zwei Wörter nur durch einen **Bindestrich** oder einen **Wortzwischenraum**, folgen die Getrenntschreibung bzw. die Schreibung mit Bindestrich der Zusammenschreibung.

Zwei **orthographische Varianten** eines Wortes, die alphabetisch unmittelbar aufeinander folgen, werden in einem Eintrag aufgeführt und durch ein Komma getrennt. Folgen die Wörter alphabetisch nicht unmittelbar aufeinander, wird jedes als eigenes Stichwort behandelt. Es erfolgt in der Regel ein Verweis zu der ausführlich dargestellten Variante.

In **Klammern** stehende Buchstaben in einem Stichwort unterliegen ebenfalls der Alphabetisierung. So findet man z. B. *langärm(e)lig* vor *langarmig* und *esti(p)tiquez* vor *estipulación*.

In Klammern stehende Endungen werden bei der Alphabetisierung ignoriert.

Bindestriche, Wortzwischenräume oder Punkte innerhalb eines Wortes bzw. einer Abkürzung werden bei der Alphabetisierung ignoriert.

Bei Personenbezeichnungen ist die **feminine Form** in der Regel bei der maskulinen abgehandelt und an alphabetischer Stelle noch einmal als eigenes Stichwort mit Verweis aufgenommen, wenn sie alphabetisch nicht unmittelbar neben der maskulinen Form stehen würde.

Mehrgliedrige Stichwörter wie *ad absurdum* oder *jet lag* stehen an ihrer Stelle im Alphabet. **Feste Syntagmen** und **mehrgliedrige Ausdrücke** wie *wieder Land sehen* oder *echar las campanas a vuelo* sowie spanische **Komposita** wie *botella de oxígeno* sind im Allgemeinen unter dem ersten wichtigen bedeutungstragenden Element der Phraseologie des entsprechenden Stichworts eingeordnet.

Todas las entradas están **ordenadas alfabéticamente**. Los espacios entre los componentes de las entradas pluriverbales no se tienen en cuenta por lo que respecta al orden.

Las vocales con ‚Umlaut' **ä, ö, ü** se tratan igual que las mismas vocales sin ‚Umlaut', la **ß** se trata como *ss*. En las palabras con la misma grafía, la palabra con ‚Umlaut' sigue a la que no lo lleva, la palabra con ß a la escrita con *ss*.

La *ch* y la *ll* españolas se consideran, siguiendo la normativa de 1994 en España, letras dobles. La *ñ* sigue en el orden a *nz*.

Si dos palabras se diferencian por un **acento**, la forma no acentuada precede a la acentuada.

Si dos palabras se diferencian por escribirse con **mayúscula o con minúscula**, la palabra con mayúscula seguirá a la escrita con minúscula.

Si dos palabras se diferencian por escribirse con o sin **guión** o con un **espacio intermedio**, las palabras escritas separadas y las que llevan guión seguirán a la palabra escrita junta.

Se incluyen en un mismo artículo dos **variantes ortográficas** alfabéticamente consecutivas de una palabra, separándose ambas mediante una coma. Si las palabras no son alfabéticamente consecutivas, se trata cada una de ellas como una entrada propia. Generalmente se remite a la variante más ampliamente desarrollada.

Las letras **entre paréntesis** en una entrada están igualmente sujetas al orden alfabético. Así, por ejemplo, *langärm(e)lig* precede a *langarmig* y *esti(p)tiquez* a *estipulación*.

Las terminaciones entre paréntesis se ignoran en el orden alfabético.

Los guiones, los espacios entre las palabras o los puntos dentro de una palabra o una abreviatura se ignoran en el orden alfabético.

En los nombres de persona, la **forma femenina** viene tratada generalmente en la forma masculina y se incluye de nuevo como entrada propia con una remisión si no sigue inmediatamente a la forma masculina en el orden alfabético.

Las **entradas pluriverbales** como *ad absurdum* o *jet lag* se encuentran en el lugar que les corresponde en el alfabeto. Las **locuciones** y las **expresiones pluriverbales** como *wieder Land sehen* o *echar las campanas a vuelo*, así como los **compuestos** en el español como *botella de oxígeno* se incluyen por lo general bajo el primer elemento con significado léxico de la fraseología de la entrada respectiva.

Ausführliche Anwendungsbeispiele von **Monaten**, **Wochentagen** und **Zahlen** sind exemplarisch bei *marzo*, *lunes* und *ocho*, *ochenta* usw. dargestellt, worauf in den entsprechenden analogen Einträgen verwiesen wird.

Im deutschen Teil werden **Adverbien**, die von der Form her mit dem Adjektiv identisch sind, nicht explizit aufgeführt. In diesem Fall sollte der Wörterbuchbenutzer auf die Übersetzung des Adjektivs zurückgreifen und aus dieser das spanische Adverb mit *-mente* bilden. Wird das Adverb im Spanischen anders gebildet, so wird dies in einer Wendung oder durch die explizite Behandlung des Adverbs mit einer römischen Ziffer angegeben. Entspricht die Form des Adverbs nicht der des Adjektivs, so wird es als eigener Eintrag aufgeführt.

Im spanischen Teil sind regelmäßig gebildete **Adverbien auf -mente** oft nicht als eigenes Stichwort aufgeführt. Wo der Wörterbuchbenutzer ein solches Wort nicht als selbständigen Eintrag findet, sollte er auf die beim jeweiligen Adjektiv angegebene Übersetzung zurückgreifen.

Unregelmäßige Formen werden in der Regel mit einem Verweis auf ihre Grundform aufgeführt. Das betrifft die Steigerungsformen der Adjektive und Adverbien und unregelmäßige Verbformen. Im Deutschen sind es außerdem noch unregelmäßige Pluralformen der Substantive.

Un mayor número de ejemplos ilustrativos de **meses**, **días de la semana** y **números** se encuentran desarrollados sistemáticamente en *marzo*, *lunes* y *ocho*, *ochenta* etc., a los cuales se remite en los correspondientes artículos análogos.

En la parte alemana, los **adverbios** cuya forma es idéntica a la del adjetivo no se incluyen como una entrada propia. El usuario deberá consultar la traducción del adjetivo y formar, a partir de este, el adverbio con *-mente*. Si el adverbio en español se forma de otra manera se incluye en un modismo o se trata explícitamente mediante una cifra romana. Si la forma del adverbio no corresponde a la del adjetivo se incluye como una entrada propia.

A menudo, en la parte española, los **adverbios terminados en -mente** no se incluyen como una entrada propia. Si el usuario no encontrase tal voz como un artículo propio, debe consultar la traducción dada en el adjetivo respectivo.

Las **formas irregulares** se incluyen por lo general como entradas con una remisión a la forma de grado positivo o de infinitivo, respectivamente. Tal es el caso de las formas de gradación de los adjetivos y adverbios y los verbos irregulares. En la parte alemana se incluyen además las formas irregulares del plural de los sustantivos.

---

aß [aːs] *3. imp von* **essen**
Atlanten *pl von* **Atlas**

fue [fwe] ❶ *3. pret de* **ir**
❷ *3. pret de* **ser**

Kurzwörter, Abkürzungen, Eigennamen und **geographische Bezeichnungen** sind an alphabetischer Stelle als Stichwörter im Wörterverzeichnis zu finden.

Homographen, die sich durch eine andere Flexion auszeichnen, oder Substantive mit unterschiedlichem Genus werden durch hochgestellte arabische Ziffern unterschieden.

Las **siglas**, las **abreviaturas**, los **nombres propios** y los **nombres geográficos** se encuentran como entradas en el lugar correspondiente del alfabeto.

Los **homógrafos** que se caracterizan por presentar una flexión diferente o los sustantivos con distinto género se diferencian con una cifra arábiga volada.

Ordner[1] *m* <-s, -> (*Akten~*) archivador *m*; (*a.* INFOR) carpeta *f*
Ordner(in)[2] *m(f)* <-s, -; -, -nen> (*Person*) persona *f* del servicio de orden

reciclado[1] [rreθiˈklaðo] *m* Recycling *nt*, Wiederverwertung *f*
reciclado, -a[2] [rreθiˈklaðo, -a] *adj* recycled, wieder verwertet; **papel** ~ Recyclingpapier *nt*

---

4. Aufbau der Wörterbuchartikel – Mikrostruktur

Die einzelnen Artikel können durch **Zahlen** weiter untergliedert sein.

Dabei kennzeichnen **römische Ziffern** verschiedene Wortarten, verschiedene grammatische Kategorien und verschiedene Konstruktionsmöglichkeiten eines Verbs (*vt, vi, vr, vunpers* im deutschen, *vimpers* im spanischen Teil).

4. Estructura del artículo – Microestructura

Los diversos artículos pueden estar subdivididos mediante **números**.

Las **cifras romanas** indican las distintas partes de la oración, las diferentes categorías gramaticales y las diversas posibilidades de construcción de un verbo (*vt, vi, vr, vunpers* en la parte alemana, *vimpers* en la española).

---

unangemeldet I. *adj* no anunciado
  II. *adv* sin anunciar, sin previo aviso

dañar [daˈɲar] I. *vi* schaden
  II. *vt* beschädigen; (*reputación*) schädigen; ~ **la imagen** dem Image schaden
  III. *vr:* ~**se** beschädigt werden; (*fruta, cosecha*) verderben

Arabische Ziffern kennzeichnen verschiedene Bedeutungen des Stichworts.

Las **cifras arábigas** señalan las distintas acepciones de una entrada.

> **schrecklich** *adj* ❶ (*furchtbar*) horrible, horroroso
> ❷ (*fam: groß, sehr*) tremendo, enorme; **ich habe mich ~ gefreut/gelangweilt** me alegré/aburrí enormemente
>
> **regadera** [rreya'ðera] *f* ❶ (*recipiente*) Gießkanne *f*
> ❷ (*reguera*) Bewässerungsgraben *m*
> ❸ (*Col, Méx: ducha*) Dusche *f* ...

Der semantischen Beschreibung folgt die phraseologische. Hier sind die für die Kategorie relevanten **Anwendungsbeispiele, Redewendungen, Sprichwörter und mehrgliedrigen Ausdrücke** aufgeführt. In der Regel sind sie unter dem als erstes wichtiges bedeutungstragendes Element fungierenden Stichwort eingeordnet, im Zweifelsfall sollte der Benutzer aber auch unter den anderen möglichen Suchwörtern nachschlagen. Redewendungen und Sprichwörter, die keiner Grundbedeutung des Stichworts zuzuordnen sind, werden im deutschen Teil mit dem Zusatz *Wend*, im spanischen mit dem Zusatz *loc* unter einer gesonderten arabischen Ziffer aufgeführt.

A la descripción semántica sigue la fraseológica. En ella se incluyen **los ejemplos ilustrativos, las frases hechas, refranes y expresiones pluriverbales** relevantes de la categoría. Normalmente están ordenados bajo el primer elemento con significado léxico de la entrada; en caso de duda, el usuario debe consultar también los otros posibles elementos. Las frases hechas y los refranes que no se pueden incluir dentro de ninguna de las acepciones de la entrada se incluyen en la parte alemana con la acotación *Wend*, en la parte española con la acotación *loc* bajo una cifra arábiga aparte.

5. Erklärende Zusätze – Kommentierungen

Sowohl in der Ausgangs- als auch in der Zielsprache können erklärende Zusätze Bedeutung und Anwendung eines Wortes näher bestimmen:

- **in Klammern stehende Zusätze** für Synonyme und Definitionen, für typische Subjekte und Objekte und andere Erklärungen
- **Fachgebietsangaben**, besonders wenn verschiedene Bedeutungen unterschieden werden
- **Angaben zur regionalen Verbreitung** zur Markierung aller Wörter, Bedeutungen und Wendungen, die einem regionalen Gebrauch unterliegen
- **Stilangaben** zur Markierung aller Wörter, Bedeutungen und Wendungen, die keiner neutralen Stilebene angehören: *geh, formal, fam, sl, vulg* im deutschen Teil und *elev, formal, fam, argot, vulg* im spanischen Teil
- **rhetorische Angaben**, wenn eine besondere Sprechhaltung markiert wird: *fig, iron, abw* im deutschen Teil und *fig, irón, pey* im spanischen Teil

Die vollständige Liste der Markierungen ist dem Abkürzungsverzeichnis zu entnehmen.

5. Acotaciones aclaratorias – Comentarios

Tanto en la lengua de partida como en la lengua meta, las acotaciones aclaratorias pueden definir con más exactitud el significado y el uso de una palabra:

- **acotaciones entre paréntesis** para sinónimos y definiciones, para sujetos y complementos típicos y para otras aclaraciones
- **indicaciones de especialidad**, sobre todo cuando se diferencian distintos significados
- **indicaciones de uso regional** para marcar todas las palabras, significados y modismos sujetos a uso regional
- **indicaciones de estilo** para marcar todas las palabras, significados y giros que no pertenecen a un estilo neutral: *geh, formal, fam, sl, vulg* en la parte alemana y *elev, formal, fam, argot, vulg* en la parte española
- **indicaciones retóricas** para marcar una determinada actitud del hablante: *fig, iron, abw* en la parte alemana y *fig, irón, pey* en la parte española

La relación completa de las marcas se encuentra en la lista de abreviaturas.

6. Morphologische Angaben

Substantive

Alle Substantive sind mit einer **Genusangabe** versehen. Die Bezeichnung des grammatischen Geschlechts als *m* (Maskulinum), *f* (Femininum) und im Deutschen auch als *nt* (Neutrum) bzw. deren Kombinationen kennzeichnet ein Wort als Substantiv.

6. Indicaciones morfológicas

Sustantivos

Todos los sustantivos llevan una **indicación de género**. La denominación del género gramatical como *m* (masculino), *f* (femenino) y, en alemán, también como *nt* (neutro), así como la combinación de los mismos, indica que la palabra es un sustantivo.

Nach dem Genus werden in spitzen Klammern die Flexionsendungen angegeben. Hier werden die Genitivformen Singular und die Pluralformen Nominativ aufgeführt. Bei geografischen Angaben wird nur der Genitiv aufgeführt, bei Stichwörtern, die keinen Plural bilden, steht nach der Genitivform die Angabe *ohne pl.*

Detrás del genero se indican las desinencias flexivas entre paréntensis triangulares. Se indica la forma del genitivo singular y a forma del nominativo plural. En los nombres geográficos y en las entradas sin forma de plural sólo se indica el genitivo, *sin plural* indica que no existe el plural.

> **Hase** ['haːzə] *m* <-n, -n>
> **Nuance** [nyˈãːsə] *f* <-, -n>
> **Staat¹** [ʃtaːt] *m* <-(e)s, -en>
> **Globus** ['gloːbʊs] *m* <-(ses), -se *o* Globen>

Ein - ohne Endung bedeutet, dass die betreffende Form mit der im Nominativ gegebenen Grundform identisch ist.

Un - sin desinencia significa que la forma respectiva es idéntica a la forma del nominativo.

> **Glücksbringer** *m* <-s, ->

Bei Substantiven, bei denen sowohl die maskuline als auch die feminine Form angegeben wird, wird zuerst die Genitivform Singular und die Pluralform der Maskulinform, dann, durch ein Semikolon getrennt, die Pluralform der Femininform angegeben.

En los sustantivos en los que se indica tanto la forma masculina como la femenina se da primero la forma de genitivo singular y la forma de plural del masculino y luego, separada por un punto y coma, la forma de plural del femenino.

> **Lehrer(in)** *m(f)* <-s, -; -, -nen>

Substantive oder einzelne Bedeutungen eines Substantivs mit der Angabe *pl* werden nur im Plural gebraucht.

Los sustantivos o algunos significados de un sustantivo con la indicación *pl* se usan sólo en plural.

Substantive, die im Plural ihre Form nicht verändern, werden mit *inv* markiert. Substantive, die nur im Singular verwendet werden, erhalten ein *ohne pl* im deutschen Teil und ein *sin pl* im spanischen Teil. Bei geografischen Bezeichnungen wird auf diese Angabe verzichtet.

Los sustantivos que no modifican su forma en plural se indican con *inv*; los que sólo se emplean en singular se señalan con *ohne pl* en la parte alemana y con *sin pl* en la parte española. En los nombres geográficos se prescinde de esta indicación.

Für alle Substantive, die ein natürliches Geschlecht haben und Personen bezeichnen, wird die **feminine neben der maskulinen Form** angegeben.

En todos los sustantivos que tienen un género natural y designan personas se indica **la forma femenina al lado de la masculina.**

> **Sieger(in)** *m(f)* <-s, -; -, -nen>
> **Bauer¹** ['baʊə] *m* <-s, ->
> **Orthopäde, -in** [ɔrtoˈpɛːdə] *m, f* <-n, -n; -, -nen>
> **Schuldige(r)** *mf* <-n, -n; -n, -n>
>
> **duque(sa)** ['duke, duˈkesa] *m(f)*
> **campeón, -ona** [kampeˈon, -ona] *m, f*
> **ministro, -a** [miˈnistro, -a] *m, f*
> **asistente¹** [asisˈtente] *mf*

In der Regel sind beide Formen unter der **maskulinen Form** abgehandelt. Wo die **feminine Form** in der alphabetischen Reihenfolge nicht unmittelbar neben der maskulinen stehen würde, wird sie zusätzlich als eigenes Stichwort mit einem Verweis auf die maskuline Form angegeben.

Normalmente ambas formas son tratadas dentro de la **forma masculina**. Si la **forma femenina** no sigue inmediatamente a la masculina en el orden alfabético, se incluye adicionalmente como entrada propia con remisión a la forma masculina.

Bei Substantiven, die mit bestimmten **Präpositionen** verbunden werden, ist die zugehörige präpositionale Ergänzung und ihre Entsprechung nach der Übersetzung angegeben.

En los sustantivos que rigen una determinada **preposición** se indica el correspondiente complemento preposicional y su equivalencia tras la traducción.

> **Bange** *f* <-, ohne pl> (*reg*) temor *m* (*vor* a), miedo *m* (*vor* de/a); **nur keine ~!** ¡todo, menos miedo!
>
> **carencia** [kaˈrenθja] *f* ❶ (*falta*) Fehlen *nt* (*de* von +*dat*)
> ❷ (*t.* ECON, MED: *escasez*) Mangel *m* (*de* an +*dat*); ~ **pigmentaria** Pigmentmangel *m*

Adjektive und Adverbien

Adjektive sind in ihrer **unflektierten Form** angegeben.

Besitzt das deutsche Adjektiv keine unflektierte Form, wird es nach dem Muster *erste(r, s)* dargestellt.

Besitzt das spanische Adjektiv eine weibliche Form, so wird die entsprechende Endung angehängt.

Unveränderliche Adjektive werden mit *inv* gekennzeichnet.

Adjetivos y adverbios

Los adjetivos se indican en su **grado positivo**.

Si del adjetivo alemán no existe una forma no declinada, éste será representado siguiendo el modelo *erste(r, s)*.

Si el adjetivo español tiene forma de femenino, se añade a la palabra la terminación correspondiente.

Los **adjetivos invariables** se señalan con *inv*.

> **beiderlei** ['baɪdəlaɪ, '--'-] *adj inv* de los dos, de ambos ...
>
> **cazavirus** [kaθa'βirus] *adj inv* (INFOR) Antiviren- ...

Unregelmäßige Steigerungsformen und solche mit morphologischen Besonderheiten im Deutschen wie z. B. Umlautung des Stammvokals werden in spitzen Klammern angegeben. Die erste der Formen bezeichnet dabei den Komparativ, die zweite den Superlativ.

Las formas de gradación irregulares y las que presentan singularidades morfológicas como p.ej. el cambio de ‚Umlaut' de la vocal radical en el alemán se indican entre paréntesis triangulares. La primera forma señala el grado comparativo, la segunda, el superlativo.

> **grob** [gro:p] *adj* <gröber, am gröbsten>
>
> **grande** ['graṇde] I. *adj* <más grande *o* mayor, grandísimo> ...

Bei Adjektiven, die mit bestimmten **Präpositionen** verbunden werden, ist die zugehörige präpositionale Ergänzung und ihre Entsprechung nach der Übersetzung angegeben.

En los adjetivos que rigen determinadas preposiciones se indica el correspondiente complemento preposicional y su equivalente tras la traducción.

> **gierig** *adj* ávido (*nach* de)...
>
> **resistente** [rresis'teṇte] I. *adj* widerstandsfähig (*a* gegen +*akk*)

Adverbien werden in der Regel nicht als eigenes Stichwort aufgeführt, wenn sie im Deutschen der normalen Adjektivform entsprechen und die spanische Übersetzung regelmäßig mit *-mente* gebildet wird, bzw. wenn sie im Spanischen regelmäßig mit der Endung *-mente* gebildet werden und die deutsche Übersetzung der normalen Adjektivform entspricht.

Deutsche Adverbien, die äußerlich nicht dem Adjektiv entsprechen, werden als eigenes Stichwort aufgeführt. Adverbien, deren Übersetzung nicht der Adjektivform und der Endung *-mente* entspricht, werden explizit in Wendungen oder mit einer römischen Ziffer abgehandelt.

Spanische Adverbien, die nicht mit *-mente* gebildet werden, sowie solche auf *-mente*, die Besonderheiten bei der Übersetzung aufweisen, werden als eigene Stichwörter aufgeführt.

Los **adverbios** no se incluyen por lo general como entrada propia si en alemán coincide con la forma de adjetivo y la traducción española se forma con la terminación *-mente*, ni si en español se forman con *-mente* y la traducción alemana corresponde a la forma normal del adjetivo.

Los adverbios alemanes cuya forma es diferente a la del adjetivo se incluyen como entrada propia. Los adverbios cuya traducción no corresponde a la forma del adjetivo con la terminación *-mente* se tratan explícitamente en modismos o con una cifra romana propia.

Los adverbios españoles que no terminan en *-mente* y los que terminando en *-mente* presentan alguna particularidad en la traducción se incluyen como entradas propias.

> **hoch** [ho:x] <höher, am höchsten> I. *adj* ❶ (*räumlich, Geschwindigkeit, Temperatur, Lebensstandard*) alto ...
> II. *adv* ❶ (*nach oben*) (hacia) arriba ...
>
> **deprisa** [de'prisa] *adv* schnell; ~ **y corriendo** so schnell wie möglich

Verben

Die grammatischen Angaben *vt, vi, vr* und *vunpers* bzw. *vimpers* kennzeichnen ein Stichwort als Verb. Ist die reflexive Form nicht schon als Stichwort aufgenommen, folgt diese auf die Angabe *vr* mit einer Tilde. Wird ein Verb in mehreren dieser Konstruktionsmöglichkeiten gebraucht, ist der Eintrag in der Regel mit römischen Ziffern untergliedert.

Verbos

Las indicaciones gramaticales *vt, vi, vr* y *vunpers* igual que *vimpers* indican que la entrada es un verbo. Si la forma reflexiva no se incluye como una entrada, ésta sigue a la indicación *vr* con una tilde. Si un verbo tiene varias posibilidades de construcción, el artículo se subdivide mediante cifras romanas.

> **baden** ['ba:dən] **I.** *vi* ❶ (*schwimmen*) bañarse; ~ **gehen** (*fig*) irse al cuerno
> ❷ (*ein Bad nehmen*) tomar un baño
> **II.** *vt* (*waschen*) bañar
>
> **relevar** [rrele'βar] **I.** *vt* ❶ (*acentuar*) hervorheben
> ❷ (*liberar*) befreien; ~ **a alguien de su juramento** jdn von seinem Eid entbinden ...
> **II.** *vi* (ARTE) (plastisch) hervortreten
> **III.** *vr:* ~**se** sich ablösen, sich abwechseln

Wird ein Verb in mehreren dieser Konstruktionsmöglichkeiten gebraucht, ohne dass sich die Übersetzung ändert, können diese auch zusammenstehen.

Si un verbo se usa en varias de estas posibilidades sin que afecte a la traducción, éstas pueden también indicarse juntas.

> **beratschlagen*** [-'----] *vi, vt* aconsejar
>
> **bromear** [brome'ar] *vi* spaßen, scherzen

Unmittelbar auf das Stichwort folgen in spitzen Klammern die Angaben zu **unregelmäßigen Verbformen**.

Inmediatamente después de la entrada siguen las indicaciones de las **formas verbales irregulares** entre paréntesis triangulares.

Es werden **im Deutschen** die 3. Person Singular Präsens und Imperfekt und das Partizip Perfekt angegeben.

Se indican en la **parte alemana** la 3ª persona del singular del presente y del imperfecto así como el participio pasado.

> **lesen** ['le:zən] <liest, las, gelesen>

Ein abtrennbares Präfix wird durch | gekennzeichnet.

Un prefijo separable se señala mediante |.

Verben, deren Partizipform ohne *ge-* gebildet wird, werden mit einem
* direkt hinter dem Stichwort gekennzeichnet.

Los verbos cuyo participio se forma sin *ge-* se señalan con un
* directamente detrás de la entrada.

> **ab|gewinnen***
> **studieren***

Die Angabe der Stammformen fehlt bei zusammengesetzten und präfigierten Verben, die in ihrer einfachen Form als selbständiger Eintrag erscheinen. Sie werden mit *irr* gekennzeichnet; ihre Stammformen sind beim Simplex angegeben.

No se da la indicación de las bases de las que derivan los verbos compuestos y prefijados cuya forma simple aparece como entrada propia. Se señalan con *irr*, las bases de las cuales derivan se indican en las formas no compuestas.

> **vor|lesen** *irr*

Eine Liste der häufigsten unregelmäßigen Verben sowie Konjugationstabellen befinden sich im Anhang des Wörterbuchs.

En el apéndice de este diccionario se encuentra una lista de los verbos irregulares alemanes más utilizados. La tabla de la conjugación y la morfología alemana de los verbos se encuentran también allí.

Alle deutschen Verben, die die **zusammengesetzten Zeiten** nicht ausschließlich mit *haben* bilden, haben nach der Wortartangabe den Zusatz *sein* bzw. *haben o sein*. Gelegentlich ist die Bildung mit *haben* oder *sein* mit einem Unterschied in der Konstruktionsweise oder der Bedeutung verbunden. In diesem Fall steht die Angabe jeweils nach der entsprechenden Einteilung im Eintrag. Fehlt die Angabe, so erfolgt die Bildung mit *haben*. Reflexive Verben bilden die zusammengesetzten Zeiten regelmäßig mit *haben*; deshalb wird hier auf die Angabe verzichtet.

En todos los verbos alemanes que no forman los **tiempos compuestos** únicamente con *haben*, aparece después de la parte de la oración la acotación *sein* o bien *haben o sein*. A veces la formación con *haben* o *sein* lleva consigo una diferencia de construcción o de significado. En este caso, la indicación se encuentra después de la subdivisión correspondiente en el artículo. Si no hay indicación es que el verbo se construye con *haben*. Los verbos reflexivos forman los tiempos compuestos de forma regular con *haben*, por lo que se prescinde de su indicación.

> **laufen** ['laʊfən] <läuft, lief, gelaufen> I. *vi sein* ...
> II. *vt* ❶ *sein* (*Strecke*) recorrer; Ski/Rollschuh/Schlittschuh ~ esquiar/patinar/patinar sobre hielo ...
> ❷ *haben:* ich habe mir Blasen ge~ tengo ampollas de tanto andar
> ...

Das **Reflexivpronomen** *sich* steht ohne Bezeichnungen im Akkusativ; im Dativ wird es als *dat* gekennzeichnet.

El **pronombre reflexivo** *sich* está en acusativo si no se indica; en dativo se señala con *dat*.

Es werden **im Spanischen** Vokalveränderungen, Betonungsverschiebungen sowie orthographische Abweichungen angegeben.

En la **parte española** se indican los cambios vocálicos, los desplazamientos en la acentuación y los cambios ortográficos.

> **merendar** [meren'dar] <e→ie>
> **fotografiar** [fotoɣrafi'ar] <*1. pres:* fotografío>
> **adelgazar** [aðelɣa'θar] <z→c>

Bei den übrigen unregelmäßigen Verben, die in keine der vorherigen Kategorien fallen, wird auf eine im Anhang alphabetisch geordnete Verbtabelle verwiesen. Insofern das entsprechende Verb in dieser Tabelle aufgeführt ist, wird es mit *irr* gekennzeichnet. Andernfalls erfolgt zusätzlich die Nennung eines in der Tabelle erfassten, analog konjugierten Verbes. Bei zusammengesetzten Verben ist dies meist der Simplex.

Para los verbos irregulares restantes que no se encuentran dentro de ninguna de las categorías anteriores se remite a una lista alfabética de verbos que se encuentra en el apéndice. Siempre que el respectivo verbo esté incluido en esta lista se indica con *irr*. En caso contrario, se cita un verbo de la lista de conjugación análoga. En los verbos compuestos, éste es la mayoría de las veces la forma simple.

> **andar** [an'dar] *irr*
> **desandar** [desan'dar] *irr como andar*

Die **Präpositionen**, mit denen Verben verbunden sein können, werden mit ihrer Entsprechung nach der Übersetzung dann angegeben, wenn der Gebrauch beider Sprachen voneinander abweicht. Nach der deutschen Präposition wird der **Kasus** angegeben. Der regelmäßige Gebrauch der Präposition *a* im Spanischen vor Personen wird als bekannt vorausgesetzt und in der Regel nicht aufgeführt. Die Präpositionen werden auch dann nicht hinter der Übersetzung angegeben, wenn eine Wendung, die den Gebrauch des Verbs zeigt, folgt.

Las **preposiciones** que pueden regir los verbos se indican junto a su equivalente después de la traducción si el uso en ambas lenguas es diferente. Tras la preposición alemana se indica el **caso**. El uso regular de la preposición *a* en español delante de personas se da por sabido y, por lo general, no se indica. Las preposiciones no se indican después de la traducción si sigue un modismo que indica el uso del verbo.

> **nach|denken** *irr vi* reflexionar (*über* sobre), pensar (*über* en) ...
>
> **rimar** [rri'mar] I. *vi* ❶ (*versificar*) reimen
> ❷ (*tener rima*) sich reimen (*con* auf +*akk*)
> II. *vt* reimen (*con* auf +*akk*, *con* mit +*dat*)

Präpositionen

Ist eine Präposition ein Stichwort, wird im Deutschen der von ihr regierte Kasus angegeben.

Preposiciones

Si la entrada es una preposición, en la parte alemana se indica el caso que rige.

> **angesichts** *präp* +*gen* (*geh*) ❶ (*beim Anblick*) ante, al ver, a la vista de ...

Bei Präpositionen wie *an, auf, hinter, in, neben, über, unter, vor* und *zwischen*, die den Dativ oder den Akkusativ regieren, werden beide Kasus angegeben.

En las preposiciones como *an, auf, hinter, in, neben, über, unter, vor* y *zwischen* que rigen dativo o acusativo se indican ambos casos.

> **an** [an] **I.** *präp + dat* ❶ (*nahe bei*) en, junto a; ...
> **II.** *präp + akk* ❶ (*in Richtung auf*) a, contra; ...

7. Berücksichtigung der Rechtschreibreform

7. Tratamiento de la reforma ortográfica

Dieses Wörterbuch berücksichtigt die im Juli 1996 in Wien unterzeichnete Neuregelung der deutschen Rechtschreibung.

Im spanisch-deutschen Teil folgen sämtliche Übersetzungen der neuen deutschen Rechtschreibung.

In seiner Eigenschaft als Nachschlagewerk gewährleistet das Wörterbuch dem Benutzer im deutsch-spanischen Teil das Auffinden des gesuchten Wortes in der neuen oder der alten Schreibung. Auf diese Weise soll zum einen der 7-jährigen Übergangszeit Rechnung getragen werden, innerhalb derer beide Schreibungen – alt und neu – ihre Gleichberechtigung haben, zum anderen der Tatsache, dass eine große Menge literarischer Texte noch über diese Zeitspanne hinaus nach der alten Orthographie verfasst sein werden.

Este diccionario toma en cuenta la reforma de la ortografía alemana ratificada en Viena en julio de 1996.

En la parte español-alemán todas las traducciones siguen la nueva norma ortográfica.

Como obra de consulta el diccionario garantiza al usuario la posibilidad de encontrar en la parte alemán-español la palabra que ha de consultar, tanto si está escrita según la nueva norma como según la antigua. De esta manera se quiere tomar en consideración el periodo de siete años durante el cual ambas normas – la antigua y la nueva – han de convivir. Aparte de esto, después de este periodo transitorio gran número de textos literarios seguirán correspondiendo a la norma antigua.

Basiswörter

Neue Schreibungen werden mit **RR** gekennzeichnet, alte Schreibungen mit einer grauen Unterlegung. Folgen Neu- und Altschreibung nicht unmittelbar alphabetisch aufeinander, so wird ein Verweis von der alten zur neuen Schreibung gemacht, wo die Übersetzung angesiedelt ist.

Términos simples

Los términos de grafía reformada se señalan con **RR**, los términos de grafía antigua mediante un fondo gris. Siempre que la grafía antigua y reformada de un término no sean correlativos en el orden alfabético, se remite de la forma antigua a la nueva, donde se encuentra la traducción.

> **Gemse** *f* <-, -n> (ZOOL) *s.* **Gämse**
> **Gämse**^RR ['gɛmzə] *f* <-, -n> (ZOOL) gamuza *f*, rebeco *m*

Liegen Alt- und Neuschreibung alphabetisch unmittelbar beieinander, so erfolgt kein Verweis. Sie werden in alphabetischer Reihenfolge, durch Komma getrennt, als Stichwörter aufgenommen und entsprechend markiert.

Si la grafía antigua y nueva de un término son inmediatamente correlativos en el orden alfabético, no se recurre a una remisión. En este caso ambas formas se incluyen en orden alfabético como entradas, separándolas mediante una coma y señalándolas respectivamente.

> **Ablass**^RR *m* <-es, -lässe>, **Ablaß** *m* <-sses, -lässe> (REL) bula *f*, indulgencia *f*

Komposita

Von der Reform betroffene Komposita, die sich aus zwei sinntragenden Elementen zusammensetzen, werden lediglich in der neuen Schreibung erfasst und mit **RR** gekennzeichnet, vorausgesetzt, dass sich trotz der reformierten Schreibung nicht ihre ursprünglich alphabetische Stellung verändert. Die abgelöste Schreibung wird nicht nochmals aufgeführt. Sollte der Benutzer Schwierigkeiten bei der Auffindung des gesuchten Wortes haben, weil es ihm nur nach der alten Schreibung vorliegt, muss er jeweils bei den Basiswörtern nachschlagen. Hier findet er die vollständige Information hinsichtlich der neuen und der abgelösten Schreibung.

Términos compuestos

Los términos compuestos afectados por la reforma ortográfica aparecen como entrada tan sólo en la grafía reformada señalados con **RR**, siempre que a pesar de la reforma ortográfica no hayan sufrido un cambio dentro del orden alfabético. En tal caso no se indica la palabra en la grafía antigua. Si el usuario tuviese dificultades para encontrar la palabra deseada por tenerla ante sí tan sólo en la grafía antigua, deberá consultar las bases de la palabra compuesta. Aquí encontrará la información completa en cuanto a la grafía reformada y la antigua.

> **abgrundhässlich**^RR *adj* (*fam*) feo como el demonio
> **hässlich**^RR ['hɛslɪç] *adj*, **häßlich** *adj* ...

Neu enstandene Syntagmen

Es gibt Verben und Adjektive, die nach der neuen Rechtschreibreform zu Syntagmen aufgespaltet werden und deren Position sich somit von der Stichwort- auf die phraseologische Ebene verlagert. Um das Auffinden dieser Wörter zu garantieren, findet der Benutzer diese Wörter weiterhin als Stichwörter mit der Alt-Markierung verzeichnet. Er wird an dieser Stelle auf die genaue Position verwiesen, wo er das neu entstandene Syntagma samt Übersetzung vorfindet.

Nuevos términos pluriverbales

Existen verbos y adjetivos que siguiendo la reforma ortográfica se dividen en términos pluriverbales y que por lo tanto pierden su posición como entrada para ser incluidos en la parte fraseológica. Para garantizar al usuario la posibilidad de encontrar los términos correspondientes se siguen incluyendo como entrada señalándolos como antiguos. De aquí se remite al lugar exacto donde el usuario puede encontrar el nuevo término pluriverbal junto con la traducción.

> **allgemeinbildend** [--'---] *adj s.* **allgemein II.**
> **allgemein** ['algə'maɪn] I. *adj* ...
> II. *adv* en general; ~ **bildend** de formación universal...

Schmelzen bisherige Syntagmen, die zuvor im Wendungsblock eines Stichwortes angesiedelt waren, zu einem Wort zusammen, werden diese als Stichwörter mit der Markierung **RR** aufgenommen.

Términos hasta ahora pluriverbales que antes se encontraban en la parte fraseológica de una entrada y que ahora se escriben juntos se incluyen como entrada con la marca **RR**.

> **dienstagabends**^{RR} *adv* los martes por la noche

Haupt- und Nebenvarianten

In vielen Fällen ersetzt die reformierte Schreibweise nicht die bisherige Schreibung, sondern tritt lediglich als Variante neben diese. Sind beide Varianten gleichberechtigt, erhalten sie jeweils einen eigenen Eintrag samt Übersetzung. Wird zwischen einer Haupt- und Nebenvariante unterschieden, wird in der Regel von der Neben- zur Hauptvariante verwiesen, wo schließlich die Übersetzung steht.

Variantes principales y secundarias

En muchos casos, la grafía reformada de un término no sustituye la grafía tradicional, más bien se entiende como variante ortográfica. Si a las dos variantes se les concede el mismo valor, ambas se incluyen como entradas con la traducción correspondiente. Si éstas se diferencian siendo una la variante principal y la otra la secundaria, se remite de la forma secundaria a la principal, donde está la traducción.

> **Albdruck**^{RR} *m* <-(e)s, -drücke> *s.* **Alpdruck**
> **Alpdruck** ['alpdrʊk] *m* <-(e)s, -drücke> pesadilla *f*

Liste der angewandten phonetischen Zeichen
Lista de los símbolos fonéticos utilizados

Die deutsche Phonetik
La fonética alemana

[ː]	Abend	[ˈaːbənd]
[ʔ]	Einöde	[ˈaɪnʔøːdə]
[ø]	eintönig	[ˈaɪntøːnɪç]
[ɛ]	Aspekt	[asˈpɛkt]
[ã]	engagieren	[ãgaˈʒiːrən]
[ç]	Mädchen	[ˈmɛːtçən]
[ə]	Made	[ˈmaːdə]
[ɛ̃]	Cousin	[kuˈzɛ̃ː]
[ɪ]	Diktat	[dɪkˈtaːt]
[ʒ]	Manege	[maˈneːʒə]
[ŋ]	mangels	[ˈmaŋəls]
[ɔ]	Mailbox	[ˈmɛɪlbɔks]
[œ]	erörtern	[ɛɐˈœrtɐn]
[õ]	Bon	[bõː]
[œ̃]	Parfum	[parˈfœ̃ː]
[ɐ]	Partitur	[partiˈtuːɐ]
[ʃ]	Schnee	[ʃneː]
[θ]	Thriller	[ˈθrɪlɐ]
[ʊ]	Bau	[baʊ]
[x]	Joch	[jɔx]
[ʏ]	Olympiade	[olʏmˈpjaːdə]
[dʒ]	Jet	[ˈdʒɛt]

Die spanische Phonetik
La fonética española

Halbvokale bzw. Halbkonsonanten

Zeichen	Beispiele	Kommentare
[i̯]	baile, hoy, despreciéis	Tritt in den Diphthongen ai, ei, oi bzw. ay, ey, oy und als letztes Element in Triphthongen auf.
[j]	bieldo, apreciáis	Wenn i als erstes Element in Diphthongen oder Triphthongen gesprochen wird.
[u̯]	autobús, causa	Tritt in den Diphthongen au, eu, ou auf.
[w]	bueno, cuerda	Wenn u als erstes Element in Diphthongen oder Triphthongen gesprochen wird.

Konsonanten

Zeichen	Beispiele	Kommentare
[p]	palo	
[b]	vivir, hambre	Verschlusslaut. Gesprochen im absoluten Anlaut nach Pause und im Inlaut nach vorausgehendem Nasal.

[β]	objeto, pueblo	Reibelaut. Gesprochen wenn es sich nicht im absoluten Anlaut oder hinter **m**, **n** befindet.
[m]	ma**m**á, con**v**ivir	Jedes nicht wortauslautende **m** und **n** vor **p** oder **b**.
[m]	e**n**fermo, i**n**fante	Jedes **n**, das sich vor **f** befindet.
[n]	**n**o, a**n**tes	
[n̪]	o**n**ce, co**n**ciencia	**n** in Verbindung mit darauffolgendem θ.
[ṇ]	co**n**de, a**n**tes	Dentalisiertes **n**. Steht in Verbindung mit folgendem **t** oder **d**.
[ŋ]	fi**n**ca, le**n**gua, e**n**jambre	Bei silbenauslautendem **n** in Verbindung mit folgendem velaren Konsonant.
[ɲ]	ni**ñ**a	**ñ** im Silbenanlaut und silbenauslautendes **n** vor palatalem Konsonant.
[f]	ca**f**é	
[k]	**k**ilo, **c**osa, **qu**e, a**c**tor	Tritt in den Gruppen **c** + **a,o,u** und **qu** + **e,i** auf und bei silbenauslautendem **c**.
[g]	**g**arra, **g**uitarra,	Verschlusslaut. Tritt im absoluten Anlaut oder im Inlaut mit vorausgehendem Nasal in den Gruppen **g** + **a,o,u** und **gu** + **e,i** auf.
[x]	a**j**o, **G**éminis	Entspricht **j** und den Gruppen **g** + **e,i**.
[ɣ]	peli**g**ro, barri**g**a	Reibelaut. Tritt in den Gruppen **g** + **a,o,u** und **gu** + **e,i** auf, wenn es nicht im absoluten Anlaut steht oder auf **n** folgt.
[t]	**t**arta, **t**odo	Verschlusslaut. Entspricht **d** im absoluten Anlaut oder nach **n** oder **l**.
[d]	**d**onde, pel**d**año	Verschlusslaut. Entspricht **d**, wenn es sich im absoluten Anlaut oder nach **n** oder **l** befindet.
[ð]	de**d**o, escu**d**o	Reibelaut. Entspricht **d**, wenn es sich nicht im absoluten Anlaut oder nach **n** oder **l** befindet.
[θ]	**c**inco, **z**ar**z**a, cru**z**	Tritt in den Gruppen **c** + **e,i** und **z** + **a,o,u** auf und im Auslaut.
[l]	**l**a, sa**l**	
[l̪]	ca**l**cetín, du**l**ce	Interdentales **l**. Steht in Verbindung mit folgendem θ.
[ḷ]	a**l**to, sue**l**do	Dentales **l**. Steht in Verbindung mit folgendem **t** oder **d**.
[ʎ]	**ll**uvia matillo	Entspricht **ll** und silbenauslautendem **l** vor palatalem Konsonant.
[s]	a**s**í, co**s**er	
[r]	ca**r**o, ing**r**ato	Entspricht dem Schriftzeichen **r**, wenn es am Wortanfang steht oder aber auf **n, l, s** folgt.
[rr]	**r**eo, Is**r**ael	Entspricht **-rr-** und **r-** am Wortanfang oder **-r-** am Silbenanfang nach **n, l, s**.
[tʃ]	**ch**ino	
[ʝ]	**hi**erro, **y**unque, co**y**ote	Palataler Reibelaut. Gesprochen, wenn **y**, **hi** im Silbenanlaut – außer wenn **n, l** vorausgehen – oder im Anlaut einer schwachbetonten Silbe stehen.
[dʒ]	**j**azz, **G**iga	Palatale Affrikata. Wie Englisch **g**entleman, **j**ump.
[ʃ]	**sh**ock	Wie Englisch **sh**ock, **sh**ow.

A

A, a [a] *f* A, a *nt;* ~ **de Antonio** A wie Anton

a [a] *prep* ❶ (*dirección*) in +*akk,* zu +*dat;* (*países, ciudades*) nach +*dat,* in +*akk; ir* ~ **Barcelona/Suiza** nach Barcelona/in die Schweiz fahren; **llegar ~ Madrid** in Madrid ankommen; **ir ~ casa de alguien** zu jdm gehen; **ir ~ la escuela** in die [*o zur*] Schule gehen; **voy ~l cine/~l servicio** ich gehe ins Kino/aufs Klo; **aún tengo que ir ~ Correos/~l banco** ich muss noch zur [*o* auf die] Post/zur [*o* auf die] Bank
❷ (*posición*) an +*dat;* **estar sentado ~ la mesa** am Tisch sitzen; **~ la mesa** (*comiendo*) bei Tisch; **esperar ~ la puerta de la casa** an der Haustür warten; **~ la derecha/izquierda** rechts/links; **~l norte/sur (de)** nördlich/südlich (von); **~l sol** in der Sonne; **~ la sombra** im Schatten
❸ (*distancia*): **~ 10 kilómetros de aquí** 10 Kilometer von hier (entfernt)
❹ (*tiempo*) um +*akk;* (*hasta*) bis; **~ las tres** um drei (Uhr); **de once ~ doce** von elf bis zwölf; **~ mediodía** zu Mittag; **~ los veinte años** mit zwanzig Jahren; **~l poco rato/~ las pocas horas** kurz/wenige Stunden danach; **¿~ qué día** [*o cuántos*] **estamos?** den Wievielten haben wir heute?
❺ (*modo*): **~ pie/caballo** zu Fuß/Pferd; **~ mano** mit der Hand; **~ oscuras** im Dunkeln; **~ la española** nach spanischer Art
❻ (*precio*): **¿~ cuánto** [*o cómo*] **está?** wie teuer ist das?; **~ 2 euros el kilo** 2 Euro das Kilo
❼ (*número*) zu +*dat;* **el partido terminó dos ~ dos** das Spiel endete zwei zu zwei
❽ (*complemento directo de persona* +*akk*): **he visto ~ tu hermano/María** ich habe deinen Bruder/Maria gesehen
❾ (*complemento indirecto* +*dat*): **dio su fortuna ~ los pobres** er/sie vermachte sein Vermögen den Armen
❿ (*con infinitivo*) zu; **empezó ~ correr** er fing an zu laufen
⓫ (*complemento de verbo*): **oler ~ gas** nach Gas riechen; **jugar ~ los dados** Würfel spielen
⓬ (*loc*): **¡~ que llueve mañana!** wetten, dass es morgen regnet!; **tenías razón, es muy interesante – ¡~ que sí!** du hattest Recht, es ist sehr interessant – nicht wahr?; **este tipo es muy desagradable – ¡~ que sí!** dieser Typ ist sehr unangenehm – du sagst es!; **no te atreverás ~ intentarlo – ¡~ que sí!** du wirst dich nicht trauen es zu versuchen – das werden wir ja sehen!; **~ Pedro le gusta mucho nadar, ¿~ que sí, Pedro?** Pedro schwimmt sehr gerne; nicht wahr, Pedro?

AA.EE. [a'suɲtos este'rjores] *abr de* **Asuntos Exteriores: Ministerio de ~** Außenministerium *nt*

ababol [aβa'βol] *m* (BOT) Klatschmohn *m*

abacado [aβa'kaðo] *m* (*Am: aguacate*) Avokado *f*

abacería [aβaθe'ria] *f* Lebensmittelgeschäft *nt*

abacero, -a [aβa'θero, -a] *m, f* Lebensmittelhändler(in) *m(f)*

abacial [aβa'θjal] *adj* ❶ (*de abad*) eines Abtes; (*de abadesa*) einer Äbtissin
❷ (*de abadía*) einer Abtei; **edificio ~** Abteigebäude *nt*

ábaco ['aβako] *m* Abakus *m*

abacorar [aβako'rar] *vt* (*Am: acosar*) hetzen

abad(esa) [a'βaðᵈ, aβa'ðesa] *m(f)* Abt *m,* Äbtissin *f*

abada [a'βaða] *f* (ZOOL) Nashorn *nt,* Rhinozeros *nt*

abadejo [aβa'ðexo] *m* (ZOOL) ❶ (*pez similar al bacalao*) kabeljauähnlicher Fisch
❷ (*reg: bacalao*) Kabeljau *m*

abadía [aβa'ðia] *f* Abtei *f*

ab aeterno [ap e'terno] *adv* seit ewigen Zeiten, seit eh und je

abajar [aβa'xar] *vi, vt v.* **bajar**

abajeño, -a [aβa'xeɲo, -a] *adj* (*Am: de las regiones bajas o cercanas al mar*) das Küstentiefland betreffend; **el clima ~** das Klima in Küstentiefland

abajo [a'βaxo] **I.** *adv* ❶ (*movimiento*) herunter, hinunter; **calle ~** die Straße hinunter; **cuesta ~** bergab; **de arriba ~** von oben nach unten; **¿vas ~?** gehst du hinunter?
❷ (*estado*) unten; **boca ~** auf dem Bauch, bäuchlings; **hacia ~** nach unten, abwärts; **el ~ firmante** der Unterzeichnete; **de veinte para ~** unter zwanzig; **véase más ~** siehe unten; **estoy ~ en la calle** ich bin unten auf der Straße
II. *interj:* **¡~ el dictador/el gobierno!** nieder mit dem Diktator/der Regierung!

abalanzarse [aβalan'θarse] <z→c> *vr* sich stürzen (*sobre/contra* auf +*akk*), sich werfen (*sobre/contra* auf +*akk*); **~ a la ventana** zum Fenster stürzen

abalaustrado, -a [aβalaus'traðo, -a] *adj* mit einer Balustrade versehen

abalear [aβale'ar] *vt* (*Am: disparar*): **~ a alguien** auf jdn schießen

abalizamiento [aβaliθa'mjento] *m* Markierung *f* (*mit Baken, Tonnen, Schildern u.Ä.*)

abalizar [aβali'θar] <z→c> *vt* markieren (*mit Baken, Tonnen, Schildern u.Ä.*)

aballestar [aβaʎes'tar] *vt* (NÁUT) spannen; **nos pasamos toda la mañana aballestando los cabos que estaban flojos** wir brauchten den ganzen Vormittag, um die lockeren Seile nachzuspannen

abalorio [aβa'lorjo] *m* Glasperle *f;* **llenarse de ~s** sich mit wertlosem Zeug behängen

abaluartar [aβalwar'tar] *vt* (MIL) mit Schutzwällen befestigen

abanderado, -a [aβande'raðo, -a] *m, f* ❶ (*en actos públicos*) Fahnenträger(in) *m(f)*
❷ (*pionero*) Vorkämpfer(in) *m(f)*

abanderamiento [aβandera'mjento] *m* ❶ (*adornamiento*) Schmücken *nt* mit Fahnen
❷ (NÁUT) Registrierung *f* eines Schiffes, Verleihung *f* des Flaggenrechts

abanderar [aβande'rar] *vt* ❶ (*adornar*) mit Fahnen schmücken
❷ (NÁUT) das Flaggenrecht verleihen +*dat,* registrieren; **un barco abanderado en Panamá** ein unter panamaischer Flagge fahrendes Schiff
❸ (*guiar*) leiten

abanderizar [aβanderi'θar] <z→c> *vt* in feindliche Gruppen spalten

abandonado, -a [aβando'naðo, -a] *adj* ❶ *estar* (*solo*) verlassen, einsam; **niño ~** Findelkind *nt;* **estar ~ a sí mismo** sich *dat* selbst überlassen sein
❷ *ser* (*descuidado*) nachlässig; (*desaseado*) schlampig

abandonar [aβando'nar] **I.** *vi* (DEP) aufgeben
II. *vt* ❶ (*dejar*) verlassen; (*desamparar*) im Stich lassen; (*niño*) aussetzen; (INFOR: *un programa*) verlassen, beenden; **le ~on sus fuerzas** seine Kräfte verließen ihn
❷ (*renunciar*) aufgeben
❸ (*interrumpir*) unterbrechen
III. *vr:* **~se** ❶ (*entregarse*) sich hingeben; **~se a una pasión** sich einer Leidenschaft hingeben; **~se a la desesperación** sich der Verzweiflung überlassen
❷ (*ir desaliñado*) sich gehen lassen

abandonismo [aβando'nismo] *m sin pl* (*t.* POL) Verzichthaltung *f*

abandonista [aβando'nista] **I.** *adj:* **política ~** Verzichtpolitik *f*
II. *mf* Verzichtpolitiker(in) *m(f)*

abandono [aβan'dono] *m* ❶ (*abandonamiento*) Verlassen *nt;* (*de un niño*) Aussetzung *f;* **~ de servicio** Quittieren des Dienstes; **~ de la víctima** Fahrerflucht *f*
❷ (*renuncia*) Verzicht *m;* (*de una empresa, idea*) Aufgabe *f;* **el ~ de la fuerza nuclear** der Ausstieg aus der Atomenergie
❸ (*descuido*) Vernachlässigung *f;* **en un momento de ~** in einem schwachen Augenblick; **~ de los deberes familiares** (JUR) Unterhaltspflichtverletzung *f*

abanicar [aβani'kar] <c→qu> **I.** *vt:* **~ a alguien (con algo)** jdm (mit etw) zufächeln
II. *vr:* **~se** sich (Luft) zufächeln

abanico [aβa'niko] *m* Fächer *m;* **en (forma de) ~** fächerförmig; **un ~ de posibilidades** eine Fülle von Möglichkeiten

abaniqueo [aβani'keo] *m* Fächeln *nt*

abanto [a'βanto] *m* ❶ (ZOOL: *general: buitre*) Geier *m;* (*alimoche*) Palmgeier *m;* (*buitre negro*) Mönchsgeier *m*
❷ (TAUR) Stier, der zu Beginn der Corrida benommen ist
❸ (*fig fam: persona aturdida*) benommene Person *f*

abaratamiento [aβarata'mjento] *m* (*de bienes*) Verbilligung *f;* (*de los precios*) Herabsetzung *f;* **~ de la vida** Sinken der Lebenshaltungskosten

abaratar [aβara'tar] **I.** *vt* (*bienes*) verbilligen; (*precios*) herabsetzen; **~ costes** Kosten senken; **medidas para ~ costes** Maßnahmen zur Kostensenkung
II. *vr:* **~se** billiger werden

abarca [a'βarka] *f* Sandale *f*

abarcar [aβar'kar] <c→qu> *vt* ❶ (*comprender*) umfassen, umschließen; **~ con la vista** überschauen; **muchas cosas a la vez** alle Hände voll zu tun haben; **quien mucho abarca poco aprieta** (*prov*) wer viel beginnt, zu nichts es bringt
❷ (*contener*) enthalten
❸ (AmS, Méx: *acaparar*) horten

abaritonado, -a [aβarito'naðo, -a] *adj* (MÚS) Bariton-; **voz abaritonada** Baritonstimme *f*

abarquillado, -a [aβarki'ʎaðo, -a] *adj* gebogen, aufgeworfen, gewölbt

abarquillarse [aβarki'ʎarse] *vr* (*papel*) sich wellen; (*madera*) sich werfen

abarracar [aβarra'kar] <c→qu> *vi, vr:* **~se** (MIL) Quartier beziehen; **el ejército se abarracó al llegar la noche** bei Anbruch der Nacht bezogen die Truppen Quartier

abarraganarse [aβarraɣa'narse] *vr* (*pey*) in wilder Ehe leben; **desde que mi hermano y su novia se abarraganaron mi padre no quiso volver a saber nada de ellos** seit mein Bruder und seine Freundin

abarrajar [aβarra'xar] I. vt ❶ (*arrojar*) wegschleudern ❷ (*atropellar*) umrennen; (*un vehículo*) überfahren II. vr: **~se** (*Perú*) verkommen
abarrancadero [aβarraŋka'ðero] m ❶ (*lodazal*) schlammige Stelle f ❷ (*apuro*) Verlegenheit f, Klemme f fam
abarrancar [aβarraŋ'kar] <c→qu> I. vt ❶ (GEO) Schluchten bilden (in +dat); (*lluvia*) auswaschen ❷ (*persona*) in eine schwierige Lage bringen II. vi, vr: **~se** ❶ (*coche*) stecken bleiben; (*barco*) stranden ❷ (*persona*) in Schwierigkeiten kommen
abarrocado, -a [aβarro'kaðo, -a] adj (ARTE: *elev*) barock, im Barockstil
abarrotado, -a [aβarro'taðo, -a] adj überfüllt
abarrotar [aβarro'tar] vt (über)füllen (*de* mit +dat)
abarrote [aβa'rrote] m ❶ (NÁUT) Staugut nt ❷ (*Cuba, Méx: tienda*) Lebensmittelgeschäft nt ❸ pl (*Cuba, Méx: comestibles*) Lebensmittel ntpl
abarrotería [aβarrote'ria] f ❶ (*Am: ferretería*) Eisenwarenhandlung f ❷ (*Guat: abacería*) Lebensmittelgeschäft nt
abasia [a'βasja] f (MED) Abasie f
abastar [aβas'tar] vt v. **abastecer**
abastecedor(a) [aβasteθe'ðor(a)] m(f) Lieferant(in) m(f)
abastecer [aβaste'θer] *irr como crecer* I. vt ❶ (*proveer*) versorgen (*de/con* mit +dat) ❷ (COM) beliefern (*de/con* mit +dat) II. vr: **~se** sich versorgen (*de/con* mit +dat)
abastecimiento [aβasteθi'mjento] m ❶ (*provisión*) Versorgung f (*de/con* mit +dat); **~ de aguas** Trinkwasserversorgung f; **~ de gas natural** Erdgasversorgung f; **~ insuficiente** Unterversorgung f ❷ (COM) Lieferung f (*de/con* von +dat); **~ de un mercado** Marktbeschickung f
abastero [aβas'tero] m ❶ (*Chil: abastecedor de carne*) Fleischlieferant m ❷ (*Méx: de los artículos de consumo*) Lieferant von Konsumgütern in ländlichen Gebieten
abasto [a'βasto] m ❶ (*abastecimiento*) Versorgung f ❷ (*provisiones*) Vorrat m ❸ (*abundancia*) Fülle f; **dar ~** ausreichen; **no dar ~** alle Hände voll zu tun haben; (*no poder con un trabajo*) nicht fertig werden ❹ pl (JUR) Beschaffungswesen nt; **~s públicos** öffentliches Beschaffungswesen ❺ (*Arg*): **mercado de ~** Großmarkt m ❻ (*Ven: abacería*) Lebensmittelladen m
abatanar [aβata'nar] vt ❶ (*paño*) walken ❷ (*persona*) verprügeln, verdreschen fam
abatatar [aβata'tar] I. vt (*fam: Arg, Par, Urug*) ❶ (*turbar*) durcheinander bringen ❷ (*intimidar*) einschüchtern II. vr: **~se** (*fam: Arg, Par, Urug*) ❶ (*turbarse*) durcheinander kommen ❷ (*asustarse*) sich fürchten (*de* vor +dat) ❸ (*avergonzarse*) sich schämen (*de* wegen +gen)
abate [a'βate] m Abbé m
abatí [aβa'ti] m sin pl ❶ (*Arg: maíz*) Mais m ❷ (*Arg, Par: bebida*) Maisschnaps m
abatible [aβa'tiβle] adj herunterklappbar, Klapp-; **asiento ~** Liegesitz m
abatido, -a [aβa'tiðo, -a] adj ❶ (*desanimado*) mutlos, niedergeschlagen ❷ (*mercancía*) minderwertig
abatimiento [aβati'mjento] m ❶ (*derribo*) Niederschlagen nt, Niederreißen nt ❷ (*desmontaje*) Abbau m ❸ (*desánimo*) Niedergeschlagenheit f ❹ (*humillación*) Erniedrigung f ❺ (NÁUT) Abdrift f
abatir [aβa'tir] I. vt ❶ (*muro, casa*) niederreißen; (*árbol*) umstürzen; (*velas*) streichen, einholen; (*avión*) abschießen; **~ el respaldo** die Rückenlehne herunterklappen ❷ (*desmontar*) abbauen ❸ (*humillar*) demütigen ❹ (*debilitar*) entkräften II. vr: **~se** ❶ (*descender, precipitarse*) sich stürzen (*sobre* auf +akk); **el águila se abatió sobre su presa** der Adler stürzte sich auf seine Beute ❷ (*ceder*) nachgeben ❸ (*desanimarse*) mutlos werden, den Mut verlieren
abdicación [aβðika'θjon] f Abdankung f; **~ al trono** Thronverzicht m
abdicar [aβði'kar] <c→qu> vt ❶ (*monarca*) abdanken; **la reina abdicó la corona en su hija** die Königin dankte zugunsten [*o* zu Gunsten] ihrer Tochter ab; **~ la presidencia** den Vorsitz abgeben ❷ (*ideales*) aufgeben

abdicativo, -a [aβðika'tiβo, -a] adj abdikativ
abdomen [aβ'ðomen] m ❶ (ANAT) Unterleib m ❷ (ZOOL) Hinterleib m
abdominal [aβðomi'nal] I. adj Bauch-, Unterleib(s)-; **dolor ~** Bauchschmerzen mpl, Unterleibsschmerzen mpl II. m (DEP) Bauchmuskelübung f
abducción [aβðuɣ'θjon] f ❶ (MED) Abduktion f ❷ (JUR) Entführung f ❸ (*por extraterrestres*) Entführung f durch Außerirdische
abductor [aβðuk'tor] m (ANAT) Abduktor m
abecé [aβe'θe] m Alphabet nt, Abc nt; **el ~ de la matemática** die Grundlagen der Mathematik; **no saber el ~** (*fig*) keinen (blassen) Schimmer haben; **ser el ~ de algo** das A und O einer Sache sein
abecedario [aβeθe'ðarjo] m Alphabet nt
abedul [aβe'ðul] m (BOT) Birke f; (*madera*) Birkenholz nt
abeja [a'βexa] f Biene f; **~ reina** [*o* **maes(tr)a**] Bienenkönigin f; **~ obrera** [*o* **neutra**] Arbeitsbiene f; **ser como una ~** bienenfleißig sein, fleißig wie eine Biene sein; **estar como ~ en flor** glücklich und zufrieden sein
abejaruco [aβexa'ruko] m (ZOOL) Bienenfresser m
abejero¹ [aβe'xero] m (ZOOL) Bienenfresser m
abejero, -a² [aβe'xero, -a] m, f (*profesión*) Imker(in) m(f)
abejón [aβe'xon] m (ZOOL) Drohne f
abejorro [aβe'xorro] m ❶ (*insecto*) Hummel f ❷ (*escarabajo*) Maikäfer m ❸ (*fam: persona*) Nervensäge f
abellacado, -a [aβeʎa'kaðo, -a] adj gemein, niederträchtig
abellacarse [aβeʎa'karse] <c→qu> vr (charakterlich) verkommen, schurkisch werden
abemolar [aβemo'lar] vt ❶ (*hacer más suave*) weicher machen; **tomar limón antes de cantar abemola la voz** wenn man vor dem Singen Zitrone isst, wird die Stimme weicher ❷ (MÚS: *poner bemoles*) (um einen Halbton) erniedrigen
aberenjenado, -a [aβereŋxe'naðo, -a] adj dunkelviolett, aubergine(farben)
aberración [aβerra'θjon] f ❶ (*desviación*) Abweichung f ❷ (*en la conducta*) Verirrung f ❸ (*disparate*) Unsinn m ❹ (ASTR, BIOL) Aberration f ❺ (MED): **~ mental** Sinnesstörung f ❻ (*Am: error*) Irrtum m
aberrante [aβe'rrante] adj ❶ (*anormal*) abwegig ❷ (*disparatado*) unsinnig
Aberri Eguna [a'βerri e'ɣuna] m Tag des Baskenlandes
abertura [aβer'tura] f ❶ (*acción*) Öffnen nt, Öffnung f ❷ (*hueco*) Öffnung f; (*hendidura*) Spalt m; (*grieta*) Riss m; **~ del diafragma** (FOTO) Blendenöffnung f ❸ (*franqueza*) Aufgeschlossenheit f
abertzale [aβer'tʃale] I. adj (POL): **las fuerzas ~s** die baskisch-nationalistischen Separatisten II. mf (POL) baskisch-nationalistischer Separatist m, baskisch-nationalistische Separatistin f
abertzalismo [aβertʃa'lismo] m sin pl (POL) baskische Befreiungsideologie
abetal [aβe'tal] m, **abetar** [aβe'tar] m Tannenhain m
abeto [a'βeto] m Tanne f; **~ rojo** Fichte f
abetunado, -a [aβetu'naðo, -a] adj pechschwarz; **mi amiga es muy morena y tiene los ojos ~s** meine Freundin ist ein sehr dunkler Typ mit pechschwarzen Augen
abicharse [aβi'tʃarse] vr (*CSur*) wurmstichig [*o* madig] werden
abiertamente [aβjerta'mente] adv ❶ (*francamente*) frei, offen ❷ (*patentemente*) deutlich
abierto¹ [a'βjerto] m ❶ (DEP): **~ de golf** Golf Open ntpl; **~ de tenis** Tennis Open ntpl; **~ de Hamburgo** Hamburg-Open ntpl ❷ (*Col: desmonte*) Lichtung f
abierto, -a² [a'βjerto, -a] I. pp de **abrir** II. adj offen; (*mentalidad*) aufgeschlossen, offen; **~ a nuevas ideas** offen für neue Ideen; **en campo ~** auf freiem Feld; **en mar ~** auf offenem Meer; **un libro ~** ein aufgeschlagenes Buch; **vocales abiertas** (LING) offene Vokale; **la puerta está abierta** die Tür ist auf [*o* offen]
abigarrado, -a [aβiɣa'rraðo, -a] adj ❶ (*multicolor*) bunt(scheckig) ❷ (*heterogéneo*) bunt (gemischt); **una multitud abigarrada** eine bunte Menschenmenge
abigarramiento [aβiɣarra'mjento] m ❶ (*colorido*) Buntheit f ❷ (*mezcla*) Durcheinander nt
abigarrar [aβiɣa'rrar] vt buntscheckig gestalten
abigeato [aβixe'ato] m (JUR) Viehdiebstahl m
abintestato [apintes'tato] m (JUR) gesetzliche Erbfolge f
abiogénesis [aβjo'xenesis] f inv (BIOL) Abiogenese f

abiosis [a'βjosis] *f inv* (BIOL) Abiose *f*, Absterben *nt*
abiótico, -a [a'βjotiko, -a] *adj* (BIOL) abiotisch, ohne Leben
abisagrar [aβisa'ɣrar] *vt* mit Scharnieren versehen; **hoy viene el técnico a ~ las puertas** heute kommt ein Fachmann und bringt an den Türen Scharniere an
abisal [aβi'sal] *adj* (GEO) abyssisch, Tiefsee-; **fauna ~** Tiefseefauna *f*
abisinio, -a [aβi'sinjo, -a] I. *adj* (HIST) abessinisch
II. *m, f* (HIST) Abessinier(in) *m(f)*
abismado, -a [aβis'maðo, -a] *adj* ❶ (*ensimismado*) geistesabwesend
❷ (*Arg, Chil, Hond: asombrado*) erstaunt
abismal [aβis'mal] *adj* ❶ (GEO) Abgrund-
❷ (*enorme*) gewaltig; (*odio*) abgrundtief; **una diferencia ~** ein gewaltiger Unterschied
abismar [aβis'mar] I. *vt* ❶ (*sumir*) in einen Abgrund stürzen; **~ a alguien en la desesperación** jdn zur Verzweiflung bringen
❷ (*confundir*) verwirren
II. *vr:* **~se** ❶ (*hundirse*) versinken (*en* in +*dat*); **~se en el dolor** sich ganz dem Schmerz hingeben
❷ (*Am: asombrarse*) staunen
abismo [a'βismo] *m* ❶ (GEO) Abgrund *m*
❷ (*infierno*) Hölle *f*; **terminar en el ~** in der Hölle landen
❸ (*diferencia*) Kluft *f*, Abgrund *m*; **entre tus opiniones y las mías hay un ~** unsere Ansichten sind grundverschieden
abjasio, -a [aβ'xasjo, -a], **abjazo, -a** [aβ'xaθo, -a] I. *adj* abchasisch
II. *m, f* Abchase, -in *m, f*, Abchasier(in) *m(f)*
abjuración [aβxura'θjon] *f* ❶ (*renegación*) Abschwören *nt*
❷ (*retractación*) Widerruf *m*
abjurar [aβxu'rar] *vi, vt* abschwören (*de* +*dat*), sich lossagen (*de* von +*dat*); **~ (de) la fe** den Glauben abschwören
ablación [aβla'θjon] *f* ❶ (MED) Ablation *f*, operative Entfernung *f*; **~ de la mama** Mastektomie *f*, Brustamputation *f*; **~ del clítoris** Klitoridektomie *f*
❷ (GEO) Ablation *f*
ablandabrevas [aβlanda'βreβas] *mf inv* (*fam fig*) Nichtsnutz *m*
ablandador [aβlanda'ðor] *m* Enthärter *m*
ablandahígos [aβlanda'iɣos] *mf inv* (*fam fig*) *v.* **ablandabrevas**
ablandamiento [aβlanda'mjento] *m* ❶ (*de cera*) Erweichung *f*
❷ (*del agua*) Enthärtung *f*
❸ (*del cuerpo*) Verweichlichung *f*
ablandar [aβlan'dar] I. *vi* (*viento, frío*) nachlassen
II. *vt* ❶ (*poner blando*) weich machen; (*suelo*) aufweichen
❷ (*calmar*) besänftigen
❸ (*hacer ceder*) erweichen
III. *vr:* **~se** ❶ (*dejarse calmar*) sich besänftigen lassen
❷ (*convencerse*) sich erweichen lassen
ablativo [aβla'tiβo] *m* (LING) Ablativ *m*
ablepsia [a'βleβsja] *f* (MED) Blindheit *f*
ablución [aβlu'θjon] *f* (*islámica, judaica*) (rituelle) Waschung *f*; (*católica*) Ablution *f*
ablusado, -a [aβlu'saðo, -a] *adj* blusenartig, blusig
abnegación [aβneɣa'θjon] *f* Entsagung *f*, Selbstverleugnung *f*; (*altruismo*) Selbstlosigkeit *f*; **con ~** selbstlos
abnegado, -a [aβne'ɣaðo, -a] *adj* ❶ (*sacrificado*) opferbereit
❷ (*altruista*) selbstlos
abnegarse [aβne'ɣarse] *irr como fregar vr* sich aufopfern (*por/en favor de* für +*akk*)
abobado, -a [aβo'βaðo, -a] *adj* dumm, einfältig; **miró ~** er schaute einfältig (drein)
abobar [aβo'βar] I. *vt* ❶ (*atontar*) verdummen, verblöden *fam*
❷ (*fascinar*) faszinieren, fesseln
II. *vr:* **~se** ❶ (*atontarse*) verdummen, verblöden *fam*
❷ (*quedarse fascinado*) fasziniert [*o* gefesselt] sein
abocado, -a [aβo'kaðo, -a] *adj* ❶ (*vino*) süffig
❷ (*expuesto*): **estar ~ a algo** zu etw bestimmt [*o* verurteilt] sein; **~ al fracaso** zum Scheitern verurteilt
❸ (*Arg, Par, Urug: decidido*) entschlossen
abocar [aβo'kar] <c→qu> I. *vt* ❶ (*líquido*) umfüllen (*en* in +*akk*)
❷ (*Arg: esfuerzos*) einsetzen
II. *vr:* **~se** sich einsetzen (*a* für +*akk*)
abocardar [aβokar'ðar] *vt* weiten
abocetar [aβoθe'tar] *vt* skizzieren
abochornado, -a [aβotʃor'naðo, -a] *adj* beschämt (*por/de* wegen +*gen*), betreten (*por/de* über +*akk*)
abochornante [aβotʃor'nante] *adj* ❶ (*comportamiento*) beschämend
❷ (*tiempo*) schwül, drückend
abochornar [aβotʃor'nar] I. *vt* ❶ (*calor*) erdrücken; **este calor me abochorna** diese Hitze macht mir zu schaffen; **estoy abochornado** mir ist heiß
❷ (*avergonzar*) beschämen

II. *vr:* **~se** ❶ (*avergonzarse*) sich schämen (*de/por* für +*akk*)
❷ (*plantas*) verdorren
abocinado, -a [aβoθi'naðo, -a] *adj* trompetenförmig; (*labios*) vorgestülpt
abocinar [aβoθi'nar] *vt* (*orificio*) weiten, verbreitern
abofetear [aβofete'ar] *vt* ohrfeigen
abogacía [aβoɣa'θia] *f* Anwaltsberuf *m*, Rechtsanwaltschaft *f*; **ejercer la ~** den Anwaltsberuf ausüben, als Anwalt tätig sein; **la ~ en el tribunal supremo federal** die Rechtsanwaltschaft beim Bundesgerichtshof
abogadear [aβoɣaðe'ar] *vi* (*fam pey*) ohne eine entsprechende Ausbildung oder Zulassung als Anwalt arbeiten
abogado, -a [aβo'ɣaðo, -a] *m, f* (*profesión*) (Rechts)anwalt *m*, (Rechts)anwältin *f*; **~ corresponsal** Korrespondenzanwalt *m*; **~ defensor** (Straf)verteidiger *m*; **~ divorcista** Scheidungsanwalt *m*; **~ de familia** Hausanwalt *m*; **~ monitorio** Mahnanwalt *m*; **~ de oficio** Pflichtverteidiger *m*; **~ provincial** Landesanwalt *m*; **~ de pruebas** Beweisanwalt *m*; **~ de tráfico** Verkehrsanwalt *m*; **~ para la transmisión de propiedades e inmuebles** Anwalt für Eigentums- und Grundstücksübertragungen; **establecerse como ~** sich als Anwalt niederlassen
❷ (*defensor, mediador*) Fürsprecher(in) *m(f)*; **ser un ~ de las causas perdidas** (*fig*) sich für aussichtslose Dinge einsetzen
abogar [aβo'ɣar] <g→gu> *vi* ❶ (JUR) vor Gericht verteidigen, als (Straf)verteidiger auftreten
❷ (*apoyar*) sich einsetzen (*por/en favor de* für +*akk*)
abolengo [aβo'lengo] *m* Abstammung *f*; **de rancio ~** aus altem Adel
abolición [aβoli'θjon] *f* Abschaffung *f*; (*de leyes*) Außerkraftsetzung *f*; **~ de los controles fronterizos** Aufhebung der Grenzkontrollen
abolicionismo [aβoliθjo'nismo] *m sin pl* (HIST, POL) Abolitionismus *m*
abolicionista [aβoliθjo'nista] *mf* (HIST, POL) Abolitionist(in) *m(f)*
abolir [aβo'lir] *irr vt* abschaffen; (*leyes*) aufheben
abollado, -a [aβo'ʎaðo, -a] *adj* ❶ (*coche*) verbeult
❷ (*desanimado*) mutlos
❸ (*Cuba, Chil: arruinado*) ruiniert
abolladura [aβoʎa'ðura] *f* Beule *f*
abollar [aβo'ʎar] *vt* verbeulen
abolsado, -a [aβol'saðo, -a] *adj* bauschig; (*deformado*) ausgebeult
abolsarse [aβol'sarse] *vr* sich bauschen; (*deformarse*) sich ausbeulen; (*pared*) sich wölben
abombachado, -a [aβomba'tʃaðo, -a] *adj:* **pantalones ~s** Knickerbocker(s) *pl*
abombado, -a [aβom'baðo, -a] *adj* ❶ (*combado*) (dick)bauchig
❷ (*AmS: atontado*) benommen, verwirrt
abombamiento [aβomba'mjento] *m* Ausbauchung *f*
abombar [aβom'bar] I. *vt* ausbauchen, wölben
II. *vr:* **~se** ❶ (*abultarse*) sich wölben
❷ (*Am: alimentos*) verderben
❸ (*Chil: achisparse*) sich beschwipsen, sich *dat* einen Schwips antrinken
abominable [aβomi'naβle] *adj* abscheulich, gräulich
abominación [aβomina'θjon] *f* Abscheu *m o f*; **causar ~** Abscheu erregen
abominar [aβomi'nar] *vt* ❶ (*aborrecer*) verabscheuen
❷ (*renegar*) verfluchen
abonable [aβo'naβle] *adj* ❶ (*cantidad*) zahlbar
❷ (*letra de cambio*) fällig
abonado, -a [aβo'naðo, -a] I. *adj* ❶ (*suscrito*) abonniert
❷ (*terreno*) gedüngt; **terreno** [*o* **campo**] **~** Nährboden *m*
II. *m, f* (*a revistas, espectáculos*) Abonnent(in) *m(f)*; (*a electricidad, gas*) Abnehmer(in) *m(f)*; (*al teléfono*) Fernsprechteilnehmer(in) *m(f)*
abonanzar [aβonan'θar] <z→c> *vi* aufklaren; **después de la tormenta abonanzó y pudimos salir a pescar** nach dem Gewitter klarte es auf und wir konnten angeln gehen
abonar [aβo'nar] I. *vt* ❶ (*garantizar, acreditar*) bürgen (für +*akk*); **~ la verdad de un acontecimiento** die Richtigkeit eines Vorfalls bezeugen
❷ (*pagar*) bezahlen; **~ en cuenta** gutschreiben; **para ~ en cuenta** nur zur Verrechnung; **~ sus deudas** seine Schulden begleichen
❸ (*terreno*) düngen
❹ (*revista, periódico*) abonnieren; **~ a alguien a una revista** jdn als Leser [*o* Abonnenten] einer Zeitschrift werben; (*como regalo*) für jdn eine Zeitschrift abonnieren
II. *vr:* **~se a algo** etw abonnieren; **~se a la temporada de ópera** ein Abonnement für die Oper nehmen
abonaré [aβona're] *m* (FIN) Schuldschein *m*
abono [a'βono] *m* ❶ (*al teatro, una revista*) Abonnement *nt*; **anular un ~** ein Abonnement kündigen
❷ (*para transporte público*) Zeitkarte *f*, Dauerkarte *f*; **~ mensual/semanal** Monats-/Wochenkarte *f*; **sacar un ~** eine Dauerkarte kaufen
❸ (*pago*) Bezahlung *f*; **~ en cuenta** Gutschrift *f*, bargeldlose Verrechnung; **~ parcial** Teilzahlung *f*

aboquillado

④ (*fertilizante*) Dünger *m*, Düngemittel *nt;* ~ **químico** Kunstdünger *m*
⑤ (*de la tierra*) Düngung *f*
aboquillado, -a [aβoki'ʎaðo, -a] *adj* mundstückförmig
aboquillar [aβoki'ʎar] *vt* mit einem Mundstück versehen
abordable [aβor'ðaβle] *adj* **①** (NÁUT) zum Anlegen geeignet
② (*persona*) zugänglich
③ (*tema*) offen; **no** ~ tabu
abordaje [aβor'ðaxe] *m* (NÁUT) Entern *nt;* **tomar al** ~ entern
abordar [aβor'ðar] I. *vt* **①** (NÁUT: *chocar*) rammen
② (*persona*) ansprechen
③ (*tema*) anschneiden; (*problema*) angehen, in Angriff nehmen
II. *vi* (NÁUT) anlegen
aborigen [aβo'rixen] I. *adj* eingeboren
II. *mf* Ureinwohner(in) *m(f)*
aborrajarse [aβorra'xarse] *vr* (AGR) verdorren (*noch vor dem Ausreifen*)
aborrascarse [aβorras'karse] <c→qu> *vr* (METEO) stürmisch werden
aborrecer [aβorre'θer] *irr como crecer vt* **①** (*sentir aversión*) verabscheuen; ~ **a alguien de muerte** jdn auf den Tod nicht ausstehen können
② (*exasperar*) auf die Nerven gehen *+dat*
③ (*aburrir*) langweilen
aborrecible [aβorre'θiβle] *adj* abscheulich; (*persona*) unausstehlich
aborrecimiento [aβorreθi'mjento] *m* **①** (*aversión*) Abscheu *m o f*
② (*antipatía*) Abneigung *f*
aborregado, -a [aβorre'ɣaðo, -a] *adj* **①** (*cielo*) mit Schäfchenwolken bedeckt
② (*pey: simple*) einfältig
aborregarse [aβorre'ɣarse] <g→gu> *vr* **①** (*cubrirse de nubes*): **el cielo se aborregó** am Himmel zogen Schäfchenwolken auf
② (*embrutecerse*) abstumpfen
aborricarse [aβorri'karse] *vr* (*Col, Méx*) verdummen
abort [a'βorˈ] *m* (INFOR) Abbruch *m*
abortar [aβor'tar] I. *vi* **①** (*provocado*) abtreiben
② (*espontáneo*) eine Fehlgeburt haben
③ (*fracasar*) scheitern
II. *vt* (*hacer fracasar*) vereiteln; ~ **los planes de alguien** jds Pläne durchkreuzen
abortista [aβor'tista] I. *mf* Abtreibungsbefürworter(in) *m(f)*
II. *adj* Abtreibungs-; **clínica** ~ Abtreibungsklinik *f*
abortivo [aβor'tiβo] *m* Abtreibungsmittel *nt*
aborto [a'βorto] *m* **①** (*provocado*) Abtreibung *f*
② (*espontáneo*) Fehlgeburt *f*
③ (*pey: persona*) Vogelscheuche *f*, Monstrum *nt;* **es un** ~ **del diablo** er/sie ist hässlich wie die Nacht
abota(r)gado, -a [aβota(r)'ɣaðo, -a] *adj* aufgedunsen
abota(r)garse [aβota(r)'ɣarse] <g→gu> *vr* anschwellen
abotinado, -a [aβoti'naðo, -a] *adj:* **pantalón** ~ Karottenhose *f;* **zapatos** ~**s** Boots *pl*
abotonar [aβoto'nar] *vt* zuknöpfen; **~se la chaqueta** sich *dat* die Jacke zuknöpfen
abovedado, -a [aβoβe'ðaðo, -a] *adj* gewölbt
abovedar [aβoβe'ðar] *vt* **①** (*dar figura de bóveda*) wölben
② (*cubrir con bóveda*) überwölben
aboyar [aβo'jar] I. *vi* (*mantenerse a flote*) treiben
II. *vt* (NÁUT: *colocar boyas*) mit Bojen markieren; **lo primero que hicimos fue ~ la zona** als erstes markierten wir das Gebiet mit Bojen
abozalar [aβoθa'lar] *vt:* ~ **a un animal** einem Tier einen Maulkorb umbinden
abra ['aβra] *f* **①** (*bahía pequeña*) Bucht *f*
② (*Arg, Méx, Par, Urug: desmonte*) Lichtung *f*
③ (*Col: batiente de puerta*) Türflügel *m;* (*de ventana*) Fensterflügel *m*
abracadabra [aβraka'ðaβra] *m sin pl* Abrakadabra *nt*
abracadabrante [aβrakaða'βrante] *adj* (*fam*) **①** (*pasmoso*) verblüffend, umwerfend
② (*aterrador*) erschreckend
abranquio, -a [a'βraŋkjo] *adj* (ZOOL) kiemenlos
abrasador(a) [aβrasa'ðor(a)] *adj* brennend; **calor** ~ sengende Hitze
abrasar [aβra'sar] I. *vi* (*sol*) brennen; (*comida*) heiß sein
II. *vt* **①** (*quemar, incinerar*) brennen; (*ácidos*) verätzen; **¡cuidado!, este café abrasa la lengua** pass auf, sonst verbrennst du dir an dem Kaffee die Zunge; **las llamas ~on el bosque** der Wald wurde von den Flammen zerstört
② (*plantas*) ausdörren
③ (*dolor*) brennen (in *+dat*); (*estómago*) reizen; **la sed me abrasa (la garganta)** ich sterbe vor Durst
④ (*odio*) verzehren
⑤ (TÉC) reiben, scheuern
III. *vr:* **~se ①** (*quemarse*) sich verbrennen
② (*morirse, t. fig*) vergehen (*de/en* vor *+dat*); **~se de amor** vor Liebe vergehen

abrasión [aβra'sjon] *f* **①** (GEO) Abrasion *f*, Abtragung *f*
② (MED) (Haut)abschürfung *f*
③ (TÉC) Verschleiß *m*
abrasivo[1] [aβra'siβo] *m* Schleifmittel *nt*
abrasivo, -a[2] [aβra'siβo, -a] *adj* Scheuer-; **líquido** ~ flüssiges Scheuermittel, Scheuermilch *f fam*
abrazadera [aβraθa'ðera] *f* **①** (TIPO) eckige Klammer *f*
② (TÉC) Zwinge *f*, Klemmschraube *f*
abrazar [aβra'θar] <z→c> I. *vt* **①** (*persona*) umarmen
② (*contener*) enthalten; (*abarcar*) umfassen
③ (*doctrina, partido*) sich anschließen *+dat;* (*religión*) annehmen
II. *vr:* **~se** sich umarmen
abrazo [a'βraθo] *m* Umarmung *f;* **dar un ~ a alguien** jdn umarmen; **un (fuerte)** ~ (*en cartas*) ≈ herzliche [*o* liebe] Grüße
abreboca [aβre'βoka] *m* **①** (*fam: aperitivo*) Aperitif *m*
② (*Arg: persona distraída*) zerstreute Person *f*
abrebotellas [aβreβo'teʎas] *m inv* Flaschenöffner *m*
abrecartas [aβre'kartas] *m inv* Brieföffner *m*
ábrego ['aβreɣo] *m sin pl* feucht-warmer Südwind
abrelatas [aβre'latas] *m inv* Dosenöffner *m*
abrevadero [aβreβa'ðero] *m* Tränke *f*
abrevar [aβre'βar] *vt* (*ganado*) tränken
abreviación [aβreβja'θjon] *f* **①** (*abreviatura*) Abkürzung *f*
② (LING) Kurzform *f*
③ (*de un texto*) Kurzfassung *f*
abreviadamente [aβreβjaða'mente] *adv* kurzgefasst
abreviado, -a [aβre'βjaðo, -a] *adj* abgekürzt, verkürzt; (*corto*) kurz
abreviar [aβre'βjar] I. *vt* **①** (*palabra, estancia*) abkürzen; (*estancia, distancia*) verkürzen
II. *vr:* **~se** (*CRi, Nic*) sich beeilen
abreviatura [aβreβja'tura] *f* Abkürzung *f*, Abbreviatur *f*
abribonado, -a [aβriβo'naðo, -a] *adj* gaunerhaft
abribonarse [aβriβo'narse] *vr* zum Gauner werden
abridor [aβri'ðor] *m* Öffner *m;* (*para latas*) Dosenöffner *m;* (*para botellas*) Flaschenöffner *m*
abrigadero [aβriɣa'ðero] *m* windgeschützter Ort *m*
abrigado, -a [aβri'ɣaðo, -a] *adj* **①** (*protegido*) geschützt; ~ **del viento** windgeschützt
② (*con ropa*): **estar** [*o* **ir**] ~ warm angezogen sein
abrigar [aβri'ɣar] <g→gu> I. *vt* **①** (*del viento, frío*) schützen (*contra/de* gegen *+akk, contra/de* vor *+dat*)
② (*tapar, cubrir*) zudecken (*con* mit *+dat*)
③ (*tener*) hegen, haben; ~ **esperanzas** Hoffnungen hegen; ~ **proyectos** Pläne schmieden
II. *vr:* **~se** sich warm anziehen; **abrígate bien** zieh dich warm an
abrigo [a'βriɣo] *m* **①** (*prenda de vestir*) Mantel *m;* ~ **de pieles** Pelzmantel *m;* **ropa de** ~ warme Kleidung; **traje de poco** ~ dünner Anzug
② (*refugio*) Obdach *nt;* **al** ~ **de** unter dem Schutz *+gen*
③ (*loc*): **ser de** ~ es in sich *dat* haben
abril [a'βril] *m* April *m;* **tener trece ~es** (*fam*) dreizehn Lenze zählen; *v. t.* **marzo**
abrileño, -a [aβri'leɲo, -a] *adj* April-
abrillantado, -a [aβri'ʎantaðo, -a] *adj* **①** (*Am: brillante*) glänzend
② (*Arg*): **fruta abrillantada** kandierte Früchte
abrillantador[1] [aβriʎanta'ðor] *m* (*producto*) Poliermittel *nt*
abrillantador(a)[2] [aβriʎanta'ðor(a)] *m(f)* (*persona*) Edelsteinschleifer(in) *m(f)*
abrillantar [aβriʎan'tar] *vt* **①** (*piedras preciosas*) schleifen
② (*hacer brillar*) auf Hochglanz bringen, polieren; (*metales*) hochglanzpolieren
abrir [a'βrir] *irr* I. *vt* **①** (*puerta, botella, frontera*) aufmachen, öffnen; (*paraguas*) aufspannen; (*libro*) aufschlagen; (*piernas*) spreizen; (*grifo, llave del gas*) aufdrehen; (*con la llave*) aufschließen; (*luz*) anmachen; (INFOR: *fichero, ventana*) öffnen; (*silla plegable*) aufklappen; ~ **una calle al tráfico** eine Straße für den Verkehr freigeben; ~ **de par en par** sperrangelweit öffnen; **a medio** ~ (*puerta, ventana*) angelehnt; ~ **a golpes** aufschlagen; ~ **camino a alguien** jdm den Weg bahnen; ~ **paso** Platz machen; ~ **la cabeza a alguien** jdm den Schädel einschlagen; ~ **el apetito/la curiosidad** den Appetit anregen/die Neugier wecken
② (*canal, túnel*) bauen; (*agujero*) graben
③ (*cuenta corriente, negocio, perspectivas*) eröffnen; (COM: *mercado*) erschließen
④ (*curso, sesión*) anfangen, beginnen; ~ **el baile** den Tanz eröffnen; ~ **una exposición** eine Ausstellung eröffnen
⑤ (*manifestación, marcha*) anführen
II. *vi* (*tiempo*) sich aufklären
⑥ (*loc*): **en un ~ y cerrar de ojos** im Nu
III. *vr:* **~se ①** (*puerta, herida*) sich öffnen; **la ventana se abre al patio**

abrochador

das Fenster geht zum Hof
② *(confiar)* sich anvertrauen +*dat*
③ *(perspectivas)* sich eröffnen
④ *(argot: irse)* abhauen
⑤ *(Arg, Méx, Urug: desistir)* ablassen *(de* von +*dat)*
abrochador [aβro'tʃa'ðor] *m* Haken *m*
abrochar [aβro'tʃar] *vt* ① *(con broches)* zuhaken; *(con hebillas)* zuschnallen; *(con botones)* zuknöpfen; **abróchense los cinturones (de seguridad)** legen Sie die Sicherheitsgurte an
② *(Méx: aprehender)* fassen
abrogar [aβro'ɣar] <g→gu> *vt (JUR)* außer Kraft setzen, aufheben
abrojo [a'βroxo] *m* ① *(BIOL)* Stachelnuss *f*
② *(Ven: urticaria)* Nesselsucht *f*
abroncar [aβroŋ'kar] <c→qu> *vt (fam)* ① *(echar una bronca)* die Leviten lesen +*dat*, herunterputzen
② *(abuchear)* auspfeifen, ausbuhen
abroquelarse [aβroke'larse] *vr* ① *(con el broquel)* sich schützen *(con* mit +*dat, contra/de* gegen +*akk, contra/de* vor +*dat)*
② *(recurrir)* sich verschanzen *(en/tras* hinter +*dat)*
abrumado, -a [aβru'maðo, -a] *adj* ① *(de trabajo)* überarbeitet
② *(apabullado)* niedergedrückt
abrumador(a) [aβruma'ðor(a)] *adj* ① *(agobiador)* bedrückend, belastend
② *(apabullante)* überwältigend; **victoria ~a** überwältigender Sieg
abrumar [aβru'mar] *vt* ① *(agobiar)* bedrücken, belasten
② *(de trabajo, elogios)* überhäufen *(de/con* mit +*dat)*, erdrücken *(de/con* mit +*dat)*
abrupción [aβruβ'θjon] *f (MED: fractura)* Bruch *m*; *(desgarro)* Ruptur *f*
abrupto, -a [a'βrupto, -a] *adj* ① *(camino, abismo)* steil; *(abismo)* jäh
② *(carácter)* schroff
abrutado, -a [aβru'taðo, -a] *adj* grob, roh
absceso [aβs'θeso] *m (MED)* Abszess *m*; ~ **pulmonar** Lungenabszess *m*
abscisa [aβs'θisa] *f (MAT)* Abszisse *f*
abscisión [aβsθi'sjon] *f (MED)* Ablösung *f*
absenta [aβ'senta] *f* Absinth *m*
absentismo [aβsen'tismo] *m* Abwesenheit *f*; ~ **laboral** Fernbleiben von der Arbeit, Fehlen (am Arbeitsplatz)
ábside ['aβsiðe] *m (ARQUIT)* Apsis *f*
absintio [aβ'sintjo] *m (BOT)* (Echter) Wermut *m*
absolución [aβsolu'θjon] *f* ① *(JUR)* Freispruch *m*; *(de una demanda)* Klageabweisung *f*; ~ **parcial** Teilfreispruch *m*; ~ **por falta de pruebas** Freispruch mangels Beweisen; ~ **por inocencia probada** Freispruch wegen erwiesener Unschuld
② *(REL)* Lossprechung *f*, Absolution *f*; **dar la ~ a alguien** jdm die Absolution erteilen, jdn lossprechen
absolutamente [aβsoluta'mente] *adv* absolut; *(acuerdo, verdad, estupidez)* völlig; *(negación, prohibición)* strikt; **está ~ de acuerdo con nosotros** er/sie stimmt uns völlig zu; **es ~ posible** es ist durchaus möglich; **es ~ necesario** es ist unbedingt nötig; ~ **nada** überhaupt nichts
absolutismo [aβsolu'tismo] *m sin pl (POL)* Absolutismus *m*
absolutista [aβsolu'tista] I. *adj (POL)* absolutistisch
II. *mf (POL)* Absolutist(in) *m(f)*
absolutizar [aβsoluti'θar] <z→c> *vt* verabsolutieren
absoluto, -a [aβso'luto, -a] *adj (t. POL)* absolut; *(completo)* völlig, vollkommen; *(ilimitado)* unumschränkt, uneingeschränkt; **una prohibición absoluta** ein strenges [*o* striktes] Verbot; **en ~** keineswegs, überhaupt nicht; **nada en ~** gar nichts
absolutorio, -a [aβsolu'torjo, -a] *adj (JUR)* freisprechend
absolver [aβsol'βer] *irr como volver vt* ① *(JUR)* freisprechen
② *(REL)* lossprechen; ~ **a alguien de sus pecados** jdm die Absolution erteilen, jdn (von seinen/ihren Sünden) lossprechen
absorbencia [aβsor'βenθja] *f v.* **absorción**
absorbente [aβsor'βente] *adj* ① *(esponja, trapo)* saugfähig
② *(FÍS)* absorbierend
③ *(película, libro)* fesselnd; *(trabajo)* zeitraubend; **es una persona muy ~** er/sie nimmt einen völlig in Anspruch
absorber [aβsor'βer] *irr vt* ① *(tierra, esponja, aspiradora)* (auf)saugen
② *(FÍS)* absorbieren
③ *(ocupar)* in Anspruch nehmen; *(cautivar)* fesseln; ~ **la atención de alguien** jds Aufmerksamkeit beanspruchen
④ *(incorporar)* eingliedern; *(empresa)* aufkaufen
absorción [aβsor'θjon] *f* ① *(de líquidos)* Aufsaugen *nt*
② *(FÍS)* Absorption *f*
③ *(COM: compra)* Aufkauf *m*, Übernahme *f*; ~ **de pérdidas** Verlustübernahme *f*
absorto, -a [aβ'sorto, -a] I. *pp de* **absorber**
II. *adj* ① *(pasmado)* verblüfft
② *(entregado)* vertieft *(en* in +*akk)*, versunken *(en* in +*akk)*
abstemio, -a [aβs'temjo, -a] I. *adj* abstinent

aburrir

II. *m, f* Antialkoholiker(in) *m(f)*, Abstinenzler(in) *m(f)*
abstención [aβsten'θjon] *f* ① *(privación, renuncia)* Enthaltung *f*, Verzicht *m (de* auf +*akk)*
② *(POL)* Stimmenthaltung *f*
③ *(JUR)* Hinderung *f*
abstencionismo [aβstenθjo'nismo] *m (POL)* Stimmenthaltung *f*
abstencionista [aβstenθjo'nista] *mf* Nichtwähler(in) *m(f)*; **el número de ~s creció en los últimos años** die Anzahl der Nichtwähler ist in den letzten Jahren gestiegen
abstenerse [aβste'nerse] *irr como tener vr (t. POL)* sich enthalten; ~ **de algo** sich etw *gen* enthalten, auf etw verzichten; ~ **de votar** sich der Stimme enthalten; ~ **del tabaco** [*o* **de fumar**] auf das Rauchen verzichten; **rogamos que se abstengan de realizar visitas** wir bitten Sie, von einem Besuch abzusehen
abstersión [aβster'sjon] *f (MED)* Wundsäuberung *f*
abstinencia [aβsti'nenθja] *f* Enthaltsamkeit *f*; *(de alcohol)* Abstinenz *f*; ~ **de consumo** *(ECON)* Konsumverzicht *m*
abstinente [aβsti'nente] *adj* enthaltsam; *(de alcohol)* abstinent
abstracción [aβstrak'θjon] *f* Abstraktion *f*, Abstrahieren *nt*
abstractismo [aβstrak'tismo] *m* abstrakte Kunst *f*
abstracto, -a [aβs'trakto, -a] *adj* abstrakt; **en ~** abstrakt betrachtet
abstraer [aβstra'er] *irr como traer* I. *vt* abstrahieren
II. *vr:* ~**se en algo** sich in etw vertiefen; ~**se de algo** auf etw verzichten; **consigue ~se de los gritos en la calle** er/sie lässt sich von den Schreien auf der Straße nicht ablenken
abstraído, -a [aβstra'iðo, -a] *adj* in Gedanken versunken, (geistig) abwesend; **estar ~ en algo** in etw versunken sein
abstruso, -a [aβs'truso, -a] *adj* verworren, abstrus
absurdidad [aβsurði'ðað] *f* Absurdität *f*, Widersinn *m*
absurdo¹ [aβ'surðo] *m* Absurdität *f*, Widersinnigkeit *f*; **reducir algo al ~** etw ad absurdum führen
absurdo, -a² [aβ'surðo, -a] *adj* absurd, widersinnig
abubilla [aβu'βiʎa] *f (ZOOL)* Wiedehopf *m*
abuchear [aβu'tʃear] *vt* auspfeifen
abucheo [aβu'tʃeo] *m* Buhrufe *mpl*, Pfeifkonzert *nt*
abuelo, -a [a'βwelo, -a] *m, f* Großvater *m*, Großmutter *f*, Opa *m fam*, Oma *f fam*; **los ~s** die Großeltern; ~ **materno** Großvater mütterlicherseits; **éramos pocos y parió la abuela** *(fam)* der/die hatte uns gerade noch gefehlt
abulense [aβu'lense] I. *adj* aus Ávila
II. *mf* Bewohner(in) *m(f)* der Stadt Ávila
abulia [a'βulja] *f* Willenlosigkeit *f*, Willensschwäche *f*
abúlico, -a [a'βuliko, -a] *adj* willensschwach, willenlos
abultado, -a [aβul'taðo, -a] *adj* groß, massig; **labios ~s** dicke [*o* wulstige] Lippen
abultamiento [aβulta'mjento] *m* ① *(bulto)* Beule *f*
② *(hinchazón)* (An)schwellung *f*
abultar [aβul'tar] I. *vi* viel Raum einnehmen
II. *vt* ① *(aumentar)* vergrößern
② *(exagerar)* aufbauschen, übertreiben
abundamiento [aβunda'mjento] *m:* **a mayor ~** für alle Fälle, vorsichtshalber
abundancia [aβun'danθja] *f* Fülle *f*, Überfluss *m*; *(COM: de bienes)* Überangebot *nt*; **vivir en la ~** im Überfluss leben; **nadar en la ~** im Geld schwimmen; **en ~** in Hülle und Fülle
abundante [aβun'dante] *adj* reichlich, reichhaltig; ~ **en algo** reich an etw
abundar [aβun'dar] *vi* ① *(existir en abundancia)* reichlich vorhanden sein; ~ **en algo** reich an etw sein
② *(Am: extenderse)* sich verlieren *(en* in +*dat)*
③ *(Chil, PRico: convenir)* übereinstimmen *(en* in +*dat)*
abundoso, -a [aβun'doso, -a] *adj v.* **abundante**
abur [a'βur] *interj (adiós)* tschüs(s)
aburguesado, -a [aβurɣe'saðo, -a] *adj* verbürgerlicht, spießig *fam pey*
aburguesamiento [aβurɣesa'mjento] *m* Verbürgerlichung *f*
aburguesarse [aβurɣe'sarse] *vr* verbürgerlichen, spießig werden *fam pey*
aburrarse [aβu'rrarse] *vr (volverse torpe)* abstumpfen; *(volverse violento)* verrohen
aburrido, -a [aβu'rriðo, -a] *adj* ① *ser (reunión, trabajo)* langweilig; *(persona)* fade, langweilig
② *estar (harto)* überdrüssig; **estar ~ de algo** etw satt haben, etw +*dat* überdrüssig sein; **sus chistes me tienen ~** ich kann seine/ihre Witze nicht mehr hören
aburrimiento [aβurri'mjento] *m* ① *(tedio)* Langeweile *f*
② *(fastidio)* Überdruss *m*
aburrir [aβu'rrir] I. *vt* ① *(hastiar)* langweilen; **me aburre** er/sie/es langweilt mich
② *(fastidiar)* auf die Nerven gehen +*dat*, anöden *fam*

abusar

II. *vr:* ~**se** sich langweilen (*con* bei +*dat*); ~**se de algo** etw satt bekommen; ~**se como una ostra** (*fam*) sich zu Tode langweilen

abusar [aβu'sar] *vi* ① (*usar indebidamente*) missbrauchen (*de* +*akk*) ② (*aprovecharse*) ausnutzen (*de* +*akk*); ~ **de una mujer** eine Frau vergewaltigen [*o* missbrauchen]; ~ **de su salud** sich übustrengen

abusivo, -a [aβu'siβo, -a] *adj* missbräuchlich; **precios ~s** überhöhte Preise

abuso [a'βuso] *m* Missbrauch *m;* ~ **de autoridad** Amtsmissbrauch *m;* ~ **de confianza** Vertrauensbruch *m;* ~ **de derecho** Rechtsmissbrauch *m;* ~ **del derecho de voto** Stimmrechtsmissbrauch *m;* ~ **deshonesto** Unzucht *f;* ~ **de explotación** Ausbeutungsmissbrauch *m;* ~**de facultades dispositivas** Gestaltungsmissbrauch *m;* ~ **de firma en blanco** Blankettmissbrauch *m;* ~ **de medicamentos** Medikamentenmissbrauch *m;* ~ **monopolista** Monopolmissbrauch *m;* ~ **sexual** sexueller Missbrauch; ~ **de tarjetas de crédito** Kreditkartenmissbrauch *m;* ~ **de título** Titelmissbrauch *m;* ~ **de título profesional** Berufsbezeichnungsmissbrauch *m;* **este precio es un ~** dieser Preis ist unverschämt hoch

abusón, -ona [aβu'son, -ona] I. *adj* (*fam*) schmarotzerhaft, schmarotzerisch

II. *m, f* (*fam*) Schmarotzer(in) *m(f)*

abyección [aβjek'θjon] *f* ① (*bajeza*) Verworfenheit *f*, Niederträchtigkeit *f*
② (*deshonra*) Schande *f*

abyecto, -a [aβ'jekto, -a] *adj* ① (*bajo*) verworfen, niederträchtig
② (*deshonroso*) schändlich

a.C. ['antes ðe 'kristo] *abr de* antes de Cristo v. Chr.

acá [a'ka] *adv* hier; **para ~** hierher; **¡ven ~!** komm her!; ~ **y allá** hier und dort, mal hier, mal dort

acabado¹ [aka'βaðo] *m* (TÉC) Finish *nt*

acabado, -a² [aka'βaðo, -a] *adj* ① (*completo*) fertig, vollendet
② (*salud*) kraftlos
③ (*sin posibilidades*) am Ende, erledigt

acaballado, -a [akaβa'ʎaðo, -a] *adj* pferdeartig; **una cara acaballada** ein Pferdegesicht

acaballar [akaβa'ʎar] *vt* (*caballo, burro*) decken, beschälen

acaballerado, -a [akaβaʎe'raðo, -a] *adj* ① (*pey: que presume de caballero*): **es un hombre ~ que en realidad está muy lejos de ser distinguido** er mimt den Gentleman, ist aber in Wirklichkeit weit davon entfernt, kultiviert zu sein
② (*caballeroso*) gentlemanlike; **mi amigo es un tipo ~ que siempre me deja pasar delante** mein Freund ist ein Gentleman und lässt mir immer den Vortritt

acaballerar [akaβaʎe'rar] *vt* zum Ritter schlagen

acabamiento [akaβa'mjento] *m* ① (*acción de acabar*) Beendigung *f*
② (*estado de acabado*) Vollendung *f*

acabar [aka'βar] I. *vi* ① (*terminar*) enden (*en* auf +*akk*, *en* mit +*dat*); ~ **bien/mal** gut/schlecht ausgehen; ~ **en punta** spitz zulaufen; **la clase acaba a las tres** der Unterricht endet um drei (Uhr); **Frankfurt acaba en t** Frankfurt endet auf t
② (*una acción*): ~ **de hacer algo** soeben etw getan haben; **él acaba de salir** er ist soeben gegangen; **ella acaba de llegar** sie ist gerade angekommen; **el libro acaba de publicarse** das Buch ist soeben erschienen
③ (*destruir, agotar*): ~ **con algo/alguien** etw zunichte machen/jdn fertigmachen; **este niño ~á conmigo** dieses Kind macht mich noch völlig fertig; **este hombre acaba con la paciencia de un santo** dieser Mensch bringt den stärksten Geduldsfaden zum Reißen
④ (*ocurrir finalmente*): ~ **por hacer algo** schließlich etw machen; ~**ás por comprenderlo** du wirst es schließlich einsehen; ~**ás por volverme loco** du machst mich noch verrückt
⑤ (*CSur: alcanzar el orgasmo*) zum Orgasmus kommen
II. *vt* ① (*terminar*) beenden, abschließen
② (*consumir*) aufbrauchen; ~ **todas las galletas** alle Kekse aufessen
③ (*Ecua: hablar mal de alguien*) herziehen (*über* +*akk*)
III. *vr:* ~**se** enden, zu Ende sein; **la mantequilla se ha acabado** die Butter ist zu Ende, die Butter ist alle *fam*; **¡se acabó!** und damit basta!; **todo se acabó** alles ist vorbei

acabóse [aka'βose] *m* (*fam*): **¡esto es el ~!** das ist (doch) das Letzte!

acacia [a'kaθja] *f* Akazie *f*

academia [aka'ðemja] *f* ① (*corporación*) Akademie *f*
② (*colegio*) (Privat)schule *f*; ~ **militar** Militärakademie *f*; ~ **de noche** Abendschule *f*
③ (*pintura*) Aktstudie *f*

academicismo [akaðemi'θismo] *m* (*arte*) Akademismus *m*

académico, -a [aka'ðemiko, -a] I. *adj* akademisch; **título ~** akademischer Grad
II. *m, f* Mitglied *nt* einer Akademie

academizar [akaðemi'θar] <z→c> *vt* (*t. pey*) akademisieren, akademisch betreiben

acaecer [akae'θer] *irr como crecer vi* sich ereignen, geschehen

acaecimiento [akaeθi'mjento] *m* Ereignis *nt*, Vorfall *m*

acahual [aka'wal] *m* (*Méx: girasol*) Sonnenblume *f*

acairelar [akai̯re'lar] *vt* mit Fransen verzieren

acajú [aka'xu] *m* (*Cuba, Méx, PRico, RDom*) ① (BOT) Nierenbaum *m*
② (*fruto*) Cashewnuss *f*

acalambrarse [akalam'brarse] *vr* (*Am*) sich verkrampfen, einen Krampf bekommen; **se le acalambró una pierna** er/sie bekam einen Krampf im Bein

acallamiento [akaʎa'mjento] *m* ① (*silencio*) Stillschweigen *nt*
② (*sosegamiento*) Beschwichtigung *f*

acallar [aka'ʎar] *vt* ① (*hacer callar*) zum Schweigen bringen
② (*apaciguar*) beschwichtigen; (*conciencia*) beruhigen; (*hambre*) stillen

acalorado, -a [akalo'raðo, -a] *adj* heftig, hitzig; **una disputa/discusión acalorada** eine hitzige Auseinandersetzung/erregte Diskussion; **una respuesta acalorada** eine heftige Antwort

acaloramiento [akalora'mjento] *m* ① (*de calor*) Erhitzen *nt*
② (*de pasión*) Eifer *m*

acalorar [akalo'rar] I. *vt* ① (*dar calor*) erhitzen, ins Schwitzen bringen
② (*enfadar*) aufregen, erregen
II. *vr:* ~**se** ① (*sofocarse*) sich erhitzen, warm werden; **se acaloró al correr** ihm/ihr wurde beim Laufen warm
② (*apasionarse*) in Eifer geraten, sich eifern (*con* über +*akk*)
③ (*enfadarse*) in Wut geraten (*por* wegen +*gen*); **se acalora por nada** er/sie regt sich wegen Nichtigkeiten auf

acalórico, -a [aka'loriko, -a] *adj* ohne Kalorien; **alimentos ~s** Nahrungsmittel, die keine Kalorien enthalten

acampada [akam'paða] *f* Zelten *nt*, Kampieren *nt*

acampanado, -a [akampa'naðo, -a] *adj* glockenförmig

acampar [akam'par] *vi* campen, zelten; (*tropa*) lagern; ~ **en la playa/en la montaña** am Strand/in den Bergen campen

acanalado, -a [akana'laðo, -a] *adj* ① (*forma*) mit Rillen versehen, rinnenförmig
② (TÉC) ausgekehlt

acanaladura [akanala'ðura] *f* Rinne *f*, Rille *f*; (TÉC) Auskehlung *f*

acanalar [akana'lar] *vt* ① (*hacer canales*) rillen, furchen
② (TÉC) auskehlen

acanallado, -a [akana'ʎaðo, -a] *adj* pöbelhaft

acanallar [akana'ʎar] I. *vt* verderben, (sittlich) verwahrlosen lassen
II. *vr:* ~**se** verwahrlosen, verkommen

acanelado, -a [akane'laðo, -a] *adj* ① (*similar a la canela*) zimtartig; (*color*) zimtfarben; **tiene un hermoso cutis ~** er/sie hat einen schönen zimtfarbenen Teint
② (*con canela*) mit Zimt; **sabor ~** Zimtgeschmack *m;* **arroz con leche ~** Milchreis mit Zimt

acantilado¹ [akanti'laðo] *m* Steilküste *f*

acantilado, -a² [akanti'laðo, -a] *adj* abschüssig, steil

acantio [a'kantjo] *m* (BOT) Eselsdistel *f*

acanto [a'kanto] *m* (BOT) Akanthus *m*, Bärenklau *m*

acantonamiento [akantona'mjento] *m* (MIL) Einquartierung *f*

acantonar [akanto'nar] *vt* (MIL) einquartieren

acaparador(a) [akapara'ðor(a)] *m(f)* Aufkäufer(in) *m(f)*, Hamsterer *m fam*

acaparamiento [akapara'mjento] *m* Hamsterkauf *m*, Hamstern *nt*

acaparar [akapa'rar] *vt* ① (*objetos*) aufkaufen, hamstern
② (*apoderarse, absorber*) (für sich) beanspruchen; ~ **todas las miradas** alle Blicke auf sich ziehen

a capella [a ka'pela] (MÚS) a cappella; **ejecutaron la última pieza del concierto ~** sie trugen das letzte Stück des Konzerts a cappella vor

acapillar [akapi'ʎar] *vt* (*Méx: atrapar*) fassen, erwischen *fam*

acaponado, -a [akapo'naðo, -a] *adj* eunuchenartig; **voz acaponada** Eunuchenstimme *f*, Kastratenstimme *f*

acapullado, -a [akapu'ʎaðo, -a] *adj* kokonförmig

acaracolado, -a [akarako'laðo, -a] *adj* schneckenförmig

acaramelado, -a [akarame'laðo, -a] *adj* ① (*pastel*) mit Karamell überzogen
② (*fam: voz, comportamiento*) zuckersüß

acaramelar [akarame'lar] I. *vt* mit Karamell überziehen
II. *vr:* ~**se** zuckersüß sein; (*novios*) verliebt tun, turteln

acardenalar [akarðena'lar] *vt* grün und blau schlagen

acariciador(a) [akariθja'ðor(a)] *adj* liebkosend, zärtlich

acariciar [akari'θjar] I. *vt* ① (*persona, animal*) streicheln, liebkosen
② (*idea, plan*) hegen
II. *vr:* ~**se** (*Arg*) schmusen

ácaro ['akaro] *m* (ZOOL) Milbe *f*

acarpo [a'karpo] *adj* (BOT) fruchtlos, ohne Frucht

acarrear [akarre'ar] *vt* ① (*transportar*) transportieren, befördern
② (*daños, desgracias*) verursachen

acarreo [aka'rreo] *m* ① (*transporte*) Transport *m*, Beförderung *f;* ~ **aéreo** Lufttransport *m*

acarroñar

② (*importe*) Frachtgebühr *f*
③ (INFOR) Überlauf *m*; ~ **cíclico** Komplementübertragung *f*; ~ **completo** Übertrag *m*; ~ **parcial** Teilübertrag *m*
acarroñar [akarro'ɲar] I. *vt* (*Col: amilanar*) einschüchtern
II. *vr:* ~**se** (*acobardarse*) den Mut verlieren
acartonado, -a [akarto'naðo, -a] *adj* ① (*ropa*) steif
② (*persona*) hager
③ (*cutis*) gegerbt
acartonamiento [akartona'mjento] *m* Sprödewerden *nt*; **a partir de cierta edad se produce un ~ de la piel** ab einem gewissen Alter wird die Haut spröde
acartonarse [akarto'narse] *vr* ① (*tela*) steif werden
② (*persona*) abmagern, hager werden; (*cutis*) austrocknen, faltig werden
acasamatado, -a [akasama'taðo, -a] *adj* ① (*con forma de casamata*) gewölbt
② (MIL) mit Kasematten gesichert; **el fortín ~ era inexpugnable** aufgrund der Kasematten war die Festung uneinnehmbar
acaserarse [akase'rarse] *vr* ① (*Chil, Perú: hacerse parroquiano*) Kunde werden
② (*Ant, Chil, Perú: acostumbrarse a no salir de su casa*) nicht mehr aus dem Haus gehen
③ (*Am: un perro*) heimisch werden
acaso [a'kaso] I. *m* Zufall *m*; **el ~ hizo que... +***subj* der Zufall wollte es, dass ...
II. *adv* vielleicht, möglicherweise; **¿está ~ enfermo?** ist er/sie etwa krank?; **por si ~** (*en caso de*) falls; (*en todo caso*) vorsichtshalber, auf jeden Fall; **por si ~ llega tarde** falls er/sie zu spät kommt; **por si ~ tomaré un comprimido** ich nehme vorsichtshalber eine Tablette
acastañado, -a [akasta'ɲaðo, -a] *adj* kastanienbraun
acatamiento [akata'mjento] *m* ① (*respeto*) Ehrfurcht *f*
② (*de las leyes*) Befolgung *f*
acatar [aka'tar] *vt* ① (*respetar*) achten
② (*obedecer*) befolgen
③ (*Col, Guat, PRico: caer en cuenta*) begreifen
acatarrarse [akata'rrarse] *vr* sich erkälten; **levemente acatarrado** leicht erkältet
acatólico, -a [aka'toliko, -a] I. *adj* nichtkatholisch; **comportamiento ~** (*fig*) unchristliches Verhalten
II. *m, f* Nichtkatholik(in) *m(f)*
acaudalado, -a [akauða'laðo, -a] *adj* wohlhabend, vermögend
acaudalar [akauða'lar] *vt* sammeln, erwerben
acaudillar [akauði'ʎar] *vt* anführen; ~ **una rebelión/un movimiento** eine Rebellion/Bewegung anführen
acceder [akθe'ðer] *vi* ① (*consentir*) einwilligen (*a* in *+akk*); ~ **a una petición** einer Bitte entsprechen
② (*tener acceso*) Zugang haben (*a* zu *+dat*)
③ (*ascender*) aufsteigen; ~ **a la presidencia** den Vorsitz übernehmen; ~ **a un cargo** ein Amt antreten; ~ **al trono** den Thron besteigen
④ (INFOR) zugreifen (*a* auf *+akk*)
accesibilidad [akθesiβili'ðað] *f* Zugänglichkeit *f*
accesible [akθe'siβle] *adj* ① (*persona, lugar*) zugänglich
② (*precios*) erschwinglich
③ (*explicación*) verständlich
accesión [akθe'sjon] *f* ① (*consentimiento*) Einwilligung *f*
② (JUR) Erwerb *m*, Zuwachs *m*
③ (*loc*): ~ **al poder** Machtübernahme *f*
accésit [ak'θesit] *m inv* Trostpreis *m*
acceso [ak'θeso] *m* ① (*a pie*) Zugang *m*; (*en vehículo*) Zufahrt *f*; **carretera de ~** Zufahrtstraße *f*, Zubringerstraße *f*; **de fácil ~** leicht zugänglich; **libre ~** freier Zutritt; **tener ~ a alguien/algo** Zugang zu jdm/etw haben
② (*ataque*) Anfall *m*; ~ **de fiebre** Fieberanfall *m*; ~ **de ira** Wutanfall *m*
③ (INFOR) Zugriff *m*; ~ **directo** Direktzugriff *m*; ~ **directo a memoria** direkter Speicherzugriff; ~ **en paralelo** paralleler Zugriff; ~ **en serie** serieller Zugriff; ~ **secuencial** sequenzieller Zugriff; ~ **de sólo lectura** Lesezugriff *m*; ~ **de usuario (a la red)** Benutzer(netz)zugang *m*; **mecanismo de ~** Zugriffsmechanismus *m*; **método de ~** Zugriffsverfahren *nt*; **modo de ~** Zugriffsmodus *m*; **tiempo de ~** Zugriffszeit *f*
④ (*unión sexual*): ~ **carnal** Beischlaf *m*
accesoriedad [akθesorje'ðað] *f* (JUR) Akzessorietät *f*; ~ **administrativa** Verwaltungsakzessorietät *f*; ~ **del acto administrativo** Verwaltungsaktakzessorietät *f*; ~ **del derecho administrativo** Verwaltungsrechtsakzessorietät *f*; ~ **de la hipoteca** Akzessorietät der Hypothek; ~ **limitada de participación** beschränkte Akzessorietät der Teilnahme
accesorio¹ [akθe'sorjo] *m* ① (*de vestidos*) Accessoire *nt*
② (*utensilio*) Utensil *nt*
③ *pl* (*de máquinas*) Zubehör *nt*; ~**s de automóvil** Autozubehör *nt*
accesorio, -a² [akθe'sorjo, -a] *adj* nebensächlich, Neben-; (JUR) akzessorisch

acebuche

accidentado, -a [akθiðen'taðo, -a] I. *adj* ① (*incidentado*) verunglückt
② (*terreno*) holp(e)rig, uneben
③ (*difícil, agitado*) hindernisreich, schwierig
II. *m, f* Verunglückte(r) *mf*
accidental [akθiðen'tal] *adj* ① (*no esencial*) nebensächlich, unwesentlich
② (*casual*) zufällig
③ (*loc*): **un director ~** ein amtierender Direktor
accidentalidad [akθiðentali'ðað] *f* ① (*insignificancia*) Unwesentlichkeit *f*
② (*casualidad*) Zufälligkeit *f*
accidentarse [akθiðen'tarse] *vr* verunglücken
accidente [akθi'ðente] *m* ① (*suceso desgraciado*) Unfall *m*, Unglück *nt*; ~ **en acto de servicio** Dienstunfall *m*; ~ **en cadena** Massenkarambolage *f*; ~ **de circulación** Verkehrsunfall *m*; ~ **laboral** [*o* **de trabajo**] Arbeitsunfall *m*; ~ **nuclear** Atomunfall *m*; **sufrir un ~** einen Unfall haben; **por ~** zufällig
② (MED) Ohnmachtsanfall *m*
③ (*desnivel*) Unebenheit *f*; ~**s geográficos** Relief *nt*
④ (FILOS) Akzidens *nt*
⑤ (LING): ~**s gramaticales** grammatische Formveränderungen
⑥ (MÚS) Vorzeichen *nt*
acción [ak'θjon] *f* ① (*acto*) Tat *f*, Handlung *f*; ~ **concertada** konzertierte Aktion; ~ **de protesta** Protestaktion *f*; ~ **punible** strafbare Handlung; ~ **de servicio** (JUR) Leistungshandlung *f*; ~ **oficial** Amtshandlung *f*; **un hombre de ~** ein Mann der Tat; **libertad de ~** Handlungsfreiheit *f*; **entrar en ~** eingreifen, beginnen; **poner en ~** in Aktion [*o* Betrieb] setzen
② (*influencia*) (Ein)wirkung *f*, Einfluss *m*; ~ **recíproca** Wechselwirkung *f*; **de rápida ~** rasch wirkend; **de ~ retardada** (*bomba*) mit Zeitzünder
③ (MIL) Gefecht *nt*
④ (LIT) Handlung *f*
⑤ (FIN) Aktie *f*; ~ **de aportación** Einbringungsaktie *f*; ~ **de fundación** Gründungsaktie *f*; ~ **gratuita** Gratisaktie *f*, Berichtigungsaktie *f*; ~ **de la junta directiva** Vorstandsaktie *f*; ~ **nominal** Namensaktie *f*; ~ **nueva** Bezugsaktie *f*; ~ **original** [*o* **común**] Stammaktie *f*; ~ **al portador** Inhaberaktie *f*; ~ **preferente** [*o* **privilegiada**] Vorzugsaktie *f*; ~ **de reajuste del capital** Kapitalberichtigungsaktie *f*; ~ **de renta variable** Dividendenaktie *f*; **emitir/rescatar/suscribir acciones** Aktien ausgeben/einziehen/zeichnen
⑥ (JUR) Klage *f*; ~ **accesoria** Nebenklage *f*; ~ **de acreedores terceros** Drittgläubigeranspruch *m*; ~ **cambiaria** Wechselklage *f*; ~ **del comprador** Abnehmerklage *f*; ~ **de condena** Leistungsklage *f*; ~ **constitutiva de licencia** Lizenzgestaltungsklage *f*; ~ **de cumplimiento** Erfüllungsklage *f*; ~ **por daños y perjuicios** Schadenersatzklage *f*; ~ **de demarcación** Grenzscheidungsklage *f*; ~ **declarativa** Feststellungsklage *f*; ~ **de desalojo** Räumungsklage *f*; ~ **directa** Direktanspruch *m*; ~ **de disolución** Auflösungsklage *f*; ~ **de divorcio** Scheidungsklage *f*; ~ **ejecutiva** Vollstreckungsklage *f*; ~ **engañosa** Täuschungshandlung *f*; ~ **de enriquecimiento** Bereicherungsklage *f*; ~ **de habeas corpus** Antrag auf Haftprüfung; ~ **hipotecaria** Hypothekenklage *f*; ~ **inhibitoria** Unterlassungsklage *f*; ~ **inmobiliaria** Immobilienklage *f*; ~ **de intervención** Interventionsklage *f*; ~ **de legitimación procesal** Prozessstandschaftsklage *f*; ~ **negatoria** Abwehrklage *f*; ~ **de nulidad** Nichtigkeitsklage *f*; ~ **de oposición** Widerspruchsklage *f*; ~ **particular** Privatklage *f*; ~ **de petición de herencia** Erbschaftsklage *f*; ~ **petitoria** Eigentumsklage *f*; ~ **popular** Nebenklage *f*; ~ **privada** Privatklageverfahren *nt*; ~ **reclamatoria de daños y perjuicios** Entschädigungsklage *f*; ~ **redhibitoria** Wandlungsklage *f*; ~ **de reembolso** Rückgabeanspruch *m*; ~ **reivindicatoria** Eigentumsherausgabeanspruch *m*; ~ **de resarcimiento** Ersatzanspruch *m*; ~ **de reversión** Rückübertragungsanspruch *m*; ~ **de revisión** Restitutionsklage *f*; ~ **de saneamiento por vicios** Mängelklage *f*; ~ **de vencimiento** Fälligkeitsanspruch *m*
⑦ (CINE): **¡~!** Aufnahme!, Action!
accionado [akθjo'naðo] *m* Gestik *f*
accionamiento [akθjona'mjento] *m* (TÉC) Betätigung *f*, Antrieb *m*
accionar [akθjo'nar] I. *vi* gestikulieren
II. *vt* (TÉC) betätigen, antreiben; ~ **un cohete** einen Feuerwerkskörper zünden
accionariado [akθjona'rjaðo] *m* (FIN) Aktionäre *mpl*
accionarial [akθjona'rjal] *adj* Aktionärs-
accionario, -a [akθjo'narjo, -a] *adj* Aktien-
accionista [akθjo'nista] *mf* (FIN) Aktionär(in) *m(f)*; ~ **comanditario** Kommanditaktionär *m*; ~ **mayoritario** Mehrheitsaktionär *m*; ~ **único** Alleinaktionär *m*
acebeda [aθe'βeða] *f*, **acebedo** [aθe'βeðo] *m* mit Stechpalmen bewachsener Platz *m*
acebo [a'θeβo] *m* (BOT) Stechpalme *f*
acebuche [aθe'βutʃe] *m* ① (*árbol*) Oleaster *m*

acechadero

❷ (*madera*) Oleasterholz *nt*
acechador [aθetʃa'ðero] *m* Hinterhalt *m*
acechante [aθe'tʃante] *adj* lauernd
acechanza [aθe'tʃanθa] *f* Belauerung *f*; (*de la policía*) Überwachung *f*, Observierung *f*
acechar [aθe'tʃar] *vt* belauern, ausspähen *fam*
acecho [a'θetʃo] *m* Lauern *nt*; **estar al ~** auf der Lauer liegen; **ponerse al ~** sich auf die Lauer legen
acecinado, -a [aθeθi'naðo, -a] *adj* ❶ (*salado*) gepökelt; (*secado*) getrocknet; (*ahumado*) geräuchert
❷ (*persona*) hager
acecinar [aθeθi'nar] I. *vt* (*salar*) pökeln; (*secar*) dörren; (*ahumar*) räuchern
II. *vr:* **~se** hager werden
acedar [aθe'ðar] I. *vt* ❶ (*agriar*) sauer werden lassen
❷ (*disgustar*) betrüben; **encontrarse con él le acedó la fiesta** das Zusammentreffen mit ihm verdarb ihm/ihr das Fest
II. *vr:* **~se** ❶ (*agriarse*) sauer werden
❷ (*disgustarse*) betrübt sein
acedera [aθe'ðera] *f* (BOT) Sauerampfer *m*
acedía [aθe'ðia] *f* ❶ (*acidez*) Säuerlichkeit *f*; (*del estómago*) Magensäure *f*
❷ (*de una persona*) Griesgrämigkeit *f*, Verdrießlichkeit *f*, Verbitterung *f*
❸ (*de las plantas*) Gelbfärbung *f*
acedo, -a [a'θeðo, -a] *adj* ❶ (*sabor*) sauer
❷ (*persona, carácter*) schroff
acefalía [aθefa'lia] *f* (MED) Azephalie *f*
acefalismo [aθefa'lismo] *m* (MED) *v.* **acefalía**
acéfalo, -a [a'θefalo, -a] *adj* ❶ (ANAT) kopflos; (MED) azephal
❷ (*sin jefe*) führungslos
aceitada [aθei̯'taða] *f* (*Am*) Schmierung *f*
aceitar [aθei̯'tar] *vt* ❶ (*motor, gozne*) ölen, schmieren
❷ (*ensalada*) mit Öl anmachen; **~ el pan** das Brot mit Öl bestreichen
aceitazo [aθei̯'taθo] *m* dickflüssiges, trübes Öl *nt*
aceite [a'θei̯te] *m* Öl *nt*; **~ bruto** Rohöl *nt*; **~ comestible** Speiseöl *nt*; **~ esencial** ätherisches Öl; **~ de girasol** Sonnenblumenöl *nt*; **~ lubrificante** Schmieröl *nt*; **~ de masaje** Massageöl *nt*; **~ mineral** Mineralöl *nt*; **~ de oliva** Olivenöl *nt*; **~ solar** Sonnenöl *nt*; **~ usado** Altöl *nt*; **~ vegetal** Pflanzenöl *nt*; **echar ~ al fuego** (*t. fig*) Öl ins Feuer gießen
aceitera [aθei̯'tera] *f* ❶ (*industria*) Ölindustrie *f*
❷ *pl* Essig- und Ölgestell *nt*, Menage *f*
aceitero, -a [aθei̯'tero, -a] I. *adj* (Speise)öl-; **molino ~** Ölmühle *f*
II. *m, f* Ölhändler(in) *m(f)*
aceitoso, -a [aθei̯'toso, -a] *adj* ölig
aceituna [aθei̯'tuna] *f* Olive *f*; **~s rellenas** gefüllte Oliven; **llegar a las ~s** zu spät zum Essen kommen
aceitunado, -a [aθei̯tu'naðo, -a] *adj* oliv(grün)
aceitunero, -a [aθei̯tu'nero, -a] *m, f* ❶ (*recolector*) Olivenpflücker(in) *m(f)*
❷ (*comerciante*) Olivenhändler(in) *m(f)*
aceituno [aθei̯'tuno] *m* Olivenbaum *m*
acelajado, -a [aθela'xaðo, -a] *adj*: **en la noche pudimos ver un firmamento ~** am Abend konnten wir einen Himmel voller Schleierwolken sehen
aceleración [aθelera'θjon] *f* Beschleunigung *f*
acelerado, -a [aθele'raðo, -a] *adj* rasch, schnell; **movimiento ~** (TÉC) beschleunigte Bewegung; **iba con paso ~** er/sie ging schnellen Schrittes
acelerador¹ [aθelera'ðor] *m* ❶ (AUTO) Gaspedal *nt*; **pisar el ~** Gas geben
❷ (FÍS): **~ de partículas** Teilchenbeschleuniger *m*
acelerador(a)² [aθelera'ðor(a)] *adj* beschleunigend
aceleramiento [aθelera'mjento] *m* ❶ (*aceleración*) Beschleunigung *f*
❷ (*prisa*) Eile *f*
❸ (INFOR): **~ de vídeo** Grafikbeschleuniger *m*
acelerar [aθele'rar] I. *vi* (*t.* AUTO) Gas geben, beschleunigen; **¡no aceleres tanto!** gib nicht so viel Gas!
II. *vt* beschleunigen; **~ el paso** schneller gehen
aceleratriz [aθelera'triθ] *adj* (FÍS) **fuerza ~** Beschleunigungskraft *f*
acelerómetro [aθele'rometro] *m* (AERO) Beschleunigungsmesser *m*
acelerón [aθele'ron] *m* (AUTO) plötzliches Beschleunigen *nt*; **dar acelerones al motor** den Motor aufheulen lassen
acelga [a'θelɣa] *f* (BOT) Mangold *m*
acémila [a'θemila] *f* ❶ (*animal*) Lastesel *m*
❷ (*pey: persona*) Dummkopf *m*, Esel *m*
acendrado, -a [aθen'draðo, -a] *adj* ❶ (*amor, cariño*) aufrichtig, lauter *elev*
❷ (*metal*) geläutert
acendrar [aθen'drar] *vt* (*t.* TÉC) läutern
acento [a'θento] *m* ❶ (LING: *prosódico*) Akzent *m*, Betonung *f*; **habla alemán sin ~** er/sie spricht akzentfrei Deutsch; **el ~ cae en la primera sílaba** die Betonung liegt auf der ersten Silbe
❷ (LING: *gráfico*) Akzent *m*; **esta palabra se escribe sin ~** dieses Wort schreibt man ohne Akzent
❸ (*entonación*) Tonfall *m*
❹ (*énfasis*) Nachdruck *m*, Betonung *f*; **poner especial ~ en algo** Nachdruck auf etw legen
acéntrico, -a [a'θentriko, -a] *adj* azentrisch
acentuación [aθentwa'θjon] *f* (LING: *prosódica*) Betonung *f*, Akzentuierung *f*; (*ortográfica*) Akzentsetzung *f*
acentuado, -a [aθentu'aðo, -a] *adj* ❶ (LING: *al pronunciar*) betont; (*al escribir*) mit Akzent; **no ~** unbetont; (*sin tilde*) ohne Akzent
❷ (*marcado*) ausgeprägt, stark
acentuar [aθentu'ar] <*1. pres:* acentúo> I. *vt* ❶ (LING: *al pronunciar*) akzentuieren, betonen; (*al escribir*) einen Akzent setzen (auf +*akk*); **tienes que ~ la u** du musst einen Akzent auf das u setzen
❷ (*resaltar*) hervorheben
❸ (*aumentar*) verschärfen
II. *vr:* **~se** (*Am: una enfermedad*) sich verschlimmern
aceña [a'θeɲa] *f* Wassermühle *f*
acepción [aθeβ'θjon] *f* Bedeutung *f*
aceptabilidad [aθeptaβili'ðaᵈ] *f* Annehmbarkeit *f*, Akzeptabilität *f*; **lo natural tiene una gran ~ entre la gente joven** das Natürliche hat unter den jungen Leuten eine große Akzeptabilität
aceptable [aθep'taβle] *adj* annehmbar, passabel
aceptación [aθepta'θjon] *f* ❶ (*aprobación*) Billigung *f*, Zustimmung *f*; **encontrar** [*o* **tener**] **~** Beifall finden
❷ (FIN) Akzept *nt*; **~ bancaria** Bankakzept *nt*; **~ de un cobro** Inkassoakzept *nt*; **~ de complacencia** Gefälligkeitsakzept *nt*; **~ documentaria** Rembourszusage *f*; **~ del pedido** Auftragsannahme *f*
❸ (JUR) Annahme *f*, **~ del contrato** Vertragsannahme *f*, Vertragsübernahme *f*; **~ de herencia** Erbschaftsannahme *f*
aceptado, -a [aθep'taðo, -a] *interj* (*Am: vale*) einverstanden
aceptante [aθep'tante] *mf* ❶ (FIN) Akzeptant(in) *m(f)*
❷ (JUR) Annehmende(r) *mf*
aceptar [aθep'tar] *vt* annehmen, akzeptieren; **~ un compromiso** einen Kompromiss in Kauf nehmen; **~ una invitación** eine Einladung annehmen; **~ una letra** (FIN) einen Wechsel mit Akzept versehen; **no ~ excusas** keine Entschuldigung gelten lassen
acequia [a'θekja] *f* ❶ (*canal de riego*) Bewässerungsgraben *m*
❷ (*Méx: albañal*) Abwasserkanal *m*
❸ (*Perú: arroyo*) Bach *m*
acera [a'θera] *f* Bürgersteig *m*, Gehweg *m*; **ser de la ~ de enfrente, ser de la otra ~** (*fam*) vom anderen Ufer sein, schwul sein
acerado, -a [aθe'raðo, -a] *adj* ❶ (*de acero*) stählern
❷ (*humor, palabras*) bissig
acerar [aθe'rar] *vt* ❶ (*convertir en acero*) verstählen
❷ (*fortalecer*) stählen
❸ (*hacer aceras*) Bürgersteige bauen [*o* anlegen] (in +*akk*)
acerbo, -a [a'θerβo, -a] *adj* ❶ (*gusto*) herb
❷ (*despiadado*) bitter, grausam; (*crítica, tono*) hart
acerca [a'θerka] *prep* (*con verbo*): **~ de** über +*akk*; **habla ~ de un nuevo proyecto** er/sie spricht über ein neues Projekt
❷ (*con sustantivo*): **~ de** in Bezug auf +*akk*; **~ de nuestro encuentro...** in Bezug auf unser Treffen ...
acercamiento [aθerka'mjento] *m* Annäherung *f* (*a* an +*akk*)
acercar [aθer'kar] <c→qu> I. *vt* ❶ (*poner más cerca*) heranbringen (*a* an +*akk*); (*silla, sofá*) heranrücken (*a* an +*akk*, *a* zu +*dat*); **acerca la silla a la mesa** rück den Stuhl an den Tisch; **esto nos acerca a la solución** das bringt uns der Lösung näher
❷ (*traer*) (her)bringen; (*dar*) reichen, geben; **acércame la sal, por favor** gib mir bitte das Salz
❸ (*fam: llevar*) (hin)bringen; **¿me acercas a la estación?** kannst du mich am Bahnhof absetzen?
II. *vr:* **~se** ❶ (*aproximarse*) sich nähern (*a* +*dat*)
❷ (*ir*) vorbeischauen (*a bei* +*dat*), vorbeigehen (*a bei* +*dat*); **~se a la tienda por patatas** Kartoffeln kaufen gehen
acerí [aθe'ri] *adj* aserbaidschanisch
acería [aθe'ria] *f* Stahlwerk *nt*
acerico [aθe'riko] *m* Nadelkissen *nt*
acero [a'θero] *m* Stahl *m*; **~ inoxidable** rostfreier Stahl; **tener nervios de ~** Nerven wie Drahtseile haben
acerola [aθe'rola] *f* (BOT) Azarole *f*
acerolo [aθe'rolo] *m* (BOT) Azaroldorn *m*
acérrimo, -a [a'θerrimo, -a] I. *superl de* acre
II. *adj* (*vigoroso, tenaz*) hartnäckig, erbittert; **un ~ defensor de la igualdad de la mujer** ein hartnäckiger Verfechter der Gleichberechtigung der Frau; **un ~ partidario del comunismo** ein begeisterter Anhänger des Kommunismus

acertado, -a [aθer'taðo, -a] *adj* ❶ (*correcto*) richtig
❷ (*atinado*) treffend, genau richtig
❸ (*conveniente*) ratsam
acertante [aθer'tante] *mf* Gewinner(in) *m(f)*
acertar [aθer'tar] <e→ie> I. *vi* ❶ (*dar*) treffen; **~ en el** [*o* **al**] **blanco** ins Schwarze treffen
❷ (*hacer con acierto*) das Richtige tun; **acertaste en protestar** es war richtig von dir zu protestieren
❸ (*por casualidad*): **~ a hacer algo** zufällig etw tun; **acertó a encontrarlo en el cine** er/sie hat ihn zufällig im Kino getroffen
❹ (*conseguir*): **no acerté a encontrar la respuesta** es gelang mir nicht die Lösung zu finden
❺ (*encontrar*) finden (*con + akk*)
II. *vt* ❶ (*dar en el blanco*) treffen
❷ (*encontrar*) finden
❸ (*adivinar*) erraten
acertijo [aθer'tixo] *m* Rätsel *nt*
acervo [a'θerβo] *m* gemeinsamer Besitz *m*, Gemeinschaftsvermögen *nt*; (JUR) Erbmasse *f*; **~ cultural** Kulturgut *nt*
acescencia [aθes'θenθja] *f* Säuerungsneigung *f*; **pasados unos días la leche presenta una mayor ~** nach einigen Tagen weist die Milch eine größere Säuerungsneigung auf
acetal [aθe'tal] *m* (QUÍM) Acetal *nt*
acetaldehído [aθetalde'iðo] *m* (QUÍM) Acetaldehyd *nt*
acetato [aθe'tato] *m* (QUÍM) Acetat *nt*, Azetat *nt*
acético, -a [a'θetiko, -a] *adj* (QUÍM) Essig-; **ácido ~** Essigsäure *f*
acetileno [aθeti'leno] *m* (QUÍM) Acetylen *nt*
acetol [aθe'tol] *m sin pl* Acetum *nt*, Essig *m*
acetona [aθe'tona] *f* (QUÍM) Aceton *nt*
acetonemia [aθeto'nemja] *f* (MED) Acetonämie *f*
acetonuria [aθeto'nurja] *f* (MED) Acetonurie *f*
acetoso, -a [aθe'toso] *adj* essigsauer
acetrinar [aθetri'nar] I. *vt* gelbgrün werden lassen
II. *vr*: **~se** gelbgrün werden
acezar [aθe'θar] <z→c> *vi* (*jadear*) keuchen, schnaufen; **llegó acezando porque había subido muy deprisa las escaleras** er/sie kam keuchend an, weil er/sie die Treppen hinaufgeeilt war
achabacanar [atʃaβaka'nar] I. *vt* ❶ (*persona*) verrohen
❷ (*cosa*) verderben
II. *vr*: **~se** ❶ (*persona*) verrohen
❷ (*cosa*) verderben
❸ (*lenguaje*) vulgär werden
achacable [atʃa'kaβle] *adj* zuzuschreiben (*a + dat*); **esto es sólo ~ a su inteligencia** dies ist nur seiner/ihrer Intelligenz zuzuschreiben
achacar [atʃa'kar] <c→qu> *vt* zuschreiben (*a + dat*), zurückführen (*a auf + akk*); **achacó sus fallos a su larga enfermedad** er/sie führte seine/ihre Fehler auf seine/ihre lange Krankheit zurück; **le achacan todas las faltas** alle Fehler werden ihm/ihr zugeschrieben
achachay [atʃa'tʃai] *interj* (*Col, Ecua*) toll
achacoso, -a [atʃa'koso, -a] *adj* anfällig; **estar ~** kränkeln
achaflanar [atʃafla'nar] *vt* abschrägen; **esquina achaflanada** schräg geschnittene Ecke
achajuanarse [atʃaxwa'narse] *vr* (*Col*) ❶ (*flaquear*) schwach werden
❷ (*las bestias*) sich überanstrengen
achalay [atʃa'lai] *interj* (*Arg, Perú*) toll
achampañado, -a [atʃampa'ɲaðo, -a] *adj* champagnerartig; **vino ~** Schaumwein *m*
achancharse [atʃan'tʃarse] *vr* (*Arg, Col, Ecua, Perú*) ❶ (*emperezarse*) faul werden, träge werden
❷ (*repantingarse*) sich rekeln, sich räkeln
❸ (*vaguear*) faulenzen
achantar [atʃan'tar] I. *vt* (*fam*) einschüchtern, verschrecken
II. *vr*: **~se** sich einschüchtern lassen; (*no atreverse*) zurückschrecken, kalte Füße bekommen *fam*
achaparrado, -a [atʃapa'rraðo, -a] *adj* ❶ (*persona*) untersetzt, gedrungen; (*rechoncho*) pummelig *fam*
❷ (*objeto*) niedrig (und breit)
achaparrarse [atʃapa'rrarse] *vr* (*persona*) in die Breite gehen, pummelig werden *fam*
achaque [a'tʃake] *m* ❶ (*dolencia*) Beschwerde *f*; **~s de la vejez** Altersbeschwerden *fpl*
❷ (*excusa*) Vorwand *m*, Ausrede *f*
acharar [atʃa'rar] I. *vt* beschämen
II. *vr*: **~se** sich schämen
acharolado, -a [atʃaro'laðo, -a] *adj* Lack-; **cinturón ~** Lackgürtel *m*; **zapatos ~s** Lackschuhe *mpl*
acharolar [atʃaro'lar] *vt* lackieren
achatado, -a [atʃa'taðo, -a] *adj* abgeflacht, platt; **nariz achatada** Stumpfnase *f*; (*como un boxeador*) Boxernase *f*

achatamiento [atʃata'mjento] *m* Abflachen *nt*; (GEO) Abplattung *f*
achatar [atʃa'tar] I. *vt* abflachen, platt drücken; **~ la nariz a alguien** jdm die Nase einschlagen [*o* eindrücken]
II. *vr*: **~se** sich abflachen, flacher werden
achicado, -a [atʃi'kaðo, -a] *adj* ❶ (*aniñado*) kindisch
❷ (*intimidado*) eingeschüchtert, kleinlaut
achicar [atʃi'kar] <c→qu> I. *vt* ❶ (*empequeñecer*) verkleinern
❷ (*intimidar*) einschüchtern
❸ (*agua*) auspumpen
❹ (*Col: matar*) töten
II. *vr*: **~se** ❶ (*empequeñecerse*) sich verkleinern, kleiner werden; (*ropa*) einlaufen
❷ (*acoquinarse*) sich einschüchtern lassen; (*no atreverse*) zurückschrecken; (*ceder*) klein beigeben
❸ (*Am: humillarse*) sich erniedrigen (*ante* vor + *dat*)
achicharradero [atʃitʃarra'ðero] *m* heißer Ort *m*, Brutkasten *m*
achicharrar [atʃitʃa'rrar] I. *vt* ❶ (*comida*) anbrennen lassen
❷ (*calor*) verbrennen; **estar achicharrado** (*persona*) vor Hitze umkommen
❸ (*atosigar*) zusetzen + *dat*
II. *vr*: **~se** ❶ (*comida*) anbrennen
❷ (*persona*) vor Hitze umkommen; (*planta*) (vor Hitze) eingehen
achichiguar [atʃitʃi'ɣwar] *vt* (*Méx*) ❶ (*servir de niñera*) hüten
❷ (*malcriar*) verwöhnen
achichinque [atʃi'tʃiŋke] *m* (*Méx*) *v.* **adulador**
achicoria [atʃi'korja] *f* (BOT) Zichorie *f*
achiguarse [atʃi'ɣwarse] *vr* (*Arg, Chil*) ❶ (*combarse*) sich krümmen
❷ (*echar barriga*) einen Bauch ansetzen
achimero, -a [atʃi'mero, -a] *m, f* (*Guat*) Hausierer(in) *m(f)*
achimes [a'tʃimes] *mpl* (*Guat*) Ramsch *m*, Kram *m*
achinado, -a [atʃi'naðo, -a] *adj* ❶ (*rasgos*) chinesenhaft; (*usos*) wie in China; **ojos ~s** Schlitzaugen *ntpl*
❷ (*CSur: teniendo el aspecto de un indio*) mit indianischen Gesichtszügen
❸ (*CSur: aplebeyado*) pöbelhaft
achinar [atʃi'nar] I. *vt* (*fam*) ≈kaltmachen; **el asesino achinó a la pareja por la espalda** der Mörder machte das Pärchen hinterrücks kalt
II. *vr*: **~se** (*fam*) dem Tod wehrlos ausgeliefert sein; **se achinó atado a una columna y amordazado** geknebelt und an eine Säule gefesselt war er dem Tod hilflos ausgeliefert
achinelado, -a [atʃine'laðo, -a] *adj* in Pantoffelform; **sandalias achineladas** Pantoletten *fpl*
achiote [a'tʃjote] *m* (*AmC, Bol, Méx*) ❶ (BOT) Rukubaum *m*, Urucubaum *m*
❷ (*pigmento*) Orlean *m*
achipolarse [atʃipo'larse] *vr* (*Méx*) ❶ (*personas*) verzagen
❷ (*plantas*) welk werden
achique [a'tʃike] *m* Auspumpen *nt*
achiquillado, -a [atʃiki'ʎaðo, -a] *adj* (*Méx: infantil*) kindisch
❷ (*Chil: como un muchacho*) knabenhaft
achira [a'tʃira] *f* (*AmS*: BOT) Pfeilkraut *nt*
achís [a'tʃis] *interj* hatschi
achispado, -a [atʃis'paðo, -a] *adj* beschwipst
achispar [atʃis'par] I. *vt* leicht betrunken machen, beschwipsen *fam*
II. *vr*: **~se** sich *dat* einen Schwips antrinken, sich beschwipsen *fam*
achocharse [atʃo'tʃarse] *vr* (*fam*) senil werden, vertrotteln
achocolatado, -a [atʃokola'taðo, -a] *adj* schokoladenbraun
acholado, -a [atʃo'laðo, -a] *adj* (*CSur*) ❶ (*parecido a un cholo*) dunkelhäutig
❷ (*acobardado*) verzagt, eingeschüchtert
acholar [atʃo'lar] I. *vt* (*Chil, Perú*) ❶ (*correr*) rennen
❷ (*avergonzar*) beschämen
❸ (*amilanar*) einschüchtern
II. *vr*: **~se** (*Arg, Chil, Perú*) ❶ (*parecerse a los cholos*) die Bräuche und Manieren der Mestizen annehmen
❷ (*acobardarse*) verzagen
achubascarse [atʃuβas'karse] <c→qu> *vr* sich bedecken, sich bewölken
achuchado, -a [atʃu'tʃaðo, -a] *adj* (*fam*) ❶ (*duro*) heikel, schwierig
❷ (*escaso de dinero*) blank, pleite
❸ (*débil*) angeschlagen; **estoy un poco ~** ich bin leicht angeschlagen
❹ (*CSur: afiebrado*) fiebrig
❺ (*CSur: asustado*) erschrocken
achuchar [atʃu'tʃar] *vt* ❶ (*fam: persona*) aufhetzen (*contra* gegen + *akk*); (*perro*) hetzen (*contra* auf + *akk*)
❷ (*fam: estrujar*) zerdrücken
❸ (*atosigar*) drängen
❹ (*fam: acariciar*) liebkosen; (*abrazar*) (zärtlich) an sich drücken; (*manosear*) betatschen

achucharrar [atʃutʃaˈrrar] I. vt (Col, Chil, Hond) platt drücken II. vr: ~se ❶ (Arg, Col: desalentarse) Angst bekommen ❷ (Méx: encogerse) eingehen; (achicarse) sich verkleinern, kleiner werden

achuchón [atʃuˈtʃon] m (fam) ❶ (empujón) Stoß m; **dar un ~ a alguien** jdm einen Stoß versetzen ❷ (abrazo) heftige Umarmung f ❸ (achaque) (leichtes) Unwohlsein nt; (súbito) Anfall m

achucutado, -a [atʃukuˈtaðo, -a] adj ❶ (Am) v. **abatido** ❷ (Col: triste) traurig ❸ (humillado) erniedrigt

achucutarse [atʃukuˈtarse] vr (Col, Ecua), **achucuyarse** [atʃukuˈʝarse] vr (AmC) ❶ (humillarse) sich erniedrigen ❷ (acobardarse) den Mut verlieren

achulado, -a [atʃuˈlaðo, -a] adj, **achulapado, -a** [atʃulaˈpaðo, -a] adj angeberisch, prahlerisch

achularse [atʃuˈlarse] vr prahlerisch [o angeberisch] werden

achumado, -a [atʃuˈmaðo, -a] adj (Am) betrunken

achumarse [atʃuˈmarse] vr (Am) sich betrinken

achunchar [atʃunˈtʃar] vt (Am: avergonzar, amedrentar) einschüchtern

achura [aˈtʃura] f (AmS: despojos de res) Innereien fpl

achurador(a) [atʃuraˈðor(a)] m(f) (Arg, Bol, Urug) Schlachter(in) m(f), Fleischer(in) m(f)

achurar [atʃuˈrar] vt (CSur) ❶ (res) ausweiden ❷ (persona) kaltblütig erstechen

achuras [aˈtʃuras] fpl (CSur, Bol) Innereien pl

aciago, -a [aˈθjaɣo, -a] adj unheilvoll; **un día ~** ein Unglückstag

aciano [aˈθjano] m (BOT) Korn-Flockenblume f

acíbar [aˈθiβar] m ❶ (BOT) Aloe f ❷ (amargura) Bitternis f, Bitterkeit f

acibarar [aθiβaˈrar] vt ❶ (poner acíbar) mit Aloe vermischen ❷ (amargar) verbittern; **~ la vida a alguien** jdm das Leben schwer machen

acicalado, -a [aθikaˈlaðo, -a] adj herausgeputzt, geschniegelt (und gebügelt) fam

acicalarse [aθikaˈlarse] vr sich herausputzen, sich schniegeln fam

acicate [aθiˈkate] m ❶ (espuela) Sporn m ❷ (estímulo) Ansporn m, Anreiz m

acicatear [aθikateˈar] vt anspornen

acícula [aˈθikula] f (BOT) ❶ (hoja) Nadel f ❷ (espina) weicher Dorn m

acicular [aθikuˈlar] adj nadelförmig

acidez [aθiˈðeθ] f ❶ (cualidad) Säure f ❷ (cantidad) Säuregehalt m; **~ de estómago** Sodbrennen nt

acid house [ˈaθið xaus] m sin pl (MÚS) Acid-House nt

acidificación [aθiðifikaˈθjon] f Säuern nt; (QUÍM) Ansäuern nt; (MED) Übersäuerung f

acidificar [aθiðifiˈkar] <c→qu> vt säuern; (QUÍM) ansäuern; (MED) übersäuern

acidimetría [aθiðimeˈtria] f (QUÍM) Acidimetrie f

acidímetro [aθiˈðimetro] m (QUÍM) Säuremesser m

ácido[1] [ˈaθiðo] m ❶ (QUÍM) Säure f; **~ cianhídrico** Blausäure f; **~ clorhídrico** Salzsäure f; **~s grasos insaturados** ungesättigte Fettsäuren; **~ láctico** Milchsäure f; **~ sulfúrico** Schwefelsäure f; **resistente al ~** säurefest ❷ (fam: droga) LSD nt, Acid nt

ácido, -a[2] [ˈaθiðo, -a] adj ❶ (agrio) sauer; **lluvia ácida** saurer Regen ❷ (mordaz) bissig

acidorresistente [aθiðorresisˈtente] adj (QUÍM, BIOL) säurefest, säurebeständig

acidosis [aθiˈðosis] f inv (MED) Acidose f

acidulante [aθiðuˈlante] m Säuerungsmittel nt

acidular [aθiðuˈlar] vt (leicht) ansäuern

acídulo, -a [aˈθiðulo, -a] adj säuerlich; **agua mineral acídula** kohlensäurehaltiges Mineralwasser, Mineralwasser mit Kohlensäure

acientífico, -a [aθjenˈtifiko, -a] adj unwissenschaftlich

acierto [aˈθjerto] m ❶ (en el tiro) Treffsicherheit f ❷ (éxito) Treffer m, Erfolg m; (en la lotería) Richtiger m fam; **el casarte ha sido un ~** mit deiner Ehe hast du einen guten Griff getan ❸ (habilidad) Geschick nt; **hacer algo con ~** sich bei etw geschickt anstellen, bei etw Geschick beweisen

acigarrado, -a [aθiɣaˈrraðo, -a] adj (Chil) verraucht; **voz acigarrada** rauchige Stimme

aciguatado, -a [aθiɣwaˈtaðo, -a] adj ❶ (Am: padeciendo ciguatera) an einer Fischvergiftung leidend ❷ (Ant, Méx: tonto) dumm ❸ (Méx, Par, Ven: enfermizo) kränklich

aciguatarse [aθiɣwaˈtarse] vr (Am: contraer ciguatera) sich dat eine Fischvergiftung zuziehen

❷ (Am: debilitarse) schwach werden ❸ (PRico: entristecerse) traurig werden

ácimo [ˈaθimo] adj: **pan ~** ungesäuertes Brot

acimut [aθiˈmut] <acimut(e)s> m (ASTR) Azimut nt o m

acitrón [aθiˈtron] m (Méx: GASTR) eingelegte Früchte des Kugelkaktus

aclamación [aklamaˈθjon] f ❶ (aplauso) Beifall(s)ruf m; **recibir a alguien entre aclamaciones** jdn unter Beifall(s)rufen empfangen ❷ (POL): **por ~** durch Zuruf, durch [o per] Akklamation

aclamar [aklaˈmar] vt ❶ (vitorear) zujubeln +dat ❷ (POL) durch Zuruf wählen, akklamieren

aclaración [aklaraˈθjon] f ❶ (clarificación) Aufhellung f ❷ (explicación) Erklärung f, Erläuterung f ❸ (de un crimen, un secreto) Aufklärung f

aclarado [aklaˈraðo] m (Aus)spülen nt; **la lavadora está en la fase de ~** die Waschmaschine ist gerade im Spülgang

aclarar [aklaˈrar] I. vt ❶ (hacer más claro) heller machen, aufhellen; **el sol aclara el pelo** die Sonne hellt das Haar auf; **~ el bosque** den Wald lichten; **está aclarando** es heitert auf; **~ la voz** sich räuspern ❷ (un líquido) verdünnen ❸ (la ropa) (aus)spülen; **~ con abundante agua** mit reichlich Wasser nachspülen ❹ (explicar) erklären, erläutern ❺ (un crimen, un secreto) aufklären, aufhellen II. vr: ~se ❶ (tiempo) sich aufklären, (sich) aufheitern ❷ (problema, cuestión) sich aufklären ❸ (fam: entender) klarkommen (con mit +dat), zurechtkommen (con mit +dat); **no te aclaras contigo mismo** du weißt auch nicht, was du willst

aclaratorio, -a [aklaraˈtorjo, -a] adj (er)klärend, erläuternd

aclimatación [aklimataˈθjon] f Akklimatisierung f

aclimatar [aklimaˈtar] I. vt gewöhnen (a an +akk); (en un lugar) eingewöhnen (en in +dat) II. vr: ~se sich akklimatisieren (a an +akk, en in +dat), sich gewöhnen (a an +akk); (en un lugar) sich eingewöhnen (en in +dat); **se aclimató rápidamente al clima nórdico/en la ciudad** er/sie akklimatisierte [o gewöhnte] sich rasch an das nordische Klima/an das Leben in der Stadt; **~se en el colegio** sich in der Schule eingewöhnen

aclocar [akloˈkar] irr como volcar I. vi, vr: ~se (ave) glucken II. vr: ~se (arrellanarse) es sich dat bequem machen

acmé [aɣˈme] f (MED) Akme f, Höhepunkt m (einer Krankheit)

acme [aɣˈme] m (MED) Akme f, Höhepunkt m (einer Krankheit) ❷ (Am: colmo) Gipfel m

acne [ˈaɣne] m o f, **acné** [aɣˈne] m o f sin pl (MED) Akne f

acobardado, -a [akoβarˈðaðo, -a] adj verzagt, eingeschüchtert

acobardamiento [akoβarðaˈmjento] m Kleinmut m, Verzagtheit f

acobardar [akoβarˈðar] I. vt ängstigen, Angst einjagen +dat; (con palabras) einschüchtern; **le acobarda el fuego** er hat Angst vor Feuer, Feuer macht ihm Angst II. vr: ~se ❶ (desanimarse) verzagen (ante/frente a angesichts +gen), den Mut verlieren (ante/frente a angesichts +gen) ❷ (intimidarse) sich einschüchtern lassen; **se acobarda de sí misma** sie bekommt vor sich dat selbst Angst

acocarse [akoˈkarse] <c→qu> vr wurmstichig werden

acocharse [akoˈtʃarse] vr sich ducken

acochinar [akotʃiˈnar] I. vt (fam) ❶ (matar) kaltmachen, abmurksen; **lo ~on vilmente por la espalda** sie murksten ihn eiskalt von hinten ab ❷ (atemorizar) einschüchtern; **sus amenazas ~on a toda la familia** seine/ihre Drohungen schüchterten die ganze Familie ein II. vr: ~se (fam: descuidarse) verwahrlosen, verkommen

acocotar [akokoˈtar] vt mit einem Genickschlag töten

acocullado, -a [akoku'ʎaðo, -a] adj v. **achispado**

acodado, -a [akoˈðaðo, -a] adj gebogen, winkelförmig

acodalar [akoðaˈlar] vt (ARQUIT) abstützen; **tuvimos que ~ la excavación antes de seguir construyendo** wir mussten den Schacht abstützen, bevor wir mit den Bauarbeiten fortfahren konnten

acodar [akoˈðar] vt ❶ (doblar) (winkelförmig) biegen ❷ (AGR) absenken

acodo [aˈkoðo] m (AGR) ❶ (tallo) Ableger m; **a esta planta le ha salido un ~** diese Pflanze hat einen Ableger bekommen ❷ (acción) Absenkung f; **todavía no hemos comenzado con el ~ de las plantas** wir haben noch nicht mit der Absenkung der Pflanzen begonnen

acogedor(a) [akoxeˈðor(a)] adj ❶ (persona) liebenswürdig ❷ (lugar) freundlich, gemütlich

acoger [akoˈxer] <g→j> I. vt aufnehmen; (recibir) empfangen; **la acogieron amablemente** sie nahmen sie freundlich auf; **la acogieron con aplausos** sie empfingen sie mit Applaus II. vr: ~se ❶ (refugiarse) sich flüchten (en in +akk) ❷ (ampararse) Schutz suchen (a bei +dat)

II. *m(f)* (FIN) Gläubiger(in) *m(f)*; ~ **cambiario** Wechselgläubiger *m*; ~ **embargante** Pfändungsgläubiger *m*; ~ **hipotecario** Hypothekengläubiger *m*; ~ **de dominio** (JUR) Aussonderungsberechtigte(r) *mf*; ~ **sin garantía** ungesicherter Gläubiger; ~ **de insolvencia** Insolvenzgläubiger *m*; ~ **mancomunado** Gesamthandsgläubiger *m*; ~ **pignoraticio** Pfandgläubiger *m*; ~ **preferente** Vorzugsgläubiger *m*; ~ **privado** Privatgläubiger *m*; ~ **social** Gesellschaftsgläubiger *m*; ~ **solidario** Gesamtgläubiger *m*; ~ **tributario** Steuergläubiger *m*

acribillar [akriβi'ʎar] *vt* ❶ (*abrir agujeros*) durchlöchern, durchsieben *fam*; **estaba acribillado a balazos** er war von Kugeln durchsiebt
❷ (*importunar*) bedrängen; ~ **a alguien a preguntas** jdn mit Fragen überhäufen, jdn (mit Fragen) löchern *fam*, jdm Löcher in den Bauch fragen *fam*

acrílico, -a [a'kriliko, -a] *adj* (QUÍM) Acryl-, Akryl-; **fibra acrílica** Acryl *nt*

acriminar [akrimi'nar] *vt* (JUR: *acusar*): ~ **algo a alguien** jdn etw *gen* beschuldigen, jdm etw zur Last legen; **le ~on el delito aunque no lo había cometido** sie legten ihm/ihr die Tat zur Last, obwohl er/sie sie nicht begangen hatte

acrimonia [akri'monja] *f* Schärfe *f*

acrimonioso, -a [akrimo'njoso, -a] *adj* beißend; **sabor** ~ beißender Geschmack

acriollarse [akrjo'ʎarse] *vr* (*Am*) *die Bräuche und Sitten der Einheimischen annehmen*

acrisolado, -a [akriso'laðo, -a] *adj* tadellos, untad(e)lig

acrisolar [akriso'lar] *vt* ❶ (*metales*) läutern
❷ (*poner de manifiesto*) erproben, auf die Probe stellen

acristalamiento [akristala'mjento] *m* Verglasung *f*

acristalar [akrista'lar] *vt* verglasen

acristianar [akristja'nar] *vt* (*fam*) ❶ (*bautizar*) taufen; **el domingo van a ~ al recién nacido** am Sonntag wird das Neugeborene getauft
❷ (*cristianizar*) christianisieren; **se dedica a ~ ateos** er/sie widmet sich der Christianisierung von Atheisten

acritud [akri'tuð] *f* ❶ (*acrimonia*) Schärfe *f*; **contestó con ~** er/sie antwortete unwirsch
❷ (*de un dolor*) Heftigkeit *f*

acrobacia [akro'βaθja] *f* Akrobatik *f*; ~ **aérea** Kunstflug *m*, Kunstfliegerei *f*

acróbata [a'kroβata] *mf* Akrobat(in) *m(f)*

acrobático, -a [akro'βatiko, -a] *adj* akrobatisch

acrocefalia [akroθe'falja] *f* (MED) Akrozephalie *f*

acrofobia [akro'foβja] *f* (PSICO) Hypsiphobie *f*, Höhenangst *f*

acromático, -a [akro'matiko, -a] *adj* ❶ (*sin color*) farblos
❷ (*en óptica*) achromatisch

acromatismo [akroma'tismo] *m* ❶ (*falta de color*) Farblosigkeit *f*
❷ (*en óptica*) Achromatismus *m*

acromatopsia [akroma'toβsja] *f* (MED) Achromatopsie *f*, Farbenblindheit *f*

acrónico, -a [a'kroniko, -a] *adj* ❶ (ASTR) akronychisch, akronyktisch (*gegengleich zur Sonne auf- bzw. untergehend*)
❷ (*intemporal*) zeitlos

acrónimo [a'kronimo] *m* Akronym *nt*

ácrono, -a ['akrono, -a] *adj v.* **acrónico**

acoparestesia [akropares'tesja] *f* (MED) Akroparästhesie *f*

acrópolis [a'kropolis] *f inv* Akropolis *f*

acróstico [a'krostiko] *m* (LIT) Akrostichon *nt*

acta ['akta] *f* ❶ (*de una reunión*) Protokoll *nt*; ~ **de entrega** Übergabeprotokoll *nt*; ~ **de recepción** Abnahmeprotokoll *nt*; ~ **de interrogatorio** Vernehmungsprotokoll *nt*; ~ **de la reunión** Sitzungsprotokoll *nt*; **aprobar el ~** das Protokoll genehmigen; **levantar ~ de algo** etw protokollieren, etw ins Protokoll aufnehmen; **hacer constar en ~** zu Protokoll geben
❷ (*certificado*) Urkunde *f*; ~ **de defunción** Sterbeurkunde *f*; ~ **de donación** Schenkungsurkunde *f*; ~ **de nacimiento** Geburtsurkunde *f*; ~ **notarial** notarielle Urkunde *f*; ~ **de notificación** Zustellungsurkunde *f*
❸ (JUR) Akte *f*; ~ **de acusación** Anklageschrift *f*; ~ **constituyente** Gründungsvertrag *m*; ~ **procesal** [*o* **de juicio**] Prozessakte *f*; **A~ Única Europea** Einheitliche Europäische Akte

actina [ak'tina] *f* (QUÍM) Aktin *nt*

actinauta [akti'nauta] *f* (NÁUT) fernlenkbares Schiff *nt*

actinia [ak'tinja] *f* (ZOOL) Aktinie *f*, Seeanemone *f*

actinio [ak'tinjo] *m* (QUÍM) Actinium *nt*

actitud [akti'tuð] *f* ❶ (*postura corporal*) Haltung *f*; ~ **de ataque** Drohgebärde *f*; ~ **de extrema cautela en cuanto a algo** äußerste Zurückhaltung bei etw; **tomar** [*o* **adoptar**] **una ~ reservada** eine reservierte Haltung einnehmen
❷ (*disposición*) Einstellung *f*; **cambiar de ~** seine Einstellung ändern
❸ (*comportamiento*) Verhalten *nt*, Benehmen *nt*; **adoptar una ~ incomprensible** ein unverständliches Verhalten an den Tag legen

activación [aktiβa'θjon] *f* ❶ (*intensificación*) Belebung *f*
❷ (QUÍM, FÍS) Aktivierung *f*

activador¹ [aktiβa'ðor] *m* (QUÍM) Aktivator *m*

activador(a)² [aktiβa'ðor(a)] *adj* aktivierend; **medidas ~as de la economía** Maßnahmen zur Ankurbelung der Wirtschaft

activamente [aktiβa'mente] *adv* tatkräftig, energisch

activar [akti'βar] *vt* ❶ (*avivar*) beleben; ~ **las relaciones comerciales** die Handelsbeziehungen beleben
❷ (*acelerar*) beschleunigen; ~ **la digestión** die Verdauung fördern
❸ (QUÍM, INFOR) aktivieren; ~ **una bomba** eine Bombe zünden

actividad [aktiβi'ðað] *f* ❶ (*general*) Tätigkeit *f*, Aktivität *f*; (*ocupación*) Beschäftigung *f*; ~ **autónoma** selbständige Erwerbstätigkeit; ~ **comercial** Geschäftsbetrieb *m*, Geschäftstätigkeit *f*; ~ **docente** Lehrtätigkeit *f*; ~ **económica** Wirtschaftstätigkeit *f*; ~ **empresarial** Unternehmensaktivitäten *fpl*; ~ **especulativa** (ECON, FIN) Spekulationstätigkeit *f*; ~ **inversora** (ECON) Investitionstätigkeit *f*; ~ **lucrativa** Erwerbstätigkeit *f*; ~ **mercantil** Geschäftsbetrieb *m*; ~ **profesional** Beruf *m*; ~ **remunerada** erwerbswirtschaftliche Tätigkeit; **las ~es artísticas de una ciudad** das Kulturprogramm einer Stadt; **en ~** tätig; **un volcán en ~** ein tätiger [*o* aktiver] Vulkan; **entrar en ~** tätig werden
❷ (*diligencia*) Geschäftigkeit *f*, Betriebsamkeit *f*
❸ (QUÍM) Aktivität *f*

activismo [akti'βismo] *m sin pl* Aktivismus *m*

activista [akti'βista] *mf* Aktivist(in) *m(f)*

activo¹ [ak'tiβo] *m* (FIN) Aktivposten *m*, Aktiva *ntpl*; ~ **circulante** Umlaufvermögen *nt*; ~ **en dólares** Dollarguthaben *nt*; ~ **de explotación extraordinario** Sonderbetriebsvermögen *nt*; ~ **fijo** Anlagevermögen *nt*; ~ **fijo circulante/inmovilizado** bewegliches/unbewegliches Anlagevermögen; **~s totales** Gesamtaktiva *ntpl*

activo, -a² [ak'tiβo, -a] *adj* ❶ (*persona, volcán*) aktiv, tätig; **muy ~ geschäftig**; **este general está todavía en ~** dieser General steht noch im Dienst
❷ (*sustancia, medicamento*) wirksam

acto ['akto] *m* ❶ (*acción, t.* JUR) Handlung *f*, Tat *f*; ~ **administrativo** Verwaltungsakt *m*; ~ **administrativo provisional** Zwischenverfügung *f*; ~ **de administración de justicia** Justizverwaltungsakt *m*; ~ **de afiliación** [*o* **adhesión**] Beitritt(sakt) *m*; ~ **cuasidelictivo** deliktsähnliche Handlung; ~ **de competencia** Wettbewerbshandlung *f*; **~s de competencia desleal** unlautere Wettbewerbshandlungen; ~ **consiguiente** Folgebescheid *m*; ~ **de constitución** Gründungsakt *f*; ~ **de cortesía** Gefälligkeit *f*; ~ **de cumplimiento** Erfüllungsgeschäft *nt*; **~s de engaño** Täuschungshandlungen *fpl*; ~ **declarativo** Feststellungsbescheid *m*; ~ **fraudulento** Umgehungshandlung *f*; ~ **de instrucción** Untersuchungshandlung *f*; ~ **instructivo judicial** richterliche Untersuchungshandlung; ~ **jurídico** (*válido*) Rechtshandlung *f*; (*negocio jurídico*) Rechtsgeschäft *nt*; ~ **notarial** Notariatsakt *m*; ~ **penal** Straftat *f*; ~ **relevante en derecho** rechtserhebliche Handlung; ~ **procesal** Prozesshandlung *f*, Verfahrenshandlung *f*; ~ **sexual** Geschlechtsakt *m*; ~ **de soberanía** (JUR, POL) Hoheitsakt *m*; ~ **de violencia** Gewalttat *f*; ~ **de voluntad** (JUR) Willenserklärung *f*; **cometer ~s de gamberrismo** randalieren; **hacer ~ de presencia** anwesend sein; **promulgar un ~ administrativo** einen Verwaltungsakt erlassen; **~ seguido...** gleich darauf ..., anschließend ...; **en el ~** auf der Stelle, sofort
❷ (*ceremonia solemne*) Festakt *m*, Feierlichkeit *f*; ~ **conmemorativo** Gedenkfeier *f*; ~ **estatal** Staatsakt *m*; ~ **necrológico** Trauerfeier *f*; ~ **público** öffentliche Feier
❸ (TEAT) Akt *m*
❹ (REL): **los A~s de los Apóstoles** die Apostelgeschichte

actor¹ [ak'tor, ak'triθ] *m*, **actriz** *f* (TEAT, CINE) Schauspieler(in) *m(f)*; ~ **de cine** Filmschauspieler *m*; **primer ~** Hauptdarsteller *m*

actor(a)² [ak'tor(a)] *m(f)* (JUR) Kläger(in) *m(f)*

actuación [aktwa'θjon] *f* ❶ (*conducta*) Handeln *nt*, Vorgehen *nt*; **la ~ de la policía** das Vorgehen der Polizei
❷ (*actividad*) Tätigkeit *f*, Wirken *nt*
❸ (*desempeño de un cargo*) Amtstätigkeit *f*
❹ (TEAT, MÚS) Auftritt *m*; ~ **en directo** Liveauftritt *m*
❺ *pl* (JUR) Prozessakten *fpl*

actual [aktu'al] *adj* ❶ (*de ahora*) gegenwärtig, aktuell
❷ (FILOS) wirklich

actualidad [aktwali'ðað] *f* ❶ (*presente*) Gegenwart *f*; **en la ~** heutzutage
❷ (*cualidad de actual*) Aktualität *f*; **de ~** aktuell; **estar de ~** modern [*o* in] sein

actualización [aktwaliθa'θjon] *f* Aktualisierung *f*; ~ **de archivos** (INFOR) Dateiaktualisierung *f*; ~ **de (las) pensiones** Rentenanpassung *f*

actualizar [aktwali'θar] <z→c> *vt* aktualisieren, auf den neuesten Stand bringen; (INFOR) aktualisieren

actualmente [aktwal'mente] *adv* augenblicklich, zur Zeit

actuante [aktu'ante] I. *adj* wirkend
II. *mf* Mitwirkende(r) *mf*

actuar [aktu'ar] <*1. pres:* actúo> vi ❶ (*obrar, hacer*) handeln; ~ **contra las buenas costumbres** sittenwidrig handeln; ~ **por cuenta propia** (ECON) als Eigenhändler auftreten; ~ (**en calidad**) **de apoderado** (ECON) als Bevollmächtigter auftreten; ~ **ilegalmente** gesetzwidrig handeln; ~ **negligentemente** fahrlässig handeln
❷ (*tener efecto*) wirken (*sobre* auf +*akk*)
❸ (TEAT) auftreten; ~ **en directo** live auftreten; ~ **de Don Juan** den Don Juan spielen; **ella no actúa en esta función** sie spielt in dieser Aufführung nicht mit
❹ (JUR) auftreten (*de/como* als +*nom*); ~ **contra alguien** gegen jdn vorgehen
actuarial [aktwa'rjal] *adj:* **tabla** ~ (FIN) Versicherungstabelle *f;* **técnica** ~ (FIN) Versicherungstechnik *f*
actuario, -a [ak'twarjo, -a] *m, f* Schriftführer(in) *m(f);* ~ **de seguros** Versicherungskalkulator(in) *m(f)*
acuache [a'kwatʃe] *m* (*Méx: compinche*) Kumpel *m*
acuadrillar [akwaðri'ʎar] *vt* ❶ (*juntar*) zu einem Trupp zusammenschließen
❷ (*dirigir*) anführen
acuafortista [akwafor'tista] *mf* (ARTE) Radierer(in) *m(f)*
acuametría [akwame'tria] *f* (QUÍM) Analyseverfahren zur Bestimmung von Mineralwässern
acuamotor [akwamo'tor] *m* (TÉC) Strömungskraftmaschine *f*
acuarela [akwa'rela] *f* Aquarell *nt*
acuarelista [akware'lista] *mf* Aquarellmaler(in) *m(f)*
acuario [a'kwarjo] *m* Aquarium *nt*
Acuario [a'kwarjo] *m* (ASTR) Wassermann *m*
acuartelamiento [akwartela'mjento] *m* Einquartierung *f*
acuartelar [akwarte'lar] *vt* ❶ (MIL) einquartieren
❷ (*dividir*) vierteln
acuatar [akwa'tar] *vt* (*Méx: añadir*) hinzufügen
acuático, -a [a'kwatiko, -a] *adj* Wasser-; **ave acuática** Wasservogel *m;* **parque** ~ Freizeitbad *nt*
acuatinta [akwa'tinta] *f* (ARTE) Aquatinta *f*
acuatizar [akwati'θar] <z→c> *vi* (*descender a una superficie acuática*) wassern
acuchamarse [akutʃa'marse] *vr* (*Ven: entristecerse*) traurig werden
acucharado, -a [akutʃa'raðo, -a] *adj* löffelförmig
acuchillado [akutʃi'ʎaðo] *m* Abschleifen *nt*
acuchillar [akutʃi'ʎar] *vt* ❶ (*herir, matar*) erstechen, niederstechen
❷ (*parqué*) abziehen, glätten; (*muebles*) glatt schleifen
acuciado, -a [aku'θjaðo, -a] *adj* ❶ (*apremiado*) unter Zeitdruck stehend
❷ (*incitado, instigado*) angestachelt, angespornt
acuciante [aku'θjante] *adj* dringend
acuciar [aku'θjar] *vt* ❶ (*dar prisa*) drängen
❷ (*incitar, instigar*) anstacheln, anspornen
acuclillarse [akukli'ʎarse] *vr* sich niederkauern, in die Hocke gehen
acudir [aku'ðir] *vi* ❶ (*ir*) sich einfinden (*a* in +*dat, a* bei +*dat*); ~ **a una cita** zu einem Rendezvous gehen; ~ **al trabajo/a la puerta** zur Arbeit/an die Tür gehen; ~ **a las urnas** wählen gehen; ~ **a la memoria de alguien** jdm durch den Kopf gehen, jdm einfallen
❷ (*corriendo*) herbeieilen; ~ **en socorro** (**de alguien**) (jdm) zu Hilfe eilen
❸ (*enfermedad*) befallen
❹ (*desgracias*) heimsuchen; **las desgracias la acuden** sie wird vom Unglück heimgesucht
❺ (*recurrir*) sich wenden (*a* an +*akk*)
acueducto [akwe'ðukto] *m* Aquädukt *m o nt*
acuerdo [a'kwerðo] *m* ❶ (*convenio*) Übereinkommen *nt,* Vereinbarung *f;* ~ **de indemnización por despido** Abfindungsvereinbarung *f;* ~ **tácito** stillschweigende Vereinbarung *f;* ~ **verbal** mündliche Vereinbarung; ~ **entre las partes** Parteiabrede *f,* Parteivereinbarung *f;* **llegar a un** ~ sich einigen, eine Vereinbarung treffen
❷ (POL, JUR, ECON, COM) Abkommen *nt;* ~ **amistoso** gütliche Einigung; ~ **arancelario** Zollabkommen *nt;* ~ **de arbitraje** (JUR) Schiedsgerichtsabrede *f;* ~ **de aumento de capital** (FIN) Kapitalerhöhungsbeschluss *m;* ~ **de bases** Grundlagenabkommen *nt;* ~ **entre** [*o* **de**] **caballeros** Übereinkunft auf Treu und Glauben, Gentlemen's Agreement *nt;* ~ **comercial** Handelsabkommen *nt;* ~ **de compensación** Ausgleichsvereinbarung *f,* Clearingabkommen *nt;* ~ **de compraventa** Kaufabrede *f;* ~ **de constitución de un cartel** Kartellabsprache *f;* ~ **de cooperación** Kooperationsabkommen *nt;* ~ **sobre costas** (JUR) Honorarabrede *f;* ~ **de cuotas** (JUR, ECON) Quotenabsprache *f;* ~ **de distribución** (COM) Vertriebsbindung *f;* ~ **económico** Wirtschaftsvereinbarung *f;* **A~ Económico y Social** Sozialpakt *m;* ~ **empresarial** Unternehmensabsprache *f;* ~ **de fusión** Fusionsvereinbarung *f;* **A~ General sobre Aranceles y Comercio** Allgemeines Zoll- und Handelsabkommen *nt;* ~ **de licitación** Ausschreibungsabsprache *f;* ~ **marco** Rahmenabkommen *nt;* ~ **monetario** Währungsabkommen *nt;* **A~ Monetario Europeo** Europäisches Währungsabkommen; **A~ Nacional de Empleo** Beschäftigungsvereinbarung auf nationaler Ebene; ~ **pesquero** Fischereiabkommen *nt;* ~ **de** [*o* **sobre**] **precios** Preisabsprache *f,* Preisabrede *f;* ~ **preferencial** Präferenzabkommen *nt;* ~ **de principio** Grundsatzvereinbarung *f;* ~ **de protección** Schutzabkommen *nt;* ~ **salarial** Lohnabkommen *nt;* ~ **sobre suspensión de pruebas** (**nucleares**) Teststoppvereinbarung *f;* ~ **de tipos de cambio** Wechselkursvereinbarung *f;* ~ **del valor umbral** Schwellenwertvereinbarung *f;* **el** ~ **entre sindicatos y patronal** die Vereinbarung zwischen Gewerkschaften und Arbeitgeberseite; ~ **de transacción** Vergleichsabkommen *nt*
❸ (*decisión*) Beschluss *m;* ~ **de apertura** Eröffnungsbeschluss *m;* ~ **de cartel** Kartellbeschluss *f;* ~ **de disolución** Auflösungsbeschluss *m;* ~ **de escisión** (JUR, ECON) Spaltungsbeschluss *m;* ~ **de liquidación** Liquidationsbeschluss *m;* ~ **de los socios** Gesellschafterbeschluss *m;* **tomar un** ~ einen Beschluss fassen
❹ (*conformidad*) Übereinstimmung *f;* **de** ~ einverstanden; **de común** ~ einmütig, in gegenseitigem Einverständnis; **de** ~ **con** nach +*dat,* gemäß +*dat;* **estar de** ~ **con alguien** mit jdm einer Meinung sein; **ponerse de** ~ sich einigen; **sin ponerse de** ~ ohne eine Einigung zu erzielen
acuícola [a'kwikola] I. *adj* Wasser-; **animal** ~ Wassertier *nt*
II. *f* ❶ (BOT) Wasserpflanze *f*
❷ (ZOOL) Wassertier *nt*
acuicultivo [akwikul'tiβo] *m* kommerzielle Züchtung *f* von Wassertieren und -pflanzen
acuicultor(a) [akwikul'tor(a)] *m(f)* Fischzüchter(in) *m(f)*
acuicultura [akwikul'tura] *f* ❶ (*en ríos, lagos*) Aquakultur *f*
❷ (*cultivo hidropónico*) Hydrokultur *f*
acuidad [akwi'ðað] *f* Sinnesschärfe *f*
acuífero¹ [a'kwifero] *m* (GEO) Grundwasservorkommen *nt,* wasserführende Schicht *f*
acuífero, -a² [a'kwifero, -a] *adj* wasserführend
acuitar [akwi'tar] *vt* betrüben
acular [aku'lar] *vt* (AUTO) rückwärts einparken
acullá [aku'ʎa] *adv* (*elev*) ❶ (*lugar*) dort
❷ (*dirección*) dorthin
acullicar [akuʎi'kar] *vi* (*Arg, Bol, Chil, Perú: mascar coca*) die Blätter des Kokastrauchs kauen
acullico [aku'ʎiko] *m* (*Arg, Bol, Perú: bola de coca*) Kügelchen *nt* aus Kokablättern
aculturación [akultura'θjon] *f* Akkulturation *f,* kulturelle Anpassung *f*
acumuchar [akumu'tʃar] *vt* (*Chil*) *v.* **acumular**
acumulable [akumu'laβle] *adj* kumulierbar
acumulación [akumula'θjon] *f* ❶ (*amontonamiento*) Anhäufung *f,* Kumulierung *f elev;* (*t.* ECON) Akkumulation *f elev;* ~ **de beneficios** Gewinnakkumulation *f;* ~ **de capital** Kapitalakkumulation *f;* ~ **de existencias** Lagerhaltung *f;* ~ **de riesgos** Risikohäufung *f*
❷ (*de cosas reunidas*) Ansammlung *f*
❸ (JUR) Klagenhäufung *f;* ~ **de acciones** Klageverbindung *f;* ~ **de funciones** Ämterhäufung *f;* ~ **normativa** Normenhäufung *f;* ~ **de penas** Strafhäufung *f*
❹ (FIN: *intereses*) Zinseszins *m;* ~ **de intereses** Zinshäufung *f*
acumulador¹ [akumula'ðor] *m* (ELEC) Akkumulator *m,* Akku *m fam*
acumulador(a)² [akumula'ðor(a)] *adj* (*que almacena*) akkumulierend; **sistema** ~ **de energía** Energiespeichersystem *nt*
acumular [akumu'lar] *vt* ❶ (*acopiar*) anhäufen, (ak)kumulieren *elev*
❷ (*reunir*) ansammeln
❸ (ELEC) speichern
❹ (FIN: *intereses*) auflaufen lassen; **pérdidas acumuladas** aufgelaufene Verluste
acumulativo, -a [akumula'tiβo, -a] *adj* kumulativ; **dividendo** ~ (FIN) auflaufende Dividende; **intereses** ~**s** (FIN) anfallende [*o* auflaufende] Zinsen
acunar [aku'nar] *vt* wiegen
acuñación [akuɲa'θjon] *f* Prägung *f;* ~ **de moneda** Münzprägung *f*
acuñar [aku'ɲar] *vt* ❶ (*monedas, palabras*) prägen
❷ (TÉC) verkeilen
acuocultivo [akwoku'tiβo] *m v.* **acuicultivo**
acuosidad [akwosi'ðað] *f* Wäss(e)rigkeit *f*
acuoso, -a [aku'oso, -a] *adj* wäss(e)rig; (*fruta*) saftig
acupuntor(a) [akupun'tor(a)] *m(f)* Akupunkteur(in) *m(f)*
acupuntura [akupuɲ'tura] *f* Akupunktur *f*
acure [a'kure] *m* (ZOOL) Meerschweinchen *nt*
acurí [aku'ri] *m* (*Col, Ven:* ZOOL) Aguti *m o nt*
acurrucarse [akurru'karse] <c→qu> *vr* sich kauern; (*a causa del frío*) sich zusammenkauern; **en un sillón** sich in einen Sessel kuscheln
acusación [akusa'θjon] *f* ❶ (*inculpación*) Beschuldigung *f;* ~ **de corrupción** Korruptionsvorwurf *m*
❷ (JUR: *en juicio*) Anklage *f;* (*escrito*) Anklageschrift *f;* ~ **constitucional**

acogida

❸ (*basarse*) sich berufen (*a* auf +*akk*); (*como pretexto*) vorschieben (*a* +*akk*); **se acoge al contrato de trabajo** er/sie beruft sich auf den Arbeitsvertrag; **siempre se acoge a sus dolores de cabeza** er/sie schiebt immer seine/ihre Kopfschmerzen als Grund vor

acogida [ako'xiða] *f* Aufnahme *f*; (*recibimiento*) Empfang *m;* **encontrar una buena ~** Zustimmung finden; **el cantante tuvo una buena ~** der Sänger wurde mit Beifall empfangen; **el proyecto no tuvo una buena ~** das Projekt fand keinen Beifall

acogollarse [akoɣoʎ'arse] *vr* (BOT) Köpfe bilden

acogotar [akoɣo'tar] *vt* ❶ (*oprimir*) unterwerfen, unterjochen
❷ (*intimidar*) einschüchtern
❸ (*derribar*) am Genick packen und zu Boden werfen

acohombrar [ako(o)m'brar] *vt* (AGR) mit Erde aufschütten

acojinar [akoxi'nar] *vt* polstern

acojonado, -a [akoxo'naðo, -a] *adj* (*vulg*) ❶ (*asustado*) verängstigt; (*acobardado*) eingeschüchtert, feige; **ahora está ~** jetzt bekommt er kalte Füße
❷ (*impresionado*) beeindruckt; (*asombrado*) (völlig) baff *fam*

acojonante [akoxo'nante] *adj* (*vulg*) ❶ (*fantástico*) toll, geil *argot*
❷ (*impresionante*) irre *argot*, tierisch *argot*

acojonar [akoxo'nar] **I.** *vt* (*vulg*) ❶ (*asustar*) Angst machen [*o* einjagen] +*dat*; (*intimidar*) einschüchtern
❷ (*impresionar*) beeindrucken; (*asombrar*) verblüffen
II. *vr:* **~se** (*vulg*) ❶ (*asustarse*) Schiss haben [*o* kriegen] *vulg*; (*acobardarse*) sich einschüchtern lassen; **no ~se** sich nicht ins Bockshorn jagen lassen
❷ (*alucinar*) beeindruckt sein; (*asombrarse*) (völlig) baff sein *fam*

acojone [ako'xone] *m* (*vulg: miedo*) Schiss *m;* **cuando sacó la navaja me entró un ~ que no veas** als er/sie das Messer zog, habe ich einen Heidenschiss gekriegt

acolchado [akol'tʃaðo] *m* Polster *nt*

acolchar [akoʎ'tʃar] *vt* polstern

acolchonar [akoltʃo'nar] *vt* abpolstern; (*hacer llevadero*) erleichtern

acolia [a'kolja] *f* (MED) Cholestase *f*, Gallestauung *f*

acólito [a'kolito] *m* ❶ (REL) Akolyth *m*
❷ (*monaguillo*) Ministrant *m*
❸ (*pey: seguidor*) Getreuer *m*

acometedor(a) [akomete'ðor(a)] *adj* ❶ (*agresivo*) angriffslustig
❷ (*emprendedor*) unternehmungslustig

acometer [akome'ter] **I.** *vi* angreifen, losgehen (auf +*akk*)
II. *vt* ❶ (*embestir*) anfallen, angreifen
❷ (*emprender*) in Angriff nehmen
❸ (*ataque de tos, fiebre*) befallen; (*risa, sueño*) überfallen, überkommen

acometida [akome'tiða] *f* ❶ (*embestida*) Angriff *m*
❷ (*acceso*) Anfall *m*
❸ (TÉC) Anschluss *m;* **~ del gas** Gasanschluss *m*

acometimiento [akometi'mjento] *m* (TÉC) Rohrmündung *f*

acometividad [akometiβi'ðað] *f* ❶ (*agresividad*) Angriffslust *f*; **los leones se caracterizan por su ~** die Angriffslust ist für Löwen typisch
❷ (*fuerza emprendedora*) Tatkraft *f*; **se dedica a su comercio con gran ~** er/sie widmet sich seinem/ihrem Laden mit großer Tatkraft [*o* mit großem Schwung]

acomodable [akomo'ðaβle] *adj* anpassungsfähig

acomodación [akomoða'θjon] *f* ❶ (*a costumbres*) Anpassung *f* (*a* an +*akk*)
❷ (*de un piso*) Einrichtung *f*; (*de muebles*) Anordnung *f*

acomodadizo, -a [akomoða'ðiθo, -a] *adj* fügsam

acomodado, -a [akomo'ðaðo, -a] *adj* ❶ (*cómodo*) bequem
❷ (*rico*) wohlhabend; **tiene una vida acomodada** es fehlt ihm/ihr an nichts, er/sie lebt sehr gut
❸ (*apropiado*) passend, geeignet
❹ (*precio*) moderat
❺ (*Arg, Cuba, Chil, Méx: apoyado*) begünstigt

acomodador(a) [akomoða'ðor(a)] *m(f)* (TEAT, CINE) Platzanweiser(in) *m(f)*

acomodamiento [akomoða'mjento] *m* ❶ (*adaptación*) Anpassung *f*
❷ (*convenio*) Abmachung *f*
❸ (*t.* JUR*: alojamiento*) Unterbringung *f;* **~ provisional** einstweilige Unterbringung

acomodar [akomo'ðar] **I.** *vt* ❶ (*adaptar*) anpassen (*a* +*dat*, *a* an +*akk*)
❷ (*colocar*) (auf)stellen, anordnen
❸ (*albergar*) unterbringen
❹ (*proporcionar empleo*) anstellen (*de* als +*akk*), einstellen (*de* als +*akk*)
❺ (*Arg, Cuba, Chil, Méx: enchufar*) einen (ruhigen) Posten verschaffen +*dat*
❻ (*conciliar*) versöhnen; (*doctrinas*) in Einklang bringen
II. *vi* passen; **si te acomoda** wenn es dir passt [*o* recht ist]
III. *vr:* **~se** ❶ (*adaptarse*) sich anpassen (*a* an +*akk*, *a* +*dat*); **~se con todo** mit allem zurechtkommen
❷ (*ponerse cómodo*) es sich *dat* bequem machen; **~se en un sillón** es sich *dat* in einem Sessel bequem machen
❸ (*Arg, Chil, Cuba, Méx: enchufarse*) einen (ruhigen) Posten annehmen

acomodaticio, -a [akomoða'tiθjo, -a] *adj* ❶ (*adaptable*) anpassungsfähig
❷ (*pey: oportunista*) opportunistisch

acomodo [ako'moðo] *m* ❶ (*adaptación*) Anpassung *f*
❷ (*alojamiento*) Unterkunft *f*
❸ (*ocupación*) Anstellung *f*; **buscar ~** eine Stelle suchen
❹ (*Arg, Cuba, Chil, Méx: enchufe*) (ruhiger) Posten *m*
❺ (*Am: soborno*) Bestechung *f*

acompañado, -a [akompa'ɲaðo, -a] *adj* ❶ (*concurrido*) belebt
❷ (*personas*) in Begleitung (*por* +*gen*); **bien/mal ~** in guter/schlechter Begleitung; **iba acompañada por su padre** sie war in Begleitung ihres Vaters

acompañamiento [akompaɲa'mjento] *m* ❶ (*t.* MÚS) Begleitung *f*
❷ (*cortejo*) Gefolge *nt*
❸ (TEAT) Komparserie *f*
❹ (*de comidas*) Beilage *f*

acompañante [akompa'ɲante] *mf* Begleiter(in) *m(f)*; (*en el coche*) Beifahrer(in) *m(f)*

acompañar [akompa'ɲar] *vt* ❶ (*t.* MÚS) begleiten; **~ a alguien a casa/en un viaje** jdn nach Hause/auf einer Reise begleiten; **~ a alguien de compras** mit jdm einkaufen gehen; **~ a alguien con la guitarra/al piano** jdn auf der Gitarre/auf dem Klavier begleiten; **~ el pollo con arroz y verduras** Reis und Gemüse als Beilage zum Hühnchen reichen; **te acompaño en el sentimiento** herzliches Beileid
❷ (*hacer compañía*) Gesellschaft leisten +*dat;* **su madre/la radio le acompaña** seine Mutter/das Radio leistet ihm Gesellschaft
❸ (*adjuntar*) beilegen, beifügen; **le acompaño el folleto solicitado** ich lege [*o* füge] Ihnen das gewünschte Formular bei; **el informe acompaña a la carta** der Bericht liegt dem Brief bei

acompasado, -a [akompa'saðo, -a] *adj* ❶ (MÚS) rhythmisch, im Takt
❷ (*pausado*) ruhig, gemessen

acompasar [akompa'sar] *vt* ❶ (MÚS) rhythmisch gestalten
❷ (*adaptar*) anpassen (*a*/*con* +*dat*); **~ los gastos a** [*o* **con**] **los ingresos** die Ausgaben den Einnahmen anpassen

acomplejado, -a [akomple'xaðo, -a] *adj* komplexbeladen, voller Komplexe

acomplejamiento [akomplexa'mjento] *m* Komplexbeladenheit *f*

acomplejar [akomple'xar] **I.** *vt* Komplexe verursachen +*dat*
II. *vr:* **~se** Komplexe bekommen

aconchabarse [akontʃa'βarse] *vr* (*fam*) paktieren (*con* mit +*dat*), sich verbünden (*con* mit +*dat*)

aconchar [akon'tʃar] *vt* ❶ (*guarecer*) schützen, in Sicherheit bringen
❷ (NÁUT) abtreiben; (*a la costa*) ans Ufer treiben
❸ (*Méx: reprender*) rügen
II. *vr:* **~se** ❶ (*arrimarse*) sich unterstellen
❷ (NÁUT) auflaufen
❸ (*Chil, Perú: sedimentarse*) sich ablagern
❹ (*Chil, Perú: serenarse*) sich legen

acondicionado, -a [akondi'θjonaðo, -a] *adj:* **bien/mal ~** in gutem/schlechtem Zustand; **la habitación tiene aire ~** das Zimmer hat eine Klimaanlage

acondicionador [akondiθjona'ðor] *m* ❶ (*de aire*) Klimaanlage *f*
❷ (*para el pelo*) (Pflege)spülung *f*

acondicionamiento [akondiθjona'mjento] *m* ❶ (*preparación*) Herrichtung *f*; (*transformación*) Umwandlung *f*; **el ~ de un piso en oficina** die Umwandlung einer Wohnung in ein Büro
❷ (*equipo*) Ausstattung *f*

acondicionar [akondiθjo'nar] *vt* ❶ (*preparar*) herrichten; (*transformar*) umwandeln; **una escuela acondicionada como hospital** eine in ein Lazarett umgewandelte Schule
❷ (*equipar*) ausstatten; **un hospital bien acondicionado** ein gut ausgestattetes Krankenhaus
❸ (*climatizar*) klimatisieren

aconfesional [akomfesjo'nal] *adj* konfessionslos

acongojante [akoŋgo'xante] *adj* bedrückend, beklemmend; **la situación de los niños sin techo es ~** die Situation der Straßenkinder ist bedrückend

acongojar [akoŋgo'xar] *vt* bekümmern, bedrücken

aconsejable [akonse'xaβle] *adj* ratsam, empfehlenswert

aconsejado, -a [akonse'xaðo, -a] *adj* (*prudente*) klug

aconsejador(a) [akonsexa'ðor(a)] *m(f)* (JUR) Rechtsbeistand *m;* **~ para personas indigentes** Rechtsbeistand für mittellose Personen

aconsejar [akonse'xar] *vt* beraten; **~ algo a alguien** jdm etw raten; **bien/mal aconsejado** gut/schlecht beraten; **te aconsejo que vayas a la conferencia** ich rate dir zu dem Vortrag zu gehen; **esto aconseja**

aconsonantar [akonsonaɲ'tar] *vt* (LIT) reimen; **lo más difícil de la poesía es ~ los versos** das Schwierigste an der Poesie ist das Reimen der Verse
aconstitucional [akoⁿstituθjo'nal] *adj* (JUR) verfassungswidrig
acontecer [akonte'θer] *irr como crecer vi* geschehen, sich ereignen
acontecimiento [akonteθi'mjento] *m* Ereignis *nt*, Begebenheit *f*
acopiar [ako'pjar] *vt* ansammeln, anhäufen
acopio [a'kopjo] *m* ❶ (*de comida, bienes*) Vorrat *m*; **hacer ~ de algo** einen Vorrat an etw anlegen; **hacer ~ de paciencia** sich mit Geduld wappnen; **hacer ~ de valor** all seinen Mut zusammennehmen
❷ (*compra*) Aufkauf *m*
acoplable [ako'plaβle] *adj* zusammensetzbar, zusammenfügbar
acoplado [ako'plaðo] *m* (*RíoPl*) Anhänger *m*
acoplamiento [akopla'mjento] *m* ❶ (*de máquinas, vagones*) Kupp(e)lung *f*, Kopp(e)lung *f*, Ankopplung *f*
❷ (ELEC) Schaltung *f*; **~ en serie** Reihenschaltung *f*
❸ (INFOR) Kopplung *f*; **~ acústico** Akustikkopplung *f*
acoplar [ako'plar] I. *vt* ❶ (*ajustar*) anpassen (*a* an +*akk*); (*juntar*) zusammenfügen
❷ (*piezas, remolque*) koppeln
❸ (ELEC) schalten
❹ (*adaptar*) anpassen (*a* an +*akk*, *a* +*dat*)
II. *vr:* **~se** sich anpassen (*a* an +*akk*, *a* +*dat*)
acoplo [a'koplo] *m* (TÉC) Kopp(e)lung *f*
acoquinamiento [akokina'mjento] *m* Einschüchterung *f*
acoquinar [akoki'nar] I. *vt* einschüchtern
II. *vr:* **~se** sich einschüchtern lassen
acorazado¹ [akora'θaðo] *m* (MIL) Panzerkreuzer *m*
acorazado, -a² [akora'θaðo, -a] *adj* gepanzert, Panzer-; **cámara acorazada** Panzerschrank *m*
acorazar [akora'θar] <z→c> I. *vt* panzern
II. *vr:* **~se** sich wappnen (*contra* gegen +*akk*)
acorazonado, -a [akoraθo'naðo, -a] *adj* herzförmig
acorchado, -a [akor'tʃaðo, -a] *adj* korkartig
acorchar [akor'tʃar] I. *vt* mit Kork verkleiden
II. *vr:* **~se** ❶ (*alimentos*) einschrumpfen
❷ (*insensibilizarse*) abstumpfen; (*miembros*) gefühllos werden, einschlafen
acordado, -a [akor'ðaðo, -a] *adj* ❶ (*de acuerdo con*) vereinbart, beschlossen; **fecha acordada por todos los presentes** von allen Anwesenden vereinbarter Termin
❷ (*elev: prudente*) umsichtig, besonnen
acordar [akor'ðar] <o→ue> I. *vt* ❶ (*convenir*) vereinbaren, abmachen; **~ un precio** einen Preis vereinbaren; **~on intensificar las relaciones** sie vereinbarten, die Beziehungen auszubauen
❷ (*decidir*) beschließen
❸ (MÚS) stimmen
❹ (*Arg, Chil: conceder*) zugestehen
II. *vr:* **~se** sich erinnern (*de an* +*dat*); **si mal no me acuerdo** wenn ich mich nicht erinnere; **¡acuérdate de decírselo!** denk daran, es ihm/ihr zu sagen!
acorde [a'korðe] I. *adj* ❶ (*conforme*) übereinstimmend; **~ con alguien** in Übereinstimmung mit jdm, in [*o* im] Einklang mit jdm; **estar ~ con alguien** mit jdm übereinstimmen; **~ con el medio ambiente** umweltgerecht
❷ (MÚS) harmonisch
II. *m* (MÚS) Akkord *m*; **mayor/menor** Dur-/Mollakkord *m*; **a los ~s de un vals** zu den Klängen eines Walzers
acordeón [akorðe'on] *m* Ziehharmonika *f*, Akkordeon *nt*
acordeonista [akorðeo'nista] *mf* Akkordeonist(in) *m(f)*
acordonado, -a [akorðo'naðo, -a] *adj* ❶ (*con cordones*) mit Schnürung, zum Schnüren; **botines ~s** Schnürstiefel *mpl*; **suéter ~** Schnürpulli *m*, Pulli mit geschnürtem Ausschnitt
❷ (*con forma de cordón*) schnurförmig
❸ (*lugar*) abgesperrt; **después del atentado la zona estaba acordonada** nach dem Attentat war das Gebiet abgesperrt
acordonamiento [akorðona'mjento] *m* Absperrung *f*, Abrieg(e)lung *f*
acordonar [akorðo'nar] *vt* ❶ (*botas*) schnüren
❷ (*un sitio*) absperren, abriegeln
acorralamiento [akorrala'mjento] *m* ❶ (*del ganado*) Einpferchen *nt*
❷ (*cerco*) Einkreisung *f*
acorralar [akorra'lar] *vt* ❶ (*ganado*) einpferchen
❷ (*cercar*) einkreisen
❸ (*intimidar*) einschüchtern; (*con preguntas*) in die Enge treiben
acorrer [akor'rrer] *vt* (*acudir*) zu Hilfe eilen +*dat*; (*socorrer*) helfen +*dat*
acortamiento [akorta'mjento] *m* Abkürzung *f*, Verkürzung *f*; **~ del plazo de vencimiento** (FIN) Laufzeitverkürzung *f*
acortar [akor'tar] I. *vt* (*hacer más corto*) kürzen; (*vestido*) kürzen, kürzer machen; (*camino*) abkürzen; (*duración*) verringern; (*distancia*) verringern; **~ un pantalón unos centímetros** eine Hose (um) ein paar Zentimeter kürzen
II. *vr:* **~se** kürzer werden
acosar [ako'sar] *vt* ❶ (*perseguir*) hetzen, verfolgen
❷ (*asediar*) bedrängen; **~ a alguien a preguntas** jdn mit Fragen bombardieren
acosijar [akosi'xar] *vt* (*Méx*) *v.* **acosar**
acoso [a'koso] *m* Verfolgung *f*, Hetzjagd *f*
acostado, -a [akos'taðo, -a] *adj* liegend; **estar ~** im Bett sein [*o* liegen]
acostar [akos'tar] <o→ue> I. *vi* (NÁUT) *atracar*) anlegen; (*llegar a la costa*) die Küste erreichen
II. *vt* ins Bett bringen
III. *vr:* **~se** ❶ (*ir a la cama*) ins Bett gehen, sich hinlegen; **¿a qué hora te acuestas?** um wie viel Uhr gehst du ins Bett?; **me voy a ~ un rato** ich lege mich einen Moment hin; **~se con alguien** mit jdm schlafen
❷ (*AmC, Méx: dar a luz*) entbinden
acostumbrado, -a [akostum'braðo, -a] *adj* gewohnt; **llegó a la hora acostumbrada** er/sie kam zur gewohnten Zeit; **mal ~** verwöhnt
acostumbrar [akostum'brar] I. *vi:* **~ a hacer algo** gewöhnlich etw tun, etw zu tun pflegen *elev*; **acostumbra a llegar sobre las ocho** er/sie pflegt gegen acht Uhr anzukommen [*o* kommt gewöhnlich gegen acht Uhr an]; **como se acostumbra a decir** wie man zu sagen pflegt
II. *vt:* **~ a alguien a hacer algo** jdn daran gewöhnen etw zu tun
III. *vr:* **~se** ❶ (*soler*) sich *dat* angewöhnen (*a* +*akk*); **se acostumbró a tomar leche por la mañana** er/sie hat sich angewöhnt morgens Milch zu trinken
❷ (*no extrañar*) sich gewöhnen (*a* an +*akk*); **ya me acostumbré a los ruidos** ich habe mich schon an den Lärm gewöhnt
acotación [akota'θjon] *f* ❶ (*nota*) Randbemerkung *f*
❷ (TEAT) Bühnenanweisung *f*
❸ (*cota*) Höhenangabe *f*
acotado, -a [ako'taðo, -a] *adj* ❶ (*reservado*) abgegrenzt; **terreno ~** Privatbesitz *m*
❷ (*con notas*) gekennzeichnet
acotamiento [akota'mjento] *m* Abgrenzung *f*, Abmarkung *f*
acotar [ako'tar] *vt* ❶ (*delimitar*) abstecken, eingrenzen; **recinto acotado** abgegrenzter Bereich
❷ (*un plano*) die Höhenangaben eintragen (in +*akk*)
❸ (*un texto*) mit Randbemerkungen versehen
acracia [a'kraθja] *f* ❶ (*anarquía*) Anarchie *f*
❷ (*anarquismo*) Anarchismus *m*
ácrata ['akrata] I. *adj* ❶ (*anárquico*) anarchisch
❷ (*anarquista*) anarchistisch
II. *mf* Anarchist(in) *m(f)*
acre ['akre] *adj* **acérrimo** ❶ (*áspero*) herb
❷ (*ácido*) ätzend
❸ (*crítica, humor*) bissig; (*tono*) scharf
acrecentamiento [akreθenta'mjento] *m* Vermehrung *f*, Vergrößerung *f*
acrecentar [akreθen'tar] <e→ie> *vt* vermehren, vergrößern
acrecer [akre'θer] *irr como crecer vt* vermehren; **derecho de ~** (JUR) Anwachsungsrecht *nt*
acrecimiento [akreθi'mjento] *m* (JUR) Anwachsung *f*
acreditación [akreðita'θjon] *f* ❶ (*documento*) Ausweis *m*; **~ de periodista** Presseausweis *m*
❷ (JUR) Glaubhaftmachung *f*; **~ de capacidad** Befähigungsnachweis *m*; **~ de la deuda** Schuldnachweis *m*
acreditado, -a [akreði'taðo, -a] *adj* ❶ (*reputado*) renommiert, angesehen
❷ (*diplomático*) akkreditiert (*en/ante* bei +*dat*)
acreditar [akreði'tar] I. *vt* ❶ (*atestiguar*) bestätigen, bekräftigen; **este documento acredita sus derechos** dieses Dokument bestätigt Ihre Rechte; **admitir como suficientemente acreditado** (JUR) als ausreichend bewiesen anerkennen
❷ (*autorizar*) befähigen, autorisieren; **esta carta le acredita para participar en la reunión** dieser Brief autorisiert Sie zur Teilnahme an der Versammlung
❸ (*diplomático*) akkreditieren (*en/ante* bei +*dat*); **el gobierno ha acreditado a Don Mario Gutiérrez como embajador en Bonn** die Regierung hat Herrn Mario Gutiérrez zum Botschafter in Bonn ernannt
❹ (*dar reputación*) Ansehen verleihen +*dat*
❺ (COM) gutschreiben
II. *vr:* **~se** ❶ (*adquirir reputación*) Ansehen erwerben
❷ (*dar crédito de uno mismo*) sich bewähren
❸ (*probar identidad*) sich ausweisen
acreditivo [akreði'tiβo, -a] *m* (FIN, ECON) Beleg *m*
acreedor(a) [akre(e)'ðor(a)] I. *adj* würdig; **es ~a a tu confianza** sie ist deines Vertrauens würdig, sie verdient dein Vertrauen

Verfassungsbeschwerde *f*; ~ **particular** Privatklage *f*, Nebenklage *f*
acusado, -a [aku'saðo, -a] I. *adj* ❶ (*claro, evidente*) klar
❷ (*marcado*) ausgeprägt
II. *m, f* (JUR) Angeklagte(r) *mf*
acusador(a) [akusa'ðor(a)] *m(f)* (JUR) Ankläger(in) *m(f)*; ~ **público** öffentlicher Ankläger
acusar [aku'sar] *vt* ❶ (*culpar*) beschuldigen; **le acusan de asesinato** er wird des Mordes beschuldigt
❷ (*en juicio*) anklagen
❸ (*en la escuela*) verpetzen
❹ (*traslucir, indicar*) verraten, anzeigen; ~ **un déficit** (FIN) einen Fehlbetrag ausweisen; ~ **una tendencia alcista** (FIN) steigende Tendenz aufweisen [*o* verzeichnen]
❺ (TÉC) registrieren
❻ (ECON) bestätigen; ~ **recibo de algo** den Empfang von etw bestätigen; ~ **recibo de un pedido** einen Auftrag bestätigen
acusativo [akusa'tiβo] *m* (LING) Akkusativ *m*
àcusatorio, -a [akusa'torjo, -a] *adj* Anklage-; (*mirada, tono*) anklägerisch
acuse [a'kuse] *m* (COM): ~ **de recibo** Empfangsbestätigung *f*; ~ **de recibo de pago** Zahlungsbestätigung *f*, Quittung *f*; ~ **de recibo de pedido** Auftragsbestätigung *f*
acusica [aku'sika] *mf*, **acusón, -ona** [aku'son, -ona] *m, f* (*fam*) Petze *f*
acústica [a'kustika] *f* Akustik *f*; **una sala con mala** ~ ein Saal mit schlechter Akustik
acústico, -a [a'kustiko, -a] *adj* akustisch; **señal acústica** Schallsignal *nt*
acutángulo [aku'taŋgulo] *adj* (MAT): **triángulo** ~ spitzwinkliges Dreieck *nt*
acutí [aku'ti] *m* (*Arg, Par, Urug*: ZOOL) Aguti *m o nt*
ada ['aða] *m* (INFOR) ADA
adagio [a'ðaxjo] *m* ❶ (*proverbio*) Spruch *m*
❷ (MÚS) Adagio *nt*
adalid [aða'lið] *m* ❶ (*caudillo*) Anführer(in) *m(f)*
❷ (*de gente de guerra*) Befehlshaber(in) *m(f)*, Kommandant(in) *m(f)*
❸ (*precursor*) Vorkämpfer(in) *m(f)*
adamado, -a [aða'maðo, -a] *adj* ❶ (*pey: afeminado*) weibisch; **sus gestos delicados le hacen parecer un hombre** ~ durch seine zarte Gestik wirkt er feminin
❷ (*fino, elegante*) vornehm; **a mí me gustan las personas adamadas y elegantes** mir gefallen vornehme und elegante Menschen
❸ (*con apariencias de dama*) damenhaft; **es tan adamada que nadie diría que no pertenece a la nobleza** sie ist so damenhaft, dass keiner meinen würde, sie gehöre nicht dem Adel an
adamantino, -a [aðaman'tino, -a] *adj* hart (wie ein Diamant)
adamar [aða'mar] I. *vt* umwerben
II. *vr:* ~**se** weibliche Züge entwickeln
adamascado, -a [aðamas'kaðo, -a] *adj* damastartig
adamascar [aðamas'kar] <c→qu> *vt* (*telas*) damastartig weben
adán [a'ðan] *m* schlampiger [*o* heruntergekommener] Mensch *m*; **vas hecho un** ~ du siehst sehr heruntergekommen aus
adaptabilidad [aðaptaβili'ðað] *f* Anpassungsfähigkeit *f* (*a* an +*akk*)
adaptable [aðap'taβle] *adj* anpassungsfähig (*a* an +*akk*)
adaptación [aðapta'θjon] *f* ❶ (*acomodación*) Anpassung *f* (*a* an +*akk*); ~ **contractual** Vertragsanpassung *f*; ~ **fiscal** Steueranpassung *f*; ~ **laboral** Arbeitsanpassung *f*
❷ (LIT, MÚS, TEAT) Bearbeitung *f*; (CINE) Verfilmung *f*; ~ **escénica** Bühnenbearbeitung *f*; **la** ~ **de una obra de teatro al cine** die Verfilmung eines Theaterstückes
❸ (BIOL) Adaptation *f*
adaptador¹ [aðapta'ðor] *m* ❶ (TÉC) Adapter *m*
❷ (INFOR) Adapter *m*; ~ **gráfico** Grafikadapter *m*; ~ **de línea** Leitungsadapter *m*; ~ **de red** Netzadapter *m*
adaptador(a)² [aðapta'ðor(a)] *m(f)* (LIT, MÚS, TEAT, CINE) Bearbeiter(in) *m(f)*
adaptar [aðap'tar] I. *vt* ❶ (*acomodar*) anpassen (*a* an +*akk, a* +*dat*); **adaptado bien al grupo** gut in die Gruppe integriert
❷ (*edificio*) umbauen; ~ **un piso para oficina** eine Wohnung zum Büro umbauen
❸ (*ajustar*) einpassen; ~ **algo a algo** etw auf etw abstimmen
❹ (LIT, MÚS, TEAT, CINE) bearbeiten (*a* für +*akk*); ~ **una novela a la pantalla** einen Roman verfilmen
❺ (BIOL) adaptieren
II. *vr:* ~**se** sich anpassen (*a* +*dat*, an +*akk*); (*a un grupo*) sich einfügen (*a* in +*akk*); **se han adaptado muy bien el uno al otro** sie sind sehr gut aufeinander eingespielt; ~**se a las costumbres** sich den [*o* an die] Sitten anpassen
adarga [a'ðarɣa] *f* Lederschild *m*
adarme [a'ðarme] *m* sehr kleine Menge *f*, Fitzchen *nt reg*, Fitzel *m o nt*
reg; **un** ~ **de pan** eine Krume Brot; **no tiene un** ~ **de sentido común** er/sie hat kein bisschen gesunden Menschenverstand
adarve [a'ðarβe] *m* Mauergang *m*
adecenar [aðeθe'nar] *vt* in Zehnereinheiten aufteilen; **adecenó los huevos y los colocó en las hueveras** er/sie packte jeweils zehn Eier in die Eierkartons
adecentar [aðeθen̦'tar] I. *vt* herrichten
II. *vr:* ~**se** sich zurechtmachen
adecuación [aðekwa'θjon] *f* ❶ (*conveniencia*) Angemessenheit *f*
❷ (*adaptación*) Anpassung *f*; ~ **al perfil del puesto** Erfüllen des Anforderungsprofils [*o* der Stellenanforderungen]
adecuado, -a [aðe'kwaðo, -a] *adj* angemessen, geeignet; **no encuentro** ~ **este método** ich halte diese Methode nicht für geeignet [*o* für ungeeignet]; **la decoración de tu casa es muy adecuada** die Ausstattung deiner Wohnung ist sehr zweckmäßig; **las palabras adecuadas** die passenden Worte
adecuar [aðe'kwar] I. *vt* anpassen (*a* an +*akk*)
II. *vr:* ~**se** sich anpassen (*a* an +*akk*)
adefagia [aðe'faxja] *f* (MED) Vorazität *f*, Heißhunger *m*
adefesio [aðe'fesjo] *m* ❶ (*prenda*) lächerliches Kleidungsstück *nt*, Fummel *m fam*
❷ (*persona*) Vogelscheuche *f*; **estar hecho un** ~ wie eine Vogelscheuche aussehen
adehesar [aðe(e)'sar] I. *vt* (AGR) zu Weideland machen
II. *vr:* ~**se** (AGR) zu Weideland werden
a. de (J)C. ['antes ðe (xesu)'kristo] *abr de* **antes de (Jesu)cristo** v. Chr., v. Chr. G.
adelantado, -a [aðelan̦'taðo, -a] *adj* ❶ (*precoz*) frühreif
❷ (*aventajado, avanzado*) fortgeschritten; **estar** [*o* **ir**] **muy** ~ weit fortgeschritten sein
❸ (ECON): **por** ~ im Voraus, **pagar por** ~ im Voraus bezahlen; **flete pagadero por** ~ (COM) Fracht zahlbar im Voraus
adelantamiento [aðelan̦ta'mjen̦to] *m* ❶ (*avance*) Vorrücken *nt*; (*progreso*) Fortschritt *m*
❷ (*del coche*) Überholen *nt*; **realizar un** ~ überholen
adelantar [aðelan̦'tar] I. *vi* ❶ (*reloj*) vorgehen
❷ (*progresar*) vorwärts kommen, Fortschritte machen; **no adelanto nada en sueco** ich mache keine Fortschritte im Schwedischen
❸ (*coche*) überholen; **prohibido** ~ Überholen verboten
II. *vt* ❶ (*avanzar*) vorrücken; ~ **unos pasos** ein paar Schritte vorgehen
❷ (*coche, persona*) überholen
❸ (*reloj*) vorstellen
❹ (*viaje, partida*) vorverlegen
❺ (*idea*) vorwegnehmen
❻ (*paga*) vorstrecken, vorschießen *fam*; **¿me puedes** ~ **50 euros?** kannst du mir 50 Euro vorstrecken?
❼ (*obtener ventaja*) gewinnen; **¿qué adelantas con esto?** was erreichst du damit?, was bringt dir das?
III. *vr:* ~**se** ❶ (*avanzarse*) vorangehen
❷ (*anticiparse*) früher eintreffen; (*aventajar*) zuvorkommen; **te has adelantado a mis deseos** du bist meinen Wünschen zuvorgekommen
❸ (*reloj*) vorgehen
adelante [aðe'lan̦te] *adv* vor(wärts); **¡~!** herein!; **de hoy en** ~ von heute an; **llevar un plan** ~ einen Plan in die Tat umsetzen; **sacar una familia** ~ eine Familie durchbringen; **seguir** ~ weitergehen; **véase más** ~ siehe unten
adelanto [aðe'lan̦to] *m* ❶ (*progreso*) Fortschritt *m*, Weiterentwicklung *f*; ~**s técnicos** technische Neuerungen
❷ (*anticipo*) Vorschuss *m*, Vorauszahlung *f*; ~ **sobre letras** (FIN) Wechsellombard *m o nt*; ~ **sobre mercancías** (FIN) Warenlombard *m o nt*
adelfa [a'ðelfa] *f* (BOT) ❶ (*arbusto*) Rosenlorbeer *m*, Echter Oleander *m*
❷ (*flor*) Rosenlorbeerblüte *f*
adelgazamiento [aðelɣaθa'mjen̦to] *m* Abnehmen *nt*
adelgazante [aðelɣa'θan̦te] I. *adj* Abmagerungs-, Schlankheits-
II. *m* Schlankheitsmittel *nt*
adelgazar [aðelɣa'θar] <z→c> I. *vi, vr:* ~**se** abnehmen
II. *vt* ❶ (*cosas*) dünner machen
❷ (*personas*) abnehmen; **adelgazó cinco kilos** er/sie hat fünf Kilo abgenommen
ademán [aðe'man] *m* ❶ (*gesto*) Gebärde *f*; **hizo** ~ **de salir** er/sie schickte sich an zu gehen
❷ (*actitud*) Haltung *f*; **en** ~ **de** bereit zu
además [aðe'mas] *adv* außerdem, ferner
ADENA [a'ðena] *f abr de* **Asociación para la Defensa de la Naturaleza** ≈Naturschutzverein *m*
adenalgia [aðe'nalxja] *f* (MED) Drüsenschmerzen *mpl*
adenda [a'ðen̦da] *f* Nachtrag *m*
adenia [a'ðenja] *f* (MED: *de los ganglios linfáticos*) Lymphadenie *f*, Lymphknotenwucherung *f*

adenitis [aðe'nitis] *f inv* (MED) Adenitis *f*, Drüsenentzündung *f*; (*de los ganglios linfáticos*) Lymphadenitis *f*, Lymphknotenentzündung *f*
adenología [aðenolo'xia] *f* (ANAT) Teilbereich, der sich mit den Drüsen beschäftigt
adenoma [aðe'noma] *f* (MED) Adenom(a) *nt*, (gutartige) Drüsengeschwulst *f*
adenomatosis [aðenoma'tosis] *f inv* (MED) Adenomatose *f*
adenopatía [aðenopa'tia] *f* (MED) Adenopathie *f*, Drüsenkrankheit *f*; (*de los ganglios linfáticos*) Lymphdrüsenkrankheit *f*
adensar [aðen'sar] I. *vt* ❶ (*convertir en líquido o sólido*) kondensieren ❷ (*hacer más denso*) komprimieren, verdichten
II. *vr:* ~**se** ❶ (*convertirse en líquido o sólido*) kondensieren ❷ (*hacerse más denso*) sich verdichten
adentellar [aðente'ʎar] *vt* (*morder*): ~ **algo** an etw *dat* knabbern
adentrarse [aðen'trarse] *vr* ❶ (*penetrar*) hineingehen (*en* in +*akk*); (*en la selva*) eindringen (*en* in +*akk*) ❷ (*en un tema*) sich vertiefen (*en* in +*akk*)
adentro [a'ðentro] *adv* ❶ (*lugar*) drinnen ❷ (*lugar y movimiento*) hinein; **mar** ~ seewärts; **tierra** ~ landeinwärts; **el grito le salió de muy** ~ sein/ihr Schrei kam aus tiefster Seele
adentros [a'ðentros] *mpl* Innere *nt;* **para sus** ~ innerlich, im Stillen; **guardar algo para sus** ~ etw für sich behalten
adepto, -a [a'ðepto, -a] *m, f* ❶ (*afiliado*) Mitglied *nt* ❷ (*partidario*) Anhänger(in) *m(f);* **ganar** ~**s** Anhänger gewinnen
aderezar [aðere'θar] <z→c> *vt* ❶ (*preparar*) herrichten ❷ (*guisar*) kochen, zubereiten ❸ (*condimentar*) würzen; ~ **la ensalada** den Salat anmachen ❹ (*tejidos, pieles*) appretieren ❺ (*amenizar*) ausschmücken
aderezo [aðe'reθo] *m* ❶ (*de un guiso*) Zubereitung *f* ❷ (*condimentación*) Würzen *nt;* (*de una ensalada*) Anmachen *nt* ❸ (*condimento*) Gewürz *nt;* (*para ensalada*) Dressing *nt* ❹ (*joyas*) Schmuckgarnitur *f*
adeudado, -a [aðeu̯'ðaðo, -a] *adj* verschuldet
adeudante [aðeu̯'ðante] *mf* (FIN) Zollschuldner(in) *m(f)*
adeudar [aðeu̯'ðar] I. *vt* ❶ (*deber*) schulden; **adeuda 200 euros a su madre** er/sie schuldet seiner/ihrer Mutter 200 Euro ❷ (FIN: *cargar*) belasten, zur Last schreiben; ~ **una cantidad en cuenta** ein Konto mit einem Betrag belasten
II. *vr:* ~**se** sich verschulden, Schulden machen; ~**se mucho** sich hoch verschulden
adeudo [a'ðeu̯ðo] *m* ❶ (*en aduana*) Zoll *m* ❷ (FIN) Lastschrift *f*
adherencia [aðe'renθja] *f* ❶ (*cohesión*) Haften *nt*, Haftung *f*; (AUTO) Bodenhaftung *f* ❷ (*condición de adherente*) Haftfähigkeit *f*, Klebefähigkeit *f* ❸ (*conexión*) Verbindung *f* ❹ (MED) Adhäsion *f*
adherente [aðe'rente] *adj* anhaftend, klebend
adherir [aðe'rir] *irr como sentir* I. *vt* (*sello*) (auf)kleben (*a* auf +*akk*); (*cartel, póster*) (an)kleben (*a* an +*akk*)
II. *vr:* ~**se** ❶ (*pegarse*) haften (*a* an +*dat*, *a* auf +*dat*), kleben (*a* an +*dat*, *a* auf +*dat*); **las pegatinas no se adhieren a piezas húmedas** auf feuchten Teilen haften Aufkleber nicht ❷ (*a una opinión*) zustimmen (*a* +*dat*); **¿te adhieres a lo que dijo?** stimmst du dem zu, was er/sie sagte? ❸ (*a un partido*) beitreten (*a* +*dat*), sich anschließen (*a* +*dat*)
adhesión [aðe'sjon] *f* ❶ (*adherencia*) Haften *nt*, Haftung *f* ❷ (*a una opinión*) Zustimmung *f* (*a* zu +*dat*); (*apoyo*) Unterstützung *f* (*a* +*gen*) ❸ (*a un partido, asociación*) Beitritt *m* (*a* zu +*dat*); **Tratado de A~ a la CE** Beitrittsvertrag zur EG; **la** ~ **a la Unión Europea** der Beitritt zur Europäischen Union ❹ (FÍS) Adhäsion *f* ❺ (JUR) Anschließung *f;* ~ **a la deuda** (**de un tercero**) Schuldbeitritt *m;* ~ **opuesta** Gegenanschließung *f;* ~ **subsidiaria** Hilfsanschließung *f*
adhesivo¹ [aðe'siβo] *m* ❶ (*sustancia*) Klebstoff *m;* **multiuso** Alleskleber *m* ❷ (*pegatina*) Aufkleber *m*
adhesivo, -a² [aðe'siβo, -a] *adj* Klebe-, klebend
ad hoc [a'ðok] *adv* ad hoc
adiáfano, -a [a'ðjafano, -a] *adj* lichtundurchlässig
adiaforesis [aðjafo'resis] *f inv* (MED) mangelnde Schweißabsonderung *f*
adiamantado, -a [aðjaman'taðo, -a] *adj* (*elev*) diamanten, einem Diamanten ähnlich; **su** ~ **corazón era invulnerable** sein/ihr diamantenes Herz war unverwundbar
adicción [aðik'θjon] *f* Sucht *f;* ~ **a las drogas** Drogenabhängigkeit *f*, Drogensucht *f*
adición [aði'θjon] *f* ❶ (*añadidura*) Zusatz *m* (*a* zu +*dat*); ~ **al nombre comercial** Firmenzusatz *m* ❷ (MAT) Addition *f*, Addieren *nt* ❸ (JUR): ~ **de la herencia** Erbschaftsannahme *f* ❹ (RíoPl: *cuenta en un restaurante*) Rechnung *f*
adicional [aðiθjo'nal] *adj* Zusatz-, zusätzlich; **beneficios** ~**es** Nebengewinne *mpl;* **medida** ~ begleitende Maßnahme; **poner una cláusula** ~ **en un contrato** eine zusätzliche Klausel in einen Vertrag aufnehmen
adicionar [aðiθjo'nar] *vt* hinzufügen (*a* zu +*dat*)
adictivo, -a [aðik'tiβo, -a] *adj* süchtig machend; **la heroína es una sustancia adictiva** Heroin macht süchtig
adicto, -a [a'ðikto, -a] I. *adj* ❶ (*leal*) ergeben, zugetan; **es** ~ **a su madre** er ist seiner Mutter sehr zugetan ❷ (*que tiene adicción*) süchtig; **es adicta a las drogas** sie ist drogensüchtig; **es** ~ **a la televisión** (*fam*) er ist fernsehsüchtig
II. *m, f* ❶ (*dependiente*) Süchtige(r) *mf;* ~ **a las drogas** Drogensüchtiger *m* ❷ (*Arg, Par, Urug: adherente*) Anhänger(in) *m(f)* (*a* +*gen*); (*partidario*) Befürworter(in) *m(f)* (*a* +*gen*)
adiestrador(a) [aðjestra'ðor(a)] *m(f)* ❶ (*instructor*) Lehrer(in) *m(f)*, Ausbilder(in) *m(f)* ❷ (*domador*) Dompteur(in) *m(f)*
adiestramiento [aðjestra'mjento] *m* ❶ (*instrucción*) Schulung *f* ❷ (*de animales*) Dressur *f*
adiestrar [aðjes'trar] *vt* ❶ (*personas*) schulen (*en* in +*dat*, *para* für +*akk*) ❷ (*animales*) abrichten (*para* zu +*dat*), dressieren; (*caballos*) zureiten
adifés [aði'fes] I. *adj* (*Guat: difícil*) schwierig
II. *adv* (*Ven: adrede*) mit Absicht, absichtlich
adinerado, -a [aðine'raðo, -a] *adj* vermögend, zahlungskräftig
adintelado, -a [aðinte'laðo, -a] *adj* (ARQUIT) abgeflacht
adiós [a'ðjos] I. *interj* ❶ (*despedida*) auf Wiedersehen, tschüs *fam* ❷ (*sorpresa*) ach (Gott), oh; **¡~, he perdido la cartera!** ach Gott, ich habe meine Brieftasche verloren!
II. *m* Abschied *m*, Lebewohl *nt;* **decir** ~ **a alguien/algo** von jdm/etw Abschied nehmen
adiposidad [aðiposi'ðað] *f* Fettleibigkeit *f*
adiposis [aði'posis] *f inv* (MED) Adipositas *f*, Fettleibigkeit *f*
adiposo, -a [aði'poso, -a] *adj* Fett-, fetthaltig; **tejido** ~ Fettgewebe *nt*
adipsia [a'ðiβsja] *f* (MED) Adipsie *f*, mangelndes Trinkbedürfnis *nt*
aditamento [aðita'mento] *m* ❶ (*añadidura*) Zusatz *m* ❷ (*complemento*) Ergänzung *f*
aditivo¹ [aði'tiβo] *m* Zusatzstoff *m;* ~**s alimentarios** Lebensmittelzusatzstoffe *mpl*
aditivo, -a² [aði'tiβo, -a] *adj* Zusatz-, zusätzlich
adivinación [aðiβina'θjon] *f* ❶ (*del futuro*) Wahrsagung *f* ❷ (*de un enigma*) (Er)raten *nt*
adivinador(a) [aðiβina'ðor(a)] *m(f)* Rater(in) *m(f)*
adivinanza [aðiβi'nanθa] *f* Rätsel *nt;* **resolver una** ~ ein Rätsel lösen
adivinar [aðiβi'nar] *vt* ❶ (*el futuro*) wahrsagen ❷ (*acertar*) (er)raten; ~ **los pensamientos de alguien** jds Gedanken erraten; **¡adivina cuántos años tiene!** rat mal, wie alt er/sie ist! ❸ (*vislumbrar*) (er)ahnen; **al fondo se adivinan unas luces** im Hintergrund kann man einige Lichter erahnen
adivinatorio, -a [aðiβina'torjo, -a] *adj* hellseherisch
adivino, -a [aði'βino, -a] *m, f* Wahrsager(in) *m(f)*
adjetivación [aðxetiβa'θjon] *f* (LING) Adjektivierung *f*
adjetival [aðxeti'βal] *adj* (LING) adjektivisch; **el participio tiene una naturaleza** ~ das Partizip wird adjektivisch verwendet
adjetivar [aðxeti'βar] *vt* (LING) adjektivieren
adjetivo¹ [aðxe'tiβo] *m* (LING) Adjektiv *nt*, Eigenschaftswort *nt;* ~ **numeral** Zahladjektiv *nt*
adjetivo, -a² [aðxe'tiβo, -a] *adj* (LING) adjektivisch
adjudicación [aðxuðika'θjon] *f* ❶ (*de un premio*) Verleihung *f;* (*de un encargo, una beca*) Vergabe *f;* ~ **bursátil** (FIN) Exekutionsverkauf *m;* ~ **de divisas** (FIN) Devisenzuteilung *f;* ~ **de la obra** Bauauftragsvergabe *f;* ~ **del pedido** Auftragsvergabe *f* ❷ (*en una subasta*) Zuschlag *m;* ~ **al mejor postor** Zuschlag an den Meistbietenden
adjudicar [aðxuði'kar] <c→qu> I. *vt* ❶ (*premio*) verleihen; (*encargo, beca*) vergeben; (*fondos*) zuweisen, zuteilen; (*contrato*) vergeben, erteilen; **se ha adjudicado la construcción de la autovía a "Cubiertas y Mzov"** "Cubiertas y Mzov" haben den Zuschlag für den Bau der Schnellstraße erhalten ❷ (*en una subasta*) zuschlagen; **el cuadro se adjudica a quien puja más alto** das Gemälde wird demjenigen zugeschlagen, der das höchste Gebot macht
II. *vr:* ~**se** ❶ (*apropiarse*) sich *dat* aneignen ❷ (*victoria, premio*) erringen; **la atleta se adjudicó la victoria** die Athletin errang den Sieg

adjudicatario, **-a** [aðxuðika'tarjo, -a] *m, f* ❶ (*de un encargo*) Erwerber(in) *m(f)*; (*de un premio*) Gewinner(in) *m(f)*
❷ (*en una subasta*) Ersteigerer, -in *m, f,* Zuschlagsempfänger(in) *m(f)*
adjuntar [aðxun̪'tar] *vt* beilegen, beifügen; **le adjunto un folleto informativo** ich lege Ihnen ein Informationsblatt bei
adjunto, **-a** [að'xun̪to, -a] *adj* ❶ (*junto*) beiliegend, anbei
❷ (*auxiliar*) stellvertretend; **director** ~ stellvertretender Direktor; **presidente** ~ stellvertretender Vorsitzender; **profesora adjunta** (UNIV) ≈Assistentin *f*; **secretario** ~ stellvertretender Sekretär
adlátere [að'latere] *m o f(pey)* Adlatus *m*
adminicular [aðminiku'lar] *vt* (JUR: *prueba*) zusätzlich erbringen [*o* beibringen]
adminículo [aðmi'nikulo] *m* (*elev*) Hilfsmittel *nt;* **llevar sus ~s de maquillaje** seine Schminkutensilien dabeihaben
administración [aðministra'θjon] *f* ❶ (*de una empresa, un organismo*) Verwaltung *f*; ~ **colectiva** Gesamtverwaltung *f*; ~ **de una cuenta** Kontoführung *f*; ~ **de datos** (INFOR) Datenverwaltung *f*; ~ **de discos** (INFOR) Plattenverwaltung *f*; ~ **de la empresa** (ECON) Unternehmensführung *f*; ~ **fiduciaria** Verwaltungstreuhand *f*; ~ **de fincas** Haus- und Grundstücksverwaltung *f,* Liegenschaftsverwaltung *f*; ~ **hereditaria** Nachlassverwaltung *f*; ~ **judicial** Zwangsverwaltung *f*; ~ **de justicia** Rechtspflege *f*; ~ **de la masa de la quiebra** Konkursverwaltung *f*; ~ **de memoria** (INFOR) Speicherverwaltung *f*; ~ **municipal** Stadtverwaltung *f*; ~ **patrimonial** Vermögensverwaltung *f*; ~ **de personal** Personalverwaltung *f*; ~ **propia** Eigenverwaltung *f*; ~ **pública** öffentliche Verwaltung; ~ **de servicios** Leistungsverwaltung *f*; **consejo de** ~ Verwaltungsrat *m*; (*S. A.*) Vorstand *m*; **gastos de** ~ Verwaltungskosten *pl*
❷ (*órgano*) Behörde *f*; **la A~ central** die Zentralverwaltung; **la** ~ **de correos** die Post; **la** ~ **española** die spanischen Behörden; **A~ del Estado** Staatsverwaltung *f*; **A~ Federal** Bundesverwaltung *f*; **A~ Federal del Ejército** Bundeswehrverwaltung *f*; **A~ Federal de Hacienda** Bundesfinanzverwaltung *f*; **la A~ local** die Lokalbehörde, die Gemeindeverwaltung; **A~ tributaria** Steuerverwaltung *f*; **las administraciones territoriales** die Gebietskörperschaften
❸ (*edificio*) Verwaltungsgebäude *nt,* Behörde *f*
❹ (*de medicamentos*) Verabreichung *f*
❺ (REL: *de sacramentos*) Spenden *nt*
❻ (*Arg: gobierno*) Regierung *f*; **bajo la** ~ **de...** unter der Regierung ...
❼ (*Cuba, PRico: extremaunción*) Letzte Ölung *f*
administrado, **-a** [aðminis'traðo, -a] *m, f* (Staats)bürger(in) *m(f)*
administrador(a) [aðministra'ðor(a)] *m(f)* ❶ (*general*) Verwalter(in) *m(f)*; ~ **de aduanas** Zollamtsvorsteher *m*; ~ **fiduciario** Treuhänder *m*; ~ **de fincas** Grundstücksverwalter *m*; ~ **hereditario** Erbschaftsverwalter *m,* Nachlassverwalter *m*; ~ **judicial** (JUR) gerichtlich bestellter Verwalter, Zwangsverwalter *m*; ~ **de la masa** Konkursverwalter *m*
❷ (*gerente*) Geschäftsführer(in) *m(f)*; ~ **gerente** geschäftsführendes Mitglied
❸ (INFOR) Administrator(in) *m(f)*; ~ **de datos** Dateimanager *m,* Datenverwaltungsprogramm *nt*; ~ **de memoria expandida** Erweiterungsspeicher-Manager *m*; ~ **de red** Netzadministrator *m,* Netzverwalter *m*
administrar [aðminis'trar] *vt* ❶ (*empresa, territorio, datos*) verwalten
❷ (*racionar*) einteilen; (*suministrar*) verteilen; ~ **sus fuerzas** seine Kräfte einteilen
❸ (*medicamentos*) verabreichen
❹ (REL: *sacramentos*) spenden
❺ (*loc*): ~ **justicia** Recht sprechen
administrativo, **-a** [aðministra'tiβo, -a] I. *adj* Verwaltungs-; **auxiliar** ~ Bürokraft *f*; **gastos ~s** Verwaltungskosten *pl*; **en este ayuntamiento trabajan muchos ~s** diese Gemeindeverwaltung beschäftigt viele Angestellte
II. *m, f* Verwaltungsangestellte(r) *mf,* Sachbearbeiter(in) *m(f)*
admirable [aðmi'raβle] *adj* bewundernswert, erstaunlich
admiración [aðmira'θjon] *f* ❶ (*respeto, adoración*) Bewunderung *f*; **lleno de** ~ **por alguien/algo** voller Bewunderung für jdn/etw
❷ (*asombro*) Verwunderung *f,* Staunen *nt;* **causar** ~ Verwunderung hervorrufen
❸ (*signo ortográfico*) Ausrufezeichen *nt*; (*frase admirativa*) Ausrufesatz *m*
admirado, **-a** [aðmi'raðo, -a] *adj* verwundert, erstaunt; **me quedé admirada de sus conocimientos** ich war erstaunt über seine/ihre Kenntnisse
admirador(a) [aðmira'ðor(a)] *m(f)* Bewunderer, -in *m, f,* Fan *m*
admirar [aðmi'rar] I. *vt* ❶ (*adorar, apreciar*) bewundern
❷ (*asombrar*) verwundern
II. *vr:* **~se** sich wundern (*de* über +*akk*); **se admiró de que no lo hayas dicho** er/sie wunderte sich darüber, dass du es nicht gesagt hast
admirativo, **-a** [aðmira'tiβo, -a] *adj* bewundernd; **una mirada admirativa** ein bewundernder Blick
admisibilidad [aðmisiβili'ðað] *f* Zulässigkeit *f*

admisible [aðmi'siβle] *adj* zulässig, statthaft
admisión [aðmi'sjon] *f* ❶ (*en la universidad*) Zulassung *f* (*en* zu +*dat*); (*en una asociación, un club*) Aufnahme *f* (*en* in +*akk*); ~ **de la apelación** (JUR) Berufungszulassung *f*; ~ **a cotización en bolsa** (FIN) Börsenzulassung *f*; ~ **de culpa** (JUR) Schuldanerkenntnis *nt*; ~ **de la demanda** (JUR) Klagezulassung *f*; ~ **de miembros** Aufnahme von Mitgliedern; ~ **de seguro** Versicherungszulassung *f*; ~ **temporal** (COM) zeitweilige Zulassung; (*aduana*) (Zoll)einfuhr auf Zeit
❷ (TÉC) Zufuhr *f,* Zulauf *m*; ~ **de aceite** Ölzufluss *m*
❸ (*contratación*) Einstellung *f*; ~ **de personal** Personaleinstellung *f*
admitancia [aðmi'tanθja] *f* (FíS) Admittanz *f,* Leitwert *m* des Wechselstroms
admitir [aðmi'tir] *vt* ❶ (*en la universidad*) zulassen (*en* zu +*dat*); (*en una asociación, club*) aufnehmen (*en* in +*akk*)
❷ (*aceptar*) annehmen; (*aprobar*) billigen; ~ **a cotización** (FIN) zum Börsenhandel zulassen; ~ **una excusa/una propina** eine Entschuldigung/ein Trinkgeld annehmen; ~ **los métodos de alguien** jds Methoden billigen; ~ **en pago** (ECON) in Zahlung nehmen
❸ (*reconocer*) zugeben; **admito mi error** ich gebe meinen Fehler zu
❹ (*permitir*) zulassen; ~ **una queja** (JUR) einer Klage stattgeben; **el asunto no admite dilación** die Sache duldet keinen Aufschub [*o* muss unverzüglich erledigt werden]; **es cosa admitida que...** es ist allgemein anerkannt, dass ...
❺ (*tener capacidad*) fassen
admón. [aðministra'θjon] *abr de* **administración** Verw.
admonición [aðmoni'θjon] *f* Ermahnung *f*; (ADMIN) Verwarnung *f,* Abmahnung *f*
admonitorio, **-a** [aðmoni'torjo, -a] *adj* Mahn-, mahnend
ADN [aðe'ene] *m abr de* **ácido desoxirribonucleico** DNS *f*
adobado [aðo'βaðo] *m* (GASTR) ❶ (*carne*) eingelegtes (Schweine)fleisch *nt,* Pökelfleisch *nt;* **preparar el** ~ **de los embutidos** das Fleisch [*o* die Füllung] für die Würste zubereiten
❷ (*acción: carnes, pescados*) Pökeln *nt*; (*aceitunas*) Einlegen *nt*
adobar [aðo'βar] *vt* ❶ (GASTR: *con salsa*) marinieren; (*con sal*) pökeln
❷ (*piel*) gerben
❸ (*fam: amañar*) deichseln
adobe [a'ðoβe] *m* Luftziegel *m*
adobo [a'ðoβo] *m* ❶ (GASTR: *salsa*) Marinade *f,* Beize *f*
❷ (GASTR: *con salsa*) Marinieren *nt*; (*con sal*) Pökeln *nt*
❸ (*de pieles*) Gerben *nt*
adocenado, **-a** [aðoθe'naðo, -a] *adj* mittelmäßig
adocenarse [aðoθe'narse] *vr* mittelmäßig werden, nachlassen
adoctrinación [aðoktrina'θjon] *f* Indoktrinierung *f,* Indoktrination *f*
adoctrinamiento [aðoktrina'mjento] *m* Indoktrinierung *f*
adoctrinar [aðoktri'nar] *vt* indoktrinieren; ~ **a alguien sobre algo** jdm etw beibringen
adolecer [aðole'θer] *irr como* **crecer** *vi* ❶ (*ponerse enfermo*) erkranken (*de* an +*dat*); (*padecer*) leiden (*de* an +*dat*); **adolece de cáncer** er/sie ist an Krebs erkrankt; **este chico adolece de ser aburrido** dieser Junge ist einfach nur langweilig
❷ (*carecer*) nicht haben (*de* +*akk*); ~ **de fuerzas** keine Kraft mehr haben
adoleciente [aðole'θjente] *adj* (*que sufre alguna dolencia*) erkrankt; **los ~s de varicela** die an Windpocken Erkrankten
adolescencia [aðoles'θenθja] *f* Jugend *f*
adolescente [aðoles'θente] I. *adj* halbwüchsig
II. *mf* Jugendliche(r) *mf,* Teenager *m*
adonde [a'ðonde] *adv* (*relativo*) wohin; **el pueblo ~ iremos es muy bonito** das Dorf, in das wir fahren werden, ist sehr schön; **podéis ir ~ queráis** ihr könnt gehen, wohin ihr wollt
adónde [a'ðonde] *adv* (*interrogativo*) wohin; **¿~ vas mañana?** wohin gehst du morgen?
adondequiera [aðonde'kjera] *adv:* ~ **que** +*subj* (*estado*) wo auch immer; (*dirección*) wohin auch immer
adonis [a'ðonis] *m inv* Adonis *m*
adopción [aðoβ'θjon] *f* ❶ (*de niños*) Adoption *f*
❷ (*de nacionalidad, familia*) Annahme *f*
❸ (*de medidas*) Ergreifen *nt*; ~ **de un acuerdo** Beschlussfassung *f*
❹ (*de actitudes*) Einnehmen *nt*
adopcionismo [aðoβθjo'nismo] *m sin pl* (REL: *herejía*) Adoptianismus *m*
adoptante [aðoβ'tante] *mf* Adoptivvater, -mutter *m, f*
adoptar [aðoβ'tar] *vt* ❶ (*niño*) adoptieren
❷ (*nacionalidad, costumbre, religión*) annehmen
❸ (*medida*) ergreifen; ~ **un acuerdo/una resolución** einen Beschluss/Entschluss fassen
❹ (*actitud*) einnehmen
adoptivo, **-a** [aðoβ'tiβo, -a] *adj* (*personas*) Adoptiv-; **hijo** ~ Adoptivkind *nt;* (*chico*) Adoptivsohn *m;* **hija adoptiva** Adoptivtochter *f*

adoquín ❷ (*cosas*) Wahl-; **patria adoptiva** zweite Heimat, Wahlheimat *f*
adoquín [aðo'kin] *m* ❶ (*piedra*) Pflasterstein *m*
❷ (*fam: persona*) Tölpel *m*
adoquinado [aðoki'naðo] *m* ❶ (*suelo*) Pflaster *nt*
❷ (*acción*) Pflastern *nt*
adoquinar [aðoki'nar] *vt* pflastern; **calles adoquinadas** gepflasterte Straßen
adorable [aðo'raβle] *adj* entzückend, bezaubernd
adoración [aðora'θjon] *f* (*t.* REL) Verehrung *f*, Anbetung *f*
adorador(a) [aðora'ðor(a)] *m(f)* Anbeter(in) *m(f)*, Verehrer(in) *m(f)*
adorar [aðo'rar] *vt* ❶ (*t.* REL) anbeten, verehren
❷ (*idolatrar*) vergöttern
adormecer [aðorme'θer] *irr como crecer* I. *vt* ❶ (*personas*) einschläfern; (*cansar*) müde machen
❷ (*dolor*) stillen; (*sentidos*) beruhigen
II. *vr:* ~**se** einschlafen; **se le adormeció el brazo** ihm/ihr ist der Arm eingeschlafen
adormecido, -a [aðorme'θiðo, -a] *adj* (*cansado*) schläfrig
adormecimiento [aðormeθi'mjento] *m* Schläfrigkeit *f;* ~ **bursátil** (FIN) Baisse *f*
adormidera [aðormi'ðera] *f* (BOT) Schlafmohn *m*
adormilado, -a [aðormi'laðo, -a] *adj* (*cansado*) schläfrig
adormilarse [aðormi'larse] *vr* einnicken
adormitarse [aðormi'tarse] *vr v.* **adormilarse**
adornar [aðor'nar] I. *vt* schmücken (*con/de* mit +*dat*), verzieren (*con/de* mit +*dat*); **la gracia que le adorna** seine Anmut
II. *vr:* ~**se** sich schmücken (*con* mit +*dat*)
adorno [a'ðorno] *m* ❶ (*ornamento*) Schmuck *m*, Verzierung *f;* **árbol de** ~ Zierbaum *m;* **la lámpara sólo está de** ~, **no funciona** die Lampe dient nur zur Zierde, sie funktioniert nicht; **estar de** ~ (*fig*) fehl am Platz(e) sein, deplaziert sein
❷ (BOT) Balsamine *f*, Springkraut *nt*
adosado, -a [aðo'saðo, -a] *adj:* **casa adosada** Reihenhaus *nt*
adosar [aðo'sar] *vt* ❶ (*apoyar*) anlehnen (*a* an +*akk*)
❷ (ARQUIT) anbauen (*a* an +*akk*)
❸ (*Am: adjuntar*) beilegen, beifügen
adovelado, -a [aðoβe'laðo, -a] *adj* (ARQUIT: *arco, bóveda*) mit Keilsteinen; **arco** ~ Bogen aus Keilsteinen
ADP [aðe'pe] *m abr de* **asistente digital personal** PDA *m*
adquirente [aðki'rjente] *mf* Erwerber(in) *m(f)*
adquirible [aðki'riβle] *adj* erwerbbar
adquirir [aðki'rir] *irr vt* ❶ (*lograr, conseguir*) erlangen; ~ **un hábito** eine Gewohnheit annehmen
❷ (*comprar*) erwerben
adquisición [aðkisi'θjon] *f* ❶ (*acción*) Erwerb *m;* ~ **de lenguas** Spracherwerb *m*
❷ (*compra*) Kauf *m*, Erwerb *m;* (*de una empresa*) Übernahme *f;* ~ **de buena fe/honesta** (JUR) gutgläubiger/redlicher Erwerb; ~ **de capital** Kapitalanschaffung *f;* ~ **de capital crediticio** (ECON, FIN) Kapitalkreditbeschaffung *f;* ~ **de un derecho** (JUR) Rechtserwerb *m;* ~ **de empresas** (ECON) Ankauf von Firmen; ~ **con finalidad de cobertura** Deckungskauf *m;* ~ **fraudulenta de subvenciones** (JUR) Subventionserschleichung *f;* ~ **inmobiliaria** Immobilienerwerb *m;* (*de terrenos t.*) Grundstückserwerb *m;* ~ **legal** (JUR) Rechtskauf *m;* ~ **neta** Nettoerwerb *m;* ~ **de participaciones** (FIN) Anteilserwerb *m;* ~ **patrimonial** Vermögenserwerb *m;* **oferta de** ~ **de una empresa** (ECON) Übernahmeangebot eines Unternehmens; **oferta pública de** ~ (FIN) öffentliches Übernahmeangebot; **este coche es una buena** ~ mit diesem Auto haben wir einen guten Kauf gemacht
adquisidor(a) [aðkisi'ðor(a)] *m(f)* (ECON) Erwerber(in) *m(f)*
adquisitivo, -a [aðkisi'tiβo, -a] *adj* Erwerbs-, Kauf-; **poder** ~ (ECON) Kaufkraft *f;* **título** ~ (JUR) Erwerbsgrund *m*
adrede [a'ðreðe] *adv* mit Absicht, absichtlich
adrenalina [aðrena'lina] *f* Adrenalin *nt*
adrián [a'ðrjan] *m* (*juanete*) hervorstehender Knöchel einer großen Zehe
adriático, -a [a'ðrjatiko, -a] *adj:* **costa adriática** Adriaküste *f;* **mar A**~ Adriatisches Meer, Adria *f*
Adriático [a'ðrjatiko] *m* Adria *f*, Adriatisches Meer *nt*
adscribir [aᵈskri'βir] *irr como escribir vt* ❶ (*atribuir*) zuschreiben; ~ **algo a alguien** jdm etw zuschreiben
❷ (*destinar*) zuteilen, zuweisen; **la adscribieron al departamento de exportaciones** sie wurde der Exportabteilung zugeteilt
adscripción [aᵈskri'βθjon] *f* ❶ (*atribución*) Zuschreibung *f*
❷ (*destino*) Zuteilung *f*, Zuweisung *f*
adsorbente [aðsor'βente] I. *adj* (FÍS) adsorptiv
II. *m* (FÍS) Adsorbens *nt*, Adsorptionsmittel *nt*
adsorber [aðsor'βer] *vt* (FÍS) adsorbieren
adstrato [aᵈs'trato] *m* (LING) Adstrat *nt*

aduana [a'ðwana] *f* ❶ (*tasa*) Zoll *m;* ~ **de entrada** Eingangszollamt *nt;* ~ **de salida** Ausgangszollamt *nt;* ~ **de tránsito** Durchgangszollstelle *f;* ~**s interiores** Binnenzölle *mpl;* **corredor de** ~**s** Zollmakler *m;* **declaración de** ~**s** Zollerklärung *f;* **despachante de** ~**s** Zollagent *m;* **despacho de** ~ Zollabfertigung *f;* **sin** ~ zollfrei; **pagar** ~ Zoll bezahlen
❷ (*oficina*) Zollamt *nt;* **pase por la** ~, **por favor** gehen Sie bitte durch den Zoll
❸ (*juego*) Würfelspiel *nt*
aduanal [aðwa'nal] *adj* (*Am*) zollamtlich, Zoll-
aduanar [aðwa'nar] *vt* verzollen
aduanero, -a [aðwa'nero, -a] I. *adj* Zoll-; **despacho** ~ Zollamt *nt;* **exento de derechos** ~**s** zollfrei; **sujeto a derechos** ~**s** zollpflichtig; **unión aduanera** Zollunion *f*
II. *m, f* Zollbeamte(r) *m*, Zollbeamtin *f*
aduar [a'ðwar] *m* (*de tiendas*) Zeltstadt *f;* (*de cabañas*) Hüttenstadt *f*
aducción [aðuk'θjon] *f* ❶ (MED) Adduktion *f*
❷ (JUR): ~ **de prueba** Beweisangebot *nt*
aducir [aðu'θir] *irr como traducir vt* (*razón, motivo*) anführen, vorbringen; (*prueba*) beibringen; ~ **como atenuante** als Milderungsgrund geltend machen
aductor [aðuk'tor] *m* (MED) Adduktor *m*
adueñarse [aðwe'ɲarse] *vr* sich bemächtigen (*de* +*gen*), Besitz ergreifen (*de* von +*dat*); ~ **del poder** die Macht an sich reißen; **el pánico se adueñó de él** Panik ergriff ihn
adujar [aðu'xar] I. *vt* (NÁUT: *cuerda, cable, vela*) aufschießen
II. *vr:* ~**se** sich zusammendrängen; **se** ~**on para caber todos en un único camarote** sie rückten eng zusammen, so dass sie alle in eine einzige Kajüte passten
adulación [aðula'θjon] *f* Schmeichelei *f*, Schönred(n)erei *f*
adulador(a) [aðula'ðor(a)] I. *adj* schmeichlerisch
II. *m(f)* Schmeichler(in) *m(f)*, Schönredner(in) *m(f)*
adular [aðu'lar] *vt* schmeicheln; ~ **a alguien** jdm schmeicheln
adulón, -ona [aðu'lon, -ona] I. *adj* (*fam pey*) lobhudlerisch, schleimig; **es un hombre** ~ er ist ein Schleimer
II. *m, f* (*fam pey*) Lobhudler(in) *m(f)*, Schleimer(in) *m(f)*
adulteración [aðultera'θjon] *f* Verfälschung *f;* (*de bebidas*) Panschen *nt;* ~ **de moneda** (FIN) Münzverschlechterung *f*
adulterador(a) [aðultera'ðor(a)] *m(f)* Fälscher(in) *m(f);* (*de bebidas*) Panscher(in) *m(f)*
adulterar [aðulte'rar] *vt* verfälschen; (*bebidas*) panschen; ~ **la verdad** die Wahrheit verfälschen
adulterino, -a [aðulte'rino, -a] *adj* ❶ (*del adulterio*) ehebrecherisch
❷ (*falso*) verfälscht
adulterio [aðul'terjo] *m* Ehebruch *m*
adúltero, -a [a'ðultero, -a] I. *adj* ehebrecherisch
II. *m, f* Ehebrecher(in) *m(f)*
adultez [aðul'teθ] *f* Erwachsenenalter *nt*
adulto, -a [a'ðulto, -a] I. *adj* ❶ (*persona*) erwachsen; (*animal*) ausgewachsen
❷ (*desarrollado*) entwickelt
II. *m, f* Erwachsene(r) *mf*
adunar [aðu'nar] I. *vt* ❶ (*juntar*) zusammenfügen
❷ (*unificar: personas o cosas*) vereinen; **era imposible** ~ **a tantas personas tan distintas** es war unmöglich, so viele derart unterschiedliche Personen unter einen Hut zu bringen
II. *vr:* ~**se** (*juntarse*) sich zusammenfügen
❷ (*unificarse*) sich vereinen
adustez [aðus'teθ] *f* ❶ (*de una persona*) Barschheit *f*
❷ (*de un paisaje*) Rauheit *f*
adusto, -a [a'ðusto, -a] *adj* ❶ (*persona*) spröde
❷ (*paisaje*) rau
❸ (*región, casa*) finster
❹ (*clima*) heiß
ad valorem [aᵈβa'lorem] *adv* dem Werte nach, ad valorem; **impuesto/tarifa** ~ Steuer/Zolltarif ad valorem
advección [aðβeɣ'θjon] *f* ❶ (*de aire*) Strömen *nt;* **las partículas de polvo fueron trasladadas por la** ~ **del aire** die Staubteilchen wurden durch die Luftströmung fortgetragen
❷ (*masa de aire*) Advektion *f;* **nieblas de** ~ Advektionswolken *fpl*
advenedizo, -a [aðβene'ðiθo, -a] I. *adj* fremd, zugereist
II. *m, f* ❶ (*forastero*) Fremde(r) *mf*, Zugereiste(r) *mf*
❷ (*pey: arribista*) Emporkömmling *m*
advenidero, -a [aðβeni'ðero, -a] *adj* (*próximo*) nächste(r, s), kommend; **en los días** ~**s lo decidiremos** in den nächsten [*o* kommenden] Tagen werden wir das entscheiden
advenimiento [aðβeni'mjento] *m* Ankunft *f;* ~ **de un monarca** Thronbesteigung *f;* **esperar algo como el santo** ~ voller Ungeduld auf etw warten
advenir [aðβe'nir] *irr como venir vi* ❶ (*venir, llegar*) ankommen;

adventicio

(*entrar*) eintreten; (*suceder*) sich ereignen; (*guerra*) ausbrechen ② (*monarca*) den Thron besteigen
adventicio, -a [aðβen'tiθjo, -a] *adj* zufällig
adventismo [aðβen'tismo] *m sin pl* (REL) Adventismus *m*
adventista [aðβen'tista] **I.** *adj* (REL) adventistisch **II.** *mf* (REL) Adventist(in) *m(f)*
adverar [aðβe'rar] *vt* (JUR: *autentificar*) beglaubigen
adverbial [aðβer'βjal] *adj* (LING) adverbial
adverbializar [aðβerβjali'θar] <z→c> *vt* in ein Adverb umwandeln; **el adjetivo se adverbializa en numerosas ocasiones** das Adjektiv wird häufig als Adverb verwendet
adverbio [að'βerβjo] *m* (LING) Adverb *nt;* ~ **de modo/de lugar/de tiempo** Modal-/Lokal-/Temporaladverb *nt*
adversario, -a [aðβer'sarjo, -a] *m, f* ① (*rival*) Gegner(in) *m(f)*, Widersacher(in) *m(f)* ② (DEP: *jugador*) Gegenspieler(in) *m(f);* (*equipo*) Gegner *m*
adversativo, -a [aðβersa'tiβo, -a] *adj* (LING) adversativ
adversidad [aðβersi'ðaᵈ] *f* ① (*contrariedad*) Widrigkeit *f* ② (*desgracia*) Unglück *nt*, Schicksalsschlag *m*
adverso, -a [að'βerso, -a] *adj* widrig; (*enemigo*) feindlich; **un clima ~** ein ungünstiges Klima
advertencia [aðβer'tenθja] *f* ① (*amonestación*) Warnung *f*, Mahnung *f* ② (*indicación*) Bemerkung *f*, Hinweis *m*
advertido, -a [aðβer'tiðo, -a] *adj* (*experto*) erfahren; **estar ~ del peligro** sich *dat* der Gefahr bewusst sein
advertir [aðβer'tir] *irr como sentir vt* ① (*reparar*) bemerken; **advirtió mis intenciones** er/sie erriet meine Absichten ② (*indicar*) hinweisen (*auf +akk*); (*llamar la atención*) aufmerksam machen (*auf +akk*); **le advierto que...** +*subj* ich weise Sie darauf hin, dass ... ③ (*amenazar*) warnen (*de vor +dat*); (*aconsejar*) raten; **te advierto que no vayas** ich rate dir, nicht hinzugehen
Adviento [að'βjento] *m* Advent *m*
advocación [aðβoka'θjon] *f* Weiheakt *m*, Weihen *nt;* **estar bajo la ~ de San Pablo** dem heiligen Paulus geweiht sein
advocar [aðβo'kar] <c→qu> *vt* (*Am:* JUR) vor Gericht verteidigen
adyacencia [aðja'θenθja] *f* (*RíoPl: proximidad*) Nähe *f*; **en las ~s** in der Umgebung
adyacente [aðja'θente] *adj* angrenzend, anliegend; **ángulo ~** Nebenwinkel *m*
AE ['ae] *f* (ECON) *abr de* **Asociación de Empresas** Unternehmensverband *m*
AEB [ae'βe] *f* (FIN) *abr de* **Asociación Española de Banca** Spanischer Bankenverband *m*
aedo [a'eðo] *m* (LIT: *elev*) Aöde *m*
AELC [a'elᵏ] *f* (COM) *abr de* **Asociación Europea de Libre Comercio** EFTA *f*
aeración [aera'θjon] *f* (*de salas*) Belüftung *f*; (*de la tierra*) Durchlüftung *f*
aéreo, -a [a'ereo, -a] *adj* ① (*del aire*) Luft-; **base aérea** (MIL) Luftstützpunkt *m;* **compañía aérea** Fluggesellschaft *f*; **puente ~** Luftbrücke *f*; **por vía aérea** per Luftpost ② (*ligero*) leicht
aerícola [ae'rikola] *adj* (BIOL: **organismos de vida ~** in der freien Luft lebende Organismen *mpl*, Lebewesen *ntpl* des freien Luftraums
aeróbic [ae'roβiɣ] *m* (DEP) Aerobic *nt*
aeróbico, -a [ae'roβiko, -a] *adj* (BIOL) aerob
aerobio¹ [ae'roβjo] *m* (BIOL) Aerobier *m*, Aerobiont *m*
aerobio, -a² [ae'roβjo, -a] *adj* (BIOL) aerob
aerobiosis [aero'βjosis] *f inv* (BIOL) Aerobios *m*
aerobús [aero'βus] *m* Airbus *m*
aeroclub [aero'kluᵝ] <aeroclub(e)s> *m* Aeroklub *m*, Luftsportverein *m*
aerocomercial [aerokomer'θjal] *adj* Luftverkehrs-, im Luftverkehrsgeschäft; **el mercado ~** der Luftverkehrsmarkt
aerodeslizador [aeroðesliθa'ðor] *m* Luftkissenfahrzeug *nt*, Hovercraft *nt*
aerodinámica [aeroði'namika] *f* Aerodynamik *f*
aerodinámico, -a [aeroði'namiko, -a] *adj* aerodynamisch; (*vehículo*) stromlinienförmig
aeródromo [ae'roðromo] *m* Flugplatz *m*
aeroespacial [aeroespa'θjal] *adj* Luft- und Raumfahrt-; **industria ~** Luft- und Raumfahrtindustrie *f*
aerofagia [aero'faxja] *f* (MED) Luftschlucken *nt*, Aerophagie *f*
aerofaro [aero'faro] *m* Leuchtfeuer *nt*
aerofobia [aero'foβja] *f* (MED) Aerophobie *f*
aerofotografía [aerofotoɣra'fia] *f* Luftaufnahme *f*
aerogenerador [aeroxenera'ðor] *m* (TÉC) Wind(kraft)generator *m*, Windkraftanlage *f*

AFE

aerógrafo [ae'roɣrafo] *m* (TÉC) Aerograph *m*
aerograma [aero'ɣrama] *m* Luftpostleichtbrief *m*, Aerogramm *nt*
aerolínea [aero'linea] *f* Fluggesellschaft *f*, Luftfahrtgesellschaft *f*
aerolito [aero'lito] *m* Meteorstein *m*, Meteorit *m*
aeromarítimo, -a [aeroma'ritimo, -a] *adj* Luft- und Seefahrt-; **el despliegue ~ fue impresionante** die Luft- und Seefahrtschau war beeindruckend
aeromedicina [aeromeði'θina] *f* (MED) Aeromedizin *f*
aeromodelismo [aeromoðe'lismo] *m sin pl* Modellflugzeugbau *m*
aeromodelista [aeromoðe'lista] *mf* Modellflugzeugbauer(in) *m(f)*
aeromodelo [aeromo'ðelo] *m* Modellflugzeug *nt*
aeromotor [aeromo'tor] *m* Luftmotor *m*
aeromoza [aero'moθa] *f* (*Méx, AmS: azafata*) Stewardess *f*
aeronauta [aero'nauta] *mf* Pilot(in) *m(f)*, Flugzeugführer(in) *m(f)*
aeronáutica [aero'nautika] *f* Luftfahrt *f*
aeronáutico, -a [aero'nautiko, -a] *adj* Luftfahrt-; **ingeniero ~** Luftfahrtingenieur *m*
aeronaval [aerona'βal] *adj* (MIL) der Luftwaffe und Marine; **batalla ~** Luft- und Seeschlacht *f*
aeronave [aero'naβe] *f* Luftfahrzeug *nt;* **~ espacial** Raumschiff *nt*
aeronavegación [aeronaβeɣa'θjon] *f* Luftfahrt *f*, Aeronavigation *f*
aeroplano [aero'plano] *m* Flugzeug *nt*
aeroportuario, -a [aeropor'twarjo, -a] *adj* Flughafen-; **tasa aeroportuaria** Flughafensteuer *f*
aeropuerto [aero'pwerto] *m* Flughafen *m;* **~ destinatario** Bestimmungsflughafen *m*, Zielflughafen *m*
aeroscopio [aeros'kopjo] *m* (FÍS) Luftstaubmessinstrument *nt*
aerosfera [aeros'fera] *f* (GEO: *atmósfera*) Atmosphäre *f*
aerosol [aero'sol] *m* ① (*partículas suspendidas en un gas*) Aerosol *nt* ② (*espray*) Spray *m o nt* ③ (*recipiente*) Spraydose *f*
aerostática [aeros'tatika] *f* (FÍS) Aerostatik *f*
aerostático, -a [aeros'tatiko, -a] *adj* (FÍS) aerostatisch; **globo ~** Ballon *m*
aerostato [aeros'tato] *m*, **aeróstato** [ae'rostato] *m* Ballon *m*
aerotaxi [aero'taʏsi] *m* Aerotaxi *nt*, Mietflugzeug *nt*
aerotecnia [aero'teɣnja] *f* Flugtechnik *f*
aerotécnico, -a [aero'teɣniko, -a] **I.** *adj* flugtechnisch **II.** *m, f* Flugtechniker(in) *m(f)*
aeroterapia [aerote'rapja] *f* (MED) Aerotherapie *f*
aeroterrestre [aerote'rrestre] *adj* (MIL) der Luftwaffe und Bodentruppe; **batalla ~** Luft- und Bodenschlacht *f*
aerotransportar [aerotransͩpor'tar] *vt* auf dem Luftweg transportieren
aerotransporte [aerotransͩ'porte] *m* (COM) Luftfracht *f*
aerotrén [aero'tren] *m* Aerotrain *m*, (Magnet)schwebebahn *f*
aerovía [aero'βia] *f* (*aerolínea*) Fluglinie *f*
AES ['aes] *m* (ECON, POL) *abr de* **Acuerdo Económico y Social** Wirtschafts- und Sozialabkommen *nt*
a/f [a fa'βor] *abr de* **a favor** zugunsten, zu Gunsten
afabilidad [afaβili'ðaᵈ] *f* Umgänglichkeit *f*
afable [a'faβle] *adj* umgänglich (*con/para con* gegenüber +*dat*)
afamado, -a [afa'maðo, -a] *adj* berühmt
afamar [afa'mar] *vt* berühmt machen
afán [a'fan] *m* ① (*ahínco, fervor*) Eifer *m*, Streben *nt* (*de* nach +*dat*); **~ de lucro** Gewinnstreben *nt;* **con ~** eifrig; **con/sin ~ de lucro** mit Gewinnabsicht/gemeinnützig; **poner mucho ~ en algo** etw mit viel Eifer machen ② (*anhelo*) Sehnsucht *f* (*de* nach +*dat*), Verlangen *nt* (*de* nach +*dat*); **~ de notoriedad** Geltungsbedürfnis *nt*
afanado, -a [afa'naðo, -a] *adj* strebsam, eifrig
afanador(a) [afana'ðor(a)] *m(f)* ① (*Arg: carterista*) Taschendieb(in) *m(f);* (*descuidero*) Gelegenheitsdieb(in) *m(f)* ② (*Méx: para la limpieza*) Putzhilfe *f*
afanaduría [afanaðu'ria] *f* (*Méx*) ① (*sala de primeros auxilios*) Ambulanz *f* ② (*morgue*) Leichenschauhaus *nt*
afanar [afa'nar] **I.** *vi* schwer arbeiten **II.** *vt* (*fam*) klauen **III.** *vr:* **~se** ① (*esforzarse*) sich abmühen, sich anstrengen; **~se por conseguir algo** sich abmühen um etw zu erreichen ② (*atarearse*) sich abarbeiten, sich abplagen
afanoso, -a [afa'noso, -a] *adj* ① (*trabajoso*) mühsam, beschwerlich ② (*persona*) strebsam
afantasmado, -a [afanͩtas'maðo, -a] *adj* (*fam*) eingebildet, selbstgefällig
afarolarse [afaro'larse] *vr* (*Chil, Perú*) sich ärgern
afasia [a'fasja] *f* (MED) Aphasie *f*
afásico, -a [a'fasiko, -a] *adj* (MED) an Aphasie leidend
AFE ['afe] *f abr de* **Asociación de Futbolistas Españoles** spanischer

Fußballverband *m*
afeamiento [afea'mjento] *m* ❶ (*desfiguración*) Verunstaltung *f*
❷ (*censura*) Tadel *m*
afear [afe'ar] *vt* ❶ (*desfigurar*) verunstalten
❷ (*censurar*) tadeln
afeblecerse [afeβle'θerse] *irr como crecer vr* (*debilitarse*) schwach [*o* matt] werden, an Kraft verlieren
afección [afeɣ'θjon] *f* ❶ (*enfermedad*) Leiden *nt*; ~ **pulmonar** Lungenleiden *nt*
❷ (*inclinación*) Zuneigung *f*
afeccionarse [afeɣθjo'narse] *vr* (*Chil, RíoPl*) ❶ (*de algo*) (gern) mögen (*de +akk*)
❷ (*de alguien*) gern haben (*de +akk*), mögen (*de +akk*)
afectable [afek'taβle] *adj* empfindlich, feinfühlig
afectación [afekta'θjon] *f* Geziertheit *f*, Affektiertheit *f*; (JUR) Betroffenheit *f*; ~ **de beneficios** (ECON) Gewinnverwendung *f*; ~ **de ingresos** (ECON) Zweckbindung von Einnahmen; ~ **de terceros** (JUR) Drittbetroffenheit *f*; **comportarse con** ~ sich affektiert benehmen
afectado, -a [afek'taðo, -a] *adj* ❶ (*amanerado*) geziert, affektiert
❷ (*perjudicado*) betroffen (*por* von +*dat*); ~ **por las críticas/las inundaciones** von der Kritik/den Überschwemmungen betroffen
afectar [afek'tar] I. *vt* ❶ (*aparentar*) vorspiegeln, heucheln; ~ **consternación** Betroffenheit vortäuschen
❷ (*atañer*) betreffen, angehen; ~ **a las reservas** (ECON) den Rücklagen zuführen; **estas decisiones no me afectan** diese Beschlüsse betreffen mich nicht
❸ (*dañar*) schädigen; (MED) angreifen
❹ (*impresionar*) nahe gehen, bewegen; **sus palabras me ~on mucho** seine/ihre Worte gingen mir sehr nahe [*o* bewegten mich sehr]
❺ (*una forma*) annehmen
❻ (*Am: destinar dinero*) bestimmen (*a* für +*akk*); (*girar*) überweisen (*a* an +*akk*)
II. *vr*: ~**se** (*Am*) sich anstecken
afectísimo, -a [afek'tisimo, -a] *adj*: **suyo** ~ hochachtungsvoll
afectividad [afektiβi'ðað] *f* ❶ (*emoción*) Gemütsbewegung *f*
❷ (*cariño*) Zärtlichkeit *f*
❸ (PSICO) Affektivität *f*
afectivo, -a [afek'tiβo, -a] *adj* ❶ (*de afecto*) Gemüts-; **reacción afectiva** Gemütsbewegung *f*
❷ (*sensible*) sensibel, empfindsam
❸ (*cariñoso*) liebevoll
afecto¹ [a'fekto] *m* ❶ (*pasión*) Gemütsbewegung *f*
❷ (*cariño*) Zuneigung *f* (*a* für +*akk*)
afecto, -a² [a'fekto, -a] *adj* ❶ (*inclinado*) zugetan (*a* +*dat*)
❷ (*agregado*) zugeteilt (*a* +*dat*), zugewiesen (*a* +*dat*)
❸ (*sujeto*): **estar** ~ **al pago de impuestos** der Steuerpflicht unterliegen
❹ (*afectado*): **estar** ~ **de algo** von etw betroffen sein
afectuosidad [afektwosi'ðað] *f* ❶ (*cariño*) Zärtlichkeit *f*
❷ (*cordialidad*) Herzlichkeit *f*
afectuoso, -a [afektu'oso, -a] *adj* ❶ (*cariñoso*) liebevoll, zärtlich
❷ (*cordial*) herzlich; **afectuosamente** mit freundlichen Grüßen
afeitada [afei̯'taða] *f* (*Arg*) *v*. **afeitado**
afeitado [afei̯'taðo] *m* Rasur *f*, Rasieren *nt*; ~ **húmedo** Nassrasur *f*
afeitadora [afei̯ta'ðora] *f* Rasierapparat *m*, Rasierer *m*
afeitar [afei̯'tar] I. *vt* ❶ (*persona*) rasieren; **máquina de** ~ Rasierapparat *m*; **navaja de** ~ Rasiermesser *nt*
❷ (*toro*) die Hörner stutzen +*dat*
II. *vr*: ~**se** sich rasieren
afeite [a'fei̯te] *m* ❶ (*cosmético*) Kosmetikum *nt*, Schönheitsmittel *nt*
❷ (*adorno*) Schmuck *m*
afelpado, -a [afel'paðo, -a] *adj* Plüsch-, plüschig; **sillón** ~ Plüschsessel *m*
afelpar [afel'par] *vt* mit Plüsch beziehen
afeminación [afemina'θjon] *f* Verweiblichung *f*
afeminado¹ [afemi'naðo] *m* (*como una mujer*) femininer Mann *m*; (*blando*) Weichling *m pey*, Waschlappen *m fam pey*
afeminado, -a² [afemi'naðo, -a] *adj* feminin, weibisch *pey*
afeminar [afemi'nar] *vt, vr*: ~**se** (*hacer*(*se*) *afeminado*) verweiblichen; (*blando*) verweichlichen
afer [a'fer] *m* Affäre *f*; ~ **político** politischer Skandal
aferencia [afe'renθja] *f* (MED) Afferenz *f*
aferente [afe'rente] *adj* (MED) ❶ (*transmisor de sustancias*) afferent, zuführend
❷ (*sustancias transmitidas*) zugeführt
aféresis [a'feresis] *f inv* (LING) Aphärese *f*
aferrado, -a [afe'rraðo, -a] *adj* (*fig: empeñado*) beharrlich, hartnäckig; **vivir** ~ **a sus ideas** unbeirrt nach seinen Vorstellungen leben
aferramiento [aferra'mjento] *m* ❶ (*agarradero*) (An)packen *nt*
❷ (*obstinación*) Hartnäckigkeit *f*
aferrar [afe'rrar] I. *vt* (an)packen, fest halten
II. *vr*: ~**se** ❶ (*agarrarse*) sich fest halten (*a* an +*dat*)
❷ (*obstinarse*) hartnäckig bestehen (*a* auf +*dat*), sich klammern (*a* an +*akk*)
afestonado, -a [afesto'naðo, -a] *adj* festoniert, mit Festons besetzt; **una blusa afestonada** eine mit Festons verzierte Bluse
affaire [a'fer] *m* Affaire *f*; **el** ~ **de los tanques** die Panzeraffaire, der Panzerskandal
affidávit [afi'ðaβit] *m inv* (JUR) eidesstattliche Versicherung *f*, Affidavit *nt*
af(f)mo., af(f)ma. [afek'tisimo, -a] *abr de* **afectísimo, -a** hochachtungsvoll
afgani [afˈɣani] *m* (FIN) Afghani *m*
afgano, -a [afˈɣano, -a] I. *adj* afghanisch
II. *m, f* Afghane, -in *m, f*
afianzamiento [afjanθa'mjento] *m* ❶ (*sujeción*) Befestigung *f*
❷ (*aseguramiento*) Sicherung *f*
❸ (*firmeza*) Bestärkung *f*
❹ (JUR) Bürgschaft *f*; ~ **de los cambios** (FIN) Wechselbürgschaft *f*; ~ **del derecho fundamental** Grundrechtsverbürgung *f*
afianzar [afjan'θar] <z→c> I. *vt* ❶ (*sujetar*) befestigen; (*con clavos*) annageln; (*con puntales*) abstützen; (*con tornillos*) anschrauben
❷ (*dar firmeza*) bestärken (*en* in +*dat*); (*relaciones comerciales*) absichern
II. *vr*: ~**se** ❶ (*apoyarse*) sich stützen (*en* auf +*akk*)
❷ (*afirmarse*) sich behaupten
afiche [a'fitʃe] *m* (*Arg, Par, Urug*) Plakat *nt*
afición [afi'θjon] *f* ❶ (*inclinación*) Neigung *f*, Vorliebe *f*; **cobrar** [*o* **tomar**] **una** ~ **por** [*o* **a**] **algo** eine Vorliebe für etw entwickeln; **tener** [*o* **sentir**] **una** ~ **hacia** [*o* **a**] **algo** eine Vorliebe für etw haben
❷ (*pasatiempo*) Liebhaberei *f*, Steckenpferd *nt*; **de** ~ Amateur-, Hobby-; **hacer algo por** ~ etw als Hobby betreiben
❸ (*afecto*) Liebe *f*, Zuneigung *f*
❹ (*hinchada*) Anhängerschaft *f*
aficionado, -a [afiθjo'naðo, -a] I. *adj* ❶ (*no profesional*) Hobby-; **jardinero** ~ Hobbygärtner *m*
❷ (*que siente afición*): **ser** ~ **a algo** etw begeistert tun, sich für etw begeistern; **es aficionada a la arquitectura** sie begeistert sich für Architektur; **es aficionada a tocar la flauta** sie ist eine begeisterte Flötenspielerin
II. *m, f* ❶ (*amante*) Liebhaber(in) *m(f)*; (DEP) Sport(s)freund(in) *m(f)*; ~ **a la ópera** Opernliebhaber *m*
❷ (*no profesional*) Amateur(in) *m(f)*
aficionar [afiθjo'nar] I. *vt*: ~ **a alguien a algo** bei jdm besonderes Interesse für etw wecken
II. *vr*: ~**se a algo** (*acostumbrarse*) sich *dat* etw angewöhnen, sich an etw gewöhnen; (*prendarse*) etw gerne tun; ~**se a alguien** jdn lieb gewinnen
afiebrado, -a [afje'βraðo, -a] *adj* fiebrig; **estar** ~ Fieber haben
afijo [a'fixo] *m* (LING) Affix *nt*
afilado, -a [afi'laðo, -a] *adj* ❶ (*delgado: nariz*) spitz; (*dedos*) dünn; (*cara*) schmal; **tener uñas afiladas** (*fam fig*) gerne mal was mitgehen lassen
❷ (*mordaz*) bissig, spitz; **lengua afilada** spitze Zunge
afilador¹ [afila'ðor] *m* ❶ (*instrumento*) Schleifmaschine *f*; ~ **de acero** Wetzstahl *m*
❷ (*RíoPl: galán*) Verehrer *m*
afilador(a)² [afila'ðor(a)] *m(f)* ❶ (*que saca filo*) (Scheren)schleifer(in) *m(f)*
❷ (*Am: que flirtea*) Person, die gerne flirtet; (*mujer*) kokette Frau *f*
afilalápices [afila'lapiθes] *m inv* Bleistiftspitzer *m*
afilamiento [afila'mjento] *m* (*de dedos*) Dünnerwerden *nt*; (*de la cara*) Schmalerwerden *nt*
afilar [afi'lar] I. *vt* ❶ (*cuchillo*) schärfen, schleifen; (*lápiz*) (an)spitzen
❷ (*sentidos*) schärfen
❸ (*Am: flirtear*) flirten
II. *vr*: ~**se** (*sentido*) sich schärfen
❷ (*adelgazarse*) schmaler werden
afiliación [afilja'θjon] *f* Beitritt *m* (*a* zu +*dat*); ~ **política** Parteimitgliedschaft *f*
afiliado, -a [afi'ljaðo, -a] I. *adj* angeschlossen (*a* +*dat*)
II. *m, f* Mitglied *nt*; ~ **a la Seguridad Social** Mitglied der Sozialversicherung; ~ **a un sindicato** Gewerkschaftsmitglied *nt*
afiliar [afi'ljar] I. *vt* als Mitglied werben; (*incorporar*) aufnehmen (*a* in +*akk*)
II. *vr*: ~**se** eintreten (*a* in +*akk*), beitreten (*a* +*dat*)
afiligranado, -a [afiliɣra'naðo, -a] *adj* filigran
afiligranar [afiliɣra'nar] *vt* ❶ (*hacer filigrana*) zu einem Filigran verarbeiten
❷ (*fig: adornar*) verzieren, verschönern; **la modista afiligranó el traje charro** die Schneiderin verzierte die salmantinische Tracht

áfilo, -a ['afilo, -a] *adj* (BOT: *que carece de hojas*) blattlos
afilón [afi'lon] *m* ❶ (*correa engrasada*) Streichleder *nt*, Streichriemen *m* ❷ (*cilindro de acero*) Wetzstahl *m*
afilosofado, -a [afiloso'faðo, -a] *adj* den Intellektuellen mimend; **llevar una vida afilosofada** das Leben eines Philosophen führen
afín [a'fin] *adj* verwandt, ähnlich; (*palabra*) bedeutungsähnlich
afinación [afina'θjon] *f*, **afinado** [afi'naðo] *m* ❶ (*pulimiento*) Verfeinerung *f* ❷ (*de metales*) Läuterung *f* ❸ (MÚS) Stimmen *nt*
afinador¹ [afina'ðor] *m* (MÚS: *llave*) Stimmschlüssel *m*
afinador(a)² [afina'ðor(a)] *m(f)* (MÚS) Stimmer(in) *m(f)*
afinamiento [afina'mjento] *m v.* **afinación**
afinar [afi'nar] I. *vi* (MÚS: *cantando*) richtig [*o* tonrein] singen; (*tocando*) richtig spielen
II. *vt* ❶ (*hacer más fino*) verfeinern; (*perfeccionar*) ausfeilen, den letzten Schliff geben +*dat*; **~ la puntería** sich einschießen
❷ (*lápiz*) (an)spitzen
❸ (*metales*) läutern
❹ (MÚS) stimmen
afincado, -a [afiŋ'kaðo, -a] I. *adj* ❶ (*que posee fincas*) ein Landgut besitzend
❷ (*establecido*) ansässig; **desde hace tiempo están ~s en Salamanca** seit einiger Zeit leben sie in Salamanca
II. *m, f* (*t. Am*) Gutsbesitzer(in) *m(f)*; **los grandes ~s** die Großgrundbesitzer
afincar [afiŋ'kar] <c→qu> I. *vi* Grundbesitz erwerben
II. *vr:* **~se** sich niederlassen (*en* in +*dat*), Fuß fassen (*en* in +*dat*)
afinidad [afini'ðað] *f* ❶ (*semejanza*) Ähnlichkeit *f*, Affinität *f*; **~ de caracteres** Wesensverwandtschaft *f*
❷ (*por parentesco*) Verschwägerung *f*; **son parientes por ~** sie sind verschwägert
❸ (QUÍM) Affinität *f*
afirmación [afirma'θjon] *f* ❶ (*confirmación*) Bestätigung *f*; (*de preguntas*) Bejahung *f*; **contestar algo con afirmaciones** etw bejahen
❷ (*aseveración*) Behauptung *f*, Feststellung *f*; **~ de los hechos** (JUR) Tatsachenbehauptung *f*; **~ legal** (JUR) Rechtsbehauptung *f*
afirmar [afir'mar] I. *vt* ❶ (*decir sí*) bejahen; (*dar por cierto*) bestätigen; **afirmó haber escuchado gritos** er/sie bestätigte, Schreie gehört zu haben; **~ con la cabeza** zustimmend nicken
❷ (*aseverar*) behaupten
❸ (*asentar*) befestigen, festmachen
II. *vr:* **~se** ❶ (*confirmarse*) sich bestätigen
❷ (*ratificarse*) bekräftigen (*en* +*akk*), bestätigen (*en* +*akk*); **hoy se afirma en lo que dijo ayer** heute bekräftigt [*o* bestätigt] er/sie das gestern Gesagte
afirmativamente [afirmatiβa'mente] *adv* bejahend; **responder ~ a algo** etw bejahen, ja zu etw sagen
afirmativo, -a [afirma'tiβo, -a] *adj* bejahend; **en caso ~** gegebenenfalls; **respuesta afirmativa** positive Antwort
aflamencado, -a [aflameŋ'kaðo, -a] *adj* nach Flamenco-Art, im Flamenco-Stil; **el vestido de novia era muy ~** das Brautkleid war sehr dem Flamenco-Stil nachempfunden
aflatarse [afla'tarse] *vr* (*Hond, Nic*) sich grämen (*por* über +*akk*) *elev*, betrübt sein (*por* wegen +*gen*)
aflautado, -a [aflau̯'taðo, -a] *adj* flötenartig; **voz aflautada** Flötenstimme *f*
aflautar [aflau̯'tar] I. *vt* (*instrumento*) in der höchsten Stimmlage spielen; (*voz*) in der höchsten Stimmlage singen
II. *vr:* **~se** in der höchsten Stimmlage klingen; **con el tiempo se le aflautó la voz** mit der Zeit erreichte seine Stimme den Diskant
aflicción [afli'kθjon] *f* Betrübnis *f* (*por* über +*akk*), Kummer *m* (*por* über +*akk*); **dar ~ a alguien** jdm Kummer bereiten
aflictivo, -a [aflik'tiβo, -a] *adj*, **afligente** [afli'xente] *adj* (*Am*) betrüblich
afligido, -a [afli'xiðo, -a] *adj* betrübt (*con/por/de* über +*akk*), bekümmert (*con/por/de* über +*akk*)
afligir [afli'xir] <g→j> I. *vt* ❶ (*atormentar*) quälen
❷ (*apenar*) betrüben
II. *vr:* **~se** betrübt sein (*con/por/de* über +*akk*), sich grämen (*con/por/de* über +*akk*) *elev*
aflojamiento [afloxa'mjento] *m* ❶ (*distensión*) Lockern *nt*
❷ (*debilitación*) Nachlassen *nt*
aflojar [aflo'xar] I. *vi* nachlassen; (*viento*) abflauen; **la fiebre/tormenta aflojó** das Fieber/Gewitter hat nachgelassen; **aflojó en su entusiasmo** sein/ihr Enthusiasmus hat nachgelassen
II. *vt* ❶ (*cuerda, nudo*) lockern
❷ (*fam: dinero*) herausrücken
❸ (*velocidad*) drosseln; **~ el paso** langsamer gehen; **un tira y afloja** ein Tauziehen
III. *vr:* **~se** sich lockern, locker werden

afloración [aflora'θjon] *f:* **~ de plusvalías** (FIN) Aktivierung stiller Reserven
afloramiento [aflora'mjento] *m* (MIN) zutage [*o* zu Tage] tretendes Erz *nt*
aflorar [aflo'rar] *vi* ❶ (*salir a la superficie*) zutage [*o* zu Tage] treten; (*agua subterránea*) austreten
❷ (*apuntar*) sich abzeichnen
afluencia [a'flwenθja] *f* ❶ (*gente*) Zustrom *m*, Andrang *m*; **~ de capitales** (ECON) Kapitalzufluss *m*, Kapitalstrom *m*; **~ de divisas** (FIN) Devisenzufluss *m*; **~ del público** Publikumsandrang *m*; **~ de votantes** Wahlbeteiligung *f*; **ha disminuido la ~ de mano de obra del campo a la ciudad** die Wanderbewegung von Arbeitskräften vom Land in die Stadt hat abgenommen
❷ (*abundancia*) Fülle *f*
afluente [a'flwente] *m* Nebenfluss *m*; **el Laia es ~ del Bío-Bío** der Laia ist ein Nebenfluss des Bío-Bío
afluir [aflu'ir] *irr como* **huir** *vi* ❶ (*río, calle*) münden (*a* in +*akk*)
❷ (*gente*) herbeiströmen; **~ a un concierto/a un congreso/a Madrid** in ein Konzert/zu einem Kongress/nach Madrid strömen
aflujo [a'fluxo] *m* (MED) Flüssigkeitsansammlung *f* (*im Gewebe*)
afluxionarse [afluˠ'sjo'narse] *vr* ❶ (*AmC: hincharse*) anschwellen
❷ (*Col, Cuba: acatarrarse*) sich erkälten; **levemente afluxionado** leicht erkältet
afma. [afek'tisima], **afmo.** [afek'tisimo] *abr de* **afectísima, -o** hochachtungsvoll
afofarse [afo'farse] *vr* schwammig werden
afogarar [afoɣa'rar] I. *vt* ❶ (*agobiar*) beunruhigen
❷ (*abrasar: plantas, cultivos*) verdorren lassen; **la sequía afogaró los sembrados** die Dürre hat die Saatfelder ausgetrocknet [*o* vertrocknen lassen]
❸ (*abrasar: alimentos*) anbrennen lassen
II. *vr:* **~se** ❶ (*achicharrarse*) verbrennen; **a 40° creí que me afogaraba** bei 40° dachte ich, ich komme vor Hitze um
❷ (*abrasarse: plantas, cultivos*) verdorren; **en aquel verano se ~on los campos de trigo** in jenem Sommer sind die Weizenfelder verdorrt
afondar [afon̩'dar] I. *vt* (*hundir*) versenken
II. *vi, vr:* **~se** (*hundirse*) sinken, untergehen
afonía [afo'nia] *f* Heiserkeit *f*; **tener ~** heiser sein
afónico, -a [a'foniko, -a] *adj* heiser; **estar/volverse ~** heiser sein/werden
áfono, -a ['afono, -a] *adj* tonlos
aforado, -a [afo'raðo, -a] I. *adj* privilegiert
II. *m, f* Privilegierte(r) *mf*
aforador(a) [afora'ðor(a)] *m(f)* ❶ (*de una mercancía*) Zollbeschauer(in) *m(f)*
❷ (*de instrumentos*) Eichmeister(in) *m(f)*
aforamiento [afora'mjento] *m* (JUR) Verleihung *f* von Sonderrechten
aforar [afo'rar] *vt* ❶ (*cantidad, capacidad*) (ab)messen
❷ (*mercancía*) (ab)schätzen, taxieren
❸ (*instrumentos de medida*) eichen
aforismo [afo'rismo] *m* Aphorismus *m*, Sinnspruch *m*
aforística [afo'ristika] *f* ❶ (*colección de aforismos*) Aphorismensammlung *f*
❷ (*ciencia*) Aphoristik *f*; **la ~ medieval** die mittelalterliche Aphoristik
aforístico, -a [afo'ristiko, -a] *adj* aphoristisch
aforo [a'foro] *m* ❶ (*de una cantidad*) Mengenbestimmung *f*, Messung *f*
❷ (*de mercancías*) Zollwertermittlung *f*
❸ (*en un estadio, teatro*) Gesamtzahl *f* der Plätze, Kapazität *f*; **la sala tiene un ~ de 300 personas** [*o localidades*] der Saal hat eine Kapazität von 300 Plätzen [*o* fasst 300 Personen]
❹ (*de un instrumento de medida*) Eichung *f*
afortunado, -a [afortu'naðo, -a] *adj* ❶ (*feliz*) glücklich; **¡qué afortunada eres!** hast du ein Glück!
❷ (*acertado*) treffend, richtig
afoscarse [afos'karse] <c→qu> *vr* (*la atmósfera*) diesig werden; **el cielo se había afoscado** der Himmel war in Dunst gehüllt
afótico, -a [a'fotiko, -a] *adj* (GEO) aphotisch, lichtlos
afrailado, -a [afrai̯'laðo, -a] *adj* ❶ (TIPO) fehlerhaft gedruckt; **hay que repetir los ejemplares ~s** die fehlerhaft gedruckten Exemplare müssen neu gedruckt werden
❷ (*similar a un fraile*) mönchisch
afrancesado, -a [afranθe'saðo, -a] I. *adj* der französischen Art zugetan, frankophil
II. *m, f* (HIST) spanischer Anhänger/spanische Anhängerin Napoleons zur Zeit des Unabhängigkeitskrieges
afrancesar [afranθe'sar] *vt* französieren
afranjado, -a [afran'xaðo, -a] *adj* fransig
afrechero [afre'tʃero] *m* (*Arg, Bol, Col:* ZOOL) Kleienfink *m*
afrenta [a'frenta] *f* ❶ (*vergüenza*) Schande *f*, Schimpf *m*

afrentar

❷ (*ofensa*) Beleidigung *f*; **hacer ~ a alguien** jdn beleidigen
afrentar [afreṇ'tar] **I.** *vt* beleidigen, kränken
II. *vr*: **~se** sich schämen (*de/por* für +*akk*)
afrentoso, -a [afreṇ'toso, -a] *adj* ❶ (*ofensivo*) beleidigend
❷ (*vergonzoso*) beschämend
afretar [afre'tar] *vt* (NÁUT: *limpiar*) gründlich reinigen (und von anhaftenden Mollusken befreien); **~ la barca** den Schiffsrumpf gründlich reinigen
África ['afrika] *f* Afrika *nt*; **~ central** Zentralafrika *nt*; **~ negra** Schwarzafrika *nt*; **~ del Norte** Nordafrika *nt*
africada [afri'kaða] *f* (LING) Affrikata *f*, Affrikate *f*
africanismo [afrika'nismo] *m* (LING) Afrikanismus *m*
africanista [afrika'nista] *mf* Afrikanist(in) *m(f)*
africanizar [afrikani'θar] <z→c> *vt* afrikanisieren
africano, -a [afri'kano, -a] **I.** *adj* afrikanisch
II. *m, f* Afrikaner(in) *m(f)*
afrikaans ['afrikans] *m* Afrikaans *nt*
afrikander [afri'kander] <afrikanders> *mf*, **afrikáner** [afri'kaner] *mf* Afrika(a)nder(in) *m(f)*
afro ['afro] *adj inv* afrikanisch; **música ~** afrikanische Musik; **peinado ~** Afrolook *m*
afroamericano, -a [afroameri'kano, -a] **I.** *adj* afroamerikanisch
II. *m, f* Afroamerikaner(in) *m(f)*
afroasiático, -a [afroa'sjatiko, -a] *adj* afro-asiatisch
afrocubano, -a [afroku'βano, -a] **I.** *adj* afro-kubanisch
II. *m, f* Afro-Kubaner(in) *m(f)*
afrodisiaco[1] [afroði'sjako] *m*, **afrodísíaco** [afroði'siako] *m* Aphrodisiakum *nt*
afrodisiaco, -a[2] [afroði'sjako] *adj*, **afrodísíaco, -a** [afroði'siako] *adj* aphrodisisch
afrodita [afro'ðita] *adj* (BOT) ungeschlechtlich, vegetativ; **los plátanos son plantas ~s** Bananenstauden vermehren sich ungeschlechtlich
afrontar [afroṇ'tar] *vt* ❶ (*enfrentar*) einander gegenüberstellen
❷ (*hacer frente*) trotzen +*dat*, die Stirn bieten +*dat*; **~ un problema** ein Problem in Angriff nehmen
afrutado, -a [afru'taðo, -a] *adj* fruchtig
afta ['afta] *m* (MED) Aphthe *f*
after-shave [after'ʃeif/after'seif] *m* After-Shave *nt*
aftosa [af'tosa] *f* (MED, ZOOL) Aphthenseuche *f*, Maul- und Klauenseuche *f*
afuera [a'fwera] *adv* ❶ (*estado*) draußen; **de ~** von draußen; **la parte de ~** der äußere Teil; **espéreme ~** warten Sie draußen auf mich
❷ (*movimiento*) hinaus, heraus; **¡~!** (*fam*) raus!; **vete ~** geh hinaus
afueras [a'fweras] *fpl* Umgebung *f*; **~ de la ciudad** Stadtrand *m*
agachadiza [aɣatʃa'ðiθa] *f* (ZOOL) Bekassine *f*
agachado, -a [aɣa'tʃaðo, -a] *adj* gebeugt
agachar [aɣa'tʃar] **I.** *vt* beugen
II. *vr*: **~se** ❶ (*encogerse*) sich bücken
❷ (*Am: ceder*) nachgeben
❸ (*Cuba: escaparse*) fliehen
❹ (*Col, Méx: robar*) stehlen (*con* +*akk*)
agache [a'ɣatʃe] *m* ❶ (*Col: mentira*) Lüge *f*
❷ (*Cuba*): **andar de ~** auf der Flucht sein
❸ (*Ecua*): **de ~** wertlos
agalactia [aɣa'laktja] *f* (BIOL) Agalaktie *f*
agalla [a'ɣaʎa] *f* ❶ (BOT) Gallapfel *m*
❷ (*de un pez*) Kieme *f*
❸ (*de un ave*) Schläfenbein *nt*
❹ (*loc*): **tener ~s** Mut haben, Mumm haben *fam*
ágamo, -a ['aɣamo, -a] *adj* (BOT) agamisch, geschlechtslos
ágape ['aɣape] *m* ❶ (REL) Agape *f*
❷ (*banquete*) Festmahl *nt*
agarabatado, -a [aɣaraβa'taðo, -a] *adj* kritzelig
agar-agar [a'ɣar-a'ɣar] *m* Agar-Agar *m o nt*
agarrada [aɣa'rraða] *f* (*fam*) Zank *m*, Krach *m*; **tener una ~** sich zanken, Krach haben
agarradera [aɣarra'ðera] *f* (*Am*) *v.* **agarradero**
agarradero [aɣarra'ðero] *m* ❶ (*asidero*) Griff *m*, Henkel *m*
❷ (*enchufe*) Beziehung *f*; **tiene (buenos) ~s** er/sie hat (gute) Beziehungen
❸ (*excusa*) Vorwand *m*
agarrado[1] [aɣa'rraðo] *m* (*fam*) Schieber *m*
agarrado, -a[2] [aɣa'rraðo, -a] *adj* geizig
agarrador [aɣarra'ðor] *m* Griff *m*; (*para cosas calientes*) Topflappen *m*
agarrar [aɣa'rrar] **I.** *vi* ❶ (*echar raíces*) anwurzeln, Wurzeln schlagen
❷ (*comida*) anbrennen
❸ (*coche*) haften
❹ (*loc*): **agarró y salió** (*fam*) er/sie ging plötzlich hinaus
II. *vt* ❶ (*asir*) (er)greifen, packen (*de/por* an +*dat*); (*tomar*) nehmen; **~ a alguien por la nuca** jdn am Genick packen; **agarrados del brazo** Arm in Arm
❷ (*delincuente, oportunidad*) ergreifen
❸ (*enfermedad, rabieta*) bekommen; **~ una borrachera** sich *dat* einen Rausch antrinken; **~ una pulmonía** sich *dat* eine Lungenentzündung zuziehen
III. *vr*: **~se** ❶ (*asirse*) sich fest halten (*a* an +*dat*); **agárrate a mi brazo** halt dich an meinem Arm fest; **¡agárrate! que te voy a contar qué me pasó ayer** (*fam*) halt dich fest, ich erzähl dir, was mir gestern passiert ist!
❷ (*reñir*) sich zanken
❸ (*comida*) anbrennen; **el asado se agarró a la olla** der Braten ist am Topf festgebrannt
❹ (*fam: tomar como pretexto*) zum Vorwand nehmen; **se agarra al retraso del tren para justificarse** er/sie entschuldigt sich mit der Verspätung des Zuges
❺ (*Am: coger*) ergreifen, fangen; (*frutas*) pflücken
agarre [a'ɣarre] *m* ❶ (*de neumáticos*) Haftung *f*
❷ (*excusa*) Vorwand *m*
agarrón [aɣa'rron] *m* kräftiger Ruck *m*
agarrotado, -a [aɣarro'taðo, -a] *adj* steif
agarrotamiento [aɣarrota'mjeṇto] *m* ❶ (*atadura*) (festes) Zusammenbinden *nt*
❷ (*opresión*) Unterdrückung *f*
❸ (*ejecución*) Hinrichtung *f* durch die Garotte, Garottieren *nt*
❹ (*paralización*) Lähmung *f*
agarrotar [aɣarro'tar] **I.** *vt* ❶ (*atar*) fest zusammenbinden
❷ (*ejecutar*) garottieren, durch die Garotte hinrichten
❸ (*entumecer*) lähmen
❹ (*oprimir*) unterdrücken, unterjochen
II. *vr*: **~se** ❶ (*entumecerse*) steif werden
❷ (*por el miedo*) erstarren
❸ (TÉC) sich festfressen
agasajado, -a [aɣasa'xaðo, -a] *m, f* ❶ (*obsequiado*) Beschenkte(r) *mf*
❷ (*huésped de honor*) Ehrengast *m*
agasajar [aɣasa'xar] *vt* ❶ (*recibir*) liebenswürdig empfangen [*o* aufnehmen]
❷ (*con comida*) fürstlich bewirten (*con* mit +*dat*); **el embajador fue agasajado con un banquete** zu Ehren des Botschafters wurde ein Bankett gegeben
❸ (*con regalos*) reichlich beschenken (*con* mit +*dat*)
agasajo [aɣa'saxo] *m* ❶ (*recibimiento*) liebenswürdiger Empfang *m*
❷ (*con comida*) Bewirtung *f*
❸ (*regalo*) Geschenk *nt*
ágata ['aɣata] *f* Achat *m*
agatas [a'ɣatas] *adv* (*Par, RíoPl*) ❶ (*con dificultad*) mühsam
❷ (*casi no*) kaum, nicht einmal; **~ sabe leer** er kann kaum [*o* noch nicht einmal] richtig lesen
❸ (*tan sólo, escasamente*) erst, knapp; **~ hace una hora** vor knapp einer Stunde
agateador [aɣatea'ðor] *m* (ZOOL: *ave*) Baumläufer *m*
agaucharse [aɣau'tʃarse] *vr* (*AmS*) wie ein Gaucho werden; **tras tantos años de vida en el campo se agauchó mucho** während dieser vielen Jahre auf dem Lande hat er sich mehr und mehr die Lebensweise der Gauchos angeeignet
agavanzo [aɣa'βaṇθo] *m* (BOT: *escaramujo*) Hagebutte *f*; **hicimos una infusión de ~** wir machten uns einen Hagebuttentee
agave [a'ɣaβe] *f* Agave *f*
agavilladora [aɣaβiʎa'ðora] *f* Garbenbindemaschine *f*
agavillar [aɣaβi'ʎar] *vt* in Garben binden
agazaparse [aɣaθa'parse] *vr* ❶ (*fam: agacharse*) sich ducken, sich klein machen
❷ (*esconderse*) sich verstecken
agcha ['aɣtʃa] *m* (*Col: cabello*) Haar *nt*; (*cabello en desorden*) zerzaustes Haar *nt*
age ['axe] *m* (*Cuba, Perú*) Süßkartoffel *f*
agencia [a'xeṇθja] *f* ❶ (*empresa*) Agentur *f*, Vertretung *f*; **A~ de Abastecimiento** (UE) Versorgungsagentur *f*; **~ de aduana** Zollagentur *f*; **~ de cambio** Wechselstube *f*; **~ de cobro** Inkassobüro *nt*; **~ de colocaciones** Stellenvermittlungsbüro *nt*; **~ de empleo** Arbeitsvermittlung *f*, Arbeitsamt *nt*; **~ inmobiliaria** Immobilienbüro *nt*; **A~ Internacional de la Energía** Internationale Energieagentur; **~ marítima** Schifffahrtsagentur *f*; **~ de marketing** Marketingfirma *f*; **~ de noticias** Nachrichtenagentur *f*; **~ de prensa** Presseagentur *f*; **~ de publicidad** Werbeagentur *f*; **A~ Tributaria** Finanzamt *nt* (*staatliches Informationsbüro für Steuerfragen*); **~ de transportes** Spedition *f*; **~ de viajes** Reisebüro *nt*
❷ (*sucursal*) Zweigstelle *f*
❸ (*Chil: casa de empeños*) Leihhaus *nt*
agenciar [axeṇ'θjar] **I.** *vt* beschaffen, verschaffen
II. *vr*: **~se** sich *dat* beschaffen, sich *dat* verschaffen; **agenciárselas** sich

dat zu helfen wissen; **agénciatelas como puedas** sieh zu, wie du zurechtkommst
agenciero, -a [axeŋ'θjero, -a] *m, f* ❶ (*Arg: de negocios*) Vertreter(in) *m(f)*; (*de lotería*) Lotterieeinnehmer(in) *m(f)*
❷ (*Chil: prestamista*) Pfandleiher(in) *m(f)*
agenda [a'xeṇda] *f* ❶ (*calendario*) Terminkalender *m;* ~ **de bolsillo** Taschenkalender *m;* **tener una ~ apretada** einen vollen Terminkalender haben
❷ (*cuaderno*) Notizbuch *nt*
❸ (*orden del día*) Tagesordnung *f*
agenesia [axe'nesja] *f* (MED) ❶ (*incapacidad de engendrar: de mujer*) Sterilität *f;* (*de hombre*) Impotenz *f*
❷ (*malformación*) Agenesie *f*
agente¹ [a'xeṇte] I. *adj* handelnd; **sujeto ~** (LING) tätiges Subjekt
II. *mf* ❶ (*que representa*) Agent(in) *m(f)*, Vertreter(in) *m(f)*; (*corredor*) Makler(in) *m(f)*; **~ autorizado** Vertragshändler *m;* **~ de bolsa** Börsenmakler *m;* **~ de cambio** (**y bolsa**) Börsenmakler *m;* **~ comercial** Handelsvertreter *m;* **~ de contratación** Vertragsmittler *m;* **~ diplomático** diplomatischer Vertreter; **~ económico** Wirtschaftssubjekt *nt;* **~ exclusivo** Alleinvertreter *m;* **~ fiduciario** Treuhänder *m;* **~ fiscal** Finanzbeamter *m;* **~ de franquicias** (JUR, ECON) Franchisemakler *m;* **~ intermediario** Vermittlungsagent *m;* **~ literario** Literaturagent *m;* **~ marítimo** Schiffsmakler *m;* **~ de la propiedad inmobiliaria** Immobilienmakler *m;* **~ de publicidad** Werbefachmann *m;* (*de anuncios*) Anzeigenvermittler *m;* **~ de seguros** Versicherungsvertreter *m;* **~ de transportes** Spediteur *m;* **los ~s económicos** die Wirtschaftsfaktoren; **~s mediadores** Makler *mpl;* **los ~s sociales** die Sozialpartner [*o* Tarifpartner]
❷ (*funcionario*): **~ de aduanas** Zollbeamter *m;* **~ ejecutivo** Vollstreckungsbeamte(r) *mf;* **~ judicial** Gerichtsvollzieher *m;* **~ de policía** Polizist *m*
❸ (*espía*) Agent(in) *m(f)*, Spion(in) *m(f)*; **~ doble** Doppelagent *m;* **~ secreto** Geheimagent *m*
agente² [a'xeṇte] *m* ❶ (*cosa*) wirkende Kraft *f*
❷ (MED) Erreger *m*
❸ (LING) Agens *nt*
agerasia [axe'rasja] *f* (MED) Agerasie *f,* Fehlen *nt* von Altersbeschwerden
agestado, -a [axes'taðo, -a] *adj:* **me respondió bien/mal ~** er antwortete mir mit freundlicher/unfreundlicher Miene
ageusia [a'xeu̯sja] *f* (MED) Ageusie *f*
agigantado, -a [axiɣaṇ'taðo, -a] *adj* riesig, riesenhaft; **a pasos ~s** mit Riesenschritten
agigantar [axiɣaṇ'tar] I. *vt* ❶ (*agrandar*) riesengroß machen
❷ (*exagerar*) maßlos übertreiben
II. *vr:* **~se** ungeheuer wachsen
ágil ['axil] *adj* ❶ (*de movimiento*) flink, gewandt
❷ (*mental*) geistig agil [*o* rege]
❸ (*hábil*) geschickt; **en estilo ~** in gutem Stil
agilidad [axili'ðað] *f* ❶ (*física*) Flinkheit *f,* Gewandtheit *f;* **~ de dedos** Fingerfertigkeit *f*
❷ (*mental*) geistige Agilität *f,* geistige Wendigkeit *f*
❸ (*habilidad*) Geschick *nt*
agilipollado, -a [axilipo'ʎaðo, -a] *adj* (*vulg*) dämlich, saudumm
agilipollar [axilipo'ʎar] I. *vt* (*vulg*) ganz irre machen *fam*
II. *vr:* **~se** (*vulg*) durchdrehen *fam,* durchknallen *fam;* **al ver a aquel chico tan guapo me agilipollé** als ich diesen tollen Typen sah, war ich völlig neben der Spur *fam*
agilización [axiliθa'θjon] *f* ❶ (*aceleración*) Beschleunigung *f*
❷ (*simplificación*) Vereinfachung *f*
agilizar [axili'θar] <z→c> *vt* ❶ (*facilitar*) erleichtern
❷ (*dar rapidez*) beschleunigen
❸ (*simplificar*) vereinfachen
❹ (*hacer ágil*): **~ el cuerpo** sich fit halten
agio ['axjo] *m* (FIN) ❶ (*beneficio*) Agio *nt,* Aufgeld *nt;* **~ por acciones** Aktienaufgeld *nt;* **reserva de ~s** Agio-Rücklage *f*
❷ (*agiotaje*) Kursspekulation *f*
agiotador(a) [axjota'ðor] *m(f) v.* **agiotista**
agiotaje [axjo'taxe] *m* Börsenspekulation *f*
agiotista [axjo'tista] *mf* Börsenspekulant(in) *m(f)*
agitación [axita'θjon] *f* ❶ (*movimiento*) heftige Bewegung *f;* (*de un líquido*) Schütteln *nt*
❷ (*excitación*) Aufregung *f;* (*intranquilidad*) Unruhe *f*
❸ (POL) Unruhe *f;* **~ popular** Volksverhetzung *f*
❹ (PSICO) Agitiertheit *f*
agitado, -a [axi'taðo, -a] *adj* ❶ (*persona*) aufgeregt; (*vida*) hektisch
❷ (*mar, día*) stürmisch
agitador¹ [axita'ðor] *m* (*utensilio*) Schüttelbecher *m;* (TÉC) Rührwerk *nt*
agitador(a)² [axita'ðor(a)] I. *adj* ❶ (TÉC) Rühr-
❷ (POL) agitatorisch

II. *m(f)* Agitator(in) *m(f),* Unruhestifter(in) *m(f)*
agitanado, -a [axita'naðo, -a] *adj* zigeunerhaft, zigeunerisch; **lucía su pelo ~** sein Haar leuchtete wie das eines Zigeuners
agitanar [axita'nar] I. *vt* zigeunerisch erscheinen lassen
II. *vr:* **~se** zigeunerhaft werden; **tus ojos se han agitanado con el tiempo** deine Augen sind mit der Zeit denen von Zigeunern immer ähnlicher geworden
agitar [axi'tar] I. *vt* ❶ (*mover*) hin und her bewegen; (*bandera, pañuelo*) schwenken; (*botella*) schütteln; **agítese antes de usarlo** vor Gebrauch schütteln
❷ (*intranquilizar*) in Unruhe versetzen; (*excitar*) aufregen
❸ (*sublevar*) aufhetzen
II. *vr:* **~se** ❶ (*moverse*) sich hin und her bewegen; (*con el cuerpo*) zappeln; (*bandera*) flattern; (*mar*) stürmisch werden
❷ (*excitarse*) sich aufregen; (*preocuparse*) sich beunruhigen
aglomeración [aɣlomera'θjon] *f* ❶ (*amontonamiento*) Anhäufung *f;* **~ de gente** Menschenauflauf *m*
❷ (*complejo urbano*) Siedlung *f,* Ortschaft *f;* **~ urbana** Ballungsgebiet *nt*
aglomerado [aɣlome'raðo] *m* ❶ (TÉC) Pressmasse *f;* (*de madera*) Pressholz *nt;* **~ de carbón** Brikett *nt*
❷ (*en la construcción*) Fertigteil *nt*
aglomerante [aɣlome'raṇte] *m* (TÉC) Bindemittel *nt*
aglomerar [aɣlome'rar] I. *vt* ❶ (*amontonar*) anhäufen
❷ (*reunir*) sammeln
❸ (TÉC) brikettieren
II. *vr:* **~se** sich ansammeln
aglutinación [aɣlutina'θjon] *f* ❶ (*unión*) Verbindung *f*
❷ (MED) Agglutination *f*
aglutinante [aɣluti'naṇte] I. *adj* ❶ (TÉC) Binde-; **sustancia ~** Bindemittel *nt*
❷ (LING) agglutinierend; **lengua ~** agglutinierende Sprache
II. *m* (TÉC) Bindemittel *nt*
aglutinar [aɣluti'nar] *vt* ❶ (*pegar*) binden
❷ (*unir*) verknüpfen; **~ deseos/intereses** (unterschiedliche) Wünsche/Interessen miteinander verbinden, (unterschiedliche) Wünsche/Interessen unter einen Hut bringen *fam*
agnación [aɣna'θjon] *f* (*relación de parentesco*) Agnation *f,* (Bluts)verwandtschaft *f* über die männliche Linie
agnado, -a [aɣ'naðo, -a] I. *adj* (JUR: *persona*) blutsverwandt (in der männlichen Linie); (*principio*) Agnaten-
II. *m, f* (JUR) Agnat *m*
agnición [aɣni'θjon] *f* (LIT: *reconocimiento*) Anagnorisis *f*
agnosia [aɣ'nosja] *f* (MED) Agnosie *f*
agnosticismo [aɣnosti'θismo] *m sin pl* (FILOS) Agnostizismus *m*
agnóstico, -a [aɣ'nostiko, -a] I. *adj* (FILOS) agnostizistisch
II. *m, f* (FILOS) Agnostiker(in) *m(f)*
agnus(déi) ['aɣnus('ðei̯)] *m inv* (REL) Agnus Dei *nt*
agobiado, -a [aɣo'βjaðo, -a] *adj* ❶ (*espalda*) gebeugt, gekrümmt; **estoy ~ de deudas** ich bin hoch verschuldet, ich stecke bis über die Ohren in Schulden *fam*
❷ (*cansado*) erschöpft; **~ por los años** altersschwach
agobiante [aɣo'βjaṇte] *adj* ❶ (*trabajo*) mühsam, schwer
❷ (*silencio*) bedrückend
❸ (*persona*) aufdringlich
❹ (*calor*) drückend
agobiar [aɣo'βjar] I. *vt* ❶ (*abrumar*) bedrücken, deprimieren; **le agobia su situación financiera** seine finanzielle Situation bedrückt ihn; **¡no me agobies!** lass mich in Ruhe!; **~ a alguien con alabanzas** jdn mit Lobreden in Verlegenheit bringen
❷ (*de trabajo*) überlasten (*de* mit +*dat*), überhäufen (*de* mit +*dat*)
❸ (*encorvar*) krümmen, biegen; (*el cuerpo*) nach vorne beugen
II. *vr:* **~se** ❶ (*encorvarse*) sich bücken, sich beugen
❷ (*sentirse confundido*) verlegen werden
❸ (*atarearse*) sich überarbeiten
❹ (*angustiarse*) deprimiert [*o* niedergeschlagen] sein (*con/por* wegen +*gen*)
agobio [a'ɣoβjo] *m* ❶ (*encorvamiento*) Beugen *nt,* Bücken *nt*
❷ (*carga*) Last *f;* (*pena*) Mühsal *f*
❸ (*de trabajo*) Überlastung *f;* (*cansancio*) Erschöpfung *f*
❹ (*angustia*) Niedergeschlagenheit *f,* Beklommenheit *f*
agolpamiento [aɣolpa'mjeṇto] *m* Andrang *m,* Auflauf *m*
agolparse [aɣol'parse] *vr* ❶ (*personas*) zusammenlaufen, sich drängen
❷ (*líquido*) strömen; **se agolparon las lágrimas en sus ojos** die Tränen stiegen ihm/ihr in die Augen
❸ (*sucesos, pensamientos*) sich überstürzen
agonía [aɣo'nia] *f* ❶ (*del moribundo*) Todeskampf *m,* Agonie *f;* **acompañante en la ~** Sterbebegleiter *m*
❷ (*angustia*) Kummer *m,* Schmerz *m*
❸ (*de una civilización*) Verfall *m,* Untergang *m*

agónico, -a [a'ɣoniko, -a] *adj* (*persona*) mit dem Tode ringend; **período** ~ Todesstunde *f;* **estar** ~ im Sterben liegen
agonista [aɣo'nista] I. *adj* (ANAT): **músculo** ~ Agonist *m*
II. *m* (ANAT) Agonist *m*
agonizante [aɣoni'θante] I. *adj* mit dem Tode ringend, sterbend
II. *mf* Sterbende(r) *mf*
agonizar [aɣoni'θar] <z→c> I. *vi* ❶ (*morir*) mit dem Tode ringen, im Sterben liegen
❷ (*terminar*) dem Ende zugehen
II. *vt* bedrängen; ¡**no me agonices con tantas preguntas!** löchere mich nicht mit so vielen Fragen!
ágora ['aɣora] *f* Agora *f*
agorafobia [aɣora'foβja] *f* (MED, PSICO) Agoraphobie *f*, Platzangst *f*
agorar [aɣo'rar] *irr vt* voraussagen
agorero, -a [aɣo'rero, -a] I. *adj* Unheil verkündend
II. *m, f* Schwarzseher(in) *m(f)*
agorgojarse [aɣorɣo'xarse] *vr* (*semillas*) von Kornkäfern befallen werden
agostamiento [aɣosta'mjento] *m* ❶ (*por el calor*) Austrocknen *nt*, Versengen *nt*
❷ (*malogro*) Verderben *nt*
agostar [aɣos'tar] I. *vt* ❶ (*plantas*) ausdörren, versengen
❷ (*malograr*) verderben, zunichte machen
II. *vr:* ~**se** zerstört werden
agosteño, -a [aɣos'teɲo] *adj* August-
agosto [a'ɣosto] *m* ❶ (*mes*) August *m; v. t.* **marzo**
❷ (*recolección*) Erntezeit *f;* **hacer su** ~ sein Schäfchen ins Trockene bringen
agotado, -a [aɣo'taðo, -a] *adj* ❶ (*cansado*) erschöpft, abgespannt
❷ (*mercancía*) ausverkauft; (*libro*) vergriffen; ~ **temporalmente** zur Zeit vergriffen [*o* nicht vorrätig]
❸ (*pilas*) leer
agotador(a) [aɣota'ðor(a)] *adj* anstrengend; **hace un calor** ~ die Hitze macht einem zu schaffen, die Hitze macht einen fertig *fam*
agotamiento [aɣota'mjento] *m* Erschöpfung *f;* ~ **de las cuentas** (FIN) Rechnungsabschluss *m;* ~ **de la duración de la prestación** Ablauf des Zahlungszeitraums; ~ **de recursos** Erschöpfung der Ressourcen; ~ **del terreno** (AGR) Bodenmüdung *f;* ~ **de la vía jurídica** (JUR) Rechtswegerschöpfung *f*
agotar [aɣo'tar] I. *vt* ❶ (*existencias*) aufbrauchen; ~ **un contingente** (COM) ein Kontingent ausschöpfen
❷ (*mercancía*) ausverkaufen
❸ (*paciencia*) erschöpfen
❹ (*tema, posibilidad*) ausschöpfen, erschöpfen
❺ (*cansar*) erschöpfen
II. *vr:* ~**se** ❶ (*mercancía*) ausgehen; **esta edición se agotó enseguida** diese Ausgabe war sofort vergriffen
❷ (*pilas*) leer werden
❸ (*fuerzas, tema*) sich erschöpfen; (*conversación*) versiegen
❹ (*cansarse*) sich verausgaben
agraciado, -a [aɣra'θjaðo, -a] *adj* ❶ (*gracioso*) anmutig
❷ (*bien parecido*) gut aussehend, anziehend
❸ (*afortunado*) begünstigt, auserwählt; ~ **por la suerte** vom Glück begünstigt; **salir** ~ **en la lotería** in der Lotterie gewinnen
agraciar [aɣra'θjar] *vt* ❶ (*vestido, adorno*) gut stehen +*dat;* **este traje le agracia la figura** in diesem Anzug hat er/sie eine gute Figur
❷ (*conceder*) auszeichnen (*con* mit +*dat*); **fue agraciado con un premio** er gewann einen Preis
❸ (ECON: *patentar*) patentieren
agradable [aɣra'ðaβle] *adj* ❶ (*ameno*) angenehm; (*lugar*) gemütlich; ~ **al paladar** wohlschmeckend; **es** ~ **a la vista** das ist ein schöner Anblick
❷ (*persona*) freundlich (*con/para con* zu +*dat*), nett (*con/para con* zu +*dat*)
agradar [aɣra'ðar] *vi* gefallen +*dat*, behagen +*dat;* **me agrada oír música** ich höre gern Musik; **me agrada esta gente** ich finde diese Leute nett; **quiere** ~ **a todos** er/sie will es allen recht machen
agradecer [aɣraðe'θer] *irr como crecer vt* danken; ~ **algo a alguien** jdm für etw danken; **te agradezco la invitación** ich danke dir für die Einladung; **les agradezco que me lo hayan dicho** ich danke Ihnen, dass Sie es mir gesagt haben; **le** ~**ía mucho si...** +*subj* ich wäre Ihnen sehr dankbar, wenn ...; **no sabe** ~ **tu trabajo** er/sie weiß dein Arbeit nicht zu schätzen; **el campo ha agradecido la lluvia** der Regen hat den Feldern gut getan
agradecido, -a [aɣraðe'θiðo, -a] *adj* ❶ (*que agradece*) dankbar (*por* für +*akk*); **le estaría muy** ~ **que me contestara lo antes posible** ich wäre Ihnen sehr dankbar, wenn Sie mir so schnell wie möglich antworten würden; **le estoy sumamente** ~ ich bin Ihnen unendlich dankbar; **le quedamos muy** ~**s** wir sind Ihnen sehr dankbar
❷ (*que compensa*) lohnend

agradecimiento [aɣraðeθi'mjento] *m* Dank *m* (*por* für +*akk*), Dankbarkeit *f*
agrado [a'ɣraðo] *m* ❶ (*afabilidad*) Freundlichkeit *f;* **tratar a alguien con** ~ jdn freundlich behandeln
❷ (*complacencia*) Wohlgefallen *nt;* **decide según su** ~ er/sie entscheidet nach Belieben; **he recibido con** ~ **su carta** ich habe mich über ihren Brief sehr gefreut; **esto no es de mi** ~ das gefällt mir nicht
agrafia [a'ɣrafja] *f* (MED) Agraphie *f*
ágrafo, -a ['aɣrafo, -a] *adj* ❶ (*sin escritura*): **una cultura ágrafa** eine Kultur, die keine Schrift hat
❷ (MED) an Agraphie leidend; **tengo un hijo** ~ ich habe einen Sohn, der an Agraphie leidet
agramatical [aɣramati'kal] *adj* (LING) ungrammatisch
agrandamiento [aɣranda'mjento] *m* Vergrößerung *f*
agrandar [aɣran'dar] I. *vt* vergrößern, erweitern; ~ **la importancia de algo** etw zu viel Bedeutung beimessen
II. *vr:* ~**se** sich vergrößern, sich erweitern
agranujado, -a [aɣranu'xaðo, -a] *adj* (*fam*) frech, unverschämt; **ese chiquillo** ~ **me trae loca** dieser Lausebengel raubt mir den letzten Nerv
agrario, -a [a'ɣrarjo, -a] *adj* Agrar-, landwirtschaftlich; **crédito** ~ Agrarkredit *m;* **población agraria** Landbevölkerung *f*
agrarismo [aɣra'rismo] *m sin pl* (POL) Agrarismus *m*
❷ (*intereses de los agricultores*) Interessenvertretung *f* der Landwirte
agravación [aɣraβa'θjon] *f* Verschlimmerung *f;* ~ **de la pena** (JUR) Strafverschärfung *f;* ~ **del riesgo** Risikoerhöhung *f*
agravamiento [aɣraβa'mjento] *m* ❶ (MED) Verschlimmerung *f*
❷ (*recrudecimiento*) Verschärfung *f;* ~ **de la pena** (JUR) Strafverschärfung *f;* ~ **del rendimiento** (JUR) Leistungserschwerung *f*
agravante[1] [aɣra'βante] I. *adj* ❶ (*general*) erschwerend
❷ (JUR) strafverschärfend
II. *m o f* erschwerender Umstand *m*
agravante[2] [aɣra'βante] *f* (JUR) Strafverschärfungsgrund *m*
agravar [aɣra'βar] I. *vt* ❶ (*enfermedad*) verschlimmern
❷ (*situación*) verschärfen
II. *vr:* ~**se** ❶ (*enfermedad*) sich verschlimmern
❷ (*situación*) sich verschärfen
agravatorio, -a [aɣraβa'torjo, -a] *adj* ❶ (JUR) Mahn-; **despacho** ~ Mahnschreiben *nt*
❷ (*que agrava*) erschwerend, verschlimmernd; **a la situación caótica se añadió el hecho** ~ **de la epidemia** die ohnehin chaotische Lage wurde durch die Epidemie noch verschlimmert
agraviar [aɣra'βjar] I. *vt* (*ofender*) beleidigen
❷ (JUR) schädigen
II. *vr:* ~**se** beleidigt sein (*por* wegen +*gen*)
agravio [a'ɣraβjo] *m* ❶ (*ofensa*) Beleidigung *f;* ~ **violento** (JUR) tätliche Beleidigung
❷ (JUR: *lesión*) Beeinträchtigung *f;* ~ **comparativo** Ungleichbehandlung *f;* ~ **del derecho fundamental** Grundrechtsbeeinträchtigung *f;* ~ **material** materieller Schaden; **sufrir** ~**s** Unrecht erleiden
❸ (JUR: *perjuicio*) Beschwer *f;* ~ **propio** eigene Beschwer; ~ **directo** unmittelbare Beschwer
agraz [a'ɣraθ] *m* ❶ (*uva*) unreife Traube *f;* **en** ~ unreif
❷ (*zumo*) Saft *m* aus unreifen Trauben, Agrest *m*
❸ (*amargura*) Verdruss *m*
agrazar [aɣra'θar] <z→c> I. *vi* (*tener sabor agrio*) sauer schmecken; **el zumo de limón agraza** Zitronensaft ist sauer
II. *vt* (*molestar*) ärgern, wurmen *fam;* **me agrazó que Miguel no me mirara siquiera** es hat mich geärgert, dass mich Miguel keines Blickes würdigte
agrazón [aɣra'θon] *m:* **mi vid sólo da agrazones** mein Weinstock bringt nur verkümmerte Trauben hervor
agredir [aɣre'ðir] *vt* angreifen, überfallen; ~ **a alguien de palabra** jdn beschimpfen
agregación [aɣreɣa'θjon] *f* Hinzufügung *f* (*a* zu +*dat*); (JUR) Beiordnung *f* (*a* zu +*dat*); ~ **de un abogado/juez** Beiordnung eines Rechtsanwalts/Richters; ~ **a un municipio** Eingemeindung *f*
agregado[1] [aɣre'ɣaðo] *m* ❶ (*conglomerado*) Mischung *f*
❷ (*aditamento*) Zusatz *m* (*a* zu +*dat*)
agregado, -a[2] [aɣre'ɣaðo, -a] *m, f* ❶ (*en una embajada*) Attaché *m;* ~ **comercial** Handelsattaché *m;* ~ **diplomático** Attaché *m;* ~ **militar** Militärattaché *m*
❷ (*adjunto*) Gehilfe, -in *m, f*
❸ (UNIV) außerordentlicher Professor *m*, außerordentliche Professorin *f*
agregaduría [aɣreɣaðu'ria] *f* ❶ (*cargo diplomático*) Amt *nt* eines Attachés; **antes de ser agregador estuve mucho tiempo con una** ~ bevor ich Botschafter wurde, bekleidete ich lange Zeit das Amt eines Attachés
❷ (*profesor*) Stellung *f* eines außerordentlichen Professors; **Ana consiguió una** ~ Ana bekam eine Anstellung als außerordentliche Professorin

agregar [aɣre'ɣar] <g→gu> I. vt ❶ (*añadir*) hinzufügen (*a +dat*)
❷ (*destinar*) zuteilen (*a +dat*); **la ~on al departamento de ventas** sie wurde der Verkaufsabteilung zugeteilt
II. vr: **~se** sich anschließen; **~se a alguien** sich jdm anschließen
agremiar [aɣre'mjar] I. vt in einem (Berufs)verband zusammenschließen
II. vr: **~se** sich in einem (Berufs)verband zusammenschließen
agresión [aɣre'sjon] f Angriff m, Überfall m; **~ armada** bewaffneter Angriff
agresividad [aɣresiβi'ðað] f Aggressivität f, Angriffslust f
agresivo, -a [aɣre'siβo, -a] adj aggressiv, angriffslustig
agresor[1] [aɣre'sor] m (POL) Aggressor m
agresor(a)[2] [aɣre'sor(a)] m(f) Angreifer(in) m(f)
agreste [a'ɣreste] adj ❶ (*persona*) bäuerlich
❷ (*terreno*) holp(e)rig
❸ (*vegetación*) wild
❹ (*persona*) grob
agriado, -a [a'ɣrjaðo, -a] adj (*persona*) verbittert
agriar [a'ɣrjar] I. vt ❶ (*alimentos*) säuern
❷ (*persona*) verbittern
II. vr: **~se** ❶ (*alimentos*) sauer werden
❷ (*persona*) verbittert werden
agrícola [a'ɣrikola] adj Agrar-, landwirtschaftlich; **cooperativa ~** Agrargenossenschaft f; **crédito ~** (FIN) Agrarkredit m; **explotación ~** (*empresa*) landwirtschaftlicher Betrieb; (*aprovechamiento*) landwirtschaftliche Nutzung; **población ~** Agrarbevölkerung f; **Política A~ Común** (UE) Gemeinsame Agrarpolitik
agricultor(a) [aɣrikul'tor(a)] m(f) ❶ (*labrador*) Bauer m, Bäuerin f
❷ (*empresario*) Landwirt(in) m(f)
agricultura [aɣrikul'tura] f Ackerbau m, Landwirtschaft f; **~ ecológica** ökologische Landwirtschaft; **~ extensiva/intensiva** extensive/intensive Landwirtschaft
agridulce [aɣri'ðulθe] adj süß-sauer; **un plato ~** ein süß-saures Gericht; **un tono ~** ein süß-sauer Ton
agrietado, -a [aɣrje'taðo, -a] adj rissig; (*tela, pared*) brüchig; (*piel, labios*) aufgesprungen
agrietamiento [aɣrjeta'mjento] m Spalten nt
agrietar [aɣrje'tar] I. vt rissig machen
II. vr: **~se** rissig werden; (*tela, pared*) brüchig werden; (*piel, labios*) aufspringen
agrillarse [aɣri'ʎarse] vr (*tubérculos, semillas*) (aus)keimen; **las patatas se han agrillado en el sótano** die Kartoffeln haben [o sind] im Keller ausgekeimt
agrimensor(a) [aɣrimen'sor(a)] m(f) Vermessungsingenieur(in) m(f)
agrimensura [aɣrimen'sura] f Landvermessung f
agringarse [aɣriŋ'garse] <g→gu> vr (*Am*) sich wie ein Nordamerikaner verhalten
agrio, -a ['aɣrjo, -a] adj ❶ (*sabor*) sauer; **tener un sabor ~** sauer schmecken
❷ (*crítica*) herb
❸ (*carácter*) mürrisch
agrios ['aɣrjos] mpl Zitrusfrüchte fpl
agriparse [aɣri'parse] vr (*fam*) sich dat die Grippe holen
agrisado, -a [aɣri'saðo, -a] adj graulich, gräulich
agrisar [aɣri'sar] I. vt (*dar color gris*) grau machen
II. vr: **~se** (*volverse gris*) ergrauen, grau werden; **los cabellos se le han agrisado con la edad** seine Haare sind mit den Jahren grau geworden
agro ['aɣro] m Acker m
agroalimentario, -a [aɣroalimen'tarjo, -a] adj: **industria agroalimentaria** Industrie zur Verarbeitung landwirtschaftlicher Produkte
agroindustria [aɣroin'dustrja] f Industrie f zur Verarbeitung landwirtschaftlicher Produkte
agroindustrial [aɣroindus'trjal] adj agrarindustriell; **en el ámbito ~** auf dem Gebiet der Agrarindustrie
agrología [aɣrolo'xia] f (AGR) Agrologie f
agronomía [aɣrono'mia] f Agronomie f, Landwirtschaftswissenschaft f
agronómico, -a [aɣro'nomiko, -a] adj agronomisch, Landwirtschafts-
agrónomo, -a [a'ɣronomo, -a] m, f Agronom(in) m(f), Diplomlandwirt(in) m(f)
agropecuario, -a [aɣrope'kwarjo, -a] adj Landwirtschafts-, Agrar-; **industria agropecuaria** Landwirt(in) m(f)
agropop [aɣro'pop] m (MÚS) Agropop m (*ländlich geprägter spanischer Popmusik-Stil*)
agroquímica [aɣro'kimika] f (AGR, QUÍM) Agrochemie f
agroseguro [aɣrose'ɣuro] m Agrarversicherung f
agroturismo [aɣrotu'rismo] m Land-Tourismus m, Ferien pl auf dem Bauernhof
agrupación [aɣrupa'θjon] f ❶ (*agrupamiento*) Gruppierung f, Zusammenstellung f; **~ de acciones** (FIN) Zusammenlegung von Aktien
❷ (*conjunto*) Gruppe f; **~ de empresas** [o **sociedades**] Mitunternehmerschaft f; **~ de municipios** Gemeindeverband m
❸ (*asociación*) Verein m, Vereinigung f; **~ económica** Wirtschaftsvereinigung f; **~ de interés económico** (wirtschaftliche) Interessenvereinigung f; **~ de personas** Personenvereinigung f; **~ de productores** (ECON) Erzeugergemeinschaft f
❹ (MIL) Verband m
agrupamiento [aɣrupa'mjento] m Gruppierung f, Zusammenstellung f
agrupar [aɣru'par] I. vt gruppieren, zusammenstellen; **~ algo por temas** etw nach Themen zusammenstellen
II. vr: **~se** sich gruppieren
agua ['aɣwa] f ❶ (*líquido*) Wasser nt; **~ blanda/dura** weiches/hartes Wasser; **~ de Colonia** Kölnischwasser nt; **~ corriente** fließendes Wasser; **~ dentífrica** Mundwasser nt; **~s depuradas** Klärwasser nt; **~ dulce** Süßwasser nt; **~ con gas** kohlensäurehaltiges Wasser; **~ del grifo** Leitungswasser nt; **~ de mar** Meerwasser nt; **~ mineral** Mineralwasser nt; **~ de nieve** Schmelzwasser nt; **~ oxigenada** (QUÍM) Wasserstoffsuperoxyd nt; **~ potable** Trinkwasser nt; **~s residuales** Abwässer ntpl; **~ salada** Salzwasser nt; **~s territoriales** Hoheitsgewässer ntpl; **¡hombre al ~!** Mann über Bord!; **rompió ~s** ihre Fruchtblase ist geplatzt; **hacer ~** (*buque*) lecken; (*negocio*) den Bach runtergehen fam; **claro como el ~** sonnenklar; **como ~ de mayo** wie ein Geschenk des Himmels; **es ~ pasada** das ist Schnee von gestern; **estar entre dos ~s** zwischen zwei [o den] Stühlen sitzen; **estoy con el ~ hasta el cuello** das Wasser steht mir bis zum Hals; **no hallar ~ en el mar** sich dumm anstellen; **llevar ~ a su molino** nur an sich selbst denken; **quedar en ~ de borrajas** ins Wasser fallen, nicht stattfinden; **sacar ~ a las piedras** aus nichts Geld machen; **~ pasada no mueve molino** (*prov*) was vorbei ist, ist vorbei
❷ (*lluvia*) Regen m; **~ nieve** Schneeregen m; **esta noche ha caído mucha ~** heute Nacht hat es viel geregnet
❸ (*Méx:* GASTR): **~ de Jamaica** Hibiskusblütenwasser nt; **~ de Lima** Limettenwasser nt
❹ pl (*mar, río*) Gewässer nt; **~s comunitarias** (UE) Gemeinschaftsgewässer ntpl; **~s interiores** Binnengewässer nt; **~s internacionales** internationale Gewässer; **~s jurisdiccionales** Hoheitsgewässer; **~s abajo/arriba** stromabwärts/-aufwärts
❺ pl (*orina*) Wasser nt, Urin m; **~s menores** Urin m; **hacer ~s** Wasser lassen
❻ pl (*manantial*) Quelle f; **~s termales** Thermalbad nt; **tomar las ~s** eine (Bade)kur machen
aguacatal [aɣwaka'tal] m Avocadoplantage f
aguacate [aɣwa'kate] m Avocado f
aguacero [aɣwa'θero] m Platzregen m, Wolkenbruch m; **cayó un ~** es ging ein Wolkenbruch nieder
aguachar [aɣwa'tʃar] I. vt (*Chil: domesticar*) zähmen
II. vr: **~se** (*Chil: aquerenciarse*) sich eingewöhnen
aguacharnar [aɣwatʃar'nar] I. vt (*encharcar*) unter Wasser setzen
II. vr: **~se** (*encharcarse*) sich mit Wasser füllen
aguachento, -a [aɣwa'tʃento, -a] adj (*Am*) v. **aguado**
aguachirle [aɣwa'tʃirle] f (*pey: bebida sin sustancia*) Spülwasser nt
aguacil [aɣwa'θil] m (*Arg, Par, Urug:* ZOOL) Libelle f, Wasserjungfer f
aguada [a'ɣwaða] f ❶ (*lugar*) Wasserstelle f
❷ (*provisión de un buque*) Wasservorrat m
❸ (*pintura, cuadro*) Gouache f
aguadar [aɣwa'ðar] (*Guat*) ❶ (*aguar*) mit Wasser verdünnen
❷ (*debilitar*) schwächen
aguado, -a [a'ɣwaðo, -a] adj (*con agua*) verwässert, verdünnt; (*fruta*) wäss(e)rig
aguador(a) [aɣwa'ðor(a)] m(f) (*que lleva agua*) Wasserträger(in) m(f); (*que vende agua*) Wasserverkäufer(in) m(f)
aguaducho [aɣwa'ðutʃo] m Kiosk m
aguafiestas [aɣwa'fjestas] mf inv Spielverderber(in) m(f), Miesmacher(in) m(f)
aguafuerte [aɣwa'fwerte] m Radierung f; **grabar al ~** radieren
aguafuertista [aɣwafwer'tista] mf (ARTE) Radierer(in) m(f)
aguagoma [aɣwa'ɣoma] f (ARTE) Gummiarabikum nt
aguaitar [aɣwai̯'tar] vt ❶ (*Arg, Cuba: acechar*) belauern, ausspähen fam
❷ (*Col: esperar*) warten; **~ unos días** einige Tage warten; **~ algo/a alguien** auf etw/jdn warten, etw/jdn erwarten
aguamanil [aɣwama'nil] m ❶ (REL) Aquamanile nt
❷ (*vasija*) Waschkrug m; (*pila*) Waschschüssel f
aguamarina [aɣwama'rina] f Aquamarin m
aguamiel [aɣwa'mjel] f ❶ (*bebida*) Honigwasser nt
❷ (*Am: jugo del maguey*) süßer Saft der Agave
aguanieve [aɣwa'njeβe] f Schneeregen m
aguanoso, -a [aɣwa'noso, -a] adj (*fruta*) wäss(e)rig; (*suelo*) durchweicht
aguantable [aɣwan'taβle] adj erträglich

aguantaderas [aɣwan̪ta'ðeras] *fpl* Geduld *f*; **tener buenas/malas ~** viel/wenig Geduld haben
aguantadero [aɣwan̪ta'ðero] *m* (*Arg, Urug*) Schlupfwinkel *m*
aguantar [aɣwan̪'tar] I. *vt* ❶ (*sostener*) halten, tragen; (*sujetar*) fest halten
❷ (*soportar*) ertragen, aushalten; (*tolerar*) hinnehmen, sich *dat* gefallen lassen; **no aguanto más** mir reicht's; **no poder ~ a alguien** jdn nicht ausstehen können, jdn nicht abkönnen *reg*; **esta película no se aguanta** dieser Film ist unerträglich; **~ la mirada de alguien** jds Blick standhalten
❸ (*durar*) halten; **este abrigo ~á mucho** dieser Mantel wird lange halten
❹ (*contener*) zurückhalten; **~ la risa** sich *dat* das Lachen verkneifen
II. *vr:* **~se** ❶ (*contenerse*) sich beherrschen, sich zurückhalten
❷ (*soportar*) es aushalten; (*tener paciencia*) Geduld haben
❸ (*conformarse*) sich zufrieden geben (*con* mit +*dat*), sich begnügen (*con* mit +*dat*)
❹ (*sostenerse*) sich halten; **~se de pie** sich aufrecht halten
aguante [a'ɣwan̪te] *m* ❶ (*paciencia*) Geduld *f*
❷ (*tolerancia*) Duldsamkeit *f*; **tener mucho ~** ein dickes Fell haben
❸ (*resistencia*) Ausdauer *f*
aguapié [aɣwa'pje] *m* (*vino flojo*) Tresterwein *m*
aguar [a'ɣwar] <gu→gü> I. *vt* ❶ (*mezclar con agua*) verwässern, verdünnen
❷ (*frustrar*) verderben; **esta noticia me aguó las vacaciones** diese Nachricht hat mir die Ferien verdorben
II. *vr:* **~se** ❶ (*llenarse de agua*) sich mit Wasser füllen; **no pude evitar que se me ~an los ojos** ich konnte nicht verhindern, dass mir Tränen in die Augen traten; **nuestras vacaciones se ~on** unsere Ferien waren total verregnet
❷ (*estropearse*) ins Wasser fallen
aguará [aɣwa'ra] *m* (*Arg, Par, Urug:* ZOOL) südamerikanische Fuchsart
aguardadero [aɣwarða'ðero] *m v.* **aguardo**
aguardar [aɣwar'ðar] I. *vt* erwarten; **~ unos días** einige Tage warten; **~ algo/a alguien** auf etw/jdn warten, etw/jdn erwarten
II. *vr:* **~se** (ab)warten
aguardentoso, -a [aɣwarðen̪'toso, -a] *adj* Schnaps-; **voz aguardentosa** Säuferstimme *f*
aguardiente [aɣwar'ðjen̪te] *m* Schnaps *m*, Branntwein *m*
aguardo [a'ɣwarðo] *m* Ansitz *m*
aguarrás [aɣwa'rras] *m* Terpentin *nt*
aguasca [a'ɣwaska] *f* (*Bol, Col*) Gewebe *n*
aguatado¹ [aɣwa'taðo] *m* Wattierung *f*
aguatado, -a² [aɣwa'taðo, -a] *adj* wattiert
aguatero, -a [aɣwa'tero, -a] *m, f* (*Am*) *v.* **aguador**
aguatinta [aɣwa'tin̪ta] *f* (ARTE) Aquatinta *f*
aguayo [a'ɣwaʝo] *m* ❶ (*And: chal*) Umschlag- und Tragetuch aus gewebter Wolle
❷ (*AmC: lienzo fuerte*) derber Stoff *m*
aguazal [aɣwa'θal] *m* (*pequeño*) Pfütze *f*, Wasserlache *f*; (*más grande*) Senke, in der sich Regenwasser gesammelt hat; **después de tanta lluvia se había formado un ~** nach dem starken Regen stand die Senke voller Wasser
aguazar [aɣwa'θar] <z→c> *vt* überfluten; (*encharcar*) mit Pfützen übersäen; **después de la tormenta el sótano se había aguazado** nach dem Gewitter stand der Keller unter Wasser
agudeza [aɣu'ðeθa] *f* ❶ (*del cuchillo, de la crítica*) Schärfe *f*; **~ visual** Sehschärfe *f*
❷ (*perspicacia*) Scharfsinn *m*
❸ (*ingenio*) Geist *m*, Witz *m*
agudización [aɣuði̯θa'θjon] *f* Verschärfung *f*, Zuspitzung *f*
agudizar [aɣuði'θar] <z→c> I. *vt* ❶ (*hacer agudo*) schärfen
❷ (*agravar*) verschärfen
II. *vr:* **~se** (*situación*) sich verschärfen, sich zuspitzen; (*enfermedad*) sich verschlimmern
agudo, -a [a'ɣuðo, -a] *adj* ❶ (*afilado*) spitz; **ángulo ~** spitzer Winkel
❷ (*sagaz*) scharfsinnig; **vista aguda** scharfer Blick
❸ (*ingenioso*) findig, geistreich; **un comentario ~** eine spitze Bemerkung
❹ (*intenso: dolor*) stechend; (*enfermedad*) akut; (*olor*) scharf
❺ (*sonido*) hoch
❻ (*grave*) schwer; **una crisis aguda** eine schwere Krise
❼ (LING): **palabra aguda** endbetontes Wort
agüero [a'ɣwero] *m* Vorbedeutung *f*; **de mal ~** Unheil verkündend; **ser de buen ~** Glück bringen
aguerrido, -a [aɣe'rriðo, -a] *adj* (*fuerte*) abgehärtet
aguerrir [aɣe'rrir] *irr como* abolir *vt* an den Krieg gewöhnen; (*fortalecer*) abhärten
aguijada [aɣi'xaða] *f* Stachel *m* zum Viehtreiben

aguijar [aɣi'xar] *vt* ❶ (*animales*) antreiben
❷ (*estimular, animar*) anstacheln, anspornen; **~ el paso** den Schritt beschleunigen
aguijón [aɣi'xon] *m* ❶ (*punta*) Stachelspitze *f*
❷ (*de animal o planta*) Stachel *m*
❸ (*estímulo*) Ansporn *m*
aguijonazo [aɣixo'naθo] *m* (Stachel)stich *m*
aguijonear [aɣixone'ar] *vt* ❶ (*animales*) antreiben
❷ (*estimular*) anstacheln, anspornen
❸ (*inquietar*) beunruhigen
águila ['aɣila] *f* ❶ (*animal*) Adler *m*; **~ real** Steinadler *m*
❷ (*persona*) As *nt*; **es un ~ para los negocios** er/sie ist ein erstklassiger Geschäftsmann/eine erstklassige Geschäftsfrau
aguileño, -a [aɣi'leɲo, -a] *adj* Adler-; **nariz aguileña** Adlernase *f*; **rostro ~** kantiges Gesicht
aguilera [aɣi'lera] *f* Adlerhorst *m*
aguilucho [aɣi'lutʃo] *m* (ZOOL) Jungadler *m*
aguinaldo [aɣi'naldo] *m* ≈Weihnachtsgeld *nt*
agüita [a'ɣwita] *f* (*Perú*) Geld *nt*
agüitado, -a [aɣwi'taðo, -a] *adj* (*Méx*) traurig
aguja [a'ɣuxa] *f* ❶ (*general*) Nadel *f*; **~ de coser** Nähnadel *f*; **~ de gancho** Häkelnadel *f*; **~ de punto** Stricknadel *f*; **~ del tocadiscos** (Plattenspieler)nadel *f*; **buscar una ~ en un pajar** eine Stecknadel im Heuhaufen suchen
❷ (*de una jeringa*) Kanüle *f*
❸ (*del reloj*) Zeiger *m*; (*de otros instrumentos de medición*) Nadel *f*
❹ (NÁUT) Kreiselkompass *m*; **~ de bitácora** [*o* **de marear**] Kreiselkompass *m*
❺ (FERRO) Weiche *f*
❻ (*de una torre*) (Turm)spitze *f*; **~ de la iglesia** Kirchturmspitze *f*; **las torres de esa catedral terminan en ~s** die Türme dieser Kathedrale laufen spitz zu
❼ (*de una conífera*) Nadel *f*; **~ de abeto** Tannennadel *f*
❽ (GASTR): **carne de ~** Vorderrippenstück *nt*
agujereado, -a [aɣuxere'aðo, -a] *adj* (*perforado*) löcherig
agujerear [aɣuxere'ar] I. *vt* ❶ (*general*) lochen, ein Loch [*o* Löcher] machen (in +*akk*)
❷ (*hacer muchos agujeros*) durchlöchern
❸ (*con taladro*) durchbohren
II. *vr:* **~se** ein Loch [*o* Löcher] bekommen
agujero [aɣu'xero] *m* Loch *nt*; **~ (en la capa) de ozono** Ozonloch *nt*; **~ negro** (ASTR) schwarzes Loch; **un ~ en el presupuesto** ein Loch im Haushalt; **tapar un ~** ein Loch stopfen
agujetas [aɣu'xetas] *fpl* Muskelkater *m*
agujón [aɣu'xon] *m* ❶ (*aguja grande*) Stopfnadel *f*
❷ (*pasador*) Haarnadel *f*
agusanado, -a [aɣusa'naðo, -a] *adj* wurmig, wurmstichig
agusanarse [aɣusa'narse] *vr* wurmstichig werden, von Würmern befallen werden
agustiniano, -a [aɣusti'njano, -a] I. *adj* (FILOS, REL) nach Augustinus, augustinisch
II. *m, f* (FILOS, REL) Anhänger(in) *m(f)* der augustinischen Lehre
agustino¹ [aɣus'tino] *m* (REL) Augustiner(mönch) *m*
agustino, -a² [aɣus'tino, -a] *adj* (REL) augustinisch, Augustiner-; **orden agustina** Augustinerorden *m*
agutí [aɣu'ti] *m* (ZOOL) Aguti *m o nt*
aguzado, -a [aɣu'θaðo, -a] *adj* ❶ (*puntiagudo*) spitz
❷ (*sagaz*) scharfsinnig, gerissen
aguzanieves [aɣuθa'njeβes] *m inv* (ZOOL) Bachstelze *f*
aguzar [aɣu'θar] <z→c> *vt* ❶ (*afilar*) wetzen, schleifen
❷ (*sacar punta*) spitzen
❸ (*avivar*): **~ la atención** die Aufmerksamkeit erhöhen; **~ los sentidos** die Sinne schärfen; **~ la vista** scharf hinsehen
ah [a] *interj* ah; (*asombrado*) ach, oh
ahebrado, -a [ae'βraðo, -a] *adj* (*con hebras*) faserig, faserhaltig; **no me gustan las verduras ahebradas** ich mag das faserige Gemüse nicht
ahechar [ae'tʃar] *vt* (AGR: *semilla, grano*) sieben; **después de ~ el grano hubo una fiesta** nach dem Kornsieben gab es ein Fest
ahembrado, -a [aem'braðo, -a] *adj* (*afeminado*) verweichlicht; **con los años se ha vuelto un poco ~** mit den Jahren ist er etwas schlapp [*o* weichlich] geworden
aherrojar [aerro'xar] *vt* unterdrücken
aherrumbrarse [aerrum'brarse] *vr* rosten
ahí [a'i] I. *adv* ❶ (*lugar*) da, dort; **vengo de ~** ich komme von dort; **llámame de ~** ruf mich von dort aus an; **me voy por ~** ich gehe kurz spazieren
❷ (*loc*): **por ~, por ~** ungefähr; **¡~ es nada!** nicht schlecht!
II. *conj:* **de ~ que** +*ind/subj* daher, deshalb; **de ~ que no quiera cambiar nada** daher kommt es, dass er/sie nichts ändern will

ahijado, -a [ai'xaðo, -a] *m, f* ❶ (*hijo adoptivo*) Adoptivkind *nt* ❷ (*del padrino*) Patenkind *nt*
ahijar [ai'xar] *irr como airar vt, vr:* **~se** adoptieren
ahilado, -a [ai'laðo, -a] *adj* ❶ (*plantas y árboles*) hochstämmig ❷ (*personas*) abgemagert
ahilamiento [aila'mjento] *m* ❶ (*de plantas y árboles*) Hochwachsen *nt* ❷ (*de personas*) Abmagern *nt*
ahilarse [ai'larse] *irr como airar vr* ❶ (*plantas y árboles*) in die Höhe wachsen ❷ (*personas*) abmagern
ahincar [aiŋ'kar] *irr* **I.** *vt* flehentlich bitten **II.** *vr:* **~se** sich beeilen
ahínco [a'iŋko] *m* ❶ (*afán*) Eifer *m* ❷ (*empeño*) Nachdruck *m* ❸ (*insistencia*) Beharrlichkeit *f*
ahíto, -a [a'ito, -a] *adj* (über)satt
ahogadero [aoɣa'ðero] *m* Gewühl *nt*
ahogado, -a [ao'ɣaðo, -a] **I.** *adj* ❶ (*estrecho*) eng; (*sin ventilación*) stickig ❷ (*loc*): **estar ~ de trabajo** mit Arbeit überhäuft sein **II.** *m, f* ❶ (*en el agua*) Ertrunkene(r) *mf* ❷ (*asfixiado*) Erstickte(r) *mf*
ahogamiento [aoɣa'mjento] *m* ❶ (*morir en el agua*) Ertrinken *nt*; (*para matar*) Ertränken *nt* ❷ (*por asfixia*) Ersticken *nt*
ahogar [ao'ɣar] <g→gu> **I.** *vt* ❶ (*en el agua*) ertränken; **~ las penas en alcohol** den Kummer in Alkohol ertränken ❷ (*estrangular*) erwürgen, erdrosseln ❸ (*asfixiar*) ersticken; **~ las protestas** die Proteste ersticken [*o* unterdrücken] ❹ (*angustiar*) beklemmen, bedrücken **II.** *vr:* **~se** ❶ (*en el agua*) ertrinken; **~se en un vaso de agua** (*fig*) wegen jeder Kleinigkeit den Mut verlieren ❷ (*asfixiarse*) ersticken; **~se de calor** vor Hitze umkommen ❸ (*motor*) absaufen *fam*
ahogo [a'oɣo] *m* ❶ (*sofocación*) Atemnot *f* ❷ (*asfixia*) Erstickung *f* ❸ (*angustia*) Beklemmung *f* ❹ (*apuro*) Bedrängnis *f*; **~ económicos** finanzielle Schwierigkeiten
ahombrado, -a [aom'braðo, -a] *adj* (*fam: hombruno*) männlich [*o* maskulin] (wirkend); **era una mujer ahombrada de espaldas muy anchas** sie war eine maskulin wirkende Frau mit sehr breiten Schultern
ahombrarse [aom'brarse] *vr* (*fam*) vermännlichen
ahondamiento [aonda'mjento] *m* Vertiefung *f*
ahondar [aon'dar] **I.** *vi* (*raíces*) treiben (*en* in +*akk*) ❷ (*tema, cuestión*): **~ en algo** sich intensiv mit etw beschäftigen **II.** *vt* ❶ (*profundizar*) vertiefen ❷ (*introducir*) tief hineinstecken **III.** *vr:* **~se** sich vertiefen, tiefer werden; **~se en un libro** sich in ein Buch vertiefen
ahora [a'ora] *adv* jetzt, nun; (*dentro de un momento*) gleich; **~ bien** allerdings, jedoch; **de ~ en adelante** von nun an; **hasta ~** bislang, bisher; **por ~** einstweilen; **~ ríe, ~ llora** bald lacht er/sie, bald weint er/sie; **¡~** [*o* **lo entiendo**]! jetzt begreife ich es!, nun denn; **¡~ sí que hemos tenido suerte!** da haben wir aber Glück gehabt!; **~ mismo vengo** ich komme gleich [*o* schon]; **acaba de salir ~ mismo** er/sie ist gerade [*o* soeben] weggegangen; **¡ven ~ mismo!** komm sofort!; **¿y ~ qué?** was nun?
ahorca [a'orka] *f* (*Ven*) Geburtstagsgeschenk *nt*
ahorcado, -a [aor'kaðo, -a] *m, f* Erhängte(r) *mf*; (*en la horca*) Gehenkte(r) *mf*
ahorcajarse [aorka'xarse] *vr* sich rittlings setzen (*en* auf +*akk*)
ahorcamiento [aorka'mjento] *m* Erhängen *nt*
ahorcar [aor'kar] <c→qu> **I.** *vt* (*colgar*) henken, erhängen; **~ los libros** das Studium an den Nagel hängen **II.** *vr:* **~se** sich erhängen (*en/de* an +*dat*)
ahorita [ao'rita] *adv* (*Am*) *v.* **ahora**
ahormar [aor'mar] **I.** *vt* ❶ (*fig: persona*) Vernunft beibringen (*a* +*dat*); **~ a un niño tan pequeño no es nada fácil** es ist nicht einfach, so ein kleines Kind zur Vernunft zu bringen ❷ (*cosa*) formen, einer Form anpassen; **en la zapatería intentaron ~ mis zapatos** in der Schusterwerkstatt versuchten sie, meine Schuhe etwas nachzuformen **II.** *vr:* **~se** (wieder) Form annehmen [*o* bekommen]
ahorquillar [aorki'ʎar] **I.** *vt* ❶ (*dar forma*) gabelförmig biegen ❷ (*ramas*) (mit Gabeln) (ab)stützen **II.** *vr:* **~se** sich gabeln
ahorrador(a) [aorra'ðor(a)] **I.** *adj* sparsam **II.** *m(f)* Sparer(in) *m(f)*

ahorrar [ao'rrar] **I.** *vt* sparen; (*economizar*) einsparen; **~ fuerzas** seine Kräfte schonen; **~ esfuerzos a alguien** jdm die Mühe ersparen; **ahórrame explicaciones** verschone mich mit Erklärungen **II.** *vr:* **~se** ❶ (*evitar*) sich *dat* (er)sparen; **ahórrate tus consejos** spar dir deine Ratschläge ❷ (*Ecua: resistirse al trabajo*) die Arbeit verweigern
ahorrativo, -a [aorra'tiβo, -a] *adj* sparsam
ahorrista [ao'rrista] *mf* (*Am*) Sparer(in) *m(f)*
ahorro [a'orro] *m* ❶ (*acción*) Sparen *nt*; **~ a cuenta** (FIN) Kontensparen *nt*; **libreta de ~** Sparbuch *nt*; **medidas de ~ de energía** Energiesparmaßnahmen *fpl*; **plan de ~** Sparplan *m* ❷ (*cantidad*) Ersparte(s) *nt*; **~ energético** Energieeinsparung *f*; **~ fiscal** [*o* **de impuestos**] Steuerersparnis *f*; **~ neto** Nettoersparnis *f*; **~ vivienda** Bausparen *nt*; **los ~s** die Ersparnisse
ahuacatl [awa'kaðl] *m* (*Méx:* BOT) Avocado *f*
ahuatli [a'waðli] *m* (*Méx:* ZOOL) Eier der Wasserfliege
ahuchar [au'tʃar] *vt* ❶ (*guardar en hucha*) in einer Spardose aufbewahren ❷ (*Col, Méx: a los perros*) (auf)hetzen; (*a las personas*) aufhetzen, aufstacheln
ahuecado [awe'kaðo] *m* ❶ (*acción*) Aushöhlen *nt* ❷ (*técnica*) Cloisonné *nt*, Zellenschmelz *m*
ahuecamiento [aweka'mjento] *m* ❶ (*vaciado*) Aushöhlung *f* ❷ (*esponjamiento*) Auflockerung *f* ❸ (*de un ave*) Aufplustern *nt* ❹ (*envanecimiento*) Prahlerei *f*
ahuecar [awe'kar] <c→qu> **I.** *vt* ❶ (*vaciar*) aushöhlen ❷ (*tierra*) (auf)lockern; (*colchón*) aufschütteln **II.** *vr:* **~se** ❶ (*aves*) sich aufplustern ❷ (*envanecerse*) sich aufblähen, prahlen ❸ (*papel pintado*) Blasen ziehen
ahulado [au'laðo] *m* ❶ (*AmC, Méx: mantel*) Wachstuch *nt*, Wachstischdecke *f*; **pon el ~ en la mesa** leg die Wachstischdecke auf ❷ *pl* (*AmC: zapatos*) Gummischuhe *mpl*
ahumadero [auma'ðero] *m* Räucherkammer *f*, Räucherschrank *m*
ahumado, -a [au'maðo, -a] *adj* ❶ (*color*) rauchfarben; (*cristal*) getönt ❷ (*fam: borracho*) beschwipst, besäuselt
ahumar [au'mar] **I.** *vi* rauchen; **la chimenea ahuma** der Schornstein raucht **II.** *vt* ❶ (GASTR) räuchern; **trucha ahumada** geräucherte Forelle ❷ (*llenar de humo*) verrauchen; **la chimenea no tira bien y ahuma toda la sala** der Kamin zieht nicht gut und verraucht den ganzen Raum; **~ una colmena** einen Bienenstock ausräuchern **III.** *vr:* **~se** ❶ (*ennegrecerse*) vom Rauch schwarz werden ❷ (*un guiso*) Rauchgeschmack annehmen ❸ (*fam: emborracharse*) sich *dat* einen Schwips antrinken, sich besäuseln
ahusado, -a [au'saðo, -a] *adj* (*en forma de huso*) spindelförmig
ahuyentar [auyen'tar] *vt* ❶ (*espantar*) verscheuchen, vertreiben ❷ (*asustar*) abschrecken
ai [ai] *m* (*Arg, Par:* ZOOL) Faultier *nt*
AID [ai'ðe] *f* (ECON) *abr de* **Asociación Internacional de Desarrollo** IDA *f*
aimará[1] [ai̯ma'ra] *m*, **aimara** [ai̯'mara] *m sin pl* (*lengua*) Aimara *nt*
aimará[2] [ai̯ma'ra], **aimara** [ai̯'mara] **I.** *adj* Aimara-, der Aimara; **¿estuviste hablando con una nativa ~?** hast du mit einer Aimara-Indianerin gesprochen? **II.** *mf* Aimara *mf*, Aimara-Indianer(in) *m(f)*
aindiado, -a [ain'djaðo, -a] *adj* (*Am*) mit dem Aussehen eines Indios
airado, -a [ai̯'raðo, -a] *adj* zornig, erzürnt
airar [ai̯'rar] *irr* **I.** *vt* erzürnen **II.** *vr:* **~se** sich erzürnen, zornig werden
airbag ['erβaɣ] *m* (AUTO) Airbag *m*
aire ['ai̯re] *m* ❶ (*atmósfera*) Luft *f*; **~ acondicionado** Klimaanlage *f*; **~ fresco** frische Luft; **Ejército del A~** Luftwaffe *f*; **al ~ libre** unter freiem Himmel; **echar una moneda al ~** eine Münze werfen; **tomar el ~** Luft schnappen, an die frische Luft gehen; **dejar una pregunta en el ~** eine Frage offen lassen; **cambiar** [*o* **mudar**] **de ~s** umziehen; **¡~!** verschwinde! ❷ (*viento*) Wind *m*; **corriente de ~** Luftzug *m*; **golpe de ~** Windstoß *m*; **corre ~** es zieht; **hoy hace ~** heute ist es windig ❸ (*aspecto*) Aussehen *nt*, Eindruck *m*; **no me gusta el ~ de este hombre** irgendetwas an diesem Mann gefällt mir nicht; **tiene ~ de despistado** er sieht ziemlich zerstreut aus; **darse ~s de grandeza** großtun; **darse ~s de intelectual** den Intellektuellen spielen; **¡tiene unos ~s!** der/die macht immer ein Getue! ❹ (*garbo*) Anmut *f*, Grazie *f* ❺ (MÚS) Tempo *nt* ❻ (*Arg, Par*) steifer Hals *m*; **tener ~** gelähmt sein
aireación [ai̯rea'θjon] *f* (Be)lüftung *f*

aireado, -a [ai̯re'aðo, -a] *adj* (*lugar*) belüftet
airear [ai̯re'ar] **I.** *vt* lüften
II. *vr:* **~se** ❶ (*ventilarse*) an die (frische) Luft gehen
❷ (*coger aire*) im Zug sitzen; (*resfriarse*) sich erkälten
airón [ai̯'ron] *m* ❶ (ZOOL) Fischreiher *m*
❷ (*penacho, adorno de plumas*) Federbusch *m*
airosidad [ai̯rosi'ðað] *f* Anmut *f*, Grazie *f*
airoso, -a [ai̯'roso, -a] *adj* anmutig; **quedar** [*o* **salir**] **~ de algo** bei etw gut abschneiden
aislable [ai̯s'laβle] *adj* isolierbar
aislacionismo [ai̯slaθjo'nismo] *m sin pl* (POL) Isolationismus *m*
aislacionista [aslaθjo'nista] **I.** *adj* isolationistisch
II. *mf* (POL) Isolationist(in) *m(f)*
aislado, -a [ai̯s'laðo, -a] *adj* ❶ (*apartado*) isoliert
❷ (*individual*) einzeln, vereinzelt; **casos ~s de difteria** einzelne [*o* vereinzelte] Fälle von Diphtherie
aislador[1] [ai̯sla'ðor] *m* Isolator *m*
aislador(a)[2] [ai̯sla'ðor(a)] *adj* isolierend
aislamiento [ai̯sla'mjento] *m* ❶ (*apartamiento*) Vereinzelung *f*, Isolation *f*
❷ (*retiro*) Abgeschiedenheit *f*
❸ (TÉC) Isolation *f*; **~ acústico** Schalldämmung *f*
aislante [ai̯s'lante] **I.** *adj* Isolier-, isolierend; **cinta ~** Isolierband *nt*; **material ~** Isoliermaterial *nt*; **lenguas ~s** (LING) isolierende Sprachen
II. *m* Isolator *m*
aislar [ai̯s'lar] **I.** *vt* (*personas*) isolieren, absondern; (TÉC) isolieren; **aislado contra el ruido** schalldicht
II. *vr:* **~se** sich isolieren, sich absondern
aizcolari [ai̯θko'lari] *m*, **aizkolari** [ai̯θko'lari] *m* Sportler einer baskischen Sportart, bei der Holzstämme mit Äxten gespalten werden
ajá [a'xa] *interj* aha
ajada [a'xaða] *f* (GASTR) Knoblauchsoße *f*
ajadizo, -a [axa'ðiθo, -a] *adj* (*piel*) pergamentartig, trocken und faltig; (*libro*) zerlesen; (*tela*) abgegriffen; **tienes unas manos muy ajadizas** die Haut deiner Hände fühlt sich an wie Pergament
ajado, -a [a'xaðo, -a] *adj* (*cosa*) abgegriffen, abgenutzt; (*persona*) verbraucht; (*cara*) faltig, verwelkt
ajamiento [axa'mjento] *m* ❶ (*de una cosa*) Abnutzung *f*
❷ (*de la belleza*) Welken *nt*, Verblühen *nt*
ajamonarse [axamo'narse] *vr* (*fam pey*) mollig werden
ajar [a'xar] *vt* ❶ (*cosa*) abgreifen, abnutzen
❷ (*persona*) altern lassen
ajardinado, -a [axarði'naðo, -a] *adj* begrünt
ajardinamiento [axarðina'mjento] *m* Begrünung *f*
ajardinar [axarði'nar] *vt* ❶ (*hacer un jardín*) einen Garten anlegen (in +*dat*)
❷ (*una ciudad*) Grünzonen anlegen (in +*dat*)
aje ['axe] *m* (*indisposición*) Beschwerden *fpl*, Gebrechen *nt*; **cuando se es tan mayor es lógico tener ~s** wenn man so alt ist, ist es logisch, dass man (Alters)beschwerden hat
ajedrecista [axeðre'θista] *mf* Schachspieler(in) *m(f)*
ajedrez [axe'ðreθ] *m sin pl* (DEP) Schach *nt*; (*tablero y figuras*) Schachspiel *nt*; **partida de ~** Schachpartie *f*; **tablero de ~** Schachbrett *nt*; **jugar al ~** Schach spielen
ajedrezado, -a [axeðre'θaðo, -a] *adj* schachbrettartig
ajenjo [a'xeŋxo] *m* Wermut *m*
ajeno, -a [a'xeno, -a] *adj* ❶ (*de otro*) anderen gehörig, fremd; **la felicidad ajena** das Glück anderer; **no me gusta meterme en cosas ajenas** ich mische mich nicht gern in fremde Angelegenheiten
❷ *ser* (*impropio*) nicht eigen, untypisch; **~ a la empresa** unternehmensfremd; **~ a la profesión** berufsfremd; **esto es ~ a su carácter** das ist nicht typisch für ihn/sie
❸ *estar* (*ignorante*) unwissend; **estar ~ a** [*o* **de**] **algo** von etw nichts wissen; **vivía ~ a todo lo que pasaba en el mundo** er führte ein abgeschiedenes Leben
❹ (*carente, exento*): **~ a** [*o* **de**] frei von +*dat*, ohne; **~ de piedad** unbarmherzig; **~ de preocupaciones** sorglos; **él es ~ a todo eso** er hat damit nichts zu tun
ajete [a'xete] *m* ❶ (*ajo tierno*) junger Knoblauch *m*
❷ (*ajipuerro*) Ackerknoblauch *m*, Sommerknoblauch *m*
ajetrear [axetre'ar] **I.** *vt* schinden
II. *vr:* **~se** (*trabajar mucho*) sich abmühen; (*darse prisa*) sich abhetzen
ajetreo [axe'treo] *m* (*de personas*) Lauferei *f*, Hetze(rei) *f*; (*en un sitio*) geschäftiges Treiben *nt*; **el ~ del mercado** das lebhafte Treiben auf dem Markt
ají [a'xi] *m* (*AmS, Ant: arbusto*) Pfefferstrauch *m* (*Capsicum, Gattung mit 35 Arten*); (*pimentón*) Paprika *m*; (*pimiento de las Indias*) Cayennepfeffer *m*
ajiaceite [axja'θei̯te] *m* (GASTR) *v.* **ajoaceite**

ajilimoje [axili'moxe] *m*, **ajilimójili** [axili'moxili] *m* ❶ (GASTR) pikante Knoblauchtunke *f*; **con todos sus ~s** mit allem Drum und Dran
❷ (*Cuba, Méx, Cuba*) Wirrwarr *m*, Durcheinander *nt*
ajillo [a'xiʎo] *m* (GASTR): **al ~** mit gehacktem Knoblauch und Petersilie gebraten
ajimez [axi'meθ] *m* (ARQUIT: *ventana*) Bogenfenster *nt* mit Zwischenpfosten
ajipa [a'xipa] *f* (*And: BOT*) Topinambur *m o f*
ajipuerro [axi'pwerro] *m* (*puerro silvestre*) Ackerknoblauch *m*, Sommerknoblauch *m*
ajo ['axo] *m* ❶ (BOT) Knoblauch *m*; (*diente*) Knoblauchzehe *f*
❷ (*taco*) Fluch *m*; **andar** (**metido**) **en el ~**, **estar en el ~** seine Hände (mit) im Spiel haben; **andar tieso como un ~** die Nase hoch tragen
ajoaceite [axoa'θei̯te] *m* (GASTR) Knoblauch-Öl-Soße *f*
ajoarriero [axoa'rrjero] *m* (GASTR) *aragonisch-baskisches Gericht aus Stockfisch und Knoblauch*
ajonjolí [axoŋxo'li] <ajonjolíes> *m* (BOT) (Indischer) Sesam *m*
ajorca [a'xorka] *f* Armreif *m*, Armring *m*
ajornalar [axorna'lar] *vt* als Tagelöhner beschäftigen
ajotar [axo'tar] *vt* ❶ (*AmC, Ant: azuzar*) hetzen
❷ (*Cuba: desdeñar*) verschmähen
ajuar [a'xwar] *m* ❶ (*de la novia*) Aussteuer *f*
❷ (*de una casa*) Ausstattung *f*
ajuiciar [axwi'θjar] **I.** *vi* vernünftig werden, zur Vernunft [*o* Einsicht] kommen
II. *vt* zur Vernunft bringen; **el accidente de tráfico lo ajuició** der Verkehrsunfall hat ihn zur Vernunft gebracht
ajumarse [axu'marse] *vr* (*fam: ligeramente*) sich *dat* einen Schwips antrinken; sich betrinken
ajuntar [axuṇ'tar] **I.** *vt* (*fam*) versammeln
II. *vr:* **~se** (*fam*) in wilder Ehe leben
Ajuria Enea [a'xurja e'nea] *f* ❶ (*residencia*) Sitz des Präsidenten der baskischen Regierung
❷ (*gobierno*) autonome baskische Regierung *f*
ajustable [axus'taβle] *adj* einstellbar, verstellbar, regulierbar
ajustado, -a [axus'taðo, -a] *adj* ❶ (*ropa*) eng (anliegend); **un vestido ~** ein eng anliegendes Kleid
❷ (*adecuado*) passend, angemessen; **un presupuesto ~** ein angemessenes Budget
ajustador[1] [axusta'ðor] *m* (*corsé*) Mieder *nt*
ajustador(a)[2] [axusta'ðor(a)] *m(f)* Justierer(in) *m(f)*
ajustamiento [axusta'mjento] *m v.* **ajuste**
ajustar [axus'tar] **I.** *vi* genau passen
II. *vt* ❶ (*adaptar*) anpassen (*a* an +*akk*), angleichen (*a* an +*akk*); **precios** Preise absprechen; **~ los precios a la inflación** Preise an die Inflationsentwicklung angleichen; **~ un vestido** ein Kleid enger machen; **~ una correa** einen Riemen umschnallen
❷ (TÉC: *cámara, foco, encendido*) einstellen, justieren; **~ una balanza** eine Waage justieren
❸ (TÉC: *una pieza dentro de otra*) einpassen (*a* in +*akk*); (*una pieza a otra*) anpassen (*a* an +*akk*)
❹ (*acordar*) vereinbaren; **~ cuentas** abrechnen; **~ las cuentas a alguien** (*fig*) jdm die Rechnung präsentieren
❺ (*contratar*) anstellen, einstellen
III. *vr:* **~se** ❶ (*ponerse de acuerdo*) übereinkommen (*con* mit +*dat*)
❷ (*adaptarse*) sich anpassen (*a* an +*akk*); **no ~se al tema** vom Thema abschweifen; **~se a la verdad** sich an die Wahrheit halten
ajuste [a'xuste] *m* ❶ (*adaptación, t.* FIN) Anpassung *f* (*a* an +*akk*), Angleichung *f* (*a* an +*akk*); **~ cambiario** Wechselkursanpassung *f*; **~ de deudas** Schuldenvergleich *m*; **~ económico** wirtschaftliche Anpassung; **~ estructural** (ECON) Strukturanpassung *f*; **~ financiero** Finanzausgleich *m*; **~ de precios** Angleichung der Preise; **~ salarial** Lohnausgleich *m*, Lohnanpassung *f*; **medidas de ~** (ECON) Regulierungsmaßnahmen *fpl*
❷ (TÉC: *graduación*) Einstellung *f*, Justieren *nt*; **~ de brillo** Helligkeitseinstellung *f*; **~ previo** Voreinstellung *f*
❸ (TÉC: *encaje*) Passung *f*
❹ (*acuerdo*) Vereinbarung *f*, Übereinkommen *nt*; **~ con los acreedores** (ECON, FIN) Einigung mit den Gläubigern
❺ (ECON, FIN: *de una cuenta*) (Kosten)abrechnung *f*; **~ del balance** Bilanzbereinigung *f*
ajusticiado, -a [axusti'θjaðo, -a] *m, f* Hingerichtete(r) *mf*
ajusticiamiento [axustiθja'mjento] *m* Hinrichtung *f*
ajusticiar [axusti'θjar] *vt* hinrichten
al [al] **= a + el** *v.* **a**
ala ['ala] **I.** *f* ❶ (*del ave, avión, partido, edificio, de la tropa*) Flügel *m*; **~ de la hélice** Propellerblatt *nt*; **~ de la mesa** Tischklappe *f*; **~ de la nariz** Nasenflügel *m*; **~ del sombrero** Hutkrempe *f*; **~ del tejado** Vordach *nt*; **ahuecar el ~** sich auf die Socken machen; **cortar las ~s a alguien** jdm

die Flügel stutzen; **estar tocado del ~** (*fam*) einen Dachschaden haben, nicht (ganz) bei Trost sein
② (*flanco*) Flanke *f*, Seite *f*
③ *pl* (*osadía*) Kühnheit *f*; **dar ~s a alguien** jdm Flügel verleihen, jdn beflügeln; **le faltan ~s para triunfar** ihm/ihr fehlt der Mut um Erfolg zu haben; **tiene demasiadas ~s** er/sie nimmt sich zu viel heraus
II. *interj* ① (*sorpresa*) na, so was; **¡~! no seas exagerada** na komm, jetzt übertreibst du aber!
② (*prisa*) los, auf; **¡~, ven conmigo!** los, komm mit!

Alá [a'la] *m* (REL) Allah *m*

alabanza [ala'βaɲθa] *f* Lob *nt*, Loblied *nt*; **deshacerse en ~s para con alguien/algo** jdn/etw in den Himmel heben; **hacer una ~ de alguien** ein Loblied auf jdn singen

alabar [ala'βar] I. *vt* loben (*por* für +*akk*), preisen; **alabado sea el Señor** gepriesen sei der Herr
II. *vr*: **~se** prahlen (*de* mit +*dat*), sich rühmen (*de* +*gen*)

alabarda [ala'βarða] *f* (HIST) Hellebarde *f*

alabardero [alaβar'ðero] *m* (MIL) Hellebardier *m*

alabastrino, -a [alaβas'trino, -a] *adj* alabastern

alabastro [ala'βastro] *m* Alabaster *m*

álabe ['alaβe] *m* ① (TÉC: *de una turbina*) (Turbinen)schaufel *f*
② (*de una rueda*) Zahn *m*

alabeado, -a [alaβe'aðo, -a] *adj* krumm; (*madera*) verzogen

alabear [alaβe'ar] I. *vt* (ver)krümmen
II. *vr*: **~se** sich (ver)krümmen; (*madera*) sich verwerfen, sich verziehen

alabeo [ala'βeo] *m* Verkrümmung *f*; (*de madera*) Verwerfung *f*

alacena [ala'θena] *f* Speiseschrank *m*

alacrán [ala'kran] *m* ① (ZOOL) Skorpion *m*; **ser un ~** (*fig*) eine spitze Zunge haben
② (*gancho*) Öse *f*
③ (*del caballo*) Kinnkettenhaken *m*

alacridad [alakri'ðað] *f* Munterkeit *f*, Fröhlichkeit *f*

ALADI [ala'ði] *f* (ECON) *abr de* **Asociación Latinoamericana de Integración** Lateinamerikanische Integrationsvereinigung *f*

alado, -a [a'laðo, -a] *adj* ① (*con alas*) beflügelt, geflügelt
② (*ligero*) flink

ALALC [ala'lk] *f* (ECON) *abr de* **Asociación Latinoamericana de Libre Comercio** Lateinamerikanische Freihandelsvereinigung *f*

alalia [a'lalja] *f* (MED: *pérdida del lenguaje*) Alalie, Sprechunfähigkeit *f*

álalo, -a ['alalo, -a] I. *adj* (MED) sprechunfähig, an Alalie leidend; **enseñar a niños ~s** Kinder mit Alalie unterrichten
II. *m, f* (MED) an Alalie Leidende(r) *mf*, Sprechunfähige(r) *mf*

alambicado, -a [alambi'kaðo, -a] *adj* ① (*sutil*) ausgeklügelt
② (*rebuscado*) gekünstelt

alambicamiento [alambika'mjento] *m* ① (*destilación*) Destillation *f*
② (*de una expresión*) Nuancierung *f*, (*genaues*) Abwägen *nt*
③ (*de un método*) Verfeinerung *f*

alambicar [alambi'kar] <c→qu> *vt* ① (*destilar*) destillieren
② (*una expresión*) nuancieren; (*el lenguaje*) ausfeilen, feilen (*an* +*dat*); **diálogos alambicados** geschliffene Dialoge

alambique [alam'bike] *m* Destillierkolben *m*

alambrada [alam'braða] *f* Drahtgitter *nt*; (*con espinas*) Stacheldrahtgitter *nt*; (*con estacas*) Drahtverhau *m o nt*; **~ eléctrica** Elektrozaun *m*

alambrado¹ [alam'braðo] *m* Drahtgitter *nt*, Drahtzaun *m*

alambrado, -a² [alam'braðo, -a] *adj* Draht-

alambrar [alam'brar] *vt* mit Draht einzäunen

alambre [a'lambre] *m* Draht *m*; **~ de espinas** Stacheldraht *m*

alambrera [alam'brera] *f* ① (*de ventana*) Fliegenfenster *nt*, Fliegengitter *nt*
② (*de brasero, chimenea*) Ofenschirm *m*
③ (*de alimentos*) Glocke *f*

alambrista [alam'brista] *mf* Seiltänzer(in) *m(f)*

alameda [ala'meða] *f* ① (*lugar*) Pappelwald *m*
② (*paseo*) Allee *f*; (*de álamos*) Pappelallee *f*

álamo ['alamo] *m* ① (BOT) Pappel *f*; **~ alpino** [*o* **temblón**] Zitterpappel *f*
② (*madera*) Pappelholz *nt*, Pappel *f*

alancear [alanθe'ar] *vt* mit einer Lanze stechen (*in* +*akk*)

alano¹ [a'lano] *m* ① (HIST) Alane *m*
② (ZOOL) Hatzhund *m*

alano, -a² [a'lano, -a] *adj* (HIST) alanisch, Alanen-; **la aportación alana a la cultura hispánica** der Beitrag der Alanen zur hispanischen Kultur

alar [a'lar] *m* (*alero*) Dachfuß *m*, Traufe *f*

alarde [a'larðe] *m* Protzerei *f*, Prahlerei *f*; **hacer ~ de algo** (*presumir*) mit etw angeben; (*ostentar*) etw zur Schau tragen

alardear [alarðe'ar] *vi*: **~ de algo** (*presumir*) mit etw protzen; (*ostentar*) etw zur Schau tragen; **alardea de su victoria** er/sie gibt mit seinem/ihrem Sieg an

alardeo [alar'ðeo] *m* (*Méx*) *v.* **alarde**

alargadera [alarɣa'ðera] *f* Verlängerungsstück *nt*

alargado, -a [alar'ɣaðo, -a] *adj* länglich

alargador [alarɣa'ðor] *m* Verlängerungsstück *nt*; (*cable*) Verlängerungsschnur *f*

alargamiento [alarɣa'mjento] *m* Verlängerung *f*; (*temporal t.*) Ausdehnung *f*

alargar [alar'ɣar] <g→gu> I. *vt* ① (*la extensión*) verlängern, länger machen; **~ el brazo/la pierna** den Arm/das Bein ausstrecken; **~ el cuello** den Hals recken; **~ la mano** die Hand hinhalten
② (*la duración*) ausdehnen, in die Länge ziehen
③ (*retardar, diferir*) verzögern
④ (*el dinero*) gut einteilen
II. *vr*: **~se** (*en la extensión*) länger werden; **no te alargues** fass dich kurz; **~se en cumplidos** Süßholz raspeln; **alárgate hasta la gasolinera a por tabaco** lauf zur Tankstelle und hol Zigaretten
② (*retardarse*) sich verzögern

alarido [ala'riðo] *m* Geschrei *nt*, Geheul *nt*

alarife [ala'rife] *m* ① (*arquitecto*) Baumeister *m*
② (*albañil*) Maurer *m*
③ (*Arg: persona lista*) kluger Kopf *m*, Pfiffikus *m fam*

alarma [a'larma] *f* ① (*general*) Alarm *m*; **por ozono** Ozonalarm *m*; **falsa ~** blinder Alarm; **dar la ~** Alarm geben; **ha saltado la ~ del banco** der Alarm der Bank wurde ausgelöst; **la ~ aún no ha pasado** der Alarm dauert noch an
② (*susto*) Schrecken *m*; (*inquietud*) Unruhe *f*; **~ social** Unruhe in der Bevölkerung

alarmante [alar'mante] *adj* alarmierend, beunruhigend; **noticia ~** Schreckensbotschaft *f*, Schreckensnachricht *f*

alarmar [alar'mar] I. *vt* ① (*dar la alarma*) alarmieren
② (*inquietar*) beunruhigen; (*asustar*) erschrecken
II. *vr*: **~se** (*inquietarse*) unruhig werden; (*asustarse*) sich erschrecken

alarmismo [alar'mismo] *m* Schwarzmalerei *f*, Panikmache *f*

alarmista [alar'mista] I. *adj* schreckenerregend
II. *mf* Schwarzseher(in) *m(f)*, Panikmacher(in) *m(f)*

alavés, -esa [ala'βes, -esa] I. *adj* aus Álava
II. *m, f* Einwohner(in) *m(f)* Álavas

alazán, -ana [ala'θan, -ana] *adj* zimtfarben, zimtfarbig; (*caballo*) rotbraun

alba ['alβa] *f* Morgendämmerung *f*, Tagesanbruch *m*; **al rayar** [*o* **romper**] **el ~** bei Tagesanbruch

albacea [alβa'θea] *mf* (JUR) Testamentsvollstrecker(in) *m(f)*

albaceazgo [alβaθe'aθɣo] *m* Amt *nt* des Testamentsvollstreckers

albaceteño, -a [alβaθe'teɲo, -a] I. *adj* aus Albacete
II. *m, f* Einwohner(in) *m(f)* Albacetes

albacora [alβa'kora] *f* (*Chil, Perú, Méx*) weißer Thunfisch *m*

albada [al'βaða] *m* (MÚS, LIT) Morgenlied *nt*, Aubade *f*

albahaca [al'βaka/alβa'aka] *f* (BOT) Basilikum *nt*

albanés, -esa [alβa'nes, -esa] I. *adj* albanisch
II. *m, f* Albaner(in) *m(f)*

Albania [al'βanja] *f* Albanien *nt*

albañal [alβa'ɲal] *m* ① (*conducto*) Kloake *f*, Abwasserkanal *m*
② (*lugar*) Saustall *m fam*

albañil [alβa'ɲil] *mf* Maurer(in) *m(f)*; **maestro ~** Maurermeister *m*

albañilear [alβaɲile'ar] *vi* sich mit Maurerarbeiten beschäftigen

albañilería [alβaɲile'ria] *f* Maurerhandwerk *nt*; **obra de ~** Maurerarbeit *f*

albar [al'βar] *adj* (*elev: blanco*) (schnee)weiß; **tomillo ~** weißer Thymian; **espino ~** Weißdorn *m*

albarán [alβa'ran] *m* (COM) Lieferschein *m*, Empfangsbescheinigung *f*

albarca [al'βarka] *f* Sandale *f*

albarda [al'βarða] *f* Packsattel *m*; **sobre ~** Redundanz *f*; **esto es un burro con dos ~s** das ist doppelt gemoppelt

albardar [alβar'ðar] *vt* ① (*caballería*) den Packsattel auflegen (+*dat*)
② (GASTR: *aves, pescados*) mit Speckscheiben umbinden, in ein Speckhemd hüllen

albardilla [alβar'ðiʎa] *f* ① (*de potros*) Reitsattel *m* für Fohlen
② (*almohadilla*) kleines Kissen *nt*
③ (*de un muro*) Satteldach *nt* (*auf einer Mauer*)

albardón [alβar'ðon] *m* ① (*silla*) Packsattel *m*
② (*CSur, Bol: elevación*) Wall *m*

albaricoque [alβari'koke] *m* (BOT) Aprikose *f*

albaricoquero [alβariko'kero] *m* (BOT) Aprikosenbaum *m*

albariño [alβa'riɲo] *m* (*vino blanco*) Albariño *m* (*Weißwein aus Galicien*)

albatros [al'βatros] *m inv* (ZOOL) Albatros *m*

albayalde [alβa'ʝalde] *m* Bleiweiß *nt*

albazo [al'βaθo] *m* ① (*Ecua, Méx: acción de guerra*) Kriegshandlung im Morgengrauen
② (*Perú: serenata*) Serenade *f*

albear [alβe'ar] *vi* (*Arg*) (sehr) früh [*o* bei Tagesanbruch] aufstehen

albedrío [alβe'ðrio] *m* Willkür *f*; **libre ~** freier Wille; **a** [*o* **según**] **mi ~** nach meinem Belieben
alberca [al'βerka] *f* Wasserbecken *nt*, Bassin *nt*
albérchigo [al'βertʃiɣo] *m* (*reg*) ❶ (*melocotón*) Pfirsich *m*
  ❷ (*albaricoque*) Aprikose *f*
alberchiguero [alβertʃi'ɣero] *m* (*reg*) ❶ (*melocotonero*) Pfirsichbaum *m*
  ❷ (*albaricoquero*) Aprikosenbaum *m*
albergar [alβer'ɣar] <g→gu> I. *vt* beherbergen, Obdach gewähren +*dat*
  II. *vr:* ~**se** absteigen, unterkommen; ~**se en una pensión** in einer Pension absteigen
albergue [al'βerɣe] *m* (*refugio*) Obdach *nt*; (*fonda*) Herberge *f*; ~ **juvenil** Jugendherberge *f*; ~ **de montaña** Berghütte *f*, Wanderhütte *f*; ~ **de refugiados** Flüchtlingsunterkunft *f*; ~ **transitorio** (*Arg*) Stundenhotel *nt*
albero [al'βero] *m* (*t.* TAUR) Arena *f*; **saltó al** ~ er/sie sprang in die Arena
albinismo [alβi'nismo] *m sin pl* (MED, BIOL) Albinismus *m*
albino, -a [al'βino, -a] I. *adj* (MED, BIOL) albinotisch
  II. *m, f* (MED, BIOL) Albino *m*
albo, -a ['alβo, -a] *adj* (*elev*) weiß
albóndiga [al'βondiɣa] *f* (GASTR: *de carne*) Fleischkloß *m*; (*de pescado*) Fischkloß *m*
albondiguilla [alβondi'ɣiʎa] *f* ❶ (GASTR) *v.* **albóndiga**
  ❷ *pl* (*moco seco*) Popel *m fam*; **hacer ~s** popeln *fam*
albor [al'βor] *m* ❶ (*luz*) Dämmerlicht *nt*
  ❷ (*blancor*) Weiße *f*
  ❸ (*comienzo*) Beginn *m*, Anfang *m*; **los ~es de la Edad Media** der Anbruch [*o* die Morgendämmerung] des Mittelalters
alborada [alβo'raða] *f* ❶ (*alba*) Morgendämmerung *f*
  ❷ (*canción*) Morgenlied *nt*
  ❸ (MIL) Weckruf *m*
  ❹ (*Méx: procesión*) nächtliche Prozession *f*
  ❺ (*PRico: serenata*) Serenade *f*
alborear [alβore'ar] *vi* ❶ (*por la mañana*) dämmern; **al ~ el día** bei Tagesanbruch
  ❷ (*acontecimiento*) sich ankündigen; **alborea una tormenta** ein Gewitter kündigt sich an
albornoz [alβor'noθ] *m* ❶ (*de baño*) Bademantel *m*
  ❷ (*de moro*) Burnus *m*
alboroque [alβo'roke] *m* (COM) ❶ (*regalo*) Draufgabe *f*
  ❷ (*reg: bebida*) Leikauf *m*
alborotado, -a [alβoro'taðo, -a] *adj* ❶ (*excitado*) aufgeregt
  ❷ (*irreflexivo*) unüberlegt, leichtfertig
alborotador(a) [alβorota'ðor(a)] *m(f)* Unruhestifter(in) *m(f)*
alborotar [alβoro'tar] I. *vi* lärmen; (*niños*) toben
  II. *vt* ❶ (*excitar*) erregen
  ❷ (*desordenar*) durcheinander bringen
  ❸ (*sublevar*) aufrühren, aufwühlen
  III. *vr:* ~**se** ❶ (*excitarse*) sich aufregen, sich erregen
  ❷ (*sublevarse*) sich erheben
alboroto [alβo'roto] *m* ❶ (*vocerío*) Stimmengewirr *nt*; (*ruido*) Krach *m*
  ❷ (*bulla*) Krawall *m*; (*disturbio*) Aufruhr *m*, Tumult *m*
  ❸ (*inquietud, zozobra*) Aufregung *f*
  ❹ (*AmC*) Popcorn *nt*
alborozado, -a [alβoro'θaðo, -a] *adj* freudig, vergnügt
alborozar [alβoro'θar] <z→c> I. *vt* sehr erfreuen; **veros me alboroza** es freut mich sehr euch zu sehen
  II. *vr:* ~**se** jubeln, in Jubel ausbrechen
alborozo [alβo'roθo] *m* Freude *f*, Jubel *m*
albricias [al'βriθjas] *fpl* (*fam*): **¡~!** super!, das ist ja spitze!
albufera [alβu'fera] *f* Lagune *f*
albugo [al'βuɣo] *m* (MED) ❶ (*ojo*) Albugo *f*, Leukom *nt*
  ❷ (*uña*) Leukonychie *f*
álbum ['alβun] *m* <álbum(e)s> Album *nt*; ~ **de fotos** Fotoalbum *nt*; ~ **infantil** Bilderbuch *nt*
albumen [al'βumen] *m* (BIOL) Albumen *nt*, Eiklar *nt*
albúmina [al'βumina] *f* (BIOL) Albumin *nt*
albuminar [alβumi'nar] *vt* (FOTO) mit Eiweiß behandeln
albuminoide [alβumi'noiðe] *m* (QUÍM) Albuminoid *nt*
albuminoso, -a [alβumi'noso, -a] *adj* (BIOL) eiweißhaltig, albuminös
albuminuria [alβumi'nurja] *f* (MED) Albuminurie *f*
albur [al'βur] *m* ❶ (ZOOL) Weißfisch *m*
  ❷ (*Méx: juego de palabras*) Wortspiel *nt*
  ❸ (*PRico: mentira*) Lüge *f*
  ❹ (*loc*): **al ~** aufs Geratewohl; **correr un ~** ein Risiko eingehen
albura [al'βura] *f* ❶ (*elev: blancura*) blendendes Weiß *nt*
  ❷ (BOT) Splintholz *nt*
alburear [alβure'ar] I. *vt* (*CRi*) durcheinander bringen
  II. *vi* ❶ (*Col: recibir dinero*) Geld bekommen
  ❷ (*Cuba: engañar*) betrügen
  ❸ (*Méx: hacer juegos de palabras*) Wortspiele machen
alcacer [alka'θer] *m* (AGR) ❶ (*cebada verde*) grün geerntete Wintergerste *f*
  ❷ (*cebadal*) Gerstenfeld *nt*
alcachofa [alka'tʃofa] *f* ❶ (BOT) Artischocke *f*
  ❷ (*de ducha, regadera*) Brause *f*
alcachofal [alkatʃo'fal] *m* (*campo de alcachofas*) Artischockenfeld *nt*
alcachofera [alkatʃo'fera] *f* (BOT) Artischocke *f*
alcahuete, -a [alka'wete, -a] *m, f* ❶ (*trotaconventos*) Kuppler(in) *m(f)*
  ❷ (*encubridor*) Hehler(in) *m(f)*
  ❸ (*chismoso*) Klatschmaul *m fam*
alcahuetear [alkawete'ar] *vi* ❶ (*servir, hacer de alcahuete*) kuppeln; **¿por qué consientes que él alcahuetee entre ti y ese muchacho?** warum lässt du es zu, dass er dich mit diesem Typen verkuppelt?
  ❷ (*chismorrear*) klatschen *fam*
alcahuetería [alkawete'ria] *f sin pl* ❶ (*celestineo*) Kuppelei *f*
  ❷ (*encubrimiento, t.* JUR) Hehlerei *f*; ~ **profesional** gewerbsmäßige Hehlerei *f*; ~ **en cuadrilla** Bandenhehlerei *f*
alcaide [alˈkai̯ðe] *m* ❶ (*de un castillo*) Burgvogt *m*
  ❷ (*de una cárcel*) Kerkermeister *m*
alcaldable [alkal'daβle] *adj* rechtlich als Kandidat für die Bürgermeisterwahl in Frage kommend
alcaldada [alkal'daða] *f* Amtsmissbrauch *m* (seitens des Bürgermeisters)
alcalde(sa) [al'kalde, alkal'desa] *m(f)* Bürgermeister(in) *m(f)*; (*de una ciudad grande*) Oberbürgermeister(in) *m(f)*; ~ **de barrio** Bezirksbürgermeister *m*
alcaldía [alkal'dia] *f* Bürgermeisteramt *nt*
álcali ['alkali] *m* (QUÍM) Alkali *nt*
alcalinidad [alkalini'ðað] *f sin pl* (QUÍM) Alkalinität *f*
alcalinizar [alkalini'θar] <z→c> *vt* (QUÍM) alkalisieren
alcalino, -a [alka'lino, -a] *adj* (QUÍM) alkalisch
alcalizar [alkali'θar] <z→c> *vt* (QUÍM) *v.* **alcalinizar**
alcaloide [alka'loi̯ðe] *m* (QUÍM) Alkaloid *nt*
alcalosis [alka'losis] *f inv* (MED) Alkalose *f*
alcamonero, -a [alkamo'nero, -a] *adj* (*Ven: entrometido*) aufdringlich; (*de novedades*) sehr neugierig
alcance [al'kanθe] *m* ❶ (*distancia*) Reichweite *f*; **misil de corto ~** Kurzstreckenrakete *f*; ~ **de un telescopio/de una pistola** Reichweite eines Teleskops/einer Pistole; **de ~ limitado** von geringer Reichweite; **al ~ de la mano** in Reichweite, erreichbar; **al ~ de todos los bolsillos** für jedermann erschwinglich; **tiene la victoria a su ~** er/sie ist dem Sieg sehr nah
  ❷ (*importancia*) Tragweite *f*, Bedeutung *f*; **una teoría de mucho/poco ~** eine bedeutende/unbedeutende Theorie
  ❸ (*déficit*) Fehlbetrag *m*
  ❹ (*loc*): **es persona de pocos ~s** er/sie ist ein einfältiger Mensch; **la noticia de último ~** die letzte [*o* neueste] Meldung; **dar ~ a alguien** jdn einholen
alcancía [alkan'θia] *f* Sparbüchse *f*
alcanfor [alkam'for] *m* (MED, QUÍM) Kampfer *m*
alcanforar [alkamfo'rar] I. *vt* ❶ (*untar*) mit Kampfer einreiben [*o* bestreichen]
  ❷ (*mezclar*) mit Kampfer mischen; **alcohol alcanforado** Kampferspiritus *m*
  II. *vr:* ~**se** ❶ (*Col, Ven: evaporarse*) verduften
  ❷ (*Hond: perderse*) verloren gehen
alcantarilla [alkanta'riʎa] *f* ❶ (*canal*) Abwasserkanal *m*, Kloake *f*
  ❷ (*sumidero*) Gully *m o nt*
alcantarillado [alkantari'ʎaðo] *m* Kanalisationsnetz *nt*, Kanalisationssystem *nt*
alcantarillar [alkantari'ʎar] *vt* kanalisieren
alcanzable [alkan'θaβle] *adj* erreichbar, möglich
alcanzado, -a [alkan'θaðo, -a] *adj*: **quedar** [*o* **resultar**] [*o* **salir**] ~ **de un negocio** bei einem Geschäft Pleite gehen; **ir ~** verschuldet sein
alcanzar [alkan'θar] <z→c> I. *vi* reichen (*a/hasta* bis (zu) +*dat*, *para* für +*akk*); **este cañón alcanza 10 kilómetros** dieses Geschütz hat eine Reichweite von 10 Kilometern; **el dinero no alcanza para pagar la comida** das Geld reicht nicht für das Essen aus; **no alcanzo a todo el trabajo** ich komme mit der Arbeit nicht nach
  II. *vt* ❶ (*dar alcance*) einholen; **el ladrón fue alcanzado** der Dieb wurde gefasst; **ve tirando, ya te ~é** geh vor, ich komme nach
  ❷ (*llegar*) erreichen; **un acuerdo fue alcanzado** ein Abkommen schließen; **el disparo le alcanzó en la pierna** der Schuss traf ihn ins Bein; ~ **fama** berühmt werden; **mis padres ~on la guerra civil** meine Eltern haben den Bürgerkrieg miterlebt
  ❸ (*entender*) verstehen
  III. *vr:* **no se me alcanza qué intenta con ello** ich verstehe nicht, was

alcaparra [alka'parra] f (BOT) Kapernstrauch m; (fruto) Kaper f
alcaraván [alkara'βan] m (ZOOL) Triel m
alcatraz [alka'traθ] m ❶ (ZOOL) Baßtölpel m
❷ (BOT) Aronstab m
alcaucil [alkau̯'θil] m ❶ (alcachofa) Artischocke f
❷ (Arg: trotaconventos) Kuppler(in) m(f)
alcaudón [alkau̯'don] m (ZOOL) Würger m
alcayata [alka'ʝata] f Hakennagel m
alcazaba [alka'θaβa] f Festung f (innerhalb einer befestigten Stadt)
alcázar [al'kaθar] m Festung f, Burg f
alce ['alθe] m (ZOOL) Elch m
alción [al'θjon] m ❶ (ZOOL: ave) Eisvogel m
❷ (ZOOL: coral) Mittelmeer-Meerhand f
❸ (ASTR) Alkyone f
alcista [al'θista] I. adj (FIN) Hausse-; **mercado ~ de la bolsa** Haussebörse f; **movimiento ~ de los precios** Preisauftrieb m; **tendencia ~** Aufwärtstrend m, (konjunkturelle) Aufschwungbewegung
II. mf (FIN) Haussier m, Haussespekulant(in) m(f)
alcoba [al'koβa] f Schlafzimmer nt
alcohol [al'kol/alko'ol] m Alkohol m; **~ etílico** Äthylalkohol m; **~ de quemar** Brennspiritus m; **una bebida sin ~** ein alkoholfreies Getränk; **no toma ~** er/sie trinkt keinen Alkohol; **estar bajo los efectos del ~** unter Alkohol(einfluss) stehen
alcoholato [alko(o)'lato] m (MED, QUÍM) Alkoholpräparat nt
alcoholemia [alko(o)'lemja] f Blutalkohol m; **grado de ~** Alkoholspiegel m; **prueba de ~** Alkoholtest m
alcoholero, -a [alko(o)'lero, -a] adj Alkohol-; **industria alcoholera** Alkoholindustrie f
alcohólico, -a [al'koliko/alko'oliko, -a] I. adj ❶ (con/del alcohol) alkoholisch
❷ v. alcoholizado
II. m, f Alkoholiker(in) m(f); **~s anónimos** anonyme Alkoholiker
alcoholímetro [alko(o)'limetro] m Alkoholmesser m
alcoholismo [alko(o)'lismo] m sin pl Alkoholismus m, Trunksucht f
alcoholista [alko(o)'lista] I. adj (Arg) alkoholsüchtig; **un hombre ~** ein Alkoholiker
II. mf (Arg) Gewohnheitstrinker(in) m(f), Alkoholiker(in) m(f)
alcoholizado, -a [alko(o)li'θaðo, -a] adj alkoholabhängig, alkoholsüchtig
alcoholizar [alko(o)li'θar] <z→c> I. vt alkoholisieren
II. vr: **~se** zum Alkoholiker werden
alcor [al'kor] m (GEO) Hügel m, Erhebung f
Alcorán [alko'ran] m (REL) Koran m
alcoránico, -a [alko'raniko, -a] adj (REL) Koran-; **los preceptos ~s** die Koranvorschriften
alcornocal [alkorno'kal] m Korkeichenwald m
alcornoque [alkor'noke] m ❶ (BOT) Korkeiche f
❷ (madera) Korkeichenholz nt, Korkeiche f
❸ (persona): **(pedazo de) ~** Dummkopf m
alcorza [al'korθa] f (GASTR) ❶ (pasta para recubrir dulces) Zuckerglasur f, Zuckerguss m
❷ (dulce recubierto) Zuckerware f; (pastel) mit Zuckerglasur überzogener Kuchen m
alcorzar [alkor'θar] <z→c> vt ❶ (GASTR) mit Zuckerglasur überziehen
❷ (decorar) schmücken, verzieren
alcotán [alko'tan] m (ZOOL) Baumfalke m
alcotana [alko'tana] f Maurerhammer m
alcubilla [alku'βiʎa] f Wasserturm m
alcurnia [al'kurnja] f Abstammung f; **de ~** von Adel, adlig; **de antigua ~** von altem Adel
alcuza [al'kuθa] f (Speise)ölkanne f
alcuzcuz [alkuθ'kuθ] m (GASTR) Kuskus m o nt
aldaba [al'daβa] f ❶ (picaporte) Türklopfer m
❷ (aldabilla: para ventanas) Fensterriegel m; (para puertas) Türriegel m
❸ (loc): **tener buenas ~s** (fam) gute Beziehungen haben
aldabada [alda'βaða] f ❶ (golpe) Schlag m mit dem Türklopfer
❷ (susto) Schreck m
aldabazo [alda'βaθo] m (kräftiger) Schlag m mit dem Türklopfer
aldabilla [alda'βiʎa] f (para ventanas) Fensterriegel m; (para puertas) Türriegel m
aldabón [alda'βon] m ❶ (aldaba grande) (großer) Türklopfer m
❷ (asa) (Hand)griff m
aldabonazo [aldaβo'naθo] m Schlag m mit dem Türklopfer
aldea [al'dea] f Dorf nt, Weiler m; **~ global** (INFOR) globales Dorf
aldeanismo [aldea'nismo] m ❶ (mentalidad) Provinzialität f; (tosquedad) Grobschlächtigkeit f
❷ (palabra) Provinzialismus m, Mundartausdruck m
aldeano, -a [alde'ano, -a] I. adj ❶ (de la aldea) dörflich, ländlich

❷ (ignorante) ungeschliffen, grob
II. m, f ❶ (de la aldea) Dorfbewohner(in) m(f)
❷ (inculto) ungehobelter Mensch m
aldehído [alde'iðo] m (QUÍM) Aldehyd m
aldehuela [alde'wela] f Dörfchen nt
alderredor [alderre'ðor] adv (alrededor) um ... herum, rings [o rund] um; **los pastores se reunieron ~ del portal** die Hirten versammelten sich um die Krippe
ale ['ale] interj auf, los; **¡~ vamos!** los, gehen wir!
aleación [alea'θjon] f Legierung f; **~ ligera** Aluminiumlegierung f
alear [ale'ar] vt legieren; **ir aleando** (fig) auf dem Weg der Besserung sein
aleatoriamente [aleatorja'mente] adv nach dem Zufallsprinzip
aleatoriedad [aleatorje'ðað] f sin pl Zufall m, Zufälligkeit f
aleatorio, -a [alea'torjo, -a] adj zufällig
alebrestado, -a [aleβres'taðo, -a] adj ❶ (Hond: enamorado) verliebt
❷ (Méx: de mal humor) schlecht gelaunt
alebrestar [aleβres'tar] <e→ie> I. vt warnen (contra vor +dat)
II. vr: **~se** ❶ (Col, Ven: animal) sich aufbäumen
❷ (Col, Ven: persona) wütend sein
❸ (Hond: enamorarse) sich verlieben
❹ (Méx: inquietarse) unruhig werden
❺ (Méx, Ven: entusiasmarse) sich begeistern
aleccionador(a) [aleɣθjona'ðor(a)] adj (instructivo) instruktiv, lehrreich; (ejemplar) exemplarisch
aleccionamiento [aleɣθjona'mjento] m Unterweisung f, Anleitung f
aleccionar [aleɣθjo'nar] vt unterweisen, anleiten; **esto te ~á para no volver a hacer lo mismo** das wird dich lehren nicht noch einmal das Gleiche zu tun
aledaño, -a [ale'ðaɲo, -a] adj anliegend, angrenzend
aledaños [ale'ðaɲos] mpl Umgebung f
alegación [aleɣa'θjon] f ❶ (JUR: declaración) Behauptung f (vor Gericht); **~ de culpabilidad** Schuldigsprechung f; **~ de exclusividad** Ausschließlichkeitsbezug m; **alegaciones de hecho** Tatsachenvortrag m; **~ de parte** Parteivortrag m
❷ (JUR: escrito) Beweisschrift f; **alegaciones de contestación** Einlassungsschriftsatz m; **alegaciones procesales** Prozessschriftsätze mpl
❸ (Arg, Méx, PRico) Wortwechsel m, Auseinandersetzung f
❹ pl Einwände mpl
alegal [ale'ɣal] adj illegal
alegar [ale'ɣar] <g→gu> I. vt vorbringen, geltend machen; **~ pruebas** Beweise beibringen; **alegó dolor de cabeza para no ir a la reunión** er/sie schützte Kopfschmerzen vor um der Sitzung fernzubleiben
II. vi (Am) Streit suchen; (discutir) streiten
alegato [ale'ɣato] m ❶ (JUR: escrito) Schriftsatz m; (oral) Plädoyer nt; **un ~ contra el aborto** ein Plädoyer gegen die Abtreibung
❷ (Am: disputa) Wortwechsel m, Auseinandersetzung f; **tener un ~ con alguien** eine Auseinandersetzung mit jdm haben
❸ (Perú: argumento) Argument nt
alegoría [aleɣo'ria] f Allegorie f
alegórico, -a [ale'ɣoriko, -a] adj allegorisch
alegorización [aleɣoriθa'θjon] f Allegorisierung f, Versinnbildlichung f
alegorizar [aleɣori'θar] <z→c> vt allegorisieren, versinnbildlichen
alegraesposas [aleɣraes'posas] m inv Hausfreund m
alegrar [ale'ɣrar] I. vt ❶ (a personas) erfreuen, erheitern
❷ (cosas) beleben
II. vr: **~se** ❶ (sentir alegría) sich freuen (de/con über +akk); **me alegro de verle de nuevo** ich freue mich (darauf) Sie wiederzusehen; **nos alegramos de que haya aceptado la invitación** wir freuen uns, dass Sie die Einladung angenommen haben; **me alegro (por ti)** das freut mich (für dich)
❷ (beber un poco) sich dat einen Schwips antrinken
alegre [a'leɣre] adj ❶ (contento) fröhlich, vergnügt; (divertido) lustig; **colores ~s** lebhafte Farben; **un espíritu/una cara ~** ein heiteres Gemüt/Gesicht; **una habitación ~** ein freundliches Zimmer; **estoy [o me siento] ~ de que ~** +subj ich freue mich, dass ...; **estar más ~ que unas pascuas** sich freuen wie ein Schneekönig
❷ (frívolo) leichtfertig, locker; **~ de cascos** leichtsinnig; **una vida ~** ein flottes Leben
❸ (fam: achispado) angeheitert; **estar ~** einen Schwips haben
alegremente [aleɣre'mente] adv ❶ (satisfecho) froh, fröhlich
❷ (frívolamente) leichthin, unbesonnen
alegreto [ale'ɣreto] m o adv (MÚS) v. **allegretto**
alegría [ale'ɣria] f ❶ (gozo, satisfacción) Freude f, Fröhlichkeit f, Heiterkeit f; (alborozo) Jubel m; **~ de la vida** Lebensfreude f; **estar loco de ~** außer sich dat vor Freude sein; **llevarse una gran ~** sich sehr freuen
❷ (BOT: planta y simiente) Sesam m
alegro [a'leɣro] m (MÚS) Allegro nt
alegrón¹ [ale'ɣron] m (fam) Riesenfreude f; **con esta noticia me has**

alegrón

dado un ~ mit dieser Nachricht hast du mir eine riesige Freude bereitet; **con esta noticia me he llevado un** ~ über diese Nachricht habe ich mich sehr gefreut
alegrón, -ona² [ale'ɣron, -ona] *adj* (*Arg*) beschwipst, besäuselt
alejado, -a [ale'xaðo, -a] *adj* (*lugar*) abgelegen; **vive ~ de la política** er ist nicht mehr politisch aktiv
alejamiento [alexa'mjento] *m* Entfernung *f*; **esto causó un** ~ **entre las familias** das führte zu einer Distanz zwischen den Familien
alejandrino [alexan'drino] *m* (LIT) Alexandriner *m*
alejar [ale'xar] I. *vt* ❶ (*distanciar*) entfernen (*de* von +*dat*)
❷ (*ahuyentar*) verscheuchen (*de* aus +*dat*), vertreiben (*de* aus +*dat*); **aleja estos pensamientos de tu cabeza** denk nicht länger darüber nach
II. *vr*: ~**se** sich entfernen (*de* von +*dat*); (*retirarse*) sich zurückziehen (*de* von +*dat*); **todos se alejan de él** alle gehen ihm aus dem Weg
alelado, -a [ale'laðo, -a] *adj* blöd, dumm
alelamiento [alela'mjento] *m* Verblöden *nt*, Verdummen *nt*
alelar [ale'lar] *vt*, *vr*: ~**se** verblöden, verdummen
alelí [ale'li] <alelíes> *m* (BOT) *v.* **alhelí**
alelo [a'lelo] *m* (BIOL) Allel *nt*
aleluya¹ [ale'luɟa] I. *interj* halleluja
II. *f* ❶ (*estampita*) Heiligenbild *nt*
❷ *pl* (*fam: versos*) schlechte Verse *mpl*
❸ (*persona*) abgemagerter Mensch *m*
❹ (BOT) Sauerklee *m*
aleluya² [ale'luɟa] *m o f* (REL) Halleluja *nt*; **estar de** ~ jubeln
alema [a'lema] *f* (AGR) Wassermenge *f* pro Bewässerungsgang
alemán¹ [ale'man] *m* (*lengua*) Deutsch(e) *nt*; **alto** ~ Hochdeutsch *nt*; **estudiar** ~ Deutsch lernen; **traducir algo al** ~ etw ins Deutsche übersetzen
alemán, -ana² [ale'man, -ana] I. *adj* deutsch; **la lengua alemana** die deutsche Sprache; **República Democrática Alemana** (HIST) Deutsche Demokratische Republik; **decir algo en** ~ etw auf Deutsch sagen
II. *m*, *f* Deutsche(r) *mf*; ~ **del Este** Ostdeutsche(r) *m*, Ossi *m fam pey*; ~ **del Oeste** Westdeutsche(r) *m*, Wessi *m fam pey*
Alemania [ale'manja] *f* Deutschland *nt*; ~ **occidental/oriental** West-/Ostdeutschland *nt*; **República Federal de** ~ Bundesrepublik *f* Deutschland
alemanita [alema'nita] *f* (*vulg*): **hacerse una** ~ sich *dat* einen abwichsen
alentado, -a [alen'taðo, -a] *adj* ❶ (*valiente*) mutig
❷ (*Hond, Méx: repuesto*) wieder gesund
❸ (*Arg: vigorizado*) kraftvoll
alentador(a) [alenta'ðor(a)] *adj* ermutigend
alentar [alen'tar] <e→ie> I. *vi* ❶ (*respirar*) atmen
❷ (*estar vivo*) am Leben sein
II. *vt* ermutigen, ermuntern
III. *vr*: ~**se** ❶ (*animarse*) Mut fassen
❷ (*Hond, Méx: restablecerse*) sich erholen
alerce [a'lerθe] *m* (BOT) Lärche *f*
alergeno [aler'xeno] *m*, **alérgeno** [a'lerxeno] *m* Allergen *nt*
alergia [a'lerxja] *f* (MED) Allergie *f* (*a* gegen +*akk*); ~ **alimentaria** Lebensmittelallergie *f*; ~ **al polen** Heuschnupfen *m*; **esto me da** [*o* produce] ~ dagegen bin ich allergisch
alérgico, -a [a'lerxiko, -a] *adj* (MED) allergisch (*a* gegen +*akk*); **es ~ al polvo** er ist allergisch gegen Staub; **es ~ a estos temas** (*fam*) auf diese Themen reagiert er allergisch
alergología [alerɣolo'xia] *f* Allergologie *f*
alergólogo, -a [aler'ɣoloɣo, -a] *m*, *f* Allergologe, -in *m*, *f*
alero [a'lero] *m* ❶ (*del tejado*) Vordach *nt*
❷ (*de un coche*) Kotflügel *m*
❸ (DEP) Außenstürmer(in) *m(f)*
alerón [ale'ron] *m* ❶ (AERO) Querruder *nt*
❷ (AUTO) Spoiler *m*; ~ **delantero** Frontspoiler *m*; ~ **trasero** Heckspoiler *m*
alerta [a'lerta] I. *adj* wachsam, aufmerksam; **con ojo** ~ mit wachsamem Auge; **estar ~ de algo** etw aufmerksam verfolgen
II. *f* Alarm *m*; **dar la** ~ Alarm schlagen; **poner en ~ a alguien** jdn in Alarmzustand versetzen
III. *interj* Vorsicht, Achtung
alertar [aler'tar] *vt* warnen, alarmieren
aleta [a'leta] *f* ❶ (*de un pez, barco*) Flosse *f*
❷ (*de la nariz*) Nasenflügel *m*
❸ (*del coche*) Kotflügel *m*
❹ (*de un buzo*) Schwimmflosse *f*
aletada [ale'taða] *f* Flügelschlag *m*; **el pato dio una** ~ die Ente schlug einmal mit den Flügeln
aletargado, -a [aletar'ɣaðo, -a] *adj* schläfrig
aletargamiento [aletarɣa'mjento] *m* Schläfrigkeit *f*

32

algarrobo

aletargar [aletar'ɣar] <g→gu> I. *vt* einschläfern, müde machen
II. *vr*: ~**se** schläfrig werden
aletazo [ale'taθo] *m* Flügelschlag *m*
aletear [alete'ar] *vi* ❶ (*ave*) mit den Flügeln schlagen
❷ (*pez*) zappeln
❸ (*fam: cobrar fuerza*) zu Kräften kommen
aleteo [ale'teo] *m* ❶ (*de un ave*) Flügelschlag *m*
❷ (*de un pez*) Zappeln *nt*
alevín [ale'βin] *m* ❶ (*pez*) Fischbrut *f*
❷ (*principiante*) Neuling *m*
alevosía [aleβo'sia] *f* Hinterlist *f*, Heimtücke *f*; **con** ~ hinterlistig, heimtückisch
alevoso, -a [ale'βoso, -a] *adj* hinterlistig, heimtückisch
alexia [a'leɣsja] *f* (MED) Alexie *f*, Leseschwäche *f*
aleya [a'leɟa] *f* Koranvers *m*
alfa ['alfa] *f* Alpha *nt*; ~ **y omega** Anfang und Ende
alfabético, -a [alfa'βetiko, -a] *adj* alphabetisch; **estar por orden** ~ nach dem Alphabet [*o* alphabetisch] geordnet sein
alfabetización [alfaβetiθa'θjon] *f* Alphabetisierung *f*
alfabetizar [alfaβeti'θar] <z→c> *vt* alphabetisieren
alfabeto [alfa'βeto] *m* Alphabet *nt*; ~ **Morse** Morsealphabet *nt*
alfajor [alfa'xor] *m* (GASTR: *dulce similar al polvorón*) Mandel-Nuss-Honig-Kuchen *m*; (*rosquillas*) Mandel-Nuss-Honig-Kringel *m*
alfalfa [al'falfa] *f* (BOT) Luzerne *f*
alfanje [al'fanxe] *m* Krummsäbel *m*, Kurzsäbel *m*
alfanumérico, -a [alfanu'meriko, -a] *adj* alphanumerisch
alfanúmero [alfa'numero] *m* (INFOR) alphanumerische Zahl *f*
alfaque [al'fake] *m* Sandbank *f*
alfar [al'far] *m* Töpferei *f*
alfarería [alfare'ria] *f* ❶ (*obrador*) Töpferei *f*
❷ (*oficio*) Töpferhandwerk *nt*
alfarero, -a [alfa'rero, -a] *m*, *f* Töpfer(in) *m(f)*
alféizar [al'feiθar] *m* (ARQUIT) ❶ (*reborde de una puerta*) (Tür)laibung *f*; (*de una ventana*) (Fenster)laibung *f*
❷ (*saliente de una ventana*) Fensterbrüstung *f*
alfeñique [alfe'nike] *m* ❶ (*persona*) Schwächling *m*
❷ (*reg*: BOT) Baldrian *m*
alferecía [alfere'θia] *f* (MED) Epilepsie *f*
alférez [al'fereθ] *m* ❶ (MIL) Leutnant *m*; ~ **de fragata** Leutnant zur See; ~ **de navío** Oberleutnant zur See
❷ (HIST) Fahnenträger *m*
alfil [al'fil] *m* (*en ajedrez*) Läufer *m*
alfiler [alfi'ler] *m* ❶ (*aguja*) Stecknadel *f*; **no caber un** ~ (*fig*) vollgestopft sein
❷ (*broche*) Ansteckenadel *f*; ~ **de corbata** Krawattennadel *f*; ~ **de gancho** (*Arg*) Sicherheitsnadel *f*; **ir de veinticinco ~es** geschniegelt und gebügelt sein
❸ (*pinza*) Wäscheklammer *f*; **llevo la lección prendida con ~es** (*fig*) ich habe mich auf die Prüfung schlecht vorbereitet
alfilerazo [alfile'raθo] *m* ❶ (*pinchazo*) Stich *m* mit der Stecknadel
❷ (*fig: pulla*) Stichelei *f*; **lanzar a alguien un** ~ jdm einen (verbalen) Nadelstich versetzen
alfiletero [alfile'tero] *m* Nadelbüchse *f*
alfombra [al'fombra] *f* Teppich *m*; ~ **de flores** Blumenteppich *m*; ~ **persa** Perserteppich *m*
alfombrado [alfom'braðo] *m* ❶ (*acción*) Verlegen *nt* des Teppichbodens
❷ (*Am: alfombra*) Teppichboden *m*
alfombrar [alfom'brar] *vt* mit Teppich auslegen
alfombrilla [alfom'briʎa] *f* ❶ (*estera*) Fußmatte *f*; ~ **de baño** Badematte *f*
❷ (MED) Röteln *pl*
❸ (INFOR) Mousepad *nt*
alforja [al'forxa] *f* Tasche *f*; (*de caballería*) Satteltasche *f*; **sacar los pies de las ~s** (*fig*) aus sich *dat* herausgehen; **pasarse a la otra** ~ (*Arg, Chil*) pampig werden
alga ['alɣa] *f* (BOT) Alge *f*; ~ **marina** Meeresalge *f*
algar [al'ɣar] *m* Algenteppich *m*
algarabía [alɣara'βia] *f* ❶ (*gritería*) Gezeter *nt*, Geschrei *nt*; **se armó** [*o* **hubo**] **una** ~ es gab ein Gezeter
❷ (*lengua*) Kauderwelsch *nt*; (*escritura*) unleserliche Schrift *f*, Klaue *f fam*
❸ (HIST: *lengua árabe*) arabische Sprache *f*
❹ (BOT) Besenheide *f*
algarada [alɣa'raða] *f* Straßenunruhen *fpl*, Krawall *m*
algarero, -a [alɣa'rero, -a] *adj*, *m*, *f* Unruhestifter(in) *m(f)*
algarroba [alɣa'rroβa] *f* ❶ (BOT) Futterwicke *f*
❷ (*fruto del algarrobo*) Johannisbrot *nt*
algarrobo [alɣa'rroβo] *m* (BOT) Johannisbrotbaum *m*

algazara [alɣa'θara] *f* Geschrei *nt*, Krach *m*; (*de alegría*) Freudengeschrei *nt*
álgebra ['alxeβra] *f* (MAT) Algebra *f*
algebraico, -a [alxe'βraiko, -a] *adj* (MAT) algebraisch
algebrista [alxe'βrista] *mf* Algebraiker(in) *m(f)*
algia ['alxja] *f* (MED) (nicht eindeutig lokalisierbarer) Schmerz *m*, Schmerzzustand *m*
algidez [alxi'ðeθ] *f* (MED) starkes Kältegefühl *nt*; **la ~ en el pie me impide andar** mein Fuß ist so eiskalt, dass ich nicht laufen kann
álgido, -a ['alxiðo, -a] *adj* ❶ (*muy frío*) eisig
❷ (MED): **fiebre álgida** Schüttelfrost *m*
❸ (*culminante, decisivo*): **el período ~ del Barroco** die Blütezeit des Barocks; **la crisis está en su momento más ~** die Krise hat ihren Höhepunkt erreicht
algo ['alɣo] I. *pron indef* etwas; **~ es ~** besser das als nichts; **¿quieres ~?** möchtest du (et)was?; **¿apostamos ~?** wollen wir wetten?; **esta película es ~ aparte** dieser Film ist ein Meisterstück; **me suena de ~** das kommt mir irgendwie bekannt vor; **se cree ~** er/sie macht sich wichtig; **por ~** aus gutem Grund; **por ~ lo habrá dicho** er/sie wird es aus gutem Grund gesagt haben
II. *adv* ein bisschen, ein wenig; **he dormido ~** ich habe ein wenig geschlafen; **aún falta ~ hasta llegar** bis dahin fehlt noch ein Stückchen; **aún me queda ~ de dinero** ich habe noch ein bisschen Geld; **~ así como** ungefähr, so (et)was wie
algodón [alɣo'ðon] *m* ❶ (*planta, tejido*) Baumwolle *f*; **una camisa de ~** ein Baumwollhemd, ein Hemd aus Baumwolle
❷ (*de uso cosmético*) Watte *f*; **~ hidrófilo** Verbandswatte *f*; **criado entre algodones** (*fig*) verhätschelt, verzärtelt
❸ (*dulce*) Zuckerwatte *f*
algodonal [alɣoðo'nal] *m* Baumwollfeld *nt*
algodonero, -a [alɣoðo'nero, -a] I. *adj* Baumwoll-; **industria algodonera** Baumwollindustrie *f*
II. *m, f* ❶ (*comerciante*) Baumwollhändler(in) *m(f)*
❷ (*cultivador*) Baumwollpflanzer(in) *m(f)*
algodonoso, -a [alɣoðo'noso, -a] *adj* wollig, flauschig
algol [al'ɣol] *m* (INFOR) ALGOL *nt*
algorítmico, -a [alɣo'riðmiko, -a] *adj* (MAT) algorithmisch
algoritmo [alɣo'riðmo] *m* (MAT) Algorithmus *m*
algoso, -a [al'ɣoso, -a] *adj* mit Seetang [*o* Algen] bedeckt
alguacil [alɣwa'θil] *m* ❶ (*de un tribunal*) Gerichtsbote *m*
❷ (*de un ayuntamiento*) Gemeindediener *m*
❸ (*garfio*) Brechstange *f*, Brecheisen *nt*
❹ (*Arg, Par, Urug*: ZOOL) *v.* **aguacil**
alguerés[1] [alɣe'res] *m sin pl* (*lengua*) in Alghero gesprochener katalanischer Dialekt
alguerés, -esa[2] [alɣe'res, -esa] I. *adj* aus Alghero
II. *m, f* Einwohner(in) *m(f)* von Alghero
alguien ['alxjen] *pron indef* jemand; **¿hay ~ aquí?** ist da jemand?; **~ me lo ha contado** irgendjemand hat es mir erzählt; **se cree ~** er/sie macht sich wichtig, er/sie spielt sich auf; **es ~ en la empresa** er/sie ist jemand in der Firma
algún [al'ɣun] *adj v.* **alguno**[1]
alguno, -a[1] [al'ɣuno, -a] *adj* <algún> ❶ (*antepuesto: indef*) irgendein; **¿alguna pregunta?** irgendwelche Fragen?; **de alguna manera** auf irgendeine Weise, irgendwie; **en algún sitio** irgendwo; **alguna vez** gelegentlich; **algún día** eines Tages; **¿puedes dejarme algún jersey?** kannst du mir irgendeinen Pulli leihen?
❷ (*postpuesto: ninguno*) kein(e); **en sitio ~** nirgendwo; **persona alguna** niemand
alguno, -a[2] [al'ɣuno, -a] *pron indef* jemand; **~s de los presentes** einige der Anwesenden; **~s ya se han ido** manche sind schon gegangen; **¿tienes caramelos? – sí, me quedan ~s** hast du Bonbons? – ja, ich habe noch welche übrig; **los niños han vuelto a hacer alguna de las suyas** die Kinder haben schon wieder etwas angestellt
alhaja [a'laxa] *f* ❶ (*de piedras preciosas*) Juwel *nt*; (*de bisutería*) Modeschmuck *m*
❷ (*objeto de valor*) Prachtstück *nt*; **¡esta chica es una ~!** dieses Mädchen ist ein Juwel!; **¡menuda ~, este niño!** dieser Junge ist ja ein sauberes Früchtchen!
alhajado, -a [ala'xaðo, -a] *adj* (*Col*: *rico*) vermögend
alhajar [ala'xar] *vt* ❶ (*con joyas*) mit Schmuck [*o* Juwelen] schmücken
❷ (*casa*) ausstatten
alhajera [ala'xera] *f* (*Arg, Chil*) Schmuckschatulle *f*
alhajero [ala'xero] *m v.* **alhajera**
alharaca [ala'raka] *f* Getue *nt*
alhelí [ale'li] *m* <alhelíes> (BOT) Levkoje *f*, Levkoie *f*
alheña [a'leɲa] *f* ❶ (BOT) Liguster *m*, Rainweide *f*
❷ (*polvo*) Henna *f o nt*
alhóndiga [a'londiɣa] *f* Kornmarkt *m*

alhucema [alu'θema] *f* (BOT) Lavendel *m*
aliáceo, -a [a'ljaθeo, -a] *adj* knoblauchartig
aliado, -a [ali'aðo, -a] I. *adj* verbündet; (POL) alliiert
II. *m, f* Verbündete(r) *mf*; **los ~s** (POL) die Alliierten
aliadófilo, -a [alja'ðofilo, -a] *adj* alliiertenfreundlich
aliaga [a'ljaɣa] *f* (BOT) Stechginster *m*
alianza [ali'anθa] *f* ❶ (*pacto*) Bündnis *nt*, Bund *m*; (POL) Bündnis *nt*, Allianz *f*; **~ Atlántica** Atlantikpakt *m*; **~ militar** Militärbündnis *nt*
❷ (*elev: por el casamiento*) Ehebund *m*
❸ (*anillo*) Ehering *m*
aliar [ali'ar] <1. pres: alío> I. *vt* verbinden (con mit +dat)
II. *vr:* **~se** sich verbünden (con mit +dat), sich alliieren (con mit +dat)
alias ['aljas] I. *adv* alias
II. *m inv* Spitzname *m*
aliblanca [ali'βlanka] *f* ❶ (*Col: gandulería*) Faulheit *f*; (*de movimientos*) Trägheit *f*, Schwerfälligkeit *f*
❷ (*Cuba: paloma*) wilde Taube *f*
alicaído, -a [alika'iðo, -a] *adj* matt, schlaff; (*deprimido*) deprimiert
alicantino, -a [alikan'tino, -a] *adj* aus Alicante
alicatado [alika'taðo] *m* Kachelbelag *m*
alicatar [alika'tar] *vt* kacheln
alicates [ali'kates] *mpl* Greifzange *f*; **~ redondos** Rundzange *f*; **~ universales** Kombizange *f*
aliciente [ali'θjente] *m* Lockmittel *nt*, Anreiz *m*
alicorto, -a [ali'korto, -a] *adj* ❶ (*corto de alas*) kurzflüglig; (*con alas cortadas*) mit gestutzten Flügeln
❷ (*fig: simple*) einfältig, beschränkt
alícuota [a'likwota] *adj* ❶ (MAT) aliquot
❷ (*proporcional*) proportional
alicuz(a) [ali'kuθ(a)] *adj* (*Hond*) ❶ (*vivo*) lebhaft, quirlig; (*despierto*) aufgeweckt
❷ (*ventajista*) skrupellos
alienación [aljena'θjon] *f* ❶ (*de propiedades*) Veräußerung *f*
❷ (PSICO) Geistesgestörtheit *f*
❸ (*distanciamiento*) Entfremdung *f*
alienado, -a [alje'naðo, -a] I. *adj* ❶ (PSICO) geistesgestört
❷ (*distanciado*) entfremdet (*de +dat*)
II. *m, f* (PSICO) Geistesgestörte(r) *mf*
alienante [alje'nante] *adj* befremdlich, entfremdend
alienar [alje'nar] I. *vt* veräußern
II. *vr:* **~se** ❶ (*distanciarse*) sich entfremden (*de +dat*)
❷ (PSICO) geistesgestört werden
alienígena [alje'nixena] *m* außerirdisches Wesen *nt*
alienismo [alje'nismo] *m* (PSICO, MED) ❶ (*ciencia*) Psychiatrie *f*
❷ (*profesión*) Beruf *m* des Psychiaters; **el ~ no está muy bien pagado** als Psychiater verdient man nicht besonders gut
alienista [alje'nista] *mf* Psychiater(in) *m(f)*
aliento [a'ljento] *m* ❶ (*respiración*) Atem *m*; **mal ~** Mundgeruch *m*; **sin ~** außer Atem; **cobrar ~** wieder zu Atem kommen; **esto me quita el ~** das verschlägt mir den Atem; **tomar ~** Atem holen [*o* schöpfen]
❷ (*vaho*) Hauch *m*
❸ (*ánimo*) Mut *m*, Kraft *f*; **dar [o infundir] ~ a alguien** jdm Mut einflößen
alifafe [ali'fafe] *m* (*fam*) Wehwehchen *nt*
aligátor [ali'ɣator] *m* (ZOOL) Alligator *m*
aligeramiento [alixera'mjento] *m* ❶ (*de cargas*) Verminderung *f*
❷ (*alivio*) Erleichterung *f*, Linderung *f*
❸ (*aceleramiento*) Beschleunigung *f*
aligerar [alixe'rar] I. *vi* sich beeilen; **si no aligeras, llegarás tarde** wenn du dich nicht beeilst, wirst du zu spät kommen
II. *vt* ❶ (*cargas*) erleichtern
❷ (*aliviar*) lindern, erleichtern
❸ (*acelerar*) beschleunigen; **~ el paso** schneller gehen
aligustre [ali'ɣustre] *m* (BOT) Liguster *m*
alijar [ali'xar] I. *vt* ❶ (*dehesa*) Weide *f*; (*terreno inculto*) Brachland *nt*
❷ (*cortijo*) Gutshof *m*
II. *vt* ❶ (NÁUT: *un barco*) löschen
❷ (*mercancías de contrabando*) an Land bringen
alijo [a'lixo] *m* Schmuggelware *f*
alilaya[1] [ali'laʝa] *mf* (*Méx*) ❶ (*persona lista*) gerissene Person *f*
❷ (*persona chismosa*) Klatschbase *f*
❸ (*persona embustera*) Flunkerer, -in *m*, *f fam*
alilaya[2] [ali'laʝa] *f* (*Col, Cuba: excusa*) faule Ausrede *f*
alimaña [ali'maɲa] *f* ❶ (*animal*) Raubzeug *nt*
❷ (*persona*) Schurke, -in *m*, *f*
alimañero [alima'ɲero] *m* (*cazador de alimañas*) Jäger *m* von Raubzeug
alimentación [alimenta'θjon] *f* ❶ (*nutrición*) Ernährung *f*; (*aprovisionamiento*) Verpflegung *f*, Beköstigung *f*; **~ artificial/equilibrada** künst-

alimentador

liche/ausgewogene Ernährung; ~ **pobre en sodio** natriumarme Ernährung; **industria de la** ~ Nahrungsmittelindustrie *f*
❷ (*de animales*) Füttern *nt*, Fütterung *f*
❸ (TÉC: *de un horno, caldera*) Beschicken *nt;* (*de una máquina*) Zufuhr *f* (*con* von +*dat*); ~ **por agujas** (INFOR) Papierzuführung *f* (über einen Schubtraktor); ~ **de energía** Energiezufuhr *f;* ~ **de papel** (INFOR) Papierzuführung *f;* ~ **por tractor** (INFOR) Papierzuführung *f* (über einen Zugtraktor); **rollo de** ~ (INFOR) Führungsrolle *f*
alimentador[1] [alimeṇ'taðor] *m* ❶ (TÉC: *para un horno*) Beschickungsvorrichtung *f;* (*para una máquina*) Zuführer *m;* ~ **de hojas sueltas** (INFOR) Einzelblatteinzug *m*
❷ (ELEC) Speisekabel *nt*
alimentador(a)[2] [alimeṇta'ðor(a)] *adj* (TÉC) Speise-, Zufuhr-; **tubo** ~ Zuleitung *f*
alimentar [alimeṇ'tar] I. *vi* nahrhaft sein
II. *vt* ❶ (*nutrir*) ernähren; (*aprovisionar*) verpflegen; **con su trabajo alimenta a toda la familia** mit seiner/ihrer Arbeit ernährt er/sie die ganze Familie; ~ **el odio** den Hass schüren
❷ (*animales*) füttern
❸ (TÉC: *horno, caldera*) beschicken; (*máquina*) speisen; ~ **la máquina con energía** der Maschine Energie zuführen
❹ (INFOR): ~ **un ordenador con datos** Daten in einen Computer eingeben
III. *vr:* ~**se** sich ernähren (*de* von +*dat*)
alimentario, -a [alimeṇ'tarjo, -a] *adj* Ernährungs-; **industria alimentaria** Nahrungsmittelindustrie *f*
alimenticio, -a [alimeṇ'tiθjo, -a] *adj* ❶ (*nutritivo*) nahrhaft
❷ (*alimentario*) Nahrungs-, Nähr-; **industria alimenticia** Nahrungsmittelindustrie *f;* **pensión alimenticia** Unterhalt *m;* **productos** ~**s** Nahrungsmittel *ntpl*
alimenticios [alimeṇ'tiθjos] *mpl* Nahrungsmittel *ntpl;* ~ **envasados** abgepackte Nahrungsmittel
alimentista [alimeṇ'tista] *mf* Unterhaltsempfänger(in) *m(f)*, Unterhaltsberechtigte(r) *mf*
alimento [ali'meṇto] *m* ❶ (*sustancia*) Nahrung *f;* **los** ~**s** die Nahrungsmittel; ~ **básico** Grundnahrungsmittel *nt;* ~**s congelados** Tiefkühlkost *f;* ~ **sólido/líquido** feste/flüssige Nahrung; ~ **del espíritu** geistige Nahrung
❷ (*alimentación*) Ernährung *f;* **de mucho/poco** ~ sehr/wenig nahrhaft
❸ *pl* (*asistencia financiera*) Alimente *pl*, Unterhalt *m;* ~**s equitativos** angemessener Unterhalt; ~**s normales** Regelunterhalt *m;* **contribución a los** ~**s** Beitrag zum Unterhalt; **otorgar/prestar** ~**s** Unterhalt gewähren/leisten
alimoche [ali'motʃe] *m* (ZOOL) Schmutzgeier *m*
alimón [ali'mon] *m:* **al** ~ mit vereinten Kräften, zusammen
alindar [aliṇ'dar] I. *vi* angrenzen (*con* an +*akk*); **nuestras fincas alindan** unsere Landgüter grenzen aneinander
II. *vt* abgrenzen, abstecken
alineación [alinea'θjon] *f*, **alineamiento** [alinea'mjeṇto] *m* ❶ (*general*) Ausrichtung *f* (*con* auf +*akk*); **no** ~ (POL) Blockfreiheit *f* ❷ (DEP) Mannschaftsaufstellung *f*
alineamiento [alinea'mjeṇto] *m:* ~ **de los precios** (ECON) Preisangleichung *f*
alinear [aline'ar] I. *vt* ❶ (*poner en línea*) aufreihen, in Reih und Glied (auf)stellen
❷ (DEP) in die Mannschaft aufnehmen; (*para un partido*) aufstellen
❸ (POL): **país no alineado** blockfreies Land
II. *vr:* ~**se** ❶ (*ponerse en fila*) sich (in Reih und Glied) aufstellen; (*estar en fila*) in einer Reihe stehen
❷ (POL) sich ausrichten (*con* auf +*akk*), sich anschließen (*con* +*dat*); (*orientarse*) sich orientieren (*con* an +*dat*)
aliñar [ali'ɲar] *vt* ❶ (*condimentar*) würzen; ~ **la ensalada** den Salat anmachen
❷ (*preparar*) anrichten, zubereiten
aliño [a'liɲo] *m* ❶ (*acción*) Zubereitung *f*
❷ (*condimento*) Gewürz *nt;* (*para ensalada*) Salatsoße *f*, Dressing *nt*
alioli [ali'oli] *m* (GASTR) Knoblauchölsoße *f*
aliquebrado, -a [alike'βraðo, -a] *adj* flügellahm; (*fam fig*) saft- und kraftlos; **vino con el ánimo** ~ er/sie kam mit hängenden Flügeln an
alirón [ali'ron] *m:* **cantar el** ~ den Sieg feiern
alisador[1] [alisa'ðor] *m* ❶ (TÉC: *para superficies*) Glättwalze *f*
❷ (*para el pelo*) feiner Kamm *m*
alisador(a)[2] [alisa'ðor(a)] *m(f)* Polierer(in) *m(f)*
alisamiento [alisa'mjeṇto] *m* ❶ (*de una superficie*) Glätten *nt;* (*de un terreno*) Einebnen *nt*
❷ (*del pelo*) Auskämmen *nt*
alisar [ali'sar] *vt* ❶ (*una superficie*) glätten; (*un terreno*) einebnen
❷ (*el pelo*) auskämmen
aliseda [ali'seða] *f* Erlengehölz *nt*, Erlenwald *m*

allí

alisio [a'lisjo] *adj:* **vientos** ~**s** Passatwinde *mpl*
aliso [a'liso] *m* ❶ (BOT) Erle *f*
❷ (*madera*) Erlenholz *nt*, Erle *f*
alistado, -a [alis'taðo, -a] *adj* gestreift; **camisa alistada** Streifenhemd *nt*
alistador(a) [alista'ðor(a)] *m(f)* Registerführer(in) *m(f)*
alistamiento [alista'mjeṇto] *m* ❶ (*inscripción*) Einschreibung *f;* (*lista*) Auflistung *f*
❷ (MIL) Erfassung *f*, Musterung *f;* (*en la marina*) Anheuerung *f*
alistar [alis'tar] I. *vt* ❶ (*en una lista*) einschreiben; (*enumerar*) auflisten
❷ (MIL) mustern; (*enrolar*) anwerben; (*en la marina*) anheuern
II. *vr:* ~**se** ❶ (*inscribirse*) sich einschreiben
❷ (MIL) sich (freiwillig) melden, sich anwerben lassen; (*en la marina*) anheuern
aliteración [alitera'θjon] *f* Alliteration *f*, Stabreim *m*
aliviadero [aliβja'ðero] *m* Überlauf *m*
aliviar [ali'βjar] I. *vi* den Schritt beschleunigen
II. *vt* ❶ (*carga*) leichter machen; **tienes que** ~ **la maleta** du musst das Gewicht des Koffers reduzieren
❷ (*persona*) entlasten; (*de una preocupación*) erleichtern
❸ (*dolor, pena*) mildern, lindern; ~ **un bloqueo económico** eine Wirtschaftsblockade lockern
III. *vr:* ~**se** ❶ (*dolor, pena*) nachlassen, erträglicher werden
❷ (*de una enfermedad*) sich erholen
alivio [a'liβjo] *m* ❶ (*aligeramiento*) Erleichterung *f*, Erlösung *f*
❷ (*de una enfermedad*) Erholung *f;* (*mejoría*) Besserung *f*
❸ (*loc*): **vestir de** ~ Trauer tragen; **he pescado un catarro de** ~ (*fam*) ich habe mich schwer erkältet; **sus amigos son de** ~ (*fam*) seine Freunde sind bösartig
aljaba [al'xaβa] *f* Köcher *m*
aljama [al'xama] *f* ❶ (*reunión de moros*) Maurenversammlung *f;* (*de judíos*) Judenversammlung *f*
❷ (*morería*) Maurenviertel *nt;* (*judería*) Judenviertel *nt*
❸ (*mezquita*) Moschee *f;* (*sinagoga*) Synagoge *f*
aljamía [alxa'mia] *f* ❶ (HIST) maurische Bezeichnung für das Kastilische
❷ (*textos*) altspanische Texte, die in arabischer Schrift abgefasst sind
aljamiado, -a [alxa'mjaðo, -a] *adj* in altspanischer Sprache und arabischer Schrift abgefasst
aljarafe [alxa'rafe] *m* ❶ (GEO) Hochplateau *nt*
❷ (*terraza*) (Dach)terrasse *f*
aljibe [al'xiβe] *m* ❶ (*cisterna*) Zisterne *f*
❷ (*tanque*) Wassertank *m*
❸ (*barco*) Tanker *m*
aljofaina [alxo'faina] *f* Waschschüssel *f*
aljófar [al'xofar] *m* kleine, unregelmäßige Perle *f*
allá [a'ʎa] *adv* ❶ (*lugar, estático*) dort, da; ~ **arriba** dort oben; **el más** ~ (REL) das Jenseits
❷ (*lugar, dirección*) dorthin; **¿cuánto se tarda de aquí** ~? wie lange braucht man bis dorthin?; **acabo de llegar de** ~ ich komme gerade von dort; **ponte más** ~ stelle dich weiter weg
❸ (*tiempo*) damals; ~ **por el año 64** um das Jahr 1964 herum; ~ **en mis mocedades** damals in meiner Jugend; ~ **en tiempos de Maricastaña** anno dazumal
❹ (*loc*): **¡~ tú!** (*fam*) das ist deine Sache!
allanamiento [aʎana'mjeṇto] *m* ❶ (*de un terreno*) (Ein)ebnen *nt*
❷ (*de dificultades*) Behebung *f*
❸ (JUR): ~ **de morada** Hausfriedensbruch *m*
allanar [aʎa'nar] I. *vt* ❶ (*terreno, camino*) ebnen, planieren
❷ (*construcción*) niederreißen, einebnen
❸ (*dificultades*) beheben
❹ (JUR): ~ **una casa** Hausfriedensbruch begehen
II. *vr:* ~**se** sich anpassen (*a* an +*akk*), sich fügen (*a* +*dat*); **no se allana nunca** er/sie gibt nie nach; ~**se a las órdenes** die Anordnungen befolgen
allegado, -a [aʎe'ɣaðo, -a] I. *adj* nahe stehend
II. *m, f* Verwandte(r) *mf*
allegar [aʎe'ɣar] <g→gu> *vt* (*medios, recursos*) aufbringen; (*pruebas, datos*) zusammentragen, sammeln
allegretto [ale'ɣreto] I. *m* (MÚS) Allegretto *m*
II. *adv* (MÚS) allegretto
allegro [a'leɣro] *m* (MÚS) Allegro *nt*
allende [a'ʎende] *adv* jenseits; ~ **las montañas** jenseits der Berge; ~ **de ser guapa, es agradable** sie ist nicht nur hübsch, sondern auch noch nett
allí [a'ʎi] *adv* ❶ (*lugar, estático*) dort, da; ~ **cerca, por** ~ dort in der Nähe
❷ (*lugar, dirección*) dorthin; **quiero ir** ~ ich möchte dorthin gehen; **acabo de llegar de** ~ ich komme gerade von dort; **hasta** ~ bis dahin; **¡~ viene!** da kommt er/sie!

alma ['alma] *f* ❶ (*espíritu, habitante, persona*) Seele *f*; ~ **de cántaro** Einfaltspinsel *m*; **un ~ de Dios** eine Seele von Mensch; ~ **en pena** armer Mensch; **¡~ mía!** mein Liebling!; **agradecer con el ~** von Herzen danken; **no tener ~** herzlos sein; **me arranca el ~** das zerreißt mir das Herz; **me llega al ~** das geht mir sehr nahe; **lo siento en el ~** ich bedauere es von ganzem Herzen; **fue el ~ de la fiesta** er/sie brachte die Fete in Schwung; **se le cayó el ~ a los pies** er/sie warf die Flinte ins Korn; **como ~ que lleva el diablo** wie ein geölter Blitz; **estar con el ~ en un hilo** (wie) auf (glühenden) Kohlen sitzen
❷ (*ánimo*) Gemüt *nt*
❸ (TÉC) Kern *m*

almacén [alma'θen] *m* ❶ (*local*) Lager *nt*; ~ **aduanero** Zolllager *nt*; ~ **de diapositivas** Diamagazin *nt*; ~ **frigorífico** Kühlhaus *nt*; ~ **al por mayor** Großhandlung *f*; **franco en ~** ab Lager; **precio franco ~** (COM) Preis ab Lager; **tener en ~** auf Lager haben
❷ (*tienda*): **grandes almacenes** Kaufhaus *nt*
❸ (*Arg, Par, Urug: abacería*) Lebensmittelladen *m*
❹ (TIPO) Matrizenrahmen *m*
❺ (INFOR) Speicher *m*

almacenable [almaθe'naβle] *adj* lagerfähig
almacenaje [almaθe'naxe] *m* ❶ (*de mercancías*) (Ein)lagerung *f*
❷ (*tasa*) Lagergebühr *f*; **costes de ~** Lagerkosten *pl*
❸ (INFOR) Speicherung *f*

almacenamiento [almaθena'mjento] *m* ❶ (*de mercancías*) (Ein)lagerung *f*; ~ **definitivo** Endlagerung *f*; ~ **temporal** Zwischenlagerung *f*
❷ (INFOR) Speicherung *f*; ~ **de acceso rápido** Schnellzugriffsspeicher *m*; ~ **de alta velocidad** Schnellspeicherung *f*; ~ **en fichero** Speichern in eine Datei; ~ **fuera de línea** rechnerunabhängiger Speicher; ~ **de información** Informationsspeicherung *f*; ~ **secundario** Sekundärspeicher *m*; ~ **virtual** virtuelle Speicherung
❸ (*tasa*) Lagergebühr *f*

almacenar [almaθe'nar] *vt* ❶ (*mercancías*) (ein)lagern
❷ (INFOR) (ab)speichern; ~ **datos** Daten speichern; ~ **en disco duro** auf der Festplatte (ab)speichern

almacenero, -a [almaθe'nero, -a] *m, f* (*Arg, Par, Urug: dueño*) Inhaber(in) *m(f)* eines Lebensmittelladens; (*auxiliar*) Aushilfe *f* in einem Lebensmittelladen

almacenista [almaθe'nista] *mf* Großhändler(in) *m(f)*, Grossist(in) *m(f)*

almáciga [al'maθiγa] *f* ❶ (BOT: *resina*) Mastix *m*
❷ (*semillero*) Frühbeet *nt*, Treibbeet *nt*
❸ (*vivero*) Baumschule *f*

almácigo [al'maθiγo] *m* ❶ (BOT) Mastixbaum *m*
❷ (*CSur, Méx*) *v.* **almáciga**

almádena [al'maðena] *f* Steinhammer *m*
almadía [alma'ðia] *f* Floß *nt*
almadraba [alma'ðraβa] *f* ❶ (*pesca*) Thunfischfischerei *f*, Thunfischfang *m*
❷ (*atunara*) thunfischreiches Gewässer *nt*
❸ (*red*) Thunfischnetz *nt*

almadreña [alma'ðreɲa] *f* Holzschuh *m*
almagre [al'maγre] *m* Rötel *m*
almanaque [alma'nake] *m* Almanach *m*
almazara [alma'θara] *f* Ölmühle *f*
almeja [al'mexa] *f* (ZOOL) Venusmuschel *f*
almena [al'mena] *f* Zinne *f*
almenado¹ [alme'naðo] *m* Zinnenkranz *m*, Zinnenwerk *nt*
almenado, -a² [alme'naðo, -a] *adj* (*con almenas*) mit Zinnen
almenara [alme'nara] *f* Feuerzeichen *nt*
almendra [al'mendra] *f* ❶ (*fruta*) Mandel *f*; ~**s garapiñadas** gebrannte Mandeln; **en forma de ~** mandelförmig
❷ (*semilla*) Mandelkern *m*
❸ (*fam: guijarro*) Kieselstein *m*

almendrado¹ [almen'draðo] *m* (*AmC*: GASTR) Mandelsauce *f*
almendrado, -a² [almen'draðo, -a] *adj* mandelförmig; **ojos ~s** Mandelaugen *ntpl*
almendral [almen'dral] *m* Mandelbaumpflanzung *f*
almendro [al'mendro] *m* (BOT) Mandelbaum *m*
almendruco [almen'druko] *m* grüne Mandel *f*
almeriense [alme'rjense] *adj* aus Almería
almez [al'meθ] *m* ❶ (*árbol*) Südlicher Zürgelbaum *m*
❷ (*madera*) Zürgelholz *nt*

almeza [al'meθa] *f* (BOT: *fruto*) Zürgelfrucht *f*
almiar [al'mjar] *m* Heuhaufen *m*
almíbar [al'miβar] *m* Sirup *m*; **melocotón en ~** Pfirsichkompott *nt*
almibarado, -a [almiβa'raðo, -a] *adj* (*persona*) schleimig; (*mirada, sonrisa*) süßlich
almibarar [almiβa'rar] *vt* in Sirup einlegen; ~ **a alguien** jdm schmeicheln, jdm Honig ums Maul [*o* um den Bart] schmieren *fam*

almidón [almi'ðon] *m* Stärke *f*; (*para telas*) (Wäsche)stärke *f*; (*alimento*) Stärkemehl *nt*; (*Méx: engrudo*) Kleister *m*; (*cola*) Leim *m*
almidonado, -a [almiðo'naðo, -a] *adj* ❶ (*acicalado*) geschniegelt
❷ (*estirado*) stolz, hochnäsig
almidonar [almiðo'nar] *vt* stärken
alminar [almi'nar] *m* Minarett *nt*
almirantazgo [almiran'taθγo] *m* ❶ (*grado*) Admiralsrang *m*
❷ (*tribunal*) Admiralität *f*
almirante [almi'rante] *m* Admiral *m*
almirez [almi'reθ] *m* Mörser *m*
almizcle [al'miθkle] *m* Moschus *m*
almizcleño, -a [almiθ'kleɲo, -a] *adj* moschusartig
almizclero [almiθ'klero] *m* (ZOOL) Moschustier *nt*
almodrote [almo'ðrote] *m* (GASTR) Öl-Knoblauch-Käse-Soße *f* (*für Auberginen*)
almohada [almo'aða] *f* ❶ (*de la cama*) Kopfkissen *nt*; **consultar algo con la ~** (*fam*) etw überschlafen
❷ (*funda*) Kopfkissenbezug *m*
❸ (*almohadilla*) (kleines) Kissen *nt*; (*para sentarse*) (Sitz)kissen *nt*, Polster *nt*

almohadilla [almoa'ðiʎa] *f* (*cojín*) (kleines) Kissen *nt*; (*para sentarse*) Sitzkissen *nt*, Polster *nt*; (*acerico*) Nadelkissen *nt*; ~ **de montar** Sattelkissen *nt*; ~ **de tinta** Stempelkissen *nt*
almohadillado¹ [almoaði'ʎaðo] *m* ❶ (*con forma de almohadilla*) Kissen *nt*, Polster *nt*
❷ (ARQUIT): *sillar* Bossenquader *m*; (*sillería*) Bossage *f*, Bossenwerk *nt*
almohadillado, -a² [almoaði'ʎaðo] *adj* gepolstert
almohadillar [almoaði'ʎar] *vt* ❶ (*acolchar*) polstern; (*con algodón*) wattieren
❷ (ARQUIT) mit Bossenquadern versehen; **el propietario quiere que almohadillen la fachada** der Eigentümer wünscht, dass die Fassade mit Bossage ausgeführt wird
almohadón [almoa'ðon] *m* Kissen *nt*; (*del sofá*) Sofakissen *nt*
almoneda [almo'neða] *f* ❶ (*subasta*) Versteigerung *f*
❷ (*saldo*) Ausverkauf *m*
almorranas [almo'rranas] *fpl* (MED) Hämorrhoiden *fpl*
almorta [al'mortas] *f* (BOT) Saatplatterbse *f*
almorzar [almor'θar] *irr como forzar vi, vt* ❶ (*a mediodía*) zu Mittag essen; **almorzamos a las dos** wir essen um zwei zu Mittag; **los viernes almorzamos pescado** freitags essen wir Fisch zu Mittag
❷ (*reg: desayunar*) frühstücken
almuecín [almwe'θin] *m*, **almuédano** [al'mweðano] *m* Muezzin *m*
almuerzo [al'mwerθo] *m* ❶ (*al mediodía*) Mittagessen *nt*; ~-**coloquio** Arbeitsessen *nt*; ~ **de negocios** Geschäftsessen *nt*; **¿qué hay de ~?** was gibt es zum Mittagessen?
❷ (*reg: desayuno*) Frühstück *nt*
almunia [al'munja] *f* (*huerto*) (Nutz)garten *m*; (*granja*) Bauernhof *m*
alnado, -a [al'naðo, -a] *m, f* (*hijastro*) Stiefkind *nt*, Stiefsohn, -tochter *m, f*
aló [a'lo] *interj* (*AmC, AmS: conversación telefónica*) hallo; **~, ¿quién es?** hallo, wer spricht (da)?
alocado, -a [alo'kaðo, -a] *adj* ❶ (*loco*) verrückt
❷ (*imprudente*) leichtfertig
❸ (*revoltoso*) ausgelassen
alocarse [alo'karse] <c→qu> *vr* (*volverse loco*) verrückt werden; (*atolondrarse*) überschnappen
alocución [aloku'θjon] *f* kurze Rede *f*, Ansprache *f*
áloe ['aloe] *m*, **aloe** [a'loe] *m* (BOT) Aloe *f*
alófono [a'lofono] *m* (LING) Allophon *nt*
alógeno, -a [a'loxeno, -a] *adj* (*extranjero*) nicht einheimisch, fremder Herkunft; (*de raza minoritaria*) in der Minderheit; **los gitanos forman una comunidad alógena** die Zigeuner sind eine gesellschaftliche Minderheit
aloja [a'loxa] *f* ❶ (*bebida de miel y especias*) Met *m*
❷ (*Am: chicha*) Chicha *f*
alojado, -a [alo'xaðo, -a] *m, f* (MIL) Einquartierte(r) *mf*
alojamiento [aloxa'mjento] *m* ❶ (*lugar*) Unterkunft *f*, Quartier *nt*
❷ (*acción*) Unterbringung *f*; (MIL) Einquartierung *f*
alojar [alo'xar] **I.** *vt* ❶ (*albergar*) beherbergen, unterbringen; (*tropa*) einquartieren
❷ (*cosa*) hineinstecken (*en* in +*akk*), einfügen (*en* in +*akk*)
II. *vr*: **-se** ❶ (*hospedarse*) unterkommen, absteigen; (MIL) sich einquartieren; **el presidente se alojó en el hotel** der Präsident war im Hotel untergebracht
❷ (*meterse*) stecken (*en* in +*dat*); **la bala se alojó en la pierna** die Kugel steckte im Bein
alomorfo [alo'morfo] *m* (LING) Allomorph *nt*
alón [a'lon] *m* gerupfter [*o* federloser] Flügel *m*
alondra [a'londra] *f* (ZOOL) Lerche *f*

alongado, -a [aloŋˈɡaðo, -a] *adj* (*alargado*) lang, länglich
alópata [aˈlopata] *mf* (MED) Allopath(in) *m(f)*
alopatía [alopaˈtia] *f* (MED) Allopathie *f*
alopecia [aloˈpeθja] *f sin pl* (MED) Haarausfall *m*, Alopezie *f*
alosoma [aloˈsoma] *m* (BIOL) Allosom *nt*, Heterochromosom *nt*
alotropía [alotroˈpia] *f* (QUÍM) Allotropie *f*
alpaca [alˈpaka] *f* ❶ (ZOOL) Alpaka *nt*
❷ (*tela*) Alpaka *m*
❸ (*aleación*) Neusilber *nt*
alpargata [alparˈɣata] *f* Leinenschuh *m* mit Hanfsohle, Espadrille *f*; **no tener ni para ~s** (*fig*) ein armer Schlucker sein
alpargatería [alparɣateˈria] *f* ❶ (*obrador*) (Leinen)schuhwerkstatt *f*
❷ (*zapatería*) (Leinen)schuhgeschäft *nt*
Alpes [ˈalpes] *mpl* Alpen *pl*
alpinismo [alpiˈnismo] *m sin pl* Bergsteigen *nt*, Alpinismus *m*
alpinista [alpiˈnista] *mf* Bergsteiger(in) *m(f)*, Alpinist(in) *m(f)*
alpino, -a [alˈpino, -a] *adj* Berg-, Alpen-; **club ~** Alpenverein *m*; **refugio ~** Alpenhütte *f*
alpiste [alˈpiste] *m* ❶ (BOT) Kanariengras *nt*
❷ (*comida para pájaros*) Vogelfutter *nt*
❸ (*loc*): **no tener para ~** (*fam*) bettelarm sein; **le gusta mucho el ~** er/sie ist ein Schluckspecht
ALPs [ˈalpes] *mpl* (FIN) *abr de* **activos líquidos en manos del público** (FIN) flüssige Aktiva *pl* in Händen von Privatpersonen
alquería [alˈkeria] *f* Aussiedlerhof *m*
alquibla [alˈkiβla] *f* (REL): **los musulmanes rezan mirando hacia la ~** die Moslems richten beim Gebet ihren Blick nach Mekka [*o* Richtung Mekka]
alquilado, -a [alkiˈlaðo, -a] *m, f* (*PRico: sirviente*) Bedienstete(r) *mf*
alquilador(a) [alkilaˈðor(a)] *m(f)* ❶ (*persona que toma en alquiler*) Mieter(in) *m(f)*
❷ (*persona que alquila*) Vermieter(in) *m(f)*
alquilar [alkiˈlar] I. *vt* ❶ (*dejar a otro*) vermieten
❷ (*tomar en alquiler*) mieten; **he alquilado un piso en la ciudad** ich habe eine Wohnung in der Stadt gemietet
II. *vr*: **~se** ❶ (*piso*) zu vermieten sein; **se alquila** zu vermieten
❷ (*PRico: trabajar como sirviente*) als Bedienstete(r) arbeiten
alquiler [alkiˈler] *m* ❶ (*acción*) Mieten *nt*; (*de parte del dueño*) Vermieten *nt*; **~ de coches** Autoverleih *m*; **~ con opción de compra** Leasing *nt*
❷ (*precio*) Miete *f*; **~ mensual** Monatsmiete *f*; **~es retrasados** Mietrückstände *mpl*
alquimia [alˈkimja] *f* Alchimie *f*
alquimista [alkiˈmista] *mf* Alchimist(in) *m(f)*
alquitara [alkiˈtara] *f* Brennkolben *m*
alquitarar [alkitaˈrar] *vt* destillieren, brennen
alquitrán [alkiˈtran] *m* Teer *m*
alquitranado [alkitraˈnaðo] *m* ❶ (*acción*) Teerung *f*, Teeren *nt*
❷ (*capa*) Teerdecke *f*
alquitranar [alkitraˈnar] *vt* teeren
alrededor [alrreðeˈðor] *adv* ❶ (*local*) ringsherum; **~ de la plaza** um den Platz herum, rings um den Platz; **un viaje ~ de la tierra** eine Reise rund um die Welt
❷ (*aproximadamente*): **~ de** ungefähr, um
alrededores [alrreðeˈðores] *mpl* Umgebung *f*
Alsacia [alˈsaθja] *f* Elsass *nt*; **~-Lorena** Elsass-Lothringen *nt*
alsaciano, -a [alsaˈθjano, -a] I. *adj* elsässisch
II. *m, f* Elsässer(in) *m(f)*
alta [ˈalta] *f* ❶ (*documento*) Entlassungsschein *m*; **dar el ~** gesundschreiben; **dar de ~ del hospital** aus dem Krankenhaus entlassen
❷ (*inscripción*) Anmeldung *f*; (*ingreso*) Beitritt *m*; **darse de ~ en** (*el registro de*) **una ciudad** sich beim Einwohnermeldeamt anmelden; **darse de ~ en una asociación** einem Verein beitreten; **dar de ~ a alguien en un partido** jdn als Mitglied in eine Partei aufnehmen
altamente [altaˈmente] *adv* höchst, äußerst; **~ contaminado** stark [*o* hochgradig] verseucht; **~ cualificado** hochqualifiziert
altanería [altaneˈria] *f* Hochmut *m*, Überheblichkeit *f*
altanero, -a [altaˈnero, -a] *adj* hochmütig, überheblich
altano [alˈtano] *m* Wind, der wechselweise seewärts und landwärts weht
altar [alˈtar] *m* Altar *m*; **~ mayor** Hochaltar *m*; **poner a alguien en los ~es** jdn über den grünen Klee loben; **quedarse para adornar ~es** eine alte Jungfer werden, als alte Jungfer enden; **tener a alguien en los ~es** jdm größte Hochachtung entgegenbringen
altavoz [altaˈβoθ] *m* Lautsprecher *m*
altea [alˈtea] *f* (BOT) Althee *f*, Eibisch *m*
alterabilidad [alteraβiliˈðað] *f* ❶ (*variabilidad*) Veränderlichkeit *f*; (*de alimentos*) Verderblichkeit *f*
❷ (*irritabilidad*) Erregbarkeit *f*

alterable [alteˈraβle] *adj* ❶ (*plan*) (ver)änderbar, veränderlich; (*alimento*) verderblich
❷ (*irritable*) erregbar
alteración [alteraˈθjon] *f* ❶ (*de planes*) (Ver)änderung *f*; **~ del horario** Fahrplanänderung *f*
❷ (*perturbación*) Störung *f*; **~ del orden público** Störung der öffentlichen Ordnung
❸ (*turbación*) Unruhe *f*
❹ (*irritación*) Erregung *f*, Aufregung *f*
❺ (*altercado*) Wortwechsel *m*, Auseinandersetzung *f*
❻ (*adulteración*) Verfälschung *f*; **~ de billetes** (FIN) Banknotenverfälschung *f*; **~ de la competencia** Wettbewerbsbeeinträchtigung *f*; **~ de precios** (ECON) Preismanipulation *f*; **~ de la verdad** Verfälschung der Wahrheit
❼ (MÚS) Alteration *f*
❽ (FIN) Schwankung *f*; **alteraciones monetarias** Währungsschwankungen *fpl*
alterado, -a [alteˈraðo, -a] *adj* ❶ (*aturdido*) durcheinander
❷ (*irritado*) erregt, aufgeregt
❸ (*demudado*) verstört
alterar [alteˈrar] I. *vt* ❶ (*planes, proyectos*) ändern
❷ (*perturbar, trastornar*) stören
❸ (*aturdir, turbar*) in Unruhe versetzen; (*irritar*) aufregen
❹ (*adulterar*) verfälschen; **el periódico alteró las declaraciones del presidente** die Zeitung verfälschte die Aussagen des Präsidenten
❺ (*alimentos*) verderben; (*leche*) sauer werden lassen
II. *vr*: **~se** ❶ (*planes, proyectos*) sich ändern
❷ (*aturdirse*) sich beunruhigen (*por* wegen +*gen*); (*irritarse*) sich aufregen (*por* über +*akk*)
❸ (*alimentos*) verderben; (*leche*) sauer werden
altercado [alterˈkaðo] *m* Wortwechsel *m*, Auseinandersetzung *f*; **tener un ~ con alguien** eine Auseinandersetzung mit jdm haben
altercar [alterˈkar] <c→qu> *vi* streiten, zanken
álter ego [ˈalter ˈeɣo] *m* Alter ego *nt*
alteridad [alteriˈðað] *f sin pl* (FILOS) Andersartigkeit *f*, Anderssein *nt*
alternador [alternaˈðor] *m* (ELEC) Wechselstromgenerator *m*
alternancia [alterˈnanθja] *f* ❶ (*cambio*) Abwechslung *f*, Wechsel *m*
❷ (LING) Alternation *f*, Alternanz *f*
alternante [alterˈnante] *adj* abwechselnd
alternar [alterˈnar] I. *vi* ❶ (*turnarse*) sich abwechseln (*en* bei +*dat*); **los veranos cálidos han alternado con los lluviosos** heiße und regnerische Sommer haben sich abgewechselt; **~ en el volante** sich beim Fahren abwechseln
❷ (*tratar*): **~ con alguien** mit jdm verkehren; **es persona que alterna** er/sie verkehrt in der Creme der Gesellschaft
❸ (*en un club nocturno*) animieren
II. *vt* ❶ (*turnar*) abwechseln; **~ el trabajo con la diversión** abwechselnd arbeiten und frei haben
❷ (MAT) alternieren
III. *vr*: **~se** sich abwechseln (*en* bei +*dat*)
alternativa [alternaˈtiβa] *f* ❶ (*opción*) Alternative *f*; **poner en la ~** vor die Alternative stellen; **optar por la ~** sich für die Alternative entscheiden; **no le queda otra ~ que …** er/sie hat keine andere Wahl als …
❷ (TAUR) Zulassung *f* als Matador; **dar la ~ a alguien para algo** (*fig*) jdn für reif genug für etw halten
alternativamente [alternatiβaˈmente] *adv* abwechselnd, wechselweise
alternatividad [alternatiβiˈðað] *f* (JUR): **~ de los hechos** Sachverhaltsalternativität *f*
alternativo, -a [alternaˈtiβo, -a] *adj* ❶ (*opcional*) alternativ; **energías alternativas** alternative Energien
❷ (*con alternación*) wechselnd
alterne [alˈterne] *m* Animieren *nt*; **chica de ~** Animierdame *f*; **bar de ~** Animierlokal *nt*
alterno, -a [alˈterno, -a] *adj* wechselnd; **corriente alterna** (ELEC) Wechselstrom *m*; **cultivo ~** (AGR) Wechselwirtschaft *f*; **en días ~s** jeden zweiten Tag
alteza [alˈteθa] *f* ❶ (*tratamiento*) Hoheit *f*; **Su A~ Real** Ihre Königliche Hoheit
❷ (*calidad*) Erhabenheit *f*; **se distingue por su ~ de pensamiento** er/sie sticht durch seine/ihre erhabenen Gedanken hervor
altibajos [altiˈβaxos] *mpl* ❶ (*de un terreno*) Unebenheiten *fpl*
❷ (*cambios*) Auf und Ab *nt*; **~ de la coyuntura** (ECON) Konjunkturschwankungen *fpl*; **los ~ de la vida** das Auf und Ab des Lebens; **es una persona con muchos ~s en su estado de ánimo** seine/ihre Stimmung ändert sich ständig
altillo [alˈtiʎo] *m* ❶ (*piso*) Zwischengeschoss *nt*
❷ (*desván*) Mansarde *f*
altilocuencia [altiloˈkwenθja] *f* gehobene Ausdrucksweise *f*

altilocuente [al̺tilo'kwen̯te] *adj* hochtrabend
altímetro [al'timetro] *m* Höhenmesser *m*
altiplanicie [al̺tipla'niθje] *f* Hochebene *f*
altiplano [al̺ti'plano] *m* Hochebene *f*
Altísimo [al'tisimo] *m:* **el** ~ Gott *m*
altisonancia [al̺tiso'nan̯θja] *f* (*pey*) schwülstig hochtrabender Stil *m*
altisonante [al̺tiso'nan̯te] *adj* hochtrabend, hochtönend
altitud [al̺ti'tuð] *f* Höhe *f*; **a una** ~ **de 1500 metros** auf einer Höhe von 1500 Metern, in 1500 Meter Höhe; **Madrid está a una** ~ **de 640 metros sobre el nivel del mar** Madrid liegt 640 Meter über dem Meeresspiegel
altivez [al̺ti'βeθ] *f* Hochmut *m*, Überheblichkeit *f*
altivo, -a [al'tiβo, -a] *adj* ❶ (*soberbio*) hochmütig, überheblich
❷ (*erguido*) aufrecht
alto¹ ['al̺to] I. *interj* halt; ¡~ **el fuego!** Feuer einstellen!
II. *m* ❶ (*detención*) Halt *m*, Rast *f*; ~ **el fuego** Waffenstillstand *m*; **hacer un ~ en el trabajo** eine kurze Pause während der Arbeit machen; **dar el ~** zum Anhalten auffordern
❷ (*altura*) Höhe *f*; **mide** [*o* **tiene**] **8 metros de** ~ es ist 8 Meter hoch
❸ (*collado*) Anhöhe *f*
❹ *pl* (*piso alto*) Obergeschoss *nt*
III. *adv* ❶ (*en voz alta*) laut; **canta muy** ~ er/sie singt sehr laut
❷ (*en un lugar elevado*) hoch; **ponlo en lo más** ~ stell es ganz nach oben; **de** ~ **abajo** von oben nach unten
❸ (*loc*): **pasar un saludo por** ~ eine Begrüßung übersehen; **pasar una pregunta por** ~ eine Frage übergehen; **por todo lo** ~ prächtig, glänzend
alto, -a² ['al̺to, -a] *adj* ❶ (*casa, precio, temperatura, calidad, cargo*) hoch; ~**s cargos** Führungskräfte *fpl*; **un** ~ **cargo** eine hohe Stellung; **notas altas** (MÚS) hohe Töne; ~**s pensamientos** erhabene Gedanken; **acciones de** ~ **rendimiento** (FIN) Aktien mit hoher Rendite; **de alta calidad** von erstklassiger Qualität; **son** ~**s funcionarios** es sind hohe Beamte; **tener un** ~ **concepto de alguien** eine hohe Meinung von jdm haben; **este banco ofrece** ~**s tipos de interés** diese Bank bietet hohe Zinsen
❷ (*ser viviente*) groß; **un hombre** ~ ein großer Mann; **este hombre es más** ~ **que yo** dieser Mann ist größer als ich
❸ (*en la parte superior*) obere(r, s); **clase alta** Oberschicht *f*; **los pisos** ~**s de un edificio** die oberen Stockwerke eines Gebäudes
❹ (GEO: *territorio*) Hoch-; (*río*) Ober-, obere(r, s); **el** ~ **Aragón** das Hocharagón; **la alta montaña** das Hochgebirge; **el** ~ **Rin** der Oberrhein; **el** ~ **Tajo** der Oberlauf des Tajos
❺ (*idioma, época*) Hoch-; **el** ~ **alemán** das Hochdeutsche; **la alta Edad Media** das hohe Mittelalter
❻ (*tiempo*) spät, vorgerückt; **a altas horas de la noche** spätabends
❼ (*crecido, río*) Hochwasser führend; (*mar*) aufgewühlt, stürmisch; **el río está** ~ der Fluss ist gestiegen; **una mar alta** eine aufgewühlte See
❽ (*sonido*) laut; **hablar en voz alta** laut sprechen
altoparlante [al̺topar'lan̯te] *m* (*Am*) Lautsprecher *m*
altorrelieve [al̺torre'ljeβe] *m* Hochrelief *nt*
altozano [al̺to'θano] *m* Anhöhe *f*
altramuz [al̺tra'muθ] *m* (BOT) Lupine *f*
altruismo [al̺tru'ismo] *m sin pl* Selbstlosigkeit *f*, Uneigennützigkeit *f*, Altruismus *m*
altruista [al̺tru'ista] I. *adj* selbstlos, uneigennützig, altruistisch
II. *mf* Altruist(in) *m(f)*
altura [al'tura] *f* ❶ (*altitud, de un sonido, del astro*) Höhe *f*; **de gran** ~ hoch; **de poca** ~ niedrig; **a gran** ~ in großer Höhe; **una montaña de 2000 metros de** ~ ein 2000 Meter hoher Berg; **el avión pierde** ~ das Flugzeug verliert an Höhe; **rayar a gran** ~ hervorragend sein; **estar a la** ~ **de Valencia** auf der Höhe von Valencia liegen; **estar a la** ~ **de las circunstancias** der Situation gewachsen sein; **estar a la** ~ **del betún** (*fam*) ein schlechtes Bild abgeben; **a estas** ~**s** zu diesem Zeitpunkt
❷ (*estatura*) Größe *f*; **colocar algo por orden de** ~ etw der Größe nach aufstellen
❸ (*excelencia*) Erhabenheit *f*
❹ *pl* (*cielo*) Himmel *m*; **Dios está en las** ~**s** Gott ist im Himmel
alu ['alu] *f* (INFOR) ALU *f*, Arithmetik-Logik-Einheit *f*
alubia [a'luβja] *f* (BOT) Bohne *f*; ~**s blancas** weiße Bohnen
alucinación [aluθina'θjon] *f* Sinnestäuschung *f*, Halluzination *f*; **provocar alucinaciones** Halluzinationen auslösen
alucinado, -a [aluθi'naðo, -a] I. *adj* ❶ (MED) an Halluzinationen leidend
❷ (*fam: asombrado*) platt, hin und weg; **miraba ~ a la chica** er starrte wie gebannt auf das Mädchen; **me quedé ~ al leerlo en el periódico** ich war ganz platt, als ich es in der Zeitung las
II. *m, f* Visionär(in) *m(f)*
alucinante [aluθi'nan̯te] *adj* ❶ (*sustancia*) sinnestäuschend
❷ (*fam: fantástico*) klasse, irre; (*increíble*) unglaublich
alucinar [aluθi'nar] I. *vi* (*fam*) ❶ (*hablando*) halluzinieren; **¡tú alucinas!** red doch kein Unsinn!

❷ (*quedar fascinado*) baff sein *fam*, verblüfft sein; **aluciné con sus conocimientos de chino** ich war baff über seine/ihre Chinesischkenntnisse
II. *vt* (*fam*) ❶ (*deslumbrar*) blenden; (*cautivar*) fesseln
❷ (*entusiasmar*) begeistern
alucine [alu'θine] *m* (*fam*): **algo es de** ~ etw ist 'ne Wucht
alucinógeno¹ [aluθi'noxeno] *m* (MED) Halluzinogen *nt*
alucinógeno, -a² [aluθi'noxeno, -a] *adj* (MED) halluzinogen
alucinosis [aluθi'nosis] *f inv* (PSICO, MED: *enfermedad de la mente*) Halluzinose *f*
alud [a'luð] *m* Lawine *f*; **un** ~ **de gente** eine große Menschenmenge
aludir [alu'ðir] *vi*: ~ **a algo/a alguien** (*referirse*) auf etw/jdn anspielen; (*mencionar*) etw/jdn erwähnen; **la persona aludida** die erwähnte Person; **darse por aludido** sich betroffen fühlen; **no darse por aludido** sich *dat* nichts anmerken lassen
alumbrado¹ [alum'braðo] *m* Beleuchtung *f*; ~ **público** Straßenbeleuchtung *f*
alumbrado, -a² [alum'braðo, -a] *adj* (*fam*) beschwipst
alumbramiento [alumbra'mjen̯to] *m* ❶ (*iluminación*) Beleuchtung *f*
❷ (*parto*) Entbindung *f*
❸ (*después del parto*) Nachgeburt *f*
alumbrar [alum'brar] I. *vi* ❶ (*iluminar*) leuchten; **la lámpara alumbra poco** die Lampe gibt wenig Licht
❷ (*parir*) entbinden
II. *vt* ❶ (*iluminar*) er-, beleuchten; (*a alguien*) anleuchten
❷ (*parir*) zur Welt bringen; **alumbró gemelos** sie wurde von Zwillingen entbunden, sie brachte Zwillinge zur Welt
❸ (*agua*) erschließen
III. *vr*: ~**se** (*fam*) sich beschwipsen
aluminio [alu'minjo] *m* Aluminium *nt*; **papel de** ~ Alufolie *f*
aluminosis [alumi'nosis] *f inv* (*en edificios*) Aluminose *f*
alumnado [alum'naðo] *m* (*de institutos, colegios*) Schülerschaft *f*; (*de universidad*) Studentenschaft *f*
alumno, -a [a'lumno, -a] *m, f* (*de EGB*) Schüler(in) *m(f)*; (*de instituto*) Gymnasiast(in) *m(f)*; (*de universidad*) Student(in) *m(f)*; **un antiguo** ~ **mío** einer meiner Ex-Schüler
alunado, -a [alu'naðo, -a] *adj* ❶ (*lunático*) verrückt
❷ (*Am: caballo*) verschlagen
❸ (*Arg: malhumorado*) schlecht gelaunt
❹ (*CRi: gata, perra*) läufig; (*hembras salvajes*) brünstig
alunizaje [aluni'θaxe] *m* Mondlandung *f*
alunizar [aluni'θar] <z→c> *vi* auf dem Mond landen
alusión [alu'sjon] *f* ❶ (*insinuación*) Anspielung *f* (*a auf +akk*), Andeutung *f* (*a über +akk*); **hacer una** ~ **a algo** etw andeuten, auf etw anspielen
❷ (*mención*) Erwähnung *f* (*a +gen*)
alusivo, -a [alu'siβo, -a] *adj* anspielend (*a auf +akk*); **dijo una frase alusiva a la situación** er/sie sagte kurz etwas über die Lage
aluvial [alu'βjal] *adj* Schwemm-, angeschwemmt; **arena** ~ Schwemmsand *m*
aluvión [alu'βjon] *m* ❶ (*inundación*) Überschwemmung *f*
❷ (*sedimento*) Ablagerung *f*; **tierra de** ~ Schwemmland *nt*
❸ (*cantidad*) Schwall *m*, Flut *f*; **un** ~ **de llamadas** eine Unmenge von Anrufen
álveo ['alβeo] *m* Flussbett *nt*
alveolar [alβeo'lar] *adj* ❶ (*forma*) wabenförmig
❷ (LING) alveolar
alveolo [alβe'olo] *m*, **alvéolo** [al'βeolo] *m* ❶ (ANAT) Alveole *f*; ~ **pulmonar** Lungenbläschen *nt* ❷ (*del panal*) Bienenzelle *f*
alza ['alθa] *f* ❶ (*elevación*) Steigerung *f*, Erhöhung *f*; ~ **abusiva de los precios** Preiswucher *m*; ~ **de la bolsa** Hausse *f*; ~ **de las cotizaciones** (FIN) Kursanstieg *m*; ~ **de la coyuntura** Konjunkturaufrieb *m*; ~ **en la facturación** (ECON) Umsatzsteigerung *f*; ~ **de los precios** Preissteigerung *f*, Preisauftrieb *m*; ~ **de (los) salarios** Lohnzuwachs *m*, Ansteigen der Löhne; ~ **de la temperatura** Temperaturanstieg *m*; **tendencia al** ~ (ECON) Aufwärtstrend *m*, (konjunktureller) Aufschwung *m*; **ir** [*o* **estar**] **en** ~ (*precios*) steigen; (*persona*) an Ansehen gewinnen; **jugar al** ~ auf Hausse spekulieren
❷ (*de un zapato*) Leistenaufschlag *m*
❸ (*de un arma de fuego*) Visier *nt*
alzacristales [alθakris'tales] *m inv* Fensterheber *m*
alzacuello [alθa'kweʎo] *m* Halskrause *f*
alzada [al'θaða] *f* ❶ (*de un caballo*) Stockmaß *nt*
❷ (*contra resoluciones*) Einspruch *m*
alzado¹ [al'θaðo] *m* ❶ (ARQUIT) Aufriss *m*
❷ (*Guat, Hond, Méx: hurto*) Betrug *m*
alzado, -a² [al'θaðo, -a] *adj* ❶ (*fijado*) pauschal; **precio** ~ Pauschalpreis *m*; **me pagan un tanto** ~ **por este trabajo** ich bekomme einen Pauschalbetrag für diese Arbeit

alzamiento 38 **amargor**

❷ (*sublevado*) aufständisch
❸ (*Am: montaraz*) wild; (*animales en celo*) brünstig
alzamiento [alθa'mjento] *m* ❶ (*de personas*) Aufstand *m*, Erhebung *f*
❷ (ECON, JUR: *de bienes*) Verschiebung *f*, Beiseiteschaffen *f*; ~ (**fraudulento**) **de bienes** (betrügerische) Vermögensverschiebung *f*
alzapaño [alθa'paɲo] *m* Gardinenhalter *m*
alzapié [alθa'pje] *m* ❶ (*para los pies*) Fußbank *f*, Fußschemel *m*
❷ (*para cazar*) Falle *f*
alzaprima [alθa'prima] *f* ❶ (*palanca*) Hebel *m*; (*más grande*) Hebebaum *m*
❷ (*cuña*) Keil *m*
❸ (MÚS) Steg *m*
alzar [al'θar] <z→c> I. *vt* ❶ (*levantar*) (er-, hoch)heben; (*precio*) erhöhen, anheben; ~ **la vista/la mano/el telón** die Augen/die Hand/den Vorhang heben; ~ **el puño** die Faust erheben; ~ **la voz** die Stimme erheben; ~ **pelo** (*AmC, Méx*) Angst haben
❷ (*poner vertical*) aufrichten, aufstellen
❸ (*sostener en alto*) hochhalten
❹ (*quitar*) abnehmen, wegnehmen; (*colcha, mantel*) abziehen; ~ **el campamento** das Lager abbrechen; ~ **la mesa** den Tisch abdecken [*o* abräumen]; ~ **un sello** ein Siegel entfernen
❺ (*construir*) errichten; ~**on un monumento a los perseguidos políticos** es wurde ein Denkmal für die politisch Verfolgten errichtet
❻ (AGR: *cosecha*) einbringen; (*tierra*) ackern
❼ (*loc*): ~ **el vuelo** (*pájaro*) losfliegen; (*persona*) das Elternhaus verlassen
II. *vr*: ~**se** ❶ (*levantarse, destacar*) sich erheben; ~**se del asiento** sich von seinem Stuhl erheben; **allí se alza la universidad** dort ragt das Universitätsgebäude empor; ~**se en armas contra el dictador** sich gegen den Diktator erheben
❷ (JUR) Einspruch erheben
❸ (*comerciante*) sich durch eine Bankrotterklärung der eigenen Firma bereichern; ~**se con la pasta** (*fam*) mit der Kohle durchbrennen
❹ (*Am: animales*) verwildern; (*sublevarse*) sich auflehnen (*contra* gegen +*akk*); (*robar*) stehlen
alzheimer [al'θeimer/al'saimer] *m sin pl* (MED) Alzheimerkrankheit *f*
ama ['ama] *f* (*dueña*) Herrin *f*; (*propietaria*) Besitzerin *f*; ~ **de casa** Hausfrau *f*; ~ **de cría** Amme *f*; ~ **de llaves** Haushälterin *f*
amabilidad [amaβili'ðað] *f* Freundlichkeit *f*, Liebenswürdigkeit *f*; **tuvo la** ~ **de avisarme** er/sie war so freundlich mir Bescheid zu sagen; **le agradezco su** ~ das ist sehr freundlich von Ihnen
amable [a'maβle] *adj* freundlich, liebenswürdig; **ser** ~ (**para**) **con alguien** freundlich zu jdm sein; **fue realmente muy** ~ **por su parte** das war wirklich sehr freundlich von Ihnen; **¿sería Ud. tan** ~ **de explicármelo?** wären Sie so freundlich es mir zu erklären?
amachetear [amatʃete'ar] *vt* mit der Machete abschlagen; **amacheteamos el monte bajo** wir entfernten den Unterwuchs mit der Machete
amado, -a [a'maðo, -a] I. *adj* (*elev*) geliebt, teuer; **me despedí de mi hijo** ~ ich nahm Abschied von meinem geliebten Sohn
II. *m, f* (*elev*) Geliebte(r) *mf*, Liebste(r) *mf*
amador(a) [ama'ðor(a)] *m(f)* Liebhaber(in) *m(f)*
amadrigar [amaðri'ɣar] <g→gu> *vt* beherbergen
amadrinar [amaðri'nar] *vt* Patin sein, Patin werden; **su tía amadrina al segundo hijo** seine/ihre Tante wird Patin des zweiten Sohnes
amaestrado, -a [amaes'traðo, -a] *adj* ❶ (*animal*) abgerichtet, dressiert
❷ (*pey: persona*) dressiert
❸ (*astuto*) geschickt
amaestrador(a) [amaestra'ðor(a)] *m(f)* Dresseur(in) *m(f)*
amaestramiento [amaestra'mjento] *m* ❶ (*de animales*) Abrichten *nt*, Dressur *f*
❷ (*de personas*) Training *nt*, Unterweisung *f*; ~ **en el manejo de ordenadores** Unterweisung im Umgang mit Computern
amaestrar [amaes'trar] *vt* ❶ (*animales*) abrichten, dressieren; (*caballos*) zureiten
❷ (*pey: niños*) dressieren
❸ (*instruir*) unterweisen (*en* in +*dat*)
amagar [ama'ɣar] <g→gu> I. *vi* ❶ (*amenazar*) drohen; **estaba amagando la guerra cuando...** der Krieg stand bevor, als ...
❷ (*enfermedad*) sich andeuten
II. *vt* ❶ (*indicar*) Anstalten machen; **amagó un golpe** er/sie machte Anstalten zuzuschlagen
❷ (*amenazar*) drohen; ~ **a alguien con algo** jdm mit etw drohen
amago [a'maɣo] *m* ❶ (*amenaza*) Drohung *f*
❷ (*síntoma, indicio*) Anzeichen *nt* (*de* für +*akk*)
❸ (DEP) Finte *f*
amainar [amai'nar] I. *vi* (*viento, lluvia, ira*) nachlassen; (*viento*) abflauen
II. *vt* (NÁUT) einholen
amaine [a'maine] *m* ❶ (NÁUT) Einholen *nt* (des Segels)

❷ (*disminución*) Nachlassen *nt*
amalaya [ama'laja] *interj* (*Am*) hoffentlich
amalgama [amal'ɣama] *f* ❶ (QUÍM) Amalgam *nt*
❷ (*mezcla*) Amalgam *nt*, Gemisch *nt*
amalgamación [amalɣama'θjon] *f* Amalgamation *f*
amalgamador¹ [amalɣama'ðor] *m* (TÉC) Amalgamator *m*, Amalgamieranlage *f*
amalgamador(a)² [amalɣama'ðor(a)] *adj* amalgamierend
amalgamar [amalɣa'mar] I. *vt* ❶ (TÉC) amalgamieren
❷ (*mezclar*) verquicken, vermengen
II. *vr*: ~**se** sich vermengen
amamantamiento [amamanta'mjento] *m* (*de un bebé*) Stillen *nt*; (*de un cachorro*) Säugen *nt*
amamantar [amaman'tar] *vt* (*bebé*) stillen; (*cachorro*) säugen
amancebamiento [amanθeβa'mjento] *m* wilde Ehe *f*
amancebarse [amanθe'βarse] *vr* in wilder Ehe leben (*con* mit +*dat*)
amancillar [amanθi'ʎar] *vt* beflecken
amanecer [amane'θer] I. *vi irr como crecer* ❶ (*alborear*) dämmern, tagen *elev*; **está amaneciendo** es dämmert, es wird schon Tag
❷ (*despertarse*) aufwachen; **hoy he amanecido de buen humor** heute bin ich gut gelaunt [*o* mit dem richtigen Fuß aufgestanden]; **amanecí con dolores de garganta** ich bin mit Halsschmerzen aufgewacht
II. *m* Tagesanbruch *m*; **al** ~ bei Tagesanbruch
amanecida [amane'θiða] *f* (*Am*) Tagesanbruch *m*
amanerado, -a [amane'raðo, -a] *adj* ❶ (*persona*) geziert, gekünstelt
❷ (*estilo*) manieriert, gekünstelt
amaneramiento [amanera'mjento] *m* ❶ (*afectación*) Geziertheit *f*, Affektiertheit *f*
❷ (*de un estilo*) Manieriertheit *f*
amanerarse [amane'rarse] *vr* ❶ (*persona*) sich zieren
❷ (*estilo*) manieriert werden
amanezquera [amane'θkera] *f* (*Méx, PRico: alba*) (Morgen)dämmerung *f*, Tagesanbruch *m*; **en la** [*o* **de**] ~ früh morgens, am frühen Morgen
amansador [amansa'ðor] *m* (*Méx: domador*) Tierbändiger(in) *m(f)*, Dompteur, -euse *m, f*
amansamiento [amansa'mjento] *m* ❶ (*doma*) Zähmung *f*
❷ (*sosegamiento*) Besänftigung *f*
amansar [aman'sar] I. *vt* ❶ (*animal*) zähmen
❷ (*persona*) bändigen; (*sosegar*) besänftigen
II. *vr*: ~**se** zahm werden
amante [a'mante] I. *adj* liebend; **es poco** ~ **de hablar en público** er/sie spricht nicht gerne vor Publikum
II. *mf* ❶ (*querido*) Liebhaber(in) *m(f)*, Geliebte(r) *mf*
❷ *pl* (*pareja*) Liebespaar *nt*
❸ (*aficionado*) Liebhaber(in) *m(f)*; ~ **del arte** Kunstliebhaber(in) *m(f)*; **un** ~ **de la naturaleza** ein Naturfreund
amanuense [ama'nwense] *mf* ❶ (*secretario*) Sekretär(in) *m(f)*
❷ (*copista*) Schreiber(in) *m(f)*
amañar [ama'ɲar] I. *vt* ❶ (*plan, asunto*) geschickt ausführen, deichseln *fam*; ~ **una solución** eine Notlösung finden
❷ (*resultado, documento*) fälschen
II. *vr*: ~**se con alguien** mit jdm gut auskommen; **amañárselas** (**para todo**) sich (bei allem) geschickt anstellen
amaño [a'maɲo] *m* Geschicklichkeit *f*, Geschick *nt*; **con** ~ geschickt; **lo obtendremos con** ~**s** ein paar raffinierte Winkelzüge und wir haben es
amapola [ama'pola] *f* (BOT) Klatschmohn *m*; **ponerse como una** ~ knallrot werden
amar [a'mar] *vt* lieben
amaraje [ama'raxe] *m* (AERO) Wasserung *f*; **efectuar el** ~ wassern
amarar [ama'rar] *vi* (AERO) wassern (*en* auf +*dat*)
amargado, -a [amar'ɣaðo, -a] I. *adj* verbittert
II. *m, f* verbitterter Mensch *m*
amargamente [amarɣa'mente] *adv* bitter, bitterlich
amargar [amar'ɣar] <g→gu> I. *vt* verbittern; ~ **la vida a alguien** jdm das Leben schwer machen
II. *vi* bitter schmecken; **este té amarga** dieser Tee schmeckt bitter; **la verdad amarga** die Wahrheit tut weh
III. *vr*: ~**se** verbittert werden
amargo¹ [a'marɣo] *m v.* **amargor**
❷ (*Arg, Par, Urug*) ungezuckerter Matetee *m*
amargo, -a² [a'marɣo, -a] I. *adj* ❶ (*gusto*) bitter; **una experiencia amarga** eine bittere Erfahrung; **sabor** ~ bitterer Geschmack; **ser** ~ **de sabor** bitter schmecken
❷ (*Arg: cobarde*) feige
❸ (*Ven: incómodo*) unbequem
II. *m, f* (*Am*) grober Mensch *m*
amargor [amar'ɣor] *m* ❶ (*sabor*) bitterer Geschmack *m*
❷ (*sentimiento*) Verbitterung *f*, Bitterkeit *f*; **quitarse el** ~ **de la boca** (*fig*) sich *dat* einen Wunsch erfüllen

amargura [amar'ɣura] *f* ❶ (*sabor*) bitterer Geschmack *m*
❷ (*sentimiento*) Verbitterung *f*; (*aflicción*) Betrübnis *f*; **llorar con** ~ bitterlich weinen
amariconado, -a [amariko'naðo, -a] *adj* (*vulg pey*) weibisch
amariconarse [amariko'narse] *vr* (*vulg*) tuntenhaft [*o* tuntig] werden
amarillear [amariʎe'ar] *vi* vergilben, gelb werden
amarillecer [amariʎe'θer] *irr como crecer vi* gelb werden, vergilben; **las flores amarillecieron muy pronto** die Blumen haben sehr schnell gelbe Blätter bekommen
amarillento, -a [amari'ʎento, -a] *adj* ❶ (*color, luz*) gelblich
❷ (*fotografía, papel*) vergilbt
amarillez [amari'ʎeθ] *f* ❶ (*calidad de amarillo*) Gelb *nt*
❷ (*de una persona*) Blässe *f*, Bleichheit *f*
amarillismo [amari'ʎismo] *m sin pl* Sensationsmache *f*
amarillista [amari'ʎista] *adj* (PREN) Sensations-, Boulevard-; **prensa** ~ Sensationspresse *f*, Boulevardpresse *f*
amarillo¹ [ama'riʎo] *m* Gelb *nt*
amarillo, -a² [ama'riʎo, -a] *adj* ❶ (*color*) gelb; ~ **claro** hellgelb; **sindicato** ~ arbeitgeberfreundliche Gewerkschaft; **pintar algo de** ~ etw gelb anstreichen
❷ (*pálido*) blass, bleich
amariposado, -a [amaripo'saðo, -a] *adj* ❶ (*forma*) schmetterlingsförmig
❷ (*pey: hombre*) weibisch
amarizaje [amari'θaxe] *m* (AERO) *v.* **amaraje**
amarizar [amari'θar] <z→c> *vi* (AERO) *v.* **amarar**
amarra [a'marra] *f* ❶ (NÁUT) Tau *nt*, Trosse *f*; **soltar las ~s** die Trossen loswerfen
❷ *pl* (*apoyo*) Beziehungen *fpl*, Vitamin *nt* B *fam*; **tener buenas ~s** gute Beziehungen haben
amarradero [amarra'ðero] *m* ❶ (*poste*) Pfosten *m*
❷ (*argolla*) Metallring *m*
❸ (NÁUT) Anlegeplatz *m*
amarrado, -a [ama'rraðo, -a] *adj* ❶ (*Arg, Par, PRico, Urug: tacaño*) geizig; (*innoble*) gemein
❷ (*loc*): **estar** [*o* **ir**] ~ (*haber empollado*) gepaukt [*o* gebüffelt] haben; (*tener enchufe*) gute Beziehungen haben
amarraje [ama'rraxe] *m* (NÁUT) Hafengebühr *f*
amarrar [ama'rrar] I. *vt* ❶ (*atar*) festbinden (*a* an +*dat*); **tener a alguien muy amarrado** (*fig*) jdm wenig Freiraum lassen
❷ (NÁUT) vertäuen
❸ (*fam: empollar*) pauken, büffeln
II. *vr*: **~se** (*Am*) heiraten
amarre [a'marre] *m* ❶ (*sujeción*) Festbinden *nt*
❷ (NÁUT) Vertäuen *nt*
amarrete, -a [ama'rrete, -a] *adj* (*Arg, Par, Urug*) *v.* **amarrado**
amarronado, -a [amarro'naðo, -a] *adj* bräunlich
amartelado, -a [amarte'laðo, -a] *adj*: **iba muy ~ con su novia** er turtelte mit seiner Freundin
amartelamiento [amartela'mjento] *m* (*enamoramiento*) heftige Verliebtheit *f*; (*actitud cariñosa*) Austausch *m* von Zärtlichkeiten
amartelarse [amarte'larse] *vr* ❶ (*enamorarse*) sich über beide Ohren verlieben (*de* in +*akk*)
❷ (*ponerse cariñoso*) turteln (*con* mit +*dat*)
amartillar [amarti'ʎar] *vt* ❶ (*arma de fuego*) spannen
❷ (*fam: negocio, trato*) absichern
amartizaje [amarti'θaxe] *m* Marslandung *f*
amasadera [amasa'ðera] *f v.* **amasadora**
amasadora [amasa'ðora] *f* Knetmaschine *f*
amasandería [amasande'ria] *f* (*Col, Chil, Ven*) Bäckerei *f*
amasar [ama'sar] *vt* ❶ (*masa, barro*) kneten; ~ **a mano** von Hand kneten
❷ (*fortuna*) anhäufen
❸ (*pey: tramar*) anzetteln
amasiato [ama'sjato] *m* (*Méx, CRi, Perú: concubinato*) eheähnliche (Lebens)gemeinschaft *f*, Konkubinat *nt*
amasijar [amasi'xar] *vt* (*Am: dar paliza*) gehörig verprügeln; (*pegar brutalmente*) zusammenschlagen
amasijo [ama'sixo] *m* ❶ (*para hacer pan*) Knetteig *m*
❷ (*acción de amasar*) Kneten *nt*
❸ (*argamasa*) Mörtel *m*
❹ (*fam: mezcla*) Kuddelmuddel *m o nt*
❺ (*fam: intriga*) Machenschaft *f*
❻ (*Ven: pan de trigo*) Weizenbrot *nt*
❼ (*loc*): ~ **de palos** Tracht *f* Prügel
amateur [ama'ter] I. *adj* Amateur-; **equipo** ~ Amateurmannschaft *f*
II. *mf* <amateurs> Amateur(in) *m(f)*
amateurismo [amate'rismo] *m sin pl* Amateursport *m*
amatista [ama'tista] *f* Amethyst *m*

amatorio, -a [ama'torjo, -a] *adj* Liebes-, erotisch
amaurosis [amau̯'rosis] *f inv* (MED) (vollständige) Erblindung *f*, Amaurose *f*
amauta [a'mau̯ta] *m* (*Bol, Perú*) ❶ (*mago y sabio de los incas*) Magier und Gelehrter der Inkas
❷ (*autoridad en pueblo indio*) Dorfälteste(r) *m*
amazacotado, -a [amaθako'taðo, -a] *adj* ❶ (*colchón*) hart
❷ (*recargado*) überladen; **un informe** ~ **de datos** ein mit Daten vollgepackter Bericht; **estuvimos ~s en el tranvía** wir standen dicht gedrängt in der Straßenbahn
amazona [ama'θona] *f* ❶ (*en la mitología, jinete*) Amazone *f*
❷ (*mujer varonil*) Amazone *f*
❸ (*traje*) Reitkostüm *nt*, Reitkleid *nt*
Amazonas [ama'θonas] *m* Amazonas *m*
amazónico, -a [ama'θoniko, -a] *adj* ❶ (*del Amazonas*) Amazonas-
❷ (*de las amazonas*) Amazonen-
ambages [am'baxes] *mpl* Umschweife *mpl*; **¡habla sin ~!** komm auf den Punkt!, red nicht um den heißen Brei herum!
ámbar ['ambar] I. *m* Bernstein *m*.
II. *adj inv* bernsteinfarben
ambarino, -a [amba'rino, -a] *adj* bernsteinartig; **de color** ~ bernsteinfarben
Amberes [am'beres] *f* Antwerpen *nt*
ambición [ambi'θjon] *f* Ehrgeiz *m*, (ehrgeiziges) Streben *nt* (*de* nach +*dat*); ~ **de poder** Machthunger *m*; **sin ambiciones** anspruchslos; **mi ~ en la vida es...** mein Lebensziel ist (es) ...
ambicionar [ambiθjo'nar] *vt* (*ehrgeizig*) streben (nach +*dat*), erstreben; **sólo ambiciono salud** ich wünsche mir nur Gesundheit
ambicioso, -a [ambi'θjoso, -a] I. *adj* ehrgeizig
II. *m*, *f* ehrgeiziger Mensch *m*
ambidextro, -a [ambi'dekstro, -a], **ambidiestro, -a** [ambi'djestro, -a] I. *adj* beidhändig II. *m*, *f* Beidhänder(in) *m(f)*
ambientación [ambjenta'θjon] *f* ❶ (LIT) Milieuschilderung *f*
❷ (TEAT) Bühnenbild *nt*
❸ (CINE) Szenenausstattung *f*
❹ (*adaptación*) Anpassung *f* (*a* an +*akk*)
ambientador [ambjenta'ðor] *m* Raumspray *m o nt*
ambiental [ambjen'tal] *adj* Umwelt-; **organización** ~ Umweltorganisation *f*
ambientar [ambjen'tar] I. *vt* ❶ (*novela*) ansiedeln; ~ **la acción de una novela en el siglo pasado** die Handlung eines Romans ins vergangene Jahrhundert verlegen; **la novela está ambientada en Lima** der Roman spielt in Lima
❷ (TEAT, CINE) künstlerisch gestalten
❸ (*fiesta*) Stimmung machen (bei +*dat*)
II. *vr*: **~se** ❶ (*aclimatarse*) sich gewöhnen (*a* an +*akk*), sich eingewöhnen (*en* in +*dat*)
❷ (*en una fiesta*) in Stimmung kommen
ambiente [am'bjente] *m* ❶ (*aire*) Luft *f*; ~ **cargado** stickige Luft
❷ (*medio*) Milieu *nt*, Umgebung *f*; **medio** ~ Umwelt *f*; **nocivo para el medio** ~ umweltschädlich; **causar daños al medio** ~ der Umwelt schaden
❸ (*sector social*) Kreis *m*; **en ~s universitarios** in Universitätskreisen
❹ (*atmósfera*) Atmosphäre *f*, Stimmung *f*; ~ **de trabajo** Arbeitsumfeld *nt*; **dar** ~ Stimmung machen; **hay ~ para este proyecto** dieses Projekt hat gute Aussichten angenommen zu werden; **el proyecto no encontró buen** ~ das Projekt fand keinen Anklang; **no había ~ en la calle** es war nicht viel los auf der Straße; **el ~ en la reunión estaba caldeado** es herrschte dicke Luft bei der Versammlung
❺ (*CSur: habitación*) Raum *m*; **un departamento de cuatro ~s** eine Vierzimmerwohnung
ambigú [ambi'ɣu] *m* <ambigús> kaltes Büfett *nt*
ambigüedad [ambiɣwe'ðað] *f* ❶ (*de doble significado*) Zweideutigkeit *f*, Doppeldeutigkeit *f*; **sin ~es** eindeutig, klar
❷ (*de más significados*) Mehrdeutigkeit *f*, Vieldeutigkeit *f*
ambiguo, -a [am'biɣwo, -a] *adj* ❶ (*de doble significado*) zweideutig, doppeldeutig; **dar una respuesta ambigua** eine doppeldeutige [*o* zweideutige] Antwort geben
❷ (*de más significados*) mehrdeutig, vieldeutig
❸ (LING) doppelgeschlechtig
ambil [am'bil] *m* (*Ven*) Tabakbrühe *f*
ámbito ['ambito] *m* ❶ (*contorno*) Umkreis *m*
❷ (*espacio*) Bereich *m*; ~ **de acción** Wirkungskreis *m*; ~ **de aplicación** Anwendungsbereich *m*; ~ **de competencias** Zuständigkeitsbereich *m*; ~ **de funciones** Aufgabenspektrum *nt*; ~ **de responsabilidad** Verantwortungsbereich *m*, Zuständigkeitsbereich *m*; (JUR) Haftungsumfang *m*; ~ **de vigencia** Geltungsbereich *f*; **en el ~ de mis atribuciones** in meinem Aufgabenbereich; **en el ~ nacional** auf nationaler Ebene
ambivalencia [ambiβa'lenθja] *f* Zwiespältigkeit *f*, Ambivalenz *f*

ambivalente [ambiβa'lente] *adj* zwiespältig, ambivalent
ambladura [ambla'ðura] *f* Passgang *m*
amblar [am'blar] *vi* im Passgang gehen
ambo ['ambo] *m* (*Arg*) zweiteiliger Herrenanzug *m*
ambón [am'bon] *m* (*iglesia*) Ambo(n) *m*, Predigtpult *nt*
ambos, -as ['ambos, -as] *adj* beide; ¿**cuál te gusta más? – me gustan ambas** welche gefällt dir am besten? – mir gefallen beide; **de ~ lados** von beiden Seiten
ambrosia [am'brosia] *f*, **ambrosía** [ambro'sia] *f* ❶ (*en la mitología*) Ambrosia *f* ❷ (*manjar*) Delikatesse *f*, Gaumenfreude *f*; **saber a ~** göttlich schmecken
ambulancia [ambu'lanθja] *f* ❶ (*vehículo*) Krankenwagen *m*, Rettungswagen *m*
❷ (MIL) Ambulanz *f*, Feldlazarett *nt*
❸ (*en trenes*): **~ de correos** Bahnpost *f*
ambulante [ambu'lante] I. *adj* herumziehend, umherziehend; **circo ~** Wanderzirkus *m*; **vendedor ~** Hausierer *m*, Straßenverkäufer *m*; **venta ~** fahrendes Gewerbe
II. *mf*: **~ de correos** Angestellte(r) der Bahnpost
ambulatorio[1] [ambula'torjo] *m* Poliklinik *f*, Ambulanz *f*
ambulatorio, -a[2] [ambula'torjo, -a] *adj* ambulant
AME [aeme'e] *m* (UE) *abr de* **Acuerdo Monetario Europeo** EWA *nt*
ameba [a'meβa] *f* Amöbe *f*
amechar [ame'tʃar] *vt* (GASTR) spicken
amedrentamiento [ameðrenta'mjento] *m* Angst *f*, Verängstigung *f*; **el peso de la responsabilidad le causó un enorme ~** die Last der Verantwortung erfüllte ihn mit ungeheurer Angst
amedrentar [ameðren'tar] I. *vt* ❶ (*asustar*) einschüchtern, verschüchtern
❷ (*intimidar*) Angst machen +*dat*, verängstigen
II. *vr*: **~se** ❶ (*asustarse*) sich erschrecken
❷ (*intimidarse*) sich ängstigen
amelar [ame'lar] <e→ie> *vi* Honig machen
amelcochar [amelko'tʃar] I. *vt* (*Arg, Méx, Par: almíbar*) eindicken
II. *vi* ❶ (*Cuba: enamorarse*) sich verlieben
❷ (*Méx: reblandecerse*) sich geziert benehmen
amelga [a'melɣa] *f* Ackerbeet *nt*
amellar [ame'ʎar] *vt* schartig machen
amelocotonado, -a [amelokoto'naðo, -a] *adj* pfirsichähnlich; **tiene un color de pelo ~** er/sie hat pfirsichfarbene Haare; **este tejido tiene un tacto ~** dieser Stoff fühlt sich wie Pfirsichhaut an
amelonado, -a [amelo'naðo, -a] *adj* melonenförmig
amén [a'men] I. *m* Amen *nt*; **decir ~ a todo** zu allem ja und amen sagen; **no dijo ni ~** er/sie sagte kein Sterbenswörtchen; **en un decir ~** (*fam*) im Handumdrehen; **llegar a los amenes** sehr spät kommen, als Letzter kommen
II. *prep*: **~ de** außer +*dat*, neben +*dat*
amenaza [ame'naθa] *f* (*intimidación*) Drohung *f*; (*peligro*) Gefahr *f*, Bedrohung *f*; **~ de bomba** Bombendrohung *f*; **bajo la ~ de violencia** unter der Androhung von Gewalt; **una ~ para la paz** eine Bedrohung des Friedens; **el tratado representa una ~ para la nación** das Abkommen stellt eine Gefahr für die Nation dar
amenazador(a) [amenaθa'ðor(a)] *adj* ❶ (*tono, voz*) drohend; **gesto ~** Drohgebärde *f*
❷ (*que anuncia peligro*) bedrohlich
amenazante [amena'θante] *adj* drohend
amenazar [amena'θar] <z→c> I. *vt* (*intimidar*) drohen +*dat* (*con* mit +*dat*), bedrohen (*con* mit +*dat*); **el jefe le ha amenazado con despedirle** der Chef hat ihm angedroht ihn zu entlassen; **lo amenazó con un puñal** er/sie bedrohte ihn mit einem Dolch; **¿me está amenazando?** soll das eine Drohung sein?; **amenazado de extinción/de muerte** vom Aussterben/Tode bedroht
II. *vi, vt* (*presagiar*) drohen; **amenaza tormenta** ein Gewitter droht; **está amenazando lluvia** es sieht nach Regen aus
amenguar [amen'gwar] <gu→gü> I. *vi* (*empequeñecer*) kleiner werden; (*jersey, falda*) einlaufen, eingehen; (*intensidad, claridad*) abnehmen
II. *vt* ❶ (*valor*) beeinträchtigen
❷ (*honor*) schänden
amenidad [ameni'ðað] *f* ❶ (*entretenimiento*) Unterhaltsamkeit *f*
❷ (*distracción*) Vergnügen *nt*
amenizar [ameni'θar] <z→c> *vt* ❶ (*hacer agradable*) angenehm machen, verschönern
❷ (*divertir, entretener*) (gut) unterhalten
❸ (*conversación, debate*) beleben, anregen
ameno, -a [a'meno, -a] *adj* ❶ (*agradable*) angenehm, nett; **un paisaje ~** eine liebliche Landschaft
❷ (*entretenido, divertido*) unterhaltsam
amenorrea [ameno'rrea] *f* (MED) Amenorrhö(e) *f*

amerengado, -a [amereŋ'gaðo, -a] *adj* ❶ (*de merengue*) in der Art einer Meringe
❷ (*empalagoso*) süßlich, schleimig
América [a'merika] *f* Amerika *nt*; **~ Central** Mittelamerika *nt*; **~ Latina** Lateinamerika *nt*; **~ del Norte/del Sur** Nord-/Südamerika *nt*; **hacer las ~s** ein Vermögen machen, reich werden
americana [ameri'kana] *f* Jackett *m*, Sakko *m o nt*
americanada [amerika'naða] *f* (*pey*) typisch amerikanischer Film *m*; **esto es una ~** (*fig*) das ist typisch amerikanisch
americanismo [amerika'nismo] *m* (LING) Lateinamerikanismus *m*
americanista [amerika'nista] *mf* Amerikanist(in) *m(f)*
americanizar [amerikani'θar] <z→c> I. *vt* amerikanisieren
II. *vr*: **~se** den amerikanischen Lebensstil annehmen
americano[1] [ameri'kano] *m* (*Par: tela*) billiger Baumwollstoff *m*
americano, -a[2] [ameri'kano, -a] I. *adj* (*de América del Sur*) südamerikanisch; (*estadounidense*) (US-)amerikanisch; **inglés ~** amerikanisches Englisch; **el estilo de vida ~** der American way of life
II. *m, f* (*de América del Sur*) Südamerikaner(in) *m(f)*; (*estadounidense*) Amerikaner(in) *m(f)*
americio [ame'riθjo] *m* (QUÍM) Americium *nt*
amerindio, -a [ame'rindjo, -a] I. *adj* indianisch
II. *m, f* Indianer(in) *m(f)*
amerizaje [ameri'θaxe] *m* (AERO) *v.* **amaraje**
amerizar [ameri'θar] <z→c> *vi* (AERO) *v.* **amarar**
amestizado, -a [amesti'θaðo, -a] *adj* mestizenähnlich
ametalado, -a [ameta'laðo, -a] *adj* metallähnlich
ametrallador(a) [ametraʎa'ðor(a)] *adj* (MIL) Maschinen-; **fusil ~** (leichtes) Maschinengewehr
ametralladora [ametraʎa'ðora] *f* Maschinengewehr *nt*
ametrallar [ametra'ʎar] *vt* mit dem Maschinengewehr beschießen; (*matando*) mit dem Maschinengewehr erschießen
ametropía [ametro'pia] *f* (MED) Ametropie *f*
amianto [a'mjanto] *m* Asbest *m*
amiba [a'miβa] *f* *v.* **ameba**
amida [a'miða] *f* (QUÍM) Amid *nt*
amigable [ami'ɣaβle] *adj* ❶ (*persona, relación*) freundschaftlich
❷ (*cosa, carácter*) freundlich
amigablemente [amiɣaβle'mente] *adv* freundschaftlich; **discutir ~** in aller Freundschaft diskutieren
amigacho, -a [ami'ɣatʃo, -a] *m, f* (*pey*) Kumpan(in) *m(f)*
amigarse [ami'ɣarse] <g→gu> *vr* (*fam*) ohne Trauschein zusammenleben, in wilder Ehe leben
amígdala [a'miɣðala] *f* (ANAT) Mandel *f*
amigdalitis [amiɣða'litis] *f inv* (MED) Mandelentzündung *f*
amigo, -a [a'miɣo, -a] I. *adj* ❶ (*que tiene la amistad*) befreundet; **es muy amiga mía** sie ist eine sehr gute Freundin von mir; **somos (muy) ~s desde la infancia** wir sind seit unserer Kindheit (sehr gut) befreundet; **¡y tan ~s!** und damit hat's sich!
❷ (*amistoso*) freundschaftlich, freundlich
❸ (*aficionado, partidario*): **ser ~ de algo** etw mögen [*o* gerne tun]; **soy más ~ de veranear en el campo que en la costa** ich verbringe den Sommer lieber auf dem Land als an der Küste; **soy ~ de decir las cosas claras** ich bin sehr dafür die Dinge beim Namen zu nennen; **este tipo es muy ~ de lucir** dieser Kerl glänzt gern nach außen hin
II. *m, f* ❶ (*general*) Freund(in) *m(f)*; **~ de lo ajeno** Dieb *m*; **~ por correspondencia** Brieffreund *m*; **~ de la escuela** Schulfreund *m*; **~ íntimo** enger Freund; **hacerse ~ de alguien** sich mit jdm anfreunden; **poner a alguien cara de pocos ~s** jdn mit verbissener Miene ansehen
❷ (*amante*) Geliebte(r) *mf*
❸ (*adepto*) Anhänger(in) *m(f)*
amigocracia [amiɣo'kraθja] *f sin pl* Vetternwirtschaft *f*
amiguete [ami'ɣete] *m* (*fam*) Kumpel *m*, Kumpan(in) *m(f)*
amiguismo [ami'ɣismo] *m sin pl* Vetternwirtschaft *f*
amilanamiento [amilana'mjento] *m* ❶ (*intimidación*) Einschüchterung *f*
❷ (*desánimo*) Entmutigung *f*
amilanar [amila'nar] I. *vt* ❶ (*intimidar*) einschüchtern
❷ (*desanimar*) entmutigen
II. *vr*: **~se** ❶ (*acobardarse*) verzagen
❷ (*abatirse*) den Mut sinken lassen; **no te dejes ~ por tan poca cosa** lass dich von einer solchen Lappalie nicht aus der Fassung bringen
amilasa [ami'lasa] *f* (QUÍM) Amylase *f*
amina [a'mina] *f* (QUÍM) Amin *nt*
aminoácido [amino'aθiðo] *m* (QUÍM) Aminosäure *f*
aminoración [aminora'θjon] *f* Verringerung *f*; (*de los gastos*) Einschränkung *f*; (*del viento, de la fiebre*) Nachlassen *nt*; (*de la fiebre, del peligro*) Sinken *nt*; **~ de la velocidad** Verringerung der Geschwindigkeit, Abbremsen *nt*
aminorar [amino'rar] I. *vi* (*lluvia, viento, fiebre*) nachlassen; (*fiebre,*

amistad *peligro*) sinken
II. *vt* verringern; (*los gastos*) einschränken; ~ **la velocidad** die Geschwindigkeit drosseln [*o* verringern], abbremsen; ~ **el paso** den Schritt verlangsamen
amistad [amisˈtað] *f* ❶ (*entre amigos*) Freundschaft *f*; **tener ~ con alguien** mit jdm befreundet sein; **trabar ~ con alguien** mit jdm Freundschaft schließen; **hacer las ~es con alguien** sich mit jdm versöhnen
❷ *pl* (*amigos*) Freunde *mpl*, Freundeskreis *m*
amistar [amisˈtar] **I.** *vi* (*Méx*) Freundschaft schließen
II. *vr*: ~**se** (*Arg, Par, Urug*) sich anfreunden
amistoso, -a [amisˈtoso, -a] *adj* ❶ (*persona*) freundlich
❷ (*cosa*) freundschaftlich; **partido ~** Freundschaftsspiel *nt*
❸ (*discusión*) friedlich; **llegar a un acuerdo ~** sich gütlich einigen
amitosis [amiˈtosis] *f inv* (BIOL) Amitose *f*
amnesia [amˈnesja] *f sin pl* (MED) Gedächtnisverlust *m*, Amnesie *f*
amnésico, -a [amˈnesiko, -a] **I.** *adj* (MED) ❶ (*que padece amnesia*) Amnesie-; **pacientes ~s** Amnesiepatienten *mpl*
❷ (*de la amnesia*) amnestisch
II. *m, f* (MED) an Amnesie Leidende(r) *mf*
amniografía [amnjoɣraˈfia] *f* (MED) Amniographie *f*
amnios [ˈamnjos] *m inv* (ZOOL, MED) Amnion *nt*, Eihaut *f*
amnioscopia [amnjosˈkopja] *f* (MED) Amnioskopie *f*
amniota [amˈnjota] *m* (ZOOL) Lebewesen *nt* aus der Gruppe der Amnioten; **los ~s** die Amnioten
amniótico, -a [amˈnjotiko, -a] *adj* ❶ (MED) amniotisch; (*del amnios*) Fruchtwasser-; **líquido ~** Fruchtwasser *nt*
❷ (*de amniotas*) der Amnioten
amnistía [amnisˈtia] *f* Amnestie *f*; **A~ Internacional** Amnesty International; **decretar/exigir una ~** eine Amnestie erlassen/fordern; **conceder ~ a alguien** jdn amnestieren
amnistiar [amnisˈtjar] <*1. pres:* amnistío> *vt* amnestieren
amo [ˈamo] *m* ❶ (*de la casa*) (Haus)herr *m*
❷ (*propietario*) Besitzer *m*
❸ (*patrón*) Arbeitgeber *m*
❹ (*loc*): **hacerse el ~** (*de la asociación*) sich *dat* (im Verein) Autorität verschaffen; **ser el ~ en algo** der Beste in etw sein; **ser el ~ del cotarro** (*fam*) das Regiment führen
amodorrado, -a [amoðoˈrraðo, -a] *adj* schläfrig, schlaftrunken *elev*
amodorramiento [amoðorraˈmjento] *m* Schläfrigkeit *f*, Schlaftrunkenheit *f elev*
amodorrarse [amoðoˈrrarse] *vr* schläfrig werden
amodorrecer [amoðorreˈθer] *irr como crecer vt* schläfrig machen
amohinar [amoiˈnar] *irr como airar* **I.** *vt* (*enfadar*) ärgern
II. *vr*: ~**se** (*enfadarse*) sich ärgern
amojamar [amoxaˈmar] **I.** *vt* (GASTR) einsalzen und trocknen (*Thunfisch*)
II. *vr*: ~**se** (*fig: debilitarse*) abmagern, mager werden; **en los últimos años se amojamó mucho** in den letzten Jahren ist er/sie stark abgemagert
amojonar [amoxoˈnar] *vt* vermessen, abstecken
amolador(a) [amolaˈðor(a)] *m/f* Schleifer(in) *m(f)*
amolar [amoˈlar] <o→ue> **I.** *vt* ❶ (*afilar*) schleifen
❷ (*fam: molestar*) auf die Nerven gehen, nerven *fam*
II. *vr*: ~**se** ❶ (*vulg: críticas, sinsabores*) hinunterschlucken; **¡que se amuele!** zum Teufel mit ihm/ihr!
❷ (*Arg, Méx, Urug: enojarse*) sich stören (*por* an *+dat*)
amoldable [amolˈdaβle] *adj* ❶ (*moldeable*) formbar, modellierbar
❷ (*acomodaticio*) anpassungsfähig
amoldamiento [amoldaˈmjento] *m* ❶ (*modelado*) Formgebung *f*
❷ (*acomodación*) Anpassung *f* (*a* an *+akk*)
amoldar [amolˈdar] **I.** *vt* ❶ (*ajustar al molde*) einpassen (*a* in *+akk*); (*moldar*) formen
❷ (*acomodar*) anpassen (*a +dat*), abstimmen (*a* auf *+akk*)
II. *vr*: ~**se** sich anpassen (*a +dat*)
amomo [ˈamomo] *m* (BOT: *planta*) Amom *nt*; (*semilla*) Amom-Samen *m*
amonarse [amoˈnarse] *vr* (*fam*) sich *dat* einen antrinken
amonedación [amoneðaˈθjon] *f* (*acuñación*) Münzprägung *f*
amonedar [amoneˈðar] *vt* münzen, prägen
amonestación [amonestaˈθjon] *f* ❶ (*advertencia*) Ermahnung *f*; (*reprensión*) Verwarnung *f*; ~ **por competencias** (JUR) Zuständigkeitsrüge *f*; **tarjeta de ~** (DEP) gelbe Karte
❷ (JUR) Aufgebot *nt*; ~ **del heredero** Aufgebot des Erben; ~ **del propietario del inmueble** Aufgebot des Grundstückeigentümers; **correr las amonestaciones** das Aufgebot verlesen
amonestar [amonesˈtar] **I.** *vt* ❶ (*advertir*) ermahnen; (*reprender*) verwarnen
❷ (*los novios en la iglesia*) aufbieten
II. *vr*: ~**se** das Aufgebot bestellen
amoniacal [amonjaˈkal] *adj* (QUÍM) Ammoniak-, ammoniakhaltig
amoniaco [amoˈnjako] *m*, **amoníaco** [amoˈniako] *m* (QUÍM) Ammoniak *nt*
amonio [aˈmonjo] *m* (QUÍM) Ammonium *nt*
amonita [amoˈnita] *f* (ZOOL) Ammonit *m*
amontar [amonˈtar] *vi, vr*: ~**se** (*a la montaña*) in die Berge fliehen; (*al bosque*) in den Wald fliehen
amontillado [amontiˈʎaðo] *m* trockene Sherryart
amontonadamente [amontonaðaˈmente] *adv* haufenweise
amontonamiento [amontonaˈmjento] *m* ❶ (*de tierra, heno*) Aufhäufen *nt*; (*de periódicos, cajas*) (Auf)stapeln *nt*; (*montón*) Haufen *m*
❷ (*de conocimientos, dinero*) Anhäufung *f*, Ansammlung *f*
amontonar [amontoˈnar] **I.** *vt* ❶ (*tierra, heno*) aufhäufen; (*periódicos, cajas*) (auf)stapeln
❷ (*conocimientos, dinero*) (an)häufen, ansammeln; **los refugiados estaban amontonados en el transbordador** die Flüchtlinge waren auf der Fähre zusammengepfercht
II. *vr*: ~**se** ❶ (*cosas*) sich häufen
❷ (*personas*) sich drängen
❸ (*sucesos, noticias*) sich überstürzen
amor [aˈmor] *m* Liebe *f*; ~ **maternal** Mutterliebe *f*; ~ **a la patria** Vaterlandsliebe *f*; ~ **platónico** platonische Liebe; ~ **al prójimo** Nächstenliebe *f*; ~ **propio** Ehrgefühl *nt*, Selbstachtung *f*; ~ **a primera vista** Liebe auf den ersten Blick; **¡~ mío!** mein Liebling!; **su gran ~ es el cine** seine/ihre große Leidenschaft ist der Film; **hacer el ~ con alguien** (*fam*) mit jdm schlafen; **hacer algo con ~** etw sorgfältig [*o* liebevoll] machen; **al ~ del fuego** am Feuer; **al ~ de la lumbre** am Kamin; **con [*o* de] mil ~es** herzlich gern, mit (dem größten) Vergnügen; **en ~ y compaña** in Frieden und Eintracht; **por ~ al arte** umsonst; **¡por ~ de Dios!** um Gottes willen!; ~ **con ~ se paga** (*prov*) wie man in den Wald hineinruft, so schallt es heraus
amoral [amoˈral] *adj* amoralisch
amoralidad [amoraliˈðað] *f* Amoralität *f*
amoratado, -a [amoraˈtaðo, -a] *adj* dunkelviolett; **un ojo ~** ein blaues Auge; **tengo los labios ~s de frío** meine Lippen sind blau vor Kälte; **tengo el brazo ~ de la caída** ich haben von dem Sturz einen blauen Fleck am Arm
amoratarse [amoraˈtarse] *vr* ❶ (*una cosa*) dunkelviolett werden
❷ (*el cuerpo*) blau werden; **se le amorató el muslo** er/sie bekam einen blauen Fleck am Oberschenkel
amorcillo [amorˈθiʎo] *m* (ARTE) Amorette *f*
amordazar [amorðaˈθar] <z→c> *vt* ❶ (*poner mordaza*) knebeln
❷ (*hacer callar*) mundtot machen
amorfia [aˈmorfja] *f* ❶ (*sin forma*) Amorphie *f*, Formlosigkeit *f*
❷ (MED) Deformität *f*, Missgestaltung *f*
amorfismo [amorˈfismo] *m* ❶ (*amorfia*) Amorphie *f*, Formlosigkeit *f*
❷ (FÍS) Amorphie *f*, amorpher Zustand *m*
amorfo, -a [aˈmorfo, -a] *adj* formlos, amorph
amorío(s) [amoˈrio(s)] *m(pl)* (*pey*) Liebelei *f*, Affäre *f*
amoroso, -a [amoˈroso, -a] *adj* ❶ (*de amor*) Liebes-; **carta amorosa** Liebesbrief *m*
❷ (*cariñoso*) zärtlich (*con/para con* zu *+dat*), liebevoll (*con/para con* zu *+dat*), gefühlvoll
❸ (*tierra, tela*) weich; **tener un tacto ~** sich weich anfühlen
❹ (*tiempo*) mild, freundlich
amorrar [amoˈrrar] **I.** *vi* ❶ (*fam: bajar la cabeza*) den Kopf hängen lassen
❷ (*fam: mostrar enfado*) schmollen
❸ (NÁUT) buglastig sein
II. *vr*: ~**se** ❶ (*fam: enfadarse*) mürrisch werden
❷ (NÁUT) buglastig werden
❸ (*loc*): **~se a la botella** die Flasche an die Lippen setzen; **~se a la ventana** sich *dat* die Nase am Fenster platt drücken
amorriñarse [amorriˈɲarse] *vr* melancholisch [*o* wehmütig] werden
amortajador(a) [amortaxaˈðor(a)] *m(f)* Leichenwäscher *m*, Leichenfrau *f*
amortajar [amortaˈxar] *vt* (*difunto*) ankleiden
amortecer [amorteˈθer] *irr como crecer* **I.** *vt* (*ruido, color, luz*) (ab)dämpfen; (*dolor*) mildern; (*pasión, sentimiento*) abtöten
II. *vr*: ~**se** ohnmächtig werden, in Ohnmacht fallen
amortecimiento [amorteθiˈmjento] *m* ❶ (*amortiguamiento*) Abschwächung *f*, Dämpfung *f*
❷ (*desvanecimiento*) Ohnmacht *f*
amortiguación [amortiɣwaˈθjon] *f v.* **amortiguamiento**
amortiguador [amortiɣwaˈðor] *m* (AUTO) Stoßdämpfer *m*
amortiguamiento [amortiɣwaˈmjento] *m* ❶ (*del sonido, color*) Abschwächung *f*, Dämpfung *f*; (*de un golpe, una caída*) Auffangen *nt*; (*de la pena, del dolor*) Milderung *f*; (*de la pasión*) Abtötung *f*
❷ (FÍS) Dämpfung *f*
amortiguar [amortiˈɣwar] <gu→gü> *vt* (*sonido, color, ruido, luz*)

amortizable

dämpfen; (*golpe, caída*) auffangen; (*pena, dolor*) mildern; (*pasión, sentimiento*) abtöten; ~ **los faros** (AUTO) abblenden

amortizable [amorti'θaβle] *adj* ❶ (ECON) rückzahlbar, tilgbar; **no** ~ tilgungsfrei
❷ (FIN: *deducible*) abzugsfähig; **activo** ~ abschreibungsfähiges Vermögen; **obligación** ~ tilgbare Schuldverschreibung
❸ (*empleo*) kündbar

amortización [amortiθa'θjon] *f* ❶ (ECON) Rückzahlung *f*, Tilgung *f*; ~ **anual** jährliche Tilgungsrate; ~ **de un crédito** Kreditabbau *m*; ~ **de deudas** Schuldentilgung *f*, Schuldenabtragung *f*; ~ **de hipoteca** Hypothekentilgung *f*; ~ **de pérdidas** Verlusttilgung *f*; **plan de** ~ Tilgungsplan *m*
❷ (FIN: *de valores*) Amortisierung *f*, Abschreibung *f*; ~ **acelerada** beschleunigte Abschreibung; ~ **de los bonos del Tesoro** Schatzwechselseitigung *f*; ~ **constante/creciente/decreciente** lineare/progressive/degressive Abschreibung; ~ **de la Deuda Pública** Tilgung der öffentlichen Schuld; ~ **extraordinaria** Sonderabschreibung *f*; ~ **financiera** Amortisierung des finanziellen Vermögens; ~ **fiscal** steuerliche Abschreibung; ~ **gradual** schrittweise Abschreibung; ~ **inmediata** Sofortabschreibung *f*; ~ **del rendimiento** Leistungsabschreibung *f*; ~ **del valor restante** Restwertabschreibung *f*
❸ (*de contabilidad*) (buchhalterische) Abschreibung *f*; ~ **anual** jährliche Abschreibung; ~ **contable** buchhalterische Abschreibung
❹ (*de empleos*) Streichung *f*, Einsparung *f*

amortizar [amorti'θar] <z→c> *vt* (ECON) ❶ (*deuda*) tilgen, abbezahlen; (*fiscalmente*) abschreiben; ~ **una hipoteca** eine Hypothek tilgen [*o* abzahlen]
❷ (*inversión*) amortisieren
❸ (*empleos*) abbauen

amoscarse [amos'karse] <c→qu> *vr*; **amostazarse** [amosta'θarse] <z→c> *vr* (*fam*) einschnappen

amotinado, -a [amoti'naðo, -a] I. *adj* aufständisch, meuternd; **las tropas amotinadas** die aufständischen Truppen
II. *m, f* ❶ (MIL) Meuterer, -in *m, f*
❷ (*rebelde*) Aufrührer(in) *m(f)*

amotinamiento [amotina'mjento] *m* ❶ (MIL) Meuterei *f*
❷ (*sublevación, levantamiento*) Aufstand *m*, Aufruhr *m*

amotinar [amoti'nar] I. *vt* aufhetzen
II. *vr*: ~**se** sich auflehnen, revoltieren

amovible [amo'βiβle] *adj* ❶ (*empleado*) kündbar; (*cambiando lugar*) versetzbar; (*sustituible*) austauschbar
❷ (*empleo*) kündbar

amovilidad [amoβili'ðað] *f sin pl* ❶ (*de un empleado*) Kündbarkeit *f*; (*cambiando de lugar*) Versetzbarkeit *f*; (*sustituible*) Austauschbarkeit *f*
❷ (*del empleo*) Kündbarkeit *f*

amparar [ampa'rar] I. *vt* (be)schützen (*contra/de* vor +*dat*); ~ **a alguien** jdm Schutz gewähren; ~ **en un conocimiento** (COM) in einem Konnossement verbriefen; **la constitución ampara la libertad de religión** die Verfassung gewährleistet die Religionsfreiheit
II. *vr*: ~**se** sich schützen (*contra/de* vor +*dat*); ~**se bajo algo** unter etw Zuflucht suchen; **se ampara en una ley antigua** er/sie beruft sich auf ein altes Gesetz; **el espía se amparó en la oscuridad para escapar** der Spion entkam im Schutz der Dunkelheit

amparo [am'paro] *m* ❶ (*protección*) Schutz *m*; **estar al** ~ **de alguien** unter dem Schutz von jdm [*o* jds Schutz] stehen; **huir al** ~ **de la oscuridad** im Schutz der Dunkelheit flüchten; **ofrecer** ~ Schutz bieten
❷ (*refugio*) Zuflucht *f*

amperaje [ampe'raxe] *m* (FÍS) Amperezahl *f*
amperímetro [ampe'rimetro] *m* (ELEC) Amperemeter *nt*
amperio [am'perjo] *m* (ELEC) Ampere *nt*
ampimpado, -a [ampim'paðo, -a] *adj* (*Am*) betrunken
ampliable [ampli'aβle] *adj* ❶ (*extensible*) ausdehnbar
❷ (*aumentable*) vergrößerungsfähig; (*ordenador*) erweiterbar

ampliación [amplja'θjon] *f* ❶ (*de un espacio, negocio, repertorio, una fotografía*) Vergrößerung *f*; (*de horizontes, conocimientos, del capital*) Erweiterung *f*; (*de un número, socios*) Erhöhung *f*; (*de un territorio*) Ausdehnung *f*; (*de un plazo*) Nachfrist *f*; ~ **del balance** Bilanzverlängerung *f*; ~ **de capital** Kapitalerhöhung *f*; ~ **de crédito** Kreditausweitung *f*; ~ **de la demanda** Klageerweiterung *f*; ~ **de la liquidez** Liquiditätsausweitung *f*; ~ **de la masa monetaria** [*o* **de las disponibilidades líquidas**] Geldmengenausweitung *f*; ~ **del mercado** Marktausweitung *f*; ~ **de RAM** (INFOR) RAM-Erweiterung *f*; ~ **del surtido** (ECON) Sortimentserweiterung *f*
❷ (*de un edificio, una carretera*) Ausbau *m*
❸ (*de un sonido*) Verstärkung *f*

ampliador [amplja'ðor] *m* (INFOR): ~ **del DOS** DOS-Extender *m*
ampliadora [amplja'ðora] *f* (FOTO) Vergrößerungsapparat *m*
ampliamente [amplja'mente] *adv* ❶ (*cumplidamente*) reichlich
❷ (*extensamente*) ausführlich; **tratamos el tema** ~ wir haben das Thema eingehend behandelt; **las condiciones han mejorado** ~ die Bedingungen haben sich weitgehend gebessert

ampliar [ampli'ar] <*l. pres:* amplío> *vt* ❶ (*espacio, negocio, repertorio, fotografía*) vergrößern; (*horizontes, conocimientos, capital*) erweitern; (*número, socios*) erhöhen; (*territorio*) ausdehnen; (*un plazo*) verlängern; **edición ampliada** erweiterte Ausgabe
❷ (*edificio, carretera*) ausbauen
❸ (*sonido*) verstärken

amplificación [amplifika'θjon] *f* ❶ (*de sonidos*) Verstärkung *f*
❷ (*en retórica*) Amplifikation *f*, Ausschmückung *f*
amplificador [amplifika'ðor] *m* Verstärker *m*
amplificar [amplifi'kar] <c→qu> *vt* verstärken
amplio, -a ['ampljo, -a] *adj* ❶ (*casa*) geräumig; (*jardín, parque*) weit, weitläufig
❷ (*vestido*) weit
❸ (*informe*) ausführlich, umfassend; (*experiencia, oferta*) reich, umfangreich; (*poderes, influencias*) weit reichend; (*red de comunicaciones*) weit verzweigt; (*interés*) breit gefächert, vielfältig; **una derrota amplia** eine schwere Niederlage; **amplias partes de la población** weite Teile der Bevölkerung; **en un sentido más** ~ im weiteren Sinne

amplitud [ampli'tuð] *f* ❶ (*extensión*) Weite *f*, Ausdehnung *f*; (*de conocimientos*) Umfang *m*, Ausmaß *nt*; (*de un informe*) Ausführlichkeit *f*; ~ **de miras** (Welt)offenheit *f*; ~ **del surtido** (ECON) Sortimentsbreite *f*; **de gran** ~ weit reichend
❷ (*de una casa*) Geräumigkeit *f*; (*de un jardín, parque*) Weitläufigkeit *f*
❸ (FÍS) Amplitude *f*

ampolla [am'poʎa] *f* ❶ (*en la piel, burbuja*) Blase *f*; **tener** ~**s en los pies** Blasen an den Füßen haben; **algo levanta** ~**s** (*fig*) etw zieht Blasen
❷ (*garrafa*) Karaffe *f*
❸ (*para inyecciones*) Ampulle *f*

ampollar [ampo'ʎar] I. *vt* Blasen hervorrufen; **eso me ampolla las manos** davon bekomme ich Blasen an den Händen
II. *vr*: ~**se** Blasen bekommen; **se me** ~**n las manos** ich habe Blasen an den Händen bekommen

ampolleta [ampo'ʎeta] *f* (*Arg*) Glühbirne *f*
ampulosidad [ampulosi'ðað] *f* Schwülstigkeit *f*
ampuloso, -a [ampu'loso, -a] *adj* schwülstig
amputación [amputa'θjon] *f* Amputation *f*
amputar [ampu'tar] *vt* amputieren
amuchachado, -a [amutʃa'tʃaðo, -a] *adj* jungenhaft, jugendlich
amuchar [amu'tʃar] *vt* (*Arg, Bol, Chil*) multiplizieren, vervielfachen
amueblar [amwe'βlar] *vt* möblieren
amuermado, -a [amwer'maðo, -a] *adj* (*fam*) ❶ *ser* todlangweilig
❷ *estar* (zu Tode) gelangweilt
amuermar [amwer'mar] *vt* (*fam*) ❶ (*aburrir*) anöden, zu Tode langweilen
❷ (*droga*) bedröhnen
❸ (*calor*) schlaff [*o* schlapp] machen
II. *vr*: ~**se** (*fam*) sich anöden

amularse [amu'larse] *vr* (*Méx*) ❶ (*mercancía*) unverkäuflich werden
❷ (*persona*) störrisch werden

amulatado, -a [amula'taðo, -a] *adj* mulattenhaft
amuleto [amu'leto] *m* Amulett *nt*
amura [a'mura] *f* (NÁUT) ❶ (*de una embarcación*) Bug *m*
❷ (*cabo*) Hals *m*

amurallar [amura'ʎar] *vt* mit einer Mauer umgeben; (*castillo, ciudad*) befestigen
amurriarse [amu'rrjarse] *vr* traurig werden
amustiar [amus'tjar] I. *vt* welk machen
II. *vr*: ~**se** verwelken

anabaptismo [anaβap'tismo] *m sin pl* (REL) Anabaptismus *m*
anabaptista [anaβap'tista] *mf* (REL) Anabaptist(in) *m(f)*, Wiedertäufer(in) *m(f)*
anabolismo [anaβo'lismo] *m* (BIOL) Anabolismus *m*
anabolizante [anaβoli'θante] *m* (MED) Anabolikum *nt*
anacarado, -a [anaka'raðo, -a] *adj* perlmutterfarben
anacardo [ana'karðo] *m* ❶ (BOT) Nierenbaum *m*
❷ (*fruto*) Cashewnuss *f*

anacoluto [anako'luto] *m* (LING) Anakoluth *nt o m*, Satzbruch *m*
anaconda [ana'konda] *f* (ZOOL) Anakonda *f*
anacoreta [anako'reta] *mf* Einsiedler(in) *m(f)*
anacreóntica [anakre'ontika] *f* (LIT) anakreontisches Gedicht *nt*
anacreóntico, -a [anakre'ontiko, -a] *adj* (LIT) anakreontisch
anacrónico, -a [ana'kroniko, -a] *adj* anachronistisch
anacronismo [anakro'nismo] *m* Anachronismus *m*
ánade ['anaðe] *mf* (ZOOL) Entenvogel *m*
anadón [ana'ðon] *m* (ZOOL) junger Erpel *m*, Erpelküken *nt*
anaeróbico, -a [anae'roβiko, -a] *adj*, **anaerobio, -a** [anae'roβjo, -a] *adj* (BIOL) anaerob
anafilaxis [anafi'laʸsis] *f inv* (MED) Anaphylaxie *f*

anáfora [a'nafora] f (LING) Anapher f, Anaphora f
anafrodisia [anafro'ðisja] f (MED) Anaphrodisie f
anagnórisis [anaɣ'norisis] f inv (LIT: *reconocimiento*) Anagnorisis f
anagrama [ana'ɣrama] m Anagramm nt
anagramatista [anaɣrama'tista] mf Anagrammatist(in) m(f)
anal [a'nal] adj (MED) anal
analepsia [ana'leβsja] f (MED) ❶ (*restablecimiento*) Wiederherstellung f, Genesung f
❷ (*efecto*) analeptische [*o* belebende] Wirkung f
analéptico, -a [ana'leptiko, -a] adj (MED) analeptisch, belebend
anales [a'nales] mpl ❶ (HIST) Annalen pl
❷ (*de una universidad, sociedad*) Jahrbuch nt
analfabetismo [analfaβe'tismo] m sin pl ❶ (*estado, calidad de analfabeto*) Analphabetismus m
❷ (*conjunto de analfabetos*) Analphabetentum nt
analfabeto, -a [analfa'βeto, -a] m, f Analphabet(in) m(f)
analgesia [anal'xesja] f (MED) Schmerzlosigkeit f, Analgesie f
analgésico[1] [anal'xesiko] m (MED) Schmerzmittel nt, Analgetikum nt
analgésico, -a[2] [anal'xesiko, -a] adj (MED) schmerzstillend
análisis [a'nalisis] m inv ❶ (*general*) Analyse f; ~ **ABC** (ECON) ABC-Analyse f; ~ **de beneficios** (ECON) Gewinnanalyse f; ~ **de los ciclos económicos** (ECON) Konjunkturanalyse f; ~ **coste-beneficio** (ECON) Kosten-Nutzen-Analyse f; ~ **de costes** (ECON) Kostenstellenanalyse f; ~ **cualitativo/cuantitativo** (QUÍM) qualitative/quantitative Analyse; ~ **electoral** Wahlanalyse f; ~ **de mercado** Marktanalyse f, Marktstudie f; ~ **monetario** (FIN) monetäre Analyse; ~ **sintáctico** (LING) syntaktische Analyse; ~ **de sistemas** (INFOR) Systemanalyse f; ~ **de la situación económica** (ECON) Konjunkturanalyse f; ~ **de ventas** (COM) Umsatzstatistik f, Absatzanalyse f; **hacer** [*o* **llevar a cabo**] **un** ~ **de mercado** eine Marktstudie erstellen; **¿qué** ~ **haces de la situación?** wie beurteilst du die Lage?
❷ (MED) Untersuchung f; ~ **clínico** klinische Untersuchung; ~ **del grupo sanguíneo** Blutgruppenbestimmung f; ~ **de sangre** Blutuntersuchung f
❸ (MAT) Analysis f
analista [ana'lista] mf ❶ (*de anales*) Chronist(in) m(f)
❷ (*que analiza*) Analytiker(in) m(f); ~ **de bolsa** (FIN) Börsenfachmann m; ~ **de mercado** (ECON) Marktforscher m; ~ **de inversiones** (FIN) Anlageberater m; ~ **político** politischer Beobachter; ~ **de productos alimenticios** Lebensmittelchemiker(in) m(f); ~ **programador** (INFOR) Programmierer m; ~ **de sistemas** (INFOR) Systemanalytiker(in) m(f); **el médico mandó las pruebas al** ~ der Arzt schickte die Proben ins Labor
analítica [ana'litika] f ❶ (*lógica*) Analytik f
❷ (MED) klinische Untersuchung f
analítico, -a [ana'litiko, -a] adj analytisch
analizable [anali'θaβle] adj analysierbar
analizador[1] [analiθa'ðor] m (FÍS) Analysator m; ~ **sintáctico** (INFOR) Parser m
analizador(a)[2] [analiθa'ðor(a)] m(f) Kritiker(in) m(f)
analizar [anali'θar] <z→c> vt ❶ (*examinar*) analysieren
❷ (MED) untersuchen
❸ (*situación*) beurteilen; (*resultado*) auswerten
analogía [analo'xia] f (t. BIOL) Analogie f; (LING) Analogiebildung f; **por** ~ **con** in Analogie zu; **establecer una** ~ **entre distintos fenómenos** eine Analogie zwischen verschiedenen Phänomenen aufzeigen; **presentar ~s** Analogien aufweisen
analógico, -a [ana'loxiko, -a] adj analog, (LING) analogisch; **computador** ~ Analogrechner m
análogo, -a [a'naloɣo, -a] adj (t. BOT, ZOOL) analog; **ser** ~ **a algo** analog zu etw sein
anamnesis [anam'nesis] f inv (MED) Anamnese f
ananá(s) [ana'na(s)] m (Arg, Urug, Ven) Ananas f
anaplasia [ana'plasja] f (MED) Anaplasie f
anaplastia [ana'plastja] f (MED) Transplantation f, Anaplastik f
anaquel [ana'kel] m (*en la pared*) Wandbrett nt; (*de una estantería*) Regalbrett nt; (*de un armario*) Schrankbrett nt
anaquelería [anakele'ria] f Regal nt
anaranjado, -a [anaraŋ'xaðo, -a] adj orange(farbig), orange(farben)
anarco, -a [a'narko, -a] m, f (*fam*) Anarcho m
anarcosindicalismo [anarkosindika'lismo] m sin pl (POL) Anarchosyndikalismus m
anarcosindicalista [anarkosindika'lista] mf (POL) Anarchosyndikalist(in) m(f)
anarquía [anar'kia] f Anarchie f
anárquico, -a [a'narkiko, -a] adj ❶ (*desorganizado*) anarchisch, gesetzlos
❷ (*relativo al anarquismo*) anarchistisch
anarquismo [anar'kismo] m sin pl Anarchismus m
anarquista [anar'kista] I. adj anarchistisch
II. mf Anarchist(in) m(f)

anástrofe [a'nastrofe] f (LING) Anastrophe f
anatema [ana'tema] m o f ❶ (*maldición*) Verfluchung f; **lanzar ~s contra alguien** Verwünschungen gegen jdn ausstoßen
❷ (*excomunión*) Anathem(a) nt, Kirchenbann m
❸ (*condena*) Verdammung f
anatematizar [anatemati'θar] <z→c> vt ❶ (*maldecir*) verfluchen
❷ (*excomunicar*) aus der Kirche verbannen
❸ (*condenar, reprobar*) verdammen
anatomía [anato'mia] f (MED) Anatomie f
anatómico, -a [ana'tomiko, -a] adj ❶ (MED) anatomisch
❷ (*adaptado al cuerpo*) körpergerecht
anatomizar [anatomi'θar] <z→c> vt ❶ (MED) anatomieren, sezieren
❷ (ARTE) Muskeln und Knochen besonders herausarbeiten [*o* hervorheben] (bei +dat)
anca ['aŋka] f ❶ (*de animal*) Hinterbacke f; (*grupa*) Kruppe f; **~s de rana** Froschschenkel mpl; **montar a las ~s** hinten aufsitzen
❷ (*cadera*) Hüfte f
❸ (*fam: nalga*) Hinterbacke f, Gesäß nt
ancestral [anθes'tral] adj ❶ (*relativo a los antepasados*) Ahnen-
❷ (*tradicional*) überliefert; (*antiguo*) uralt; **costumbres ~es** überlieferte Bräuche
ancestro [an'θestro] m Vorfahr m
ancho[1] ['antʃo] m Breite f; ~ **de vía** (AUTO, FERRO) Spurweite f; **tener** [*o* **medir**] **cinco metros de** ~ fünf Meter breit sein
ancho, -a[2] ['antʃo, -a] adj ❶ (*vasto*) breit; (*vestidos*) weit; ~ **de banda** (INFOR) Bandbreite f; ~ **de espaldas** breitschult(e)rig; **a lo** ~ der Breite nach; **un árbol tumbado a lo** ~ **de la calle** ein Baum, der quer auf der Straße liegt; **esta blusa te va** [*o* **está**] [*o* **viene**] **muy ancha** diese Bluse ist dir zu weit
❷ (*loc*): **se queda tan** ~ **cuando dice tonterías** es macht ihm nichts aus Blödsinn zu reden; **¡me quedé** ~ **después del examen!** nach der Prüfung war ich sehr erleichtert; **el trabajo le viene muy** ~ er/sie ist dieser Arbeit nicht gewachsen; **me despaché a mis anchas con él** ich habe ihm die Wahrheit ins Gesicht gesagt; **está a sus anchas** er/sie ist ganz in seinem/ihrem Element; **en este pueblo estoy a mis anchas** ich fühle mich in diesem Dorf wie zu Hause [*o* so richtig wohl]
anchoa [an'tʃoa] f Anschovis f
anchura [an'tʃura] f Breite f; (*de un vestido*) Weite f
ancianidad [anθjani'ðað] f Greisenalter nt
anciano, -a [an'θjano, -a] I. adj bejahrt, betagt
II. m, f Greis(in) m(f)
ancla ['aŋkla] f (NÁUT, ARQUIT) Anker m; ~ **de salvación** Rettungsanker m; **echar ~s** den Anker auswerfen, vor Anker gehen; **levar ~s** den Anker lichten
ancladero [aŋkla'ðero] m (NÁUT) Ankerplatz m
anclaje [aŋ'klaxe] m ❶ (*acción*) Verankern nt
❷ (*fondeadero*) Ankerplatz m
❸ (*pago*) Hafengebühr f, Liegegebühr f
❹ (TÉC, NÁUT) Verankerung f
anclar [aŋ'klar] I. vi ankern; **estar anclado** vor Anker liegen
II. vt verankern
áncora ['aŋkora] f (t. NÁUT) Anker m; ~ **de salvación** Rettungsanker m
ancuviña [aŋku'βina] f (Chil) ❶ (*sepelio*) Bestattung f, Begräbnis nt
❷ (*tumba*) Grab nt; **cavar una** ~ ein Grab ausheben
anda ['anda] interj (*fam: sorpresa*) na, so was; (*admiración*) bravo, super; (*desconfianza*) also, ich weiß nicht; (*incredulidad*) ach, komm; (*estimulación*) los, auf (geht's); **¡~!, ¡ven conmigo!** los, komm mit!
andadas [an'daðas] fpl: **volver a las** ~ in alte Gewohnheiten verfallen
andaderas [anda'ðeras] fpl v. **andador**[1]
andador[1] [anda'ðor] m (*para bebés*) Laufstuhl m
andador(a)[2] [anda'ðor(a)] adj wanderlustig; **ser buen/mal** ~ gut/schlecht zu Fuß sein
andadura [anda'ðura] f ❶ (*acción*) Gehen nt
❷ (*modo*) Gang m
❸ (*trayecto recorrido*) Wegstrecke f
ándale ['andale] interj (Méx) na, los, also los
andalón, -ona [anda'lon, -ona] adj (Méx) v. **andador**[2]
Andalucía [andalu'θia] f Andalusien nt
andalucismo [andalu'θismo] m ❶ (*expresión*) andalusischer Ausdruck m; (*costumbre*) andalusischer Brauch m
❷ (*amor*) Verbundenheit f mit Andalusien
andalucista [andalu'θista] I. adj andalusisch (*mit lokalpatriotischer Färbung*)
II. mf (POL) andalusischer Nationalist m, andalusische Nationalistin f
andalusí [andalu'si] <andalusíes> I. adj (HIST) des maurischen [*o* muslimischen] Spanien; **las provincias ~es** die Provinzen des maurischen Spanien
II. mf (HIST) muslimischer Spanier m, muslimische Spanierin f
andaluz(a) [anda'luθ(a)] I. adj andalusisch

II. *m(f)* Andalusier(in) *m(f)*
andamiaje [aɲda'mjaxe] *m* (Bau)gerüst *nt*
andamiar [aɲda'mjar] *vt* (*construcción*) ein Gerüst anbringen (an +*dat*), einrüsten
andamio [aɲ'damjo] *m v.* **andamiaje**
andana [aɲ'dana] *f* Reihe *f*; **llamarse ~** einen Rückzieher machen
andanada [aɲda'naða] *f* (NÁUT) Breitseite *f*; **soltar una ~** (*fig*) eine Breitseite abfeuern; **lanzar una ~ contra alguien** jdm den Marsch blasen; **por ~s** (*Arg*) reichlich
andando [aɲ'daɲdo] *interj* (*fam: afirmándose, recalcando el final*) basta; (*recalcando el comienzo*) na, dann los, auf geht's; **ya es la hora, así que ¡~!** es ist Zeit, also los!
andante [aɲ'daɲte] **I.** *adj* umherziehend; **parece un cadáver ~** er/sie sieht aus wie eine wandelnde Leiche
II. *adv* (MÚS) andante
III. *m* (MÚS) Andante *nt*
andanza [aɲ'daɲθa] *f* ❶ (*correría*) Streifzug *m* ❷ (*peripecia*) Ereignis *nt*, Abenteuer *nt* ❸ (*suerte*): **buena ~** Glück *nt*; **mala ~** Unglück *nt*
andar [aɲ'dar] *irr* **I.** *vi* ❶ (*caminar*) (zu Fuß) gehen; **~ a caballo** reiten; **~ a gatas** auf allen Vieren gehen; (*bebés*) krabbeln; **con paso majestuoso** stolzieren; **~ de prisa** schnell gehen; **~ detrás de** [*o* **tras**] **algo** hinter etw her sein; **desde la estación hay 10 minutos andando** vom Bahnhof aus sind es 10 Minuten zu Fuß; **esta niña andaba ya a los ocho meses** dieses Mädchen lief schon mit acht Monaten ❷ (*reloj*) gehen; (*coche*) laufen, fahren; (*máquina*) laufen ❸ (*tiempo*) vergehen ❹ (*estar*): **¿dónde está el periódico? – ~á por ahí** wo ist die Zeitung? – sie liegt da irgendwo herum; **~ atareado** sehr beschäftigt sein, viel zu tun haben; **~ haciendo algo** gerade dabei sein etw zu tun; **~ metido en un asunto** in eine Sache verwickelt sein; **anda mucha gente buscando empleo** es gibt viele Leute, die eine Stelle suchen; **te anda llamando desde hace una hora** er/sie versucht dich seit einer Stunde anzurufen; **~ con gente de bien** mit den oberen Zehntausend verkehren; **los precios andan por las nubes** die Preise sind unerschwinglich; **ando mal de dinero** ich bin schlecht bei Kasse; **ando mal de inglés** ich bin schlecht in Englisch ❺ (*loc*): **~ a golpes** sich prügeln; **~ a tiros** sich beschießen; **~ a una** sich einig sein; **~ a la que salta** die Gelegenheit beim Schopf(e) fassen [*o* packen]; **~ a la greña con alguien** sich mit jdm balgen; **~ con cuidado** sich vorsehen; **no hay que ~ con bromas con él** mit ihm ist nicht zu spaßen; **~ con miramientos** rücksichtsvoll vorgehen; **~ con rodeos** Umschweife machen; **no andes en mi escritorio** wühl nicht auf meinem Schreibtisch herum; **~ en pleitos** einen Prozess führen; **~emos por los 30 grados** wir haben wohl ungefähr 30 Grad; **anda por los 30** er/sie ist so um die 30; **¡anda!** das gibt's doch nicht!, sag bloß!; **dime con quien andas y te diré quien eres** (*prov*) sage mir, mit wem du umgehst, und ich sage dir, wer du bist
II. *vt* gehen, zurücklegen; **he andado toda la casa para encontrarte** ich habe das ganze Haus nach dir abgesucht
III. *m* Gang *m*
andariego, -a [aɲda'rjeɣo, -a] **I.** *adj* wanderlustig
II. *m, f* Wanderer, -in *m, f*
andarín, -ina [aɲda'rin, -ina] **I.** *adj* (*andador*) wanderlustig; **mi hijo pequeño es muy ~** mein kleiner Sohn läuft gern
II. *m, f* ❶ (*andador*) Wanderer, -in *m, f*; **mira, ahí van las andarinas** schau, da kommen die Wanderinnen ❷ (*mensajero*) Bote, -in *m, f*
andarivel [aɲdari'βel] *m* ❶ (*maroma*) Zugseil *nt* der Seilfähre ❷ (*cesta*) Fahrkorb *m*
andas ['aɲdas] *fpl* Traggestell *nt*; **llevar a alguien en ~** (*fig*) jdn in Watte packen
ándele ['aɲdele] *interj* (*Méx*) *v.* **ándale**
andén [aɲ'den] *m* ❶ (FERRO) Bahnsteig *m* ❷ (*de muelle*) Kai *m* ❸ (*corredor*) Gang *m* ❹ (*de un puente*) Gehweg *m* ❺ (*Arg, Bol, Perú: bancal*) terrassiertes Feld *nt* ❻ (*Guat, Hond: acera*) Bürgersteig *m*
Andes ['aɲdes] *mpl* Anden *pl*
andinismo [aɲdi'nismo] *m sin pl* (*Am*) Bergsteigen *nt*
andinista [aɲdi'nista] *mf* (*Am*) Bergsteiger(in) *m(f)*
andino, -a [aɲ'dino, -a] *adj* Anden-, andin; **vegetación andina** andine Vegetation
Andorra [aɲ'dorra] *f* Andorra *nt*
andorrano, -a [aɲdo'rrano, -a] **I.** *adj* andorranisch
II. *m, f* Andorraner(in) *m(f)*
andrajo [aɲ'draxo] *m* Lumpen *m*, Fetzen *m*
andrajoso, -a [aɲdra'xoso, -a] *adj* zerlumpt

androcéfalo, -a [aɲdro'θefalo, -a] *adj* mit Menschenkopf; **la pintura representa un león ~** auf dem Gemälde ist ein Löwe mit Menschenkopf dargestellt
androcracia [aɲdro'kraθja] *f* (SOCIOL) Männerherrschaft *f*, Androkratie *f*
androgénesis [aɲdro'xenesis] *f inv* (BIOL) Androgenese *f*
andrógeno [aɲ'droxeno] *m* (BIOL) Androgen *nt*
androginia [aɲdro'xinja] *f* (BOT) Androgynie *f*, Zwitterbildung *f*
andrógino, -a [aɲ'droxino, -a] **I.** *adj* androgyn, zwittrig
II. *m, f* Zwitter *m*, Hermaphrodit *m*
androide [aɲ'droiðe] *m* Androide *m*
andropausia [aɲdro'pausja] *f* Andropause *f*
andurrial [aɲdu'rrjal] *m* ❶ (*Arg, Ecua, Perú: paraje pantanoso*) Morast *m*, schlammiges Gelände *nt* ❷ *pl* (*paraje extraviado*) unwegsames Gelände *nt*
ANE [aene'e] *m* (ECON, POL) *abr de* **Acuerdo Nacional sobre Empleo** Nationales Beschäftigungsabkommen *nt*
anea [a'nea] *f* (BOT: *espadaña*) Rohrkolben *m*
aneblarse [ane'βlarse] <e→ie> *vr* neblig werden
anécdota [a'neɣðota] *f* Anekdote *f*
anecdotario [aneɣðo'tarjo] *m* Anekdotensammlung *f*
anecdótico, -a [aneɣ'ðotiko, -a] *adj* anekdotisch, anekdotenhaft
anegadizo, -a [aneɣa'ðiθo, -a] *adj* ❶ (*que se inunda*) überschwemmungsgefährdet ❷ (*pantanoso*) sumpfig
anegamiento [aneɣa'mjeɲto] *m* ❶ (*empantanamiento*) Versumpfung *f* ❷ (*inundación*) Überschwemmung *f*
anegar [ane'ɣar] <g→gu> **I.** *vt* (*inundar*) überschwemmen ❷ (*ahogar*) ertränken; **~ una sublevación en sangre** einen Aufstand blutig niederschlagen
II. *vr:* **~se** überschwemmt werden; **~se en lágrimas** in Tränen aufgelöst sein
anejo¹ [a'nexo] *m* ❶ (*edificio*) Anbau *m*, Nebengebäude *nt* ❷ (*carta*) Anlage *f* ❸ (*libro, revista*) Beiheft *nt* ❹ (*en un libro*) Anhang *m* ❺ (*pueblo*) Gemeindebezirk *m*
anejo, -a² [a'nexo, -a] *adj* (*a edificios*) angebaut; (*a cartas*) anliegend, beigefügt, beiliegend
anélido¹ [a'neliðo] *m* (ZOOL) Ringelwurm *m*, Gliederwurm *m*
anélido, -a² [a'neliðo, -a] *adj* (ZOOL) Ringelwurm-, Gliederwurm-
anemia [a'nemja] *f sin pl* (MED) Blutarmut *f*, Anämie *f*
anémico, -a [a'nemiko, -a] *adj* (MED) blutarm, anämisch
anemografía [anemoɣra'fia] *f* (METEO) Anemographie *f*
anemometría [anemome'tria] *f* (METEO) Wind(stärke)messung *f*, Anemometrie *f*
anemómetro [ane'mometro] *m* Wind(geschwindigkeits)messer *m*, Anemometer *nt*
anémona [a'nemona] *f* (BOT) Anemone *f*; **~ de mar** Seeanemone *f*
anemoscopio [anemos'kopjo] *m* (METEO) Anemoskop *nt*
anerobio [ane'roβjo] *m* (BIOL) *v.* **anaeróbico, anaerobio**
anestesia [anes'tesja] *f* (MED) Betäubung *f*, Anästhesie *f*; **~ local** örtliche Betäubung
anestesiar [aneste'sjar] *vt* (MED) betäuben, anästhesieren
anestésico¹ [anes'tesiko] *m* (MED) Betäubungsmittel *nt*, Anästhetikum *nt*
anestésico, -a² [anes'tesiko, -a] *adj* (MED) anästhetisch
anestesiología [anestesjolo'xia] *f* (MED) Anästhesiologie *f*
anestesiólogo, -a [aneste'sjoloɣo, -a] *m, f* (MED) Anästhesiologe, -in *m, f*
anestesista [aneste'sista] *mf* (MED) Anästhesist(in) *m(f)*
aneurisma [aneu'risma] *m o f* (MED) Aneurysma *nt*
anexión [aneɣ'sjon] *f* (POL) Annexion *f*
anexionar [aneɣsjo'nar] *vt* (POL) annektieren
anexionismo [aneɣsjo'nismo] *m sin pl* (POL) Annexionismus *m*
anexo¹ [a'neɣso] *m v.* **anejo¹**
anexo, -a² [a'neɣso, -a] *adj v.* **anejo²**
anfetamina [aɱfeta'mina] *f* (MED) Amphetamin *nt*
anfibio¹ [aɱ'fiβjo] *m* ❶ (ZOOL) Amphibie *f*, Amphibium *nt*, Lurch *m* ❷ (*vehículo*) Amphibienfahrzeug *nt*; (*avión*) Amphibienflugzeug *nt*
anfibio, -a² [aɱ'fiβjo, -a] *adj*; **animal ~** amphibisches Lebewesen; **vehículo ~** Amphibienfahrzeug *nt*
anfibología [aɱfiβolo'xia] *f* Amphibolie *f*, Mehrdeutigkeit *f*
anfisbena [aɱfis'βena] *f* (ZOOL) Doppelschleiche *f*
anfiteatro [aɱfite'atro] *m* ❶ (*local*) Amphitheater *nt* ❷ (*piso de un teatro*) Rang *m*
anfitrión, -ona [aɱfi'trjon, -ona] *m, f* Gastgeber(in) *m(f)*
ánfora ['aɱfora] *f* ❶ (*cántaro*) Amphore *f*, Amphora *f* ❷ (*Méx: urna electoral*) Wahlurne *f*

angarillas [aŋga'riʎas] *fpl* ❶ (*andas*) Trage *f*, Traggestell *nt* ❷ (*vinagreras*) Menage *f*
angarrio, -a [aŋ'garrjo, -a] *adj* (*Col, Ven*) ausgemergelt
ángel ['aŋxel] *m* Engel *m*; **~ de la guarda** Schutzengel *m*; **tener mucho ~** viel Charme haben; **¡eres un ~!** du bist ein Engel; **cantas como los ~es** du singst wie ein Engel; **¡ha pasado un ~!** Ausspruch, mit dem man die plötzliche Stille in einem Gespräch zu füllen versucht
angelical [aŋxeli'kal] *adj* Engel(s)-, engelhaft; **rostro ~** Engelsgesicht *nt*
angelito [aŋxe'lito] *m* ❶ (*niño inocente*) kleines (unschuldiges) Kind *nt* ❷ (*niño muerto*) (gerade) verstorbenes Kind *nt*; **vengo del velatorio del ~** ich komme von der Totenwache für das verstorbene Kind
angelote [aŋxe'lote] *m* (*fam*) ❶ (*niño obeso*) Dickerchen *nt* ❷ (*buenazo*) gutmütiger Mensch *m*
ángelus ['aŋxelus] *m inv* (REL) Angelus *m o nt*
angina [aŋ'xina] *f* (MED): **~ de pecho** Angina pectoris; **~s** Halsentzündung *f*, Angina *f*
angiocardiopatía [aŋxjokarðjopa'tia] *f* (MED) Angiokardiopathie *f*
angiografía [aŋxjoɣra'fia] *f* (MED) Angiographie *f*
angiología [aŋxjolo'xia] *f* (MED) Angiologie *f*
angioma [aŋ'xjoma] *m* (MED) Angiom *nt*, Gefäßgeschwulst *f*
angiospermas [aŋxjos'permas] *fpl* (BOT) Bedecktsamer *mpl*, Angiospermen *pl*
angiospermo, -a [aŋxjos'permo, -a] *adj* (BOT) bedecktsamig
anglicanismo [aŋglika'nismo] *m sin pl* Anglikanismus *m*
anglicano, -a [aŋgli'kano, -a] I. *adj* anglikanisch
  II. *m, f* Anglikaner(in) *m(f)*
anglicismo [aŋgli'θismo] *m* (LING) Anglizismus *m*
anglista [aŋ'glista] *mf* Anglist(in) *m(f)*
anglo, -a [aŋglo, -a] I. *adj* (HIST) die Angeln betreffend; **los primeros pobladores ~s llegaron en el siglo V** die ersten Angeln gründeten im 5. Jahrhundert Siedlungen
  II. *m, f* (HIST) Angehörige(r) *mf* des Stammes der Angeln; **los ~s eran un pueblo germano** die Angeln waren ein germanisches Volk
angloamericano, -a [aŋgloameri'kano, -a] I. *adj* angloamerikanisch
  II. *m, f* Angloamerikaner(in) *m(f)*
anglocanadiense [aŋglokana'ðjense] I. *adj* anglokanadisch; **mi novia es ~** meine Freundin ist Anglokanadierin
  II. *mf* Anglokanadier(in) *m(f)*
anglofilia [aŋglo'filja] *f* (*elev*) Anglophilie *f*
anglófilo, -a [aŋ'glofilo, -a] *adj* anglophil
anglofobia [aŋglo'foβja] *f* (*elev*) Anglophobie *f*
anglófobo, -a [aŋ'glofoβo, -a] *adj* anglophob
anglófono, -a [aŋ'glofono, -a] *adj* anglophon
anglohablante [aŋgloa'βlante] *adj* englischsprachig
anglomanía [aŋgloma'nia] *f* Anglomanie *f*
anglonormando¹ [aŋglonor'mando] *m sin pl* (*dialecto*) Anglonormannisch(e) *nt*, Anglofranzösisch(e) *nt*
anglonormando, -a² [aŋglonor'mando, -a] I. *adj* anglonormannisch
  II. *m, f* Anglonormanne, -in *m, f*
angloparlante [aŋglopar'lante] *adj v.* **anglohablante**
anglosajón, -ona [aŋglosa'xon, -ona] I. *adj* angelsächsisch
  II. *m, f* Angelsachse, -sächsin *m, f*
ango ['aŋgo] *m* (*Col*) ❶ (ANAT: *tendón*) Sehne *f* ❷ (*látigo*) Peitsche *f*
Angola [aŋ'gola] *f* Angola *nt*
angoleño, -a [aŋgo'leno, -a] I. *adj* angolanisch
  II. *m, f* Angolaner(in) *m(f)*
angora [aŋ'gora] I. *adj* Angora-
  II. *f* Angora *nt*; **gato de A~** Angorakatze *f*; **lana de A~** Angorawolle *f*
angorina [aŋgo'rina] *f* (*tejido*) Angorina *nt*; **un jersey de ~** ein Pullover aus Angorina
angostar [aŋgos'tar] I. *vt* enger machen, verengen
  II. *vr*: **~se** sich verengen
angosto, -a [aŋ'gosto, -a] *adj* eng, schmal
angostura [aŋgos'tura] *f* ❶ (*estrechez*) Enge *f*, Schmalheit *f*; **~ intelectual** Engstirnigkeit *f* ❷ (*paso estrecho*) Engpass *m*
ángstrom ['aŋʏs'trom] *m*, **angstromio** [aŋʏs'tromjo] *m* (FÍS) Ångström *nt*
anguiforme [aŋgi'forme] *adj* schlangenförmig
anguila [aŋ'gila] *f* ❶ (ZOOL) Aal *m*; **~ ahumada** Räucheraal *m* ❷ (NÁUT) Stapel *m*
anguilero, -a [aŋgi'lero, -a] I. *adj* Aal-; **cesto ~** Aalkorb *m*
  II. *m, f* ❶ (*pescador*) Aalfischer(in) *m(f)* ❷ (*vendedor*) Aalverkäufer(in) *m(f)*
angula [aŋ'gula] *f* (ZOOL) Glasaal *m*
angular [aŋgu'lar] I. *adj* Winkel-, **forma ~** Winkelform *f*
  II. *m* ❶ (FOTO): **gran ~** Weitwinkelobjektiv *nt* ❷ (*herramienta*) Winkeleisen *nt*

ángulo ['aŋgulo] *m* ❶ (MAT) Winkel *m*; **~ agudo** spitzer Winkel; **~ complementario** Komplementwinkel *m*; **~ muerto** toter Winkel; **~ obtuso** stumpfer Winkel; **~ plano** [*o* **llano**] gestreckter Winkel; **~ recto** rechter Winkel; **~ suplementario** Supplementwinkel *m*; **en ~** winkelförmig, wink(e)lig
❷ (FOTO): **~ de abertura** Öffnungswinkel *m*; **~ focal** Bildwinkel *m*
❸ (DEP): **~ de tiro** Schusswinkel *m*
❹ (*rincón*) Ecke *f*
❺ (*arista, esquina*) Kante *f*
❻ (*punto de vista*) Blickwinkel *m*
angulosidad [aŋgulosi'ðað] *f* Eckigkeit *f*
anguloso, -a [aŋgu'loso, -a] *adj* ❶ (*calle, habitación*) wink(e)lig ❷ (*cara*) kantig
angurria [aŋ'gurrja] *f* (*Am: fam*) ❶ (*ganas*) Gelüste *ntpl*; (*hambre*) Heißhunger *m*; (*pey: glotonería*) Essgier *f*, Gefräßigkeit *f* ❷ (*codicia*) Habsucht *f*, Habgier *f*
angurriento, -a [aŋgu'rrjento, -a] *adj* (*Am*) ❶ (*pey: glotón*) essgierig, gefräßig *fam*; (*hambriento*) heißhungrig; (*t. fig: devorador*) verzehrend ❷ (*codicioso*) habgierig, habsüchtig
angustia [aŋ'gustja] *f* ❶ (*aprieto*) Beklemmung *f* ❷ (*temor*) Angst *f*; **~ vital** Lebensangst *f* ❸ (*congoja, aflicción*) Betrübnis *f*, Kummer *m*; **estas noticias me dan ~** diese Nachrichten bedrücken mich ❹ (*sofoco*) Atembeklemmung *f*
angustiado, -a [aŋgus'tjaðo, -a] *adj* ❶ (*acongojado*) beklommen ❷ (*atemorizado*) verängstigt ❸ (*afligido, apenado*) bekümmert, betrübt
angustiar [aŋgus'tjar] I. *vt* ❶ (*acongojar*) beklemmen ❷ (*causar temor*) (ver)ängstigen, quälen ❸ (*afligir, apenar*) betrüben, bekümmern
  II. *vr*: **~se** ❶ (*afligirse*) beklommen werden ❷ (*atemorizarse*) sich ängstigen, sich quälen
angustioso, -a [aŋgus'tjoso, -a] *adj* ❶ (*lleno de angustia*) angstvoll ❷ (*inquietante*) beängstigend ❸ (*sofocante*) beklemmend
anhelante [ane'lante] *adj* ❶ (*jadeante*) keuchend, schnaubend ❷ (*ansioso*) sehnsüchtig; **estar ~ por algo** etw herbeisehnen
anhelar [ane'lar] I. *vi* keuchen
  II. *vt* sich sehnen (nach +*dat*); **anhela regresar a Galicia** er/sie sehnt sich danach, nach Galicien zurückzukehren
anhelo [a'nelo] *m* Sehnsucht *f* (*de* nach +*dat*)
anheloso, -a [ane'loso, -a] *adj* ❶ (*ansioso*) sehnsüchtig ❷ (*jadeante*) keuchend; **respiración anhelosa** schwere Atmung
anhídrido [a'niðriðo] *m* (QUÍM) Anhydrid *nt*; **~ carbónico** Kohlendioxid *nt*
anhidro, -a [a'niðro, -a] *adj* (QUÍM: *que no contiene agua*) wasserfrei; (*deshidratado*) entwässert
anhidrosis [ani'ðrosis] *f inv* (MED) An(h)idrose *f*
anidamiento [aniða'mjento] *m* (INFOR) Schachtelung *f*, Verschachtelung *f*
anidar [ani'ðar] I. *vi* ❶ (*hacer nido*) nisten ❷ (*morar*) wohnen; **el odio anida en su corazón** sein/ihr Herz ist von Hass erfüllt
  II. *vt* aufnehmen, beherbergen
aniegue [a'njeɣe] *m* (*Méx*) Überschwemmung *f*
anilina [ani'lina] *f* (QUÍM) Anilin *nt*
anilla [a'niʎa] *f* ❶ (*aro*) Ring *m*; (*de cortina*) Gardinenring *m*; (*para pájaros*) Fußring *m* ❷ (*de puro*) Bauchbinde *f* ❸ *pl* (DEP) Ringe *mpl*
anillado¹ [ani'ʎaðo] *m* Beringen *nt*
anillado, -a² [ani'ʎaðo, -a] *adj* aus mehreren Ringen bestehend
anillar [ani'ʎar] *vt* ❶ (*dar forma*) ringförmig biegen ❷ (*sujetar*) an Ringen befestigen ❸ (*pájaros, puros*) beringen
anillo [a'niʎo] *m* ❶ (*aro pequeño*) Ring *m*; (*sortija*) (Finger)ring *m*; **~ de boda** Ehering *m*; **~ de compromiso** Verlobungsring *m*; **los ~s olímpicos** die Olympischen Ringe; **a alguien no se le caen los ~s** jdm bricht [*o* fällt] kein Zacken aus der Krone; **este vestido te viene como ~ al dedo** dieses Kleid passt dir wie angegossen; **esta solución me viene como ~ al dedo** diese Lösung kommt mir wie gerufen ❷ (BOT): **~ de crecimiento** Jahresring *m*
ánima ['anima] *f* (*t. TÉC: alma*) Seele *f*; **a las ~s** am Abend, abends
animación [anima'θjon] *f* ❶ (*acción de animarse*) Belebung *f*; **dar ~ a algo** etw beleben ❷ (*viveza*) Lebhaftigkeit *f* ❸ (*actividad*) geschäftiges Treiben *nt*, Betrieb *m*; **había mucha ~ en la calle** die Straße war sehr belebt ❹ (CINE, INFOR) Animation *f*; **~ por ordenador** Computeranimation *f*

animado

❺ (*t.* ECON: *motivación*) Motivierung *f*
animado, -a [ani'maðo, -a] *adj* ❶ (*persona*) heiter, fröhlich; **últimamente no está muy ~** in letzter Zeit ist er nicht besonders bei Laune ❷ (*lugar, calle*) belebt ❸ (*circulación, actividad*) rege, lebhaft ❹ (*concurrido*) stark besucht ❺ (*tener ganas*): **estar ~ a hacer algo** Lust haben etw zu tun; **no estar muy ~** keine rechte Lust haben; **estoy ~ a continuar mis estudios** ich habe Lust mein Studium fortzusetzen ❻ (INFOR): **~ por ordenador** computeranimiert
animador(a) [anima'ðor(a)] I. *adj* ermutigend, anregend II. *m(f)* ❶ (*artista*) Entertainer(in) *m(f)*, Alleinunterhalter(in) *m(f)* ❷ (*de grupos, turistas*) Animateur(in) *m(f)* ❸ (*presentador*) Moderator(in) *m(f);* **~ cultural** Kulturbeauftragter *m*
animadora [anima'ðora] *f* (*en bares*) Animierdame *f*
animadversión [animaðβer'sjon] *f* Abneigung *f*, Feindseligkeit *f;* **sentir ~ por alguien/algo** eine Abneigung gegen jdn/etw haben
animal [ani'mal] I. *adj* ❶ (*relativo a los animales*) Tier-, tierisch; **comportamiento ~** Tierverhalten *nt* ❷ (*grosero*) grob, roh; **el aspecto ~ del hombre** das Tier im Menschen II. *m* ❶ (*ser vivo no humano*) Tier *nt;* **~es de caza** Wild *nt;* **~ de compañía** Haustier *nt;* **~es de engorde** Mastvieh *nt;* **~ de matanza** Schlachttier *nt;* **~ de presa** [*o* **de rapiña**] Raubtier *nt;* **~ racional** rationales Wesen; **~ de sangre caliente** Warmblüter *m;* **~ de tiro** Zugtier *nt;* **no experimentado en ~s** ohne Tierversuche; **comes como un ~** (*fam*) du isst wie ein Scheunendrescher ❷ (*pey: persona ignorante*) Primitivling *m* ❸ (*persona bruta*) Rüpel *m;* **Juan está hecho un ~** Juan ist ein Rohling
animalada [anima'laða] *f* (*fam*) ❶ (*disparate*) Unsinn *m*, Blödsinn *m* ❷ (*barbaridad, salvajada*) Barbarei *f;* **¡qué ~!** was für ein Wahnsinn! ❸ (*cantidad excesiva*) Unmenge *f*
animalejo [anima'lexo] *m* Tierchen *nt*
animalidad [animali'ðað] *f* Tierhaftigkeit *f;* **a veces llega hasta la ~** manchmal benimmt er/sie sich geradezu animalisch
animalizarse [animali'θarse] <z→c> *vr* verrohen, vertieren
animalucho [anima'lutʃo] *m* (*pey*) Vieh *nt*
animar [ani'mar] I. *vt* ❶ (*infundir vida*) beleben, beseelen ❷ (*dar ánimo*) anregen, animieren; (*conversación, reunión*) beleben; (*algo aburrido*) in Schwung bringen ❸ (*alentar, estimular*) ermutigen; **la animó para que viajara a Latinoamérica** er/sie hat sie ermutigt nach Lateinamerika zu reisen ❹ (*persona triste*) aufmuntern, aufmöbeln *fam* ❺ (*habitación*) aufheitern; (*economía*) ankurbeln II. *vr:* ~se ❶ (*cobrar vida*) sich beleben; **sus chistes nos ~on** seine/ihre Witze heiterten uns wieder auf ❷ (*atreverse*) Mut fassen ❸ (*decidirse*) sich entschließen; **¡por fin te has animado a escribir (una carta)!** endlich hast du dich zu einem Brief durchgerungen [*o* aufgerafft]!; **¿te animas?** machst du mit? ❹ (*alegrarse*) in Stimmung [*o* Schwung] kommen
anímico, -a [a'nimiko, -a] *adj* seelisch, psychisch
animismo [ani'mismo] *m sin pl* (REL) Animismus *m*
animista [ani'mista] I. *adj* (REL) animistisch II. *mf* Animist(in) *m(f)*
ánimo ['animo] *m* ❶ (*alma, espíritu*) Gemüt *nt;* **calmar** [*o* **templar**] **los ~s** die Gemüter besänftigen; **no estoy con ~s de...** ich bin nicht in der Verfassung zu ... ❷ (*empuje, energía, valor*) Mut *m*, Kraft *f;* **¡~!** Kopf hoch!; **cobrar ~** Mut fassen; **dar ~** Mut einflößen, aufmuntern ❸ (*intención*) Absicht *f* (*de* zu +*dat*); **~ de apropiación** (JUR) Zueignungsabsicht *f;* **~ defraudatorio** (JUR) Betrugsabsicht *f*, Täuschungsabsicht *f;* **~ de lucro** (ECON) Gewinnabsicht *f;* **con ~ de...** mit [*o* in] der Absicht zu ...; **sin ~ de lucro** gemeinnützig; **sin ~ de ofender a nadie** ohne jemandem zu nahe treten zu wollen
animosidad [animosi'ðað] *f* ❶ (*empuje, energía*) Tatkraft *f*, Mut *m* ❷ (*animadversión*) Abneigung *f*, Feindseligkeit *f*
animoso, -a [ani'moso, -a] *adj* tatkräftig, mutig
aniñado, -a [ani'ɲaðo, -a] *adj* kindlich; (*semejante a un niño*) jungenhaft; (*semejante a una niña*) mädchenhaft; (*pey*) kindisch
aniñarse [ani'ɲarse] *vr* kindlich werden; (*pey*) kindisch werden
anión [a'njon] *m* (FÍS, QUÍM) Anion *nt*
aniquilación [anikila'θjon] *f v.* **aniquilamiento**
aniquilador(a) [anikila'ðor(a)] *adj* vernichtend
aniquilamiento [anikila'mjento] *m* Vernichtung *f;* **el ~ de la salud** die Zerstörung der Gesundheit
aniquilar [aniki'lar] I. *vt* ❶ (*destruir*) vernichten, auslöschen; **el enemigo fue aniquilado** der Feind wurde vernichtet; **~ todas las esperanzas** alle Hoffnungen zunichte machen ❷ (*salud*) ruinieren

anotar

❸ (*desanimar*) fertig machen II. *vr:* ~se ❶ (*desaparecer*) vernichtet werden ❷ (*deteriorarse*) zerstört werden
anís [a'nis] <anises> *m* (BOT) Anis *m;* (*bebida*) Anislikör *m*
anisado¹ [ani'saðo] *m* Anis(schnaps) *m;* (*licor*) Anisette *f*
anisado, -a² [ani'saðo] *adj* Anis-, mit Anis; **una infusión anisada** ein Anistee
anisete [ani'sete] *m* Anisette *m*, Anislikör *m*
aniversario [aniβer'sarjo] *m* Jubiläum *nt*, Jahrestag *m;* **~ de bodas** Hochzeitstag *m;* **su ~ de muerte** sein/ihr Todestag
ano ['ano] *m* (ANAT) After *m;* **~ artificial** [*o* **contra natura**] künstlicher Darmausgang
anoche [a'notʃe] *adv* (*al atardecer*) gestern Abend; (*entrada la noche*) gestern Nacht; **antes de ~** vorgestern Abend; **~ no pude dormir** letzte Nacht konnte ich nicht schlafen
anochecer [anotʃe'θer] I. *vi irr como crecer* dunkel werden, Nacht werden; **anochecimos en Burgos** bei Einbruch der Dunkelheit waren wir in Burgos II. *m* Abenddämmerung *f*, Einbruch *m* der Nacht; **al ~** bei Einbruch der Dunkelheit
anochecida [anotʃe'θiða] *f* Einbruch *m* der Nacht, Abenddämmerung *f;* **a la ~ nos volvimos a casa** bei Einbruch der Nacht kehrten wir nach Hause zurück
anodinia [ano'ðinja] *f* (MED) Schmerzlosigkeit *f*, Analgesie *f*
anodino, -a [ano'ðino, -a] *adj* ❶ (*cosa*) nichts sagend, inhaltslos ❷ (*persona*) fade ❸ (MED) schmerzstillend
anodizar [anoðí'θar] <z→c> *vt* eloxieren
ánodo ['anoðo] *m* (ELEC) Anode *f*
anofeles [ano'feles] *m inv* (ZOOL) Anopheles(mücke) *f*
anomalía [anoma'lia] *f* ❶ (*irregularidad*) Anomalie *f;* **¿has observado alguna ~ en mi actitud?** hast du an meinem Verhalten etwas Ungewöhnliches bemerkt? ❷ (BIOL) Anomalie *f*, Missbildung *f* ❸ (ASTR) Anomalie *f*
anómalo, -a [a'nomalo, -a] *adj* abnorm, anomal
anonadación [anonaða'θjon] *f*, **anonadamiento** [anonaða'mjento] *m* ❶ (*aniquilamiento*) Vernichtung *f* ❷ (*pasmo*) Verblüffung *f* ❸ (*descorazonamiento*) Entmutigung *f*
anonadar [anona'ðar] I. *vt* ❶ (*aniquilar*) vernichten ❷ (*pasmar*) verblüffen; (*maravillar*) überwältigen; **la noticia me dejó anonadado** ich war über die Nachricht verblüfft ❸ (*descorazonar*) entmutigen II. *vr:* ~se ❶ (*aniquilarse*) vernichtet werden ❷ (*descorazonarse*) entmutigt werden
anonimato [anoni'mato] *m* Anonymität *f;* **el autor del artículo ha mantenido el ~** der Autor des Artikels hat die Anonymität gewahrt
anonimia [ano'nimja] *f* Anonymität *f*
anónimo¹ [a'nonimo] *m* ❶ (*autor*) Anonymus *m* ❷ (*escrito*) anonymer Brief *m* ❸ (*anonimato*) Anonymität *f;* **guardar/conservar el ~** die Anonymität wahren
anónimo, -a² [a'nonimo, -a] *adj* anonym; **datos ~s** anonymisierte Daten; **encuesta anónima** anonyme Umfrage; **sociedad anónima** (ECON) Aktiengesellschaft *f*
anorak [ano'rak] <anoraks> *m* Anorak *m*
anorexia [ano'reʝsja] *f sin pl* (MED) Appetitlosigkeit *f*, Anorexie *f*
anoréxico, -a [ano'reʝsiko, -a] I. *adj* an Anorexie [*o* Appetitlosigkeit] leidend II. *m, f* (MED) an Anorexie [*o* Appetitlosigkeit] leidender Mensch *m*
anormal [anor'mal] I. *adj* (*no normal*) anormal; (*retrasado*) retardiert; (*físico*) körperlich zurückgeblieben; (*mental*) geistig zurückgeblieben II. *mf* retardierte Person *f*
anormalidad [anormali'ðað] *f* ❶ (*no normal*) Anormalität *f* ❷ (*anomalía*) Anomalie *f*
anosmia [a'nosmja] *f* (MED) Anosmie *f*
anotación [anota'θjon] *f* ❶ (*acción de anotar*) Aufschreiben *nt;* (*en un registro*) Eintragung *f;* **~ en cuenta** (JUR) Bucheintragung *f* ❷ (*nota*) Notiz *f*, Vermerk *m* ❸ (FIN) Buchung *f;* **~ de intereses** Zinsgutschrift *f*
anotador(a) [anota'ðor(a)] *m(f)* ❶ (DEP) Schütze, -in *m, f;* (*en baloncesto*) Korbschütze, -in *m, f;* (*en balonmano y fútbol*) Torschütze, -in *m, f* ❷ (CINE) Protokollführer(in) *m(f);* (*chica*) Skriptgirl *nt*
anotar [ano'tar] *vt* ❶ (*apuntar*) notieren ❷ (*en un registro*) eintragen; **~ operaciones** (**contables**) (FIN) (Buchungs)vorgänge verbuchen; **~ una orden** (ECON) eine Bestellung aufnehmen ❸ (DEP: *tanto*) erzielen; **~ una canasta** einen Korb werfen

anovelado, -a [anoβe'laðo, -a] *adj* romanhaft, romanesk
anovulatorio [anoβula'torjo] *m* (MED) Ovulationshemmer *m*
anoxemia [anoˠ'semja] *f* (MED) Anoxämie *f*
anoxia [a'noˠsja] *f* (MED) Anoxie *f*
anquilosamiento [aŋkilosa'mjento] *m* ❶ (*de las articulaciones*) Versteifung *f*
❷ (*paralización*) Stockung *f*, Lähmung *f*
❸ (*mental*) Verknöcherung *f*
anquilosar [aŋkilo'sar] I. *vt* versteifen
II. *vr*: ~**se** ❶ (*las articulaciones*) steif werden
❷ (*paralizarse*) stocken, ins Stocken geraten
❸ (*mentalmente*) verknöchern
anquilosis [aŋki'losis] *f inv* (MED) Gelenkversteifung *f*, Ankylose *f*
ansa ['ansa] *f* (HIST) Hansa *f*
ánsar ['ansar] *m* (ZOOL) Gans *f*
anseático, -a [anse'atiko, -a] I. *adj* Hanse-, hanseatisch
II. *m*, *f* Hanseat(in) *m(f)*
ansia ['ansja] *f* ❶ (*angustia*) (Seelen)angst *f*, Beklemmung *f*
❷ (*intranquilidad*) Unruhe *f*
❸ (*afán*) Sehnsucht *f* (*de* nach +*dat*), Verlangen *nt* (*de* nach +*dat*); ~ **de poder** Machthunger *m*
❹ (*náusea*) Übelkeit *f*
ansiar [an'sjar] <*1. pres*: ansío> *vt* sich sehnen (nach +*dat*), herbeisehnen; **el momento ansiado** der ersehnte Augenblick; **el equipo logró la tan ansiada copa** die Mannschaft gewann den heiß ersehnten Pokal; **ansiaba el regreso de su novio** sie wartete sehnsüchtig auf die Rückkehr ihres Freundes; **ansiaba el fin de la guerra** er/sie sehnte das Ende des Krieges herbei
ansiedad [ansje'ðað] *f* ❶ (*angustia*) (Seelen)angst *f*, Beklemmung *f*
❷ (PSICO): **estado de** ~ Angstzustand *m*; **neurosis de** ~ Angstneurose *f*
ansiolítico¹ [ansjo'litiko] *m* (MED) Anxiolytikum *nt*, angstlösendes Arzneimittel *nt*
ansiolítico, -a² [ansjo'litiko, -a] *adj* (MED) anxiolytisch, angstlösend
ansiosamente [ansjosa'mente] *adv*: **esperamos** ~ **su visita** wir können Ihren Besuch kaum erwarten; **la esperaba** ~ **en la estación** er/sie wartete sehnsüchtig am Bahnhof auf sie
ansioso, -a [an'sjoso, -a] *adj* ❶ (*intranquilo*) beunruhigt
❷ (*anheloso*) sehnsuchtsvoll
❸ (*impaciente*) ungeduldig; (*deseoso*) begierig
❹ (*codicioso*) gierig
anta ['anta] *f* ❶ (ZOOL) Elch *m*
❷ (HIST) Menhir *m*
antagónico, -a [anta'ɣoniko, -a] *adj* ❶ (*opuesto*) gegensätzlich, antagonistisch
❷ (*rival*) gegnerisch
antagonismo [antaɣo'nismo] *m* Gegensatz *m*, Antagonismus *m*; **el** ~ **entre el gerente y sus colaboradores** die Gegnerschaft zwischen dem Geschäftsführer und seinen Mitarbeitern
antagonista¹ [antaɣo'nista] *mf* (*rival*) Gegner(in) *m(f)*, Antagonist(in) *m(f)*
antagonista² [antaɣo'nista] *m* (ANAT) Antagonist *m*
antaño [an'taɲo] *adv* einst, früher
antártico, -a [an'tartiko, -a] *adj* antarktisch; **polo** ~ Südpol *m*; **Océano Glacial A**~ Südpolarmeer *nt*
Antártida [an'tartiða] *f* Antarktis *f*
ante ['ante] I. *m* ❶ (ZOOL) Elch *m*
❷ (*piel*) Wildleder *nt*
II. *prep* ❶ (*posición*) vor +*dat*; ~ **la casa hay un jardín** vor dem Haus ist ein Garten; **estamos sentados** ~ **el fuego** wir sitzen vor dem Feuer; **mostrar valentía** ~ **el enemigo** Tapferkeit vor dem Feind demonstrieren
❷ (*con movimiento*) vor +*akk*; **depositaron las ofrendas** ~ **el altar** sie legten ihre Gaben vor den Altar; **se presentó** ~ **el público** er/sie trat vor das Publikum; **se prosternó** ~ **el príncipe** er warf sich vor dem Fürsten nieder
❸ (*en vista de*) angesichts +*gen*; ~ **esta situación no nos queda otro remedio que...** angesichts der Situation bleibt uns nichts anderes übrig als ...
❹ (*en comparación con*) neben +*dat*; **mi amor palidece** ~ **el tuyo** meine Liebe verblasst neben deiner
anteanoche [antea'notʃe] *adv* vorgestern Abend
anteayer [antea'jer] *adv* vorgestern
antebrazo [ante'βraθo] *m* (ANAT) Unterarm *m*
antecámara [ante'kamara] *f* Vorzimmer *nt*
antecedente [anteθe'ðente] I. *adj* (*precedente*) vorangehend, vorhergehend
II. *m* ❶ (LING) Bezugswort *nt*
❷ (FILOS) Antezedens *nt*, Ursache *f*
❸ *pl* (*circunstancias anteriores*) Vorgeschichte *f*; (*de una persona*) Vorleben *nt*; ~**s penales** Vorstrafe *f*; **estar en** ~**s** (**de algo**) (über etw) im Bilde sein; **poner a alguien en** ~**s** (**de algo**) jdn (über etw) ins Bild setzen
anteceder [anteθe'ðer] *vt* vorangehen +*dat*, vorhergehen +*dat*
antecesor(a) [anteθe'sor(a)] *m(f)* ❶ (*en un cargo*) Vorgänger(in) *m(f)*
❷ (*antepasado*) Vorfahr(e), -in *m*, *f*, Ahn(e) *mf*
antecesores [anteθe'sores] *mpl* Vorfahren *mpl*, Ahnen *mpl*
antecos [an'tekos] *mpl* (GEO) Antöken *pl*
antedata [ante'ðata] *f* Zurückdatierung *f*
antedatar [anteða'tar] *vt* (zu)rückdatieren
antedicho, -a [ante'ðitʃo, -a] *adj* oben genannt, oben schon erwähnt
antediluviano, -a [anteðilu'βjano, -a] *adj* vorsintflutlich
antefirma [ante'firma] *f* Amtsbezeichnung *f*
anteguerra [ante'ɣerra] *f* Vorkriegszeit *f*
antelación [antela'θjon] *f*: **con** ~ im Voraus, vorher; **con la debida** ~ rechtzeitig
antemano [ante'mano] *adv*: **de** ~ im Voraus; **calcular de** ~ vorausberechnen
antena [an'tena] *f* ❶ (*de telecomunicaciones*) Antenne *f*; ~ **colectiva** Gemeinschaftsantenne *f*; ~ **interior** Zimmerantenne *f*; ~ **parabólica** Parabolantenne *f*; **estar en** ~ senden; **el programa lleva un año en** ~ das Programm wird seit einem Jahr ausgestrahlt
❷ (NÁUT) Rah(e) *f*
❸ (ZOOL) Fühler *m*; **estar con las** ~**s puestas** (*irón*) die Ohren spitzen
anteojeras [anteo'xeras] *fpl* Scheuklappen *fpl*
anteojo [ante'oxo] *m* ❶ (*catalejo*) Fernrohr *nt*
❷ *pl* (*gemelos*) Opernglas *nt*; (*prismáticos*) Fernglas *nt*; (*lentes*) Brille *f*
❸ *pl* (*anteojeras*) Scheuklappen *fpl*
antepalco [ante'palko] *m* Vorzimmer *nt* der Loge
antepasado, -a [antepa'saðo, -a] I. *adj* vorherig, vorhergehend
II. *m*, *f* Vorfahr(e), -in *m*, *f*, Ahn(e) *mf*; **mis** ~**s por parte de mi padre** meine Vorfahren väterlicherseits
antepecho [ante'petʃo] *m* ❶ (*barandilla*) Geländer *nt*
❷ (*pretil*) Brüstung *f*; (*de una ventana*) Fensterbrüstung *f*
antepenúltimo, -a [antepe'nultimo, -a] I. *adj* vorvorletzte(r, s)
II. *m*, *f* Vorvorletzte(r) *mf*
anteponer [antepo'ner] *irr como poner* I. *vt* ❶ (*poner delante*): ~ **algo/alguien a algo/alguien** etw/jdn vor etw/jdn stellen
❷ (*dar preferencia*) den Vorrang geben +*dat* (*a* vor +*dat*)
II. *vr*: ~**se** ❶ (*ponerse delante*): ~**se a algo/alguien** sich vor etw/jdn stellen
❷ (*tener preferencia*) den Vorrang haben (*a* vor +*dat*)
anteportada [antepor'taða] *f* (TIPO) Schmutztitel *m*
anteproyecto [antepro'jekto] *m* Vorentwurf *m*
antera [an'tera] *f* (BOT) Anthere *f*, Staubbeutel *m*
anterior [ante'rjor] I. *adj* vorige(r, s); **la noche** ~ **había llovido** am Abend [*o* in der Nacht] zuvor hatte es geregnet; **en la página** ~ auf der vorhergehenden Seite; **el presidente** ~ der vorige Präsident
II. *prep*: ~ **a** vor +*dat*; **el año** ~ **a mi boda** das Jahr vor meiner Heirat
anterioridad [anterjori'ðað] I. *f* Vorzeitigkeit *f*
II. *prep*: **con** ~ **a** vor +*dat*
anteriormente [anterjor'mente] *adv* früher, vorher; **lo dicho** [*o* **mencionado**] ~ das Vorhergehende, das Obengesagte [*o* oben Gesagte]
antes ['antes] I. *adv* ❶ (*de tiempo*) vorher; (*hace un rato*) vorhin; (*antiguamente*) früher; (*primero*) zuerst; **poco** ~ kurz vorher [*o* davor]; **piénsate** ~ **lo que dices** überlege dir vorher, was du sagst; **¿quién ha llamado** ~**?** wer hat vorhin angerufen?; ~ **vivíamos en otra ciudad** früher wohnten wir in einer anderen Stadt; **¿quién llegará** ~ **a la mesa?** wer wird zuerst am Tisch sein?; **como** ~ (*hace poco*) wie vorher; (*hace tiempo*) wie früher; **ahora como** ~ nach wie vor; ~ **con** ~**, cuanto** ~ so schnell wie möglich; ~ **de nada** als Erstes, zuerst; ~ **que nada** vor allem, insbesondere; **las cardenales van** ~ **que los obispos** die Kardinäle kommen vor den Bischöfen
❷ (*comparativo*) lieber, eher; ~ **hoy que mañana** lieber heute als morgen
II. *prep*: ~ **de** vor +*dat*; ~ **del verano** vor dem Sommer; ~ **de llegar tú** vor deiner Ankunft; ~ **de salir** vor dem Hinausgehen
III. *conj* ❶ (*temporal*) bevor; ~ (**de**) **que llegue** bevor er/sie kommt, vor seiner/ihrer Ankunft; ~ **que hables** bevor du sprichst; ~ **que se dé cuenta** bevor er/sie etwas merkt
❷ (*adversativo*) sondern; **él no rehuye el peligro,** ~ **lo desea** er scheut nicht vor der Gefahr zurück, sondern stellt sich ihr; **no estoy satisfecho con el examen,** ~ **bien decepcionado** ich bin nicht zufrieden mit der Prüfung, um nicht zu sagen enttäuscht
IV. *adj*: **ya habíamos visto a esta chica el día** ~ wir hatten dieses Mädchen schon am Tag zuvor gesehen
antesala [ante'sala] *f* Vorzimmer *nt*; **hacer** ~ im Vorzimmer warten
antetítulo [ante'titulo] *m* zweitrangige Überschrift vor der eigentlichen Überschrift

antevíspera [ante'βispera] *f* vorvoriger Tag *m*
antiabortista [antjaβor'tista] I. *adj:* **campaña** ~ Kampagne gegen die Abtreibung
II. *mf* Abtreibungsgegner(in) *m(f)*
antiacadémico, -a [antjaka'ðemiko, -a] *adj* antiakademisch, akademiefeindlich
antiácido¹ [anti'aθiðo] *m* Mittel *nt* gegen Sodbrennen
antiácido, -a² [anti'aθiðo, -a] *adj* säurebeständig
antiacné [antjaɣ'ne] *adj:* **crema** ~ Aknecreme *f*
antiadherente [antjaðe'rente] *adj* Anti-Haft-; **capa** ~ Anti-Haft-Beschichtung *f*
antiaéreo, -a [antja'ereo, -a] *adj* (MIL) Flugabwehr-; **artillería antiaérea** Flugabwehrartillerie *f;* **cañón** ~ Flugabwehrkanone *f,* Flak *f*
antialcohólico, -a [antjal'koliko, -a/antjalko'oliko, -a] I. *adj* antialkoholisch
II. *m, f* Antialkoholiker(in) *m(f),* Alkoholgegner(in) *m(f)*
antialérgico¹ [antja'lerxiko] *m* (MED) Antiallergikum *nt*
antialérgico, -a² [antja'lerxiko, -a] *adj* (MED) allergiehemmend
antiamericanismo [antjamerika'nismo] *m sin pl* Antiamerikanismus *m*
antiapartheid [antjapar'xeið] *adj inv* Antiapartheid-; **la lucha** ~ der Kampf gegen die Apartheid
antiarrugas [antja'rruɣas] *adj inv:* **crema** ~ (Anti)faltencreme *f;* **programa** ~ (*de una lavadora*) Waschgang mit Knitterschutz
antiatómico, -a [antja'tomiko, -a] *adj:* **refugio** ~ Atombunker *m*
antibalas [anti'βalas] *adj inv* kugelsicher
antibelicismo [antiβeli'θismo] *m sin pl* Pazifismus *m*
antibelicista [antiβeli'θista] *mf* Kriegsgegner(in) *m(f),* Pazifist(in) *m(f)*
antibiosis [anti'βjosis] *f inv* (BIOL) Antibiose *f*
antibiótico¹ [anti'βjotiko] *m* (MED) Antibiotikum *nt*
antibiótico, -a² [anti'βjotiko, -a] *adj* (MED) antibiotisch
antibloqueo [antiβlo'keo] *m* (AUTO): **sistema** ~ **de frenos** Antiblockiersystem *nt*
antibomba [anti'βomba] *adj inv* (*avión, cohete*) Bombenabwehr-; (*sistema*) Bombensicherungs-, Bombenschutz-
antibuque [anti'βuke] *adj inv* (MIL) Schiffsabwehr-
anticalcáreo, -a [antikal'kareo] *adj* entkalkend
anticancerígeno, -a [antikanθe'rixeno, -a] *adj,* **anticanceroso, -a** [antikanθe'roso, -a] *adj* (MED) antikanzerogen, krebshemmend; **hospital** ~ Klinik zur Behandlung von Krebserkrankungen
anticapitalismo [antikapita'lismo] *m* (POL) Antikapitalismus *m*
anticapitalista [antikapita'lista] *adj* antikapitalistisch
anticarro [anti'karro] *adj inv* (MIL) Panzerabwehr-; **cohete** ~ Panzerabwehrrakete *f*
anticartel [antikar'tel] *adj* (ECON) kartellfeindlich
anticaspa [anti'kaspa] *adj inv* Antischuppen-; **champú** ~ Schuppenshampoo *nt;* **loción** ~ Antischuppenhaarwasser *nt*
anticatarral [antikata'rral] I. *adj* zur Bekämpfung einer Erkältung; **vacuna** ~ Grippeimpfung *f*
II. *m* (MED) Erkältungsmittel *nt*
anticatástrofe [antika'tastrofe] *adj inv* Katastrophenschutz-
anticelulítico, -a [antiθelu'litiko, -a] *adj:* **crema anticelulítica** Zellulitiscreme *f*
anticelulitis [antiθelu'litis] *adj inv:* **crema** ~ Zellulitiscreme *f*
antichoque [anti'tʃoke] *adj inv* stoßfest
anticíclico, -a [anti'θikliko, -a] *adj* antizyklisch
anticiclón [antiθi'klon] *m* (METEO) Antizyklone *f,* Hoch(druckgebiet) *nt*
anticiclónico, -a [antiθi'kloniko, -a] *adj* (METEO) Hochdruck-; **situación anticiclónica** Hochdrucklage *f*
anticipación [antiθipa'θjon] *f* ❶ (*de un viaje, una fecha*) Vorverlegung *f;* ~ **de la edad de jubilación** Vorruhestand *m*
❷ (*de un suceso*) Vorwegnahme *f*
❸ (*a la acción de otro*) Vorgriff *m* (*de* auf *+akk*)
❹ (*llegada adelantada*) Verfrühung *f;* **con** ~ im Voraus
anticipadamente [antiθipaða'mente] *adv* im Voraus; **jubilar** ~ **a alguien** jdn vorzeitig in den Ruhestand versetzen
anticipado, -a [antiθi'paðo, -a] *adj* (*elecciones*) vorgezogen; **por** ~ im Voraus; **pagar por** ~ vorauszahlen, im Voraus (be)zahlen
anticipar [antiθi'par] I. *vt* ❶ (*viaje, fecha*) vorverlegen
❷ (*suceso*) vorwegnehmen; **no anticipemos los acontecimientos** lassen wir die Ereignisse auf uns zukommen
❸ (*dinero*) vorstrecken; ~ **una paga sobre el sueldo** einen Vorschuss auf das Gehalt geben
II. *vr:* ~**se a alguien** jdm zuvorkommen, jdm vorgreifen; **el verano se ha anticipado este año** der Sommer hat früh angefangen; **los invitados se han anticipado** die Gäste haben sich verfrüht
anticipo [anti'θipo] *m* ❶ (*del sueldo*) Vorschuss *m;* ~ **para las costas** (JUR) Gerichtskostenvorschuss *m;* ~ **de costas procesales** (JUR) Prozesskostenvorschuss *m;* ~ **de derechos** Gebührenvorschuss *m;* ~ **en efectivo** Barvorschuss *m;* ~ **de gastos** Kostenvorschuss *m;* ~ **para gastos** Auslagenvorschuss *m;* ~ **sobre el sueldo** Gehaltsvorschuss *m*
❷ (*de un pago*) Anzahlung *f;* ~**s de clientes** Kundenanzahlungen *fpl;* ~**s a proveedores** geleistete Anzahlungen
anticlerical [antikleri'kal] *adj* antiklerikal, kirchenfeindlich
anticlericalismo [antiklerika'lismo] *m sin pl* Antiklerikalismus *m*
anticlímax [anti'klimaɣs] *m inv* Antiklimax *f*
anticlinal [antikli'nal] I. *adj* (GEO) antiklinal, sattelförmig
II. *m* (GEO) Antiklinale *f,* Sattel *m*
anticoagulante [antikoaɣu'lante] I. *adj* (MED) blutgerinnungshemmend
II. *m* (MED) Antikoagulans *nt*
anticolesterol [antikoleste'rol] *adj* cholesterinarm
anticomercial [antikomer'θjal] *adj* unkaufmännisch
anticompetitivo, -a [antikompeti'tiβo, -a] *adj* (COM) wettbewerbswidrig
anticomunismo [antikomu'nismo] *m sin pl* Antikommunismus *m*
anticomunista [antikomu'nista] I. *adj* antikommunistisch
II. *mf* Antikommunist(in) *m(f)*
anticomunitario, -a [antikomuni'tarjo, -a] *adj* EU-feindlich
anticoncepción [antikonθeβ'θjon] *f* Empfängnisverhütung *f*
anticonceptivo¹ [antikonθep'tiβo] *m* Empfängnisverhütungsmittel *nt*
anticonceptivo, -a² [antikonθep'tiβo, -a] *adj* empfängnisverhütend, Empfängnisverhütungs-; **píldora anticonceptiva** Antibabypille *f*
anticongelante [antikonxe'lante] I. *adj* Frostschutz-; **sustancia** ~ Frostschutzmittel *nt*
II. *m* Frostschutzmittel *nt*
anticonstitucional [antikonˢtituθjo'nal] *adj* verfassungswidrig
anticonstitucionalidad [antikonˢtituθjonali'ðað] *f* Verfassungswidrigkeit *f*
anticontaminante [antikontami'nante] *adj* umweltfreundlich
anticorrosivo¹ [antikorro'siβo] *m* Rostschutzmittel *nt*
anticorrosivo, -a² [antikorro'siβo, -a] *adj* Rostschutz-; **pintura anticorrosiva** Rostschutzfarbe *f*
anticresis [anti'kresis] *f inv* (JUR) Antichrese *f*
anticristo [anti'kristo] *m* Antichrist *m*
anticuado, -a [anti'kwaðo, -a] *adj* ❶ (*método, ideas*) veraltet, überholt, antiquiert
❷ (*vestido, estilo, costumbre*) altmodisch, unmodern
anticuario, -a [anti'kwarjo, -a] *m, f* ❶ (*vendedor*) Antiquitätenhändler(in) *m(f)*
❷ (*coleccionista*) Antiquitätensammler(in) *m(f)*
anticuarse [anti'kwarse] *vr* ❶ (*método, ideas*) veralten, überholt werden
❷ (*vestido, estilo, costumbre*) aus der Mode kommen
anticucho [anti'kutʃo] *m* (*Perú*) Fleischspieß *m*
anticuerpo [anti'kwerpo] *m* (MED) Antikörper *m*
antidemócrata [antiðe'mokrata] *mf* Antidemokrat(in) *m(f)*
antidemocrático, -a [antiðemo'kratiko, -a] *adj* antidemokratisch
antideportivo, -a [antiðepor'tiβo, -a] *adj* unsportlich, unfair
antidepresivo [antiðepre'siβo] *m* (MED) Antidepressivum *nt*
antiderrapante [antiðerra'pante] *adj* schleudersicher
antideslizante [antiðesli'θante] *adj* rutschfest
antideslumbrante [antiðeslum'brante] I. *adj* (AUTO) Blendschutz-; **cristal** ~ Blendschutzglas *nt*
II. *m* (AUTO) Blendschutz *m*
antidetonante [antiðeto'nante] *adj* klopffest
antidiabético¹ [antiðja'βetiko] *m* (MED) Antidiabetikum *nt*
antidiabético, -a² [antiðja'βetiko, -a] *adj* (MED) antidiabetisch
antidiarreico¹ [antiðja'rreiko] *m* (MED) Antidiarrhoikum *nt*
antidiarreico, -a² [antiðja'rreiko, -a] *adj* (MED) antidiarrhöisch
antidisturbios [antiðis'turβjos] *adj inv:* **fuerzas** ~ Antiterroreinheiten *fpl*
antidopaje [antiðo'paxe] *adj inv,* **antidoping** [anti'ðopiŋ] *adj inv* (DEP) Doping-; **control** ~ Dopingkontrolle *f*
antídoto [an'tiðoto] *m* ❶ (*MED*) Gegengift *nt,* Antidot(on) *nt*
❷ (*para evitar errores*) Gegenmittel *nt*
antidroga [anti'ðroɣa] *adj inv:* **legislación** ~ Drogengesetzgebung *f*
antidumping [anti'ðampin] *adj inv* Antidumping-; **derechos** ~ (ECON) Antidumpingzölle *mpl;* **ley** ~ Antidumpinggesetz *nt*
antiecológico, -a [antjeko'loxiko, -a] *adj* umweltschädlich, unökologisch
antieconómico, -a [antjeko'nomiko, -a] *adj* unwirtschaftlich
antiemético¹ [antje'metiko] *m* (MED) Antemetikum *nt,* Mittel *nt* gegen Erbrechen
antiemético, -a² [antje'metiko, -a] *adj* (MED) antemetisch
antienzima [antjen'θima] *f* (BIOL) Antienzym *nt*
antier [an'tjer] *adv* (*Am: fam*) vorgestern
antiespañol(a) [antjespa'ɲol(a)] *adj* spanienfeindlich

antiespasmódico¹ [aṇtjespas'moðiko] *m* (MED) Antispasmodikum *nt*, krampflösendes Mittel *nt*
antiespasmódico, -a² [aṇtjespas'moðiko, -a] *adj* (MED) antispastisch, krampflösend
antiestático, -a [aṇtjes'tatiko, -a] *adj* (FÍS) antistatisch
antiestatutario, -a [aṇtjestatu'tarjo, -a] *adj* satzungswidrig
antiestético, -a [aṇtjes'tetiko, -a] *adj* unästhetisch
antiestrés [aṇtjes'tres] *adj inv* Antistress-, stressvorbeugend, stressverhindernd
antieuropeísta [aṇtjeurope'ista] I. *adj* EU-feindlich, gegen die EU gerichtet; **actitud** ~ europafeindliche Einstellung
II. *mf* EU-Gegner(in) *m(f)*
antieuropeo [aṇtjeuro'peo] *adj* EU-feindlich, gegen die EU gerichtet
antifascismo [aṇtifas'θismo] *m sin pl* Antifaschismus *m*
antifascista [aṇtifas'θista] I. *adj* antifaschistisch
II. *mf* Antifaschist(in) *m(f)*
antifatiga [aṇtifa'tiɣa] *adj inv* gegen Müdigkeit vorbeugend [*o* wirkend]
antifaz [aṇti'faθ] *m* Augenmaske *f*
antifeminismo [aṇtifemi'nismo] *m sin pl* Antifeminismus *m*
antifeminista [aṇtifemi'nista] I. *adj* antifeministisch
II. *mf* Antifeminist(in) *m(f)*
antífona [aṇ'tifona] *f* (REL, MÚS) Antiphon(e) *f*
antifonario¹ [aṇtifo'narjo] *m* (REL, MÚS) Antiphonar *nt*
antifonario, -a² [aṇtifo'narjo, -a] *adj* (REL, MÚS): **libro** ~ Antiphonar *nt*
antifranquismo [aṇtifraŋ'kismo] *m sin pl* Widerstandsbewegung *f* gegen Franco
antifranquista [aṇtifraŋ'kista] *adj* gegen Franco gerichtet
antifraude [aṇti'frauðe] *adj inv* Betrugsbekämpfungs-
antifricción [aṇtifrik'θjon] *adj* reibungsarm, reibungsmindernd
antifris [aṇti'fris] *m inv (Am)* Frostschutzmittel *nt*
antigás [aṇti'ɣas] *adj inv:* **máscara** [*o* **careta**] ~ Gasmaske *f*
antígeno [aṇ'tixeno] *m* (BIOL) Antigen *nt*
antigolpes [aṇti'ɣolpes] *adj inv* stoßfest
antigolpista [aṇtiɣol'pista] *adj* putschfeindlich
antigramatical [aṇtiɣramati'kal] *adj* ungrammatisch
antigranizo [aṇtiɣra'niθo] *adj inv* Hagelschutz-
antigripal [aṇtiɣri'pal] *adj:* **remedio** ~ Grippemittel *nt*
antigualla [aṇti'ɣwaʎa] *f (pey)* ❶ *(objeto)* alter Plunder *m*, Kram *m* ❷ *(costumbre, estilo)* alter Zopf *m*
antiguamente [aṇtiɣwa'meṇte] *adv* früher, einst *elev*
antigubernamental [aṇtiɣuβernameṇ'tal] *adj* regierungsfeindlich
antigüedad [aṇtiɣwe'ðað] *f* ❶ *(edad antigua)* Altertum *nt;* **la ~ clásica** das klassische Altertum, die Antike
❷ *pl (objetos)* Altertümer *pl;* **tienda de ~es** Antiquitätengeschäft *nt*
❸ *(edad)* Alter *nt;* **esta casa tiene una ~ de 100 años** dieses Haus ist 100 Jahre alt
❹ *(en una empresa)* Betriebszugehörigkeit *f*, Dienstalter *nt;* **tengo 5 años de ~ (en el trabajo)** mein Dienstalter beträgt 5 Jahre
antiguerrilla¹ [aṇtiɣe'rriʎa] *adj inv* Antiguerilla-, gegen die Guerilla
antiguerrilla² [aṇtiɣe'rriʎa] *f*, Guerilla-Abwehr *f*
antiguo, -a [aṇ'tiɣwo, -a] *adj* <antiquísimo> ❶ *(que tiene muchos años)* alt; **una relación antigua** eine langjährige Beziehung
❷ *(anticuado)* überholt, antiquiert; *(muy anticuado)* altertümlich, archaisch; **ideas antiguas** überholte Vorstellungen; **un edificio** ~ ein altertümliches Bauwerk; **a la antigua** nach alter Art; **está chapado a la antigua** er ist altmodisch
❸ *(de la antigüedad)* antik; **la mitología antigua** die antike Mythologie
❹ *(anterior)* ehemalig; **su novio** ~ ihr ehemaliger Verlobter
❺ *(que lleva mucho tiempo en un cargo):* **es el más ~ en esta empresa** er ist der Dienstälteste in dieser Firma
antiguos [aṇ'tiɣwos] *mpl:* **los** ~ die Alten *pl*
antihéroe [aṇti'eroe] *m* Antiheld *m*
antihigiénico, -a [aṇti(i)'xjeniko, -a] *adj* unhygienisch
antihistamínico [aṇti(i)sta'miniko] *m* (MED) Antihistaminikum *nt*
antiimperialismo [aṇti(i)mperja'lismo] *m* (POL) Antiimperialismus *m*
antiimperialista [aṇti(i)mperja'lista] I. *adj* antiimperialistisch
II. *mf* Antiimperialist(in) *m(f)*
antiincendios [aṇti(i)ɲ'θeṇdjos] *adj inv* feuerfest
antiinflacionario, -a [aṇti(i)ɱflaθjo'narjo, -a] *adj* (ECON) antiinflationär; **política antiinflacionaria** Antiinflationspolitik *f*
antiinflacionista [aṇti(i)ɱflaθjo'nista] *adj* antiinflationistisch, antiinflationär; **lucha** ~ Inflationsbekämpfung *f*
antiinflamable [aṇti(i)ɱfla'maβle] *adj* nicht entflammbar
antiinflamatorio¹ [aṇti(i)ɱflama'torjo] *m* entzündungshemmendes Mittel *nt*
antiinflamatorio, -a² [aṇti(i)ɱflama'torjo, -a] *adj* entzündungshemmend
antiinsectos [aṇti(i)n'sektos] *adj inv* Insekten-; **espray** ~ Insektenspray *nt*

antijuridicidad [aṇtixuriðiθi'ðað] *f* (JUR) Rechtswidrigkeit *f*
antijurídico, -a [aṇtixu'riðiko, -a] *adj* (JUR) normenwidrig
antillano, -a [aṇti'ʎano, -a] I. *adj* Antillen-, der Antillen; **la fauna antillana** die Fauna der Antillen
II. *m, f* Antillenbewohner(in) *m(f)*
antilogaritmo [aṇtiloɣa'riðmo] *m* (MAT) Antilogarithmus *m*, Numerus *m*
antilogía [aṇtilo'xia] *f* Widerspruch *m*
antílope [aṇ'tilope] *m* (ZOOL) Antilope *f*
antiloquesea [aṇtiloke'sea] *adj inv* gegen alles
antimafia [aṇti'mafja] *adj inv* gegen die Mafia gerichtet
antimagnético, -a [aṇtimaɣ'netiko, -a] *adj* (FÍS) amagnetisch
antimanchas [aṇti'maṇtʃas] *adj inv* Schmutz abweisend
antimateria [aṇtima'terja] *f* (FÍS) Antimaterie *f*
antimicrobiano, -a [aṇtimikro'βjano, -a] *adj* (MED, BIOL) antimikrobiell
antimili [aṇti'mili] I. *adj inv* Antiwehrdienst-, Wehrdienstgegner-, (Kriegsdienst)verweigerer-
II. *mf* Wehrdienstgegner(in) *m(f)*, Kriegsdienstverweigerer, -in *m, f*
antimilitar [aṇtimili'tar] *adj* antimilitaristisch
antimilitarismo [aṇtimilita'rismo] *m sin pl* Antimilitarismus *m*
antimilitarista [aṇtimilita'rista] I. *adj* antimilitaristisch
II. *mf* Antimilitarist(in) *m(f)*
antimisil [aṇtimi'sil] *adj inv* (MIL) Antiraketen-; **cohete** ~ Antiraketenrakete *f*
antimonárquico, -a [aṇtimo'narkiko, -a] I. *adj* antimonarchisch
II. *mf* Monarchiegegner(in) *m(f)*
antimonio [aṇti'monjo] *m* (QUÍM) Antimon *nt*
antimonopolio, -a [aṇtimono'poljo, -a] *adj* monopolfeindlich
antimonopolista [aṇtimonopo'lista] *adj* (ECON) monopolfeindlich, Antimonopol-
antimosquitos [aṇtimos'kitos] *adj inv:* **crema** ~ Salbe gegen Moskitos
antinarco [aṇti'narko] *adj* Rauschgiftbekämpfungs-; **órgano** ~ Rauschgiftdezernat *nt*
antinatalista [aṇtinata'lista] *adj* geburtenschwach
antinatural [aṇtinatu'ral] *adj* unnatürlich, widernatürlich
antineurálgico, -a [aṇtineu'ralxiko, -a] *adj* (MED) antineuralgisch
antiniebla [aṇti'njeβla] *adj inv:* **faro** ~ Nebelscheinwerfer *m*
antinomia [aṇti'nomja] *f* (FILOS, JUR) Widerspruch *m*, Antinomie *f*
antinuclear [aṇtinukle'ar] *adj* Anti-Atom(kraft)-; **manifestación** ~ Anti-Atomkraft-Demonstration *f*
antioxidante [aṇtjoʸsi'ðaṇte] I. *adj* (QUÍM) die Oxidation verhindernd
II. *m* (QUÍM) Antioxidationsmittel *nt*
antipalúdico, -a [aṇtipa'luðiko, -a] *adj* (MED) zur Bekämpfung der Malaria
antipapa [aṇti'papa] *m* Gegenpapst *m*
antipara [aṇti'para] *f (biombo)* Wandschirm *m*
antiparasitario, -a [aṇtiparasi'tarjo, -a] *adj*, **antiparásito, -a** [aṇtipa'rasito, -a] *adj* ❶ (RADIO): **dispositivo** ~ Entstörer *m* ❷ *(para bichos):* **lucha antiparasitaria** Schädlingsbekämpfung *f*
antiparlamentario, -a [aṇtiparlameṇ'tarjo, -a] *adj* antiparlamentarisch
antiparras [aṇti'parras] *fpl (fam)* Brille *f*
antipartícula [aṇtipar'tikula] *f* (FÍS) Antiteilchen *nt*
antipatía [aṇtipa'tia] *f* Antipathie *f* (*a/contra/hacia* gegen *+akk*), Abneigung *f* (*a/contra/hacia* gegen *+akk*)
antipático, -a [aṇti'patiko, -a] *adj* unsympathisch
antipatriótico, -a [aṇtipa'trjotiko, -a] *adj* unpatriotisch
antipatriotismo [aṇtipatrjo'tismo] *m sin pl* Antipatriotismus *m*
antipedagógico, -a [aṇtipeða'ɣoxiko, -a] *adj* unpädagogisch
antipirético [aṇtipi'retiko] *m* (MED), **antipirina** [aṇtipi'rina] *f* (Am: MED) fiebersenkendes Mittel *nt*, Antipyretikum *nt*
antípodas [aṇ'tipoðas] *mpl* (GEO) Antipoden *mpl*
antipoético, -a [aṇtipo'etiko, -a] *adj* (LIT) poetische Regeln missachtend *(o* verletzend); **escribes con un estilo** ~ du schreibst in einem Stil, der gegen die Regeln der Poetik verstößt
antipolilla(s) [aṇtipo'liʎa(s)] *adj inv* mottenfest; **bolas ~s** Mottenkugeln *fpl*
antipolio [aṇti'poljo] *f* Polio-Schutzimpfung *f*, Schutzimpfung *f* gegen Kinderlähmung
antipopular [aṇtipopu'lar] *adj* volksfeindlich
antiprogresista [aṇtiproɣre'sista] I. *adj* fortschrittsfeindlich; *(reaccionario)* reaktionär; *(atrasado)* rückständig; **con tus ideas ~s no vamos a llegar muy lejos** mit deinen reaktionären Vorstellungen kommen wir nicht sehr weit
II. *mf* Fortschrittsfeind(in) *m(f); (reaccionario)* Reaktionär(in) *m(f)*
antiproteccionista [aṇtiproteɣθjo'nista] *mf* Protektionismusgegner(in) *m(f)*
antirrábico, -a [aṇti'rraβiko, -a] *adj:* **vacuna antirrábica** Tollwutimpfstoff *m*
antirracionalismo [aṇtirraθjona'lismo] *m* (FILOS, PSICO) Antirationalis-

antirracista

mus *m*
antirracista [aṇtirra'θista] *mf* Antirassist(in) *m(f)*
antirradar [aṇtirra'ðar] I. *adj inv* (TÉC) Radarschutz-; **aparatos ~** Radarschutzeinrichtungen *fpl*
II. *m* (TÉC) Radarschutzeinrichtung *f*, Radarschutzgerät *nt*
antirrechazo, -a [aṇtirre'tʃaθo, -a] *adj* (MED) immunsuppressiv
antirreculamiento [aṇtirrekula'mjeṇto] *m* Rückfahrsperre *f*
antirreflejo [aṇtirre'flexo] *adj inv* reflexmindernd; **unas gafas con cristales ~** eine Brille mit entspiegelten Gläsern
antirreglamentario, -a [aṇtirreɣlameṇ'tarjo, -a] *adj* regelwidrig; **entrada antirreglamentaria** (DEP) Foul *nt*
antirreligioso, -a [aṇtirreli'xjoso, -a] *adj* religionsfeindlich
antirrepublicano, -a [aṇtirrepuβli'kano, -a] I. *adj* (POL) republikfeindlich; **la causa antirrepublicana** die Sache der Republikgegner
II. *m, f* (POL) Republikgegner(in) *m(f)*; **los ~s consiguieron restaurar la monarquía** es gelang den Gegnern der Republik, die Monarchie wiederherzustellen
antirresbaladizo, -a [aṇtirresβala'ðiθo, -a] *adj* rutschfest, rutschsicher
antirreumático¹ [aṇtirreu'matiko] *m* (MED) Antirheumatikum *nt*
antirreumático, -a² [aṇtirreu'matiko, -a] *adj* antirheumatisch; **baño ~** Rheumabad *nt*; **ropa interior antirreumática** Rheumaunterwäsche *f*
antirrevolucionario, -a [aṇtirreβoluθjo'narjo, -a] I. *adj* (POL) konterrevolutionär
II. *m, f* (POL) Konterrevolutionär(in) *m(f)*
antirrobo [aṇti'rroβo] *m* Diebstahlschutz *m*
antirruido [aṇti'rrwiðo] *adj inv* Lärmschutz-; **pantalla ~** Lärmschutzwand *f*
antisemita [aṇtise'mita] I. *adj* antisemitisch
II. *mf* Antisemit(in) *m(f)*
antisemítico, -a [aṇtise'mitiko, -a] *adj* antisemitisch
antisemitismo [aṇtisemi'tismo] *m sin pl* Antisemitismus *m*
antisepsia [aṇti'seβsja] *f* (MED) Antisepsis *f*
antiséptico¹ [aṇti'septiko] *m* (MED) Antiseptikum *nt*, keimtötendes Mittel *nt*
antiséptico, -a² [aṇti'septiko, -a] *adj* (MED) antiseptisch, keimtötend
antisida [aṇti'siða] *adj inv:* **investigación ~** Aidsforschung *f*
antisindicalista [aṇtisiṇdika'lista] *adj* gewerkschaftsfeindlich
antisísmico, -a [aṇti'sismiko, -a] *adj* erdbebenfest, erdbebensicher
antisocial [aṇtiso'θjal] *adj* unsozial, asozial
antisolar [aṇtiso'lar] *adj* Sonnenschutz-
antisubmarino, -a [aṇtisuᵇma'rino, -a/aṇtisuᵐma'rino, -a] *adj* U-Boot-Abwehr-; **lucha antisubmarina** U-Boot-Abwehr *f*
antisudoral [aṇtisuðo'ral] *adj o m v.* **antitra(n)spirante**
antisuero [aṇti'swero] *m* (MED) Antiserum *nt*
antitabaco [aṇtita'βako] *adj inv:* **campaña ~** Antiraucherkampagne *f*
antitabaquista [aṇtitaβa'kista] *mf* militanter Nichtraucher *m*, militante Nichtraucherin *f*
antitanque [aṇti'taŋke] *adj inv* (MIL) Panzerabwehr-; **cañon ~** Panzerabwehrkanone *f*
antitérmico¹ [aṇti'termiko] *m* (MED) fiebersenkendes Mittel *nt*, Antipyretikum *nt*
antitérmico, -a² [aṇti'termiko, -a] *adj* (MED) fiebersenkend, antipyretisch
antiterrorista [aṇtiterro'rista] *adj* Antiterror-; **lucha ~** Kampf gegen den Terrorismus
antítesis [aṇ'titesis] *f inv* (LIT, FILOS) Antithese *f*
❷ (*contrario*) Gegenteil *nt*; **ser la ~ de alguien** das (genaue) Gegenteil von jdm sein
antitetánico, -a [aṇtite'taniko, -a] *adj* (MED): **suero ~** Tetanusserum *nt*; **vacunación antitetánica** Tetanusschutzimpfung *f*
antitético, -a [aṇti'tetiko, -a] *adj* gegensätzlich, antithetisch
antitoxina [aṇtitoɣ'sina] *f* (MED) Antitoxin *nt*, körpereigenes Gegengift *nt*
antitra(n)spirante [aṇtitra⁽ⁿ⁾spi'raṇte] I. *adj* schweißhemmend
II. *m* schweißhemmendes Mittel *nt*
antitumoral [aṇtitumo'ral] I. *adj* (MED) tumorhemmend, zytostatisch
II. *m* (MED) Zytostatikum *nt*, tumorhemmendes Mittel *nt*
antivenéreo, -a [aṇtiβe'nereo, -a] *adj* gegen Geschlechtskrankheiten
antivirus [aṇti'βirus] *m inv* Antivirus *nt*
antiyanqui [aṇti'ɟaŋki] <antiyanquis> *adj* yankeefeindlich
antojadizo, -a [aṇtoxa'ðiθo, -a] *adj* launenhaft
antojarse [aṇto'xarse] *vimpers* ❶ (*encapricharse*): **se le antojó comprarse un coche nuevo** er/sie wollte unbedingt ein neues Auto (kaufen); **se me antojó un helado** ich bekam Lust auf ein Eis; **hace siempre lo que se le antoja** er/sie macht immer, wozu [o worauf] er/sie Lust hat
❷ (*tener la sensación*): **se me antoja que no va a venir** ich habe das Gefühl, dass er/sie nicht kommen wird; **se me antoja que va a nevar**

anular

ich glaube, es wird bald schneien
antojitos [aṇto'xitos] *mpl* (*Méx:* GASTR) kleine Häppchen *ntpl*
antojo [aṇ'toxo] *m* ❶ (*capricho*) Laune *f*; **a mi ~** wie es mir gefällt
❷ (*de una embarazada*) Gelüst(e) *nt*; **tener ~s** (*tener ganas*) Gelüste haben; (*Arg, Par, Urug: estar embarazada*) schwanger sein
❸ (*mancha en la piel*) Muttermal *nt*
❹ (*Méx: apetito*) Appetit *m*
antología [aṇtolo'xia] *f* Anthologie *f*; **de ~** hervorragend
antológico, -a [aṇto'loxiko, -a] *adj* ❶ (*relativo a la antología*) anthologisch
❷ (*extraordinario*) hervorragend
antonimia [aṇto'nimja] *f* (LING) Antonymie *f*
antónimo [aṇ'tonimo] *m* (LING) Antonym *nt*
antonomasia [aṇtono'masja] *f: por ~* schlechthin
antorcha [aṇ'tortʃa] *f* Fackel *f*
antracita [aṇtra'θita] *f* Anthrazit *m*
ántrax ['aṇtraʸs] *m inv* (MED) Anthrax *m*, Milzbrand *m*
antro ['aṇtro] *m* ❶ (*caverna*) Höhle *f*
❷ (*pey: local, habitación*) Spelunke *f*; **un ~ de corrupción** eine Lasterhöhle
antropobiología [aṇtropoβjolo'xia] *f* (BIOL) Anthropobiologie *f*
antropocéntrico, -a [aṇtropo'θeṇtriko, -a] *adj* anthropozentrisch
antropocentrismo [aṇtropo'θeṇtrismo] *m* (FILOS) Anthropozentrismus *m*
antropofagia [aṇtropo'faxja] *f sin pl* Kannibalismus *m*
antropófago, -a [aṇtropo'pofaɣo, -a] *m, f* Kannibale, -in *m, f*, Anthropophage, -in *m, f*
antropofobia [aṇtropo'foβja] *f* Anthropophobie *f*
antropografía [aṇtropoɣra'fia] *f* Anthropographie *f*
antropoide [aṇtro'poiðe] *m* (ZOOL) Anthropoid(e) *m*
antropología [aṇtropolo'xia] *f* Anthropologie *f*
antropológico, -a [aṇtropo'loxiko, -a] *adj* anthropologisch
antropólogo, -a [aṇtro'poloɣo, -a] *m, f* Anthropologe, -in *m, f*
antropomórfico, -a [aṇtropo'morfiko, -a] *adj* anthropomorphisch
antropomorfismo [aṇtropomor'fismo] *m* Anthropomorphismus *m*
antropomorfo, -a [aṇtropo'morfo, -a] *adj* anthropomorph
antroponimia [aṇtropo'nimja] *f* Namenkunde *f*
antropónimo [aṇtro'ponimo] *m* Personenname *m*
anual [anu'al] *adj* ❶ (*que dura un año*) Jahres-; **abono ~** Jahresabonnement *nt*
❷ (*que sucede cada año*) jährlich, Jahres-; **informe ~** Jahresbericht *m*
❸ (*planta*) einjährig
anualidad [anwali'ðað] *f* Jahresrate *f*; **~ de(l) seguro** Versicherungsjahr *nt*; **~ vitalicia** lebenslängliche Annuität *f*
anualmente [anwal'meṇte] *adv* jährlich
anuario [anu'arjo] *m* Jahrbuch *nt*
anubarrado, -a [anuβa'rraðo, -a] *adj* bewölkt
anublar [anu'βlar] I. *vt* ❶ (*ocultar*) verdecken; **las nubes anublan el sol** die Wolken verdecken die Sonne
❷ (*empañar*) trüben; **~ la alegría** die Freude trüben
II. *vr:* **~se** ❶ (*el cielo*) sich bewölken, sich bedecken
❷ (*planta*) welken
anudar [anu'ðar] I. *vt* ❶ (*hacer un nudo*) (ver)knoten
❷ (*juntar*) verknüpfen (*a* mit +*dat*), anknüpfen (*a* an +*akk*)
II. *vr:* **~se** sich verknoten; **se le anudó la voz** ihm/ihr versagte die Stimme
anuencia [a'nweṇθja] *f* Zustimmung *f*, Einwilligung *f*
anuente [a'nweṇte] *adj* zustimmend, einwilligend
anulabilidad [anulaβili'ðað] *f* (ECON, JUR) Aufhebbarkeit *f*
anulable [anu'laβle] *adj* (ECON, JUR) aufhebbar
anulación [anula'θjon] *f* ❶ (*de una ley*) Aufhebung *f*
❷ (*de una sentencia, matrimonio*) Auflösung *f*, Annullierung *f*
❸ (*de un contrato*) Auflösung *f*, Stornierung *f*; (*de un pedido*) Stornierung *f*
❹ (*de una decisión, de un permiso, de un cheque*) Widerruf *m*; (*de una decisión, de un permiso, de un cheque*) Aufhebung *f*; **~ de la orden de detención** (JUR) Aufhebung des Haftbefehls
❺ (*de una subscripción*) Abbestellung *f*, Kündigung *f*
anular [anu'lar] I. *vt* ❶ (*ley*) aufheben, außer Kraft setzen
❷ (*sentencia, matrimonio*) auflösen, für ungültig erklären, annullieren
❸ (*contrato*) auflösen; (*pedido*) stornieren; (*partida contable*) ausbuchen, vollständig abschreiben; (*crédito*) streichen
❹ (*decisión, permiso*) widerrufen, rückgängig machen
❺ (*cita*) absagen
❻ (*tren, autobús*) streichen, ausfallen lassen
❼ (*subscripción*) kündigen, abbestellen
❽ (DEP: *gol*) nicht anerkennen
❾ (*persona*) unterjochen
II. *vr:* **~se** sich erniedrigen

anulativo

III. *adj* **①** (*relativo al anillo*) Ring-; **dedo ~** Ringfinger *m* **②** (*de forma de anillo*) ringförmig
anulativo, -a [anula'tiβo, -a] *adj* aufhebend
anunciación [anunθja'θjon] *f* Verkündigung *f*; **la A~ de María** die Verkündigung Marias
anunciador(a) [anunθja'ðor(a)] *adj* ankündigend
anunciante [anun'θjante] *mf* Inserent(in) *m(f)*
anunciar [anun'θjar] **I.** *vt* **①** (*dar noticia de algo*) bekannt geben, verkünden; (*de antemano*) ankündigen; (*por teléfono, radio*) durchsagen; **acaban de ~ la llegada del vuelo** die Ankunft des Fluges ist soeben gemeldet worden **②** (*dar publicidad en la pantalla*) werben (für +*akk*); (*en el periódico*) inserieren, annoncieren **③** (*concurso, oposiciones*) ausschreiben **④** (*un visitante*) melden, ankündigen **⑤** (*presagiar*) vorhersagen **II.** *vr:* **~se ①** (*hacerse publicidad*) werben, Reklame machen **②** (*el verano*) sich ankündigen
anuncio [a'nunθjo] *m* **①** (*de una noticia*) Bekanntgabe *f*, Verkündigung *f*; (*de antemano*) Ankündigung *f* **②** (*en la TV o en el cine*) (Werbe)spot *m* **③** (*en un periódico*) Anzeige *f*, Inserat *nt*, Annonce *f*; **~ por palabras** Kleinanzeigen *fpl*; **~ publicitario** Werbeanzeige *f* **④** (*en internet*): **~ en internet** Werbebanner *nt*
anuria [a'nurja] *f* (MED) Anurie *f*, Harnverhaltung *f*
anuro¹ [a'nuro] *m* (ZOOL) Froschlurch *m*
anuro, -a² [a'nuro, -a] *adj* (ZOOL) schwanzlos
anverso [am'berso] *m* **①** (*de una moneda*) Vorderseite *f*, Bildseite *f* **②** (*de una hoja*) Vorderseite *f*
anzuelo [an'θwelo] *m* **①** (*para pescar*) Angelhaken *m*; **echar el ~** den Köder auswerfen; **morder el ~** anbeißen **②** (*fam: aliciente*) Köder *m*; **caer** [*o* **picar**] **en el ~, tragar** [*o* **morder**] **el ~** anbeißen, in die Falle gehen; **echar el ~ a alguien** jdn ködern
añada [a'naða] *f* **①** (*tiempo de un año*) (Ernte)jahr *nt*; **una ~ de lluvias** ein regnerisches Jahr **②** (*cosecha*) Jahresernte *f*
añadido [aɲa'ðiðo] *m* **①** (*cosa añadida*) Zusatz *m* **②** (*postizo*) Haarteil *nt*
añadidura [aɲaði'ðura] *f* Zusatz *m* (*a* zu +*dat*); (*en una compra*) Zugabe *f* (*a* zu +*dat*); **por ~** außerdem
añadir [aɲa'ðir] *vt* **①** (*agregar*) hinzufügen (*a* +*dat*); **a esto hay que ~ que...** hinzu kommt, dass ... **②** (*alargar*) verlängern; **~ dos centímetros a las mangas** die Ärmel um zwei Zentimeter verlängern
añagaza [aɲa'ɣaθa] *f* **①** (*para aves*) Lockvogel *m* **②** (*ardid*) List *f*, Kniff *m*
añal [a'nal] **I.** *adj* **①** (*anual*) jährlich **②** (*cordero, becerro, carnero*) einjährig **II.** *m* **①** (*cordero, becerro, carnero*) Jährling *m* **②** (*ofrenda*) Jahrestagsopfer *nt* für einen Toten
añares [a'nares] *mpl* (Arg) lange Zeit *f*, viele Jahre *ntpl*
añejar [aɲe'xar] **I.** *vt* ausreifen lassen **II.** *vr:* **~se** altern
añejo, -a [a'nexo, -a] *adj* **①** (*vino*) gealtert **②** (*noticia, vicio*) alt
añicos [a'nikos] *mpl* Scherben *fpl*, Splitter *mpl*; **hacer algo ~** etw zertrümmern [*o* zerschlagen]; **estoy hecho ~** (*fam*) ich bin fix und fertig
añil [a'nil] *m* **①** (BOT) Indigopflanze *f* **②** (*color*) Indigoblau *nt*
año ['aɲo] *m* Jahr *nt*; **~ bisiesto** Schaltjahr *nt*; **~ civil** Kalenderjahr *nt*; **~ económico** Wirtschaftsjahr *nt*; **~ escolar** Schuljahr *nt*; **~ luz** Lichtjahr *nt*; **~ natural** Kalenderjahr *nt*; **~ nuevo** Neujahr *nt*; **~ presupuestario** (ECON, FIN) Haushaltsjahr *nt*; **~ de publicación** Erscheinungsjahr *nt*; **~ de servicio** Dienstjahr *nt*; **~ tributario** (ECON, FIN) Veranlagungsjahr *nt*; **la víspera de ~ nuevo** der Silvesterabend; **los ~s 60** die sechziger Jahre, die Sechziger; **por los ~s 60** in den 60er-Jahren; **en el ~ 1960** (im Jahre) 1960; **el ~ pasado/próximo** [*o* **entrante**] letztes/nächstes Jahr; **el ~ de la pera** [*o* **de la nana**] anno dazumal; **cumplir ~s** Geburtstag haben; **cumplir 60 ~s** 60 Jahre alt werden; **¿cuántos ~s tienes? – 60** wie alt bist du? – ich bin 60 (Jahre alt); **Juan le saca cinco ~s a Pepe** Juan ist fünf Jahre älter als Pepe; **un hombre entrado en ~s** ein älterer [*o* bejahrter] Mann; **a mis ~s** in meinem Alter; **necesitar ~s** ewig brauchen; **los ~s no pasan en balde** die Zeit geht nicht spurlos vorbei; **los ~s corren que vuelan** die Jahre fliegen so nur dahin; **por él no pasan los ~s** er sieht für sein Alter jung aus; **quitarse ~s** sich jünger machen; **el ~ verde** (Arg) niemals; **estar de buen ~** (*saludable*) gut aussehen; (*gordo*) dick sein
añojo [a'noxo] *m* **①** (*de una oveja*) einjähriges Lamm *nt* **②** (*de una vaca*) einjähriges Kalb *nt*

apagar

añoranza [aɲo'ranθa] *f* Sehnsucht *f*; (*morriña*) Heimweh *nt*
añorar [aɲo'rar] *vt* sich sehnen (nach +*dat*); (*tener morriña*) Heimweh haben (*de* nach +*dat*); **~ los viejos tiempos** den alten Zeiten nachtrauern
añoso, -a [a'ɲoso, -a] *adj* sehr alt
AOD [ao'ðe] *f* (ECON) *abr de* **Ayuda Oficial al Desarrollo** Offizielle Entwicklungshilfe *f*
aojada [ao'xaða] *f* (Col: *tragaluz grande*) Dachfenster *nt*; (*pequeña*) Fensterluke *f*
aojar [ao'xar] *vt* **①** (*echar mal de ojo*) mit einem bösen Blick verhexen **②** (*una cosa*) verderben
aojo [a'oxo] *m* böser Blick *m*
aorta [a'orta] *f* (ANAT) Aorta *f*, Hauptschlagader *f*
aortitis [aor'titis] *f inv* (MED) Aortitis *f*
aovado, -a [ao'βaðo, -a] *adj* oval
aovar [ao'βar] *vi* Eier legen
aovillarse [aoβi'ʎarse] *vr* sich zusammenkauern
AP [a'pe] *f abr de* **Alianza Popular** rechte Partei Spaniens zur Zeit des Übergangs zur Demokratie nach Franco
APA¹ ['apa] *f abr de* **Asociación de Padres de Alumnos** Elternbeirat *m*
APA² ['apa] *f* (AERO) *abr de* **Aerovías Panamá** panamaische Fluggesellschaft
apabullante [apaβu'ʎante] *adj* überwältigend
apabullar [apaβu'ʎar] *vt* **①** (*achicar*) einschüchtern; (*confundir*) verwirren, verstören; (*abatir*) am Boden zerstören; **me quedé apabullado cuando oí la noticia** ich war einfach platt, als ich die Nachricht hörte **②** (*anonadar, humillar*) demütigen
apacentar [apaθen'tar] <e→ie> **I.** *vt* **①** (*ganado*) auf die [*o* zur] Weide treiben **②** (*pasiones, deseos*) schüren **II.** *vr:* **~se** weiden
apachar [apa't͡ʃar] *vt* (Perú: *robar*) rauben
apache [a'pat͡ʃe] **I.** *adj* Apachen- **II.** *mf* **①** (*indio*) Apache, -in *m, f* **②** (*bandido*) Großstadtganove, -in *m, f*
apacheta [apa't͡ʃeta] *f* (Arg, Bol, Chil, Perú) **①** (*adoratorio incásico*) Kapelle *f* der Inkas **②** (*amontonamiento*) Anhäufung *f*; **~ de gente** Menschenauflauf *m* **③** (*montón de dinero*) Haufen *m* Geld; **hacer la ~** sich bereichern
apacibilidad [apaθiβili'ðað] *f sin pl* **①** (*lugar*) Friedlichkeit *f* **②** (*personas*) ruhige [*o* gelassene] Art *f* **③** (*tiempo*) Milde *f*
apacible [apa'θiβle] *adj* **①** (*persona*) sanftmütig, nett **②** (*temperamento*) ruhig, sanft **③** (*tiempo, viento*) mild
apaciguador(a) [apaθiɣwa'ðor(a)] *adj* beschwichtigend, besänftigend
apaciguamiento [apaθiɣwa'mjento] *m* **①** (*aplacamiento*) Beschwichtigung *f*, Besänftigung *f*; (*del dolor*) Milderung *f* **②** (*calma*) Beruhigung *f*
apaciguar [apaθi'ɣwar] <gu→gü> **I.** *vt* **①** (*aplacar*) besänftigen, beschwichtigen **②** (*calmar*) beruhigen; (*dolor*) mildern **II.** *vr:* **~se** sich beruhigen
apadrinar [apaðri'nar] *vt* **①** (*a alguien en un bautizo*) Pate stehen +*dat* (*bei* +*dat*) **②** (*a alguien en una boda*) Trauzeuge sein (bei +*dat*) **③** (*proteger*) protegieren **④** (*patrocinar*) die Schirmherrschaft übernehmen (über +*akk*)
apagado, -a [apa'ɣaðo, -a] *adj* **①** (*volcán*) erloschen **②** (*sonido*) gedämpft **③** (*persona*) niedergeschlagen, mutlos **④** (*color*) trüb
apagador [apaɣa'ðor] *m* **①** (*apagavelas*) Löschhütchen *nt* **②** (MÚS) Dämpfer *m*
apagamiento [apaɣa'mjento] *m* **①** (*falta de luz*) (Aus)löschen *nt* **②** (*fig: persona*) Mutlosigkeit *f*, Gedrücktheit *f*; **me alarmó el ~ de sus ojos** mich beunruhigte der Glanzlosigkeit seiner Augen [*o* der matte Blick seiner Augen]
apagar [apa'ɣar] <g→gu> **I.** *vt* **①** (*luz, cigarrillo*) ausmachen, auslöschen **②** (*fuego, cal*) löschen; **~ el fuego con una manta** das Feuer mit einer Decke ersticken **③** (*sed, hambre*) stillen **④** (*protesta, disturbio*) ersticken **⑤** (*televisor, radio*) ausmachen, ausschalten **⑥** (*vela*) ausblasen **⑦** (*color, bríos*) dämpfen **⑧** (*loc*): **¡apaga y vámonos!** jetzt reicht's aber!; **hoy está apagado**

heute ist er nicht in Form
II. vr: ~se ❶ (fuego, pipa, luz) ausgehen
❷ (sonido) abklingen
❸ (color) verblassen
apagavelas [apaɣa'βelas] m inv Löschhütchen nt
apagón [apa'ɣon] m Stromausfall m
apaisado, -a [apai̯'saðo, -a] adj im Querformat
apalabramiento [apalaβra'mi̯ento] m (t. JUR) Verabredung f; ~ **sobre el delito** Verabredung zu Straftaten
apalabrar [apala'βrar] vt absprechen, verabreden
apalancado, -a [apalaŋ'kaðo, -a] adj etabliert
apalancamiento [apalaŋka'mi̯ento] m Heben nt mit einer Brechstange; (ECON: en una empresa) Verhältnis nt von Eigenkapital zu Fremdkapital
apalancar [apalaŋ'kar] <c→qu> I. vt mit einer Brechstange hochheben
II. vr: ~se (fam) herumlungern
apaleada [apale'aða] f (Arg, Méx), **apaleamiento** [apalea'mi̯ento] m ❶ (zurra) Prügel mpl ❷ (de una alfombra) Ausklopfen nt
apalear [apale'ar] vt ❶ (grano con la pala) worfeln
❷ (dinero) scheffeln
❸ (a alguien) (ver)prügeln, schlagen
❹ (una alfombra) ausklopfen
❺ (un árbol) schlagen (gegen +akk); ~ **un manzano** Äpfel vom Baum abschlagen
apalizar [apali'θar] <z→c> vt verprügeln; **el equipo fue apalizado** (fig) die Mannschaft erlitt eine vernichtende Niederlage
apancle [a'paŋkle] m (Méx) Bewässerungsgraben m
apandillarse [apandi'ʎarse] vr eine Clique bilden
apandorgarse [apandor'ɣarse] vr (Perú) ❶ (emperezarse) träge [o faul] werden
❷ (repantingarse) sich rekeln [o räkeln]
❸ (vaguear) faulenzen
apantallado, -a [apanta'ʎaðo, -a] adj (Méx) dumm, blöd, töricht
apantallar [apanta'ʎar] vt (ELEC) abschirmen
apantanar [apanta'nar] I. vt in einen Sumpf verwandeln
II. vr: ~se versumpfen, zu einem Sumpf werden; **llovió tanto que se ~on los sembrados** es regnete derart, dass die frisch eingesäten Felder versumpften
apantuflado, -a [apantu'flaðo, -a] adj pantoffelartig; **zapatillas apantufladas** Pantoffeln mpl, Hausschuhe mpl
apañado, -a [apa'ɲaðo, -a] adj ❶ (hábil) geschickt, gewandt
❷ (adecuado) zweckmäßig, geeignet
❸ (fam: equivocado): **estás ~ si crees que te voy a dejar el coche** wenn du glaubst, dass ich dir mein Auto ausleihe, bist du schief gewickelt [o täuschst du dich]; **aquí está ~** hier hat er nichts zu lachen
apañar [apa'ɲar] I. vt ❶ (remendar) flicken, ausbessern
❷ (Arg: ocultar) hehlen
❸ (Méx: perdonar) entschuldigen
❹ (loc): **¡ya te ~é yo!** dir werde ich helfen!
II. vr: ~se ❶ (darse maña) sich geschickt anstellen
❷ (arreglárselas) klarkommen, zurechtkommen; **¿ya te apañas con esto?** kommst du damit klar [o zurecht]?; **no sé cómo me las apañas** ich weiß nicht, wie du das machst; **¡apáñatelas como puedas!** sieh selbst zu, wie du zurechtkommst!; **ya se las ~á** er/sie wird sich schon zu helfen wissen
apaño [a'paɲo] m ❶ (acción de apañar) Flicken nt, Ausbessern nt
❷ (remiendo) Flickarbeit f
❸ (chanchullo) Schiebung f
❹ (amorío) Verhältnis nt
❺ (loc): **encontrar un ~** eine Notlösung finden
aparador [apara'ðor] m ❶ (mueble) Anrichte f, Sideboard nt
❷ (escaparate) Schaufenster nt
❸ (taller) Werkstatt f, Werkstätte f
❹ (Hond: refresco) Erfrischung f; (agasajo) kleine Feier mit Getränken und Süßigkeiten
aparar [apa'rar] vt (manos) hinhalten, entgegenstrecken
aparato [apa'rato] m ❶ (utensilio) Gerät nt, Vorrichtung f; ~ **indicador** Zähler m; ~ **de precisión** Feinmessgerät nt, Feinmessinstrument nt; ~ **de televisión/de radio** Fernseh-/Radiogerät nt; ~ **para la ventilación** Lüftung f
❷ (TEL) Telefon nt, Apparat m; **ponerse al ~** ans Telefon gehen; **el señor X está al ~** Herr X ist am Apparat [o Telefon]
❸ (avión) Maschine f
❹ (DEP) Gerät nt; **gimnasia de ~s** Geräteturnen nt
❺ (MED) Verband m
❻ (ANAT): ~ **digestivo/respiratorio** Verdauungs-/Atmungsapparat m
❼ (pompa) Prunk m, Gepränge nt
❽ (POL: de un partido) Apparat m

aparatosidad [aparatosi'ðað] f ❶ (ostentación) Prunk m, Pomp m
❷ (desmesura) Maßlosigkeit f
aparatoso, -a [apara'toso, -a] adj ❶ (ostentoso) prunkvoll, pompös
❷ (desmedido) maßlos; **un accidente ~** ein spektakulärer Unfall
aparcamiento [aparka'mi̯ento] m ❶ (acción de aparcar) Parken nt
❷ (lugar) Parkplatz m
aparcar [apar'kar] <c→qu> vt ❶ (coche) parken
❷ (decisión) vertagen
aparcería [aparθe'ria] f Teilpacht f
aparcero, -a [apar'θero, -a] m, f Teilpächter(in) m(f)
apareamiento [aparea'mi̯ento] f Paarung f
aparear [apare'ar] I. vt ❶ (animales) paaren
❷ (formar un par) in Paaren [o paarweise] anordnen; ~ **personas** Paare bilden
II. vr: ~se ❶ (animales) sich paaren
❷ (formar un par) ein Paar bilden
aparecer [apare'θer] irr como crecer I. vi erscheinen; (algo inesperado) auftauchen; ~ **ante la opinión pública** in der Öffentlichkeit auftreten; **han aparecido casos de difteria** es gab einige Diphtheriefälle
II. vr: ~se erscheinen (a +dat)
aparecido [apare'θiðo] m Erscheinung f
aparejado, -a [apare'xaðo, -a] adj (adecuado) geeignet, zweckmäßig; **llevar** [o **traer**] ~ mit sich bringen, zur Folge haben
aparejador(a) [aparexa'ðor(a)] m(f) Baumeister(in) m(f), Bauführer(in) m(f)
aparejar [apare'xar] vt ❶ (una caballería) anschirren
❷ (un barco) auftakeln
❸ (imprimar) grundieren
aparejo [apa'rexo] m ❶ (arnés) Pferdegeschirr nt
❷ (NÁUT: sistema de poleas) Flaschenzug m, Talje f
❸ (NÁUT: jarcia) Takelage f
❹ (imprimación) Grundierung f
❺ (construcción) Verband m
❻ pl (utensilios) Ausrüstung f
aparentar [aparen'tar] vt vorgeben; **trata de ~ que es rico** er tut so als sei er reich, er gibt vor reich zu sein; **aparenta estar enfermo** er stellt sich krank; **no aparenta la edad que tiene** er/sie sieht jünger aus als er/sie ist
aparente [apa'rente] adj ❶ (que parece y no es) Schein-, scheinbar
❷ (perceptible a la vista) sichtbar
❸ (adecuado) passend
❹ (de buen aspecto) reizvoll
aparentemente [aparente'mente] adv scheinbar, anscheinend, dem [o allem] Anschein nach
aparición [apari'θi̯on] f ❶ (general) Erscheinen nt
❷ (de algo inesperado) Auftauchen nt
❸ (TEAT) Auftritt m; **reparto por orden de ~** Darsteller in der Reihenfolge ihres Erscheinens
❹ (visión) Erscheinung f
apariencia [apa'ri̯enθi̯a] f ❶ (exterior de una cosa) Aussehen nt
❷ (aspecto exterior de una persona) Aussehen nt, Äußere(s) nt, äußere Erscheinung f
❸ (signos exteriores de algo o alguien) (An)schein m; ~ **jurídica** (JUR) Rechtsschein m; **en ~** dem Anschein nach, anscheinend; **guardar las ~s** den Schein wahren; **las ~s engañan** (prov) der Schein trügt
aparrado, -a [apa'rraðo, -a] adj ❶ (árbol) (weit) ausladend
❷ (fig: persona) untersetzt, gedrungen
aparragarse [aparra'ɣarse] vr (Chil, Hond, Méx, Par: achaparrarse) pummelig werden fam
❷ (Chil: agazaparse) sich ducken, sich klein machen
aparrandado, -a [aparran'daðo, -a] adj (Col) ❶ (comida) verdorben
❷ (idea, plan) überholt
❸ (persona) übernächtigt
aparrar [apa'rrar] vt (BOT: ramas) waagerecht ziehen
apartadero [aparta'ðero] m ❶ (de un camino, canal) Ausweiche f
❷ (FERRO) Ausweichgleis nt
apartadizo[1] [aparta'ðiθo] m Verschlag m
apartadizo, -a[2] [aparta'ðiθo, -a] adj ungesellig
apartado[1] [apar'taðo] m ❶ (cuarto) Hinterzimmer nt
❷ (párrafo) Absatz m
❸ (de los toros) Einstallen nt der Stiere
❹ (en una oficina de correos): ~ **de Correos** [o **postal**] Postfach nt
apartado, -a[2] [apar'taðo, -a] adj ❶ (lugar) abgelegen
❷ (persona) ungesellig
apartamento [aparta'mento] m Wohnung f, Appartement nt
apartamiento [aparta'mi̯ento] m ❶ (separación) Trennung f, Absonderung f
❷ (apartamento) Wohnung f, Appartement nt
❸ (JUR: recurso) Rücknahme f

apartar [apar'tar] *I. vt* ❶ (*separar*) trennen, (ab)sondern
❷ (*poner a un lado*) beiseite legen [*o* stellen]; **~ a alguien para decirle algo** jdn zur Seite nehmen um ihm etw zu sagen; **~ el plato** den Teller wegschieben; **¡aparta la mano del taladro!** komm mit deiner Hand nicht an den Bohrer!
❸ (*de un cargo*) entfernen (*de* aus +*dat*)
❹ (*de un propósito*) abbringen
❺ (*la vista*) abwenden
❻ (*la atención*) ablenken
II. vr: **~se** ❶ (*separarse*) sich trennen
❷ (*de un camino*) abweichen; **¡apártate!** geh aus dem Weg!
❸ (*del tema*) abkommen, abschweifen
❹ (JUR: *recurso*) zurücknehmen
aparte [a'parte] *I. adv* (*en otro sitio*) beiseite, zur Seite; **por correo ~** mit getrennter Post; **poner algo ~** etw beiseite legen [*o* stellen]; **he sumado los euros y ~ los dólares** ich habe die Euro und Dollar getrennt addiert; **esta cuestión debe tratarse ~** auf diese Frage muss gesondert eingegangen werden
II. prep ❶ (*separado*): **él estaba ~ del grupo** er war abseits der Gruppe
❷ (*además de*): **~ de** abgesehen von +*dat*; **esta sopa ~ de mala está fría** diese Suppe schmeckt nicht nur schlecht, sondern sie ist auch noch kalt; **~ de esto el resto está en orden** bis auf das [*o* abgesehen davon] ist alles in Ordnung; **~ de esto perdí las llaves** darüber hinaus [*o* außerdem] verlor ich noch die Schlüssel
III. m ❶ (TEAT) **hacer un ~** beiseite sprechen
❷ (*de un escrito*) Absatz *m*; **punto y ~** Punkt und (neuer) Absatz
IV. adj inv ❶ (*singular*) einzigartig, einmalig
❷ (*separado*) separat; **una entrada ~** ein separater Eingang; **en un plato ~** auf einem extra Teller
apartheid [apar'tˣeid] *m sin pl* Apartheid *f*
aparthotel [aparto'tel] *m* Aparthotel *nt*
apartidismo [aparti'ðismo] *m sin pl* Parteilosigkeit *f*
apartidista [aparti'ðista] *adj* parteilos
apasionado, -a [apasjo'naðo, -a] *I. adj* ❶ (*con pasión*) leidenschaftlich
❷ (*entusiasta*) begeistert, enthusiastisch; **futbolista ~** begeisterter Fußballer
❸ (*temperamento*) sanguinisch, lebhaft
II. m, f Anhänger(in) *m(f)*; **~ del rock** Rock and Roll-Anhänger *m*
apasionamiento [apasjona'mjento] *m* ❶ (*entusiasmo*) Begeisterung *f*
❷ (*vehemencia*) Leidenschaftlichkeit *f*; **con ~** mit Leib und Seele
apasionante [apasjo'nante] *adj* ❶ (*juego, discurso*) begeisternd
❷ (*libro, película*) spannend, fesselnd
❸ (*música*) hinreißend, mitreißend
❹ (*sensación*) überwältigend, hinreißend
apasionar [apasjo'nar] *I. vt* begeistern
II. vr: **~se** ❶ (*entusiasmarse*) sich begeistern (*por* für +*akk*), in Begeisterung geraten (*por* über +*akk*)
❷ (*enamorarse*) sich leidenschaftlich verlieben (*en* in +*akk*)
apatía [apa'tia] *f* Apathie *f*, Teilnahmslosigkeit *f*, Gleichgültigkeit *f*
apático, -a [a'patiko, -a] *adj* apathisch, teilnahmslos, gleichgültig
apátrida [a'patriða] *I. adj* staatenlos
II. mf Staatenlose(r) *mf*
apatusco [apa'tusko] *m* (*Ven*) ❶ (*intriga*) Intrige *f*
❷ (*fingimiento*) Schwindel *m*
apdo. [apar'taðo] *m abr de* **apartado** Postfach *nt*
apeadero [apea'ðero] *m* ❶ (*poyo*) Trittstein *m*
❷ (FERRO) Haltepunkt *m*
❸ (*en un camino*) Haltebucht *f*
apear [ape'ar] *I. vt* ❶ (*campo*) vermessen
❷ (*caballo*) Fußfesseln anlegen +*dat*
❸ (*árbol*) fällen
❹ (*coche*) verkeilen, mit einem Keil sichern
❺ (*dificultad*) überwinden
❻ (*apartar, disuadir*) abbringen (*de* von +*dat*)
❼ (ARQUIT: *apuntalar*) abstützen
II. vr: **~se** ❶ (*de un vehículo*) aussteigen (*de* aus +*dat*)
❷ (*de un caballo*) absitzen (*de* von +*dat*), absteigen (*de* von +*dat*)
APEC ['apekˣ] *f* (ECON) *abr de* **Cooperación Económica Asia-Pacífico** APEC *f*
apechar [ape'tʃar] *vi v.* **apechugar** *II.*
apechugar [apetʃu'ɣar] <g→gu> *I. vt* ❶ (*Chil, PRico: arrancar*) entreißen
❷ (*Ecua: sacudir*) rütteln (an +*dat*)
II. vi sich abfinden (*con* mit +*dat*), über sich ergehen lassen (*con* +*akk*); **tendrás que ~ con las consecuencias** du wirst die Konsequenzen tragen müssen; **has apechugado con una tarea complicada** du hast dir eine schwere Arbeit aufgeladen
apechusques [ape'tʃuskes] *mpl* (*fam*) Zeug *nt*
apedazar [apeða'θar] <z→c> *vt* flicken, ausbessern

apedrear [apeðre'ar] *I. vi* (*granizar*) hageln
II. vt ❶ (*lanzar piedras*) mit Steinen bewerfen
❷ (*lapidar*) steinigen
III. vr: **~se** (*cosecha*) verhageln
apegado, -a [ape'ɣaðo, -a] *adj*: **estar ~ a algo/a alguien** an etw *dat*/jdm hängen
apegarse [ape'ɣarse] <g→gu> *vr* lieb gewinnen (*a* +*akk*)
apego [a'peɣo] *m* Zuneigung *f* (*a* zu +*dat*); **le tengo un gran ~ a este piso aunque sea pequeño** ich mag diese Wohnung sehr, obwohl sie klein ist
apelable [ape'laβle] *adj* (JUR) anfechtbar, berufungsfähig
apelación [apela'θjon] *f* ❶ (JUR: *recurso*) Berufung *f*; **~ principal** Hauptberufung *f*
❷ (*invocación, llamamiento*) Appell *m* (*a* an +*akk*), Aufruf *m* (*a* an +*akk*)
❸ (FIN): **~ al crédito** Kreditaufnahme *f*; **~ a fondos** Zahlungsaufruf *m*; **~ al mercado de capitales** Inanspruchnahme des Kapitalmarktes
❹ (*loc*): **ésto no tiene ~** da ist nichts zu machen, das lässt sich nicht ändern; **este resultado no tiene ~** an diesem Ergebnis gibt es nichts zu rütteln
apelante [ape'lante] *mf* (JUR) Berufungskläger(in) *m(f)*
apelar [ape'lar] *vi* ❶ (*invocar*) sich berufen (*a* auf +*akk*), appellieren (*a* an +*akk*); **~ a la razón** an die Vernunft appellieren; **apelo al testimonio de mi mujer** ich berufe mich auf die Aussage meiner Frau
❷ (*recurrir*) sich wenden (*a* an +*akk*), greifen (*a* zu +*dat*); **~ a todos los medios** kein Mittel unversucht lassen
❸ (JUR: *recurrir*) Berufung einlegen; **la sentencia ha sido apelada** gegen das Urteil wurde Berufung eingelegt
apelativo¹ [apela'tiβo] *m* ❶ (*apellido*) Familienname *m*, Nachname *m*
❷ (*sobrenombre*) Beiname *m*; **~ cariñoso** Kosename *m*
❸ (LING) Gattungsname *m*, Appellativ *m*
apelativo, -a² [apela'tiβo, -a] *adj* (LING) appellativisch
apellidar [apeʎi'ðar] *I. vt* benennen
II. vr: **~se** (mit Familiennamen) heißen; **se apellida Martínez** sein/ihr Familienname [*o* Nachname] ist Martínez
apellido [ape'ʎiðo] *m* Familienname *m*, Nachname *m*; **~ de soltera** Mädchenname *m*; **primer ~, ~ paterno** Familienname des Vaters; **por el ~ no caigo** der Name sagt mir nichts
apelmazado, -a [apelma'θaðo, -a] *adj* ❶ (*cojín, colchón*) hart
❷ (*nieve*) pappig, verharscht
❸ (*harina*) klumpig
❹ (*escritura*) schwer lesbar
❺ (*pelo, lana*) verfilzt
apelmazar [apelma'θar] <z→c> *I. vt* zusammenpressen
II. vr: **~se** ❶ (*colchón, cojín*) hart werden
❷ (*nieve*) verharschen
❸ (*harina*) verklumpen
❹ (*lana, pelo*) verfilzen
apelotonar [apeloto'nar] *I. vt* ❶ (*cosas*) zusammenballen
❷ (*personas*) zusammenpferchen
II. vr: **~se** ❶ (*formarse grumos*) verklumpen
❷ (*nubes*) sich zusammenballen
❸ (*personas*) sich zusammendrängen; **la gente se apelotonaba en las entradas de la plaza de toros** die Leute drängten sich an den Eingängen der Stierkampfarena
❹ (*loc*): **en esta calle se apelotonan los coches** auf dieser Straße knäu(e)lt sich der Verkehr
apenar [ape'nar] *I. vt* bekümmern, betrüben
II. vr: **~se** ❶ (*afligirse*) sich grämen (*por* über +*akk*)
❷ (*Am: sentir vergüenza*) sich schämen (*por* für +*akk*, *wegen* +*gen*)
apenas [a'penas] *I. adv* ❶ (*casi no*) kaum, nicht einmal; **~ había nadie** es war kaum jemand da; **~ puede leer** er/sie kann kaum [*o* noch nicht einmal] richtig lesen
❷ (*tan sólo, escasamente*) erst, knapp; **~ hace un mes que estudio alemán** ich lerne erst seit einem Monat Deutsch; **~ hace una hora** vor knapp einer Stunde; **tengo ~ 12 euros en el bolsillo** ich habe gerade mal 12 Euro in der Tasche; **~ llegué a tiempo** ich kam gerade (noch) rechtzeitig
II. conj (*tan pronto como*) kaum, gerade; **~ salí a la calle, se puso a llover** ich war gerade [*o* kaum] auf der Straße, als es anfing zu regnen; **~ llegó, se tomó una ducha** er kam und nahm sofort [*o* schnurstracks] eine Dusche
apencar [apeŋ'kar] <c→qu> *vi* (*fam*): **con algo** sich *dat* etw aufhalsen; **tienes que ~ (con) este trabajo** du musst diese Arbeit auf dich nehmen; **ahora tienes que ~ con las consecuencias** jetzt musst du die Konsequenzen tragen
apéndice [a'pendiθe] *m* ❶ (*de un libro*) Anhang *m*, Appendix *m*; (*tomo separado*) Ergänzungsband *m*
❷ (*complemento*) Anhängsel *nt*; **los trabajadores son simples ~s de**

apendicectomía 54 **apirexia**

los robots die Arbeiter sind bloß [*o* nichts als] Helfer der Roboter
❸ (*satélite, acompañante*) Schatten *m*
❹ (ANAT): ~ **vermiforme** Wurmfortsatz *m*, Appendix *m*
apendicectomía [apendiθekto'mia] *f* (MED) Appendektomie *f*, Blinddarmoperation *f*
apendicitis [apendi'θitis] *f inv* (MED) Blinddarmentzündung *f*, Appendizitis *f*
apensionarse [apensjo'narse] *vr* ❶ (*Arg, Chil, Méx: entristecerse*) traurig werden, trübsinnig werden
❷ (*Col: inquietarse*) sich beunruhigen
apeo [a'peo] *m* ❶ (*de un árbol*) Fällen *nt*
❷ (*de un campo*) Vermessung *f*
❸ (*documento*) Vermessungsurkunde *f*
❹ (*de un edificio*) Abstützen *nt*
❺ (ARQUIT) *armazón*) Abstützung *f*
apepsia [a'peβsja] *f* (MED) Verdauungsstörung *f*
apercebimiento [aperθeβi'mjento] *f* (HIST) *v.* **apercibimiento**
apercibimiento [aperθiβi'mjento] *m* ❶ (*advertencia*) Warnung *f*
❷ (*amonestación*) Verwarnung *f*, Verweis *m*
❸ (JUR) gerichtliche Verwarnung *f*; ~ **de concurso de acreedores** Konkursandrohung *f*; ~ **de interposición de demanda** Klageandrohung *f*; ~ **de pena** Strafandrohung *f*
apercibir [aperθi'βir] I. *vt* ❶ (*advertir*) warnen (*de* vor +*dat*), aufmerksam machen (*de* auf +*akk*); **nos han apercibido de la presencia de piquetes** sie haben uns auf die Anwesenheit von Streikposten aufmerksam gemacht
❷ (*amonestar*) tadeln (*por* wegen +*gen*, *por* für +*akk*), verwarnen (*por* wegen +*gen*); **le han apercibido con el despido** sie haben ihm mit seiner Entlassung gedroht
❸ (JUR) verwarnen
II. *vr:* **-se** ❶ (*prepararse*) sich vorbereiten (*a/para* auf +*akk*)
❷ (*percatarse*) sich *dat* bewusst werden (*de* +*gen*), sich *dat* klar werden (*de* über +*akk*); **~se de una cosa** sich *dat* einer Sache bewusst werden; **se ha apercibido de lo importante que es el examen** ihm/ihr ist die Wichtigkeit der Prüfung klar geworden
aperdigar [aperδi'ɣar] <g→gu> *vt* (GASTR) (leicht) anbraten (zum Haltbarmachen)
apergaminado, -a [aperɣami'naδo, -a] *adj* pergamentartig
apergaminarse [aperɣami'narse] *vr* hager werden
aperiodicidad [aperjoδiθi'δaδ] *f sin pl* Unregelmäßigkeit *f*, unregelmäßiges Auftreten *nt*; **la ~ del fenómeno lo hace totalmente imprevisible** durch sein unregelmäßiges Auftreten ist dieses Phänomen völlig unvorhersehbar
aperitivo¹ [aperi'tiβo] *m* ❶ (*bebida*) Aperitif *m*; **¡y ésto es tan solo el ~!** und das ist nur der Anfang!
❷ (*comida*) Appetithappen *m*
aperitivo, -a² [aperi'tiβo, -a] *adj* appetitanregend
aperos [a'peros] *mpl* ❶ (*utensilios*) Ackergeräte *ntpl*
❷ (*animales*) Zugtiere *ntpl*
aperreado, -a [aperre'aδo, -a] *adj* mühsam, mühselig; **una vida aperreada** ein mühseliges Leben; **un día ~** ein anstrengender Tag
aperrear [aperre'ar] I. *vt* überanstrengen
II. *vr:* **-se** ❶ (*fatigarse*) sich überanstrengen
❷ (*emperrarse*) hartnäckig bestehen (*en* auf +*dat*)
apersonamiento [apersona'mjento] *m* (JUR) (persönliches) Erscheinen *nt*
apersonarse [aperso'narse] *vr* (JUR) (persönlich) erscheinen; **después de que se apersonara el juez** nach dem Erscheinen des Richters
apertura [aper'tura] *f* ❶ (*t.* POL, JUR: *acción*) Öffnung *f*; ~ **de la bolsa** Börseneröffnung *f*; ~ **de la conciliación** (JUR) Vergleichseröffnung *f*; ~ **del concurso de acreedores** (ECON) Konkurseröffnung *f*; ~ **de la herencia/del legado** (JUR) Anfall der Erbschaft/des Vermächtnisses; ~ **de un mercado** (ECON) Markterschließung *f*; ~ **de las licitaciones** (FIN) Aufforderung zum Gebot; **precio de** ~ (**de la bolsa**) (Börsen)eröffnungskurs *m*
❷ (*de una reunión, un teatro, una cuenta*) Eröffnung *f*; ~ **de un testamento** Testamentseröffnung *f*
❸ (FIN): ~ **de un crédito** Krediteinräumung *f*
❹ (DEP: *ajedrez*) Eröffnung *f*
aperturismo [apertu'rismo] *m sin pl* Politik der Öffnung während der Übergangszeit zur Demokratie in Spanien
aperturista [apertu'rista] *mf* Verfechter(in) *m(f)* einer Öffnungspolitik
apesadumbrar [apesaδum'brar] I. *vt* bekümmern, betrüben; **me miraba con ojos apesadumbrados** er/sie sah mich mit bekümmertem Blick an
II. *vr:* **-se** sich grämen (*por* über +*akk*), betrübt sein (*por* wegen +*gen*)
apestar [apes'tar] I. *vi* ❶ (*oler mal*) stinken (*a* nach +*dat*); **las basuras apestan** der Müll stinkt; **aquí apesta a podrido** hier stinkt es nach Moder
❷ (*estar lleno*) wimmeln (*de* von +*dat*); **el estanque apesta de peces** der Teich wimmelt von Fischen
II. *vt* ❶ (*causar la peste*) mit der Pest anstecken
❷ (*fam: fastidiar*) auf die Nerven gehen; **los niños me apestan con sus peleas** die Kinder gehen mir mit ihren ständigen Streitereien auf die Nerven
❸ (*corromper*) verderben
❹ (*llenar*) überschwemmen (*con* mit +*dat*); **estar apestado de algo** nur so von etw wimmeln; **el mercado está apestado de gente** der Markt wimmelt nur so von Menschen
III. *vr:* **-se** ❶ (*contagiarse con la peste*) sich mit der Pest anstecken
❷ (*Am: contagiarse*) sich anstecken
❸ (*Col: acatarrarse*) sich erkälten
apestoso, -a [apes'toso, -a] *adj* ❶ (*que apesta*) stinkend
❷ (*fastidioso*) lästig
apétalo, -a [a'petalo, -a] *adj* ohne Blütenblätter
apetecer [apete'θer] *irr como crecer vi* ❶ (*tener ganas de*) Lust haben (*de* auf +*akk*); **¿qué te apetece?** was möchtest du?, was hättest du gern?; **¿un viaje?** – **sí, me apetece la idea** eine Reise? – ja, ich habe Lust dazu; **me apetece un helado** ich habe Lust [*o* Appetit] auf ein Eis
❷ (*gustar*): **una copa de vino siempre apetece** ein Glas Wein schmeckt immer; **este libro me apetece más** dieses Buch sagt mir mehr zu
apetecible [apete'θiβle] *adj* wünschenswert; **un objetivo ~** ein erstrebenswertes Ziel
apetencia [ape'tenθja] *f* ❶ (*apetito*) Appetit *m*
❷ (*deseo*) Wunsch *m* (*de* nach +*dat*), Verlangen *nt* (*de* nach +*dat*)
apetito [ape'tito] *m* ❶ (*de comida*) Appetit *m* (*de* auf +*akk*); **no tengo ~** ich habe keinen Appetit; **abrir el ~** Appetit machen
❷ (*deseo*) Verlangen *nt* (*de* nach +*dat*), Bedürfnis *nt* (*de* nach +*dat*); ~ **sexual** Fleischeslust *f*
apetitoso, -a [apeti'toso, -a] *adj* ❶ (*que despierta el apetito*) appetitanregend, appetitlich
❷ (*sabroso*) schmackhaft, köstlich
❸ (*deseable*) wünschenswert
API ['api] *m abr* **Agente de la Propiedad Inmobiliaria** Makler(in) *m(f)*
apiadar [apja'δar] I. *vt* Mitleid erregen; **su mala suerte apiada a sus vecinos** sein Unglück erregt das Mitleid der Nachbarn
II. *vr:* **-se** bemitleiden (*de* +*akk*), sich erbarmen (*de* +*gen*); **¡Dios, apiádate de nosotros!** Herr, erbarme dich unser; **Dios, apiádate de ellos porque no saben lo que hacen** Herr, erbarme dich ihrer, denn sie wissen nicht, was sie tun
apical [api'kal] I. *adj* (*t.* LING) apikal
II. *f* (LING) Apikal(laut) *m*
ápice ['apiθe] *m* ❶ (*punta*) Spitze *f*; ~ **de la lengua** Zungenspitze *f*
❷ (*cúspide*) Gipfel *m*; **haber llegado al ~ de la gloria** auf dem Gipfel des Ruhms angelangt sein
❸ (*nada, en frases negativas*): **no ceder un ~** keinen Zollbreit [*o* Fingerbreit] nachgeben; **no entendí un ~ de lo que dijo** ich habe nicht das Geringste von dem, was er/sie sagte, verstanden
apicultor(a) [apikul'tor(a)] *m(f)* Bienenzüchter(in) *m(f)*, Imker(in) *m(f)*
apicultura [apikul'tura] *f* Bienenzucht *f*, Imkerei *f*
apilamiento [apila'mjento] *m* (*de tierra, melones*) Aufhäufen *nt*; (*de periódicos*) (Auf)stapelung *f*; (*de madera*) Aufschichtung *f*; (*de cajas*) (Auf)türmen *nt*
apilar [api'lar] I. *vt* (*tierra, melones*) aufhäufen; (*periódicos*) (auf)stapeln; (*madera*) (auf)schichten; (*cajas*) (auf)türmen
II. *vr:* **-se** sich stapeln, sich türmen; **en el escritorio se apilan los libros** auf dem Schreibtisch türmen [*o* stapeln] sich die Bücher
apimpollarse [apimpo'ʎarse] *vr* Knospen treiben, austreiben
apiñamiento [apiɲa'mjento] *m* Gedränge *nt*
apiñar [api'ɲar] I. *vt* ❶ aufeinander stapeln; **apiñó las cosas en el maletero y partieron** er/sie stopfte die Sachen in den Kofferraum und sie fuhren los
❷ (*personas*) zusammendrängen; (*animales*) zusammenpferchen
II. *vr:* **-se** (*sich zusammen*)drängen; **la gente se apiñaba en torno al rey** die Leute drängten sich um den König
apio ['apjo] *m* (BOT) Sellerie *m o f*
apiolar [apjo'lar] *vt* ❶ (*caza*) die Läufe zusammenbinden (+*dat*)
❷ (*fam fig: capturar*) schnappen, hochnehmen
❸ (*fam fig: matar*) umlegen, umbringen; **la ~on por la espalda** sie haben sie hinterrücks um die Ecke gebracht
apiparse [api'parse] *vr* (*fam: atiborrarse*) sich *dat* den Bauch voll schlagen
apirético, -a [api'retiko, -a] *adj* (MED: *de ausencia de fiebre*) fieberfrei; (*antitérmico*) fiebersenkend, antipyretisch
apirexia [api'reɣsja] *f* (MED) Apyrexie *f*

apirularse [apiru'larse] *vr* (*Chil*) sich herausputzen
apisonadora [apisona'ðora] *f* Straßenwalze *f*
apisonar [apiso'nar] *vt* walzen, (fest)stampfen
apitiguarse [apiti'ɣwarse] *vr* (*Chil*) mutlos werden, den Mut verlieren
aplacable [apla'kaβle] *adj* zu besänftigen, zu mildern; **su furia no es fácilmente ~** sein Zorn ist nicht leicht zu besänftigen; **dolor ~** zu lindernder Schmerz
aplacamiento [aplaka'mjento] *m* ① (*de otra persona*) Besänftigung *f*, Beschwichtigung *f*
② (*del dolor*) Milderung *f*, Linderung *f*
③ (*del hambre, la sed*) Stillen *nt*
④ (*de uno mismo*) Beruhigung *f*
aplacar [apla'kar] <c→qu> I. *vt* ① (*persona*) besänftigen, beschwichtigen
② (*dolor*) mildern, lindern
③ (*hambre, sed*) stillen
II. *vr:* **~se** sich beruhigen
aplanamiento [aplana'mjento] *m* ① (*allanamiento*) Einebnen *nt*, Planieren *nt*
② (*desánimo*) Entmutigung *f*
aplanar [apla'nar] I. *vt* ① (*allanar*) ebnen, planieren
② (*aplastar*) zerdrücken, platt drücken
③ (*desanimar*) entmutigen
II. *vi* (*Arg, Chil, PRico*) herumbummeln
III. *vr:* **~se** mutlos werden, den Mut verlieren
aplantillar [aplanti'ʎar] *vt* (*piedra, madera*) schablonieren
aplasia [a'plasja] *f* (MED) Aplasie *f*
aplastamiento [aplasta'mjento] *m* (*t.* MED: *acción*) Zerquetschen *nt*; (*resultado*) Quetschung *f*
aplastante [aplas'tante] *adj* (*mayoría*) überwältigend; (*derrota*) vernichtend; (*lógica, prueba*) zwingend
aplastar [aplas'tar] *vt* ① (*chafar*) zerquetschen, zermalmen; **el desprendimiento de piedras aplastó a dos personas** der Steinschlag erschlug zwei Menschen
② (*con la mano*) zerdrücken; **~ un cigarrillo** eine Zigarette ausdrücken
③ (*con el pie*) zertreten
④ (*derrotar*) (vernichtend) schlagen
⑤ (*abatir*) entmutigen, den Mut nehmen (*a* +*dat*)
aplatanado, -a [aplata'naðo, -a] *adj* träge, phlegmatisch
aplatanamiento [aplatana'mjento] *m* Apathie *f*, Trägheit *f*
aplatanarse [aplata'narse] *vr* ① (*entregarse a la indolencia*) sich gehen lassen, sich hängen lassen
② (*Cuba, PRico: adoptar las costumbres*) die Bräuche und Sitten der Einheimischen annehmen
aplaudir [aplau̯'ðir] I. *vi* (Beifall) klatschen, applaudieren; **el publico rompió a ~** das Publikum fing an zu klatschen
II. *vt* ① (*palmear*) beklatschen, applaudieren +*dat*
② (*aprobar*) begrüßen; (*alabar*) loben; **~ una decisión** eine Entscheidung begrüßen; **~ el esfuerzo/el valor de alguien** jds Mühe/Mut loben; **~ una propuesta** einen Vorschlag begrüßen
aplauso [a'plau̯so] *m* Beifall *m*, Applaus *m*; **~ atronador** stürmischer Beifall; **salva de ~s** Beifallssturm *m*; **digno de ~** lobenswert; **ser recibido con ~s** mit Applaus [*o* Beifall] begrüßt werden
aplazable [apla'θaβle] *adj* (*fecha prevista*) verschiebbar, verlegbar; (*plazo*) aufschiebbar, verlängerungsfähig; (*pago*) stundbar
aplazamiento [aplaθa'mjento] *m* ① (*viaje, partido*) Verschiebung *f*
② (*fecha*) Verlegung *f* (*a/hasta* auf +*akk*)
③ (*decisión*) Aufschub *m* (*a/hasta* bis zu +*dat*); **~ de pago** Zahlungsaufschub *m*; **~ de la detención** (JUR) Haftaufschub *m*
④ (*conferencia, negociación*) Vertagung *f* (*a/hasta* auf +*akk*); **~ de la vista** (JUR) Vertagung der Verhandlung
⑤ (*limitación*) Befristung *f*; **~ del contrato laboral** Befristung des Arbeitsvertrages; **~ del acto administrativo** Befristung des Verwaltungsakts
aplazar [apla'θar] <z→c> *vt* ① (*viaje, partido*) verschieben (*a/hasta* auf +*akk*), verlegen (*a/hasta* auf +*akk*); (*fecha*) verlegen (*a/hasta* auf +*akk*); (*decisión*) aufschieben, hinausziehen; (*conferencia, negociación*) vertagen (*a/hasta* auf +*akk*); **~ el viaje una semana** die Reise um eine Woche verschieben; **~ una decisión por tiempo indefinido/hasta el verano** eine Entscheidung auf unbestimmte Zeit/bis zum Sommer aufschieben; **la reunión se aplaza hasta nueva orden/hasta el próximo lunes** die Sitzung wird bis auf weiteres/auf den kommenden Montag vertagt
② (*Am: suspender*) durchfallen lassen
aplebeyado, -a [apleβe'ʝaðo, -a] *adj* pöbelhaft
aplestia [a'plestja] *f* (MED: *hambre*) (pathologischer) unstillbarer Hunger *m*, Unersättlichkeit *f*
aplicabilidad [aplikaβili'ðað] *f* Anwendbarkeit *f*, Verwendbarkeit *f*
aplicable [apli'kaβle] *adj* anwendbar (*a* auf +*akk*), verwendbar (*a* für +*akk*); **ser ~** Anwendung finden
aplicación [aplika'θjon] *f* ① (*pintura, crema*) Auftragen *nt*
② (*venda*) Anlegen *nt*, Auflegen *nt*
③ (*teoría, método*) Anwendung *f*; **~ del derecho** Rechtsanwendung *f*; **~ legal** Gesetzesanwendung *f*; **campo de ~** Anwendungsbereich *m*; **las múltiples aplicaciones del plástico** die vielen Verwendungsmöglichkeiten von Kunststoffen
④ (INFOR) Anwendung *f*; **~ multimedia** Multimediaanwendung *f*; **~ de ordenador central** (INFOR) Host-Anwendung *f*
⑤ (*conocimientos, habilidades*) Verwendung *f*, Gebrauch *m*
⑥ (*en el estudio*) Fleiß *m*
⑦ (*encaje*) Stickerei *f*
⑧ (*Am: petición diligente*) Bitte *f*, Gesuch *nt*; (*petición formal*) Antrag *m*
⑨ *pl* (*Am*) Applikation *f*
aplicado, -a [apli'kaðo, -a] *adj* (*trabajador*) fleißig
aplicar [apli'kar] <c→qu> I. *vt* ① (*pintura, crema*) auftragen (*a* auf +*akk*); **~ dando un ligero masaje** leicht einmassieren; **aplicado con regularidad...** bei regelmäßiger Anwendung ...
② (*venda*) anlegen, auflegen
③ (*teoría, método*) anwenden (*a* auf +*akk*), applizieren *elev*; **ciencias aplicadas** angewandte Wissenschaften; **~ un método a la industria** eine Methode auf die Industrie anwenden
④ (*conocimientos, habilidades*) verwenden (*a* für +*akk*), gebrauchen (*a* für +*akk*); **~ una máquina para un trabajo** eine Maschine für eine Tätigkeit einsetzen
⑤ (JUR): **~ una sanción** eine Geldstrafe auferlegen; **la ley no se puede ~ en este caso** das Gesetz ist auf diesen Fall nicht anwendbar
⑥ (ECON): **~ impuestos** Steuern erheben; **~ un precio** einen Preis berechnen; **~ una tarifa** einen Tarif anwenden; **~ un tipo de interés** einen Zinssatz in Anwendung bringen
⑦ (*loc*): **~ el freno** die Bremse ziehen; **~ un lazo a un vestido** eine Schleife an ein Kleid annähen; **~ el oído a la puerta** an der Tür horchen
II. *vr:* **~se** ① (*esforzarse*) sich bemühen; **~se al estudio** sich dem Studium intensiv widmen
② (*emplearse*) zur Anwendung kommen, Anwendung finden
aplique [a'plike] *m* ① (*lámpara*) Wandleuchte *f*
② (TEAT) Requisit *nt*
aplomado, -a [aplo'maðo, -a] *adj* (*persona*) selbstsicher
aplomar [aplo'mar] I. *vt* ① (*comprobar la verticalidad*) loten
② (*construir verticalmente*) nach dem Lot ausrichten
II. *vr:* **~se** an Selbstsicherheit gewinnen, mit mehr Sicherheit auftreten
aplomo [a'plomo] *m* ① (*seguridad*) Selbstsicherheit *f*, Aplomb *m elev*; **perder el ~** die Kontrolle über sich verlieren; **dio muestras de un ~ asombroso** er/sie legte eine erstaunliche Sicherheit an den Tag
② (*verticalidad*) lotrechter Verlauf *m*
apnea [aβ'nea] *f* (MED) Apnoe *f*, Atemstillstand *m*
apocado, -a [apo'kaðo, -a] *adj* verzagt, kleinmütig *elev*
apocalipsis [apoka'lipsis] *m sin pl* Apokalypse *f*
apocalíptico, -a [apoka'liptiko, -a] *adj* apokalyptisch
apocamiento [apoka'mjento] *m* Verzagtheit *f*, Kleinmut *m elev*
apocar [apo'kar] <c→qu> I. *vt* einschüchtern
II. *vr:* **~se** den Mut verlieren, verzagen
apocopar [apoko'par] *vt* (LING) apokopieren
apócope [a'pokope] *f* (LING) Apokope *f*
apócrifo[1] [a'pokrifo] *m* (REL) Apokryph(on) *nt*
apócrifo, -a[2] [a'pokrifo, -a] *adj* ① (*supuesto*) vermeintlich
② (REL) apokryph
apodar [apo'ðar] I. *vt* (*dar un sobrenombre*) einen Beinamen geben (*a* +*dat*); (*dar un apodo*) einen Spitznamen geben (*a* +*dat*)
II. *vr:* **~se** (*tener el sobrenombre...*) den Beinamen ... haben; (*tener el apodo*) den Spitznamen ... haben
apoderado, -a [apoðe'raðo, -a] *m, f* (*t.* JUR) Bevollmächtigte(r) *mf*; (COM) Prokurist(in) *m(f)*; **~ singular** Handlungsbevollmächtigte(r) *mf*; **~ tributario** Steuerbevollmächtigte(r) *mf*; **~ procesal** Verfahrensbevollmächtigte(r) *mf*
apoderamiento [apoðera'mjento] *m* ① (*t.* JUR: *autorización*) Vollmacht *f*, Bevollmächtigung *f*
② (COM) Erteilung *f* der Vollmacht
③ (*apropiación*) Bemächtigung *f*
apoderar [apoðe'rar] I. *vt* (*t.* JUR) eine Vollmacht erteilen (*a* +*dat*), bevollmächtigen
II. *vr:* **~se** sich bemächtigen (*de* +*gen*); **el pánico se apoderó de él** die Panik bemächtigte sich seiner; **el espía se apoderó del maletín** der Spion brachte den Aktenkoffer an sich; **la empresa se apoderó de los clientes de la competencia** die Firma warb die Kunden der Konkurrenz ab; **se apoderó del liderato** er/sie übernahm die Führung
apodía [apo'ðia] *f* (MED) Apodie *f*
apodíctico, -a [apo'ðiktiko, -a] *adj* unwiderlegbar, apodiktisch

apodo [a'poðo] *m* Spitzname *m*
apodo[1] ['apoðo] *m* (ZOOL) Blindwühle *f*
ápodo, -a[2] ['apoðo, -a] *adj* (ZOOL) apod(isch), fußlos
apódosis [a'poðosis] *f inv* (LING) Apodosis *f*
apófisis [a'pofisis] *f inv* (ANAT) Knochenfortsatz *m*, Apophyse *f*
apofonía [apofo'nia] *f* (LING) Apophonie *f*, Ablaut *m*
apogeo [apo'xeo] *m* ❶ (*punto culminante*) Gipfel *m*, Höhepunkt *m*; **estar en el ~ de su carrera** auf dem Höhepunkt seiner Laufbahn stehen; **el ~ del Barroco** die Blütezeit des Barocks
❷ (ASTR) Apogäum *nt*, Erdferne *f*
apolillado, -a [apoli'ʎaðo, -a] *adj* ❶ (*de polilla*) mottenzerfressen
❷ (*anticuado*) altmodisch, überholt
apolilladura [apoliʎa'ðura] *f* Mottenloch *nt*
apolillar [apoli'ʎar] I. *vt* (*polilla*) zerfressen
II. *vi* (*Arg: dormir*) schlafen
III. *vr:* **~se** von Motten zerfressen werden
apolillo [apo'liʎo] *m* (*Arg*) Schlaf *m*
apolíneo, -a [apo'lineo, -a] *adj* ❶ (*de Apolo*) apollinisch
❷ (*atractivo*) attraktiv, gut aussehend
apolismado, -a [apolis'maðo, -a] *adj* ❶ (*Am: magullado*) gequetscht
❷ (*Col, Méx, PRico: raquítico*) mick(e)rig *fam*
❸ (*CRi: holgazán*) faul
❹ (*Méx, Ven: deprimido*) bekümmert, bedrückt
❺ (*PRico: tonto*) dumm, albern; (*simple*) einfältig
apolismar [apolis'mar] I. *vt* (*Am: magullar*) quetschen
II. *vr:* **~se** ❶ (*CRi, PRico, Ven: acobardarse*) den Mut verlieren (*ante/frente a* vor +*dat*, angesichts +*gen*)
❷ (*AmC, Col, Cuba, PRico: consumirse*) ausgezehrt werden
❸ (*CRi: holgazanear*) faulenzen
apolítico, -a [apo'litiko, -a] *adj* unpolitisch, apolitisch
Apolo [a'polo] *m* Apoll(o) *m*
apologética [apolo'xetika] *f* (REL) Apologetik *f*
apologético, -a [apolo'xetiko, -a] *adj* apologetisch
apología [apolo'xia] *f* (*justificación*) Apologie *f*, Verteidigung *f*, Rechtfertigung *f*; (*de palabra*) Verteidigungsrede *f*; (*por escrito*) Verteidigungsschrift *f*
apologista [apolo'xista] *mf* Apologet(in) *m(f)*
apologizar [apoloxi'θar] <z→c> *vt* apologisieren, rechtfertigen
apoltronarse [apoltro'narse] *vr* (*emperezarse*) träge werden
❶ (*repantigarse*) es sich *dat* bequem machen, sich rekeln; **se apoltronó en el sofá** er/sie machte es sich auf dem Sofa bequem
apoplejía [aple'xia] *f* (MED) Schlaganfall *m*, Apoplexie *f*
apoplético, -a [apo'plexiko, -a], **apopléjico, -a** [apo'pletiko, -a]
I. *adj* (MED) apoplektisch II. *m, f* (MED) Apoplektiker(in) *m(f)*
apoquinar [apoki'nar] *vt* (*fam*) blechen, berappen; **apoquina lo que me debes** gib mir die Kohle, die du mir (noch) schuldest
aporía [apo'ria] *f* (FILOS) Aporie *f*, Ausweglosigkeit *f*
aporisma [apo'risma] *m* (MED) Hämatom *nt*, Bluterguss *m*
aporreamiento [aporrea'mjento] *m v.* **aporreo**
aporrear [aporre'ar] I. *vt* ❶ (*dar golpes*) heftig schlagen; **~ el piano/la máquina de escribir** auf dem Klavier/auf der Schreibmaschine hämmern; **~ la puerta** gegen die Tür hämmern
❷ (*molestar*) belästigen, stören; **esta música me aporrea los oídos** (*por estar muy alta*) bei dieser Musik platzt einem ja das Trommelfell; (*por ser mala*) diese Musik ist nicht zum Aushalten
❸ (*moscas*) verscheuchen
II. *vr:* **~se** sich verprügeln
aporreo [apo'rreo] *m* ❶ (*con porra*) Prügeln *nt*
❷ (*en la puerta*) heftiges Klopfen *nt;* **me despertó el ~ insistente en la puerta** das hartnäckige Klopfen an der Tür weckte mich auf
aporretado, -a [aporre'taðo, -a] *adj* kurz und dick; **tengo los dedos ~s** ich habe kurze, dicke Finger
aportación [aporta'θjon] *f* ❶ (*contribución*) Beitrag *m* (*a/para* zu +*dat*); **hacer una ~ a un trabajo** einen Beitrag zu einer Arbeit leisten
❷ (*donación*) Spende *f* (*a/para* für +*akk*)
❸ (ECON) *capital*) Einlage *f*, Anteil *m;* **~ adicional** Nachschuss *m;* **~ de capital** Kapitaleinlage *f;* **~ dineraria/no dineraria** Bar-/Sacheinlage *f;* **~ en especie** Sacheinlage *f;* **~ a fondo perdido** verlorener Zuschuss; **~ particular** Privateinlage *f;* **~ social** Einlage in eine Gesellschaft
aportar [apor'tar] I. *vt* ❶ (*traer*) (mit)bringen; **la novia aporta una fortuna al matrimonio** die Braut bringt ein Vermögen in die Ehe ein
❷ (*contribuir*) beitragen (*a* zu +*dat*), einen Beitrag leisten (*a* zu +*dat*); **he aportado algo a la fiesta** ich habe einen Beitrag zum Fest geleistet
❸ (*información*) liefern, geben
❹ (*evidencia, testigos*) beibringen
❺ (*argumento, propuesta*) vorbringen
❻ (*pruebas*) erbringen, liefern
❼ (*capital*) beisteuern, einbringen
❽ (*loc*): **no aporta nada ir a esa conferencia** es bringt nichts diese Konferenz zu besuchen
II. *vi* ❶ (*llegar a puerto*) einlaufen
❷ (*recalar*) hingelangen; **hace tiempo que no aporta por aquí** er/sie hat sich schon lange nicht mehr hier sehen lassen
aporte [a'porte] *m* ❶ (*contribución*) Beitrag *m* (*a/para* zu +*dat*)
❷ (*donación*) Spende *f* (*a/para* für +*akk*)
❸ (ECON) *capital*) Einlage *f*
❹ (GEO) Ablagerung *f;* **~ de un río** Flussablagerung *f*
aposentar [aposen'tar] I. *vt* unterbringen, beherbergen
II. *vr:* **~se** sich einquartieren, unterkommen; **las tropas se ~on en tiendas de campaña** die Truppen haben sich in Zelten einquartiert
aposento [apo'sento] *m* ❶ (*hospedaje*) Unterkunft *f;* **nos dieron ~** sie nahmen uns bei sich auf
❷ (*cuarto*) Zimmer *nt;* (*de un rey*) Gemach *nt elev*
aposición [aposi'θjon] *f* (LING) Beisatz *m*, Apposition *f*
apositivo, -a [aposi'tiβo, -a] *adj* (LING) appositiv
apósito [a'posito] *m* (MED) *vendaje*) Wundverband *m;* (*vendaje adhesivo*) Heftpflaster *nt*
aposta [a'posta] *adv* absichtlich
apostadero [aposta'ðero] *m* ❶ (*lugar*) Posten *m*
❷ (MIL) *puerto*) Kriegshafen *m*
❸ (MIL) *departamento marítimo*) Marinestandort *m*
apostador(a) [aposta'ðor(a)] *m(f)* Wetter(in) *m(f);* **mi primo es un ~ compulsivo** mein Cousin ist ein zwanghafter Wetter
apostante [apos'tante] *mf* Wettteilnehmer(in) *m(f);* (*jugador*) Spieler(in) *m(f);* **~s de las quinielas** Totospieler *mpl*
apostar [apos'tar] <o→ue> I. *vi* setzen (*por* auf +*akk*); **apuesto por este galgo** ich setze auf diesen Windhund; **~las** [*o* **apostárselas**] **a** [*o* **con**] **alguien** gegen jdn antreten
II. *vt, vi:* **~se** ❶ (*hacer una apuesta*) wetten (um +*akk*); **he apostado 20 euros con él** ich habe mit ihm (um) 20 Euro gewettet; **¿qué/cuánto apostamos?** worum/um wie viel wetten wir?; **¿qué te apuestas a que no lo hace?** wetten, dass er/sie es nicht tut?; **apuesto cualquier cosa a que...** ich gehe jede Wette ein, dass ...; **~ doble contra sencillo que...** zwei zu eins wetten, dass ...; **puedes ~ la cabeza que...** du kannst Gift darauf nehmen, dass ...
III. *vt* (*poner*) aufstellen
IV. *vr:* **~se** (*ponerse*) sich aufstellen
apostasía [aposta'sia] *f* Abfall *m*, Lossagung *f*, Apostasie *f*
apóstata [a'postata] *mf* Abtrünnige(r) *mf*, Renegat *m*, Apostat *m*
apostatar [aposta'tar] *vi* abfallen (*de* von +*dat*), sich lossagen (*de* von +*dat*); **~ de la fe cristiana** vom christlichen Glauben abfallen; **he apostatado del partido** ich habe mich von der Partei losgesagt
a posteriori [a poste'rjori] *adv* nachträglich, a posteriori
apostilla [apos'tiʎa] *f* ❶ (*comentario*) Randbemerkung *f*
❷ (*admin, jur, pol*) Apostille *f*
apostillar [aposti'ʎar] *vt* mit Randbemerkungen versehen
apóstol [a'postol] *m* Apostel *m;* **Hechos** [*o* **Actos**] **de los A~es** Apostelgeschichte *f;* **el ~ de la paz** der Verfechter des Friedens; **ser un buen ~** (*fig*) mit allen Wassern gewaschen sein
apostolado [aposto'laðo] *m* (REL) Apostolat *nt*
apostólico, -a [apos'toliko, -a] *adj* apostolisch; **la Santa Sede Apostólica** der Apostolische Stuhl
apostrofar [apostro'far] *vt* ❶ (*insultar*) schmähen
❷ (LING) apostrophieren
apóstrofe [a'postrofe] *m o f* ❶ (*insulta*) Schmähung *f*
❷ (*figura retórica*) Apostrophe *f*
apóstrofo [a'postrofo] *m* (LING) Apostroph *m*
apostura [apos'tura] *f* stattliches Aussehen *nt*
apotegma [apo'teɣma] *m* Apophthegma *nt*, Sinnspruch *m*
apotema [apo'tema] *f* (MAT) Seitenachse *f*
apoteósico, -a [apote'osiko, -a] *adj* grandios, enorm; **éxito ~** Riesenerfolg *m*, Bombenerfolg *m fam*
apoteosis [apote'osis] *f inv* ❶ (*de un héroe*) Vergöttlichung *f*, Apotheose *f elev*
❷ (*de un espectáculo*) Höhepunkt *m*
apoyabrazos [apoja'βraθos] *m inv* Armstütze *f*, Armlehne *f*
apoyacabezas [apoja'βeθas] *m inv* Kopfstütze *f*
apoyar [apo'jar] I. *vt* ❶ (*colocar*) stützen (*en* auf +*akk*), lehnen (*en* an +*akk*); **~ la cabeza en el hombro** den Kopf an die Schulter lehnen; **~ el codo en la mesa** den Ellbogen auf den Tisch aufstützen
❷ (*fundar*) stützen (*en* auf +*akk*); (*probar*) belegen; **apoya su decisión en razones concretas** seine/ihre Entscheidung ist gut fundiert; **~ una opinión con pruebas** eine Meinung belegen
❸ (*confirmar*) bestätigen
❹ (*patrocinar*) unterstützen; **~ una moción/un ascenso** einen Antrag/eine Beförderung befürworten; **~ una reforma** für eine Reform eintreten; **siempre me ha apoyado cuando estaba en un apuro** er/sie hat mir immer beigestanden, wenn ich in Not war

apoyatura

⑤ (MÚS: *nota*) aushalten
II. *vi* (ARQUIT) ruhen (*sobre* auf +*dat*)
III. *vr*: ~se ① (*descansar sobre*) sich stützen (*en* auf +*akk*); ~se con los brazos sich mit den Armen aufstützen; ~se con la mano sich mit der Hand abstützen; ~se contra la pared sich gegen [*o* an] die Wand lehnen; la bóveda se apoya en una hilera de columnas das Gewölbe ruht auf einer Säulenreihe
② (*fundarse*) beruhen (*en* auf +*dat*)
apoyatura [apoɟaˈtura] *f* (MÚS) Vorschlag *m*
apoyo [aˈpoɟo] *m* ① (*sostén*) Halt *m*, Stütze *f*; el alpinista no encontró ~ alguno der Bergsteiger fand keinen Halt; un ~ moral ein moralischer Halt; estas notas sirven de ~ para la interpretación diese Notizen dienen als Stütze für das Dolmetschen
② (*respaldo*) Unterstützung *f*, Hilfe *f*; ~ financiero Finanzhilfe *f*; ~ fiscal (FIN) Steuererleichterung *f*; ~ fiscal a la inversión (FIN) steuerlicher Investitionsanreiz; ~ a las rentas (ECON) Einkommensstützung *f*; ~ salarial (ECON) Lohnstützung *f*; medidas de ~ al empleo (ECON, POL) Arbeitsbeschaffungsmaßnahmen *fpl*; prestar ~ a un plan einen Plan unterstützen; tener un ~ en alguien von jdm unterstützt werden; cuenta con mi ~ du kannst dich auf mich verlassen, du kannst mit meiner Hilfe rechnen; en ~ de zur Unterstützung +*gen*
apraxia [aˈpraksja] *f* (MED) Apraxie *f*
apreciabilidad [apreθjaβiliˈðað] *f sin pl* ① (*para los sentidos*) Vernehmbarkeit *f*
② (*cualidad*) Schätzbarkeit *f*
③ (*cálculo*) Berechenbarkeit *f*
apreciable [apreˈθjaβle] *adj* ① (*observable*) wahrnehmbar; ~ al oído hörbar, vernehmbar
② (*considerable*) beachtlich, beträchtlich; una suma ~ eine stattliche [*o* ansehnliche] Summe; una diferencia ~ ein merklicher Unterschied
③ (*digno de estima*) schätzenswert
apreciación [apreθjaˈθjon] *f* ① (*de una moneda*) Bewertung *f*
② (*de una casa*) Schätzung *f*, Wertbestimmung *f*
③ (*del tamaño*) Abschätzung *f*
④ (*juicio*) Einschätzung *f*, Beurteilung *f*; error de ~ Beurteilungsfehler *m*; según mi ~ meiner Einschätzung nach
⑤ (*captación*) Wahrnehmung *f*
apreciado, -a [apreˈθjaðo, -a] *adj* (*encabezamiento de carta*): ~s Sres: sehr geehrte Herren,
② (*persona*) geschätzt, angesehen
apreciar [apreˈθjar] *vt* ① (*estimar*) schätzen, achten; sé ~ tus palabras ich weiß deine Worte zu schätzen; aprecio mucho su amistad ich schätze seine/ihre Freundschaft sehr; aprecio los perros ich mag Hunde gern; si aprecias tu vida, ¡desaparece de aquí! wenn dir dein Leben lieb ist, dann verschwinde von hier!; ser apreciado por alguien bei jdm beliebt sein; aprecio la libertad ich lege auf meine Freiheit großen Wert
② (*una moneda*) bewerten
③ (*una casa*) schätzen, taxieren
④ (*tamaño, distancia, herida*) abschätzen
⑤ (*captar*) wahrnehmen; de lejos no se aprecia ningún sonido von weitem kann man nichts hören; este cronómetro aprecia centésimas de un segundo dieser Chronometer gibt Hundertstelsekunden an; el médico apreció una contusión en el pecho der Arzt stellte eine Prellung in der Brust fest
⑥ (*valorar*) einschätzen, beurteilen
apreciativo, -a [apreθjaˈtiβo, -a] *adj* Schätzungs-, schätzend
aprecio [aˈpreθjo] *m* ① (*afecto*) Zuneigung *f*; es mi amigo, le tengo un gran ~ er ist mein Freund, ich mag ihn sehr
② (*estima*) Wertschätzung *f*; gran ~ Hochschätzung *f*, Hochachtung *f*; tengo un gran ~ por este político ich halte viel von diesem Politiker, ich schätze diesen Politiker sehr
③ (*acción de apreciar*) (Ab)schätzung *f*
aprehender [apre(e)nˈder] *vt* ① (*coger*) fassen, ergreifen
② (*botín, contrabando*) beschlagnahmen
③ (*prisionero*) festnehmen, aufgreifen
④ (*percibir*) wahrnehmen, begreifen
aprehensible [apre(e)nˈsiβle] *adj* wahrnehmbar, begreiflich
aprehensión [apre(e)nˈsjon] *f* ① (*acción de coger*) (An)fassen *nt*, Ergreifung *f*
② (*del botín*) Beschlagnahmung *f*
③ (*del prisionero*) Festnahme *f*, Aufgreifen *nt*
④ (*percepción*) Wahrnehmung *f*, Begreifen *nt*
aprehensivo, -a [apre(e)nˈsiβo, -a] *adj* wahrnehmungsfähig
apremiante [apreˈmjante] *adj* dringend, dringlich
apremiar [apreˈmjar] I. *vt* ① (*acuciar*) (be)drängen; el tiempo apremia die Zeit drängt; me apremian los acreedores die Gläubiger (be)drängen mich
② (*compeler*) zwingen (*a/para* zu +*dat*)

③ (JUR) gerichtlich zwingen
II. *vi* (*urgir*) eilen; este envío apremia diese Lieferung eilt
apremio [aˈpremjo] *m* ① (*situación apremiante*) Dringlichkeit *f*; por ~ de tiempo aus Zeitnot
② (*coacción*) Zwang *m*, Druck *m*
③ (JUR) Mahnung *f*
aprender [apreɲˈder] *vt* lernen; fácil/difícil de ~ leicht/schwer erlernbar; ~ a leer/contar lesen/zählen lernen; ~ de la historia aus der Geschichte lernen; ~ de memoria auswendig lernen; estoy aprendiendo a conducir ich lerne gerade Auto fahren; ~ idiomas Fremdsprachen (er)lernen; este truco lo he aprendido de ella diesen Trick habe ich von ihr; ¿dónde has aprendido estos malos modales? wo hast du dir diese schlechten Manieren angewöhnt?; siempre se aprende algo nuevo man lernt nie aus
aprendiz(a) [apreɲˈdiθ(a)] *m(f)* Lehrling *m*, Auszubildende(r) *mf*; entrar de ~ in die Lehre gehen; trabajar de ~ in der Lehre sein; ser ~ de mucho, maestro de nada ein Hansdampf in allen Gassen sein
aprendizaje [apreɲdiˈθaxe] *m* ① (*acción de aprender*) (Er)lernen *nt*; ~ asistido por ordenador computergestütztes Lernen; ~ de una lengua extranjera Erlernen einer Fremdsprache; ~ en línea Online-Lernen *nt*
② (*formación profesional*) Lehre *f*; ~ de Lehr(lings)vertrag *m*; puesto de ~ Lehrstelle *f*; tiempo de ~ Lehrzeit *f*; terminar el ~ auslernen
aprensión [apreɲˈsjon] *f* ① (*recelo*) Bedenken *ntpl*; tengo ~ de decírselo, me da ~ decírselo ich traue mich nicht [*o* ich habe Bedenken] es ihm/ihr zu sagen
② (*asco*) Ekel *m*; ha cogido ~ a la leche er/sie findet Milch ek(e)lig; me da ~ beber de su vaso es ekelt mich aus seinem/ihrem Glas zu trinken
③ (*temor*) Befürchtung *f*; tiene la ~ de que algo malo ha sucedido er/sie befürchtet, dass etwas Schlimmes vorgefallen ist; tengo la ~ de que estas pastillas me sientan mal ich habe des Gefühl, dass mir diese Tabletten schlecht bekommen
④ (*figuración*) Einbildung *f*; no le hagas caso, son aprensiones suyas du musst nichts darauf geben, er/sie bildet sich das nur ein
aprensivo, -a [apreɲˈsiβo, -a] *adj* überängstlich; es muy ~ er macht sich *dat* ständig um seine Gesundheit Sorgen
apresamiento [apresaˈmjento] *m* ① (*de un delincuente*) Verhaftung *f*, Gefangennahme *f*
② (*de una nave*) Kapern *nt*
apresar [apreˈsar] *vt* ① (*hacer presa*) packen, fangen; ~ con las garras/los colmillos mit den Krallen/Fangzähnen packen
② (*delincuente*) verhaften, gefangen nehmen
③ (*nave*) kapern
après-ski [apresˈki] *m* Après-Ski *nt*; traje ~ Après-Ski-Kleidung *f*, Après-Ski *nt*
aprestar [apresˈtar] I. *vt* ① (*preparar*) vorbereiten; (*habitación*) herrichten
② (*telas*) appretieren
II. *vr*: ~se sich vorbereiten (*para* auf/für +*akk*), sich bereit machen (*para* für +*akk*, *para* zu +*dat*)
apresto [aˈpresto] *m* ① (*preparación*) Vorbereitung *f*
② (*de una tela*) Appretur *f*
apresurado, -a [apresuˈraðo, -a] *adj* ① (*con prisa*) hastig, eilig; llegó con paso ~ er/sie kam eiligen Schrittes
② (*con excesiva prisa*) übereilt
apresuramiento [apresuraˈmjento] *m* ① (*rapidez*) Schnelligkeit *f*
② (*acción*) Beschleunigung *f*
apresurar [apresuˈrar] I. *vt* ① (*dar prisa*) drängen, zur Eile treiben
② (*acelerar*) beschleunigen; ~ el paso das Tempo beschleunigen; hemos apresurado la salida del viaje wir sind übereilt abgereist
II. *vr*: ~se sich beeilen; ¡apresúrate! beeil dich!; ¡no te apresures! lass dir nur Zeit!
apretado, -a [apreˈtaðo, -a] *adj* ① (*oprimido*) dicht
② (*tapón, tornillo*) fest sitzend; (*vestido*) eng; (*cinta elástica, cuerda*) straff
③ (*personas*) dicht gedrängt
④ (*loc*): un caso ~ ein heikler [*o* schwieriger] Fall; alguien está [*o* se ve] muy ~ jd ist in großer Bedrängnis; estar ~ de dinero schlecht bei Kasse sein; estar ~ de tiempo keine Zeit haben
apretador [apretaˈðor] *m* (TÉC) Spannvorrichtung *f*
apretar [apreˈtar] <e→ie> I. *vi* ① (*calor*) drückender werden; (*dolor*) schlimmer werden; (*lluvia*) heftiger werden
② (*vestido*) eng sitzen; la americana me aprieta por detrás die Jacke spannt am Rücken
③ (*deudas, problemas*) schwer lasten (*a* auf +*dat*)
④ (*loc*): tenemos que ~ si queremos aprobar wenn wir durchkommen wollen, müssen wir uns mehr Mühe geben; si aprietas un poco puedes ganar el partido wenn du noch ein bisschen an Tempo zulegst,

kannst du das Spiel gewinnen; **este profesor aprieta mucho en los exámenes** dieser Lehrer stellt sehr schwierige Prüfungen

II. *vt* ❶ (*hacer presión*) drücken; **~ el acelerador** das Gaspedal durchtreten; **~ un botón/una tecla/el timbre** auf einen Knopf/eine Taste/die Klingel drücken; **~ la cuerda de la guitarra** die Saite der Gitarre spannen; **~ la goma del pantalón** das Gummiband der Hose straffen; **~ las manos** die Hände zusammenpressen; **~ un nudo/un tornillo** einen Knoten/eine Schraube fester anziehen; **~ algo contra el pecho** etw an die Brust drücken; **~ el puño** die Faust ballen; **~ la ropa en la maleta** die Kleider in den Koffer stopfen; **~ el tubo de la pasta de dientes** die Zahnpastatube ausdrücken

❷ (*acosar*) bedrängen, in die Enge treiben

❸ (*loc*): **~ los dientes** die Zähne zusammenbeißen; **~ filas** zusammenrücken; **~ las letras** enger schreiben, die Reihen schließen; **~ el paso** den Schritt beschleunigen

III. *vr:* **~se** ❶ (*estrecharse*) enger werden; **~se el cinturón** den Gürtel enger schnallen

❷ (*agolparse*) sich drängen

apretón [apre'ton] *m* ❶ (*presión fuerte*) heftiger Druck *m;* **~ de manos** Händedruck *m*

❷ (*sprint*) Spurt *m*

❸ (*aprieto*) Bedrängnis *f*

❹ (*apretura*) Gedränge *nt*

apretujar [apretu'xar] **I.** *vt* (*fam*) zerknautschen

II. *vr:* **~se** drängeln

apretura [apre'tura] *f* ❶ (*de gente*) Gedränge *nt*

❷ (*de víveres, dinero*) Mangel *m,* Not *f*

❸ (*aprieto*) Bedrängnis *f,* Verlegenheit *f*

aprieto [a'prjeto] *m* Bedrängnis *f,* Verlegenheit *f;* **un ~ económico** ein finanzieller Engpass; **un ~ moral** eine innere Not; **estar en un ~** in der Klemme [*o* Patsche] sein [*o* sitzen]; **me pones en un ~ con esa pregunta** du bringst mich mit dieser Frage in Verlegenheit; **sacar a alguien de un ~** jdm aus der Klemme [*o* Patsche] helfen

a priori [a pri'ori] *adv* von vorn(e)herein, a priori

apriorismo [aprjo'rismo] *m sin pl* (FILOS) Apriorismus *m*

apriorístico, -a [aprjo'ristiko, -a] *adj* (FILOS) erfahrungsunabhängig, aprioristisch

aprisa [a'prisa] *adv* schnell, eilig

apriscar [apris'kar] <c→qu> *vt* (*en campo*) einpferchen, in den Pferch treiben; (*en establo*) einstallen, in den Stall treiben

aprisco [a'prisko] *m* (*campo*) Pferch *m;* (*establo, majada*) Stall *m*

aprisionar [aprisjo'nar] *vt* (*poner en prisión*) ins Gefängnis bringen, einsperren; **en esta ciudad me siento aprisionado** ich fühle mich in dieser Stadt wie eingesperrt

❷ (*sujetar con cadenas*) in Ketten legen

❸ (*atar*) festbinden

❹ (*inmovilizar*) festhalten; (*pillar*) einklemmen; **quedarse aprisionado en el barro** im Lehm festsitzen; **lo ha aprisionado en sus redes** er/sie hat ihn ins Netz gelockt

aproar [apro'ar] *vi* (NÁUT) Kurs nehmen (*a* auf *+akk*)

aprobación [aproβa'θjon] *f* ❶ (*de una decisión*) Billigung *f;* **un murmullo de ~** ein beifälliges Gemurmel; **encontrar la ~ de alguien** jds Zustimmung [*o* Beifall] finden

❷ (*de un proyecto*) Genehmigung *f,* Bewilligung *f;* **~ del acta** Protokollgenehmigung *f;* **~ de derribo** (*de edificios*) Abrissgenehmigung *f;* **~ excepcional** Ausnahmebewilligung *f*

❸ (*de una moción*) Annahme *f*

❹ (*de una ley*) Verabschiedung *f*

aprobado [apro'βaðo] *m* (*nota de examen*): **he sacado un ~ en mates** ich habe die Matheprüfung bestanden

aprobar [apro'βar] <o→ue> *vt* ❶ (*decisión, propuesta*) billigen, gutheißen; **apruebo las condiciones** ich bin mit den Bedingungen einverstanden; **(no) apruebo al nuevo presidente** ich bin mit ihm als neuem Vorsitzenden (nicht) einverstanden; **la censura no aprobaba muchas películas** die Zensur gab viele Filme nicht frei

❷ (*proyecto*) genehmigen; **la solicitud fue aprobada** der Antrag wurde genehmigt [*o* angenommen]

❸ (*moción*) annehmen

❹ (*examen*) bestehen; **he aprobado en mates** ich habe in Mathematik bestanden

❺ (*a un alumno*) bestehen lassen

❻ (*ley*) verabschieden

aprobatorio, -a [aproβa'torjo, -a] *adj* beifällig, anerkennend, zustimmend

aproches [a'protʃes] *mpl* (*Am*) ❶ (*proximidad*) Nähe *f*

❷ (*parentesco*) Verwandtschaftsgrad *m*

❸ (*vía de acceso*) Zugang *m*

aprontar [apron'tar] *vt* ❶ (*disponer*) (sofort) bereitstellen, (sofort) beschaffen; **~ dinero** Geld unverzüglich aufbringen

❷ (MIL: *tropas*) mobil machen, mobilisieren

apronte [a'pronte] *m* (*Am*) Vorbereitung *f*

apropiación [apropja'θjon] *f* ❶ (*adaptación*) Anpassung *f*

❷ (*aplicación adecuada*) angemessene Verwendung *f*

❸ (*apoderamiento*) Aneignung *f;* **indebida** Unterschlagung *f*

apropiado, -a [apro'pjaðo, -a] *adj* ❶ (*adecuado*) geeignet (*a/para* für +*akk*), passend (*a/para* für +*akk*); (*para una tarea*) tauglich (*a/para* für +*akk*)

❷ (*oportuno*) angebracht; **un precio ~** ein angemessener Preis

apropiar [apro'pjar] **I.** *vt* ❶ (*adaptar*) anpassen (*a* +*dat*)

❷ (*Am: premio*) verleihen; (*encargo, beca*) vergeben

II. *vr:* **~se** sich *dat* aneignen (*de* +*akk*), sich bemächtigen (*de* +*gen*)

aprovechable [aproβe'tʃaβle] *adj* (*material*) brauchbar, verwendbar; (*restos, residuos*) verwertbar

aprovechado, -a [aproβe'tʃaðo, -a] *adj* ❶ (*alumno*) strebsam, lerneifrig

❷ (*trabajador*) tüchtig, arbeitsam

❸ (*calculador*) berechnend; **este hombre es un ~** dieser Mann ist ein Nassauer

aprovechamiento [aproβetʃa'mjento] *m* (Be)nutzung *f;* (*de una idea, residuos*) Verwertung *f;* **~ de desperdicios** Abfallverwertung *f;* **~ del espacio** Platzausnutzung *f;* **~ del tiempo libre** Freizeitgestaltung *f;* **~ de tierras** (AGR) Bodennutzung *f;* **~ de la energía solar** Nutzung von Sonnenenergie; **~ óptimo** optimale Ausnutzung

aprovechar [aproβe'tʃar] **I.** *vi* ❶ (*valer*) von Nutzen sein, gut bekommen; **¡que aproveche!** guten Appetit!; **esta comida no me ha aprovechado** dieses Essen ist mir nicht gut bekommen; **el tratamiento le ha aprovechado** die Kur ist ihnen gut bekommen [*o* hat bei ihnen gut angeschlagen]

❷ (*progresar*): **mi hijo no aprovecha en los estudios** mein Sohn kommt mit dem Studium nicht voran

II. *vt* ❶ (*obtener provecho de*) ausnutzen, sich *dat* zunutze machen; **~ una ventaja/una oportunidad/el tiempo** einen Vorteil/eine Gelegenheit/die Zeit nutzen; **~ una idea** einen Einfall verwerten; **~ un invento** sich *dat* eine Erfindung zunutze machen; **~ el máximo de algo** den größtmöglichen Nutzen aus etw ziehen; **aprovechó la inexperiencia de su jefe para pedir un aumento** er/sie nutzte die Unerfahrenheit seines/ihres Chefs und forderte eine Gehaltserhöhung

III. *vr:* **~se** ausnutzen (*de* +*akk*), profitieren (*de* von +*dat*); **~se de un trabajador** einen Arbeiter ausbeuten; **ellos hacen el trabajo sucio y luego los otros se aprovechan** sie machen die schmutzige Arbeit und die anderen profitieren dann davon; **~se de una mujer** eine Frau missbrauchen

aprovisionamiento [aproβisjona'mjento] *m* Versorgung *f*

aprovisionar [aproβisjo'nar] *vt* versorgen (*de/con* mit +*dat*), verproviantieren (*de/con* mit +*dat*)

aproximación [aproʏsima'θjon] *f* ❶ (*acercamiento*) Annäherung *f* (*a* an +*akk*); **~ de legislaciones** (UE) Angleichung der Rechtsvorschriften

❷ (*en un cálculo*) (An)näherungswert *m*

❸ (*en una lotería*) Trostpreis *m*

aproximado, -a [aproʏsi'maðo, -a] *adj* ungefähr; **una fecha aproximada** ein ungefährer Termin

aproximar [aproʏsi'mar] **I.** *vt* (*arrimar*) heranbringen, heranrücken; **aproxima la silla a la mesa** rück den Stuhl an den Tisch (heran); **~ opiniones** Meinungen einander annähern

II. *vr:* **~se** ❶ (*acercarse*) sich (an)nähern (*a* +*dat, a* an +*akk*); **se aproximó con su silla a la ventana** er/sie rückte mit seinem/ihrem Stuhl näher an das Fenster; **ella se aproxima a los 50** sie geht auf die 50 zu; **se aproxima a la realidad** das kommt der Wirklichkeit sehr nahe

❷ (*ir hacia un punto*) herangehen (*a an* +*akk*), herantreten (*a an* +*akk*)

❸ (*venir hacia un punto*) herankommen, näher kommen; **se aproxima agosto del nuevo año** August naht; **las tropas se aproximan** die Truppen rücken näher; **se aproxima una tormenta** ein Gewitter zieht auf

aproximativo, -a [aproʏsima'tiβo, -a] *adj* approximativ, angenähert; **valor ~** Annäherungswert *m*

APSA ['aβsa] *f* (AERO) *abr de* **Aerolíneas Peruanas Sociedad Anónima** peruanische Fluggesellschaft

apsiquia [aβ'sikja] *f* (MED) Bewusstlosigkeit *f*

áptero, -a ['aptero, -a] *adj* (ZOOL) flügellos, ungeflügelt

aptitud [apti'tuð] *f* Tauglichkeit *f* (*para* für +*akk, para* zu +*dat*), Befähigung *f* (*para* für +*akk, para* zu +*dat*); **~ para el cargo** (JUR) Amtsfähigkeit *f;* **~ del derecho fundamental** (JUR) Grundrechtsfähigkeit *f;* **~ matrimonial** (JUR) Ehefähigkeit *f;* **~ profesional** berufliche Qualifikation; **~ para el servicio militar** Wehrdiensttauglichkeit *f;* **~ de testar** (JUR) Zeugnisfähigkeit *f;* **certificado de ~** Befähigungsnachweis *m;* **certificado de ~ técnica** (ECON) Betriebserlaubnis *f;* **examen de ~** Eignungsprüfung *f;* **tiene ~es físicas para la natación** er/sie bringt für den Schwimmsport alle körperlichen Voraussetzungen mit

apto, -a ['apto, -a] *adj* geeignet (*para* für +*akk, para* zu +*dat*); **~ para el**

apuesta [a'pwesta] *f* ❶ (*juego*) Wette *f*; **corredor de ~s** Buchmacher *m*

❷ (*cantidad apostada*) Einsatz *m*

apuesto, -a [a'pwesto, -a] *adj* gut aussehend, schmuck

apunarse [apu'narse] *vr* ❶ (*Arg, Bol, Perú: padecer mal de montaña*) höhenkrank werden

❷ (*Col: quedarse tieso*) erstarren

apuntado, -a [apuṇ'tađo, -a] *adj* (*agudo*) spitz

apuntador(a) [apuṇta'đor(a)] *m(f)* (TEAT) Souffleur *m*, Souffleuse *f*; **concha del ~** Souffleurkasten *m*; **en esta película no se salva ni el ~** in diesem Film bleibt keiner verschont

apuntalamiento [apuṇtala'mjento] *m* (ARQUIT) (Ab)stützen *nt*

apuntalar [apuṇta'lar] *vt* (ARQUIT) (ab)stützen, abfangen

apuntamiento [apuṇta'mjento] *m* ❶ (*acción*) Aufzeichnung *f*, Niederschreiben *nt*

❷ (JUR) Aktenauszug *m*

apuntar [apuṇ'tar] **I.** *vi* sich zeigen; (*día*) anbrechen; (*barba, trigo*) sprießen; (*estación*) beginnen; **apunta la primavera** es wird Frühling; **la recuperación económica empieza a ~** es deutet sich eine Wiederbelebung der Wirtschaft an

II. *vt* ❶ (*con un arma*) zielen (*a* auf +*akk*); **¡apunten!** legt an!; **~ a un jabalí** ein Wildschwein anvisieren, auf ein Wildschwein zielen

❷ (*con el dedo*) zeigen (*a* auf +*akk*), deuten (*a* auf +*akk*)

❸ (*anotar*) (sich *dat*) aufschreiben, (sich *dat*) notieren

❹ (*en una lista*) eintragen (*en* in +*akk*); **me hice ~ en la lista** ich habe mich in die Liste eintragen lassen

❺ (*en un club*) einschreiben (*en* bei +*dat*)

❻ (*naipes*) setzen (*a* auf +*akk*)

❼ (*tela*) (an)heften

❽ (*dictar en voz baja*) vorsagen, zuflüstern; (TEAT) soufflieren

❾ (*insinuar*) andeuten; **~ algo y no dar** etw versprechen und nicht halten

❿ (*indicar*) hinweisen (*a* auf +*akk*), hindeuten (*a* auf +*akk*); **~ a que…** darauf hindeuten, dass …; **todo apunta en esta dirección** alles weist in diese Richtung

⓫ (*ambicionar*) abzielen (*a* auf +*akk*), anstreben (*a* +*akk*); **~ alto** hoch hinauswollen

III. *vr:* **~se** ❶ (*a un curso*) sich anmelden (*a* zu +*dat*)

❷ (*en una lista*) sich eintragen (*en* in +*akk*)

❸ (*a un club*) beitreten (*a* +*dat*)

❹ (*el vino*) einen Stich bekommen

❺ (*éxito, tanto*) verbuchen, verzeichnen

❻ (*victoria*) erringen

❼ (*fam: emborracharse*) sich *dat* einen ansäuseln

apunte¹ [a'puṇte] *m* ❶ (*escrito*) Notiz *f*, Aufzeichnung *f*; **tomar ~s** Notizen machen, mitschreiben; **¿me dejas los ~s de mates?** kannst du mir die Matheunterlagen leihen?

❷ (*bosquejo*) Skizze *f*

❸ (FIN) Buchung *f*

❹ (*Arg*): **llevar el ~** (*fam: prestar atención*) aufmerksam zuhören; (*seguir un consejo*) einen Rat befolgen; (*responder al galanteo*) auf einen Flirt reagieren

apunte² [a'puṇte] *mf* (*apuntador*) Souffleur *m*, Souffleuse *f*

apuntillar [apuṇti'ʎar] *vt* (TAUR) den Gnadenstoß geben +*dat*

apuñalar [apuɲa'lar] *vt* erdolchen, erstechen

apuñar [apu'ɲar] **I.** *vi* die Faust ballen

II. *vt* mit der Faust fassen

apuradamente [apuɾađa'mente] *adv* ❶ (*exactamente*) genau

❷ (*con dificultad*) mit Schwierigkeiten

apurado, -a [apu'ɾađo, -a] *adj* ❶ (*agotado*) erschöpft; **~ de dinero** knapp bei Kasse

❷ (*con esmero*) sorgfältig

❸ (*dificultoso*) schwierig; **una situación apurada** eine ernste Lage; **verse ~** in der Klemme sitzen

❹ (*Am: apresurado*) eilig; **estar ~** es eilig haben; **hacer un trabajo a las apuradas** eine Arbeit stümperhaft ausführen

apurar [apu'rar] **I.** *vt* ❶ (*investigación*) genau [*o* eingehend] untersuchen

❷ (*vaso*) austrinken, leeren

❸ (*plato*) leer essen

❹ (*paciencia, reservas*) erschöpfen; **~ todos los medios** nichts unversucht lassen

❺ (*angustiar*) quälen; (*atosigar*) plagen; **¡no me apures, mi paciencia tiene un límite!** treib es nicht auf die Spitze, meine Geduld hat bald ein Ende!; **ya vendrá cuando le apure el hambre** er/sie wird schon kommen, wenn er/sie hungrig ist

❻ (*con alabanzas*) verlegen machen; **me apura decirle que no tengo dinero** es ist mir peinlich ihm/ihr zu sagen, dass ich kein Geld habe

❼ (*Am: dar prisa*) drängen

II. *vr:* **~se** ❶ (*preocuparse*) sich *dat* Sorgen machen; **¡no te apures por eso!** mach dir deswegen keine Sorgen!

❷ (*Am: darse prisa*) sich beeilen; **¡no te apures!** es eilt nicht!, es hat Zeit!

apuro [a'puro] *m* ❶ (*aprieto*) Bedrängnis *f*, Not *f*; (*dificultad*) Schwierigkeit *f*; **estar en un ~** in der Patsche [*o* Klemme] sitzen; **sacar a alguien de un ~** jdm aus der Patsche [*o* Klemme] helfen; **Boris Becker está poniendo en ~s a su contrincante** Boris Becker bringt seinen Gegner in Verlegenheit [*o* setzt seinem Gegner ganz schön zu]; **con esa pregunta, el profesor me puso en un ~** mit dieser Frage hat mich der Lehrer in Verlegenheit gebracht

❷ (*estrechez*) finanzielle Notlage *f*; **la saqué de un ~ dándole 30 euros** ich half ihr mit 30 Euro aus; **sufrir grandes ~s** große Not leiden

❸ (*vergüenza*) Scham *f*; **me da ~ pedirle el dinero** es ist mir peinlich ihn/sie um das Geld zu bitten

❹ (*Am: prisa*) Eile *f*, Hast *f*

aquaplaning [akwa'planiŋ] *m* (AUTO) Aquaplaning *nt*

aquárium [a'kwariun] <aquáriums> *m* Aquarium *nt*

aquejar [ake'xar] *vt* ❶ (*afligir*) bekümmern, betrüben

❷ (*enfermedad*) quälen; **le aqueja una enfermedad grave** er/sie leidet an einer schweren Krankheit

aquel¹ [a'kel] *m*: **no es guapo pero tiene un ~** er ist zwar nicht hübsch, aber er hat das gewisse Etwas

aquel, -ella² [a'kel, -eʎa] **I.** *adj* <aquellos, -as> diese(r, s) (dort), der/die/das (dort), jene(r, s) *elev*; **perro es el mío** dieser Hund dort ist meiner; **aquella casa es nuestra** das Haus dort gehört uns; **¿qué fue del hombre ~?** was ist aus diesem Mann geworden?; **¿estabais de acuerdo en ~ punto?** wart ihr euch in dem Punkt einig?; **sólo lo vi en aquella ocasión** ich habe ihn nur bei dieser Gelegenheit gesehen; **en aquellos tiempos** zu jener Zeit

II. *pron dem v.* **aquél, aquélla, aquello**

aquél, aquélla, aquello [a'kel, a'keʎa, a'keʎo] *pron dem* <aquéllos, -as> diese(r, s) dort, der/die/das (dort), jene(r, s) *elev*, derjenige/diejenige/dasjenige; **~ me gusta, éste no** der dort gefällt mir, dieser hier nicht; **¿qué es aquello?** was ist das (dort)?; **como decía ~** wie jener sagte; **sólo pueden participar aquéllos que sepan inglés** nur diejenigen, die Englisch können, dürfen daran teilnehmen; **esta teoría se diferencia de aquélla** diese Theorie unterscheidet sich von jener; **~ que colabore recibirá un premio** jeder, der mitmacht, bekommt eine Belohnung; **oye, ¿qué hay de aquello?** und, wie steht's damit?

aquelarre [ake'larre] *m* Hexensabbat *m*

aquella(s) [a'keʎa(s)] *adj o pron dem v.* **aquel²**

aquélla(s) [a'keʎa(s)] *pron dem v.* **aquel²**

aquello(s) [a'keʎo(s)] *adj o pron dem v.* **aquel²**

aqueo, -a [a'keo, -a] **I.** *adj* (HIST) achäisch

II. *m, f* (HIST) Achäer(in) *m(f)*

aquerenciarse [akeren'θjarse] *vr* sich eingewöhnen (*a* in +*dat*)

aquí [a'ki] *adv* ❶ (*de lugar*) hier, da; (*con movimiento*) hierher; (**por**) **cerca** hier in der Nähe; **~ dentro** hierin, darin; **éste de ~** der hier [*o* da]; **¡ah, ~ estás!** da bist du ja!; **andar de ~ para allá** hin und her laufen; **mira ~ dentro** schau hier rein; **de ~ hasta allí hay 10 minutos a pie** bis dahin sind es 10 Minuten zu Fuß; **mejor ir por ~** besser hier entlang

❷ (*de tiempo*): **de ~ en adelante** von nun an; **de ~ a una semana** heute in einer Woche; **hasta ~** bis jetzt

aquiescencia [akjes'θenθja] *f* Zustimmung *f*

aquietar [akje'tar] **I.** *vt* ❶ (*apaciguar*) beruhigen; **~ los ánimos** die Gemüter beruhigen

❷ (*aliviar*) lindern, mildern

II. *vr:* **~se** sich beruhigen; **~se con una explicación** sich mit einer Erklärung zufrieden geben

aquilatar [akila'tar] *vt* ❶ (*perlas*) den Karatgehalt bestimmen +*gen*

❷ (*apreciar*) (richtig) einschätzen

❸ (*purificar*) läutern

aquilea [aki'lea] *f* (BOT) Schafgarbe *f*

Aquiles [a'kiles] *m* Achilles *m*; **talón de ~** Achillesferse *f*; **argumento de ~** schlagender Beweis

aquilón [aki'lon] *m* (*viento*) Nordwind *m*

Aquisgrán [akis'ɣran] *m* Aachen *nt*

ara¹ ['ara] *f* ❶ (*altar*) Altar *m*

❷ (REL: *piedra consagrada*) Altarstein *m*

❸ (*loc*): **acogerse a las ~s de alguien** bei jdm Zuflucht suchen; **en ~s de algo/alguien** um etw/jds willen; **en ~s de la paz/de mi hermano** um des Friedens/meines Bruders willen; **dar la vida en ~s de una idea** das Leben für eine Idee opfern

ara² ['ara] *m* (*Am: ZOOL*) Papagei *m*

árabe ['araβe] **I.** *adj* arabisch

II. *mf* Araber(in) *m(f)*

arabesco¹ [araˈβesko] *m* (ARTE) Arabeske *f*
arabesco, -a² [araˈβesko, -a] *adj* arabisch
Arabia [aˈraβja] *f* Arabien *nt*; ~ **Saudita** Saudiarabien *nt*
arábigo¹ [aˈraβiɣo] *m* (*idioma*) Arabisch(e) *nt*; **hablar en** ~ Arabisch sprechen; (*fig*) unverständlich reden
arábigo, -a² [aˈraβiɣo, -a] *adj* arabisch
arabismo [araˈβismo] *m* (LING) Arabismus *m*
arabista [araˈβista] *mf* Arabist(in) *m(f)*
arabización [araβiθaˈθjon] *f* Arabisierung *f*
arabizar [araβiˈθar] <z→c> *vt* arabisieren
arácnidos [aˈraɣnidos] *mpl* (ZOOL) Spinnentiere *ntpl*
aracnofobia [araɣnoˈfoβja] *f* (PSICO) Arachnophobie *f*, Angst *f* vor Spinnen
arado [aˈrado] *m* Pflug *m*
arador(a) [araˈdor(a)] *m(f)* Pflüger(in) *m(f)*
Aragón [araˈɣon] *m* Aragonien *nt*
aragonés, -esa [araɣoˈnes, -esa] I. *adj* aragonisch II. *m, f* Aragonier(in) *m(f)*
aragonito [araɣoˈnito] *m* Aragonit *m*
aralia [aˈralja] *f* (BOT) (Zimmer)aralie *f*
arameo, -a [araˈmeo, -a] I. *adj* aramäisch II. *m, f* Aramäer(in) *m(f)*
arana [aˈrana] *f* Betrug *m*, Schwindel *m*
arancel [aranˈθel] *m* ❶ (*tarifa*) Tarif *m*; ~ **aduanero** Zoll(tarif) *m*; ~ **exterior/interior** Außen-/Innenzoll *m*; ~ **exterior común** (UE) gemeinsamer Außenzoll; ~ **financiero** Finanzzoll *m*; **exento de ~es** zollfrei
❷ (*tabla de tasas*) Gebührentabelle *f*; (*reglamento de precios*) Kostenordnung *f*; ~ **federal** Bundesgebührenordnung *f*
arancelario, -a [aranθeˈlarjo, -a] *adj* Zoll-; **barreras no arancelarias** nichttarifäre Handelshemmnisse; **derechos ~s** Zollgebühren *fpl*; **no ~** nichttarifär, nichttariflich; **partida arancelaria** Zollnummer *f*; **política arancelaria** Zollpolitik *f*
arándano [aˈrandano] *m* (BOT: *planta y fruta*) Heidelbeere *f*, Blaubeere *f*
arandela [aranˈdela] *f* ❶ (*disco*) Metallring *m*; (*para un tornillo*) Unterlegscheibe *f*; (*para una junta*) Dichtungsring *m*
❷ (*Méx, Perú: volante*) Volant *m*
aranés¹ [araˈnes] *m sin pl* (*lengua*) Aranesisch(e) *nt*
aranés, -esa² [araˈnes, -esa] I. *adj* aranesisch, von Aran II. *m, f* Araner(in) *m(f)*, Araneser(in) *m(f)*
araña [aˈraɲa] *f* ❶ (ZOOL) Spinne *f*; **tela de ~** Spinnennetz *nt*
❷ (*candelabro*) Kronleuchter *m*
❸ (*aprovechado*) Nassauer *m fam*
❹ (*prostituta*) Prostituierte *f*
arañar [araˈɲar] I. *vt* ❶ (*rasguñar*) kratzen; (*dañar*) verkratzen; **el gato me arañó en la cara** die Katze hat mich im Gesicht gekratzt; **el gato está arañando el sillón** die Katze kratzt am Sessel
❷ (*fam: reunir*) zusammenkratzen; **con un poco de suerte -é un aprobado** mit ein bisschen Glück rutsche [*o* komme] ich bei der Prüfung durch
❸ (*loc*) ~ **la guitarra** Gitarre spielen; **conseguir algo arañando** (*Arg*) etw mit Mühe und Not erreichen
II. *vi* kratzen; **este jersey araña** dieser Pulli kratzt
III. *vr*: ~**se** *sich dat* zerkratzen; **me he arañado la cara** ich habe mir das Gesicht zerkratzt
arañazo [araˈɲaθo] *m* Kratzer *m*, Schramme *f*; **dar un ~ a alguien** jdn kratzen; **defenderse a ~ limpio** sich hartnäckig verteidigen
arar [aˈrar] I. *vt* pflügen, ackern
II. *m* (BOT) ❶ (*alerce*) afrikanische Lärche *f*
❷ (*enebro*) Wacholder *m*
araucano, -a [arauˈkano, -a] I. *adj* araukanisch II. *m, f* Araukaner(in) *m(f)*
araucaria [arauˈkarja] *f* (BOT) Araukarie *f*
arbitrable [arβiˈtraβle] *adj* entscheidbar, (JUR) schiedsgerichtlich entscheidbar
arbitraje [arβiˈtraxe] *m* ❶ (*juicio arbitral*) Schiedsspruch *m*
❷ (*facultad de arbitrar*) Schiedsgerichtbarkeit *f*
❸ (*de una disputa*) Schlichtung *f*
❹ (ECON) Arbitrage *f*; ~ **del cambio** Wechsel(kurs)arbitrage *f*; ~ **en las operaciones de divisas** intervalutarischer Devisenhandel; ~ **sobre los tipos de interés** Zinsarbitrage *f*; **comisión de** ~ Schlichtungskommission *f*, Vermittlungsausschuss *m*
arbitral [arβiˈtral] *adj* schiedsrichterlich, Schiedsrichter-; **jurisdicción** ~ Schiedsgerichtbarkeit *f*
arbitramento [arβitraˈmento] *m* (JUR) ❶ (*facultad*) Schieds(gerichts)verfahren *nt*
❷ (*sentencia*) Schiedsspruch *m*
arbitrar [arβiˈtrar] I. *vt* ❶ (*disputa*) schlichten
❷ (*medios, recursos*) aufbringen, auftreiben
❸ (DEP) pfeifen
II. *vi* (JUR) einen Schiedsspruch fällen
arbitrariedad [arβitrarjeˈða⁽ð⁾] *f* ❶ (*cualidad*) Willkür *f*, Eigenmächtigkeit *f*
❷ (*acción*) Willkürmaßnahme *f*
arbitrario, -a [arβiˈtrarjo, -a] *adj* ❶ (*inconsistente*) beliebig
❷ (*voluble*) willkürlich, eigenmächtig
arbitrio [arˈβitrjo] *m* ❶ (*decisión de un juez*) Schiedsspruch *m*
❷ (*albedrío, voluntad*) Belieben *nt*, Ermessen *nt*; ~ **administrativo** Verwaltungsermessen *nt*; **estar al ~ de alguien** in jds Ermessen liegen; **dejar al ~ de alguien** in jds Ermessen stellen
❸ (*medio, salida*) Ausweg *m*
❹ *pl* (*impuesto*): ~**s municipales** Gemeindesteuer *f*
árbitro, -a [ˈarβitro, -a] *m, f* ❶ (JUR) Schiedsrichter(in) *m(f)*
❷ (*mediador*) Schlichter(in) *m(f)*
❸ (*econ, fin*) Arbitrageur(in) *m(f)*
❹ (DEP) Schiedsrichter(in) *m(f)*; (*boxeo*) Ringrichter(in) *m(f)*; (*judo, wrestling*) Kampfrichter(in) *m(f)*
árbol [ˈarβol] *m* ❶ (BOT) Baum *m*; ~ **de la ciencia** Baum der Erkenntnis; ~ **de la cruz** Kreuz *nt*; ~ **de directorios** (INFOR) Verzeichnisbaum *m*; ~ **frutal** Obstbaum *m*; ~ **genealógico** Stammbaum *m*; ~ **de Navidad** Weihnachtsbaum *m*; **los ~es no le dejan ver el bosque** er/sie sieht den Wald vor lauter Bäumen nicht; **del ~ caído todos hacen leña** (*prov*) wenn der Baum fällt, bricht jedermann Holz
❷ (TÉC: *eje*) Welle *f*, Achse *f*; ~ **del cigüeñal** Kurbelwelle *f*; ~ **de levas** Nockenwelle *f*
❸ (NÁUT: *palo*) Mast *m*; ~ **mayor** Großmast *m*
arbolado¹ [arβoˈlado] *m* Baumgruppe *f*
arbolado, -a² [arβoˈlado, -a] *adj*: **mar** ~ aufgewühlte [*o* stürmische] See
arboladura [arβolaˈdura] *f* (NÁUT) Takelage *f*
arbolar [arβoˈlar] *vt* (NÁUT) bemasten
arboleda [arβoˈleða] *f* Baumgruppe *f*, Baumpflanzung *f*
arbóreo, -a [arˈβoreo, -a] *adj* ❶ (*relativo al árbol*) Baum-; **masa arbórea** Baumbestand *m*
❷ (*parecido al árbol*) baumähnlich
arborescencia [arβoresˈθenθja] *f* Arboreszenz *f*, baumähnlicher Wuchs *m*
arborescente [arβoresˈθente] *adj* ❶ (*en forma de árbol*) baumartig
❷ (*ramificado*) verzweigt
arboreto [arβoˈreto] *m*, **arboretum** [arβoˈretun] *m* (BOT) Arboretum *nt*, Baumgarten *m*
arboricida [arβoriˈθiða] I. *adj* baumtötend
II. *m* Arborizid *nt*
arborícola [arβoˈrikola] I. *adj* (ZOOL) baumbewohnend
II. *mf* (ZOOL) Baumbewohner *m*; **la mayoría de los monos son ~s** die meisten Affen sind Baumbewohner [*o* leben auf Bäumen]
arboricultor(a) [arβorikulˈtor(a)] *m(f)* Baumzüchter(in) *m(f)*
arboricultura [arβorikulˈtura] *f* Baumzucht *f*
arborizar [arβoriˈθar] <z→c> *vt* mit Bäumen bepflanzen
arbotante [arβoˈtante] *m* (ARQUIT) Strebebogen *m*
arbustivo, -a [arβusˈtiβo, -a] *adj* (BOT) Strauch-; **planta arbustiva** Strauchgewächs *nt*
arbusto [arˈβusto] *m* Strauch *m*, Busch *m*
arca [ˈarka] *f* ❶ (*para objetos*) Truhe *f*, Kiste *f*; ~ **de la alianza** (REL) Bundeslade *f*; ~ **de Noé** Arche Noah; ~ **del pan** (*fam*) Bauch *m*; **ser un ~ cerrada** sehr verschlossen [*o* reserviert] sein
❷ (*para dinero*) Geldschrank *m*, Tresor *m*; **las ~s del estado** die Staatskasse
arcabucero [arkaβuˈθero] *m* (MIL) ❶ (*soldado*) Arkebusier *m*, (Haken)büchsenschütze *m*
❷ (*fabricante*) Hersteller *m* von Arkebusen
arcabuz [arkaˈβuθ] *m* Arkebuse *f*, Hakenbüchse *f*
arcada [arˈkaða] *f* ❶ (*conjunto de arcos*) Bogengang *m*, Arkade *f*
❷ (*ojo de un puente*) Arkade *f*
❸ (*basca*) Brechreiz *m*
arcaico, -a [arˈkaiko, -a] *adj* ❶ (*anticuado*) veraltet, archaisch
❷ (GEO): **periodo** ~ Archäozoikum *nt*
arcaísmo [arkaˈismo] *m* (LING, ARTE) Archaismus *m*
arcaizante [arkaiˈθante] *adj* archaisierend
arcángel [arˈkanxel] *m* Erzengel *m*
arcano¹ [arˈkano] *m* Geheimnis *nt*; ~ **insondable** unergründliches Geheimnis
arcano, -a² [arˈkano, -a] *adj* geheim
arce [ˈarθe] *m* (BOT) Ahorn *m*
arcediano [arθeˈðjano] *m* (REL) *v.* **archidiácono**
arcedo [arˈθeðo] *m* Ahornwald *m*
arcén [arˈθen] *m* (*margen*) Rand *m*; (*de carretera*) Randstreifen *m*; (*de un pozo*) Brunnenrand *m*
archiburgués, -esa [artʃiβurˈɣes, -esa] *m, f* Erzspießer(in) *m(f)*

archiconocido, -a [artʃikonoˈθiðo, -a] *adj* (*fam*) überall bekannt; **es ~** er ist bekannt wie ein bunter Hund
archidiácono [artʃiˈðjakono, -a] *m* (REL) Archidiakon *m*, Erzdiakon *m*
archidiócesis [artʃiˈðjoθesis] *f inv* Erzbistum *nt*
archiducado [artʃiðuˈkaðo] *m* Erzherzogtum *nt*
archiduque(sa) [artʃiˈðuke, artʃiðuˈkesa] *m(f)* Erzherzog(in) *m(f)*
archienemigo, -a [artʃieneˈmiɣo, -a] *m, f* Erzfeind(in) *m(f)*
archifamoso, -a [artʃifaˈmoso, -a] *adj* (*fam*) weltberühmt
archimillonario, -a [artʃimiʎoˈnarjo, -a] *m, f* Multimillionär(in) *m(f)*
archipiélago [artʃiˈpjelaɣo] *m* Archipel *m*, Inselgruppe *f*; **el ~ canario** die Kanarischen Inseln
archisabido, -a [artʃisaˈβiðo, -a] *adj* (*fam*) äußerst bekannt; **esto está ya ~** wir können es schon nicht mehr hören
archivador [artʃiβaˈðor] *m* ❶ (*mueble*) Aktenschrank *m*
❷ (*carpeta*) (Akten)ordner *m*; **~ de correspondencia** Briefordner *m*
archivar [artʃiˈβar] *vt* (*documentos*) ablegen; (*en una carpeta*) abheften; **~ un asunto** eine Sache zu den Akten legen; **~ en disco duro** (INFOR) auf Festplatte speichern
archivero, -a [artʃiˈβero, -a] *m, f* ❶ (*de archivo histórico*) Archivar(in) *m(f)*
❷ (*de oficina*) Angestellte(r) *mf* in der Registratur
archivística [artʃiˈβistika] *f sin pl* Archivistik *f*
archivo [arˈtʃiβo] *m* ❶ (*documentos, lugar*) Archiv *nt*; **~ fotográfico** Bildarchiv *nt*; **constar en los ~s** aktenkundig sein
❷ (INFOR) Datei *f*; **~ de comando** Befehlsdatei *f*; **~ de configuración** Konfigurationsdatei *f*; **~ ejecutable** ausführbare Datei *f*; **~ de gráficas** Grafikdatei *f*; **~ de mensajes** Meldungsdatensatz *m*; **~ de texto** Textdatei *f*; **apertura de ~** Öffnen einer Datei; **separación entre ~s** Trennzeichen zwischen Dateien
❸ (Col: *oficina*) Büro *nt*
archivólogo, -a [artʃiˈβoloɣo, -a] *m, f* Archivkundler(in) *m(f)*, Archivologe, -in *m, f*
archivolta [artʃiˈβolta] *f* (ARQUIT) *v.* **arquivolta**
arcilla [arˈθiʎa] *f* Ton *m*
arcilloso, -a [arθiˈʎoso, -a] *adj* ❶ (*con arcilla*) tonhaltig
❷ (*parecido a la arcilla*) tonartig
arciprestazgo [arθiprestaˈθɣo] *m* (REL) ❶ (*cargo*) Erzpriesteramt *nt*
❷ (*territorio*) Amtsbezirk *m* eines Erzpriesters
arcipreste [arθiˈpreste] *m* Erzpriester *m*
arco [ˈarko] *m* ❶ (*arma, t.* ARQUIT, ELEC) Bogen *m*; **~ apuntado** Spitzbogen *m*; **~ de medio punto** Rundbogen *m*; **~ parlamentario** Parteienspektrum *nt*; **~ de triunfo** Triumphbogen *m*; **~ voltaico** Lichtbogen *m*
❷ (MAT) Arkus *m*, Kreisbogen *m*
❸ (MÚS) (Geigen)bogen *m*; **golpe de ~** Bogenstrich *m*; **manejar bien el ~** eine gute Bogenführung haben
❹ (*de una cuba*) Fassreif(en) *m*
❺ (METEO): **~ iris** Regenbogen *m*
❻ (TÉC): **~ segueta** Laubsäge *f*
arcón [arˈkon] *m* große Truhe *f*
ardentía [arðenˈtia] *f* ❶ (*calor*) Brennen *nt*
❷ (MED: *de estómago*) Pyrosis *f*, Sodbrennen *nt*
arder [arˈðer] *vi* ❶ (*vela, casa, herida*) brennen; **~ con fuerza** lodern; **~ sin llama** glimmen; **la casa ardía por los cuatro costados** das Haus brannte lichterloh; **el niño arde de fiebre** das Kind ist ganz heiß
❷ (*abrasarse*): **~ de amor** von Liebe entbrannt sein; **~ de odio** von Hass erfüllt sein, Hass im Herzen tragen; **~ de pasión** von Leidenschaft entflammt sein; **~ de rabia** vor Wut rasen; **arde en deseos de conocerte** er/sie fiebert danach [*o* brennt darauf] dich kennenzulernen; **ardía por contárnoslo** er/sie brannte darauf es uns zu erzählen
❸ (*estar agitado*): **Valencia arde en fiestas** in Valencia herrscht festlicher Trubel; **el país arde en guerra** der Krieg wütet im Land; **la sesión parlamentaria está que arde** auf dieser Parlamentssitzung geht es heiß her; **le han robado la cartera y está que arde** er/sie ist wütend, weil man ihm/ihr die Geldbörse gestohlen hat
ardid [arˈðið] *m* List *f*, Kniff *m*
ardiente [arˈðjente] *adj* ❶ (*sed*) brennend
❷ (*pasión, deseo, fiebre*) glühend
❸ (*seguidor, partidario*) leidenschaftlich, glühend
❹ (*temperamento*) sanguinisch
❺ (*amante*) feurig
❻ (*loc*): **rosa ~** feuerrote Rose
ardilla [arˈðiʎa] *f* (ZOOL) Eichhörnchen *nt*
ardite [arˈðite] *m* (HIST) frühere Scheidemünze Kastiliens; **no me importa un ~** (*fam*) das ist mir völlig wurscht; **no valer un ~** (*fam*) keinen Pfennig [*o* roten Heller] wert sein
ardor [arˈðor] *m* ❶ (*calor*) Hitze *f*, Glut *f*; **~ de estómago** Sodbrennen *nt*
❷ (*apasionamiento, vehemencia*) Eifer *m*, Hitze *f*; **el ~ de su mirada** die Glut seines/ihres Blickes; **en el ~ del combate** in der Hitze des Gefechts

ardoroso, -a [arðoˈroso, -a] *adj* ❶ (*calor*) sengend, glühend; (*verano*) heiß
❷ (*persona*) hitzig, lebhaft
❸ (*amante*) feurig, leidenschaftlich
❹ (*discusión*) leidenschaftlich, hitzig
arduo, -a [ˈarðwo, -a] *adj* mühsam, beschwerlich; **una vida ardua** ein mühseliges Leben
área [ˈarea] *f* ❶ (*superficie, extensión*) Fläche *f*; **~ de memoria alta** (INFOR) oberer Speicherbereich; **~ superior de memoria** (INFOR) hoher Speicherbereich
❷ (*terreno delimitado*) Gelände *nt*, Areal *nt*; **~ de descanso** (AUTO) Rastplatz *m*; **las ~s olímpicas** das Olympiagelände
❸ (*zona*) Gebiet *nt*, Zone *f*; **~ de bajas presiones** (METEO) Tiefdruckgebiet *nt*; **~ comunitaria** (UE) Gemeinschaftsraum *m*, EU-Raum *m*; **~ del dólar** (ECON, FIN) Dollarraum *m*, Dollarblock *m*; **~ económica** (ECON) Wirtschaftsraum *m*; **~ industrial** (ECON) Industriegebiet *nt*; **~ de la libra** (ECON, FIN) Sterlingblock *m*; **~ de libre cambio** (COM) Freihandelszone *f*; **~ metropolitana** Großstadtgebiet *nt*; **~ de no fumar** Nichtraucherzone *f*
❹ (*ámbito*) Bereich *m*, Gebiet *nt*; **~ de influencia** Einflussbereich *m*; **~ temática** Themenbereich *m*
❺ (100 *metros²*) Ar *m o nt*
❻ (DEP): **~ de castigo** Strafraum *m*
❼ (MAT) Flächeninhalt *m*
AREA [ˈarea] *f* (AERO) *abr de* **Compañía Ecuatoriana de Aviación** ecuadorianische Fluggesellschaft
arefacción [arefaɣˈθjon] *f* (*secamiento: acción*) Austrocknen *nt*, Austrocknung *f*; (*resultado*) Trockenheit *f*
arel [aˈrel] *m* (AGR) Weizensieb *nt*, Kornsieb *nt*
arelar [areˈlar] *vt* (AGR) sieben
arena [aˈrena] *f* ❶ (*material*) Sand *m*; **~s movedizas** Treibsand *m*; **grano de ~** Sandkorn *nt*; **reloj de ~** Sanduhr *f*; **edificar sobre ~** (*fig*) auf Sand bauen; **sembrar en ~** (*fig*) Holz in den Wald tragen
❷ (*lugar*) Arena *f*; **la ~ política** die politische Arena
arenal [areˈnal] *m* Sandfläche *f*
arenga [aˈrenga] *f* ❶ (*discurso*) (kurze) Ansprache *f*
❷ (*fam: discurso tedioso*) Tirade *f*
arengar [arenˈgar] <g→gu> *vt* durch eine Rede mitreißen
arenilla [areˈniʎa] *f* ❶ (*para tinta*) Streusand *m*
❷ (MED) (Harn)grieß *m*
arenisca [areˈniska] *f* Sandstein *m*
arenisco, -a [areˈnisko, -a] *adj* sandhaltig
arenoso, -a [areˈnoso, -a] *adj* ❶ (*con arena*) Sand-, sandig
❷ (*parecido a la arena*) sandartig
arenque [aˈrenke] *m* (ZOOL) Hering *m*
aréola [aˈreola] *f*, **areola** [aˈreola] *f* ❶ (MED: *en torno a una herida*) geröteter Kreis *m*, Hof *m* ❷ (ANAT: *del pecho*) Areola *f*, Warzenhof *m*
areometría [areomeˈtria] *f* (FÍS) Aräometrie *f*
areómetro [areˈometro] *m* (FÍS) Aräometer *nt*
arepa [aˈrepa] *f* (Am: GASTR) Maiskuchen *m*
arequipa [areˈkipa] *f* (Col, Méx) Milchreis *m*
ares y mares [ˈares i ˈmares] (*reg*): **hacer ~** wahre Wunder vollbringen
arete [aˈrete] *m* Ohrring *m*
argamasa [arɣaˈmasa] *f* Mörtel *m*
Argel [arˈxel] *m* Algier *nt*
Argelia [arˈxelja] *f* Algerien *nt*
argelino, -a [arxeˈlino, -a] I. *adj* algerisch
II. *m, f* Algerier(in) *m(f)*
argentado, -a [arxenˈtaðo, -a] *adj* versilbert
argentar [arxenˈtar] *vt* versilbern
argénteo, -a [arˈxenteo, -a] *adj* ❶ (*de plata*) silbern
❷ (*bañado de plata*) versilbert
❸ (*como la plata*) silberglänzend
argentero, -a [arxenˈtero, -a] *m, f* Silberschmied(in) *m(f)*
argentífero, -a [arxenˈtifero, -a] *adj* silberhaltig
Argentina [arxenˈtina] *f* Argentinien *nt*
argentinismo [arxentiˈnismo] *m* (LING) Argentinismus *m*, Besonderheit *f* der spanischen Sprache in Argentinien
argentino, -a [arxenˈtino, -a] I. *adj* argentinisch
II. *m, f* Argentinier(in) *m(f)*
argo [ˈarɣo] *m* (QUÍM) Argon *nt*
argolla [arˈɣoʎa] *f* ❶ (*aro*) Metallring *m*; **echar a alguien una ~** sich jdm verpflichten
❷ (TÉC) Klammer *f*, Schelle *f*
❸ (*juego*) Krocket *m*
❹ (Am: *anillo*) Ring *m*
argón [arˈɣon] *m* (QUÍM) *v.* **argo**
argonauta [arɣoˈnauta] *m* ❶ (ZOOL) Argonaut *m*, Tintenfisch *m*

argot

❷ (*en la mitología*) Argonaut *m*
argot [arˈɣo⁽ᵗ⁾] <argots> *m* Jargon *m*, Argot *nt* o *m*
argucia [arˈɣuθja] *f* Spitzfindigkeit *f*, Sophismus *m*
argüende [arˈɣwende] *m* (*Méx*) ❶ (*chisme*) Klatsch *m*, Gerede *nt*
❷ (*haciendo pesquisas*) Ermittlung *f*, Untersuchung *f*; (*discurriendo*) Erforschung *f*
argüir [arɣuˈir] *irr como huir* I. *vt* ❶ (*deducir*) schließen (*de* aus +*dat*), folgern (*de* aus +*dat*)
❷ (*probar*) erkennen lassen
❸ (*echar en cara*) vorwerfen
❹ (*alegar*) anführen; ~ **como excusa** als Entschuldigung anführen
II. *vi* argumentieren; ~ **en contra de algo** gegen etw argumentieren
argumentación [arɣumentaˈθjon] *f* Beweisführung *f*, Argumentation *f*
argumental [arɣumenˈtal] *adj* Argumentations-; **el hilo ~ der Faden der Handlung; la trama ~ die Handlung**
argumentar [arɣumenˈtar] I. *vt* schließen, folgern; **un caso bien argumentado** ein gut begründeter Fall
II. *vi* argumentieren
argumentativo, -a [arɣumentaˈtiβo, -a] *adj* argumentativ
argumento [arɣuˈmento] *m* ❶ (*razonamiento*) Argument *nt*; **los ~s en pro y en contra de una teoría** die Argumente für und gegen eine Theorie
❷ (LIT, CINE, TEAT) Handlung *f*
❸ (*Am: discusión*) Diskussion *f*
❹ (*Am: alegato*) Wortwechsel *m*, Auseinandersetzung *f*; **tener un ~ con alguien** eine Auseinandersetzung mit jdm haben
aria [ˈarja] *f* (MÚS) Arie *f*
aridez [ariˈðeθ] *f* Dürre *f*, Trockenheit *f*; (GEO) Aridität *f*
árido, -a [ˈariðo, -a] *adj* ❶ (*terreno*) dürr, karg; **un paisaje ~ eine öde Landschaft**
❷ (*clima*) trocken, arid
❸ (*tema, estilo*) trocken, langweilig
áridos [ˈariðos] *mpl* Trockenobst *nt*
Aries [ˈarjes] *m inv* (ASTR) Widder *m*
ariete [aˈrjete] *m* ❶ (HIST: *arma*) Sturmbock *m*
❷ (DEP) Mittelstürmer(in) *m(f)*
❸ (*vulg: pene*) Schwanz *m*
ario, -a [ˈarjo, -a] I. *adj* arisch
II. *m*, *f* Arier(in) *m(f)*
ariscarse [arisˈkarse] <c→qu> *vr* sich ärgern, sich aufregen; **no te arisques por algo tan insignificante** reg dich doch nicht wegen so einer Lappalie auf
arisco, -a [aˈrisko, -a] *adj* widerspenstig
arista [aˈrista] *f* ❶ (*de los cereales*) Granne *f*
❷ (*borde*) Kante *f*
❸ (ARQUIT) *línea*) Grat *m*
❹ (MAT) Schnittlinie *f*
❺ (*de una cordillera*) Gebirgskamm *m*
aristocracia [aristoˈkraθja] *f* Aristokratie *f*
aristócrata [arisˈtokrata] *mf* Aristokrat(in) *m(f)*
aristocrático, -a [aristoˈkratiko, -a] *adj* aristokratisch
aristocratizar [aristokratiˈθar] <z→c> I. *vt* adeln; **lo ~on esos amigos tan finos** es adelte ihn, diese vornehmen Freunde zu haben
II. *vr*: **~se** geadelt werden
aristotélico, -a [aristoˈteliko, -a] I. *adj* (FILOS) aristotelisch
II. *m*, *f* (FILOS) Aristoteliker(in) *m(f)*
aristotelismo [aristoteˈlismo] *m sin pl* (FILOS) Aristotelismus *m*
aritmética [ariðˈmetika] *f* (MAT) Arithmetik *f*
aritmético, -a [ariðˈmetiko, -a] I. *adj* arithmetisch
II. *m*, *f* Arithmetiker(in) *m(f)*
aritmología [ariðmoloˈxia] *f* (MAT) Arithmologie *f*
aritmómetro [ariðˈmometro] *m* (MAT) Arithmometer *nt*
arlequín [arleˈkin] *m* ❶ (*personaje de la comedia*) Harlekin *m*
❷ (*persona ridícula*) Hanswurst *m*
arlequinada [arlekiˈnaða] *f* Harlekinade *f*, Hanswurstiade *f*
arlequinesco, -a [arlekiˈnesko, -a] *adj* harlekinisch
arma [ˈarma] *f* ❶ (*pistola, puñal*) Waffe *f*; ~ **blanca** [*o* **punzante**] Stichwaffe *f*; ~ **de fuego** Schusswaffe *f*; ~ **homicida** Tatwaffe *f*; **~s de juguete** Spielzeugwaffen *fpl*; ~ **nuclear** Atomwaffe *f*; ~ **de reglamento** Dienstwaffe *f*; **alzarse en ~s** einen bewaffneten Aufstand durchführen; **¡apunten ~s!** legt an!; **¡descansen ~s!** Gewehr ab!; **llegar a las ~s** handgreiflich werden; **pasar por las ~s** standrechtlich erschießen; **rendir las ~s** die Waffen niederlegen; **tomar las ~s** zu den Waffen greifen
❷ (*sección del ejército*) Truppengattung *f*
❸ *pl* (*blasón*) Wappen *nt*
❹ *pl* (*fuerzas armadas*) Streitkräfte *fpl*
❺ (*loc*): **un hombre de ~s tomar** ein streitbarer Mann; **mi novio es de ~s tomar** mein Freund lässt sich nichts gefallen
armada [arˈmaða] *f* ❶ (*fuerzas navales*) Kriegsmarine *f*

ARN

❷ (*escuadra*) Kriegsflotte *f*; (HIST) Armada *f*
armadía [armaˈðia] *f* Floß *nt*
armadijo [armaˈðixo] *m* ❶ (*caza*) Falle *f*
❷ (*construcción de palos*) (Holz)gestell *nt*
armadillo [armaˈðiʎo] *m* (ZOOL) Gürteltier *nt*
armado¹ [arˈmaðo] *m* Mann mit Harnisch in der Karwochenprozession
armado, -a² [arˈmaðo, -a] *adj* ❶ (*con armas*) bewaffnet
❷ (*provisto de*) ausgestattet (*de* mit +*dat*)
❸ (*loc*): **hormigón ~** armierter Beton
armador(a) [armaˈðor(a)] *m(f)* Reeder(in) *m(f)*
armadura [armaˈðura] *f* ❶ (*de caballero*) (Ritter)rüstung *f*
❷ (*de un objeto*) Gestell *nt*; ~ **de la cama** Bettgestell *nt*; ~ **de las gafas** Brillengestell *nt*, Brillenfassung *f*
❸ (ARQUIT: *de una casa*) (Grund)gerippe *nt*; (*de un tejado*) Dachstuhl *m*
❹ (*de máquinas*) Armatur *f*; ~ **de imán** Magnettanker *m*
armamentismo [armamenˈtismo] *m* Aufrüstung *f*
armamentista [armamenˈtista] *adj* Rüstungs-; **carrera ~** Wettrüsten *nt*, Rüstungswettlauf *m*
armamento [armaˈmento] *m* ❶ (*de una persona*) Bewaffnung *f*; (*de un país*) Aufrüstung *f*
❷ (*conjunto de armas, equipo de un barco*) Ausrüstung *f*
armañac [armaˈɲak] <armañacs> *m* Armagnac *m*
armar [arˈmar] I. *vt* ❶ (*proveer de armas*) bewaffnen, ausrüsten; **estar armado hasta los dientes** bis an die Zähne bewaffnet sein
❷ (*bayoneta*) aufpflanzen
❸ (*embarcación*) ausrüsten, bestücken
❹ (TÉC) armieren
❺ (*cama*) aufstellen; (*tienda de campaña*) aufschlagen
❻ (*fam: jaleo, pelea*) anzetteln; **~ la** (*fig*) Krach schlagen
❼ (*loc*): ~ **caballero** zum Ritter schlagen
II. *vr*: **~se** ❶ (*con armas*) sich bewaffnen
❷ (*de paciencia, de valor*) sich wappnen (*de* mit +*dat*)
❸ (*AmC, Méx, PRico: obstinarse*) sich kategorisch weigern
❹ (*Arg, Méx: hacerse de dinero*) sich schnell bereichern
❺ (*loc*): **se va a ~ la gorda** (*fam*) es wird einen Riesenkrach geben
armario [arˈmarjo] *m* Schrank *m*; ~ **empotrado** Einbauschrank *m*; ~ **de luna** Glasschrank *m*; ~ **ropero** Kleiderschrank *m*
armatoste [armaˈtoste] *m* Trödel *m*, Kram *m*
armazón [armaˈθon] *m* o *f* ❶ (*armadura*) Gestell *nt*, Gerüst *nt*
❷ (*esqueleto*) Skelet(t) *nt*
Armenia [arˈmenja] *f* Armenien *nt*
armenio, -a [arˈmenjo, -a] I. *adj* armenisch
II. *m*, *f* Armenier(in) *m(f)*
armería [armeˈria] *f* ❶ (*tienda*) Waffenladen *m*
❷ (*museo*) Waffenmuseum *nt*
❸ (*arte*) Waffenschmiedekunst *f*
❹ (*heráldica*) Wappenkunde *f*
armero [arˈmero] *m* ❶ (*fabricante*) Waffenhersteller *m*
❷ (*vendedor*) Waffenhändler *m*
armiño [arˈmiɲo] *m* ❶ (ZOOL) Hermelin *nt*
❷ (*piel*) (Hermelin)pelz *m*
armisticio [armisˈtiθjo] *m* Waffenstillstand *m*
armonía [armoˈnia] *f* ❶ (*consonancia*) Harmonie *f*, Wohlklang *m*
❷ (*relación armoniosa*) Eintracht *f*; **vivir en paz y ~ con alguien** in Frieden und Eintracht mit jdm zusammenleben; **falta de ~** Uneinigkeit *f*, Missstimmung *f*; **su comportamiento no estuvo en ~ con la solemnidad del acto** sein/ihr Benehmen entsprach nicht der Feierlichkeit des Aktes
❸ (MÚS) Harmonielehre *f*
armónica [arˈmonika] *f* ❶ (*instrumento*) Mundharmonika *f*
❷ (*Ven: sinfonía*) Sinfonie *f*
armónico¹ [arˈmoniko] *m* (MÚS) Oberton *m*
armónico, -a² [arˈmoniko, -a] *adj* harmonisch
armonio [arˈmonjo] *m* Harmonium *nt*
armonioso, -a [armoˈnjoso, -a] *adj* ❶ (*general*) harmonisch
❷ (*sonido, lengua*) wohlklingend
armonizable [armoniˈθaβle] *adj* vereinbar, in Einklang zu bringen; **creo que tus ilusiones son ~s con las mías** ich glaube, deine Träume könnten mit meinen harmonieren
armonización [armoniθaˈθjon] *f* Harmonisierung *f*, Vereinheitlichung *f*; ~ **fiscal** (FIN) Steuerharmonisierung *f*; ~ **de los tipos de IVA** (FIN) Angleichung der Mehrwertsteuersätze
armonizador(a) [armoniθaˈðor(a)] *adj* harmonisierend
armonizar [armoniˈθar] <z→c> I. *vi* harmonieren, in Einklang stehen; **estos dos objetos armonizan** diese zwei Gegenstände passen zusammen
II. *vt* harmonisieren; ~ **colores** Farben aufeinander abstimmen; ~ **ideas** Ideen miteinander in Einklang bringen
ARN [aerreˈene] *m* (BIOL) *abr de* **ácido ribonucleico** RNS *f*

arnés [ar'nes] *m* ❶ (*armadura*) Harnisch *m;* **blasonar del** ~ protzen, prahlen
 ❷ *pl* (*de los caballos*) (Pferde)geschirr *nt*
árnica ['arnika] *f* ❶ (BOT) Arnika *f*
 ❷ (*tintura*) Arnikatinktur *f;* **pedir** ~ (*fig*) das Handtuch werfen
aro ['aro] *m* ❶ (*arandela, argolla*) Ring *m*, Reifen *m;* **le haré pasar por el** ~ ich werde ihn schon dazu bringen; **ahora tienes que pasar por el** ~ nun musst du es durchstehen
 ❷ (BOT) Aron(s)stab *m*
 ❸ (*CSur, PRico:* arete) Ohrring *m*
aroma [a'roma] *m* Duft *m*, Wohlgeruch *m*, Aroma *nt*
aromar [aro'mar] *vt v.* **aromatizar**
aromaterapia [aromate'rapja] *f* (MED) Aromatherapie *f*
aromático, -a [aro'matiko, -a] *adj* duftend, aromatisch, wohlriechend; **comida aromática** würziges Essen
aromatizar [aromati'θar] <z→c> *vt* ❶ (*dar aroma*) aromatisieren
 ❷ (GASTR) würzen
arpa ['arpa] *f* (MÚS) Harfe *f*
arpado, -a [ar'paðo, -a] *adj* ❶ (*canto de un pájaro*) lieblich
 ❷ (*dentado*) ausgezackt
arpegiar [arpe'xjar] *vi* (MÚS) arpeggieren
arpegio [ar'pexjo] *m* (MÚS) Arpeggio *nt*
arpía [ar'pia] *f* ❶ (*figura mitológica*) Harpyie *f*
 ❷ (*bruja*) Hexe *f*, Xanthippe *f*
 ❸ (*mujer fea*) hässliche Frau *f*
arpillera [arpi'ʎera] *f* Sackleinen *nt*, Sackleinwand *f*
arpista [ar'pista] *mf* Harfenspieler(in) *m(f)*, Harfenist(in) *m(f)*
arpón [ar'pon] *m* ❶ (*de pesca*) Harpune *f*
 ❷ (ARQUIT) Krampe *f*
arponear [arpone'ar] *vi, vt* harpunieren
arponero [arpo'nero] *m* Harpunier *m*
arqueada [arke'aða] *f* ❶ (MÚS) Bogenstrich *m*
 ❷ (*malestar estomacal*) Magenkrampf *m;* (*arcada*) Brechreiz *m;* **me dan unas ~s muy fuertes** ich bekomme sehr starke Magenkrämpfe
arqueado, -a [arke'aðo, -a] *adj* krumm, gewölbt
arquear [arke'ar] **I.** *vt* ❶ (*doblar*) biegen
 ❷ (*espalda, tubo*) krümmen; **el gato arqueó su lomo** die Katze machte einen Buckel
 ❸ (*cejas*) hochziehen
 ❹ (*techo, bóveda*) wölben
 ❺ (NÁUT) vermessen, die Tonnage bestimmen +*gen*
 II. *vr:* ~**se** sich biegen
arqueo [ar'keo] *m* ❶ (*curvatura*) Biegung *f*, Krümmung *f*
 ❷ (*de un techo, una bóveda*) Wölbung *f*
 ❸ (NÁUT) Vermessung *f*, Bestimmung *f* der Tonnage
arqueolítico, -a [arkeo'litiko, -a] *adj* (HIST) archäolithisch, ursteinzeitlich; **el hombre** ~ der Mensch des Archäolithikums
arqueología [arkeolo'xia] *f* Archäologie *f*
arqueológico, -a [arkeo'loxiko, -a] *adj* archäologisch
arqueólogo, -a [arke'ologo, -a] *m, f* Archäologe, -in *m, f*
arqueozoología [arkeoθo(o)lo'xia] *f* (ZOOL) Archäozoologie *f*
arquería [arke'ria] *f* (ARQUIT) Säulenreihe *f;* (*pórtico*) Säulengang *m*, Kolonnade *f*
arquero, -a [ar'kero, -a] *m, f* ❶ (*soldado*) Bogenschütze, -in *m, f*
 ❷ (DEP: *que tira con arco*) Bogenschütze, -in *m, f*
 ❸ (DEP: *portero*) Torwart, -frau *m, f*
arqueta [ar'keta] *f* kleine Truhe *f*, Kästchen *nt*
arquetípico, -a [arke'tipiko, -a] *adj* archetypisch, urbildlich
arquetipo [arke'tipo] *m* Archetypus *m*, Urbild *nt*
arquitecto, -a [arki'tekto, -a] *m, f* Architekt(in) *m(f);* ~ **interiorista** Innenarchitekt *m*
arquitectónico, -a [arkitek'toniko, -a] *adj* architektonisch
arquitectura [arkitek'tura] *f* Architektur *f*, Baukunst *f;* ~ **abierta/cerrada** (INFOR) offene/geschlossene Architektur; ~ **de ordenador** (INFOR) Rechnerarchitektur *f;* ~ **de red** (INFOR) Netzarchitektur *f*
arquitrabe [arki'traβe] *m* (ARQUIT) Architrav *m*
arquivolta [arki'βolta] *f* (ARQUIT) Archivolte *f*
arrabal [arra'βal] *m* Vorstadt *f*, Außenbezirk *m* (einer Stadt)
arrabalero, -a [arraβa'lero, -a] **I.** *adj* ❶ (*de un arrabal*) vorstädtisch
 ❷ (*grosero*) ungehobelt
 II. *m, f* ❶ (*habitante*) Vorstädter(in) *m(f)*
 ❷ (*persona grosera*) Rohling *m*, Grobian *m*
arracachada [arraka'tʃaða] *f* (*Col*) Dummheit *f*, Unsinn *m;* **no dijeron más que ~s** sie haben nur Unsinn geredet
arracada [arra'kaða] *f* Ohrhänger *m*, Ohrgehänge *nt*
arracimado, -a [arraθi'maðo, -a] *adj* ❶ (*forma*) traubenförmig, traubig
 ❷ (*aglomerado*) dicht gedrängt
arracimarse [arraθi'marse] *vr* ❶ (*enracimarse*) Trauben bilden
 ❷ (*aglomerarse*) sich drängen

arraclán [arra'klan] *m* (BOT) Gemeiner Faulbaum *m*
arraigar [arrai'ɣar] <g→gu> **I.** *vi* ❶ (*echar raíces*) Wurzeln schlagen, (an)wurzeln
 ❷ (*vicio, costumbre*) zur festen Gewohnheit werden (*en* bei +*dat*)
 II. *vr:* ~**se** Wurzeln schlagen, sich festsetzen
arraigo [a'rraiɣo] *m* Einwurzelung *f*, Verwurzelung *f;* **tener** ~ einflussreich sein
arramblar [arram'blar] **I.** *vi* (*apoderarse*) an sich reißen (*con* +*akk*); **arrambló con todo lo que pudo** er/sie riss an sich, so viel er/sie konnte
 II. *vt* ❶ (*río*) Sand anspülen (an +*akk*)
 ❷ (*arrastrar*) mit sich *dat* reißen
 III. *vr:* ~**se** versanden
arrancaclavos [arraŋka'klaβos] *m inv* Nagelheber *m*, Nagelzieher *m*
arrancada [arraŋ'kaða] *f* ❶ (*de una máquina*) Anfahren *nt*, Starten *nt*
 ❷ (DEP) Reißen *nt*
arrancar [arraŋ'kar] <c→qu> **I.** *vi* ❶ (*vehículo*) starten
 ❷ (*embestir*) angreifen; **el toro arrancó** der Stier griff an
 ❸ (*iniciar*) anfangen, starten; ~ **a correr** zu laufen anfangen
 ❹ (*provenir*) ausgehen (*de* von +*dat*); (*comenzar*) beginnen (*de* in +*akk*); **la carretera arranca de Santiago** die Landstraße beginnt in Santiago
 II. *vt* ❶ (*plantas*) (her)ausreißen, (her)ausziehen; **el viento arrancó el árbol** der Wind entwurzelte den Baum
 ❷ (*pegatina, póster*) abreißen
 ❸ (*quitar con violencia*) entreißen; **le ~on el arma** sie entrissen ihm/ihr die Waffe; **el ladrón le arrancó el bolso de la mano** der Dieb riss ihr die Handtasche aus der Hand; **la granada le arrancó un brazo** die Granate zerfetzte ihm/ihr einen Arm; **la corriente arrancó el puente** die Strömung riss die Brücke fort
 ❹ (*muela*) ziehen
 ❺ (*poner en marcha*) anlassen, starten
 ❻ (*loc*): ~ **aplausos** Beifall auslösen; ~ **una promesa a alguien** jdm ein Versprechen abringen; ~ **un secreto** ein Geheimnis entlocken; ~ **una victoria** einen Sieg erzwingen
arranque [a'rraŋke] *m* ❶ (*acción*) Ausreißen *nt*
 ❷ (*energía*) Energie *f;* (*decisión*) Initiative *f;* **tomar** ~ Anlauf nehmen
 ❸ (*comienzo*) Beginn *m;* **punto de** ~ Ausgangspunkt *m*
 ❹ (*arrebato*) Anwandlung *f*, Aufwallung *f;* **no tengas esos ~s** reagier nicht so heftig
 ❺ (AUTO) Anlassen *nt*, Starten *nt;* **dispositivo de** ~ (**automático**) (elektrischer) Anlasser *m*
 ❻ (INFOR) Start *m;* ~ **caliente** Warmstart *m;* ~ **dual** Dualboot *m*
arrapar [arra'par] *vt* (*vulg*) aus der Hand reißen, wegreißen
arrapiezo [arra'pjeθo] *m* ❶ (*ropa*) Lumpen *m*, Fetzen *m*
 ❷ (*pey: muchacho, niño*) Rotzbengel *m*
arras ['arras] *fpl* Brautgeld *nt*, Brautgabe *f*
arrasado, -a [arra'saðo, -a] *adj* atlasartig, satinartig
arrasamiento [arrasa'mjento] *m* ❶ (*allanamiento*) Einebnen *nt*
 ❷ (*de una ciudad, región*) Verwüstung *f*
 ❸ (*del cielo*) Aufklaren *nt*
arrasar [arra'sar] **I.** *vt* ❶ (*allanar*) einebnen
 ❷ (*edificio, ciudad*) dem Erdboden gleichmachen; (*región*) verwüsten
 ❸ (*vaso*) bis zum Rand füllen
 II. *vi* (*cielo*) aufklaren
 III. *vr:* ~**se** ❶ (*cielo*) aufklaren
 ❷ (*loc*): **se le ~on los ojos de lágrimas** er/sie zerfloss in Tränen
arrastrado, -a [arras'traðo, -a] **I.** *adj:* **una vida arrastrada** ein Hundeleben
 II. *m, f* elender Tropf *m*
arrastrar [arras'trar] **I.** *vt* ❶ (*tirar*) ziehen (*de* aus +*dat*); ~**on la caja montaña arriba** sie zogen die Kiste den Berg hinauf
 ❷ (*a un coche, tren*) (ab)schleppen
 ❸ (*algo pesado*) schleifen, schleppen; **el agua arrastra las piedras** das Wasser reißt die Steine mit, das Wasser schwemmt die Steine weg; **el viento arrastra las hojas** der Wind fegt die Blätter weg; ~ **a alguien a hacer algo** jdn dazu verleiten etw zu tun; **le pude** ~ **al cine** ich konnte ihn mit ins Kino schleppen
 ❹ (*acarrear*) mit sich *dat* bringen, nach sich *dat* ziehen; ~ **el saldo** (FIN) den Saldo ziehen; **la dimisión del ministro ~á las dimisiones de otras personas** der Rücktritt des Ministers wird weitere Rücktritte nach sich ziehen; **eso le arrastró dolores de cabeza** das verursachte ihm/ihr Kopfschmerzen
 ❺ (*arrebatar*) mitreißen
 ❻ (INFOR: *con el ratón*) ziehen
 II. *vi* (*cartas*) einen Trumpf ausspielen
 III. *vr:* ~**se** kriechen; **se arrastra ante el jefe** er/sie kriecht vor dem Chef
arrastre [a'rrastre] *m* ❶ (*acción*) Fortschleppen *nt*, Schleifen *nt;* **pesca**

arrayán

de ~ Trawler *m;* **estar para el** ~ (*fam: cosa*) kaputt [*o* schrottreif] sein; (*persona*) völlig erledigt sein
❷ (*de madera*) Abfuhr *f*
❸ (*en las cartas*) Trumpfausspielen *nt*
❹ (GEO) Transport *m*
❺ (INFOR) Übertrag *m*
❻ (*loc*): **tener mucho** ~ (*Arg*) sehr beliebt sein
arrayán [arra'ɟan] *m* (BOT) (Braut)myrte *f*
arre ['arre] *interj* hü
arreada [arre'aða] *f* (*Arg*) ❶ (*ganado*) Antreiben *nt* der Rinder
❷ (*redada policial*) Razzia *f*
arrear [arre'ar] I. *vt* ❶ (*ganado*) antreiben
❷ (*caballerías*) schmücken, zieren
❸ (*golpe*) versetzen; (*bofetada*) geben, verpassen
II. *vi* sich beeilen; **¡arrea!** (*rápido*) Tempo!; (*atiza*) Donnerwetter!
arrebañaduras [arreβaɲa'ðuras] *fpl* Speisereste *mpl*
arrebañar [arreβa'ɲar] *vt* ❶ (*un plato, una fuente*) aufessen, leer essen
❷ (*objetos*) (zusammen)raffen
arrebatadamente [arreβataða'meņte] *adv* ❶ (*precipitadamente*) überstürzt
❷ (*violentamente*) heftig
❸ (*loc*): **hablar** ~ (*apasionadamente*) voller Leidenschaft sprechen; (*rápidamente*) hastig sprechen
arrebatado, -a [arreβa'taðo, -a] *adj* ❶ (*alocado, aturdido*) hastig
❷ (*irreflexivo*) unüberlegt, unbesonnen
❸ (*impetuoso*) ungestüm, stürmisch
❹ (*irritado*) jähzornig, unbeherrscht; **con un rostro** ~ rot vor Zorn
arrebatador(a) [arreβata'ðor(a)] *adj* bezaubernd, entzückend
arrebatamiento [arreβata'mjeņto] *m* ❶ (*furor*) Wutanfall *m*, Zornausbruch *m*; **en un momento de** ~ in einem plötzlichen Zornesausbruch
❷ (*éxtasis*) Verzückung *f*, Ekstase *f*
arrebatar [arreβa'tar] I. *vt* ❶ (*arrancar*) entreißen; **el viento le arrebató el sombrero** der Wind riss seinen Hut fort; **fue arrebatado por la corriente** die Strömung trieb ihn ab; **la vida a alguien** jdn umbringen; ~ **la victoria** den Sieg erringen
❷ (*extasiar*) bezaubern, entzücken
❸ (*conmover*) mitreißen
❹ (*mieses*) ausdörren
II. *vr:* ~**se** ❶ (*enfurecerse*) wütend werden (*por* auf/über +*akk*), in Fahrt kommen
❷ (*comida*) verbraten, anbrennen
arrebatiña [arreβa'tiɲa] *f* Gerangel *nt* (*por* um +*akk*)
arrebato [arre'βato] *m* ❶ (*arranque*) Anfall *m*, Ausbruch *m*; ~ **de cólera** Zornausbruch *m*
❷ (*éxtasis*) Ekstase *f*, Verzückung *f*
arrebol [arre'βol] *m* ❶ (*elev: nubes*) Rotfärbung *f*; (*de la mañana*) Morgenröte *f*; (*del atardecer*) Abendröte *f*; **¡mira el** ~ **de las nubes!** sieh mal das leuchtende Rot der Wolken!
❷ (*elev: rostro*) Rötung *f*, (Gesichts)röte *f*
❸ (*cosmético*) Rouge *nt*
arrebolarse [arreβo'larse] *vr* (*elev*) sich röten
arrebujar [arreβu'xar] I. *vt* zerknittern
II. *vr:* ~**se** sich warm [*o* gut] zudecken
arrechucho [arre'tʃutʃo] *m* (*fam*) ❶ (*de mal humor*) Rappel *m*
❷ (*de salud*) Unpässlichkeit *f*
arreciar [arre'θjar] *vi* ❶ (*lluvia, tormenta*) heftiger [*o* stärker] werden, (an Heftigkeit) zunehmen
❷ (*críticas*) schärfer [*o* lauter] werden
arrecife [arre'θife] *m* Riff *nt*
arredrar [arre'ðrar] I. *vt* ❶ (*retraer*) zurückscheuen lassen, zurückschrecken lassen
❷ (*asustar*) erschrecken
II. *vr:* ~**se** ❶ (*echarse atrás*) zurückschrecken (*ante* vor +*dat*); ~**se ante alguien** vor jdm zurückweichen
❷ (*asustarse*) den Mut verlieren; **sin** ~**se** unverzagt, beherzt
arreglado, -a [arre'ɣlaðo, -a] *adj* ❶ (*ordenado*) ordentlich; **una vida arreglada** ein ordentliches [*o* geregeltes] Leben
❷ (*cuidado*) gepflegt
❸ (*moderado*) mäßig; **un precio** ~ ein erschwinglicher Preis
❹ (*loc*): **¡estamos** ~**s!** jetzt sitzen wir ganz schön in der Tinte!
arreglar [arre'ɣlar] I. *vt* ❶ (*ordenar*) in Ordnung bringen, regeln; ~ **la habitación para los invitados** das Zimmer für die Gäste herrichten; ~ **la (desordenada) habitación** das Zimmer aufräumen; ~ **el jardín/la situación** den Garten/die Lage in Ordnung bringen
❷ (*acicalar*): ~ **una mesa con flores** einen Tisch mit Blumen schmücken; ~ **a los niños para salir** die Kinder zum Weggehen fertigmachen; **¡ya te** ~ **é yo!** wenn ich dich erwische!
❸ (*acordar*) vereinbaren, abmachen; ~ **las cuentas con alguien** mit jdm abrechnen

❹ (*reparar*) reparieren, ausbessern; ~ **un vestido/un zapato** ein Kleid/einen Schuh flicken; ~ **la verja** den Zaun ausbessern; **esta sopa te ~á el estómago** diese Suppe wird deinem Magen gut tun
❺ (GASTR: *aliñar*) anmachen; (*condimentar*) würzen
❻ (MÚS) arrangieren
❼ (*loc*): **estás arreglado si crees que te ayudaré** wenn du glaubst, dass ich dir helfe, irrst du dich
II. *vr:* ~**se** ❶ (*vestirse, peinarse*) sich zurechtmachen
❷ (*componérsela*) zurechtkommen, fertig bringen; **no sé cómo te las arreglas** ich weiß nicht, wie du das machst; **¿cómo te has arreglado para convencerle?** wie hast du es geschafft [*o* wie ist es dir gelungen] ihn zu überreden?
❸ (*ponerse de acuerdo*) sich einigen (*con* mit +*dat*)
❹ (*avenirse*) auskommen (*con* mit +*dat*)
❺ (*loc*): **el día se está arreglando** der Himmel klärt sich auf
arreglista [arre'ɣlista] *mf* (MÚS) Arrangeur(in) *m(f)*
arreglo [a'rreɣlo] *m* ❶ (*ajuste*) Regelung *f*; **con** ~ **a lo convenido** gemäß der Vereinbarung; **obré con** ~ **a las normas** ich habe mich an die Regeln gehalten
❷ (*reparación*) Reparatur *f*; (*mejora*) (Ver)besserung *f*; **no tienes** ~ bei dir ist Hopfen und Malz verloren; **este trabajo ya no tiene** ~ diese Arbeit ist völlig verpfuscht
❸ (*de una habitación*) Einrichtung *f*
❹ (*acuerdo*) Vereinbarung *f*, Abmachung *f*; ~ **amistoso** gütliche Einigung, gütlicher Vergleich
❺ (*lío amoroso*) Liebschaft *f*
❻ (MÚS) Arrangement *nt*
arregostarse [arreɣos'tarse] *vr* Gefallen finden (*en* an +*dat*)
arrejuntarse [arrexuņ'tarse] *vr* (*vulg*) in wilder Ehe leben
arrellanar [arreʎa'nar] I. *vt* einebnen
II. *vr:* ~**se** es sich *dat* bequem machen, sich rekeln *fam*
arremangar [arremaŋ'gar] <g→gu> I. *vt*, *vr:* ~**se** aufkrempeln, hochkrempeln; ~**se la camisa** (sich *dat*) die Hemdsärmel hochkrempeln
II. *vr:* ~**se** (*fam: esforzarse*) sich zusammenreißen, sich aufraffen
arremetedor(a) [arremete'ðor(a)] *adj* angriffslustig
arremeter [arreme'ter] *vi* ❶ (*atacar*) anstürmen (*contra* gegen +*akk*)
❷ (*despotricar*) wettern (*contra* gegen +*akk*), schimpfen (*contra* über +*akk*)
arremetida [arreme'tiða] *f* Ansturm *m*, Angriff *m*
arremolinarse [arremoli'narse] *vr* ❶ (*hojas, polvo*) aufgewirbelt werden
❷ (*agua*) strudeln
❸ (*gente*) sich zusammendrängen
arrendador(a) [arreņda'ðor(a)] *m(f)* Verpächter(in) *m(f)*, Vermieter(in) *m(f)*
arrendajo [arreņ'daxo] *m* ❶ (ZOOL: *ave*) Eichelhäher *m*
❷ (*fam fig: imitador*) Nachäffer *m*
❸ (*fig: copia*) (schlechte) Kopie *f*
arrendamiento [arreņda'mjeņto] *m* ❶ (*arriendo*) Miete *f*, Pacht *f*; ~ **financiero** Leasingvertrag *m*; ~ **de un negocio** Verpachtung eines Geschäftes; **contrato de** ~ Mietvertrag *m*, Pachtvertrag *m*; **ley de ~s urbanos** Mietgesetz *nt*; ~ **rústico** Landpacht *f*
❷ (*contrato*) Pachtvertrag *m*
❸ (*precio*) Pachtzins *m*
arrendar [arreņ'dar] <e→ie> *vt* ❶ (*ceder en arriendo*) verpachten
❷ (*tomar en arriendo*) pachten
arrendatario, -a [arreņda'tarjo, -a] *m*, *f* Mieter(in) *m(f)*, Pächter(in) *m(f)*
arrenquín [arreŋ'kin] *m* ❶ (*Am: persona de compañía*) ständiger Begleiter *m*, ständige Begleiterin *f*
❷ (*Am: caballo de guía*) Leitpferd *nt*
arreos [a'rreos] *mpl* (*de las caballerías*) Geschirr *nt*
arrepanchingarse [arrepaņtʃiŋ'garse] <g→gu> *vr* (*fam*) sich (hin)lümmeln, sich (hin)fläzen; **me arrepanchingué en el sillón** ich fläzte mich in den Sessel
arrepentido, -a [arrepeņ'tiðo, -a] *adj* reuevoll
arrepentimiento [arrepeņti'mjeņto] *m* Reue *f*
arrepentirse [arrepeņ'tirse] *irr como sentir vr* ❶ (*lamentar*) bereuen (*de* +*akk*), Reue empfinden (*de* über +*akk*)
❷ (*desdecirse*) zurücknehmen (*de* +*akk*), widerrufen (*de* +*akk*)
arrequives [arre'kiβes] *mpl* ❶ (*atavíos*) Putz *m*, Aufmachung *f*; **iba con todos sus** ~ er/sie hatte sich mächtig herausgeputzt
❷ (*formalidades*) Formalitäten *fpl*; (*circunstancias*) Umstände *mpl*
arrestado, -a [arres'taðo, -a] *adj* kühn, mutig
arrestar [arres'tar] I. *vt* festnehmen, verhaften
II. *vr:* ~**se** sich heranwagen (*a* an +*akk*)
arresto [a'rresto] *m* ❶ (*detención*) Festnahme *f*, Verhaftung *f*
❷ (*reclusión, t.* JUR) Arrest *m*; ~ **domiciliario** Hausarrest *m*; ~ **de expulsión** Abschiebungshaft *f*; ~ **de jóvenes** Jugendarrest *m*; ~ **penal**

arrevesado Strafarrest *m;* ~ **preventivo** Sicherungshaft *f;* ~ **reflexivo** Beugehaft *f;* ~ **tributario** Steuerarrest *m;* ~ **en vista y causa** Hauptverhandlungshaft *f*
❸ (*arrojo*) Verwegenheit *f;* **tener ~s** Mut haben
arrevesado, -a [arreβe'saðo, -a] *adj* (*CSur, PRico*) verwickelt, verworren; **un crucigrama bastante ~** ein ziemlich verzwicktes Kreuzworträtsel
arrevistado, -a [arreβis'taðo, -a] *adj* (TEAT) Revue-; **vimos un sainete ~** wir sahen eine Posse mit Revueeinlagen
arria ['arrja] *f* (*Am*) Koppel *f* für Maultiere
arriamiento [arrja'mjento] *m sin pl* (*t. NÁUT*) Einholen *nt*
arrianismo [arrja'nismo] *m sin pl* (REL) Arianismus *m*
arriano, -a [arri'ano, -a] *adj* (REL) arianisch
arriar [arri'ar] < *1. pres:* arrío> I. *vt* ❶ (*bandera*) einholen, niederholen
❷ (*cabo, cadena*) lockern
❸ (*inundar*) überschwemmen
II. *vr:* **~se** überschwemmt werden
arriate [arri'ate] *m* ❶ (*bancal*) Blumenbeet *nt,* Rabatte *f*
❷ (*camino*) Weg *m*
arriba [a'rriβa] *adv* ❶ (*posición*) oben; **de ~** von oben (her); **de ~ abajo** von oben nach unten; **hacia ~** nach oben; **más ~** weiter oben; **cayó por las escaleras de ~ abajo** er/sie stürzte die Treppe hinunter; **leer un libro de ~ abajo** ein Buch vom Anfang bis zum Ende lesen, ein Buch durchlesen; **ensuciarse de ~ abajo** sich von Kopf bis Fuß beschmutzen; **lo ~ mencionado** das Obenerwähnte [*o* oben Erwähnte], das Obengenannte [*o* oben Genannte]; **¡manos ~!** Hände hoch!; **los que están ~ (de la sociedad)** die oberen Zehntausend; **los que están ~ (de una empresa)** die Führungsspitze
❷ (*de encima*) darüber; **la habitación de ~** das Zimmer darüber; **el piso de ~** das oberste Stockwerk
❸ (*más de*) über *akk;* **tiene de 60 años para ~** er/sie ist über 60 Jahre alt; **precios de 10 euros para ~** Preise ab 10 Euro (aufwärts)
❹ (*con movimiento*) aufwärts; **río ~** flussaufwärts; **¡~!** auf!, los geht's!
❺ (*CSur*): **de ~** (*gratis*) kostenlos; (*sin merecerlo*) grundlos
arribada [arri'βaða] *f* (NÁUT) Einlaufen *nt*
arribar [arri'βar] *vi* ❶ (*barco*) einlaufen
❷ (*elev: llegar*) ankommen
arribazón [arriβa'θon] *m* Fischschwarm *m*
arribismo [arri'βismo] *m* Karrierismus *m,* (rücksichtsloses) Streben *nt* nach Erfolg
arribista [arri'βista] *mf* Emporkömmling *m,* Aufsteiger(in) *m(f)*
arribo [a'rriβo] *m* ❶ (*llegada*) Ankunft *f*
❷ (*de una persona*) Eintreffen *nt*
arriendo [a'rrjendo] *m* ❶ (*arrendamiento*) Pacht *f*
❷ (*precio*) Pachtzins *m*
arriero [a'rrjero] *m* Maultiertreiber *m*
arriesgado, -a [arrjes'γaðo, -a] *adj* ❶ (*peligroso*) gefährlich, riskant
❷ (*atrevido*) tollkühn
arriesgar [arrjes'γar] <g→gu> I. *vt* ❶ (*vida, reputación*) riskieren, aufs Spiel setzen
❷ (*en el juego*) setzen
❸ (*hipótesis, afirmación*) wagen
II. *vr:* **~se** sich einer Gefahr aussetzen
arrimadero [arrima'ðero] *m* ❶ (*para montar*) Trittstein *m*
❷ (*arrimo*) Stütze *f*
arrimar [arri'mar] I. *vt* ❶ (*acercar*) heranrücken (*a* an *+akk*), näher heranbringen (*a* an *+akk*)
❷ (*apoyar*) anlehnen (*a* an *+akk*)
❸ (*golpe*) versetzen; (*bofetada*) geben, verpassen
❹ (*loc*): **~ el ascua a su sardina** die Gelegenheit nutzen; **~ el hombro** zupacken; **~ los libros** das Studium abbrechen
II. *vr:* **~se** ❶ (*acercarse*) näher treten, nahe herangehen (*a* an *+akk*); **el niño se arrimó a su madre** das Kind schmiegte sich an seine Mutter; **~se al poder** sich von Regierungskreisen protegieren lassen; **~se al sol que más calienta** seine Fahne [*o* sein Fähnchen] nach dem Wind drehen
❷ (*apoyarse*) sich anlehnen (*a* an *+akk*)
❸ (*Am: amancebarse*) in wilder Ehe leben (*con* mit *+dat*)
arrimo [a'rrimo] *m* ❶ (*acción*) Annäherung *f*
❷ (*sostén*) Stütze *f*
❸ (*ayuda*) Hilfe *f;* **al ~ de alguien** unter jds Schutz; **buscar ~** Schutz suchen
arrimón [arri'mon] *m:* **estar de ~** sich *dat* die Beine in den Bauch [*o* Leib] stehen
arrinconado, -a [arriŋko'naðo, -a] *adj* ❶ (*apartado*) abgelegen
❷ (*desatendido*) vernachlässigt
❸ (*olvidado*) vergessen
arrinconar [arriŋko'nar] I. *vt* ❶ (*un objeto*) in die Ecke stellen
❷ (*dinero*) beiseite legen
❸ (*acosar*) in die Enge treiben
❹ (*a alguien de un cargo*) aus dem Verkehr ziehen
❺ (*rehuir a alguien*) links liegen lassen
II. *vr:* **~se** sich zurückziehen
arriscado, -a [arris'kaðo, -a] *adj* ❶ (*arriesgado*) riskant
❷ (*escabroso*) felsig
❸ (*atrevido*) kühn
arriscar [arris'kar] <c→qu> I. *vt* ❶ (*Col, Chil, Méx: pantalones, mangas*) aufkrempeln, hochkrempeln
❷ (*Perú, ElSal*) herausputzen, schniegeln *fam pey*
II. *vr:* **~se** ❶ (*Col: ponerse derecho*) sich aufrichten; (*levantarse*) sich erheben, aufstehen
❷ (*Perú, ElSal: engalanarse*) sich herausputzen, sich schniegeln *fam pey*
arritmia [a'rriᵈmja] *f* (*t. MED*) A(r)rhythmie *f*
arrítmico, -a [a'rriᵈmiko, -a] *adj* a(r)rhythmisch
arroba [a'rroβa] *f* ❶ (*medida de peso*) Gewichtseinheit zwischen 11 und 12 Kilo
❷ (*medida de capacidad*) Hohlmaß für Öl, um die 13 Liter; **tener dinero por ~s** einen Haufen Geld haben, in Geld schwimmen
❸ (INFOR) Klammeraffe *m,* at
arrobador(a) [arroβa'ðor(a)] *adj* entzückend, bezaubernd
arrobamiento [arroβa'mjento] *m* Entzückung *f,* Verzückung *f*
arrobar [arro'βar] I. *vt* entzücken, verzücken
II. *vr:* **~se** entzückt [*o* verzückt] sein
arrobo [a'rroβo] *m* Entzückung *f,* Verzückung *f*
arrocero, -a [arro'θero, -a] I. *adj* Reis-; **campos ~s** Reisfelder *ntpl*
II. *m, f* Reisbauer, -bäuerin *m, f*
arrodillarse [arroði'ʎarse] *vr* (sich) niederknien
arrodrigar [arroðri'γar] <g→gu> *vt,* **arrodrigonar** [arroðriɣo'nar] *vt* (AGR) anpfählen, mit einem Anbindepfahl versehen; **estuvimos arrodrigando las tomateras** wir hatten die Tomatenpflanzen angebunden
arrogancia [arro'γanθja] *f* Arroganz *f,* Überheblichkeit *f*
arrogante [arro'γante] *adj* ❶ (*altivo*) arrogant, überheblich
❷ (*apuesto*) stattlich
arrogarse [arro'γarse] <g→gu> *vr* sich *dat* anmaßen; **se arroga la facultad de juzgar a los demás** er/sie maßt sich an über andere zu urteilen
arrojadizo, -a [arroxa'ðiθo, -a] *adj* Wurf-; **arma arrojadiza** Wurfwaffe *f*
arrojado, -a [arro'xaðo, -a] *adj* verwegen, mutig
arrojar [arro'xar] I. *vt* ❶ (*lanzar*) werfen; **el caballo arrojó al jinete** das Pferd warf den Reiter ab
❷ (*emitir*) ausstoßen; **la chimenea arroja humo** der Schornstein raucht, aus dem Schornstein qualmt es; **esta comida arroja un mal olor** dieses Essen riecht schlecht
❸ (*expulsar*) vertreiben
❹ (*vomitar*) sich übergeben, erbrechen
❺ (*un resultado*): **~ un balance** eine Bilanz aufweisen; **~ beneficios** Gewinne abwerfen; **~ fallos** Fehler aufweisen; **~ ganancias/pérdidas** Gewinne/Verluste einbringen; **~ un superávit** einen Überschuss ausweisen; **mi cuenta arroja un saldo de 50 euros** auf meinem Konto sind 50 Euro, mein Konto weist einen Saldo von 1000 Peseten auf
II. *vr:* **~se** ❶ (*lanzarse*) sich werfen, sich stürzen; **~se al agua** ins Wasser springen, sich ins Wasser stürzen
❷ (*abalanzarse*) sich werfen (*sobre* auf *+akk*), sich stürzen (*sobre* auf *+akk*); **el policía se arrojó sobre el ladrón** der Polizist stürzte sich auf den Dieb
arrojo [a'rroxo] *m* Verwegenheit *f,* Elan *m*
arrollador(a) [arroʎa'ðor(a)] *adj* ❶ (*fuerza*) umwerfend; (*mayoría*) überwältigend
❷ (*persona*) hinreißend
arrollar [arro'ʎar] *vt* ❶ (*enrollar*) aufwickeln, zusammenrollen
❷ (*atropellar*) überfahren
❸ (*al enemigo*) schlagen, niederzwingen
❹ (*las leyes*) missachten
arropar [arro'par] I. *vt* ❶ (*en la cama*) sich zudecken
II. *vr:* **~se** ❶ (*en la cama*) sich zudecken
❷ (*abrigarse*) sich warm anziehen; **¡arrópate bien!** zieh dich warm an!; **¡arrópate con eso!** (*fam*) das kannst du dir an den Hut stecken!
arrope [a'rrope] *m* (*Arg, Chil, Perú*) Obstmus *nt*
arrorró [arro'rro] *m* (*AmS*) Schlaflied *nt*
arrostrado, -a [arros'traðo, -a] *adj:* **bien/mal ~** gut aussehend/hässlich
arrostrar [arros'trar] *vt* trotzen *+dat,* die Stirn bieten *+dat*
arroyo [a'rroʝo] *m* ❶ (*río pequeño*) Bach *m;* **~s de sangre/lágrimas** Ströme von Blut/Tränen
❷ (*cauce*) Bachbett *nt*
❸ (*calzada*) Fahrbahn *f*
❹ (*loc*): **plantar a alguien en el ~** jdn vor die Tür setzen; **salir del ~** (*fig*) aus der Gosse herauskommen

arroyuelo [arro'ɟwelo] *m* Rinnsal *nt*, Bächlein *nt*
arroz [a'rroθ] *m* Reis *m*; **~ con leche** Milchreis *m*; **habrá ~ y gallo muerto** (*fig*) es wird hoch hergehen
arrozal [arro'θal] *m* Reisfeld *nt*
arruga [a'rruɣa] *f* ❶ (*en la piel*) Falte *f*, Runzel *f*; **~ en la frente** Stirnfalte *f*
❷ (*en la ropa*) Falte *f*, Knitter *m*; **este vestido hace ~s** dieses Kleid knittert; **quitar una ~** eine Falte ausbügeln
❸ (*Perú: deuda*) Schuld *f*
❹ (*Perú: estafa*) Betrug *m*
arrugado, -a [arru'ɣaðo, -a] *adj* ❶ (*vestido, papel*) zerknittert, verknittert
❷ (*piel*) runz(e)lig, faltig
arrugar [arru'ɣar] <g→gu> I. *vt* ❶ (*papel, vestido*) verknittern, zerknittern
❷ (*piel*) runzeln; **~ la frente** die Stirn runzeln; **~ la nariz** die Nase rümpfen
II. *vr:* **~se** ❶ (*papel, vestido*) knittern
❷ (*piel*) faltig werden
❸ (*achicarse*) den Mut verlieren
arruinar [arrwi'nar] I. *vt* ❶ (*causar ruina*) ruinieren, zerstören; **~ la carrera/la salud** die Karriere/die Gesundheit ruinieren
❷ (*destruir*) zerstören, verheeren; **el tornado arruinó el pueblo** der Tornado zerstörte [*o* verheerte] das Dorf
❸ (*fiesta, vacaciones*) verderben; **su decisión ha arruinado nuestros planes** seine/ihre Entscheidung hat unsere Pläne zunichte gemacht; **la competencia ha arruinado a esta empresa** die Konkurrenz hat diese Firma zugrunde [*o* zu Grunde] gerichtet
II. *vr:* **~se** ❶ (*quedarse en la ruina*) sich ruinieren
❷ (*malograrse*) sich *dat* verderben; **te ~ás la vista con tanta luz** du wirst dir bei dem grellen Licht die Augen verderben
arrullador(a) [arruʎa'ðor(a)] *adj* (*sonido, voz*) einlullend, beruhigend
arrullar [arru'ʎar] I. *vt* ❶ (*a un niño*) in den Schlaf wiegen, einlullen *fam*
❷ (*los enamorados*) den Hof machen +*dat*
II. *vi* (*el palomo*) gurren
III. *vr:* **~se** sich *dat* (gegenseitig) den Hof machen
arrullo [a'rruʎo] *m* ❶ (*de los palomos*) Gurren *nt*
❷ (*para niños*) Schlaflied *nt*
arrumaco [arru'mako] *m* ❶ (*zalamería*) Geschmuse *nt*
❷ (*arrequives*) Putz *m*, Aufmachung *f*
arrumaje [arru'maxe] *m* (NÁUT) Stauen *nt*
arrumar [arru'mar] I. *vt* (NÁUT: *carga*) stauen, verladen
II. *vr:* **~se** (NÁUT: *cielo*) sich beziehen, sich bewölken
arrumbamiento [arrumba'mjento] *m* (NÁUT) Kurs *m*
arrumbar [arrum'bar] *vt* ❶ (*una cosa*) aussondern, ausrangieren
❷ (*a alguien*) aus dem Weg gehen +*dat*
arsenal [arse'nal] *m* ❶ (*de municiones*) (Waffen)arsenal *nt*, Zeughaus *nt*; **un ~ de revistas** ein Zeitschriftenarsenal
❷ (*de barcos*) Werft *f*
arsénico¹ [ar'seniko] *m* (QUÍM) Arsen *nt*
arsénico, -a² [ar'seniko, -a] *adj* (QUÍM) arsenig; **ácido ~** arsenige Säure
art. [ar'tikulo] *abr de* **artículo** Art.
art déco [ar'ðe'ko] *m sin pl* (ARTE) Art déco *m o nt*
arte ['arte] *m* ❶ (*pintura, escultura, facultad*) Kunst *f*; **las ~s** die Künste; **las bellas ~s** die schönen Künste; **~ culinario** Kochkunst *f*; **las ~s marciales** die Kampfkünste; **~ narrativo** Erzählkunst *f*; **las ~s plásticas** die bildenden Künste; **el séptimo ~** die Filmkunst; **escuela de ~s y oficios** Gewerbeschule *f*; **obra de ~** Kunstwerk *nt*; **el ~ por el ~** l'art pour l'art
❷ (*habilidad*) Geschick *nt*, Kunstfertigkeit *f*
❸ (LIT): **versos de ~ mayor/menor** Verse von mehr/nicht mehr als acht Silben
❹ (*maña, astucia*) Trick *m*, Schlich *m*; **como por ~ de magia** wie durch Hexerei; **conseguir algo por malas ~s** sich *dat* etw erschleichen; **desplegó todas sus ~s para convencerlo** er/sie ließ alle seine/ihre Künste spielen um ihn zu überzeugen; **no tener ~ ni parte en algo** mit etw nichts zu tun haben
❺ (*red de pesca*) Fischernetz *nt*
❻ (*caña de pesca*) Angelrute *f*
artefacto [arte'fakto] *m* Artefakt *nt*, Apparat *m*, Vorrichtung *f*; **~ explosivo** Sprengkörper *m*
artejo [ar'texo] *m* ❶ (ANAT: *nudillo*) (Finger)knöchel *m*; (*falange*) Fingerglied *nt*
❷ (ZOOL: *de artrópodos*) Glied *nt*
artemisa [arte'misa] *f* (BOT) Beifuß *m*
arteria [ar'terja] *f* ❶ (ANAT) Arterie *f*, Schlagader *f*
❷ (*de tráfico*) Verkehrsader *f*
artería [arte'ria] *f* (Hinter)list *f*, Verschlagenheit *f*
arterial [arte'rjal] *adj* arteriell
arterio(e)sclerosis [arterjo(e)skle'rosis] *f inv* (MED) Arteriosklerose *f*

arterio(e)sclerótico, -a [arterjo(e)skle'rotiko, -a] I. *adj* (MED) ❶ (*relativo a*) arteriosklerotisch; **terapia arterio(e)sclerótica** Arteriosklerosetherapie *f*
❷ (*que padece*) an Arteriosklerose leidend
II. *m, f* an Arteriosklerose Erkrankte(r) *mf*
artero, -a [ar'tero, -a] *adj* (*pey*) verschlagen, durchtrieben *fam*
artesa [ar'tesa] *f* Backtrog *m*, Backmulde *f*
artesanado [artesa'naðo] *m* ❶ (*conjunto de artesanos*) Handwerkerschaft *f*
❷ (*clase social*) Handwerksstand *m*
artesanal [artesa'nal] *adj* Handwerks-, handwerklich
artesanía [artesa'nia] *f* ❶ (*arte*) Handwerkskunst *f*
❷ (*obra*) Kunsthandwerk *nt*; **jarrón de ~** in Handarbeit hergestellte Vase
artesano, -a [arte'sano, -a] *m, f* Handwerker(in) *m(f)*; **maestro ~** Handwerksmeister *m*
artesiano, -a [arte'sjano, -a] *adj*: **pozo ~** artesischer Brunnen *m*
artesón [arte'son] *m* ❶ (*artesa*) Backtrog *m*, Backmulde *f*
❷ (ARQUIT) Kassette *f*
artesonado [arteso'naðo] *m* Kassettendecke *f*, Deckenfatelung *f*
ártico, -a ['artiko, -a] *adj* arktisch; **polo ~** Nordpol *m*
articulación [artikula'θjon] *f* ❶ (*acoplamiento, unión*) bewegliches Glied *nt*
❷ (TÉC, ANAT) Gelenk *nt*
❸ (LING) Artikulation *f*
articulado¹ [artiku'laðo] *m* ❶ (*conjunto de artículos*) Artikel *mpl*
❷ (ZOOL) Gliedertier *nt*
articulado, -a² [artiku'laðo, -a] *adj* ❶ (*con articulación*) Gelenk-, gelenkig; **muñeco ~** Gelenkpuppe *f*; **vehículo ~** Gelenkfahrzeug *nt*
❷ (*lenguaje*) artikuliert
articular [artiku'lar] I. *vt* ❶ (*acoplar, encajar*) gliedern
❷ (*con una articulación*) miteinander verbinden
❸ (LING) artikulieren, aussprechen
❹ (*ley, reglamento*) in Artikeln abfassen
II. *adj* Gelenk-; (MED) artikular
articulatorio, -a [artikula'torjo, -a] *adj* artikulatorisch
articulista [artiku'lista] *mf* Artikelschreiber(in) *m(f)*
artículo [ar'tikulo] *m* ❶ (COM: *mercancía*) (Verkaufs)artikel *m*; **~ defectuoso** schadhafter Artikel; **~ invendible** Ladenhüter *m*; **~ de marca** Markenartikel *m*; **~ de obsequio** Werbegeschenk *nt*; (*muestra*) Gratisprobe *f*; **~ en oferta** Sonderangebot *nt*; **~ de propaganda** Lockartikel *m*; **~s comerciales** Handelsgut *nt*; **~s de gran salida** zugkräftige Ware, Verkaufsschlager *mpl*; **~s de primera necesidad** Güter des täglichen Bedarfs
❷ (*de periódico*) (Zeitungs)artikel *m*
❸ (JUR, LING) Artikel *m*
❹ (*en un diccionario*) Artikel *m*, Eintrag *m*
artífice [ar'tifiθe] *mf* ❶ (*autor*) Urheber(in) *m(f)*; **el ~ de la victoria** der Urheber des Sieges
❷ (*artista*) Künstler(in) *m(f)*
❸ (*de una arte menor*) Kunsthandwerker(in) *m(f)*
artificial [artifi'θjal] *adj* ❶ (*no natural*) künstlich, Kunst-; **alimentación ~** künstliche Ernährung; **inseminación ~** künstliche Besamung; **seda ~** Kunstseide *f*
❷ (*falso*) gekünstelt, unecht
artificiero [artifi'θjero] *m* (*pirotécnico*) Feuerwerker *m*; **los ~s de la policía** das Sprengkommando der Polizei
artificio [arti'fiθjo] *m* ❶ (*artefacto*) Vorrichtung *f*, Apparat *m*
❷ (*habilidad*) Geschick *nt*; (*truco*) Kniff *m*; **un ~ técnico** ein technischer Kunstgriff
❸ (*engaño, simulación*) Blendwerk *nt*, Trug *m*
artificiosidad [artifiθjosi'ðað] *f sin pl* Unnatürlichkeit *f*, Gekünsteltheit *f*; **no me gustó la ~ de sus declaraciones** mir gefiel der gestelzte Stil seiner/ihrer Erklärungen nicht
artificioso, -a [artifi'θjoso, -a] *adj* gekünstelt, unecht
artillería [artiʎe'ria] *f* (MIL) Artillerie *f*; **~ antiaérea** Flugabwehrartillerie *f*; **~ ligera/pesada** leichte/schwere Artillerie; **una ~ de medidas** eine ganze Batterie (von) Maßnahmen, ein ganzer Maßnahmenkatalog
artillero¹ [arti'ʎero] *m* Artillerist *m*
artillero, -a² [arti'ʎero, -a] *adj* artilleristisch
artilugio [arti'luxjo] *m* ❶ (*pey: artificio*) Ding *nt*
❷ (*ardid*) List *f*, Trick *m*
artimaña [arti'maɲa] *f* List *f*, Kniff *m*
artista [ar'tista] *mf* (*escultor, pintor*) Künstler(in) *m(f)*
❶ (*de circo*) Artist(in) *m(f)*
❷ (*de teatro*) Schauspieler(in) *m(f)*
❸ (*loc*): **es un ~ en su especialidad** er ist ein Meister seines Fachs
artístico, -a [ar'tistiko, -a] *adj* ❶ (*del arte*) künstlerisch, Kunst-
❷ (*del circo*) artistisch

art nouveau

③ *(hecho con arte)* kunstvoll
art nouveau [arˈtnuˈβo] *m sin pl* (ARTE) Art nouveau *m o nt*
artrítico, -a [arˈtritiko, -a] **I.** *adj* arthritisch
  II. *m, f* (MED) Arthritiker(in) *m(f)*, Gichtkranke(r) *mf*
artritis [arˈtritis] *f inv* (MED) Arthritis *f*, Gelenkentzündung *f*
artrografía [artroɣraˈfia] *f* (ANAT) Arthrographie *f*
artrología [artroloˈxia] *f* (ANAT) Arthrologie *f*
artropatía [artropaˈtia] *f* (MED) Arthropathie *f*, Gelenkerkrankung *f*
artroplastia [artroˈplastja] *f* (MED) Arthroplastik *f*, Gelenkplastik *f*
artrópodos [arˈtropoðos] *mpl* (ZOOL) Arthropoden *pl*, Gliederfüßer *mpl*
artrosis [arˈtrosis] *f inv* (MED) Arthrose *f*
artúrico, -a [arˈturiko, -a] *adj* (LIT) König Artus betreffend
Arturo [arˈturo] *m* ≈Art(h)ur *m*; **el rey ~** König Artus
arveja [arˈβexa] *f* (BOT) Saatwicke *f*
arzobispado [arθoβisˈpaðo] *m* ① *(diócesis)* Erzbistum *nt*, Erzdiözese *f*
  ② *(edificio)* Sitz *m* des Erzbischofs
arzobispal [arθoβisˈpal] *adj* erzbischöflich
arzobispo [arθoˈβispo] *m* (REL) Erzbischof *m*
arzón [arˈθon] *m* *(fuste)* Sattelbaum *m*
as [as] *m* Ass *nt*
asa [ˈasa] *f* ① *(de taza, cesto, cacerola)* Henkel *m*
  ② *(de maleta)* Bügel *m*, Griff *m*
  ③ *(pretexto)* Vorwand *m*
  ④ *(jugo)* Saft *m* der Doldengewächse
asadero [asaˈðero] *m* heißer Ort *m*; **es un ~** das ist der reinste Brutkasten
asado [aˈsaðo] *m* Braten *m*
asador [asaˈðor] *m* ① *(pincho)* Bratspieß *m*
  ② *(parrilla)* Grill *m*; **poner toda la carne en el ~** *(fig)* alle Trümpfe ausspielen
asadura [asaˈðura] *f* ① *(de una res)* Innereien *fpl*, Eingeweide *ntpl*
  ② *(flema)* Phlegma *nt*
  ③ *(persona)* Phlegmatiker(in) *m(f)*
asaetear [asaeteˈar] *vt* ① *(lanzar saetas)* mit Pfeilen beschießen; **San Sebastián murió asaeteado** der heilige Sebastian wurde mit Pfeilen getötet
  ② *(mortificar)* belästigen *(con* mit *+dat)*; **~ con** [o **a**] **preguntas** mit Fragen überhäufen, mit Fragen bombardieren *fam*
asafétida [asaˈfetida] *f* (BOT) Stinkasant *m*, Teufelsdreck *m*
asainetado, -a [asajneˈtaðo, -a] *adj* (TEAT) possenhaft
asalariado, -a [asalaˈrjaðo, -a] *m, f* ① *(que recibe un salario)* Lohnempfänger(in) *m(f)*
  ② *(pey: ayuda)* Handlanger(in) *m(f)*
asalariar [asalaˈrjar] *vt* Lohn zahlen *(a +dat)*; *(servicio público)* besolden; **todavía no le han asalariado** sie haben ihm noch keinen Lohn gezahlt
asalmonado, -a [asalmoˈnaðo, -a] *adj* lachsfarben; *(rosado)* lachsrosa
asaltante [asalˈtante] **I.** *adj* angreifend
  II. *mf* Angreifer(in) *m(f)*
asaltar [asalˈtar] *vt* ① *(fortaleza, ciudad)* stürmen, überfallen
  ② *(a una persona: robar)* überfallen, anfallen; *(atacar)* angreifen; **los periodistas ~on al político con preguntas** die Journalisten bestürmten den Politiker mit Fragen
  ③ *(idea, pensamiento)* überkommen, überfallen; **me asaltó el pánico** ich wurde von Panik ergriffen, ich geriet in Panik
asalto [aˈsalto] *m* ① *(a una fortaleza, ciudad)* Sturm(angriff) *m (a* auf *+akk)*; **tomar por ~** in einem Handstreich einnehmen
  ② *(a un banco, una persona)* Überfall *m (a* auf *+akk)*; **~ alevoso** (JUR) hinterlistiger Überfall
  ③ (DEP: *boxeo)* Runde *f*; *(esgrima)* (Durch)gang *m*
  ④ *(Arg, Cuba, Méx: fiesta)* spontane Fete *f*
asamblea [asamˈblea] *f* Versammlung *f*; **~ anual** Jahresversammlung *f*; **~ general** Hauptversammlung *f*; **~ ordinaria** ordentliche (Haupt)versammlung *f*; **~ plenaria** Vollversammlung *f*; **~ de trabajadores** Betriebsversammlung *f*
asambleísta [asambleˈista] *mf* Versammlungsteilnehmer(in) *m(f)*
asar [aˈsar] **I.** *vt* ① (GASTR) braten; **cochinillo asado** Spanferkel *nt*, Spanferkelbraten *m*; **~ a fuego lento** schmoren; **~ a la parrilla** grillen
  ② *(con preguntas)* löchern *(con* mit *+dat)*
  II. *vr:* **~se** vor Hitze vergehen; **en esta casa se asa uno vivo** *(fam)* in diesem Haus kommt man um vor Hitze [*o* herrscht eine Affenhitze]
asaz [aˈsaθ] *adv* ① *(elev: bastante)* ziemlich
  ② *(elev: muy)* sehr, äußerst
asbesto [asˈβesto] *m* Asbest *m*
asbestosis [asβesˈtosis] *f sin pl* (MED) Asbestose *f*
ascalonia [askaˈlonja] *f* (BOT, GASTR) Schalotte *f*
ascendencia [asθenˈdenθja] *f* ① *(antepasados)* Vorfahren *mpl*, Ahnen *mpl*
  ② *(procedencia)* Abstammung *f*, Herkunft *f*

ascendente [asθenˈdente] **I.** *adj* aufsteigend; **en orden ~** in aufsteigender Reihenfolge; **la carrera ~ de un pistón** der Aufwärtshub eines Kolbens
  II. *m* (ASTR) Aszendent *m*
ascender [asθenˈder] <e→ie> *vi* ① *(subir)* (hinauf)steigen; *(cuesta)* ansteigen; (DEP) aufsteigen; **el equipo ascendió a primera** die Mannschaft stieg in die erste Liga auf; **la calle asciende un poco** die Straße steigt leicht an; **la temperatura asciende** die Temperatur steigt; **Cristo ascendió a los cielos** Christus fuhr zum Himmel auf
  ② *(de empleo)* befördert werden *(a* zu *+dat)*, aufsteigen *(a* zu *+dat)*; **~ a director** zum Direktor ernannt werden
  ③ (COM: *cantidad, cuenta)* sich belaufen *(a* auf *+akk)*, betragen *(a +akk)*
ascendiente¹ [asθenˈdjente] *mf* *(antepasado)* Vorfahr(e), -in *m, f*, Ahn(e) *mf*; **mis ~s** meine Vorfahren
ascendiente² [asθenˈdjente] *m* *(influencia)* Einfluss *m*
ascensión [asθenˈsjon] *f* ① *(a una montaña)* Aufstieg *m*
  ② *(de Cristo)* Himmelfahrt *f*; **el día de la A~** der Himmelfahrtstag
  ③ *(del papa, rey)* Thronbesteigung *f*
ascensional [asθensjoˈnal] *adj* Aufwärts-, nach oben; **fuerza ~** Auftrieb *m*, Auftriebskraft *f*
ascensionista [asθensjoˈnista] *mf* ① (DEP: *escalador)* Bergsteiger(in) *m(f)*
  ② *(en globo)* Ballonfahrer(in) *m(f)*
ascenso [asˈθenso] *m* ① *(subida)* Anstieg *m*, Aufstieg *m*; **el ~ a primera** (DEP) der Aufstieg in die erste Liga
  ② *(promoción)* Beförderung *f*
ascensor [asθenˈsor] *m* Aufzug *m*, Fahrstuhl *m*; **tomar el ~** mit dem Aufzug fahren, den Aufzug benutzen
ascensorista [asθensoˈrista] *mf* ① *(el que lo maneja)* Aufzugführer(in) *m(f)*, Fahrstuhlführer(in) *m(f)*; *(chico)* Liftboy *m*
  ② *(mecánico)* Aufzugmechaniker(in) *m(f)*, Fahrstuhlmechaniker(in) *m(f)*
ascesis [asˈθesis] *f sin pl* (REL) Askese *f*
asceta [asˈθeta] *mf* Asket(in) *m(f)*
ascética [asˈθetika] *f sin pl* Aszetik *f*, Asketik *f*
ascético, -a [asˈθetiko, -a] *adj* asketisch
ascetismo [asθeˈtismo] *m sin pl* ① *(modo de vida)* Askese *f*
  ② *(doctrina)* Aszetik *f*, Asketik *f*
ASCII [ˈasθi] *abr de* **american standard code for information interchange** *(código americano normalizado para el intercambio de la información)* ASCII; **archivo ~** ASCII-Datei *f*; **ordenación ~** ASCII-Sequenz *f*; **protocolo ~** ASCII-Protokoll *nt*
asco [ˈasko] *m* ① *(de algo)* Ekel *m (de* vor *+dat)*, Widerwille(n) *m (de* gegen *+akk)*; **este olor me da ~** bei diesem Geruch wird mir übel; **las espinacas me dan ~** ich kann Spinat nicht ausstehen
  ② *(de alguien)* Abscheu *m o f (de* vor *+dat)*; **este hombre me da ~** dieser Mann stößt mich ab
  ③ *(fam)*: **¡qué ~ de gente!** diese Leute sind unerträglich!; **estoy hecho un ~** ich bin dreckig; **estoy muerto de ~** ich langweile mich zu Tode
ascua [ˈaskwa] *f* Glut *f*; **estar limpio como un ~** blitzsauber sein; **estar sobre ~s** (wie) auf glühenden Kohlen sitzen; **pasar algo sobre ~s** etw oberflächlich abhandeln; **tener a alguien en ~s** jdn zappeln lassen
aseadamente [aseaðaˈmente] *adv* säuberlich
aseado, -a [aseˈaðo, -a] *adj* ① *(limpio, arreglado)* sauber, ordentlich
  ② *(cuidadoso)* sorgfältig
ASEAN [aseˈan] *f* (POL) *abr de* **Asociación de Naciones del Sudeste Asiático** ASEAN *f*
asear [aseˈar] **I.** *vt* sauber machen
  II. *vr:* **~se** sich zurechtmachen
asechanza [aseˈtʃanθa] *f* ① *(trampa)* Falle *f*
  ② *pl* Intrigen *fpl*, Ränke *mpl elev*; **tender ~s** Ränke schmieden
asediador(a) [aseðjaˈðor(a)] *m(f)* Belagerer, -in *m, f*
asediar [aseˈðjar] *vt* ① *(ciudad)* belagern
  ② *(con preguntas)* bestürmen *(con* mit *+dat)*
  ③ *(con peticiones)* plagen *(con* mit *+dat)*
asedio [aˈseðjo] *m* Belagerung *f*
asegurable [aseɣuˈraβle] *adj* versicherbar
aseguración [aseɣuraˈθjon] *f* Versicherung *f*
asegurado, -a [aseɣuˈraðo, -a] **I.** *adj* versichert
  II. *m, f* Versicherungsnehmer(in) *m(f)*, Versicherte(r) *mf*
asegurador(a) [aseɣuraˈðor(a)] *m(f)* Versicherungsgeber(in) *m(f)*, Versicherer *m*
aseguramiento [aseɣuraˈmjento] *m* ① *(de la paz, del puesto de trabajo)* Sicherung *f*, Sicherstellung *f*; **~ de los alimentos** (JUR) Unterhaltssicherung *f*; **~ por confiscación** (JUR) Sicherstellung durch Beschlagnahme; **~ de un crédito** (FIN) Sicherung einer Forderung; **~ de datos** Datensicherung *f*; **~ de objetos** Sicherstellung von Gegenständen
  ② *(afirmación)* Versicherung *f*
asegurar [aseɣuˈrar] **I.** *vt* ① *(afianzar, fijar)* festmachen, befestigen; ~

asemejarse

un nudo einen Knoten festziehen; ~ **una puerta** eine Tür zumachen; (*con llave*) eine Tür zuschließen; ~ **una puerta con una cadena** eine Tür mit einer Kette sichern

❷ (*garantizar*) sichern, absichern; ~ **con una hipoteca** (FIN) durch eine Hypothek absichern, hypothekarisch sichern; **la vida de alguien** (**con un seguro**) jds Leben (bei einer Versicherung) versichern; **tiene la vida asegurada** seine/ihre Zukunft ist gesichert

❸ (*afirmar*) versichern; **te aseguro que lo dijo** ich versichere dir, dass er/sie das gesagt hat; **aseguró que participaría** er/sie hat versprochen mitzumachen; **me ha asegurado su apoyo** er/sie hat mir seine/ihre Unterstützung zugesichert; **no te dejaré sola, te lo aseguro** ich lasse dich nicht allein [*o* im Stich], das verspreche ich dir

❹ (*concertar un seguro*) versichern (*contra* gegen +*akk*)

II. *vr:* **~se** ❶ (*contra un peligro*) sich absichern (*contra* gegen +*akk*)

❷ (*comprobar*) nachsehen

❸ (*cerciorarse*) sich vergewissern

❹ (*hacerse un seguro*) sich versichern (*contra* gegen +*akk*)

asemejarse [aseme'xarse] *vr* ähneln (*a* +*dat*), ähnlich sein (*a* +*dat*)

asenso [a'senso] *m* (*formal*) Zustimmung *f*, Einwilligung *f;* **dar su ~** zustimmen, einwilligen

asentada [asen̪'taða] *f* ❶ (*tiempo*) Zeitraum, den jd sitzend verbringt; **de una ~** in einem Rutsch

❷ (*protesta*) Sitzstreik *m*, Sit-in *nt*

asentaderas [asen̪ta'ðeras] *fpl* (*fam*) Hintern *m;* **tener buenas ~** Sitzfleisch haben

asentado, -a [asen̪'taðo, -a] *adj* ❶ (*juicioso*) vernünftig

❷ (*estable*) fest

asentador(a) [asen̪ta'ðor(a)] *m(f)* Zwischenhändler(in) *m(f)*

asentamiento [asen̪ta'mjen̪to] *m* Siedlung *f*

asentar [asen̪'tar] <e→ie> I. *vt* ❶ (*poner, colocar*) (hin)stellen; **~ los cimientos** das Fundament legen; **la lluvia ha asentado el polvo** durch den Regen hat sich der Staub gelegt

❷ (*sentar*) (hin)setzen (*en* auf +*akk*); **~ en el trono** auf den Thron erheben

❸ (*campamento*) aufschlagen

❹ (*población*) gründen

❺ (*piso, costuras*) glätten

❻ (*navaja*) schärfen

❼ (*afirmar*) behaupten

❽ (COM: *pedido*) (ver)buchen; **~ una partida** einen Posten verbuchen

❾ (*tratado, paces*) schließen

❿ (*bases, condiciones*) schaffen

II. *vi* ❶ (*vestido*) gut passen (*a* zu +*dat*), gut stehen +*dat*

❷ (*mesa*) stabil sein

III. *vr:* **~se** ❶ (*en un sitio*) sich niederlassen, sesshaft werden

❷ (*polvo, líquidos*) sich setzen

❸ (*indigestarse*) sich *dat* den Magen verderben

asentimiento [asen̪ti'mjen̪to] *m* ❶ (*asenso*) Zustimmung *f* (*a* zu +*dat*), Beifall *m* (*a* zu +*dat*)

❷ (*consentimiento*) Einwilligung *f*, Zustimmung *f*

asentir [asen̪'tir] *irr como sentir vi* ❶ (*aprobar*) zustimmen +*dat*, beistimmen +*dat;* **~ con la cabeza** nicken

❷ (*consentir*) einwilligen (*a* in +*akk*)

asentista [asen̪'tista] *mf v.* **asentador**

aseñorado, -a [aseɲo'raðo, -a] *adj* (*Am*) vornehm

aseo [a'seo] *m* ❶ (*acción*) Saubermachen *nt*

❷ (*estado*) Sauberkeit *f*, Gepflegtheit *f;* ~ **personal** Körperpflege *f;* (**cuarto de**) ~ Badezimmer *nt*

asépalo, -a [a'sepalo, -a] *adj* (BOT) asepal, kelchblattlos

asepsia [a'sepsja] *f sin pl* (MED) Asepsis *f*, Keimfreiheit *f*

aséptico, -a [a'septiko, -a] *adj* (MED) aseptisch, keimfrei

asequible [ase'kiβle] *adj* ❶ (*alcanzable*) erreichbar, möglich

❷ (*precio*) erschwinglich; **no ~** unerschwinglich; **esta casa no es ~ para nosotros** wir können uns dieses Haus nicht leisten

❸ (*persona*) zugänglich

aserción [aser'θjon] *f* Versicherung *f*, (FILOS) Assertion *f*

aserradero [aserra'ðero] *m* Sägewerk *nt*

aserrado, -a [ase'rraðo, -a] *adj* (*t.* BOT) gesägt, gezähnt

aserrador(a) [aserra'ðor(a)] *m(f)* Sägewerker(in) *m(f)*

aserradora [aserra'ðora] *f* Sägemaschine *f*

aserrar [ase'rrar] <e→ie> *vt* sägen

aserrín [ase'rrin] *m* Sägemehl *nt*

asertivo, -a [aser'tiβo, -a] *adj* ❶ (*afirmativo*) behauptend, versichernd; **oración asertiva** (LING) Aussagesatz *m*

❷ (FILOS) assertorisch

aserto [a'serto] *m* Versicherung *f*

asesinar [asesi'nar] *vt* ermorden, umbringen

asesinato [asesi'nato] *m* Mord *m;* **robo con ~** Raubmord *m;* **el ~ de un policía** der Mord an einem Polizisten; **estar acusado de ~** des Mordes angeklagt sein

asesino, -a [ase'sino, -a] I. *adj* Mörder-; (*fig*) mörderisch

II. *m, f* Mörder(in) *m(f);* **~ a sueldo** [*o* **profesional**] Killer *m*

asesor(a) [ase'sor(a)] I. *adj* beratend

II. *m(f)* ❶ (*consejero*) Berater(in) *m(f);* **~ de empresas** (ECON) Unternehmensberater *m;* **~ fiscal** (FIN) Steuerberater *m;* **~ de imagen** Imageberater *m;* **~ jurídico** (JUR) Rechtsberater *m*, Justitiar *m;* **~ legal** [*o* **jurídico**] Rechtsberater *m;* **~ de orientación profesional** Berufsberater *m*, Arbeitsberater *m;* **~ publicitario** (ECON) Werbeberater *m*

❷ (JUR) Beisitzer(in) *m(f)*

asesoramiento [asesora'mjen̪to] *m* Beratung *f;* **~ de empresas** (ECON) Unternehmensberatung *f;* **~ fiscal** (FIN) Steuerberatung *f*

asesorar [aseso'rar] I. *vt* beraten, einen Rat geben +*dat*

II. *vr:* **~se** sich *dat* Rat holen (*con* bei +*dat*), zu Rate ziehen (*con* +*akk*), sich beraten (*con* mit +*dat*, *de* über +*akk*)

asesoría [aseso'ria] *f* ❶ (*oficio*) Beratung *f*

❷ (*oficina*) Beratungsstelle *f*

asestar [ases'tar] *vt* ❶ (*apuntar*) zielen (*a* auf +*akk*), richten (*a* auf +*akk*)

❷ (*propinar*) versetzen; **~ un golpe/una puñalada a alguien** jdm einen Schlag/Dolchstoß versetzen; **~ un tiro** einen Schuss abgeben

aseveración [aseβera'θjon] *f* (*afirmación*) Versicherung *f*, Beteuerung *f*

aseverar [aseβe'rar] *vt* (*afirmar*) versichern; (*afirmar con energía*) beteuern

aseverativo, -a [aseβera'tiβo, -a] *adj* ❶ (*t.* LING: *enunciativo*) aussagend, Aussage-; (*afirmativo*) bejahend, bestätigend

asexuado, -a [asek'swaðo, -a] *adj* geschlechtslos

asexual [asek'swal] *adj* asexuell, asexual

asfaltado [asfal'taðo] *m* ❶ (*acción*) Asphaltieren *nt*

❷ (*Am: capa de asfalto*) Asphaltdecke *f*

asfaltar [asfal'tar] *vt* asphaltieren

asfáltico, -a [as'faltiko, -a] *adj* Asphalt-; **tela asfáltica** Dachpappe *f*

asfalto [as'falto] *m* Asphalt *m*

asfixia [as'fiksja] *f* Erstickung *f*, Ersticken *nt*

asfixiado, -a [asfik'sjaðo, -a] *adj* (*fam*) ❶ (*sin dinero*) blank, abgebrannt

❷ (*extenuado*) groggy, fix und fertig; **llegó de trabajar ~** er kam völlig zerschlagen von der Arbeit

asfixiante [asfik'sjan̪te] *adj* erstickend; **una atmósfera ~** stickige Luft; **hace un calor ~** es ist erstickend heiß

asfixiar [asfik'sjar] *vt, vr:* **~se** ersticken; **~ de cuajo** im Keim ersticken

así [a'si] I. *adv* ❶ (*de modo*) so, auf diese Weise; **~ ~** einigermaßen; **~ o ~, ~ que ~, o asá** so oder so; **~ y todo** trotz allem; **¿~ qué?** und nun?; **~, ¿lo haces o no?** also, machst du es oder nicht?; **¡~ es!** ja, genau!, so geht das!; **¡ah, ~ es!** ach, so ist das!; **~ está mejor** so ist es (schon) besser; **~ sea** so sei es; **quizá era mejor ~** vielleicht war es auch besser so; **soy ~** so bin ich nun einmal; **no puedes decir esto ~ como ~** du kannst das nicht ohne weiteres sagen; **no puedes tomar esta decisión ~ como ~** du musst dir diese Entscheidung genau überlegen

❷ (*expresión de deseo*): **~** +*subj* hoffentlich; **¡~ reviente!** hoffentlich krepiert er/sie!

❸ (*de extrañeza*): **¿~ me dejas?** du verlässt mich wirklich?

❹ (*de cantidad*): **~ de grande** so groß

❺ (*elev: temporal*): **~ que se fueron, lavamos los platos** kaum waren sie gegangen, spülten wir das Geschirr

II. *conj* ❶ (*concesiva*): **~ lo ahorques no dará su brazo a torcer** da kannst du dich auf den Kopf stellen, er wird nicht nachgeben

❷ (*consecutiva*): **empezó a llover y ~ nos quedamos en casa** es fing an zu regnen und so [*o* daher] blieben wir zu Hause; **sólo hay una plaza libre, ~ (es) que decídete pronto** es ist nur noch ein Platz frei, entscheide dich also bald; **te esperaré en la calle, ~ pues, no te retrases** ich warte auf der Straße auf dich, komm also nicht zu spät

❸ (*comparativa*): **~ el uno como el otro** der eine wie der and(e)re, sowohl der eine als auch der andere; **~ en la tierra como en el cielo** wie im Himmel, so auf Erden

III. *adj* derartig, solch; **un sueldo ~** solch ein Gehalt, ein derartiges Gehalt; **una cosa ~** etwas Derartiges

Asia ['asja] *f* Asien *nt;* **~ menor** Kleinasien *nt*

asiático, -a [a'sjatiko, -a] I. *adj* asiatisch; **lujo ~** orientalische Pracht

II. *m, f* Asiat(in) *m(f)*

asibilar [asiβi'lar] *vt* (LING) assibilieren

asidero [asi'ðero] *m* ❶ (*agarradero*) Griff *m*

❷ (*pretexto*) Vorwand *m*

❸ (*influencia*) gute Beziehungen *fpl*

asiduidad [asiðwi'ðað] *f* ❶ (*frecuencia*) Häufigkeit *f*

❷ (*regularidad*) Regelmäßigkeit *f*

❸ (*perseverancia*) Beständigkeit *f*

asiduo, -a [a'siðwo, -a] *adj* ❶ (*frecuente*) häufig

asiento

② (*regular*) regelmäßig
③ (*perseverante*) ausdauernd, beständig; **un ~ cliente de este local** ein Stammgast dieses Lokals
asiento [a'sjento] *m* ① (*sitio*) Sitz *m;* **~ del acompañante** Beifahrersitz *m;* **~ delantero** Vordersitz *m;* **~ lanzable** Schleudersitz *m;* **un culo de mal ~** ein unruhiger Geist; **~ trasero** Rücksitz *m;* **calentar el ~** (*ocupar un cargo*) lange denselben Posten bekleiden; (*vaguear*) faulenzen; **tomar ~** Platz nehmen
② (*localidad*) Sitzplatz *m*
③ (*de una vasija, botella*) Boden *m*
④ (ARQUIT) Aufsetzen *nt*
⑤ (*poso*) (Boden)satz *m*
⑥ (COM: *en una cuenta*) (Ver)buchung *f;* **~ en el activo** Aktivierung *f;* **~ de ajuste de balance** Bilanzausgleichsposten *m;* **~ de cierre** Jahresabschlussbuchung *f;* **~ de compensación** Stornierung *f;* **~s contables** Buchungsposten *mpl,* Rechnungsposten *mpl;* **~ de la deuda** Schuldeintreibung *f;* **~ final** [*o* **de cierre**] Abschlussbuchung *f;* **~ en el pasivo** Passivierung *f*
asignación [asiɣna'θjon] *f* ① (*un trabajo, un sueldo*) Zuteilung *f* (*a* zu +*dat*), Zuweisung *f* (*a* zu +*dat*); **~ de acciones** Aktienzuteilung *f;* **~ especial** Sonderzuweisung *f;* **~ del pago** Zahlungsanweisung *f;* **~ publicitaria** Werbeetat *m;* **~ presupuestaria** Haushaltsmittel *ntpl;* **~ de recursos** Mittelzuweisung *f;* **~ de reservas** Rücklagenzuweisung *f;* **~ de última voluntad** (JUR) letztwillige Zuwendung
② (*de un sueldo, una fecha*) Festsetzung *f,* Bestimmung *f*
③ (INFOR) Zuordnung *f* (*a* zu +*dat*); **~ de memoria** Speicherzuweisung *f;* **~ de una tecla** Tastenbelegung *f;* **~ al teclado** Tastaturbelegung *f*
④ (*subsidio*) Unterstützung *f;* **asignaciones especiales** Sonderzuwendungen *fpl*
asignar [asiɣ'nar] *vt* ① (*un trabajo, una tarea*) zuweisen (*a* +*dat*), zuteilen (*a* +*dat*); **~ acciones** (FIN) Aktien zuteilen; **~ fondos a un proyecto** (FIN) Mittel für ein Projekt zuweisen; **~emos un 20% de los beneficios a nuevas inversiones** 20% der Gewinne werden wir für Neuinvestitionen verwenden; **le han asignado la dirección de la empresa** er/sie ist mit der Leitung der Firma betraut worden
② (*sueldo, fecha*) festsetzen, bestimmen
asignatura [asiɣna'tura] *f* Fach *nt;* **~ pendiente** (ENS) noch zu bestehendes Fach; (*problema*) ungelöstes Problem
asilado, -a [asi'laðo, -a] *m, f* ① (POL) Asylant(in) *m(f),* Asylbewerber(in) *m(f)*
② (*anciano*) Heimisasse, -in *m, f*
asilamiento [asila'mjento] *m* Asylgewährung *f*
asilar [asi'lar] I. *vt* ① (POL) Asyl gewähren +*dat*
② (*albergar en un asilo*) in ein Heim einweisen
II. *vr:* **~se** Asyl suchen
asilo [a'silo] *m* ① (POL) Asyl *nt;* **~ político** politisches Asyl
② (*de ancianos*) Altenheim *nt*
③ (*de huérfanos*) Waisenhaus *nt*
④ (*refugio*) Zuflucht *f,* Schutz *m*
asilvestramiento [asilβestra'mjento] *m sin pl* (*animales*) Verwilderung *f*
asilvestrarse [asilβes'trarse] *vr* (*animales*) verwildern
asimetría [asime'tria] *f* Asymmetrie *f*
asimétrico, -a [asi'metriko, -a] *adj* asymmetrisch
asimiento [asi'mjento] *m* ① (*elev: acción de coger*) Greifen *nt;* **dio la voltereta sin ningún ~** er machte die Rolle, ohne sich (mit den Händen) abzustützen
② (*fam: apego*) Zuneigung *f*
asimilable [asimi'laβle] *adj* ① (*equiparable*) angleichbar (*a* an +*akk*)
② (BOT, LING) assimilierbar
asimilación [asimila'θjon] *f* ① (*equiparación*) Angleichung *f* (*a* an +*akk*)
② (*nivelación*) Gleichstellung *f* (*a* mit +*dat*)
③ (BOT, LING) Assimilation *f*
asimilar [asimi'lar] I. *vt* ① (*equiparar*) angleichen (*a* +*dat, a* an +*akk*), anpassen (*a* +*dat, a* an +*akk*)
② (*a nivel laboral*) gleichstellen (*a* mit +*dat*)
③ (*conocimientos*) aufnehmen
④ (BIOL: *alimentos*) assimilieren
II. *vr:* **~se** ① (*equipararse*) sich anpassen (*a* +*dat, a* an +*akk*), sich angleichen (*a* +*dat, a* an +*akk*); **se ha asimilado en todo a su mujer** er hat sich in allem seiner Frau angepasst
② (LING) assimilieren
asimilista [asimi'lista] I. *adj* (POL: *EE.UU.*) integrationistisch; (*España*) assimilationistisch
II. *mf* (POL: *EE.UU.*) Integrationist(in) *m(f);* (*España*) Assimil(ati- on)ist(in) *m(f)*
asimismo [asi'mismo] *adv* auch, ebenfalls, gleichfalls
asincrónico, -a [asiŋ'kroniko, -a] *adj* asynchron

asincronismo [asiŋkro'nismo] *m* Ungleichzeitigkeit *f*
asíncrono, -a [a'siŋkrono, -a] *adj* (*t.* INFOR) asynchron
asindético, -a [asin'detiko, -a] *adj* (LING) asyndetisch, unverbunden
asíndeton [a'sindeton] *m* (LING) Asyndeton *nt*
asinergia [asi'nerxja] *f* (MED) Asynergie *f*
asintomático, -a [asinto'matiko, -a] *adj* (MED) symptomfrei, asymptomatisch
asir [a'sir] *irr* I. *vt* ① (*sujetar*) fassen, (er)greifen
② (*con fuerza*) (an)packen
II. *vi* (*plantas*) Wurzeln schlagen
III. *vr:* **~se** sich fest halten (*a* an +*dat*)
Asiria [a'sirja] *f* Assyrien *nt*
asirio, -a [a'sirjo, -a] I. *adj* assyrisch
II. *m, f* Assyrer(in) *m(f)*
asísmico, -a [a'sismiko, -a] *adj* (GEO) erdbebensicher, aseismisch
asistencia [asis'tenθja] *f* ① (*ayuda*) Hilfe *f,* Beistand *m;* **~ educacional** Erziehungsbeistand *m;* **~ financiera** Beihilfe *f;* **~ judicial** Gerichtshilfe *f;* **~ letrada** (JUR) juristischer Beistand; **~ médica** ärztliche Betreuung; **~ permanente** Dauerbetreuung *f;* **~ social** Sozialarbeit *f;* **~ a la vejez** Altersfürsorge *f*
② (*presencia*) Anwesenheit *f;* **sin la ~ del presidente** ohne Beisein des Präsidenten, in Abwesenheit des Präsidenten
③ (*participación*) Teilnahme *f;* **la ~ a clase es obligatoria** die Teilnahme am Unterricht ist Pflicht
④ (*concurrencia*) Teilnehmerzahl *f,* Besucherzahl *f*
⑤ (DEP: *básquet*) Pass *m* in den Freiwurfraum
asistencial [asisten'θjal] *adj* (*sanitaria*) Pflege-; (*social*) Fürsorge-; **servicios ~es** Pflegedienste *mpl*
asistenta [asis'tenta] *f* ① (*para todo*) Haushaltshilfe *f*
② (*para limpiar*) Putzfrau *f,* Reinemachefrau *f*
asistente¹ [asis'tente] *mf* ① (*auxiliar*) Helfer(in) *m(f),* Assistent(in) *m(f);* **~ social** Sozialarbeiter(in) *m(f)*
② (*participante*) Teilnehmer(in) *m(f)*
asistente² [asis'tente] *m* (INFOR): **~ personal digital** PDA *m,* persönlicher digitaler Assistent *m*
asistido, -a [asis'tiðo, -a] *adj:* **~ por ordenador** (INFOR) computergestützt; **dirección asistida** Servolenkung *f;* **fecundación asistida** (MED) künstliche Befruchtung; **respiración asistida** (MED) künstliche Beatmung
asistir [asis'tir] I. *vi* (*participar*) teilnehmen (*a* an +*dat*), beiwohnen (*en* +*dat*); **~ a clase** den Unterricht besuchen
II. *vt* helfen +*dat,* beistehen +*dat;* **fue asistido de un tirón** er wurde wegen einer Muskelzerrung ärztlich behandelt; **~ a un enfermo** einen Kranken pflegen; **esta señora se dedica a ~** diese Frau arbeitet als Haushaltshilfe; **¡que Dios nos asista!** Gott steh uns bei!
asistolia [asis'tolja] *f* (MED) Asystolie *f*
asistólico, -a [asis'toliko, -a] *adj* (MED) asystolisch
asistolismo [asisto'lismo] *m* (MED) *v.* **asistolia**
askenazí [askena'θi] <askenazíes> I. *adj* aschkenasisch; **la emigración ~** die Emigration der ost- und mitteleuropäischen Juden
II. *mf* Angehörige(r) *mf* der Aschkenasim; **los ~es** die Aschkenasim
asma ['asma] *m sin pl* (MED) Asthma *nt*
asmático, -a [as'matiko, -a] I. *adj* asthmatisch
II. *m, f* Asthmatiker(in) *m(f)*
asnada [as'naða] *f* (*fam: bobada*) Dummheit *f,* Eselei *f;* **ya tuvo que decir la ~** natürlich musste er/sie (wieder) so einen Schwachsinn von sich *dat* geben
asnal [as'nal] *adj* ① (*del asno*) Esel(s)-; **rebuznos ~es** Eselsschreie *mpl*
② (*fam: persona, acción*) brutal, gewalttätig; (*lenguaje*) roh, gemein
asnilla [as'niʎa] *f* ① (*caballete*) Bock *m*
② (*albañilería*) Abstützbalken *m*
asno ['asno] *m* Esel *m;* **apearse de su ~** seinen Irrtum einsehen; **no ver siete** [*o* **tres**] **sobre un ~** die Hand vor seinen Augen nicht sehen
asocarronado, -a [asokarro'naðo, -a] *adj* schelmisch, schalkhaft
asociable [aso'θjaβle] *adj* vereinbar; (*combinable*) verknüpfbar; **su fobia es ~ a una mala experiencia infantil** seine/ihre Phobie ist auf ein schlimmes Kindheitserlebnis zurückzuführen
asociación [asoθja'θjon] *f* ① (*acción*) Vereinigung *f,* Verbindung *f*
② (*mental*) Assoziation *f;* **~ de ideas** Gedankenassoziation *f;* **siempre pienso en él en ~ con…** ich denke immer in Zusammenhang mit … an ihn
③ (*organización*) Verein *m,* Verband *m;* **~ de bancos** Bankvereinigung *f;* **~ sin capacidad jurídica** nicht rechtsfähiger Verein; **~ de contribuyentes** Steuerzahlerbund *m;* **~ ecologista** Umweltverband *m;* **~ de empresas** Unternehmensverband *m;* **A~ Europea de Libre Cambio** Europäische Freihandelszone; **~ de explotación forestal** forstwirtschaftliche Vereinigung; **A~ Internacional de Desarrollo** (ECON) Internationale Entwicklungsorganisation; **A~ Internacional de Transporte Aéreo** (AERO) Internationaler Luftverkehrsverband; **~ monetaria** (FIN)

asociacionismo

Währungsverbund *m;* **A~ de Naciones del Sudeste Asiático** (POL) Verband Südostasiatischer Staaten; **~ obrera** Arbeiterverband *m;* **A~ de Padres de Alumnos** Elternausschuss *m;* **~ de los países de ultramar** (UE) Assoziierung der überseeischen Länder; **~ de prensa** Presseverband *m;* **~ profesional** Berufsvereinigung *f;* **~ registrada** eingetragener Verein; **~ de vecinos** ≈Bürgerinitiative *f;* **derecho de ~** Vereinigungsrecht *nt*

asociacionismo [asoθjaθjo'nismo] *m sin pl* ❶ (SOCIOL) Vereinsbewegung *f*
❷ (FILOS, PSICO) Assoziationspsychologie *f*

asociacionista [asoθjaθjo'nista] I. *adj* ❶ (FILOS, PSICO) assoziationspsychologisch
❷ (SOCIOL) Vereins-
II. *mf* ❶ (FILOS, PSICO) Anhänger(in) *m(f)* der Assoziationspsychologie
❷ (SOCIOL) Anhänger(in) *m(f)* der Vereinsbewegung

asociado, -a [aso'θjaðo, -a] *m, f* ❶ (*de una asociación*) Mitglied *nt*
❷ (COM: *de una sociedad, una empresa*) Gesellschafter(in) *m(f),* Teilhaber(in) *m(f)*

asocial [aso'θjal] *adj* asozial

asociar [aso'θjar] I. *vt* ❶ (*juntar*) vereinen (*a* zu +*dat*), verbinden (*a* zu +*dat*); (POL) assoziieren (*a/con* mit +*dat*); **la asocio con alguien** ich bringe sie mit jdm in Zusammenhang
❷ (*t.* PSICO: *ideas*) assoziieren
❸ (*a un negocio*) zum Gesellschafter machen
❹ (*a un cargo*) beiordnen
II. *vr:* **~se** sich vereinigen, sich zusammenschließen, sich assoziieren; **me asocio con ellos** ich geselle mich zu ihnen

asociatividad [asoθjatiβi'ðað] *f sin pl* (MAT) assoziative Eigenschaft *f,* Assoziativität *f*

asociativo, -a [asoθja'tiβo, -a] *adj* Assoziations-, assoziativ

asolación [asola'θjon] *f v.* **asolamiento**

asolador(a) [asola'ðor(a)] *adj* verwüstend, verheerend

asolamiento [asola'mjento] *m* Verwüstung *f,* Verheerung *f*

asolar [aso'lar] *vt* (*destruir*) verwüsten, verheeren, dem Erdboden gleichmachen; (*plantas, frutos*) ausdörren

asoleada [asole'aða] *f* (*Col, Chil, Guat: insolación*) Sonneneinstrahlung *f;* (METEO) Insolation *f*

asolear [asole'ar] I. *vt* der Sonne aussetzen
II. *vr:* **~se** ❶ (*acalorarse*) sich erhitzen
❷ (*ponerse moreno*) sich sonnen
❸ (*Arg, Méx: insolarse*) einen Sonnenstich bekommen

asomada [aso'maða] *f* ❶ (*breve aparición*) kurzes Erscheinen *nt;* **hizo una ~ por mi casa** er/sie stattete mir einen Kurzbesuch ab; **hacer una ~ a la terraza** kurz auf der Terrasse erscheinen
❷ (*lugar*) Aussichtspunkt *m*

asomar [aso'mar] I. *vt* ❶ (*mostrar*) zeigen
❷ (*parte del cuerpo*) hinausstrecken; **la cabeza por la ventana** den Kopf zum Fenster hinausstrecken [*o* hinauslehnen]
II. *vi* (*aparecer*) sich abzeichnen, sichtbar werden; **asoman nuevos peligros medioambientales** neue Umweltgefahren zeichnen sich ab; **asoma el día** der Tag bricht an; **la cabeza asomó por la ventana** der Kopf ragte aus dem Fenster heraus; **el barco asomó entre la niebla** das Schiff tauchte aus dem Nebel (auf)
III. *vr:* **~se** ❶ (*mostrarse*) sich zeigen, erscheinen; **~se al balcón** auf dem Balkon erscheinen
❷ (*una parte del cuerpo*) hinausgestreckt werden, herausragen

asombrar [asom'brar] I. *vt* ❶ (*pasmar*) in (Er)staunen versetzen
❷ (*sombrear*) beschatten
II. *vr:* **~se** sich wundern (*de* über +*akk*), erstaunen (*de* über +*akk*)

asombro [a'sombro] *m* Staunen *nt,* Erstaunen *nt;* **poner cara de ~** ein erstauntes Gesicht machen; **no salir de su ~** aus dem Staunen nicht herauskommen; **esta discoteca es el ~ de los turistas** diese Diskothek ist die Touristenattraktion schlechthin

asombroso, -a [asom'broso, -a] *adj* erstaunlich; **un sueldo ~** ein unglaubliches Gehalt; **su reacción fue asombrosa** seine/ihre Reaktion war überraschend

asomo [a'somo] *m* Anflug *m,* Spur *f;* **hay ~s de recuperación económica** es gibt Anzeichen für eine Wiederbelebung der Wirtschaft; **no pienso en ello ni por ~** ich denke nicht im Entferntesten daran; **¿tienes miedo? – ni por ~** hast du Angst? – keine Spur; **sin el menor ~ de...** ohne die leiseste Spur von ...

asonada [aso'naða] *f* Zusammenrottung *f*

asonancia [aso'nanθja] *f* (LING) Assonanz *f*

asonantar [asonan'tar] I. *vi* (LIT) eine Assonanz bilden (*con* mit +*dat*)
II. *vt* (LIT) in Assonanz bringen (*con* mit +*dat*); **hay que ~ la primera palabra con la última** das erste Wort muss mit dem letzten eine Assonanz bilden

asonante [aso'nante] *adj* (LIT) eine Assonanz bildend, assonant

asonar [aso'nar] <o→ue> *vi* assonieren

asorocharse [asoro'tʃarse] *vr* (AmS) an Bergkrankheit [*o* Höhenkrankheit] erkranken

aspa ['aspa] *f* ❶ (*figura*) Kreuz *nt,* Andreaskreuz *nt;* **marcar algo con un ~** etw ankreuzen
❷ (*de molino*) Flügel *m*
❸ (*para aspar el hilo*) Haspel *f*
❹ (*Arg, Ven: cuerno vacuno*) Rinderhorn *nt*

aspado, -a [as'paðo, -a] *adj* (*con forma de aspa*) in Form eines (Andreas)kreuzes, kreuzförmig; **molino ~** Windmühle *f*

aspamento [aspa'mento] *m* (*Arg*) *v.* **aspaviento**

aspar [as'par] I. *vt* ❶ (*el hilo*) haspeln
❷ (*tortura*) (an einem Andreaskreuz) kreuzigen
❸ (*mortificar*) quälen
II. *vr:* **~se** ❶ (*por enfado*) toben
❷ (*por dolor*) wie am Spieß schreien

aspaviento [aspa'βjento] *m* übertriebene Gefühlsäußerung *f*

aspecto [as'pekto] *m* ❶ (*apariencia*) Erscheinung *f;* (*de una persona*) Aussehen *nt,* Erscheinungsbild *nt*
❷ (*punto de vista*) Gesichtspunkt *m,* Aspekt *m*

aspereza [aspe'reθa] *f* ❶ (*superficie*) Rauheit *f* ❷ (*terreno*) Unebenheit *f* ❸ (*trato*) Barschheit *f;* **nos trató con mucha ~** er/sie war sehr barsch zu uns; **asperger** [asper'xer] *vt,* **asperjar** [asper'xar] *vt* (be)sprengen

aspermia [as'permja] *f* (MED) Aspermie *f*

áspero, -a ['aspero, -a] *adj* ❶ (*superficie*) rau, spröde
❷ (*terreno*) uneben, holp(e)rig
❸ (*sabor*) bitter
❹ (*persona*) barsch, brüsk
❺ (*lenguaje*) derb

aspersión [asper'sjon] *f* (Be)sprengung *f;* **riego por ~** Beregnung *f*

aspersor [asper'sor] *m* (Rasen)sprenger *m*

aspersorio [asper'sorjo] *m* (REL: *hisopo*) Weihwasserwedel *m,* Aspergill *nt*

áspid ['aspið] *m* (ZOOL) Aspisviper *f*

aspillera [aspi'ʎera] *f* Schießscharte *f*

aspiración [aspira'θjon] *f* ❶ (*inspiración*) Einatmen *nt,* Atemholen *nt*
❷ (*pretensión*) Streben *nt* (*a* nach +*dat*), Wunsch *m* (*a* nach +*dat*); **tener grandes aspiraciones** hoch hinauswollen; **su última ~ en la vida es...** sein/ihr letzter Wunsch im Leben ist ...
❸ (TÉC) Saugen *nt*
❹ (LING) Behauchung *f,* Aspiration *f*

aspirador[1] [aspira'ðor] *m* Staubsauger *m*

aspirador(a)[2] [aspira'ðor(a)] *adj* Saug-, (an)saugend

aspiradora [aspira'ðora] *f* Staubsauger *m*

aspirante [aspi'rante] I. *adj* Saug-, (an)saugend
II. *mf* Anwärter(in) *m(f)* (*a/para* auf +*akk*), Aspirant(in) *m(f)* (*a/para* für +*akk*)

aspirar [aspi'rar] *vt* ❶ (*inspirar*) einatmen; **salió a ~ aire fresco** er/sie ging raus um frische Luft zu schnappen
❷ (*aspirador*) saugen
❸ (LING) behauchen, aspirieren; **una p aspirada** ein behauchtes p
❹ (*pretender*) streben (*a* nach +*dat*), trachten (*a* nach +*dat*); **aspira a mucho en la vida** er/sie will im Leben hoch hinaus

aspirina® [aspi'rina] *f* Aspirin® *nt*

asqueado, -a [aske'aðo] *adj* überdrüssig (*de* +*gen*); **estoy asqueada de tanto estudiar** ich bin es leid, so viel zu studieren

asquear [aske'ar] I. *vt* ❶ (*dar asco*) anekeln, anwidern
❷ (*fastidiar*) anöden; **este trabajo me asquea** ich habe diese Arbeit satt
II. *vi* Ekel empfinden

asquenazí [askena'θi] <asquenazíes> *adj o mf v.* **askenazí**

asquerosidad [askerosi'ðað] *f* Schweinerei *f*

asqueroso, -a [aske'roso, -a] *adj* ❶ (*repugnante*) ekelhaft, widerlich
❷ (*ordinario*) ordinär, primitiv

asta ['asta] *f* ❶ (*de lanza*) Schaft *m;* (*de martillo, pincel*) Stiel *m;* (*de bandera*) Fahnenstange *f,* Fahnenmast *m;* **a media ~** auf halbmast
❷ (*cuerno*) Horn *nt;* **dejar a alguien en las ~s del toro** jdn (in der Not) im Stich lassen; **verse en las ~s del toro** sich in großer Gefahr befinden

astado, -a [as'taðo, -a] *adj* Horn-; **animal ~** Horntier *nt*

astasia [as'tasja] *f* (MED) Astasie *f*

astato [as'tato] *m* (QUÍM) Astat *nt,* Astatin *nt*

astenia [as'tenja] *f* (MED) Kraftlosigkeit *f,* Asthenie *f*

asténico, -a [as'teniko, -a] I. *adj* kraftlos, asthenisch
II. *m, f* (MED) Astheniker(in) *m(f)*

astenosfera [astenos'fera] *f* (GEO) Asthenosphäre *f*

asterisco [aste'risko] *m* (TIPO) Sternchen *nt,* Asteriskus *m*

asterismo [aste'rismo] *m* (ASTR) Sternbild *nt*

asteroide [aste'rojðe] I. *adj* sternförmig
II. *m* Asteroid *m,* Planetoid *m*

astifino [asti'fino] I. *adj* (TAUR) mit dünnen [*o* schlanken] Hörnern; **ser ~** schlanke Hörner haben
II. *m* (TAUR) Stier *m* mit schlanken Hörnern
astigmático, -a [astiɣ'matiko, -a] *adj* astigmatisch
astigmatismo [astiɣma'tismo] *m sin pl* (MED) Astigmatismus *m*
astigmómetro [astiɣ'mometro] *m* (MED) Ophthalmometer *nt*
astil [as'til] *m* ❶ (*de azada*) Stiel *m*
❷ (*de pluma*) Federkiel *m*
❸ (*de la balanza*) Waagebalken *m*
astilla [as'tiʎa] *f* (*esquirla*) Splitter *m*; (*de madera*) Holzspan *m*, Holzsplitter *m*; **clavarse una ~** sich *dat* einen Splitter einreißen; **sacar ~s de algo** (*fig fam*) aus etw Nutzen ziehen; **de tal palo tal ~** (*prov*) der Apfel fällt nicht weit vom Stamm
astillado, -a [asti'ʎaðo, -a] *adj* splitt(e)rig
astillar [asti'ʎar] I. *vt* zersplittern
II. *vr:* **~se** ❶ (*hacerse astillas*) splittern
❷ (*rajarse*) sich spalten
astillero [asti'ʎero] *m* (Schiffs)werft *f*
astracán [astra'kan] *m* Astrachan *m*
astracanada [astraka'naða] *f* Posse *f*
astrágalo [as'traɣalo] *m* ❶ (BOT) Tragant *m*
❷ (ANAT) Talus *m*, Sprungbein *nt*
astral [as'tral] *adj* Sternen-; **año ~** Sternjahr *nt*
astricción [astriɣ'θjon] *f* (MED) Zusammenziehen *nt*
astringencia [astriŋ'xenθja] *f* Adstringenz *f*, zusammenziehende Wirkung *f*
astringente [astriŋ'xente] I. *adj* zusammenziehend, adstringierend
II. *m* (MED) adstringierendes Mittel *nt*, Adstringens *nt*
astringir [astriŋ'xir] <g→j> *vt* (MED) zusammenziehen, adstringieren
astriñir [astri'ɲir] <3. *pret:* astriñó> *vt v.* astringir
astro ['astro] *m* ❶ Stern *m*, Gestirn *nt*; **un ~ de la pantalla** ein Filmstar
astrobiología [astroβjolo'xia] *f* (BIOL) Astrobiologie *f*
astrocito [astro'θito] *m* (ANAT) Astrozyt *m*
astrodinámica [astroði'namika] *f* (ASTR) Astrodynamik *f*
astrofísica [astro'fisika] *f* Astrophysik *f*
astrofísico, -a [astro'fisiko, -a] I. *adj* astrophysisch
II. *m, f* Astrophysiker(in) *m(f)*
astrolabio [astro'laβjo] *m* Astrolab(ium) *nt*
astrología [astrolo'xia] *f* Astrologie *f*
astrológico, -a [astro'loxiko, -a] *adj* astrologisch
astrólogo, -a [as'troloɣo, -a] *m, f* Astrologe, -in *m, f*
astrometría [astrome'tria] *f* (ASTR) Astrometrie *f*
astronauta [astro'nauta] *mf* Raumfahrer(in) *m(f)*, Astronaut(in) *m(f)*
astronáutica [astro'nautika] *f* Raumfahrt *f*, Astronautik *f*
astronáutico, -a [astro'nautiko, -a] *adj* astronautisch
astronave [astro'naβe] *f* Raumschiff *nt*
astronomía [astrono'mia] *f* Astronomie *f*
astronómico, -a [astro'nomiko, -a] *adj* astronomisch
astrónomo, -a [as'tronomo, -a] *m, f* Astronom(in) *m(f)*
astroso, -a [as'troso, -a] *adj* ❶ (*sucio*) schmutzig
❷ (*vil*) widerlich *abw*; **tu marido es un ~** dein Mann ist ein Widerling
astucia [as'tuθja] *f* ❶ (*sagacidad*) Gewitztheit *f*, Schläue *f*
❷ (*ardid*) List *f*, Trick *m*
astur [as'tur] *adj* asturisch
asturiano, -a [astu'rjano, -a] I. *adj* asturisch
II. *m, f* Asturier(in) *m(f)*
Asturias [as'turjas] *f* Asturien *nt*; **el Príncipe de ~** der spanische Kronprinz
asturleonés[1] [asturleo'nes] *m sin pl* (*dialecto*) Dialekt *m* von Asturien und Leon
asturleonés, -esa[2] [asturleo'nes, -esa] *adj* von Asturien und Leon
astuto, -a [as'tuto, -a] *adj* gewitzt, schlau
asueto [a'sweto] *m* schulfreier Tag *m*; **un rato de ~** eine kurze Pause; **una semana de ~** eine Woche Urlaub
asumir [asu'mir] *vt* ❶ (*hacerse cargo*) auf sich nehmen, übernehmen; **~ una carga/una deuda** sich *dat* eine Last/eine Schuld aufbürden; **~ un deber/una responsabilidad** eine Pflicht/Verantwortung auf sich nehmen [*o* übernehmen]
❷ (*alcanzar*) erreichen; **la catástrofe está asumiendo proporciones espantosas** die Katastrophe nimmt erschreckende Ausmaße an
❸ (*Am: suponer*) annehmen, voraussetzen
asunción [asun'θjon] *f* ❶ Übernahme *f*; **~ de acciones** (FIN) Aktienübernahme *f*; **~ de patrimonio** Vermögensübernahme *f*; **~ del riesgo** Gefahrübernahme *f*, Risikoübernahme *f*; **~ del trabajo** Arbeitsantritt *m*; **la ~ de la deuda** die Schuldübernahme
Asunción [asun'θjon] *f* (REL) Mariä Himmelfahrt *f*
asuntillo [asun'tiʎo] *m* (*irón, pey*) ❶ (*relación amorosa*) Techtelmechtel *nt*
❷ (*negocio*) krummes Geschäft *nt*

asunto [a'sunto] *m* ❶ (*cuestión*) Angelegenheit *f*, Sache *f*; **~ de empresa** Betriebsangelegenheit *f*; **~ judicial** Rechtssache *f*; **~ jurídico** Rechtsangelegenheit *f*; **~ litigioso** [*o* **contencioso**] Streitsache *f*; **resolver un ~ en el banco** eine Angelegenheit auf der Bank erledigen; **esto es ~ mío** das ist meine Angelegenheit [*o* Sache]; **¿de qué ~ se trata?** um welche Angelegenheit handelt es sich?; **y ~ despachado** [*o* **terminado**] und damit ist die Angelegenheit [*o* Sache] erledigt, und damit hat's sich *fam*
❷ (*negocio*) Geschäft *nt*; **tiene ~s en el extranjero** er/sie betreibt Geschäfte im Ausland; **el ministro está envuelto en un ~ sucio** der Minister ist in eine dunkle Affäre verwickelt
❸ (LIT: *tema*) Thema *nt*; (*argumento*) Handlung *f*
❹ (ARTE) Motiv *nt*
❺ (*lío amoroso*) Liebschaft *f*, (Liebes)affäre *f*
❻ (POL): **Ministerio de A~s Exteriores** Auswärtiges Amt; **Ministro de A~s Exteriores** Außenminister *m*
asustadizo, -a [asusta'ðiθo, -a] *adj* schreckhaft, ängstlich
asustar [asus'tar] I. *vt* ❶ (*sobresaltar*) erschrecken; **el perro asustó al niño** der Hund erschreckte das Kind; **estar asustado** erschrocken sein
❷ (*atemorizar*) abschrecken, einschüchtern; **me quería ~ con amenazas** er/sie wollte mir Angst einjagen [*o* mich einschüchtern]; **las fuertes multas no asustan a los conductores imprudentes** rücksichtslose Fahrer lassen sich nicht durch hohe Geldstrafen abschrecken
❸ (*ahuyentar*) verscheuchen; **la alarma asustó a los ladrones** der Alarm verscheuchte die Diebe
❹ (*escandalizar*) Anstoß erregen (bei +*dat*)
II. *vr:* **~se** ❶ (*sobresaltarse*) sich erschrecken (*por/de/con* vor +*dat, por/de/con* über +*akk*); **me asustó su cara** seine/ihre Miene erschreckte mich; **no te asustes** (hab) keine Angst
❷ (*atemorizarse*) sich abschrecken lassen, sich einschüchtern lassen; **la responsabilidad no me asusta** die Verantwortung schreckt mich nicht; **eso no me asusta** das schreckt mich nicht ab
❸ (*escandalizarse*) Anstoß nehmen (*de an* +*dat*)
atabal [ata'βal] *m* (MÚS) ❶ (*timbal*) Pauke *f*
❷ (*tamboril*) Atabal *m o nt*
❸ (*persona*) Atabal-Spieler *m*
atacado, -a [ata'kaðo, -a] *adj* ❶ (*cohibido*) gehemmt, unsicher
❷ (*cobarde*) feige
❸ (*tacaño*) geizig, knaus(e)rig
atacador [ataka'ðor] *m* Stampfer *m*
atacante [ata'kante] *mf* ❶ (*asaltante*) Angreifer(in) *m(f)*
❷ (DEP) Stürmer(in) *m(f)*
atacar [ata'kar] <c→qu> I. *vt* ❶ (*embestir*) angreifen; **~ al enemigo** den Feind angreifen; **~ por la espalda** hinterrücks angreifen
❷ (*criticar*) angreifen, kritisieren; **el periódico atacó la política del gobierno** die Regierungspolitik wurde von der Zeitung angegriffen
❸ (QUÍM) angreifen, fressen; **el vinagre ataca el mármol** der Essig greift den Marmor an
❹ (*sueño*) überkommen
❺ (*tema*) in Angriff nehmen
❻ (MÚS) anstimmen
❼ (*recalcar*) stopfen
II. *vi* (DEP) angreifen, stürmen; **~ por las bandas** von der Flanke her angreifen [*o* stürmen]
ataché [ata'tʃe] *m* (AmC, PRico) Büroklammer *f*
atadero [ata'ðero] *m* ❶ (*cuerda*) Seil *nt*, Leine *f*; (*gancho*) Haken *m*; (*anillo*) Ring *m*
❷ (*loc*): **esto no tiene ~** man wird sich nicht schlau daraus; **este hombre no tiene ~** (*fam*) dieser Mann spinnt
atadijo [ata'ðixo] *m* (verschnürtes) Bündel *nt*
atado [a'taðo] *m* ❶ (*paquete*) Bündel *nt*
❷ (*Arg, Par, Urug: de cigarrillos*) Zigarettenschachtel *f*, Zigarettenpackung *f*
atadura [ata'ðura] *f* ❶ (*acción*) Binden *nt*
❷ (*cosa para atar*) Fessel *f*; **librarse de las ~s del matrimonio** sich aus den Fesseln der Ehe befreien
ATAI [a'tai] *f* (AERO) *abr de* **Asociación de Transporte Aéreo Internacional** IATA *f*
atajadero [ataxa'ðero] *m* Schütz *nt*
atajar [ata'xar] I. *vi* den Weg abkürzen; **por este camino atajamos mucho** dieser Weg kürzt die Strecke erheblich ab
II. *vt* ❶ (*agua*) eindämmen; **~ un mal de raíz** ein Übel an der Wurzel bekämpfen
❷ (*a un orador*) unterbrechen
❸ (*cortar el paso*) den Weg versperren [*o* abschneiden] +*dat*
❹ (*detener*) aufhalten
III. *vr:* **~se** (*Arg, Par*) sich zurückhalten
atajo [a'taxo] *m* ❶ (*camino*) Abkürzung *f*; **tomar un ~** eine Abkürzung nehmen; **echar por el ~** (*fam*) den schnellsten Weg nehmen

atalaje

❷ (*pey: cuadrilla*) Bande *f*
❸ (*de ganado*) kleine Herde *f*
atalaje [ata'laxe] *m* ❶ (*grupo de caballos*) (Pferde)gespann *nt*
❷ (*fam fig: ajuar*) Aussteuer *f*; (*bienes*) (bewegliche) Habe *f*
atalaya [ata'laʝa] *f* ❶ (*torre*) Wach(t)turm *m*, Aussichtsturm *m*
❷ (*lugar elevado*) Aussichtspunkt *m*
atalayador(a) [atalaʝa'ðor(a)] *m(f)* Turmwächter(in) *m(f)*
atalayar [atala'ʝar] *vt* ❶ (*observar*) (vom Aussichtsturm aus) beobachten
❷ (*vigilar*) (vom Aussichtsturm aus) überwachen
❸ (*espiar*) (aus)spähen (*nach* +*dat*)
ataludar [atalu'ðar] *vt* (*terreno*) abböschen; (*muro, pared*) abschrägen
atañer [ata'ɲer] <3. *pret:* atañó> *vimpers* angehen, betreffen; **eso no te atañe** das geht dich nichts an; **por lo que atañe a tu empleo** was deine Stelle angeht [*o* betrifft]
atapuzar [atapu'θar] <z→c> *vt* (*Ven*) voll stopfen
ataque [a'take] *m* ❶ (*embestida*) Angriff *m*; **~ por sorpresa** Überraschungsangriff *m*; **rechazar un ~** einen Angriff abwehren
❷ (*crítica*) Angriff *m*, Kritik *f*
❸ (DEP: *delantera*) Sturm *m*
❹ (MED: *acceso*) Anfall *m*; **~ al** [*o* **de**] **corazón** Herzinfarkt *m*; **~ de piedra** (*renal*) Nierenkolik *f*; **~ de tos** Hustenanfall *m*; **~ de celos** Anfall von Eifersucht
❺ (MÚS) Einsatz *m*
atar [a'tar] I. *vt* ❶ (*sujetar*) anbinden (*a* an +*akk*), festbinden (*a* an +*dat*); **~ las manos a la espalda** (*fig*) die Hände hinter dem Rücken zusammenbinden; **~ un paquete** ein Paket verschnüren; **~ al perro** den Hund an die Leine legen; **~ a un prisionero a la pared** einen Gefangenen an die Wand fesseln; **~ un saco** einen Sack zubinden; **~ los zapatos** die Schuhe zubinden; **corto a alguien** jdn kurzhalten; **atado de pies y manos** (*fig*) mir sind die Hände [*o* Hände und Füße] gebunden; **el espanto le ató de pies y brazos** das Entsetzen lähmte ihn/sie [*o* machte ihn/sie bewegungsunfähig]
❷ (*comprometer*): **esta profesión ata mucho** dieser Beruf beansprucht einen sehr
❸ (*loc*): **no ata ni desata** (*hablar sin concierto*) er/sie redet dummes Zeug; (*no resolver nada*) ihm/ihr gelingt nichts, er/sie bringt nichts auf die Reihe *fam*; **dejar algo atado y bien atado** etw unter Dach und Fach bringen; **está de ~** er/sie ist total verrückt [*o* übergeschnappt]
II. *vr:* **~se** ❶ (*sujetarse*) sich festbinden (*a* an +*akk*)
❷ (*comprometerse*) sich binden (*a* an +*akk*), sich verpflichten (*a* zu +*dat*)
ataraxia [ata'raxsja] *f* (FILOS) Ataraxie *f*
atarazana [atara'θana] *f* Werft *f*
atardecer [atarðe'θer] I. *vimpers irr como crecer:* **atardece** es wird dunkel [*o* Abend]
II. *m* (Abend)dämmerung *f*; **al ~** bei Einbruch der Dunkelheit, gegen Abend
atareado, -a [atare'aðo, -a] *adj* beschäftigt; **andar muy ~** sehr beschäftigt sein
atarear [atare'ar] I. *vt* beschäftigen; **~ a alguien** jdm eine Arbeit [*o* Aufgabe] zuweisen
II. *vr:* **~se** ❶ (*trabajar mucho*) hart [*o* schwer] arbeiten
❷ (*afanarse*) sich abmühen
atarquinar [atarki'nar] *vt, vr:* **~se** verschlammen
atarragarse [atarra'ɣarse] <g→gu> *vr* (*Méx, Ven*) sich voll stopfen (*de* mit +*dat*), sich überessen (*de* an +*dat*)
atarugar [ataru'ɣar] <g→gu> I. *vt* ❶ (*carpintería*) verzapfen, verbolzen
❷ (*tapar*) verschließen; (*botella*) zustöpseln; (*agujero*) zustopfen
❸ (*fam fig: henchir*) voll stopfen; (*muñeca*) ausstopfen (*de* mit +*dat*)
❹ (*fam fig: turbar*) aus der Fassung bringen, irritieren
II. *vr:* **~se** (*fam fig*) durchdrehen
atascadero [ataska'ðero] *m* Morast *m*
atascamiento [ataska'mjento] *m v.* **atasco**
atascar [atas'kar] <c→qu> I. *vt* ❶ (*cañería*) verstopfen
❷ (*rueda, proceso*) blockieren
II. *vr:* **~se** ❶ (*cañería*) verstopfen; **el desagüe se ha atascado** der Ausguss ist verstopft
❷ (*coche*) stecken bleiben, sich festfahren
❸ (*mecanismo*) blockieren
❹ (*en un discurso*) stocken, ins Stocken kommen; **se le atascó la palabra** er/sie bekam das Wort nicht heraus
❺ (*negociaciones*) zum Stillstand kommen, sich festfahren
atasco [a'tasko] *m* ❶ (*de una cañería*) Verstopfung *f*; **~ de papel** (INFOR) Papierstau *m*
❷ (*de un mecanismo*) Blockierung *f*
❸ (*traba*) Hindernis *nt*
❹ (*de tráfico*) (Verkehrs)stau *m*

ataúd [ata'uð] *m* Sarg *m*
ataujía [ataṷ'xia] *f* ❶ (ARTE) Tauschieren *nt*
❷ (*fig: labor primorosa*) vortreffliche Arbeit *f*; (*de difícil combinación*) Tüftelarbeit *f fam*
ataviar [ataβi'ar] <1. *pres:* (me) atavío> I. *vt* herausputzen, schmücken (*con* mit +*dat*)
II. *vr:* **~se** sich herausputzen, sich schmücken (*con* mit +*dat*)
atávico, -a [a'taβiko, -a] *adj* atavistisch
atavío [ata'βio] *m* ❶ (*adorno*) Putz *m*, Schmuck *m*
❷ (*atuendo*) Aufmachung *f*, Aufzug *m*
atavismo [ata'βismo] *m* Atavismus *m*
ataxia [a'taʝsja] *f* (MED) Ataxie *f*
atáxico, -a [a'taʝsiko, -a] I. *adj* (MED) ataktisch
II. *m, f* (MED) an Ataxie Erkrankte(r) *mf*
ate ['ate] *m* (*Méx.* GASTR) Fruchtpaste *f*
ateísmo [ate'ismo] *m inv* Atheismus *m*
atejonarse [atexo'narse] *vr* (*Méx*) ❶ (*agacharse*) sich ducken, sich klein machen; (*esconderse*) sich verstecken
❷ (*volverse astuto*) verschlagen werden
atelaje [ate'laxe] *m v.* **atalaje**
atemorizar [atemori'θar] <z→c> I. *vt* ängstigen
II. *vr:* **~se** sich ängstigen
atemperación [atempera'θjon] *f* Mäßigung *f*; (*atenuación*) Milderung *f*
atemperar [atempe'rar] I. *vt* ❶ (*cólera*) mäßigen, mildern
❷ (*temperatura*) temperieren
❸ (*acomodar*) anpassen (*a* an +*akk*)
II. *vr:* **~se** sich anpassen (*a* an +*akk*), sich fügen (*a* +*dat*)
Atenas [a'tenas] *f* Athen *nt*
atenazar [atena'θar] <z→c> *vt* quälen, peinigen; **estaba atenazada por los remordimientos** sie wurde von Gewissensbissen gequält; **estaba atenazado por los nervios** seine Nerven waren zum Zerreißen gespannt
atención [aten'θjon] *f* ❶ (*vigilancia*) Aufmerksamkeit *f*; **~ médica** ärztliche Betreuung; **falta de ~** Unaufmerksamkeit *f*, Zerstreutheit *f*; **digno de ~** beachtenswert; **en ~ a este hecho** in Anbetracht dieser Tatsache, im Hinblick auf diese Tatsache; **¡~, por favor!** Achtung, Achtung!; **el profesor me llamó la ~** der Lehrer tadelte mich; **los coches no me llaman la ~** ich mache mir nichts aus Autos; **estamos llamando la ~** wir fallen auf; **llamar la ~ de alguien sobre** [*o* **a**] **algo** jds Aufmerksamkeit auf etw lenken, jdn auf etw aufmerksam machen; **mantener la ~ de alguien** jds Aufmerksamkeit fesseln; **prestar ~ al profesor** dem Lehrer zuhören; **no prestar ~ a alguien** (*por despite*) jdn nicht beachten, keine Aufmerksamkeit schenken; (*intencionadamente*) über jdn hinwegsehen
❷ (ECON: *cartas*): **a la ~ de…** zu Händen von …
❸ *pl* (*cortesías*) Aufmerksamkeiten *fpl*; **colmar a alguien de atenciones** jdn mit Aufmerksamkeiten überhäufen
❹ *pl* (*obligaciones*) Verpflichtungen *fpl*
❺ (*trato*): **~ al cliente** Bedienung des Kunden
atendedor(a) [atende'ðor(a)] *m(f)* (TIPO) Fahnenkorrektor(in) *m(f)*
atender [aten'der] <e→ie> I. *vt* ❶ (*prestar atención*) beachten; (*escuchar*) zuhören +*dat*; **el alumno no atiende al profesor** der Schüler hört dem Lehrer nicht zu
❷ (*tener en cuenta*) berücksichtigen, beachten; **~ un deseo/una petición** einem Wunsch/einer Bitte nachkommen, einen Wunsch/eine Bitte erfüllen; **~ una letra** (FIN) einen Wechsel einlösen; **~ un plazo** eine Frist einhalten; **~ una solicitud** einem Antrag stattgeben; **atendiendo a las circunstancias actuales** unter den derzeitigen Umständen
❸ (*cuidar*) sich kümmern (*a* um +*akk*); **~ a los invitados** sich um die Gäste kümmern; **el médico atiende a los enfermos** der Arzt behandelt die Kranken; **~ a los pobres** sich der Armen annehmen
❹ (*despachar*) bedienen; **¿le atienden?** werden Sie schon bedient?
❺ (*llamada*) entgegennehmen; **~ una llamada** einen Anruf entgegennehmen
II. *vi* ❶ (*perro*): **~ por…** auf den Namen … hören
❷ (TIPO) Fahnen korrigieren
❸ (*tener en cuenta*) beachten (*a* +*akk*); (*concentrarse*) sich konzentrieren (*a* auf +*akk*); (*escuchar*) zuhören (*a* +*dat*)
atendible [aten'diβle] *adj* beachtlich
Atenea [ate'nea] *f* Athene *f*
ateneo [ate'neo] *m* Kulturverein *m*
atenerse [ate'nerse] *irr como tener vr* sich halten (*a* an +*akk*), sich richten (*a* nach +*dat*); **me he atenido a tus instrucciones** ich habe mich nach deinen Anweisungen gerichtet [*o* an deine Anweisungen gehalten]; **~ a lo pactado** sich an die Abmachung halten; **~ a lo seguro** auf Nummer Sicher gehen; **me atengo a lo que dije antes** ich bleibe bei meiner Meinung; **saber a qué ~** mit sich *dat* selbst im Reinen sein; **si no lo haces, atente a las consecuencias** wenn du es nicht tust, musst du die

Folgen tragen; **yo vivo atenido a mi sueldo** ich bin auf mein Gehalt angewiesen
ateniense [ate'njense] **I.** *adj* athenisch
II. *mf* Athener(in) *m(f)*
atenorado, -a [ateno'raðo, -a] *adj* (MÚS) Tenor-, tenoral
atentado [aten'taðo] *m* Anschlag *m*, Attentat *nt*; ~ **terrorista** Terroranschlag *m*; ~ **contra un policía** Attentat [*o* Anschlag] auf einen Polizisten; **el autor de un** ~ der Attentäter; **ser víctima de un** ~ einem Attentat zum Opfer fallen; **esta ley es un** ~ **contra la libertad de expresión** dieses Gesetz verstößt gegen die Meinungsfreiheit, dieses Gesetz stellt eine Verletzung der Meinungsfreiheit dar
atentamente [atenta'mente] *adv* (*final de carta*): (**muy**) ~ mit freundlichen Grüßen, hochachtungsvoll
atentar [aten'tar] *vi* ❶ (*cometer atentado*) einen Anschlag [*o* ein Attentat] begehen [*o* verüben] (*contra* auf +*akk*)
❷ (*infringir*) verletzen (*contra* +*akk*), verstoßen (*contra* gegen +*akk*); ~ **contra el buen gusto** gegen den guten Geschmack verstoßen
atentatorio, -a [atenta'torjo, -a] *adj* verletzend; ~ **a la libertad** freiheitsgefährdend, freiheitsfeindlich
atento, -a [a'tento, -a] *adj* ❶ (*observador*) aufmerksam; **estar** ~ **a la conversación** dem Gespräch aufmerksam folgen
❷ (*cortés*) aufmerksam, höflich; **es muy** ~ **de su parte** das ist sehr aufmerksam von Ihnen; **él es una persona muy atenta** er ist ein sehr höflicher [*o* zuvorkommender] Mensch; **estuvo muy** ~ **con nosotros** er hat sich sehr um uns gekümmert; **es muy** ~ **con las mujeres** er ist Frauen gegenüber sehr galant
atenuación [atenwa'θjon] *f* Abschwächung *f*, Milderung *f*; ~ **de la pena** (JUR) Strafmilderung *f*
atenuante [atenu'ante] **I.** *adj* (JUR) (straf)mildernd
II. *m* ❶ (JUR) mildernder Umstand *m*
❷ (*Am: perdón*) Entschuldigung *f*
atenuar [atenu'ar] <*1. pres:* (**me**) **atenúo**> **I.** *vt* abschwächen, mildern; ~ **unas declaraciones** einige Äußerungen abschwächen [*o* abmildern]
II. *vr:* ~**se** sich abschwächen, sich mildern
ateo, -a [a'teo, -a] **I.** *adj* atheistisch
II. *m, f* Atheist(in) *m(f)*
aterciopelado, -a [aterθjope'laðo, -a] *adj* ❶ (*tela*) samtartig
❷ (*voz*) samtig
aterimiento [ateri'mjento] *m* Erstarrung *f*
aterirse [ate'rirse] *irr como abolir vr* erstarren; **me quedé aterido esperándola en la calle** ich war vor Kälte erstarrt, als ich draußen auf sie wartete
atérmico, -a [a'termiko, -a] *adj* (FÍS) atherman, wärmeundurchlässig
aterosclerosis [ateroskle'rosis] *f inv* (MED) Arteriosklerose *f*
aterrador(a) [aterra'ðor(a)] *adj* schreckenerregend, schrecklich; **noticias** ~**as** Schreckensnachrichten *fpl*
aterraje [ate'rraxe] *m v.* **aterrizaje**
aterrar¹ [ate'rrar] **I.** *vt* (*asustar*) erschrecken, in Schrecken versetzen
II. *vr:* ~**se** (sich) erschrecken
aterrar² [ate'rrar] <e→ie> **I.** *vt* ❶ (*tirar al suelo*) niederwerfen
❷ (*derribar*) niederreißen
❸ (*cubrir con tierra*) mit Erde bedecken, zuschütten
II. *vi* landen
aterrizaje [aterri'θaxe] *m* Landung *f*; ~ **con daños** (**para el avión**) Bruchlandung *f*; ~ **forzoso** [*o* **de emergencia**] Notlandung *f*; **un** ~ **movido** [*o* **duro**]/**suave** eine harte/glatte Landung; **realizar un** ~ eine Landung vornehmen; **el** ~ **fue bien** die Landung gelang
aterrizar [aterri'θar] <z→c> *vi* landen
aterronar [aterro'nar] **I.** *vt* (*tierra*) klumpig machen, zusammenklumpen lassen
II. *vr:* ~**se** (*tierra*) klumpig werden, klumpen
aterrorizar [aterrori'θar] <z→c> **I.** *vt* ❶ (POL, MIL) terrorisieren
❷ (*causar terror*) Angst und Schrecken einjagen (*a* +*dat*), in Angst und Schrecken versetzen; **me aterroriza volar** ich habe schreckliche Angst vor dem Fliegen; **me aterrorizó con historias de miedo** er/sie jagte mir mit Gruselgeschichten Angst ein
II. *vr:* ~**se** sich erschrecken
atesoramiento [atesora'mjento] *m* (ECON) Horten *nt*, Thesaurierung *f*
atesorar [ateso'rar] *vt* ❶ (*tesoros*) ansammeln, anhäufen; **este museo atesora pinturas de gran valor** dieses Museum hat eine Sammlung wertvoller Gemälde
❷ (ECON) horten, thesaurieren
❸ (*virtudes*) in sich *dat* vereinigen
atestación [atesta'θjon] *f* Zeugenaussage *f*
atestado [ates'taðo] *m* Protokoll *nt*; ~ **policial** Polizeiprotokoll *nt*
atestar [ates'tar] *vt* ❶ (JUR) bezeugen
❷ (*llenar por completo*) bis oben hin füllen (*de* mit +*dat*); **el maletero está atestado, no cabe nada más** der Kofferraum ist bis oben hin voll, es passt nichts mehr hinein; **el palacio de deportes estaba atestado de gente** die Sporthalle war brechend [*o* zum Bersten] voll
atestiguación [atestiɣwa'θjon] *f* (*t.* JUR) Bezeugung *f*; (*declaración*) (Zeugen)aussage *f*
atestiguar [atesti'ɣwar] <gu→gü> *vt* bezeugen; **estas fotos atestiguan la verdad de mis palabras** diese Fotos bezeugen die Wahrheit meiner Worte
atezado, -a [ate'θaðo, -a] *adj* ❶ (*color moreno*) braun gebrannt
❷ (*color negro*) (raben)schwarz
atezar [ate'θar] <z→c> **I.** *vt* ❶ (*alisar*) glätten
❷ (*broncear*) bräunen
❸ (*ennegrecer*) schwarz färben, schwärzen
II. *vr:* ~**se** ❶ (*broncearse*) braun werden
❷ (*ennegrecerse*) schwarz werden
atibar [ati'βar] *vt* (MIN) auffüllen, zuschütten
atiborramiento [atiβorra'mjento] *m* (*llenar espacio*) Vollpacken *nt*; (*comer*) Vollstopfen *nt*; **después del** ~ **de caramelos vomitó** nachdem er/sie sich mit Bonbons voll gestopft hatte, übergab er/sie sich
atiborrar [atiβo'rrar] **I.** *vt* voll stopfen (*de* mit +*dat*)
II. *vr:* ~**se** sich voll stopfen (*de* mit +*dat*)
ático¹ ['atiko] *m* ❶ (*piso*) Penthouse *nt*
❷ (ARQUIT) Attika *f*
ático, -a² ['atiko, -a] *adj* attisch; **sal ática** (*fig elev*) attisches Salz, attischer Witz
atiesar [atje'sar] **I.** *vt* (*almidonar*) stärken; (*planta*) befestigen (*con* mit +*dat*), anbinden (*con* an +*akk*)
II. *vr:* ~**se** steif werden, fest werden; (*planta*) standfest werden
atigrado, -a [ati'ɣraðo, -a] *adj* getigert
atildado, -a [atil'daðo, -a] *adj* gepflegt, elegant
atildamiento [atilda'mjento] *m* Gepflegtheit *f* (der Kleidung)
atildar [atil'dar] **I.** *vt* zurechtmachen
II. *vr:* ~**se** sich zurechtmachen
atillo [a'tiʎo] *m* (*Arg, Ven*) (verschnürtes) Bündel *nt*
atinado, -a [ati'naðo, -a] *adj* richtig
atinar [ati'nar] *vi* ❶ (*a tiento*) ertasten (*con* +*akk*)
❷ (*por casualidad*) (zufällig) finden (*con* +*akk*), stoßen (*con* auf +*akk*); **atiné con la casa** ich fand das Haus durch Zufall
❸ (*acertar*) erraten (*con* +*akk*); **no atiné con la respuesta** die Antwort fiel mir nicht ein, ich kam nicht auf die Antwort
❹ (*al disparar*) ins Schwarze treffen
II. *vt* finden
atípico, -a [a'tipiko, -a] *adj* untypisch, atypisch
atiplado, -a [ati'plaðo, -a] *adj:* **voz atiplada** Diskantstimme *f*
atiplarse [ati'plarse] *vr* (MÚS) umkippen
atirantar [atiran'tar] **I.** *vt* ❶ (ARQUIT) versteifen, abstützen
❷ (*poner tirante*) (an)spannen
II. *vr:* ~**se** sich spannen, straff werden
atisbar [atis'βar] **I.** *vt* erspähen
II. *vr:* ~**se** sich abzeichnen, sich andeuten; **se atisba el fin de la crisis** das Ende der Krise zeichnet sich ab
atisbo [atis'βo] *m* Fünkchen *nt*, Anzeichen *nt*; **un** ~ **de esperanza** ein Fünkchen Hoffnung; **en Marte hay** ~**s de vida** es gibt Lebenszeichen auf dem Mars
atizador [atiθa'ðor] *m* Schürhaken *m*
atizar [ati'θar] <z→c> **I.** *vt* ❶ (*fuego*) schüren, anfachen
❷ (*pasión*) schüren
❸ (*bofetada*) versetzen +*dat*
❹ (*loc*): **¡atiza!** Donnerwetter!
II. *vr:* ~**se un trago** einen Schluck nehmen
atlante [a'tlante] *m* (ARQUIT) Atlant *m*
atlántico, -a [aðˈlantiko, -a] *adj* atlantisch; **el Océano A**~ der Atlantische Ozean
Atlántico [aðˈlantiko] *m* Atlantik *m*
Atlántida [aðˈlantiða] *f* Atlantis *f*
atlantismo [aðlanˈtismo] *m* (POL) NATO-Anhängerschaft *f*, NATO-freundliche Haltung *f*
atlantista [aðlanˈtista] *mf* Befürworter(in) *m(f)* der NATO
atlas ['aðlas] *m inv* Atlas *m*
atleta [aðˈleta] *mf* (Leicht)athlet(in) *m(f)*
atlético, -a [aðˈletiko, -a] *adj* athletisch
atletismo [aðleˈtismo] *m sin pl* (DEP) Leichtathletik *f*
atmósfera [aðˈmosfera] *f*, **atmosfera** [aðˈmosfera] *f* ❶ (*t.* FÍS: *espacio*) Atmosphäre *f* ❷ (*aire*) Luft *f*; ~ **viciada** verbrauchte Luft ❸ (*ambiente*) Atmosphäre *f*, Stimmung *f*; **una** ~ **cómoda** eine behagliche Atmosphäre
atmosférico, -a [aðmosˈferiko, -a] *adj* atmosphärisch; **presión atmosférica** Luftdruck *m*
atoar [ato'ar] *vt* (NÁUT) ins Schlepptau nehmen
atoc [a'tok] *m* südamerikanische Fuchsart
atocha [a'totʃa] *f* Esparto *m*, Espartogras *nt*

atocia [a'toθja] *f* (MED) Unfruchtbarkeit *f*, Sterilität *f* (*der Frau*)
atocinado, -a [atoθi'naðo, -a] *adj* (*pey*) ❶ (*obeso*) fett
❷ (*aborregado*) verblödet
atocinar [atoθi'nar] I. *vt* ❶ (*cerdo*) in Schlachthälften teilen
❷ (GASTR) einsalzen
II. *vr:* ~**se** (*pey*) ❶ (*engordar*) fett werden
❷ (*atontarse*) verblöden
atole [a'tole] *m* (*AmC*) warmes Getränk aus Maismehl und Milch oder Wasser; **dar ~ con el dedo a alguien** jdn foppen
atolladero [atoʎa'ðero] *m* ❶ (*atascadero*) Morast *m*
❷ (*apuro*) Verlegenheit *f*, Patsche *f*; **estar** [*o* **encontrarse**] **en un ~** in der Patsche sitzen, in großer Verlegenheit sein; **sacar a alguien de un ~** jdm aus der Patsche [*o* aus einer Verlegenheit] helfen
atollar [ato'ʎar] I. *vi* (im Schlamm) stecken bleiben
II. *vr:* ~**se** stecken bleiben, sich festfahren
atolli [a'toʎi] *m* (*Méx:* GASTR) *v.* **atole**
atolón [ato'lon] *m* Atoll *nt*
atolondrado, -a [atolon'draðo, -a] *adj* unbesonnen, leichtfertig
atolondramiento [atolondra'mjento] *m* ❶ (*de los sentidos*) Betäubung *f*, Benommenheit *f*
❷ (*por una desgracia*) Bestürzung *f*, Verwirrung *f*
❸ (*irreflexión*) Gedankenlosigkeit *f*, Unbesonnenheit *f*
atolondrar [atolon'drar] I. *vt* ❶ (*un golpe*) betäuben
❷ (*una desgracia*) bestürzen, verwirren
II. *vr:* ~**se** ❶ (*los sentidos*) betäubt [*o* benommen] sein
❷ (*por una desgracia*) bestürzt sein
❸ (*pasmarse*) verblüfft sein
atomía [ato'mia] *f* (*Am*) Rohheit *f*; **decir ~s** (*decir tonterías*) Blödsinn reden; (*injuriar*) beleidigend werden
atómico, -a [a'tomiko, -a] *adj* atomar, Atom-; **refugio ~** Atombunker *m*
atomismo [ato'mismo] *m sin pl* (FILOS) Atomismus *m*, Atomistik *f*
atomista [ato'mista] I. *adj* (FILOS) atomistisch
II. *mf* (FILOS) Atomist(in) *m(f)*
atomizador [atomiθa'ðor] *m* Zerstäuber *m*, Sprühdose *f*
atomizar [atomi'θar] <z→c> *vt* ❶ (*material*) atomisieren
❷ (*líquido*) (ver)sprühen, zerstäuben
átomo ['atomo] *m* Atom *nt*
atonal [ato'nal] *adj* (MÚS) atonal
atonalidad [atonali'ðað] *f* (MÚS) Atonalität *f*
atonía [ato'nia] *f* ❶ (MED) Atonie *f*
❷ (*apagamiento*) Lustlosigkeit *f*, Kraftlosigkeit *f*; **~ del mercado** lustlose Stimmung auf dem Markt
atónito, -a [a'tonito, -a] *adj* verblüfft, sprachlos
átono, -a ['atono, -a] *adj* (LING) unbetont
atontado, -a [aton'taðo, -a] *adj* ❶ (*tonto*) dumm, einfältig
❷ (*distraído*) fahrig, zerstreut; **estaba ~ y no te he entendido** ich war nicht bei der Sache und habe dich nicht verstanden
atontamiento [atonta'mjento] *m* ❶ (*aturdimiento*) Betäubung *f*
❷ (*pasmo*) Verblüffung *f*, Sprachlosigkeit *f*
❸ (*entontecimiento*) Verdummung *f*
atontar [aton'tar] I. *vt* ❶ (*aturdir un golpe*) betäuben
❷ (*pasmar*) verblüffen, verdutzen
❸ (*entontecer*) verdummen
II. *vr:* ~**se** ❶ (*pasmarse*) verblüfft sein
❷ (*entontecer*) dumm [*o* einfältig] werden
atontolinado, -a [atontoli'naðo, -a] *adj* (*fam*) blöd, bescheuert
atontolinar [atontoli'nar] I. *vt* (*fam*) schwumm(e)rig [*o* benommen] machen; **con tus gritos me atontolinas** du machst mich ganz verrückt mit deinem Geschrei
II. *vr:* ~**se** (*fam*) benommen [*o* schwumm(e)rig] werden; **el abuelo se atontolinó un poco con la música** dem Opa wurde etwas schwummerig von der Musik
atorar [ato'rar] I. *vt* verstopfen
II. *vr:* ~**se** ❶ (*atascarse*) verstopfen
❷ (*al hablar*) stocken
atormentador(a) [atormenta'ðor(a)] I. *adj* quälend, plagend
II. *m(f)* Peiniger(in) *m(f)*
atormentar [atormen'tar] I. *vt* ❶ (*torturar*) foltern, quälen
❷ (*mortificar*) quälen, plagen; **no me atormentes con tus historias** quäl mich doch nicht mit deinen Geschichten; **este niño atormenta a sus padres** dieses Kind plagt seine Eltern
II. *vr:* ~**se** sich (ab)quälen
atornillable [atorni'ʎaβle] *adj* abschraubbar
atornillador [atorniʎa'ðor] *m* Schraubenzieher *m*
atornillar [atorni'ʎar] *vt* (*fest*)schrauben, an~schrauben; **~ algo en la pared** etw an der Wand festschrauben, etw an die Wand schrauben; **la tapa de la caja** den Deckel auf den Kasten schrauben; **fuertemente** die Schraube fest anziehen; **~ dos piezas juntas** zwei Teile zusammenschrauben

atorozarse [atoro'θarse] <z→c> *vr* (*AmC*) ❶ (*atascarse*) verstopfen
❷ (*al hablar*) stocken
atorrante [ato'rrante] *mf* (*Arg, Par, Urug: fam*) Trebegänger(in) *m(f)*, Penner(in) *m(f) pey*
atorrar [ato'rrar] *vi* (*Arg: fam*) sich herumtreiben, auf Trebe sein [*o* gehen]
atortolado, -a [atorto'laðo, -a] *adj* verliebt; **están ~s** sie sind die reinsten Turtaltauben
atortolar [atorto'lar] I. *vt* (*fam: aturdir*) durcheinander bringen
II. *vr:* ~**se** sich verlieben (*en* in +*akk*)
atosigador(a) [atosiɣa'ðor(a)] *adj* drängend
atosigamiento [atosiɣa'mjento] *m* Drängen *nt*, Hetze *f*
atosigar [atosi'ɣar] <g→gu> I. *vt* ❶ (*apremiar*) drängen, hetzen; **no se deja ~ por nada** er/sie lässt sich durch nichts drängen; **me atosiga para que acabe el trabajo** er/sie drängt mich, meine Arbeit abzuschließen
❷ (*importunar*) belästigen; **me atosiga con ruegos/preguntas** er/sie belästigt mich mit Bitten/Fragen
❸ (*inquietar*): **estos problemas me atosigan** diese Probleme beschäftigen mich sehr
II. *vr:* ~**se** ❶ (*apresurarse*) sich abhetzen; **no te atosigues, tenemos tiempo suficiente** immer mit der Ruhe, wir haben Zeit genug
❷ (*inquietarse*) beunruhigt sein
atóxico, -a [a'toksiko, -a] *adj* atoxisch, ungiftig
atrabancar [atraβaŋ'kar] <c→qu> *vt* überwinden
atrabiliario, -a [atraβi'ljarjo, -a] *adj* ❶ (MED) melancholisch, schwermütig
❷ (*carácter*) mürrisch, griesgrämig
atracada [atra'kaða] *f* (NÁUT) Anlegen *nt*
atracadero [atraka'ðero] *m* Anlegestelle *f*, Pier *m*
atracador(a) [atraka'ðor(a)] *m(f)* Straßenräuber(in) *m(f)*
atracar [atra'kar] <c→qu> I. *vi* (NÁUT) anlegen
II. *vt* ❶ (NÁUT) festmachen
❷ (*asaltar*) überfallen
❸ (*fam: de comida*) voll stopfen (*de* mit +*dat*)
III. *vr:* ~**se** (*fam*) sich voll stopfen (*de* mit +*dat*), sich überessen (*de* an +*dat*)
atracción [atraɣ'θjon] *f* ❶ (FÍS) Anziehungskraft *f*; **~ universal** Schwerkraft *f*
❷ (*de una persona*) Anziehungskraft *f*, Charme *m*
❸ (*circense*) Attraktion *f*; **la ~ principal del circo es...** die Glanznummer des Zirkus ist ...
❹ *pl* (*diversiones*) Vergnügungen *fpl*; **parque de atracciones** Vergnügungspark *m*
atraco [a'trako] *m* (*Raub*)überfall *m* (*a* auf +*akk*); **~ a un banco** Banküberfall *m*; **~ a mano armada** bewaffneter Überfall
atracón [atra'kon] *m* (*fam: de comida*) Schlemmerei *f*; **darse un ~ de dulces** unheimlich viele Süßigkeiten essen; **darse un ~ de televisión** bis zum Überdruss fernsehen
atractivo¹ [atrak'tiβo] *m* Anziehungskraft *f*, Charme *m*
atractivo, -a² [atrak'tiβo, -a] *adj* ❶ (*persona*) anziehend, attraktiv
❷ (*tarea*) reizvoll, verlockend
❸ (*moda*) ansprechend, reizvoll
❹ (*oferta*) verlockend
❺ (FÍS) Anziehungs-
atraer [atra'er] *irr como traer* I. *vt* ❶ (FÍS) anziehen; **el imán atrae el hierro** der Magnet zieht Eisen an; **el Sol atrae a la Tierra** die Erde wird von der Sonne angezogen
❷ (*a algo o alguien*) anziehen, anlocken; **~ a los inversores** die Investoren anlocken; **~ a alguien a su bando** jdn auf seine Seite ziehen; **el cebo atrae a los peces** der Köder lockt die Fische an; **sentirse atraído hacia alguien/algo** sich zu jdm/etw *dat* hingezogen fühlen; **esta chica no me atrae** dieses Mädchen zieht mich nicht an [*o* reizt mich nicht]; **sabe ~ a los jóvenes** er/sie weiß die Jugendlichen für sich zu gewinnen
❸ (*atención*) auf sich ziehen [*o* lenken]
II. *vr:* ~**se las simpatías de alguien** jds Zuneigung gewinnen; **trata de ~se al catedrático** er/sie versucht den Professor für sich zu gewinnen; **se atrajo las iras del público** er/sie zog sich den Zorn des Publikums zu
atrafagarse [atrafa'ɣarse] <g→gu> *vr* sich abhetzen
atragantamiento [atraɣanta'mjento] *m* Verschlucken *nt*
atragantar [atraɣan'tar] I. *vr:* ~**se** ❶ (*al comer*) sich verschlucken (*con* an +*dat*); **me he atragantado con una espina** mir ist eine Gräte im Hals stecken geblieben
❷ (*fam: al hablar*) stecken bleiben
❸ (*trabucarse*) sich versprechen
❹ (*una persona*) nicht ausstehen können; **este profesor se me ha atragantado** ich mag diesen Dozenten [*o* Lehrer] nicht
II. *vt* mühsam hinunterschlucken

atraillar [atrai'ʎar] *vt* (*perros*) koppeln
atrampar [atram'par] **I.** *vt* in einer Falle fangen
II. *vr:* ~se ❶ (*atrancarse*) verstopfen; **últimamente las cañerías se atrampan todos los días** in letzter Zeit sind die Abflussrohre ständig verstopft
❷ (*pestillo*) zuschnappen
❸ (*fam fig: persona*) festsitzen, in der Patsche sitzen; (*caer en una trampa*) in eine Falle geraten
atrancar [atraŋ'kar] <c→qu> **I.** *vi* mit großen Schritten gehen
II. *vt* zuriegeln, verriegeln
III. *vr:* ~se ❶ (*tubo*) verstopfen
❷ (*un coche, al hablar*) stecken bleiben
❸ (*encerrarse*) sich einschließen
atranco [a'traŋko] *m* Verstopfung *f*
atranque [a'traŋke] *m v.* **atranco**
atrapamoscas [atrapa'moskas] *m inv* (BOT) Venusfliegenfalle *f*
atrapar [atra'par] *vt* ❶ (*fam: objeto*) halten, fangen; **el portero atrapó la pelota** der Torwart hielt den Ball; ~ **una novia** sich *dat* eine Frau [*o* Freundin] angeln; ~ **un empleo** eine Stelle kriegen
❷ (*fam: ladrón*) erwischen, fassen; ~**on al ladrón en plena faena** der Dieb wurde auf frischer Tat ertappt
❸ (*animal escapado*) einfangen; ~ **una mosca al vuelo** eine Fliege im Flug fangen
atraque [a'trake] *m* (NÁUT) Anlegen *nt*
atrás [a'tras] *adv* ❶ (*hacia detrás*) nach hinten, rückwärts; ¡~! zurück(treten)!; **contar** ~ rückwärts zählen; **dar un paso** ~ einen Schritt zurücktreten; **ir marcha** ~ (**con el coche**) rückwärts fahren, im Rückwärtsgang fahren; **quedar** ~ zurückfallen; **volver** ~ umkehren; **volverse** ~ umkehren; (*fig*) einen Rückzieher machen
❷ (*detrás*) hinten; **rueda de** ~ Hinterrad *nt;* **dejó** ~ **a sus perseguidores** er/sie ließ die Verfolger hinter sich; **quedarse** ~ zurückbleiben; **sentarse** ~ hinten sitzen; **andar con las manos** ~ beim Laufen die Hände hinter dem Rücken verschränken
❸ (*de tiempo*) vor; **días/años** ~ vor Tagen/Jahren; **la amistad venía de** ~ sie waren schon jahrelang befreundet
❹ (*loc*): **echarse** ~ **de un acuerdo** von einer Vereinbarung zurücktreten; **volver la vista** ~ in die Vergangenheit zurückblicken
atrasado, -a [atra'saðo, -a] *adj* ❶ (*en el estudio, en su desarrollo*) zurückgeblieben; **un país** ~ ein unterentwickeltes Land; **viven 20 años** ~**s** sie liegen in ihrer Entwicklung 20 Jahre zurück
❷ (*empeñado*) verschuldet
❸ (*no reciente*) veraltet
❹ (*tarde*) spät; (ECON, FIN: *pendiente de pago*) im Rückstand, ausstehend; **cuentas atrasadas** ausstehende Rechnungen, Außenstände *pl;* **intereses** ~**s** Zinsrückstände *mpl;* **lo más urgente es despachar los pedidos** ~**s** am dringendsten ist es, die noch ausstehenden Aufträge auszuführen; **llegué** ~ **a la reunión** ich kam zu spät zur Sitzung
atrasar [atra'sar] **I.** *vt* ❶ (*fecha*) aufschieben, verschieben; **hemos atrasado el viaje/la boda** wir haben die Reise/die Hochzeit verschoben; **la historia atrasa unos años esta batalla** die Geschichte siedelt diese Schlacht einige Jahre früher an
❷ (*posición*) zurückfallen (um +*akk*), verlieren; **el F.C. Barcelona ha atrasado tres puestos en la clasificación** der F.C. Barcelona ist in der Tabelle um drei Plätze zurückgefallen
❸ (*reloj*) zurückstellen; **en invierno atrasamos los relojes una hora** im Winter stellen wir die Uhr eine Stunde zurück
❹ (*progreso*) hemmen
II. *vr:* ~se ❶ (*quedarse atrás*) zurückbleiben
❷ (*retrasarse*) sich verspäten; **el tren se ha atrasado** der Zug hatte Verspätung; ~**se en los plazos** mit den Raten in Rückstand geraten
atraso [a'traso] *m* ❶ (*en una carrera*) Zeitrückstand *m*
❷ (*de un tren*) Verspätung *f*
❸ (*de un país*) Rückständigkeit *f*
❹ (FIN) Rückstand *m*
atravesado, -a [atraβe'saðo, -a] *adj* ❶ (*cruzado*) schräg; **un coche** ~ **en la calle** ein quer auf der Straße stehendes Auto
❷ (*bizco*) schielend
❸ (*persona*) böse
❹ (*animal*) gekreuzt
atravesar [atraβe'sar] <e→ie> **I.** *vt* ❶ (*persona*) überqueren, durchqueren; ~ **la calle** die Straße überqueren, über die Straße gehen; ~ **la sala/la ciudad** den Saal/die Stadt durchqueren; ~ **la frontera** die Grenze überschreiten, über die Grenze gehen; ~ **un río nadando** einen Fluss durchschwimmen; **hemos atravesado Alemania** (**con el coche**) wir sind quer durch Deutschland gefahren
❷ (*cuerpo*) durchstoßen, durchstechen; ~ **algo con una aguja** etw mit einer Nadel durchstechen; ~ **algo taladrando** etw durchbohren; **la bala le atravesó el corazón** die Kugel hat ihm/ihr das Herz durchbohrt; **el avión atraviesa las nubes** das Flugzeug durchstößt die Wolken; **la lluvia atravesó el abrigo** der Regen drang durch den Mantel; **una cicatriz le atraviesa el pecho** eine Narbe verläuft quer über seine/ihre Brust
❸ (*poner de través*) quer legen; ~ **un coche en medio de la calle** ein Auto quer über die Straße stellen
❹ (*crisis*) durchmachen
❺ (*dinero en apuestas*): **en las carreras de galgos se atraviesan grandes sumas de dinero** beim Windhundrennen wird viel Geld gesetzt
II. *vr:* ~se ❶ (*ponerse entremedio*) in die Quere kommen; **no te atravieses en mi camino** komm mir nicht in die Quere; **se me ha atravesado una miga en la garganta** mir ist ein Stückchen Brot im Hals stecken geblieben; **cuando estoy nervioso se me atraviesan las palabras** wenn ich aufgeregt bin, bekomme ich kein Wort mehr heraus
❷ (*en una conversación*) sich einmischen (*en* in +*akk*)
❸ (*no soportar*): **se me atraviesa ese tipo** ich ertrage diesen Typ nicht
❹ (*alterar*): **de no haber atravesado por algunas dificultades...** wenn nicht einige Schwierigkeiten dazwischengekommen wären ...
atrayente [atra'jente] **I.** *pp de* **atraer**
II. *adj* ❶ (*persona*) anziehend, attraktiv
❷ (*tarea*) reizvoll, verlockend
❸ (*moda*) ansprechend, reizvoll
❹ (*oferta*) verlockend
atreverse [atre'βerse] *vr* ❶ (*osar*) (es) wagen, sich trauen; ~ **a hacer algo** es wagen [*o* sich trauen] etw zu tun; ~ **a afrontar un problema** sich an ein Problem heranwagen
❷ (*insolentarse*) sich *dat* erlauben, sich unterstehen; **¿cómo te atreves a hablarme así?** wie kannst du dir nur erlauben in so einem Ton mit mir zu sprechen?; **no me atrevería a decir nada malo de él** ich werde mich hüten [*o* unterstehen] etwas Schlechtes über ihn zu sagen; **¡no te atreverás!** du wirst dich hüten!
atrevido, -a [atre'βiðo, -a] *adj* ❶ (*audaz*) kühn, verwegen
❷ (*insolente*) frech, dreist; **un vestido** ~ ein gewagtes Kleid
❸ (*arriesgado*) waghalsig, riskant
atrevimiento [atreβi'mjento] *m* ❶ (*audacia*) Kühnheit *f*, Verwegenheit *f*
❷ (*descaro*) Frechheit *f*, Unverschämtheit *f*
atrez(z)o [a'treðso] *m* (TEAT) Requisiten *fpl*
atribución [atriβu'θjon] *f* ❶ (*de un hecho*) Zuschreibung *f*, Beimessung *f*; ~ **de acciones** (FIN) Zuteilung von Aktien; ~ **de competencias** Zuständigkeitsverweisung *f*; ~ **de un puesto de trabajo** Zuweisung eines Arbeitsplatzes; ~ **de pedidos** (ECON) Auftragsvergabe *f*
❷ (*competencia*) Befugnis *f*, Zuständigkeit *f*; **atribuciones de un empleado** Amtsbefugnisse *fpl;* **tiene atribuciones mías para llevar las negociaciones** ich habe ihn/sie ermächtigt die Verhandlungen zu führen
atribuible [atriβu'iβle] *adj:* **ser** ~ **a alguien/algo** jdm/etw *dat* zuzuschreiben sein
atribuir [atriβu'ir] *irr como* **huir** *vt, vr:* ~se ❶ (*hechos, persona o cosa*) zuschreiben, beimessen; ~ **algo a alguien** jdm etw zuschreiben; ~ **la culpa de algo a alguien** jdm die Schuld an etw *dat* zuschreiben; ~ **a alguien grandes facultades** jdm große Fähigkeiten nachsagen; **atribuye el accidente a un defecto de los frenos** er/sie führt den Unfall auf einen Defekt der Bremsen zurück
❷ (*funciones*) übertragen; ~ **a alguien una tarea** jdm eine Aufgabe übertragen; **los militares se han atribuido todo el poder** die Militärs haben die Macht völlig übernommen [*o* an sich gerissen]
atribulación [atriβula'θjon] *f* ❶ (*aflicción*) Bedrückung *f*, Bedrücktheit *f*; **las atribulaciones de la vida** die Drangsale des Lebens
❷ (*preocupación*) Sorge *f*, Besorgnis *f*
❸ (*pena*) Kummer *m*, Leid *nt*
atribular [atriβu'lar] **I.** *vt* ❶ (*apesadumbrar*) betrüben, bekümmern
❷ (*atormentar*) quälen, bedrücken
II. *vr:* ~se ❶ (*apenarse*) sich grämen (*en/con/por* über +*akk*, *en/con/por* wegen +*gen*)
❷ (*atormentarse*) sich quälen (*en/con/por* mit +*dat*)
atributivo, -a [atriβu'tiβo, -a] *adj* (LING) attributiv; **oración atributiva** Attributsatz *m*
atributo [atri'βuto] *m* ❶ (*propiedad*) Eigenschaft *f*, (Wesens)merkmal *nt;* ~ **de archivo** (INFOR) Dateiattribut *nt;* ~ **de los resultandos** (JUR) Tatbestandsmerkmal *nt;* ~ **de sólo lectura** (INFOR) Nur-Lese-Attribut *nt*
❷ (*emblema*) Attribut *nt;* **la balanza es un** ~ **de la Justicia** die Waage ist ein Attribut der Justitia
❸ (LING) Attribut *nt*, Beifügung *f*
atril [a'tril] *m* ❶ (*con pie*) Notenpult *nt*, Notenständer *m*
❷ (*de mesa*) Lesepult *nt*
atrincheramiento [atrintʃera'mjento] *m* Verschanzung *f*
atrincherar [atrintʃe'rar] **I.** *vt* verschanzen
II. *vr:* ~se sich verschanzen
atrio ['atrjo] *m* ❶ (*patio interior*) Atrium *nt*

atrocidad

② (*de un templo*) Vorhalle *f*, Vorhof *m*
atrocidad [atroθi'ðað] *f* ① (*cosa atroz*) Scheußlichkeit *f*, Grässlichkeit *f*
② (*crimen atroz*) Gräuel *m*, Gräueltat *f*; **las ~es de la guerra** die Gräuel(taten) des Krieges
③ (*disparate*) Unsinn *m*, Unfug *m*; **¡no digas ~es!** red doch keinen Unsinn [*o* Unfug]!; **este artículo está lleno de ~es** in diesem Artikel stehen die unglaublichsten Dinge
④ (*gran cantidad*): **tiene una ~ de dinero** er/sie hat unheimlich viel Geld, er/sie schwimmt in Geld
atrofia [a'trofja] *f* (MED) Atrophie *f*, Schwund *m*; **~ muscular** Muskelschwund *m*
atrofiar [atro'fjar] I. *vt* schwinden lassen
II. *vr*: **~se** verkümmern; (MED) atrophieren; **no dejes que tu talento se atrofie** du darfst dein Talent nicht verkümmern lassen
atrófico, -a [a'trofiko, -a] *adj* (MED) atrophisch
atrompetado, -a [atrompe'taðo, -a] *adj* trichterförmig
atronado, -a [atro'naðo, -a] *adj* unbesonnen, leichtfertig
atronador(a) [atrona'ðor(a)] *adj* donnernd; (*ensordecedor*) ohrenbetäubend; **aplauso ~** donnernder [*o* tosender] Beifall
atronamiento [atrona'mjento] *m* ① (*trueno*) Donnern *nt*; (*estruendo*) Getöse *nt*
② (*confusión*) Benommenheit *f*
atronar [atro'nar] <o→ue> I. *vt* (*ruido a una persona*) betäuben, benommen machen; **me atruena con sus gritos** seine/ihre Schreie dröhnen mir im Kopf
II. *vr*: **~se** (*infolge eines Donnerschlages*) völlig benommen sein
atronerar [atrone'rar] *vt* die Luken öffnen (+*gen*); **on la torre para que entrara luz** sie öffneten die Luken im Turm, um das Licht hereinzulassen
atropar [atro'par] I. *vt* zusammenrufen, um sich scharen
II. *vr*: **~se** zusammenströmen
atropellado, -a [atrope'ʎaðo, -a] *adj* ① (*precipitado*) überstürzt, hastig; **voy muy ~ de tiempo** ich habe keine Zeit, ich bin in Eile
② (*persona*) heruntergekommen
atropellador(a) [atropeʎa'ðor(a)] I. *adj* rücksichtslos
II. *m(f)* rücksichtsloser Mensch *m*
atropellaplatos [atropeʎa'platos] *f inv* (*fam*) Trampel *m o nt*
atropellar [atrope'ʎar] I. *vt* ① (*vehículo*) überfahren; **por poco me atropellan** beinahe wäre ich überfahren worden
② (*empujar*) anrempeln
③ (*derribar*) umrennen
④ (*agraviar*) beleidigen, beschimpfen
⑤ (*leyes*) missachten; **~ la lengua** die Sprache vergewaltigen
⑥ (*un trabajo*) übereilt [*o* hastig] erledigen
II. *vi*: **~ por todo** sich über alles hinwegsetzen
III. *vr*: **~se** sich überstürzen
atropello [atro'peʎo] *m* ① (*colisión*) Zusammenstoß *m*
② (*accidente*) Verkehrsunfall *m*
③ (*empujón*) (An)rempeln *nt*, Schubs *m*
④ (*derribo*) Umrennen *nt*
⑤ (*insulto*) Beleidigung *f*, Beschimpfung *f*
⑥ (*injusticia*) Ungerechtigkeit *f*; **¡esto es un ~!** das ist ein Unding!
⑦ (*prisa*) Überstürzung *f*; **tomemos la decisión sin prisas ni ~s** wir sollten die Entscheidung nicht überstürzen
atropina [atro'pina] *f* (QUÍM) Atropin *nt*
atroz [a'troθ] *adj* ① (*horroroso*) grauenhaft, grässlich; **un crimen ~** ein grässliches Verbrechen; **un dolor ~** ein schrecklicher [*o* furchtbarer] Schmerz
② (*cruel*) grausam
③ (*inhumano*) unmenschlich
④ (*muy grande*) riesig
ATS [ate'ese] *mf abr de* **Asistente Técnico-Sanitario** MTA *mf*
attaché [ata'tʃe] *m* Attaché *m*
atte. [atenta'mente] *adv abr de* **atentamente** hochachtungsvoll
atuendo [a'twendo] *m* ① (*atavío*) Aufmachung *f*, Aufzug *m*
② (*ostentación*) Prunk *m*, Pracht *f*
atufar [atu'far] I. *vt* ① (*un gas*) betäuben, bewusstlos machen
② (*enfadar*) ärgern
II. *vr*: **~se** ① (*con un gas*) sich betäuben
② (*enfadarse*) sich ärgern, einschnappen *fam*
atún [a'tun] *m* Thunfisch *m*
atunero¹ [atu'nero] *m* ① (*barco*) Thunfischboot *nt*
② (*pescador*) Thunfischfänger *m*
atunero, -a² [atu'nero, -a] *m, f* Thunfischhändler(in) *m(f)*
atuntunarse [atuntu'narse] *vr* (*fam*) (ganz) konfus sein, wie benommen sein; **los niños se atuntunaron con tantos regalos** die Kinder drehten vor lauter Geschenken durch
aturar [atu'rar] *vt* (*fam*) völlig abdichten
aturdido, -a [atur'ðiðo, -a] *adj* ① (*irreflexivo*) gedankenlos, unbesonnen
② (*pasmado*) verblüfft
aturdidor(a) [aturði'ðor(a)] *adj* betäubend
aturdimiento [aturði'mjento] *m* ① (*por un golpe*) Betäubung *f*, Benommenheit *f*
② (*por una mala noticia*) Bestürzung *f*, Verwirrung *f*
③ (*irreflexión*) Gedankenlosigkeit *f*, Unbesonnenheit *f*
aturdir [atur'ðir] I. *vt* ① (*los sentidos*) betäuben
② (*una mala noticia*) bestürzen, aus der Fassung bringen
③ (*pasmar*) verblüffen
II. *vr*: **~se** ① (*los sentidos*) betäubt [*o* benommen] sein
② (*por una desgracia*) bestürzt sein, außer Fassung geraten
③ (*pasmarse*) verblüfft sein
aturquesado, -a [aturke'saðo, -a] *adj* türkis(farben)
atur(r)ullamiento [atur(r)uʎa'mjento] *m* ① (*confusión*) Verwirrung *f*
② (*atolondramiento*) Gedankenlosigkeit *f*, Unbesonnenheit *f*
atur(r)ullar [atur(r)u'ʎar] I. *vt* verwirren
II. *vr*: **~se** verwirrt sein; **cada vez que la veo me aturullo** jedesmal wenn ich sie treffe, bin ich ganz durcheinander
atusar [atu'sar] I. *vt* ① (*el peinado*) richten, ordnen
② (*la barba*) stutzen
③ (*el pelo*) nachschneiden
II. *vr*: **~se** sich herausputzen
audacia [au̯'ðaθja] *f* Kühnheit *f*, Verwegenheit *f*; **dio muestras de gran ~** er/sie legte große Kühnheit an den Tag, er/sie zeigte sich äußerst verwegen
audaz [au̯'ðaθ] *adj* kühn, verwegen
audible [au̯'ðiβle] *adj* hörbar
audición [au̯ði'θjon] *f* ① (*acción*) Hören *nt*
② (*facultad*) Gehör *nt*, Gehörsinn *m*
③ (*concierto*) Konzert *nt*, Konzertdarbietung *f*; (*lectura*) Lesung *f*
④ (TEAT) Vorsprechen *nt*; (*a un músico*) Vorspielen *nt*; (*a un cantante*) Vorsingen *nt*; **pasar una ~** (*un actor*) vorsprechen; (*un instrumentista*) vorspielen; (*un cantante*) vorsingen
⑤ (JUR) Verhandlung *f*; **~ final** Schlussanhörung *f*; **~ judicial** gerichtliche Verhandlung; **~ pública** öffentliche Verhandlung
audiencia [au̯'ðjenθja] *f* ① (TEL, RADIO) Zuhörerschaft *f*; **nivel** [*o* **índice**] **de ~** Einschaltquote *f*
② (POL) Audienz *f*; **dar ~ a alguien** jdm (eine) Audienz gewähren [*o* geben]
③ (JUR: *sesión*) (Gerichts)sitzung *f*, Anhörung *f*; (*sala*) Gerichtssaal *m*; (*tribunal*) Gerichtshof *m*; **A~ Nacional** ≈Oberlandesgericht *nt* für zentrale Fragen; **A~ Provincial** ≈Landgericht *nt*; **~ pública** öffentliche Sitzung; **A~ Territorial** ≈Oberlandesgericht *nt*
④ (ECON) *grupo destinatario* Zielgruppe *f*; **~ publicitaria** Werbezielgruppe *f*
audífono [au̯'ðifono] *m* ① (*aparato para sordos*) Hörgerät *nt*, Audiphon *nt*
② (*Am: auricular*) (Telefon)hörer *m*
audímetro [au̯'ðimetro] *m* ① (MED) Audiometer *nt*
② (TÉC) Audimeter *m*
audio ['au̯ðjo] *adj inv* Audio-, Ton-; **materiales ~** Tonmaterial *nt*, Audiomaterial *nt*
audiofrecuencia [au̯ðjofre'kwenθja] *f* (FÍS) Tonfrequenz *f*
audiograma [au̯ðjo'ɣrama] *m* Audiogramm *nt*
audiometría [au̯ðjome'tria] *f* Audiometrie *f*
audiómetro [au̯'ðjometro] *m* (MED) Audiometer *nt*
audiovisual [au̯ðjoβi'swal] *adj* audiovisuell
auditar [au̯ði'tar] *vt* (ECON, FIN) prüfen
auditivo¹ [au̯ði'tiβo] *m* (TEL) Hörmuschel *f*
auditivo, -a² [au̯ði'tiβo, -a] *adj* ① (*del oído*) Hör-, Gehör-; **conducto ~** Gehörgang *m*
② (MED) auditiv
auditor¹ [au̯ði'tor] *m* ① (MIL): **~ de guerra** Militärrichter *m*; **~ de marina** Richter der Kriegsmarine
② (REL): **~ de la Rota** Auditor *m*; **~ de la Nunciatura** Rechtsberater der Nuntiatur
auditor(a)² [au̯ði'tor(a)] *m(f)* (ECON, FIN) Wirtschaftsprüfer(in) *m(f)*, Rechnungsprüfer(in) *m(f)*; **~ externo** Außenprüfer *m*; **de costes** Kostenrevisor *m*; **~ interno** Innenprüfer *m*
auditoría [au̯ðito'ria] *f* ① (*de la contabilidad*) Wirtschaftsprüfung *f*; **~ contable** Abschlussprüfung *f*; **~ de cuentas** Rechnungsprüfung *f*, Wirtschaftsprüfung *f*; **~ externa** Außenprüfung *f*, Betriebsprüfung *f*; **~ financiera** Kassenprüfung *f*; **~ fiscal** Steuerprüfung *f*; **~ interna** Innenrevision *f*, beeidigene Buchprüfung *f*; **~ de marketing** Marketingkontrolle *f*; **realizar una ~** eine Rechungsprüfung vornehmen
② (*despacho*) Wirtschaftsprüfungsbüro *nt*; (*sociedad*) Wirtschaftsprüfungsgesellschaft *f*
auditorio [au̯ði'torjo] *m* ① (*público*) Zuhörerschaft *f*

auditórium ❷ (*sala*) (Konzert)saal *m*
auditórium [auði'torjun] <auditorios> *m* (Konzert)saal *m*
auge ['auxe] *m* ❶ (*de un momento*) Höhepunkt *m*, Gipfel *m*; (*de una época*) Blütezeit *f*; **~ de contrataciones** (ECON) Umsatzmaximum *nt*; **~ coyuntural** Konjunkturaufschwung *m*; **~ de la economía** Wirtschaftsaufschwung *m*; **~ de inversiones** (ECON) Investitionskonjunktur *f*; **estar en ~** im Aufschwung begriffen sein; **en el ~ de su belleza** in der Blüte seiner/ihrer Schönheit
❷ (ASTR: *apogeo*) Apogäum *nt*
augur [au'yur] *m* ❶ (HIST) Augur *m*
❷ (*adivino*) Wahrsager(in) *m(f)*
augurar [auyu'rar] *vt* voraussagen, wahrsagen
augurio [au'yurjo] *m* Vorzeichen *nt*, Omen *nt*
augusto¹ [au'yusto] *m* dummer August *m*
augusto, -a² [au'yusto, -a] *adj* erlaucht
aula ['aula] *f* ❶ (*de escuela*) Klassenzimmer *nt*
❷ (*de universidad*) Hörsaal *m*; **~ magna** Auditorium *nt* maximum, Audimax *nt*
aulaga [au'laya] *f* (BOT) Stechginster *m*
aulario [au'larjo] *m* (UNIV) Hörsaalgebäude *nt*; (*edificios*) Hörsaalkomplex *m*
áulico, -a ['auliko, -a] *adj* höfisch, Hof-; **consejero ~** Hofrat *m*
aullador(a) [auʎa'ðor(a)] *adj* heulend
aullar [au'ʎar] *irr vi* (*animal*) heulen, jaulen
aullido [au'ʎiðo] *m* Heulen *nt*, Geheul *nt*
aumentable [aumen'taβle] *adj* ❶ (*de tamaño*) ausdehnbar, ausbaufähig
❷ (*de cantidad*) ausbaufähig, steigerungsfähig
aumentar [aumen'tar] I. *vi* ❶ (*en intensidad*) zunehmen; (*lluvia t.*) stärker werden; (*miedo*) größer werden; (*temperatura*) steigen; (*aplausos*) anschwellen; (*resistencia*) wachsen; **~ de volumen** umfangreicher werden; **~ de velocidad** die Geschwindigkeit erhöhen, schneller werden
❷ (*en cantidad*) zunehmen (um +*akk*), sich vermehren; (*precios*) steigen (um +*akk*); **~ de altura** höher werden; **~ de peso** an Gewicht zunehmen; **los casos de SIDA siguen aumentando** die Zahl der Aidskranken steigt weiter an; **los disturbios aumentan** die Unruhen weiten sich aus; **los atracos han aumentado mucho** die Überfälle haben überhand genommen; **el tráfico aumenta constantemente** der Verkehr wächst ständig an
❸ (*en extensión*) vergrößern; **esta lupa aumenta mucho** diese Lupe vergrößert stark
II. *vt* ❶ (*intensidad*) steigern; (*esfuerzos*) verstärken
❷ (*subir*) steigern; (*multiplicar*) vermehren; (*precios*) erhöhen, heraufsetzen; (*velocidad*) steigern, erhöhen; **~ los precios a propósito** die Preise hochtreiben; **la producción** die Produktion steigern; **la productividad** die Produktivität steigern; **el valor contable** (FIN) den Buchwert heraufsetzen; **las ventas han aumentado (en) un 5 %** der Absatz wurde um 5 % gesteigert
❸ (*de extensión*) vergrößern, ausweiten; **~ un negocio/una foto/el repertorio** ein Geschäft/ein Foto/das Repertoire vergrößern; **~ el poder/el dominio** die Macht/die Herrschaft ausweiten
III. *vr*: **~se** ❶ (*en cantidad*) erhöht werden, sich vermehren; **se aumentó el sueldo** das Gehalt wurde erhöht
❷ (*en extensión*) sich vergrößern
aumentativo¹ [aumenta'tiβo] *m* (LING) Vergrößerungsform *f*, Augmentativ *nt*
aumentativo, -a² [aumenta'tiβo, -a] *adj* vergrößernd
aumento [au'mento] *m* ❶ (*en la intensidad*) Zunahme *f*; (*de los esfuerzos*) Verstärkung *f*; (*de las disputas*) Eskalation *f*; **ir en ~** ständig zunehmen
❷ (*en la cantidad*) Zunahme *f* (*de um* +*akk*), Zuwachs *m* (*de um* +*akk*); (*de precio*) Erhöhung *f* (*de um* +*akk*), Steigerung *f* (*de um* +*akk*), Aufschlag *m* (*de* von +*dat*); (*en los negocios*) Vergrößerung *f*, Erweiterung *f*; (*de las ventas*) Steigerung *f* (*de* um +*akk*); (*de la temperatura*) Anstieg *m* (*de* um +*akk*); **~ abusivo de los precios** (ECON) Preistreiberei *f*; **~ de capacidad** Kapazitätsausweitung *f*; **~ de capital** Kapitalerhöhung *f*; **~ de costos** (ECON) Kostenzuschlag *m*; **~ de existencias** (ECON) Lagerbestandserhöhung *f*; **~ (lineal) de sueldo** (allgemeine) Gehaltserhöhung; **~ de población** Bevölkerungszuwachs *m*; **~ de la rentabilidad** (ECON) Rentabilitätssteigerung *f*; **~ de valor** Wertzuwachs *m*, Wertsteigerung *f*; (*encarecimiento*) Verteuerung *f*
❸ (*en la extensión*) Vergrößerung *f*; **cristal de ~** Vergrößerungsglas *nt*
aun [aun] I. *adv* ❶ (*hasta, incluso*) sogar, selbst; **te dejo el coche y ~ el remolque si los necesitas** ich lasse dir den Wagen und sogar [*o* auch] den Anhänger, wenn du sie brauchst
❷ (*loc*): **~ así** (aber) trotzdem; **ni ~** nicht einmal
II. *conj*: **~ no comprando nada, no me llega el dinero** obwohl [*o* selbst wenn] ich nichts kaufe, reicht das Geld nicht aus; **~ cuando** auch [*o* sogar] [*o* selbst] wenn

aún [a'un] *adv* ❶ (*todavía*) (immer) noch; **~ llueve** es regnet (immer) noch; **¿ha venido? – ~ no** ist er/sie gekommen? – noch nicht
❷ (*con comparativo*) sogar, noch; **este es ~ mejor** dieses ist sogar noch besser
aunar [au'nar] *irr como aullar* I. *vt* ❶ (*unir*) verbinden, vereinen; **~ esfuerzos** gemeinsame Anstrengungen machen
❷ (*unificar*) vereinigen
❸ (*armonizar*) harmonisieren, in Übereinstimmung bringen
II. *vr*: **~se** sich zusammentun (*con* mit +*dat*), sich verbünden (*con* mit +*dat*)
aunque ['aunke] *conj* ❶ (*concesiva*) obwohl, auch wenn; **~ es viejo, aún puede trabajar** obwohl er alt ist, kann er immer noch arbeiten; **la casa, ~ pequeña, está bien** wenn das Haus auch klein ist, ist es doch schön; **tengo que conseguirte ~ me cueste la vida** ich muss dich haben, auch wenn es mich das Leben kostet; **~ parezca extraño** so seltsam es auch scheinen mag; **tengo que regalarle algo ~ sea un boli** ich muss ihm/ihr unbedingt etwas schenken, und wenn es nur ein Kuli ist
❷ (*adversativa*) aber; **creo que está aquí, ~ no lo sé seguro** ich glaube, er/sie ist da, aber ich weiß es nicht ganz genau
aúpa [a'upa] *interj* auf, hoch; **alguien/algo es de ~** jd/etw ist gefährlich
au pair [o'per] *mf* Aupairmädchen *nt*, Aupairboy *m*; **un puesto de ~** eine Aupairstelle
aupar [au'par] *irr como aullar vt* ❶ (*a un niño*) hochheben
❷ (*ayudar a subir*) hinaufhelfen +*dat*; **~ a alguien a la presidencia** jdn an die Präsidentschaft bringen, jdm zum Amt des Präsidenten verhelfen
aura ['aura] *f* ❶ (*elev: brisa*) milder Wind *m*, Zephir *m*
❷ (FÍS, MED) Aura *f*
❸ (*reputación*) Aura *f*, Nimbus *m*; **tiene una ~ misteriosa** eine geheimnisvolle Aura umgibt ihn/sie; **exhala una ~ de tranquilidad** er/sie strömt [*o* strahlt] Ruhe aus
áureo, -a ['aureo, -a] *adj* golden
aureola [aure'ola] *f*, **auréola** [au'reola] *f* ❶ (*de un santo*) Heiligenschein *m*, Aureole *f* ❷ (*de un astro*) Aureole *f* ❸ (*de una persona*) Heiligenschein *m*, Nimbus *m*; **no hay nada que pueda dañar su ~** nichts kann seinen/ihren Heiligenschein trüben
aureolar [aureo'lar] *vt* mit einem Heiligenschein umgeben, glorifizieren
aureomicina [aureomi'θina] *f* (QUÍM, MED) Aureomycin *nt*
aurícula [au'rikula] *f* ❶ (ANAT: *del corazón*) Vorhof *m*, Vorkammer *f*
❷ (ANAT: *de la oreja*) Ohrmuschel *f*
❸ (*planta*) Aurikel *f*, Öhrchen *nt*
auricular [auriku'lar] I. *adj* ❶ (*de la oreja*) Ohren-; (MED) aurikular; **testigo ~** Ohrenzeuge *m*; **dedo ~** kleiner Finger
❷ (*del corazón*) Vorhof-, Vorkammer-
II. *m* ❶ (TEL: *auditivo y micrófono*) (Telefon)hörer *m*; **coger [*o* descolgar] el ~** den Hörer abnehmen; **colgar el ~** den Hörer auflegen [*o* einhängen]
❷ (TEL: *auditivo*) Hörmuschel *f*
❸ (*de música*) Kopfhörer *m*
aurífero, -a [au'rifero, -a] *adj* goldhaltig
auriga [au'riya] *m* (HIST) Wagenlenker *m*
Auriga [au'riya] *m* (ASTR) Fuhrmann *m*
aurora [au'rora] *f* ❶ (*alba*) Morgenröte *f*; **~ austral** Südlicht *nt*; **~ boreal** Nordlicht *nt*
❷ (*principios*) Anfänge *mpl*
auroterapia [aurote'rapja] *f* (MED) Aurotherapie *f*
auscultación [auskulta'θjon] *f* (MED) Abhorchen *nt*, Auskultation *f*
auscultar [auskul'tar] *vt* ❶ (MED) abhorchen, auskultieren
❷ (*sondear*) ausloten
ausencia [au'senθja] *f* ❶ (*estado de ausente*) Abwesenheit *f*; **~ sin autorización** unerlaubtes Fehlen (am Arbeitsplatz); **~ del trabajo** Arbeitsversäumnis *nt*; **brillar por su ~** durch Abwesenheit glänzen; **hacer a alguien buenas/malas ~s** gut/schlecht über jdn reden; **tener buenas ~s** einen guten Leumund [*o* Ruf] haben; **en ~ del gato bailan los ratones** (*prov*) wenn die Katze aus dem Haus ist, tanzen die Mäuse (auf dem Tisch)
❷ (*falta*) Fehlen *nt* (*de* von +*dat*), Mangel *m* (*de* an +*dat*); **~ de interés** mangelndes Interesse; **~ de lluvias** Regenmangel *m*; **~ de malicia** Mangel an Boshaftigkeit; **en ~ de algo mejor** in Ermangelung eines Besseren
❸ (JUR) Verschollenheit *f*
❹ (PSICO) (Geistes)abwesenheit *f*
❺ (MED) Absence *f*
ausentarse [ausen'tarse] *vr* abreisen, verreisen; **~ de la ciudad** die Stadt verlassen
ausente [au'sente] I. *adj* ❶ (*no presente*) abwesend; **estar ~** nicht da sein; **estar ~ del trabajo** am Arbeitsplatz fehlen
❷ (JUR) verschollen
❸ (*distraído*) (geistes)abwesend, zerstreut

ausoles

II. *mf* ❶ (*no presente*) Abwesende(r) *mf*
❷ (JUR) Verschollene(r) *mf*
ausoles [aṷ'soles] *mpl* (*AmC*) Erdspalte *f* im vulkanischen Gebiet (*aus der Dampf und Thermalwasser austritt*)
auspiciador(a) [aṷspiθja'ðor(a)] *m(f)* Sponsor(in) *m(f)*, Förderer, -in *m*, *f*
auspiciar [aṷspi'θjar] *vt* ❶ (*presagiar*) vorhersagen, voraussagen
❷ (*patrocinar*) die Schirmherrschaft übernehmen (über +*akk*)
auspicio [aṷs'piθjo] *m* ❶ (*protección*) Schirmherrschaft *f*; **bajo los ~s del presidente** unter der Schirmherrschaft des Präsidenten
❷ *pl* (*presagio*) Vorzeichen *nt*, Omen *nt*
austeridad [aṷsteri'ðað] *f* ❶ (*de las costumbres*) (Sitten)strenge *f*
❷ (*del modo de vida*) Enthaltsamkeit *f*
❸ (*de una habitación*) Kargheit *f*, Schmucklosigkeit *f*
❹ (*de un paisaje*) Kargheit *f*
❺ (*de un estilo*) Einfachheit *f*, Nüchternheit *f*
austero, -a [aṷs'tero, -a] *adj* ❶ (*costumbre*) (sitten)streng
❷ (*modo de vida*) enthaltsam
❸ (*habitación*) karg, schmucklos
❹ (*paisaje*) karg
❺ (*estilo*) einfach, nüchtern
austral [aṷs'tral] *adj* südlich, Süd-
Australia [aṷs'tralja] *f* Australien *nt*
australiano, -a [aṷstra'ljano, -a] I. *adj* australisch
II. *m*, *f* Australier(in) *m(f)*
australopiteco [aṷstralopi'teko] *m* Australopithecus *m*
Austria ['aṷstrja] *f* Österreich *nt*
austríaco, -a [aṷs'trjako, -a], **austriaco, -a** [aṷs'triako, -a] I. *adj* österreichisch II. *m*, *f* Österreicher(in) *m(f)*
austro ['aṷstro] *m* ❶ (*viento*) Südwind *m*
❷ (*sur*) Süden *m*
austrohúngaro, -a [aṷstro'uŋgaro, -a] *adj* (HIST) österreichisch-ungarisch
autarcía [aṷtar'θia] *f*, **autarquía** [aṷtar'kia] *f* Autarkie *f*
autárquico, -a [aṷ'tarkiko, -a] *adj* (*t.* POL) autark, (wirtschaftlich) unabhängig
autenticar [aṷtenti'kar] <c→qu> *vt* ❶ (*legitimar*) beglaubigen, authentifizieren *elev*
❷ (JUR) authentisieren
autenticidad [aṷtentiθi'ðað] *f* Echtheit *f*, Authentizität *f*; **sobre la ~ de sus palabras tengo mis dudas** ich bezweifle den Wahrheitsgehalt seiner/ihrer Worte; **no creo en la ~ de esta información** ich glaube nicht, dass es sich hier um eine zuverlässige Information handelt
auténtico, -a [aṷ'tentiko, -a] *adj* ❶ (*verdadero*) echt, wahr; **un ~ fracaso** ein glatter Fehlschlag; **hacía un calor ~** es war wirklich [*o* echt] warm; **es un ~ maestro en su especialidad** er ist ein wahrer Meister in seinem Fach; **el único Dios ~** der einzig wahre Gott
❷ (*palabra*) glaubwürdig
❸ (*información*) zuverlässig
❹ (*datos*) verbürgt
autentificar [aṷtentifi'kar] <c→qu> *vt v.* **autenticar**
autillo [aṷ'tiʎo] *m* (ZOOL) Zwergohreule *f*
autismo [aṷ'tismo] *m sin pl* (MED) Autismus *m*
autista [aṷ'tista] I. *adj* autistisch
II. *mf* Autist(in) *m(f)*
auto ['aṷto] *m* ❶ (JUR) Beschluss *m*, Entscheidung *f*; **~ de agilización** Beschleunigungsbeschluss *m*; **~ de confiscación** [*o* **de decomiso**] Beschlagnahmebeschluss *m*; **~ de declaración de quiebra** Konkursbeschluss *m*; **~ de ejecución** Vollstreckbarkeitserklärung *f*; **~ de embargo** Pfändungsbeschluss *m*; **~ de embargo de salarios** Lohnpfändungsbeschluss *m*; **~ de expropiación** Enteignungsbeschluss *m*; **~ de prueba** Beweisbeschluss *m*; **~ de recusación** Ablehnungsentscheidung *f*; **~ de registro** Durchsuchungsbefehl *m*; **~ de remisión** Verweisungsbeschluss *m*; **~ de suspensión** Aussetzungsbeschluss *m*; **~ de tasación de costas** Kostenfestsetzungsbeschluss *m*
❷ (LIT, REL, HIST): **~ sacramental** Mysterienspiel *nt*
❸ (*loc*): **~ de fe** Autodafé *nt*; **hacer un ~ de fe con los libros** Bücher verbrennen
❹ *pl* (JUR) (Prozess)akten *fpl*; **constar en ~s** aktenkundig sein; **estar en ~s** im Bilde sein; **poner en ~s** ins Bild setzen
❺ (*automóvil*) Auto *nt*
autoabastecerse [aṷtoaβaste'θer] *irr como crecer vr* sich selbst versorgen
autoabastecimiento [aṷtoaβasteθi'mjento] *m* Selbstversorgung *f*; **~ energético** Selbstversorgung mit Energie
autoacusación [aṷtoakusa'θjon] *f* Selbstanklage *f*, Selbstbeschuldigung *f*
autoacusarse [aṷtoaku'sarse] *vr* sich selbst bezichtigen
autoadaptación [aṷtoaðapta'θjon] *f* (INFOR) Selbstanpassung *f*

autoadhesión [aṷtoaðe'sjon] *f sin pl* Autoadhäsion *f*, Selbsthaftung *f*
autoadhesivo, -a [aṷtoaðe'siβo, -a] *adj* selbstklebend, selbsthaftend; **papel ~** Selbstklebefolie *f*
autoadministración [aṷtoaðministra'θjon] *f* Selbstverwaltung *f*; **~ comunal** kommunale Selbstverwaltung
autoadministrarse [aṷtoaðminis'trase] *vr* sich selbst verwalten
autoafirmación [aṷtoafirma'θjon] *f* Selbstbestätigung *f*
autoafirmarse [aṷtoafir'marse] *vr* sich selbst bestätigen
autoagresión [aṷtoaɣre'sjon] *f* Autoaggression *f*; **a base de ~es** mittels autoaggressiver Handlungen
autoalarma [aṷtoa'larma] *f* automatischer Alarm *m*
autoanálisis [aṷtoa'nalisis] *m inv* Selbstanalyse *f*
autoaprendizaje [aṷtoapreɲdi'θaxe] *m* Selbststudium *nt*, Selbstunterricht *m*
autoarranque [aṷtoa'rraŋke] *m* (TÉC) Selbststart *m*
autoavalúo [aṷtoaβa'luo] *m*: **sistema de ~** (ECON, FIN) Selbstveranlagungssystem *nt*
autobanco [aṷto'βaŋko] *m* Autoschalter *m*
autobiografía [aṷtoβjoɣra'fia] *f* Autobiografie *f*
autobiográfico, -a [aṷtoβjo'ɣrafiko, -a] *adj* autobiografisch
autobombo [aṷto'βombo] *m* Selbstlob *nt*, Eigenlob *nt*; **se da mucho ~** er/sie lobt sich gerne selbst
autobronceador(a) [aṷtoβronθea'ðor(a)] *adj*: **leche ~a** Selbstbräunungsmilch *f*
autobús [aṷto'βus] *m* (Auto)bus *m*, Omnibus *m*
autocalificarse [aṷtokalifi'karse] <c→qu> *vr* sich selbst nennen (*de* +*akk*), sich selbst bezeichnen (*de* als +*akk*)
autocar [aṷto'kar] <autocares> *m* (Reise)bus *m*, (Reise)omnibus *m*
autocaravana [aṷtokara'βana] *f* Wohnmobil *nt*
autocargo [aṷto'karɣo] *m* (JUR) Selbstbelastung *f*
autocarril [aṷtoka'rril] *m* (*Bol, Chil, Nic: autovía*) Schnellstraße *f*
autocartera [aṷtokar'tera] *f* (FIN) von der Bank gehaltener Bestand bankeigener Aktien
autocensura [aṷtoθen'sura] *f* Selbstzensur *f*
autochequeo [aṷtotʃe'keo] *m* (*t.* INFOR) Selbsttest *m*
autochoque [aṷto'tʃoke] *m* (Auto)skooter *m*
autocine [aṷto'θine] *m* Autokino *nt*
autocinesia [aṷtoθi'nesja] *f* (BIOL) Autokinese *f*
autoclave [aṷto'klaβe] *f* Autoklav *m*
autocompasión [aṷtokompa'sjon] *f* Selbstmitleid *nt*
autocomplacencia [aṷtokompla'θenθja] *f* Selbstgefälligkeit *f*
autocomplacerse [aṷtokompla'θerse] *irr como crecer vr* sich *dat* selbst gefallen
autocomplaciente [aṷtokompla'θjente] *adj* selbstgefällig
autoconfesión [aṷtokomfe'sjon] *f* Selbstbekenntnis *nt*
autoconfianza [aṷtokomˈfjanθa] *f* Selbstvertrauen *nt*
autoconservación [aṷtokonserβa'θjon] *f* Selbsterhaltung *f*
autoconsumo [aṷtokon'sumo] *m sin pl* Selbstverbrauch *m*, Eigenverbrauch *m*
autocontemplación [aṷtokontempla'θjon] *f* Selbstbetrachtung *f*, Selbstbeobachtung *f*
autocontención [aṷtokonten'θjon] *f* Selbstbeherrschung *f*
autocontratación [aṷtokontrata'θjon] *f* (JUR) Selbstkontrahieren *nt*
autocontratante [aṷtokontra'tante] *mf* (JUR) Selbstkontrahent(in) *m(f)*
autocontrol [aṷtokon'trol] *m* Selbstbeherrschung *f*; (INFOR) Selbstkontrolle *f*, Selbsttest *m*
autocontrolarse [aṷtokontro'larse] *vr* sich beherrschen
autoconvencerse [aṷtokomben'θerse] <c→z> *vr* sich selbst überzeugen
autocopista [aṷto'kopista] *f* Schablonendrucker *m*
autocracia [aṷto'kraθja] *f* Autokratie *f*
autócrata [aṷ'tokrata] *mf* Autokrat(in) *m(f)*
autocrático, -a [aṷto'kratiko, -a] *adj* autokratisch
autocrítica [aṷto'kritika] *f* Selbstkritik *f*
autocrítico, -a [aṷto'kritiko, -a] *adj* selbstkritisch
auto-cross [aṷto'kros] *m sin pl* Autocross *nt*
autóctono, -a [aṷ'toktono, -a] I. *adj* alteingesessen, autochthon *elev*; **especies autóctonas** einheimische Arten
II. *m*, *f* Einheimische(r) *mf*
autodecepción [aṷtoðeθeβ'θjon] *f* Enttäuschung *f* über sich selbst
autodeclaración [aṷtoðeklara'θjon] *f* (POL) Selbsternennung *f*
autodeclarado, -a [aṷtoðekla'raðo, -a] *adj* selbst ernannt, selbst erklärt
autodefendible [aṷtoðefeɲ'diβle] *adj* (ECON, FIN) selbstschuldnerisch; **garantía ~** selbstschuldnerische Bürgschaft
autodefensa [aṷtoðe'fensa] *f* Selbstverteidigung *f*; **curso de ~** Selbstverteidigungskurs *m*
autodefinición [aṷtoðefini'θjon] *f* Selbstbezeichnung *f* (*como* als

+akk)

autodefinirse [au̯toðefi'nirse] *vr:* **Amnistía Internacional se autodefine como una organización pacifista** Amnesty International versteht sich als eine pazifistische Organisation

autodenominarse [au̯toðenomi'narse] *vr* sich selbst nennen +*akk,* sich selbst bezeichnen (als +*akk*)

autodenuncia [au̯toðe'nunθja] *f* (JUR) Selbstanzeige *f*

autodescalificarse [au̯toðeskalifi'karse] <c→qu> *vr* sich selbst disqualifizieren

autodespido [au̯toðes'piðo] *m* Kündigung *f* durch den Arbeitnehmer

autodestrucción [au̯toðestruɣ'θjon] *f* Selbstzerstörung *f*

autodestructivo, -a [au̯toðestruk'tiβo] *adj* selbstzerstörerisch

autodestruirse [au̯toðestru'irse] *irr como huir vr* sich selbst zerstören

autodeterminación [au̯toðetermina'θjon] *f* Selbstbestimmung *f;* **derecho de ~** Selbstbestimmungsrecht *nt*

autodidacto, -a [au̯toði'ðakto, -a] **I.** *adj* autodidaktisch **II.** *m, f* Autodidakt(in) *m(f)*

autodirección [au̯toðireɣ'θjon] *f* ❶ (AERO) automatische Steuerung *f,* Selbststeuerung *f*
❷ (*misil*) Zielsuchlenkung *f*

autodisciplina [au̯toðisθi'plina] *f* Selbstdisziplin *f*

autodisolución [au̯toðisolu'θjon] *f* Selbstauflösung *f*

autodisolverse [au̯toðisol'βerse] *irr como volver vr* sich selbst auflösen

autodominarse [au̯toðomi'narse] *vr* sich selbst beherrschen

autodominio [au̯toðo'minjo] *m* Selbstbeherrschung *f*

autódromo [au̯'toðromo] *m* Autodrom *nt*

autoedición [au̯toeði'θjon] *f* Selbstverlag *m;* (INFOR) Desktoppublishing *nt,* DTP *nt*

autoempleo [au̯toem'pleo] *m* selb(st)ständige Erwerbstätigkeit *f,* berufliche Selb(st)ständigkeit *f*

autoencendido [au̯toenθen'diðo] *m* Selbstzündung *f*

autoenfoque [au̯toem̩'foke] *m* (FOTO) Autofokus *m*

autoengaño [au̯toeɲ'gaɲo] *m* Selbstbetrug *m,* Selbsttäuschung *f*

autoentregarse [au̯toentre'ɣarse] <g→gu> *vr* sich freiwillig stellen

autoescuela [au̯toes'kwela] *f* Fahrschule *f*

autoestima [au̯toes'tima] *f* Selbstwertgefühl *nt,* Selbstachtung *f*

autoestimación [au̯toestima'θjon] *f* Selbsteinschätzung *f*

auto(e)stop [au̯to⁽ᵉ⁾s'top] *m:* **viajar en** [*o* **hacer**] **~ per** Anhalter fahren [*o* reisen], trampen

auto(e)stopista [au̯to⁽ᵉ⁾sto'pista] *mf* Anhalter(in) *m(f),* Tramper(in) *m(f)*

autoexcluirse [au̯toesklu'irse] *irr como huir vr* sich selbst ausschließen

auto-expreso [au̯toes'preso] *m* (FERRO) Autoreisezug *m*

autofagia [au̯to'faxja] *f* (BIOL) Autophagie *f*

autofecundación [au̯tofekunda'θjon] *f* (BIOL) Autogamie *f,* Selbstbefruchtung *f*

autofinanciación [au̯tofinanθja'θjon] *f* Selbstfinanzierung *f,* Eigenfinanzierung *f*

autofinanciado, -a [au̯tofinan'θjaðo, -a] *adj* selbstfinanziert

autofinanciarse [au̯tofinan'θjarse] *vr* sich selbst finanzieren

autofoco [au̯to'foko] *m,* **autofocus** [au̯to'fokus] *m inv* (FOTO) Autofokus *m*

autogenerador [au̯toxenera'ðor] *m* Generator *m* regenerativer Energieträger; ~ **eólico** Wind(kraft)generator *m*

autógeno, -a [au̯'toxeno, -a] *adj* autogen

autogestión [au̯toxes'tjon] *f* Selbstverwaltung *f*

autogiro [au̯to'xiro] *m* (AERO) Drehflügelflugzeug *nt,* Autogiro *nt*

autognosis [au̯toɣ'nosis] *f inv* Selbsterkenntnis *f*

autogobernarse [au̯toɣoβer'narse] <e→ie> *vr* sich selbst verwalten, autonom sein

autogobierno [au̯toɣo'βjerno] *m* Selbstverwaltung *f,* Autonomie *f*

autogol [au̯to'ɣol] *m* (DEP) Eigentor *nt*

autogolpe [au̯to'ɣolpe] *m* Staatsstreich *m* durch den Präsidenten, Putsch *m* von oben, Umsturz *m* von oben

autograbado [au̯toɣra'βaðo] *m* (INFOR) Selbstaufschreibung *f*

autógrafo¹ [au̯'toɣrafo] *m* ❶ (*firma*) Autogramm *nt;* **cazador de ~s** Autogrammjäger *m*
❷ (*texto*) Autograph *nt*
❸ (JUR) Originalurkunde *f*

autógrafo, -a² [au̯'toɣrafo, -a] *adj* eigenhändig geschrieben

autohipnosis [au̯toiβ'nosis] *f inv* Autohypnose *f,* Selbsthypnose *f*

autoimpuesto, -a [au̯toim'pwesto, -a] *adj* selbst auferlegt

autoinculpación [au̯toinkulpa'θjon] *f* Selbstanklage *f*

autoinculparse [au̯toinkul'parse] *vr* sich selbst bezichtigen, sich selbst anzeigen

autoinducción [au̯toinduɣ'θjon] *f* (ELEC) Selbstinduktion *f*

autoinducido, -a [au̯toindu'θiðo] *adj* selbst verursacht

autoinfección [au̯toimfeɣ'θjon] *f* (MED) Selbstansteckung *f*

autoinflamable [au̯toim̩fla'maβle] *adj* selbst entzündlich

autoinfligido, -a [au̯toim̩fli'xiðo, -a] *adj* ❶ (*herida*) sich *dat* selbst zugefügt [*o* beigebracht]
❷ (*castigo*) sich *dat* freiwillig auferlegt

autoinmolarse [au̯toinmo'larse/au̯toim̩mo'larse] *vr* sich aufopfern

autoinmunización [au̯toinmuniθa'θjon/au̯toim̩muniθa'θjon] *f* (BIOL) Autoimmunisierung *f*

autointoxicación [au̯tointoɣsika'θjon] *f* (MED) Autointoxikation *f,* Selbstvergiftung *f*

autojustificación [au̯toxustifika'θjon] *f* Rechtfertigung *f* vor sich selbst

autolavado [au̯tola'βaðo] *m* Selbstreinigung *f;* **túnel de ~** (AUTO) Waschstraße *f*

autolesión [au̯tole'sjon] *f* sich *dat* selbst beigebrachte Verletzung *f;* (*graves lesiones*) Selbstverstümmelung *f*

autolesionarse [au̯tolesjo'narse] *vr* sich selbst verletzen

autolimitación [au̯tolimita'θjon] *f* Selbstbeschränkung *f*

autolimitarse [au̯tolimi'tarse] *vr* sich selbst beschränken

autolimpiable [au̯tolim'pjaβle] *adj* selbstreinigend

autoliquidación [au̯tolikiða'θjon] *f* ❶ (FIN: *impuestos*) Selbstveranlagung *f,* Selbstabführung *f*
❷ (COM: *disolución*) Selbstauflösung *f*

autolubricante [au̯toluβri'kante] *adj* selbstschmierend

automación [au̯toma'θjon] *f* Automatisierung *f,* Automation *f*

automarginado, -a [au̯tomarxi'naðo, -a] *m, f* Aussteiger(in) *m(f)*

automarginarse [au̯tomarxi'narse] *vr* (aus der Gesellschaft) aussteigen

autómata [au̯'tomata] *m* ❶ (*aparato*) Automat *m;* **~ de estado finito** (INFOR) endlicher Automat
❷ (*robot*) Roboter *m*
❸ (*pey: persona*) Marionette *f*

automática [au̯to'matika] *f* Automatik *f*

automático¹ [au̯to'matiko] *m* Druckknopf *m*

automático, -a² [au̯to'matiko, -a] *adj* ❶ (*mecánico*) automatisch, selbsttätig; **caja de cambios automática** (AUTO) Automatikgetriebe *nt;* **dispositivo ~** Automatik *f;* **fusil ~** Selbstladegewehr *nt;* **pistola automática** Selbstladepistole *f;* **la puerta se cierra de modo ~** (*se cierra sola*) die Tür schnappt ins Schloss; (*en un metro*) die Tür schließt selbsttätig
❷ (*maquinal*) unwillkürlich, automatisch
❸ (*inmediato*): **su despido fue ~ después de descubrir el fraude** er/sie wurde fristlos entlassen, nachdem der Betrug aufgedeckt wurde

automatismo [au̯toma'tismo] *m* Automatismus *m*

automatización [au̯tomatiθa'θjon] *f* Automatisierung *f,* Automatisation *f*

automatizar [au̯tomati'θar] <z→c> *vt* automatisieren

automedicación [au̯tomeðika'θjon] *f* (MED) Selbstmedikation *f*

automoción [au̯tomo'θjon] *f* Kraftfahrzeugwesen *nt,* Kraftfahrzeugsektor *m;* **compañía de ~** Automobilfirma *f;* **industria de la ~** Automobilindustrie *f*

automodelismo [au̯tomoðe'lismo] *m sin pl* Modellrennwagensport *m*

automotivarse [au̯tomoti'βarse] *vr* sich selbst motivieren

automotor¹ [au̯tomo'tor] *m* (FERRO) Triebwagen *m*

automotor(a)² [au̯tomo'tor(a)] *adj* selbstangetrieben, mit Selbstantrieb

automóvil [au̯to'moβil] **I.** *adj* mit Eigenantrieb [*o* Selbstantrieb]
II. *m* Auto *nt,* Kraftfahrzeug *nt;* **~ de carreras** Rennwagen *m;* **~ eléctrico** Elektroauto *nt;* **~ todo terreno** Geländefahrzeug *nt;* **industria del ~** Automobilindustrie *f;* **Salón del A~** Automobilmesse *f*

automovilismo [au̯tomoβi'lismo] *m* ❶ (DEP) Rennsport *m*
❷ (*mundo del auto*) Kraftfahrzeugwesen *nt*

automovilista [au̯tomoβi'lista] *mf* Autofahrer(in) *m(f)*

automovilístico, -a [au̯tomoβi'listiko, -a] *adj* Auto(mobil)-, Kraftfahrzeug-; **carrera automovilística** Autorennen *nt;* **parque ~** Fuhrpark *m*

autonivelarse [au̯toniβe'larse] *vr* sich automatisch (waagerecht) ausrichten

autonombrarse [au̯tonom'brarse] *vr* sich selbst ernennen (zu +*dat*)

autonomía [au̯tono'mia] *f* ❶ (POL) Autonomie *f,* Selbstverwaltung *f;* **~ colectiva** Tarifautonomie *f;* **~ municipal** kommunale Selbstverwaltung
❷ (*de una persona*) Unabhängigkeit *f;* **en esta empresa no tengo ~ para tomar decisiones** in dieser Firma kann ich keine eigenen Entscheidungen treffen
❸ (*de un avión*) Reichweite *f*
❹ (*territorio*) autonome Region *f*
❺ (ECON, FIN): **~ presupuestal** Finanzhoheit *f*

autonómica [au̯to'nomika] *f* (TV) (unabhängiger) Regionalsender *m*

autonómico, -a [au̯to'nomiko, -a] *adj* autonom(isch); **proceso ~** Autonomieprozess *m;* **política autonómica** Regionalpolitik *f;* **elecciones autonómicas** Wahlen in den autonomen Regionen

autonomista [au̯tono'mista] *mf* Autonomist(in) *m(f),* Anhänger(in) *m(f)* der Autonomie

autónomo, -a [au̯'tonomo, -a] *adj* ❶ (POL) autonom, selb(st)ständig; **la comunidad autónoma de Galicia** die autonome Region Galicien
❷ (*trabajador*) selb(st)ständig; **trabajar de ~** selb(st)ständig arbeiten; **¿cuánto pagas de ~s?** wie viel zahlst du für deine private Krankenversicherung?
autopase [au̯to'pase] *m* (DEP) Eigenpass *m*
autopilotado, -a [au̯topilo'tað̞o, -a] *adj* (TÉC) selbststeuernd
autopiloto [au̯topi'loto] *m* (AERO) Autopilot *m*
autopista [au̯to'pista] *f* ❶ (AUTO) Autobahn; **~ de peaje** gebührenpflichtige Autobahn
❷ (INFOR): **~ de datos** Datenautobahn *f;* **~ de la información** Dateninfobahn *f*
autoplastia [au̯to'plastja] *f* (MED) Autoplastik *f*
autoproclamarse [au̯toprokla'marse] *vr* sich selbst ernennen (zu +*dat*)
autoprogramable [au̯toproɣra'maβle] *adj* selbstprogrammierbar
autopromoción [au̯topromo'θjon] *f* Werbung *f* in eigener Sache, Eigenwerbung *f*
autopropulsión [au̯topropul'sjon] *f* (TÉC) Selbstantrieb *m*, Eigenantrieb *m*
autoprotección [au̯toproteɣ'θjon] *f* Selbstschutz *m*
autopsia [au̯'toβsja] *f* ❶ (MED) Obduktion *f*, Autopsie *f*
❷ (*análisis*) eingehende Prüfung *f*, Autopsie *f*
autopublicidad [au̯topuβliθi'ðað̞] *f* Eigenwerbung *f*
autor(a) [au̯'tor(a)] *m(f)* ❶ (*de un libro*) Verfasser(in) *m(f)*, Autor(in) *m(f)*; (*de una obra musical*) Komponist(in) *m(f)*, Autor(in) *m(f);* **derechos de ~** Urheberrechte *ntpl;* **película de ~** Autorenfilm *m;* **una novela de ~ desconocido** ein Roman eines unbekannten Verfassers [*o* Schriftstellers]
❷ (*de un acto*) Urheber(in) *m(f)*
❸ (*de algo creativo*) Schöpfer(in) *m(f)*
❹ (*de una conspiración*) Initiator(in) *m(f)*, Anstifter(in) *m(f)*
❺ (*de un crimen*) Täter(in) *m(f);* **el ~ del atentado** der Attentäter
❻ (*de un invento*) Erfinder(in) *m(f)*
❼ (*de un descubrimiento*) Entdecker(in) *m(f)*
autorehusamiento [au̯toreu̯sa'mjento] *m* (JUR) Selbstablehnung *f;* **~ de persona jurídica** Selbstablehnung einer Gerichtsperson
autoría [au̯to'ria] *f* ❶ (*de un texto*) Urheberschaft *f;* **admite la ~ del artículo** er/sie bekennt [*o* gibt zu] den Artikel geschrieben zu haben
❷ (*de un acto*) Urheberschaft *f*
❸ (*de un crimen*) Täterschaft *f*
autoridad [au̯tori'ðað̞] *f* ❶ (*poder*) Staatsgewalt *f*, Macht *f;* **la ~ del estado** die Staatsgewalt; **la ~ judicial** die richterliche Gewalt; **la ~ espiritual/temporal en la Edad Media** die geistliche/weltliche Obrigkeit im Mittelalter
❷ (*de una persona*) Autorität *f;* **la ~ de los padres** die elterliche Autorität; **estar bajo la ~ de alguien** jdm unterstehen; **¡aquí soy yo la ~!** hier bestimme ich!
❸ (*estatal*) Behörde *f*, Amt *nt;* **~ administrativa** Verwaltungsbehörde *f;* **~ asistencial** Betreuungsbehörde *f;* **~ con capacidad de decisión** Entscheidungsbehörde *f;* **~ conciliadora** Vergleichsbehörde *f;* **~ ejecutiva** Vollstreckungsbehörde *f;* **~ federal** Bundesbehörde *f;* **~ financiera** (FIN) Finanzbehörde *f*, Steuerbehörde *f;* **~ monetaria** (FIN) Währungsbehörde *f;* **~ sanitaria** Gesundheitsbehörde *f*, Gesundheitsamt *nt;* **Alta A~** (UE) Hohe Behörde; **las ~es, la ~ pública** die Obrigkeit; **la ~ competente** die zuständige Behörde; **recurrir a las ~es** sich an die Behörden wenden
❹ (*prestigio*) Autorität *f*, Ansehen *nt;* **hablar con ~** mit der Autorität eines Sachkundigen sprechen
❺ (*experto*) Autorität *f*, Fachmann *m;* **es una ~ en su campo** er/sie ist eine Autorität in seinem/ihrem Fach
❻ (*policía*): **entregarse a las ~es** sich der Polizei stellen; **¡llamen a la ~!** rufen Sie die Polizei!; **desacato a la ~** Widerstand gegen die Staatsgewalt
autoritario, -a [au̯tori'tarjo, -a] *adj* ❶ (*persona*) autoritär, streng; **estado ~** Obrigkeitsstaat *m*
❷ (*educación*) autoritär
autoritarismo [au̯torita'rismo] *m sin pl* Autoritarismus *m*
autorización [au̯toriθa'θjon] *f* ❶ (*permiso*) Genehmigung *f* (*para* zu +*dat*), Erlaubnis *f* (*para* zu +*dat*); **~ de cancelación** Löschungsbewilligung *f;* **~ de cartel** (ECON) Kartellerlaubnis *f;* **~ comunitaria** Gemeinschaftsgenehmigung *f;* **~ documentaria** (FIN) Remboursermächtigung *f;* **~ excepcional** (JUR) Ausnahmegenehmigung *f;* **~ para vender alcohol** Schankerlaubnis *f*, Schankkonzession *f*
❷ (*facultad*) Ermächtigung *f* (*para* zu +*dat*), Bevollmächtigung *f* (*para* zu +*dat*); **~ bancaria** (FIN) Bankvollmacht *f;* **~ de pago** (FIN) Zahlungsvollmacht *f*, Zahlungsermächtigung *f*
❸ (*derecho*) Berechtigung *f* (*para* zu +*dat*), Recht *nt* (*para* auf +*akk*); **~ de acceso** (INFOR) Zugriffsberechtigung *f;* **~ de cobro** (FIN) Inkasso-

berechtigung *f;* **~ de residencia** Aufenthaltsberechtigung *f*, Aufenthaltsbewilligung *f*
❹ (*de un documento*) Beglaubigung *f;* (*de una firma*) Bestätigung *f*
autorizado, -a [au̯tori'θað̞o, -a] *adj* ❶ (*facultado*) ermächtigt, befugt; **persona no autorizada** Unbefugte(r) *m;* **~ para firmar** zeichnungsberechtigt
❷ (*competente*) kompetent; **de fuentes autorizadas** aus sicherer Quelle
❸ (*oficial*) offiziell; **precios ~s** offizielle Preise
autorizar [au̯tori'θar] <z→c> *vt* ❶ (*consentir*) genehmigen, gestatten; **~ una manifestación/la apertura de un bar** eine Demonstration/die Eröffnung einer Kneipe genehmigen; **mi jefe me ha autorizado para ausentarme** mein Chef hat mir freigegeben
❷ (*facultar*) ermächtigen (*a/para* zu +*dat*), bevollmächtigen (*a/para* zu +*dat*); **estar autorizado para hacer algo** ermächtigt [*o* befugt] sein etw zu tun
❸ (*dar derecho*) berechtigen (*a/para* zu +*dat*), ermächtigen (*a/para* zu +*dat*); **que sea mi jefe no le autoriza para insultarme** auch wenn Sie mein Chef sind, haben Sie kein Recht mich zu beschimpfen; **este hecho nos autoriza a pensar que...** diese Tatsache berechtigt uns zu der Annahme, dass ...
❹ (*documentos*) beglaubigen
autorradio [au̯to'rrað̞jo] *m* Autoradio *nt*
autorrealización [au̯torreali θa'θjon] *f* Selbstverwirklichung *f*
autorreflexión [au̯torrefleɣ'sjon] *f* selb(st)ständiges Denken *nt*
autorrefrigeración [au̯torrefrixera'θjon] *f* Selbstkühlung *f*
autorregulación [au̯torreɣula'θjon] *f* ❶ (MED) Autoregulation *f*
❷ (ELEC, COM) Selbstregelung *f*
autorregulador(a) [au̯torreɣula'ð̞or(a)] *adj* selbstregelnd, selbstregulierend
autorregularse [au̯torreɣu'larse] *vr* sich selbst regulieren
autorretrato [au̯torre'trato] *m* Selbstportrait *nt*, Selbstbildnis *nt*
autorreverse [au̯torre'βerse] *m* Autoreverse *nt*
autorreversible [au̯torreβer'siβle] *adj* mit Auto-Reverse-System
autorzuelo [au̯tor'θwelo] *m* (*pey*) Schreiberling *m*
autosacrificio [au̯tosakri'fiθjo] *m* Selbstaufopferung *f*
autosatisfacción [au̯tosatisfaɣ'θjon] *f* Selbstzufriedenheit *f*
autoservicio [au̯toser'βiθjo] *m* Selbstbedienung *f;* **tienda de ~** Selbstbedienungsladen *m*
autosostenido, -a [au̯tososte'nið̞o, -a] *adj:* **crecimiento ~** konstante Wachstumsrate, Wachstumsgleichgewicht *nt*
autostop [au̯tos'top] *m v.* **auto(e)stop**
autostopista [au̯tosto'pista] *m(f) v.* **auto(e)stopista**
autosubida [au̯tosu'βið̞a] *f* Diätenerhöhung *f*
autosuficiencia [au̯tosufi'θjenθja] *f* ❶ (*condición*) Selbstgenügsamkeit *f;* **~ económica** (ECON) wirtschaftliche Selbstversorgung
❷ (*presunción*) Selbstgefälligkeit *f*
autosuficiente [au̯tosufi'θjente] *adj* ❶ (*condición*) selbstgenügsam
❷ (*presuncioso*) selbstgefällig
autosugestión [au̯tosuxes'tjon] *f* Autosuggestion *f*
autosugestivo, -a [au̯tosuxes'tiβo, -a] *adj* autosuggestiv
autotest [au̯to'testʲ] <autotests> *m* (PSICO) Selbsttest *m*, Selbstversuch *m*
autotipia [au̯to'tipja] *f* (TIPO) Autotypie *f*
autotitularse [au̯totitu'larse] *vr* sich selbst bezeichnen (als +*akk*)
autótrofo, -a [au̯'totrofo, -a] *adj* (BIOL, BOT) autotroph
autovacuna [au̯toβa'kuna] *f* (MED) Autovakzine *f*, Eigenimpfstoff *m*
autovía [au̯to'βia] *f* ❶ (*carretera*) Schnellstraße *f*
❷ (FERRO) Triebwagen *m*
autovinculación [au̯toβiŋkula'θjon] *f* (JUR) Selbstbindung *f;* **~ de la administración** Selbstbindung der Verwaltung
auxiliar¹ [au̯ɣsi'ljar] **I.** *adj* Hilfs-; **motor ~** Hilfsmotor *m;* **profesor ~** (UNIV) Assistent *m;* (*en la escuela*) Aushilfslehrer *m;* **verbo ~** (LING) Hilfsverb *nt*
II. *mf* ❶ (*ayudante*) Assistent(in) *m(f)*, Gehilfe, -in *m, f;* **~ administrativo** Beamter im unteren Dienst; **~ de cátedra** (*en Alemania*) wissenschaftliche Hilfskraft; **~ de clínica** Krankenpfleger *m*, Krankenschwester *f;* **~ técnico sanitario** medizinisch-technischer Assistent *m;* **~ de vuelo** Steward *m*, Stewardess *f*
❷ (DEP: *de un árbitro*) Linienrichter(in) *m(f)*
III. *vt* ❶ (*dar auxilio*) helfen +*dat*, beistehen +*dat*
❷ (*ayudar a bien morir*) versehen; **~ a un enfermo** einen Kranken versehen
auxiliar² [au̯ɣsi'ljar] *m* (LING) Hilfsverb *nt*
auxilio [au̯ɣ'siljo] *m* Hilfe *f*, Beistand *m;* **~s espirituales** (REL) Sterbesakramente *ntpl;* **~ judicial** (JUR) Rechtshilfe *f;* **omisión de ~** unterlassene Hilfeleistung; **primeros ~s** erste Hilfe; **pedir ~** um Hilfe rufen [*o* schreien]; **pedir ~ a alguien** jdn zu Hilfe rufen; **¡~!** Hilfe!
aval [a'βal] *m* (COM, JUR) Wechselbürgschaft *f*, Aval *m;* **~ bancario** Bank-

avalador

bürgschaft *f;* ~ **de un cheque** Scheckbürgschaft *f;* ~ **consorcial** Konzernbürgschaft *f;* ~ **de crédito** Kreditbürgschaft *f;* ~ **de Estado** Staatsgarantie *f;* ~ **sobre una letra de cambio** Avalakzept *m;* ~ **de pago** Zahlungsbürgschaft *f*

avalador(a) [aβala'ðor(a)] **I.** *adj* avalierend, Bürgschaft leistend **II.** *m(f)* (Wechsel)bürge, -in *m, f,* Avalist(in) *m(f)*

avalancha [aβa'lantʃa] *f* Lawine *f*

avalante [aβa'lante] *mf* (FIN) Wechselbürge, -in *m, f,* Avalist(in) *m(f)*

avalar [aβa'lar] *vt* ❶ (COM) eine (Wechsel)bürgschaft leisten (für +*akk*), avalieren; ~ **una deuda** eine Bürgschaft für eine Schuld leisten; ~ **una letra de cambio** für einen Wechsel bürgen

❷ (*a alguien*) bürgen (*a* für +*akk*)

avalentonado, -a [aβalento'naðo, -a] *adj* prahlerisch, großmäulig

avalista [aβa'lista] *mf* (COM) (Wechsel)bürge, -in *m, f,* Avalist(in) *m(f)*

avaluar [aβalu'ar] <*l. pres:* avalúo> *vt* bewerten

avalúo [aβa'luo] *m* Bewertung *f,* Wertbestimmung *f*

avance [a'βanθe] *m* ❶ (*movimiento*) Vorrücken *nt;* (MIL) Vormarsch *m;* ~ **de líneas** (INFOR) Zeilenvorschub *m;* ~ **de papel** (INFOR) Papiervorschub *m;* ~ **de los precios** Preissteigerung *f*

❷ (*anticipo*) Vorschuss *m,* Vorauszahlung *f*

❸ (*progreso*) Fortschritt *m;* ~**s tecnológicos** technische Fortschritte

❹ (*avanzo*) Bilanz *f*

❺ (*presupuesto*) (Kosten)voranschlag *m*

❻ (CINE, TV) Vorschau *f* (*de* auf +*akk*); ~ **informativo** Nachrichtenüberblick *m;* ~ **de programa** Programmvorschau *f*

❼ (*Arg: propuesta*) verlockendes Angebot *nt;* (*contacto*) freundliche Kontaktaufnahme *f*

avante [a'βante] *adv* (NÁUT): ~ **a toda/media máquina** volle/halbe Fahrt voraus

avanzada [aβan'θaða] *f,* **avanzadilla** [aβanθa'ðiʎa] *f* (MIL) Vorhut *f,* Vorposten *m*

avanzado, -a [aβan'θaðo, -a] *adj* ❶ (*nivel*) fortgeschritten; **en ~ estado de deterioro** im fortgeschrittenen Stadium des Verfalls

❷ (*método*) fortschrittlich

❸ (*modelo*) weiterentwickelt

❹ (*posición*) vorgeschoben, vorgerückt

❺ (*edad*) fortgeschritten, vorgerückt; **un hombre de avanzada edad** ein Mann im fortgeschrittenen Alter

avanzar [aβan'θar] <z→c> **I.** *vi* ❶ (*ir adelante*) vorwärts gehen, weitergehen; (MIL) vorrücken; ~ **por una calle** eine Straße entlanggehen; ~ **hacia alguien/algo** auf jdn/etw zugehen [*o* zukommen]; **la lava avanza un metro cada día** die Lava bewegt sich täglich einen Meter vorwärts; **a medida que el tiempo avanzaba** mit der Zeit

❷ (*progresar*) vorankommen, fortschreiten; **no avanzo nada** ich mache keine Fortschritte, ich komme nicht voran; **no avanzo con el trabajo** ich komme mit der Arbeit nicht voran; **esta tendencia está avanzando** dieser Trend ist auf dem Vormasch

II. *vt* ❶ (*mover hacia adelante*) vorrücken, vorziehen; ~ **un metro la cómoda** die Komode einen Meter vorschieben [*o* vorrücken]; ~ **el peón** (*ajedrez*) den Bauern vorrücken; ~ **un pie** einen Fuß vorsetzen

❷ (*sueldo*) vorschießen, einen Vorschuss geben (auf +*akk*)

❸ (*propuesta*) vorbringen

avanzo [a'βanθo] *m* (ECON) ❶ (*balance*) Bilanz *f*

❷ (*presupuesto*) (Kosten)voranschlag *m*

avaricia [aβa'riθja] *f* ❶ (*codicia*) Habsucht *f,* Habgier *f;* **la ~ rompe el saco** (*prov*) ≈Habgier bringt den Sack zum Reißen

❷ (*tacañería*) Geiz *m*

avaricioso, -a [aβari'θjoso, -a] *adj,* **avariento, -a** [aβa'rjento, -a] *adj* ❶ (*codicioso*) habgierig, habsüchtig ❷ (*tacaño*) geizig, knaus(e)rig

avaro, -a [a'βaro, -a] **I.** *adj* geizig, knaus(e)rig; **es muy ~ de sus conocimientos** er geizt mit seinem Wissen

II. *m, f* Geizhals *m,* Geizkragen *m*

avasallador(a) [aβasaʎa'ðor(a)] *adj* überwältigend

avasallamiento [aβasaʎa'mjento] *m* Unterwerfung *f*

avasallar [aβasa'ʎar] **I.** *vt* ❶ (*subyugar*) unterwerfen

❷ (*atropellar*) überrollen; **la oposición no se dejó ~** die Opposition ließ sich nicht überrollen

II. *vr:* ~**se** sich unterwerfen

avatar [aβa'tar] *m* ❶ (*del hinduismo*) Awatara *f*

❷ (*reencarnación*) Reinkarnation *f*

❸ *pl:* **los ~es de la vida** die Wechselfälle des Lebens; **los ~es de la suerte** die Launenhaftigkeit des Glücks

Avda. [aβe'niða] *f abr de* **avenida** Allee *f*

AVE ['aβe] *m abr de* **Alta Velocidad Española** spanischer Hochgeschwindigkeitszug, ≈ICE *m*

ave ['aβe] *f* Vogel *m;* ~ **acuática** Wasservogel *m;* ~**s de corral** Geflügel *nt;* **el A~ Fénix** der Phönix; ~ **lira** Leierschwanz *m;* ~ **del paraíso** Paradiesvogel *m;* ~ **de paso** Zugvogel *m;* ~ **rapaz** [*o* **de rapiña**] Raubvogel *m;* ~ **zancuda** Watvogel *m*

avechucho [aβe'tʃutʃo] *m* ❶ (*pajarraco*) hässlicher Vogel *m*

❷ (*persona*) Scheusal *nt*

avecilla [aβe'θiʎa] *f* Vöglein *nt*

avecinarse [aβeθi'narse] *vr* sich nähern, bevorstehen; **se avecina una tormenta** ein Gewitter zieht auf; **no sabía lo que se le avecinaba** er/sie wusste nicht, was ihm/ihr bevorstand; **se avecina el agosto** der August naht

avecindar [aβeθin'dar] **I.** *vt* ansiedeln

II. *vr:* ~**se** sich niederlassen, sich ansiedeln

avefría [aβe'fria] *f* (ZOOL) Kiebitz *m*

avejentar [aβexen'tar] **I.** *vt* vorzeitig altern lassen

II. *vr:* ~**se** vorzeitig altern; **se ha avejentado mucho en los últimos años** er/sie ist in den letzten Jahren stark gealtert

avejigar [aβexi'ɣar] <g→gu> **I.** *vt* Blasen verursachen

II. *vi, vr:* ~**se** Blasen bekommen; **se le ~on las manos de tanto remar** vom vielen Rudern bekam er/sie Blasen an den Händen

avellana [aβe'ʎana] *f* Haselnuss *f*

avellanado¹ [aβe'ʎanaðo] *m* (TÉC) (Ver)senkung *f*

avellanado, -a² [aβe'ʎanaðo, -a] *adj* haselnussfarben

avellanal [aβeʎa'nal] *m* Haselnusspflanzung *f*

avellanar [aβeʎa'nar] **I.** *m* Haselnusspflanzung *f*

II. *vt* (TÉC) versenken

III. *vr:* ~**se** sich runzeln

avellaneda [aβeʎa'neða] *f* Hasel(nuss)hain *m*

avellano [aβe'ʎano] *m* Hasel(nuss)strauch *m*

avemaría [aβema'ria] *f* ❶ (*oración*) Ave-Maria *nt*

❷ (*ángelus*) Angelus *m o nt*

❸ (*loc*): **al ~** bei Einbruch der Nacht; **en un ~** im Handumdrehen; **saberse algo como el ~** etw wie am Schnürchen können

Ave María (purísima) [aβema'ria (pu'risima)] *interj* ❶ (*sorpresa*) ach du meine Güte, ach du lieber Gott

❷ (*saludo*) grüß Gott

avena [a'βena] *f* Hafer *m;* **harina de ~** Hafermehl *nt*

avenado, -a [aβe'naðo, -a] *adj* verrückt, wahnsinnig

avenamiento [aβena'mjento] *m* Entwässerung *f,* Dränage *f*

avenar [aβe'nar] *vt* (durch Gräben) entwässern, dränieren

avenencia [aβe'nenθja] *f* ❶ (*acuerdo*) Übereinkunft *f*

❷ (*armonía*) Eintracht *f;* **en buena ~** in Eintracht

❸ (JUR) Vergleich *m*

avenida [aβe'niða] *f* ❶ (*de un río*) Hochwasser *nt*

❷ (*calle*) Allee *f,* Boulevard *m*

❸ (*de gente o cosas*) Zustrom *m*

avenido, -a [aβe'niðo, -a] *adj:* **dos personas bien avenidas** zwei gut befreundete Menschen; **una pareja mal avenida** ein unglückliches Paar

avenir [aβe'nir] *irr como* **venir** **I.** *vt* (*reconciliar*) versöhnen, einigen; **conseguí ~ a los dos hermanos** es gelang mir die beiden Brüder miteinander zu versöhnen; **el mediador avino a las partes litigantes** der Vermittler brachte einen Vergleich zwischen den streitenden Parteien zustande [*o* zu Stande]

II. *vr* ❶ (*entenderse con alguien*) auskommen, sich verstehen; **yo y mi mujer nos avenimos bien** ich und meine Frau kommen gut miteinander aus

❷ (*ponerse de acuerdo*) sich einigen; **nos hemos avenido en el precio** wir haben uns über den Preis geeinigt

❸ (*conformarse*) einverstanden sein; **no se aviene a ser descendido** er ist nicht damit einverstanden, degradiert zu werden

❹ (*armonizar*) in Einklang stehen; **sus palabras no se avienen con sus hechos** seine/ihre Worte und seine/ihre Taten stehen nicht miteinander in [*o* im] Einklang

❺ (*prestarse a*) sich bereit erklären; **el gobierno se avino a dialogar** die Regierung erklärte sich zu Gesprächen bereit

aventador [aβenta'ðor] *m* ❶ (*pala*) Worfschaufel *f*

❷ (TÉC) Windsichter *m*

aventadora [aβenta'ðora] *f* (AGR) Getreidereinigungsmaschine *f*

aventajado, -a [aβenta'xaðo, -a] *adj:* **alumno ~** hevorragender [*o* begabter] Schüler; **de estatura aventajada** hochgewachsen

aventajar [aβenta'xar] **I.** *vt* ❶ (*ser mejor*) übertreffen (*en* an +*dat*), überragen (*en* an +*dat*); **me aventaja en inteligencia** er/sie übertrifft mich an Intelligenz [*o* ist intelligenter als ich]

❷ (*en una carrera*) überholen, hinter sich *dat* lassen; **le aventajó en la recta final** er/sie überholte ihn auf der Zielgeraden; **en la última vuelta aventajó a todos** in der letzten Runde ließ er/sie alle hinter sich; **Induráin aventaja a todos en la clasificación** Indurain führt in der Gesamtwertung

❸ (*anteponer*) den Vorzug geben +*dat,* bevorzugen

aventar [aβen'tar] <e→ie> **I.** *vt* ❶ (*echar aire a algo*) belüften, Luft zuführen +*dat*

❷ (*dispersar el viento*) fortwehen, wegwehen

❸ (*echar al viento*) in den Wind streuen

aventón

④ (*el grano*) worfeln
II. *vr:* ~**se** ① (*fam: pirárselas*) abhauen
② (*las velas*) sich blähen
aventón [aβen̦'ton] *m* (*Méx: fam*) Mitnahme *f* im Auto; **dar un** ~ eine Mitfahrgelegenheit bieten, (umsonst) mitfahren lassen; **ir de** ~ per Anhalter (mit)fahren, (umsonst) mitfahren
aventura [aβen̦'tura] *f* ① (*suceso extraordinario*) Abenteuer *nt;* **espíritu de** ~ Abenteuerlust *f;* **novela de** ~**s** Abenteuerroman *m;* **ir en busca de** ~**s** auf Abenteuer aus sein
② (*arriesgada*) Wagnis *nt;* **embarcarse en una** ~ ein Wagnis unternehmen
③ (*amorosa*) (Liebes)affäre *f*
aventurado, -a [aβen̦tu'raðo, -a] *adj* riskant, gewagt; **una suposición aventurada** eine gewagte Vermutung
aventurar [aβen̦tu'rar] I. *vt* ① (*arriesgar*) riskieren, aufs Spiel setzen
② (*algo atrevido*) wagen; ~ **una suposición** eine Vermutung wagen; **me parece aventurado afirmar eso** mir scheint es gewagt das zu behaupten
II. *vr:* ~**se** sich wagen; ~**se por el bosque** sich durch den Wald wagen; ~**se a salir** sich aus dem Haus trauen; **perdieron dinero al** ~**se en el mundo editorial** sie verloren Geld bei dem Versuch ins Verlagswesen einzusteigen
aventurero, -a [aβen̦tu'rero, -a] I. *adj* abenteuerlich; **espíritu** ~ Abenteuerlust *f;* **política aventurera** gewagte Politik
II. *m, f* Abenteurer(in) *m(f)*
avergonzado, -a [aβeryon̦'θaðo, -a] *adj* beschämt; **una sonrisa avergonzada** ein verschämtes Lächeln; **me siento** ~ ich schäme mich
avergonzar [aβeryon̦'θar] *irr* I. *vt* beschämen
II. *vr:* ~**se** sich schämen (*de/por* wegen +*gen/dat*)
avería [aβe'ria] *f* ① (*AUTO*) Panne *f;* **servicio de** ~**s** Pannendienst *m;* **arreglar una** ~ eine Panne beheben
② (*de una mercadería*) Beschädigung *f,* Schaden *m*
③ (*TÉC*) (Betriebs)störung *f;* **una** ~ **técnica** eine technische Störung; (*en una central eléctrica*) Havarie *f*
④ (*NÁUT*) Havarie *f;* ~ **gruesa/simple** schwere/leichte Havarie
averiar [aβe'ri'ar] < *1. pres:* averío> I. *vt* beschädigen, Schaden anrichten (an +*dat*); **el granizo ha averiado la fruta** der Hagel hat Schaden am Obst angerichtet
II. *vr:* ~**se** (*AUTO*) eine Panne haben
② (*TÉC*) gestört sein
③ (*NÁUT*) havarieren
averiguable [aβeri'ɣwaβle] *adj* ermittelbar, erforschbar
averiguación [aβeriɣwa'θjon] *f* ① (*haciendo pesquisas*) Ermittlung *f,* Untersuchung *f;* **hacer averiguaciones** Ermittlungen anstellen
② (*discurriendo*) Erforschung *f,* Ergründung *f*
③ (*al dar con*) Ausfindigmachen *nt*
averiguar [aβeri'ɣwar] <gu→gü> *vt* ① (*inquiriendo*) ermitteln
② (*discurriendo*) erforschen, ergründen
③ (*dar con*) ausfindig machen, herausbekommen; ~ **el paradero de alguien** jds Aufenthaltsort ausfindig machen; **averigua a qué hora sale el tren** sieh nach, um wie viel Uhr der Zug abfährt
averigüetas [aβeri'ɣwetas] *m inv* (*Méx*) Schnüffler(in) *m(f)*
averío [aβe'rio] *m* Geflügelbestand *m*
averno [a'βerno] *m* Hölle *f*
averroísmo [aβerro'ismo] *m sin pl* (*FILOS*) Averroismus *m*
averroísta [aβerro'ista] I. *adj* (*FILOS*) averroistisch
II. *mf* (*FILOS*) Anhänger(in) *m(f)* des Averroismus
averrugado, -a [aβerru'ɣaðo, -a] *adj* warzig
averrugarse [aβerru'ɣarse] <g→gu> *vr* (*fam*) sich mit Warzen bedecken; **se me han averrugado los dedos** meine Finger sind voller Warzen [*o* total warzig]
aversión [aβer'sjon] *f* Abneigung *f* (*a* gegen +*akk*), Widerwille *m* (*a* gegen +*akk*)
avestruz [aβes'truθ] *m* (*ZOOL*) Strauß *m;* **la política del** ~ die Vogel-Strauß-Politik
avezado, -a [aβe'θaðo, -a] *adj* erfahren; ~ **en los negocios** geschäftstüchtig; ~ **en política** in der Politik versiert
avezar [aβe'θar] <z→c> I. *vt* gewöhnen (*a* an +*akk*); **los soldados a las bajas temperaturas** die Soldaten gegen tiefe Temperaturen abhärten; ~ **a los niños** den Kindern gute Manieren angewöhnen
II. *vr:* ~**se** sich gewöhnen (*a* an +*akk*); ~**se a los peligros** sich an (die) Gefahren gewöhnen
aviación [aβja'θjon] *f* ① (*aeronáutica*) Luftfahrt *f,* Flugwesen *nt;* ~ **civil** zivile Luftfahrt; **compañía de** ~ Fluggesellschaft *f*
② (*MIL*) Luftwaffe *f*
AVIACO [a'βjako] *f* (*AERO*) *abr de* **Aviación y Comercio** spanische Fluggesellschaft
aviador(a) [aβja'ðor(a)] *m(f)* ① (*piloto de avión*) Flieger(in) *m(f),* Pilot(in) *m(f)*

avisar

② (*MIL: piloto*) Kampfflieger(in) *m(f)*
③ (*Cuba, Chil, Perú: en labores de minas*) Bergbauunternehmer(in) *m(f)*
AVIANCA [a'βjaŋka] *f* (*AERO*) *abr de* **Aerolíneas Nacionales de Colombia** kolumbianische Fluggesellschaft
aviar [aβi'ar] < *1. pres:* avío> I. *vt* ① (*una habitación*) herrichten; (*maleta*) packen; (*comida*) zubereiten; (*mesa*) decken
② (*dar*) versehen (*de* mit +*dat*); ~ **de ropa a alguien** jdn mit Kleidung versehen
③ (*apresurar*) sich beeilen; **diles que vayan aviando** sag ihnen, sie sollen sich beeilen
④ (*Cuba, Chil, Perú: dinero, herramientas*) (aus)leihen
⑤ (*loc*): **estar aviado** in der Klemme sitzen
II. *vr:* ~**se** ① (*arreglarse*) sich zurechtmachen
② (*espabilarse*) auskommen
III. *adj* Vogel-; **enfermedad** ~ Vogelkrankheit *f*
AVIATECA [aβja'teka] *f* (*AERO*) *abr de* **Empresa Guatemalteca de Aviación** guatemaltekische Fluggesellschaft
avícola [a'βikola] *adj* Geflügel-; **granja** ~ Geflügelfarm *f*
avicultor(a) [aβikul'tor] *m(f)* Geflügelzüchter(in) *m(f)*
avicultura [aβikul'tura] *f* Geflügelzucht *f;* **dedicarse a la** ~ Geflügelzucht betreiben
avidez [aβi'ðeθ] *f* ① (*ansia*) Begierde *f* (*de* nach +*dat*), Gier *f* (*de* nach +*dat*)
② (*codicia*) Habgier *f*
ávido, -a [a'βiðo, -a] *adj* ① (*ansioso*) gierig (*de* nach +*dat*)
② (*en el comer*) (ess)gierig
③ (*codicioso*) habgierig
aviejar [aβje'xar] I. *vt* (*fam*) vorzeitig altern lassen; **los disgustos la han aviejado mucho** durch den ständigen Kummer ist sie vorzeitig gealtert
II. *vr:* ~**se** (*fam*) vorzeitig altern
avieso, -a [a'βjeso, -a] *adj* ① (*objeto*) krumm, schief
② (*persona*) boshaft, gehässig
avifauna [aβi'fauna] *f* Vogelwelt *f*
avilantarse [aβilan̦'tarse] *vr* frech [*o* unverschämt] werden
avilantez [aβilan̦'teθ] *f* Unverschämtheit *f,* Frechheit *f*
avilés, -esa [aβi'les, -esa] I. *adj* aus Ávila
II. *m, f* Einwohner(in) *m(f)* von Ávila
avillanado, -a [aβiʎa'naðo, -a] *adj* (*rústico*) bäu(e)risch, ungehobelt
② (*ruin*) niederträchtig, gemein
avillanarse [aβiʎa'narse] *vr* (*volverse rústico*) bäu(e)risch [*o* ungehobelt] werden
② (*volverse ruin*) niederträchtig [*o* gemein] werden
avinagrado, -a [aβina'ɣraðo, -a] *adj* missmutig, verdrossen
avinagrarse [aβina'ɣrarse] *vr* ① (*el vino*) sauer werden
② (*una persona*) verdrossen [*o* missmutig] werden
avío [a'βio] *m* ① (*de una habitación*) Herrichten *nt,* Aufräumen *nt*
② (*apresto*) Vorbereitung *f*
③ (*provisión*) Proviant *m*
④ (*Cuba, Chil, Perú: de dinero*) Darlehen *nt;* (*de utensilios*) Ausleihen *nt*
⑤ *pl* (*utensilios*): ~**s de coser** Nähzeug *nt;* ~**s de escribir** Schreibwaren *fpl*
⑥ (*loc*): **¡al** ~**!** an die Arbeit!
aviofobia [aβjo'foβja] *f* Flugangst *f;* **superar la** ~ seine Flugangst überwinden
avión [aβi'on] *m* ① (*aeronave*) Flugzeug *nt;* ~ **de carga** Frachtflugzeug *nt;* ~ **de caza** Jagdflugzeug *nt;* ~ **de hélice** Propellerflugzeug *nt;* ~ **de papel** Papierflugzeug *nt;* ~ **de reacción** Düsenflugzeug *nt;* ~ **supersónico** Überschallflugzeug *nt;* **por** ~ (*correos*) per Luftpost; **voy en** ~ **a Mallorca** ich fliege nach Mallorca
② (*ZOOL*) Mauersegler *m*
avioneta [aβjo'neta] *f* Sportflugzeug *nt*
aviónica [aβi'βjonika] *f* (*TÉC*) Avionik *f,* Luftfahrtelektronik *f*
avión-nodriza [aβi'on (n)o'ðriθa] *m* (*MIL*) Tankflugzeug *nt*
avisado, -a [aβi'saðo, -a] *adj* ① (*prudente*) umsichtig
② (*sagaz*) gerissen, schlau; **mal** ~ unklug
avisador¹ [aβisa'ðor] *m:* ~ **de movimientos** Bewegungsmelder *m*
avisador(a)² [aβisa'ðor(a)] I. *adj* avisierend
II. *m(f)* Bote, -in *m, f;* **trabajar de** ~ Botengänge machen
avisar [aβi'sar] *vt* ① (*dar noticia*) benachrichtigen, Bescheid sagen [*o* geben] +*dat;* **tenemos que** ~ **a la policía del robo** wir müssen die Polizei von dem Diebstahl benachrichtigen; **avísame cuando estés de vuelta** sag mir Bescheid, wenn du wieder da bist; **avisó que venía a cenar** er/sie kündigte sich zum Abendessen an; **llegó sin** ~ er/sie kam unangemeldet
② (*advertir*) aufmerksam machen (*de auf* +*akk*), hinweisen (*de auf* +*akk*); **nadie me avisó del mal estado de la carretera** keiner machte

+ *akk*)
autodefinirse [aṷtoðefi'nirse] *vr:* **Amnistía Internacional se autodefine como una organización pacifista** Amnesty International versteht sich als eine pazifistische Organisation
autodenominarse [aṷtoðenomi'narse] *vr* sich selbst nennen + *akk*, sich selbst bezeichnen (als + *akk*)
autodenuncia [aṷtoðe'nunθja] *f* (JUR) Selbstanzeige *f*
autodescalificarse [aṷtoðeskalifi'karse] <c→qu> *vr* sich selbst disqualifizieren
autodespido [aṷtoðes'piðo] *m* Kündigung *f* durch den Arbeitnehmer
autodestrucción [aṷtoðestruɣ'θjon] *f* Selbstzerstörung *f*
autodestructivo, -a [aṷtoðestruk'tiβo] *adj* selbstzerstörerisch
autodestruirse [aṷtoðestru'irse] *irr como huir vr* sich selbst zerstören
autodeterminación [aṷtoðetermina'θjon] *f* Selbstbestimmung *f*; **derecho de** ~ Selbstbestimmungsrecht *nt*
autodidacto, -a [aṷtoði'ðakto, -a] I. *adj* autodidaktisch II. *m, f* Autodidakt(in) *m(f)*
autodirección [aṷtoðireɣ'θjon] *f* ❶ (AERO) automatische Steuerung *f*, Selbststeuerung *f*
❷ (*misil*) Zielsuchlenkung *f*
autodisciplina [aṷtoðisθi'plina] *f* Selbstdisziplin *f*
autodisolución [aṷtoðisolu'θjon] *f* Selbstauflösung *f*
autodisolverse [aṷtoðisol'βerse] *irr como volver vr* sich selbst auflösen
autodominarse [aṷtoðomi'narse] *vr* sich selbst beherrschen
autodominio [aṷtoðo'minjo] *m* Selbstbeherrschung *f*
autódromo [aṷ'toðromo] *m* Autodrom *nt*
autoedición [aṷtoeði'θjon] *f* Selbstverlag *m;* (INFOR) Desktoppublishing *nt*, DTP *nt*
autoempleo [aṷtoem'pleo] *m* selb(st)ständige Erwerbstätigkeit *f*, berufliche Selb(st)ständigkeit *f*
autoencendido [aṷtoenθen'diðo] *m* Selbstzündung *f*
autoenfoque [aṷtoem'foke] *m* (FOTO) Autofokus *m*
autoengaño [aṷtoeŋ'gaɲo] *m* Selbstbetrug *m*, Selbsttäuschung *f*
autoentregarse [aṷtoentre'ɣarse] <g→gu> *vr* sich freiwillig stellen
autoescuela [aṷtoes'kwela] *f* Fahrschule *f*
autoestima [aṷtoes'tima] *f* Selbstwertgefühl *nt*, Selbstachtung *f*
autoestimación [aṷtoestima'θjon] *f* Selbsteinschätzung *f*
auto(e)stop [aṷto⁽ᵉ⁾s'top] *m:* **viajar en** [*o* **hacer**] ~ per Anhalter fahren [*o* reisen], trampen
auto(e)stopista [aṷto⁽ᵉ⁾sto'pista] *mf* Anhalter(in) *m(f)*, Tramper(in) *m(f)*
autoexcluirse [aṷtoeksklu'irse] *irr como huir vr* sich selbst ausschließen
auto-expreso [aṷtoes'preso] *m* (FERRO) Autoreisezug *m*
autofagia [aṷto'faxja] *f* (BIOL) Autophagie *f*
autofecundación [aṷtofekunda'θjon] *f* (BIOL) Autogamie *f*, Selbstbefruchtung *f*
autofinanciación [aṷtofinanθja'θjon] *f* Selbstfinanzierung *f*, Eigenfinanzierung *f*
autofinanciado, -a [aṷtofinan'θjaðo, -a] *adj* selbstfinanziert
autofinanciarse [aṷtofinan'θjarse] *vr* sich selbst finanzieren
autofoco [aṷto'foko] *m*, **autofocus** [aṷto'fokus] *m inv* (FOTO) Autofokus *m*
autogenerador [aṷtoxenera'ðor] *m* Generator *m* regenerativer Energieträger; ~ **eólico** Wind(kraft)generator *m*
autógeno, -a [aṷ'toxeno, -a] *adj* autogen
autogestión [aṷtoxes'tjon] *f* Selbstverwaltung *f*
autogiro [aṷto'xiro] *m* (AERO) Drehflügelflugzeug *nt*, Autogiro *m*
autognosis [aṷtoɣ'nosis] *f inv* Selbsterkenntnis *f*
autogobernarse [aṷtoɣoβer'narse] <e→ie> *vr* sich selbst verwalten, autonom sein
autogobierno [aṷtoɣo'βjerno] *m* Selbstverwaltung *f*, Autonomie *f*
autogol [aṷto'ɣol] *m* (DEP) Eigentor *nt*
autogolpe [aṷto'ɣolpe] *m* Staatsstreich *m* durch den Präsidenten, Putsch *m* von oben, Umsturz *m* von oben
autograbado [aṷtoɣra'βaðo] *m* (INFOR) Selbstaufschreibung *f*
autógrafo¹ [aṷ'toɣrafo] *m* ❶ (*firma*) Autogramm *nt;* **cazador de ~s** Autogrammjäger *m*
❷ (*texto*) Autograph *nt*
❸ (JUR) Originalurkunde *f*
autógrafo, -a² [aṷ'toɣrafo, -a] *adj* eigenhändig geschrieben
autohipnosis [aṷtoiβ'nosis] *f inv* Autohypnose *f*, Selbsthypnose *f*
autoimpuesto, -a [aṷtoim'pwesto, -a] *adj* selbst auferlegt
autoinculpación [aṷtoiŋkulpa'θjon] *f* Selbstanklage *f*
autoinculparse [aṷtoiŋkul'parse] *vr* sich selbst bezichtigen, sich selbst anzeigen
autoinducción [aṷtoindu'θjon] *f* (ELEC) Selbstinduktion *f*
autoinducido, -a [aṷtoindu'θiðo] *adj* selbst verursacht
autoinfección [aṷtoimfeɣ'θjon] *f* (MED) Selbstansteckung *f*
autoinflamable [aṷtoimfla'maβle] *adj* selbst entzündlich
autoinfligido, -a [aṷtoimfli'xiðo, -a] *adj* ❶ (*herida*) sich *dat* selbst zugefügt [*o* beigebracht]
❷ (*castigo*) sich *dat* freiwillig auferlegt
autoinmolarse [aṷtoinᵐmo'larse/aṷtoiᵐmo'larse] *vr* sich aufopfern
autoinmunización [aṷtoinmuniθa'θjon/aṷtoimmuniθa'θjon] *f* (BIOL) Autoimmunisierung *f*
autointoxicación [aṷtointoɣsika'θjon] *f* (MED) Autointoxikation *f*, Selbstvergiftung *f*
autojustificación [aṷtoxustifika'θjon] *f* Rechtfertigung *f* vor sich selbst
autolavado [aṷtola'βaðo] *m* Selbstreinigung *f*; **túnel de** ~ (AUTO) Waschstraße *f*
autolesión [aṷtole'sjon] *f* sich *dat* selbst beigebrachte Verletzung *f*; (*graves lesiones*) Selbstverstümmelung *f*
autolesionarse [aṷtolesjo'narse] *vr* sich selbst verletzen
autolimitación [aṷtolimita'θjon] *f* Selbstbeschränkung *f*
autolimitarse [aṷtolimi'tarse] *vr* sich selbst beschränken
autolimpiable [aṷtolim'pjaβle] *adj* selbstreinigend
autoliquidación [aṷtolikiða'θjon] *f* ❶ (FIN: *impuestos*) Selbstveranlagung *f*, Selbstabführung *f*
❷ (COM: *disolución*) Selbstauflösung *f*
autolubricante [aṷtoluβri'kante] *adj* selbstschmierend
automación [aṷtoma'θjon] *f* Automatisierung *f*, Automation *f*
automarginado, -a [aṷtomarxi'naðo, -a] *m, f* Aussteiger(in) *m(f)*
automarginarse [aṷtomarxi'narse] *vr* (aus der Gesellschaft) aussteigen
autómata [aṷ'tomata] *m* ❶ (*aparato*) Automat *m;* ~ **de estado finito** (INFOR) endlicher Automat
❷ (*robot*) Roboter *m*
❸ (*pey: persona*) Marionette *f*
automática [aṷto'matika] *f* Automatik *f*
automático¹ [aṷto'matiko] *m* Druckknopf *m*
automático, -a² [aṷto'matiko, -a] *adj* ❶ (*mecánico*) automatisch, selbsttätig; **caja de cambios automática** (AUTO) Automatikgetriebe *nt;* **dispositivo** ~ Automatik *f;* **fusil** ~ Selbstladegewehr *nt;* **pistola automática** Selbstladepistole *f;* **la puerta se cierra de modo** ~ (*se cierra sola*) die Tür schnappt ins Schloss; (*en un metro*) die Tür schließt selbsttätig
❷ (*maquinal*) unwillkürlich, automatisch
❸ (*inmediato*): **su despido fue ~ después de descubrirse el fraude** er/sie wurde fristlos entlassen, nachdem der Betrug aufgedeckt wurde
automatismo [aṷtoma'tismo] *m* Automatismus *m*
automatización [aṷtomatiθa'θjon] *f* Automatisierung *f*, Automatisation *f*
automatizar [aṷtomati'θar] <z→c> *vt* automatisieren
automedicación [aṷtomeðika'θjon] *f* (MED) Selbstmedikation *f*
automoción [aṷtomo'θjon] *f* Kraftfahrzeugwesen *nt*, Kraftfahrzeugsektor *m;* **compañía de** ~ Automobilfirma *f;* **industria de la** ~ Automobilindustrie *f*
automodelismo [aṷtomoðe'lismo] *m sin pl* Modellrennwagensport *m*
automotivarse [aṷtomoti'βarse] *vr* sich selbst motivieren
automotor¹ [aṷtomo'tor] *m* (FERRO) Triebwagen *m*
automotor(a)² [aṷtomo'tor(a)] *adj* selbstangetrieben, mit Selbstantrieb
automóvil [aṷto'moβil] I. *adj* mit Eigenantrieb [*o* Selbstantrieb] II. *m* Auto *nt*, Kraftfahrzeug *nt;* ~ **de carreras** Rennwagen *m;* ~ **eléctrico** Elektroauto *nt;* ~ **todo terreno** Geländefahrzeug *nt;* **industria del** ~ Automobilindustrie *f;* **Salón del A**~ Automobilmesse *f*
automovilismo [aṷtomoβi'lismo] *m* ❶ (DEP) Rennsport *m*
❷ (*mundo del auto*) Kraftfahrzeugwesen *nt*
automovilista [aṷtomoβi'lista] *mf* Autofahrer(in) *m(f)*
automovilístico, -a [aṷtomoβi'listiko, -a] *adj* Auto(mobil)-, Kraftfahrzeug-; **carrera automovilística** Autorennen *nt;* **parque** ~ Fuhrpark *m*
autonivelarse [aṷtoniβe'larse] *vr* sich automatisch (waagerecht) ausrichten
autonombrarse [aṷtonom'brarse] *vr* sich selbst ernennen (zu + *dat*)
autonomía [aṷto'nomia] *f* ❶ (POL) Autonomie *f*, Selbstverwaltung *f;* ~ **colectiva** Tarifautonomie *f;* ~ **municipal** kommunale Selbstverwaltung
❷ (*de una persona*) Unabhängigkeit *f;* **en esta empresa no tengo ~ para tomar decisiones** in dieser Firma kann ich keine eigenen Entscheidungen treffen
❸ (*de un avión*) Reichweite *f*
❹ (*territorio*) autonome Region *f*
❺ (ECON, FIN): ~ **presupuestal** Finanzhoheit *f*
autonómica [aṷto'nomika] *f* (TV) (unabhängiger) Regionalsender *m*
autonómico, -a [aṷto'nomiko, -a] *adj* autonom(isch); **proceso** ~ Autonomieprozess *m;* **política autonómica** Regionalpolitik *f;* **elecciones autonómicas** Wahlen in den autonomen Regionen
autonomista [aṷtono'mista] *mf* Autonomist(in) *m(f)*, Anhänger(in) *m(f)* der Autonomie

autónomo

autónomo, -a [au̯'tonomo, -a] *adj* ❶ (POL) autonom, selb(st)ständig; **la comunidad autónoma de Galicia** die autonome Region Galicien
❷ (*trabajador*) selb(st)ständig; **trabajar de ~** selb(st)ständig arbeiten; **¿cuánto pagas de ~s?** wie viel zahlst du für deine private Krankenversicherung?
autopase [au̯to'pase] *m* (DEP) Eigenpass *m*
autopilotado, -a [au̯topilo'taðo, -a] *adj* (TÉC) selbststeuernd
autopiloto [au̯topi'loto] *m* (AERO) Autopilot *m*
autopista [au̯to'pista] *f* ❶ (AUTO) Autobahn; **~ de peaje** gebührenpflichtige Autobahn
❷ (INFOR): **~ de datos** Datenautobahn *f*; **~ de la información** Dateninfobahn *f*
autoplastia [au̯to'plastja] *f* (MED) Autoplastik *f*
autoproclamarse [au̯toprokla'marse] *vr* sich selbst ernennen (zu +*dat*)
autoprogramable [au̯toproɣra'maβle] *adj* selbstprogrammierbar
autopromoción [au̯topromo'θjon] *f* Werbung *f* in eigener Sache, Eigenwerbung *f*
autopropulsión [au̯topropul'sjon] *f* (TÉC) Selbstantrieb *m*, Eigenantrieb *m*
autoprotección [au̯toproteɣ'θjon] *f* Selbstschutz *m*
autopsia [au̯'toβsja] *f* ❶ (MED) Obduktion *f*, Autopsie *f*
❷ (*análisis*) eingehende Prüfung *f*, Autopsie *f*
autopublicidad [au̯topuβliθi'ðað] *f* Eigenwerbung *f*
autor(a) [au̯'tor(a)] *m(f)* ❶ (*de un libro*) Verfasser(in) *m(f)*, Autor(in) *m(f)*; (*de una obra musical*) Komponist(in) *m(f)*, Autor(in) *m(f)*; **derechos de ~** Urheberrechte *ntpl*; **película de ~** Autorenfilm *m*; **una novela de ~ desconocido** ein Roman eines unbekannten Verfassers [*o* Schriftstellers]
❷ (*de un acto*) Urheber(in) *m(f)*
❸ (*de algo creativo*) Schöpfer(in) *m(f)*
❹ (*de una conspiración*) Initiator(in) *m(f)*, Anstifter(in) *m(f)*
❺ (*de un crimen*) Täter(in) *m(f)*; **el ~ del atentado** der Attentäter
❻ (*de un invento*) Erfinder(in) *m(f)*
❼ (*de un descubrimiento*) Entdecker(in) *m(f)*
autorehusamiento [au̯torreusa'mjento] *m* (JUR) Selbstablehnung *f*; **~ de persona jurídica** Selbstablehnung einer Gerichtsperson
autoría [au̯to'ria] *f* ❶ (*de un texto*) Urheberschaft *f*; **admite la ~ del artículo** er/sie bekennt [*o* gibt zu] den Artikel geschrieben zu haben
❷ (*de un acto*) Urheberschaft *f*
❸ (*de un crimen*) Täterschaft *f*
autoridad [au̯tori'ðað] *f* ❶ (*poder*) Staatsgewalt *f*, Macht *f*; **la ~ del estado** die Staatsgewalt; **la ~ judicial** die richterliche Gewalt; **la ~ espiritual/temporal en la Edad Media** die geistliche/weltliche Obrigkeit im Mittelalter
❷ (*de una persona*) Autorität *f*; **la ~ de los padres** die elterliche Autorität; **estar bajo la ~ de alguien** jdm unterstehen; **¡aquí soy yo la ~!** hier bestimme ich!
❸ (*estatal*) Behörde *f*, Amt *nt*; **~ administrativa** Verwaltungsbehörde *f*; **~ asistencial** Betreuungsbehörde *f*; **con capacidad de decisión** Entscheidungsbehörde *f*; **~ conciliadora** Vergleichsbehörde *f*; **~ ejecutiva** Vollstreckungsbehörde *f*; **~ federal** Bundesbehörde *f*; **~ financiera** (FIN) Finanzbehörde *f*, Steuerbehörde *f*; **~ monetaria** (FIN) Währungsbehörde *f*; **~ sanitaria** Gesundheitsbehörde *f*, Gesundheitsamt *nt*; **Alta A~** (UE) Hohe Behörde *f*; **las ~es, la ~ pública** die Obrigkeit; **la ~ competente** die zuständige Behörde; **recurrir a las ~es** sich an die Behörden wenden
❹ (*prestigio*) Autorität *f*, Ansehen *nt*; **hablar con ~** mit der Autorität eines Sachkundigen sprechen
❺ (*experto*) Autorität *f*, Fachmann *m*; **es una ~ en su campo** er/sie ist eine Autorität in seinem/ihrem Fach
❻ (*policía*): **entregarse a las ~es** sich der Polizei stellen; **¡llamen a la ~!** rufen Sie die Polizei!; **desacato a la ~** Widerstand gegen die Staatsgewalt
autoritario, -a [au̯tori'tarjo, -a] *adj* ❶ (*persona*) autoritär, streng; **estado ~** Obrigkeitsstaat *m*
❷ (*educación*) autoritär
autoritarismo [au̯torita'rismo] *m sin pl* Autoritarismus *m*
autorización [au̯toriθa'θjon] *f* ❶ (*permiso*) Genehmigung *f* (*para* zu +*dat*), Erlaubnis *f* (*para* zu +*dat*); **~ de cancelación** Löschungsbewilligung *f*; **~ de cartel** (ECON) Kartellerlaubnis *f*; **~ comunitaria** Gemeinschaftsgenehmigung *f*; **~ documentaria** (FIN) Remboursermächtigung *f*; **~ excepcional** (JUR) Ausnahmegenehmigung *f*; **~ para vender alcohol** Schankerlaubnis *f*, Schankkonzession *f*
❷ (*facultad*) Ermächtigung *f* (*para* zu +*dat*), Bevollmächtigung *f* (*para* zu +*dat*); **~ bancaria** (FIN) Bankvollmacht *f*; **~ de pago** (FIN) Zahlungsvollmacht *f*, Zahlungsermächtigung *f*
❸ (*derecho*) Berechtigung *f* (*para* zu +*dat*), Recht *nt* (*para* auf +*akk*); **~ de acceso** (INFOR) Zugriffsberechtigung *f*; **~ de cobro** (FIN) Inkasso-

aval

berechtigung *f*; **~ de residencia** Aufenthaltsberechtigung *f*, Aufenthaltsbewilligung *f*
❹ (*de un documento*) Beglaubigung *f*; (*de una firma*) Bestätigung *f*
autorizado, -a [au̯tori'θaðo, -a] *adj* ❶ (*facultado*) ermächtigt, befugt; **persona no autorizada** Unbefugte(r) *m*; **~ para firmar** zeichnungsberechtigt
❷ (*competente*) kompetent; **de fuentes autorizadas** aus sicherer Quelle
❸ (*oficial*) offiziell; **precios ~s** offizielle Preise
autorizar [au̯tori'θar] <z→c> *vt* ❶ (*consentir*) genehmigen, gestatten; **~ una manifestación/la apertura de un bar** eine Demonstration/die Eröffnung einer Kneipe genehmigen; **mi jefe me ha autorizado para ausentarme** mein Chef hat mir freigegeben
❷ (*facultar*) ermächtigen (*a/para* zu +*dat*), bevollmächtigen (*a/para* zu +*dat*); **estar autorizado para hacer algo** ermächtigt [*o* befugt] sein etw zu tun
❸ (*dar derecho*) berechtigen (*a/para* zu +*dat*), ermächtigen (*a/para* zu +*dat*); **que sea mi jefe no le autoriza para insultarme** auch wenn Sie mein Chef sind, haben Sie kein Recht mich zu beschimpfen; **este hecho nos autoriza a pensar que...** diese Tatsache berechtigt uns zu der Annahme, dass ...
❹ (*documentos*) beglaubigen
autorradio [au̯to'rraðjo] *m* Autoradio *nt*
autorrealización [au̯torreali θa'θjon] *f* Selbstverwirklichung *f*
autorreflexión [au̯torrefleɣ'sjon] *f* selb(st)ständiges Denken *nt*
autorrefrigeración [au̯torrefrixera'θjon] *f* Selbstkühlung *f*
autorregulación [au̯torreɣula'θjon] *f* ❶ (MED) Autoregulation *f*
❷ (ELEC, COM) Selbstregelung *f*
autorregulador(a) [au̯torreɣula'ðor(a)] *adj* selbstregelnd, selbstregulierend
autorregularse [au̯torreɣu'larse] *vr* sich selbst regulieren
autorretrato [au̯torre'trato] *m* Selbstportrait *nt*, Selbstbildnis *nt*
autorreverse [au̯torre'βerse] *m* Autoreverse *f*
autorreversible [au̯torreβer'siβle] *adj* mit Auto-Reverse-System
autorzuelo [au̯tor'θwelo] *m* (*pey*) Schreiberling *m*
autosacrificio [au̯tosakri'fiθjo] *m* Selbstaufopferung *f*
autosatisfacción [au̯tosatisfaɣ'θjon] *f* Selbstzufriedenheit *f*
autoservicio [au̯toser'βiθjo] *m* Selbstbedienung *f*; **tienda de ~** Selbstbedienungsladen *m*
autosostenido, -a [au̯tososte'niðo, -a] *adj*: **crecimiento ~** konstante Wachstumsrate, Wachstumsgleichgewicht *nt*
autostop [au̯tos'top] *m* v. **auto(e)stop**
autostopista [au̯tosto'pista] *mf* v. **auto(e)stopista**
autosubida [au̯tosu'βiða] *f* Diätenerhöhung *f*
autosuficiencia [au̯tosufi'θjenθja] *f* ❶ (*condición*) Selbstgenügsamkeit *f*; **~ económica** (ECON) wirtschaftliche Selbstversorgung
❷ (*presunción*) Selbstgefälligkeit *f*
autosuficiente [au̯tosufi'θjente] *adj* ❶ (*condición*) selbstgenügsam
❷ (*presuncioso*) selbstgefällig
autosugestión [au̯tosuxes'tjon] *f* Autosuggestion *f*
autosugestivo, -a [au̯tosuxes'tiβo, -a] *adj* autosuggestiv
autotest [au̯to'tes^t] <autotests> *m* (PSICO) Selbsttest *m*, Selbstversuch *m*
autotipia [au̯to'tipja] *f* (TIPO) Autotypie *f*
autotitularse [au̯totitu'larse] *vr* sich selbst bezeichnen (als +*akk*)
autótrofo, -a [au̯'totrofo, -a] *adj* (BIOL, BOT) autotroph
autovacuna [au̯toβa'kuna] *f* (MED) Autovakzine *f*, Eigenimpfstoff *m*
autovía [au̯to'βia] *f* ❶ (*carretera*) Schnellstraße *f*
❷ (FERRO) Triebwagen *m*
autovinculación [au̯toβiŋkula'θjon] *f* (JUR) Selbstbindung *f*; **~ de la administración** Selbstbindung der Verwaltung
auxiliar¹ [au̯ɣsi'ljar] I. *adj* Hilfs-; **motor ~** Hilfsmotor *m*; **profesor ~** (UNIV) Assistent *m*; (*en la escuela*) Aushilfslehrer *m*; **verbo ~** (LING) Hilfsverb *nt*
II. *mf* ❶ (*ayudante*) Assistent(in) *m(f)*, Gehilfe, -in *m*, *f*; **~ administrativo** Beamter im unteren Dienst; **~ de cátedra** (*en Alemania*) wissenschaftliche Hilfskraft; **~ de clínica** Krankenpfleger *m*, Krankenschwester *f*; **~ técnico sanitario** medizinisch-technischer Assistent *m*; **~ de vuelo** Steward *m*, Stewardess *f*
❷ (DEP: *de un árbitro*) Linienrichter(in) *m(f)*
III. *vt* ❶ (*dar auxilio*) helfen +*dat*, beistehen +*dat*
❷ (*ayudar a bien morir*) versehen; **~ a un enfermo** einen Kranken versehen
auxiliar² [au̯ɣsi'ljar] *m* (LING) Hilfsverb *nt*
auxilio [au̯ɣ'siljo] *m* Hilfe *f*, Beistand *m*; **~s espirituales** (REL) Sterbesakramente *ntpl*; **~ judicial** (JUR) Rechtshilfe *f*; **omisión de ~** unterlassene Hilfeleistung; **primeros ~s** erste Hilfe; **pedir ~** um Hilfe rufen [*o* schreien]; **pedir ~ a alguien** jdn zu Hilfe rufen; **¡~!** Hilfe!
aval [a'βal] *m* (COM, JUR) Wechselbürgschaft *f*, Aval *m*; **~ bancario** Bank-

mich auf den schlechten Straßenzustand aufmerksam
❸ (*poner sobre aviso*) warnen, mahnen
❹ (*llamar*) rufen; (*taxi t.*) bestellen

aviso [a'βiso] *m* ❶ (*notificación*) Benachrichtigung *f*, Bescheid *m*; (*oficial*) Bekanntmachung *f*; (*en una cartelera*) Anschlag *m*; (*por el altavoz*) Durchsage *f*; ~ **de abono en cuenta** (FIN) Gutschriftanzeige *f*; ~ **de adeudo** (FIN) Lastschriftanzeige *f*; ~ **de despido** Kündigung *f*; ~ **de envío** [*o* **expedición**] (COM) Versandanzeige *f*; ~ **de giro** (FIN) Trattenavis *m o nt*; ~ **de huelga** Streikankündigung *f*; ~ **de una letra** (FIN) Trattenavis *m o nt*; ~ **de llegada** (COM) Empfangsbestätigung *f*; ~ **de pago** (ECON) Zahlungsankündigung *f*; ~ **de rescisión** Kündigungsschreiben *nt*; ~ **de salida** (FERRO) Abfahrtssignal *nt*; ~ **de siniestro** Schadensmeldung *f*; ~ **de transferencia** (FIN) Überweisungsschein *m*; ~ **de vicios** (JUR) Mängelanzeige *f*; **hasta nuevo** ~ bis auf Widerruf; **sin previo** ~ unangemeldet
❷ (*advertencia*) Warnung *f*; ~ **de bomba** Bombendrohung *f*; **estar** [*o* **andar**] **sobre** ~ auf der Hut sein; **poner sobre** ~ vor etw *dat* warnen; **servir a alguien de** ~ jdm eine Lehre sein
❸ (*consejo*) Rat *m*
❹ (*prudencia*) Umsicht *f*
❺ (NÁUT) Aviso *m*
❻ (*Am: en el periódico*) Anzeige *f*; (*en otros medios*) Werbung *f*
avispa [a'βispa] *f* Wespe *f*
avispado, -a [aβis'paðo, -a] *adj* aufgeweckt, gewitzt
avispar [aβis'par] I. *vt* ❶ (*caballo*) antreiben
❷ (*persona*) munter machen, aufrütteln
II. *vr:* ~**se** ❶ (*hacerse avispado*) munter werden
❷ (*Méx: asustarse*) sich erschrecken (*de/por* bei/vor +*dat*)
avispero [aβis'pero] *m* ❶ (*nido de avispas*) Wespennest *nt*; **la calle era un** ~ **de rumores** auf der Straße gingen eine Menge Gerüchte um; **la plaza era un** ~ **de gente** der Platz wimmelte von Menschen; **meterse en un** ~ (*fig*) in ein Wespennest stechen
❷ (*conjunto de avispas*) Wespenschwarm *m*
❸ (MED) Karbunkel *m*
avispón [aβis'pon] *m* (ZOOL) Hornisse *f*
avistar [aβis'tar] *vt* sichten
avitaminosis [aβitami'nosis] *f inv* (MED) Avitaminose *f*, Vitaminmangelkrankheit *f*
avituallamiento [aβitwaʎa'mjento] *m* Versorgung *f*, Verpflegung *f*; **zona de** ~ (DEP) Versorgungsstation *f*
avituallar [aβitwa'ʎar] *vt* versorgen, verpflegen
avivador [aβiβa'ðor] *m* (TÉC) Falzhobel *m*
avivamiento [aβiβa'mjento] *m* Belebung *f*
avivar [aβi'βar] I. *vi* ❶ (*insectos*) ausschlüpfen
❷ (*cobrar vida*) sich beleben
II. *vt* ❶ (*dar viveza*) beleben; ~ **el paso** den Schritt beschleunigen
❷ (*fuego*) schüren, anfachen
❸ (*pasión*) anfachen, schüren
❹ (*color*) aufhellen
❺ (*luz*) verstärken
❻ (*sentidos*) schärfen
avizor [aβi'θor] I. *adj:* **estar ojo** ~ auf der Hut sein
II. *m* Späher *m*
avizorar [aβiθo'rar] *vt* belauern, ausspähen
avoceta [aβo'θeta] *f* (ZOOL) Säbelschnäbler *m*
avulsión [aβul'sjon] *f* (MED) Avulsion *f*
avutarda [aβu'tarða] *f* (ZOOL) Trappe *f*
axial [aˠ'sjal] *adj* Achsen-, axial
axila [aˠ'sila] *f* ❶ (ANAT) Achsel(höhle) *f*
❷ (BOT) Achsel *f*
axilar [aˠsi'lar] *adj* (ANAT, BOT) axillar
axioma [aˠ'sjoma] *m* Axiom *nt*
axiomática [aˠsjo'matika] *f* (MAT) Axiomatik *f*
axiomático, -a [aˠsjo'matiko, -a] *adj* axiomatisch
axiomatizar [aˠsjomati'θar] <z→c> *vt* axiomatisieren
axis [a'ˠsis] *m inv* (ANAT) Axis *m*, zweiter Halswirbel *m*
axón [aˠ'son] *m* (ZOOL) Axon *nt*, Neurit *m*
axonométrico [aˠsono'metriko] *adj* (MAT) axonometrisch
ay [ai] I. *interj* ❶ (*de dolor físico*) autsch, au
❷ (*de pena*) ach
❸ (*de miedo*) oh, mein Gott
❹ (*de sorpresa*) oh; ¡~, **qué divertido!** ach, wie lustig!
❺ (*de amenaza*) wehe; ¡~, **si vienes tarde!** wehe dir, wenn du zu spät kommst!; ¡~ **del que...!** +*subj* wehe dem, der ...!
II. *m* Wehklage *f*; **estar en un** ~ ach und weh schreien
aya ['aja] *f v.* **ayo**
ayatolá [aja̠to'la] *m*, **ayatollah** [aja̠to'la] *m* Ajatollah *m*
ayer [a'ʝer] I. *adv* gestern; ~ **por la mañana/por la tarde/(por la) noche** gestern Morgen/Nachmittag/Abend; ~ **hace una semana** gestern vor einer Woche; **de** ~ **a hoy, de** ~ **acá** in kurzer Zeit; ¡**parece que fue** ~! mir ist, als ob es erst gestern gewesen wäre!; **no he nacido** ~ ich bin nicht von gestern
II. *m* Gestern *nt*
ayermar [ajer'mar] I. *vt* veröden lassen; **la sequía ayermó la cosecha** die Dürre ließ die Ernte vertrocknen, durch die Trockenheit ist die Ernte verdorrt
II. *vr:* ~**se** zu Ödland werden
aymará[1] [aj̠ma'ra] *m*, **aymara** [aj̠'mara] *m sin pl v.* **aimará**[1]
aymará[2] [aj̠ma'ra], **aymara** [aj̠'mara] *o adj mf v.* **aimará**[2]
ayo, -a ['ajo, -a] *m, f* ❶ (*que cuida de la educación*) Erzieher(in) *m(f)*; (*que da clases*) Hauslehrer(in) *m(f)*
❷ (*niñera*) Kindermädchen *nt*
ayocote [aj̠o'kote] *m* (*Méx:* GASTR) dicke Bohnenart
ayote [a'j̠ote] *m* (*AmC, Méx*) Kürbis *m*
ayotera [aj̠o'tera] *f* (*AmC*) Kürbispflanze *f*
ayotli [aj̠o⁰li] *m* (*AmC*) *v.* **ayote**
ayto. [aj̠unta'mjento] *m abr de* **ayuntamiento** Rathaus *nt*
ayuda[1] [a'j̠uða] *f* ❶ (*auxilio*) Hilfe *f*, Unterstützung *f*, Beistand *m*; ~ **comunitaria** (UE) Gemeinschaftshilfe *f*; ~ **para corrección ortográfica** (INFOR) Korrekturhilfe *f*; ~ **crediticia** Kredithilfe *f*; ~ **de** [*o al*] **desarrollo** Entwicklungshilfe *f*; ~ **exterior** (ECON) Auslandshilfe *f*; ~ **familiar** Familien(bei)hilfe *f*; ~ **financiera/material** [*o* **económica**] finanzielle/materielle Unterstützung; ~ **a fondo perdido** verlorener Zuschuss; ~ **en línea** (INFOR) Online-Hilfe *f*; **A~ Oficial al Desarrollo** (ECON) amtliche Entwicklungshilfe; ~ **social** Sozialhilfe *f*; ~ **técnica** technische Hilfe; **perro de** ~ Wachhund *m*; **prestar** ~ Hilfe leisten; **con** ~ **de vecino** mit fremder Hilfe; **con** ~ **de su amigo** mit (der) Hilfe seines/ihres Freundes; **eso no me sirve de ninguna** ~ das nützt mir nichts; ¡**bonita** ~ **eres!** du bist ja eine schöne Hilfe!
❷ (MED: *lavativa*) Einlauf *m*
ayuda[2] [a'j̠uða] *m* Gehilfe *m*; ~ **de cámara** Kammerdiener *m*
ayudado, -a [aj̠u'ðaðo, -a] *m, f* (*Col*) ❶ (*brujo*) Zauberer -in *m, f*, Hexenmeister(in) *m(f)*; (*de tribu*) Medizinmann *m*, Medizinfrau *f*
❷ (*endemoniado*) vom Teufel Besessene(r) *mf*
ayudanta [aj̠u'ðanta] *f* Hilfsarbeiterin *f*
ayudante [aj̠u'ðante] *mf* ❶ (*que presta ayuda*) Helfer(in) *m(f)*, Gehilfe, -in *m, f*; ~ **administrativo** Verwaltungshelfer *m*
❷ (*subalterno*) Beamte(r) *m* im unteren Dienst, Beamtin *f* im unteren Dienst
❸ (*en una escuela*) Hilfslehrer(in) *m(f)*; (*en una universidad*) Assistent(in) *m(f)*
❹ (MIL) Adjutant(in) *m(f)*
ayudantía [aj̠uðan'tia] *f* Assistentenstelle *f*
ayudar [aj̠u'ðar] *vt* ❶ (*socorrer*) helfen +*dat*, unterstützen; ~ **a alguien en el trabajo** jdm bei der Arbeit helfen; ~ **a alguien a levantarse** jdm aufhelfen; ~ **a alguien a salir del coche** jdm aus dem Auto helfen; ~ **a pasar la calle** über die Straße helfen; ~ **a misa** ministrieren; ~ **a bien morir** einen Sterbenden versehen; ¡**Dios me ayude!** so wahr mir Gott helfe!; ¿**le puedo** ~ **en algo?** kann ich Ihnen behilflich sein?, kann ich Ihnen helfen?; **ayúdame a poner la mesa** hilf mir den Tisch zu decken; **me ayudó a conseguir un trabajo** er/sie verhalf mir zu einer Stellung
❷ (*echar una mano temporalmente*) aushelfen; **por el momento estoy ayudando en el taller** zur Zeit helfe ich in der Werkstatt aus
❸ (*a alguien a pasar por algo*) durchhelfen +*dat*, beistehen +*dat*; **me ha ayudado en tiempos difíciles** er/sie hat mir in schwierigen Zeiten beigestanden; **agradeció a todos los que le habían ayudado** er/sie dankte allen, die ihm/ihr beigestanden hatten
❹ (*contribuir*) beitragen (*a zu* +*dat*); **el tiempo ayudó al éxito de la fiesta** das Wetter trug zum Erfolg des Festes bei
II. *vr:* ~**se** ❶ (*colaborar mutuamente*) einander helfen
❷ (*valerse de*) sich bedienen; **se ayudó de un bastón para levantarse** er/sie bediente sich eines Stocks um aufzustehen
ayudita [aj̠u'ðita] *f* (*limosna*) milde Gabe *f*
ayunar [aj̠u'nar] *vi* fasten
ayunas [a'j̠unas] *adv:* **venga en** ~ **para el análisis** kommen Sie nüchtern zur Blutabnahme; **siempre está en** ~ (*fig*) er/sie kapiert nie etwas
ayuno[1] [a'j̠uno] *m* Fasten *nt*
ayuno, -a[2] [a'j̠uno, -a] *adj* nüchtern; **estar** ~ **de experiencia** keine Erfahrung haben; **estoy** ~ **de lo que aquí se dice** ich habe keine Ahnung, worum es hier geht
ayuntamiento [aj̠unta'mjento] *m* ❶ (*corporación*) Gemeinderat *m*, Stadtrat *m*
❷ (*edificio*) Rathaus *nt*
ayuyunes [aj̠u'j̠unes] *mpl* (*Chil*) Liebkosung *f*
azabachado, -a [aθaβa'tʃaðo, -a] *adj* pechschwarz
azabache [aθa'βatʃe] *m* Jet(t) *m o nt*, Gagat *m*; **ojos de** ~ rabenschwarze [*o* pechschwarze] Augen

azada [a'θaða] *f* Hacke *f*
azadilla [aθa'ðiʎa] *f* Jäthacke *f*
azadón [aθa'ðon] *m* (große) Hacke *f*
azadonada [aθaðo'naða] *f*, **azadonazo** [aθaðo'naθo] *m* Schlag *m* mit der Hacke
azafata [aθa'fata] *f* ❶ (*avión*) Stewardess *f*; ~ **de congresos** (Messe)hostess *f*
❷ (*Chil: bandeja*) Tablett *nt*
azafato [aθa'fato] *m* (*fam*) Steward *m*
azafrán [aθa'fran] *m* ❶ (*condimento*) Safran *m*
❷ (*color*) Safrangelb *nt*
azafranado, -a [aθafra'naðo, -a] *adj* safrangelb
azafranal [aθafra'nal] *m* Safranfeld *nt*
azafranar [aθafra'nar] *vt* ❶ (*comida*) mit Safran würzen
❷ (*tela*) mit Safran färben
azagaya [aθa'ɣaʝa] *f* (*dardo*) Wurfspeer *m*
azahar [a'θar/aθa'ar] *m* Orangenblüte *f*
azalea [aθa'lea] *f* Azalee *f*
azar [a'θar] *m* ❶ (*casualidad*) blinder Zufall *m*; **juegos de** ~ Glücksspiele *ntpl*; **elegir al** ~ aufs Geratewohl aussuchen; **di con él por** ~ ich traf ihn zufällig
❷ (*imprevisto*) Missgeschick *nt*; **los ~es de la vida** die Wechselfälle des Lebens
azaramiento [aθara'mjento] *m* Scham *f*
azarante [aθa'rante] *adj* beschämend
azarar [aθa'rar] I. *vt* (*avergonzar*) beschämen
II. *vr:* ~**se** ❶ (*avergonzarse*) sich schämen
❷ (*ruborizarse*) erröten
❸ (*turbarse*) unruhig werden
❹ (*en el juego*) schief gehen
azarbe [a'θarβe] *m* Sammelgraben *m*
azaroso, -a [aθa'roso, -a] *adj* ❶ (*proyecto*) gefährlich; **una vida azarosa** ein Leben mit viele Höhen und Tiefen
❷ (*persona*) vom Pech verfolgt
Azerbaiján [aθerβaiˈxan] *m* Aserbaidschan *nt*, Aserbeidschan *nt*
azerbaijano, -a [aθerβaiˈxano, -a] I. *adj* aserbaidschanisch, aserbeidschanisch
II. *m, f* Aserbaidschaner(in) *m(f)*, Aserbeidschaner(in) *m(f)*
Azerbaiyán [aθerβaˈʝan] *m v.* **Azerbaiján**
azerbaiyano, -a [aθerβaˈʝano, -a] *adj o m, f v.* **azerbaijano**
azerí [aθeˈri] *adj* aserbaidschanisch, aserbeidschanisch
ázimo ['aθimo] *adj:* **pan** ~ ungesäuertes Brot
azimut [aθiˈmut] <azimut(e)s> *m* (ASTR) Azimut *nt o m*
aznarismo [aθnaˈrismo] *m* Regierungspolitik *f* von José María Aznar
ázoe ['aθoe] *m* (QUÍM) Stickstoff *m*
azoemia [aθoˈemja] *f* (MED) Azotämie *f*
azófar [a'θofar] *m* (*latón*) Messing *nt*
azogado, -a [aθoˈɣaðo, -a] *adj* unruhig, zappelig
azogamiento [aθoɣaˈmjento] *m* ❶ (*intoxicación*) Quecksilbervergiftung *f*
❷ (*turbación*) Unruhe *f*
azogar [aθoˈɣar] <g→gu> I. *vt* ❶ (*cubrir con azogue*) mit Quecksilber überziehen; (*espejo*) versilbern
❷ (*la cal*) löschen
II. *vr:* ~**se** ❶ (*intoxicarse*) sich *dat* eine Quecksilbervergiftung zuziehen
❷ (*turbarse*) unruhig [*o* zappelig] werden
azogue [a'θoɣe] *m* (*mercurio*) Quecksilber *nt*; **tiene** ~ **en el cuerpo** (*fig*) er/sie hat Quecksilber im Leib, er/sie kann keine Minute ruhig sitzen; **ser un** ~ ein unruhiger Geist sein; **temblar como** ~ zittern wie Espenlaub
azoico, -a [a'θoiko, -a] *adj* (GEO) azoisch
azor [a'θor] *m* (ZOOL) (Hühner)habicht *m*
azoramiento [aθoraˈmjento] *m* ❶ (*nerviosismo*) Aufregung *f*, Unruhe *f*; (*ante un acto público*) Lampenfieber *nt*
❷ (*turbación*) Verwirrung *f*
azorar [aθoˈrar] I. *vt* ❶ (*poner nervioso*) in Aufregung versetzen, beunruhigen
❷ (*turbar*) verwirren
II. *vr:* ~**se** ❶ (*alterarse*) sich aufregen, unruhig werden; (*ante un acto público*) Lampenfieber bekommen
❷ (*turbarse*) in Verwirrung geraten
Azores [a'θores] *fpl* Azoren *pl*
azoro [a'θoro] *m* ❶ (*AmC: fantasma*) Kobold *m*
❷ (*AmC: aparición*) Gespenst *nt*, Geist *m*
❸ (*Méx, Perú, PRico*) *v.* **azoramiento**
azotaina [aθoˈtaina] *f* Tracht *f* Prügel; **su padre le dio una** ~ sein/ihr Vater legte ihn/sie übers Knie
azotamiento [aθotaˈmjento] *m* ❶ (*paliza*) Tracht *f* Prügel
❷ (*de un prisionero*) Auspeitschen *nt*

azotar [aθoˈtar] *vt* ❶ (*con un látigo*) (aus)peitschen; (*con nudos*) geißeln; (*con la mano*) verprügeln; **los rehenes fueron azotados** die Geiseln wurden ausgepeitscht; **el viento me azota (en) la cara** der Wind peitscht mir ins Gesicht
❷ (*producir daños*) verwüsten; **la guerra azotó el país** der Krieg verwüstete das Land; **una epidemia azota la región** eine Seuche wütet in der Region; **el terremoto azotó la ciudad** das Erdbeben erschütterte die Stadt
azotazo [aθoˈtaθo] *m* Peitschenhieb *m*, Peitschenschlag *m*
azote [a'θote] *m* ❶ (*látigo*) Peitsche *f*; (*con nudos*) Geißel *f*
❷ (*golpe*) Peitschenhieb *m*, Peitschenschlag *m*; (*golpe en las nalgas*) Klaps *m* auf den Po
❸ (*plaga*) Plage *f*, Geißel *f*
❹ (*loc*): ~**s y galeras** eintöniges Essen
azotea [aθoˈtea] *f* ❶ (ARQUIT) (Dach)terrasse *f*
❷ (*fam*): **estar** [*o* **andar**] **mal de la** ~ nicht alle Tassen im Schrank haben, einen Dachschaden haben
azotina [aθoˈtina] *f v.* **azotaina**
azteca [aθˈteka] I. *adj* aztekisch
II. *mf* Azteke, -in *m, f*
azúcar [a'θukar] *m* Zucker *m*; ~ **blanco/moreno** weißer/brauner Zucker; ~ **de caña** Rohrzucker *m*; ~ **de cortadillo** [*o* **cuadradillo**] Kandiszucker *m*; ~ **en polvo** Puderzucker *m*; **tiene Ud. el** ~ **muy alto** (MED) Sie haben einen sehr hohen Blutzuckerspiegel
azucarado, -a [aθukaˈraðo, -a] *adj* gezuckert, zuckerig
azucarar [aθukaˈrar] I. *vt* zuckern
II. *vr:* ~**se** ❶ (*almibararse*) in Sirup einlegen
❷ (*el almíbar*) kristallisieren
azucarera [aθukaˈrera] *f* ❶ (*recipiente*) Zuckerdose *f*
❷ (*fábrica*) Zuckerfabrik *f*
azucarero, -a [aθukaˈrero] I. *adj* Zucker-; **industria azucarera** Zuckerindustrie *f*
II. *m, f* Zuckerfabrikant(in) *m(f)*
azucarillo [aθukaˈriʎo] *m* ❶ (*golosina*) Schaumzuckerstange *f*
❷ (*terrón*) Würfelzucker *m*
azucena [aθuˈθena] *f* (BOT) Lilie *f*
azud [a'θuð] *m* ❶ (*aceña*) Wassermühle *f*
❷ (*presa*) Flussdamm *m*
azufaifa [aθuˈfaifa] *f* (BOT) Brustbeere *f*, Chinesische Dattel *f*
azufaifo [aθuˈfaifo] *m* (BOT) Jujube *f*
azufrado¹ [aθuˈfraðo] *m* Schwefeln *nt*, Schwefelung *f*
azufrado, -a² [aθuˈfraðo, -a] *adj* ❶ (*con azufre*) schwefelhaltig
❷ (*color*) schwefelgelb
azufrador [aθufraˈðor] *m* Schwefler *m*
azufrar [aθuˈfrar] *vt* (ein)schwefeln
azufre [a'θufre] *m* (QUÍM) Schwefel *m*
azufrera [aθuˈfrera] *f* Schwefelgrube *f*
azul [a'θul] I. *adj* blau; ~ **celeste** [*o* **cielo**] himmelblau; ~ **verdoso** blaugrün; ~ **sangre** blaues Blut
II. *m* Blau *nt*; ~ **de Prusia** Preußischblau *nt*
azulado, -a [aθuˈlaðo, -a] *adj* bläulich
azular [aθuˈlar] *vt* blau färben
azulear [aθuleˈar] *vi* ❶ (*mostrarse azul*) blau werden
❷ (*tirar a azul*) ins Blaue übergehen [*o* spielen]
azulejar [aθuleˈxar] *vt* kacheln
azulejo¹ [aθuˈlexo] *m* ❶ (*para pared*) Kachel *f*; (*para suelos*) Fliese *f*
❷ (ZOOL: *general*) blaugefiederter Vogel *m*; (*carraca*) Blauracke *f*
❸ (BOT: *aciano*) Kornblume *f*
azulejo, -a² [aθuˈlexo, -a] *adj* bläulich
azulete [aθuˈlete] *m* Waschblau *nt*
azulgrana [aθulˈɣrana] *adj* blau-rot; **el equipo** ~ (DEP) der F.C. Barcelona
azulino, -a [aθuˈlino, -a] *adj* bläulich
azulón [aθuˈlon] *m* (ZOOL) Stockente *f*
azúmbar [a'θumbar] *m* (BOT) Froschlöffel *m*
azumbrado, -a [aθumˈbraðo, -a] *adj* (*fam*) beschwipst
azumbre [a'θumbre] *m o f* Flüssigkeitsmaß von rund zwei Litern
azurita [aθuˈrita] *f* (MIN) Azurit *m*
azuzar [aθuˈθar] <z→c> *vt* ❶ (*a los perros*) aufhetzen
❷ (*a las personas*) aufhetzen, aufstacheln

B

B, b [be] *f* B, b *nt;* ~ **de Barcelona** B wie Berta
baba ['baβa] *f* ❶ (*de la boca, del hocico*) Geifer *m*, Sabber *m fam;* **caérsele a uno la ~ por algo** (*fam*) er/sie ist verrückt nach etw
❷ (*del caracol*) Schleim *m*
babada [ba'βaða] *f* ❶ (*músculos de la rodilla*) Kniemuskulatur *f*
❷ (*carne de vaca*) Kugel *f*; (*carne de ternera*) Nussstück *nt*
babarse [ba'βarse] *vr* (*babearse*) speicheln, geifern
babasfrías [baβas'frias] *m inv* (*Col: fam*) Trottel *m*
babastibias [baβas'tiβjas] *m inv* (*Ecua*) einfacher, lieber Mann *m*
babear [baβe'ar] *vi* geifern
babel [ba'βel] *mf* ❶ (*desorden*) Durcheinander *nt*, Wirrwarr *m*
❷ (*sitio*) Tollhaus *nt*
babélico, -a [ba'βeliko, -a] *adj* (*fig: confuso*) wirr
babero [ba'βero] *m* Lätzchen *nt*
babi ['baβi] *m* (*fam*) Kinderschürze *f*
Babia ['baβja] *f:* **estar en ~** geistesabwesend sein
babieca [ba'βjeka] I. *adj* schwachsinnig
II. *mf* Dummkopf *m*
babilla [ba'βiʎa] *f* ❶ (*babada de vaca*) Kugel *f*; (*de ternera*) Nussstück *nt*
❷ (*mucosidad*) Schleim *m*
Babilonia [baβi'lonja] *f* Babylon *nt*
babilónico, -a [baβi'loniko, -a] *adj* babylonisch
babilonio, -a [baβi'lonjo, -a] I. *adj* babylonisch
II. *m, f* Babylonier(in) *m(f)*
bable ['baβle] *m* asturischer Dialekt
babor [ba'βor] *m* (NÁUT) Backbord *nt;* **a ~** backbord(s)
babosa [ba'βosa] *f* (ZOOL) Nacktschnecke *f*
❷ (*Am: tontería*) Blödsinn *m*
babosada [baβo'saða] *f* (*AmC, Méx*) ❶ (*bobería*) Einfältigkeit *f*
❷ (*tontería*) Dummheit *f*
babosear [baβose'ar] I. *vt* begeifern, besabbeln *fam*, besabbern *fam*
II. *vi* (*fam*) faseln
baboso, -a [ba'βoso, -a] I. *adj* ❶ (*lleno de baba*) voller Sabber [*o* Sabbel] *fam*
❷ (*zalamero*) schleimig
❸ (*Am: tonto*) dämlich
II. *m, f* ❶ (*joven*) Grünschnabel *m*
❷ (*zalamero*) Schleimer(in) *m(f)*
babucha [ba'βuʧa] *f* Pantoffel *m;* **llevar algo/alguien a ~** (*RíoPl*) etw/jdn auf dem Rücken tragen
baby ['bei̯βi] *mf* Säugling *m*, Baby *nt*
baby crack ['bei̯βi krak] *m sin pl* Pillenknick *m*
baca ['baka] *f* ❶ (*portaequipajes*) (Dach)gepäckträger *m*
❷ (*cubierta*) (Wagen)plane *f*
❸ (*fruto*) Beere *f* (des Lorbeerbaums)
❹ (*de una cadena*) (Ketten)glied *nt*
bacalada [baka'laða] *f* (GASTR: *bacalao curado*) Klippfisch *m*
bacaladero [bakala'ðero] *m* Kabeljaufangschiff *nt*
bacaladilla [bakala'ðiʎa] *f* (ZOOL) Wittling *m*
bacalao [baka'lao] *m* ❶ (*pez, pescado*) Kabeljau *m;* (*salado*) Klippfisch *m*, Stockfisch *m;* **cortar el ~** (*fig*) den Ton angeben
❷ (MÚS: *argot*) Techno *m*
❸ (*Chil*) Geizhals *m*
bacán [ba'kan] *m* ❶ (*Arg, Urug, Col: rico*) reicher Mann *m*
❷ (*Cuba:* GASTR) Pastete *f*
bacanal [baka'nal] *f* (Trink)gelage *nt;* (*orgía*) Orgie *f*
bacante [ba'kante] *f* wollüstige Frau *f*
baca(r)rá [baka'(r)ra] *m* Bakkarat *nt*
bacera [ba'θera] *f* (ZOOL) Milzbrand *m*
bachata [ba'ʧata] *f* (*Am*) Party *f*, Feier *f*
bachatear [baʧate'ar] *vi* (*Am*) eine Zechtour machen, einen draufmachen *fam*
bache ['baʧe] *m* ❶ (*en la calle, carretera*) Schlagloch *nt*
❷ (AERO) Luftloch *nt*
❸ (*en la producción, venta*) Rückgang *m;* (*para precios*) Senkung *f*
❹ (*psíquico*) Tief *nt*, Tiefpunkt *m;* **pasar un ~** einen (seelischen) Tiefpunkt haben, ein (seelisches) Tief durchleben
❺ (*de la economía*) Talsohle *f*, Tief *nt*
bacheado, -a [baʧe'aðo, -a] *adj* holp(e)rig, voller Schlaglöcher
bachear [baʧe'ar] *vt* Schlaglöcher einebnen [*o* beseitigen]; **tuvimos que exigir al ayuntamiento que ~a la carretera** wir mussten vom Gemeinderat die Beseitigung der Schlaglöcher in der Straße verlangen
bacheo [ba'ʧeo] *m* Einebnung *f* (von Schlaglöchern)
bachicha [ba'ʧiʧa] *mf* (*CSur, Perú: pey: italiano*) Italiener(in) *m(f)*

bachichas [ba'ʧiʧas] *fpl* (*Méx: colilla*) Zigarettenkippe *f*
bachiller [baʧi'ʎer] *mf* Abiturient(in) *m(f);* **título de ~** Reifezeugnis *nt*, Abiturzeugnis *nt*
bachillerato [baʧiʎe'rato] *m* Abitur *nt*, Reifeprüfung *f*
bacía [ba'θia] *f* ❶ (*recipiente*) Gefäß *nt*, Behälter *m*
❷ (*para animales*) (Fress)napf *m*
bacilar [baθi'lar] *adj* (BIOL) Bazillen-; **enfermedad ~** durch Bazillen hervorgerufene Erkrankung
bacilo [ba'θilo] *m* Bazillus *m*
bacín [ba'θin] *m*, **bacinica** [baθi'nika] *f*, **bacinilla** [baθi'niʎa] *f* ❶ (*orinal*) Nachttopf *m* ❷ (*recipiente para limosna*) Almosenschale *f*
backup [ba'kap] *m* <backups> (INFOR) Backup *nt*
bacon ['bei̯kon], **bacón** [ba'kon] *m sin pl* (GASTR) (geräucherter) Speck *m*, Bacon *m*
bacteria [bak'terja] *f* Bakterie *f*
bacteriano, -a [bakte'rjano, -a] *adj* bakteriell
bactericida [bakteri'θiða] I. *adj* keimtötend; (MED) bakterizid
II. *m* keimtötendes Mittel *nt;* (MED) Bakterizid *nt*
bacteriología [bakterjolo'xia] *f* (BIOL) Bakteriologie *f*
bacteriológico, -a [bakterjo'loxiko, -a] *adj* bakteriologisch
bacteriólogo, -a [bakte'rjoloɣo, -a] *m, f* Bakteriologe, -in *m, f*
bacteriostático[1] [bakterjos'tatiko] *m* keimhemmendes Mittel *nt*
bacteriostático, -a[2] [bakterjos'tatiko, -a] *adj* keimhemmend
báculo ['bakulo] *m* ❶ (*bastón*) (Spazier)stock *m*
❷ (*del obispo*) Bischofsstab *m*, Hirtenstab *m*
❸ (*apoyo*) Stütze *f*
badajazo [baða'xaθo] *m* Glockenschlag *m*
badajo [ba'ðaxo] *m* ❶ (*de campana*) Klöppel *m*, Glockenschwengel *m*
❷ (*fam: persona*) Schwätzer(in) *m(f)*
badajocense [baðaxo'θense] I. *adj* aus Badajoz
II. *mf* Einwohner(in) *m(f)* von Badajoz
badajoceño, -a [baðaxo'θeɲo, -a] *adj o m, f v.* **badajocense**
badana[1] [ba'ðana] *f* gegerbtes Schafleder *nt;* **zurrar la ~ a alguien** (*fam*) jdn verprügeln
badana(s)[2] [ba'ðana(s)] *m (inv)*: **es un ~** (*fam*) er/sie ist ein Faulenzer/eine Faulenzerin
badén [ba'ðen] *m* ❶ (*desnivel*) Unebenheit *f*, Mulde *f*
❷ (*en carreteras*) Querrinne *f* (*für Regenwasser*)
Baden-Wurtemberg ['baðem 'burtember̥] *m* Baden-Württemberg *nt*
badián [ba'ðjan] *m* (BOT: *árbol*) Sternanisbaum *m*
badiana [ba'ðjana] *f* (BOT: *fruto*) Sternanis *m*
badil [ba'ðil] *m* Feuerschaufel *f*
bádminton ['baðmin̪ton] *m* (DEP) Badminton *nt*
badulaquear [baðulake'ar] *vi* ❶ (*hacer tonterías*) Dummheiten machen
❷ (*Arg, Col, Chil, Perú: engañar*) gaunern
bafle ['bafle] *m* Lautsprecher *m*
bagaje [ba'ɣaxe] *m* (MIL) Marschgepäck *nt;* **~ intelectual** Wissen *nt*
bagamán [baɣa'man] *m* (*Col, RDom*) Vagabund *m*, Landstreicher *m*
bagatela [baɣa'tela] *f* Bagatelle *f*, Kleinigkeit *f*
bagayo [ba'ɣaʝo] *m* ❶ (*Arg: fam: equipaje*) Gepäck *nt;* (*carga*) Last *f*
❷ (*Arg: fam: objetos robados*) heiße Ware *f*
❸ (*Arg: fam: prostituta*) Hure *f*
bagazo [ba'ɣaθo] *m* (AGR: *de caña*) Bagasse *f*; (*de frutas*) Trester *m;* (*de cervecería*) Treber *m;* **aguardiente de ~ de uva** Schnaps aus Traubentrester, Tresterbranntwein *m*
bagre ['baɣre] I. *adj* ❶ (*Bol, Col: cursi*) kitschig
❷ (*Guat, Hond, ElSal: inteligente*) klug, aufgeweckt
II. *m* ❶ (*Am:* ZOOL) Wels *m*
❷ (*And: antipático*) unbeliebter Mensch *m*
❸ (*And: mujer fea*) Vogelscheuche *f*
❹ (*CRi: prostituta*) Hure *f*
bah [ba] *interj* ❶ (*incredulidad*) ach was
❷ (*desprecio*) bah, pah
❸ (*conformidad*) na gut
Bahamas [ba'amas] *fpl:* **Las (islas) ~** die Bahamas, die Bahamainseln
bahameño, -a [ba(a)'meɲo, -a] I. *adj* von den Bahamas, baham(a)isch
II. *m, f* Baham(an)er(in) *m(f)*
bahía [ba'ia] *f* (Meeres)bucht *f*, Bai *f*
b.a.i. [bea'i] *abr de* **beneficio antes de impuestos** Gewinn *m* vor Steuern
bailable [bai̯'laβle] I. *adj* tanzbar, Tanz-; **música ~** Tanzmusik *f*; **esta música no es ~** zu dieser Musik kann man nicht tanzen
II. *m* Tanz *m*, Tanzeinlage *f*
bailador(a) [bai̯la'ðor(a)] I. *adj* tanzlustig
II. *m(f)* Tänzer(in) *m(f)*
bailaor(a) [bai̯la'or(a)] *m(f)* Flamencotänzer(in) *m(f)*
bailar [bai̯'lar] I. *vi* ❶ (*danzar*) tanzen; **sacar a ~ a alguien** jdn zum Tanz auffordern; **~ al son que tocan** (*fig*) das Mäntelchen nach dem

bailarín

Wind(e) hängen; **le tocó ~ con la más fea** (*fig*) er zog den Kürzeren
② (*caballo*) tänzeln
③ (*objetos*) wackeln; (*peonza*) sich drehen; (TÉC) Spiel haben; **le baila un diente** ihm/ihr wackelt ein Zahn
II. *vt* tanzen; **~ un tango** einen Tango tanzen; **hacer ~ una peonza** einen Kreisel drehen

bailarín, -ina [baiˈla'rin, -ina] I. *adj* tanzend, Tanz-
II. *m, f* Tänzer(in) *m(f)*; (*de ballet*) Balletttänzer(in) *m(f)*; (*mujer*) Ballerina *f*

baile [ˈbaile] *m* ① (*acto*) Tanzen *nt*
② (*danza*) Tanz *m*; **~ popular** [*o* **regional**] Volkstanz *m*
③ (*fiesta*) Tanzfest *nt*; (*de etiqueta*) Ball *m*
④ (MED): **~ de San Vito** Veitstanz *m*; **tener el ~ de San Vito** zappelig sein

bailongo¹ [baiˈloŋɡo] *m* (*argot*) Schwof *m*, Tanzparty *f*
bailongo, -a² [baiˈloŋɡo, -a] *adj* (*argot*): **música bailonga** Tanzmusik *f*

bailotear [bailoteˈar] *vi* ① (*argot: bailar*) schwofen
② (*brincar*) herumhüpfen

baja [ˈbaxa] *f* ① (*disminución*) Rückgang *m*; (*de temperatura*) Fallen *nt*, Rückgang *m*; (*de precio*) Senkung *f*; (*de valor*) Sinken *nt*, Fallen *nt*; **~ de** [*o* **en**] **los cambios** (FIN) Kursverfall *m*, Kursrückgang *m*; **~ de la demanda** (ECON) Nachfragerückgang *m*; **~ coyuntural** (ECON) Konjunkturflaute *f*; **los beneficios de la empresa han experimentado una ~ en los últimos meses** die Gewinne der Firma sind in den letzten Monaten (merklich) zurückgegangen; **hay una tendencia a la ~ en la economía mundial** die Weltwirtschaft erlebt gegenwärtig einen Abwärtstrend; **ir de** [*o* **dar**] **~** (FIN) (im Wert) sinken
② (*cese de trabajo: temporal*) Beurlaubung *f*, Urlaub *m*; (*definitivo*) Entlassung *f*, Kündigung *f*; **~ por maternidad** Erziehungsurlaub *m*; **dar de ~ a alguien** (*temporalmente*) jdn beurlauben; (*definitivamente*) jdn entlassen, jdm kündigen; **darse de ~** (*temporalmente*) sich beurlauben lassen; (*definitivamente*) kündigen; (MED) sich krankmelden; **estar de ~ (por enfermedad)** krankgeschrieben sein
③ (*en una asociación, t.* ADMIN) Abmeldung *f*; **dar de ~** (*a un miembro*) aus einer (Mitglieder)liste streichen; (ADMIN) aus einem Register [*o* einer Liste] streichen; **darse de ~** sich abmelden (*en* von +*dat*, *en* bei +*dat*)
④ (*documento del cese del trabajo*) Kündigungsschreiben *nt*; (*del médico*) Krankschreibung *f*; **número de ~s por enfermedad** Krankenstand *m*
⑤ (MIL) Verlust *m*
⑥ (FIN) Baisse *f*; **jugar a la ~** auf Baisse spekulieren
⑦ (GEO): **B~ Lusacia** Niederlausitz *f*; **B~ Sajonia** Niedersachsen *nt*

bajada [baˈxaða] *f* ① (*descenso*) Abstieg *m*
② (*camino*) (hinunterführender) Weg *m*
③ (*pendiente*) Gefälle *nt*; **esta carretera tiene mucha ~** diese Straße hat ein starkes Gefälle
④ (*loc*): **~ de las aguas** Regenrinne *f*; **~ de bandera** Grundpreis *m* (im Taxi); **~ de los precios** (ECON) Preissenkung *f*; **~ de tipos** Zinssenkung *f*

bajamar [baxaˈmar] *f* Ebbe *f*
bajante [baˈxante] *m o f* Fallrohr *nt*, Abfallrohr *nt*

bajar [baˈxar] I. *vi* ① (*ir hacia abajo*) hinuntergehen; (*escalando*) hinabsteigen; (*venir hacia abajo*) herunterkommen; (*escalando*) heruntersteigen; **~ al primer piso/a la calle** in den ersten Stock/auf die Straße hinuntergehen; **~ en ascensor/por la escalera** im Aufzug hinunterfahren/die Treppe hinuntergehen
② (*desmontar*) aussteigen (*de* von +*dat*); (*del coche, autobús*) (aus)steigen (*de* aus +*dat*); **bajamos en la próxima parada** wir steigen an der nächsten Haltestelle aus
③ (*las aguas*) abfließen
④ (*disminuir*) abnehmen, zurückgehen; (*temperatura, precios*) fallen, sinken; (*ventas*) nachlassen; (*tipos de interés*) sinken; (*hinchazón*) abschwellen; **ha bajado la luz** der Strom ist billiger geworden, der Strompreis ist gefallen; **la temperatura ~á a 5 grados** die Temperatur wird auf 5 Grad fallen; **te ha bajado la tripa** dein Bauch ist flacher geworden
⑤ (*adelgazar*) abnehmen
II. *vt* ① (*transportar*) herunterbringen, hinunterbringen; (*coger*) herunterholen; (INFOR: *de la Internet al ordenador*) herunterladen, downloaden; **~ las persianas** die Rollläden herunterlassen
② (*escaleras, cuesta*) heruntergehen, hinuntergehen
③ (*precios*) herabsetzen, senken
④ (*voz*) senken; (*radio, televisión*) leise(r) stellen; (*ventas*) reduzieren; (*tipos de interés*) senken
⑤ (*ojos*) niederschlagen
III. *vr*: **~se** ① (*desmontarse*) (ab)steigen (*de* von +*dat*); (*del coche, autobús*) (aus)steigen (*de* aus +*dat*)
② (*inclinarse*) sich bücken

bajativo [baxaˈtiβo] *m* (*Am*) Verdauungslikör *m*

bajel [baˈxel] *m* (*elev*) Schiff *nt*
bajero, -a [baˈxero, -a] *adj* Unter-; **sábana bajera** ≈Matratzenschonbezug *m*

bajeza [baˈxeθa] *f* ① (*humildad*) Niedrigkeit *f*, Einfachheit *f*; **~ de nacimiento** niedere Herkunft
② (*carácter*) Niedertracht *f*
③ (*acción humillante*) Erniedrigung *f*; (*acción vil*) Gemeinheit *f*; **cometer una ~** eine Gemeinheit begehen

bajinis [baˈxinis]: **por lo ~** (*fam: a escondidas*) heimlich, im Geheimen; (*en voz baja*) im Flüsterton; **me lo dijo por lo ~** er/sie hat es mir (heimlich) zugeflüstert

bajío [baˈxio] *m* ① (*banco de arena*) Sandbank *f*
② (*Am: terreno bajo*) Tiefland *nt*

bajista [baˈxista] I. *adj* (FIN) Baisse-; **mercado ~** Baissemarkt *m*; **tendencia ~** fallende Tendenz, Abwärtstrend *m*
II. *mf* ① (MÚS) Bassist(in) *m(f)*
② (FIN) Baissier *m*, Baissespekulant(in) *m(f)*

bajo¹ [ˈbaxo] I. *m* ① (*instrumento, voz*) Bass *m*
② (*persona*) Bassist *m*
③ (*piso*) Erdgeschoss *nt*
④ *pl* (*banco de arena*) Sandbank *f*
⑤ *pl* (*parte inferior*) unterer Teil *m*; (*de una prenda*) Saum *m*
II. *adv* ① (*posición*) niedrig, tief
② (*voz, tono*) leise
③ (*loc*): **por lo ~** unauffällig, geheim
III. *prep* ① (*colocar debajo*) unter +*akk*; **pon los zapatos ~ la cama** stell die Schuhe unter das Bett
② (*debajo de, por debajo de*) unter +*dat*; **el gato está ~ la mesa** die Katze liegt unter dem Tisch; **tres grados ~ cero** drei Grad unter Null; **~ Felipe IV** unter Philipp IV; **~ llave** unter Verschluss; **~ la lluvia** im Regen; **~ fianza** gegen Kaution; **encontrarse ~ los efectos del alcohol** unter Alkoholeinfluss stehen; **~ la condición de que...** +*subj* unter der Bedingung, dass ...

bajo, -a² [ˈbaxo, -a] <más bajo *o* inferior, bajísimo> *adj* ① *estar* (*en lugar inferior*) tief (liegend); **valor ~ la par** (FIN) Wert unter pari
② *ser* (*de poca altura, fuerza, temperatura*) niedrig; (*de estatura*) klein(gewachsen); **baja tensión** (ELEC) Niederspannung *f*; **con la cabeza baja/los ojos ~s** mit hängendem Kopf/gesenktem Blick; **tener la moral baja** niedergeschlagen sein, deprimiert sein; **tener la tensión baja** (MED) einen niedrigen Blutdruck haben
③ (*voz*) leise; (MÚS) tief
④ (*color*) matt
⑤ (*metal*) unedel
⑥ (*comportamiento*) niederträchtig, gemein
⑦ (*clase social*) untere; **pertenece a la clase baja** er/sie gehört der Unterschicht an
⑧ (*calidad*) gering; **de baja calidad** von geringer Qualität

bajomedieval [baxomeðjeˈβal] *adj* spätmittelalterlich
bajón [baˈxon] *m* ① (*descenso, disminución*) (rapider) Rückgang *m*; (*de precios*) (Preis)sturz *m*; (FIN) (Kurs)sturz *m*
② (*de la salud*) Verschlechterung *f*; **dar un ~** (*fig*) herunterkommen; **su salud ha dado un ~** es geht ihm/ihr gesundheitlich schlechter, sein/ihr Gesundheitszustand hat sich verschlechtert
③ (MÚS) Fagott *nt*

bajonazo [baxoˈnaθo] *m* ① (*fam: empeoramiento de la salud*) Verschlechterung *f*; (*disminución*) Niedergang *m*; **le dio tal ~ que tuvimos que ingresarle en urgencias** es ging ihm so mies, dass wir ihn zur Notaufnahme bringen mussten
② (TAUR: *estocada*) (zu) tiefer Stich in den Hals des Stieres; **aquello fue un ~ falto de toda ética taurina** dies war ein zu tief angesetzter Stich in den Hals ohne jede Stierkampfethik

bajoncillo [baxonˈθiʎo] *m* (MÚS) Diskantfagott *nt*
bajorrelieve [baxorreˈljeβe] *m* (ARTE) Basrelief *nt*
bajuno, -a [baˈxuno, -a] *adj* gemein, niederträchtig
bajura [baˈxura] *f* Niedrigkeit *f*
bakalao [bakaˈlao] *m* (MÚS: *argot*) Techno *m*
bala [ˈbala] *f* ① (*proyectil*) (Gewehr)kugel *f*, Geschoss *nt*; **~ rasa** (*fam fig*) Luftikus *m*; **como una ~** blitzschnell; **disparar** [*o* **tirar**] **con ~** (*fig*) sticheln
② (*fardo*) Ballen *m*

balacear [balaθeˈar] *vt* (*Am*) schießen (auf +*akk*)
balada [baˈlaða] *f* Ballade *f*
baladí [balaˈdi] *adj* nichtig, belanglos
baladrar [balaˈðrar] *vi* (*chillar*) kreischen; (*gritar*) schreien
baladre [baˈlaðre] *m* (BOT) Oleander *m*
baladrero, -a [balaˈðrero, -a] *adj* laut, geräuschvoll
baladro [baˈlaðro] *m* Schrei *m*
baladrón, -ona [balaˈðron, -ona] I. *adj* angeberisch, großtuerisch; **no conozco a nadie tan ~ como él** ich kenne niemanden, der so großspu-

baladronada

rig ist wie er
II. *m, f* Angeber(in) *m(f)*, Großsprecher(in) *m(f)*
baladronada [baladro'naða] *f* Prahlerei *f*
bálago ['balaɣo] *m* (AGR) Langstroh *nt*
balalaica [bala'laika] *f* (MÚS) Balalaika *f*
balance [ba'lanθe] *m* ❶ (*vaivén*) Schwanken *nt;* (*en la danza*) Wiegen *nt;* (NÁUT) Schlingern *nt*
❷ (COM: *resultado*) Bilanz *f;* ~ **acreedor** Kreditorensaldo *m;* ~ **anual** Jahresabschluss *m,* Jahresbilanz *f;* ~ **aproximativo** [*o* **provisional**] Rohbilanz *f;* ~ **de los beneficios de capital** Kapitalertragsbilanz *f;* ~ **de caja** Kassenabschluss *m;* ~ **de capitales** Kapitalbilanz *f;* ~ **de cierre** Schlussbilanz *f;* ~ **de comprobación** [*o* **sumas**] Probebilanz *f;* ~ **consolidado** konsolidierte Bilanz *f;* ~ **del consorcio** Konzernbilanz *f;* ~ **de conversión** Umwandlungsbilanz *f;* ~ **de cuentas** Summenbilanz *f;* ~ **de desperdicios** Abfallbilanz *f;* ~ **dinámico** Bewegungsbilanz *f;* ~ **de empresa** Unternehmensbilanz *f;* ~ **energético** Energiebilanz *f;* ~ **de entrada** Eingangsbilanz *f;* ~ **especial** Einzelbilanz *f;* ~ **extraordinario** Sonderbilanz *f;* ~ **ficticio** Als-ob-Bilanz *f;* ~ **fiscal** Steuerbilanz *f;* ~ **de fundación** Gründungsbilanz *f;* ~ **fraudulento** Bilanzdelikt *nt,* Bilanzierungsverstoß *m;* ~ **de la fusión** Fusionsbilanz *f;* ~ **global** Gesamtbilanz *f;* ~ **sobre el impuesto de beneficios** [*o* **de ganancias**] Ertragssteuerbilanz *f;* ~ **integrado** Einbringungsbilanz *f;* ~ **de liquidación** Liquidationsbilanz *f;* ~ **de la liquidez** Liquiditätsbilanz *f;* ~ **real** Istbilanz *f;* ~ **de referencia** Vergleichsbilanz *f;* ~ **de resultados** Erfolgsbilanz *f;* ~ **de saldos** Saldenbilanz *f;* ~ **de saneamiento** Sanierungsbilanz *f;* ~ **simulado** Bilanzfrisur *f;* ~ **de situación** Rohbilanz *f* (ohne Aufwand und Ertrag)*;* ~ **social** (*de los socios*) Gesellschafterbilanz *f;* (*de la sociedad*) Gesellschaftsbilanz *f;* ~ **de transformación** Umwandlungsbilanz *f;* ~ **de turismo y viajes** Reiseverkehrsbilanz *f;* **hacer** [*o* **confeccionar**] **un** ~ eine Bilanz aufstellen; **incluir** [*o* **hacer figurar**] **en el** ~ in die Bilanz aufnehmen
❸ (*comparación*) Gegenüberstellung *f,* Bilanz *f;* **hacer** (**el**) ~ Bilanz ziehen; **hacer** ~ **de lo bueno y malo** das Gute gegen das Schlechte abwägen
❹ (*vacilación*) Unentschlossenheit *f*
❺ (Col: *negocio*) Geschäft *nt;* (*asunto*) Angelegenheit *f*
❻ (Cuba: *mecedora*) Schaukelstuhl *m*
balancear [balanθe'ar] I. *vt* ❶ (*mecer*) schaukeln; (*acunar*) wiegen
❷ (*equilibrar*) ins Gleichgewicht bringen; (ECON, FIN) ausgleichen, verrechnen
❸ (*en contabilidad*) saldieren
II. *vr:* ~**se** ❶ (*columpiarse*) schaukeln
❷ (NÁUT) schlingern
balanceo [balan'θeo] *m* ❶ (*vaivén*) Schwanken *nt;* (NÁUT) Schlingern *nt*
❷ (*vacilación*) Unentschlossenheit *f*
balancín [balan'θin] *m* ❶ (*de los equilibristas*) Balancierstange *f*
❷ (*columpio*) Wippe *f*
❸ (*silla*) Schaukelstuhl *m;* (*para varias personas*) Hollywoodschaukel *f*
❹ (*yugo*) Joch *nt*
❺ (TÉC) Pleuelstange *f*
❻ (NÁUT) Ausleger *m*
❼ (*para monedas*) Prägestock *m*
balandra [ba'landra] *f* Kutter *m*
balandrista [balan'drista] *mf* Schiffer(in) *m(f)*
balandro [ba'landro] *m* Jolle *f*
balanófago, -a [bala'nofaɣo, -a] *adj* (ZOOL) Eicheln fressend
balanza [ba'lanθa] *f* ❶ (*pesa*) Waage *f;* ~ **de cocina** Küchenwaage *f;* **inclinar el fiel de la** ~ (*fig*) den Ausschlag geben
❷ (COM) Bilanz *f;* ~ **de capital** Kapitalbilanz *f;* ~ **comercial** (Außen)handelsbilanz *f;* ~ **por cuenta corriente** Bilanz der laufenden Posten; ~ **por cuenta de capital** Kapitalbilanz *f;* ~ **exterior** Auslandsguthaben *nt;* ~ **de mercancías** Warenbilanz *f;* ~ **de pagos** Zahlungsbilanz *f;* ~ **de servicios** Dienstleistungsbilanz *f;* ~ **de transferencias** Übertragungsbilanz *f*
Balanza [ba'lanθa] *f* (ASTR) Waage *f*
balanzón [balan'θon] *m* (*orfebrería*) Schmelztiegel *m*
balar [ba'lar] *vi* (*oveja*) blöken; (*cabra*) meckern; (*ciervo*) röhren
balarrasa[1] [bala'rrasa] *mf* (*fam: persona alocada*) Luftikus *m,* Leichtfuß *m;* **es un** ~ **al volante** er ist ein leichtsinniger Autofahrer
balarrasa[2] [bala'rrasa] *m sin pl* (*aguardiente*) Rachenputzer *m fam*
balastar [balas'tar] *vt* (be)schottern
balasto [ba'lasto] *m sin pl,* **balastro** [ba'lastro] *m sin pl* Schotter *m*
balaustrada [balaus'traða] *f* Balustrade *f,* Brüstung *f*
balaustrado, -a [balaus'traðo, -a] *adj* (ARQUIT: *con forma de balaustre*) säulenförmig; (*que tiene balaustres*) mit einer Balustrade (umgeben), Balustraden-; **un balcón** ~ ein mit einer Balustrade umgebener Balkon
balazo [ba'laθo] *m* ❶ (*tiro*) Schuss *m;* **matar a alguien de un** ~ jdn erschießen

ballena

❷ (*herida*) Einschuss *m,* Einschussstelle *f*
balboa [bal'βoa] *m* (*unidad monetaria de Panamá*) Balboa *m*
balbucear [balβuθe'ar] *vi, vt v.* **balbucir**
balbuceo [balβu'θeo] *m* Stammeln *nt,* Gestammel *nt;* (*de niños*) Lallen *nt*
balbuciente [balβu'θjente] *adj* stammelnd, stotternd; (*niño*) lallend
balbucir [balβu'θir] *vi, vt* stammeln, stottern; (*niño*) lallen; ~ **una excusa** eine Entschuldigung stammeln
Balcanes [bal'kanes] *mpl* Balkan *m;* **la Península de los** ~ die Balkanhalbinsel
balcánico, -a [bal'kaniko, -a] *adj* balkanisch; **país** ~ Balkanland *nt*
balcanización [balkaniθa'θjon] *f* Balkanisierung *f*
balcanizar [balkani'θar] <z→c> *vt* (POL: *fig*) balkanisieren
balcón [bal'kon] *m* ❶ (*de casas, t.* TEAT) Balkon *m*
❷ (*mirador*) Aussichtspunkt *m*
balconada [balko'naða] *f* Balkonreihe *f;* (*balcón corrido*) Galerie *f*
balconaje [balko'naxe] *m* Balkonreihe *f*
balconear [balkone'ar] *vi* (Am: *desde un balcón*) vom Balkon herunterschauen; (*desde una ventana*) aus dem Fenster schauen
balda ['balda] *f* Regalbrett *nt*
baldado, -a [bal'daðo, -a] *adj* ❶ (*extremidades*) gelähmt
❷ (*muy cansado*) erschöpft; **la mudanza lo ha dejado** ~ der Umzug hat ihn völlig geschafft *fam*
baldaquín [balda'kin] *m* Baldachin *m*
baldar [bal'dar] I. *vt* ❶ (*paralizar*) lähmen; (*lisiar*) zum Krüppel machen
❷ (*perjudicar*) schaden +*dat*
II. *vi* (*naipes*) trumpfen
balde ['balde] *m* ❶ (*cubo*) Kübel *m,* Eimer *m*
❷ (*loc*): **obtener algo de** ~ etw umsonst [*o* gratis] bekommen; **en** ~ umsonst, vergeblich; **estar de** ~ überflüssig sein
baldear [balde'ar] *vt* (NÁUT) reinigen
baldeo [bal'deo] *m* Reinigen mit Wassergüssen aus Eimern
baldío[1] [bal'dio] *m* Brache *f*
baldío, -a[2] [bal'dio, -a] *adj* ❶ (*terreno*) brach, unbebaut
❷ (*inútil*) zwecklos, nutzlos; (*en balde*) vergeblich
baldón [bal'don] *m* (*acción*) Beleidigung *f;* (*situación*) Schande *f;* **ser el** ~ **de la familia** der Schandfleck der Familie sein
baldonar [baldo'nar] *vt* (*ofender*) verletzen, kränken; (*insultar*) beleidigen
baldosa [bal'dosa] *f* Fliese *f;* (*en el suelo*) (Boden)fliese *f*
baldosado [baldo'saðo] *m* (Col, Chil: *suelo*) Fliesenboden *m,* Fliesenbelag *m*
baldosar [baldo'sar] *vt* fliesen, mit Fliesen auslegen
baldosín [baldo'sin] *m* Kachel *f,* Fliese *f*
balear [bale'ar] I. *vt* ❶ (AmC: *engañar*) betrügen, prellen, beschwindeln *fam;* **la cajera me ha baleado en el cambio** die Kassiererin hat mich um das Wechselgeld betrogen [*o* geprellt]; **me has baleado 10 euros** du hast mir 10 Euro abgeschwindelt
❷ (AmS: *disparar*) schießen (auf +*akk*); (*herir*) anschießen; (*matar*) erschießen
II. *vr:* ~**se** (AmS) ❶ (*disparar*) sich gegenseitig beschießen, aufeinander schießen
❷ (*disputar*) sich herumstreiten
III. *adj* von den Balearen, balearisch
IV. *mf* Baleare, -in *m, f*
Baleares [bale'ares] *fpl:* **las islas** ~ die Balearen
baleárico, -a [bale'ariko, -a] *adj* balearisch
balénido, -a [bale'niðo, -a] *adj* (ZOOL) Bartenwal-, der Bartenwale
baleo [ba'leo] *m* ❶ (*alfombrilla*) Matte *f*
❷ (*aventador*) Fächer *m* (*aus Espartogras*)
❸ (*tiroteo*) Schießerei *f*
balero [ba'lero] *m* ❶ (Am: *juego*) Boccia *f*
❷ (Arg: *juguete*) beliebtes Geschicklichkeitsspiel für Kinder
❸ (Arg: *vulg: cabeza*) Birne *f*
balido [ba'liðo] *m* (*de la oveja*) Blöken *nt;* (*de la cabra*) Meckern *nt;* (*del ciervo*) Röhren *nt*
balín [ba'lin] *m* ❶ (*bala*) kleinkalibriges Geschoss *nt*
❷ (*bolita de plomo*) Schrotkugel *f*
balista [ba'lista] *f* (HIST, MIL) Balliste *f*
balística [ba'listika] *f sin pl* Ballistik *f*
balístico, -a [ba'listiko, -a] *adj* ballistisch
baliza [ba'liθa] *f* Bake *f;* (NÁUT) Boje *f;* (AERO) Leuchtfeuer *nt,* (Leucht)bake *f;* (FERRO) Lichtsignal *nt;* (AUTO) Warnsignal *nt*
balizaje [bali'θaxe] *m* Hafengebühr *f*
balizar [bali'θar] <z→c> *vt* ❶ (*con boyas*) mit Bojen markieren
❷ (*iluminar*) befeuern
ball [bal] *f* (Am) ❶ (DEP: *balón*) Ball *m;* ~ **de goma** Gummiball *m*
❷ (*proyectil*) Kugel *f*
ballena [ba'ʎena] *f* Wal(fisch) *m*

ballenato [baʎe'nato] *m* (ZOOL) Jungwal *m*, Waljunge(s) *nt*
ballenero¹ [baʎe'nero] *m* ❶ (*barco*) Walfänger *m*, Walfangschiff *nt* ❷ (*pescador*) Walfänger *m*
ballenero, -a² [baʎe'nero, -a] *adj:* **barco** ~ Walfangschiff *nt*
ballesta [ba'ʎesta] *f* ❶ (TÉC) Blattfeder *f* ❷ (HIST) Armbrust *f*
ballestero [baʎes'tero] *m* Armbrustschütze *m*
ballet [ba'le] <ballets> *m* Ballett *nt;* ~ **nacional** Staatsballett *nt*
balneario [balne'arjo] *m* ❶ (*baños*) (Heil)bad *nt* ❷ (*estación*) Kurort *m*
balneografía [balneoɣra'fia] *f* (MED) Balneographie *f*
balneología [balneolo'xia] *f* (MED) Balneologie *f*
balneoterapia [balneote'rapja] *f* Heilbadtherapie *f*
balompié [balom'pje] *m* Fußball *m*
balón [ba'lon] *m* ❶ (DEP) Ball *m;* ~ **de fútbol** Fußball *m* ❷ (*recipiente para gases*) Ballon *m* ❸ (*botella esférica*) Ballon *m*, Ballonflasche *f;* ~ **de oxígeno** (*fig*) Verschnaufpause *f* ❹ (NÁUT) Spinnaker *m* ❺ (*en los tebeos*) Sprechblase *f*
balonazo [balo'naθo] *m* Schuss *m* mit dem Ball
baloncestista [balonθes'tista] *mf* Basketballspieler(in) *m(f)*
baloncestístico, -a [baloɲθes'tistiko, -a] *adj* Basketball-
baloncesto [balon'θesto] *m* Basketball *m*
balonmano [balon'mano/balom'mano] *m* Handball *m*
balonvolea [balombo'lea] *m* Volleyball *m*
balota [ba'lota] *f* Kugel *f* (*die zu Abstimmungen verwendet wird*)
balotaje [balo'taxe] *m* (*Méx*) Stimmenauszählung *f*
balsa ['balsa] *f* ❶ (*charca*) Tümpel *m;* (*estanque*) Wasserbecken *nt;* **ser una** ~ **de aceite** (*fig*) vollkommen ruhig sein ❷ (NÁUT: *barca*) Fähre *f;* (*plataforma*) Floß *nt;* ~ **neumática** Schlauchboot *nt*
balsadera [balsa'ðera] *f* Anlegeplatz *m* der Fähre
balsámico, -a [bal'samiko, -a] *adj* balsamisch
bálsamo ['balsamo] *m* Balsam *m*
balsear [balse'ar] *vt* mit einem Floß überqueren
báltico, -a ['baltiko, -a] I. *adj* baltisch; **el mar** ~ die Ostsee; **los países** ~**s** das Baltikum II. *m, f* Balte, -in *m, f*
baluarte [ba'lwarte] *m* Schutzwall *m;* **un** ~ **de la libertad** ein Bollwerk der Freiheit
balumba [ba'lumba] *f* ❶ (*montón*) Haufen *m;* **una** ~ **de ropa** ein Haufen Wäsche [*o* Wäschehaufen] ❷ (*AmS: barullo*) großer Lärm *m*, Spektakel *m fam*
bamba ['bamba] *f* ❶ (*acierto casual*) Zufallstreffer *m* ❷ (*pastel*) ≈Windbeutel *m* ❸ (*reg: columpio*) Schaukel *f* ❹ (*baile*) lateinamerikanischer Tanzrhythmus
bambalear [bambale'ar] *vi, vr:* ~**se** hin- und herschaukeln; **si continúas bambaleándote acabarás mareada** wenn du weiter so herumschaukelst, wird dir noch schlecht
bambalina [bamba'lina] *f* (TEAT) Soffitte *f;* **entre** ~**s** hinter den Kulissen
bambolear [bambole'ante] *adj* (herab)baumelnd
bambolear [bambole'ar] I. *vt* schwingen, schwenken II. *vr:* ~**se** schaukeln; (*desde arriba*) (herab)baumeln
bamboleo [bambo'leo] *m* Schaukeln *nt;* (*desde arriba*) (Herab)baumeln *nt*
bambolla [bam'boʎa] *f* Pomp *m*, Prunk *m*
bambollero, -a [bambo'ʎero, -a] I. *adj* protzig II. *m, f* Protz *m*, Angeber(in) *m(f)*
bambú [bam'bu] *m* Bambus *m;* (*caña*) Bambusrohr *nt*
banal [ba'nal] *adj* banal
banalidad [banali'ðað] *f* Banalität *f*
banalizar [banali'θar] <z→c> *vt* banalisieren
banana [ba'nana] *f* (*Am*) Banane *f*
bananero¹ [bana'nero] *m* ❶ (*plantación*) Bananenplantage *f* ❷ (*planta*) Bananenstaude *f*
bananero, -a² [bana'nero, -a] *adj* Bananen-; **república bananera** (*pey*) Bananenrepublik *f*
banano [ba'nano] *m* Bananenstaude *f*
banasta [ba'nasta] *f* (großer) Weidenkorb *m*
banasto [ba'nasto] *m* (großer runder) Weidenkorb *m*
banca ['baŋka] *f* ❶ (*en el mercado*) Verkaufstisch *m* ❷ (*asiento*) Schemel *m* ❸ (FIN) Bankwesen *nt;* ~ **electrónica** Electronic Banking *nt*, Onlinebanking *nt;* ~ **oficial** Staatsbanken *fpl;* ~ **privada** Privatbanken *fpl;* **la gran** ~ die Großbanken ❹ (*en juegos de azar*) Bank *f;* **saltar la** ~ die Bank sprengen ❺ (*Arg, Urug: influencia*) Beziehungen *fpl;* **tener (mucha)** ~ (sehr) ein-

flussreich sein
bancable [baŋ'kaβle] *adj* (FIN) bankfähig, diskontierbar
bancada [baŋ'kaða] *f* ❶ (NÁUT) Ruderbank *f* ❷ (TÉC) Unterbau *m*, Unterlage *f* ❸ (MIN) Schachtabsatz *m*
bancal [baŋ'kal] *m* (*en un jardín*) Beet *nt;* (*en una pendiente*) Terrasse *f*, Terrassenfeld *nt*
bancario, -a [baŋ'karjo, -a] *adj* Bank-; **cierre** ~ Bankfeiertag *m;* **cuenta bancaria** Bankkonto *nt;* **hacer una transferencia bancaria** eine Banküberweisung vornehmen; **me he comprado un piso con un préstamo** ~ ich habe mir mit einem Bankkredit eine Wohnung gekauft
bancarrota [baŋka'rrota] *f* Bankrott *m;* **declararse en** ~ den Bankrott erklären
banco ['baŋko] *m* ❶ (*asiento*) (Sitz)bank *f* ❷ (TÉC) Werkbank *f;* ~ **de pruebas** Prüfstand *m;* (*fig*) Bewährungsprobe *f* ❸ (FIN) Bank *f*, Geldinstitut *nt;* ~ **en casa** Homebanking *nt;* **B~ Central Europeo** Europäische Zentralbank *f;* ~ **comercial** Geschäftsbank *f;* ~ **de compensación** Verrechnungsbank *f;* ~ **corresponsal** Korrespondenzbank *f;* ~ **de crédito de aceptación** Akzeptkreditbank *f;* ~ **de descuento** Diskontbank *f;* ~ **directo** Direktbank *f;* ~ **documentario** Remboursbank *f;* ~ **emisor** Notenbank *f;* **B~ de España** Spanische Staatsbank; **B~ Español de Crédito** Spanische Kreditbank; **B~ Europeo de Inversiones** Europäische Investitionsbank; **B~ Inversionista Europeo** Europäische Investitionsbank; ~ **fiduciario** Treuhandbank *f;* **B~ Hipotecario** offizielle spanische Bausparkasse; ~ **industrial** Industriebank *f;* **B~ Interamericano de Desarrollo** Interamerikanische Entwicklungsbank; **B~ Internacional de Pagos** Bank für Internationalen Zahlungsausgleich; ~ **de inversión** Anlagebank *f;* **B~ Mundial** Weltbank *f;* ~ **municipal** Kommunalbank *f;* ~ **nacional** Inlandsbank *f;* ~ **de negocios** Geschäftsbank *f;* ~ **participante** Konsortialbank *f;* ~ **pignoraticio** Lombardbank *f;* **depositar en un** ~ bei einer Bank einlegen ❹ (GEO) Schicht *f* ❺ (*de peces*) Schwarm *m* ❻ (*organismo*) Bank *f;* ~ **de sangre** Blutbank *f;* ~ **de semen** Samenbank *f* ❼ (*loc*): ~ **de arena** Sandbank *f;* ~ **de datos** (INFOR) Datenbank *f;* ~ **de hielo** Eisberg *m;* ~ **de memoria** (INFOR) Speicherbank *f*
bancocracia [baŋko'kraθja] *f sin pl* (FIN) Bankenherrschaft *f*
banda ['banda] *f* ❶ (*cinta*) Band *nt;* (*franja*) Streifen *m;* ~ **nubosa** Wolkenband *nt;* ~ **salarial** Lohnstreifen *m* ❷ (GEO: *de montaña*) (Hang)seite *f;* (*de río*) Ufer *nt;* **a la otra** ~ **del río** an der anderen Uferseite ❸ (*pandilla*) Bande *f;* ~ **terrorista** Terrororganisation *f* ❹ (*de música*) (Musik)kapelle *f;* (*de música moderna*) Band *f;* ~ **de baile** Tanzkapelle *f* ❺ (FIN): ~ **de fluctuación** Bandbreite *f* ❻ (*billar*) Bande *f* ❼ (*como insignia*) Schärpe *f* ❽ (*loc*): ~ **ancha** (INFOR) Breitband *nt;* ~ **base** (INFOR) Basisband *nt;* ~ **de frecuencia** (RADIO) Frequenzskala *f;* ~ **magnética** (INFOR) Magnetband *nt;* ~ **sonora** [*o* **de sonido**] (CINE) Soundtrack *m;* **estar fuera de** ~ (DEP) im Aus sein
bandada [ban'daða] *f* ❶ (*de peces, aves*) Schwarm *m* ❷ (*de personas*) Schar *f*, (große) Menge *f*
bandazo [ban'daθo] *m* ❶ (NÁUT) starke Schlingerbewegung *f;* **dar** ~**s** taumeln, schwanken ❷ (*cambio*) plötzlicher Umschwung *m;* ~ **hacia la derecha** (POL) Rechtsruck *m;* **dar un** ~ einen plötzlichen Umschwung erleben, eine plötzliche Kursänderung erfahren
bandeado, -a [bande'aðo, -a] *adj* gestreift
bandear [bande'ar] I. *vt* ❶ (*AmC: perseguir a alguien*) verfolgen; (*herir de gravedad*) schwer verletzen ❷ (*Arg, Par, Urug: taladrar*) durchbohren ❸ (*Arg, Par, Urug: un río*) überqueren ❹ (*Guat: pretender*) den Hof machen +*dat* ❺ (*Urug: herir con palabras*) im Innersten treffen; (*inculpar*) anschuldigen II. *vr:* ~**se** ❶ (*mecerse*) schaukeln ❷ (*en la vida*) sich durchschlagen
bandeja [ban'dexa] *f* ❶ (*para servir*) Tablett *nt;* **pasar la** ~ (Geldspenden) sammeln; **servir algo a alguien en** ~ (**de plata**) (*fig*) jdm etw auf einem silbernen Tablett servieren ❷ (*en la maleta*) Fach *nt;* (*en muebles*) Schubfach *nt*
bandera [ban'dera] *f* (*de una nación*) Fahne *f*, Flagge *f;* (*en un barco*) Flagge *f;* ~ **azul** Blaue Fahne (*Kennzeichen für Strandqualität*); ~ **de conveniencia** Billigflagge *f;* **a media asta** Beflaggung auf halbmast; **dar a alguien la** ~ jdm den Vorrang geben; **de** ~ (*fam*) toll, spitze; **estar hasta la** ~ zum Brechen voll sein, gerammelt voll sein *fam;* **hacer algo a**

~s desplegadas etw in aller Öffentlichkeit tun; **izar la** ~ die Flagge hissen
banderazo [bande'raθo] *m* (DEP) (Flaggen)zeichen *nt;* ~ **de salida** Startzeichen *nt*
banderilla [bande'riʎa] *f* (TAUR) Banderilla *f;* **poner** [*o* **clavar**] [*o* **plantar**] ~**s a alguien** (*fig*) jdn reizen
banderillear [banderiʎe'ar] *vt* (TAUR) mit den Banderillas reizen, Banderillas in den Nacken stoßen +*dat*
banderillero [banderi'ʎero] *m* (TAUR) Banderillero *m*
banderín [bande'rin] *m* ❶ (*bandera*) Banner *nt;* (*triangular*) Wimpel *m;* (DEP) Fähnchen *nt*
❷ (*persona*) Bannerträger *m*
❸ (MIL): ~ **de enganche** Aufnahmestelle für Rekruten
banderola [bande'rola] *f* ❶ (*como señal*) Wimpel *m*
❷ (MIL) Stander *m*
❸ (*Arg, Par, Urug: ventana*) Oberlicht *nt*
bandidaje [bandi'ðaxe] *m sin pl* Verbrechertum *nt*
bandido, -a [ban'diðo, -a] **I.** *adj* ruchlos
II. *m, f* ❶ (*criminal*) Bandit *m,* Verbrecher(in) *m(f)*
❷ (*persona pilla*) Gauner(in) *m(f)*
bando ['bando] *m* ❶ (*edicto*) Erlass *m*
❷ (*proclama*) Bekanntmachung *f,* Ausruf *m;* **echar** ~ öffentlich ausrufen [*o* bekannt machen]
❸ (*partido*) Partei *f*
❹ (*de peces, aves*) Schwarm *m*
bandola [ban'dola] *f* (MÚS) kleines viersaitiges Zupfinstrument
bandolera [bando'lera] *f* ❶ (*correa*) Schulterriemen *m;* **llevar la escopeta/el bolso en** ~ das Gewehr schultern/die Tasche über der Schulter tragen
❷ (*mujer*) Gangsterbraut *f*
bandolerismo [bandole'rismo] *m sin pl* Gangstertum *nt*
bandolero [bando'lero] *m* (Straßen)räuber *m*
bandolina [bando'lina] *f* (MÚS) Mandoline *f*
bandolón [bando'lon] *m* (MÚS) Bassbandurria *f*
bandoneón [bandone'on] *m* (MÚS) Bandoneon *nt*
bandurria [ban'durrja] *f* (MÚS) zwölfsaitiges Zupfinstrument
bandurrista [bandu'rrista] *mf* (MÚS) Bandurriaspieler(in) *m(f)*
BANESTO [ba'nesto] *f* (FIN) *abr de* **Banco Español de Crédito** frühere spanische Großbank
bang [baŋ] *interj* peng
bangladesí [baŋglaðe'si] **I.** *adj* bangalisch
II. *mf* Bangale, -in *m, f*
banjo ['banxo/'bandʒo] *m* (MÚS) Banjo *nt*
banking ['baŋkiŋ] *m sin pl* Banking *nt;* ~ **electrónico** elektronisches Banking; ~ **por teléfono** Telefonbanking *nt*
BANKINTER [baŋ'kinter] *m* (FIN) *abr de* **Banco Intercontinental Español** spanische Industriebank
banquero, -a [ban'kero, -a] *m, f* ❶ (FIN) Bankier *m,* Banker(in) *m(f)*
❷ (*en juegos de azar*) Bankhalter(in) *m(f)*
banqueta [ban'keta] *f* ❶ (*taburete*) Schemel *m,* Hocker *m;* (*para los pies*) Fußschemel *m*
❷ (*Guat, Méx: acera*) Gehsteig *m*
banquete [ban'kete] *m* Bankett *nt,* Festessen *nt;* ~ **de gala** Galadiner *nt*
banquetear [baŋkete'ar] **I.** *vi* schlemmen
II. *vt* festlich bewirten
banquillo [ban'kiʎo] *m* ❶ (*banco pequeño*) Bänkchen *nt;* (*para los pies*) Fußbank *f;* (*de los acusados*) Anklagebank *f;* **estar sentado en el** ~ **de los acusados** (*t. fig*) auf der Anklagebank sitzen
❷ (DEP) Reservebank *f*
bantú [ban'tu] **I.** *adj* bantuisch, Bantu-
II. *mf* Bantu *mf*
banzo ['banθo] *m* (*lateral de armazón*) Holm *m*
bañada [ba'naða] *f* ❶ (*Am: baño*) Bad(en) *nt,* Schwimmen *nt*
❷ (*de pintura*) Anstrich *m*
bañadera [baɲa'ðera] *f* (*Am*) Badewanne *f*
bañado [ba'naðo] *m* (*Arg, Bol, Par*) sumpfiges Gebiet *nt*
bañador [baɲa'ðor] *m* (*de mujer*) Badeanzug *m;* (*de hombre*) Badehose *f*
bañar [ba'nar] **I.** *vt* ❶ (*lavar*) baden
❷ (*sumergir*) eintauchen
❸ (*río*) fließen (durch +*akk*); (*mar, lago*) angrenzen (an +*akk*)
❹ (*recubrir*) überziehen (*con/en* mit +*dat*); ~ **el pastel con chocolate** den Kuchen mit Schokolade überziehen; **bañado en sangre** blutüberströmt; **bañado en sudor** schweißgebadet
❺ (*iluminar*) scheinen (auf +*akk*)
II. *vr:* ~**se** ❶ (*lavarse*) (sich) baden
❷ (*en el mar, lago*) baden; **prohibido** ~**se** Baden verboten
bañera [ba'nera] *f* Badewanne *f*
bañero, -a [ba'ɲero, -a] *m, f* Bademeister(in) *m(f)*

bañista [ba'nista] *mf* ❶ (*en una playa*) Badende(r) *mf*
❷ (*en un balneario*) Badegast *m*
baño ['baɲo] *m* ❶ (*acto*) Bad *nt;* ~ **de espuma** [*o* **espumoso**] Schaumbad *nt;* ~ **de fijación** (FOTO) Fixierbad *nt;* ~ **de María** (GASTR) Wasserbad *nt;* ~ **de revelado** (FOTO) Entwicklerbad *nt;* ~ **de sangre** Blutbad *nt;* ~ **de sol** Sonnenbad *nt;* ~ **de vapor** Dampfbad *nt;* **tomar un** ~ ein Bad nehmen; **un** ~ **de masas** ein Bad in der Menge
❷ (*cuarto*) Bad(ezimmer) *nt;* **ir al** ~ auf die Toilette gehen
❸ (*capa de pintura*) Anstrich *m;* (*capa de chocolate, azúcar*) Glasur *f,* Überzug *m;* **dar un** ~ **de barniz a algo** etw lackieren
❹ *pl* (*balneario*) Badeanstalt *f;* ~**s termales** Thermalbad *nt,* Heilbad *nt;* **ir a los** ~**s** eine (Bade)kur machen
bao ['bao] *m* (NÁUT) Deckbalken *m*
baobab [bao'βaβ] <baobabs> *m* (BOT) Affenbrotbaum *m*
baptismo [bap'tismo] *m* (REL) Baptismus *m*
baptista [bap'tista] *mf* (REL) Baptist(in) *m(f)*
baptisterio [baptis'terjo] *m* ❶ (*pila bautismal*) Taufbecken *nt,* Baptisterium *nt elev*
❷ (*lugar*) Taufkapelle *f*
❸ (*edificio*) Taufkirche *f,* Baptisterium *nt elev*
baquear [bake'ar] *vi* (NÁUT) mit der Strömung segeln
baquelita [bake'lita] *f* Bakelit® *nt*
baqueta [ba'keta] *f* ❶ (*vara*) Gerte *f;* (*de los picadores*) Reitgerte *f;* **tratar a alguien a la** ~ jdn hart anfassen
❷ (MIL) Ladestock *m*
❸ (ARQUIT) Zierleiste *f*
❹ *pl* (*de tambor*) Trommelstöcke *mpl*
baquetazo [bake'taθo] *m* (Stock)schlag *m;* **darse un** ~ [*o* **pegarse un** ~] (*fam*) hinschlagen, stürzen
baqueteado, -a [bakete'aðo, -a] *adj* ❶ (*maltratado*) leidgeprüft
❷ (*experimentado*) erfahren
baquetear [bakete'ar] *vt* plagen, belästigen
baquía [ba'kia] *f* ❶ (*conocimiento de una región*) Ortskenntnis *f*
❷ (*Am: habilidad*) (handwerkliche) Geschicklichkeit *f*
baquiano, -a [ba'kjano, -a] **I.** *adj* (*experto*) sachkundig, versiert (*en* in +*dat*); (*en baquía*) ortskundig
II. *m, f* ortskundiger Führer *m,* ortskundige Führerin *f*
báquico, -a ['bakiko, -a] *adj* bacchantisch
bar [bar] *m* ❶ (*café*) (Steh)café *nt;* (*tasca*) Kneipe *f;* ~ **del hotel** Hotelbar *f*
❷ (FÍS) Bar *m*
bara(h)únda [bara'unda] *f* ❶ (*gran confusión*) Tumult *m,* lärmendes Durcheinander *nt;* **se armó una** ~ ein Tumult erhob sich [*o* entstand]
❷ (*mucho ruido*) Krach *m,* Radau *m*
baraja [ba'raxa] *f* Kartenspiel *nt;* **jugar a la** ~ Karten spielen; **jugar con dos** ~**s** (*fig*) ein falsches [*o* doppeltes] Spiel spielen; **una** ~ **de posibilidades** verschiedene Möglichkeiten
barajar [bara'xar] **I.** *vt* ❶ (*los naipes*) mischen
❷ (*mezclar*) durcheinander bringen
❸ (*varias posibilidades*) erwägen, in Betracht ziehen; **se barajan varios nombres** einige Namen sind im Gespräch
❹ (*caballo*) zügeln
❺ (*Arg, Par, Urug: agarrar*) auffangen; ~ **en el aire** (*fig*) schnell verstehen
❻ (*Chil, Méx: detener*) verhindern
❼ (*CSur: golpes*) abfangen
II. *vr:* ~**se** (*Par*) sich schlagen
baranda [ba'randa] *f* ❶ (*de balcón, escaleras*) Geländer *nt*
❷ (*de billar*) Bande *f*
barandal [baran'dal] *m* (ARQUIT) ❶ (*pasamano*) Handlauf *m*
❷ (*barandilla*) Geländer *nt*
barandilla [baran'diʎa] *f* ❶ (*de balcón, escaleras*) Geländer *nt,* Balustrade *f*
❷ (*pasamanos*) Handlauf *m*
barata [ba'rata] *f* (ECON: *trueque*) Tausch *m;* (*usura*) Wuchergeschäft *nt*
baratear [barate'ar] *vt* ❶ (*vender*) verschleudern; **los agricultores, hartos de** ~ **sus productos, iniciaron una huelga** die Bauern waren es satt, ihre Waren zu Schleuderpreisen zu verkaufen, und begannen zu streiken
❷ (*regatear*) feilschen, handeln
baratija [bara'tixa] *f* (*poco valor*) wertlose Sache *f;* (*de poco precio*) Billigware *f;* ~**s** Ramsch *m pey*
baratillero, -a [barati'ʎero, -a] *m, f* Trödler(in) *m(f)*
baratillo [bara'tiʎo] *m* ❶ (*tienda*) Trödelladen *m*
❷ (*puesto*) Sonderangebotstisch *m,* Ramschtisch *m*
❸ (*artículo*) Billigware *f,* Trödelware *f*
barato¹ [ba'rato] **I.** *m* ❶ (*venta*) Ausverkauf *m*
❷ (*artículos*) Trödelware *f*
II. *adv* billig; **hacer** ~ billig abgeben; **salir** [*o* **resultar**] [*o* **ser**] ~ billig sein

barato, -a² [ba'rato, -a] *adj* billig, preisgünstig; **mano de obra barata** billige Arbeitskraft
barba ['barβa] *f* ❶ (*mentón*) Kinn *nt*
  ❷ (*pelos*) Bart *m*; **~ corrida** Vollbart *m*; **~ de tres días** Dreitagebart *m*; **~s de chivo** Spitzbart *m*; **dejarse ~** sich einen Bart wachsen lassen; **gastar** [*o* **llevar**] **~** einen Bart tragen; **hacer la ~** rasieren; **por ~** pro Nase; **en las ~s de alguien** (*fig*) in jds Gegenwart; **subirse a las ~s de alguien** sich jdm gegenüber respektlos benehmen
  ❸ (*de espiga*) Granne *f*
  ❹ *pl* (*de peces*) Barte *f*
  ❺ *pl* (*de papel*) ungleichmäßiger Rand *m*
  ❻ *pl* (TÉC) Grat *m*
barbacana [barβa'kana] *f* ❶ (*saetera*) Schießscharte *f*
  ❷ (*fortificación*) (Vor)werk *nt*
barbacoa [barβa'koa] *f* ❶ (*parrilla*) (Brat)rost *m*, Barbecue *nt*
  ❷ (*carne*) Grillfleisch *nt*
  ❸ (*fiesta*) Grillparty *f*, Barbecue *nt*
barbada [bar'βaða] *f* (MÚS) Kinnstütze *f*, Kinnhalter *m*
barbado¹ [bar'βaðo] *m* ❶ (*plantón*) Setzling *m*
  ❷ (*hijuelo*) Sproß *m*, Trieb *m*
barbado, -a² [bar'βaðo, -a] *adj* bärtig
barbajas [bar'βaxas] *fpl* (BOT: *primeras raíces*) Faserwurzeln *fpl*
barbar [bar'βar] *vi* ❶ (*hombres*) einen Bart bekommen
  ❷ (*plantas*) Wurzeln treiben
barbárico, -a [barβariko, -a] *adj* (HIST) Barbaren-, barbarisch; **aquella fortificación barbárica** jene Festung der Barbaren
barbaridad [barβari'ðað] *f* ❶ (*crueldad*) Barbarei *f*, Grausamkeit *f*; **¡qué ~!** wie schrecklich!
  ❷ (*temeridad*) Wahnsinn *m*
  ❸ (*disparate*) Unsinn *m*, Unfug *m*; **hacer/decir ~es** Unsinn machen/reden
  ❹ (*fam: cantidad*) (Riesen)menge *f*, Haufen *m*; **una ~ de...** eine Unmenge von ...; **habla una ~** er/sie redet sehr viel; **esto cuesta una ~** das kostet ein Vermögen
barbarie [bar'βarje] *f* Barbarei *f*
barbarismo [barβa'rismo] *m* (LING) Barbarismus *m*
barbarizar [barβari'θar] <z→c> *vi* (*fig*) Unsinn [*o* dummes Zeug] reden
bárbaro¹ ['barβaro] *adv* (*fam*) großartig, toll; **lo pasamos ~ en la fiesta** es war eine sagenhafte Fete
bárbaro, -a² ['barβaro, -a] I. *adj* ❶ (*cruel*) grausam, barbarisch
  ❷ (*fam: estupendo*) großartig, toll; **¡qué ~!** (*admiración*) super!, spitze!; (*extrañeza*) wie seltsam!, komisch!; **un tío ~** ein großartiger Kerl
  ❸ (HIST) barbarisch
  II. *m, f* ❶ (*grosero*) brutaler Mensch *m*
  ❷ (HIST) Barbar(in) *m(f)*
barbear [barβe'ar] *vt* ❶ (*afeitar*) rasieren
  ❷ (*alcanzar*) (mit dem Kinn) erreichen
  ❸ (*Guat, Méx: adular*) schmeicheln; **~ a alguien** jdm schmeicheln
  ❹ (*Guat, Méx: acariciar*) streicheln, liebkosen
barbechada [barβe'tʃaða] *f* (AGR: *tierra*) Brache *f*, Brachland *nt*
barbechar [barβe'tʃar] *vt* pflügen
barbecho [bar'βetʃo] *m* Brache *f*, Brachfeld *nt*; **estar** [*o* **quedar**] **en ~** brachliegen; (*Arg: fig*) in Vorbereitung sein
barbería [barβe'ria] *f* Herrensalon *m*
barbero [bar'βero] *m* Herrenfriseur *m*
barbián, -ana [bar'βjan, -ana] I. *adj* (*fam*) keck; (*descarado*) vorlaut
  II. *m, f* (*fam*) kecke Person *f*
barbiblanco, -a [barβi'βlaŋko, -a] *adj* weißbärtig
barbicano, -a [barβi'kano, -a] *adj* graubärtig
barbijo [bar'βixo] *m* ❶ (RíoPl, Bol: *barboquejo*) Kinnriemen *m*
  ❷ (*Arg, Bol: bofetada*) Ohrfeige *f*
  ❸ (*Arg:* MED) Mundschutz *m*
barbilampiño, -a [barβilam'piɲo, -a] I. *adj* bartlos
  II. *m, f* Grünschnabel *m*
barbilindo, -a [barβi'lindo] *adj* geckenhaft
barbilla [bar'βiʎa] *f* ❶ (*mentón*) Kinn *nt*
  ❷ (*barba*) Kinnbart *m*
barbitúrico [barβi'turiko] *m* Barbiturat *nt*
barbo ['barβo] *m* (ZOOL) Barbe *f*
barbón [bar'βon] *m* ❶ (*barbudo*) vollbärtiger Mann *m*
  ❷ (*chivo*) Ziegenbock *m*
barboquejo [barβo'kexo] *m* Kinnriemen *m*
barbot(e)ar [barβote'ar/barβo'tar] *vi, vt* in seinen Bart (hinein)brummen *fam*
barbucha [bar'βutʃa] *f* (*fam pey: barba rala*) spärlicher Bart *m*; **será mejor que te afeites esa ~** du solltest dieses kümmerliche Gewächs besser abrasieren
barbudo, -a [bar'βuðo, -a] *adj* bärtig

barbullar [barβu'ʎar] *vt* (*fam: hablar demasiado rápido*) (unverständlich) brabbeln; (*con poca claridad*) nuscheln; **deja ya de ~** hör auf mit dem Gebrabbel
barca ['barka] *f* ❶ (*embarcación*) Kahn *m*, (Fischer)boot *nt*; **~ de pasaje** Fähre *f*; **dar un paseo en ~** eine Bootsfahrt machen
  ❷ *pl* (*columpio*) Schiffsschaukel *f*
Barça ['barsa] *m* (DEP): **el ~** der F.C. Barcelona
barcaje [bar'kaxe] *m* (NÁUT) ❶ (*transporte*) Schiffstransport *m*, Bootstransport *m*
  ❷ (*flete*) Frachtgeld *nt*
barcarola [barka'rola] *f* (MÚS) Barkarole *f*
barcaza [bar'kaθa] *f* Leichter *m*
barcelonés, -esa [barθelo'nes, -esa] I. *adj* aus Barcelona
  II. *m, f* Einwohner(in) *m(f)* von Barcelona
barcelonista [barθelo'nista] *mf* Anhänger(in) *m(f)* des F.C. Barcelona
barchilón, -ona [bartʃi'lon, -ona] *m, f* ❶ (*Arg, Bol, Perú: curandero*) Quacksalber *m*
  ❷ (*Perú*) Krankenpfleger(in) *m(f)*, Krankenschwester *f*; (*camillero*) Sanitäter(in) *m(f)*
barco ['barko] *m* Schiff *nt*; **~ de cabotaje** Küsten(motor)schiff *nt*; **~ cisterna** Tanker *m*; **~ deportivo** Sportboot *nt*; **~ escuela** Schulschiff *nt*; **~ de guerra** Kriegsschiff *nt*; **~ mercante** Frachtschiff *nt*; **~ a motor** Motorboot *nt*; **~ de navegación interior** Binnenschiff *nt*; **~ de vapor/ de vela** Dampf-/Segelschiff *nt*; **ir en ~** mit dem Schiff fahren
barda ['barða] *f* ❶ (*de paja*) Strohabdeckung *f*
  ❷ (NÁUT) dunkle Wolkenbank *f*
bardaguera [barða'ɣera] *f* (BOT) Korbweide *f*
bardal [bar'ðal] *m* (*valla o tapia cubierta de espinos*) Dornenabdeckung *f*; (*seto*) Dornenhecke *f*; **saltando ~es** (*fam fig*) Hals über Kopf
bardo ['barðo] *m* Barde *m*
baremar [bare'mar] *vt* nach einem Schlüssel [*o* einer Tabelle] berechnen
baremo [ba'remo] *m* ❶ (*tabla de cuentas*) Rechentafel *f*
  ❷ (*cuaderno*) Rechnungsbuch *nt*
  ❸ (*de tarifas*) Tariftabelle *f*
  ❹ (*escala de valores*) Kriterienkatalog *m*; **~ de distribución** Verteilerschlüssel *m*; **~ salarial** Lohntabelle *f*
bargueño [bar'ɣeɲo] *m* kleine Kommode *f*
baria ['barja] *f* (FÍS) Bar *nt*
baricentro [bari'θentro] *m* (FÍS) Schwerpunkt *m*, Baryzentrum *nt*
bario ['barjo] *m* (QUÍM) Barium *nt*
barisfera [baris'fera] *f* (GEO) Erdkern *m*, Barysphäre *f*
barita [ba'rita] *f* (QUÍM) Schwerspat *m*, Baryt *m*
barítono [ba'ritono] *m* (MÚS) ❶ (*voz*) Bariton *m*
  ❷ (*cantante*) Baritonist *m*, Bariton *m*
barlovento [barlo'βento] *m* (NÁUT) Windseite *f*, Luv *f o nt*; **ganar el ~** (*fig*) jdn in den Schatten stellen
barman ['barman] *m* <bármanes> Barmixer *m*, Barkeeper *m*
Barna. ['barna] *abr de* **Barcelona** Barcelona *nt*
barnacla [bar'nakla] *f* (ZOOL) Meergans *f*; **~ carinegra** Ringelgans *f*; **~ canadiense** Kanadagans *f*; **~ cariblanca** [*o* **monjita**] Weißwangengans *f*
barniz [bar'niθ] *m* ❶ (*laca*) Lack *m*; (*para madera*) Firnis *m*; **dar una capa de ~ a algo** etw lackieren; **tener un ~ de conocimientos** (*fig*) oberflächliche Kenntnisse besitzen
  ❷ (*para loza*) Glasur *f*
  ❸ (*afeite*) Schminke *f*
barnizado [barni'θaðo] *m* (*efecto*) Lackierung *f*; (*acción*) Lackieren *nt*
barnizador(a) [barniθa'ðor(a)] I. *adj* Lackier-; **máquina ~a** Lackiermaschine *f*
  II. *m(f)* Lackierer(in) *m(f)*
barnizar [barni'θar] <z→c> *vt* ❶ (*pintar*) lackieren; (*madera*) firnissen
  ❷ (*loza*) glasieren
barógrafo [ba'roɣrafo] *m* (FÍS, METEO) Luftdruckschreiber *m*, Barograph *m*
barométrico, -a [baro'metriko, -a] *adj* (METEO) barometrisch; **altura barométrica** Barometerstand *m*
barómetro [ba'rometro] *m* Barometer *nt*
barón, -onesa [ba'ron, baro'nesa] *m, f* ❶ (*título*) Baron(in) *m(f)*
  ❷ (*en una asociación*) Boss *m*, (An)führer(in) *m(f)*
baronía [baro'nia] *f* Baronie *f*
barquero, -a [bar'kero, -a] *m, f* (*en un bote*) Ruderer, -in *m, f*, Rudrer(in) *m(f)*; (*en una barca de pasaje*) Fährmann, -frau *m, f*
barquichuelo [barki'tʃwelo] *m* kleines Schiff *nt*
barquilla [bar'kiʎa] *f* ❶ (*barca*) kleiner Kahn *m*, Bötchen *nt*
  ❷ (*de un globo*) Gondel *f*
  ❸ (NÁUT) Log *nt*
  ❹ (PRico, RDom: *galleta*) (Eis)waffel *f*
barquillero, -a [barki'ʎero, -a] *m, f* Waffelverkäufer(in) *m(f)*
barquillero [barki'ʎero] *m* Waffeleisen *nt*
barquillo [bar'kiʎo] *m* (Eis)waffel *f*

barra ['barra] *f* ❶ (*pieza larga*) Stange *f;* ~ **combustible** Brennstab *m;* ~ **de ejercicios** (DEP) Schwebebalken *m;* ~ **de labios** Lippenstift *m;* ~ **de pegamento** Klebestift *m;* ~ **fija** (DEP) Reck *nt;* ~**s asimétricas** (DEP) Stufenbarren *m;* ~**s paralelas** (DEP) Barren *m*
❷ (*de pan*) Baguette *f o nt;* (*de chocolate*) Tafel *f*
❸ (*en un bar*) Tresen *m*, Theke *f;* **en la** ~ am Tresen; ~ **americana** intimes Nachtlokal
❹ (*raya*) Querstreifen *m;* (*signo gráfico*) Schrägstrich *m;* (MÚS) Taktstrich *m*
❺ (*de metales nobles*) Barren *m*
❻ (*barrera, t.* JUR) Schranke *f* (*im Gerichtssaal*)
❼ (*palanca*) Hebebaum *m*
❽ (*bajío estrecho*) Sandbank *f*
❾ (AUTO): ~ **de protección lateral** Seitenaufprallschutz *m*
❿ (INFOR): ~ **de botones** Buttonleiste *f;* ~ **de comandos** Befehlsleiste *f;* ~ **de desplazamiento** Schiebeleiste *f*, Bildlaufleiste *f;* ~ **de enrollado** Bildlaufleiste *f;* ~ **espaciadora** Leertaste *f;* ~ **de estado** Statusleiste *f;* ~ **inclinada** Schrägstrich *m;* ~ **de inversa** Backslash *m;* ~ **de menú** Menüleiste *f;* ~ **de título** Titelleiste *f;* **para el desplazamiento vertical** vertikale Schiebeleiste
⓫ (*Am: de abogados*) Anwaltskammer *f*
⓬ (*AmS: público*) Auditorium *nt* (*bei Gerichtsverhandlungen, Parlamentsdebatten usw.*)
⓭ (*Arg: pandilla*) Clique *f*
⓮ (*Chil, Perú: juego*) Wurfspiel *nt*
⓯ (*Méx, RíoPl, Ven: desembocadura*) Flussmündung *f*
barrabás [barra'βas] *m* Schlingel *m;* **ser un** ~ ein Spitzbube [*o* Schlingel] sein
barrabasada [barraβa'saða] *f* Streich *m*, Spitzbüberei *f;* **hacerle una** ~ **a alguien** jdm einen Streich spielen
barraca [ba'rraka] *f* ❶ (*vivienda provisional*) Baracke *f*
❷ (*chabola*) Hütte *f*
❸ (*reg: vivienda rústica*) (mit Schilfrohr gedecktes) Bauernhaus *nt*
❹ (*Am: MIL*) Kaserne *f*
❺ (*Am: almacén*) Lager *nt*
❻ (*barracón*) Bude *f*
barracón [barra'kon] *m* Baracke *f;* (*en la feria*) (Jahrmarkts)bude *f;* ~ **de tiro al blanco** Schießbude *f*
barracuda [barra'kuða] *f* (ZOOL) Barrakuda *m*, Pfeilhecht *m*
barrado, -a [ba'rraðo, -a] *adj* gestreift
barragán [barra'ɣan] *m* ❶ (*tela*) Barchent *m*
❷ (*abrigo*) Barchentmantel *m*
barragana [barra'ɣana] *f* Konkubine *f*
barrancal [barraŋ'kal] *m* zerklüftetes Gelände *nt;* **aquellas montañas eran conocidas por sus peligrosos** ~**es** dieses Gebirge war bekannt für seine gefährlichen Steilabhänge und Schluchten
barranco [ba'rraŋko] *m* ❶ (*precipicio*) Abgrund *m;* (*despeñadero*) Schlucht *f*
❷ (*cauce*) Bachbett *nt*
❸ (*dificultad*) Hindernis *nt*, Schwierigkeit *f;* **estar en un** ~ in Schwierigkeiten stecken
barranquismo [barraŋ'kismo] *m* (DEP) Kombination aus Steiluferklettern und Schwimmen
barraquismo [barra'kismo] *m* Existenz von Armenvierteln
barrear [barre'ar] *vt* verbarrikadieren
barredera [barre'ðera] *f* (Straßen)kehrmaschine *f*
barredero[1] [barre'ðero] *m* Handfeger *m*
barredero, -a[2] [barre'ðero, -a] *adj* Schlepp-; **red barredera** Schleppnetz *nt*
barredor(a) [barre'ðor(a)] *m(f)* (Straßen)kehrer(in) *m(f)*
barredura [barre'ðura] *f* ❶ (*acción de barrer*) Kehren *nt*
❷ *pl* (*lo barrido*) Kehricht *m*
barreminas [barre'minas] *m inv* (MIL) Minensuchboot *nt*
barrena [ba'rrena] *f* ❶ (*taladrador*) Bohrer *m*, Bohrmaschine *f;* ~ **de mano** Handbohrer *m*
❷ (AERO) Trudeln *nt;* **entrar en** ~ ins Trudeln geraten
barrenado, -a [barre'naðo, -a] *adj* (*fam*) verrückt, übergeschnappt; **estar** ~ übergeschnappt sein, nicht mehr alle Tassen im Schrank haben
barrenar [barre'nar] *vt* ❶ (*perforar*) (durch)bohren
❷ (*planes*) durchkreuzen; (*leyes*) übertreten, missachten
barrendero, -a [barreṇ'dero, -a] *m, f* Straßenkehrer(in) *m(f)*
barreno [ba'rreno] *m* ❶ (*barrena grande*) Bohrhammer *m*
❷ (*perforación*) Bohrloch *nt;* (*lleno de pólvora*) Sprengloch *nt*
❸ (*obsesión*) Zwangsvorstellung *f*
barreño [ba'rreno] *m* (Wasch)trog *m*
barrer [ba'rrer] *vt* ❶ (*habitación, calle*) kehren, fegen; ~ **hacia** [*o* **para**] **dentro** auf seinen eigenen Vorteil bedacht sein; **el viento barrió las nubes** der Wind fegte die Wolken fort; **tu vestido es tan largo que barre el suelo** du fegst mit deinem langen Kleid den Boden

❷ (*luz de un foco*) (hinweg)gleiten (über +*akk*), streifen
❸ (*un obstáculo*) beseitigen; ~ **con todo** mit allem fertig werden
❹ (*fam: derrotar*) haushoch schlagen
barrera [ba'rrera] *f* ❶ (*t. fig: barra*) Schranke *f;* (*en la frontera*) Schlagbaum *m;* ~ **aduanera** Zollschranke *f;* ~ **comercial** Handelsschranke *f;* ~ **de crecimiento** (ECON) Wachstumsschranke *f;* ~**s de entrada/de salida** (COM) Einfuhr-/Ausfuhrschranken *fpl;* ~ **lingüística** Sprachbarriere *f;* ~ **del sonido** Schallmauer *f;* **no reconocer** ~**s** (*fig*) keine Grenzen kennen; **levantar/suprimir** ~**s comerciales** (**a un producto**) Handelsschranken (für ein Produkt) errichten/beseitigen; **romper** [*o* **traspasar**] **la** ~ **de sonido** die Schallmauer durchbrechen
❷ (*valla*) Barriere *f*, Absperrung *f*
❸ (DEP) Mauer *f;* **formar** ~ eine Mauer bilden
❹ (TAUR) erste Sitzreihe *f*
barrero [ba'rrero] *m* ❶ (*alfarero*) Töpfer *m*
❷ (*barrizal*) Lehmgrube *f*
bar-restaurante [ba(r)-rrestau̯'ṛante] *m* <bares-restaurante> (Speise)gaststätte *f*
barretear [barrete'ar] *vt* verriegeln
barretina [barre'tina] *f* katalanische Mütze von ähnlicher Form wie die Jakobinermütze
barriada [ba'rrjaða] *f* ❶ (*barrio*) (Stadt)viertel *nt*
❷ (*Am: barrio pobre*) Elendsviertel *nt*
barrica [ba'rrika] *f* kleines Fass *nt*
barricada [barri'kaða] *f* Barrikade *f;* **levantar** ~**s** Barrikaden errichten
barrido [ba'rriðo] *m* ❶ (*el barrer*) Kehren *nt;* **dar un** ~ **a algo** etw oberflächlich kehren; (*fam fig*) etw kurz wiederholen
❷ (*barreduras*) Kehricht *m;* **servir lo mismo para un** ~ **que para un fregado** (*fig*) in allen Sätteln gerecht sein, universell einsetzbar sein
barriga [ba'rriɣa] *f* ❶ (*vientre*) Bauch *m;* **echar** ~ einen Bauch ansetzen; **llenarse la** ~ sich *dat* den Bauch voll schlagen *fam;* **rascarse** [*o* **tocarse**] **la** ~ faulenzen, bummeln
❷ (*de una vasija*) Ausbauchung *f*, Wölbung *f*
❸ (*de una pared*) Ausbuchtung *f*
barrigón[1] [barri'ɣon] *m* dicker Bauch *m*
barrigón, -ona[2] [barri'ɣon, -ona] **I.** *adj* dickbäuchig; **volverse** ~ dick werden, Fett ansetzen; **al que nace** ~ **es al ñudo que lo fajen** (*Am: prov*) was einmal angeboren geht nicht mehr verloren
II. *m, f* ❶ (*gordo*) Dicke(r) *mf*, Fettwanst *m fam pey*
❷ (*Ant: niño*) kleines Kind *nt*
barrigudo, -a [barri'ɣuðo, -a] *adj o m, f v.* **barrigón**[2]
barril [ba'rril] *m* ❶ (*cuba*) Fass *nt;* ~ **de cerveza** Bierfass *nt;* **cerveza de** ~ Fassbier *nt;* **ser un** ~ **de pólvora** (*fig*) einem Pulverfass gleichen
❷ (*unidad de medida*) Barrel *nt;* **el precio del** ~ **de petróleo ha subido** der Preis für das Barrel Erdöl ist gestiegen
❸ (*Am: cometa*) Drachen *m*
barrila [ba'rrila] *f* (*reg*) bauchiger Krug *m*
barrilería [barrile'ria] *f* Böttcherei *f*, Küferei *f*
barrilete [barri'lete] *m* ❶ (*barril pequeño*) Fässchen *nt*
❷ (*que usan los carpinteros*) Zwinge *f*
❸ (*en un revólver*) Trommel *f*
❹ (*Am: cometa*) Drachen *m*
barrilla [ba'rriʎa] *f* (BOT) Salzkraut *nt*
barrillo [ba'rriʎo] *m* Pickel *m*
barrio ['barrjo] *m* ❶ (*zona de una ciudad*) (Stadt)viertel *nt*, Stadtteil *m;* ~**s bajos** Armenviertel *ntpl;* ~ **chino** Rotlichtviertel *nt;* ~ **comercial** Einkaufsviertel *nt;* ~ **obrero** Arbeiterviertel *nt;* ~ **residencial** Wohnviertel *m;* **irse al otro** ~ (*fam fig*) abkratzen; **mandar al otro** ~ (*fam fig*) ins Jenseits befördern
❷ (*arrabal*) Vorstadt *f*
barriobajero, -a [barrjoβa'xero, -a] *adj* ❶ (*de un barrio bajo*) aus einem Arbeiterviertel; (*en un barrio bajo*) in einem Arbeiterviertel
❷ (*común*) gewöhnlich
❸ (*vulgar*) vulgär
barrista [ba'rrista] *mf* (*circo*) Reckartist(in) *m(f)*
barritar [barri'tar] *vi* (*elefante*) trompeten
barrito [ba'rrito] *m* (*elefante*) Trompeten *nt*
barrizal [barri'θal] *m* Sumpf *m*, Morast *m*
barro ['barro] *m* ❶ (*lodo*) Schlamm *m*
❷ (*arcilla*) (Töpfer)ton *m;* **de** ~ irden, tönern, Ton-; **tener** ~ **a mano** (*fam*) Geld wie Heu haben
❸ (*granito*) Pickel *m*
barroco[1] [ba'rroko] *m sin pl* Barock *m o nt*
barroco, -a[2] [ba'rroko, -a] *adj* barock
barrón [ba'rron] *m* (BOT) Strandhafer *m*
barroquismo [barro'kismo] *m* barocker Stil *m*, barocke Art *f*
barroso, -a [ba'rroso, -a] *adj* ❶ (*lodoso*) schlammig
❷ (*granuloso*) pickelig
barrote [ba'rrote] *m* ❶ (*barra*) (Eisen)stange *f;* **entre** ~**s** (*fam*) hinter

Gittern
② (*para reforzar*) Querlatte *f*
barruntar(se) [barrun'tar(se)] *vt, vr* ahnen, vermuten
barrunte [ba'rrunte] *m* Hinweis *m*, (An)zeichen *nt*
barrunto [ba'rrunto] *m* ①(*conjetura*) (Vor)ahnung *f*, Vermutung *f*; (*sospecha*) Verdacht *m*; **tener ~s de que...** vermuten, dass ...
② (*indicio*) (An)zeichen *nt*
bartola [bar'tola] *f* (*fam*): **echarse** [*o* **tumbarse**] **a la ~** sich auf die faule Haut legen; **tomarse algo a la ~** etw auf die leichte Schulter nehmen
bártulos ['bartulos] *mpl* (Sieben)sachen *fpl*; **liar los ~** (*fam*) seine Siebensachen packen
barullero, -a [baru'ʎero, -a] I. *adj* streitlustig
II. *m, f* Unruhestifter(in) *m(f)*, Quertreiber(in) *m(f)*
barullo [ba'ruʎo] *m* (*fam*) ①(*ruido*) Krach *m*, Lärm *m*; **armar ~** Krach machen, lärmen
② (*desorden*) Durcheinander *nt*; (*ruidoso*) Tumult *m*
③ (*loc*): **a ~** in rauen Mengen
basa ['basa] *f* ①(*de una columna*) Basis *f*, Sockel *m*
② (*base*) Basis *f*, Grundlage *f*
basada [ba'saða] *f* (NÁUT) Ablaufschlitten *m*
basal [ba'sal] *adj* (BIOL, MED) Basal-, Grund-; **la temperatura ~ del paciente** die Grundtemperatur des Patienten
basalto [ba'salto] *m* Basalt *m*
basamento [basa'mento] *m* (*de una columna*) Postament *nt*, Sockel *m*; (*de una casa*) Fundament *nt*
basar [ba'sar] I. *vt* ①(*asentar*) (auf)stellen, errichten (*sobre* auf +*dat*)
② (*fundar*) basieren (*sobre/en* auf +*dat*), (sich) stützen (*sobre/en* auf +*akk*); **basa sus argumentos en una teoría anticuada** seine/ihre Argumente basieren auf einer veralteten Theorie
II. *vr*: **~se** (*teoría*) basieren (*en* auf +*dat*), sich gründen (*en* auf +*dat*); (*persona*) sich stützen (*en* auf +*akk*); **se basa en lo que aprendió en clase** er/sie stützt sich auf das, was er/sie im Unterricht gelernt hat
basca ['baska] *f* ①(MED: *espasmo*) Übelkeit *f*; **tener ~s** Brechreiz haben; **esto me produce** [*o* **da**] **~s** davon wird mir übel
② (*fam: arrebato*) Wutanfall *m*; **le entró la ~** er/sie bekam einen Wutanfall
③ (*en animales*) Tollwut *f*
④ (*fam: gentío*) Haufen *m* (Leute); **vino toda la ~** es kam die ganze Bande
bascosidad [baskosi'ðað] *f* ①(*suciedad*) Schmutz *m*
② (*Ecua: insulto*) Schimpfwort *nt*
bascoso, -a [bas'koso, -a] *adj* ①(MED) Übelkeit verspürend
② (*Col, Ecua: nauseabundo*) Ekel erregend
③ (*Col, Ecua: indigno*) gemein, niederträchtig
④ (*Col, Ecua: obsceno*) obszön
báscula ['baskula] *f* ①(*para medir pesos*) (Schnell)waage *f*; **~ de cocina** Küchenwaage *f*
② (*en una fortificación*) Hebebaum *m*
basculante [basku'lante] *adj* kippbar; **camión ~** Kipper *m*
bascular [basku'lar] *vi* ①(*inclinarse*) kippen
② (*oscilar*) wippen, schwingen
base ['base] *f* ①(*lo fundamental*) Basis *f*, Grundlage *f*; **~ de cálculo** (*de los impuestos*, FIN) Bemessungsgrundlage *f*; **~ de la seguridad social** Berechnungsgrundlage *f*; **~ del contrato** Vertragsgrundlage *f*; **~ de cotización** Beitragsbemessungsgrundlage *f*; **~ crediticia** Kreditbasis *f*; **~ de datos** (INFOR) Datenbank *f*; **~ de datos distribuida** (INFOR) verteilte Datenbank; **~ de datos relacional** (INFOR) relationale Datenbank; **~ de la discusión** Diskussionsgrundlage *f*; **~ imponible** [*o* **de imposición**] (FIN) Steuerbemessungsgrundlage *f*, Steuerbasis *f*; **~ jurídica** Rechtsgrundlage *f*; **~ liquidable** (FIN) zu versteuerndes Einkommen; **~ monetaria** (FIN) monetäre Basis, Geldbasis *f*; **~ del negocio** Geschäftsgrundlage *f*; **~ de la tasación** Veranlagungsgrundlage *f*; **~ documento** ~ (INFOR) Basisdokument *nt*; **a ~ de** auf Grund [*o* aufgrund] von +*dat*, mittels +*gen*; **a ~ de bien** (*fam*) sehr gut; **carecer de ~** jeder Grundlage entbehren; **elaborado a ~ de...** hergestellt mit ... +*dat*; **partir de la ~ de que...** davon ausgehen, dass ...; **sentar las ~s para algo** die Grundlagen für etw schaffen; **mi sueldo ~ no es muy alto** mein Grundgehalt ist nicht sehr hoch
② (ARQUIT) Unterbau *m*, Sockel *m*
③ (POL) Basis *f*
④ (MAT) Basis *f*, Grundzahl *f*; (*superficie*) Grundfläche *f*; (*línea*) Grundlinie *f*
⑤ (MIL) Basis *f*, Stützpunkt *m*; **~ aérea/naval** Luft-/Flottenstützpunkt *m*
⑥ (QUÍM) Base *f*
⑦ (DEP: *béisbol*) Mal *nt*
baseláceo, -a [base'laθeo, -a] *adj* (BOT) Basell-; **plantas baseláceas** Basellgewächse *ntpl*
BASIC ['bejsik] *m abr de* **Beginners All Purpose Symbolic Instruction Code** (INFOR) BASIC *nt*
basicidad [basiθi'ðað] *f* (QUÍM) Basizität *f*
básico, -a ['basiko, -a] *adj* ①(*fundamental*) grundlegend, Grund-; **conocimientos ~s** Grundkenntnisse *fpl*; **productos ~s** (ECON) Grundprodukte *ntpl*, Rohstoffe *mpl*
② (QUÍM) basisch
Basilea [basi'lea] *f* Basel *nt*
basílica [ba'silika] *f* Basilika *f*
basilisco [basi'lisko] *m* (*Am*: ZOOL) Leguan *m*; **estar hecho un ~** fuchsteufelswild sein
basket ['basket] *m sin pl* Basketball *m*
basquear [baske'ar] I. *vt* Übelkeit verspüren
II. *vt* Übelkeit hervorrufen
básquet(bol) ['basket(βol)] *m sin pl* Basketball *m*
basta ['basta] *f* ①(*hilván*) Heftstich *m*; (*línea*) Heftnaht *f*, Steppnaht *f*
② (*Am: bastilla*) Saum *m*
bastante [bas'tante] I. *adj* genügend, ausreichend (*para* für +*akk*, um zu +*inf*); **no tengo ~ dinero para ir al cine** ich habe nicht genügend Geld um ins Kino zu gehen; **no tengo ~ dinero para un coche de lujo** ich habe nicht genügend Geld für einen Luxuswagen; **tengo ~ frío** mir ist ziemlich kalt
II. *adv* (*suficientemente*) genug, (*considerablemente*) ziemlich; **~ bien/mal** ziemlich gut/schlecht; **con esto tengo ~** das genügt mir; **tardará ~** das wird ziemlich lange dauern; **gana ~** er/sie verdient ziemlich gut
bastantear [bastante'ar] I. *vt* (JUR: *documento*) beglaubigen
II. *vi* (JUR) die Vollmacht bestätigen
bastanteo [bastan'teo] *m* (FIN): **~ de poderes** Überprüfung *f* von Vollmachten
bastar [bas'tar] I. *vi* (aus)reichen, genügen; **¡basta!** genug!, Schluss!; **basta de palabras** genug der Worte; **basta con...** +*inf* es genügt zu ... +*inf*, es reicht, wenn [*o* dass ...]; **basta con llamar por teléfono** es genügt, anzurufen; **basta y sobra** das ist mehr als genug; **me basta con 20 euros** 20 Euro genügen mir
II. *vr*: **~se a sí mismo** sich *dat* selbst genug sein; **~se (uno) solo** alleine zurechtkommen
bastardear [bastarðe'ar] I. *vi* ①(BOT: *plantas*) degenerieren
② (*personas*) degenerieren, entarten; **~ de algo/alguien** etw/jdm abtrünnig werden
II. *vt* verfälschen
bastardía [bastar'ðia] *f* ①(*degeneración*) Entartung *f*
② (*bajeza*) Gemeinheit *f*
bastardilla [bastar'ðiʎa] *f* ①(TIPO) Kursive *f*, Kursivschrift *f*; **escrito en ~** kursiv (gedruckt)
② (*instrumento*) eine Art Flöte
bastardo, -a [bas'tarðo, -a] I. *adj* ①(*persona*) unehelich
② (BOT: *planta*) hybrid, gemischt
③ (*vil, infame*) schändlich
II. *m, f* Bastard *m*
bastear [baste'ar] *vt* heften
bastedad [baste'ðað] *f* Grobheit *f*
basteza [bas'teθa] *f* (*falta de delicadeza*) Plumpheit *f*; (*grosería*) Grobheit *f*
bastidor [basti'ðor] *m* ①(TÉC) Rahmen *m*, Gestell *nt*; (*de coche*) Fahrgestell *nt*
② (*de puerta*) Türrahmen *m*; (*de ventana*) Fensterrahmen *m*; (*de lienzo*) Rahmen *m*; (*de tela*) Stickrahmen *m*
③ (TEAT) Kulisse *f*; **entre ~es** hinter den Kulissen
④ (*Col, Chil: celosía*) Gitter *m*
⑤ (*Cuba, RDom: colchón*) Metallfederrost *m*
bastilla [bas'tiʎa] *f* Saum *m*
bastillar [basti'ʎar] *vt* (ein)säumen, einfassen
bastimento [basti'mento] *m* ①(*provisión*) Proviant *m*
② (*embarcación*) Schiff *nt*
bastión [bas'tjon] *m* Bastion *f*, Bollwerk *nt*
basto, -a ['basto, -a] *adj* ①(*grosero*) grob, roh; (*vulgar*) vulgär
② (*superficie*) rau
③ (*mal hecho*) minderwertig
bastón [bas'ton] *m* ①(*para andar*) (Spazier)stock *m*; (*para esquiar*) (Ski)stock *m*
② (*de mando*) Stab *m*; **empuñar el ~** das Kommando übernehmen; **meter el ~** schlichtend eingreifen
bastonazo [basto'naθo] *m* Stockschlag *m*
bastoncillo [baston'θiʎo] *m dim de* **bastón** Stäbchen *nt*; **~s de algodón** Wattestäbchen *ntpl*
bastonear [bastone'ar] *vt* prügeln, (mit einem Stock) schlagen
bastonera [basto'nera] *f* Schirmständer *m*
bastonero[1] [basto'nero] *m* (*Ven: chulo*) Zuhälter *m*; (*granuja*) Gauner *m*

bastonero, **-a²** [basto'nero, -a] *m, f* (*maestro de ceremonias*) Zeremonienmeister(in) *m(f)*
bastos ['bastos] *mpl* spanische Spielkartenfarbe; **as de** ~ ≈Kreuz-Ass *nt*; **pintar** ~ (*fam fig*) in Schwierigkeiten stecken
basura [ba'sura] *f* ❶ (*desperdicios*) Abfall *m*, Müll *m*; ~ **espacial** Weltraummüll *m*; ~ **del hogar** Hausmüll *m*; **echar** [*o* **tirar**] **algo a la** ~ etw in den Müll werfen, etw wegwerfen; **prohibido arrojar** ~ Müll abladen verboten
❷ (*lo despreciable*) Schund *m*; **esta película es una** ~ dieser Film ist großer Schund
basural [basu'ral] *m* (*Am*) Müll(ablade)platz *m*, Mülldeponie *f*
basurear [basure'ar] *vt* (*Arg, Urug*) ❶ (*vulg: tratar despectivamente*) wie (den letzten) Dreck behandeln
❷ (*vencer*) kleinkriegen
basurero¹ [basu'rero] *m* ❶ (*vertedero*) Müll(ablade)platz *m*, Mülldeponie *f*
❷ (*recipiente*) Mülleimer *m*, Abfalleimer *m*
basurero, -a² [basu'rero, -a] *m, f* Müllwerker(in) *m(f)*, Müllmann *m fam*
bata ['bata] *f* ❶ (*albornoz*) Morgenrock *m*, Morgenmantel *m*
❷ (*guardapolvos*) Kittel *m*
❸ (*vestido*) Kleid *nt*; ~ **de cola** Kleid der Flamencotänzerin
❹ (*Chil: para juegos*) Schläger *m*
❺ (*Chil: para ropa*) Wäscheschlägel *m*
batacazo [bata'kaθo] *m* ❶ (*golpe*) Bums *m fam*, dumpfer Schlag *m*
❷ (*caída*) Fall *m*, Sturz *m*; **se pegó** [*o* **dio**] **un** ~ (*fam: caerse*) es hat ihn/sie hingeschlagen; (*fracasar*) er/sie ist auf die Nase gefallen
❸ (*CSur: golpe de suerte*) Glückstreffer *m*
bataclán [bata'klan] *m* (*Am*) Stripteasevorführung *f*
bataclana [bata'klana] *f* (*Am*) Stripteasetänzerin *f*
batahola [bata'ola] *f* (*fam*) großer Lärm *m*, Spektakel *m*
batalla [ba'taʎa] *f* ❶ (MIL: *episodio bélico*) Schlacht *f*; (*combate*) Gefecht *nt*; ~ **campal** Feldschlacht *f*; (*fig*) heftige Auseinandersetzung; ~ **de almohadas** Kissenschlacht *f*; **dar** [*o* **librar una**] ~ sich eine Schlacht liefern
❷ (*lucha interior*) Kampf *m*
❸ (AUTO) Achsabstand *m*
batallador(a) [bataʎa'ðor(a)] **I.** *adj* kämpferisch
II. *m(f)* Kämpfer(in) *m(f)*
batallar [bata'ʎar] *vi* ❶ (*con armas*) kämpfen (**con** mit +*dat*, **contra** gegen +*akk*)
❷ (*disputar*) streiten, zanken; ~ **por algo** um etw kämpfen, sich für etw einsetzen
batallita [bata'ʎita] *f* Anekdote *f*; **contar** ~**s** (*fam*) Anekdoten aus seinem Leben erzählen
batallón¹ [bata'ʎon] *m* ❶ (MIL) Bataillon *nt*; ~ **de castigo** [*o* **disciplinario**] Strafbataillon *nt*
❷ (*fam: grupo*) Horde *f*
batallón, -ona² [bata'ʎon, -ona] *adj* Streit-; **actitud batallona** kämpferische Haltung; **una cuestión batallona** eine umstrittene [*o* viel diskutierte] Frage
batán [ba'tan] *m* ❶ (*máquina*) Walke *f*
❷ (*Am: piedra lisa*) Mühlstein *m*
❸ (*Chil: tintorería*) Färberei *f*
batanear [batane'ar] *vt* schlagen, (ver)prügeln
batata [ba'tata] **I.** *adj* ❶ (*PRico, Urug: tímido*) kleinmütig, zaghaft
❷ (*PRico: fam: rechoncho*) pumm(e)lig, rundlich
II. *f* ❶ (*planta*) Batate *f*
❷ (*tubérculo*) Süßkartoffel *f*
❸ (*Arg, Par, Urug: susto*) Schreck(en) *m*
❹ (*Arg, Par, Urug: vergüenza*) Scham *f*
❺ (*Col, PRico, RDom, Ven: loc*): ~ **de la pierna** Wade *f*
batatar [bata'tar] *m* (AGR) Batatenfeld *nt*
batayola [bata'ʝola] *f* (NÁUT) Hängemattenkasten *m*
batazo [ba'taθo] *m* (DEP: *béisbol*) Schlag *m* (mit dem Baseballschläger)
bate ['bate] *m* ❶ (DEP) Schlagholz *nt*; ~ **de béisbol** Baseballschläger *m*
❷ (*Col: bebida*) Fruchtgetränk *nt*
❸ (*Cuba: buscavidas*) Schnüffler(in) *m(f)*
batea [ba'tea] *f* ❶ (*bandeja*) Tablett *nt*
❷ (*Am: artesa*) (Wasch)trog *m*
❸ (*barquichuelo*) Kahn *m*
❹ (FERRO) offener Güterwagen *m*
bateador(a) [batea'ðor(a)] *m(f)* (DEP) Schlagmann *m*, Schläger(in) *m(f)*
batear [bate'ar] *vt* (DEP) (mit dem Schlagholz) schlagen
batel [ba'tel] *m* (Paddel)boot *nt*
batelero, -a [bate'lero, -a] *m, f* (NÁUT) Bootsführer(in) *m(f)*
batería¹ [bate'ria] *f* ❶ (*t.* MIL, ELEC, TÉC) Batterie *f*; ~ **de cocina** (Koch)topf-Set *nt*; ~ **solar** Solarzelle *f*; **una** ~ **de medidas** (*fig*) eine ganze Batterie (von) Maßnahmen; **aparcar en** ~ quer parken

❷ (TEAT) Rampenlicht *nt*
❸ (MÚS) Schlagzeug *nt*; **tocar la** ~ Schlagzeug spielen
❹ (*Méx: loc*): **ese asunto me da** ~ diese Angelegenheit macht mir zu schaffen
batería² [bate'ria] *mf*, **baterista** [bate'rista] *mf* Schlagzeuger(in) *m(f)*
batial [ba'tjal] *adj* bathyal, Bathyal-; **la zona** ~ die Bathyalzone
batiborrillo [batiβo'rriʎo] *m*, **batiburrillo** [batiβu'rriʎo] *m* ❶ (*mezcla*) Mischmasch *m* ❷ (*desorden*) Durcheinander *nt*
batida [ba'tiða] *f* ❶ (*de los cazadores*) Treibjagd *f*
❷ (*de la policía*) Razzia *f*; **dar una** ~ eine Razzia veranstalten
❸ (*Perú, PRico: paliza*) Prügel *mpl*, Schläge *mpl*
❹ (*Perú: persecución*) Verfolgungsjagd *f*
batidera [bati'ðera] *f* (*azadón para batir argamasa*) Rührschaufel *f*
batidero [bati'ðero] *m* ❶ (*golpes incesantes*) ständiges Schlagen *nt*; (*de tambor*) ständiges Trommeln *nt*; **tanto** ~ **me producía un dolor de cabeza insoportable** dieses pausenlose Getöse bereitete mir unerträgliche Kopfschmerzen
❷ (*camino desigual*) holperiger Weg *m*; (*tramo*) holperige Strecke *f*
batido¹ [ba'tiðo] *m* ❶ (*bebida*) Shake *m*, Mixgetränk *nt*; ~ **de fresa** Erdbeershake *m*; ~ **de leche** Milchmixgetränk *nt*, Milchshake *m*
❷ (*masa*) (Flüssig)teig *m*
❸ (*de huevos*) geschlagene Eier *ntpl*; (*de claras*) Eischnee *m*
batido, -a² [ba'tiðo, -a] *adj* ❶ (*seda*) changeant, schillernd
❷ (*camino*) ausgetreten
batidor [bati'ðor] *m* ❶ (*instrumento para batir*) Schneebesen *m*
❷ (*en la caza*) Treiber *m*
❸ (*explorador*) Späher *m*, Kundschafter *m*
❹ (*peine*) großzinkiger Kamm *m*
❺ (*Arg: soplón*) Verräter(in) *m(f)*
batidora [bati'ðora] *f* Mixer *m*
batiente [ba'tjente] **I.** *adj* schlagend
II. *m* ❶ (*de ventanas*) Leiste *f*; (*de puertas*) (Tür)pfosten *m*
❷ (*hoja de puerta*) (Tür)flügel *m*; (*hoja de ventana*) (Fenster)flügel *m*; **ventana de un** ~ einflüg(e)liges Fenster
❸ (MÚS) Dämpfer *m*
❹ (*roca*) Klippe *f*; (*dique*) Wellenbrecher *m*
batifondo [bati'fondo] *m* (*CSur: fam: alboroto*) Krach *m*; (*disturbio*) Aufruhr *m*, Tumult *m*; (*zozobra*) Aufregung *f*
batik [ba'tik] *m sin pl* Batik *m o f*
batimetría [batime'tria] *f v.* **batometría**
batímetro [ba'timetro] *m v.* **batómetro**
batimiento [bati'mjento] *m* Schlagen *nt*
batín [ba'tin] *m* Morgenrock *m* (*für Männer*)
batintín [batin'tin] *m* (MÚS) Gong *m*
batir [ba'tir] **I.** *vt* ❶ (*golpear*) schlagen; ~ **las alas** mit den Flügeln schlagen; ~ **las claras a punto de nieve** das Eiweiß steif schlagen; ~ **palmas** (Beifall) klatschen
❷ (*viento*) stürmen (**gegen** +*akk*); (*olas*) branden (**an/gegen** +*akk*); (*lluvia*) prasseln (**auf/an/gegen** +*akk*); **la lluvia bate las ventanas** der Regen prasselt an die Fenster
❸ (*metal*) schmieden
❹ (*moneda*) prägen
❺ (*casa*) abreißen, niederreißen
❻ (*toldo*) abbauen
❼ (*privilegio*) abschaffen
❽ (*enemigo, contrario*) besiegen, bezwingen, schlagen; ~ **un récord** einen Rekord brechen; **en natación bate a cualquiera** im Schwimmen schlägt er/sie jeden
❾ (MIL) unter Feuer nehmen
❿ (*un terreno*) erkunden; (*en busca de algo/alguien*) absuchen, durchkämmen
⓫ (*Arg, Par, Urug: denunciar*) denunzieren
⓬ (*Chil, Guat, Perú: aclarar*) ausspülen
II. *vr*: ~**se** ❶ (*combatir*) kämpfen
❷ (*en duelo*) sich schlagen
batiscafo [batis'kafo] *m* Bathyskaph *m*
batisfera [batis'fera] *f* (Tiefsee)tauchkugel *f*, Bathysphäre *f*
batista [ba'tista] *f* Batist *m*
bato¹ ['bato] *m* Tölpel *m*
bato, -a² ['bato, -a] *m, f* (*argot*) Alte(r) *mf*; **mi bata me dijo ayer...** meine Alte hat mir gestern gesagt ...
batojar [bato'xar] *vt* (AGR: *varear*) vom Baum schlagen
batolito [bato'lito] *m* (GEO) Batholith *m*
batometría [batome'tria] *f* Tiefenmessung *f*, Bathymetrie *f*
batómetro [ba'tometro] *m* Bathometer *nt*, Tiefseelot *nt*
batracio [ba'traθjo] *m* Froschlurch *m*
batuda [ba'tuða] *f* (DEP) Sprungfolge *f* (*auf dem Trampolin*)
Batuecas [ba'twekas] *fpl*: **estar en las** ~ in Gedanken verloren [*o* nicht

bei der Sache] sein
baturrillo [batu'rriʎo] *m* Mischmasch *m*
baturro, -a [ba'turro, -a] **I.** *adj* ❶ (*testarudo*) dickköpfig
❷ (*aragonés*) aragonisch
II. *m, f* ❶ (*aragonés*) aragonischer Bauer *m*, aragonische Bäuerin *f*
❷ (*persona tosca*) ungehobelte Person *f*, Tollpatsch *m*, Bauer *m fam*
batuta [ba'tuta] *f* (MÚS) Taktstock *m*; **bajo la ~ de** unter der Leitung von; **llevar la ~** (*fam fig*) den Takt [*o* Ton] angeben
baudio ['baɥðjo] *m* (INFOR) Baud *nt*
baúl [ba'ul] *m* ❶ (*mueble*) Truhe *f*; **~ de viaje** Schrankkoffer *m*
❷ (*Am: portamaletas*) Kofferraum *m*
❸ (*fam: vientre*) Wanst *m*, Bauch *m*; **henchir** [*o* **llenar**] **el ~** sich *dat* den Wanst voll schlagen
bausán, -ana [baɥ'san, -ana] **I.** *adj* ❶ (*tonto*) dumm
❷ (*Am: perezoso*) faul
II. *m, f* Strohpuppe *f*
bautismal [baɥtis'mal] *adj* Tauf-; **pila ~** Taufbecken *nt*
bautismo [baɥ'tismo] *m* Taufe *f*; **~ de fuego** Feuertaufe *f*; **~ de sangre** Märtyrertod *m*; **romper el ~ a alguien** (*fam*) jdm den Schädel einschlagen
bautista [baɥ'tista] *mf* Baptist(in) *m(f)*; **San Juan B~** Johannes der Täufer
bautisterio [baɥtis'terjo] *m* (*elev*) *v.* baptisterio
bautizar [baɥti'θar] <z→c> *vt* ❶ (REL) taufen; **la ~on con el nombre de Tabea** sie wurde auf den Namen Tabea getauft
❷ (*nombrar*) taufen, einen Namen geben; **lo ~on con el apodo de El Bigotes** sie haben ihm den Spitznamen El Bigotes gegeben
❸ (*fam: mojar*) bespritzen
❹ (*fam: vino, leche*) verwässern; **~ el vino** Wein panschen
bautizo [baɥ'tiθo] *m* Taufe *f*; (*ceremonia*) Taufakt *m*; (*fiesta*) Tauffeier *f*
bauxita [baɥ'ksita] *f* Bauxit *m*
bávaro, -a [ˈbaβaro, -a] **I.** *adj* bay(e)risch
II. *m, f* Bayer(in) *m(f)*
Baviera [ba'βjera] *f* Bayern *nt*
baya ['baʝa] *f* ❶ (*fruto*) Beere *f*
❷ (*Chil: zumo*) Traubensaft *m*
bayeta [ba'ʝeta] *f* ❶ (*tela de lana*) grober Flanell *m*
❷ (*para fregar*) Scheuer-, Putzlappen *m*
bayetón [baʝe'ton] *m* Molton *m*; **con su abrigo de ~ parecía más gruesa** in ihrem Moltonmantel wirkte sie fülliger
bayo, -a ['baʝo] **I.** *adj* falb
II. *m, f* Falbe *m*
bayón [ba'ʝon] *m* Sackleinen *nt*
bayoneta [baʝo'neta] *f* Bajonett *nt*
bayoya [ba'ʝoʝa] *m* (*PRico, RDom*) Tohuwabohu *nt*
baza ['baθa] *f* ❶ (*naipes*) Stich *m*; **hacer una ~** einen Stich machen; **meter ~** (*fam*) sich einmischen (*en* in +*akk*); **ganar todas las ~s** alle Stiche bekommen; **no dejar meter ~ a nadie** (*fam*) niemanden zu Wort kommen lassen
❷ (*provecho*) Nutzen *m*; **hacer ~** vorankommen; **sacar ~ de algo** seinen Vorteil aus etw ziehen
bazar [ba'θar] *m* ❶ (*mercado*) Basar *m*; **~ benéfico** Wohltätigkeitsbasar *m*
❷ (*gran almacén*) Warenhaus *nt*
bazo¹ ['baθo] *m* (ANAT) Milz *f*
bazo, -a² ['baθo, -a] *adj* gelbbraun
bazofia [ba'θofja] *f* ❶ (*restos de comida*) Speisereste *mpl*
❷ (*comida*) schlechtes Essen *nt*, Fraß *m fam*
❸ (*cosa*) Schund *m*; **la película es una ~** der Film ist großer Schund
bazuca [ba'θuka] *f* Bazooka *f*
bazucar [baθu'kar] <c→qu> *vt* schütteln; **bazuquear** [baθuke'ar] *vt v.* bazucar
bazuqueo [baθu'keo] *m* Schütteln *nt*
BBV [beβe'uβe] *m* (FIN) *abr de* Banco Bilbao-Vizcaya *spanische Großbank*
BC [be'θe] *m* (FIN) *abr de* Banco Central *frühere spanische Großbank*
BCH [beθe'atʃe] *m* (FIN) *abr de* Banco Central Hispano *spanische Großbank*
BCI [beθe'i] *m* (FIN) *abr de* Banco de Crédito Industrial *spanische Bank*
b.d.i. [beðe'i] (FIN) *abr de* **beneficio después de impuestos** Gewinn *m* nach Steuern
be [be] **I.** *interj* mäh
II. *f* B *nt*; **~ por ~** in allen Einzelheiten; **tener las tres ~s** (*bueno, bonito y barato*) hervorragend sein
beat [bit] *adj inv* der Beat-Generation angehörend, Beat-Generation-
beata [be'ata] *f* ❶ (REL) Laienschwester *f*
❷ (*pey: mujer devota*) Betschwester *f*, Frömmlerin *f*
❸ (*fam: moneda*) Pesete *f*

beatería [beate'ria] *f* ❶ (*devoción exagerada*) Frömmelei *f*
❷ (*devoción falsa*) Scheinheiligkeit *f*
beaterio [bea'terjo] *m* (REL) Beginenhof *m*
beatificación [beatifika'θjon] *f* Seligsprechung *f*
beatificar [beatifi'kar] <c→qu> *vt* selig sprechen
beatífico, -a [bea'tifiko, -a] *adj* (glück)selig
beatitud [beati'tuð] *f* (Glück)seligkeit *f*; **Su B~** Seine Heiligkeit
beato, -a [be'ato, -a] **I.** *adj* ❶ (*elev: feliz*) glücklich
❷ (*beatificado*) selig
❸ (*piadoso*) fromm, frömmlich *pey*
II. *m, f* ❶ (*persona beatificada*) Selige(r) *mf*
❷ (*exageradamente devota*) Frömmler(in) *m(f)*
bebe, -a ['beβe, -a] *m, f* (*Am*) Baby *nt*
bebé [be'βe] *m* Baby *nt*
bebedera [beβe'ðera] *f* (*Méx*) Besäufnis *f o nt*
bebedero¹ [beβe'ðero] *m* ❶ (*para animales*) Tränke *f*; (*para animales domésticos*) Trinkschale *f*
❷ (*de jarro*) Schnabel *m*
bebedero, -a² [beβe'ðero, -a] *adj* trinkbar
bebedizo¹ [beβe'ðiθo] *m* ❶ (*medicinal*) heilender Trank *m*, Heiltrunk *m*
❷ (*enamoradizo*) Liebestrank *m*, Zaubertrank *m*
bebedizo, -a² [beβe'ðiθo, -a] *adj* trinkbar
bebedor(a) [beβe'ðor(a)] **I.** *adj* trinkfreudig
II. *m(f)* Trinker(in) *m(f)*; **~ de cerveza** Biertrinker *m*
bebendurria [beβen'durrja] *f* (*Am: fam*) Trinkgelage *nt*
bebé-probeta [be'βe-pro'βeta] *m* <bebés-probeta> Retortenbaby *nt*
beber [be'βer] **I.** *vi* ❶ (*personas*) trinken; (*animales*) saufen; **~ a la salud de alguien** auf jds Wohl trinken; **~ de la botella** aus der Flasche trinken; **~ por el éxito** auf den Erfolg trinken; **dar de ~ a alguien/a un animal** jdm zu trinken geben/ein Tier tränken
❷ (*información*) begierig aufnehmen
II. *vr*: **~se** trinken; (*completamente*) austrinken; **~se un vaso de leche** ein Glas Milch trinken; **bebérselo todo** ganz austrinken
bebestible [beβes'tiβle] **I.** *adj* trinkbar
II. *m* Getränk *nt*
bebible [be'βiβle] *adj* trinkbar, genießbar
bebida [be'βiða] *f* ❶ (*lo que se bebe*) Getränk *nt*; **~ energética** Energiedrink *m*; **~ refrescante** Erfrischungsgetränk *nt*; **~s alcohólicas** alkoholische Getränke
❷ (*el beber alcohol*) Trinken *nt*; (*como vicio*) Trunksucht *f*; **darse** [*o* **entregarse**] **a la ~** dem Trunk [*o* Alkohol] verfallen, (gewohnheitsmäßig) trinken
bebido, -a [be'βiðo, -a] *adj* angetrunken; **cuando va algo ~...** wenn er etwas angetrunken ist ...
bebienda [be'βjenda] *f* (*fam*) Getränk *nt*; (*bebida alcohólica*) alkoholisches Getränk *nt*; (*bebida combinada*) Mixgetränk *nt*
bebistrajo [beβis'traxo] *m sin pl* (*fam pey*) Gesöff *nt*; **¡vaya que nos sirvieron ayer en la fiesta!** das war ja ein echt ein scheußliches Gesöff, das die uns gestern auf dem Fest ausgeschenkt haben!
beborrotear [beβorrote'ar] *vi* (*fam*) ständig nippen; **no paré de ~ durante toda la reunión** während der Versammlung nippte ich die ganze Zeit immer wieder an meinem Getränk
beca ['beka] *f* ❶ (*de estudios*) Stipendium *nt*; **~ de investigación** Forschungsstipendium *nt*; **conceder una ~ a alguien** jdm ein Stipendium gewähren; **ofrecer una ~** ein Stipendium gewähren; **recibir/solicitar una ~** ein Stipendium erhalten/sich um ein Stipendium bewerben
❷ (*de capa*) Kapuze *f*
becada [be'kaða] *f* (ZOOL) Waldschnepfe *f*
becado, -a [be'kaðo, -a] *m, f v.* becario
becante [be'kante] *mf* Stipendiumstifter(in) *m(f)*
becar [be'kar] <c→qu> *vt* ein Stipendium gewähren; **la han becado durante dos años/con 400 euros** ihr wurde ein zweijähriges Stipendium/ein Stipendium in Höhe von 400 Euro gewährt
becario, -a [be'karjo, -a] *m, f* Stipendiat(in) *m(f)*; **hacer una carrera como ~** Stipendiat sein, (während des Studiums) ein Stipendium erhalten
becerrada [beθe'rraða] *f* (TAUR) Stierkampf mit jungen Stieren
becerrillo [beθe'rriʎo] *m* Kalb(s)leder *nt*
becerro¹ [be'θerro] *m* Kalb(s)leder *nt*
becerro, -a² [be'θerro, -a] *m, f* (*macho*) Bullenkalb *nt*; (*hembra*) Kuhkalb *nt*; **el ~ de oro** das Goldene Kalb; **~ marino** Seehund *m*
bechamel [betʃa'mel] *f* Béchamelsoße *f*
becuadro [be'kwaðro] *m* (MÚS) Auflösungszeichen *nt*
bedel(a) [be'ðel(a)] *m(f)* Hausmeister(in) *m(f)* (*einer* (*Hoch*)*schule*)
bedelía [beðe'lia] *f* (*oficio*) Hausmeisteramt *nt*; (*empleo*) Hausmeisterstelle *f*; **la ~ de la universidad asciende a un total de 37 personas** die Universität beschäftigt 37 Personen als Hausmeister
bedelio [be'ðeljo] *m* (BOT) Gummiharz *nt*

beduino, -a [be'ðwino, -a] **I.** *adj* beduinisch
II. *m, f* Beduine, -in *m, f*
BEE [bee'e] *m* (FIN) *abr de* **Banco Exterior de España** spanische Außenhandelsbank
befa ['befa] *f* Spott *m*, Hohn *m;* **hacer ~ de alguien/algo** seinen Spott mit jdm/etw treiben, jdn/etw verspotten, sich über jdn/etw lustig machen
befar [be'far] **I.** *vt* (*elev*) verspotten; **befan despiadadamente a los ancianos** sie verspotten die Alten erbarmungslos
II. *vr:* **~se** (*elev*) sich lustig machen (*de* über +*akk*)
befedad [befe'ðað] *f* (MED) X-Beinigkeit *f;* **padecer de ~** X-Beine haben
befo[1] ['befo] *m* Unterlippe *f* (*des Pferdes*)
befo, -a[2] ['befo, -a] *adj* ❶ (*belfo*) dicklippig
❷ (*zambo*) krummbeinig
begonia [be'ɣonja] *f* (BOT) Begonie *f*
behaviorismo [bexaβjo'rismo] *m sin pl* (PSICO) Behaviorismus *m*
BEI [bei] *m abr de* **Banco Europeo de Inversiones** EIB *f*
beicon ['beikon] *m sin pl* Bacon *m*, Schinkenspeck *m*
beige [beis] **I.** *adj* beige
II. *m* Beige *nt*
beirutí [beiru'ti] **I.** *adj* aus Beirut
II. *mf* Einwohner(in) *m(f)* von Beirut
beis [beis] *adj o m inv v.* **beige**
béisbol ['beisβol] *m sin pl* (DEP) Baseball *m*
beisbolista [beisβo'lista] *mf* (DEP) Baseballspieler(in) *m(f)*
bejuco [be'xuko] *m* Liane *f*
bel [bel] *m* (FÍS) Bel *nt*
Belcebú [belθe'βu] *m* Beelzebub *m*
belcho ['beltʃo] *m* (BOT) Meerträubel *nt*, Ephedra *f*
beldad [bel'dað] *f* ❶ (*elev: cualidad*) Schönheit *f*
❷ (*mujer*) schöne Frau *f*, Schönheit *f*
beldar [bel'dar] *vt* (AGR) worfeln
belduque [bel'duke] *m* (*AmC, Col, Chil, Méx*) Hiebwaffe *f*, Dolch *m*
belén [be'len] *m* ❶ (*nacimiento*) (Weihnachts)krippe *f*
❷ (*fam: confusión*) Durcheinander *nt*
❸ *pl* (*enredo*) schwieriges Unterfangen *nt;* **meterse en belenes** sich in Schwierigkeiten bringen
Belén [be'len] *m* Bethlehem *nt;* **estar en ~** (*fig*) geistesabwesend sein
belenista [bele'nista] *mf* Krippenbauer(in) *m(f)*
belfo ['belfo] *m* ❶ (*de animales*) Unterlippe *f;* (*de perros*) Lefze *f*
❷ (*de personas*) dicke Unterlippe *f*
belga ['belɣa] **I.** *adj* belgisch
II. *mf* Belgier(in) *m(f)*
Bélgica ['belxika] *f* Belgien *nt*
Belgrado [bel'ɣrado] *m* Belgrad *nt*
Belice [be'liθe] *m* Belize *nt*
belicismo [beli'θismo] *m* kriegerische Gesinnung *f*
belicista [beli'θista] **I.** *adj* kriegshetzerisch
II. *mf* Kriegstreiber(in) *m(f)*
bélico, -a ['beliko, -a] *adj* kriegerisch, Kriegs-; **conflicto ~** kriegerische Auseinandersetzung
belicosidad [belikosi'ðað] *f* Kampflust *f*
belicoso, -a [beli'koso, -a] *adj* (*población*) kriegerisch; (*persona*) kampflustig
beligerancia [belixe'ranθja] *f* Kriegszustand *m;* **dar [*o* conceder] ~ a alguien** jds Ebenbürtigkeit anerkennen; **no dar [*o* conceder] ~ a alguien** jdm keine Aufmerksamkeit schenken
beligerante [belixe'rante] **I.** *adj* Krieg führend; **actitud ~** aggressive Haltung
II. *mf* Kriegführende(r) *mf;* **los ~s** die Krieg führenden Mächte
belio ['beljo] *m* (FÍS) Bel *nt*
belitre [be'litre] **I.** *adj* (*fam*) schurkisch, niederträchtig
II. *mf* (*fam*) Lump *m*
bellaco, -a [be'ʎako, -a] **I.** *adj* gemein, verschlagen
II. *m, f* Schuft *m*, Schurke, -in *m, f*
belladona [beʎa'ðona] *f* (BOT) Tollkirsche *f*, Belladonna *f*
bellaquear [beʎake'ar] *vi* ❶ (*persona*) betrügen
❷ (*Am: caballo*) sich bäumen
bellaquería [beʎake'ria] *f* ❶ (*acción*) Gaunerei *f*, Betrügerei *f*
❷ (*cualidad*) Gemeinheit *f*, Niedertracht *f*
belleza [be'ʎeθa] *f* ❶ (*cualidad*) Schönheit *f*
❷ (*mujer*) schöne Frau *f*, Schönheit *f;* **~ ideal** Schönheitsideal *nt*
bello, -a ['beʎo, -a] *adj* schön; (*de forma*) wohlgeformt; **una bellísima persona** (*fig*) ein sehr netter Mensch
bellota [be'ʎota] *f* ❶ (*fruto*) Eichel *f*
❷ (*capullo*) Nelkenknospe *f*
bellote [be'ʎote] *m* großer Rundkopfnagel *m*
bellotero, -a [beʎo'tero, -a] *m, f* Eichelsammler(in) *m(f)*
beluga [be'luɣa] *f* (ZOOL) Weißwal *m*, Beluga *f*

bemba ['bemba] *f* (*Am: pey*) dicklippiger Mund *m* (*eines Schwarzen*)
bembo, -a ['bembo, -a] *adj* (*Am*) dumm, einfältig
bembudo, -a [bem'buðo, -a] *adj* (*Am*) dicklippig
bemol [be'mol] **I.** *adj* (MÚS) vermindert
II. *m* (MÚS) Erniedrigungszeichen *nt;* **esto tiene (muchos) ~es** (*fam: es difícil*) das ist äußerst schwierig; (*es un abuso*) das ist ja allerhand
bemolar [bemo'lar] *vt* (MÚS) mit Erniedrigungszeichen [*o* B] versehen
benceno [ben'θeno] *m* (QUÍM) Benzol *m*
bencina [ben'θina] *f* Benzin *nt;* **~ ligera** Leichtbenzin *nt;* **~ pesada** Schwerbenzin *nt*
bendecir [bende'θir] *irr como* **decir** *vt* ❶ (*Dios, sacerdote*) segnen; **~ la mesa** das Tischgebet sprechen; **Dios te bendiga** Gott segne dich
❷ (*alabar*) preisen, loben
❸ (*consagrar*) weihen
❹ (*una cosa*) absegnen
bendición [bendi'θjon] *f* ❶ (*acto*) (Ein)segnung *f;* (*palabras*) Segensspruch *m;* **echar la ~ a algo/alguien** etw/jdn segnen; (*fig*) nichts mehr mit etw/jdm zu tun haben wollen
❷ (*efecto*) Segen *m;* **la ~ papal** der päpstliche Segen
❸ (*cosa magnífica*) Wohltat *f;* **ser una ~** eine Wohltat sein
❹ *pl* (REL) kirchliche Trauung *f;* **echar las bendiciones** kirchlich trauen
bendito, -a [ben'dito, -a] **I.** *adj* ❶ (REL) gesegnet; (*agua, tierra*) geweiht; (*santo*) heilig; **¡~ sea!** (*fam*) verflixt noch mal!; **¡~ sea Dios!** (*fam*) Gott sei Dank!
❷ (*dichoso*) (glück)selig, glücklich
❸ (*simple*) einfältig
II. *m, f* (gutmütiger) Trottel *m*
benedícite [bene'diθite] *m*, **benedícite** [bene'ðiθite] *m* (REL) Tischgebet *nt;* **sin bendecir la mesa con el ~ no empezábamos a comer** wir begannen nicht zu essen, bevor wir das Tischgebet gesprochen hatten
benedictino, -a [beneðik'tino, -a] **I.** *adj* (REL) benediktinisch, Benediktiner-; **orden benedictina** Benediktinerorden *m*
II. *m, f* (REL) Benediktiner(in) *m(f)*
benefactor(a) [benefak'tor(a)] **I.** *adj* wohltätig
II. *m, f* Wohltäter(in) *m(f)*
beneficencia [benefi'θenθja] *f* ❶ (*organización, asistencia*) Wohlfahrtspflege *f*, Sozialhilfe *f;* **vivir a cargo de la ~** von der Sozialhilfe leben
❷ (*virtud*) Wohltätigkeit *f*
beneficiado[1] [benefi'θjaðo] *m* (REL) Benefiziat *m*
beneficiado, -a[2] [benefi'θjaðo, -a] **I.** *adj* begünstigt
II. *m, f* Begünstigte(r) *mf*
beneficiar [benefi'θjar] **I.** *vt* ❶ (*favorecer*) zustatten kommen +*dat*, nützen +*dat*
❷ (*tierra*) bebauen
❸ (*mina*) abbauen, ausbeuten
❹ (*mineral*) aufbereiten
❺ (*Am: animal*) (für den Verkauf) schlachten
❻ (FIN: *valores, efectos*) verwerten, Nutzen ziehen aus +*dat*
II. *vr:* **~se** ❶ (*sacar provecho*) Nutzen ziehen (*de/con* aus +*dat*)
❷ (*pey: enriquecerse*) sich bereichern (*de/con* an +*dat*)
beneficiario, -a [benefi'θjarjo, -a] *m, f* Nutznießer(in) *m(f);* (*de una letra de crédito*) Begünstigte(r) *mf;* **~ de la ayuda** Beihilfeempfänger *m;* **~ de la indemnización** Entschädigungsberechtigter *m;* **~ del legado** Vermächtnisempfänger *m;* **~ del pago** Zahlungsempfänger *m;* **~ de la pensión** Rentenbezieher *m*, Rentenberechtigter *m*
beneficio [bene'fiθjo] *m* ❶ (*bien*) Wohltat *f*
❷ (*provecho*) Nutzen *m*, Vorteil *m;* **a ~ de** zugunsten, zu Gunsten +*gen*, für +*akk;* **~ fiscal** Steuervorteil *m;* **~ de justicia gratuita** Prozesskostenhilfe *f;* **en ~ de alguien/algo** zum Nutzen [*o* Vorteil] von jdm/etw
❸ (COM, FIN) Gewinn *m*, Ertrag *m;* **~ anual** Jahresgewinn *m;* **~ bruto** Bruttogewinn *m;* **~ comercial** Handelsgewinn *m;* **~ contable** Buchgewinn *m;* **~ especulativo** Spekulationsgewinn *m;* **~ ficticio** Scheingewinn *m;* **~ industrial** Gewerbeertrag *m;* **~ neto** Nettogewinn *m;* **~s netos del capital** Nettokapitalertrag *m;* **~ perdido** entgangener Gewinn, **~ teórico** Sollertrag *m;* **~ antes/después de (deducir) impuestos** Ertrag vor/nach (Abzug der) Steuern; **~ extraordinario** außerordentlicher Gewinn; **~ libre de impuestos** steuerfreier Ertrag; **~ marginal** Grenzertrag *m;* **rendir grandes ~s** große Gewinne abwerfen
❹ (*cargo eclesiástico*) Pfründe *f*
❺ (*espectáculo*) Benefizveranstaltung *f*
❻ (AGR) Anbau *m*
❼ (MIN) Abbau *m*
❽ (*Am: matanza*) Schlachten *nt*
❾ (*loc*): **~ de inventario** beschränkte Erbenhaftung; **a ~ de inventario** unter Vorbehalt
beneficioso, -a [benefi'θjoso, -a] *adj* ❶ (*favorable*) vorteilhaft
❷ (*útil*) nützlich

benéfico

③ (*productivo*) einträglich
benéfico, -a [be'nefiko, -a] *adj* ❶ (*que hace bien*) wohl tuend
❷ (*caritativo*) wohltätig; **tómbola benéfica** Tombola für einen guten Zweck
Benelux [bene'luˠs] *m* Beneluxstaaten *mpl*
Benemérita [bene'merita] *f* Guardia civil *f*
benemérito, -a [bene'merito, -a] *adj* verdienstvoll, verdient
beneplácito [bene'plaθito] *m* ❶ (*permiso*) Genehmigung *f*
❷ (*consentimiento*) Einwilligung *f*, Zustimmung *f*; **dar su ~** seine Einwilligung geben
benevolencia [beneβo'lenθja] *f* Wohlwollen *nt*; **con ~** wohlwollend
benevolente [beneβo'lente] *adj* wohlwollend
benévolo, -a [be'neβolo, -a] *adj* ❶ (*favorable*) wohlgesinnt
❷ (*clemente*) nachsichtig (*con* mit *+dat*)
bengala [beŋ'gala] *f* Leuchtrakete *f*; (*pequeña*) Wunderkerze *f*
Bengala [beŋ'gala] *f* Bengalen *nt*
bengalí¹ [beŋga'li] <bengalí(e)s> I. *adj* bengalisch
II. *mf* Bengale, -in *m, f*
bengalí² [beŋga'li] <bengalí(e)s> *m* ❶ *sin pl* (*lengua*) Bengali *nt*
❷ (ZOOL) Tigerfink *m*
benignidad [beniɣniðaðᵈ] *f* ❶ (*de una persona*) Güte *f*
❷ (*del clima*) Milde *f*
benigno, -a [be'niɣno, -a] *adj* ❶ (*persona*) gnädig, gütig (*con* zu +*dat*); **ser ~ en sus juicios** gütig [*o* mild] in seinen Urteilen sein
❷ (*clima*) mild
❸ (MED) gutartig
benjamín¹ [beŋxa'min] *m* Pikkolo *m*
benjamín, -ina² [beŋxa'min, -ina] *m, f* ❶ (*hijo menor*) Benjamin *m*, Nesthäkchen *nt*
❷ (*de un grupo*) Jüngste(r) *mf*
bentónico, -a [ben'toniko, -a] *adj* benthonisch
bentos ['bentos] *m sin pl* (BIOL, ECOL) Benthos *nt*
benzol [ben'θol] *m sin pl* (QUÍM) Benzol *nt*
beodez [beo'ðeθ] *f* Trunkenheit *f*
beodo, -a [be'oðo, -a] I. *adj* betrunken
II. *m, f* Trinker(in) *m(f)*
beque ['beke] *m* ❶ (NÁUT: *obra exterior de proa*) Bugfutter *nt*
❷ (NÁUT: *retrete*) Schiffsabort *m*
❸ (*orinal*) Nachttopf *m*
berbén [ber'βen] *m* (Méx: *escorbuto*) Skorbut *m*
berberecho [berβe'retʃo] *m* Herzmuschel *f*
berberí [berβe'ri] I. *adj* berberisch, Berber-
II. *mf* Berber(in) *m(f)*
berberisco, -a [berβe'risko, -a] I. *adj* Berber-, berberisch; **una alfombra berberisca** ein Berberteppich
II. *m, f* Berber(in) *m(f)*
berbiquí [berβi'ki] *m* Drillbohrer *m*
bereber [bere'βer], **beréber** [be'reβer] I. *adj* berberisch II. *mf* Berber(in) *m(f)*
berebere [bere'βere] *adj* berberisch
berenjena [bereŋ'xena] *f* (BOT) Aubergine *f*
berenjenal [bereŋxe'nal] *m* Auberginenfeld *nt*; **meterse en un ~** (*fig*) sich in die Nesseln setzen
berenjenín [bereŋxe'nin] *m* (BOT) weiße oder weißgefleckte Varietät der Aubergine
bergamota [berɣa'mota] *f* (BOT) ❶ (*lima*) Bergamotte *f*
❷ (*pera*) Bergamotte(birne) *f*
bergamoto [berɣa'moto] *m* (BOT) ❶ (*limero*) Bergamotte *f*, Bergamott(e)baum *m*
❷ (*peral*) Bergamotte(birn)baum *m*
bergante [ber'ɣante] *m* Gauner *m*, Spitzbube *m*
bergantín [berɣan'tin] *m* (NÁUT) Brigg *f*
beriberi [beri'βeri] *m sin pl* (MED) Beriberi *f*
berilio [be'riljo] *m* (QUÍM) Beryllium *nt*
berilo [be'rilo] *m* (GEO) Beryll *m*
berkelio [ber'keljo] *m* (QUÍM) v. **berquelio**
Berlín [ber'lin] *m* Berlin *nt*
berlina [ber'lina] *f* ❶ (*vehículo*) Limousine *f*
❷ (Am: *pastel*) Berliner *m*
❸ (*loc*): **poner a alguien en ~** jdn lächerlich machen
berlinés, -esa [berli'nes, -esa] I. *adj* berlinerisch, Berliner
II. *m, f* Berliner(in) *m(f)*
bermejo, -a [ber'mexo, -a] *adj* (*color*) scharlachrot; (*de cabello*) rotblond; (*de animales*) rotbraun
bermejuela [berme'xwela] *f* (ZOOL) Bitterling *m*
bermellón [berme'ʎon] *m* Zinnober *m*
bermudas [ber'muðas] *mpl* Bermudashorts *pl*, Bermudas *pl*
Berna ['berna] *f* Bern *nt*
bernardo, -a [ber'narðo, -a] I. *adj* (REL) Zisterzienser-, Bernhardiner-

II. *m, f* (REL) Zisterzienser(in) *m(f)*, Bernhardiner(in) *m(f)*
bernés, -esa [ber'nes, -esa] I. *adj* Berner, aus Bern
II. *m, f* Berner(in) *m(f)*
berquelio [ber'keljo] *m* (QUÍM) Berkelium *nt*
berraza [be'rraθa] *f* (BOT) Schmalblättriger Merk *m*
berrea [be'rrea] *f* (ZOOL) Brunft(zeit) *f* der Hirsche
berrear [berre'ar] *vi* ❶ (*animal*) brüllen; (*oveja, becerro*) blöken
❷ (*llorar*) plärren
❸ (*fam: cantar desentonadamente*) grölen
❹ (*chillar*) kreischen
berrendo¹ [be'rrendo] *m* (ZOOL) Gabelbock *m*, Gabelantilope *f*
berrendo, -a² [be'rrendo, -a] *adj* (TAUR) gescheckt
berrera [be'rrera] *f* (BOT) v. **berraza**
berrido [be'rriðo] *m* ❶ (*de animales*) Brüllen *nt*; (*de ovejas, becerros*) Blöken *nt*
❷ (*lloro*) Plärren *nt*
❸ (*fam: canto desentonado*) Grölen *nt*
❹ (*chillido*) Kreischen *nt*
berrinche [be'rrintʃe] *m* ❶ (*fam: llorera*) Geplärre *nt*
❷ (*fam: enfado*) Wut *f*, Wutanfall *m*; **coger** [*o* **llevarse**] **un ~** einen Wutanfall bekommen; **tener un ~** eine Wut im Bauch haben
❸ (*Méx: hedor*) Gestank *m*
berrinchudo, -a [berrin'tʃuðo, -a] *adj* (*Am*) jähzornig
berrizal [berri'θal] *m* (BOT) Standort mit reichem (Brunnen)kressevorkommen
berro ['berro] *m* (BOT) (Brunnen)kresse *f*
berza ['berθa] *f* Kohl *m*, Kraut *nt*
berzal [ber'θal] *m* Kohlfeld *nt*
berzas ['berθas] *mf inv* (*fam*) Niete *f*, Flasche *f*; **eres una ~** du bist eine Vollidiotin
berzotas [ber'θotas] *mf inv* (*fam*) v. **berzas**
besamanos [besa'manos] *m inv* ❶ (*recepción*) (königliche) Audienz *f*
❷ (*saludo*) Handkuss *m*
besamel(a) [besa'mel(a)] *f* Béchamelsoße *f*
besana [be'sana] *f* (AGR) ❶ (*labor*) Furchenziehen *nt*
❷ (*primer surco*) Richtfurche *f*
besar [be'sar] I. *vt* (*personas*) küssen; **~ a alguien en la frente/en la boca** jdn auf die Stirn/auf den Mund küssen
❷ (*fam: objetos*) berühren; **~ el suelo** (*fam fig*) der Länge nach hinfallen
II. *vr:* **-se** ❶ (*personas*) sich küssen
❷ (*tocarse dos objetos*) sich berühren; (*chocar*) aneinander stoßen
beso ['beso] *m* ❶ (*entre personas*) Kuss *m*; **~ de tornillo** Zungenkuss *m*; **comerse a alguien a ~s** (*fam*) jdn abküssen; **echar** [*o* **tirar**] **un ~ a alguien** jdm eine Kusshand zuwerfen
❷ (*entre objetos*) Zusammenstoß *m*
bestia¹ ['bestja] I. *adj* brutal; **un tío ~** (*fam*) ein brutaler Kerl; **hacer algo a lo** [*o* **en plan**] **~** (*sin contemplaciones*) etw aufs Geratewohl machen, bei etw nicht lange fackeln; (*con dureza*) etw mit roher Gewalt machen
II. *mf* ❶ (*persona bruta*) Rohling *m*; (*grosera*) Flegel *m*, Rüpel *m*
❷ (*ignorante*) Dummkopf *m*
bestia² ['bestja] *f* ❶ (ZOOL) Vieh *nt*, Tier *nt*; **~ de carga** Lasttier *nt*; **gran ~** Tapir *m*
❷ (*animal salvaje*) Bestie *f*
bestial [bes'tjal] *adj* ❶ (*propio de una bestia*) viehisch
❷ (*muy brutal*) bestialisch
❸ (*fam: muy intensivo*) tierisch; (*muy grande*) riesengroß, wahnsinnig; (*muy bueno*) (wahnsinnig) toll; **tener una sed ~** einen Riesendurst haben
bestialidad [bestjali'ðaðᵈ] *f* ❶ (*cualidad*) Bestialität *f*
❷ (*crueldad*) Gräueltat *f*
❸ (*fam: gran cantidad*) Unmenge *f*; **trabaja una ~** er/sie arbeitet unheimlich viel
bestializarse [bestjali'θarse] <z→c> *vr* ❶ (*hacerse bestial*) verwahrlosen, vertieren; (*vivir como un animal*) wie ein Tier leben; (*comportarse como un animal*) sich benehmen wie die Axt im Walde, sich unmenschlich aufführen
bestialmente [bestjal'mente] *adv* (*fam*) ❶ (*brutalmente*) bestialisch, grausam
❷ (*magníficamente, muy bien*) mordsmäßig, tierisch; **mis compañeros se lo pasaron ~ en mi cumpleaños** meine Kumpels haben auf meiner Geburtstagsfete einen Mordsspaß gehabt
best seller [be(s)'seler] *m inv*, **bestséller** [be(s)'seler] *m inv* Bestseller *m*
besucar [besu'kar] <c→qu> *vt* (*fam*) v. **besuquear**
besucón, -ona [besu'kon, -ona] *adj* (*fam*) verschmust
besugo [be'suɣo] *m* ❶ (ZOOL) Brasse *f*
❷ (*fam: persona*) Schwachkopf *m*

besuguera [besu'ɣera] *f* Fischbräter *m*
besuguete [besu'ɣete] *m* (GASTR, ZOOL) Rotbrasse *f*
besuquear [besuke'ar] *vt* (ab)knutschen *fam*, (ab)küssen
besuqueo [besu'keo] *m* Knutscherei *f fam*, Knutschen *nt fam*
beta ['beta] *f* Beta *nt*; **la ~ griega** der griechische Buchstabe Beta
betabel [beta'βel] *f* (*Méx: remolacha*) Rübe *f*; **~ forrajera** Futterrübe *f*
betarraga [beta'rraɣa] *f* (*Am*) Rote Beete *f*
betatrón [beta'tron] *f* (FÍS) Betatron *nt*
betel [be'tel] *m* (BOT) Betel *m*
bético, -a ['betiko, -a] *adj* (*elev*) andalusisch
betuminoso, -a [betumi'noso, -a] *adj v.* **bituminoso**
betún [be'tun] *m* ❶ (QUÍM) Bitumen *nt*; **~ de Judea** Asphalt *m*
❷ (*para el calzado*) Schuhcreme *f*; **negro como el ~** pechrabenschwarz
betunería [betune'ria] *f* ❶ (*fábrica de asfalto*) Teerfabrik *f*, Asphaltwerk *nt*
❷ (*fábrica de crema para el calzado*) Schuhcremefabrik *f*
betunero, -a [betu'nero, -a] I. *adj* Bitumen-; **la industria betunera** die Bitumenindustrie
II. *m, f* ❶ (*que elabora asfalto*) Bitumenhersteller(in) *m(f)*
❷ (*que elabora crema para el calzado*) Schuhcremehersteller(in) *m(f)*
❸ (*limpiabotas*) Schuhputzer(in) *m(f)*
BEX [beʏs] *m* (FIN) *abr de* **Banco Exterior de España** spanische halbstaatliche Großbank
bezo [ˈbeθo] *m* ❶ (*labio abultado*) dicke Lippe *f*
❷ (*de una herida*) wildes Gewebe *nt*
bezudo, -a [be'θuðo, -a] *adj* dicklippig
BHE [beatʃe'e] *m* (FIN) *abr de* **Banco Hipotecario de España** spanische Hypothekenbank
biaba ['bjaβa] *f* (*Arg, Urug: cachetada*) Ohrfeige *f*; (*paliza*) Tracht *f* Prügel; **dar la ~** (*pegar*) verprügeln; (*derrotar*) besiegen
biangular [bjaŋgu'lar] *adj* zweiwink(e)lig
bianual [bianu'al] I. *adj* (*t.* BOT) zweijährig
II. *m* (BOT) zweijährige Pflanze *f*
biarticulado, -a [biartiku'laðo, -a] *adj* zweigelenkig, mit Doppelgelenk
biatlón [biað'lon] *m* (DEP) Biathlon *nt*
biatómico, -a [bia'tomiko, -a] *adj* (QUÍM) zweiatomig, biatomisch
biauricular [biaʏriku'lar] *adj* (ANAT) beidohrig, bi(n)aural
biáxico, -a [bi'aʏsiko, -a] *adj* zweiachsig
biberón [biβe'ron] *m* (Saug)flasche *f*; **dar el ~ a un bebé** einem Baby die Flasche geben
Biblia ['biβlja] *f* Bibel *f*
bíblico, -a ['biβliko, -a] *adj* biblisch
bibliobús [biβljo'bus] *m* Bücherbus *m*
bibliofilia [biβljo'filja] *f* Bibliophilie *f*
bibliófilo, -a [bi'βljofilo, -a] *m, f* Bibliophile(r) *mf*, Bücherliebhaber(in) *m(f)*
bibliografía [biβljoɣra'fia] *f* Bibliografie *f*
bibliográfico, -a [biβljo'ɣrafiko, -a] *adj* bibliografisch
bibliógrafo, -a [bi'βljoɣrafo, -a] *m, f* Bibliograph(in) *m(f)*
bibliología [biβljolo'xia] *f* Bücherkunde *f*, Bibliologie *f*
bibliomancia [biβljo'manθja] *f*, **bibliomancía** [biβljoman'θia] *f* Bibliomantie *f*
bibliomanía [biβljoma'nia] *f* Bibliomanie *f*
bibliómano, -a [bi'bljomano, -a] *m, f* Büchernarr, -närrin *m, f*, Bibliomane, -in *m, f*
biblioteca [biβljo'teka] *f* ❶ (*local*) Bibliothek *f*, Bücherei *f*; **~ de consulta** Präsenzbibliothek *f*; **~ de préstamo** Leihbibliothek *f*; **~ universitaria** Universitätsbibliothek *f*; **ser una ~ ambulante** (*fig fam*) ein wandelndes Lexikon sein
❷ (*mueble*) Bücherschrank *m*
❸ (*estantería*) Bücherregal *nt*
bibliotecario, -a [biβljote'karjo, -a] *m, f* Bibliothekar(in) *m(f)*
bibliotecología [biβljotekolo'xia] *f* Bibliothekskunde *f*
bibliotecólogo, -a [biβljote'koloɣo, -a] *m, f* Bibliothekar(in) *m(f)*
biblioteconomía [biβljotekono'mia] *f sin pl* Bibliothekskunde *f*
bicameral [bikame'ral] *adj* (POL) aus zwei Kammern bestehend, Zweikammer(n)-; **sistema ~** Zweikammersystem *nt*
bicampeón, -ona [bikampe'on, -ona] *m, f* zweifacher Champion *m*
bicapsular [bikaβsu'lar] *adj* (BOT) mit zwei Kapseln
bicarbonatado, -a [bikarβona'taðo, -a] *adj* (QUÍM) doppeltkohlensauer, Bikarbonat-
bicarbonato [bikarβo'nato] *m* (QUÍM) Bikarbonat *nt*; **~ sódico** doppeltkohlensaures Natrium, Natron *nt*
bicarperal [bikarpe'ral] *adj* (BOT) mit zwei Fruchtblättern
bicéfalo, -a [bi'θefalo, -a] *adj* doppelköpfig
bicentenario[1] [biθente'narjo] *m* zweihundertster Jahrestag *m*
bicentenario, -a[2] [biθente'narjo, -a] *adj* zweihundertjährig
bíceps ['biθeβs] *m inv* (ANAT) Bizeps *m*
bicha ['bitʃa] *f* ❶ (*fam: serpiente*) Schlange *f*; **mencionar la ~** einen heiklen Punkt ansprechen
❷ (*figura*) Fabeltier *nt* (*in einem Fries*)
bichar [bi'tʃar] *vt v.* **bichear**
bicharraco [bitʃa'rrako] *m* ❶ (*pey: bicho*) Vieh(zeug) *nt*, Viech *nt fam*
❷ (*persona*) Scheusal *nt*
bichear [bitʃe'ar] *vt* (*observar a escondidas*) heimlich beobachten; (*espiar*) nachspionieren (*a + dat*); **¡deja ya de ~ a la vecina!** hör auf, die Nachbarin heimlich zu beobachten!
bichero [bi'tʃero] *m* (NÁUT) Bootshaken *m*
bicho ['bitʃo] *m* ❶ (*animal*) (kleines) Tier *nt*, Viech *nt fam*
❷ (TAUR) (Kampf)stier *m*
❸ (*persona*) Kerl *m*; **~ raro** komischer Kauz *m*; **mal ~** Aas *nt*, gemeiner Kerl; **cualquier** [*o* **todo**] **~ viviente** (*fam*) jeder; **no había ~ viviente** (*fam*) es war kein Aas da
❹ (*vulg: pene*) Schwanz *m*
❺ *pl* (*insectos*) Ungeziefer *nt*
bichozno, -a [bi'tʃoθno, -a] *m, f* Ururururenkel(in) *m(f)*, Enkel(in) *m(f)* fünften Grades
bici ['biθi] *f* (*fam*) *abr de* **bicicleta** Rad *nt*
bicicleta [biθi'kleta] *f* Fahrrad *nt*; **~ de carreras** Rennrad *nt*; **~ de montaña** Mountainbike *nt*; **~ estática** Hometrainer *m*, Heimtrainer *m*; **andar** [*o* **montar**] **en ~** Rad fahren; **ir en ~** mit dem Fahrrad fahren
biciclo [bi'θiklo] *m* Hochrad *nt*; **montarse en un ~** auf dem Hochrad (umher)fahren
bicicross [biθi'kros] *m sin pl* Mountainbiking *nt*
bicilíndrico, -a [biθi'lindriko, -a] *adj* zweizylindrig
bicoca [bi'koka] *f* ❶ (*fam: pequeñez*) Lappalie *f*, Belanglosigkeit *f*
❷ (*fam: ganga*) Schnäppchen *nt*
❸ (*Am: de eclesiásticos*) (Scheitel)käppchen *nt*
bicolor [biko'lor] *adj* zweifarbig
bicóncavo, -a [bi'koŋkaβo, -a] *adj* (FÍS) bikonkav
biconvexo, -a [bikom'beʏso, -a] *adj* (FÍS) bikonvex
bicornio [bi'kornjo] *m* Zweispitz *m*
bicromía [bikro'mia] *f* (TIPO) Zweifarbendruck *m*
bicuadrado, -a [bikwa'ðraðo, -a] *adj* (MAT) vierten Grades, biquadratisch
BID [bei'ðe] *m abr de* **Banco Interamericano de Desarrollo** IDB *f*
bidé [bi'ðe] <bidés> *m* Bidet *nt*
bidente [bi'ðente] I. *adj* (*elev*) zweizähnig
II. *m* (AGR: *azada de dos dientes*) Zweizahnhacke *f*
bidet [bi'ðe] <bidets> *m v.* **bidé**
bidimensional [biðimensjo'nal] *adj* zweidimensional
bidireccional [biðireʏθjo'nal] *adj* (INFOR) bidirektional
bidón [bi'ðon] *m* Kanister *m*, Tonne *f*; **~ de aceite** Ölkanister *m*; **~ de basura** Mülltonne *f*
biela [bi'ela] *f* ❶ (TÉC) Pleuelstange *f*
❷ (*de la bicicleta*) Tretkurbel *f*
bielda ['bjelda] *f* (AGR) ❶ (*bieldo*) Strohgabel *f*; **recogió toda la paja con una ~** er/sie nahm das gesamte Stroh mit einer Strohgabel auf
❷ (*acción de bieldar*) Worfeln *nt*
bieldar [bjel'dar] *vt* (AGR) worfeln
bieldo ['bjeldo] *m* (*en forma de tenedor*) Heugabel *f*, Mistgabel *f*; (*en forma de rastrillo*) Rechen *m*
Bielorrusia [bjelo'rrusja] *f* Weißrussland *nt*
bielorruso, -a [bjelo'rruso, -a] I. *adj* weißrussisch
II. *m, f* Weißrusse, -in *m, f*
bien ['bjen] I. *adv* ❶ (*de modo conveniente*) gut; (*correctamente*) richtig; **ahora** [*o* **pues**] **~** nun (gut), also; **y ~** nun; **más ~** eher; **bien mirado** recht betrachtet, eigentlich; **de ~ en mejor** immer besser; **el vestido te está ~** das Kleid steht dir gut; **estar ~ de salud** gesund sein; **estar (a) ~ con alguien** mit jdm auf gutem Fuß stehen; **¿estás ~?** geht es dir gut?; **habla muy ~ francés** er/sie spricht sehr gut Französisch; **hacer algo ~** etw gut [*o* richtig] machen; **hacer ~ en...** *+inf* gut daran tun, zu ... *+inf*; **más ~ eher**; **oler ~** duften; **para tantos kilómetros el coche está bastante ~** für so viele Kilometer ist das Auto in einem ganz guten Zustand; **pasárselo ~** sich gut amüsieren; **¡pórtate ~!** benimm dich!; **su nuevo piso está ~** seine/ihre neue Wohnung ist ganz gut [*o* ganz in Ordnung]; **tener a ~ ...** *+inf* es für richtig halten, zu ... *+inf*; **te está ~** das geschieht dir recht; **y ~** nun
❷ (*con gusto*) wohl; (*agradable*) schön; **aquí se está ~** hier ist es schön
❸ (*seguramente*) sicher, gut; **la maleta pesa ~ 6 kilos** der Koffer wiegt gut (und gern) 6 Kilo
❹ (*muy*) sehr, ganz; (*bastante, mucho*) recht; **es ~ fácil** es ist ganz einfach; **llegas ~ tarde** du kommst recht spät
❺ (*asentimiento*) einverstanden; **¡está ~!** gut!, in Ordnung!
❻ (*loc*): **~ es verdad que...** es ist wohl wahr, dass ...; **~ lo decía yo** das habe ich gleich gesagt; **~ podías habérmelo dicho** du hättest es mir aber wirklich sagen können; **~ que mal** jedenfalls; **ya está ~ de tonterías** genug der Dummheiten

bienal

II. *adj* fein, vornehm; **un restaurante** ~ ein (piek)feines Restaurant
III. *m* ❶ (*bienestar*) Wohl *nt;* ~ **común** Gemeinwohl *nt;* ~ **público** öffentliches Wohl; **por tu** ~ zu deinem Wohl
❷ (*bondad moral*) Gute(s) *nt;* **hacer** ~ Gutes tun
❸ (*provecho*) Nutzen *m*
❹ (ECON, JUR) Gut *nt;* ~ **de consumo** Bedarfsgegenstand *m;* ~ **duradero** langlebiges Gut; ~ **económico** Wirtschaftsgut *nt;* ~ **hereditario** Erbschaftsgegenstand *m*
❺ *pl* (*posesiones*) Besitz *m*, Güter *ntpl;* (*riqueza*) Vermögen *nt;* ~**es de capital** Kapitalvermögen *nt;* ~**es complementarios** komplementäre Güter; ~**es comunes** gemeinschaftliches Vermögen; ~**es de consumo** Konsumgüter *ntpl;* ~**es duraderos** langlebige Wirtschaftsgüter; ~**es de equipamiento** [*o* **de equipo**] Anlagegüter *ntpl*, Investitionsgüter *ntpl;* ~**es ganciales** Zugewinn *m;* ~**es inmateriales** Immaterialgüter *ntpl;* ~**es de inversión** Anlagegüter *ntpl*, Investitionsgüter *ntpl;* ~**es materiales** Sachvermögen *nt;* ~**es matrimoniales** (JUR) Ehegüterstand *m;* ~**es perecederos** verderbliche Waren; ~**es de producción** Produktionsgüter *ntpl;* ~**es públicos** öffentliches Vermögen; ~**es y servicios** Waren und Dienstleistungen; ~**es de la tierra** landwirtschaftliche Erzeugnisse; ~**es inmuebles** [*o* **raíces**] Immobilien *fpl;* ~**es jurídicos universales** Universalrechtsgut *nt;* ~**es muebles** persönliches Eigentum, Hab und Gut *nt;* ~**es patrimoniales** Vermögenswerte *mpl;* ~**es sucesorios** Nachlassvermögen *nt;* **declaración de** ~**es** (FIN) Vermögenserklärung *f*
IV. *conj* ❶ (*aunque*): ~ **que** obschon, obgleich; **si** ~ wenn auch, obwohl
❷ (*o... o*): ~... ~... entweder ... oder ...; **sea** beziehungsweise, oder vielmehr
❸ (*apenas*): **no** ~... (**cuando...**) kaum ... (als ...); **no** ~ **vimos las nubes** (**cuando**) **empezó a llover** kaum sahen wir die Wolken, (da) fing es auch schon an zu regnen [*o* als es auch schon zu regnen anfing]
V. *interj* gut, schön; **¡~! bravo!, gut!, prima!**

bienal [bje'nal] I. *adj* (*durante dos años*) zweijährig; (*cada dos años*) zweijährlich
II. *f* Biennale *f*

bienandante [bjenan'dante] *adj* glücklich

bienandanza [bjenan'danθa] *f* Glück *nt*

bienaventurado, -a [bjenaβentu'raðo, -a] I. *adj* ❶ (*afortunado*) (über)glücklich, glückselig
❷ (REL) selig
❸ (*inocente*) einfältig
II. *m, f* ❶ (REL) Selige(r) *mf*
❷ (*inocente*) Einfaltspinsel *m*

bienaventuranza [bjenaβentu'ranθa] *f* ❶ (REL: *gloria*) Seligkeit *f*
❷ (*fortuna*) Glück *nt*
❸ *pl* (REL: *las ocho*) Seligpreisung *f*

bienestar [bjenes'tar] *m* ❶ (*estado*) Wohlbefinden *nt*
❷ (*sentimiento*) Wohlgefühl *nt*
❸ (*riqueza, holgura*) Wohlstand *m;* ~ **económico** wirtschaftlicher Wohlstand; ~ **social** gesellschaftlicher Wohlstand; **estado del** ~ Wohlfahrtsstaat *m*

bienhablado, -a [bjena'βlaðo, -a] *adj* redegewandt; **es muy** ~ er drückt sich sehr gepflegt aus

bienhadado, -a [bjena'ðaðo, -a] *adj* glücklich, vom Glück begünstigt; **era un hombre** ~ er war ein Glückspilz

bienhechor(a) [bjene'tʃor(a)] I. *adj* fürsorglich, wohltätig
II. *m(f)* Wohltäter(in) *m(f)*

bienintencionado, -a [bjeninten̪θjo'naðo, -a] *adj* wohlmeinend, gut gemeint

bienio [bi'enjo] *m* Zeitraum *m* von zwei Jahren, Biennium *nt*

bienmandado, -a [bjeⁿman̪'daðo, -a/bjeᵐman̪'daðo, -a] *adj* (*fam*) gehorsam

bienoliente [bjeno'ljente] *adj* wohlriechend

bienpensante [bjempen'sante] I. *adj* orthodox, strenggläubig
II. *mf* strenggläubiger Mensch *m*

bienquerencia [bjenke'renθja] *f* ❶ (*afecto*) Zuneigung *f*
❷ (*buena voluntad*) Wohlwollen *nt*

bienquerer [bjenke'rer] *irr como querer* I. *vt irr* mögen, schätzen
II. *m* ❶ (*afecto*) Zuneigung *f*
❷ (*buena voluntad*) Wohlwollen *nt*

bienquistar [bjenkis'tar] I. *vt* beliebt machen (**con** bei +*dat*); **su comportamiento le bienquistó con su clase** sein/ihr Verhalten hat ihn/sie bei seiner/ihrer Klasse beliebt gemacht
II. *vr:* ~**se** (*hacer amistad*) sich anfreunden (**con** mit +*dat*); (*congraciar*) sich beliebt machen (**con** bei +*dat*)

bienquisto, -a [bjen'kisto, -a] *adj* beliebt (**de/por** bei +*dat*), geschätzt (**de/por** von +*dat*)

bienvenida [bjembe'niða] *f* ❶ (*llegada*) glückliche Ankunft *f*
❷ (*saludo*) Willkommen *nt;* **dar la** ~ **a alguien** jdn willkommen heißen

bienvenido, -a [bjembe'niðo, -a] I. *interj* willkommen; **¡~ a España/a casa!** willkommen in Spanien/zu Hause!
II. *adj* willkommen; **es Ud. muy** ~ Sie sind uns sehr willkommen

bienvivir [bjembi'βir] *vi* ❶ (*con holgura*) sein Auskommen haben
❷ (*con honradez*) ein anständiges Leben führen

bienza ['bjeɲθa] *f* (BIOL) *v.* **binza**

bies [bjes] *m* Besatzstreifen *m;* **al** ~ schräg (zum Fadenlauf)

bifásico, -a [bi'fasiko, -a] *adj* (ELEC) zweiphasig

bife ['bife] *m* (*Am*) ❶ (*carne*) Steak *nt*
❷ (*sopapo*) Ohrfeige *f*

bífido, -a ['bifiðo, -a] *adj* (ZOOL, BOT) (in zwei Teile) gespalten

bifloro, -a [bi'floro, -a] *adj* (BOT) zweiblütig

bifocal [bifo'kal] *adj* bifokal

biforme [bi'forme] *adj* doppelgestaltig, biform

bifronte [bi'fronte] *adj* doppelgesichtig

bifurcación [bifurka'θjon] *f* (*de una vía, carretera*) Abzweigung *f;* (*de un camino, río*) Gab(e)lung *f*

bifurcado, -a [bifur'kaðo, -a] *adj* gabelförmig

bifurcarse [bifur'karse] <c→qu> *vr* sich gabeln, sich teilen

bigamia [bi'γamja] *f* Bigamie *f*, Doppelehe *f*

bígamo, -a ['biγamo, -a] I. *adj* bigamistisch, in Doppelehe lebend
II. *m, f* Bigamist(in) *m(f)*

bigardo, -a [bi'γarðo, -a] I. *adj* ❶ (*vago*) müßig, untätig
❷ (*licencioso*) liederlich, ausschweifend
II. *m, f* ❶ (*vago*) Müßiggänger(in) *m(f)*
❷ (*libertino*) ausschweifend lebender Mensch *m*, Wüstling *m pey*

bígaro ['biγaro] *m* (GASTR, ZOOL) Strandschnecke *f*

big-bang [biɣ'βaŋ] *m* <big-bangs> Urknall *m*

bigenérico, -a [bixe'neriko, -a] *adj* (BIOL) Kreuzungs-, (aus zwei Gattungen) gekreuzt

bignonia [biɣ'nonja] *f* (BOT) Bignonie *f*, Kreuzrebe *f*

bigote [bi'γote] *m* ❶ (*de hombre*) Schnurrbart *m*, Schnauzbart *m;* ~**s** Barthaare *ntpl*, Schnurrbart *m;* **dejarse** ~ sich *dat* einen Schnurrbart wachsen lassen; **estar de** ~(**s**) (*fam*) toll [*o* großartig] sein
❷ *pl* (ZOOL) Schnurrhaare *ntpl*
❸ (*Am: croqueta*) Krokette *f*

bigotera [biγo'tera] *f* ❶ (*bocera*) Trinkrand *m*
❷ (*puntera*) Vorderkappe *f*, Schuhkappe *f*
❸ (*compás*) Null(en)zirkel *m*

bigotudo, -a [biγo'tuðo, -a] *adj* schnauzbärtig

bigudí [biγu'ði] *m* Lockenwickler *m*

bija ['bixa] *f* (BOT) ❶ (*arbusto*) Orleanbaum *m*, Anattostrauch *m*
❷ (*fruto*) Frucht *f* des Orleanbaumes
❸ (*semilla*) Samen *m* des Orleanbaumes
❹ (*colorante*) Orlean *m*

bikini [bi'kini] *m* Bikini *m*

bilabial [bila'βjal] I. *adj* (LING) bilabial
II. *f* (LING) Bilabial *m*

bilateral [bilate'ral] *adj* bilateral

bilbaíno, -a [bilβa'ino, -a] I. *adj* aus Bilbao
II. *m, f* Einwohner(in) *m(f)* von Bilbao

bilbilitano, -a [bilβili'tano, -a] I. *adj* aus Calatayud
II. *m, f* Einwohner(in) *m(f)* von Calatayud

biliar [bi'ljar] *adj* Gallen-

bilingüe [bi'liŋgwe] I. *adj* zweisprachig; **ha tenido una educación** ~ er/sie ist zweisprachig aufgewachsen
II. *mf* zweisprachige Person *f*

bilingüismo [biliŋ'gwismo] *m sin pl* Zweisprachigkeit *f*, Bilingualismus *m*

bilioso, -a [bi'ljoso, -a] *adj* ❶ (MED) Gallen-
❷ (*colérico*) cholerisch, reizbar

bilirrubina [bilirru'βina] *f* (BIOL) Bilirubin *nt*

bilis ['bilis] *f inv* ❶ (ANAT) Galle *f*
❷ (*cólera*) Wut *f;* **descargar la** ~ **contra alguien/algo** seine Wut an jdm/etw auslassen; **eso me exalta la** ~ da kommt mir die Galle hoch; **tragar** ~ **con algo** (*fam*) an etw zu schlucken haben

billa ['biʎa] *f* (*billar*) Treiben einer Kugel nach Karambolage in ein Loch

billar [bi'ʎar] *m* ❶ (*juego*) Billard(spiel) *nt;* ~ **americano** Pool(billard) *nt;* **jugar al** ~ Billard spielen
❷ (*mesa*) Billardtisch *m*

billarista [biʎa'rista] *mf* Billardspieler(in) *m(f)*

billetaje [biʎe'taxe] *m* Kartenkontingent *nt*

billete [bi'ʎete] *m* ❶ (*pasaje*) Fahrschein *m*, Fahrkarte *f;* ~ **circular** Rundreisefahrschein *m;* ~ **de ida** einfacher Fahrschein; ~ **de ida y vuelta** Rückfahrkarte *f;* **kilométrico** Kilometerheft *nt;* ~ **múltiple** Mehrfahrtenkarte *f;* **medio** ~ Kinderfahrschein *m;* **sacar un** ~ eine (Fahr)karte lösen
❷ (*entrada*) Eintrittskarte *f*
❸ (FIN) Banknote *f*, (Geld)schein *m;* ~ **de diez euros** Hunderteuroschein *m;* ~**s y monedas** Banknoten und Münzen

billetera 99 **bis**

④ (*en una rifa*) (Lotterie)los *nt*; ~ **premiado** Treffer *m*; ~ **no premiado** Niete *f*
⑤ (*mensaje breve*) kurze Mitteilung *f*
billetera [biʎe'tera] *f*, **billetero** [biʎe'tero] *m* Brieftasche *f*
billón [bi'ʎon] *m* Billion *f*; **un** ~ **de dólares** eine Billion Dollar
billonario, -a [biʎo'narjo, -a] *m, f* Billionär(in) *m(f)*
bimano, -a [bi'mano, -a], **bímano, -a** ['bimano, -a] I. *adj* (ZOOL) zweihändig II. *m, f* (ZOOL) Zweihänder(in) *m(f)*
bimba ['bimba] *f* ① (*fam: sombrero*) Zylinder(hut) *m*
② (*Am: embriaguez*) Rausch *m*
bimbral [bim'bral] *m* (BOT) mit Korbweiden bewachsene Stelle *f*
bimembre [bi'membre] *adj* zweigliedrig
bimensual [bimen'swal] *adj* vierzehntäglich, zweimal im Monat stattfindend; **una revista** ~ eine zweimal im Monat [*o* alle vierzehn Tage] erscheinende Zeitschrift
bimestral [bimes'tral] *adj* (*duración*) zweimonatig; (*repetición*) zweimonatlich
bimestre [bi'mestre] I. *adj* (*duración*) zweimonatig; (*repetición*) zweimonatlich
II. *m* ① (*período*) Zeitraum *m* von zwei Monaten
② (*pago*) zweimonatliche Zahlung *f*
bimetalismo [bimeta'lismo] *m* (ECON) Doppelwährung *f*, Bimetallismus *m*
bimetalista [bimeta'lista] *adj* (ECON) Doppelwährungs-, Bimetallismus-; **sistema** ~ Doppelwährung *f*, Bimetallismus *m*
bimilenario, -a [bimile'narjo, -a] *adj* zweitausendjährig
bimilenario [bimile'narjo] *m* zweitausendjähriges Bestehen *nt*; (*fiesta*) Zweitausendjahrfeier *f*
bimotor [bimo'tor] I. *adj* zweimotorig
II. *m* zweimotoriges Flugzeug *nt*
bina ['bina] *f* (AGR) Zwiebrache *f*
binadura [bina'ðura] *f* (AGR) *v.* **bina**
binar [bi'nar] *vt* zum zweiten Male tun, wiederholen
binario, -a [bi'narjo, -a] *adj* ① (*dual*) binär; **sistema** ~ (MAT) binäres System
② (MÚS): **compás** ~ Zweivierteltakt *m*
bingo ['biŋgo] *m* Bingo *nt*
binguero, -a [biŋ'gero, -a] *m, f* Spielleiter(in) *m(f)* beim Bingo
binocular [binoku'lar] *adj* binokular
binoculares [binoku'lares] *mpl* Fernglas *nt*
binóculo [bi'nokulo] *m* Kneifer *m*
binomio [bi'nomjo] *m* (MAT) Binom *nt*
binza ['binθa] *f* (BIOL: *tejido orgánico*) Häutchen *nt*
bioactivo, -a [bioak'tiβo, -a] *adj* bioaktiv
bioacumulativo, -a [bioakumula'tiβo, -a] *adj* (ECOL) bioakkumulativ
bioagricultura [bioaɣrikul'tura] *f* (AGR) biologische Landwirtschaft *f*, alternativer Landbau *m*
biobasura [bioβa'sura] *f* (ECOL) Biomüll *m*
biocenosis [bioθe'nosis] *f inv* (BIOL) Biozönose *f*, Lebensgemeinschaft *f* (in einem Biotop)
biocida [bio'θiða] *m* (AGR) Biozid *nt*, Pestizid *nt*
bioclimatología [bioklimatolo'xia] *f* (BIOL) Bioklimatologie *f*
biodegradable [bioðeɣra'ðaβle] *adj* biologisch abbaubar
biodegradación [bioðeɣraða'θjon] *f* biologische Abbaubarkeit *f*
biodegradar [bioðeɣra'ðar] *vt* (BIOL) biologisch [*o* bakteriell] abbauen
biodinámica [bioði'namika] *f* Biodynamik *f*
biodiversidad [bioðiβersi'ðað] *f* Artenvielfalt *f*; **Tratado de B~** Artenschutzabkommen *nt*
bioelectricidad [bioelektriθi'ðað] *f* (BIOL) Bioelektrizität *f*
bioelemento [bioele'mento] *m* (BIOL, QUÍM) Bioelement *nt*
bioenergía [bioener'xia] *f* Bioenergie *f*
bioestadística [bioesta'ðistika] *f* Biostatistik *f*
biofísica [bio'fisika] *f* Biophysik *f*
biofísico, -a [bio'fisiko, -a] I. *adj* (BIOL) biophysikalisch
II. *m, f* (BIOL) Biophysiker(in) *m(f)*
biogas [bio'ɣas] *m* Biogas *nt*
biogénesis [bio'xenesis] *f inv* Biogenese *f*
biogenética [bioxe'netika] *f* Biogenetik *f*
biogenético, -a [bioxe'netiko, -a] *adj* biogenetisch
biogeografía [bioxeoɣra'fia] *f* (ECOL, GEO) Biogeographie *f*
biografía [bjoɣra'fia] *f* Biografie *f*, Lebensgeschichte *f*
biografiar [bjoɣrafi'ar] <*1. pres:* biografío> *vt* die Biografie schreiben (*a von + dat*)
biográfico, -a [bjo'ɣrafiko, -a] *adj* biografisch
biógrafo¹ [bi'oɣrafo] *m* (*Am*) Kino *nt*
biógrafo, -a² [bi'oɣrafo, -a] *m, f* Biograf(in) *m(f)*
bioingeniería [bioinxenje'ria] *f* Biotechnik *f*
biología [biolo'xia] *f* Biologie *f*; ~ **celular** Zytologie *f*; ~ **molecular** Molekularbiologie *f*

biológico, -a [bio'loxiko, -a] *adj* biologisch; **guerra biológica** biologische Kriegsführung
biólogo, -a [bi'oloɣo, -a] *m, f* Biologe, -in *m, f*; ~ **marino** Meeresbiologe *m*
bioluminiscencia [bioluminis'θenθja] *f* (BIOL) Biolumineszenz *f*
bioma [bi'oma] *m* (BIOL, ECOL) Biom *nt*, Bioregion *f*
biomasa [bio'masa] *f* (BIOL) Biomasse *f*
biombo [bi'ombo] *m* Wandschirm *m*, spanische Wand *f*
biomecánica [biome'kanika] *f* Biomechanik *f*
biomedicina [biomeði'θina] *f* Biomedizin *f*
biometría [biome'tria] *f* Biometrie *f*, Biometrik *f*
biónico, -a [bi'oniko, -a] *adj* bionisch
bioorgánico, -a [bio(o)r'ɣaniko, -a] *adj* bioorganisch, präbiologisch
biopsia [bi'oβsja] *f* (MED) Biopsie *f*
bioquímica [bio'kimika] *f* Biochemie *f*
bioquímico, -a [bio'kimiko, -a] *adj* biochemisch
biorritmo [bio'rriðmo] *m* Biorhythmus *m*
biosfera [bios'fera] *f* Biosphäre *f*
biosíntesis [bio'sintesis] *f inv* Biosynthese *f*
biosistema [biosis'tema] *m* Biosystem *nt*
biosociología [biosoθjolo'xia] *f* (SOCIOL) Biosoziologie *f*
biota [bi'ota] *f* (BIOL) *Fauna und Flora eines Gebietes*
biotecnología [bioteknolo'xia] *f* Biotechnologie *f*
biotecnológico, -a [biotekno'loxiko, -a] *adj* biotechnologisch
bioterapia [biote'rapja] *f* (MED) Biotherapie *f*
biótico, -a [bi'otiko, -a] *adj* biotisch
biotipo [bio'tipo] *m* (BOT, ZOOL) Biotyp(us) *m*
biotipología [biotipolo'xia] *f* (BIOL) Biotypologie *f*
biótopo [bi'otopo] *m* Biotop *m o nt*
bióxido [bi'oɣsiðo] *m* (QUÍM) Dioxyd *nt*
BIP [be'ipe] *m* (FIN) *abr* **Banco Internacional de Pagos** BIZ *f*
bipartición [biparti'θjon] *f* Zweiteilung *f*
bipartidismo [biparti'ðismo] *m* (POL) Zweiparteiensystem *nt*
bipartidista [biparti'ðista] *adj*, **bipartito, -a** [bipar'tito, -a] *adj* Zweiparteien-; **sistema** ~ Zweiparteiensystem *nt*
bípedo, -a ['bipeðo, -a] I. *adj* zweibeinig
II. *m, f* Zweibeiner(in) *m(f)*, Zweifüßer *m*
biplano [bi'plano] *m* Doppeldecker *m*
biplaza [bi'plaθa] I. *adj* zweisitzig
II. *m* Zweisitzer *m*
bipolar [bipo'lar] *adj* (FÍS, ELEC) bipolar, zweipolig
bipolaridad [bipolari'ðað] *f* (FÍS, ELEC) Bipolarität *f*
bipolarización [bipolariθa'θjon] *f* (POL) Bipolarisierung *f*
biquini [bi'kini] *m* Bikini *m*
birdie ['berði] *m* (DEP: *golf*) Birdie *nt*
birimbao [birim'bao] *m* (MÚS) Maultrommel *f*
birlar [bir'lar] *vt* ① (*fam: matar*) umlegen
② (*fam: derribar*) niederschlagen
③ (*fam: hurtar*) wegschnappen; **Carlos le birló la novia** Carlos hat ihm die Freundin ausgespannt; **me han birlado la cartera** mir wurde der Geldbeutel geklaut
birlibirloque [birliβir'loke] *m*: **por arte de** ~ wie durch ein Wunder, auf wundersame Art und Weise
birmano, -a [bir'mano, -a] I. *adj* aus Birma, birmanisch
II. *m, f* Birmane, -in *m, f*
birome [bi'rome] *f* (*Arg*) Kugelschreiber *m*, Kuli *m fam*
birote [bi'rote] *m* (*AmC*) Weißbrot *nt*
birra [biβa] *f* (*argot*) Bier *nt*
birreactor [birreak'tor] I. *adj* zweistrahlig
II. *m* zweistrahliges Düsenflugzeug *nt*
birrectángulo, -a [birrek'taŋgulo, -a] *adj* (MAT) mit zwei rechten Winkeln
birreta [bi'rreta] *f* (REL) Birett *nt*
birrete [bi'rrete] *m* ① (*de clérigos*) Birett *nt*; ~ **cardenalicio** Kardinalshut *m*
② (*de catedráticos, jueces*) Barett *nt*
birria ['birrja] *f* ① (*persona*) Vogelscheuche *f*
② (*objeto*) Plunder *m*
③ (*obra*) Schund *m*; **la película es una** ~ der Film ist großer Schund
④ (*Col: capricho*) Eigensinn *m*, Laune *f*; **a** ~ nach Belieben
⑤ (*Méx: GASTR*) Gericht aus Ziegenfleisch
⑥ (*loc*): **jugar de** ~ lustlos spielen
birriondo, -a [bi'rrjondo, -a] *adj* (*Méx*) ① (*callejero*) Straßen-; (*animales*) streunend; **disturbios** ~**s** Krawalle *mpl*; **perro** ~ Straßenköter *m*
② (*enamoradizo*) leicht entflammbar
biruje [bi'ruxe] *m* (*Am*), **biruji** [bi'ruxi] *m* eisiger Wind
bis [bis] I. *interj* wiederholen, noch einmal
II. *m* (MÚS, TEAT) Wiederholung *f*
III. *adv* ① (MÚS) da capo

bisabuelo 100 **blandón**

② (*añadido a un número*) a; **vivo en el 7** ~ ich wohne in Haus Nummer [*o* im Haus] 7a
bisabuelo, -a [bisa'βwelo, -a] *m, f* Urgroßvater, -mutter *m, f;* **los ~s** die Urgroßeltern
bisagra [bi'saɣra] *f* **①** (*charnela*) Scharnier *nt*
② (*quicio*) Türangel *f*
bisar [bi'sar] *vt* (MÚS, TEAT) wiederholen
bisbis(e)ar [bisβise'ar/bisβi'sar] *vt* (*fam*) **①** (*musitar*) murmeln
② (*cuchichear*) flüstern
bisbiseo [bisβi'seo] *m* **①** (*murmullo*) Murmeln *nt*
② (*cuchicheo*) Flüstern *nt*
biscorneta [biskor'neta] *adj* (*fam*) schielend
biscote [bis'kote] *m* Zwieback *m*
biscuit [bis'kwit] <biscuits> *m* **①** (GASTR: *bizcocho*) Biskuit *nt o m*
② (*porcelana*) Biskuitporzellan *nt*
biscúter [bis'kuter] *m* (AUTO) Dreirad *nt*
bisecar [bise'kar] <c→qu> *vt* (MAT) halbieren
bisección [biseɣ'θjon] *f* (MAT) Halbierung *f;* **uno de los ejercicios consistía en la ~ de un ángulo** eine der Aufgaben bestand darin, einen Winkel zu halbieren
bisel [bi'sel] *m* Abschrägung *f,* abgeschrägte Kante *f*
biselado, -a [bise'laðo, -a] *adj* schrägkantig
biselar [bise'lar] *vt* abschrägen
bisemanal [bisema'nal] *adj* zweimal wöchentlich (stattfindend); **un periódico ~** eine zweimal wöchentlich erscheinende Zeitung
bisemanario [bisema'narjo] *m* (PREN) vierzehntäglich erscheinende Publikation *f;* **muchas revistas son ~s** viele Zeitschriften erscheinen vierzehntäglich [*o* alle zwei Wochen]
bisexual [biseɣ'swal] *adj* **①** (*persona*) bisexuell
② (BIOL) doppelgeschlechtig
bisexualidad [biseɣswali'ðað] *f sin pl* **①** (*de una persona*) Bisexualität *f*
② (BIOL) Doppelgeschlechtigkeit *f*
bisiesto [bi'sjesto] *adj:* **año ~** Schaltjahr *nt*
bisílabo, -a [bi'silaβo, -a] *adj* zweisilbig
bisimétrico, -a [bisi'metriko, -a] *adj* (MAT) doppelt symmetrisch
bismuto [bis'muto] *m* (QUÍM) Wismut *nt*
bisnieto, -a [bis'njeto, -a] *m, f* Urenkel(in) *m(f)*
biso ['biso] *m* (ZOOL) Byssus *m*
bisojo, -a [bi'soxo, -a] *adj* schielend
bisonte [bi'sonte] *m* (*americano*) Bison *m;* (*europeo*) Wisent *m*
bisoñé [biso'ɲe] *m* Toupet *nt,* Haarteil *nt*
bisoño, -a [bi'soɲo, -a] I. *adj* **①** (*inexperto*) unerfahren
② (*nuevo*) neu
II. *m, f* **①** (*novato*) Neuling *m,* Grünschnabel *m*
② (*recluta nuevo*) neu einberufener Rekrut *m,* neu einberufene Rekrutin *f*
bisté [bis'te] *m* <bistés>, **bistec** [bis'te] *m* <bistecs> (Beef)steak *nt*
bisturí [bistu'ri] *m* Skalpell *nt*
bisunto, -a [bi'sunto, -a] *adj* **①** (*grasiento*) schmierig
② (*sucio*) schmutzig
bisutería [bisute'ria] *f* **①** (*joyas*) Modeschmuck *m*
② (*tienda*) Geschäft *nt* für Modeschmuck
③ (*industria*) Modeschmuckindustrie *f*
bit [bit] *m* <bits> (INFOR) Bit *nt;* **~ de arranque** Startbit *nt;* **~ de cabeza** führendes Bit; **~ de parada** Stoppbit *nt;* **~ de paridad** Paritätsbit *nt;* **~s por pulgada** Bit pro Zoll; **~s por segundo** Bit pro Sekunde; **conjunto de 8 ~s** Achtbit-Einheit *f;* **velocidad de ~s** Bitgeschwindigkeit *f*
bita ['bita] *f* (NÁUT) Beting *f*
bitácora [bi'takora] *f* (NÁUT) Kompasshaus *nt;* **cuaderno de ~** Logbuch *nt*
bite [baɪt] *m v.* **byte**
bitensión [biten'sjon] *f* (ELEC) Doppelspannung *f*
bíter ['biter] <bíters> *m* (GASTR) Magenbitter *m*
bitio ['bitjo] *m* (INFOR) Bit *nt*
bitonalidad [bitonali'ðað] *f* (MÚS) Bitonalität *f*
bitoque [bi'toke] *m* **①** (*tapón*) Spund *m*
② (*AmC: cloaca*) Kloake *f*
③ (*Am: cánula de jeringa*) Kanüle *f*
④ (*Méx, RioPl: grifo*) Hahn *m*
⑤ (*loc*): **ojos de ~** schielende Augen
bítter ['biter] <bítters> *m* (GASTR) *v.* **bíter**
bituminoso, -a [bitumi'noso, -a] *adj* bituminös, teerartig
bivalente [biβa'lente] *adj* (QUÍM) bivalent, zweiwertig
bivalvo, -a [bi'βalβo, -a] *adj* zweischalig
biza ['biθa] *f* (GASTR, ZOOL) Bonito *m* (*Thunfischart*)
bizantino, -a [biθan'tino, -a] I. *adj* **①** (*de Bizancio*) byzantinisch
② (*fig: baldío*) überflüssig, unnütz; **discusión bizantina** Haarspalterei *f*
II. *m, f* Byzantiner(in) *m(f)*
bizarría [biθa'rria] *f* **①** (*valentía*) Tapferkeit *f;* (*valor*) Mut *m,* Schneid *m*

② (*gallardía*) Stattlichkeit *f*
③ (*generosidad*) Großzügigkeit *f*
bizarro, -a [bi'θarro, -a] *adj* **①** (*valiente*) tapfer; (*valeroso*) mutig
② (*apuesto*) stattlich
③ (*generoso*) großzügig
④ (*extravagante*) wunderlich, bizarr
bizcar [biθ'kar] <c→qu> I. *vi* schielen
II. *vt* zublinzeln +*dat,* zuzwinkern +*dat;* **~ un ojo a alguien** jdm zublinzeln [*o* zuzwinkern]
bizco, -a ['biθko, -a] *adj* schielend; **quedarse ~** platt [*o* völlig überrascht] sein
bizcochada [biθko'tʃaða] *f* (GASTR) **①** (*de biscotes*) Zwiebacksuppe *f* mit Milch
② (*de bizcochos*) Löffelbiskuitsuppe *f* mit Milch
③ (*variedad de panecillo*) längliches Brötchen mit Einschnitt
bizcochar [biθko'tʃar] *vt* (GASTR) ein zweites Mal backen
bizcocho [biθ'kotʃo] I. *adj* (*Méx*) feige
II. *m* **①** (*biscote*) Zwieback *m*
② (*biscuit*) Biskuit *m o nt*
③ (*Am: torta*) (Rühr)kuchen *m;* **~ borracho** in Wein und Sirup getränkter Kuchen
④ (*porcelana*) Biskuitporzellan *nt*
bizcorneado, -a [biθkorne'aðo, -a] *adj* **①** (*bizco*) schielend
② (TIPO) schief bedruckt
Bizkaia [biθ'kaɟa] *f* Biskaya *f*
bizna ['biθna] *f* (BOT) Fruchtinnenwand *f,* Scheidewand *f*
biznaga [biθ'naɣa] *f* Kugelkaktus *m*
biznieto, -a [biθ'njeto, -a] *m, f* Urenkel(in) *m(f)*
bizquear [biθke'ar] *vi* schielen
bizquera [biθ'kera] *f* (*Arg, Col, PRico*) Schielen *nt*
bla-bla-bla [blaβla'βla] *m* Blabla *nt,* leeres Gerede *nt*
blanca ['blaŋka] *f* **①** (MÚS) halbe Note *f*
② (*pieza de dominó*) Null *f*
③ (*moneda antigua*) ehemalige spanische Kupfermünze; **no tener** [*o* **estar sin**] **~** (*fam*) keinen Pfennig haben, blank sein
Blancanieves [blaŋka'njeβes] *f* Schneewittchen *nt*
blanco¹ ['blaŋko] *m* **①** (*color*) Weiß *nt;* **una película en ~ y negro** ein Schwarzweißfilm; **poner los ojos en ~** die Augen verdrehen; **vestirse de ~** Weiß tragen, sich weiß kleiden
② (*de animal*) Blesse *f*
③ (*espacio en un escrito*) leerer Zwischenraum *m,* Lücke *f;* **cheque en ~** (ECON) Blankoscheck *m;* **dejar algo en ~** etw offen [*o* unausgefüllt] [*o* unbeschrieben] lassen; **tener la mente en ~** ein Blackout haben
④ (*diana*) Zielscheibe *f;* **dar en el ~** ins Schwarze treffen; **errar el ~** das Ziel verfehlen
⑤ (*raza*): **los ~s** die Weißen
⑥ (*loc*): **pasar la noche en ~** eine schlaflose Nacht verbringen
blanco, -a² ['blaŋko, -a] I. *adj* **①** (*de tal color*) weiß; **como la nieve** schneeweiß
② (*cerveza*) hell
③ (*tez*) bleich; **ponerse ~ como una pared** kreidebleich werden
II. *m, f* (*persona*) Weiße(r) *mf*
blancura [blaŋ'kura] *f* Weiße *f*
blancuzco, -a [blaŋ'kuθko, -a] *adj* weißlich
blandear [blande'ar] I. *vt* erweichen, umstimmen
II. *vi, vr:* **~se** weich werden, nachgeben; **~ con alguien** jdm Zugeständnisse machen
blandengue [blan'deŋge] *adj* (*pey*) weichlich, zu nachgiebig; **ser un ~** ein Weichling [*o* Schwächling] sein
blandicia [blan'diθja] *f* **①** (*adulación*) Schmeichelei *f*
② (*blandura, suavidad*) Weichheit *f;* (*delicadeza*) Zartheit *f*
blandiporno [blandi'porno] *m* Softporno *m*
blandir [blan'dir] I. *vt* schwingen; **~ la espada** das Schwert schwingen
II. *vi, vr:* **~se** schwanken
blando¹ ['blando] *adv* sanft, weich
blando, -a² ['blando, -a] *adj* **①** (*fácilmente deformable*) weich; **~ al tacto** weich anzufühlen
② (*carácter: suave*) mild, nachsichtig; (*pey: blandengue*) nachgiebig, weichlich; (*cobarde*) feige; **~ de corazón** weichherzig; **es demasiado ~ con sus alumnos** er ist seinen Schülern gegenüber zu nachgiebig [*o* weich]
③ (*constitución*) kraftlos, schwach
④ (*clima*) mild
⑤ (*viento, lluvia, oleaje*) sanft, sacht(e)
⑥ (*tono*) sanft, zart
⑦ (*luz*) weich
⑧ (ECON) günstig; **créditos ~s** günstige Kredite; **moneda blanda** (FIN) weiche Währung
blandón [blan'don] *m* **①** (*vela*) große Wachskerze *f*

blandorro
② (*candelero*) Ständer *m* für große Kerzen
blandorro, -a [blan'dorro, -a] *m, f* ① (*blandengue*) Schwächling *m*
② (*cobarde*) Feigling *m*
blanducho, -a [blan'dutʃo, -a] *adj* (*fam*) (ein wenig) weich, weichlich
blandura [blan'dura] *f* ① (*cualidad de una cosa*) Weichheit *f*
② (*del carácter: suavidad*) Sanftheit *f*, Milde *f*; (*pey: blandenguería*) Weichlichkeit *f*
③ (*lisonja*) Schmeichelei *f*
④ (*del aire*) Tauwetter *nt*
⑤ (*emplasto*) Zugpflaster *nt*
blanqueación [blaŋkea'θjon] *f v.* **blanqueo**
blanqueamiento [blaŋkea'mjento] *m v.* **blanqueo**
blanquear [blaŋke'ar] I. *vi* ① (*volverse blanco*) weiß werden
② (*perder el color*) verbleichen, verblassen; (*el pelo*) ergrauen
③ (*presentarse blanco*) weiß(lich) schimmern
II. *vt* ① (*poner blanco*) weißen
② (*pared*) tünchen
③ (*dinero*) waschen
④ (*tejido*) bleichen
⑤ (*metal*) blank putzen
blanquecino, -a [blaŋke'θino, -a] *adj* weißlich
blanqueo [blaŋ'keo] *m* ① (*el poner blanco*) Weißen *nt*
② (*de una pared*) Tünchen *nt*
③ (*de tejido*) Bleichen *nt*; ~ **de dinero** Geldwäsche *f*
blanquete [blaŋ'kete] *m* weiße Schminke *f*
blanquiazul [blaŋkja'θul] I. *adj* blauweiß
II. *m* Blauweiß *nt*
blanquillo¹ [blaŋ'kiʎo] *m* ① (*Chil, Perú: melocotón*) Pfirsich *m* (mit weißlicher Haut)
② (*Am: pez*) Weißfisch *m*
③ (*Guat, Méx: huevo*) (Hühner)ei *nt*
blanquillo, -a² [blaŋ'kiʎo, -a] *adj* ① (*blanquecino*) weißlich
② (*pan, trigo*) weiß
blanquinegro, -a [blaŋki'neɣro, -a] *adj* schwarzweiß meliert
Blas [blas] *m*: **díjolo** [*o* **lo dijo**] ~, **punto redondo** (*fam irón*) dem bleibt wohl nichts hinzuzufügen
blasfemador(a) [blasfema'ðor(a)] *m(f)* (Gottes)lästerer, -in *m, f*
blasfemar [blasfe'mar] *vi* ① (REL) lästern, blasphemieren; ~ **contra Dios** Gott lästern
② (*hablar mal*) lästern; ~ **del régimen** über das Regime lästern
③ (*maldecir*) verfluchen (*de + akk*), fluchen (*de auf/über + akk*)
blasfemia [blas'femja] *f* ① (REL) Gotteslästerung *f*, Blasphemie *f*
② (*injuria*) Lästerung *f*, Schmähung *f*
③ (*taco*) Fluch *m*
blasfemo, -a [blas'femo, -a] I. *adj* (gottes)lästerlich, blasphemisch
II. *m, f* (Gottes)lästerer, -in *m, f*
blasón [bla'son] *m* ① (*escudo de armas*) Wappen(schild) *nt*, Blason *m*
② (*figura*) Wappenbild *nt*
③ (*honor*) Ehre *f*; (*gloria*) Ruhm *m*; **hacer** ~ **de algo** mit etw prahlen
④ *pl* (*abolengo*) adlige Herkunft *f*; **estar orgulloso de sus blasones** stolz auf seine adlige Herkunft sein
blasonar [blaso'nar] I. *vt* ein Wappen entwerfen
II. *vi* prahlen, angeben (*de mit + dat*)
blastodermo [blasto'ðermo] *m* (BIOL) Blastoderm *nt*, Keimhaut *f*
blata ['blata] *f* (ZOOL) Küchenschabe *f*
blázer ['blaθer] *m* Blazer *m*
bledo [bleðo] *m* ① (BOT) Amaranth *m* (*Getreidesorte aus Mexiko*)
② (*loc*): (**no**) **me importa** [*o* (**no**) **se me da**] **un** ~ das ist mir völlig schnuppe; **la película no vale un** ~ der Film taugt nichts
blenoftalmía [blenoftal'mia] *f* (MED) (Ophthalmo)blennorrhö(e) *f*
blenorragia [bleno'rraxja] *f* (MED) Blennorrhagie *f*
blenorrea [bleno'rrea] *f* (MED) Blennorrhö(e) *f*
blindado¹ [blin'daðo] *m* (MIL) Panzer(wagen) *m*
blindado, -a² [blin'daðo, -a] *adj* gepanzert; **cristal** ~ Panzerglas *nt*
blindaje [blin'daxe] *m* Panzer *m*, Panzerung *f*
blindar [blin'dar] *vt* panzern
blitz [blits] *m sin* (HIST) Blitz(krieg) *m* (*deutsche Bombardierung Englands im Zweiten Weltkrieg*)
bloc [blok] *m* <blocs> ① (*cuaderno*) (Schreib)block *m*; ~ **de dibujo** Zeichenblock *m*; ~ **de notas** Notizblock *m*
② (*calendario*) Kalenderblock *m*
blocar [blo'kar] <c→qu> *vt v.* **bloquear**
blofear [blofe'ar] *vi* ① (*AmC, Méx, PRico: engañar*) bluffen
② (*AmC, Méx, PRico: exagerar*) aufschneiden
blofero, -a [blo'fero, -a] *m, f*, **blofista** [blo'fista] *mf* (*AmC, PRico*) Aufschneider(in) *m(f)*
blonda ['blonda] *f* Seidenspitze *f*, Blonde *f*
blondo, -a ['blondo, -a] *adj* (*elev*) blond
bloque ['bloke] *m* ① (*t.* POL, ECON, TÉC, INFOR) Block *m*; ~ **de cilindros** Zylinderblock *m*; ~ **comercial** Handelsblock *m*; ~ **de entrada** (INFOR) Eingabeblock *m*; ~ **de hormigón** Betonblock *m*; ~ **de inicio** (INFOR) Header *m*; ~ **de mármol** Marmorblock *m*; ~ **de memoria** (INFOR) Speicherblock *m*; ~ **monetario** Währungsverbund *m*; ~ **de motor** Motorblock *m*; ~ **de noticias** (TV) Nachrichtenblock *m*; ~ **de papel** Papierblock *m*; ~ **de piedra** Steinblock *m*; ~ **publicitario** (TV) Werbeblock *m*; ~ **superior de memoria** (INFOR) UMB-Speicher *m*; ~ **de teclas** Tastenblock *m*; ~ **de viviendas** Wohnblock *m*; **el** ~ **verde** (POL) der Block der Grünen
② (*de madera*) (Holz)klotz *m*
③ (*loc*): **en** ~ in Bausch und Bogen, en bloc
bloqueante [bloke'ante] I. *adj* hemmend
II. *m* Hemmstoff *m*
bloquear [bloke'ar] I. *vt* ① (*cortar el paso*) (ver)sperren, blockieren; ~**on el acceso al castillo** die Zufahrt zum Schloss wurde gesperrt
② (*aislar*) einschließen; **el terremoto bloqueó la población** das Erdbeben hat die Bevölkerung von der Außenwelt abgeschnitten
③ (TÉC) blockieren
④ (MIL: *asediar*) belagern
⑤ (FIN: *cuenta, crédito*) sperren
⑥ (DEP) (ab)blocken
⑦ (*obstaculizar*) aufhalten, ins Stocken bringen; ~ **el desarrollo** die Entwicklung aufhalten
⑧ (*interrumpir*) unterbrechen, unterbinden
⑨ (*una plaza de trabajo*) streichen, sperren
II. *vr*: ~**se** ① (*una cosa*) blockieren
② (*una persona*) sich sperren
bloqueo [blo'keo] *m* ① (*de un paso, t.* COM) Sperre *f*, Blockade *f*; ~ **del abastecimiento** Bezugssperre *f*; ~ **comercial** Handelsembargo *nt*; ~ **de una cuenta** (FIN) Kontosperrung *f*; ~ **a la exportación** Exportsperre *f*; ~ **de fondos** Sperrung von Mitteln; ~ **de proveedores** Lieferantensperre *f*; ~ **de salarios y precios** Lohn- und Preisstopp *m*
② (*aislamiento*) Abgeschlossenheit *f*
③ (TÉC: *de un mecanismo*) Blockierung *f*; (INFOR) Blockieren *nt*; ~ **de archivos y registros** (INFOR) Datei- und Datensatzsperre *f*; ~ **de teclado** Tastatursperre *f*
④ (MIL) Blockade *f*; **violar** [*o* **romper**] **el** ~ die Blockade brechen
⑤ (DEP) (Ab)blocken *nt*
⑥ (*de un proceso: estancamiento*) Stockung *f*; (*interrupción*) Unterbrechung *f*
⑦ (*mental*) Sperrung *f*
blues [blus] *m inv* Blues *m*
bluff [bluf] *m* <bluffs> ① (*finta*) Bluff *m*; **ser puro** ~ falsch sein
② (*Am: fanfarronería*) Prahlerei *f*; (*chulería*) Aufschneiderei *f*
blusa ['blusa] *f* ① (*de mujer*) Bluse *f*; ~ **camisera** Hemdbluse *f*
② (*bata*) Kittel *m*
blusón [blu'son] *m* Kittel *m*
boa ['boa] *f* Boa *f*
boalaje [boa'laxe] *m* ① (*dehesa para vacuno*) Rinderweide *f*
② (HIST: *impuesto*) Tribut *m* für die Nutzung von Weideland
boardilla [boar'ðiʎa] *f v.* **buhardilla**
boato [bo'ato] *m* Pomp *m*, Prunk *m*
bobada [bo'βaða] *f* Dummheit *f*, Albernheit *f*; **decir** ~**s** albernes Zeug reden; **¡~s!** dummes Zeug!
bobalicón, -ona [boβali'kon, -ona] I. *adj* ① (*tonto*) dumm
② (*simple*) einfältig
II. *m, f* ① (*tonto*) Dummkopf *m*
② (*simplón*) Einfaltspinsel *m*
bobear [boβe'ar] *vi* ① (*hacer bobadas*) herumalbern
② (*decir bobadas*) dummes Zeug reden
bóbilis ['boβilis] *adv*: **de** ~ ~ (*fam*) mir nichts, dir nichts, einfach so
bobina [bo'βina] *f* ① (*t.* ELEC) Spule *f*, Rolle *f*; ~ **de hilo** Garnrolle *f*; ~ **de papel** Papierrolle *f*
② (FOTO) Filmspule *f*
③ (CINE) Filmrolle *f*, Spule *f*
bobinado [boβi'naðo] *m* ① (*acción*) Aufspulen *nt*
② (ELEC: *conjunto de bobinas*) Wicklung *f*
bobinadora [boβina'ðora] *f* Spulmaschine *f*
bobinar [boβi'nar] *vt* (auf)spulen, (auf)wickeln
bobo¹ ['boβo] *m* (TEAT) Hanswurst *m*
bobo, -a² ['boβo, -a] I. *adj* ① (*tonto*) dumm, albern; **ser** ~ **de capirote** (*fam*) strohdumm sein
② (*simple*) einfältig
II. *m, f* ① (*tonto*) Dummkopf *m*; ~ **de Coria** Dorftrottel *m*; **hacerse el** ~ sich dumm stellen
② (*simplón*) Einfaltspinsel *m*
bobsleigh ['boβsleix] *m* <bobsleighs> (DEP) Bob *m*
boca ['boka] *f* ① (ANAT) Mund *m*; (*de animal*) Maul *nt*; **a** ~ mündlich; ~ **abajo** bäuchlings, auf dem Bauch; **arriba** rücklings, auf dem Rücken;

boca a boca

andar de **~ en ~** in aller Munde sein; **callar la ~** den Mund halten; **hablar por ~ de ganso** (alles) nachplappern; **le huele** [*o* **le hiede**] **la ~** er/sie hat Mundgeruch; **no decir esta ~ es mía** den Mund nicht aufmachen; **partirle la ~ a alguien** (*vulg*) jdm die Visage polieren; **quedarse con la ~ abierta** mit offenem Mund dastehen; **se me hace la ~ agua** mir läuft das Wasser im Mund zusammen; **tapar la ~ a alguien** (*fig*) jdm den Mund stopfen; **tener que alimentar muchas ~s** viele Mäuler zu stopfen haben; **partirle la ~ a alguien** (*vulg*) jdm die Visage polieren; **en ~ cerrada no entran moscas** (*prov*) Schweigen ist Gold

② (*abertura*) Öffnung *f*, Eingang *m*; **~ de buzón** Briefkastenschlitz *m*; **~ de metro** Eingang zur Metrostation; **~ de puerto** Hafeneinfahrt *f*; **~ de riego** Hydrant *m*

③ (*agujero*) Loch *nt*; **~ de barril** Spundloch *nt*; **~ de tierra** Erdloch *nt*

④ (*de cañón*) Mündung *f*

⑤ (*de río*) (Fluss)mündung *f*; **las ~s del Danubio** die Donaumündung

⑥ (*de volcán*) Schlund *m*

⑦ (*de vino*) Blume *f*

⑧ (TÉC: *de herramienta*) Maul *nt*

⑨ (ZOOL: *de crustáceo*) Schere *f*

⑩ (MÚS) Mundstück *nt*

⑪ (INFOR) Schnittstelle *f*

boca a boca [boka(a)'βoka] *m sin pl* Mund-zu-Mund-Beatmung *f*; **le hicieron el ~** er/sie wurde Mund-zu-Mund beatmet

bocabajo [boka'βaxo] *adv* auf dem Bauch (liegend), bäuchlings

bocacalle [boka'kaʎe] *f* ① (*entrada de una calle*) Straßeneinmündung *f*

② (*calle secundaria*) Seitenstraße *f*

bocacaz [boka'kaθ] *m* (*presa*) Durchlass *m*

bocadillo [boka'ðiʎo] *m* ① (*sandwich*) belegtes Brötchen *nt*

② (*refrigerio*) Imbiss *m*; **hora del ~** Frühstückspause *f*

bocadito [boka'ðito] *m* ① (*Cuba: cigarrillo*) (mit einem Tabakblatt gedrehte) Zigarette *f*

② (*Cuba, RíoPl: pastel*) Gebäck *nt* mit Cremefüllung

bocado [bo'kaðo] *m* ① (*mordisco*) Bissen *m*, Happen *m*; **~ de Adán** Adamsapfel *m*; **un ~ de pan** ein Bissen Brot; **comer algo en un ~** etw verschlingen; **no probar ~** keinen Bissen anrühren; **no tener para un ~** am Hungertuch nagen

② (*freno*) Zaum *m*

bocajarro [boka'xarro] *adv*: **a ~** (*tiro*) aus nächster Nähe; **decir algo a ~** etw geradeheraus sagen

bocallave [boka'ʎaβe] *f* Schlüsselloch *nt*

bocamanga [boka'maŋga] *f* ① (*abertura*) Ärmelloch *nt*

② (*puño*) Ärmelaufschlag *m*

bocamina [boka'mina] *f* (MIN) (Schacht)einfahrt *f*, Schachteingang *m*

bocana [bo'kana] *f* ① (*entrada*) schmale Hafeneinfahrt *f*

② (*Am: desembocadura*) Flussmündung *f*

bocanada [boka'naða] *f* ① (*de comida*) Mund *m* voll; (*de bebida*) Schluck *m*; **~ de gente** Gedränge *nt*; **echar ~s** prahlen, großtun; **hablar a ~s** wirr sprechen

② (*de humo*) Rauchwolke *f*; **~ de aire** [*o* **de viento**] Windstoß *m*

bocanegra [boka'neɣra] *m* (ZOOL) Schwarzkopfhai *m*, Fleckhai *m*

bocarte [bo'karte] *m* ① (ZOOL, GASTR: *boquerón*) Sardelle *f*

② (MIN) Pochwerk *nt*

bocata [bo'kata] *m* (*fam*) *v.* **bocadillo**

bocatero, -a [boka'tero, -a] *m, f* (*Cuba, Ven*) *v.* **bocaza(s)**

bocaza(s) [bo'kaθas] *mf* (*inv*) Großmaul *nt*, Angeber(in) *m(f)*; **ser un ~** ein Angeber/eine Angeberin sein

bocazo [bo'kaθo] *m* (MIN) Blindgänger *m*

bocear [boθe'ar] *vi* (ZOOL) (mahlende) Kaubewegungen machen

bocera [bo'θera] *f* ① (*restos de comida*) Speiserand *m* um den Mund; (*restos de bebida*) Trinkrand *m* um den Mund; **límpiate las ~s** wisch dir den Mund ab

② (*pupa*) Griebe *f*

boceras [bo'θeras] *mf inv* Quatschkopf *m*, Schwätzer(in) *m(f)*

boceto [bo'θeto] *m* Skizze *f*, Entwurf *m*

bocezar [boθe'θar] <z→c> *vi* (ZOOL) *v.* **bocear**

bocha ['botʃa] *f* ① (*juego*) Bocciakugel *f*; **juego de (las) ~s** Boccia(spiel) *nt*

② (*Arg, Par, Urug: fam: cabeza*) Birne *f*

bochar [bo'tʃar] *vt* (*fam*) ① (*RDom, Urug, Ven: rechazar*) eine Abfuhr erteilen +*dat*

② (*Arg: fracasar*) durchfallen lassen; **me ~on en física** ich bin in Physik durchgefallen

boche ['botʃe] *m* ① (*hoyo*) Mulde *f* (zum Murmeln spielen)

② (*Arg*) Deutsche(r) *m*

③ (*And: fam: follón*) Durcheinander *nt*

④ (*Chil, Perú: fam: bronca*) Ärger *m*

⑤ (*Méx, Ven: fam: repulsa*) Abfuhr *f*, Abweisung *f*; **dar (un) ~ a alguien** jdm eine Abfuhr erteilen; **darse** [*o* **llevarse**] **un ~** auf jdn Unerwünschten stoßen

bochinche [bo'tʃintʃe] *m* ① (*tumulto*) Tumult *m*, lärmendes Durcheinander *nt*; (*alboroto*) Aufruhr *m*

② (*Col, PRico: chisme*) Klatsch *m*

③ (*Méx: fiesta*) Fete *f*

④ (*Méx: taberna*) Kneipe *f*

bochinchero, -a [botʃin'tʃero, -a] I. *adj* (*fam*) aggressiv, streitsüchtig

II. *m, f* (*fam*) Unruhestifter(in) *m(f)*, Krawallmacher(in) *m(f)*

bochorno [bo'tʃorno] *m* ① (METEO) Schwüle *f*; **hoy hace mucho ~** es ist sehr schwül heute

② (*sofocación*) (Hitze)wallung *f*

③ (*vergüenza*) Scham *f*; **me causa** [*o* **me da**] **~ que esté mirando** es ist mir peinlich, dass er/sie zuschaut; **sufrió un ~ espantoso** er/sie hat sich zu Tode geschämt

bochornoso, -a [botʃor'noso, -a] *adj* ① (METEO) schwül

② (*vergonzoso*) beschämend, peinlich

bocina [bo'θina] *f* ① (*caracola*) Muschel *f*

② (MÚS) Horn *nt*; **~ de niebla** Nebelhorn *nt*; **sonar la ~** das Horn blasen

③ (*megáfono*) Megaphon *nt*, Sprachrohr *nt*

④ (*de gramófono*) Schalltrichter *m*

⑤ (AUTO) Hupe *f*; **tocar la ~** hupen

⑥ (*Arg, Col, Chil: trompetilla*) Hörrohr *nt*

bocinar [boθi'nar] *vi* ① (*por el cuerno*) ins Horn stoßen

② (*por el megáfono*) ins Megaphon sprechen

③ (AUTO) hupen

bocinazo [boθi'naθo] *m* ① (*de cuerno*) Hornsignal *nt*

② (AUTO) Hupsignal *nt*; **dar** [*o* **pegar**] **un ~ a alguien** jdm ein Hupsignal geben

bocio ['boθjo] *m* Kropf *m*

bock [bokᵏ] *m* (1/4-Liter-)Bierkrug *m*

bocón, -ona [bo'kon, -ona] I. *adj* ① (*jactancioso*) großsprecherisch, angeberisch

② (*chismoso*) klatschsüchtig

II. *m, f* ① (*jactancioso*) Großsprecher *m*, Angeber(in) *m(f)*

② (*charlatán*) Klatschmaul *nt fam*, Klatschtante *f fam*

bocudo, -a [bo'kuðo, -a] *adj* mit großem [*o* weitem] Maul, großmaulig

boda ['boða] *f* (*ceremonia*) Hochzeit *f*; (*fiesta*) Hochzeitsfest *nt*; **~ de plata/de oro/de diamante** silberne/goldene/diamantene Hochzeit; **los invitados a la ~** die Hochzeitsgäste; **noche de ~s** Hochzeitsnacht *f*; **vestido de ~** Hochzeitskleid *nt*

bodega [bo'ðeɣa] *f* ① (*depósito de vino*) Weinkeller *m*; (*establecimiento*) (Wein)kellerei *f*; (*tienda*) Weinhandlung *f*; (*taberna*) Weinschänke *f*, Bodega *f*; **ser una ~** (*fam*) sternhagelvoll sein

② (*despensa*) Vorratskammer *f*

③ (NÁUT: *almacén en un puerto*) Lagerschuppen *m*; (*en un buque*) Frachtraum *m*, Laderaum *m*

bodegón [boðe'ɣon] *m* ① (*taberna*) (Wein)schänke *f*, Bodega *f*

② (*casa de comidas*) einfaches Speiselokal *nt*

③ (ARTE) Stillleben *nt*

bodeguero, -a [boðe'ɣero, -a] *m, f* ① (*en una bodega*) Kellermeister(in) *m(f)*

② (*Am: en una abacería*) Lebensmittelhändler(in) *m(f)*

bodoque [bo'ðoke] *m* ① (*en un bordado*) Noppe *f*

② (*Méx: chichón*) Beule *f*

③ (*Méx: pelota de papel, de lana*) Knäuel *m o nt*; (*de lodo, de masa*) Klumpen *m*

④ (*Méx: cosa mal hecha*) Pfusch *m*, Pfuscharbeit *f*

⑤ (*fam: persona tonta*) Dummkopf *m*

bodorrio [bo'ðorrjo] *m* (*fam pey*) wüste Hochzeitsparty *f*

bodrio [bo'ðrjo] *m* ① (*comida mala*) (Schlangen)fraß *m*

② (*relleno de morcilla*) Blutwurstfüllung *f*

③ (*cosa de mala calidad*) Schund *m*; **el concierto es un ~** das Konzert ist miserabel

④ (*confusión*) Durcheinander *nt*, Unordnung *f*

body ['boði] *m* <bodies> Body(suit) *m*

bodybuilding [boði'βildiŋ] *m sin pl* (DEP) Bodybuilding *nt*

BOE ['boe] *m abr de* **Boletín Oficial del Estado** ≈Bundesgesetzblatt *nt*

bóer ['boer] I. *adj* burisch

II. *mf* Bure, -in *m, f*

bofe ['bofe] *m* Lunge *f* (vom toten Schlachttier); **echar el ~** [*o* **los ~s**] (**por algo**) (für etw) abrackern

bofetada [bofe'taða] *f* Ohrfeige *f*; **dar** [*o* **pegar**] **una ~ a alguien** jdn ohrfeigen; **arrear** [*o* **cascar**] **una ~ a alguien** (*fam*) jdm eine knallen; **darse una ~ contra el armario** (*fam*) sich am Schrank anschlagen

bofetón [bofe'ton] *m* kräftige Ohrfeige *f*

bofia¹ ['bofja] *m* (*vulg*) Bulle *m*

bofia² ['bofja] *f* (*vulg*) Polente *f*, Bullen *mpl*

boga¹ ['boɣa] I. *adj* (*Col*) ungezogen

II. *f* ① (NÁUT) Rudern *nt*

② (*moda*) Mode *f*; **esta canción está en ~** dieses Lied ist in; **vuelve a**

boga

estar en ~ el bikini der Bikini ist wieder in Mode (gekommen)
boga² ['boɣa] *mf (AmC) v.* **bogador**
bogada [bo'ɣaða] *f (*NÁUT*)* Ruderschlag *m*
bogador(a) [boɣa'ðor(a)] *m(f)* Ruderer, -in *m, f*
bogar [bo'ɣar] <g→gu> *vi* ❶ *(remar)* rudern
❷ *(navegar)* segeln
bogavante [boɣa'βaṇte] *m* ❶ (NÁUT) erster Ruderer *m (auf einer Galeere)*
❷ (ZOOL) Hummer *m*
bogey ['boɣi] *m* (DEP: *golf)* Bogey *nt*
bogotano, -a [boɣo'tano, -a] **I.** *adj* aus Bogotá
II. *m, f* Einwohner(in) *m(f)* von Bogotá
bohardilla [boar'ðiʎa] *f v.* **buhardilla**
bohemia [bo'emja] *f* Boheme *f*
Bohemia [bo'emja] *f* Böhmen *nt*
bohemio, -a [bo'emjo, -a] **I.** *adj* ❶ (GEO) böhmisch
❷ *(gitano)* zigeunerhaft
II. *m, f* ❶ (GEO) Böhme, -in *m, f*
❷ *(gitano)* Zigeuner(in) *m(f)*
❸ *(artista)* Bohemien *m*
bohena [bo'ena] *f* ❶ *(pulmón de res)* Lunge *f*
❷ (GASTR) Lungenwurst *f*
bohío [bo'io] *m (Am)* Strohhütte *f*
boicot [boi̯'ko⁽ᵗ⁾] <boicots> *m* Boykott *m;* ~ **comercial** Handelsboykott *m*
boicotear [boi̯kote'ar] *vt* boykottieren
boicoteo [boi̯ko'teo] *m* Boykott *m,* Boykottieren *nt*
boina ['boi̯na] *f* Baskenmütze *f*
boite [bwaᵗ] *f,* **boîte** [bwaᵗ] *f* Nachtlokal *nt*
boj [box] *m* (BOT) Buchs(baum) *m*
bojar [bo'xar] **I.** *vt* (NÁUT: *isla, costa)* ausmessen
II. *vi* (NÁUT: *costear)* an der Küste entlangsegeln
bojear [boxe'ar] *vt, vi* (NÁUT) *v.* **bojar**
bol [bol] *m* ❶ *(tazón)* Jumbotasse *f fam,* Schale *f*
❷ *(red de pesca)* Schleppnetz *nt,* Zugnetz *nt; (lance de red)* Fischzug *m*
❸ *(bolo)* Kegel *m*
bola ['bola] *f* ❶ *(cuerpo esférico)* Kugel *f,* Ball *m;* ~ **de algodón** Wattebällchen *nt;* ~ **de billar** Billardkugel *f;* ~ **del mundo** Erdkugel *f;* ~ **de naftalina** Mottenkugel *f;* ~ **de nieve** Schneeball *m;* ~ **rodante** (INFOR) Rollkugel *f;* **dejar que ruede la** ~ den Dingen seinen Lauf lassen; **tragar la** ~ *(fig)* anbeißen, sich ködern lassen
❷ *(canica)* Murmel *f;* **jugar a las ~s** (mit) Murmeln spielen, klickern
❸ *(betún)* Schuhcreme *f*
❹ *(en los naipes)* Schlemm *m*
❺ *(fam: mentira)* Lüge *f; (rumor)* Gerücht *nt*
❻ *(Méx: bullicio)* Tumult *m,* lärmendes Durcheinander *nt;* ~ **de gente** Menschenmenge *f*
❼ *pl (vulg: testículos)* Eier *ntpl*
❽ *(loc):* **a ~ vista** offenkundig; **en ~** *(Méx)* haufenweise; **en ~s** *(fam)* nackt; **no dar pie con ~** überhaupt nicht zurechtkommen; **no rascar ~** keinen Schlag tun
bolada [bo'laða] *f* ❶ *(en los bolos)* (Kugel)wurf *m; (en el billar)* Stoß *m*
❷ *(Am: suerte)* Glücksfall *m*
❸ *(Cuba, Guat, Méx: mentira)* Lüge *f*
bolado [bo'laðo] *m* ❶ *(AmC, Chil, Méx: asunto)* Angelegenheit *f*
❷ *(AmC: en el billar)* Stoß *m*
❸ *(AmC: rumor)* Gerücht *m*
❹ *(Méx: aventura)* Liebesabenteuer *nt*
bolardo [bo'larðo] *m* (NÁUT) Poller *m*
bolazo [bo'laθo] *m (CSur: fam)* ❶ *(disparate)* Quatsch *m*
❷ *(mentira)* Lüge *f,* Bluff *m*
bolchevique [boltʃe'βike] **I.** *adj* (POL) bolschewistisch
II. *mf* (POL) Bolschewist(in) *m(f)*
bolcheviquismo [boltʃeβi'kismo] *m,* **bolchevismo** [boltʃe'βismo] *m sin pl* (POL) Bolschewismus *m*
boleadoras [bolea'ðoras] *fpl (AmS)* Bola *f*
bolear [bole'ar] **I.** *vi* ❶ *(en el billar)* zum Spaß spielen
❷ *(contar mentiras)* flunkern
II. *vt* ❶ *(la pelota)* (zu)werfen, schleudern
❷ *(CSur: cazar)* (mit einer Bola) jagen; *(atrapar)* (ein)fangen
❸ *(alumno)* durchfallen lassen
bolera [bo'lera] *f* Kegelbahn *f*
boleras¹ [bo'leras] *fpl* (MÚS) Bolero(tanz) *m*
boleras² [bo'leras] *mf inv (fam)* Mogler(in) *m(f)*
bolero [bo'lero] *m* ❶ (MÚS) Bolero *m*
❷ *(chaqueta)* Bolero *m,* Bolerojäckchen *nt*
❸ *(AmC, Méx: chistera)* Zylinderhut *m*
❹ *(Méx: limpiabotas)* Schuhputzer *m*
boleta [bo'leta] *f* ❶ *(entrada)* Eintrittskarte *f*
❷ *(pase)* Passierschein *m*
❸ *(libranza)* Bezugsschein *m*
❹ (MIL) Quartierschein *m*
❺ *(Arg: contrato preliminar)* Vorvertrag *m; (Bol, Chil: borrador)* Vertragsentwurf *m*
❻ *(Arg: sanción policial)* Strafzettel *m*
❼ *(Am: documento)* Urkunde *f*
❽ *(Méx, Perú, PRico: para votar)* Stimmzettel *m*
❾ *(fam: loc):* **dar (la) ~ a alguien** jdm den Laufpass geben
boletería [bolete'ria] *f (Am)* Schalter *m; (de venta anticipada)* Kartenvorverkaufsstelle *f; (al comenzar)* Abendkasse *f*
boletero, -a [bole'tero, -a] *m, f (Am)* Kartenverkäufer(in) *m(f)*
boletín [bole'tin] *m* ❶ *(publicación)* Bulletin *nt;* ~ **de cambios** (FIN) Kurszettel *m;* ~ **informativo** Mitteilungsblatt *nt;* ~ **legislativo** Gesetzesblatt *nt;* **B~ Oficial de las Comunidades Europeas** Amtsblatt der Europäischen Gemeinschaften; **B~ Oficial del Estado** ≈Bundesgesetzblatt *nt (spanischer Staatsanzeiger);* ~ **Oficial de la Propiedad Industrial** Patentblatt *nt*
❷ *(informe)* Bericht *m;* ~ **escolar** (Schul)zeugnis *nt;* ~ **médico** Krankenbericht *m;* ~ **meteorológico** Wetterbericht *m;* ~ **de noticias** Nachrichten *fpl;* ~ **de prensa** Pressebericht *m*
❸ *(cédula)* Schein *m;* ~ **de inscripción** Anmeldeformular *nt;* ~ **de pedido** Bestellschein *m*
boleto [bo'leto] *m* ❶ *(Am: entrada)* Eintrittskarte *f*
❷ *(Am: billete)* Fahrschein *m,* Fahrkarte *f;* ~ **de ida y vuelta** Hin- und Rückfahrkarte *f*
❸ *(de quiniela)* Totoschein *m*
❹ *(Arg: mentira)* Lüge *f*
boli ['boli] *m (fam) abr de* **bolígrafo** Kuli *m*
boliche [bo'litʃe] *m* ❶ *(bola pequeña en las bochas)* kleine Bocciakugel *f*
❷ *(juego de bochas)* Boccia(spiel) *nt; (de bolos)* Kegelspiel *nt*
❸ *(bolera)* Kegelbahn *f*
❹ *(horno)* kleiner Schmelzofen *m*
❺ *(red de pesca)* kleines (Fang)netz *nt*
❻ *(Am: establecimiento)* Krämerladen *m* mit Ausschank
❼ *(Ven: loc):* **caerse de ~** der Länge nach hinfallen
bólido [bo'liðo] *m* ❶ (ASTR) großer Meteor *m,* Bolid *m*
❷ *(coche de carreras)* Rennwagen *m,* Bolid(e) *m;* **es un ~** *(fig)* er/sie ist blitzschnell
bolígrafo [bo'liɣrafo] *m* Kugelschreiber *m*
bolilla [bo'liʎa] *f* ❶ *(Arg, Par, Urug: sorteo)* Ziehungskugel *f*
❷ *(Arg, Par, Urug: de un examen)* Prüfungsthema *nt;* **dar ~** aufpassen
bolillo [bo'liʎo] *m* ❶ *(para hacer encajes)* Klöppel *m;* **trabajar al ~** klöppeln
❷ *(Col: porra)* Schlagstock *m*
❸ *(Am: palillo de tambor)* Trommelstock *m*
❹ *(Am: panecillo)* kleines Weißbrot *nt*
bolina [bo'lina] *f* ❶ (NÁUT: *cabo)* Segelleine *f; (sonda)* Senkblei *nt,* Lot *nt;* **ir** [*o* **navegar**] **de ~** dicht am Wind segeln
❷ *(fam: jaleo)* Zänkerei *f,* Streit *m;* **se armó una ~** es kam zum Streit
bolinga [bo'linga] *adj (fam)* sternhagelvoll
bolita [bo'lita] *f* ❶ *(CSur: canica)* Murmel *f*
❷ *(Chil: balota)* Kugel *f (die zu Abstimmungen verwendet wird)*
bolívar [bo'liβar] *m* Bolivar *m*
Bolivia [bo'liβja] *f* Bolivien *nt*
bolivianismo [boliβja'nismo] *m* (LING) Bolivianismus *m*
boliviano¹ [boli'βjano] *m* Boliviano *m*
boliviano, -a² [boli'βjano, -a] **I.** *adj* bolivianisch
II. *m, f* Bolivianer(in) *m(f)*
bollar [bo'ʎar] *vt (tejidos)* mit einem Fabriksiegel kennzeichnen
bollera [bo'ʎera] *f* Lesbierin *f,* Lesbe *f fam*
bollería [boʎe'ria] *f* Feinbäckerei *f*
bollo ['boʎo] *m* ❶ *(panecillo)* Brötchen *nt; (pastelillo)* Hefegebäck *nt*
❷ *(abolladura)* Ausbeulung *f; (chichón)* Beule *f;* **un ~ en la frente** eine Beule an der Stirn
❸ *(adorno)* Noppe *f*
❹ *(confusión)* Durcheinander *nt,* Wirrwarr *m;* **tener un ~ mental** *(fam)* ein Chaos im Kopf haben; **se armó** [*o* **se produjo**] **un gran ~** es gab ein Riesendurcheinander
❺ *(Hond, RíoPl: puñetazo)* Faustschlag *m*
❻ *(Col, Chil: excremento)* Wurst *f*
❼ *(loc):* **meter a alguien en el ~** jdn in die Sache mit hineinziehen; **no está el horno para ~s** das ist nicht der (geeignete) Moment dafür
bolo¹ ['bolo] *m* ❶ (DEP) Kegel *m*
❷ *(en los naipes)* Schlemm *m*
❸ *(píldora)* große Pille *f*
❹ *(tonto)* Dummkopf *m*
❺ (TEAT: *compañía)* Wandertruppe *f; (papel)* stumme Rolle *f*

bolo
⑥ (ARQUIT) Spindel *f*
⑦ (*Méx: regalo*) Taufgeschenk *nt*
⑧ *pl* (*juego*) Kegeln *nt*, Kegelspiel *nt*; **jugar a los ~s** kegeln; **echar a rodar los ~s** (*fig*) die Puppen tanzen lassen
bolo, -a² ['bolo, -a] **I.** *adj* (*AmC*) blau, betrunken
II. *m, f* ❶ (*AmC*) Betrunkene(r) *mf*
❷ (*Cuba: pey: ruso*) Russe, -in *m, f*
bolómetro [bo'lometro] *m* (FÍS) Bolometer *nt*
boloñés¹ [bolo'ɲes] *m* (*dialecto italiano*) bolognesische Mundart *f*
boloñés, -esa² [bolo'ɲes, -esa] **I.** *adj* bolognesisch, aus Bologna
II. *m, f* Einwohner(in) *m(f)* von Bologna
bolsa ['bolsa] *f* ❶ (*saco, t.* ANAT, ZOOL) Beutel *m*, Sack *m*; **~ de agua caliente** Wärmflasche *f*; **~ de aseo** Kulturbeutel *m*; **~ de basura** Abfalltüte *f*; **~ de hielo** Eisbeutel *m*; **~ lacrimal** Tränensack *m*; **~ para tabaco** Tabakbeutel *m*
❷ (*monedero*) Geldbeutel *m*
❸ (*bolso*) (Trage)tasche *f*; **~ de la compra** Einkaufstasche *f*; **~ deportiva** Sporttasche *f*; **~ de plástico** Plastiktüte *f*; **~ portatrajes** Kleidersack *m*; **~ de tela** Stofftasche *f*; **tener algo como en la ~** etw so gut wie in der Tasche haben
❹ (*pliegue en la ropa*) Falte *f*; **hacer ~s** Falten werfen
❺ (*caudal*) Vermögen *nt*, Geld *nt*; **~ de estudios** Stipendium *nt*; **aflojar la ~** Geld lockermachen; **tiene la ~ llena** er/sie hat Vermögen, er/sie ist vermögend; **¡la ~ o la vida!** Geld oder Leben!
❻ (COM, FIN) Börse *f*; **~ animada** freundliche Börse; **~ de comercio** Handelsbörse *f*; **~ de la compra** Warenkorb *m*; **~ de contratación** Warenbörse *f*, Produktenbörse *f*; **~ desanimada/bajista/retraída** flaue/rückläufige/zurückhaltende Börse; **~ de futuros** Terminbörse *f*; **~ de mercancías** Warenbörse *f*; **~ paralizada** stagnierende Börse; **B~ de la Propiedad** Grundstücksmarkt *m*; **~ de trabajo** Jobbörse *f*, Stellenvermittlung *f*; **~ de valores** Effektenbörse *f*, Wertpapierbörse *f*; **cierre de la ~** Börsenschluss *m*; **índice de la ~** Börsenindex *m*; **mercancías negociables en la ~** börsengängige Waren; **especular en la ~** an der Börse spekulieren; **operar en la ~** an der Börse agieren, Börsengeschäfte tätigen; **jugar a la ~** an der Börse spekulieren
❼ (*AmC, Méx, Perú: bolsillo*) Tasche *f*; **~ negra** Schwarzmarkt *m*; **de su ~** (*Chil*) auf seine Kosten; **hacer ~ algo** (*Arg, Chil*) etw zerstören; **volver a uno ~** (*Méx*) jdn betrügen
❽ *pl* (ANAT) Hodensack *m*
bolsear [bolse'ar] *vt* (*AmC, Méx: fam*): **~ a alguien** jds Taschen erleichtern; **~le algo a alguien** jdm etw aus der Tasche klauen
bolsillo [bol'siʎo] *m* ❶ (*en una prenda de vestir*) Tasche *f*; **~ de la chaqueta/del pantalón** Jacken-/Hosentasche *f*; **~ de parche** aufgesetzte Tasche; **edición de ~** Taschenausgabe *f*, **libro de ~** Taschenbuch *nt*; **tener a alguien en el ~** (*fig*) jdn in der Tasche haben
❷ (*monedero*) Geldbeutel *m*; **esto lo pagó de su ~** das hat er/sie aus eigener Tasche bezahlt; **rascarse el ~** (tief) in die Tasche greifen
❸ (*dinero*) Geld *nt*; **aflojar el ~** Geld lockermachen
bolsín [bol'sin] *m* (FIN) Nebenbörse *f*, Kulisse *f*
bolsiquear [bolsike'ar] *vt* (*AmS*) *v.* **bolsear**
bolsista [bol'sista] *mf* ❶ (FIN) Börsenspekulant(in) *m(f)*
❷ (*AmC, Méx: carterista*) Taschendieb(in) *m(f)*
bolso ['bolso] *m* ❶ (*bolsa pequeña*) Tasche *f*; **~ de bandolera** Umhängetasche *f*; **~ de mano** Handtasche *f*; **~ de viaje** Reisetasche *f*
❷ (*en una vela*) Ausbauchung *f* (*eines Segels*)
boludez [bolu'ðeθ] *f* (*Arg, Urug: fam*) Idiotie *f*, Dummheit *f*
boludo, -a [bo'luðo, -a] **I.** *adj* (*Arg, Urug: fam: imbécil*) saudumm, idiotisch
II. *m, f* (*Arg, Urug: fam: imbécil*) Idiot(in) *m(f)*, Schwachkopf *m*
bomba ['bomba] *f* ❶ (*t.* MIL) Bombe *f*; **~ atómica** [*o* **nuclear**] Atombombe *f*; **~ fétida** Stinkbombe *f*; **~ de hidrógeno** Wasserstoffbombe *f*; **~ de mano** (Hand)granate *f*; **~ de neutrones** Neutronenbombe *f*; **~ de relojería** Zeitbombe *f*
❷ (TÉC) Pumpe *f*; **~ de agua/de aire** Wasser-/Luftpumpe *f*; **~ aspiratoria** Saugpumpe *f*; **~ de gasolina** Benzinpumpe *f*; **~ de mano/de pie** Hand-/Fußpumpe *f*; **~ neumática** Druckluftpumpe *f*; **dar a la ~** pumpen
❸ (*de lámpara*) (Glas)ballon *m*
❹ (*versos improvisados*) Stegreifdichtung *f*
❺ (INFOR) **~s lógicas** [*o* **de retardo**] Computerviren *mpl*
❻ (*Am: bola*) Kugel *f*, Ball *m*; **~ de billar** Billardkugel *f*
❼ (*Col, Hond, RDom: pompa*) Seifenblase *f*
❽ (*AmC, Chil, Perú: borrachera*) Rausch *m*
❾ (*súper*): **éxito ~** Bombenerfolg *m*; **fiesta ~** (*fig fam*) Bombenfest *nt*; **noticia ~** Bombennachricht *f*; **a prueba de ~s** (*fig*) bombenfest, bombensicher; **está (una mujer) ~** sie sieht bombig aus; (*comida*) das schmeckt super [*o* klasse]; **pasarlo ~** sich bombig amüsieren; **la noticia cayó como una ~** die Nachricht ist wie eine Bombe eingeschlagen
bombacha [bom'batʃa] *f* (*Arg, Par, Urug: ropa interior*) Unterhose *f*; (*de mujer*) Schlüpfer *m*

bombacho [bom'batʃo] *adj:* **pantalón ~** Pumphose *f*
bombarda [bom'barða] *f* ❶ (HIST, MIL: *pieza de artillería*) Bombarde *f*
❷ (MÚS) Bombarde *f*, Bomhart *m*
bombardear [bombarðe'ar] *vt* ❶ (MIL) bombardieren
❷ (*abrumar*) bombardieren (*con* mit +*dat*), überhäufen (*con* mit +*dat*); **~ a alguien a preguntas** jdn mit Fragen bombardieren
❸ (FÍS) beschießen
bombardeo [bombar'ðeo] *m* ❶ (MIL) Bombardierung *f*, Bombardement *nt*; **~ aéreo** Luftangriff *m*
❷ (FÍS) Beschuss *m*
bombardero [bombar'ðero] *m* ❶ (*avión*) Bomber *m*, Bombenflugzeug *nt*
❷ (*soldado*) Artillerist *m*
bombástico, -a [bom'bastiko, -a] *adj* bombastisch
bombazo [bom'baθo] *m* ❶ (*explosión*) Bombenexplosion *f*
❷ (*fam: sensación*) Knüller *m*; **la fiesta ha sido un auténtico ~** das Fest war ein echter Knüller [*o* ein Riesenerfolg]
bombeador(a) [bombea'ðor(a)] *m(f)* (*Arg*) Feuerwehrmann, -frau *m, f*
bombear [bombe'ar] **I.** *vt* ❶ (MIL) bombardieren
❷ (*un líquido*) pumpen
❸ (*un balón*) hochschießen
❹ (*elogiar*) in den Himmel heben, übermäßig loben
❺ (*Bol, Perú, RíoPl: explorar*) auskundschaften, erkunden
❻ (*Col: despedir*) feuern *fam*, hinauswerfen
II. *vr:* **-se** ❶ (*persona*) sich aufspielen
❷ (*objeto*) sich wölben
bombeo [bom'beo] *m* ❶ (*de líquidos*) Pumpen *nt*
❷ (*convexidad*) Wölbung *f*
bombero [bom'bero] *m* ❶ (*oficio*) Feuerwehrmann *m*
❷ *pl* Feuerwehr *f*
❸ (*RíoPl: explorador*) Kundschafter *m*, Späher *m*
bombilla [bom'biʎa] *f* ❶ (ELEC) (Glüh)birne *f*, Glühlampe *f*
❷ (*Bol, CSur, Perú: caña*) Trinkhalm *m* (*für Mate*)
❸ (*Méx: cucharón*) Schöpflöffel *m*
bombillo [bom'biʎo] *m* ❶ (*de una cerradura*) Schließzylinder *m*
❷ (*Am: bombilla*) (Glüh)birne *f*, Glühlampe *f*
bombín [bom'bin] *m* ❶ (*sombrero*) Melone *f*
❷ (*bomba de aire*) Luftpumpe *f*
bombo ['bombo] *m* ❶ (MÚS: *tambor grande*) große Trommel *f*; (*timbal*) (Kessel)pauke *f*; **anunciar algo a ~ y platillo(s)** die Werbetrommel für etw rühren [*o* schlagen]; **recibir a alguien con ~(s) y platillos** [*o* **a ~ y platillo**] jdn mit Pauken und Trompeten empfangen; **tengo la cabeza hecha un ~** mir dröhnt der Kopf
❷ (*en un sorteo*) Lostrommel *f*
❸ (*elogio*) überschwängliches Lob *nt*; **dar mucho ~ a una cosa** viel Aufheben(s) von etw machen; **darse ~** großtun, sich wichtig tun
bombón [bom'bon] *m* ❶ (*chocolatina*) (Schokoladen)bonbon *m o nt*, Praline *f*; **caja de bombones** Pralinenschachtel *f*
❷ (*chica guapa*) schönes Mädchen *nt*; **es un ~** (*fig*) sie ist Zucker
bombona [bom'bona] *f* ❶ (*vasija*) Ballon *m*, Korbflasche *f*
❷ (*de gas*) Gasflasche *f*
bombonera [bombo'nera] *f* ❶ (*caja de bombones*) Bonbonniere *f*, Pralinenpackung *f*
❷ (*vivienda*) kleine hübsche Wohnung *f*
bombonería [bombone'ria] *f* Konfiserie *f*
bómper ['bomper] *m* (*Am: parachoques*) Stoßstange *f*
bonachón, -ona [bona'tʃon, -ona] *adj* ❶ (*buenazo*) gutmütig
❷ (*crédulo*) leichtgläubig, vertrauensselig
❸ (*cándido*) einfältig
bonaerense [bonae'rense] **I.** *adj* aus Buenos Aires
II. *mf* Einwohner(in) *m(f)* von Buenos Aires
bonancible [bonan'θible] *adj* (METEO: *elev: mar, tiempo*) ruhig; (*viento*) sanft
bonanza [bo'nanθa] *f* ❶ (NÁUT) Flaute *f*, Windstille *f*; **hay** [*o* **hace**] **~** es herrscht völlige Windstille
❷ (MIN) reiche Erzader *f*
❸ (*prosperidad*) Wohlstand *m*
bondad [bon'daθ] *f* ❶ (*cualidad de bueno*) Güte *f*
❷ (*amabilidad*) Freundlichkeit *f*, Liebenswürdigkeit *f*; **tenga la ~ de seguirme** seien Sie so freundlich und folgen Sie mir; **tuvo la ~ de ayudarme** er/sie war so freundlich mir zu helfen
bondadoso, -a [bonda'ðoso, -a] *adj* gütig
bonete [bo'nete] *m* ❶ (*gorro eclesiástico*) Birett *m*
❷ (*clérigo secular*) Weltgeistlicher *m*
❸ (ZOOL) Netzmagen *m*
❹ (*loc*): **gran ~** (*fig*) hohes Tier; **a tente ~** beharrlich, konstant; **tirarse los ~s** (*fam fig*) sich in den Haaren liegen
bonetería [bonete'ria] *f* (*Chil, Méx, RíoPl: mercería*) Kurzwarenhand-

bonetero [bone'tero] *m* (BOT) Spindelstrauch *m*
bóngalo [ˈboŋgalo] *m* (*Am*) Bungalow *m*
bongo [ˈboŋgo] *m* (*Am: canoa*) Kanu *nt*; (*balsa*) (Schlepp)kahn *m*
bongó [boŋˈgo] <bongoes> *m* (*Cuba*) Bongo *m*, Bongotrommel *f*
boniato [boˈnjato] *m* Batate *f*, Süßkartoffel *f*
bonificación [bonifikaˈθjon] *f* ① (*abono*) Gutschrift *f*
② (*gratificación*) Vergütung *f*; ~ **especial** Sonderzuschlag *m*; ~ **de gastos** Kostenerstattung *f*; ~ **de Navidad** Weihnachtsgeld *nt*; **me han dado una ~ por el trabajo realizado** ich habe für die ausgeführte Arbeit eine Vergütung erhalten
③ (*rebaja*) Preisnachlass *m*, Rabatt *m*; ~ **fiscal** Steuerermäßigung *f*
④ (*en un seguro*) Beitragsrückgewähr *f*; **tengo ~ por baja siniestralidad** ich habe Anspruch auf Schadensfreiheitsrabatt
bonificar [boniﬁˈkar] <c→qu> *vt* ① (*abonar*) gutschreiben
② (*gratificar*) vergüten
bonísimo, -a [boˈnisimo, -a] *adj superl de* **bueno**
bonitero, -a [boniˈtero, -a] *adj* Bonito-; **barco** ~ Bonitofangschiff *nt*
bonito¹ [boˈnito] I. *m* (ZOOL) Bonito *m*, Art Thunfisch
II. *adv* (*Am*) gut; **pinta** ~ er/sie malt gut; **se te ve** ~ das steht dir gut
bonito, -a² [boˈnito, -a] *adj* hübsch, schön; **un color** ~ eine hübsche Farbe; **una bonita cantidad de dinero** eine hübsche Summe Geld; **eso sí que es** ~ (*fig*) das ist ja eine hübsche Geschichte, das ist ja allerhand
bonitura [boniˈtura] *f* (*Am*) Schönheit *f*
bono [ˈbono] *m* ① (*vale*) Gutschein *m*, Bon *m*; ~ **de disfrute** Genussschein *m*
② (COM) Schuldverschreibung *f*; ~ **basura** Schundanleihe *f*; **~s de caja** Kassenanweisungen *fpl*; (*tique*) Kassenbons *mpl*; (*factura*) Kassenzettel *mpl*; ~ **convertible** Wandelschuldverschreibung *f*; **~s de disfrute** Genussscheine *mpl*; ~ **del Estado** Staatsanleihe *f*; ~ **de fundador** Gründeraktien *fpl*; ~ **hipotecario** Pfandbrief *m*; ~ **matador** Killerbond *m*; ~ **de opción** Optionsanleihe *f*; ~ **de participación** (*fondo de inversión, cooperativa*) Anteilschein *m*; (*S. A.*) Partizipationsschein *m*; ~ **del Tesoro** Schuldverschreibung der öffentlichen Hand
bonobote [bonoˈβote] *m* Jackpot *m*
bonobús [bonoˈβus] *m* Fahrscheinheft *nt* für den Bus
bonoloto [bonoˈloto] *f* Dauerlos *nt* der Lotterie
bonometro [bonoˈmetro] *m* Mehrfahrtenkarte *f* (für die U-Bahn)
bonotrén [bonoˈtren] *m* Streifenkarte der RENFE für zehn Fahrten im Nahverkehr
bonsai [bonˈsai̯] *m* <bonsais> Bonsai *m*
bon vivant [bombiˈβan] *m* Bonvivant *m*
bonzo [ˈbonθo] *m* (REL) Bonze *m*
boñiga [boˈɲiɣa] *f* Großviehmist *m*; (*de vaca*) Kuhfladen *m*; (*de caballo*) Pferdeapfel *m*
boñigo [boˈɲiɣo] *m v.* **boñiga**
boogie-woogie [buɣiˈβuɣi] *m sin pl* (MÚS) Boogie-Woogie *m*
boom [bun] *m* Boom *m*, Aufschwung *m*
bop [bop] *m* (MÚS) (Be)bop *m*
boqueada [bokeˈaða] *f* Öffnen *nt* des Mundes; **dar las ~s** in den letzten Zügen liegen
boquear [bokeˈar] I. *vi* ① (*abrir la boca*) den Mund öffnen
② (*estar muriéndose*) im Sterben liegen
③ (*estar acabándose*) zu Ende gehen
II. *vt* (*palabras*) herausbringen, hervorbringen
boquera [boˈkera] *f* ① (*en un canal de riego*) Öffnung *f* für den Wasserablauf
② (*en un pajar*) Luke *f*
③ (*en los labios*) Griebe *f*
boqueras [boˈkeras] *mf inv* Quatschkopf *m fam*, Schwätzer(in) *m(f)*
boquerón [bokeˈron] *m* ① (*abertura grande*) weite Öffnung *f*
② (ZOOL) Art Sardelle
boquete [boˈkete] *m* (*abertura estrecha*) enge Öffnung *f*; (*en una pared*) Durchbruch *m*, durchgebrochene Öffnung *f*; **abrir un** ~ einen Durchbruch durch die Wand machen
boquiabierto, -a [bokjaˈβjerto, -a] *adj* (*con la boca abierta*) mit offenem Mund
② (*admirado*) verblüfft; **dejar a alguien** ~ jdn verblüffen; **quedarse** ~ (völlig) baff [*o* verblüfft] sein
boquifresco, -a [bokiˈfresko, -a] *adj* direkt, unverblümt; **es un** ~ er nimmt kein Blatt vor den Mund
boquilla [boˈkiʎa] *f* ① (MÚS) Mundstück *nt*
② (*de cigarrillos*) Zigarettenspitze *f*; (*de pipa*) Mundstück *nt*; ~ **de filtro** Filter *m*
③ (*de un bolso*) Verschluss *m*
④ (*de una lámpara*) Fassung *f*
⑤ (TÉC) Düse *f*
⑥ (*Ecua: rumor*) Gerücht *nt*
⑦ (*loc*): **decir algo de** ~ etw unverbindlich sagen

boquinegro, -a [bokiˈneɣro, -a] *adj* (ZOOL: *con hocico negro*) schwarzrüsselig; (*con boca negra*) schwarzmäulig; (*perro, gato*) schwarzschnäuzig
boquirroto, -a [bokiˈrroto, -a] *adj* (*fam*) *v.* **boquirrubio²**
boquirrubio¹ [bokiˈrruβjo] *m* (*fam: que presume de lindo*) (eingebildeter) Schönling *m*, eitler Schnösel *m pey*
boquirrubio, -a² [bokiˈrruβjo, -a] I. *adj* (*fam*) ① (*charlatán*) schwatzhaft, geschwätzig
② (*ingenuo*) naiv, unerfahren
II. *m, f* (*fam: charlatán*) Schwätzer(in) *m(f)*
boquituerto, -a [bokiˈtwerto, -a] *adj* schiefmäulig
borano [boˈrano] *m* (QUÍM) Boran *nt*
borbolla [borˈβoʎa] *f* Luftblase *f*
borboll(e)ar [borβoʎeˈar/borβoˈʎar] *vi* sprudeln
borbollón [borβoˈʎon] *m* Sprudeln *nt*; **habla a borbollones** die Worte sprudeln nur so aus ihm/ihr heraus
Borbón [borˈβon] *m* (HIST) Bourbon *m*; **los Borbones** die Bourbonen
borbónico, -a [borˈβoniko, -a] *adj* bourbonisch
borbor [borˈβor] *m v.* **borboteo**
borborigmo [borβoˈriɣmo] *m* Kollern *nt*, Rumoren *nt* (im Darm)
borbotar [borβoˈtar] *vi v.* **borboll(e)ar**
borboteo [borβoˈteo] *m* Sprudeln *nt*
borbotón [borβoˈton] *m v.* **borbollón**
borceguí [borθeˈɣi] *m* (*alt*) Schnürstiefel *m*, (hoher) Schnürschuh *m*
borda [ˈborða] *f* ① (NÁUT) borde del costado) Reling *f*; **motor fuera** (**de**) ~ Außenbordmotor *m*; **echar** [*o* **tirar**] **algo por la** ~ (*t. fig*) etw über Bord werfen
② (NÁUT: *vela mayor*) Großsegel *nt*
③ (*choza*) (Berg)hütte *f*
bordada [borˈðaða] *f* (NÁUT) Schlag *m*; **dar ~s** (*un barco*) kreuzen; (*una persona*) auf und ab gehen
bordado¹ [borˈðaðo] *m* Stickarbeit *f*, Stickerei *f*
bordado, -a² [borˈðaðo, -a] *adj* ① (*adornado*) bestickt; (*motivo*) gestickt
② (*perfecto*) hervorragend, perfekt; **el dibujo te salió** ~ das Bild ist dir hervorragend gelungen
bordador(a) [borðaˈðor(a)] *m(f)* Sticker(in) *m(f)*
bordar [borˈðar] *vt* ① (*adornar*) (be)sticken; (*un motivo*) sticken; ~ **a mano** von Hand besticken; ~ **de** [*o* **en**] **oro** mit Gold besticken
② (*ejecutar con primor*) hervorragend ausführen; **ha bordado su cometido** er/sie hat seine/ihre Aufgabe hervorragend erledigt
borde [ˈborðe] I. *adj* ① (*planta*) wild; **manzano** ~ wilder Apfel
② (*hijo*) unehelich
③ (*fam: torpe*) dumm, töricht
II. *m* ① (*de camino, vasija*) Rand *m*; (*de mesa*) Kante *f*; **estar al** ~ **de la locura** am Rande des Wahnsinns sein
② (*de mar, río*) Ufer *m*
③ (*de vestido*) Saum *m*; (*como adorno*) Borte *f*
④ (*de sombrero*) Krempe *f*
bordear [borðeˈar] I. *vt* ① (*ir por el borde*) entlanggehen, (*en coche*) entlangfahren; ~ **el bosque** (*a pie*) am Wald entlanggehen; (*en coche*) am Wald entlangfahren
② (*hallarse en el borde*) sich entlangziehen (an +*dat*); **el campo bordea la carretera** das Feld verläuft entlang der Straße
③ (*aproximarse a un estado*) sich nähern; **bordea los cincuenta** er/sie nähert sich den Fünfzig; **su comportamiento bordea la locura** sein/ihr Benehmen grenzt an Wahnsinn
II. *vi* (NÁUT) kreuzen
bordillo [borˈðiʎo] *m* Bordstein *m*
bordo [ˈborðo] *m* ① (NÁUT, AERO) Bord *m*; **a** ~ an Bord; **franco a** ~ (COM) frei an Bord; **libre a** ~ **de vagón** (COM) frei Eisenbahn; **ir a** ~ sich einschiffen; **subir a** ~ an Bord gehen; **al** ~ längsseits; **navío de alto** ~ Hochseeschiff *nt*; **persona de alto** ~ Person von hohem Rang, hohes Tier *fam*
② (*Am: presa*) (Stau)wehr *nt*
bordón [borˈðon] *m* ① (*bastón*) Pilgerstab *m*
② (*estribillo*) Refrain *m*, Kehrreim *m*; (*muletilla*) stereotype Redensart *f*
③ (MÚS: *cuerda*) Basssaite *f*; (*de tripa*) Darmsaite *f*
④ (TIPO) Leiche *f*
bordoncillo [borðonˈθiʎo] *m* (LING: *palabra*) Füllwort *nt*; (*frase*) stereotype Wendung *f*
bordonear [borðoneˈar] *vi* ① (*tocar la tierra*) mit dem Stock tastend gehen
② (*golpear*) mit dem Stock klopfen
③ (*mendigar*) bettelnd herumziehen, auf Bettelour gehen
④ (MÚS: *tocar la tripa del bordón*) die Basssaite (an)spielen
bordoneo [borðoˈneo] *m* (MÚS) Klang *m* der Basssaite
bordonero, -a [borðoˈnero, -a] I. *adj* Landstreicher-; **llevar una vida bordonera** wie ein Landstreicher leben
II. *m, f* (*vagabundo*) Landstreicher(in) *m(f)*, Herumtreiber(in) *m(f)*

boreal [bore'al] *adj* nördlich; (GEO) boreal; **hemisferio** ~ Nordhalbkugel *f*
bóreas ['boreas] *m inv* (METEO) Boreas *m*
borgoña [bor'ɣoɲa] *m* Burgunder(wein) *m*
bórico, -a ['boriko, -a] *adj* (QUÍM) Bor-; **ácido** ~ Borsäure *f*
borinqueño, -a [boriɲ'keɲo, -a] I. *adj* puertoricanisch
II. *m, f* Puertoricaner(in) *m(f)*
borla ['borla] *f* ❶ (*adorno*) Quaste *f*, Troddel *f*; **tomar la** ~ (*fam fig*) seinen Doktor machen
❷ (*utensilio para empolvarse*) Puderquaste *f*
borlilla [bor'liʎa] *f* (BOT) Staubbeutel *m*
borne ['borne] *m* (ELEC) Klemme *f*
bornear [borne'ar] I. *vt* (*dar vuelta*) (um)drehen, wenden; (*torcer*) biegen, krümmen; (*ladear*) zur Seite neigen
II. *vi* (NÁUT) schwojen
III. *vr:* ~**se** sich werfen, sich verziehen
boro ['boro] *m* (QUÍM) Bor *nt*
borona [bo'rona] *f* (*AmC, Col, RDom, Ven*) Brotkrümel *m*
borra ['borra] *f* ❶ (*relleno*) Ziegenhaar *nt*, Polsterfüllung *f*
❷ (*pelusa*) Flusen *fpl*
❸ (*sedimento*) Bodensatz *m*
❹ (*palabras sin sustancia*) leeres Gerede *nt*; **¿acaso es ~?** (*fig fam*) ist das etwa nichts?
borracha [bo'rratʃa] *f* lederne Weinflasche *f*
borrachera [borra'tʃera] *f* ❶ (*ebriedad*) Rausch *m*; **agarrar** [*o* **pescar**] [*o* **pillar**] **una** ~ sich betrinken
❷ (*banquete*) (Trink)gelage *nt*
❸ (*exaltación*) Taumel *m*, Rausch *m*; ~ **del triunfo** Siegesrausch *m*
❹ (*disparate grande*) großer Unsinn *m*
borrachín, -ina [borra'tʃin, -ina] *m, f* Trunkenbold *m*, Trinker(in) *m(f)*
borracho, -a [bo'rratʃo, -a] I. *adj* ❶ *ser* (*alcohólico*) trunksüchtig; **es un** ~ er ist ein Trinker
❷ *estar* (*ebrio*) betrunken, besoffen *fam*; **está ~ como una cuba** (*fam*) er ist sternhagelvoll
❸ (*exaltado*) trunken; **estar ~ de alegría** trunken von [*o* vor] Freude sein
❹ (*color*) violett
❺ (*pastel*) in Likör getränkt
II. *m, f* ❶ (*alcohólico*) Trinker(in) *m(f)*
❷ (*ebrio*) Betrunkene(r) *mf*
borrador [borra'ðor] *m* ❶ (*primer escrito*) Konzept *nt*, (Text)entwurf *m*, (Roh)entwurf *m*; ~ **de un contrato** Vertragsentwurf *m*
❷ (*cuaderno*) Schmierheft *nt*, Kladde *f reg*
❸ (*para la pizarra: trapo*) Tafellappen *m*; (*esponja*) Tafelschwamm *m*
borradura [borra'ðura] *f* Streichung *f*
borraja [bo'rraxa] *f* (BOT, GASTR) Bor(r)etsch *m*
borrajear [borraxe'ar] *vi, vt* kritzeln
borrajo [bo'rraxo] *m* ❶ (*hojarasca*) Nadelstreu *f*
❷ (*brasa*) Aschenglut *f*
borrar [bo'rrar] I. *vt* ❶ (*con goma de borrar*) (aus)radieren; (*con esponja*) (aus)wischen
❷ (*tachar*) (durch)streichen; **le ~on de la lista** sie haben ihn/sie aus der Liste gestrichen; ~ **algo de la memoria** etw aus dem Gedächtnis streichen
❸ (INFOR) löschen; ~ **archivo** Datei löschen
❹ (*huellas*) tilgen, beseitigen
❺ (*difuminar*) verwischen
II. *vr:* ~**se** ❶ (*volverse no identificable*) sich verwischen
❷ (*retirarse*) austreten (de aus +*dat*); **me borré del club de tenis** ich bin aus dem Tennisklub ausgetreten
❸ (*Arg: fam: desaparecer*) sich absetzen
borrasca [bo'rraska] *f* ❶ (*temporal*) Unwetter *nt*, Gewitter *nt*; (*tempestad*) Sturm *m*; (METEO) Sturmtief *nt*
❷ (*peligro*) Gefahr *f*; (*riesgo*) Risiko *nt*; (*contratiempo*) Rückschlag *m*
❸ (*orgía*) Orgie *f*
borrascoso, -a [borras'koso, -a] *adj* ❶ (*agitado, t.* METEO) stürmisch
❷ (*desenfrenado*) liederlich, ausschweifend
borregada [borre'ɣaða] *f* (ZOOL) Herde *f* von Jährlingsschafen, Lämmerherde *f*
borrego, -a [bo'rreɣo, -a] *m, f* ❶ (*cordero*) (ein- bis zweijähriges) Lamm *nt*
❷ (*persona*) Schafskopf *m pey*
❸ (*Am: pajarota*) Ente *f*, falsche Meldung *f*
borregos [bo'rreɣos] *mpl* ❶ (*nubes*) Schäfchenwolken *fpl*
❷ (*olas*) schäumende Wellen *fpl*
borreguero, -a [borre'ɣero, -a] I. *adj* Schaf(s)-; **el ganado pastaba en el prado** ~ das Vieh weidete auf der Schafweide
II. *m, f* Lämmerhirt(in) *m(f)*
borreguez [borre'ɣeθ] *f* (TAUR) Sanftmut *f*, Lammfrommheit *f*
borreguil [borre'ɣil] *adj* lammfromm, sanft(mütig)
borricada [borri'kaða] *f* ❶ (ZOOL) Eselsherde *f*
❷ (*fam: burrada*) Eselei *f*; **¡vaya ~ la tuya!** wie konntest du nur so blöd sein!
borrico¹ [bo'rriko] *m* Sägebock *m*
borrico, -a² [bo'rriko, -a] *m, f* (*t. fig*) Esel(in) *m(f)*
borricón [borri'kon], **borricote** [borri'kote] I. *adj* (*fam pey: demasiado sufrido*) pflaumenweich; (*crédulo*) leichtgläubig; **¡qué ~ eres!** wie treudoof du bist! II. *m* (*fam pey: hombre sufrido*) pflaumenweicher Typ *m*, Waschlappen *m*; (*crédulo*) treudoofer Mensch *m*
borriquero, -a [borri'kero, -a] I. *m, f* Eseltreiber(in) *m(f)*
II. *adj* Esel(s)-; **su malhumor** ~ seine/ihre Missgestimmtheit
borriquete [borri'kete] *m* (Säge)bock *m*
borro, -a ['borro, -a] *m, f* (ZOOL) (ein- bis zweijähriges) Lamm *nt*
borrón [bo'rron] *m* ❶ (*mancha*) Klecks *m*, Fleck *m*; ~ **de tinta** Tintenfleck *m*, Tintenklecks *m*
❷ (*defecto*) Schandfleck *m*
❸ (*borrador*) Entwurf *m*; (*de un cuadro*) Skizze *f*
❹ (*loc*): ~ **y cuenta nueva** Schwamm drüber
borronear [borrone'ar] *vt* (*borrajear*) (hin)kritzeln; (*emborronar*) (hin)schmieren
borroso, -a [bo'rroso, -a] *adj* ❶ (*escrito, dibujo*) verschwommen, undeutlich; **una escritura borrosa** eine unleserliche Schrift
❷ (*foto*) unscharf
❸ (*líquido*) trübe
boruquear [boruke'ar] *vt* (*Méx*) durcheinander bringen
boscaje [bos'kaxe] *m* ❶ (*bosque denso*) Dickicht *nt*
❷ (*pintura*) Landschaft *f*
boscoso, -a [bos'koso, -a] *adj* bewaldet
Bósforo ['bosforo] *m* Bosporus *m*
Bosnia ['bosnja] *f* Bosnien *nt*
Bosnia-Herzegovina ['bosnja (x)erθeɣo'βina] *f* Bosnien-Herzegowina *nt*
bosnio, -a ['bosnjo, -a] I. *adj* bosnisch
II. *m, f* Bosnier(in) *m(f)*
bosorola [boso'rola] *f* (*CRi, Méx*) *v.* **borra**
bosque ['boske] *m* ❶ (*lugar*) Wald *m*; ~ **frondoso/mixto/de coníferas** Laub-/Misch-/Nadelwald *m*; ~ **pluvial** Regenwald *m*
❷ (*barba*) dichter (Voll)bart *m*
bosquecillo [boske'θiʎo] *m* Hain *m*, Wäldchen *nt*
bosquejar [boske'xar] *vt* skizzieren, entwerfen
bosquejo [bos'kexo] *m* Skizze *f*, Entwurf *m*
bosquete [bos'kete] *m* (BOT) Boskett *nt*, Wäldchen *nt*
bosquimán, -ana [boski'man, -ana], **bosquimano, -a** [boski'mano, -a] I. *adj* Buschmann-; **una tribu bosquimana** ein Stamm aus dem Volk der Buschmänner II. *m, f* Buschmann *m*, Angehörige(r) *mf* des Volkes der Buschmänner
bossa(-)nova [bosa'noβa] *f sin pl* (MÚS) Bossa Nova *m*
bosta ['bosta] *f* ❶ (*vacuna*) Kuhfladen *m*
❷ (*Bol, CSur: caballar*) Pferdeäpfel *m*
bostezar [boste'θar] <z→c> *vi* gähnen
bostezo [bos'teθo] *m* Gähnen *nt*
bota ['bota] I. *adj* (*Méx*) ❶ (*torpe*) unbeholfen
❷ (*borracho*) betrunken
II. *f* ❶ (*calzado*) Stiefel *m*; ~**s de esquí/de fútbol** Ski-/Fußballstiefel *mpl*; ~**s de goma** Gummistiefel *mpl*; ~**s de media caña** Halbstiefel *mpl*; ~**s de montar** Reitstiefel *mpl*; **estar de ~s** [*o* **con las ~s puestas**] (*fig*) abfahrtbereit sein; **ponerse las ~s** das große Geld machen
❷ (*especie de botella*) lederne Weinflasche *f*
❸ (*cuba*) (Wein)fass *nt*
botado, -a [bo'taðo, -a] I. *adj* ❶ (*AmC: malgastador*) verschwenderisch
❷ (*Ecua: resignado*) resigniert; (*resuelto*) entschlossen
❸ (*Guat: tímido*) kleinmütig
❹ (*Méx: barato*) spottbillig
II. *m, f* (*Méx*) ausgesetztes Kind *nt*
botador¹ [bota'ðor] *m* ❶ (NÁUT) Stake *f*
❷ (*instrumento*) Geißfuß *m*
botador(a)² [bota'ðor(a)] *adj* (*Am: derrochador*) verschwenderisch
botadura [bota'ðura] *f* Stapellauf *m*
botafumeiro [botafu'mejro] *m* Weihrauchfass *nt*
botalón [bota'lon] *m* (NÁUT) Klüverbaum *m*, Ladebaum *m*
botamen [bo'tamen] *m sin pl* ❶ (NÁUT) (Wasser)fässer *ntpl*
❷ (MED: *conjunto de botes*) Arzneidosenbestand *m*
botana [bo'tana] *f* ❶ (*Méx: tapa*) Appetithappen *m*
❷ (*Am: vaina de cuero*) Sporenschutz *m* (*für Kampfhähne*)
❸ (*remiendo*) Flicken *m* (*an einem Weinschlauch*); (*tarugo, tapón*) Stöpsel *m*, Spund(zapfen) *m*
botánica [bo'tanika] *f sin pl* Botanik *f*
botánico, -a [bo'taniko, -a] I. *adj* botanisch

botar
II. *m, f* Botaniker(in) *m(f)*
botar [bo'tar] I. *vi* ❶ (*pelota*) aufprallen
❷ (*persona*) (auf)springen, hüpfen; **está que bota** er/sie tobt vor Wut; **la niña botaba de alegría** das Mädchen hüpfte vor Freude
❸ (*caballo*) tänzeln
II. *vt* ❶ (*lanzar*) schleudern, werfen; (*la pelota contra el suelo*) prellen
❷ (NÁUT: *barco*) vom Stapel lassen; (*el timón*) herumwerfen; **~ a babor** das Ruder nach Backbord legen
❸ (*Am: tirar*) wegwerfen
❹ (*Am: expulsar*) hinauswerfen, entlassen; **le ~on del colegio** er/sie ist von der Schule geflogen
❺ (*Am: derrochar*) verschwenden
❻ (*Am: extraviar*) verlieren
III. *vr:* **~se** ❶ (*caballo*) sich aufbäumen
❷ (*Chil: largarse*) abhauen *fam*; (*irse de casa*) ausreißen
botaratada [botara'taða] *f* (*fam*) Unbedachtheit *f*, Unüberlegtheit *f*
botarate [bota'rate] *m* ❶ (*hombre alborotado*) unbesonnener Mensch *m*
❷ (*Am: derrochador*) Verschwender *m*
botarga [bo'tarɣa] *f* ❶ (TEAT) Narrenkostüm *nt*
❷ (*fam pey: vestido ridículo*) lächerlicher Aufzug *m*; **con aquella ~ no me hubiera atrevido a salir a la calle ni en Carnavales** in so einem lächerlichen Aufzug hätte ich mich noch nicht einmal an Karneval auf die Straße gewagt
botavara [bota'βara] *f* (NÁUT) Giekbaum *m*
bote ['bote] *m* ❶ (*golpe*) Stoß *m*
❷ (*salto*) Sprung *m*, Satz *m*; **dar ~s de alegría** Freudensprünge machen; **pegar un ~** mit einem Satz aufspringen
❸ (*de pelota*) Aufprall *m*; **la pelota dio cuatro ~s** der Ball ist viermal aufgeprallt
❹ (*vasija*) Dose *f*; **~ de cerveza** Bierdose *f*; **~ de cuestación** Sammelbüchse *f*; **leche de ~** Dosenmilch *f*; **chupar del ~** (*fam*) absahnen, sich schamlos bereichern; **tener a alguien en el ~** (*fam*) jdn in der Tasche haben
❺ (*en la lotería*) Jackpot *m*; **este domingo hay 50.000 de ~** diesen Sonntag sind 50.000 im Jackpot
❻ (*en los bares*) Trinkgeldkasse *f*
❼ (*Méx: fam: cárcel*) Kittchen *nt*
❽ (NÁUT) Boot *nt*; **~ neumático** Schlauchboot *nt*; **~ de remos** Ruderboot *nt*; **~ salvavidas** Rettungsboot *nt*
❾ (*loc*): **a ~ pronto** (*adj*) plötzlich; (*adv*) sofort; **de ~ y voleo** augenblicklich, unverzüglich; **darse el ~** abhauen, verschwinden; **dar el ~ a alguien** jdn hinauswerfen [*o* an die Luft setzen]; **el cine estaba de ~ en ~** das Kino war brechend voll
botella [bo'teʎa] *f* Flasche *f*; **~ de cerveza** Flasche Bier; **~ de oxígeno** Sauerstoffflasche *f*; **~ retornable** Pfandflasche *f*; **~ de un solo uso** Einwegflasche *f*; **cerveza de ~** Flaschenbier *nt*
botellazo [bote'ʎaθo] *m* Schlag *m* mit einer Flasche
botellería [boteʎe'ria] *f* ❶ (*fábrica*) Flaschenfabrik *f*
❷ (*conjunto*) Flaschenbestand *m*; **toda la ~** sämtliche Flaschen
botellero [bote'ʎero] *m* ❶ (*fabricante*) Flaschenfabrikant *m*
❷ (*estantería*) Flaschengestell *nt*
botellín [bote'ʎin] *m* Fläschchen *nt*
botepronto [bote'pronto] *m* (DEP) Volley *m*
botería [bote'ria] *f* (NÁUT: *botamen*) (Wasser)fässer *ntpl*
botero, -a [bo'tero, -a] *m, f* ❶ (*que hace botas*) Lederweinflaschenhersteller(in) *m(f)*; (*que hace pellejos*) Weinschlauchhersteller(in) *m(f)*
❷ (*dueño de un bote*) Bootsbesitzer(in) *m(f)*
botica [bo'tika] *f* ❶ (*farmacia*) Apotheke *f*
❷ (*tienda*) Kurzwarengeschäft *nt*; **hay de todo como en ~** alles ist in reicher Auswahl vorhanden
boticario, -a [boti'karjo, -a] *m, f* Apotheker(in) *m(f)*
botija¹ [bo'tixa] *f* ❶ (*vasija*) (Ton)krug *m*
❷ (*fam: persona gorda*) Dickwanst *m*
❸ (*AmC, PRico, Ven: tesoro*) vergrabener Schatz *m*
botija² [bo'tixa] *mf* (*Urug: fam*) Kind *nt*
botijo [bo'tixo] *m* ❶ (*vasija*) (Wasser)krug *m*
❷ (*tren*) Bummelzug *m*
botillero, -a [boti'ʎero, -a] *m, f* ❶ (*vendedor de refrescos o helados*) Eis- und Getränkeverkäufer(in) *m(f)*
❷ (*coctelero*) Barmann, -dame *m, f*, Barmixer(in) *m(f)*
botillo [bo'tiʎo] *m* kleiner Weinschlauch *m*
botín [bo'tin] *m* ❶ (*calzado*) Schnürstiefel *m*
❷ (MIL) (Kriegs)beute *f*
botina [bo'tina] *f* Halbstiefel *m*
botiquín [boti'kin] *m* ❶ (*en casa*) Hausapotheke *f*; (*para el viaje*) Reiseapotheke *f*
❷ (*de emergencia*) Verband(s)kasten *m*
botón [bo'ton] *m* ❶ (*en vestidos*) Knopf *m*

❷ (ELEC, TÉC) (Druck)knopf *m*, Schalter *m*; **~ de alarma** Alarmschalter *m*; **~ giratorio** Drehknopf *m*; **~ de muestra** (*fig*) Beispiel *nt*, Muster *nt*; **~ de opciones** (INFOR) Optionsschalter *m*; **~ del timbre** Klingelknopf *m*; **apretar** [*o* **pulsar**] **un ~** einen Knopf drücken
❸ (*en instrumentos de viento*) Klappe *f*
❹ (BIOL: *brote*) Knopf *m*; (*capullo*) Knospe *f*; **~ de oro** Butterblume *f*
❺ (*CSur: pey: policía*) Bulle *m*
botonadura [botona'ðura] *f* Knopfreihe *f*
botonazo [boto'naθo] *m* (DEP) Fechtstoß *m*
botones [bo'tones] *m inv* ❶ (*en un hotel*) Page *m*
❷ (*pey: recadero*) Laufbursche *m*
Botsuana [bot'swana] *f* Botswana *nt*
botulismo [botu'lismo] *m sin pl* Lebensmittelvergiftung *f*; (MED) Botulismus *m*
bou [bou] <bous> *m* (NÁUT) ❶ *sin pl* (*arte de pesca*) Grund(schlepp)netzfischerei *f* (*mit zwei Booten*)
❷ (*barca*) Trawler *m*
bouquet [bu'ke] *m* ❶ (*ramo de flores*) Blumenstrauß *m*; (*pequeño*) Sträußchen *nt*
❷ (*aroma del vino*) Bukett *nt*
boutique [bu'tikʰ] *f* Boutique *f*
bóveda ['boβeða] *f* ❶ (ARQUIT) Gewölbe *nt*; **~ de arista** Kreuzgewölbe *nt*; **~ de cañón** Tonnengewölbe *nt*; **~ celeste** Himmelsgewölbe *nt*
❷ (*cripta*) Krypta *f*
❸ (*forma abombada*) Wölbung *f*; **~ craneal** Schädelwölbung *f*
bovedilla [boβe'ðiʎa] *f* ❶ (*bóveda pequeña*) kleines Gewölbe *nt*, Sparrenfeld *nt*
❷ (NÁUT: *parte de la fachada de popa*) Gilling *f*
bóvido, -a ['boβiðo, -a] *adj* (ZOOL) Horntier-, Hornträger-; **la cabra es un mamífero ~** die Ziege gehört zur Säugetierfamilie der Hornträger
bóvidos ['boβiðos] *mpl* (ZOOL) Horntiere *ntpl*, Hornträger *mpl*
bovino, -a [bo'βino, -a] *adj* Rind(er)-; **locura bovina** Rinderwahnsinn *m*
bovinos [bo'βinos] *mpl* (ZOOL) Rinder *ntpl*
bowling ['boulin] *m sin pl* Bowling *nt*
box [boʸs] *m* ❶ (*para caballos, coches de carrera*) Box *f*
❷ (*Am: boxeo*) Boxkampf *m*
❸ (*AmC, PRico: postal*) Postfach *nt*
boxeador(a) [boʸsea'ðor(a)] *m(f)* Boxer(in) *m(f)*
boxear [boʸse'ar] *vi* boxen
boxeo [boʸ'seo] *m* Boxkampf *m*
bóxer ['boʸser] <bóxers> *m* (ZOOL: *raza canina*) Boxer *m*
boxístico, -a [boʸ'sistiko, -a] *adj* boxerisch, Box-
boy [boi] <boys> *m* Stripteasetänzer *m*, Stripper *m*
boya ['boja] *f* (NÁUT) Boje *f*; (*en una red*) Schwimmer *m*
boyal [bo'jal] *adj* (AGR) Rinder-; **pasto ~** Kuhweide *f*
boyante [bo'jante] *adj* ❶ (*flotante*) schwimmend; (*barco*) mit geringem Tiefgang
❷ (*próspero*) erfolgreich; **andar ~** Erfolg haben; **el negocio va ~** das Geschäft floriert
❸ (*toro*) (leicht) lenkbar
boyar [bo'jar] *vi* ❶ (NÁUT) wieder flott werden
❷ (*Am: flotar*) treiben, obenauf schwimmen
boyarín [boja'rin] *m* kleine Boje *f*, Schwimmer *m*
boycot [boi'kot] *m v.* **boicot**
boycotear [boikote'ar] *vt v.* **boicotear**
boycoteo [boiko'teo] *m v.* **boicoteo**
boyero [bo'jero] *m* (*cuidador*) Ochsenhirt *m*
❷ (*Col*) Morgenstern *m*
boy scout ['boi es'kaut] <boy scouts> *mf* Pfadfinder(in) *m(f)*
bozal [bo'θal] I. *adj* ❶ (*sin domar*) ungebändigt, ungezähmt
❷ (*inexperto*) unerfahren
❸ (*imbécil*) dumm
II. *m* ❶ (*de perro*) Maulkorb *m*
❷ (*Am: cabestro*) Halfter *m*; (*cuerda*) Halfterriemen *m*
bozo ['boθo] *m* ❶ (*labios*) Lippen *fpl*
❷ (*vello*) Flaum *m*
❸ (*cabestro*) Halfter *m*; (*cuerda*) Halfterriemen *m*
bps [bepe'ese] *mpl* (INFOR) *abr de* **bits por segundo** Bit/s
braceada [braθe'aða] *f* Armbewegung *f*; (*golpe*) kräftiger Schlag *m* mit dem Arm; (*nadando*) Schwimmstoß *m*; (*remando*) Zug *m*
braceaje [braθe'axe] *m v.* **brazaje**
bracear [braθe'ar] *vi* ❶ (*mover los brazos*) mit den Armen um sich schlagen, mit den Armen (herum)fuchteln *fam*
❷ (*nadar*) kraulen
❸ (*esforzarse*) ringen, sich bemühen
❹ (*forcejear*) sich wehren, sich widersetzen
❺ (NÁUT) brassen
bracero¹ [bra'θero] *m* ❶ (*jornalero*) Tagelöhner *m*

bracero ❷ (*peón*) Handlanger *m*, Hilfsarbeiter *m*
❸ (*loc*): **ir de ~** Arm in Arm gehen
bracero, -a² [bra'θero, -a] *adj* Wurf-; **lanza bracera** Wurfspeer *m*
bracete [bra'θete] *m*: **ir de ~** Arm in Arm gehen
bracista [bra'θista] *mf* (DEP) Brustschwimmer(in) *m(f)*
braco, -a ['brako, -a] **I.** *adj* (*fam*) stupsnasig
II. *m, f* (*fam*) stupsnasige Person *f*
bradicardia [braði'karðja] *f* (MED) verlangsamte Herzschlagfolge *f*, Bradykardie *f*
bradipepsia [braði'peβsja] *f* (MED) verlangsamte Verdauungstätigkeit *f*, Bradypepsie *f*
bradipnea [braðiβ'nea] *f* (MED) verlangsamte Atmung *f*, Bradypnoe *f*
braga ['braɣa] *f* ❶ (*de bebé*) Windel *f*
❷ (*cuerda*) Hebeseil *nt*
❸ *pl* (*de mujer*) Schlüpfer *m*
❹ *pl* (*de hombre*) Kniehose *f*; **calzarse las ~s** (*fig*) die Hosen anhaben; **dejar a alguien en ~s** (*fig fam*) jdn ausnehmen; **estar en ~s** (*fig fam*) völlig pleite sein
bragado, -a [bra'ɣaðo, -a] *adj* ❶ (*malintencionado*) tückisch
❷ (*decidido*) entschlossen, energisch
bragadura [braɣa'ðura] *f* ❶ (*entrepierna*) Innenseite *f* des Oberschenkels; (*de animales*) Mittelfleisch *nt* zwischen den Oberschenkeln
❷ (*en prenda de vestir*) Schritt *m*; **al montar en la bicicleta se le estalló la ~** beim Aufsteigen auf das Fahrrad ist ihm die Hose im Schritt geplatzt
bragapañal [braɣapa'ɲal] *m* Windelhöschen *nt*
bragazas [bra'ɣaθas] *m inv* Pantoffelheld *m*
braguero [bra'ɣero] *m* (MED) Bruchband *nt*, Bracherium *nt*
bragueta [bra'ɣeta] *f* Hosenschlitz *m*; **estar como ~ de fraile** (*Arg, Urug*) ein ernstes Gesicht machen
braguetazo [braɣe'taðo] *m* (*por parte del hombre*) Geldheirat *f*; **dar el ~** eine gute Partie machen
brahmán [bra'man] *m* (REL) Brahmane *m*
brahmanismo [brama'nismo] *m* (REL) Brahmanismus *m*
braille ['braile] *m* Blindenschrift *f*, Brailleschrift *f*
brainstorming [breiⁿs'tormiŋ] *m sin pl* Brainstorming *nt*
brama ['brama] *f* (ZOOL) Brunft(zeit) *f*
bramadero [brama'ðero] *m* ❶ (*del ciervo*) Brunftplatz *m* des Rotwildes
❷ (*Am: estaca para atar animales*) Anbindepfahl *m*
bramante [bra'mante] *m* Bindfaden *m*
bramar [bra'mar] *vi* ❶ (*animal*) brüllen; (*ciervo*) röhren
❷ (*persona*) wüten, toben, rasen
❸ (*viento*) heulen
❹ (*oleaje*) tosen
bramido [bra'miðo] *m* ❶ (*de animales*) Gebrüll *nt*, Brüllen *nt*; (*de ciervos*) Röhren *nt*
❷ (*de una persona*) Wüten *nt*, Toben *nt*; **está que brama** er/sie tobt vor Wut
❸ (*del viento*) Heulen *nt*
❹ (*del oleaje*) Tosen *nt*
brancada [braŋ'kaða] *f* Stellnetz *nt*
brandar [braŋ'dar] *vi* (NÁUT) schlingern
Brandeburgo [braŋde'βurɣo] *m* Brandenburg *nt*
brandy ['braŋdi] *m* Weinbrand *m*, Brandy *m*
branquia ['braŋkja] *f* Kieme *f*
branquial [braŋ'kjal] *adj* Kiemen-; **respiración ~** Kiemenatmung *f*
branquífero, -a [braŋ'kifero, -a] *adj* (ZOOL) mit Kiemen, Kiemen-; **los peces son animales ~s** Fische sind durch Kiemen atmende Tiere
braquial [bra'kjal] *adj* (ANAT) brachial
braquicéfalo, -a [braki'θefalo, -a] **I.** *adj* (ANAT) kurzköpfig, brachyzephal
II. *m, f* (ANAT) Kurzköpfer(r) *mf*, Brachyzephale *mf*
braquigrafía [brakiɣra'fia] *f* Brachygraphie *f*
brasa ['brasa] *f* (*de leña*) (Holz)glut *f*; (*de carbón*) (Kohlen)glut *f*; **a la ~** gegrillt; **estar (como) en ~s** (wie) auf glühenden Kohlen sitzen; **estar hecho unas ~s** feuerrot (angelaufen) sein; **pasar como ~s por algo** etw in kürzester Zeit abhandeln; **sacar la ~ con mano ajena** [*o de gato*] sich die Kastanien aus dem Feuer holen lassen
brasear [brase'ar] *vt* grillen
brasero [bra'sero] *m* ❶ (*como calefacción*) Kohlenbecken *nt*
❷ (*Am: fuego*) Feuerstelle *f*; (*hogar*) (Küchen)herd *m*
brasil [bra'sil] *m* (BOT) Brasilholz *nt*
Brasil [bra'sil] *m*: (**el**) **~** Brasilien *nt*
brasileño, -a [brasi'leɲo, -a] **I.** *adj* brasilianisch
II. *m, f* Brasilianer(in) *m(f)*
brasilero, -a [brasi'lero, -a] **I.** *adj* brasilianisch
II. *m, f* Brasilianer(in) *m(f)*
brava ['braβa] *f* (*Cuba: golpe*) Säbelhieb *m*; **dar una ~** einschüchtern; **a la ~, por las ~s** (*Arg, Cuba, Méx, PRico*) mit Gewalt
bravata [bra'βata] *f* ❶ (*amenaza*) leere Drohung *f*; **echar ~s** leere Drohungen machen
❷ (*bravuconada*) Angeberei *f*, Prahlerei *f*; **echar ~s** angeben, prahlen
bravear [braβe'ar] *vi* (*chulear*) sich aufspielen, große Töne spucken; (*proferir amenazas*) leere Drohungen aussprechen; **sólo se atreve a ~ cuando va acompañado** er traut sich nur, große Töne zu spucken, wenn er in Begleitung ist
braveza [bra'βeθa] *f* ❶ (*valentía*) Mut *m*, Tapferkeit *f*
❷ (*fiereza*) Wildheit *f*
❸ (*fuerza de los elementos*) Toben *nt*; (*ímpetu*) Heftigkeit *f*, Gewalt *f*
bravío¹ [bra'βio] *m* Wildheit *f*
bravío, -a² [bra'βio, -a] *adj* ❶ (*animal: salvaje*) wild; (*sin domar*) ungebändigt, ungezähmt
❷ (*planta*) wild (wachsend)
❸ (*persona: indómita*) unbändig, ungestüm; (*rústica*) ungeschliffen, grob
bravo¹ ['braβo] **I.** *interj* bravo, gut
II. *m* Bravo *nt*, Beifallsruf *m*
bravo, -a² ['braβo, -a] *adj* ❶ (*valiente*) tapfer; (*valeroso*) mutig
❷ (*bueno*) großartig, ausgezeichnet
❸ (*salvaje: animal*) wild, ungezähmt; (*persona*) wütend, wild; (*mar*) rau, stürmisch; (*terreno*) unwegsam; **ponerse ~ con alguien** mit jdm einen heftigen Streit anzetteln
❹ (*áspero*) grob, ungehobelt
❺ (*fanfarrón*) prahlerisch, angeberisch
❻ (*Am: picante*) scharf, stark gewürzt; **patatas bravas** (GASTR) frittierte Kartoffeln mit scharf gewürzter Mayonnaise
bravosía [braβo'sia] *f*, **bravosidad** [braβosi'ðað] *f* ❶ (*valentía*) Mut *m* ❷ (*arrogancia*) Überheblichkeit *f*
bravucón, -ona [braβu'kon, -ona] **I.** *adj* prahlerisch, großtuerisch
II. *m, f* Prahlhans *m*, Angeber(in) *m(f)*
bravuconada [braβuko'naða] *f* Großtuerei *f*, Prahlerei *f*
bravura [bra'βura] *f* ❶ (*de los animales*) Wildheit *f*
❷ (*de las personas*) Tapferkeit *f*, Mut *m*
❸ (*pey: bravata*) Prahlerei *f*
braza ['braθa] *f* ❶ (NÁUT: *unidad de longitud*) ≈Faden *m* (1,80 *m*); (*cabo*) Brasse *f*
❷ (DEP) Brustschwimmen *nt*; **nadar a ~** brustschwimmen
brazada [bra'θaða] *f* ❶ (*movimiento de los brazos*) Armbewegung *f*; (*al nadar, remar*) Zug *m*
❷ (*cantidad*) Armvoll *m*
brazaje [bra'θaxe] *m* Fadentiefe *f*
brazal [bra'θal] *m* ❶ (*brazalete*) Armbinde *f*
❷ (*embrazadura*) Handgriff *m* eines Schildes
❸ (AGR: *surco para regar*) Bewässerungsfurche *f*
brazalete [braθa'lete] *m* ❶ (*pulsera*) Armband *nt*
❷ (*banda*) Armbinde *f*
brazo ['braθo] *m* ❶ (ANAT, TÉC) Arm *m*; (*de una silla*) Armlehne *f*; **~ derecho** (ANAT) rechter Arm; (*persona imprescindible*) rechte Hand; **~ de gitano** (*pastel*) Biskuitrolle *f*; **a ~** mit Muskelkraft; **a ~ partido** (*sin armas*) Mann gegen Mann; (*a viva fuerza*) mit aller Kraft; **coger a alguien por el ~** jdn am Arm packen; **cruzarse de ~s** (*fig*) die Hände in den Schoß legen, sich untätig verhalten; **dar el ~ a alguien** jdm den Arm geben [*o* anbieten]; **dar el ~ a torcer** klein beigeben; **echarse en ~s de alguien** sich jdm in die Arme werfen; **ir cogidos del ~** Arm in Arm laufen; **llevar algo del ~** etw (auf dem Arm) tragen; **recibir a alguien con los ~ abiertos** jdn mit offenen Armen aufnehmen [*o* empfangen]; **tener un niño en ~s** ein Kind in den Armen halten
❷ (GEO: *del río*) (Fluss)arm *m*; (*del mar*) (Meeres)arm *m*
❸ (ZOOL) Vorderbein *nt*
❹ (BIOL) Ast *m*, Zweig *m*
❺ (*poder*) Gewalt *f*, Macht *f*
❻ *pl* (*jornaleros*) Arbeiter *mpl*
❼ *pl* (*protectores*) Beschützer *mpl*
brea ['brea] *f* ❶ (*alquitrán*) Teer *m*; **~ mineral** Steinkohlenteer *m*
❷ (*pez*) Pech *nt*
break [breik] <**breaks**> *m* ❶ (MÚS: *baile*) Breakdance *m*
❷ (MÚS: *jazz*) Break *m o nt*
❸ (DEP: *boxeo*) Break *m*, Break-Kommando *nt*
❹ (AUTO) Kombi(wagen) *m*
breakdance [breik'ðans] *m sin pl* (MÚS) Breakdance *m*
brear [bre'ar] *vt* ❶ (*maltratar*) plagen; **~ a alguien a golpes** jdn verprügeln
❷ (*burlarse*) sich lustig machen (*a* über +*akk*)
brebaje [bre'βaxe] *m* ❶ (*bebida*) Gesöff *nt*
❷ (*medicina*) Mixtur *f*
breca ['breka] *f* (GASTR, ZOOL) Rotbrasse *f*
brecha ['bretʃa] *f* ❶ (MIL) Bresche *f*; **abrir (una) ~ en una muralla** eine

Bresche in eine (Wehr)mauer schlagen ❷ (*abertura*) Lücke *f*, Öffnung *f*; (*en una pared*) Mauerdurchbruch *m*; ~ **inflacionaria** [*o* **inflacionista**] (ECON) inflatorische Lücke ❸ (*impresión*) Eindruck *m* ❹ (*herida en la cabeza*) klaffende Wunde *f* ❺ (GEO) Breccie *f* ❻ (*loc*): **estar en la** ~ (sehr) engagiert sein

brechtiano, -a [brex'tjano, -a] *adj* Brecht'sche(r, s); **un realismo** ~ eine Realismus Brecht'scher Prägung

brécol(es) ['brekol(es)] *m(pl)* Brokkoli *pl*

brega ['breɣa] *f* ❶ (*riña*) Streit *m* ❷ (*lucha*) Kampf *m* ❸ (*trabajo duro*) Rackerei *f*, harte Arbeit *f* ❹ (*burla*) Streich *m*; **dar** ~ **a alguien** jdm einen Streich spielen

bregar [bre'ɣar] <g→gu> I. *vi* ❶ (*reñir*) sich streiten (*con* mit +*dat*) ❷ (*luchar*) sich wehren (*con* gegen +*akk*); **bregó mucho para obtener esta plaza** er/sie hat sehr hart um diese Stelle gekämpft ❸ (*trabajar duro*) sich abrackern, sich abmühen II. *vt* einrühren

brema ['brema] *f* (GASTR, ZOOL) Brasse *f*; ~ **común** Brachsen *m*; ~ **del Danubio** Zobel *m*; ~ **blanca** Güster *f*

bren [bren] *m* (AGR: *salvado*) Kleie *f*

brenca ['brenka] *f* (BOT: *fibra*) Narbe *f*, Stigma *nt*

breque ['breke] *m* (FERRO) ❶ (*Am: freno*) Bremse *f*; **apretar el** ~ (*fig*) sich bemühen ❷ (*Ecua, Perú, RíoPl: vagón*) Gepäckwagen *m*

bresca ['breska] *f* Honigwabe *f*

brescar [bres'kar] <c→qu> *vt* (*panales de miel*) ausnehmen, ausschneiden

bretaña [bre'taɲa] *f* ❶ (*lienzo*) bretonisches Feinleinen *nt* ❷ (BOT: *jacinto*) Hyazinthe *f*

Bretaña [bre'taɲa] *f* Bretagne *f*; **Gran** ~ Großbritannien *nt*

brete ['brete] *m* ❶ (*grillete*) Fußfessel *f* ❷ (*prisión*) Verlies *nt*, Kerker *m* ❸ (*apuro*) Klemme *f*, schwierige Lage *f*; **estar en un** ~ in der Patsche sitzen; **poner a alguien en un** ~ jdn in eine schwierige Lage bringen

bretón, -ona [bre'ton, -ona] I. *adj* bretonisch II. *m, f* Bretone, -in *m, f*

breva ['breβa] *f* ❶ (*higo*) (frühe) Feige *f*; (*bellota*) (frühe) Eichel *f*; **poner a alguien como una** ~ jdn grün und blau schlagen ❷ (*cigarro*) flache Zigarre *f*; (*Am: tabaco*) Kautabak *m* ❸ (*ganga*) Glücksfall *m*, glücklicher Zufall *m*; **no caerá esa** ~ daraus wird nichts werden

breve ['breβe] I. *adj* ❶ (*de duración*) kurz; **en** ~ in Kürze; **para ser** ~ um es kurz zu machen ❷ (*de extensión*) knapp, kurz, bündig; **describir algo en** ~**s palabras** etw mit knappen Worten schildern; **ser** ~ sich kurz fassen; **un estilo** ~ ein knapper Stil II. *m* ❶ (PREN) Kurzmeldung *f* ❷ (*documento pontificio*) Breve *nt*

brevedad [breβe'ðað] *f* ❶ (*corta duración*) Kürze *f*, geringe Dauer *f*; **a la mayor** ~ **posible** baldmöglichst ❷ (*corta extensión*) Knappheit *f*, Kürze *f*

brevete [bre'βete] *m* ❶ (*membrete*) Notiz *f*, kurze Aufzeichnung *f* ❷ (*Perú: permiso de conducir*) Führerschein *m*

breviario [bre'βjarjo] *m* ❶ (*libro de rezos*) Brevier *nt* ❷ (*compendio*) Kompendium *nt*, Abriss *m*

brezo [breθo] *m* (BOT) Heidekraut *nt*

briago, -a ['brjaɣo, -a] *adj* (*Méx: fam*) besoffen

briba ['briβa] *f* Faulenzerleben *nt*; **andar** [*o* **vivir**] **a la** ~ ein müßiges Leben führen, herumgammeln *fam*

bribón, -ona [bri'βon, -ona] I. *adj* ❶ (*vago*) faul, träge ❷ (*pícaro*) verschlagen, schlau II. *m, f* ❶ (*bellaco*) Schuft *m*, Schurke, -in *m, f* ❷ (*pícaro*) Gauner(in) *m(f)*, Spitzbube, -bübin *m, f* ❸ (*niño*) Strolch *m*

bribonada [briβo'naða] *f* Gaunerei *f*

bribonear [briβone'ar] *vi* ein Gaunerleben führen

bribonzuelo, -a [briβonˈθwelo, -a] *adj o m, f* (*fam*) *dim de* **bribón**

bricolaje [briko'laxe] *m* Heimwerken *nt*, Basteln *nt*

brida [bri'ða] *f* ❶ (*de la caballería*) Zaumzeug *nt*, Zaum *m*, Zügel *mpl*; **a toda** ~ in vollem Galopp; **tener a alguien a la** ~ **corta** (*fig*) jdn an der Kandare haben ❷ (*del sombrero*) Kinnband *nt* ❸ (TÉC: *reborde*) Flansch *m*; (*arandela*) Schelle *f*, Klammer *f*, Bügel *m* ❹ *pl* (MED) Adhäsion *f*, Verwachsung *f*

bridge [britʃ] *m* Bridge *nt*

brie [brje] *m* (GASTR): (**queso**) ~ Brie(käse) *m*

brigada¹ [bri'ɣaða] *f* ❶ (MIL) Brigade *f* ❷ (*de obreros*) Trupp *m*, Kolonne *f* ❸ (*de policía*) Kommando *nt*, Einheit *f*; ~ **contra el fraude** Betrugsdezernat *nt*

brigada² [bri'ɣaða] *m* (MIL) ≈Feldwebel *m*

brigadier [briɣa'ðjer] *m* (MIL) Brigadier *m*

brillante [bri'ʎante] I. *adj* ❶ (*resplandeciente*) strahlend, funkelnd, glänzend ❷ (*admirable*) brillant, hervorragend, glänzend II. *m* Brillant *m*

brillantez [briʎan'teθ] *f* ❶ (*de un objeto*) Glanz *m* ❷ (*de un acto*) Brillanz *f*

brillantina [briʎan'tina] *f* (Haar)pomade *f*, Brillantine *f*

brillar [bri'ʎar] *vi* ❶ (*resplandecer*) strahlen, funkeln, glänzen ❷ (*destacar*) glänzen, auffallen, sich auszeichnen (*por* durch +*akk*); ~ **por su ausencia** (*irón*) durch Abwesenheit glänzen

brillo [bri'ʎo] *m* ❶ (*reflejo de luz*) Glanz *m*, Funkeln *nt*, Schimmer *m*; **sacar** [*o* **dar**] ~ **a algo** etw (auf Hochglanz) polieren ❷ (*gloria*) Ruhm *m* ❸ (*excelencia*) Vortrefflichkeit *f*

brincar [briŋ'kar] <c→qu> *vi* ❶ (*saltar*) hüpfen, (umher)springen; (*hacia arriba*) hochschnellen ❷ (*pasar de un tema a otro*) überspringen (*a* auf +*akk*), übergehen (*a* zu +*dat*) ❸ (*alterarse*) außer sich sein; ~ **de alegría/de rabia** außer sich vor Freude/vor Wut sein; **está que brinca** er/sie tobt vor Wut

brinco ['briŋko] *m* Sprung *m*, Satz *m*; **dar** ~**s** hüpfen, springen; **dar** ~**s de alegría** Freudensprünge machen; **de un** ~ mit einem Satz; **en un** ~ (*fig*) im Nu; **pegar un** ~ einen Satz machen

brindar [brin'dar] I. *vi* (*levantar la copa*) anstoßen (*con* mit +*dat*); ~ **a la salud de alguien** auf jds Wohl anstoßen; ~ **con vino** mit Wein anstoßen; ~ **por alguien** auf jdn einen Trinkspruch [*o* Toast] ausbringen, auf jdn anstoßen [*o* trinken] II. *vt* ❶ (*ofrecer*) (an)bieten, darbieten; **me brindó su amistad** er/sie bot mir seine/ihre Freundschaft an; **viajar brinda la ocasión de conocer gente** das Reisen bietet die Möglichkeit, (andere) Menschen kennen zu lernen ❷ (TAUR) widmen; **brindó el primer toro al público** er/sie hat den ersten Stier dem Publikum gewidmet III. *vr*: ~**se** sich anbieten; **se brindó a acompañarme** er/sie bot sich (mir) als Begleiter/Begleiterin an

brindis ['brindis] *m inv* ❶ (*el levantar los vasos*) Zutrinken *nt* ❷ (*frase con que se brinda*) Trinkspruch *m*, Toast *m*; **echar un** ~ einen Toast ausbringen ❸ (TAUR) Zeremonie der Widmung des Stieres

brío ['brio] *m* ❶ (*energía*) (Tat)kraft *f*, Energie *f*; **es una mujer de** ~**s** sie ist eine energische Frau ❷ (*pujanza*) Schwung *m*, Feuer *nt* ❸ (*garbo*) Anmut *f*

briología [briolo'xia] *f* (BOT) Mooskunde *f*, Bryologie *f*

brioso, -a [bri'oso, -a] *adj* ❶ (*con energía*) tatkräftig, energisch ❷ (*con pujanza*) schwungvoll ❸ (*con garbo*) anmutig

briqueta [bri'keta] *f* Brikett *nt*

brisa ['brisa] *f* Brise *f*

brisca ['briska] *f* Kartenspiel *nt*

británico, -a [bri'taniko, -a] I. *adj* britisch II. *m, f* Brite, -in *m, f*

brit-pop ['britpop] *m* (MÚS) Britpop *m*

brizna ['briθna] *f* ❶ (*hebra*) Fädchen *nt* ❷ (BOT) Faser *f*; (*de judías*) Faden *m* ❸ (*porción diminuta*) Krume *f*; **una** ~ **de tabaco** ein paar Krumen Tabak; **no tiene ni una** ~ **de humor** er/sie hat kein bisschen Humor ❹ (*Am: llovizna*) Sprühregen *m*

broca ['broka] *f* ❶ (TÉC) (Drill)bohrer *m* ❷ (*clavo*) Zwecke *f*, Schuhnagel *m* ❸ (*carrete*) Spule *f*

brocado [bro'kaðo] *m* Brokat *m*

brocal [bro'kal] *m* (Brunnen)rand *m*

brocha ['brotʃa] *f* ❶ (*pincel grueso*) (Maler)pinsel *m*; **pintor de** ~ **gorda** Maler *m*, Anstreicher *m*; **darle a la** ~ malen, streichen ❷ (*de afeitar*) Rasierpinsel *m* ❸ (*fam: mal pintor*) Pins(e)ler *m*

brochal [bro'tʃal] *m* Querholz *nt*, Wechsel(balken) *m*

brochazo [bro'tʃaθo] *m* (grober) Pinselstrich *m*

broche ['brotʃe] *m* ❶ (*en la ropa*) Druckknopf *m*; (*de adorno*) Anstecknadel *f*, Brosche *f*; ~ **de oro** (*fig*) krönender Abschluss *m* ❷ (*Arg: pinza*) Wäscheklammer *f* ❸ (*Chil, Perú, PRico: sujetapapeles*) Büroklammer *f* ❹ *pl* (*Am: gemelos*) Manschettenknöpfe *mpl*

brocheta [bro'tʃeta] *f* (Brat)spieß *m*
broker ['broker] *m* (FIN) Broker *m*, Effektenhändler *m*
brollar [bro'ʎar] *vi* sprudeln
broma ['broma] *f* (*gracia*) Scherz *m*, Spaß *m*, Witz *m*; (*tontería*) Unfug *m*; **~ pesada** [*o* **de mal gusto**] schlechter Scherz; **~s aparte...** Spaß beiseite ...; **estar de ~** scherzen; **gastarle una ~ a alguien** sich mit jdm einen Scherz erlauben; **lo dije de** [*o* **en**] **~** das habe ich nur aus [*o* im] Spaß gesagt; **no estoy para ~s** ich bin nicht zum Scherzen aufgelegt; **tomar algo a ~** etw nicht ernst nehmen
bromato [bro'mato] *m* (QUÍM) Bromat *nt*
bromatología [bromatolo'xia] *f* (MED) Bromatik *f*, Bromatologie *f*
bromazo [bro'maθo] *m* schlechter Scherz *m*
bromear [brome'ar] *vi* spaßen, scherzen
bromista [bro'mista] I. *adj* spaßig, witzig
  II. *mf* Spaßvogel *m*
bromo ['bromo] *m* (QUÍM) Brom *nt*
bromuro [bro'muro] *m* (QUÍM) Bromid *nt*
bronca ['broŋka] *f* ❶ (*riña*) Streit *m*, Krach *m*; **armar una ~** einen Streit anzetteln; **buscar ~** Streit suchen; **se armó una ~ tremenda** es gab einen Riesenkrach
  ❷ (*reprimenda*) Zurechtweisung *f*, Rüge *f*, Anpfiff *m fam*; **su jefe le echó una ~** sein/ihr Chef hat ihn/sie zurechtgewiesen
  ❸ (*tumulto*) Krawall *m*; **se armó una ~ en el estadio** im Stadion kam es zu Krawallen [*o* Ausschreitungen]
  ❹ (*Am: enfado*) Ärger *m*; **me da ~** das macht mich ärgerlich [*o* ärgert mich]
bronce ['bronθe] *m* Bronze *f*; **edad de ~** Bronzezeit *f*; **ser de ~** (*objeto*) bronzen sein; (*persona*) hart [*o* unnachgiebig] sein
bronceado¹ [bronθe'aðo] *m* ❶ (*de un objeto*) Bronzieren *nt*
  ❷ (*de la piel: efecto*) (Sonnen)bräune *f*; (*acción*) Bräunen *nt*
bronceado, -a² [bronθe'aðo, -a] *adj* ❶ (*objeto*) bronzefarben, bronzefarbig
  ❷ (*piel*) (sonnen)gebräunt
bronceador [bronθea'ðor] *m* Bräunungsmittel *nt*, Sonnenschutzmittel *nt*
broncear [bronθe'ar] I. *vt* ❶ (*un objeto*) bronzieren
  ❷ (*la piel*) bräunen
  II. *vr:* **~se** sich bräunen
broncíneo, -a [bron'θineo, -a] *adj* (*elev*) bronzen
bronco, -a ['broŋko, -a] *adj* ❶ (*voz*) rau, heiser
  ❷ (*metal: tosco*) roh, unbearbeitet; (*quebradizo*) spröde, brüchig
  ❸ (*genio*) schroff
  ❹ (*Am: caballo*) wild
broncoectasia [broŋkoeks'tasja] *f* (MED) Bronchiektas(i)e *f*
broncofonía [broŋkofo'nia] *f* (MED) Bronchophonie *f*
bronconeumonía [broŋkoneumo'nia] *f* (MED) Bronchopneumonie *f*
broncorrea [broŋko'rrea] *f* (MED) Bronchorrhö(e) *f*
broncoscopio [broŋkos'kopjo] *m* (MED) Bronchoskop *nt*
bronquear [broŋke'ar] *vt* scharf zurechtweisen
bronquedad [broŋke'ðað] *f* ❶ (*de la voz*) Heiserkeit *f*
  ❷ (*tosquedad de metales*) Ungeschliffenheit *f*; (*delicadez*) Sprödigkeit *f*, Brüchigkeit *f*
  ❸ (*del genio*) Schroffheit *f*
bronquial [broŋ'kjal] *adj* (ANAT, MED) bronchial
bronquiectasia [broŋkjek'tasja] *f* (MED) *v.* **broncoectasia**
bronquio ['broŋkjo] *m* (ANAT) Bronchie *f*
bronquítico, -a [broŋ'kitiko, -a] *m, f* (MED) Bronchitiker(in) *m(f)*
bronquitis [broŋ'kitis] *f inv* (MED) Bronchitis *f*
brontosaurio [bronto'saurjo] *m* (ZOOL) Brontosaurus *m*
broquel [bro'kel] *m* ❶ (*escudo*) Schild *nt*
  ❷ (*amparo*) Schutz *m*
broqueta [bro'keta] *f* (Brat)spieß *m*
brota ['brota] *f* (BOT) Knospe *f*
brotar [bro'tar] I. *vi* ❶ (BOT) knospen, Knospen treiben; (*árbol*) ausschlagen; (*semilla*) aufkeimen, aufgehen
  ❷ (*agua*) (hervor)quellen (*de aus +dat*)
  ❸ (*enfermedad*) sichtbar werden, sich zeigen
  II. *vt* hervorbringen
brote ['brote] *m* ❶ (BOT) Knospe *f*; **~s de bambú** Bambussprossen *fpl*
  ❷ (*comienzo*) Aufkeimen *nt*
  ❸ (*erupción*) Ausbruch *m*
brótola ['brotola] *f* (ZOOL) Gabeldorsch *m*
browser ['brouser] *m* (INFOR) Browser *m*
broza ['broθa] *f* ❶ (*hojas*) dürres Laub *nt*; (*ramas*) Reisig *nt*
  ❷ (*arbustos*) Dickicht *nt*, Gestrüpp *nt*
  ❸ (*palabras inútiles*) leeres Gerede *nt*
  ❹ (*bruza*) Bürste *f*
brozar [bro'θar] <z→c> *vt v.* **bruzar**
brucelosis [bruθe'losis] *f sin pl* (MED, AGR) Brucellose *f*

bruces ['bruθes] *adv:* **caer de ~** auf die Nase fallen; **darse de ~ con alguien** (*chocar*) mit jdm zusammenstoßen; (*hallar casualmente*) auf jdn stoßen, jdm plötzlich gegenüberstehen; **estar de ~** auf dem Bauch liegen
brugo ['bruɣo] *m* (ZOOL) Larve einer Blattlausart, die auf Eichen und Steineichen schmarotzt
bruja ['bruxa] *f* ❶ (*hechicera*) Hexe *f*
  ❷ (*lechuza*) Eule *f*
Brujas ['bruxas] *f* Brügge *nt*
brujear [bruxe'ar] *vi* hexen
brujería [bruxe'ria] *f* Hexerei *f*, Zauberei *f*
brujo ['bruxo] *m* ❶ (*hechicero*) Hexenmeister *m*, Zauberer *m*
  ❷ (*Am: médico*) Medizinmann *m*
brújula ['bruxula] *f* ❶ (*compás*) Kompass *m*; (*aguja*) Magnetnadel *f*; **perder la ~** (*t. fig*) die Orientierung verlieren
  ❷ (*mira*) Visier *nt*
brujulear [bruxule'ar] *vt* ❶ (*actuar con habilidad*) geschickt angehen; **brujuleando consiguió lo que aspiraba** durch geschicktes Vorgehen erreichte er/sie, was er/sie anstrebte
  ❷ (*descubrir*) herausbekommen; (*adivinar*) sich *dat* zusammenreimen
brulote [bru'lote] *m* (*AmS: taco*) Schimpfwort *nt*
bruma ['bruma] *f* leichter Nebel *m*; (NÁUT) Mist *m*
brumazón [bruma'θon] *m* (METEO: *niebla densa*) dichter Nebel *m*; (*niebla abundante*) Nebelbank *f*
brumoso, -a [bru'moso, -a] *adj* neblig; (NÁUT) mistig
bruno, -a ['bruno, -a] *adj* dunkel(braun)
bruñido¹ [bru'ɲiðo] *m* ❶ (*acto*) Polieren *nt*
  ❷ (*brillo*) Politur *f*
bruñido, -a² [bru'ɲiðo, -a] *adj* poliert
bruñir [bru'ɲir] <3. *pret: bruñó*> *vt* ❶ (*sacar brillo*) polieren
  ❷ (*fig fam: maquillar*) schminken
  ❸ (*Am: molestar*) belästigen
brusca ['bruska] *f* ❶ (*leña chamarasca*) dürres Holz *nt*, Reisig *nt*
  ❷ (BOT) Kassie *f*
brusco, -a ['brusko, -a] *adj* ❶ (*repentino*) plötzlich, jäh; **un ~ aumento** ein sprunghafter Anstieg
  ❷ (*áspero*) brüsk, schroff
Bruselas [bru'selas] *fpl* Brüssel *nt*
brusquedad [bruske'ðað] *f* ❶ (*de un suceso*) Plötzlichkeit *f*, Unvermitteltheit *f*
  ❷ (*de un comportamiento*) Schroffheit *f*; **con ~** schroff
brut [brut] I. *adj* (GASTR) brut
  II. *m* (GASTR) Brut *m*; **brindemos con ~ por tu éxito** lass uns mit einem Brut auf deinen Erfolg anstoßen
brutal [bru'tal] *adj* ❶ (*violento*) brutal, roh, gewalttätig
  ❷ (*desconsiderado*) schonungslos
  ❸ (*fam: enorme*) ungeheuerlich; **una cantidad ~ de flores** eine ungeheuerliche Menge an Blumen
  ❹ (*fam: estupendo*) toll, unglaublich
brutalidad [brutali'ðað] *f* ❶ (*calidad*) Brutalität *f*, Rohheit *f*, Gewalttätigkeit *f*
  ❷ (*acción violenta*) Gewalttat *f*; (*cruel*) Ungeheuerlichkeit *f*; **es una ~ lo que ha pasado ahí** es ist eine Ungeheuerlichkeit, was da passiert ist
  ❸ (*fam: cantidad excesiva*) Übermaß *nt*; **trajo una ~ de comida** er/sie hat eine enorme Menge an Essen mitgebracht
  ❹ (*estupidez*) Dummheit *f*
bruto¹ ['bruto] *adj* ❶ (*tosco*) roh, unbearbeitet; **diamante en ~** Rohdiamant *m*
  ❷ (*peso*) brutto
bruto, -a² ['bruto, -a] I. *adj* ❶ (*brutal*) brutal, roh
  ❷ (*rudo*) grob, derb
  ❸ (*estúpido*) dumm
  ❹ (ECON) Brutto-; **beneficio/margen ~** Bruttogewinn *m*/Handelsspanne *f*; **rendimiento ~** Bruttorendite *f*; **tonelaje ~** Bruttotonnage *f*
  II. *m, f* ❶ (*persona brutal*) Rohling *m*
  ❷ (*idiota*) Dummkopf *m*, Idiot *m*
bruzar [bru'θar] <z→c> *vt* abbürsten
bu [bu] *m* (*fam*) Butzemann *m*, Schwarzer Mann *m*
buardilla [bwar'ðiʎa] *f v.* **buhardilla**
bubónico, -a [bu'βoniko, -a] *adj*: **peste bubónica** Beulenpest *f*
bucal [bu'kal] *adj* Mund-; **por vía ~** oral
bucanero [buka'nero] *m* Bukanier *m*, Seeräuber *m*
búcaro ['bukaro] *m* ❶ (*arcilla olorosa*) duftender Lehm *m*
  ❷ (*jarra*) Wasserkrug *m*; (*florero*) (Blumen)vase *f*
buceador(a) [buθea'ðor(a)] *m(f)* (Sport)taucher(in) *m(f)*
bucear [buθe'ar] *vi* ❶ (*nadar*) tauchen
  ❷ (*investigar*) forschen (*en* in +*dat*)
buceo [bu'θeo] *m* (Sport)tauchen *nt*
buchada [bu'tʃaða] *f* (*de comida*) Mundvoll *m*; (*de bebida*) Schluck *m*
buche ['butʃe] *m* ❶ (*en las aves*) Kropf *m*

buchón

② (*fam: estómago*) Magen *m*; **llenar el ~** sich den Magen voll schlagen
③ (*bocanada*) Schluck *m*
④ (*pliegue en la ropa*) Falte *f*; **hacer ~** Falten werfen
⑤ (*lo más íntimo*) Herz *nt*; **guardar algo en el ~** mit etw hinter dem Berg halten; **no le cabe en el ~** er/sie kann es nicht für sich behalten; **sacar el ~ a alguien** (*fam*) jdn zum Sprechen bringen

buchón, -ona [buˈtʃon, -ona] *adj* (ZOOL) Kropf-; **palomas buchonas** Kropftauben *fpl*

bucle [ˈbukle] *m* ① (*rizo de cabello*) (Ringel)locke *f*
② (*onda, t.* INFOR) Schleife *f*; **~ anidado** verschachtelte Schleife; **~ cerrado** geschlossene Schleife; **~ sin fin** [*o* **sin terminar**] Endlosschleife *f*

buco [ˈbuko] *m* (*argot*) (Heroin)schuss *m*

bucólica [buˈkolika] *f* Hirten-, Schäferdichtung *f*; (LIT) Bukolik *f*

bucólico, -a [buˈkoliko, -a] *adj* Hirten-, Schäfer-; (LIT) bukolisch

buda [ˈbuða] *m* Buddha *m*

budín [buˈðin] *m* (GASTR) Pudding *m*

budismo [buˈðismo] *m* Buddhismus *m*

budista [buˈðista] I. *adj* buddhistisch
II. *mf* Buddhist(in) *m(f)*

buen [bwen] *adj v.* **bueno¹**

buenamente [bwenaˈmente] *adv* ① (*fácilmente*) bequem, leicht, mühelos
② (*voluntariamente*) freiwillig

buenaventura [bwenaβenˈtura] *f* ① (*suerte*) Glück *nt*
② (*adivinación*) Wahrsagung *f*; **decir** [*o* **echar**] **la ~ a alguien** jdm die Zukunft voraussagen

buenazo, -a [bweˈnaθo, -a] I. *adj* herzensgut, gutmütig
II. *m, f* herzensguter Mensch *m*

bueno¹ [ˈbweno] I. *interj* na gut, von mir aus
II. *m* (ENS) Note *f* 'befriedigend'

bueno, -a² [ˈbweno, -a] *adj* <mejor *fam:* más bueno, óptimo *o* bonísimo *fam:* buenísimo> *precediendo a un substantivo masculino singular:* **buen** ① (*calidad*) gut; (*tiempo*) schön; (*constitución*) stark, kräftig; (*decisión*) richtig; **~s días** guten Morgen; **buenas** (**tardes/noches**) guten Tag/Abend; **buen viaje** gute Reise [*o* Fahrt]; **un buen maestro** ein guter [*o* kompetenter] Lehrer; **una película buena** ein guter Film; **hace buen tiempo** es ist schönes Wetter; **dar algo por ~** etw gutheißen; **estar de buenas** gut aufgelegt sein; **hacer algo por las buenas** etw im Guten tun; **lo que tiene de ~ es que...** das Gute daran ist, dass ...; **por las buenas o por las malas** wohl oder übel; **de buenas a primeras** mir nichts, dir nichts
② (*apropiado*) geeignet, passend, tauglich
③ (*fácil*) gut, leicht; **el libro es ~ de leer** das Buch liest sich gut
④ (*honesto*) anständig; (*bondadoso*) mild, gütig; (*niño*) lieb, brav, artig; **un maestro ~** ein milder Lehrer; **es buena gente** das sind anständige Leute; **es muy ~ conmigo** er ist sehr gut zu mir
⑤ (*sano*) gesund
⑥ (*fam: atractivo*) attraktiv, hübsch; **está buenísima** sie sieht klasse aus
⑦ (*bastante*) beträchtlich, beachtlich (groß); **una buena cantidad de dinero** eine beträchtliche [*o* schöne] Summe Geld
⑧ (*bonito*) schön; **¡buena la has hecho!** (*fig*) da hast du etwas Schönes angerichtet!; **¡estaría ~!** (*fig*) das wäre noch schöner!; **un buen día...** eines schönen Tages ...

buey [bwej] *m* ① (ZOOL) Ochse *m*; **~ marino** Seekuh *f*; **trabajar como un ~** schuften
② (*Méx, PRico: cornudo*) betrogener Ehemann *m*, Hahnrei *m*
③ (*loc*) **no sabes con qué ~(es) aras** (*fam*) du weißt nicht mit wem du es zu tun hast; **conversar de ~es perdidos, hablar de ~es perdidos** (*RíoPl*) von alten Zeiten plaudern; **pegar ~es** (*AmC*) einschlafen

bufa [ˈbufa] *f* ① (*burla*) Spott *m*
② (*bufonada*) dummer Streich *m*, Unfug *m*; **estoy harta de tus ~s** ich habe deine Faxen satt

bufador [bufaˈðor] *m* (GEO) Erdspalte in vulkanischem Gebiet, aus der Gase ausströmen

búfalo [ˈbufalo] *m* Büffel *m*

bufanda [buˈfanda] *f* Schal *m*

bufar [buˈfar] *vi* ① (*resoplar*) schnauben; (*gato*) fauchen; **~ de rabia** vor Wut schnauben; **está que bufa** er/sie ist außer sich [*o* entrüstet]
② (*Am: oler mal*) stinken

bufé [buˈfe] *m* ① (*comida*) (kaltes) Büffet *nt*
② (*mesa*) Anrichte *f*, Büffet *nt*
③ (*local*) Bahnhofsrestaurant *nt*

bufeo [buˈfeo] *m* (*Ant, Hond, Méx: delfín*) Delphin *m*; (*tonina*) Tümmler *m*

bufet [buˈfe] *m* (*Am*) ① (*aparador*) Büfett *nt*
② (*cena fría*) kaltes Büfett *nt*
③ (*restaurante*) Restaurant *nt* eines Hotels

bufete [buˈfete] *m* ① (*escritorio*) Schreibtisch *m*
② (*despacho de abogado*) (Rechts)anwaltskanzlei *f*; **abrir ~** sich als Anwalt niederlassen
③ (*clientela*) Klientel *f*
④ (*aparador*) Büfett *nt*, Anrichtetisch *m*

buffer [ˈbafer] *m* (INFOR) Puffer *m*; **~ de impresión** Druckausgabepuffer *m*

bufido [buˈfiðo] *m* ① (*resoplido, t. fig*) (Wut)schnauben *nt*
② (*exabrupto*) Rüffel *m*, Anschnauzer *m fam*

bufo, -a [ˈbufo, -a] I. *adj* komisch, possenhaft
II. *m, f* (MÚS) Buffo *m*

bufón, -ona [buˈfon, -ona] I. *adj* närrisch
II. *m, f* ① (*bromista*) Clown *m*, Spaßmacher(in) *m(f)*
② (TEAT) (Hof)narr *m*

bufonada [bufoˈnaða] *f* ① (*burla*) Narrheit *f*, närrischer Streich *m*
② (TEAT) Posse *f*

bufonear [bufoneˈar] I. *vi* Späße machen
II. *vr:* **~se** seinen Spott treiben (*de* mit + *dat*), verspotten (*de* + *akk*)

bufonesco, -a [bufoˈnesko, -a] *adj* buffonesk

buga [ˈbuɣa] *m* (*fam: coche*) Karre *f*, Kiste *f*

buganvilla [buɣamˈbiʎa] *f* (BOT) Bougainvillea *f*

buggy [ˈbuɣi] *m* Buggy *m*

bugle [ˈbuɣle] *m* (MÚS) Bügelhorn *nt*

bugui(-)bugui [buɣiˈβuɣi] *m sin pl* (MÚS) Boogie-Woogie *m*

buhardilla [bwarˈðiʎa] *f* ① (*ventana*) Dachluke *f*
② (*desván*) Dachboden *m*
③ (*vivienda*) Mansarde *f*

búho [ˈbuo] *m* ① (ZOOL) Uhu *m*
② (*persona*) mürrischer Mensch *m*
③ (*línea de autobús*) Nachtbus *m*

buhonería [buoneˈria] *f* Hausierhandel *m*

buhonero [buoˈnero] *m* Hausierer *m*

buitre [ˈbwitre] *m* ① (ZOOL) (Aas)geier *m*
② (*persona*) Aasgeier *m*

buitrear [bwitreˈar] *vi* ① (*Am: cazar*) (Geier) jagen
② (*Chil, Perú: vomitar*) erbrechen

buitrón [bwiˈtron] *m* ① (*aparato de pesca*) (Fisch)reuse *f*
② (*red para la caza de perdices*) Kescher *m*

bujarrón [buxaˈrron] I. *adj* (*pey*) warm, schwul
II. *m* (*pey*) Homo *m*, warmer Bruder *m*

buje [ˈbuxe] *m* (TÉC) Nabe *f*, Buchse *f*

bujía [buˈxia] *f* ① (*vela*) (Wachs)kerze *f*
② (*candelero*) Leuchter *m*
③ (AUTO) Zündkerze *f*
④ (FÍS) Candela *f*

bula [ˈbula] *f* (päpstliche) Bulle *f*; **echar las ~s a alguien** die Last [*o* Verantwortung] auf jdn abwälzen; **no poder con la ~** am Ende (seiner Kräfte) sein; **tener ~ para algo** sich etw anmaßen; **no le vale la ~ de Meco** (*fam*) er/sie ist erledigt

bulario [buˈlarjo] *m* (REL) Bullarium *nt*, Sammlung *f* päpstlicher Bullen

bulbo [ˈbulβo] *m* (BOT) (Blumen)zwiebel *f*, Knolle *f*

bulboso, -a [bulˈβoso, -a] *adj* (BOT) Zwiebel-; **los tulipanes son plantas bulbosas** Tulpen sind Zwiebelpflanzen

buldog [bulˈdoɣ] <buldogs> *m* Bulldogge *f*

bule [ˈbule] *m* (*Méx:* BOT) Flaschenkürbis *m*

bulerías [buleˈrias] *fpl* andalusischer Volkstanz und Volkslied

bulevar [buleˈβar] *m* Boulevard *m*, Prachtstraße *f*

Bulgaria [bulˈɣarja] *f* Bulgarien *nt*

búlgaro¹ [ˈbulɣaro] *m* (*lengua*) Bulgarisch(e) *nt*

búlgaro, -a² [ˈbulɣaro, -a] I. *adj* bulgarisch
II. *m, f* Bulgare, -in *m, f*

bulimia [buˈlimja] *f sin pl* (MED) Bulimie *f*

bulímico, -a [buˈlimiko, -a] I. *adj* (MED) Bulimie-; **la mayoría de los pacientes ~s son chicas jóvenes** die meisten Bulimiekranken sind junge Mädchen
II. *m, f* Bulimiekranke(r) *mf*

bulla [ˈbuʎa] *f* ① (*ruido*) Lärm *m*, Krach *m*; **armar** [*o* **meter**] **~** Krach machen
② (*aglomeración*) Gedränge *nt*; (*confusión*) lärmendes Durcheinander *nt*, Tumult *m*
③ (*Arg, Col, Perú, PRico: pelea*) Handgemenge *nt*, Schlägerei *f*; **a la ~ de los cocos** (*Col*) aufs Geratewohl

bullabesa [buʎaˈβesa] *f* (GASTR) Bouillabaisse *f*

bullaje [buˈʎaxe] *m* Gedränge *nt*, (Menschen)gewühl *nt*

bullanguero, -a [buʎaŋˈɡero, -a] I. *adj* aufrührerisch
II. *m, f* Unruhestifter(in) *mf*

bull-dog [bulˈdoɣ] <bull-dogs> *m v.* **buldog**

bulldozer [bulˈdoθer] *m*, **bulldózer** [bulˈdoθer] *m* Bulldozer *m*

bullebulle [buʎeˈβuʎe] *mf* (*fam: demasiado vivaz*) Zappelphilipp *m*; (*inquieto*) unruhiger Geist *m*; (*entremetido*) Nervensäge *f*

bullicio [buˈʎiθjo] *m* ① (*ruido*) Lärm *m*, Getöse *nt*

② (*sedición*) Aufstand *m*, Aufruhr *m*
③ (*tumulto*) Unruhe *f*, Tumult *m*
bullicioso, -a [buʎi'θjoso, -a] *adj* unruhig, laut
bullidor(a) [buʎi'ðor(a)] *adj* zapp(e)lig, unruhig
bullir [bu'ʎir] <3. *pret:* bulló> I. *vi* **①** (*hervir*) kochen, sieden; (*borbotar*) sprudeln; **~ le a alguien la sangre (en las venas)** (*fig*) voller Tatendrang sein
② (*agitarse*) sich (hin- und her) bewegen, sich tummeln; (*moverse*) sich regen; **los niños bullen en el jardín** die Kinder tummeln sich im Garten
③ (*pulular, t. fig*) wimmeln; **la ciudad bulle de gente** die Stadt wimmelt von Menschen
II. *vt* bewegen, rühren; **no bulle pie ni mano** (*fig*) er/sie rührt keinen Finger
III. *vr:* **~se** sich bewegen
bulo ['bulo] *m* Gerücht *nt*
bulto ['bulto] *m* **①** (*tamaño*) Umfang *m*, Ausmaß *nt;* **de ~** sperrig; **hacer ~** (viel) Platz wegnehmen
② (*importancia*) Bedeutung *f;* (*esencia*) Kern *m;* **un error de ~** ein bedeutender Fehler; **poner algo de ~** etw hervorheben; **ser de ~** offenkundig [*o* deutlich] sein
③ (*cuerpo indistinguible*) undeutliche Gestalt *f*
④ (*fardo*) Bündel *nt*
⑤ (*paquete*) Gepäckstück *nt;* **~s voluminosos** (COM) Sperrgut *nt*
⑥ (MED) Geschwulst *f*, (An)schwellung *f*
⑦ (*estatua*) Standbild *nt*, Statue *f;* (*busto*) Büste *f*
⑧ (*loc*): **a ~** ungefähr; **buscar a alguien el ~** (*fam*) jdm an den Kragen wollen; **escurrir** [*o* **guardar**] [*o* **huir**] **el ~** (*fam*) sich (ver)drücken [*o* dünn(e) machen]; **hablar a ~** ins Blaue (hinein)reden; **menear a alguien el ~** (*fam*) jdn verprügeln
bumerán [bume'ran] *m,* **bumerang** [bume'ran] *m* Bumerang *m;* **efecto ~** Bumerangeffekt *m*
bungaló [buŋga'lo] *m,* **bungalow** [buŋga'lo] *m* Bungalow *m*
bungee ['bandʒi] *m* (DEP) Bungeespringen *nt*
búnker ['buŋker] *m* (MIL) Bunker *m*
bunkerizado, -a [buŋkeri'θaðo, -a] *adj* eingebunkert
buñolería [buɲole'ria] *f* Geschäft, in dem "*buñuelos*" hergestellt und verkauft werden
buñuelo [bu'ɲwelo] *m* **①** (*pastel*) ≈Krapfen *m* (*mit süßer oder salziger Füllung*); **~ de viento** Windbeutel *m*
② (*chapuza*) Pfusch *m*, Pfuscharbeit *f*
BUP [bup] *m abr de* **Bachillerato Unificado Polivalente** ≈(gymnasiale) Oberstufe *f*
buque ['buke] *m* **①** (*barco*) Schiff *nt;* **~ aljibe** [*o* **cisterna**] Tanker *m;* **~ insignia** Flaggschiff *nt;* **~ mercante** Handelsschiff *nt;* **~ de pasajeros** Passagierdampfer *m;* **~ portacontenedores** Containerschiff *nt;* **fuera del ~** (COM) ab Schiff; **ir en ~** mit dem Schiff fahren
② (*casco*) Schiffsrumpf *m*
③ (*cabida*) Fassungsvermögen *nt*, Raum *m*
buqué [bu'ke] *m* Bukett *nt*
buque-cisterna ['buke-θis'terna] *m* <buques-cisterna> Tanker *m*
buraco [bu'rako] *m* (*Arg, Par, Urug*) Loch *nt*
burata [bu'rata] *f* (*Ven*) Geld *nt*
burbuja [bur'βuxa] *f* (Luft)blase *f;* **~ de jabón** Seifenblase *f*
burbujeante [burβuxe'ante] *adj* sprudelnd
burbujear [burβuxe'ar] *vi* sprudeln
burbujeo [burβu'xeo] *m* Sprudeln *nt*
burchaca [bur'tʃaka] *f v.* **burjaca**
burdégano [bur'ðeɣano] *m* (ZOOL) Maulesel *m*
burdel [bur'ðel] *m* Bordell *nt*, Freudenhaus *nt*
burdeos [bus'ðeos] I. *adj* bordeaux(rot); **unos guantes (de color) ~** bordeauxrote Handschuhe
II. *m inv* Bordeaux(wein) *m*
Burdeos [bur'ðeos] *m* Bordeaux *nt*
burdo, -a ['burðo, -a] *adj* (*tosco*) grob, rau; (*mentira, excusa*) plump
burén [bu'ren] *m* (*Cuba: plancha*) Tortenblech *nt;* (*cazoleta*) Stielpfanne *f*
bureo [bu'reo] *m* Vergnügen *nt;* **ir** [*o* **salir**] **de ~** einen draufmachen *fam*
bureta [bu'reta] *f* (QUÍM) Bürette *f*
burga [bur'ɣa] *f* (GEO) warme Quelle *f*, Thermalquelle *f*
burgalés, -esa [burɣa'les, -esa] I. *adj* aus Burgos
II. *m, f* Einwohner(in) *m(f)* von Burgos
burgo ['burɣo] *m* **①** (*aldea*) Weiler *m*
② (HIST: *castillo*) Burg *f*
burgomaestre [burɣoma'estre] *m* Bürgermeister(in) *m(f)*
burgos ['burɣos] *m inv* (GASTR) Weichkäse *aus Burgos*
burgués, -esa [bur'ɣes, -esa] I. *adj* **①** (*de la clase media*) bürgerlich
② (*pey: mediocre*) spießhaft, spießbürgerlich
II. *m, f* **①** (*ciudadano*) Bürger(in) *m(f)*

② (*persona mediocre*) Spießer(in) *m(f)*, Spießbürger(in) *m(f)*
burguesía [burɣe'sia] *f* Bürgertum *nt;* **alta ~** Großbürgertum *nt;* **pequeña ~** Kleinbürgertum *nt*
burguesismo [burɣe'sismo] *m* (SOCIOL) Bürgerlichkeit *f,* bürgerliche Lebensweise *f*
buriel [bu'rjel] *adj* rotbraun, rötlichbraun
buril [bu'ril] *m* Grabstichel *m*
buriladura [burila'ðura] *f* Gravierarbeit *f*, Gravieren *nt*
burjaca [bur'xaka] *f* typische Tasche der Pilger und Bettler
burla ['burla] *f* **①** (*mofa*) Spott *m;* **hacer ~ de alguien** jdn verspotten, sich über jdn lustig machen; **hacer ~ de todo** alles ins Lächerliche ziehen
② (*broma*) Scherz *m*, Spaß *m;* **~s aparte** Spaß beiseite; **~ burlando consiguió lo que quería** er/sie hat unversehens erreicht was er/sie wollte; **entre ~s y veras** halb im Spaß; **gastar ~s con alguien** sich mit jdm einen Scherz erlauben
③ (*engaño*) (übler) Streich *m*
burladero [burla'ðero] *m* (TAUR) Schutzwand für den Stierkämpfer
burlador(a) [burla'ðor(a)] I. *adj* spöttisch
II. *m(f)* **①** (*mofador*) Spötter(in) *m(f)*
② (*bromista*) Spaßmacher(in) *m(f)*
③ (*seductor*) Verführer(in) *m(f)*
burlar [bur'lar] I. *vt* **①** (*mofarse*) verspotten
② (*engañar*) hintergehen, täuschen
③ (*frustrar*) zunichte machen, vereiteln
④ (*eludir*) umgehen, (ver)meiden; (*orden*) missachten, nicht befolgen; (*bloqueo*) brechen
⑤ (*seducir*) verführen
II. *vr:* **~se** Spaß [*o* Witze] machen; **~se de alguien/algo** sich über jdn/etw lustig machen, jdn/etw verspotten
burlería [burle'ria] *f* **①** (*engaño*) Schabernack *m;* (*burla*) Spott *m*
② (*cuento de viejas, fábula*) Märchen *nt;* **¡déjate ya de ~s!** hör auf, Geschichten zu erzählen!
burlesco, -a [bur'lesko, -a] *adj* **①** (*jocoso*) spaßig, komisch
② (LIT) burlesk, possenhaft
burlete [bur'lete] *m* (*de la ventana*) Fensterabdichtung *f;* (*de la puerta*) Türabdichtung *f*
burlón, -ona [bur'lon, -ona] I. *adj* spöttisch, höhnisch
II. *m, f* **①** (*mofador*) Spötter(in) *m(f)*
② (*guasón*) Witzbold *m*
buró [bu'ro] *m* **①** (*escritorio*) Schreibtisch *m*
② (*Am: mesa de noche*) Nachttisch *m*
burocracia [buro'kraθja] *f* Bürokratie *f*
burócrata [bu'rokrata] *mf* Bürokrat(in) *m(f)*
burocrático, -a [buro'kratiko, -a] *adj* bürokratisch
burocratismo [burokra'tismo] *m sin pl* Bürokratismus *m*
burocratización [burokratiθa'θjon] *f* Bürokratisierung *f*
burocratizar [burokrati'θar] <z→c> *vt* bürokratisieren
burrada [bu'rraða] *f* **①** (*manada*) Eselherde *f*
② (*fam: disparate*) Blödsinn *m*, Unsinn *m;* **decir ~s** Unsinn [*o* dummes Zeug] reden
③ (*fam: cantidad grande*) Unmenge *f;* **el coche gasta una ~ de gasolina** das Auto verbraucht Unmengen (von) Benzin
burreño [bu'rreno] *m* (ZOOL) *v.* **burdégano**
burro¹ ['burro] *m* **①** (*armazón*) (Säge)bock *m*
② (*Cuba, Méx, PRico: escalera*) Zimmerleiter *f*
③ (*Col, PRico: columpio*) Schaukel *f*
④ *pl* (*Arg: carrera de caballos*) Pferderennen *nt*
burro, -a² ['burro, -a] I. *adj* **①** (*tonto*) dumm, albern; **no seas burra** sei nicht albern
② (*obstinado*) stur, störrisch
II. *m, f* **①** (ZOOL) Esel(in) *m(f);* **~ de carga** (*t. fig*) Packesel *m*
② (*persona tonta*) Esel *m*, Trottel *m;* **~ cargado de letras** Fachidiot *m*
③ (*persona obstinada*) Starrkopf *m*
④ (*persona trabajadora*) Arbeitstier *m*
⑤ (*loc*): **apearse** [*o* **caer**] **del ~** nachgeben; **¡por fin caíste del ~!** endlich ist bei dir der Groschen gefallen!; **no ver tres en un ~** stockblind sein
bursátil [bur'satil] *adj* Börsen-; **agente ~** Börsenmakler *m;* **información ~** Börsenbericht *m;* **mercado ~** Wertpapierbörse *f,* Effektenmarkt *m;* **operación ~** Börsengeschäft *nt;* **sesión ~** Börsentag *m*
burundés, -esa [buruɳ'des, -esa] *adj* burundisch
bus [bus] *m* (*t.* INFOR) Bus *m;* **~ de datos** Datenbus *m;* **~ de expansión** Erweiterungsbus *m;* **~ de interfaz** Schnittstellenbus *m;* **~ local** Local Bus *m;* **~ PC** PC-Bus *m*
busaca [bu'saka] *f* **①** (*Col, Ven: bolsa*) Tasche *f*
② (*Ven: cartera*) Schulmappe *f*
busca¹ ['buska] *m* Piepser *m fam*
busca² ['buska] *f* Suche *f;* **en ~ de alguien/algo** auf der Suche nach

jdm/etw
buscabullas [buskaˈβuʎas] **I.** *adj* Unruhe stiftend
II. *mf inv* Unruhestifter(in) *m(f)*
buscador¹ [buskaˈðor] *m* (INFOR) Suchmaschine *f*
buscador(a)² [buskaˈðor(a)] **I.** *adj* Such-, suchend
II. *m(f)* Sucher(in) *m(f)*; **los ~es de oro** die Goldsucher
buscapersonas [buskaperˈsonas] *m inv* Piepser *m fam*
buscapié [buskaˈpje] *m* Stichwort *nt*, Bemerkung *f*
buscapleitos [buskaˈplejtos] *mf inv* (*Am*) Unruhestifter(in) *m(f)*
buscar [busˈkar] <c→qu> *vi, vt* ❶ (*intentar hallar*) suchen; ~ **un empleo** eine (An)stellung suchen; **enviar a alguien a ~ algo** jdn nach etw schicken; **ir** [*o* **venir**] **a ~** (ab)holen; **¿me vienes a ~ a casa?** holst du mich zu Hause ab?; **se busca camarero** Kellner gesucht
❷ (*loc*): **buscársela** sich durchschlagen; **él se la ha buscado** er hat es nicht anders gewollt
buscarruidos [buskaˈrrwiðos] *mf inv* (*fam*) Unruhestifter(in) *m(f)*, Streithahn *m*
buscatesoros [buskateˈsoros] *mf inv* Schatzsucher(in) *m(f)*
buscavidas [buskaˈβiðas] *mf inv* ❶ (*curioso*) Schnüffler(in) *m(f)*
❷ (*diligente*) Lebenskünstler(in) *m(f)*
buscón, -ona [busˈkon, -ona] **I.** *adj* diebisch, betrügerisch
II. *m, f* Dieb(in) *m(f)*, Gauner *m*
buscona [busˈkona] *f* Hure *f*
busilis [buˈsilis] *m inv* Haken *m*, Schwierigkeit *f*; **¡ahí está el ~!** da liegt der Haken!; **dar en el ~** den Nagel auf den Kopf treffen
búsqueda [ˈbuskeða] *f* (*t.* INFOR) Suche *f*; **~ binaria** (INFOR) Binärsuche *f*; **~ contextual** (INFOR) Kontextsuche *f*, kontextsensitive Suche; **~ de errores** Fehlersuche *f*; **~ en tabla** (INFOR) Tabellensuchen *nt*; **~ secuencial** (INFOR) sequenzielle Suche
bustier [busˈtjer] *m* Bustier *nt*
busto [ˈbusto] *m* ❶ (*escultura*) Büste *f*
❷ (*cuadro*) Porträt *nt*
❸ (ANAT) Oberkörper *m*
butaca [buˈtaka] *f* ❶ (*silla*) Lehnstuhl *m*
❷ (*de cine, de teatro*) Parkettsitz *m*
butacón [butaˈkon] *m* Armsessel *m*
butano [buˈtano] **I.** *adj* orange(n), orange(n)farbig
II. *m* ❶ (QUÍM) Butan(gas) *nt*
❷ (*color*) Orange *nt*
buten [ˈbuten] *m*: **de ~** (*fam*) toll, großartig
butifarra [butiˈfarra] *f* ❶ (*embutido*) katalanische Presswurst
❷ (*salchicha*) Bratwurst *f* (*aus Hackfleisch*)
❸ (*Perú: bocadillo*) Schinkensandwich *m o nt*
❹ (*Am: media*) zu weiter Strumpf *m*
butilo [buˈtilo] *m* (QUÍM: *radical derivado del butano*) Butyl *nt*; (*caucho sintético*) Butylkautschuk *m*
butrón [buˈtron] *m* (*fam*) Einbruch *m*
buzo [ˈbuθo] *m* ❶ (*buceador*) Taucher *m*
❷ (*mono*) Overall *m*
buzón [buˈθon] *m* ❶ (*de correos*) Briefkasten *m*; **~ electrónico** (INFOR) Mailbox *f*; **~ de voz** (INFOR) Voicemail *f*; **echar una carta en el ~** einen Brief einwerfen
❷ (*canal*) Abzugskanal *m*
❸ (*tapón*) Stöpsel *m*
buzoneo [buθoˈneo] *m* Briefkastenwerbung *f*, Postwerbung *f*
byte [bajt] *m* (INFOR) Byte *nt*; **~ de control** Prüfbyte *nt*

C

C, c [θe] *f* C, c *nt*; **~ de Carmen** C wie Cäsar
C/ [ˈkaʎe] *abr de* **calle** Str.
caá [kaˈa] *m* (*CSur*) ❶ (*planta*) Matestrauch *m*
❷ (*hojas*) (feingemahlener) Mate(tee) *m*
cabal [kaˈβal] **I.** *adj* ❶ (*exacto*) genau
❷ (*completo*) vollständig
❸ (*persona*) redlich
II. *m*: **no estar en sus ~es** nicht alle Tassen im Schrank haben *fam*
cábala [ˈkaβala] *f* ❶ (REL) Kabbala *f*
❷ (*intriga*) Intrige *f*
❸ *pl* (*suposición*) Mutmaßungen *fpl*; **¡deja ya de hacer ~s!** hör auf mit deinen ewigen Mutmaßungen!
cabalgada [kaβalˈɣaða] *f* ❶ (*jornada a caballo*) (Tages)ausritt *m*; **después de la ~ me dolían los huesos** nach dem Tag im Sattel taten mir alle Knochen weh
❷ (HIST, MIL) Reitertrupp *m*

cabalgadura [kaβalɣaˈðura] *f* (*de montura*) Reittier *nt*; (*de carga*) Lasttier *nt*
cabalgamiento [kaβalɣaˈmjento] *m* (LIT) Enjambement *nt*
cabalgar [kaβalˈɣar] <g→gu> **I.** *vi* reiten; **~ a lomos de** [*o* **sobre**] **un camello** auf einem Kamel reiten; **~ sobre una tapia** rittlings auf einer Mauer sitzen
II. *vt* ❶ (*andar a caballo*) reiten; **~ un camello** ein Kamel reiten
❷ (*montarse*) besteigen
❸ (*el macho a la hembra*) bespringen
cabalgata [kaβalˈɣata] *f* ❶ (*grupo*) Reitertrupp *m*
❷ (*paseo a caballo*) (Aus)ritt *m*
❸ (*desfile*) (Reiter)umzug *m*; **~ de Reyes** Umzug am Vortag des Dreikönigstages
cabalista [kaβaˈlista] *mf* ❶ (REL) Kabbalist(in) *m(f)*
❷ (*intrigante*) Intrigant(in) *m(f)*, Ränkeschmied *m*
cabalístico, -a [kaβaˈlistiko, -a] *adj* ❶ (*incomprensible*) unverständlich
❷ (*misterioso*) geheimnisvoll
caballa [kaˈβaʎa] *f* Makrele *f*
cabailada [kaβaˈʎaða] *f* ❶ (*manada*) Pferdeherde *f*
❷ (*Am: animalada*) Unfug *m*
caballar [kaβaˈʎar] *adj* Pferde-; **cría ~** Pferdezucht *f*
caballear [kaβaʎeˈar] *vi* (*fam*) oft ausreiten; **anda todo el día caballeando por ahí** er/sie verbringt den ganzen Tag mit Reiten
caballerango [kaβaʎeˈraŋɡo] *m* (*Méx*) Stallbursche *m*, Pferdeknecht *m*
caballeresco, -a [kaβaʎeˈresko, -a] *adj* ❶ (HIST) Ritter-; **torneos ~s** Ritterkampfspiele *ntpl*
❷ (*galante*) ritterlich, kavalier(s)mäßig
caballerete [kaβaʎeˈrete] *m* (*pey*) Früchtchen *nt*; **¡~!** mein Freundchen!
caballería [kaβaʎeˈria] *f* ❶ (*montura*) Reittier *nt*
❷ (MIL) Kavallerie *f*; **~ ligera** (MIL) leichte Kavallerie
caballeriza [kaβaʎeˈriθa] *f* Reitstall *m*
caballerizo [kaβaʎeˈriθo] *m* Stallbursche *m*; (HIST: *oficial*) Stallmeister *m*
caballero [kaβaˈʎero] *m* ❶ (*señor*) Herr *m*; **¡damas y ~s!** meine Damen und Herren!
❷ (*noble, galán*) Kavalier *m*; **es todo un ~** er ist ein richtiger Gentleman
❸ (HIST: *de una orden*) Ritter *m*
caballerosidad [kaβaʎerosiˈðað] *f* ❶ (*galantería*) Höflichkeit *f*
❷ (*generosidad*) Großmut *f*
caballeroso, -a [kaβaʎeˈroso, -a] *adj* ❶ (*galante*) höflich, kavalier(s)mäßig
❷ (*generoso*) großmütig
caballeta [kaβaˈʎeta] *f* (ZOOL) Heuschrecke *f*
caballete [kaβaˈʎete] *m* ❶ (*para una plataforma*) Bock *m*
❷ (*para un cuadro*) Staffelei *f*
❸ (ARQUIT) Dachgiebel *m*
caballista [kaβaˈʎista] *mf* ❶ (*entendido en caballos*) Pferdekenner(in) *m(f)*
❷ (*buen jinete*) guter Reiter *m*, gute Reiterin *f*
caballito [kaβaˈʎito] *m* ❶ (ZOOL): **~ del diablo** Libelle *f*; **~ de mar** Seepferdchen *nt*
❷ (*juguete: mecedor*) Schaukelpferd *nt*; (*de palo*) Steckenpferd *nt*
❸ *pl* (*en una feria*) Karussell *nt*
caballo [kaˈβaʎo] *m* ❶ (*animal*) Pferd *nt*; **~ blanco** Schimmel *m*; **~ de carreras/de cría** Renn-/Zuchtpferd *nt*; **~ negro** Rappe *m*; **a ~** zu Pferde; **ir a ~** reiten
❷ (*ajedrez*) Springer *m*, Pferd *nt*
❸ (DEP): **~ (de saltos)** (Sprung)pferd *nt*
❹ (*naipes*) ≈Dame *f* (*zweithöchste Karte im spanischen Kartenspiel*)
❺ (*argot: heroína*) Heroin *nt*
❻ (*loc*): **~ de batalla** (*fig*) Kernpunkt *m*, Hauptsache *f*; **~ de vapor** Pferdestärke *f*; **una dosis de ~** eine riesige Dosis; **a ~ regalado no le mires el diente** (*prov*) einem geschenkten Gaul schaut man nicht ins Maul
caballón [kaβaˈʎon] *m* (AGR) Furchenrücken *m*, Kamm *m*
caballuno, -a [kaβaˈʎuno, -a] *adj* ❶ (*relativo al/como un caballo*) Pferde-
❷ (*persona*) plump
cabaña [kaˈβaɲa] *f* ❶ (*choza*) Hütte *f*
❷ (AGR) Viehbestand *m*; **la ~ vacuna española** der Rinderbestand in Spanien
❸ (*Arg: granja*) Farm *f*, Ranch *f* (*für Zuchtzwecke*)
cabañal [kaβaˈɲal] **I.** *adj* (*de ganado*) Vieh-; **vereda ~** Viehtrift *f*
II. *m* Katendorf *nt*
cabañero, -a [kaβaˈɲero, -a] **I.** *adj* (*de casa pequeña*) Hütten-; (*de recua*) Herden-
II. *m, f* Viehhirte, -in *m, f*; (*de ovejas*) Schäfer(in) *m(f)*

cabaré [kaβa're] *m*, **cabaret** [kaβa're] *m* <cabarets> Kabarett *nt*; (*local nocturno*) (zwielichtiges) Nachtlokal *nt*
cabaretera [kaβare'tera] *f* ❶ (*que trabaja en un cabaret*) Animierdame *f*
❷ (*de mala fama*) Lebedame *f*
cabecear [kaβeθe'ar] **I.** *vi* ❶ (*mover la cabeza*) den Kopf schütteln
❷ (*dormitar*) einnicken
❸ (*carga*) schaukeln, hin und her rutschen
❹ (NÁUT) stampfen
II. *vt* (DEP) köpfen
cabeceo [kaβe'θeo] *m* Hin- und Herbewegung *f*; (NÁUT) Stampfen *nt*; (*con la cabeza*) Nicken *nt*
cabecera [kaβe'θera] *f* ❶ (*de una cama*) Kopfende *nt*; **médico de ~** Hausarzt *m*; **estar a la ~ de alguien** (*fig*) jdn pflegen
❷ (*de la mesa*) Stirnseite *f*; (*plaza de honor*) Ehrenplatz *m*
❸ (*población principal*) Bezirkshauptstadt *f*
❹ (*del periódico*) Titelzeile *f*, Zeitungskopf *m*
❺ (*origen*) Ursprung *m*; (*de un río*) Oberlauf *m*
cabecero [kaβe'θero] *m* Kopfteil *m o nt*
cabeciduro, -a [kaβeθi'ðuro, -a] *adj v.* **cabezón**²
cabecilla [kaβe'θiʎa] *mf* Anführer(in) *m(f)*, Rädelsführer(in) *m(f)*
cabellera [kaβe'ʎera] *f* ❶ (*de la cabeza*) (Kopf)haar *nt*, Haare *ntpl*; (*abundante*) Mähne *f*; **arrancar la ~ a alguien** jdn skalpieren
❷ (ASTR) Schweif *m*
cabello [ka'βeʎo] *m* Haar(e) *nt(pl)*; **~ de ángel** (GASTR) Kuchenfüllung *f* aus kandiertem Kürbis; **se le pusieron los ~s de punta** ihm/ihr standen die Haare zu Berge; **traído por los ~s** an den Haaren herbeigezogen
cabelludo, -a [kaβe'ʎuðo, -a] *adj* behaart; **cuero ~** Kopfhaut *f*
caber [ka'βer] *irr vi* ❶ (*tener espacio*) (hinein)passen (en in +*akk*); **no ~ en sí de...** außer sich *dat* sein vor ...; **no cabe un alfiler** es ist brechend voll; **no me cabe en la cabeza** ich kann es nicht fassen; **no le cabe el corazón en el pecho** ihm/ihr geht das Herz über; **esta falda no me cabe** dieser Rock passt mir nicht
❷ (*pasar*) durchgehen (*por* durch +*akk*), durchpassen (*por* durch +*akk*)
❸ (*loc*): **cabe la posibilidad de que...** +*subj* es besteht die Möglichkeit, dass ...; **me cabe el honor de...** ich habe die Ehre zu ...; **dentro de lo que cabe** alles in allem, den Verhältnissen [*o* Umständen] entsprechend; **no cabe duda (de que...)** es steht außer Zweifel(, dass ...)
cabestrar [kaβes'trar] *vt* anhalftern
cabestrillo [kaβes'triʎo] *m* Schlinge *f*; **llevar un brazo en ~** einen Arm in einer Schlinge tragen
cabestro [ka'βestro] *m* ❶ (*ronzal*) Halfter *m o nt*
❷ (*cuerda*) Strick *m*
❸ (*animal*) Leitochse *m* (*einer Stierherde*)
cabeza¹ [ka'βeθa] *f* ❶ (*t.* ANAT, TÉC) Kopf *m*; **~ de ajo** Knoblauchknolle *f*; **~ de alfiler** Stecknadelkopf *m*; **~ atómica** Atomsprengkopf *m*; **~ de chorlito** (*fam*) Wirrkopf *m*; **~ de escritura** (INFOR) Schreibkopf *m*; **~ láser** Laserkopf *m*; **~ de lectura** [*o* **lectora**] (INFOR) Lesekopf *m*; **~ de partido** Bezirkshauptstadt *f*; **~ de serie** (DEP) Gruppenerste(r) *mf*; **~ sonora** Tonkopf *m*; **~ de turco** (*fam*) Sündenbock *m*; **~ arriba** aufrecht; **de ~** kopfüber; (*fig*) Hals über Kopf; **abrirse** [*o* **romperse**] **la ~** sich *dat* den Kopf einschlagen; (*en el suelo*) mit dem Kopf aufschlagen; **bajar la ~** (*fam: avergonzarse*) (vor Scham) die Augen niederschlagen; (*acatar algo*) klein beigeben; **12 euros por ~** 12 Euro pro Kopf; **asentir/negar con la ~** nicken/den Kopf schütteln; **con tanto griterío se me ha cargado la ~** (*fam*) mir dröhnt der Schädel von diesem Geschrei; **darse con la ~ contra la pared** (*fam*) sich *dat* die Haare ausraufen; **el vino se me subió a la ~** der Wein ist mir zu Kopf gestiegen; **se me va la ~** mir wird schwindelig; **de la ~ a los pies** von Kopf bis Fuß; **romper la ~ a alguien** jdm auf die Nerven gehen, jdn nerven *fam*; **estar mal** [*o* **tocado**] **de la ~** (*fam*) einen Vogel haben, nicht (mehr) alle Tassen im Schrank haben; **ir de ~ por algo** (*fam: tener problemas*) durch etw *dat* zu schaffen bekommen; (*desear*) auf etw scharf sein, sich *dat* nach etw *dat* die Finger lecken; **jugarse la ~** Kopf und Kragen riskieren; **métetelo en la ~** schreib's dir hinter die Ohren; **algo se le pasa a alguien por la ~** jdm geht etw durch den Kopf; **perder la ~** den Kopf verlieren; **esto no me cabe en la ~** das kann ich nicht fassen; **quitar a alguien algo de la ~** jdn von etw *dat* abbringen; **quitarse algo de la ~** sich *dat* etw aus dem Kopf schlagen; **me arde la ~** mir raucht der Kopf; **calentarse** [*o* **romperse**] **la ~ con algo** sich den Kopf über etw zerbrechen; **sentar la ~** sich in geordnete Bahnen begeben; **tener buena/mala ~** ein gutes/schlechtes Gedächtnis haben; **tener la ~ dura** dickköpfig sein; **tener la ~ llena de pájaros** (*fam*) ein Wirrkopf sein; **traer de ~** Kummer machen; **levantar ~** sein Tief überwinden; **escarmentar en ~ ajena** aus fremdem Schaden klug werden; **volver la ~ a alguien** (*ignorar*) jdn wie Luft behandeln; (*fam: negar ayuda*) jdn hängen lassen
❷ (*intelecto*) Kopf *m*, Verstand *m*; **este chico tiene ~** dieser Junge ist ein kluger Kopf; **tener ~ para los negocios** Geschäftssinn haben, geschäftstüchtig sein
❸ (*extremo*) Spitze *f*; **~ de puente** (MIL) Brückenkopf *m*; **estar a la ~ de algo** an der Spitze von etw *dat* stehen, etw *dat* vorstehen; **ir en ~** (DEP) führen
❹ (AGR: *res*) Stück *nt*
cabeza² [ka'βeθa] *m* ❶ (*líder*) (An)führer *m*, Leiter *m*; **~ de familia** Familienoberhaupt *nt*; **~ de lista** Spitzenkandidat *m*
❷ (*loc*): **~ rapada** Skinhead *m*
cabezada [kaβe'θaða] *f* Schlag *m* (auf den Kopf); **dar** [*o* **echar**] **una ~** (*fam*) ein Nickerchen machen
cabezal [kaβe'θal] *m* ❶ (*almohada*) Kopfkissen *nt*
❷ (TÉC) Kopf *m*, Kopfstück *nt*; **~ de escritura** (INFOR) Schreibkopf *m*; **~ de grabación** (INFOR) Druckkopf *m*; **choque del ~** (INFOR) Headcrash *m*
cabezalero, -a [kaβeθa'lero, -a] *m, f* (JUR) Testamentsvollstrecker(in) *m(f)*
cabezazo [kaβe'θaθo] *m* ❶ (*golpe*) Schlag *m* (auf den Kopf); **dar** [*o* **pegar**] **un ~ a alguien** jdm einen Schlag auf den Kopf versetzen; **darse** [*o* **pegarse**] **un ~** sich *dat* den Kopf anstoßen; **me daría (de) ~s** (*fam*) ich könnte vor Wut in die Luft gehen
❷ (DEP) Kopfball *m*
cabezo [ka'βeθo] *m* Anhöhe *f*
cabezón¹ [kaβe'θon] *m* (*cabeza*) großer Kopf *m*
cabezón, -ona² [kaβe'θon, -ona] **I.** *adj* ❶ (*de cabeza grande*) großköpfig
❷ (*fam: obstinado*) dickköpfig, stur; **¡no seas ~!** sei doch nicht so dickköpfig!
II. *m, f* Dickkopf *m*, Starrkopf *m*
cabezonada [kaβeθo'naða] *f* (*fam*), **cabezonería** [kaβeθone'ria] *f* (*fam*) Sturheit *f*, Dickköpfigkeit *f*
cabezota [kaβe'θota] *adj o mf v.* **cabezón**²
cabezudo¹ [kaβe'θuðo] *m* Figur bei Festumzügen mit einem riesigen Pappkopf
cabezudo, -a² [kaβe'θuðo, -a] *adj o m, f v.* **cabezón**²
cabezuela [kaβe'θwela] *f* ❶ (BOT) (Blüten)köpfchen *nt*
❷ (*vino*) (Hefe)trub *m*, Trubstoff *m*
❸ (*harina*) Kleienmehl *m*
cabida [ka'βiða] *f* Fassungsvermögen *nt*; **el estadio da ~ a 7000 personas** das Stadion fasst 7000 Personen; **tener ~** (*fig*) in Betracht kommen
cabila [ka'βila] *f* Kabylen *mpl*
cabildo [ka'βildo] *m* ❶ (*ayuntamiento*) Gemeinderat *m*; (*en las Islas Canarias*) Inselrat *m*
❷ (*en la Iglesia Católica*) Domkapitel *nt*
❸ (*cofradía*) Zunft *f*
cabilla [ka'βiʎa] *f* ❶ (NÁUT) (*barra de hierro*) Bolzen *m*
❷ (*barrita de madera o metal*) Handspeiche *f*
cabillo [ka'βiʎo] *m* (BOT) Stengel *m*, Stiel *m*
cabina [ka'βina] *f* ❶ (*pequeño departamento*) Kabine *f*; (*en la playa*) Umkleidekabine *f*; **~ electoral** Wahlkabine *f*; **~ de pasajeros** Passagierraum *m*; **~ telefónica** [*o* **de teléfonos**] Telefonzelle *f*
❷ (AUTO) Führerhaus *nt*; **~ del piloto** Cockpit *nt*
❸ (TÉC): **~ de control** Regieraum *m*; **~ de proyección** Filmvorführraum *m*; **~ de radio** Funkraum *m*
cabinera [kaβi'nera] *f* (Col) Flugbegleiterin *f*, Stewardess *f*
cabizbajo, -a [kaβiθ'βaxo, -a] *adj* mit gesenktem Kopf; (*triste*) niedergeschlagen
cable ['kaβle] *m* ❶ (ELEC) Kabel *nt*; **~ de alimentación** Zuleitung *f*; **~ coaxial** Koaxialkabel *nt*; **~ de conexión a tierra** Erdungskabel *nt*; **~ de impresora** Druckerkabel *nt*; **~ telefónico** Telefonkabel *nt*; **televisión por ~** Kabelfernsehen *nt*; **se le cruzaron los ~s** (*fam*) er/sie hat [*o* ist] durchgedreht
❷ (NÁUT) Seil *nt*, Tau *nt*
❸ (*del funicular*) Drahtseil *nt*, Kabel *nt*
❹ (*telegrama*) Telegramm *nt*; **echar un ~ a alguien** (*fam*) jdm aus der Klemme helfen
cableado [kaβle'aðo] *m* Verkabelung *f*
cablegrafiar [kaβleɣrafi'ar] <1. *pres*: cablegrafío> *vt* kabeln, telegrafieren
cablegráfico, -a [kaβle'ɣrafiko, -a] *adj* (TEL) Kabel-; **noticia cablegráfica** Kabeltelegramm *nt*
cablegrama [kaβle'ɣrama] *m* Überseetelegramm *nt*
cablero, -a [ka'βlero, -a] *adj* (NÁUT) Kabel-; **buque ~** Kabelleger *m*, Kabelschiff *nt*
cablevisión [kaβleβi'sjon] *f* (TEL) Kabelfernsehen *nt*
cabo ['kaβo] *m* ❶ (*extremo, punta*) Ende *nt*, Extrem *nt*; **llevar a ~** durchführen, vollbringen; **al fin y al ~** letzten Endes; **de ~ a rabo** von A bis Z; **estar al ~ de la calle** (*fam*) dahinter gekommen sein
❷ (GEO) Kap *nt*; **C~ de Buena Esperanza** Kap der Guten Hoffnung; **C~ de Hornos** Kap Hoorn; **Ciudad del C~** Kapstadt *nt*

cabotaje

③ (MIL) Gefreite(r) *m*
④ (NÁUT) Seil *nt*; **no consigo atar** [*o* **reunir**] **~s** (*fam*) ich kann mir keinen Reim darauf machen; **no dejar ningún ~ suelto** keinen Punkt außer Acht lassen
⑤ (*loc*) **al ~ de** nach +*dat*; **al ~ de tres años** nach drei Jahren, drei Jahre später

cabotaje [kaβo'taxe] *m* ① (NÁUT) Küstenschifffahrt *f*
② (JUR) Kabotage *f*

cabra ['kaβra] *f* Ziege *f*; **~ montés** Steinbock *m*; **estar como una ~** (*fam*) spinnen; **la ~ siempre tira al monte** (*prov*) die Katze lässt das Mausen nicht

cabracho [ka'βratʃo] *m* (ZOOL) Großer Drachenkopf *m*, Meersau *f*
cabrahigal [kaβrai'ɣal] *m* (BOT) Bocksfeigenhain *m*
cabrahígo [kaβra'iɣo] *m* (BOT) ① (*árbol*) Bocksfeigenbaum *m*, Caprifeige *f*
② (*fruto*) Bocksfeige *f*, Caprifeige *f*

cabrajo [ka'βraxo] *m* (ZOOL) Hummer *m*
cabrales [ka'βrales] *m inv* asturischer Käse aus Kuh-, Schafs- und Ziegenmilch
cabreante [kaβre'ante] *adj* (*fam*) (sehr) ärgerlich; **¡ésto sí que es ~!** das ist wirklich ärgerlich!
cabrear [kaβre'ar] **I.** *vt* (*fam*) wütend machen, auf die Palme bringen; **estar cabreado** stinksauer sein
II. *vr*: **-se** (*fam*) wütend sein, auf der Palme sein
cabreo [ka'βreo] *m* (*fam*) Wut *f*, Ärger *m*; **¡qué ~!** so ein Ärger!; **cogió un ~ tremendo** er/sie wurde ganz schön sauer
cabrería [kaβre'ria] *f* ① (*local*) Ziegenmeierei *f*
② (*choza*) *v.* **cabreriza**
cabreriza [kaβre'riθa] *f* Ziegenstall *m* (*in dem Hirten und Herde übernachten*)
cabrero, -a [ka'βrero, -a] *m, f* Ziegenhirt(in) *m(f)*
cabrestante [kaβres'tante] *m* ① (TÉC) Winde *f*
② (NÁUT) Spill *nt*
cabria ['kaβrja] *f* Hebekran *m*, Winde *f*
cabrilla [ka'βriʎa] *f* ① (ZOOL) Kleiner Sägebarsch *m*
② (*de los carpinteros*) Dreibein *nt*, dreibeiniger Bock *m*
③ (*juego*) Kieselschnellen *nt*
④ *pl* (*mar*) kleine Wellen mit Schaumkämmen
cabrillear [kaβriʎe'ar] *vi* ① (*olas*) kleine Wellen mit Schaumkämmen bilden
② (*reflejar una luz*) glitzern
cabrio ['kaβrjo] *m* (ARQUIT) ① (*madero del tejado*) (Dach)sparren *m*
② (*madero de construcción*) Deckenbalken *m*
cabrío, -a [ka'βrio, -a] *adj* Ziegen-; **macho ~** Ziegenbock *m*
cabriola [ka'βrjola] *f* Kapriole *f*; **hacer ~s** herumspringen
cabriolar [kaβrjo'lar] *vi* ① (*danzando*) Luftsprünge machen; (*con contorsión*) Pirouetten springen; (*caballo*) Bockssprünge vollführen
cabriolé [kaβrjo'le] *m* Kabrio(lett) *nt*, Cabrio(let) *nt*
cabriolear [kaβrjole'ar] *vi v.* **cabriolar**
cabrita [ka'βrita] *f v.* **cabrito**
cabritilla [kaβri'tiʎa] *f* Glacéleder *nt*
cabritillo, -a [kaβri'tiʎo, -a] *m, f* Zicklein *nt*, Geißlein *nt*
cabrito, -a [ka'βrito, -a] *m, f* ① (*animal*) Zicklein *nt*, Geißlein *nt*
② (*vulg pey: persona*) Arschloch *m*
cabro ['kaβro] *m* (*AmS*) Junge *m*
cabrón¹ [ka'βron] *m* ① (*animal*) Ziegenbock *m*
② (*vulg pey: cornudo*) Hahnrei *m*
cabrón, -ona² [ka'βron, -ona] *m, f* (*vulg pey*) Scheißkerl, -weib *m, f*, fiese Sau *f*, Arschloch *m*
cabronada [kaβro'naða] *f* (*vulg pey*) Sauerei *f fam*, hundsgemeine Schikane *f fam*
cabronazo [kaβro'naθo] *m* (*vulg pey*) Riesenarschloch *m*
cabroncete [kaβron̩'θete] *m* (*vulg pey*) kleiner Scheißer *m*, kleines Arschloch *nt*
cábula ['kaβula] *f* ① (*Arg, Par: amuleto*) Amulett *nt*
② (*Arg*) *v.* **cábala**
③ (*Chil, Méx, Perú, PRico: ardid*) List *f*
caburé [kaβu're] *m* (ZOOL) Brasilianischer Sperlingskauz *m*
cabuya [ka'βuʝa] *f* ① (BOT: *agave*) Faseragave *f*; (*pita*) Pita *f*
② (BOT: *fibra de agave*) Agavenfaser *f*; (*de pita*) Pitafaser *f*
caca ['kaka] *f* (*fam*) ① (*excremento*) Kot *m*; (*lenguaje infantil*) Aa *nt*; **hacer ~** Aa machen
② (*chapuza*) Mist *m*, Kacke *f*; **¡vaya ~!** so eine Kacke!, so ein Mist!; **¡~!** bä!, pfui!
cacahuate [kaka'wate] *m* (*Méx*) *v.* **cacahuete**
cacahuatl [kaka'waθl] *m sin pl* (*Méx*) Kakao *m*
cacahué [kaka'we] *m* (BOT) *v.* **cacahuete**
cacahuete [kaka'wete] *m* Erdnuss *f*
cacalote [kaka'lote] *m* (*AmC*) ① (GASTR) Popcorn *nt*, Puffmais *m*
② (*fam: disparate*) Quatsch *m*

cacao [ka'kao] *m* ① (*planta, polvo*) Kakao *m*
② (*fam: jaleo*) Radau *m*; (*confusión*) Wirrwarr *m*, Durcheinander *nt*; **~ mental** Verwirrung *f*
③ (*Am*): **pedir ~** sich ergeben; **no valer un ~** nichts wert sein
cacaotal [kakao'tal] *m* (BOT) Kakaoplantage *f*
cacarear [kakare'ar] **I.** *vi* ① (*gallinas*) gackern; (*gallo*) krähen
② (*pey: mujeres*) gackeln, gackern
③ (*fam: presumir*) aufschneiden, sich aufspielen, sich aufblähen
II. *vt* (*fam*) ① (*presumir*) angeben (mit +*dat*)
② (*pregonar*) herumerzählen, ausposaunen; **la tan cacareada puntualidad alemana** die viel gerühmte deutsche Pünktlichkeit
cacareo [kaka'reo] *m* (*gallina*) Gackern *nt*; (*gallo*) Krähen *nt*; **el ~ del gallo me despertó** vom Krähen des Hahns wurde ich wach
cacarizo, -a [kaka'riθo, -a] *adj* (*Méx*) pockennarbig
cacastle [ka'kasᵈle] *m* (*AmC, Méx*) Skelett *nt*
cacatúa [kaka'tua] *f* ① (ZOOL) Kakadu *m*
② (*fam: mujer*) Vogelscheuche *f*
cacear [kaθe'ar] *vt* (mit dem Schöpflöffel) umrühren
cacereño, -a [kaθe'reɲo, -a] **I.** *adj* aus Cáceres
II. *m, f* Einwohner(in) *m(f)* von Cáceres
cacería [kaθe'ria] *f* ① (*partida*) Jagd *f*
② (*personas*) Jagdgesellschaft *f*
③ (*piezas*) Jagdbeute *f*
cacerola [kaθe'rola] *f* (flacher) Kochtopf *m*, Kasserolle *f*; (*de barro*) Auflaufform *f*
cacerolada [kaθero'laða] *f* Protestzug, bei dem mit Töpfen Radau gemacht wird
cacha ['katʃa] *f* Ummantelung *f* (*eines Schaftes*)
cachaco¹ [ka'tʃako] *m* (*Perú: pey: policía*) Bulle *m*; (*militar*) Soldat *m*
cachaco, -a² [ka'tʃako, -a] **I.** *adj* ① (*Col: caballeroso*) manierlich; (*elegante*) elegant, modebewusst
② (*Col, Ecua, Ven: pey: engreído*) geckenhaft
II. *m, f* (*PRico*) spanischer Landbesitzer *m*, spanische Landbesitzerin *f*
cachafaz [katʃa'faθ] *adj* (*AmS*) frech
cachalote [katʃa'lote] *m* (ZOOL) Pottwal *m*
cachano [ka'tʃano] *m* (*fam: demonio*) Teufel *m*
cachar [ka'tʃar] *vt* ① (*AmC, Col, Chil: cornear*) auf die Hörner nehmen, mit den Hörnern aufspießen
② (*Arg, Nic, Urug: asir*) (an)fassen, (er)greifen
③ (*AmC: hurtar*) stehlen
④ (*Arg, Chil: agarrar*) erwischen
⑤ (*Am: al vuelo*) auffangen
⑥ (*Chil: sospechar*) vermuten
⑦ (*AmS: fam: burlarse*) foppen, verarschen *vulg*
cacharpas [ka'tʃarpas] *fpl* (*AmS*) Krempel *m fam*, Krimskrams *m fam*
cacharrazo [katʃa'rraθo] *m* ① (*golpe*) Aufprall *m*; **pegarse un ~ con el coche** einen Unfall bauen
② (*sonido*) Geklirr *nt*
cacharrería [katʃarre'ria] *f* ① (*tienda*) Töpferladen *m*; **como un elefante en una ~** wie ein Elefant im Porzellanladen
② (*trastos*) Krempel *m fam*; **vete con tu ~ a otra parte** scher dich mit deinem Krempel woandershin *fam*
cacharrero, -a [katʃa'rrero, -a] *m, f* (*oficio*) Töpferwarenhändler(in) *m(f)*
cacharro [ka'tʃarro] *m* ① (*recipiente*) Topf *m*
② (*fam pey: aparato*) Schrott *m*; **eso está hecho un ~** das ist nur noch Schrott
③ (*fam pey: trasto*) Kram *m*; **¡quita ese ~ de ahí!** nimm das Zeug da weg!
cachas¹ ['katʃas] **I.** *adj inv* ① (*fam: fuerte*) kräftig, gut gebaut
② (*vulg: sexy*) scharf *fam*, heiß *fam*; **¡qué tía/tío más ~!** das ist aber eine scharfe Braut/ein scharfer Typ!
II. *fpl* (*fam: trasero*) Hinterbacken *fpl*, Hintern *m*; **estar enamorado hasta las ~** bis über beide Ohren verliebt sein
② (*Chil: burla*) Spott *m*
cachas² ['katʃas] *mf inv* ① (*fam: hombre fuerte*) Muskelmann *m*, Muskelpaket *nt*; (*mujer*) muskulöse Frau *f*
② (*vulg: persona atractiva*) heißer Typ *m fam*, scharfe Braut *f fam*
cachava [ka'tʃaβa] *f* (*bastón*) Krummstab *m*
cachaza [ka'tʃaθa] *f* ① (*sosiego*) Gelassenheit *f*; **tener mucha ~** sehr gelassen sein, die Ruhe selbst sein
② (*flema*) Phlegma *nt*
cachazudo, -a [katʃa'θuðo, -a] *adj* ① (*sosegado*) gelassen
② (*flemático*) phlegmatisch
caché [ka'tʃe] *m* (INFOR) Cache-Speicher *m*
cachear [katʃe'ar] *vt* durchsuchen, filzen *argot*
cachelos [ka'tʃelos] *mpl* (GASTR) ① (*reg: patatas*) Salzkartoffeln *fpl*
② (*reg: guiso*) galizisches Gericht aus Fleisch oder Fisch mit Kartoffeln

cachemir

und Paprikaschoten
cachemir [katʃe'mir] *m*, **cachemira** [katʃe'mira] *f* ❶ *(tejido)* Kaschmir *m* ❷ *(estampado)* Paisley(muster) *nt*
cacheo [ka'tʃeo] *m* Leibesvisitation *f*, Filzen *nt argot*
cacheta [ka'tʃeta] *f (parte de la cerradura)* Zuhaltung *f*
cachetada [katʃe'taða] *f* Ohrfeige *f*
cachete [ka'tʃete] *m* ❶ *(golpe)* Klaps *m* ❷ *(carrillo)* Pausbacke *f*
cachetear [katʃete'ar] *vt (Am)* ohrfeigen
cachetina [katʃe'tina] *f* ❶ *(pelea)* Prügelei *f (mit Ohrfeigen)* ❷ *(zurra)* Tracht *f* Prügel, Hiebe *mpl;* **darle una ~ a alguien** jdn verprügeln
cachetón, -ona [katʃe'ton, -ona] *adj (Am: mofletudo)* pausbäckig
cachicán [katʃi'kan] *m (fam)* ❶ *(capataz)* Vorarbeiter *m* ❷ *(fig: astuto)* Schlauberger *m*
cachidiablo [katʃi'ðjaβlo] *m (fam)* Verkleidung *f* als Teufel; **me disfracé de ~** ich verkleidete mich als Teufel
cachifollar [katʃifo'ʎar] *vt (vulg)* in den Dreck ziehen *fam*
cachigordo, -a [katʃi'ɣorðo, -a] *adj (fam)* pummelig
cachimba [ka'tʃimba] *f* ❶ *(Am: pipa)* Pfeife *f* ❷ *(Am: cartucho vacío)* Patronenhülse *f* ❸ *(Cuba: pey: mujer)* Schlampe *f* ❹ *(Chil: revólver)* Pistole *f* ❺ *(Méx: vulva)* Scheide *f* ❻ *(Urug: fuente)* Brunnen *m*
cachipodar [katʃipo'ðar] *vt* (AGR) (leicht) zurückschneiden
cachipolla [katʃi'poʎa] *f* (ZOOL) *(Gemeine)* Eintagsfliege *f*
cachiporra [katʃi'porra] *f* I. *adj (Arg, Chil: engreído)* eingebildet II. *f* Knüppel *m*
cachirulo [katʃi'rulo] *m* ❶ *(pañuelo)* geknotetes Kopftuch der aragonischen Männertracht ❷ *(recipiente: jarra)* Schnapskrug *m;* (*botella*) Schnapsflasche *f*
cachivache [katʃi'βatʃe] *m (fam)* ❶ *(pey: persona)* Trottel *m* ❷ *pl (trasto)* Krempel *m*, Kram *m*
cachivaches [katʃi'βatʃes] *mpl* Plunder *m*, Ramsch *m pey*
cacho¹ ['katʃo] *m* ❶ *(fam: pedazo)* Brocken *m*, Stückchen *nt;* (*de cristal*) Scherbe *f* ❷ *(Arg, Col, Méx, Perú: cuerno)* Horn *nt* ❸ *(CRi, Chil, Ecua, Ven: burla)* Spott *m*
cacho, -a² ['katʃo, -a] *adj* nach unten gebogen, (herunter)hängend
cachonda [ka'tʃonda] *adj o f v.* **cachondo**
cachondear [katʃonde'ar] I. *vi (vulg)* knutschen *fam* II. *vt (vulg)* aufgeilen *fam* III. *vr:* **~se** *(vulg)* verarschen *(de + akk)*
cachondeo [katʃon'deo] *m* ❶ *(fam: broma)* Ulk *m*, Jux *m; (juerga)* Heidenspaß *m;* **¿estás de ~?** willst du mich auf den Arm nehmen?; **tomar algo a ~** etw auf die leichte Schulter nehmen; **estar [***o* **ir(se)] de ~** eine Sause machen, einen draufmachen; **esto es un ~** hier geht es zu wie im Affenkäfig ❷ *(vulg: burla)* Hohn *m*, Spott und Hohn *m*
cachondo, -a [ka'tʃondo, -a] I. *adj (vulg: sexual)* geil *fam;* **estar ~** aufgegeilt sein *fam;* **poner a alguien ~** jdn aufgeilen *fam* ❷ *(fam: gracioso)* witzig ❸ *(perra)* läufig II. *m, f* ❶ *(vulg: juerguista)* Lebemann *m*, Lebedame *f;* **ser un ~** auf allen Hochzeiten tanzen *fam;* **ésa es una cachonda** *(pey: lujuriosa)* die ist ja ein geiles Luder ❷ *(fam: gracioso)* Witzbold *m;* **es un ~** er ist immer zu Späßen aufgelegt; **es un ~ mental** der ist ja eine Stimmungskanone
cachorra [ka'tʃorra] *adj o f v.* **cachorro**
cachorrear [katʃorre'ar] I. *vi (Perú: dormitar)* dösen II. *vt (Col: atacar)* angreifen
cachorrillo [katʃo'rriʎo] *m* kleine Pistole *f*
cachorro, -a [ka'tʃorro, -a] I. *adj* ❶ *(Am: despreciable)* verächtlich ❷ *(Cuba, Ven: cabezota)* starrsinnig ❸ *(Cuba, PRico, Ven: pey: ineducado)* flapsig II. *m, f* Junge(s) *nt;* (*de perro, lobo o zorro*) Welpe *m*
cachucha [ka'tʃutʃa] *f* ❶ *(t. Am:* NÁUT*)* kleines Boot *nt* ❷ *(baile)* andalusischer Volkstanz im Dreivierteltakt ❸ *(música)* andalusische Volksmusik im Dreivierteltakt
cachucho [ka'tʃutʃo] *m* ❶ *(medida de aceite)* Ölmaß *m:* ca. 83 Deziliter ❷ *(hueco de la aljaba)* Köcheröffnung *f* ❸ *(alfiletero)* Nadelbüchse *f* ❹ *(barca)* kleines (Ruder)boot *nt*
cachudo, -a [ka'tʃuðo, -a] *adj* ❶ *(Am: animal)* langhörnig ❷ *(Méx: persona)* mürrisch
cachuela [ka'tʃwela] *f* ❶ (GASTR) *Gericht aus Kaninchennereien* ❷ *(molleja)* Kaumagen *m*
cachuelo [ka'tʃwelo] *m* (ZOOL) kleine Döbelart

cachunde [ka'tʃunde] *f* (MED) Katechu *nt*
cachupinada [katʃupi'naða] *f (fam)* (langweiliges) Tanz- und Spielfest *nt*
cachureco, -a [katʃu'reko, -a] *adj* ❶ *(AmC: político)* konservativ ❷ *(Méx: torcido)* heuchlerisch
cacica [ka'θika] *f* ❶ *(mujer de cacique)* Frau *f* des Kaziken ❷ *(jefa)* Kazikin *f*
cacicada [kaθi'kaða] *f* Machtmissbrauch *m*
cacicato [kaθi'kato] *m v.* **cacicazgo**
cacicazgo [kaθi'kaθɣo] *m* ❶ *(cargo)* Amt *nt* eines Kaziken; *(rango)* Kazikenwürde *f* ❷ *(territorio)* Machtbereich *m* (eines Kaziken)
cacimba [ka'θimba] *f* ❶ *(hoyo en la playa)* auf der Suche nach Trinkwasser gegrabene Grube im Strand ❷ *(oquedad en la roca)* Vertiefung im Felsen zum Auffangen von Regenwasser ❸ *(cubo)* Wassereimer *m*
cacique [ka'θike] *m* ❶ *(jefe indio)* Kazike *m* ❷ *(en la política local)* Dorftyrann *m* ❸ *(persona importante)* Person *f* von hohem Rang, Bonze *m pey*, hohes Tier *nt fam*
caciquear [kaθike'ar] *vi* ❶ (POL) *pey)* herumkommandieren ❷ *(fam pey: entrometerse)* sich einmischen; **no caciquees más en mi vida** hör auf dich in mein Leben einzumischen
caciquismo [kaθi'kismo] *m (pey)* Bonzokratie *f*
caco ['kako] *m (argot)* Langfinger *m*
cacofonía [kakofo'nia] *f* ❶ *(disonancia)* Missklang *m* ❷ (LING) Kakophonie *f*
cacografía [kakoɣra'fia] *f* fehlerhafte Schreibweise *f*, Kakographie *f;* **las ~s son muy frecuentes en los alumnos de Primaria** Fehler beim Schreiben treten bei Grundschülern sehr häufig auf
cacomiztle [kako'miθᵈle] *m (Méx:* ZOOL*)* Katzenfrett *m*
cacosmia [ka'kosmja] *f* (MED) Kakosmie *f*
cactácea [kak'taθea] *f* (BOT) Kaktusgewächs *nt*
cactáceo, -a [kak'taθeo, -a] *adj* (BOT) Kaktus-, Kakteen-; **planta cactácea** Kaktusgewächs *nt*
cacto ['kakto] *m*, **cactus** ['kaktus] *m inv* Kaktus *m*
cacumen [ka'kumen] *m (fam: perspicacia)* Scharfsinn *m;* (*inteligencia*) Grips *m*
cada ['kaða] *adj* jede(r, s); **~ uno/una** jeder/jede; **~ quisque** *(fam)* jedermann; **libros a 12 euros ~ uno** Bücher à 12 Euro (das Stück); **~ hora** stündlich; **~ día** täglich; **~ (día) vez más/menos** immer mehr/weniger; **media hora ~ hora** jede halbe Stunde; **~ tres días** jeden dritten Tag, alle drei Tage; **~ vez más/peor** immer mehr/schlimmer; **~ vez que...** immer wenn ...; **¿~ cuánto?** wie oft?; **a ~ paso** fortwährend; **¡hay que oír ~ cosa!** was man sich *dat* alles anhören muss!; **¡aquí hay ~ caso!** hier gibt es die unglaublichsten Fälle!
cadahalso [kaða'also/ka'ðalso] *m* Bretterschuppen *m*
cadalso [ka'ðalso] *m* ❶ *(tarima)* Podest *nt*, Podium *nt* ❷ *(patíbulo)* Schafott *nt*
cadañego, -a [kaða'neɣo, -a] *adj* (BOT) reich tragend
cadañera [kaða'nera] *f (hembra)* jährlich gebärendes Weibchen *nt*
cadañero, -a [kaða'nero, -a] *adj* ❶ *(una vez al año)* (all)jährlich, Jahres- ❷ *(hembra)* jährlich gebärend
cadáver [ka'ðaβer] *m (de personas)* Leiche *f*, Leichnam *m;* (*de animales*) Kadaver *m;* **el herido ingresó ~** bei der Einlieferung konnte nur noch sein Tod festgestellt werden; **¡sobre mi ~!** nur über meine Leiche!
cadavérico, -a [kaða'βeriko, -a] *adj* ❶ *(muerto)* Leichen-; **rigidez cadavérica** Leichenstarre *f* ❷ *(pálido)* leichenblass
caddie ['kaði] *m* (DEP) Caddie *m*
cadejo [ka'ðexo] *m* ❶ *(enredón)* verwirrte (Haar)strähne *f* ❷ *(ovillo)* kleines Knäuel *m* ❸ *(conjunto de hilos)* Strang *m*, Docke *f*
cadena [ka'ðena] *f* ❶ *(adorno, cerrojo, de tiendas, t. fig)* Kette *f;* **~ de agrimensor** Messkette *f;* **~ alimentaria** (BIOL) Nahrungskette *f;* **(antideslizante)** (AUTO) Schneekette *f;* **~ hotelera** *de* establecimientos Hotel-/Ladenkette *f;* **~ humana** Menschenkette *f;* **~ de transmisión** Antriebskette *f;* **~ sin fin** geschlossene Kette *f;* **atar un perro con ~** einen Hund an die Kette legen ❷ *(sucesión)* Serie *f;* **choque en ~** Massenkarambolage *f;* **reacción en ~** Kettenreaktion *f;* **una ~ de atentados** eine Serie von Attentaten ❸ (GEO) Bergkette *f* ❹ (RADIO, TV) (gemeinsames) Programm *nt*, (gemeinsamer) Sender *m* ❺ *(equipo de música)* **~ de sonido** Stereoanlage *f* ❻ *(impedimento)* Fesseln *pl* ❼ (TÉC) **~ de montaje** Fließband *nt;* **trabajo en ~** Fließbandarbeit *f;* **trabajador de la ~ de montaje** Fließbandarbeiter *m* ❽ (JUR) **~ perpetua** lebenslängliche Gefängnisstrafe *f*

cadencia

⑨ (INFOR): ~ **de caracteres** Zeichenkette *f*, String *m*
cadencia [ka'denθja] *f* ① (*ritmo*) Rhythmus *m*
② (*compás*) Takt *m*, Tempo *nt*
③ (LING, MÚS) Kadenz *f*
cadencioso, -a [kaðeṇ'θjoso, -a] *adj* ① (*acompasado*) rhythmisch
② (*movimiento, voz*) harmonisch
cadeneta [kaðe'neta] *f* ① (*en costura*) Kettenstich *m*
② (*adorno*) Girlande *f*; ~ **de papel** Papiergirlande *f*
cadera [ka'ðera] *f* Hüfte *f*; **poner las manos en las ~s** die Hände in die Hüften stemmen
caderamen [kaðe'ramen] *m* (*fam*) breite Hüften *fpl*, gebärfreudiges Becken *nt*; **¡vaya ~ tiene tu novia!** deine Freundin hat ja ganz schön breite Hüften!
cadete [ka'ðete] *m* ① (MIL) Kadett *m*
② (*CSur: aprendiz*) Lehrling *m*
cadi ['kaði] *m* (DEP: *golf*) Caddie *m*
cadí [ka'ði] *m* Kadi *m*
cadillo [ka'ðiʎo] *m* ① (*verruga*) Warze *f*
② (BOT: *planta umbelifera*) Haftdolde *f*
③ (BOT: *planta compuesta*) Spitzklette *f*
④ *pl* (*tela*) erste Kettfäden *mpl*
cadmio ['kaðmjo] *m* (QUÍM) Kadmium *nt*
cadoce [ka'ðoθe] *m* (ZOOL) Gründling *m*
cadozo [ka'ðoθo] *m* Wasserstrudel *m*
caducar [kaðu'kar] <c→qu> *vi* ① (*arruinarse*) verfallen
② (*persona: envejecer*) gebrechlich [*o* altersschwach] werden; (*chochear*) verkalken
③ (*documento*) verfallen, ungültig werden; **este pasaporte está caducado** dieser Pass ist abgelaufen; **el plazo caduca dentro de dos días** die Frist läuft in zwei Tagen ab
④ (*de productos*) verfallen; **la leche está caducada** das Haltbarkeitsdatum der Milch ist abgelaufen
caduceo [kaðu'θeo] *m* Merkurstab *m*
caducidad [kaðuθi'ðað] *f* ① (*decadencia*) Verfall *m*
② (*envejecimiento*) Gebrechlichkeit *f*
③ (*de un documento*) Gültigkeit *f*; **fecha de** ~ Gültigkeitsdauer *f*
④ (*de productos*) Haltbarkeit *f*; **fecha de** ~ Haltbarkeitsdatum *nt*, Verfallsdatum *nt*
⑤ (JUR) Verwirkung *f*; ~ **de acciones/derechos** Verwirkung von Ansprüchen/Rechten; ~ **jurídica** Rechtsverwirkung *f*
caducifolio, -a [kaðuθi'foljo, -a] *adj* Laub abwerfend; **bosque** ~ Laubwald *m*
caduco, -a [ka'ðuko, -a] *adj* ① (*edificio*) baufällig
② (*personas*) altersschwach, gebrechlich; (*chocho*) verkalkt
③ (*perecedero*) vergänglich
④ (*anticuado*) altmodisch
⑤ (JUR): **quedar** ~ ablaufen, ungültig werden
⑥ (*árbol*) Laub abwerfend
caedizo, -a [kae'ðiθo, -a] *adj* fallend; **fruta caediza** Fallobst *nt*; **tejado** ~ Vordach *nt*
caer [ka'er] *irr* **I.** *vi* ① (*bajar, desplomarse*) (herunter-)fallen, (hin)fallen, (ab)stürzen; ~ **al suelo** auf den Boden fallen; **dejar** ~ fallen lassen; ~ **en la trampa** in die Falle gehen; ~ (**en**) **redondo** (*fam*) ohnmächtig werden, umkippen; ~ **como moscas** [*o* **chinches**] wie die Fliegen sterben; ~ **en cama** [*o* **enfermo**] krank werden; ~ **muy bajo** (*fig*) ganz tief fallen; ~ **en manos de alguien** in jds Hände geraten; **la noticia nos cayó como un jarro de agua fría** die Nachricht traf uns wie ein Schlag; ~ **en saco roto** auf taube Ohren stoßen; **dejarse** ~ (*fam: abandonarse*) sich fallen lassen; (*presentarse*) auftauchen, sich sehen lassen; ~ **de su propio peso** selbstverständlich sein, vorauszusetzen sein
② (*soldado, fecha, precio, trabajo*) fallen; **mi cumpleaños cae en lunes** mein Geburtstag fällt auf einen Montag; **esto no cae dentro de mis atribuciones** das fällt nicht in meine Zuständigkeit
③ (*gobierno, presidente*) stürzen
④ (*comida*) bekommen; **las lentejas me caen mal** Linsen bekommen mir nicht
⑤ (*vestidos*) stehen; **el vestido te cae bien/mal** das Kleid steht dir gut/nicht
⑥ (*fam: encontrarse*) liegen; **¿por dónde cae Jerez?** wo liegt Jerez?; ~ **a mano** (*estar cerca*) in der Nähe sein; (*ir bien*) auf dem Weg liegen
⑦ (*llegar a entender*) begreifen, kapieren *fam*; ~ **en la cuenta** begreifen, auf den Trichter kommen *fam*; **¡ahora caigo!** (*fam*) jetzt hab ich's (kapiert)!
⑧ (*atacar*) überfallen (*sobre* + *akk*)
⑨ (*empezar*) beginnen; **cae la noche** die Nacht bricht an; **estar al** ~ (*fam*) kurz bevorstehen
⑩ (*incurrir*) verfallen (*en* + *dat*), erliegen (*en* + *dat*); ~ **en la bebida** dem Alkohol verfallen; ~ **en la tentación** der Versuchung erliegen; ~ **en un error** einen Fehler begehen

⑪ (*gustar, disgustar*): ~ **bien/mal** gefallen/nicht gefallen; **tu amigo me cae bien/mal** ich kann deinen Freund gut leiden/nicht leiden; **me cae simpático/gordo** (*fam*) er ist mir sympathisch/unsympathisch
II. *vr*: ~**se** ① (*desplomarse*) hinfallen, stürzen; ~**se de culo/de espaldas** auf den Hintern/den Rücken fallen; **se ha caído un avión en Barajas** in Barajas ist ein Flugzeug abgestürzt; **esa casa se está cayendo** dieses Haus verfällt; **ese edificio se cae de viejo** dieses Gebäude ist baufällig; **se me ha caído el pañuelo** ich habe mein Taschentuch fallen lassen, mir ist mein Taschentuch heruntergefallen; **se me han caído dos dientes** mir sind zwei Zähne ausgefallen; **a Pepe se le cae el pelo** Pepe fallen die Haare aus; **el pobre hombre se cae de viejo** der arme Kerl ist schon völlig gebrechlich; ~**se de sueño** [*o* **de cansancio**] zum Umfallen müde sein, todmüde sein; ~**se** (**muerto**) **de risa** (*fam*) sich totlachen
② (*loc*): ~**se de bueno/tonto** extrem gutmütig/blöd sein; **¡se te va a ~ el pelo!** (*fig*) dir wird man schon noch auf die Finger klopfen!; **se le cae la cara de vergüenza** er/sie schämt sich zu Tode; **se le cae la casa encima** (*fig*) ihm/ihr fällt die Decke auf den Kopf; **no tener dónde ~se muerto** (*fam*) arm wie eine Kirchenmaus sein
café [ka'fe] *m* ① (*bebida*) Kaffee *m*; ~ **cortado** Kaffee mit wenig Milch; ~ **instantáneo** [*o* **soluble**] Pulverkaffee *m*; ~ **irlandés** Irish Coffee *m*; ~ **con leche** Milchkaffee *m*; ~ **negro** [*o* **solo**] schwarzer Kaffee, Espresso *m*; **color** ~ kaffeebraun; **tomar un** ~ einen Kaffee trinken
② (*local*) Café *nt*
③ (*cafeto*) Kaffeestrauch *m*, Kaffee *m*
④ (*semilla*) Kaffeebohne *f*, Kaffee *m*; (*producto*) Kaffee *m*
café-concierto [ka'fe koṇ'θjerto] *m* <cafés-concierto> Musikcafé *nt*, Café *nt* mit Livemusik
cafeína [kafe'ina] *f* Koffein *nt*; **con** ~ koffeinhaltig; **sin** ~ koffeinfrei
cafeísmo [kafe'ismo] *m* (MED) Koffeinismus *m*, Koffeinsüchtigkeit *f*
cafetal [kafe'tal] *m* Kaffeeplantage *f*
cafetear [kafete'ar] **I.** *vi* (*beber café*) (regelmäßig) Kaffee trinken; **después de la comida solemos** ~ **un ratito** nach dem Essen trinken wir gern ein paar Tassen Kaffee
II. *tr* (*AmS: regañar*) eine Zigarre verpassen (*a* + *dat*) *fam*
café-teatro [ka'fe te'atro] *m* <cafés-teatro> Kulturcafé *nt*, Café *nt* mit Kleinkunstbühne
cafetera [kafe'tera] *f* Kaffeekanne *f*; ~ **eléctrica** Kaffeemaschine *f*; **este coche es una** ~ (*pey*) dieses Auto ist eine Schrottkarre
cafetería [kafete'ria] *f* ① (*local donde se bebe café*) Café *nt*, Kaffeehaus *nt*
② (*autoservicio*) Cafeteria *f*
③ (*Cuba, PRico: tienda*) Kaffeegeschäft *nt*
cafetero, -a [kafe'tero, -a] *adj* Kaffee-; **es muy cafetera** (*fam*) sie ist eine richtige Kaffeetante
cafetín [kafe'tin] *m* kleines Café *nt*, Kaffeestube *f*
cafeto [ka'feto] *m* Kaffeepflanze *f*, Kaffee *m*
cafre ['kafre] *mf* Barbar(in) *m(f)*, Grobian *m*
caftán [kaf'tan] *m* Kaftan *m*
cafúa [ka'fua] *m* (Arg, Urug: argot: *cárcel*) Knast *m*
cagaaceite [kaɣa'θejte] *m* (ZOOL) Misteldrossel *f*
cagachín [kaɣa'tʃin] *m* (ZOOL) ① (*insecto*) kleine Stechmückenart
② (*ave*) Birkenzeisig *m*
cagada [ka'ɣaða] *f* (*vulg*) ① (*excremento*) Scheiße *f*; ~ **de perro** Hundescheiße *f*
② (*acción*) Reinfall *m fam*; **mandarse una** ~ (*AmS*) Scheiße bauen
cagado, -a [ka'ɣaðo, -a] **I.** *adj* (*vulg*) feige sein; **estar** ~ (**de miedo**) (*fam*) die Hose(n) voll haben, sich *dat* (vor Angst) in die Hose(n) machen
II. *m, f* (*vulg*) Schisser *m fam*; **es un** ~ er ist ein Schisser
cagajón [kaɣa'xon] *m* Pferdeapfel *m*
cagalaolla [kaɣala'oʎa] *f* (*fam pey*) Hanswurst *m*, Kasper *m*
cagalera [kaɣa'lera] *f* (*vulg*) ① (*diarrea*) Dünnschiss *m*
② (*miedo*) Schiss *m fam*; **le entró la** ~ da kriegte er/sie Schiss
cagaluta [kaɣa'luta] *f* (*vulg*) *v.* **cagarreta**
cagar [ka'ɣar] <g→gu> **I.** *vi* (*vulg*) scheißen
II. *vt* (*vulg*) versauen *fam*; **¡ya la hemos cagado!** jetzt ist alles im Arsch
III. *vr*: ~**se** (*vulg: de miedo*) Schiss haben [*o* kriegen] *fam*, sich *dat* (vor Angst) in die Hose(n) scheißen; **¡me cago en diez!**, **¡me cago en tu padre** [*o* **tu madre**] [*o* **tus muertos**]! verdammt noch mal! *fam*; **hace un frío que te cagas** es ist arschkalt; **mi vecina está que te cagas** meine Nachbarin ist vielleicht eine heiße Braut *fam*
cagarrache [kaɣa'rratʃe] *m* (ZOOL) Misteldrossel *f*
cagarreta [kaɣa'rreta] *f* (*vulg*) Scheißhaufen *m*
cagarropa [kaɣa'rropa] *m* (ZOOL) kleine Stechmückenart
cagarruta [kaɣa'rruta] *f* (*vulg*) Scheißhaufen *m*
cagatintas [kaɣa'tintas] *mf inv* (*pey*) Federfuchser(in) *m(f)*
cagón, -ona [ka'ɣon, -ona] *m, f* (*fam*) Schisser(in) *m(f)*
caguama [ka'ɣwama] *f* (ZOOL) Meeresschildkrötenart
cagueta [ka'ɣeta] *mf* (*fam*) Angsthase *m*
caí [ka'i] *m* (Arg: ZOOL) Kapuzineraffe *m*

caída [ka'iða] *f* ❶ (*bajada brusca*) Fall *m*, Sturz *m*; (*de aviones*) Absturz *m*; ~ **del cabello** Haarausfall *m*; ~ **de la cotización** (FIN) Kursabfall *m*; ~ **de la demanda** (ECON) Nachfragerückgang *m*; ~ **de gobierno** Regierungssturz *m*; ~ **del índice Dax** (FIN) Rückgang [*o* Nachgeben] des DAX; ~ **en las inversiones** (ECON) Investitionsrückgang *m*; ~ **libre** freier Fall; ~ **del dólar** (FIN) Kursverfall [*o* Kursrückgang] des Dollars; ~ **de los precios** Preissturz *m*; ~ **del sistema** (INFOR) Systemabsturz *m*; ~ **de la temperatura** Temperatursturz *m*; ~ **en picado** (**de la producción**) steiler Abfall (der Produktion); **la** ~ **del muro de Berlín** der Fall der Berliner Mauer; **tener** [*o* **sufrir**] **una** ~ stürzen
❷ (*inclinación*) Abhang *m*; **esta calle tiene mucha** ~ diese Straße ist sehr steil [*o* hat ein starkes Gefälle]
❸ (*de agua*) Wasserfall *m*
❹ (MED, TÉC) Abfall *m*; ~ **de la tensión** Spannungsabfall *m*
❺ (FIN) Kursverfall *m*
❻ (*de un tejido*) Faltenwurf *m*; **las cortinas tienen una bonita** ~ die Vorhänge fallen schön
❼ (*ocurrencia*) Einfall *m*; **¡qué ~s tiene este crío!** auf was für Sachen das Kind kommt!
❽ (*desaparición*) Untergang *m*; **la** ~ **del Imperio Romano** der Untergang des Römischen Reiches; (a) **la** ~ **del sol** (bei) Sonnenuntergang *m*, (bei/mi) Einbruch der Dämmerung
caído, -a [ka'iðo, -a] I. *adj* ❶ (*flojo*) schlaff; ~ **de hombros** mit hängenden Schultern
❷ (*abatido*) niedergeschlagen
II. *m, f* Gestürzte(r) *mf*; (*en la guerra*) Gefallene(r) *mf*; **monumento a los ~s** Gefallenendenkmal *nt*
caigo ['kaiɣo] *1. pres de* **caer**
caimán [kai'man] *m* ❶ (ZOOL: *cocodrilo*) Kaiman *m*
❷ (*Bol*: ZOOL: *iguana*) Iguana *f*
❸ (*Méx*: *persona*) hinterlistige Person *f*
caín [ka'in] *m* Barbar *m*, Unhold *m*; **C~** (*hermano de Abel*) Kain; **pasar las de C~** eine sehr schwere Zeit durchmachen
cairel [kai'rel] *m* ❶ (*adorno*) Franse *f*
❷ (*cristal*) Glasverzierung *f*
❸ (*peluquería*: *postizo*) Perückenunterlage *f*
❹ (*peluquería*: *hebra*) Perückennetz *nt*
Cairo ['kairo] *m*: **El ~** Kairo *nt*
cairota [kai'rota] I. *adj* aus Kairo
II. *mf* Einwohner(in) *m(f)* von Kairo
caja ['kaxa] *f* ❶ (*recipiente*) Kasten *m*; (*de madera*) (Holz)kiste *f*, (Holz)kasten *m*; (*de cartón*: *pequeña*) (Papp)schachtel *f*; (*grande*) Karton *m*; (*de lata*) Dose *f*; ~ **blindada** [*o* **de seguridad**] Panzerschrank *m*; ~ **de bombones** Pralinenschachtel *f*; ~ **de caudales** Geldschrank *m*; ~ **de CD** CD-Box *f*; ~ **de cerillas** [*o* **de fósforos**] Streichholzschachtel *f*; ~ **de diálogo** (INFOR) Dialogfeld *nt*; ~ **fuerte** Tresor *m*, Safe *m*; ~ **de herramientas** Werkzeugkasten *m*; (INFOR) Toolbox *f*; ~ **de muerto** Sarg *m*; ~ **de música** Spieldose *f*; ~ **negra** (AERO) Flugschreiber *m*, Blackbox *f*; **la ~ de Pandora** die Büchse der Pandora; ~ **plegable** Faltschachtel *f*; ~ **tonta** (*fam*) Glotzkasten *m*, Glotze *f*; ~ **de verificación** (INFOR) Prüffeld *nt*
❷ (*carcasa*) Gehäuse *nt*; ~ **de cambios** (AUTO) Getriebe *nt*; ~ **de resonancia** Resonanzkörper *m*; ~ **torácica** (ANAT) Brustkorb *m*
❸ (FIN) Kasse *f*; ~ **de compensación** Verrechnungsstelle *f*, Ausgleichskasse *f*; ~ **de defunción** Sterbekasse *f*; ~ **de depósitos** Depositenkasse *f*; ~ **del día** Tageskasse *f*; ~ **menor** Portokasse *f*; ~ **nocturna** Nachttresor *m*; ~ **de pensiones** Pensionskasse *f*; **C~** (**Postal**) **de Ahorros** (Post)sparkasse *f*; ~ **registradora** Registrierkasse *f*; ~ **de reptiles** Reptilienfonds *m*; ~ **de resistencia** Streikkasse *f*; **C~ Rural** landwirtschaftliche Darlehenskasse *f*; ~ **del tribunal** Gerichtskasse *f*; **contabilidad de** ~ Kassenbuchführung *f*; **fondo de** ~ Kassenfonds *m*; **movimiento de** ~ Kassenumsatz *m*; **saldo de** ~ Kassenbestand *m*, Kassensaldo *m*; **pague en ~, por favor** zahlen Sie bitte an der Kasse
❹ (*loc, fam*): **despedir** [*o* **echar**] **a alguien con ~s destempladas** jdn hochkant rausschmeißen
cajel [ka'xel] *adj* (AGR): **naranja** ~ Cajelorange *f*
cajero, -a [ka'xero, -a] *m, f* Kassierer(in) *m(f)*; ~ **automático** [*o* **permanente**] Geldautomat *m*
cajeta [ka'xeta] *f* ❶ (*Arg*: *cepo*) Bettelkörbchen *nt*
❷ (*AmC*: GASTR) Nachspeise aus Ziegenmilch
cajetilla¹ [kaxe'tiʎa] I. *adj* (*Arg, Urug*: *pey*) geziert, eingebildet
II. *mf* (*Arg, Urug*: *pey*) eingebildete, gezierte Person *f*
cajetilla² [kaxe'tiʎa] *f* (*caja pequeña*) Schachtel *f*; (*de cigarrillos*) (Zigaretten)schachtel *f*; **fuma tres ~s al día** er/sie raucht drei Schachteln am Tag
cajetín [kaxe'tin] *m* ❶ (*sello*) Aktenstempel *m*; (*anotación*) Aktenvermerk *m*
❷ (TIPO) (Lettern)fach *nt*
❸ (ELEC) Verteilerkasten *m*; ~ **del contador** Zählerkasten *m*

cajiga [ka'xiɣa] *f* (BOT) Bergeiche *f*
cajilla [ka'xiʎa] *f* ❶ (BOT) (Samen)kapsel *f*
❷ *pl* (ANAT) Kiefer *mpl*
cajista [ka'xista] *mf* (TIPO) (Schrift)setzer(in) *m(f)*
cajo ['kaxo] *m* (TIPO) Falz *m*
cajón [ka'xon] *m* ❶ (*caja grande*) (großer) Kasten *m*, (große) Kiste *f*; ~ **de sastre** (*fam*) Sammelsurium *nt*
❷ (*deslizante*) Schublade *f*
❸ (DEP): ~ **de salida** Startbox *f*
❹ (*CSur*: *ataúd*) Sarg *m*
❺ (*loc*): **eso es de** ~ das ist selbstredend, das versteht sich von selbst
cajonera [kaxo'nera] *f* ❶ (*mueble*) Schubladenschrank *m*; (*en sacristía*) Sakristeischrank *m*
❷ (ENS: *en pupitre*) Ablagefach *nt*
cajuela [ka'xwela] *f* (*Méx*) Kofferraum *m*
cake [keik] *m* (*Am*) Kuchen *m*
cal [kal] *f* Kalk *m*; ~ **viva** Ätzkalk *m*; **cerrar a** ~ **y canto** fest verschließen; **dar una de** ~ **y otra de arena** (*fam*) einmal hü und einmal hott sagen
cala ['kala] *f* ❶ (*bahía*) Bucht *f*
❷ (*de fruta*) (Probier)stück *nt*
❸ (NÁUT) Kielboden *m*
❹ (*en el terreno*) Probebohrung *f*
❺ (BOT) Kalla *f*
calabacera [kalaβa'θera] *f* (BOT: *planta*) Kürbispflanze *f*
calabacín [kalaβa'θin] *m* Zucchini *f*
calabacinate [kalaβaθi'nate] *m* (GASTR) Gericht aus Zucchini
calabacino [kalaβa'θino] *m* Kalebasse *f*
calabaza [kala'βaθa] *f* ❶ (BOT) Kürbis *m*; ~ **de tacha** (GASTR) Kürbis in Zucker
❷ (*pey*: *persona*) Trottel *m*
❸ (*fam*: *suspenso*) Sechser *m*; **dar ~s a alguien** jdm einen Sechser geben; **llevarse** [*o* **recibir**] ~**s** bei einer Prüfung durchrasseln
❹ (*fam*: *negativa*): **dar ~s a alguien** jdm einen Korb geben; **llevarse** [*o* **recibir**] ~**s** einen Korb bekommen
calabazada [kalaβa'θaða] *f* (*fam*: *con la cabeza*) Schlag *m* mit dem Kopf; (*recibido en la cabeza*) Schlag *m* auf den Kopf; **me he dado una ~ contra la puerta** ich habe mir den Kopf an der Tür gestoßen
calabazate [kalaβa'θate] *m* (GASTR) ❶ (*dulce seco*) getrocknetes und kandiertes Kürbisstückchen
❷ (*dulce con miel*) Kürbisschale in Honig oder Sirup
calabazo [kala'βaθo] *m* Kalebasse *f*
calabobos [kala'βoβos] *m inv* (*fam*) Nieselregen *m*
calabozo [kala'βoθo] *m* ❶ (*mazmorra*) Kerker *m*
❷ (*celda*) Gefängniszelle *f*
calada [ka'laða] *f* ❶ (*de líquido*: *sumersión*) Eintauchen *nt*; (*penetración*) Durchdringung *f*
❷ (*fam*: *de cigarrillo*) Zug *m*; **¿me das una ~?** lässt du mich mal ziehen?
caladero [kala'ðero] *m* Fanggrund *m*
calado¹ [ka'laðo] *m* ❶ (*bordado*) Hohlsaum *m*
❷ (TÉC) Perforation *f*
❸ (NÁUT) Tiefgang *m*
❹ (*del motor*) Absaufen *nt fam*
calado, -a² [ka'laðo, -a] *adj* ❶ (*empapado*) durchnässt, patschnass *fam*; ~ **hasta los huesos** nass bis auf die Knochen
❷ (*adornado con calados*) durchbrochen
calador [kala'ðor] *m* (*Am*) Probenehmer *m*
caladre [ka'laðre] *f* (ZOOL) Heidelerche *f*
calafate [kala'fate] *m* ❶ (NÁUT: *calafateador*) Kalfaterer *m*
❷ (NÁUT: *carpintero de obras navales*) Schiffszimmermann *m*
❸ (BOT) Sauerdorn *m*
calafatear [kalafate'ar] *vt* ❶ (NÁUT) kalfatern
❷ (TÉC) abdichten
calagraña [kala'ɣraɲa] *f* (AGR) ❶ (*uva de mala calidad*) minderwertige Traubensorte
❷ (*uva torrontés*) weiße, feinschalige Traubensorte mit kleinen Kernen
calaguasca [kala'ɣwaska] *f* (*Col*: GASTR) Branntwein *m*
calagurritano, -a [kalaɣurri'tano, -a] I. *adj* aus Calahorra; **el paisaje ~** die Landschaft um Calahorra
II. *m, f* Einwohner(in) *m(f)* von Calahorra
calaíta [kala'ita] *f* (GEO) Türkis *m*, Kallait *m*
calalú [kala'lu] *m* (*Cuba, PRico*: GASTR) mit Salz, Essig und Butter gekochter Gemüseeintopf
calamar [kala'mar] *m* Tintenfisch *m*; ~**es a la romana** (GASTR) panierte Tintenfischringe; ~**es en su tinta** (GASTR) Tintenfische in ihrer eigenen Tinte gekocht
calambrazo [kalam'braθo] *m* elektrischer Schlag *m*, Stromschlag *m*
calambre [ka'lambre] *m* ❶ (*muscular*) (Muskel)krampf *m*; ~ **de estómago** Magenkrampf *m*; **me ha dado** [*o* **tengo**] **un** ~ **en la pierna** ich

calambur

habe einen Krampf im Bein
② (*eléctrico*) elektrischer Schlag *m,* Stromschlag *m;* **me ha dado un ~** ich habe einen Schlag bekommen
calambur [kalam'bur] *m* (LIT) Calembour *m*
calamidad [kalami'ðað] *f* **①** (*catástrofe*) Katastrophe *f;* (*desastre*) Unglück *nt*
② (*miseria*) Not *f;* **pasar ~es** Not leiden
③ (*desgracia*) Unheil *nt*
④ (*fam: persona torpe*) Pechvogel *m*
⑤ (*fam: persona incapaz*) Niete *f;* **ser una ~** eine Niete sein
calamina [kala'mina] *f* (MIN) Zinkspat *m*
calamitoso, -a [kalami'toso, -a] *adj* (*persona*) jämmerlich; (*efecto, situación*) schrecklich, katastrophal
cálamo ['kalamo] *m* (*elev*) (Schreib)feder *f*
calamón [kala'mon] *m* **①** (ZOOL) Purpurhuhn *nt*
② (*clavo*) Polsternagel *m*
calandra [ka'landra] *f* (AUTO: *parte del radiador*) Kühlergrill *m*
calandrajo [kalan'draxo] *m* (*fam*) **①** (*trapo*) Lumpen *m;* **con los ~s se hizo un disfraz de mendiga** aus den Lumpen schneiderte sie sich *dat* ein Bettlerkostüm
② (*fig: persona*) Trottel *m,* Schwachkopf *m*
calandrar [kalan'drar] *vi* (TÉC) kalandern
calandria [ka'landrja] *f* **①** (ZOOL) Heidelerche *f*
② (*máquina*) Kalander *m;* (*para ropa*) Mangel *f*
calaña [ka'laɲa] *f* Art, Sorte *f;* **ser de buena/mala ~** gutartig/bösartig sein
cálao ['kalao] *m* (ZOOL) Nashornvogel *m*
calar [ka'lar] I. *vi* **①** (*líquido*) durchdringen, eindringen
② (*material*) durchlässig sein; **estos zapatos calan** diese Schuhe sind nicht wasserdicht
③ (NÁUT) Tiefgang haben
II. *vt* **①** (*líquido*) durchnässen; **el chaparrón me ha calado la chaqueta** der Regen ist durch meine Jacke gedrungen
② (*atravesar con una punta*) durchbohren
③ (*afectar*) nahe gehen (*a* +*dat*); **la regañina no le ha calado** die Schelte ging ihm nicht zu Herzen [*o* hat ihn nicht weiter berührt]
④ (*adornar con calados*) Verzierungen stanzen (in +*akk*); (*bordar*) mit Hohlsaum besticken
⑤ (*cortar*) anschneiden
⑥ (*fam: desenmascarar*) durchschauen; **te tengo ya muy calada** ich kenne dich schon zu gut
⑦ (*motor*) abwürgen *fam*
III. *vr:* **~se ①** (*mojarse*) durchnässt [*o* nass] werden
② (*motor*) absaufen *fam*
③ (*ponerse*) aufsetzen; **se caló la gorra** er/sie stülpte sich *dat* die Mütze auf
calasancio, -a [kala'sanθjo, -a] *adj* (REL) Piaristen-; **escuela calasancia** Piaristenschule *f*
calato, -a ['ka.lato, -a] *adj* (*Perú*) nackt
calavera¹ [kala'βera] *f* Totenkopf *m*
calavera² [kala'βera] *m* übermütiger Mensch *m,* Schelm *m*
calaverada [kalaβe'raða] *f* (*fam*) übermütiger Streich *m,* Verrücktheit *f*
calavernario [kalaβer'narjo] *m* Ossarium *nt,* Beinhaus *nt*
calazón [kala'θon] *f* (NÁUT) Tiefgang *m*
calcado [kal'kaðo] *m* (Durch)pausen *nt*
calcáneo [kal'kaneo] *m* (ANAT) Fersenbein *nt*
calcañar [kalka'ɲar] *m* (ANAT) Ferse *f*
calcar [kal'kar] <c → qu> *vt* **①** (*dibujar*) durchpausen, abpausen
② (*imitar*) nachahmen; **es calcado a su padre** er ist seinem Vater wie aus dem Gesicht geschnitten
calcáreo, -a [kal'kareo, -a] *adj* kalkig
calcedonia [kalθe'ðonja] *f* (GEO) Chalzedon *m*
calcemia [kal'θemja] *f* (BIOL) Kalziumspiegel *m* des Blutes
calceta [kal'θeta] *f* Strickarbeit *f;* **hacer ~** stricken
calcetar [kalθe'tar] *vi* stricken
calcetín [kalθe'tin] *m* Socke *f*
cálcico, -a ['kalθiko, -a] *adj* (QUÍM) Kalzium-; **el aporte ~ de la leche** der Kalziumanteil der Milch
calcicosis [kalθi'kosis] *f inv* (MED) Kalkstaublunge *f,* Chalikose *f*
calcificación [kalθifika'θjon] *f* Verkalkung *f*
calcificar [kalθifi'kar] I. *vt* verkalken lassen
II. *vr:* **~se** verkalken
calcillas [kal'θiʎas] *m inv* (*fam*) **①** (*tímido*) Hasenfuß *m*
② (*fig: bajo*) Zwerg *m,* Knirps *m*
calcinación [kalθina'θjon] *f* (*carbonización*) Verbrennung *f;* **quedar deshecho por ~** verbrennen
② (QUÍM) Kalzination *f,* Kalzinierung *f*
calcinar [kalθi'nar] I. *vt* **①** (*carbonizar*) abbrennen, verbrennen
② (QUÍM) kalzinieren

II. *vr:* **~se** abbrennen, verbrennen
calcinosis [kalθi'nosis] *f inv* (MED) Kalzinose *f*
calcio ['kalθjo] *m* Kalzium *nt*
calciotermia [kalθjo'termja] *f* (FÍS, QUÍM) Kalziothermie *f*
calcita [kal'θita] *f* (GEO) Kalzit *m*
calco ['kalko] *m* **①** (*de dibujos*) Durchschlag *m*
② (*imitación*) Kopie *f,* Abklatsch *m* pey
③ (LING) Lehnwort *nt*
calcógrafa [kal'koɣrafa] *f v.* **calcógrafo**
calcografía [kalkoɣra'fia] *f* Kupferstechkunst *f*
calcografiar [kalkoɣrafi'ar] <1.*pres:* calcografío> *vt* (TIPO) in Kupfer stechen
calcógrafo, -a [kal'koɣrafo, -a] *m, f* Kupferstecher(in) *m(f)*
calcolítico¹ [kalko'litiko] *m* (HIST) Kupferzeit *f,* Chalkolithikum *nt*
calcolítico, -a² [kalko'litiko, -a] *adj* (HIST) chalkolithisch; **el período ~** die Kupferzeit
calcomanía [kalkoma'nia] *f* Abziehbild *nt*
calcopirita [kalkopi'rita] *f* (MIN) Kupferkies *m*
calculable [kalku'laβle] *adj* (*t.* MAT) berechenbar; **ser ~** zu berechnen sein
calculador(a) [kalkula'ðor(a)] *adj* berechnend
calculadora [kalkula'ðora] *f* Rechenmaschine *f;* **~ de bolsillo** Taschenrechner *m;* **~ de oficina** Bürorechner *m*
calcular [kalku'lar] I. *vi* rechnen; **~ mentalmente** im Kopf rechnen
II. *vt* **①** (*computar*) berechnen; (*de antemano*) kalkulieren
② (*aproximadamente*) (ab)schätzen; **le calculo unos cincuenta años** ich schätze ihn/sie auf zirka Fünfzig
③ (*pensar*) denken, schätzen; **calculo que llegaré sobre las diez** ich schätze, dass ich gegen zehn Uhr ankommen werde
cálculo ['kalkulo] *m* **①** (*matemático*) Rechnen *nt;* **~ aritmético** Arithmetik *f;* **~ diferencial** Differenzialrechnung *f;* **~ infinitesimal** Infinitesimalrechnung *f;* **~ integral** Integralrechnung *f;* **~ logarítmico** Logarithmenrechnung *f;* **~ mental** Kopfrechnen *nt;* **~ de probabilidades** Wahrscheinlichkeitsrechnung *f*
② (*cómputo*) Berechnung *f;* **~ anticipado por muestreo** Hochrechnung *f;* **~ de los beneficios** Gewinnermittlung *f;* **~ de costes** Kostenrechnung *f;* **~ de costes propios** Selbstkostenberechnung *f;* **~ estimativo** Voranschlag *m,* Überschlag *m;* **~ del excedente** Überschussrechnung *f;* **~ de la rentabilidad** Rentabilitätsberechnung *f;* **~ del rendimiento** Leistungsrechnung *f;* **~ tributario** Steuerberechnung *f;* **hacer un ~ de algo** etw berechnen
③ (*t.* ECON) Kalkulation *f;* **~ erróneo** Fehlkalkulation *f;* **~ mercantil** Warenkalkulation *f;* **~ de tasas** Gebührenkalkulation *f*
④ (*suposición*) (Ein)schätzung *f*
⑤ (MED) Stein *m;* **~ biliar/urinario** Gallen-/Harnstein *m;* **~ de riñón** Nierenstein *m*
calda ['kalda] *f* **①** (*caldear: acción*) Heizen *nt,* Wärmen *nt;* (*resultado*) Wärme *f;* **la ~ de la habitación llevó mucho tiempo** es dauerte sehr lange, bis es im Zimmer richtig warm war
② (*horno de fundición*) Befeuerung *f,* Beheizen *nt*
③ *pl* (*baños*) Thermalbad *nt,* Thermalquellen *fpl*
caldear [kalde'ar] I. *vt* **①** (*calentar*) erwärmen; (*con estufa, calefacción*) beheizen
② (*acalorar*) anheizen
II. *vr:* **~se ①** (*calentarse*) sich aufwärmen
② (*acalorarse*) sich erhitzen; **los ánimos se ~on** die Gemüter erhitzten sich [*o* gerieten in Wallung]
caldeo [kal'deo] *m* Erhitzen *nt,* Erwärmen *nt;* (*con calefacción*) Heizen *nt*
caldera [kal'dera] *f* (*t.* TÉC) Kessel *m;* **~ de calefacción** Heizkessel *m;* **~ de vapor** Dampfkessel *m*
calderada [kalde'raða] *f* **①** (*medida*) Kessel *m* voll; **tráeme una ~ de arena** bring mir einen Kessel voll Sand
② (*fam: comida*) Riesenmenge *f;* **nos comimos una ~ de paella** wir aßen Unmengen (von) Paella [*o* eine Riesenmenge Paella]
calderería [kaldere'ria] *f* **①** (*oficio*) Kesselschmiedehandwerk *nt;* **todo el pueblo vive de la ~** das ganze Dorf lebt vom Kesselschmieden
② (*producción*) Kesselschmieden *nt*
③ (*comercio, barrio*) Kesselgeschäft *nt;* (*taller*) Kesselschmiede *f*
④ (TÉC) Kesselbau *m*
calderero, -a [kalde'rero, -a] *m, f* Kesselschmied(in) *m(f),* Kupferschmied(in) *m(f)*
caldereta [kalde'reta] *f* (GASTR: *de pescado*) ≈Fischragout *nt;* (*de cordero*) ≈Lammragout *nt*
calderilla [kalde'riʎa] *f* Kupfergeld *nt,* Kleingeld *nt*
caldero [kal'dero] *m* (kleiner) Kessel *m,* (Koch)kessel *m;* **~ de legumbres** Gemüsepfanne *f*
calderón [kalde'ron] *m* **①** (MÚS) Fermate *f*
② (ZOOL) Grindwal *m*

calderoniano, -a [kaldero'njano, -a] *adj* (LIT) von Calderón (de la Barca); **los dramas ~s son muy famosos** Calderóns Dramen sind sehr berühmt

caldo ['kaldo] *m* ❶ (*de carne, pescado*) Brühe *f*; **~ de carne** Bouillon *f*; **~ gallego** *galicischer Eintopf*; **hacer el ~ gordo a alguien** (*fam*) jdm ungewollt Vorteile verschaffen; **poner a alguien a ~** (*fam*) jdn (he)runtermachen
❷ (*vino*) Wein *m*; **esta región es famosa por sus ~s** diese Region ist für ihre Weine berühmt
❸ (BIOL): **~ de cultivo** Nährflüssigkeit *f*; (*fig*) Nährboden *m* (*de/para* für +*akk*)

caldoso, -a [kal'doso, -a] *adj* wässerig

calducho [kal'dutʃo] *m* (*fam pey*) fade [*o* wässrige] Brühe *f*

cale ['kale] *m* Klaps *m*

calé [ka'le] **I.** *adj* Zigeuner- **II.** *mf* Zigeuner(in) *m(f)*

calefacción [kalefaɣ'θjon] *f* Heizung *f*; **~ central** Zentralheizung *f*; **~ eléctrica** Elektroheizung *f*; **~ por gas** Gasheizung *f*

calefactor [kalefak'tor] *m* ❶ (*aparato*) Heizlüfter *m*
❷ (*persona*) Heizungsmonteur *m*

calefón [kale'fon] *m* (*Arg*) Boiler *m*

caleidoscópico, -a [kaleiðos'kopiko, -a] *adj* (FÍS) kaleidoskopisch

caleidoscopio [kaleiðos'kopjo] *m* Kaleidoskop *nt*

calenda [ka'lenda] *f* ❶ (REL) Kalendarium *f*
❷ *pl* (HIST) Kalenden *fpl*; **por las ~s de enero** in den Kalenden des Januar

calendario [kalen'darjo] *m* Kalender *m*; **~ de bolsillo** Taschenkalender *m*; **~ gregoriano** Gregorianischer Kalender; **~ de pared** Wandkalender *m*; **~ de taco** Abreißkalender *m*; **~ de trabajo** Terminkalender *m*, Zeitplan *m*

calendarista [kalenda'rista] *mf* (*oficio*) Kalendermacher(in) *m(f)*

caléndula [ka'lendula] *f* Ringelblume *f*

calentador [kalenta'ðor] *m* Heizgerät *nt*; (*para la cama*) Wärmflasche *f*; **~ de agua** Boiler *m*; **~ de inmersión** Tauchsieder *m*; **~ de piernas** Legwarmer *m*

calentamiento [kalenta'mjento] *m* ❶ (*caldeamiento*) Erwärmen *nt*, Erhitzen *nt*; **~ del planeta** Erderwärmung *f*
❷ (DEP) Aufwärmen *nt*

calentar [kalen'tar] <e→ie> **I.** *vi* (*dar calor*) wärmen; **¡cómo calienta hoy el sol!** heute brennt die Sonne aber!
II. *vt* ❶ (*caldear*) (er)wärmen, erhitzen; (*con calefacción*) heizen; **~ agua/la sopa/el motor** Wasser heiß machen/die Suppe aufwärmen/den Motor warm laufen lassen; **~ al rojo vivo** bis zur Glut erhitzen
❷ (*enfadar*) aufregen; (*excitar*) erregen; **~ los ánimos** die Gemüter erhitzen
❸ (*vulg: sexualmente*) aufgeilen *fam*
❹ (*fam: pegar*) versohlen; **¡te voy a ~ el culo!** ich werde dir den Hintern versohlen!
III. *vr*: **~se** ❶ (*caldearse*) sich (er)wärmen; (*en exceso*) sich erhitzen
❷ (*enfadarse*) sich aufregen
❸ (DEP) sich aufwärmen, sich warm machen

calentito, -a [kalen'tito, -a] *adj* ❶ (*pan*) ofenfrisch, frisch gebacken
❷ (*noticia*) brandheiß
❸ (*agradable*) mollig warm

calentón [kalen'ton] *m* ❶ (*calentamiento*) schnelle Erhitzung *f*; **darse un ~** sich schnell aufwärmen; **el motor sufre un ~** der Motor ist heiß gelaufen
❷ (*vulg: pene*) Ständer *m fam*; **tener un ~** einen Ständer bekommen
❸ (*vulg: persona*) geiler Bock *m fam pey*; **es un ~** der ist ein geiler Bock

calentorro, -a [kalen'torro, -a] *adj* (*vulg*) sexhungrig, geil

calentura [kalen'tura] *f* ❶ (*fiebre*) Fieber *nt*
❷ (*en los labios*) Fieberbläschen *nt*
❸ (*Arg, Par: cachondez*) Geilheit *f*
❹ (*Col: rabia*) Wutanfall *m*
❺ (*Chil*: MED) Lungentuberkulose *f*, Schwindsucht *f*

calenturiento, -a [kalentu'rjento, -a] *adj* ❶ (*febril*) fieberkrank, fiebrig
❷ (*exaltado*) lebhaft; **imaginación calenturienta** überschäumende Fantasie; (*pey*) krankhafte Fantasie; **tener una mente calenturienta** eine krankhafte Fantasie haben

calera [ka'lera] *f* ❶ (*cantera*) Kalksteinbruch *m*
❷ (*horno*) Kalkofen *m*

calesa [ka'lesa] *f* Kalesche *f*

calesita [kale'sita] *f* (*Arg, Par*) Karussell *nt*

caleta [ka'leta] *f* ❶ (*cala*) kleine Bucht *f*
❷ (*Am: barco*) Küstenschiff *nt*

caletre [ka'letre] *m* (*fam*) Grips *m*; **tener mucho ~** Köpfchen haben

calibración [kaliβra'θjon] *f*, **calibrado** [kali'βraðo] *m* Kalibrierung *f*

calibrador [kaliβra'ðor] *m* (TÉC) Kalibermaß *nt*; **~ exterior** Tastzirkel *m*; **~ interior** Lochzirkel *m*; **~ de profundidades** Tiefenmessschieber *m*

calibrar [kali'βrar] *vt* ❶ (*medir*) messen; (TÉC) kalibrieren
❷ (*calcular*) abschätzen, abwägen; **no calibra el peligro** er/sie unterschätzt die Gefahr

calibre [ka'liβre] *m* ❶ (*diámetro*) Kaliber *nt*; **de gran/pequeño ~** groß-/kleinkalibrig
❷ (*instrumento*) Lehre *f*, Kalibermaß *nt*
❸ (*importancia*) Bedeutung *f*; (*clase*) Art *f*, Kaliber *nt*; **eso es una mentira de ~** das ist eine ungeheure Lüge

calicanto [kali'kanto] *m* (ARQUIT) (Bruchstein)mauerwerk *nt*; **muro de ~** Mauer aus Bruchsteinen

calicata [kali'kata] *f* (GEO) Schürfen *nt*

caliche [ka'litʃe] *m* ❶ (*t. Arg: pared*) Kalkputz *m*
❷ (*piedrecilla*) *in Keramik* (*versehentlich*) *eingebranntes Kalkstückchen*
❸ (*maca en la fruta*) Druckstelle *f*

caliciforme [kaliθi'forme] *adj* (BOT) kelchförmig

caliculillo [kaliku'liʎo] *m*, **calículo** [ka'likulo] *m* (BOT) Außenkelch *m*

calidad [kali'ðað] *f* ❶ (*excelencia, superioridad*) Qualität *f*, Güte *f*; **~ carta** (INFOR) Schönschrift *f*; **~ de vida** Lebensqualität *f*; **de alta ~** hochwertig; **artículos de alta/de baja ~** Artikel hoher/geringer Qualität, hochwertige/geringwertige Artikel; **certificado de ~** Qualitätszeugnis *nt*; **control de ~** Qualitätskontrolle *f*; **de ~ inferior** minderwertig; **de ~ primera** ~ erstklassig
❷ (*característica*) Eigenschaft *f*; (*naturaleza*) Beschaffenheit *f*; **en ~ de** als; **en ~ de presidenta** in ihrer Eigenschaft als Vorsitzende
❸ (*prestigio, importancia*) Bedeutung *f*; **persona de ~** angesehene Person

calidez [kali'ðeθ] *f* ❶ (*cálido*) Wärme *f*; (*fig: de espíritu*) Warmherzigkeit *f*
❷ (MED) erhöhte Temperatur *f*

cálido, -a ['kaliðo, -a] *adj* ❶ (*caliente*) warm; **tonos ~s** warme Töne; **temperaturas cálidas** hohe Temperaturen
❷ (*afectuoso*) warm, herzlich

calidoscópico, -a [kaliðos'kopiko, -a] *adj* (FÍS) kaleidoskopisch

calidoscopio [kaliðos'kopjo] *m* Kaleidoskop *nt*

calientabraguetas [kaljentaβra'ɣetas] *f inv* (*fam*) *v.* **calientapollas**

calientafuentes [kaljenta'fwentes] *m inv v.* **calientaplatos**

calientapiés [kaljenta'pjes] *m inv* Fußwärmer *m*

calientaplatos [kaljenta'platos] *m inv* Warmhalteplatte *f*, Tellerwärmer *m*

calientapollas [kaljenta'poʎas] *f inv* (*vulg*) ≈Schnepfe *f*

calientasillas [kaljenta'siʎas] *m inv* (*fam*) fauler Bürokrat *m*

caliente [ka'ljente] *adj* ❶ (*cálido*) warm; (*ardiente*) heiß; **dinero ~** heißes Geld; **ducha con agua ~ en todas las habitaciones** Dusche mit Warmwasser in allen Zimmern
❷ (*acalorado*) hitzig, lebhaft; **~ de cascos** hitzköpfig; **un debate ~** eine hitzige Debatte; **en ~** (*fig*) auf der Stelle
❸ (*vulg: sexualmente*) aufgegeilt *fam*; **poner(se) ~** (sich) aufgeilen *fam*

califa [ka'lifa] *m* Kalif *m*

califato [kali'fato] *m* Kalifat *nt*

calificable [kalifi'kaβle] *adj* bestimmbar, definierbar; **un acto ~ como traición** eine Tat, die als Verrat bezeichnet werden muss

calificación [kalifika'θjon] *f* ❶ (*denominación*) Bezeichnung *f*; (*evaluación*) Beurteilung *f*
❷ (*cualificación*) Qualifizierung *f*; **~ profesional** berufliche Qualifikation
❸ (*nota*) Note *f*; **obtuvo la ~ de sobresaliente** er/sie erhielt die Note „sehr gut" [*o* eine Eins]

calificado, -a [kalifi'kaðo, -a] *adj* ❶ (*cualificado, t.* JUR) qualifiziert; **obreras altamente calificadas** hochqualifizierte Arbeiterinnen
❷ (*reconocido*) angesehen

calificar [kalifi'kar] <c→qu> *vt* ❶ (*definir*) bezeichnen (*de* als +*akk*); (*evaluar*) beurteilen; **el ministro calificó la situación de preocupante** der Minister bezeichnete die Lage als beunruhigend
❷ (*atribuir una cualidad*) kennzeichnen (*de* als +*akk*)
❸ (ENS) bewerten, benoten; **el profesor calificó la redacción con sobresaliente** der Lehrer benotete den Aufsatz mit einer Eins [*o* mit der Note „sehr gut"]

calificativo[1] [kalifika'tiβo] *m* Bezeichnung *f*; **aplicar el ~ de incompetente** als unfähig bezeichnen; **no merece el ~ de médico** er/sie verdient es nicht als Arzt/Ärztin bezeichnet zu werden

calificativo, -a[2] [kalifika'tiβo, -a] *adj* bezeichnend; **adjetivo ~** (LING) erläuterndes Adjektiv

California [kali'fornja] *f* Kalifornien *nt*

californiano, -a [kalifor'njano, -a] **I.** *adj* kalifornisch
II. *m, f* Kalifornier(in) *m(f)*

californio [kali'fornjo] *m* (QUÍM) Californium *nt*

calígrafa [ka'liɣrafa] *f v.* **calígrafo**

caligrafía [kaliɣra'fia] *f* Kalligraphie *f*; **escribir en letra de ~** (*fig*) in

caligrafiar

Schönschrift schreiben
caligrafiar [kaliɣrafi'ar] <1.pres: caligrafío> vt (TIPO) in Schönschrift abfassen
caligráfico, -a [kali'ɣrafiko, -a] adj (TIPO) kalligraphisch
calígrafo, -a [ka'liɣrafo, -a] m, f Kalligraph(in) m(f); **tiene letra de ~** er/sie hat eine schöne Schrift
caligrama [kali'ɣrama] m (LIT) Kalligramm nt
calima [ka'lima] f v. **calina**
calimba [ka'limba] f (Am) Brandeisen nt
calimocho [kali'motʃo] m (fam) Korea nt (Mischgetränk aus Wein und Cola)
calina [ka'lina] f ❶ (neblina) Dunst m
❷ (polución) Smog m
calinoso, -a [kali'noso, -a] adj dunstig, diesig
calitipia [kali'tipja] f (FOTO) Kal(l)itypie f
cáliz ['kaliθ] m ❶ (REL) Kelch m; **apurar el ~ de la amargura** den bitteren Kelch leeren
❷ (BOT) Blumenkelch m
caliza [ka'liθa] f Kalkstein m
calizo, -a [ka'liθo, -a] adj kalkhaltig
calla ['kaʎa] f (Am: AGR) Pflanzholz nt
callada [ka'ʎaða] f Stillschweigen nt; **dar la ~ por respuesta** keine Antwort geben
callado, -a [ka'ʎaðo, -a] adj ❶ estar (sin hablar) schweigend; (silencioso) still, ruhig; **¿por qué estás tan callado?** warum bist du so still?
❷ ser (reservado) schweigsam; **más ~ que un muerto** verschwiegen wie ein Grab; **¡qué ~ te lo tenías!** davon hattest du ja nie erzählt!
callampa [ka'ʎampa] f ❶ (Col, Chil, Perú: seta) Speisepilz m
❷ (Chil: sombrero) Filzhut m
callana [ka'ʎana] f ❶ (AmS: vasija) grobes Tongefäß zum Rösten von Getreide
❷ (Chil: reloj) große Taschenuhr f
❸ (Perú: tiesto) Blumentopf m
callar [ka'ʎar] I. vi, vr: **~se** schweigen (de/por vor/aus +dat); (enmudecer) verstummen (de/por vor/aus +dat); **se calló de [o por] miedo** er/sie schwieg vor [o aus] Angst; **¡a ~!** Ruhe jetzt!; **¡cállate de una vez!** halt endlich den Mund!; **matarlas callando** Taten statt Worte
II. vt ❶ (un asunto) verschweigen; (un secreto) bewahren
❷ (hacer ~) zum Schweigen bringen; **¡calla la boca!** Mund zu!, halt den Mund!
calle ['kaʎe] f Straße f; (arbolada) Allee f; (en la autopista) Fahrbahn f; (DEP: natación, atletismo) Bahn f; **~ comercial** Geschäftsstraße f, Einkaufsstraße f; **~ de dirección única** Einbahnstraße f; **~ peatonal** Fußgängerzone f; **~ principal** Hauptstraße f; **~ de prioridad** Vorfahrtsstraße f; **~ secundaria** Nebenstraße f; **gente de la ~** Volk nt, Durchschnittsbürger m; **lenguaje de la ~** Umgangssprache f; **traje de ~** Straßenanzug m; **~ arriba/abajo** straßauf/straßab; **coger la ~** (fam) ausgehen; **dejar a alguien en [o echar a alguien a] la ~** (fig fam) jdn auf die Straße setzen; **quedarse en la ~** (fig fam) auf der Straße stehen; **echarse a la ~** auf die Barrikaden steigen; **hacer la ~** (fam) auf den Strich gehen; **llevarse de ~ a alguien** (fam) jdn um den Finger wickeln
calleja [ka'ʎexa] f Gässchen n
callejear [kaʎexe'ar] vi herumbummeln
callejero¹ [kaʎe'xero] m Straßenverzeichnis nt
callejero, -a² [kaʎe'xero, -a] adj Straßen-; (animales) streunend; **disturbios ~s** Krawalle mpl; **perro ~** Straßenköter m
callejón [kaʎe'xon] m ❶ (calle estrecha) Gasse f; **~ sin salida** Sackgasse f; (fig) ausweglose Situation
❷ (TAUR) Gang zwischen der Arena und den ersten Sitzreihen
callejuela [kaʎe'xwela] f Gässchen nt
callicida [kaʎi'θiða] m Hühneraugenpflaster nt
callista [ka'ʎista] mf Fußpfleger(in) m(f)
callo ['kaʎo] m ❶ (callosidad) Hornhaut f, Schwiele f; (ojo de gallo) Hühnerauge nt; **criar ~s** (fig) sich dat ein dickes Fell wachsen lassen; **dar el ~** (fam) schuften
❷ (fam: persona) Schreckschraube f
❸ pl (GASTR) Kaldaunen fpl
callosidad [kaʎosi'ðað] f Hornhaut f, Schwiele f
calloso, -a [ka'ʎoso, -a] adj schwielig; **manos callosas** schwielige Hände
calma ['kalma] f ❶ (tranquilidad) Ruhe f; (silencio) Stille f; **~ chicha** (NÁUT) Flaute f; **el lago está en ~** der See liegt ruhig da
❷ (serenidad) Gelassenheit f; **¡(con) ~!** immer mit der Ruhe!; **tomar algo con ~** etw gelassen nehmen; (en exceso) etw gemächlich angehen; **perder la ~** die Ruhe verlieren
❸ (COM) Flaute f
❹ (fam: indolencia) Trägheit f
calmante [kal'mante] I. adj (que tranquiliza) beruhigend; (para dolo-

res) schmerzstillend
II. m (tranquilizante) Beruhigungsmittel nt; (analgésico) Schmerzmittel nt
calmar [kal'mar] I. vi (viento) abflauen
II. vt ❶ (tranquilizar) beruhigen; (apaciguar) besänftigen
❷ (dolor, hambre) stillen
III. vr: **~se** ❶ (tranquilizarse) sich beruhigen
❷ (dolor) nachlassen
calmo, -a ['kalmo, -a] adj ruhig, still
calmoso, -a [kal'moso, -a] adj ❶ (tranquilo) ruhig
❷ (fam: indolente) träge
caló [ka'lo] m Zigeunersprache f
calobiótica [kaloβ'jotika] f (buen vivir) Savoir-vivre nt
calocéfalo, -a [kalo'θefalo, -a] adj (elev) mit einem schönen Kopf
calología [kalolo'xia] f (FILOS) Ästhetik f, Kallologie f
calón [ka'lon] m ❶ (río, canal, puerto) Messstange f (zum Messen der Wassertiefe)
❷ (pesca) Stab zum Offenhalten eines Fischernetzes
calor [ka'lor] m ❶ (de un cuerpo) Wärme f; **~ de combustión** Verbrennungswärme f; **~ específico** spezifische Wärme; **entrar en ~** sich aufwärmen, warm werden
❷ (clima) Hitze f; **~ sofocante** Schwüle f; **hace mucho ~** es ist sehr heiß; **tengo [o siento] mucho ~** mir ist sehr heiß; **¡qué ~!** ist das eine Hitze!; **este jersey da demasiado ~** dieser Pulli ist zu warm; **morirse de ~** (fam) sich zu Tode schwitzen
❸ (entusiasmo) Eifer m; **aplaudir con ~** begeistert klatschen
❹ (afecto) Wärme f, Herzlichkeit f; **~ del hogar** Nestwärme f; **~ humano** menschliche Wärme; **acoger a alguien con ~** jdn herzlich aufnehmen
calorazo [kalo'raθo] m (fam) Gluthitze f, Affenhitze f
caloría [kalo'ria] f (t. FÍS) Kalorie f; **bajo en ~s** kalorienarm
calórico, -a [ka'loriko, -a] adj (FÍS) kalorisch
calorífero¹ [kalo'rifero] m Heizgerät nt; **~ de aire** Heizlüfter m
calorífero, -a² [kalo'rifero, -a] adj (que conduce el calor) Wärme leitend; (que produce calor) Wärme erzeugend
calorífico, -a [kalo'rifiko, -a] adj (que distribuye calor) Wärme abgebend; (que produce calor) Wärme erzeugend; **poder ~** Heizkraft f
calorífugo, -a [kalo'rifuɣo, -a] adj (FÍS) ❶ (no conductor) wärmedämmend, wärmeisolierend
❷ (no inflamable) feuerfest, nicht brennbar
calorimetría [kalorime'tria] f (FÍS) Wärmemengenmessung f, Kalorimetrie f
calorímetro [kalo'rimetro] m (FÍS) Kalorimeter nt
calostro [ka'lostro] m (BIOL) Kolostralmilch f
calote [ka'lote] m (RíoPl) Schwindel m, Betrug m
calotipia [kalo'tipja] f (FOTO) Kal(l)itypie f
caluma [ka'luma] f (Perú: desfiladero) Schlucht f (in den Anden)
calumnia [ka'lumnja] f Verleumdung f; **levantar ~s contra alguien** jdn verleumden
calumniador(a) [kalumnja'ðor(a)] I. adj verleumderisch
II. m(f) Verleumder(in) m(f)
calumniar [kalum'njar] vt verleumden
calumnioso, -a [kalum'njoso, -a] adj verleumderisch
calungo [ka'luŋgo] m (Col, Ven: ZOOL) Hunderasse mit krausem Fell
caluroso, -a [kalu'roso, -a] adj ❶ (caliente) heiß; **un día muy ~** ein sehr heißer Tag
❷ (cálido) warm
❸ (entusiasta) lebhaft
❹ (afectuoso) herzlich, warm; **un recibimiento ~** ein herzlicher Empfang
caluyo [ka'luʝo] m (Bol: baile) Tanz der Indios
calva ['kalβa] f ❶ (en la cabeza) Glatze f
❷ (en un tejido, piel) kahle Stelle f
❸ v. **calvo**
calvados [kal'βaðos] m inv (bebida alcohólica) Calvados m
calvar [kal'βar] vt (fam: burlar) reinlegen, hinters Licht führen
calvario [kal'βarjo] m ❶ (REL) Kreuzweg m; **Monte C~** Kalvarienberg m
❷ (sufrimiento) Leidensweg m; **pasar un ~** großes Leid erfahren
calvatrueno [kalβa'trweno] m ❶ (calva) Vollglatze f
❷ (fam fig: insensato) Schwachkopf m, Knallkopf m
calvero [kal'βero] m Lichtung f
calvicie [kal'βiθje] f Kahlköpfigkeit f; **~ prematura** vorzeitiger Haarausfall
calvinismo [kalβi'nismo] m Kalvinismus m, Calvinismus m
calvinista [kalβi'nista] I. adj kalvinistisch, calvinistisch
II. mf Kalvinist(in) m(f), Calvinist(in) m(f)
calvo, -a ['kalβo, -a] I. adj ❶ (en la cabeza) kahlköpfig, kahl; **estar ~** eine Glatze haben; **quedarse ~** kahl werden, eine Glatze bekommen
❷ (piel, tejido) abgewetzt

calza ❸ (*sin vegetación*) kahl
II. *m, f* Kahlkopf *m fam*, Glatzkopf *m fam*
calza ['kalθa] *f* ❶ (*media*) Strumpf *m*
❷ (*cuña*) (Stütz)keil *m*
calzada [kal'θaða] *f* ❶ (*carretera*) (gepflasterte) Straße *f*; ~ **romana** Römerstraße *f*
❷ (*carril de coches*) Fahrbahn *f*; **salirse de la** ~ von der Fahrbahn abkommen
calzado[1] [kal'θaðo] *m* Schuhwerk *nt*, Schuhe *mpl*
calzado, -a[2] [kal'θaðo, -a] *adj* beschuht; **ir bien** ~ festes Schuhwerk tragen; **va** ~ **con zapatos de cuero** er trägt Lederschuhe
calzador [kalθa'ðor] *m* Schuhlöffel *m*
calzar [kal'θar] <z→c> I. *vt* ❶ (*poner zapatos*) anziehen; (*esquís, patines*) anschnallen; **voy a** ~ **al niño** ich ziehe dem Kind die Schuhe an
❷ (*llevar puesto*) tragen; **¿qué número calza? – calzo un 36** welche Schuhgröße haben Sie? – ich habe Schuhgröße 36; **le gusta** ~ **zapatos rojos** er/sie trägt gerne rote Schuhe
❸ (*poner una cuña*) verkeilen, fixieren; ~ **la pata de la mesa** etwas unter das Tischbein legen
II. *vr:* ~**se** (*zapatos*) (sich *dat*) anziehen; (*esquís, patines*) sich *dat* anschnallen; **¡cálzate las sandalias!** zieh (dir) die Sandalen an!; **¡me los calzo a todos!** (*fam*) ich stecke sie alle in die Tasche!
calzo ['kalθo] *m* ❶ (*calza*) Stützkeil *m*; (*de freno*) Unterlegkeil *m*; **hay que poner un** ~ **en la pata de la mesa** man muss etwas unter das Tischbein legen
❷ (AERO) Bremsklotz *m*, Hemmschuh *m*
❸ *pl* (*caballo*): **mi caballo es blanco con los ~s marrones** mein Pferd ist weiß mit braunen Fesseln
calzón [kal'θon] *m* ❶ (*Am: pantalón*) Hose *f*; ~ **de baño** Badehose *f*; **llevar los calzones** die Hosen anhaben
❷ (*Arg: bragas*) Schlüpfer *m*
calzonarias [kalθo'narjas] *fpl* (*Col: tirantes*) Träger *mpl*; (*de pantalones*) Hosenträger *mpl*
calzonazos [kalθo'naθos] *m inv* (*pey*) ❶ (*débil*) Schwächling *m*
❷ (*marido*) Pantoffelheld *m*
calzoncillo(s) [kalθon'θiʎo(s)] *m(pl)* Herrenunterhose *f*; **dejar a alguien en ~s** (*fam*) jdn bis aufs Hemd ausziehen
calzoneras [kalθo'neras] *fpl* (*Méx: pantalón de montar*) Reithose *f* (*an beiden Seiten durchgeknöpft*)
calzones [kal'θones] *mpl* (*Am*) Hose *f*; ~ **de baño** Badehose *f*; **llevar los** ~ die Hosen anhaben
cama ['kama] *f* ❶ (*mueble*) Bett *nt*; ~ **de agua** Wasserbett *nt*; ~ **elástica** Trampolin *nt*; ~ **de matrimonio** Ehebett *nt*; ~ **plegable** Klappbett *nt*; ~ **redonda** (*fig*) Gruppensex *m*; **caer en** ~ krank werden; **estar en la** ~ im Bett liegen; **guardar** ~ das Bett hüten; **hacer la** ~ das Bett machen; **irse a la** ~ ins Bett (*o* schlafen) gehen; **irse a la** ~ **con alguien, llevarse a alguien a la** ~ mit jdm ins Bett gehen
❷ (*de animales*) Lager *nt*
camachuelo [kama'tʃwelo] *m* (ZOOL) Gimpel *m*, Dompfaff *m*
camada [ka'maða] *f* ❶ (*de animales*) Wurf *m*
❷ (*pey: cuadrilla*) Haufen *m*, Bande *f*
camafeo [kama'feo] *m* Kamee *f*
camaleón [kamale'on] *m* (*t. fig*) Chamäleon *m*; **ese político es un** ~ (*fam*) dieser Politiker dreht sein Fähnchen nach dem Wind
camaleónico, -a [kamale'oniko, -a] *adj* (*persona*) unbeständig
camalero [kama'lero] *m* (*Perú*) Schlächter *m*, Fleischer *m*
camalote [kama'lote] *m* ❶ (*AmS*) ≈Wasserpflanze *f*
❷ (*CSur*) Wasserhyazinthe *f*
camamila [kama'mila] *f* (BOT) Kamille *f*
camanchaca [kaman'tʃaka] *f* (*Chil, Perú:* METEO) dichter Küstennebel *m*
camándula [ka'mandula] *f* ❶ (REL) Rosenkranz *m* (*mit einer oder drei Vaterunserperlen*)
❷ (*fam fig: astucia*) Gerissenheit *f*; **tu amigo tiene muchas ~s** dein Freund hat es faustdick hinter den Ohren
cama-nido ['kama 'niðo] *f* <camas-nido> Schlafsofa *nt*
cámara[1] ['kamara] *f* ❶ (FOTO) Kamera *f*; ~ **de cine** Filmkamera *f*; ~ **digital** (FOTO, INFOR) digitale Kamera, Digitalkamera *f*; ~ **fotográfica** [*o* **de fotos**] Fotoapparat *m*; ~ **de televisión** Fernsehkamera *f*; ~ **de vídeo** Videokamera *f*; **a** ~ **lenta** in Zeitlupe; **chupar** ~ (*fam*) sich aufspielen, sich in Szene setzen
❷ (*consejo*) Kammer *f*; **C~ Agraria** Landwirtschaftskammer *f*; **C~ Alta** (POL) Oberhaus *nt*; **C~ Baja** (POL) Abgeordnetenkammer *nt*; **C~ de Artesanía** Handwerkskammer *f*; **C~ de Comercio en el exterior** Außenhandelskammer *f*; **C~ de Comercio e Industria** Industrie- und Handelskammer *f*; **C~ de Comercio, Industria y Navegación** Industrie-, Handels- und Schifffahrtskammer *f*; **C~ de Comercio Internacional** Internationale Handelskammer *f*; ~ **de compensación** Verrechnungsstelle *f*; **C~ de corredores de Bolsa** Börsenmaklerkammer *f*

❸ (*receptáculo*) Raum *m*, Kammer *f*; **acorazada** Stahlkammer *f*; ~ **de aire** Schlauch *m*; ~ **de gas** Gaskammer *f*; ~ **frigorífica** Kühlhaus *nt*, Kühlraum *m*; ~ **mortuoria** Leichenhalle *f*; ~ **oscura** Dunkelkammer *f*; ~ **de tortura** Folterkammer *f*
❹ (*en un arma*) Patronenlager *nt*
❺ (*elev: habitación*) Gemach *nt*
cámara[2] ['kamara] *mf* (CINE) Kameramann, -frau *m, f*
camarada [kama'raða] *mf* ❶ (*compañero*) Freund(in) *m(f)*, Kamerad(in) *m(f)*; **me voy al cine con mis ~s** ich gehe mit meinen Kumpels ins Kino
❷ (POL) Parteifreund(in) *m(f)*; (*de socialistas*) Genosse, -in *m, f*
camaradería [kamaraðe'ria] *f* Kameradschaft *f*, Kameraderie *f pey*
camarera [kama'rera] *f* (*de la reina*) Hofdame *f*
camarero, -a [kama'rero, -a] *m, f* ❶ (*en restaurantes*) Kellner(in) *m(f)*, Bedienung *f*; **¡~!** Herr Ober!
❷ (*en la barra*) Barman, -dame *m, f*
❸ (*de habitación*) Zimmerkellner(in) *m(f)*
❹ (*en un barco*) Steward *m*, Stewardess *f*
camarilla [kama'riʎa] *f* (*pey t.* POL) Clique *f*
camarín [kama'rin] *m* ❶ (*vestuario*) Ankleideraum *m*
❷ (*camerino*) (Künstler)garderobe *f*
❸ (*para reliquias*) Schrein *m*
camarista [kama'rista] *mf* (*Arg*) Richter(in) *m(f)* am Berufungsgericht
camarlengo [kamar'leŋgo] *m* (REL) Camerlengo *m*, päpstlicher Kardinalkämmerer *m*
camarógrafo, -a [kama'roɣrafo, -a] *m, f* Kameramann, -frau *m, f*
camarón [kama'ron] *m* Garnele *f*
camarote [kama'rote] *m* Kajüte *f*; ~ **doble** Zweibettkabine *f*; ~ **individual** Einzelkabine *f*; ~ **de lujo** Luxuskabine *f*
camarotero [kamaro'tero] *m* (*Am: camarero de barco*) (Schiffs)steward *m*
camarroya [kama'rroʝa] *f* (BOT) Wegwarte *f*
camastro [ka'mastro] *m* Pritsche *f*
camastrón, -ona [kamas'tron, -ona] I. *adj* (*fam*) hinterlistig, intrigant
II. *m, f* (*fam*) Intrigant(in) *m(f)*
cambalachar [kambala'tʃar] *vt* (*fam*) *v.* **cambalachear**
cambalache [kamba'latʃe] *m* ❶ (*trueque*) Tausch *m*, Schacher *m pey*; **todo lo ha conseguido con ~s** er/sie hat alles nur mit Schachereien erreicht
❷ (*Arg, Urug: almoneda*) Trödlerladen *m*, Trödellaa *m*
cambalachear [kambala'tʃear] *vt* (*fam*) eintauschen
cámbaro ['kambaro] *m* (ZOOL) Krebs *m*
cambiable [kam'bjaβle] *adj* ❶ (COM) umtauschbar
❷ (*intercambiable*) auswechselbar, austauschbar
cambiadiscos [kambja'ðiskos] *m inv* Plattenwechsler *m*
cambiador [kambja'ðor] *m* (*Chil*) Weichensteller(in) *m(f)*
cambiante [kam'bjante] *adj* ❶ (*irisado*) schillernd
❷ (*inestable*) wechselhaft
❸ (*pey: veleidoso*) launisch
cambiar [kam'bjar] I. *vi* ❶ (*transformarse*) sich (ver)ändern; **no has cambiado nada** du hast dich gar nicht verändert; **mañana cambia el tiempo** morgen ändert sich das Wetter
❷ (*con 'de': alterar*) ändern; ~ **de casa** umziehen; ~ **de chaqueta** (*fig*) seinen Mantel nach dem Wind hängen; ~ **de coche** sich *dat* ein neues Auto kaufen; ~ **de dirección** die Richtung ändern; ~ **de manos** den Besitzer wechseln; ~ **de marcha** (AUTO) einen anderen Gang einlegen, schalten; ~ **de opinión** [*o* **de parecer**] seine Meinung ändern
II. *vt* ❶ (*trocar*) auswechseln, austauschen; (*algo comprado*) umtauschen; ~ **una pieza** ein Teil auswechseln; ~ **dinero** Geld wechseln [*o* umtauschen]; **¿me puede** ~ **un billete de 10 euros?** können Sie (mir) einen Zehneuroschein wechseln?; **quisiera** ~ **este jersey por una camiseta** ich möchte diesen Pullover gegen ein T-Shirt umtauschen
❷ (*intercambiar*) austauschen; ~ **unas palabras con alguien** mit jdm ein paar Worte wechseln
❸ (*variar*) (ver)ändern; ~ **algo de lugar** etw umstellen; **han cambiado las horas de salida** (**de los aviones**) die Abflugzeiten wurden geändert
III. *vr:* ~**se** ❶ (*transformarse*) sich verwandeln (*en* in +*akk*), sich (ver)ändern
❷ (*de ropa*) sich umziehen; **tengo que ~me antes de la cena** ich muss mich vor dem Abendessen umziehen; **~se de zapatos** sich *dat* andere Schuhe anziehen
❸ (*mudarse de casa*): **~se de casa** umziehen; **se ha cambiado de casa** er/sie ist ausgezogen [*o* umgezogen]; **~se a otra ciudad** in eine andere Stadt ziehen
cambiario, -a [kam'βjarjo, -a] *adj* (FIN): **mercado** ~ Devisenmarkt *m*; **operación cambiaria** Wechselgeschäft *nt*, Devisenoperation *f*
cambiavía [kambja'βia] *m* (*Am*) Weichensteller(in) *m(f)*
cambiazo [kam'βjaθo] *m* (*fam*): **dar el** ~ **a alguien** jdn übers Ohr hauen; **te han dado el** ~ da hast du dich aber auf einen schlechten

cambio ['kambjo] *m* ❶ (*alteración*) (Ver)änderung *f*; ~ **climático** Witterungsänderung *f*; (*globalmente*) Klimaveränderung *f*; ~ **de domicilio** Wohnungswechsel *m*; ~ **de turno nocturno** Nachtschichtwechsel *m*; ~ **de utilización** Umnutzung *f*; ~ **de voz** Stimmwechsel *m*; **hay un ~ en el horario** der Zeitplan ändert sich; **en ~** dagegen, stattdessen; **sabe mal, pero en ~, es bueno para la salud** es schmeckt zwar nicht, ist dafür aber gesund; **a él le gustó la película, en ~ a mí no me gustó para nada** ihm hat der Film gefallen, mir dagegen überhaupt nicht; **a la primera de ~** bei der ersten Gelegenheit
❷ (*sustitución*) Auswechs(e)lung *f*, Austausch *m*; ~ **de aceite** (AUTO) Ölwechsel *m*
❸ (*transformación*) Wandel *m*; ~ **fonético** (LING) Lautwandel *m*; ~ **lingüístico** Sprachwandel *m*; ~ **tecnológico** technologischer Wandel *m*; ~ **de tendencia** Trendwende *f*
❹ (*intercambio*) Austausch *m*; ~ **de impresiones** Meinungsaustausch *m*; **Libre ~** (COM) Freihandel *m*; **a ~ de** für +*akk*
❺ (*en un comercio*) Umtausch *m*; **no se admiten ~s** Umtausch ausgeschlossen
❻ (FIN) (Wechsel)kurs *m*; ~ **en bolsa** Börsenkurs *m*, Börsennotierung *f*; ~ **de cierre** Schlusskurs *m*; ~ **de compra** Geldkurs *m*; ~ **de divisa** [*o* **de moneda**] Geldwechsel *m*; ~ **del dólar** Dollarkurs *m*; ~ **fijo** fester Kurs; ~ **flotante** frei schwankender Wechselkurs; ~ **de intervención** Interventionskurs *m*; ~ **oficial** amtlicher Wechselkurs; ~ **de los valores bursátiles** Wertpapierkurs *m*; ~ **de venta** Briefkurs *m*; ~ **al ~ del día** zum Tageskurs; **eliminar el riesgo de ~** das Währungsrisiko beseitigen [*o* ausschließen]; **mecanismo de ~s** (**del SME**) Wechselkursmechanismus *m* (des EWS)
❼ (*suelto*) Kleingeld *nt*, Wechselgeld *nt*; **no tengo ~** ich habe kein Wechselgeld, ich kann nicht herausgeben; **¿tiene ~ de 50 euros?** können nen Sie 50 Euro wechseln?
❽ (TÉC) Schaltung *f*; ~ **de marchas** Gangschaltung *f*
❾ (DEP) Auswechs(e)lung *f*
❿ (TEL): "~" „over"
cambista [kam'bista] *mf* ❶ (*que cambia dinero*) Geldwechsler(in) *m(f)*
❷ (*en la banca*) Devisenhändler(in) *m(f)*
cámbium ['kambium] <*cámbiums*> *m* (BOT) Kambium *nt*
Camboya [kam'boʝa] *f* Kambodscha *nt*
camboyano, -a [kambo'ʝano, -a] I. *adj* kambodschanisch
II. *m, f* Kambodschaner(in) *m(f)*
cámbrico¹ ['kambriko] *m* Kambrium *nt*
cámbrico, -a² ['kambriko, -a] *adj* (GEO) kambrisch; **el período ~** das Kambrium
cambrón [kam'bron] *m* (BOT: *arbusto*) Bocksdorn *m*; (*espino cerval*) Kreuzdorn *m*; (*zarza*) Brombeere *f*
cambucho [kam'butʃo] *m* (*Chil*) ❶ (*cesta: para papeles*) Papierkorb *m*; (*para ropa*) Wäschekorb *m*
❷ (*funda de paja*) Strohumhüllung *f* (*für Flaschen*)
❸ (*habitación*) ärmliche Behausung *f*
cambujo, -a [kam'buxo, -a] *adj* (*Am: persona morena*) dunkelhäutig
cambullón [kambu'ʎon] *m* ❶ (*AmS: engaño*) Intrige *f*
❷ (*Col: cambalache*) Tausch *m*
cambur [kam'bur] *m* (*Col, Ecua, Ven*) Banane *f*; (*para cocinar*) Kochbanane *f*
cambuto, -a [kam'buto] *adj* (*Perú: menudo y rechoncho*) pummelig
CAME ['kame] *m* (ECON) *abr de* **Consejo de Ayuda Mutua Económica** RGW *m*, COMECON *m o nt*
camedrio [ka'meðrjo] *m* (BOT) Edelgamander *m*
camelar [kame'lar] *vt* (*fam*) ❶ (*engañar*) beschwatzen, einseifen
❷ (*seducir*) verführen; **se la cameló enseguida** er kriegte sie schnell rum
camelia [ka'melja] *f* Kamelie *f*; **la dama de las ~s** die Kameliendame
camélido¹ [ka'meliðo] *m* (ZOOL) Kamel *nt*
camélido, -a² [ka'meliðo, -a] *adj* (ZOOL) zur Familie der Kamele gehörend
camelista [kame'lista] *mf* (*fam*) Hochstapler(in) *m(f)*
camella [ka'meʎa] *f* ❶ *v.* **camello**
❷ (AGR) Kamm *m*, Furchenrücken *m*
❸ (*pesebre*) (Futter)trog *m*
camellear [kameʎe'ar] *vi* (*argot*) pushen; ~ (**con**) **heroína** Heroin pushen
camelleo [kame'ʎeo] *m* (*argot*) (Drogen)pushen *nt*
camellero [kame'ʎero] *m* Kameltreiber *m*
camello, -a [ka'meʎo, -a] *m, f* ❶ (ZOOL) Kamel *nt*; (*hembra*) Kamelstute *f*
❷ (*argot: persona*) Pusher(in) *m(f)*
camellón [kame'ʎon] *m* (*recipiente*) Viehtränke *f*
camelo [ka'melo] *m* (*fam*) ❶ (*adulación*) Schmeichelei *f*, Süßholzraspeln *nt pey*

❷ (*timo*) Gaunerei *f*, Schwindel *m*; **dar el ~ a alguien** jdn hereinlegen
❸ (*noticia*) Ente *f*
camembert ['kamember] *m sin pl* (GASTR) Camembert *m*
cameralismo [kamera'lismo] *m sin pl* (ECON) Kameralismus *m*
cameralística [kamera'listika] *f* (ECON) Kameralistik *f*
cameraman [kame'raman] *mf* (CINE) Kameramann, -frau *m, f*
camerino [kame'rino] *m* (TEAT) Künstlergarderobe *f*
camero, -a [ka'mero] I. *adj*: **sábana camera** Bettlaken *nt* mit Überbreite
II. *m, f* (*oficio*) Bettenhersteller(in) *m(f)*
Camerún [kame'run] *m* Kamerun *nt*
camerunés, -esa [kameru'nes, -esa] I. *adj* kamerunisch
II. *m, f* Kameruner(in) *m(f)*
camicace [kami'kaθe] *m* (MIL) Kamikaze *m*
camilla [ka'miʎa] *f* ❶ (*angarillas*) Krankenbahre *f*
❷ (*cama de hospital*) Krankenbett *nt*
camillero, -a [kami'ʎero, -a] *m, f* Sanitäter(in) *m(f)*
camilo, -a [ka'milo, -a] I. *adj* (REL) Kamillianer-; **los religiosos ~s se dedican a los enfermos** die Kamillianermönche widmen sich kranken Menschen
II. *m, f* (REL) Kamillianer(in) *m(f)*
camilucho, -a [kami'lutʃo, -a] I. *adj* (*Am*) eines indianischen Tagelöhners
II. *m, f* (*Am*) indianischer Tagelöhner *m*, indianische Tagelöhnerin *f*
caminante [kami'nante] *mf* Wanderer, -in *m, f*
caminar [kami'nar] I. *vi* ❶ (*ir*) gehen; (*a pie*) zu Fuß gehen, wandern
❷ (*río*) strömen
❸ (*astro*) seine Bahn ziehen
❹ (*Am: funcionar*) gehen
II. *vt* zurücklegen
caminata [kami'nata] *f* (beschwerlicher) langer Fußmarsch *m*
caminero, -a [kami'nero, -a] *adj* Straßen-, Wege-; **peón ~** Straßenarbeiter *m*
camino [ka'mino] *m* ❶ (*senda*) Weg *m*; (*más estrecho*) Pfad *m*; ~ **de cabras** Ziegenpfad *m*; **C~ de Santiago** Jakobsweg *m*; ~ **trillado** ausgetretener Pfad; **a medio ~** halbwegs; **de ~ a Magdeburgo** unterwegs nach Magdeburg, auf dem Weg nach Magdeburg; **abrir nuevos ~s** bahnbrechend wirken; **abrirse ~** *dat* Raum schaffen; **ponerse en ~** sich auf den Weg machen, aufbrechen; **quedarse en** [*o* **por**] **el ~** mitten auf dem Weg stehen bleiben; (*fig*) nicht weiterkommen; **quedarse a medio ~** [*o* **a mitad de**] ~ auf halbem Weg stecken bleiben; (*fig*) etw nicht zu Ende bringen; **ir por buen/mal ~** (*fig*) auf dem rechten/falschen Weg sein; **allanar el ~ a alguien** (*fig*) jdm alle Steine aus dem Weg räumen, jdm den Weg ebnen; **va** [*o* **lleva**] ~ **de fracasar** er/sie ist auf dem besten Weg zu scheitern, er/sie wird scheitern; **todos los ~s llevan a Roma** (*prov*) alle Wege führen nach Rom
❷ (*calle*) Straße *f*; **C~s, Canales y Puertos** Hoch- und Tiefbau *m*
❸ (*distancia*) Strecke *f*; **el ~ de casa a la oficina** der Weg von zu Hause bis ins Büro; **está a dos horas de ~** es sind zwei Wegstunden von hier; **¿nos queda mucho ~ para acabar el trabajo?** brauchen wir noch lange, bis wir mit der Arbeit fertig sind?
❹ (*manera*) Art und Weise *f*, Weg *m*; **por este ~ no le convencerás** so wirst du ihn nicht überzeugen können
❺ (INFOR) Pfad *m*; ~ **de búsqueda** Suchpfad *m*
camión [ka'mjon] *m* ❶ (AUTO) Laster *m*, Last(kraft)wagen *m*, Lkw *m*; ~ **de la basura** Müllwagen *m*; ~ **blindado** Panzerwagen *m*; ~ **cisterna** Tankwagen *m*; ~ **frigorífico** Kühlwagen *m*; ~ **de juguete** Spielzeugauto *nt*; ~ **de riego** Sprengwagen *m*; ~ **volquete** Kipplaster *m*; **sobre ~ sin gastos** (COM) frei auf den Waggon
❷ (*Méx: autobús*) Bus *m*
❸ (*fam: sexy*): **está como un ~** die ist aber eine scharfe Braut
camionada [kamjo'naða] *f* Wagenladung *f*
camionaje [kamjo'naxe] *m* ❶ (*transporte*) Transport *m* mit LKW, Straßentransport *m*
❷ (*precio*) Roll(fuhr)geld *nt*
camionero, -a [kamjo'nero, -a] *m, f* Lastwagenfahrer(in) *m(f)*, Lkw-Fahrer(in) *m(f)*
camioneta [kamjo'neta] *f* ❶ (*furgoneta*) Kleinlaster *m*; ~ **de reparto** Lieferwagen *m*
❷ (*Am: autobús*) Bus *m*
camión-grúa [ka'mjon 'ɣrua] *m* <camiones-grúa> Kranwagen *m*
camisa¹ [ka'misa] *f* ❶ (*prenda*) (Ober)hemd *nt*; ~ **de fuerza** Zwangsjacke *f*; **en ~** in Hemdsärmeln; (*fig*) ohne Mitgift; **cambiar de ~** (*fig*) den Mantel [*o* das Mäntelchen] nach dem Wind hängen; **dejar a alguien sin ~** (*fam*) jdn bis aufs Hemd ausziehen; **no me llegaba la ~ al cuerpo** (*fam*) ich machte mir vor Angst fast in die Hosen; **meterse en ~ de once varas** (*fam: sobreestimarse*) sich übernehmen; (*inmiscuirse*) sich einmischen
❷ (*funda*) Hülle *f*

camisa ① (*de reptil*) abgestreifte Haut *f*
camisa² [ka'misa] *mf* (POL): **~s azules** Falangisten *mpl*; **~s negras/pardas** Braun-/Schwarzhemden *ntpl*
camisera [kami'sera] *adj o f v.* **camisero**
camisería [kamise'ria] *f* ① (*tienda*) Hemdengeschäft *nt*
② (*taller*) Hemdenfabrik *f*
camisero, -a [kami'sero, -a] I. *adj* Hemd-; **vestido ~** Hemdblusenkleid *nt*
II. *m, f* Hemdenschneider(in) *m(f)*
camiseta [kami'seta] *f* ① (*exterior*) T-Shirt *nt*
② (*interior*) Unterhemd *nt*
③ (DEP) Trikot *nt*
camisola [kami'sola] *f* ① (DEP) Vereinstrikot *nt*
② (*camisa de hombre*) feines Herren(ober)hemd *nt*
③ (*camisa con encajes*) Spitzenhemd *nt*
camisón [kami'son] *m* Nachthemd *nt*
camita [ka'mita] I. *adj* hamitisch
II. *mf* Hamit(in) *m(f)*
camomila [kamo'mila] *f* Kamille *f*
camón [ka'mon] *m* ① (*mirador*) verglaster Balkon *m*
② (*edificación*) Lehrbogen *m*, Bogengerüst *nt*
③ (*rueda hidráulica*) Radkranzstück *nt*
camorra [ka'morra] *f* ① (*fam pey: escándalo*) Krakeel *m*; (*pelea*) Rauferei *f*; **armar ~** krakeelen; **buscar ~** Streit anfangen
② (*mafia napolitana*) Kamorra *f*
camorrear [kamorre'ar] *vi* (*RíoPl*) sich streiten
camorrista [kamo'rrista] I. *adj* rauflustig
II. *mf* (*pendenciero*) Raufbold *m*; (*escandaloso*) Krakeeler *m*
camote [ka'mote] *m* ① (*Am: batata*) Süßkartoffel *f*
② (*AmC: chichón*) Beule *f*
③ (*Am: molestia*) Nervtöter *m*; **¡qué ~ es!** der/die tötet einem ja den letzten Nerv!
④ (*Arg, Méx: enamoramiento*) Verliebtheit *f*; **tener** [*o* **tomar**] **un ~ con alguien** in jdn verliebt sein
⑤ (*Am: amante*) Geliebte(r) *mf*
camotear [kamote'ar] *vi* (*Méx: vagabundear*) vergebens suchend umherirren
camotero, -a [kamo'tero, -a] *m, f* (*Méx*) Süßkartoffelhändler(in) *m(f)*
campal [kam'pal] *adj*: **batalla ~** Feldschlacht *f*; (*fig*) hitziges Gefecht *nt*
campamento [kampa'mento] *m* Lager *nt*, Lagerplatz *m*; **~ de veraneo** Ferienlager *nt*; **levantar el ~** das Lager abbrechen
campana [kam'pana] *f* Glocke *f*; **~ de cristal** Glasglocke *f*; **~ extractora de humos** Dunstabzugshaube *f*; **~ de inmersión** Taucherglocke *f*; **de ~** glockenförmig; **tocar las ~s** die Glocken läuten; **el coche dio tres vueltas de ~** das Auto überschlug sich dreimal; **echó las ~s a vuelo** (*fam*) er/sie hat es schon überall herumerzählt; **oír ~s y no saber dónde** (*fam*) nicht wissen, wo hinten und vorn(e) ist
campanada [kampa'naða] *f* ① (*sonido*) Glockenschlag *m*
② (*escándalo*): **dar la ~** den Vogel abschießen *fam*
campanario [kampa'narjo] *m* Glockenturm *m*; **de ~** engstirnig; **política de ~** Kirchturmpolitik *f*
campanear [kampane'ar] I. *vi* ① (*campana*) anhaltend läuten
② (*proyectil*) vom Kurs abweichen
II. *vi, vr*: **~se** (*fig: oscilar, balancear*) schwankend gehen; (*contonearse*) sich in den Hüften wiegen; **las modelos se campaneaban en la pasarela** die Models gingen mit wiegenden Hüften über den Laufsteg
campaneo [kampa'neo] *m* ① (*campana*) ständiges Glockenläuten *nt*
② (*proyectil*) außergewöhnliche Flugbahn *f*
③ (*fam: persona*) wiegender Gang *m*
campanero, -a [kampa'nero, -a] *m, f* ① (*fundidor*) Glockengießer(in) *m(f)*
② (*tañedor*) Glöckner(in) *m(f)*
campaniforme [kampani'forme] *adj* glockenförmig
campanil [kampa'nil] *m* (ARQUIT) Glockenturm *m*
campanilla [kampa'niʎa] *f* ① (*campana pequeña*) Glöckchen *nt*; (*de la puerta*) Klingel *f*; **de (muchas) ~s** (*persona*) von Rang; (*hotel*) erster Klasse
② (ANAT) Zäpfchen *nt*
③ (BOT) Glockenblume *f*; **~ blanca** Schneeglöckchen *nt*
campanillear [kampaniʎe'ar] *vi* anhaltend klingeln [*o* läuten]
campanilleo [kampani'ʎeo] *m* Geklingel *nt*
campanología [kampanolo'xia] *f* (MÚS) Glockenspielkunde *f*; **un especialista en ~** ein Glockenspielspezialist
campanólogo, -a [kampa'noloɣo, -a] *m, f* (MÚS) Glockenspieler(in) *m(f)*
campante [kam'pante] *adj* (*fam*) ① (*satisfecho*) zufrieden; **iba tan ~ con su abrigo nuevo** er/sie kam so stolz in seinem/ihrem neuen Mantel daher
② (*tranquilo*) ungerührt; **quedarse tan ~** sich nicht erschüttern lassen;

siguió hablando tan **~** er/sie sprach unbeirrt weiter
campanudo, -a [kampa'nuðo, -a] *adj* ① (*acampanado*) glockenförmig
② (*pey: pomposo*) schwülstig, hochtrabend
campánula [kam'panula] *f* (BOT) Glockenblume *f*
campanulácea [kampanu'laθea] *f* (BOT) Glockenblumengewächs *nt*
campanuláceo, -a [kampanu'laθeo, -a] *adj* (BOT) zu den Glockenblumengewächsen gehörend
campaña [kam'paɲa] *f* ① (*campo*) Feld *nt*, Land *nt*; **tienda de ~** Zelt *nt*
② (MIL) Feldzug *m*; (POL) Kampagne *f*; **~ de acoso y derribo** Schmutzkampagne *f*; **~ antitabaco** Antiraucherkampagne *f*; **~ electoral** Wahlkampf *m*; **~ de promoción de ventas** Absatzkampagne *f*; **~ publicitaria** [*o* **de publicidad**] Werbeaktion *f*, Werbekampagne *f*; **hacer ~** eine Kampagne führen (*a favor de* für *+akk*, *en contra de* gegen *+akk*)
③ (COM, FIN) Wirtschaftsjahr *nt*
④ (AGR) Kampagne *f*
campañista [kampa'ɲista] *mf* (*Chil: pastor*) Hirte, -in *m, f*
campañol [kampa'ɲol] *m* (ZOOL: *roedor*) Feldmaus *f*
campar [kam'par] *vi* ① (*acampar*) lagern
② (*loc*): **por sus respetos** eigenwillig handeln
campeador [kampea'ðor] I. *adj* (MIL) heldenhaft; **el Cid C~** Beiname von El Cid
II. *m* (HIST) Kämpe *m*
campear [kampe'ar] *vi* ① (*pastar*) weiden
② (*trabajar*) auf dem Feld arbeiten
③ (MIL: *reconocer el terreno*) das Gelände auskundschaften
④ (*Am: ir de acampada*) zelten
⑤ (*fam: arreglárselas*): **ir campeando** sich (gerade so) durchschlagen
⑥ (*sobresalir*) vorherrschen
campechana [kampe'tʃana] *f* ① (*Méx, Cuba: bebida*) aus verschiedenen Likören bestehender Cocktail
② (NÁUT) Gräting *f*
campechanía [kampetʃa'nia] *f sin pl* ① (*carácter llano*) Leutseligkeit *f*; (*naturalidad*) Ungezwungenheit *f*
② (*cordialidad*) Freundlichkeit *f*, Herzlichkeit *f*
campechano, -a [kampe'tʃano, -a] *adj* ① (*llano*) leutselig
② (*cordial*) freundlich
campeche [kam'petʃe] *m* (*Perú: vino malo*) schlechter Wein *m*
campeón, -ona [kampe'on, -ona] *m, f* ① (*vencedor*) Sieger(in) *m(f)*; (DEP) Meister(in) *m(f)*; **~ del mundo** [*o* **mundial**] Weltmeister *m*; **~ de ventas** Bestseller *m*
② (*héroe*) Held(in) *m(f)*
③ (*defensor*) Vorkämpfer(in) *m(f)*
campeonato [kampeo'nato] *m* Meisterschaft *f*; **de ~** (*fam*) mordsmäßig; **he pillado un enfriamiento de ~** ich habe mir eine Riesenerkältung geholt
campero, -a [kam'pero, -a] *adj* ① (*descubierto*) im Freien (stehend); **ganado ~** Weidevieh *nt*; **es muy ~** er ist ein Naturfreund
② (*para el campo*) Feld-; **traje ~** Feldkleidung *f*
campesina [kampe'sina] *adj o f v.* **campesino**
campesinado [kampesi'naðo] *m* (*conjunto*) Bauern *mpl*, Bauernschaft *f*
② (*estamento*) Bauerntum *nt*, Bauernstand *m*
campesino, -a [kampe'sino, -a] I. *adj* ① (*del campo*) ländlich
② (*de la gente del campo*) bäuerlich
II. *m, f* ① (*que trabaja*) Bauer *m*, Bäuerin *f*; **pequeño ~** Kleinbauer *m*
② (*que vive*) Landbewohner(in) *m(f)*; **los ~s** die Landbevölkerung
campestre [kam'pestre] *adj* Land-; **flor ~** Wildblume *f*; **vida ~** Landleben *nt*
campimetría [kampime'tria] *f* (MED) Kampimetrie *f*
camping ['kampiŋ] *m* ① (*campamento*) Campingplatz *m*
② (*acampada*) Zelten *nt*; **estar de** [*o* **hacer**] **~** zelten; **este año vamos de ~** dieses Jahr gehen wir zelten
campiña [kam'piɲa] *f* (*campo*) Feld *nt*; (*de cultivo*) Ackerland *nt*
campirano, -a [kampi'rano, -a] *adj* ① (*Am: patán, rural*) ländlich
② (*Méx: campesino*) bäuerisch
③ (*Méx: entendido en el campo*) auf landwirtschaftlichem Gebiet erfahren
④ (*Méx: que maneja bien caballos*) geschickt im Umgang mit Pferden
campista [kam'pista] *mf* ① (*en las vacaciones*) Camper(in) *m(f)*; (*en un camping*) Zeltler(in) *m(f)*
② (*Méx: MIN*) Grubenpächter(in) *m(f)*
campizal [kampi'θal] *m* (AGR) stellenweise mit Rasen bewachsenes Gelände
campo ['kampo] *m* ① (*opuesto a ciudad*) Land *nt*; (*de cultivo*) Acker *m*, Feld *nt*; **~ abierto** offenes Land; **gente del ~** Landbevölkerung *f*; **vivir en el ~** auf dem Lande wohnen; **ir al ~** ins Grüne fahren; **a ~ traviesa** [*o* **travieso**], **~ a través** querfeldein; **dejar el ~ libre** (*fig*) das Feld räumen; **tener ~ libre** (*fig*) freie Bahn haben

camposanto ❷ (*terreno*) Feld *nt*, Platz *m*; (DEP) (Sport)platz *m*; ~ **de aterrizaje** (AERO) Landeplatz *m*; ~ **de fútbol** Fußballplatz *m*; ~ **de golf** Golfplatz *m*; ~ **de juego** Sportplatz *m*; ~ **de vuelo** (AERO) Flugplatz *m*

❸ (*t.* POL, MIL: *campamento*) Lager *nt*, Camp *nt*; ~ **de acogida** Auffanglager *nt*; ~ **de concentración** (HIST) Konzentrationslager *nt*; ~ **de prisioneros** Gefangenenlager *nt*; ~ **de refugiados** Flüchtlingslager *nt*; ~ **de trabajo** (Jugend)workcamp *nt*

❹ (MIL: *terreno*) Feld *nt*; ~ **de batalla** Schlachtfeld *nt*; ~ **de minas** Minenfeld *nt*; ~ **de operaciones** Operationsgebiet *nt*; ~ **de tiro** Schießplatz *m*

❺ (FÍS) Feld *nt*; ~ **de acción** Wirkungsfeld *nt*; ~ **de gravitación** Schwerefeld *nt*; ~ **magnético** Kraftfeld *nt*; ~ **visual** Sichtfeld *nt*

❻ (*área del saber*) Bereich *m*, Gebiet *nt*; ~ **de actuación** Wirkungsbereich *m*, Tätigkeitsfeld *nt*; **profundizar sus conocimientos en un** ~ seine Kenntnisse auf einem Gebiet vertiefen

❼ (INFOR) Feld *nt*; ~ **binario** binäres Feld; ~ **calculado** berechnetes Feld; ~ **clave** Schlüsselfeld *nt*; ~ **para entradas** Eingabefeld *nt*; ~ **de extensión** Erweiterungsfeld *nt*; ~ **de opción** Optionsfeld *nt*; ~ **de operación** Operationsfeld *nt*; ~ **de selección** Auswahlfeld *nt*

camposanto [kampo'santo] *m* Friedhof *m*

CAMPSA ['kamᴾsa] *abr de* **Compañía Arrendataria del Monopolio de Petróleos, S.A.** staatliche spanische Erdölgesellschaft

campus ['kampus] *m inv* Campus *m*, Universitätsgelände *nt*

camuesa [ka'mwesa] *f* (BOT: *variedad de manzana*) Kalvill *m*

camueso [ka'mweso] *m* Kalvillbaum *m*

camuflaje [kamu'flaxe] *m* Tarnung *f*

camuflar [kamu'flar] *vt* tarnen; (*fig*) verbergen

camuza [ka'muθa] *f* (ZOOL) Gämse *f*

can [kan] *m* ❶ (*perro*) Hund *m*

❷ (*gatillo*) Hahn *m*

❸ (ASTR): **el C~ Mayor** der Große Hund

cana ['kana] *f* ❶ (*cabello*) graues/weißes Haar *nt*; **ya me están saliendo ~s** ich bekomme schon graue Haare; **Paco ya peina ~s** Paco wird langsam alt; **echar una ~ al aire** sich *dat* eine Eskapade leisten

❷ (*RíoPl: fam: policía*) Polente *f*

❸ (*RíoPl: fam: prisión*) Knast *m*; **ir en ~** in den Knast kommen; **llevar en ~** einlochen

canaca [ka'naka] *mf* ❶ (*Chil, Ecua, Perú: vulg pey: oriental*) Schlitzauge *nt*

❷ (*Chil: vulg: en un burdel*) Bordellwirt *m*, Puffmutter *f fam*

canaco, -a [ka'nako, -a] *m, f* Kanake *mf*

Canadá [kana'ða] *m*: (**el**) ~ Kanada *nt*

canadiense [kana'ðjense] I. *adj* kanadisch

II. *mf* Kanadier(in) *m(f)*

canadillo [kana'ðiʎo] *m* (BOT) Meerträubel *m*

canal[1] [ka'nal] *m* ❶ (GEO: *paso natural*) Meerenge *f*; **el C~ de la Mancha** der Ärmelkanal

❷ (NÁUT): ~ (**de**) **navegación**) Fahrrinne *f*, Fahrwasser *nt*; **C~ de Panamá** Panamakanal *m*

canal[2] [ka'nal] *m o f* ❶ (*cauce artificial*) Kanal *m*; ~ **de desagüe** Abflusskanal *m*; ~ **de drenaje** Entwässerungsrinne *f*; ~ **de riego** Bewässerungskanal *m*; **abrir en ~** aufschlitzen

❷ (*canalón*) Dachrinne *f*

❸ (TV) Sender *m*, Kanal *m*; ~ **de televisión** Fernsehsender *m*

❹ (TEL: *frecuencia*) Kanal *m*

❺ (ANAT: *conducto*) Kanal *m*

❻ (TÉC: *ranura*) Nut *f*

❼ (ECON) Weg *m*; ~**es de distribución** Vertriebskanäle *mpl*

❽ (INFOR) Kanal *m*; ~ **acústico** akustischer Kanal; ~ **de comunicaciones** Nachrichtenkanal *m*; ~ **dúplex** Duplexkanal *m*; ~ **libre de errores** fehlerfreier Kanal; ~ **selector** Selektorkanal *m*; ~ **de transmisión** Übertragungskanal *m*

canalado, -a [kana'laðo, -a] *adj* gerillt, (ARQUIT) ausgekehlt; **columnas canaladas** kannelierte Säulen

canaladura [kanala'ðura] *f* Riffelung *f*; (ARQUIT) Kannelüren *fpl*

canaleta [kana'leta] *f* (AmS) *v.* **canalón 1**

canaleto [kana'leto] *m* (ARQUIT) Kannelur *f*

canalizable [kanali'θaβle] *adj* kanalisierbar

canalización [kanaliθa'θjon] *f* ❶ (*construcción*) Kanalbau *m*

❷ (*de una zona, un río*) Kanalisierung *f*

❸ (*alcantarillado*) Kanalisation *f*; (*infraestructura*) Kanalisationsnetz *nt*, Kanalsystem *nt*

❹ (TÉC: *de electricidad, gas*) Leitung *f*; ~ **de cables** Kabelschacht *m*

❺ (ECON): ~ **de un producto** Produktvermarktung *f*

canalizar [kanali'θar] <z→c> *vt* ❶ (*un río, una zona*) kanalisieren

❷ (*encauzar*) gezielt lenken

canalla[1] [ka'naʎa] *mf* (*pey*) Schurke, -in *m, f*, Schuft *m*

canalla[2] [ka'naʎa] *f* (*pey*) Gesindel *nt*, Pöbel *m*

canallada [kana'ʎaða] *f* Gemeinheit *m*; **¡vaya ~!** so eine Gemeinheit!

canallesco, -a [kana'ʎesko, -a] *adj* schurkisch

canalón [kana'lon] *m* ❶ (*desagüe*) Dachrinne *f*

❷ *pl* (GASTR) Cannelloni *pl*

canana [ka'nana] *f* ❶ (*cinturón*) Patronengurt *m*

❷ (*Am: fam: canallada*) Schweinerei *f*

cananeo[1] [kana'neo] *m sin pl* (LING) kanaanäische Sprachen *fpl*; **el ~ engloba varias lenguas semíticas** zu den kanaanäischen Sprachen zählen verschiedene semitische Sprachen

cananeo, -a[2] [kana'neo, -a] I. *adj* kanaanitisch, kanaanäisch

II. *m, f* Kanaaniter(in) *m(f)*

canapé [kana'pe] *m* Kanapee *nt*

canaria [ka'narja] *adj o f v.* **canario**[2]

Canarias [ka'narjas] *fpl*: **las Islas** ~ die Kanaren, die Kanarischen Inseln

canaricultura [kanariku'ltura] *f* (ZOOL) Kanarienvogelzucht *f*

canario[1] [ka'narjo] *m* Kanarienvogel *m*

canario, -a[2] [ka'narjo, -a] I. *adj* kanarisch

II. *m, f* (*de Canarias*) Kanarier(in) *m(f)*

canasta [ka'nasta] *f* ❶ (*cesto*) (Henkel)korb *m*, Weidenkorb *m*

❷ (DEP) Korb *m*

❸ (*naipes*) Canasta *nt*

canastero, -a [kanas'tero, -a] *m, f* ❶ (*que fabrica canastas*) Korbflechter(in) *m(f)*

❷ (*Chil: panadería*) Bäckergehilfe, -in *m, f*

❸ (*Chil: venta ambulante*) fliegender Obst- und Gemüsehändler *m*, fliegende Obst- und Gemüsehändlerin *f*

canastilla [kanas'tiʎa] *f* ❶ (*cestita*) Körbchen *nt*; ~ **para cubiertos** Besteckkorb *m*

❷ (*del bebé*) Babyausstattung *f*

❸ (*Arg, PRico: de la novia*) Aussteuer *f*

❹ (*en una freidora*) Frittierkorb *m*

canastillo [kanas'tiʎo] *m* länglicher, flacher Weidenkorb *m*

canasto [ka'nasto] I. *m v.* **canasta**

II. *interj*: **¡~s!** Donnerwetter!

cancán [kaŋ'kan] *m* ❶ (MÚS) Cancan *m*

❷ (*enagua*) Cancanunterrock *m*

cáncana ['kaŋkana] *f* (ZOOL) Hausspinne *f*, Winkelspinne *f*

cancanear [kaŋkane'ar] *vi* ❶ (*fam: vagar*) herumschlendern

❷ (*Am: tartamudear*) stottern; (*hablar entrecortadamente*) stockend sprechen

cancel [kaŋ'θel] *m* ❶ (*en la puerta*) Windfang *m*

❷ (*mampara*) Wandschirm *m*

cancela [kaŋ'θela] *f* untere Türhälfte *f*

cancelación [kaŋθela'θjon] *f* ❶ (*anulación*) Streichung *f*; (*de una cita*) Absage *f*

❷ (FIN, JUR) Löschung *f*; (*de una deuda*) Tilgung *f*; (*de un cheque*) Sperrung *f*; ~ **de un apunte** [*o* **de un asiento contable**] Storno *m o nt*; ~ **de un crédito** Kreditkündigung *f*; ~ **de un pedido** Stornierung eines Auftrags; ~ **registral** Grundbuchlöschung *f*

cancelar [kaŋθe'lar] *vt* ❶ (*anular*) streichen

❷ (*rescindir*) aufheben, rückgängig machen; ~ **una cita con alguien** eine Verabredung mit jdm absagen

❸ (FIN: *una cuenta*) löschen; (*una deuda*) tilgen; (*un cheque*) sperren; ~ **un apunte** [*o* **asiento contable**] eine Buchung stornieren; ~ **una deuda** eine Schuld begleichen

cancelario [kaŋθe'larjo] *m* (*Bol*) Rektor *m* (*einer Universität*)

cáncer ['kaŋθer] *m* ❶ (MED: *enfermedad*) Krebs *m*; **padecer/morir de** ~ an Krebs leiden/sterben; **tener** ~ Krebs haben

❷ (*vicio*) Hauptübel *nt*, Krebsschaden *m elev*; **las drogas son el** ~ **de nuestra sociedad** Drogen sind das Hauptübel [*o* das Krebsgeschwür] unserer Gesellschaft

❸ (ASTR) Krebs *m*

cancerado, -a [kaŋθe'raðo, -a] *adj* verkrebst

cancerar [kaŋθe'rar] I. *vi, vr*: ~**se** (*tumor*) bösartig werden

II. *vt* ❶ (*minar*) untergraben

❷ (*mortificar*) zermürben

cancerbero [kaŋθer'βero] *m* ❶ (*mitología*) Zerberus *m*; (*portero*) Pförtner *m*

❷ (DEP) Torwart *m*

cancerígeno, -a [kaŋθe'rixeno, -a] *adj* Krebs erzeugend, Krebs erregend; (MED) kanzerogen

cancerología [kaŋθerolo'xia] *f* (MED) Onkologie *f*

cancerólogo, -a [kaŋθe'roloγo, -a] *m, f* (MED) Onkologe, -in *m(f)*

canceroso, -a [kaŋθe'roso, -a] *adj* krebs(art)ig, (MED) kanzerös; **tumor** ~ Krebsgeschwulst *f*

cancha ['kantʃa] *f* ❶ (*terreno de juego*) Sportplatz *m*; ~ **de fútbol** Fußballplatz *m*

❷ (*Am: hipódromo*) Pferderennbahn *f*

❸ (*Am: de un río*) breites Flussbett *nt*

❹ (*Am: espacio*) Platz *m*, Raum *m*; **¡~!** Platz da!; **abrir** [*o* **dar**] [*o* **hacer**]

~ Platz machen; **estar en su ~** (*fig*) sich wie ein Fisch im Wasser fühlen
canchear [kantʃe'ar] *vi* (*trepar*) über Felsen klettern
canchero, -a [kan'tʃero, -a] *m, f* (*Arg*) Angeber(in) *m(f)*
cancho ['kantʃo] *m* ❶ (*roca*) großer Felsen *m*, Felsblock *m*
  ❷ (*peñascal*) felsiges Gelände *nt*
  ❸ (*Chil: fam: propina*) Trinkgeld *nt* (*für einen geringfügigen Dienst*)
cancilla [kan'θiʎa] *f* Gittertor *nt*
canciller [kanθi'ʎer] *mf* ❶ (*Jefe de Gobierno* (*Federal*)) (Bundes)kanzler(in) *m(f)*
  ❷ (HIST: *en el Imperio Alemán*) Reichskanzler *m*; **el C~ de Hierro** der Eiserne Kanzler
  ❸ (*en el Cuerpo Diplomático*) Kanzler(in) *m(f)*; **~ del Exchequer** Schatzkanzler *m*
  ❹ (*Am: de Asuntos Exteriores*) Außenminister(in) *m(f)*
cancilleresco, -a [kanθiʎe'resko, -a] *adj* ❶ (*relativo a la cancillería*) Kanzlei-; **lengua cancilleresca** Kanzleisprache *f*
  ❷ (*ceremonioso*) feierlich
cancillería [kanθiʎe'ria] *f* ❶ (*Jefatura del Gobierno* (*Federal*)) (Bundes)kanzleramt *nt*
  ❷ (*oficina*) Kanzlei *f*
  ❸ (*Am: Asuntos Exteriores*) Außenministerium *nt*
canción [kan'θjon] *f* ❶ (*canto*) Lied *nt*; **~ de amor** Liebeslied *nt*; **~ de cuna** Wiegenlied *nt*; **~ de moda** Schlager *m*; **~ popular** Volkslied *nt*; **eso ya es otra ~** (*fig*) das klingt schon ganz anders; **la eterna ~** die alte Leier; (**es**) **siempre la misma ~** es ist immer das alte Lied
  ❷ (LIT, MÚS) Kanzone *f*
cancioneril [kanθjone'ril] *adj* (LIT) im Stil der Canciōns
cancionero [kanθjo'nero] *m* ❶ (MÚS) Liederbuch *nt*
  ❷ (LIT) Liederhandschrift *f*
canción-protesta [kan'θjon pro'testa] *f* <canciones-protesta> Protestsong *m*
canco ['kaŋko] *m* ❶ (*Bol: nalga*) Hinterbacke *f*
  ❷ (*Chil: olla*) irdener Topf *m*
  ❸ (*Chil: tiesto*) Blumentopf *m*
cancona [kaŋ'kona] I. *adj* (*Chil*) mit breiten Hüften
  II. *f* (*Chil*) Frau *f* mit breiten Hüften
cancro ['kaŋkro] *m* ❶ (MED) Krebsgeschwulst *f*
  ❷ (BOT) Baumkrebs *m*
cancroide [kaŋ'kroiðe] *m* (MED) Plattenepithelkarzinom *nt*
candado [kan'daðo] *m* Vorhängeschloss *nt*; **poner algo bajo siete ~s** (*fig*) etw wie seinen Augapfel hüten; **poner ~ a la boca** sich in Schweigen hüllen
candar [kan'dar] *vt* (*cerrar con llave*) zuschließen, abschließen
cande ['kande] *adj v.* **candi**
candeal [kande'al] *adj*: **pan ~** Dinkelbrot *nt*; **trigo ~** Dinkel *m*
candela [kan'dela] *f* ❶ (*vela*) Kerze *f*; **en ~** lotrecht, senkrecht; **arrimar** [*o* **atizar**] **~ a alguien** jdn verhauen; **estar con la ~ en la mano** (*fig*) im Sterben liegen
  ❷ (*Col, Cuba, PRico, Ven: fuego*) Feuer *nt*; **dar ~** (*fig*) stören
  ❸ (FÍS) Candela *f*
candelabro [kande'laβro] *m* Kandelaber *m*, Kerzenleuchter *m*; **~ de mesa** Tafelleuchter *m*; **~ de pared** Wandleuchter *m*
Candelaria [kande'larja] *f* Mariä Lichtmess *f*
candelejón, -ona [kandele'xon, -ona] *adj* (*Chil, Col, Perú: inocente*) naiv, einfältig
candelero [kande'lero] *m* Kerzenständer *m*, Leuchter *m*; **el ~ de los siete brazos** (REL) der siebenarmige Leuchter; **estar en el ~** (*fig*) hoch im Kurs stehen
candelilla [kande'liʎa] *f* ❶ (MED) Dehnsonde *f*, Bougie *f*
  ❷ (BOT: *inflorescencia*) Kerzenblüte *f*, Blütenkerze *f*
  ❸ (BOT: *amento*) (Blüten)kätzchen *nt*
  ❹ (*Arg, Chil: fuego fatuo*) Irrlicht *nt*
  ❺ (*CRi, Chil, Hond: luciérnaga*) Glühwürmchen *nt*
  ❻ (*Cuba: hilván*) Heftnaht *f*
candente [kan'dente] *adj* ❶ (*al rojo*) glühend
  ❷ (*palpitante*) brennend; **cuestión ~** Brennpunkt *m*; **un tema ~** ein brennendes Thema
candi ['kandi] *adj*: **azúcar ~** Kandiszucker *m*
candidación [kandiða'θjon] *f* (*azúcar*) Auskristallisierung *f*
candidato, -a [kandi'ðato, -a] *m, f* ❶ (*aspirante*) Bewerber(in) *m(f)*, Kandidat(in) *m(f)*; **ser ~** sich bewerben um +*akk*, kandidieren für +*akk*
  ❷ (POL) Kandidat(in) *m(f)*; **el Partido Socialdemócrata presenta a X como ~ a la presidencia** die SPD stellt X als Kanzleramtskandidaten auf
  ❸ (DEP) Wettkämpfer(in) *m(f)*, Wettbewerbsteilnehmer(in) *m(f)*; **~ al título** Titelanwärter *m*
candidatura [kandiða'tura] *f* ❶ (*presentación*) Bewerbung *f*; (POL) Kandidatur *f*; **presentar/retirar su ~** [*o* **para**]... seine Kandidatur für ... +*akk* anmelden/zurückziehen
  ❷ (*lista*) Kandidatenliste *f*

❸ (*papeleta*) Stimmzettel *m*
candidez [kandi'ðeθ] *f v.* **candor**
cándido, -a ['kandiðo, -a] *adj v.* **candoroso**
candiel [kan'djel] *m* (GASTR) Süßspeise aus Weißwein, Eidotter, Zucker *u. a.*
candil [kan'dil] *m* ❶ (*lámpara de aceite*) Öllampe *f*, Schnabellampe *f*
  ❷ (*Am: candelabro*) Kerzenleuchter *m*
  ❸ (*punta de la cuerna*) Sprosse *f*
candileja [kandi'lexa] *f* Rampenlicht *nt*; **se crió entre ~s** er/sie ist im Rampenlicht aufgewachsen
candinga [kan'diŋga] *f* ❶ (*Chil: necedad*) Dummheit *f*
  ❷ (*Hond: maraña*) Wirrwarr *m*, Durcheinander *nt*
candombe [kan'dombe] *m* (*baile*) Candombe(tanz) *m*
candonga [kan'doŋga] *f* ❶ (*fam: mofa*) Ulk *m*, Frotzelei *f*
  ❷ (*fam: mulo*) (Zug)maultier *nt*
  ❸ (NÁUT) Dreieckssegel *nt*
  ❹ (*Col: pendiente*) Ohrring *m*
candor [kan'dor] *m* ❶ (*blancura*) Weiße *f*
  ❷ (*inocencia*) Unschuld *f*
  ❸ (*ingenuidad*) Naivität *f*; (*simplicidad*) Einfalt *f*
candoroso, -a [kando'roso, -a] *adj* ❶ (*blanco*) blütenweiß
  ❷ (*inocente*) unschuldig
  ❸ (*ingenuo*) naiv; (*simple*) einfältig
caneca [ka'neka] *f* ❶ (*licorera*) Likörflasche *f* (*aus glasierter Keramik*)
  ❷ (*Col: basurero*) Mülleimer *m*
  ❸ (*Cuba: agua caliente*) Wärmflasche *f*
  ❹ (*Am: barril*) Fass *nt*; (*balde*) Eimer *m*
canecillo [kane'θiʎo] *m* (ARQUIT) Kragstein *m*; (*cabeza del cabrio*) Sparrenkopf *m*
caneco, -a [ka'neko, -a] *adj* (*Bol: embriagado*) betrunken
canéfora [ka'nefora] *f* (HIST) Kanephore *f*
canela [ka'nela] *f* ❶ (*especia*) Zimt *m*; **~ en polvo** gemahlener Zimt, Zimtpulver *nt*; **~ en rama** Zimtstange *f*; **¡~!** wunderbar!; **¡esto es ~ fina!** (*fig*) das ist das Feinste vom Feinen!
  ❷ (*color*) Zimtfarbe *f*
canelácea [kane'laθea] *f* (BOT) Kaneelbaumgewächs *nt*
canelá ceo, -a [kane'laθeo, -a] *adj* (BOT) zu den Kaneelbaumgewächsen gehörend
canelado, -a [kane'laðo, -a] *adj* (GASTR) rinnenförmig
canelina [kane'lina] *f* (QUIM) Canellin *nt*
canelo¹ [ka'nelo] *m* ❶ (*canelero*) Zimtbaum *m*
  ❷ (*Chil: magnolio*) Magnolienbaum *m*
canelo, -a² [ka'nelo, -a] *adj* zimtfarben; **caballo ~** Falbe *m*
canelón [kane'lon] *m* ❶ (*desagüe*) Dachrinne *f*
  ❷ *pl* (GASTR) Cannelloni *pl*
  ❸ (*carámbano*) Eiszapfen *m*
  ❹ (*charretera*) Raupe *f*
canesú [kane'su] *m* ❶ (*en una prenda*) Koller *nt*
  ❷ (*AmS: escote*) Halsausschnitt *m*
canfín [kam'fin] *m* (*AmC: petróleo*) (Erd)öl *nt*
cangallar [kaŋga'ʎar] *vt* (*Bol, Chil: hurtar de la mina*) aus Bergwerken stehlen
cangilón [kaŋxi'lon] *m* ❶ (*cántaro*) großer Krug *m*
  ❷ (*noria, draga*) Schöpfeimer *m*, Fördereimer *m*; (*rueda de molino*) Schaufelkammer *f*
cangrejero, -a [kaŋgre'xero, -a] *m, f* Krabbenfischer(in) *m(f)*
cangrejo [kaŋ'grexo] *m* (*crustáceo*) Krebs *m*; **~ de mar** Krabbe *f*; **~ de río** Flusskrebs *m*; **colorado** [*o* **rojo**] **como un ~** krebsrot; **ponerse como un ~** knallrot werden; **caminar como el ~** den Krebsgang gehen
cangrina [kaŋ'grina] *f* (*Col*) Beschwerde *f*
cangro ['kaŋgro] *m* (*Col, Guat:* MED: *cáncer*) Krebs *m*
canguelo [kaŋ'gelo] *m* (*fam*) Heidenangst *f*
canguil [kaŋ'gil] *m* (*Ecua:* AGR) kleinkörnige, sehr geschätzte Maissorte *f*
canguis ['kaŋgis] *m inv v.* **canguelo**
canguro [kaŋ'guro] I. *m* (ZOOL) Känguru *nt*
  II. *mf* (*fam: persona*) Babysitter(in) *m(f)*; **hacer de ~** babysitten
caníbal [ka'niβal] I. *adj* kannibalisch
  II. *mf* Kannibale, -in *m, f*
canibalismo [kaniβa'lismo] *m* ❶ (*antropofagia*) Kannibalismus *m*
  ❷ (*salvajismo*) Grausamkeit *f*
canica [ka'nika] *f* Murmel *f*; **jugar a las ~s** (mit) Murmeln spielen, klickern
caniche [ka'nitʃe] *m* Pudel *m*
canicie [ka'niθje] *f* graue Haarfarbe *f*, Grauhaarigkeit *f*
canícula [ka'nikula] *f* ❶ (*período*) Hundstage *mpl*
  ❷ (ASTR) Sirius *m*
canicular [kaniku'lar] *adj* hochsommerlich; **las ~es** die Hundstage; **calores ~es** Hundstagshitze *f*
cánido ['kaniðo] *m* (ZOOL) hundeartiges Tier *nt*; (*perro*) Hund *m*; **los ~s**

die Kaniden
canijo, -a [ka'nixo, -a] *adj* ❶ (*pey: endeble*) kümmerlich; (*pequeñajo*) mick(e)rig
❷ (*Am: malvado*) bösartig
canilla [ka'niʎa] *f* ❶ (ANAT: *hueso alargado*) Röhrenknochen *m*; (*tibia*) Schienbein *nt*; (*de un ala*) Knöchelchen *nt*
❷ (*pierna muy delgada*) Storchenbein *nt fam*
❸ (TÉC: *carrete*) Spule *f*
❹ (*espita*) Zapfhahn *m*; **irse como una ~** (*fam*) Dünnpfiff haben
❺ (*Col, Perú: pantorrilla*) Wade *f*
❻ (*CSur: grifo*) Wasserhahn *m*
❼ (*Méx: fuerza*) Kraft *f*
canillera [kani'ʎera] *f* (*Am*) ❶ (*espinillera*) Schienbeinschutz *m*
❷ (*temblor*) Schlottern *nt*
canillita [kani'ʎita] *m* (*AmS*) Zeitungsjunge *m*
canino¹ [ka'nino] *m* ❶ (*humano*) Eckzahn *m*
❷ (*de animales*) Fang(zahn) *m*
canino, -a² [ka'nino, -a] *adj* Hunde-; **raza canina** Hunderasse *f*; **hambre canina** (*fig*) Wolfshunger *m fam*, Bärenhunger *m fam*
canje ['kaŋxe] *m* ❶ (*intercambio*) Austausch *m*; **~ de notas diplomáticas** (POL) Notenaustausch *m*, Notenwechsel *m*; **~ de participaciones** (FIN) Anteilstausch *m*; **~ de prisioneros** (MIL) Gefangenenaustausch *m*; **~ de valores** (FIN) Umtausch von Wertpapieren
❷ (*de un vale*) Einlösen *nt*
canjeable [kaŋxe'aβle] *adj* umtauschbar (*por* gegen +*akk*)
canjear [kaŋxe'ar] *vt* ❶ (*intercambiar*) austauschen
❷ (*cambiar*) einlösen (*por* für/gegen +*akk*)
cannabis ['kanaβis] *m sin pl* Cannabis *m*
cano, -a ['kano, -a] *adj v.* **canoso**
canoa [ka'noa] *f* ❶ (*bote a remo*) Kanu *nt*; (*tronco*) Einbaum *m*; (*piragua*) Kajak *m o nt*; (*canadiense*) Kanadier *m*
❷ (*a motor*) Motorboot *nt*; **~ fuera borda** Außenborder *m*
❸ (*Am: artesa*) Trog *m*
❹ (*canal*) Rinne *f*
❺ (*pesebre*) (Futter)krippe *f*
canódromo [ka'noðromo] *m* Hunderennbahn *f*
canoero, -a [kano'ero, -a] *m, f* Kanuführer(in) *m(f)*, Kanute, -in *m, f*
canon [ka'non] *m* ❶ (*precepto*) Gesetz *nt*; (REL) Kanon *m*
❷ (ARTE, LIT: *modelo*) Kanon *m*; **~ de belleza** Schönheitsmaßstab *m*
❸ *pl* (*reglas*) Vorschriften *fpl*; **como mandan los cánones** nach allen Regeln der Kunst
❹ (*renta*) Gebühr *f*; (*royalty*) Lizenzgebühr *f*; **~ de arrendamiento** Pachtzins *m*
❺ (MÚS) Kanon *m*
❻ *pl* (REL) katholisches Kirchenrecht *nt*
canonicato [kanoni'kato] *m* (REL) Domherrenwürde *f*, Kanonikat *nt*
canónico, -a [ka'noniko, -a] *adj* kanonisch
canóniga [ka'noniɣa] *f* ❶ (*sueñecito*) Schlummerstunde *f* (vor dem Mittagessen)
❷ (*fam: borrachera*): **coger una ~** einen über den Durst trinken
canónigo [ka'noniɣo] *m* Kanoniker *m*, Domherr *m*; **vivir como un ~** (*fam*) wie Gott in Frankreich leben
canonista [kano'nista] *mf* (JUR) Kirchenrechtler(in) *m(f)*
canonización [kanoniθa'θjon] *f* (REL) Heiligsprechung *f*, Kanonisierung *f*
canonizar [kanoni'θar] <z→c> *vt* (REL) heilig sprechen, kanonisieren; (*alabar*) in den Himmel heben
canonjía [kanoŋ'xia] *f* (REL) Kanonikat *nt*; (*t. fig*) Pfründe *f*
canoro, -a [ka'noro, -a] *adj* ❶ (ZOOL): **aves canoras** Singvögel *mpl*
❷ (*melodioso*) melodiös
canoso, -a [ka'noso, -a] *adj* grauhaarig; **de cabeza canosa** grauhaarig; **de barba canosa** graubärtig
cansado, -a [kan'saðo, -a] *adj* ❶ **estar** (*fatigado*) müde; **con voz cansada** mit schwacher Stimme
❷ **estar** (*harto*) überdrüssig (*de* +*gen*); **~ de vivir** lebensmüde; **ya estoy ~ de tus mentiras** ich kann deine Lügen nicht mehr hören
❸ **ser** (*fatigoso*) ermüdend; **un viaje ~** eine anstrengende Reise
❹ **ser** (*aburrido*) langweilig
❺ **ser** (*molesto*) lästig
❻ (*Am*): **a las cansadas** sehr spät, nach langem Warten
cansador(a) [kansa'ðor(a)] *adj* (*Arg*) ❶ **ser** (*fatigoso*) ermüdend, anstrengend
❷ **ser** (*aburrido*) langweilig
❸ **ser** (*molesto*) lästig
cansancio [kan'sanθjo] *m* ❶ (*fatiga*) Müdigkeit *f*; (*agotamiento*) Ermüdung *f*; **estoy muerto de ~** ich bin todmüde
❷ (*hastío*) Überdruss *m*; **repetir algo hasta el ~** etw bis zum Überdruss wiederholen
cansar [kan'sar] I. *vi* ❶ (*fatigar*) anstrengend sein, müde machen

❷ (*hastiar*) langweilig werden
II. *vt* ❶ (*fatigar*) müde machen, ermüden
❷ (*hastiar*) langweilen
III. *vr*: **~se** ❶ (*fatigarse*) ermüden, müde werden
❷ (*hartarse*): **~se de algo** etw *gen* überdrüssig werden; **me canso de repetirte siempre lo mismo** ich bin es leid dir immer wieder dasselbe sagen zu müssen; **no ~se de hacer/decir algo** nicht müde werden etw zu tun/sagen
cansera [kan'sera] *f* ❶ (*fam: cansancio*) Ermüdung *f*; (*enojo*) Widerwille *m*; **sus quejas me causan ~** sein Gejammer geht mir auf den Wecker
❷ (*Col: tiempo malgastado*) Zeitverschwendung *f*
cansino, -a [kan'sino, -a] *adj* ❶ (*cansado*) kraftlos, matt
❷ (*lento*) langsam
❸ (*desganado*) lustlos
cantable [kaṇ'taβle] I. *adj* singbar; (MÚS) kantabel
II. *m* (MÚS) Kantabile *nt*; (*en la zarzuela*) Gesangsstück *nt*
cántabra ['kaṇtaβra] *adj o f v.* **cántabro**
Cantabria [kaṇ'taβrja] *f* Kantabrien *nt*
cantábrico, -a [kaṇ'taβriko, -a] *adj* kantabrisch; **el Mar C~** das Kantabrische Meer
cántabro, -a ['kaṇtaβro, -a] I. *adj* kantabrisch
II. *m, f* Kantabrer(in) *m(f)*
cantada [kaṇ'taða] *f* (MÚS) Kantate *f*
cantador(a) [kaṇta'ðor(a)] *m(f)* (MÚS) *v.* **cantaor**
cantal [kaṇ'tal] *m v.* **cantizal**
cantaleta [kaṇta'leta] *f* ❶ (*canción ruidosa*) lautes Spottlied *nt*; (*confusión*) Katzenmusik *f*
❷ (*chasco*) Enttäuschung *f*; (*sorpresa*) Verwunderung *f*
❸ (*pey: cantinela*) Leier *f fam*; **deja ya de repetir la misma ~** hör auf, ständig mit derselben Leier zu kommen *fam*
cantaletear [kaṇtalete'ar] *vt* (*Am*) ständig wiederholen
cantamañanas [kaṇtama'ɲanas] *mf inv* (*fam*) Luftikus *m*, Windhund *m*
cantante [kaṇ'taṇte] I. *adj* singend; **llevar la voz ~** (*fig*) die erste Geige spielen, den Ton angeben
II. *mf* Sänger(in) *m(f)*
cantaor(a) [kaṇta'or(a)] *m(f)* Flamencosänger(in) *m(f)*
cantar [kaṇ'tar] I. *vi, vt* ❶ (*personas, pájaros*) singen; (*gallo*) krähen; (*grillo*) zirpen; (*ranas*) quaken; **los números de la lotería** die Gewinnzahlen ausrufen; **en menos que canta un gallo** (*fam*) im Nu; **esto es coser y ~** das ist keine große Sache [*o* nicht der Rede wert]; **~las claras** kein Blatt vor den Mund nehmen
❷ (*alabar*) (an)preisen; **está siempre cantando las bellezas de su país** er/sie schwärmt immer von der Schönheit seines/ihres Landes
❸ (*argot: confesar*) singen; **~ de plano** auspacken
❹ (*en el juego*) ansagen; **le las cuarenta a alguien** jdm eine Standpauke halten
❺ (*fam: oler mal*) stinken; **te cantan los pies** deine Füße miefen
❻ (*ser evidente*) eindeutig sein; **las cifras cantan** die Zahlen sprechen für sich
II. *m* Lied *nt*; (*copla popular*) Volkslied *nt*; **~ de gesta** (LIT) Heldenlied *nt*; **el C~ de los C~es** das Hohelied
cántara ['kaṇtara] *f* ❶ (*medida*) Flüssigkeitsmaß *nt*: ca. 16 Liter; **muchas ~s de vino** hektoliterweise Wein
❷ (*recipiente*) (bauchiger) Krug *m*; (*con asas*) Henkelkrug *m*
cantarela [kaṇta'rela] *f* (MÚS) höchste Saite *f* (*der Geige oder Gitarre*)
cantarero, -a [kaṇta'rero, -a] *m, f* Töpfer(in) *m(f)*
cantárida [kaṇ'tariða] *f* (ZOOL) Spanische Fliege *f*
cantarín, -ina [kaṇta'rin, -ina] I. *adj* ❶ (*persona*) sangesfroh
❷ (*agua*) plätschernd
II. *m, f* Sänger(in) *m(f)*
cántaro ['kaṇtaro] *m* (Henkel)krug *m*; **está lloviendo a ~s** es gießt in Strömen; **tanto va el ~ a la fuente que, al final, se rompe** (*prov*) der Krug geht so lange zum Brunnen, bis er bricht
cantata [kaṇ'tata] *f* ❶ (MÚS) Kantate *f*
❷ *fam pey* Leier *f*
cantautor(a) [kaṇtau̯'tor(a)] *m(f)* Liedermacher(in) *m(f)*
cante ['kaṇte] *m* ❶ (*general*) Volkslied *nt*; **dar el ~** (*denunciar*) singen *fam*; (*llamar la atención*) hervorstechen; **dio el ~ con el color de su vestido** die Farbe ihres Kleides sprang ins Auge
❷ (*andaluz*) Flamenco *m*; **~ jondo** schwermütiger Flamenco arabisch-zigeunerischer Herkunft
cantear [kaṇte'ar] *vt* ❶ (*piedra*) abschrägen; (*madera*) besäumen
❷ (*ladrillo*) hochkant legen
cantera [kaṇ'tera] *f* ❶ (*pedrera*) Steinbruch *m*
❷ (*t. DEP: cuna*) Kaderschmiede *f*
cantería [kaṇte'ria] *f* ❶ *sin pl* (*técnica*) Steinhauerei *f*; **taller de ~** Steinhauerwerkstatt *f*

② (*obra*) Mauerwerk *nt* aus behauenen Steinen
③ (*piedra*) Quaderstein *m*
canterios [kaɲˈterjos] *mpl* Deckenbalken *mpl*, Balkenwerk *nt*
cantero [kaɲˈtero] *m* **①** (*picapedrero*) Steinmetz *m*
② (*extremo*) Ende *nt*; ~ **de pan** (Brot)kanten *m*
③ (*Am: sembradío*) Beet *nt*
cántica [ˈkantika] *f* (LIT) volkstümliches Gedicht *nt*
cántico [ˈkantiko] *m* (REL) Lobgesang *m*; **¡cantad al Señor un ~ nuevo!** singet dem Herrn ein neues Lied!
cantidad [kantiˈðað] I. *f* **①** (*porción*) Menge *f*; (*número*) Anzahl *f*; ~ **máxima** Höchstmenge *f*; ~ **mínima** Mindestmenge *f*; ~ **de movimiento** (FIS) Moment *nt*; ~ **de producción** (ECON) Ausstoß *m*, Produktionsmenge *f*; **una determinada ~ de manzanas** eine bestimmte Anzahl Äpfel; **una gran ~ de plantas exóticas/de personas** eine Vielzahl exotischer Pflanzen/von Personen; **en ~** in größerer Menge; **¿qué ~ necesitas?** wie viel brauchst du?
② (*suma de dinero*) Betrag *m*, Summe *f*; ~ **alzada** (ECON) veranschlagte Summe; ~ **fija** Pauschale *f*
③ (LING, LIT) Quantität *f*
II. *adv* (*fam*) sehr viel; **me gusta ~** das gefällt mir voll gut, das finde ich echt spitzenmäßig; **conoce ~ de gente** er/sie kennt wahnsinnig viele Leute
cantiga [kanˈtiɣa] *f* höfisches oder religiöses Lied im Mittelalter
cantilena [kantiˈlena] *f* **①** (MÚS) Kantilene *f*
② (*pey*) *v.* **cantinela**
cantimplora [kantimˈplora] *f* **①** (*botella de campaña*) Feldflasche *f*
② (*sifón*) Weinheber *m*
cantina [kanˈtina] *f* **①** (*en estaciones, cuarteles*) Kantine *f*
② (*bodega*) Weinkeller *m*
③ (*fiambrera*) Frischhaltedose *f*
④ (CSur, Méx: *taberna*) Wirtshaus *nt*
cantinela [kantiˈnela] *f* (*pey*) Leier *f*; **siempre la misma ~** immer die alte Leier
cantinero [kantiˈnero] *m* Kantinenwirt *m*; (*empleado*) Kellner *m*
cantizal [kantiˈθal] *m* (*cantos*) Steinfeld *nt*; (*guijarros*) Kieselfläche *f*
canto [ˈkanto] *m* **①** (*cantar*) Singen *nt*; (*canción*) Gesang *m*; ~ **del cisne** (*fig*) Schwanengesang *m*; ~ **fúnebre** Trauergesang *m*; ~ **gregoriano** Gregorianischer Gesang; ~ **del grillo** Grillenzirpen *nt*; ~ **nupcial** Hochzeitslied *nt*; ~ **de los pájaros** Vogelgesang *m*; **estudia ~** studiert Gesang; **voy a clase de ~** ich bekomme Gesangsunterricht; **al** [*o* **con el**] ~ **del gallo** beim ersten Hahnenschrei; **en ~ llano** schlicht und einfach
② (*alabanza*) Lob *nt*, Lobgesang *m*; **sus palabras fueron un ~ a la libertad humana** seine Worte waren ein Lobgesang auf die menschliche Freiheit
③ (LIT) Gesang *m*
④ (*arista*) Kante *f*; (*esquina*) Ecke *f*; ~ **de pan** (Brot)kanten *m*
⑤ (*borde*) Rand *m*; (*de un vestido*) Saum *m*; **no te has caído por el ~ de un duro** um ein Haar wär(e)st du gestürzt
⑥ (*en un cuchillo*) Rücken *m*; (*en un libro*) Schnitt *m*; **poner de ~** hochkant stellen
⑦ (*grosor*) Dicke *f*
⑧ (*guijarro*) Kiesel(stein) *m*; ~**s rodados** Kies *m*; **darse con un ~ en los dientes** (*fam*) sich zufrieden geben; **cada vez que hablamos de política, discusión al ~** immer wenn wir über Politik sprechen, gibt es todsicher Streit
cantón [kanˈton] *m* **①** (*esquina*) Ecke *f*
② (ADMIN, POL) Kanton *m*
③ (MIL) Quartier *m*
cantonal [kantoˈnal] *adj* (ADMIN, POL) kantonal
cantonalismo [kantonaˈlismo] *m* (POL) **①** (*sistema*) Kantonalsystem *nt*
② (*debilitamiento*) radikaler Föderalismus, der zur Zersetzung eines Staates führt
cantonear [kantoneˈar] *vi* (*vagar*) herumschlendern, umherschweifen
cantonera [kantoˈnera] *f* **①** (*contera*) Kantenschutz *m*; (*de metal*) Eckbeschlag *m*; (*en una culata*) Kolbenbeschlag *m*
② (*rinconera*): **mueble de ~** Eckschrank *m*
③ (*fam: prostituta*) Straßenmädchen *f*
cantonero, -a [kantoˈnero, -a] I. *adj* herumlungernd; **es una desgracia tener un hijo ~** es ist eine Schande, so einen Müßiggänger als Sohn zu haben
II. *m, f* Herumtreiber(in) *m(f)*
cantonés, -esa [kantoˈnes, -esa] I. *adj* kantonesisch
II. *m, f* Kantonese, -in *m, f*
cantor(a) [kanˈtor(a)] I. *adj* **①** (*canoro*) Sing-; **aves ~as** Singvögel *mpl*
② (*cantarín*) sangesfroh, sangesgesig; **los canarios son muy ~es** Kanarienvögel singen viel
II. *m(f)* (*elev*) Sänger(in) *m(f)*; **Dante fue el ~ de Beatriz** Dante war der Sänger der Beatrice; **los Maestros C~es de Nuremberg** die Meis-

tersänger von Nürnberg
cantoral [kantoˈral] *m* (REL) Chorbuch *nt*
cantúa [kanˈtua] *f* (Cuba: GASTR) getrocknete Süßigkeit aus Kokos, Batate, Sesam und Zucker
cantueso [kanˈtweso] *m* (BOT) Schopflavendel *m*
canturía [kantuˈria] *f* **①** (MÚS) *cantar* Singen *nt*
② (MÚS: *interpretación*) Stimmführung *f*
③ (*cantinela*) eintöniger Gesang *m*, Singsang *m*
canturrear [kantureˈar] *vi, vt* trällern
canturreo [kantuˈrreo] *m* Singsang *m*, Trällern *nt*
canturriar [kantuˈrrjar] *vi, vt* trällern
cánula [ˈkanula] *f* **①** (*caña*) Röhrchen *nt*
② (MED) Drain *m*, Dränageröhre *f*
③ (*jeringa*) Injektionsnadel *f*, Kanüle *f*
canutas [kaˈnutas] *adj* (*fam*): **pasarlas ~** allerhand durchmachen
canutillo [kanuˈtiʎo] *m* v. **cañutillo**
canuto [kaˈnuto] *m* **①** (*tubo*) Röhre *f*
② (*argot: porro*) Joint *m*
caña [ˈkaɲa] *f* **①** (AGR, BOT) Rohr *nt*; (*tallo de cereal*) Halm *m*; (*junco*) Schilf *nt*; ~ **de azúcar** Zuckerrohr *nt*
② (ANAT: *hueso largo*) Röhrenknochen *m*; (*de la pierna*) Schienbein *nt*; (*tuétano*) Mark *nt*
③ (*de pescar*) Angel(rute) *f*
④ (NÁUT) Pinne *f*
⑤ (*de un arma, una columna*) Schaft *m*
⑥ (*en el calzado*) Beinling *m*
⑦ (*vaso estrecho*) (schmales) Glas *nt*, Stange *f reg*; (*de cerveza*) Glas *nt* gezapftes Bier
⑧ (CSur: *aguardiente*) Schnaps *m* aus Zuckerrohr
⑨ (*loc*): **dar ~ a alguien** (*fam: pegar*) jdm eins auf die Mütze geben; (*obligar a un esfuerzo*) jdm Feuer unter dem Hintern machen; **dar ~ al coche** Gas geben; **meter ~** einen Streit vom Zaun brechen
cañacoro [kaɲaˈkoro] *m* (BOT) Indisches Blumenrohr *nt*, Canna *f*
cañada [kaˈɲaða] *f* **①** (*barranco*) Hohlweg *m*
② (AGR: *camino de ganado*) Weideweg *m*
③ (CSur: *terreno*) Ried *nt*
④ (Cuba, PRico: *arroyo*) Bach *m*
cañadilla [kaɲaˈðiʎa] *f* (ZOOL) Purpurschnecke *f*
cañaheja [kaɲaˈexa] *f* (BOT) Riesenfenchel *m*
cañahua [kaˈɲawa] *f* (Perú: BOT) Hirseart aus Peru
cañal [kaˈɲal] *m* **①** (*terreno*) Röhricht *nt*; **en torno al lago hay muchos ~es** der See ist von zahlreichen Röhrichtbeständen gesäumt
② (*técnica pesquera: cerco*) Fischzaun *m*, Fischwehr *nt*
③ (*técnica pesquera: canal*) Fischkanal *m*
cañamazo [kaɲaˈmaθo] *m* **①** (*arpillera*) Sackleinen *nt*
② (*para bordar*) Stramin *m*
cañamelar [kaɲameˈlar] *m* (AGR) Zuckerrohrplantage *f*
cañamiza [kaɲaˈmiθa] *f* Hanfabfall *m*, Schäbe *f*
cáñamo [ˈkaɲamo] *m* **①** (*planta*) Hanf *m*; ~ **índico** Marihuana *nt*
② (*tejido*) Hanfgarn *nt*; **de ~** hanfen, hänfen
cañamón [kaɲaˈmon] *m* Hanfsamen *m*
cañamoncillo [kaɲamonˈθiʎo] *m* (*albañilería*) Feinsand *m*
cañareja [kaɲaˈrexa] *f* (BOT) *v.* **cañaheja**
cañariego, -a [kaɲaˈrjeɣo, -a] *adj* transhumant; **pastor ~** Wanderhirte *m*
cañavera [kaɲaˈβera] *f* (BOT) Schilfrohr *nt*
cañaveral [kaɲaβeˈral] *m* **①** (*cañizar*) Ried *nt*, Röhricht *nt*
② (*plantío*) Zuckerrohrfeld *nt*
cañeo [kaˈɲeo] *m* (*fam*) Kneipenbummel *m* (*auf dem man in jedem Lokal ein Glas trinkt und dann weiterzieht*); **estuvimos toda la tarde de ~ por ahí** wir waren dort den ganzen Abend auf Kneipentour
cañería [kaɲeˈria] *f* Rohrleitung *f*; ~ **del agua/gas** Wasser-/Gasleitung *f*
cañero, -a [kaˈɲero, -a] *adj* (*caña de azúcar*) Zuckerrohr-
cañí [kaˈɲi] *adj* Zigeuner-, zigeunerisch; **la España ~** die folkloristische, klischeehafte Seite Spaniens
cañizal [kaɲiˈθal] *m*, **cañizar** [kaɲiˈθar] *m* Ried *nt*, Röhricht *nt*
cañizo [kaˈɲiθo] *m* **①** (*tejido de cañas*) Rohrgeflecht *nt*
② (ARQUIT) Putzträger *m*
caño [ˈkaɲo] *m* **①** (*tubo*) Röhre *f*
② (*de la fuente*) Ausflussrohr *nt*; (*chorro*) Wasserstrahl *m*
③ (*desagüe*) Abflussrohr *nt*; (*alcantarilla*) Abzugskanal *m*
④ (MIN) Stollen *m*
⑤ (MÚS: *del órgano*) Pfeife *f*
cañón [kaˈɲon] I. *m* **①** (*tubo*) Rohr *nt*; ~ **de chimenea** Schornstein *m*; ~ **de escopeta** Gewehrlauf *m*; **de dos cañones** doppelläufig
② (MIL) Kanone *f*, (*artillería*) Geschütz *nt*; ~ **de agua** Wasserkanone *f*; ~ **antiaéreo** Flak *f*; ~ **antitanque** Pak *f*; ~ **multiusos** Allzweckgeschütz *nt*; ~ **de nieve** Schneekanone *f*; **carne de ~** Kanonenfutter *nt*; **al pie del ~** Gewehr bei Fuß

❸ *(de la barba)* Stoppel *f*
❹ *(de una pluma)* Federkiel *m*
❺ (GEO) Graben *m*, Cañon *m*; **el C~ del Colorado** der Grand Canyon
II. *adj* (*fam*) spitze; **¡está ~!** der/die ist aber Klasse!
cañonazo [kaɲo'naθo] *m* ❶ *(disparo)* Kanonenschuss *m*
❷ *(fam: en el fútbol)* Bombenschuss *m*
❸ *(estruendo)* Kanonenschlag *m*
❹ *(daños)* Einschussloch *nt*
cañonear [kaɲone'ar] *vt, vr:* **~(se)** (sich) mit Kanonen beschießen
cañoneo [kaɲo'neo] *m* Kanonade *f*
cañonera [kaɲo'nera] *f* ❶ *(en una fortificación)* Schießscharte *f*; *(en un barco)* Geschützpforte *f*
❷ *(lancha)* Kanonenboot *nt*
❸ *(Am: pistolera)* Halfter *f* o *nt*
cañonería [kaɲone'ria] *f* ❶ (MIL) Artillerie *f*
❷ (MÚS) Pfeifenwerk *nt*
cañonero [kaɲo'nero] *m* (MIL, NÁUT) Kanonier *m*
cañota [ka'ɲota] *f* (BOT) Gemeines Schilfrohr *nt*
cañuela [ka'ɲwela] *f* (BOT) Schwingel *m*
cañutería [kaɲute'ria] *f* (MÚS) Pfeifenwerk *nt*
cañutillo [kaɲu'tiʎo] *m* ❶ *(pasamanería)* Glasröhrchen *nt*
❷ *(hilo de oro)* Golddraht *m*; *(de plata)* Silberdraht *m*
cañuto [ka'ɲuto] *m* ❶ *(cañas)* Rohrabschnitt *m*; *(tallos)* Stängelstück *nt*; *(sarmientos)* Rankenabschnitt *m*
❷ *(tubo)* Rohr *nt*
❸ *(fam: chivato)* Klatschmaul *nt*, Plaudertasche *f*
caoba [ka'oβa] I. *adj:* *(color)* **~** mahagonibraun
II. *f* ❶ *(madera)* Mahagoni(holz) *nt*
❷ *(árbol)* Mahagonibaum *m*
caolín [kao'lin] *m* Kaolin *m* o *nt*, Kaolinerde *f*
caos ['kaos] *m inv* Chaos *nt*
caótico, -a [ka'otiko, -a] *adj* chaotisch; **es un tipo ~** er ist ein Chaot
capa ['kapa] *f* ❶ *v.* **capo²**
❷ *(prenda)* Cape *nt*, Umhang *m*; *(con capucha)* Pelerine *f*; **~ de agua** [*o* **de lluvia**] Regencape *nt*; **defender a ~ y espada** aufs Äußerste verteidigen; **andar** [*o* **estar de**] **~ caída** heruntergekommen sein; **hacer de su ~ un sayo** *(fig)* in seinen eigenen Sachen frei entscheiden
❸ (TAUR) Capa *f*
❹ *(cobertura)* Auflage *f*; *(recubrimiento)* Belag *m*; *(baño)* Überzug *m*; **~ aislante** Isolierschicht *f*; **~ de nieve** Schneedecke *f*; **~ protectora** [*o* **impermeable**] Schutzanstrich *m*
❺ *(estrato)* Schicht *f*, Lage *f*; **~ freática** Grundwasser *nt*; **~ de ozono** Ozonschicht *f*; **las diferentes ~s sociales** die verschiedenen Gesellschaftsschichten; **bajo la ~ del cielo** auf dem ganzen Erdkreis; **no hay otro más tonto bajo la ~ del cielo** auf der ganzen Welt gibt es keinen Dümmeren
❻ (GEO, MIN) Flöz *nt*
❼ *(máscara)* Maske *f*; **se esconde tras una ~ de honradez** er/sie verbirgt sich hinter einer Maske der Ehrlichkeit; **bajo** [*o* **so**] **~ de... +***inf* mit der Entschuldigung, dass ...; **bajo** [*o* **so**] **~ de tener que estudiar** unter dem Vorwand, lernen zu müssen
capacha [ka'patʃa] *f* Tragekorb *m*
capachero, -a [kapa'tʃero, -a] *m, f* ❶ *(fabricante)* Korbmacher(in) *m(f)*
❷ *(porteador)* Träger(in) *m(f)* *(von Waren in einem Korb)*
capacho [ka'patʃo] *m* Esparto(trage)korb *m*
capacidad [kapaθi'ðað] *f* ❶ *(cabida)* Fassungsvermögen *nt*; **~ de almacenamiento** Lagerkapazität *f*
❷ (FÍS) *potencia*] Leistung(sfähigkeit) *f*
❸ *(aptitud)* Fähigkeit *f* *(para zu +dat)*, Eignung *f* *(para zu +dat)*; **~ de absorción del mercado** (ECON) Aufnahmefähigkeit des Marktes; **~ adquisitiva** [*o* **de compra**] Kaufkraft *f*; **~ cambiaria** (FIN) Wechselhöchstkeit *f*; **~ de convocatoria** Begeisterungsfähigkeit *f*; **~ de culpabilidad** Schuldfähigkeit *f*; **~ de decisión** Entscheidungsverfügung *f*; **~ delictiva** Delikt(s)fähigkeit *f*; **~ de endeudamiento** Verschuldungsmöglichkeit *f*; **~ jurídica** Rechtsfähigkeit *f*; **~ legal** Rechtsfähigkeit *f*; **~ de litigar** (JUR) Verhandlungsfähigkeit *f*; **~ negociadora** Verhandlungsgeschick *nt*; **~ de obrar** (JUR) Handlungsfähigkeit *f*; **~ de pago** Zahlungsfähigkeit *f*; **~ de persuasión** Überredungskunst *f*; **~ procesal** Prozessfähigkeit *f*; **~ productiva** *(t.* ECON) Leistungsfähigkeit *f*; *(de empresa)* Betriebskapazität *f*; **~ para responder** (JUR) Haftungsfähigkeit *f*; **~ para testar** (JUR) Testierfähigkeit *f*; **tienes mucha ~ para los idiomas** du bist sehr sprachbegabt
❹ (JUR) Berechtigung *f*
❺ *(Am: persona dotada)* Kapazität *f*; **es una ~ en su terreno** er/sie ist eine Kapazität auf seinem/ihrem Gebiet
capacitación [kapaθita'θjon] *f* *(capacidad)* Befähigung *f*; *(formación)* Qualifikation *f*; (JUR: *habilitación*) Berechtigung *f*; **prácticas de ~** Traineeprogramm *nt*
capacitado, -a [kapaθi'taðo, -a] *adj* befähigt *(para zu +dat)*, qualifiziert *(para für +akk)*; **~ para contratar** (ECON) geschäftsfähig; **no estar ~**

para un puesto für eine Stelle nicht die nötigen Voraussetzungen mitbringen
capacitancia [kapaθi'tanθja] *f* (ELEC) Kapazitanz *f*
capacitar [kapaθi'tar] I. *vt* ❶ *(formar)* schulen; *(preparar)* befähigen *(para zu +dat)*
❷ *(Am:* JUR: *habilitar)* bevollmächtigen
II. *vr:* **~se** den Befähigungsnachweis erbringen *(para für +akk)*
capadocio, -a [kapa'ðoθjo, -a] I. *adj* kappadokisch, kappadozisch
II. *m, f* Kappadozier(in) *m(f)*
capador(a) [kapa'ðor(a)] *m(f)* Verschneider(in) *m(f)*
capadura [kapa'ðura] *f* ❶ *(capar)* Verschneiden *nt*, Kastration *f*
❷ *(cicatriz)* Kastrationsnarbe *f*
❸ *(tabaco)* Tabak *m* minderer Qualität
capanga [ka'panga] *m* (CSur) Leibwächter *m*
capar [ka'par] *vt* ❶ *(fam: un pollo)* kappen; *(animal o persona)* kastrieren
❷ *(limitar)* schmälern, einschränken
caparazón [kapara'θon] *m* ❶ *(de una tortuga)* Panzer *m*; *(de insectos)* Deckflügel *mpl*
❷ *(protección)* Schutz *m*; *(capa)* (Schutz)schicht *f*; **se escondió tras un ~** er/sie zog sich in sein/ihr Schneckenhaus zurück
❸ *(de un ave)* Gerippe *nt*
❹ *(para tapar un caballo)* Schabracke *f*
caparidácea [kapari'ðaθea] *f* (BOT) Kapergewächs *nt*
caparidáceo, -a [kapari'ðaθeo, -a] *adj* (BOT) zu den Kapergewächsen gehörend
caparrón [kapa'rron] *m* (BOT) Knospe *f*, Auge *nt*
caparrosa [kapa'rrosa] *f* (GEO) Vitriol *nt*
capataz [kapa'taθ] *m* Vorarbeiter *m*
capaz [ka'paθ] ❶ *(con cabida)* geräumig; **la sala es ~ para 100 espectadores** der Saal fasst 100 Zuschauer
❷ *(apto)* fähig, befähigt; **es una profesora muy ~** sie ist eine sehr begabte Lehrerin; **para este puesto hace falta una persona ~** für diese Stelle brauchen wir eine geeignete Person
❸ *(en condiciones)* fähig, imstande, im Stande; **estos muchachos son capaces de todo** diese Burschen sind zu allem fähig; **no fui ~ de hacerlo** ich war nicht dazu fähig
❹ (JUR) geschäftsfähig, rechtsfähig; **~ para contratar** geschäftsfähig; **~ de delinquir** deliktfähig; **~ para desempeñar cargos públicos** amtsfähig; **~ de heredar** erbfähig; **~ para prestar fianza** bürgschaftsfähig; **~ para testar** testierfähig
❺ *(Am: tal vez)* vielleicht; **(es) ~ que llueva** mag sein, dass es bald regnet, vielleicht regnet es bald
capazo [ka'paθo] *m* ❶ *(espuerta)* (geflochtener) Tragekorb *m*
❷ *(de bebé)* Babytragetasche *f*
capción [kaβ'θjon] *f* (JUR: *arresto*) Festnahme *f*, Verhaftung *f*
capciosidad [kaβθjosi'ðað] *f* Tücke *f*
capcioso, -a [kaβ'θjoso, -a] *adj* *(engañoso)* tückisch; *(insidioso)* verfänglich; **pregunta capciosa** Fangfrage *f*
capea [ka'pea] *f* Amateurstierkampf mit jungen Rindern, die am Leben gelassen werden
capear [kape'ar] *vt* ❶ (TAUR) mit der Capa reizen
❷ *(entretener)* hinhalten; *(engañar)* an der Nase herumführen *fam*
❸ *(esquivar)* meiden; **~ el temporal** ein Unwetter an sich *dat* vorüberziehen lassen
capellán [kape'ʎan] *m* ❶ *(con capellanía)* Kaplan *m*; **~ de la familia** Hauskaplan *m*; **~ del ejército** Militärgeistliche(r) *m*
❷ *(clérigo)* Geistliche(r) *m*
capellanía [kapeʎa'nia] *f* Kaplanstelle *f*
capelo [ka'pelo] *m* ❶ *(sombrero cardenalicio)* Kardinalshut *m*
❷ *(dignidad eclesiástica)* Kardinalswürde *f*
❸ *(Cuba, PRico, Ven: doctor)* Doktorhut *m*
capeo [ka'peo] *m* ❶ (TAUR) *(toreo con capa)* Reizen *nt* mit der Capa
❷ *pl (lidia)* Amateurstierkampf mit Jungstieren
capeón [kape'on] *m* (TAUR) Jungstier *m* *(in einem Amateurkampf)*
capero¹ [ka'pero] *m* *(percha)* Garderobenständer *m*; *(gancho)* Garderobenhaken *m*; **deja el abrigo en el ~ de la entrada** häng den Mantel an die Garderobe am Eingang
capero, -a² [ka'pero, -a] *adj:* **tabaco ~** Deckblatttabak *m*
Caperucita (Roja) [kaperu'θita ('rroxa)] *f* Rotkäppchen *nt*; **no me cuentes el cuento de ~** *(fig)* erzähl mir keine Märchen
caperuza [kape'ruθa] *f* ❶ *(tocado)* Kappe *f*
❷ *(protección)* Haube *f*, Kappe *f*; *(del bolígrafo)* (Verschluss)kappe *f*; **~ de la chimenea** *(exterior)* Schornsteinkappe *f*; *(interior)* Kaminhaube *f*
capi ['kapi] *m* ❶ *(AmS: maíz)* Mais *m*
❷ *(Bol: harina)* weißes Maismehl *nt*
capia [ka'pja] *f* ❶ *(AmS: maíz)* Zuckermais *m*
❷ *(Arg, Col: pasta)* Teig aus (Zucker)maismehl und Zucker
❸ *(Bol: harina)* Mehl aus geröstetem Mais

capicúa [kapi'kua] *m* ❶ (*número*) symmetrische Zahl *f*
❷ (*palabra*) Palindrom *nt*
capilar [kapi'lar] I. *adj* ❶ (*del cabello*) Haar-; **tratamiento** ~ Haarpflegesystem *nt*
❷ (*fino*) haarfein; **vasos** ~**es** Kapillargefäße *ntpl*
II. *m* Kapillare *f*
capilaridad [kapilari'ðað] *f* ❶ (*finura extrema*) Haarfeinheit *f*; **la** ~ **de los vasos sanguíneos** die haarfeine Struktur der Blutgefäße
❷ (Fís) Kapillarität *f*
capilla [ka'piʎa] *f* (REL) Kapelle *f*; ~ **ardiente** Aufbahrung *f*; **estar en** ~ (*un reo*) kurz vor der Hinrichtung sein; (*fam fig*) wie auf (glühenden) Kohlen sitzen
capillo [ka'piʎo] *m* ❶ (*bebé*) Babyhäubchen *nt*
❷ (REL: *bautizo*) Taufhäubchen *nt*
❸ (*cera*) Wachsfiltersack *m*
❹ (*calzado*) Vorderkappe *f*
❺ (*ave*) Falkenhaube *f*
capirotada [kapiro'taða] *f* (GASTR) ❶ (*Am*) kreolisches Gericht aus Fleisch, Mais, Käse und Schmalz
❷ (*rebozo*) Panade aus Eiern, Knoblauch und Gewürzen
❸ (*Méx*) Dessert aus altem Weißbrot
capirotazo [kapiro'taθo] *m* Kopfnuss *f*
capirote [kapi'rote] *m* Kappe *f*; ~ **de doctor** Doktorhut und -mantel; ~ **de halcón** Falkenhaube *f*; ~ **de nazareno** Kapuze *f*; **tonto de** ~ (*fam*) strohdumm
capisayo [kapi'saɟo] *m* ❶ (REL) Bischofsornat *nt*
❷ (*Col: camiseta*) Unterhemd *nt*
capital¹ [kapi'tal] I. *adj* wesentlich, Haupt-; **asunto** ~ Hauptpunkt *m*; **letra** ~ (*Am*) Großbuchstabe *m*; **pecado** ~ Todsünde *f*; **pena** ~ Todesstrafe *f*; **de** ~ **importancia** von höchster Wichtigkeit
II. *m* (ECON, FIN) Kapital *nt*; ~ **en acciones** Aktienkapital *nt*; ~ **aportado** Kapitaleinlage *f*; ~ **circulante** Umlaufkapital *nt*; ~ **contable** Eigenkapital *nt*; ~ **deducible** Abzugskapital *nt*; ~ **desembolsado** einbezahltes Kapital; ~ **disponible** flüssiges Kapital; ~ **de explotación** Betriebskapital *nt*; ~ **fijo** festliegendes Kapital; ~ **de fundación** Stiftungskapital *nt*; ~ **humano** Humankapital *nt*; ~ **inicial** Grundwert *m*; ~ **inmobiliario** Immobiliarvermögen *nt*; ~ **inmovilizado** [*o* **colocado a plazo fijo**] festliegendes Kapital; ~ **invertido a plazo fijo** fest angelegtes Kapital; ~ **libre de riesgos** risikofreies Kapital; ~ **mobiliario** bewegliches Kapital; ~ **a plazo** Termingeld *nt*; ~ **propio** Eigenkapital *nt*; ~ **social** Gesellschaftskapital *nt*, Stock *m*; ~ **social suscrito** gezeichnetes Stammkapital; ~ **suscrito** Stammeinlage *f*; **bienes de** ~ Kapitalvermögen *nt*; **fuga** [*o* **evasión**] **de** ~**es** Kapitalflucht *f*; **absorber/invertir** ~ Kapital abschöpfen/anlegen; **liberar/reorganizar** ~ Kapital freisetzen/umschichten; **subscribir** ~ Kapital zeichnen
capital² [kapi'tal] *f* (*ciudad*) Hauptstadt *f*; (*gran ciudad*) Großstadt *f*; ~ **de partido/de distrito/de provincia** Kreis-/Bezirks-/Provinzhauptstadt *f*; **vivo en Santa Cruz** ~ ich wohne direkt in Santa Cruz
capitalidad [kapitali'ðað] *f* Hauptstadtstatus *m*
capitalino, -a [kapita'lino, -a] I. *adj* hauptstädtisch
II. *m, f* Hauptstadtbewohner(in) *m(f)*
capitalismo [kapita'lismo] *m* Kapitalismus *m*; ~ **de Estado** Staatskapitalismus *m*; ~ **salvaje** ungezügelter Kapitalismus
capitalista [kapita'lista] I. *adj* kapitalistisch; **el sistema** ~ das kapitalistische Wirtschaftssystem, der Kapitalismus
II. *mf* Kapitalist(in) *m(f)*; (ECON, FIN: *financiero*) Geldgeber(in) *m(f)*, Finanzier *m*
capitalizable [kapitali'θaβle] *adj* (ECON, FIN) kapitalisierbar
capitalización [kapitaliθa'θjon] *f* (ECON, FIN) Kapitalisierung *f*; ~ **bursátil** Börsenkapitalisierung *f*
capitalizar [kapitali'θar] <z→c> *vt* ❶ (ECON, FIN) kapitalisieren
❷ (*copar*) an sich reißen; **el alcalde capitalizó el éxito de la fiesta** der Bürgermeister beanspruchte den Erfolg des Festes für sich
❸ (*en contabilidad*) aktivieren; ~ **los intereses** die Zinsen kapitalisieren
capitán [kapi'tan] *m* ❶ (MIL) Hauptmann *m*; ~ **general** Oberbefehlshaber *m*
❷ (NÁUT) Kapitän *m*, Kommandant *m*; (AERO) Flugkapitän *m*; ~ **de fragata** Fregattenkapitän *m*; ~ **de navío** Kapitän zur See
❸ (DEP) Mannschaftskapitän *m*, Spielführer *m*
❹ (*de una banda*) Anführer *m*
capitana [kapi'tana] *f* ❶ (DEP) Spielführerin *f*
❷ (*de un grupo*) Anführerin *f*
❸ (NÁUT: *buque insignia*) Flaggschiff *nt*
capitanear [kapitane'ar] *vt* ❶ (MIL) befehligen
❷ (*dirigir*) anführen
capitanía [kapita'nia] *f* ❶ (MIL) Kapitänsgrad *m*; ~ **general** Generalkapitanat *nt*
❷ (*liderazgo*) Führerschaft *f*
capitel [kapi'tel] *m* (ARQUIT) ❶ (*en una columna*) Kapitell *nt*; ~ **corin-**

tio/dórico/jónico korinthisches/dorisches/ionisches Kapitell
❷ (*chapitel*) Turmspitze *f*
capitolio [kapi'toljo] *m* ❶ (HIST) Kapitol *nt*
❷ (*edificio*) Parlamentsgebäude *nt*; (*consistorio*) Rathaus *nt*
capitón [kapi'ton] *m* (ZOOL: *morragute*) Dünnlippige Meeräsche *f*; (*mújol*) Gestreifte Meeräsche *f*;
capitulación [kapitula'θjon] *f* ❶ (MIL) Kapitulation *f*
❷ (*acuerdo*) Vereinbarung *f*, Übereinkunft *f*; **capitulaciones matrimoniales** Ehevertrag *m*
capitulado, -a [kapitu'laðo, -a] *adj* ❶ (*extractado*) exzerpiert; (*compendiado*) zusammengefasst
❷ (*en capítulos*) in Kapitel untergliedert
capitular [kapitu'lar] I. *adj* (REL) Kapitel-; **sala** ~ Kapitelsaal *m*
II. *vi* ❶ (*acordar*) eine Vereinbarung treffen
❷ (*rendirse*) kapitulieren
III. *m* ❶ (REL) Kapitular *m*
❷ (ADMIN, POL) Stadtrat *m*
capítulo [ka'pitulo] *m* ❶ (*parte de un libro*) Kapitel *nt*; **un triste** ~ **de nuestra vida** ein trauriges Kapitel unseres Lebens; **eso es** ~ **aparte** das ist ein anderes Kapitel; **esto merece** ~ **aparte** das ist ein Kapitel für sich
❷ (REL) Kapitel *nt*
❸ (ADMIN, POL) Gemeinderat *m*
capnomancia [kaβno'manθja] *f*, **capnomancía** [kaβnoman'θia] *f* Kapnomantie *f* (*Weissagung nach der Konstellation von Rauch*)
capo¹ ['kapo] *m* (*jefe mafioso*) Pate *m*
capo, -a² ['kapo, -a] *m, f* (Arg, Urug: *jefe*) Führer(in) *m(f)*; (*autoridad en la materia*) Experte, -in *m, f*
capó [ka'po] *m* Motorhaube *f*
capón [ka'pon] I. *adj* kastriert, verschnitten; **caballo** ~ Wallach *m*; **carnero** ~ Hammel *m*
II. *m* ❶ (*pollo*) Kapaun *m*
❷ (*coscorrón*) Kopfnuss *f*
caponar [kapo'nar] *vt* (AGR) hochbinden
caponera [kapo'nera] *f* ❶ (*jaula*) Mastkäfig *m* für Kapaune
❷ (*fam fig: prisión*) Kittchen *nt*, Knast *m*
caporal [kapo'ral] *m* ❶ (MIL) Korporal *m*, Gefreite(r) *m*
❷ (*jefe*) Anführer *m*
❸ (AGR) Viehaufseher *m*
capot [ka'po] *m* Motorhaube *f*
capota [ka'pota] *f* ❶ (*sombrero*) Kapotte *f*, Kapotthut *m*; (*con ala alta*) Schute *f*
❷ (AUTO) Verdeck *nt*; ~ **desmontable** Hardtop *nt o m*; ~ (**re**)**plegable** (zurück)klappbares Verdeck
capotar [kapo'tar] *vi* (*coche*) sich überschlagen; (*avión*) abstürzen
capotazo [kapo'taθo] *m* (TAUR) mit der großen Capa ausgeführte Figur
capote [ka'pote] *m* ❶ (*abrigo sin mangas*) Umhang *m*, Cape *nt*; ~ **de lluvia** Regenmantel *m*; ~ **militar** Offiziersmantel *m*; ~ **de monte** (*Am*) Poncho *m*; **decir para su** ~ in seinen Bart murmeln
❷ (TAUR) große Capa *f*; ~ **de brega/de paseo** Arbeits-/Prachtcapa *f*; **echar un** ~ **a alguien** (*fig*) jdm einen Rettungsanker zuwerfen
capotear [kapote'ar] *vt* ❶ (TAUR: *torear*) mit der Capa reizen
❷ (*fig: engañar*) hinhalten; **nos capoteaba diciéndonos que él siempre cumplía lo prometido** er vertröstete uns mit der Behauptung, er halte immer, was er versprochen habe
❸ (*fig: situación*) retten; (*dificultades, compromisos*) geschickt umgehen
capotera [kapo'tera] I. *adj*: **aguja** ~ dickste Nähnadel *f* (*der Schneider*)
II. *f* (Hond: *percha*) Kleiderbügel *m*; (*perchero*) Garderobe *f*, Kleiderständer *m*
cappa ['kapa] *f* Kappa *nt*
caprario, -a [ka'prarjo, -a] *adj* (ZOOL) v. **caprino**
capricho [ka'pritʃo] *m* ❶ (*antojo*) Laune *f*; **un** ~ **de la naturaleza** eine Laune der Natur; **a** ~ nach Belieben; **por puro** [*o* **mero**] ~ aus einer puren Laune heraus; **darse un** ~ einer Laune nachgeben, sich *dat* etwas gönnen; **este niño no tiene más que** ~**s** dieses Kind ist ein Nimmersatt; **siempre actúa a su** ~ er/sie tut immer nur, was er/sie will
❷ (*adorno*) Zierrat *m*; (*pey*) Schnickschnack *m*
❸ (MÚS) Capriccio *nt*
caprichoso, -a [kapri'tʃoso, -a] *adj* ❶ (*antojadizo*) eigensinnig, eigenwillig; **¡qué niño más** ~! so ein eigensinniges Kind!
❷ (*pey: inconstante*) launenhaft
❸ (*diseño*): **formas caprichosas** verspielte Formen *fpl*
❹ (*pey: arbitrario*) willkürlich
Capricornio [kapri'kornjo] *m* (ASTR) Steinbock *m*, Capricornus *m*
caprifoliácea [kaprifolja'θea] *f* (BOT) Geißblattgewächs *nt*
caprifoliáceo, -a [kaproifo'ljaθeo, -a] *adj* (BOT) zu den Geißblattgewächsen gehörend
caprino, -a [ka'prino, -a] *adj* Ziegen-; **ganado** ~ Ziegenherde *f*, Ziegen *fpl*

cápsula [ˈkaβsula] *f* ❶ (*receptáculo*) Kapsel *f*; (QUÍM) Abdampfschale *f*; ~ **espacial** (AERO) Raumkapsel *f*; ~ **fulminante** Zündhütchen *nt*; ~ **de Petri** (BIOL) Petrischale *f*
❷ (BOT: *membrana*) Hülse *f*; ~ **del fruto** Fruchtkapsel *f*; ~ **de las semillas** Samenkapsel *f*; (*en frutos carnosos*) Kerngehäuse *nt*
❸ (ANAT) Kapsel *f*; ~ **sinovial** Gelenkkapsel *f*
❹ (*medicamento*) Kapsel *f*
❺ (*tapón*) Kronenkorken *m*
capsular [kaβsuˈlar] *adj* kapselförmig
captación [kaptaˈθjon] *f* ❶ (*obtención*) Gewinnung *f*; ~ **de aguas** Wassergewinnung *f*
❷ (*registro*) Erfassung *f*; ~ **de datos** (INFOR) Datenerfassung *f*
❸ (*atracción*) Erschleichung *f*, Erschmeichelung *f*; ~ **de clientes** (ECON) Kundengewinnung *f*; ~ **de herencias** Erbschleicherei *f*; ~ **de mano de obra** Anwerben [*o* Abwerben] von Arbeitskräften
captador[1] [kaptaˈdor] *m* (TÉC) Abtaster *m*
captador(a)[2] [kaptaˈdor(a)] I. *adj* Abtast-; **un aparato ~ de ondas** eine Anlage zum Auffangen von Wellen
II. *m(f)* Sammler(in) *m(f)*; **en todas las sectas hay ~es de nuevos miembros** in allen Sekten gibt es Leute, deren Aufgabe es ist, neue Mitglieder zu werben
captar [kapˈtar] I. *vt* ❶ (*recoger*) sammeln; (*aprovechar*) nutzbar machen; (*capital*) aufbringen
❷ (*percibir*) wahrnehmen
❸ (TEL) empfangen
❹ (CINE, FOTO) einfangen
❺ (INFOR) erfassen
❻ (JUR: *atraer*) erschleichen
❼ (*comprender*) begreifen; **¿lo captas?** hast du es verstanden?, hast du's gerafft [*o* kapiert]? *fam*
II. *vr:* ~**se** gewinnen; (*pey*) erschmeicheln; ~**se la voluntad de alguien** jds Willen zu gewinnen wissen; **pronto se captó las simpatías de todos** er/sie hat sich bei allen beliebt
captor(a) [kapˈtor(a)] I. *adj* ❶ (*que capta*) Abtast-; **un aparato ~ de ondas electromagnéticas** ein Gerät zum Auffangen elektromagnetischer Wellen
❷ (*que captura*) Fänger-, Fang-
II. *m(f)* (*que captura*) Fänger(in) *m(f)*
captura [kapˈtura] *f* ❶ (*apresamiento*) Ergreifung *f*
❷ (*detención*) Festnahme *f*
❸ (NÁUT) Aufbringen *nt*
❹ (*piezas cobradas*) Fang *m*; **la UE ha acordado limitar el número de ~s de bacalao** die EU hat beschlossen den Fang von Kabeljau zu beschränken
capturar [kaptuˈrar] *vt* ❶ (*apresar*) ergreifen
❷ (*detener*) festnehmen
❸ (NÁUT) aufbringen
❹ (*cazar, pescar*) fangen
capucha [kaˈputʃa] *f* ❶ *v.* **capuchón**
❷ (TIPO) Zirkumflex *m*
capuchina [kapuˈtʃina] *f* ❶ (BOT) Kapuzinerkresse *f*
❷ (*lámpara*) Laterne *f*
❸ (GASTR) Süßspeise aus Eigelb in Haubenform
❹ (*cometa*) haubenförmiger Papierdrachen *m*
❺ (TIPO) Anlegemarke *f*
capuchino[1] [kapuˈtʃino] *m* (*café*) Cappuccino *m*
capuchino, -a[2] [kapuˈtʃino, -a] I. *adj* Kapuziner-; **mono ~** Kapuzineraffe *m*
II. *m, f* Kapuziner(mönch) *m*, Kapuzinerin *f*
capuchón [kapuˈtʃon] *m* ❶ (*para la cabeza*) Kapuze *f*
❷ (*tapa*) (Verschluss)kappe *f*
capuera [kaˈpwera] *f* (*Arg, Par: sembrado*) zur Kultivierung gerodete (*Ur*)*waldfläche f*; **los guaraníes convirtieron bosques en ~s** die Guaraní wandelten Wälder zu Kulturflächen um
capujar [kapuˈxar] *vt* (*Arg: captar al vuelo*) im Flug fangen
capulí [kapuˈli] *m*, **capulín** [kapuˈlin] *m* (BOT) Kirschbaumart aus Lateinamerika
capulina [kapuˈlina] *f* (*Méx: ZOOL*) Schwarze Witwe *f*
capullo [kaˈpuʎo] *m* ❶ (BOT: *de flor*) Knospe *f*; (*de la bellota*) Eichelnäpfchen *nt*; **en ~** knospig; (*fig*) im Ansatz
❷ (ZOOL) Kokon *m*; **hacer el ~** sich verpuppen; **salir del ~** ausschlüpfen
❸ (*fam: prepucio*) Vorhaut *f*
❹ (*vulg: canalla*) Arschloch *nt*
capuzar [kapuˈθar] <z→c> *vt* ❶ (*introducir en el agua*) (mit dem Kopf) untertauchen
❷ (NÁUT) (*Schiff*) so beladen, dass es mit dem Bug zu tief eintaucht
caquexia [kaˈkeɣsja] *f* (MED) Kachexie *f*
caqui [ˈkaki] I. *adj* kakifarben
II. *m* ❶ (*color*) Kaki *nt*
❷ (*tela*) Kaki *m*; **vestirse de ~** (*fig fam*) zum Militär gehen
❸ (BOT) Kakifrucht *f*
cara[1] [ˈkara] I. *f* ❶ (*rostro*) Gesicht *nt*; ~ **a ~** von Angesicht zu Angesicht; **a ~ descubierta** unverhüllt; **de dos ~s** doppelzüngig; **por su linda ~** (*fam*) um seiner/ihrer schönen Augen willen; **caérsele a alguien la ~ de vergüenza** sich in Grund und Boden schämen; **cruzar a alguien la ~** jdn ohrfeigen, jdm eine knallen *fam*; (**no**) **dar la ~** (nicht) zu etwas stehen; **no pienso dar [*o* sacar] la ~ por ti** ich werde meinen Kopf nicht für dich hinhalten; **decirle algo a alguien en la ~** jdm etw ins Gesicht sagen; **echar en ~** vorwerfen; **hacer [*o* plantar] ~** die Stirn bieten; **no mirar a alguien a la ~** (*fam*) jdn nicht anschauen; **partir [*o* romper] la ~ a alguien** (*fam*) jdm die Fresse polieren; **se te nota [*o* ve] en la ~** es steht dir im Gesicht geschrieben
❷ (*expresión*) Miene *f*; ~ **de póker** Pokerface *nt*; **una ~ de perro [*o* de vinagre]** eine saure Miene; **una ~ de juez** eine strenge Miene; **una ~ larga** ein langes Gesicht; **una ~ de palo** ein Gesicht wie drei Tage Regenwetter; **una ~ de pocos amigos** (*fam*) ein unfreundliches Gesicht; **la ~ es el espejo del alma** die Augen sind der Spiegel der Seele; **poner ~ de tonto** ein blödes Gesicht machen; **poner al mal tiempo buena ~** gute Miene zum bösen Spiel machen; **¡no pongas esa ~!** doch heul nicht; **salvar la ~** den Schein wahren
❸ (*aspecto*) Aussehen *nt*; **tener buena/mala ~** (*fam*) gut/schlecht aussehen; **tener ~ de sueño** müde aussehen
❹ (*lado*) Seite *f*; (*de una moneda*) Kopf *m*; ~ **A/B** Seite A/B; **echar [*o* jugarse] algo a ~ o cruz** um etw die Münze werfen
❺ (*fam: osadía*) Stirn *f*; **tener mucha ~ [*o* más ~ que espalda]** unverschämt sein; **¡qué ~!** was für eine Frechheit!; **¿y tiene usted ~ para [*o* la ~ de] decirme eso?** Sie haben noch die Stirn [*o* wagen es] mir das zu sagen?; **¿con qué ~ se lo digo yo a mi padre?** wie soll ich das meinem Vater sagen?
II. *prep* (*en dirección a*): (**de**) ~ **a** gegenüber; ~ **al Norte/Sur** nord-/südwärts; **de ~ al futuro** in Hinblick auf die Zukunft; **de ~ a las circunstancias** angesichts der Umstände
III. *conj* **de ~ a +** *inf* um ... zu **+** *inf*
cara[2] [ˈkara] *mf* (*fam: desvergonzado*) unverschämter Mensch *m*
caraba [kaˈraβa] *f* (*fam*): **¡esto es la ~!** das gibt's doch nicht!
cáraba [ˈkaraβa] *f* (NÁUT) großes, in der Levante gebräuchliches Schiff
carabao [karaˈβao] *m* (ZOOL) Asiatischer Hausbüffel *m*, Kerabau *m*
carabela [karaˈβela] *f* (NÁUT) Karavelle *f*
carábido[1] [kaˈraβiðo] *m* (ZOOL) Laufkäfer *m*
carábido, -a[2] [kaˈraβiðo, -a] *adj* (ZOOL) zur Familie der Laufkäfer gehörend
carabina [karaˈβina] *f* ❶ (*fusil*) Karabiner *m*, Stutzen *m*; ~ **del calibre 22** Kleinkalibergewehr *nt*
❷ (*fam: acompañanta*) Anstandsdame *f*; **hacer de [*o* ir de] ~** den Anstandswauwau spielen
carabinero [karaβiˈnero] *m* Karabiniere *m*
cárabo [ˈkaraβo] *m* Waldkauz *m*
carabritear [karaβriteˈar] *vi* (ZOOL: *macho cabrío montés*) die weiblichen Bergziegen während der Brunst verfolgen
caracal [karaˈkal] *m* (ZOOL) Wüstenluchs *m*, Karakal *m*
caracará [karakaˈra] *m* (ZOOL) Geierfalke *m*, Karakara *m*
caracas [kaˈrakas] *m inv* (*cacao*) Caracas-Kakao *m*
caracol [karaˈkol] *m* ❶ (ZOOL) Schnecke *f*
❷ (*concha*) Schneckenhaus *nt*
❸ (ANAT) Schnecke *f*
❹ (*de pelo*) Löckchen *nt*
❺ (*Méx: camisón*) Nachthemd *nt*
❻ (*loc*): **¡~es!** ach, du grüne Neune!
caracola [karaˈkola] *f* Meeresschnecke *f*
caracolada [karakoˈlaða] *f* (GASTR) Schneckenpfanne *f*
caracolear [karakoleˈar] *vi* tänzeln
caracolillo [karakoˈliʎo] *m* ❶ (*caracol pequeño*) kleine (essbare) Schnecke *f*
❷ (*Am: café*) Perlkaffee *m*
❸ (*de pelo*) Löckchen *nt*
carácter [kaˈrakter] <**caracteres**> *m* ❶ (*personalidad*) Charakter *m*, Wesen *nt*; **rasgo del ~** Charaktereigenschaft *f*, Charakterzug *m*; **este poema tiene ~** dieses Gedicht hat was; **una experiencia así imprime ~** eine solche Erfahrung prägt den Charakter
❷ (*temperamento fuerte*) Charakterstärke *f*; **actor de ~** Charakterdarsteller *m*; **debilidad de ~** Charakterschwäche *f*; **falta de ~** Charakterlosigkeit *f*; **papel [*o* personaje] de ~** Charakterrolle *f*; **de ~** von Charakter, charakterfest; **sin ~** charakterlos; (**no**) **tiene ~** er/sie zeigt (keinen) Charakter; **tener buen/mal ~** einen guten/schlechten Charakter haben
❸ (*índole*) Art *f*; **con ~ de** als; **de ~ oficial/privado** offizieller/privater Art [*o* Natur]
❹ (BIOL) Merkmal *nt*; ~ **adquirido/hereditario** erworbenes/ererbtes Merkmal; ~ **dominante/recesivo** dominantes/rezessives Merkmal

❺ (TIPO) Buchstabe *m*, Letter *f*; **en caracteres de imprenta** in Druckschrift
❻ (INFOR) Zeichen *nt*; **~ alfanumérico** alphanumerisches Zeichen; **~ blanco** Leerzeichen *nt*, Leerstelle *f*; **~ de comprobación** Prüfzeichen *nt*; **~ de control** Steuerzeichen *nt*; **~ delimitador** Begrenzungszeichen *nt*; **~ de escape** ESC-Zeichen *nt*; **~ especial** Sonderzeichen *nt*; **~ de interrupción** Unterbrechungszeichen *nt*; **~ de separación** Trennzeichen *nt*; **~ de tabulación** Tabulatorzeichen *nt*; **caracteres por pulgada** Zeichen pro Zoll; **caracteres por segundo** Zeichen pro Sekunde
❼ (*Am: personaje*) Rolle *f*
característica [karakte'ristika] *f* ❶ (*atributo*) Merkmal *nt*
❷ (*peculiaridad*) Eigenart *f*, Charakteristikum *nt elev*; **~ de la profesión** Berufsbild *nt*; **~ s del puesto de trabajo** Arbeitsplatzbeschreibung *f*
❸ (*cualidad*) Eigenschaft *f*; **~s técnicas** (TÉC) technische Daten
característico, -a [karakte'ristiko, -a] I. *adj* charakteristisch; **rasgo ~** Merkmal *nt*
II. *m, f* (CINE, TEAT) Charakterdarsteller(in) *m(f)*
caracterización [karakteriθa'θjon] *f* ❶ (*acción*) Charakterisierung *f*
❷ (*descripción*) Charakterbild *nt*, Charakteristik *f*
❸ (TEAT) Darstellung *f*
caracterizado, -a [karakteri'θaðo, -a] *adj* ❶ (*prestigioso*) anerkannt
❷ (*distinguido*) ausgezeichnet
❸ (*marcado*) gekennzeichnet (*por* durch +*akk*)
caracterizador(a) [karakteriθa'ðor(a)] I. *adj* kennzeichnend, charakteristisch
II. *m(f)* (CINE, TEAT) Masken- und Kostümbildner(in) *m(f)*
caracterizar [karakteri'θar] <z→c> I. *vt* ❶ (*marcar*) charakterisieren; **te caracteriza tu paciencia** du bist ein geduldiger Mensch
❷ (*describir*) charakterisieren, schildern (*como* als +*akk*); **el autor caracteriza a su protagonista como un inadaptado** der Autor stellt seine Hauptfigur als Außenseiter dar
❸ (TEAT) darstellen
II. *vr*: **~se** ❶ (*destacar*) sich auszeichnen (*por* durch +*akk*), gekennzeichnet sein (*por* durch +*akk*)
❷ (CINE, TEAT) eine Rolle überzeugend spielen
caracterología [karakterolo'xia] *f* (PSICO) Charakterkunde *f*, Charakterologie *f*
caracterológico, -a [karaktero'loxiko, -a] *adj* (PSICO) charakterologisch; **cambio ~** Wesensänderung *f*
caracú [kara'ku] *m* (CSur: GASTR) Mark *nt*
caracul [kara'kul] I. *adj* (ZOOL: *raza de corderos*) Karakul-
II. *m* (*vellón*) Persianer(pelz) *m*
caradura [kara'ðura] *mf* (*fam*) unverschämter Mensch *m*
caraísmo [kara'ismo] *m* (REL) Karäertum *nt*
carajillo [kara'xiʎo] *m* Kaffee mit einem Schuss Kognak oder Schnaps
carajo [ka'raxo] *m* (*vulg: pene*) Schwanz *m fam*; **¡~!** *irse al ~* (*fam*) vor die Hunde gehen; **¡véte al ~!** scher dich zum Teufel!; **me importa un ~** (*fam*) es ist mir scheißegal; **no vale un ~** (*fam*) es ist keinen Heller wert; **en el quinto ~** (*fam*) am Arsch der Welt; **¿y tú qué ~ quieres?** (*fam*) und was zum Teufel willst du?; **del ~** (*fam*) Mords-
caramanchel [karaman'tʃel] *m* ❶ (*Perú: cobertizo*) Regendach *nt*, Schutzdach *nt*
❷ (*Chil: taberna*) Gastwirtschaft *f*
❸ (*Ecua: puesto de venta ambulante*) Verkaufsstand *m*; (*caja*) Bauchladen *m*
❹ (NÁUT) Lukendecke *f*
caramañola [karama'ɲola] *f* (*AmS: recipiente con agua*) Feldflasche *f*
caramayola [karama'ʝola] *f* (*AmS*) *v.* **caramañola**
caramba [ka'ramba] *interj* (*fam*) ❶ **¡qué ~!** (*enfado*) verdammt noch mal!, zum Donnerwetter (noch einmal)!; (*extrañeza*) herrje!; (*admiración*) Donnerwetter!; **¡~ con este chico!** unglaublich, dieser Junge!
carámbano [ka'rambano] *m* Eiszapfen *m*
carambola [karam'bola] *f* ❶ (*fam: trampa*) Schwindel *m*
❷ (*en el billar*) Karambole *f*; **hacer una ~** karambolieren; **de** [*o* **por**] (*fam*) mit etwas Glück
❸ (BOT) Sternfrucht *f*
carambolista [karambo'lista] *mf* Karambolagespieler(in) *m(f)*
carambolo [karam'bolo] *m* (BOT) Karambolabaum *m*, Karambole *f*
caramel [kara'mel] *m* (ZOOL: *espadín*) Sprotte *f*; (*picarel*) Schnauzenbrasse *f*
caramelizar [karameli'θar] <z→c> I. *vi* (GASTR: *el azúcar*) karamellieren
II. *vt* (GASTR: *recubrir*) karamellisieren; **~ el fondo de un molde** eine Form mit Karamellzucker ausgießen
caramelo [kara'melo] *m* ❶ (*azúcar quemado*) Karamell(zucker) *m*; (de) **color ~** karamellfarben; **ser de ~** (*fam fig*) Zucker sein
❷ (*golosina*) Bonbon *m o nt*; **~ de menta** Pfefferminzbonbon *m o nt*
caramillo [kara'miʎo] *m* ❶ (*flauta*) Pfeife *f*
❷ (*fam: chisme*) Klatsch *m*

❸ (*fam: riña*) Zank *m*
carancho [ka'rantʃo] *m* (ZOOL) *v.* **caracará**
carandaí [karanda'i] *m*, **caranday** [karan'dai] *m* (*Arg: BOT*) Karnaubawachspalme *f*
carantoña [karan'toɲa] *f* ❶ (*carantamaula*) Fratze *f*
❷ (*mujer vieja pintada*) alte, aufgetakelte Frau *f*
❸ *pl* (*zalamería*) Schmuserei *f*; **hacer ~s** schmusen
caraña [ka'raɲa] *f* (*resina*) Elemi *nt*
caraota [kara'ota] *f* (*Ven: haba*) Bohne *f*
carapacho [kara'patʃo] *m* ❶ (ZOOL: *caparazón*) (Rücken)panzer *m*
❷ (*Cuba*: GASTR) im eigenen Panzer zubereitetes Fleisch von Krebsen *usw.*
carapopela [karapo'pela] *m* (ZOOL) Krustenechse *f*
caraqueño, -a [kara'keɲo, -a] I. *adj* aus Caracas
II. *m, f* Einwohner(in) *m(f)* von Caracas
carasol [kara'sol] *m* ❶ (*en edificios*) Sonnenseite *f*
❷ (*galería*) Wintergarten *m*
carate [ka'rate] *m* (*AmC, Col*) Hautkrankheit unter den Schwarzen Mittelamerikas
carátula [ka'ratula] *f* ❶ (*careta*) Maske *f*
❷ (*pey: farándula*) Schauspielervolk *nt*
❸ (*portada*) Titelblatt *nt*; (*de un disco*) Plattencover *nt*
caravana [kara'βana] *f* ❶ (*recua*) Karawane *f*
❷ (*embotellamiento*) Stau *m*; **hay** [*o* **tenemos**] **~** wir stehen im Stau
❸ (*vehículo*) Wohnmobil *nt*; (*remolque*) Wohnwagen *m*
❹ (*Méx: cortesía*) Schmeichelei *f*; **bailar** [*o* **hacer**] **la ~** sich einschmeicheln
caravaning [kara'βaniŋ] *m sin pl* Caravaning *nt*
caray [ka'rai] *interj* **¡~!** Donnerwetter!
carbinol [karβi'nol] *m* (QUÍM) Methanol *nt*
carbógeno [kar'βoxeno] *m* (MED, QUÍM) Carbogen *nt*
carbohidrato [karβoi'ðrato] *m* Kohle(n)hydrat *nt*
carbol [kar'βol] *m* (QUÍM) Karbol *nt*
carbón [kar'βon] *m* Kohle *f*; **~ activo** [*o* **activado**] (QUÍM) Aktivkohle *f*; **~ de leña** [*o* **vegetal**] Holzkohle *f*; **~ de piedra** [*o* **mineral**] Steinkohle *f*; **~ positivo/negativo** (FOTO) Positiv-/Negativkohle *f*; **dibujo al ~** (ARTE) Kohlezeichnung *f*; **papel ~** Kohlepapier *nt*, Durchschlagpapier *nt*; **negro como el ~** kohlrabenschwarz
carbonada [karβo'naða] *f* ❶ (*carga de carbón*) Ofenladung *f*
❷ (*CSur, Perú*: GASTR) Eintopf *m* (*mit Fleisch, Kürbis und Maiskolben als Hauptzutaten*)
carbonado¹ [karβo'naðo] *m* (GEO: *diamante*) Karbonado *m*
carbonado, -a² [karβo'naðo, -a] *adj* Kohlenstoff-, kohlenstoffhaltig
carbonatado, -a [karβona'taðo, -a] *adj* kohlensäurehaltig; **agua carbonatada** Mineralwasser mit Kohlensäure, Sprudel *m fam*
carbonatar [karβona'tar] I. *vt* (QUÍM) in Karbonat umwandeln, karbonisieren
II. *vr*: **~se** (QUÍM) zu Karbonat werden
carbonato [karβo'nato] *m* (QUÍM) Karbonat *nt*; **~ cálcico** Kalkspat *m*; **~ potásico** Pottasche *f*
carboncillo [karβon'θiʎo] *m* Kohlestift *m*; **dibujo al ~** Kohlezeichnung *f*
carbonear [karβone'ar] I. *vi* (NÁUT) kohlen, Kohle übernehmen
II. *vt* verkohlen
carbonera [karβo'nera] *f* ❶ (*horno*) Kohlenmeiler *m*
❷ (*almacén*) Kohlenkeller *m*; (*en una mina*) (Roh)kohlenbunker *m*
carbonería [karβone'ria] *f* (COM) Kohlenhandlung *f*
carbonero¹ [karβo'nero] *m* (ZOOL) Kohlmeise *f*
carbonero, -a² [karβo'nero, -a] I. *adj* Kohlen-; **industria carbonera** Kohleindustrie *f*
II. *m, f* ❶ (*productor*) Köhler(in) *m(f)*
❷ (*vendedor*) Kohlenhändler(in) *m(f)*
carbónico, -a [kar'βoniko, -a] *adj* kohlensäurehaltig; (QUÍM) kohlensauer; **ácido ~** Kohlensäure *f*
carbonífero, -a [karβo'nifero, -a] *adj* ❶ (MIN) Kohle führend; **capa carbonífera** Kohlenflöz *nt*; **zona carbonífera** Kohle(n)revier *nt*
❷ (GEO): **período ~** Karbon *nt*, Steinkohlenzeit *f*
carbonilla [karβo'niʎa] *f* ❶ (*polvo de carbón*) Kohlenstaub *m*, Grus *m*
❷ (*Am: carboncillo*) Kohlestift *m*
carbonita [karβo'nita] *f* (QUÍM) Carbonit *nt*
carbonización [karβoniθa'θjon] *f* (MED, QUÍM) Karbonisation *f*
carbonizar [karβoni'θar] <z→c> I. *vt* ❶ (*abrasar*) verkohlen; **el edificio quedó carbonizado** das Gebäude lag in Schutt und Asche
❷ (QUÍM) karbonisieren
II. *vr*: **~se** verbrennen
carbono [kar'βono] *m* (QUÍM) Kohlenstoff *m*; **dióxido de ~** Kohlendioxyd *nt*; **método del ~ 14** Radiokarbonmethode *f*; **monóxido de ~** Kohlenmonoxyd *nt*
carbonoso, -a [karβo'noso, -a] *adj* (QUÍM: *que contiene carbón*) kohle-

carborundo

haltig; (*similar al carbón*) kohleartig
carborundo [karβo'ruṇdo] *m* (QUÍM) Karborund *nt*
carboxilo [karβoˈksilo] *m* (QUÍM) Karboxyl *nt*
carbunclo [karˈβuŋklo] *m v.* **carbúnculo**
carbunco [karˈβuŋko] *m* (MED) Karbunkel *m*
carbúnculo [karˈβuŋkulo] *m* ❶ (*rubí*) Karfunkel *m* ❷ (*fam: forúnculos*) Karbunkel *m*
carburación [karβuraˈθjon] *f* ❶ (AUTO) Zerstäubung *f* ❷ (QUÍM) Aufkohlung *f*
carburador [karβuraˈðor] *m* (TÉC) Vergaser *m;* ~ **descendente** Fallstromvergaser *m;* ~ **horizontal** Flachstromvergaser *m*
carburante [karβuˈraṇte] *m* (QUÍM, TÉC) Kraftstoff *m*, Treibstoff *m*
carburar [karβuˈrar] **I.** *vt* (QUÍM, TÉC) karburieren **II.** *vi* (*fam: funcionar*) gehen, funktionieren; **el coche no carbura** das Auto läuft nicht; **la cabeza no le carbura** der/die tickt nicht richtig, der/die ist nicht ganz dicht
carburo [karˈβuro] *m* (QUÍM) Karbid *nt*
carca [ˈkarka] *adj* (*fam pey*) erzkonservativ
carcaj [karˈkax] *m* ❶ (*para flechas*) Köcher *m* ❷ (*para el fusil*) Halfter *f o nt*
carcajada [karkaˈxaða] *f* Gelächter *nt*, Lachen *nt;* ~ **homérica** homerisches Gelächter; **estallar en** ~**s** in Gelächter ausbrechen; **reírse a** ~**s** aus vollem Halse [*o* lauthals] lachen; **soltar una** ~ laut auflachen
carcajear [karkaxeˈar] *vi, vr:* ~**se** ❶ (*reírse a carcajadas*) aus vollem Halse [*o* lauthals] lachen ❷ (*fam: no respetar*) pfeifen (*de* auf +*akk*)
carcamal [karkaˈmal] *m* (*fam pey*) alter Knacker *m;* **está hecho un** ~ er ist ein Wrack
cárcamo [ˈkarkamo] *m* (*foso*) Grube *f;* (*zanja*) Graben *m*
carcañal [karkaˈɲal] *f* (ANAT) Ferse *f*
carcasa [karˈkasa] *f* (TÉC) Gehäuse *nt*
cárcava [ˈkarkaβa] *f* ❶ (GEO: *garganta*) Schlucht *f* ❷ (*zanja*) Graben *m* ❸ (*fosa*) Grab *nt*
carcavón [karkaˈβon] *m* (GEO: *río*) Kolk *m;* (*barranco*) von Wasser ausgewaschene Schlucht
cárcel [ˈkarθel] *f* ❶ (*prisión*) Gefängnis *nt;* ~ **de alta** [*o* **máxima**] **seguridad** Hochsicherheitsgefängnis *nt;* ~ **del pueblo** Geiselversteck der ETA; ~ **de régimen abierto** offene Haft; ~ **transitoria** Untersuchungshaft *f;* **tres años de** ~ drei Jahre Gefängnis; **enviar a** [*o* **meter en**] **la** ~ **a alguien** jdn ins Gefängnis bringen; **estar en la** ~ im Gefängnis sitzen; **ir a parar a la** ~ ins Gefängnis kommen; **escapar de la** ~ aus dem Gefängnis ausbrechen; **salir de la** ~ aus der Haft entlassen werden ❷ (TÉC) Schraubzwinge *f*
carcelario, -a [karθeˈlarjo, -a] *adj* Gefängnis-; **régimen** ~ Gefängnisordnung *f*
carcelera [karθeˈlera] *f* (MÚS) Carcelera *f* (*andalusisches, volkstümliches Klagelied der Gefangenen*)
carcelería [karθeleˈria] *f* (JUR) ❶ (*prendimiento*) Gefangenschaft *f*, Haft *f* ❷ (*fianza*) Prozessbürgschaft *f*
carcelero, -a [karθeˈlero, -a] *m, f* Gefängnisaufseher(in) *m(f)*, Gefängniswärter(in) *m(f)*
carcinogénesis [karθinoˈxenesis] *f inv* (MED) Karzinogenese *f*
carcinógeno, -a [karθiˈnoxeno, -a] *adj* (MED) karzinogen
carcinología [karθinoloˈxia] *f* (ZOOL, MED) Karzinologie *f*
carcinoma [karθiˈnoma] *m* (MED) Karzinom *nt*
carcoma [karˈkoma] *f* ❶ (ZOOL) Holzwurm *m* ❷ (*polvillo*) Holzmehl *nt* ❸ (*preocupación*) Gram *m;* (*destrucción lenta*) Zermürbung *f*
carcomer [karkoˈmer] **I.** *vt* ❶ (*corroer*) zerfressen, zernagen; **le carcome la duda** ihn zermürbt der Zweifel ❷ (*minar*) untergraben **II.** *vr:* ~**se** ❶ (*arruinarse*) zerfallen ❷ (*concomerse*) sich zermürben (*de* vor +*dat*); **me carcomo de celos** ich sterbe vor Eifersucht
carda [ˈkarða] *f* ❶ (*acción*) Kard(ier)en *nt* ❷ (*máquina, cepillo*) Krempel *f*, Karde *f* ❸ (*fam fig: reprimenda*) Anpfiff *m*, Anschnauzer *m;* **vaya** ~ **me ha echado mi madre** meine Mutter hat mich ganz schön angepfiffen ❹ (BOT) Blütenkopf *m* der Karde
cardado¹ [karˈðaðo] *m* ❶ (*fibra textil*) Kard(ier)en *nt* ❷ (*cabello*) Bürsten *nt;* (*ahuecar*) Toupieren *nt*
cardado, -a² [karˈðaðo, -a] *adj* ❶ (*fibra textil*) kardiert ❷ (*cabello*) (hoch)toupiert
cardador¹ [karˈðaðor] *m* (ZOOL) Schnurfüßer *m*
cardador(a)² [karðaˈðor(a)] *m(f)* (*oficio*) Wollkämmer(in) *m(f)*
cardal [karˈðal] *m* Distelfeld *nt*
cardamina [karðaˈmina] *f* (BOT: *mastuerzo*) Gartenkresse *f;* (*berro*) Brunnenkresse *f*
cardamomo [karðaˈmomo] *m* Kardamom *m o nt*
cardar [karˈðar] *vt* ❶ (*proceso textil*) karden ❷ (*el pelo*) toupieren
cardenal [karðeˈnal] *m* ❶ (*arzobispo*) Kardinal *m* ❷ (ZOOL) Kardinal *m* ❸ (*hematoma*) blauer Fleck *m*
cardenalicio, -a [karðenaˈliθjo, -a] *adj* Kardinals-; **capelo** ~ Kardinalshut *m;* **Colegio C**~ Kardinalskollegium *nt*
cardenilla [karðeˈniʎa] *f* (AGR: *tipo de uva*) kleinbeerige, dunkelviolette späte Traube
cardenillo [karðeˈniʎo] *m* (QUÍM) Grünspan *m*
cárdeno, -a [ˈkarðeno, -a] *adj* ❶ (*color*) dunkelviolett ❷ (TAUR): **toro** ~ graumelierter Stier *m*
cardiaco, -a [karˈðjako, -a] *adj,* **cardíaco, -a** [karˈðiako, -a] *adj* Herz-; (MED) Kardio-; **ataque** ~ Herzanfall *m*, Herzattacke *f;* **fallo** ~ Herzkollaps *m*, Herzversagen *nt;* **función cardíaca** Herzfunktion *f*, Herztätigkeit *f;* **insuficiencia cardíaca** Herzinsuffizienz *f*, Herzschwäche *f;* **lesión cardíaca** Herzfehler *m;* **masaje** ~ Herzmassage *f;* **paro** ~ Herzstillstand *m;* **alteración del ritmo** ~ Herzrhythmusstörung *f*
cardialgia [karˈðjalxja] *f* (MED) Kardialgie *f*
cardias [ˈkarðjas] *m inv* (ANAT) Magenmund *m*, Kardia *f*
cardinal [karðiˈnal] *adj* Haupt-, wesentlich; **los cuatro puntos** ~**es** die vier Himmelsrichtungen; (**números**) ~**es** (LING) Kardinalzahlen *fpl*, Grundzahlen *fpl*
cardiocirujano, -a [karðjoθiruˈxano, -a] *m, f* (MED) Herzchirurg(in) *m(f)*
cardiografía [karðjoɣraˈfia] *f* (MED) Kardiographie *f*
cardiógrafo [karˈðjoɣrafo] *m* (MED) Kardiograph *m*
cardiograma [karðjoˈɣrama] *m* (MED) Kardiogramm *nt*
cardióloga [karˈðjoloɣa] *f v.* **cardiólogo**
cardiología [karðjoloˈxia] *f* (MED) Kardiologie *f*
cardiólogo, -a [karˈðjoloɣo, -a] *m, f* (MED) Herzspezialist(in) *m(f)*, Kardiologe, -in *m, f*
cardiópata [karˈðjopata] *mf* (MED) Herzkranke(r) *mf*, Herzpatient(in) *m(f)*
cardiopatía [karðjopaˈtia] *f* (MED) Herzkrankheit *f*, Herzleiden *nt*
cardiopulmonar [karðjopulmoˈnar] *adj* (MED) Herz-Lungen-; **máquina** ~ Herz-Lungen-Maschine *f*
cardiorrespiratorio, -a [karðjorrespiraˈtorjo, -a] *adj* (MED) kardiospiratorisch; **crisis cardiorrespiratoria** kardiorespiratorische Krise
cardiotomía [karðjotoˈmia] *f* (MED) Herzschnitt *m*
cardiovascular [karðjoβaskuˈlar] *adj* (MED) kardiovaskulär, Herz- und Gefäß-
carditis [karˈðitis] *f inv* (MED) Karditis *f*
cardizal [karðiˈθal] *m* Distelfeld *nt*
cardo [ˈkarðo] *m* ❶ (*silvestre*) Distel *f;* ~ **borriquero** Eselsdistel *f* ❷ (*verdura*) Kardone *f* ❸ (*fam pey: desabrido*) kratzbürstige Person *f;* **¡qué** ~**!** so eine Kratzbürste!
cardón [karˈðon] *m* (BOT) ❶ (*cardencha*) Wilde Karde *f*, Kardendistel *f* ❷ (*Méx, AmS: planta cactácea*) Kaktusgewächs *nt*
cardume(n) [karˈðume(n)] *m* ❶ (*banco de peces*) Fischschwarm *m* ❷ (*CSur: abundancia*) Fülle *f*
carear [kareˈar] **I.** *vt* (JUR: *confrontar*) konfrontieren, gegenüberstellen ❷ (*cotejar*) gegeneinander halten **II.** *vr:* ~**se** (*enfrentarse*) sich auseinander setzen (*con* mit +*dat*); (JUR) konfrontiert werden (*con* mit +*dat*)
carecer [kareˈθer] *irr como crecer* **I.** *vi* nicht haben (*de* +*akk*), ermangeln (*de* +*gen*); **esa queja carece de fundamento** (*elev*) diese Beanstandung ermangelt jeglicher Grundlage; **carece de escrúpulos** er/sie kennt keine Skrupel; **carece de importancia/sentido** es ist belanglos/sinnlos; **tu afirmación carece de lógica** deine Behauptung entbehrt jeder Logik **II.** *vimpers* (*CSur: ser necesario*) notwendig sein; **carece encontrar una solución** es muss eine Lösung gefunden werden
carena [kaˈrena] *f* ❶ (NÁUT: *parte de la nave*) Unterwasserteil *m* ❷ (NÁUT: *arreglo del casco*) Reparatur *f* am Schiffsrumpf ❸ (TÉC) aerodynamische Verkleidung *f* ❹ (*loc, fam*): **dar** ~ **a alguien** jdn auf die Schippe nehmen; **sufrir** [*o* **aguantar**] **una** ~ auf die Schippe genommen werden
carenado [kareˈnaðo] *m* (AUTO, TÉC) stromlinienförmige Karosserie *f*
carenar [kareˈnar] *vt* ❶ (NÁUT) kielholen ❷ (AUTO, TÉC) verkleiden
carencia [kaˈreṇθja] *f* ❶ (*falta*) Fehlen *nt* (*de* von +*dat*) ❷ (*t.* ECON: *escasez*) Mangel *m* (*de* an +*dat*)
carencial [kareṇˈθjal] *adj* (MED) Mangel-; **enfermedad** ~ Mangelkrankheit *f;* **estado** ~ Mangelzustand *m;* **síntoma** ~ Mangelerscheinung *f*
carente [kaˈreṇte] *adj* frei (*de* von +*dat*), ohne (*de* +*akk*); ~ **de escrú-**

pulos skrupellos, hemmungslos; ~ **de interés** uninteressant; ~ **de medios** [*o* **de recursos**] mittellos

careo [ka'reo] *m* (*t.* JUR) Konfrontation *f*

carero, -a [ka'rero, -a] *adj* (*fam*) preistreibend; **ser** (**muy**) ~ Wucherpreise verlangen, Wucher treiben; **en esa tienda son unos** ~**s** das ist reiner Wucher in diesem Geschäft

carestía [kares'tia] *f sin pl* ❶ (*escasez*) Mangel *m* (*de an +dat*); (*necesidad*) Not *f*

❷ (ECON: *encarecimiento*) (Über)teuerung *f*, Preisanstieg *m*; **tasa de** ~ Teuerungsrate *f*; **la** ~ **de la vida** der Anstieg der Lebenshaltungskosten; **plus por** ~ **de vida** Teuerungszulage *f*

careta [ka'reta] *f* Maske *f*; ~ **antigás** Gasmaske *f*; **quitar la** ~ **a alguien** jdm die Maske vom Gesicht reißen; (*fig*) jdn entlarven; **quitarse la** ~ (*t. fig*) die Maske fallen lassen

careto¹ [ka'reto] *m* (*argot: cara*) Visage *f*

careto, -a² [ka'reto, -a] *adj* (*caballo, vaca*) mit Blesse

carey [ka'rei̯] *m* ❶ (ZOOL) Karettschildkröte *f*

❷ (*material*) Schildpatt *nt*

carga ['karɣa] *f* ❶ (*llenado*) Beladung *f*; **lavadora de** ~ **frontal/superior** Front-/Toplader *m*; **permitida** ~ **y descarga** Be- und Entladen gestattet

❷ (*cargamento*) Ladung *f*, (Trag)last *f*; (*flete*) Fracht *f*, Frachtgut *nt*; ~ **fraccionada** Stückgut *nt*; ~ **a granel** Schüttgut *nt*, Bulkladung *f*; ~ **máxima** Höchstlast *f*; ~ **peligrosa** gefährliche Ladung; ~ **útil** Nutzlast *f*; ~ **animal** [*o* **bestia**] **de** ~ Lasttier *nt*; **buque de** ~ Frachter *m*

❸ (*obligación*) Verpflichtung *f*, (JUR) Behauptungslast *f*; ~ **condicional** (JUR) Bewährungsauflage *f*; **la** ~ **de los años** die Bürde des Alters *elev*; **llevar una** ~ eine Last tragen [*o* zu tragen haben]; **ser una** ~ **para alguien** jdm zur Last fallen

❹ (FOTO, MIL: *cargador*) Magazin *nt*; (*munición*) Ladung *f*; ~ **explosiva** Sprengladung *f*, Sprengsatz *m*

❺ (FÍS, TÉC) Ladung *f*; **a plena** ~ bei Volllast

❻ (DEP, MIL) Angriff *m*; ~ **policial** Eingreifen der Polizei; **¡a la** ~**!** (MIL) zum Angriff!, Attacke!; **volver a** [*o* **sobre**] **la** ~ (*fig*) auf etwas herumreiten

❼ (FIN) Belastung *f*; ~ **económica** wirtschaftliche Belastung; ~ **financiera** finanzielle Belastung; ~ **fiscal** [*o* **impositiva**] Steuerlast *f*; ~ **hipotecaria** Hypothekenbelastung *f*; ~**s de un inmueble** Grundstückslasten *fpl*; ~**s profesionales** Werbungskosten *pl*; ~ **real** Eigentümergrundschuld *f*; ~ **real solidaria** Gesamtgrundschuld *f*; ~**s sociales** Sozialllasten *fpl*, soziale Abgaben

cargada [kar'ɣaða] *f* ❶ (*Arg: broma*) Streich *m*

❷ (*Méx: loc*): **ir a la** ~ auf den Favoriten setzen

cargadero [karɣa'ðero] *m* ❶ (*zona de carga*) Ladeplatz *m*, Umschlagplatz *m*; (*recinto*) Frachtraum *m*

❷ (ARQUIT) Türsturz *m*

cargadilla [karɣa'ðiʎa] *f* (*fam: incremento de una deuda*) Anstieg einer Schuld durch Zinszuschlag

cargado, -a [kar'ɣaðo, -a] *adj* ❶ (*con cargamento*) beladen; (*lleno*) voll (*con/de* mit *+dat*); ~ **de años** hochbetagt; ~ **de deudas** überschuldet; ~ **de hijos** kinderreich; ~ **de paquetes** mit Paketen beladen; ~ **de problemas** problembeladen; **un árbol** ~ **de frutas** ein Baum voller Früchte

❷ (FÍS, TÉC) geladen; **la batería/pistola está cargada** die Batterie/Pistole ist geladen

❸ (*pesado*) drückend; **aire** ~ schlechte Luft; **un ambiente** ~ (*fig*) eine geladene Stimmung

❹ (*fuerte*) kräftig; **un café muy** ~ [*o* **bien**] ~ ein sehr starker Kaffee

❺ (*fam: persona*) blau, besoffen, sternhagelvoll; **ése va bien** ~ der ist sternhagelvoll [*o* stockbesoffen]

cargador [karɣa'ðor] *m* ❶ (*oficio*) (Ver)lader *m*; ~ **del puerto** Schauermann *m*; (*máquina*) Lader *m*

❷ (*en un arma*) Magazin *nt*

❸ (TÉC) Ladegerät *nt*

❹ (INFOR) (Programm)lader *m*; ~ **de datos** Datenkassette *f*; ~ **de discos** Plattenkassette *f*; ~ **de programa** (Programm)lader *m*

cargamento [karɣa'mento] *m* Ladung *f*, Fracht *f*; ~ **a granel** Schüttgut *nt*, Bulkladung *f*; ~ **flotante** schwimmende Ladung

cargante [kar'ɣante] *adj* (*importuno*) aufdringlich; (*pesado*) lästig

cargar [kar'ɣar] <g→gu> I. *vi* ❶ (*llevar*) tragen (*con +akk*), mitnehmen (*con +akk*); **ya me toca a mí** ~ **con el paquete** (*fig*) ich muss es schon wieder ausbaden

❷ (MIL: *atacar*) angreifen (*contra/sobre +akk*)

❸ (*reposar*) lasten (*en/sobre* auf *+dat*); (ARQUIT) ruhen (*en/sobre* auf *+dat*); (LING: *acento*) liegen (*en/sobre +dat*); ~ **en cuenta** (FIN) das Konto belasten

II. *vt* ❶ (*para el transporte*) (be)laden; (MIL: *arma*) laden; **¡carguen** (**armas**)**!** (MIL) laden!; **las tintas** (*fig*) zu dick auftragen

❷ (*achacar*) belasten (*con* mit *+dat*), aufhalsen (*con +akk*) *fam*; ~ **algo sobre sí** etw auf sich nehmen; **siempre me cargáis a mí con el trabajo** die Arbeit bleibt immer an mir hängen, ihr wälzt die Arbeit immer auf mich ab; ~ **a alguien con las culpas** jdm die Schuld in die Schuhe schieben

❸ (FIN: *en una cuenta*) mit einem Betrag belasten; **cárguelo a mi cuenta** das geht auf meine Rechnung

❹ (FÍS: *almacenar*) (auf)laden

❺ (*fam: irritar*) reizen; **este tipo me carga** dieser Typ geht mir auf die Nerven

❻ (*argot: suspender*): **a Paco le han cargado las mates** Paco ist in Mathe durchgefallen [*o* durchgerasselt]

❼ (INFOR) hochladen, uploaden; ~ **en alta** hochladen; ~ **y ejecutar** laden und starten

❽ (*Am: llevar*) tragen; **¿cargas dinero?** hast du Geld dabei?

III. *vr*: ~**se** ❶ (*llenarse*) sich füllen (*con/de* mit *+dat*)

❷ (*fam: romper*) kaputtmachen; **¡te la vas a** ~**!** (*fig*) das wird dir noch leid tun!

❸ (*fam: matar*) umbringen, erledigen

cargareme [karɣa'reme] *m* (FIN) Kassenquittung *f*

cargazón [karɣa'θon] *f* ❶ (*cargamento*) Ladung *f*; (NÁUT) Kargo *m*

❷ (MED: *pesadez*) Schwere *f*; ~ **de estómago** Magendruck *m*; **tengo** ~ **de cabeza** ich habe einen schweren Kopf

cargo ['karɣo] *m* ❶ (FIN: *cantidad debida*) Soll *nt*, Debet *nt*; ~ **directo en cuenta** Direktabbuchung *f*; ~ **a cuenta** Lastschrift *f*; **los gastos van** [*o* **corren**] **a mi** ~ die Kosten gehen zu meinen Lasten

❷ (*reproche*) Vorwurf *m*; **hacerle los** ~**s a alguien** jdm ins Gewissen reden; **me da** ~ **de conciencia** das macht mir ein schlechtes Gewissen [*o* Gewissensbisse]; **declarar a alguien libre de** ~**s** (JUR) jdn von jeglicher Schuld freisprechen; **presentar** ~**s contra alguien** jdm ein Vergehen anlasten

❸ (*puesto*) Amt *nt*, Posten *m*; **un** ~ **público** ein öffentliches Amt; **un alto** ~ **del Ministerio** eine führende Person des Ministeriums; **cesar en el** ~ aus dem Amt scheiden; **desempeñar un** ~ ein Amt innehaben

❹ (*responsabilidad*) Verantwortung *f*; (*deber*) Verpflichtung *f*; **hacerse** ~ **de algo** (*responsabilizarse*) für etw (die Verantwortung) übernehmen; (*calibrar*) sich *dat* über etw klar sein; (*adueñarse*) sich *dat* etw aneignen; **tener algo/a alguien a su** ~ für etw/jdn verantwortlich sein; **los pagos están a** ~ **del contable** die Zahlungen unterstehen dem Buchhalter; **los aprendices se encuentran a** ~ **del maestro** die Lehrlinge sind dem Meister unterstellt; **estoy a** ~ **de las correcciones** ich bin für die Korrektur zuständig

❺ (FIN: *anotación*) Lastschrift *f*; **correr a** ~ **de alguien** zu Lasten [*o* zulasten] von jdm gehen; **con** ~ **a nosotros** auf unsere Kosten

cargoso, -a [kar'ɣoso, -a] *adj* ❶ (*fastidioso*) lästig

❷ (*costoso*) kostspielig; **su educación privada es demasiado cargosa** sein/ihr Privatunterricht ist zu teuer

❸ (*AmS: cargante*) aufdringlich, penetrant; **es un niño muy** ~ dieser Junge ist eine Nervensäge *fam*; **ese tipo es realmente** ~ dieser Kerl geht mir total auf den Wecker *fam*

carguero¹ [kar'ɣero] *m* ❶ (NÁUT) Frachter *m*; (*de contenedores*) Containerschiff *nt*

❷ (*Arg, Col, Par*): **tren** ~ Güterzug *m*

carguero, -a² [kar'ɣero, -a] *adj* Last-, Fracht-

cariacontecido, -a [kariakonte'θiðo, -a] *adj* mit einem betrübten Gesicht

cariado, -a [ka'riaðo, -a] *adj* (*diente, hueso*) kariös; **tiene los dientes** ~**s** er/sie hat kariöse Zähne

cariadura [karja'ðura] *f* (MED) kariöser Defekt *m*

cariar [kari'ar] <1. *pres*: **carío**> I. *vt* (MED) Karies verursachen (*an +dat*)

II. *vr*: ~**se** (MED) von Karies befallen werden

cariátide [ka'rjatiðe] *f* (ARQUIT) Karyatide *f*

caribe [ka'riβe] I. *adj* ❶ (*Am: caribeño*) karibisch

❷ (*Am: antropófago*) kannibalisch

❸ (*Am: cruel*) grausam

❹ (*Ant: furioso*) zornig; **ponerse** ~ (sich) erzürnen

II. *m* ❶ (*indígena*) Karibe *m*

❷ (*Am: cruel*) grausamer Mensch *m*, Unmensch *m*

❸ (*Ven:* ZOOL) Piranha *m*

Caribe [ka'riβe] *m*: **el** (**Mar**) ~ die Karibik, das Karibische Meer

caribello [kari'βeʎo] *adj* (TAUR: *toro*) mit dunklem Kopf und weißen Flecken auf der Stirn

caribeño, -a [kari'βeɲo, -a] I. *adj* karibisch

II. *m, f* Einwohner(in) *m(f)* der Karibik

caribú [kari'βu] *m* (ZOOL) Karibu *m o nt*

caricato [kari'kato] *m* (MÚS) Bassbuffo *m*

caricatura [karika'tura] *f* ❶ (*dibujo*) Karikatur *f*

❷ *pl* (*Méx: dibujos animados*) Zeichentrickfilm *m*

caricaturesco, -a [karikatu'resko, -a] *adj* karikaturistisch, karikaturesk *elev*; **una representación caricaturesca** eine karikaturistische Darstellung

caricaturista [karikatu'rista] *mf* Karikaturist(in) *m(f)*
caricaturizar [karikaturi'θar] <z→c> *vt* karikieren
caricia [ka'riθja] *f* Liebkosung *f;* **hacer ~s a alguien** jdn streicheln, jdn liebkosen; **la ~ del sol/del viento** das Streicheln der Sonnenstrahlen/des Windes
caridad [kari'ðað] *f* (*t.* REL) Karitas *f elev*; (*amor al prójimo*) Nächstenliebe *f*; (*generosidad*) Wohltätigkeit *f*; (*limosna*) Almosen *nt;* **institución de ~** karitative Einrichtung, Wohltätigkeitseinrichtung *f;* **hacer obras de ~** Wohltätigkeit üben; **¡una limosna, por ~!** eine milde Gabe!; **la ~ bien entendida empieza por uno mismo** (*prov*) jeder ist sich selbst der Nächste
cariedón [karje'ðon] *m* (ZOOL) Nussbohrer *m*
caries ['karjes] *f inv* (MED) Karies *f*; **~** (*dental*) Zahnfäule *f*, Karies *f*
carilargo, -a [kari'larɣo, -a] *adj* mit langem Gesicht; (*fig: cariacontecido*) verdrossen, missmutig
carilla [ka'riʎa] *f* ❶ (*careta*) Maske *f*
❷ (TIPO: *página*) Seite *f*
carillón [kari'ʎon] *m* (*t.* MÚS) Glockenspiel *nt*
carimbo [ka'rimbo] *m* (*Bol*) Brandeisen *nt*
Carintia [ka'rintja] *f* Kärnten *nt*
cariñena [kari'nena] *m* (*vino*) lieblicher Rotwein aus Cariñena in Aragonien
cariño [ka'riɲo] *m* ❶ (*afecto*) Zuneigung *f*; (*amor*) Liebe *f;* **hacer algo con ~** etw liebevoll [*o* mit Liebe] machen; **sentir ~ por alguien, tener ~ a alguien** jdn lieb haben; **coger** [*o* **tomar**] **~ a alguien/algo** jdn/etw lieb gewinnen; **le tengo mucho ~ a esta muñeca** ich hänge sehr an dieser Puppe
❷ (*persona querida*): **¡~ mío!** (mein) Liebling!, (mein) Liebes!
❸ (*mimo*) Liebkosung *f*; (*ternura*) Zärtlichkeit *f;* **hacer ~s** (*fam*) liebkosen
cariñoso, -a [kari'ɲoso, -a] *adj* liebevoll (*con* zu +*dat*), zärtlich (*con* zu +*dat*); **un ~ saludo** (*en una carta*) herzliche Grüße
carioca [ka'rjoka] I. *adj* aus Rio de Janeiro; (*brasileño*) brasilianisch
II. *mf* Einwohner(in) *m(f)* von Rio de Janeiro
cariocinesis [karjoθi'nesis] *f inv* (BIOL) Mitose *f*
cariofilácea [karjofi'laθea] *f* (BOT) Nelkengewächs *nt*
cariofiláceo, -a [karjofi'laθeo, -a] *adj* (BOT) zu den Nelkengewächsen gehörend
cariogamia [karjo'ɣamja] *f* (BIOL) Kernverschmelzung *f*, Karyogamie *f*
cariópside [ka'rjopsiðe] *f* (BOT) Karyopse *f*
carisma [ka'risma] *m* (*t.* REL) Charisma *nt*, Ausstrahlung *f*
carismático, -a [karis'matiko, -a] *adj* charismatisch; **un político ~** ein Politiker mit Ausstrahlung *o* charismatischer Politiker
caritativo, -a [karita'tiβo, -a] *adj* karitativ, wohltätig
cariz [ka'riθ] *m* ❶ (*aspecto*) Eindruck *m;* (*situación*) Lage *f;* **esto toma buen/mal ~** das sieht rosig/böse aus
❷ (METEO) Wetterlage *f*
carlanca [kar'laŋka] *f* ❶ (*de perro*) Stachelhalsband *nt*
❷ (*Chil, Hond: pesadez*) Verärgerung *f*, Unmut *m*
❸ (*Hond: persona pesada*) Nervensäge *f fam*
❹ (*Col, CRi: grillete*) Fußeisen *nt*
❺ *pl* (*picardía*) Durchtriebenheit *f;* **ten cuidado con tu cuñado, tiene muchas ~s** hüte dich vor deinem Schwager, der hat es faustdick hinter den Ohren
carleta [kar'leta] *f* (TÉC) Schruppfeile *f*
carlinga [kar'liŋga] *f* (AERO: *cabina*) Pilotenkabine *f*, Cockpit *m*
carlismo [kar'lismo] *m* (HIST) Karlismus *m*, Karlistentum *nt*
carlista [kar'lista] I. *adj* (HIST) karlistisch, Karlisten-; **las Guerras C~s** die Karlistenkriege
II. *mf* (HIST) Karlist(in) *m(f)*
Carlomagno [karlo'maɣno] *m* (HIST) Karl der Große
carlota [kar'lota] *f* (GASTR) Charlotte *f*
carmelita [karme'lita] I. *adj* (REL) Karmeliter-
II. *mf* (REL) Karmelit *m*, Karmelit(er)in *f;* **~ descalzo** Barfüßer *m*
carmelito, -a [karme'lito, -a] *adj* (*Am: marrón claro*) hellbraun
carmen ['karmen] *m* ❶ (LIT) Karmen *nt*
❷ (*en Granada*) kleinere Villa mit Garten
carmesí [karme'si] *adj* karmesinrot, karminrot
carmín [kar'min] I. *adj* karminrot, hochrot
II. *m* ❶ (*color*) Karmin(rot) *nt*, Karmesinrot *nt*
❷ (*tinte*) Karmin *nt*, Karmesin *f*
❸ (*pintalabios*): **~** (**barra de**) Lippenstift *m*
carminativo[1] [karmina'tiβo] *m* (MED) Karminativum *nt*
carminativo, -a[2] [karmina'tiβo, -a] *adj* (MED) blähungstreibend, karminativ
carmíneo, -a [kar'mineo, -a] *adj* (*elev*) karm(es)inrot, scharlachrot
carnaciones [karna'θjones] *fpl* (ARTE) Fleischton *m*, Karnation *f*
carnada [kar'naða] *f* Köder *m* (*aus Fisch oder Fleisch*)
carnadura [karna'ðura] *f* (MED): **tener buena/mala ~** gut/schlecht heilendes Gewebe haben
carnal [kar'nal] *adj* ❶ (REL) sinnlich, fleischlich; **comercio** [*o* **trato**] **~** Beischlaf *m*
❷ (*consanguíneo*) blutsverwandt, leiblich; **somos primos ~es** wir sind Cousins ersten Grades
carnalidad [karnali'ðað] *f sin pl* Fleischeslust *f*
carnaval [karna'βal] *m* Karneval *m*, Fasching *m;* **martes de ~** Fastnachtsdienstag *m*
carnavalada [karnaβa'laða] *f* ❶ (*carnaval*) Karnevalstreiben *nt*
❷ (*acto grotesco*) Farce *f*
carnavalesco, -a [karnaβa'lesko, -a] *adj* Karnevals-, Fastnachts-; **ambiente ~** Karnevalsstimmung *f*
carnavalito [karnaβa'lito] *m* (*Arg: baile*) ausgelassener Gruppentanz
carnaza [kar'naθa] *f* ❶ (*carnada*) Köder *m*
❷ (*pey: corpulencia*) Beleibtheit *f*
carne ['karne] *f* ❶ (*del cuerpo*) Fleisch *nt*; **de ~ y hueso** (*auténtico*) leibhaftig; (*humano*) menschlich; **en ~ viva** wund; **tengo la rodilla en ~ viva** mein Knie ist auf geschürft; **se me pone la ~ de gallina** ich bekomme eine Gänsehaut; **se me abren las ~s** ich zittere am ganzen Körper; **ser uña y ~** ein Herz und eine Seele sein
❷ (*alimento*) Fleisch *nt*; (*plato*) Fleischgericht *nt*; **~ asada** Braten *m*; **~ de cañón** (*fig*) Kanonenfutter *nt*; **~ de cerdo/de vacuna** Schweine-/Rindfleisch *nt*; **~ picada** [*o* **molida**] Hackfleisch *nt*; **poner toda la ~ en el asador** (*fig*) alles auf eine Karte setzen; **ni ~ ni pescado** (*fig*) weder Fisch noch Fleisch
❸ (*pulpa*) Fruchtfleisch *nt*; **~ de membrillo** Quittenbrot *nt*
❹ (*obesidad*) Fett *nt;* **echar ~s** Fett ansetzen; **entrado** [*o* **metido**] **en ~s** gut gepolstert; **de pocas ~s** dürr; **perder ~s** vom Fleisch(e) fallen
❺ (REL: *cuerpo*) Fleisch *nt*; **los placeres de la ~** die fleischlichen Wonnen; **la ~ es flaca, el espíritu es fuerte** (*prov*) der Geist ist willig, aber das Fleisch ist schwach
carné [kar'ne] *m* <carnés> *v.* **carnet**
carneada [karne'aða] *f* (*Am*) ❶ (*matanza*) Schlachten *nt*
❷ (*matadero*) Schlachtplatz *m*
carnear [karne'ar] *vt* ❶ (*CSur: matar: un animal*) schlachten; (*a alguien*) hinrichten
❷ (*Chil: engañar*) hereinlegen
❸ (*Méx: apuñalar*) erstechen
carnerada [karne'raða] *f* (ZOOL) Hammelherde *f*
carnerear [karnere'ar] *vt* Vieh als Sühne für angerichteten Schaden töten
carnero [kar'nero] *m* ❶ (ZOOL) Widder *m*
❷ (*CSur: débil*) Schwächling *m*, Niete *f*; (*desertor de huelga*) Streikbrecher *m*
carnet [kar'ne] *m* <carnets> Ausweis *m;* **~ de estudiante/de identidad** Studenten-/Personalausweis *m;* **~ de conducir**, **~ de manejo** (*Am*) Führerschein *m*
carnicera [karni'θera] *adj o f v.* **carnicero**
carnicería [karniθe'ria] *f* ❶ (*tienda*) Metzgerei *f*, Fleischerei *f*
❷ (*masacre*) Blutbad *nt*, Gemetzel *nt*
carnicero, -a [karni'θero, -a] I. *adj* ❶ (*carnívoro*) Fleisch fressend; **animales ~s** Raubtiere *ntpl*; **ser muy ~** (*fam*) ein Fleischfresser sein
❷ (*sanguinario*) blutrünstig, blutdürstig
II. *m, f* ❶ (*oficio*) Fleischer(in) *m(f)*, Metzger(in) *m(f) reg*, Schlachter(in) *m(f) reg*
❷ (*pey: cirujano*) Metzger(in) *m(f)*
❸ (*pey: persona brutal*) Schinder(in) *m(f)*, Schlachter(in) *m(f)*
cárnico, -a ['karniko, -a] *adj* Fleisch-; **industria cárnica** Fleischindustrie *f*; **productos ~s** Fleischwaren *fpl*; **empresa de productos ~s** Fleisch verarbeitendes Unternehmen
carnificación [karnifika'θjon] *f* (MED) Karnifikation *f*
carnina [kar'nina] *f* (QUÍM) Carnin *nt*
carnitas [kar'nitas] *fpl* (*AmC:* GASTR) gebratenes Schweinefleisch
carnívoro, -a [kar'niβoro, -a] *adj* Fleisch fressend; (BIOL) karnivor; **animal ~** Fleischfresser *m*, (ZOOL) Karnivore *m*; **planta carnívora** Fleisch fressende Pflanze; (BOT) Karnivore *f*
carnosidad [karnosi'ðað] *f* ❶ (*gordura*) Fettpolster *nt*
❷ (MED) überschießendes Granulationsgewebe *nt*
carnoso, -a [kar'noso, -a] *adj* fleischig
caro[1] ['karo] *adv* teuer; **este panadero vende muy ~** dieser Bäcker verkauft sehr teuer; **en esta tienda todo cuesta ~** in diesem Geschäft ist alles teuer; **esto nos costará** [*o* **saldrá**] **~** (*fig*) das wird uns teuer zu stehen kommen
caro, -a[2] ['karo, -a] *adj* ❶ (*costoso*) teuer; **el paquete pequeño sale más ~** die kleinere Packung ist teurer
❷ (*elev: querido*) lieb, wert; **~ amigo:...** (mein) teurer Freund, …
caroca [ka'roka] *f* ❶ (*decorado*) Straßendekoration *f* (*bei Festzügen*)
❷ (LIT, TEAT: *género*) Posse *f*, Burleske *f*
carochar [karo'tʃar] *vi* (ZOOL) Eier ablegen

carolingio, -a [karo'liŋxjo, -a] *adj* (HIST) karolingisch; **el Imperio C~** das (Deutsche) Reich Karls des Großen

carolino, -a [karo'lino, -a] I. *adj* ❶ (*islas Carolinas*) von den Karolinen(inseln)
❷ (HIST) *aus der Regierungszeit eines Herrschers namens Karl*; **el arte del período** ≈ die Kunst aus der Zeit (König) Karls
II. *m, f* (*islas Carolinas*) Bewohner(in) *m(f)* der Karolinen(inseln)

carosis [ka'rosis] *f inv* (MED) tiefe Bewusslosigkeit *f*

carota [ka'rota] *mf* (*fam*) unverschämter Mensch *m*

caroteno [karo'teno] *m* (BIOL, QUÍM) *v.* **carotina**

carótida [ka'rotiða] *f* (ANAT) Halsschlagader *f*; (MED) Karotis *f*

carotina [karo'tina] *f* (QUÍM) Karotin *nt*

carozo [ka'roθo] *m* (*Am*) Stein *m*, Kern *m*

carpa ['karpa] *f* ❶ (ZOOL) Karpfen *m*
❷ (*racimo pequeño*) Zweig *m* Trauben
❸ (*entoldado gigante*) Zelt *nt*; **la ~ del circo** das Zirkuszelt
❹ (*Am: tienda de campaña*) Zelt *nt*
❺ (*Am: puesto de mercado*) Marktstand *m*

carpanta [kar'paṇta] *f* (*fam: hambre*) Mordshunger *m*, Kohldampf *m*; **tengo una ~ que me muero** ich sterbe vor Hunger

Cárpatos ['karpatos] *mpl:* **los (Montes) ~** die Karpaten

carpe ['karpe] *m* (BOT) Weißbuche *f*, Hainbuche *f*

carpelo [kar'pelo] *m* (BOT) Fruchtblatt *nt*, Karpell(um) *nt*

carpeta [kar'peta] *f* ❶ (*portafolios*) (Schreib)mappe *f*; **~ de anillas** Ringbuch *nt*
❷ (INFOR) Ordner *m*
❸ (*de un disco*) Plattencover *nt*
❹ (*cubierta*) Decke *f*
❺ (*Perú: escritorio*) Schreibtisch *m*

carpetazo [karpe'taθo] *m:* **dar ~ a un asunto** eine Angelegenheit ad acta legen, eine Angelegenheit in den Papierkorb wandern lassen *fam*

carpetovetónico, -a [karpetoβe'toniko, -a] *adj* (*elev*) *das erzkatholische und -konservative Spanien betreffend*

carpiano, -a [kar'pjano, -a] *adj* (ANAT) Handwurzel-; **los huesos ~s** die Handwurzelknochen

carpín [kar'pin] *m* (ZOOL) Karausche *f*, Moorkarpfen *m*

carpincho [kar'piṇt∫o] *m* (*Am:* ZOOL) Wasserschwein *nt*

carpintear [karpiṇte'ar] *vi* zimmern, tischlern; **en los momentos de ocio se dedica a ~** in seinen Mußestunden zimmert er gerne

carpintera [karpiṇ'tera] *f v.* **carpintero**

carpintería [karpiṇte'ria] *f* ❶ (*taller*) Tischlerei *f*, Schreinerei *f*
❷ (*oficio*) Tischlerei *f*

carpintero, -a [karpiṇ'tero, -a] *m, f* Tischler(in) *m(f)*, Schreiner(in) *m(f)*; **~ de obra** Zimmermann *m*; **pájaro ~** Specht *m*

carpir [kar'pir] *vt* (*Am*) jäten

carpo ['karpo] *m* (ANAT) Handwurzel *f*

carpófago, -a [kar'pofaɣo, -a] *adj* (ZOOL) Früchte fressend, karpophag

carpología [karpolo'xia] *f* (BOT) Karpologie *f*

carquesa [kar'kesa] *f* (TÉC) Glasschmelzofen *m*, Frittofen *m* für Glas

carquesia [kar'kesja] *f* (BOT) Flügelginster *m*

carraca [ka'rraka] *f* ❶ (*pey: máquina, instrumento*) Schrott *m*; (*vehículo*) Klappermühle *f*, Schrottkarre *f fam*
❷ (*carcamal*) Wrack *nt*; **está hecho una ~** er ist recht klapprig geworden, er ist nur noch ein Wrack
❸ (*matraca*) Knarre *f*
❹ (ZOOL) Blauracke *f*

carracuca [karra'kuka] (*fam*): **estar más perdido que ~** voll in der Patsche sitzen; **ser más feo que ~** hässlich wie die Nacht sein

carral [ka'rral] *m* (*cuba*) (Wein)transportfass *nt*, Weintonne *f*

carraleja [karra'lexa] *f* (ZOOL) Maiwurm *m*

carramplón [karram'plon] *m* (*Col, Ven: arma*) Gewehr *nt*, Flinte *f*

carrancudo, -a [karraŋ'kuðo, -a] *adj* (*carácter*) stolz; (*pey*) hochmütig

carrara [ka'rrara] *m* (GEO: *mármol*) Carrara *m*, carrarischer Marmor *m*

carrasca [ka'rraska] *f v.* **carrasco**

carrascal [karras'kal] *m* Steineichenwäldchen *nt*

carrasco [ka'rrasko] *m* (buschartige) Steineiche *f*

carrascoso, -a [karras'koso, -a] *adj* (BOT) mit Steineichen bestanden; **los terrenos ~s** die Steineichenwälder

carraspada [karras'paða] *f* (GASTR) Getränk aus Rotwein mit Wasser, Honig und Gewürzen

carraspear [karraspe'ar] *vi* hüsteln, sich räuspern

carraspeño, -a [karras'peɲo, -a] *adj* rau, heiser

carraspeo [karras'peo] *m* Hüsteln *nt*, Räuspern *nt*

carraspera [karras'pera] *f* Heiserkeit *f*

carraspique [karras'pike] *m* (BOT) Schleifenblume *f*

carrasposo, -a [karras'poso, -a] *adj* ❶ (*ronco*) heiser
❷ (*Col, Ecua, Ven: áspero*) rau

carrasquilla [karras'kiʎa] *f* (BOT) Edelgamander *m*

carrera [ka'rrera] *f* ❶ (*movimiento*) Lauf *m*, Laufen *nt*; **a la(s) ~(s)** (*Am*) im Eiltempo, hastig; **traigo el periódico de una ~** ich gehe schnell die Zeitung holen
❷ (*recorrido*) Lauf *m*, Weg *m*; (*de un astro*) Bahn *f*
❸ (DEP: *competición*) (Wett)rennen *nt*; **~ de armamento** (**nuclear**) (atomares) Wettrüsten *nt*; **~ de caballos/de coches** Pferde-/Autorennen *nt*; **~ espacial** Wettlauf im All; **~ de obstáculos** (*hípica*) Hindernisrennen *nt*; (*atletismo*) Hürdenlauf *m*; **~ de relevos** Staffellauf *m*; **~ tecnológica** Technologiewettlauf *m*; **caballo de ~s** Rennpferd *nt*; **coche de ~s** Rennwagen *m*
❹ (*profesión*) Karriere *f*, Laufbahn *f*; **~ profesional** beruflicher Werdegang, Laufbahn *f*; **hacer ~** Karriere machen; **no puedo hacer ~ de mi hijo** ich komme mit meinem Sohn nicht zurecht
❺ (*estudios superiores*) Studium *nt*; **persona de ~** Akademiker(in) *m(f)*; **un médico de ~** ein studierter Mediziner; **dar ~ a alguien** jdn studieren lassen, jdm das Studium ermöglichen; **hacer una ~** studieren
❻ (*calle*) Straße *f*; (*Am: avenida*) Allee *f*; **hacer la ~** (*fam*) auf den Strich gehen
❼ (*en un tejido*) Laufmasche *f*

carrerilla [karre'riʎa] *f:* **de ~** (*fam*) (in- und) auswendig; **tomar ~** Anlauf nehmen

carrerista [karre'rista] *mf* ❶ (DEP: *aficionado*) Liebhaber(in) *m(f)* von Pferderennen; (*corredor*) Rennreiter(in) *m(f)*
❷ (*apostador*) Wetter(in) *m(f)*

carrero, -a [ka'rrero, -a] *m, f v.* **carretero**

carreta [ka'rreta] *f* Karre *f*, Karren *m*

carretada [karre'taða] *f* ❶ (*carga*) Fuhre *f*
❷ (*cantidad*) Fuder *nt*; **a ~s** massenweise, fuderweise

carrete [ka'rrete] *m* (*t.* FOTO, TÉC: *bobina*) Rolle *f*, Spule *f*; **~ de hilo/de película** Garn-/Filmrolle *f*; **dar ~ a alguien** (*fig*) jdn hinhalten

carretear [karrete'ar] I. *vt* ❶ (*transportar*) auf einem Karren transportieren; **¿esta es la mercancía que hay que ~?** ist das die Ware, die transportiert werden soll?
❷ (*dirigir*) fahren, lenken
II. *vr:* **~se** (*buey, mula*) sich ins Geschirr legen

carretela [karre'tela] *f* (*carruaje*) viersitzige Kalesche *f*; **un paseo en ~** eine Spazierfahrt in einer offenen Kutsche

carretera [karre'tera] *f* (Land)straße *f*, (Schnell)straße *f*; **~ de circunvalación/de salida** Ring-/Ausfallstraße *f*; **~ comarcal/nacional** ≈Kreisstraße *f*; ≈Bundesstraße *f*; **~ principal/secundaria** Fern-/Landstraße *f*; **hotel de ~** Motel *nt*; **restaurante de ~** (Autobahn)raststätte *f*; **transporte por ~** Straßentransport *m*

carretería [karrete'ria] *f* ❶ (*conjunto de carretas*) Fuhrpark *m*
❷ (*taller*) Stellmacherei *f*, Wagnerei *f*

carretero [karre'tero] *m* ❶ (*constructor de carros*) Wagenmacher *m*
❷ (*transportista*) Fuhrmann *m*; **jurar como un ~** wie ein Kutscher fluchen

carretilla [karre'tiʎa] *f* ❶ (*carretón*) Schubkarre *f*, Schubkarren *m*; **~ eléctrica** Elektrowagen *m*; **~ elevadora/de horquilla** Hub-/Gabelstapler *m*
❷ (*loc*): **aprenderse algo de ~** sich *dat* etw einpauken; **saberse algo de ~** etw auswendig können

carretón [karre'ton] *m* ❶ (*carro*) offene Karre *f*, offener Karren *m*
❷ (TÉC: *en el ferrocarril*) Drehgestell *nt*

carretonero[1] [karreto'nero] *m* (*Col:* BOT) (Wiesen)klee *m*

carretonero, -a[2] [karreto'nero, -a] *m, f* (*conductor*) Karrenfahrer(in) *m(f)*

carricera [karri'θera] *f* (BOT) Seidengras *nt*

carricero [karri'θero] *m* (ZOOL) Rohrsänger *m*

carricoche [karri'kot∫e] *m* (*pey: vehículo viejo*) (alte) Karre *f*, Vehikel *nt*

carricuba [karri'kuβa] *f* (*líquidos*) Tankwagen *m*; (*riego*) Sprengwagen *m*

carriego [ka'rrjeɣo] *m* ❶ (*instrumento de pesca*) (Fisch)reuse *f*
❷ (*lino*) Korb *m* zum Flachsbleichen

carril [ka'rril] *m* ❶ (*en la carretera*) Spur *f*; **~ de adelantamiento/lento** Überhol-/Kriechspur *f*; **un tramo de tres ~es** eine dreispurige Strecke
❷ (*raíl*) Schiene *f*; (*t.* TÉC: *riel*) Führungsschiene *f*
❸ (*Chil:* FERRO) Eisenbahn *f*

carrilano, -a [karri'lano, -a] *m, f* (*Chil*) ❶ (*ferroviario*) Bahnarbeiter(in) *m(f)*
❷ (*bandolero*) Bandit(in) *m(f)*

carril-bicicleta [ka'rril βiθi'kleta] *m* <carriles-bicicleta> (Fahr)radweg *m*

carril-bus [ka'rril βus] *m* <carriles-bus> Busspur *f*

carrillada [karri'ʎaða] *f* (*grasa del cerdo*) Backenfett *nt*

carrillo [ka'rriʎo] *m* Backe *f*; **comer a dos ~s** mampfen

carrilludo, -a [karri'ʎuðo, -a] *adj* pausbäckig

carriola [ka'rrjola] *f* ❶ (*cama, tarima*) Rollbett *nt*
❷ (HIST) leichter, dreirädriger Wagen *m* (*der königlichen Familie*)

carrito [ka'rrito] *m* Wägelchen *nt*; ~ **de la compra/del servicio** Einkaufs-/Servierwagen *m*; ~ **de equipajes** Gepäckwagen *m*, Kofferkuli *m*
carrizal [karri'θal] *m* (BOT) Röhricht *nt*
carrizo [ka'rriθo] *m* Binse *f*
carro ['karro] *m* ❶ (*vehículo*) Fuhrwerk *nt*; (*armazón*) Fahrgestell *nt*; (*carreta*) Karre *f*, Karren *m*; **¡para el ~!** (*fam*) mach mal halblang!; **tirar del ~** (*fig fam*) den ganzen Laden schmeißen; **dejar pasar** [*o* **aguantar**] **~s y carretas** (*fam*) sich *dat* auf der Nase herumtanzen lassen
❷ (*coche*) Wagen *m*
❸ (TÉC: *sobre rieles*) Laufkatze *f*
❹ (TÉC: *transportador*) Schlitten *m*
❺ (MIL: *tanque*) Panzer *m*; ~ **acorazado** [*o* **blindado**] Panzer *m*; ~ **anticarro** Kanonenjagdpanzer *m*; ~ **de combate** Kampfpanzer *m*
❻ (FOTO) Magazin *nt*
❼ (ASTR): **el C~ Mayor/Menor** der Große/Kleine Wagen
carrocería [karroθe'ria] *f* ❶ (TÉC) Karosserie *f*
❷ (*taller*) Stellmacherei *f*
carrochar [karro'tʃar] *vi* (ZOOL: *hembra de insecto*) Eier ablegen
carromato [karro'mato] *m* ❶ (*carro*) Karren *m*, Kariole *f*; (*entoldado*) Planwagen *m*; (*roulotte*) Wohnwagen *m*; (*pey: coche*) (alte) Karre *f*, Klapperkiste *f*
❷ (TAUR: *en forma de toro*) Stierattrappe *f*
carroña [ka'rroɲa] *f* Aas *nt*
carroñar [karro'ɲar] *vt* (BIOL) mit Schafräude infizieren
carroñero, -a [karro'ɲero, -a] *adj* Aas fressend
carroza¹ [ka'rroθa] *f* Karosse *f*, Staatskutsche *f*
carroza² [ka'rroθa] *mf* (*pey, argot*): **ser un/una ~** in der Steinzeit leben, von gestern sein
carrozar [karro'θar] <z→c> *vt* (AUTO) karossieren
carruaje [ka'rrwaxe] *m* Fuhrwerk *nt*; (*de caballos*) Kutsche *f*
carrujo [ka'rruxo] *m* (BOT) Baumkrone *f*
carrusel [karru'sel] *m* ❶ (*tiovivo*) Karussell *nt*
❷ (*exhibición ecuestre*) Kavalkade *f*
carsharing ['ka:rʃɛrɪŋ] *m* Carsharing *nt*
cársico, -a ['karsiko, -a] *adj* (GEO) *v.* **cárstico**
cárstico, -a [kars'tiko, -a] *adj* (GEO) karstig; **paisaje ~** Karst *m*, Karstlandschaft *f*
cart [kar^t] *m* <carts> ❶ (DEP) (Go)kart *m*
❷ *pl* (*competición*) Karting *nt*
carta ['karta] *f* ❶ (*misiva*) Brief *m*; (*escrito*) Schreiben *nt*; ~ **de amor** Liebesbrief *m*; ~ **de aviso de despido** Abmahnungsschreiben *nt*; ~ **certificada** Einschreibebrief *m*; ~ **comercial** Geschäftsbrief *m*; ~ **de confirmación** Bestätigungsschreiben *nt*; ~ **de crédito** Kreditbrief *m*; ~ **de despido** Entlassungsschreiben *nt*; **~s al director** Leserbriefe *mpl*; ~ **hipotecaria** (FIN) Hypothekenbrief *m*; ~ **normalizada** Standardbrief *m*; ~ **oficial** Amtsbrief *m*; ~ **de pésame** Kondolenzbrief *m*; ~ **de porte** (*aéreo*) (Luft)frachtbrief *m*; ~ **de presentación** [*o* **de recomendación**] Empfehlungsschreiben *nt*; ~ **de procuración** (JUR) Prozessvollmacht *f*; **papel ~** Briefpapier *nt*; **echar** [*o* **enviar**] **una ~** einen Brief einwerfen [*o* abschicken]
❷ (*t. JUR: documento*) Urkunde *f*; ~ **credencial** Akkreditiv *nt*; **C~ Magna** Grundgesetz *nt*; ~ **de naturaleza** Einbürgerungsurkunde *f*; ~ **de porte** (COM) Frachtbrief *m*; **C~ Social Europea** (UE) Europäische Sozialcharta; **a ~ cabal** durch und durch; **es honrada a ~ cabal** sie ist grundehrlich; **dar ~ blanca a alguien** jdm eine unbeschränkte Vollmacht erteilen; (*fig*) jdm völlig freie Hand lassen; **tomar ~s en un asunto** sich in eine Angelegenheit einschalten
❸ (*naipes*) Spielkarte *f*; **jugar a las ~s** Karten spielen; **jugar sus ~s** seine Karten ausspielen; **jugárselo todo a una** alles auf eine Karte setzen; **echar las ~s a alguien** jdm wahrsagen; **enseñar las ~s, poner las ~s boca arriba** (*fig*) die Karten aufdecken [*o* auf den Tisch legen]; **no saber a qué ~ quedarse** unschlüssig sein
❹ (GEO: *mapa*) Karte *f*; ~ **astral** (ASTR) Horoskop *nt*; ~ **meteorológica** Wetterkarte *f*; ~ **de navegación/de vientos** See-/Windkarte *f*
❺ (*menú*) Speisekarte *f*; ~ **de vinos** Weinkarte *f*; **comer a la ~** à la carte essen
❻ (TV): ~ **de ajuste** Testbild *nt*
carta-bomba ['karta 'βomba] *f* <cartas-bomba> Briefbombe *f*
cartabón [karta'βon] *m* Winkelmaß *nt*
cartagenero, -a [kartaxe'nero, -a] I. *adj* aus Cartagena
II. *m, f* Einwohner(in) *m(f)* von Cartagena
cartaginés¹ [kartaxi'nes] *m sin pl* Punisch(e) *nt*
cartaginés, -esa² [kartaxi'nes, -esa] I. *adj* ❶ (HIST) karthagisch
❷ (*cartagenero*) aus Cartagena; **mi prima es cartaginesa** meine Kusine ist aus Cartagena
II. *m, f* ❶ (HIST) Karthager(in) *m(f)*
❷ (*cartagenero*) Einwohner(in) *m(f)* von Cartagena
cártamo ['kartamo] *m* (BOT) Färberdistel *f*
cartapacio [karta'paθjo] *m* ❶ (*cuaderno*) Notizbuch *nt*, Schreibheft *f*

❷ (*carpeta*) Schulmappe *f*
❸ (*en una mesa*) Schreibtischunterlage *f*; **estos documentos están en el ~ del jefe** diese Dokumente liegen dem Chef vor [*o* hat der Chef auf seinem Tisch]
cartear [karte'ar] I. *vi* (*juego*) niedrige Karten ausspielen
II. *vr*: **~se** sich *dat* (Briefe) schreiben, brieflich korrespondieren; **nos carteamos con frecuencia** wir schreiben uns oft
cartearse [karte'arse] *vr* korrespondieren, sich *dat* schreiben; **~ con alguien** mit jdm im Briefwechsel stehen
cartel [kar'tel] *m* ❶ (*anuncio*) Plakat *nt*; (*aviso*) Anschlag *m*; (*rótulo*) Schild *nt*; ~ **electoral/publicitario** Wahl-/Werbeplakat *nt*; **poner un ~** (*nota*) einen Aushang machen; **prohibido fijar ~es** Plakate anbringen verboten; **estar en ~** (*espectáculo*) aufgeführt werden; (*fig*) hoch im Kurs stehen; **tener buen ~** einen guten Ruf haben
❷ *v.* **cártel**
cártel ['kartel] *m* ❶ (ECON) Kartell *nt*; ~ **abierto** Anmeldekartell *nt*; ~ **antiguo** Altkartell *nt*; ~ **antimonopolio** Abwehrkartell *nt*; ~ **de asignación de recursos** Allokationskartell *nt*; ~ **de beneficios** Gewinnkartell *nt*; ~ **de clase media** Mittelstandskartell *nt*; ~ **de compras** Einkaufskartell *nt*; ~ **de condiciones de contratación** Konditionskartell *nt*; ~ **convencional** Vertragskartell *nt*; ~ **de cooperación** Kooperationskartell *nt*; ~ **de crisis** Krisenkartell *nt*; ~ **de cupos** Quotenkartell *nt*; ~ **de especialización** Spezialisierungskartell *nt*; ~ **de exportación** Ausfuhrkartell *nt*, Exportkartell *nt*; ~ **de importación** Einfuhrkartell *nt*, Importkartell *nt*; ~ **nacional** Inlandskartell *nt*; ~ **obligatorio** Zwangskartell *nt*; ~ **de precios** Preiskartell *nt*; ~ **de producción** Produktionskartell *nt*; ~ **de racionalización** Rationalisierungskartell *nt*; ~ **de rebajas** Rabattkartell *nt*; ~ **sectorial** Branchenkartell *nt*; ~ **territorial** Gebietskartell *nt*; ~ **de tipos** Typenkartell *nt*; ~ **de tránsfugas** Überläuferkartell *nt*
❷ (*mafia colombiana*): **el ~ de Medellín** das Drogenkartell in Medellín
cartela [kar'tela] *f* ❶ (*tarjeta*) Kärtchen *nt*
❷ (ARQUIT: *ménsula*) Kragstein *m*, Konsole *f*
❸ (*balcón*) (Balkon)träger *m*
cartelera [karte'lera] *f* ❶ (*armazón*) Kinoplakatwand *f*; (*columna*) Litfaßsäule *f*
❷ (*en el periódico*) Veranstaltungsprogramm *nt*; **estar en ~** aufgeführt werden
cartelero, -a [karte'lero, -a] I. *adj* (*exitoso*) populär, publikumswirksam; **un artista ~** ein beliebter Künstler
II. *m, f* (*oficio*) Plakatkleber(in) *m(f)*
cartelista [karte'lista] *mf* (TIPO) Plakatmaler(in) *m(f)*
cartelización [karteliθa'θjon] *f* (ECON) Kartellbildung *f*; **obligatoria** Kartellzwang *m*
cartelizar [karteli'θar] <z→c> *vt* (ECON) kartellieren
carteo [kar'teo] *m* ❶ (*correspondencia*) Briefwechsel *m*
❷ (*en el juego*) Ausspielen *nt* niedriger Karten
cárter [kar'ter] *m* (TÉC: *carcasa*) Gehäuse *nt*; ~ **del aceite** (AUTO) Ölwanne *f*; ~ **del cigüeñal** Kurbelgehäuse *nt*
cartera [kar'tera] *f* ❶ *v.* **cartero**
❷ (*de bolsillo*) Brieftasche *f*; **tener algo en ~** (*fig*) etw vorhaben, mit etw *dat* schwanger gehen *fam*
❸ (*de mano*) (Damen)handtasche *f*; (*de herramientas*) Satteltasche *f*
❹ (*portafolios*) Aktenmappe *f*, Aktentasche *f*; (*escolar*) Schultasche *f*; (*mochila*) Schulranzen *m*
❺ (POL: *ministerio*) Ministeramt *nt*; **ministro sin ~** Minister ohne Ressort
❻ (FIN): ~ **de acciones** Aktienportefeuille *nt*; ~ **de inversiones** Anlagekapital *nt*; ~ **de títulos** [*o* **de valores**] Wertpapierbestand *m*; ~ **de valores** Anlagepapiere *ntpl*, Portfolio *nt*; ~ **efectos en ~** Wertpapierbestand *m*
❼ (ECON): ~ **de clientes** Kundenstamm *m*, Kundenbestand *m*; ~ **de pedidos** Auftragsbestand *m*
cartería [karte'ria] *f* ❶ (*oficio*) Arbeit *f* als Briefträger; **Rosa vive de la ~** Rosa verdient ihren Lebensunterhalt als Briefträgerin
❷ (*oficina*) Post(hilfs)stelle *f*; **pregunta en la ~** frag in der Poststelle nach
carterista [karte'rista] *mf* Taschendieb(in) *m(f)*
cartero, -a [kar'tero, -a] *m, f* Briefträger(in) *m(f)*, Postbote, -in *m, f*; (*repartidor*) Zusteller(in) *m(f)*
cartesianismo [kartesja'nismo] *m sin pl* (FILOS) Kartesianismus *m*
cartesiano, -a [karte'sjano, -a] *adj* (FILOS) kartes(ian)isch; **ejes ~s** (MAT) Koordinatensystem *nt*
cartilaginoso, -a [kartilaxi'noso, -a] *adj* knorpel(art)ig; **tejido ~** Knorpelgewebe *nt*; **pez ~** (ZOOL) Knorpelfisch *m*
cartílago [kar'tilaɣo] *m* Knorpel *m*
cartilla [kar'tiʎa] *f* ❶ (*catón*) (ABC-)Fibel *f*; **leerle la ~ a alguien** (*fig*) jdm die Leviten lesen
❷ (*cuaderno*) Notizbuch *nt*; ~ **de ahorros** Sparbuch *nt*; ~ **de racionamiento** Lebensmittelkarte *f*; ~ **de la Seguridad Social** ≈Krankenschein *m*; ~ **sanitaria** Krankenversicherungskarte *f*
❸ (*tratado*) Handbuch *nt*

cartódromo

④ (*Am: carnet*) Ausweis *m*
cartódromo [kar'toðromo] *m* (DEP) Kartbahn *f*
cartógrafa [kar'toɣrafa] *f v.* **cartógrafo**
cartografía [kartoɣra'fia] *f* Kartographie *f*
cartografiar [kartoɣrafi'ar] <*1. pres:* cartografío> *vt* (GEO) kartieren, kartographieren
cartográfico, -a [karto'ɣrafiko, -a] *adj* (GEO) kartographisch
cartógrafo, -a [kar'toɣrafo, -a] *m, f* Kartograph(in) *m(f)*
cartograma [karto'ɣrama] *m* (GEO) Kartogramm *nt*
cartomancia [karto'manθja] *f,* **cartomancía** [kartoman'θia] *f* Kartenlegen *nt*
cartometría [kartome'tria] *f* (GEO) Kartometrie *f*
cartómetro [kar'tometro] *m* (GEO) Kurvimeter *nt*
cartón [kar'ton] *m* ① (*material*) Pappe *f*; ~ **de bingo** Bingokarte *f*; **caja de** ~ Karton *m*; **sin trampa ni** ~ (*fig*) ohne doppelten Boden
② (*envase*) Packung *f*; ~ **de huevos** Eierschachtel *f*; ~ **de leche** Milchtüte *f*; **un** ~ **de tabaco** eine Stange Zigaretten
③ (ARTE) Karton *m*
④ (*Am: en periódicos, revistas*) Comic *m*, Cartoon *m o nt*
cartonaje [karto'naxe] *m* Kartonage *f*
cartoné [karto'ne] *m:* **en** ~ kartoniert
cartonería [kartone'ria] *f* ① (*fábrica*) Kartonfabrik *f*
② (*tienda*) Kartongeschäft *nt*
cartonista [karto'nista] *mf* Cartoonist(in) *m(f)*
cartón-piedra [kar'ton 'pjeðra] *m sin pl* Pappmaschee *nt*
cartuchera [kartu'tʃera] *f* ① (*canana*) Patronengurt *m*; (*bolsa*) Patronentasche *f*
② *pl* (*fam: michelines*) Fettpolster *nt*
cartucho [kar'tutʃo] *m* ① (*carga*) Patrone *f*; (MIL: *de artillería*) Kartusche *f*; ~ **de datos** Datenkassette *f*; ~ **de disco** Plattenkassette *f*; ~ **explosivo/de tinta** Spreng-/Tintenpatrone *f*; ~ **de fogeo** Platzpatrone *f*; ~ **de tipos** Schriftartenkassette *f*; **quemar el último** ~ (*fig*) seinen letzten Trumpf ausspielen
② (*envoltura: en forma de cucurucho*) Tüte *f*; (*en forma de tubo*) Rolle *f*; ~ **de monedas** Geldrolle *f*; ~ **de película** Film *m*
cartuja [kar'tuxa] *f* (*monasterio*) Kartause *f*; **la C~** der Kartäuserorden
cartujano, -a [kartu'xano, -a] *adj o m, f v.* **cartujo**
cartujo, -a [kar'tuxo, -a] I. *adj* Kartäuser-
II. *m, f* Kartäuser(mönch) *m*, Kartäuserin *f*; **vivir como un** ~ (*fig*) wie ein Mönch leben
cartulina [kartu'lina] *f* (feine) Pappe *f*, (Foto)karton *m*; ~ **amarilla/roja** (DEP) gelbe/rote Karte
carúncula [ka'runkula] *f* ① (ZOOL) Kamm *m*
② (ANAT) Fleischwärzchen *nt*, Karunkel *f*; ~ **lacrimal** Tränenwärzchen *nt*
carvajal [karβa'xal] *m* Eichenwald *m*
carvajo [kar'βaxo] *m* Eiche *f*
carvalledo [karβa'ʎeðo] *m* (BOT) Eichenwald *m*
carvallo [kar'βaʎo] *m v.* **carvajo**
casa ['kasa] *f* ① (*edificio*) Haus *nt*; ~ **adosada** Reihenhaus *nt*; ~ **de campo** Landhaus *nt*; ~ **de citas** Bordell *nt*; ~ **de comidas** Gaststätte *f*; ~ **consistorial** Rathaus *nt*; ~ **de Dios** Gotteshaus *nt*; ~ **de fieras** Tierhaus *nt*; ~ **flotante** Hausboot *nt*; ~ **de huéspedes** Gästehaus *nt*; ~ **de labor** [*o* **de labranza**] Bauernhof *m*; ~ **de muñecas** Puppenstube *f*; ~ **prefabricada** Fertighaus *nt*; ~ **señorial** Herrenhaus *nt*; ~ **de socorro** Unfallstation *f*; ~ **unifamiliar** Einfamilienhaus *nt*; **la C~ Blanca** das Weiße Haus; **como una** ~ haushoch; **de** ~ **en** ~, ~ **por** ~ von Haus zu Haus; **venta de** ~ **en** ~ Haus-zu-Haus-Verkauf *m*; **echar** [*o* **tirar**] **la** ~ **por la ventana** (*fam*) das Geld zum Fenster hinauswerfen; (*festejar por todo lo alto*) auf den Putz hauen; **empezar la** ~ **por el tejado** (*fam*) den Gaul beim Schwanz aufzäumen
② (*vivienda*) Wohnung *f*; **¿dónde está tu** ~**?** wo wohnst du?
③ (*hogar*) Zuhause *nt*; ~ **paterna** Elternhaus *nt*; **a** ~ nach Haus(e); **¿vienes a mi** ~**?** kommst du zu mir?; **vengo de** ~ ich komme von zu Haus(e); **¿cuándo sales de** ~**?** wann musst du aus dem Haus?; **en** ~ zu Haus(e); **estoy en** ~ **de Paco** ich bin bei Paco; **ser muy de su** ~ häuslich sein; **sentirse en su** ~ [*o* **como en**] ~ sich (wie) zu Hause fühlen; **está Ud. en su** ~ fühlen Sie sich wie zu Hause; **los de** ~ die Lieben zu Hause, die liebe Familie; **levantar (la)** ~ ausziehen; **llevar la** ~ den Haushalt führen; **no parar en** ~ immer unterwegs sein; **todo queda en** ~ es bleibt alles in der Familie; **entrar como Pedro por su** ~ ein- und ausgehen wie im eigenen Haus
④ (ECON: *empresa*) Firma *f*; ~ **central** Stammhaus *nt*; ~ **comercial** Handelshaus *nt*, Handelsfirma *f*; ~ **discográfica** Schallplattenfirma *f*; ~ **editorial** Verlagshaus *nt*; ~ **de empeños** Pfandhaus *nt*; ~ **matriz** Mutterfirma *f*, Stammhaus *nt*; ~ **de la moneda** Münzamt *nt*, Münzstätte *f*; ~ **proveedora** Lieferfirma *f*
⑤ (*estirpe*): ~ **real** Dynastie *f*, Haus *nt*; **la** ~ **de Habsburgo** die Habsburger
⑥ (*en un juego*) Haus *nt*

cáscara

casabe [ka'saβe] *m* (*Am:* GASTR) Tapiokafladen *m*
casabilidad [kasaβili'ðað] *f* (JUR) Revisibilität *f*
casable [ka'saβle] *adj* (JUR) revisibel
casa-bote ['kasa 'βote] *f* <casas-bote> Hausboot *nt*
casaca [ka'saka] *f* (*de hombre*) Gehrock *m*; (*de mujer*) Kasack *m*
casación [kasa'θjon] *f* (JUR) Aufhebung *f* eines Gerichtsurteils; (*revisión*) Revision *f*; **denegar/desestimar la** ~ die Revision verwerfen/zurückweisen; **interponer recurso de** ~ Revision einlegen
casa-cuartel ['kasa kwar'tel] *m* <casas-cuartel> Kaserne mit Familienwohnbereich
casadero, -a [kasa'ðero, -a] *adj* heiratsfähig; **una moza casadera** ein Mädchen im heiratsfähigen Alter
casal [ka'sal] *m* ① (AGR) Landhaus *nt*; (*de labranza*) Bauernhaus *nt*
② (*casa solariega*) Stammsitz *m*, Familiensitz *m*
③ (*AmS: pareja*) Pärchen *nt*; **un** ~ **de águilas** ein Adlerpärchen
casalicio [kasa'liθjo] *m* (*edificio*) Gebäude *nt*; (*conjunto en el campo*) Gehöft *nt*
casamata [kasa'mata] *f* (MIL) Kasematte *f*
casamentero, -a [kasamen'tero, -a] *m, f* Kuppler(in) *m(f)*
casamiento [kasa'mjento] *m* ① (*matrimonio*) Ehe *f*
② (*boda*) Trauung *f*, Eheschließung *f*
casamuro [kasa'muro] *m* (*muralla*) (freistehende) Mauer *f*
Casanova [kasa'noβa] *m* Casanova *m*; **ése es un verdadero** ~ der ist ein richtiger Casanova
casar [ka'sar] I. *vi* ① (*elev: casarse*) sich verehelichen (*con* mit +*dat*), den Bund der Ehe schließen (*con* mit +*dat*)
② (*combinar*) zusammenpassen; **estos zapatos no casan con el vestido** diese Schuhe passen nicht zum Kleid
II. *vt* ① (*unir en matrimonio*) verheiraten; **estar** [*o* **ser**] **casado** verheiratet sein; **los recién casados** die Frischverheirateten, das frisch vermählte Paar; ~**on muy bien a sus dos hijas** sie haben ihre beiden Töchter gut verheiratet
② (*combinar*) kombinieren; (*piezas*) zusammenfügen
③ (JUR: *anular*) aufheben, kassieren
III. *vr:* ~**se** heiraten (*con* +*akk*); ~**se de blanco** in Weiß heiraten; ~**se en** [*o* **por**] **la Iglesia** kirchlich heiraten; ~**se por lo civil** standesamtlich heiraten; ~**se en segundas nupcias** eine zweite Ehe eingehen; **no** ~**se con nadie** (*fig*) keine halbherzigen Kompromisse eingehen
casatienda [kasa'tjenda] *f* (COM) Wohnhaus *nt* mit Ladengeschäft
casca ['kaska] *f* ① (*hollejo, aguardiente*) Trester *m*
② (*corteza para teñir*) Gerberlohe *f*
③ (*cáscara*) (Frucht)schale *f*, Hülse *f*
cascabel [kaska'βel] *m* ① (*sonaja*) Schelle *f*; **ponerle el** ~ **al gato** (*fam*) der Katze die Schelle umhängen
② (*de la serpiente*) Klapper *f*; **serpiente de** ~ Klapperschlange *f*
cascabelear [kaskaβele'ar] I. *vi* ① (*tintinear*) schellen
② (*fam: hacer locuras*) herumspinnen
II. *vt* (*fam*) breitschlagen
cascabeleo [kaskaβe'leo] *m* Schellengeläut(e) *nt*
cascabelero[1] [kaskaβe'lero] *m* Rassel *f*
cascabelero, -a[2] [kaskaβe'lero, -a] *adj* (*fam fig: frívolo*) gedankenlos, leichtfertig
cascada [kas'kaða] *f* Wasserfall *m*; (*artificial*) Kaskade *f*; **en** ~ kaskadenförmig; **conexión en** ~ (TÉC) Kaskadenschaltung *f*
cascado, -a [kas'kaðo, -a] *adj* ① (*roto*) zerbrochen; (*fam: estropeado*) kaputt
② (*decrépito*) hinfällig
③ (*voz*) brüchig
cascajal [kaska'xal] *m* (*piedra*) Schotterfeld *nt*, Geröllhalde *f*
cascajo [kas'kaxo] *m* ① (*pedazo*) Scherbe *f*
② (*persona*) Wrack *nt*; **estar hecho un** ~ ein altes Wrack sein
③ (*cosa*) Plunder *m*; ~**s** Schrott *m*
④ (*gravilla*) Schotter *m*
cascajoso, -a [kaska'xoso, -a] *adj* Schotter-, voller Schotter; **sendero** ~ Schotterweg *m*
cascanueces [kaska'nweθes] *m inv* Nussknacker *m*
cascapiñones [kaskapi'ɲones] *m inv* (*instrumento*) Nussknacker *m* (*für Pinienkerne*)
cascar [kas'kar] <c→qu> I. *vi* ① (*fam: charlar*) schwatzen
② (*vulg: morir*) verrecken *fam*; ~**la** abkratzen *fam*
II. *vt* ① (*romper*) zerschlagen; ~ **un huevo** ein Ei aufschlagen; ~ **una nuez** eine Nuss knacken
② (*fam: pegar*) (ver)hauen
III. *vr:* ~**se** ① (*romperse*) zerbrechen; (*estropearse*) kaputtgehen *fam*
② (*fam: envejecer*) alt und grau werden
cáscara ['kaskara] *f* Schale *f*; ~ **de huevo/de limón** Eier-/Zitronenschale *f*; **ser de la** ~ **amarga** (*fam: radical*) vom ganz harten Schlag sein; (*homosexual*) vom anderen Ufer sein; **no hay más** ~**s** (*fig*) es führt kein Weg daran vorbei; **¡**~**s!** (*fam*) Manometer!

cascarilla [kaskaˈriʎa] f ❶ (*pielecilla*) Häutchen nt; (*del grano*) Spelze f
❷ (*quina*) Kaskarillrinde f
❸ (TÉC) Zunder m
❹ (*CSur: fam: cascarrabias*) Meckertante f
cascarón [kaskaˈron] m ❶ (*de huevo*) leere Eierschale f; **está recién salido del ~** (*fig*) er ist noch nicht trocken hinter den Ohren; **meterse en su ~** sich in sein Schneckenhaus zurückziehen
❷ (NÁUT) Nussschale f
cascarrabias [kaskaˈrraβjas] mf inv (*fam*) Meckerfritze m, Meckertante f
cascarria [kasˈkarrja] f Schlammspritzer m
cascarrojas [kaskaˈrroxas] mpl Ungeziefer auf Schiffen
cascarrón[1] [kaskaˈrron] m (NÁUT: *viento*) Sturm m
cascarrón, -ona[2] [kaskaˈrron, -ona] adj ❶ (*desabrido, desagradable*) barsch, mürrisch
❷ (*viento*) stark
cascarudo [kaskaˈruðo] m (*Arg*) Käfer m
cascaruleta [kaskaruˈleta] f (BOT) andalusische Weizensorte
casco [ˈkasko] m ❶ (*para la cabeza*) Helm m; **~ protector** Schutzhelm m; **~ secador** Trockenhaube f; **los ~s azules** die Blauhelme
❷ (*fam: cabeza*) Rübe f, Birne f; **estar mal del ~** nicht ganz richtig im Oberstübchen [o Kopf] sein; **ligero de ~s** leichtsinnig; **chica ligera de ~s** Flittchen nt; **calentarse** [o **romperse**] **los ~s** sich dat das Hirn zermartern
❸ (*pezuña*) Huf m
❹ (*de un avión/barco*) Rumpf m
❺ (*cascote*) Bauschutt m
❻ (*botella*) Leergut nt, (Pfand)flasche f
❼ (*centro ciudad*) Stadtmitte f; **~ antiguo** Altstadt f; **~ comercial** Einkaufsviertel nt; **~ urbano** Innenstadt f
❽ (TÉC: *cuerpo*) Körper m; **~ de presión** Druckkörper m
❾ (*Perú: pecho*) Brust f
❿ pl (*auriculares*) Kopfhörer m
cascol [kasˈkol] m (BOT) zur Herstellung von schwarzem Siegellack verwendetes Harz einer guayanischen Baumart
cascote [kasˈkote] m Schuttbrocken m; **~s** Schutt m
cascotería [kaskoteˈria] f Schutthaufen m
caseación [kaseaˈθjon] f Verkäsung f, Käsebildung f
caseico, -a [kaseˈiko, -a] adj (*elev*) ❶ (*del queso*) Käse-
❷ (QUÍM) käsig
caseificación [kaseifikaˈθjon] f ❶ (*caseificar*) Käsebildung f
❷ (MED) Verkäsung f
caseificar [kaseifiˈkar] <c→qu> I. vt (*transformar*) verkäsen, käsen lassen
II. vr: **~se** (*separar la caseína*) verkäsen
caseína [kaseˈina] f (QUÍM) Kasein nt
casera [kaˈsera] adj o f v. **casero**
casería [kaseˈria] f ❶ (AGR: *casa*) (einzeln stehendes) Gehöft nt
❷ (*administración del hogar*) Hauswirtschaft f, Haushaltsführung f
caserío [kaseˈrio] m ❶ (*granja*) Aussiedlerhof m
❷ (*aldea*) Weiler m, Gehöft nt
caserna [kaˈserna] f (MIL) bombensicheres Gewölbe unter einem Bollwerk
casero, -a [kaˈsero, -a] I. adj ❶ (*hecho en casa*) hausgemacht, Hausmacher-; **cocina casera** Hausmannsküche f; **comida casera** Hausmannskost f; **remedio ~** Hausmittel nt
❷ (*hogareño*) häuslich
II. m, f ❶ (*propietario*) Hausbesitzer(in) m(f), Vermieter(in) m(f)
❷ (*administrador*) (Haus)verwalter(in) m(f)
caserón [kaseˈron] m großes (verwahrlostes) Haus nt
caseta [kaˈseta] f ❶ (*barraca*) Häuschen nt; (*de feria*) Jahrmarktsbude f; (*de muestras*) Messestand m; **~ del guarda** Wärterhäuschen nt; **~ del perro** Hundehütte f; **~ de tiro** Schießbude f
❷ (*cabina*) Kabine f; **~ de baño** Umkleidekabine f; **~ del timón** (NÁUT) Steuerhaus nt
casete[1] [kaˈsete] m o f v. **cassette**[1]
casete[2] [kaˈsete] m v. **cassette**[2]
casetón [kaseˈton] m (ARQUIT) Kassette f; **bóveda de casetones** Kassettengewölbe nt
cash-flow [ˈkaʃ flou] m sin pl (ECON, FIN) Cashflow m, Kapitalflussrechnung f
casi [ˈkasi] adv fast, beinahe; **~ ~** so gut wie; **ya está ~** (*~*) es ist schon fast soweit; **~ se mata** um ein Haar hätte es ihn/sie erwischt; **~ igual** annähernd gleich
casia [ˈkasja] f ❶ (BOT: *arbusto*) Kassie f, Sennespflanze f
❷ (*vaina y pulpa*) Sennesschote f
casida [kaˈsiða] f (LIT) Kasside f
casilla [kaˈsiʎa] f ❶ (*caseta*) Häuschen nt; **sacar a alguien de sus ~s** (*fig*) jdn aus dem Häuschen bringen; **salirse de sus ~s** (*fig*) aus der Haut fahren
❷ (*en la cuadrícula*) Kästchen nt
❸ (*en un tablero*) Feld nt
❹ (*en un casillero*) Fach nt; **~ de correos** (*Arg*) Postfach nt
❺ (*Méx: quiosco*) Kiosk m
❻ (TEAT) Theaterkasse f; (CINE) Kinokasse f
casillero [kasiˈʎero] m Fächerregal nt
casimba [kaˈsimba] f (*Am: hoyo*) Wasserloch nt; (*manantial*) Brunnen m; (*vasija, barril*) Wassergefäß nt
casino [kaˈsino] m ❶ (*casa de juego*) (Spiel)kasino nt
❷ (*club*) Klub m
casis [ˈkasis] f inv schwarze Johannisbeere f
casita [kaˈsita] f Häuschen nt; **jugar a las ~s** Vater-Mutter-Kind spielen; (*irón*) das Hausmütterchen spielen
caso [ˈkaso] m ❶ (*hecho*) (Vor)fall m; (*circunstancia*) Anlass m, Umstand m; (JUR) Rechtsfall m; **~ aislado** Einzelfall m; **~ clínico** (MED) Krankheitsfall m; **~ de conciencia** Gewissensfrage f; **~ extremo** [o **límite**] Grenzfall m; **~ de fuerza mayor** höhere Gewalt; **~ jurídico** Rechtsfall m; **el ~ Maier** (JUR) in Sachen Maier; **¡es un ~!** (*fam*) das ist schon einer/eine!; **¡eres un ~!** (*fam*) du bist mir einer/eine!; **este chico es un ~ perdido** dieser Junge ist ein hoffnungsloser Fall, bei diesem Jungen sind Hopfen und Malz verloren; **yo, en tu ~...** ich an deiner Stelle ...; **(en) ~ (de) que...** +subj, **en ~ de...** +inf im Fall(e), dass ..., falls ...; **en ~ de emergencia** im Notfall; **no sea ~ que...** +subj für den Fall, dass ..., falls ...; **se da el ~ de que...** es kommt vor, dass ...; **el ~ es que...** es ist nämlich so, dass ...; **no viene** [o **hace**] **al ~** (*es inoportuno*) das ist nicht angebracht; (*no tiene que ver*) das steht nicht zur Debatte; **dado** [o **llegado**] **el ~** gegebenenfalls; **dado el ~ de que...** +subj vorausgesetzt, dass ...; **en ~ contrario** ansonsten; **en ~ necesario** [o **de necesidad**] nötigenfalls; **en cualquier ~** auf jeden Fall, auf alle Fälle; **en ningún ~** auf keinen Fall; **en último ~** notfalls; **en tal ~** in diesem Fall; **en todo ~** allenfalls; **para el ~ es lo mismo** es spielt hier keine Rolle; **pongamos por ~ que...** +subj gesetzt den Fall, dass ...
❷ (*atención*) Aufmerksamkeit f; **hacer ~ a alguien** (*considerar*) jdn beachten; (*obedecer*) jdm gehorchen, auf jdn hören; (*creer*) jdm glauben; **no hacen ~ de nada** sie nehmen von nichts Notiz; **hacer ~ omiso de algo/alguien** etw/jdn ignorieren; **si protestan, ni ~** wenn sie meckern, lass dich davon nicht stören
❸ (LING: *flexión*) Kasus m, Fall m; **~ oblicuo** (Kasus) Obliquus f; **~ recto** (Kasus) Rectus m
casón [kaˈson], **casona** [kaˈsona] f alte Villa f
casorio [kaˈsorjo] m (*fam pey*) Heiratstrara nt
caspa [ˈkaspa] f (Kopf)schuppen fpl
Caspio [ˈkaspjo] m: **(el) Mar ~** das Kaspische Meer
caspiroleta [kaspiroˈleta] f (*Am*) Erfrischungsgetränk aus Milch, Eiern, Zimt, Zucker u. a.
cáspita [ˈkaspita] interj (*admiración*) Donnerwetter; (*extrañeza*) herrje, potztausend
casposo, -a [kasˈposo, -a] adj schuppig
casquería [kaskeˈria] f Laden, in dem Innereien verkauft werden
casquero, -a [kasˈkero, -a] m, f (COM) Person, die mit Schlachtabfällen handelt
casquetazo [kaskeˈtaθo] m (*fam: golpe en la cabeza*) Stoß m an den Kopf; (*con la cabeza*) Stoß m mit dem Kopf; **se arreó un ~** er/sie hat sich dat den Kopf angerempelt
casquete [kasˈkete] m ❶ (*casco*) Helm m
❷ (*gorrilla*) Kappe f, Haube f; **~ esférico** Kalotte f; **~ polar** Polarzone f
casquijo [kasˈkixo] m (*piedra pequeña*) (Beton)kies m, Schotter m
casquillo [kasˈkiʎo] m (TÉC) Zwinge f; **~ de bala** Patronenhülse f; **~ de bombilla** Sockel m; **~ roscado** Gewindebuchse f
casquivano, -a [kaskiˈβano, -a] adj (*fam*) leichtfertig
cassette[1] [kaˈsete] m o f (*cinta*) Kassette f; **~ de audio** (Tonband)kassette f; **~ de vídeo** Videokassette f
cassette[2] [kaˈsete] m (*aparato*) Kassettenrecorder m, Kassettendeck nt
casta [ˈkasta] f ❶ (*raza*) Rasse f; **de ~** reinrassig; (TAUR) kampflustig; **de ~ le viene al galgo** (*fig*) das liegt in der Familie
❷ (*linaje*) Geschlecht nt, Stamm m
❸ (*clase social*) Kaste f
castálidas [kasˈtaliðas] fpl (*elev: musas*) Musen fpl
castaña [kasˈtaɲa] f ❶ (*fruto*) Kastanie f, Marone f; **~s asadas** heiße Maronen; **~ pilonga** Dörrkastanie f; **sacar a alguien las ~s del fuego** (*fig*) für jdn die Kastanien aus dem Feuer holen; **¡toma ~!** ach, du grüne Neune!; **¡vaya ~!** so was von langweilig!
❷ (*fam: golpe*) Bums m; **darse** [o **pegarse**] **una ~ con** [o **contra**] **algo** gegen etw knallen
❸ (*fam: bofetada*) Ohrfeige f; (*puñetazo*) (Faust)hieb m, Schlag m; **arrear una ~ a alguien** (*bofetada*) jdm eine runterhauen; (*puñetazo*) jdm einen Schlag verpassen
❹ (*fam: borrachera*) Rausch m; **cogerse una ~** einen über den Durst

castañal

trinken

⑤ (*fam: rápido*): **a toda ~** vollgas, volle Pulle
castañal [kasta'ɲal] *m*, **castañar** [kasta'ɲar] *m* Kastanienwald *m*
castañazo [kasta'ɲaθo] *m* (*fam*) Bums *m*; **darse** [*o* **pegarse**] **un ~ con** [*o* **contra**] **algo** gegen etw knallen
castañero, -a [kasta'ɲero, -a] *m, f* Maronenverkäufer(in) *m(f)*
castañeta [kasta'ɲeta] *f* ① (*castañuela*) Kastagnette *f*
② (*con los dedos*) Fingerschnalzen *nt*
castañetazo [kastaɲe'taθo] *m* ① (*con las castañuelas*) Klackern *nt*; (*con los dedos*) Schnalzen *nt*; (*con los huesos*) Knacken *nt*
② (*de las castañas*) Geräusch der auf dem Feuer zerplatzenden Kastanien
castañetear [kastaɲete'ar] *vi* ① (*chasquear*) (mit den Fingern) schnalzen; **me castañeteaban los dientes de frío** mir klapperten vor Kälte die Zähne
② (*tocar las castañuelas*) mit den Kastagnetten klappern
castañeteo [kastaɲe'teo] *m* Geklapper *nt*; (*con los dientes*) Zähneklappern *nt*; (*con los dedos*) (Finger)schnalzen *nt*
castaño¹ [kas'taɲo] *m* (Edel)kastanie *f*, Kastanienbaum *m*; **~ de Indias** Rosskastanie *f*
castaño, -a² [kas'taɲo, -a] *adj* kastanienbraun; **~ claro** hellbraun; **Ana es castaña** Ana ist brünett; **¡eso pasa de ~ oscuro!** (*fam*) jetzt schlägt's aber dreizehn!
castañuela [kasta'ɲwela] *f* Kastagnette *f*; **estar alegre como ~s, estar hecho unas ~s** (*fam*) quietschfidel sein
castellana [kaste'ʎana] *f* ① *v.* **castellano²**
② (LIT) Vierzeiler mit achtsilbigen Versen
castellanía [kasteʎa'nia] *f* (HIST) autonomer Bezirk *m*
castellanidad [kasteʎani'ðað] *f inv* (*carácter y condición de lo castellano*) typisch Kastilisches *nt*; **la ~ del paisaje** der kastilische Charakter der Landschaft
castellanismo [kasteʎa'nismo] *m* ① (LING) *modo de hablar*) kastilische Spracheigentümlichkeit *f*
② (LING: *vocablo, expresión*) aus dem Kastilischen übernommener Ausdruck
③ (*apego a lo castellano*) kastilischer Nationalstolz *m*
castellanización [kasteʎaniθa'θjon] *f* (*conversión en castellano*) Hispanisierung *f*; **la ~ de los términos ingleses es muy frecuente** englische Begriffe werden sehr häufig hispanisiert
castellanizar [kasteʎani'θar] <z→c> *vt* hispanisieren
castellano¹ [kaste'ʎano] *m* ① (LING: *español*) Spanisch(e) *nt*; (*variedad*) kastilische Mundart *f*
② (HIST: *administrador*) Kastellan *m*; (MIL) Burgvogt *m*
castellano, -a² [kaste'ʎano, -a] I. *adj* kastilisch; **la lengua castellana** die spanische Sprache; **en ~** (*fig*) auf gut Deutsch
II. *m, f* ① (*habitante*) Kastilier(in) *m(f)*
② (HIST: *señor*) Burgherr(in) *m(f)*
castellanohablante [kasteʎanoa'βlante] *adj* Spanisch sprechend, spanischsprachig
castellanoleonés, -esa [kasteʎanoleo'nes, -esa] I. *adj* aus Kastilien-León
II. *m, f* Einwohner(in) *m(f)* von Kastilien-León
castellanomanchego, -a [kasteʎanoman'ʧego, -a] I. *adj* aus Kastilien-La Mancha; **el paisaje ~** die Landschaft von Kastilien-La Mancha
II. *m, f* Einwohner(in) *m(f)* von Kastilien-La Mancha
castellonense [kasteʎo'nense] I. *adj* aus Castellón; **el comercio ~ está en expansión** in Castellón erlebt der Handel einen Aufschwung
II. *mf* Einwohner(in) *m(f)* von Castellón
casticismo [kasti'θismo] *m* ① (*tipismo*) Urwüchsigkeit *f*; (*autenticidad*) Authentizität *f*
② (*purismo*) Purismus *m*
casticista [kasti'θista] *mf* (LING: *purista*) (Sprach)purist(in) *m(f)*
castidad [kasti'ðað] *f* Keuschheit *f*, Enthaltsamkeit *f*; **cinturón de ~** Keuschheitsgürtel *m*; **voto de ~** Keuschheitsgelübde *nt*
castigador(a) [kastiɣa'ðor(a)] *adj* verführerisch
castigar [kasti'ɣar] <g→gu> I. *vt* ① (*punir*) (be)strafen (*por* für +*akk*); **el tráfico de drogas está castigado con pena de cárcel** Drogenhandel wird mit Gefängnis bestraft; **¡castigado sin postre!** zur Strafe bekommst du keinen Nachtisch!
② (*físicamente*) züchtigen; (*dañar*) zurichten; **~ al toro** (TAUR) den Stier (durch Verwundungen) schwächen
③ (*seducir*) verführen
II. *vr:* **~se** sich kasteien
castigo [kas'tiɣo] *m* ① (*punición*) Bestrafung *f*, Strafe *f*
② (*aflicción*) Heimsuchung *f*
Castilla [kas'tiʎa] *f* Kastilien *f*; **¡ancha es C~!** (*fig*) es wird schon werden!
Castilla-La Mancha [kas'tiʎa la 'manʧa] *f* Südkastilien *nt*
Castilla-León [kas'tiʎa le'on] *f* Nordkastilien *nt*

castillejo [kasti'ʎexo] *m* (*andamio*) Hebegerüst *nt*
castillete [kasti'ʎete] *m* ① (*pozo*) Schachtgerüst *nt*
② (*cables teleféricos*) Seilbahnstütze *f*
③ (*línea de alta tensión*) Leitungsmast *m*
④ (*mina*) Fördergerüst *nt*
⑤ (*perforación*) Bohrturm *m*
castillo [kas'tiʎo] *m* ① (*fortaleza*) Burg *f*, Kastell *nt*; **~ de arena** Sandburg *f*; **~ de naipes** Kartenhaus *nt*; **~ de pólvora** Feuerwerk *nt*; **un hombre como un ~** ein Mann wie ein Baum; **hacer ~s en el aire** Luftschlösser bauen; **sus esperanzas se esfumaron como ~ de naipes** seine/ihre Hoffnungen stürzten ein wie ein Kartenhaus
② (NÁUT) Kastell *nt*; **~ de proa/de popa** Vorder-/Achterkastell *nt*
casting ['kastiŋ] <castings> *m* (CINE, TEAT, TV) Casting *nt*
castizo, -a [kas'tiθo, -a] I. *adj* ① (*típico*) typisch, volkstümlich
② (*auténtico*) authentisch
II. *m, f* (Méx, PRico; *mestizo*) Kastize, -in *m, f*
casto, -a ['kasto, -a] *adj* keusch, enthaltsam
castor [kas'tor] *m* Biber *m*; **aceite de ~** (*AmS*) Kastoröl *nt*
castra ['kastra] *f* (*acción de castrar*) Kastrieren *nt*; (*poda*) Beschneiden *nt*; (*panales*) Zeideln *nt*
castración [kastra'θjon] *f* ① (AGR, MED) Kastration *f*; (*hombre*) Entmannung *f*; **complejo de ~** (PSICO) Kastrationskomplex *m*
② (AGR: *panales*) Zeideln *nt*
castrado, -a [kas'traðo, -a] *adj* kastriert, verschnitten; **gato ~** kastrierter Kater
castrador(a) [kastra'ðor(a)] *m(f)* Verschneider(in) *m(f)*
castrar [kas'trar] *vt* ① (*t.* AGR, MED) kastrieren; (*hombre*) entmannen
② (AGR: *podar*) beschneiden
③ (AGR: *panales*) zeideln
castrense [kas'trense] *adj* soldatisch, Militär-; **médico ~** Militärarzt *m*
castrismo [kas'trismo] *m sin pl* (HIST, POL) ① (*régimen político*) Castr(o)ismus *m*
② (*movimiento ideológico*) Castr(o)ismus *m*, Fidelismo *m*
castrista [kas'trista] *mf* (POL) Anhänger(in) des kubanischen Staatsoberhauptes Fidel Castro
castro ['kastro] *m* keltische oder iberoromanische (*befestigte*) Siedlung
casual [ka'swal] *adj* ① (*por casualidad*) zufällig; **por un ~** (*fam*) zufällig(erweise)
② (LING) Kasus-; **desinencia ~** Kasusendung *f*
casualidad [kaswali'ðað] *f* Zufall *m*, Zufälligkeit *f*; **de** [*o* **por**] **~** zufällig(erweise); **¡qué ~!** so ein Zufall!; **da la ~ que conozco a tu mujer** zufällig kenne ich deine Frau
casualismo [kaswa'lismo] *m* (FILOS) Kasualismus *m*
casualmente [kaswal'mente] *adv* (*Am*) ① (*por casualidad*) zufällig(erweise), durch Zufall
② (*precisamente*) genau; **~ por eso** eben deshalb
casuario [ka'swarjo] *m* (ZOOL) Kasuar *m*
casuca [ka'suka] *f*, **casucha** [ka'suʧa] *f* (*pey*) (kümmerliche) Hütte *f*
casuismo [ka'swismo] *m* (FILOS, JUR, MED) Kasuismus *m*
casuística [ka'swistika] *f* (FILOS, JUR, MED) Kasuistik *f*
casuístico, -a [ka'swistiko, -a] *adj* (FILOS, JUR, MED) kasuistisch
casulla [ka'suʎa] *f* ① (REL) Kasel *f*
② (*prenda femenina*) Chasuble *nt*
casullero, -a [kasu'ʎero, -a] *m, f* (REL: *oficio*) Paramentenmacher(in) *m(f)*
casus belli ['kasus 'βeli] *m* Casus belli *m*
cata ['kata] *f* ① (*prueba*) Kosten *nt*, Probieren *nt*; **~ de vinos** Weinprobe *f*
② (MIN: *prospección*) Schurf *m*
③ (CSur: ZOOL) Sittich *m*
catabólico, -a [kata'βoliko, -a] *adj* (BIOL, MED) katabolisch
catabolismo [kataβo'lismo] *m* (BIOL, MED) Katabolismus *m*
catabre [ka'taβre] *m* (Col: *vasija*) Kalebasse *f*; (*mimbre*) Korb *m*
catabro [ka'taβro] *m* (Col) *v.* **catabre**
catacaldos [kata'kaldos] *mf inv* (*fam*) ① (*inconstante*) Flattergeist *m*
② (*cotilla*) Klatschbase *f*
cataclismo [kata'klismo] *m* ① (GEO) Kataklysmus *m*
② (*desastre*) Katastrophe *f*
③ (*alteración*) Umsturz *m*
catacresis [kata'kresis] *f inv* (LING, LIT) Katachrese *f*
catacroc [kata'krok] *interj* (*ruido*) krach, pardauz
catacumbas [kata'kumbas] *fpl* Katakomben *fpl*
catadióptrico, -a [kata'ðjoptriko, -a] *adj* (FÍS) katadioptrisch
catador(a) [kata'ðor(a)] *m(f)* (*que cata*) Weinprüfer(in) *m(f)*
② (*conocedor*) (Wein)kenner(in) *m(f)*
catadura [kata'ðura] *f* ① (*cata*) Kosten *nt*, Probieren *nt*
② (*expresión*) Gesichtsausdruck *m*; (*aspecto*) Aussehen *nt*; **sujeto de mala ~** finsterer Typ

catafalco [kata'falko] *m* Katafalk *m*
cataforesis [katafo'resis] *f inv* (FÍS) Kataphorese *f*
catalán¹ [kata'lan] *m* (*lengua*) Katalanisch(e) *nt*
catalán, -ana² [kata'lan, -ana] I. *adj* katalanisch II. *m, f* Katalane, -in *m, f*
catalanidad [katalani'ðað] *f sin pl* typisch Katalanisches *nt*
catalanismo [katala'nismo] *m* ❶ (POL) katalanischer Nationalismus ❷ (LING) Katalanismus *m*, katalanischer Ausdruck *m*
catalanista [katala'nista] I. *adj* prokatalanisch II. *mf* ❶ (POL) katalanischer Nationalist *m*, katalanische Nationalistin *f* ❷ (LING) Katalanist(in) *m(f)*
catalanizar [katalani'θar] <z→c> *vt* katalanisieren
catalanoparlante [katalanopar'lante] *adj* Katalanisch sprechend, katalanischsprachig
catalasa [kata'lasa] *f* (BIOL, QUÍM) Katalase *f*
cataléctico [kata'lektiko, -a] I. *adj* (LIT) katalektisch II. *m* (LIT) katalektischer Vers *m*
catalejo [kata'lexo] *m* Fernrohr *nt*
catalepsia [kata'leβsja] *f* (MED) Katalepsie *f*
cataléptico, -a [kata'leptiko, -a] *adj* (MED) kataleptisch
catalisis [kata'lisis] *f inv*, **catálisis** [ka'talisis] *f inv* (QUÍM) Katalyse *f*
catalítico, -a [kata'litiko, -a] *adj* (QUÍM) katalytisch
catalizador [kataliθa'ðor] *m* (*t.* QUÍM, TÉC) Katalysator *m*; **actuar como** ~ als Katalysator wirken
catalizar [katali'θar] <z→c> *vt* (QUÍM) katalysieren
catalogable [katalo'γaβle] *adj* ❶ (*registrable*) katalogisierbar ❷ (*clasificable*) einstufbar
catalogación [kataloγa'θjon] *f* ❶ (*registración*) Katalogisierung *f* ❷ (*clasificación*) Einstufung *f*
catalogador(a) [kataloγa'ðor(a)] I. *adj* katalogisierend II. *m(f)* Person, die Kataloge erstellt
catalogar [katalo'γar] <g→gu> *vt* ❶ (*registrar*) katalogisieren ❷ (*clasificar*) einordnen; ~ **a alguien de algo** jdn als etw einstufen
catálogo [ka'taloγo] *m* Katalog *m*; ~ **de expositores** Ausstellungsverzeichnis *nt*, Ausstellerkatalog *m*; ~ **ilustrado** bebilderter Katalog; ~ **de materias/por autores** Schlagwort-/Verfasserverzeichnis *nt*; ~ **de armas** Waffenbuch *nt*; ~ **de multas** Bußgeldkatalog *m*; ~ **de precios** Preisliste *f*; **casa de ventas por** ~ Versandhaus *nt*; **en** ~ lieferbar
Cataluña [kata'luɲa] *f* Katalonien *nt*
catamarán [katama'ran] *m* (DEP) Katamaran *m*
catamenial [katame'njal] *adj* (MED) Menstruations-, katamenial
cataplasma [kata'plasma] *f* ❶ (MED) Kataplasma *nt*, Wickel *m* ❷ (*fam: pesado*) Nervensäge *f*
cataplexia [kata'pleɣsja] *f* (MED) ❶ (*persona*) Schreckstarre *f*, Kataplexie *f* ❷ (*animal*) Starrkrampf *m*, Katalepsie *f*
cataplines [kata'plines] *mpl* (*fam*) Eier *ntpl*, Sack *m*
cataplum [kata'plun], **cataplún** [kata'plun] *interj* plumps
catapulta [kata'pulta] *f* (*t.* AERO, TÉC) Katapult *m o nt*
catapultar [katapul'tar] *vt* katapultieren; **este libro le catapultó a la fama** mit diesem Buch gelang ihm der Durchbruch
catapum [kata'pun], **catapún** [kata'pun] I. (*fam*) **esto es del año** ~ das ist aus der Steinzeit; **en los tiempos de** ~ Anno dazumal II. *interj* plumps
catar [ka'tar] *vt* ❶ (*probar*) kosten, probieren; **hace un mes que no cata el vino** (*fam*) seit einem Monat rührt er/sie keinen Wein mehr an; **¡cata!** (*fam*) sieh da! ❷ (*experimentar*) erleben; **nunca ha catado lo que es ser amado** er weiß nicht [*o* hat nie erlebt], wie es ist, geliebt zu werden
catarata [kata'rata] *f* ❶ (*salto de agua*) Wasserfall *m*, Katarakt *m*; **las ~s del Iguazú/del Niágara** die Iguazu-/Niagarafälle ❷ (MED) Katarakt(a) *f*, grauer Star *m*
cátaro, -a [ˈkataro, -a] I. *adj* (REL) der Katharer, Katharer-; **el movimiento religioso** ~ die religiöse Bewegung der Katharer II. *m, f* (REL) Katharer(in) *m(f)*
cátaros [ˈkataros] *mpl* (REL) Katharer *pl*
catarral [kata'rral] *adj* (MED) katarrhalisch; **procesos ~es** katarrhalische Prozesse
catarro [ka'tarro] *m* (*enfriamiento*) Erkältung *f*; (MED) Katarrh *m*; ~ **de nariz** Schnupfen *m*; **coger** [*o* **pillar**] **un** ~ sich *dat* eine Erkältung zuziehen; (*de nariz*) sich *dat* einen Schnupfen holen
catarsis [ka'tarsis] *f inv* ❶ (LIT, PSICO) Katharsis *f* ❷ (MED) Entschlackung *f*
catártico, -a [ka'tartiko, -a] *adj* ❶ (LIT, PSICO) kathartisch ❷ (MED) entschlackend
catasalsas [kata'salsas] *mf inv* (*fam*) unbeständiger Mensch *m*, Flattergeist *m*
catástasis [ka'tastasis] *f inv* (LIT: *clímax*) Katastase *f*
catastral [katas'tral] *adj* Kataster-

catastro [ka'tastro] *m* Kataster *m o nt*; **oficina del** ~ Katasteramt *nt*; **inscribir en el** ~ katastrieren; ~ **de solares sin edificar** Baulandkataster *nt*; **pagar al** ~ Katastersteuer zahlen
catástrofe [ka'tastrofe] *f* Katastrophe *f*; (*accidente*) Unglück *nt*
catastrófico, -a [katas'trofiko, -a] *adj* katastrophal; **zona catastrófica** Katastrophengebiet *nt*
catastrofismo [katastro'fismo] *m* Schwarzmalerei *f*
catastrofista [katastro'fista] *adj* schwarzmalerisch
catatipia [kata'tipja] *f* (FOTO) Katatypie *f*
catatónico, -a [kata'toniko, -a] I. *adj* (MED) katatonisch II. *m, f* (MED) Katatoniker(in) *m(f)*; **un hospital especializado en ~s** ein Spezialkrankenhaus für Katatoniker
cataviento [kata'βjento] *m* (NÁUT) Windfahne *f*
catavino [kata'βino] *m* (*tubo*) Probierschöpfkelle *f*; (*vaso*) Probierglas *nt*
catavinos [kata'βinos] *mf inv* ❶ (*catador*) Weinprüfer(in) *m(f)* ❷ (*irón fam: borracho*) Saufbold *m pey*, Schluckspecht *m*
catchup [ˈketʃup] *m* <catchups> Ketschup *m o nt*
cate [ˈkate] *m* (*fam*) ❶ (*bofetada*) Backpfeife *f* ❷ (*suspenso*): **me han dado dos ~s** sie haben mich zweimal durchfallen [*o* durchrasseln] lassen
cateador¹ [katea'ðor] *m* (MIN) Schürfhammer *m*
cateador(a)² [katea'ðor(a)] *m(f)* (*Am*) Prospektor(in) *m(f)*
catear [kate'ar] *vt* (*fam: suspender*) durchfallen lassen; **me han cateado la Física** sie haben mich in Physik durchfallen lassen, ich bin in Physik durchgerasselt
catecismo [kate'θismo] *m* (REL) Katechismus *m*
catecúmena [kate'kumena] *f v.* **catecúmeno**
catecumenado [katekume'naðo] *m* (REL) Katechumenat *m o nt*
catecúmeno, -a [kate'kumeno, -a] *m, f* ❶ (REL) Katechumene, -in *m, f* ❷ (*novato*) Neuling *m*
cátedra [ˈkateðra] *f* ❶ (ENS: *púlpito*) Katheder *m o nt* ❷ (ENS: *docencia*) Lehrstuhl *m*, Professur *f*; **la ~ de San Pedro** (REL) der Stuhl Petri; **ex ~** ex cathedra; (*irón*) von oben herab; **hacer oposiciones a** ~ sich um einen Lehrstuhl bewerben; **sentar** ~ neue Richtlinien setzen; (*irón*) schulmeisterlich reden
catedral [kate'ðral] *f* Kathedrale *f*, Dom *m*, Münster *nt o m*; **como una** ~ (*fig*) riesig; (*alto*) haushoch
catedralicio, -a [kateðra'liθjo, -a] *adj* ❶ (ARQUIT, REL) Dom- ❷ (*enorme*) riesig; (*alto*) haushoch
catedrático, -a [kate'ðratiko, -a] *m, f* ❶ (ENS) Professor(in) *m(f)*; ~ **de instituto** Studienrat *m*; ~ **numerario** ordentlicher Professor ❷ (TAUR) hervorragender Stierkämpfer
categorema [kateɣo'rema] *m* (FILOS) Kategorem *nt*
categoría [kateɣo'ria] *f* ❶ (*clase, t.* FILOS) Kategorie *f*, Gruppe *f*; ~ **fiscal** Steuerklasse *f*; **laboral** Tarifgruppe *f* ❷ (*calidad*) Qualität *f*; **de primera ~** erstklassig; **de segunda ~** zweiter Klasse, zweitklassig ❸ (*rango*) (Dienst)rang *m*, Position *f*; **de ~** hochgestellt, von Rang; **dar ~** Prestige geben; **tener poca/mucha ~** unbedeutend/bedeutend sein
categórico, -a [kate'ɣoriko, -a] *adj* (*t.* FILOS) kategorisch; **un sí/no ~** ein kategorisches Ja/Nein
categorismo [kateɣo'rismo] *m* (FILOS) Kategoriensystem *nt*
categorización [kateɣoriθa'θjon] *f* (*organización en categorías*) Kategorisierung *f*
categorizar [kateɣori'θar] <z→c> *vt* kategorisieren, einordnen
catenaria [kate'narja] I. *adj* (MAT) **curva** ~ Kettenlinie *f* II. *f* (ELEC, FERRO) Fahrdraht *m*; (*sistema*) Oberleitung *f*
catequesis [kate'kesis] *f inv* ❶ (REL) Katechese *f* ❷ (*clase*) Religionsunterricht *m*
catequista [kate'kista] *mf* (REL) Katechet(in) *m(f)*
catequístico, -a [kate'kistiko, -a] *adj* ❶ (REL) katechetisch ❷ (*organizado en preguntas y respuestas*) in Form von Frage und Antwort
catequizar [kateki'θar] <z→c> *vt* ❶ (REL) katechisieren ❷ (*t.* POL: *adoctrinar*) indoktrinieren, beeinflussen ❸ (*pey: persuadir*) breitschlagen
cateresis [kate'resis] *f inv* (MED) ❶ (*decaimiento*) durch ein Medikament verursachte Schwächung *f* ❷ (*acción cáustica*) leicht ätzende Wirkung *f*
catering [ˈkateriŋ] *m sin pl* Catering *nt*; **servicio de** ~ Catering-Service *m*
caterva [ka'terβa] *f* (*pey*) Masse *f*; (*de personas*) Bande *f*
cateta [ka'teta] *f v.* **cateto²**
catetada [kate'taða] *f* (*pey*) Bauerntölpelei *f*
catete [ka'tete] *m* (*Chil*) ❶ (GASTR) Mehlbrei mit Schweinsbrühe ❷ (*diablo*) Teufel *m*
catéter [ka'teter] *m* (MED) Katheter *m*
cateterismo [katete'rismo] *m* (MED) Katheter(isier)ung *f*

cateto¹ [ka'teto] *m* (MAT) Kathete *f*
cateto, -a² [ka'teto, -a] *m, f* (*pey*) Bauer(ntölpel) *m*
catgut [kaᵈ'yuᵈ] <catguts> *m* (MED: *hilo*) Katgut *nt*
catilinaria [katili'narja] *f* (LIT) Schmähschrift *f*, Pamphlet *nt*
catinga [ka'tinga] *f* (*AmS*) ❶ (*olor de animales, plantas*) übler Geruch *m*, Gestank *m*
❷ (*olor humano*) Körpergeruch *m*, Schweißgeruch *m*
catino [ka'tino] *m* (*escudilla*) Schüssel *f*
catire, -a [ka'tire, -a] I. *adj* (*Col, Cuba, Ven: rubio*) blond (und grünäugig)
II. *m, f* (*Col, Cuba, Ven: rubio*) Blonde(r) *mf* mit grünen Augen
catitear [katite'ar] *vi* (*Arg*) ❶ (*fig: temblar la cabeza*) mit dem Kopf wackeln
❷ (*estar sin dinero*) in Geldnot sein
catódico, -a [ka'toðiko, -a] *adj* (ELEC, FÍS) kathodisch; **rayos ~s** Kathodenstrahlen *mpl*
cátodo ['katoðo] *m* (ELEC, FÍS) Kathode *f*
católica [ka'tolika] *adj o f v.* **católico**
catolicismo [katoli'θismo] *m* (REL) Katholizismus *m*
católico, -a [ka'toliko, -a] I. *adj* (römisch-)katholisch; **no estar muy ~** (*fig fam*) nicht ganz auf dem Damm sein
II. *m, f* Katholik(in) *m(f)*
catolizar [katoli'θar] <z→c> *vt* (REL) katholisieren
catón [ka'ton] *m* Lesefibel *f*
catonizar [katoni'θar] <z→c> *vi* (*censurar*) scharfe Kritik üben
catóptrica [ka'toptrika] *f* (FÍS) Katoptrik *f*
catóptrico, -a [ka'toptriko, -a] *adj* (FÍS) katoptrisch
catoptromancia [katoptro'manθja] *f*, **catoptromancía** [katoptroman'θia] *f* Spiegelwahrsagerei *f*, Katoptromantie *f*
catorce [ka'torθe] I. *adj inv* vierzehn
II. *m* Vierzehn *f*; **el ~ de marzo** der vierzehnte März; *v. t.* **ocho**
catorceavo, -a [katorθe'aβo, -a] I. *adj* vierzehntel
II. *m, f* Vierzehntel *nt*; *v. t.* **octavo²**
catorcena [kator'θena] *f* Einheit *f* aus 14 Stück
catorceno, -a [kator'θeno, -a] *adj* (*decimocuarto*) vierzehnte(r, s)
❶ (*que tiene catorce años*) vierzehnjährig
catorzavo, -a [kator'θaβo, -a] *adj o m, f v.* **catorceavo**
catre ['katre] *m* (*t. pey*) Pritsche *f*; (*de campaña*) Feldbett *nt*; (*fam: cama*) Falle *f*; **irse al ~** (*fam*) sich in die Falle hauen; **llevarse a alguien al ~** (*fam*) mit jdm ins Bett gehen
catrín, -ina [ka'trin, -ina] *adj* (*AmC, Méx: pey: petimetre, presuntuoso*) gefallsüchtig; (*elegante*) aufgedonnert
caturra [ka'turra] *f* (*Chil: cotorra*) Sittich *m*
caucasiano, -a [kauka'sjano, -a] *adj* kaukasisch
caucásico, -a [kau'kasiko, -a] *adj* ❶ (GEO) kaukasisch
❷ (*raza*) arisch
Cáucaso ['kaukaso] *m:* **el ~** der Kaukasus
cauce ['kauθe] *m* ❶ (GEO: *lecho*) Flussbett *nt*
❷ (*acequia*) Wassergraben *m*
❸ (*camino*) Bahn *f*; **~ del derecho administrativo** Verwaltungsrechtsweg *m*; **~ jurídico** [*o* **legal**] (JUR) Rechtsweg *m*; **reglamentario** Dienstweg *m*; **volver las aguas a su ~** (*fig*) wieder ins (rechte) Lot kommen
caucel [kau'θel] *m* (*AmC:* ZOOL) Ozelotkatze *f*, Zwergtigerkatze *f*
cauchal [kau'tʃal] *m* (*Am*) Kautschukplantage *f*
cauchero, -a [kau'tʃero, -a] I. *adj* Kautschuk-; **industria cauchera** Kautschukindustrie *f*
II. *m, f* Kautschukarbeiter(in) *m(f)*
caucho ['kautʃo] *m* ❶ (BOT) Kautschuk *m*; **árbol del ~** Kautschukbaum *m*, Gummibaum *m*
❷ (*Col, Ven: impermeable*) Regencape *nt*
❸ (*Col, Ven: neumático*) Autoreifen *m*
caución [kau'θjon] *f* ❶ (*cautela*) Vorsicht *f*
❷ (JUR) Bürgschaft *f*; **~ procesal** Sicherheitsleistung *f*; **~ subsidiaria** Gegenbürgschaft *f*
caucionar [kauθjo'nar] *vt* (JUR) bürgen (für +*akk*), eine Bürgschaft leisten (für +*akk*)
caudal [kau'ðal] I. *adj* Schwanz-; **aleta ~** Schwanzflosse *f*
II. *m* ❶ (*agua*) Wassermenge *f*; (*de una fuente*) Ergiebigkeit *f*; **régimen de ~** (GEO) Abflussregime *nt*
❷ (*dinero*) Vermögen *nt*, Reichtum *m*; **es Geldmittel** *ntpl*; **caja de ~es** Tresor *m*
❸ (*abundancia*) Fülle *f*; **un ~ de conocimientos** ein umfangreiches Wissen; **un ~ de gente** eine große Menschenmenge
❹ (INFOR) Rate *f*; **~ de procesamiento** Verarbeitungsgeschwindigkeit *f*
caudaloso, -a [kauða'loso, -a] *adj* ❶ (*río*) wasserreich
❷ (*rico*) reich
❸ (*cantidad*) reichlich
caudillaje [kauði'ʎaxe] *m* ❶ (*t.* POL) Führerschaft *f*
❷ (*Arg, Chil, Perú: caciquismo*) Bonzokratie *f*

caudillo [kau'ðiʎo] *m* (MIL, POL) (An)führer *m*, Oberhaupt *nt*; **el C~** Beiname Francos während seiner Diktatur
caudímano, -a [kauði'mano, -a] *adj*, **caudímano, -a** [kau'ðimano, -a] *adj* (ZOOL) mit einem Greifschwanz (ausgerüstet)
caula ['kaula] *f* (*Am: amaño, estratagema*) List *f*, Trick *m*
caulífero, -a [kau'lifero, -a] *adj* (BOT) kaulifor
caurí [kau'ri] *m* (ZOOL) Kaurischnecke *f*
cauro ['kauro] *m* (METEO) Nordwestwind *m*
causa ['kausa] *f* ❶ (*origen*) Ursache *f*; (*motivo*) Grund *m*; **~ de abstención** Hinderungsgrund *m*; **~ de casación** (JUR) Revisionsgrund *m*; **~ de conciencia** Gewissensgrund *m*; **~ de conexión** Anknüpfungsgrund *m*; **~ de disolución** Auflösungsgrund *m*; **~ de insolvencia** (ECON, JUR) Konkursgrund *m*; **por mi ~** meinetwegen, um meinetwillen; **sin ~** ohne Grund
❷ (*ideal, t.* POL) Ideal *nt*; **morir por la ~** für seine Überzeugung sterben; **hacer ~ común con alguien** mit jdm gemeinsame Sache machen
❸ (JUR) Rechtssache *f*; (*asunto*) Angelegenheit *f*; **~ de alimentos** Unterhaltssache *f*; **~ de casación** Revisionsfall *m*; **~s contenciosas civiles** bürgerliche Rechtsstreitigkeiten; **~ del contrato** Vertragsgegenstand *m*; **~ de quiebra** Konkurssache *f*; **~ de tráfico** Verkehrssache *f*; **entender en una ~** einen Fall bearbeiten; **instruir una ~** ein Verfahren leiten
❹ (*Chil, Perú: comida ligera*) Imbiss *m*; (*golosina*) Nascherei *f*
❺ (*loc*): **a** [*o* **por**] **~ de** wegen +*gen/dat*, aufgrund [*o* auf Grund] +*gen*
causahabiente [kausa(a)'βjente] *mf* (JUR) Rechtsnachfolger(in) *m(f)*
causal [kau'sal] *adj* (LING) kausal, ursächlich; **oración ~** Kausalsatz *m*, Bedingungssatz *m*
causalidad [kausali'ðað] *f sin pl* (*t.* FILOS, JUR) Kausalität *f*, Ursächlichkeit *f*; **~ supletoria/fundamentadora de responsabilidad** (JUR) haftungsausfüllende/haftungsbegründende Kausalität
causante [kau'sante] I. *adj* verursachend
II. *mf* Urheber(in) *m(f)*; (*culpable*) Verursacher(in) *m(f)*; **~ de la herencia** (JUR) Erblasser *m*; **~ de la notificación** (JUR) Zustellungsveranlasser *m*
causar [kau'sar] *vt* verursachen; **~ alegría** Freude machen; **~ daño** Schaden anrichten; **~ efecto** wirken; **~ buena/mala impresión** einen guten/schlechten Eindruck machen; **~ inquietud** Unruhe stiften; **~ la muerte** den Tod herbeiführen; **~ problemas** Probleme bereiten; **~ risa** zum Lachen bringen; **~ trabajo** Arbeit machen
causativo, -a [kausa'tiβo, -a] *adj* ❶ (*causante*) verursachend
❷ (LING) kausativ; **perífrasis causativa** Kausativkonstruktion *f*
causeo [kau'seo] *m* (*Chil.* GASTR: *refrigerio frío*) kalter Imbiss *m*; (*merienda*) Vesper *f*
causídica [kau'siðika] *f* (ARQUIT) Querschiff *nt*
causídico, -a [kau'siðiko, -a] *adj* (JUR) Prozess-
cáustica ['kaustika] *f* (FÍS) Brennfläche *f*, Kaustik *f*
causticidad [kausti'θiðað] *f* ❶ (QUÍM) ätzende Wirkung *f*
❷ (*mordacidad*) Bissigkeit *f*
cáustico, -a ['kaustiko, -a] *adj* ❶ (QUÍM) kaustisch, ätzend; **soda cáustica** kaustisches Soda, Ätznatron *nt*
❷ (*mordaz*) bissig
cautela [kau'tela] *f* ❶ (*precaución*) Vorsicht *f*; (*cuidado*) Behutsamkeit *f*; (*reserva*) Vorbehalt *m*
❷ (*malicia*) Arglist *f*
cautelar [kaute'lar] *adj* (JUR): **medida ~** Vorsichtsmaßnahme *f*; **prisión ~** Untersuchungshaft *f*
cauteloso, -a [kaute'loso, -a] *adj* ❶ (*prudente*) vorsichtig; (*cuidadoso*) behutsam; (*desconfiado*) misstrauisch
❷ (*malicioso*) arglistig
cauterio [kau'terjo] *m* (MED) ❶ *v.* **cauterización**
❷ (*instrumento*) Kauter *m*
cauterización [kauteriθa'θjon] *f* (MED) Kauterisation *f*, Kauterium *nt*
cauterizador(a) [kauteriθa'ðor(a)] *adj* (MED) kauterisierend
cauterizar [kauteri'θar] <z→c> *vt* (MED) kauterisieren
cautiva [kau'tiβa] *adj o f v.* **cautivo**
cautivador(a) [kautiβa'ðor(a)] *adj* ❶ (*fascinante*) fesselnd
❷ (*seductor*) verführerisch
cautivar [kauti'βar] *vt* ❶ (*apresar*) gefangen nehmen
❷ (*fascinar*) bannen; **~ al auditorio con un buen discurso** die Zuhörerschaft mit einem guten Vortrag fesseln
❸ (*seducir*) verführen
cautiverio [kauti'βerjo] *m*, **cautividad** [kautiβi'ðað] *f* Gefangenschaft *f*; **animales en ~** in Gefangenschaft lebende Tiere
cautivo, -a [kau'tiβo, -a] I. *adj* gefangen
II. *m, f* Gefangene(r) *mf*
cauto, -a ['kauto, -a] *adj* ❶ (*prudente*) vorsichtig; (*cuidadoso*) behutsam
❷ (*malicioso*) arglistig
cava¹ ['kaβa] I. *adj* (ANAT): **vena ~ superior/inferior** (obere/untere) Hohlvene *f*
II. *f* Weinkellerei *f*

cava² ['kaβa] *m* (spanischer) Sekt *m*
cavadura [kaβa'ðura] *f* (*zanja*) Grube *f*; (*excavación*) Vertiefung *f*
cavalillo [kaβa'liʎo] *m* (AGR: *conducto de agua*) Verbindungsgraben *m* (*zwischen zwei Höfen*)
cavar [ka'βar] *vi, vt* graben
cavatina [kaβa'tina] *f* (MÚS) Kavatine *f*
caverna [ka'βerna] *f* ❶ (*cueva*) Höhle *f*; (*gruta*) Grotte *f*; **los hombres de las ~s** die Höhlenmenschen
❷ (MED) Kaverne *f*
cavernario, -a [kaβer'narjo, -a] *adj* (HIST) Höhlen bewohnend
cavernícola [kaβer'nikola] *mf* ❶ (*troglodita*) Höhlenbewohner(in) *m(f)*
❷ (*fam: retrógrado*) Reaktionär(in) *m(f)*; **son unos ~s** die haben Ansichten wie in der Steinzeit; (POL) sie sind ausgesprochen reaktionär
caverniad [kaβerni'ðað] *f*, **cavernosidad** [kaβernosi'ðað] *f* Hohlraum *m*, Höhle *f*
cavernoso, -a [kaβer'noso, -a] *adj* ❶ (GEO) höhlenreich
❷ (MED) kavernös; **tos cavernosa** röchelnder Husten; **voz cavernosa** Grabesstimme *f*
caviar [ka'βjar] *m sin pl* Kaviar *m*
cavicornio¹ [kaβi'kornjo] *m* (ZOOL) Horntier *nt*, Hornträger *m*
cavicornio, -a² [kaβi'kornjo, -a] *adj* (ZOOL) horntragend
cavidad [kaβi'ðað] *f* ❶ (*oquedad*) Hohlraum *m*, Aushöhlung *f*
❷ (MED) Höhle *f*; **~ abdominal** Bauchhöhle *f*; **~ nasal** Nasenhöhle *f*; **~ ocular** Augenhöhle *f*
cavilación [kaβila'θjon] *f* Grübelei *f*
cavilar [kaβi'lar] *vt* (nach)grübeln (über +*akk*), brüten (über +*dat*)
cavilosidad [kaβilosi'ðað] *f* ❶ (*calidad*) Argwohn *m*, Misstrauen *nt*
❷ (*sospecha*) unbegründeter Verdacht *m*
caviloso, -a [kaβi'loso, -a] *adj* ❶ (*sospechoso*) argwöhnisch, misstrauisch
❷ (*Col: quisquilloso*) überempfindlich
❸ (*Col: meticuloso*) pingelig
❹ (*CRi: chismoso*) klatschhaft
cavitación [kaβita'θjon] *f* (FÍS) Kavitation *f*
cay [kai̯] *m* (*Arg:* ZOOL) Kapuzineraffe *m*
cayada [ka'jaða] *f* (*bastón*) (Krück)stock *m*, Spazierstock *m*
cayado [ka'jaðo] *m* ❶ (*del pastor*) Hirtenstab *m*
❷ (*del prelado*) Stab *m*; **~ pastoral** Bischofsstab *m*
❸ (MED: *curva*) Bogen *m*; **~ de la aorta** Aortenbogen *m*
cayena [ka'jena] *f*: **pimienta (de) ~** Cayennepfeffer *m*
cayo ['kajo] *m* (GEO) kleine flache Inseln der Antillen und des Golfs von Mexiko; **C~ Hueso** Key West
cayote [ka'jote] *m* (BOT) Chayote *f*
cayuco [ka'juko] *m* (NÁUT) Kajak *m*
caz [kaθ] *m* (*canal*) Wassergraben *m*; **~ de traída** Mühlgerinne *nt*
caza¹ ['kaθa] *f* ❶ (*montería*) Jagd *f*; **~ furtiva** Wilderei *f*, Wilddieberei *f*; **~ del jabalí** Wildschweinjagd *f*; **~ de patos** Entenjagd *f*; **~ submarina** Unterwasserjagd *f*; **~ del zorro** Fuchsjagd *f*; **ir de** [*o* **a la**] **~** auf die [*o* zur] Jagd gehen; **dar ~ a alguien** jdn jagen, auf jdn Jagd machen; **dar ~ a algo** auf etw Jagd machen; **andar a la ~ de algo/alguien** auf der Suche nach etw *dat*/jdm sein; **ir a la ~ del jugador** (DEP) unfair spielen, foulen (*eher den gegnerischen Spieler treffen wollen als den Ball*)
❷ (*animales*) Wild *nt*, Beute *f*; **~ mayor** Hochjagd *f*; **~ menor** Niederjagd *f*; **carne de ~** Wildbret *nt*; **levantar la ~** (*fam*) alles auffliegen lassen
caza² ['kaθa] *m* (MIL) Jagdflugzeug *nt*, Jäger *m*
cazabombardero [kaθaβombar'ðero] *m* (MIL) Jagdbomber *m*
cazacerebros [kaθaθe'reβros] *mf inv* (ECON) Headhunter *m*
cazaclavos [kaθa'klaβos] *m inv* Nagelzieher *m*
cazador¹ [kaθa'ðor] *m* (MIL) Jäger *m*, Jagdflugzeug *nt*
cazador(a)² [kaθa'ðor(a)] I. *adj* Jagd-
II. *m(f)* (*persona*) Jäger(in) *m(f)*; **~ furtivo** Wilderer *m*, Wilddieb *m*; **~es y recolectores** Jäger und Sammler
cazadora [kaθa'ðora] *f* ❶ (*chaqueta*) (Wind)jacke *f*; (*de caza*) Jacke *f* des Jagdanzugs; (*de piloto*) Bomberjacke *f*; **~ de piel** Lederjacke *f*
❷ *v.* **cazador²**
cazadotes [kaθa'ðotes] *m inv* Mitgiftjäger *m*
cazaetapas [kaθae'tapas] *mf inv* (DEP) Etappensieger(in) *m(f)*
cazafortunas [kaθafor'tunas] *mf inv* (*hombre*) Mitgiftjäger *m*; (*mujer*) Frau, die einen reichen Ehemann sucht
cazalla [ka'θaʎa] *f* (*bebida alcohólica*) Anisschnaps *m* (*aus Cazalla de la Sierra*)
cazamariposas [kaθamari'posas] *m inv* Schmetterlingskescher *m*
cazaminas [kaθa'minas] *m inv* (MIL) Minensucher *m*
cazamoscas [kaθa'moskas] *m inv* (ZOOL) Fliegenschnäpper *m*
cazar [ka'θar] <z→c> *vt* ❶ (*atrapar*) jagen, (*perseguir*) verfolgen, (*con una red, cuerda, trampa*) fangen; (*matar*) erlegen
❷ (*conseguir, obtener*) ergattern *fam*, einen guten Fang machen (mit +*dat*); **has cazado un buen marido** mit deinem Ehemann hast du einen guten Fang gemacht; **no te dejes ~ tan fácilmente** lass dich nicht so leicht einfangen
❸ (*probar la culpabilidad*) fassen, schnappen *fam*; (*sorprender*) ertappen, überraschen; (*capturar*) überwältigen, fassen; **le ~on cuando estaba entrando por la ventana** sie ertappten ihn, als er gerade durch das Fenster stieg; **la policía pudo ~ al delincuente** die Polizei konnte den Verbrecher fassen
❹ (*fam: engañar*) hereinlegen, foppen; **¡cómo te ~on, eh!** die haben dich aber schön hereingelegt!
❺ (*apercibirse rápidamente*) mitbekommen, aufschnappen *fam*
❻ (NÁUT: *escotas*) dichtholen
cazarrecompensas [kaθarrekom'pensas] *mf inv* Kopfgeldjäger(in) *m(f)*
cazasubmarinos [kaθasuᵝma'rinos/kaθasuᵐma'rinos] *m inv* (MIL) U-Boot-Jäger *m*
cazatalentos [kaθata'lentos] *mf inv* (ECON) Headhunter *m*
cazatanques [kaθa'taŋkes] *m inv* (MIL) Jagdpanzer *m*
cazatorpedero [kaθatorpe'ðero] *m* (MIL) Torpedobootjäger *m*
cazaturistas [kaθatu'ristas] *mf inv* Touristennepper *m*
cazavirus [kaθa'βirus] *adj inv* (INFOR) Antiviren-; **programa ~** Antivirenprogramm *nt*
cazcalear [kaθkale'ar] *vi* (*fam*) wie schwer beschäftigt hin und her laufen; **desde que se jubiló se pasa el día cazcaleando** seitdem er/sie in Rente gegangen ist, läuft er/sie den ganzen Tag herum und tut schwer beschäftigt
cazcarria [kaθ'karrja] *f* Schlammspritzer *m* (*an Hosenbeinen, Stiefeln usw.*)
cazcarriento, -a [kaθka'rrjento, -a] *adj* (*fam*) mit Schlamm bespritzt
cazo ['kaθo] *m* ❶ (*puchero*) Topf *m* (mit Stiel)
❷ (*cucharón*) (Schöpf)kelle *f*, Schöpflöffel *m*; **sólo un ~, gracias** nur einen Löffel, bitte
❸ (*argot: chulo*) Zuhälter *m*
cazolada [kaθo'laða] *f* (GASTR) Topf *m* (voll); **una ~ de garbanzos** ein Topf Kichererbsen
cazoleta [kaθo'leta] *f* ❶ (*cacerola pequeña*) kleiner Topf *m*
❷ (*de pipa*) Pfeifenkopf *m*
❸ (*en la pistola de pintar*) Farbbehälter *m*
❹ (*del pedernal*) Pfanne *f*
❺ (*de un cañón de avancarga*) Zündloch *nt*
cazoletear [kaθolete'ar] *vi* (*fam*) seine Nase in fremde Angelegenheiten stecken
cazón [ka'θon] *m* (ZOOL) Hundshai *m*
cazuela [ka'θwela] *f* Kasserolle *f*, (Schmor)topf *m*
cazurrear [kaθurre'ar] *vi* (*fam: meter la pata*) sich tölpelhaft benehmen; (*actuar con malos modales*) sich danebenbenehmen
cazurro, -a [ka'θurro, -a] I. *adj* ❶ (*hosco*) mürrisch
❷ (*taciturno*) schweigsam, wortkarg; (*cerrado*) (nach außen hin) verschlossen; **ser ~** ein stilles Wasser sein
❸ (*torpe*) Bauerntölpel *m*
II. *m, f* ❶ (*hosco*) Murrkopf *m*, Griesgram *m*
❷ (*taciturno*) wortkarger Mensch *m*
❸ (*astuto*) verschlossener Mensch *m*, stilles Wasser *nt*
cazuzo, -a [ka'θuθo, -a] *m, f* (*Chil: hambriento*) Hungernde(r) *mf*
c.c. ['kwenta korrjente], **C.C.** ['kwenta korrjente], **c/c** ['kwenta korrjente] *f* (COM) *abr de* **cuenta corriente** laufendes Konto *nt*, Kontokorrent *nt*
CC¹ ['kamara ðe ko'merθjo] *f* (COM) *abr de* **Cámara de Comercio** Handelskammer *f*
CC² ['koðiɣo θi'βil] *m* (JUR) *abr de* **Código Civil** spanisches bürgerliches Gesetzbuch
CC.AA. [komuni'ðaðes au̯'tonomas] *abr de* **Comunidades Autónomas** Autonome Regionen
CCI [θeθe'i] *f* (ECON) *abr de* **Cámara de Comercio Internacional** Internationale Handelskammer *f*
CC.OO. [komi'sjones o'βreras] *fpl abr de* **Comisiones Obreras** kommunistischer Gewerkschaftsverband Spaniens
cd [kompak' disk] <cds> *m abr de* **Compact Disk** CD *f*
CD [θe'ðe], **C.D.** [θe'ðe] *m* ❶ (POL) *abr de* **Cuerpo Diplomático** CD *m*
❷ (POL: *partido*) *abr de* **Centro Democrático** Demokratische Zentrumspartei *f* ❸ (DEP) *abr de* **Club Deportivo** SC *m*, SV *m*
cd-rom [θeðe'rrom] <cd-roms> *m* (INFOR) *abr de* **Compact Disk – Read Only Memory** CD-ROM *f*
ce [θe] I. *f* C *nt*; **~ de Carmen** C wie Caesar; **por ~ o por be** so oder so; **~ por be** ganz genau, ohne auch nur das Geringste auszulassen
II. *interj* **¡~!** hey!, pst!, hör mal!
CE¹ [θe'e] *f* (HIST) *abr de* **Comunidad Europea** EG *f*
CE² [θe'e] *m abr de* **Consejo de Europa** Europarat *m*
cea ['θea] *f* (ANAT) Hüftbein *nt*

cearina [θeaˈrina] f (MED) Cearin nt
ceba [ˈθeβa] f ❶ (engorde) Mast f, Mästung f
  ❷ (alimento) Mastfutter nt
  ❸ (de un horno) Feuerung f, Feuern nt
cebada [θeˈβaða] f (BOT) Gerste f; ~ **para cerveza** Braugerste f
cebadal [θeβaˈðal] m Gerstenfeld nt
cebadar [θeβaˈðar] vt (AGR) mit Gerste füttern
cebadero[1] [θeβaˈðero] m ❶ (animal de carga) Futtergerste tragendes Maultier nt
  ❷ (caballo, asno que guía) Leittier nt
  ❸ (engordadero) Maststall m
  ❹ (caza) Luderplatz m
  ❺ (ARTE) Gemälde mit einer Geflügelfütterungsszene
  ❻ (MIN) Gicht f
cebadero, -a[2] [θeβaˈðero, -a] m, f ❶ (COM) Futter(gerste)händler(in) m(f)
  ❷ (adiestrador de aves) Falkner(in) m(f)
cebadilla [θeβaˈðiʎa] f (BOT) Mäusegerste f
cebado[1] [θeˈβaðo] m (ELEC) Zündung f
cebado, -a[2] [θeˈβaðo, -a] adj ❶ (engordado) gemästet
  ❷ (temible) gefürchtetes Tier, weil es menschliches Blut geleckt hat
cebador[1] [θeβaˈðor] m ❶ (ELEC) Glimmzünder m, Starter m
  ❷ (HIST, MIL) Pulverflasche f
cebador(a)[2] [θeβaˈðor(a)] adj Mast-
cebar [θeˈβar] I. vt ❶ (engordar) mästen
  ❷ (a alguien) mästen, überfüttern
  ❸ (horno) feuern, heizen; (encender) anzünden
  ❹ (un arma) mit Zündmasse versehen
  ❺ (el anzuelo, una trampa) mit einem Köder versehen
  ❻ (ELEC: máquina, motor) starten, anlassen, zünden; (cohete) zünden, aktivieren
  ❼ (esperanza, pasión) nähren; (cólera) schüren
  II. vi (clavo, tornillo) eindringen (en in +akk)
  III. vr: ~**se** ❶ (entregarse) völlig aufgehen (en in +dat), sich weiden (en an +dat); ~**se en la pintura** in der Malerei völlig aufgehen; **hoy hay tu comida favorita, vas a ~te** heute gibt es dein Lieblingsessen, da wirst du essen, bis du nicht mehr kannst
  ❷ (ira) seine Wut auslassen (en an +dat); **se cebó en él** er/sie ließ seine/ihre ganze Wut an ihm aus
  ❸ (ensangrentarse) sich weiden (con an +dat); **se cebó con la víctima** er/sie weidete sich am Blut des Opfers
cebellina [θeβeˈʎina] f (ZOOL) Zobel m
cebiche [θeˈβitʃe] m (AmS: GASTR) Gericht aus roh in Zitronensaft und Gewürzen eingelegten Stücken Fisch und Meeresfrüchte
cebo [ˈθeβo] m ❶ (alimento) Mastfutter nt
  ❷ (de una trampa, un anzuelo) Köder m, Lockspeise f elev
  ❸ (en un arma) Zündpulver nt, Zündstoff m
  ❹ (en un horno) Brennstoff m, Brennmaterial nt
  ❺ (algo atractivo) Köder m, Lockmittel nt; (fig) Lockvogel m
  ❻ (pábulo) Nährboden m; (comienzo) Anlass m; (alimento) Anreiz m
cebolla [θeˈβoʎa] f ❶ (BOT: comestible) (Gemüse)zwiebel f; ~ **escalonia** Schalotte f
  ❷ (BOT: bulbo) (Zwiebel)knolle f, Blumenzwiebel f; ~ **de tulipán** Tulpenzwiebel f
  ❸ (argot: cabeza) Birne f, Rübe f
cebollada [θeβoˈʎaða] f (GASTR) Zwiebelgericht nt
cebollar [θeβoˈʎar] m Zwiebelfeld nt
cebolleta [θeβoˈʎeta] f ❶ (BOT: cebolla tierna) Frühlingszwiebel f; (cebollino) Lauchzwiebel f
  ❷ (BOT: tallo fino, muy aromático) Schnittlauch m
  ❸ (vulg: pene) Schwanz m fam
cebollino [θeβoˈʎino] m (BOT) ❶ (tallo) Schnittlauch m; **¡anda, vete a escardar ~s!** ach, geh doch hin, wo der Pfeffer wächst!
  ❷ (simiente) Samenzwiebel f
cebollón[1] [θeβoˈʎon] m (irón fam: reloj) Zwiebel f
cebollón, -ona[2] [θeβoˈʎon, -ona] m, f (CSur: solterón) alter Junggeselle m, alte Jungfer f
cebón[1] [θeˈβon] m (puerco) Mastschwein nt
cebón, -ona[2] [θeˈβon] adj Mast-, gemästet
cebra [ˈθeβra] f ❶ (ZOOL) Zebra nt; **paso de** ~ (AUTO) Zebrastreifen m
  ❷ pl (AUTO) Zebrastreifen m
cebrado, -a [θeˈβraðo, -a] adj (ZOOL) quergestreift
cebruno, -a [θeˈβruno, -a] adj (ZOOL: caballo, pelo del caballo) hirschfarben
cebú [θeˈβu] m (ZOOL) Zebu m o nt
ceca [ˈθeka] f ❶ (casa de moneda) Münze f, Münzstätte f
  ❷ (fecha) Münz(prägungs)datum nt; **esta moneda tiene la** ~ **del 48** diese Münze wurde '48 geprägt
Ceca [ˈθeka] f (fam): **andar de** ~ **en Meca, ir de la** ~ **a la Meca** von Pontius zu Pilatus laufen
CECA [ˈθeka] f (UE) abr de **Comunidad Europea del Carbón y del Acero** EGKS f
cecal [θeˈkal] adj (ANAT) Blinddarm-; **el apéndice** ~ der Wurmfortsatz des Blinddarms
cecear [θeθeˈar] vi ❶ (en algunas regiones) „S" als „C" aussprechen
  ❷ (defecto) lispeln, mit der Zunge anstoßen
ceceo [θeˈθeo] m ❶ (en algunas regiones) Aussprache von „S" als „C"
  ❷ (defecto) Lispeln nt, Anstoßen nt (mit der Zunge)
ceceoso, -a [θeθeˈoso, -a] adj ❶ (en algunas regiones) „S" als „C" aussprechend
  ❷ (defecto) lispelnd
cecial [θeˈθjal] m (GASTR) Stockfisch m
cecina [θeˈθina] f luftgetrocknetes und gepökeltes Rindfleisch
cecinar [θeθiˈnar] I. vt (GASTR) räuchern und einsalzen
  II. vr: ~**se** (fig: adelgazar) abmagern
cecografía [θekoɣraˈfia] f Blindenschrift f
cecuciente [θekuˈθjente] I. adj (elev) erblindend
  II. mf (elev) Erblindende(r) mf
cedazo [θeˈðaθo] m ❶ (para cribar) Sieb nt
  ❷ (para pescar) großes Fischfangnetz nt
cedente [θeˈðente] m (JUR) Veräußerer m, Abtretende(r) m(f)
ceder [θeˈðer] I. vi ❶ (renunciar) verzichten (de auf +akk); (de una pretensión) abrücken (de von +dat); **cedió de sus derechos** er/sie verzichtete auf seine/ihre Rechte, er/sie sah von seinen/ihren Rechten ab
  ❷ (disminuir) zurückgehen, zurückgehen; **cedió la fiebre** das Fieber ging zurück; **cedió la lluvia** der Regen ließ nach
  ❸ (capitular) nachgeben (a/ante/en +dat); **cedió a sus caprichos** er/sie gab seinen/ihren Launen nach
  ❹ (aceptar) nachkommen (a/ante/en +dat); **cedió ante sus pretensiones** er/sie kam seinen/ihren Forderungen nach
  ❺ (cuerda, rama, roca) nachgeben; (edificio, puente) einstürzen, zusammenfallen
  ❻ (ser inferior) nachstehen (en in +dat); **no cede a nadie en rapidez** es gibt niemanden, der schneller ist als er/sie
  II. vt ❶ (dar) abgeben (a an +akk), überlassen (a +dat); **por fin el niño cedió su juguete** endlich gab der Junge sein Spielzeug ab; **al anciano nadie le cedió su sitio en el metro** in der U-Bahn überließ niemand dem alten Mann seinen Platz
  ❷ (transferir) abtreten, überlassen; ~**le algo a alguien** an jdn etw abtreten, jdm etw abtreten; **mi tío nos cedió parte de su terreno** mein Onkel überschrieb uns einen Teil seines Grundstücks
  ❸ (DEP: balón) passen
  ❹ (AUTO): "**ceda el paso**" „Vorfahrt gewähren"
cedilla [θeˈðiʎa] f Cedille f
cedizo, -a [θeˈðiθo, -a] adj (alimento) leicht verdorben, nicht mehr einwandfrei; (fruto) faulig; (manteca) ranzig
cedoaria [θeˈðoarja] f (BOT) Gelbwurzel f, Kurkuma f
cédride [ˈθeðriðe] f (BOT: fruto del cedro) Zedernzapfen m
cedrino, -a [θeˈðrino, -a] adj (BOT) Zedern-
cedro [ˈθeðro] m (BOT) Zeder f
cedróleo [θeˈðroleo] m (QUÍM) Zedernöl nt
cedrón [θeˈðron] m (AmS: BOT) Zitronenstrauch m
cédula [ˈθeðula] f Urkunde f, Dokument nt; ~ **de aduana** Zollbescheinigung f; ~ **de ahorro** Sparbrief m; ~ **en blanco** Blankoscheck m; ~ **de cambio** Wechsel m; ~ **de citación** Vorladung f; ~ **hipotecaria** (FIN) Pfandbrief m, Hypothekenobligation f; ~ **de inversiones** (FIN) Investitionsbrief m; ~ **de notificación** Zustellungsurkunde f; ~ **personal** Personalausweis m; ~ **real** königliche Verfügung
CEE [θeˈe] f (HIST) abr de **Comunidad Económica Europea** EWG f
CEEA [θeˈea] f (UE) abr de **Comunidad Europea de la Energía Atómica** EURATOM f
cefalalgia [θefaˈlalxja] f (MED) Kephalgie f, Kopfschmerzen mpl
cefalea [θefaˈlea] f (MED) einseitige Kephalgie f
cefálico, -a [θeˈfaliko, -a] adj (MED) Kopf-
cefalocordado, -a [θefalokorˈðaðo, -a] adj (ZOOL) zum Unterstamm der Schädellosen gehörend
cefalocordados [θefalokorˈðaðos] mpl (ZOOL) Schädellose pl, Cephalochordaten pl
cefalópodo [θefaˈlopoðo] m (ZOOL) Zephalopode m, Kopffüßer m
cefalorraquídeo, -a [θefalorraˈkiðeo, -a] adj (ANAT) zerebrospinal; **líquido** ~ Gehirn-Rückenmark-Flüssigkeit f
cefalotórax [θefaloˈtoraɣs] m inv (ZOOL) Kopfbrust f, Cephalothorax f
cefeida [θeˈfeiða] f (ASTR) Cepheide m
céfiro [ˈθefiro] m ❶ (poniente) Zephir m, warmer Westwind m
  ❷ (tela) Zephir m
cefo [ˈθefo] m (ZOOL) Blaumaul-Meerkatze f
cegador(a) [θeɣaˈðor(a)] adj blendend
cegar [θeˈɣar] irr como fregar I. vi erblinden, blind werden

II. *vt* ① (*quitar la vista*) blind machen, blenden; **le ciega la ira** er/sie ist blind vor Wut
② (*alucinar*) verblüffen
③ (*ventana*) zumauern; (*con clavos*) zunageln; (*hoyo, foso, pozo*) aufschütten, zuschütten
III. *vr:* **~se** ① (*ofuscarse*) blind sein (*de/por* vor +*dat*), geblendet sein (*de/por* von +*dat*); **~se de ira** blind vor Wut sein; **~se por una chica** blind vor Liebe (zu einem Mädchen) sein
② (*tubo*) (sich) verstopfen
cegato, -a [θe'ɣato, -a] *adj* (*fam*) blind wie ein Maulwurf
cegatón, -ona [θeɣa'ton, -ona/] **I.** *adj* ① (*corto de vista, fam pey*) kurzsichtig
② (*Am: irón*) blind wie ein Maulwurf
II. *m, f* (*fam pey*) Kurzsichtige(r) *mf*
cegesimal [θexesi'mal] *adj:* **sistema ~** CGS-System *nt*
ceguedad [θeɣe'ðað] *f sin pl* ① (MED: *pérdida de vista*) Erblindung *f;* (*ceguera*) Blindheit *f*
② (*fam fig: de la razón*) Verblendung *f*
ceguera [θe'ɣera] *f* ① (*invidencia*) Blindheit *f;* **~ nocturna** Nachtblindheit *f*
② (*de la razón*) Verblendung *f*
CEI ['θei] *f* (POL) *abr de* **Comunidad de Estados Independientes** GUS *f*
ceiba ['θeiβa] *f* (BOT) Kapokbaum *m*
Ceilán [θei'lan] *m* Ceylon *m*
ceja ['θexa] *f* ① (*entrecejo*) (Augen)braue *f;* **arquear las ~s** die Augenbrauen heben [*o* hochziehen]; **fruncir las ~s** die Augenbrauen zusammenziehen; **estar hasta las ~s** (*fam*) die Nase voll haben; **quemarse las ~s** (*fam*) pauken bis einem der Kopf raucht; **tener a alguien entre ~ y ~** (*fam*) jdn nicht leiden [*o* ausstehen] können; **meterse** [*o* **tener**] **algo entre ~ y ~** (*fam*) sich *dat* etw in den Kopf setzen
② (*borde*) vorstehender Rand *m*
③ (MÚS: *instrumento de cuerda*) Sattel *m;* (*instrumento de teclado*) Drucksteg *m*
④ (MÚS: *para elevar el tono*) Kapodaster *m*
cejar [θe'xar] *vi* ① (*en discusiones*) nachgeben, klein beigeben
② (*cesar*) aufgeben (*en* +*akk*), aufhören (*en* mit +*dat*); **no ~ en fumar** das Rauchen nicht lassen; **sin ~** unermüdlich, unaufhörlich
cejijunto, -a [θexi'xunto, -a] *adj* ① (*fisonomía*) mit eng beieinander liegenden Augenbrauen
② (*adusto*) mürrisch, unwirsch
cejilla [θe'xiʎa] *f* (MÚS) ① (*mecanismo en forma de pinza*) Kapodaster *m*
② (*parte del instrumento*) Sattel *m*
③ (*posición de los dedos*) Barré *nt*, Barré-Griff *m;* **para poner fa mayor tienes que hacer ~ con el dedo índice** um F-Dur zu spielen, musst du mit dem Zeigefinger Barré greifen
cejudo, -a [θe'xuðo, -a] *adj* mit buschigen Augenbrauen
celacanto [θela'kanto] *m* (ZOOL) Quastenflosser *m*
celada [θe'laða] *f* ① (*yelmo*) Helm *m*
② (*emboscada*) Hinterhalt *m,* Falle *f;* **caer en una ~** in eine Falle gehen
celador(a) [θela'ðor(a)] *m(f)* Aufseher(in) *m(f),* Inspektor(in) *m(f);* (*de aparcamientos*) Parkwächter(in) *m(f);* (*de cárcel*) Gefängniswärter(in) *m(f),* Gefängnisaufseher(in) *m(f);* (*de edificio*) Gebäudewächter(in) *m(f);* (*de escuela*) Aufsichtführende(r) *mf;* (*de examen*) Prüfungsaufsichtführende(r) *mf;* (*de museo*) Museumsaufseher(in) *m(f);* (FERRO: *de vías*) Streckenaufseher(in) *m(f)*
celaje [θe'laxe] *m* ① (METEO) ≈Schleierwolken *fpl*
② (ARQUIT) Oberlicht *nt,* Luke *f*
③ (*presagio*) Vorzeichen *nt*
④ (*Am: fantasma*) Geist *m;* **como un ~** wie der Blitz, sehr schnell
celante [θe'lante] *adj* (REL) observant
celar [θe'lar] *vt* ① (*encubrir*) verbergen, verstecken, überspielen; (*con malicia*) verheimlichen; **celó su dolor bajo una sonrisa** er/sie überspielte seinen/ihren Schmerz mit einem Lächeln
② (*vigilar*) überwachen, wachen (über +*akk*), ein wachsames Auge haben (auf +*akk*); **cela la observación de las órdenes** er/sie überwacht [*o* wacht über] die Einhaltung der Anweisungen
③ (*en metal*) eingravieren; (*en madera*) einschnitzen
④ (*en piedra*) meißeln; (*en madera*) schnitzen
⑤ (*por celos*) (aus Eifersucht) hinterherspionieren +*dat*
celastro [θe'lastro] *m* (BOT) Baumwürger *m*
celda ['θelda] *f* ① (*pequeño espacio*) Zelle *f;* (*en convento, colegio*) Klosterzelle *f;* (*en prisión*) Gefängniszelle *f;* **~ de castigo** Einzelhaftzelle *f*
② (*de colmena*) Bienenzelle *f*
③ (INFOR): **~ de memoria** Speicherzelle *f*
celdilla [θel'diʎa] *f* ① (*de colmena*) Bienenzelle *f*
② (ARQUIT) Nische *f*

③ (BOT) Samenkapsel *f*
celebérrimo, -a [θeleβe'rrimo, -a] *adj superl de* **célebre**
celebración [θeleβra'θjon] *f* ① (*acto*) Feiern *nt;* **la ~ de una fiesta** die Begehung eines Festes; **la ~ de una misa** die Abhaltung eines Gottesdienstes
② (*festividad*) Feier *f*
③ (*aplausos*) Beifall *m,* Applaus *m;* (*elogio*) Lob *nt*
④ (*organización*) Abhaltung *f,* Durchführung *f;* **~ de elecciones** Abhaltung [*o* Durchführung] von Wahlen
celebrado, -a [θele'βraðo, -a] *adj* gefeiert, berühmt
celebrante [θele'βrante] *m* (REL) Zelebrant *m*
celebrar [θele'βrar] **I.** *vt* ① (*mérito*) feiern; **todos ~on su triunfo** alle feierten seinen/ihren Sieg
② (*aplaudir*) applaudieren +*dat,* Beifall klatschen +*dat*
③ (*llegada*) willkommen heißen
④ (*ventajas*) preisen, loben, hervorheben
⑤ (*un chiste*) lachen (über +*akk*), sehr witzig finden
⑥ (*acontecimiento*) feiern; **~ la Navidad** Weihnachten feiern; **~ la misa** den Gottesdienst (feierlich) begehen [*o* abhalten] [*o* feiern]
⑦ (*sesiones, juntas, reuniones, audiencia*) abhalten; **~ una subasta** eine Versteigerung durchführen
⑧ (*alegrarse*) sich freuen (über +*akk*); **celebro que estés bien de salud** es freut mich, dass du bei guter Gesundheit bist; **celebramos haber tenido una niña** wir sind sehr glücklich [*o* freuen uns sehr] eine Tochter bekommen zu haben; **lo celebro mucho por ella** ich freue mich sehr für sie, ich gönne es ihr aus ganzem Herzen
⑨ (*tratado*) abschließen
II. *vi* (REL) Gottesdienst abhalten, Messe halten [*o* lesen]
III. *vr:* **~se** ① (*fiesta*) gefeiert werden; **la boda se ~á en un restaurante** die Hochzeit wird in einem Restaurant gefeiert
② (*reunión*) abgehalten werden, stattfinden; **la reunión de padres se ~á esta semana** der Elternabend wird diese Woche stattfinden
③ (DEP: *partido*) stattfinden; **el encuentro que se celebró el domingo pasado, entre el Atlético Madrid y la Real Sociedad...** die Begegnung zwischen Atlético Madrid und Real Sociedad, die letzten Sonntag stattfand, ...
célebre ['θeleβre] <celebérrimo> *adj* ① (*famoso*) berühmt (*por* für +*akk*); (*popular*) gefeiert; **un momento ~ para la historia** ein geschichtsträchtiger Augenblick
② (*fam: gracioso*) lustig, witzig; **¡la película fue ~!** der Film war zum Totlachen!
celebridad [θeleβri'ðað] *f* ① (*alguien ilustre*) Berühmtheit *f*
② (*renombre*) Ruhm *m*
③ (*festejo*) Feierlichkeit *f,* Festlichkeit *f*
celemín [θele'min] *m* ① (*de los áridos*) Metze *f* (4,625 *l*)
② (AGR, HIST: *de superficie*) altes kastilisches Flächenmaß (537 *m²*)
celeque [θe'leke] *adj* (*AmC: fruta tierna*) unreif
celeridad [θeleri'ðað] *f* Schnelligkeit *f,* Geschwindigkeit *f;* **con ~** (rasend) schnell, rasant
celesta [θe'lesta] *f* (MÚS) Celesta *f*
celeste [θe'leste] *adj* ① (*célico*) Himmels-; **cuerpos ~s** Himmelskörper *mpl*
② (*color*) hellblau, himmelblau
celestial [θeles'tjal] *adj* ① (*del cielo*) himmlisch, göttlich
② (*paradisíaco*) paradiesisch, himmlisch, göttlich; (*delicioso*) köstlich, himmlisch
③ (*irón fam: tonto*) dumm, einfältig
celestina [θeles'tina] *f* ① (*alcahueta*) Kupplerin *f*
② (*de bordel*) Bordellbesitzerin *f*
③ (QUÍM) Zölestin *m*
celestinazgo [θelesti'naθɣo] *m* Verkuppelung *f,* Kuppelei *f pey*
celestinesco, -a [θelesti'nesko, -a] *adj* kupplerisch
celfo ['θelfo] *m* (ZOOL) Blaumaul-Meerkatze *f*
celiaca [θe'ljaka] *f,* **celíaca** [θe'liaka] *f* (MED) *v.* **celiaquía**
celiaco, -a [θe'ljako, -a], **celíaco, -a** [θe'liako, -a] **I.** *adj* (MED) ① (*vientre, intestinos*) Bauch-; **arteria celiaca** Bauchhöhlenschlagader *f* ② (*relativo a la celiaquía*) Zöliakie- **II.** *m, f* Zöliakiekranke(r) *mf*
celiaquía [θelja'kia] *f* (MED) Zöliakie *f*
celibato [θeli'βato] *m* ① (REL) Zölibat *m o nt,* Ehelosigkeit *f*
② (*soltería*) Singledasein *nt,* Junggesellendasein *nt,* Junggesellenleben *nt*
③ (*fam: solterón*) Junggeselle *m*
célibe ['θeliβe] **I.** *adj* ① (REL) zölibatär, ehelos
② (*soltero*) ledig, unverheiratet
II. *mf* Junggeselle, -in *m, f*
celidonia [θeli'ðonja] *f* (BOT) Schöllkraut *nt*
celindrate [θelin'drate] *m* (GASTR) mit Koriander gewürztes (Fleisch)gericht
celioscopia [θeljos'kopja] *f* (MED) Laparoskopie *f,* Zölioskopie *f*
cella ['θeʎa] *f* ① (ARQUIT, REL: *edificios clásicos*) Zella *f*

② (HIST: *despensa*) Vorratsraum *m*
cellenco, -a [θe'ʎeŋko, -a] *adj* (*baldado*) gebrechlich, schwächlich; (*de vejez*) altersschwach
cellisca [θe'ʎiska] *f* (METEO) heftiger Schneeregen *m*
cellisquear [θeʎiske'ar] *vimpers:* **puede que hoy cellisquee** es kann heute Schneeregen und heftigen Wind geben
cello ['θeʎo] *m* Fassreifen *m*, Fassband *nt*
celo ['θelo] *m* ① (*afán*) Eifer *m*, Streben *m*
② *pl* (*por amor*) Eifersucht *f*; **dar** [*o* **infundir**] **~s** eifersüchtig machen, Eifersucht erregen; **tener ~s** eifersüchtig sein
③ *pl* (*sospecha*) Misstrauen *nt*, Argwohn *m*
④ *pl* (*envidia*) Neid *m*; **tiene ~s de su hermano** er/sie ist neidisch auf seinen/ihren Bruder
⑤ (*animales*) Brunstzeit *f*; **estar en ~** (*caza*) brünstig [*o* brunftig] sein; (*perra*) läufig sein; (*gata*) rollig sein
⑥ (*autoadhesivo*): **papel ~** Klebeband *nt*, Tesafilm® *m*
celofán® [θelo'fan] *m* ① (*para envolver*) Cellophan® *nt*
② (*autoadhesivo*) Klebeband *nt*, Tesafilm® *m*
celoidina [θeloi'ðina] *f* (FOTO) Zelloidin *nt*
celosía [θelo'sia] *f* ① (*rejilla, en confesionarios*) Gitter *nt*
② (*contraventanas*) Fensterladen *m*; (*persianas*) Rollladen *m*, Jalousie *f*
celoso, -a [θe'loso, -a] *adj* ① (*con fervor*) eifrig (*en* bei +*dat*), emsig (*en* bei +*dat*); (*en el trabajo*) diensteifrig, dienstbeflissen
② (*con celos*) eifersüchtig (*de* auf +*akk*); **su marido es tremendamente ~** ihr Mann ist schrecklich eifersüchtig
③ (*con envidia*) neidisch (*de* auf +*akk*), **está ~ de su hermano** er ist neidisch auf seinen Bruder
④ (*con dudas*) misstrauisch, argwöhnisch
⑤ (*exigente*) wachsam, sehr bedacht (*de* auf +*akk*); **es muy ~ de sus derechos** er ist sehr auf seine Rechte bedacht
celotipia [θelo'tipja] *f* (PSICO) krankhafte Eifersucht *f*
celta¹ ['θelta] I. *adj* keltisch
II. *mf* Kelte, -in *m, f*
celta² ['θelta] *m* (*lengua*) Keltisch(e) *nt*
celtíbera [θel'tiβera] *adj o f v.* **celtíbero**
celtibérico, -a [θelti'βeriko, -a] *adj v.* **celtíbero**
celtíbero, -a [θel'tiβero, -a] I. *adj* keltiberisch
II. *m, f* Keltiberer(in) *m(f)*
céltico, -a ['θeltiko, -a] *adj* keltisch
celtismo [θel'tismo] *m* (*estudio de los celtas*) Keltistik *f*, Keltologie *f*
celtohispánico, -a [θeltois'paniko, -a] *adj* (HIST, LING) keltiberisch
célula [θelula] *f* (BIOL, POL, FOTO, TÉC) Zelle *f*; **fotoeléctrica** Fotozelle *f*; **~ pigmentaria** Pigmentzelle *f*; **~ solar** Solarzelle *f*; **~ terrorista** terroristische Zelle
celular [θelu'lar] *adj* ① (BIOL) Zell-, zellulär; **crecimiento ~** Zellwachstum *nt*
② (*cárcel*): **prisión ~** Einzelhaft *f*; **coche ~** Polizeitransporter *m* (*zum Gefangenentransport*)
celulario, -a [θelu'larjo, -a] *adj* vielzellig
celulítico, -a [θelu'litiko, -a] *adj* (MED) Zellulitis-, Cellulitis-; **problema ~** Zellulitisproblem *nt*
celulitis [θelu'litis] *f inv* (MED) Zellulitis *f*, Cellulitis *f*
celuloide [θelu'loiðe] *m* (QUÍM) Zelluloid *nt*, Zellhorn *nt*
celulosa [θelu'losa] *f* (QUÍM) Zellulose *f*
celulósico, -a [θelu'losiko, -a] *adj* Zellulose-
cementación [θemenṭa'θjon] *f* (TÉC) Zementation *f*, Zementierung *f*
cementado, -a [θemen'taðo, -a] *adj* (TÉC) zementiert, gehärtet
cementar [θemen'tar] *vt* (TÉC) zementieren
cementerio [θemen'terjo] *m* ① (*camposanto*) Friedhof *m*; **~ de coches** Autofriedhof *m*; **~ de elefantes** Elefantenfriedhof *m*
② (*depósito*) Endlager *nt*, Endlagerstätte *f*; **~ nuclear** Endlager für atomare Abfälle
cementero, -a [θemen'tero, -a] *adj* Zement-
cemento [θe'menṭo] *m* ① (ARQUIT, TÉC) Zement *m*; **~ armado** [*o* **reforzado**] Stahlbeton *m*; **~ hidráulico** hydraulischer Zement; **~ portland** Portlandzement *m*
② (ANAT) Zement *m*
cempasúchil [θempa'sutʃil] *m* (*Méx:* BOT) Studentenblume *f*
cena ['θena] *f* ① (*última comida*) Abendmahlzeit *f*, Abendessen *nt*, Abendbrot *nt*, Abendmahl *m*; **la Última C~** das heilige Abendmahl
② (*alimento*) Abendessen *nt*, Abendbrot *nt*
cenáculo [θe'nakulo] *m* ① (*tertulia*) Stammtisch *m*; (*reunión*) Treffen *nt*
② (*de literatura*) Literaturzirkel *m*, Literaturkreis *m*
③ (*camarilla*) Clique *f*
④ (*lugar*) Treffpunkt *m*
cenador [θena'ðor] *m* ① (*comedor*) Speisesaal *m*
② (*en el jardín*) Gartenlaube *f*
cenaduría [θenaðu'ria] *f* (*Méx*) billiges (Abend)restaurant *nt*

cena-espectáculo ['θena espek'takulo] *f* <cenas-espectáculo> Abendessen bei gleichzeitiger Vorstellung oder Darbietung
cenagal [θena'ɣal] *m* ① (*con cieno*) Morast *m*, Schlammloch *nt*
② (*fam: problema*) Schlamassel *m*, Patsche *f*, Klemme *f*; (*situación*) vertrackte Lage *f*; **estar en un ~** in der Patsche [*o* in der Klemme] sitzen; **sacar a alguien de un ~** jdm aus der Patsche [*o* Klemme] helfen
cenagoso, -a [θena'ɣoso, -a] *adj* schlammig, morastig
cena-homenaje ['θena ome'naxe] *f* <cenas-homenaje> förmliches [*o* offizielles] Abendessen *nt*, Souper *nt*, Diner *nt*; **ofrecer una ~ a alguien** jdm zu Ehren ein Abendessen geben
cenar [θe'nar] I. *vi* zu Abend essen; **invitar a alguien a ~** jdn zum Abendessen einladen
II. *vt* zu Abend essen; **vengo cenado** ich habe schon zu Abend gegessen; **hoy hemos cenado lentejas** heute gab es Linsen zum Abendessen
cenceño, -a [θen'θeno, -a] *adj* (*personas, animales*) dünn, schlank; (*excesivamente*) dürr, knochig; (*vegetales*) dürr; (*pey*) mick(e)rig
cencerrada [θenθe'rraða] *f* ① (*de cencerros*) Kuhglockengeläute *nt* (*zu bestimmten Anlässen*)
② (*estruendo*) Lärm *m*, Getöse *nt*; (*música*) zu laute Musik *f*
cencerrear [θenθerre'ar] *vi* ① (*con cencerros*) läuten
② (*tocar mal*) völlig falsch spielen, (herum)klimpern *fam*
③ (*bisagras*) quietschen; (*madera*) knarren
④ (*traquetear*) rattern, klappern; (*golpetear*) schlagen
⑤ (*estruendo*) Krach machen
cencerreo [θenθe'rreo] *m* ① (*de cencerros*) Kuhglockengeläute *nt*
② (*sonido discordante*) Klimperei *f fam*, Katzenmusik *f fam*
③ (*de bisagras*) Quietschen *nt*; (*de madera*) Knarren *nt*
④ (*traqueteo*) Rattern *nt*, Klappern *nt*; (*golpeteo*) Schlagen *nt*
⑤ (*estruendo*) Krach *m*, Lärm *m*, Getöse *nt*
cencerro [θen'θerro] *m* (*de reses*) Kuhglocke *f*; **a ~s tapados** (klamm)heimlich, verstohlen; **estar como un ~** (*fam*) völlig verrückt [*o* übergeschnappt] sein
cencerrón [θenθe'rron] *m* (AGR: *racimo de uvas*) nach der Weinlese hängen gebliebene kümmerliche Traube
cendal [θen'dal] *m* ① (*tela*) Zindeltaft *m*
② (*velo*) Schleier *m*
③ (REL) Humerale *f*
cendra ['θendra] *f* (QUÍM) Knochenaschepaste *f*
cenefa [θe'nefa] *f* ① (*adorno*) Borte *f*, Spitze *f*; (*encaje de bolillos*) Klöppelspitze *f*; **~ con flecos** Fransen *fpl*
② (*de techos, muros*) Stuckverzierung *f*
cenestesia [θenes'tesja] *f* (MED) Bewegungsgefühl *nt*, Kinästhesie *f*
cenia ['θenja] *f* Schöpfrad *nt*
cenicero [θeni'θero] *m* Aschenbecher *m*, Ascher *m fam*
cenicienta [θeni'θjenta] *f*, **Cenicienta** [θeni'θjenta] *f* Aschenbrödel *nt*, Aschenputtel *nt*; **es más esclava que la ~** sie muss schwer schuften
ceniciento, -a [θeni'θjento, -a] *adj* aschfarben, aschgrau; **rubio ~** aschblond
cenit [θe'nit] *m* ① (ASTR) Zenit *m*, Scheitelpunkt *m*
② (*apogeo*) Zenit *m*, Höhepunkt *m*
cenital [θeni'tal] *adj* Zenit-
ceniza [θe'niθa] *f* ① (*residuo de algo quemado*) Asche *f*; **Miércoles de ~** Aschermittwoch *m*; **de color ~** aschfarben, aschgrau; **reducir algo a ~s** etw in Schutt und Asche legen, etw völlig zerstören; **renacer de sus propias ~s** wie ein Phönix aus der Asche steigen [*o* erstehen]; **huir de las ~s y caer en las brasas** vom Regen in die Traufe kommen; **tomar la ~** (REL) am Aschermittwoch mit Asche bestreut werden oder damit ein Kreuz auf die Stirn gezogen bekommen
② *pl* (*restos*) Überreste *mpl*; **las ~s radiactivas se echaron en una fosa** die radioaktiven Abfallstoffe wurden in einem Graben deponiert
③ *pl* (*restos mortales*) Asche *f*
cenizo¹ [θe'niθo] *m* ① (BOT) Gänsefuß *m*
② (*que trae mala suerte*) Unglücksbringer *m*
cenizo, -a² [θe'niθo, -a] *adj* ① (*ceniciento*) aschfarben, aschgrau; **rubio ~** aschblond
② (*de mal augurio*) Unglücks-; **avión ~** Unglücksmaschine *f*
cenobial [θeno'βjal] *adj* (REL: *propio de monasterio*) klösterlich, Kloster-
cenobio [θe'noβjo] *m* (REL) Kloster *nt*
cenobita [θeno'βita] *m* (REL) Klostermönch *m*, Zönobit *m*
cenotafio [θeno'tafjo] *m* Zenotaph *m*, Kenotaph *m*
cenote [θe'note] *m* (*Méx:* GEO: *manantial*) unterirdisches Wasserreservoir *nt*
cenozoico¹ [θeno'θoiko] *m* (GEO) Känozoikum *nt*
cenozoico, -a² [θeno'θoiko, -a] *adj* (GEO) känozoisch
censal [θen'sal] *adj v.* **censual**
censar [θen'sar] I. *vi* eine Volkszählung durchführen
II. *vt* zählen, erfassen
censo ['θenso] *m* ① (*de habitantes*) Volkszählung *f*, Zensus *m*; (*estadís-*

tica) statistische Erhebung *f;* ~ **electoral** (POL) Wählerliste *f;* ~ **de tráfico** Verkehrszählung *f*

❷ (FIN: *gravamen*) Pachtzins *m;* ~ **con dominio** Erbpacht *f;* ~ **hereditario** Erbzins *m;* **constituir un** ~ eine Pacht vertraglich festlegen

❸ (*pensión*) Rente *f;* ~ **vitalicio** [*o* **de vida**] Rente auf Lebenszeit

❹ (*recargo*) Belastung *f;* **ser algo un** ~ eine finanzielle Belastung sein; (*fig*) ein Fass ohne Boden sein

censor(a) [θenˈsor(a)] *m(f)* Zensor(in) *m(f);* ~ **de cuentas** Abschlussprüfer *m;* ~ **jurado de cuentas** vereidigter Buchprüfer [*o* Wirtschaftsprüfer]

censorio, -a [θenˈsorjo, -a] *adj* (*de la censura*) Zensur-; (*del censor*) Zensor-

censual [θenˈsual] *adj* ❶ (*pensión*) Renten-, Rentenschuld-
❷ (*gravamen*) Erbzins-

censualista [θenswaˈlista] *mf* ❶ (*gravamen*) Erbverpächter(in) *m(f)*
❷ (*pensión*) Renteninhaber(in) *m(f)*

censura [θenˈsura] *f* ❶ (*dictamen, crítica*) Zensur *f;* ~ **cinematográfica** Filmzensur *f;* ~ **de libros/prensa** Buch-/Pressezensur *f;* **incurrir a la** ~ unter die Zensur fallen; **ser sometido a la** ~ durch die Zensur gehen; **someter a la** ~ zensieren

❷ (*entidad*) Zensurbehörde *f*
❸ (FIN) Prüfung *f;* ~ **de cuentas** Buchprüfung *f,* Revision *f*
❹ (POL): **moción de** ~ Misstrauensantrag *m,* Misstrauensvotum *nt*
❺ (*vituperación*) Kritik *f,* Verurteilung *f,* Ablehnung *f*

censurable [θensuˈraβle] *adj* (*reprobable*) tadelnswert

censurador(a) [θensuraˈðor(a)] *adj* zensierend, Zensur-

censurar [θensuˈrar] *vt* ❶ (*juzgar*) beurteilen, zensieren; (*suprimir*) zensieren; (*en películas, canciones*) herausschneiden, zensieren; (*en libros*) streichen, zensieren; (*prohibir*) verbieten; ~**on todas las escenas violentas** alle Gewaltszenen wurden herausgeschnitten; ~**on todas sus obras** alle seine/ihre Werke wurden verboten

❷ (*vituperar*) kritisieren, verurteilen, ablehnen

centaur(e)a [θenˈtauɾa/θentauˈrea] *f* (BOT) Flockenblume *f*

centauro [θenˈtauɾo] *m* Zentaur *m*

centavo¹ [θenˈtaβo] *m* ❶ (*centésima parte*) Hundertstel *nt,* hundertster Teil *m*

❷ (*céntimo*) ≈Pfennig *m;* **estar sin un** ~ nicht einen Pfennig haben
❸ (*AmC, CSur:* FIN: *moneda*) Centavo *m*

centavo, -a² [θenˈtaβo, -a] *adj* hundertstel; *v. t.* **octavo¹**

centella [θenˈteʎa] *f* ❶ (*rayo*) Blitz *m;* **rápido como una** ~ schnell wie der [*o* ein geölter] Blitz

❷ (*chispa*) Funke *m*
❸ (*destello*) Funkeln *nt*

centelleante [θenteʎeˈante] *adj* (*brillante*) sprühend, funkelnd; **con una mirada** ~ mit strahlendem Blick; **ojos** ~**s de furor** vor Wut blitzende Augen

centell(e)ar [θenteʎeˈar/θenteˈʎar] *vi* ❶ (*relámpago*) blitzen
❷ (*fuego*) Funken sprühen
❸ (*estrella*) funkeln
❹ (*ojos*) glänzen, leuchten, strahlen
❺ (*gema*) glänzen, funkeln

centelleo [θenteˈʎeo] *m* ❶ (*del relámpago*) Blitzen *nt*
❷ (*de las llamas*) Funkensprühen *nt*
❸ (*de las estrellas*) Funkeln *nt*
❹ (*de los ojos*) Glänzen *nt,* Leuchten *nt*
❺ (*de una gema*) Glänzen *nt,* Funkeln *nt*

centena [θenˈtena] *f* Hundert *nt;* **media** ~ ein halbes Hundert

centenada [θenteˈnaða] *f* Hundert *nt;* **vinieron a** ~**s** sie kamen zu Hunderten

centenal [θenteˈnal] *m* (AGR) Roggenfeld *nt*

centenar [θenteˈnar] *m* ❶ (*cien*) Hundert *nt;* **recibió** ~**es de telegramas** er/sie erhielt Hunderte [*o* hunderte] von Telegrammen; **vinieron a** ~**es** sie kamen zu Hunderten

❷ (*centenario*) Jahrhundert *nt*
❸ (AGR) Roggenfeld *nt*

centenario¹ [θenteˈnarjo] *m* (*conmemoración*) Jahrhundertfeier *f,* hundertjähriges Jubiläum *nt*

centenario, -a² [θenteˈnarjo, -a] I. *adj* hundertjährig
II. *m, f* Hundertjährige(r) *mf*

centenaza [θenteˈnaθa] I. *adj* (AGR) Roggen-; **paja** ~ Roggenstroh *nt*
II. *f* (AGR) Roggenstroh *nt*

centenero, -a [θenteˈnero, -a] *adj* (AGR) für den Roggenanbau geeignet

centeno [θenˈteno] *m* (BOT) Roggen *m*

centésima [θenˈtesima] *adj o f v.* **centésimo²**

centesimal [θentesiˈmal] *adj* zentesimal, hundertteilig

centésimo¹ [θenˈtesimo] *m* (*Chil, Pan, Urug:* FIN: *moneda*) Centésimo *m*

centésimo, -a² [θenˈtesimo, -a] I. *adj* (*parte*) hundertstel; (*numeración*) hundertste(r, s); **la centésima parte de...** ein Hundertstel von ...; **por** ~ **vez te lo digo** ich sage es dir jetzt zum hundertsten Mal
II. *m, f* Hundertstel *nt; v. t.* **octogésimo**

centiárea [θenˈtiaɾea] *f* Quadratmeter *m*

centigrado [θenˈtiɣɾaðo] *m* Zentigrad *nt,* hundertstel Grad *m;* **grado** ~ Celsiusgrad *nt;* **la temperatura es de 40 grados** ~**s** die Temperatur beträgt 40 Grad Celsius

centigramo [θentiˈɣɾamo] *m* Zentigramm *nt,* hundertstel Gramm *nt*

centilitro [θentiˈlitɾo] *m* Zentiliter *m,* hundertstel Liter *m*

centillero [θentiˈʎeɾo] *m* (REL: *candelabro*) siebenarmiger Leuchter *m*

centímetro [θenˈtimetɾo] *m* Zentimeter *m o nt,* hundertstel Meter *m o nt*

céntimo [ˈθentimo, -a] I. *adj* hundertstel
II. *m* ❶ (*centésima parte*) Hundertstel *nt,* hundertster Teil *m*
❷ (FIN, HIST: *moneda*) hundertstel Peseta *f;* **estar sin un** ~ nicht einen Pfennig haben; **no vale ni un** ~ das ist nicht einen Pfifferling wert *fam*
❸ (*CRi, Par, Ven:* FIN: *moneda*) Céntimo *m*
❹ (FIN, UE: *moneda*) Cent *m;* **C~ de euro** Eurocent *m*

centinela [θentiˈnela] *mf* ❶ (*de museo, banco, parque*) Wächter(in) *m(f);* **estar de** ~ Wache halten [*o* haben]; **hacer de** ~ (*en un atraco*) Schmiere stehen *fam*
❷ (MIL) Wach(t)posten *m*

centinodia [θentiˈnoðja] *f* (BOT) Vogelknöterich *m*

centiplicado, -a [θentipliˈkaðo, -a] *adj* verhundertfach

centipondio [θentiˈpondjo] *m* Zentner *m*

centli [ˈθenˀli] *m* (*Méx*) Mais *m*

centollo, -a [θenˈtoʎo, -a] *m, f* (ZOOL) Meerspinne *f*

centón [θenˈton] *m* ❶ (*manta*) (bunte) Flickendecke *f*
❷ (LIT: *obra sapiencial*) Flickwerk *nt;* (*poema*) Cento *m*

centrado, -a [θenˈtɾaðo, -a] *adj* ❶ (*en el centro*) zentriert, mittig
❷ (*forma de ser*) ausgeglichen

central [θenˈtɾal] I. *adj* ❶ (*en el centro*) Zentral-, Mittel-; **Europa C~** Mitteleuropa *nt*

❷ (*esencial*) zentral, wesentlich; **eso es de** ~ **importancia** das ist von wesentlicher Bedeutung

❸ (*principal*) Zentral-, Haupt-; **comité** ~ Zentralkomitee *nt;* **estación** ~ Hauptbahnhof *m*

II. *f* ❶ (*oficina*) Zentrale *f,* Hauptstelle *f;* ~ **de Correos** Hauptpost *f,* Hauptpostamt *nt;* ~ **sindical** Gewerkschaftsverband *m;* ~ **telefónica** (TEL) Fern(sprech)amt *nt,* Fernvermittlungsstelle *f;* (*de una empresa*) Telefonzentrale *f;* ~ **telefónica manual** handvermittelndes Fernsprechamt

❷ (TÉC) Werk *nt,* Anlage *f;* ~ **azucarera** (*AmC, Ant*) Zuckerfabrik *f;* ~ **de bombeo** Pumpstation *f;* ~ **depuradora** Kläranlage *f;* ~ **de distribución** Schaltzentrale *f;* ~ **eléctrica** Elektrizitätswerk *nt;* ~ **hidroeléctrica** Wasserkraftwerk *nt;* ~ **nuclear** Kernkraftwerk *nt,* Atomkraftwerk *nt;* ~ **térmica** Wärmekraftwerk *nt*

centralidad [θentɾaliˈðað] *f* Zentralität *f,* Mittelpunktslage *f*

centralismo [θentɾaˈlismo] *m* (POL) Zentralismus *m*

centralista [θentɾaˈlista] I. *adj* (POL) zentralistisch
II. *mf* ❶ (POL) Zentralist(in) *m(f)*
❷ (*AmC, Ant: del ingenio azucarero*) Zuckerfabrikant(in) *m(f)*

centralita [θentɾaˈlita] *f* (TEL) Telefonzentrale *f*

centralización [θentɾaliθaˈθjon] *f* Zentralisierung *f*

centralizar [θentɾaliˈθar] <z→c> *vt* zentralisieren

centrar [θenˈtɾar] I. *vt* ❶ (TÉC: *colocar*) zentrieren
❷ (*aunar esfuerzos*) ausrichten (*en* auf +*akk*), konzentrieren (*en* auf +*akk*); ~**on sus investigaciones en el desarrollo de una vacuna** ihre Forschung arbeitete gezielt auf die Entwicklung eines Impfstoffes hin
❸ (*interés, atención, miradas*) anziehen, bündeln; **el mago centró todas las miradas** der Magier zog alle Blicke auf sich
❹ (*lo esencial*) in den Mittelpunkt stellen; **centró su novela en el problema de la droga** sein Roman dreht sich um die Drogenproblematik
II. *vi, vt* (DEP: *fútbol*) flanken
III. *vr:* ~**se** ❶ (*basarse*) sich gründen (*en* auf +*dat*), beruhen (*en* auf +*dat*), ausgehen (*en* von +*dat*); **el problema se centra en la incapacidad de comunicación** das Problem beruht auf der Kommunikationsunfähigkeit
❷ (*familiarizarse*) sich einleben (*en* in +*dat*); (*en un trabajo*) sich einarbeiten (*en* in +*akk*)
❸ (*interés, atención, miradas*) sich richten (*en* auf +*akk*); **todos sus esfuerzos se** ~**on en el rescate de la chica** sie setzten alle ihre Kräfte daran, das Mädchen zu retten

céntrico, -a [ˈθentɾiko, -a] *adj* im Mittelpunkt (liegend); (TÉC) zentrisch; **punto** ~ Mittelpunkt *m;* **piso** ~ zentral gelegene Wohnung

centrifuga [θenˈtɾifuɣa] *f* Schleuder *f,* Zentrifuge *f;* **pasar algo por la** ~ etw schleudern

centrifugación [θentɾifuɣaˈθjon] *f* Schleudern *nt,* Zentrifugieren *nt;* **programa de** ~ Schleudergang *m,* Schleuderprogramm *nt*

centrifugado¹ [θentɾifuˈɣaðo] *m* Schleudern *nt,* Zentrifugieren *nt*

centrifugado, -a² [θentrifu'ɣaðo, -a] *adj* zentrifugiert, (aus)geschleudert

centrifugador(a) [θentrifuɣa'ðor(a)] *adj* Schleuder-, Zentrifugier-; **hormigón ~** Schleuderbeton *m*

centrifugadora [θentrifuɣa'ðora] *f* Schleuder *f*, Zentrifuge *f*

centrifugar [θentrifu'ɣar] <g→gu> *vt* schleudern, zentrifugieren; **~ la ropa** die Wäsche schleudern

centrífugo, -a [θen'trifuɣo, -a] *adj* Schleuder-, Zentrifugal-; **fuerza centrífuga** Schleuderkraft *f*, Zentrifugalkraft *f*; **ventilador ~** Schleudergebläse *nt*, Zentrifugalgebläse *nt*

centrina [θen'trina] *f*, **centrino** [θen'trino] *m* (ZOOL) Meersau *f*, Schweinshai *m*

centríolo [θen'triolo] *m* (BIOL) Zentriol *nt*

centrípeta [θen'tripeta] *f* (FÍS) Zentripetalkraft *f*

centrípeto, -a [θen'tripeto, -a] *adj* (FÍS) zentripetal, Zentripetal-

centrisco [θen'trisko] *m* (ZOOL) Schnepfenmesserfisch *m*

centrismo [θen'trismo] *m* (POL) Zentrismus *m*

centrista [θen'trista] I. *adj* (POL) Zentrums-; **partido ~** Zentrumspartei *f* II. *mf* (POL) Zentrumspolitiker(in) *m(f)*

centro [θentro] *m* ❶ (*el medio*) Zentrum *nt*, Mitte *f*, Mittelpunkt *m*; (*de la ciudad*) Innenstadt *f*; **~ de atracción** Hauptanziehungspunkt *m*, Hauptattraktion *f*; **~ comercial** Handelszentrum *nt*; (*tiendas*) Einkaufszentrum *nt*; **~ comercial virtual** virtuelles Einkaufszentrum; **~ de gravedad** Schwerpunkt *m*; **~ industrial** Industriezentrum *nt*; **~s de inversión** (ECON) Investitionszentren *ntpl*; **estuvo en el ~ de las miradas** alle Blicke waren auf ihn/sie gerichtet; **vivimos en el ~** wir wohnen mitten in der Stadt; **estar en su ~** in seinem Element sein ❷ (*institución*) Zentrum *nt*, Einrichtung *f*; **~ de cálculo** Rechenzentrum *nt*; **~ de computación** (INFOR) Rechenzentrum *nt*; **~ de enseñanza** Ausbildungsstätte *f*; **~ de planificación familiar** Familienberatungsstelle *f*; **~ de rehabilitación** Rehabilitationszentrum *nt* ❸ (POL) Zentrum *nt*, Mitte *f*; **partido del ~** Zentrumspartei *f* ❹ (DEP) Mitte *f*; **~ de(l) campo** Mittelfeld *nt* ❺ (ANAT) **~ nervioso** [*o* **neurálgico**] Nervenzentrum *nt*; **este grupo es el ~ neurálgico de la organización** (*fig*) diese Gruppe ist der Kopf der Organisation ❻ (*AmC: chaleco y pantalón*) Hosen- und Westenkombination; (*AmC, Méx: chaleco y chaqueta*) Jacken- und Westenkombination

centroafricano, -a [θentroafri'kano, -a] I. *adj* zentralafrikanisch II. *m, f* Zentralafrikaner(in) *m(f)*

Centroamérica [θentroa'merika] *f* Mittelamerika *nt*

centroamericano, -a [θentroameri'kano, -a] I. *adj* mittelamerikanisch II. *m, f* Mittelamerikaner(in) *m(f)*

centrobárico, -a [θentro'βariko, -a] *adj* (FÍS) baryzentrisch

centrocampista [θentrokam'pista] *mf* (DEP) Mittelfeldspieler(in) *m(f)*

centroderecha [θentroðe'retʃa] *m* (POL: *de un partido*) rechter Flügel *m* (*einer Zentrumspartei*)

Centroeuropa [θentroeu'ropa] *f* Mitteleuropa *nt*

centroeuropeo, -a [θentroeuro'peo, -a] I. *adj* mitteleuropäisch II. *m, f* Mitteleuropäer(in) *m(f)*

centroizquierda [θentroiθ'kjerða] *m* (POL: *de un partido*) linker Flügel *m* (*einer Zentrumspartei*)

centrosoma [θentro'soma] *m* (BIOL) Zentrosom *nt*

centuplicado, -a [θentupli'kaðo, -a] *adj* verhundertfacht

centuplicar [θentupli'kar] <c→qu> *vt* verhundertfachen

céntuplo¹ ['θentuplo] *m* Hundertfache(s) *nt*; **un metro es el ~ de un centímetro** ein Meter ist das Hundertfache eines Zentimeters

céntuplo, -a² ['θentuplo] *adj* hundertfach

centuria [θen'turja] *f* ❶ (*siglo*) Jahrhundert *nt* ❷ (MIL) Hundertschaft *f* ❸ (HIST: *en la antigua Roma*) Zenturie *f*

centurión [θentu'rjon] *m* ❶ (MIL) Befehlshaber *m* (einer Hundertschaft) ❷ (HIST: *en la antigua Roma*) Zenturio *m*

cenutrio [θe'nutrjo] *m* (*argot*) Depp *m*, Dummkopf *m*

cenzonte [θen'θonte] *m*, **cenzontle** [θen'θondle] *m* (*Méx*: ZOOL) Spottdrossel *f*

ceñideras [θeɲi'ðeras] *fpl* Schürze *f*

ceñido, -a [θe'ɲiðo, -a] *adj* ❶ (*vestido*) eng (anliegend), knapp ❷ (*curva*) eng ❸ (*forma de expresión*) spärlich; **~ y corto** kurz und präzise, gerafft ❹ (*ahorrador*) sparsam

ceñidor [θeɲi'ðor] *m* ❶ (*faja*) Mieder *nt* ❷ (*cinturón*) Gürtel *m*; (*fajín*) Schärpe *f*

ceñiglo [θe'ɲiɣlo] *m* (BOT) Weißer Gänsefuß *m*

ceñir [θe'ɲir] *irr* I. *vt* ❶ (*rodear*) umgeben; (MIL) einkreisen ❷ (*ponerse*) umlegen, anlegen; (*cinturón*) umschnallen ❸ (*costura*) enger nähen, einnähen; (*acortar*) kürzen ❹ (*abreviar*) kürzen, raffen II. *vr*: **~se** ❶ (*ajustarse*) sich eng [*o* strikt] halten (*a* an +*akk*), sich beschränken (*a* auf +*akk*); (*al hablar*) sich kurz fassen; **~se al presupuesto** sich strikt auf das Budget beschränken ❷ (*vestido*) eng (*a um* +*akk*); **este traje se ciñe demasiado al cuerpo** dieser Anzug ist zu eng ❸ (*ponerse*) anlegen; **se ciñó la espada** er/sie legte das Schwert an; **se ciñó el cinturón** er/sie schnallte sich *dat* den Gürtel um; **se ciñó la corona** er/sie setzte sich *dat* die Krone auf; (*fig*) er wurde König/sie wurde Königin; **~se más fuerte el cinturón** (*fam: ahorrar*) den Gürtel enger schnallen

ceño ['θeɲo] *m* Stirnrunzeln *nt*; **fruncir** [*o* **arrugar**] **el ~, mirar con ~** (*disgustado*) die Stirn runzeln; (*enojado*) finster dreinschauen [*o* dreinblicken]; **mirar algo/a alguien con ~** etw/jdn misstrauisch beäugen

ceñudo, -a [θe'ɲuðo, -a] *adj* ❶ (*mirada*) grimmig, finster ❷ (*persona: disgustada*) stirnrunzelnd; (*enojada*) grimmig [*o* finster] dreinblickend

ceo ['θeo] *m* (ZOOL) Heringskönig *m*, Petersfisch *m*

CEOE [θeeo'e] *f abr de* **Confederación Española de Organizaciones Empresariales** Dachverband der spanischen Wirtschaftsverbände

cepa ['θepa] *f* ❶ (BOT: *tronco*) Strunk *m*; (*en la vid*) (Wein)stock *m* ❷ (*origen*) Stamm *m*, Familie *f*, Geschlecht *nt*; **alguien de buena ~** jd aus gutem Hause; **algo de buena ~** etw von bester [*o* höchster] Qualität; **de pura ~** waschecht ❸ (*Méx: hoyo*) Graben *m*, ausgegrabenes Loch *nt*

CEPAL [θe'pal] *f abr de* **Comisión Económica para América Latina** CEPAL *f*, Wirtschaftskommission *f* für Lateinamerika

CEPALC [θe'palk] *m* (HIST; ECON) *abr de* **Comisión Económica para América Latina y el Caribe** CEPALC *f*, Wirtschaftskommission *f* für Lateinamerika und die Karibik

cepellón [θepe'ʎon] *m* Erde *f* des Wurzelballens

cepillado [θepi'ʎaðo] *m* ❶ (*cabello, traje*) Bürsten *nt* ❷ (TÉC: *madera*) Hobeln *nt*

cepilladura [θepiʎa'ðura] *f* ❶ (*acción de cepillar*) Hobeln *nt* ❷ (*viruta*) Hobelspäne *mpl*

cepillar [θepi'ʎar] I. *vt* ❶ (*cabello, traje*) bürsten ❷ (TÉC: *madera*) hobeln ❸ (*argot: robar*) klauen, stehlen ❹ (*Am: argot: adular*) kriechen (*a* vor +*dat*) ❺ (*argot: ganar*) abzocken; **cepilla a todos jugando al póker** beim Pokern zieht er/sie alle über den Tisch II. *vr*: **~se** ❶ (*argot: robar*) mitgehen lassen; **ya ha vuelto a ~se mi mechero** jetzt hat er/sie schon wieder mein Feuerzeug eingesteckt ❷ (*fam: devorar*) verschlingen, verdrücken; **se cepilló medio kilo de pasteles en diez minutos** er/sie verdrückte ein halbes Kilo Gebäck in zehn Minuten ❸ (*fam: gastarse dinero*) verschleudern, auf den Kopf hauen; **se cepilló toda la herencia en sólo tres meses** er/sie hat die ganze Erbschaft innerhalb von nur drei Monaten auf den Kopf gehauen ❹ (*argot: con pistola*) umlegen; (*con cuchillo*) abstechen; (*estrangular*) abmurksen ❺ (*vulg: seducir*) vernaschen *fam*; **~se a una chica** ein Mädchen flachlegen *fam*

cepillo [θe'piʎo] *m* ❶ (*para el cabello*) (Haar)bürste *f*; (*para un traje*) (Kleider)bürste *f*; (*de limpiar*) Schrubber *m*; **~ de barrer** Kehrbesen *m*; **~ de dientes** Zahnbürste *f*; **corte de pelo al ~** Bürsten(haar)schnitt *m*, Igel(haar)schnitt *m*; **pasar el ~** kehren ❷ (TÉC: *para madera*) Hobel *m* ❸ (*en misa*) Klingelbeutel *m*, Sammelbüchse *f* (*für Almosen*); **pasar el ~** den Klingelbeutel herumgeben ❹ (*argot: adulador*) Kriecher(in) *m(f)*, Schleimer(in) *m(f)*

cepo ['θepo] *m* ❶ (BOT) Ast *m* ❷ (*caza*) Fangeisen *nt*, Tellereisen *nt*; (*emboscada*) Falle *f*; **caer en el ~** in die Falle gehen ❸ (*grilletes*) Fußschellen *fpl* ❹ (*para artesanos, cerrajeros y herreros*) Klotz *m*, Block *m* ❺ (*en misa*) Klingelbeutel *m*, Sammelbüchse *f* (*für Almosen*); **pasar el ~** den Klingelbeutel herumgeben ❻ (*para torturar*) Block *m*

ceporro¹ [θe'porro] *m* Holz der Weinrebe

ceporro, -a² [θe'porro, -a] I. *adj* ❶ (*ignorante*) einfältig, dumm ❷ (*torpe*) ungeschickt ❸ (*tosco*) grob, plump II. *m, f* ❶ (*ignorante*) Dummkopf *m*, Idiot(in) *m(f) fam* ❷ (*tosco*) Grobian *m*, Rohling *m* ❸ (*fam*) **dormir como un ~** schlafen wie ein Murmeltier; **estar hecho un ~** dick und fett sein, gut im Futter sein

CEPSA ['θeβsa] *f* (ECON) *abr de* **Compañía Española de Petróleos, S.A.** spanische Erdölgesellschaft

CEPYME [θe'pime] *f abr de* **Confederación Española de la Pequeña**

y Mediana Empresa Verband *m* der spanischen Mittelstandsunternehmen
cequí [θe'ki] *m* (HIST: *moneda*) Zechine *f*
cequia ['θekja] *f* Bewässerungsgraben *m*
cera ['θera] *f* ① (*sustancia*) Wachs *nt*; (*de vela*) (Kerzen)wachs *nt*; ~ **de abeja** Bienenwachs *nt*; ~ **de lustrar** Politurwachs *nt*; ~ **de los oídos** Ohrenschmalz *nt*; ~ **para suelos** Bohnerwachs *nt*; ~ **virgen** Naturwachs *nt*; **museo de** ~ Wachsfigurenkabinett *nt*; **blanco como la** ~ kreidebleich; **blando como la** ~ wachsweich; (*fig*) ängstlich; **hacer la** ~ mit Wachs enthaaren; **sacar la** ~ **a algo** etw (mit Wachs) polieren; **no hay más** ~ **que la que arde** (*fig*) es steckt nichts weiter dahinter
② (*And, Méx: vela*) Wachskerze *f*
ceración [θera'θjon] *f* (QUÍM) Metallschmelzen *nt*
cerámica [θe'ramika] *f* ① (*material*) Keramik *f*
② (*técnica*) Keramik *f*; (*industria*) Keramikindustrie *f*
③ (*objetos*) Keramik *f*; **colecciona** ~ **antigua** er/sie sammelt antike Keramiken
cerámico, -a [θe'ramiko, -a] *adj* keramisch
ceramista [θera'mista] *mf* Keramiker(in) *m(f)*
ceratias [θe'ratjas] *m inv* (ASTR) doppelschweifiger Komet *m*
cerato [θe'rato] *m* (MED) Wachssalbe *f*, Zerat *nt*
ceraunomancia [θerauno'manθja] *f*, **ceraunomancía** [θerauno-man'θia] *f* Wahrsagen *nt* mit Hilfe von Gewittern
ceraunómetro [θerau'nometro] *m* (FÍS) Blitzmesser *m*
cerbatana [θerβa'tana] *f* ① (*para cazar, juguete*) Blasrohr *nt*
② (*para sordos*) Hörrohr *nt*
cerca ['θerka] I. *adv* ① (*en el espacio*) nah(e); **el hotel está muy** ~ das Hotel ist ganz nah [*o* in der Nähe]; **aquí** ~ hier in der Nähe; **por aquí** ~ hier irgendwo (in der Nähe); **mirar de** ~ aus der Nähe betrachten
② (*en el tiempo*) bald; **las Navidades están** ~ bald ist Weihnachten, Weihnachten steht vor der Tür
II. *prep* ① (*lugar*): ~ **de** nahe bei +*dat*, in der Nähe von +*dat*, unweit von +*dat*; **estamos** ~ **del hotel** wir sind in der Nähe des Hotels; **ha estado** ~ **de llorar** er/sie war drauf und dran zu weinen; **prefiero tenerlo** ~ **de mí** ich habe ihn gerne in sicherer Nähe
② (*cantidad*) fast, annähernd; **el piso tiene** ~ **de 80 m²** die Wohnung hat fast [*o* annähernd] 80 m²; **son** ~ **de las dos** es ist fast zwei Uhr
③ (POL) bei +*dat*; **es embajador** ~ **del Vaticano** er ist Botschafter beim Vatikan
III. *f* Umzäunung *f*, Zaun *m*; ~ **de alambre** Drahtzaun *m*
cercado [θer'kaðo] *m* ① (*valla*) Umzäunung *f*, Zaun *m*; ~ **de alambre** Drahtzaun *m*
② (*recinto*) umzäuntes [*o* eingefriedetes] Grundstück *nt*
cercador [θerka'ðor] *m* (ARTE) Ziseliereisen *nt*
cercanía [θerka'nia] *f* ① (*proximidad*) Nähe *f*; (*vecindad*) Nachbarschaft *f*
② *pl* (*alrededores*) Umgebung *f*; **tren de** ~**s** Nahverkehrszug *m*; **en las** ~**s de una ciudad** im Vorstadtgebiet, im Stadtrandgebiet
cercano, -a [θer'kano, -a] *adj* nahe; **¿dónde está el hospital más** ~**?** wo ist das nächste Krankenhaus?
cercar [θer'kar] <c→qu> *vt* ① (*vallar*) einzäunen (*con* mit +*dat*); (*rodear*) umgeben (*con* mit +*dat*); ~**on el jardín con un muro** sie bauten eine Mauer um den Garten
② (*rodear*) umringen, einkreisen; **los periodistas** ~**on al político** die Journalisten umringten den Politiker; **le** ~**on en un callejón oscuro** in einer dunklen Gasse umzingelten sie ihn; **no podía escaparse, le habían cercado ya** er konnte nicht mehr fliehen, sie hatten ihn schon eingekreist
③ (MIL: *sitiar*) belagern; (*rodear*) einkesseln, umzingeln
cercaria [θer'karja] *f* (ZOOL) Zerkarie *f*
cercas ['θerkas] *mpl* (ARTE: *en primer término*) Objekte *ntpl* (im Bildvordergrund)
cercén [θer'θen] *adv*: **cortar a** ~ ganz [*o* vollständig] abschneiden
cercenadura [θerθena'ðura] *f* ① (*acción*) Schneiden *nt*
② (*lo que se corta*) abgeschnittener Rand *m*; (*de ramas*) Schnittabfälle *mpl*
③ (*huella*) Schnittrand *m*, Schnittkante *f*
cercenar [θerθe'nar] *vt* ① (*a cercén*) völlig [*o* ganz] abschneiden
② (MED: *miembro*) amputieren, abnehmen
③ (*gasto, sueldo, texto*) kürzen
cerceta [θer'θeta] *f* (ZOOL) Krickente *f*
cercha ['θertʃa] *f* ① (*arco, bóveda*) Lehrbogen *m*
② (*listón, tabla*) Ringsegment *nt*
③ (*aro de hierro*) (Metall)reif *m*
cerchar [θer'tʃar] *vt* (AGR) absenken
② (*curvar*) (zurecht)biegen
cerciorar [θerθjo'rar] I. *vt* überzeugen (*de* von +*dat*)
II. *vr*: ~**se** sich *dat* Gewissheit verschaffen (*de* über +*akk*)
cerco ['θerko] *m* ① (*círculo*) Kreis *m*; (*anillo*) Ring *m*, Reifen *m*; (*borde*)

Rand *m*; (*de suciedad*) Schmutzrand *m*
② (*valla*) Zaun *m*, Umzäunung *f*
③ (*de barril*) Fassband *nt*, Fassreifen *m*
④ (ASTR, METEO) Hof *m*
⑤ (MIL) Einkesselung *f*, Belagerung *f*
⑥ (*grupo social*) (Gesellschafts)kreis *m*
⑦ (BOT) Jahresring *m*
cercopiteco [θerkopi'teko] *m* (ZOOL) Meerkatze *f*
cerda ['θerða] *f* ① (ZOOL) Sau *f*
② (*pelo*) Borste *f*; (*de cerdo*) Schweinsborsten *fpl*; (*de caballo*) Rosshaar *nt*
cerdada [θer'ðaða] *f* (*fam pey*) Schweinerei *f*
cerdamen [θer'ðamen] *m sin pl* (*cerdas*) Borstenbüschel *nt*
cerdear [θerðe'ar] *vi* ① (*animal*) in [*o* mit] den Vorderbeinen einknicken
② (MÚS) schnarren
③ (*fam fig: actuar de mala gana*) ein langes Gesicht machen; (*rezongar*) maulen
④ (*fig fam: actuar con maldad*) ein Schwein sein, rücksichtslos sein; **para alcanzar la cumbre del poder tienes que saber** ~ um den Gipfel der Macht zu erreichen, musst du ein Schwein sein
Cerdeña [θer'ðeɲa] *f* Sardinien *nt*
cerdo, -a ['θerðo, -a] I. *adj* (*sucio*) schweinisch, schmutzig
II. *m*, *f* ① (ZOOL) Schwein *nt*; (*hembra*) Sau *f*; **carne de** ~ Schweinefleisch *nt*
② (*insulto*) (Dreck)schwein *nt*, (Dreck)sau *f*
cerdoso, -a [θer'ðoso, -a] *adj* (*con cerdas*) borstig; (*barba*) stopp(e)lig
cereal [θere'al] *adj* Getreide-, Korn-
cereales [θere'ales] *mpl* Getreide *nt*; ~ **forrajeros** Futtergetreide *nt*
cerealista [θerea'lista] *adj* (AGR) Getreide-; **precios** ~**s** Getreidepreise *mpl*
cerebelo [θere'βelo] *m* (ANAT) Kleinhirn *nt*
cerebral [θere'βral] *adj* (ANAT) Gehirn-; **irrigación** ~ Gehirndurchblutung *f*
cerebrina [θere'βrina] *f* (MED) koffein- und kokainhaltiges Schmerzmittel
cerebro [θe'reβro] *m* ① (ANAT: *en su totalidad*) (Ge)hirn *nt*
② (ANAT: *parte mayor*) Großhirn *nt*
③ (*inteligencia*) Intelligenz *f*, Verstand *m*; **ser** (*todo*) **un** ~ ein (wahres) Genie sein, ein schlaues Köpfchen sein *fam*; **el** ~ **de esta organización se compone de sólo tres miembros** der Kopf dieser Organisation besteht aus nur drei Mitgliedern
cerebroespinal [θereβroespi'nal] *adj* (ANAT) zerebrospinal
ceremonia [θere'monja] *f* ① (*acto*) Zeremonie *f*; (*celebración*) Feierlichkeiten *fpl*; (*misa*) Gottesdienst *m*; ~ **de casamiento** Trauungszeremonie *f*; ~ **de coronación** Krönungszeremonie *f*
② (*cortesía*) Höflichkeit *f*, Förmlichkeit *f*; **reunión de** ~ formelle [*o* offizielle] Zusammenkunft; **por** ~ der Form halber [*o* wegen]; **sin** ~**s** ohne viel Aufhebens, ungezwungen; **hablar sin** ~ (*fam*) reden, wie einem der Schnabel gewachsen ist
ceremonial [θeremo'njal] I. *adj* feierlich, förmlich
II. *m* ① (*ritual*) Zeremoniell *nt*, Brauch *m*
② (*fórmulas*) Höflichkeitsformen *fpl*
ceremonioso, -a [θeremo'njoso, -a] *adj* ① (*solemne*) feierlich, zeremoniös; (*formal*) förmlich
② (*persona*) steif
cereño, -a [θe'reɲo, -a] *adj* (*color cera: perros*) wachsfarben, sandfarben
céreo, -a ['θereo, -a] *adj* (*elev*) wächsern, wachsbleich
cerera [θe'rera] *f v.* **cerero**
cerería [θere'ria] *f* ① (*taller*) Wachszieherei *f*
② (*artículos*) Wachswaren *fpl*
cerero, -a [θe'rero, -a] *m, f* Wachszieher(in) *m(f)*
cerevisina [θereβi'sina] *f* (MED) Bierhefe *f*
cereza [θe'reθa] *f* Kirsche *f*; ~ **silvestre** Wildkirsche *f*; **rojo** ~ kirschrot
cerezal [θere'θal] *m* Kirschgarten *m*
cerezo [θe'reθo] *m* ① (*árbol*) Kirschbaum *m*
② (*madera*) Kirschbaum *m*, Kirschholz *nt*
cerífica [θe'rifika] I. *adj* (ARTE) Wachs-; **pintura** ~ Wachsmalerei *f*
II. *f* (ARTE) Wachsmalerei *f*
ceriflor [θeri'flor] *m* (BOT) (*planta*) Wachsblume *f*
② (*flor*) Wachsblumenblüte *f*
cerilla [θe'riʎa] *f* ① (*fósforo*) Streichholz *nt*
② (*vela*) sehr dünne Wachskerze *f*
③ (*de oídos*) Ohrenschmalz *m*
④ (*juego*) Spiel, bei dem ein brennendes Streichholz immer weitergegeben wird
cerillero[1] [θeri'ʎero] *m* (*Am: cajita*) Streichholzschachtel *f*
cerillero, -a[2] [θeri'ʎero, -a] *m, f* (*vendedor*) Streichholzverkäufer(in) *m(f)*

cerillo [θe'riʎo] *m* ❶ (*Méx: fósforo*) Streichholz *nt* ❷ (*vela*) sehr dünne Wachskerze *f*
cerio ['θerjo] *m* (QUÍM) Cer(ium) *nt*
cernada [θer'naða] *f* ❶ (ARTE) Grundierung aus Asche und Leim ❷ (MED) Breiumschlag aus Asche u. a.
cerne ['θerne] I. *adj* (*resistente*) solide, widerstandsfähig II. *m* (*parte del tronco*) Kernholz *nt*
cernedor [θerne'ðor] *m* Siebzylinder *m*
cerneja [θer'nexa] *f* (ZOOL) Kötenschopf *m*
cerner [θer'ner] <e→ie> I. *vimpers* (*llover*) nieseln II. *vt* ❶ (*cribar*) sieben ❷ (*observar*) beobachten; ~ **el horizonte** den Horizont absuchen III. *vr:* ~**se** ❶ (*planear*) schweben, in der Luft segeln [*o* gleiten] ❷ (*amenazar*) schweben (*sobre* über +*dat*)
cernícalo [θer'nikalo] *m* ❶ (ZOOL) Turmfalke *m* ❷ (*persona*) Grobian *m* ❸ (*fam: loc*): **coger un** ~ einen in der Krone haben
cernidillo [θerni'ðiʎo] *m* ❶ (*lluvia ligera*) Nieselregen *m*, Sprühregen *m* ❷ (*fam fig: manera de andar*) wiegender Gang *m*
cernidor [θerni'ðor] *m* Sieb *nt*
cernir [θer'nir] *irr vt* ❶ (*cribar*) sieben ❷ (*observar*) beobachten; (*cielo, horizonte*) absuchen
cero [θero] *m* ❶ (MAT) Null *f* ❷ (*punto inicial*) Nullpunkt *m;* **ocho grados bajo/sobre** ~ acht Grad unter/über Null; **la hora** ~ die Stunde Null; **partir de** ~ bei Null anfangen ❸ (*valor*) Null *f*, Niete *f*; **estamos a** ~ **de gasolina** (*fam*) wir haben keinen Tropfen Sprit mehr; **ser un** ~ (**a la izquierda**) (*fam*) eine Null [*o* Niete] sein, ein Looser sein *argot;* **estar a** ~ (*fam*) völlig fertig sein ❹ (*argot: coche policía*) Polizeiauto *nt*
ceroferario [θerofe'rarjo] *m* (REL) Leuchtenträger *m*, Cerofer *m*
ceroleína [θerole'ina] *f* (QUÍM) Zerin *nt*
cerollo, -a [θe'roʎo, -a] *adj* (AGR: *mies*) unreif (bei der Ernte)
ceromancia [θero'manθja] *f*, **ceromancía** [θeroman'θia] *f* Wahrsagerei *f* aus Wachstropfen
ceroplástica [θero'plastika] *f* (ARTE) Wachsbildnerei *f*, Zeroplastik *f*
ceroso, -a [θe'roso, -a] *adj* wachsartig
cerote [θe'rote] *m* ❶ (*fam: miedo*) Muffe *f*, Muffensausen *nt* ❷ (TÉC: *cera y pez*) Schusterpech *nt* ❸ (*AmC, Méx: argot: excremento*) Scheiße *f;* **estar hecho un** ~ völlig verdreckt sein
ceroto [θe'roto] *m* (MED) *v.* **cerato**
cerquillo [θer'kiʎo] *m* ❶ (*cabello*) Tonsur *f* ❷ (*calzado*) Brandsohle *f*
cerquita [θer'kita] *adv dim de* **cerca** ganz [*o* ziemlich] nah(e) (*de bei* +*dat*), ganz in der Nähe (*de* von +*dat*)
cerradizo, -a [θerra'ðiθo, -a] *adj* schließbar, (*con llave*) abschließbar, zuschließbar; (*ventana, puerta*) absperrbar, abschließbar
cerrado, -a [θe'rraðo, -a] *adj* ❶ *estar* (*no abierto*) geschlossen; (*con llave*) abgeschlossen, zugeschlossen, abgesperrt; **la puerta está cerrada** die Tür ist zu [*o* geschlossen]; **a ojos** ~**s** blind(lings); **a puerta cerrada** hinter verschlossenen Türen; **aquí huele a** ~ hier muffelt es; **el semáforo está** ~ **aún** die Ampel ist noch auf Rot ❷ *estar* (METEO: *cielo*) (wolken)bedeckt, (wolken)verhangen ❸ *ser* (*actitud*) verschlossen, sehr ruhig ❹ *ser* (*espeso*) geschlossen, dicht; (*denso*) undurchdringlich; **barba cerrada** dichter (*o* voller) Bart; **noche cerrada** schwarze [*o* dunkle] Nacht; **en formación cerrada** (MIL) in geschlossenen Reihen ❺ *ser* (*característico*) typisch; (*acento*) stark, breit; **habla con un ~ acento gallego** er/sie spricht mit einem starken [*o* breiten] galicischen Akzent ❻ (LING: *fonética*) geschlossen ❼ *ser* (*curva*) scharf, eng ❽ *ser* (*dentro*) eingeschlossen (*de* von +*dat*), umschlossen (*de* von +*dat*); **un lago ~ por las montañas** ein von den Bergen umschlossener See ❾ *ser* (*tosco*) ungeschliffen, rau, grob; ~ **de mollera** (*fam*) begriffsstutzig, schwer von Begriff
cerradura [θerra'ðura] *f* ❶ (*dispositivo*) Schloss *nt;* **antirrobo** Lenkradschloss *nt;* ~ **de combinación** Kombinationsschloss *nt;* ~ **de seguridad** Sicherheitsschloss *nt;* **violentar una** ~ ein Schloss gewaltsam aufbrechen ❷ (*acción*) Schließen *nt;* (*con llave*) Abschließen *nt*, Zuschließen *nt;* (*puerta, ventana*) Absperren *nt*, Abschließen *nt*
cerraja [θe'rraxa] *f* Schloss *nt*
cerrajera [θerra'xera] *f v.* **cerrajero**
cerrajería [θerraxe'ria] *f* ❶ (*taller*) Schlosserei *f*, Schlosserwerkstatt *f* ❷ (*oficio*) Schlosserhandwerk *nt*
cerrajero, -a [θerra'xero, -a] *m, f* Schlosser(in) *m(f)*

cerramiento [θerra'mjento] *m* ❶ (*acción*) Verschließen *nt*, Schließung *f* ❷ (*alrededor*) Umschließung *f*
cerrar [θe'rrar] <e→ie> I. *vt* ❶ (*paraguas, ojos, libro, sobre*) schließen, zumachen *fam;* (*pegar*) zukleben; ~ **los ojos a causa del sol** die Augen wegen der Sonne zukneifen; ~ **los ojos ante el peligro** die Augen vor der Gefahr verschließen; ~ **los oídos** die Ohren verschließen, nicht hören wollen; ~ **un sobre con lacre** einen Brief mit Wachs versiegeln; ~ **el pico** (*fam*) den Schnabel halten; ~ **archivo** (INFOR) Datei schließen ❷ (*con llave*) abschließen; ~ **la puerta con llave** die Tür abschließen; ~ **con siete llaves** doppelt und dreifach abschließen ❸ (*carretera, puerto*) sperren, schließen; ~ **el paso a alguien** jdm den Weg versperren; ~ **el paso a nivel** den Bahnübergang schließen; **han cerrado esta carretera por obras** diese Straße wurde wegen Bauarbeiten gesperrt ❹ (*agujero, brecha*) abdecken, schließen, zumachen *fam;* (*agua, gas*) abdrehen, zudrehen ❺ (*terreno, zona*) einschließen, umgeben; (*con un cerco*) einzäunen; **una tapia cierra el gallinero** eine Mauer umgibt den Hühnerstall ❻ (*establecimiento*) schließen, zumachen *fam;* **tuvieron que ~ el negocio porque no funcionaba** sie mussten den Laden schließen, weil er nicht lief ❼ (*actividad, ciclo*) abschließen, beenden; ~ **algo con broche de oro** etw zu einem krönenden Abschluss bringen ❽ (*ir detrás*) abschließen, das Schlusslicht bilden +*gen;* ~ **una lista** eine Liste abschließen ❾ (*pacto, trato, negociación*) abschließen; **hizo una última oferta para ~ el trato** er machte ein letztes Angebot, um die Vereinbarung zu schließen [*o* um zu einem Vertragsabschluss zu gelangen] ❿ (*echar cuentas*) abschließen; **hemos cerrado bien este mes** wir haben diesen Monat gut abgeschlossen ⓫ (TÉC: ~ **un circuito**) schließen II. *vi* ❶ (*puerta, ventana*) schließen; **esta puerta cierra automáticamente** diese Tür schließt automatisch ❷ (*atacar*) angreifen (*contra* +*akk*), geschlossen vorgehen (*contra* gegen +*akk*) ❸ (*acabar*) enden; **el partido cerró con dos a cero** das Spiel endete mit zwei zu null III. *vr:* ~**se** ❶ (*puerta*): **la puerta se cerró sola** die Türe ist von allein zugefallen [*o* ins Schloss gefallen] ❷ (*herida*) schließen, verheilen; **la herida se cerró bien** die Wunde ist gut verheilt ❸ (*obstinarse*) sich versteifen (*en* auf +*akk*) ❹ (*el cielo*) sich zuziehen, sich bewölken ❺ (*ser intransigente*) sich verschließen (*a* gegenüber +*dat*) ❻ (*agruparse*) sich (zusammen)schließen (*en torno a* um +*akk*)
cerrazón [θerra'θon] *f* ❶ (*torpeza*) Begriffsstutzigkeit *f* ❷ (*obstinación*) Eigensinn *m*, Halsstarrigkeit *f* ❸ (METEO: *nubes*) Gewitterwolken *fpl*, dichtes Wolkenband *nt* ❹ (CSur: METEO: *niebla*) dichter Nebel *m*
cerrería [θerre'ria] *f* unverschämtes [*o* rücksichtsloses] Verhalten *nt*
cerreta [θe'rreta] *f* (NÁUT) Spiere *f*
cerril [θe'rril] *adj* ❶ (*terreno*) uneben ❷ (*obstinado*) eigensinnig, halsstarrig ❸ (*torpe*) begriffsstutzig, schwer von Begriff *fam* ❹ (*tosco*) ungeschliffen, rau, grob ❺ (*caballerías*) wild, ungezähmt
cerrilidad [θerrili'ðað] *f sin pl* ❶ (*obstinación*) Dickköpfigkeit *f*, Sturheit *f* ❷ (*sin docilidad*) Wildheit *f*, Ungezähmtheit *f*
cerrilismo [θerri'lismo] *m* ❶ (*tosquedad*) Ungeschliffenheit *f*, Grobheit *f* ❷ (*obstinación*) Eigensinnigkeit *f*, Halsstarrigkeit *f*
cerro ['θerro] *m* ❶ (ZOOL: *cuello*) Tiernacken *m;* (*espinazo*) Tierrücken *m;* **montar a caballo en** ~ ohne Sattel reiten ❷ (*alto*) Anhöhe *f;* (*colina*) Hügel *m;* (*peñasco*) felsige Erhebung *f;* **irse** [*o* **echarse**] **por los ~s de Úbeda** (*fam*) vom Thema abkommen [*o* abdriften]; (*decir tonterías*) eine Menge Unsinn reden ❸ (*fam: montón*) Haufen *m* (*de* +*gen/nom*, von +*dat*)
cerrojazo [θerro'xaθo] *m:* **echar** ~ **a algo** etw unverzüglich schließen; (*fig*) etw *dat* einen Riegel vorschieben; **echaron ~ a la tienda** das Geschäft wurde umgehend geschlossen; **dieron ~ al parlamento** die Parlamentssitzung wurde unvermittelt abgebrochen
cerrojillo [θerro'xiʎo] *m* (ZOOL: *herrerillo*) Blaumeise *f;* (*herreruelo*) Tannenmeise *f*
cerrojo [θe'rroxo] *m* Riegel *m;* **echar el ~ a la puerta** die Tür verriegeln
certamen [θer'tamen] *m* ❶ (*competición*) Wettbewerb *m;* ~ **de belleza** Schönheitswettbewerb *m*

certero

② (*exposición*) Ausstellung *f*
③ (*feria*) Messe *f*

certero, -a [θerˈteɾo, -a] *adj* ① (*acertado*) zutreffend, passend; **respuesta certera** treffende Antwort; **has dicho algo muy ~** da hast du etwas sehr Treffendes gesagt
② (*diestro en tirar*) treffsicher
③ (*informado*) gut unterrichtet [*o* informiert]

certeza [θerˈteθa] *f* Gewissheit *f*; **tener la ~ de que...** die Gewissheit haben, dass ...; **decir algo con ~** etw mit Bestimmtheit sagen

certidumbre [θertiˈðumbre] *f* Gewissheit *f*, Sicherheit *f*

certificación [θertifikaˈθjon] *f* ① (*acción*) Bescheinigung *f*
② (JUR: *atestación*) Beglaubigung *f*
③ (*documento*) Bescheinigung *f*, Nachweis *m*; **~ registral** (JUR) Grundbuchauszug *m*

certificado¹ [θertifiˈkaðo] *m* Bescheinigung *f*, Zertifikat *nt*; **~ de ahorro** (FIN) Sparbrief *m*; **~ de almacén** (ECON) Lagerschein *m*; **~ de aptitud** Befähigungsnachweis *m*; **~ de asistencia** Teilnahmebescheinigung *f*; **~ de autenticidad** Echtheitszeugnis *nt*; **~ de calidad** Qualitätszeugnis *nt*; **~ de capacidad matrimonial** Ehefähigkeitszeugnis *nt*; **~ de depósito** (COM) Lager(haus)schein *m*; **~ de depósito a la orden** (COM) Orderlagerschein *m*; **~ de derecho a opción** (FIN) Optionsschein *m*; **~ de entrada aduanera** (COM) Zolleinfuhrschein *m*; **~ de ejecutoriedad** (JUR) Vollstreckbarkeitsbescheinigung *f*; **~ escolar** Schulzeugnis *nt*; **~ de exención** (ECON, JUR) Freistellungsschein *m*; **~ de expedición** (ECON) Ausstellungsbescheinigung *f*; **~ de inembargabilidad** (JUR) Unpfändbarkeitsbescheinigung *f*; **~ de innocuidad** (JUR) Unschädlichkeitszeugnis *nt*; **~ de invención** Erfinderschein *m*; **~ médico** ärztliches Attest; **~ de no objeción** (JUR) Unbedenklichkeitsbescheinigung *f*; **~ de origen** Herkunftsbescheinigung *f*, Ursprungszeugnis *nt*; **~ de notificación postal** Postzustellungsurkunde *f*; **~ (policial) de buena conducta** (polizeiliches) Führungszeugnis *nt*, Leumundszeugnis *nt*; **~ de seguro** Versicherungsschein *m*; **expedir** [*o* **extender**] **un ~** eine Bescheinigung ausstellen [*o* ausfertigen]

certificado, -a² [θertifiˈkaðo, -a] *adj* ① (JUR) beglaubigt
② (*correos*) per Einschreiben; **carta certificada** Einschreibebrief *m*; **por correo ~** per Einschreiben

certificar [θertifiˈkar] <c→qu> *vt* ① (*afirmar*) bescheinigen, bestätigen
② (JUR: *autenticar*) beglaubigen
③ (*correos*) per Einschreiben verschicken

certificativo, -a [θertifikaˈtiβo, -a], **certificatorio, -a** [θertifikaˈtorjo, -a] *adj* (ADMIN) bestätigend, bescheinigend; **documento ~** (dokumentarischer) Nachweis *m*

certísimo, -a [θerˈtisimo, -a] *adj superl de* **cierto²**

certitud [θertiˈtuð] *f* (*veracidad*) Richtigkeit *f*; (*certeza*) Gewissheit *f*

cerúleo, -a [θeˈruleo, -a] *adj* himmelblau

cerumen [θeˈrumen] *m* Ohrenschmalz *nt*

cerusa [θeˈrusa] *f* (QUÍM) Bleiweiß *nt*

cerusita [θeruˈsita] *f* (MIN) Weißbleierz *nt*, Cerussit *nt*

cerval [θerˈβal] *adj* (*relativo al ciervo*) Hirsch-; (*parecido al ciervo*) hirschähnlich; **tiene un miedo ~** er/sie hat eine Heidenangst *fam*

cervantino, -a [θerβanˈtino, -a] *adj* Cervantes betreffend; **estilo ~** im Stil von Cervantes

cervantismo [θerβanˈtismo] *m* (LIT) ① (*locución*) für Cervantes' Stil typische Formulierung *f*
② (*estudio*) Cervantesforschung *f*
③ (*influencia*) Einfluss *m* von Cervantes

cervario, -a [θerˈβarjo, -a] *adj* (ZOOL) *v.* **cervino**

cervato [θerˈβato] *m* Hirschkalb *nt*

cerveceo [θerβeˈθeo] *m* Bierfermentation *f*

cervecería [θerβeθeˈria] *f* ① (*fábrica*) Brauerei *f*, Brauhaus *nt*
② (*bar*) Kneipe *f*, Wirtschaft *f*

cervecero¹ [θerβeˈθero] *m* Braumeister *m*

cervecero, -a² [θerβeˈθero, -a] *adj* Bier-, Brauerei-

cerveza [θerˈβeθa] *f* Bier *nt*; **~ de barril** Fassbier *nt*; **~ negra** dunkles Bier; **~ rubia** [*o* **clara**] helles Bier; **~ (servida) al grifo** gezapftes Bier; **~ sin** alkoholfreies Bier

cervicabra [θerβiˈkaβra] *f* (ZOOL) Hirschziegenantilope *f*

cervical [θerβiˈkal] *adj* (ANAT) ① (*nuca*) Nacken-, Genick-
② (*útero*) zervikal, Gebärmutterhals-

cervicular [θerβikuˈlar] *adj* (ANAT: *cervical*) zervikal, Nacken-

cérvidos [ˈθerβiðos] *mpl* hirschähnliche Tiere *ntpl*

cervigón [θerβiˈɣon] *m*, **cerviguillo** [θerβiˈɣiʎo] *m* (ANAT) Stiernacken *m*

Cervino [θerˈβino] *m* (GEO): **Monte ~** Matterhorn *nt*

cervino, -a [θerˈβino, -a] *adj* (ZOOL) Hirsch-

cerviz [θerˈβiθ] *f* (ANAT) Nacken *m*, Genick *nt*; **de dura ~** halsstarrig, dickköpfig; **bajar** [*o* **doblar**] **la ~** sich fügen, sich unterordnen; **levantar la ~** (*engreírse*) die Nase [*o* den Kopf] hoch tragen; (*recobrarse*) sich aufrappeln

CES [θes] *m* (UE) *abr de* **Consejo Económico y Social** Wirtschafts- und Sozialausschuss *m*

cesación [θesaˈθjon] *f*, **cesamiento** [θesaˈmjento] *m* ① (*que termina*) Beendigung *f*, Aufhören *nt* ② (JUR) Erledigung *f*; **~ del litigio** Erledigung des Rechtsstreits ③ (*interrupción*) Aufhebung *f*, Unterbrechung *f*; **~ del fuego** Waffenstillstand *m*; **~ de pagos** Zahlungseinstellung *f*

cesante [θeˈsante] I. *adj* ① (*suspendido*) des Amtes enthoben, (vom Dienst) suspendiert
② (*parado*) arbeitslos
II. *mf* Beamte(r) *m*/Beamtin *f* im Wartestand

cesantía [θesanˈtia] *f* ① (*situación*) Wartestand *m*; (*paro*) Arbeitslosigkeit *f*
② (*suspensión*) Suspension *f*, (zeitweilige) Amtsentlassung *f*
③ (*paga*) Wartegeld *nt*, Wartegehalt *nt*

cesar [θeˈsar] I. *vi* ① (*parar*) enden, aufhören; **cesó la tempestad** der Sturm hat sich gelegt; **sin ~** unaufhörlich, immerzu
② (*en una profesión*) sich zurückziehen (*en* aus +*dat*), (aus)scheiden (*en* aus +*dat*), aufhören (*en* mit +*dat*)
II. *vt* ① (*pagos*) einstellen
② (*despedir*) entlassen, kündigen (*a* +*dat*); (*funcionario*) des Amtes entheben

César [ˈθesar] *m* (*nombre*) Caesar *m*, Cäsar *m*; (*emperador*) Kaiser *m*; **dar al ~ lo que es del ~ y a Dios lo que es de Dios** (*prov*) jedem das seine [*o* Seine], jedem, was ihm gebührt

cesaraugustano, -a [θesaɾaɣusˈtano, -a] I. *adj* aus Zaragoza
II. *m*, *f* Einwohner(in) *m(f)* von Zaragoza

cesárea [θeˈsarea] *f* Kaiserschnitt *m*; (MED) Sectio *f*

cesáreo, -a [θeˈsareo, -a] *adj* kaiserlich, cäsarisch *elev*

cesarismo [θesaˈrismo] *m* (POL) Cäsarismus *m*

cesarista [θesaˈrista] *mf* (POL) Cäsarist(in) *m(f)*

CESCE [ˈθesθe] *f abr de* **Compañía Española de Seguros de Créditos a la Exportación** spanische Exportkreditversicherungsgesellschaft *f*

cese [ˈθese] *m* ① (*que termina*) Beendigung *f*, Aufhören *nt*; (*interrupción*) Unterbrechung *f*; **~ de alarma** Entwarnung *f*; **~ de explotación** Betriebsaufgabe *f*, Betriebseinstellung *f*; **~ de fuego** Waffenstillstand *m*; **~ de pagos** Zahlungseinstellung *f*; **~ de producción** Produktionseinstellung *f*, Produktionsstopp *m*
② (*de obrero*) Kündigung *f*; (*de funcionario*) Suspension *f*, (zeitweilige) Amtsentlassung *f*; **dar el ~ a alguien** jdm kündigen, jdn entlassen; **~ en el cargo** Ausscheiden aus dem Amt
③ (JUR: *de un proceso*) Einstellung *f*
④ (JUR: *retiro*) Abberufung *f*; **~ de consejeros/jurados** Abberufung von Aufsichtsratmitgliedern/Geschworenen

cesible [θeˈsiβle] *adj* (*t.* JUR) abtretbar; **el derecho es ~** das Recht ist abtretbar

cesio [ˈθesjo] *m* (QUÍM) Cäsium *nt*

cesión [θeˈsjon] *f* (*entrega*) Abtretung *f*, Übertragung *f*; (JUR) Zession *f*; **~ de cobranza** Inkassozession *f*; **~ de créditos** Forderungsabtretung *f*; **~ de deudas** Schuldabtretung *f*; **~ de exigibles** Abtretung von Forderungen; **~ fiduciaria** Sicherungsabtretung *f*; **~ global** Globalzession *f*; **~ inmobiliaria** Grundstücksüberlassung *f*; **~ judicial** Auflassung *f*; **~ judicial de un terreno** Auflassung eines Grundstücks; **~ legal** Legalzession *f*; **~ parcial** Teilabtretung *f*; **~ de participaciones** Anteilsabtretung *f*; **~ patrimonial** Vermögensübergang *m*; **~ de la pretensión** Anspruchsabtretung *f*; **~ de riesgos** Gefahrübergang *m*; **~ de suelo** Grundabtretung *f*; **~ de trabajadores** Arbeitnehmerüberlassung *f*; **~ de uso** Nutzungsüberlassung *f*

cesionario, -a [θesjoˈnarjo, -a] *m*, *f* (JUR) Erwerber(in) *m(f)*, Zessionär(in) *m(f)*; **~ del establecimiento** Betriebsübernehmer *m*

cesionista [θesjoˈnista] *mf* (JUR) Überträger(in) *m(f)* (*eines Anspruches*)

césped [ˈθespeð] *m* Rasen *m*, Grünfläche *f*; **~ de quita y pon** Kunstrasen *m*; **"prohibido pisar el ~"** „Rasen betreten verboten"

cesta [ˈθesta] *f* Korb *m*; **~ de la compra** (ECON) Warenkorb *m*; **~ de monedas** (FIN) Währungskorb *m*; **~ de ropa** Wäschekorb *m*

cestada [θesˈtaða] *f*: **una ~ de...** ein Korb voll ...

cestera [θesˈtera] *f v.* **cestero**

cestería [θesteˈria] *f* ① (*tienda*) Korbwarengeschäft *nt*
② (*artesanía*) Korbflechtkunst *f*
③ (*artículos*) Korbwaren *fpl*

cestero, -a [θesˈtero, -a] *m*, *f* ① (*que fabrica*) Korbflechter(in) *m(f)*, Korbmacher(in) *m(f)*
② (*que vende*) Korbhändler(in) *m(f)*

cestillo [θesˈtiʎo] *m* ① (*cesto*) Körbchen *nt*
② (ZOOL): **~ del polen** Pollenkörbchen *nt*

cesto [ˈθesto] *m* (großer) Korb *m*; (DEP) (Basketball)korb *m*; **~ de los papeles** Papierkorb *m*; **ya no recuperarás la lección, la puedes echar al ~ de los papeles** die Lektion wirst du nicht mehr aufholen können, die kannst du abschreiben

cestodo[1] [θes'toðo] *m* (ZOOL) Bandwurm *m*
cestodo, -a[2] [θes'toðo, -a] *adj* (ZOOL) zur Klasse der Bandwürmer gehörend
cesura [θe'sura] *f* Einschnitt *m*, Zäsur *f*
ceta ['θeta] *f* Z *nt*; **~ de Zaragoza** Z wie Zacharias
cetáceo[1] [θe'taθeo] *m* (ZOOL) Meeressäugetier *nt*
cetáceo, -a[2] [θe'taθeo, -a] *adj* (ZOOL) zu den Meeressäugetieren gehörend
cetárea [θe'tarea] *f*, **cetaria** [θe'tarja] *f* (ZOOL) Aufzuchtanlage *f* für Krustentiere
cetilo [θe'tilo] *m* (QUÍM) Cetyl *nt*
cetona [θe'tona] *f* (QUÍM) Keton *nt*
cetonia [θe'tonja] *f* (ZOOL) Rosenkäfer *m*
cetrería [θetre'ria] *f* ① (*amaestramiento*) Falknerei *f*
② (*caza*) Falkenjagd *f*
③ (*cría*) Falkenzucht *f*
cetrero, -a [θe'trero, -a] *m, f* (*caza*) Falkner(in) *m(f)*
cetrino, -a [θe'trino, -a] *adj* ① (*amarillento, verdoso*) gelblich grün, gelbgrün
② (*melancólico*) schwermütig, traurig
cetro ['θetro] *m* ① (*vara*) Zepter *nt*; **empuñar el ~** den Thron besteigen
② (*supremacía*) Zepter *nt*, Herrschaft *f*
③ (DEP) Meistertitel *m*; **ostentar el ~** den Meistertitel innehaben
ceugma ['θeuɣma] *m* (LIT) Zeugma *nt*
Ceuta ['θeuta] Ceuta *nt*
ceutí [θeu'ti] I. *adj* aus Ceuta
II. *mf* Einwohner(in) *m(f)* von Ceuta
ceviche [θe'βitʃe] *m* (GASTR) *v.* **cebiche**
CFC [θe(e)fe'θe] *m* (QUÍM, ECOL) FCKW *nt*; **sin ~** FCKW-frei
c.f.s. [θe(e)fe'ese] (COM) *abr de* **coste, flete y seguro** cif
cha [tʃa] *m* Schah *m*
chabacanería [tʃaβakane'ria] *f* ① (*cualidad*) Vulgarität *f*, Geschmacklosigkeit *f*
② (*acción*) Vulgarität *f*; **decir una ~** etwas Unanständiges sagen
chabacano, -a [tʃaβa'kano, -a] *adj* vulgär, unanständig
chabela [tʃa'βela] *f* (*Bol*) Mischgetränk aus Wein und Maiswein
chabola [tʃa'βola] *f* ① (*casucha*) Baracke *f*, Slumhütte *f*
② *pl* (*barrio*) Elendsviertel *nt*, Slums *mpl*
chabolismo [tʃaβo'lismo] *m* Verslumung *f*
chabolista [tʃaβo'lista] *mf* Slumbewohner(in) *m(f)*
chacal [tʃa'kal] *m* (ZOOL) Schakal *m*
chacalín [tʃaka'lin] *m* (*AmC:* ZOOL) Garnele *f*
chacanear [tʃakane'ar] *vt* (*Chil: montura*) kräftig die Sporen geben (+*dat*)
chácara ['tʃakara] *f* ① (*Am: granja*) Bauernhof *m*, Landgut *nt*
② (*Am:* MED) Geschwür *nt*
③ (*AmC, Ant: bolso*) große Ledertasche *f*; (*And: maleta*) Koffer *m*
chacarera [tʃaka'rera] *f* ① (*baile*) volkstümlicher argentinischer Tanz
② (MÚS) volkstümliche argentinische Tanzmusik
chacarero[1] [tʃaka'rero] *m* (*CSur*) Sandwich *m o nt*
chacarero, -a[2] [tʃaka'rero, -a] *m, f* (*Am*) ① (*labriego*) Bauer *m*, Bäuerin *f*
② (*dueño*) Landbesitzer(in) *m(f)*
③ (*trabajador*) Feldarbeiter(in) *m(f)*
④ (*horticultor*) Gärtner(in) *m(f)*
chacarrachaca [tʃakarra'tʃaka] *f* (*fam*) Radau *m*
chacha ['tʃatʃa] *f* (*fam*) ① (*muchacha*) Kleine *f*; (*en lenguaje infantil*) große Schwester *f*
② (*niñera*) Kindermädchen *nt*; (*criada*) Dienstmädchen *nt*; (*de limpieza*) Putzfrau *f*
chachachá [tʃatʃa'tʃa] *m*, **cha-cha-chá** [tʃatʃa'tʃa] *m* (*baile*) Cha-Cha-Cha *m*
chachalaca [tʃatʃa'laka] *f* (*AmC, Méx:* ZOOL) Braunflügelguan *m*
cháchara ['tʃatʃara] *f* ① (*fam: charla*) Schwatz *m*, Schwätzchen *nt*; **andar** [*o* **estar**] **de ~** ein Schwätzchen halten
② (*And: chiste*) Witz *m*
③ *pl* (*CSur, Méx: trastos*) Trödel *m*, Gerümpel *nt*; (*basura*) Müll *m*
chacharear [tʃatʃare'ar] *vi* (*fam*) schwatzen, plappern
chacharero, -a [tʃatʃa'rero, -a] *m, f* Plaudertasche *f*, Plappermaul *nt*, Quasselstrippe *f*
chachi ['tʃatʃi] *adj* (*fam*) genial, geil
chacho ['tʃatʃo, -a] *m* (*fam: muchacho*) Kleine(r) *m*; (*en lenguaje infantil*) großer Bruder *m*
chacina [tʃa'θina] *f v.* **cecina**
chacolí [tʃako'li] <chacolí(e)s> *m* leichter, spritziger Landwein aus dem Baskenland und Kantabrien
chacolotear [tʃakolote'ar] *vi* klappern, scheppern *fam*
chacoloteo [tʃakolo'teo] *m* Klappern *nt*, Scheppern *nt fam*
chacona [tʃa'kona] *f* (*t.* MÚS) Chaconne *f*

chacota [tʃa'kota] *f* ① (*jolgorio*) Ausgelassenheit *f*
② (*broma*) Spaß *m*, Scherz *m*; **estar de ~** zu Scherzen aufgelegt sein; **echar** [*o* **tomar**] **algo a ~** etw nicht ernst nehmen; **hacer ~ de algo/alguien** seine Späße über etw/jdn machen, sich über etw/jdn lustig machen
chacotear [tʃakote'ar] I. *vi* ausgelassen sein, fröhlich sein
II. *vr:* **~se de algo/alguien** seine Späße über etw/jdn machen, sich über etw/jdn lustig machen
chacra ['tʃakra] *f* (*Am: granja*) kleine Farm *f*; (*finca*) kleines (Land)gut *nt*
chacuaco [tʃa'kwako] *m* (*Méx: chimenea*) (Fabrik)schornstein *m*
Chad [tʃaδ] *m* Tschad *m*
chadiano, -a [tʃa'δjano, -a] I. *adj* tschadisch
II. *m, f* Tschader(in) *m(f)*
chafado, -a [tʃa'faðo, -a] *adj* (*fam*) ① (*aplastado*) zerquetscht, zerdrückt; (*roto*) kaputt
② (*bloqueado*) sprachlos, platt; **se quedaron ~s** sie waren völlig platt
③ (*desanimado*) bedrückt, niedergeschlagen
chafaldita [tʃafal'dita] *f* Neckerei *f*, Scherz *m*
chafallar [tʃafa'ʎar] *vt* (*fam*) pfuschen
chafallo [tʃa'faʎo] *m* (*fam*) Pfusch *m*, Pfuscharbeit *f*
chafallón, -ona [tʃafa'ʎon, -ona] I. *adj* pfuscherhaft
II. *m, f* (*fam*) Pfuscher(in) *m(f)*
chafar [tʃa'far] I. *vt* ① (*aplastar*) platt drücken; (*arrugar*) zerknittern, zerknautschen; (*deshacer*) zerdrücken, zerquetschen
② (*desmoralizar*) niederwerfen, erschüttern; **la noticia me ha chafado mucho** die Nachricht hat mich zutiefst getroffen
③ (*confundir*) verwirren, durcheinander bringen; **le dejaste chafado con tu respuesta** du hast ihn mit deiner Antwort (völlig) verwirrt; **quedar(se) chafado** sprachlos sein
④ (*estropear*) zunichte machen; **le ~on sus proyectos** sie haben seine/ihre Pläne über den Haufen geworfen
⑤ (*CSur: engañar*) betrügen, täuschen
II. *vr:* **~se** (*aplastarse*) platt gedrückt werden; (*deshacerse*) zerquetscht werden; (*arrugarse*) (zer)knittern
chafarrinada [tʃafarri'naða] *f* Klecks *m*
chafarrinar [tʃafarri'nar] *vt* beklecksen
chafarrinón [tʃafarri'non] *m* ① (*mancha*) Klecks *m*; **llenar de chafarrinones** vollklecksen, vollschmieren *fam*; **echar chafarrinones** klecksen, schmieren *fam*
② (*cuadro*) Kleckserei *f*
③ (*deshonra*) Schandfleck *m*
chaflán [tʃa'flan] *m* ① (*bisel*) Schrägkante *f*
② (*plano*) Schräge *f*; **la línea ferroviaria hace ~ con la calle** die Bahnlinie verläuft schräg zur Straße hin
③ (*en una calle*) Straßenecke *f*; (*en un edificio*) Hausecke *f*
chagra ['tʃaɣra] *mf* (*Ecua: labriego*) Bauer *m*, Bäuerin *f*
chagual [tʃa'ɣwal] *m* (*Arg, Chil, Perú:* BOT) Tillandsienart
cháguar ['tʃaɣwar] *m* (*AmS:* BOT) Agavenart
chagüí [tʃa'ɣwi] *m* (*Ecua*) kleiner Strandvogel
chahuistle [tʃa'wisʰle] *m* (*Méx:* BOT) Maisrost *m*
chaira ['tʃaira] *f* ① (*instrumento propio del zapatero*) Kneif *m*, Schustermesser *nt*
② (*instrumento para afilar*) Wetzstahl *m*
③ (*navaja*) Klappmesser *nt*
chajuá(n) [tʃa'xwa(n)] *m* (*Col: bochorno*) Schwüle *f*
chal [tʃal] *m* ① (*pañoleta*) Schal *m*; (*pañuelo*) Halstuch *nt*
② (*mantón*) (Schulter)tuch *nt*
chala ['tʃala] *f* (*AmS*) ① (*hoja del maíz*) Lieschblatt *nt*; **las ~s** die Lieschen
② (*cigarrillo*) mit einem Maisblatt umwickelte Zigarette
chalado, -a [tʃa'laðo, -a] I. *adj* (*fam*) verrückt; **¡estás ~!** du bist ja verrückt!, du hast ja nicht alle Tassen im Schrank!; **estar ~ por alguien** verrückt auf jdn sein, in jdn vernarrt sein
II. *m, f* Spinner(in) *m(f)*
chaladura [tʃala'ðura] *f* (*fam*) ① (*locura*) verrückter Einfall *m*, Verrücktheit *f*; **le ha dado la ~ de llamarme a las tantas de la noche** er/sie hatte den verrückten Einfall [*o* war so verrückt] mich mitten in der Nacht anzurufen
② (*enamoramiento*) Vernarrtheit *f*
chalán, -ana [tʃa'lan, -ana] I. *adj* gerissen
II. *m, f* (*tratante*) (Pferde)händler(in) *m(f)*
② (*timador*) Preller(in) *m(f)*, Betrüger(in) *m(f)*
③ (*Am: picador*) Zureiter(in) *m(f)*
chalana [tʃa'lana] *f* Kahn *m*
chalanear [tʃalane'ar] I. *vi* ① (*traficar*) handeln
② (*regatear*) schachern
II. *vt* (*Am: un caballo*) zureiten; (*adiestrar*) dressieren
chalanería [tʃalane'ria] *f* (*fam pey: engaño*) Rosstäuschertrick *m*
chalar [tʃa'lar] I. *vt* (*fam*) verrückt machen; **me chalan las aceitunas**

chalaza

ich bin verrückt auf Oliven
II. *vr:* **~se** (*fam*) verrückt werden; **~se por alguien** sich in jdn verknallen

chalaza [tʃa'laθa] *f* (BIOL) Hagelschnur *f*

chalchihuite [tʃaltʃi'wite] *m* ❶ (*Méx:* MIN) Rohsmaragd *m*
❷ (*AmC: baratija*) Flitterwerk *nt*, Flitter *m*

chalé [tʃa'le] *m* (*casa unifamiliar*) Einfamilienhaus *nt*; (*de campo*) Landhaus *nt*, Chalet *nt*; (*de recreo*) Ferienhaus *nt*; (*de verano*) Sommerhaus *nt*; (*villa*) Villa *f*

chaleco [tʃa'leko] *m* Weste *f*; **~ antibalas** kugelsichere [*o* schusssichere] Weste; **~ salvavidas** Schwimmweste *f*, Rettungsweste *f*

chalet [tʃa'le] *m* <chalets> *v.* **chalé**

chalina [tʃa'lina] *f* ❶ (*pañuelo*) feines Halstuch *nt*
❷ (*Arg, Col, CRi: chal*) schmaler Schal *m*

chalote [tʃa'lote] *m* Schalotte *f*

chalupa[1] [tʃa'lupa] *f* ❶ (*lancha*) Schaluppe *f*
❷ (*Méx: canoa*) Kanu *nt*
❸ (*Méx: tortilla*) (belegter) Maisfladen *m*

chalupa[2] [tʃa'lupa] I. *adj* (*fam*) ❶ (*loco*) verrückt; **estar ~** spinnen, nicht ganz dicht sein, nicht richtig ticken; **volver a alguien ~** jdn (völlig) verrückt machen
❷ (*enamorado*) bis über beide Ohren verliebt
II. *mf* (*fam*) Spinner(in) *m(f)*

chamaco, -a [tʃa'mako, -a] *m, f* (*Méx*) ❶ (*muchacho*) Junge *m*; (*muchacha*) Mädchen *nt*
❷ (*novio*) Freund(in) *m(f)*

chamagoso, -a [tʃama'ɣoso, -a] *adj* (*Méx: mugriento*) schmuddelig

chamán [tʃa'man] *m* Schamane *m*

chamaril(l)ero, -a [tʃamari'lero, -a/tʃamari'ʎero, -a] *m, f* ❶ (*que vende objetos viejos*) Trödler(in) *m(f)*, Altwarenhändler(in) *m(f)*
❷ (*tahúr*) Falschspieler(in) *m(f)*

chamariz [tʃama'riθ] *m* (ZOOL) Gartenzeisig *m*

chamarón [tʃama'ron] *m* (ZOOL) Schwanzmeise *f*

chamarra [tʃa'marra] *f* (grobe) Wolljacke *f*

chambelán [tʃambe'lan] *m* Kammerherr *m*

chambergo [tʃam'berɣo] *m* ❶ (HIST) breitkrempiger Hut mit Federschmuck
❷ (*sombrero*) (Schlapp)hut *m*

chambón, -ona [tʃam'bon, -ona] I. *adj* (*fam*) ❶ (*torpe*) ungeschickt; (*chafallón*) pfuscherhaft; (*chapucero*) stümperhaft
❷ (*afortunado*) glücklich
❸ (*descuidado*) schlampig
II. *m, f* (*fam*) ❶ (*chafallón*) Pfuscher(in) *m(f)*; (*chapucero*) Stümper(in) *m(f)*
❷ (*afortunado*) Glückspilz *m*

chambonada [tʃambo'naða] *f* (*fam*) ❶ (*acierto casual*) Glückstreffer *m*, Zufallstreffer *m*
❷ (*desatino*) Ungeschicktheit *f*, Tölpelhaftigkeit *f*

chamborote [tʃambo'rote] *adj* (*Ecua*) ❶ (*de nariz larga*) langnasig
❷ (*loc*): **pimiento ~** weißer Paprika *m*

chambra ['tʃambra] *f* ❶ (*bata*) Hausjacke *f*
❷ (*fam: blusa*) Bluse *f*

chambrana [tʃam'brana] *f* ❶ (ARQUIT: *puerta, ventana*) Einfassung *f*
❷ (*travesaño de un mueble*) Querstab *m*

chamicera [tʃami'θera] *f* verbranntes Waldstück *nt*

chamico [tʃa'miko] *m* (*Am:* BOT) Stechapfel *m*

chamiza [tʃa'miθa] *f* ❶ (*planta*) Schilfgras *nt*, Schilfrohr *nt*
❷ (*leña*) Reisig(holz) *nt*

chamizo [tʃa'miθo] *m* ❶ (*árbol*) versengter Baum *m*; (*leño*) verkohltes Holzscheit *nt*
❷ (*choza*) Hütte *f* (*mit Schilfdach*)
❸ (*pey: vivienda*) Spelunke *f*, Loch *nt*

chamorra [tʃa'morra] *f* (*fam*) kahl geschorener Kopf *m*, Glatzkopf *m*

chamorro, -a [tʃa'morro, -a] *adj* ❶ (*animal*) geschoren
❷ (*trigo*) bartlos

champán [tʃam'pan] *m* ❶ (*bebida*) Champagner *m*
❷ (*embarcación*) Sampan *m*

champaña [tʃam'paɲa] *m* Champagner *m*

Champaña [tʃam'paɲa] *f* Champagne *f*

champiñón [tʃampi'ɲon] *m* Champignon *m*

champola [tʃam'pola] *f* ❶ (*AmC: bebida*) Erfrischungsgetränk aus Stachelannonenmark und Milch
❷ (*Chil: bebida*) aus Chirimoya bereitetes Erfrischungsgetränk

champú [tʃam'pu] *m* Shampoo(n) *nt*; **~ anticaspa** Shampoo gegen Schuppen, Anti-Schuppen-Shampoo *nt*

champurrado [tʃampu'rraðo] *m* (*Méx:* GASTR) Mixgetränk mit Maisstärke und Schokolade

chamullar [tʃamu'ʎar] *vi* (*fam: hablar*) schwatzen, quatschen; (*desbarrar*) quasseln

chamuscado, -a [tʃamus'kaðo, -a] *adj* ❶ (*quemado*) (an)gesengt, versengt
❷ (*fam: receloso*) argwöhnisch
❸ (*fam: amoscado*) eingeschnappt

chamuscar [tʃamus'kar] <c→qu> I. *vt* (*quemar*) (an-, ver)sengen; (*aves*) absengen
II. *vr:* **~se** ❶ (*quemarse*) (an-, ver)sengen
❷ (*fam: ponerse receloso*) argwöhnisch werden
❸ (*fam: amoscarse*) einschnappen

chamusquina [tʃamus'kina] *f* ❶ (*quemadura*) (An-, Ver)sengen *nt*; (*de aves*) Absengen *nt*
❷ (*fam: riña*) Streit *m*; (*pelea*) Balgerei *f*, Rauferei *f*
❸ (*loc*): **esto huele a ~** (*sospechoso*) das sieht verdächtig aus; (*peligroso*) das ist [*o* wird] zu brenzlig

chanada [tʃa'naða] *f* ❶ (*engaño*) Schwindel *m*, Betrug *m*
❷ (*chasco*) Streich *m*

chancaca [tʃaŋ'kaka] *f* (*Am:* GASTR) aus Melasse und gemahlenen Erdnüssen hergestellte Süßigkeit

chancar [tʃaŋ'kar] <c→qu> *vt* ❶ (*Am: pulverizar*) zermahlen, zerkleinern
❷ (*Chil, Perú: golpear*) schlagen, misshandeln
❸ (*Chil, Perú: fig: abrumar*) bombardieren
❹ (*Chil, Ecua: hacer algo mal o incompleto*) herummurksen (an +*dat*) *fam*, herumstümpern (an +*dat*) *fam*
❺ (*Perú: fig: estudiar*) büffeln *fam*, pauken *fam*

chancear [tʃanθe'ar] I. *vi* scherzen, spaßen
II. *vr:* **~se** sich lustig machen (*de* über +*akk*)

chancero, -a [tʃan'θero, -a] *adj* scherzhaft, spaßig

chanchería [tʃantʃe'ria] *f* (*Am*) Metzgerei *f* (für Schweinefleisch)

chanchi ['tʃantʃi] *adj inv* (*fam*) genial, geil

chancho[1] ['tʃantʃo] *m* (*Am*) Schwein *nt*

chancho, -a[2] ['tʃantʃo, -a] *adj* (*Am*) ❶ (*marrano*) schweinisch, schmutzig
❷ (*desaseado*) liederlich

chanchullero, -a [tʃantʃu'ʎero, -a] I. *adj* (*fam*) falsch, link; **no seas ~** versuche nicht, mich reinzulegen
II. *m, f* (*fam*) Gauner(in) *m(f)*

chanchullo [tʃan'tʃuʎo] *m* (*fam*) ❶ (*trampa*) Schwindel *m*, Betrug *m*
❷ (*manejo*) Machenschaft *f*, Schiebung *f*

chancla ['tʃaŋkla] *f* ❶ (*zapato viejo*) ausgetretener (Haus)schuh *m*, Galosche *f fam*
❷ (*zapatilla*) Pantoffel *m*, Hausschuh *m*

chancleta [tʃaŋ'kleta] *f* ❶ (*chinela*) Schlappen *m fam*, Latschen *m fam*, Latsche *f fam*
❷ (*Am: bebé*) Baby *nt*
❸ (*fam pey: persona inepta*) Tölpel *m*
❹ (*Am: pey: mujer*) Frauenzimmer *nt*
❺ (*loc*): **tirar la ~** (*Arg: fig*) über die Stränge schlagen [*o* hauen]

chanclo ['tʃaŋklo] *m* ❶ (*zueco*) Holzschuh *m*
❷ (*zapato de goma*) Überschuh *m*

chancro ['tʃaŋkro] *m* (MED) Schanker *m*

chándal ['tʃandal] *m* <chándals> Jogginganzug *m*

chanfaina [tʃan'faina] *f* (GASTR) Gericht aus zerkleinerten Innereien bzw. Fleischstückchen

chanflón, -ona [tʃam'flon, -ona] *adj* ❶ (*clavo*) grob gearbeitet
❷ (*moneda*) gefälscht
❸ (*persona*) plump, grobschlächtig

changa ['tʃaŋga] *f* ❶ (*fam: trato*) (kleines) Geschäft *nt*, Deal *m argot*
❷ (*Arg: ocupación*) Gelegenheitsarbeit *f*
❸ (*AmS: transporte*) Tragen *nt* von Lasten
❹ (*AmS, Cuba: broma*) Scherz *m*, Spaß *m*

changador [tʃaŋga'ðor] *m* ❶ (*AmS: cargador*) Lastenträger *m*
❷ (*Arg: temporero*) Gelegenheitsarbeiter *m*

changar [tʃaŋ'ɣar] <g→gu> *vt* (*romper*) zerbrechen; (*descomponer*) zerlegen; (*destrozar*) zerstückeln

chango[1] ['tʃaŋgo] *m* (*Méx: mono*) Affe *m*

chango, -a[2] ['tʃaŋgo, -a] I. *adj* (*Chil: pesado, latoso*) aufdringlich, lästig
II. *m, f* ❶ (*Arg, Bol: niño*) Junge *m*, Mädchen *nt*
❷ (*Chil: pesado, latoso*) Nervensäge *f fam*

changüí [tʃaŋ'ɣwi] *m* ❶ (*fam: broma*) Scherz *m*, Spaß *m*
❷ (*fam: engaño*) Schwindel *m*, Betrug *m*; **dar ~ a alguien** (*engañar*) jdn hereinlegen; (*bromear*) seine Scherze mit jdm treiben
❸ (*Cuba: baile*) alter Volkstanz

changurro [tʃaŋ'ɣurro] *m* (GASTR) in ihrem Panzer zubereitete Meerspinne

chanquete [tʃaŋ'kete] *m* Weißfisch *m*

chantaje [tʃan'taxe] *m* Erpressung *f*; **~ latrocinante** (JUR) räuberische Erpressung; **hacer ~ a alguien** jdn erpressen

chantajear [tʃantaxe'ar] *vt* erpressen

chantajista [tʃanta'xista] *mf* Erpresser(in) *m(f)*
chantar [tʃan'tar] *vt* ❶ (*poste*) einschlagen
❷ (*fam: vestir*) anziehen; ~ **el abrigo a alguien** jdn in den Mantel zwängen
❸ (*verdad, impertinencia*) ins Gesicht sagen; **se lo ha chantado** er/sie hat es ihm gesteckt *fam*
❹ (*Chil: golpe*) versetzen
chantillí [tʃanti'ʎi] *m* Schlagsahne *f*
chanza [tʃanθa] *f* Scherz *m*, Spaß *m*, Witz *m*; **gastar una ~ a alguien** sich *dat* mit jdm einen Scherz [*o* Witz] erlauben; **estar de ~** scherzen; **hablar de** [*o* **en**] **~** etw aus [*o* im] Spaß sagen
chanzoneta [tʃanθo'neta] *f* ❶ (MÚS: *de Navidad*) Weihnachtslied *nt*; (*de Pascua*) Osterlied *nt*
❷ (*broma*) Scherz *m*
chao ['tʃao] *interj* tschüs, ciao
chapa ['tʃapa] *f* ❶ (*metal*) Blech *nt*; **~ ondulada** Wellblech *nt*
❷ (*lámina*) Platte *f*; (*de madera*) Furnier *nt*
❸ (*tapón*) Kron(en)korken *m*
❹ (*carmín*) Rouge *nt*; (*chapeta*) Wangenröte *f*
❺ (*placa*) Dienstmarke *f*; **~ de identidad** Erkennungsmarke *f*; **~ de matrícula** [*o* **de patente**] (*CSur*) polizeiliches Kennzeichen
❻ (*Ecua: fam: policía*) Bulle *m*
❼ (*Am: cerradura*) (Tür)schloss *nt*
❽ (*fam: sensatez*) Besonnenheit *f*; (*juicio*) Vernunft *f*; **es un hombre de ~** er ist ein besonnener Mensch
❾ *pl* (*juego*) ≈Münzspiel *nt*
chapado, -a [tʃa'paðo, -a] *adj v.* **chapeado²**
chapalear [tʃapale'ar] *vi* ❶ (*persona*) planschen
❷ (*agua*) plätschern
❸ (*objetos*) klappern, scheppern *fam*
chapaleta [tʃapa'leta] *f* (TÉC) Pumpenventil *nt*
chapaletear [tʃapalete'ar] *vi* platschen, plätschern
chapar [tʃa'par] *vt* ❶ (*con un metal*) plattieren, überziehen; (*con un metal precioso*) dublieren; (*con oro*) vergolden; (*con madera*) furnieren; (*con baldosines*) belegen (*con/de* mit +*dat*)
❷ (*comentario*) entgegenschleudern, an den Kopf werfen; **le chapó un no como una casa** er/sie ließ ihn/sie mit einem klaren Nein abblitzen
chaparra [tʃa'parra] *f* ❶ (*árbol*) Kermeseiche *f*
❷ *v.* **chaparro²**
chaparrada [tʃapa'rraða] *f* (*chaparrón*) Regenguss *m*, Platzregen *m*
chaparral [tʃapa'rral] *m* (Kermes)eichenwald *m*
chaparrear [tʃaparre'ar] *vi, vimpers* (*llover mucho*) gießen, schütten
chaparreras [tʃapa'rreras] *fpl* (*Méx: pantalones para montar a caballo*) lederne Reithosen *fpl*
chaparro¹ [tʃa'parro] *m* Eichenstrauch *m*
chaparro, -a² [tʃa'parro, -a] I. *adj* (*fam*) pumm(e)lig
II. *m, f* (*fam*) Pummel *m*, Pummelchen *nt*
chaparrón [tʃapa'rron] *m* ❶ (*lluvia fuerte*) Regenguss *m*; (*chubasco*) Platzregen *m*
❷ (*fam: cantidad grande*) Unmenge *f*; **un ~ de preguntas** eine Unmenge von [*o* an] Fragen
❸ (*And, PRico: fam: regaño*) Strafpredigt *f*
chapeado¹ [tʃape'aðo] *m* ❶ (*de metal*) Plattierung *f*; **~ de oro** Dublee(gold) *nt*
❷ (*de madera*) Furnier *nt*, Furnierung *f*
❸ (*de baldosines*) Belag *m*
chapeado, -a² [tʃape'aðo, -a] *adj* ❶ (*de metal*) plattiert, überzogen; (*de un metal precioso*) dubliert; (*de oro*) vergoldet; **un reloj ~ en oro** eine Uhr aus [*o* in] Dublee(gold)
❷ (*de madera*) furniert
❸ (*de baldosines*) belegt
❹ (*loc*): **~ a la antigua** altmodisch
chapear [tʃape'ar] I. *vt* ❶ (*con un metal*) plattieren, überziehen; (*con un metal precioso*) dublieren; (*con oro*) vergolden; (*con madera*) furnieren; (*con baldosines*) belegen (*con/de* mit +*dat*)
❷ (*Am: la tierra*) jäten
II. *vi* (*chacolotear*) klappern, scheppern *fam*
III. *vr*: **~se** (*Chil: prosperar*) gedeihen; (*situación económica*) sich günstig entwickeln
chapeca [tʃa'peka] *f* (*Arg*) ❶ (*trenza*) Zopf *m*; **recoger el pelo en ~s** das Haar zu Zöpfen flechten
❷ (*ristra de ajos*) Knoblauchzopf *m*
chapera [tʃa'pera] *f* (*albañilería*) Gehrampe *f*
chapero [tʃa'pero] *m* (*argot*) ❶ (*homosexual*) Schwule(r) *m*
❷ (*prostituto*) Stricher *m*, Strichjunge *m*
chapetón¹ [tʃape'ton] *m* (*Am: chaparrón*) Regenguss *m*
chapetón, -ona² [tʃape'ton, -ona] I. *adj* (*Am*) ❶ (*español recién llegado*) neu angekommen (*aus Spanien*)
❷ (*inexperto*) unerfahren

II. *m, f* (*Am: español recién llegado*) Neuankömmling *m* (*aus Spanien*)
chapetonada [tʃapeto'naða] *f* ❶ (HIST, MED) durch Klimawechsel hervorgerufene Erkrankung
❷ (*Am: equivocación*) Versehen *nt*, Irrtum *m* (*durch Unkenntnis*)
❸ (*Ecua: novatada*) Streich *m* (*der einem Neuling gespielt wird*)
chapín [tʃa'pin] *m* einst Damenschuh mit Korksohle und Korduanleder
chapinizarse [tʃapini'θarse] <z→c> *vr* (*AmC*) die guatemaltekischen Sitten annehmen
chápiro ['tʃapiro] *m*: **¡por vida del ~** (**verde**)**!**, **¡voto al ~!** (*fam*) verdammt!
chapisca [tʃa'piska] *f* (*AmC:* AGR: *cosecha de maíz*) Maisernte *f*
chapista [tʃa'pista] *mf* ❶ (*planchista*) Blechschmied(in) *m(f)*
❷ (*de carrocería*) Karosseriebauer(in) *m(f)*
chapistería [tʃapiste'ria] *f* ❶ (*planchistería*) Blechschmiede *f*
❷ (*de carrocería*) Karosseriewerkstatt *f*
chapitel [tʃapi'tel] *m* (ARQUIT: *de una torre*) (Turm)helm *m*; (*de una columna*) Kapitell *nt*
chapó [tʃa'po] I. *interj*: **¡~!** Hut ab!
II. *m* Billardspiel mit in der Regel vier Mitspielern
chapona [tʃa'pona] *f* (*RíoPl: chaqueta*) Jacke *f*, Sakko *m o nt*
chapopote [tʃapo'pote] *m* (*Ant, Méx: asfalto*) Asphalt *m*
chapotear [tʃapote'ar] I. *vi* (*persona*) planschen; (*agua*) plätschern
II. *vt* anfeuchten
chapoteo [tʃapo'teo] *m* ❶ (*chapaleo*) Planschen *nt*; (*del agua*) Plätschern *nt*
❷ (*humidificación*) Anfeuchten *nt*
chapucear [tʃapuθe'ar] I. *vt* ❶ (*hacer mal y rápido*) stümperhaft erledigen, hinpfuschen *fam*
❷ (*engañar*) prellen, betrügen
II. *vt* (*trabajar mal y rápido*) stümpern, pfuschen *fam*
chapucería [tʃapuθe'ria] *f* (*fam*) ❶ (*trabajo mal rematado*) Pfuscharbeit *f*, Pfuschwerk *nt*
❷ (*imperfección*) Mangel *m*; **el trabajo está lleno de ~s** die Arbeit ist sehr mangelhaft ausgeführt
chapucero, -a [tʃapu'θero, -a] I. *adj* ❶ (*mal y rápido*) pfuscherhaft *fam*; (*sin saber*) stümperhaft
❷ (*embustero*) lügnerisch, verlogen
II. *m, f* (*chambón*) Pfuscher(in) *m(f) fam*, Stümper(in) *m(f)*
❷ (*embustero*) Lügner(in) *m(f)*
chapulín [tʃapu'lin] *m* ❶ (*Am: langosta*) Heuschrecke *f*
❷ (*AmC: niño*) (kleiner) Junge *m*, Knabe *m*
chapurrado [tʃapu'rraðo] *m* (*Cuba*) Getränk aus gekochten Pflaumen mit Wasser, Zucker und Nelken
chapurr(e)ar [tʃapurre'ar/tʃapu'rrar] *vt* ❶ (*idioma*) radebrechen; **~ el** [*o* **en**] **español** (in) Spanisch radebrechen
❷ (*fam: bebidas*) mischen
chapuza [tʃa'puθa] *f* ❶ (*chapucería*) Pfusch *m fam*, Pfuscharbeit *f fam*, Stümperei *f*
❷ (*trabajo*) Gelegenheitsarbeit *f*; **se gana la vida haciendo ~s** er/sie verdient seinen/ihren Lebensunterhalt mit Gelegenheitsarbeiten
chapuzar [tʃapu'θar] <z→c> I. *vt* unter Wasser drücken, untertauchen
II. *vi, vr*: **~se** kurz ins Wasser springen
chapuzón [tʃapu'θon] *m* Sprung *m* ins Wasser; **dar un ~ a alguien** jdn untertauchen; **darse un ~** kurz baden [*o* schwimmen] gehen
chaqué [tʃa'ke] *m* Cut(away) *m*
chaqueño, -a [tʃa'keɲo, -a] I. *adj* aus dem Chacogebiet (*bolivianische Provinz*)
II. *m, f* Bewohner(in) *m(f)* des Chacogebietes
chaqueta [tʃa'keta] *f* (*cazadora*) Jacke *f*; (*americana*) Jackett *nt*, Sakko *m o nt*; **~ de cuero** Lederjacke *f*; **~ de pana** Cordjacke *f*; **~ vaquera** Jeansjacke *f*; **cambiar de** [*o* **la**] **~** (*fig*) umschwenken, (plötzlich) eine Kehrtwendung machen
chaquete [tʃa'kete] *m* Backgammon *nt*
chaquetear [tʃakete'ar] *vi* ❶ (*cambiar de ideas*) umschwenken, (plötzlich) eine Kehrtwendung machen
❷ (*huir*) fliehen; (*acobardarse*) kneifen *fam*, sich drücken *fam*; **al percibir el peligro ~on** als sie die Gefahr bemerkten, kniffen sie
chaquetero, -a [tʃake'tero, -a] I. *adj* wetterwendisch, opportunistisch; **ser ~** sein Fähnchen nach dem Wind drehen
II. *m, f* wetterwendischer Mensch *m*, Opportunist(in) *m(f)*
chaquetilla [tʃake'tiʎa] *f* (Bolero)jäckchen *nt*, Bolero *m*
chaquetón [tʃake'ton] *m* Winterjacke *f*; (*cazadora*) (Wind)jacke *f*; (*de loden*) Joppe *f*; **~ de cuero** Lederjacke *f*; **~ de piel** Pelzjacke *f*
chaquiñán [tʃaki'ɲan] *m* (*Ecua: atajo*) Abkürzung *f*
charabón [tʃara'βon] *m* (*RíoPl:* ZOOL) ñandú junger Nandu *m*
charada [tʃa'raða] *f* Scharade *f*
charal [tʃa'ral] *m* (*Méx:* ZOOL) Art Ährenfisch
charamusca [tʃara'muska] *f* (*Méx:* GASTR) spiralförmige Zuckerstange *f*
charanga [tʃa'raŋga] *f* ❶ (*música*) Blechmusik *f*; (*militar*) Militärmu-

sik *f*
❷ (*banda*) (kleine) Musikkapelle *f*
❸ (*Am: baile*) Tänzchen *nt*
charango [tʃa'raŋgo] *m* (*AmS*) *fünfsaitige Mandoline der Indianer*
charapa [tʃa'rapa] *f* (*Perú: tortuga*) Schienenschildkröte *f*
charca ['tʃarka] *f* Tümpel *m*
charcal [tʃar'kal] *m* mit Pfützen übersätes Gelände *nt*
charco ['tʃarko] *m* ❶ (*poza*) Pfütze *f*, Lache *f*; **cruzar** [*o* **pasar**] **el** ~ über den großen Teich fahren
❷ (*Col: remanso*) Stauwasser *nt*
charcón, -ona [tʃar'kon, -ona] *adj* (*Arg, Bol, Urug: flaco*) mager, dünn
charcutería [tʃarkute'ria] *f* ❶ (*productos*) Wurstwaren *fpl*
❷ (*tienda*) Metzgerei *f*
charla ['tʃarla] *f* ❶ (*conversación*) Plauderei *f*, (zwanglose) Unterhaltung *f*; (*en internet*) Chat *m*; **programas de** ~ (INFOR) Chatprogramme *ntpl*; **sala de** ~ Chatroom *m*; **estar de** ~ plaudern
❷ (*conferencia*) (unförmlicher) Vortrag *m*; **nos dio una** ~ **sobre la pintura contemporánea** er/sie erzählte uns von der zeitgenössischen Malerei
charlador(a) [tʃarla'ðor(a)] I. *adj* schwatzhaft
II. *m(f)* Plauderer, -in *m(f)*
charladuría [tʃarlaðu'ria] *f* Tratsch *m fam*, Klatsch *m fam*; **dejad ya esas** ~**s** hört auf mit dem Getratsche *fam*
charlar [tʃar'lar] *vi* ❶ (*conversar*) plaudern, sich (zwanglos) unterhalten
❷ (*parlotear*) schwatzen
charlatán, -ana [tʃarla'tan, -ana] I. *adj* ❶ (*hablador*) schwatzhaft
❷ (*chismoso*) klatschhaft
❸ (*embaucador*) schwindlerisch
II. *m*, *f* ❶ (*hablador*) Schwätzer(in) *m(f)*
❷ (*chismoso*) Klatschmaul *m*
❸ (*embaucador*) Schwindler(in) *m(f)*; (*engañador*) Scharlatan(in) *m(f)*
❹ (*vendedor*) Marktschreier(in) *m(f)*
❺ (*curandero*) Quacksalber(in) *m(f)*, Kurpfuscher(in) *m(f)*
charlatanear [tʃarlatane'ar] *vi* (*hablar mucho*) schwatzen, plappern *fam*
charlatanería [tʃarlatane'ria] *f* ❶ (*locuacidad*) Schwatzhaftigkeit *f*
❷ (*palabrería*) leeres Gerede *nt*, (hohles) Geschwätz *nt*
❸ (*embaucamiento*) Schwindelei *f*; (*engaño*) Scharlatanerie *f*
❹ (*curanderismo*) Quacksalberei *f*, Kurpfuscherei *f*
charlear [tʃarle'ar] *vi* (*croar*) quaken
charlestón [tʃarles'ton] *m* (*baile*) Charleston *m*
charlotada [tʃarlo'taða] *f* ❶ (TAUR) *komischer Stierkampf mit Clowns*
❷ (*actuación*) komisches Schauspiel *nt*
charlotear [tʃarlote'ar] *vi v.* **charlar**
charloteo [tʃarlo'teo] *m v.* **charla**
charnego, -a [tʃar'neɣo, -a] *m*, *f* (*pey*) *in Katalonien, Einwanderer aus südlichen spanischen Regionen*
charnela [tʃar'nela] *f* ❶ (*bisagra*) Scharnier *nt*; (*gozne*) (Tür)angel *f*
❷ (ZOOL: *de la valva*) Schließmuskel *m*
charol [tʃa'rol] *m* ❶ (*barniz*) Lack *m*; **darse** ~ *fig fam* sich aufspielen, angeben
❷ (*cuero*) Lackleder *nt*
❸ (*Am: bandeja*) Tablett *nt*
charolado, -a [tʃaro'laðo, -a] *adj* ❶ (*de charol*) Lack-, lackiert; **cinturón** ~ Lackgürtel *m*
❷ (*parecido al charol*) glänzend; **con ojos** ~**s** mit leuchtenden Augen
charolar [tʃaro'lar] *vt v.* **acharolar**
charpa ['tʃarpa] *f* (MED: *cabestrillo*) Schlinge *f*
charque ['tʃarke] *m* ❶ (GASTR: *carne*) luftgetrocknetes Dörrfleisch *nt*
❷ (GASTR: *fruta*) Dörrobst *nt*
charquecillo [tʃarke'θiʎo] *m* (*Perú:* GASTR) gedörrter und gesalzener Meeraal *m*
charqui ['tʃarki] *m* (*AmS*) *v.* **charque**
charra ['tʃarra] *adj* *o* *f* *v.* **charro, -a**
charrán [tʃa'rran] *m* ❶ (*pillo*) Gauner *m*, Schelm *m*
❷ (ZOOL) Seeschwalbe *f*
charranada [tʃarra'naða] *f* Gaunerei *f*, Spitzbüberei *f*
charranería [tʃarrane'ria] *f* (*pillería*) Gaunerei *f*, Schurkenstreich *m*
charretera [tʃarre'tera] *f* ❶ (*insignia*) Epaulett *nt*, Epaulette *f*, Achselklappe *f*, Schulterklappe *f*
❷ (*liga*) Strumpfband *nt*, Strumpfhalter *m*
charro¹ ['tʃarro] *m* (*Méx*) Reiter *m* (in mexikanischer Tracht)
charro, -a² ['tʃarro, -a] I. *adj* ❶ (*salmantino*) aus Salamanca
❷ (*pey: rústico*) bäu(e)risch, plump, unfein; (*habla*) ungeschliffen
❸ (*de mal gusto*) geschmacklos; (*chillón*) grell, schrill; (*demasiado adornado: objeto*) überladen; (*persona*) aufgedonnert
II. *m*, *f* ❶ (*campesino*) Bauer *m*/Bäuerin *f* aus Salamanca
❷ (*pey: tosco*) Bauer(ntölpel) *m*
charrúa [tʃa'rrua] *f* (NÁUT) Schleppkahn *m*

chárter ['tʃarter] *adj inv* Charter-; **vuelo** ~ Charterflug *m*
chartreuse [tʃar'tres] *m* Chartreuse® *m*
chasca ['tʃaska] *f* ❶ (*ramaje*) Reisig *nt*
❷ (*Am: pelo*) wirres Haar *nt*, Zotteln *fpl fam*
chascar [tʃas'kar] <c→qu> I. *vi* ❶ (*con la lengua*) schnalzen; (*con el látigo*) knallen
❷ (*ramaje*) knacken; (*madera*) knarren; (*fuego*) knistern
II. *vt* (*comida*) verschlingen
chascarrillo [tʃaska'rriʎo] *m* Anekdote *f*, witzige Geschichte *f*
chasco¹ ['tʃasko] *m* ❶ (*burla*) Streich *m*; **dar (un)** ~ **a alguien** jdm einen Streich spielen, jdn hereinlegen
❷ (*decepción*) Enttäuschung *f*; (*fracaso*) Reinfall *m fam*; **llevarse** [*o* **darse**] ~ eine Enttäuschung erleben (*con* mit +*dat*), reinfallen (*con* mit +*dat*) *fam*; **la apertura ha sido un** ~ die Eröffnung war ein Reinfall
chasco, -a² ['tʃasko, -a] *adj* (*Am*) zott(e)lig, wirr, unordentlich
chasconear [tʃaskone'ar] *vt* (*Chil*) ❶ (*enredar*) durcheinander bringen, verwirren
❷ (*arrancar el pelo*) an den Haaren ziehen
chasis ['tʃasis] *m inv* ❶ (AUTO) Fahrgestell *nt*, Chassis *nt*
❷ (ELEC) Rahmen *m*
❸ (FOTO) Kassette *f*
❹ (*loc*): **quedarse en el** ~ (*fig*) nur [*o* bloß] noch Haut und Knochen sein
chasque ['tʃaske] *m* (*AmS: mensajero*) Bote *m*
chasquear [tʃaske'ar] I. *vt* ❶ (*burlar*) einen Streich spielen +*dat*, hereinlegen
❷ (*decepcionar*) enttäuschen
❸ (*faltar*) im Stich lassen
II. *vi* ❶ (*con la lengua*) schnalzen; (*con el látigo*) knallen
❷ (*ramaje*) knacken; (*madera*) knarren; (*fuego*) knistern
chasqui ['tʃaski] *m* (*AmS*) *v.* **chasque**
chasquido [tʃas'kiðo] *m* ❶ (*de lengua*) Schnalzen *nt*; (*de látigo*) Knallen *nt*
❷ (*del ramaje*) Knacken *nt*; (*de la madera*) Knarren *nt*
chatarra [tʃa'tarra] *f* ❶ (*escoria*) Schlacke *f*
❷ (*metal viejo*) Schrott *m*, Alteisen *nt*
❸ (*irón: condecoraciones*) Lametta *nt*
chatarrera [tʃata'rrera] *f v.* **chatarrero**
chatarrería [tʃatarre'ria] *f* Schrotthandel *m*
chatarrero, -a [tʃata'rrero, -a] *m*, *f* Schrotthändler(in) *m(f)*
chatear [tʃa'tear] *vi* (INFOR: *argot*) chatten
chateo [tʃa'teo] *m* (*fam*) Tavernenbummel *m*; **irse por los bares de** ~ einen Zug durch die Weinlokale machen
chato¹ ['tʃato] *m* (*fam*) niedriges (Wein)glas *nt*; **tomar unos** ~**s** ein paar Gläschen trinken
chato, -a² ['tʃato, -a] I. *adj* ❶ (*nariz*) platt, flach; (*redondeada*) stumpf
❷ (*persona*) plattnasig, stumpfnasig
❸ (*objeto*) flach; (*aplastado*) platt; (*bajo*) niedrig
II. *m*, *f* (*fam: apelativo cariñoso*) Kleiner *m*, Kleine *f*, Kleines *nt*
chatre ['tʃatre] *adj* (*Chil, Ecua: elegante*) schick, herausgeputzt
chaucha ['tʃau̯tʃa] *f* ❶ (*AmS*) (*judía verde*) grüne Bohne *f*
❷ (*patata*) Pflanzkartoffel *f*, Saatkartoffel *f*
❸ *pl* (*calderilla*) (Kupfer)münzen *fpl*, Kleingeld *nt*
chauchera [tʃau̯'tʃera] *f* (*Chil, Ecua: monedero*) Geldbeutel *m*, Portemonnaie *nt*
chauvinismo [tʃoβi'nismo] *m* Chauvinismus *m*
chauvinista [tʃoβi'nista] I. *adj* chauvinistisch
II. *mf* Chauvinist(in) *m(f)*
chaval(a) [tʃa'βal(a)] *m(f)* ❶ (*chico*) Junge *m*, Bursche *m*; (*chica*) Mädchen *nt*; (*joven*) junger Mann *m*, junge Frau *f*; **ser un** ~ (noch) ein Junge [*o* jung] sein; **está hecha una** ~**a** sie hat sich (recht) gut gehalten
❷ (*fam: novio*) Freund(in) *m(f)*
chavalería [tʃaβale'ria] *f* ❶ junge Leute *pl*, junges Gemüse *nt irón*
chavalín, -ina [tʃaβa'lin] *m*, *f* kleiner Junge *m*, kleines Mädchen *nt*
chavalongo [tʃaβa'loŋgo] *m* (*Arg, Chil*) ❶ (MED: *fiebre tifoidea*) Typhus *m*
❷ (MED: *pesadez de cabeza y fiebre*) fiebriger Kopfschmerz *m*
chaveta [tʃa'βeta] I. *f* ❶ (*remache*) Splint *m*
❷ (*pasador*) Bolzen *m*, Zapfen *m*; **estar mal de la** ~ (*fam*) nicht (ganz) richtig im Kopf sein, spinnen; **perder la** ~ (*el juicio*) den Verstand verlieren; (*la paciencia*) die Geduld verlieren
II. *adj inv* **estar** [*o* **ser**] ~ (*fam*) spinnen, nicht richtig ticken
chavo ['tʃaβo] *m* (*fam*): **no tener** [*o* **estar sin**] **un** ~ keinen roten [*o* lumpigen] Heller (mehr) haben
chaya ['tʃaʝa] *f* (*Arg, Chil*) ❶ (*bromas, juegos*) Karnevalsscherze *mpl*
❷ (*carnaval*) Karneval *m*, Karnevalstreiben *nt*
chayote [tʃa'ʝote] *m* ❶ (*fruto*) Stachelgurke *f*
❷ (*planta*) *v.* **chayotera**
chayotera [tʃaʝo'tera] *f* (BOT) Chayote(pflanze) *f*, Stachelgurke *f*

chazar [tʃa'θar] <z→c> vt (DEP: *detener*) halten
che [tʃe] I. *interj* (AmS) he
  II. *f* Name des Buchstabens 'ch'
checa ['tʃeka] *f* ❶ (HIST: *policía*) Tscheka *f*
  ❷ (*local*) Folterkammer *f*
  ❸ *v.* **checo**
chécheres ['tʃetʃeres] *mpl* (Col, CRi) Kram *m fam*, Krimskrams *m fam*
checo, -a ['tʃeko, -a] I. *adj* tschechisch; **República Checa** Tschechien *nt*, Tschechische Republik
  II. *m*, *f* Tscheche, -in *m*, *f*
checo(e)slovaco, -a [tʃeko(e)slo'βako, -a] I. *adj* tschechoslowakisch
  II. *m*, *f* Tschechoslowake, -in *m*, *f*
chef [tʃef] <chefs> *m* Küchenchef *m*, (Chef)koch *m*
cheira ['tʃeira] *f v.* **chaira**
cheli ['tʃeli] *m* Madrider Argot
chelín [tʃe'lin] *m* (*moneda*) Schilling *m*
chelista [tʃe'lista] *mf* Cellist(in) *m(f)*
chelo ['tʃelo] *m* Cello *nt*
chepa ['tʃepa] *f* (*fam*) Buckel *m*, Höcker *m*; **tener ~** einen Buckel haben
cheposo, -a [tʃe'poso, -a] I. *adj* (*fam*) buck(e)lig
  II. *m*, *f* (*fam pey*) Buck(e)lige(r) *f*
cheque ['tʃeke] *m* Scheck *m*; **~ para abonar en cuenta** Verrechnungsscheck *m*; **~ abierto** offener Scheck; **~ antefechado** vorausdatierter Scheck; **~ bancario** Bankscheck *m*; **~ barrado** Verrechnungsscheck *m*; **~ en blanco** Blankoscheck *m*; **~ certificado** beglaubigter Scheck; **~ comanditario** Kommanditscheck *m*; **~ conformado** bestätigter Scheck; **~ al contado** Barscheck *m*; **~ cruzado** Verrechnungsscheck *m*; **~ al descubierto** ungedeckter Scheck; **~ domiciliado** domizilierter Scheck; **~ sin fondos** ungedeckter Scheck; **~ nominativo** Namensscheck *m*, Rektascheck *m*; **~ a la orden** Orderscheck *m*; **~ sobre plaza** Platzscheck *m*; **~ al portador** Inhaberscheck *m*; **~ de viaje** [*o* **de viajero**] Travellerscheck *m*, Reisescheck *m*; **dar a alguien un ~ en blanco** jdm einen Blankoscheck geben; (*fig*) jdm Blankovollmacht erteilen, jdm (völlig) freie Hand lassen; **bloquear un ~** einen Scheck sperren; **cobrar un ~** einen Scheck einlösen; **cruzar un ~** einen Scheck kreuzen; **endosar un ~** einen Scheck indossieren; **extender un ~ a alguien** jdm einen Scheck ausstellen; **librar** [*o* **extender**] **un ~** einen Scheck ausstellen [*o* ausschreiben]; **ingresar un ~** (**para abonar en cuenta**) einen Scheck (zur Gutschrift) einreichen
chequear [tʃeke'ar] I. *vi* (AmC) einen Scheck ausstellen
  II. *vt* ❶ (*la salud*) untersuchen; (*un documento*) prüfen; (*un mecanismo*) überprüfen, überholen
  ❷ (AmC, PRico: *equipaje*) aufgeben
  ❸ (And: *informaciones*) registrieren, eintragen
  III. *vr:* **~se** sich untersuchen lassen
chequeo [tʃe'keo] *m* (*de la salud*) Check-up *m o nt*; (*de un mecanismo*) Inspektion *f*
chequera [tʃe'kera] *f* (Am) Scheckheft *nt*
Chequia ['tʃekja] *f* Tschechien *nt*
chercán [tʃer'kan] *m* (Chil: ZOOL) Rio-de-la-Plata-Zaunkönig *m*
chercha ['tʃertʃa] *f* ❶ (Hond: *algazara*) Ausgelassenheit *f*, fröhlicher Radau *m*
  ❷ (Ven: *mofa*) Spott *m*; (*broma*) Scherz *m*
cherna [tʃerna] *f* (ZOOL) Wrackbarsch *m*
chévere ['tʃeβere] I. *adj* (AmC: *fam*) erstklassig, dufte
  II. *mf* (Cuba, PRico, Ven) Angeber(in) *m(f)*, Prahler(in) *m(f)*
chevió [tʃe'βjo] *m* <cheviots>, **cheviot** [tʃe'βjo] *m* <cheviots> Cheviot *m*
chibalete [tʃiβa'lete] *m* (TIPO) Setzregal *nt*
chibcha¹ ['tʃiβtʃa] *m sin pl* (LING) Chibcha *nt*
chibcha² ['tʃiβtʃa] I. *adj* (HIST) Chibcha-
  II. *mf* (HIST) Chibcha *mf*
chibuquí [tʃiβu'ki] <chibuquíes> *m* (*pipa turca*) Tschibuk *m*
chic [tʃik] I. *adj inv* (*guapo*) schick, flott; (*elegante*) elegant; **una mujer muy ~** eine sehr schicke Frau
  II. *m sin pl* Schick *m*, Eleganz *f*; **tiene ~** er/sie hat Schick
chica ['tʃika] I. *adj* ❶ (*pequeña*) klein
  ❷ (*joven*) jung
  II. *f* ❶ (*niña*) Kind *nt*, Mädchen *nt*, Kleine *f fam*
  ❷ (*joven*) junge Frau *f*; (*tratamiento cariñoso*) Kleine *f fam*; **~ de(l) conjunto** Revuegirl *nt*; **mira ~, haz lo que quieras** weißt du was, meine Liebe, mach doch, was du willst
  ❸ (*criada*) Dienstmädchen *nt*, Haushaltshilfe *f*
chicana [tʃi'kana] *f* ❶ (*artimaña*) Schikane *f*
  ❷ (*broma*) Scherz *m*, Spaß *m*
  ❸ *v.* **chicano**
chicanero, -a [tʃika'nero, -a] *adj* schikanös
chicano, -a [tʃi'kano, -a] I. *adj der Einwohner der USA mit mexikanischen Vorfahren*

  II. *m*, *f Einwohner(in) der USA mit mexikanischen Vorfahren*
chicarrón, -ona [tʃika'rron, -ona] I. *adj* stämmig, kräftig
  II. *m*, *f* kräftiger Junge *m*, kräftiges Mädchen *f*
chicazo [tʃi'kaθo] *m* Lümmel *m*
chicha ['tʃitʃa] I. *f* ❶ (*fam: carne*) Fleisch *nt*; **de ~ y nabo** bedeutungslos; **tener pocas ~s** (*delgado*) dürr sein; (*sin fuerzas*) schwächlich sein
  ❷ (Am: *bebida de maíz*) Maiswein *m*; (*de frutas*) Obstwein *m*; **no ser ni ~ ni limonada** (*fig*) weder Fisch noch Fleisch sein
  II. *adj:* **calma ~** völlige Windstille *f*
chicharra [tʃi'tʃarra] *f* ❶ (ZOOL) Zikade *f*; **cantar la ~** (*fig*) drückend heiß sein
  ❷ (*juguete*) Schnarre *f*
  ❸ (ELEC) Summer *m*
  ❹ (TÉC) Ratsche *f*, Knarre *f*
  ❺ (*fam: cotorra*) Plappermaul *nt*; **hablar como una ~** wie ein Wasserfall reden
chicharrina [tʃitʃa'rrina] *f* drückende Hitze *f*
chicharro [tʃi'tʃarro] *m* ❶ (*chicharrón*) Griebe *f*
  ❷ (*jurel*) Stöker *m*, Stachelmakrele *f*
chicharrón [tʃitʃa'rron] *m* ❶ (*gorrón*) Griebe *f*
  ❷ (*carne*) zu stark geröstetes Fleisch
  ❸ (*fam: persona*) stark sonnengebräunter Mensch
  ❹ (GASTR) knusprig gebratene Schweineschwarten
chichear [tʃitʃe'ar] *vi, vt* auszischen
chichi [tʃi'tʃi] *adj* (AmC: *fácil*) leicht, einfach; **no fue muy ~** es war nicht gerade einfach
chichimeca [tʃitʃi'meka] I. *adj* (HIST) Chichimeken-, der Chichimeken; **el pueblo ~** das Volk der Chichimeken
  II. *mf* (HIST) Chichimeke, -in *m*, *f*
chichinabo [tʃitʃi'naβo] **de ~** (*fam fig: de poco valor*) lausig
chicholo [tʃi'tʃolo] *m* (RíoPl: GASTR) in ein Maisblatt eingewickelte Süßigkeit
chichón [tʃi'tʃon] *m* Beule *f*
chichonera [tʃitʃo'nera] *f* Kopfschutz *m*
chicle ['tʃikle] *m* Kaugummi *m o nt*; **mascar ~** Kaugummi kauen
chiclé [tʃi'kle] *m*, **chicler** [tʃi'kler] *m* (TÉC) Vergaserdüse *f*
chicloso, -a [tʃi'kloso, -a] *adj* kaugummiartig
chico ['tʃiko] I. *adj* ❶ (*pequeño*) klein
  ❷ *m* ❶ (*niño*) Kind *nt*, Junge *m*, Kleine(r) *m fam*; **como ~ con zapatos nuevos** (*fam fig*) quietschvergnügt
  ❷ (*joven*) junger Mann *m*; (*tratamiento cariñoso*) Kleiner *m fam*; **cuídate, ~** pass auf dich auf, Junge; **ser (un) buen ~** ein feiner [*o* lieber] Kerl sein; **oye ~, te lo digo por última vez** hör mal, mein Lieber, ich sage es dir jetzt zum letzten Mal
  ❸ (*para los recados*) Laufbursche *m*
  ❹ (*fam: medida*) Weinmaß *f* (168 Milliliter)
chicolear [tʃikole'ar] *vi* (*fam: piropear*) Süßholz raspeln
chicoleo [tʃiko'leo] *m* (*piropo*) Kompliment *nt*; (*lisonja*) Schmeichelei *f*; **estar de ~** kokettieren
chicoria [tʃi'korja] *f* (BOT) (Salat)zichorie *f*, Chicorée *m o f*
chicorro, -a [tʃi'korro, -a] *m*, *f* (*fam*) kräftiger Bursche *m*, strammes Mädchen *nt*
chicote [tʃi'kote] *m* ❶ (*fam: chico*) strammer Junge *m*
  ❷ (NÁUT) Tauende *nt*
  ❸ (*cigarro*) Zigarre *f*; (*colilla*) Zigarrenstummel *m*
  ❹ (Am: *látigo*) Peitsche *f*
chiflado, -a [tʃi'flaðo, -a] I. *adj* (*fam*) verrückt, übergeschnappt; **estás ~** du hast (ja) einen Knall; **estar ~ por alguien** verrückt auf jdn [*o* nach jdm] sein, in jdn vernarrt sein
  II. *m*, *f* (*fam*) Verrückte(r) *mf*, Spinner(in) *m(f)*
chifladura [tʃifla'ðura] *f* ❶ (*locura*) Verrücktheit *f*; (*empeño*) Versessenheit *f*; **siente ~ por el motorismo** er/sie ist verrückt [*o* versessen] auf den Motorsport
  ❷ (*antojo*) Spinnerei *f fam*; **ese proyecto es una ~** dieses Vorhaben ist die reinste Spinnerei
chiflar [tʃi'flar] I. *vi* pfeifen
  II. *vt* ❶ (*silbar*) auspfeifen; (*mofar*) verhöhnen
  ❷ (*fam: beber*) hinunterkippen
  ❸ (*fam: gustar*) gefallen; **esa chica le chifla** [*o* **le tiene chiflado**] er ist verrückt nach diesem Mädchen; **me chiflan las aceitunas** ich esse für mein Leben gerne Oliven
  III. *vr:* **~se** ❶ (*burlarse*) sich lustig machen (*de* über +*akk*)
  ❷ (*fam: pirrarse*) verrückt [*o* versessen] sein (*por* auf +*akk*)
  ❸ (*fam: volverse loco*) verrückt werden
chifle ['tʃifle] *m* ❶ (*silbato*) Pfeife *f*
  ❷ (*silbido*) Lockpfeife *f*
  ❸ (HIST) Pulverbüchse *f*, Pulverhorn *nt*
  ❹ (Arg, Urug: *cuerna*) Trinkhorn *nt*

chiflón [tʃi'flon] *m* (*Am*) ❶ (*viento*) leichter Wind *m;* (*corriente*) Zugluft *f;* **un ~ de aire** eine leichte Luftbewegung
❷ (MIN) Grubeneinsturz *m*
chigua [ˈtʃiywa] *f* (*AmS: cesto*) (ovaler) Rindenkorb *m*
chigüil [tʃiˈywil] *m* (*Ecua:* GASTR) in einem Maisblatt gedämpfte Masse aus Mais, Eiern, Käse und Butter
chigüín [tʃiˈywin] *m* (*AmC: chavalín*) mickriges Kerlchen *nt*
chihuahua [tʃiˈwawa] *m* Chihuahua *m*
chiíta [tʃiˈita] **I.** *adj* schiitisch
II. *mf* Schiit(in) *m(f)*
chijete [tʃiˈxete] *m* (*Arg, fam*) ❶ (*agua*) (Wasser)schwall *m*
❷ (*aire*) Luftzug *m*
chilaba [tʃiˈlaβa] *f* Dschellaba *f*
chilaquil [tʃilaˈkil] *m* (*Méx:* GASTR) Gericht aus in Butter gebratenen Tortillastücken mit Pökelfleisch und Chili
chilate [tʃiˈlate] *m* (*AmC*) Getränk aus Chili, geröstetem Mais und Kakao
chilatole [tʃilaˈtole] *m* (*Méx:* GASTR) Gericht aus Chili, Mais und Schweinefleisch
chilco [ˈtʃilko] *m* (*Chil:* BOT) wilde Fuchsie *f*
chile [ˈtʃile] *m* ❶ (BOT) Chili *m;* (*especia*) Cayennepfeffer *m;* **~ árbol** [*o* **cascabel**] [*o* **guajillo**] (*AmC:* GASTR) getrockneter, scharfer Chili; **~ güero** (*AmC:* GASTR) frischer, milder Chili
❷ (*Guat: mentira*) Lüge *f;* (*cuento*) Märchen *nt*
Chile [ˈtʃile] *m* Chile *nt*
chilenismo [tʃileˈnismo] *m* (LING) Chilenismus *m*
chileno, -a [tʃiˈleno, -a] **I.** *adj* chilenisch
II. *m, f* Chilene, -in *m, f*
chilindrina [tʃilinˈdrina] *f* ❶ (*fam: cosa poco importante*) Lappalie *f*
❷ (*anécdota*) witzige Geschichte *f*, Anekdote *f*
❸ (*fam: mofa*) Neckerei *f*
chilindrón [tʃilinˈdron] *m* ❶ (*juego de cartas*) ein Kartenspiel
❷ (GASTR) Gericht aus Hähnchen oder Fleischstücken mit Paprika, Tomaten und Zwiebeln; **pollo/carne al ~** Hähnchen/Fleisch mit (*scharfem*) Gemüse
chilinguear [tʃiliŋgeˈar] *vt* (*Col: balancear*) (hin und her) wiegen
chilla [ˈtʃiʎa] *f* (*silbato de cazador*) Lockpfeife *f*
chillar [tʃiˈʎar] *vi* ❶ (*persona*) kreischen, schreien; **¡no me chilles!** schrei mich nicht an!
❷ (*animal salvaje*) heulen; (*cerdo*) quieken; (*ratón*) quieksen; (*ave*) kreischen
❸ (*frenos, puerta*) quietschen
❹ (*en la caza*) locken
❺ (*colores*) grell [*o* schreiend] sein
❻ (*Am: sollozar*) schluchzen
chilli [ˈtʃili] *m* (*Méx:* BOT) Chili *m*
chillido [tʃiˈʎiðo] *m* ❶ (*de persona*) Kreischen *nt*, gellender Schrei *m*
❷ (*de animal salvaje*) Heulen *nt*, (*de cerdo*) Quieken *nt*, (*de ratón*) Quieksen *nt*, (*de ave*) Kreischen *nt*
❸ (*de frenos, puerta*) Quietschen *nt*
❹ (*en la caza*) Lockpfiff *m*
❺ (*Am: sollozo*) Schluchzen *nt*
chillón, -ona [tʃiˈʎon, -ona] **I.** *adj* ❶ (*persona*) kreischend, schreiend
❷ (*voz*) schrill
❸ (*color*) grell
II. *m, f* Schreier(in) *m(f),* Schreihals *m fam*
chilmole [tʃilˈmole] *m* (*Méx:* GASTR) Chilisauce *f*
chilote [tʃiˈlote] *m* (*Méx*) Getränk aus Pulque mit Chili
chilpayate [tʃilpaˈɟate] *m* (*Méx: muchacho*) kleiner Junge *m;* **los ~s** die kleinen Bengel
chilpe [ˈtʃilpe] *m* ❶ (*Chil: harapo*) Lumpen *m*
❷ (*Ecua: cuerda*) Schnur *f,* Strick *m*
❸ (*hoja*) trockenes Maisblatt *nt*
chimenea [tʃimeˈnea] *f* ❶ (*de un edificio, barco*) Schornstein *m*
❷ (*hogar*) Kamin *m;* (*tiro*) Rauchfang *m;* **caerle a alguien por la ~** (*fig*) jdm in den Schoss fallen
❸ (*t.* GEO) Schlot *m*
❹ (MIN) Wetterschacht *m*
❺ (TEAT) Bühnenschacht *m*
chimojo [tʃiˈmoxo] *m* (*Cuba:* MED) krampflösendes Medikament aus Tabak, Bananenschale und Salbei
chimpancé [tʃimpanˈθe] *mf* Schimpanse, -in *m, f*
china [ˈtʃina] *f* ❶ *v.* **chino¹**
❷ (*piedra*) kleiner Stein *m*, Kieselstein *m*
❸ (*juego*) **echar (a la) ~** raten(, in welcher Hand der Stein versteckt ist); **le ha tocado la ~** (*fig*) er/sie hat Pech gehabt
❹ (*traba*) Hindernis *nt*, Schwierigkeit *f;* **poner ~s a alguien** jdm Steine in den Weg legen, jdm Schwierigkeiten bereiten
❺ (*fam: dinero*) Kies *m*
❻ (*porcelana*) chinesisches Porzellan *nt*
❼ (*seda*) Chinaseide *f*
❽ (*Am: india*) junge indianische Frau *f;* (*mestiza*) Mestizin *f*
❾ (*Am, CSur: criada*) Dienstmädchen *nt;* (*niñera*) Kindermädchen *nt*
❿ (*Am: amante*) Geliebte *f*
China [ˈtʃina] *f:* (**la**) **~** China *nt*
chinampa [tʃiˈnampa] *f* Gemüsefelder in der Region von Mexiko Stadt
chinchar [tʃinˈtʃar] **I.** *vt* (*fam: molestar*) belästigen, stören; (*fastidiar*) nerven; **~ a alguien con sus problemas** jdn mit seinen Problemen belästigen; **me chincha tener que acompañarle** es nervt mich, ihn begleiten zu müssen
❷ (*argot: matar*) umlegen
II. *vr:* **~se** (*fam*) sich ärgern; **¡chínchate!** da hast du's!, das hast du davon!; **¡para que te chinches!** dass du es nur weißt!
chinche¹ [ˈtʃintʃe] *m o f* ❶ (ZOOL) Wanze *f;* **caer** [*o* **morir**] **como ~s** (*fig*) wie die Fliegen umfallen [*o* sterben]
❷ (*chincheta*) Heftzwecke *f*, Reißzwecke *f*, Reißnagel *m*
chinche² [ˈtʃintʃe] *mf* (*fam*) Nervensäge *f*
chincheta [tʃinˈtʃeta] *f* Heftzwecke *f*, Reißzwecke *f*, Reißnagel *m*
chinchilla [tʃinˈtʃiʎa] *f* (ZOOL) Wollmaus *f*, Chinchilla *f;* (*piel*) Chinchilla *nt*
chinchín [tʃinˈtʃin] *interj* prost
chinchinear [tʃintʃineˈar] *vi* (*brindar*) anstoßen
chinchón [tʃinˈtʃon] *m* ❶ (*chichón*) Beule *f*
❷ (*bebida*) Anislikör *m* (*aus Chinchón*)
chinchorrear [tʃintʃorreˈar] **I.** *vi* klatschen *fam,* tratschen *fam*
II. *vt* belästigen, stören
chinchorrería [tʃintʃorreˈria] *f* ❶ (*impertinencia*) Zudringlichkeit *f*
❷ (*habladuría*) Klatsch *m*, Gerede *nt*
chinchorro [tʃinˈtʃorro] *m* ❶ (*embarcación*) kleines Ruderboot *nt;* (*a bordo*) Beiboot *nt*
❷ (*red*) Schleppnetz *nt*
❸ (*hamaca*) Hängematte *f*
chinchulín [tʃintʃuˈlin] *m* (*AmS:* GASTR) zusammengeflochtene und gebratene Schaf- oder Rinderdärme
chincol [tʃinˈkol] *f* (*AmS:* ZOOL) Braunnacken-Ammer *f*
chinear [tʃineˈar] **I.** *vt* ❶ (*AmC: cargar en brazos*) (auf den Armen) tragen; (*llevar a cuestas*) auf dem Rücken tragen
❷ (*CRi: tratar con cuidado*) pflegen, pfleglich behandeln
❸ (*CRi, Guat: criar niños*) betreuen; **desde pequeña ha chineado hijos de otros** seit ihrer Kindheit passt sie auf anderer Leute Kinder auf
II. *vr:* **~se** (*Guat: fig: obsesionarse*) sich *dat* große Sorgen machen (*por* um + *akk*)
chinela [tʃiˈnela] *f* Hausschuh *m*, Latsche *f fam,* Latschen *m fam*
chinesco¹ [tʃiˈnesko] *m* (MÚS) Schellenbaum *m*
chinesco, -a² [tʃiˈnesko, -a] *adj* chinesisch; **a la chinesca** (*al uso de*) nach chinesischem Brauch; (*al modo de*) nach chinesischer Art
chingado, -a [tʃinˈgaðo, -a] *adj* ❶ (*fam: borracho*) besoffen
❷ (*Am: fam: frustrado*) misslungen, gescheitert
❸ (*Am: fam: estropeado*) kaputt; **estar ~** hinüber sein
chingar [tʃinˈgar] <g→gu> **I.** *vt* ❶ (*AmC: rabo*) stutzen
❷ (*fam: bebidas alcohólicas*) saufen
❸ (*fam: molestar*) auf die Nerven gehen +*dat*
❹ (*vulg: joder*) ficken
II. *vi* (*Arg, Urug: un vestido*) schief fallen
III. *vr:* **~se** ❶ (*fam: emborracharse*) sich besaufen
❷ (*Am: fam: frustrarse*) in die Hose gehen
❸ (*Am: fam: fallar*) versagen, den Geist aufgeben; **el motor se chingó** der Motor hat den Geist aufgegeben
chingo, -a [ˈtʃingo, -a] *adj* ❶ (*AmC: animal sin rabo*) schwanzlos, schweiflos
❷ (*AmC, Ven: chato*) plattnasig, stumpfnasig
❸ (*AmC: corto*) kurz
❹ (*CRi: desnudo*) nackt
❺ (*Ven: ansioso*) gespannt
❻ (*Col, Cuba: pequeño*) zierlich
❼ (*Nic: bajo*) kleinwüchsig
chingue [ˈtʃinge] *m* (*Chil:* ZOOL) Streifenskunk *m*
chínguere [ˈtʃingere] *m* (*Méx: vulg*) Fusel *m fam*
chinita [tʃiˈnita] *f* ❶ (*piedrecita*) Steinchen *nt,* (kleiner) Kieselstein *m;* **poner ~s a alguien** jdm Steine in den Weg legen
❷ (*Chil: insecto*) Marienkäfer *m*
chino¹ [ˈtʃino] *m* ❶ (*Am: indio*) junger indianischer Mann *m;* (*mestizo*) Mestize *m*
❷ (*Am, CSur: criado*) Diener *m;* **engañar a alguien como a un ~** (*fam*) jdn gewaltig übers Ohr hauen; **trabajar más que un ~** sehr hart arbeiten, schuften *fam*
chino, -a² [ˈtʃino, -a] **I.** *adj* chinesisch
II. *m, f* Chinese, -in *m, f*

chip [tʃip] *m* (INFOR) Chip *m;* **~ de memoria** Speicherchip *m*
chipa ['tʃipa] *f* (*Col*) ❶ (*cesta*) Strohkorb *m;* (*rodillo*) Strohhülle *f*
❷ (*rodete*) Tragpolster *nt*
❸ (*rollo*) Rolle *f*
chipá [tʃi'pa] *m* (*AmS:* GASTR: *torta de mandioca*) Maniokkuchen *m;* (*de maíz*) Maiskuchen *m*
chipé(n) [tʃi'pe] *adj inv o adv* (*fam*): **(de) ~** toll, klasse, prima; **un vestido (de) ~** ein tolles Kleid; **lo he pasado (de) ~** ich habe mich prima amüsiert
chipichipi [tʃipi'tʃipi] *m* (*Méx: llovizna*) Nieselregen *m,* Sprühregen *m*
chipirón [tʃipi'ron] *m* kleiner Tintenfisch *m*
Chipre ['tʃipre] *f* Zypern *nt*
chipriota [tʃi'prjota] I. *adj* zypriotisch, zyprisch
II. *mf* Zypriot(in) *m(f),* Zypr(i)er(in) *m(f)*
chiquear [tʃike'ar] *vt* (*Cuba, Méx: mimar*) verwöhnen; (*de palabra*) schmeicheln (*a +dat*)
chiqueo [tʃi'keo] *m* ❶ (*Cuba, Méx: mimo*) Schmeichelei *f*
❷ (*AmC: contoneo*) wiegender Gang *m*
chiquero [tʃi'kero] *m* ❶ (TAUR) Pferch *m* (für Kampfstiere)
❷ (*para cerdos*) Koben *m,* Schweinestall *m*
chiquigüite [tʃiki'ɣwite] *m* (*Guat, Hond, Méx: cesta sin asas*) Korb *m* (ohne Griff oder Henkel)
chiquilicuatre [tʃikili'kwatre] *m* (*fam*), **chiquilicuatro** [tʃikili'kwatro] *m* (*fam*) vorlauter Bursche *m,* Naseweis *m*
chiquilín, -ina [tʃiki'lin, -ina] *m, f* süßer Fratz *m*
chiquilla [tʃi'kiʎa] *adj o f v.* **chiquillo**
chiquillada [tʃiki'ʎaða] *f* ❶ (*broma*) Kinderei *f*
❷ (*travesura*) Kinderstreich *m*
chiquillería [tʃikiʎe'ria] *f* Kinderschar *f*
chiquillo, -a [tʃi'kiʎo, -a] I. *adj* klein; **¡no seas ~!** hör auf dich wie ein kleines Kind zu benehmen!
II. *m, f* (*niño*) (kleines) Kind *nt;* (*chico*) (kleiner) Junge *m,* Knirps *m fam;* (*chica*) (kleines) Mädchen *nt*
chiquirritín, -ina [tʃikirri'tin, -ina] I. *adj* (*fam*) winzig
II. *m, f* (*fam*) Winzling *m*
chiquita [tʃi'kita] *adj o f v.* **chiquito¹**
chiquitín, -ina [tʃiki'tin, -ina] *adj o m, f* (*fam*) *v.* **chiquirritín**
chiquito¹ [tʃi'kito] *m* kleines Glas *nt* Wein
chiquito, -a² [tʃi'kito, -a] I. *adj* winzig, sehr klein
II. *m, f* kleines Kind *nt,* Kleine(r) *mf;* **andarse con [*o* en] chiquitas** wie die Katze um den heißen Brei herumgehen; **no andarse con chiquitas** (*actuar sin miramiento*) den Stier bei den Hörnern packen; (*consecuentemente*) Nägel mit Köpfen machen; **dejar a alguien ~** jdn übertrumpfen; **hacerse el ~** sich bescheiden geben
chirapa [tʃi'rapa] *f* ❶ (*Bol: harapo*) Lumpen *m*
❷ (*Perú: lluvia*) Regenschauer *m* (bei Sonnenschein)
chiribita [tʃiri'βita] *f* ❶ (*chispa*) Funke(n) *m;* **echar ~s** (*fig*) fuchsteufelswild sein
❷ (BOT) Gänseblümchen *nt*
❸ *pl* (*fam: lucecillas*) Flimmern *nt;* **hacer(le) a alguien ~s los ojos** (*fig*) ein Flimmern vor den Augen haben
chirigota [tʃiri'ɣota] *f* Jux *m,* Scherz *m,* Spaß *m;* **tomarse algo a ~** etw auf die leichte Schulter nehmen
chirimbolo [tʃirim'bolo] *m* (*fam*) ❶ (*chisme*) Ding *nt*
❷ *pl* () Kram *m,* Zeug *nt*
chirimía [tʃiri'mia] *f* (MÚS) Schalmei *f*
chirimoya [tʃiri'moɟa] *f* Rahmapfel *m,* Chirimoya *f*
chirimoyo [tʃiri'moɟo] *m* (BOT) Chirimoya *f,* Chirimoyabaum *m*
chiringo [tʃi'riŋgo] *m* ❶ (*Hond: jirón*) Lumpen *m*
❷ (*PRico: caballo*) (kleines) Pferd *nt*
chiringuito [tʃiriŋ'gito] *m* Imbiss(stand) *m*
chiripa [tʃi'ripa] *f* ❶ (*fam: suerte*) Glück *nt;* (*casualidad favorable*) glücklicher Zufall *m;* **tener ~** Glück haben; **cogí el avión de [*o* por] ~** ich habe das Flugzeug durch Zufall (noch) erreicht
❷ (*en el juego*) Zufallstreffer *m*
chiripá [tʃi'ripa] *m* (*Arg: pañal*) Windel *f*
chirivía [tʃiri'βia] *f* ❶ (BOT) Pastinak *m,* Pastinake *f*
❷ (ZOOL) Bachstelze *f*
chirla ['tʃirla] *f* (kleine) Venusmuschel *f*
chirlar [tʃir'lar] *vi* (*fam*) kreischen
chirle ['tʃirle] *adj* ❶ (*soso*) fad(e), geschmacklos; (*aguado*) wässrig; **una sopa ~** eine wässrige Suppe
❷ (*fam: sin interés*) unbedeutend; (*sin substancia*) gehaltlos, nichtssagend
chirlería [tʃirle'ria] *f* (*pey: cháchara*) Gerede *nt,* Geschwätz *nt*
chirlo ['tʃirlo] *m* ❶ (*herida*) Schnittwunde *f* (im Gesicht)
❷ (*cicatriz*) Schmiss *m,* Schmarre *f fam*
chirola [tʃi'rola] *f* ❶ (*Arg: moneda*) alte Nickelmünze
❷ (*Chil: moneda*) Zwanzig-Centavo-Münze *f*
❸ *pl* (*Arg: calderilla*) (Kupfer)münzen *fpl,* Kleingeld *nt*
chirona [tʃi'rona] *f* (*fam*) Kittchen *nt,* Knast *m;* **estar en ~** im Kittchen sitzen
chirote¹ [tʃi'rote] *adj* ❶ (*Perú: torpe*) unbedarft, einfältig
❷ (*CRi: grande, bonito*) stattlich, groß und prächtig
chirote² [tʃi'rote] *m* (*Ecua, Perú:* ZOOL) Soldatenstärling *m*
chirriante [tʃirri'ante] *adj* schrill
chirriar [tʃirri'ar] < I. *pres:* chirrío > *vi* ❶ (*al freír*) zischen
❷ (*metal*) quietschen; (*madera*) knarren
❸ (*pájaros*) zwitschern; (*gaviotas*) kreischen, schreien; (*grillos*) zirpen
❹ (*fam: personas*) falsch singen
chirrido [tʃi'rriðo] *m* ❶ (*al freír*) Zischen *nt*
❷ (*del metal*) Quietschen *nt;* (*de la madera*) Knarren *nt*
❸ (*de los pájaros*) Zwitschern *nt;* (*de las gaviotas*) Kreischen *nt,* Schreien *nt;* (*de los grillos*) Zirpen *nt*
chirusa [tʃi'rusa] *f* (*Arg, Urug*) ungebildete Frau *f*
chis [tʃis] *interj* **¡~!** (*para llamar*) st!; (*para hacer callar*) pst!
chisa ['tʃisa] *f* (*Col:* ZOOL) Käferlarve *f* (von Eingeborenen gebraten und gegessen)
chiscar [tʃis'kar] <c→qu> *vt* Funken schlagen (aus *+dat*)
chischás [tʃis'tʃas] *m inv* Klirren *nt;* **el ~ de las espadas** das Klirren der Schwerter
chiscón [tʃis'kon] *m* (*fam*) Loch *nt,* Spelunke *f*
chisgarabís [tʃisɣara'βis] *m* (*fam*) Naseweis *m*
chisguete [tʃis'ɣete] *m* ❶ (*trago*) Schluck *m* Wein; **echar un ~** einen Schluck trinken
❷ (*chorro*) Strahl *m*
chismear [tʃis'mar] *vi* (*fam*) *v.* **chismear**
chisme ['tʃisme] *m* ❶ (*habladuría*) Klatsch *m fam,* Gerede *nt;* **andar [*o* ir] con ~s** tratschen *fam*
❷ (*objeto*) Ding *nt;* **¿me pasas el ~ ese?** reichst du mir das Ding da?
❸ *pl* Kram *m,* Zeug *nt;* **recoge esos ~s** räum diesen Kram [*o* das Zeug] weg
chismear [tʃisme'ar] *vi* (*fam: cotillear*) klatschen, tratschen; **dedicarse a ~** tratschen, was das Zeug hält
chismografía [tʃismoɣra'fia] *f* ❶ (*manía de chismorrear*) Klatschsucht *f*
❷ (*chisme*) Gerede *nt,* Klatsch *m fam*
chismorrear [tʃismorre'ar] *vi* klatschen *fam,* tratschen *fam*
chismorreo [tʃismo'rreo] *m* Geklatsche *nt fam,* Getratsch(e) *nt fam*
chismoso, -a [tʃis'moso, -a] I. *adj* klatschhaft
II. *m, f* Klatschmaul *nt fam,* Klatschbase *f fam*
chispa ['tʃispa] I. *f* ❶ (*t.* ELEC) Funke(n) *m;* **echar ~s** Funken sprühen; (*fig*) fuchsteufelswild sein
❷ (*rasgo de ingenio*) Geistesblitz *m;* (*ingenio*) Geist *m,* Esprit *m;* (*gracia*) Witz *m;* **dar ~(s)** Esprit zeigen, seinen Witz sprühen lassen; **tu amigo tiene mucha ~** dein Freund hat sehr viel Witz; **ser una ~** sehr helle [*o* aufgeweckt] sein
❸ (*diamante*) kleiner Diamant *m*
❹ (*gota*) (Regen)tropfen *m;* **empieza a caer ~** es fängt an zu regnen
❺ (*fam: borrachera*) Schwips *m;* **coger [*o* pillar] una ~** sich *dat* einen Schwips antrinken; **tener una ~** einen Schwips haben
❻ (*una pizca*): **una ~ de...** ein bisschen ..., ein Funke (von) ...; **ni ~...** kein bisschen ..., kein Funke (von) ...
II. *adj inv:* **estar ~** (*fam*) beschwipst sein
III. *interj* **¡~!** (*fam*) verdammt!
chisparse [tʃis'parse] *vr* (*fam*) sich beschwipsen
chispazo [tʃis'paθo] *m* ❶ (*t.* ELEC) Funke(n) *m;* (*descarga*) Funkenentladung *f*
❷ (*chisme*) Klatsch *m fam,* Gerede *nt*
chispeante [tʃispe'ante] *adj* ❶ (*centelleante*) Funken sprühend
❷ (*brillante*) funkelnd
❸ (*ingenioso*) geistreich, voller Esprit, witzig
chispear [tʃispe'ar] I. *vi* ❶ (*centellear*) Funken sprühen
❷ (*brillar*) funkeln
II. *vimpers* (*lloviznar*) nieseln; (*gotear*) tröpfeln
chispit(in)a [tʃis'pita/tʃispi'tina] *f* (*fam*): **una ~ de vino** ein Schlückchen [*o* Tropfen] Wein
chisporrotear [tʃisporrote'ar] *vi* (*despedir chispas*) Funken sprühen [*o* schlagen]; (*el fuego*) prasseln; (*el aceite*) spritzen
chisporroteo [tʃisporro'teo] *m* (*centelleo*) Sprühen *nt* (von Funken); (*del fuego*) Prasseln *nt;* (*del aceite*) Spritzen *nt*
chisquero [tʃis'kero] *m* ❶ (*mechero*) (Taschen)feuerzeug *nt*
❷ (*bolsa de cuero*) (lederne) Gürteltasche *f*
chist [tʃist] *interj v.* **chis**
chistar [tʃis'tar] *vi* mucksen *fam;* **no ~** keinen Mucks [*o* Ton] sagen *fam;* **obedeció sin ~** er/sie hat ohne einen Mucks gehorcht *fam;* **sin ~ ni mistar** (*fam*) ohne zu mucksen
chiste ['tʃiste] *m* ❶ (*cuento*) Witz *m;* (*broma*) Scherz *m;* **~ verde** unan-

chistera ständiger Witz; **hacer ~ de algo** seine Scherze über etw machen; **no tiene ~ la cosa** das ist gar nicht witzig
② (*gracia*) Pointe *f*; **caer en el ~** die Pointe erfassen; **dio en el ~** er/sie hat es begriffen
chistera [tʃis'tera] *f* ① (*cesta*) (Fisch)korb *m*
② (*fam: sombrero*) Zylinder *m*
③ (DEP) Pelotaschläger *m*
chistoso, -a [tʃis'toso, -a] **I.** *adj* witzig, spaßig
II. *m, f* Witzbold *m fam*
chistu ['tʃistu] *m* Txistu *f* (*baskische Einhandflöte*)
chistulari [tʃistu'lari] *m* Txistuspieler *m*
chita ['tʃita] *f* ① (ANAT) Sprungbein *n*
② (*juego*) Kinderspiel, bei dem ein Tierknochen als Wurfziel aufgestellt wird
③ (*loc*): **dar en la ~** den Nagel auf den Kopf treffen; **no importar una ~** (*fam*) (vollkommen) egal sein; **no me importa una ~** das ist mir (völlig) schnuppe; **no valer una ~** (*fam*) nichts taugen; **a la ~ callando** im Geheimen, heimlich
chiticalla [tʃiti'kaʎa] *mf* (*fam*) schweigsamer Typ *m*
chito ['tʃito], **chitón** [tʃi'ton] *interj* ¡~! pst!, still!
chiva ['tʃiβa] *f v.* **chivo**
chivar [tʃi'βar] **I.** *vt* ① (*fastidiar*) ärgern; (*molestar*) belästigen
② (*engañar*) betrügen, täuschen
II. *vr:* ~**se** (*fam*) ① (*hablar*) petzen; **se chivó a** [*o con*] **la maestra** er/sie hat bei der Lehrerin gepetzt
② (*Am: enojarse*) sich ärgern
chivata [tʃi'βata] *f v.* **chivato**
chivatada [tʃiβa'taða] *f* (*fam*) *v.* **chivatazo**
chivatazo [tʃiβa'taθo] *m* (*fam*) Tipp *m*, Wink *m*; **autor del ~** Verräter *m*, Denunziant *m*; **dar el ~** petzen
chivatear [tʃiβate'ar] **I.** *vi* ① (*Arg, Chil: chillar*) indianisches Kriegsgeheul imitieren
② (*AmS: alborotar los niños*) herumtollen
II. *vt* (*t. Am: delatar*) verpetzen, verraten
chivateo [tʃiβa'teo] *m* (*Am*) Lärm *m*, Getöse *nt*
chivato¹ [tʃi'βato, -a] *m* ① (*alarma*) Alarmsignal *nt*, Alarm *m*; **saltó el ~** der Alarm wurde ausgelöst
② (ZOOL: *cabrito*) Zicklein *nt*
chivato, -a² [tʃi'βato] *m, f* (*fam: delator*) Petze *f*; (*más fuerte*) Verräter(in) *m(f)*
chivo, -a ['tʃiβo, -a] *m, f* Kitz *nt*, Zicklein *nt*; ~ **expiatorio** Sündenbock *m*; **estar como una chiva** (*fam*) spinnen
chiza ['tʃiθa] *f* (*Col*) *v.* **chisa**
choapino [tʃoa'pino] *m* (*Chil*) handgeknüpfter Teppich *m*
chocante [tʃo'kante] *adj* ① (*raro*) merkwürdig; (*sorprendente*) befremdend, verwunderlich, erstaunlich; **es ~ que todavía no haya venido** es ist komisch, dass er/sie immer noch nicht da ist
② (*escandaloso*) anstößig, schockierend
③ (*Am: fastidioso*) ärgerlich, unangenehm; (*repugnante*) abstoßend, ekelhaft; **un tío ~** ein ekelhafter Typ
chocar [tʃo'kar] <c→qu> **I.** *vi* ① (*vehículos*) kollidieren, zusammenprallen, zusammenstoßen; (*dar*) aufprallen (*contra* auf +*akk*); (*coches*) auffahren (*contra* auf +*akk*)
② (*proyectil*) auftreffen (*contra* auf +*akk*), knallen (*contra* gegen +*akk*)
③ (*encontrarse*) stoßen (*con* auf +*akk*); (*opiniones*) aufeinander prallen, aufeinander stoßen; (*personas*) zusammenstoßen; (*discutir*) aneinander geraten; **chocó con dificultades** er/sie ist auf Schwierigkeiten gestoßen; **chocó con su jefe** er/sie hat sich mit seinem/ihrem Chef angelegt
II. *vt* ① (*entrechocar*) aneinander stoßen; **~ las copas** anstoßen; **¡chócala!** (*fam*) schlag ein!
② (*sorprender*) erstaunen, verwundern; **me choca que hayas venido** es erstaunt mich, dass du gekommen bist; **no es de ~** das wundert mich nicht
③ (*perturbar*) erschüttern; (*escandalizar*) Anstoß erregen (*a* bei +*dat*), schockieren; **ha chocado a la gente con su comportamiento** mit seinem/ihrem Verhalten hat er/sie Anstoß bei den Leuten erregt, sein/ihr Verhalten hat die Leute schockiert
④ (*Am: repugnar*) abstoßen; **me chocan sus opiniones** ich finde seine/ihre Ansichten unmöglich
chocarrería [tʃokarre'ria] *f* ① (*chiste*) derber Witz *m*; (*dicho*) derber Spruch *m*
② (*acción*) Derbheit *f*
chocarrero, -a [tʃoka'rrero, -a] *adj* saftig, derb
chocha ['tʃotʃa] *f* (ZOOL) Schnepfe *f*
chochear [tʃotʃe'ar] *vi* ① (*por vejez*) senil werden; (*fam: atontar*) vertrotteln, trott(e)lig werden
② (*sentir cariño*) vernarrt sein; **chochea por su nieta** er/sie ist in seine/ihre Enkelin vernarrt

chochez [tʃo'tʃeθ] *f* ① (*senilidad*) Senilität *f*
② (*fam: tontería*) Trott(e)ligkeit *f*
chocho¹ ['tʃotʃo] *m* ① (*dulce*) ≈Zimtgebäck *nt*
② (*vulg: vulva*) Fotze *f*
③ *pl* (*dulces*) Süßigkeiten *fpl*
chocho, -a² ['tʃotʃo, -a] *adj* ① (*senil*) senil; (*fam: lelo*) trott(e)lig
② (*chiflado*) vernarrt; **estar ~ por alguien** (vollkommen) in jdn vernarrt sein
choclo ['tʃoklo] *m* ① (*zueco*) Holzschuh *m*
② (*AmS: maíz*) Zuckermais *m*; (*mazorca tierna*) zarter Maiskolben *m*
③ (*AmS:* GASTR) Gericht aus Süßmais
choclón [tʃo'klon] *m* (*Chil:* POL: *lugar de reunión*) Wahlveranstaltungslokal *nt*, Wahlversammlungsraum *m*
choco¹ ['tʃoko] *m* (ZOOL) ① (*molusco*) Gemeiner Tintenfisch *m*
② (*AmS: perro*) Pudel *m*
choco, -a² ['tʃoko, -a] *adj* ① (*Am: tuerto*) einäugig; (*falto de una oreja*) einohrig; (*falto de una pierna*) einbeinig
② (*Chil, Ecua: de pelo rizado*) kraushaarig
chocolate [tʃoko'late] *m* ① (*para comer*) Schokolade *f*; **~ con leche** Milchschokolade *f*
② (*bebida*) Schokolade *f*; **~ con nata** heiße Schokolade mit Sahne
③ (*argot: hachís*) Shit *m o nt*, Dope *nt*
chocolatera [tʃokola'tera] *f* ① (*vasija*) Schokoladenkanne *f*
② (*fam: vehículo viejo*) Klapperkiste *f*, Schrotthaufen *m*
chocolatería [tʃokolate'ria] *f* ① (*fábrica*) Schokoladenfabrik *f*
② (*establecimiento*) ≈Café *nt*
chocolatina [tʃokola'tina] *f* ① (*barrita*) Schokoladenriegel *m*
② (*fam: moneda*) 100-Peseten-Münze *f*
chofer [tʃo'fer] *m*, **chófer** ['tʃofer] *m* (*de un automóvil*) Fahrer *m*; (*personal*) Chauffeur *m*; (*de un camión*) (Kraft)fahrer *m*
chola ['tʃola] *f v.* **cholo**
cholla ['tʃoʎa] *f* (*fam*) ① (*cabeza*) Birne *f*, Rübe *f*
② (*entendimiento*) Grips *m*
chollo ['tʃoʎo] *m* (*fam*) ① (*suerte*) Glück *nt*, Glücksfall *m*; **¡qué ~!** was für ein Glück!
② (*ganga*) Schnäppchen *nt*
cholo, -a ['tʃolo, -a] *m, f* (*Am*) ① (*indio*) in die kreolische Gesellschaft integrierte(r) Indianer(in)
② (*mestizo*) Mestize, -in *m, f*
chongo ['tʃoŋgo] *m* ① (*Méx: fam: trenza*) Zopf *m*; (*moño*) Haarknoten *m*
② (*Chil: cuchillo*) stumpfes Messer *nt*
chopa ['tʃopa] *f* (ZOOL) Streifenbrasse *f*
chope ['tʃope] *m* (*Chil*) ① (*garfio*) (eiserner) Fanghaken *m* (*für Austern, Napfschnecken usw.*)
② (*golpe*) (Faust)schlag *m*
chopera [tʃo'pera] *f* Pappelhain *m*
chopo ['tʃopo] *m* ① (BOT) Pappel *f*
② (*fam: fusil*) Knarre *f*; **cargar con el ~** den Wehrdienst antreten
chop suey ['tʃoβ swei] *m* <chop sueys> (GASTR) Chopsuey *nt*
choque ['tʃoke] *m* ① (*golpe*) Stoß *m*
② (*impacto*) Aufprall *m*, Aufschlag *m*
③ (*colisión*) Zusammenprall *m*, Zusammenstoß *m*, Kollision *f*; **~ de frente** [*o frontal*] Frontalzusammenstoß *m*
④ (*encuentro*) Zusammenstoß *m*; (*disputa*) Streit *m*, Reiberei *f*
⑤ (*susto, t.* MED) Schock *m*; **~ eléctrico** Elektroschock *m*
choquezuela [tʃoke'θwela] *f* (ANAT) Kniescheibe *f*
chorar [tʃo'rar] *vt* (*argot: hurtar*) klauen
choricear [tʃoriθe'ar] *vt* (*fam*) klauen, mitgehen lassen
choricero, -a [tʃori'θero, -a] **I.** *adj* Chorizo-, Paprikawurst-
II. *m, f* ① (*oficio: elaborador*) Wurstmacher(in) *m(f)*; (*vendedor*) Wurstverkäufer(in) *m(f)*
② (*vulg: ladrón*) Taschendieb(in) *m(f)*
③ (*fam fig: extremeño*) Einwohner(in) *m(f)* der Estremadura
choriza [tʃo'riθa] *f v.* **chorizo**¹
chorizada [tʃori'θaða] *f* (*fam: engaño*) Schwindel *m*, Betrug *m*; (*hurto*) Diebstahl *m*
chorizar [tʃori'θar] <z→c> *vt* (*vulg*) *v.* **choricear**
chorizo¹ [tʃo'riθo] *m* ① (*embutido*) luftgetrocknete Paprikawurst *f*
② (*contrapeso*) Balancierstange *f*
③ (*CSur: carne*) Rumpsteak *nt*
chorizo, -a² [tʃo'riθo, -a] *m, f* (*fam*) ① (*ladrón*) Dieb(in) *m(f)*, Gauner(in) *m(f)*; (*carterista*) Taschendieb(in) *m(f)*
② (*idiota*) Idiot(in) *m(f)*, Dummkopf *m*
chorlito [tʃor'lito] *m* (ZOOL) Regenpfeifer *m*; **cabeza de ~** (*fig*) Wirrkopf *m*
choro ['tʃoro] *m* ① (*Chil: mejillón*) Miesmuschel *f*
② (*AmS: argot: ladrón*) Taschendieb *m*
chorote [tʃo'rote] *m* ① (*Col: recipiente*) Schokoladenkanne *f* (*aus*

unglasiertem Steingut)
② (*Cuba: bebida*) dickflüssiges Getränk *nt*
③ (*Méx, Ven: chocolate*) Schokolade aus in Wasser gekochtem Kakao und dunklem Zucker
chorra ['tʃorra] I. *f* ❶ (*fam: suerte*) Glück *nt*; **¡qué ~!** was für ein Glück!
② (*vulg: pene*) Schwanz *m fam*
③ (*argot: imbécil*) Vollidiot *m*
II. *adv:* **de ~** zufällig, durch Zufall
chorrada [tʃo'rraða] *f* ❶ (*como propina*) zusätzlicher [*o* extra] Schuss *m;* **con una ~ de leche** mit einem extra Schuss Milch
② (*fam: tontería*) Unsinn *m*, Unfug *m;* **¡qué ~!** so ein Unsinn!; **no dice más que ~s** er/sie redet nur Unsinn
③ (*fam: cosa superflua*) unnützes Zeug *nt*
chorreada [tʃorre'aða] *f* Schuss *m*
chorreado, -a [tʃorre'aðo, -a] *adj* ❶ (*ganado vacuno*) mit dunklen Querstreifen
② (*Am: sucio*) befleckt
chorrear [tʃorre'ar] I. *vi* ❶ (*fluir*) triefen, rinnen; **chorrea la lluvia por el techo** das Regenwasser trieft von der Decke; **tu ropa está chorreando** deine Kleider sind triefnass
② (*gotear*) tropfen
③ (*concurrir lentamente*) tröpfchenweise eintreffen
II. *vt:* **la herida chorrea sangre** die Wunde blutet
chorreo [tʃo'rreo] *m* ❶ (*de agua*) Triefen *nt*, Rinnen *nt*
② (*fam: de dinero*) laufende Ausgaben *fpl;* **el mantenimiento del coche es un ~** die Haltung des Autos geht ganz schön ins Geld
chorrera [tʃo'rrera] *f* ❶ (*canalón*) Rinne *f;* (*hilo*) Rinnsal *nt*
② (*señal*) Wasserfleck *m*
③ (*rápido*) Stromschnelle *f*
④ (*adorno*) Jabot *nt*
chorretada [tʃorre'taða] *f* (plötzlicher) Schwall *m*
chorrillo [tʃo'rriʎo] *m* (*de agua*) (dünner) Strahl *m;* (*de un ingrediente*) (kleiner) Schuss *m*
chorro ['tʃorro] *m* ❶ (*hilo*) Strahl *m;* (*porción*) Guss *m;* (*de un ingrediente*) Schuss *m;* **~ de arena** (TÉC) Sandstrahl *m;* **~ de tinta** Tintenstrahl *m;* **echar un ~ de agua a las plantas** den Pflanzen einen Guss Wasser geben; **échame un ~ de leche** gieß mir ein bisschen Milch ein
② (*torrente*) Strom *m;* (*montón*) Schwall *m;* **un ~ de agua/de sangre/ de lágrimas** ein Strom von Wasser/von Blut/von Tränen; **~ de palabras** Wortschwall *m*, Redeschwall *m;* **beber a ~s** in großen Zügen trinken; **llover a ~s** in Strömen regnen; **tiene dinero a ~s** (*fam*) er/sie hat Geld wie Heu; **soltar el ~** (*fam: insultos, risa*) losplatzen
③ (*fam: suerte*) Glück *nt;* **¡qué ~!** was für ein Glück!
④ (*CSur: fam: ladrón*) (Taschen)dieb *m*
chota[1] *f v.* **choto**
chota[2] ['tʃota] *mf* (*fam*) ❶ (*soplón*) Petze *f*
② (*parásito*) Schmarotzer(in) *m(f)*
③ (*pelotillero*) Kriecher(in) *m(f)*
④ (*PRico: flojo*) Schwächling *m;* (*cobarde*) Angsthase *m*
chotacabras [tʃota'kaβras] *m inv* (ZOOL) Ziegenmelker *m*
chotear [tʃote'ar] I. *vi* ausgelassen sein
II. *vr:* **~se** (*fam*) spotten (*de* über +*akk*), sich lustig machen (*de* über +*akk*); **~se de alguien** jdn verspotten, jdn auf den Arm nehmen
choteo [tʃo'teo] *m* ❶ (*diversión*) Spaß *m*, Vergnügen *nt*
② (*burla*) Spott *m*
chotis ['tʃotis] *m inv* (*baile*) Schottisch(e) *m*
choto, -a ['tʃoto, -a] *m, f* ❶ (*cría de la cabra*) Zicklein *nt*, Kitz *nt;* **estar como una chota** (*fam*) verrückt sein
② (*de la vaca*) Kalb *nt*
chotuno, -a [tʃo'tuno, -a] *adj* (*cabrito que mama*) neugeboren; (*cordero enfermizo*) schwächlich; **oler a ~** (wie ein Bock) stinken
chova ['tʃoβa] *f* (ZOOL: *grajo*) Saatkrähe *f;* (*corneja negra*) Rabenkrähe *f;* (*corneja cenicienta*) Nebelkrähe *f*
chovinismo [tʃoβi'nismo] *m v.* **chauvinismo**
chovinista [tʃoβi'nista] *adj o mf v.* **chauvinista**
choya ['tʃoja] *f* ❶ (*Guat: indolencia*) Trägheit *f*, Lustlosigkeit *f*
② (*Méx: fam: cabeza*) Birne *f*, Rübe *f*
choza ['tʃoθa] *f*, **chozo** ['tʃoθo] *m* ❶ (*cabaña*) Hütte *f* ❷ (*vivienda miserable*) Bruchbude *f*
christma(s) ['krismas] *m (inv)* Weihnachtskarte *f*
chubasco [tʃu'βasko] *m* ❶ (*aguacero*) Regenschauer *m;* (*chaparrón*) Platzregen *m*
② (METEO: *de viento*) (Sturm)bö(e) *f;* (*de agua*) Regenbö(e) *f*
③ (*contratiempo*) schwierige Phase *f;* (*revés*) Rückschlag *m*
chubasquear [tʃuβaske'ar] *vimpers* schauern; **lleva todo el día chubasqueando** es hat den ganzen Tag geschauert [*o* Regenschauer gegeben]
chubasquero [tʃuβas'kero] *m* Regenmantel *m*, Regencape *nt*
chuchear [tʃutʃe'ar] *vi* (*cazar pájaros*) (mit Falle, Schlinge oder Netz) Vogeljagd betreiben
chuchería [tʃutʃe'ria] *f* ❶ (*bocado*) Leckerei *f;* (*dulce*) Süßigkeit *f*
② (*menudencia*) Kleinigkeit *f*
③ (*bibelots*) Nippes *m*
chucho ['tʃutʃo] I. *interj:* **¡~!** kusch!
II. *m* ❶ (*fam: perro*) Köter *m*
② (*Cuba:* FERRO) Weiche *f*
③ (*Am: escalofrío*) Schüttelfrost *m;* (*fiebre*) Wechselfieber *nt*
④ (*RíoPl: fam: miedo*) Bammel *m*, Angst *f*
⑤ (*Cuba, Ven: látigo*) Peitsche *f*
chuchurrido, -a [tʃutʃu'rriðo, -a] *adj*, **chuchurrío, -a** [tʃutʃu'rrio, -a] *adj* (*fam: estropeado*) ramponiert; (*ropa*) abgetragen, verschlissen; (*flor, planta*) verwelkt
chucrú [tʃu'kru] *m*, **chucrut** [tʃu'kru] *m*, **chucruta** [tʃu'kruta] *f sin pl* Sauerkraut *nt*
chueca ['tʃweka] *f* ❶ (*tocón*) Baumstumpf *m*
② (ANAT: *hueso*) Gelenkknochen *m;* (*cabeza, extremo*) Gelenkkopf *m*
③ (*fam: mala pasada*) (übler) Streich *m;* **me jugaste una buena ~** du hast mich ganz schön reingelegt
chueco, -a ['tʃweko, -a] *adj* ❶ (*Am*) (*pies*) krummbeinig
② (*fam: torcido*) krumm, schief
chufa ['tʃufa] *f* ❶ (*tubérculo*) Erdmandel *f*
② (*fam: bofetada*) Ohrfeige *f*
③ (*loc*): **echar ~** leere Drohungen aussprechen
chufar [tʃu'far] I. *vi* (*fam: mentir*) lügen
II. *vr:* **~se** (*fam: burlarse*) sich lustig machen (*de* über +*akk*)
chufla ['tʃufla] *f* Witz *m*, Scherz *m*
chula ['tʃula] *f* ❶ *v.* **chulo**[1]
② (HIST) Dirne *f* (*junges freches Mädchen aus der Madrider Arbeiterklasse um die Jahrhundertwende*)
chulada [tʃu'laða] *f* ❶ (*insolencia*) Unverschämtheit *f*, Frechheit *f*
② (*fam: cosa estupenda*) tolle Sache *f;* **es una ~** das ist eine tolle Sache [*o* ein tolles Ding]; **¡qué ~ de coche!** was für ein Wahnsinnsauto!; **canta que es una ~** er/sie singt unglaublich gut
chulapo, -a [tʃu'lapo, -a] *adj*, **chulapón, -ona** [tʃu'lapon, -ona] *adj v.* **chulo**[1]
chulear [tʃule'ar] I. *vi, vr:* **~se** (*jactarse*) angeben, prahlen; (*darse postín*) (sich) wichtig tun; **iba chuleándose por la calle** er/sie stolzierte die Straße entlang
II. *vt* ausnutzen
III. *vr:* **~se** sich lustig machen (*de* über +*akk*)
chulería [tʃule'ria] *f* ❶ (*jactancia*) Angeberei *f*, Prahlerei *f*
② (*frescura*) Dreistigkeit *f*, Frechheit *f*
chulesco, -a [tʃu'lesko, -a] *adj* (*pey*) großspurig, großkotzig
chuleta [tʃu'leta] *f* ❶ (*costilla*) Kotelett *nt;* **~ de cerdo/de cordero/ de ternera** Schweine-/Lamm-/Kalbskotelett *nt*
② (*remiendo*) Flicken *m;* (*relleno*) Füllung *f*
③ (*fam: apunte*) Spicker *m*, Spickzettel *m*
④ (*fam: bofetada*) Ohrfeige *f*
⑤ *pl* (*patillas*) Koteletten *pl*
II. *adj* (*fam*) frech, unverschämt; **ponerse ~** frech werden
chuletada [tʃule'taða] *f* Barbecue *nt*
chuletar [tʃule'tar] *vi* (*fam*) spicken
chuletón [tʃule'ton] *m* (T-Bone-)Steak *nt*
chuli ['tʃuli] *adj* (*fam*) schick, flott
chullo[1] ['tʃuʎo] *m* (*AmS: gorro*) Wollmütze *f*
chullo, -a[2] ['tʃuʎo, -a] I. *adj* (*AmS: clase media*) Mittelschicht-; (*clase baja*) kleinbürgerlich, Unterschicht-
II. *m, f* (*AmS: clase media*) Angehörige(r) *mf* der Mittelschicht; (*clase baja*) Angehörige(r) *mf* der Unterschicht
chulo[1] ['tʃulo] *m* ❶ (*gandul*) Tunichtgut *m;* (*charrán*) Gauner *m;* (*mal educado*) Flegel *m*
② (*argot: proxeneta*) Zuhälter *m*
③ (*dandi*) Dandy *m*
④ (TAUR) Helfer *m* (beim Stierkampf)
chulo, -a[2] ['tʃulo, -a] I. *adj* ❶ (*jactancioso*) angeberisch, prahlerisch; (*presumido*) eingebildet
② (*fresco*) dreist, frech, unverschämt; **ponerse ~** frech werden
③ (*fam: elegante*) schick, flott; (*lindo*) hübsch; **iba muy chula** sie war sehr schick (angezogen); **¡qué zapatos más ~s!** was für hübsche Schuhe!
II. *m, f* ❶ (*fanfarrón*) Angeber(in) *m(f)*
② (*exagerador*) Aufschneider(in) *m(f)*
chumacera [tʃuma'θera] *f* ❶ (TÉC) (Zapfen)lager *nt*
② (NÁUT) Dolle *f*
chumbera [tʃum'bera] *f* (BOT) Feigenkaktus *m*
chumbo ['tʃumbo] *m* ❶ (*fruto*) Kaktusfeige *f*
② (*Arg: fam: pistola*) Knarre *f;* (*bala*) Kugel *f;* (*balazo*) Schuss *m*
chuminada [tʃumi'naða] *f* (*fam*) ❶ (*bobada*) Blödsinn *m*

chumino

② (*objeto sin valor*) wertloses Ding *nt*, Schrott *m*
chumino [tʃu'mino] *m* (*vulg: vagina*) Fotze *f*
chuncho¹ ['tʃuntʃo] *m* (*Chil: lechuza*) Sumpfohreule *f*; (*búho*) Uhu *m*
chuncho, -a² ['tʃuntʃo, -a] *adj* ❶ (*Perú: huraño*) mürrisch, unwirsch
② (*Chil: gafe*) Unglück bringend
chunga ['tʃuŋga] *f* (*fam*) Scherz *m*, Spaß *m*; **decir algo de** ~ etw aus [*o* im] Spaß sagen; **estar de** ~ scherzen; **tomarse algo a** [*o* **en**] ~ etw nicht ernst nehmen
chungo, -a ['tʃuŋgo, -a] *adj* (*fam*) ❶ (*malo*) schlecht, mies; (*comida*) verdorben; **¡qué tiempo más** ~! so ein mieses Wetter!
② (*persona: rara*) komisch; (*enfermiza*) angeschlagen
chungón, -ona [tʃuŋ'gon, -ona] I. *adj* spaßig, witzig
II. *m, f* Witzbold *m fam*
chunguearse [tʃuŋge'arse] *vr* (*bromear*) scherzen; (*embromar*) sich necken; (*burlarse*) sich lustig machen (*de* über +*akk*); ~ **de alguien** jdn auf den Arm nehmen
chungueo [tʃuŋ'geo] *m* Neckerei *f*, Scherzen *nt*
chuño ['tʃuɲo] *m* (*AmS: fécula de patata*) Kartoffelstärke *f*
chupa ['tʃupa] *f* ❶ (HIST) Rock *m*; **poner a alguien como** ~ **de dómine** (*fam*) jdn heruntermachen
② (*chaqueta*) Jacke *f*; (*chaleco*) Weste *f*
❸ (*AmC: borrachera*) Rausch *m*
chupa-chups® [tʃupa'tʃuᵖs] *m inv* Lolli *m*, Lutscher *m*
chupacirios [tʃupa'θirjos] *m inv* (*pey*) Frömmling *m*
chupada [tʃu'paða] *f* Zug *m*; **dar una** ~ **al cigarrillo** an der Zigarette ziehen; **¿me das una** ~? (*cigarrillo*) darf ich mal ziehen?; (*helado*) darf ich mal schlecken?
chupado, -a [tʃu'paðo, -a] *adj* ❶ (*flaco*) mager; (*consumido*) ausgemergelt
② (*vestido*) eng (anliegend), knapp
❸ (*fam: fácil*) (kinder)leicht, ganz einfach; **el examen está** ~ das Examen habe ich so gut wie in der Tasche
❹ (*Am: borracho*) betrunken
chupaflor [tʃupa'flor] *m* (*AmC:* ZOOL) Kolibri *m*
chupalla [tʃu'paʎa] *f* (*Chil*) ❶ (BOT) in der Volksmedizin eingesetzte Bromelienart
② (*sombrero*) (grober) Strohhut *m*
chupamirto [tʃupa'mirto] *m* (*Méx:* ZOOL) Kolibri *m*
chupar [tʃu'par] I. *vt* ❶ (*extraer*) (aus)saugen; (*aspirar*) (ein)saugen; (*absorber*) aufsaugen
② (*caramelo*) lutschen
❸ (*helado*) schlecken; (*sello*) (ab)lecken
❹ (*cigarrillo*) ziehen; ~ **el cigarrillo** an der Zigarette ziehen
❺ (*fam: bienes*) abknöpfen; **le han chupado todo el dinero** sie haben ihm/ihr das gesamte Geld abgeknöpft
❻ (*salud*) zehren (an +*dat*); (*debilitar*) schwächen; **las preocupaciones le chupan la salud** die Sorgen zehren an seiner/ihrer Gesundheit
II. *vi* ❶ (*fam: mamar*) (an der Mutterbrust) saugen [*o* trinken]
② (*aprovecharse*) schmarotzen; ~ **del bote** auf Kosten anderer leben
❸ (*Am: fam: beber*) trinken, saufen *pey*; (*fumar*) qualmen
III. *vr:* ~**se** ❶ (*secarse*) abmagern; **se fue chupando hasta quedarse en los huesos** er/sie ist bis auf die Knochen abgemagert
② (*fam: permanecer*) absitzen; **se ha chupado dos años en la cárcel** er/sie hat zwei Jahre im Gefängnis gesessen
❸ (*loc*): **¡chúpate ésa!** da hast du's!; ~**se el dedo** am Daumen lutschen; (*fig fam*) blauäugig sein; ~**se los dedos** (*fig fam*) sich *dat* die Finger lecken
chuparruedas [tʃupa'rrweðas] *mf inv* (DEP) Windschattenfahrer(in) *m(f)*
chupasangres [tʃupa'saŋgres] *m inv* Blutsauger *m*
chupatintas [tʃupa'tintas] *m inv* (*pey*) ❶ (*escritor*) Schreiberling *m*
② (*oficinista*) Bürohengst *m*
chupe ['tʃupe] *m* ❶ (*fam: chupete*) Schnuller *m*; (*chupador*) Beißring *m*
② (*Am:* GASTR) Gericht aus Kartoffeln mit Fleisch oder Fisch in einer Soße aus Meeresfrüchten, Paprika, Tomaten, Eiern, Cayennepfeffer usw.
chuperretear [tʃuperrete'ar] *vi, vt* ausgiebig lutschen
chupete [tʃu'pete] *m* ❶ (*del bebé*) Schnuller *m*; (*del biberón*) Sauger *m*
② (*Am: pirulí*) Lutscher *m*, Lolli *m*
❸ (*loc*): **de** ~ **prima**, ausgezeichnet
chupetear [tʃupete'ar] *vi, vt* lutschen
chupetilla [tʃupe'tiʎa] *f* (NÁUT) Lukenabdeckung *f*
chupetón [tʃupe'ton] *m* ❶ (*chupada*) kräftiger Zug *m*
② (*fam: marca de un beso*) Knutschfleck *m*
chupi ['tʃupi] I. *adj* (*fam*) prima, großartig
II. *adv:* **pasarlo** ~ (*fam*) sich prima amüsieren
chupinazo [tʃupi'naθo] *m* (*t.* DEP) gezielter Schuss *m*
chupito [tʃu'pito] *m* (*de vino, licor*) Schlückchen *nt*
chupón¹ [tʃu'pon] *m* ❶ (*pirulí*) Lutscher *m*

② (*fam: de un beso*) Knutschfleck *m*
❸ (BIOL) Ausläufer *m*, Seitenspross *m*
chupón, -ona² [tʃu'pon, -ona] I. *adj* ❶ (*chupador*) saugend
② (*parásito*) schmarotzerisch
II. *m, f* Schmarotzer(in) *m(f)*
chupóptero, -a [tʃu'poptero, -a] *m, f* (*fam*) Ausbeuter(in) *m(f)*
chuquisa [tʃu'kisa] *f* (*Chil, Perú: prostituta*) Prostituierte *f*
churrascado, -a [θurras'kaðo, -a] *adj v.* **churruscado**
churrascar [tʃurras'kar] <c→qu> I. *vt* anbrennen lassen
II. *vr:* ~**se** anbrennen
churrasco [tʃu'rrasko] *m* ❶ (*barbacoa*) Barbecue *nt*
② (*carne*) gegrilltes Fleisch *nt*
churrasquear [tʃurraske'ar] *vi* (*CSur*) gegrilltes Fleisch essen
churrasquería [tʃurraske'ria] *f* ≈ Steakhaus *nt*
churre ['tʃurre] *m* (*fam*) Schmiere *f*
churrería [tʃurre'ria] *f* Stand, an dem „churros" gemacht und verkauft werden
churrero, -a [tʃu'rrero, -a] *m, f* Churro-Bäcker(in) *m(f)*
churretada [tʃurre'taða] *f* (*mancha*) großer Fleck(en) *m*
churrete [tʃu'rrete] *m* Fleck *m*
churretón [tʃurre'ton] *m aum de* **churrete**
churretoso, -a [tʃurre'toso, -a] *adj* beschmiert
churrigueresco, -a [tʃurriɣe'resko, -a] *adj* im Stil des Churriguerismus; (*fig*) überladen
churriguerismo [tʃurriɣe'rismo] *m* Churriguerismus *m* (*nach José de Churriguera benannter spanischer Barockstil*); (*fig*) überladene Ornamentik *f*
churritar [tʃurri'tar] *vi* grunzen
churro¹ ['tʃurro] *m* ❶ (*fritura*) frittiertes Spritzgebäck; **¡vete a freír** ~**s!** geh hin, wo der Pfeffer wächst!; **venderse como** ~**s** weggehen wie warme Semmeln
② (*chapuza*) Murks *m*
❸ (*suerte*) Glück *nt*
churro, -a² ['tʃurro, -a] *adj* ❶ (*referente a la lana*) grob
② (*ternero, cordero*) einjährig
churrullero, -a [tʃurru'ʎero, -a] I. *adj* (*charlatán*) schwatzhaft
II. *m, f* (*charlatán*) Schwätzer(in) *m(f)*
churruscado, -a [tʃurrus'kaðo, -a] *adj* (*quemado*) angebrannt; **se le han quedado las salchichas un poco churruscadas** er hat die Würstchen ein bisschen anbrennen lassen
churruscar [tʃurrus'kar] <c→qu> *vt, vr:* ~**se** anbrennen
churrusco [tʃu'rrusko] *m* angebranntes Brotstück *nt*
churumbel [tʃurum'bel] *m* (*voz gitana*) Kind *nt*
chusco¹ ['tʃusko] *m* ❶ (*mendrugo*) Stück *nt* trockenes Brot
② (*pan de munición*) Kommissbrot *nt*
chusco, -a² ['tʃusko, -a] I. *adj* drollig
II. *m, f* ❶ (*gracioso*) Witzbold *m fam*
② (*Perú: híbrido*) Promenadenmischung *f*
chusma ['tʃusma] *f* ❶ (*galeotes*) Galeerensträflinge *mpl*
② (*gentuza*) Pöbel *m*
❸ (*muchedumbre*) Menschenmasse *f*
chut [tʃut] <chut(e)s> *m* (DEP: *fútbol*) Schuss *m*
chutar [tʃu'tar] I. *vt* schießen, kicken *fam*; **esto va que chuta** (*fam*) das klappt wie geschmiert
II. *vr:* ~**se** (*argot*) sich *dat* einen Schuss setzen
chute ['tʃute] *m* (*argot*) Schuss *m*; **ponerse un** ~ sich *dat* einen Schuss setzen
chuza ['tʃuθa] *f* ❶ (*Arg, Urug: lanza*) Spieß *m*
② (*Arg: gallo*) Sporn *m*
❸ (*Méx: juego: bolos*) Neuner *m*; (*billar*) Stoß, bei dem alle Kugeln bewegt werden
❹ *pl* (*Arg: pelo*) langes, glattes, kräftiges Haar *nt*
chuzar [tʃu'θar] <z→c> *vt* (*Col: punzar*) stechen
chuzo ['tʃuθo] *m* ❶ (*pica*) Spieß *m*
② (*carámbano*) Eiszapfen *m*; **caen** ~**s** (*lluvia*) es regnet wie wild; (*nieve*) es schneit wie wild; (*granizo*) es hagelt wie wild; **llueve** ~**s** es gießt in Strömen, es regnet wie aus Eimern *fam*; **nieva** ~**s** es schneit wie wild; **¡graniza** ~**s!** es hagelt Taubeneier! *fam*
❸ (*Cuba: látigo*) Lederpeitsche *f*
chuzón¹ [tʃu'θon] *m* Spieß *m*
chuzón, -ona² [tʃu'θon, -ona] I. *adj* ❶ (*astuto*) schlau, gerissen *pey*
② (*burlón*) spöttisch
II. *m, f* ❶ (*astuto*) Schlaukopf *m fam*
② (*burlón*) Spötter(in) *m(f)*
cía ['θia] *f* Silo *m o nt*
Cía ['θia] *f abr de* **compañía** Co.
CIA ['θia] *m abr de* **Consejo Interamericano de Seguridad** Interamerikanischer Rat *m* für Sicherheit
ciaboga [θja'βoɣa] *f* (NÁUT) Wende *f*

cianamida [θjanaˈmiða] *f* (QUÍM) Zyanamid *nt*
cianato [θjaˈnato] *m* (QUÍM) Zyanat *nt*
cianhídrico [θjaˈniðriko] *adj* (QUÍM): **ácido** ~ Blausäure *f*
ciánico, -a [θjaˈniko, -a] *adj* (QUÍM): **ácido** ~ Zyansäure *f*
cianina [θjaˈnina] *f* (FOTO, QUÍM) Zyanin *nt*
cianita [θjaˈnita] *f* (MIN) Kyanit *m*, Disthen *m*
cianógeno [θjaˈnoxeno] *m* (QUÍM) Zyan *nt*
cianosis [θjaˈnosis] *f inv* (MED) Zyanose *f*
cianótico, -a [θjaˈnotiko, -a] I. *adj* (MED: *relativo a la cianosis*) zyanotisch, Zyanose-
 II. *m, f* (MED: *que padece cianosis*) an Zyanose Erkrankte(r) *mf*
cianuro [θjaˈnuro] *m* (QUÍM) Zyanid *nt*; ~ **potásico** Zyankali *nt*
ciar [θiˈar] <*I. pres*: cío> *vi* ❶ (*retroceder*) rückwärts fahren; (NÁUT) rückwärts rudern
 ❷ (*abandonar*) aufgeben
ciática [θiˈatika] *f* (MED) Ischias *m o nt o f*
ciático, -a [θiˈatiko, -a] *adj* (ANAT): **nervio** ~ Ischiasnerv *m*, Hüftnerv *m*
cibera [θiˈβera] *f* ❶ (*grano*) Mahlkorn *nt*
 ❷ (*cebo*) Futterkorn *nt*
 ❸ (*residuo de la fruta*) Trester *m*
ciberbar [θiβerˈβar] *m*, **cibercafé** [θiβerkaˈfe] *m* (INFOR) Internetcafé *nt*
ciberespacio [θiβeresˈpaθjo] *m* (INFOR) Cyberspace *m*
cibernauta [θiβerˈnau̯ta] *mf* (INFOR) Cybernaut(in) *m(f)*, Netsurfer(in) *m(f)*
cibernética [θiβerˈnetika] *f* (ELEC, MED) Kybernetik *f*
cibernético, -a [θiβerˈnetiko, -a] I. *adj* (ELEC, MED) kybernetisch
 II. *m, f* (ELEC, MED) Kybernetiker(in) *m(f)*
ciberpirado [θiβerpiˈraðo] *m* (INFOR) Netzpirat *m*
cíbolo [ˈθiβolo] *m* (ZOOL) Bison *m*
ciborio [θiˈβorjo] *m* ❶ (ARQUIT) Ziborium *nt*
 ❷ (HIST) Trinkbecher *m*, Kelch *m*
 ❸ (REL) Ziborium *nt*, Hostienkelch *m*
cicadácea [θikaˈðaθea] *f* (BOT) Palmfarngewächs *nt*
cicadáceo, -a [θikaˈðaθeo, -a] *adj* (BOT) zu den Palmfarngewächsen gehörend
cicatear [θikateˈar] *vi* (*fam*) knausern
cicatera [θikaˈtera] *adj o f v.* **cicatero**
cicatería [θikateˈria] *f* Knaus(e)rigkeit *f*
cicatero, -a [θikaˈtero, -a] I. *adj* geizig, knaus(e)rig *fam*
 II. *m, f* Knauser *m fam*
cicatriz [θikaˈtriθ] *f* Narbe *f*; (*en el ánimo*) Spur *f*
cicatrización [θikatriθaˈθjon] *f* Vernarbung *f*
cicatrizar [θikatriˈθar] <z→c> I. *vi, vr*: ~**se** vernarben
 II. *vt* heilen lassen
cicerón [θiθeˈron] *m* (*fig*) glänzender Rhetoriker *m*
cicerone [θiθeˈrone] *m* Cicerone *m*
ciclamato [θiklaˈmato] *m* (QUÍM: *edulcorante*) Cyclamat *nt*, Zyklamat *nt*
ciclamen [θiˈklamen] *m* (BOT) Zyklame *f*, Alpenveilchen *nt*
ciclamor [θiˈklamor] *m* (BOT) Judasbaum *m*
ciclar [θiˈklar] *vt* (*piedras preciosas*) polieren
cíclico, -a [ˈθikliko, -a] *adj* zyklisch
ciclismo [θiˈklismo] *m* (DEP) Radsport *m*
ciclista [θiˈklista] I. *adj* Rad-; **vuelta** ~ Radrennen *nt*, Tour *f*
 II. *mf* Radfahrer(in) *m(f)*; (DEP) Radsportler(in) *m(f)*
ciclo [ˈθiklo] *m* ❶ (*período, t.* ECON) Zyklus *m*; ~ **coyuntural** Konjunkturzyklus *m*; ~ **de desarrollo** (INFOR) Entwicklungszyklus *m*; ~ **de duración** (*de un producto*) Lebenszyklus *m*; ~ **económico** Wirtschaftszyklus *m*; ~ **de producción** Produktionszyklus *m*; ~ **de un producto** Produkt(lebens)zyklus *m*; ~ **de trabajo** Arbeitsablauf *m*; (*motor*) Arbeitstakt *m*; ~ **de vida del sistema** (INFOR) Lebenszyklus des Systems; ~**s por segundo** (INFOR) Zyklen pro Sekunde
 ❷ (LIT) Sage *f*; ~ **del rey Arturo** Artussage *f*
 ❸ (QUÍM) Ring *m*
 ❹ (*Cuba: bicicleta*) Fahrrad *nt*
ciclocross [θikloˈkros] *m sin pl*, **ciclo-cross** [θikloˈkros] *m sin pl* (DEP) Querfeldeinrennen *nt*
ciclomotor [θiklomoˈtor] *m* Moped *nt*
ciclón [θiˈklon] *m* ❶ (METEO: *huracán*) Zyklon *m*, Wirbelsturm *m*; (*borrasca*) Bö(e) *f*; **es un** ~ (*fig*) er/sie ist ein richtiger Wirbelwind
 ❷ (TÉC) Zyklon® *m*
ciclónico, -a [θiˈkloniko, -a] *adj* Wirbelsturm-, Zyklon-
ciclope [θiˈklope] *m*, **cíclope** [ˈθiklope] *m* Zyklop *m*
ciclópeo, -a [θiˈklopeo, -a] *adj* zyklopisch
ciclostil(o) [θiklosˈtil(o)] *m* Vervielfältigungsgerät *nt*
ciclotimia [θikloˈtimja] *f* (PSICO) Zyklothymie *f*
ciclotrón [θikloˈtron] *m* (FÍS) Zyklotron *nt*
cicloturismo [θikloturismo] *m* (Fahr)radtourismus *m*, Radwandern *nt*; los alemanes son muy aficionados al ~ die Deutschen sind begeisterte Fahrradtouristen
cicloturista [θikloturista] *mf* Fahrradtourist(in) *m(f)*
cicuta [θiˈkuta] *f* (BOT) Schierling *m*
cicutina [θikuˈtina] *f* (QUÍM) Cicutoxin *nt*
cidra [ˈθiðra] *f* Zitronatzitrone *f*; ~ **confitada** Zitronat *nt*
cidrada [θiˈðraða] *f* (GASTR) Zitronat *nt*
cidral [θiˈðral] *m* Zitronatzitronenpflanzung *f*
cidro [ˈθiðro] *m* (BOT) Zitronatzitronenbaum *m*
ciega [ˈθjeɣa] *adj o adv o f v.* **ciego**
ciegamente [θjeɣaˈmente] *adv* blindlings
ciego, -a [ˈθjeɣo, -a] I. *adj* ❶ (*privado de la vista*) blind; **quedarse** ~ erblinden; **es** ~ **de nacimiento** er ist von Geburt (an) blind; ~ **de amor** blind vor Liebe
 ❷ (*taponado*) verstopft
 II. *m, f* ❶ (*privado de la vista*) Blinde(r) *mf*; **esto lo ve un** ~ das sieht doch ein Blinder, das ist doch offensichtlich; **no tener que hacer cantar** [*o* **rezar**] **a un** ~ bettelarm sein
 ❷ (*RíoPl: en el juego*) Spieler(in) *m(f)* mit schlechten Karten
 III. *adv*: **a ciegas** blindlings; **cita a ciegas** Blinddate *nt*; **obrar a ciegas** unüberlegt handeln; **anduvo a ciegas por la oscuridad** er/sie tappte durch die Dunkelheit
cielito [θjeˈlito] *m* (CSur: MÚS) langsamer volkstümlicher Gesang und reigenartiger Volkstanz
cielo [ˈθjelo] I. *m* ❶ (*atmósfera*) Himmel *m*; **a** ~ **raso** unter freiem Himmel; **mover** ~ **y tierra** Himmel und Hölle in Bewegung setzen; **poner el grito en el** ~ sich auf die Hinterbeine stellen, aufbegehren; **estar en el séptimo** ~ im siebten Himmel sein; **se me ha ido el santo al** ~ das habe ich völlig vergessen, ich habe wirklich ein Gedächtnis wie ein Sieb *fam*; **como caído del** ~ wie gerufen!; **como llovido del** ~ (wie) aus heiterem Himmel
 ❷ (*bienaventuranza*) Seligkeit *f*; **el reino de los** ~**s** das Himmelreich
 ❸ (*clima*) Klima *nt*
 ❹ (*apelativo cariñoso*) Schatz *m*, Schätzchen *nt*
 II. *interj*: ¡~**s!** (ach) du lieber Himmel!
ciemo [ˈθjemo] *m* (AGR) Dünger *m*
ciempiés [θjemˈpjes] *m inv* ❶ (ZOOL) Tausendfüß(l)er *m*
 ❷ (*fam: caos*) Kuddelmuddel *m o nt*
cien [θjen] *adj inv* hundert; ~ **por** ~ hundert Prozent; **al** ~ **por** ~ hundertprozentig; **estar a** ~ (*fam*) auf hundert sein; *v. t.* **ochocientos**
ciénaga [ˈθjenaɣa] *f* Morast *m*
ciencia [ˈθjenθja] *f* ❶ (*saber*) Wissen *nt*; **a** [*o* **de**] ~ **cierta** mit Sicherheit; **ser un pozo de** ~ sehr weise sein; **eso no tiene** ~ das ist ganz einfach
 ❷ (*disciplina*) Wissenschaft *f*; ~**s económicas** Wirtschaftswissenschaften *fpl*, Volkswirtschaftslehre *f*; ~**s empresariales** Betriebswirtschaftslehre *f*; ~**s físicas** Physik *f*; ~**s políticas** Politikwissenschaft *f*; ~**s sociales** Sozialwissenschaften *fpl*
 ❸ (*habilidad*) Kunst *f*
 ❹ *pl*: ~**s (naturales)** Naturwissenschaften *fpl*; **Facultad de C**~**s** Naturwissenschaftliche Fakultät
ciencia-ficción [ˈθjenθjafiˈθjon] *f sin pl* Sciencefiction *f*
cienmilésimo, -a [θjenmiˈlesimo, -a/θjemmiˈlesimo, -a] I. *adj* hunderttausendste(r,s)
 II. *m, f* Hunderttausendstel *nt*; **una cienmilésima de segundo** eine Hunderttausendstelsekunde
cienmilímetro [θjenmiˈlimetro/θjemmiˈlimetro] *m* Hundertstelmillimeter *m*
cienmillonésimo, -a [θjenmiʎoˈnesimo, -a/θjemmiʎoˈnesimo, -a] I. *adj* hundertmillionste(r,s)
 II. *m, f* Hundertmillionstel *nt*
cieno [ˈθjeno] *m* Schlick *m*
científica [θjenˈtifika] *adj o f v.* **científico**
cientificismo [θjentifiˈθismo] *m* (*teoría*) Wissenschaftsgläubigkeit *f*
cientificista [θjentifiˈθista] I. *adj* wissenschaftsgläubig
 II. *mf* Wissenschaftsgläubige(r) *mf*
científico, -a [θjenˈtifiko, -a] I. *adj* wissenschaftlich
 II. *m, f* Wissenschaftler(in) *m(f)*
ciento [ˈθjento] I. *adj* <**cien**> *inv* hundert; *v. t.* **ochenta**
 II. *m*: ~**s de huevos** Hunderte [*o* hunderte] von Eiern; **el cinco por** ~ fünf Prozent; **a** ~**s in** Scharen; **y la madre** (*fig fam: muchedumbre*) Himmel und Menschen; (*juego*) Kartenspiel, bei dem hundert Punkte erreicht werden müssen
cierna [ˈθjerna] *f* (BOT) Staubbeutel *m*
cierne [ˈθjerne] *m* ❶ (BOT: *tiempo de fecundación*) Bestäubung *f*; **estar en** ~(**s**) blühen; (*fig*) noch in den Kinderschuhen stecken
 ❷ *v.* **cierna**
cierre [ˈθjerre] *m* ❶ (*conclusión, t.* ECON, FIN) Schließen *nt*; (*clausura*) Schließung *f*; (PREN) Redaktionsschluss *m*; ~ **de la bolsa** Börsenschluss

cierro

m; **~ de cuentas** Kontenabschluss *m*, Rechnungsabschluss *m;* **~ del ejercicio** Jahresabschluss *m;* **~ de una fábrica** Betriebsschließung *f*, Betriebstilllegung *f;* **~ de negocio** Geschäftsaufgabe *f;* **al ~ de la sesión, las acciones de la BASF habían ganado un punto** zu Börsenschluss hatten die BASF-Aktien einen Punkt zugelegt
❷ *(dispositivo)* Verschluss *m;* **centralizado** (AUTO) Zentralverriegelung *f*
❸ (CINE): **~ en fundido** Ausblendung *f*
❹ *(Arg: cremallera):* **~ (relámpago)** Reißverschluss *m*
❺ (JUR): **~ patronal** Aussperrung *f;* **~ de un contrato** Vertragsabschluss *m*

cierro ['θjerro] *m (Chil: sobre)* Briefumschlag *m*

ciertamente [θjerta'mente] *adv* gewiss, sicherlich

cierto¹ ['θjerto] *adv* gewiss; **¡no, por ~!** gewiss nicht!; **¡sí, por ~!** aber gewiss!; **por ~** apropos, übrigens; **puedes tener por ~ que te ayudaré** du kannst dich darauf verlassen, dass ich dir helfen werde

cierto, -a² ['θjerto, -a] *adj* <certísimo> ❶ *(verdadero)* wahr; *(seguro)* sicher, gewiss; **esto no es ~** das ist nicht wahr, das stimmt nicht; **una información cierta** eine richtige Information; **de ~** bestimmt, mit Sicherheit; **estar en lo ~** Recht haben; **dejar lo ~ por lo dudoso** ein Risiko eingehen; **lo ~ es que...** ehrlich gesagt ...; **eso es tan ~ como dos y dos son cuatro** das ist so sicher wie das Amen in der Kirche
❷ *(alguno)* gewiss; **~ día** eines Tages; **ciertas personas** gewisse Leute

ciervo, -a ['θjerβo, -a] *m, f* Hirsch *m*, Hirschkuh *f;* **volante** Hirschkäfer *m*

cierzas ['θjerθas] *fpl* (BOT) Rebschössling *m*

cierzo ['θjerθo] *m* Nordwind *m*

CIF [θif] *abr de* **coste, seguro y flete** CIF

C.I.F. [θif] *abr de* **código de identificación fiscal** Steueridentifikationsnummer für Gesellschaften

cifosis [θi'fosis] *f inv* (MED) Kyphose *f*, Wirbelsäulenverkrümmung *f* nach hinten

cifra [θifra] *f* ❶ *(guarismo)* Ziffer *f;* **~ de negocios** (ECON) Umsatz *m;* **~ récord** Rekordziffer *f;* **~ de ventas** [*o* **de facturación**] (ECON) Umsatz *m*
❷ *(clave)* Kode *m;* **en ~** verschlüsselt
❸ *(abreviatura)* Abkürzung *f*
❹ *(monograma)* Monogramm *nt*
❺ *(resumen)* Inbegriff *m (de +gen)*

cifrado [θi'fraðo] *m* Kryptographie *f*

cifrar [θi'frar] I. *vt* ❶ *(codificar)* verschlüsseln
❷ *(calcular)* berechnen
❸ *(resumir)* setzen *(en auf +akk)*
II. *vr:* **~se** sich belaufen *(en auf +akk)*

cigala [θi'ɣala] *f* (ZOOL) Kaisergranat *m*, Kronenhummer *m*

cigarra [θi'ɣarra] *f* ❶ (ZOOL) Zikade *f*
❷ *(bolsa)* Geldbeutel *m*

cigarral [θiɣa'rral] *m (reg)* Landgut *nt*

cigarrera [θiɣa'rrera] *f* ❶ *(vendedora)* Zigarrenverkäuferin *f*
❷ *(que elabora)* Zigarrendreherin *f*
❸ *(caja)* Zigarrenkiste *f*
❹ *(petaca)* Zigarrenetui *nt*

cigarrero, -a [θiɣa'rrero, -a] *m, f* (COM: *productor*) Zigarrenmacher(in) *m(f);* *(vendedor)* Zigarrenhändler(in) *m(f)*

cigarrillo [θiɣa'rriʎo] *m* Zigarette *f;* **~ con filtro** Filterzigarette *f;* **~ mentolado** Mentholzigarette *f*

cigarro [θi'ɣarro] *m* Zigarre *f*

cigarrón [θiɣa'rron] *m* (ZOOL) Heuschrecke *f*

cigoma [θi'ɣoma] *m* (ANAT) Jochbogen *m*, Zygoma *nt*

cigoñino [θiɣo'nino] *m* (ZOOL) Storchjunge(s) *nt*

cigoto [θi'ɣoto] *m* (BIOL) Zygote *f*

ciguata [θi'ɣwata] *f v.* **ciguato**

ciguatera [θiɣwa'tera] *f* Fischkrankheit im Golf von Mexiko, die sich auch den Menschen übertragen kann

ciguato, -a [θi'ɣwato, -a] *m, f* an der „ciguatera" erkrankte Person

cigüeña [θi'ɣweɲa] *f* ❶ *(ave)* Storch *m*
❷ *(manivela)* Kurbel *f*

cigüeñal [θiɣwe'ɲal] *m* (AUTO) Kurbelwelle *f*

cigüeñato [θiɣwe'ɲato] *m* (ZOOL) *v.* **cigoñino**

cigüeñuela [θiɣwe'ɲwela] *f* ❶ (ZOOL) Stelzenläufer *m*
❷ (TÉC: *manivela*) Kurbel *f*

cija ['θixa] *f* ❶ (AGR) *(cuadra)* Schafstall *m*
❷ *(pajar)* Strohscheune *f*, Strohschober *m*

cilantro [θi'lantro] *m* Koriander *m*

cilicio [θi'liθjo] *m* Büßergürtel *m*

cilindrada [θilin'draða] *f* (AUTO) Hubraum *m*

cilindrar [θilin'drar] *vt* walzen; **~ la masa** den Teig ausrollen

cilíndrico, -a [θi'lindriko, -a] *adj* zylindrisch

cilindro [θi'lindro] *m* Zylinder *m;* *(en un reloj)* Trommel *f*

cilio ['θiljo] *m* (BIOL) Flagelle *f*

cima ['θima] *f* ❶ *(cumbre)* Spitze *f;* **~ del árbol** (Baum)wipfel *m;* **~ del monte** (Berg)gipfel *m;* **~ de una ola** Wellenberg *m;* **dar ~ a algo** etw beenden
❷ *(cúspide)* Höhepunkt *m*

cimacio [θi'maθjo] *m* (ARQUIT) ❶ *(moldura)* Kyma(tion) *nt*
❷ *(cornisa)* Traufleiste *f*

cimarrón, -ona [θima'rron, -ona] *adj (Am: animal salvaje)* wild (lebend); *(planta salvaje)* wild (wachsend); *(animales domésticos)* verwildert

cimarronada [θimarro'naða] *f (Am)* Rudel *nt* verwilderter Tiere

cimarronear [θimarrone'ar] *vi* verwildern

cimasa [θi'masa] *f* (BIOL) Zymase *f*

cimbalaria [θimba'larja] *f* (BOT) Zimbelkraut *nt*

cimbalero, -a [θimba'lero, -a] *m, f* (MÚS) Zimbelspieler(in) *m(f)*

cimbalillo [θimba'liʎo] *m* (MÚS) Glöckchen *nt*

cimbalista [θimba'lista] *mf* (MÚS) *v.* **cimbalero**

címbalo ['θimbalo] *m* (MÚS) Zimbel *f*

cimbel [θim'bel] *m* ❶ *(cuerda)* Lockvogelleine *f*
❷ *(señuelo)* Lockvogel *m*

cimbo(r)rio [θim'bo(r)rjo] *m* (ARQUIT) Kuppelgewölbe *nt*

cimbra ['θimbra] *f* ❶ (ARQUIT: *estructura*) Bogengerüst *nt*, Lehrgerüst *nt*
❷ (ARQUIT: *cara interior*) Bogenlaibung *f*
❸ *(curvatura)* Rundung *f*, Biegung *f (von Planken, Brettern)*

cimbrar [θim'brar], **cimbrear** [θimbre'ar] I. *vt* ❶ *(agitar)* schwingen
❷ *(golpear)* schlagen ❸ *(doblar)* biegen II. *vr:* **~se** ❶ *(agitarse)* schwingen ❷ *(doblarse)* sich biegen

cimbreño, -a [θim'breɲo, -a] *adj* schwingend

cimbreo [θim'breo] *m* ❶ *(agitación)* Schwingung *f*
❷ *(golpe)* Schlag *m*

cimbronazo [θimbro'naθo] *m* ❶ *(golpe)* Schlag *m* auf den Rücken
❷ *(Am: temblor nervioso)* Zusammenzucken *nt*
❸ *(Am: tirón del lazo)* plötzlicher Ruck *m (an Seil, Leine, Schlinge)*

cimentación [θimenta'θjon] *f* ❶ *(fundamento)* Fundamentierung *f*
❷ *(edificación)* Gründung *f*

cimentar [θimen'tar] <e→ie> *vt* ❶ *(fundar)* gründen
❷ *(fundamentar)* fundamentieren
❸ *(afinar oro)* läutern
❹ *(consolidar)* begründen

cimero, -a [θi'mero, -a] *adj* krönend

cimiento [θi'mjento] *m* Fundament *nt*

cimitarra [θimi'tarra] *f* Krummsäbel *m*

cimógeno¹ [θi'moxeno] *m* (BIOL, QUÍM) Zymogen *nt*, Proenzym *nt*

cimógeno, -a² [θi'moxeno, -a] *adj* (BIOL, QUÍM) zymogen, Zymogen-

cimógrafo [θi'moɣrafo] *m* (MED) Kymograph *m*

cimómetro [θi'mometro] *m* Wellenmesser *m*

cimpa ['θimpa] *f (Perú)* geflochtener Zopf *m*

cinabrio [θi'naβrjo] *m* Zinnober *m*

cinamomo [θina'momo] *m* ❶ *(árbol)* Zedrach *m*
❷ *(mirra)* Myrrhe *f*
❸ *(canela)* Zimt *m*
❹ *(Fili: alheña)* Liguster *m*

cinc [θiŋ] *m* Zink *nt*

cinca ['θiŋka] *f (en los bolos)* Fehlwurf *m*, Pudel *m fam*

cincado¹ [θiŋ'kaðo] *m* Verzinkung *f*

cincado, -a² [θiŋ'kaðo, -a] *adj* verzinkt

cincel [θin'θel] *m* Meißel *m*

cincelado [θinθe'laðo] *m* Ziselierung *f*

cincelador(a) [θinθela'ðor(a)] *m(f) (metal)* Ziseleur(in) *m(f)*

cinceladura [θinθela'ðura] *f v.* **cincelado**

cincelar [θinθe'lar] *vt* ziselieren

cincha ['θintʃa] *f* ❶ *(faja)* Sattelgurt *m;* **a revienta ~s** *(Am)* in gestrecktem Galopp
❷ *(CRi: machete)* Machete *f*

cinchar [θin'tʃar] I. *vt (fajar)* gurten
II. *vi* ❶ *(RíoPl: fam: realizar)* verwirklichen
❷ *(RíoPl: fam: trabajar)* (hart) arbeiten, schuften

cincho ['θintʃo] *m* ❶ *(faja)* Leibbinde *f*, Bauchbinde *f*
❷ *(espada)* Degengurt *m*
❸ *(de hierro)* (Eisen)reifen *m;* *(barril)* Fassreifen *m*
❹ *(molde del queso)* Band *nt* aus Esparto *(als Umrandung für eine Käseform)*
❺ *(Am: silla de montar)* Sattelgurt *m*
❻ (ARQUIT) auskragender Bogenteil *m (bei einem Tonnengewölbe)*
❼ *(caballería)* Hufverwachsung *f*

cinco ['θiŋko] I. *adj inv* fünf; **estar sin ~** *(fam)* blank sein
II. *m* Fünf *f; v. t.* **ocho**

cincoenrama [θiŋkoen'rrama] *f* (BOT) Kriechendes Fingerkraut *nt*

cincograbado [θiŋkoɣra'βaðo] *m* (ARTE) Zinkätzung *f*

cincografía [θiŋkoɣra'fia] *f* (ARTE) Zinkographie *f*, Zinkotypie *f*

cincomesino, -a [θiŋkome'sino, -a] I. *adj* Fünfmonats- II. *m, f* Fünfmonatskind *nt*
cincuenta [θiŋ'kweṇta] *adj inv* fünfzig; *v. t.* **ochenta**
cincuentavo¹ [θiŋkweṇ'taβo] *m* Fünfzigstel *nt; v. t.* **octavo¹**
cincuentavo, -a² [θiŋkweṇ'taβo, -a] *adj* fünfzigstel; *v. t.* **octavo²**
cincuentena [θiŋkweṇ'tena] *f Einheit aus fünfzig Teilen;* **una ~ de personas** (etwa) fünfzig Personen
cincuentenario [θiŋkweṇte'narjo] *m* fünfzigster Jahrestag *m*
cincuentón, -ona [θiŋkweṇ'ton, -ona] I. *adj* in den Fünfzigern II. *m, f* Fünfzigjährige(r) *mf*
cine ['θine] *m* ❶ (*sala*) Kino *nt*; **~ de barrio** Vorstadtkino *nt*; **~ de estreno** Uraufführungskino *nt*; **~ de sesión continua** Nonstopkino *nt* ❷ (*séptimo arte*) Film *m*, Filmkunst *f*; **~ mudo** Stummfilm *m*; **~ sonoro** Tonfilm *m*
cineasta [θine'asta] *mf* Cineast(in) *m(f)*
cineclub [θine'kluβ] *m* <cineclubs> Filmklub *m*
cinefilia [θine'filja] *f* (CINE) Kinobegeisterung *f*
cinéfilo, -a [θi'nefilo, -a] *m, f* Kinoliebhaber(in) *m(f)*
cinefórum [θine'forun] <cinefórums> *m* (CINE) Filmvortrag *m* (*mit anschließender Diskussion*)
cinegética [θine'xetika] *f* Jagdkunst *f*
cinegético, -a [θinexe'netiko, -a] *adj* Jagd-; **huésped ~** Jagdgast *m*
cinema [θi'nema] *m* ❶ (*cine*) Kino *nt* ❷ (*cinemática*) Kinematik *f*
cinemascope® [θinemas'kope] *m* Cinemascope® *nt*
cinemateca [θinema'teka] *f* Filmarchiv *nt*, Kinemathek *f*
cinemática [θine'matika] *f* Kinematik *f*
cinemático, -a [θine'matiko, -a] *adj* (FÍS) kinematisch
cinematografía [θinematoɣra'fia] *f* Filmkunst *f*, Kinematographie *f*
cinematografiar [θinematoɣrafi'ar] <1. pres: cinematografío> *vt* (CINE) filmen, drehen
cinematográfico, -a [θinemato'ɣrafiko, -a] *adj* filmisch, kinematographisch
cinematógrafo [θinema'toɣrafo] *m* ❶ (*proyector*) Kinematograph *m* ❷ (*cine*) Kino *nt*, Lichtspieltheater *nt*
cinerama® [θine'rama] *m* Cinerama® *nt*
cinerario, -a [θine'rarjo, -a] *adj* Aschen-; **urna cineraria** Aschenurne *f*
cinéreo, -a [θi'nereo, -a] *adj* (*elev*) aschgrau
cinescopio [θines'kopjo] *m* (CINE, TV) Bild(wiedergabe)röhre *f*
cinesis [θi'nesis] *f inv* (BIOL) Kinese *f*
cinesiterapia [θinesite'rapja] *f* (MED) Heilgymnastik *f*, Kinesiotherapie *f*
cinestesia [θines'tesja] *f* (MED) Bewegungsgefühl *nt*, Kinästhesie *f*
cinética [θi'netika] *f* (ARTE, FÍS) Kinetik *f*
cinético, -a [θi'netiko, -a] *adj* (ARTE, FÍS) kinetisch
cingalés, -esa [θiŋga'les, -esa] I. *adj* ceylonesisch II. *m, f* Ceylonese, -in *m, f*
cíngaro, -a ['θiŋgaro, -a] I. *adj* zigeunerisch II. *m, f* Zigeuner(in) *m(f)*
cinglar [θiŋ'glar] *vt* ❶ (NÁUT) wricken, wrigge(l)n ❷ (TÉC) zängen, entschlacken
cínico, -a ['θiniko, -a] I. *adj* ❶ (*desvergonzado*) zynisch ❷ (FILOS) kynisch II. *m, f* ❶ (*desvergonzado*) Zyniker(in) *m(f)* ❷ (FILOS) Kyniker(in) *m(f)*
cinismo [θi'nismo] *m* ❶ (*desvergüenza*) Zynismus *m* ❷ (FILOS) Kynismus *m*
cinquén [θiŋ'ken] *m* (HIST: *moneda*) alte kastilische Münze
cinta ['θiṇta] *f* ❶ (*tira*) Band *nt*; **~ adhesiva** Klebeband *nt*; **~ aislante** Isolierband *nt*; **~ correctora** Korrekturband *nt*; **~ sin fin** Fließband *nt*; **~ magnética** Magnetband *nt*; **~ magnetofónica** Tonband *nt*; **~ mecanográfica** Farbband *nt*; **~ métrica** Messband *nt*; **~ del pelo** Haarband *nt*; **~ perforada** (INFOR) Lochstreifen *m*; **~ de video** Videoband *nt*; **en ~** befestigt ❷ (*hilera de baldosas*) Abschlussleiste *f* (*aus Kacheln*) ❸ (*red de pesca*) Thunfischnetz *nt* ❹ (*planta*) Grünlilie *f*
cintarazo [θiṇta'raβo] *m* ❶ (*latigazo*) Schlag *m* auf den Rücken (*mit einer Peitsche, einem Gurt o.Ä.*) ❷ (*sablazo*) Schwerthieb *m* (*mit der flachen Klinge*)
cinteado, -a [θiṇte'aðo, -a] *adj* mit Bändern geschmückt
cintilar [θiṇti'lar] *vi* (*elev*) glänzen
cintillo [θiṇ'tiʎo] *m* ❶ (*sombrero*) Hutband *nt* ❷ (*t. Am: sortija*) Ring *m*
cinto ['θiṇto] *m* ❶ (*cinturón*) Gürtel *m* ❷ (*cintura*) Taille *f* ❸ (RíoPl: *cinturón con monedero*) Geldgürtel *m*
cintrado, -a [θiṇ'traðo, -a] *adj* (ARQUIT) **bóveda** gekrümmt; (*arco*) gewölbt
cintura [θiṇ'tura] *f* ❶ (*talle*) Taille *f*; **~ de avispa** Wespentaille *f*; **meter a alguien en ~** jdn in seine Schranken weisen ❷ (*pretinilla*) Bund *m* ❸ (ARQUIT) Kaminoberteil *m*
cinturilla [θiṇtu'riʎa] *f* Band *nt*
cinturón [θiṇtu'ron] *m* ❶ (*ceñidor*) Gürtel *m*; **~ de castidad** Keuschheitsgürtel *m*; **~ de pobreza** (*fig*) Armenviertel *nt*; **~ salvavidas** Rettungsring *m*; **apretarse el ~** (*fig*) den Gürtel enger schnallen ❷ (*correa*) Gurt *m*; **~ de seguridad** Sicherheitsgurt *m*; **ponerse el ~** sich anschnallen ❸ (ASTR) Ring *m*; **~ de Orión** Ring Orion ❹ (*carretera*) Ringstraße *f*; **~ de Barcelona** Innenstadtring von Barcelona
cinzolín [θiṇθo'lin] *adj* rötlich violett
cipayo [θi'paʝo] *m* ❶ (*soldado indio*) Sepoy *m* ❷ (*pey: esbirro*) Lohnsklave, -in *m, f*
cipe ['θipe] *adj* (AmC: *enfermizo*) kränkelnd, kränklich
cipo ['θipo] *m* ❶ (*pilastra funeraria*) Grabstein *m* ❷ (*poste*) Meilenstein *m* ❸ (*mojón*) Grenzstein *m*
cipote [θi'pote] *m* ❶ (*mojón*) Grenzstein *m* ❷ (*torpe*) Tollpatsch *m* ❸ (*gordo*) beleibter Mann *m*, Dicke(r) *m fam* ❹ (*palillo del tambor*) Schlägel *m* ❺ (*vulg: pene*) Schwanz *m fam* ❻ (ElSal, Hond, Nic: *pilluelo*) Spitzbube *m*
ciprés [θi'pres] *m* ❶ (*árbol*) Zypresse *f* ❷ (*madera*) Zypressenholz *nt*
cipresal [θipre'sal] *m* Zypressenhain *m*
ciprínido¹ [θi'priniðo] *m* (ZOOL: *pez*) Karpfenfisch *m*
ciprínido, -a² [θi'priniðo, -a] *adj* (ZOOL: *pez*) zur Familie der Karpfenfische gehörend
ciprio, -a ['θiprjo, -a] *adj o m, f v.* **chipriota**
cipriota [θi'prjota] *adj o mf v.* **chipriota**
circense [θir'θense] *adj* Zirkus-; **espectáculo ~** Zirkusvorstellung *f*
circo ['θirko] *m* ❶ (*arena*) Zirkus *m*; **~ ambulante** Wanderzirkus *m*; **de ~** zum Lachen ❷ (GEO) Senke *f*
circonio [θir'konjo] *m* (QUÍM) Zirkonium *nt*
circuir [θirku'ir] *irr como huir vt* umgeben
circuito [θirku'ito] *m* ❶ (*perímetro*) Umkreis *m* ❷ (*trayecto de carrera*) Rennstrecke *f* ❸ (*recorrido*) Rundfahrt *f* ❹ (ELEC) Stromkreis *m*; **~ combinatorio** (INFOR) kombinatorische Schaltung; **~ digital** (INFOR) Digitalschaltung *f*; **~ impreso** gedruckte Schaltung; **~ integrado** integrierter Schaltkreis; **~ corto** Kurzschluss *m*
circulación [θirkula'θjon] *f* ❶ (*ciclo*) Kreislauf *m*; **~ sanguínea** Blutkreislauf *m* ❷ (*tránsito*) Verkehr *m*; **~ giratoria** Kreisverkehr *m*; **impuesto de ~** Kraftfahrzeugsteuer *f* ❸ (ECON) Umlauf *m*; **~ monetaria** Geldumlauf *m*; **~ paralela** (de monedas) (UE) Parallelumlauf *m*; **dinero en ~** in Umlauf befindliches Geld; **libre ~ de mercancías** (COM) Warenfreiheit *f*; (UE) freier Warenverkehr; **libre ~ de personas, bienes, servicios y capitales** freier Personen-, Güter-, Dienstleistungs- und Kapitalverkehr; **poner en ~** in Umlauf bringen; **retirar de la ~** aus dem Verkehr ziehen
circulante [θirku'laṇte] *adj* zirkulierend; **biblioteca ~** Leihbibliothek *f*; **valor ~** Umlaufwert *m*
circular [θirku'lar] I. *adj* kreisförmig II. *vi* ❶ (*recorrer*) zirkulieren ❷ (*personas*) hin und her gehen; **¡circulen!** (bitte) weitergehen! ❸ (*vehículos*) hin und her fahren III. *f* Rundschreiben *nt*
circulatorio, -a [θirkula'torjo, -a] *adj* (MED) Kreislauf-; **problemas ~s** Kreislaufprobleme *ntpl*
círculo ['θirkulo] *m* Kreis *m*; **~ de amistades** Freundeskreis *m*; **~s financieros** Finanzkreise *mpl*; **~ polar ártico/antártico** nördlicher/südlicher Polarkreis; **~ vicioso** Teufelskreis *m*; **en ~s empresariales** in Unternehmerkreisen
circumpolar [θirkumpo'lar] *adj* Zirkumpolar-; **estrella ~** Zirkumpolarstern *m*
circumcenital [θirkuṇθeni'tal] *adj* (ASTR) zirkumzenital
circuncidar [θirkuṇθi'ðar] *vt* beschneiden
circuncisión [θirkuṇθi'sjon] *f* Beschneidung *f*
circunciso¹ [θirkuṇ'θiso] *m* ❶ (*circuncidado*) Beschnittene(r) *m* ❷ (*judío*) Jude *m*
circunciso, -a² [θirkuṇ'θiso, -a] I. *pp de* **circuncidar** II. *adj* beschnitten
circundante [θirkuṇ'daṇte] *adj* umgebend; **mundo ~** Umgebung *f*
circundar [θirkuṇ'dar] *vt* umgeben

circunferencia [θirkuɱfeˈrenθja] f (MAT) ❶ (*círculo*) Kreis m ❷ (*contorno*) Umfang m
circunferente [θirkuɱfeˈrente] adj (MAT) umgebend
circunferir [θirkuɱfeˈrir] irr como sentir vt begrenzen
circunflejo [θirkuɱˈflexo] I. adj: **acento** ~ Zirkumflex m II. m Zirkumflex m
circunlocución [θirkunlokuˈθjon] f Umschreibung f, Periphrase f
circunloquio [θirkunˈlokjo] m Umschweife mpl
circunnavegación [θirkunnaβeɣaˈθjon] f (NÁUT) Umsegelung f; ~ **del mundo** Weltumsegelung f
circunnavegar [θirkunnaβeˈɣar] <g→gu> vt umsegeln
circunscribir [θirkunsˈkriβir] irr como escribir I. vt ❶ (*concretar*) beschränken (*a* auf +*akk*) ❷ (MAT) umschreiben; ~ **al triángulo** ein Dreieck umschreiben II. vr: ~**se** sich beschränken (*a* auf +*akk*)
circunscripción [θirkunsˈkriβˈθjon] f ❶ (*concreción*) Einschränkung f ❷ (MAT) Umschreibung f ❸ (*distrito*) Bezirk m
circunscrito, -a [θirkunsˈkrito, -a] pp de **circunscribir**
circunspección [θirkunspeɣˈθjon] f Umsicht f
circunspecto, -a [θirkunsˈpekto, -a] adj umsichtig
circunstancia [θirkunsˈtanθja] f ❶ Umstand m; **en estas** ~**s** unter diesen Umständen; **poner cara de** ~ ein entsprechendes Gesicht machen; **vendaje de** ~**s** provisorischer Verband ❷ (JUR): ~ **de hecho** Tatumstand m; ~ **agravante/atenuante del hecho** erschwerender/mildernder Tatumstand
circunstancial [θirkunstanˈθjal] adj Umstands-, umstandsbedingt
circunstanciar [θirkunstanˈθjar] vt detailliert schildern
circunstante [θirkunsˈtante] I. adj ❶ (*rodeado*) umgebend ❷ (*presente*) anwesend II. mf Anwesende(r) mf
circunvalación [θirkumbalaˈθjon] f ❶ (*acción de circunvalar*) Umgehung f; **carretera de** ~ Umgehungsstraße f ❷ (MIL) Umwallung f
circunvalar [θirkumbaˈlar] vt umgehen
circunvecino, -a [θirkumbeˈθino, -a] adj benachbart
circunvolar [θirkumboˈlar] <o→ue> vt umfliegen; ~ **la isla con un helicóptero** im Hubschrauber um eine Insel herumfliegen
circunvolución [θirkumboluˈθjon] f Windung f; ~ **cerebral** (Ge)hirnwindung f
circunyacente [θirkunɟaˈθente] adj umliegend
cirenaico, -a [θireˈnaiko, -a] adj ❶ (*de Cirene*) aus Kyrene ❷ (FILOS): **escuela cirenaica** kyrenaische Schule
cireneo, -a [θireˈneo, -a] adj aus Kyrene
cirílico, -a [θiˈriliko, -a] adj kyrillisch
cirineo, -a [θiriˈneo, -a] I. adj aus Kyrene II. m, f Helfer(in) m(f), Samariter(in) m(f)
cirio [ˈθirjo] m ❶ (*vela*) (lange, dicke) Wachskerze f; ~ **pascual** Osterkerze f ❷ (*fam: jaleo*) Durcheinander nt, Wirrwarr m; **armar un** ~ Aufruhr verursachen
cirro [ˈθirro] m ❶ (MED) Knoten m ❷ (BOT) Ranke f ❸ (METEO) Zirruswolke f, Federwolke f
cirrosis [θiˈrrosis] f inv (MED) Zirrhose f
cirroso, -a [θiˈrroso, -a] adj (METEO: *elev*) mit Zirruswolken
cirrótico, -a [θiˈrrotiko, -a] adj (MED) zirrhotisch
ciruela [θiˈrwela] f Pflaume f; ~ **claudia** Reineclaude f, Reneklode f; ~ **damascena** Zwetsche f; ~ **pasa** Dörrpflaume f; ~ **de yema** Eierpflaume f
ciruelo [θiˈrwelo] m ❶ (*pruno*) Pflaumenbaum m ❷ (*fam: tonto*) Dummkopf m
cirugía [θiruˈxia] f (MED) Chirurgie f; ~ **estética** kosmetische Chirurgie; ~ **plástica** plastische Chirurgie
cirujano, -a [θiruˈxano, -a] m, f (MED) Chirurg(in) m(f)
cisalpino, -a [θisalˈpino] adj zisalpin(isch)
ciscar [θisˈkar] <c→qu> I. vt (*fam*) besudeln, beschmutzen II. vr: ~**se** (*fam*) sein großes Geschäft machen [*o* erledigen]
cisco [ˈθisko] m ❶ (*carbón*) (Kohlen)grus m; **hacerse** ~ zerbrechen; **estar hecho un** ~ (*fam*) fix und fertig sein ❷ (*jaleo*) Krach m
ciscón [θisˈkon] m Schlacke f
císipedo, -a [θiˈsipeðo, -a] adj (ZOOL) mit Zehen, in Zehen unterteilt
Cisjordania [θisxorˈðanja] f West-Bank f, Westjordanland nt
cisma [ˈθisma] m ❶ (REL) Schisma nt ❷ (*desacuerdo*) Zwist m
cismar [θisˈmar] vt (*reg*) Zwietracht stiften [*o* säen] (zwischen +*dat*)
cismático, -a [θisˈmatiko, -a] I. adj schismatisch II. m, f Schismatiker(in) m(f)

cismontano, -a [θismonˈtano, -a] adj diesseits der Berge
cisne [ˈθisne] m Schwan m
cispadano, -a [θispaˈðano, -a] adj zispadanisch
cisrenano, -a [θi(s)rreˈnano, -a] adj (GEO) linksrheinisch
cistectomía [θistektoˈmia] f (MED) Zystektomie f
cister [θisˈter] m, **císter** [ˈθister] m (REL) Zisterzienserorden m
cisterciense [θisterˈθjense] adj (REL) Zisterzienser-; **convento** ~ Zisterzienserkloster nt
cisterna [θisˈterna] I. adj (*en vehículos y barcos*) Tank-; **barco** ~ Tankschiff nt, Tanker m II. f ❶ (*aljibe*) Zisterne f ❷ (*de un retrete*) Spülkasten m
cisticerco [θistiˈθerko] m (ZOOL) Bandwurmfinne f, Zystizerkus m
cisticercosis [θistiθerˈkosis] f inv (MED) Zystizerkose f
cistitis [θisˈtitis] f inv (MED) Blasenentzündung f
cistocele [θistoˈθele] m (MED) Blasenvorfall m, Zystozele f
cistografía [θistoɣraˈfia] f (MED) Zystographie f
cistoscopia [θistosˈkopja] f (MED) Blasenspiegelung f, Zystoskopie f
cistoscopio [θistosˈkopjo] m (MED) Blasenspiegel m, Zystoskop nt
cistotomía [θistotoˈmia] f (MED) Zystotomie f
cisura [θiˈsura] f ❶ (*fisura*) Riss m ❷ (*cicatriz*) Narbe f ❸ (*incisión*) Einstich m
cita [ˈθita] f ❶ (*convocatoria*) Termin m; **anular una** ~ einen Termin absagen; **concertar una** ~ einen Termin vereinbaren [*o* abmachen] ❷ (*encuentro*) Verabredung f; **una** ~ **anual** ein jährliches Treffen; ~ **a ciegas** Blind date; **tener una** ~ **con alguien** mit jdm verabredet sein ❸ (*mención*) Zitat nt
citación [θitaˈθjon] f ❶ (JUR) Vorladung f; ~ **oficial** öffentliche Ladung; ~ **de testigos** Zeugenladung f; **notificar una** ~ eine (Vor)ladung zustellen ❷ (*el mencionar*) Zitieren nt; ~ **de nombre** Namensnennung f
citar [θiˈtar] I. vt ❶ (*convocar*) zu einem Termin einladen ❷ (*mencionar*) zitieren ❸ (JUR) (vor)laden ❹ (TAUR) (den Stier) reizen II. vr: ~**se** sich verabreden
citara [ˈθitara] f (dünne) Backsteinmauer f
cítara [ˈθitara] f (MÚS) Zither f
citarista [θitaˈrista] mf Zitherspieler(in) m(f)
citatoria [θitaˈtorja] f (JUR) Vorladung f
citatorio, -a [θitaˈtorjo, -a] adj (JUR) (Vor)ladungs-; **notificación citatoria** Vorladungsschreiben nt
citerior [θiteˈrjor] adj diesseitig
citodiagnóstico [θitoðjaɣˈnostiko] m (MED: *procedimiento*) Zytodiagnostik f
citogenética [θitoxeˈnetika] f (BIOL, MED) Zytogenetik f
citología [θitoloˈxia] f (BIOL, MED) Zytologie f
citológico, -a [θitoˈloxiko, -a] adj (MED) zytologisch
citopatología [θitopatoloˈxia] f (BIOL) Zellpathologie f, Zytopathologie f
citoplasma [θitoˈplasma] m (BIOL) Zytoplasma nt, Zellplasma nt
citramontano, -a [θitramonˈtano, -a] adj diesseits der Berge
citrato [θiˈtrato] m (QUÍM) Zitrat nt
cítrico, -a [ˈθitriko, -a] adj Zitrus-; **aceite** ~ Zitrusöl nt; **ácido** ~ (QUÍM) Zitronensäure f
citrícola [θiˈtrikola] adj (AGR) Zitrusfruchtanbau-
cítricos [ˈθitrikos] mpl ❶ (*frutas*) Zitrusfrüchte fpl ❷ (*plantas*) Zitruspflanzen fpl
citricultura [θitrikulˈtura] f Anbau m von Zitrusfrüchten
citrina [θiˈtrina] f (QUÍM) Zitrin nt
citrón [θiˈtron] m Zitrone f
ciudad [θjuˈðað] f Stadt f; ~ **dormitorio** Schlafstadt f; ~ **hermanada** Partnerstadt f; ~ **industrial** Industriestadt f; ~ **jardín** Gartenstadt f; ~ **de origen** Geburtsort m, Heimatstadt f; ~ **satélite** Satellitenstadt f, Trabantenstadt f; ~ **universitaria** Campus m; **la C~ condal** Barcelona nt; **la C~ eterna** die Ewige Stadt, Rom nt; **la C~ del oso y del madroño** Madrid nt; **la C~ Santa** die Heilige Stadt, Jerusalem nt; **la C~ del Turia** Valencia nt
ciudadana [θjuˈðaðana] adj o v. **ciudadano**
ciudadanía [θjuðaðaˈnia] f ❶ (*nacionalidad*) Staatsbürgerschaft f, Staatsangehörigkeit f, Nationalität f; **derecho de** ~ Bürgerrecht nt ❷ (*conjunto de ciudadanos*) Bürgerschaft f ❸ (*civismo*) Bürgersinn m
ciudadano, -a [θjuðaˈðano, -a] I. adj ❶ (*de la ciudad*) städtisch ❷ (*del ciudadano*) bürgerlich; **deber** ~ Bürgerpflicht f II. m, f ❶ (*residente*) Städter(in) m(f) ❷ (*súbdito*) Staatsbürger(in) m(f); (*referente a una ciudad*) Bürger(in) m(f); **el** ~ **medio** der Durchschnittsbürger ❸ (*de la clase media*) Bürgerliche(r) mf

ciudadela [θjuˈðaˈðela] f Zitadelle f
ciudad-estado [θjuˈðaðesˈtaðo] <ciudades-estado> f Stadtstaat m
ciudadrealeño, -a [θjuˈðaðrreaˈleɲo, -a] I. adj aus Ciudad Real
II. m, f Einwohner(in) m(f) von Ciudad Real
civeta [θiˈβeta] f (ZOOL) Zibetkatze f
civeto [θiˈβeto] m Zibet m
cívico, -a [ˈθiβiko, -a] adj ❶ (de la ciudad) städtisch
❷ (del ciudadano) bürgerlich
❸ (del civismo) zivilisiert
civil [θiˈβil] I. adj ❶ (cívico) bürgerlich, zivil; **derecho** ~ Zivilrecht nt; **guerra** ~ Bürgerkrieg m; **casarse por lo** ~ standesamtlich heiraten
❷ (correcto) zivilisiert, gesittet
II. mf ❶ (fam: guardia ~) Angehörige(r) mf der Guardia civil
❷ (paisano) Zivilist(in) m(f)
civilidad [θiβiliˈðað] f ❶ (civismo) Bürgersinn m
❷ (amabilidad) Zuvorkommenheit f
civilista [θiβiˈlista] mf (abogado) Zivilrechtler(in) m(f)
civilización [θiβiliθaˈθjon] f ❶ (progreso) Zivilisation f
❷ (cultura) Kultur f
civilizador(a) [θiβiliθaˈðor(a)] adj zivilisatorisch
civilizar [θiβiliˈθar] <z→c> vt zivilisieren
civilmente [θiβilˈmente] adv (JUR) zivilrechtlich
civismo [θiˈβismo] m ❶ (espíritu cívico) Bürgersinn m
❷ (cortesía) Höflichkeit f
cizalla [θiˈθaʎa] f ❶ (recorte) Verschnittblech nt
❷ pl (tijeras) Blechschere f
cizallar [θiθaˈʎar] vt schneiden
cizaña [θiˈθaɲa] f ❶ (BOT) Taumellolch m
❷ (adversidad) Widrigkeit f
❸ (enemistad) Zwietracht f; **meter** [o **sembrar**] ~ Zwietracht säen [o stiften]
cizañar [θiθaˈɲar] vt Zwietracht säen [o stiften] (zwischen +dat)
cizañero, -a [θiθaˈɲero, -a] I. adj (intrigante) intrigant
II. m, f (intrigante) Unruhestifter(in) m(f)
❷ (pendenciero) streitsüchtige Person f
cl [ˈθentiˈlitro] m abr de **centilitro** cl
clac¹ [ˈklak] <claques> m ❶ (sombrero de copa) Klappzylinder m, Chapeau claque f
❷ (sombrero de tres picos) Dreispitz m
clac² [klak] <claques> f Claque f
cladodio [klaˈðoðjo] m (BOT) Kladodium nt, Phyllokladium nt
clamar [klaˈmar] I. vi flehen; **esta injusticia clama al cielo** diese Ungerechtigkeit schreit zum Himmel, das ist eine himmelschreiende Ungerechtigkeit; **la tierra clama por agua** das Land schreit nach Wasser
II. vt fordern, verlangen (nach +dat); **este crimen clama venganza** dieses Verbrechen schreit nach Rache
clamor [klaˈmor] m ❶ (lamento) Klage f, Jammern nt
❷ (clamoreo) Geschrei nt
❸ (toque de campana) Totengeläut(e) nt
clamorear [klamoreˈar] I. vi läuten
II. vt ❶ (gritar) schreien
❷ (rogar) flehen (um +akk)
clamoreo [klamoˈreo] m Geschrei nt
clamoroso, -a [klamoˈroso, -a] adj ❶ (acompañado de clamor): **triunfo** ~ Triumphgeschrei nt
❷ (sensacional) grandios
clan [klan] m Clan m
clandestinidad [klandestiniˈðað] f ❶ (secreto) Heimlichkeit f
❷ (POL) Untergrund m
clandestino, -a [klandesˈtino, -a] adj ❶ (secreto) heimlich; **reunión clandestina** geheimes Treffen
❷ (ilegal): **mercado** ~ Schwarzmarkt m; **movimiento** ~ Untergrundbewegung f
claque [ˈklake] f Claque f
claqué [klaˈke] f Stepp(tanz) f
claqueta [klaˈketa] f (CINE) Klappe f
claquetista [klakeˈtista] mf (CINE) Klappenmann, -frau m, f; **ella hacía las funciones de** ~ sie bediente die Klappe
clara [ˈklara] f ❶ (del huevo) Eiweiß nt; ~ **batida a punto de nieve** Ei(er)schnee m
❷ (del pelo) kahle [o lichte] Stelle f
❸ (del bosque) Lichtung f
❹ (fam: cerveza con gaseosa) Radler m reg, Alsterwasser nt reg
claraboya [klaraˈβoja] f (en el techo) (Dach)luke f; (en la pared) Oberlicht nt
claramente [klaraˈmente] adv deutlich
clarea [klaˈrea] f Getränk aus Wein mit Zucker oder Honig, Zimt und anderen Gewürzen
clarear [klareˈar] I. vi ❶ (amanecer) hell werden; **al** ~ **el día** bei Tagesanbruch
❷ (despejarse) aufklaren
❸ (concretarse) deutlich werden
II. vt aufhellen
III. vr: ~se ❶ (gastarse) fadenscheinig werden
❷ (transparentarse) durchsichtig werden
❸ (descubrirse) sich verraten
clarecer [klareˈθer] irr como **crecer** vimpers hell werden
clareo [klaˈreo] m Lichten nt
clarete [klaˈrete] I. adj Rosé-; **vino** ~ Rosé(wein) m
II. m Rosé(wein) m
claretiano, -a [klareˈtjano, -a] I. adj (REL) Claretianer-
II. m, f (REL) Claretianer(in) m(f)
claridad [klariˈðað] f ❶ (luminosidad) Helligkeit f
❷ (pureza, lucidez) Klarheit f
❸ (claror) fernes Leuchten nt
❹ pl (verdades) bittere Wahrheiten fpl; **decir cuatro ~es a alguien** jdm gehörig die Meinung sagen
clarificación [klarifikaˈθjon] f ❶ (iluminación) Erhellung f
❷ (aclaración) Klärung f
clarificador(a) [klarifikaˈðor(a)] adj klärend
clarificar [klarifiˈkar] <c→qu> vt ❶ (iluminar) erhellen
❷ (aclarar) klären
clarín [klaˈrin] m ❶ (instrumento) Bügelhorn nt
❷ (músico) Bügelhornbläser m
❸ (registro del órgano) Clarino nt
❹ (Chil: guisante de olor) Spanische Wicke f
clarinazo [klariˈnaθo] m ❶ (MÚS: fam) Hornsignal nt
❷ (aviso) Warnsignal nt
❸ (fam fig: desatino) Dummheit f, Unsinn m
clarinete [klariˈnete] m ❶ (instrumento) Klarinette f
❷ (músico) Klarinettist m
clarinetista [klarineˈtista] mf Klarinettist(in) m(f)
clarioncillo [klarjonˈθiʎo] m (ARTE) Pastellstift m
clarisa [klaˈrisa] I. adj (REL) Klarissen-; **orden** ~ Klarissenorden m
II. f (REL) Klarissin f, Klarisse f
clarividencia [klariβiˈðenθja] f ❶ (perspicacia) Hellsichtigkeit f
❷ (instinto) Gespür nt
❸ (percepción) hellseherische Fähigkeit f
clarividente [klariβiˈðente] I. adj ❶ (perspicaz) hellsichtig
❷ (que percibe) hellseherisch
II. mf ❶ (persona perspicaz) hellsichtige Person f
❷ (persona que percibe) Hellseher(in) m(f)
claro¹ [ˈklaro] I. interj (na) klar, natürlich; **¡~ que no!** natürlich nicht!; **¡~ que sí!** ja, natürlich!, aber klar (doch)!
II. m ❶ (hueco) Lücke f
❷ (calvero) Lichtung f
❸ (calva) kahle [o lichte] Stelle f
❹ (luz, t. FOTO) Licht nt; ~ **de luna** Mondschein m
III. adv deutlich
claro, -a² [ˈklaro, -a] adj ❶ (iluminado) hell
❷ (ilustre) berühmt
❸ (pálido) hell; **azul** ~ hellblau
❹ (puro) klar
❺ (fino) dünn
❻ (evidente) klar; **poner** [o **sacar**] **en** ~ klarstellen; **cantarlas claras** Klartext reden; **¡las cosas claras y el chocolate espeso!** jetzt ist Klartext angesagt!; **esto está más** ~ **que el agua** das ist (doch) klar wie Kloßbrühe fam
❼ (franco) offen, freimütig
claror [klaˈror] m Leuchten nt
claroscuro [klarosˈkuro] m ❶ (ARTE, FOTO) Helldunkel nt
❷ (indecisión) Unschlüssigkeit f
❸ (en caligrafía) Kombination von groben und feinen Strichen
clarucho, -a [klaˈrutʃo, -a] adj (pey) ❶ (aguado) wässrig
❷ (desvaído) verwaschen; **un gris** ~ **bastante feo** ein ziemlich hässliches, verwaschenes Grau
clase [ˈklase] f ❶ (tipo) Sorte f, Art f; **sin ninguna** ~ **de...** ohne jegliche [o jede] Art von ...; **está dispuesto a hacer trabajos de toda** ~ er ist bereit jederart Arbeit [o Arbeiten jeder Art] anzunehmen
❷ (BIOL) Klasse f
❸ (grupo social) (Gesellschafts)schicht f; ~ **alta** Oberschicht f; ~ **baja** Unterschicht f; ~ **media** Mittelschicht f; ~**s pasivas** nicht erwerbstätige Personen; (jubilados) Pensionsberechtigte pl
❹ (ENS: grupo de alumnos) Klasse f; (curso) Unterricht m; **dar** ~ unterrichten
❺ (categoría) Klasse f; ~ **impositiva** Steuerklasse f; ~ **turista** Touristenklasse f; **viajar en primera** ~ erster Klasse reisen
❻ (MIL) Unteroffiziersrang m

clásica ['klasika] *adj o f v.* **clásico**
clasicismo [klasi'θismo] *m* ❶ (ARTE, LIT) Klassik *f*
 ❷ (ARQUIT: *neoclasicismo*) Klassizismus *m*
clasicista [klasi'θista] I. *adj* ❶ (ARTE, LIT) klassizistisch
 ❷ (ARQUIT: *neoclasicista*) neoklassizistisch
 II. *mf* ❶ (ARTE, LIT) Vertreter(in) *m(f)* des Klassizismus
 ❷ (ARQUIT: *neoclasicista*) Vertreter(in) *m(f)* des Neoklassizismus
clásico, -a ['klasiko, -a] I. *adj* klassisch; **música clásica** klassische Musik
 II. *m, f* Klassiker(in) *m(f)*
clasificable [klasifi'kaβle] *adj* klassifizierbar
clasificación [klasifika'θjon] *f* ❶ (*ordenación*) Sortierung *f*; ~ **de los clientes** (ECON) Klassifizierung der Kunden; ~ **de patentes** Patentklassifikation *f*; ~ **de primas** Prämienstaffelung *f*; ~ **en grupos** Einteilung in Gruppen; **tecla de** ~ (INFOR) Sortierschlüssel *m*
 ❷ (BIOL) Klassifikation *f*
clasificado[1] [klasifi'kaðo] *m* Anzeige *f*, Inserat *nt*
clasificado, -a[2] [klasifi'kaðo, -a] *adj* ❶ (*ordenado*) klassifiziert, sortiert; (DEP) qualifiziert
 ❷ (JUR, POL) vertraulich
clasificador[1] [klasifika'ðor] *m* ❶ (*archivador*) Aktenschrank *m*
 ❷ (*separación*) Register *nt*
 ❸ (*carpeta*) Ordner *m*
clasificador(a)[2] [klasifika'ðor(a)] I. *adj* ❶ (*ordenar*) sortierend
 ❷ (BIOL) klassifizierend
 II. *m(f)* (*persona*) Sortierer(in) *m(f)*
clasificadora [klasifika'ðora] *f* ❶ (*máquina*) Sortiervorrichtung *f*
 v. **clasificador**[2]
clasificar [klasifi'kar] <c→qu> I. *vt* ❶ (*ordenar*) sortieren (*por* nach +*dat*)
 ❷ (BIOL) klassifizieren (*por* nach +*dat*)
 II. *vr:* ~**se** sich qualifizieren
clasificatorio, -a [klasifika'torjo, -a] *adj* ❶ (*ordenar*) sortierend
 ❷ (BIOL) klassifizierend
clasismo [kla'sismo] *m* Klassenbewusstsein *nt*, Standesdünkel *m pey*
clasista [kla'sista] I. *adj* ❶ (*peculiar de una clase*) schicht(en)spezifisch
 ❷ (*consciente de su clase*) klassenbewusst
 II. *mf* Anhänger(in) *m(f)* der Klassengesellschaft
claudia ['klauðja] I. *adj: ciruela* ~ Reineclaude *f*, Reneklode *f*
 II. *f* Reneklode *f*
claudicación [klauðika'θjon] *f* ❶ (*falta*) Weichwerden *nt*
 ❷ (*cesión*) Nachgeben *nt*
claudicar [klauði'kar] <c→qu> *vi* ❶ (*fallar*) weich [*o* schwach] werden
 ❷ (*ceder*) nachgeben
claustral [klaus'tral] I. *adj* klösterlich, Kloster-; **vida** ~ Klosterleben *nt*
 II. *mf* Ordensbruder, -schwester *m, f*
claustro ['klaustro] *m* ❶ (*galería*) Kreuzgang *m*
 ❷ (*conjunto de profesores*) Lehrkörper *m*
 ❸ (*reunión de profesores*) Lehrerversammlung *f*
 ❹ (*junta universitaria*) Konzil *nt*
 ❺ (*estado monástico*) Klosterleben *nt*
 ❻ (*convento*) Kloster *m*
 ❼ (*loc*): ~ **materno** Mutterleib *m*
claustrofobia [klaustro'foβja] *f* (PSICO) Klaustrophobie *f*
claustrofóbico, -a [klaustro'foβiko, -a] *adj* (PSICO) klaustrophobisch
cláusula ['klausula] *f* ❶ (JUR) Klausel *f*; ~ **de acción legal** Rechtsbehelfsklausel *f*; ~ **de admisión** Eintrittsklausel *f*; ~ **de arbitraje** Schiedsklausel *f*; ~ **de beneficio** Begünstigtenklausel *f*; ~ **de buena fe** Bona-fi-de-Klausel *f*; ~ **de caducidad** Verwirkungsklausel *f*, Verfallklausel *f*; ~ **de conciliación** Versöhnungsklausel *f*; ~ **conexa** Verbundklausel *f*; ~ **de confidencialidad** Geheimhaltungsklausel *f*; ~ **de conformidad** Entsprechensklausel *f*; ~ **de continuación** Fortsetzungsklausel *f*; ~ **contractual** Vertragsklausel *f*; ~ **ejecutiva** Vollstreckungsklausel *f*; ~ **de equiparación** Gleichstellungsklausel *f*; ~ **de estilo** Standardklausel *f*; ~ **excepcional** Ausnahmeklausel *f*; ~ **de exclusión** Ausschlussklausel *f*; ~ **de exclusividad** Ausschließlichkeitsklausel *f*; ~ **de exención** Freistellungsklausel *f*; ~ **de exoneración de responsabilidad** Haftungsausschlussklausel *f*; ~ **de favor** Begünstigtenklausel *f*; ~ **de franquicia** (**de un seguro**) Haftungsausschlussklausel *f* (einer Versicherung); ~ **hipotecaria** (FIN) Hypothekenklausel *f*; ~ **de idoneidad** Würdigkeitsklausel *f*, Eignungsklausel *f*; ~ **de indemnización** Abfindungsklausel *f*; ~ **de intervención** Eingriffsklausel *f*; ~ **de nación más favorecida** Meistbegünstigungsklausel *f*; ~ **de obligado cumplimiento** Beachtungsklausel *f*; ~ **penal** Strafklausel *f*; ~ **de pignoración** Pfandklausel *f*; ~ **de plazo** Fristklausel *f*; ~ **prendaria** Verpfändungsklausel *f*; ~ **de protección** Schutzklausel *f*; ~ **de reserva** Vorbehaltsklausel *f*; ~ **de responsabilidad** Haftungsklausel *f*; ~ **de restitución** Freigabeklausel *f*; ~ **de revisión de precios** Preisgleitklausel *f*; ~ **de revocación** Widerrufsklausel *f*; ~ **sobre riesgos** Gefahrenklausel *f*; ~ **de rigor** Härteklausel *f*; ~**s de salvaguardia** Salvatorische Klauseln; ~ **de sumisión jurisdiccional** Gerichtsstand(s)klausel *f*; ~ **suspensiva** Suspensionsklausel *f*; ~ **de tolerancia** Toleranzklausel *f*; ~ **de traspaso de la clientela** Kundenüberlassungsklausel *f*; ~ **de urgencia** Notstandsklausel *f*; ~ **usual del ramo** Stand-still-Klausel *f*; ~ **de vencimiento anticipado** Fälligkeitsklausel *f*
 ❷ (LING) Satz *m*; ~ **compuesta** Satzgefüge *nt*
clausulado [klausu'laðo] *m* (*elev*) Vertragsbestimmungen *fpl*
clausular [klausu'lar] *vt* (*elev: finalizar*) zu Ende sprechen, abschließen
clausura [klau'sura] *f* ❶ (*cierre*) Schließung *f*; **sesión de** ~ Schlusssitzung *f*
 ❷ (*en un convento*) Klausur *f*
clausurar [klausu'rar] *vt* schließen
clava ['klaβa] *f* Keule *f*
clavado, -a [kla'βaðo, -a] *adj* ❶ (*semejante*) sehr ähnlich; **ser** ~ **a alguien** jdm sehr ähnlich sehen
 ❷ (*exacto*) genau; **llegaron a las cinco clavadas** sie kamen um Punkt fünf Uhr an; **este pantalón te está** ~ diese Hose passt dir genau [*o* passt perfekt]
 ❸ (*fijo*): **tener la vista clavada en algo** den Blick starr auf etw richten; **estar** ~ **en la cama** (**por enfermedad**) (wegen Krankheit) ans Bett gefesselt sein
 ❹ (*confuso*) verblüfft; **dejar** ~ **a alguien** jdn verblüffen
 ❺ (*guarnecido*) mit Nägeln verziert [*o* beschlagen]
clavadora [klaβa'ðora] *f* (TÉC) Nagelmaschine *f*, Nagelautomat *m*
clavadura [klaβa'ðura] *f* Hufverletzung *f* (durch Hufnagel)
clavar [kla'βar] I. *vt* ❶ (*hincar*) einschlagen
 ❷ (*enclavar*) annageln
 ❸ (*fijarse*) fixieren; ~ **los ojos en algo/alguien** den Blick auf etw/jdn heften
 ❹ (*fam: engañar*) ausnehmen
 ❺ (*acertar*) treffen; ~ **el problema** den Nagel auf den Kopf treffen
 ❻ (*engastar*) (ein)fassen
 ❼ (*causar una clavadura*) vernageln
 ❽ (*fam: dar*) verpassen; **la policía me ha clavado una multa** die Polizei hat mir ein Bußgeld aufgebrummt
 ❾ (*fam: cobrar*) abknöpfen; **por la reparación de la lavadora me han clavado 250 euros** für die Reparatur der Waschmaschine haben sie mir 250 Euro abgeknöpft [*o* habe ich 250 Euro]
 II. *vr:* ~**se una astilla en el dedo** sich *dat* einen Span in den Finger treiben
clavazón [klaβa'θon] *f* Nagelbeschlag *m*
clave ['klaβe] I. *adj inv* Schlüssel-; **novela** ~ Schlüsselroman *m*
 II. *f* ❶ (ARQUIT) Schlussstein *m*
 ❷ (*código*) Kode *m*; ~ **de acceso** Passwort *nt*; ~ **de distribución** Verteilerschlüssel *m*; ~ **duplicada** (INFOR) doppelter Satz; **en** ~ codiert, verschlüsselt
 ❸ (*secreto*) Schlüssel *m* (*de* +*gen*); **dar con** [*o* **en**] **la** ~ dahinterkommen
 ❹ (MÚS) (Noten)schlüssel *m*; ~ **de do** Altschlüssel *m*; ~ **de fa** Bassschlüssel *m*; ~ **de sol** Violinschlüssel *m*
 ❺ (*clavicémbalo*) Cembalo *m*
clavecín [klaβe'θin] *m* (Clavi)cembalo *nt*
clavecinista [klaβeθi'nista] *mf* Cembalist(in) *m(f)*
clavel [kla'βel] *m* (BOT) Nelke *f*
clavelito [klaβe'lito] *m* (BOT) ❶ (*planta*) Prachtnelke *f*
 ❷ (*flor*) Prachtnelke(nblüte) *f*
clavellina [klaβe'ʎina] *f* (BOT) Bartnelke *f*; ~ **de pluma** Federnelke *f*
claveque [kla'βeke] *m* (MIN) belgischer Bergkristall *m*
clavero [kla'βero] *m* (BOT) Gewürznelkenbaum *m*
claveta [kla'βeta] *f* Holzstift *m*, Holznagel *m*
clavetear [klaβete'ar] *vt* ❶ (*guarnecer*) beschlagen
 ❷ (*terminar*) abschließen
 ❸ (*clavar clavos*) vernageln
clavicembalista [klaβiθemba'lista] *mf* Cembalist(in) *m(f)*
clavicémbalo [klaβi'θembalo] *m* (Clavi)cembalo *nt*
clavicordio [klaβi'korðjo] *m* Klavichord *nt*
clavícula [kla'βikula] *f* (ANAT) Clavicula *f*, Schlüsselbein *nt*
claviculado, -a [klaβiku'laðo, -a] *adj* (ANAT) mit Schlüsselbein (ausgestattet)
clavicular [klaβiku'lar] *adj* (ANAT) Schlüsselbein-; **fractura** ~ Schlüsselbeinbruch *m*
clavija [kla'βixa] *f* ❶ (TÉC) Stift *m*
 ❷ (MÚS: *en instrumentos de cuerda*) (Stimm)wirbel *m*; (*en instrumentos de teclado*) Stimmnagel *m*
 ❸ (*enchufe*) Stecker *m*
 ❹ (*loc*): **apretar las** ~**s a alguien** mit jdm ein ernstes Wörtchen reden
clavijero [klaβi'xero] *m* ❶ (MÚS) Stimmstock *m*
 ❷ (*perchero*) Kleiderhaken *m*

clavillo [kla'βiʎo] *m* ❶ (TÉC) Stift *m*
❷ (*especia*) (Gewürz)nelke *f*
claviórgano [klaβi'orɣano] *m* (MÚS) Orgelklavier *nt*, Klaviorganum *nt*
clavo ['klaβo] *m* ❶ (*punta*) Nagel *m*; **agarrarse a** [*o* **de**] **un ~ ardiendo** sich an jeden Strohhalm klammern; **clavar un ~ con la cabeza** mit dem Kopf durch die Wand wollen; **dar en el ~** den Nagel auf den Kopf treffen; **dar una en el ~ y ciento en la herradura** oft danebenliegen; **remachar el ~** sich in etwas verrennen; **¡por los ~s de Cristo!** um Himmels willen!; **por un ~ se pierde una herradura** (*prov*) der Teufel steckt im Detail
❷ (*especia*) (Gewürz)nelke *f*
❸ (*callo*) Hühnerauge *nt*
❹ (*lechino*) Tampon *m*
❺ (*jaqueca*) Migräne *f*
❻ (*pena*) Kreuz *nt*, Bürde *f*
claxon ['klaɣson] *m* Hupe *f*
clearing ['kliriŋ] <clearings> *m* (ECON) Verrechnungsverfahren *nt*, Clearing *nt*
clemencia [kle'menθja] *f* Milde *f*, Nachsicht *f*
clemente [kle'mente] *adj* mild, nachsichtig
clementina [klemen'tina] *f* Klementine *f*
clepsidra [kleβ'siðra] *f* Wasseruhr *f*
cleptómana [klep'tomana] *adj o f v.* **cleptómano**
cleptomanía [kleptoma'nia] *f* (PSICO) Kleptomanie *f*
cleptómano, -a [klep'tomano, -a] **I.** *adj* (PSICO) kleptomanisch
II. *m, f* (PSICO) Kleptomane, -in *m, f*
clerecía [klere'θia] *f* ❶ (*clero*) Geistlichkeit *f*; (*sólo iglesia católica*) Klerus *m*
❷ (*profesión*) Priesteramt *nt*
clergyman ['klerdʒiman] *m* Alltagshabit *nt*
clerical [kleri'kal] *adj* geistlich
clericalismo [klerika'lismo] *m* (POL) Klerikalismus *m*
clericato [kleri'kato] *m sin pl*, **clericatura** [klerika'tura] *f sin pl* (REL) Priesterwürde *f*
clerigalla [kleri'ɣaʎa] *f* (*pey*) Pfaffen *mpl*, Schwarzröcke *mpl*
clérigo ['kleriɣo] *m* Geistliche(r) *m*; (*sólo iglesia católica*) Kleriker *m*
clero ['klero] *m* Geistlichkeit *f*; (*sólo iglesia católica*) Klerus *m*
clerofobia [klero'foβja] *f* Klerusfeindlichkeit *f*
clerófobo, -a [kle'rofoβo, -a] *adj* klerusfeindlich
clic [klik] *m* Klicken *nt*; **hacer ~** (INFOR) klicken (*sobre* auf +*akk*), anklicken (*sobre* +*akk*)
cliché [kli'tʃe] *m* ❶ (TIPO) Klischee *nt*, Druckstock *m*
❷ (FOTO) Negativ *nt*
❸ (*lugar común*) Klischee *nt*
cliente¹ ['kljente] *m* (INFOR) Client *m*
cliente, -a² ['kljente, -a] *m, f* Kunde, -in *m, f*; (*de un abogado*) Klient(in) *m(f)*, Mandant(in) *m(f)*; **~ fijo** Stammkunde *m*; **~ ordenante** (*en crédito documentario*) Auftraggeber *m*; **~ preferente** Vorzugskunde *m*; **cartera de ~s** Kundenkartei *f*; **departamento de atención al ~** Kundendienstabteilung *f*; **ser un ~ de la casa** Stammkunde sein
clientela [kljen'tela] *f* Kundschaft *f*; (*de un abogado*) Klientel *f*; **~ fija** Stammkundschaft *f*; **~ ocasional** [*o* **habitual**] Laufkundschaft *f*; **esta empresa nos está robando la ~** diese Firma wirbt [*o* jagt] uns die Kunden ab
clientelismo [kljente'lismo] *m* ❶ (*amparo*) Protektion *f*
❷ (POL) Filzokratie *f*
clima ['klima] *m* ❶ (*atmósfera, t.* ECON) Klima *nt*; **~ coyuntural** Konjunkturklima *nt*; **~ del mercado** Marktstimmung *f*; **un ~ inversionista favorable** ein günstiges Investitionsklima
❷ (GEO) Breitengrad *m*
climatérico, -a [klima'teriko, -a] *adj* (BIOL, ASTR) klimakterisch
climaterio [klima'terjo] *m* Klimakterium *nt*, Wechseljahre *ntpl*
climático, -a [kli'matiko, -a] *adj* klimatisch
climatización [klimatiθa'θjon] *f* Klimatisierung *f*
climatizador [klimatiθa'ðor] *m* Klimaanlage *f*
climatizar [klimati'θar] <z→c> *vt* klimatisieren
climatología [klimatolo'xia] *f* Klimatologie *f*
climatológico, -a [klimato'loxiko, -a] *adj* klimatologisch
clímax ['klimaɣs] *m inv* Klimax *f*
clinch [klintʃ] <clinchs> *m* (DEP) Clinch *m*
clínica ['klinika] *f* Klinik *f*
clínico¹ ['kliniko] *m* Krankenhaus *nt*
clínico, -a² ['kliniko] **I.** *adj* klinisch; **tener ojo ~** (*fig*) ein gutes Auge haben
II. *m, f* praktischer Arzt *m*, praktische Ärztin *f*
clinómetro [kli'nometro] *m* (GEO) Klinometer *nt*
clip [klip] *m* ❶ (*sujetapapeles*) Büroklammer *f*
❷ (*pinza*) Klipp *m*

❸ (TV) (Video)clip *m*
clíper ['kliper] *m* ❶ (NÁUT) Klipper *m*
❷ (AERO) Clipper® *m*
clisar [kli'sar] *vt* (TIPO) klischieren, mit Klischee drucken
clisé [kli'se] *m v.* **cliché**
clistel [klis'tel] *m*, **clister** [klis'ter] *m* (MED: *lavativa*) Einlauf *m*, Klistier *nt*
clisterizar [klisteri'θar] <z→c> *vt* (MED) einen Einlauf machen (bei +*dat*), klistieren; **el enfermero clisterizó a la embarazada antes de dar a luz** der Pfleger führte vor der Geburt bei der Schwangeren eine Darmspülung durch
clítoris ['klitoris] *m inv* (ANAT) Klitoris *f*, Kitzler *m*
cloaca [klo'aka] *f* (*t.* ZOOL) Kloake *f*
cloasma [klo'asma] *m* (MED) Chloasma *nt*
clocar [klo'kar] *irr como volcar vi* glucken
clon [klon] *m* ❶ (BIOL) Klon *m*
❷ (*payaso*) Clown *m*
clonación [klona'θjon] *f* (BIOL) Klonierung *f*
clonar [klo'nar] *vt* (BIOL) klonen, klonieren
clónico, -a ['kloniko, -a] *adj* (BIOL) geklont
cloquear [kloke'ar] *vi* glucken
cloqueo [klo'keo] *m* Glucken *nt*
cloquera [klo'kera] *f* (ZOOL) Brütigkeit *f*
cloración [klora'θjon] *f* (QUÍM) Chlorierung *f*
cloral [klo'ral] *m* (QUÍM) Chloral *nt*
cloramfenicol [kloramfeni'kol] *m*, **cloranfenicol** [kloranfeni'kol] *m* (MED) Chloramphenicol *nt*
clorar [klo'rar] *vt* (QUÍM) ❶ (*una síntesis*) chlorieren
❷ (*una piscina*) chloren
cloratado, -a [klora'taðo, -a] *adj* (QUÍM) chlorathaltig
cloratita [klora'tita] *f* (QUÍM) Chloratsprengstoff *m*
clorato [klo'rato] *m* (QUÍM) Chlorat *nt*
clorhidrato [klori'ðrato] *m* (QUÍM) Chlorhydrat *nt*
clorhídrico, -a [klo'riðriko, -a] *adj* (QUÍM) chlorwasserstoffhaltig
clórico, -a ['kloriko, -a] *adj* (QUÍM) chlorhaltig
cloro ['kloro] *m* (QUÍM) Chlor *nt*
clorofila [kloro'fila] *f* (BOT, QUÍM) Chlorophyll *nt*, Blattgrün *nt*
clorofílico, -a [kloro'filiko, -a] *adj* (BOT) durch Chlorophyll bewirkt
cloróf ilo, -a [klo'rofilo, -a] *adj* (BOT) Chlorophyll-
cloroformizar [kloroformi'θar] <z→c> *vt* (QUÍM) chloroformieren
cloroformo [kloro'formo] *m* (QUÍM) Chloroform *nt*
clorogás [kloro'ɣas] *m* (QUÍM) Chlorgas *nt*
cloromicetina [kloromiθe'tina] *f* (MED) *v.* **cloramfenicol**
cloroquina [kloro'kina] *f* (MED) Chloroquin *nt*
clorosis [klo'rosis] *f inv* ❶ (MED) Bleichsucht *f*, Chlorose *f*
❷ (BOT) Chlorose *f*
cloruro [klo'ruro] *m* (QUÍM) Chlorid *nt*
clown [klaun] <clowns> *m* Clown *m*
club [kluβ] *m* <clubs *o* clubes> *m* Klub *m*; **~ de alterne** Animierlokal *nt*; **~ deportivo** Sportverein *m*; **el C~ de los Diez** (POL) der Zehnerklub; **el C~ de Roma** der Club of Rome
clubista [klu'βista] *mf* Klubmitglied *nt*
clueca ['klweka] *f* ❶ (*gallina*) Bruthenne *f*, Glucke *f*
❷ (*fam: persona mayor*) Greis(in) *m(f)*
clueco, -a ['klweko, -a] *adj* ❶ (*la gallina*) gluckend
❷ (*fam: persona mayor*) betagt; (*débil por la vejez*) altersschwach
cluniacense [klunja'θense] **I.** *adj* kluniazensisch, aus Cluny
II. *m* Kluniazenser *m*
clupeiforme [klupei'forme] **I.** *adj* (ZOOL) zur Familie der Heringsfische gehörend
II. *m* (ZOOL) Heringsfisch *m*
cm [θen'timetro] *abr de* **centímetro** cm
CNMV [θe(e)ne(e)me'uβe] *f abr de* **Comisión Nacional del Mercado de Valores** (spanische) Börsenaufsichtsbehörde *f*
CNT [θene'te] *f abr de* **Confederación Nacional de Trabajadores** Nationaler Arbeiterbund *m* (*anarchistische Gewerkschaft*)
coa ['koa] *f* ❶ (*Chil: argot*) Gaunersprache *f*
❷ (*Ven:* AGR: *siembra*) Aussaat *f*
coacción [koaɣ'θjon] *f* ❶ (*coerción*) Zwang *m*
❷ (JUR) Nötigung *f*; **~ de declaración** Aussageerpressung *f*; **~ del elector** Wählernötigung *f*; **~ de enjuiciamiento** Anklageerzwingung *f*; **~ sexual** sexuelle Nötigung
coaccionar [koaɣθjo'nar] *vt* (*coercer*) zwingen; (JUR) nötigen
coacreedor(a) [koakre(e)'ðor(a)] *m(f)* Mitgläubiger(in) *m(f)*
coactivo, -a [koak'tiβo, -a] *adj* Zwangs-
coacusado, -a [koaku'saðo, -a] **I.** *adj* mitangeklagt
II. *m, f* Mitangeklagte(r) *mf*
coadjutor¹ [koaðxu'tor] *m* (REL) Koadjutor *m*
coadjutor(a)² [koaðxu'tor(a)] *m(f)* (*que ayuda*) Mithelfer(in) *m(f)*

coadquirir [koaðki'rir] *irr como adquirir vt* gemeinsam [*o* gemeinschaftlich] erwerben; **entre los hermanos coadquirimos una casa rural** gemeinsam mit meinen Brüdern erwarb ich ein Bauernhaus

coadquisición [koaðkisi'θjon] *f* gemeinschaftlicher Erwerb *m*

coadyutorio, -a [koaðɟu'torjo, -a] *adj* (*formal*) Hilfs-; **medios ~s** Hilfsmittel *ntpl*

coadyuvar [koaðɟu'βar] *vt* helfen +*dat*, unterstützen

coagente [koa'xente] I. *adj* mitwirkend, unterstützend
II. *mf* Mitwirkende(r) *mf*; **la alta velocidad ha sido un ~ del accidente** die hohe Geschwindigkeit war eine der Unfallursachen

coagulable [koaɣu'laβle] *adj* gerinnungsfähig, gerinnbar

coagulación [koaɣula'θjon] *f* ❶ (*sangre, leche*) Gerinnung *f*, Gerinnen *nt*
❷ (QUÍM) Koagulation *f*, Flockung *f*

coagulante [koaɣu'lante] *m* (MED) Koagulans *nt*, Blutgerinnungsmittel *nt*

coagular [koaɣu'lar] I. *vt* (MED, QUÍM) koagulieren, gerinnen lassen
II. *vr:* **~se** (MED) koagulieren, gerinnen

coágulo [ko'aɣulo] *m* (MED) Gerinnsel *nt*

coala [ko'ala] *m* (ZOOL) Koala *m*

coalescencia [koales'θenθja] *f* ❶ (QUÍM) Koaleszenz *f*
❷ (*propiedad de unirse*) Verschmelzungsfähigkeit *f*, Verbindungsfähigkeit *f*

coalición [koali'θjon] *f* Koalition *f*; **~ notoria** (JUR) Scheinzusammenschluss *m*

coalicionista [koaliθjo'nista] *mf* (ECON, POL) Koalitionär(in) *m(f)*

coaligado, -a [koali'ɣaðo, -a] *adj* zusammengeschlossen, verbunden

coaligarse [koali'ɣarse] <g→gu> *vr* sich zusammenschließen (*con* mit +*dat*), sich verbünden (*con* mit +*dat*)

coana [ko'ana] *f* (ANAT) Choane *f*, hintere Nasenöffnung *f*

coaptación [koapta'θjon] *f* (MED) Wiedereinrichtung *f*, Reposition *f*

coarrendador(a) [koarrenda'ðor(a)] *m(f)* Mitverpächter(in) *m(f)*

coarrendatario, -a [koarrenda'tarjo, -a] *m, f* Mitpächter(in) *m(f)*

coartación [koarta'θjon] *f* ❶ (*coartar*) Beschränkung *f*, Einschränkung *f*
❷ (MED) Koarktation *f*

coartada [koar'taða] *f* Alibi *nt*

coartar [koar'tar] *vt* ❶ (*libertad, derechos*) einschränken
❷ (*persona*) einengen

coartífice [koar'tifiθe] *mf* Miturheber(in) *m(f)*

coasegurado, -a [koaseɣu'raðo, -a] *m, f* Mitversicherte(r) *mf*

coasegurador(a) [koaseɣura'ðor(a)] *m(f)* Mitversicherer, -in *m, f*

coaseguro [koase'ɣuro] *m* Mitversicherung *f*

coautor(a) [koau'tor(a)] *m(f)* ❶ (*de una acción*) Miturheber(in) *m(f)*; (*de un libro*) Mitverfasser(in) *m(f)*
❷ (JUR) Mittäter(in) *m(f)*

coautoría [koauto'ria] *f* ❶ (*de un libro, de una acción*) Miturheberschaft *f*
❷ (JUR) Mittäterschaft *f*

coba ['koβa] *f* ❶ (*pequeña mentira*) harmlose Lüge *f*; (*truco*) kleine Betrügerei *f*
❷ (*carantoñas*) Schmeichelei *f*; **darle ~ a alguien** jdm Honig um den Bart schmieren *fam*

cobalto [ko'βalto] *m* (QUÍM) Kobalt *nt*

cobarde [ko'βarðe] I. *adj* feige
II. *m* Feigling *m*

cobardear [koβarðe'ar] *vi* sich als Feigling erweisen; **parece muy valiente pero cobardea ante cualquier problema** er/sie wirkt sehr mutig, weicht aber vor jedem Problem ängstlich zurück

cobardía [koβar'ðia] *f* Feigheit *f*

cobardón, -ona [koβar'ðon, -ona] *m, f* (*fam*) Angsthase *m*, Schisser(in) *m(f)*

cobaya [ko'βaɟa] *m o f* Meerschweinchen *nt*

cobertera [koβer'tera] *f* ❶ (*de olla*) (Topf)deckel *m*
❷ (*celestina*) Kupplerin *f*

cobertizo [koβer'tiθo] *m* ❶ (*tejado*) Vordach *nt*
❷ (*cabaña*) Schuppen *m*; **~ de aviación** Hangar *m*; **~ de coche** Carport *m*

cobertor [koβer'tor] *m* Bettdecke *f*

cobertura [koβer'tura] *f* ❶ (*cobertor*) Decke *f*; (*que cubre*) Bedeckung *f*; (*que protege*) Abdeckung *f*; **~ de moneda extranjera** (FIN) Devisenpolster *nt*
❷ (COM: *acción*) Deckung *f*; **~ de cuotas** Quotenabdeckung *f*; **~ del déficit** Deckung des Defizits; **~ de gastos** Kostendeckung *f*; **~ mínima** Mindestdeckung *f*; **~ de pérdidas** Verlustabdeckung *f*; **a todo riesgo** volle Risikodeckung *f*, voller Versicherungsschutz; **~ de seguro** Versicherungsdeckung *f*

cobija [ko'βixa] *f* ❶ (*cubierta*) Bedeckung *f*
❷ (ARQUIT: *teja*) Firstziegel *m*
❸ *pl* (*Am: ropa de cama*) Bettwäsche *f*; **pegársele a alguien las ~s** verschlafen

cobijamiento [koβixa'mjento] *m v.* **cobijo**

cobijar [ko'βixar] I. *vt* ❶ (*cubrir*) bedecken, zudecken
❷ (*proteger*) (be)schützen
❸ (*acoger*) Unterschlupf bieten [*o* gewähren] +*dat*
❹ (*albergar*) beherbergen
❺ (*sentimientos*) hegen
II. *vr:* **~se** (*protegerse*) Unterschlupf finden (*bajo* unter +*dat*); (*bajo un tejado*) sich unterstellen (*bajo* unter +*dat*); (*de algún peligro*) in Deckung gehen (*de* vor +*dat*)

cobijo [ko'βixo] *m* (*protección concreta*) Deckung *f*; (*amparo*) Unterschlupf *m*

cobista [ko'βista] I. *adj* (*argot: adulador*) schmeichlerisch; (*pelotillero*) schleimig; (*servil*) kriecherisch
II. *mf* (*argot: zalamero*) Schmeichler(in) *m(f)*; (*pelotillero*) Schleimer(in) *m(f)*; (*lameculos*) Kriecher(in) *m(f)*, Arschkriecher(in) *m(f) vulg*

cobla ['koβla] *f* (*reg*) katalanische Musikkapelle, die Sardanas spielt

cobo ['koβo] *m* (*AmC, Ant*) ❶ (ZOOL) Seemuschel *f*
❷ (*persona*) Einsiedler *m*; **ser un ~** schüchtern sein

cobol ['koβol] *m sin pl* (INFOR) *abr de* **Common Business Oriented Language** COBOL *nt*

cobra ['koβra] *f* (ZOOL) Kobra *f*

cobrador[1] [koβra'ðor] *m* (*perro*) Apportierhund *m*

cobrador(a)[2] [koβra'ðor(a)] *m(f)* ❶ (COM: *que cobra*) Kassierer(in) *m(f)*; **~ de impuestos** Steuereinnehmer *m*
❷ (*de tranvía*) Schaffner(in) *m(f)*

cobranza [ko'βranθa] *f* ❶ *v.* **cobro**
❷ (*caza*) Apportieren *nt*

cobrar [ko'βrar] I. *vt* ❶ (*recibir*) erhalten; (*dinero*) einnehmen; (*suma*) kassieren; (*cheque*) einlösen; (*sueldo*) verdienen; **¿me cobra, por favor?** zahlen, bitte!; **¿cuánto cobras?** wie viel verdienst du?
❷ (*exigir*) verlangen, berechnen; (*tasas, intereses*) erheben; (*deudas*) eintreiben; **me han cobrado demasiado** sie haben mir zu viel berechnet
❸ (*conseguir*): **~ ánimos** Kraft schöpfen; **~ cariño a alguien** jdn lieb gewinnen; **~ carnes** an Gewicht zulegen; **~ fama** zu Ruhm gelangen; **este asunto cada vez cobra más importancia** dieses Thema gewinnt immer mehr an Bedeutung
❹ (*en la caza*) apportieren
❺ (*cuerda*) einholen
II. *vi* ❶ (*sueldo*) Zahltag haben; **¿cuándo cobras?** wann wird dir dein Gehalt ausgezahlt?
❷ (*fam: paliza*) bekommen, kriegen; **¡que vas a ~!** du fängst dir gleich eine!, ich ziehe dir gleich die Hosen stramm!
III. *vr:* **~se** abkassieren; (*fig*) fordern; **el accidente se cobró tres vidas** der Unfall forderte drei Menschenleben

cobre ['koβre] *m* ❶ (QUÍM) Kupfer *nt*; **~ amarillo** Messing *nt*; **batir(se) el ~** (*fam*) malochen, schuften
❷ (*olla, cacerola*) Kupfertöpfe *mpl*, Kupfergeschirr *nt*
❸ *pl* (MÚS) Blechmusik *f*
❹ (*Am: moneda*) Kupfermünze *f*; **enseñar el ~** sein wahres Gesicht zeigen

cobreño, -a [ko'βreɲo, -a] *adj* kupfern, aus Kupfer

cobrizo, -a [ko'βriθo, -a] *adj* kupferfarben

cobro ['koβro] *m* ❶ (*como fuente financiera*) Einnahme *f*
❷ (*acto de cobrar*) (Ein)kassieren *nt*, Berechnung *f*; **~ de deudas** Schuldeneintreibung *f*; **~ por vía ejecutiva** Zwangseintreibung *f*, Zwangseinziehung *f*
❸ (COM, FIN: *impuestos, tasas*) Erhebung *f*; (*pago*) Zahlung *f*; (*por el banco*) Einziehung *f*; **~ por adelantado** Vorauszahlung *f*; **~ de cheque** Scheckinkasso *nt*; **~ a la entrega** Nachnahme *f*; **~s pendientes** (*en contabilidad*) Außenstände *mpl*; **a ~ revertido** zu Lasten [*o* zulasten] des Empfängers; **llamada a ~ revertido** R-Gespräch *nt*
❹ (*lugar seguro*) sicherer Ort *m*; **poner algo en ~** etw in Sicherheit bringen; **ponerse en ~** sich in Sicherheit bringen
❺ *pl* (COM) Außenstände *mpl*
❻ (JUR): **~ de lo indebido** ungerechtfertigte Bereicherung *f*

coca ['koka] *f* ❶ (BOT) Kokastrauch *m*, Koka *f*
❷ (*droga*) Kokain *nt*
❸ (*de pelo*) Haarknoten *m*, Dutt *m*
❹ (*fruto en baya*) Beere *f*
❺ (*fam: cabeza*) Rübe *f*
❻ (*fam: golpe*) Kopfnuss *f*
❼ (*Méx*): **de ~** (*sin pagar*) umsonst, gratis

coca-cola® [koka'kola] *f* Coca-Cola® *f o nt*

cocada [ko'kaða] *f* (GASTR) Nachspeise *f* aus Kokosraspeln

cocaína [koka'ina] *f* Kokain *nt*

cocainismo [kokai'nismo] *m sin pl* (MED) Kokainismus *m*

cocainomanía [kokainoma'nia] *f sin pl* (MED) Kokainsucht *f*, Kokainomanie *f*
cocainómano, -a [kokai'nomano, -a] *m, f* Kokainabhängige(r) *mf*, Kokainsüchtige(r) *mf*
cocausación [koakusa'θjon] *f* (JUR) Mitverursachung *f*
cocción [koɣ'θjon] *f* ❶ (*acto*) Kochen *nt*
❷ (*duración*) Kochzeit *f*; (*en el horno*) Backzeit *f*
cóccix ['koɣθiɣs] *m inv* (ANAT) Steißbein *nt*
cocear [koθe'ar] *vi* ❶ (*dar coces*) ausschlagen
❷ (*repugnar*) sich sträuben (*contra* gegen +*akk*), widerspenstig sein
cocedero¹ [koθe'ðero] *m* Kochstelle *f*
cocedero, -a² [koθe'ðero, -a] *adj* leicht zu kochen
cocedizo, -a [koθe'ðiθo, -a] *adj* (*fácil de cocer*) leicht zu kochen
cocer [ko'θer] *irr* **I.** *vt* ❶ (*cocinar*) kochen; (*hervir*) sieden; (*al horno*) backen; **en todos sitios cuecen habas** (*prov*) woanders wird auch nur mit Wasser gekocht
❷ (*cerveza*) brauen; (*ropa*) kochen; (*cerámica*) brennen
II. *vi* ❶ (*hervir*) kochen; **ya cuece la sopa** die Suppe kocht schon
❷ (*fermentar*) (ver)gären
III. *vr:* **-se** ❶ (*cocinarse*) gekocht werden; **estos guisantes se cuecen a fuego lento** diese Erbsen werden bei schwacher Hitze gekocht
❷ (*tramarse*) sich zusammenbrauen; **en este país se está cociendo una rebelión** dem Land droht ein Aufstand
❸ (*sufrir*) unsäglich leiden
❹ (*fam: pasar calor*) vor Hitze eingehen
cocha ['kotʃa] *f* ❶ (MIN) Waschteich *m*
❷ (*AmS: laguna*) Lagune *f*; (*charco*) Teich *m*
cochambre [ko'tʃambre] *f* (*fam*) Dreck *m*; **caer en la ~** in der Gosse landen
cochambrería [kotʃambre'ria] *f* (*fam*) Dreckhaufen *m*; **tu habitación está tan sucia que parece una ~** dein Zimmer ist so dreckig, es sieht aus wie ein Saustall
cochambroso, -a [kotʃam'broso, -a] *adj* (*fam: sucio*) dreckig; (*asqueroso*) eklig; (*maloliente*) stinkig
cochayuyo [kotʃa'ɟuɟo] *m* (*AmS:* BOT) essbare Meeresalge
cochazo [ko'tʃaθo] *m* (*fam*) Wahnsinnsauto *nt*
coche ['kotʃe] *m* ❶ (*automóvil*) Auto *nt*, Wagen *m*; **~ blindado** gepanzerter Wagen; (*de lujo*) gepanzerte Limousine; **~ de bomberos** Feuerwehrwagen *m*; **~ de carreras** (DEP) Rennauto *nt*, Rennwagen *m*; **~ celular** Polizeitransporter *m*; **~ de correos** Postauto *nt*; (FERRO) Postwagen *m*; **~ deportivo** Sportwagen *m*; **~ fúnebre** Leichenwagen *m*; **~ de línea** Linienbus *m*; **~ utilitario** Nutzfahrzeug *nt*, Gebrauchsfahrzeug *nt*; **ir en ~ fahren**; **ir con el ~ de San Fernando: un ratito a pie y otro andando** (*irón*) zu Fuß gehen
❷ (FERRO) Wagon *m*, Wagen *m*; **~ de equipajes** Gepäckwagen *m*
❸ (*de caballos*) Kutsche *f*, Droschke *f*
❹ (*Méx: taxi*) Taxi *m*
coche-bomba ['kotʃe 'βomba] <coches-bomba> *m* Autobombe *f*
coche-cama ['kotʃe-'kama] <coches-cama> *m* (FERRO) Schlafwagen *m*
cochecito [kotʃe'θito] *m* Kinderwagen *m*
coche-litera ['kotʃe li'tera] <coches-litera> *m* (FERRO) Liegewagen *m*
coche-patrulla ['kotʃe-pa'truʎa] <coches-patrulla> *m* Streifenwagen *m*
cochera [ko'tʃera] *f* (*de coches*) Garage *f*; **~ de tranvías** (*almacén*) Straßenbahndepot *nt*; (*estación*) Straßenbahnhof *m*
coche-restaurante ['kotʃe-restau'rante] <coches-restaurante> *m* (FERRO) Speisewagen *m*
cochero [ko'tʃero] *m* Kutscher *m*
coche-vivienda ['kotʃe βi'βjenda] <coches-vivienda> *m* Wohnwagen *m*, Wohnmobil *m*
cochifrito [kotʃi'frito] *m* (GASTR) vorgekochtes, gebratenes und gewürztes Lamm- oder Zickleinfleisch
cochina [ko'tʃina] *adj o f v.* **cochino**
cochinada [kotʃi'naða] *f*, **cochinería** [kotʃine'ria] *f* (*fam*) Schweinerei *f*
cochinilla [kotʃi'niʎa] *f* ❶ (ZOOL: *insecto*) Koschenille(schildlaus) *f*
❷ (*colorante*) Koschenille *f*
❸ (ZOOL: *crustáceo*) Kellerassel *f*
cochinillo [kotʃi'niʎo] *m* Ferkel *nt*
cochino, -a [ko'tʃino, -a] **I.** *adj* ❶ (*fam: sucio, grosero*) schweinisch; **¡no seas ~!** benimm dich nicht wie ein Schwein!
❷ (*vulg: que repugna*) blöd(e) *fam*, Scheiß-; **esta cochina moto no arranca** dieses blöde Motorrad springt nicht an; **¡cochina vida!** Scheißleben!
II. *m, f* ❶ (ZOOL: *macho*) Schwein *nt*; (*hembra*) Sau *f*; **~ montés** Wildschwein *nt*; **a cada ~ le llega su San Martín** (*justicia punitiva*) früher oder später kriegt jeder sein Fett ab
❷ (*fam: persona guarra*) (Dreck)schwein *m*, (Dreck)sau *f*
cochizo [ko'tʃiθo] *m* (MIN) ergiebigster Teil eines Bergwerks

cocho ['kotʃo] *m* (*Chil*) ❶ (*bebida*) Getränk aus geröstetem Mehl mit Wasser oder Milch sowie Zucker
❷ (GASTR) mit Johannisbrotmehl vermischtes, geröstetes Maismehl
cochón, -ona [ko'tʃon, -ona] *m, f* (*argot: maricón*) Schwule(r) *m*, Schwuchtel *f pey*; (*tortillera*) Lesbe *f*
cochura [ko'tʃura] *f* ❶ (*conjunto de panes o tartas*) Schub *m* Backwaren
❷ (*cocer al horno*) Backen *nt*
❸ (*cerámica*) Brennen *nt*
cocido¹ [ko'θiðo] *m* Kichererbseneintopf *m*
cocido, -a² [ko'θiðo, -a] *adj* ❶ (*que ha hervido*) gekocht, gar
❷ (*en el horno*) gebacken
❸ (*erudito*) bewandert; (*experto*) erfahren; **estar ~ en...** bewandert sein in ... +*dat*
cociente [ko'θjente] *m* (MAT) Quotient *m*
cocimiento [koθi'mjento] *m* ❶ (MED: *desinfectar*) Abkochen *nt*
❷ (*infusión*) Abkochung *f*, Absud *m*
cocina [ko'θina] *f* ❶ (*habitación*) Küche *f*; **~ americana** Wohnküche *f*; **~ integral** Einbauküche *f*
❷ (*aparato*) Herd *m*; **~ eléctrica/de gas** Elektro-/Gasherd *m*
❸ (*arte*) Küche *f*, Kochkunst *f*; **la ~ alemana** die deutsche Küche; **~ casera** Hausmannskost *f*; **libro de ~** Kochbuch *nt*
cocinar [koθi'nar] **I.** *vt* (*guisar*) kochen; (*aderezar*) zubereiten
II. *vi* ❶ (*guisar*) kochen; **los domingos cocina mi marido** sonntags kocht mein Mann
❷ (*fam: inmiscuirse*) sich einmischen, sich in fremde Angelegenheiten mischen, die Nase in Dinge stecken, die einen nichts angehen
cocinería [koθine'ria] *f* (*Chil, Perú*) Imbissstube *f*
cocinero, -a [koθi'nero, -a] *m, f* Koch *m*, Köchin *f*
cocinilla¹ [koθi'niʎa] *m* (*fam: portátil*) Campingkocher *m*; (*de gas*) Gaskocher *m*; (*de gasolina, alcohol*) Spirituskocher *m*
cocinilla² [koθi'niʎa] *m* (*fam: hombre fisgón*) Topfgucker *m*
cocker ['koker] <cockers> **I.** *adj* (ZOOL) Cocker(spaniel)-
II. *m* (ZOOL) Cockerspaniel *m*
coco ['koko] *m* ❶ (BOT: *fruto*) Kokosnuss *f*
❷ (BOT: *árbol*) Kokospalme *f*
❸ (*fam: cabeza*) Birne *f*, Schädel *m*; (*cerebro*) Hirn *nt*; **comerse el ~** sich *dat* den Kopf zerbrechen, sich *dat* das Hirn zermartern; **comer el ~ a alguien** jdm die Ohren voll schwätzen; **él le tiene comido el ~ a ella** sie macht blindlings alles, was er sagt
❹ (*fam: ogro*) schwarzer Mann *m*, Kinderschreck *m*
❺ (ZOOL: *larva*) Kokon *m*
❻ (BIOL: *bacteria*) Kokke *f*, Kokkus *m*
❼ (*mueca*) Grimasse *f*; **hacer ~s** Grimassen [*o* Gesichter] schneiden; **hacerle ~s a alguien** (*con intención amorosa*) jdm schöne Augen machen
cocobacteria [kokoβak'terja] *f* (BIOL) Kugelbakterie *f*, Kokke *f*
cocobolo [koko'βolo] *m* ❶ (BOT) (*árbol*) Cocobolo(baum) *m*
❷ (*madera*) Cocobolo(holz) *nt*, Cocoholz *nt*
cococha [ko'kotʃa] *f* (GASTR) aus den fleischigen Anhängen am Kopf von Seehecht oder Kabeljau zubereiteter Leckerbissen
cocodrilo [koko'ðrilo] *m* (ZOOL) Krokodil *nt*; **lágrimas de ~** Krokodilstränen *fpl*
cocoliche [koko'litʃe] *m* (*Arg, Urug:* LING) Sprache der italienischen Einwanderer in der Río-de-la-Plata-Region
cocontratista [kokontra'tista] *mf* (ECON, JUR) Mitunternehmer(in) *m(f)*
cocorota [koko'rota] *f* (*fam*) Rübe *f*, Birne *f*
cocotal [koko'tal] *m* Kokospalmenpflanzung *f*
cocotero [koko'tero] *m* Kokospalme *f*
coctel [kok'tel] *m*, **cóctel** ['koktel] <cócteles> *m* Cocktail *m*; **~ molotow** Molotowcocktail *m*
coctelera [kokte'lera] *f* Cocktailbecher *m*
coctelería [koktele'ria] *f* Cocktailbar *f*
cocuma [ko'kuma] *f* (*Perú:* GASTR) gerösteter Maiskolben *m*
cocuy [ko'kuɟ] *m* (*Am*) ❶ (BOT) Agave *f*
❷ (*bebida alcohólica*) Agavenschnaps *m*
❸ (ZOOL) Cucujo *m*, Feuerfliege *f*
cocuyo [ko'kuɟo] *m* (*Am*) ❶ (ZOOL) Glühwürmchen *nt*, Leuchtkäfer *m*
❷ (AUTO) Rücklicht *nt*
coda ['koða] *f* ❶ (MÚS) Koda *f*, Coda *f*
❷ (ARQUIT) (Holz)keil *m*
codal [ko'ðal] **I.** *adj* Ell(en)bogen-
II. *m* ❶ (AGR) Weinstockableger *m*, Weinstockabsenker *m*
❷ (ARQUIT: *tapial*) Spreizstange *f*
❸ (ARQUIT: *madero entre dos paredes*) Spreizbalken *m*, Versteifung *f*
❹ (MIN) Stützbogen *m*
❺ (*vela*) kurze, dicke Kerze *f*
codazo [ko'ðaθo] *m* Ellbogenstoß *m*
codear [koðe'ar] **I.** *vi* mit den Ellbogen stoßen

II. *vr:* **~se** verkehren (*con* mit +*dat*)
codecisión [koðeθi'sjon] *f* (*t.* UE) Mitentscheidung *f*
codeína [koðe'ina] *f* (QUÍM) Kodein *nt*
codelincuente [koðeliŋ'kwente] *mf* (JUR) Mittäter(in) *m(f)*, Mitschuldige(r) *mf*
codemandado, -a [koðeman'daðo, -a] *m, f* (JUR) Mitbeklagte(r) *mf*
codeo [ko'ðeo] *m* Ellbogenstoß *m*
codera [ko'ðera] *f* ❶ (MED) Ellbogenkrätze *f*
❷ (*en la ropa*) ausgebeulter Ellbogen *m*
❸ (*refuerzo*) Ellbogenflicken *m*
codeudor(a) [koðeu̯'ðor(a)] *m(f)* (FIN) Mitschuldner(in) *m(f)*
codezmero [koðeθ'mero] *m* (HIST) Mitempfänger *m* des Zehnten
códice [koðiθe] *m* Handschrift *f*, Kodex *m*
codicia [ko'ðiθja] *f* ❶ (*de algo material*) Habsucht *f*, Habgier *f*; **la ~ rompe el saco** (*prov*) ≈Habgier bringt den Sack zum Reißen
❷ (*de algo inmaterial*) Begierde *f*, Gier *f* (*de* nach +*dat*); **la ~ de saber** der Wissensdrang
codiciable [koði'θjaβle] *adj* begehrenswert
codiciado, -a [koði'θjaðo, -a] *adj* begehrt, sehr gefragt
codiciar [koði'θjar] *vt* begehren
codicilar [koðiθi'lar] *adj* (JUR) das Kodizill betreffend
codicilo [koði'θilo] *m* (JUR) Testamentsdokument *nt*, Kodizill *nt*
codicioso, -a [koði'θjoso, -a] *adj* habgierig, habsüchtig; **estar ~ de algo** gierig sein nach etw *dat*
codificación [koðifika'θjon] *f* ❶ (JUR) Kodifizierung *f*, Kodifikation *f*; **~ jurídico-privada** Privatrechtskodifikation *f*
❷ (*con señales*) Kodierung *f*; (*t.* INFOR) Verschlüsselung *f*; **~ de caracteres** (INFOR) Zeichenkodierung *f*; **~ (de la) fuente** (INFOR) Quellkodierung *f*; **~ real** (INFOR) Kodierung in Maschinensprache; **~ relativa** (INFOR) relative Kodierung
codificador¹ [koðifika'ðor] *m* (INFOR) Kodierer *m*; **~-decodificador** Coder-Decoder *m*; **~ (en) numérico** Digitalisierer *m*; **~ de teclado** Tastaturkodierer *m*
codificador(a)² [koðifika'ðor(a)] *adj* ❶ (JUR) Kodifizierungs-
❷ (*con señales*) Kodierungs-; (*t.* INFOR) Verschlüsselungs-
codificar [koðifi'kar] <c→qu> *vt* ❶ (JUR) kodifizieren
❷ (*con señales*) kodieren; (*t.* INFOR) verschlüsseln
código ['koðiγo] *m* ❶ (JUR) Kodex *m*, Gesetzbuch *nt*; **~ acusatorio** Anklagegrundsatz *m*; **~ de aduanas** Zollkodex *m*; **~ antisubvenciones** Antisubventionskodex *m*; **~ de cárteles** Kartellkodex *m*; **~ de conducta** Verhaltenskodex *m*; **~ de circulación** Straßenverkehrsordnung *f*; **C~ Civil** Bürgerliches Gesetzbuch; **C~ de Comercio** Handelsgesetzbuch *nt*; **~ deontológico** Ehrenkodex *m*; **~ judicial** Richtergesetz *nt*; **C~ Laboral** Arbeitsgesetzbuch *nt*; **C~ Penal** Strafgesetzbuch *nt*; **C~ Social** Sozialgesetzbuch *nt*
❷ (*de señales*) Kode *m*, Verschlüsselung *f*; **~ de barras** Balkenkode *m*; **~ de error** Fehlerkode *m*; **~ de seguridad** Sicherheitskode *m*; **mensaje en ~** verschlüsselte [*o* kodierte] Botschaft
❸ (*t.* ECON, FIN) Zahl *f*, Ziffer *f*; **~ bancario** Bankleitzahl *f*; **~ cuenta cliente** Kundenkennziffer *f*; **~ postal** Postleitzahl *f*
❹ (INFOR) Kode *m*; **~ de acceso** Zugriffskode *m*; **~ de barras** Balkenkode *m*; **~ binario** Binärkode *m*; **~ de caracteres** Zeichenkode *m*; **~ de sólo escritura** Nur-Schreib-Kode *m*; **~ fuente** Quellkodierung *f*; **~ universal de producto** UPC-Kode *m*
codillo [ko'ðiʎo] *m* ❶ (ZOOL) Ellbogen *m*
❷ (*de un árbol*) (Ast)stumpf *m*
❸ (TÉC: *doblez*) Bugstück *nt*, Knie *nt*
❹ (*Méx: de cerdo*) Spitzbein *nt*
❺ (GASTR) Eisbein *nt*
codirector(a) [koðirek'tor(a)] *m(f)* Mitleiter(in) *m(f)*
codirigir [koðiri'xir] *vt* mitleiten, gemeinsam leiten
codo ['koðo] *m* ❶ (ANAT) Ell(en)bogen *m*; **~ de tenis** Tennisarm *m*; **dar a alguien con el ~** (*fig*) jdn mit dem Ellbogen anstoßen; **cavar** [*o* **apretar**] **los ~s en algún trabajo** (*fam*) sich in eine Arbeit hineinknien; **alzar** [*o* **empinar**] **el ~** (*fam*) einen heben, einen trinken; **llevarse a alguien ~ en** [*o* **con**] **~** (*fig*) jdn abführen, jdn verhaften; **trabajar ~ a** [*o* **con**] **~** Seite an Seite arbeiten, Schulter an Schulter arbeiten; **comerse** [*o* **roerse**] **los ~s de hambre** (*fam*) vor Hunger vergehen, am Hungertuch nagen; **desgastarse** [*o* **romperse**] **los ~s (estudiando)** (*fam*) (wie wild) büffeln [*o* pauken]; **hablar por los ~s** (*fam*) reden wie ein Wasserfall; **hasta los ~s** bis zum Hals; **mentir por los ~s** (*fam*) lügen wie gedruckt
❷ (TÉC: *doblez*) Knie *nt*, Bugstück *nt*
❸ (*de camino*) (Weg)biegung *f*, (Weg)krümmung *f*
❹ (*medida antigua*) Elle *f*
codorniz [koðor'niθ] *f* (ZOOL) Wachtel *f*
COE ['koe] *m abr de* **Comité Olímpico Español** Spanisches Olympia-Komitee *nt*
coedición [koeði'θjon] *f* Mitherausgabe *f*
coeditar [koeði'tar] *vt* mitherausgeben

coeducación [koeðuka'θjon] *f* Unterricht *m* in gemischten Klassen, Koedukation *f*
coeducacional [koeðukaθjo'nal] *adj* Koedukations-, koedukativ
coeficiencia [koefi'θjenθja] *f* Zusammenwirken *nt*
coeficiente [koefi'θjente] *m* ❶ (MAT) Koeffizient *m*
❷ (ECON, FIN) Quote *f*, Koeffizient *m*; **~ de caja** [*o* **de liquidez**] Liquiditätsquote *f*; **~ de capital** Kapitalkoeffizient *m*; **~ de reducción del rendimiento** Terminkostenfaktor *m*
coenzima [koen'θima] *m* (BIOL) Koenzym *nt*
coepíscopo [koe'piskopo] *m* (REL: *elev*) Mitbischof *m*
coercer [koer'θer] <c→z> *vt* ❶ (*obligar*) zwingen (*a* zu +*dat*); (JUR) nötigen (*a* zu +*dat*)
❷ (*cohibir*) abhalten (*de* von +*dat*), hindern (*de* an +*dat*)
❸ (*coartar*) einschränken
coercibilidad [koerθiβili'ðað] *f sin pl* (JUR: *acción*) Erzwingbarkeit *f*, Durchsetzbarkeit *f*; (*resultado*) Erzwingung *f*
coercible [koer'θiβle] *adj* durchsetzbar, erzwingbar
coerción [koer'θjon] *f* Zwang *m*; (JUR) Nötigung *f*
coercitividad [koerθitiβi'ðað] *f sin pl* (FÍS) Koerzitivkraft *f*, Koerzitivfeldstärke *f*
coercitivo, -a [koerθi'tiβo, -a] *adj* Zwangs-
coesposa [koes'posa] *f* (SOCIOL) Mitfrau *f*
coetáneo, -a [koe'taneo, -a] I. *adj* ❶ (*de la misma edad*) gleichaltrig
❷ (*contemporáneo*) zeitgenössisch
II. *m, f* ❶ (*de la misma edad*) Gleichaltrige(r) *mf*
❷ (*contemporáneo*) Zeitgenosse, -in *m, f*
coexistencia [koeʊ̯sis'tenθja] *f* Koexistenz *f*, Nebeneinanderbestehen *nt*; **~ de culpas** (JUR) Mitverschulden *nt*
coexistente [koeʊ̯sis'tente] *adj* koexistent, gleichzeitig vorhanden
coexistir [koeʊ̯sis'tir] *vi* koexistieren, nebeneinander existieren
coextenderse [koeksten'derse] <e→ie> *vr* sich gleichzeitig ausbreiten [*o* verteilen] (*por* über +*akk*)
cofia ['kofja] *f* (*gorra, prenda*) Haube *f*
cofiador(a) [kofjaðor(a)] *m(f)* (ECON, JUR) Mitbürge, -in *m, f*
cofinanciación [kofinanθja'θjon] *f* (FIN) Mitfinanzierung *f*
cofrade [ko'fraðe] *m* Angehörige(r) *m* einer Laienbruderschaft
cofradía [kofra'ðia] *f* ❶ (*hermandad*) Laienbruderschaft *f*
❷ (*gremio*) Zunft *f*
❸ (*asociación*) Verein *m*; **~ de ladrones** Verbrecherbande *f*
cofre ['kofre] *m* ❶ (*caja*) Truhe *f*; (*maleta*) Koffer *m*
❷ (*de joyas*) Schmuckkästchen *nt*
❸ (*Méx:* AUTO) Kofferraum *m*
cofrecillo [kofre'θiʎo] *m* Schatulle *f*, Kästchen *nt*
cofundador(a) [kofunda'ðor(a)] *m(f)* Mitbegründer(in) *m(f)*
coganador(a) [koɣana'ðor(a)] *m(f)* Mitgewinner(in) *m(f)*
cogedera [koxe'ðera] *f* ❶ (*para abejas*) Bienenkorb *m*
❷ (*palo largo*) Obstpflücker *m*
cogedero¹ [koxe'ðero] *m* (*mango*) Stiel *m*
cogedero, -a² [koxe'ðero, -a] *adj* (*fruto*) (pflück)reif
cogedor [koxe'ðor] *m* ❶ (*para basura*) (Kehricht)schaufel *f*
❷ (*recaudador*) Geldeintreiber *m*
coger [ko'xer] <g→j> I. *vt* ❶ (*agarrar*) fest halten (*de/por* an +*dat*), fassen (*de/por* an +*dat*); (*objeto caído*) aufheben; **le cogió del brazo** er/sie hielt ihn am Arm fest; **le cogió en brazos** er/sie nahm ihn hoch [*o* auf den Arm]; **me cogió por la cintura** er/sie fasste mich um die Taille; **no saber por dónde ~ a alguien** (*fig*) nicht wissen, wie man jdn anpacken soll; **~ una ocasión por los pelos** eine Gelegenheit beim Schopfe packen; **~ la palabra** das Wort ergreifen; **~ la puerta** [*o* **las de Villadiego**] (*fam*) abdampfen, sich empfehlen, verschwinden
❷ (*tocar*) in die Hände nehmen, anrühren; **no ha cogido un libro en todas las vacaciones** er/sie hat während der ganzen Ferien nicht ein Buch angerührt
❸ (*quitar*) wegnehmen; **¿quién me ha cogido mis revistas?** wer hat mir meine Zeitschriften weggenommen?
❹ (*en la aduana: descubrir*) finden, entdecken; **al pasar la frontera le cogieron la pistola** beim Grenzübertritt fanden sie die Pistole bei ihm/ihr
❺ (*atrapar*) (auf)fangen; (*animales*) (ein)fangen; (*personas*) fangen, fassen; (*apresar*) festnehmen, verhaften; (*pescar*) erwischen *fam*, schnappen *fam*; **¡por fin te he cogido!** endlich habe ich dich!; **aún no sabe ~ la pelota** er/sie kann den Ball noch nicht (auf)fangen; **cogieron a los ladrones** sie haben die Diebe gefasst; **le cogieron por robar** sie nahmen ihn wegen Diebstahl fest; **~ a alguien con las manos en la masa** [*o* **in fraganti**] jdn auf frischer Tat ertappen; **no se cogen truchas a bragas enjutas** (*prov*) ohne Fleiß, kein Preis
❻ (*frutos, flores*) pflücken; (*cosecha*) ernten
❼ (TAUR: *pillar*) auf die Hörner nehmen, erwischen *fam*
❽ (AUTO: *atropellar*) überfahren, anfahren
❾ (*trabajo*) annehmen

⑩ (*emoción, vicio*) bekommen; **~ un berrinche** einen Wutanfall bekommen; **~ un enfado** sauer werden; **~le cariño a alguien** jdn lieb gewinnen; **~le miedo a algo/alguien** vor etw *dat*/jdm Angst bekommen; **~ el hábito de fumar** mit dem Rauchen anfangen
⑪ (*una noticia*) aufnehmen; **cogió la nueva con mucha calma** er/sie nahm die Neuigkeit mit Fassung auf
⑫ (*sorprender*) antreffen, vorfinden; **le cogió desnudo** er/sie traf ihn nackt an [*o* fand ihn nackt vor]; **~ a alguien de buen humor** jdn bei guter Laune antreffen; **su muerte nos cogió de nuevas** sein/ihr Tod traf uns völlig unvorbereitet
⑬ (*adquirir*) nehmen; (*obtener*) besorgen; **~ hora para el médico** sich *dat* einen Termin beim Arzt geben lassen; **¿vas a ~ el piso?** wirst du die Wohnung nehmen?, hast du dich für die Wohnung entschieden?; **cogió dos entradas para el cine** er/sie holte zwei Kinokarten
⑭ (*retener*) annehmen; **la alfombra coge mucho polvo** der Teppich zieht den Staub an; **ha cogido acento andaluz** er/sie hat den andalusischen Akzent angenommen; **has cogido un bronceado precioso** du bist schön braun geworden
⑮ (*contraer*) sich *dat* zuziehen, sich *dat* holen *fam*, bekommen; **ha cogido una gripe** er/sie hat sich eine Grippe eingefangen; **~ frío** sich erkälten; **~ el sueño** einschlafen; **~ una mona** [*o* **cogorza**] [*o* **borrachera**] (*fam*) sich *dat* einen antrinken
⑯ (*captar el sentido*) verstehen, mitkriegen *fam*; **no cogió la indirecta** er/sie hat die Anspielung nicht verstanden; **~las al vuelo** es sofort kapieren *fam*; **~ el truco** den Kniff [*o* Dreh] herausbekommen
⑰ (RADIO) empfangen
⑱ (*apuntes*) notieren
⑲ (*elegir*) aussuchen, (aus)wählen; **has cogido el peor momento para decírselo** du hast den ungünstigsten Zeitpunkt gewählt, um es ihm/ihr zu sagen
⑳ (*tomar*) nehmen; **~ el tren/autobús** den Zug/Bus nehmen; **~ a alguien bajo su manto** jdn in Schutz nehmen; **~ a alguien la palabra** jdn beim Wort nehmen
㉑ (*ocupar*) einnehmen; **la mesa cogió todo el sitio** der Tisch nahm den ganzen Platz ein; **el armario coge mucho sitio** der Schrank nimmt viel Platz weg
㉒ (*Am: vulg: copular*) ficken
II. *vi* ❶ (*arraigar*) wurzeln, Wurzeln schlagen; **esta planta no cogió bien** diese Pflanze ist nicht richtig angewachsen
❷ (*tener sitio*) Platz haben, hineingehen; **el Mercedes no coge en el garage** der Mercedes passt nicht in die Garage
❸ (*decidirse*) **cogió y se metió en el bar** ohne lange zu zögern verschwand er/sie in der Kneipe; **entonces cogí y le di una bofetada** und dann habe ich ihm/ihr einfach eine runtergehauen
❹ (*Am: vulg: copular*) ficken (*con +akk*)
III. *vr* (*pillarse*): **~se algo** sich *dat* etw einklemmen
cogestión [koxes'tjon] *f* Mitbestimmung *f*
cogida [ko'xiða] *f* ❶ (TAUR: *accidente*) Stierkampfunfall *m* (*, bei dem der Stierkämpfer vom Stier auf die Hörner genommen wird*)
❷ (*de frutas*) Ernte *f*
cogido¹ [ko'xiðo] *m* (*en vestidos, cortinas*) Falte *f*
cogido, -a² [ko'xiðo, -a] *adj* befestigt; **el poster está ~ con chinchetas** das Poster ist mit Reißzwecken befestigt; **ir ~s de la mano** Hand in Hand gehen; **está muy ~ por sus hijos** seine Kinder nehmen ihn sehr in Beschlag
cogitabundo, -a [koxita'βuŋdo, -a] *adj* nachdenklich
cognado, -a [koɣ'naðo, -a] *m, f* (Bluts)verwandte(r) *mf*; (JUR) Kognat *m*; (*por línea femenina*) (Bluts)verwandte(r) *mf* mütterlicherseits
cognaticio, -a [koɣna'tiθjo, -a] *adj* (bluts)verwandt; (*por línea femenina*) mütterlicherseits blutsverwandt
cognición [koɣni'θjon] *f* (*t.* PSICO: *percepción*) Wahrnehmung *f*; (FILOS) Erkenntnis *f*
cognitivo, -a [koɣni'tiβo, -a] *adj* (PSICO) kognitiv
cognoscitivo, -a [koɣnosθi'tiβo, -a] *adj* Erkenntnis-
cogollo [ko'ɣoʎo] *m* ❶ (*de col, lechuga*) Herz *nt*; (*de árbol*) Baumkrone *f*
❷ (*brote*) Knospe *f*
❸ (*algo selecto*) Elite *f*; **el ~ de la sociedad** die Crème de la Crème der Gesellschaft
❹ (*núcleo*) Innere(s) *nt*, Zentrum *nt*
❺ (*AmC, Ant: sombrero*) Strohhut *m*
cogorza [ko'ɣorθa] *f* (*argot*) Suff *m*
cogotazo [koɣo'taθo] *m* (*fam: golpe en la nuca*) Schlag *m* auf den Hinterkopf
cogote [ko'ɣote] *m* ❶ (*de la cabeza*) Hinterkopf *m*
❷ (*nuca*) Nacken *m*; **coger a alguien por el ~** jdn beim Kragen packen; **tieso de ~** hochmütig, eingebildet; **estar hasta el ~** (*fam*) die Nase voll haben
cogotudo¹ [koɣo'tuðo] *m* (*Am*) Emporkömmling *m*, Parvenü *m elev*

cogotudo, -a² [koɣo'tuðo, -a] *adj* ❶ (*de nuca gruesa*) stiernackig *pey*
❷ (*fam: engreído*) hochmütig, eingebildet
❸ (*AmC, Ant:* POL) mächtig, einflussreich
❹ (*Am: advenedizo*) neureich
coguionista [koɣjo'nista] *mf* Mitwirkende(r) *mf* am Drehbuch, Mitautor(in) *m(f)* eines Drehbuches
cogulla [ko'ɣuʎa] *f* (REL) ❶ (*capa*) Mönchskutte *f*
❷ (*capucha*) Mönchskapuze *f*
cohabitación [koaβita'θjon] *f* ❶ (*convivencia*) Zusammenleben *nt*; (JUR: *en el matrimonio*) eheliches Zusammenleben *nt*
❷ (*acto sexual*) Beischlaf *m*, Kohabitation *f formal*; (JUR) Beiwohnung *f*
cohabitar [koaβi'tar] *vi* ❶ (*convivir*) zusammenleben; (JUR: *en el matrimonio*) ehelich zusammenleben
❷ (*pey: amancebarse*) in wilder Ehe leben
cohechar [koe'tʃar] *vt* ❶ (AGR: *remover*) (die Erde vor dem Säen) umgraben
❷ (*sobornar*) bestechen, kaufen
cohecho [ko'etʃo] *m* Bestechung *f*, Korruption *f*
coheredar [koere'ðar] *vt* (JUR) miterben
coheredero, -a [koere'ðero, -a] *m, f* Miterbe, -in *m, f*
coherencia [koe'renθja] *f* Zusammenhang *m*, Kohärenz *f elev*
coherente [koe'rente] *adj* (in sich) logisch, zusammenhängend, kohärent *elev*
coherentemente [koerente'mente] *adv* konsequenterweise, folglich
cohesión [koe'sjon] *f* ❶ (*unión*) Zusammenhalt *m*
❷ (FÍS) Kohäsion *f*
cohesionador(a) [koesjona'ðor(a)] *adj* verbindend
cohesionar [koesjo'nar] *vt* zusammenhalten
cohesor [koe'sor] *m* (ELEC) Kohärer *m*, Fritter *m*
cohete [ko'ete] *m* ❶ (*explosivo*) Feuerwerkskörper *m*
❷ (*misil*) Rakete *f*; **salir como un ~** (*fig*) abgehen wie eine Rakete
cohetería [koete'ria] *f* Raketentechnologie *f*
cohetero, -a [koe'tero, -a] *m, f* Feuerwerker(in) *m(f)*, Pyrotechniker(in) *m(f)*
cohibición [koiβi'θjon] *f* ❶ (*intimidación*) Einschüchterung *f*
❷ (*prohibición*) Einschränkung *f*
cohibido, -a [koi'βiðo, -a] *adj* (*intimidado*) eingeschüchtert; (*tímido, incómodo*) verschüchtert; (*inhibido*) gehemmt; **sentirse ~** sich befangen fühlen
cohibir [koi'βir] *irr como prohibir* I. *vt* (*intimidar*) einschüchtern; (*incomodar*) hemmen; (*refrenar*) befangen machen
II. *vr*: **~se** den Mut verlieren
cohombro [ko'ombro] *m* ❶ (BOT: *pepino*) Gurkenart *f*
❷ (*churro*) ≈Spritzgebäck *nt*
cohonestar [ko(o)nes'tar] *vt* ❶ (*encubrir, justificar*) herunterspielen, beschönigen
❷ (*cosas incompatibles*) (miteinander) in Einklang bringen
cohorte [ko'orte] *f* ❶ (*en el ejército romano*) Kohorte *f*
❷ (*muchedumbre*) (große) Menschenmenge *f*
COI [koi] *f abr de* **Comité Olímpico Internacional** IOK *nt*
coima ['kojma] *f* ❶ (HIST) Konkubine *f*
❷ (*pey: amante*) Geliebte *f*
❸ (*puta*) Hure *f*
❹ (*And, CSur: soborno*) Bestechung *f*; (*dinero*) Schmiergeld *nt*
coimear [kojme'ar] *vt* (*AmS: sobornar*) bestechen
coincidencia [koinθi'ðenθja] *f* ❶ (*simultaneidad*) Überschneidung *f*, Zusammenfallen *nt*, Koinzidenz *f elev*; **¡qué ~!** was für ein Zufall!
❷ (*acuerdo*) Absprache *f*; **en ~ con** nach Absprache mit +*dat*
❸ (*concordancia*) Übereinstimmung *f*
❹ (*encuentro*) Zusammentreffen *nt*
coincidente [koinθi'ðente] *adj* ❶ (*simultáneo*) zusammenfallend, koinzident *elev*
❷ (*concordante*) übereinstimmend
❸ (*en el mismo lugar*) zusammentreffend
coincidir [koinθi'ðir] *vi* ❶ (*sucesos*) zusammenfallen, koinzidieren *elev*
❷ (*toparse*) zusammentreffen; **~ con alguien** jdn zufällig treffen
❸ (*concordar*) sich decken, übereinstimmen; **~ con alguien** mit jdm einer Meinung sein; **todos coinciden en que hay que hacer algo** alle stimmen darin überein [*o* sind der Meinung], dass etwas getan werden muss
coinculpado, -a [koinkul'paðo, -a] *m, f* (JUR) Mitbeschuldigte(r) *mf*
coinvención [koimben'θjon] *f* (*t.* JUR) Miterfindung *f*
coinventor(a) [koimben'tor(a)] *m(f)* Miterfinder(in) *m(f)*
coipo ['kojpo] *m* (Arg, Chil: ZOOL) Nutria *f*, Sumpfbiber *m*
coito ['koito] *m* Koitus *m*, Beischlaf *m*
coja ['koxa] *adj o f v.* **cojo**
cojear [koxe'ar] *vi* ❶ (*persona*) humpeln, hinken; (*animal*) lahmen; **cojean del mismo pie** (*fig*) sie haben den gleichen Fehler; **sabemos de qué pie cojea** (*fig*) wir kennen seine/ihre Schwachstellen [*o* Schwach-

punkte]
❷ (*mueble*) wackeln
cojera [ko'xera] *f* Humpeln *nt*, Hinken *nt*
cojín [ko'xin] *m* **❶** (*almohada*) Kissen *nt*
❷ *pl* (*vulg: testículos*) Eier *ntpl fam*
cojinete [koxi'nete] *m* (TÉC) Lager *nt*; ~ **de bolas** Kugellager *nt*; ~ **de rodillos** Rollenlager *nt*
cojitranco, -a [koxi'traŋko, -a] **I.** *adj* (*pey*) umherhumpelnd
II. *m, f* (*pey*) auffällig hinkende Person *f*
cojo, -a ['koxo, -a] **I.** *adj* **❶** (*persona*) hinkend, humpelnd; (*animal*) lahm; **a la pata coja** auf einem Bein
❷ (*mueble*) wack(e)lig
❸ (*verso, razonamiento*) hinkend
II. *m, f* Hinkende(r) *mf*, Hinkebein *nt fam*
cojón [ko'xon] *m* (*vulg*) **❶** *pl* (*testículos*) Eier *ntpl fam*
❷ *pl* (*interjecciones*): **¡cojones!** Mist! *fam*; **es una música de cojones** das ist eine geile Musik *fam*; **hace un calor de cojones** es herrscht eine Bullenhitze [*o* Affenhitze] *fam*; **¡y, por cojones, esto es así!** und, verdammt noch mal, das ist eben so! *fam*; **¿qué cojones haces tú aquí?** was zum Teufel machst du hier? *fam*; **el coche de los cojones** das Scheißauto; **estar hasta los cojones de algo** etw bis oben hin satt haben *fam*, von etw *dat* die Nase [*o* Schnauze] (gestrichen) voll haben *fam*; **y le invito porque me sale de los cojones** und ich lade ihn trotzdem ein, weil mir das so passt *fam*; **hace lo que le sale por los cojones** er macht, worauf er Bock hat *fam*; **¡no estés tocándote los cojones y ayúdame!** steh nicht so blöd [*o* faul] herum und hilf mir gefälligst! *fam*; **¡anda ya! ¡tócame los cojones!** ach komm, leck mich doch am Arsch!; **esto me importa tres cojones** das geht mir am Arsch vorbei, das ist mir scheißegal
❸ *pl* (*coraje*): **tener cojones** Mumm haben *fam*; **echarle cojones a algo** bei etw nicht klein beigeben; **¡échale cojones!** da bleibt dir ja die Spucke weg!; **ponérsele a alguien los cojones de corbata** sich *dat* vor Angst in die Hosen machen *fam*; **dejar los cojones en casa** ein Weichei sein *fam*
cojonudo, -a [koxo'nuðo, -a] *adj* (*argot*) Super-, Wahnsinns-; **un tío** ~ (*estupendo*) ein Mordskerl; (*atractivo*) ein geiler Typ
cojudo, -a [ko'xuðo, -a] *adj* **❶** (AGR: *con cojones*) nicht kastriert, unverschnitten
❷ (*Am: tonto*) dumm; **hacerse el** ~ sich dumm stellen
col [kol] *f* (BOT) Kohl *m*; ~ **es de Bruselas** Rosenkohl *m*; **entre** ~ **y** ~, **lechuga** ein bisschen Abwechslung muss sein
cola ['kola] *f* **❶** (ANAT: *rabo*) Schwanz *m*; (*de caballo*) Schweif *m*; (*de conejo*) Blume *f*; ~ **de caballo** (*peinado*) Pferdeschwanz *m*
❷ (*de vestido*) Schleppe *f*; **llevar la** ~ die Schleppe tragen
❸ (*al esperar*) Schlange *f*; ~ **de espera** Warteschlange *f*; ~ **de impresión** (INFOR) Druckerwarteschlange *f*; **hacer** ~ Schlange stehen; **ponerse a la** ~ sich (hinten) anstellen; **ir a la** ~ das Schlusslicht sein
❹ (*de un cometa*) Schweif *m*
❺ (*pegamento*) Leim *m*, Kleber *m*; **eso no pega ni con** ~ (*fam*) das passt ja absolut nicht zusammen, das passt wie die Faust aufs Auge
❻ (*consecuencias*) Folgen *fpl*; **traer** [*o* **tener**] ~ (*fam*) einen Rattenschwanz an Folgen nach sich ziehen
❼ (*vulg: pene*) Schwanz *m fam*
❽ (*Am: argot*): **pedir** ~ trampen
❾ (*bebida*) (koffeinhaltige) Limonade *f*; ~ **de naranja** Orangeade *f*; **nuez de** ~ Kolanuss *f*
colaboración [kolaβora'θjon] *f* Zusammenarbeit *f*, Mitwirkung *f*; **en** ~ **con** in Zusammenarbeit mit +*dat*, unter Mitwirkung +*gen*
colaboracionismo [kolaβoraθjo'nismo] *m* (POL) Kollaboration *f*
colaboracionista [kolaβoraθjo'nista] **I.** *adj* (POL) kollaborierend
II. *mf* (POL) Kollaborateur(in) *m(f)*
colaborador(a) [kolaβora'ðor(a)] **I.** *adj* **❶** (*cooperativo*) zusammenarbeitend, mitwirkend
❷ (POL) kollaborierend
II. *m(f)* Mitarbeiter(in) *m(f)*
colaborar [kolaβo'rar] *vi* **❶** (*cooperar*) zusammenarbeiten (*con* mit +*dat*), mitwirken (*en* an +*dat*)
❷ (POL) kollaborieren (*con* mit +*dat*)
colación [kola'θjon] *f* **❶** (JUR: *mención*) urkundliche Erwähnung *f*; (*de bienes*) Vergleich *m*; (*en la herencia*) Kollation *f*
❷ (*pey: mencionar*): **sacar a** ~ (*mencionar*) zur Sprache bringen; **siempre saca a** ~ **sus títulos** bei jeder Gelegenheit bringt er/sie seine/ihre Titel an, ständig reibt er/sie einem seine/ihre Titel unter die Nase *fam*
❸ (*comida*) leichte (Zwischen)mahlzeit *f*, Snack *m*
colacionar [kolaθjo'nar] *vt* **❶** (*cotejar*) gegenüberstellen, vergleichen
❷ (REL) verleihen
❸ (JUR) ausgleichen
colada [ko'laða] *f* **❶** (*de ropa*) Wäsche *f*; **tender la** ~ die Wäsche aufhängen

❷ (*blanquear con lejía*) (Weiß)waschen *nt*
❸ (QUÍM) Bleiche *f*, Lauge *f*
❹ (*montaña*) Engpass *m*
❺ (MIN) Abstich *m*, Abstechen *nt*
❻ (*loc*): **sacar a** ~ **algo** etw zur Sprache bringen, etw erwähnen; **sale todo en la** ~ (*fig*) die Sonne bringt es an den Tag
coladera [kola'ðera] *f* **❶** (*pasador*) Sieb *m*, Seiher *m*
❷ (*Méx: alcantarilla*) Abwasserkanal *m*
coladero [kola'ðero] *m* **❶** (*pasador*) Sieb *nt*, Seiher *m*
❷ (*camino*) schmaler Weg *m*
❸ (ENS: *argot*) Prüfer oder Institution, bei dem oder der man die Prüfung mit Leichtigkeit besteht
colado, -a [ko'laðo, -a] *adj* **❶** (*corriente*): **aire** ~ Zugluft *f*
❷ (*fam: enamorado*) verschossen (*por* in +*akk*), vernarrt (*por* in +*akk*), verknallt (*por* in +*akk*)
colador [kola'ðor] *m* (*para té*) Sieb *nt*; (*para espaguetis*) Seiher *m*
coladura [kola'ðura] *f* **❶** (*acto*) Sieben *nt*, Seihen *nt*
❷ *pl* (*resultado*) Seihe *f*
❸ (*de metal*) Abstich *m*
❹ (*loc*): **¡vaya** ~**!** (*equivocación*) so ein Reinfall!; (*indiscreción*) so ein Fauxpas!
colágeno [ko'laxeno] *m* (QUÍM) Kollagen *nt*
colapiscis [kola'pisθis] *f inv* (*gelatina*) Hausenblase *f*
colapsar [kolap'sar] **I.** *vt* (*tráfico, abastecimiento*) zum Erliegen bringen, lahm legen
II. *vi, vr:* ~**se ❶** (*tráfico*) zum Erliegen kommen
❷ (MED) kollabieren
❸ (*golpe de Estado*) scheitern
colapso [ko'lapso] *m* **❶** (MED) Kollaps *m*, Zusammenbruch *m*; ~ **cardíaco** Herzversagen *nt*
❷ (*destrucción, ruina*) Zusammenbruch *m*; (*paralización*) Stillstand *m*
colapsoterapia [kolapsote'rapja] *f* (MED) Kollapstherapie *f*
colar [ko'lar] <o→ue> **I.** *vt* **❶** (*filtrar*) filtern, seihen
❷ (*metal*) abstechen
❸ (*ropa: blanquear*) bleichen; (*en remojo*) einweichen
❹ (*fam: en la aduana*) (durch)schmuggeln; ~ **algo por un sitio** etw irgendwo hineinschmuggeln
❺ (*fam: engaño*) weismachen wollen (*a* +*dat*); **¡a mí no me la cuelas!** den Bären lasse ich mir von dir nicht aufbinden!, das kannst du deiner Großmutter erzählen!
II. *vi* **❶** (*penetrar*) durchsickern; **el vino coló por todo el mantel** der Wein sickerte durch die ganze Tischdecke
❷ (*aire*) streichen (*por* durch +*akk*)
❸ (*fam: información*) glaubwürdig sein; **esa noticia es demasiado exagerada para** ~ diese Nachricht ist zu übertrieben, als dass sie für bare Münze genommen werden könnte
❹ (*fam: beber*) saufen
III. *vr:* ~**se ❶** (*fam: entrar*) sich durchschleichen, sich hineinschleichen
❷ (*en una cola*) sich vordrängeln
❸ (*fam: equivocarse*) falsch liegen; **¡te colaste!** völlig daneben!
❹ (*una moneda*) durchfallen; **no pude llamarte desde la cabina porque se me** ~**on todas las monedas** ich konnte dich nicht von der Telefonzelle aus anrufen, weil (mir) alle Münzen durchgefallen sind
colargol [kolar'ɣol] *m* (MED: *antiséptico*) Kollargol *nt*, kolloides Silber *nt*
colateral [kolate'ral] *adj* seitlich; **línea** ~ Seitenlinie *f*; **pariente** ~ entfernter Verwandter *m*, entfernte Verwandte *f*
colcha ['koltʃa] *f* Tagesdecke *f*
colchado, -a [kol'tʃaðo, -a] *adj* (*acolchado*) gefüttert, wattiert
colchar [kol'tʃar] *vt* polstern
colchón [kol'tʃon] *m* Matratze *f*; ~ **de agua** Wasserbett *nt*; ~ **de muelles** Federkernmatratze *f*; ~ **neumático** Luftmatratze *f*; **dormir en un** ~ **de plumas** wie Gott in Frankreich leben, auf Rosen gebettet sein
colchonera [koltʃo'nera] *f v.* **colchonero**
colchonería [koltʃone'ria] *f* Matratzengeschäft *nt*
colchonero, -a [koltʃo'nero, -a] *m, f* **❶** (*fabricante*) Matratzenhersteller(in) *m(f)*
❷ (*vendedor*) Matratzenverkäufer(in) *m(f)*
colchoneta [koltʃo'neta] *f* **❶** (*camping: colchón neumático*) Luftmatratze *f*; (*colchón isotermo*) Isomatte *f*
❷ (DEP: *gimnasia*) Matte *f*
cole ['kole] *m* (*fam*) Schule *f*
coleada [kole'aða] *f* **❶** (*Am: derribo*) Niederwerfen *nt*; **la** ~ **de la vaca fue fácil** es war leicht, die Kuh zu Boden zu reißen
❷ (*coletazo*) Schlagen *nt* mit dem Schwanz; **la** ~ **del delfín hizo perder el equilibrio al cuidador** als der Delphin mit dem Schwanz schlug, verlor der Pfleger das Gleichgewicht
colear [kole'ar] **I.** *vi* **❶** (*la cola*) (mit dem Schwanz) wedeln; **estar vivito y coleando** (*fig*) putzmunter sein
❷ (*durar*) andauern, anhalten; (*tener efecto*) noch wirken; **el resultado**

colección

del asunto aún colea der Ausgang der Angelegenheit ist noch in der Schwebe
II. vt ❶ (TAUR) am Schwanz packen
❷ (And: fastidiar) belästigen
❸ (AmC: seguir) verfolgen, folgen +dat
III. vr: ~se (AmC, Ant) ❶ (huésped) uneingeladen [o unerwartet] auftauchen
❷ (coche) ins Schleudern kommen
colección [kole'θjon] f ❶ (recopilación) Sammlung f; (obra) Sammelwerk nt; ~ de sellos Briefmarkensammlung f
❷ (de moda) Kollektion f; ~ de invierno/de verano Winter-/Sommerkollektion f
❸ (fam: cantidad) Menge f
coleccionar [koleɣθjo'nar] vt sammeln
coleccionismo [koleɣθjo'nismo] m Sammlerleidenschaft f, Sammelwut f
coleccionista [koleɣθjo'nista] mf Sammler(in) m(f)
colecistitis [koleθis'titis] f inv (MED) Gallenblasenentzündung f, Cholezystitis f
colecistopatía [koleθistopa'tia] f (MED) Gallenblasenleiden nt, Cholezystopathie f
colecta [ko'lekta] f ❶ (REL: en misa) Kollekte f
❷ (recaudación) Sammeln nt (für wohltätige Zwecke)
colectar [kolek'tar] vt ❶ (reunir) sammeln
❷ (LIT: recopilar) zusammenstellen, sammeln
colecticio, -a [kolek'tiθjo, -a] adj ❶ (que recoge) gesammelt, kompiliert
❷ (LIT) zusammengestellt
❸ (MIL) zusammengewürfelt
colectivamente [kolektiβa'mente] adv ❶ (todos juntos) gemeinschaftlich, kollektiv
❷ (global) insgesamt, zusammengenommen
colectividad [kolektiβi'ðað] f Gemeinschaft f, Kollektivität f
colectivismo [kolekti'βismo] m Kollektivismus m
colectivista [kolekti'βista] I. adj kollektivistisch
II. mf Kollektivist(in) m(f)
colectivización [kolektiβiθa'θjon] f Kollektivierung f
colectivizar [kolektiβi'θar] <z→c> vt kollektivieren
colectivo¹ [kolek'tiβo] m ❶ (POL) Kollektiv nt
❷ (And, CSur: microbús) kleiner Bus m; (And: taxi) Taxi nt
colectivo, -a² [kolek'tiβo, -a] adj ❶ (todos juntos) kollektiv, gemeinschaftlich; **acción colectiva** gemeinsame Aktion
❷ (global) umfassend
colector [kolek'tor] m ❶ (ELEC) Kollektor m
❷ (canalización) Abzugskanal m, Gully m
❸ (cobrador) Steuereinnehmer m
❹ (coleccionista) Sammler m
colega [ko'leɣa] mf ❶ (compañero) Kollege, -in m, f
❷ (homólogo) Amtskollege, -in m, f
❸ (argot: amigo) Kumpel m
colegiación [kolexja'θjon] f ❶ (afiliación) Beitritt m zu einer Berufskammer
❷ (organización) Zusammenschluss m in einer Berufskammer
colegiado, -a [kole'xjaðo, -a] I. adj ❶ (afiliado) in einer Berufskammer organisiert
❷ (coparticipación) gemeinschaftlich, kollektiv; **decisión colegiada** gemeinsam getroffene Entscheidung
II. m, f ❶ (miembro) Angehörige(r) mf einer Berufskammer
❷ (DEP: árbitro) Schiedsrichter(in) m(f)
colegial(a) [kole'xjal(a)] I. adj ❶ (de un colegio) Schul-, Schüler-; **lenguaje ~** Schülersprache f
❷ (persona inexperta) unerfahren
II. m(f) ❶ (alumno) Schüler(in) m(f)
❷ (persona inexperta) Grünschnabel m
colegialidad [kolexjali'ðað] f Kollegialität f
colegiarse [kole'xjarse] vr ❶ (afiliarse) einer Berufskammer beitreten
❷ (organizarse) sich in einer Berufskammer zusammenschließen
colegiata [kole'xjata] f Stiftskirche f
colegiatura [kolexja'tura] f Stipendium nt
colegio [ko'lexjo] m ❶ (ENS) Schule f; ~ **de internos** Internatsschule f; ~ **particular** Privatschule f; ~ **de párvulos** Vorschule f; ~ **de primera enseñanza** Volksschule f; ~ **de segunda enseñanza** ≈Mittelschule f; **ir al ~** in die [o zur] Schule gehen
❷ (Am: universidad) Hochschule f
❸ (corporación) Berufsgenossenschaft f; (conjunto) Kollegium nt; ~ **de abogados** Anwaltskammer f; ~ **de agentes de cambio y Bolsa** Kurs- und Börsenmaklerkammer f; ~ **de cardenales** Kardinalskollegium nt; ~ **de jueces** Richterkollegium nt; ~ **oficial de agentes de la propiedad industrial** Patentanwaltschaft f; ~ **profesional** berufsständische Kammer, Berufsverband m
colegir [kole'xir] irr como elegir vt ❶ (juntar) zusammenbringen, zusammenlegen
❷ (deducir) schließen (de/por aus +dat); ... **de lo cual colijo que...** ... woraus ich schließe, dass ...
colegislador(a) [kolexisla'ðor(a)] adj mitgesetzgebend; **cuerpos ~es** mitgesetzgebende Organe
colelitiasis [koleli'tjasis] f inv (MED) Gallensteinleiden nt, Cholelithiasis f
colemia [ko'lemja] f (MED) Cholämie f
coleóptero [kole'optero] m (ZOOL) Käfer m, Koleoptere f
cólera¹ ['kolera] m (MED) Cholera f
cólera² ['kolera] f ❶ (ANAT) Galle f
❷ (ira) Jähzorn m; **acceso de ~** Wutanfall m, Koller m fam; **descargar su ~ en alguien** an jdm seine Wut auslassen; **montar en ~** zornig werden
colérico, -a [ko'leriko, -a] I. adj ❶ (de temperamento) cholerisch, jähzornig
❷ (furioso) zornig, wütend
II. m, f Choleriker(in) m(f)
colerina [kole'rina] f ❶ (dolencia catarral) Cholerine f
❷ (diarrea) Brechdurchfall m
colesteremia [koleste'remja] f (MED) Cholesterinämie f
colesterina [koleste'rina] f (BIOL, QUÍM) Cholesterin nt
colesterol [koleste'rol] m (MED, QUÍM) Cholesterin nt
coleta [ko'leta] f (peinado) Pferdeschwanz m; **gente de ~** (TAUR) Stierkämpfer mpl; **cortarse la ~** (TAUR) den Stierkampfberuf aufgeben, das Stierkämpfen an den Nagel hängen; (fig) alles aufgeben; **me cortaré la ~ si...** ich fresse einen Besen, wenn ... fam
coletazo [kole'taθo] m Schlag m mit dem Schwanz
coletero [kole'tero] m Haargummi nt
coletilla [kole'tiʎa] f ❶ (peinado) Zöpfchen nt; (TAUR) Stierkämpferzöpfchen nt
❷ (de un escrito) Postskriptum nt
❸ (palabra) Floskel f
coleto [ko'leto] m ❶ (casaca) Lederjacke f
❷ (fregona) Mopp m
❸ (loc, fam): **decir algo para su ~** etw zu sich dat selbst sagen; (farfullar) etw in seinen Bart murmeln; **echarse algo al ~** (beber) sich dat etw hinter die Binde kippen; (comer) sich dat etw zwischen die Kiemen schieben, etw verdrücken; **echarse un libro al ~** ein Buch verschlingen [o in einem Zug durchlesen]
coletudo, -a [kole'tuðo, -a] adj einen oder mehrere Zöpfe tragend
colgadero [kolɣa'ðero] m (gancho) Haken m; (asa) Henkel m; ~ **de ropa** Kleiderhaken m
colgadizo¹ [kolɣa'ðiθo] m kleines Vordach nt
colgadizo, -a² [kolɣa'ðiθo, -a] adj Hänge-
colgado, -a [kol'ɣaðo, -a] adj ❶ (cuadro, ropa) aufgehängt; (cuerda) gespannt; **estar ~ de las palabras de alguien** an jds Lippen hängen [o kleben]; **dejar ~ a alguien** (defraudado) jdn im Stich lassen
❷ (ahorcado) (auf)gehängt, erhängt
❸ (suspendido) nicht bestanden; **tengo tres asignaturas colgadas** drei Fächer habe ich nicht bestanden, in drei Fächern bin ich durchgefallen
colgador [kolɣa'ðor] m (en general) Aufhängevorrichtung f; (gancho) Haken m; (percha) Bügel m
colgadura [kolɣa'ðura] f ❶ (cortinaje) Vorhang m; ~**s de cama** Bettvorhang m
❷ (de pared) Wandbehang m; (tapiz) Wandteppich m
colgajo [kol'ɣaxo] m ❶ (pey: trapo) Fetzen m, Lumpen m
❷ (de frutas) Traube f
❸ (MED: herida) Lappen m; ~ **de piel** Hautlappen m
colgante [kol'ɣante] I. adj Hänge-, hängend; **puente ~** (entre dos lados) Hängebrücke f; (de castillo) Zugbrücke f
II. m ❶ (ARQUIT: festón) Feston nt
❷ (joya) Anhänger m
colgar [kol'ɣar] irr I. vt ❶ (pender) hängen (de/en an +akk); (decorar) behängen (de mit +dat); ~ **el cuadro en la pared** das Bild an die Wand hängen; ~ **el teléfono** den (Telefon)hörer auflegen
❷ (dejar) aufgeben, an den Nagel hängen fam; ~ **los hábitos** das Priesteramt aufgeben; ~ **los libros** das Studium aufgeben
❸ (ENS: fam: suspender) durchfallen lassen (in +dat); **me ~án dos asignaturas** in zwei Fächern werden sie mich durchfallen lassen, zwei Fächer werde ich nicht bestehen
❹ (atribuir) anhängen, zuschieben; **le han colgado la culpa** sie haben ihm/ihr die Schuld angehängt [o zugeschoben]
❺ (ahorcar) hängen (de an +dat) fam, erhängen (de an +dat)
II. vi ❶ (pender) hängen (de/en an/von +dat); (de arriba para abajo) herunterhängen (de von +dat); (lengua del perro) heraushängen; **el cuadro cuelga en [o de] la pared** das Bild hängt an der Wand; **las cerezas cuelgan en el [o del] árbol** die Kirschen hängen am Baum

❷ (TEL: *auricular*) aufhängen, auflegen; **¡cuelga ya!** leg endlich auf!, hör endlich auf zu telefonieren!
III. *vr*: **~se** sich aufhängen [*o* erhängen] (*de/en* an +*dat*)
colibacilo [koliβa'θilo] *m* (BIOL) Kolibakterie *f*
colibrí [koli'βri] *m* (ZOOL) Kolibri *m*
cólico ['koliko] *m* (MED) Kolik *f*; **~ biliar** [*o* **hepático**] Gallenkolik *f*; **~ miserere** Darmverschluss *m*; **~ nefrítico** Nierenkolik *f*
colicuación [kolikwa'θjon] *f* ❶ (MED) Auszehrung *f*
❷ (*licuefacción simultánea de sustancias*) gleichzeitige Verflüssigung *f*, gleichzeitiges Zerfließen *nt*
colicuar [koli'kwar] I. *vt* gleichzeitig schmelzen
II. *vr*: **~se** (*licuarse simultáneamente*) gleichzeitig zerfließen, sich gleichzeitig auflösen
colidir [koli'ðir] *vi* kollidieren, zusammenprallen
coliflor [koli'flor] *f* (BOT) Blumenkohl *m*
coligación [koliɣa'θjon] *f* Verbindung *f*, Bündnis *nt*
coligado, -a [koli'ɣaðo, -a] I. *adj* (*unido*) verbunden; (*aliado*) verbündet
II. *m*, *f* Verbündete(r) *mf*
coligar [koli'ɣar] <g→gu> I. *vt* vereinen, verbinden
II. *vr*: **~se** sich zusammenschließen, sich verbünden
coligarse [koli'ɣarse] <g→gu> *vr* sich verbünden (*con* mit +*dat*)
colilla [ko'liʎa] *f* (*de cigarrillo*) Zigarettenkippe *f*, Zigarettenstummel *m*; (*de puro*) Zigarrenkippe *f*, Zigarrenstummel *m*
colillero, -a [koli'ʎero, -a] *m*, *f* (*pey*) Kippen(auf)sammler(in) *m(f)*
colín [ko'lin] *m* (*AmC*, *Ant*) Machete *f*, Buschmesser *nt*
colina [ko'lina] *f* Hügel *m*
colinabo [koli'naβo] *m* (BOT) Kohlrabi *m*
colindancia [kolin'danθja] *f* gemeinsame Grenze *f*; **la ~ de sus jardines les ha traído muchos problemas** durch ihre aneinander grenzenden Gärten hatten sie viele Probleme
colindante [kolin'dante] I. *adj* angrenzend
II. *mf* (JUR) Grundstücksnachbar(in) *m(f)*
colindar [kolin'dar] *vi* grenzen (*con* an +*akk*)
colirio [ko'lirjo] *m* Augentropfen *mpl*
colirrojo [koli'rroxo] *m* (ZOOL) Rotschwanz *m*
colisa [ko'lisa] *f* (NÁUT) ❶ (*plataforma*) Drehscheibenlafette *f*
❷ (*cañón*) Schiffskanone *f* (*auf einer Drehscheibenlafette montiert*)
coliseo [koli'seo] *m* Kolliseum *nt*
colisión [koli'sjon] *f* ❶ (*choque*) Zusammenstoß *m*, Kollision *f*; **~ frontal** Frontalzusammenstoß *m*
❷ (*t. JUR*) Kollision *f*; **~ de derechos** Rechtskollision *f*; **~ de intereses** Interessenkollision *f*; **~ de normas** Normenkollision *f*; **~ de obligaciones** Pflichtenkollision *f*
colisionar [kolisjo'nar] *vi* zusammenstoßen (*con/contra* mit +*dat*), kollidieren (*con/contra* mit +*dat*)
colista [ko'lista] *mf* (*irón*) Person, die Schlange steht
colitigante [koliti'ɣante] *mf* (JUR) ❶ (*parte contraria*) Gegenpartei *f*
❷ (*ayudante*) Streithelfer; **solicitud de admisión como ~** Antrag auf Zulassung als Streithilfe
colitis [ko'litis] *f inv* (MED) Dickdarmentzündung *f*, Kolitis *f*
coljoz [kol'xoθ] *m* Kolchos *m*
colla ['koʎa] *f* ❶ (METEO) während der Monsunzeit im Gebiet der Philippinen wehender stürmischer Südwestwind
❷ (HIST: *de la armadura*) Halsberge *f*
❸ (*cacería*) Koppel *f*
❹ (*pesca*) Reusenkette *f*
collada [ko'ʎaða] *f* (GEO) Bergsattel *m*, (Gebirgs)pass *m*
colladía [koʎa'ðia] *f* (GEO: *cerros*) hügeliges Gelände *nt*; (*pasos*) Passweg *m*
collado [ko'ʎaðo] *m* ❶ (*colina*) Hügel *m*
❷ (*puerto*, *paso*) (Gebirgs)pass *m*
collage [ko'laʃ] *m* (ARTE) Collage *f*
collar [ko'ʎar] *m* ❶ (*adorno*) Halskette *f*; (*de joyas o perlas*) Kollier *nt*; **~ de perlas** Perlenkette *f*; **~ de perro** Hundehalsband *nt*
❷ (*insignia*) Ordenskette *f*
❸ (TÉC: *aro*) Ring *m*
❹ (*de delincuente*) Halseisen *nt*
collarín [koʎa'rin] *m* Kollar *nt*, steifer Halskragen *m*; (MED) Halskrause *f*
colleja [ko'ʎexa] *f* (BOT) Lichtnelke *f*, Lichtrose *f*
collera [ko'ʎera] *f* ❶ (*de caballería*) Kummet *nt*, Kumt *nt*
❷ (*pareja*) Paar *nt*; **~ de pavos** Putenpaar *nt*; **~ de yeguas** Stutenkoppel *f*
collón, -ona [ko'ʎon, -ona] *adj* (*vulg: apocado*) feige
colmado¹ [kol'maðo] *m* Lebensmittelgeschäft *nt*
colmado, -a² [kol'maðo, -a] *adj* (*lleno*) voll (*de* mit +*dat*), voller (*de* +*dat*); (*repleto*) randvoll, übervoll; **un vaso ~ de vino** ein randvolles Glas Wein, ein bis an den Rand gefülltes Glas Wein; **un año ~ de felicidad** ein Glücksjahr, ein glückliches Jahr

colmar [kol'mar] I. *vt* ❶ (*vaso*) bis zum Rand (auf-, an)füllen (*de* mit +*dat*), randvoll einschenken (*de* mit +*dat*)
❷ (*alabanzas*, *honores*) überschütten (*de* mit +*dat*), überhäufen (*de* mit +*dat*); **~ de atenciones** mit Aufmerksamkeiten überschütten
❸ (*esperanzas*) erfüllen; **~ las esperanzas de alguien** jds Erwartungen erfüllen
II. *vr*: **~se** sich erfüllen, in Erfüllung gehen
colmatar [kolma'tar] I. *vt* (AGR) aufschütten, auffüllen
II. *vr*: **~se** (GEO) auflanden
colmena [kol'mena] *f* ❶ (ZOOL: *abejar*) Bienenstock *m*
❷ (*Méx: abeja*) Biene *f*
colmenar [kolme'nar] *m* Bienenstand *m*
colmenero, -a [kolme'nero, -a] *m*, *f* Imker(in) *m(f)*
colmenilla [kolme'niʎa] *f* (BOT) Morchel *f*
colmillo [kol'miʎo] *m* Eckzahn *m*; (*de elefante*, *morsa*) Stoßzahn *m*; (*de jabalí*) Hauer *m*; (*de perro*) Fangzahn *m*; **enseñar los ~s** (*fig*) die Zähne zeigen; **escupir por el ~** (*fam*) Blödsinn daherreden; **tener el ~ retorcido** (*fam*) gewieft sein, ein alter Fuchs sein; **¡ya tengo ~!** (*Méx*) ich bin schon trocken hinter den Ohren, ich bin kein Grünschnabel mehr
colmilludo, -a [kolmi'ʎuðo, -a] *adj* ❶ (*fisionomía: persona*) mit großen Eckzähnen; (*animal*) mit großen Fangzähnen
❷ (*Méx*, *PRico: fam: astuto*) gewieft, gerissen
colmo ['kolmo] *m* ❶ (*repleto*) Übermaß *nt*, Fülle *f*; **a ~** in Fülle, reichlich
❷ (*lo máximo*) Gipfel *m*; **el ~ de la frescura** der Gipfel der Unverschämtheit; **el ~ de la belleza** das Höchste [*o* Nonplusultra] an Schönheit; **para ~** (noch) obendrein, zu allem Unglück; **¡esto es el ~!** das ist der Gipfel!
colocación [koloka'θjon] *f* ❶ (*empleo*) (An)stellung *f*
❷ (*disposición*) Anordnung *f*, Aufstellung *f*; **~ de la primera piedra** Grundsteinlegung *f*
❸ (COM: *inversión*) Anlage *f*, Placement *nt*; **~ de ahorro** Spareinlage *f*; **~ de capital** Kapitalanlage *f*
❹ (DEP: *posición*) (Spieler)aufstellung *f*
❺ (ECON: *venta*) Absatz *m*; **de difícil ~** schwer verkäuflich
colocado, -a [kolo'kaðo, -a] *adj* (*argot: bebido*) blau; (*drogado*) high
colocar [kolo'kar] <c→qu> I. *vt* ❶ (*emplazar*) stellen; (*según un orden*) (an)ordnen; (*poner*) legen; (*cuadro*, *cartel*) anbringen; **~ los muebles de otra manera** die Möbel umstellen; **~ la primera piedra** den Grundstein legen; **~ un satélite en su órbita** einen Satelliten in seine Umlaufbahn bringen
❷ (DEP: *balón*, *flecha*) schießen; **colocó el balón en la red** er/sie schoss den Ball ins Netz
❸ (COM: *invertir*) anlegen, platzieren; (*mercancías*) absetzen, verkaufen; **~ un pedido** einen Auftrag vergeben
❹ (*empleo*) anstellen; **~ a alguien de camarero** jdn als Kellner anstellen; **su padre la colocó en su empresa** ihr Vater brachte sie in seiner Firma unter; **su tío lo colocó en el ayuntamiento** sein Onkel verschaffte ihm eine Anstellung [*o* Stelle] im Rathaus
❺ (*casar*) verheiraten, unter die Haube bringen *fam*
❻ (*transferir*) übertragen; **~ una responsabilidad a alguien** jdm eine Verantwortung übertragen
❼ (*argot: encarcelar*) einbuchten
❽ (ECON: *vender*) absetzen, verkaufen
II. *vr*: **~se** ❶ (*empleo*) unterkommen, eine Anstellung finden; **por fin me coloqué en el banco** endlich habe ich eine Anstellung bei der Bank gefunden
❷ (*sombrero*, *gafas*) sich *dat* aufsetzen
❸ (*posicionarse*) sich hinstellen; (*sentarse*) Platz nehmen; (DEP: **en un rango**) sich platzieren; (*en el campo*) sich aufstellen; (MIL) Stellung beziehen
❹ (*argot: alcohol*) sich betrinken; (*drogas*) Drogen nehmen; (*heroína*) sich *dat* einen Schuss setzen
colocón [kolo'kon] *m* (*argot*) Rausch *m*
colodión [kolo'ðjon] *m* (QUÍM) Kollodium *nt*
colodrillo [kolo'ðriʎo] *m* Hinterkopf *m*
colofón [kolo'fon] *m* ❶ (*libro*) Schlussbemerkungen *fpl*, Schlussvermerk *m*
❷ (*fin*) Abschluss *m*; **para ~** zum Schluss
colofonia [kolo'fonja] *f* (QUÍM) Kolophonium *nt*
coloide [ko'loiðe] I. *adj* (QUÍM) kolloid(al)
II. *m* (QUÍM) Kolloid *nt*
Colombia [ko'lombja] *f* Kolumbien *nt*
colombianismo [kolombja'nismo] *m* (LING) Kolumbianismus *m*
colombiano, -a [kolom'bjano, -a] I. *adj* kolumbianisch
II. *m*, *f* Kolumbianer(in) *m(f)*
colombicultura [kolombikul'tura] *f* (ZOOL) Taubenzucht *f*
colombina [kolom'bina] *f* (TEAT) Kolombine *f*
colombino, -a [kolom'bino, -a] *adj* kolumbisch

colombofilia [kolombo'filja] *f* (Brief)taubenzucht *f*
colombófilo, -a [kolom'bofilo, -a] **I.** *adj* Taubenzucht-
  II. *m, f* Taubenzüchter(in) *m(f)*
colon [ko'lon] *m* (ANAT) Kolon *nt*, Grimmdarm *m*
Colón [ko'lon] *m* ❶ (*Cristóbal*) Kolumbus *m*
  ❷ (*moneda*) Colón *m*
colona [ko'lona] *f v.* **colono**
colonato [kolo'nato] *m sin pl* (ECON) Kolonisierungssystem *nt*
colonche [ko'lontʃe] *m* (*Méx:* GASTR) Getränk aus Kaktusfeigen
Colonia [ko'lonja] *f* (GEO) Köln *nt*; **agua de ~** Kölnischwasser *nt*, Kölnisch Wasser *nt*
colonia [ko'lonja] *f* ❶ (BIOL, POL: *aglomeración*) Kolonie *f*, Ansiedlung *f*
  ❷ *pl* (*para niños*) Ferienlager *nt*, Ferienkolonie *f*
  ❸ (*barrio*) Stadtviertel *nt*; **~ obrera** Arbeiterwohnsiedlung *f*
  ❹ (*perfume*) Kölnischwasser *nt*, Kölnisch Wasser *nt*
  ❺ (*AmC, Ant: de caña*) Zuckerrohrplantage *f*
coloniaje [kolo'njaxe] *m* (*Am*) ❶ (*período*) Kolonialzeit *f*
  ❷ (*sistema*) Kolonialsystem *nt*
  ❸ (*pey: esclavitud*) Sklaverei *f*
colonial [kolo'njal] *adj* Kolonial-; **productos ~es** Kolonialwaren *fpl*, Überseeprodukte *ntpl*
colonialismo [kolonja'lismo] *m* Kolonialismus *m*
colonialista [kolonja'lista] **I.** *adj* kolonialistisch
  II. *mf* Kolonialist(in) *m(f)*
colonización [koloniθa'θjon] *f* ❶ (POL: *conquista*) Kolonisierung *f*, Kolonisation *f*
  ❷ (*población*) Besied(e)lung *f*
colonizador(a) [koloniθa'ðor(a)] **I.** *adj* kolonisierend
  II. *m(f)* ❶ (*conquistador*) Kolonist(in) *m(f)*
  ❷ (*poblador, inmigrante*) Siedler(in) *m(f)*
colonizar [koloni'θar] <z→c> *vt* ❶ (*conquistar*) kolonisieren
  ❷ (*poblar*) besiedeln
colono, -a [ko'lono, -a] *m, f* ❶ (POL: *conquistador*) Kolonist(in) *m(f)*
  ❷ (*poblador*) Siedler(in) *m(f)*
  ❸ (AGR: *labrador*) Pachtbauer, -bäuerin *m, f*
coloquial [kolo'kjal] *adj* (LING) umgangssprachlich
coloquíntida [kolo'kintiða] *f* (BOT) Koloquint(h)e *f*
coloquio [ko'lokjo] *m* ❶ (*conversación*) Gespräch *nt*; (*científico*) Kolloquium *nt*; (*reunión*) Besprechung *f*; **cinco personas participaron en el ~** fünf Personen nahmen an der Gesprächsrunde teil
  ❷ (*congreso*) Kongress *m*, Konferenz *f*
color [ko'lor] *m* ❶ (*en general*) Farbe *f*, Farbton *m*; **~ de alta densidad** Farbe mit hoher Dichte; **~ base** Grundfarbe *f*, Grundton *m*; **~es complementarios** Komplementärfarben *fpl*; **~es nacionales** Nationalfarben *fpl*, Landesfarben *fpl*; **película en ~** Farbfilm *m*; **un hombre de ~** (*para niños*) Malbuch *nt*; **un vestido de ~es** ein buntes Kleid; **un coche de ~ azul** ein blaues Auto; **un vino ~ fresa** ein erdbeerfarbener Wein; **huevos de ~** (*Am*) braune Eier; **a todo ~** farbenprächtig, in prächtigen Farben; **dar ~ a** anmalen; **verlo todo ~ de rosa** alles durch die rosarote Brille sehen
  ❷ *pl* (ARTE: *conjunto*) Farbgestaltung *f*, Farbzusammenstellung *f*
  ❸ (*sustancia*) Farbe *f*; **acuarela/a temple** Aquarell-/Temperafarbe *f*
  ❹ (POL: *ideología*) Färbung *f*, politische Überzeugung *f*; **cambiar de ~** die Farbe wechseln
  ❺ (*aspecto*) Anschein *m*; **esto tiene mal ~** das sieht schlecht aus
  ❻ (*tipismo*) Kolorit *nt*; **~ local** Lokalkolorit *nt*
  ❼ (*animación*) Stimmung *f*; **una descripción llena de ~** eine stimmungsvolle [*o* farbenprächtige] Beschreibung
  ❽ (*cara*) Gesichtsfarbe *f*; **mudar de ~** (*palidecer*) erblassen, erbleichen; (*ruborizarse*) erröten; **ponerse de mil ~es** (*fam*) (knall)rot anlaufen, rot werden wie eine Tomate; **sacarle a alguien los ~es a la cara** (*comentario, hecho*) jdn erröten lassen; (*persona*) jdn zum Erröten bringen
  ❾ *pl* (DEP: *equipo*) Mannschaft *f*, Farbe *f*; **aquello significó el triunfo para nuestros ~es** das bedeutete den Sieg für unsere Mannschaft
  ❿ (*pretexto*) Vorwand *m*; (*insinceridad, doblez*) Schein *m*; **so ~ de ... +** *inf* (*pretexto*) unter dem Vorwand, dass ...; (*aparentando*) unter dem Deckmantel +*gen*
  ⓫ (*argot: droga*) Droge(n) *f(pl)*
  ⓬ (*loc*): **subido de ~** (*frívolo*) pikant; (*grosero*) obszön
coloración [kolora'θjon] *f* ❶ (*resultado*) Färbung *f*, Farbe *f*
  ❷ (*acto*) Färben *nt*
  ❸ (*carácter*) Färbung *f*
colorado¹ [kolo'raðo] *m* (*AmC, Ant:* MED) Scharlachfieber *nt*
  ❷ (POL: *partido*): **los C~s** Partei Uruguays
colorado, -a² [kolo'raðo, -a] *adj* ❶ (*coloreado*) farbig, bunt
  ❷ (*rojo*) rot; **ponerse ~** erröten
  ❸ (*frívolo*) pikant; (*grosero*) obszön
coloradote, -a [kolora'ðote, -a] *adj* ❶ (*frescote*) mit gesunder Gesichtsfarbe
  ❷ (*rojizo*) mit rotem Kopf

colorante [kolo'rante] **I.** *adj* färbend
  II. *m* Farbstoff *m*
colorar [kolo'rar] *vt* färben, kolorieren
coloratura [kolora'tura] *f* (MÚS: *cantante*) Koloratur *f*; **soprano ~** Koloratursopran *m*
coloreado, -a [kolore'aðo, -a] *adj* farbig
colorear [kolore'ar] **I.** *vt* ❶ (*dar color*) färben; (*pintar*) anmalen; **libro de ~** (*para niños*) Malbuch *nt*
  ❷ (*al relatar*) beschönigen, in schöneren Farben malen
  II. *vi* ❶ (*frutos*) Farbe bekommen, reifen
  ❷ (*tirar a rojo*) ins Rötliche (über)gehen
colorete [kolo'rete] *m* Rouge *nt*
colorido [kolo'riðo] *m* ❶ (*conjunto*) Färbung *f*, Farbgestaltung *f*
  ❷ (*tipismo*) (Lokal)kolorit *nt*
colorimetría [kolorime'tria] *f* (QUÍM) Kolorimetrie *f*
colorímetro [kolo'rimetro] *m* (QUÍM) Kolorimeter *nt*
colorín¹ [kolo'rin] *m* ❶ (*color vivo*) leuchtende Farbe *f*; **camiseta de muchos colorines** farbenfrohes Hemd; **¡qué colorines se te han puesto con el vino!** du hast schon richtig rote Wangen vom Wein!
  ❷ (ZOOL) Stieglitz *m*
  ❸ (MED) Masern *pl*
  ❹ (*loc*): **... y ~ colorado, este cuento se ha acabado** ... und wenn sie nicht gestorben sind, dann leben sie noch heute
colorín, -ina² [kolo'rin, -ina] *m, f* (*Chil: pelirrojo*) Rothaarige(r) *mf*, Rotblonde(r) *mf*
colorir [kolo'rir] **I.** *vt* ❶ (*dar color*) färben, kolorieren
  ❷ (*al relatar*) beschönigen, in schöneren Farben malen
  II. *vi* (sich) verfärben
colorismo [kolo'rismo] *m sin pl* ❶ (ARTE) Kolorismus *m*
  ❷ (LIT) überladener Stil *m*
colorista [kolo'rista] *mf* Kolorist(in) *m(f)*
colosal [kolo'sal] *adj* ❶ (*gigantesco*) kolossal, riesig
  ❷ (*fam: extraordinario*) kolossal, phänomenal
coloso [ko'loso] *m* ❶ (*estatua*) Koloss *m*
  ❷ (*persona*) außergewöhnlicher Mensch *m*; (*en un campo*) Größe *f*; **Einstein fue un ~ de la física** Einstein war eine Größe auf dem Gebiet der Physik
colostomía [kolosto'mia] *f* (MED) Kolostomie *f*
colt [kol'] <colts> *m* Colt *m*
coludir [kolu'ðir] *vi* (JUR) geheime Absprachen treffen, kolludieren
columbino, -a [kolum'bino, -a] *adj* ❶ (*de las palomas*) Tauben-
  ❷ (*fig: cándido*) unschuldig, aufrichtig
  ❸ (*rojo oscuro*) granatfarben
columbrar [kolum'brar] *vt* ❶ (*divisar*) ausmachen, von weitem erkennen
  ❷ (*solución*) erahnen, erraten; **columbro una salida del apuro** langsam sehe ich einen Ausweg aus dem Dilemma
columbrete [kolum'brete] *m* (GEO: *banco de arena*) Sandbank *f* (im Meer); (*arrecife*) aus dem Meer ragender Felsen *m*
columna [ko'lumna] *f* ❶ (*pilar*) Säule *f*; **~ termométrica** Quecksilbersäule *f*
  ❷ (*montón*) Stapel *m*
  ❸ (*periódico*) Kolumne *f*, (Druck)spalte *f*
  ❹ (MIL: *formación*) Kolonne *f*; **quinta ~** fünfte Kolonne
  ❺ (TÉC: *volante*): **~ de dirección** Steuersäule *f*
  ❻ (ANAT): **~ vertebral** Wirbelsäule *f*, Rückgrat *nt*
  ❼ (*fig: apoyo*) Rückgrat *nt*, Stütze *f*
columnata [kolum'nata] *f* (ARQUIT) Säulengang *m*, Kolonnade *f*
columnista [kolum'nista] *mf* Kolumnist(in) *m(f)*
columpiar [kolum'pjar] **I.** *vt* ❶ (*balancear*) schaukeln
  ❷ (*mecer*) wiegen
  II. *vr:* **~se** ❶ (*balancearse*) schaukeln; **la niña aún no sabe ~se** das Mädchen kann noch nicht alleine schaukeln
  ❷ (*fam: al andar*) einen wiegenden Gang haben
  ❸ (*argot: meter la pata*) Mist bauen
columpio [ko'lumpjo] *m* ❶ (*para niños*) Schaukel *f*
  ❷ (*Am: mecedora*) Schaukelstuhl *m*
coluria [ko'lurja] *f* (MED) Cholurie *f*
coluro [ko'luro] *m* (ASTR) Himmelslängenkreis *m*, Kolur *m*
colusión [kolu'sjon] *f* (ECON) Preisabsprache *f*, Kollusion *f*
colutorio [kolu'torjo] *m* (MED) Mundwasser *nt*
colza ['kolθa] *f* (BOT) Raps *m*
coma¹ ['koma] *m* (MED) Koma *nt*
coma² ['koma] *f* (LING) Komma *nt*; **sin faltar una ~** (*fig*) sehr gewissenhaft, vollständig bis ins letzte Detail
comadrazgo [koma'ðraθɣo] *m* indirektes Verwandtschaftsverhältnis zwischen (Tauf)patin und Mutter
comadre [ko'maðre] *f* ❶ (*fam: comadrona*) Hebamme *f*
  ❷ (*madrina*) Taufpatin *f*

comadrear

❸ (*fam: vecina*) (befreundete) Nachbarin *f*
❹ (*fam: amiga íntima*) Busenfreundin *f*
❺ (*fam: alcahueta*) Klatschbase *f*, Lästermaul *nt*
❻ (*fam: celestina*) Kupplerin *f*
❼ (*argot: maricón*) Schwule(r) *m*
comadrear [komaðreˈar] *vi* (*fam*) klatschen, lästern
comadreja [komaˈðrexa] *f* ❶ (ZOOL) Wiesel *nt*
❷ (*fam: persona*) Langfinger *m*
comadreo [komaˈðreo] *m* (*fam pey: acción*) Klatscherei *f*, Tratscherei *f*; (*efecto*) Klatsch *m*, Tratsch *m*
comadrería [komaðreˈria] *f* (*fam pey*) Klatschgeschichten *fpl*
comadrón [komaˈðron] *m* (MED) Geburtshelfer *m*
comadrona [komaˈðrona] *f* (*partera*) Hebamme *f*; (MED) Geburtshelferin *f*
comal [koˈmal] *m* (*AmC, Méx*: GASTR) flache, runde Kochplatte aus Ton (für Maistortillas, das Rösten von Kaffee- u. Kakaobohnen usw.)
comanche [koˈmantʃe] *mf* Komantsche *mf*
comandancia [komanˈdanθja] *f* ❶ (*mando*) Befehlsgewalt *f*, Kommando *nt*
❷ (*grado*) Kommandantur *f*
❸ (*cuartel*) Kommandantur *f*
❹ (MIL, NÁUT: *zona*) Marineprovinz *f*; **de marina** Marinekommandantur *f*
comandanta [komanˈdanta] *f* ❶ (MIL) Kommandantin *f*
❷ (HIST: *esposa*) Kommandantin *f*, Obristin *f*
❸ (NÁUT) Flaggschiff *nt*
comandante [komanˈdante] *m* ❶ (MIL) Befehlshaber *m*, Kommandeur *m*; (*grado*) Kommandant *m*, Oberst *m*; ~ **en jefe** Oberbefehlshaber *m*, Chefkommandant *m*
❷ (NÁUT) Kommandant *m*, (Schiffs)kapitän *m*
❸ (AERO) (Flug)kapitän *m*; **segundo** ~ Vizekommandant *m*
comandar [komanˈdar] *vi, vt* kommandieren; ~ **una flota** eine Flotte kommandieren [*o* befehligen]
comandita [komanˈdita] *f* ❶ (COM): **sociedad en** ~ Kommanditgesellschaft *f*; **socio en** ~ Kommanditist *m*
❷ (*fam irón*): **todos en** ~ die ganze Bande
comanditar [komandiˈtar] *vt* (ECON) als stiller Teilhaber finanzieren
comanditario, -a [komandiˈtarjo, -a] I. *adj* (COM) Kommandit-; **sociedad comanditaria** Kommanditgesellschaft *f*; **socio** ~ Kommanditist *m*
II. *m, f* (COM) Kommanditist(in) *m(f)*
comando [koˈmando] *m* ❶ (MIL) Kommando *nt*; ~ **legal** Terroristenkommando, dessen Mitglieder nicht polizeilich registriert sind; ~ **suicida** Himmelfahrtskommando *nt*
❷ (INFOR, TÉC) Befehl *m*; ~ **de arranque** Startbefehl *m*; ~ **de teclas** (INFOR) Tastenbefehl *m*
comarca [koˈmarka] *f* (*zona*) Gegend *f*; (*región*) Gebiet *nt*; (ADMIN) (Land)kreis *m*
comarcal [komarˈkal] *adj* Kreis-, Lokal-; **carretera** ~ Kreisstraße *f*
comarcano, -a [komarˈkano, -a] *adj* benachbart
comarcar [komarˈkar] <c→qu> I. *vi* (*colindar*) (an)grenzen (*con* an +*akk*)
II. *vt* (*plantar en hilera*) Bäume in geraden Linien pflanzen, um so Wege zu bilden
comatoso, -a [komaˈtoso, -a] *adj* (MED) komatös; **estado** ~ Koma *nt*
comba [ˈkomba] *f* ❶ (*curvatura*) Verbiegung *f*; (*de madera*) Verziehen *nt*; (*de una cuerda*) Durchhängen *nt*
❷ (*cuerda*) Hüpfseil *nt*, Springseil *nt*; (*juego*) Seilhüpfen *nt*, Seilspringen *nt*; **dar a la** ~ das Springseil schwingen; **saltar a la** ~ seilhüpfen, seilspringen
combadura [kombaˈðura] *f* Verbiegung *f*; (*de madera*) Verziehen *nt*, Werfen *nt*; (*de una cuerda*) Durchhängen *nt*
combar [komˈbar] I. *vt* verbiegen; (*madera*) verziehen
II. *vr*: ~**se** sich biegen; (*madera*) sich verziehen, sich werfen; (*cuerda*) durchhängen
combate [komˈbate] *m* ❶ (*lucha*) Kampf *m*, Gefecht *nt*; (*batalla*) Schlacht *f*; ~ **naval** Seeschlacht *f*; ~ **singular** Zweikampf *m*
❷ (DEP: *competición*) Wettkampf *m*; (*partido*) Match *nt*; ~ **de boxeo** Boxkampf *m*; **fuera de** ~ kampfunfähig; **dejar** [*o* **poner**] **a alguien fuera de** ~ (*fig*) jdn außer Gefecht setzen
combatible [kombaˈtiβle] *adj* ❶ (*atacable*) bekämpfbar
❷ (*rebatible*) anfechtbar, bestreitbar
combatiente [kombaˈtjente] I. *adj* ❶ (*contendiente*) kämpfend, Kampf-
❷ (*combativo*) kämpferisch, kombattant *elev*
II. *mf* Kämpfer(in) *m(f)*; (MIL) Kombattant(in) *m(f)*; **no** ~ Nichtkämpfer(in) *m(f)*
combatir [kombaˈtir] I. *vi* kämpfen; ~ **con/contra el enemigo** mit dem/gegen den Feind kämpfen; ~ **por la patria** für das Vaterland kämpfen

II. *vt* ❶ (*luchar*) bekämpfen; ~ **una enfermedad** eine Krankheit bekämpfen
❷ (*rebatir*) anfechten
combatividad [kombatiβiˈðað] *f* kämpferische Art *f*; (*agresividad*) Kampfeslust *f*; (MIL) Schlagkraft *f*
combativo, -a [kombaˈtiβo, -a] *adj* ❶ (*inclinado al combate*) kämpferisch; (*agresivo*) kampflustig
❷ (*t. MIL: relativo al combate*) Kampf(es)-
combi [ˈkombi] *m* ❶ (AUTO) Kombi(wagen) *m*
❷ (*frigorífico*) Kühlgefrierkombination *f*
combinable [kombiˈnaβle] *adj* kombinierbar, zusammenstellbar
combinación [kombinaˈθjon] *f* ❶ (*composición*) Zusammenstellung *f*, Zusammenfügung *f*; (*t. MAT*) Kombination *f*; ~ **de la caja fuerte** Tresorschlosskombination *f*; ~ **de cuatro cifras** Viererkombination *f*; ~ **ganadora** Gewinnerkombination *f*
❷ (QUÍM) Verbindung *f*
❸ (*de transportes*) Verbindung *f*
❹ (*lencería*) Unterrock *m*
❺ (*fam: truco*) Trick *m*; (*complot*) Komplott *nt*
combinado [kombiˈnaðo] *m* ❶ (*cóctel*) Cocktail *m*
❷ (*ropa*) Kombination *f*
❸ (ECON) Industriekombinat *nt*
❹ (*CSur: DEP: selección*) Auswahl(mannschaft) *f*
combinar [kombiˈnar] I. *vi* ❶ (*armonizar*) passen (*con* zu +*dat*); **el pañuelo no combina con la chaqueta** das Tuch passt nicht zur Jacke
❷ (DEP) kombinieren
II. *vt* ❶ (*componer*) zusammenstellen, kombinieren
❷ (*unir*) zusammenfügen, verbinden, kombinieren; (QUÍM) verbinden; ~ **ideas** Gedanken verknüpfen; ~**on sus esfuerzos** sie arbeiteten mit vereinten Kräften
❸ (*coordinar*) kombinieren, abstimmen (*con* auf +*akk*); ~ **colores** Farben (miteinander) kombinieren, Farben aufeinander abstimmen
❹ (MAT) kombinieren
III. *vr*: ~**se** sich verbinden; (*pey: compincharse*) paktieren
combinatoria [kombinaˈtorja] *f* (*t. MAT*) Kombinationslehre *f*, Kombinatorik *f*
combinatorio, -a [kombinaˈtorjo, -a] *adj* (*t. MAT*) kombinatorisch
combo[1] [ˈkombo] *m* ❶ (MÚS) Combo *f*
❷ (*Am: mazo de hierro*) Hammer *m*
❸ (*Chil, Perú: puñetazo*) Faustschlag *m*
combo, -a[2] [ˈkombo, -a] *adj* verbogen, krumm
comburente [kombuˈrente] *adj* (FÍS, QUÍM) verbrennungsfördernd
combustibilidad [kombustiβiliˈðað] *f* (FÍS, QUÍM) (Ver)brennbarkeit *f*
combustible [kombusˈtiβle] I. *adj* (FÍS, QUÍM) (ver)brennbar; (*inflamable*) (leicht) entzündbar
II. *m* ❶ (FÍS, QUÍM) Brennstoff *m*
❷ (AERO, AUTO, TÉC: *carburante*) Kraftstoff *m*, Treibstoff *m*; ~ **sólido** Festkraftstoff *m*
combustión [kombusˈtjon] *f* (FÍS, QUÍM) Abbrennen *nt*, Verbrennung *f*; (*con llama*) Verfeuerung *f*; ~ **lenta** Glimmen *nt*; ~ **sin llama** Schwelen *nt*; **de difícil** ~ schwer brennbar
comecocos [komeˈkokos] *m inv* ❶ (*fam: obsesión*) Kopfnuss *f*
❷ (INFOR: *juego*) Jump-And-Run-Spiel *nt*
COMECON [komeˈkon] *m abr de* **Consejo de Asistencia Económica Mutua** COMECON *m*
comedero [komeˈðero] *m* Futtertrog *m*; (*en línea*) Futterrinne *f*; (*pesebre*) Futterkrippe *f*; (*exterior*) Futterstelle *f*; (*escudilla*) Futternapf *m*
comedia [koˈmeðja] *f* ❶ (TEAT: *obra*) Schauspiel *nt*; (*divertida*) Lustspiel *nt*, Komödie *f*; ~ **en un acto** Einakter *m*; ~ **del arte** Commedia *f* dell'Arte; ~ **de capa y espada** Mantel- und Degenstück *nt*; ~ **de enredo** Intrigenstück *nt*
❷ (CINE) Komödie *f*
❸ (*fam: farsa*) Komödie *f*, Theater *nt*, Farce *f*; (*hipocresía*) Heuchelei *f*; **hacer** ~ schauspielern; **¡no hagas** ~**!** lass doch das Theater!
❹ (*fam: suceso*) Komödie *f*, Witz *m*
comediante, -a [komeˈðjante, -a] *m, f* (CINE, TEAT) Schauspieler(in) *m(f)*; (*en obras divertidas*) Komödiendarsteller(in) *m(f)*; ~**s de la legua** Wanderschauspieler *mpl*
❷ (*farsante*) Komödiant(in) *m(f)*
comedido, -a [komeˈðiðo, -a] *adj* ❶ (*moderado*) gemäßigt (*en* in +*dat*); (*contenido*) zurückhaltend (*en* mit +*dat*)
❷ (*modesto*) bescheiden
❸ (*cortés*) höflich
❹ (*Am: servicial*) hilfsbereit
comedieta [komeˈðjeta] *f* leichte Komödie *f*
comedimiento [komeðiˈmjento] *m* ❶ (*moderación*) Mäßigkeit *f*; (*contenimiento*) Zurückhaltung *f*
❷ (*modestia*) Bescheidenheit *f*
❸ (*cortesía*) Höflichkeit *f*

❹ (*Am: disposición*) Hilfsbereitschaft *f*
comediógrafo, -a [kome'ðjoɣrafo, -a] *m, f* Bühnenautor(in) *m(f)*
comedión [kome'ðjon] *m* (*pey*) langweilige [*o* triste] Komödie *f*
comedirse [kome'ðirse] *irr como pedir vr* ❶ (*moderarse*) sich mäßigen; (*contenerse*) sich zurückhalten (*en* mit +*dat*)
❷ (*Am: ofrecerse*) sich bereit erklären (*a* +*inf* zu +*inf*)
comedón [kome'ðon] *m* (MED: *espinilla*) Mitesser *m*, Komedo *m*
comedor¹ [kome'ðor] *m* ❶ (*sala*) Esszimmer *nt*; (*salón*) Speiseraum *m*; (*público*) Speisesaal *m*; (*en una empresa*) Kantine *f*; ~ **universitario** Mensa *f*
❷ (*mobiliario*) Essgruppe *f*
comedor(a)² [kome'ðor(a)] I. *adj* essfreudig; **ser ~** gut essen
II. *m(f)* ❶ (BIOL) Fresser *m*; ~**es de carne** Fleischfresser *mpl*
❷ (*persona*) guter Esser *m*
comedura [kome'ðura] *f* (*argot*): ~ **de coco** Kopfnuss *f*
comefuego [kome'fweɣo] *mf* Feuerschlucker(in) *m(f)*
comehostias [kome'ostjas] *mf inv* (*vulg pey*) Betbruder, -schwester *m, f*
comején [kome'xen] *m* (*Am*) ❶ (*termita*) Termite *f*
❷ (*zozobra*) bohrender Gedanke *m*
comemierdas [kome'mjerðas] *mf inv* (*vulg pey*) Mistvieh *nt fam*
comendador [komenda'ðor] *m* (HIST) Komtur *m*
comendatario, -a [komenda'tarjo, -a] I. *adj* (REL) Kommendatars-. II. *m, f* (REL) Kommendatar(in) *m(f)*
comendatorio, -a [komenda'torjo, -a] *adj* empfehlend, Empfehlungs-; **escrito ~** Empfehlungsschreiben *nt*
comensal [komen'sal] *mf* ❶ (*invitado*) (Tisch)gast *m*
❷ (*vecino de mesa*) Tischnachbar(in) *m(f)*
❸ (BIOL) Komensale *m*
comensalía [komensa'lia] *f sin pl* (*elev*) Haus- und Tischgemeinschaft *f*
comensalismo [komensa'lismo] *m sin pl* (BIOL) Kommensalismus *m*
comentador(a) [komenta'ðor(a)] *m(f)* ❶ (*comentarista*) Kommentator(in) *m(f)*
❷ (*chismoso*) Klatschmaul *nt fam*
comentar [komen'tar] *vt* ❶ (*hablar sobre algo*) besprechen; (*hacer comentarios*) kommentieren; (*explicar*) erklären, erläutern; (*analizar*) auslegen, analysieren
❷ (*una obra: criticar*) rezensieren, besprechen; (*interpretar*) analysieren, interpretieren; (*incluir notas*) kommentieren
❸ (*pey: cotillear, criticar, murmurar*) klatschen (*über* +*akk*) *fam*
❹ (*fam: contar*) erzählen; **me han comentado que te casas** es ist mir zu Ohren gekommen, dass du heiratest
comentario [komen'tarjo] *m* ❶ (*general*) Kommentar *m*; (*aclaración*) Erläuterung *f*; (*observación*) Bemerkung *f*; (*explicación*) Erklärung *f*; (*nota*) Anmerkung *f*; (*análisis*) Auslegung *f*; ~ **de textos** (LIT) Textanalyse *f*; **¡sin ~s!** kein Kommentar!
❷ *pl* (*murmuraciones*) Geklatsche *nt fam*, Gerede *nt*; **dar lugar** [*o* **pie**] **a ~s** (*pey*) Stoff zum Reden liefern
comentarista [komenta'rista] *mf* (RADIO, TV) Kommentator(in) *m(f)*; ~ **deportivo** Sportkommentator *m*; ~ **político** politischer Kommentator
comenzar [komen'θar] *irr como empezar* I. *vi* anfangen (*con/por* mit +*dat*), beginnen (*con/por* mit +*dat*); ~ **a** +*inf* anfangen [*o* beginnen] zu +*inf*; ~ +*inf* als Erstes +*inf*, zunächst (ein)mal +*inf*; **para ~** als Erstes, zunächst mal
II. *vt* ❶ (*iniciar*) anfangen, beginnen
❷ (*alimentos*) anschneiden; (*envases*) anbrechen
comer [ko'mer] I. *vi* ❶ (*alimentarse*) essen; (*animales*) fressen; **dar de ~ a alguien** jdm zu essen geben; (*mantener*) für jds Unterhalt sorgen; **dar de ~ a un animal** ein Tier füttern; ~ **caliente** eine warme Mahlzeit haben; ~ **por** (*fam*) aus Langeweile essen; ~ **como una lima** [*o* **una fiera**] (*fam*) wie ein Scheunendrescher (fr)essen; **¡come y calla!** sei still und iss!; **¿eso con qué se come?** (*fig*) und was soll das (darstellen)?; **ni come ni deja ~** (*fig*) der/die gönnt sich *dat* selbst und anderen nichts
❷ (*almorzar*) zu Mittag essen; **antes/después de ~** vor/nach dem (Mittag)essen
II. *vt* ❶ (*ingerir*) essen; (*animales*) fressen; **sin ~lo ni beberlo** aus heiterem Himmel
❷ (*fig: consumir*) zehren (*an* +*dat*), nagen (*an* +*dat*)
❸ (*corroer*) zerfressen
❹ (*colores*) ausbleichen
❺ (*dilapidar*) verprassen
❻ (*en juegos*) wegnehmen; (*parchís*) hinausschmeißen
III. *vr*: ~**se** ❶ (*ingerir*) (auf)essen; **me como una manzana** ich esse einen Apfel; **se comió (todo) el pan** er/sie aß das (ganze) Brot auf; **casi se lo come vivo** (*fig*) er/sie war stinksauer auf ihn; ~**se a alguien a besos** jdn abküssen; ~**se a alguien con los ojos** jdn mit den Augen verschlingen; **está para comérsela** sie ist zum Anbeißen; **con su pan se lo coma** (*fig*) es ist sein/ihr Bier; **¡no te comas el coco!** zerbrich dir nicht den Kopf!

❷ (*corroer*) zerfressen
❸ (*colores*) ausbleichen
❹ (*saltarse*) überspringen; (*palabras*) auslassen; (*al pronunciar*) verschlucken
IV. *m* Essen *nt*; **ser de buen ~** ein guter Esser sein; **el ~ y el rascar, todo es empezar** (*prov*) der Appetit kommt beim Essen
comerciabilidad [komerθjaβili'ðað] *f* (COM, JUR) Verkehrsfähigkeit *f*
comerciable [komer'θjaβle] *adj* (COM: *vendible*) verkäuflich
comercial¹ [komer'θjal] I. *adj* Handels-, gewerblich; (*t. pey*) kommerziell; **calle ~** Geschäftsstraße *f*; **centro ~** Einkaufszentrum *nt*; **dirección ~** Geschäftsleitung *f*; **director ~** kaufmännischer Leiter; **factura ~** Handelsrechnung *f*; **horario ~** (Laden)öffnungszeiten *fpl*; **intercambio ~** Handelsverkehr *m*, Warenumsatz *m*; **local ~** Ladenlokal *nt*; **muestra sin valor ~** Muster ohne Wert; **perito ~** Kaufmann *m*
II. *mf* (*profesión*) Außendienstmitarbeiter(in) *m(f)*, Handelsvertreter(in) *m(f)*
comercial² [komer'θjal] *m* (*Am: anuncio*) Werbespot *m*
comercialismo [komerθja'lismo] *m* (ECON) Kommerzialismus *m*
comercializable [komerθjali'θaβle] *adj* (COM) marktfähig, vermarktungsfähig
comercialización [komerθjaliθa'θjon] *f* Vermarktung *f*, Kommerzialisierung *f*; (*puesta en circulación*) Inverkehrbringen *nt*; ~ **de productos** Produktvermarktung *f*; **método de ~** Absatzmethode *f*
comercializador(a) [komerθjaliθa'ðor(a)] *adj* vertreibend, vermarktend, Vertriebs-; **la empresa ~a de este producto** die Firma, die dieses Produkt vertreibt
comercializar [komerθjali'θar] <z→c> *vt* vermarkten, kommerzialisieren
comerciante, -a [komer'θjante, -a] *m, f* Händler(in) *m(f)*; (*negociante*) Geschäftsmann, -frau *m, f*; (*perito*) Kaufmann, -frau *m, f*; ~ **al por mayor** Großhändler *m*; ~ **al por menor** Einzelhändler *m*, Kleinhändler *m*; ~ **de facto** Istkaufmann *m*; ~ **notorio** Scheinkaufmann *m*; ~ **de pleno derecho** Vollkaufmann *m*
comerciar [komer'θjar] *vi* handeln (*con* mit +*dat*); ~ **con un país** mit einem Land Handel treiben; ~ **en el sector de los frutos secos** mit Trockenfrüchten handeln; ~ **en vino** Weinhandel treiben, einen Weinhandel betreiben
comercio [ko'merθjo] *m* ❶ (*actividad*) Handel *m*, Kommerz *m*; (*venta*) Gewerbe *nt*; ~ **ambulante** Straßenverkauf *m*; ~ **bilateral** bilateraler Handel; ~ **clandestino** Schwarzhandel *m*; ~ **por cuenta propia** Eigenhandel *m*; ~ **exterior** Außenhandel *m*; ~ **extracomunitario** außergemeinschaftlicher Handel *m*; ~ **interior** Binnenhandel *m*; ~ **internacional** Welthandel *m*; ~ **intracomunitario** innergemeinschaftlicher Handel; ~ **de mercancías** Warenhandel *m*; ~ **mundial** Welthandel *m*; ~ **al por mayor** [*o* **mayorista**] Großhandel *m*; ~ **al por menor** [*o* **minorista**] Einzelhandel *m*; ~ **con países terceros** Handel mit Drittländern; ~ **de tránsito** Transithandel *m*; **Escuela Superior de C~** Höhere Handelsschule *f*; **libre ~** Freihandel *m*; **el mundo del ~** die Geschäftswelt; **usos de ~** Handelsbräuche *mpl*, Handelsusancen *fpl*; **ser usual en el ~** handelsüblich sein
❷ (*tienda*) Laden *m*, Geschäft *nt*; **poner un ~** ein Geschäft eröffnen
❸ (*relaciones*) Verkehr *m*, Umgang *m*; ~ **carnal** [*o* **sexual**] Geschlechtsverkehr *m*
comestible [komes'tiβle] *adj* essbar
comestibles [komes'tiβles] *mpl* Lebensmittel *ntpl*, Esswaren *fpl*; ~ **finos** Feinkost *f*, Delikatessen *fpl*; **tienda de ~** Lebensmittelgeschäft *nt*
cometa¹ [ko'meta] *m* (ASTR) Komet *m*
cometa² [ko'meta] *f* (*juguete*) Drachen *m*
cometario, -a [kome'tarjo, -a] *adj* (ASTR) Kometen-; **estela cometaria** Kometenschweif *m*; **trayectoria cometaria** Kometenbahn *f*
cometer [kome'ter] *vt* ❶ (*t.* JUR) begehen; (*perpetrar*) verüben; ~ **un asesinato/un crimen** einen Mord/ein Verbrechen begehen [*o* verüben]; ~ **un error** einen Irrtum begehen; ~ **una falta/tontería** einen Fehler/eine Dummheit begehen [*o* machen]
❷ (COM) in Kommission geben
cometido [kome'tiðo] *m* (*encargo*) Auftrag *m*; (*tarea*) Aufgabe *f*; (*obligación*) Pflicht *f*; (JUR) Obliegenheit *f*; **cumplir con su ~** seine Aufgabe erfüllen
comezón [kome'θon] *f* ❶ (*picor*) Juckreiz *m*
❷ (*desasosiego*) Unruhe *f*; (*malestar*) Unbehagen *nt*
❸ (*ganas*) Kitzel *m*, Reiz *m*
comible [ko'miβle] *adj* (*fam*) essbar; **está ~** man kann's essen
cómic ['komik] *m* <cómics> Comic *m*
cómica [ko'mika] *f* *v.* **cómico**
comicastro [komi'kastro] *m* (*pey*) Schmierenkomödiant *m*
comicidad [komiθi'ðað] *f* Komik *f*
comicios [ko'miθjos] *mpl* ❶ (HIST) Komitien *pl*
❷ (*elecciones*) Wahlen *fpl*
cómico, -a ['komiko, -a] I. *adj* (*relativo a la comedia*) komisch; (*diver-*

tido) lustig, witzig, komisch; **actor** ~ Komiker *m;* **autor** ~ Komödienautor *m*
II. *m, f* (CINE, TEAT) Komiker(in) *m(f);* **~s de la legua** Wanderschauspieler *mpl*
comida [ko'miða] *f* ❶ (*alimento*) Essen *nt*, Nahrung *f;* (*comestibles*) Lebensmittel *ntpl;* (*plato*) Speise *f;* (*cocina*) Küche *f;* **~ de** [*o* **para**] **animales** Tiernahrung *f*, Tierfutter *nt;* **~ basura** Junkfood *nt;* **~ casera** Hausmannskost *f;* **~ francesa/italiana** französische/italienische Küche; **~ preparada** Fertiggericht *nt;* **~ rápida** Fastfood *nt*, Imbiss *m;* (*argot*) Junkfood *nt;* **casa de ~s** Gastwirtschaft *f;* **hacer** [*o* **preparar**] **la ~** das Essen machen [*o* zubereiten]; **me gusta la ~ china** ich esse gerne chinesisch
❷ (*horario*) Mahlzeit *f;* **~ principal** Hauptmahlzeit *f;* **dos comprimidos antes/después de las ~s** zwei Tabletten vor/nach dem Essen
❸ (*almuerzo*) Mittagessen *nt;* **~ de negocios** Geschäftsessen *nt*
comidilla [komi'ðiʎa] *f* (*fam fig*) Stadtgespräch *nt;* **ser la ~ de todos** in aller Munde sein
comido, -a [ko'miðo, -a] *adj* ❶ (*satisfecho*) satt; **estar ~** gegessen haben; **llegar ~** nach dem Essen kommen; **salir ~ por servido** sich *dat* gleichbleiben; **ser pan ~** (*fig*) eine leichte Sache sein
❷ (*fig: corroído*) zerfressen (*de/por* von +*dat*)
comienzo [ko'mjenθo] *m* (*principio*) Anfang *m*, Beginn *m;* **~ del contrato** Vertragsbeginn *m;* **~ del plazo** Fristbeginn *m;* **~ de la prescripción** Verjährungsbeginn *m;* **~ de una relación jurídica** Eintritt in ein Rechtsverhältnis *m;* **al ~** am Anfang; **a ~s de mes/de año** Anfang des Monats/des Jahres; **dar ~ (a algo)** (etw) anfangen [*o* beginnen]; **desde el ~** von Anfang an
comilitón [komili'ton] *m* (MIL) Kriegskamerad *m*
comilla [ko'miʎa] *f* (LING) Anführungszeichen *nt*, Gänsefüßchen *nt fam;* **~s francesas** französische Anführungszeichen; **~ de valor** Apostroph *m;* (**poner**) **entre ~s** in Anführungszeichen (setzen)
comilón, -ona [komi'lon, -ona] **I.** *adj* (*fam*) gefräßig, verfressen
II. *m, f* (*fam*) Vielfraß *m*
comilona [komi'lona] *f* (*fam*) Fressgelage *nt*, Fressorgie *f*
cominería [komine'ria] *f* (*bagatela*) Nichtigkeit *f*, Banalität *f*
comino [ko'mino] *m* Kümmel *m;* **no valer un ~** keinen [*o* nicht einen] Deut wert sein, keinen [*o* nicht einen] Pfifferling wert sein *fam;* **no me importa un ~** das kümmert mich keinen [*o* nicht einen] Deut, das ist mir völlig egal
comisar [komi'sar] *vt* (JUR: *confiscar*) beschlagnahmen
comisaría [komi'sarja] *f v.* **comisaria**
comisaría [komisa'ria] *f* ❶ (*cargo*) Kommissariat *nt*
❷ (*edificio*) (Polizei)wache *f;* **~ de policía** Polizeirevier *nt*
comisariato [komisa'rjato] *m* (*Am*) Konsumgenossenschaft *f;* (*almacén*) Genossenschaftsladen *m*
comisario, -a [komi'sarjo, -a] *m, f* ❶ (*delegado*) Beauftragte(r) *mf;* (*representante*) Vertreter(in) *m(f);* **~ de las fuerzas armadas** Wehrbeauftragte(r) *m;* **~ del gobierno** Regierungskommissar *m;* **~ parlamentario** parlamentarischer Beauftragter; **~ político** Politkommissar *m*
❷ (*de policía*) Kommissar(in) *m(f);* **~ de policía** Polizeikommissar *m;* **~ europeo** europäischer Kommissar
comiscar [komis'kar] <c→qu> *vt* ❶ (*fam: picar*) naschen
❷ (*carcomer*) zerfressen
comisión [komi'sjon] *f* ❶ (*cometido*) Auftrag *m;* **~ rogatoria** (JUR) Rechtshilfeersuchen *nt*
❷ (*delegación*) Kommission *f;* (*junta*) Ausschuss *m;* (*comité*) Komitee *nt;* **~ de arbitraje** Schlichtungskommission *f*, Vermittlungsausschuss *m;* **~ calificadora** [*o* **examinadora**] Prüfungsausschuss *m;* **~ de compras** (ECON) Einkaufskommission *f;* **~ de conciliación** Einigungsstelle *f;* **~ de control** Kontrollausschuss *m;* **C~ Europea** (UE) Europäische Kommission; **~ federal** Bundesausschuss *m;* **~ investigadora** Untersuchungsausschuss *m;* **~ jurídica** juristischer Beirat; **~ del mercado de capitales** Kapitalmarktausschuss *m;* **~ mixta** gemischter Ausschuss; **~ de monopolios** Monopolkommission *f;* **~ parlamentaria** Parlamentsausschuss *m*, parlamentarischer Ausschuss; **~ permanente** Ständiger Ausschuss; **~ de peticiones** Petitionsausschuss *m;* **~ de seguimiento** Überwachungskommission *f;* **~ de socios** Gesellschafterausschuss *m;* **~ técnica de calificación** Gutachterausschuss *m*
❸ (COM) Provision *f;* **~ bancaria** Bankprovision *f;* **~ de cambio** Umtauschgebühren *fpl;* **~ de corretaje** Maklergebühr *f;* **~ sobre la cifra de negocio** Umsatzprovision *f;* **~ del crédito** Kreditprovision *f;* **~ de descubierto** Überziehungsprovision *f;* **~ de garantía** Delkredereprovision *f;* **~ sobre las ventas** Absatzprovision *f*, Verkaufsprovision *f;* **a ~** auf Provision(sbasis)
❹ (JUR) Begehung *f*, Verübung *f;* **~ de delito** Tatbegehung *f;* **delito de ~** Kommissivdelikt *nt*
❺ (ADMIN): **~ de servicios** Abordnung *f*
comisionado, -a [komisjo'naðo, -a] *m, f* ❶ (COM: *comisionista*) Kommissionär(in) *m(f)*
❷ (*encargado*) Beauftragte(r) *mf;* (*apoderado*) Bevollmächtigte(r) *mf*
❸ (*Am: comisario*) Kommissar(in) *m(f)*
comisionar [komisjo'nar] *vt* (*t.* FIN, JUR: *encargar*) beauftragen; (*apoderar*) bevollmächtigen
comisionista [komisjo'nista] *mf* (*t.* COM) Kommissionär(in) *m(f);* (*agente*) Agent(in) *m(f)*, Makler(in) *m(f);* (*representante*) Vertreter(in) *m(f);* **~ de transportes** Spediteur(in) *m(f);* **~ de venta** Verkaufskommissionär *m*
comiso [ko'miso] *m* (JUR) ❶ (*confiscación*) Beschlagnahme *f*
❷ (*bienes*) Beschlagnahmte(s) *nt*
comisorio, -a [komi'sorjo, -a] *adj* (JUR) befristet; **condición comisoria** auflösende Bedingung
comisquear [komiske'ar] *vt v.* **comiscar**
comistrajo [komis'traxo] *m* (*fam pey*) Fraß *m*
comisura [komi'sura] *f* (ANAT: *del cráneo*) Kommissur *f;* **~ de los labios** Mundwinkel *m;* **~ de los ojos** [*o* **párpados**] Augen(lid)winkel *m*
comité [komi'te] *m* Komitee *nt;* (*junta*) Ausschuss *m;* **~ administrativo** Verwaltungsausschuss *m;* **~ de aforos** Bewertungsausschuss *m;* **~ central** Zentralkomitee *nt;* **C~ de Conciliación** (UE) Vermittlungsausschuss *m;* **~ consultivo** beratender Ausschuss; **~ de dirección** Direktorium *nt;* **el ~ directivo del Banco Central Europeo** das Direktorium der Europäischen Zentralbank; **C~ Económico y Social** (UE) Wirtschafts- und Sozialausschuss *m;* **~ ejecutivo** Exekutivkomitee *nt;* **~ de empresa** Betriebsrat *m;* **~ investigador** Untersuchungsausschuss *m;* **~ monetario** (UE) Währungsausschuss *m;* **~ negociador** Verhandlungsdelegation *f;* **~ de supervisión** Aufsichtsgremium *nt;* **C~ Olímpico Internacional** Internationales Olympisches Komitee; **C~ de las Regiones** (UE) Ausschuss der Regionen
comitente [komi'tente] *m* Kommittent *m*
comitiva [komi'tiβa] *f* Gefolge *nt;* **~ fúnebre** Leichenzug *m*
como ['komo] **I.** *adv* ❶ (*del modo que*) wie; **hazlo ~ te he explicado** mach es so, wie ich es dir erklärt habe; **hazlo ~ quieras** mach es, wie du willst; **~ quiera que sea** wie auch immer, egal wie; **~ quien** [*o* **aquel que**] **dice** sozusagen
❷ (*a la manera de*) wie; **blanco ~ la nieve** weiß wie Schnee, schneeweiß; **me siento ~ culpable** ich fühle mich irgendwie schuldig; **esto huele ~ a gasolina** das riecht wie Benzin
❸ (*comparativo*) wie; **es ~ su padre** er/sie ist wie sein/ihr Vater; (*aspecto*) er/sie sieht aus wie sein/ihr Vater; **es tan alto ~ su hermano** er ist so groß wie sein Bruder
❹ (*aproximadamente*) ungefähr, gegen; **llegaron ~ a las cinco** sie kamen so gegen fünf Uhr an; **hace ~ un año** etwa vor einem Jahr
❺ (*por ejemplo*) wie; **algunas frutas, ~ la naranja o el limón, son ricas en vitamina C** einige Früchte, wie Apfelsinen oder Zitronen, sind reich an Vitamin C
❻ (*y también*) sowie, wie auch; **participaron (tanto) hombres ~ mujeres** Männer wie Frauen nahmen teil
❼ (*en calidad de*) als; **te lo digo ~ amigo** ich sage es dir als Freund; **trabaja ~ camarero** er arbeitet als Kellner; **~ pintor es mediocre** als Maler ist er mittelmäßig
II. *conj* ❶ (*causal*) da; **~ no tengo tiempo, no voy con vosotros** da ich keine Zeit habe, gehe ich nicht mit; **~ (quiera) que me lo encontré, tuve que saludarlo** da ich ihm nun schon einmal begegnete, musste ich ihn ja grüßen; **lo sé, ~ que lo vi** ich weiß es, weil ich es gesehen habe
❷ (*condicional*) wenn, falls; **~ no estudies, suspenderás** wenn du nicht lernst, wirst du durchfallen
❸ (*con 'si' +subj o con 'que'*) als ob, als wenn; **hace ~ que no me conoce** [*o* **~ si no me conociera**] er/sie tut so, als ob er/sie mich nicht kennen würde [*o* als würde er/sie mich nicht kennen]; **¡~ si no tuviera uno otra cosa que hacer!** als hätte man nichts Besseres zu tun!
❹ (*completiva*) dass; **verás ~ todo se arregla** du wirst sehen, alles kommt in Ordnung
❺ (*final*): **~ para** um zu; **es ~ para volverse loco** es ist zum Verrücktwerden
❻ (*concesiva*): **cansado ~ estaba, aún salió** müde wie er war, ging er noch aus
❼ (*temporal*) sobald; (**así**) **~ salimos, se puso a llover** sobald wir aus dem Haus gingen, fing es an zu regnen
cómo ['komo] **I.** *adv* ❶ (*del modo*) wie; **¿~ estás?** wie geht's dir?; **¿~ te llamas?** wie heißt du?; **¿~ (dice)?** wie bitte?; **no sé ~ decírselo** ich weiß nicht, wie ich es ihm/ihr sagen soll; **según y ~** je nachdem
❷ (*por qué*) wieso; **¿~ (no)?** wieso (nicht)?; **¡~ no!** aber klar!; **¿~ es eso?** wieso das?
❸ (*exclamativo*) wie; **¡~ llueve!** wie es gießt!; **¡~ ha envejecido!** er/sie ist aber alt geworden!
II. *m:* **el ~** das Wie; **explícame el ~ y el porqué de tus actos** erklär mir bitte das Wie und Warum deiner Handlung; **no me importa ni el ~ ni el cuándo** wie und wann ist mir egal

cómoda ['komoða] f Kommode f
comodable [komo'ðaβle] adj (JUR) (ver)leihbar
comodante [komo'ðante] mf (JUR) Verleiher(in) m(f)
comodatario, -a [komoða'torjo, -a] m, f (JUR) Entleiher(in) m(f)
comodato [komo'ðato] m (JUR) (Gebrauchs)leihe f
comodidad [komoði'ðað] f ❶ (confort) Bequemlichkeit f; (ambiente acogedor) Gemütlichkeit f, Wohnlichkeit f; (bienestar) Wohlstand m; ~**es** Annehmlichkeiten fpl, Komfort m; **por pura ~** aus reiner Bequemlichkeit
❷ (conveniencia) Nutzen m; (beneficio) Vorteil m
comodín [komo'ðin] m ❶ (cómoda) (kleine) Kommode f
❷ (en juegos) Joker m
❸ (palabra) Allerweltswort nt
❹ (INFOR) Platzhalterzeichen nt, Stellvertreterzeichen nt
❺ (pretexto) Ausflucht f
cómodo, -a ['komoðo, -a] adj ❶ ser (cosa) bequem; (agradable) behaglich; (acogedor) gemütlich, wohnlich; (fácil) leicht; **la cocina es muy cómoda** die Küche ist sehr praktisch
❷ ser (persona) bequem; (perezoso) faul
❸ estar (a gusto) bequem; **se está muy ~ en este sillón** man sitzt sehr bequem in diesem Sessel; **ponerse ~** es sich dat bequem machen; **¡ponte/póngase ~!** mach's dir/machen Sie es sich bequem!
comodón, -ona [komo'ðon, -ona] I. adj (fam) bequem; (perezoso) faul
II. m, f (fam) Bequemlichkeitsmensch m; (perezoso) Faulpelz m
comodoro [komo'ðoro] m (MIL, NÁUT) Kommodore m, Geschwaderführer m
comoquiera [komo'kjera] I. adv irgendwie, wie auch immer
II. conj ❶ (causal): ~ **que** da ... ja; ~ **que es mi jefe, no discutiré con él** da er ja mein Chef ist, werde ich mit ihm nicht diskutieren
❷ (concesiva): ~ **que** auch wenn; ~ **que sea** wie es auch sein mag
compa ['kompa] mf (fam) Kumpel m
compacidad [kompaθi'ðað] f Kompaktheit f; (densidad) Dichtheit f; (firmeza) Festigkeit f
compactación [kompakta'θjon] f (ARQUIT, TÉC) Verdichtung f; (fijación) Verfestigung f; ~ **por vibración** Rüttelverdichtung f
compactar [kompak'tar] I. vt (ARQUIT, TÉC) verdichten; (fijar) verfestigen
II. vr: ~**se** kompakt werden, sich verfestigen
compact (disc) ['kompak (disk)] m CD f
compactibilidad [kompaktiβili'ðað] f Kompaktheit f
compacto¹ [kom'pakto] m ❶ (disco) CD f
❷ (reproductor) CD-Player m
❸ (equipo) Kompaktanlage f
compacto, -a² [kom'pakto, -a] adj ❶ (textura) kompakt; (denso) dicht; (firme) fest
❷ (tamaño) kompakt; **disco ~** CD f
❸ (escritura) eng; (multitud) dicht
compadecer [kompaðe'θer] irr como crecer I. vt bemitleiden, bedauern
II. vr: ~**se** (sentir) Mitleid haben (de mit +dat); (actuar) sich erbarmen (de +gen)
compadraje [kompa'ðraxe] m (pey) Kumpanei f; (asociación) Cliquenbildung f
compadrar [kompa'ðrar] vi ❶ (emparentar) in ein Patenschaftsverhältnis mit jdm treten; **mi jefe ha compadrado con mi tío** mein Chef ist Pate vom Kind meines Onkels geworden
❷ (hacer amistad) Freundschaft schließen, sich anfreunden
compadrazgo [kompa'ðraθɣo] m Gevatterschaft f
compadre [kom'paðre] m ❶ (padrino) Pate m
❷ (amigo) Freund m; (compañero) Kumpel m
compadrear [kompaðre'ar] vi ❶ (de compadraje) Kumpanei machen
❷ (CSur: presumir) großtun, angeben
compadreo [kompa'ðreo] m (pey) Kumpanei f
compadrería [kompaðre'ria] f (entre amigos) Freundschaft f; (entre camaradas) Kameradschaft f; **una relación de ~** eine freundschaftliche [o kameradschaftliche] Beziehung
compadrito [kompa'ðrito] m (AmS: chulo, bravucón) Angeber m fam, Großmaul nt fam
compaginable [kompaxi'naβle] adj kompatibel; **este trabajo es ~ con la educación de los niños** dieser Job lässt sich gut mit der Kindererziehung vereinbaren; **esa afirmación no es ~ con la anterior** diese Behauptung passt nicht zur vor(her)igen
compaginación [kompaxina'θjon] f ❶ (paginación) Seitenumbruch m
❷ (CINE) Filmrollenwechsel m
❸ (compatibilización) Vereinbaren nt
compaginada [kompaxi'naða] f (TIPO) Umbruchseite f
compaginado, -a [kompaxi'naðo, -a] adj (TIPO) umbrochen
compaginar [kompaxi'nar] I. vt ❶ (paginar) paginieren; (separar) (Sei-

ten) umbrechen
❷ (combinar) vereinbaren, kombinieren; (armonizar) harmonisieren, in Einklang bringen
II. vr: ~**se** ❶ (combinar) zusammenpassen
❷ (armonizar) in Einklang stehen
compañera [kompa'ɲera] f v. **compañero**
compañerismo [kompaɲe'rismo] m Kollegialität f; (camaradería) Kameradschaftssinn m; **falta de ~** fehlende Kollegialität; **eso es una falta de ~** das ist unkollegial
compañero, -a [kompa'ɲero, -a] m, f ❶ (persona) Gefährte, -in m, f; (amigo) Freund(in) m(f); (pareja) Partner(in) m(f), Lebensgefährte, -in m, f; (camarada) Kamerad(in) m(f); (POL) Genosse, -in m, f; (acompañante) Begleiter(in) m(f); ~ **de armas** Waffenbruder m; ~ **de baile** Tanzpartner m; ~ **de clase** Schulkamerad m, Mitschüler m; (UNIV) Kommilitone m; ~ **de estudios** Studienkollege m; ~ **de fatigas** Leidensgefährte m; ~ **de juego** Mitspieler m; ~ **de mesa** Tischnachbar m; ~ **de piso** Mitbewohner m; ~ **de trabajo** Arbeitskollege m; (colaborador) Mitarbeiter m; ~ **de viaje** Mitreisende(r) m, Reisegefährte m
❷ (cosa) Gegenstück nt; **sólo encuentro un guante; ¿dónde está el ~?** ich kann nur einen Handschuh finden; wo ist der andere?
compañía [kompa'ɲia] f ❶ (acompañamiento) Gesellschaft f; **animal de ~** Haustier nt; **hacer ~ a alguien** jdm Gesellschaft leisten; **andar en malas ~s** sich in schlechter Gesellschaft befinden
❷ (acompañante) Begleitung f; **ir en ~** in Begleitung sein; **llegó en ~ de su esposo** sie kam in Begleitung ihres Gatten
❸ (TEAT) Ensemble nt, Truppe f; ~ **ambulante** [o **de la legua**] Wanderbühne f
❹ (COM) Gesellschaft f, Firma f; ~ **aérea** Fluggesellschaft f; ~ **colectiva** offene Handelsgesellschaft; ~ **fantasma** Scheinunternehmen nt, Briefkastenfirma f; ~ **fiduciaria** Treuhandgesellschaft f; ~ **naviera** Schifffahrtsgesellschaft f; ~ **de seguros** Versicherungsgesellschaft f; **C~ Telefónica Nacional de España** Spanische Staatliche Telefongesellschaft; ~ **de transportes aéreos** Luftverkehrsgesellschaft f
❺ (MIL) Kompanie f
❻ (REL) Orden m; **C~ de Jesús** Jesuitenorden m
comparabilidad [komparaβili'ðað] f sin pl Vergleichbarkeit f
comparable [kompa'raβle] adj vergleichbar (a/con mit +dat); **no es ~** es ist nicht zu vergleichen
comparación [kompara'θjon] f ❶ (contraste) Vergleich m; **en ~ con** im Vergleich zu +dat; **(no) resistir la ~ con algo/alguien** dem Vergleich mit etw/jdm (nicht) standhalten
❷ (cotejo) Gegenüberstellung f
❸ (LING) Steigerung f, Komparation f
comparado, -a [kompa'raðo, -a] adj ❶ (en comparación) im Vergleich (con zu +dat), verglichen (con mit +dat)
❷ (comparativo) vergleichend; **gramática comparada** vergleichende [o komparative] Grammatik; **lingüística comparada** Komparatistik f; **literatura comparada** Komparatistik f
comparar [kompa'rar] I. vt vergleichen (a/con mit +dat); (equiparar) gleichstellen (a/con +dat); (cotejar) gegenüberstellen (a/con +dat)
II. vr: ~**se** sich vergleichen (a/con mit +dat); (equipararse) sich gleichstellen (a/con +dat)
comparatista [kompara'tista] mf vergleichender Wissenschaftler m, vergleichende Wissenschaftlerin f; (LING, LIT) Komparatist(in) m(f)
comparatística [kompara'tistika] f ❶ (LING) Komparatistik f
❷ (LIT) Komparatistik f
comparativo¹ [kompara'tiβo] m (LING) Komparativ m, Steigerungsstufe f
comparativo, -a² [kompara'tiβo, -a] adj ❶ (comparando) vergleichend; (t. LING) komparativ; (t. LIT) komparatistisch; **derecho ~** vergleichendes Recht; **estudio ~** vergleichende Studie; **gramática comparativa** vergleichende [o komparative] Grammatik; **lingüística comparativa** Komparatistik f; **publicidad comparativa** vergleichende Werbung
❷ (por comparación): **agravio ~** Herabsetzung f
❸ (LING) Vergleichs-, Komparativ-; **oración comparativa** Komparativsatz m
comparecencia [kompare'θenθja] f ❶ (JUR) Erscheinen nt, Komparition f; (como testigo/experto) Auftreten nt; ~ **personal de las partes** persönliches Erscheinen der Parteien; **no ~** Nichterscheinen nt
❷ (llegada) Erscheinen nt, Auftauchen nt
comparecer [kompare'θer] irr como crecer vi ❶ (JUR) erscheinen, auftreten, komparieren; (como testigo/experto) auftreten; ~ **ante un juez** vor Gericht erscheinen
❷ (llegar) erscheinen, auftauchen
compareciente [kompare'θjente] mf (JUR) Erscheinende(r) mf, Komparent m
comparecimiento [kompareθi'mjento] m (JUR) Vorführung f
comparendo [kompa'rendo] m (JUR: disposición de comparecencia)

comparición

(Vor)ladung *f*
comparición [kompari'θjon] *f v.* **comparecencia**
comparsa[1] [kom'parsa] *f* ❶ (*mascarada*) Karnevalstruppe *f*
❷ (CINE, TEAT: *conjunto*) Komparserie *f*
comparsa[2] [kom'parsa] *mf* ❶ (CINE, TEAT) Komparse, -in *m, f*, Statist(in) *m(f)*
❷ (*fig*) Randfigur *f*
compartible [kompar'tiβle] *adj* akzeptabel; **tus ideas son ~s** ich kann deine Ansichten nachvollziehen
compartimentación [kompartimenta'θjon] *f* Aufteilung *f*, Einteilung *f*; (*en casillas*) Einteilung *f* in Fächer
compartimentar [kompartimen'tar] *vt* aufteilen, einteilen
compartim(i)ento [komparti'm(j)ento] *m* Abteilung *f*; (*casilla*) Fach *nt*; (FERRO) Abteil *nt*; (AERO) Raum *m*; **~ de alquiler** (*en un banco*) Bankschließfach *nt*; **~ de carga** Laderaum *m*; **~ de equipajes** Gepäckraum *m*
compartir [kompar'tir] *vt* ❶ (*tener en común*) teilen (*con* mit + *dat*); **~ la opinión de alguien** jds Meinung teilen, mit jdm einer Meinung sein
❷ (*repartirse*) verteilen (*entre* unter + *dat*), teilen (*con* mit + *dat*)
compás [kom'pas] *m* ❶ (*en dibujo*) Zirkel *m*; **~ de pizarra** Tafelzirkel *m*
❷ (AERO, NÁUT: *brújula*) Kompass *m*
❸ (*ritmo*) Rhythmus *m*, Tempo *nt*; (MÚS) Takt *m*; **~ de compasillo** Vierviertaltakt *m*; **~ de espera** Pausentakt *m*; (*fig*) Zwangspause *f*, Wartezeit *f*; **al ~** im Takt; **fuera de ~** aus dem Takt; **llevar/perder el ~** den Takt halten/aus dem Takt geraten; **marcar el ~** den Takt schlagen; (*fig*) den Ton [*o* Takt] angeben
❹ (*mesura*) Maß *nt*; (*orden*) Ordnung *f*
compasado, -a [kompa'saðo, -a] *adj* ❶ (*acompasado*) taktmäßig
❷ (*mesurado*) maßvoll, gemäßigt; (*arreglado*) wohl geordnet
compasar [kompa'sar] *vt* ❶ (*medir*) (be)messen; (*t. MAT: con un compás*) abzirkeln
❷ (*ajustar*) justieren
❸ (MÚS) Taktstriche setzen (in + *dat*)
compasillo [kompa'siʎo] *m* (MÚS) Vierviertaltakt *m*
compasión [kompa'sjon] *f* Mitleid *nt* (*de* mit + *dat*), Erbarmen *nt* (*de* mit + *dat*); **sin ~** erbarmungslos, unbarmherzig; **mover a ~ a alguien** jds Mitleid erregen [*o* erwecken]; **sentir** [*o* **tener**] **~ por alguien** mit jdm Mitleid haben, mit jdm fühlen
compasivo, -a [kompa'siβo, -a] *adj* mitleidig, teilnahmsvoll, mitfühlend
compatibilidad [kompatiβili'ðað] *f* (*t.* INFOR, MED) Kompatibilität *f*; (TÉC) Vereinbarkeit *f*; (LING) Kombinierbarkeit *f*; **~ de dos puestos** (ADMIN) Vereinbarkeit zweier Ämter; **~ de caracteres** Übereinstimmung der Charaktere
compatibilización [kompatiβiliθa'θjon] *f* Vereinbaren *nt*
compatibilizar [kompatiβili'θar] <z→c> *vt* vereinbaren
compatible [kompa'tiβle] *adj* zusammenpassend, harmonisierend; (*t.* INFOR, MED) kompatibel; (ADMIN, TÉC) vereinbar; (LING) kombinierbar; **~ binario** (INFOR) binärkompatibel; **~ hacia abajo** [*o* **hacia atrás**] (INFOR) abwärtskompatibel; **~ hacia arriba** aufwärtskompatibel
compatriota [kompa'trjota] *mf* Landsmann, -männin *m, f*, **los ~s** die Landsleute
compatronato [kompatro'nato] *m* (ECON) gemeinsame Leitung *f*
compelación [kompela'θjon] *f* (JUR) Nötigung *f*
compeler [kompe'ler] *vt* nötigen (*a zu* + *dat*)
compendiar [kompen'djar] *vt* ❶ (*resumir*) zusammenfassen
❷ (*representar*) beinhalten, ausdrücken
compendio [kom'pendjo] *m* ❶ (*resumen*) Kurzfassung *f*, Zusammenfassung *f*; (*manual*) Abriss *m*, Kompendium *nt elev*; **en ~** kurz gefasst
❷ (*epítome*) Inbegriff *m* (*de* + *gen*); **es un ~ de todas las virtudes** er/sie vereint alle Tugenden in sich, er/sie ist der Inbegriff der Tugendhaftigkeit
compenetración [kompenetra'θjon] *f* Seelengemeinschaft *f*; (*fusión*) Einswerdung *f*, Verschmelzung *f*, gegenseitige Durchdringung *f*
compenetrarse [kompene'trarse] *vr* ❶ (QUÍM: *fusionarse*) diffundieren
❷ (*identificarse*) sich identifizieren (*con* mit + *dat*), sich von Grund auf verstehen; (*fundirse*) eins werden (*con* mit + *dat*)
compensación [kompensa'θjon] *f* (JUR, MED, PSICO, TÉC) Kompensation *f*; (*equilibrio*) Ausgleich *m*; (*neutralización*) Aufhebung *f*; (*indemnización*) Entschädigung *f*, Schadensabfindung *f*; (*restitución*) Ersatz *m*; (COM) Clearing *nt*, Verrechnung *f*; **~ bancaria** Bankabrechnung *f*; **~ de beneficios** Ertragsausgleich *m*; **~ de los cambios** Währungsausgleich *m*; **~ de cargas** Lastenausgleich *m*; **~ de un cheque** Scheckverrechnung *f*; **~ por despido** Abfindung *f*; **~ económica** Ausgleichszahlung *f*; **~ financiera** Finanzausgleich *m*; **~ por gastos extraordinarios** Mehraufwandsentschädigung *f*; **~ hereditaria** Erbausgleich *m*; **~ de intereses** Interessenausgleich *m*; **~ opuesta** Gegenaufrechnung *f*; **~ de pérdidas** Verlustausgleich *m*; **~ real** (FIN, ECON) Istabrechnung *f*; **~ de un servicio** Leistungsentgelt *nt*; **~ de títulos-valores**

complacer

Wertpapierclearing *nt*; **~ tributaria** Steuerausgleich *m*; **~ del valor contable** Buchwertabfindung *f*; **acuerdo de ~** Clearingsabkommen *nt*; **en ~ por los daños** als Schadensersatz
compensador [kompensa'ðor] *m* (*t.* ELEC, TÉC) Ausgleicher *m*, Kompensator *m*; (*del reloj*) Ausgleichspendel *nt*
compensar [kompen'sar] *vt* (JUR, MED, PSICO, TÉC) kompensieren; (*equilibrar*) ausgleichen, aufwiegen (*con* durch + *akk*); (*neutralizar*) aufheben; (COM: *indemnizar*) entschädigen (*de* für + *akk*); (*restituir*) ersetzen; **~ un cheque** einen Scheck verrechnen; **~ dividendos** Dividenden vergüten
compensativo, -a [kompensa'tiβo, -a] *adj* ausgleichend, Ausgleichs-
compensatorio, -a [kompensa'torjo, -a] *adj* ausgleichend, kompensatorisch; **gravamen ~** (UE) Ausgleichsabgabe *f*
competencia [kompe'tenθja] *f* ❶ (*t.* COM, ECON: *competición*) Wettbewerb *m*; (DEP) Wettstreit *m*; (*rivalidad*) Konkurrenz *f*; **~ clandestina** Geheimwettbewerb *m*; **~ desleal** unlauterer Wettbewerb; (*de precios*) Dumping *nt*; **en materia de precios** Preiskonkurrenz *f*; **~ perfecta/imperfecta** vollkommener/unvollkommener Wettbewerb, vollständige/unvollständige Konkurrenz *f*; **~ positiva de prestaciones** Leistungswettbewerb *m*; **~ ruinosa** ruinöse Konkurrenz; **~ suprarregional** überregionale Konkurrenz; **estar en ~ con alguien/algo** mit jdm/etw *dat* im Wettbewerb stehen; **hacer la ~ a alguien/algo** mit jdm/etw *dat* konkurrieren, jdm/etw *dat* Konkurrenz machen; **sufrir la ~** dem Wettbewerb ausgesetzt sein
❷ (*aptitud*) Fähigkeit *f*, Tauglichkeit *f*; (*t.* LING) Kompetenz *f*; (*especialidad*) Sachkenntnis *f*
❸ (*responsabilidad*) Zuständigkeit *f*; (*obligaciones*) Aufgabenbereich *m*; (*t.* ADMIN) Ressort *nt*; (*atribución*) Befugnis *f*; **~ administrativa** Verwaltungskompetenz *f*; **~ arancelaria** (ECON) Tarifzuständigkeit *f*; **~ asistencial** Betreuungskompetenz *f*; **~ decisoria** Entscheidungskompetenz *f*; **~ legislativa** (JUR) Gesetzgebungskompetenz *f*; **~ local** örtliche Zuständigkeit; **~ de recurso** (JUR) Rechtsmittelbefugnis *f*; **esto (no) es de mi ~** dafür bin ich (nicht) zuständig, das fällt (nicht) in meine Zuständigkeit *formal*
competencial [kompeten'θjal] *adj* (ADMIN, JUR, POL) Zuständigkeits-; **conflicto ~** Zuständigkeitsstreit *m*, Kompetenzkonflikt *m*; **techo ~** Kompetenzobergrenze *f*
competente [kompe'tente] *adj* ❶ (*capaz*) fähig; (*apto*) tauglich; (*t.* LING) kompetent; (*versado*) sachkundig, sachverständig (*en* in + *dat*); (*dotado*) begabt (*para* für + *akk*); (*normativo*) maßgebend, kompetitiv
❷ (*correspondiente*) zuständig (*en* für + *akk*); (*autorizado*) befugt (*en zu* + *dat*); **la autoridad ~** die zuständige Behörde
competer [kompe'ter] *vi* (*t.* JUR: *corresponder*) obliegen + *dat*
competición [kompeti'θjon] *f* (*t.* DEP) Wettbewerb *m*, Wettkampf *m*; **~ de natación** Wettschwimmen *nt*
competidor(a) [kompeti'ðor(a)] I. *adj* mitbewerbend, kompetitiv; **empresa competidora** Konkurrenzunternehmen *nt*
II. *m(f)* (*t.* ECON) Konkurrent(in) *m(f)*, Mitbewerber(in) *m(f)*, Wettbewerber(in) *m(f)*
competir [kompe'tir] *irr como pedir vi* ❶ (*enfrentarse*) konkurrieren (*con* mit + *dat*, *por* um + *akk*), in Wettbewerb stehen (*con* mit + *dat*, *por* um + *akk*), wetteifern (*con* mit + *dat*, *por* um + *akk*)
❷ (*igualarse*) konkurrieren (können) (*en* in + *dat*)
competitividad [kompetitiβi'ðað] *f* Konkurrenzfähigkeit *f*, Wettbewerbsfähigkeit *f*; (*espíritu*) Wettbewerbsgeist *m*
competitivo, -a [kompeti'tiβo, -a] *adj* konkurrenzfähig; (*dirigido*) konkurrenzorientiert; **economía competitiva** Wettbewerbswirtschaft *f*; **espíritu ~** Wettbewerbsgeist *m*; **precio ~** wettbewerbsfähiger Preis; **producto ~** Konkurrenzprodukt *nt*
compilación [kompila'θjon] *f* Kompilation *f*; (INFOR) Kompilieren *nt*
compilador[1] [kompila'ðor] *m* (INFOR) Compiler *m*; **~ de tipos** Typencompiler *m*
compilador(a)[2] [kompila'ðor(a)] I. *adj* kompilatorisch
II. *m(f)* Kompilator(in) *m(f)*
compilar [kompi'lar] *vt* (*t.* INFOR) kompilieren
compilatorio, -a [kompila'torjo, -a] *adj* kompilatorisch
compincharse [kompin'tʃarse] *vr* (*fam pey*) paktieren, gemeinsame Sache machen; **estar compinchado con alguien** mit jdm unter einer Decke stecken
compinche [kom'pintʃe] *mf* (*fam pey*) Kumpan(in) *m(f)*, Spießgeselle, -in *m, f*
complacencia [kompla'θenθja] *f* ❶ (*agrado*) (Wohl)gefallen *nt*; (*satisfacción*) Befriedigung *f*, Zufriedenheit *f*; (*placer*) Vergnügen *nt*
❷ (*atención*) Gefälligkeit *f*
❸ (*indulgencia*) Nachsicht *f*
complacer [kompla'θer] *irr como crecer* I. *vt* ❶ (*gustar*) gefallen + *dat*
❷ (*agradar*) freuen, Freude bereiten + *dat*
❸ (*hacer un favor*) eine Gefälligkeit erweisen + *dat*; (*satisfacer*) zufrieden stellen; **~ a alguien** jdm (gegenüber) gefällig sein; **~ un deseo/una petición** einen Wunsch/eine Bitte erfüllen; **me complace que te sien-**

complaciente 182 **compositor**

tas bien aquí es freut mich, dass du dich hier wohl fühlst; **quedar complacido de algo/alguien** von etw *dat*/jdm angetan sein
II. *vr:* **~se** ❶ (*gustar*) Gefallen finden (*en/de* an +*dat*)
❷ (*alegrarse*) sich freuen; **nos complacemos en comunicar a nuestros clientes que...** wir freuen uns unseren Kunden mitteilen zu dürfen, dass ...
complaciente [kompla'θjente] *adj* (*servicial*) gefällig; (*atento*) aufmerksam (*para/con* gegenüber +*dat*), zuvorkommend (*para/con* gegenüber +*dat*); **un marido ~** ein aufmerksamer Ehemann
complejidad [komplexi'ðað] *f* ❶ (*multifacetismo*) Vielschichtigkeit *f*, Komplexität *f*
❷ (*complicación*) Kompliziertheit *f*; (*dificultad*) Schwierigkeit *f*
complejo¹ [kom'plexo] *m* ❶ (*t.* QUÍM*: compuesto*) Komplex *m*, Verbindung *f*; (*todo*) Gesamtheit *f*
❷ (*t.* ECON, TÉC*: instalación*) Komplex *m*, Anlage *f*; **~ deportivo** Sportzentrum *nt*; **~ hospitalario** Klinikum *nt*; **~ hotelero** Hotelkomplex *m*; **~ industrial** Industriekomplex *m*; **~ residencial** Wohnsiedlung *f*; **~ turístico** touristische Anlage
❸ (PSICO) Komplex *m*; **~ de culpabilidad** Schuldkomplex *m*; **~ de Edipo** Ödipuskomplex *m*; **~ de inferioridad** Minderwertigkeitskomplex *m*; **~ de superioridad** übersteigertes Selbstbewusstsein
complejo, -a² [kom'plexo, -a] *adj* ❶ (*multifacético*) vielschichtig; (*t.* MAT) komplex
❷ (*complicado*) kompliziert; (*difícil*) schwierig
complementación [komplementa'θjon] *f* Komplementierung *f*, Ergänzung *f*; (BIOL) Komplementation *f*
complementar [komplemen'tar] I. *vt* komplementieren, ergänzen; (*completar*) vervollständigen
II. *vr:* **~se** sich komplementieren, sich ergänzen
complementariedad [komplementarje'ðað] *f* (BIOL, FÍS, LING, QUÍM) Komplementarität *f*
complementario, -a [komplemen'tarjo, -a] *adj* ergänzend; (*t.* LING) komplementär; **cláusula complementaria** Ergänzungsklausel *f*; **color ~** Komplementärfarbe *f*; **número ~** (*lotería*) Zusatzzahl *f*
complemento [komple'mento] *m* ❶ (*parte*) Komplement *nt*, Ergänzung *f*; **~ del contrato** Vertragsergänzung *f*
❷ (*culminación*) Vollendung *f*
❸ (*ampliación*) Erweiterung *f*
❹ (*paga*) Zulage *f*; (*recargo*) Zuschlag *m*; **~ salarial** Gehaltszulage *f*, Lohnzulage *f*
❺ (*accesorio*) Accessoire *nt*
❻ (LING) Objekt *nt*; **~ directo/indirecto** direktes/indirektes Objekt, Akkusativ-/Dativobjekt *nt*
completamente [kompleta'mente] *adv* gänzlich, komplett *fam*; **estoy ~ de acuerdo contigo** ich bin ganz deiner Meinung; **está ~ loco** er ist völlig verrückt; **es ~ imposible** es ist vollkommen unmöglich
completar [komple'tar] I. *vt* ❶ (*añadir*) ergänzen, vervollständigen
❷ (*perfeccionar*) vollenden, vervollkommnen
II. *vr:* **~se** sich ergänzen
completas [kom'pletas] *fpl* (REL) Komplet *f*
completivo, -a [komple'tiβo, -a] *adj* (LING) kompletiv, ergänzend; **oración completiva** Ergänzungssatz *m*, Kompletivsatz *m*
completo, -a [kom'pleto, -a] *adj* (*íntegro*) vollständig, komplett; (*perfecto*) vollkommen, vollendet; (*total*) ganz, total; (*lleno*) voll; (*hotel*) komplett; (*cine, espectáculo*) ausverkauft; **pensión completa** Vollpension *f*; **la obra completa de Lorca** Lorcas gesammelte Werke; **un ~ fracaso** ein totaler Misserfolg; **es una actriz muy completa** sie ist eine vielseitige Schauspielerin; **al ~** vollständig; **por ~** völlig, voll und ganz
complexidad [kompleksi'ðað] *f v.* **complejidad**
complexión [kompleɣ'sjon] *f* ❶ (*constitución*) Körperbau *m*, Statur *f*; (MED) Konstitution *f*; **de ~ atlética** athletisch gebaut
❷ (Am: *tez*) Teint *m*
complexionado, -a [kompleɣsjo'naðo, -a] *adj* (ANAT) gebaut; **bien ~** gut gebaut, wohlgeformt
complexional [kompleɣsjo'nal] *adj* (*t.* MED) konstitutionell
complexo, -a [kom'pleɣso, -a] *adj v.* **complejo²**
complicación [komplika'θjon] *f* ❶ (*t.* MED*: problema*) Komplikation *f*, Schwierigkeit *f*; **nos han surgido complicaciones** wir sind auf Komplikationen gestoßen
❷ (*complejidad*) Kompliziertheit *f*
❸ (*confusión*) Verwirrung *f*, (*enredo*) Verwicklung *f*
complicado, -a [kompli'kaðo, -a] *adj* ❶ (*difícil de entender*) kompliziert
❷ (*complejo*) vielschichtig, komplex
❸ (*persona*) schwierig, kompliziert
complicar [kompli'kar] <c→qu> I. *vt* ❶ (*dificultar*) erschweren, komplizieren
❷ (*implicar*) hineinziehen (*en* in +*akk*), verwickeln (*en* in +*akk*); **dejarse ~** sich hineinziehen lassen

II. *vr:* **~se** ❶ (*dificultarse*) kompliziert werden; (*agravarse*) sich verschlimmern, sich verschärfen; **~se la vida** sich *dat* das Leben schwer machen
❷ (*embrollarse*) sich verstricken (*con/en* in +*akk*)
cómplice ['kompliθe] *mf* (*t.* JUR) Komplize, -in *m, f* (*de/en* bei +*dat*), Mittäter(in) *m(f)* (*de/en* bei +*dat*); (*encubridor*) Helfershelfer(in) *m(f)* (*de/en* bei +*dat*); **hacerse ~ de alguien/algo** jdm/bei etw *dat* Beihilfe leisten
complicidad [kompliθi'ðað] *f* (JUR) Beihilfe *f*, Mittäterschaft *f*
compló [kom'plo] *m* <complós>, **complot** [kom'plot] *m* <complots> Komplott *nt*, *fam: m*; **urdir un ~** ein Komplott schmieden [*o* anzetteln]
complutense [komplu'tense] I. *adj* aus Alcalá de Henares; **Universidad C~** Madrider Universität, größte Universität Spaniens
II. *mf* Einwohner(in) *m(f)* von Alcalá de Henares
componedor¹ [kompone'ðor] *m* (TIPO) Winkelhaken *m*
componedor(a)² [kompone'ðor(a)] *m(f)* (*Méx, AmS: cirujano de huesos*) auf Knochenbrüche spezialisierter Chirurg/spezialisierte Chirurgin
componedora [kompone'ðora] *f* (INFOR) Composer *m*
componenda [kompo'nenda] *f* (*acuerdo*) Absprache *f*; (*pey: arreglo*) Machenschaft *f*
componente [kompo'nente] I. *adj* bildend
II. *m* ❶ (*t.* TÉC) Bestandteil *m*; (FÍS, MAT, QUÍM) Komponente *f*; (*elemento*) Element *nt*; **~ constitutivo** Bauteil *m*; **~ discreto** (INFOR) diskrete Baueinheit *f*; **~s físicos** (INFOR) Baueinheiten *fpl*; **~s lógicos** (INFOR) Software *f*; **~s de motor** Motor(bestand)teile *mpl*; **viento de ~ norte/sur** (METEO) Wind aus nördlicher/südlicher Richtung
❷ (*miembro*) Mitglied *nt*
componer [kompo'ner] *irr como* **poner** I. *vt* ❶ (*formar*) zusammensetzen; (*ordenar*) ordnen; (*organizar*) einrichten; (*adecuar*) herrichten
❷ (*constituir*) bilden
❸ (*redactar*) verfassen; (MÚS) komponieren
❹ (TIPO) (ab)setzen
❺ (*realizar*) anfertigen
❻ (*recomponer*) zusammenfügen; (*reconstruir*) wieder aufbauen; (*arreglar*) reparieren; (*fig*) einrenken
❼ (*corregir*) berichtigen; (*disputas*) schlichten; (JUR) beilegen
❽ (*asear*) zurechtmachen, herausputzen
❾ (Am: *castrar*) kastrieren
❿ (Am: *curar*) einrenken
II. *vr:* **~se** ❶ (*constituirse*) bestehen (*de* aus +*dat*)
❷ (*arreglarse*) sich zurechtmachen, sich herausputzen
❸ (*ponerse de acuerdo*) sich absprechen (*con* mit +*dat*)
❹ (Am: *mejorarse*) sich bessern
❺ (*loc*): **componérselas para...** es schaffen zu ..., es fertig bringen zu ...
componible [kompo'niβle] *adj* ❶ (*reparable*) reparabel
❷ (*reconciliable*) vereinbar
❸ (JUR) beilegbar
comporta [kom'porta] *f* (AGR: *cesta*) Lesekorb *m*, Weinbütte *f*
comportamiento [komporta'mjento] *m* Benehmen *nt*, Betragen *nt*; (*t.* PSICO, TÉC) Verhalten *nt*; **~ competitivo** Wettbewerbsverhalten *nt*; **~ de los consumidores** Konsumverhalten *nt*, Verbraucherverhalten *nt*; **~ de las cotizaciones** Kursentwicklung *f*; **~ económico** Wirtschaftsentwicklung *f*; **~ a largo plazo** Langzeitverhalten *nt*; **~ del mercado** Marktgeschehen *nt*; **~ de los precios** Preisentwicklung *f*
comportar [kompor'tar] I. *vt* ❶ (*conllevar*) miteinschließen; **esto (no) comporta que +*subj*** das bedeutet (nicht), dass ...
❷ (CSur: *causar*) verursachen
II. *vr:* **~se** sich benehmen, sich verhalten; **~se bien/mal** sich gut/schlecht benehmen [*o* betragen]; **saber ~se** gute Manieren haben
comporte [kom'porte] *m* ❶ (*comportamiento*) Verhalten *nt*, Betragen *nt*
❷ (*porte*) Haltung *f*
composición [komposi'θjon] *f* ❶ (ARTE, LING, LIT, MÚS) Komposition *f*; (*obra*) Werk *nt*; (*arte*) Kompositionslehre *f*, Tonsetzkunst *f*; (*redacción*) Aufsatz *m*, Schularbeit *f*; **~ ocupacional** (ECON) Beschäftigungsstruktur *f*; **~ de palabras** Wortbildung *f*; **~ de los precios** (ECON) Preisgefüge *nt*
❷ (*realización*) Anfertigung *f*
❸ (*t.* QUÍM) Verbindung *f*
❹ (*acuerdo*) Einigung *f*; (JUR) Beilegung *f*, Schlichtung *f*
❺ (TIPO) Satz *m*; **taller de ~** Setzerei *f*; **~ por ordenador** Computersatz *m*
❻ (*compostura*) Gemessenheit *f*
❼ (*loc*): **hacerse una ~ de lugar sobre algo** etw von allen Seiten betrachten
compositor(a) [komposi'tor(a)] *m(f)* ❶ (MÚS) Komponist(in) *m(f)*
❷ (*tipógrafo*) Setzer(in) *m(f)*

❸ (*CSur: curandero*) Kurpfuscher *m*
compost [kom'posᵗ] *m sin pl* (ECOL) Kompost *m*
compostación [komposta'θjon] *f*, **compostaje** [kompos'taxe] *m* (ECOL) ❶ (*proceso*) Kompostierung *f* ❷ (*vertedero*) Kompostanlage *f*
compostelano, -a [komposte'lano, -a] I. *adj* aus Santiago de Compostela
II. *m, f* Einwohner(in) *m(f)* von Santiago de Compostela
compostura [kompos'tura] *f* ❶ (*realización*) Anfertigung *f*
❷ (*corrección*) Berichtigung *f*; (TÉC: *reparación*) Reparatur *f*
❸ (*acuerdo*) Absprache *f*
❹ (*aspecto*) Adrettheit *f*
❺ (*comedimiento*) Mäßigkeit *f*; (*decencia*) Anstand *m;* **guardar la ~** den Anstand wahren; **perder la ~** sich vergessen, seine guten Manieren vergessen
❻ (*constitución*) Zusammensetzung *f*
compota [kom'pota] *f* Kompott *nt*
compra ['kompra] *f* Kauf *m*, Anschaffung *f*, Erwerb *m*; **~s** Einkäufe *mpl*; **~s de acaparamiento** Hamsterkäufe *mpl*; **~ al contado** Barkauf *m*; **~ a crédito** Forderungskauf *m*; **~ ficticia** Scheinkauf *m*; **~ financiera** Finanzierungskauf *m*; **~ en firme** Festkauf *m*; **~ de garantía** Sicherungskauf *m*; **~ impulsiva** Spontankauf *m*; **~ inmobiliaria** Grundstückskauf *m*; **~ en línea** Onlineshopping *nt*; **~ mínima obligatoria** Mindestabnahmeverpflichtung *f*; **~ a plazos** Ratenkauf *m*, Abzahlungskauf *m*; **~ de reabastecimiento** Deckungskauf *m*; **~ en subasta** Versteigerungskauf *m*; **~ y venta de moneda extranjera** Devisengeschäft *nt;* **bolsa de la ~** Warenkorb *m;* **mala ~** Fehlkauf *m;* **ir a la ~** einkaufen gehen; **ir de ~s** einen Einkaufsbummel machen; **efectuar una ~** (*elev*) einen Kauf tätigen
comprable [kom'praβle] *adj* käuflich
comprador(a) [kompra'ðor(a)] *m(f)* Käufer(in) *m(f)*; (*cliente*) Kunde, -in *m, f*; (*comerciante*) Abnehmer(in) *m(f)*; **~ final** Endabnehmer *m*, Endverbraucher *m*; **~ al por mayor** Großabnehmer *m*
comprar [kom'prar] I. *vt* ❶ (*adquirir*) (ein)kaufen; **~ al contado/a plazos** bar/auf Raten kaufen; **voy a ~les dulces a mis hijos** ich werde meinen Kindern Süßigkeiten kaufen; **voy a ~le a Pepe su coche** ich werde Pepe sein Auto abkaufen; **ir a ~** einkaufen gehen; **~ de segunda mano** aus zweiter Hand kaufen; **~ en firme** fest kaufen; **~ por cuenta ajena/propia** auf fremde/eigene Rechnung kaufen
❷ (*corromper*) bestechen, kaufen *fam*
II. *vr:* **-se** sich *dat* kaufen
compraventa [kompra'βenta] *f* ❶ (*t.* JUR: *acción*) Kauf *m;* **~ al contado** Handkauf *m*; **~ de cosa específica** Spezieskauf *m*; **~ de cosa genérica** Gattungskauf *m*; **~ de herencia** Erbschaftskauf *m*; **~ mercantil** Handelskauf *m*; **~ a plazos** Teilzahlungskauf *m*; **~ con aplazamiento de pago** Kaufgeschäft mit Zahlungsaufschub
❷ (*negocio*) An- und Verkauf *m*; (*tienda*) Gebrauchtwarenladen *m*; (*almoneda*) Trödlerladen *m*
comprender [kompreɲ'der] *vt* ❶ (*contener*) enthalten, beinhalten; (*abarcar*) umfassen, in sich fassen; (*incluir*) einschließen; (*componerse*) bestehen (aus *+dat*); **comprendido** inbegriffen, einschließlich
❷ (*entender*) verstehen, begreifen; (*concebir*) auffassen; (*admitir*) einsehen; **hacer ~ algo a alguien** jdm etw begreiflich machen; **hacerse ~** sich verständigen, sich verständlich machen; **~ mal** missverstehen
comprensible [kompren'siβle] *adj* verständlich, begreiflich
comprensión [kompren'sjon] *f* ❶ (*inclusión*) Umfassung *f*
❷ (*capacidad*) Verständnis *nt;* (*entendimiento*) Auffassungsvermögen *nt*, Verstand *m*; (*conocimiento*) Erkenntnis *f*; **~ auditiva/lectora** Hör-/Leseverständnis *nt*, Hör-/Leseverstehen *nt*
comprensivo, -a [kompren'siβo, -a] *adj* ❶ (*inclusivo*) einschließend
❷ (*benévolo*) verständnisvoll
❸ (*razonable*) einsichtig
compresa [kom'presa] *f* ❶ (*apósito, t.* MED) Kompresse *f*
❷ (*higiénica*) Damenbinde *f*, Monatsbinde *f*
compresibilidad [kompresiβili'ðað] *f* (FÍS) Kompressibilität *f*, Pressbarkeit *f*; (*de gases*) Zusammendrückbarkeit *f*, Verdichtbarkeit *f*
compresible [kompre'siβle] *adj* (FÍS) kompressibel; (*gas*) zusammendrückbar, verdichtbar
compresión [kompre'sjon] *f* ❶ (*t.* FÍS, MED) Kompression *f*, (Zusammen)pressen *nt;* (*de gases*) Verdichtung *f*
❷ (INFOR) Komprimierung *f*; **~ de datos** Datenkomprimierung *f*; **~ de líneas** Leitungskomprimierung *f*; **~ con/sin pérdida** verlustbehaftete/verlustfreie Komprimierung
compresivo, -a [kompre'siβo, -a] *adj* pressend, verdichtend; (*fig*) beklemmend, bedrückend
compresor¹ [kompre'sor] *m* (FÍS, TÉC) Kompressor *m*; (*de gases*) Verdichter *m*; **~ de aire** Luftpresser *m*
compresor(a)² [kompre'sor(a)] *adj v.* **compresivo**
comprimario, -a [kompri'marjo, -a] *m, f* (MÚS, TEAT) Sänger(in) *m(f)* in einer Nebenrolle

comprimente [kompri'mjen̪te] *adj* komprimierend; **el pistón es el elemento ~ de la mezcla** der Kolben hat die Funktion, das Gemisch zu verdichten
comprimible [kompri'miβle] *adj* (FÍS) komprimierbar, (zusammen)pressbar
comprimido [kompri'miðo] *m* Tablette *f*
comprimir [kompri'mir] I. *vt* ❶ (*t.* FÍS, TÉC) komprimieren, zusammenpressen; (*gas*) zusammendrücken, verdichten
❷ (*reprimir*) verdrängen, unterdrücken
II. *vr:* **-se** sich beherrschen
comprobable [kompro'βaβle] *adj* nachprüfbar, nachweisbar; (*constatable*) feststellbar
comprobación [komproβa'θjon] *f* ❶ (*control*) Kontrolle *f*, (Über)prüfung *f*; (*al azar*) Stichprobe *f*; **~ de bloques** (INFOR) Blockprüfung *f*; **~ de edición** (INFOR) Ausgabeprüfung *f*; **~ de paridad** (INFOR) Paritätsprüfung *f*
❷ (*verificación*) Nachweis *m*; (*constatación*) Feststellung *f*; (*confirmación*) Bestätigung *f*; (*prueba*) Beweis *m*
comprobador [komproβa'ðor] *m* (TÉC) Prüfgerät *nt*, Prüfer *m*
comprobante [kompro'βan̪te] I. *adj* (*justificante*) belegend, beweisend; (*de control*) Kontroll-
II. *m* Beleg(schein) *m*; (*justificante*) Bescheinigung *f*; (*prueba*) Nachweis *m*; (JUR) Beweis *m*; **~ de caja** [*o* **de compra**] Kassenbeleg *m*
comprobar [kompro'βar] <o→ue> *vt* ❶ (*controlar*) kontrollieren, (nach)prüfen, überprüfen
❷ (*verificar*) nachweisen; (*confirmar*) bestätigen; (*justificar*) belegen; (*constatar*) feststellen; (*probar*) beweisen; **como puede ~se** nachweislich
comprobatorio, -a [komproβa'torjo, -a] *adj* (JUR) beweiskräftig
comprometedor(a) [komprome'teðor(a)] *adj* kompromittierend; (*comprometido*) heikel, verfänglich; (JUR) belastend
comprometer [komprome'ter] I. *vt* ❶ (*implicar*) hineinziehen (*en* in *+akk*), involvieren (*en* in *+akk*); (*complicar*) verwickeln (*en* in *+akk*); **dejarse ~ en un asunto** sich in eine Sache (mit) hineinziehen lassen; **verse comprometido** sich involviert [*o* verwickelt] sehen
❷ (*exponer*) kompromittieren; (*avergonzar*) bloßstellen, blamieren
❸ (*arriesgar*) gefährden, aufs Spiel setzen
❹ (*obligar*) verpflichten
❺ (JUR) übergeben, übertragen; **~ las diferencias en jueces** die Klärung eines Streitfalles dem Gericht übertragen, ein Schiedsurteil vereinbaren
❻ (COM) vergeben, verkaufen
II. *vr:* **-se** ❶ (*implicarse*) sich involvieren; (*complicarse*) sich verwickeln (*en* in *+akk*)
❷ (*exponerse*) sich kompromittieren; (*ponerse en vergüenza*) sich bloßstellen, sich blamieren
❸ (*obligarse*) sich verpflichten (*a* zu *+dat*, *con* gegenüber *+dat*); (*vincularse*) sich engagieren; **comprometido políticamente** politisch engagiert; **~se** (**en matrimonio**) sich verloben
❹ (JUR) ein Schiedsurteil annehmen
comprometido, -a [komprome'tiðo, -a] *adj* ❶ (*expuesto*) riskant; (*delicado*) heikel
❷ (SOCIOL) (politisch) engagiert
compromisario, -a [kompromi'sarjo, -a] I. *adj* (JUR) schiedsrichterlich
II. *m, f* (JUR) Kompromissar *m*, Schiedsrichter *m*
compromiso [kompro'miso] *m* ❶ (*vinculación*) Verbindlichkeit *f*; (*obligación*) Verpflichtung *f*; (COM, JUR) Obligo *nt;* **~ de contratación** Abschlussbindung *f*; **~ de pago** Zahlungsverpflichtung *f*; **~ de pensión** Versorgungszusage *f*; **~ de suministro** (COM) Lieferverpflichtung *f*; **contraer un ~** sich verpflichten, eine Verpflichtung eingehen; **una carta/visita de ~** ein Anstandsbrief/-besuch; **por ~** formhalber; **sin ~** unverbindlich; (*soltero y*) **sin ~** ungebunden
❷ (*promesa*) Versprechen *nt;* (*vínculo*) Bindung *f*; **~ matrimonial** Verlobung *f*
❸ (*acuerdo*) Vereinbarung *f*, Übereinkunft *f*; (*transacción*) Vertragsverhältnis *nt*; **~ verbal** mündliche Vereinbarung; **llegar a un ~** zu einer Übereinkunft kommen
❹ (*aprieto*) heikle [*o* verfängliche] Lage *f*; **encontrarse** [*o* **estar**] **en un ~** sich in einer heiklen [*o* verfänglichen] Lage befinden; **poner a alguien en un ~** jdn in eine heikle Lage bringen; **me vi en el ~ de negarme** ich geriet in die Verlegenheit, mich weigern zu müssen
❺ (*cita*) Verabredung *f*, Termin *m;* **tener un ~** verabredet sein
❻ (*implicación*) Engagement *nt;* **~ político/social** politisches/soziales Engagement
❼ (JUR: *de diferencias*) Schiedsvertrag *m*, Obligo *nt;* (*acuerdo*) Vereinbarung *f*
compromisorio, -a [kompromi'sorjo, -a] *adj* (*t.* JUR) schiedsrichterlich
comprovinciano, -a [komproβiɲ'θjano, -a] *m, f* Landsmann, -männin *m, f* (*aus derselben Gegend*)
compuerta [kom'pwerta] *f* Schütz *nt*; (*corredera*) Schieber *m*; (NÁUT) Schott *nt;* **~ de acceso** (**de un banco**) Zugangsschleuse *f* (einer Bank);

compuesto

~ **de esclusa** Schleusentor *nt;* ~ **de unidad** (INFOR) Geräteport *m*
compuesto¹ [kom'pwesto] *m* ❶ (*t.* QUÍM: *composición*) Verbindung *f*
❷ (LING) Kompositum *nt*
compuesto, -a² [kom'pwesto, -a] **I.** *pp de* **componer**
II. *adj* ❶ (*formado*) bestehend (*de/por* aus +*dat*); **estar** ~ bestehen (*de/por* aus +*dat*)
❷ (LING, MAT, QUÍM) zusammengesetzt; **palabra compuesta** zusammengesetztes Wort, Kompositum *nt*
❸ (*aseado*) adrett; **muy** ~ herausgeputzt
❹ (*ordenado*) ordentlich
compulsa [kom'pulsa] *f* ❶ (JUR) Beglaubigung *f;* ~ **de documentos** Urkundenvergleich *m*
compulsar [kompul'sar] *vt* ❶ (JUR) beglaubigen
❷ (*cotejar*) vergleichen; **copia compulsada** beglaubigte Abschrift
compulsión [kompul'sjon] *f* Zwang *m;* (JUR) Nötigung *f,* Kompulsion *f*
compulsivo, -a [kompul'siβo, -a] *adj* nötigend, zwingend; (JUR) kompulsiv, Zwangs-
compulsorio¹ [kompul'sorjo] *m* (JUR) Ausfertigungsverfügung *f*
compulsorio, -a² [kompul'sorjo, -a] *adj* (JUR) Ausfertigungs-
compunción [kompun'θjon] *f* ❶ (*contrición*) Zerknirschtheit *f*
❷ (*tristeza*) Verdruss *m*
❸ (*compasión*) Mitleid *nt*
compungido, -a [kompuŋ'xiðo, -a] *adj* ❶ (*contrito*) zerknirscht
❷ (*triste*) bedrückt
compungir [kompuŋ'xir] <g→j> **I.** *vt* ❶ (*provocar arrepentimiento*) mit Reue erfüllen, zur Reue bewegen
❷ (*entristecer*) bedrücken
❸ (*conmover*) rühren
II. *vr:* ~**se** ❶ (*sentir arrepentimiento*) zerknirscht werden
❷ (*entristecerse*) bedrückt sein
❸ (*conmoverse*) gerührt werden
computable [kompu'taβle] *adj* ❶ (*calculable*) berechenbar
❷ (*computado*) angerechnet
computación [komputa'θjon] *f* ❶ (*cálculo*) Berechnung *f;* (*aproximada*) Überschlag *m;* ~ **distribuida** (INFOR) verteilte Berechnung
❷ (*consideración*) Anrechnung *f*
computador¹ [komputa'ðor] *m* (*Am*) Computer *m,* Rechner *m;* v. t. **ordenador**
computador(a)² [komputa'ðor(a)] *adj* Computer-
computadora [komputa'ðora] *f* (*Am*) v. t. **ordenador**
computadorizado, -a [komputaðori'θaðo, -a] *adj* computerisiert
computar [kompu'tar] *vt* ❶ (*calcular*) berechnen; (*aproximado*) überschlagen
❷ (*considerar*) anrechnen
computerización [komputeriθa'θjon] *f* Computerisierung *f*
computerizado, -a [komputeri'θaðo, -a] *adj* computerisiert
computerizar [komputeri'θar] <z→c> *vt* computerisieren
cómputo ['komputo] *m* Berechnung *f;* (*aproximado*) Überschlag *m;* ~ **a tanto alzado** (ECON) Forfaitierung *f;* ~ **de votos** Stimmenauszählung *f*
comulgante [komul'ɣante] *mf* (REL) Kommunikant(in) *m(f)*
comulgar [komul'ɣar] <g→gu> *vi* ❶ (REL) zur Kommunion gehen, kommunizieren; (**no**) ~ **con ruedas de molino** (*fig fam*) sich *dat* (nicht) jeden Bären aufbinden lassen
❷ (*estar de acuerdo*) übereinstimmen (*con* mit +*dat, en* in +*dat*)
comulgatorio [komulɣa'torjo] *m* (REL) Kommunionbank *f*
común [ko'mun] **I.** *adj* ❶ (*conjunto*) gemeinsam (*a* mit +*dat*); (*de la comunidad*) gemeinschaftlich; **amistades comunes** gemeinsame Bekannte; **asignaturas comunes** (UNIV) Pflichtfächer *ntpl;* **intereses comunes** gemeinsame Interessen; ~ **acuerdo** gegenseitiges Einvernehmen; **de** ~ **acuerdo** nach gegenseitiger Übereinkunft; **uso** ~ Gemeingebrauch *m;* **en** ~ gemeinsam; **tener algo/no tener nada en** ~ **con alguien** mit jdm etw/nichts gemeinsam haben
❷ (*normal*) gewöhnlich; (*abundante*) häufig (vorkommend); (*corriente*) geläufig, gängig; (*habitual*) üblich; (*cotidiano*) alltäglich; **sentido** ~ gesunder Menschenverstand; **fuera de lo** ~ außergewöhnlich; **poco** ~ ungewöhnlich; **por lo** ~ normalerweise, gewöhnlich
❸ (*vulgar*) gemein, gewöhnlich; (*calidad*) gering
II. *m* ❶ (*generalidad*) Allgemeinheit *f;* (*gente*) Volk *nt;* **el** ~ **de las gentes** die breite Allgemeinheit
❷ (*retrete*) Abort *m*
❸ (POL): **los Comunes** die Abgeordneten; (*parlamento*) das Unterhaus
comuna [ko'muna] *f* ❶ (HIST) Kommune *f*
❷ (*Am: municipio*) Gemeinde *f*
❸ (*piso compartido*) Wohngemeinschaft *f,* WG *f;* (*en los sesenta*) Kommune *f*
comunal [komu'nal] *adj* (ADMIN, POL) Gemeinde-, Kommunal-; **elecciones** ~**es** Kommunalwahlen *fpl;* **política** ~ Gemeindepolitik *f,* Kommunalpolitik *f*
comunero [komu'nero] *m* ❶ (*copropietario*) Miteigentümer *m*

comunidad

❷ (*Am: aparcero*) Pächter *m* (eines Staatsgutes)
❸ (HIST) kastilischer Aufständischer gegen den deutschen Kaiser Karl V.
comunicable [komuni'kaβle] *adj* ❶ (*transmisible*) mitteilbar
❷ (*comunicativo*) mitteilsam; (*sociable*) leutselig
comunicación [komunika'θjon] *f* ❶ (*t.* TEC, TEL) Kommunikation *f;* (*entendimiento*) Verständigung *f;* (*trato*) Umgang *m;* ~ **de datos** (INFOR) Datenkommunikation *f;* **comunicaciones jerárquicas** (INFOR) hierarchische Kommunikationen; **problemas de** ~ (PSICO) Kommunikationsschwierigkeiten *fpl;* **estar en** ~ **con alguien** mit jdm in Verbindung stehen; **poner(se) en** ~ **con alguien** (sich) mit jdm in Verbindung setzen
❷ (*comunicado*) Mitteilung *f;* (*ponencia*) Vortrag *m;* ~ **de pago** Zahlungsmitteilung *f*
❸ (*conexión*) Anschluss *m;* ~ **directa** Durchwahl *f;* ~ **interurbana** Ferngespräch *nt;* ~ **telefónica** Telefongespräch *nt,* Telefonverbindung *f;* **cortar la** ~ die Verbindung unterbrechen; **establecer una** ~ **con alguien** eine (Gesprächs)verbindung mit jdm herstellen
❹ (*transmisión*) Übertragung *f,* Übermittlung *f*
❺ (*vía*) Verkehrsweg *m;* (*de transporte*) Verkehrsverbindung *f*
❻ *pl* (*sistema*) Verbindungen *fpl;* (TEL) Fernmeldewesen *nt,* Telefonverkehr *m;* (*tráfico*) Verkehrsnetz *nt;* **comunicaciones postales** Postverkehr *m,* Postwesen *nt*
comunicado¹ [komuni'kaðo] *m* Mitteilung *f;* (ADMIN, POL) Kommuniqué *nt;* (*en un periódico*) Eingesandte(s) *nt;* ~ **oficial** offizielle [*o* amtliche] Mitteilung; ~ **de prensa** Pressemitteilung *f*
comunicado, -a² [komuni'kaðo, -a] *adj* verbunden; **estar bien/mal** ~ gute/schlechte (Verkehrs)verbindungen haben; **un pueblo mal** ~ ein abgelegenes Dorf; **habitaciones comunicadas** Zimmer mit Verbindungstür
comunicador(a) [komunika'ðor(a)] *adj* ❶ (*comunicante*) mitteilend; (*t.* FÍS) kommunizierend
❷ (*carismático*) ansprechend
comunicante [komuni'kante] **I.** *adj* mitteilend; (*t.* FÍS) kommunizierend; **vasos** ~**s** (FÍS) kommunizierende Röhren
II. *mf* ❶ (*t.* LING) Kommunikant(in) *m(f)*
❷ (*de un periódico*) Einsender(in) *m(f)*
❸ (*ponente*) Vortragende(r) *mf,* Referent(in) *m(f)*
comunicar [komuni'kar] <c→qu> **I.** *vi* ❶ (*estar unido*) kommunizieren, verbunden sein; (*estar en contacto*) in Verbindung stehen; (*calles*) zusammenlaufen; (*cuartos*) ineinander übergehen
❷ (*conectar*) durchkommen (*con* zu +*dat*)
❸ (*teléfono*) besetzt sein; **está comunicando** es [*o* die Leitung] ist besetzt
II. *vt* ❶ (*informar*) mitteilen (*por* über +*akk*); (*dar a conocer*) bekannt machen; (*anunciar*) verkünden; (*notificar*) notifizieren; ~ **algo a alguien** jdn von etw *dat* benachrichtigen, jdn von etw *dat* in Kenntnis setzen
❷ (*transmitir*) übertragen, übermitteln
❸ (*unir*) verbinden; (*contactar*) in Verbindung setzen
❹ (*al teléfono*) verbinden
III. *vr:* ~**se** ❶ (*entenderse*) kommunizieren; (*hacerse entender*) sich verständigen
❷ (*relacionarse*) umgehen (*con* mit +*dat*), verkehren (*con* mit +*dat*)
❸ (*traspasarse*) sich übertragen (*a* auf +*akk*)
comunicatividad [komunikatiβi'ðað] *f* (*t.* LING) Kommunikativität *f;* (*extrovertido*) Mitteilsamkeit *f,* Gesprächigkeit *f;* (*accesibilidad*) Zugänglichkeit *f*
comunicativo, -a [komunika'tiβo, -a] *adj* (*t.* LING) kommunikativ; (*extrovertido*) mitteilsam; (*hablador*) gesprächig; (*accesible*) zugänglich
comunicóloga [komuni'koloɣa] *f v.* **comunicólogo**
comunicología [komunikolo'xia] *f* (*ciencia*) Kommunikationswissenschaft *f;* (*investigación*) Kommunikationsforschung *f*
comunicólogo, -a [komuni'koloɣo, -a] *m, f* Kommunikationswissenschaftler(in) *m(f)* Kommunikationsforscher(in) *m(f)*
comunidad [komuni'ðað] *f* ❶ (*similitud*) Gemeinsamkeit *f*
❷ (*generalidad*) Allgemeinheit *f*
❸ (*colectividad*) Gemeinschaft *f;* ~ **de bienes** Gütergemeinschaft *f;* ~ **de contratistas** Bauherrengemeinschaft *f;* ~ **por cuotas** (ECON) Bruchteilsgemeinschaft *f;* ~ **conyugal** Ehegemeinschaft *f;* ~ **doméstica** [*o* (**familiar**)] Haus(halts)gemeinschaft *f,* Haushalt *m;* **C~ (Económica) Europea** Europäische (Wirtschafts)gemeinschaft; **C~ Europea de la Energía atómica** Europäische Atomgemeinschaft; ~ **de gananciales** (JUR) Zugewinngemeinschaft *f;* ~ **de herederos** Miterbengemeinschaft *f;* ~ **de ingresos** Inkassogemeinschaft *f;* ~ **internacional** Völker(rechts)gemeinschaft *f;* ~ **jurídica** Rechtsgemeinschaft *f;* ~ **de propietarios** Eigentümergemeinschaft *f;* ~ **de propietarios de vivienda** Wohnungseigentümergemeinschaft *f;* ~ **religiosa** (*convento*) Klostergemeinschaft *f;* (*confesión*) Glaubensgemeinschaft *f;* (*evangélica*) Kommunität *f;* ~ **sucesoria** Erbengemeinschaft *f;* ~ **de vecinos** Hausgemeinschaft *f;* **en** ~ gemeinsam

comunión

④ (*municipio*) Gemeinde *f*; (*asociación*) Gemeindeverband *m*; **~ autónoma** autonome Region; **~ foral** Regionalrechtsgebiet *nt*
⑤ (*loc*): **las C~es** (HIST) der Aufstand Kastiliens gegen Karl V.
comunión [komu'njon] *f* ❶ (*similitud*) Gemeinsamkeit *f*
❷ (*colectividad*) Gemeinschaft *f*; **~ de almas** Seelengemeinschaft *f*; **~ de los santos** Gemeinschaft der Heiligen
❸ (REL): *Eucaristía*) Kommunion *f*, (*heiliges*) Abendmahl *nt*; **hacer la (Primera) C~** die Erstkommunion empfangen; **tomar la ~** zur Kommunion gehen, kommunizieren; **recibir la ~** das Abendmahl empfangen
comunismo [komu'nismo] *m* (POL) Kommunismus *m*
comunista [komu'nista] I. *adj* (POL) kommunistisch
II. *mf* (POL) Kommunist(in) *m(f)*
comunitario, -a [komuni'tarjo, -a] *adj* ❶ (*colectivo*) Gemeinschafts-; **intereses ~s** Gemeinschaftsinteressen *ntpl*
❷ (*municipal*) Gemeinde-
❸ (ECON, POL, UE) EU-; (*Comunidad Europea*) EG-; **los países ~s** (UE) die EU-Länder; (*Comunidad Europea*) die EG-Länder; **política comunitaria** (UE) EU-Politik *f*; (*Comunidad Europea*) EG-Politik *f*
con [kon] I. *prep* ❶ (*compañía*) mit +*dat*; (*relación*) (zusammen) mit +*dat*; **café ~ leche** Kaffee mit Milch, Milchkaffee *m*; **pan ~ queso** Käsebrot *nt*; **té ~ hielo** Eistee *m*; **Ana está ahora ~ Luis** Ana ist jetzt mit Luis zusammen; **estoy (de acuerdo) ~ ella** ich bin mit ihr einer Meinung; **estamos ~ vosotros** wir sind auf eurer Seite; **escribirse ~ alguien** mit jdm in Briefkontakt stehen; **hablar ~ alguien** mit jdm sprechen; **(no) tener (nada) que ver ~ algo/alguien** mit etw *dat*/jdm (nichts) zu tun haben; **voy ~ ellos** ich gehe/fahre mit (ihnen); **¿vienes ~ nosotros?** kommst du mit (uns)?; **vivo ~ mis padres/mi novia** ich wohne bei meinen Eltern/mit meiner Freundin (zusammen)
❷ (*instrumento*) mit +*dat*, durch +*akk*; **sujetar algo ~ clavos** etw mit Nägeln befestigen
❸ (*modo*) mit +*dat*; **~ miedo** mit Angst, ängstlich; **lo hizo ~ mala intención** er hat es absichtlich getan; **estar ~ la gripe** Grippe haben; **~ el tiempo todo se arreglará** mit der Zeit wird sich alles geben
❹ (*edad*) mit +*dat*; **ha llegado a director ~ sólo 35 años** mit nur 35 ist er schon Direktor geworden
❺ (*tiempo*) mit +*dat*; **~ una semana de retraso** mit einer Woche Verspätung; **~ una semana de antelación** eine Woche im Voraus
❻ (MAT) Komma; **3 ~ 5** 3 Komma 5; **12 euros ~ 70** 12 Euro 70
❼ (*actitud*): (**para**) **~** zu +*dat*, gegenüber +*dat*; **siempre es muy agradable ~ nosotros** er/sie ist immer sehr freundlich zu uns; **es muy abierto (para) ~ los extranjeros** er ist Ausländern gegenüber sehr offen
❽ (*circunstancia*) bei +*dat*; **(ni) ~ mucho** bei weitem (nicht); **~ este tiempo no se puede ir de excursión** bei diesem Wetter kann man keinen Ausflug machen; **~ este tío nunca se sabe** (fam) bei diesem Typ weiß man nie; **~ tanta gente, no le encontré** vor lauter Leuten konnte ich dich nicht finden; **~ tanto trabajo no puedo salir** bei so viel [*o* vor lauter] Arbeit kann ich nicht ausgehen
❾ (*a pesar de*) trotz +*gen*/*dat*; **~ todo** trotz allem; **~ todo lo ocurrido** trotz all dem, was passiert ist
❿ (*exclamativa*): **¡~ lo (mucho) que** [*o* **~ todo lo que**] **te quiero!** und dabei liebe ich dich doch so (sehr)!; **¡~ tanto como he trabajado!** bei der ganzen Arbeit, die ich mir gemacht habe!; **¡~ lo tonto que es, qué suerte tiene!** so blöd wie er ist, er hat ein Glück!
II. *conj* ❶ (*completiva/condicional*): **~** +*inf* wenn ..., damit, dass ...; **~ que** +*subj* wenn ...; **hacerle un regalito, te perdonará** mach ihm/ihr ein kleines Geschenk, und er/sie wird dir verzeihen; **~ que llames es suficiente** es reicht, wenn du anrufst; **~ tener para vivir me basta** mir genügt es, wenn ich genug zum Leben habe; **~ sólo que** +*subj* wenn ... nur ...; **~ sólo que te esfuerces un poco, aprobarás** wenn du dich nur ein bisschen bemühst, wirst du bestehen; **~ tal (de) que** +*subj*, **~ la condición de que** +*subj* vorausgesetzt, dass ..., unter der Bedingung, dass ...; **te lo arreglaré ~ tal que encuentre la pieza** vorausgesetzt, dass ich das Teil finde, werde ich es dir reparieren
❷ (*concesiva*) obwohl; **~ (todo y) ser hermanos, no se parecen en nada** obwohl sie Geschwister sind, ähneln sie einander gar nicht
❸ (*consecutiva*): **~ que** so dass, also; **la fiesta era muy aburrida, ~ que nos fuimos** die Party war sehr langweilig, so dass wir gingen [*o* also gingen wir]; **no me llamó, ~ que me enfadé** er/sie rief mich nicht an, und das hat mich geärgert; **¡~ que tú eres el novio de María!** du bist also Marias Freund!
conativo, -a [kona'tiβo, -a] *adj* (*relativo al conato*) zielgerichtet
conato [ko'nato] *m* ❶ (*intento*) (gescheiterter) Versuch *m*, Fehlschlag *m*; **~ de homicidio** (JUR) versuchter Totschlag
❷ (*propensión*) Neigung *f*
❸ (*empeño*) Bestreben *nt*
concatenación [koŋkatena'θjon] *f* ❶ (*t.* LING) Verkettung *f*; **~ de acontecimientos** Ereigniskette *f*
❷ (*t.* JUR) Koppelung *f*; **~ de competencias/ordenamientos jurídicos** Koppelung von Zuständigkeiten/Rechtsordnungen

concepto

concatenar [koŋkate'nar] *vt, vr*: **~se** (sich) verketten
concausa [koŋ'kausa] *f* (*elev*) Mitursache *f*
concavidad [koŋkaβi'ðað] *f* (FÍS) Konkavität *f*
cóncavo, -a ['koŋkaβo, -a] *adj* hohl, nach innen gewölbt; (FÍS) konkav; **espejo ~** Hohlspiegel *m*
concebible [konθe'βiβle] *adj* ❶ (*comprensible*) begreifbar, fassbar
❷ (*imaginable*) denkbar, vorstellbar
concebir [konθe'βir] *irr como pedir* I. *vi* schwanger werden; (*animales*) trächtig werden
II. *vt* ❶ (*engendrar*) empfangen
❷ (*imaginar*) begreifen, (auf)fassen; **no puedo ~lo** ich kann es nicht fassen [*o* begreifen]
❸ (*diseñar*) entwerfen; (*planear*) planen; (*idea*) sich *dat* ausdenken
❹ (*abrigar*) empfinden; **~ esperanzas** sich *dat* Hoffnungen machen; **~ sospechas** Verdacht schöpfen
conceder [konθe'ðer] I. *vt* ❶ (*otorgar*) verleihen; (*asignar*) gewähren, zugestehen; (*aprobar*) bewilligen, genehmigen; **~ atención** Aufmerksamkeit schenken [*o* zollen]; **~ una beca** ein Stipendium zusprechen; **~ un descuento** einen Rabatt einräumen; **~ una moratoria** stunden; **~ la palabra** das Wort erteilen; **~ un premio** einen Preis verleihen; **~ valor** [*o* **importancia**] **a algo** auf etw Wert legen, etw *dat* Bedeutung beimessen; **¿me concede el honor de este baile?** geben Sie mir die Ehre, mit mir zu tanzen?, gewähren Sie mir diesen Tanz?
❷ (*admitir*) gestehen, zugeben; **~ un crédito** einen Kredit gewähren [*o* einräumen]; **~ una licencia** eine Lizenz vergeben; **~ un plazo** eine (Zahlungs)frist einräumen; **~ una rebaja** einen Nachlass gewähren, Rabatt geben
II. *vr*: **~se** sich *dat* gönnen
concejal(a) [konθe'xal(a)] *m(f)* Stadtrat, -rätin *m, f*
concejalía [konθexa'lia] *f* Stadtratsamt *nt*
concejil [konθe'xil] *adj* Stadtrats-, Gemeinde(rats)-
concejo [kon'θexo] *m* Stadtrat *m*, Gemeinderat *m*
concelebración [konθeleβra'θjon] *f* (REL) Konzelebration *f*
concelebrante [konθele'βrante] I. *adj* (REL) konzelebrierend
II. *m* (REL) Konzelebrant *m*
concelebrar [konθele'βrar] *vt* (REL) konzelebrieren; **misa concelebrada** Konzelebration *f*
concentración [konθentra'θjon] *f* (*t.* MIL, QUÍM) Konzentration *f*; (*acumulación*) Zusammenballung *f*; (*manifestación*) Zusammenschluss *m*; (*agrupación*) Gruppierung *f*; (ADMIN) Zentralisierung *f*; **~ de capital** Kapitalzusammenlegung *f*; **~ de datos** (INFOR) Datenverdichtung *f*; **~ económica** Monopolbildung *f*; **~ de empresas** Unternehmenszusammenschluss *m*; **~ de masas** Massenkundgebung *f*, Massenversammlung *f*; **~ parcelaria** Flurbereinigung *f*; **~ de productos** (ECON) Produktkonzentration *f*; **~ salina** Salzgehalt *m*; **~ de tropas** Truppenansammlung *f*; **campo de ~** Konzentrationslager *nt*; **de alta ~** hochgradig, hochkonzentriert
concentrado¹ [konθen'traðo] *m* (*extracto*) Konzentrat *nt*; **~ de tomate** Tomatenmark *nt*
concentrado, -a² [konθen'traðo, -a] *m, f* (POL: *manifestante*) Kundgebungsteilnehmer(in) *m(f)*, Demonstrant(in) *m(f)*
concentrador [konθentra'ðor] *m* (INFOR) Konzentrator *m*; **~ de datos** Datenkonzentrator *m*
concentrar [konθen'trar] I. *vt* ❶ (*t.* MIL, QUÍM) konzentrieren; (MIL) zusammenziehen; (*acumular*) zusammenballen; (*agrupar*) gruppieren; (ADMIN) zentralisieren
❷ (*centrar*) konzentrieren; (*dirigir*) lenken, richten; **~ la atención en algo/alguien** die Aufmerksamkeit auf etw/jdn lenken [*o* richten]
II. *vr*: **~se** ❶ (*reunirse*) zusammenkommen; (POL) sich zusammenfinden; (*agruparse*) sich gruppieren, sich zusammenschließen
❷ (*contrarse*) sich konzentrieren (**en** auf +*akk*)
concéntrico, -a [kon'θentriko, -a] *adj* (MAT) konzentrisch
concepción [konθeβ'θjon] *f* ❶ (*embarazo*) Empfängnis *f*; (MED) Konzeption *f*; **la Inmaculada C~** die Unbefleckte Empfängnis
❷ (*idea*) Konzeption *f*, Konzept *nt*; **~ del producto** Produktkonzeption *f*
❸ (*mentalidad*) Anschauung *f*; (*interpretación*) Auffassung *f*; **~ del mundo** Weltanschauung *f*
❹ (*capacidad*) Auffassungsvermögen *nt*
conceptismo [konθep'tismo] *m* (LIT) Konzeptismus *m*
conceptista [konθep'tista] I. *adj* (LIT) konzeptistisch
II. *mf* (LIT) Konzeptist(in) *m(f)*
concepto [kon'θepto] *m* ❶ (*noción*) Begriff *m*; (*plan*) Konzept *nt*; **~ jurídico** Rechtsbegriff *m*
❷ (*opinión*) Auffassung *f*; (*imagen*) Image *nt*; **formarse un ~ de alguien/algo** sich *dat* ein Bild von jdm/etw *dat* machen; **tener un alto ~ de alguien/de sí mismo** von jdm/sich *dat* selbst eine hohe Meinung haben
❸ (*loc*): **bajo** [*o* **por**] **ningún ~** keineswegs, unter keinen Umständen;

conceptuación

en ~ de als, in der Eigenschaft als; (COM) für +akk; **se cargarán dos euros en ~ de gastos de envío** es werden zwei Euro für Porto erhoben
conceptuación [konθeptwa'θjon] f ❶ (opinión) Auffassung f
❷ (noción) Begriffsbildung f
❸ (valoración) Beurteilung f
conceptual [konθeptu'al] adj begrifflich, konzeptuell; **arte** ~ Konzeptkunst f
conceptualismo [konθeptwa'lismo] m (FILOS) Konzeptualismus m
conceptualización [konθeptwaliθa'θjon] f Konzeptualisierung f
conceptualizar [konθeptwali'θar] <z→c> vt konzeptualisieren
conceptuar [konθeptu'ar] <1. pres: **conceptúo**> vt halten (como/de für +akk)
concercano, -a [konθer'kano, -a] adj (elev: contiguo) benachbart
concerniente [konθer'njente] adj betreffend (a +akk), bezüglich (a +gen), hinsichtlich (a +gen); **en lo ~ a algo/alguien...** was etw/jdn angeht [o betrifft] ...
concernir [konθer'nir] irr como cernir vi ❶ (afectar) angehen, betreffen; **en** [o **por**] **lo que concierne a algo/alguien...** was etw/jdn betrifft [o anbelangt] ...
❷ (corresponder) zustehen +dat
concertación [konθerta'θjon] f (ECON, POL) Vereinbarung f; **social** Solidarpakt m; **la ~ entre el gobierno y los sindicatos ha posibilitado la aprobación del presupuesto** durch die konzertierte Aktion zwischen Regierung und Gewerkschaften wurde die Verabschiedung des Haushaltes ermöglicht
concertante [konθer'tante] I. adj ❶ (que concierta) passend, harmonierend
❷ (MÚS) konzertant
II. m (MÚS) Concertante f, Konzertante f
concertar [konθer'tar] <e→ie> I. vi ❶ (armonizar) passen (con zu +dat), zusammenpassen (con mit +dat), harmonieren (con mit +dat)
❷ (MÚS) (gleich) gestimmt sein
❸ (LING) übereinstimmen, kongruieren
II. vt ❶ (ordenar) ordnen; (arreglar) regeln
❷ (MÚS: afinar) stimmen (con nach +dat)
❸ (armonizar) harmonieren, in Einklang bringen; (reconciliar) versöhnen
❹ (acordar) vereinbaren, sich einigen (auf +akk); (concretar) absprechen, ausmachen; **~ una operación** ein Geschäft abschließen, einen Abschluss tätigen
III. vr: **~se** ❶ (MÚS) sich nacheinander stimmen
❷ (ponerse de acuerdo) sich einigen, übereinkommen
❸ (citarse) sich verabreden
❹ (pey: compincharse) paktieren
concertina [konθer'tina] f (MÚS) Konzertina f
concertino [konθer'tino] m (MÚS) Konzertmeister m
concertista [konθer'tista] mf (MÚS) Konzertspieler(in) m(f); **~ de piano** Konzertpianist(in) m(f); **~ de violín** Geigenvirtuose m, Geigenvirtuosin f
concesión [konθe'sjon] f ❶ (acción) Bewilligung f, Erteilung f; **~ de contratos** Vergabewesen nt; **~ de licencias** Lizenzerteilung f; **~ de patente** Patenterteilung f; **~ de prioridad** (JUR) Rangeinräumung f; **hacer una ~** konzessionieren
❷ (efecto) Erlaubnis f, Genehmigung f; (COM, JUR) Konzession f; (licencia) Lizenz f; **~ minera** (JUR, MIN) Abbaurecht nt
❸ (de una beca, renta) Gewährung f, Einräumung f; (de un premio) Verleihung f; **~ de créditos** Kreditgewährung f
❹ (consentimiento) Zugeständnis nt; **sin concesiones** ohne Zugeständnisse, kompromisslos; **hacer concesiones** Zugeständnisse machen, Kompromisse eingehen
concesionario, -a [konθesjo'narjo, -a] I. adj (COM, JUR) konzessionsführend, konzessionstragend
II. m, f (COM, JUR) Konzessionär(in) m(f), Konzessionsinhaber(in) m(f); (de una licencia) Lizenznehmer(in) m(f)
concesivo, -a [konθe'siβo, -a] adj (LING) einräumend, konzessiv; **oración concesiva** Konzessivsatz m
concha ['kontʃa] f ❶ v. **concho²**
❷ (del molusco) Muschel(schale) f; (caparazón) Schale f; (de cefalópodo) Schulp m, Sepiaschale f; **~ del caracol** Schneckenhaus nt; **~ de Santiago** Jakobsmuschel f; **meterse en su ~** (fig) sich in sein Schneckenhaus zurückziehen
❸ (de tortuga) Schildkrötenpanzer m; (carey) Schildpatt nt; **tener muchas ~s, tener más ~s que un galápago** (fig fam) es faustdick hinter den Ohren haben, mit allen Wassern gewaschen sein
❹ (TEAT) Souffleurmuschel f
❺ (Am: descaro) Frechheit f
❻ (Am: vulg: vulva) Muschi f fam, Möse f fam
conchabar [kontʃa'βar] I. vt ❶ (mezclar) panschen
❷ (Am: contratar) einstellen
II. vr: **~se** (fam) paktieren (con mit +dat), sich verbünden (con mit +dat); **estar conchabado con alguien** mit jdm unter einer Decke stecken
conchado, -a [kon'tʃaðo, -a] adj (ZOOL) Schalen-; **moluscos ~s** Schalenweichtiere ntpl
concho¹ ['kontʃo] m ❶ (Ant, Cuba: taxi) Taxi nt
❷ (CSur: resto) Rest m; (poso) Satz m; **irse al ~** (vulg) vor die Hunde gehen fam
❸ (Am: vulg: vulva) Muschi f fam, Möse f fam
concho, -a² ['kontʃo, -a] I. adj (AmC) grob
II. m, f ❶ (AmC: campesino) Bauer m, Bäuerin f
❷ (CSur: niño) Balg m o nt
III. interj (Am: fam): ¡~! verdammt noch mal!
conchudo, -a [kon'tʃuðo, -a] adj ❶ (con conchas) schuppig
❷ (Am: fam: sinvergüenza) frech, unverschämt
❸ (Méx, Col: fam: indolente) träge
concia ['konθja] f Schonung f, Schonwald m
conciencia [konˈθjenθja] f ❶ (conocimiento) Erkenntnis f
❷ (consciencia) Bewusstsein nt; **~ cívica** Gemeinschaftssinn m; **~ de clase** Klassenbewusstsein nt; **~ de la ilicitud** (JUR) Unrechtsbewusstsein nt; **~ política/social** soziales/politisches Bewusstsein [o Gewissen]; **a ~** gewissenhaft; (conscientemente) bewusst; **perder la ~** das Bewusstsein verlieren; **tener (plena) ~ de algo** sich dat etw gen (völlig) bewusst sein; **tomar ~ de algo** sich dat einer Sache gen bewusst werden
❸ (moral) Gewissen nt; (rectitud) Redlichkeit f; (cuestión) Gewissensfrage f; **libertad de ~** Gewissensfreiheit f; **(sin) cargo de ~** (ohne) schlechtes Gewissen; **en ~** mit gutem Gewissen; **apelar a la ~ de alguien** an jds Gewissen appellieren; **me remuerde la ~** ich habe Gewissensbisse, ich habe ein schlechtes Gewissen; **tener la ~ limpia** [o **tranquila**] ein reines [o ruhiges] Gewissen haben; **no tener ~** gewissenlos sein
concienciación [konθjenθja'θjon] f Bewusstmachung f; (ECOL, POL) Sensibilisierung f
concienciar [konθjen'θjar] I. vt ❶ (persuadir) überzeugen (de von +dat)
❷ (sensibilizar) sensibilisieren (de für +akk), bewusst machen +dat (de +akk); **concienciado ecológicamente** umweltbewusst; **no concienciado ecológicamente** ohne Umweltbewusstsein
II. vr: **~se** ❶ (convencerse) sich überzeugen (de von +dat)
❷ (sensibilizarse) sensibilisiert werden (de für +akk); (tomar conciencia) sich dat bewusst machen (de +akk); **estar concienciado políticamente** politisch sensibilisiert sein
concienzudo, -a [konθjen'θuðo, -a] adj gewissenhaft
concierto [kon'θjerto] m ❶ (disposición) Ordnung f; **sin orden ni ~** planlos
❷ (armonía) Einklang m
❸ (t. ECON: acuerdo) Vereinbarung f; (t. JUR) Übereinkunft f
❹ (MÚS) Konzert nt; **dar un ~** ein Konzert geben
❺ (POL) Konzert nt
conciliable [konθi'ljaβle] adj vereinbar; **nuestras opiniones son difícilmente ~s** unsere Ansichten lassen sich nur schwer unter einen Hut bringen; **tal actuación no es ~ con nuestros principios** eine solche Handlung verträgt sich nicht mit unseren Prinzipien
conciliábulo [konθi'ljaβulo] m geheime Versammlung f; (conjura) Verschwörung f
conciliación [konθilja'θjon] f Konziliation f; (reconciliación) Versöhnung f; (de opiniones) Einigung f; (JUR) Schiedsverfahren nt, Vergleich m; **~ de cuentas** (FIN) Kontenabstimmung f; **~ extrajudicial/judicial** (JUR) außergerichtlicher/gerichtlicher Vergleich; **~ laboral** Schlichtung f
conciliador(a) [konθilja'ðor(a)] adj versöhnlich; (amable) verbindlich; (pacífico) friedlich; **adoptar una actitud ~a** eine versöhnliche Haltung einnehmen
conciliar [konθi'ljar] I. adj (REL) konziliar(isch)
II. vt (reconciliar) versöhnen (con mit +dat); (armonizar) in Einklang bringen (con mit +dat); **~ el sueño** einschlafen
III. vr: **~se** ❶ (reconciliarse) sich versöhnen (con mit +dat)
❷ (granjearse) sich dat zuziehen; **~se el respeto de alguien** sich dat bei jdm Respekt verschaffen
conciliatorio, -a [konθilja'torjo, -a] adj konziliant, versöhnlich; (JUR) Sühne-; (laboral) schlichtend
concilio [kon'θiljo] m ❶ (reunión) Versammlung f
❷ (REL) Konzil nt
concisión [konθi'sjon] f Gedrängtheit f; (brevedad) Kürze f, Bündigkeit f; (sobriedad) Knappheit f
conciso, -a [kon'θiso, -a] adj (breve) kurz (gefasst), kurz und bündig, konzis elev; (sobrio) knapp
concitar [konθi'tar] I. vt aufwiegeln (contra gegen +akk)
II. vr: **~se** sich dat zuziehen; **~se la enemistad/los odios de alguien** sich dat jds Feindseligkeit/Hass zuziehen
conciudadana [konθjuˈðaðana] f v. **conciudadano**

conciudadanía [konθjuðaða'nia] f Mitbürgerschaft f
conciudadano, -a [konθjuða'ðano, -a] m, f Mitbürger(in) m(f)
conclave [kon'klaβe], **cónclave** ['konklaβe] m ① (REL) Konklave nt ② (reunión) Versammlung f; (POL) Klausurtagung f
conclavista [konkla'βista] m (REL) Konklavist m
concluir [konklu'ir] irr como huir I. vi enden, zu Ende gehen; ~ por hacer algo etw schließlich doch tun; ¡asunto concluido! erledigt!
II. vt ① (terminar) vollenden, zu Ende bringen; (negocio) (ab)schließen; ~ un negocio ein Geschäft zum Abschluss bringen
② (deducir) folgern (de aus +dat), schließen (de aus +dat); (FILOS) konkludieren (de aus +dat)
III. vr: ~se zu Ende gehen, aufhören; ~se bien/mal zu einem guten/schlechten Ende kommen, gut/schlecht ausgehen
conclusión [konklu'sjon] f ① (final) (Ab)schluss m; ~ de un contrato Vertragsabschluss m; ~ de un negociado jurídico Abschluss eines Rechtsgeschäfts; **en** ~ (en suma) kurz und gut; (por último) schließlich, letztendlich
② (deducción) (Schluss)folgerung f, Konklusion f; ~ **fiscal** (JUR) Anklagepunkt m; **para la vista** (JUR) Spruchreife f; **sacar conclusiones** Schlüsse ziehen; **llegar a la ~ de que...** zu dem Schluss kommen, dass ...
③ pl (JUR) Schlussvortrag m; **conclusiones en la vista oral** Schlussvortrag in der Hauptverhandlung
conclusivo, -a [konklu'siβo, -a] adj abschließend, Schluss-
concluso, -a [kon'kluso, -a] adj (JUR) entscheidungsreif, spruchreif
concluyente [konklu'jente] adj (definitivo) endgültig; (determinante) entscheidend; (convincente) überzeugend; (JUR) schlüssig, konkludent; **prueba** ~ schlagender Beweis
concomerse [konko'merse] vr ① (fam: un hombro) die Schulter hochziehen (weil es juckt)
② (desesperarse) sich verzehren (de vor +dat) elev, vergehen (de vor +dat)
concomitancia [konkomi'tanθja] f Parallele f
concomitante [konkomi'tante] adj Begleit-; **efecto** ~ Begleiterscheinung f
concomitar [konkomi'tar] vt begleiten
concordancia [konkor'ðanθja] f ① (correspondencia) Übereinstimmung f
② (LING) Kongruenz f
③ (MÚS) harmonische Klangwirkung f
④ pl (índice alfabético) Konkordanz f
concordante [konkor'ðante] adj konkordant
concordar [konkor'ðar] <o→ue> I. vi ① (coincidir) übereinstimmen (con mit +dat, en in +dat)
② (LING) kongruieren (con mit +dat)
II. vt ① (armonizar) in Einklang bringen (con mit +dat)
② (LING) in Kongruenz setzen (con zu +dat)
concordato [konkor'ðato] m (POL, REL) Konkordat m
concorde [kon'korðe] adj übereinstimmend, konform; **estar** ~ **con algo/alguien** mit etw dat/jdm übereinstimmen, mit etw dat/jdm einig sein; **no estar** ~ **en nada** in nichts übereinstimmen
concordia [kon'korðja] f ① (conformidad) Eintracht f; **reina la** ~ es herrscht Eintracht
② (documento) Schlichtungsvereinbarung f
③ (anillo) Ring m (aus zwei ineinader verschlungenen Ringen)
concreción [konkre'θjon] f ① (precisión) Konkretisierung f
② (acumulación) Ablagerung f, (MED) Konkrement nt
③ (limitación) Beschränkung f
concrecionarse [konkreθjo'narse] vr sich ablagern
concretar [konkre'tar] I. vt ① (precisar) konkretisieren
② (combinar) zusammensetzen
③ (limitar) beschränken (a auf +akk)
II. vr: ~se sich beschränken (a auf +akk)
concretización [konkretiθa'θjon] f Konkretisierung f
concretizar [konkreti'θar] <z→c> vt konkretisieren
concreto¹ [kon'kreto] m ① (concreción) Konkretisierung f
② (Am: hormigón) Beton m
concreto, -a² [kon'kreto, -a] adj konkret; **en** ~ konkret; **nada en** ~ nichts Konkretes
concubina [konku'βina] f Lebensgefährtin f
concubinato [konkuβi'nato] m eheähnliche Lebensgemeinschaft f
concúbito [kon'kuβito] m Beischlaf m
conculcación [konkulka'θjon] f Verletzung f (de +gen), Zuwiderhandlung f (de gegen +akk)
conculcar [konkul'kar] <c→qu> vt ① (hollar) mit Füßen treten
② (infringir) verletzen, zuwiderhandeln +dat
concuñado, -a [konku'naðo, -a] m, f Schwippschwager, -schwägerin m, f fam
concuño, -a [kon'kuno, -a] m, f (Am) v. **concuñado**

concupiscencia [konkupis'θenθja] f (REL) Begehrlichkeit f, Konkupiszenz f
concupiscente [konkupis'θente] adj begehrlich
concurrencia [konku'rrenθja] f ① (coincidencia) Zusammentreffen nt
② (asistencia) Beteiligung f
③ (público) Publikum nt
④ (ayuda) Unterstützung f
⑤ (competencia) Konkurrenz f
concurrente [konku'rrente] mf Teilnehmer(in) m(f)
concurrido, -a [konku'rriðo, -a] adj gut besucht
concurrir [konku'rrir] vi ① (coincidir en el lugar) zusammenkommen; (coincidir en el tiempo) zusammenfallen, zusammentreffen
② (concursar) konkurrieren (por um +akk)
③ (participar) teilnehmen (en an +dat)
④ (presenciar) beiwohnen (en +dat)
⑤ (contribuir) mitwirken; (con una cantidad) sich beteiligen
concursado, -a [konkur'saðo, -a] m, f (JUR) Konkursschuldner(in) m(f), Gemeinschuldner(in) m(f)
concursante [konkur'sante] mf ① (aspirante) Bewerber(in) m(f)
② (participante) (Wettbewerbs)teilnehmer(in) m(f)
concursar [konkur'sar] I. vt, vi ① (competir) (an einem Wettbewerb) teilnehmen
② (concurrir) sich bewerben
II. vt (JUR) Konkurs eröffnen (a gegen +akk)
concurso [kon'kurso] m ① (coincidencia) Zusammentreffen nt
② (oposición) Ausschreibung f; (ARQUIT) Wettbewerb m, Ausschreibung f
③ (torneo) Wettbewerb m; (DEP) Wettkampf m; ~ **hípico** Reitturnier nt; ~ **público** (convocatoria) öffentliche Ausschreibung; (certamen) Preisausschreiben nt; ~ **de televisión** Fernsehquiz nt; ~ **de ventas** (ECON) Verkaufswettbewerb m
④ (ayuda) Unterstützung f
⑤ (asistencia de público) Teilnahme f
⑥ (JUR) Konkurs m; ~ **de acreedores** Gläubigerversammlung f
concurso-subasta [kon'kurso su'βasta] <concursos-subasta> m öffentliche Ausschreibung f
condado [kon'daðo] m ① (título) Grafentitel m
② (territorio) Grafschaft f
condal [kon'dal] adj gräflich
conde(sa) ['konde, kon'desa] m(f) Graf m, Gräfin f
condecir [konde'θir] irr como decir vi (concordar) harmonieren, zusammenpassen
condecoración [kondekora'θjon] f ① (distinción) Auszeichnung f, Dekorierung f
② (galardón) Orden m
condecorar [kondeko'rar] vt auszeichnen, dekorieren
condena [kon'dena] f Verurteilung f; ~ **condicional** (JUR) Strafaussetzung zur Bewährung; **cumplir una** ~ eine Strafe verbüßen
condenable [konde'naβle] adj verwerflich
condenación [kondena'θjon] f Verurteilung f; ~ **eterna** (REL) ewige Verdammnis
condenado, -a [konde'naðo, -a] I. adj (fam) verflixt, verdammt
II. m, f ① (reo) Verurteilte(r) mf
② (REL) Verdammte(r) mf; **gritar como un** ~ (fig) wie am Spieß schreien
③ (fam: endemoniado) verflixter Kerl m, verflixtes Weib nt
④ (fam: niño) Racker m
condenar [konde'nar] I. vt ① (sentenciar, reprobar) verurteilen (a zu +dat); ~ **a muerte** zum Tode verurteilen
② (REL) verdammen
③ (tapiar) zumauern, vermauern
II. vr: ~se ① (REL) verdammt werden, der Verdammnis anheim fallen elev
② (acusarse) sich (als [o für]) schuldig bekennen
condenatorio, -a [kondena'torjo, -a] adj Schuld-; **veredicto** ~ Schuldspruch m
condensación [kondensa'θjon] f Kondensierung f
condensador¹ [kondensa'ðor] m (ELEC, TÉC) Kondensator m
condensador(a)² [kondensa'ðor(a)] adj verdichtend
condensar [konden'sar] I. vt ① (espesar) kondensieren
② (abreviar) kürzen (en auf +akk)
II. vr: ~se (FÍS, TÉC) komprimieren
condesa [kon'desa] f v. **conde**
condescendencia [kondesθen'denθja] f ① (dignación) Entgegenkommen nt; (irón) Herablassung f
② (transigencia) Nachgiebigkeit f (con gegenüber +dat)
condescender [kondesθen'der] <e→ie> vi ① (avenirse) nachgeben (con +dat)
② (rebajarse) entgegenkommend sein; (irón) sich herablassen
condescendiente [kondesθen'djente] adj ① (benévolo) nachgiebig
② (complaciente) gefällig, entgegenkommend

condestable

③ (*arrogante*) herablassend
condestable [koŋdes'taβle] *m* (MIL) ≈Marineunteroffizier *m*
condición [koŋdi'θjon] *f* ❶ (*índole de una cosa*) Beschaffenheit *f*
❷ (*genio*) Naturell *nt*, Charakter *m*; **ser de mala ~** einen schlechten Charakter haben
❸ (*estado*) Verfassung *f*, Zustand *m*
❹ (*situación*) Situation *f* (*de* als + *nom*)
❺ (*clase*) Stand *m*; **ser de ~** von Stand sein; **ser de condiciones humildes** aus bescheidenen Verhältnissen stammen
❻ (*requisito*) Bedingung *f*; **~ de admisibilidad** Zulassungsvoraussetzung *f*; **condiciones de almacenaje** [*o* **de depósito**] Lagerbedingungen *fpl*; **~ de cancelación** (INFOR) Abbruchbedingung *f*; **condiciones comerciales** (**generales**) (allgemeine) Geschäftsbedingungen *fpl*; **~ comisoria** (JUR) auflösende Bedingung; **condiciones de competencia** (ECON) Wettbewerbsbedingungen *fpl*; **condiciones de compra** Einkaufsbedingungen *fpl*; **condiciones de distribución** Vertriebsbedingungen *fpl*; **~ de entrada** Eintrittsbedingung *f*; **condiciones de entrega/de pago/de trabajo** Liefer-/Zahlungs-/Arbeitsbedingungen *fpl*; **condiciones de envío** [*o* **de expedición**] Versandbedingungen *fpl*; **condiciones estipuladas contractualmente** (vereinbarte) Vertragsbedingungen; **~ ficticia** (JUR) Als-ob-Bedingung *f*; **condiciones generales de seguro** allgemeine Versicherungsbedingungen; **condiciones del pago aplazado** (COM, FIN) Abzahlungsbedingungen *fpl*; **~ previa** Rahmenbedingung *f*; **condiciones de transporte** Beförderungsbedingungen *fpl*; **condiciones de venta** Verkaufsbedingungen *fpl*; **negociar condiciones** Bedingungen aushandeln; **reunir las condiciones** den Anforderungen entsprechen; **a ~ de que...** + *subj* unter der Bedingung [*o* Voraussetzung], dass ...; **sin condiciones** bedingungslos
condicionado, -a [koŋdiθjo'naðo, -a] *adj* (*t.* PSICO) bedingt, konditioniert; **estímulo ~** bedingter Reiz
condicional [koŋdiθjo'nal] I. *adj* ❶ (*sujeto a condiciones*) bedingt; **libertad ~** (JUR) Freilassung auf Bewährung
❷ (LING) konditional; **proposición ~** Bedingungssatz *m*, Konditionalsatz *m*
II. *m* (LING) Konditional(is) *m*
condicionamiento [koŋdiθjona'mjento] *m* Konditionierung *f*
condicionante [koŋdiθjo'nante] *adj* bedingend
condicionar [koŋdiθjo'nar] *vt* ❶ (*supeditar*) abhängig machen (*a* von + *dat*)
❷ (*acondicionar*) konditionieren
cóndilo ['koŋdilo] *m* (ANAT) Gelenkkopf *m*, Kondylus *m*
condiloma [koŋdi'loma] *m* (MED) Kondylom *nt*
condimentación [koŋdimenta'θjon] *f* Würzen *nt*
condimentar [koŋdimen'tar] *vt* würzen
condimento [koŋdi'mento] *m* Gewürz *nt*
condiscípulo, -a [koŋdis'θipulo, -a] *m, f* Mitschüler(in) *m(f)*
condolecerse [koŋdole'θerse] *irr como crecer vr v.* **condolerse**
condolencia [koŋdo'lenθja] *f* Beileid *nt*
condolerse [koŋdo'lerse] <o→ue> *vr* Mitleid haben (*de* mit + *dat*)
condominio [koŋdo'minjo] *m* ❶ (JUR: *referente a cosas*) Gemeinschaftseigentum *nt*; (*referente a territorios*) Kondominium *nt*
❷ (*Am: piso*) Eigentumswohnung *f*
condómino [koŋ'domino] *m* (JUR) Miteigentümer(in) *m(f)*
condón [koŋ'don] *m* Kondom *m o nt*
condonación [koŋdona'θjon] *f* Erlass *m*; **~ de la deuda** Schuldenerlass *m*; **~ de créditos** (FIN) Forderungserlass *m*; **~ de la pena** Strafaussetzung *f*; **~ de la pena en libertad condicional** Strafaussetzung zur Bewährung
condonar [koŋdo'nar] *vt* erlassen
cóndor ['koŋdor] *m* ❶ (ZOOL) Kondor *m*
❷ (*Chil, Col, Ecua: moneda*) Goldmünze
condotiero [koŋdo'tjero] *m* ❶ (HIST) Kondottiere *m*
❷ (MIL: *mercenario*) Söldner *m*
condritis [koŋ'dritis] *f inv* (MED) Knorpelentzündung *f*, Chondritis *f*
condrografía [koŋdroɣra'fia] *f* (ANAT) Chondrographie *f*
condrología [koŋdrolo'xia] *f* Chondrologie *f*
condroma [koŋ'droma] *m* (MED) Chondro(blasto)m *nt*
conducción [koŋduɣ'θjon] *f* ❶ (*transporte*) Transport *m*, Beförderung *f*
❷ (*conducto*) Leitung *f*
❸ (*administración*) Leitung *f*, Führung *f*
conducente [koŋdu'θente] *adj* geeignet
conducho [koŋ'dutʃo] *m* ❶ (HIST) Tribut *m*
❷ (*fam: víveres*) Fressalien *pl*; **¿qué hay de ~?** was gibt's zu futtern [*o* spachteln]?
conducir [koŋdu'θir] *irr como traducir* I. *vt* ❶ (*llevar*) bringen; (*transportar*) befördern, transportieren
❷ (*guiar*) führen
❸ (*arrastrar*) leiten
❹ (*pilotar*) fahren, steuern, lenken
❺ (*mandar*) leiten, führen
II. *vi* ❶ (*dirigir*) führen (*a* zu + *dat*); **no ~ a nada** zu nichts führen, nichts bringen *fam*; **esta discusión no conduce a ninguna parte** diese Diskussion bringt uns nicht weiter
❷ (*pilotar*) fahren
III. *vr:* ~**se** sich benehmen
conducta [koŋ'dukta] *f* ❶ (*comportamiento*) Benehmen *nt*, Betragen *nt*; (*de un prisionero*) Führung *f*
❷ (*mando*) Führung *f*
conductancia [koŋduk'tanθja] *f* (FÍS) Leitwert *m*, Konduktanz *f*
conductibilidad [koŋduktiβili'ðað] *f* (FÍS) Leitfähigkeit *f*
conductible [koŋduk'tiβle] *adj* (FÍS) leitfähig
conducticio, -a [koŋduk'tiθjo, -a] *adj* (JUR) Pachtzins-
conductismo [koŋduk'tismo] *m* (PSICO) Behaviorismus *m*
conductista [koŋduk'tista] I. *adj* (PSICO) behavioristisch
II. *mf* (PSICO) Behaviorist(in) *m(f)*
conductividad [koŋduktiβi'ðað] *f* (FÍS) Leitfähigkeit *f*
conductivo, -a [koŋduk'tiβo, -a] *adj* (FÍS) leitfähig
conducto [koŋ'dukto] *m* ❶ (*tubo*) Leitung *f*; **~ de expendición del dinero** Geldausgabeschacht *m*
❷ (MED) Kanal *m*; **~ auditivo** Gehörgang *m*
❸ (*mediación*) Weg *m*; **por ~ de...** (*por mediación de*) durch Vermittlung ... + *gen*; (*a través de*) über ... + *akk*
conductor[1] [koŋduk'tor] *m* ❶ (FÍS) Leiter *m*
❷ (INFOR): **~ común** gemeinsamer Leiter; **~ común de dirección** gemeinsamer Adressleiter; **~ de entrada/de salida de un circuito** Eingangs-/Ausgangsleitung eines Schaltkreises
conductor(a)[2] [koŋduk'tor(a)] I. *adj* leitend; **animal ~** Leittier *nt*; **hilo ~** Leitungsdraht *m*
II. *m(f)* ❶ (*jefe*) Leiter(in) *m(f)*
❷ (*chófer*) Fahrer(in) *m(f)*; **~ suicida** Falschfahrer *m*, Geisterfahrer *m*
condueño, -a [koŋ'dweɲo, -a] *m, f* Miteigentümer(in) *m(f)*
condumio [koŋ'dumjo] *m* (*comida*) Essen *nt* (*mit Brot als Beilage*); **ganarse el ~** (*fam irón*) seine Brötchen verdienen
conduplicación [koŋduplika'θjon] *f* (LIT) Anapher *f*
condurango [koŋdu'raŋgo] *m* (*Ecua:* BOT) Kondurango(strauch) *m*
condutal [koŋdu'tal] *m* (*conducto de agua*) Regen(abfluss)rohr *nt*
conectador [konekta'ðor] *m* Stecker *m*; **~ adicional** Zusatzstecker *m*
conectar [konek'tar] I. *vt* ❶ (*enlazar*) verbinden
❷ (*enchufar*) anschließen
II. *vi* Kontakt aufnehmen (*con* mit + *dat*); **estar conectado** (INFOR) Zugang haben
conectividad [konektiβi'ðað] *f* (INFOR) ❶ (*posibilidad*) Anschlussfähigkeit *f*
❷ (*de redes*) Vernetzung *f*; **tener ~** vernetzt sein
conectivo, -a [konek'tiβo, -a] *adj* verbindend
conector [konek'tor] *m* (INFOR) Stecker *m*, Konnektor *m*; **~ de canales** Kanalverbinder *m*; **~ múltiple** Mehrfachstecker *m*
coneja [ko'nexa] *f* ❶ (*roedora*) weibliches Kaninchen *f*
❷ (*pey: mujer*) gebärfreudige Frau *f*
conejar [kone'xar] *m* Kaninchenstall *m*
conejera [kone'xera] *f* ❶ (*madriguera*) Kaninchenbau *m*
❷ (*t. fig: cueva*) Höhle *f*
conejillo [kone'xiʎo] *m*: **~ de Indias** Meerschweinchen *nt*; (*fig*) Versuchskaninchen *nt*
conejo [ko'nexo] *m* ❶ (*roedor*) Kaninchen *nt*; **~ de Indias** Meerschweinchen *nt*; (*fig*) Versuchskaninchen *nt*
❷ (*Arg: vulg: vagina*) Muschi *f fam*, Möse *f fam*
conexidades [konexi'ðaðes] *fpl* (JUR) Zubehör *nt*
conexión [konek'sjon] *f* ❶ (*enlace*) Verbindung *f*; **modo de ~** (INFOR) Verbindungsmodus *m*
❷ (*punto de enlace, del teléfono*) Anschluss *m*; **~ de modem** Modemanschluss *m*
❸ *pl* (*amistades*) Beziehungen *fpl*
conexionar [koneksjo'nar] I. *vt* ❶ (*enchufar*) anschließen
❷ (*enlazar*) verbinden
II. *vr:* ~**se** (*elementos*) sich verbinden
conexivo, -a [konek'siβo, -a] *adj* (*t.* LING) verbindend
conexo, -a [ko'nekso, -a] *adj* (miteinander) verknüpft
confabulación [komfaβula'θjon] *f* Verschwörung *f*
confabulador(a) [komfaβula'ðor(a)] *m(f)* Verschwörer(in) *m(f)*
confabularse [komfaβu'larse] *vr* sich verschwören
confección [komfek'θjon] *f* ❶ (*establecimiento, producción*) Herstellung *f*, Anfertigung *f*; **~ de un contrato** Ausarbeitung eines Vertrages; **~ de inventario** Inventarerstellung *f*; **~ de un presupuesto** Erstellung eines Haushaltsplans
❷ (*de vestidos*) Konfektion *f*
confeccionar [komfekθjo'nar] *vt* herstellen, anfertigen; (*plan*) aufstel-

len
confeccionista [koɱfeʏθjoˈnista] *mf* Konfektionär *m*, Konfektioneuse *f*
confederación [koɱfeðeraˈθjon] *f* Bündnis *nt*; (*entre Estados*) Konföderation *f*, Staatenbund *m*; **C~ Empresarial Española** Spanischer Arbeitgeberverband; **C~ Española de Organizaciones Empresariales** Dachverband der Spanischen Arbeitgeberverbände
confederado, -a [koɱfeðeˈraðo, -a] *m, f* Verbündete(r) *mf*; (*Estado*) Konföderierte(r) *mf*
confederal [koɱfeðeˈral] *adj* Konföderations-
confederar [koɱfeðeˈrar] **I.** *vt* zusammenschließen
II. *vr:* **~se** sich verbünden, (sich) konföderieren
confederativo, -a [koɱfeðeraˈtiβo, -a] *adj* konföderalistisch
conferencia [koɱfeˈrenθja] *f* ❶ (*charla*) Vortrag *m*
❷ (*encuentro*) Konferenz *f*; **~ cumbre** Gipfeltreffen *nt*, Gipfelkonferenz *f*; **C~ Económica Mundial** Weltwirtschaftskonferenz *f*; **C~ Europea Intergubernamental** Konferenz der europäischen Regierungen; **C~ de las Naciones Unidas sobre el Comercio y el Desarrollo** Welthandelskonferenz der Vereinten Nationen; **~ de prensa** Pressekonferenz *f*; **C~ sobre Seguridad y Cooperación en Europa** Konferenz über Sicherheit und Zusammenarbeit in Europa
❸ (*plática*) Besprechung *f*
❹ (*llamada telefónica*) Ferngespräch *nt*
conferenciante [koɱferenˈθjante] **I.** *adj* Teilnehmer-; **país ~** Teilnehmerland *nt*
II. *mf* Vortragende(r) *mf*, Redner(in) *m(f)*
conferenciar [koɱferenˈθjar] *vi* verhandeln
conferencista [koɱferenˈθista] *mf* (*Am*) Referent(in) *m(f)*, Vortragende(r) *mf*
conferir [koɱfeˈrir] *irr como sentir vt* ❶ (*otorgar*) verleihen; (*derechos*) zugestehen
❷ (*transferir*) übermitteln
confesa [koɱˈfesa] *adj o f v.* **confeso**
confesante [koɱfeˈsante] **I.** *adj* (JUR) geständig
II. *mf* (JUR) Geständige(r) *mf*
confesar [koɱfeˈsar] <e→ie> **I.** *vt* ❶ (*admitir*) gestehen, zugeben
❷ (*manifestar algo oculto*) preisgeben, verraten
❸ (REL: *declarar*) beichten; (*oír*) die Beichte abnehmen +*dat*
II. *vr:* **~se** die Beichte ablegen; **~se culpable** sich (für) schuldig bekennen
confesión [koɱfeˈsjon] *f* ❶ (*declaración*) Geständnis *nt*; (JUR) Schuldanerkenntnis *nt*
❷ (*sacramento*) Beichte *f*
❸ (*credo religioso*) Konfession *f*
confesional [koɱfesjoˈnal] *adj* konfessionell
confesionalidad [koɱfesjonaliˈðað] *f* Religion(szugehörigkeit) *f*, Konfession(szugehörigkeit) *f*
confes(i)onario [koɱfes(j)oˈnarjo] *m* Beichtstuhl *m*
confeso, -a [koɱˈfeso, -a] **I.** *adj* geständig
II. *m, f* Laienbruder, -schwester *m, f*
confesonario [koɱfesoˈnarjo, -a] *m* Beichtstuhl *m*
confesor [koɱfeˈsor] *m* Beichtvater *m*
confesuría [koɱfesuˈria] *f* (REL) Amt *nt* des Beichtvaters
confeti [koɱˈfeti] *m* Konfetti *nt*
confiabilidad [koɱfjaβiliˈðað] *f sin pl* (*fiabilidad*) Zuverlässigkeit *f*, Verlässlichkeit *f*
confiable [koɱˈfjaβle] *adj* (*fiable*) vertrauenswürdig, (*cumplido*) zuverlässig
confiado, -a [koɱˈfjaðo, -a] *adj* ❶ *ser* (*crédulo*) vertrauensselig
❷ *estar* (*presumido*) zuversichtlich; (*de sí mismo*) selbstgefällig
confianza [koɱˈfjanθa] *f* ❶ (*crédito*) Vertrauen *nt*; **de ~** (*fiable*) vertrauenswürdig; (*cumplido*) zuverlässig; **en ~** im Vertrauen; **amiga de ~** enge Freundin, Vertraute *f*
❷ (*esperanza*) Zuversicht *f*
❸ (*presunción*) Selbstgefälligkeit *f*
❹ (*familiaridad*) Vertrautheit *f*
❺ *pl* (*familiaridad excesiva*) Freiheiten *fpl*
confianzudo, -a [koɱfjanˈθuðo, -a] *adj* (*demasiado familiar*) (zu) vertraulich; (*crédulo*) vertrauensselig
confiar [koɱˈfjar] <1. *pres:* confío> **I.** *vi* vertrauen (*en* +*dat*)
II. *vt* anvertrauen
III. *vr:* **~se** ❶ (*entregarse*) sich verlassen (*a* auf +*akk*)
❷ (*sincerarse*) sich anvertrauen (*a* +*dat*)
confidencia [koɱfiˈðenθja] *f* ❶ (*secreto*) vertrauliche Mitteilung *f*
❷ (*revelación*) Enthüllung *f*
confidencial [koɱfiðenˈθjal] *adj* vertraulich
confidencialidad [koɱfiðenθjaliˈðað] *f* Vertraulichkeit *f*, Diskretion *f*; **se garantiza absoluta ~** absolute Diskretion garantiert
confidente¹ [koɱfiˈðente] **I.** *adj* zuverlässig
II. *mf* ❶ (*cómplice*) Vertraute(r) *mf*
❷ (*espía*) Informant(in) *m(f)*
confidente² [koɱfiˈðente] *m* (*mueble*) Zweiersofa *nt*, Zweiercouch *f*
configuración [koɱfiɣuraˈθjon] *f* ❶ (*formación*) Gestaltung *f*; **~ del contrato** Vertragsgestaltung *f*; **~ de espacios naturales** Landschaftsgestaltung *f*; **~ del precio** (ECON) Preisgestaltung *f*; **~ del producto** (ECON) Produktgestaltung *f*
❷ (*forma*) Gestalt *f*
❸ (INFOR) Konfiguration *f*; **~ del sistema** Systemkonfiguration *f*
configurar [koɱfiɣuˈrar] **I.** *vt* ❶ (*formar*) gestalten, formen
❷ (INFOR) konfigurieren
II. *vr:* **~se** sich herausbilden, sich formen
confín [koɱˈfin] **I.** *adj* angrenzend, Grenz-
II. *m* ❶ (*frontera*) Grenze *f*
❷ (*final*) Ende *nt*
confinado, -a [koɱfiˈnaðo, -a] *m, f* Verbannte(r) *mf*
confinamiento [koɱfinaˈmjento] *m* Verbannung *f*
confinante [koɱfiˈnante] *adj* (*colindante*) angrenzend (*con* an +*akk*); **las fincas ~s con el río** die an den Fluss grenzenden Grundstücke
confinar [koɱfiˈnar] **I.** *vi* (an)grenzen (*con* an +*akk*)
II. *vt* verbannen
confingir [koɱfiɲˈxir] <g→j> *vt* (MED) einrühren (*en* in +*akk*)
confinidad [koɱfiniˈðað] *f* (*proximidad*) Nachbarschaft *f*, Nähe *f* (*con* zu +*dat*)
confirmación [koɱfirmaˈθjon] *f* ❶ (*ratificación*) Bestätigung *f*; **~ del pedido** (ECON) Auftragsbestätigung *f*
❷ (REL: *iglesia católica*) Firmung *f*; (*iglesia protestante*) Konfirmation *f*
❸ (*argumentación*) Argumentation *f*
confirmador(a) [koɱfirmaˈðor(a)] *adj* bestätigend, Bestätigungs-; **banco ~** (FIN) bestätigende Bank
confirmando, -a [koɱfirˈmando, -a] *m, f* (*iglesia católica*) Firmling *m*; (*iglesia protestante*) Konfirmand(in) *m(f)*
confirmar [koɱfirˈmar] **I.** *vt* ❶ (*corroborar, t.* ECON, INFOR) bestätigen; **~ un pedido** einen Auftrag bestätigen
❷ (*fortalecer*) bekräftigen
❸ (REL: *iglesia católica*) firmen; (*iglesia protestante*) konfirmieren
II. *vr:* **~se** sich bestätigen
confirmativo, -a [koɱfirmaˈtiβo, -a] *adj* bestätigend, Bestätigungs-
confirmatorio¹ [koɱfirmaˈtorjo] *m* (JUR) bestätigendes Urteil *nt*
confirmatorio, -a² [koɱfirmaˈtorjo, -a] *adj v.* **confirmativo**
confiscación [koɱfiskaˈθjon] *f* Beschlagnahme *f*, Beschlagnahmung *f*, Konfiszierung *f*; **~ de bienes** Vermögensbeschlagnahme *f*; **~ provisoria** einstweilige Beschlagnahme
confiscar [koɱfisˈkar] <c→qu> *vt* beschlagnahmen, konfiszieren
confiscatorio, -a [koɱfiskaˈtorjo, -a] *adj* Beschlagnahme-
confitado, -a [koɱfiˈtaðo, -a] *adj* ❶ (*azucarado*) gezuckert
❷ (*almibarado*) kandiert
❸ (*ilusionado*) hoffnungsvoll
confitar [koɱfiˈtar] *vt* ❶ (*azucarar*) zuckern
❷ (*almibarar*) kandieren
❸ (*suavizar*) versüßen
❹ (*engolosinar*) falsche Hoffnungen machen +*dat*
confite [koɱˈfite] *m* Konfekt *nt*
confitera [koɱfiˈtera] *f* ❶ (*vasija*) Bonbonniere *f*
❷ *v.* **confitero²**
confitería [koɱfiteˈria] *f* Süßwarengeschäft *nt*
confitero¹ [koɱfiˈtero] *m* (*confitera*) Bonbonniere *f*
confitero, -a² [koɱfiˈtero, -a] *m, f* Konditor(in) *m(f)*, Zuckerbäcker(in) *m(f)*
confitura [koɱfiˈtura] *f* Konfitüre *f*
conflagración [koɱflaɣraˈθjon] *f* ❶ (*incendio*) Brand *m*
❷ (*hostilidades*) Konflikt *m*; (*guerra*) Krieg *m*; **~ mundial** Weltkrieg *m*
conflictividad [koɱfliktiβiˈðað] *f* Brisanz *f*
conflictivo, -a [koɱflikˈtiβo, -a] *adj* konfliktgeladen, brisant
conflicto [koɱˈflikto] *m* Konflikt *m*; **~ de competencias** Kompetenzkonflikt *m*, Zuständigkeitsstreit *m*; **~ laboral** Arbeitskonflikt *m*; **~ de leyes** Gesetzeskonflikt *m*; **Norte-Sur** Nord-Süd-Konflikt *m*
confluencia [koɱfluˈenθja] *f* Zusammenfluss *m*
confluente [koɱfluˈente] **I.** *adj* zusammenfließend
II. *m* Zusammenfluss *m*
confluir [koɱfluˈir] *irr como huir vi* zusammenlaufen, zusammenfließen, sich vereinigen
conformación [koɱformaˈθjon] *f* Gestaltung *f*
conformar [koɱforˈmar] **I.** *vt* ❶ (*formar*) formen
❷ (*ajustar*) anpassen (*a* an +*akk*)
❸ (*contentar*) zufrieden stellen (*con* mit +*dat*)
II. *vi* übereinstimmen (*con* mit +*dat*)
III. *vr:* **~se** ❶ (*ajustarse*) sich anpassen (*a* an +*akk*)
❷ (*contentarse*) sich zufrieden geben (*con* mit +*dat*), sich begnügen

(*con* mit +*dat*)
conforme [komˈforme] **I.** *adj* (*adecuado*) angemessen; **estar ~ con** übereinstimmen mit +*dat*; **quedarse ~ con** (*contento*) zufrieden sein mit +*dat*; (*resignado*) sich zufrieden geben mit +*dat*
II. *m* Genehmigung *f*
III. *adv* ❶ (*como*) (so) wie
❷ (*según*) gemäß (*a* +*dat*)
conformidad [komformiˈðað] *f* ❶ (*afinidad*) Übereinstimmung *f*; **en ~ con** in Übereinstimmung mit +*dat*
❷ (*aprobación*) Genehmigung *f*
❸ (*paciencia*) Gelassenheit *f*
conformismo [komforˈmismo] *m* Konformismus *m*
conformista [komforˈmista] **I.** *adj* konformistisch
II. *mf* Konformist(in) *m(f)*
confort [komˈforť] *m sin pl* Komfort *m*
confortable [komforˈtaβle] *adj* ❶ (*confortante*) aufmunternd
❷ (*cómodo*) komfortabel
confortante [komforˈtante] *adj* ❶ (*alentador*) aufmunternd
❷ (*vivificante*) stärkend
confortar [komforˈtar] **I.** *vt* ❶ (*vivificar*) stärken
❷ (*alentar*) aufmuntern; (*consolar*) trösten
II. *vr:* ~**se** ❶ (*reanimarse*) (wieder) zu Kräften kommen
❷ (*consolarse*) Trost finden; (*animarse*) Mut fassen
confortativo¹ [komfortaˈtiβo] *m* Anregungsmittel *nt*
confortativo,-a² [komfortaˈtiβo, -a] *adj v.* **confortante**
confraternar [komfraterˈnar] *vi* sich verbrüdern, fraternisieren *elev*
confraternidad [komfraterniˈðað] *f*, **confraternización** [komfraterniθaˈθjon] *f* Brüderlichkeit *f*
confraternizar [komfraterniˈθar] <z→c> *vi* sich verbrüdern, fraternisieren *elev*
confrontación [komfrontaˈθjon] *f* ❶ (*comparación*) Vergleich *m*
❷ (*careo*) Gegenüberstellung *f*
❸ (*enfrentamiento*) Konfrontation *f*
confrontar [komfronˈtar] **I.** *vt* ❶ (*comparar*) vergleichen, gegenüberstellen
❷ (*carear*) gegenüberstellen (*con* +*dat*), konfrontieren (*con* mit +*dat*); **~ a los dos delincuentes** die beiden Verbrecher einander gegenüberstellen
II. *vi* aneinander grenzen
III. *vr:* ~**se** (sich *dat*) gegenüberstehen; ~**se con alguien** jdm gegenüberstehen
confucianismo [komfuθjaˈnismo] *m* (FILOS) Konfuzianismus *m*
confuciano,-a [komfuˈθjano, -a] *adj* (FILOS) konfuzianistisch
confucionismo [komfuθjoˈnismo] *m* (FILOS) Konfuzianismus *m*
confucionista [komfuθjoˈnista] **I.** *adj* (FILOS) konfuzianistisch
II. *mf* (FILOS) Konfuzianer(in) *m(f)*
confundible [komfunˈdiβle] *adj* verwechselbar
confundir [komfunˈdir] **I.** *vt* ❶ (*trastocar*) verwechseln
❷ (*mezclar*) durcheinander bringen
❸ (*embrollar*) verwirren
II. *vr:* ~**se** ❶ (*unirse*) sich unter die Menschenmenge mischen
❷ (*embrollarse*) sich täuschen (*de in* +*dat*), sich irren (*de in* +*dat*)
confusión [komfuˈsjon] *f* ❶ (*trastoque*) Verwechslung *f*
❷ (*embrollo*) Verwirrung *f*, Konfusion *f*; **~ mental** geistige Umnachtung *elev*, Verwirrung *f*; **estar en un mar de ~** ganz konfus sein, völlig durcheinander sein
confusionismo [komfusjoˈnismo] *m* Verworrenheit *f*
confuso,-a [komˈfuso, -a] *adj* konfus, verworren
confutación [komfutaˈθjon] *f* (LIT) Widerlegung *f*
confutar [komfuˈtar] *vt* widerlegen
conga [ˈkoŋga] *f* ❶ (*Cuba: hutía*) Bisamratte *f*
❷ (MÚS) Conga *f*
❸ (*Col: hormiga*) giftige Ameise *f*
❹ *pl* (*tambores*) Congas *fpl*
congelación [konxelaˈθjon] *f* ❶ (*solidificación*) Gefrieren *nt*
❷ (*conservación*) Einfrieren *nt*; **~ de capitales** Kapitalstilllegung *f*; **~ monetaria proteccionista** Schutzgeldsperrung *f*; **~ de pagos** Zahlungssperre *f*; **~ salarial** Einfrieren der Gehälter; **~ de salarios y precios** Lohn- und Preisstopp *m*; **~ de suministros** Liefersperre *f*
❸ (*heladura*) Erfrierung *f*
congelado,-a [konxeˈlaðo, -a] *adj* (ein)gefroren; (*cuerpo*) erfroren; (*comestibles*) tiefgefroren
congelador [konxelaˈðor] *m* (*electrodoméstico*) Gefrierschrank *m*, Gefriertruhe *f*
❷ (*compartimento en la nevera*) Gefrierfach *nt*, Eisfach *nt*
congelados [konxeˈlaðos] *mpl* (COM) Tiefkühlkost *f*
congelamiento [konxelaˈmjento] *m v.* **congelación**
congelante [konxeˈlante] **I.** *adj* Kühl-
II. *m* Kühlmittel *nt*

congelar [konxeˈlar] **I.** *vt* ❶ (*solidificar*) gefrieren (lassen)
❷ (*t.* ECON: *conservar*) einfrieren; **~ los precios/los salarios** die Preise/die Löhne einfrieren
❸ (*helar*) erfrieren; **el frío le congeló el pie** durch die Kälte ist ihm/ihr der Fuß abgefroren
II. *vr:* ~**se** ❶ (*solidificarse*) gefrieren
❷ (*helarse*) erfrieren
congénere [konˈxenere] **I.** *adj* artverwandt
II. *mf* Artgenosse, -in *m, f*
congeniar [konxeˈnjar] *vi* harmonieren
congénito,-a [konˈxenito, -a] *adj* angeboren
congestión [konxesˈtjon] *f* ❶ (MED) Hyperämie *f*, Blutandrang *m*; **~ pulmonar** Blutandrang in der Lunge
❷ (*aglomeración*) Stauung *f*, Stau *m*; **~ de tráfico** Verkehrsstau *m*
congestionado,-a [konxestjoˈnaðo, -a] *adj* (*rostro*) hochrot
congestionar [konxestjoˈnar] **I.** *vt* ❶ (MED) Blutandrang verursachen (in +*dat*)
❷ (*aglomerar*) verstopfen
II. *vr:* ~**se** ❶ (MED) Blutandrang haben
❷ (*aglomerarse*) sich stauen
congestivo,-a [konxesˈtiβo, -a] *adj* ❶ (*relativo a la congestión*) kongestiv, Kongestions-
❷ (*que causa congestión*) Blutandrang hervorrufend
❸ (MED: *propenso a la congestión*) anfällig für Bluthochdruck
conglobación [konɡloβaˈθjon] *f* ❶ (*amontonamiento*) Anhäufung *f*; (*t. fig: suma*) Summe *f*; **la ~ de tantos argumentos en su contra hizo que se rindiera** unter der Last so vieler Argumente gegen ihn/sie gab er/sie schließlich nach
❷ (*fig: sentimientos*) gehäuftes Auftreten *nt*
conglobar [konɡloˈβar] *vt* vereinen, versammeln
conglomeración [konɡlomeraˈθjon] *f* Bindung *f*
conglomerado [konɡlomeˈraðo] *m* (*t.* GEO) Konglomerat *nt*
conglomerante [konɡlomeˈrante] *f* Bindemittel *nt*
conglomerar [konɡlomeˈrar] **I.** *vt* binden
II. *vr:* ~**se** sich verbinden
conglutinante [konɡlutiˈnante] **I.** *adj* Binde-
II. *m* Bindemittel *nt*
Congo [ˈkoŋgo] *m* Kongo *m*
congoja [konˈgoxa] *f* ❶ (*pena*) Schmerz *m*
❷ (*desconsuelo*) Mutlosigkeit *f*, Niedergeschlagenheit *f*
congojar [konɡoˈxar] *vt, vr:* ~**se** bekümmern, bedrücken
congojoso,-a [konɡoˈxoso, -a] *adj* ❶ *ser* (*angustioso*) beklemmend; **no soporto el ambiente ~ que rodea las despedidas** ich mag die trübselige Stimmung nicht, die beim Abschiednehmen aufkommt
❷ *estar* (*entristecido*) bekümmert, betrübt; **últimamente le encuentro muy ~** in letzter Zeit finde ich, dass seine Stimmung sehr gedrückt ist
congola [konˈgola] *f* (*Col: pipa de fumar*) (Tabaks)pfeife *f*
congoleño,-a [konɡoˈleno, -a], **congolés,-esa** [konɡoˈles, -esa] **I.** *adj* kongolesisch **II.** *m, f* Kongolese, -in *m, f*
congosto [konˈgosto] *m* Schlucht *f*
congraciamiento [konɡraθjaˈmjento] *m* Versöhnung *f*; (*pey: engatusamiento*) Einschmeichelung *f*
congraciar [konɡraˈθjar] **I.** *vt* beliebt machen (*con* bei +*dat*); **su éxito lo congració con su jefe** sein Erfolg brachte ihm die Gunst seines Chefs ein
II. *vr:* ~**se** die Gunst erlangen (*con* +*gen*)
congratulación [konɡratulaˈθjon] *f* Gratulation *f*
congratular [konɡratuˈlar] **I.** *vt* beglückwünschen
II. *vr:* ~**se** sich freuen (*de/por* über +*akk*)
congregación [konɡreɣaˈθjon] *f* ❶ (*reunión*) Versammlung *f*
❷ (REL) Kongregation *f*; **~ de los fieles** Gemeinschaft der Gläubigen
congregante [konɡreˈɣante] *mf* Kongregationist(in) *m(f)*
congregar [konɡreˈɣar] <g→gu> **I.** *vt* versammeln
II. *vr:* ~**se** sich versammeln, zusammenkommen
congresal [konɡreˈsal] *mf* (*Am*) Tagungsteilnehmer(in) *m(f)*
congresista [konɡreˈsista] *mf* Kongressteilnehmer(in) *m(f)*
congreso [konˈgreso] *m* ❶ (*conferencia*) Kongress *m*
❷ (POL) Abgeordnetenhaus *nt*; **C~ de los Diputados** Abgeordnetenhaus *nt*
congrio [ˈkoŋgrjo] *m* (ZOOL) Meeraal *m*
congruencia [konˈgrwenθja] *f* ❶ (*coherencia*) Übereinstimmung *f*
❷ (MAT) Kongruenz *f*
congruente [konˈgrwente] *adj* ❶ (*coherente*) übereinstimmend
❷ (MAT) kongruent
conguito [konˈgito] *m* (*Am: pimiento*) Paprika *m*
conicidad [koniθiˈðað] *f sin pl* (*t.* MAT) Kegelform *f*, konische Form *f*
cónico,-a [ˈkoniko, -a] *adj* konisch, kegelförmig
conífera [koˈnifera] *f* (BOT) Konifere *f*, Nadelbaum *m*; **~s** Nadelhölzer *ntpl*

conífero, -a [ko'nifero, -a] *adj* Nadel-; **árbol ~** Nadelbaum *m*
coniforme [koni'forme] *adj* (*elev*) *v.* **cónico**
coniza [ko'niθa] *f* (BOT) Alant *m*
conjetura [konxe'tura] *f* Mutmaßung *f*, Vermutung *f*; **~ legal** (JUR) gesetzliche Vermutung; **hacer ~s** Mutmaßungen [*o* Vermutungen] anstellen
conjeturable [konxetu'raβle] *adj* mutmaßlich
conjetural [konxetu'ral] *adj* auf Mutmaßungen beruhend, spekulativ
conjeturar [konxetu'rar] *vt* mutmaßen, vermuten
conjuez [kon'xweθ] *m* (JUR) Mitrichter *m*
conjugable [konxu'γaβle] *adj* (LING) konjugierbar
conjugación [konxuγa'θjon] *f* ① (*combinación*) Vereinigung *f*
② (BIOL, LING) Konjugation *f*
conjugada [konxu'γaða] *f* (BOT) Jochalge *f*
conjugado, -a [konxu'γaðo, -a] *adj* ① (MAT) zugeordnet, konjugiert
② (BOT) zur Klasse der Jochalgen gehörend
conjugar [konxu'γar] <g→gu> *vt* ① (*armonizar*) in Einklang bringen
② (LING) konjugieren
conjunción [konxun'θjon] *f* ① (*unión*) Verbindung *f*; **~ de intereses** Interessenzusammenführung *f*
② (ASTR, LING) Konjunktion *f*
conjuntamente [konxunta'mente] *adv* zusammen, gemeinsam
conjuntar [konxun'tar] I. *vi* zusammenpassen
II. *vt* (aufeinander) abstimmen
III. *vr:* **~se** zusammenkommen
conjuntiva [konxun'tiβa] *f* (MED) Bindehaut *f*
conjuntivitis [konxunti'βitis] *f inv* (MED) Bindehautentzündung *f*
conjuntivo, -a [konxun'tiβo, -a] *adj* ① (*unitivo*) Binde-; **tejido ~** Bindegewebe *nt*
② (LING) konjunktional
conjunto¹ [kon'xunto] *m* ① (*unido*) Einheit *f*, Komplex *m*; **~ de datos** (INFOR) Datensatz *m*; **~ de instrucciones** (INFOR) Befehlssatz *m*
② (*totalidad*) Gesamtheit *f*; **~ de medidas** Maßnahmenbündel *nt*; **en ~** im Ganzen, insgesamt
③ (*en representaciones artísticas*) Ensemble *nt*
④ (*prenda de vestir*) Ensemble *nt*
⑤ (MAT) Menge *f*; **~ vacío** Leermenge *f*
conjunto, -a² [kon'xunto, -a] *adj* gemeinsam; **empresa conjunta** Gemeinschaftsunternehmung *f*, Jointventure *nt*, Joint Venture *nt*
conjura [kon'xura] *f*, **conjuración** [konxura'θjon] *f* Verschwörung *f*
conjurado, -a [konxu'raðo, -a] *m*, *f* Verschwörer(in) *m(f)*
conjurar [konxu'rar] I. *vi* konspirieren
II. *vt* ① (*invocar*) beschwören
② (*alejar*) bannen
III. *vr:* **~se** sich verschwören (*con* mit +*dat*, *contra* gegen +*akk*)
conjuro [kon'xuro] *m* ① (*el conjurar*) Beschwörung *f*
② (*fórmula*) Beschwörungsformel *f*
conllevar [konʎe'βar] *vt* ① (*soportar*) ertragen
② (*implicar*) mit sich *dat* bringen
conllorar [konʎo'rar] *vi* (*elev*) gemeinsam trauern
conmemorable [konmemo'raβle/kom memo'raβle] *adj* denkwürdig; (*inolvidable*) unvergesslich
conmemoración [konmemora'θjon/kom memora'θjon] *f* Gedenken *nt*; **en ~ de** zum Gedenken an +*akk*; **~ de los difuntos** Allerseelen
conmemorar [konmemo'rar/kom memo'rar] *vt* gedenken +*gen*; **~ a los muertos** der Toten gedenken
conmemorativo, -a [konmemora'tiβo, -a/kom memora'tiβo, -a] *adj* Gedenk-, Gedächtnis-; **acto ~** Gedenkfeier *f*, Gedächtnisfeier *f*; **sello ~** Gedenkmarke *f*
conmensurabilidad [konmensuraβili'ðað/kom mensuraβili'ðað] *f sin pl* Messbarkeit *f*
conmensurable [konmensu'raβle/kom mensu'raβle] *adj* ① (*medible*) messbar
② (MAT) kommensurabel
conmensurar [konmensu'rar/kom mensu'rar] *vt* ① (*determinar*) bemessen
② (*apreciar*) ermessen
conmigo [kon'miγo/kom'miγo] *pron pers* mit mir, bei mir; **¡ven ~!** komm mit mir!; **¡quédate ~!** bleib bei mir!; **es muy amable ~** er/sie ist sehr nett zu mir
conmilitón [konmili'ton/kom mili'ton] *m* Kriegskamerad *m*
conminación [konmina'θjon/kom mina'θjon] *f* ① (*amenaza*) Drohung *f*
② (JUR) Aufforderung *f*; **~ de recusación** Ablehnungsandrohung *f*
conminar [konmi'nar/kom mi'nar] *vt* ① (*amenazar*) bedrohen
② (JUR) auffordern
conminatorio, -a [konmina'torjo, -a/kom mina'torjo, -a] *adj* Droh-; **carta conminatoria** Drohbrief *m*

conminuta [konmi'nuta/kom mi'nuta] *adj* (MED): **fractura ~** Trümmerbruch *m*, Kominutivfraktur *f*
conmiseración [konmisera'θjon/kom misera'θjon] *f* Mitleid *nt*
conmistura [konmis'tura/kom mis'tura] *f* (*mezcla*) Mixtur *f*, Gemisch *nt*
conmoción [konmo'θjon/kom mo'θjon] *f* Erschütterung *f*; **~ cerebral** Gehirnerschütterung *f*
conmocionar [konmoθjo'nar/kom moθjo'nar] I. *vt* erschüttern
II. *vr:* **~se** erschüttert sein
conmonitorio [konmoni'torjo/kom moni'torjo] *m* ① (*relación escrita*) Erinnerungsschreiben *nt*
② (JUR: *carta*) Denkschrift *f*
conmovedor(a) [konmoβe'ðor(a)/kom moβe'ðor(a)] *adj* ① (*conmocionando*) erschütternd
② (*sentimental*) rührend, ergreifend
conmover [konmo'βer/kom mo'βer] <o→ue> I. *vt* ① (*emocionar*) bewegen; (*conmocionar*) erschüttern; (*enternecer*) rühren
② (*sacudir*) erschüttern
II. *vr:* **~se** ① (*emocionarse*) ergriffen sein; (*enternecerse*) gerührt sein; (*conmocionarse*) erschüttert sein
② (*sacudirse*) erschüttert werden
conmutabilidad [konmutaβili'ðað/kom mutaβili'ðað] *f sin pl* Vertauschbarkeit *f*; **la ~ de los puestos de trabajo** die Möglichkeit des Arbeitsplatztausches
conmutable [konmu'taβle/kom mu'taβle] *adj* ① (*permutable*) austauschbar
② (ELEC) (um)schaltbar
conmutación [konmuta'θjon/kom muta'θjon] *f* ① (*permuta*) Tausch *m*; **~ de (la) pena** (JUR) Strafumwandlung *f*
② (LING) Kommutation *f*
③ (INFOR) Vermittlung *f*; **~ de bancos** Umschalten zwischen Speicherblöcken; **~ de circuitos** Leitungsvermittlung *f*; **~ de datos** Datenvermittlung *f*
conmutador [konmuta'ðor/kom muta'ðor] *m* ① (ELEC) Schalter *m*; **~ de división en tiempo** (INFOR) Zeitscheibenschaltung *f*; **~ de mensajes** (INFOR) Nachrichtenvermittlung *f*
② (*AmC, Arg, Col: centralita telefónica*) Telefonzentrale *f*
conmutar [konmu'tar/kom mu'tar] *vt* ① (*cambiar*) tauschen; (*una pena*) umwandeln (*por* in +*akk*)
② (ELEC) umschalten; **~ entre teléfono y fax** zwischen Telefon und Fax umschalten
③ (*convalidar*) anrechnen
conmutatividad [konmutatiβi'ðað/kom mutatiβi'ðað] *f sin pl* (*t.* MAT) Vertauschbarkeit *f*, Umstellbarkeit *f*
conmutativo, -a [konmuta'tiβo, -a/kom muta'tiβo, -a] *adj* (MAT) kommutativ
conmutatriz [konmuta'triθ/kom muta'triθ] *f* (ELEC) Stromwender *m*, Kommutator *m*
connato, -a [kon'nato, -a] *adj* (*elev*) zur gleichen Zeit geboren (*con* wie +*nom*)
connatural [konnatu'ral] *adj* angeboren
connaturalizar [konnaturali'θar] <z→c> I. *vt* gewöhnen (*con* an +*akk*)
II. *vr:* **~se** sich gewöhnen (*con* an +*akk*)
connivencia [konni'βenθja] *f* ① (*t.* JUR: *tolerancia*) Nachsichtigkeit *f*, Konnivenz *f elev*
② (*confabulación*) Verschwörung *f*; **estar en ~ con alguien** mit jdm unter einer Decke stecken *fam*
connotación [konnota'θjon] *f* (LING) Konnotation *f*
connotar [konno'tar] *vt* (LING) implizieren
connotativo, -a [konnota'tiβo, -a] *adj* (LING) konnotativ
cono ['kono] *m* ① (*cuerpo geométrico*) Kegel *m*; **~ de luz** Lichtkegel *m*; **~ truncado** Kegelstumpf *m*; **C~ Sur** Argentinien, Chile, Paraguay und Uruguay
② (ANAT, BOT) Zapfen *m*
conocedor(a) [konoθe'ðor(a)] I. *adj* kundig (*de* +*gen*); **ser ~ de algo** etw *gen* kundig sein
II. *m(f)* Kenner(in) *m(f)*
conocer [kono'θer] *ir como* **crecer** I. *vt* ① (*saber, tener trato*) kennen; **~ de nombre** dem Namen nach kennen; **~ de vista** vom Sehen kennen; **dar a ~** bekannt geben; **se conoce que...** (*fam*) es hat den Anschein, dass ..., es sieht so aus, als ob ...; **~ algo al dedillo** [*o* **palmo a palmo**] (*fam*) etw wie seine Westentasche kennen
② (*reconocer*) erkennen (*por/en* an +*dat*)
③ (*descubrir*) kennen lernen; **mis padres quieren ~te** meine Eltern möchten dich kennen lernen
④ (JUR) befinden (*de* über +*akk*), urteilen (*de* über +*akk*)
⑤ (*advertir*) erkennen, sehen
⑥ (*copular*) intim werden (mit +*dat*)

conocible

II. *vi* sich auskennen (*de* mit +*dat*)
III. *vr*: **~se** ❶ (*tener trato*) sich kennen
❷ (*identificar*) sich wieder erkennen
conocible [kono'βiβle] *adj* erkennbar
conocido, -a [kono'θiðo, -a] I. *adj* bekannt
II. *m, f* Bekannte(r) *mf*
conocimiento [konoθi'mjento] *m* ❶ (*entendimiento*) Kenntnis *f*
❷ (*inteligencia*) Vernunft *f*
❸ (*consciencia*) Bewusstsein *nt*; **estar en pleno ~** bei vollem Bewusstsein sein
❹ *pl* (*nociones*) Kenntnisse *fpl*
❺ (*conocido*) Bekanntschaft *f*
❻ (COM: *de embarque*) Konnossement *nt*, Frachtbrief *m*; **~ aéreo** Luftfrachtbrief *m*; **~ nominal** Namenskonnossement *nt*
conoide [ko'noiðe] *m* (MAT) Konoid *nt*
conopeo [kono'peo] *m* (REL) Konopeum *nt*
conque ['koŋke] *conj* (*fam*) also
conquense [koŋ'kense] I. *adj* aus Cuenca
II. *mf* Einwohner(in) *m(f)* von Cuenca
conquiforme [koŋki'forme] *adj* muschelförmig
conquiliología [koŋkiljolo'xia] *f* (ZOOL) Konchyliologie *f*
conquista [koŋ'kista] *f* Eroberung *f*
conquistador(a) [koŋkista'ðor(a)] I. *adj* Eroberungs-; **guerra ~a** Eroberungskrieg *m*
II. *m(f)* Eroberer, -in *m, f*; **~es** (**de las tierras americanas**) Konquistadoren *mpl*
conquistar [koŋkis'tar] *vt* erobern; **~ un mercado** einen Markt erobern [*o* erschließen]
consabido, -a [konsa'βiðo, -a] *adj* wohlbekannt, hinlänglich bekannt
consagración [konsaɣra'θjon] *f* ❶ (*bendición*) Weihe *f*; (*de la hostia*) Konsekration *f*
❷ (*dedicación*) Aufopferung *f*
❸ (*adquisición de fama*) Auszeichnung *f*
consagrar [konsa'ɣrar] I. *vt* ❶ (*bendecir*) heiligen, weihen; (*la hostia*) konsekrieren; **~ sacerdote a alguien** jdn zum Priester weihen
❷ (*dedicar*) widmen
❸ (*dedicar sacrificadamente*) opfern
❹ (*deificar*) vergöttern
❺ (*acreditar*) auszeichnen
II. *vr*: **~se** ❶ (*dedicarse*) sich verschreiben (*a* +*dat*)
❷ (*acreditarse*) sich auszeichnen
consanguíneo, -a [konsaŋ'gineo, -a] I. *adj* blutsverwandt
II. *m, f* Blutsverwandte(r) *mf*
consanguinidad [konsaŋgini'ðað] *f* Blutsverwandtschaft *f*
consciencia [kons'θjenθja] *f* (*t*. PSICO) Bewusstsein *nt*
consciente [kons'θjente] *adj* bewusst; **estar ~** bei Bewusstsein sein; **ser ~** (*meticuloso*) gewissenhaft sein; (*responsable*) vernünftig sein; **ser ~ de algo** sich *dat* etw *gen* bewusst sein
conscripción [konskrip'θjon] *f* (*Arg*: *servicio militar*) Militärdienst *m*
conscripto [kons'kripto] *m* (*AmS*: *quinto*) Rekrut *m*
consecución [konseku'θjon] *f* Erreichung *f*, Erlangung *f*
consecuencia [konse'kwenθja] *f* ❶ (*efecto*) Auswirkung *f*, Folge *f*, Konsequenz *f*; **a ~ de** infolge +*gen*; **en** [*o* **por**] **~** folglich; **sacar en ~** folgern
❷ (*coherencia*) Konsequenz *f*
consecuente [konse'kwente] I. *adj* konsequent
II. *m* ❶ (*conclusión*) Folgerung *f*
❷ (MAT) Ableitung *f*
❸ (LING) Anapher *f*
consecuentemente [konsekwente'mente] *adv* folglich
consecutivamente [konsekutiβa'mente] *adv* nacheinander
consecutivo, -a [konseku'tiβo, -a] *adj* ❶ (*seguido*) aufeinander folgend; **tres días ~s** drei Tage hintereinander
❷ (LING) konsekutiv
conseguido, -a [konse'ɣiðo, -a] *adj* gelungen
conseguir [konse'ɣir] *irr como seguir vt* ❶ (*obtener*) erreichen, erlangen; **sin haber conseguido nada** unverrichteter Dinge
❷ (*tener éxito*) gelingen; **consiguieron convencerme** es gelang ihnen mich zu überzeugen
conseja [kon'sexa] *f* (Ammen)märchen *nt*
consejera [konse'xera] *f v.* **consejero**
consejería [konsexe'ria] *f* Amt *nt* eines Ratsmitglieds; (*de una comunidad autónoma*) Ministeramt *nt*
consejero, -a [konse'xero, -a] *m, f* ❶ (*guía*) Berater(in) *m(f)*, Ratgeber(in) *m(f)*; **~ comercial** (COM) Handelsreferent *m*; **~ de marketing** (ECON) Marketingberater *m*
❷ (*miembro de un consejo*) Ratsmitglied *nt*, Rat *m*, Rätin *f*; **~ delegado** leitendes Verwaltungsratsmitglied; **~ de embajada** Botschaftsrat *m*
❸ (*ministro de un gobierno autónomo de España*) Minister(in) *m(f)*

consejo [kon'sexo] *m* ❶ (*recomendación*) Rat(schlag) *m*; **dar un ~ a alguien** jdm einen Rat geben; **entrar en ~** beratschlagen; **tomar ~ de alguien** sich von jdm beraten lassen; **nunca sigues mis ~s** du befolgst nie meinen Rat, du hörst nie auf mich
❷ (*organismo*) Rat *m*; **~ de administración** Verwaltungsrat *m*; **C~ del Atlántico Norte** Nordatlantikrat *m*; **~ consultivo** Beirat *m*; **C~ ECOFIN** ECOFIN-Rat *m*; **C~ Económico y Social** Wirtschafts- und Sozialrat *m*; **C~ Europeo** Europäischer Rat; **C~ de Gobernadores** (UE) Gouverneursrat *m*; **C~ Judicial** Richterrat *m*; **C~ de Ministros** Ministerrat *m*; **~ personal general** Gesamtpersonalrat *m*; **~ rector** Vorstand *m*; **C~ de Seguridad de la ONU** Sicherheitsrat der UNO; **~ de supervisión** Aufsichtsrat *m*
❸ (*reunión*) Ratsversammlung *f*
❹ (*lugar de reunión*) Sitzungssaal *m*
conseller [konse'ʎer] *m* (*reg*) Minister *m* (*in der autonomen Regionalregierung*)
consellería [konseʎe'ria] *f* (*reg*) Ministeramt *nt* (*in der autonomen Regionalregierung*)
consenso [kon'senso] *m* Konsens *m*, Übereinstimmung *f*
consensual [konsensu'al] *adj* übereinstimmend, konsensuell
consensuar [konsensu'ar] <*1. pres*: consensúo> *vt* beschließen
consentido, -a [konsen'tiðo, -a] *adj* ❶ (*mimado*) verzogen, verwöhnt
❷ (*tolerante*) (überaus) duldsam, (zu) nachsichtig; **marido ~** gehörnter Ehemann
consentidor(a) [konsenti'ðor(a)] *adj* nachsichtig
consentimiento [konsenti'mjento] *m* Zustimmung *f* (*para* zu +*dat*), Einwilligung *f* (*para* zu +*dat*), Einverständnis *nt* (*para* zu +*dat*); **~ al descubierto** (JUR, FIN) Blankoeinwilligung *f*; **~ de residencia** (JUR, ADMIN) Aufenthaltsgestattung *f*; **dar el ~ para que...** +*subj* damit einverstanden sein, dass ...; **mis padres han dado el ~ para que nos casemos** meine Eltern haben ihr Einverständnis [*o* ihren Segen] zu unserer Heirat gegeben
consentir [konsen'tir] *irr como sentir* I. *vi* ❶ (*admitir*) zulassen, gestatten; (*tolerar*) dulden; **no ~é que...** +*subj* ich werde (es) nicht zulassen [*o* gestatten], dass ...; **~ en que...** +*subj* einwilligen, dass ...
❷ (*ceder*) nachgeben
II. *vt* ❶ (*autorizar*) genehmigen; (*admitir*) erlauben, zulassen; (*tolerar*) dulden
❷ (*mimar*) verwöhnen
❸ (*aguantar*) zulassen
conserje [kon'serxe] *mf* Hausmeister(in) *m(f)*; (*en Francia*) Concierge *mf*
conserjería [konserxe'ria] *f* ❶ (*cargo*) Hausmeisterposten *m*
❷ (*oficina*) Hausmeisterloge *f*
conserva [kon'serβa] *f* ❶ (*enlatado*) Konserve *f*; **en ~** konserviert
❷ (*conservación*) Konservierung *f*, Haltbarmachung *f*
conservación [konserβa'θjon] *f* ❶ (*mantenimiento*) Erhaltung *f*; **~ de espacios naturales** Landschaftspflege *f*; **~ urbanística** Bauunterhaltung *f*
❷ (*guarda*) (Auf)bewahrung *f*
❸ (*conserva*) Konservierung *f*
conservacionismo [konserβaθjo'nismo] *m* Konservati(vi)smus *m*
conservador(a) [konserβa'ðor(a)] I. *adj* ❶ (*conservante*) erhaltend
❷ (*t*. POL: *tradicionalista*) konservativ
II. *m(f)* ❶ (*guardador*) Konservator(in) *m(f)*
❷ (POL) Konservative(r) *mf*
conservaduría [konserβaðu'ria] *f* (*cargo*) Konservatorenamt *nt*
conservadurismo [konserβaðu'rismo] *m sin pl* (POL) Konservati(vi)smus *m*
conservante [konser'βante] *m* Konservierungsmittel *nt*
conservar [konser'βar] I. *vt* ❶ (*mantener*) erhalten
❷ (*guardar*) (auf)bewahren
❸ (*guardar con esmero*) schonen
❹ (*hacer conservas*) konservieren
❺ (*continuar la práctica*) beibehalten
II. *vr*: **~se** erhalten bleiben; (*mantenerse*) sich halten; **~se bien** sich gut halten; **con setenta años todavía se conserva bien** mit siebzig Jahren ist er/sie noch gut in Form, für seine/ihre siebzig Jahre hat er/sie sich gut gehalten
conservatorio[1] [konserβa'torjo] *m* Konservatorium *nt*
conservatorio, -a[2] [konserβa'torjo, -a] *adj* Konservierungs-
conservería [konserβe'ria] *f* (*técnica*) Konservenherstellung *f*
conservero, -a [konser'βero, -a] I. *adj* Konserven-; **industria conservera** Konservenindustrie *f*
II. *m, f* Konservenfabrikant(in) *m(f)*
considerable [konsiðe'raβle] *adj* beachtlich, beträchtlich
considerablemente [konsiðeraβle'mente] *adv* deutlich, wesentlich
consideración [konsiðera'θjon] *f* ❶ (*reflexión*) Erwägung *f*, Überlegung *f*; **en ~ a** angesichts +*gen*, in Anbetracht +*gen*; **tomar** [*o* **tener**] **en**

~ berücksichtigen
② (*respeto*) Achtung *f*, Respekt *m;* **de** ~ beachtlich; **falta de** ~ Respektlosigkeit *f*
③ (*opinión*) Ansehen *nt*
considerado, -a [konsiðeˈraðo, -a] *adj* ① (*tener en cuenta*) berücksichtigt
② (*apreciado*) angesehen
③ (*atento*) rücksichtsvoll
considerando [konsiðeˈrando] *m* (JUR) Urteilsbegründung *f*
considerar [konsiðeˈrar] **I.** *vt* ① (*reflexionar*) erwägen, überdenken
② (*juzgar*) halten (für +*akk*), betrachten (als +*akk*)
③ (*apreciar*) achten, respektieren
II. *vr:* **~se** sich halten (für +*akk*)
consigna [konˈsiɣna] *f* ① (MIL) Losung *f*
② (POL) Weisung *f*
③ (*depósito de equipajes*) Gepäckaufbewahrung *f*
consignación [konsiɣnaˈθjon] *f* ① (*asignación*) Anweisung *f*
② (*protocolo*) Niederschrift *f*
③ (COM) Konsignation *f*
④ (JUR) gerichtliche Hinterlegung *f*
consignar [konsiɣˈnar] *vt* ① (*asignar*) anweisen; ~ **en el presupuesto** in den Haushaltsplan einsetzen
② (*protocolar*) (schriftlich) niederlegen
③ (*poner en depósito*) zur Aufbewahrung geben
④ (COM) konsignieren
⑤ (JUR) gerichtlich hinterlegen
consignatario, -a [konsiɣnaˈtarjo, -a] *m, f* ① (*destinatario*) Empfänger(in) *m(f)*
② (*depositario*) Verwahrer(in) *m(f)*
③ (*representante de un armador*) Schiffsagent(in) *m(f)*
consigo [konˈsiɣo] *pron pers* mit sich *dat*, bei sich *dat;* **a veces habla** ~ **mismo** manchmal spricht er mit sich selbst; **siempre lleva un libro** ~ er/sie hat immer ein Buch bei sich [*o* dabei]
consiguiente [konsiˈɣjente] **I.** *adj* dementsprechend, sich (daraus) ergebend, daraus folgend; **por** ~ folglich
II. *m* (LING) Anapher *f*
consiguientemente [konsiɣjenteˈmente] *adv* folglich
consiliario, -a [konsiˈljarjo, -a] *m, f* Berater(in) *m(f)*
consistencia [konsisˈtenθja] *f* Konsistenz *f*
consistente [konsisˈtente] *adj* konsistent
consistir [konsisˈtir] *vi* ① (*componerse*) bestehen (*en* aus +*dat*)
② (*ser*) bestehen (*en* in +*dat*); **mi trabajo consiste en catalogar libros** meine Arbeit besteht darin, Bücher zu katalogisieren
③ (*radicar*) beruhen (*en* auf +*dat*)
consistorial [konsistoˈrjal] *adj* ① (REL) konsistorial
② (ADMIN, POL) Gemeinderats-; **decisión** ~ Gemeinderatsbeschluss *m;* **casa** ~ Rathaus *nt*
consistorio [konsisˈtorjo] *m* ① (REL) Konsistorium *nt*
② (*reg:* ADMIN, POL) Gemeinderat *m*
consocio, -a [konˈsoθjo, -a] *m, f* Mitgesellschafter(in) *m(f);* (*copropietario*) Mitinhaber(in) *m(f)*
consola [konˈsola] *f* ① (*mesa*) Konsole *f*
② (ELEC) Schalttafel *f*
③ (INFOR) Konsole *f*
consolación [konsolaˈθjon] *f* Trost *m;* **premio de** ~ Trostpreis *m*
consolador¹ [konsolaˈðor] *m* (*argot*) Vibrator *m*
consolador(a)² [konsolaˈðor(a)] *adj* tröstlich
consolar [konsoˈlar] <o→ue> **I.** *vt* trösten
II. *vr:* **~se** sich trösten (*con* mit +*dat*)
consolidación [konsoliðaˈθjon] *f* ① (*intensificación*) Festigung *f*, Konsolidierung *f*
② (*robustecimiento*) Verstärkung *f*
③ (ECON) Konsolidation *f*, Konsolidierung *f;* ~ **de cuotas** Quotenkonsolidierung *f;* ~ **del mercado** Marktkonsolidierung *f*
consolidar [konsoliˈðar] **I.** *vt* ① (*intensificar*) festigen, konsolidieren
② (*robustecer*) verstärken
③ (ECON) konsolidieren
II. *vr:* **~se** sich festigen
consomé [konsoˈme] *m* Consommé *f o nt*, Bouillon *f*
consonancia [konsoˈnanθja] *f* ① (*rima*) (End)reim *m;* **tener** ~ sich reimen
② (*armonía*) Gleichklang *m*, Harmonie *f;* **en** ~ **con** in Einklang mit +*dat*
③ (MÚS) Konsonanz *f*
consonante [konsoˈnante] **I.** *adj* ① (*que rima*) (sich) reimend; **ser** ~ **con** sich reimen mit +*dat*
② (*armonioso*) übereinstimmend
③ (MÚS) konsonant
II. *f* (LING) Konsonant *m*, Mitlaut *m*
consonántico, -a [konsoˈnantiko, -a] *adj* (LING) konsonantisch

consonantismo [konsonanˈtismo] *m* (LING) Konsonantenbestand *m*, Konsonantismus *m*
consonantizar [konsonantiˈθar] <z→c> *vt* (LING) konsonantisieren
consonar [konsoˈnar] <o→ue> *vi* ① (MÚS: *elev*) harmonieren
② (*rimar*) sich reimen
cónsono, -a [ˈkonsono, -a] *adj* (*t.* MÚS: *elev*) harmonisch
consorcio [konˈsorθjo] *m* ① (*participación conjunta*) Gemeinschaft *f*
② (ECON) Konsortium *nt;* ~ **de adquisición** Übernahmekonsortium *nt;* ~ **bancario** Bankenkonsortium *nt;* ~ **financiero** Finanzkonsortium *nt*
③ (*matrimonio*) (eheliche) Lebensgemeinschaft *f*
consorte [konˈsorte] *mf* ① (*partícipe*) Partner(in) *m(f)*
② (*cónyuge*) Ehegatte, -in *m, f*
③ (JUR) Komplize, -in *m, f*
④ (*pey argot: compinche*) Konsorte, -in *m, f*
conspicuo, -a [konsˈpikwo, -a] *adj* ① (*ilustre*) namhaft, berühmt
② (*obvio*) augenfällig
conspiración [konspiraˈθjon] *f* Verschwörung *f*, Konspiration *f*
conspirador(a) [konspiraˈðor(a)] *m(f)* Verschwörer(in) *m(f)*
conspirar [konspiˈrar] *vi* ① (*conjurar*) konspirieren, sich verschwören
② (*intrigar*) intrigieren
③ (*contribuir*) mitwirken (*a* bei +*dat*), beitragen (*a* zu +*dat*)
conspirativo, -a [konspiraˈtiβo, -a] *adj* konspirativ
constancia [konsˈtanθja] *f* ① (*firmeza*) Beständigkeit *f*, Konstanz *f*
② (*perseverancia*) Ausdauer *f*, Beharrlichkeit *f*
③ (*certeza*) Gewissheit *f;* **tener** ~ **de que...** die Gewissheit haben, dass ...
④ (*noticia*) Vermerk *m;* ~ **judicial** gerichtliche Feststellung; **dejar** ~ **de algo** etw vermerken
constante [konsˈtante] **I.** *adj* konstant (*en* in +*dat*), beständig (*en* in +*dat*)
II. *f* (*t.* FÍS, MAT) Konstante *f*
Constanza [konsˈtanθa] *f* Konstanz *nt;* **Lago de** ~ Bodensee *m*
constar [konsˈtar] *vi* ① (*ser cierto*) feststehen; **me consta que...** für mich steht fest, dass ...; **que conste que...** es sei (hiermit) festgestellt, dass ...
② (*figurar*) aufgeführt sein; ~ **por escrito** schriftlich dokumentiert sein; **hacer** ~ **algo** etw bekunden
③ (*componerse*) bestehen (*de* aus +*dat*)
constatación [konstataˈθjon] *f* Bestätigung *f;* ~ **de la paternidad** (JUR) Vaterschaftsfeststellung *f*
constatar [konstaˈtar] *vt* bestätigen
constelación [konstelaˈθjon] *f* ① (*conjunto de estrellas*) Sternbild *nt*
② (*grupo de famosos*) Aufgebot *nt*
③ (ASTR) Konstellation *f*
consternación [konsternaˈθjon] *f* Bestürzung *f*
consternar [konsterˈnar] **I.** *vt* bestürzen, konsternieren *elev*
II. *vr:* **~se** bestürzt sein
constipación [konstipaˈθjon] *f* (MED) ① (*catarro*) Atemwegskatarrh *m*
② (*estreñimiento*) Verstopfung *f*, Konstipation *f*
constipado [konstiˈpaðo] *m* Erkältung *f;* ~ **nasal** Schnupfen *m*
constipar [konstiˈpar] **I.** *vt* verstopfen
II. *vr:* **~se** sich erkälten
constitución [konstituˈθjon] *f* ① (*formación*) Bildung *f;* ~ **de ahorro** (ECON) Sparkapitalbildung *f*
② (*establecimiento*) Gründung *f;* ~ **de empresa** Unternehmensgründung *f;* ~ **de nuevas empresas** Unternehmensneugründung *f;* ~ **de sociedad** Gesellschaftsgründung *f*
③ (*designación*) Einsetzung *f*
④ (*composición*) Zusammensetzung *f*
⑤ (*complexión*) Konstitution *f*
⑥ (*estatuto*) Verfassung *f*
constitucional [konstituθjoˈnal] *adj* (JUR, POL) konstitutionell, Verfassungs-; **justificación** ~ verfassungsrechtliche Rechtfertigung; **litigio** ~ (JUR) verfassungsrechtliche Streitigkeit; **monarquía** ~ konstitutionelle Monarchie; **orden** ~ verfassungsmäßige Ordnung; **política** ~ Verfassungspolitik *f*
constitucionalidad [konstituθjonaliˈðað] *f* Verfassungsmäßigkeit *f*
constitucionalismo [konstituθjonaˈlismo] *m sin pl* ① (JUR, POL) Konstitutionalismus *m*
② (POL: *régimen*) Verfassungsordnung *f*
constitucionalista [konstituθjonaˈlista] **I.** *mf* (JUR, POL) Verfassungsexperte, -in *m, f*
II. *adj* (JUR, POL) Verfassungs-
constitucionalizar [konstituθjonaliˈθar] <z→c> *vt* (JUR, POL) in die Verfassung aufnehmen, verfassungsmäßig regeln
constituir [konstituˈir/konsˈtitwir] *irr como huir* **I.** *vt* ① (*formar*) bilden
② (*ser*) darstellen
③ (*establecer*) gründen
④ (*designar*) einsetzen (*en* als +*akk*)

constitutivo

II. *vr:* ~**se auftreten** (*en/por* als +*nom*)
constitutivo, -a [koⁿstitu'tiβo, -a] *adj* wesentlich, grundlegend
constituyente [koⁿstitu'ʝente] I. *adj* ❶ (*que constituye*) konstituierend; **asamblea** ~ (POL) verfassungsgebende Versammlung
❷ (*esencial*) wesentlich, grundlegend, konstitutiv
II. *m* Mitglied *nt* der verfassungsgebenden Versammlung
constreñimiento [koⁿstreɲi'mjento] *m* Zwang *m*, Nötigung *f*
constreñir [koⁿstre'ɲir] *irr como ceñir vt* ❶ (*obligar*) zwingen (*a* zu +*dat*), nötigen (*a* zu +*dat*); **su situación económica la constriñó a aceptar ese empleo** aufgrund [*o* auf Grund] ihrer finanziellen Lage war sie gezwungen diese Arbeit anzunehmen
❷ (MED) zusammenschnüren, konstringieren
❸ (*cohibir*) hemmen, einschränken; **las reglas rígidas constriñen la imaginación** strenge Regeln schränken die Fantasie ein
constricción [koⁿstriɣ'θjon] *f* ❶ (*obligación*) Zwang *m*
❷ (MED) Konstriktion *f*; (*venas*) Abschnürung *f*
❸ (*cohibición*) Hemmung *f*, Einschränkung *f*
constrictivo, -a [koⁿstrik'tiβo, -a] *adj* (*que aprieta*) beengend; (MED) verengend
constrictor(a) [koⁿstrik'tor(a)] *adj* zusammenschnürend; (*músculo*) ~ (ANAT) Konstriktor *m*, Schließmuskel *m*; **boa** ~ (ZOOL) Boa *f* Constrictor
constringente [koⁿstriɲ'xente] *adj* beschränkend, einengend
construcción [koⁿstruɣ'θjon] *f* ❶ (*acción*) Bau *m*; (*arte*) Baukunst *f*; ~ **clandestina** Schwarzbau *m*; ~ **de maquinaria/metálica/naval/de viviendas** Maschinen-/Stahl-/Schiffs-/Wohnungsbau *m*; **materiales de** ~ Baustoffe *mpl*; **plazo de** ~ Bauzeit *f*; **el polideportivo está en** ~ die Sporthalle ist in [*o* im] Bau
❷ (*sector*) Bauwesen *nt*
❸ (*edificio*) Gebäude *nt*; ~ **adicional** [*o* **aneja**] Anbau *m*
❹ (LING: *estructura*) Satzbau *m*, Satzbildung *f*; (*palabras*) Konstruktion *f*
constructivismo [koⁿstrukti'βismo] *m sin pl* (ARTE, MÚS) Konstruktivismus *m*
constructivista [koⁿstrukti'βista] I. *adj* (ARTE, MÚS) konstruktivistisch
II. *mf* (ARTE, MÚS) Konstruktivist(in) *m(f)*
constructivo, -a [koⁿstruk'tiβo, -a] *adj* aufbauend, konstruktiv; **crítica constructiva** konstruktive Kritik
constructor(a) [koⁿstruk'tor(a)] I. *adj* Bau-; **empresa ~a** Bauunternehmen *nt*
II. *m(f)* Bauunternehmer(in) *m(f)*; ~ **de carreteras** Straßenbauer *m*
construir [koⁿstru'ir/koⁿs'trwir] *irr como huir vt* ❶ (*casa*) bauen; (*erigir*) errichten; (*producir*) herstellen
❷ (LING) bilden; **en este caso el verbo se construye en subjuntivo** in diesem Fall wird das Verb im Konjunktiv gebildet
consu(b)stancial [koⁿsu(β)staⁿ'θjal] *adj* ❶ (*connatural*) eigen; **la inteligencia es** ~ **al hombre** die Intelligenz ist dem Menschen eigen
❷ (REL) wesensgleich
consu(b)stancialidad [koⁿsu(β)staⁿθjali'ðað] *f sin pl* (REL) Wesenseinheit Gottvaters und des Sohnes
consuegro, -a [kon'sweɣro, -a] *m, f* (*del yerno*) Vater *m*/Mutter *f* des Schwiegersohnes; (*de la nuera*) Vater *m*/Mutter *f* der Schwiegertochter
consuelda [kon'swelda] *f* (BOT) Beinwell *m*, Comfrey *m*
consuelo [kon'swelo] *m* Trost *m*; (*alivio*) Erleichterung *f*
consueta [kon'sweta] *mf* (TEAT: *apuntador*) Souffleur *m*, Souffleuse *f*
consuetas [kon'swetas] *fpl* (REL) Fürbitten *fpl*
consuetudinario, -a [konswetuði'narjo, -a] *adj* gewohnheitsmäßig; **derecho** ~ (JUR) Gewohnheitsrecht *nt*
cónsul ['konsul] *mf* (HIST, POL) Konsul(in) *m(f)*; ~ **honorario** [*o* **honorífico**] Honorarkonsul *m*
consulado [konsu'laðo] *m* Konsulat *nt*
consular [konsu'lar] *adj* Konsulats-, konsularisch
consulta [kon'sulta] *f* ❶ (*de un médico*) Praxis *f*; **hora de** ~ Sprechstunde *f*; **la ginecóloga tiene** ~ **de 4 a 6 de la tarde** die Frauenärztin hat von 16 bis 18 Uhr Sprechstunde
❷ (*asesoramiento*) Beratung *f*; ~ **jurídica** (**oficial**) (amtliche) Rechtsauskunft *f*; ~ **popular** (POL) Volksbefragung *f*; **obra de** ~ Nachschlagewerk *nt*; **quisiera hacerle una** ~ ich würde mich gern beraten lassen
consultación [konsulta'θjon] *f* Beratung *f*
consultante [konsul'taɲte] *mf* Ratsuchende(r) *mf*
consultar [konsul'tar] *vt* ❶ (*aconsejarse*) um Rat fragen, sich beraten lassen (von +*dat*); **voy a** ~ **el problema con mi abogado**, **voy a** ~ **a mi abogado sobre el problema** ich werde mich mit meinem Anwalt beraten; ~ **con la almohada** überschlafen
❷ (*libro*) nachschlagen (in +*dat*); ~ **el atlas** im Atlas nachschlagen
consulting [kon'sultiŋ] *m* <consultings> (*t.* ECON) Consulting *nt*, Beratung *f*
consultivo, -a [konsul'tiβo, -a] *adj* beratend, konsultativ; **comité** ~ beratender Ausschuss; **voto** ~ beratende Stimme
consultor(a) [konsul'tor(a)] I. *adj* beratend; (**empresa**) **~a** Consultingfirma *f*

II. *m(f)* Berater(in) *m(f)*; (*experto*) Gutachter(in) *m(f)*; ~ **de empresas** (ECON) Unternehmensberater *m*; ~ **de marketing** (ECON) Marketingberater *m*
consultoría [konsulto'ria] *f* Beratungsstelle *f*; (*empresa*) (Unternehmens)beratungsfirma *f*, Consultingfirma *f*
consultorio [konsul'torjo] *m* ❶ (*establecimiento*) Beratungsstelle *f*; (*de un médico*) (Arzt)praxis *f*
❷ (*en la radio*) Fragestunde *f*
consumación [konsuma'θjon] *f sin pl* Vollendung *f*; **la** ~ **del matrimonio** (JUR) der Vollzug der Ehe; **la** ~ **de los siglos** (REL) das Ende der Welt
consumado, -a [konsu'maðo, -a] *adj* vollendet, vollkommen; **matrimonio** ~ (JUR) vollzogene Ehe; **es un bailarín** ~ er ist ein vollendeter Tänzer
consumar [konsu'mar] *vt* vollenden; ~ **un crimen** ein Verbrechen begehen; ~ **el matrimonio** (JUR) die Ehe vollziehen; ~ **un sacrificio** ein Opfer darbringen
consumible [konsu'miβle] *adj* (*que puede ser consumido*) für den Verbrauch bestimmt, Verbrauchs-
consumición [konsumi'θjon] *f* ❶ (*bar*) Verzehr *m*; **¿has pagado las consumiciones?** hast du bezahlt?
❷ (*agotamiento*) Verbrauch *m*
consumido, -a [konsu'miðo, -a] *adj* (*flaco*) mager; **la tiene consumida con sus mentiras** seine/ihre Lügerei hat sie fertig gemacht
consumidor(a) [konsumi'ðor(a)] *m(f)* Verbraucher(in) *m(f)*; (*cliente*) Gast *m*; **asociación de ~es** Verbraucherverband *m*; ~ **final** Endverbraucher *m*; ~ **en gran escala** Großverbraucher *m*; **Índice de Precios al C**~ Verbraucherpreisindex *m*
consumir [konsu'mir] I. *vt* ❶ (*gastar*) verbrauchen
❷ (*acabar*) aufbrauchen; (*derrochar*) verprassen
❸ (*comer*) verzehren, essen
❹ (*destruir*) vernichten
❺ (*afligir*) quälen; **la espera me consume** die Warterei macht mich wahnsinnig
II. *vi* (REL) den Kelch leeren
III. *vr:* **~se** ❶ (*persona*) sich verzehren, sich quälen; **~se con la enfermedad** von der Krankheit ausgezehrt werden
❷ (*gastarse*) ausgehen, zu Ende gehen; (*velas*) ausbrennen; **se ha consumido el agua** das Wasser ist verdampft
consumismo [konsu'mismo] *m sin pl* (übertriebenes) Konsumverhalten *nt*
consumista [konsu'mista] *mf* nur auf Konsum ausgerichteter Mensch *m*
consumo [kon'sumo] *m* ❶ (*gasto*) Verbrauch *m*, Konsum *m*; ~ **per cápita** Pro-Kopf-Verbrauch *m*; ~ **doméstico** [*o* **propio**] Eigenverbrauch *m*; ~ **de drogas** Drogenkonsum *m*; ~ **de energía** Energieverbrauch *m*; ~ **de gran escala** Massenkonsum *m*; ~ **privado** Privatverbrauch *m*; **bienes de** ~ Konsumgüter *ntpl*, Verbrauchsgüter *ntpl*; **sociedad de** ~ Konsumgesellschaft *f*
❷ *pl* (FIN) Verbrauchssteuer *f*
consunción [konsun'θjon] *f sin pl* Auszehrung *f*
consuntivo, -a [konsun'tiβo, -a] *adj* (*que consume*) verbrauchend, aufzehrend; (*enfermedad*) ~as)zehrend
consustancial [konsustaɲ'θjal] *adj v.* **consu(b)stancial**
consustancialidad [konsustaɲθjali'ðað] *f sin pl* (REL) *v.* **consu(b)stancialidad**
contabilidad [koɲtaβili'ðað] *f* Buchhaltung *f*, Buchführung *f*; ~ **del almacén** Lagerbuchhaltung *f*; ~ **de costes** Betriebsbuchhaltung *f*, Kostenrechnung *f*; ~ **ficticia** Scheinbuchung *f*; ~ **financiera** Finanzbuchhaltung *f*; ~ **fiscal** Steuerbuchhaltung *f*; ~ **de gestión** betriebliche Rechnungsprüfung; ~ **nacional** volkswirtschaftliche Gesamtrechnung; ~ **por partida doble** doppelte Buchführung; ~ **plurimonetaria** Währungsbuchhaltung *f*; **departamento de** ~ Buchhaltung(sabteilung) *f*; **llevar la** ~ die Buchhaltung machen
contabilización [koɲtaβiliθa'θjon] *f* Buchhaltung *f*, Verbuchung *f*
contabilizar [koɲtaβili'θar] <z→c> *vt* buchen, verbuchen; ~ **al debe** auf der Sollseite buchen; ~ **al haber** auf der Habenseite buchen
contable [koɲ'taβle] I. *adj* ❶ (*que se puede contar*) zählbar
❷ (FIN) buchungstechnisch; **experto** ~ Wirtschaftsprüfer *m*, Rechnungsprüfer *m*; **saldo** ~ Rechnungssaldo *m*; **por motivos ~s** aus buchungstechnischen Gründen
II. *mf* Buchhalter(in) *m(f)*
contactar [koɲtak'tar] *vi, vt* Kontakt aufnehmen (*con/a* mit +*dat*), sich in Verbindung setzen (*con/a* mit +*dat*)
contacto [koɲ'takto] *m* ❶ (*tacto*) Berührung *f*, Kontakt *m*
❷ (*relación*) Verbindung *f*, Kontakt *m*; **entrar** [*o* **ponerse**] **en** ~ **con alguien/algo** sich mit jdm/etw *dat* in Verbindung setzen, mit jdm/etw *dat* Kontakt aufnehmen; **estar en** ~ **con alguien/algo** Verbindung mit jdm/etw *dat* haben, mit jdm/etw *dat* in Kontakt stehen; **perder el** ~

contactología con alguien/algo den Kontakt zu jdm/etw *dat* verlieren; **tengo poco ~ con mi familia** ich habe wenig Kontakt zu meiner Familie
③ (ELEC) Kontakt *m*; **~ flojo** [*o* **intermitente**] Wackelkontakt *m*; **~ a tierra** Erdschluss *m*
④ (*persona*) Kontaktperson *f*
⑤ (FOTO) Positiv *nt*

contactología [kon̩taktolo'xia] *f sin pl* ① (*técnica*) Kontaktlinsenherstellung *f*
② (COM) Kontaktlinsenindustrie *f*

contactólogo, -a [kon̩tak'toloɣo, -a] *m, f* Kontaktlinsenspezialist(in) *m(f)*

contado¹ [kon̩'taðo] *m*: **al ~ bar**; **pagar al ~ bar** (be)zahlen; **precio al ~** Barpreis *m*

contado, -a² [kon̩'taðo, -a] *adj v.* **contados**

contador [kon̩ta'ðor] *m* ① (*del agua, de la luz*) Zähler *m*, Messgerät *nt*; **~ del agua** Wasserzähler *m*, Wasseruhr *f*; **~ del gas** Gasmesser *m*; **~ de la luz** Stromzähler *m*; **~ de revoluciones** Drehzahlmesser *m*
② (*contable*) Buchhalter *m*
③ (INFOR) Zähler *m*; **~ de datos** Datenzähler *m*; **~ de programa** Programmzähler *m*; **~ de tarjetas** Kartenzähler *m*

contados, -as [kon̩'taðos, -as] *adj* (*raro*) selten; **nos vemos en contadas ocasiones** wir sehen uns selten; **tiene los días ~** seine/ihre Tage sind gezählt

contaduría [kon̩taðu'ria] *f* ① (*oficio*) Buchhaltung *f*
② (*oficina*) Buchhaltung(sabteilung) *f*; (*para otras instituciones*) Rechnungsamt *nt*
③ (CINE, TEAT: *taquilla*) Vorverkaufsstelle *f*

contagiar [kon̩ta'xjar] I. *vt* ansteckten (*con/por* durch +*akk*); **me ha contagiado la varicela** er/sie hat mich mit den Windpocken angesteckt
II. *vr*: **~se** sich ansteckten (*de* mit +*dat*, *con/por* durch +*akk*)

contagio [kon̩'taxjo] *m* Ansteckung *f*; (*transmisión*) Übertragung *f*

contagioso, -a [kon̩ta'xjoso, -a] *adj* ansteckend

container [kon̩'tejner] <containers> *m* (*contenedor*) Container *m*

contaminación [kon̩tamina'θjon] *f* Verseuchung *f*; **~ acústica** Lärmbelästigung *f*; **~ del aire** [*o* **atmosférica**] Luftverschmutzung *f*; **~ ambiental** Umweltverschmutzung *f*; **~ radiactiva** radioaktive Verseuchung

contaminador(a) [kon̩tamina'ðor(a)] *adj* (umwelt)verschmutzend

contaminante [kon̩tami'nan̩te] I. *adj* umweltverschmutzend
II. *m* Schadstoff *m*

contaminar [kon̩tami'nar] I. *vt* ① (*infestar*) verseuchen, verschmutzen
② (*contagiar*) ansteckten; **me has contaminado de tu pereza** du hast mich mit deiner Faulheit angesteckt
③ (*empeorar, pervertir*) verderben
II. *vr*: **~se** ① (*infectarse*) verseucht werden, verschmutzen; **el agua se contaminó de radiactividad** das Wasser wurde radioaktiv verseucht
② (*contagiarse*) sich ansteckten
③ (*corromperse*) verderben; (*costumbres*) verfallen

contango [kon̩'taŋgo] *m* (ECON) Report *m*, Kursaufschlag *m*

contante [kon̩'tan̩te] *adj* bar; **pagar en dinero ~ y sonante** mit klingender Münze bezahlen

contar [kon̩'tar] <o→ue> I. *vi* ① (*hacer cuentas*) zählen; **~ con los dedos** mit den Fingern zählen; **cuento hasta tres** ich zähle bis drei; **nueve días a ~ desde hoy** neun Tage von heute an
② (*importar, valer*) zählen, wichtig sein, gelten; **eso no cuenta** das zählt [*o* gilt] nicht; **para él lo que cuenta es el dinero** für ihn zählt nur das Geld
③ (*con 'con': confiar*) zählen (*con* auf +*akk*), rechnen (*con* auf +*akk*), sich verlassen (*con* auf +*akk*); **puedes ~ conmigo** du kannst dich auf mich verlassen; **no puedes ~ con él** auf ihn kannst du nicht zählen
④ (*con 'con': tener en cuenta*) rechnen (*con* mit +*dat*); **cuento con un buen resultado** ich rechne mit einem guten Ergebnis; **¿puedo ~ con vosotros para la fiesta?** kann ich damit rechnen, dass ihr auf die Party kommt?; **no ~ con la huéspeda** (*fam*) die Rechnung ohne den Wirt machen
II. *vt* ① (*numerar*) zählen; **contamos los coches que pasan** wir zählen die vorbeifahrenden Autos; **~ las ovejas** (*fam*) Schäfchen zählen
② (*calcular*) (be)rechnen
③ (*narrar*) erzählen; **~ un cuento** eine Geschichte erzählen; **¿qué me cuentas?** was sagst du dazu?; **¿qué cuentas?/¿qué cuenta Ud.?** (*saludo*) hallo, was gibt's Neues?; **¡eso cuéntaselo a tu abuela** [*o* **tía**]! (*fam*) das kannst du deiner Großmutter erzählen!
④ (*incluir*) zählen (*entre* zu +*dat*); **te cuento entre mis mejores amigos** ich zähle dich zu meinen besten Freunden
⑤ (*tener en cuenta*) bedenken; **y cuenta que eso no es todo** und bedenke, dass das noch nicht alles ist
⑥ (*cantidad determinada*) haben, zählen *elev*; **~ muchos/pocos años** sehr alt/nicht sehr alt sein; **la ciudad cuenta más de 200.000 habitantes** die Stadt hat [*o* zählt] über 200.000 Einwohner

III. *vr*: **~se** (sich) zählen (*entre* zu +*dat*); **Madrid se cuenta entre las ciudades más interesantes de Europa** Madrid zählt zu den interessantesten Städten Europas; **se puede ~ entre los actores mejor pagados de la actualidad** er kann sich zu den bestbezahlten Schauspielern der Gegenwart zählen

contemperar [kon̩tempe'rar] *vt* ① (*aplacar*) besänftigen, mildern
② (*acompasar*) anpassen (*con* an +*akk*)

contemplación [kon̩templa'θjon] *f* ① (*observación*) Betrachtung *f*; (*espiritual*) Kontemplation *f elev*
② (REL) Kontemplation *f*, Versenkung *f*
③ *pl* (*miramientos*) Rücksicht *f*; **ya sabes que él no se anda con muchas contemplaciones** du weißt, dass er nicht sehr rücksichtsvoll ist

contemplar [kon̩tem'plar] *vt* ① (*mirar*) betrachten, anschauen
② (*considerar*) berücksichtigen
③ (*complacer*) zuvorkommend behandeln
④ (REL) meditieren (über +*akk*)

contemplativo, -a [kon̩templa'tiβo, -a] *adj* ① (*meditativo, inactivo*) beschaulich, besinnlich, kontemplativ *elev*; **lleva una vida contemplativa** er/sie führt ein beschauliches Leben
② (*complaciente*) zuvorkommend, rücksichtsvoll

contemporaneidad [kon̩temporanei'ðaº] *f sin pl* ① (*coincidencia temporal*) Gleichzeitigkeit *f*, gleichzeitiges Auftreten *nt*; **las investigaciones confirmaron la ~ de las dos momias** die Forschungen bestätigten, dass die Mumien aus derselben Zeit stammten
② (*actualidad*) Gegenwart *f*, Aktualität *f*

contemporáneo, -a [kon̩tempo'raneo, -a] I. *adj* zeitgenössisch
II. *m, f* Zeitgenosse, -in *m, f*

contemporización [kon̩temporiθa'θjon] *f* Taktieren *nt*; (*transigencia*) Kompromissbereitschaft *f*

contemporizador(a) [kon̩temporiθa'ðor(a)] I. *adj* (*transigente*) nachgiebig; (*amoldado*) angepasst; (*capaz de amoldarse*) anpassungsfähig
II. *m(f)* Anpasser(in) *m(f) pey*

contemporizar [kon̩tempori'θar] <z→c> *vi* (*amoldarse*) sich anpassen (*con* +*dat*), sich richten (*con* nach +*dat*); (*transigir*) sich fügen (*con* +*dat*); **no me queda más remedio que ~ con él** ich muss ihn wohl ertragen

contención [kon̩ten̩'θjon] *f* ① (*moderación*) Beherrschung *f*, Mäßigung *f*; **~ de la inflación** Eindämmung der Inflation
② (ARQUIT): **muro de ~** Stützmauer *f*

contencioso, -a [kon̩ten̩'θjoso, -a] *adj* streitsüchtig; **procedimiento ~** (JUR) streitiges Verfahren; **recurso ~ administrativo** (JUR) Verwaltungsstreitverfahren *nt*

contender [kon̩ten̩'der] <e→ie> *vi* (*luchar*) kämpfen (*por* um +*akk*, *contra* gegen +*akk*); (*discutir*) streiten (*sobre* über +*akk*)

contendiente [kon̩ten̩'djen̩te] *mf* Gegner(in) *m(f)*, Herausforderer, -in *m, f*

contenedor [kon̩tene'ðor] *m* Container *m*; (*de basura*) Mülltonne *f*, Müllcontainer *m*; **~ especial** Sammelcontainer *m*; **terminal de ~es** Containerterminal *m*

contener [kon̩te'ner] *irr como* **tener** I. *vt* ① (*encerrar*) enthalten, beinhalten; **¿qué contiene esta caja?** was ist in dieser Schachtel?; **este libro contiene muchas informaciones** dieses Buch enthält eine Menge Informationen
② (*refrenar*) zurückhalten; (*sentimientos*) unterdrücken, im Zaum halten *elev*; (*sangre*) stillen; (*respiración*) anhalten
II. *vr*: **~se** sich beherrschen

contenido¹ [kon̩te'niðo] *m* ① (*incluido, significado*) Inhalt *m*; **~ del contrato** Vertragsinhalt *m*
② (*concentración*) Gehalt *m*; **~ en vitaminas** Vitamingehalt *m*

contenido, -a² [kon̩te'niðo, -a] *adj* (*sentimientos*) gemäßigt; (*persona*) zurückhaltend

contentadizo, -a [kon̩ten̩ta'ðiθo, -a] *adj* genügsam, leicht zufrieden zu stellen; **mal ~** schwer zufrieden zu stellen

contentamiento [kon̩ten̩ta'mjen̩to] *m* Freude *f*, Zufriedenheit *f*

contentar [kon̩ten̩'tar] I. *vt* erfreuen, zufrieden stellen; **~ a alguien con algo** jdm mit etw *dat* eine Freude machen [*o* bereiten]
II. *vr*: **~se** sich begnügen (*con* mit +*dat*); **se contentó con un caramelo** er/sie gab sich mit einem Bonbon zufrieden

contentivo¹ [kon̩ten̩'tiβo] *m* (MED) Verband *m*; (*venda*) Binde *f*; (*gasa*) Verbandmull *m*

contentivo, -a² [kon̩ten̩'tiβo, -a] *adj* ① (*elev: que contiene*) enthaltend
② (MED) Verband-; (*hemostático*) blutstillend

contento¹ [kon̩'ten̩to] *m* ① (*satisfacción*) Zufriedenheit *f*; **ser de buen/mal ~** leicht/schwer zufrieden zu stellen sein
② (*alegría*) Freude *f*

contento, -a² [kon̩'ten̩to, -a] *adj* ① (*alegre*) froh, fröhlich; **no caber de**

~ vor Freude außer sich *dat* sein
❷ (*satisfecho*) zufrieden; **darse por** ~ sich zufrieden geben; **estoy muy ~ con mi coche** ich bin sehr zufrieden mit meinem Auto
contera [kon'tera] *f* (*de un bastón*) Zwinge *f*; (*de un bolígrafo*) Hülle *f*; **y por** ~ und obendrein
contero [kon'tero] *m* (ARQUIT) Perlstab *m*, Astragal(us) *m*
contertulio, -a [konter'tuljo, -a] *m, f* Teilnehmer(in) *m(f)* an einer Gesprächsrunde; (*en un café*) ≈Stammtischkamerad(in) *m(f)*
contestable [kontes'taβle] *adj* fragwürdig, strittig
contestación [kontesta'θjon] *f* ❶ (*respuesta*) Antwort *f*; **en ~ a su carta** (*formal*) in Beantwortung Ihres Briefes; ~ **a la demanda** (JUR) Klagererwiderung *f*; **dar una mala ~** eine unverschämte Antwort geben
❷ (*protesta*) Protest *m*
contestador [kontesta'ðor] *m* Anrufbeantworter *m*; ~ **automático** automatischer Anrufbeantworter
contestar [kontes'tar] I. *vi* (*responder*) antworten; ~ **por escrito** schriftlich antworten; ~ **mal** eine unverschämte Antwort geben
II. *vt* ❶ (*responder*) antworten (*a* auf +*akk*), beantworten; ~ **a las preguntas de alguien** jds Fragen beantworten; **llamé por teléfono pero nadie contestó** ich habe angerufen, aber niemand nahm ab
❷ (*replicar*) widersprechen (*a* +*dat*); **haz lo que te dicen y no contestes** tu, was man dir sagt, und gib keine Widerworte
❸ (*oponerse*) bestreiten, in Frage [*o* infrage] stellen
❹ (*t.* JUR: *atestiguar*) bestätigen, bezeugen
contestatario, -a [kontesta'tarjo, -a] *m, f* Protestler(in) *m(f)*
contestón, -ona [kontes'ton, -ona] *m, f* (*fam*) Besserwisser(in) *m(f)*
contexto [kon'testo] *m* Zusammenhang *m*, Kontext *m*
contextual [kontestu'al] *adj* ❶ (LING) kontextuell, Kontext-
❷ (*de la situación*): **circunstancias ~es** Gesamtumstände *mpl*
contextuar [kontestu'ar] <*1. pres:* contextúo> *vt* (*acreditar*) (mit Texten) belegen
contextura [kontes'tura] *f* ❶ (*estructura*) Textur *f*, Anordung *f*
❷ (*complexión*) Körperbau *m*
contienda [kon'tjenda] *f* ❶ (*disputa*) Streit *m*
❷ (JUR) Rechtsstreitigkeit *f*; ~ **administrativa** Verwaltungsstreitigkeit *f*; ~ **en derecho público** öffentlich-rechtliche Rechtsstreitigkeit
❸ (*batalla*) Kampf *m*
contignación [kontiɣna'θjon] *f* (ARQUIT) Balkenwerk *nt*; (*techo*) Deckenkonstruktion *f*; (*tejado*) Dachstuhl *m*
contigo [kon'tiɣo] *pron pers* mit dir, bei dir; **voy ~** ich gehe mit (dir); **me gusta estar ~** ich bin gerne bei dir *o* mit dir zusammen); **se portó mal ~** er/sie war nicht nett zu dir; **me siento ~** ich setze mich zu dir; **¿puedo quedarme a comer ~?** darf ich bei dir zu Mittag essen?
contigüidad [kontiɣwi'ðað] *f* Angrenzung *f*, Angrenzen *nt*, Nebeneinanderliegen *nt*
contiguo, -a [kon'tiɣwo, -a] *adj* angrenzend, nebeneinander liegend
continencia [konti'nenθja] *f* (*moderación*) Mäßigkeit *f*, Enthaltsamkeit *f*; (*castidad*) Keuschheit *f*
continental [kontinen'tal] *adj* kontinental; **clima ~** Kontinentalklima *nt*
continente [konti'nente] I. *adj* enthaltsam; (*casto*) keusch
II. *m* ❶ (GEO) Kontinent *m*, Festland *nt*
❷ (*aspecto*) Haltung *f*; (*compostura*) Auftreten *nt*
❸ (*cosa*) Behälter *m*
contingencia [kontin'xenθja] *f* ❶ (*eventualidad*) Möglichkeit *f*; ~ **asegurada** Versicherungsfall *m*
❷ (FILOS) Kontingenz *f*
❸ (*riesgo*) Gefahr *f*
contingentación [kontinxenta'θjon] *f* (*t.* ECON) Kontingentierung *f*; ~ **de importaciones** Einfuhrkontingentierung *f*
contingentar [kontinxen'tar] *vt* (*t.* ECON) kontingentieren, zuteilen
contingente [kontin'xente] I. *adj* zufällig, möglich, denkbar
II. *m* (ECON, MIL) Kontingent *nt*, Quote *f*; ~ **arancelario** Zollkontingent *nt*; ~ **comunitario** (UE) Gemeinschaftskontingent *nt*; ~**s de importación/exportación** Import-/Exportkontingente *ntpl*, Einfuhr-/Ausfuhrbeschränkungen *fpl*
contingible [kontin'xiβle] *adj* (*elev: posible*) möglich, denkbar
continuación [kontinwa'θjon] *f* (*acción*) Fortsetzung *f*; (*efecto*) Fortdauer *f*; **a ~** (*después*) dann, danach, anschließend; (*en un escrito*) nachstehend, im Folgenden; (*al lado*) daneben; **mi casa está a ~ de la suya** mein Haus steht neben seinem/ihrem
continuadamente [kontinwaða'mente] *adv v.* **continuamente**
continuador(a) [kontinwa'ðor(a)] *m(f)* Nachfolger(in) *m(f)*
continuamente [kontinwa'mente] *adv* fortwährend, ständig, ununterbrochen
continuar [kontinu'ar] <*1. pres:* continúo> I. *vi* ❶ (*perdurar*) fortdauern; **continúa lloviendo** es regnet immer noch; **continúan los disparos** es wird weiterhin geschossen; **continúa tan egoísta como siempre** er/sie ist immer noch genau so ein Egoist/eine Egoistin wie früher;

¡esto no puede ~ así! so geht das nicht weiter!; **~á** Fortsetzung folgt
❷ (*seguir*) fortfahren, weitermachen
❸ (*no detenerse*) fortfahren, weitergehen
❹ (*seguir estando*) (immer noch) sein; **mi hermano continúa en Inglaterra** mein Bruder ist immer noch in England
❺ (*prolongarse*) sich fortsetzen; **la carretera continúa por la costa** die Straße geht an der Küste weiter
II. *vt* fortsetzen, weiterführen
continuidad [kontinwi'ðað] *f* Kontinuität *f*, Fortdauer *f*, Fortbestand *m*; ~ **del balance** Bilanzkontinuität *f*; ~ **de la empresa** Unternehmensfortführung *f*; ~ **del valor contable** Buchwertfortführung *f*; **sin solución de ~** ohne Unterbrechung
continuismo [konti'nwismo] *m sin pl* (POL) Kontinuität *f* einer Partei
continuista [konti'nwista] *adj* der Kontinuität verschrieben
continuo¹ [kon'tinwo] *m* Kontinuum *nt*
continuo, -a² [kon'tinwo, -a] *adj* ständig; (*ininterrumpido*) ununterbrochen; (*persistente*) anhaltend; **de ~** fortwährend; **bajo ~** (MÚS) Generalbass *m*, Basso *m* continuo; **corriente continua** Gleichstrom *m*
contonearse [kontone'arse] *vr* sich in den Hüften wiegen
contoneo [konto'neo] *m* wiegender Gang *m*
contorcerse [kontor'θerse] *irr como cocer v.* **contorsionarse**
contornear [kontorne'ar] *vt* ❶ (*circundar*) umrunden, umfahren
❷ (ARTE) konturieren, umreißen
❸ (TÉC) einfassen, umgeben
contorno [kon'torno] *m* ❶ (*de una figura*) Kontur *f*, Umriss *m*
❷ (*de la cintura, las caderas*) Hüftumfang *m*
❸ (*pl*) (*territorio*) Umgebung *f*
contorsión [kontor'sjon] *f* Kontorsion *f*, Verdrehung *f*
contorsionarse [kontorsjo'narse] *vr* sich winden; (*retorcerse*) sich verrenken
contorsionista [kontorsjo'nista] *mf* Schlangenmensch *m*
contra¹ ['kontra] I. *prep* ❶ (*posición, dirección*) gegen +*akk*, an +*akk*; (*enfrente*) gegenüber +*dat*; **se estrelló ~ el árbol** er/sie prallte gegen den Baum; **se apoyó ~ la pared** er/sie lehnte sich an die Wand
❷ (*oposición, contrariedad*) gegen +*akk*; **yo he votado en ~** ich habe dagegen gestimmt; **he votado en ~ del proyecto de ley** ich habe gegen den Gesetzentwurf gestimmt; **sucedió ~ su voluntad** es geschah wider seinen/ihren Willen; **tener algo en ~** etwas dagegen haben
❸ (*a cambio de*) gegen +*akk*; ~ **reembolso** gegen [*o* per] Nachnahme
II. *m*: **el pro y el ~, los pros y los ~s** das Für und Wider, das Pro und Kontra
contra² ['kontra] *f* ❶ (*dificultad*) Problem *nt*; (*obstáculo*) Hindernis *nt*
❷ (*oposición*) Widerstand *m*; **llevar la ~ a alguien** jdm widersprechen, jdm Kontra geben; **llevar la ~ a todo el mundo** ein Besserwisser sein
❸ (*guerrilla*) Contras *pl*
contraalmirante [kontra(a)lmi'rante] *m* (NÁUT) Konteradmiral *m*
contraasiento [kontra(a)'sjento] *m* (FIN) Gegenbuchung *f*, Stornierung *f*
contraatacar [kontra(a)ta'kar] <c→qu> *vi, vt* seinerseits angreifen
contraataque [kontra(a)'take] *m* (MIL) Gegenangriff *m*
contraaviso [kontra(a)'βiso] *m* Gegenbefehl *m*
contrabajista [kontraβa'xista] *mf* Kontrabassspieler(in) *m(f)*, Kontrabassist(in) *m(f)*
contrabajo [kontra'βaxo] *m* ❶ (*instrumento*) Kontrabass *m*
❷ (*músico*) Kontrabassist(in) *m(f)*, Kontrabassspieler(in) *m(f)*
contrabajón [kontraβa'xon] *m* (MÚS) Kontrafagott *nt*
contrabajonista [kontraβaxo'nista] *mf* (MÚS) Kontrafagottist(in) *m(f)*
contrabalancear [kontraβalanθe'ar] *vt* ❶ (*un peso*) aufwiegen
❷ (*compensar*) ausgleichen, aufwiegen
contrabalanza [kontraβa'lanθa] *f* ❶ (*peso*) Gegengewicht *nt*
❷ (*compensación*) Ausgleich *m*, Gegengewicht *nt*
contrabandear [kontraβande'ar] *vi* schmuggeln
contrabandeo [kontraβan'deo] *m* (*fam*) Schmuggelei *f*, Schmuggel *m*
contrabandista [kontraβan'dista] *mf* Schmuggler(in) *m(f)*
contrabando [kontra'βando] *m sin pl* ❶ (*comercio*) Schmuggel *m*; **tabaco de ~** geschmuggelter Tabak; **pasar algo de ~** etw durchschmuggeln
❷ (*mercancía*) Schmuggelware *f*; ~ **de guerra** Bannware *f*
contrabarrera [kontraβa'rrera] *f* (TAUR) zweite Sperrsitzreihe *f*
contrabatería [kontraβate'ria] *f* (MIL) Gegenbatterie *f*
contrabatir [kontraβa'tir] *vt* (MIL) unter Beschuss nehmen, beschießen
contrabloqueo [kontraβlo'keo] *m* (MIL) Gegenblockade *f*
contracambio [kontra'kambjo] *m* Tausch *m*; **en ~** als Ersatz
contracarril [kontraka'rril] *m* (FERRO) Radlenker *m*, Sicherheitsschiene *f*
contracarta [kontra'karta] *f v.* **contracédula**
contracción [kontrak'θjon] *f* ❶ (*pl*) (MED) Wehen *fpl*
❷ (LIT) Kontraktion *f*, Verkürzung *f*
❸ (FIN) Rückgang *m*, Verminderung *f*; ~ **de los beneficios** Gewinnrückgang *m*

contracédula [kɔntra'θeðula] f (JUR) Widerrufungsurkunde f, Revers m
contracepción [kɔntraθep'θjon] f (MED: *anticoncepción*) Empfängnisverhütung f
contraceptivo¹ [kɔntraθep'tiβo] m (MED: *formal*) (Empfängnis)verhütungsmittel nt
contraceptivo, -a² [kɔntraθep'tiβo, -a] adj (MED: *formal*) empfängnisverhütend
contrachap(e)ado [kɔntratʃape'aðo, -a] m Sperrholz nt
contracifra [kɔntra'θifra] f (Chiffre)schlüssel m
contracorriente [kɔntrako'rrjente] f sin pl (*agua*) Gegenströmung f; (*electricidad*) Gegenstrom m; **un pensador a ~** ein Querdenker
contractibilidad [kɔntraktiβili'ðað] f sin pl Zusammenziehbarkeit f, Kontraktilität f
contráctil [kɔn'traktil] adj zusammenziehbar; (MED) kontraktil
contractivo, -a [kɔntrak'tiβo, -a] adj (*que contrae*) zusammenziehend
contracto, -a [kɔn'trakto, -a] adj kontrahiert
contractual [kɔntraktu'al] adj vertraglich, vertragsmäßig
contractura [kɔntrak'tura] f ❶ (MED) Kontraktur f, (Muskel)versteifung f
❷ (ARQUIT) Verjüngung f
contracubierta [kɔntraku'βjerta] f (TIPO) ❶ (*interior de la cubierta*) Umschlaginnenseite f
❷ (*contraportada*) vierte Umschlagseite f
contracultura [kɔntrakul'tura] f sin pl Gegenkultur f
contracultural [kɔntrakultu'ral] adj zur Gegenkultur gehörig
contradanza [kɔntra'ðanθa] f Kontertanz m
contradecir [kɔntraðe'θir] irr como decir I. vt widersprechen; **~ algo/a alguien** etw dat/jdm widersprechen
II. vr: **~se** sich dat widersprechen; **lo que dices ahora se contradice con lo anterior** was du jetzt sagst, steht im Widerspruch zu [o widerspricht] dem, was du vorher gesagt hast
contradeclaración [kɔntraðeklara'θjon] f (t. JUR) Gegenerklärung f
contrademanda [kɔntraðe'manda] f (JUR) Gegenklage f; **~ de cláusulas** Klauselgegenklage f; **~ de recusación** Versagungsgegenklage f
contradicción [kɔntraðik'θjon] f Widerspruch m; **~ de costas** (JUR) Kostenwiderspruch m; **~ de normas** (JUR) Normenwiderspruch m; **espíritu de ~** Widerspruchsgeist m; **estar en ~ con…** im Widerspruch stehen zu …+dat
contradicho, -a [kɔntra'ðitʃo, -a] pp de **contradecir**
contradictor(a) [kɔntraðik'tor(a)] I. adj (elev) widersprechend, im Widerspruch stehend
II. m(f) (elev) Widersprechende(r) mf; **este ejemplo es un ~ de ese teorema** dieses Beispiel steht im Widerspruch zu dem Lehrsatz
contradictorio, -a [kɔntraðik'torjo, -a] adj ❶ widersprüchlich
❷ (JUR) kontradiktorisch; **juicio ~** streitige Verhandlung; **sentencia contradictoria** kontradiktorisches Urteil
contradique [kɔntra'ðike] m Vordamm m
contraejemplo [kɔntrae'xemplo] m Gegenbeispiel nt
contraelectromotriz [kɔntraelektromo'triθ] adj (ELEC): **fuerza ~** gegenelektromotorische Kraft f
contraendosar [kɔntraendo'sar] vt (COM) rückindossieren
contraendoso [kɔntraen'doso] m (COM) Rückindossament nt
contraer [kɔntra'er] irr como traer I. vt ❶ (*encoger*) zusammenziehen
❷ (*adquirir: deudas*) machen; (*compromisos*) eingehen; (*enfermedad*) bekommen; **~ matrimonio** heiraten; **~ nuevas nupcias** wieder heiraten; **~ parentesco con…** verwandt werden mit … +dat
❸ (*limitar*) beschränken (a auf +akk)
II. vr: **~se** ❶ (*encogerse*) sich zusammenziehen
❷ (*limitarse*) sich beschränken (a auf +akk)
contraescritura [kɔntraeskri'tura] f (JUR) v. **contracédula**
contraespionaje [kɔntraespjo'naxe] m ❶ (*servicio de defensa*) Spionageabwehr f
❷ (*actividad*) Gegenspionage f
contrafallar [kɔntrafa'ʎar] vt übertrumpfen
contrafigura [kɔntrafi'ɣura] f (TEAT) Ebenbild nt
contrafirma [kɔntra'firma] f (FIN, JUR) Zeichnung f; **~ recíproca** gegenseitige Zeichnung
contrafirmar [kɔntrafir'mar] vt (JUR) gegenzeichnen
contrafuero [kɔntra'fwero] m (JUR) Rechtsverletzung f
contrafuerte [kɔntra'fwerte] m ❶ (ARQUIT) Strebepfeiler m
❷ (*zapato*) Hinterkappe f
❸ (GEO) Gebirgsausläufer m
contrafuga [kɔntra'fuɣa] f (MÚS) Kontrafuge f
contragolpe [kɔntra'ɣolpe] m ❶ (*golpe dado en respuesta*) Gegenschlag m
❷ (DEP: *contraataque*) Konter m, Gegenangriff m
contraguerrilla [kɔntraɣe'rriʎa] f (MIL) Antiguerilla-Truppe f
contrahacer [kɔntra(a)'θer] irr como hacer vt nachmachen, nachahmen; (*falsificar*) fälschen

contrahecho, -a [kɔntra'etʃo, -a] adj ❶ (*falsificado*) gefälscht
❷ (*deforme*) verwachsen; (*persona*) bucklig
contrahechura [kɔntrae'tʃura] f (*falsificación*) Fälschung f
contraindicación [kɔntraindika'θjon] f (MED) Gegenanzeige f
contraindicado, -a [kɔntraindi'kaðo, -a] adj (MED) kontraindiziert
contraindicar [kɔntraindi'kar] <c→qu> vt (MED) abraten (von +dat)
contrainteligencia [kɔntrainteli'xenθja] f sin pl (Staats)sicherheitsdienst m
contralor [kɔntra'lor] m (Am: FIN) Leiter m des Rechnungsprüfungsamtes
contraloría [kɔntralo'ria] f (Am) Amt nt für Rechnungsprüfung
contralto¹ [kɔn'tralto] m (*voz*) Alt m, Altstimme f
contralto² [kɔn'tralto] mf Altist(in) m(f)
contraluz [kɔntra'luθ] m o f Gegenlicht nt; (FOTO) Gegenlichtaufnahme f; **a ~** bei Gegenlicht
contramaestre [kɔntrama'estre] m ❶ (*capataz*) Meister m, Vorarbeiter m
❷ (NÁUT) Obermaat m
contramandar [kɔntraman'dar] vt ❶ (*mandar*) Gegenbefehl erteilen +dat
❷ (*desencargar*) abbestellen
contramanifestación [kɔntramanifesta'θjon] f Gegendemonstration f
contramano [kɔntra'mano]: **a ~** in der Gegenrichtung
contramarca [kɔntra'marka] f ❶ (*segunda marca*) Kontrollmarke f
❷ (*moneda o medalla*) Gegenprägung f
contramarcha [kɔntra'martʃa] f ❶ (MIL) Gegenmarsch m
❷ (*marcha atrás*) Rückwärtsgang m
contramarchar [kɔntramar'tʃar] vi rückwärts marschieren
contramarea [kɔntrama'rea] f Gegenflut f
contramedida [kɔntrame'ðiða] f Gegenmaßnahme f
contramina [kɔntra'mina] f ❶ (fig) Vereitelung f; (*planes*) Durchkreuzung f
❷ (MIN) Verbindungsstollen m
contraminar [kɔntrami'nar] vt ❶ (fig) vereiteln; (*planes*) durchkreuzen
❷ (MIN) (einen) Verbindungsstollen anlegen
contra natura ['kɔntra na'tura] (*elev: antinatural*) unnatürlich, widernatürlich
contranatural [kɔntranatu'ral] adj unnatürlich, naturwidrig
contranota [kɔntra'nota] f (POL) Gegenerklärung f, Antwortnote f
contraobligación [kɔntraoβliɣa'θjon] f (COM, ECON) Gegenverpflichtung f
contraofensiva [kɔntraofen'siβa] f Gegenoffensive f
contraoferta [kɔntrao'ferta] f Gegenangebot nt
contraoperación [kɔntraopera'θjon] f (COM) Gegengeschäft nt
contraorden [kɔntra'orðen] f Gegenbefehl m; **dar/recibir una ~** einen Gegenbefehl geben/erhalten
contrapartida [kɔntrapar'tiða] f ❶ (*compensación*) Gegenleistung f, Ausgleich m
❷ (*contabilidad*) Gegenposten m
contrapasar [kɔntrapa'sar] vi (zum Gegner) überlaufen
contrapaso [kɔntra'paso] m Gegenschritt m
contrapear [kɔntrape'ar] vt (*miteinander*) verbinden
contrapelo [kɔntra'pelo]: **a ~** (t. fig) gegen den Strich; **de este niño no conseguirás nada a ~** mit Zwang wirst du bei diesem Kind nichts erreichen
contrapesar [kɔntrape'sar] vt ❶ (*equilibrar*) aufwiegen
❷ (*compensar*) ausgleichen, aufwiegen
contrapeso [kɔntra'peso] m ❶ (*peso*) Gegengewicht nt
❷ (*compensación*) Ausgleich m, Gegengewicht nt
❸ (*funámbulo*) Balancierstange f
contrapié [kɔntra'pje] m Beinstellen nt
contraponer [kɔntrapo'ner] irr como poner I. vt ❶ (*comparar*) vergleichen, gegenüberstellen
❷ (*oponer*) entgegenstellen
II. vr: **~se** sich widersetzen
contraportada [kɔntrapor'taða] f letzte Seite f
contraposición [kɔntraposi'θjon] f Gegenüberstellung f; **en ~ a** im Gegensatz zu +dat
contraprestación [kɔntrapresta'θjon] f Gegenleistung f
contraproducente [kɔntraproðu'θente] adj unangebracht, fehl am Platz, kontraproduktiv; **sería ~** das würde das Gegenteil bewirken
contraproposición [kɔntraproposi'θjon] f Gegenvorschlag m
contrapropuesta [kɔntrapro'pwesta] f Gegenvorschlag m
contraprotesto [kɔntrapro'testo] m (ECON) Protest m beim Intervenienten
contraproyecto [kɔntrapro'jekto] m (*de una obra*) Gegenentwurf m; (*plan*) Gegenplan m

contraprueba [kontra'prweβa] *f* ❶ (MAT, JUR) Gegenprobe *f*, Gegenbeweis *m*; **presentar la contraprueba** (JUR) den Gegenbeweis antreten
❷ (TIPO) Kontrollabzug *m*
contrapuerta [kontra'pwerta] *f* Vortür *f*, Doppeltür *f*; (*fortificación*) Vortor *nt*
contrapuntear [kontrapunte'ar] I. *vt* (MÚS) kontrapunktisch singen
II. *vr:* ~**se** ❶ (*fig: pinchar*) sticheln
❷ (*Am: rivalizar*) sich verfeinden
contrapuntista [kontrapun'tista] *mf* (MÚS) Kontrapunktist(in) *m(f)*
contrapuntístico, -a [kontrapun'tistiko, -a] *adj* (MÚS) kontrapunktisch
contrapunto [kontra'punto] *m* (MÚS) Kontrapunkt *m*, Kontrapunktik *f*
contraria [kon'trarja] *adj o f v.* **contrario**
contrariado, -a [kontrari'aðo, -a] *adj* (*descontento*) missmutig, verdrossen
contrariar [kontrari'ar] <*1. pres:* contrarío> *vt* ❶ (*oponerse*) behindern, sich entgegenstellen +*dat*; (*plan*) durchkreuzen
❷ (*disgustar*) ärgern, missfallen +*dat*; **me ~ía mucho que...** +*subj* es täte mir sehr leid, wenn ...; **mostrarse muy contrariado** sehr ärgerlich sein
contrariedad [kontrarje'ðað] *f* ❶ (*inconveniente*) Zwischenfall *m*, Unannehmlichkeit *f*
❷ (*decepción*) Ärger *m*, Verdruss *m*
contrario, -a [kon'trarjo, -a] I. *adj* (*opuesto*) entgegengesetzt (*a* +*dat*); (*perjudicial*) schädlich (*a* für +*akk*); **~ a la ley** gesetzeswidrig; **a la moral** *o* **a las buenas costumbres**] sittenwidrig; **eso es ~ a nuestros intereses** das schadet unseren Interessen; **dice lo ~ de lo que piensa** er/sie sagt das Gegenteil von dem, was er/sie denkt; **no tengo nada en ~** ich habe nichts dagegen; **llevar la contraria a alguien** jdm widersprechen; **salvo aviso en ~** vorbehaltlich anders lautender Mitteilungen; **al** [*o* **todo lo**] **~** (ganz) im Gegenteil; **en caso ~** andernfalls; **de lo ~** andernfalls, sonst
II. *m, f* Gegner(in) *m(f)*
contrarreembolso [kontrarre(e)m'bolso] *m* Nachnahme *f*; **te envío los libros ~** ich schicke dir die Bücher per Nachnahme
contrarreforma [kontrarre'forma] *f sin pl* (HIST) Gegenreformation *f*
contrarreloj [kontrarre'lox] *f* (DEP) Wettrennen *nt* auf Zeit; (*ciclista*) Zeitfahren *nt*
contrarrembolso [kontrarrem'bolso] *m v.* **contrarreembolso**
contrarréplica [kontra'rreplika] *f* (JUR) Duplik *f*
contrarreprobación [kontrarreproβa'θjon] *f* (JUR) Gegenrüge *f*
contrarrestar [kontrarres'tar] I. *vt* ❶ (*resistir*) aufhalten
❷ (*neutralizar*) entgegenwirken +*dat*; **hemos logrado ~ el efecto del veneno** es ist uns gelungen, das Gift unschädlich zu machen
II. *vi* (DEP) zurückschlagen
contrarrevolución [kontrarreβoluθjon] *f* Gegenrevolution *f*, Konterrevolution *f*
contrarrevolucionario, -a [kontrarreβoluθjo'narjo, -a] I. *adj* gegenrevolutionär, konterrevolutionär
II. *m, f* Gegenrevolutionär(in) *m(f)*, Konterrevolutionär(in) *m(f)*
contrasalva [kontra'salβa] *f* (MIL) Gegensalve *f*
contraseguro [kontrase'ɣuro] *m* Rückversicherung *f*, Gegenversicherung *f*
contrasentido [kontrasen'tiðo] *m* ❶ (*contradicción*) Widerspruch *m*
❷ (*disparate*) Unsinn *m*
contraseña [kontra'seɲa] *f* ❶ (*santo y seña*) Kennwort *nt*, Losung *f*, Losungswort *nt*; (INFOR) Passwort *nt*
❷ (*marca*) (Gegen)zeichen *nt*; **~ de salida** Kontrollmarke *f*
contrastante [kontras'tante] *adj* kontrastierend, in Kontrast stehend (*con* zu +*dat*)
contrastar [kontras'tar] I. *vi* kontrastieren, im Gegensatz stehen (*con* zu +*dat*)
II. *vt* (*comprobar*) prüfen; (*peso*) eichen
contraste [kon'traste] *m* ❶ (*t. FOTO: oposición*) Kontrast *m*; **~ de colores** Farbkontrast *m*
❷ (MED) Kontrastmittel *nt*
❸ (*persona*) Eichbeamte(r), -in *m, f*; (*oficina*) Eichamt *nt*
❹ (*señal*) Stempel *m*
contrata [kon'trata] *f* ❶ (*contrato*) Vertrag *m*; (*de construcción*) Bauvertrag *m*; (*de servicios*) Lieferungsvertrag *m*; **~ de un día** Ein-Tages-Engagement *nt*
❷ (*concurso público*) Ausschreibung *f*
contratación [kontrata'θjon] *f* Vertragsabschluss *m*; (*personal*) Einstellung *f*; **~ bursátil** (FIN) Börsenhandel *m*; **~ de valores** (FIN) Wertpapierhandel *m*; **bolsa** [*o* **lonja**] **de ~** Warenbörse *f*
contratante [kontra'tante] I. *adj* vertragschließend; **las partes ~s** die vertragschließenden Parteien, die Vertragspartner
II. *mf* Vertragspartner(in) *m(f)*; **~ del seguro** Versicherungsnehmer(in) *m(f)*
contratar [kontra'tar] *vt* ❶ (*trabajador*) einstellen, anstellen; (*artista*) engagieren; (*abogado*) beauftragen
❷ (*encargar*) beauftragen
contratecho [kontra'etʃo] *m* Gipsdecke *f*
contratenor [kontrate'nor] *m* Countertenor *m*
contraterrorismo [kontraterro'rismo] *m sin pl* (POL) Terrorismusbekämpfung *f*
contratiempo [kontra'tjempo] *m* ❶ (*percance*) Zwischenfall *m*; **¡qué ~!** wie unangenehm!; **llegar sin ~s** gesund ankommen
❷ (*loc*): **a ~** (MÚS) gegen den Takt
contratista [kontra'tista] *mf* Unternehmer(in) *m(f)*; **~ de obras** Bauunternehmer(in) *m(f)*
contrato [kon'trato] *m* Vertrag *m*; **~ de aceptación** (FIN) Akzeptvertrag *m*; **~ de adhesión** [*o* **de incorporación**] Beitrittsvertrag *m*; **~ administrativo** Verwaltungsvertrag *m*; **~ de adquisición** Übernahmevertrag *m*; **~ de adquisición de empresa** Unternehmenskaufvertrag *m*; **~ de agencia** Agenturvertrag *m*; **~ de alquiler** Mietvertrag *m*; **~ de apertura de crédito** Krediteröffnungsvertrag *m*; **~ de aprendizaje** Lehrvertrag *m*; **~ de arrendamiento de empresas** Unternehmenspachtvertrag *m*; **~ de arrendamiento rústico** Landpachtvertrag *m*; **~ de arrendamiento de servicios** Dienstvertrag *m*; **~ de arriendo** [*o* **de arrendamiento**] Leihpacht *f*; **~ de asociación en participación** Partnerschaftsvertrag *m*; **~ bancario** Bankvertrag *m*; **~ de bienes matrimoniales** Ehegütervertrag *m*; **~ bilateral** zweiseitiger Vertrag; **~ de cambio de divisas** Devisenkontrakt *m*; **~ de cártel** Kartellvertrag *m*; **~ de cesión** Überlassungsvertrag *m*; **~ de cliente** Kundenvertrag *m*; **~ de colaboración** Mitarbeitervertrag *m*; **~ colectivo** Tarifvertrag *m*; **~ de comisión** Kommissionsvertrag *m*; **~ de compraventa** [*o* **de compra y venta**] Kaufvertrag *m*; **~ de concesión** Konzessionsvertrag *m*; **~ condicionado** bedingter Vertrag; **~ conmutativo** synallagmatischer Vertrag, Austauschvertrag *m*; **~ de constitución** Gründungsvertrag *m*; **~ de cooperación** Kooperationsvertrag *m*; **~ de cuenta de ahorros** Sparkontovertrag *m*; **~ de derecho público** öffentlich-rechtlicher Vertrag; **~ de donación** Schenkungsvertrag *m*; **~ de empresas** Unternehmensvertrag *m*; **~ de enajenación** Veräußerungsvertrag *m*; **~ en exclusiva** [*o* **en exclusividad**] Ausschließlichkeitsvertrag *m*; **~ de expedición** Speditionsvertrag *m*; **~ de fianza** Bürgschaftsvertrag *m*; **~ de fiducia** Treuhandvertrag *m*; **~ fijo** fester Vertrag; **~ de fletamento** Chartervertrag *m*, Frachtvertrag *m*; **~ de formación profesional** Ausbildungsvertrag *m*; **~ de franquicia** Franchisevertrag *m*; **~ fundacional** Gründungsvertrag *m*; **~ de fusión** Fusionsvertrag *m*; **~ a la gruesa** Bodmereibrief *m*; **~ de hecho** faktischer Vertrag; **~ de hospedaje** Beherbergungsvertrag *m*; **~ indefinido** unbefristeter Arbeitsvertrag; **~ inmobiliario** Immobilienvertrag *m*; **~ laboral** [*o* **de trabajo**] Arbeitsvertrag *m*; **~ de licencia** Lizenzvertrag *m*; **~ de mantenimiento** Wartungsvertrag *m*; **~ marco** Rahmenvertrag *m*; **~ matrimonial** Ehevertrag *m*; **~ mercantil** Handelsvertrag *m*; **~ mixto** gemischter Vertrag; **~ de modernización** Modernisierungsvertrag *m*; **~ multilateral** mehrseitiger Vertrag; **~ ante notario** notarieller Vertrag; **~ novatorio** Novationsvertrag *m*; **~ obligacional** schuldrechtlicher Vertrag, Schuldvertrag *m*; **~ de obligación unilateral** einseitig verpflichtender Vertrag; **~ de obras** [*o* **por obra**] Werkvertrag *m*; **~ de opción de compra** Kaufanwartschaftsvertrag *m*; **~ de prácticas** Praktikantenvertrag *m*; **~ de pedidos** Bestellvertrag *m*; **~ de permuta** Tauschvertrag *m*; **~ de precio cerrado** Festpreisvertrag *m*; **~ de prestación de servicios** Dienstleistungsvertrag *m*; **~ de préstamo** Darlehensvertrag *m*; **~ realista** dinglicher Vertrag; **~ de reaseguro** Rückversicherungsvertrag *m*; **~ recíproco** gegenseitiger Vertrag; **~ de relación exclusiva** Exklusivvertrag *m*; **~ de reparación** Instandsetzungsvertrag *m*; **~ de rescate** Ablösevertrag *m*; **~ de seguro** Versicherungsvertrag *m*; **~ de servicios** Dienstvertrag *m*; **~ de sociedad** Gesellschaftsvertrag *m*; **~ social** Gesellschaftsvertrag *m*; **~ de socios** Gesellschaftervertrag *m*; **~ sucesivo** Folgevertrag *m*; **~ de suministro periódico** Dauerbelieferungsvertrag *m*; **~ a tanto alzado** Forfaitiervertrag *m*, Pauschalvertrag *m*; **~ a tiempo completo** Vollzeitvertrag; **~ a tiempo parcial** Teilzeitarbeitsvertrag *m*; **~ tipo** [*o* **uniforme**] Standardvertrag *m*; **~ de trabajo temporal** Zeitvertrag *m*; **~ de tracto sucesivo** Dauervertrag *m*; **~ de transporte** Frachtvertrag *m*, Beförderungsvertrag *m*; **cancelar un ~** einen Vertrag rückgängig machen; **celebrar** [*o* **concertar**] [*o* **cerrar**] **un ~** einen Vertrag (ab)schließen; **rescindir el ~** den Vertrag kündigen; **el ~ expira la próxima semana** der Vertrag läuft nächste Woche aus
contratorpedero [kontratorpe'ðero] *m* (MIL) Torpedoboot(s)zerstörer *m*
contratuerca [kontra'twerka] *f* (TÉC) Gegenmutter *f*, Sicherungsmutter *f*
contravalar [kontraβa'lar] *vt* (MIL) mit einem Belagerungswall umgeben
contravalor [kontraβa'lor] *m* Gegenwert *m*
contravención [kontraβen'θjon] *f* (JUR) Verstoß *m*, Zuwiderhandlung *f*; **~ de las buenas costumbres** Sittenverstoß *m*; **~ de una norma** Verstoß gegen eine Vorschrift

contraveneno [kontraβe'neno] *m* Gegengift *nt*
contravenir [kontraβe'nir] *irr como venir vt, vi* verstoßen, übertreten; **~ (a) una ley** gegen ein Gesetz verstoßen, ein Gesetz übertreten, einem Gesetz zuwiderhandeln
contraventana [kontraβen'tana] *f* Fensterladen *m*
contraventor(a) [kontraβen'tor(a)] *m(f)* (JUR) Zuwiderhandelnde(r) *mf*
contravidriera [kontraβi'ðrjera] *f* Doppelfenster *nt*
contrayente [kontra'jente] I. *adj* (*que contrae*) vertragschließend; (*matrimonio*) eheschließend
II. *mf* Vertragschließende(r) *mf*; (*de un matrimonio*) Eheschließende(r) *mf*; **~s** Vertragspartner *mpl*; (*de un matrimonio*) Brautleute *pl*
contri ['kontri] *m* (*Chil*) ❶ (*molleja*) Muskelmagen *m*
❷ (*fig: entrañas*) Innerste(s) *nt*, Kern *m*
contribución [kontriβu'θjon] *f* ❶ (*aportación*) Beitrag *m*; **~ a los alimentos** Unterhaltsbeitrag *m*; **~ a la financiación** Finanzierungsbeitrag *m*; **~ de guerra** Kontribution *f*; **~ neta** Nettobeitrag *m*; **aportar una ~ a...** einen Beitrag leisten zu ... +*dat*
❷ (*impuesto*) Steuer *f*, Abgabe *f*; **~ directa/indirecta** direkte/indirekte Steuer; **~ municipal** Gemeindesteuer *f*; **~ sobre la renta** Einkommen(s)steuer *f*; **~ rústica** Steuer auf landwirtschaftliche Grundstücke; **~ supletoria** Ergänzungsabgabe *f*; **~ territorial** Grundsteuer *f*; **~ urbana** Steuer auf bebaute Grundstücke
contribuir [kontriβu'ir] *irr como huir* I. *vi* ❶ (*ayudar*) beitragen (*a* zu +*dat*), mithelfen (*a* bei +*dat*)
❷ (*tributar*) Steuern zahlen
II. *vt* (*aportar*) beitragen (*a* zu +*dat*), beisteuern (*a* zu +*dat*); (*pagar*) (be)zahlen
contribulado, -a [kontriβu'laðo, -a] *adj* (*elev: apesadumbrado*) betrübt, bekümmert
contributario, -a [kontriβu'tarjo, -a] *m, f* (ECON) Steuerpflichtige(r) *mf*
contributivo, -a [kontriβu'tiβo, -a] *adj* Steuer-
contribuyente [kontriβu'jente] *mf* Steuerzahler(in) *m(f)*
contrición [kontri'θjon] *f sin pl* (REL) Reue *f*, Bußfertigkeit *f*; **acto de ~** Bußformel *f*
contrincante [kontrin'kante] *mf* Gegner(in) *m(f)*, Widersacher(in) *m(f)*
contristarse [kontris'tarse] *vr* traurig werden
contrito, -a [kon'trito, -a] *adj* reumütig, zerknirscht
control [kon'trol] *m* Kontrolle *f*, Überwachung *f*; (*inspección*) Aufsicht *f*; (ELEC) Steuerung *f*; **~ de accesos** (INFOR) Zugangskontrolle *f*; **~ aduanero** Zollaufsicht *f*, Zollkontrolle *f*; **~ de almacén** Lagersteuerung *f*; **~ al azar** Stichprobe *f*; **~ de calidad** Qualitätskontrolle *f*; **~ de cambios** (FIN) Devisenbewirtschaftung *f*; **~ de la circulación monetaria** Geldmengenkontrolle *f*; **~ de la competencia** Wettbewerbsaufsicht *f*; **~ de créditos** Kreditaufsicht *f*; **~ a distancia** (TÉC) Fernsteuerung *f*; **~ de divisas** Devisenbewirtschaftung *f*; **~ estatal** staatliche Beaufsichtigung; **~ de flujo** (INFOR) Flusskontrolle *f*; **~ de legalidad** Rechtsaufsicht *f*; **~ del mercado** Marktbeherrschung *f*; **~ de natalidad** Geburtenkontrolle *f*; (*entre parejas*) Geburtenregelung *f*; **~ de pasaportes** Passkontrolle *f*; **~ de prácticas abusivas** Missbrauchskontrolle *f*; **~ de programas** (INFOR) Ablaufsteuerung *f*; **~ de rentabilidad** Rentabilitätsprüfung *f*; **~ de seguridad** Sicherheitskontrolle *f*; **~ de sintaxis** (LING) Syntaxprüfung *f*; **~ de tráfico aéreo** Luftverkehrskontrolle *f*; **~ de ventas** Absatzkontrolle *f*; **torre de ~** (AERO) Kontrollturm *m*, Tower *m*; **de ~ remoto** [*o* **a distancia**] ferngesteuert
controlador¹ [kontrola'ðor] *m* (INFOR) Treiber *m*; **~ automático** automatisches Steuerungsgerät; **~ por caché** Cachekontroller *m*; **~ de disco** Festkontroller *m*; **~ de dispositivo** Gerätekontroller *m*; **~ de la impresora** Druckertreiber *m*
controlador(a)² [kontrola'ðor(a)] *m(f)* Prüfer(in) *m(f)*; **~ de vuelo** [*o* **de tráfico aéreo**] Fluglotse *m*
controlar [kontro'lar] I. *vt* überwachen, kontrollieren, überprüfen; **controlado por comandos** (INFOR) befehlgesteuert; **controlado por menú** (INFOR) menügesteuert
II. *vr:* **~se** sich beherrschen
controversia [kontro'βersja] *f* Kontroverse *f*, Streit *m*; **~ comercial** (COM) Handelsstreit *m*
controvertible [kontroβer'tiβle] *adj* strittig, kontrovers
controvertido, -a [kontroβer'tiðo, -a] *adj* umstritten; **sentencia controvertida** (JUR) streitiges Urteil
controvertir [kontroβer'tir] *irr como sentir* I. *vi, vt* streiten (*über* +*akk*)
II. *vt* (*dudar*) bestreiten
contubernio [kontu'βernjo] *m* ❶ (*cohabitación*) wilde Ehe *f*
❷ (*maridaje*) Einheit *f*
contumacia [kontu'maθja] *f sin pl* ❶ (*porfía*) Halsstarrigkeit *f*
❷ (JUR) Nichterscheinen *nt* (vor Gericht), Kontumaz *f*; **~ de recurso** Rechtsmittelversäumung *f*
contumaz [kontu'maθ] *adj* ❶ (*porfiado*) halsstarrig, hartnäckig

❷ (JUR): **condenar por ~** in Abwesenheit verurteilen
contundencia [kontun'denθja] *f sin pl* Schlagkraft *f*
contundente [kontun'dente] *adj* schlagkräftig, überzeugend; **arma ~** Schlagwaffe *f*; **prueba ~** schlagender Beweis
contundir [kontun'dir] *vt* (*dañar*) verwunden; (*pegar*) schlagen
conturbación [konturβa'θjon] *f sin pl* innere Unruhe *f*
conturbar [kontur'βar] I. *vt* (*intranquilizar*) beunruhigen; (*turbar*) durcheinander bringen, verwirren; (*ánimo*) bestürzen, erschüttern
II. *vr:* **~se** (*asustarse*) erschrecken; (*turbarse*) verwirrt sein; (*ánimo*) bestürzt sein, erschüttert sein
contusión [kontu'sjon] *f* (MED) Quetschung *f*, Kontusion *f*
contusionar [kontusjo'nar] *vt* quetschen
contuso, -a [kon'tuso, -a] *adj* gequetscht
conurbación [konurβa'θjon] *f* Ballungsgebiet *nt*
convalecencia [kombale'θenθja] *f* Konvaleszenz *f*, Genesung *f*
convalecer [kombale'θer] *irr como crecer vi* sich erholen (*de* von +*dat*), genesen (*de* von +*dat*)
convaleciente [kombale'θjente] *mf* Genesende(r) *mf*, Rekonvaleszent(in) *m(f)*
convalidación [kombaliða'θjon] *f* ❶ (*de un título*) Anerkennung *f*
❷ (*confirmación*) Bestätigung *f*
convalidar [kombali'ðar] *vt* ❶ (*título*) anerkennen
❷ (*confirmar*) bestätigen
convección [kombeɣ'θjon] *f* (FÍS) Konvektion *f*
convecino, -a [kombe'θino, -a] I. *adj* benachbart
II. *m, f* ❶ (*vecino*) Nachbar(in) *m(f)*
❷ (*conciudadano*) Mitbürger(in) *m(f)*
convencedor(a) [kombenθe'ðor(a)] *adj* überzeugend
convencer [komben'θer] <c→z> I. *vt* ❶ (*persuadir*) überzeugen (*de* von +*dat*); **se dejó ~ fácilmente** er/sie ließ sich leicht überzeugen
❷ (*satisfacer*) zufrieden stellen; **no me convence del todo ese piso** diese Wohnung gefällt mir nicht so recht
II. *vr:* **~se** sich überzeugen (*de* von +*dat*); **me he convencido de que no congeniamos** ich habe eingesehen, dass wir nicht zueinander passen
convencido, -a [komben'θiðo, -a] *adj* überzeugt; **estoy ~ de que...** ich bin überzeugt, dass ...; **es un republicano ~** er ist überzeugter Republikaner
convencimiento [kombenθi'mjento] *m sin pl* Überzeugung *f*; **tengo el ~ de que...** ich bin davon überzeugt, dass ...; **he llegado al ~ de que...** ich bin zu der Überzeugung gelangt, dass ...
convención [komben'θjon] *f* ❶ (*acuerdo*) Vertrag *m*, Abkommen *nt*; **la C~ de Berna/Ginebra** die Berner/Genfer Konvention; **C~ Europea de los Derechos del Hombre** Europäische Menschenrechtskonvention
❷ (*Am: de un partido*) Parteitag *m*
❸ (*norma*) Konvention *f*
❹ (*asamblea*) gesetzgebende Versammlung *f*; **la C~** (HIST) der Nationalkonvent (*französische Nationalversammlung, 1792 – 1795*)
convencional [kombenθjo'nal] *adj* ❶ (*acostumbrado*) herkömmlich, üblich, konventionell; **armas ~es** konventionelle Waffen
❷ (*no espontáneo*) förmlich
❸ (*acordado*) (vertraglich) vereinbart
convencionalismo [kombenθjona'lismo] *m sin pl* (HIST) Konventionalismus *m*
convencionalista [kombenθjona'lista] I. *adj* konventionalistisch
II. *mf* Konventionalist(in) *m(f)*
convenible [kombe'niβle] *adj* ❶ (*precio*) annehmbar, vernünftig
❷ (*dócil*) flexibel
❸ (*conveniente*) angebracht
conveniencia [kombe'njenθja] *f* ❶ (*provecho*) Zweckmäßigkeit *f*; **matrimonio de ~** Vernunftehe *f*; **no es de mi ~** es passt mir nicht
❷ (JUR) Sachdienlichkeit *f*; **~ de la modificación de la demanda** (JUR) Sachdienlichkeit der Klageänderung
❸ (*acuerdo*) Konvention *f*; **las ~s sociales** die gesellschaftlichen Konventionen
❹ (*oportunidad*) Angemessenheit *f*
❺ (*decencia*) Schicklichkeit *f*
conveniente [kombe'njente] *adj* ❶ (*adecuado*) angemessen, angebracht
❷ (*provechoso*) zweckmäßig; (*útil*) nützlich
❸ (*decente*) schicklich
convenientemente [kombenjente'mente] *adv* ordentlich, richtig
convenio [kom'benjo] *m* Abkommen *nt*, Konvention *f*; **C~ ACP** AKP-Abkommen *nt*; **~ de agencia** Agenturvereinbarung *f*; **~ de arbitraje** Schiedsgerichtsvereinbarung *f*; **~ de asistencia judicial** Rechtshilfeabkommen *nt*; **~ de asociación** Verbandsübereinkunft *f*; **~ colectivo** Tarifvertrag *m*; **~ comunitario** Gemeinschaftsabkommen *nt*; **~ de concesión** Konzessionsvereinbarung *f*; **~ de conciliación** Verständigungsvereinbarung *f*; **~ de cooperación** Kooperationsvertrag *m*; **~ de desahucio** (JUR) Räumungsvergleich *m*; **~ de doble imposición** Doppelbe-

convenir steuerungsabkommen *nt*; **~ de ejecución** Durchführungsübereinkommen *nt*; (JUR) Vollstreckungsübereinkommen *nt*; **~ de empresa** Betriebsvergleich *m*; **~ de exclusividad** Ausschließlichkeitsvereinbarung *f*, Exklusivvereinbarung *f*; **~ de financiación** Finanzvereinbarung *f*; **~ fiscal** Steuervereinbarung *f*; **~ de fusión** Fusionsvereinbarung *f*; **C~ de la Haya** Haager Konvention; **~ de licencia** Lizenzvereinbarung *f*; **~ de liquidación** Liquidationsvergleich *m*; **~ marco** Rahmenvertrag *m*, Rahmenvereinbarung *f*; **~ de pesca** Fischereiabkommen *nt*; **~ patrimonial** Vermögensvergleich *m*; **~ de precios** Preisvereinbarung *f*; **~ de prestación de servicios** Dienstleistungsabkommen *nt*; **~ provisional** Zwischenvereinbarung *f*

convenir [kombeˈnir] *irr como venir* **I.** *vi*, *vt* ❶ (*acordar*) vereinbaren, abmachen, eine Vereinbarung treffen (*en* über *+akk*); **no hemos convenido en la fecha de la reunión** wir haben noch kein Datum für die Versammlung vereinbart [*o* festgelegt]
❷ (*concluir*) sich *dat* einig werden (*über +akk*); **hemos convenido que es un perfecto idiota** wir sind uns einig, dass er ein Vollidiot ist
❸ (*ser oportuno*) angebracht sein; (*ser bueno*) gut sein (*a für +akk*); **esa mujer no le conviene a ese muchacho** diese Frau passt nicht zu dem jungen Mann
❹ (*asentir*) zugeben; **convengo en que no siempre ocurre lo mismo, pero...** ich gebe zu, dass sich nicht alles wiederholt, aber ...
❺ (*corresponder*) zustehen *+dat*
II. *vr:* **~se** sich einigen (*en* über *+akk*)

conventícula [kombenˈtikula] *f*, **conventículo** [kombenˈtikulo] *m* heimliche Zusammenkunft *f*; **en ~** bei einem heimlichen Treffen
convento [komˈbento] *m* Kloster *nt*
conventual [kombentuˈal] **I.** *adj* klösterlich, Kloster-
II. *m* Klosterbruder *m*
conventualidad [kombentwaliˈðað] *f sin pl* (REL) ❶ (*morada*) Klosterleben *nt*
❷ (*asignación a un convento*) Klosterzugehörigkeit *f*
convergencia [komberˈxenθja] *f* ❶ (*coincidencia*) Übereinstimmung *f*; **~ económica** wirtschaftliche Konvergenz; **criterios de ~** Konvergenzkriterien *ntpl*; **fase de ~** Konvergenzphase *f*; **política de ~** Konvergenzpolitik *f*; **programa de ~** Konvergenzprogramm *nt*
❷ (MAT) Konvergenz *f*
❸ (*líneas*) Zusammenlaufen *nt*, Konvergenz *f*
convergente [komberˈxente] *adj* ❶ (MAT) konvergent
❷ (*línea*) konvergent, zusammenlaufend; **lente ~** Sammellinse *f*
❸ (*igual*) übereinstimmend, konvergierend *elev*; **opiniones ~s** übereinstimmende Meinungen
converger [komberˈxer] <g→j> *vi*, **convergir** [komberˈxir] <g→j> *vi* ❶ (*línea*) konvergieren, zusammenlaufen ❷ (*estar dirigido*) verfolgen, abzielen (*auf +akk*) ❸ (*ayudar*) beitragen (*a* zu *+dat*) ❹ (*coincidir*) übereinstimmen
conversa [komˈbersa] *f* ❶ *v.* **converso**
❷ (*fam: conversación*) Gespräch *nt*
conversación [komberˈsaθjon] *f* Gespräch *nt*, Konversation *f*; **~ telefónica** Telefongespräch *nt*, Telefonat *nt*; **dar ~ a alguien** sich mit jdm unterhalten; **dejar caer algo en la ~** unauffällig das Gespräch auf etw bringen; **trabar ~ con alguien** mit jdm ein Gespräch anknüpfen; **la ~ versa sobre...** das Gespräch dreht sich um ...; **reanudar la ~** das Gespräch wieder aufnehmen
conversacional [komberˈsaθjoˈnal] *adj* ❶ (*relativo a la conversación*) Konversations-, Unterhaltungs-
❷ (*coloquial*) umgangssprachlich
conversador(a) [komberˈsaðor(a)] *m(f)* Plauderer, -in *m*, *f*
conversar [komberˈsar] *vi* sich unterhalten; **~ con alguien** mit jdm sprechen, sich mit jdm unterhalten
conversión [komberˈsjon] *f* ❶ (*transformación*) Verwandlung *f*
❷ (FÍS, INFOR, PSICO) Konversion *f*; (INFOR) Konvertierung *f*; **~ de datos** Datenkonvertierung *f*
❸ (REL) Bekehrung *f*, Konversion *f*
❹ (MAT) Umrechnung *f*; **tabla de ~** Umrechnungstabelle *f*
❺ (MIL) Schwenkung *f*
❻ (COM, FIN) Umtausch *m*, Konvertierung *f*; **~ de la deuda** Umschuldung *f*
converso, -a [komˈberso, -a] *m*, *f* (REL) Konvertit(in) *m(f)*, Bekehrte(r) *mf*; (HIST) Neuchrist(in) *m(f)*
conversor [komberˈsor] *m v.* **convertidor**
convertibilidad [kombertiβiliˈðað] *f sin pl* Konvertibilität *f*, Konvertierbarkeit *f*
convertible [komberˈtiβle] **I.** *adj* konvertierbar, konvertibel
II. *m* Kabrio(lett) *nt*
convertidor [komberti'ðor] *m* (TÉC) Konverter *m*, Umformer *m*; (INFOR) Umwandler *m*; **~ analógico/digital** Analog-/Digital-Wandler *m*; **~ Bessemer** Bessemerbirne *f*
convertir [komberˈtir] *irr como sentir* **I.** *vt* ❶ (*transformar*) verwandeln

(*en* in *+akk*); **~ en dinero** zu Geld machen
❷ (REL) bekehren (*a* zu *+dat*)
❸ (COM) umwandeln
❹ (TÉC) überführen
II. *vr:* **~se** ❶ (*transformarse*) sich verwandeln (*en* in *+akk*); (*deseo*) sich verwirklichen; **su sueño se convirtió en realidad** sein/ihr Traum ging in Erfüllung
❷ (REL) sich bekehren (*a* zu *+dat*)
convexidad [kombeɣsiˈðað] *f sin pl* ❶ (*calidad*) Konvexität *f*
❷ (*parte*) Krümmung *f*
convexo, -a [komˈbeɣso, -a] *adj* konvex; **lente convexa** Konvexlinse *f*
convicción [kombikˈθjon] *f* Überzeugung *f*
convicto, -a [komˈbikto, -a] *adj* (JUR) überführt; **~ y confeso** überführt und geständig
convictorio [kombikˈtorjo] *m* (*internado*) Jesuitenkonvikt *nt*
convidada [komkiˈðaða] *f* (*fam*) Umtrunk *m*
convidado, -a [kombiˈðaðo, -a] *m*, *f* Gast *m*; **como el ~ de piedra** wie versteinert
convidar [kombiˈðar] **I.** *vt* einladen (*a* zu *+dat*)
II. *vr:* **~se** (*invitarse*) sich einladen
❷ (*ofrecerse*) sich erbieten (*a* zu *+dat*)
convincente [kombinˈθente] *adj* überzeugend; (*argumento, prueba*) stichhaltig, schlagend
convite [komˈbite] *m* ❶ (*invitación*) Einladung *f* (*a* zu *+dat*)
❷ (*banquete*) Festmahl *nt*
convivencia [kombiˈβenθja] *f* Zusammenleben *nt*
conviviente [kombiˈβjente] *mf* Mitbewohner(in) *m(f)*
convivir [kombiˈβir] *vi* zusammenleben, zusammenwohnen
convocación [komboka'θjon] *f v.* **convocatoria**
convocar [komboˈkar] <c→qu> *vt* ❶ (*citar para algo*) aufrufen; (*reunir*) zusammenrufen; (MIL) einberufen; **~ a la huelga** zum Streik aufrufen; **me ~on al examen** ich wurde zur Prüfung geladen
❷ (*concurso*) ausschreiben
❸ (*reunión*) einberufen, zusammenrufen; **~ elecciones** Wahlen einberufen; **~ una junta** eine Versammlung einberufen
convocatoria [kombokaˈtorja] *f* ❶ (*citación*) Aufruf *m*; (MIL) Einberufung *f*; **~ de boicot** Boykottaufruf *m*
❷ (*documento*) Einladung *f*; (MIL) Einberufungsbefehl *m*
❸ (*de un concurso*) Ausschreibung *f*
❹ (*de una conferencia*) Einberufung *f*
convólvulo [komˈbolβulo] *m* ❶ (BOT) Winde *f*
❷ (ZOOL) Weinschwärmer *m*
convoy [komˈboj] *m* ❶ (MIL: *transporte*) Transport *m*, Konvoi *m*
❷ (MIL: *escolta*) Geleit *nt*
❸ (*fam: vinagreras*) Menage *f*
convoyar [komboˈjar] *vt* (*acompañar*) Geleitschutz geben (*a +dat*)
convulsión [kombulˈsjon] *f* ❶ (MED) Zuckung *f*, (Schüttel)krampf *m*, Konvulsion *f*
❷ (*t.* POL) Unruhe *f*, Krise *f*
❸ (*t.* GEO) Beben *nt*, Erschütterung *f*
convulsionar [kombulsjoˈnar] *vt* ❶ (MED) (Schüttel)krämpfe [*o* Zuckungen] verursachen
❷ (*t.* GEO, POL) erschüttern
convulsivo, -a [kombulˈsiβo, -a] *adj* zuckend, krampfartig, krampfhaft, konvulsiv(isch); **tos convulsiva** Krampfhusten *m*
convulso, -a [komˈbulso, -a] *adj* ❶ (MED) zuckend
❷ (*agitado*) zitternd; **~ de rabia** bebend vor Wut
conyugal [konɟuˈɣal] *adj* ehelich, Ehe-; **amor ~** Gattenliebe *f*
cónyuge [ˈkonɟuxe] *mf* Ehemann, -frau *m*, *f*; **los ~s** die Eheleute
conyugicida [konɟuxiˈθiða] *mf* Gattenmörder(in) *m(f)*
conyugicidio [konɟuxiˈθiðjo] *m* Gattenmord *m*
coña [ˈkoɲa] *f* (*vulg*) ❶ (*broma*) Verarschung *f*; **tomar a ~** nicht ernst nehmen; **no me vengas con ~s** verarsch mich nicht
❷ (*lata*) Sauerei *f fam*, Schweinerei *f fam*; **ser la ~** (*aburrir*) stinklangweilig [*o* ätzend] sein *fam*; (*molestar*) nervig [*o* ätzend] sein *fam*; (*lo último*) das (Aller)letzte sein *fam*; **¡esto es una ~!** das ist eine Sauerei! *fam*; **eres la ~** du bist unmöglich *fam*
coñá [koˈɲa] *m*, **coñac** [koˈɲak] *m* <coñacs> Kognak *m*, Weinbrand *m*
coñazo [koˈɲaθo] *m* (*vulg*) ❶ (*persona*) Nervensäge *f fam*
❷ (*cosa*) Schweinerei *f fam*, Sauerei *f fam*; **¡esto es un ~!** das ist ein Hammer! *fam*
coñearse [koɲeˈarse] *vr* (*vulg*) sich lustig machen (*de* über *+akk*)
coñete [koˈɲete] *adj* (*Chil, Perú: fam: tacaño*) geizig, knauserig
coño [ˈkoɲo] **I.** *interj* verdammt, Scheiße
II. *m* (*vulg*) Fotze *f*; **estar hasta el mismísimo ~** die Schnauze (gestrichen) voll haben *fam*; **vive en el quinto ~** er/sie wohnt am Arsch der Welt *fam*; **¿qué ~ te importa?** das geht dich einen feuchten Dreck an! *fam*
III. *adj* (*Chil*) geizig

coñón [ko'ɲon] *m* (*vulg*) Scherzbold *m fam*
coopción [ko(o)β'θjon] *f* (FIN) Koop(ta)tion *f*
cooperación [ko(o)peraˈθjon] *f* ❶ (*en común*) Zusammenarbeit *f*; (*t.* ECON, POL) Kooperation *f*; ~ **al desarrollo** Entwicklungszusammenarbeit *f*; ~ **económica** wirtschaftliche Zusammenarbeit; **acuerdo de** ~ (UE) Kooperationsabkommen *nt*
❷ (*participación*) Mitarbeit *f*
cooperador(a) [ko(o)peraˈðor(a)] *m(f)* Mitarbeiter(in) *m(f)*
cooperante [ko(o)peˈrante] *mf* Entwicklungshelfer(in) *m(f)*
cooperar [ko(o)peˈrar] *vi* ❶ (*juntamente*) zusammenarbeiten; (*t.* POL, ECON) kooperieren; **he cooperado con él** ich habe mit ihm zusammengearbeitet
❷ (*participar*) mitarbeiten (*en* bei +*dat*); (*ayudar*) mithelfen (*en* bei +*dat*), beitragen (*en* zu +*dat*)
cooperatismo [ko(o)peraˈtismo] *m* (ECON) *v.* **cooperativismo**
cooperativa [ko(o)peraˈtiβa] *f* Genossenschaft *f*; ~ **agrícola** landwirtschaftliche Genossenschaft; ~ **comercial** Handelsgenossenschaft *f*; ~ **de compra(s)** Einkaufsgenossenschaft *f*; ~ **de consumo** Verbrauchergenossenschaft *f*; ~ **de crédito** Kreditgenossenschaft *f*; **C**~ **de Producción Agrícola** Landwirtschaftliche Produktionsgenossenschaft; ~ **de productores** Erzeugergemeinschaft *f*; ~ **de venta** Verkaufsgenossenschaft *f*; ~ **vitivinícola** Winzergenossenschaft *f*; ~ **de viviendas protegidas** Genossenschaft im sozialen Wohnungsbau
cooperativismo [ko(o)peratiˈβismo] *m* ❶ (*régimen cooperativo*) Genossenschaftswesen *nt*
❷ (*movimiento*) Genossenschaftsbewegung *f*
cooperativista [ko(o)peratiˈβista] *mf* Genossenschaftler(in) *m(f)*
cooperativo, -a [ko(o)peraˈtiβo, -a] *adj* ❶ (*que coopera*) kooperativ; (*que colabora*) mitwirkend
❷ (*institución*) genossenschaftlich, Genossenschafts-; **sociedad cooperativa** Genossenschaft *f*
coordenada [ko(o)rðeˈnaða] *f* (MAT) Koordinate *f*; **sistema de** ~**s** Koordinatensystem *nt*
coordenado, -a [ko(o)rðeˈnaðo, -a] *adj* (*t.* MAT) zugeordnet; (*en un sistema*) Koordinaten-
coordinación [ko(o)rðinaˈθjon] *f* ❶ (*organización*) Koordination *f*, Koordinierung *f*
❷ (LING) Nebenordnung *f*, Beiordnung *f*
coordinado, -a [ko(o)rðiˈnaðo, -a] *adj* ❶ (*organizado*) koordiniert
❷ (LING) nebengeordnet, beigeordnet
coordinador(a) [ko(o)rðinaˈðor(a)] **I.** *adj* koordinierend
II. *m(f)* Koordinator(in) *m(f)*; ~ **de marketing** (ECON) Marketingkoordinator *m*
coordinante [ko(o)rðiˈnante] *adj* ❶ (*que coordina*) koordinierend
❷ (LING) koordinierend, nebenordnend; **conjunciones** ~**s** koordinierende Konjunktionen
coordinar [ko(o)rðiˈnar] *vt* ❶ (*organizar*) koordinieren
❷ (*armonizar*) aufeinander abstimmen, (miteinander) in Einklang bringen; **para aumentar los ingresos tienes que** ~ **mejor tu equipo** um die Einkünfte zu erhöhen, musst du dein Team besser aufeinander abstimmen
coorganizador(a) [ko(o)rɣaniθaˈðor(a)] *m(f)* Mitveranstalter(in) *m(f)*
copa [ˈkopa] *f* ❶ (*vaso*) (Stiel)glas *nt*; ~ **flauta** Sektglas *nt*; ~ **graduada** Messglas *nt*; **una** ~ **de vino** ein Glas Wein; **una** ~ **para el vino** ein Weinglas; **ir** [*o* **salir**] **de** ~**s** etwas trinken gehen; **tener una** ~ **de más** beschwipst sein *fam*; **tomar unas** ~**s** ein paar Gläser trinken; **apurar la** ~ **del dolor** [*o* **de la desgracia**] (*elev*) den (bitteren) Kelch bis zur Neige leeren (müssen)
❷ (*de árbol*) (Baum)krone *f*
❸ (*de sujetador*) Körbchen *nt*
❹ (*de sombrero*) Kopf *m*; **sombrero de** ~ Zylinder(hut) *m*
❺ (DEP: *trofeo*) Pokal *m*; (*partido*) Pokalspiel *nt*; (*competición*) Pokalwettbewerb *m*, Cup *m*; **ganar la** ~ den Pokal gewinnen
❻ *pl* (*naipes*) Kelch als Farbe des spanischen Kartenspiels
copado, -a [koˈpaðo, -a] *adj* dicht belaubt, mit dichter Baumkrone
copador [kopaˈðor] *m* Holzhammer *m*
copal [koˈpal] **I.** *adj* Kopal-
II. *m* ❶ (*resina*) Kopal *m*, Kopalharz *nt*
❷ (*árbol*) Kopalbaum *m*
copar [koˈpar] *vt* ❶ (MIL: *rodear*) einkesseln; (*cortar la retirada*) den Rückzug abschneiden +*dat*
❷ (*acorralar*) in die Enge treiben; **estar copado** festsitzen; (*negociaciones*) festgefahren sein
❸ (*votos*) für sich gewinnen, erlangen; (*premios*) gewinnen, einheimsen *fam*; ~ **la banca** (*en un juego*) die Bank sprengen
coparticipación [kopartiθipaˈθjon] *f* (Mit)beteiligung *f*
copartícipe [koparˈtiθipe] *mf* (*codueño*) Mitinhaber(in) *m(f)*; (*socio*) Mitteilhaber(in) *m(f)*

copartidario, -a [kopartiˈðarjo, -a] **I.** *adj* Parteigänger-
II. *m, f* Parteigänger(in) *m(f)*; (*del mismo partido*) Parteifreund(in) *m(f)*
copatrocinar [kopatroθiˈnar] *vt* mitunterstützen, mitfördern
copazo [koˈpaθo] *m* (*fam*) Drink *m*
COPCA [ˈkopka] *m* (ECON) *abr de* **Consorcio de Promoción Comercial de Cataluña** katalonischer Absatzförderungsverband
copear [kopeˈar] *vi* ❶ (*fam: beber*) trinken, bechern, einen heben
❷ (*vender*) (glasweise) ausschenken
cópec [ˈkopek] *m* <copecks>, **copeca** [koˈpeka] *f* Kopeke *f*
Copenhague [kopeˈnaɣe] *m* Kopenhagen *nt*
copeo [koˈpeo] *m*: **irse de** ~ etwas trinken gehen
copernicano, -a [koperniˈkano, -a] *adj* kopernikanisch; **este descubrimiento constituye un giro** ~ diese Entdeckung stellt eine kopernikanische Wende dar
copero¹ [koˈpero] *m* ❶ (HIST) Mundschenk *m*
❷ (*mueble*) Gläserschrank *m*
copero, -a² [koˈpero, -a] *adj* Pokal-; **partido** ~ Pokalspiel *nt*
copete [koˈpete] *m* ❶ (*de persona*) (Haar)tolle *f*
❷ (*de ave*) Haube *f*; (*de caballo*) Schopf *m*
❸ (*de un mueble*) Bekrönung *f*
❹ (*de un helado*) Sahnehäubchen *nt*
❺ (*de una montaña*) (Berg)gipfel *m*
❻ (*altanería*) Hochmut *m*, Einbildung *f*; **tener mucho** ~ hochmütig [*o* eingebildet] sein; **bajar a alguien el** ~ jdm den Kopf zurechtsetzen [*o* zurechtrücken]
❼ (*linaje*) Rang *m*; **ser de alto** ~ von hohem Rang sein
copetín [kopeˈtin] *m* ❶ (*Méx: copa de licor*) Gläschen *nt* Likör; (*aperitivo*) Aperitif *m*
❷ (*Arg: cóctel*) Cocktail *m*
copetón, -ona [kopeˈton, -ona] *adj* (*Col*) beschwipst *fam*; **estar** ~ einen in der Krone haben *fam*
copetudo, -a [kopeˈtuðo, -a] *adj* ❶ (*objeto*) bekrönt
❷ (*carácter*) hochmütig, eingebildet
❸ (*linaje*) von hohem Rang, hochrangig, hochgestellt
copia [ˈkopja] *f* ❶ (*de un escrito*) Kopie *f*, Abschrift *f*; (*al carbón*) Durchschlag *m*, Durchschrift *f*; ~ **certificada** beglaubigte Kopie; ~ **en limpio** Reinschrift *f*; ~ **en papel carbón** Durchschlag *m*; ~ **pirata** Raubkopie *f*; ~ **simple** einfache Abschrift; ~ **de seguridad** (INFOR) Sicherheitskopie *f*; ~ **de la sentencia** (JUR) Urteilsausfertigung *f*
❷ (ARTE: *imagen*) Abbild *nt*; (*réplica*) Kopie *f*, Nachbildung *f*, Abklatsch *m pey*
❸ (FOTO) Abzug *m*; **¿puedes hacerme una** ~ **de esta fotografía?** kannst du mir einen Abzug von diesem Foto machen?
❹ (CINE) Kopie *f*; **sacar una** ~ eine Kopie ziehen (*de* von +*dat*)
❺ (TIPO) Exemplar *nt*
❻ (*elev: abundancia*) Fülle *f* (*de* von +*dat*), große Menge *f* (*de* von +*dat*); **una gran** ~ **de razones** eine Fülle von Gründen
copiado [koˈpjaðo, -a] *m* (TÉC) Kopieren *nt*
copiador(a) [koˈpjaðor(a)] *m(f)* Kopist(in) *m(f)*
copiadora [koˈpjaðora] *f* Kopiergerät *nt*, Kopierer *m*
copiar [koˈpjar] *vt* ❶ (*un escrito*) abschreiben; (*a máquina*) abtippen; **la cogieron copiando** sie haben sie beim Abschreiben erwischt
❷ (ARTE: *representar*) abmalen; (*imitar*) kopieren, nachbilden; ~ **un paisaje** eine Landschaft abmalen; ~ **un Velázquez** einen Velázquez kopieren
❸ (*un comportamiento*) nachahmen, nachmachen; **siempre me copia en todo** er/sie macht mir immer alles nach
copichuela [kopiˈtʃwela] *f* (*fam*) Gläschen *nt* (Bier, Wein, Schnaps o. ä.)
copiloto, -a [kopiˈloto, -a] *m, f* (AERO) Kopilot(in) *m(f)*
copión, -ona [koˈpjon, -ona] *m, f* (*pey*) Nachmacher(in) *m(f)*
copiosidad [kopjosiˈðað] *f* (*exuberancia*) Üppigkeit *f*; (*abundancia*) Reichlichkeit *f*
copioso, -a [koˈpjoso, -a] *adj* (*exuberante*) üppig; (*abundante*) reichlich; **una comida copiosa** ein üppiges Essen
copista [koˈpista] *mf* Kopist(in) *m(f)*
copistería [kopisteˈria] *f* Copyshop *m*
copita [koˈpita] *f* Gläschen *nt*; **una** ~ **de ginebra** ein Gläschen Gin; **tomar una** ~ ein Gläschen trinken, sich *dat* einen genehmigen *fam*
copla [ˈkopla] *f* ❶ (LIT: *estrofa*) (vierzeilige) Strophe *f*
❷ (MÚS) (Volks)lied *nt*
❸ (*pareja*) Paar *nt*
❹ *pl* (*fam: versos*) Verse *mpl*; ~**s de Calaínos** alte Geschichten; ~**s de ciego** ≈Knittelvers *m*; **andar en** ~**s** (*fam*) ins Gerede geraten sein; **echar** ~**s a alguien** (*fam*) jdn heruntermachen
coplanario, -a [koplaˈnarjo, -a] *adj* (MAT) in der gleichen Ebene liegend, komplanar
coplear [kopleˈar] *vi* (MÚS: *fam: hacer*) Lieder dichten; (*decir*) Lieder aufsagen; (*cantar*) Lieder singen
coplero, -a [koˈplero, -a] *m, f* (*pey: mal poeta*) Dichterling *m*, Versema-

cher(in) *m(f)*
copo ['kopo] *m* ❶ (*porción*) Flocke *f*; (*de pelo*) Büschel *nt*; **~s de avena** Haferflocken *fpl*; **~ de nieve** Schneeflocke *f*
❷ (*And: de árbol*) Wipfel *m*
copón [ko'pon] *m* (REL) Kelch *m*; **del ~** gewaltig, riesig; **se llevó un susto del ~** er/sie hat einen gewaltigen Schreck bekommen
coposesión [kopose'sjon] *f* (JUR) Mitbesitz *m*
coposesor(a) [kopose'sor(a)] *m(f)* (JUR) Mitbesitzer(in) *m(f)*
coposo, -a [ko'poso, -a] *adj* (BOT) *v.* **copado**
copra ['kopra] *f* Kopra *f*
copresidente, -a [kopresi'ðente, -a] *m*, *f* Mitvorsitzende(r) *mf*
copresidir [kopresi'ðir] *vt* gemeinsam vorsitzen +*dat*, gemeinsam leiten [*o* präsidieren]
copretérito [kopre'terito] *m* (LING) Imperfekt *nt* (im Indikativ)
coprocesado, -a [koproθe'saðo, -a] *m*, *f* Mitangeklagte(r) *mf*
coprocesador [koproθesa'ðor] *m* (INFOR) Co-Prozessor *m*; **~ matemático** mathematischer Koprozessor
coprocultivo [koprokul'tiβo] *m* (BIOL) Koprokultur *f*
coproducción [koproðuk'θjon] *f* (CINE) Gemeinschaftsproduktion *f*, Koproduktion *f*
coproducir [koproðu'θir] *vt* (CINE) in Gemeinschaftsarbeit produzieren, koproduzieren
coproductor(a) [koproðuk'tor(a)] *m(f)* (CINE) Koproduzent(in) *m(f)*
coprofagia [kopro'faxja] *f sin pl* (MED, ZOOL) Koprophagie *f*
coprófago, -a [ko'profaɣo, -a] **I.** *adj* (ZOOL) Kot fressend, koprophag **II.** *m*, *f* (ZOOL) Kotfresser *m*, Koprophage *m*
coprofilia [kopro'filja] *f* (MED) Koprophilie *f*
coprolalia [kopro'lalja] *f* (MED) Koprolalie *f*
coprología [koprolo'xia] *f* (QUÍM) Koprologie *f*
copropiedad [kopropje'ðað] *f* Miteigentum *nt*
copropietario, -a [kopropje'tarjo, -a] *m*, *f* Miteigentümer(in) *m(f)*; **~ por cuotas** Bruchteilseigentümer *m*
coprotagonista [koprotaɣo'nista] **I.** *adj* (CINE, TEAT) der zweiten Hauptrolle; **el actor ~ era japonés** der zweite Hauptdarsteller war Japaner
II. *mf* (CINE, TEAT) zweiter Hauptdarsteller *m*, zweite Hauptdarstellerin *f*
copto¹ ['kopto] *m* (*lengua*) Koptisch(e) *nt*
copto, -a² ['kopto, -a] **I.** *adj* koptisch
II. *m*, *f* Kopte, -in *m*, *f*
copucha [ko'putʃa] *f* (*Chil*) ❶ (*mentira*) Lüge *f*
❷ (*vejiga de animal*) Rindsblase *f*
copudo, -a [ko'puðo, -a] *adj* mit dichter (Baum)krone, dicht belaubt
cópula ['kopula] *f* ❶ (*unión*) Verbindung *f*; (BIOL) Paarung *f*
❷ (*coito*) Begattung *f*, Kopulation *f*
❸ (LING) Satzband *nt*, Kopula *f*
❹ (ARQUIT) Kuppel *f*
copulación [kopula'θjon] *f* Kopulation *f*
copular [kopu'lar] **I.** *vt* ❶ (*unir*) verbinden
❷ (BIOL) paaren, zur Begattung zusammenbringen
II. *vi*, *vr*: **~se** sich paaren, kopulieren
copulativo, -a [kopula'tiβo, -a] *adj* (LING) kopulativ
copyright ['kopirraɪt] *m* Copyright *nt*
coque ['koke] *m* Koks *m*
coqueta [ko'keta] *f* ❶ (*chica*) kokettes Mädchen *nt*; (*mujer*) kokette Frau *f*
❷ (*mueble*) Frisierkommode *f*
❸ (*panecillo*) Brötchen *nt*
❹ (*fam: palmetazo*) Schlag *m* (*mit dem Rohrstock auf die flache Hand*)
coquetear [kokete'ar] *vi* ❶ (*flirtear*) flirten, kokettieren
❷ (*considerar*) kokettieren, liebäugeln; **estuvo un tiempo coqueteando con la idea de emigrar** sie kokettierte [*o* liebäugelte] eine Zeit lang mit dem Gedanken auszuwandern
coqueteo [koke'teo] *m* Flirten *nt*, Kokettieren *nt*
coquetería [kokete'ria] *f* ❶ (*hecho*) Koketterie *f*; **hacer ~s** kokettieren
❷ (*cualidad*) Koketterie *f*, Eitelkeit *f*
coqueto, -a [ko'keto, -a] *adj* ❶ (*que coquetea*) kokett
❷ (*encantador*) reizend
❸ (*vanidoso*) kokett, eitel
❹ (*objeto*) hübsch, nett; **un hotel ~** ein hübsches Hotel
coquetón¹ [koke'ton] *m* Schürzenjäger *m fam*
coquetón, -ona² [koke'ton, -ona] *adj* ❶ (*atractivo*) reizend, hübsch; (*gracioso*) niedlich; **lleva un vestido ~** sie trägt ein hübsches Kleid
❷ (*que coquetea*) kokett
coquito [ko'kito] *m* Fratze *f fam*, Grimasse *f*; **hacer ~s** Grimassen schneiden
coquizar [koki'θar] <z→c> *vt* (TÉC) verkoken
cora¹ ['kora] *f* (HIST) Verwaltungsbezirk *m* (im maurischen Spanien)
cora² ['kora] **I.** *adj* Cora-
II. *mf* Cora *mf*

coracero [kora'θero] *m* ❶ (MIL) Kürassier *m*
❷ (*fam: cigarro*) Stinkadores *m*
coracha [ko'ratʃa] *f* (*Am*) Lederbeutel *m*
coracoides [korako'iðes] *f inv* (ANAT) Rabenschnabelfortsatz *m*
coraje [ko'raxe] *m* ❶ (*valor*) Mut *m*, Courage *f*; **tener ~** mutig [*o* couragiert] sein
❷ (*ira*) Wut *f*, Zorn *m*; **dar ~** wütend [*o* rasend] machen; **estar lleno de ~** wutentbrannt sein; **salió corriendo lleno de ~** er ist wutentbrannt hinausgelaufen; **tenerle ~ a alguien** auf [*o* über] jdn wütend sein
corajina [kora'xina] *f* Wutanfall *m*, Koller *m fam*; **le dio una ~** er/sie kriegte einen Koller
corajudo, -a [kora'xuðo, -a] *adj* ❶ (*valeroso*) couragiert, beherzt; (*valiente*) mutig
❷ (*colérico*) hitzig, jähzornig
coral¹ [ko'ral] **I.** *adj* ❶ (*color*) korallen(rot); **llevaba una bufanda color ~** er/sie trug einen korallenroten Schal
❷ (MÚS: *del coro*) Chor-; **música ~** Chormusik *f*
II. *m* ❶ (ZOOL) Korallentier *nt*, Koralle *f*
❷ (*materia*) Koralle *f*
❸ (*Cuba: arbusto*) Korallenbaum *m*
❹ (MÚS) Choral *m*
coral² [ko'ral] *f* (MÚS) Chor *m*
coralero, -a [kora'lero, -a] *m*, *f* (*pescador*) Korallenfischer(in) *m(f)*; (*comerciante*) Korallenhändler(in) *m(f)*
coralífero, -a [kora'lifero, -a] *adj* Korallen-; **isla coralífera** Koralleninsel *f*
coralillo [kora'liʎo] *m* ❶ (ZOOL) Korallenschlange *f*
❷ (BOT) Korallenbaum *m*; **~ blanco** Korallenbäumchen *nt*
coralino, -a [kora'lino, -a] *adj* korallen
Corán [ko'ran] *m* (REL) Koran *m*
coránico, -a [ko'raniko, -a] *adj* (REL) koranisch
coraza [ko'raθa] *f* ❶ (MIL: *armadura*) Küraß *m*, Brustharnisch *m*; (*blindaje*) Panzerplatte *f*
❷ (ZOOL) Panzer *m*
❸ (*protección*) Schutz *m*; **su vanidad no es más que una ~** seine/ihre Eitelkeit ist reiner Selbstschutz
coraznada [koraθ'naða] *f* ❶ (BOT: *pino*) Kern *m* einer Kiefer
❷ (GASTR) geschmortes Rinderherz *nt*
corazón [kora'θon] *m* ❶ (ANAT) Herz *nt*; **blando de ~** weichherzig; **duro de ~** hartherzig; **de todo ~** von ganzem Herzen; **con el ~ en la mano** aufrichtig, offen; **abrir su ~ a alguien** jdm sein Herz ausschütten, sich jdm anvertrauen; **se me cubre el ~** mir wird das Herz schwer; **hacer algo de ~** etw von Herzen gern tun; **no caberle a alguien el ~ en el pecho** sehr großherzig sein; **llevar el ~ en la(s) mano(s)** das Herz auf der Zunge tragen; **con el ~ en las manos** offen(herzig); **meter a alguien el ~ en un puño** jdm einen Schrecken einjagen; **poner el ~ en alguien/algo** sein Herz an jdn/etw hängen; **tener un ~ de oro, ser todo ~** herzensgut sein; **no tener ~** herzlos sein; **la noticia le partió [*o* rompió] el ~** die Nachricht brach ihm/ihr das Herz; **se me parte el ~ de no poder ayudarles** es zerreißt mir das Herz, ihnen nicht helfen zu können; **de ver el abismo se le encogió el ~** beim Anblick des Abgrundes krampfte sich sein/ihr Herz zusammen; **ya me lo daba [*o* decía] el ~** ich ahnte es bereits; **salir del ~** von Herzen kommen
❷ (*centro*) Zentrum *nt*, Mittelpunkt *m*
❸ (*interior*) Innere(s) *nt*, Kern *m*; (*de la fruta*) Herz *nt*
❹ (*coraje*) Mut *m*; **abrir el ~ a alguien** jdm Mut zusprechen; **tener ~ bien puesto** [*o* en su sitio] mutig sein; **no tener ~ para hacer algo** nicht das Herz [*o* den Mut] haben etw zu tun; **hacer de tripas ~** sich *dat* ein Herz fassen
❺ (*apelativo cariñoso*) Liebling *m*; **~ mío** mein Herz, (mein) Schatz
corazonada [koraθo'naða] *f* ❶ (*presentimiento*) Ahnung *f*, Vorgefühl *nt*
❷ (*impulso*) plötzlicher Impuls *m*; (*arrebato*) plötzliche Anwandlung *m*; **en una ~ vendió la casa** aus einer plötzlichen Anwandlung heraus [*o* einer plötzlichen Anwandlung folgend] verkaufte er/sie das Haus
❸ (*acto*) schneller Entschluss *m*
corbacho [kor'βatʃo] *m* Riemenpeitsche *f*, Karbatsche *f*
corbata [kor'βata] *f* ❶ (*chalina*) Krawatte *f*, Schlips *m fam*
❷ (MIL) Fahnenschleife *f*
corbatería [korβate'ria] *f* Krawattenladen *m*
corbatín [korβa'tin] *m* Fliege *f*; **irse** [*o* **salirse] por el ~** (*fam*) eine Bohnenstange sein
corbeta [kor'βeta] *f* (MIL) Korvette *f*
Córcega ['korθeɣa] *f* Korsika *nt*
corcel [kor'θel] *m* (LIT) Ross *nt*
corcha ['kortʃa] *f* ❶ (*corcho*) Rohkork *m*
❷ (*recipiente*) Kühlbehälter *m* aus Kork
❸ (*colmena*) Bienenstock *m*
❹ (NÁUT) Flechten *nt* (*eines Taus*)

corchar [kor'tʃar] *vt* ① (*botellas*) verkorken
② (NÁUT) flechten
corchea [kor'tʃea] *f* (MÚS) Achtelnote *f*
corchera [kor'tʃera] *f* ① (DEP) Korkleine *f*
② (*recipiente*) Kühlbehälter *m* aus Kork
corchero, -a [kor'tʃero, -a] *adj* Kork-; **industria corchera** Korkindustrie *f*
corchete [kor'tʃete] *m* ① (*broche*) Haken *m* und Öse; (*pieza*) Haken *m*
② (TIPO) eckige Klammer *f*
③ (*pey: alguacil*) Häscher *m*
corcho ['kortʃo] **I.** *m* ① (*material*) Kork *m*; **andar como el ~ sobre el agua** sich treiben lassen; **flotar** [*o* **sobrenadar**] **como el ~ en el agua** sich nicht unterkriegen lassen
② (*tapón*) Korken *m*
③ (*en la pesca*) Schwimmer *m*
④ (*colmena*) Bienenkorb *m*
II. *interj*: ¡~! Donnerwetter!
córcholis ['kortʃolis] *interj*: ¡~! Donnerwetter!
corchoso, -a [kor'tʃoso, -a] *adj* korkähnlich, korkartig
corcino [kor'θino] *m* (ZOOL) Rehkitz *nt*
corcova [kor'koβa] *f* Buckel *m*, Höcker *m fam*
corcovado, -a [korko'βaðo, -a] **I.** *adj* buck(e)lig
II. *m, f* Bucklige(r) *mf*
corcovar [korko'βar] *vt* krümmen
corcovear [korkoβe'ar] *vi* ① (*caballo*) bocken; (*gato*) buckeln
② (*fam: persona*) sich sträuben
③ (And, CSur: *quejarse*) murren, nörgeln
④ (Méx: *tener miedo*) Angst haben, sich fürchten
corcovo [kor'koβo] *m* ① (*brinco*) Sprung *m*
② (*curvatura*) Krümmung *f*
cordada [kor'ðaða] *f* Seilschaft *f*
cordado, -a [kor'ðaðo, -a] *adj* ① (ZOOL) mit einer Chorda ausgestattet
② (MÚS) besaitet
cordados [kor'ðaðos] *mpl* (ZOOL) Chordaten *pl*
cordaje [kor'ðaxe] *m* ① (*de un instrumento*) Besaitung *f*; (*de una raqueta*) Bespannung *f*
② (*de una embarcación*) Takelwerk *nt*
cordal [kor'ðal] **I.** *adj*: **muela ~** Weisheitszahn *m*
II. *m* (MÚS) Saitenhalter *m*
cordel [kor'ðel] *m* ① (*cuerda delgada*) Schnur *f*, Bindfaden *m*, Kordel *f reg*; **~ guía** Richtschnur *f*; **a ~** schnurgerade; **a hurta ~** plötzlich, unversehens; **apretar los ~es a alguien** jdm heftig zusetzen; **dar ~ a alguien** jdn quälen
② (*cañada*) Trift *f*
cordelado, -a [korðe'laðo, -a] *adj* schnurförmig
cordelar [korðe'lar] *vt* mit einer Schnur abstecken
cordelería [korðele'ria] *f* ① (*industria*) Seilerei *f*
② (*cordaje*) Takelwerk *nt*
cordelero¹ [korðe'lero] *m* (REL) Franziskaner(mönch) *m*
cordelero, -a² [korðe'lero, -a] **I.** *adj* Seiler-
II. *m, f* Seiler(in) *m(f)*
cordera [kor'ðera] *f v.* **cordero²**
corderil [korðe'ril] *adj* Lamm-
corderillo [korðe'riʎo] *m* (*piel*) Lammfell *nt*
corderino, -a [korðe'rino, -a] *adj v.* **corderil**
cordero¹ [kor'ðero] *m* ① (*carne*) Lammfleisch *nt*
② (*piel*) Lammfell *nt*
cordero, -a² [kor'ðero, -a] *m, f* Lamm *nt*; **~ asado** Lammbraten *m*; **~ pascual** Osterlamm *nt*; **C~ de Dios** Lamm Gottes; **es manso como un ~** er ist lammfromm; **mirar como un ~ degollado** (*fam*) wie ein Unschuldslamm dreinblicken
cordial [kor'ðjal] **I.** *adj* ① (*persona*) freundlich, herzlich
② (MED) (herz)stärkend
II. *m* (herz)stärkendes Mittel *nt*, Herztonikum *nt*
cordialidad [korðjali'ðað] *f* Freundlichkeit *f*, Herzlichkeit *f*
cordialmente [korðjal'mente] *adv* herzlich
cordiforme [korði'forme] *adj* (*elev*) herzförmig
cordila [kor'ðila] *f* (ZOOL) frisch geschlüpfter Thunfisch *m*
cordillera [korði'ʎera] *f* Gebirgskette *f*
cordillerano, -a [korðiʎe'rano, -a] *adj* (Am: GEO) Anden-, Kordilleren-
córdoba ['korðoβa] *m* (Nic: *moneda*) Córdoba *m*
Córdoba ['korðoβa] *f* Córdoba *nt*
cordobán [korðo'βan] *m* Korduan(leder) *nt*
cordobense [korðo'βense] **I.** *adj* aus Córdoba (Kolumbien); **el departamento ~** der Bezirk Córdoba (Kolumbien)
II. *mf* Einwohner(in) *m(f)* von Córdoba (Kolumbien)
cordobés, -esa [korðo'βes, -esa] **I.** *adj* aus Córdoba
II. *m, f* Einwohner(in) *m(f)* von Córdoba
cordón [kor'ðon] *m* ① (*cordel*) Schnur *f*, Kordel *f*; (*del uniforme*) Litze *f*; (*de zapatos*) Schnürsenkel *m*
② (ELEC, NÁUT) Kabel *nt*
③ (MIL) Kordon *m*, Postenkette *f*; **~ sanitario** Sperrgürtel *m*
④ (ARQUIT) (Kranz)gesims *nt*
⑤ (CSur: *de la acera*) Bordstein *m*
⑥ (ANAT): **~ espermático** Samenstrang *m*; **~ umbilical** Nabelschnur *f*
cordoncillo [korðon'θiʎo] *m* ① (*en la tela*) Rippe *f*; (*una guarnición*) (schnurartiger) Besatz *m*; (*un ribete*) Paspel *f*
② (*de una moneda*) Münzrand *m*
③ (*de un fruto*) Naht *f*
cordonería [korðone'ria] *f* ① (*producto*) Posamentierarbeit *f*
② (*oficio*) Posamentierhandwerk *nt*
③ (*tienda*) Posamenterie *f*
cordubense [korðu'βense] *adj o mf v.* **cordobés**
cordura [kor'ðura] *f* (*razón*) Vernunft *f*; (*juicio*) Verstand *m*; (*prudencia*) Umsicht *f*, Besonnenheit *f*; **obró con ~** er/sie hat vernünftig gehandelt
corea [ko'rea] *f* (MED) Chorea *f*, Veitstanz *m*
Corea [ko'rea] *f* Korea *nt*; **~ del Norte** Nordkorea *nt*; **~ del Sur** Südkorea *nt*
coreano¹ [kore'ano] *m* (*lengua*) Koreanisch(e) *nt*
coreano, -a² [kore'ano, -a] **I.** *adj* koreanisch
II. *m, f* Koreaner(in) *m(f)*
corear [kore'ar] *vt* ① (*acompañar*) (mit) einstimmen (in +*akk*); (*cantando*) mitsingen; **coreó el júbilo de las masas** er/sie stimmte in den Jubel der Massen ein; **la parroquia coreaba la canción** die Gemeinde sang das Lied mit
② (*asentir*) (begeistert) zustimmen +*dat*; **le coreaba todo lo que ella decía** er/sie stimmte allem, was sie sagte, zu
coreo [ko'reo] *m* ① (LIT) Choreus *m*, Trochäus *m*
② (MÚS) Einteilung *f* der Chorpartien (*in einem Musikstück*)
coreógrafa [kore'oɣrafa] *f v.* **coreógrafo**
coreografía [koreoɣra'fia] *f* Choreographie *f*
coreográfico, -a [koreo'ɣrafiko, -a] *adj* choreographisch
coreógrafo, -a [kore'oɣrafo, -a] *m, f* Choreograph(in) *m(f)*
COREPER [kore'per] *m abr de* **Comité de Representantes Permanentes** Ausschuss *m* der ständigen Vertreter
cori ['kori] *m* (BOT) Johanniskraut *nt*
coriáceo, -a [ko'rjaθeo, -a] *adj* ledern, lederartig
coriambo [ko'rjambo] *m* (LIT) Choriambus *m*
corifeo [kori'feo] *m* ① (LIT) Chorführer *m*, Koryphäe *m*
② (*formal fig*) Wortführer *m*, Sprecher *m*
corindón [korin'don] *m* Korund *m*
corintio, -a [ko'rintjo, -a] **I.** *adj* korinthisch
II. *m, f* Korinther(in) *m(f)*
corinto [ko'rinto] **I.** *adj* rosinfarben, rosinfarbig
II. *m* Korinthe *f*
corista¹ [ko'rista] *f* (*de una revista*) Revuesängerin *f*
corista² [ko'rista] *mf* Chorsänger(in) *m(f)*
corma ['korma] *f* ① (*cepo*) Fußblock *m*, hölzerne Fußfessel *f*
② (*elev fig: obstáculo*) Hemmschuh *m*, Hindernis *nt*
cormorán [kormo'ran] *m* (ZOOL) Kormoran *m*
cornada [kor'naða] *f* ① (*golpe*) Stoß *m* mit den Hörnern; **dar ~s** mit den Hörnern zustoßen; **no morir de ~ de burro** (*irón*) jeglicher Gefahr aus dem Weg gehen
② (*herida*) Verletzung *f* (*durch einen Hornstoß*)
cornaje [kor'naxe] *m* (MED) Kehlkopfpfeifen *nt*
cornal [kor'nal] *m* (*soga del yugo*) Jochriemen *m*
cornalón, -ona [korna'lon, -ona] *adj* (TAUR) großhornig
cornamenta [korna'menta] *f* ① (*de animales*) Gehörn *nt*
② (*del marido*) Hörner *ntpl*; **poner a alguien la ~** jdm Hörner aufsetzen *fam*
cornamusa [korna'musa] *f* ① (*trompeta*) Waldhorn *nt*
② (*gaita*) Dudelsack *m*
③ (NÁUT) Klampe *f*
cornatillo [korna'tiʎo] *m* (AGR) *große hornförmig gebogene Olivensorte*
córnea ['kornea] *f* Hornhaut *f*
cornear [korne'ar] *vt* mit den Hörnern zustoßen; **~ a alguien** jdn auf die Hörner nehmen
corneja [kor'nexa] *f* Krähe *f*
cornejo [kor'nexo] *m* (BOT) Hartriegel *m*
córneo, -a ['korneo, -a] *adj* hornartig, Horn-
córner ['korner] *m* (DEP) Eckball *m*, Eckstoß *m*
corneta¹ [kor'neta] *f* ① (MÚS: *instrumento*) Horn *nt*; (*en el ejército*) Signalhorn *nt*; **~ de llaves** Klapp(en)horn *nt*; **~ de monte** Jagdhorn *nt*; **~ de posta** Posthorn *nt*; **hacer algo a toque de ~** (*fig*) etw auf Befehl tun
② (MÚS: *música*) Hornistin *f*
③ (*de los sordos*) Hörrohr *nt*
④ (MIL: *standarte*) Standarte *f*

corneta² [kor'neta] *m* ❶ (MÚS: *músico*) Hornist *m*
❷ (MIL) Fähnrich *m*, Kornett *m*
cornete [kor'nete] *m* ❶ (MED) Nasenmuschel *f*
❷ (GASTR) Eistüte *f*, Eishörnchen *nt*
cornetín¹ [korne'tin] *mf* Kornettist(in) *m(f)*
cornetín² [korne'tin] *m* (*instrumento*) Kornett *nt*
cornezuelo [korne'θwelo] *m* ❶ (AGR) *v.* **cornatillo**
❷ (AGR: *cornicabra*) große spitz zulaufende Olivensorte
❸ (BOT) Mutterkorn *nt*
❹ (MED) Wundhaken *m*
cornflakes [koen'fleɪks] *pl* Cornflakes *pl*
corniforme [korni'forme] *adj* ❶ (*en forma de cuerno*) hornförmig
❷ (ASTR): **cometa** ~ Komet *m* mit gekrümmtem Schweif
cornisa [kor'nisa] *f* (Kranz)gesims *nt*
cornisamento [kornisa'mento] *m* (ARQUIT) Simswerk *nt*, Gesims *nt*
corno ['korno] *m* ❶ (BOT: *cornejo*) Hartriegel *m*
❷ (MÚS) Oboe *f* da caccia; ~ **inglés** Englischhorn *nt*
cornucopia [kornu'kopja] *f* ❶ (*cuerno*) Füllhorn *nt*
❷ (*espejo*) Spiegel *m* (mit Leuchtern)
cornudo, -a [kor'nuðo, -a] **I.** *adj* gehörnt; **marido** ~ Hahnrei *m;* **tras de ~ apaleado** vom Leben gebeutelt
II. *m, f* Gehörnte(r) *mf*
coro ['koro] *m* (ARQUIT, MÚS, REL, TEAT) Chor *m;* ~ **de la ópera** Opernchor *m;* **a ~** einmütig, einstimmig; **acordar algo a ~** etw einstimmig beschließen; **hablar a ~s** abwechselnd reden; **hacer ~ a alguien/algo** jdm/etw *dat* zustimmen
corografía [koroɣra'fia] *f* (GEO) Länderkunde *f*, Chorographie *f*
corográfico, -a [koro'ɣrafiko, -a] *adj* (GEO) länderkundlich, chorographisch; **la descripción corográfica** die Landschaftsbeschreibung
corógrafo, -a [ko'roɣrafo, -a] *m, f* (GEO) Länderkundler(in) *m(f)*
coroides [ko'roiðes] *f inv* (ANAT) Aderhaut *f*
corola [ko'rola] *f* (BOT) Korolla *f*
corolario [koro'larjo] *m* Korollar(ium) *nt*
corona [ko'rona] *f* ❶ (*adorno, t.* POL) Krone *f;* **la ~ de España** die spanische Krone; ~ **de espinas** Dornenkrone *f*
❷ (*de flores*) Kranz *m;* ~ **de laurel** Lorbeerkranz *m*
❸ (*de eclesiásticos*) Tonsur *f*
❹ (*de santos*) Heiligenschein *m*
❺ (*de los dientes*) (Zahn)krone *f*
❻ (ASTR) Korona *f*
❼ (FIN: *moneda*): ~ **checa** tschechische Krone; ~ **danesa** dänische Krone; ~ **noruega** norwegische Krone; ~ **sueca** schwedische Krone
coronación [korona'θjon] *f* ❶ (*de un rey*) Krönung *f*
❷ (*de una acción o obra*) (abschließender) Höhepunkt *m*, Krönung *f*
❸ (ARQUIT) Bekrönung *f*
coronado¹ [koro'naðo] *m* (ZOOL) Tiefseequalle *f*, Kronenqualle *f*
coronado, -a² [koro'naðo, -a] *adj* ❶ (*con corona*) gekrönt
❷ (ZOOL) Tiefseequallen-, Coronata-
coronal¹ [koro'nal] **I.** *adj* ❶ (ANAT) Stirnbein-; **hueso** ~ Stirnbein *nt*
❷ (LING) Koronal-; **pronunciar una sibilante** ~ einen Zischlaut als Koronallaut aussprechen
II. *f* (LING) Koronallaut *m*
coronal² [koro'nal] *m* (ANAT) Stirnbein *nt*
coronamiento [korona'mjento] *m* ❶ (*de una acción u obra*) (krönender) Abschluss *m*
❷ (ARQUIT) Bekrönung *f*
coronar [koro'nar] *vt* ❶ (*una persona*) krönen; (*con flores*) bekränzen
❷ (*una acción o obra*) den krönenden Abschluss bilden +*gen;* (*perfeccionarla*) vollenden, krönen; **este poema corona su obra** dieses Gedicht stellt den Höhepunkt seines Schaffens dar; **el éxito coronó sus esfuerzos** seine Bemühungen waren von Erfolg gekrönt; **para ~lo...** um der Sache die Krone aufzusetzen ...
❸ (ARQUIT) bekrönen
coronaria [koro'narja] *f* (TÉC) Sekundenrad *nt*
coronario, -a [koro'narjo, -a] *adj* ❶ (*de forma de corona*) kranzförmig
❷ (MED) koronar
coronel(a) [koro'nel(a)] *m(f)* Oberst *m*, Frau Oberst *f*
coronilla [koro'niʎa] *f* (Haar)wirbel *m;* **andar** [*o* **bailar**] **de** ~ (*fam*) weder rechts noch links schauen; **estar hasta la ~ de algo** (*fam*) etw satt haben [*o* sein], von etw *dat* die Nase voll haben; **dar de** ~ mit dem Kopf (auf dem Boden) aufschlagen
coronografía [koronoɣra'fia] *f* (MED) Koronar(angi)ographie *f*
coronógrafo [koro'noɣrafo] *m* (ASTR) Koronograph *m*
corotos [ko'rotos] *mpl* (*Am: bártulos*) Krempel *m fam*, Zeug *nt fam*
corpa(n)chón [korpa(n)'tʃon] *m* ❶ (*fam: de una persona*) (plumper) Körper *m*
❷ (*de un ave*) Rumpf *m*
corpiño [kor'piɲo] *m* ❶ (*justillo*) Mieder *nt*, Leibchen *nt*
❷ (CSur: *sujetador*) Büstenhalter *m*, BH *m*

corporación [korpora'θjon] *f* ❶ (*comunidad*) Körperschaft *f*, Korporation *f;* ~ **de derecho público** Körperschaft des öffentlichen Rechts; ~ **de estudiantes** Studentenverbindung *f;* ~ **de interés público** öffentlich-rechtliche Körperschaft; ~ **laboral** Arbeitskammer *f;* ~ **municipal** kommunale Körperschaft, Kommune *f;* ~ **personal** Personalkörperschaft *f;* ~ **territorial** [*o* **local**] Gebietskörperschaft *f;* ~ **de utilidad pública** gemeinnützige Körperschaft
❷ (*de una profesión*) Innung *f;* (HIST) Zunft *f*, Gilde *f*
❸ (*cooperativa*) Genossenschaft *f*
corporal [korpo'ral] *adj* körperlich, Körper-, leiblich
corporales [korpo'rales] *mpl* (REL) Korporale *m*
corporalidad [korporali'ðað] *f* Körperlichkeit *f*, Leiblichkeit *f*
corporativismo [korporati'βismo] *m* Körperschaftswesen *nt*, Korporativismus *m*
corporativo, -a [korpora'tiβo, -a] *adj* körperschaftlich, korporativ
corporeidad [korporei'ðað] *f* (*materialidad*) Körperhaftigkeit *f*
❷ (*corporalidad*) Körperlichkeit *f*
corporeizar [korporei'θar] <z→c> **I.** *vt* Gestalt verleihen [*o* geben] +*dat;* ~ **un proyecto** ein Vorhaben (in die Tat) umsetzen
II. *vr:* ~**se** Gestalt annehmen [*o* gewinnen]
corpóreo, -a [kor'poreo, -a] *adj* ❶ (*material*) körperhaft
❷ (*corporal*) körperlich
corporificar [korporifi'kar] <c→qu> **I.** *vt* (*elev: dar forma*) umsetzen, verwirklichen
II. *vr:* ~**se** (*elev: tomar forma*) sich verwirklichen, Gestalt annehmen
corpulencia [korpu'lenθja] *f* ❶ (*de alguien*) Beleibtheit *f*, Korpulenz *f*
❷ (*de algo*) Wuchtigkeit *f*
corpulento, -a [korpu'lento, -a] *adj* ❶ (*persona*) beleibt, dick, korpulent
❷ (*cosa*) wuchtig
corpus ['korpus] *m sin pl* (LING) Korpus *m*
Corpus ['korpus] *m sin pl* (REL) Fronleichnam *m;* **celebrar el** ~ Fronleichnam feiern
corpuscular [korpusku'lar] *adj* Teilchen-, korpuskular
corpúsculo [kor'puskulo] *m* ❶ (FÍS) Teilchen *nt*, Korpuskel *nt;* ~ **elemental** elementares Teilchen
❷ (BIOL) Körperchen *nt*
corral [ko'rral] *m* ❶ (*cercado*) Gehege *nt;* (*redil*) Pferch *m;* (*para la pesca*) Fischzaun *m;* (*para gallinas*) Hühnerhof *m*
❷ (HIST, TEAT) (Innen)hof *m*
❸ (*lugar sucio*) Saustall *m fig*
❹ (*para niños*) Laufstall *m*
❺ (*casa de alquiler*): ~ **de vecindad** Miet(s)haus *nt*
❻ (*loc*): **hacer ~es** schwänzen *fam;* **antes el ~ que las cabras** was für ein Schildbürgerstreich!; **como gallina en ~ ajeno** eingeschüchtert; **oír cantar, sin saber en qué** ~ von etwas läuten hören
corralera [korra'lera] *f* (MÚS) andalusisches Tanzlied
corralito [korra'lito] *m* Laufstall *m*
corraliza [korra'liθa] *f* Hühnerhof *m*
corralón [korra'lon] *m* ❶ (*patio*) (Hinter)hof *m*, (Innen)hof *m*
❷ (*casa de vecindad*) Miet(s)haus *nt*
❸ (CSur: *maderería*) Holzlager *nt*
correa [ko'rrea] *f* ❶ (*tira*) Lederriemen *m;* **besar** ~ (*fig*) klein beigeben (müssen)
❷ (*cinturón*) (Leder)gürtel *m*
❸ (TÉC) Riemen *m;* ~ **de transmisión** Treibriemen *m;* ~ **trapezoidal** Keilriemen *m*
❹ (*afilador*) Streichriemen *m*
❺ (ARQUIT) Pfette *f*
❻ (*elasticidad*) Biegsamkeit *f*, Elastizität *f*
❼ (*fam: aguante*) Ausdauer *f;* **tener** ~ zäh sein, Ausdauer haben
correaje [korre'axe] *m* (*t.* TÉC) Riemenwerk *nt*
correar [korre'ar] *vt* weich machen
correazo [korre'aθo] *m* Schlag *m* mit einem Lederriemen
corrección [korrek'θjon] *f* ❶ (*t.* TIPO, ECON, FIN) Verbesserung *f*, Korrektur *f*, Berichtigung *f;* (*de ruta*) (Kurs)korrektur *f;* ~ **a la baja** Minuskorrektur *f;* ~ **de los cambios** (FIN) Kurskorrektur *f;* ~ **inflacionaria** Inflationsausgleich *m;* ~ **de partidas** Positionsbereinigung *f;* ~ **de las variaciones estacionales** Saisonbereinigung *f*
❷ (*represión*) Zurechtweisung *f*
❸ (*cualidad*) Korrektheit *f;* (*comportamiento*) korrektes Verhalten *nt*, korrektes Benehmen *nt;* **obró con gran** ~ er/sie hat äußerst korrekt gehandelt
correccional [korrekθjo'nal] *m* Erziehungsanstalt *f*, Erziehungsheim *nt*
correccionalismo [korrekθjona'lismo] *m sin pl* (JUR) Besserungs(straf)theorie *f*
correctivo¹ [korrek'tiβo] *m* (*sanción*) Korrektiv *nt;* (*como compensación*) Ausgleich *m;* (*como atenuación*) Milderung *f*
correctivo, -a² [korrek'tiβo, -a] *adj* ❶ (*que corrige*) richtig stellend

correcto

② (*que compensa*) ausgleichend
③ (*que reprende*) zurechtweisend
correcto, -a [ko'rrekto, -a] *adj* ① (*justo*) richtig, korrekt; **la respuesta es correcta** die Antwort ist richtig
② (*comedido*) korrekt; (*impecable*) tadellos, einwandfrei; **es demasiado ~ en su comportamiento** er ist zu korrekt in seinem Verhalten
③ (*sin errores*) fehlerfrei, richtig; **tiene una pronunciación correcta** er/sie hat eine fehlerfreie [*o* korrekte] Aussprache
④ (*apropiado*) angemessen; **un precio ~** ein angemessener Preis
corrector(a) [korrek'tor(a)] I. *adj* verbessernd, korrigierend
II. *m(f)* (TIPO) Korrektor(in) *m(f)*
corredera [korre'ðera] *f* ① (TÉC) Schieber *m*; (*carro*) Schlitten *m*; **puerta de ~** Schiebetür *f*
② (*pista*) (Pferde)rennbahn *f*
③ (NÁUT) Log *nt*
④ (*CSur: rápido*) Stromschnelle *f*
⑤ (*cucaracha*) Küchenschabe *f*
⑥ (*fam: alcahueta*) Kupplerin *f*
corredizo, -a [korre'ðiθo, -a] *adj*: **nudo ~** Schlinge *f*; **ventana corrediza** Schiebefenster *nt*
corredor[1] [korre'ðor] *m* ① (*pasillo*) Flur *m*, Gang *m*, Korridor *m*
② (*galería*) Galerie *f*
corredor(a)[2] [korre'ðor(a)] *m(f)* ① (DEP: *a pie*) Läufer(in) *m(f)*; (*en coche*) Rennfahrer(in) *m(f)*; **~ de cortas distancias** Kurzstreckenläufer *m*, Sprinter *m*; **~ de fondo** Langstreckenläufer *m*
② (COM) Makler(in) *m(f)*; **~ de bolsa** Börsenmakler *m*; **~ de comercio** Handelsvertreter *m*, Handelsmakler *m*; **~ de eurodivisas** Eurogeldhändler *m*; **~ de fincas** Grundstücksmakler *m*; **~ de letras** Wechselmakler *m*; **~ de seguros** Versicherungsvertreter *m*, Versicherungsmakler *m*; **~ de títulos** [*o* **valores**] Wertpapierhändler *m*
corredoras [korre'ðoras] *fpl* (ZOOL) Laufvögel *mpl*
correduría [korreðu'ria] *f* ① (*oficio*) Maklergeschäft *nt*; (*oficina*) Maklerbüro *nt*
② (*comisión*) Maklergebühr *f*, (Makler)provision *f*
③ (*intervención*) Vermittlungsagentur *f*; **~ de bolsa** Börsenmaklerbüro *nt*
corregente [korre'xente] I. *adj* (POL) mitregierend, als Mitregent fungierend
II. *mf* (POL) Mitregent(in) *m(f)*
corregible [korre'xiβle] *adj* verbesserungsfähig
corregidor(a) [korrexi'ðor(a)] *m(f)* (HIST) Vogt *m*, Vögtin *f*
corregir [korre'xir] *irr como elegir* I. *vt* ① (*t. TIPO*) verbessern, korrigieren, berichtigen
② (*sacar de dudas*) richtig stellen
③ (*moderar*) zügeln; **~ su curiosidad** seine Neugier zügeln
④ (*reprender*) zurechtweisen
II. *vr*: **~se** ① (*mejorarse*) sich bessern
② (*moderarse*) sich zügeln
correhuela [korre'wela] *f* (BOT) Ackerwinde *f*
correinado [korrei'naðo] *m* (POL) gleichzeitiges Regieren *nt* zweier Könige
correlación [korrela'θjon] *f* ① (*correspondencia*) Wechselbeziehung *f*; **la inflación guarda ~ con la subida de precios** die Inflation steht in Wechselbeziehung zur [*o* mit der] Preissteigerung
② (*t. LING, MAT, MED*) Korrelation *f*
correlacionar [korrelaθjo'nar] I. *vi* in Wechselbeziehung stehen (*con* mit/zu +*dat*), korrelieren (*con* mit +*dat*) *elev*
II. *vt* in Wechselbeziehung bringen [*o* setzen] (*con* mit +*dat*)
correlativo, -a [korrela'tiβo, -a] *adj* ① (*correspondiente*) gegenseitig, wechselseitig
② (*de sucesión inmediata*) fortlaufend; **el dos y el tres son números ~s** die Zwei und die Drei sind fortlaufende Nummern
③ (*t. LING, MAT, MED*) korrelativ
correlato [korre'lato] *m* (*t. LING*) Korrelat *nt*
correligionario, -a [korrelixjo'narjo, -a] *m, f* ① (REL) Glaubensgenosse, -in *m, f*
② (POL) Gesinnungsgenosse, -in *m, f*
correntada [korren'taða] *f* (*Am*) reißende Strömung *f*; (*catarata*) Stromschnellen *fpl*
correo [ko'rreo] *m* ① (*persona*) Kurier *m*; **~ de gabinete** (POL) diplomatischer Kurier; **~ de malas nuevas** Unglücksbote *m*
② (*correspondencia*) Post *f*, Korrespondenz *f*; **~ aéreo** Luftpost *f*; **~ electrónico** elektronische Post, E-Mail *f*; **~ urgente** Eilzustellung *f*; **por ~ separado** mit getrennter Post; **echar el ~** die Post einwerfen
③ (*servicio*) Post *f*, Postdienst *m*; **mandar algo por ~** etw mit der [*o* per] Post (ver)schicken; **a vuelta de ~** postwendend
④ (*buzón*) Briefkasten *m*; **echar al ~** in den Briefkasten werfen
⑤ (*coche*) Postauto *nt*; (*avión*) Postflugzeug *nt*; (*barco*) Postschiff *nt*; (*tren*) Postzug *m*

corresponder

Correos [ko'rreos] *mpl* Postamt *nt*; **Administración General de ~** Hauptpostamt *nt*; **apartado de ~** Postfach *nt*; **en ~** auf dem Postamt; **ir a ~** aufs Postamt gehen, zur [*o* auf die] Post gehen
correoso, -a [korre'oso, -a] *adj* ① (*elástico*) biegsam, elastisch
② (*comida*) zäh, ledern
③ (*persona*) ausdauernd
correr [ko'rrer] I. *vi* ① (*caminar*) rennen, laufen; **~ detrás de** [*o* **tras**] **alguien** jdm hinterherrennen [*o* hinterherlaufen]; **echarse a ~** (*partir*) losrennen, loslaufen; (*escaparse*) davon-, fort-, weglaufen; **salir corriendo** hinauslaufen; **¡no corras tanto!** renn nicht so!, lauf nicht so schnell!; **corrió a comprar** er/sie ist schnell einkaufen gegangen; **~ a la perdición** ins Verderben rennen; **era una película de echarse a ~** (*fig*) der Film war zum Davonlaufen
② (*apresurarse*) eilen, sich beeilen; **a todo ~** in aller Eile; **¡corre, que van a cerrar los comercios!** beeil dich, die Läden schließen gleich!
③ (*conducir*) schnell fahren, rasen; **¡no corras tanto!** fahr nicht so schnell!
④ (*tiempo*) vergehen; **¡como corre el tiempo!** wie die Zeit vergeht!; **al ~ del tiempo** im Laufe der Zeit; **el mes que corre** der laufende Monat; **en los tiempos que corremos...** in unserer heutigen Zeit ...
⑤ (*líquido*) fließen, strömen
⑥ (*viento*) wehen; **~ mucho viento** es weht [*o* geht] ein starker Wind
⑦ (*camino*) verlaufen; **la cordillera corre de este a oeste** die Gebirgskette verläuft von Ost nach West
⑧ (*moneda*) in [*o* im] Umlauf sein
⑨ (*rumor*) umgehen; **corre la voz de que...** es geht das Gerücht um, dass ...
⑩ (*loc*): **~ con algo** (*un asunto*) sich um etw kümmern; (*una empresa*) etw führen [*o* leiten]; **eso corre de** [*o* **por**] **mi cuenta** (*gastos*) das geht auf meine Rechnung; (*un asunto*) dafür bin ich zuständig
II. *vt* ① (*un mueble*) (ver)rücken, (weg)rücken; (*una cortina*) zuziehen; (*un cerrojo*) vorschieben
② (*un nudo*) lösen, aufbinden, aufknoten
③ (*un lugar*) bereisen; **corrió toda Alemania/todo el mundo** er/sie hat ganz Deutschland/die ganze Welt bereist; **~ mundo** in der Welt herumkommen
④ (MIL) einfallen (in +*akk*)
⑤ (*un caballo*) (aus)reiten
⑥ (*un toro*) kämpfen (mit +*dat*)
⑦ (*la caza*) hetzen, jagen
⑧ (*avergonzar*) beschämen
⑨ (*confundir*) in Verlegenheit bringen
⑩ (*loc*): **dejar ~ algo** (*fig*) etw laufen lassen; **~la** (*fam*) einen draufmachen; **~ peligro de hacer algo** Gefahr laufen etw zu tun; **corre prisa** es eilt; **~ riesgo** ein Risiko eingehen, Gefahr laufen (*de* zu +*inf*); **~ la misma suerte** das gleiche Schicksal erleiden
III. *vr*: **~se** ① (*moverse*) (zur Seite) rücken, rutschen *fam*
② (*excederse*) sich übernehmen
③ (*exagerar*) übertreiben; **~se en la propina** es mit dem Trinkgeld übertreiben
④ (*avergonzarse*) sich schämen
⑤ (*argot: eyacular*) kommen
⑥ (*colores*) verlaufen
⑦ (*AmC: huir*) die Flucht ergreifen, fliehen
⑧ (*loc, fam*): **~se una juerga** einen draufmachen
correría [korre'ria] *f* ① (MIL) Raubzug *m*
② *pl* (*recorridos*) Streifzüge *mpl*; **en mis ~s por los bosques...** bei meinen Streifzügen durch die Wälder ...
correspondencia [korrespon'denθja] *f* ① (*correo*) Post *f*, Korrespondenz *f*; (ADMIN) Korrespondenz *f*, Schriftverkehr *m*, Schriftwechsel *m*; (*de cartas*) Briefwechsel *m*; **~ comercial** Handelskorrespondenz *f*; **~ de entrada** Posteingang *m*; **~ particular** Privatkorrespondenz *f*; **~ de salida** Postausgang *m*; **curso por ~** Fernkurs(us) *m*; **estar en ~ con alguien** mit jdm in Briefwechsel stehen, mit jdm korrespondieren; **entrar en ~ con alguien** mit jdm in Briefwechsel treten; **llevar la ~** die Korrespondenz führen [*o* erledigen]
② (*equivalente*) Entsprechung *f*; **¿hay en alemán ~ con este término castellano?** gibt es im Deutschen eine Entsprechung zu diesem spanischen Begriff?
③ (*conformidad*) Übereinstimmung *f*, Einklang *m*; **te pagaron en ~ con tu trabajo** sie haben dich deinen Leistungen entsprechend bezahlt
④ (*comunicación entre habitaciones*) Verbindung *f*; (*entre medios de transporte*) Anschluss *m*
corresponder [korrespon'der] I. *vi* ① (*equivaler*) entsprechen (*a* +*dat*); **este lugar corresponde exactamente a su descripción** dieser Ort entspricht genau seiner/ihrer Beschreibung
② (*armonizar*) passen (*a* zu +*dat*); **las cortinas no corresponden a los muebles** die Gardinen passen nicht zu den Möbeln
③ (*convenir*) übereinstimmen (*con* mit +*dat*), im Einklang stehen (*con*

correspondiente

mit +*dat*); **los resultados no corresponden con mis ideas** die Ergebnisse stimmen nicht mit meinen Vorstellungen überein

④ (*contestar*) erwidern (*a* +*akk*); **no puedo ~ a su generosidad** ich kann seine/ihre Großzügigkeit nicht erwidern; **correspondió a su regalo con un ramo de flores** er/sie schenkte ihr/ihm zum Dank für das Geschenk einen Blumenstrauß

⑤ (*pertenecer*) gehören (*a zu* +*dat*); **esta pieza corresponde a tu bicicleta** dieses Ersatzteil gehört zu deinem Fahrrad

⑥ (*incumbir*) zustehen +*dat*, zukommen +*dat*, Anspruch haben (auf +*akk*); **como hija te corresponde la herencia** als Tochter hast du Anspruch auf das Erbe; **a los padres le corresponde la educación de sus hijos** (*como derecho*) die Eltern sind für die Erziehung ihrer Kinder zuständig; (*como deber*) den Eltern obliegt es, ihre Kinder zu erziehen; **no me corresponde criticarlo** ich habe kein Recht ihn zu kritisieren

⑦ (*comunicar*) verbunden sein (*con* mit +*dat*); (*medios de transporte*) Anschluss haben (*con* an +*akk*); **la sala de estar corresponde con la cocina** das Wohnzimmer hat einen Durchgang zur Küche

II. *vr:* **~se** ① (*ser equivalente*) sich entsprechen; (*armonizar*) zueinander passen; (*convenir*) übereinstimmen

② (*comunicarse*) miteinander verbunden sein; **estas tres habitaciones se corresponden** diese drei Zimmer sind miteinander verbunden

③ (*escribirse*) in Briefwechsel stehen, (miteinander) korrespondieren

correspondiente [korrespoɲ'djente] I. *adj* ① (*oportuno*) entsprechend; **recibió la indemnización ~** er/sie erhielt eine entsprechende Abfindung

② (*apropiado*) passend (*a zu* +*dat*); **¿tienes la llave ~ a este armario?** hast du den passenden Schlüssel zu diesem Schrank?

③ (*respectivo*) jeweilig; **siempre se adapta a la situación ~** er/sie passt sich stets der jeweiligen Situation an

④ (*que escribe*) korrespondierend

II. *mf* korrespondierendes Mitglied *nt* (einer Akademie)

corresponsabilidad [korresponsaβili'ðað] *f* Mitverantwortlichkeit *f*; (JUR) Mithaftung *f*

corresponsabilizar [korresponsaβili'θar] <z→c> I. *vt* mitverantwortlich machen

II. *vr:* **~se** Mitverantwortung übernehmen

corresponsable [korrespon'saβle] *adj* mitverantwortlich

corresponsal [korrespon'sal] *mf* (PREN) Berichterstatter(in) *m(f)*, Korrespondent(in) *m(f)*; **~ de guerra** Kriegsberichterstatter(in) *m(f)*

corresponsalía [korresponsa'lia] *f* (PREN) Berichterstattung *f*

corretaje [korre'taxe] *m* ① (*negocio*) Maklergeschäft *nt*

② (*comisión*) Maklergebühr *f*, Courtage *f*

③ (*intervención*) Vermittlung *f*

corretear [korrete'ar] *vi* ① (*vagar*) herumlaufen, umherlaufen

② (*niños*) herumtollen

correteo [korre'teo] *m* Herumlaufen *nt*; (*niños*) Herumtollen *nt*

corretón, -ona [korre'ton, -ona] *adj* (*t. pey: callejeador*): **ser ~** gern außer Haus sein; **es una corretona** sie ist ständig unterwegs [*o* auf Achse]

correveidile [korreβei'ðile] *mf inv* ① (*pey fam: chivato*) Petze *f*

② (*chismoso*) Klatschmaul *nt fam*

③ (*alcahuete*) Kuppler(in) *m(f)*

corrida [ko'rriða] *f* ① (TAUR) Stierkampf *m*, Corrida *f*

② (*carrera*) Spurt *m*, Sprint *m*; **en una ~** ganz schnell; **decir algo de ~** (*de memoria*) etw fließend aufsagen; (*de forma rápida*) etw herunterrasseln; **dar una ~** einen Sprint einlegen

③ (*de un líquido*) Rinnen *nt*

④ (*Méx: recorrido*) (Rund)reise *f*

⑤ (*CSur: fila*) Reihe *f*

⑥ (*vulg: orgasmo*) Orgasmus *m*

⑦ *pl* (*canto*) andalusisches Volkslied

corrido¹ [ko'rriðo] *m* ① (*Am: romance*) Romanze *f*

② (*And: fugitivo*) Flüchtling *m*

corrido, -a² [ko'rriðo, -a] *adj* ① (*movido*) verschoben, verrückt

② (*t.* ARQUIT: *sin interrupción*) durchgehend, durchlaufend; **un friso ~** ein durchlaufender Fries; **estuvimos festejando dos días ~s** wir haben zwei Tage (lang) durchgefeiert

③ (*cantidad: larga*) reichlich; (*generosa*) großzügig; **un quilo ~** ein gutes Kilo

④ *estar* (*avergonzado*) beschämt; (*confuso*) verlegen; **(se) quedó ~ como una mona** er war tief beschämt

⑤ *ser* (*astuto*) erfahren, bewandert

corriente [ko'rrjente] I. *adj* ① (*fluente*) fließend; **no hay agua ~** es gibt kein fließend Wasser

② (*actual*) laufend; (*moneda*) kursierend; **activo ~** (ECON, FIN) Umlaufvermögen *nt*; **gastos ~s** (ECON, FIN) laufende Kosten, Betriebskosten *pl*; **el ocho del (mes) ~** der Achte dieses Monats; **estar al ~ (en algo)** (mit etw *dat*) auf dem Laufenden sein; **mantenerse al ~** auf dem Laufenden bleiben; **ponerse al ~** sich (über das Neueste) informieren; **poner a al-**

guien al ~ de algo jdn über etw unterrichten; **tener a alguien al ~ de algo** jdn über etw auf dem Laufenden halten; **téngame al ~** halten Sie mich auf dem Laufenden; **no estar al ~ de los pagos** mit den Zahlungen im Rückstand sein

③ (*ordinario*) gewöhnlich; **un día ~** ein Tag wie jeder andere

④ (*normal*) üblich, normal; **ser ~ y moliente** gang und gäbe sein; **no es ~ que venga tanta gente** es ist nicht üblich, dass so viele Menschen kommen

⑤ (*presente*) gegenwärtig, aktuell; **la publicación ~ de un libro** die aktuelle Ausgabe eines Buches

II. *f* ① (*de agua, electricidad*) Strom *m*; **~ alterna** Wechselstrom *m*; **~ continua** Gleichstrom *m*; **le cortaron la ~** man hat ihm/ihr den Strom abgestellt; **dejarse llevar de la** [*o* por la] **~** mit dem Strom schwimmen; **ir contra la ~** gegen den Strom schwimmen; **seguir** [*o* **llevar**] **la ~ a alguien** jdm nach dem Mund reden

② (*de viento, agua*) Strömung *f*; **~ de aire** Luftzug *m*; **hace ~** es zieht; **se lo llevó la ~** er wurde von der Strömung abgetrieben

③ (ARTE, LIT: *tendencia*) Strömung *f*

corrillo [ko'rriʎo] *m* Gruppe *f*, Clique *f*

corrimiento [korri'mjento] *m* ① (*movimiento*) Verschiebung *f*

② (GEO) Rutsch *m*; **~ de tierras** Erdrutsch *m*

③ (MED) Ausfluss *m*, Absonderung *f*

④ (*vergüenza*) Scham *f*; (*timidez*) Verlegenheit *f*, Befangenheit *f*

corrivación [korriβa'θjon] *f* (AGR) Sammelkanal *m*

corro ['korro] *m* ① (*círculo*) Kreis *m*, Zirkel *m*; (*peña*) Runde *f*; **echar en (el) ~** (*fam*) in die Runde sprechen; **escupir en ~** sich (in ein Gespräch) einmischen; **hacer ~** (*rodear*) einen Kreis bilden; (*apartar*) Platz machen [*o* schaffen]; **hacer ~ aparte** einen eigenen Zirkel bilden

② (AGR) kleine Parzelle *f*

③ (*juego*) Ringelreigen *m*; **jugar al ~** Ringelreigen spielen

corroboración [korroβora'θjon] *f* ① (*confirmación*) Bestätigung *f*, Bekräftigung *f*

② (*fortalecimiento*) Stärkung *f*

corroborante [korroβo'rante] I. *adj* ① (*confirmante*) bestätigend, bekräftigend

② (MED) stärkend

II. *m* (MED) Kräftigungsmittel *nt*, Roborans *nt*

corroborar [korroβo'rar] *vt* ① (*confirmar*) bestätigen, bekräftigen; **el resultado corroboró nuestras sospechas** das Ergebnis hat unseren Verdacht bestätigt

② (*fortalecer*) stärken

corroer [korro'er] *irr como* roer I. *vt* ① (*un material*) zerfressen, zersetzen, zerstören; (*por ácido*) korrodieren, zerfressen

② (*una persona*) zerfressen, nagen (an +*dat*); **los celos le corroen el corazón** die Eifersucht nagt an ihm/ihr

II. *vr:* **~se** ① (*material*) korrodieren

② (*persona*) sich vor Gram verzehren

corromper [korrom'per] I. *vt* ① (*descomponer*) verderben; (*un texto*) verfälschen, entstellen

② (*sobornar*) bestechen, kaufen *fam*, korrumpieren

③ (*enviciar*) verführen; (*pervertir*) verderben

④ (*fam: enojar*) auf die Nerven gehen +*dat*

II. *vi* stinken

III. *vr:* **~se** ① (*descomponerse*) verderben, schlecht werden; (*alimentos*) verfaulen; (*cadáver*) verwesen

② (*degenerar*) (sittlich) verkommen

corrompido, -a [korrom'piðo, -a] *adj* ① (*descompuesto*) verdorben; (*aguas*) faulig; (*cadáver*) verwest

② (*degenerado*) (sittlich) verkommen, verdorben

③ (LIT) korrumpiert, verderbt

corronchoso, -a [korron't͡ʃoso, -a] *adj* (*Am: basto*) grob, ungehobelt

corrosca [ko'rroska] *f* (Col) großer Strohhut *m*

corrosión [korro'sjon] *f* ① (*de metal, t.* GEO) Korrosion *f*

② (QUÍM, TÉC) Ätzung *f*

corrosivo, -a [korro'siβo, -a] *adj* ① (*sustancia*) zerfressend, korrosiv

② (*estilo*) beißend

corrugar [korru'ɣar] <g→gu> *vt* riffeln, riefen

corrupción [korrup'θjon] *f* ① (*descomposición*) Verwesung *f*, Zersetzung *f*; (*de alimentos*) Fäulnis *f*

② (*de la moral*) (Sitten)verfall *m*; (*efecto*) Verdorbenheit *f*

③ (*soborno*) Bestechung *f*, Korruption *f*

④ (*seducción*) Verführung *f*; **~ de menores** Verführung Minderjähriger

⑤ (*de un texto*) Verfälschung *f*, Entstellung *f*

corruptela [korrup'tela] *f* ① (*corrupción*) Korruption *f*

② (*abuso*) Missbrauch *m*

corruptibilidad [korruptiβili'ðað] *f* ① (*de alimentos*) Verderblichkeit *f*

② (*de personas*) Bestechlichkeit *f*, Käuflichkeit *f*

corruptible [korrup'tiβle] *adj* ① (*alimentos*) verderblich

② (*personas*) bestechlich, käuflich

corrupto, -a [ko'rrupto, -a] *adj* ① (*degenerado*) korrupt
② (*inmoral*) (sittlich) verkommen, verdorben
corruptor(a) [korrup'tor(a)] **I.** *adj* verderblich; **ejerce una influencia ~ sobre él** er/sie übt einen verderblichen Einfluss auf ihn aus
II. *m(f)* Verführer(in) *m(f);* **~ de menores** Verführer Minderjähriger
corrusco [ko'rrusko] *m* (*fam*) Stück *nt* hartes Brot
corsa ['korsa] *adj o f v.* **corso²**
corsario [kor'sarjo] *m* (HIST) ① (*pirata*) Freibeuter *m*, Korsar *m*
② (*embarcación*) Kaper *m*, Kaperschiff *nt*
corsé [kor'se] *m* Korsett *nt*
corsetería [korsete'ria] *f* ① (*fábrica*) Miederwarenfabrik *f*
② (*tienda*) Miederwarengeschäft *nt*
③ (*prendas interiores*) Miederwaren *fpl*
corso¹ ['korso] *m* (HIST) Freibeuterei *f*, Kaperei *f;* **ir** [*o* **salir**] **a ~** auf Kaperfahrt gehen
corso, -a² ['korso, -a] **I.** *adj* korsisch
II. *m, f* Korse, -in *m, f*
corta ['korta] *f* (*árboles*) Fällen *nt*, Holzeinschlag *m*
cortaalambres [korta(a)'lambres] *m inv* Drahtschneider *m*
cortacallos [korta'kaʎos] *m inv* Hühneraugenmesser *nt*
cortacésped [korta'θespeð] *m* Rasenmäher *m*
cortacigarros [kortaθi'ɣarros] *m inv v.* **cortapuros**
cortacircuitos [kortaθir'kwitos] *m inv* (ELEC) Sicherung *f*
cortada [kor'taða] *f* ① (*rebanada*) Scheibe *f*, Schnitte *f reg;* **una ~ de pan** eine Scheibe Brot
② (*Am: herida*) Schnittwunde *f*
③ (*RíoPl: atajo*) Abkürzung *f*
cortadillo [korta'ðiʎo] *m* kleiner Becher *m;* **echar ~** (*hablar*) gekünstelt reden; (*beber*) Wein trinken
cortado¹ [kor'taðo] *m* ① (*café*) Kaffee *m* mit wenig Milch
② (*en la danza*) Sprung *m*
cortado, -a² [kor'taðo, -a] *adj* ① (*leche: mala*) sauer; (*cuajada*) geronnen
② (*estilo*) knapp, bündig
③ (*persona: tímida*) verlegen; (*avergonzada*) verschämt; **quedarse ~** (vor Verlegenheit) verstummen, ganz verlegen werden
cortador(a) [korta'ðor(a)] **I.** *adj* schneidend
II. *m(f)* Zuschneider(in) *m(f)*
cortadora [korta'ðora] *f* (*herramienta*) Schneidegerät *nt*, Schneidewerkzeug *nt;* (*máquina*) Schneidemaschine *f;* **~ de pan** Brotschneidemaschine *f*
cortadura [korta'ðura] *f* ① (*corte*) Schnitt *m;* (*borde*) Schnittkante *f*
② (*herida*) Schnittwunde *f*
③ (GEO) Hohlweg *m*
④ *pl* (*recortes*) (Papier)schnipsel *mpl o ntpl*, (Papier)schnitzel *mpl reg*
cortafrío [korta'frio] *m* Schrotmeißel *m*
cortafuegos [korta'fweɣos] *m inv* ① (AGR) Feuerschneise *f*
② (ARQUIT) Brandmauer *f*
cortalápices [korta'lapiθes] *m inv* Bleistiftspitzer *m*
cortante [kor'tante] **I.** *adj* schneidend *t. fig;* **un viento ~** ein schneidender Wind
II. *m* Hackmesser *nt*
cortapapeles [kortapa'peles] *m inv* Brieföffner *m*
cortapisa [korta'pisa] *f* ① (*restricción*) Vorbehalt *m*, Einschränkung *f;* **poner ~s** einschränken; **tropezar con ~s** auf Vorbehalte stoßen
② (*obstáculo*) Hindernis *nt;* (*dificultad*) Schwierigkeit *f;* **hablar sin ~s** ungehemmt reden; **tropezar con ~s** auf Hindernisse stoßen; **poner ~s a alguien** jdm Schwierigkeiten machen
③ (*gracia*) Witz *m*
cortaplumas [korta'plumas] *m inv* Federmesser *nt*
cortapuros [korta'puros] *m inv* Zigarrenabschneider *m*
cortar [kor'tar] **I.** *vt* ① (*tajar*) schneiden; (*por el medio*) durchschneiden; (*en pedazos*) zerschneiden; (*quitar*) schneiden; (*una traje*) zuschneiden; (*una rama*) absägen; (*un árbol*) fällen; (*un arbusto*) beschneiden, verschneiden; (*la carne*) zerteilen, zerlegen; (*leña*) hacken, spalten; (*el césped*) mähen; (INFOR) ausschneiden; **~ al rape** kahl scheren; **~ algo por la mitad** etw in der Mitte durchschneiden; **~ algo en dos** etw in zwei Teile schneiden, etw halbieren; **tener los labios cortados** (*del frío*) rissige [*o* aufgesprungene] Lippen haben
② (DEP: *la pelota*) (an)schneiden
③ (*una bebida*) verdünnen
④ (*una película*) kürzen
⑤ (*cartas*) abheben
⑥ (*el agua*) abdrehen, abstellen; (*la corriente*) abschalten
⑦ (*una carretera*) sperren
⑧ (*el contacto, la comunicación*) unterbrechen; **~ la línea** das Telefon abstellen
⑨ (*loc*): **~ el bacalao** das Sagen haben; **en nuestra casa es mi madre la que corta el bacalao** bei uns zu Hause hat meine Mutter die Hosen an
II. *vi* ① (*tajar*) schneiden; **~ por lo sano** einen (endgültigen) Schlussstrich ziehen; **hace un frío que corta** es herrscht eine schneidende Kälte
② (*romper*) brechen; **~ con el pasado/con sus padres** mit der Vergangenheit/mit seinen Eltern brechen; **cortó con su novio** sie hat mit ihrem Freund Schluss gemacht, sie hat sich von ihrem Freund getrennt
III. *vr:* **~se** ① (*t.* MAT) sich schneiden; **~se las uñas** sich *dat* die Fingernägel schneiden
② (*turbarse*) verlegen werden; **no se cortó ni un pelo** (*fam fig*) es war ihr/ihm kein bisschen peinlich [*o* unangenehm]
③ (*leche*) sauer werden; (*cuajarse*) gerinnen
④ (*piel*) rissig werden, aufspringen
⑤ (*luz*) ausfallen; (TEL) unterbrochen werden
cortaúñas [korta'uɲas] *m inv* Nagelzwicker *m*
cortavidrios [korta'βiðrjos] *m inv* Glasschneider *m*
cortavientos [korta'βjentos] *m inv* Windschutz *m*
corte¹ ['korte] *m* ① (*herida*) Schnittwunde *f*
② (*tajo*) Schnitt *m*, Einschnitt *m*
③ (*filo*) Schneide *f*
④ (*de un traje*) (Zu)schnitt *m;* **me gusta el ~ de tu vestido** der Schnitt deines Kleides gefällt mir; **dar** [*o* **hacer**] **a alguien un ~ de mangas** (*fig vulg*) jdm den Stinkefinger zeigen *fam*
⑤ (*de pelo*) (Haar)schnitt *m*
⑥ (ARQUIT) Aufriss *m*
⑦ (*de un libro*) Schnitt *m*
⑧ (ELEC) Abschaltung *f;* **~ de corriente** Stromsperre *f;* (*sin querer*) Stromausfall *m*
⑨ (*loc*): **dar un ~ a alguien** jdm eine Abfuhr erteilen; **me da ~ tener que decírselo** es ist mir peinlich, es ihm/ihr sagen zu müssen
corte² ['korte] *f* ① (*residencia*) Hof *m;* **La C~** (HIST) Madrid *nt;* **~ celestial** (himmlische) Heerscharen *fpl;* **C~ Internacional de Justicia** Internationaler Gerichtshof; **hacer la ~ a alguien** jdm den Hof machen
② (*séquito*) Gefolge *nt*
③ (*establo*) Stall *m*
④ (*Am: tribunal de justicia*) Gerichtshof *m*
cortedad [korte'ðað] *f* ① (*pequeñez*) Kürze *f;* (*escasez*) Knappheit *f*
② (*timidez*) Befangenheit *f*, Schüchternheit *f*
③ (*de poco entendimiento*) Beschränktheit *f*
cortejar [korte'xar] *vt* umwerben, den Hof machen +*dat*
cortejo [kor'texo] *m* ① (*halago*) Umwerben *nt*
② (*séquito*) Gefolge *nt*
③ (*desfile*) Fest(um)zug *m;* **~ fúnebre/nupcial** Leichen-/Hochzeitszug *m*
④ (*secuela*) Folge(erscheinung) *f*
Cortes ['kortes] *fpl* ① (POL) spanisches Parlament *nt;* **~ Constituyentes** verfassungsgebende Versammlung
② (HIST) Landstände *pl*
cortés [kor'tes] *adj* höflich, zuvorkommend
cortesana [korte'sana] *f* Kurtisane *f*
cortesanía [kortesa'nia] *f* Höflichkeit *f*, Zuvorkommenheit *f*
cortesano, -a [korte'sano, -a] *adj* ① (*palaciego*) höfisch
② (*cortés*) höflich
cortesano [korte'sano] *m* Höfling *m*
cortesía [korte'sia] *f* ① (*cortesanía*) Höflichkeit *f*, Zuvorkommenheit *f;* (*gentileza*) Freundlichkeit *f;* **fórmula de ~** Höflichkeitsfloskel *f;* **visita de ~** Höflichkeitsbesuch *m;* **estragar la ~ de alguien** jds Freundlichkeit ausnutzen; **me recibió con gran ~** er/sie hat mich außerordentlich freundlich empfangen
② (*merced*) Gunstbeweis *m*, Gunstbezeigung *f;* (*en una carta*) Grußformel *f*
③ (*tratamiento*) Anrede *f;* (*título*) Titel *m*
④ (*regalo*) Geschenk *nt*
cortex [kor'teʸs] *m*, **córtex** ['korteʸs] *m inv* (ANAT, BIOL) Rinde *f*, Kortex *m;* **~ cerebral** Gehirnrinde *f*
corteza [kor'teθa] *f* ① (*de un tronco, del queso*) Rinde *f;* (*de una fruta*) Schale *f;* (*del pan*) Kruste *f;* (*atómica*) (FÍS) Elektronenhülle *f;* **~ cerebral** (ANAT) Hirnrinde *f;* **~ terrestre** (GEO) Erdkruste *f*
② (*exterioridad*) Äußere(s) *nt;* (*rusticidad*) raue Schale *f*, Schroffheit *f;* **la quiero a pesar de su ~ áspera** ich mag sie trotz ihrer rauen Schale
cortezudo, -a [korte'θuðo, -a] *adj* (*de corteza dura*) mit harter Rinde; (*de corteza gruesa*) mit dicker Rinde
corticoide [korti'kojðe] **I.** *adj* (BIOL, QUÍM) Kortiko-
II. *m* (BIOL, QUÍM) Kortikoid *nt*
cortijada [korti'xaða] *f* ① (*habitaciones*) Gutswohnungen *fpl*
② (*cortijos*) Gruppe *f* von Landgütern
cortijero, -a [korti'xero, -a] *m, f* ① (*dueño*) Gutsbesitzer(in) *m(f)*
② (*mayoral*) Vorarbeiter(in) *m(f)* (*auf einem Gutshof*)
cortijo [kor'tixo] *m* (*finca*) Landgut *nt;* (*casa*) Landhaus *nt;* **alborotar el**

cortina ~ (*fig*) Staub aufwirbeln
cortina [kor'tina] *f* Vorhang *m*, (Über)gardine *f*; ~ **de hierro** (POL) Eiserner Vorhang; ~ **de humo** (MIL) Rauchwand *f*; ~ **de niebla** Nebelwand *f*; **correr la** ~ den Vorhang zuziehen; **corramos la** ~ (*fig*) reden wir nicht (mehr) davon [*o* darüber]; **descorrer la**, **descubrir la** ~ den Vorhang aufziehen; (*descubrir un secreto*) das Geheimnis lüften; **dormir a ~s verdes** unter freiem Himmel schlafen
cortinaje [korti'naxe] *m* Vorhänge *mpl*, Gardinen *fpl*
cortinilla [korti'niʎa] *f* Scheibengardine *f*
cortisona [korti'sona] *f* (MED) Kortison *nt*
cortisquear [kortiske'ar] *vt* (*papel*, *tela*) zerschneiden
corto¹ ['korto] *m* ❶ (CINE) Kurzfilm *m*
❷ (*caña*) kleines Bier *nt*
corto, -a² ['korto, -a] *adj* ❶ (*pequeño*) kurz; **una falda corta** ein kurzer Rock; **una camisa de manga corta** ein kurzärm(e)liges Hemd; **te queda ~ el vestido** das Kleid ist dir zu kurz; **se ha casado de ~** sie hat in einem kurzen Kleid geheiratet
❷ (*breve*) kurz, knapp; **fue una llamada corta** das war ein kurzer Anruf
❸ (*escaso*) knapp; **las raciones son cortas** die Portionen sind knapp (bemessen); **de momento estoy algo ~ (de fondos)** zur Zeit bin ich etwas knapp bei Kasse
❹ (*de poco entendimiento*) beschränkt
❺ (*tímido*) schüchtern; **quedarse ~** nicht alles losgeworden sein; **ni ~ ni perezoso...** ohne auch nur einen Augenblick zu zögern ...
❻ (*loc*): ~ **de oído** schwerhörig; ~ **de vista** kurzsichtig; **a la corta o a la larga...** über kurz oder lang ...
cortocircuito [kortoθirku'ito] *m* (ELEC) Kurzschluss *m*
cortometraje [kortome'traxe] *m* (CINE) Kurzfilm *m*
coruja [ko'ruxa] *f* (ZOOL) Sumpfohreule *f*
Coruña [ko'ruɲa] *f*: **La ~** La Coruña *nt*
coruñés, -esa [koru'ɲes, -esa] I. *adj* aus La Coruña
II. *m*, *f* Einwohner(in) *m(f)* von La Coruña
corva ['korβa] *f* (ANAT) Kniekehle *f*
corvadura [korβa'ðura] *f* ❶ (*curvatura*) Krümmung *f*; (*dobladura*) Biegung *f*
❷ (ARQUIT) Wölbung *f*
corval [kor'βal] *adj* langfruchtig
corvejón [korβe'xon] *m* Sprunggelenk *nt*
corveta [kor'βeta] *f* Kurbette *f*
corvetear [korβete'ar] *vi* (*caballo*) kurbettieren
corvina [kor'βina] *f* (ZOOL) Adlerfisch *m*, Seebarsch *m*, Meerrabe *m*
corvo¹ ['korβo] *m* (*gancho*) Haken *m*
corvo, -a² ['korβo, -a] *adj* ❶ (*curvo*) krumm, gekrümmt
❷ (*arqueado*) gebogen
corzo, -a ['korθo, -a] *m*, *f* Rehbock *m*, Rehgeiß *f*
cosa ['kosa] *f* ❶ (*objeto material*) Gegenstand *m*, Ding *nt*; **tiene ~s muy bonitas a la venta** er/sie bietet sehr schöne Sachen zum Verkauf an; **la trata como una ~** er behandelt sie wie einen Gegenstand; **dame esa ~ que está ahí** gib mir mal das Ding da
❷ (JUR) Sache *f*; ~ **arrendada** Mietsache *f*; ~ **asegurada** Versicherungssache *f*; ~ **en custodia** Treugut *nt*; ~ **mueble** bewegliche Sache
❸ (*objeto inmaterial*, *asunto*) Angelegenheit *f*, Sache *f*; **eso es otra ~** das ist etwas anderes [*o* eine andere Sache]; **eso es tuya/mía** das ist deine/meine Sache; **la ~ es que...** die Sache ist die, dass ...; **no te metas en mis ~s** misch dich nicht in meine Angelegenheiten; **¿sabes una ~?** weißt du was?; ~ **rara que no haya venido** seltsam, dass er/sie nicht gekommen ist; **es ~ de dos minutos** das ist eine Sache von zwei Minuten; **es ~ juzgada** das ist beschlossene Sache; **no es ~ de risa** [*o* **de guasa**] das ist nicht zum Lachen; **¡no hay tal ~!** dem ist nicht so; **no me queda otra ~ que...** mir bleibt keine andere Möglichkeit, als ...; **ser ~ de ver** sehenswert sein; **será ~ de ver** das wird sich zeigen; **ser una ~ nunca vista** einzigartig sein; **no sea ~ que... +** *subj* nicht, dass womöglich ...; **no ha sido ~ del otro mundo** [*o* **del otro jueves**] es ist nichts Weltbewegendes gewesen; **decir cuatro ~s a alguien** jdm gehörig die Meinung sagen; **a otra ~, mariposa** wechseln wir das Thema; **no valer gran ~** nicht viel taugen
❹ (*circunstancia*) Sache *f*, Ding *nt fam*; **tomar las ~s como vienen** die Dinge nehmen wie sie kommen; **dejar correr las ~s** den Dingen ihren Lauf lassen; **tal como están las ~s...** so wie die Dinge stehen ...; **me ha pasado una ~ increíble** mir ist etwas Unglaubliches [*o* ein unglaubliches Ding] passiert; **como si tal ~** als ob nichts geschehen wäre
❺ (*ocurrencia*) Einfall *m*; **¡tienes cada ~!** du hast vielleicht Einfälle!; **esas son ~s de Inés** das ist echt [*o* typisch] Inés
❻ *pl* (*pertinencias*) Sachen *fpl*; **toma tus ~s y vete** nimm deine Sachen und verschwinde
cosaco [ko'sako] *m* Kosak *m*
coscacho [kos'katʃo] *m* (*AmS*: *fam*: *capón*) Kopfnuss *f*
coscarse [kos'karse] <c→qu> *vr* (*fam*) ❶ (*aliviar un picor*) die Schultern hochziehen (weil es juckt)
❷ (*fig*: *angustiarse*) unruhig werden, sich beunruhigen
❸ (*fig*: *irritarse*) sich aufregen
coscoja [kos'koxa] *f* (BOT) Kermeseiche *f*, Scharlacheiche *f*
coscojal [kosko'xal] *m*, **coscojar** [kosko'xar] *m* (BOT) Kermeseichenbestand *m*
coscorrón [kosko'rron] *m* ❶ (*golpe*) Schlag *m* (auf den Kopf)
❷ (*contratiempo*) Rückschlag *m*; **darse** [*o* **llevarse**] **un ~** (*fam*) einen Rückschlag erleiden
coscurro [kos'kurro] *m* hartes Stück *nt* Brot
cosecha [ko'setʃa] *f* ❶ (AGR) Ernte *f*; (*conjunto de frutos*) (Ernte)ertrag *m*; ~ **de trigo/de vino** Weizen-/Weinernte *f*; **de ~ propia** aus eigenem Anbau; **eso es de tu ~** (*fig*) das hast du erfunden
❷ (*temporada*) Erntezeit *f*
cosechadora [kosetʃa'ðora] *f* Mähdrescher *m*
cosechar [kose'tʃar] *vi*, *vt* ernten; ~ **laureles** (*fig*) Lorbeeren ernten
cosechero, -a [kose'tʃero, -a] *m*, *f* ❶ (*trabajador*) Erntearbeiter(in) *m(f)*; (*de algodón*) Pflücker(in) *m(f)*; (*de vino*) Helfer(in) *m(f)* bei der Weinlese
❷ (*propietario*) Landwirt(in) *m(f)*; (*de vino*) Winzer(in) *m(f)*
coseno [ko'seno] *m* (MAT) Kosinus *m*
coser [ko'ser] I. *vt* ❶ (*un vestido*) nähen; (*un botón*) annähen; (*un roto*) zunähen; (*una costura*) zusammennähen
❷ (*papeles*) (zusammen)heften
❸ (*producir heridas*): ~ **a alguien a balazos** jdn mit Kugeln durchlöchern
II. *vi* nähen; ~ **a máquina** mit der Nähmaschine nähen; **esto es ~ y cantar** das ist kinderleicht
III. *vr*: ~**se con** [*o* **contra**] **alguien** sich an jdn anschmiegen; **se cose a mí durante todo el día** den ganzen Tag klebt er/sie an mir; **~se la boca** (*fig*) den Mund halten
cosicosa [kosi'kosa] *f* Rätsel *nt*
cosido [ko'siðo] *m* ❶ (*objeto*) Genähte(s) *nt*, Näharbeit *f*
❷ (*costura*) Naht *f*
❸ (*acción*) Nähen *nt*
cosificación [kosifika'θjon] *f* Vergegenständlichung *f*
cosificar [kosifi'kar] <c→qu> *vt* vergegenständlichen
cosmética [kos'metika] *f* Schönheitspflege *f*, Kosmetik *f*
cosmético¹ [kos'metiko] *m* Schönheits(pflege)mittel *nt*, Kosmetikum *nt*
cosmético, -a² [kos'metiko, -a] *adj* kosmetisch; **producto ~** Kosmetikum *nt*
cosmetólogo, -a [kosme'toloɣo, -a] *m*, *f* Kosmetologe, -in *m*, *f*
cósmico, -a ['kosmiko, -a] *adj* kosmisch
cosmódromo [kos'moðromo] *m* (AERO) (Weltraum)raketenstartplatz *m*, Kosmodrom *nt*
cosmofísica [kosmo'fisika] *f* (ASTR) Astrophysik *f*
cosmogonía [kosmoɣo'nia] *f* (ASTR) Kosmogonie *f*
cosmogónico, -a [kosmo'ɣoniko, -a] *adj* kosmogonisch
cosmógrafa [kos'moɣrafa] *f v.* **cosmógrafo**
cosmografía [kosmoɣra'fia] *f* (ASTR) Kosmographie *f*
cosmográfico, -a [kosmo'ɣrafiko, -a] *adj* (ASTR) kosmographisch
cosmógrafo, -a [kos'moɣrafo, -a] *m*, *f* (ASTR) Kosmograph(in) *m(f)*
cosmología [kosmolo'xia] *f* (ASTR) Kosmologie *f*
cosmológico, -a [kosmo'loxiko, -a] *adj* (ASTR) kosmologisch
cosmólogo, -a [kos'moloɣo, -a] *m*, *f* (ASTR) Kosmologe, -in *m*, *f*
cosmonauta [kosmo'nauta] *mf* Astronaut(in) *m(f)*, Kosmonaut(in) *m(f)*
cosmonaútica [kosmo'nautika] *f* (AERO) Kosmonautik *f*, Astronautik *f*
cosmonave [kosmo'naβe] *f* Raumschiff *nt*
cosmopolita [kosmopo'lita] I. *adj* kosmopolitisch
II. *mf* Weltbürger(in) *m(f)*, Kosmopolit(in) *m(f)*
cosmopolitismo [kosmopoli'tismo] *m* Weltbürgertum *nt*, Kosmopolitismus *m*
cosmos ['kosmos] *m sin pl* Kosmos *m*
cosmovisión [kosmoβi'sjon] *f* Weltanschauung *f*
coso ['koso] *m* ❶ (*plaza*) Festplatz *m*
❷ (*reg*: *calle principal*) Hauptstraße *f*
❸ (TAUR: *elev*) Arena *f*; ~ **taurino** Stierkampfarena *f*
❹ (ZOOL) Holzwurm *m*
cosolicitante [kosoliθi'tante] *mf* (*de una patente*) Mitanmelder(in) *m(f)*
cosqui ['koski] *f* (*fam*) (leichte) Kopfnuss *f*
cosquillar [koski'ʎar] *vi*, *vt* (*hacer cosquillas*) kitzeln
cosquillas [kos'kiʎas] *fpl*: **hacer ~** kitzeln; **tener ~** kitz(e)lig sein; **buscar las ~ a alguien** (*fig*) jdn provozieren [*o* reizen]; **tener malas ~** [*o* **no sufrir**] ~ keinen Spaß verstehen, leicht reizbar sein; **me hace ~ la idea de pasar el verano contigo** der Gedanke, den Sommer mit dir zu verbringen, reizt mich
cosquillear [koskiʎe'ar] *vt* ❶ (*hacer cosquillas*) kitzeln

cosquilleo ❷ (*atraer*) reizen; **me cosquillea el proyecto que me has presentado** das Vorhaben, das du mir unterbreitet hast, reizt mich
cosquilleo [koskiˈʎeo] *m* Kitzeln *nt*
cosquilloso, -a [koskiˈʎoso, -a] *adj* ❶ (*que siente cosquillas*) kitz(e)lig ❷ (*susceptible*) (leicht) reizbar, empfindlich
costa [ˈkosta] *f* ❶ (GEO) Küste *f*, Gestade *nt elev*; **C~ Azul** Côte d'Azur *f*; **C~ Brava** Costa Brava *f*; **C~ de Marfil** Elfenbeinküste *f*; **barajar la ~** (NÁUT) an der Küste entlangfahren
❷ (FIN) Kosten *pl*; **a toda ~** um jeden Preis; **vive a ~ de su hermana** er/sie lebt auf Kosten seiner/ihrer Schwester
❸ *pl* (JUR) Gerichtskosten *pl*; **~s extrajudiciales** außergerichtliche Kosten; **~s del litigio** Kosten des Rechtsstreits; **~s del procedimiento de apremio** Vollstreckungskosten *pl*; **~s procesales** Prozessgebühr *f*; **~s de rebeldía** Kosten der Säumnis; **~s del recurso de queja** Beschwerdegebühr *f*; **condenar a alguien en ~s** jdn dazu verurteilen, die Gerichtskosten zu tragen
costabravense [kostaβraˈβense] I. *adj* von der Costa Brava
II. *mf* Einwohner(in) *m(f)* der Costa Brava
costado [kosˈtaðo] *m* ❶ (*t.* ANAT: *lado*) Seite *f*; (MIL) Flanke *f*; (*de un buque*) Breitseite *f*, Längsseite *f*; **con ventanas a los dos ~s** mit Fenstern auf beiden Seiten; **entrar por el ~** seitwärts hereinkommen; **por un ~ claro que tienes razón** einerseits hast du natürlich Recht
❷ *pl* (*en genealogía*) Verwandtschaftszweig *m*, Linie *f*; **es gallego por los cuatro ~s** (*por su genealogía*) seine Großeltern mütterlicherseits wie väterlicherseits sind Galicier; (*por sus ideas*) er ist durch und durch Galicier
costal [kosˈtal] I. *adj* (ANAT) Rippen-
II. *m* Sack *m*; **no parecer ~ de paja** (*irón*) nicht zu verachten sein; **vaciar el ~** (*fig*) sein Innerstes nach außen kehren; **eso es harina de otro ~** (*fig*) das ist etwas völlig anderes
costalada [kostaˈlaða] *f*: **pegarse una ~** der Länge nach hinfallen
costalazo [kostaˈlaθo] *m*: **pegarse un ~** der Länge nach hinfallen
costalearse [kostaleˈarse] *vr* (*Chil*) ❶ (*recibir un costalazo*) der Länge nach hinfallen
❷ (*fig: sufrir una decepción*) eine Enttäuschung erleben
costalero [kostaˈlero] *m* (*reg*) Träger eines Heiligenbildes bei der Prozession der Karwoche
costanera [kostaˈnera] *f* ❶ (*repecho*) Abhang *m*, Böschung *f*
❷ *pl* (*maderos*) Dachsparren *mpl*
❸ (*Arg: paseo marítimo*) Uferpromenade *f*
costanero, -a [kostaˈnero, -a] *adj* ❶ (*pendiente*) steil; (*en cuesta*) ansteigend; (*descendiendo*) abfallend; **una casa costanera** ein Haus am Hang
❷ (*costero*) Küsten-; **pesca costanera** Küstenfischerei *f*
costanilla [kostaˈniʎa] *f* abschüssige Straße *f*
costar [kosˈtar] <o→ue> *vi, vt* ❶ (*valer*) kosten; **~ caro** teuer sein; **cuesta 8 euros** es kostet 8 Euro; **esto te va a ~ caro** das wird dir [*o* dich] teuer zu stehen kommen; **cueste lo que cueste** koste es, was es wolle; **me ha costado un ojo de la cara** [*o* **un riñón**] es hat mich ein Vermögen gekostet
❷ (*resultar difícil*) schwer fallen; **me cuesta** (**trabajo**) **olvidarlo** es fällt mir schwer, ihn zu vergessen
costarricense [kostarriˈθense] *adj o mf v.* **costarriqueño**
costarriqueñismo [kostarrikeˈɲismo] *m* ❶ (LING) in Costa Rica gebräuchlicher Ausdruck *m*
❷ (*cariño por Costa Rica*) Liebe *f* zu Costa Rica; **es un embajador del ~** er sieht sich als Botschafter der costaricanischen Kultur
costarriqueño, -a [kostarriˈkeɲo, -a] I. *adj* costaricanisch
II. *m, f* Costaricaner(in) *m(f)*
coste [ˈkoste] *m* (*costo*) Kosten *pl*; (*precio*) Preis *m*; (*importe*) Betrag *m*; **~s activados/directos** aktivierte/direkte Kosten; **~s administrativos** Verwaltungskosten *pl*; **~ de adquisición** Beschaffungskosten *pl*, Anschaffungskosten *pl*; **~ de asesoría** Beratungskosten *pl*; **~ de distribución** Vertriebskosten *pl*; **~ de embargo** Pfändungskosten *pl*; **~s de emisión** Emissionskosten *pl*; **~ de enajenación** Veräußerungskosten *pl*; **~s de explotación** betriebliche Aufwendungen, Betriebsaufwand *m*; **~ de fabricación** Herstellungskosten *m*; **~ laboral** [*o* **de la mano de obra**] Arbeitskosten *pl*; **~ de la mano de obra** Personalkosten *pl*; **~s de mantenimiento** Erhaltungsaufwand *m*; **~ de marketing** Vermarktungskosten *pl*; **~ medio** Durchschnittskosten *pl*; **~ de montaje** Montagekosten *pl*; **~s de las operaciones financieras y de las garantías de cambio** Transaktions- und Kurssicherungskosten *pl*; **~ de producción** Produktionskosten *pl*; **~s procesales** (JUR) Gerichtskosten *pl*; **~s propios planificados** [*o* **prefijados**] (ECON) Standardselbstkosten *pl*; **~ salarial** Lohnkosten *pl*; **~ de saneamiento** Sanierungskosten *pl*; **~s de los tipos de cambio** Umrechnungsgebühren *fpl*; **~ total** Gesamtkosten *pl*; **~ de urbanización** Erschließungskosten *pl*; **~s variables** variable Kosten; **~ de la vida** Lebenshaltungskosten *pl*; **ajustado al ~ de la vida** an die Lebenshaltungskosten angepasst; **índice del ~ de la vida** Lebenshaltungskostenindex *m*; **precio de ~** Selbstkostenpreis *m*; **a precio de ~**, **a ~ y costas** zum Selbstkostenpreis; **teoría de los ~s comparativos** Theorie der komparativen Kosten; **frenar los ~s** die Kosten dämpfen
costear [kosteˈar] I. *vt* ❶ (*pagar*) (be)zahlen, finanzieren; **~ una formación** (**profesional**) eine Ausbildung finanzieren
❷ (NÁUT) an der Küste +*gen* entlangfahren; (*bordear*) umschiffen
II. *vr*: **~se** die Kosten decken; **la venta de este artículo no se costea** der Verkauf dieses Artikels deckt nicht die (Produktions)kosten
costeño, -a [kosˈteɲo, -a] I. *adj* Küsten-
II. *m, f* Küstenbewohner(in) *m(f)*
costera [kosˈtera] *f* ❶ (*costado*) Seite *f*
❷ (*costa*) Küste *f*
❸ (*cuesta*) (Ab)hang *m*
❹ (*periodo de pesca*) Fangzeit *f*; **~ del salmón** Fangzeit des Lachses
costero¹ [kosˈtero] *m* (*de un tronco*) Schwarte *f*
costero, -a² [kosˈtero, -a] *adj* Küsten-
costil [kosˈtil] *adj* Rippen-
costilla [kosˈtiʎa] *f* ❶ (*t.* ANAT, ARQUIT, BOT) Rippe *f*; **a ~s** auf den Schultern; **todo carga sobre mis ~s** (*fig*) das gesamte Gewicht [*o* die ganze Verantwortung] lastet auf meinen Schultern; **medir** [*o* **moler**] **las ~s a alguien** (*fam*) jdn verprügeln; **pasearle a alguien las ~s** (*fam*) jdn treten
❷ (GASTR) Rippchen *nt*; **~ de cerdo** Schweinerippchen *nt*
❸ (*irón: mujer*) bessere Hälfte *f*; **Carlos y su ~** Carlos und seine bessere Hälfte
costillar [kostiˈʎar] *m* ❶ (*costillas*) Rippen *fpl*
❷ (*fam: tórax*) Brustkasten *m*
costo [ˈkosto] *m* ❶ (*coste*) Kosten *pl*; **~s de abastecimiento** Bewirtschaftungskosten *pl*; **~s de almacenamiento** Lager(haltungs)kosten *pl*; **~s de corrección** Nachbesserungskosten *pl*; **~s estimativos** geschätzte Kosten; **~s de fabricación** [*o* **de producción**] Herstellungskosten *pl*; **~s de la inversión** Investitionskosten *pl*; **~s de la maquinaria** Maschinenkosten *pl*; **~s de publicidad** Werbekosten *pl*; **~ social** Sozialkosten *pl*; **~ de la vida** Lebenshaltungskosten *pl*; **a ~ y costas** zum Selbstkostenpreis
❷ (*Am: esfuerzo*) Mühe *f*
costoso, -a [kosˈtoso, -a] *adj* ❶ (*en dinero*) kostspielig, teuer
❷ (*en esfuerzo*) mühsam
costra [ˈkostra] *f* ❶ (*corteza*) Kruste *f*, Rinde *f*
❷ (MED) Schorf *m*; **~ láctea** Milchschorf *m*
costrada [kosˈtraða] *f* (GASTR) Pastete mit einer Kruste aus Semmelbrösel, Ei und Zucker
costrón [kosˈtron] *m* (GASTR) Croûton *m*
costroso, -a [kosˈtroso, -a] *adj* ❶ (*con costra*) verkrustet; (*un recubrimiento*) krustig
❷ (MED) schorfig
❸ (*fam: sucio*) dreckig, ungepflegt
costumbre [kosˈtumbre] *f* ❶ (*hábito*) (An)gewohnheit *f*, Eigenheit *f*; **tener la ~ de hacer algo**, **tener por ~ hacer algo** die Angewohnheit haben etw zu tun; **se levanta bastante tarde** (**por**) **~ üblicherweise** steht er/sie ziemlich spät auf; **salió de casa a la hora de ~** er/sie ist zur gewohnten [*o* üblichen] Uhrzeit (aus dem Haus) gegangen; **como de ~** wie gewöhnlich, wie üblich; **más que de ~** mehr als gewöhnlich, mehr als üblich
❷ (*tradición*) Sitte *f*, Brauch *m*; **~ local** Ortsüblichkeit *f*
❸ *pl* (*conjunto de tradiciones*) Sitten und Gebräuche *pl*; **buenas ~s** gute Sitten; **novela de ~s** (LIT) Sittenroman *m*; **¿conoces las ~s de los venezolanos?** kennst du die Sitten und Gebräuche der Venezolaner?
costumbrismo [kostumˈbrismo] *m* (LIT) Costumbrismo *m* (*literarische Strömung im ausgehenden 19. Jahrhundert, die die Sitten und Gebräuche der spanischen Gesellschaft schildert*)
costumbrista [kostumˈbrista] I. *adj* Sitten-; **obra ~** Sittenstück *nt*
II. *mf* Autor(in) *m(f)* des Costumbrismo
costura [kosˈtura] *f* ❶ (*t.* MED) Naht *f*; **sentar las ~s** die Nähte glattbügeln; **sentar las ~s a alguien** (*fig*) jdn verdreschen *fam*
❷ (*confección*) Nähen *nt*; **alta ~** Haute Couture *f*
❸ (*ropa*) Näharbeit *f*
❹ (*de un barco*) Fuge *f*
costurera [kostuˈrera] *f* (*modista*) Schneiderin *f*; (*zurcidora*) Näherin *f*
costurero [kostuˈrero] *m* ❶ (*mesita*) Nähtisch *m*; (*caja*) Nähkasten *m*
❷ (*modista*) Schneider *m*
costurón [kostuˈron] *m* ❶ (*zurcido*) grobe Naht *f*
❷ (*cicatriz*) Narbe *f*, Schmarre *f fam*
cota [ˈkota] *f* ❶ (*armadura*) Panzerhemd *nt*, Kettenhemd *nt*
❷ (*piel del jabalí*) Schwarte *f*
❸ (*t.* GEO: *altura*) Höhe *f*
❹ (*cuota*) Quote *f*
❺ (*Fili: fortificación*) Befestigung *f*
cotana [koˈtana] *f* (TÉC) ❶ (*agujero en la madera*) Zapfenloch *nt*
❷ (*herramienta de carpintería*) Lochbeitel *m*

cotangente [kotaŋ'xente] f (MAT) Kotangens m
cotarrera [kota'rrera] f (fam pey) Schlampe f
cotarro [ko'tarro] m ❶ (HIST: albergue) Herberge f; **alborotar el ~** (fam) Unruhe stiften; **dirigir el ~** (fam) den Ton angeben; **ir de ~ en ~** (fam) seine Zeit vertrödeln
❷ (ladera) (Ab)hang m
cotejar [kote'xar] vt (comparar) vergleichen; (confrontar) gegenüberstellen; **~ datos** (ECON, INFOR) Daten abgleichen; **~ una copia con el original** eine Kopie mit dem Original vergleichen
cotejo [ko'texo] m (comparación) Vergleich m; (confrontación) Gegenüberstellung f
coterráneo, -a [kote'rraneo, -a] adj aus derselben Gegend (stammend); **como éramos ~s en seguida nos entendimos bien** da wir aus derselben Gegend stammten, haben wir uns auf Anhieb gut verstanden
cotidian(e)idad [kotiðjane̯i'ðað/kotiðjani'ðað] f Alltäglichkeit f
cotidiano, -a [koti'ðjano, -a] adj ❶ (corriente) alltäglich, gewöhnlich
❷ (diario) täglich
cotiledón [kotile'ðon] m (BIOL) Kotyledone f, Keimblatt nt
cotilla [ko'tiʎa] mf (fam pey) Klatschmaul nt, Klatschbase f, Tratsche f
cotillear [kotiʎe'ar] vi (fam pey) klatschen, tratschen
cotilleo [koti'ʎeo] m (fam pey) Klatsch m, Tratsch m
cotillo, -a [ko'tiʎo, -a] adj klatschhaft, klatschsüchtig
cotillón [koti'ʎon] m ❶ (danza) Kotillon m
❷ (fiesta) Ball m
cotín [ko'tin] m (tejido) Drillich m
cotitular [kotitu'lar] mf (JUR) Mitinhaber(in) m(f)
cotitularidad [kotitulari'ðað] f (JUR) Mitinhaberschaft f
cotizable [koti'θaβle] adj (COM) notierbar; **~ en bolsa** börsenfähig, börsengängig
cotización [kotiθa'θjon] f ❶ (COM, FIN) Kurs m, Notierung f; **~ de acciones** Aktiennotierung f; **~ de caja** Kassakurs m; **~ de cancelación** Kündigungskurs m; **~ de cierre (de la bolsa)** Börsenschlusskurs m; **~ de deport** Deportkurs m; **~ del día** Tagesnotierung f, Tageswert m; **~ de divisas en efectivo** Devisenkassakurs m; **~ en efectivo** Kassanotierung f; **~ máxima** Höchstkurs m; **~ máxima del día** Tageshöchstkurs m; **~ mínima del día** Tagesniedrigstkurs m, Tagestiefstkurs m; **~ de las mercancías** Warennotierung f; **~ en el mercado de divisas** Devisenmarktkurs m; **~ del mercado internacional** Weltmarktnotierung f; **~ de la moneda** Währungskurs m; **~ de monedas extranjeras** Sortenkurs m; **índice de ~** Aktienindex m; **~ (oficial) en bolsa** (amtlicher) Börsenkurs m; **~ de la renta fija** Rentenkurs m; **~ por encima/por debajo del valor nominal** Kurs über-/unter dem Nennwert; **la ~ se estabilizó en...** der Kurs pendelte sich ein bei ...; **las cotizaciones marcan tendencias a la baja** die Kurse zeigen eine sinkende Tendenz
❷ (pago de una cuota) Beitragszahlung f; **cotizaciones a la Seguridad Social** Sozialversicherungsbeiträge mpl; **~ del trabajador** Arbeitnehmerbeitrag m
cotizante [koti'θante] mf Beitragszahler(in) m(f)
cotizar [koti'θar] <z→c> I. vt (COM, FIN) notieren (a mit + dat); **~ oficialmente** amtlich notieren
❷ (estimar) schätzen; **en esta empresa se cotizan mucho los idiomas** in dieser Firma stehen Sprachen hoch im Kurs
II. vi (pagar) Beiträge zahlen [o entrichten]; **~ a la Seguridad Social** Sozialversicherungsbeiträge zahlen [o entrichten]
III. vr: **~se** ❶ (COM, FIN) notiert werden, stehen; **la libra se cotiza a 1,60 euro** der Pfund wird mit 1,60 Euro notiert, der Pfund steht bei 1,60 Euro
❷ (ser popular) hoch im Kurs stehen
coto ['koto] m ❶ (vedado) eingefriedetes Grundstück nt; **~ de caza** Jagdrevier nt
❷ (mojón) Grenzstein m
❸ (límite) Grenze f; **poner ~ a algo/alguien** etw dat/jdm Einhalt gebieten
❹ (tasa) Taxe f, Gebühr f
❺ (COM) Preisabsprache f
❻ (medida) ≈halbe Spanne f
❼ (AmS: bocio) Kropf m
cotón [ko'ton] m Kattun m, (bedruckter) Baumwollstoff m
cotorra [ko'torra] f ❶ (papagayo) Sittich m
❷ (urraca) Elster f
❸ (fam: persona habladora) Plappermaul nt, Quasselstrippe f; **hablar como una ~** reden wie ein Wasserfall
❹ (fam pey: chivato) Petze f
cotorrear [kotorre'ar] vi (fam) schwatzen, schnattern
cotorreo [koto'rreo] m (fam) Geschnatter nt
cotorrera [koto'rrera] f ❶ (ZOOL) Papageienweibchen nt
❷ (fam fig: charlatana) Plappermaul nt, Plaudertasche f
❸ (fig: ramera) Hure f pey
cototo [ko'toto] m (Am: fam: chichón) Beule f

cotufa [ko'tufa] f ❶ (tubérculo) Topinambur m o f; **pedir ~s en el golfo** (fig fam) Unmögliches verlangen
❷ (gollería) Leckerbissen m
coturno [ko'turno] m Kothurn m; **calzar el ~** sich hochtrabend ausdrücken, auf hohem Kothurn (einher)schreiten elev; **de alto ~** hochtrabend
cotutor(a) [kotu'tor(a)] m(f) (JUR) Mitvormund m
COU [kou̯] m abr de **Curso de Orientación Universitaria** einjähriger Vorbereitungskurs auf das Universitätsstudium
coulomb [ku'lom] m (FÍS) Coulomb m
country ['kaʊntri] I. adj inv (MÚS) Country-; **la música ~** die Country-music
II. m sin pl (MÚS) Countrymusic f
covacha [ko'βatʃa] f ❶ (cueva) kleine Höhle f
❷ (vivienda) Loch nt pey
❸ (trastero) Rumpelkammer f
❹ (perrera) Hundehütte f
❺ (Ecua: tienda) ≈Gemischtwarenladen m
covachuela [koβa'tʃwela] f (fam) Amt nt
covachuelista [koβatʃwe'lista] mf (fam) Amtsdiener(in) m(f)
covalencia [koβa'lenθja] f (QUÍM) Kovalenz f, kovalente Bindung f
covalonga [koβa'loŋga] f (BOT) Thevetia f
cowboy ['kau̯βoi̯] m <cowboys> Cowboy m
coxa ['koʸsa] f (ANAT) Hüfte f
coxal [koʸ'sal] adj (ANAT) Hüft-; **hueso ~** Hüftbein nt, Hüftknochen m
coxalgia [koʸ'salxja] f (MED) Koxalgie f
coxartria [koʸ'sartrja] f sin pl (MED) Koxarthrose f
coxis ['koʸsis] m inv (ANAT) Steißbein nt
coxitis [koʸ'sitis] f inv (MED) Hüftgelenkentzündung f, Koxitis f
coxofemoral [koʸsofemo'ral] adj (ANAT) ❶ (relativo al fémur y hueso coxal) Oberschenkel-Hüft-
❷ (relativo al hueso de la cadera) Hüftgelenk(s)-
coy [koi̯] m (NÁUT) Hängematte f
coyote [ko'jote] m Kojote m
coyotera[1] [kojo'tera] f (Am: cepo) Kojotenfalle f
coyotero, -a[2] [kojo'tero, -a] I. adj (Am) für die Kojotenjagd abgerichtet
II. m, f (Am: perro) Kojotenhund, -hündin m, f
coyunda [ko'jun̪da] f ❶ (cornal) Jochriemen m
❷ (carga) Joch nt
❸ (irón: matrimonio) Joch nt der Ehe
coyuntero [kojun'tero] m (AGR) Bauer, der aus seinem Pferd und dem eines anderen ein Gespann zusammenstellt, mit dem beide ihr Land bestellen
coyuntura [kojun'tura] f ❶ (ANAT) Knochengelenk nt
❷ (oportunidad) Gelegenheit f
❸ (circunstancias) Umstände mpl
❹ (ECON) Konjunktur f; **~ de consumo** Verbrauchskonjunktur f; **~ económica internacional** Welthandelskonjunktur f; **~ económica mundial** Weltkonjunktur f; **~ debilitada/en auge** geschwächte/ansteigende Konjunktur; **~ regresiva** rückläufige Konjunktur
coyuntural [kojuntu'ral] adj (ECON) konjunkturell
coyuyo [ko'juʝo] m (Arg: ZOOL: cigarra) große Zikadenart
coz [koθ] f ❶ (patada) Ausschlagen nt; (golpe) Hufschlag m; (de personas) Fußtritt m; **dar coces** ausschlagen; **dar coces a alguien** (caballo) jdm einen Hufschlag versetzen; (persona) jdm Tritte versetzen; **dar coces contra el aguijón** (fig) sich auflehnen, wider [o gegen] den Stachel löcken elev
❷ (culatada) Rückstoß m
❸ (retroceso) Wasserstau m
❹ (culata) Kolben m
❺ (parte de un árbol) unterer Teil des (Baum)stammes
❻ (grosería) Grobheit f; **tratar a alguien a coces** jdn grob behandeln, jdn mit Füßen treten
CP [θe'pe] m ❶ (JUR) abr de **Código Penal** spanisches Strafgesetzbuch
❷ (de una población) abr de **Código Postal** PLZ f
❸ (FIN) abr de **Caja Postal** Postbank f
cpu [θepe'u] <cpus> m (INFOR) abr de **Central Processing Unit** CPU f
crac [krak] m (ECON) Crash m; **~ financiero** Finanzkrise f
crack [krak] m ❶ (ECON) Crash m
❷ (droga) Crack m
cracker ['kraker] <crackers> mf (INFOR) Hacker(in) m(f)
craneal [krane'al] adj (ANAT) Schädel-; **cavidad ~** Schädelhöhle f
craneano, -a [krane'ano, -a] adj (ANAT) v. **craneal**
cráneo ['kraneo] m (ANAT) Schädel m
craneología [kraneolo'xia] f (ANAT) Kraniologie f
craneometría [kraneome'tria] f (ANAT: medición) Schädelmessung f, Kraniometrie f
craneopatía [kraneopa'tia] f (MED) Kraniopathie f
craneoscopia [kraneos'kopja] f (MED) Kranioskopie f
craneotomía [kraneoto'mia] f (MED) Schädeleröffnung f, Kraniotomie f

crápula¹ ['krapula] *m* Wüstling *m*
crápula² ['krapula] *f* ① (*embriaguez*) Trunkenheit *f*
② (*libertinaje*) Lotterleben *nt*
crapuloso, -a [krapu'loso, -a] *adj* ausschweifend, zügellos
crascitar [krasθi'tar] *vi* (ZOOL: *graznar*) krächzen
crash [kraʃ] *m inv* (AERO, ECON, FIN) Crash *m*; ~ **de la bolsa** Börsencrash *m*
crasiento, -a [kra'sjento, -a] *adj* (*grasiento*) fettig
crasitud [krasi'tuð] *f* Fettleibigkeit *f*
craso, -a ['kraso, -a] *adj* ① (*gordo*) fettleibig
② (*burdo*) gravierend
crasulácea [krasu'laθea] *f* (BOT) Dickblattgewächs *nt*
crasuláceo, -a [krasu'laθeo, -a] *adj* (BOT) zur Familie der Dickblattgewächse gehörend
cráter ['krater] *m* Krater *m*
crateriforme [krateri'forme] *adj* kraterförmig, trichterförmig; **abertura** ~ trichterförmige Öffnung
cratícula [kra'tikula] *f* ① (*ventana*) kleines Fenster, durch das in Klausur lebende Nonnen die Kommunion empfangen
② (FÍS) Spektralapparat *m*
crawl [krol] *m* (DEP) Kraul(schwimmen) *nt*
craza ['kraθa] *f* Schmelztiegel *m* (*für Gold und Silber*)
creación [krea'θjon] *f* ① (REL, ARTE) Schöpfung *f*
② (*elaboración*) Schaffung *f*; ~ **de capital** (FIN) Kapitalbildung *f*; ~ **de clientes** (ECON) Kundenakquisition *f*; ~ **de empleo** (ECON, POL) Arbeitsplatzbeschaffungsmaßnahme *f*; ~ **de reservas** (FIN) Rücklagenbildung *f*; **medidas de** ~ **de puestos de trabajo** Arbeitsbeschaffungsmaßnahmen *fpl*
③ (*en la moda*) Kreation *f*
④ (*de una institución*) Einrichtung *f*
⑤ (JUR): ~ **jurídica** Rechtsfindung *f*, Rechtsschöpfung *f*
creacionismo [kreaθjo'nismo] *m* ① (REL) Kreatianismus *m*
② (LIT) schöpferische Freiheit *f*
creador(a) [krea'ðor(a)] I. *adj* schöpferisch; **Dios** ~ Gott, der Schöpfer
II. *m(f)* Schöpfer(in) *m(f)*; ~ **de páginas web** (INFOR) Webdesigner *m*; ~ **publicitario** Werbeschaffende(r) *m*
crear [kre'ar] I. *vt* ① (*hacer*) erschaffen
② (*fundar*) schaffen, einrichten
③ (*representar*) darstellen
④ (*elev: nombrar*) ernennen; **fue creado obispo** er wurde zum Papst ernannt
⑤ (INFOR) anlegen, erstellen; ~ **archivo** Datei erstellen
II. *vr:* **~se** sich *dat* schaffen
creatina [krea'tina] *f* (BIOL) Kreatin *nt*
creatividad [kreatiβi'ðað] *f* Kreativität *f*
creativo, -a [krea'tiβo, -a] *adj* kreativ
crecedero, -a [kreθe'ðero, -a] *adj* im Wachstum begriffen
crecepelo [kreθe'pelo] *m* Haarwuchsmittel *nt*
crecer [kre'θer] *irr como leer* I. *vi* (*aumentar*) wachsen; (*relativo a la luna*) zunehmen; (*relativo al agua*) steigen; **los beneficios crecieron un 5 % el año pasado** die Gewinne sind im letzten Jahr um 5 % gestiegen
II. *vr:* **~se** über sich selbst hinauswachsen
creces ['kreθes] *fpl* ① (*aumento*) Wachstum *nt*
② (*exceso*) Übermaß *nt*; **con** ~ reichlich
crecida [kre'θiða] *f* ① (*riada*) Hochwasser *nt*
② (*crecimiento*) (rasches) Wachstum *nt*
crecido, -a [kre'θiðo, -a] *adj* ① (*desarrollado*) erwachsen
② (*numeroso*) ansehnlich
crecidos [kre'θiðos] *mpl* Zunahmen *fpl*
creciente [kre'θjente] I. *adj* zunehmend
II. *f* Hochwasser *nt*; ~ **de luna** zunehmender Mond; ~ **del mar** Flut *f*
crecimiento [kreθi'mjento] *m* (*t.* ECON) Wachstum *nt*; (*moneda*) Kursanstieg *m*; ~ **del capital** Kapitalzuwachs *m*, Kapitalwachstum *m*; ~ **cero** Nullwachstum *nt*; ~ **demográfico** Bevölkerungswachstum *nt*; ~ **económico** Wirtschaftswachstum *nt*; ~ **de la facturación** Umsatzsteigerung *f*; ~ **interanual** jährliches Wachstum; ~ **de la productividad** Produktivitätssteigerung *f*; ~ **sostenido** anhaltendes Wachstum; **sector de gran** ~ Wachstumsbranche *f*; **tasa de** ~ (**anual**) (jährliche) Zuwachsrate *f*; **reactivar el** ~ **económico** das Wirtschaftswachstum ankurbeln
credencial [kreðen'θjal] I. *adj* beglaubigend; **carta** ~ Beglaubigungsschreiben *nt*, Akkreditiv *nt*
II. *f* Ernennungsurkunde *f*
credibilidad [kreðiβili'ðað] *f* Glaubwürdigkeit *f*
crediticio, -a [kreði'tiθjo, -a] *adj* (FIN) Kredit-; **política crediticia** Kreditpolitik *f*; **restricción crediticia** Krediteinschränkung *f*
crédito ['kreðito] *m* ① (FIN: *préstamo*) Kredit *m*; ~ **de** [*o* **contra**] **aceptación** Akzeptkredit *m*; ~ **agrícola** Agrarkredit *m*; ~ **de ayuda a la exportación** Exportförderungskredit *m*; ~ **bancario** Bankkredit *m*; ~ **en blanco** Blankokredit *m*; ~ **blando** Soft credit *m*; ~ **cambiario** Wechselforderung *f*; ~ **de capital de explotación** Betriebskapitalkredit *m*; ~ **sin cobertura** Ausfallkredit *m*; ~ **a la construcción** Baudarlehen *nt*; ~ **a corto/medio/largo plazo** kurzfristiger/mittelfristiger/langfristiger Kredit; ~ **en cuenta** Buchkredit *m*; ~ **en cuenta corriente** Kontokorrentkredit *m*; ~ **cubierto** gedeckter Kredit; ~ **por descubierto** Dispositionskredit *m*, Überziehungskredit *m*; ~ **documentario** Akkreditiv *nt*; ~ **de embarque** Verschiffungskredit *m*; ~ **a la exportación** Exportkredit *m*; ~ **exterior** Auslandskredit *m*; ~ **de garantía** Avalkredit *m*; ~ **global** Pauschalkredit *m*; ~ **hipotecario** Hypothekarkredit *m*; ~ **marco** Rahmenkredit *m*; ~ **oficial** Staatskredit *m*; ~ **personal** Personalkredit *m*; ~ **pignoraticio** Lombardkredit *m*; ~ **a plazo fijo** Kredit mit fester Laufzeit; ~ **de proveedores** Lieferantenkredit *m*; ~ **provisional** Interimskredit *m*; ~ **puente** Überbrückungskredit *m*; ~ **redescontable** Rediskontkredit *m*; ~ **no recuperado** notleidender Kredit; ~ **swing** [*o* **de traspaso sin intereses**] Swing *m*; ~ **vivienda** Wohnungsbaudarlehen *nt*; **abrir un** ~ **documentario** ein Dokumentenakkreditiv eröffnen; **abrir una cuenta de** ~ ein Kreditkonto eröffnen; **dar a** ~ leihen; **disponer de un** ~ einen Kredit beanspruchen; **pedir un** ~ einen Kredit aufnehmen; **otorgar** [*o* **conceder**] **un** ~ einen Kredit bewilligen
② (FIN: *deuda*) (Schuld)forderung *f*; ~ **incobrable** uneintreibbare Forderung; ~ **negociable** marktfähige Forderung; ~ **pecuniario** Geldforderung *f*; ~ **de la quiebra** Konkursforderung *f*; ~ **de socio** Gesellschafterforderung *f*; ~ **tributario** Steueranspruch *m*
③ (*fama*) Renommee *nt*; **ser digno de** ~ sehr angesehen sein
④ (*confianza*) Glaube *m*, Vertrauen *nt*; **dar** ~ **a algo/alguien** etw *dat*/jdm Glauben schenken; **ser de** ~ glaubwürdig sein
credit scoring ['kreðit es'kouriŋ] *m* (ECON, FIN) Credit-scoring *nt*
credo ['kreðo] *m* ① (*creencias*) Glaube *m*
② (*dogma*) Glaubensbekenntnis *nt*, Kredo *nt*
③ (*loc*): **en un** ~ im Nu; **que canta el** ~ was das Zeug hält
credulidad [kreðuli'ðað] *f* Leichtgläubigkeit *f*
crédulo, -a ['kreðulo, -a] *adj* leichtgläubig
creederas [kre(e)'ðeras] *fpl* (*fam*) Leichtgläubigkeit *f*
creencia [kre'enθja] *f* Glaube *m*
creer [kre'er] *irr como leer* I. *vi* (*ser creyente*) glauben, gläubig sein
II. *vt* ① (*dar por cierto*) glauben (*en* an +*akk*); ~ **en Dios** an Gott glauben; **creo en tu buena voluntad** ich glaube an deinen guten Willen
② (*pensar*) glauben, denken; **creo que me estás mintiendo** ich glaube, du lügst mich an; **no te creo capaz de hacer eso** ich denke nicht, dass du dazu fähig bist; **¡ya lo creo!** das will ich wohl meinen!; **¡quién iba a ~lo!** wer hätte das für möglich gehalten!
③ (*dar crédito*) glauben +*dat*; ~ **a alguien a ciegas** (*fam*) jdm blind vertrauen; **no te creo** ich glaube dir nicht; **hacer** ~ **algo a alguien** jdm etw weismachen
III. *vr:* **~se** ① (*tener por probable*) glauben; **no te creas todo lo que te dicen** glaub nicht alles, was man dir sagt
② (*considerarse*) sich halten (*für* +*akk*); **se cree muy lista** sie hält sich für besonders schlau; **¡qué te has creído!** was fällt dir ein!
creíble [kre'iβle] *adj* glaubhaft
creído, -a [kre'iðo, -a] *adj* ① (*ser: fam: vanidoso*) eingebildet
② (*estar: seguro*) überzeugt
crema ['krema] I. *adj* cremefarben
II. *f* ① (*nata*) Sahne *f*
② (*natillas, pasta*) Creme *f*; ~ **catalana** Vanillecreme mit karamelisierter Zuckerkruste; ~ **pastelera** Cremefüllung *f*; **la** ~ **y la nata** die Crème de la Crème
③ (*producto cosmético*) Creme *f*; ~ **antiarrugas** Antifaltencreme *f*
④ (LING) Trema *nt*
cremá [kre'ma] *f in Valencia:* Verbrennung der *„fallas"* (*Pappmascheefiguren*) am Sankt-Josefs-Tag (*19. März*)
cremación [krema'θjon] *f* ① (*incineración*) Einäscherung *f*, Feuerbestattung *f*, Kremation *f*
② (*combustión de desechos*) Verbrennung *f*
cremallera [krema'ʎera] *f* ① (TÉC: *barra*) Zahnstange *f*; **tren de** ~ Zahnradbahn *f*
② (*cierre*) Reißverschluss *m*
crematística [krema'tistika] *f* Volkswirtschaft(slehre) *f*
crematístico, -a [krema'tistiko, -a] *adj* wirtschaftlich
crematorio¹ [krema'torjo] *m* Krematorium *n*
crematorio, -a² [krema'torjo, -a] *adj*; **horno** ~ Verbrennungsofen *m*
cremería [kreme'ria] *f* (*Arg:* COM) Molkerei *f*, Käserei *f*
crémor ['kremor] *m* (QUÍM) Wein(stein)säure *f*
cremosidad [kremosi'ðað] *f* Cremigkeit *f*
cremoso, -a [kre'moso, -a] *adj* cremig
crencha ['krentʃa] *f* Scheitel *m*
crenoterapia [krenote'rapja] *f* (MED) Balneotherapie *f*, Krenotherapie *f*
creosota [kreo'sota] *f* (QUÍM) Kreosot *nt*
crep¹ [kreᵖ] *m* ① (*suela*) Kreppgummi *m o nt*
② (*tela*) Krepp *m*; ~ **satén** Crêpe Satin *m*, Seidenkrepp *m*

crep² [krep] *f* (GASTR) Krepp *f*
crepe ['krepe] *f* Krepp *f*
crepé [kre'pe] *m* ❶ (*suela*) Kreppgummi *m o nt*
❷ (*postizo*) Haarteil *nt*
❸ (*tejido*) Krepp *m*
crepería [krepe'ria] *f* Krepperie *f*
crepetera [krepe'tera] *f* Crêpeeisen *nt*, Kreppeisen *nt*
crepitación [krepita'θjon] *f* ❶ (*crujido*) Knistern *nt*
❷ (MED) Krepitation *f*; (*de los huesos*) Knirschen *nt*; (*en el pulmón*) Rasseln *nt*
crepitante [krepi'tante] *adj* knisternd
crepitar [krepi'tar] *vi* knistern
crepuscular [krepusku'lar] *adj* dämm(e)rig
crepúsculo [kre'puskulo] *m* Dämmerung *f*; ~ **matutino** Morgendämmerung *f*; ~ **vespertino** Abenddämmerung *f*
cresa ['kresa] *f* ❶ (*huevos*) (Insekten)eier *ntpl*
❷ (*gusano*) Made *f*
crescendo [kre'ʃendo] **I.** *adv* (MÚS) crescendo
II. *m* (MÚS) Crescendo *nt*
creso ['kreso] *m* Krösus *m*
crespo¹ ['krespo] *m* Locke *f*
crespo, -a² ['krespo, -a] *adj* ❶ (*rizado*) kraus
❷ (*irritado*) gereizt
❸ (*estilo*) verschnörkelt
crespón [kres'pon] *m* ❶ (*gasa*) Flor *m*
❷ (*gasa de luto*) Trauerflor *m*
cresta ['kresta] *f* ❶ (*carnosidad*) Kamm *m*; (*del gallo*) (Hahnen)kamm *m*
❷ (*plumas*) Schopf *m*
❸ (*cabello*) Hahnenkamm *m fam*; **dar en la** ~ **a alguien** (*fig*) jdn demütigen
❹ (*de una ola*) (Wellen)kamm *m*; **estar en la** ~ **de la ola** (*fig*) auf dem Gipfel angelangt sein
❺ (*de una montaña*) Kamm *m*
crestomatía [krestoma'tia] *f* Chrestomathie *f*
creta ['kreta] *f* Kreide *f*
Creta ['kreta] *f* Kreta *nt*
cretáceo, -a [kre'taθeo, -a] *adj v.* **cretácico²**
cretácico¹ [kre'taθiko] *m* (GEO) Kreidezeit *f*
cretácico, -a² [kre'taθiko, -a] *adj* (GEO) kretaz(e)isch
cretense [kre'tense] **I.** *adj* kretisch
II. *mf* Kreter(in) *m(f)*
crético, -a ['kretiko, -a] *adj* ❶ (*cretense*) kretisch, aus Kreta
❷ (LIT) Kretikus-
cretina [kre'tina] *f v.* **cretino**
cretinismo [kreti'nismo] *m* (MED) Kretinismus *m*
cretino, -a [kre'tino, -a] *m, f* (MED: *t. fig*) Kretin *m*
cretona [kre'tona] *f* Cretonne *m o f*
creyente [kre'jente] **I.** *adj* gläubig
II. *mf* Gläubige(r) *mf*
cría ['kria] *f* ❶ (*el criar*) Zucht *f*
❷ (*recién nacido*) Säugling *m*
❸ (*cachorro*) Junge(s) *nt*
❹ (*camada*) Wurf *m*
❺ (*insecto, reptil, pájaro*) Brut *f*
criada [kri'aða] *f v.* **criado**
criadero¹ [krja'ðero] *m* ❶ (*plantel*) Baumschule *f*
❷ (*vivero*) Zuchtstätte *f*
❸ (MIN) Vorkommen *nt*
criadero, -a² [krja'ðero, -a] *adj* fruchtbar
criadilla [krja'ðiʎa] *f* ❶ (GASTR: *testículo*) Hoden *m*
❷ (*patata*) Kartoffel *f*
❸ (*hongo*) Trüffel *f*
criado, -a [kri'aðo, -a] *m, f* Diener *m*, Dienstmädchen *nt*
criador¹ [krja'ðor] *m* (*Dios*) Schöpfer *m*
criador(a)² [krja'ðor(a)] *m(f)* ❶ (*de animales*) Züchter(in) *m(f)*
❷ (*de vinos*) Winzer(in) *m(f)*
criandera [krjan'dera] *f* (*Am*) Amme *f*
crianestesia [krjanes'tesja] *f* (MED) Kälteanästhesie *f*, Kryoanästhesie *f*
crianza [kri'anθa] *f* ❶ (*lactancia*) Aufzucht *f*; (*personas*) Stillzeit *f*
❷ (*educación*) Erziehung *f*
criar [kri'ar] < *I. pres:* crío > **I.** *vt* ❶ (*alimentar*) ernähren; (*mamíferos*) säugen
❷ (*reproducir y cuidar*) züchten
❸ (*ser propicio*) anziehen; **los perros crían garrapatas** Zecken schmarotzen gerne auf Hunden
❹ (*educar*) aufziehen, großziehen
❺ (*crear*) erschaffen; **Dios los cría y ellos se juntan** (*prov*) Gleich und Gleich gesellt sich gern
❻ (*fundar*) gründen
❼ (*referente al vino*) anbauen
II. *vi* Junge bekommen
III. *vr:* ~**se** aufwachsen
criatura [krja'tura] *f* ❶ (*ser*) Kreatur *f*, Geschöpf *nt*
❷ (*niño*) Säugling *m*
❸ (*feto*) Fetus *m*, Fötus *m*
❹ (*hechura*) Kreatur *f*
criba ['kriβa] *f* ❶ (*tamiz*) Sieb *nt*
❷ (AGR) Dreschflegel *m*; (*mecánica*) Dreschmaschine *f*
❸ (MIN) Setzmaschine *f*
cribado [kri'βaðo] *m* Sieben *nt*
cribar [kri'βar] *vt* ❶ (*colar*) (aus)sieben
❷ (AGR) dreschen
cribellum [kri'βelun] *m*, **cribelo** [kri'βelo] *m* (ZOOL) Spinnplatte *f*, Cribellum *nt*
cribo ['kriβo] *m* (AGR: *cedazo*) (Körner)sieb *nt*
criboso, -a [kri'βoso, -a] *adj* ❶ (BOT) Sieb-
❷ (*agujereado*) siebartig, Sieb-
cric [krik] *m* Winde *f*; (AUTO) Wagenheber *m*
crica ['krika] *f* (*vulg: vulva*) Fotze *f*
cricket ['kriket] *m* (DEP) Kricket *nt*
cricoides [kri'koiðes] **I.** *adj inv* (ANAT) Ringknorpel-
II. *m inv* (ANAT) Ringknorpel *m*
cri-cri [kri-kri] <*cri-cris*> *m* Zirpen *nt*
criestesia [krjes'tesja] *f* Überempfindlichkeit *f* gegen Kälte, Kryästhesie *f*
Crimea [kri'mea] *f* Krim *f*
crimen ['krimen] *m* Verbrechen *nt*; ~ **pasional** Verbrechen aus Leidenschaft
criminal [krimi'nal] **I.** *adj* ❶ (*delincuente*) verbrecherisch, kriminell
❷ (*policía*) Kriminal-; **brigada de investigación** ~ Kriminalamt *nt*
II. *mf* Kriminelle(r) *mf*; ~ **de guerra** Kriegsverbrecher(in) *m(f)*
criminalidad [kriminali'ðað] *f* Kriminalität *f*; ~ **en cuadrilla** Bandenkriminalität *f*; ~ **ecológica** Umweltkriminalität *f*; ~ **menor** Kleinkriminalität *f*; ~ **organizada** organisierte Kriminalität; ~ **violenta** Gewaltkriminalität *f*
criminalista [krimina'lista] *mf* Strafrechtler(in) *m(f)*, Kriminalist(in) *m(f)*
criminalístico, -a [krimina'listiko, -a] *adj* kriminalistisch
criminar [krimi'nar] *vt* ❶ (*imputar*) beschuldigen; **le** ~**on el asesinato de dos niños** sie beschuldigten ihn/sie des Mordes an zwei Kindern
❷ (*fig: reprochar*) kritisieren; **me criminó que siempre llegara tarde** er/sie warf mir vor, dass ich immer zu spät kam
criminogénesis [krimino'xenesis] *f sin pl* (JUR) Kriminalätiologie *f*
criminología [kriminolo'xia] *f* Kriminologie *f*
criminológico, -a [krimino'loxiko, -a] *adj* kriminologisch
criminólogo, -a [krimi'nologo, -a] *m, f* (JUR) Kriminologe, -in *m, f*
criminoso, -a [krimi'noso, -a] **I.** *adj* (JUR: *relativo al crimen*) kriminell, verbrecherisch
II. *m, f* (JUR: *criminal*) (Straf)täter(in) *m(f)*, Delinquent(in) *m(f)*
crimno ['krimno] *m* (GASTR) Mehl aus Dinkel und Weizen für die Zubereitung von Brei
crin [krin] *f* ❶ (*cerda*) Mähne *f*
❷ (*filamento*) Seegras *nt*
crío, -a ['krio, -a] *m, f* Kleinkind *nt*; **ser un** ~ (*fig*) sich wie ein Kind benehmen, kindisch sein
criobiología [krioβjolo'xia] *f* (BIOL) Kryobiologie *f*
criocirugía [krioθirur'xia] *f* (MED) Kryochirurgie *f*
criogenia [krio'xenja] *f* (TÉC) ❶ (*producción de frío*) Tieftemperaturtechnik *f*, Kryotechnik *f*
❷ (*tratamiento mediante frío*) Kryogenik *f*
criollismo [krjo'ʎismo] *m* ❶ (*conjunto de criollos*) Kreolen *mpl*; **todo el** ~ **estaba reunido** alle Kreolen waren versammelt
❷ (*carácter*) kreolisches Temperament *nt*, kreolischer Charakter *m*
❸ (*exaltación de criollo*) Kreolentum *nt*
❹ (LING) im Kreolischen gebräuchlicher Ausdruck *m*, Kreolismus *m*
criollo, -a [kri'oʎo, -a] **I.** *adj* kreolisch
II. *m, f* Kreole, -in *m, f*
criología [kriolo'xia] *f* (FÍS) Kältekunde *f*, Kryologie *f*
criomagnetismo [kriomaɣne'tismo] *m* (FÍS) Kryomagnetismus *m*
criometría [kriome'tria] *f* (FÍS) Tieftemperaturmessung *f*, Kryometrie *f*
crioterapia [kriote'rapja] *f* (MED) Kryotherapie *f*
cripta ['kripta] *f* Krypta *f*
criptestesia [kriptes'tesja] *f* außersinnliche Wahrnehmung *f*, Kryptästhesie *f*; **la** ~ **de la médium** die hellseherische Fähigkeit des Mediums
críptico, -a ['kriptiko, -a] *adj* kryptisch
criptoanálisis [kriptoa'nalisis] *m inv* Technik *f* der Entzifferung von verschlüsselten Botschaften

criptógama [kripˈtoɣama] f (BOT) Kryptogame f
criptógamo, -a [kripˈtoɣamo, -a] adj (BOT) kryptogam
criptografía [kriptoɣraˈfia] f Geheimschrift f
criptógrafo [kripˈtoɣrafo] m Kryptograph m
criptograma [kriptoˈɣrama] m Kryptogramm nt
criptón [kripˈton] m (QUÍM) Krypton nt
criptorquidia [kriptorˈkiðja] f (MED) Kryptorchismus m
criquet [ˈkriket] m (DEP) Kricket m
crisálida [kriˈsaliða] f (ZOOL) Puppe f; **salir de la ~** ausschlüpfen
crisantemo [krisanˈtemo] m Chrysantheme f
crisis [ˈkrisis] f inv (t. ECON, FIN, MED) Krise f; ~ **bancaria** Bankenkrise f; ~ **económica** Wirtschaftskrise f; ~ **de endeudamiento** Schuldenkrise f; ~ **de estabilización** Stabilisierungskrise f; ~ **de liquidez** Liquiditätskrise f; ~ **nerviosa** Nervenzusammenbruch m; **salir de la ~** die Krise überwinden
crisma¹ [ˈkrisma] m (REL) Chrisam m o nt, Chrisma nt
crisma² [ˈkrisma] f (fam: cabeza) Rübe f; **romper la ~ a alguien** jdm die Rübe einschlagen
crismas [ˈkrismas] m inv (tarjeta navideña) Weihnachtskarte f
crisol [kriˈsol] m ❶ (craza) Schmelztiegel m
❷ (prueba) Prüfstein m
crisólito [kriˈsolito] m (MIN) Chrysolith m
crisopeya [krisoˈpeʝa] f (HIST) Alchimie f
crispación [krispaˈθjon] f ❶ (contracción) Verkrampfung f
❷ (irritación) Gereiztheit f; ~ **política** (POL) angespannte politische Lage
crispar [krisˈpar] I. vt ❶ (contraer) verkrampfen
❷ (exasperar) reizen
II. vr: ~**se** ❶ (contraerse) sich verkrampfen
❷ (exasperarse) gereizt werden
crispatura [krispaˈtura] f (MED) klonische (Muskel)verkrampfung f
cristal [krisˈtal] m ❶ (cuerpo) Kristall m; ~ **de cuarzo** Quarzkristall m
❷ (vidrio) Glas nt; ~ **de la ventana** Fensterscheibe f
❸ (espejo) Spiegel m
❹ (elev: agua) Wasser nt
cristalera [kristaˈlera] f ❶ v. **cristalero**
❷ (aparador) Vitrine f
❸ (puerta) Glastür f
cristalería [kristaleˈria] f ❶ (empresa) Glashütte f
❷ (objetos) Kristall m
cristalero, -a [kristaˈlero, -a] m, f ❶ (colocador) Glaser(in) m(f)
❷ (limpiador) Fensterputzer(in) m(f)
cristalino¹ [kristaˈlino] m (MED) Linse f
cristalino, -a² [kristaˈlino, -a] adj ❶ (de cristal) kristallin
❷ (transparente) kristallklar, glasklar
cristalización [kristaliθaˈθjon] f Kristallisation f
cristalizar [kristaliˈθar] <z→c> I. vi, vr: ~**se** ❶ (sustancia) kristallisieren, Kristalle bilden
❷ (ideas, sentimientos) sich (heraus)kristallisieren, Gestalt annehmen
II. vt kristallisieren lassen
cristalofísica [kristaloˈfisika] f (GEO) Kristallophysik f
cristalografía [kristaloɣraˈfia] f Kristallographie f
cristalográfico, -a [kristaloˈɣrafiko, -a] adj (GEO) kristallographisch
cristalógrafo, -a [kristaˈloɣrafo, -a] m, f (FÍS) Wissenschaftler(in) m(f) auf dem Gebiet der Kristallographie
cristaloquímica [kristaloˈkimika] f (GEO) Kristallchemie f
cristiana [krisˈtjana] adj o f v. **cristiano**
cristianar [kristjaˈnar] vt (fam: bautizar) taufen
cristiandad [kristjanˈdað] f ❶ (fieles) Christenheit f
❷ (países) christliche Länder ntpl
cristianismo [kristjaˈnismo] m Christentum nt
cristianización [kristjaniθaˈθjon] f Christianisierung f
cristianizar [kristjaniˈθar] <z→c> vt christianisieren
cristiano, -a [krisˈtjano, -a] I. adj christlich
II. m, f ❶ (fiel) Christ(in) m(f)
❷ (fam: persona) Mensch m; **por la calle no pasa ni un ~** keine Menschenseele ist auf der Straße zu sehen
❸ (fam: castellano) Spanisch m; **hablar en ~** (fig) Klartext reden
cristianodemócrata [kristjanoðeˈmokrata] I. adj (POL) christlich-demokratisch
II. mf (POL) Christdemokrat(in) m(f)
cristo [ˈkristo] m ❶ (crucifijo) Kruzifix nt
❷ (fam): **todo ~** jeder; **poner a alguien hecho un ~** jdn übel zurichten
Cristo [ˈkristo] m (Jesus) Christus m; **donde ~ perdió el gorro** am Ende der Welt; **donde ~ dio las tres voces** wo sich die Füchse [o Fuchs und Hase] gute Nacht sagen
cristología [kristoloˈxia] f (REL) Christologie f
cristus [ˈkristus] m inv in der ABC-Fibel dem Alphabet vorangestelltes Kreuz
crisuela [kriˈswela] f Ölbehälter m (einer Öllampe)

criterio [kriˈterjo] m ❶ (norma) Kriterium nt; ~ **de búsqueda** (INFOR) Suchkriterium nt; ~**s de convergencia** (ECON, POL) Konvergenzkriterien ntpl; ~ **de decisión** Entscheidungskriterium nt; ~ **de selección** Auswahlermessen nt
❷ (discernimiento) Urteilsvermögen nt
❸ (opinión) Meinung f
criteriología [kriterjoloˈxia] f (FILOS) Kriteriologie f
critérium [kriˈterjum] <critérium(s)> m (DEP) Kriterium nt, inoffizielles Wettrennen nt
crítica [ˈkritika] f ❶ v. **crítico**
❷ (arte de juzgar, juicio) Kritik f; ~ **de inacción** (JUR) Untätigkeitsklage f; **verter ~s** Kritik üben [o aussprechen]
criticable [kritiˈkaβle] adj kritisierbar
criticar [kritiˈkar] <c→qu> I. vt kritisieren
II. vi lästern
criticastro [kritiˈkastro] m (pey) Kritikaster m
criticidad [kritiθiˈðað] f kritischer Charakter m; (FÍS) Kritikalität f
criticismo [kritiˈθismo] m (FILOS) Kritizismus m
crítico, -a [ˈkritiko, -a] I. adj (t. FÍS, MED) kritisch
II. m, f Kritiker(in) m(f)
criticón, -ona [kritiˈkon, -ona] m, f Nörgler(in) m(f), Kritt(e)ler(in) m(f)
critiquizar [kritikiˈθar] <z→c> I. vi (fam) nörgeln, mäkeln, kritteln
II. vt (fam) herumnörgeln (an + dat), bemäkeln, bekritteln
crizneja [kriθˈnexa] f ❶ (trenza) Zopf m
❷ (soga) Strick m
Croacia [kroˈaθja] f Kroatien nt
croar [kroˈar] vi quaken
croata [kroˈata] I. adj kroatisch
II. mf Kroate, -in m, f
crocante [kroˈkante] m Krokant m
croché [kroˈtʃe] m ❶ (ganchillo) Häkelarbeit f; **hacer ~** häkeln
❷ (DEP) Haken m
crocitar [kroθiˈtar] vi (ZOOL) krächzen
croco [ˈkroko] m Safran m
croissant [krwaˈsan/kruˈsan] <croissants> m (GASTR) Croissant nt
croissantería [krusanteˈria] f (COM) Croissant-Laden m
crol [krol] m (DEP) Kraul(schwimmen) nt
cromado [kroˈmaðo] m Verchromung f
cromar [kroˈmar] vt verchromen
cromático, -a [kroˈmatiko, -a] adj (FÍS, MÚS) chromatisch
cromatina [kromaˈtina] f (BIOL) Chromatin nt
cromatismo [kromaˈtismo] m (FÍS, MÚS) Chromatik f
cromatóforo [kromaˈtoforo] m (BIOL) Chromatophor nt
cromatografía [kromatoɣraˈfia] f (QUÍM) Chromatographie f
cromaturia [kromaˈturja] f (MED) Chrom(at)urie f
crómico, -a [ˈkromiko, -a] adj chromhaltig
cromo [ˈkromo] m ❶ (QUÍM) Chrom nt
❷ v. **cromolitografía**
cromóforo, -a [kroˈmoforo, -a] I. adj (QUÍM) chromophor
II. m, f (QUÍM) Chromophor m
cromógeno, -a [kroˈmoxeno, -a] adj (BIOL) chromogen
cromolitografía [kromolitoɣraˈfia] f Farb(en)druck m, Chromolithographie f
cromolitografiar [kromolitoɣrafiˈar] <1. pres: cromolitografío> vt (TIPO) chromolithographieren
cromoplasto [kromoˈplasto] m (BOT) Chromoplast m
cromosfera [kromosˈfera] f Chromosphäre f
cromosoma [kromoˈsoma] m (BIOL) Chromosom nt
cromosómico, -a [kromoˈsoniko, -a] adj (BIOL) chromosomal; **anomalía cromosómica** Chromosomenanomalie f
cromoterapia [kromoteˈrapja] f (MED) Chromotherapie f
cromotipia [kromoˈtipja] f Farb(en)druck m
cromotipografía [kromotipoɣraˈfia] f (TIPO) (Mehr)farbendruck m, Chromotypie f
cromoxilografía [kromoˣsiloɣraˈfia] f (TIPO) Farbholzschnitt m, Chromoxylographie f
crónica [ˈkronika] f ❶ (anales) Chronik f
❷ (artículo) Reportage f
cronicidad [kroniθiˈðað] f sin pl chronischer Verlauf m, Chronizität f
crónico, -a [ˈkroniko, -a] adj (t. MED) chronisch
cronicón [kroniˈkon] m kurze Chronik f
cronista [kroˈnista] mf ❶ (historiador) Chronist(in) m(f)
❷ (periodista) Berichterstatter(in) m(f)
crono [ˈkrono] m (DEP) ❶ (tiempo) (gestoppte) Zeit f; ~ **personal** persönliche Bestzeit
❷ (cronómetro) Stoppuhr f
cronógrafa [kroˈnoɣrafa] f v. **cronógrafo**²
cronografía [kronoɣraˈfia] f Chronographie f

cronógrafo¹ [kro'noɣrafo] *m* (TÉC) Chronograph *m*
cronógrafo, -a² [kro'noɣrafo, -a] *m, f* Chronologe, -in *m, f*
cronograma [krono'ɣrama] *m* (TÉC) Chronogramm *nt*
cronóloga [krono'loɣa] *f v.* **cronólogo**
cronología [kronolo'xia] *f* Chronologie *f*
cronológico, -a [krono'loxiko, -a] *adj* chronologisch
cronólogo, -a [kro'noloɣo, -a] *m, f* Chronologe, -in *m, f*
cronometrador(a) [kronometra'ðor(a)] *m(f)* (DEP) Zeitnehmer(in) *m(f)*
cronometraje [kronome'traxe] *m* (DEP) Zeitnahme *f*
cronometrar [kronome'trar] *vt* (DEP) stoppen; ~ **el tiempo** die Zeit stoppen
cronometría [kronome'tria] *f* Chronometrie *f*, Zeitmessung *f*
cronómetro [kro'nometro] *m* Chronometer *nt*; (DEP) Stoppuhr *f*
cronoscopio [kronos'kopjo] *m* (TÉC) Chronoskop *nt*
croquet ['krokeᵗ] *m* Krocket *nt*
croqueta [kro'keta] *f* Krokette *f*
croquis ['krokis] *m inv* Skizze *f*, Kroki *nt*
cross [kros] *m inv* (DEP) ❶ (*atletismo*) Cross-Country *nt*, Querfeldeinrennen *nt*
❷ (*boxeo*) Cross *m*
crótalo ['krotalo] *m* ❶ (ZOOL) Klapperschlange *f*
❷ (*instrumento*) Klapper *f*
crotorar [kroto'rar] *vi* (ZOOL: *cigüeñas*) klappern
cruasán [krwa'san/kru'san] *m* Croissant *nt*
cruce ['kruθe] *m* ❶ (*acción*) Kreuzen *nt*
❷ (*intersección*) Schnittpunkt *m*
❸ (*mezcla, t.* BIOL) Kreuzung *f*
❹ (*de caminos*) Kreuzung *f*
❺ (AUTO): ~ **de animales salvajes** Wildwechsel *m*; ~ **de peatones** Fußgängerübergang *m*
❻ (*interferencia*) Überlagerung *f*, Interferenz *f*; ~ **de datos** (ECON, INFOR) Datenabgleich *m*
❼ (LING) Wortkreuzung *f*, Kontamination *f*
cruceiro [kru'θejro] *m* Cruzeiro *m*
crucería [kruθe'ria] *f* (ARQUIT) Kreuzrippen *fpl*, Kreuzverzierung *f*
crucerista [kruθe'rista] *mf* Kreuzfahrtteilnehmer(in) *m(f)*
crucero¹ [kru'θero] *m* ❶ (ARQUIT) Vierung *f*
❷ (*cruciferario*) Kreuzträger *m*
❸ (*encrucijada*) Kreuzung *f*
❹ (NÁUT: *buque*) Kreuzer *m*; **acorazado** Panzerkreuzer *m*
❺ (NÁUT: *maniobra*) Kreuzen *nt*
❻ (NÁUT: *lugar*) Gebiet, in dem Schiffe kreuzen
❼ (*viaje*) Kreuzfahrt *f*
❽ (*vigueta*) Querbalken *m*
❾ (GEO) Schichtverlauf *m*
crucero, -a² [kru'θero, -a] *adj* (ARQUIT): **arco** ~ Kreuzbogen *m*
cruceta [kru'θeta] *f* ❶ (*de líneas*) Gitter *nt*
❷ (*en la labor*) Kreuzstich *m*
crucial [kru'θjal] *adj* ❶ (*en forma de cruz*) kreuzförmig
❷ (*decisivo*) entscheidend
crucífera [kru'θifera] *f* (BOT) Kreuzblütler *m*
cruciferario [kruθife'rarjo] *m* Kreuzträger *m*
crucífero, -a [kru'θifero, -a] *adj* (BOT) zur Familie der Kreuzblütler gehörend
crucificado [kruθifi'kaðo] *m*: **el** ~ der Gekreuzigte, Christus
crucificar [kruθifi'kar] <c→qu> *vt* ❶ (*aspar*) kreuzigen
❷ (*atormentar*) peinigen, quälen
crucifijo [kruθi'fixo] *m* Kruzifix *nt*
crucifixión [kruθifik'sjon] *f* Kreuzigung *f*
cruciforme [kruθi'forme] *adj* kreuzförmig
crucigrama [kruθi'ɣrama] *m* Kreuzworträtsel *nt*
crucigramista [kruθiɣra'mista] *mf* ❶ (*autor*) Verfasser(in) *m(f)* eines Kreuzworträtsels
❷ (*aficionado*) Fan *m* von Kreuzworträtseln
crudamente [kruða'mente] *adv* rigoros, unerbittlich
crudelísimo, -a [kruðe'lisimo, -a] *adj superl irr de* **cruel**
crudeza [kru'ðeθa] *f* ❶ (*rigor*) Strenge *f*, Härte *f*
❷ (*rudeza*) Grobheit *f*, Schroffheit *f*
❸ (*crueldad*) Brutalität *f*
❹ *pl* (*alimentos*) schwer verdauliche Speisen *fpl*
crudo¹ ['kruðo] *m* Rohöl *nt*
crudo, -a² ['kruðo, -a] *adj* ❶ (*sin cocer, natural*) roh; **seda cruda** Rohseide *f*
❷ (*aplicado al tiempo*) streng, rau
❸ (*blanco-amarillento*) rohweiß
❹ (*despiadado*) brutal; **en** ~ rigoros, unerbittlich
❺ (*de difícil digestión*) schwer verdaulich
cruel [cru'el] *adj* <crudelísimo> grausam (*con* zu +*dat*, gegen +*akk*)

crueldad [krwel'daðᵈ] *f* Grausamkeit *f* (*con* gegenüber +*dat*)
cruento, -a [kru'ento, -a] *adj* blutig
crujía [kru'xia] *f* ❶ (ARQUIT) Spannweite *f*
❷ (*pasillo*) Flur *m*
❸ (*en el hospital*) Krankensaal *m*
❹ (NÁUT) Reling *f*
crujido [kru'xiðo] *m* Knistern *nt*; (*de dientes*) Knirschen *nt*
crujiente [kru'xjente] *adj* knisternd; (*dientes*) knirschend; (*pan*) knusprig
crujir [kru'xir] *vi* knistern; (*dientes*) knirschen
crúor ['kruor] *m* ❶ (ANAT) *coágulo*) Blutgerinnsel *nt*
❷ (*elev: sangre*) Blut *nt*
crup [krupᵖ] *m* (MED) Krupp *m*
crupal [kru'pal] *adj* (MED) Krupp-; **tos** ~ Krupphusten *m*
crupier [kru'pjer] *m* Croupier *m*
crural [kru'ral] *adj* (ANAT) Oberschenkel-; **hueso** ~ Oberschenkelknochen *m*
crustáceo [krus'taθeo] *m* (ZOOL) Krebstier *nt*, Krustentier *nt*
cruz [kruθ] *f* ❶ (*aspa, crucifijo*) Kreuz *nt*; ~ **gamada** Hakenkreuz *nt*; **C~ Roja** Rotes Kreuz; ~ **de San Andrés** Andreaskreuz *nt*; **¡~ y raya!** und damit basta!, (und damit) Punktum! *elev*; **hacerse cruces** sprachlos sein
❷ (*de una moneda o medalla*) Rückseite *f*, Revers *m*; **¿cara o ~?** Kopf oder Zahl?
❸ (*de un árbol*) Kronenansatz *m*
❹ (*de un animal*) Widerrist *m*
❺ (ASTR) Kreuz *nt*; **C~ del Sur** Kreuz des Südens, Südliches Kreuz
❻ (*suplicio*) Kreuz *nt*, Last *f*; **llevar una** ~ eine schwere Last zu tragen haben
cruzada [kru'θaða] *f* Kreuzzug *m*
cruzado¹ [kru'θaðo] *m* Kreuzfahrer *m*
cruzado, -a² [kru'θaðo, -a] *adj* ❶ (BIOL): **animal** ~ Bastard *m*
❷ (*ropa*) Wickel-; **vestido** ~ Wickelkleid *nt*; **chaqueta cruzada** Zweireiher *m*
cruzamiento [kruθa'mjento] *m* ❶ (*condecoración*) Dekorierung *f*
❷ (BIOL) Kreuzung *f*
cruzar [kru'θar] <z→c> I. *vt* ❶ (*atravesar*) kreuzen; (*de un lado al otro*) überqueren; ~ **los brazos** die Arme verschränken; ~ **la calle** die Straße überqueren; ~ **un cheque** einen Scheck kreuzen; ~ **las piernas** die Beine übereinander schlagen; ~ **la vista** schielen; ~ **algo con una raya** etw durchstreichen
❷ (BIOL) kreuzen
❸ (*condecorar*) dekorieren
❹ (*loc*): ~ **la cara a alguien** jdn ohrfeigen
II. *vi* ❶ (*t.* NÁUT: *pasar*) kreuzen
❷ (*juntarse*) zusammenpassen
III. *vr*: ~**se** ❶ (*atravesarse*) sich kreuzen; ~**se en el camino de alguien** sich jdm in den Weg stellen
❷ (*encontrarse*) begegnen (*con* +*dat*); ~**se con alguien** jdm begegnen, jds Weg kreuzen
❸ (*tomar la cruz*) das Kreuz nehmen (*in einem Kreuzzug*)
❹ (MAT) sich kreuzen
❺ (LING) verschmelzen (*en* zu +*dat*)
CSCE [θe(e)seθe'e] *f abr de* **Conferencia de Seguridad y Cooperación en Europa** KSZE *f*
CSIC [θe'sik] *m abr de* **Consejo Superior de Investigaciones Científicas** oberster Forschungsrat in Spanien
cta.cte. ['kwenta ko'rrjente] *f* (FIN) *abr de* **cuenta corriente** Girokonto *nt*, Kontokorrentkonto *nt*
CTNE [θete(e)ne'e] *f abr de* **Compañía Telefónica Nacional de España** frühere Bezeichnung für die spanische Telefongesellschaft
cu¹ [ku] *f* Q *nt*
cu² [ku] *m* Tempel *m* (*im alten Mexiko*)
cuácara ['kwakara] *f* ❶ (Col, Ven: *levita*) Gehrock *m*
❷ (Chil: *camisa ordinaria*) einfaches Hemd *nt*; (*chaqueta*) einfache Jacke *f*
cuache, -a ['kwatʃe, -a] I. *adj* (Guat) ❶ (*doble*) Doppel-; **escopeta** ~ doppelläufiges Gewehr
❷ (*gemelos*) Zwillings-
II. *m, f* (Guat: *gemelo*) Zwilling *m*
cuaco ['kwako] *m* ❶ (*harina*) Yuccamehl *nt*
❷ (*reg: grosero*) Rüpel *m*
❸ (Méx: fam: *caballo*) Gaul *m*
cuaderna [kwa'ðerna] *f* ❶ (*en el juego de tablas*) Doppelpasch *m*
❷ (*en un buque*) Spant *m*
cuadernillo [kwaðer'niλo] *m* (TIPO) Lage *f* (*à 5 Bogen Papier*)
cuaderno [kwa'ðerno] *m* ❶ (*libreta*) Heft *nt*; ~ **de bitácora** (NÁUT) Logbuch *nt*
❷ (TIPO) Lage *f* (*à 4 Bogen Papier*)
cuadra ['kwaðra] *f* ❶ (*establo*) Stall *m*; (*de caballos*) (Pferde)stall *m*

cuadradillo ❷ (*conjunto de caballos*) (Renn)stall *m* ❸ (*lugar sucio*) Saustall *m*, Schweinestall *m* ❹ (*sala*) großer Raum *m*; (*para dormir*) Schlafsaal *m* ❺ (*Am: manzana de casas*) Häuserblock *m* ❻ (*cuarto de milla*) Viertelmeile *f*

cuadradillo [kwaðɾa'ðiʎo] *m* ❶ (*regla*) Vierkantlineal *nt* ❷ (*pieza de tela*) Zwickel *m* ❸ (*barra*) kleiner Vierkant *m*

cuadrado¹ [kwa'ðɾaðo] *m* ❶ (*t.* ASTR, MAT) Quadrat *nt*; **al ~** im [*o* zum] Quadrat; **elevar al ~** ins Quadrat erheben ❷ (*regla*) Vierkantlineal *nt* ❸ (*trozo de tela*) Zwickel *m* ❹ (*barra*) Vierkant *m*

cuadrado, -a² [kwa'ðɾaðo, -a] *adj* ❶ (*rectangular*) quadratisch; **metro ~** Quadratmeter *m*; **tener la cabeza cuadrada** einen Dickschädel haben *fam*, ein Dickschädel sein *fam* ❷ (*macizo*) klobig ❸ (*corpulento*) beleibt, korpulent

cuadrafonía [kwaðɾafo'nia] *f* Quadrophonie *f*

cuadragenario, -a [kwaðɾaxe'naɾjo, -a] **I.** *adj* in den Vierzigern **II.** *m, f* Vierziger(in) *m(f)*

cuadragésima [kwaðɾa'xesima] *f* (REL) Fastenzeit *f*, Quadragesima *f*

cuadragesimal [kwaðɾaxesi'mal] *adj* Fasten-; **voto ~** Fastengelübde *nt*

cuadragésimo¹ [kwaðɾa'xesimo] *m* Vierzigstel *nt*; *v. t.* **octavo**²

cuadragésimo, -a² [kwaðɾa'xesimo, -a] *adj* (*parte*) vierzigstel; (*numeración*) vierzigste(r, s); **la cuadragésima parte de** ein Vierzigstel von +*dat*; *v. t.* **octavo**²

cuadral [kwa'ðɾal] *m* Querholz *nt*, Querbalken *m*

cuadrangular [kwaðɾaŋgu'lar] *adj* viereckig

cuadrángulo [kwa'ðɾaŋgulo] *m* Viereck *nt*

cuadrante [kwa'ðɾante] *m* ❶ (ASTR, MAT) Quadrant *m* ❷ (*reloj de sol*) Sonnenuhr *f* ❸ (RADIO) Einstellskala *f* ❹ (JUR) vierter Teil *m* des Erbes

cuadrar [kwa'ðɾar] **I.** *vi* ❶ (*ajustarse, convenir*) passen (*con* zu +*dat*) ❷ (*coincidir*) ausgeglichen sein; **el balance del mes de abril no cuadra** die Bilanz für den Monat April ist nicht ausgeglichen **II.** *vt* ❶ (*dar figura de cuadro*) quadratisch machen; (*en carpintería*) (ab)vieren ❷ (ARTE, MAT) quadrieren ❸ (*una cuenta*) ausgleichen; **~ las cuentas** die Konten abstimmen **III.** *vr:* **~se** ❶ (MIL) strammstehen, Haltung annehmen ❷ (*pararse un caballo*) auf allen Vieren stehen bleiben ❸ (*fam: plantarse*) sich auf die Hinterbeine stellen, sich sträuben

cuadrático, -a [kwa'ðɾatiko, -a] *adj* (MAT) quadratisch

cuadratura [kwaðɾa'tuɾa] *f* (ASTR, MAT) Quadratur *f*; **~ del círculo** Quadratur des Kreises

cuadricenal [kwaðɾiθe'nal] *adj* alle vierzig Jahre stattfindend

cuádriceps ['kwaðɾiθeᵦs] *adj inv* (ANAT: *músculo*) vierköpfig

cuadrícula [kwa'ðɾikula] *f* Karierung *f*; **papel de ~** kariertes Papier

cuadriculado, -a [kwaðɾiku'laðo, -a] *adj* ❶ (*con cuadrícula*) kariert; **papel ~** kariertes Papier ❷ (*fig pey*) kleinkariert

cuadricular [kwaðɾiku'lar] **I.** *adj* kariert **II.** *vt* karieren

cuadrienal [kwaðɾje'nal] *adj* (*que sucede*) vierjährlich, alle vier Jahre stattfindend; (*que dura*) vierjährig

cuadrienio [kwa'ðɾjenjo] *m* Zeitraum *m* von vier Jahren

cuadriga [kwa'ðɾiɣa] *f* Viergespann *nt*; (*en la antigua Roma*) Quadriga *f*

cuadril [kwa'ðɾil] *m* ❶ (ZOOL: *hueso*) Hüftknochen *m* ❷ (ANAT: *cadera*) Hüfte *f*

cuadrilátero¹ [kwaðɾi'lateɾo] *m* ❶ (*polígono*) Viereck *nt* ❷ (DEP) (Box)ring *m*

cuadrilátero, -a² [kwaðɾi'lateɾo, -a] *adj* vierseitig

cuadrilla [kwa'ðɾiʎa] *f* ❶ (*brigada*) Gruppe *f*, Team *nt*, Kolonne *f* ❷ (*de amigos*) Clique *f* ❸ (*pey: de maleantes*) Rotte *f*, Bande *f*

cuadrilongo¹ [kwaðɾi'loŋgo] *m* Rechteck *nt*

cuadrilongo, -a² [kwaðɾi'loŋgo, -a] *adj* rechteckig

cuadringentésimo, -a [kwaðɾiŋxen'tesimo, -a] **I.** *adj* (*parte*) vierhundertstel; (*numeración*) vierhundertste(r,s) **II.** *m, f* (*parte*) Vierhundertstel *nt*; (*lugar*) Vierhundertste(r) *mf*

cuadrinieto, -a [kwaðɾi'njeto, -a] *m, f* Urururenkel(in) *m(f)*

cuadrinomio [kwaðɾi'nomjo] *m* (MAT) Quadrinom *nt*

cuadriplicar [kwaðɾipli'kar] <c→qu> *vt* vervierfachen

cuadrisílabo, -a [kwaðɾi'silaβo, -a] *adj* viersilbig

cuadrivio [kwa'ðɾiβjo] *m*, **cuadrivium** [kwa'ðɾiβjun] *m* (HIST) ❶ (*disciplinas*) Quadrivium *nt* ❷ (*encrucijada romana*) Kreuzweg *m*

cuadriyugo [kwaðɾi'ɟuɣo] *m* Vierspänner *m*, Viererzug *m*

cuadro ['kwaðɾo] *m* ❶ (*rectángulo*) Rechteck *nt*; **a ~s** kariert ❷ (*pintura*) Gemälde *nt*, Bild *nt* ❸ (*marco*) Rahmen *m* ❹ (*bancal*) Beet *nt* ❺ (*escena*) Szene *f* ❻ (*descripción*) Schilderung *f* ❼ (*gráfico*) (grafische) Darstellung *f*, Grafik *f*; **~ de financiación** (ECON) Finanzierungsübersicht *f*; **~ macroeconómico** (ECON) Volkswirtschaftsplan *m*; **~ sinóptico** Übersicht *f* ❽ (*conjunto de mandos, t.* MIL) Stab *m*; **~ de dirigentes** Führungsstab *m* ❾ (TÉC) Schalttafel *f* ❿ (TEAT) Szene *f* ⓫ (JUR): **~ de multas** Bußgeldkatalog *m*

cuadrumano [kwaðɾu'mano] *m*, **cuadrúmano** [kwa'ðɾumano] *m* (ZOOL) Herrentier *nt*, Primat *m*, Vierhänder *m*

cuadrúpedo [kwa'ðɾupeðo] *m* Vierbeiner *m*

cuádruple ['kwaðɾuple] **I.** *adj* vierfach; **parto ~** Vierlingsgeburt *f* **II.** *m* Vierfache(s) *nt*; *v. t.* **óctuplo**

cuadruplicar [kwaðɾupli'kar] <c→qu> **I.** *vt* vervierfachen **II.** *vr:* **~se** sich vervierfachen

cuádruplo¹ ['kwaðɾuplo] *m* Vierfache(s) *nt*; *v. t.* **óctuplo**

cuádruplo, -a² ['kwaðɾuplo, -a] *adj* vierfach; *v. t.* **óctuplo**

cuajada [kwa'xaða] *f* Quark *m*

cuajado, -a [kwa'xaðo, -a] *adj* (*fam*): **quedarse ~** (*asustado*) (vor Schreck) erstarren; (*dormirse*) einpennen

cuajar [kwa'xar] **I.** *vi* ❶ (*espesarse*) gerinnen ❷ (*referente a la nieve*) liegen bleiben ❸ (*fam: realizarse*) klappen **II.** *vt* ❶ (*solidificar*) eindicken ❷ (*cubrir*) überhäufen **III.** *vr:* **~se** ❶ (*coagularse*) gerinnen ❷ (*llenarse*) sich füllen (*de* mit +*dat*) ❸ (*solidificarse*) fest werden, eindicken **IV.** *m* (ZOOL) Labmagen *m*

cuajarón [kwaxa'ron] *m* ❶ (*sangre*) (Blut)gerinnsel *nt* ❷ (*otro líquido*) Klumpen *m* (*einer geronnenen Flüssigkeit*)

cuajo ['kwaxo] *m* ❶ (*sustancia*) Lab *nt* ❷ (*solidificación*) Eindickung *f*, Gerinnung *f* ❸ (ZOOL) Labmagen *m* ❹ (*loc, fam*): **de ~** vollständig; **tener mucho ~** die Ruhe weghaben

cuakerismo [kwake'rismo] *m* (REL) Quäkertum *nt*

cuákero, -a [kwa'kero, -a] *adj* (REL) quäkerisch

cual [kwal] **I.** *pron rel* ❶ (*relativo explicativo*): **el/la ~** der/die, welcher/welche; **lo ~** was, welche(r, s); **los/las ~es** die, welche; **cada ~** jede(r) (Einzelne); **te presentaré a Maribel y Ana, de las ~es te he hablado** ich werde dir Maribel und Ana vorstellen, von denen ich dir erzählt habe; **no fui a su fiesta, por lo ~ se enfadó** ich ging nicht auf seine/ihre Feier, weshalb er/sie sich ärgerte ❷ (*relativo correlativo*): **hazlo tal ~ te lo digo** mach es so, wie ich es dir sage; **la situación conflictiva, ~ es la que vivimos ahora** die Konfliktsituation, wie wir sie im Moment erleben; **tal o ~** der/die/das eine oder andere; **sea ~ sea** [*o* **fuere**] **su intención** was er/sie auch immer vorhat **II.** *adv* (*elev: como*) (so) wie; **~ si** +*subj* als ob; **tal ~** so einigermaßen

cuál [kwal] **I.** *pron inter* welche(r, s); **¿~ es el tuyo?** welches ist deins?; **¿~ te gustan más?** welche gefallen dir am besten?; **¡~ no sería mi alegría al veros!** (*elev*) wie ich mich freute euch zu sehen! **II.** *adj* (*Am*) welche(r, s); **¿~es frutas son para comer?** welche Früchte sind zum Essen? **III.** *pron indef* ❶ (*distributivo*): **~ más ~ menos** der eine mehr, der andere weniger, einige mehr, einige weniger ❷ (*ponderativo*): **tengo tres hermanas a ~ más bella** ich habe drei Schwestern, eine hübscher als die andere

cualesquier(a) [kwales'kjera] *pron indef pl de* **cualquiera**

cualidad [kwali'ðað] *f* Eigenschaft *f*, Qualität *f*

cualificación [kwalifika'θjon] *f* ❶ (*clasificación*) Klassifikation *f* ❷ (*calificación*) Qualifikation *f*; **~ especializada** fachliche Eignung; **~ exigida: Formación Profesional** Voraussetzung: abgeschlossene Berufsausbildung

cualificado, -a [kwalifi'kaðo, -a] *adj* ❶ (*apto*) befähigt, begabt ❷ (*especialista*) qualifiziert, kundig

cualificar [kwalifi'kar] <c→qu> *vt* qualifizieren

cualitativo, -a [kwalita'tiβo, -a] *adj* qualitativ

cualquier [kwal'kjer] *adj v.* **cualquiera**

cualquiera [kwal'kjera] **I.** *pron indef* (*delante de un substantivo: cualquier*) irgendein(e, er, s); **un día ~, cualquier día** irgendwann, an irgendeinem Tag; **en un lugar ~, en cualquier lugar** irgendwo; **a cualquier hora** jederzeit; **cualquier cosa** irgendwas; **de cualquier modo** irgendwie; (*de todas maneras*) jedenfalls; **en cualquier caso** in jedem

cuan

Fall; ¡~ **lo puede hacer!** das kann doch jeder!; ¡~ **lo entiende!** (*irón*) das soll einer verstehen!
II. *mf*: **ser un** ~ (*pey*) ein Niemand sein; **ser una** ~ (*pey*) eine Hure sein
cuan [kwan] *adv* so; **cayó** ~ **largo era** er fiel der Länge nach hin
cuán [kwan] *adv* (*elev*) wie; ¡~ **felices fuimos!** wie glücklich waren wir (doch)!
cuando ['kwando] *conj* ❶ (*presente*) wenn; **los veo** ~ **voy a la ciudad** (immer) wenn ich in die Stadt fahre, treffe ich sie; ~ **como mucho, me pongo enfermo** wenn ich sehr viel esse, werde ich krank; **de** ~ **en** ~ ab und zu, von Zeit zu Zeit
❷ (*pasado: con imperfecto*) wenn; (*con indefinido*) als; ~ **nos visitaba mi abuela, hacía comidas muy ricas** (immer) wenn unsere Großmutter zu Besuch kam, kochte sie sehr leckere Gerichte; ~ **estuvo aquí el mes pasado fuimos al cine** als er/sie letzten Monat hier war, waren wir im Kino; ~ (**era**) **niño viví en Madrid** als Kind habe ich in Madrid gelebt
❸ (*futuro;* +*subj*) sobald; ~ **quiera** jederzeit; ~ **termine de estudiar, me iré de viaje** wenn ich mit dem Studium fertig bin, werde ich eine Reise machen
❹ (*relativo*): **las horas** ~ **suelo dormir** die Stunden, in denen ich normalerweise schlafe; **el lunes es** ~ **no trabajo** montags arbeite ich nicht
❺ (*condicional*) wenn, falls; ~ **más** [*o* **mucho**] höchstens; ~ **menos** mindestens; ~ **no** wenn nicht, andernfalls
❻ (*aunque*): **aun** ~ auch wenn
cuándo ['kwando] I. *adv* wann; ¿~ **llegaste?** wann bist du angekommen?; ¡~ **vas a reconocerlo!** du solltest es endlich einsehen!
II. *m* (*Arg: baile*): **el** ~ argentinischer Volkstanz
cuantía [kwan'tia] *f* ❶ (*suma*) Ausmaß *nt*, Umfang *m*; ~ **litigiosa** (JUR) Streitwert *m*; ~ **del litigio de derechos** (JUR) Gebührenstreitwert *m*; ~ **del litigio de recurso** (JUR) Rechtsmittelstreitwert *m*; ~ **del recurso** (JUR) Rechtsmittelsumme *f*
❷ (*valía*) Bedeutung *f*; **de mayor** ~ bedeutend; **de menor** ~ (eher) unbedeutend
cuantiar [kwanti'ar] <*1. pres:* cuantío> *vt* (*evaluar*) bewerten; (*tasar*) schätzen
cuántica ['kwantika] *f* (FÍS) Quantentheorie *f*
cuántico, -a ['kwantiko, -a] *adj* (FÍS) Quanten-; **teoría cuántica** Quantentheorie *f*
cuantificable [kwantifi'kaβle] *adj* zahlenmäßig erfassbar, quantifizierbar
cuantificación [kwantifika'θjon] *f* zahlenmäßige Erfassung *f*, Quantifizierung *f*
cuantificador [kwantifika'ðor] *m* (*t.* LING) Quantor *m*, Quantifikator *m*
cuantificar [kwantifi'kar] <c→qu> *vt* ❶ (*expresar numéricamente*) in Zahlen beschreiben, quantifizieren
❷ (FÍS) quanteln
cuantioso, -a [kwan'tjoso, -a] *adj* reichlich
cuantitativo, -a [kwantita'tiβo, -a] *adj* quantitativ
cuanto[1] ['kwanto] I. *adv*: ~… **tanto**… je …, desto …, je …, umso …; ~ **antes** möglichst bald, so schnell wie möglich; ~ **más que…** umso mehr, als …
II. *prep* (*por lo que se refiere a*): **en** ~ **a** bezüglich +*gen*, was … betrifft
III. *conj* ❶ (*temporal*): **en** ~ (**que**) +(*subj*) sobald
❷ (*puesto que*): **por** ~ **que** da; **no puedo venir por** ~ **que estoy enfermo** ich kann nicht kommen, da ich krank bin
IV. *m* (FÍS) Quant *nt*
cuanto, -a[2] ['kwanto, -a] I. *pron rel* ❶ (*neutro*) alles, was …; **tanto…** ~ **so viel … wie**; **dije** (**todo**) ~ **sé** ich habe alles gesagt, was ich weiß; **he perdido** ~ **tenía** ich habe alles verloren, was ich hatte
❷ *pl* alle, die …; **la más hermosa de cuantas conozco** die Hübscheste von allen, die ich kenne
II. *pron indef*: **unos** ~**s**/**unas cuantas** einige, ein paar
cuánto[1] ['kwanto] *adv* (*interrogativo*) wie viel; ¿**a** ~? wie viel?, wie teuer?; ¿~ **me quieres?** wie sehr liebst du mich?
❷ (*exclamativo*): ¡~ **llueve!** wie stark es regnet!; ¡~ **has de sufrir!** wie sehr du doch leiden musst!
cuánto, -a[2] ['kwanto, -a] I. *adj* wie viel; ~**s**/**cuántas** wie viele; ¿~ **tiempo?** wie lange?; ¿**cuántas veces?** wie oft?; ¿~**s años tienes?** wie alt bist du?
II. *pron inter* wie viel; ¿~ **hay de aquí a Veracruz?** wie weit ist es von hier bis nach Veracruz?; ¿~ **hace que no vienes a verme?** wie lange hast du mich nicht mehr besucht?
cuaquerismo [kwake'rismo] *m* (REL) Quäkertum *nt*
cuáquero, -a ['kwakero, -a] I. *adj* (REL) quäkerisch
II. *m, f* (REL) Quäker(in) *m(f)*
cuarcita [kwar'θita] *f* (GEO) Quarzit *m*
cuarenta [kwa'renta] I. *adj inv* vierzig
II. *m* Vierzig *f*; **cantar las** ~**s a alguien** jdm den Kopf waschen *fig; v. t.* **ochenta**

cuarzoso

cuarentavo[1] [kwaren'taβo] *m* Vierzigstel; *v. t.* **octavo**[2]
cuarentavo, -a[2] [kwaren'taβo, -a] *adj* vierzigstel; *v. t.* **octavo**[2]
cuarentena [kwaren'tena] *f* ❶ (*cuarenta unidades*) Einheit aus vierzig Teilen; **una** ~ **de veces** etwa vierzigmal
❷ (*aislamiento*) Quarantäne *f*; **poner en** ~ unter Quarantäne stellen; (*fig*) in Zweifel ziehen
cuarentón, -ona [kwaren'ton, -ona] I. *adj* in den Vierzigern
II. *m, f* Vierziger(in) *m(f)*
cuaresma [kwa'resma] *f* (REL) Fastenzeit *f*
cuaresmal [kwares'mal] *adj* (REL) Fasten(zeit)-
cuarta ['kwarta] *f* ❶ (*cuarta parte*) Viertel *nt*
❷ (*medida*) Spanne *f*
❸ (MÚS) Quarte *f*
cuartal [kwar'tal] *m* (GASTR) Viertellaib *m* Brot
cuartana [kwar'tana] *f* (MED) Quartanfieber *nt*, Quartana *f*
cuartar [kwar'tar] *vt* (AGR: *arar por cuarta vez*) das vierte Mal pflügen (bevor gesät wird)
cuartazo [kwar'taθo] *m* (*AmC, Méx: latigazo*) Peitschenhieb *m*
cuartear [kwarte'ar] I. *vt* ❶ (*dividir en cuartos*) vierteln
❷ (*despedazar*) zerlegen
❸ (*zigzaguear*) im Zickzack entlangfahren
II. *vt* (TAUR) mit einer Vierteldrehung ausweichen (wobei die Banderillas gestoßen werden)
III. *vr*: ~**se** rissig werden
cuartel [kwar'tel] *m* ❶ (*cuarta parte*) Viertel *nt*
❷ (MIL: *acuartelamiento*) Quartier *nt*; ~ **general** Hauptquartier *nt*
❸ (MIL: *edificio*) Kaserne *f*
❹ (*perdón*) Schonung *f*; **no dar** ~ **a alguien** mit jdm kein Pardon kennen
❺ (*bancal*) Beet *nt*
❻ (NÁUT) Luke *f*
cuartelada [kwarte'laða] *f* (Militär)putsch *m*
cuartelazo [kwarte'laθo] *m v.* **cuartelada**
cuartelero[1] [kwarte'lero] *m* (MIL) Stubendiensthabende(r) *m*, Stubendienst *m*
cuartelero, -a[2] [kwarte'lero, -a] *adj* ❶ (*referente al cuartel*) Kasernen-; **lenguaje** ~ Kasernenjargon *m*
❷ (*grosero*) unflätig
cuartelillo [kwarte'liʎo] *m* Revier *nt*
cuarteo [kwar'teo] *m* ❶ (*división*) Viertelung *f*
❷ (*grieta*) Riss *m*
❸ (TAUR) Ausweichen *nt* (*vor dem Stier*)
cuarterola [kwarte'rola] *f* ❶ (*barril*) Viertelfass *nt*
❷ (*medida*) Flüssigkeitsmaß: 130 Liter
❸ (*Chil: arma*) Kleinkalibergewehr *nt*
cuarterón, -ona [kwarte'ron, -ona] *m, f* Kastize, -in *m, f*
cuarteta [kwar'teta] *f* (LIT) Vierzeiler *m*
cuartilla [kwar'tiʎa] *f* ❶ (*hoja de papel*) Quartblatt *nt*, kleines Blatt *nt*
❷ (*medida para áridos*) Metze *f* (*13,87 l*)
❸ (*medida para líquidos*) Flüssigkeitsmaß: 4,03 l
❹ (*medida de peso*) Gewichtsmaß: 2,87 kg
❺ (*del caballo*) Fessel *f*
cuartillo [kwar'tiʎo] *m* ❶ (*medida para líquidos*) Flüssigkeitsmaß: 0,504 l
❷ (*medida para áridos*) Metze *f* (*1,156 l*)
cuarto[1] ['kwarto] *m* ❶ (*habitación*) Zimmer *nt*; ~ **de aseo** Toilette *f*; ~ **de baño** Badezimmer *nt*, Bad *nt*; ~ **de estar** Wohnzimmer *nt*; ~ **trastero** Rumpelkammer *f*
❷ (*pl*) (*fam: dinero*) Knete *f*; **quedarse sin un** ~ ohne einen Pfennig dastehen, völlig blank sein; **tener cuatro** ~ jede Mark umdrehen müssen; **dio un** ~ **al pregonero** er/sie hat alles ausposaunt
❸ (*de un caballo*): ~**s delanteros**/**traseros** Vor(der)-/Hinterhand *f*
cuarto, -a[2] ['kwarto, -a] I. *adj* (*parte*) viertel; (*numeración*) vierte(r, s)
II. *m, f* Viertel *nt*; **creciente**/**menguante** erstes/letztes (Mond)viertel; ~ **de final** (DEP) Viertelfinale *nt*; ~ **de hora** Viertelstunde *f*; **es la una y**/**menos** ~ es ist Viertel nach/vor eins; **ser de tres** ~**s** dreiviertellang sein; **ser de tres al** ~ minderwertig sein; **echar su** ~ **a espadas** (*fam*) seinen Senf dazugeben; *v. t.* **octavo**[2]
cuartogénito, -a [kwarto'xenito, -a] I. *adj* viertgeborene(r, s)
II. *m, f* Viertgeborene(r) *mf*
cuartón [kwar'ton] *m* ❶ (*madero*) Kantholz *nt*
❷ (*madero para la construcción*) Bauholz *nt*, Balken *m*
❸ (AGR) (*viereckiger*) Acker *m*
❹ (*medida de capacidad*) Flüssigkeitsmaß
cuartucho [kwar'tutʃo] *m* (*pey*) Loch *nt*
cuarzo ['kwarθo] *m* Quarz *m*
cuarzoso, -a [kwar'θoso, -a] *adj* (GEO) quarzhaltig, Quarz-; (*duro*) quarzig, hart wie Quarz

cuásar ['kwasar] *m* (ASTR) Quasar *m*
cuasia ['kwasja] *f* (BOT) Quassie *f*
cuasicontractual [kwasikontraktu'al] *adj* (JUR) vertragsähnlich
cuasicontrato [kwasikon'trato] *m* (JUR) vertragsähnliches Verhältnis *nt*
cuasidelito [kwasiðe'lito] *m* (JUR) fahrlässige gesetzwidrige Handlung *f*
cuasi-dinero [kwasiði'nero] *m* (FIN) Quasigeld *nt*
cuasidivisión [kwasiðiβi'sjon] *f* (ECON, FIN) Quasisplitting *nt*
cuasimonopolio [kwasimono'poljo] *m* (ECON) Quasi-Monopol *nt*
cuasi-renta [kwasi'rrenta] *f* (FIN) Quasirente *f*
cuasiusufructo [kwasiusu'frukto] *m* (JUR) Nießbrauch *m* an verbrauchbaren Dingen
cuate, -a ['kwate, -a] *m, f* ❶ (*Méx: gemelo*) Zwilling *m* ❷ (*Guat, Méx: amigo*) Kamerad(in) *m(f)*
cuaterna [kwa'terna] *f* vier Richtige *mpl*, Vierer *m fam* (*im Lotto*)
cuaternario¹ [kwater'narjo] *m* (GEO) Quartär *nt*
cuaternario, -a² [kwater'narjo, -a] *adj* ❶ (*de cuatro piezas*) vierteilig ❷ (*de cuatro cifras*) vierstellig ❸ (GEO) quartär; **era cuaternaria** Quartär *nt*
cuaterno, -a [kwa'terno, -a] *adj* vierstellig
cuatorvirato [kwatorβi'rato] *m* (HIST) Quattuorvirat *nt*
cuatratuo, -a [kwa'tratwo, -a] I. *adj* Kastizen- II. *m, f* Kastize, -in *m, f*
cuatreño, -a [kwa'treɲo, -a] *adj* vierjährig
cuatrero, -a [kwa'trero, -a] *m, f* Viehdieb(in) *m(f)*
cuatricromía [kwatrikro'mia] *f* (TIPO) Vierfarbendruck *m*
cuatriduano, -a [kwatri'ðwano, -a] *adj* viertägig
cuatrienal [kwatrje'nal] *adj* ❶ (*repetición*) vierjährlich ❷ (*duración*) vierjährig
cuatrienio [kwatri'enjo] *m* Zeitraum *m* von vier Jahren
cuatrillizo, -a [kwatri'ʎiθo, -a] *m, f* Vierling *m*
cuatrillón [kwatri'ʎon] *m* Quadrillion *f*
cuatrimestral [kwatrimes'tral] *adj* ❶ (*repetición*) viermonatlich ❷ (*duración*) viermonatig
cuatrimestre [kwatri'mestre] *m* Zeitraum *m* von vier Monaten
cuatrimotor [kwatrimo'tor] *adj* viermotorig
cuatrinca [kwa'trinka] *f* ❶ (ADMIN: *lista de cuatro personas*) Vierergruppe *f* ❷ (*naipes*) vier Karten gleichen Wertes
cuatripartito, -a [kwatripar'tito, -a] *adj* vierteilig
cuatrirreactor [kwatrirreak'tor] I. *adj* (AERO) vierstrahlig II. *m* (AERO) vierstrahliges Flugzeug *nt*
cuatrisílabo, -a [kwatri'silaβo, -a] *adj* viersilbig
cuatro ['kwatro] *adj inv* vier; **más de ~** einige; **apenas llueve, caen sólo ~ gotas** es regnet kaum, es fallen bloß drei Tropfen; *v. t.* **ocho**
cuatrocentista [kwatroθen'tista] I. *adj* (ARTE) des 15. Jahrhunderts II. *mf* (ARTE) Künstler(in) *m(f)* des 15. Jahrhunderts
cuatrocientos, -as [kwatro'θjentos, -as] *adj* vierhundert; *v. t.* **ochocientos**
cuatrodoblar [kwatroðo'βlar] *vt, vr: ~se v.* **cuadruplicar**
cuatrojos [kwa'troxos] *mf inv* (*argot*) Brillenschlange *f*
cuatrolatas [kwatro'latas] *m inv* (*fam*) Klapperkasten *m*, Blechkiste *f*
cuatropea [kwatro'pea] *f* ❶ (*animal cuadrúpedo*) Vierbeiner *m* ❷ (*puesto de venta de ganado*) Viehmarkt *m* ❸ (HIST: *impuesto*) Marktsteuer *f* für den Verkauf von Pferden
cuba ['kuβa] *f* Kübel *m*; **estar como** [*o* **hecho**] **una ~** (*fam: borracho*) stockbesoffen [*o* sternhagelvoll] sein; **estar hecho una ~** (*gordo*) eine Tonne sein
Cuba ['kuβa] *f* Kuba *nt*
cubalibre [kuβa'liβre] *m* Cubalibre *m*
cubanismo [kuβa'nismo] *m* ❶ (LING) in Kuba gebräuchlicher Ausdruck *m* ❷ (*afecto a lo cubano*) Liebe *f* für alles Kubanische; (*apego por Cuba*) Begeisterung *f* für Kuba
cubanización [kuβaniθa'θjon] *f* (ECON, POL) Kubanisierung *f*
cubano, -a [ku'βano, -a] I. *adj* kubanisch II. *m, f* Kubaner(in) *m(f)*
cubata [ku'βata] *m* (*fam*) Cubalibre *m*
cubeba [ku'βeβa] *f* (BOT) ❶ (*planta*) Kubebenpfeffer *m* ❷ (*fruto*) Kubebe *f*, Kubebenpfeffer *m*
cubero [ku'βero] *m* Böttcher *m*; **a ojo de buen ~** über den Daumen gepeilt
cubertería [kuβerte'ria] *f* Besteck *nt*
cubeta [ku'βeta] *f* ❶ (*cubo*) Eimer *m* ❷ (FOTO, QUÍM) Wanne *f*, Schale *f* ❸ (*de un termómetro*) Kolben *m*; **~ de mercurio** Quecksilberkolben *m*
cubicación [kuβika'θjon] *f* (MAT) ❶ (*elevación al cubo*) Kubatur *f*, Erheben *nt* in die dritte Potenz ❷ (*del volumen*) Volumenberechnung *f*, Rauminhaltsberechnung *f*
cubicar [kuβi'kar] <c→qu> *vt* (MAT) ❶ (*multiplicar*) kubieren, in die dritte Potenz erheben ❷ (*medir el volumen*) das Volumen berechnen +*gen*
cúbico, -a ['kuβiko, -a] *adj* ❶ (*de forma de cubo*) würfelförmig, kubisch ❷ (MAT) kubisch, Kubik-; **metro ~** Kubikmeter *m*
cubículo [ku'βikulo] *m* Kammer *f*
cubierta [ku'βjerta] *f* ❶ (*cobertura*) Abdeckung *f*; (*de un libro*) Einband *m*; (*de una rueda*) Mantel *m*; **~ de cama** Bettdecke *f*; **~ sin cámara** schlauchloser Reifen; **~ de mesa** Tischdecke *f* ❷ (NÁUT) (Schiffs)deck *nt* ❸ (ARQUIT) Dach *nt* ❹ (*pretexto*) Deckmantel *m*
cubierto¹ [ku'βjerto] *m* ❶ (*servicio de mesa*) Gedeck *nt*; **poner un ~** ein Gedeck auflegen ❷ (*cubertería*) Besteck *nt*; **~ para la ensalada** Salatbesteck *nt* ❸ (GASTR) Gedeck *nt* ❹ (*techumbre*) (Schutz)dach *nt*; **a ~ de** geschützt vor +*dat*; **ponerse a ~** sich unterstellen
cubierto, -a² [ku'βjerto, -a] I. *pp de* **cubrir** II. *adj* ❶ (*tiempo*) bedeckt, bewölkt ❷ (FIN): **cheque ~** gedeckter Scheck *m*
cubil [ku'βil] *m* ❶ (*refugio*) Schlupfwinkel *m* ❷ (*cauce*) (Fluss)bett *nt*
cubilete [kuβi'lete] *m* ❶ (*molde*) Backform *f* ❷ (*en juegos*) Würfelbecher *m* ❸ (GASTR) Pastete *f*
cubiletear [kuβilete'ar] *vi* ❶ (*juegos: agitar el cubilete*) den Würfelbecher schütteln ❷ (*fam fig: engatusar*) tricksen, Schmu machen
cubiletero [kuβile'tero] *m* ❶ (*jugador*) Würfelspieler *m* ❷ (*cubilete*) Backform *f*
cubismo [ku'βismo] *m* (ARTE) Kubismus *m*
cubista [ku'βista] I. *adj* (ARTE) kubistisch II. *mf* (ARTE) Kubist(in) *m(f)*
cubital [kuβi'tal] *adj* (ANAT) ❶ (*codo*) Ellenbogen-, kubital ❷ (*cúbito*) Ellen-, kubital
cubitera [kuβi'tera] *f* Eiswürfelschale *f*
cubito [ku'βito] *m* Eiswürfel *m*
cúbito ['kuβito] *m* (ANAT) Elle *f*
cubo ['kuβo] *m* ❶ (*recipiente*) Eimer *m* ❷ (*de una rueda*) Nabe *f* ❸ (*hexaedro*) Würfel *m* ❹ (MAT) dritte Potenz *f*, Kubikzahl *f*
cuboides [ku'βojðes] I. *adj inv* (ANAT) Würfelbein-, kuboid II. *m inv* (ANAT) Würfelbein *nt*, Kuboid *nt*
cubreasientos [kuβrea'sjentos] *m inv* Schonbezug *m* (*für Autositze*)
cubrecabeza(s) [kuβreka'βeθa(s)] *m* (*inv*) Kopfbedeckung *f*
cubrecadena [kuβreka'ðena] *m* Kettenschutz *m*
cubrecama [kuβre'kama] *m* Tagesdecke *f*
cubrejunta(s) [kuβre'xunta(s)] *m* (*inv*) (Fugen)abdeckleiste *f*, Fugenleiste *f*
cubreobjetos [kuβreoβ'xetos] *m inv* Deckglas *nt*
cubrición [kuβri'θjon] *f* (ZOOL) Decken *nt*
cubrimiento [kuβri'mjento] *m* Bedeckung *f*, Abdeckung *f*
cubrir [ku'βrir] *irr como abrir* I. *vt* ❶ (*tapar*) bedecken (*con/de* mit +*dat*), abdecken (*con/de* mit +*dat*) ❷ (*ocultar*) verdecken ❸ (*recorrer*) zurücklegen ❹ (*techar un edificio*) mit einem Dach versehen, decken ❺ (*techar un espacio*) überdachen ❻ (DEP, MIL) decken; **¡cubridme!** gebt mir Deckung! ❼ (*rellenar*) (auf)füllen ❽ (*llenar*) überschütten (*de* mit +*dat*) ❾ (*compensar*) decken; **~ un déficit** einen Fehlbetrag abdecken, eine Haushaltslücke schließen; **~ los gastos** die Kosten decken; **cuando las ventas no cubren los costes se obtienen pérdidas** wenn die Verkäufe die Unkosten nicht decken, entstehen Verluste ❿ (*referente a vacante*) besetzen ⓫ (*pagar una deuda*) begleichen ⓬ (ZOOL) decken ⓭ (*proteger*) bewahren (*de* vor +*dat*) ⓮ (PREN) berichten (*über* +*akk*) II. *vr: ~se* ❶ (*revestirse, llenarse*) sich bedecken; **~se de gloria** (*irón*) sich mit Ruhm bekleckern ❷ (*ponerse el sombrero*) seinen Hut aufsetzen ❸ (*referente al cielo*) sich bedecken, sich bewölken ❹ (MIL) in Deckung gehen ❺ (*protegerse*) sich schützen (*contra* vor +*dat*); **~se las espaldas** sich absichern
cuca ['kuka] *f* ❶ (*chufa*) Erdmandel *f*

cucamonas

② (*oruga*) Raupe *f*
③ (*fam: jugadora*) Spielsüchtige *f*
④ (*vulg: pene*) Schwanz *m fam*
⑤ *pl* (*fam: dinero*) Piepen *pl*
⑥ *v.* **cuco²**
cucamonas [kuka'monas] *fpl* (*fam*) Schmeicheleien *fpl*
cucaña [ku'kaɲa] *f* ❶ (*en un juego*) eingefettete oder eingeseifte Stange, die man hochklettern oder über die man laufen muss, um den am anderen Ende befestigten Preis zu gewinnen
❷ (*fam: ganga*) Kinderspiel *nt*
cucar [ku'kar] <c→qu> **I.** *vt* ❶ (*guiñar*) zublinzeln +*dat*, zuzwinkern +*dat*
❷ (*mofar*) verspotten
II. *vi* (*ganado*) durchgehen
cucaracha [kuka'ratʃa] *f* Küchenschabe *f*, Kakerlak *m*
cuchara [ku'tʃara] *f* Löffel *m*; ~ **del fundidor** (TÉC) Gießkelle *f*; ~ **de palo** Holzlöffel *m*; ~ **prensora con garras** (TÉC) Gabelgreifer *m*; ~ **sopera** [*o* **de sopa**] Suppenlöffel *m*; **ser media** ~ (*poco talentoso*) mittelmäßig (begabt) sein; **meter su** ~ (*entrometerse*) seinen Senf dazugeben *fam*; **meter algo a alguien con** ~ (**de palo**) (*hacer que comprenda*) jdm etw einpauken
cucharada [kutʃa'raða] *f* (*porción*) Löffel *m*; **una** ~ **grande/pequeña** ein Esslöffel/Teelöffel (voll); **una** ~ **de azúcar** ein Löffel (voll) Zucker; **sólo ha comido dos** ~**s** er/sie hat nur zwei Löffel (voll) gegessen; **a** ~**s** (*ess*)löffelweise; **meter su** ~ (*fig*) seinen Senf dazugeben *fam*
cucharadita [kutʃara'ðita] *f* (*porción*) Teelöffel *m*; **dos** ~**s de licor** zwei Teelöffel (voll) Likör
cucharear [kutʃare'ar] **I.** *vi* (*fig*) sich in fremde Angelegenheiten mischen
II. *vt* löffeln; ~ **la sopa** die Suppe löffeln
cucharilla [kutʃa'riʎa] *f* Teelöffel *m*, Kaffeelöffel *m*; ~ **de postre** Dessertlöffel *m*
cucharón [kutʃa'ron] *m* Schöpflöffel *m*; **despacharse con el** ~ **den Löwenanteil für sich behalten**
cuché [ku'tʃe] *adj inv* (TIPO): **papel** ~ Kunstdruckpapier *nt*
cuchichear [kutʃitʃe'ar] *vi* tuscheln, flüstern
cuchicheo [kutʃi'tʃeo] *m* Getuschel *nt*, Geflüster *nt*
cuchilla [ku'tʃiʎa] *f* ❶ (*de afeitar*) Rasierklinge *f*
❷ (*cuchillo grande*) (breites) Messer *nt*; ~ **de arado** Pflugmesser *nt*; ~ **de carnicero** Fleischermesser *nt*; ~ **de picar** Hackmesser *nt*; ~ **de raspar** Schabmesser *nt*
❸ (LIT: *espada*) Schwert *nt*, Degen *m*; **la** ~ **de la ley** der (lange) Arm des Gesetzes
❹ (*de un peñasco*) (Fels)grat *m*; (*de una montaña*) Gebirgsrücken *m*
cuchillada [kutʃi'ʎaða] *f* ❶ (*navajazo*) Messerstich *m*; (*corte*) Schnitt *m*
❷ (*herida*) Stichwunde *f*
❸ *pl* (*riña*) Streit *m*; (*pelea*) Rauferei *f*; **andar a** ~**s con alguien** (mit) jdm spinnefeind sein; **andan a** ~**s** sie sind sich spinnefeind
❹ (*loc*): ~ **de pícaro** hinterhältige Gemeinheit *f*; **dar** ~ die Gunst des Publikums gewinnen
cuchillazo [kutʃi'ʎaθo] *m v.* **cuchillada**
cuchillería [kutʃiʎe'ria] *f* ❶ (*fábrica*) Messerfabrik *f*
❷ (*tienda*) Messergeschäft *nt*
cuchillero [kutʃi'ʎero] *m* ❶ (*persona*) Messerschmied *m*
❷ (*abrazadera*) Klammer *f*
cuchillo [ku'tʃiʎo] *m* ❶ (*para cortar*) Messer *nt*; **afilado** scharfes Messer; ~ **de bolsillo** Taschenmesser *nt*; ~ **de cocina** Küchenmesser *nt*; ~ **para cortar pan** Brotmesser *nt*; ~ **de monte** Hirschfänger *m*; ~ **patatero** Kartoffelmesser *nt*; ~ **romo** stumpfes Messer; **pasar a** ~ niedermetzeln; **matar con** ~ **de palo** (*mortificar*) piesacken *fam*
❷ (*de la ropa*) Zwickel *m*
❸ (ARQUIT) Stützbalken *m*
❹ (*del halcón*) Schwungfedern *fpl*
❺ (NÁUT) Gilling *f*
cuchipanda [kutʃi'panda] *f* (*fam*) Gelage *nt*; **andar de** ~ sich *dat* einen schönen Tag machen
cuchitril [kutʃi'tril] *m* ❶ (*pocilga*) Schweinestall *m*
❷ (*habitación, vivienda*) Loch *nt*, Spelunke *f*
cucho¹ ['kutʃo] *m* ❶ (*Chil: ZOOL*) Katze *f*
❷ (*Ecua, Perú: rincón*) Winkel *m*, Ecke *f*
❸ (*Col: cuarto*) Kammer *f*
cucho, -a² ['kutʃo, -a] *adj* (*Méx*) stumpfnasig
cuchuchear [kutʃutʃe'ar] *vi* (miteinander) tuscheln [*o* flüstern]
cuchuco [ku'tʃuko] *m* (*Col:* GASTR) Gerstensuppe *f* mit Schweinefleisch
cuchufleta [kutʃu'fleta] *f* Neckerei *f*, Scherz *m*; **estar de** ~ zum Scherzen aufgelegt sein
cuchufletero, -a [kutʃufle'tero, -a] *m, f* Spaßvogel *m*
cuchugo [ku'tʃuɣo] *m* (*AmS*) Satteltasche *f*
cuclillas [ku'kliʎas] *fpl*: **en** ~ hockend, niedergekauert; **estar en** ~ **in** der Hocke sitzen
cuclillo [ku'kliʎo] *m* Kuckuck *m*
cuco¹ ['kuko] *m* ❶ (ZOOL) Kuckuck *m*; **reloj de** ~ Kuckucksuhr *f*
❷ (*canto*) Kuckucksruf *m*
cuco, -a² ['kuko, -a] **I.** *adj* ❶ (*astuto*) gerissen, schlau; **es muy** ~ er ist ein alter Fuchs [*o* ganz schön gerissen]
❷ (*bonito*) hübsch, niedlich
II. *m, f* (*Arg: fam*) Scheusal *nt*, Monster *nt*
cucú [ku'ku] *m v.* **cuco¹**
cucufato, -a [kuku'fato, -a] **I.** *adj* (*Bol, Perú*) frömmelnd
II. *m, f* (*Bol, Perú*) Frömmler(in) *m(f)*
cucurucho [kuku'rutʃo] *m* ❶ (*de papel*) Papiertüte *f*
❷ (*de helado*) (Eis)hörnchen *nt*
❸ (*Cuba: azúcar*) minderwertiger Zucker *m*
❹ (*Am: para dibujos*) Zeichnungsrolle *f*
❺ (*gorro cónico*) spitze Mütze *f*; (*usado en las procesiones de Semana Santa*) Büßermütze *f*
cueceleches [kweθe'letʃes] *m inv* Milchtopf *m*
cuelga ['kwelɣa] *f* ❶ (*de frutas, comestibles*) Bündel *nt* (, *das zum Dörren aufgehängt wird*)
❷ (*fam: regalo*) Geburtstagsgeschenk *nt*
cuelgue ['kwelɣe] *m* ❶ (*argot: estado tras la ingestión de drogas*) Kick *m*
❷ (*fam: atontamiento*) Blödheit *f*, Dumpfheit *f*
❸ (*fam: dependencia afectiva*) emotionale Abhängigkeit *f*; **tiene un** ~ **grande por mi hermano** er/sie ist emotional stark auf meinen Bruder fixiert
cuellicorto, -a [kweʎi'korto, -a] *adj* kurzhalsig
cuellilargo, -a [kweʎi'larɣo, -a] *adj* langhalsig
cuello ['kweʎo] *m* ❶ (ANAT) Hals *m*; ~ **uterino** Gebärmutterhals *m*; **alargar el** ~ den Hals recken; **erguir el** ~ (*fig*) hochmütig sein; **salvar el** ~ (*fam*) mit heiler Haut davonkommen; **torcer el** ~ **a alguien** jdm den Hals umdrehen; **echar los brazos al** ~ um den Hals fallen; **gritar a voz en** ~ aus vollem Hals(e) schreien; **está con el agua al** ~ ihm/ihr steht das Wasser bis zum Hals; **romper(le) el** ~ **a alguien** (*fig*) jdm das Genick brechen
❷ (*parte de una prenda*) Kragen *m*; ~ **alto** Stehkragen *m*; ~ **duro** gestärkter [*o* steifer] Kragen; ~ **de encaje** Spitzenkragen *m*; ~ **de marinero** Matrosenkragen *m*; ~ **de pajarita** Vatermörder *m*; ~ **de pieles** Pelzkragen *m*; ~ **postizo** (loser) Kragen *m*; ~ **vuelto** Umlegekragen *m*, Schillerkragen *m*; **pasador de** ~ Kragenknopf *m*
❸ (*de un recipiente*) Hals *m*; ~ **de botella** Flaschenhals *m*; (*Am: fig*) Engpass *m*
cuenca ['kwenka] *f* ❶ (GEO) Becken *nt*; **la** ~ **del río** das Flussbecken
❷ (*región*) (Fluss)gebiet *nt*; ~ **carbonífera** (Kohlen)revier *nt*; **la** ~ (**carbonífera**) **del Ruhr** das Ruhrgebiet
❸ (*recipiente*) Holznapf *m*
❹ (*de los ojos*) Augenhöhle *f*
cuenco ['kwenko] *m* ❶ (*vasija*) Napf *m*
❷ (*concavidad*) Höhlung *f*; **el** ~ **de la mano** die hohle Hand
cuenta ['kwenta] *f* ❶ (*cálculo*) (Be)rechnung *f*; (*calculación final*) Abrechnung *f*; ~ **atrás** Countdown *m*; ~**s atrasadas** Außenstände *mpl*; ~ **de beneficios y pérdidas** Gewinn- und Verlustrechnung *f*; ~**s consolidadas** (COM) Konzernabschluss *f*; ~ **corriente con el exterior** (ECON, FIN) Leistungsbilanz mit dem Ausland; ~ **de explotación** (ECON, FIN) Betriebs(ergebnis)rechnung *f*; ~**s galanas** (*por manipulación*) frisierte Rechnungen; (*pendientes*) unbezahlte Rechnungen; ~ **de gastos** (Un)kostenrechnung *f*, Spesenrechnung *f*; ~ **de orden** Rechnungsabgrenzungsposten *m*; ~**s pendientes** (ECON, FIN) Außenstände *mpl*; ~ **pro-forma** [*o* **simulada**] Proformarechnung *f*; ~ **de la vieja** Abzählen an den Fingern; **rendición de** ~**s** Rechnungslegung *f*; **tribunal de** ~**s** Rechnungshof *m*; **por** ~ **del Estado** auf Staatskosten; **echar la** ~ nachrechnen, zusammenrechnen; **sacar la** ~ ausrechnen; **pagar la** ~ die Rechnung begleichen; **poner en** ~ anrechnen, in Rechnung stellen; **poner algo en la** ~ etw auf die Rechnung setzen; **pasar la** ~ **a alguien** jdm die Rechnung vorlegen; **por** ~ **ajena/propia** auf fremde/eigene Rechnung; **establecerse por su** ~ sich selb(st)ständig machen; **figurar en la** ~ auf der Rechnung erscheinen; **a** ~ **de alguien** auf jds Rechnung, (*fig*) auf jds Verantwortung; **echar** ~**s** überlegen; **rendir** ~**s** Rechenschaft ablegen; **pedirle** ~**s a alguien** jdn zur Verantwortung ziehen [*o* zur Rede stellen]; **dar** ~ **de algo** Bericht erstatten über etw; **ajustar las** ~**s a alguien** mit jdm abrechnen; **tenemos una** ~ **pendiente** wir haben noch eine Rechnung offen, wir haben noch ein Hühnchen miteinander zu rupfen *fam*; **habida** ~ **de…** wenn man bedenkt …; **teniendo en** ~ **que…** im Hinblick auf …, unter Berücksichtigung der Tatsache, dass …; **entrar en** ~ in Frage [*o* infrage] kommen; **entrar en** ~**s consigo** mit sich *dat* ins Reine kommen; **tener en** ~ in Betracht ziehen, bedenken; **tomar en** ~ berücksichtigen; **tomar por su** ~ auf sich nehmen; **esto no me trae** ~ das rentiert sich nicht für mich; **darse** ~ **de algo** etw (be)merken; **lo he hecho**

cuentacorrentista

sin darme ~ ich habe es ganz unbewusst getan; **caer en la** ~ wahrnehmen, plötzlich merken; **no dar** ~ **de sí** kein Lebenszeichen von sich *dat* geben; **por mi ~...** meines Erachtens ...; **hablar más de la** ~ zu viel reden; **hacer** ~ voraussetzen, annehmen; **hallar su** ~ auf seine Kosten kommen; **a fin de ~s** letztendlich; **a la** [*o* **por la**] ~ offenbar, allem Anschein nach; **en resumidas ~s** kurz und gut; **hacer algo por su ~ y riesgo** etw auf eigenes Risiko hin machen; **no querer ~s con alguien** mit jdm nichts zu tun haben wollen; **perder la** ~ sich nicht erinnern, den Faden verlieren; **¡la ~ es ~!** Geschäft ist Geschäft!; **echar la ~ sin la huéspeda** die Rechnung ohne den Wirt machen; **ser un hombre de** ~ eine bedeutende Persönlichkeit sein; **ser un pájaro de** ~ ein Gauner sein; **estar fuera de** ~ (*una mujer*) die neun Monate der Schwangerschaft überschritten haben

❷ (*en el banco*) Konto *nt*; ~ **de ahorro** Sparkonto *nt*; ~ **de ahorro vivienda** (ECON, FIN) Bausparkonto *nt*; ~ **del balance** Bilanzkonto *nt*; ~ **bloqueada** eingefrorenes Konto; ~ **de caja** Kassakonto *nt*, Kassenkonto *nt*; ~ **de capital** Kapitalkonto *nt*; ~ **de capital propio** Eigenkapitalkonto *nt*; ~ **colectiva** Sammelkonto *nt*; ~ **de compensación** Verrechnungskonto *nt*; ~ **corriente** [*o* **de giros**] Girokonto *nt*; ~ **de crédito** Kreditkonto *nt*; ~ **de depósitos** Depositenkonto *nt*; ~ **embargada** beschlagnahmtes Konto; ~ **de fidelidad** Treuekonto *nt*; ~ **fiduciaria** Treuhandkonto *nt*; ~ **de gastos** Spesenkonto *nt*; ~ **de giros postales** Postgirokonto *nt*; ~ **de liquidación** Liquidationskonto *nt*; ~ **material** Sachkonto *nt*; ~ **de mercancías** Warenkonto *nt*; ~ **en moneda extranjera** Währungskonto *nt*; ~ **nominal** persönliches Konto; ~ **pignorada** verpfändetes Konto; ~ **provisional** Interimskonto *nt*, Zwischenkonto *nt*; ~ **de salarios** Lohn- und Gehaltskonto *nt*; ~ **de usuario** Benutzerkonto *nt*, Account *m*; **a la vista** Sichtlage *f*; **abonar en** ~ gutschreiben; **abrir una** ~ ein Konto eröffnen; **cargar en** ~ ein Konto belasten; **girar a una** ~ auf ein Konto überweisen; **rebasar** [*o* **sobregirar**] **una** ~ ein Konto überziehen; **saldar una** ~ ein Konto ausgleichen; **mi marido y yo tenemos una** ~ **conjunta** mein Mann und ich haben [*o* ich habe mit meinem Mann] ein Gemeinschaftskonto; **mi** ~ **está al descubierto** [*o* **tiene un saldo deudor**] mein Konto ist überzogen

❸ (*de un collar*) Perle *f*; **~s de vidrio** Glasperlen *fpl*

❹ (*de hilo*) (Faden)dichte *f*

cuentacorrentista [kwenṭakorren'tista] *mf* Kontokorrentinhaber(in) *m(f)*

cuentacuentos [kwenṭa'kwenṭos] *mf inv* Geschichtenerzähler(in) *m(f)*

cuentagotas [kwenṭa'γotas] *m inv* Pipette *f*; **con** [*o* **a**] ~ (*fig*) spärlich

cuentahabiente [kwenṭa(a)'βjenṭe] *mf* (FIN) Kontoinhaber(in) *m(f)*

cuentakilómetros [kwenṭaki'lometros] *m inv* Kilometerzähler *m*

cuentapasos [kwenṭa'pasos] *m inv* Schrittzähler *m*, Hodometer *nt*

cuentarrevoluciones [kwenṭarreβolu'θjones] *m inv* Drehzahlmesser *m*, Umdrehungszähler *m*

cuentavueltas [kwenṭa'βweltas] *m inv* (DEP) Rundenzähler *m*

cuentista [kwen'tista] *mf* ❶ (*chismoso*) Klatschmaul *nt fam*

❷ (*fanfarrón*) Aufschneider(in) *m(f)*, Angeber(in) *m(f)*; (*chiflado*) Spinner(in) *m(f) fam*

❸ (*narrador*) (Geschichten)erzähler(in) *m(f)*; (LIT) Verfasser(in) *m(f)* von Kurzgeschichten

cuentístico, -a [kwen'tistiko, -a] *adj* erzählerisch

cuento [ˈkwenṭo] *m* ❶ (LIT: *historieta*) (Kurz)geschichte *f*, Erzählung *f*; ~ **de aparecidos** [*o* **de fantasmas**] Geistergeschichte *f*; ~ **chino** Lüge *f*, unglaubliche Geschichte; ~ **chistoso** Humoreske *f*; ~ **corto** Novelle *f*, Kurzgeschichte *f*; ~ **de hadas** Märchen *nt*; ~ **de nunca acabar** endlose Geschichte; ~ **popular** Volksmärchen *nt*; ~ **verde** unmoralische [*o* schlüpfrige] Geschichte; ~ **de viejas** Altweibergeschwätz *nt*, Ammenmärchen *nt*; **libro de ~s** Märchenbuch *nt*; **es mucho** ~ da wird viel (zu viel) geredet; **tener mucho** ~ (*presumir*) angeben; (*exagerar*) übertreiben; **dejarse de ~s** zur Sache kommen; **estos son ~s chinos para mí** das sind böhmische Dörfer für mich; **¡todo eso son ~s!** das ist alles Quatsch!; **traer algo a** ~ etw zur Sprache bringen; **vivir del** ~ große Reden halten, aber nichts zustande [*o* zu Stande] bringen; **eso no viene a** ~ das hat damit nichts zu tun; **¡no me vengas con ~s!** das kannst du einem anderen/einer anderen weismachen!; **al fin del** ~ schließlich; **ser de** ~ märchenhaft sein, wie im Märchen sein

❷ (ARQUIT, TÉC) Strebe *f*, Stütze *f*

❸ (*del ave*) Flügelgelenk *nt*

❹ (*cálculo*) Zählung *f*; **desgracias sin** ~ zahllose Unglücke

cuerda ['kwerða] *f* ❶ (*cordel*) Strick *m*, Leine *f*; ~ **de cáñamo** Hanfseil *nt*; ~ **de embalar** Verpackungsschnur *f*; ~ **floja** Seiltänzerdraht *m*; ~ **metálica** Draht *m*; ~ **métrica** Messschnur *f*, Messband *nt*; ~ **de presos** (Gefangenen)kette *f*; ~ **de tender ropa** Wäscheleine *f*; ~ **de tracción** Zugleine *f*; **andar en la** ~ **floja** einen Eiertanz aufführen *fam*; **poner a alguien contra las ~s** (*fig*) jdn in die Mangel nehmen *fam*; **ser de la misma** ~ (*fig*) aus dem gleichen Holz geschnitten sein; **tener a alguien contra las ~s** (*fig*) jdn in der Mangel haben *fam*

❷ (*del reloj*) (Aufzug)feder *f*; **dar** ~ **al reloj** die Uhr aufziehen; **el reloj tiene** ~ die Uhr ist aufgezogen; **dar** ~ **a alguien** jdn animieren; **parece que le han dado** ~ er/sie redet wie aufgezogen; **esta persona tiene** ~ diese Person ist aber aufgekratzt; **esto tiene** ~ **para rato** das kann sich noch lange hinziehen

❸ (ANAT, MAT) Sehne *f*; ~ **de arco** Bogensehne *f*; ~ **de círculo** Kreissehne *f*; **~s vocales** Stimmbänder *ntpl*; **estirar las ~s** (*fig*) sich recken

❹ (*de instrumentos de música*) Saite *f*; ~ **de tripa** Darmsaite *f*; **juego de ~s** Saitenbezug *m*; **música de ~s** Streichmusik *f*; **alzar/bajar una** ~ höher/tiefer stimmen; **apretar las ~s** (*fig*) strengere Saiten aufziehen; **tocar la** ~ **sentimental** an das Gefühl appellieren; **tocar a alguien la** ~ **sensible** jds wunden Punkt berühren

cuerda-guía ['kwerða 'γia] *f* <cuerdas-guía> Schleppseil *nt*

cuerdamente [kwerða'menṭe] *adv* ❶ (*con sensatez*) besonnen, vernünftig

❷ (*con prudencia*) klug, umsichtig

cuerdo, -a ['kwerðo, -a] *adj* ❶ (*inteligente*) klug; **estar** ~ bei vollem Verstand sein

❷ (*razonable*) vernünftig

cueriza [kweˈriθa] *f* (*Am: zurra*) Tracht *f* Prügel

cuerna ['kwerna] *f* ❶ (*de animales*) Gehörn *nt*; (*de ciervo*) Geweih *nt*

❷ (*vasija*) Trinkhorn *nt*

cuernezuelo [kwerneˈθwelo] *m* (MED) Wundhaken *m*

cuerno [ˈkwerno] *m* ❶ (MÚS, ZOOL) Horn *nt*; ~ **de la abundancia** Füllhorn *nt*; ~ **de los Alpes** Alphorn *nt*; ~ **de Amón** Ammonshorn *nt*, Ammonit *m*; ~ **de caza** Jagdhorn *nt*; **~s de la luna** Spitzen der Mondsichel; **poner a alguien hasta los ~s de la luna** (*fam*) jdn in den Himmel heben, jdn über den grünen Klee loben

❷ (*loc, fam*): **ponerle a alguien los ~s** jdm Hörner aufsetzen; **¡~s!** Donnerwetter!; **¡y un ~!** ich pfeife darauf!; **me importa un** ~ es interessiert mich einen Dreck [*o* nicht die Bohne]; **irse al** ~ in die Hose(n) [*o* daneben] gehen; (*plan, proyecto*) den Bach runtergehen; **no valer un** ~ nichts wert sein; **¡que se vaya al** ~**!** der Teufel soll ihn/sie holen!; **verse en los ~s del toro** in größter Gefahr schweben; **romperse los ~s** sich abrackern; **algo le cae a alguien como un** ~ (*fam*) etw versetzt jdm einen (schweren) Schlag

cuero [ˈkwero] *m* ❶ (*piel*) Leder *nt*; ~ **artificial** Kunstleder *nt*; ~ **cabelludo** Kopfhaut *f*; ~ **curtido** gegerbtes Leder; ~ **charolado** Lackleder *nt*, Glanzleder *f*; **estar en ~s** splitternackt sein; **ponerse en ~s** sich ausziehen; **dejar a alguien en ~s** jdn bis aufs Hemd ausziehen

❷ (*recipiente*) (Wein)schlauch *m*; **estar hecho un** ~ (*fam*) stockbetrunken [*o* sternhagelvoll] sein

cuerpazo [kwerˈpaθo] *m* (*fam*) Traumfigur *f*

cuerpear [kwerpeˈar] *vi* (*Arg, Urug: fam fig: esquivar*) ausweichen

cuerpo [ˈkwerpo] *m* ❶ (*del hombre o del animal*) Körper *m*, Leib *m*; (*sólo el tronco*) Rumpf *m*; **esta mujer tiene un** ~ **muy bonito** diese Frau hat eine gute Figur; **se han encontrado dos ~s en la playa** am Strand wurden zwei Leichen gefunden; **tener el** ~ **descompuesto** Verdauungsstörungen haben; **tener el** ~ **bien gobernado** eine gute Verdauung haben; **a** ~ **descubierto** ohne Waffenschutz; **salir a** ~ (*gentil*) ohne Mantel [*o* leicht bekleidet] ausgehen; **tener a alguien a** ~ **de rey** jdn wie einen Fürst behandeln; **de** ~ **entero** in voller Größe; **sacar una foto de** ~ **entero** eine Ganzaufnahme machen; **un soldado de** ~ **entero** (*fig*) ein ganzer Soldat, durch und durch ein Soldat; **luchar** ~ **a** ~ Mann gegen Mann kämpfen; **dar con el** ~ **en tierra** hinfallen; **esquivar** [*o* **falsear**] **el** ~ einem Schlag oder Stoß ausweichen; **dar** ~ **a algo** etw *dat* Gestalt geben; **tomar** ~ Gestalt annehmen; **estar de** ~ **presente** aufgebahrt sein; **echar el** ~ **fuera** sich vor etw *dat* drücken; **echarse algo al** ~ etw zu sich *dat* nehmen; **entregarse en** ~ **y alma a algo** sich etw *dat* mit Leib und Seele hingeben; **hacer de(l)** ~ seine Notdurft verrichten; **no quedarse con nada en el** ~ sich *dat* alles von der Seele reden; **ponerle a alguien** ~ **negro** jdn grün und blau schlagen; **hay que sacarle cada palabra del** ~ man muss ihm/ihr jedes Wort aus der Nase ziehen; **con un** ~ **no se puede estar en todas partes** man kann nicht gleichzeitig an verschiedenen Orten sein; **mientras el** ~ **me haga sombra** solange ich noch am Leben bin; **esta persona es un** ~ **sin alma** das ist ein langweiliger Mensch; **ganar con su** ~ von der Prostitution leben; **haz lo que te pida el** ~ tu das, worauf du Lust hast

❷ (*objeto*) Körper *m*, Gegenstand *m*; ~ **amarillo** (MED) Gelbkörper *m*; ~ **de bomba** Pumpengehäuse *nt*; ~ **celeste** Himmelskörper *m*; ~ **del delito** (JUR) Beweisstück *nt*, Corpus delicti *nt*; ~ **extraño** Fremdkörper *m*; ~ **muerto** (NÁUT) Uferbalken *m*, Vertäupfahl *m*; ~ **sólido** Festkörper *m*; ~ **volador** Flugkörper *m*

❸ (*corporación*) Körperschaft *f*, Korps *nt*; ~ (**voluntario**) **de bomberos** (freiwillige) Feuerwehr *f*; ~ **diplomático** diplomatisches Korps; ~ **docente** Lehrkörper *m*; ~ **de ejército** Heereskorps *nt*; ~ **gubernamental** staatliches Organ; ~ **médico** Ärztegremium *nt*; ~ **municipal** städtische Behörden; ~ **técnico** (DEP) Betreuerteam *nt*; **formar un** ~ eine Körperschaft bilden

④ (MAT) Körper m
⑤ (grosor) Stärke f; ~ de letra (TIPO) Schriftgröße f; tener poco ~ dünn sein; (líquido) dünnflüssig sein
⑥ (colección) Sammlung f; ~ legal Gesetzbuch nt, Gesetzessammlung f
⑦ (parte principal) Hauptteil m, Kernstück nt; ~ de iglesia Hauptschiff der Kirche
⑧ (ADMIN: de una carta) Textfeld nt

cuervo ['kwerβo] m Rabe m; ~ **marino** Kormoran m; **criar ~s** eine Schlange am Busen nähren; **cría ~s, que te sacarán los ojos** (prov) Undank ist der Welt Lohn

cuesco ['kwesko] m ① (hueso de fruta) Kern m
② (vulg: pedo) (lauter) Furz m fam

cuesta ['kwesta] f Abhang m; ~ **abajo/arriba** bergab/bergauf; **este coche toma bien las ~s** dieses Auto nimmt Steigungen problemlos; **un camino en ~** ein ansteigender Weg; **llevar a alguien/algo a ~s** jdn/ etw auf den Rücken tragen; **tener una numerosa familia a ~s** (fam) eine große Familie am Hals haben; **se le cae la casa a ~s** die Decke fällt ihm/ihr auf den Kopf fam; **la ~ de enero** die leeren Kassen nach den Weihnachtsfeiertagen

cuestación [kwesta'θjon] f Kollekte f, Sammlung f

cuestión [kwes'tjon] f Frage f, Problem nt; ~ **de arbitrio** Ermessensfrage f; ~ **de competencia** Zuständigkeitsstreit m; ~ **de confianza** Vertrauensfrage f; ~ **de culpabilidad** Schuldfrage f; ~ **en disputa** Streitfrage f; ~ **de forma** Formsache f; ~ **de gustos** Geschmackssache f; ~ **de pareceres** Ansichtssache f; ~ **prejudicial** (JUR) Vorabentscheid m; ~ **secundaria** Nebensache f; **aclarar el problema en ~** das anstehende Problem klären; **tuvieron una ~** sie hatten eine Auseinandersetzung; **no es tan difícil, es ~ de intentarlo** es ist nicht so schwierig, man muss es einfach nur versuchen; **es ~ de tiempo nada más** es ist nur eine Frage der Zeit; **entrar en ~** in Frage [o infrage] kommen; **en ~ de faldas es un especialista** in Liebesangelegenheiten ist er ein Ass; **la ~ es que no tengo tiempo** die Sache ist die, dass ich keine Zeit habe; **ahí está la ~** hier liegt der Hase im Pfeffer fam; **eso es otra ~** das ist etwas ganz anderes; **discutir por cuestiones de faldas** wegen einer Weibergeschichte streiten; **no quiero cuestiones con la policía** ich möchte mit der Polizei nichts zu tun haben; **la ~ es pasarlo bien** (die) Hauptsache (ist), man amüsiert sich

cuestionable [kwestjo'naβle] adj fraglich, zweifelhaft
cuestionamiento [kwestjona'mjento] m Diskussion f, Wortwechsel m
cuestionar [kwestjo'nar] vt diskutieren, erörtern
cuestionario [kwestjo'narjo] m Fragebogen m

cuete ['kwete] m (Méx) ① (loncha de carne) Fleischscheibe f aus der Hinterkeule
② (borrachera) Rausch m; **traer un ~** betrunken sein

cueto ['kweto] m (colina) Anhöhe f, Hügel m

cueva ['kweβa] f Höhle f; (sótano) Keller m; ~ **de estalactitas** Tropfsteinhöhle f; ~ **de ladrones** (fig) Räuberhöhle f; **cae en la ~ el que a otro lleva a ella** (prov) wer anderen eine Grube gräbt, fällt selbst hinein

cuévano ['kweβano] m Tragkorb m, Kiepe f reg

cuezo ['kweθo] m Mörteltrog m; **meter el ~** (fam) ins Fettnäpfchen treten

cúfico, -a ['kufiko, -a] adj (LING) kufisch

cuicacoche [kwika'kotʃe] f (ZOOL) Sichelspötter m

cuidado [kwi'ðaðo] m ① (esmero y precaución) Sorgfalt f, Vorsicht f; **¡~!** Achtung!, Vorsicht!; **¡~ con el escalón!** Vorsicht Stufe!; **¡~ que eres tonto!** du bist ganz schön dumm!; **¡~ contigo si no te portas bien!** wenn du dich nicht benimmst, kannst du was erleben!; **¡~ sei vorsichtig!, pass auf!; ¡~ con lo que dices!** pass auf, was du sagst!; **¡allá ~!** das ist mir ganz egal!; **¡pierda Ud. ~!** seien Sie unbesorgt!; **ser de ~** gefährlich sein; **eso me tiene sin ~** das lässt mich kalt; **¡tenga ~ al cruzar la calle!** passen Sie auf, wenn Sie die Straße überqueren!; **realizar un trabajo con mucho ~** eine Arbeit mit großer Sorgfalt erledigen
② (asistencia) Pflege f; (de maquinarias) Wartung f; ~ **de animales** Tierpflege f; ~ **de educación** Erziehungshilfe f; ~ **médico** medizinische Betreuung; ~ **personal** Schönheitspflege f; ~ **del patrimonio** (JUR, FIN) Vermögenssorge f; ~ **preventivo** Vorbeugung f; **estar de ~** schwer krank sein; **salir de ~** (mejorar) außer Lebensgefahr sein; (dar a luz) gebären; **estar al ~ de alguien** in jds Obhut sein; **ejercer el ~ paterno** die elterliche Sorge ausüben; **dejar a un niño al ~ de alguien** ein Kind in jds Obhut geben; **al ~ de... zu Händen von ...**

cuidador [kwiða'ðor] m (Arg) Krankenpfleger m
cuidadora [kwiða'ðora] f (Méx) Kindermädchen nt
cuidadosamente [kwiðaðosa'mente] adv sorgfältig
cuidadoso, -a [kwiða'ðoso, -a] adj ① (diligente) sorgfältig, aufmerksam
② (preocupado) fürsorglich, sorgsam

cuidar [kwi'ðar] I. vi aufpassen (de auf +akk), sorgen (de für +akk); **cuida bien de tu abuela** pass gut auf deine Großmutter auf; **cuida de llegar a tiempo** sieh zu, dass du rechtzeitig kommst; **cuidaba de disimular su dolor** er/sie versuchte sich dat die Schmerzen nicht anmerken zu lassen
II. vt pflegen, betreuen; ~ **a los niños** die Kinder betreuen; ~ **a un enfermo** einen Kranken pflegen; ~ **la casa** den Haushalt besorgen
III. vr: ~**se** ① (de un peligro) sich hüten (de vor +dat), sich in Acht nehmen (de vor +dat); ~**se del abuso del alcohol** sich vor Alhoholmissbrauch hüten; **¡cuídate de meterte en este asunto!** misch dich bloß nicht in diese Angelegenheit ein!
② (preocuparse) sich kümmern (de um +akk)
③ (no esforzarse) sich schonen; (por su salud) auf seine Gesundheit achten; (por su aspecto) sich pflegen; (darse buena vida) es sich dat gut gehen lassen; **¡cuídate!** pass auf dich auf!, schone dich!

cuido ['kwiðo] m Pflege f
cuija ['kwixa] f (Méx: ZOOL) Blattfingergecko m
cuita ['kwita] f Kummer m, Sorgen fpl
cuitado, -a [kwi'taðo, -a] adj bekümmert, betrübt
culada [ku'laða] f ① (fam: golpe en el culo): **dar una ~ a alguien** jdm einen Tritt geben; **darse una ~** auf den Hintern fallen
② (NÁUT) Grundberührung f

culantrillo [kulan'triʎo] m (BOT: Adiantum) Frauenhaarfarn m; (Asplenium) Mauerraute f; (Polypodium) Tüpfelfarn m

culantro [ku'lantro] m (BOT) Koriander m

cular [ku'lar] adj (relativo al trasero) Gesäß-

culata [ku'lata] f ① (del fusil) Gewehrkolben m; ~ **hombrera** Schulterstütze einer Waffe; **le salió el tiro por la ~** (fam) der Schuss ging nach hinten los, er/sie schnitt sich dat/akk ins eigene Fleisch
② (TÉC): ~ **magnética** Magnetjoch nt; ~ **de transformador** Transformatorenjoch nt
③ (Arg: coche) Hintergestell nt
④ (del caballo) Kruppe f

culatazo [kula'taθo] m ① (a una persona) Schlag m mit dem Gewehrkolben
② (del arma) Rückstoß m

culebra [ku'leβra] f ① (serpiente) Schlange f; ~ **de cascabel** Klapperschlange f; ~ **ciega** Blindschleiche f; ~ **de Esculapio** Äskulapschlange f; **hacer ~** sich schlängeln
② (TÉC) Kühlschlange f
③ (fam: alboroto) Wirrwarr m, Unruhe f

culebrear [kuleβre'ar] vi sich schlängeln, sich winden; (borrachos) schwanken, taumeln

culebreo [kule'βreo] m Schlängeln nt

culebrilla [kule'βriʎa] f ① (MED) Schlangenflechte f
② (armas de fuego) Riss m im Geschützrohr
③ (ZOOL): ~ **de agua** Ringelnatter f

culebrón [kule'βron] I. m aum de culebra
II. m ① (hombre cazurro) gerissener Kerl m
② (mujer intrigante) hinterhältiges Weib nt
③ (TV) Seifenoper f

culera [ku'lera] f ① (en los pañales) Kotfleck m
② (de los pantalones) Hosenboden m
③ (parche) Flicken m

culero [ku'lero] m ① (pañal) Tuchwindel f
② (fam: el último) Bummelant(in) m(f)

culigordo, -a [kuli'ɣorðo, -a] adj (fam) mit dickem Hinterteil

culinaria [kuli'narja] f (GASTR) Kochkunst f
culinario, -a [kuli'narjo, -a] adj kulinarisch

culmen ['kulmen] m (elev: plenitud) Höhepunkt m, Gipfel m

culminación [kulmina'θjon] f ① (lo máximo) Höhepunkt m
② (ASTR) Kulminationspunkt m

culminante [kulmi'nante] adj überragend; **punto ~** Höhepunkt m; (fig) Glanzpunkt m

culminar [kulmi'nar] vi gipfeln, den Höhepunkt erreichen

culo ['kulo] m ① (trasero) Gesäß nt, Hintern m fam, Po(po) m fam; **a ~ pajarero** mit nacktem Hintern; **caer de ~** auf den Hintern fallen; **de ~** (al revés) verkehrt herum; (hacia atrás) rückwärts; **andar con el ~ a rastras** (fam) sich pleite sein, aus dem letzten Loch pfeifen; **enseñar el ~** (fam) sich feige benehmen; **lamer el ~ a alguien** (vulg) jdm in den Arsch kriechen; **no quiero tus regalos, ¡métetelos en el ~!** (vulg) deine Geschenke kannst du dir in den Arsch stecken!; **oír por el ~** (fam) stocktaub sein; **perder el ~** (fam) sich abhetzen; **poner el ~** (vulg) der Arsch sein; **ser ~ de mal asiento** (fam) kein Sitzfleisch haben; **ser el del fraile** (fam) ein Sündenbock sein; **¡vete a tomar por el ~!** (vulg) scher dich zum Teufel! fam
② (fondo de una botella) Boden m; ~ **de vaso** (fig) falscher Edelstein

culombio [ku'lombjo] m (ELEC) Coulomb nt

culón, -ona [ku'lon, -ona] adj (vulg) mit großem [o dickem] Hintern fam

culote [ku'lote] m ① (MIL) Patronenboden m, Hülsenboden m

② (DEP: *pantalón corto*) Radlerhose *f*
culpa ['kulpa] *f* Schuld *f*; ~ **por abstención** schuldhaftes Unterlassen; ~ **contractual** Vertragsbruch *m*; ~ **establecida por sentencia** durch Urteil festgestellte Schuld; ~ **personal** eigenes Verschulden; **asumir la** ~ die Schuld auf sich nehmen; **confesar una** ~ eine Schuld bekennen; **echar la** ~ **a alguien** die Schuld auf jdn schieben, jdm die Schuld geben [*o* zuschieben]; **murió por** ~ **del médico** er/sie starb durch Verschulden des Arztes; **pagar una** ~ eine Schuld sühnen; **sin** ~ unverschuldet, schuldlos; **tener la** ~ **de algo** Schuld an etw *dat* haben; **y ¿qué** ~ **tengo yo?** was kann ich denn dafür?
culpabilidad [kulpaβili'ðað] *f* Strafbarkeit *f*, Schuldhaftigkeit *f*; ~ **bélica** Kriegsschuld *f*; ~ **exclusiva** (JUR) Alleinverschulden *nt*; ~ **selectiva** (JUR) Auswahlverschulden *nt*; **sentimiento de** ~ Schuldgefühl *nt*; **incurrir en** ~ sich strafbar machen
culpabilizar [kulpaβili'θar] <z→c> *vt* beschuldigen
culpable [kul'paβle] I. *adj* schuldig; **declarar** ~ für schuldig erklären; **hacerse** ~ **de algo** sich *dat* etw zuschulden [*o* zu Schulden] kommen lassen; **ser** ~ **de algo** an etw *dat* Schuld haben, schuldig sein an etw *dat*
II. *mf* Schuldige(r) *mf*
culpado, -a [kul'paðo, -a] I. *adj* beschuldigt
II. *m, f* Angeschuldigte(r) *mf*, Beklagte(r) *mf*
culpar [kul'par] I. *vt* beschuldigen (*de/por* +*gen*)
II. *vr*: ~**se** sich schuldig fühlen (*de* wegen +*gen/dat*)
culposo, -a [kul'poso, -a] *adj* (JUR: *culpable*) schuldhaft; (*negligente*) fahrlässig
cultamente [kulta'mente] *adv* ① (*con cultura*) gebildet, kultiviert
② (*pey: con afectación*) affektiert, gestelzt
culterana [kulte'rana] *adj o f v*. **culterano**
culteranismo [kultera'nismo] *m* (LIT) Kultismus *m*, Gongorismus *m*
culterano, -a [kulte'rano, -a] I. *adj* schwülstig, geziert
II. *m, f* (LIT) Gongorist(in) *m(f)*
cultiparlar [kultipar'lar] *vi* (*pey*) hochtrabend [*o* affektiert] reden; **el político pensó que cultiparlando convencería a los votantes** der Politiker dachte, er könne die Wähler durch geschwollene Reden überzeugen
cultismo [kul'tismo] *m* ① (*palabra culta*) gehobener [*o* bildungssprachlicher] Ausdruck *m*
② (LIT: *culteranismo*) Kultismus *m*, Gongorismus *m*
cultivable [kulti'βaβle] *adj* anbaufähig
cultivado, -a [kulti'βaðo, -a] *adj* (*culto y refinado*) kultiviert, gebildet
cultivador(a) [kultiβa'ðor(a)] *m(f)* ① (*persona*) Landwirt(in) *m(f)*; ~ **de algodón** Baumwollpflanzer *m*; ~ **de vino** Winzer *m*, Weinbauer *m*
② (*instrumento*) Grubber *m*, Kultivator *m*
cultivar [kulti'βar] I. *vt* ① (AGR) anbauen, anpflanzen, kultivieren; ~ **tabaco** Tabak anbauen; ~ **la tierra** das Land bestellen
② (*bacterias*) züchten
③ (*conservar*) kultivieren, pflegen; ~ **una amistad** eine Freundschaft pflegen; ~ **un estilo** einen Stil verfeinern [*o* pflegen]
II. *vr*: ~**se** sich bilden
cultivo [kul'tiβo] *m* ① (AGR) Anbau *m*, Pflanzung *f*; ~ **de agotamiento** Raubbau *m*; ~ **alternado** Koppelwirtschaft *f*; ~**s de naranjo** Orangenpflanzungen *fpl*; ~ **de regadío** Bewässerungskultur *f*; ~ **de secano** Trockenanbau *m*; ~ **del suelo** Bodenbearbeitung *f*; ~ **de la vid** Weinbau *m*; **poner en** ~ urbar machen, bebauen
② (*de bacterias*) Kultur *f*, Züchtung *f*; ~ **de bacterias** Bakterienkultur *f*; ~ **de levadura** Hefezüchtung *f*
③ (*de animales*) Zucht *f*; ~ **de peces** Fischzucht *f*
④ (*de la amistad o de un arte*) Pflege *f*; **el** ~ **de la mente** die Schulung des Geistes
culto ['kulto] *m* ① (*veneración*) Kult *m*; ~ **de la personalidad** Personenkult *m*; **rendir** ~ **a la belleza** die Schönheit verehren
② (REL) Kult(us) *m*; ~ **disidente** nichtkatholische Religion; ~ **divino** Gottesdienst *m*
culto, -a ['kulto, -a] *adj* gebildet, kultiviert
cultual [kultu'al] *adj* (REL) kultisch, Kult-
cultura [kul'tura] *f* Kultur *f*; ~ **ambiental** Umweltpflege *f*; ~ **científica** wissenschaftliche Bildung; ~ **general** Allgemeinbildung *f*; ~ **física** Sport *m*, Körperkultur *f*; **una persona de gran** ~ ein hochgebildeter Mensch
cultural [kultu'ral] *adj* kulturell, Kultur-
culturar [kultu'rar] *vt* (AGR: *labrar*) bestellen, kultivieren
culturismo [kultu'rismo] *m* Bodybuilding *nt*
culturista [kultu'rista] *mf* Bodybuilder(in) *m(f)*; **es** ~ er/sie macht Bodybuilding
culturización [kulturiθa'θjon] *f* Zivilisierung *f*
culturizar [kulturi'θar] <z→c> *vt* zivilisieren
cuma ['kuma] *f* ① (*AmC: machete*) Machete *f*
② (*Perú: comadre*) (Tauf)patin *f*
cumarú [kuma'ru] *m* (*Am*: BOT) Tonkabohnenbaum *m*
cumbarí [kumba'ri] *adj* (*Arg: ají*) kleine, sehr scharfe rote Pfefferschote

cumbia ['kumbja] *f* kolumbianischer Volkstanz
cumbre ['kumbre] *f* ① (*cima*) Gipfel *m*; ~ **de la montaña** Berggipfel *m*, Bergkuppe *f*; **llegar a la** ~ den Gipfel erreichen
② (*reunión*) Gipfeltreffen *nt*, Gipfel *m*; ~ **Económica Occidental** Weltwirtschaftsgipfel *m*; ~ **ministerial** Ministertreffen *nt*; **conferencia** ~ Gipfelkonferenz *f*
③ (*culminación*) Gipfel *m*, Höhepunkt *m*; **estar en la** ~ ganz oben sein, sich auf dem Höhepunkt seiner Karriere befinden
cúmel ['kumel] *m* (*aguardiente*) Aquavit *m*, Kümmel(branntwein) *m*
cumiche [ku'mitʃe] *m* (*AmC*) Jüngste(r) *m*, Benjamin *m*
cuminol [kumi'nol] *m* (QUÍM) Kümmelöl *m*
cum laude [kum 'lauðe] (UNIV: *elev*) cum laude
cumpleañero, -a [kumplea'ɲero, -a] *m, f* Geburtstagskind *nt*
cumpleaños [kumple'aɲos] *m inv* Geburtstag *m*
cumplidamente [kumpliða'mente] *adv* (*totalmente*) gänzlich, völlig
cumplidero, -a [kumpli'ðero, -a] *adj* ① (*que sirve*) zweckdienlich
② (*plazos*) ablaufend
cumplido¹ [kum'pliðo] *m* Aufmerksamkeit *f*, Höflichkeitsbezeugung *f*; **fórmulas de** ~ Höflichkeitsfloskeln *fpl*; **visita de** ~ Höflichkeitsbesuch *m*; **no gastar** ~**s** nicht viel Federlesen(s) machen; **por** ~ aus Höflichkeit [*o* Anstand]; **hacer algo por** ~ etw tun, weil es sich gehört [*o* um der Form zu genügen]; **sin** ~**s** ohne Umstände; **conseguir algo a fuerza de** ~**s** etw mit Schmeicheleien erreichen
cumplido, -a² [kum'pliðo, -a] *adj* ① (*acabado*) erledigt, vollendet; **tener 40 años** ~**s** das 40. Lebensjahr vollendet haben; **¡misión cumplida!** Auftrag erfüllt!
② (*abundante*) weit; **un vestido** ~ ein zu weites Kleid
③ (*cortés*) höflich
④ (*un soldado*) ausgedient
cumplidor(a) [kumpli'ðor(a)] I. *adj* pflichtbewusst; ~ **de la ley** gesetzestreu
II. *m(f)* pflichtbewusster Mensch *m*
cumplimentar [kumplimen'tar] *vt* ① (*felicitar*) beglückwünschen
② (*visita de cumplido*) seine Aufwartung machen (+*dat*)
③ (*una orden*) ausführen, vollstrecken
④ (*un impuesto*) ausfüllen
cumplimentero, -a [kumplimen'tero, -a] I. *adv* (*fam*) übertrieben höflich
II. *m, f* (*fam*) Ausbund *m* an Höflichkeit
cumplimiento [kumpli'mjento] *m* ① (*observación*) Einhaltung *f*, Erfüllung *f*; ~ **de armisticio** Einhaltung des Waffenstillstands; ~ **de la condena** Strafverbüßung *f*; ~ **del contrato** Vertragserfüllung *f*; ~ **de un deber** Pflichterfüllung *f*; ~ **defectuoso** (JUR) Schlechterfüllung *f*; ~ **de la ley** Befolgung des Gesetzes; ~ **de la pena** Strafverbüßung *f*; ~ **del plazo de entrega** Einhaltung der Lieferfrist; ~ **del servicio** Leistungsbewirkung *f*; **no** ~ Nichterfüllung *f*
② (*cumplido*) Höflichkeitsbezeugung *f*; **hacer algo por puro** ~ etw nur der Form halber tun
cumplir [kum'plir] I. *vi* ① (*hacer su deber*) pflichtbewusst sein; **esta chica no cumple bien** dieses Mädchen nimmt seine Pflichten nicht ernst; ~ **con su deber/su promesa** seine Pflicht/sein Versprechen erfüllen; ~ **con alguien** sich jdm gegenüber korrekt verhalten; **hay que** ~ **con los amigos** man muss sich seinen Freunden erkenntlich zeigen; **hacer algo sólo por** ~ etw nur der Form halber tun; ~**é por ti** ich werde für dich eintreten
② (*soldado*) ausdienen, seinen Militärdienst beenden
③ (*plazo*) ablaufen, zu Ende gehen
II. *vt* ① (*una orden*) ausführen
② (*un encargo*) erledigen
③ (*una promesa, condición o deseo*) erfüllen
④ (*un plazo*) einhalten
⑤ (*el servicio militar*) ableisten
⑥ (*una prestación*) erbringen
⑦ (*una pena*) verbüßen
⑧ (*las leyes*) befolgen
⑨ (*años*): **en mayo cumplo treinta años** im Mai werde ich dreißig (Jahre alt)
III. *vr*: ~**se** in Erfüllung gehen
cumular [kumu'lar] *vt* anhäufen
cumulativo, -a [kumula'tiβo, -a] *adj* kumulativ
cúmulo ['kumulo] *m* ① (*amontonamiento*) Haufen *m*, Menge *f*
② (METEO) Kumuluswolke *f*
cumulonimbo [kumulo'nimbo] *m* (METEO) Kumulonimbus *m*
cuna ['kuna] *f* ① (*camita*) Wiege *f*; **canción de** ~ Wiegenlied *nt*; **la** ~ **de la humanidad** (*fig*) die Wiege der Menschheit; **conocer a alguien desde la** ~ jdn schon von klein auf kennen; **lo que se aprende en la** ~, **siempre dura** früh gelernt, nie vergessen; **de la** ~ **a la sepultura** von der Wiege bis zur Bahre, das ganze Leben hindurch; **ser de** ~ **humilde/ilustre** aus einfacher/vornehmer Familie stammen

cunar
② (NÁUT) Schlitten m
③ (del toro) Hörnerweite f
cunar [ku'nar] vt wiegen
cundir [kun'dir] vi ① (una mancha) sich ausbreiten, größer werden
② (una epidemia) sich ausbreiten
③ (un rumor) herumgehen, sich ausbreiten
④ (una noticia) sich verbreiten
⑤ (un trabajo) vorankommen
⑥ (dar mucho de sí) (sehr) ergiebig sein; (el arroz) (auf)quellen; **esta comida cunde mucho** dieses Essen ist sehr nahrhaft; **esta clase de lino cunde mucho** diese Art Leinen ist sehr ergiebig
cunear [kune'ar] I. vt (acunar) wiegen
II. vr: **~se** (fam fig) hin- und herschaukeln
cuneco, -a [ku'neko, -a] m, f (Ven) Jüngste(r) mf, Benjamin m
cuneiforme [kunei'forme] adj keilförmig; **escritura ~** Keilschrift f
cúneo [ˈkuneo] m (MIL) Keilformation f
cunero, -a [ku'nero, -a] I. adj ① (expósito) ausgesetzt, Findel-
② (TAUR: toro) unbekannter Herkunft
II. m, f (expósito) Findelkind n
cuneta [ku'neta] f Straßengraben m
cunicultor(a) [kunikul'tor(a)] I. adj Kaninchenzüchter-
II. m(f) Kaninchenzüchter(in) m(f)
cunicultura [kunikul'tura] f Kaninchenzucht f
cunnilingus [kuni'liŋgus] m inv Cunnilingus m
cuña [ˈkuɲa] f ① (traba) Keil m; **~ para calzar las ruedas** Unterlegkeil m; **~ de partir madera** Spaltkeil m; **~ publicitaria** (Radio)werbespot m; **meter ~** Unruhe stiften
② (fig: enchufe) (gute) Beziehungen fpl; **meterle a alguien una ~** jdm helfen
cuñado, -a [ku'ɲaðo, -a] m, f Schwager m, Schwägerin f
cuñete [ku'ɲete] m ① (barril: líquidos) Fässchen nt; (cubeto) Eimer m
② (barril: aceitunas, preparados) (Konservierungs)fass nt
cuño [ˈkuɲo] m ① (troquel) Prägestempel m, Münzstempel m
② (impresión, señal) Prägung f; (fig) Gepräge nt; **de nuevo ~** (ganz) neu; **una expresión de nuevo ~** ein neu geprägter [o neuer] Ausdruck
cuota [ˈkwota] f ① (porción) Quote f, Anteil m; **~ de amortización** Abschreibungsrate f; (de una deuda) Tilgungsrate f; **~ comanditaria** (COM) Kommanditanteil m; **~ de copropiedad** Eigentumsanteil m; **~ de crecimiento** Zuwachsrate f; **~ distribuible** [o **repartible**] (FIN) Ausschüttungssatz m; **~ de ganancia** Gewinnanteil m; **~ hereditaria** Erb(schafts)anteil m; **~ del mercado** Marktanteil m; **~ de natalidad/mortalidad** Geburten-/Sterblichkeitsrate f; **~ de participación** Geschäftsanteil m; **~ de pesca** (Fisch)fangquote f; **~ de producción** Erzeugungsquote f; **~ de rentabilidad** Rentabilitätsquote f; **~ salarial** Lohnquote f; **~ de socio** Gesellschafteranteil m; **~s de venta** Verkaufsanteil m
② (contribución) Beitrag m, Gebühr f; **~ de agua** Wassergeld nt; **~ básica** Grundgebühr f; **~ escolar** Schulgeld nt; **~ mortuoria** Sterbegeld nt; **~ obligatoria** Pflichtbeitrag m; **~ sindical** Gewerkschaftsbeitrag m; **~ de socio** Mitgliedsbeitrag m
cuotalitis [kwota'litis] f inv (JUR) Erfolgshonorar nt
cupé [ku'pe] m Coupé nt
cupido [ku'piðo] m ① (de la mitología romana) Cupido m
② (fig: mujeriego) Frauenheld m
cuplé [ku'ple] m Couplet nt, Lied nt
cupletista [kuple'tista] mf (Couplet)sänger(in) m(f)
cupo [ˈkupo] I. 3. pret de **caber**
II. m ① (cuota) Kontingent m; **~ arancelario** Zollkontingent nt; **~ de crédito** Kreditgrenze f; **~ de importación/exportación** Einfuhr-/Ausfuhrkontingent nt
② (Méx: fam: cárcel) Knast m
cupón [ku'pon] m Kupon m, Abschnitt m; (de lotería) Lotterieanteilschein m; **~ de descuento** Rabattmarke f; **~ de dividendos** (FIN) Dividendenschein m, Gewinnanteilschein m; **~ de intereses** Zins(anteil)schein m, Zinsanweisung f; **cupones en rama** abgeschnittene Kupons
cuponazo [kupo'naθo] m (de la ONCE) Supertreffer m fam (der spanischen Blindenlotterie)
cupón-respuesta [ku'pon-res'pwesta] m <cupones-respuesta> Antwortschein m
cúprico, -a [ˈkupriko, -a] adj kupfern; (QUÍM) Kupfer(II)-; **óxido ~** Kupfer(II)-Oxid
cuprífero, -a [ku'prifero, -a] adj kupferhaltig
cuproníquel [kupro'nikel] m (QUÍM) Kupfer-Nickel-Legierung f
cuproso, -a [ku'proso, -a] adj kupferartig; (QUÍM) Kupfer(I)-; **óxido ~** Kupfer(I)-Oxid nt; **carbonato ~** Kupfercarbonat nt
cúpula [ˈkupula] f ① (media esfera) Kuppel f; **~ bizantina** Zwickelkuppel f; **~ de escape de vahos** Dunst(abzugs)haube f; **~ transparente** Lichtkuppel f

② (máximos dirigentes) Spitze f; **~ administrativa** Verwaltungspyramide f; **~ dirigente** [o **directiva**] Führungsspitze f; **~ militar** (fig) militärische Führungsspitze nt
③ (BOT) Becher m
④ (NÁUT) Geschützturm m
cupulino [kupu'lino] m (ARQUIT) Laterne f
cuquería [kuke'ria] f (fam: picardía) Durchtriebenheit f, Verschlagenheit f
cuquero, -a [ku'kero, -a] m, f (fam: pícaro) Schlawiner(in) m(f), Schlitzohr nt
cura¹ [ˈkura] m Pfarrer m, Priester m; **~ castrense** Feldkaplan m; **un ~ de misa y olla** ein biederer Landpfarrer
cura² [ˈkura] f ① (curación) Heilung f; **no tener ~** unheilbar sein; (fig) unverbesserlich sein
② (tratamiento) Kur f, Behandlung f; **~ para adelgazar** Abmagerungskur f; **~ de almas** Seelsorge f; **~ de deshabituación** Entziehungskur f; **~ de desintoxicación** Entgiftungskur f, Entziehungskur f; **~ de hambre** Hungerkur f; **primera ~** erste Hilfe; **alargar la ~** (fig) eine Angelegenheit (zum eigenen Vorteil) hinauszögern
curable [ku'raβle] adj heilbar
curación [kura'θjon] f Heilung f; **~ espontánea** Selbstheilung f
curado, -a [ku'raðo, -a] adj ① (sanado) geheilt; **estar ~ de espantos** abgebrüht sein fam
② (endurecido) gehärtet; **piel curada** gegerbte Haut
③ (salado) gepökelt; (ahumado) geräuchert; **jamón ~** luftgetrockneter Schinken; **el salchichón no está bien ~** die Salami ist noch etwas zu weich
④ (Am: borracho) betrunken
⑤ (loc): **beneficio ~** Pfarrpfründe f
curador(a) [kura'ðor(a)] I. adj heilend
II. m(f) ① (sanador) (Kranken)pfleger(in) m(f)
② (tutor) Pfleger(in) m(f), Fürsorger(in) m(f); **~ ad bona** Vermögenspfleger m; **~ ad litem** Prozesspfleger m
③ (de carne) Fleischverarbeiter(in) m(f); (de pescado) Fischverarbeiter(in) m(f)
curaduría [kuraðu'ria] f (JUR) Vormundschaft f
cural [ku'ral] adj (REL) Pfarr-; **casa ~** Pfarrhaus nt
curalotodo [kuralo'toðo] m inv (fam) Allheilmittel nt
curandera [kuran'dera] f v. **curandero**
curanderismo [kurande'rismo] m Kurpfuscherei f
curandero, -a [kuran'dero, -a] m, f ① (mago) Medizinmann m
② (charlatán) Kurpfuscher(in) m(f)
curanto [ku'ranto] m (Chil: GASTR) auf heißen Steinen in einer abgedeckten Grube gegartes Gericht aus Meeresfrüchten, Fleisch und Gemüse
curar [ku'rar] I. vi genesen
II. vt ① (a un enfermo: tratar) behandeln; (sanar) heilen
② (ahumar) räuchern; (salar) pökeln, einsalzen
③ (pieles) gerben
④ (madera) trocknen lassen
⑤ (plástico) aushärten
⑥ (hilos y lienzos) bleichen
III. vr: **~se** ① (sanarse) genesen, gesund werden; **~se en salud** vorbeugen
② (Chil: fam: emborracharse) sich betrinken
curare [ku'rare] m Kurare m
curasao [kura'sao] m Curaçao® m
curatela [kura'tela] f (JUR) Pflegschaft f; **~ de ausentes** Abwesenheitspflegschaft f
curativa [kura'tiβa] f Heilmethode f
curativo, -a [kura'tiβo, -a] adj heilend, Heil-; **método ~** Heilmethode f, Heilverfahren m
curato [ku'rato] m (REL) ① (dignidad de párroco) Pfarramt nt; **a lo largo de todo su ~** während seiner gesamten Amtszeit als Pfarrer
② (territorio) Pfarrbezirk m, Sprengel m
cúrcuma [ˈkurkuma] f (BOT) Gelbwurzel f, Curcuma f
curcuncho, -a [kur'kuntʃo, -a] adj (Am: corcovado) buck(e)lig
curda [ˈkurða] f (fam: borrachera) Rausch m, Schwips m; **estar ~** beschwipst sein, einen Schwips haben; **agarrar una ~** sich dat einen antrinken
curdela¹ [kur'ðela] f (fam: embriaguez) Besoffenheit f
curdela² [kur'ðela] I. adj (fam) besoffen
II. mf (fam) Besoffene(r) mf; **vino un ~ pidiendo dinero para vino** ein Saufbruder (kam und) bettelte um Geld für Wein
curdo, -a [ˈkurðo, -a] I. adj kurdisch
II. m, f Kurde, -in m, f
curia [ˈkurja] f ① (REL) Kurie f, geistliches Gericht nt; **~ romana** Römische Kurie
② (tribunal) Gerichtshof m

curial [ku'rjal] I. *adj* Kurien-
II. *m* Kuriale *m*
curiche[1] [ku'ritʃe] *m* (*Bol: pantano*) Sumpf *m*, Morast *m*
curiche[2] [ku'ritʃe] *mf* (*Chil: persona negra*) Schwarze(r) *mf*
curio ['kurjo] *m* ❶ (QUÍM) Curium *nt*
❷ (FÍS) Curie *nt*
curiosa [ku'rjosa] *adj o f v.* **curioso**
curiosamente [kurjosa'mente] *adv* ❶ (*sorprendentemente*) erstaunlicherweise
❷ (*aseadamente*) sorgfältig, säuberlich
curiosear [kurjose'ar] *vi* (*neugierig*) herumschnüffeln *fam*
curiosidad [kurjosi'ðað] *f* ❶ (*indiscreción*) Neugier(de) *f*; **despertar la ~** die Neugier wecken; **satisfacer la ~** die Neugier befriedigen
❷ (*cosas poco corrientes*) Sehenswürdigkeiten *fpl*, Merkwürdigkeiten *fpl*
❸ (*pulcritud*) Sauberkeit *f*, Sorgfalt *f*
curioso, -a [ku'rjoso, -a] I. *adj* ❶ (*indiscreto*) neugierig; **estar ~ por saber algo** auf etw gespannt sein; **estoy ~ de sus noticias** ich warte sehr auf seine Nachricht
❷ (*interesante*) kurios, sonderbar; **¡qué ~!** wie merkwürdig!
❸ (*aseado*) sorgfältig, reinlich
II. *m, f* ❶ (*indiscreto*) neugieriger Mensch *m*, Naseweis *m fam*
❷ (*Am: curandero*) Kurpfuscher(in) *m(f)*
curiosón, -ona [kurjo'son, -ona] *m, f* (*fam*) Schnüffelnase *f*, Naseweis *m*
currante [ku'rrante] *mf* (*fam*) Arbeiter(in) *m(f)*
currar [ku'rrar] *vi* (*fam*) arbeiten, schaffen
curre ['kurre] *m* (*fam: trabajo*) Maloche *f*; (*profesión*) Job *m*; **tengo mucho ~** ich hab viel am Hals [*o* um die Ohren]; **llegó tarde al ~** er/sie kam zu spät zur Maloche
currelar [kurre'lar] *vi* (*fam*) *v.* **currar**
curricular [kurriku'lar] *adj* (UNIV) den Studienplan betreffend; (ENS) den Lehrplan betreffend; **cambios ~es** Änderungen im Studien-/Lehrplan
currículo [ku'rrikulo] *m* ❶ (UNIV) Studienplan *m*; (ENS) Lehrplan *m*
❷ (*currículum*) Lebenslauf *m*; **un ~ escrito a mano** ein handgeschriebener Lebenslauf
curriculum (**vitae**) [ku'rrikulun ('βite)] *m*, **currículum** (**vitae**) [ku'rrikulun ('βite)] *m* Lebenslauf *m*
currinche [ku'rrintʃe] *m* (*argot*) ❶ (*periodista principiante*) unerfahrener Journalist *m*, unerfahrene Journalistin *f*
❷ (*pey: pelagatos*) Niete *f*, Versager(in) *m(f)*
currito [ku'rrito] *m* (*fam: trabajador poco importante*) einfacher Arbeiter *m*
curro[1] ['kurro] *m* (*fam*) *v.* **curre**
curro, -a[2] ['kurro, -a] *adj* (*fam*) selbstsicher
curruca [ku'rruka] *f* (*pájaro insectívoro*) Grasmücke *f*
curruscante [kurrus'kante] *adj* knusprig
currutaco, -a [kurru'tako, -a] I. *adj* (*fam*) übertrieben modisch, affig pey
II. *m, f* (Mode)geck *m*, Modepuppe *f*
curry ['kurri] *m* Curry *nt*
cursado, -a [kur'saðo, -a] *adj* bewandert, erfahren
cursante [kur'sante] *mf* Kursteilnehmer(in) *m(f)*
cursar [kur'sar] *vt* ❶ (*frecuentar*) häufig aufsuchen
❷ (*una orden*) erteilen; (*un telegrama*) aufgeben; (*una solicitud*) weiterleiten; (*un mensaje*) durchgeben; (*un pedido*) erteilen, aufgeben
❸ (*cursos*) belegen; (*carrera*) studieren; **~ matemáticas** Mathematik studieren
cursi ['kursi] I. *adj* (*fam*) ❶ (*una persona*) affektiert, affig
❷ (*una cosa*) kitschig, geschmacklos
II. *mf* (*fam*) affektierte Person *f*, Lackaffe *m*
cursilada [kursi'laða] *f* (*fam*), **cursilería** [kursile'ria] *f* (*fam*) ❶ (*acción cursi*) Abgeschmacktheit *f*, Getue *nt* ❷ (*calidad de cursi*) Kitsch *m*
cursilería [kursile'ria] *f* ❶ (*cualidad de cursi*) Kitschigkeit *f*
❷ (*cursilada*) Kitsch *m*; **ese lazo rosa es una ~** dieses rosa Band ist kitschig [*o* geschmacklos]
cursillista [kursi'ʎista] *mf* Kursteilnehmer(in) *m(f)*, Teilnehmer(in) *m(f)* an einem Kurzlehrgang
cursillo [kur'siʎo] *m* Kurzlehrgang *m*, Kurs *m*; **~ básico** Grundlehrgang *m*; **~ de empresa** Betriebslehrgang *m*; **~ de socorrismo** Erste-Hilfe-Kurs *m*
cursilón, -ona [kursi'lon, -ona] *m, f aum de* **cursi**
cursiva [kur'siβa] *f* Kursivschrift *f*
cursivo, -a [kur'siβo, -a] *adj* kursiv
curso ['kurso] *m* ❶ (*transcurso*) (Ver)lauf *m*, Ablauf *m*; **~ de la administración** Verwaltungsablauf *m*; **~ de agua** Wasserlauf *m*; **~ temporal** zeitlicher Verlauf *m*; **~ del tráfico** Verkehrsablauf *m*; **~ por vía aérea** Beförderung auf dem Luftweg; **estar en ~** in Bearbeitung sein; **en el ~ del año** im Laufe des Jahres; **en el ~ de las negociaciones** im Zuge der Verhandlungen; **tomar un ~ favorable** einen günstigen Verlauf nehmen; **este asunto sigue su ~** diese Angelegenheit verläuft erwartungsgemäß; **dar ~ a una solicitud** ein Gesuch weiterleiten; **dejar ~ a una instancia** einem Ersuchen stattgeben; **dar ~ a su indignación** seiner Empörung offen Ausdruck geben; **dar ~ a su fantasía** seiner Fantasie freien Lauf lassen
❷ (FIN: *circulación*) Umlauf *m*; **estar en ~** im Umlauf sein
❸ (FIN: *cambio*) Kurs *m*; **~ del cambio** Wechselkurs *m*; **~ de compensación** Verrechnungskurs *m*; **~ del día** Tageskurs *m*; **~ de divisas** Devisenkurs *m*
❹ (*de enseñanza*) Kurs(us) *m*, Lehrgang *m*; **~ acelerado** Schnellkurs *m*; **~ de actualización** [*o* **de capacitación**] Fortbildungslehrgang *m*; **~ de adiestramiento** Schulungslehrgang *m*; **~ diurno** Direktstudium *nt*; **~ escolar** Schuljahr *nt*; **~ de orientación universitaria** zur Hochschulreife führender Kurs; **~ para principiantes** Anfängerkurs *m*; **~ de reorientación profesional** Umschulungslehrgang *m*; **asistir a un ~** an einem Lehrgang teilnehmen; **dar un ~** einen Kurs abhalten; **perder el ~** nicht versetzt werden; **aprobar/suspender un ~** die Abschlussprüfung bestehen/nicht bestehen
cursómetro [kur'sometro] *m* (TÉC, FERRO) Geschwindigkeitsmesser *m* für Eisenbahnen
cursor [kur'sor] *m* ❶ (TÉC) Läufer *m*; **~ de contacto** Stromabnehmerschlitten *m*
❷ (INFOR) Cursor *m*
curtido[1] [kur'tiðo] *m* ❶ (*cuero*) Leder *nt*
❷ (*cutis*) gegerbte Haut *f*
curtido, -a[2] [kur'tiðo, -a] *adj* ❶ (*una persona*) abgehärtet
❷ (*pieles*) gegerbt; **tenía la cara curtida por el sol** sein/ihr Gesicht war von der Sonne gegerbt
curtidor(a) [kurti'ðor(a)] *m(f)* Gerber(in) *m(f)*
curtiduría [kurtiðu'ria] *f* Gerberei *f*
curtiembre [kur'tjembre] *f* (*Am: taller*) Gerberei *f*; (*acción*) Gerben *nt*
curtir [kur'tir] I. *vt* ❶ (*tratar pieles*) gerben
❷ (*tostar el cutis*) bräunen; **el aire del mar curte el rostro** die Seeluft bräunt das Gesicht
❸ (*acostumbrar a la vida dura*) abhärten
II. *vr*: **~se** ❶ (*ponerse moreno*) braun werden
❷ (*acostumbrarse a la vida dura*) sich abhärten
❸ (*AmC: ensuciarse*) sich schmutzig machen
cururo[1] [ku'ruro] *m* (*Chil:* ZOOL) Cururo *m*
cururo, -a[2] [ku'ruro, -a] *adj* (*Chil:* ZOOL) schwarz
curva ['kurβa] *f* Kurve *f*; **~ de calle** Straßenbiegung *f*; **~ de natalidad** Geburtenentwicklung *f*, Geburtenkurve *f*; **~ de precios** (ECON) Preiskurve *f*; **una ~ muy cerrada** eine scharfe Kurve; **en ~** gebogen, kurvenförmig; **¡vaya ~s tiene esta mujer!** diese Frau hat aber aufregende Kurven!
curvado, -a [kur'βaðo, -a] *adj* gebogen
curvar [kur'βar] *vt, vr*: **~se** (sich) biegen, (sich) krümmen
curvatura [kurβa'tura] *f* Krümmung *f*, Biegung *f*
curvilíneo, -a [kurβi'lineo, -a] *adj* bogenförmig, krummlinig
curvímetro [kur'βimetro] *m* (MAT) Kurvimeter *nt*
curvo, -a [ˈkurβo, -a] *adj* krumm, gebogen
cusca ['kuska] *f* ❶ (*Méx: prostituta*) Hure *f pey*
❷ (*Col: embriaguez*) (Be)trunkenheit *f*
❸ (*Col: colilla de cigarro*) Zigarrenstummel *m*
❹ (*loc*): **hacer la ~ a alguien** (*fam*) jdn nerven, jdm auf den Wecker gehen
cuscurro [kus'kurro] *m* (*fam*) Stück *nt* hartes Brot
cuscús [kus'kus] *m inv* Kuskus *m*
cusma ['kusma] *f* (*AmS*) ärmelloses Hemd der Hochlandindios
cúspide ['kuspiðe] *f* Spitze *f*, Gipfel *m*; (*fig*) Höhepunkt *m*; **jurisdiccional** oberste Gerichtsinstanz
custodia [kus'toðja] *f* ❶ *v.* **custodio**
❷ (*guarda*) Verwahrung *f*; **~ de los autos** Aktenaufbewahrung *f*; **~ común** Mitgewahrsam *m*; **~ oficial** amtliche Verwahrung; **~ de la persona** (JUR) Personensorgerecht *nt*; **~ (protectora)** Polizeischutz *m*; **~ de pasajeros** Passagierabfertigung *f*; **~ de la prenda** Pfandverwahrung *f*; **bajo ~** in Gewahrsam; **tener en ~** verwahren; **estar bajo la ~ de alguien** unter jds Obhut stehen
❸ (*ostensorio*) Monstranz *f*
custodiado, -a [kusto'ðjaðo, -a] I. *adj* ❶ (*persona*) beaufsichtigt
❷ (*cosa*) verwahrt
II. *m, f* Schützling *m*
custodiar [kusto'ðjar] *vt* ❶ (*una cosa*) verwahren
❷ (*una persona*) beaufsichtigen
custodio[1] [kus'toðjo, -a] *m* (REL: *ángel*) Schutzengel *m*
custodio, -a[2] [kus'toðjo, -a] *m, f* ❶ (*guardián*) Wächter(in) *m(f)*
❷ (*protector*) Pfleger(in) *m(f)*
cususa [ku'susa] *f* (*AmC*) Zuckerrohrschnaps *m*

cutacha [ku'tatʃa] f (AmC) langes, gerades Messer nt
cutama [ku'tama] f (Chil) ❶ (saco) Sack m
❷ (persona inhábil y pesada) Tollpatsch m
cutáneo, -a [ku'taneo] adj Haut-; **reacción cutánea** Hautreaktion f
cúter ['kuter] <cúter(e)s> m ❶ (cuchilla) Papiermesser nt
❷ (NÁUT) Kutter m; ~ **pesquero** Fischkutter m
cutícula [ku'tikula] f Haut f; (epidermis) (Ober)haut f; (BOT, ZOOL) Kutikula f; ~ **de la célula** Zellhaut f
cuticular [kutiku'lar] adj Oberhaut-
cutis ['kutis] m inv (Gesichts)haut f; **crema para el** ~ Gesichtscreme f
cutre ['kutre] I. adj geizig, knaus(e)rig; **ropa** ~ billige Kleidung
II. mf Geizhals m, Knauser m
cutrería [kutre'ria] f, **cutrez** [ku'treθ] f Geiz m
cuyo, -a ['kuɟo, -a] pron rel dessen, deren; **la mujer** ~ **conocido es médico** die Frau, deren Bekannter Arzt ist; **por cuya causa** weshalb
cúyo, -a ['kuɟo, -a] pron inter (elev) wessen; **¿cúya casa es ésta?** wessen Haus ist das?
cuzco ['kuθko] m kleiner Hund m
cuzma ['kuθma] f v. **cusma**
cuzqueño, -a [kuθ'keɲo, -a] I. adj aus Cuzco
II. m, f Einwohner(in) m(f) von Cuzco
C.V. [ka'βaʎo ðe βa'por] m abr de **caballo (de) vapor** PS nt

D

D, d [de] f D, d nt; ~ **de Dolores** D wie Dora
D. [don] abr de **Don** Hr.
Dª ['doɲa] abr de **Doña** Fr.
D/A [de'a] (ECON) abr de **documentos contra aceptación** d/a
dable ['daβle] adj möglich
dabuti [da'βuti] adj (fam) spitze, klasse
daca ['daka]: **toma y** ~ Kuhhandel m
dacha ['datʃa] f Datscha f
dación [da'θjon] f (JUR: entrega) Übergabe f; (cesión) Abtretung f
dacriocistitis [dakrjoθis'titis] f inv (MED) Tränensackentzündung f, Dakryozystitis f
dactilado, -a [dakti'laðo, -a] adj daumenförmig
dactilar [dakti'lar] adj Finger-; **huellas ~es** Fingerabdrücke mpl
dactílico, -a [dak'tiliko, -a] adj (LIT) daktylisch
dáctilo ['daktilo] m (LIT) Daktylus m
dactilógrafa [dakti'loɣrafa] f v. **dactilógrafo**
dactilografía [daktiloɣra'fia] f Maschinenschreiben nt
dactilografiar [daktiloɣrafi'ar] <1. pres: dactilografío> vt mit der Maschine schreiben
dactilográfico, -a [daktilo'ɣrafiko, -a] adj ❶ (relativo a la dactilografía) maschinenschriftlich
❷ (escrito a máquina) mit der Maschine geschrieben
dactilógrafo, -a [dakti'loɣrafo, -a] m, f Maschinenschreiber(in) m(f)
dactilograma [daktilo'ɣrama] m (JUR) Fingerabdruck m, Daktylogramm nt
dactilología [daktilolo'xia] f Finger- und Gebärdensprache f, Daktylologie f
dactiloscopia [daktilos'kopja] f Daktyloskopie f
dadaísmo [daða'ismo] m (ARTE, LIT) Dadaismus m
dadaísta [daða'ista] I. adj (ARTE, LIT) dadaistisch
II. mf (ARTE, LIT) Dadaist(in) m(f)
dádiva ['daðiβa] f Gabe f; (regalo) Geschenk nt
dadivosidad [daðiβosi'ðað] f Freigebigkeit f
dadivoso, -a [daði'βoso, -a] adj freigebig
dado¹ ['daðo] m ❶ (cubo) Würfel m; **tirar el** ~ würfeln
❷ pl (juego) Würfelspiel nt; **jugar a los ~s** würfeln; **se jugaron una cerveza a los ~s** sie haben um ein Bier gewürfelt
dado² ['daðo] conj ❶ (ya que) ~ **que** da (ja); ~ **que llueve...** da es (ja) regnet ...
❷ (supuesto que): ~ **que** +subj wenn, angenommen dass; ~ **que sea demasiado difícil, te ayudaré** wenn es zu schwierig ist, werde ich dir helfen
dado, -a³ ['daðo, -a] adj ❶ (supuesto) gegeben; **bajo las circunstancias dadas...** unter den gegebenen Umständen ...; **dada la coyuntura actual...** angesichts der aktuellen Konjunkturlage ...; **en el caso ~** gegebenenfalls
❷ (determinado) bestimmt; **en situaciones dadas** in bestimmten Situationen
❸ (loc): **ser ~ a algo** zu etw dat neigen; **este es ~ a las bromas pesadas** der neigt zu dummen Späßen; **no ser ~** (Méx) mutig sein

dador [da'ðor] m (COM) Aussteller m; ~ **del crédito** (FIN) Darlehensgeber m
daga ['daɣa] f Dolch m; (PRico: machete) Machete f, Buschmesser nt
daguerrotipo [daɣerro'tipo] m (FOTO) ❶ (procedimiento) Daguerreotypie f
❷ (aparato) Daguerreotypie-Kamera f
daiquiri [daj'kiri] m (Cuba) Daiquiri m (Cocktail aus Limonensaft, Rum und Zucker)
dalai-lama [da'laj 'lama] m Dalai-Lama m
dalia ['dalja] f (BOT) Dahlie f
dalla ['daʎa] f Sense f
dallar [da'ʎar] vt (AGR: segar con guadaña) mit der Sense mähen; **aún no habían dallado los campos** die Felder waren noch nicht abgemäht
Dalmacia [dal'maθja] f Dalmatien nt
dálmata ['dalmata] I. adj dalmatinisch
II. mf ❶ (persona) Dalmatiner(in) m(f)
❷ (perro) Dalmatiner m, Dalmatinerhündin f
dalmático¹ [dal'matiko] m sin pl (LING) Dalmat(in)isch(e) nt; **ya casi no quedan hablantes de** ~ es wird kaum noch Dalmatinisch gesprochen
dalmático, -a² [dal'matiko, -a] adj dalmat(in)isch; **el paisaje** ~ die Landschaft Dalmatiens
daltoniano, -a [dalto'njano, -a], **daltónico, -a** [dal'toniko, -a] I. adj farbenblind II. m, f Farbenblinde(r) mf
daltonismo [dalto'nismo] m Farbenblindheit f
dama ['dama] f ❶ (señora) Dame f; ~ **de honor** (de la reina) Hofdame f; (de la novia) Brautjungfer f; **primera** ~ (POL) First Lady f
❷ (pieza) Dame f
❸ pl: (juego de) **~s** Damespiel nt
damajuana [dama'xwana] f große Korbflasche f
damasco [da'masko] m ❶ (tejido) Damast m
❷ (Am: fruta) Aprikose f
Damasco [da'masko] m Damaskus nt
damasquinado¹ [damaski'naðo] m Tauschierung f, Tauschierarbeit f
damasquinado, -a² [damaski'naðo, -a] adj tauschiert
damasquinar [damaski'nar] vt (ARTE) damaszieren
damasquino, -a [damas'kino, -a] adj ❶ (procedente de Damasco) aus Damaskus (stammend), Damaszener-
❷ (arma blanca) damasziert
damero [da'mero] m Dame(spiel)brett nt
damisela [dami'sela] f ❶ (pey: joven) junge Dame f
❷ (prostituta) Dirne f
damnificación [damnifika'θjon] f Schädigung f
damnificado, -a [damnifi'kaðo, -a] I. adj geschädigt; (en la guerra) kriegsbeschädigt
II. m, f Geschädigte(r) mf; (de guerra) Kriegsbeschädigte(r) mf; **los ~s por el huracán** die Orkangeschädigten
damnificar [damnifi'kar] <c→qu> vt schädigen
damnum ['damnun] m (FIN) Damnum nt
dan [dan] m (DEP) Dan m
dancing ['dansin] m <dancings> (fam) ❶ (baile) Tanz m
❷ (lugar) Tanzlokal nt
❸ (cabaret) Nachtlokal nt
dandi ['dandi] m <dandis> Dandy m
dandismo [dan'dismo] m ❶ (calidad) Dandytum nt
❷ (HIST: moda) Dandyismus m elev
danés¹ [da'nes] m ❶ (idioma) Dänisch(e) nt
❷ (perro): **gran** ~ (dänische) Dogge f
danés, -esa² [da'nes, -esa] I. adj dänisch
II. m, f Däne, -in m, f
danone® [da'none] m (fam) Danone® m, (Danone®-)Joghurt m o nt
danta ['danta] f (Ven) Tapir m
dantesco, -a [dan'tesko, -a] adj ❶ (de Dante) dantisch, dantesk
❷ (espantoso) dantesk, grauenvoll
dantismo [dan'tismo] m (LIT) ❶ (inclinación por Dante) Vorliebe f für Dante
❷ (influjo de Dante) Dantes Einfluss m
danto ['danto] m (AmC: ZOOL) Schirmvogel m
danubiano, -a [danu'βjano, -a] adj Donau-; **la cuenca danubiana** das Donautal
Danubio [da'nuβjo] m Donau f
danza ['danθa] f Tanz m; (acción) Tanzen nt; ~ **del vientre** Bauchtanz m; **en** ~ (fam) in Aktion, beschäftigt
danzante [dan'θante] I. adj ❶ (intrigante) zudringlich
❷ (fam: botarate) unzuverlässig, leichtfertig
II. mf Tänzer(in) m(f)
danzar [dan'θar] <z→c> I. vi ❶ (bailar, girar) tanzen; (moverse) herumtanzen, herumhüpfen
❷ (entremeterse) sich einmischen
II. vt tanzen

danzarín, -ina [danθa'rin, -ina] I. *adj* tänzerisch geübt
II. *m, f* (geübter) Tänzer *m*, (geübte) Tänzerin *f*

danzón [dan'θon] *m* Danzón *m* (*kubanischer Tanz*)

dañado, -a [da'naðo, -a] *adj* verwüstet, (stark) beschädigt; (*fruta*) verdorben

dañar [da'nar] I. *vi* schaden
II. *vt* beschädigen; (*reputación*) schädigen; ~ **la imagen** dem Image schaden
III. *vr:* ~**se** beschädigt werden; (*fruta, cosecha*) verderben

dañero, -a [da'nero, -a] *adj* (*Ven: embaucador*) betrügerisch

dañino, -a [da'nino, -a] *adj* schädlich

daño [dar] *m* ❶ (*perjuicio*) Schaden *m;* ~ **directo** Folgeschaden *m;* ~**s ecológicos** Umweltschäden *mpl;* ~**s por granizo** Hagelschäden *mpl;* ~**s marítimos** Seeschäden *mpl;* ~ **material** Sachschaden *m;* ~ **moral** (JUR) Immaterialschaden *m;* ~**s parciales** Teilschäden *mpl;* ~ **patrimonial** (ECON, JUR) Vermögensschaden *m;* ~**s y perjuicios** (JUR) Schadensersatz *m;* ~ **personales** Personenschaden *m;* ~ **por tempestad** Sturmschäden *mpl;* ~ **a terceros** Drittschaden *m;* ~ **total** Totalschaden *m;* ~ **por vicios** Mangelschaden *m;* **causar** ~ Schaden verursachen
❷ (*dolor*) Verletzung *f;* **hacer** ~ **a alguien** jdm wehtun; **hacerse** ~ sich *dat* verletzen; **no hace** ~ es tut nicht weh
❸ (*Am: maleficio*) Behexung *f;* (*mal de ojo*) böser Blick *m*

dañoso, -a [da'noso, -a] *adj* schädlich; ~ **para la salud** gesundheitsschädlich

dar [dar] *irr* I. *vt* ❶ (*regalar, donar*) geben, schenken; **mi madre dio la ropa vieja a la Cruz Roja** meine Mutter hat die alten Kleider dem Roten Kreuz gegeben; **para** ~ **y tomar** (*fam*) in rauhen Mengen, en masse
❷ (*entregar*) geben, überreichen; (*repartir*) austeilen; ~ **un abrazo/la mano a alguien** jdn umarmen/jdm die Hand geben; ~ **las cartas** die Karten austeilen; **¿a quién le toca** ~ (**las cartas**)? wer gibt?; **dale la llave a Juan** gib Juan den Schlüssel; **le doy 1.500 euros por el coche** ich gebe Ihnen 1.500 Euro für das Auto
❸ (*administrar*) geben, verabreichen; ~ **de beber al sediento** dem Durstigen zu trinken geben
❹ (*asestar*) geben, versetzen, austeilen; ~ **una bofetada a alguien** jdm eine Ohrfeige geben; ~ **una patada a alguien** jdm einen Fußtritt versetzen; **ahí me las den todas** (*irón*) was kümmert mich das?
❺ (*producir*) geben, hervorbringen, erzeugen; **la vaca da leche** die Kuh gibt Milch; **este árbol da naranjas** dieser Baum trägt Orangen; ~ **positivo** (MED) einen positiven Befund ergeben
❻ (*proporcionar, asignar*) geben, erteilen; ~ **clases** Unterricht geben; ~ **una conferencia** einen Vortrag halten; ~ **una explicación a alguien** jdm eine Erklärung geben; ~ **una fiesta** eine Party geben; ~ **forma a algo** etw gestalten, etw *dat* Gestalt verleihen; ~ (**mucha**) **importancia a un problema** einem Problem (große) Bedeutung beimessen; ~ **permiso** die Erlaubnis erteilen
❼ (*causar*) hervorrufen, verursachen; ~ **curso a algo** etw bearbeiten; ~ **gusto** Freude [*o* Spaß] machen; **esta película me da miedo** dieser Film macht mir Angst; ~ **pena** [*o* **lástima**] Mitleid erregen; **me das pena** du tust mir leid
❽ (*presentar*) geben, zeigen, aufführen; ~ **una película** einen Film zeigen; **¿dónde dan la película?** wo läuft der Film?; **¿qué dan en la ópera?** was wird in der Oper aufgeführt?
❾ (*expresar*) aussprechen; ~ **las buenas noches** eine gute Nacht wünschen; ~ **la conformidad** die Einwilligung geben (*a* zu +*dat*); ~ **la enhorabuena** Glückwünsche aussprechen; ~ **garantías** Garantien geben; ~ **instrucciones** Anweisungen erteilen; ~ **el pésame a alguien** jdm sein Beileid aussprechen; ~ **recuerdos** Grüße ausrichten; **no** ~ **ni los buenos días** (*fam*) nicht gut aufgelegt sein
❿ (*comunicar*) überbringen, übermitteln; ~ **una buena/mala noticia** eine gute/schlechte Nachricht überbringen
⓫ (*hacer*) machen; ~ **un paseo** einen Spaziergang machen; **no** ~ **golpe** (*fam*) keinen Schlag tun
⓬ (*encender*) einschalten; **da el agua** dreh den Wasserhahn auf; **da la luz, por favor** mach bitte das Licht an
⓭ (*tocar, sonar*) schlagen; **el reloj ha dado las dos** die Uhr hat zwei geschlagen
⓮ (*aplicar, untar*) auftragen; **tienes que ~le una mano de pintura todavía** du musst noch eine Schicht Farbe auftragen
⓯ (*con 'de'*): ~ **de alta** gesundschreiben; ~ **de baja** (*doctor*) krankschreiben; (*persona*) abmelden
⓰ (*con 'a'*): ~ **a conocer algo** etw bekannt geben; ~ **a entender algo a alguien** jdm etw zu verstehen geben
⓱ (*loc*): **dársela a alguien** (*fam*) jdm einen Streich spielen; **me has dado el día** (*fam*) du hast mir den Tag vermasselt; **me da el corazón que saldrá todo bien** mein Herz sagt mir (*o* ich spüre), dass alles gut ausgehen wird; **se me da bien** (*fam*) dafür habe ich ein Händchen; **no se me da bien, se me da mal** (*fam*) dafür habe ich kein Händchen; **está dale que dale con el mismo tema** (*fam*) er/sie kommt immer wieder mit der alten Leier; **dale que te pego** (*fam*) unaufhörlich, die ganze Zeit; **¡y dale!** (*fam*) schon wieder!
II. *vi* ❶ (*con 'a'*) liegen (*a* nach/zu +*dat*), gehen (*a* nach/zu +*dat*, auf +*akk*); **el balcón da a la calle/al norte** der Balkon liegt zur Straße (hin)/nach Norden; **la ventana da al patio** das Fenster geht auf den Hof
❷ (*con 'con'*) treffen (*con* +*akk*), stoßen (*con* auf +*akk*); **he dado con ella en la calle** ich habe sie auf der Straße getroffen; **no doy con la solución** ich komme nicht auf die Lösung
❸ (*con 'contra'*) stoßen (*contra* an/gegen +*akk*), schlagen (*contra* an/gegen +*akk*); **la piedra ha dado contra el cristal** der Stein ist gegen die Scheibe geflogen
❹ (*con 'en': caer*) fallen (*en* auf/in +*akk*); (*con 'de': modo de caer*) fallen (*de* auf +*akk*); **dio de espaldas/narices en el suelo** er/sie fiel rückwärts/vornüber auf den Boden; **dio en la trampa** er/sie ist in die Falle gegangen
❺ (*con 'en'*) zielen (*en* auf/in +*akk*), treffen (*en* auf/in +*akk*); ~ **en el blanco** [*o* **en la diana**] (*fig*) ins Schwarze treffen; ~ **en el clavo** (*fig*) den Nagel auf den Kopf treffen; ~ **en arrendamiento** vermieten, verpachten; **dio positivo en el test de alcoholemia** sein/ihr Alkoholtest war positiv
❻ (*con 'para'*) (aus)reichen (*para* für +*akk*); **esta tela da para dos vestidos** dieser Stoff reicht für zwei Kleider; **su sueldo da para vivir** sein/ihr Lohn reicht zum Leben
❼ (*con 'por'* + *adjetivo*) betrachten (*por* als +*akk*), ansehen (*por* als +*akk*); (*suponer*) voraussetzen (*por* als +*akk*); ~ **por hecho que…** davon ausgehen, dass …; ~ **por inocente a alguien** jdn für unschuldig halten; ~ **por muerto a alguien** jdn für tot erklären; **damos por concluida la prueba** wir betrachten den Versuch als abgeschlossen; **da el libro por leído** er/sie setzt das Buch als gelesen voraus
❽ (*con 'por'* + *verbo*) beschließen, sich versteifen (*por* auf +*akk*); **le ha dado por dejarse el pelo largo** nun will er/sie unbedingt das Haar lang tragen
❾ (*con 'que'* + *verbo*) Anlass geben zu +*dat*; ~ **que decir** Anlass zu Gerede geben; ~ **que hablar** von sich *dat* reden machen; ~ **que hacer** Arbeit machen; ~ **que** [*o* **en qué**] **pensar** zu denken geben
❿ (*loc*): (**me**) **da igual** das ist (mir) egal; **¡qué más da!** (*fam*) was soll's!; **no me da la gana** (*fam*) ich habe keine Lust; ~ **de sí** (*jersey*) weiter werden, ausleiern *fam;* (*persona*) aus *dat* herausholen *fam;* **su sueldo no da mucho de sí** sein/ihr Gehalt gibt nicht viel her
III. *vr:* ~**se** ❶ (*suceder*) geschehen, vorkommen; **estos casos se dan a menudo** solche Fälle treten häufig auf
❷ (*frutos*) gedeihen, wachsen
❸ (*con 'a': consagrarse*) sich widmen +*dat;* (*entregarse*) verfallen +*dat;* ~**se a la bebida** dem Alkohol verfallen, sich der Trunksucht hingeben
❹ (*con 'contra'*) (sich) stoßen (*contra* an +*dat*)
❺ (*con 'por'* + *adjetivo*) sich halten (*por* für +*akk*); ~**se por aludido** sich angesprochen fühlen; ~**se por vencido** sich geschlagen geben; **no se dieron por enterados** sie taten, als ob sie von nichts wüssten
❻ (*con 'a'* + *verbo*): ~**se a conocer** (*persona*) sich zu erkennen geben; (*noticia*) bekannt werden; ~**se a entender** sich verständlich machen
❼ (*con 'de'*): ~**se de baja/alta** sich krank-/gesundschreiben lassen; ~**se de alta en Hacienda** sich als Steuerpflichtige(r) anmelden
❽ (*con sustantivo*): ~**se un baño** ein Bad nehmen; ~**se cuenta de algo** etw merken; ~**se prisa** sich beeilen; ~**se un susto** sich erschrecken
❾ (*loc*): **dárselas de valiente** (*fam*) sich als Held aufspielen; ~**se corte** (*CSur*) sich aufspielen; ~**se pronto** (*CRi, RDom*) sich beeilen; ~**se vuelta** (*Arg, Par*) die Partei wechseln

dardo ['darðo] *m* (*arma*) Speer *m;* (*del juego: flecha*) (Wurf)pfeil *m;* **jugar a los** ~**s** (eine Partie) Darts spielen

dársena ['darsena] *f* (*t.* NÁUT: *fondeadero*) Hafenbecken *nt;* (*dique*) Dock *nt*

dartros ['dartros] *m inv* (MED) schorfiger Hautausschlag *m*

darviniano, -a [darβi'njano, -a] *adj* darwinistisch, Darwin-

darvinismo [darβi'nismo] *m* Darwinismus *m*

darvinista [darβi'nista] I. *adj* darwinistisch
II. *mf* Darwinist(in) *m(f)*, Anhänger(in) *m(f)* Darwins

dasonomía [dasono'mia] *f* Forstwirtschaft *f*

dasonómico, -a [daso'nomiko, -a] *adj* forstwirtschaftlich

data ['data] *f* Ort *m* und Datum *nt*, Orts- und Datumsangabe *f*

datable [da'taβle] *adj* datierbar

datación [data'θjon] *f* Datierung *f*

datar [da'tar] I. *vi* stammen (*de* aus +*dat*); **la Alhambra de Granada data de tiempos de los árabes** die Alhambra in Granada stammt aus der Zeit der Araber
II. *vt* datieren

dátil ['datil] *m* Dattel *f*

datilera [dati'lera] I. *adj* Dattel-

datilero

II. *f* (BOT) Dattelpalme *f*

datilero, -a [dati'lero, -a] *adj* (BOT) Dattel-; **las ganancias del sector ~ han sido cuantiosas** der finanzielle Ertrag bei der Dattelernte war reichlich

datismo [da'tismo] *m* (LIT) Synonymenhäufung *f*

dativo [da'tiβo] *m* (LING) Dativ *m*

dato ['dato] *m* ❶ (*circunstancia*) Angabe *f;* **~s fiscales** Steuerangaben *fpl;* **~s personales** Personalien *pl,* Angaben zur Person; **~s técnicos** technische Daten

❷ (*cantidad*) Zahl *f*

❸ (*fecha*) Datum *nt*

❹ *pl* (INFOR) Daten *pl;* **~s de entrada/de salida** Eingabe-/Ausgabedaten *pl;* **~s fijos** Stammdaten *pl;* **~s fuente** Quelldaten *pl;* **administrador de ~s** Dateimanager *m,* Datenverwaltungsprogramm *nt;* **banco** [*o* **base**] **de ~s** Datenbank *f;* **bus** [*o* **colector**] **de ~s** Datenbus *m;* **casete de ~s** Datenkassette *f;* **centro de ~s** Rechenzentrum *nt;* **código de ~s** Datencode *m;* **compresión de ~s** Datenkomprimierung *f;* **delimitador de ~s** Begrenzungszeichen *nt;* **elaboración** [*o* **procesamiento**] **de ~s** Datenverarbeitung *f;* **elemento de ~s** Datenelement *nt;* **flujo de ~s** Datenfluss *m;* **modelo de ~s** Datenmodell *nt;* **módulo de ~s** Datenmodul *nt;* **programa de entrada de ~s** Eingabeprogramm *nt;* **recogida de ~s** Datenerfassung *f;* **soporte de ~s** Datenträger *m;* **elaborar ~s** Daten bearbeiten; **meter** [*o* **introducir**] **~s** Daten eingeben

dBASE® [de 'βase] *m* (INFOR) *abr de* **sistema de administración de bases de datos** dBASE® *nt*

DBMS [deβe(e)me'ese] *m* (INFOR) *abr de* **database management system** (**sistema de gestión de bases de datos**) DBMS *nt*

dcha. [de'retʃa] *abr de* **derecha** re.

DD [de'ðe] *abr de* **disco de doble densidad** DD

d. de J.C. [des'pwes ðe xesu'kristo] *abr de* **después de Jesucristo** n. Chr.

ddt® [deðe'te] <sin pl> *m* (QUÍM) *abr de* **dicloro-difenil-tricloroetano** DDT® *nt*

de [de] *prep* ❶ (*posesión*) von +*dat;* **el reloj ~ mi padre** die Uhr meines Vaters [*o* von meinem Vater]; **los hijos ~ Ana** Anas Kinder, die Kinder von Ana

❷ (*origen*) von +*dat,* aus +*dat;* **son ~ Italia**/**~ Lisboa**/**~ las Islas Canarias** sie kommen aus Italien/aus Lissabon/von den Kanarischen Inseln; **~ Málaga a Valencia** von Málaga nach Valencia; **el avión procedente ~ Lima** das Flugzeug aus Lima; **un libro ~ Goytisolo** ein Buch von Goytisolo; **~ ti a mí** unter uns

❸ (*material*) aus +*dat;* **una camiseta ~ algodón** ein T-Shirt aus Baumwolle; **un anillo ~ oro** ein Ring aus Gold, ein goldener Ring

❹ (*cualidad, característica*) mit +*dat;* **un hombre ~ buen corazón** ein Mensch mit einem guten Herzen

❺ (*temporal*) von +*dat;* **cerrado ~ una a tres** von eins bis drei geschlossen

❻ (*finalidad*): **máquina ~ escribir** Schreibmaschine *f;* **hora ~ comer** Essenszeit *f*

❼ (*causa*) vor +*dat;* **llorar ~ alegría/frío/miedo** vor Freude/Kälte/Angst weinen

❽ (*con valor partitivo*): **dos platos ~ sopa** zwei Teller Suppe; **un kilo ~ tomates** ein Kilo Tomaten; **un vaso ~ agua** ein Glas Wasser

❾ (*con nombre propio*): **la ciudad ~ Cuzco** die Stadt Cuzco; **el tonto ~ Luis lo ha roto** Luis, der Trottel, hat es kaputtgemacht; **pobre ~ mí** ich Arme(r)

❿ (*loc*): **~ niño/niña** als Kind; **más ~ 250 euros** mehr als 250 Euro; **~ no** (*Am*) ansonsten

deambular [deambu'lar] *vi* herumstreifen (*por* in/auf +*dat*)

deambulatorio [deambula'torjo] *m* (ARQUIT) Chorumgang *m*

deán [de'an] *m* (REL) Dekan *m,* Dechant *m*

deanato [dea'nato] *m* (REL) ❶ (*cargo*) Dechanat *nt,* Dekanat *nt*

❷ (*territorio*) Kirchenbezirk *m*

debacle [de'βakle] *f* Debakel *nt*

debajo [de'βaxo] I. *adv* unten; **ellos viven ~** sie wohnen unten

II. *prep* ❶ **~ de** (*local: bajo*) unter +*dat;* **viven ~ de un matrimonio con cinco hijos** sie wohnen unter einem Ehepaar mit fünf Kindern; **tiene que pasar por ~ del puente** Sie müssen unter der Brücke hindurchfahren

❷ **~ de** (*con movimiento*) unter +*akk;* **el mecánico se tumba ~ del coche** der Mechaniker legt sich unter das Auto

debate [de'βate] *m* Debatte *f;* **~ fiscal** (ECON) Steuerdebatte *f;* **~ presupuestario** Haushaltsdebatte *f;* **~ televisado** [*o* **televisivo**] Fernsehdebatte *f*

debatir [deβa'tir] I. *vt* debattieren, erörtern

II. *vr:* **~se** ankämpfen (*contra* gegen +*akk*); **~se entre la vida y la muerte** mit dem Tode ringen

debe ['deβe] *m* Soll *nt;* (FIN) Sollseite *f;* **~ y haber** (FIN) Soll und Haben

deber [de'βer] I. *vi* (*suposición*): **~ de** +*inf* müssen; **debe de llegar dentro de poco** er/sie muss demnächst ankommen; **deben de ser las nueve** es muss neun Uhr sein

II. *vt* ❶ (*estar obligado*) müssen +*inf;* **debo verlo inmediatamente** ich muss ihn sofort sehen; **~ías haberlo dicho** du hättest es sagen müssen [*o* sollen]; **no ~ías haberlo dicho** du hättest es nicht sagen sollen [*o* dürfen]

❷ (*tener que dar*) schulden; **me debes todavía 20 euros** du schuldest mir noch 20 Euro; **me debe una explicación** er/sie ist mir eine Erklärung schuldig

III. *vr:* **~se** ❶ (*tener por causa*) zurückzuführen sein (*a* auf +*akk*); (*agradeciendo algo*) zu verdanken sein (*a* +*dat*); **estos daños se deben a la tormenta de ayer** diese Schäden sind auf das gestrige Gewitter zurückzuführen; **la construcción de la piscina se debe a una promesa electoral** der Bau des Schwimmbads ist einem Wahlversprechen zu verdanken

❷ (*estar obligado*) sich einsetzen (*a* für +*akk*), sich verpflichten +*dat;* **~se a la patria** sich dem Vaterland verpflichten; **se debe a su profesión** sein/ihr Beruf ist sein/ihr Ein und Alles

IV. *m* ❶ (*obligación, t.* JUR) Pflicht *f,* Verpflichtung *f;* **~ de advertencia** Hinweispflicht *f;* **~ de asistencia** Fürsorgepflicht *f;* **~ de conciencia** moralische Verpflichtung; **~ contractual** Vertragspflicht *f;* **~ de custodia** Obhutspflicht *f;* **~ de deliberación** Beratungspflicht *f;* **~ de diligencia** Sorgfaltspflicht *f;* **~ fundamental** Grundpflicht *f;* **~ de guardar secreto** Schweigepflicht *f;* **~ de indemnización** Schadensersatzpflicht *f;* **~ de información** Auskunftspflicht *f,* Aufklärungspflicht *f;* **~ jurídico** Rechtspflicht *f;* **~ de obediencia** Gehorsamspflicht *f;* **~ de pago** Zahlungspflicht *f;* **~ de registro** (**policial**) (polizeiliche) Meldepflicht *f;* **es mi ~ decirle que...** es ist meine Pflicht Ihnen zu sagen, dass ...

❷ *pl* (*tareas*) Hausaufgaben *fpl;* **hacer los ~es** die Hausaufgaben machen; **tener muchos ~es** viel aufhaben; **el profesor nos ha dado muchos ~es** der Lehrer hat uns viel aufgegeben

debidamente [deβiða'mente] *adv* vorschriftsmäßig, ordnungsgemäß; **la solicitud debe estar ~ cumplimentada** der Antrag soll vorschriftsgemäß ausgefüllt sein

debido¹ [de'βiðo] *prep:* **~ a** aufgrund [*o* auf Grund] von +*dat,* aufgrund [*o* auf Grund] +*gen,* wegen +*gen;* **~ al mal tiempo** wegen des schlechten Wetters

debido, -a² [de'βiðo, -a] *adj* ❶ (*conveniente*) richtig, angemessen; **como es ~** wie es sich gehört

❷ (*necesario*) nötig, gebührend; **con el ~ respeto** mit dem nötigen Respekt

débil [de'βil] *adj* ❶ *ser* (*enfermizo*) schwach, schwächlich; (*indulgente*) nachsichtig (*con* gegen +*akk*), nachgiebig (*con* gegenüber +*dat*)

❷ *estar* (*delicado*) schwach, geschwächt

❸ (*poco intenso*) matt, schwach; **el plan tiene algunos puntos ~es** der Plan hat einige Schwachstellen

debilidad [deβili'ðað] *f* Schwäche *f;* **~ del dólar** Dollarschwäche *f;* **~ mental** Geistesschwäche *f;* **~ del mercado** Marktschwäche *f;* **tener ~ por algo/por alguien** eine Schwäche für etw/jdn haben; **su ~ es el fútbol** seine/ihre Schwäche ist der Fußball

debilitación [deβilita'θjon] *f* ❶ (*debilitamiento*) Schwächung *f;* **durante la enfermedad su cuerpo sufrió un proceso de ~** im Verlauf der Krankheit wurde sein Körper schwächer

❷ (*fig: flojedad de ánimo*) Trägheit *f;* **~ del carácter** Charakterschwäche *f*

❸ (FIS) Schwächezustand *m,* Entkräftung *f*

debilitamiento [deβilita'mjento] *m* Schwächung *f*

debilitante [deβili'tante] I. *adj* abschwächend; **no llegó a tomar un somnífero, sino sólo una sustancia ~** er/sie nahm kein Schlafmittel, sondern nur ein Beruhigungsmittel

II. *m* Abschwächung *f*

debilitar [deβili'tar] *vt* schwächen

debilucho, -a [deβi'lutʃo, -a] *adj* kränkelnd, schwächlich

debitar [deβi'tar] *vt* (*Am*) ❶ (*anotar*) im Soll buchen; **~ al debe** im Soll buchen; **~ una suma en cuenta** ein Konto mit einer Summe belasten

❷ (*adeudar*) schulden; (FIN) debitieren

débito ['deβito] *m* Schuld *f,* Soll *nt;* **~s bancarios** Bankverbindlichkeiten *fpl;* **~ conyugal** eheliche Pflicht; **~ en cuenta** Kontobelastung *f*

debocar [deβo'kar] <c→qu> *vi* (*Arg, Bol*) erbrechen

debut [de'βu⁽ᵗ⁾] <debuts> *m* Debüt *nt;* **hacer su ~** sein Debüt geben

debutante [deβu'tante] *mf* Debütant(in) *m(f)*

debutar [deβu'tar] *vi* debütieren (*como* als +*nom*)

década ['dekaða] *f* Dekade *f,* Jahrzehnt *nt;* **la última ~ del s. XIX** das letzte Jahrzehnt des 19. Jhs.; **la ~ de los 40** die 40er-Jahre

decadencia [deka'ðenθja] *f* ❶ (*decaimiento*) Dekadenz *f*

❷ (*de una época*) Niedergang *m,* Verfall *m*

decadente [deka'ðente] *adj* dekadent

decadentismo [dekaðen'tismo] *m* ❶ (*periodo*) Zeitalter *nt* der Dekadenz

decadentista

❶ (LIT) Dekadenz-Dichtung *f*
decadentista [dekaðen'tista] **I.** *adj* dekadent, entartet; **la poesía ~** die Dekadenzdichtung
II. *mf* (ARTE, LIT) Dekadenzdichter(in) *m(f)*
decaedro [deka'eðro] *m* (MAT) Dekaeder *nt*, Zehnflächner *m*
decaer [deka'er] *irr como* caer *vi* abnehmen, nachlassen; (*imperio*) in Verfall geraten, verfallen; **~ en fuerza** an Kraft verlieren; **el ánimo decae** der Mut schwindet; **decae de ánimo** er/sie verliert den Mut
decagonal [dekaɣo'nal] *adj* ❶ (MAT: *relativo al decágono*) zehneckig, dekagonal; **fórmulas ~es** Zehneck-Formeln *fpl*
❷ (*semejante al decágono*) dem Zehneck ähnlich; **estructura ~** zehneckige Struktur
decágono[1] [de'kaɣono] *m* (MAT) Zehneck *nt*, Dekagon *nt*
decágono, -a[2] [de'kaɣono, -a] *adj* (MAT) zehneckig, dekagonisch
decagramo [deka'ɣramo] *m* Dekagramm *nt*
decaído, -a [deka'iðo, -a] *adj* ❶ (*abatido*) niedergeschlagen, mutlos
❷ (*débil*) kraftlos, matt
decaimiento [dekai̯'mjento] *m* ❶ (*afligimiento*) Niedergeschlagenheit *f*
❷ (*debilidad*) Kraftlosigkeit *f*
decalcificación [dekalθifika'θjon] *f* (*acción*) Entkalkungsprozess *m*, Entkalkung *f*; (*resultado*) Entkalktheit *f*
decalitro [deka'litro] *m* Dekaliter *m*
decálogo [de'kaloɣo] *m* (REL) Zehn Gebote *ntpl*, Dekalog *m*
decámetro [de'kametro] *m* Dekameter *m o nt*
decampar [dekam'par] *vi* (MIL) das Lager abbrechen
decana [de'kana] *adj o f v.* decano
decanato [deka'nato] *m* ❶ (*cargo*) Dekanswürde *f*
❷ (*despacho*) Dekanat *nt*
decano, -a [de'kano, -a] **I.** *adj* älteste(r)
II. *m, f* Dekan(in) *m(f)*
decantación [dekanta'θjon] *f* ❶ (*inclinación*) Neigung *f*
❷ (*de líquidos*) Abgießen *nt*
decantador [dekanta'ðor] *m* (QUÍM) Dekantiergefäß *nt*
decantar [dekan'tar] **I.** *vt* abgießen, dekantieren
II. *vr:* **~se** sich (nach reiflicher Überlegung) entscheiden (*por* für +*akk*), sich zuwenden (*por/hacia*+*dat*); **se decantó por el liberalismo** er/sie wandte sich dem Liberalismus zu
decapar [deka'par] *vt* (QUÍM) dekapieren
decapitación [dekapita'θjon] *f* Enthauptung *f*
decapitar [dekapi'tar] *vt* enthaupten
decárea [de'karea] *f* (AGR) zehn Ar *nt o m;* **ocho ~s** achtzig Ar
decasílabo, -a [deka'silaβo, -a] **I.** *adj* (LIT) zehnsilbig
II. *m, f* (LIT) Dekasyllabus *m*
decatlón [dekað'lon] *m* (DEP) Zehnkampf *m*
deceleración [deθelera'θjon] *f* (FÍS) Verlangsamung *f*, negative Beschleunigung *f*; (*con frenos*) Abbremsung *f*
decelerar [deθele'rar] *vi* langsamer werden
decena [de'θena] *f* zehn Stück *ntpl;* **~s** (MAT) Zehner *mpl;* **~s de miles** Zehntausende *pl;* **una ~ de huevos** zehn Eier
decenal [deθe'nal] *adj* ❶ (*cada diez años*) zehnjährlich, alle zehn Jahre
❷ (*de una duración de diez años*) zehnjährig, zehn Jahre lang
decenario[1] [deθe'narjo] *m* ❶ (*unidad temporal*) Jahrzehnt *nt*
❷ (*rosario*) Rosenkranz *m* mit zehn Kugeln
decenario, -a[2] [deθe'narjo, -a] *adj* zehnteilig
decencia [de'θenθja] *f* Anstand *m*
decenio [de'θenjo] *m* Jahrzehnt *nt*
decentar [deθen'tar] <e→ie> **I.** *vt* ❶ (*alimentos*) anschneiden
❷ (*dañar*) schaden *dat;* **las preocupaciones ~on su vitalidad** die Sorgen beeinträchtigten seine Vitalität
❸ (*violar*) schänden
II. *vr:* **~se** (MED: *llagarse*) sich wundliegen
decente [de'θente] *adj* ❶ (*honesto, limpio*) anständig
❷ (*suficiente*) angemessen, recht gut; **gana un sueldo ~** er/sie bekommt ein ganz anständiges Gehalt
decentemente [deθente'mente] *adv* ❶ (*sin miseria*) erträglich, angemessen
❷ (*guardando la compostura*) anständig
❸ (*irón: en exceso*) asketisch, sehr genügsam; **desde luego tu amigo come ~** wie man sieht, isst dein Freund sehr bescheidene Mengen
decepción [deθeβ'θjon] *f* Enttäuschung *f;* **llevarse una ~** enttäuscht werden
decepcionante [deθeβθjo'nante] *adj* enttäuschend
decepcionar [deθeβθjo'nar] *vt* enttäuschen
deceso [de'θeso] *m* Tod *m,* Ableben *nt elev*
dechado [de'tʃaðo] *m* (*para labores*) Vorlage *f,* Muster *nt*
❷ (*modelo*) Inbegriff *m* (*de* +*gen*); **es un ~ de fealdad** er/sie ist der Inbegriff der Hässlichkeit
decibel(io) [deθi'βel(jo)] *m* (FÍS) Dezibel *nt*

decible [de'θiβle] *adj* sagbar
decididamente [deθiðiða'mente] *adv* ❶ (*resueltamente*) entschieden, entschlossen
❷ (*definitivamente*) definitiv, auf jeden Fall
decidido, -a [deθi'ðiðo, -a] *adj* energisch, entschlossen; **con paso ~** mit festem Schritt
decidir [deθi'ðir] **I.** *vi* entscheiden (*sobre* über +*akk*); **el juez ha decidido a favor/en contra del acusado** der Richter hat zugunsten [*o* zu Gunsten] des/gegen den Angeklagten entschieden; **el decano no ha decidido sobre esa cuestión** der Dekan hat über diese Frage noch nicht entschieden
II. *vt* ❶ (*determinar*) entscheiden
❷ (*acordar*) beschließen; **decidieron fundar un partido** sie beschlossen eine Partei zu gründen
❸ (*mover a*) veranlassen; **el despido le decidió a abrir la tienda** die Entlassung war für ihn der Anlass, den Laden aufzumachen
III. *vr:* **~se** sich entscheiden (*por* für +*akk, en contra de* gegen +*akk*); **~se a** +*inf* sich entschließen zu +*inf;* **se ha decidido por/en contra de este candidato** er/sie hat sich für/gegen diesen Kandidaten entschieden
decigramo [deθi'ɣramo] *m* Dezigramm *nt*
decilitro [deθi'litro] *m* Deziliter *m*
décima ['deθima] *f* Zehntel *nt;* **tener ~s** erhöhte Temperatur haben, leichtes Fieber haben
decimal [deθi'mal] *adj* dezimal, Dezimal-; **número ~** Dezimalzahl *f*
decímetro [de'θimetro] *m* Dezimeter *m o nt*
décimo, -a ['deθimo, -a] **I.** *adj* (*parte*) zehntel; (*numeración*) zehnte(r, s); **en ~ lugar** zehntens, an zehnter Stelle
II. *m, f* ❶ (*parte*) Zehntel
❷ (*de lotería*) Zehntellos *nt; v. t.* octavo[2]
decimoctavo, -a [deθimok'taβo, -a] **I.** *adj* (*parte*) achtzehntel; (*numeración*) achtzehnte(r, s); **en ~ lugar** achtzehntens, an achtzehnter Stelle
II. *m, f* Achtzehntel *nt; v. t.* octavo[2]
decimocuarto, -a [deθimo'kwarto, -a] **I.** *adj* (*parte*) vierzehntel; (*numeración*) vierzehnte(r, s); **en ~ lugar** vierzehntens, an vierzehnter Stelle
II. *m, f* Vierzehntel *nt; v. t.* octavo[2]
decimonónico, -a [deθimo'noniko, -a] *adj* aus dem 19. Jahrhundert; **ideas decimonónicas** (*pey*) veraltete Ansichten
decimonono, -a [deθimo'nono, -a], **decimonoveno, -a** [deθimono'βeno, -a] **I.** *adj* (*parte*) neunzehntel; (*numeración*) neunzehnte(r, s); **en ~ lugar** neunzehntens, an neunzehnter Stelle **II.** *m, f* Neunzehntel *nt; v. t.* octavo[2]
decimoquinto, -a [deθimo'kinto, -a] **I.** *adj* (*parte*) fünfzehntel; (*numeración*) fünfzehnte(r, s); **en ~ lugar** fünfzehntens, an fünfzehnter Stelle
II. *m, f* Fünfzehntel *nt; v. t.* octavo[2]
decimoséptimo, -a [deθimo'septimo, -a] **I.** *adj* (*parte*) siebzehntel; (*numeración*) siebzehnte(r, s); **en ~ lugar** siebzehntens, an siebzehnter Stelle
II. *m, f* Siebzehntel *nt; v. t.* octavo[2]
decimosexto, -a [deθimo'sesto, -a] **I.** *adj* (*parte*) sechzehntel; (*numeración*) sechzehnte(r, s); **en ~ lugar** sechzehntens, an sechzehnter Stelle
II. *m, f* Sechzehntel *nt; v. t.* octavo[2]
decimotercero, -a [deθimoter'θero, -a], **decimotercio, -a** [deθimo'terθjo, -a] **I.** *adj* (*parte*) dreizehntel; (*numeración*) dreizehnte(r, s); **en ~ lugar** dreizehntens, an dreizehnter Stelle **II.** *m, f* Dreizehntel *nt; v. t.* octavo[2]
decir [de'θir] *irr* **I.** *vi* ❶ (*expresar*) sagen (*de* über +*akk*); **~ que sí/no** ja/nein sagen; **diga, dígame** sagen Sie (mal); (TEL) ja, hallo; **es [*o* quiere] ~** das heißt, also; **¡no me diga/digas!** (*fam*) was Sie nicht sagen/du nicht sagst!; **~ por ~** (nur so) daherreden, leeres Stroh dreschen *fam;* **por ~lo así** sozusagen, gewissermaßen; **el qué dirán** was die Leute sagen; **¡quién lo diría!** wer hätte das gedacht!; **y que lo digas** du sagst es; **dicen de él que es un buen profesor** man sagt, er sei ein guter Lehrer; **~ a alguien cuántas son cinco** (*fam*) jdm gehörig die Meinung sagen
❷ (*contener*) besagen; **la Geometría de Euclides dice que...** die euklidische Geometrie besagt, dass ...; **la regla dice lo siguiente:...** die Regel lautet wie folgt: ...
❸ (*armonizar*) passen (*con* zu +*dat*); **el pantalón no dice con esta camisa** die Hose passt nicht zu diesem Hemd
II. *vt* ❶ (*expresar*) sagen; (*comunicar*) mitteilen; **~ algo para sí** etw vor sich hin sagen; **¡no digas tonterías!** (*fam*) red keinen Blödsinn!
❷ (*mostrar*) zeigen, bekunden; **su cara dice alegría** aus seinem/ihrem Gesicht spricht Freude
❸ (*loc*): **no es muy guapa, que digamos** sie ist nicht gerade hübsch
III. *vr:* **~se** sagen; **¿cómo se dice en alemán?** wie sagt man es auf Deutsch?, wie heißt das auf Deutsch?; **¿cómo se dice "ropa" en alemán?** was heißt „ropa" auf Deutsch?

decisión

IV. *m* Redensart *f*; **es un** ~ wie man so sagt
decisión [deθi'sjon] *f* ❶ (*resolución*) Entscheidung *f*; (POL, JUR) Beschluss *m*; ~ **administrativa** Verwaltungsentscheidung *f*; ~ **de arresto** Arrestbeschluss *m*; ~ **de cauce jurídico** Rechtswegentscheidung *f*; ~ **colegiada** Ratsbeschluss *m*; ~ **de compra** Kaufentscheidung *f*; ~ **constatativa** Feststellungsbeschluss *m*; ~ **sobre las costas** Kostenentscheidung *f*; ~ **ejecutoria** rechtskräftige Entscheidung *f*, ~ **de enmienda** Änderungsbeschluss *m*; ~ **errónea** Fehlentscheidung *f*; ~ **de inversión** Investitionsentscheidung *f*; ~ **judicial** Gerichtsentscheidung *f*; ~ **legal** Gesetzesbeschluss *m*; ~ **mayoritaria** [*o* **por mayoría**] Mehrheitsbeschluss *m*; ~ **de sobreseimiento** Einstellungsbescheid *m*; ~ **de un tribunal** Rechtsentscheid *m*; **tomar una** ~ eine Entscheidung treffen, einen Beschluss fassen

❷ (*firmeza*) Entschlossenheit *f*; **tener** ~ entschlossen sein
decisivo, -a [deθi'siβo, -a] *adj* entscheidend
decisorio, -a [deθi'sorjo, -a] *adj* bestimmend, ausschlaggebend; (*comisión*) mit Entscheidungsbefugnis
declamación [deklama'θjon] *f* ❶ (*discurso*) Vortrag *m*, Ansprache *f*
❷ (LIT) Vortragskunst *f*, Deklamation *f*
declamador(a) [deklama'ðor(a)] I. *adj* vortragend, deklamierend
II. *m(f)* Vortragskünstler(in) *m(f)*, Rezitator(in) *m(f)*
declamar [dekla'mar] *vi, vt* vortragen, deklamieren; **el actor declamó excelentemente** der Schauspieler bot einen ausgezeichneten Vortrag
declamatorio, -a [deklama'torjo, -a] *adj* deklamatorisch
declaración [deklara'θjon] *f* ❶ Erklärung *f*; (*de impuestos*) Steuererklärung *f*; ~ **de amor** Liebeserklärung *f*; ~ **de adhesión** Beitrittserklärung *f*; ~ **de aduana** Zollerklärung *f*; ~ **de bienes** Vermögens(steuer)erklärung *f*; ~ **concluyente** Abschlusserklärung *f*; **D~ de los Derechos Humanos** Menschenrechtserklärung *f*; ~ **de dimisión** Rücktrittserklärung *f*; ~ **de división horizontal** Teilungserklärung *f*; ~ **de expedición** Versanderklärung *f*; ~ **de exportación** Ausfuhrdeklaration *f*; ~ **final** Schlusskommuniqué *nt*; ~ **hipotecaria** Pfandanzeige *f*; ~ **de inadmisibilidad** Unzulässigkeitserklärung *f*; ~ **jurada** [*o* **bajo juramento**] eidesstattliche Erklärung *f*; ~ **de no objeción** Unbedenklichkeitserklärung *f*; ~ **de quiebra** Konkurserklärung *f*, Konkursanmeldung *f*; ~ **de la renta** Einkommensteuererklärung *f*; ~ **de renuncia** Verzichtserklärung *f*; ~ **tributaria** Steuererklärung *f*; ~ **de valor** Wertangabe *f*; ~ **de voluntad** Willenserklärung *f*; **hacer declaraciones** Erklärungen abgeben; **presentar la** ~ **de la renta** die Einkommensteuererklärung einreichen

❷ (JUR) Aussage *f*; ~ **falsa** Falschaussage *f*; **prestar** ~ aussagen; **tomar** ~ **a alguien** jdn vernehmen
declarado, -a [dekla'raðo, -a] *adj* deutlich, offenkundig
declarante [dekla'rante] *mf* ❶ (*de impuestos*) Steuerzahler(in) *m(f)*
❷ (JUR) Aussagende(r) *mf*
declarar [dekla'rar] I. *vi* ❶ (*testigo*) aussagen, eine Aussage machen; ~ **algo bajo juramento** etw eidesstattlich erklären
❷ (*a la prensa*) erklären, eine Erklärung abgeben
II. *vt* ❶ (*manifestar*) erklären; ~ **abierta la reunión** die Versammlung eröffnen; ~ **a alguien culpable** jdn für schuldig erklären; ~ **el concurso** (JUR) den Konkurs eröffnen; ~ **la guerra/la huelga** den Krieg erklären/den Streik ausrufen; ~ **algo de utilidad pública** etw für gemeinnützig erklären

❷ (*ingresos*) deklarieren; (*a aduanas*) verzollen; **¿tiene algo que** ~**?** haben Sie etwas zu verzollen?
III. *vr*: ~**se** ❶ (*aparecer*) ausbrechen; **la epidemia se ha declarado en la costa oeste** die Epidemie ist an der Westküste ausgebrochen
❷ (*manifestarse, reconocerse*) sich erklären; (*amor*) eine Liebeserklärung machen; ~**se en huelga** streiken; ~**se inocente** sich für unschuldig erklären; ~**se insolvente** sich für zahlungsunfähig erklären; ~**se en quiebra** Konkurs anmelden; **ayer se le declaró** gestern hat er ihr seine/sie ihm ihre Liebe gestanden
declinable [dekli'naβle] *adj* (LING) deklinierbar, deklinabel
declinación [deklina'θjon] *f* ❶ (*disminución*) Abnahme *f*, Sinken *nt*
❷ (LING) Deklination *f*
declinar [dekli'nar] I. *vi* ❶ (*disminuir*) sinken, nachlassen; **la fiebre declinaba poco a poco** das Fieber klang nach und nach ab; **las fuerzas declinan con la edad** mit dem Alter lassen die Kräfte nach
❷ (*extinguirse*) zu Ende gehen, sich dem Ende zuneigen; **el día declinaba** der Tag ging zur Neige
II. *vt* ❶ (*rechazar*) ablehnen; (*invitación*) ausschlagen; **declinan toda responsabilidad** sie lehnen jegliche Verantwortung ab
❷ (LING) deklinieren
declive [de'kliβe] *m* ❶ (*del terreno*) Gefälle *nt*; **en** ~ (*terreno*) abschüssig; (*tejado*) geneigt; **en fuerte** ~ steil abfallend
❷ (*decadencia*) Niedergang *m*; **en** ~ im Niedergang begriffen
decodificación [dekoðifika'θjon] *f* (INFOR) Dekodierung *f*
decodificador [dekoðifika'ðor] *m* (INFOR) Decoder *m*; ~ **de sonido** Sound-Decoder *m*
decodificar [dekoðifi'kar] <c→qu> *vt* entziffern; (INFOR) dekodieren

dedo

decolaje [deko'laxe] *m* (*Arg, Chil, Col, Ecua*) Start *m*, Abheben *nt*
decolar [deko'lar] *vi* (*Arg, Chil, Col, Ecua*) starten, abheben
decoloración [dekolora'θjon] *f* ❶ (*con sustancias químicas*) Entfärbung *f*
❷ (*a causa del sol*) Ausbleichen *nt*
decolorar [dekolo'rar] *vt* ❶ (*con sustancias químicas*) entfärben
❷ (*el sol*) ausbleichen
decomisar [dekomi'sar] *vt* beschlagnahmen
decomiso [deko'miso] *m* ❶ (*objeto*) beschlagnahmtes Gut *nt*
❷ (*acción*) Beschlagnahme *f*
decoración [dekora'θjon] *f* ❶ (*adorno*) Dekoration *f*
❷ (*de una casa, habitación*) Einrichtung *f*
❸ (TEAT) Bühnenbild *nt*
decorado [deko'raðo] *m* (TEAT) (Bühnen)dekoration *f*, Bühnenbild *nt*
decorador(a) [dekora'ðor(a)] *m(f)* Dekorateur(in) *m(f)*; (TEAT) Bühnenbildner(in) *m(f)*; ~ **de interiores** Raumausstatter *m*
decorar [deko'rar] *vt* ❶ (*adornar*) dekorieren, schmücken; (*un pastel*) verzieren
❷ (*con muebles*) einrichten; ~ **con moqueta** mit Teppichboden auslegen
decorativo, -a [dekora'tiβo, -a] *adj* dekorativ
decoro [de'koro] *m* ❶ (*dignidad*) Würde *f*; (*respeto*) Respekt *m*; **con** ~ würdevoll; **guardar el** ~ die Form wahren; **vivir con** ~ standesgemäß leben
❷ (*pudor*) Anstand *m*, Sittsamkeit *f*; **con** ~ anständig; **tener** ~ Anstand haben
decoroso, -a [deko'roso, -a] *adj* anständig, ehrenvoll
decrecer [dekre'θer] *irr como crecer vi* (*interés, cantidad, poder*) abnehmen; (*río, fiebre, nivel*) fallen, sinken; ~ **en intensidad** an Stärke verlieren
decreciente [dekre'θjente] *adj* abnehmend, fallend
decrecimiento [dekreθi'mjento] *m*, **decremento** [dekre'mento] *m* Abnahme *f*, Rückgang *m*
decrépito, -a [de'krepito, -a] I. *adj* ❶ (*persona*) altersschwach, gebrechlich
❷ (*cosa*) heruntergekommen
❸ (*sociedad*) dekadent
II. *m, f* Tattergreis(in) *m(f) fam*
decrepitud [dekrepi'tuð] *f* ❶ (*de personas*) Altersschwäche *f*, Gebrechlichkeit *f*
❷ (*de cosas, culturas*) Verfall *m*
decretar [dekre'tar] *vt* anordnen, verfügen
decreto [de'kreto] *m* Verordnung *f*, Verfügung *f*; ~ **gubernamental** Regierungserlass *m*; **real** ~ königlicher Erlass
decreto-ley [de'kreto lei] *m* <decretos-ley> Gesetzesverordnung *f*; ~ **europeo** EU-Verordnung *f*
decúbito [de'kuβito] *m* Lage *f*, Liegen *nt*; ~ **lateral/prono/supino** Seiten-/Bauch-/Rückenlage *f*
decuplar [deku'plar] *vt* verzehnfachen
decuplicar [dekupli'kar] <c→qu> *vt* verzehnfachen
décuplo, -a ['dekuplo, -a] I. *adj* zehnfach
II. *m, f* Zehnfache(s) *nt*
decurso [de'kurso] *m* Verlauf *m*, Lauf *m*; **con** [*o* **en**] **el** ~ **de los años** im Lauf(e) der Jahre
dedada [de'ðaða] *f* Fingerspitze(voll) *f*; ~ **de miel** (*fam*) Trostpflaster *nt*
dedal [de'ðal] *m* Fingerhut *m*
dédalo ['deðalo] *m* ❶ (*laberinto*) Labyrinth *nt*
❷ (*lío*) Wirrwarr *m*
dedear [deðe'ar] *vt* (*Méx*) befingern, fingern (an +*dat*)
dedicación [deðika'θjon] *f* ❶ (*dedicatoria*) Widmung *f*
❷ (*consagración*) (Ein)weihung *f*
❸ (*entrega*) Hingabe *f*; ~ **exclusiva** [*o* **plena**] (*trabajo*) Ganztagsbeschäftigung *f*
dedicar [deði'kar] <c→qu> I. *vt* ❶ (*aplicar, destinar*) widmen; **dedica todo su tiempo a la música** er/sie widmet seine/ihre ganze Zeit der Musik; **dedicó el libro a sus hermanos** er/sie widmete das Buch seinen/ihren Geschwistern
❷ (*consagrar*) weihen
II. *vr*: ~**se** sich widmen (*a* +*dat*); (*profesionalmente*) tätig sein (*a* in +*dat*); **se dedica a la enseñanza** er/sie ist als Lehrer(in) [*o* im Schulwesen] tätig; **¿a qué se dedica Ud.?** was machen Sie beruflich?
dedicatoria [deðika'torja] *f* Widmung *f*
dedicatorio, -a [deðika'torjo, -a] *adj* Widmungs-
dedillo [de'ðiʎo] *m* (*fam*): **saberse algo al** ~ etw aus dem Effeff können
dedo ['deðo] *m* (*de mano*) Finger *m*; (*de pie*) Zeh *m*; ~ **anular** Ringfinger *m*; ~ **gordo** [*o* **pulgar**] Daumen *m*; ~ **índice** Zeigefinger *m*; ~ **medio** [*o* **del corazón**] Mittelfinger *m*; ~ **meñique** kleiner Finger; **chuparse el** ~ am Daumen lutschen; (*fig fam*) blauäugig sein; **la comida está para chuparse los** ~**s** (*fam*) das Essen ist köstlich; **cogerse** [*o* **pi-**

deducción

llarse| los ~s (*fig*) sich *dat* die Finger verbrennen; **estar a dos ~s de algo** einen Fingerbreit von etw *dat* entfernt sein; **ir a** [*o* **hacer**] **~** (*fam*) trampen; **está haciendo ~ en la autopista** er/sie ist per Anhalter auf der Autobahn unterwegs; **nombrar a ~** willkürlich nominieren; **señalar a alguien con el ~** mit dem Finger auf jdn zeigen; **poner el ~ en la llaga** (*fig*) den Finger auf die Wunde legen; **con esa pregunta le ha puesto el ~ en la llaga** mit dieser Frage hat er/sie seine/ihre wunde Stelle getroffen; **no tener dos ~s de frente** (*fam*) begriffsstutzig sein, schwer von Begriff sein *fam*

deducción [deðuk'θjon] *f* ❶ (*derivación*) Ableitung *f*, Folgerung *f* ❷ (FILOS) Deduktion *f* ❸ (ECON) Abzug *m*; (*de los impuestos*) Abschreibung *f*; **~ estándar** Pausch(al)betrag *m*; **deducciones fiscales sobre inversiones** steuerliche Abschreibungen auf Investitionen; **~ general** Grundfreibetrag *m*; **~ por hijo** Kinderfreibetrag *m*; **~ impositiva** Steuerabzug *m*

deducible [deðu'θiβle] *adj* ableitbar; (*de los impuestos*) absetzbar

deducir [deðu'θir] *irr como traducir vt* ❶ (*derivar*) folgern (*de* aus +*dat*), schließen (*de* aus +*dat*); (FILOS) deduzieren; **deducimos de** [*o* **por**| **ello que...** wir schließen daraus, dass ... ❷ (*descontar*) abziehen; (*de impuestos*) absetzen; **deducidos los impuestos** nach Steuerabzug; **sin ~ algo** ohne Abzug von etw

deductivo, -a [deðuk'tiβo, -a] *adj* (FILOS) deduktiv

de facto [de 'fakto] I. *adv* de facto
II. *adj* (JUR) faktisch; **acción/contrato ~** faktische Handlung/faktischer Vertrag

defecación [defeka'θjon] *f* Stuhlgang *m*

defecar [defe'kar] <c→qu> I. *vt* (QUÍM) klären
II. *vi* Stuhlgang haben

defección [defek'θjon] *f* (*de un partido*) Austritt *m*; (*de una idea*) Abtrünnigwerden *nt*

defectible [defek'tiβle] *adj* entbehrlich, abkömmlich

defectivo, -a [defek'tiβo, -a] *adj* ❶ (*defectuoso*) unvollständig, mangelhaft ❷ (LING) defektiv

defecto [de'fekto] *m* ❶ (*carencia*) Mangel *m*; **~ de forma** (JUR) Formmangel *m*; **en ~ de** in Ermangelung +*gen*; **en su ~** bei Fehlen, bei Nichtvorhandensein ❷ (*falta*) Fehler *m*, Defekt *m*; **~ de fabricación** Herstellungsfehler *m*, Fabrikationsfehler *m*; **~ físico** Gebrechen *nt*; **~ genético** Erbschaden *m*; **~ de material** Materialfehler *m*

defectuoso, -a [defek'twoso, -a] *adj* fehlerhaft, schadhaft

defender [defen'der] <e→ie> I. *vt* ❶ (*contra ataques, t.* JUR) verteidigen (*de/contra* vor +*dat*) ❷ (*proteger*) (be)schützen (*de/contra* vor +*dat*) ❸ (*ideas*) eintreten (für +*akk*)
II. *vr:* **~se** ❶ (*contra ataques*) sich verteidigen ❷ (*arreglárselo*) sich durchschlagen, zurechtkommen (*con* mit +*dat*); **me defiendo con el sueldo que tengo** mit meinem Gehalt komme ich einigermaßen zurecht; **¿hablas francés? – me defiendo** sprichst du Französisch? – ich kann mich verständigen

defendible [defen'diβle] *adj* (*t.* JUR) vertretbar; **acto/causa ~** vertretbare Handlung/Sache

defendido, -a [defen'dido, -a] *m, f* (JUR) Mandant(in) *m(f)*

defenestración [defenestra'θjon] *f* Fenstersturz *m*; **la ~ de Praga** (HIST) der Prager Fenstersturz

defenestrar [defenes'trar] *vt* ❶ (*tirar por la ventana*) aus dem Fenster stürzen ❷ (*de un cargo*) absetzen; (*de un partido*) ausschließen; **el recientemente defenestrado fiscal general del Estado** der kürzlich abgesetzte Generalstaatsanwalt

defensa¹ [de'fensa] *f* ❶ (*contra ataques, t.* JUR) Verteidigung *f*; **~ antimisil** (MIL) Raketenabwehr *f*; **~ contra la competencia desleal** Dumpingabwehr *f*; **~ propia** Selbstverteidigung *f*; **en legítima ~** in Notwehr; **acudir en ~ de alguien** jdm zu Hilfe eilen ❷ (*protección*) Schutz *m*; **~ del medio ambiente** Umweltschutz *m* ❸ (*fortificación*) Verteidigungsanlage *f* ❹ (BIOL) Abwehrkräfte *fpl*; **tener ~s immun sein** ❺ (DEP) Abwehr *f* ❻ (*Méx: paragolpes*) Stoßstange *f*

defensa² [de'fensa] *mf* (DEP) Verteidiger(in) *m(f)*

defensiva [defen'siβa] *f* Defensive *f*; **estar a la ~** in der Defensive sein

defensivo, -a [defen'siβo, -a] *adj* defensiv, Verteidigungs-

defensor(a) [defen'sor(a)] I. *adj* verteidigend, Verteidigungs-
II. *m(f)* (*t.* JUR) Verteidiger(in) *m(f)*; (*de ideas*) Verfechter(in) *m(f)*; **~ judicial** Prozesspfleger *m*; **~ de la naturaleza** Naturschützer *m*; **~ nombrado** bestellter Verteidiger; **~ de oficio** Pflichtverteidiger *m*; **~ del pueblo** Ombudsmann *m*

deferencia [defe'renθja] *f* Rücksicht *f*, Entgegenkommen *nt*; (*cortesía*) Höflichkeit *f*; **por ~ a** aus Rücksicht auf +*akk*; **tener la ~ de... +***inf* so höflich sein und ...

deferente [defe'rente] *adj* rücksichtsvoll, zuvorkommend

deferir [defe'rir] *irr como sentir vi* nachgeben, sich fügen

deficiencia [defi'θjenθja] *f* Mangel *m*; **~s estructurales** Strukturschwächen *fpl*; **~ mental** Geistesschwäche *f*

deficiente [defi'θjente] I. *adj* mangelhaft, unzulänglich
II. *mf:* **~ mental** geistig Behinderte(r) *f*

déficit ['defiθit] *m inv* ❶ (ECON) Defizit *nt*, Fehlbetrag *m*; **~ de la balanza por cuenta corriente** Leistungsbilanzdefizit *nt*; **~ de la balanza de pagos** Handelsbilanzdefizit *nt*; **~ comercial** Handels(bilanz)defizit *nt*; **~ fiscal** Steuerdefizit *nt*; **~ inflacionario** inflatorische Lücke *f*; **~ público** Defizit im Staatshaushalt; **~ presupuestario** Haushaltsdefizit *nt* ❷ (*escasez*) Mangel *m* (*de* an +*dat*); **~ de viviendas** Wohnungsdefizit *nt*; **~ de vitaminas** Vitaminmangel *m*

deficitario, -a [defiθi'tarjo, -a] *adj* defizitär

definible [defi'niβle] *adj* definierbar

definición [defini'θjon] *f* ❶ (*aclaración, t.* REL) Definition *f*; (*declaración*) Erklärung *f*; (*descripción*) Beschreibung *f*; **~ del puesto de trabajo** Arbeitsplatzbeschreibung *f* ❷ (TV) Auflösung *f* ❸ (INFOR): **~ de campo** Felddefinition *f*; **~ de datos** Datendefinition *f*

definido¹ [defi'nido] *m* Definierte(s) *nt*

definido, -a² [defi'nido, -a] *adj* ❶ (*nítido, claro*) deutlich ❷ (LING) bestimmt; **artículo ~** bestimmter Artikel

definir [defi'nir] I. *vt* ❶ (*aclarar*) definieren ❷ (*explicar*) erklären; (*determinar*) festlegen; **definido por el usuario** (INFOR) benutzerdefiniert
II. *vi* (DEP) einen Spielzug zum erfolgreichen Abschluss bringen
III. *vr:* **~se** sich entscheiden (*en* in +*dat*), sich festlegen (*en* in +*dat*); **no es fácil ~se en ese asunto** es ist nicht leicht, sich in dieser Angelegenheit zu entscheiden

definitivo, -a [defini'tiβo, -a] *adj* ❶ (*irrevocable*) endgültig, definitiv; **en definitiva** letzten Endes ❷ (*decisivo*) ausschlaggebend

definitorio, -a [defini'torjo, -a] *adj* entscheidend

deflación [defla'θjon] *f* (ECON, GEO) Deflation *f*

deflacionario, -a [deflaθjo'narjo, -a] *adj,* **deflacionista** [deflaθjo'nista] *adj* (ECON) deflatorisch, Deflations-

deflactado, -a [deflak'tado, -a] *adj* (ECON) preisbereinigt

deflagración [deflaɣra'θjon] *f* schnelle Verbrennung *f*, Verpuffung *f*

deflagrar [defla'ɣrar] *vi* verpuffen

defoliación [defolja'θjon] *f* vorzeitiger Laubfall *m*; (*provocado*) Entlaubung *f*

deforestación [deforesta'θjon] *f* (*acción*) Rodung *f*, Abholzung *f*; (*efecto*) Entwaldung *f*

deforestar [defores'tar] *vt* entwalden, roden

deformable [defor'maβle] *adj* verformbar

deformación [deforma'θjon] *f* ❶ (*alteración*) Verformung *f* ❷ (*desfiguración*) Entstellung *f*

deformante [defor'mante] *adj* verformend; (MED) deformierend

deformar [defor'mar] I. *vt* ❶ (*alterar*) verformen; (*imágenes*) verzerren ❷ (*desfigurar*) entstellen; **~ la verdad** die Wahrheit entstellen
II. *vr:* **~se** sich verformen; **el jersey se ha deformado al lavarlo** der Pullover ist beim Waschen aus der Form geraten

deforme [de'forme] *adj* verzerrt, entstellt

deformidad [deformi'ðað] *f* (MED) Missbildung *f*; **~ congénita** angeborene Missbildung

defraudación [defrauda'θjon] *f* ❶ (*fraude*) Betrug *m*; (JUR) Betrugsdelikt *nt*; (*malversación*) Unterschlagung *f*; **~ fiscal** Steuerhinterziehung *f* ❷ (*decepción*) Enttäuschung *f*

defraudador(a) [defrauda'ðor(a)] I. *adj* betrügerisch
II. *m(f)* Betrüger(in) *m(f)*; **~ de impuestos** Steuerhinterzieher *m*

defraudar [defrau'ðar] *vt* ❶ (*estafar*) betrügen; (*dinero*) unterschlagen; **~ a Hacienda** Steuern hinterziehen ❷ (*decepcionar*) enttäuschen

defraudatorio, -a [defrauda'torjo, -a] *adj* betrügerisch

defunción [defun'θjon] *f* Tod *m*, Todesfall *m*; **cerrado por ~** wegen Todesfall(e)s geschlossen

DEG [de'xe] (FIN) *abr de* **derechos especiales de giro** Sonderziehungsrechte *ntpl*

degeneración [dexenera'θjon] *f* Degeneration *f*, Verfall *m*

degenerado, -a [dexene'rado, -a] I. *adj* degeneriert; (*vicioso*) verkommen
II. *m, f* ❶ (*vicioso*) verkommene Person *f* ❷ (*pervertido*) Triebtäter(in) *m(f)*

degenerar [dexene'rar] *vi* degenerieren; **~ en** ausarten in +*akk*, sich entwickeln zu +*dat*

degenerativo, -a [dexenera'tiβo, -a] *adj* degenerativ

deglución [deɣlu'θjon] *f* Schlucken *nt*
deglutir [deɣlu'tir] *vt* (hinunter)schlucken
degollación [deɣoʎa'θjon] *f* Enthauptung *f*, Köpfen *nt*
degolladero [deɣoʎa'ðero] *m* ❶ (*cuello*) Nacken *m* (*des Schlachtviehs*)
❷ (*matadero*) Schlachthof *m*
❸ (*cadalso*) Schafott *nt*; **llevar a alguien al ~** (*fig*) jdn zur Schlachtbank führen
degollar [deɣo'ʎar] <o→ue> *vt* ❶ (*decapitar*) enthaupten, köpfen
❷ (*cortar un escote*) ausschneiden
❸ (*fam: malograr*) verhunzen
degollina [deɣo'ʎina] *f* ❶ (*matanza*) Gemetzel *nt*, Blutbad *nt*
❷ (*fam: en exámenes*) hohe Durchfallquote *f*, Schlachtfest *nt argot*; **en los exámenes hubo una ~** bei den Prüfungen sind fast alle durchgerasselt
degradación [deɣraða'θjon] *f* ❶ (*humillación*) Demütigung *f*, Erniedrigung *f*
❷ (*en el cargo*) Degradierung *f*; (*deterioro*) Verschlechterung *f*; **~ del medio ambiente** Verschlechterung der Umweltbedingungen
❸ (*en pintura*): **~ de color** Farbabstufung *f*
degradante [deɣra'ðante] *adj* erniedrigend, demütigend
degradar [deɣra'ðar] *vt* ❶ (*en el cargo*) degradieren, zurückstufen; (*calidad*) verschlechtern; **~ el medio ambiente** die Umwelt verpesten
❷ (*humilar*) demütigen
degredo [de'ɣreðo] *m* (*Ven*) ❶ (*hospital*) Infektionsabteilung *f*
❷ (*lugar para trastos*) Rumpelkammer *f*; **estar en el ~** völlig heruntergekommen sein
degüello [de'ɣweʎo] *m* Enthauptung *f*; **tirar a alguien a ~** (*fig fam*) jdn mit allen Mitteln fertig machen
degustación [deɣusta'θjon] *f* Kosten *nt*; (*de vino*) Verkostung *f*; **~ de vinos** Weinprobe *f*
degustador(a) [deɣusta'ðor(a)] *m(f)* Verkoster(in) *m(f)*
degustar [deɣus'tar] *vt* kosten; (*vino*) verkosten
dehesa [de'esa] *f* Weide *f*, Koppel *f*
deicida [dei'θiða] *adj* gottesmörderisch, Gottesmörder-
deicidio [dei'θiðjo] *m* Gottesmord *m*
deidad [dei'ðað] *f* ❶ (*dios*) Gottheit *f*
❷ (*esencia divina*) Göttlichkeit *f*
deificación [deifika'θjon] *f* ❶ (*divinización*) Vergöttlichung *f*
❷ (*ensalzamiento*) Vergötterung *f*, Verherrlichung *f*
deificar [deifi'kar] <c→qu> *vt* ❶ (*divinizar*) vergöttlichen
❷ (*ensalzar*) vergöttern, verherrlichen
deífico, -a [de'ifiko, -a] *adj* göttlich
deísmo [de'ismo] *m* Deismus *m*
dejación [dexa'θjon] *f* ❶ (*renuncia*) Verzicht *m*
❷ (JUR: *de un pleito*) Klagerücknahme *f*; (*de bienes*) Überlassung *f*, Abtretung *f*
❸ (*abandono*) Vernachlässigung *f*; **~ de los deberes** Vernachlässigung der Pflichten
dejada [de'xaða] *f* ❶ (*renuncia*) Verzicht *m*, Abtretung *f*
❷ (DEP) Stoppball *m*
❸ *v.* **dejado**
dejadez [dexa'ðeθ] *f* Nachlässigkeit *f*, Trägheit *f*
dejado, -a [de'xaðo, -a] I. *adj* ❶ *estar* (*abatido*) niedergeschlagen
❷ *ser* (*descuidado*) nachlässig, schlampig *fam*
II. *m, f* Schlampe(r) *mf fam pey*
dejar [de'xar] I. *vt:* **~ de** +*inf* aufhören zu +*inf*; **no ~ de** +*inf* nicht vergessen zu +*inf*; **~ de fumar** aufhören zu rauchen, nicht mehr rauchen; **no dejes de escribirme** vergiss nicht mir zu schreiben; **¡no deje de venir!** Sie müssen unbedingt kommen!
II. *vt* ❶ (*no hacer*) lassen; (*omitir*) unterlassen; **-on el coche sin lavar** sie wuschen das Auto nicht; **podemos -lo aparte** das können wir beiseite lassen; **¡déjalo ya!** lass es endlich sein!, hör auf damit!
❷ (*soltar*) loslassen; **~ caer** (*una cosa*) fallen lassen; (*una indirecta*) nebenbei bemerken, wie zufällig bemerken; **~ a alguien en libertad** jdn freilassen
❸ (*abandonar*) verlassen; **~ la carrera** das Studium aufgeben [*o* abbrechen]; **dejó a su familia** er/sie verließ seine/ihre Familie
❹ (*poner*) stehen lassen, liegen lassen; **déjalo sobre la mesa** leg's auf den Tisch
❺ (*causar, producir*) verursachen, bewirken; (*ganancia*) einbringen; **la llamada la dejó triste** der Anruf stimmte sie traurig
❻ (*permitir*) (zu)lassen; **no dejes que suceda esto** du darfst nicht zulassen, dass das geschieht; **no me dejan salir** sie lassen mich nicht ausgehen
❼ (*encargar, entregar*) überlassen; (*en herencia*) hinterlassen; (*prestar*) (ver)leihen; **~ un recado** eine Nachricht hinterlassen; **~ algo en manos de alguien** jdm etw überlassen; **dejo el asunto en tus manos** ich vertraue dir die Angelegenheit an; **me ha dejado su libro de geografía** er/sie hat mir sein/ihr Geographiebuch geliehen
❽ (*loc*): **~ acabado** zum Abschluss bringen; **~ claro** klarstellen; **~ constancia** protokollieren; **~ a deber** anschreiben lassen; **~ a dos velas a alguien** (*fig*) jdm nichts lassen als unerfüllte Wünsche; **~ en paz** in Ruhe lassen; **~ mucho que desear** viel zu wünschen übrig lassen; **~ algo para mañana** etw auf morgen verschieben
III. *vr:* **-se** ❶ (*descuidarse*) sich gehen lassen
❷ (*olvidar*) vergessen; **¿dónde me habré dejado el paraguas?** wo habe ich nur den Regenschirm vergessen?
❸ (*no hacer*): **-se de** aufhören mit +*dat*; **¡déjate de tonterías!** hör auf mit dem Blödsinn!
❹ (*loc*): **-se caer** sich fallen lassen; **-se llevar por algo** sich von etw *dat* mitreißen lassen, sich von etw *dat* [*o* durch etw] beeinflussen lassen; **-se querer** sich hofieren lassen; **-se ver** sich sehen lassen
dejativo [dexa'tiβo] *m* (*Col*) *v.* **dejo**
deje ['dexe] *m* Akzent *m*; **se le nota un ~ catalán** er/sie hat einen katalanischen Akzent
dejo ['dexo] *m* ❶ (*entonación*) Tonfall *m*; (*acento*) Akzent *m*
❷ (*regusto*) Nachgeschmack *m*; **~ amargo** (*fig*) bitterer Nachgeschmack
❸ (*descuido*) Nachlässigkeit *f*
del [del] = **de + el** *v.* **de**
delación [dela'θjon] *f* Anzeige *f*; (*denuncia*) Denunziation *f*
delantal [delan'tal] *m* Schürze *f*
delante [de'lante] I. *adv* ❶ (*ante*) vorn(e); **de ~** von vorn
❷ (*en la parte delantera*) an der vorderen Seite, vorn(e); **abierto por ~** vorne offen
❸ (*enfrente*) davor
II. *prep* ❶ **~ de** (*local*) vor +*dat*; (*en presencia de*) in Gegenwart von +*dat*; **~ de la casa hay un jardín** vor dem Haus gibt es einen Garten; **hablar ~ de alguien** in jds Gegenwart sprechen; **mío** [*o* **de mí**] in meiner Gegenwart
❷ **~ de** (*movimiento*) vor +*akk*; **pon el jarrón ~ de los libros** stell die Vase vor die Bücher
delantera [delan'tera] *f* ❶ (*parte anterior*) Vorderteil *nt*
❷ (*primera fila*) Vorderreihe *f*
❸ (*distancia*) Vorsprung *m*; **coger** [*o* **tomar**] **la ~ a alguien** jdm zuvorkommen; **llevar la ~ a alguien** einen Vorsprung vor jdm haben
❹ (DEP) Angriff *m*, Angriffsspieler *mpl*
delantero[1] [delan'tero] *m* ❶ (*parte anterior*) Vorderteil *nt*
❷ (DEP) Stürmer(in) *m(f)*; **~ centro** Mittelstürmer(in) *m(f)*
delantero, -a[2] [delan'tero, -a] *adj* vordere(r), Vorder-; **línea delantera** vordere Linie
delatador(a) [delata'ðor(a)] *adj* verräterisch, viel sagend
delatar [dela'tar] I. *vt* ❶ (*denunciar*) anzeigen, denunzieren
❷ (*manifestar*) verraten
II. *vr:* **-se** sich verraten; **se delató con su sonrisa** er/sie verriet sich durch sein/ihr Lächeln
delator(a) [dela'tor(a)] I. *adj* denunziatorisch
II. *m(f)* Denunziant(in) *m(f)*
delco® ['delko] *m* Zündverteiler *m*
deleble [de'leβle] *adj* tilgbar
delectación [delekta'θjon] *f* Freude *f*, Entzücken *nt*
delegación [deleɣa'θjon] *f* ❶ (*atribución*) Auftrag *m*; **~ de poderes** Übertragung von Befugnissen, Vollmachterteilung *f*; **actuar por ~ de alguien** in jds Auftrag handeln
❷ (*comisión*) Delegation *f*, Abordnung *f*; **~ comercial** Handelsdelegation *f*; **~ de un funcionario** Abordnung eines Beamten
❸ (*oficina*) Amt *nt*, Behörde *f*; (*filial*) Zweigstelle *f*, Außenstelle *f*, Niederlassung *f*; **D~ de Hacienda** Finanzamt *nt*
❹ (*Méx: comisaría*) Polizeirevier *nt*; (*ayuntamiento*) Stadthaus *nt*
delegado, -a [dele'ɣaðo, -a] I. *adj* delegiert, beauftragt
II. *m, f* Delegierte(r) *mf*, Beauftragte(r) *mf*; **~ federal** Bundesbeauftragte(r) *mf*; **~ gubernamental** Regierungsvertreter *m*; **~s del personal** Personalvertretung *f*
delegar [dele'ɣar] <g→gu> I. *vi* bevollmächtigen (*en* +*akk*), delegieren (*en an* +*akk*)
II. *vt* ❶ (*encargar*) delegieren; **~ algo en alguien** jdn mit etw *dat* beauftragen
❷ (*transferir*) übertragen
deleitable [delei'taβle] *adj* köstlich, wonnevoll
deleitación [deleita'θjon] *f* Wonne *f*, Ergötzen *nt*
deleitar [delei'tar] I. *vt* ergötzen
II. *vr:* **-se** sich ergötzen (*con/en* an +*dat*)
deleite [de'leite] *m* Wonne *f*, Vergnügen *nt*; **con ~** genussvoll, genüsslich
deleitoso, -a [delei'toso, -a] *adj* beglückend, wonnevoll
deletéreo, -a [dele'tereo, -a] *adj* (*venenoso*) giftig; (*mortal*) tödlich
deletrear [deletre'ar] *vt* buchstabieren

deletreo [dele'treo] *m* Buchstabieren *nt*

deleznable [deleθ'naβle] *adj* ❶ (*frágil*) brüchig, zerbrechlich
❷ (*inconsistente*) vergänglich

delfín [del'fin] *m* ❶ (ZOOL) Delphin *m*
❷ (*título*) Dauphin *m*

delfinario [delfi'narjo] *m* Delphinarium *nt*

delgadez [delɣa'ðeθ] *f* Dünnheit *f*, Dünne *f*, Schlankheit *f*

delgado, -a [del'ɣaðo, -a] *adj* ❶ (*persona*) dünn, schlank
❷ (*cosa*) dünn, fein

deliberación [deliβera'θjon] *f* Beratschlagung *f*, Beratung *f*; **~ incidental** (JUR) Zwischenberatung *f*

deliberado, -a [deliβe'raðo, -a] *adj* ❶ (*tratado*) (wohl) überlegt; (*considerado*) erwogen
❷ (*intencionado*) absichtlich

deliberar [deliβe'rar] *vi, vt* abwägen; (*discutir*) beratschlagen (*sobre/acerca de* über +*akk*)

deliberativo, -a [deliβera'tiβo, -a] *adj* beratend, Beratungs-

delicadeza [delika'ðeθa] *f* ❶ (*finura*) Feinfühligkeit *f*, Fingerspitzengefühl *nt*; **con ~** feinfühlig
❷ (*debilidad*) Empfindlichkeit *f*, Zartheit *f*
❸ (*miramiento, condescendencia*) Zuvorkommenheit *f*; **tuvo la ~ de...** er/sie war so zuvorkommend und ...

delicado, -a [deli'kaðo, -a] *adj* ❶ (*fino, suave*) fein, zart
❷ (*exquisito*) lecker, köstlich
❸ (*atento, amable*) feinfühlig, rücksichtsvoll
❹ (*frágil, quebradizo*) zart, zerbrechlich; (*enfermizo*) anfällig, kränklich; **ser ~ de salud** eine schwache Gesundheit haben
❺ (*asunto, situación*) heikel, misslich
❻ (*exigente*) anspruchsvoll

delicatessen [delika'tesen] *fpl* (GASTR) Delikatesse *f*; **tienda de ~** Delikatessengeschäft *nt*

delicia [de'liθja] *f* Wonne *f*, Entzücken *nt*

delicioso, -a [deli'θjoso, -a] *adj* ❶ (*persona*) reizend, anmutig
❷ (*cosa*) wunderbar; (*comida*) köstlich, delikat

delictivo, -a [delik'tiβo, -a] *adj* kriminell, Straf-; **acto ~** Straftat *f*

delicuescente [delikwes'θente] *adj* (QUÍM) zerfließend

delimitación [delimita'θjon] *f* (*t.* ECON, FIN) Begrenzung *f*, Abgrenzung *f*; **~ de beneficios** Gewinnabgrenzung *f*; **~ de competencias** Kompetenzabgrenzung *f*; **~ del impuesto** Steuerabgrenzung *f*; **~ de la prestación** Leistungsabgrenzung *f*; **~ de responsabilidades** Haftungsabgrenzung *f*; **~ territorial** Gebietsabgrenzung *f*

delimitador[1] [delimita'ðor] *m* (TÉC, INFOR) Begrenzer *m*

delimitador(a)[2] [delimita'ðor(a)] *adj* begrenzend, Begrenzungs-

delimitar [delimi'tar] *vt* begrenzen, abgrenzen

delincuencia [deliŋ'kwenθja] *f* Straffälligkeit *f*, Kriminalität *f*; **~ económica** Wirtschaftskriminalität *f*; **~ juvenil** Jugendkriminalität *f*; **~ menor** Bagatellkriminalität *f*

delincuente [deliŋ'kwente] I. *adj* straffällig, verbrecherisch
II. *mf* Straftäter(in) *m(f)*, Verbrecher(in) *m(f)*; **~ de convicción** Überzeugungstäter(in) *m(f)*; **~ reincidente** Wiederholungstäter(in) *m(f)*

delineación [delinea'θjon] *f* ❶ (*acción*) Skizzieren *nt*; (*efecto*) Umriss *m*
❷ (*esbozo*) Entwurf *m*

delineador [delinea'ðor] *m* (*cosmética*) Eyeliner *m*

delineante [deline'ante] *mf* technischer Zeichner *m*, technische Zeichnerin *f*; **proyectista ~** Planzeichner(in) *m(f)*

delinear [deline'ar] *vt* skizzieren, entwerfen

delinquir [deliŋ'kir] <qu→c> *vi* straffällig werden, eine Straftat begehen

deliquio [de'likjo] *m* ❶ (*desmayo*) (kurzer) Schwächeanfall *m*, Ohnmachtsanfall *m*
❷ (*éxtasis*) Ekstase *f*

delirante [deli'rante] *adj* wahnsinnig

delirar [deli'rar] *vi* ❶ (*desvariar*) fantasieren, (wie) im Fieber reden
❷ (*disparatar*) Unsinn reden
❸ (*gustar*) verrückt sein (*por* nach +*dat*), stehen (*por* auf +*akk*) *fam*

delirio [de'lirjo] *m* ❶ (*enfermedad*) Delirium *nt*
❷ (*ilusión*) Wahnvorstellung *f*; **~ de grandezas** Größenwahn(sinn) *m*
❸ (*pasión*) große Begeisterung *f*, Schwäche *f*; **¡ésto es el ~!** (*fam*) das ist einsame Spitze!

delírium trémens [de'liriun 'tremens] *m sin pl* (MED) Delirium tremens *nt*

delito [de'lito] *m* Straftat *f*, Delikt *nt*; **~ aduanero** Zollstraftat *f*; **~ contra los derechos humanos** Menschenrechtsverletzung *f*; **~ de cohecho** Bestechungsvergehen *nt*; **~ de culpa** Fahrlässigkeitstat *f*; **~ a distancia** Distanzdelikt *nt*; **~ doloso** vorsätzliche Straftat *f*; **~ económico** Wirtschaftsvergehen *nt*; **~ de estupefacientes** Betäubungsmittelstraftat *f*, Rauschtat *f*; **~ de finalidad** Zweckverfehlung *f*; **~ fiscal** Steuervergehen *nt*, Steuerdelikt *nt*; **~ de guerra** Kriegsverbrechen *nt*; **~ de incendio** Brandstiftung *f*; **~ incidental** Anschlussstraftat *f*; **~ de infidelidad** Treubruchtatbestand *m*; **~ de insolvencia** Insolvenzstraftat *f*; **~ de lesa humanidad** Verbrechen gegen die Menschheit; **~ de lesión** Verletzungsdelikt *nt*, Verletzungstatbestand *m*; **~ menor** Bagatelldelikt *nt*; **~s monetarios** Devisenvergehen *ntpl*; **~ ocasional** Gelegenheitstat *f*; **~ omisional** [*o* **de omisión**] Unterlassungsdelikt *nt*; **~ patrimonial** Vermögensdelikt *nt*; **~ permanente** Dauerstraftat *f*; **~ premeditado** Vorsatzdelikt *nt*; **~ de prensa** Pressedelikt *nt*; **~ de propia mano** eigenhändiges Delikt *nt*; **~ de riesgo** Gefährdungsdelikt *nt*; **~ sexual** Sexualstraftat *nt*; **~ de tentativa** Versuchsdelikt *nt*; **cuerpo del ~** Beweisstück *nt*; **cometer un ~** eine Straftat begehen; **inducción a cometer un ~** Anleitung zu Straftaten

delta ['delta] *m* ❶ (GEO) Delta *nt*
❷ (DEP): **ala ~** Drachenfliegen *nt*

deltoides [del'toiðes] I. *adj inv* ❶ (*forma*) deltaförmig, dreieckig
❷ (ANAT) Delta-
II. *m inv* (ANAT) Deltamuskel *m*

deludir [delu'ðir] *vt* (*elev*) täuschen

delusorio, -a [delu'sorjo, -a] *adj* betrügerisch

demacración [demakra'θjon] *f* Auszehrung *f*, Entkräftung *f*

demacrado, -a [dema'kraðo, -a] *adj* ausgemergelt, abgezehrt

demacrarse [dema'krarse] *vr* abmagern

demagoga [dema'ɣoɣa] *f v.* **demagogo**

demagogia [dema'ɣoxja] *f* Demagogie *f*

demagógico, -a [dema'ɣoxiko, -a] *adj* demagogisch

demagogo, -a [dema'ɣoɣo, -a] *m, f* Demagoge, -in *m, f*

demanda [de'manda] *f* ❶ (*petición*) Forderung *f*, Ersuchen *nt*; **~ de empleo** Stellengesuch *nt*; **~ salarial** Lohnforderung *f*; **acceder a una ~** einer Forderung nachkommen; **en ~ de** auf der Suche nach +*dat*
❷ (JUR: *petición*) Antrag *m*; **~ de auto de detención** (JUR) Haftbefehlsantrag *m*; **~ de apelación** (JUR) Berufungsantrag *m*; **~ de divorcio** Scheidungsantrag *m*; **~ de extradicción** Auslieferungsgesuch *nt*; **~ de orden penal** Strafbefehlsantrag *m*; **~ de protección jurídica** Rechtsschutzbegehren *nt*
❸ (JUR: *acción*) Klage *f*, Klageschrift *f*; **~ accesoria** Nebenklage *f*; **~ de alimentos** Alimentenklage *f*; **~ anticartel** Kartellklage *f*; **~ por calumnias** Verleumdungsklage *f*; **~ colectiva** Gruppenklage *f*; **~ consorcial** Trustklage *f*; **~ de contestación** Bescheidungsklage *f*; **~ de daños y perjuicios** Schadensersatzklage *f*; **~ de desahucio** Räumungsklage *f*; **~ de despido improcedente** Kündigungsschutzklage *nt*; **~ de divorcio** Ehescheidungsklage *f*; **~ de nulidad de matrimonio** Ehenichtigkeitsklage *f*; **~ de pago** Zahlungsklage *f*; **~ pública** öffentliche Klage; **~ reclamatoria** Beanstandungsklage *f*; **presentar una ~ contra alguien** Klage gegen jdn erheben
❹ (COM) Nachfrage *f* (*de* nach +*dat*), Bedarf *m* (*de* an +*dat*); **~ adicional** Mehrbedarf *m*; **~ agregada** Gesamtnachfrage *f*; **~ de crédito** Kreditnachfrage *f*; **~ desanimada** schleppende Nachfrage; **~ de dinero** Geldnachfrage *f*; **~ energética** Energiebedarf *m*; **~ excesiva** Nachfrageüberhang *m*; **~ exterior** Auslandsnachfrage *f*; **~ interna** Inlandsnachfrage *f*; **~ de mano de obra** Arbeitskräftebedarf *m*; **este libro tiene mucha ~** es besteht eine große Nachfrage nach diesem Buch; **~ turística** Nachfrage in der Touristikbranche

demandabilidad [demandaβili'ðað] *f* (JUR) Einklagung *f*; **~ del cumplimiento contractual** Einklagung der Vertragserfüllung

demandado, -a [deman'daðo, -a] I. *adj* gesucht, begehrt
II. *m, f* Beklagte(r) *mf*

demandante [deman'dante] I. *adj* antragstellend; (JUR) klagend
II. *mf* Antragsteller(in) *m(f)*; (JUR) Kläger(in) *m(f)*; **~ de un derecho** [*o* **de una pretensión**] Anspruchsberechtigte(r) *m*; **~ en reconvención** Gegenkläger *m*

demandar [deman'dar] *vt* ❶ (*pedir*) fordern; (*solicitar*) beantragen; **~ asilo** Asyl beantragen
❷ (JUR) verklagen (*ante* vor +*dat*, *por* wegen +*gen*), gerichtlich belangen (*por* wegen +*gen*)

demarcación [demarka'θjon] *f* ❶ (*delimitación*) Abgrenzung *f*, Demarkation *f elev*; **línea de ~** Demarkationslinie *f*
❷ (*terreno*) Bezirk *m*; **~ postal** Postbezirk *m*

demarcar [demar'kar] <c→qu> *vt* (neu) ausmessen, abgrenzen

demarrar [demar'rar] *vi* starten, anfahren

demás [de'mas] I. *adj* übrige(r, s), weitere(r, s); **lo ~** (era muy barato) das Übrige (war sehr billig); **los/las ~** die Übrigen; **los/las ~ presentes** die übrigen Anwesenden; **visitamos el Prado, El Escorial y ~ monumentos** wir besichtigten den Prado, den Escorial und weitere Sehenswürdigkeiten; **y ~** und so weiter; **por lo ~** ansonsten, im Übrigen
II. *adv*: **por ~** vergebens; **está por ~ que...** es ist überflüssig zu ...

demasía [dema'sia] *f* ❶ (*exceso*) Übermaß *nt*; **en ~** im Übermaß, zu viel
❷ (*insolencia*) Dreistigkeit *f*

demasiado[1] [dema'sjaðo] *adv* (all)zu, zu viel; **preguntas ~** du fragst zu

viel; **vas ~ deprisa** du fährst zu schnell
demasiado, -a² [dema'sjaðo, -a] *adj* zu viel; **había demasiada gente** es waren zu viele Leute dort; **hace ~ calor** es ist zu heiß
demasié [dema'sje] *adj* (*argot*) spitze, affengeil
demencia [de'menθja] *f* Wahnsinn *m;* (MED) Demenz *f*, Schwachsinn *m;* **~ persecutoria** Verfolgungswahn *m;* **~ precoz** Schizophrenie *f;* **~ senil** senile Demenz, Altersschwachsinn *m;* **déjate de ~s** hör auf mit dem Schwachsinn
demencial [demen'θjal] *adj* (*t.* MED) schwachsinnig
demente [de'mente] **I.** *adj* schwachsinnig, geistesgestört; **enfermo ~** Geisteskranke(r) *m*
II. *mf* Schwachsinnige(r) *mf*, Geistesgestörte(r) *mf*
demérito [de'merito] *m* ❶ (*falta de mérito*) Unwürdigkeit *f*
❷ (*perjuicio*) Nachteil *m;* **aquella decisión obró en ~ suyo** diese Entscheidung gereichte ihm/ihr zum Nachteil
demeritorio, -a [demeri'torjo, -a] *adj* unverdient
demiurgo [demi'urɣo] *m* (FILOS) Demiurg *m*, Weltenschöpfer *m*
democracia [demo'kraθja] *f* Demokratie *f;* **~ parlamentaria** parlamentarische Demokratie; **~ popular** Volksdemokratie *f;* **~ presidencial** Präsidialdemokratie *f;* **~ representativa** repräsentative Demokratie
demócrata [de'mokrata] **I.** *adj* demokratisch
II. *mf* Demokrat(in) *m(f)*
democratacristiano, -a [demokratakris'tjano, -a] *adj o m, f v.* **democristiano**
democrático, -a [demo'kratiko, -a] *adj* demokratisch
democratización [demokratiθa'θjon] *f* Demokratisierung *f*
democratizador(a) [demokratiθa'ðor(a)] *adj* Demokratisierungs-; **proceso ~** Demokratisierungsprozess *m*
democratizar [demokrati'θar] <z→c> **I.** *vt* demokratisieren
II. *vr:* **~se** demokratisch werden
democristiano, -a [demokris'tjano, -a] **I.** *adj* christlich-demokratisch
II. *m, f* Christdemokrat(in) *m(f)*
demodé [demo'ðe] *adj (fam)* altmodisch
demodulación [demoðula'θjon] *f* (INFOR) Demodulation *f*
demodulador [demoðula'ðor] *m* (INFOR) Demodulator *m*
demodular [demoðu'lar] *vt* (INFOR) demodulieren
demografía [demoɣra'fia] *f* Bevölkerungswissenschaft *f*, Demografie *f*
demográfico, -a [demo'ɣrafiko, -a] *adj* demografisch, Bevölkerungs-; **explosión demográfica** Bevölkerungsexplosion *f*
demoledor(a) [demole'ðor(a)] *adj* ❶ (*destructor*) zerstörend, Abriss-; **piqueta ~a** Spitzhacke *f*
❷ (*ataque*) heftig; (*argumento*) vernichtend
demoler [demo'ler] <o→ue> *vt* ❶ (*un edificio*) abreißen
❷ (*una idea*) zerstören
demolición [demoli'θjon] *f* ❶ (*edificio*) Abriss *m*, Abbruch *m*, Demolierung *f*
❷ (*argumentos, ideas*) Zerstören *nt*
demonetización [demonetiθa'θjon] *f* (FIN) Demonetisierung *f*
demoniaco, -a [demo'njako, -a], **demoníaco, -a** [demo'niako, -a]
I. *adj* ❶ (*satánico*) dämonisch, teuflisch ❷ (*endemoniado*) besessen
II. *m, f* Besessene(r) *mf*
demonio [de'monjo] *m* ❶ (*espíritu*) Dämon *m;* **¡~(s) (con...)!** zum Teufel (mit ...)!; **~ de mujer** Teufelsweib *nt;* **~ de niño/niña** Teufelskind *nt;* **como el** [*o* **un**] **~** wie der Teufel; **del ~, de mil ~s** ungeheuer; **tenía un carácter de mil ~s** er/sie hatte einen äußerst schwierigen Charakter; **darse a los ~s, ponerse como un ~** fuchsteufelswild werden; **oler/saber a ~s** scheußlich riechen/schmecken; **ser el mismo** [*o* **mismísimo**] **~** der leibhaftige Teufel sein; **tener el ~ en el cuerpo** den Teufel im Leib haben; **tentar al ~** den Teufel an die Wand malen; **¡véte al ~!** zum Teufel mit dir!, scher dich zum Teufel!
❷ (REL) Teufel *m*, Satan *m*
❸ (*vicio*) Laster *nt*
❹ (INFOR) Dämon *m*
demontre [de'montre] **I.** *interj (fam)* Teufel auch
II. *m (fam)* Teufel *m*
demora [de'mora] *f* ❶ (*dilación*) Verspätung *f*, Verzögerung *f*
❷ (*tardanza*) Verzug *m;* **~ en la entrega** Lieferverzug *m;* **~ en el pago** Zahlungsverzug *m*
❸ (NÁUT) Richtung *f*, Kurs *m*
demorar [demo'rar] **I.** *vt* hinauszögern
II. *vr:* **~se** ❶ (*detenerse*) sich aufhalten
❷ (*retrasarse*) sich verspäten
demoscopia [demos'kopja] *f* Demoskopie *f*, Meinungsforschung *f*
demostrable [demos'traβle] *adj* beweisbar
demostración [demostra'θjon] *f* ❶ (*prueba*) Beweis *m* (**de** +*gen*, **de** für +*akk*)
❷ (*argumentación*) Beweisführung *f*
❸ (*explicación*) Erklärung *f*, Darlegung *f*
❹ (*exteriorización*) Bekundung *f*
❺ (*exhibición*) Vorführung *f*
demostrar [demos'trar] <o→ue> *vt* ❶ (*probar*) beweisen, belegen
❷ (*mostrar*) zeigen
❸ (*explicar*) erklären, darlegen
❹ (*expresar*) bekunden
❺ (*exhibir*) vorführen, demonstrieren
demostrativo, -a [demostra'tiβo, -a] *adj* ❶ (*probatorio*) einen Beweis erbringend; **documento ~ del pago** Zahlungsbeleg *m*
❷ (LING) demonstrativ, Demonstrativ-; **pronombre ~** Demonstrativpronomen *nt*
demudado, -a [demu'ðaðo, -a] *adj* ❶ (*cambiado*) verändert; (*de color*) verfärbt
❷ (*desfigurado*) entstellt, verzerrt
demudar [demu'ðar] **I.** *vt* ❶ (*variar*) verändern; **la mala noticia le demudó el rostro** aufgrund [*o* auf Grund] der schlechten Nachricht verdüsterte sich seine/ihre Miene
❷ (*desfigurar*) entstellen, verzerren; **el cólico le demudó por un momento el rostro** der Krampf verzerrte einen Augenblick lang sein/ihr Gesicht
II. *vr:* **~se** ❶ (*cambiar el rostro de color*) sich im Gesicht verfärben; **se demudó al ver el cadáver** beim Anblick der Leiche wurde er/sie ganz blass im Gesicht
❷ (*desfigurarse*) das Gesicht verzerren
demultiplexar [demultiple'ksar] *vt* (INFOR) entmultiplexen
dendrografía [dendroɣra'fia] *f* Abhandlung *f* über Bäume
dendrología [dendrolo'xia] *f* Dendrologie *f*, Gehölzkunde *f*
denegación [deneɣa'θjon] *f* Verweigerung *f;* **~ de auxilio** unterlassene Hilfeleistung; **~ de información** Auskunftsverweigerung *f;* **~ de justicia** Rechtsverweigerung *f;* **~ de licencia** Lizenzverweigerung *f;* **~ de la prestación** Leistungsverweigerung *f*
denegar [dene'ɣar] *irr como fregar vt* verweigern, ablehnen; **~ un derecho a alguien** jdm ein Recht absprechen
denegatorio, -a [deneɣa'torjo, -a] *adj* ablehnend
dengoso, -a [deŋ'goso, -a] **I.** *adj (fam)* geziert
II. *m, f (fam)* Person *f*, die sich ziert
dengue ['deŋge] *m* ❶ (*melindre*) Ziererei *f;* **hacer ~s** sich zieren, sich anstellen; **¡no hagas ~s!** sei kein Frosch!
❷ (*fam: persona*) Person *f*, die sich ziert
❸ (*prenda de vestir*) Pelerine *f*
❹ (MED) Denguefieber *nt*, Siebentagefieber *nt*
❺ (*Col: contoneo*) wiegender Gang *m*
❻ (*Chil: planta*) Wunderblume *f*
denguear [deŋge'ar] *vi* ❶ (*melindrear*) sich zieren, sich anstellen
❷ (*Col: contonearse*) die Hüften wiegen
denguero, -a [deŋ'gero, -a] *adj* geziert
denigración [deniɣra'θjon] *f* ❶ (*humillación*) Erniedrigung *f*
❷ (*calumnia*) Diffamierung *f*
❸ (*injuria*) Beleidigung *f*
denigrante [deni'ɣrante] *adj* erniedrigend, herabwürdigend
denigrar [deni'ɣrar] *vt* ❶ (*humillar*) erniedrigen
❷ (*calumniar*) in Verruf bringen
❸ (*injuriar*) beleidigen
denigratorio, -a [deniɣra'torjo, -a] *adj v.* **denigrante**
denodado, -a [deno'ðaðo, -a] *adj (elev)* kühn
denominación [denomina'θjon] *f* ❶ (*nombre*) Benennung *f*, Bezeichnung *f*, Name *m;* **~ legal** (JUR) Gesetzesbezeichnung *f;* **~ de origen** Herkunftsbezeichnung *f*, Ursprungsbezeichnung *f*
❷ (COM) Nennwert *m*, Stückelung *f* von Wertpapieren
denominador [denomina'ðor] *m* (MAT) Nenner *m;* **reducir a un común ~** auf einen gemeinsamen Nenner bringen
denominar [denomi'nar] **I.** *vt* (be)nennen; **lo denominamos "Pichi"** wir nennen ihn „Pichi"; **denominamos la escuela en homenaje a su fundadora** wir haben die Schule nach ihrer Gründerin benannt
II. *vr:* **~se** sich nennen; **la taberna se denomina "La Casa"** die Taverne nennt sich [*o* heißt] „La Casa"; **en medicina la infección del apéndice se denomina "apendicitis"** in der Medizin wird eine Blinddarmentzündung „Appendizitis" genannt
denominativo [denomina'tiβo, -a] *m* (LING) Denominativ(um) *nt*
denostar [denos'tar] <o→ue> *vt (elev)* schmähen
denotación [denota'θjon] *f* ❶ (*nombre*) Bezeichnung *f*
❷ (LING) Denotation *f*
denotar [deno'tar] *vt* (*t.* LING: *significar*) bedeuten
denotativo, -a [denota'tiβo, -a] *adj* (LING) denotativ
densidad [densi'ðað] *f* (*t.* FÍS) Dichte *f;* **~ de escritura** (TIPO, INFOR) Schreibdichte *f;* **~ de grabación** (INFOR) Speicherdichte *f;* **~ de población** Bevölkerungsdichte *f;* **~ de puntos** (INFOR) Punktdichte *f;* **alta ~** hohe Dichte; **el hierro es un metal de mucha ~** Eisen hat eine hohe Dichte
denso, -a ['denso, -a] *adj* ❶ (*compacto*) dicht

② (*espeso*) dick
③ (*t. fig: pesado*) schwer
dentado¹ [deṇ'taðo] *m* (TÉC) Verzahnung *f*
dentado, -a² [deṇ'taðo, -a] *adj* ❶ (*con dientes*) gezähnt; **rueda dentada** (TÉC) Zahnrad *nt*
② (BOT) gezackt
dentadura [deṇta'ðura] *f* (MED) Gebiss *nt*; ~ **de leche** Milchgebiss *nt*; ~ **postiza** künstliches Gebiss
dental¹ [deṇ'tal] I. *adj* ❶ (MED) Zahn-, dental; **prótesis** ~ Zahnersatz *m*, Zahnprothese *f*; **técnico** ~ Zahntechniker *m*
② (LING) dental
II. *f* (LING) Dental *m*, Zahnlaut *m*
dental² [deṇ'tal] *m* ❶ (*arado*) Pflugsterz *m*
② (*trillo*) Dreschstein *m*
dentar [deṇ'tar] <e→ie> I. *vt* (*t. TÉC*) verzahnen
II. *vi* (MED) zahnen
dentellada [deṇte'ʎaða] *f* ❶ (*mordisco*) Biss *m*; **a ~s** mit den Zähnen; **comer a ~s** sehr gierig essen; **matar a ~s** (*fiera*) reißen; **pelearse a ~s** einander beißen (im Kampf)
② (*herida*) Bisswunde *f*
dentellado, -a [deṇte'ʎaðo, -a] *adj* ❶ (*dentado*) gezähnt
② (*con forma de dientes*) zahnförmig; (BOT) gezackt
③ (*herido a dentelladas*) zerbissen
dentellar [deṇte'ʎar] *vi* mit den Zähnen klappern
dentellear [deṇteʎe'ar] *vt* beißen
dentera [deṇ'tera] *f* ❶ (*sensación*) unangenehmes Gefühl an den Zähnen
② (*fam: envidia*) Neid *m*; **dar** ~ neidisch machen
dentición [deṇti'θjon] *f* ❶ (*aparición de los dientes*) Zahndurchbruch *m*; (MED) Dentition *f*; (*de los primeros dientes*) Zahnen *nt*
② (ZOOL) Gebiss *nt*, Zahnsystem *nt*
dentífrico¹ [deṇ'tifriko] *m* Zahncreme *f*, Zahnpasta *f*
dentífrico, -a² [deṇ'tifriko, -a] *adj*: **agua dentífrica** Mundwasser *nt*; **pasta dentífrica** Zahncreme *f*, Zahnpasta *f*
dentina [deṇ'tina] *f* (MED) Zahnbein *nt*, Dentin *nt*
dentista [deṇ'tista] I. *adj* zahnärztlich, Zahnarzt-
II. *mf* Zahnarzt, -ärztin *m, f*
dentro ['deṇtro] I. *adv* (dr)innen; **a** ~ innen, innen drin *fam*; **desde** ~ von innen heraus; (*t. fig*) aus dem Inneren; **por** ~ innen; (*fig*) im Herzen
II. *prep* ❶ ~ **de** (*local*) in +*dat*, innerhalb +*gen*; ~ **del bolso/de la casa** in der Tasche/im Haus(e); ~ **de lo posible** im Rahmen des Möglichen
② (*con movimiento*) in +*akk*; **pasó/miró** ~ **de la habitación** er/sie ging/schaute ins Zimmer hinein
③ (*temporal*) binnen +*gen*, in +*dat*; ~ **de plazo** fristgemäß; ~ **de poco** bald; ~ **de una semana** in einer Woche
dentudo¹ [deṇ'tuðo] *m* (*Cuba*: ZOOL) Heringshai *m*
dentudo, -a² [deṇ'tuðo, -a] *adj* großzahnig
denudación [denuða'θjon] *f* Entblößung *f*
denudar [denu'ðar] I. *vt* ❶ (MED) freilegen
② (GEO: *suelo*) abtragen, bloßlegen
II. *vr*: **~se** (BIOL) die Rinde verlieren
denuedo [de'nweðo] *m* (*elev*) Kühnheit *f*
denuesto [de'nwesto] *m* (*elev*) Schmähung *f*
denuncia [de'nunθja] *f* ❶ (JUR: *acusación*) (Straf)anzeige *f*; ~ **obligatoria** Anzeigepflicht *f*; **hacer** [*o* **presentar**] **una** ~ Anzeige erstatten (*ante* bei +*dat*, *por* wegen +*gen*); **hizo una** ~ **en la comisaría por el robo del bolso** er/sie zeigte auf der Polizeiwache den Raub der Tasche an; **hacer una** ~ **por falta de pago** eine Klage auf Zahlung erheben
② (*de una injusticia*) Anklage *f*; **ese reportaje es una** ~ **estremecedora del hambre en el Tercer Mundo** dieser Bericht klagt in erschütternder Weise den Hunger in der Dritten Welt an
③ (JUR: *tratado*) Kündigung *f*; ~ **del contrato** Vertragskündigung *f*; ~ **con/sin (pre)aviso** fristgebundene/fristlose Kündigung
denunciable [denun'θjaβle] *adj*: **el maltrato de esta madre a sus hijos es** ~ man müsste diese Mutter wegen Kindesmisshandlung anzeigen; **la casa está en un estado** ~ das Haus befindet sich in einem erbärmlichen Zustand
denunciación [denunθja'θjon] *f* Denunziation *f pey*
denunciante [denun'θjaṇte] I. *adj* (JUR): **parte** ~ Kläger *m*
II. *mf* ❶ (*que presenta una denuncia*) Anzeigeerstatter(in) *m(f)*
② (*que delata*) Denunziant(in) *m(f) pey*
denunciar [denun'θjar] *vt* ❶ (JUR: *acusar*) anzeigen (*por* wegen +*gen*, *ante* bei +*dat*), Anzeige erstatten (*por* wegen +*gen*, *ante* bei +*dat*); **la ~on por ladrona** sie wurde wegen Diebstahls angezeigt
② (*delatar*) denunzieren, öffentlich verurteilen
③ (*indicar*) zeigen; (*hacer público*) an die Öffentlichkeit bringen; **sus modales denuncian su deficiente educación** seine/ihre Manieren lassen erkennen, dass er/sie keine gute Erziehung genossen hat
④ (JUR: *tratado*) kündigen

⑤ (MIN) muten
denuncio [de'nunθjo] *m* ❶ (*And*: *denuncia*) Anzeige *f*
② (MIN) Muten *nt*
deontología [deoṇtolo'xia] *f* Pflichtenlehre *f*, Deontologie *f*
deontológico, -a [deoṇto'loxiko, -a] *adj* die Deontologie betreffend
Dep. [departa'meṇto] *m abr de* **departamento** Abt.
deparar [depa'rar] *vt* bescheren; **nunca se sabe lo que a uno le ~á el destino** man weiß nie, was einen erwartet
departamental [departameṇ'tal] *adj* Abteilungs-; **jefe** ~ Abteilungsleiter *m*
departamento [departa'meṇto] *m* ❶ (*de un establecimiento*) Abteilung *f*; (*de un objeto*) Fach *nt*; ~ **de compras** Einkaufsabteilung *f*; ~ **de contabilidad** Buchhaltung *f*; ~ **de estudios de mercado** Marktforschungsabteilung *f*; ~ **de exportación** Exportabteilung *f*; ~ **jurídico** Rechtsabteilung *f*; ~ **personal** Personalabteilung *f*; **la caja de herramientas tiene un** ~ **para tornillos** der Werkzeugkasten hat ein Fach für Schrauben
② (ADMIN: *ministerio*) Ministerium *nt*; (*EE.UU.*) Department *nt*; ~ **de estado** Staatsministerium *nt*
③ (ADMIN: *distrito*) Bezirk *m*; (*Francia*) Departement *nt*
④ (UNIV) Fachbereich *m*; (*EE.UU., Gran Bretaña*) Department *nt*
⑤ (FERRO) Abteil *nt*; ~ **de fumadores** Raucherabteil *nt*
⑥ (*Am*: *apartamento*) Wohnung *f*, Appartement *nt*
departir [depar'tir] *vi* debattieren, plaudern (*acerca de/de/sobre* über +*akk*)
depauperación [depaupera'θjon] *f* ❶ (*empobrecimiento*) Verarmung *f*
② (MED) Entkräftung *f*
depauperar [depaupe'rar] I. *vt* ❶ (*empobrecer*) arm machen
② (MED) entkräften
II. *vr*: **~se** ❶ (*empobrecerse*) verarmen
② (MED) entkräften
dependencia [depeṇ'deṇθja] *f* ❶ (*sujeción*) Abhängigkeit *f*; ~ **de drogas** Drogenabhängigkeit *f*; **vivir en** [*o* **bajo la**] ~ **de alguien** von jdm abhängig sein
② (COM: *sucursal*) Niederlassung *f*, Zweigstelle *f*
③ (COM: *empleados*) Angestellte *pl*, Belegschaft *f*
④ (*sección*) Abteilung *f*
⑤ *pl* (*habitaciones*) Räumlichkeiten *fpl*; **las ~s de los sirvientes** die Räumlichkeiten der Bediensteten
depender [depeṇ'der] *vi* abhängig sein (*de* von +*dat*), abhängen (*de* von +*dat*); **eso depende de Ud.** das liegt an Ihnen; **¡depende!** es kommt darauf an!
dependiente¹ [depeṇ'djeṇte] *adj* abhängig (*de* von +*dat*)
dependiente, -a² [depeṇ'djeṇte, -a] *m, f* Angestellte(r) *mf*; (*de una tienda*) Verkäufer(in) *m(f)*; ~ **de comercio** Handelsgehilfe *m*
depilación [depila'θjon] *f* Enthaarung *f*; (MED) Epilation *f*; ~ **a la cera negra** Enthaarung mit schwarzem Wachs
depilado [depi'laðo] *m v.* **depilación**
depiladora [depila'ðora] *f* Epiliergerät *nt*
depilar [depi'lar] *vt, vr*: **~se** (sich) enthaaren; **~se las cejas** sich *dat* die Augenbrauen zupfen
depilatorio¹ [depila'torjo] *m* Enthaarungsmittel *nt*
depilatorio, -a² [depila'torjo, -a] *adj* Enthaarungs-; **crema depilatoria** Enthaarungscreme *f*
deplorable [deplo'raβle] *adj* bedauerlich; **espectáculo** ~ jämmerliche Vorstellung
deplorar [deplo'rar] *vt* (zutiefst) bedauern
deponente [depo'neṇte] *mf* ❶ (FIN: *depositante*) Einzahler(in) *m(f)*
② (JUR: *testigo*) Zeuge, -in *m, f*
deponer [depo'ner] *irr como* **poner** I. *vt* ❶ (*destituir*) absetzen; ~ **de un cargo** eines Amtes entheben; **el depuesto rey** der abgesetzte König
② (*deshacerse de*) ablegen; ~ **el luto** die Trauerkleidung ablegen; ~ **las armas** die Waffen niederlegen, sich ergeben; ~ **su actitud** seine Haltung ändern
③ (*bajar*) herabnehmen; ~ **una estatua** eine Statue vom Sockel heben
II. *vi* ❶ (JUR) aussagen (*vor Gericht*)
② (*defecar*) Stuhlgang haben
deport [de'port] <deports> *m* (FIN) Deportgeschäft *nt*
deportación [deporta'θjon] *f* Deportation *f*
deportar [depor'tar] *vt* deportieren
deporte [de'porte] *m* Sport *m*; ~ **acuático** [*o* **náutico**] Wassersport *m*; ~ **de (alta) competición** (Hoch)leistungssport *m*; ~ **hípico** Reitsport *m*; ~**s de alto riesgo** Risikosportarten *fpl*; ~**s de invierno** Wintersportarten *fpl*; **el** ~ **rey** die beliebteste Sportart; **hacer** [*o* **practicar**] ~ Sport treiben
deportista [depor'tista] I. *adj* sportlich
II. *mf* Sportler(in) *m(f)*; ~ **aficionado** Hobbysportler *m*, Amateur(sportler) *m*; ~ **de élite** Spitzensportler *m(f)*; ~ **profesional** Berufssportler *m*, Profi(sportler) *m*

deportividad [deportiβi'ðaº] *f* (DEP) Sportlichkeit *f*, Fairness *f*
deportivo¹ [depor'tiβo] *m* ❶ (*club*) Sportverein *m*
❷ (*automóvil*) Sportwagen *m*
deportivo, -a² [depor'tiβo, -a] *adj* ❶ (*relativo al deporte*) Sport-; (*deportista*) sportlich; **coche ~** Sportwagen *m*; **noticias deportivas** Sportnachrichten *fpl*
❷ (*actitud*) sportlich, fair
deposición [deposi'θjon] *f* ❶ (*el dejar*) Ablegen *nt*
❷ (*cargo*) Amtsenthebung *f*, Absetzung *f*
❸ (JUR) (gerichtliche) Aussage *f*; **~ testifical** [*o* **de los testigos**] Zeugenaussage *f*
❹ (*defecación*) Stuhlgang *m*
depositador(a) [deposita'ðor(a)] *adj o m(f) v.* **depositante**
depositante [deposi'tante] I. *adj* (FIN) Einleger-; **parte ~** Einleger *m*
II. *mf* (FIN) Deponent(in) *m(f)*; (*dinero*) Einleger(in) *m(f)*; (*caución, objetos de valor*) Hinterleger(in) *m(f)*; **cupón para el ~** Hinterlegungsschein *m*
depositar [deposi'tar] I. *vt* ❶ (*colocar*) absetzen (*en/sobre* auf +*dat*), deponieren (*en/sobre* auf +*dat*)
❷ (*dar para cuidar*) in Verwahrung geben (*en* bei/in +*dat*), deponieren (*en* bei/in +*dat*); **~ su confianza en alguien/algo** sein Vertrauen auf [*o* in] jdn/etw setzen
❸ (FIN) einlegen, hinterlegen
❹ (JUR) an einen sicheren Ort bringen
❺ (*cadáver*) aufbahren
II. *vr*: **~se** sich absetzen (*en* auf/an +*dat*), sich ablagern (*en* in +*dat*)
depositaria [deposi'tarja] *f v.* **depositario**
depositaría [deposita'ria] *f* Aufbewahrungsort *m*, Hinterlegungsstelle *f*
depositario, -a [deposi'tarjo, -a] *m, f* ❶ (*de valores*) Depositar(in) *m(f)*, Depositär(in) *m(f)*, Verwahrer(in) *m(f)*; **~ judicial** Sequester *m*
❷ (*de sentimientos*) Vertraute(r) *mf*
depositario-administrador [deposi'tarjo aðministra'ðor] *m* (ECON) vorläufiger Konkursverwalter *m*
depósito [de'posito] *m* ❶ (*acción*) Aufbewahrung *f*, Lagerung *f*; **en ~** in Verwahrung; **entregar algo en ~** (**judicial**) etw in (gerichtliche) Verwahrung geben
❷ (*lugar*) Depot *nt*, Lager *nt*; **~ central** Zentrallager *nt*; **~ de equipajes** (FERRO) Gepäckaufbewahrung *f*
❸ (*recipiente*) Behälter *m*, Tank *m*; **~ de agua** Wasserspeicher *m*; **~ elevado de agua** Wasserturm *m*; **~ de un arma de fuego** Magazin *nt*
❹ (FIN: *acción*) Einlegen *nt*; (*dinero*) Einlage *f*, Hinterlegungssumme *f*; **~ de una acción** Einschuss einer Aktie; **~ bancario de títulos-valores** Sonderverwahrung *f*; **~ a corto/a medio plazo** kurzfristige/mittelfristige Einlage; **~ en la cuenta corriente** Kontokorrenteinlage *f*; **~ extraordinario** Sondereinlage *f*; **~ de garantía** Sicherheitshinterlegung *f*; **~ interbancario** Interbanken-Einlage *f*; **~ a plazo fijo** Festgeld *nt*; **~ con plazo de preaviso** Einlage mit Kündigungsfrist; **~ para siniestros** Hinterlegung für den Schadensfall; **~ a término** Termingeld *nt*; **~ de títulos-valor** Wertpapierdepot *nt*; **~ a la vista** Sichteinlage *f*
❺ (*el poner al cuidado*) Deponieren *nt*, Hinterlegen *nt*
❻ *pl* (*dinero*) Depositen(gelder) *pl*; **~s de ahorro** Spareinlagen *fpl*
❼ (*sedimento*) Ablagerung *f*; (*del vino*) Depot *nt*
❽ (*publicaciones*): **~ legal** (*ejemplares*) Abgabe von Pflichtexemplaren; (*derechos*) alle Rechte vorbehalten
❾ (*morgue*): **~ de cadáveres** Leichenhaus *nt*; **~ judicial** Leichenschauhaus *nt*
depravación [depraβa'θjon] *f* Verderbtheit *f*, Verkommenheit *f*; **~ de las costumbres** Sittenverfall *m*
depravar [depra'βar] I. *vt* verderben
II. *vr*: **~se** verkommen
depre¹ ['depre] *f* (*fam*): **estar con la ~** down sein
depre² ['depre] *mf* (*fam*): **ser un/una ~** depressiv sein
deprecación [depreka'θjon] *f* Flehen *nt*, inständige Bitte *f*
deprecar [depre'kar] <c→qu> *vt* flehen (um +*akk*), inständig bitten (um +*akk*)
deprecatorio, -a [depreka'torjo, -a] *adj* flehend
depreciación [depreθja'θjon] *f* ❶ (*desvalorización*) Wertminderung *f*, Abwertung *f*, Entwertung *f*; **~ monetaria** [*o* **de la moneda**] Geldentwertung *f*
❷ (*abaratamiento*) Senkung *f*
depreciar [depre'θjar] I. *vt* ❶ (*desvalorizar*) den Wert mindern; (*moneda*) abwerten
❷ (*abaratar*) den Preis senken; **la buena cosecha ~á el precio de reventa de la uva** die gute Ernte wird den Wiederverkaufspreis der Trauben senken
II. *vr*: **~se** an Wert verlieren
depredación [depreða'θjon] *f* ❶ (*saqueo*) Plünderung *f*
❷ (*malversación*) Veruntreuung *f*
❸ (*caza*) Reißen *nt*

depredador(a) [depreða'ðor(a)] I. *adj* ❶ (*saqueador*) plündernd
❷ (ZOOL) räuberisch
II. *m(f)* ❶ (*saqueador*) Plünderer, -in *m, f*
❷ (*malversador*) Veruntreuer(in) *m(f)*
depredar [depre'ðar] *vt* ❶ (*saquear*) plündern
❷ (*malversar*) veruntreuen
❸ (ZOOL) reißen
depresión [depre'sjon] *f* ❶ (*tristeza*) Niedergeschlagenheit *f*, Depression *f*
❷ (*hundimiento*) Absenkung *f*
❸ (GEO) Senke *f*
❹ (ECON) Depression *f*; **~ cíclica** Konjunktureinbruch *m*; **~ coyuntural** Konjunkturflaute *f*; **~ económica** Wirtschaftskrise *f*; **~ en el mercado de renta variable** Flaute am Aktienmarkt; **~ en los negocios con el extranjero** Flaute im Auslandsgeschäft
❺ (*en los precios*) Senkung *f*
❻ (METEO) Tief(druckgebiet) *nt*, Depression *f*
depresivo, -a [depre'siβo, -a] *adj* ❶ (*que deprime*) deprimierend
❷ (MED: *propenso a la depresión*) depressiv
deprimente [depri'mente] *adj* deprimierend, niederdrückend
deprimido, -a [depri'miðo, -a] *adj* deprimiert, bedrückt, niedergeschlagen; **región deprimida** entwicklungsschwache Region
deprimir [depri'mir] I. *vt* ❶ (*hundir*) (herunter)drücken
❷ (*disminuir el volumen*) zusammenpressen
❸ (*abatir*) deprimieren
II. *vr*: **~se** ❶ (*disminuirse el volumen*) an Volumen abnehmen
❷ (*abatirse*) Depressionen bekommen
deprisa [de'prisa] *adv* schnell; **~ y corriendo** so schnell wie möglich
depuración [depura'θjon] *f* ❶ (*purificación*) Reinigung *f*, Läuterung *f*
❷ (POL) Säuberung *f*
❸ (INFOR) Debugging *nt*; **~ de datos** Datenbereinigung *f*; **programa de ~** Debugger *m*
depurado, -a [depu'raðo, -a] *adj* gereinigt, geläutert; (*de tóxicos*) entgiftet; **estilo ~** gewählte Ausdrucksweise
depurador¹ [depura'ðor] *m* Reiniger *m*; (INFOR) Debugger *m*, Fehlersuchprogramm *nt*; **~ de aire** Luftreiniger *m*; **~ de gas** (QUÍM) Gaswäscher *m*
depurador(a)² [depura'ðor(a)] *adj* reinigend, Reinigungs-
depuradora [depura'ðora] *f* ❶ (*estación*) Kläranlage *f*
❷ (*piscina*) Umwälzanlage *f*
depurar [depu'rar] I. *vt* ❶ (*purificar*) reinigen, läutern; **~ el estilo** an der Ausdrucksweise feilen; **~ la sangre** das Blut reinigen
❷ (POL) säubern
❸ (INFOR) debuggen, bereinigen
II. *vr*: **~se** ❶ (*purificarse*) sich reinigen
❷ (*refinarse*): **gracias a la lectura de los clásicos se depuró su estilo** dank der Lektüre der Klassiker hat sich sein/ihr Stil gefestigt
depurativo¹ [depura'tiβo] *m* (MED) Entschlackungsmittel *nt*; (*sangre*) Blutreinigungsmittel *nt*
depurativo, -a² [depura'tiβo, -a] *adj* (MED) entschlackend
dequeísmo [deke'ismo] *m* (LING) falsche Verwendung der Präposition 'de' vor einem Nebensatz, der durch 'que' eingeleitet wird
derbi ['derβi] *m* (DEP) Lokalderby *nt*
derecha [de'retʃa] *f* ❶ (*diestra*) rechte Hand *f*, Rechte *f*
❷ (*lado*) rechte Seite *f*; **doblar a la ~** (nach) rechts abbiegen; **tenía a su madre a la ~** ihre/seine Mutter stand von ihr/ihm; **el autobús la rebasó por la ~** der Bus überholte sie von rechts; **¡~!** (MIL) rechtsum!
❸ (POL) Rechte *f*, Rechtspartei *f*; **de ~(s)** rechtsorientiert
derechamente [deretʃa'mente] *adv* ❶ (*directamente*) gerade(n)wegs
❷ (*correctamente*) aufrecht
derechazo [dere'tʃaθo] *m* ❶ (*boxeo*) Rechte *f*
❷ (TAUR) Stierkampffigur mit dem roten Tuch in der rechten Hand
derechista [dere'tʃista] I. *adj* (POL) rechtsorientiert, rechtsgerichtet
II. *mf* (POL) Anhänger(in) *m(f)* einer Rechtspartei
derechización [deretʃiθa'θjon] *f* (POL) Rechtsruck *m*
derechizar [deretʃi'θar] <z→c> I. *vt* (POL) einen Rechtsruck bewirken; **el desempleo derechiza muchas veces a los afectados** Arbeitslosigkeit führt bei den Betroffenen oft zur Verstärkung rechter Ansichten
II. *vr*: **~se** (POL) nach rechts rücken; **el estudiantado se ha derechizado en los últimos 10 años** in den letzten 10 Jahren fand unter den Studenten ein Ruck nach rechts statt
derecho¹ [de'retʃo] I. *adv* direkt
II. *m* ❶ (*legitimidad*) Recht *nt* (*a* auf +*akk*), Anrecht *nt* (*a* auf +*akk*), Anspruch *m* (*a* auf +*akk*); **~ de acceso** Zugriffsrecht *nt*; **~ de acuñación** Münzhoheit *f*, Münzrecht *nt*; **~ de afiliación** Mitgliedschaftsrecht *nt*; **~ a alimentos** Verpflegungsanspruch *m*; **~ de asilo** Recht auf Asyl; **~ de asociación** Vereinigungsfreiheit *f*, Koalitionsfreiheit *f*; **~ de autodeterminación** Selbstbestimmungsrecht *nt*; **~ de canje** [*o* **de cambio**] Umtauschrecht *nt*; **~ de caza** Jagdberechtigung *f*; **~ de coalición** Koali-

derecho

tionsrecht *nt;* **~ de cogestión** Mitbestimmungsrecht *nt;* **~ de colaboración** Mitwirkungsrecht *nt;* **~ de disposición** Verfügungsrecht *nt;* **~ de distribución en exclusiva** Alleinvertriebsrecht *nt;* **~ a la educación** Erziehungsrecht *nt;* **~ de ejecución** Vollstreckungsanspruch *m;* **~ de establecimiento** Niederlassungsrecht *nt;* **~ de examen e inspección** Einsichts- und Prüfungsrecht *nt;* **~ de exclusión** Ausschlussrecht *nt;* **~ de exclusividad** Ausschließlichkeitsrecht *nt;* **~ de exención** Befreiungsanspruch *m;* **~ de explotación** Verwertungsrecht *nt,* Nutzungsrecht *nt;* (AGR) Bewirtschaftungsrecht *nt;* **~ de guarda** Sorgerecht *nt;* **~ de huelga** Streikrecht *nt;* **~ a indemnización** Regressanspruch *m,* Schadensersatzanspruch *m;* **~ a indemnización por despido** Abfindungsrecht *nt;* **~ de legítima defensa** Selbstverteidigungsrecht *nt;* **~ de libertad de conciencia y culto** Gewissens- und Religionsfreiheit *f;* **~ de libre circulación** Recht auf Freizügigkeit; **~ a la libre elección de residencia** Aufenthaltsbestimmungsrecht *nt;* **~ de opción** Vorkaufsrecht *nt;* **~ pasivo** Versorgungsanspruch *m;* **~ patrimonial** Vermögensanspruch *m;* **~ de pensión** Rentenanwartschaft *f;* **~ prendario** Pfandrecht *nt;* **~ de primogenitura** Erstgeburtsrecht *nt;* **~ de propiedad industrial** Urheberrecht *nt;* **~ de propiedad intelectual** Urheberrecht *nt;* **~s reales** Grundstücksrechte *ntpl;* **~ de reclamación** [*o* **de oposición**] Einspruchsrecht *nt;* **~ de reproducción** Vervielfältigungsrecht *nt;* **~ de residencia** Aufenthaltsrecht *nt;* **~ de sufragio** [*o* **de voto**] Stimmrecht *nt;* **~ de uso** Benutzungsrecht *nt,* Gebrauchsrecht *nt;* **~ de uso compartido** Mitbenutzungsrecht *nt;* **~ de vista de autos** Akteneinsichtsrecht *nt;* **~ de voto limitado** Höchststimmrecht *nt;* **con ~ a** berechtigt zu +*dat;* **de pleno ~** mit vollem Recht; **miembro de pleno ~** vollberechtigtes Mitglied; **ejercer un ~** ein Recht ausüben; **estar en su (perfecto) ~** (voll) im Recht sein; **hacer uso de un ~** ein Recht in Anspruch nehmen; **tener ~ a** berechtigt sein zu +*dat;* **todos los ~s reservados** alle Rechte vorbehalten; **¡no hay ~!** (*fam*) das gibt es nicht!; **~ al pataleo** (*fam*) Recht auf Widerrede

② (JUR: *jurisprudencia*) Recht *nt;* (*ciencia*) Rechtswissenschaft *f,* Jura; **~ administrativo** Verwaltungsrecht *nt;* **~ administrativo económico** Wirtschaftsverwaltungsrecht *nt;* **~ aduanero** Zollrecht *nt;* **~ agrario** Agrarrecht *nt,* Landwirtschaftsrecht *nt;* **~ de aguas** Wasserrecht *nt;* **~ de alimentos** (*comida*) Lebensmittelrecht *nt;* (*sustento*) Unterhaltsrecht *nt;* **~ del arrendatario** Mieterrecht *nt;* **~ artesanal** Handwerksrecht *nt;* **~ de la ayuda social** Sozialhilferecht *nt;* **~ bancario** Bankrecht *nt;* **~ beneficiario** Pfründenrecht *nt;* **~ bien adquirido** wohlerworbenes Recht; **~ bursátil** Börsenrecht *nt;* **~ canónico** (REL) kanonisches Recht, katholisches Kirchenrecht; **~ de la circulación** Verkehrsrecht *nt;* **~ de circulación vial** Straßenverkehrsrecht *nt;* **~ civil** bürgerliches Recht, Zivilrecht *nt;* **~ coactivo** zwingendes Recht; **~ de la competencia** Wettbewerbsrecht *nt;* **~ comunitario** (UE) Gemeinschaftsrecht *nt;* **~ constitucional económico** Wirtschaftsverfassungsrecht *nt;* **~ constitucional municipal** Gemeindeverfassungsrecht *nt;* **~ consuetudinario** Gewohnheitsrecht *nt;* **~ consuetudinario mercantil** Handelsgewohnheitsrecht *nt;* **~ consular** Konsulargesetz *nt;* **~ convencional** Vergleichsrecht *nt;* **~ de corporaciones** Ständerecht *nt;* **~ de costas** Kostenrecht *nt;* **~ criminal** [*o* **penal**] Strafrecht *nt;* **~ económico** Wirtschaftsrecht *nt;* **~ electoral** Wahlrecht *nt;* **~ electoral de extranjeros** Ausländerwahlrecht *nt;* **~ empresarial** Unternehmensrecht *nt;* **~ enfitéutico** Erbpachtrecht *nt;* **~ espacial** Weltraumrecht *nt;* **~ europeo** Europarecht *nt;* **~ de extranjería** Ausländerrecht *nt;* **~ de familia** Familienrecht *nt;* **~ fiscal** [*o* **tributario**] Steuerrecht *nt;* **~ fundamental** Grundrecht *nt;* **~ de gentes** Völkerrecht *nt;* **~s del hombre** [*o* **humanos**] Menschenrechte *ntpl;* **~ internacional** internationales Recht; **~ laboral** Arbeitsrecht *nt;* **~ local** Ortsrecht *nt;* **~ mercantil** Handelsrecht *nt;* **~ militar** Wehrrecht *nt;* **~ minero** Bergrecht *nt;* **~ monetario** Währungsrecht *nt;* **~ municipal** Gemeinderecht *nt;* **~ de la navegación aérea** Luftfrachtrecht *nt;* **~ obligacionista** Schuldrecht *nt;* **~ de paso** Straßen- und Wegerecht *nt;* **~ penal ecológico** Umweltstrafrecht *nt;* **~ penal económico** Wirtschaftsstrafrecht *nt;* **~ penal internacional** Völkerstrafrecht *nt,* internationales Strafrecht; **~ penal juvenil** Jugendstrafrecht *nt;* **~ penal tributario** Steuerstrafrecht *nt;* **~ de personas** Personenrecht *nt;* **~ político** Staatsrecht *nt;* **~ prendario** Pfandrecht *nt;* **~ presupuestario** Budgetrecht *nt,* Etatsrecht *nt;* **~ de prevención** medioambiental Umwelt(schutz)recht *nt;* **~ privado** Privatrecht *nt;* **~ de procedimiento penal** Strafprozessrecht *nt;* **~ procesal** Prozessrecht *nt,* Verfahrensrecht *nt;* **~ procesal civil** Zivilprozessrecht *nt,* Zivilverfahrensrecht *nt;* **~ de protección del suelo** Bodenschutzrecht *nt;* **~ publicitario** Werberecht *nt;* **~ real** dingliches Recht; **~ de sucesión** (HIST) Erbfolgerecht *nt;* **~ sucesorio** Erbrecht *nt;* **~ regional** Landesrecht *nt;* **~ de la seguridad social** Sozialversicherungsrecht *nt;* **~ de lo social** Sozialrecht *nt;* **~ de sociedades** [*o* **societario**] Gesellschaftsrecht *nt;* **~ del suelo** Bodenrecht *nt;* **~ transitorio** Übergangsrecht *nt;* **~ urbanístico** Städtebaurecht *nt;* **~ de uso de armas** Waffengebrauchsrecht *nt;* **~ de viabilidad** Straßenrecht *nt;* **estudiante de ~** Jurastudent(in) *m/f;* **estudiar ~** Jura studieren; **conforme a** [*o* **según**] **~** rechtmäßig; **conforme a**

[*o* **según**] **~ vigente** nach geltendem Recht; **de ~** von Rechts wegen; **por ~ propio** kraft seines Amtes

③ (*lado bueno de un papel, tela*) rechte Seite *f*

④ *pl* (*impuestos*) Gebühren *fpl;* **~s de almacenaje** Lagergeld *nt;* **~s de alquiler** Leihgebühr *f;* **~s antidumping** Antidumpingzölle *mpl;* **~s arancelarios** [*o* **de aduana**] Zölle *mpl,* Zollgebühren *fpl;* **~s básicos** Gebührengrundsatz *m;* **~s comerciales** Geschäftsgebühr *f;* **~s compensatorios** Ausgleichsabgaben *fpl;* **~s de conciliación** Vergleichsgebühr *f;* **~s de día** Lagergeld *nt;* **~s de entrada/salida** Einfuhr-/Ausfuhrzölle *mpl;* **~s de exportación** [*o* **de salida**] Exportzölle *mpl,* Ausfuhrzölle *mpl;* **~s de franquicia** Franchisegebühr *f;* **~s globales** Pauschgebühren *fpl;* **~s de importación** [*o* **de entrada**] Importzölle *mpl,* Einfuhrzölle *mpl;* **~s de inscripción** Eintragungsgebühr *f;* **~s de litigio** (JUR) Verhandlungsgebühr *f;* **~s de patentes** Patent(lizenz)gebühren *fpl;* **~s portuarios** Hafengeld *nt;* **~s de regalía** *Einfuhrgebühren für den Tabak in Spanien;* **~s de tasación de costas** Kostenfestsetzungsgebühr *f;* **libre de/sujeto a ~s** gebührenfrei/gebührenpflichtig

⑤ *pl* (*honorarios*) Honorar *nt;* **~s de mediación** Courtage *f,* Vermittlungsprovision *f;* **~s de pago de indemnización** Schaden(s)ersatzansprüche *mpl*

derecho, -a² [deˈretʃo, -a] *adj* ① (*diestro*) rechte(r, s)
② (*recto*) gerade
③ (*erguido*) aufrecht; **ponerse ~** sich aufrichten
④ (*justo*) aufrecht, rechtschaffen; **hecho y ~** von echtem Schrot und Korn; **a derechas** wie es sich gehört
⑤ (*directo*) direkt

derechohabiente [deretʃoaˈβjente] *mf* (JUR) Rechtsnachfolger(in) *m(f);* **~ de la renta** Versorgungsberechtigte(r) *mf*

derechura [dereˈtʃura] *f* Geradheit *f;* **en ~** (*derecho*) geradeaus; (*sin rodeos*) ohne Umschweife; **ir siempre en ~** immer der Nase nach gehen

deriva [deˈriβa] *f* ① (NÁUT) Abdrift *f;* **estar** [*o* **ir**] **a la ~** (NÁUT) abdriften; (*fig*) sich treiben lassen
② (GEO) **~ continental** Kontinentaldrift *f,* Kontinentalverschiebung *f*

derivación [deriβaˈθjon] *f* ① (*t.* LING: *deducción*) Ableitung *f*
② (*consecuencia*) Folge *f*
③ (FERRO) Nebenbahn *f*
④ (*conexión de corriente, agua*) Zuleitung *f*
⑤ (ELEC: *pérdida de fluido*) Stromverlust *m;* **~ a tierra** Erdung *f*

derivada [deriˈβaða] *f* (MAT) Differenzialquotient *m*

derivado [deriˈβaðo] *m* (LING, QUÍM) Derivat *nt*

derivar [deriˈβar] I. *vi* ① (*proceder*) hervorgehen (*de* aus +*dat*)
② (*tornar*) sich umwandeln (*hacia* zu +*dat*)
③ (NÁUT) abdriften
II. *vt* ① (*t.* MAT) ableiten
② (*desviar*) umleiten; (*conversación*) in andere Bahnen lenken; **derivó la conversación hacia un tema menos complicado** er/sie lenkte das Gespräch auf ein weniger heikles Thema
③ (LING) ableiten (*de* von +*dat*)
④ (ELEC) abzweigen
III. *vr:* **~se** ① (*proceder*) sich ableiten (*de* aus +*dat*), hervorgehen (*de* aus +*dat*)
② (LING) sich ableiten (*de* aus +*dat*)

derivativo, -a [deriβaˈtiβo, -a] *adj* ① (*t.* LING) Ableitungs-; **el substantivo ~ de 'casero' es 'casa'** 'casero' ist von dem Substantiv 'casa' abgeleitet
② (*t.* JUR) derivativ; **derecho ~** derivativer Anspruch

dermatóloga [dermaˈtoloɣa] *f v.* **dermatólogo**
dermatología [dermatoloˈxia] *f* (MED) Dermatologie *f*
dermatológico, -a [dermatoˈloxiko, -a] *adj* (MED) dermatologisch
dermatólogo, -a [dermaˈtoloɣo, -a] *m, f* (MED) Dermatologe, -in *m, f,* Hautarzt, -ärztin *m, f*
dérmico, -a [ˈdermiko, -a] *adj* Haut-; **hongo ~** Hautpilz *m*
dermis [ˈdermis] *f inv* (ANAT) Lederhaut *f*
dermohidratante [dermoiðraˈtante] *adj* der Haut Feuchtigkeit spendend; **crema ~** Feuchtigkeitscreme *f*
dermoprotector(a) [dermoprotekˈtor(a)] *adj* hautschützend
derogabilidad [deroɣaβiliˈðað] *f* (JUR) Abdingbarkeit *f;* **~ de la obligación de denuncia** Abdingbarkeit der Rügepflicht
derogación [deroɣaˈθjon] *f* ① (JUR: *de una ley*) Abbedingung *f,* Derogation *f,* Aufhebung *f*
② (*disminución*) Minderung *f*
derogar [deroˈɣar] <g→gu> *vt* ① (JUR: *una ley*) aufheben, außer Kraft setzen; **~ algo contractualmente** etw vertraglich abbedingen
② (*destruir*) zerstören
③ (*reformar*) verändern, reformieren
derogatorio, -a [deroɣaˈtorjo, -a] *adj* aufhebend, Aufhebungs-; **cláusula derogatoria** (JUR) Aufhebungsklausel *f*
derrama [deˈrrama] *f* ① (*gasto*) Umlage *f*

derramamiento

❷ (*tributo extraordinario*) außerordentliche Abgabe *f*
derramamiento [derrama'mjento] *m* ❶ (*vertimiento voluntario*) Schütten *nt*; (*vertimiento involuntario*) Verschütten *nt*
❷ (*de líquidos*) Vergießen *nt;* ~ **de sangre** Blutvergießen *nt*
derramar [derra'mar] I. *vt* ❶ (*verter voluntariamente*) schütten; (*verter sin querer*) verschütten; (*todo*) ausschütten
❷ (*líquidos*) vergießen; ~ **lágrimas** Tränen vergießen
❸ (*repartirse*): ~ **un gasto** eine Abgabe umlegen
❹ (*publicar*) verbreiten
II. *vr:* ~**se** ❶ (*esparcirse: líquidos*) auslaufen; (*otros*) rieseln
❷ (*desaguar*) münden (*en* in +*akk*)
❸ (*diseminarse*) sich ausbreiten
derrame [de'rrame] *m* ❶ *v.* **derramamiento**
❷ (*desbordamiento*) Überlaufen *nt*
❸ (MED) Erguss *m;* ~ **cerebral** Gehirnschlag *m*
❹ (ARQUIT) Laibung *f*
derrapante [derra'pante] *adj* rutschig
derrapar [derra'par] *vi* schleudern, ins Schleudern geraten
derrape [de'rrape] *m* Schleudern *nt*
derredor [derre'ðor] *m* Umkreis *m;* **en** ~ ringsherum; **en** ~ **de la mesa** rings um den Tisch herum
derrelicción [derreliɣ'θjon] *f* (JUR) Dereliktion *f*
derrengado, -a [derreŋ'gaðo, -a] *adj* ❶ (*deslomado*) verrenkt
❷ (*torcido*) krumm
❸ (*exhausto*) zerschlagen, völlig erschöpft
derrengar [derreŋ'gar] <g→gu> I. *vt* ❶ (*deslomar*) verrenken; **tu peso me derrengó al llevarte a cuestas** durch dein Gewicht habe ich mir eine Verrenkung zugezogen, als ich dich getragen habe; **derrengó al caballo a palos** er/sie prügelte mit dem Stock auf das Pferd ein
❷ (*torcer*) biegen
❸ (*fam: agotar*) auspowern
II. *vr:* ~**se** ❶ (*deslomarse*) sich verrenken
❷ (*agotarse*) sich abarbeiten
derretido[1] [derre'tiðo] *m* Beton *m*
derretido, -a[2] [derre'tiðo, -a] *adj* ❶ (*deshecho*) geschmolzen
❷ (*enamorado*) verliebt; **estar** ~ **por alguien** bis über beide Ohren in jdn verliebt sein; **está** ~ **de amor por ella** er vergeht vor Liebe zu ihr
derretimiento [derreti'mjento] *m* ❶ (*disolución*) Schmelzen *nt*
❷ (*pasión*) Hingabe *f*
derretir [derre'tir] *irr como pedir* I. *vt* ❶ (*deshacer*) schmelzen, zergehen lassen; (*algo helado*) auftauen
❷ (*derrochar*) verschleudern
❸ (*cambiar la moneda*) wechseln
II. *vr:* ~**se** ❶ (*deshacerse*) schmelzen, zergehen
❷ (*consumirse*): ~**se de calor** (*fam*) vor Hitze vergehen; ~**se de gusto** (*fam*) sich pudelwohl fühlen
❸ (*fam: estar enamorado*) vor Liebe vergehen (*por* zu +*dat*)
derribar [derri'βar] *vt* ❶ (*edificio, muro*) niederreißen; (*puerta*) einschlagen; (*árbol*) fällen; ~ **a tiros** [*o* **de un tiro**] (*avión, pájaro*) abschießen; ~ **de una pedrada** [*o* **a pedradas**] mit Steinen abschießen
❷ (*jinete*) abwerfen; (*boxeador*) niederwerfen
❸ (*del cargo, poder*) stürzen; (*humillar*) demütigen
derribo [de'rriβo] *m* ❶ (*caída provocada*) Umwerfen *nt;* (*de un avión*) Abschuss *m;* (*de un futbolista*) Foul *nt*
❷ (*demolición*) Abriss *m*
❸ (*escombro*) Abbruchmaterial *nt*
derrocadero [derroka'ðero] *m* Felshang *m*
derrocamiento [derroka'mjento] *m* ❶ (*despeñamiento*) Herabstürzen *nt*
❷ (*destitución*) Sturz *m*
derrocar [derro'kar] <c→qu> *vt* ❶ (*despeñar*) herabstürzen
❷ (*destituir*) stürzen
derrochador(a) [derrotʃa'ðor(a)] I. *adj* verschwenderisch
II. *m(f)* Verschwender(in) *m(f)*
derrochar [derro'tʃar] *vt* ❶ (*despilfarrar*) verschwenden, vergeuden
❷ (*fam: tener en abundancia*) strotzen (vor +*dat*); ~ **salud** vor Gesundheit strotzen
derroche [de'rrotʃe] *m* Verschwendung *f*, Vergeudung *f*
derrota [de'rrota] *f* ❶ (*fracaso*) Niederlage *f;* **sufrir una** ~ eine Niederlage erleiden
❷ (NÁUT) Kurs *m;* **caseta de** ~ Navigationsraum *m*
❸ (*senda*) Pfad *m*
derrotado, -a [derro'taðo, -a] *adj* ❶ (*fracasado*) geschlagen
❷ (*harapiento*) zerlumpt
❸ (*deprimido*) deprimiert
derrotar [derro'tar] I. *vt* ❶ (*vencer*) schlagen, besiegen
❷ (*desmoralizar*) zugrunde [*o* zu Grunde] richten
II. *vr:* ~**se** (NÁUT) vom Kurs abkommen
derrotero [derro'tero] *m* ❶ (NÁUT: *rumbo*) Kurs *m*

❷ (NÁUT: *libro*) Logbuch *nt*
❸ (*dirección*) Weg *m;* **ir por nuevos** ~**s** neue Wege beschreiten
derrotismo [derro'tismo] *m* Defätismus *m*
derrotista [derro'tista] I. *adj* defätistisch
II. *mf* Defätist(in) *m(f)*
derrubiar [derru'βjar] *vt* (GEO) auswaschen
derrubio [de'rruβjo] *m* (GEO) Auswaschung *f*
derruir [derru'ir] *irr como huir vt* ❶ (*derribar*) niederreißen
❷ (*destruir*) zerstören
derrumbadero [derrumba'ðero] *m* ❶ (*precipicio*) Absturz *m*, steiler Abhang *m*
❷ (*peligro*) Gefahr *f*
derrumbamiento [derrumba'mjento] *m* ❶ (*de una construcción*) Einsturz *m*
❷ (*moral*) Zusammenbruch *m*
derrumbar [derrum'bar] I. *vt* ❶ (*despeñar*) herabstürzen
❷ (*derruir*) niederreißen
❸ (*moralmente*) deprimieren
II. *vr:* ~**se** (*edificio*) einstürzen; (*sentimientos*) sich zerschlagen
derrumbe [de'rrumbe] *m* ❶ (*derrumbamiento*) Einsturz *m*
❷ (*precipicio*) Abgrund *m*
derviche [der'βitʃe] *m* Derwisch *m*
desabastecido, -a [desaβaste'θiðo, -a] *adj* unterversorgt
desabastecimiento [desaβasteθi'mjento] *m* Unterversorgung *f*
desabonarse [desaβo'narse] *vr* ein Abonnement kündigen
desaborido, -a [desaβo'riðo, -a] *adj* ❶ (*insípido*) fade
❷ (*fam: inexpresivo*) langweilig
II. *m, f* Langweiler(in) *m(f)*
desabotonar [desaβoto'nar] I. *vt, vr:* ~**se** aufknöpfen; **me desabotono el abrigo** ich knöpfe mir den Mantel auf
II. *vi* (*fig: las flores*) aufblühen
desabrido, -a [desa'βriðo, -a] *adj* ❶ (*comida*) fade
❷ (*tiempo*) ungemütlich
❸ (*persona*) unwirsch
desabrigado, -a [desaβri'ɣaðo, -a] *adj* ungeschützt; **estar** ~ (*persona*) zu leicht gekleidet sein
desabrigar [desaβri'ɣar] <g→gu> *vt, vr:* ~**se** (*manta*) (sich) aufdecken; (*abrigo*) sich den Mantel ausziehen; **siempre se desabriga al dormir** er/sie deckt sich im Schlaf immer auf
desabrigo [desa'βriɣo] *m* ❶ (*descubrimiento*) Entblößen *nt*
❷ (*desamparo*) Verlassenheit *f*, Schutzlosigkeit *f*
desabrimiento [desaβri'mjento] *m* ❶ (*insipidez*) Fadheit *f*
❷ (*inclemencia del clima*) Rauheit *f*; (*inclemencia del invierno*) Strenge *f*
❸ (*dureza de carácter*) Barschheit *f*
❹ (*disgusto*) Verdruss *m*
desabrochar [desaβro'tʃar] *vt, vr:* ~**se** (*botones*) aufknöpfen; (*cordones*) aufschnüren; (*ganchos*) aufhaken; (*hebillas*) aufschnallen
desacatar [desaka'tar] *vt* missachten
desacato [desa'kato] *m* Missachtung *f* (*a* +*gen*)
desaceleración [desaθelera'θjon] *f* Verlangsamung *f*
desacelerar [desaθele'rar] *vt* verlangsamen
desacertado, -a [desaθer'taðo, -a] *adj* verfehlt; **una política desacertada** eine verfehlte Politik
desacertar [desaθer'tar] <e→ie> *vi* (*no acertar*) fehlgreifen; (*equivocarse*) sich irren; **hizo el diagnóstico correcto, pero desacertó al prescribir el medicamento** die Diagnose stimmte, aber er/sie beging einen Fehler bei der Verschreibung des Medikaments
desacierto [desa'θjerto] *m* (*falta de acierto*) Missgriff *m*; (*equivocación*) Irrtum *m*
desacomodado, -a [desakomo'ðaðo, -a] *adj* ❶ (*pobre*) arm
❷ (*desempleado*) arbeitslos
desacomodar [desakomo'ðar] I. *vt* ❶ (*incomodar*) belästigen
❷ (*dejar sin empleo*) entlassen
❸ (Arg: *desordenar*) in Unordnung bringen
II. *vr:* ~**se** (*perder el empleo*) entlassen werden; (*abandonar el empleo*) kündigen
desacomodo [desako'moðo] *m* ❶ (*incomodidad*) Ungemütlichkeit *f*
❷ (*despido o abandono*) Kündigung *f*
❸ (*desempleo*) Arbeitslosigkeit *f*
desacompasado, -a [desakompa'saðo, -a] *adj* außer Takt; **el baterista está tocando totalmente** ~ der Schlagzeuger ist völlig aus dem Takt gekommen
desaconsejable [desakonse'xaβle] *adj* nicht empfehlenswert, nicht ratsam, unratsam
desaconsejado, -a [desakonse'xaðo, -a] *adj* ❶ (*desacertado*) verfehlt; (*desaconsejable*) unangebracht
desaconsejar [desakonse'xar] *vt* abraten (von +*dat*); **te desaconsejo la compra de ese coche** ich rate dir davon ab, diesen Wagen zu kaufen

desacoplar [desako'plar] *vt* abkoppeln
desacordar [desakor'ðar] <o→ue> I. *vt* (*t.* MÚS) verstimmen
II. *vi* (MÚS: *instrumento*) verstimmt sein; (*desentonar cantando*) falsch singen; (*desentonar tocando*) falsch spielen
III. *vr:* ~se (*olvidarse*) vergessen (*de* + *akk*)
desacorde [desa'korðe] *adj* ❶ (MÚS) verstimmt
❷ (*desconforme*) uneinig, uneins; **estar ~ con algo/alguien** etw *dat*/ jdm nicht zustimmen
desacostumbrado, -a [desakostum'braðo, -a] *adj* (*fuera de la rutina*) ungewohnt; (*no común*) ungewöhnlich; **tiene un vocabulario ~ en un niño de su edad** für ein Kind seines Alters ist sein Wortschatz ungewöhnlich
desacostumbrar [desakostum'brar] I. *vt* abgewöhnen; **desacostumbré a mi hija a chuparse el dedo** ich habe meiner Tochter das Daumenlutschen abgewöhnt
II. *vr:* ~se sich *dat* abgewöhnen (*a*/*de* + *akk*); **me he desacostumbrado a ir de compras los sábados** ich habe mir abgewöhnt samstags einkaufen zu gehen
desacralizar [desakrali'θar] <z→c> *vt* ≈entweihen
desacreditar [desakreði'tar] I. *vt* in Verruf bringen, diskreditieren
II. *vr:* ~se in Verruf kommen
desactivación [desaktiβa'θjon] *f* (MED, QUÍM, INFOR) Inaktivierung *f*; (*de explosivos*) Entschärfen *nt*
desactivador [desaktiβa'ðor] *m* Entaktivierungsmittel *nt*
desactivar [desakti'βar] *vt* inaktivieren; (*explosivos*) entschärfen
desacuerdo [desa'kwerðo] *m* ❶ (*discrepancia*) Unstimmigkeit *f*; **estar en ~** nicht übereinstimmen (*con* mit + *dat*)
❷ (*error*) Missgriff *m*
desafección [desafeɣ'θjon] *f* Widerwille *m*
desafecto¹ [desa'fekto] *m* Abneigung *f*; **tratar a alguien con ~** jdn lieblos behandeln
desafecto, -a² [desa'fekto, -a] *adj* abgeneigt
desafiador(a) [desafja'ðor(a)] I. *adj* herausfordernd
II. *m(f)* Herausforderer, -in *m, f*
desafiante [desafi'ante] *adj* herausfordernd
desafiar [desafi'ar] <*1. pres:* desafío> I. *vt* (*retar*) herausfordern (*a* zu + *dat*); (*hacer frente*) trotzen (*a* + *dat*); **te desafío a que no lo intentas** ich wette mit dir, dass du es nicht wagst
II. *vr:* ~se sich (gegenseitig) herausfordern (*a* zu + *dat*)
desafiliarse [desafi'ljarse] *vr* austreten (*de* aus + *dat*)
desafinado, -a [desafi'naðo, -a] *adj* (MÚS: *instrumento*) verstimmt; (*tono*) falsch
desafinar [desafi'nar] I. *vi* (MÚS: *al cantar*) falsch singen; (*al tocar*) falsch spielen; (*instrumento*) verstimmt sein [*o* klingen]; **desafinas al cantar** du singst falsch; **la guitarra desafina** die Gitarre ist verstimmt
II. *vr:* ~se (MÚS) sich verstimmen
desafío [desa'fio] *m* (*reto, prueba*) Herausforderung *f*; (*duelo*) Zweikampf *m*, Duell *nt*
desaforado, -a [desafo'raðo, -a] *adj* (*fuera de la ley*) gesetzwidrig; (*desmedido*) maßlos
desaforar [desafo'rar] <o→ue> I. *vt* (*privar de sus fueros*) die Zuständigkeit entziehen (*a* + *dat*)
II. *vr:* ~se die Fassung verlieren
desafortunado, -a [desafortu'naðo, -a] I. *adj* unglücklich
II. *m, f* Unglücksmensch *m*
desafuero [desa'fwero] *m* Übergriff *m*
desagradable [desaɣra'ðaβle] *adj* ❶ (*no agradable*) unangenehm (*a* für + *akk*); **es ~ al tacto** es fühlt sich unangenehm an
❷ (*repulsivo*) widerlich (*a* für + *akk*); **~ al gusto** ekelhaft schmeckend
desagradar [desaɣra'ðar] *vi* missfallen
desagradecer [desaɣraðe'θer] *irr como crecer vt* nicht danken, undankbar sein (*für*); **~ algo a alguien** jdm nicht für nicht dankbar sein
desagradecido, -a [desaɣraðe'θiðo, -a] I. *adj* undankbar
II. *m, f* Undankbare(r) *mf*; **de ~s está el infierno** [*o* **el mundo**] **lleno** (*prov*) Undank ist der Welt Lohn
desagradecimiento [desaɣraðeθi'mjento] *m* Undankbarkeit *f*
desagrado [desa'ɣraðo] *m* Missfallen *nt*
desagraviar [desaɣra'βjar] I. *vt* ❶ (*excusarse*) sich entschuldigen (*a* bei + *dat*)
❷ (*compensar*) entschädigen
II. *vr:* ~se sich schadlos halten (*de* an + *dat*)
desagravio [desa'ɣraβjo] *m* Wiedergutmachung *f*, Entschädigung *f*; **envió flores en ~ por lo sucedido** er/sie schickte Blumen als Wiedergutmachung für das, was vorgefallen war
desagrupar [desaɣru'par] *vt* entblocken
desaguar [desa'ɣwar] <gu→gü> I. *vi* ❶ (*desembocar*) münden (*en* in + *akk*)
❷ (*verterse*) abfließen
❸ (*fam: orinar*) Wasser lassen
II. *vt* ❶ (*desecar*) entwässern, trockenlegen; **~ el sótano** den Keller auspumpen
❷ (*derrochar dinero*) verschwenden
III. *vr:* ~se (*verterse*) abfließen
❷ (*evacuar el intestino, el estómago*) sich entleeren
desagüe [de'saɣwe] *m* Abfluss *m*
desaguisado¹ [desaɣi'saðo] *m* ❶ (*agravio*) Beleidigung *f*
❷ (*fam: lío*) Durcheinander *nt*; **¡menudo ~ has montado** [*o* **armado**]! da hast du aber ein schönes Durcheinander angerichtet!
desaguisado, -a² [desaɣi'saðo, -a] *adj* (*contra la ley*) gesetzwidrig; (*contra la razón*) unvernünftig
desahijar [desai'xar] *vt* (*las crías*) vom Muttertier trennen
desahogado, -a [desao'ɣaðo, -a] *adj* ❶ (*no estrecho: lugar*) geräumig; (*prenda de vestir*) weit (geschnitten), bequem
❷ (*adinerado*) auskömmlich
❸ (*descarado*) unverschämt; **eres ~ en tu conducta** dein Benehmen ist unverschämt
desahogar [desao'ɣar] <g→gu> I. *vt* (*desfogar*) Erleichterung verschaffen
II. *vr:* ~se ❶ (*desfogarse*) sich *dat* Erleichterung verschaffen
❷ (*confiarse*) sich aussprechen (*de* über + *akk*, *con* bei + *dat*), sich anvertrauen (*con* + *dat*); **se desahogó del disgusto con su hermana** er/sie wurde bei seiner/ihrer Schwester seinen/ihren Ärger los
❸ (*recuperarse*) sich erholen
desahogo [desa'oɣo] *m* ❶ (*alivio*) Erleichterung *f*
❷ (*reposo*) Erholung *f*
❸ (*holgura económica*) Auskommen *nt*
❹ (*descaro*) Dreistigkeit *f*
desahorro [desa'orro] *m* (FIN) Rückgang *m* der Spareinlagen
desahuciado, -a [desau'θjaðo, -a] *adj* ❶ (*enfermo*) todkrank, sterbenskrank, unheilbar krank
❷ (*inquilino*) gekündigt
desahuciar [desau'θjar] I. *vt* ❶ (*quitar la esperanza*) entmutigen
❷ (*enfermo*) aufgeben, für sterbenskrank erklären
❸ (*inquilino*) kündigen + *dat*
II. *vr:* ~se verzweifeln
desahucio [desa'uθjo] *m* Zwangsräumung *f*
desairado, -a [desai'raðo, -a] *adj* ❶ (*humillado*) gekränkt
❷ (*desgarbado*) linkisch, ungeschickt; (*ropa*) schlecht sitzend
desairar [desai'rar] *irr como airar vt* ❶ (*humillar*) kränken
❷ (*desestimar*) gering schätzen
❸ (*rechazar*) verschmähen
desaire [de'saire] *m* ❶ (*humillación*) Kränkung *f*
❷ (*desprecio*) Geringschätzung *f*
❸ (*desatención*) Unhöflichkeit *f*
desajustar [desaxus'tar] I. *vt* ❶ (*desencajar*) zerlegen; (*desordenar*) in Unordnung bringen
❷ (TÉC: *máquina*) verstellen; (*tornillos*) lösen
II. *vr:* ~se ❶ (*desavenir*) sich distanzieren (*von einer Vereinbarung*)
❷ (TÉC: *tornillos*) locker werden, sich lösen
desajuste [desa'xuste] *m* ❶ (*desorden*) Unordnung *f*
❷ (*desconcierto*) Diskrepanz *f*
❸ (TÉC: *máquinas, aparatos*) Verstellung *f*, Fehleinstellung *f*; (*tornillos*) Lösen *nt*
desalar [desa'lar] I. *vt* ❶ (*sal*) entsalzen
❷ (*alas*) die Flügel stutzen + *dat*
II. *vr:* ~se ❶ (*andar*) hasten; (*correr*) (schnell) rennen, fliegen *elev*
❷ (*afanarse*) sich bemühen (*por* um + *akk*), aus sein (*por* auf + *akk*)
desalentador(a) [desalenta'ðor(a)] *adj* entmutigend
desalentar [desalen'tar] <e→ie> I. *vt* ❶ (*fatigar*) außer Atem bringen
❷ (*desesperanzar*) entmutigen
II. *vr:* ~se den Mut verlieren
desaliento [desa'ljento] *m* ❶ (*falta de valor*) Mutlosigkeit *f*
❷ (*falta de fuerzas*) Schwäche *f*
desalinear [desaline'ar] I. *vt* aus der Richtung bringen
II. *vr:* ~se aus der Richtung kommen
desalinización [desaliniθa'θjon] *f* Entsalzung *f*
desalinizador(a) [desaliniθa'ðor(a)] *adj* Entsalzungs-; **planta ~a** Entsalzungsanlage *f*
desalinizadora [desaliniθa'ðora] *f* Entsalzungsanlage *f*
desaliñado, -a [desali'naðo, -a] *adj* ungepflegt
desaliñar [desali'nar] I. *vt* (*aseo personal*) vernachlässigen; **desaliña su apariencia día a día** er/sie vernachlässigt zunehmend seine/ihre Erscheinung
II. *vr:* ~se sich vernachlässigen; **se desaliña totalmente** er/sie pflegt sein/ihr Äußeres gar nicht
desaliño [desa'lino] *m* ❶ (*desarreglo*) (äußerliche) Verwahrlosung *f*
❷ (*negligencia*) Nachlässigkeit *f*
desalmado, -a [desal'maðo, -a] I. *adj* barbarisch, gewissenlos

desalojamiento

II. *m, f* Barbar(in) *m(f)*, Unmensch *m*
desalojamiento [desaloxa'mjento] *m* (*voluntario*) Auszug *m*; (*obligatorio*) Räumung *f*
desalojar [desalo'xar] I. *vi* ausziehen
II. *vt* ❶ (*abandonar: casa*) räumen; (*puesto*) verlassen; (*persona*) kündigen (*de* + *dat*)
❷ (*agua, aire*) verdrängen
desalojo [desa'loxo] *m v.* **desalojamiento**
desalquilado, -a [desalki'laðo, -a] *adj* unvermietet
desalquilar [desalki'lar] I. *vt* ❶ (*dejar libre algo alquilado*) aufgeben
❷ (*poner fin a un alquiler*) entmieten
II. *vr:* ~**se** frei werden
desamarrar [desama'rrar] I. *vt* ❶ (NÁUT) die Trossen loswerfen
❷ (*liberar*) befreien
II. *vr:* ~**se** ablegen; **el buque se desamarró anoche del muelle** gestern Abend legte das Schiff vom Kai ab
desamor [desa'mor] *m* ❶ (*falta de amor*) Lieblosigkeit *f*
❷ (*aborrecimiento*) Abneigung *f*, Aversion *f*
desamortización [desamortiθa'θjon] *f* Privatisierung *f*; ~ **de bienes eclesiásticos** Säkularisierung [*o* Enteignung] von Kirchengut
desamortizar [desamorti'θar] <z→c> *vt* ❶ (*privatizar*) privatisieren
❷ (*préstamo*) tilgen
❸ (*bienes*) der toten Hand entziehen; (*bienes eclesiásticos*) säkularisieren
desamparado, -a [desampa'raðo, -a] *adj* (*persona*) verlassen, schutzlos, hilflos; (*vagabundo*) obdachlos; (*lugar*) ungeschützt; (*casa*) verlassen
desamparar [desampa'rar] *vt* ❶ (*desasistir*) im Stich lassen
❷ (*dejar en soledad*) verlassen
❸ (JUR: *persona*) verlassen; (*posesiones*) aufgeben; **la apelación** die Berufung zurücknehmen
desamparo [desam'paro] *m* ❶ (*falta de protección*) Schutzlosigkeit *f*
❷ (*abandono*) Verlassenheit *f*
❸ (JUR) Aufgabe *f* eines Rechts
desamueblado, -a [desamwe'βlaðo, -a] *adj* unmöbliert
desamueblar [desamwe'βlar] *vt* ausräumen
desanclar [desaŋ'klar] *vt*, **desancorar** [desaŋko'rar] *vt* (NÁUT) den Anker lichten [*o* hieven]
desandar [desaɲ'dar] *irr como andar vt* (denselben Weg) wieder zurückgehen; **encontramos la cadena perdida desandando el camino a la escuela** als wir den Weg zur Schule zurückliefen, fanden wir die verlorene Kette wieder; ~ **lo andado** (*fig*) wieder von vorne beginnen; **no se puede** ~ **lo andado** (*prov*) was geschehen ist, kann man nicht mehr ungeschehen machen
desangelado, -a [desaɲxe'laðo, -a] *adj* (*persona*) langweilig; (*habitación*) kahl
desangramiento [desaŋgra'mjento] *m* ❶ (*muerte*) Verbluten *nt*
❷ (*pérdida de sangre*) Blutverlust *m*
desangrar [desaŋ'grar] I. *vt* ❶ (*animales*) ausbluten lassen (*a* + *akk*); (*personas*) viel Blut abnehmen (*a* + *dat*)
❷ (*pantanos, lagos*) trockenlegen
❸ (*arruinar*) ausbeuten
II. *vr:* ~**se** verbluten
desanimación [desanima'θjon] *f* ❶ (*desánimo*) Mutlosigkeit *f*
❷ (*falta de público*): **hubo** ~ **en los primeros días de la muestra** während der ersten Tage fand die Ausstellung wenig Zuspruch
desanimado, -a [desani'maðo, -a] *adj* ❶ (*persona*) mutlos
❷ (*lugar*) wenig besucht
desanimar [desani'mar] I. *vt* entmutigen
II. *vr:* ~**se** den Mut verlieren
desánimo [de'sanimo] *m* Mutlosigkeit *f*
desanudar [desanu'ðar] *vt* (*nudo*) aufknoten, entknoten; (*Problem*) lösen
desapacible [desapa'θiβle] *adj* (*persona*) unfreundlich; (*sonidos*) unangenehm; (*tiempo*) ungemütlich
desaparecer [desapare'θer] *irr como crecer vi* ❶ (*esfumarse*) verschwinden (*de* aus/von + *dat*); **abre la ventana para que desaparezca este mal olor** mach das Fenster auf, damit dieser Gestank abzieht
❷ (*morir*) sterben
desaparecido, -a [desapare'θiðo, -a] I. *adj* ❶ (*perdido*) vermisst
❷ (*muerto*) verstorben, tot
II. *m, f* ❶ (*perdido*) Vermisste(r) *mf*; (*Arg:* POL) Verschwundene(r) *mf*
❷ (*muerto*) Verstorbene(r) *mf*, Tote(r) *mf*
desaparición [desapari'θjon] *f* ❶ (*el perderse*) Verschwinden *nt*; ~ **de puestos de trabajo** Stellenabbau *m*
❷ (*muerte*) Ableben *nt*
❸ (*Arg: paradero desconocido*): **la** ~ **de personas ha sido un instrumento de las dictaduras latinoamericanas** es war ein Instrument der lateinamerikanischen Diktaturen Menschen verschwinden zu lassen
desapasionado, -a [desapasjo'naðo, -a] *adj* leidenschaftslos

desarrollar

desapego [desa'peɣo] *m* Abneigung *f* (*hacia* gegen + *akk*)
desapercibido, -a [desaperθi'βiðo, -a] *adj* ❶ (*inadvertido*) unbemerkt; **pasar** ~ nicht auffallen
❷ (*desprevenido*) unvorbereitet; **tu visita me cogió** ~ dein Besuch traf mich völlig unvorbereitet
desaplicación [desaplika'θjon] *f* Trägheit *f*
desaplicado, -a [desapli'kaðo, -a] *adj* faul, träge
desapoderado, -a [desapoðe'raðo, -a] *adj* entfesselt, zügellos
desapoderar [desapoðe'rar] I. *vt* ❶ (*desposeer*) enteignen (*de* + *akk*); ~ **de la herencia a alguien** jdn enterben
❷ (*quitar el poder*) entmachten
II. *vr:* ~**se** verzichten (*de* auf + *akk*)
desapolillar [desapoli'ʎar] I. *vt* von Motten befreien
II. *vr:* ~**se** (*fam*) (nach langer Zeit wieder) ausgehen
desaprensión [desapren'sjon] *f* Rücksichtslosigkeit *f*
desaprensivo, -a [desapren'siβo, -a] I. *adj* rücksichtslos
II. *m, f* rücksichtslose Person *f*
desapretar [desapre'tar] <e→ie> I. *vt* lockern; (*freno, tornillo*) lösen
II. *vr:* ~**se** sich lösen
desaprobación [desaproβa'θjon] *f* Missbilligung *f*
desaprobar [desapro'βar] <o→ue> *vt* missbilligen
desaprovechado, -a [desaproβe'tʃaðo, -a] *adj* (*infructuoso*) vergeblich, fruchtlos; (*malogrado*) gescheitert
desaprovechar [desaproβe'tʃar] *vt* ❶ (*malgastar*): ~ **una oportunidad** eine Gelegenheit ungenutzt lassen
❷ (*despreciar*) sich *dat* entgehen lassen
desarbolado, -a [desarβo'laðo, -a] *adj* ❶ (*sin árboles, estéril*) kahl
❷ (*destartalado*) defekt
❸ (*nervioso*) hektisch
desarbolar [desarβo'lar] *vt* ❶ (*zona*) kahl schlagen
❷ (NÁUT): ~ **una embarcación** den Mast [*o* die Masten] eines Schiffes kappen
desarmable [desar'maβle] *adj* zerlegbar
desarmador [desarma'ðor] *m* ❶ (*gatillo*) Abzug *m* (*an Schusswaffen*)
❷ (*Méx: destornillador*) Schraubenzieher *m*
desarmamentista [desarmamen'tista] *adj* Abrüstungs-; **política** ~ Abrüstungspolitik *f*
desarmar [desar'mar] I. *vi* (POL) abrüsten
II. *vt* ❶ (*dejar sin armas*) entwaffnen
❷ (*dejar sin argumentos*) entwaffnen; **lo desarmó con una sonrisa** er/sie entwaffnete ihn durch sein/ihr Lächeln
❸ (*desmontar*) auseinander nehmen, zerlegen; ~ **aranceles** Zölle abbauen
III. *vr:* ~**se** ❶ (*persona*) die Waffen niederlegen; (*país*) entmilitarisieren
❷ (*ser desarticulable*) zerlegbar sein
desarme [de'sarme] *m* ❶ (*dejar, quedarse sin armas*) Entwaffnung *f*; (POL) Abrüstung *f*
❷ (*desmontaje*) Zerlegen *nt*, Auseinandernehmen *nt*; ~ **arancelario** Zollabbau *m*
desarraigar [desarrai̯'ɣar] <g→gu> I. *vt* ❶ (*árbol, persona*) entwurzeln
❷ (*extirpar una costumbre, una creencia*) ausrotten; (*apartar de sus costumbres, sus creencias*) abbringen (*de* von + *dat*)
II. *vr:* ~**se** (*perder sus raíces*) sich (seiner Wurzeln) entfremden
desarraigo [desa'rrai̯ɣo] *m* ❶ (*de árbol, de persona*) Entwurzelung *f*
❷ (*de una pasión, una creencia*) Ausrottung *f*
desarrapado, -a [desarra'paðo, -a] I. *adj* (*vestido de harapos*) zerlumpt; (*muy pobre*) bettelarm
II. *m, f* bettelarmer Mensch *m*, Verwahrloste(r) *mf*
desarreglado, -a [desarre'ɣlaðo, -a] *adj* (*sin orden*) unordentlich; (*sin regularidad*) unstet
desarreglar [desarre'ɣlar] I. *vt* ❶ (*desordenar*) in Unordnung bringen, durcheinander bringen
❷ (*perturbar*) stören
II. *vr:* ~**se** (*desaliñarse*) sein Äußeres vernachlässigen
desarreglo [desa'rreɣlo] *m* ❶ (*desorden*) Unordnung *f*
❷ (*desperfecto, molestia*) Störung *f*; (*coche*) Panne *f*; ~**s menstruales** Menstruationsstörungen *fpl*
desarrendar [desarren'dar] <e→ie> *vt* (FIN) die Pacht kündigen + *dat*
desarrollador(a) [desarroʎa'ðor(a)] *m(f)* Entwickler(in) *m(f)*; ~ **de aplicaciones** (INFOR) Anwendungsentwickler *m*
desarrollar [desarro'ʎar] I. *vt* ❶ (*desplegar, aumentar*) entwickeln, entfalten; **relaciones comerciales** Handelsbeziehungen ausbauen
❷ (*tratar en detalle*) darlegen
❸ (*negocios*) abwickeln
❹ (*desenrollar*) entrollen
❺ (*aportar al crecimiento*) fördern
❻ (MAT: *superficie*) abwickeln; (*función*) lösen
II. *vr:* ~**se** ❶ (*aumentar de tamaño, de importancia*) sich entwickeln,

sich entfalten
② (*tener lugar*) sich abspielen
desarrollismo [desarro'ʎismo] *m* (ECON) ① (*período de expansión económica*) wirtschaftlicher Aufschwung *m*
② (*escuela de pensamiento económico*) Modernisierungstheorie *f* (*in den fünfziger Jahren aufgestellte Wachstumstheorie für die Entwicklungsländer*)
desarrollo [desa'rroʎo] *m* ① (*de un rollo*) Entrollen *nt*
② (*de un país, una empresa, una persona*) Entwicklung *f*, Entfaltung *f*, Wachstum *nt*; ~ **físico/intelectual** körperliche/geistige Entwicklung; ~ **profesional** berufliches Fortkommen; **ayuda al** ~ Entwicklungshilfe *f*; **índice de** ~ Wachstumsrate *f*; **país en vías de** ~ Entwicklungsland *nt*; **impulsar el** ~ der Entwicklung Auftrieb geben
③ (*proceso*) Ablauf *m*, Abwicklung *f*
desarropar [desarro'par] *vt, vr:* ~**se** (sich) ausziehen
desarrugar [desarru'ɣar] <g→gu> *vt, vr:* ~**se** (sich) glätten; ~ **el ceño** [*o* **el entrecejo**] wieder ein freundliches Gesicht machen
desarticulación [desartikula'θjon] *f* ① (*desencajadura*) Zerlegung *f*; (MED) Ausrenken *nt*
② (*desorganización*) Auflösen *nt*, Aushebung *f*; ~ **de un comando paramilitar** Aushebung eines paramilitärischen Kommandos
desarticular [desartiku'lar] **I.** *vt* ① (*piezas*) zerlegen
② (*articulación*) ausrenken
③ (*grupo*) auflösen; (*banda, pandilla*) zerschlagen
II. *vr:* ~**se** ① (*piezas*) auseinander gehen
② (*articulación*) sich *dat* ausrenken
③ (*grupo, tren*) sich auflösen
desaseado, -a [desase'aðo, -a] *adj* unsauber, ungepflegt
desaseo [desa'seo] *m* Unsauberkeit *f*, Ungepflegtheit *f*
desasignar [desasiɣ'nar] *vt* (INFOR) freigeben
desasimiento [desasi'mjento] *m* ① (*aflojamiento*) Loslassen *nt*
② (*generosidad*) Großzügigkeit *f*
③ (*desinterés*) Gleichgültigkeit *f*
desasir [desa'sir] *irr como asir* **I.** *vt* loslassen
II. *vr:* ~**se** ① (*desprenderse*) sich lösen (*de* von +*dat*)
② (*desacostumbrarse*) aufgeben
③ (*evitar una obligación, un compromiso*) ausweichen (*de* ı *dat*)
desasistencia [desasis'tenθja] *f:* **la ~ de la familia** die fehlende Fürsorge der Familie
desasistir [desasis'tir] *vt* im Stich lassen
desasnar [desas'nar] **I.** *vt* (*fam*) den nötigen Schliff verpassen (*a* +*dat*)
II. *vr:* ~**se** (*fam*) den nötigen Schliff kriegen
desasosegante [desasose'ɣante] *adj* beunruhigend
desasosegar [desasose'ɣar] *irr como fregar vt, vr:* ~**se** (sich) beunruhigen
desasosiego [desaso'sjeɣo] *m* Beunruhigung *f*, Unruhe *f*; **estar invadido por el** ~ von innerer Unruhe befallen sein
desastrado, -a [desas'traðo, -a] **I.** *adj* ① (*infortunado*) unglücklich
② (*desaliñado*) ungepflegt; (*harapiento*) zerlumpt
II. *m, f* ① (*persona infortunada*) Unglücksmensch *m*
② (*persona desaliñada*) Gammler(in) *m(f) fam*
desastre [de'sastre] *m* Katastrophe *f*; **ser un** ~ (*algo*) eine Katastrophe sein; (*fam: alguien*) ungeschickt [*o* chaotisch] sein
desastroso, -a [desas'troso, -a] *adj* katastrophal; **mi madre es desastrosa para cocinar** meine Mutter ist eine katastrophale Köchin, als Köchin ist meine Mutter eine einzige Katastrophe
desatado, -a [desa'taðo, -a] *adj* ① (*desligado*) ungebunden, frei
② (*desenfrenado*) entfesselt; **estar** ~ wild sein
desatar [desa'tar] **I.** *vt* ① (*soltar*) losbinden; (*nudos*) lösen; (*paquete, zapatos*) aufschnüren; **le desaté la lengua a mi amiga** ich konnte meine Freundin zum Sprechen bringen
② (*causar*) auslösen, entfesseln
③ (*aclarar: una solución*) verdünnen; (*un malentendido*) aufklären
④ (*de una obligación*) entbinden (*de* von +*dat*)
II. *vr:* ~**se** ① (*soltarse*) sich losbinden; (*nudo*) aufgehen
② (*desligarse*) sich lösen
③ (*perder la timidez*) auftauen
④ (*desencadenarse*) sich entfesseln; **~se en improperios** sich in Schmähungen ergehen
desatascador [desataska'ðor] *m* ① (*utensilio*) Saugglocke *f*
② (*producto químico*) Abflussreiniger *m*
desatascar [desatas'kar] <c→qu> **I.** *vt* ① (*desobstruir*) frei machen; **el fontanero desatascó las tuberías del baño** der Klempner machte im Badezimmer die Leitung frei
② (*sacar del atascadero*) aus dem Schlamm ziehen; **~ un coche** ein Auto aus dem Schlamm ziehen; **~ a un amigo** einem Freund aus der Bedrängnis helfen
③ (*activar*) ankurbeln
II. *vr:* ~**se** ① (*desobstruirse*) frei werden

② (*salir del atascadero*) sich vom Schlamm befreien
③ (*avivarse*) sich beleben
desatención [desaten'θjon] *f* ① (*distracción*) Unaufmerksamkeit *f*
② (*descortesía*) Unhöflichkeit *f*
desatender [desaten'der] <e→ie> *vt* außer Acht lassen; ~ **a alguien/un deber** jdn/eine Pflicht vernachlässigen
desatento, -a [desa'tento, -a] *adj* ① (*distraído*) unaufmerksam; (*negligente*) nachlässig
② (*descortés*) unhöflich (*con* zu +*dat*)
desatesoramiento [desatesora'mjento] *m* Enthortung *f*
desatinado, -a [desati'naðo, -a] *adj* ① (*desacertado*) ungeschickt
② (*irreflexivo*) unbesonnen
desatinar [desati'nar] *vi* ① (*fallar*) fehlgreifen
② (*conducta*) Unsinn treiben; (*palabras*) Unsinn reden
desatino [desa'tino] *m* ① (*error*) Fehlgriff *m*
② (*torpeza*) Ungeschick *nt*
③ (*improcedencia*) Ungereimtheit *f*; (*tontería*) Unsinnigkeit *f*; **descolgarse con un ~** mit einem Unsinn herausplatzen
desatornillador [desatorniʎa'ðor] *m* (*Am*) Schraubenzieher *m*
desatornillar [desatorni'ʎar] *vt* abschrauben; **~ un tornillo** eine Schraube lösen
desatracar [desatra'kar] <c→qu> *vi* (NÁUT) ablegen, wegfahren
desatrancar [desatraŋ'kar] <c→qu> *vt* ① (*puerta*) aufriegeln, entriegeln
② (*desatascar*) eine Verstopfung beseitigen; **no pudimos ~ el sifón** wir konnten die Verstopfung im Siphon nicht beseitigen [*o* beheben]
desautorización [desautoriθa'θjon] *f* ① (*inhabilitación*) Aberkennung *f* der Befugnis
② (*refutación*) Desavouierung *f*
desautorizado, -a [desauto'riθaðo, -a] *adj* unbefugt
desautorizar [desautori'θar] <z→c> *vt* ① (*inhabilitar*) die Befugnis aberkennen (*a* +*dat*)
② (*refutar*) desavouieren
desavecindarse [desaβeθin'darse] *vr* den Wohnsitz wechseln
desavenencia [desaβe'nenθja] *f* ① (*desacuerdo*) Uneinigkeit *f*; (*disensión*) Misshelligkeit *f*
② (*discordia*) Streitigkeit *f*, Zwistigkeit *f elev*
desavenir [desaβe'nir] *irr como venir* **I.** *vt* entzweien
II. *vr:* ~**se** (*elev*) sich entzweien (*con* mit +*dat*); **están desavenidos** sie sind zerstritten
desaventajado, -a [desaβenta'xaðo, -a] *adj* ① (*poco ventajoso*) ungünstig, nachteilig
② (*inferior*) unzureichend
desayunar [desaɟu'nar] *vi, vt* frühstücken; ~ **fuerte** gut frühstücken; **¿y ahora te desayunas de eso?** (*fig*) und das ist erst jetzt zu dir durchgedrungen?
desayuno [desa'ɟuno] *m* Frühstück *nt*; ~ **continental** kontinentales Frühstück
desazón [desa'θon] *f* ① (*insipidez*) Fadheit *f*
② (*desasosiego*) innere Unruhe *f*, Unbehagen *nt*
③ (*malestar*) Unpässlichkeit *f*, Unwohlsein *nt*
④ (*picor*) Juckreiz *m*
desazonar [desaθo'nar] **I.** *vt* verstimmen; **me desazona que tarde tanto** es beunruhigt mich, dass er/sie so spät kommt
II. *vr:* ~**se** sich unbehaglich fühlen; **se desazonó** ihm/ihr war unbehaglich zumute [*o* zu Mute]
desbancar [desβaŋ'kar] <c→qu> *vt* verdrängen (*de* aus/von +*dat*)
desbandada [desβan'daða] *f* überstürzte Flucht *f*; **hubo una ~ general** es gab eine allgemeine Fluchtwelle; **salir en ~** in wilder Flucht davonjagen
desbarajustar [desβaraxus'tar] **I.** *vt* durcheinander bringen
II. *vr:* ~**se** durcheinander geraten
desbarajuste [desβara'xuste] *m* Durcheinander *nt*, Wirrwarr *m*; **¡esto es un ~ total!** hier geht alles drunter und drüber!
desbaratamiento [desβarata'mjento] *m* ① (*desorden*) Durcheinander *nt*
② (*de proyectos*) Vereitelung *f*
desbaratar [desβara'tar] **I.** *vt* ① (*desunir*) auseinander bringen; (*dispersar*) auseinander treiben; (*desmontar*) auseinander nehmen
② (*arruinar*) vereiteln
II. *vr:* ~**se** ① (*separarse*) auseinander gehen
② (*estropearse*) kaputtgehen
③ (*fracasar*) danebengehen
desbarate [desβa'rate] *m* ① (*desbaratamiento*) Durcheinander *nt*; (*desorden*) Unordnung *f*
② (*descomposición*): ~ (**de vientre**) Durchfall *m*
desbarato [desβa'rato] *m v.* **desbaratamiento**
desbarbar [desβar'βar] **I.** *vt* ① (*afeitar*) rasieren
② (TÉC) abgraten

desbarrar

II. *vr:* ~**se** sich rasieren

desbarrar [desβa'rrar] I. *vi* (*t. fig*) ausrutschen; ¡**ya están desbarrando otra vez!** da spinnen sie schon wieder!
II. *vt* (*quitar la barra*) entriegeln

desbastar [desβas'tar] *vt* ❶ (TÉC) schruppen, grob bearbeiten
❷ (*fig: persona*): ~ **a alguien** jdm Schliff beibringen

desbloquear [desβloke'ar] *vt* freilegen; (*t.* FIN) freigeben; (POL) eine Blockade aufheben; (TÉC) enthemmen, von einer Blockierung befreien

desbloqueo [desβlo'keo] *m* (*t.* FIN) Freigabe *f*; (POL) Aufhebung *f* einer Blockade; (TÉC) Beseitigung *f* einer Blockierung, Enthemmung *f*

desbocado, -a [desβo'kaðo, -a] *adj* ❶ (*cacharro*) am Rand beschädigt; **esta jarra está desbocada** dieser Krug hat eine Macke am Rand
❷ (*deslenguado*) pöbelhaft
❸ (*t. fig: enloquecido*) ausgerastet; **un caballo** ~ ein durchgegangenes Pferd

desbocar [desβo'kar] <c→qu> I. *vt* ❶ (*cacharro*) am Rand beschädigen
❷ (*enloquecer*) rasend machen
II. *vr:* ~**se** (*t. fig: enloquecer*) ausrasten; (*caballo*) durchgehen

desbordamiento [desβorða'mjento] *m* Überflutung *f*; (INFOR) Overflow *m*

desbordante [desβor'ðante] *adj* überquellend; ~ **de alegría** überaus froh; **una alegría** ~ eine überquellende [*o* überschäumende] Freude

desbordar [desβor'ðar] I. *vi* über die Ufer treten; ~ **de alegría** vor Freude ganz aus den Häuschen sein; ~ **de emoción** ganz gerührt sein
II. *vt* (*exceder*) überschreiten; **esto desborda mi paciencia** gleich verliere ich die Geduld, da reißt mir gleich der Geduldsfaden
III. *vr:* ~**se** austreten, überströmen; (*fig*) aus dem Ruder laufen

desborde [des'βorðe] *m* Überschreitung *f*; ~ **de poder** Machtüberschreitung *f*

desbravar [desβra'βar] I. *vt* (*domar*) zähmen; (*dominar*) bändigen; (*caballo*) zureiten
II. *vr:* ~**se** sich zähmen lassen; (*bebida*) den Alkoholgehalt verlieren

desbroce [des'βroθe] *m* ❶ (AGR) Rodung *f*; (*árbol*) Ausputzen *nt*
❷ (*broza*) Reisig *nt*

desbrozar [desβro'θar] <z→c> *vt* (AGR) roden; (*árbol*) ausputzen; ~ **el camino** (*fig*) den Weg bahnen

desbrozo [des'βroθo] *m v.* **desbroce**

desburocratizar [desβurokrati'θar] <z→c> *vt* entbürokratisieren

descabal [deska'βal] *adj v.* **descabalado**

descabalado, -a [deskaβa'laðo, -a] *adj* zusammengestückelt; **tazas descabaladas** zusammengewürfelte Tassen

descabalar [deskaβa'lar] I. *vt* stückweise zerbrechen; ~ **los planes a alguien** jdm einen Strich durch die Rechnung machen
II. *vr:* ~**se** stückweise zu Bruch gehen

descabalgar [deskaβal'ɣar] <g→gu> *vi* absitzen, vom Pferd absteigen

descabellado, -a [deskaβe'ʎaðo, -a] *adj* wahnwitzig; **un plan** ~ ein hirnrissiger Plan

descabellar [deskaβe'ʎar] *vt* ❶ (*desgreñar*) zerzausen
❷ (TAUR) mit einem Genickstoß töten

descabezado, -a [deskaβe'θaðo, -a] *adj* hirnlos

descabezar [deskaβe'θar] <z→c> *vt* ❶ (*decapitar*) köpfen, enthaupten
❷ (*podar*) kappen
❸ (*loc*): ~ **un sueñecito** (*fig*) ein Nickerchen machen [*o* halten]

descacharrante [deskatʃa'rrante] *adj* (*fam*) zum Kaputtlachen, zum Kringeln

descacharrar [deskatʃa'rrar] I. *vt* kaputtmachen
II. *vr:* ~**se** kaputtgehen; ~**se de risa** sich kaputtlachen, sich vor Lachen kringeln

descafeinar [deskafei'nar] <*1. pres:* **descafeíno**> *vt* entkoffeinieren; **descafeinado** entkoffeiniert, koffeinfrei; (*fig*) fade

descalabrar [deskala'βrar] I. *vt* (*herir*) (am Kopf) verletzen [*o* verwunden]; **salir descalabrado** (*t. fig*) schlecht davonkommen
II. *vr:* ~**se** sich am Kopf verletzen; (*fig*) schlecht davonkommen

descalabro [deska'laβro] *m* Schaden *m*; (*fig: revés*) Reinfall *m*; **sufrir un** ~ eine Schlappe einstecken

descalcificación [deskalθifika'θjon] *f* (MED, QUÍM) Entkalkung *f*; (*de agua*) Enthärtung *f*

descalcificar [deskalθifi'kar] <c→qu> I. *vt* (MED, QUÍM) entkalken; (*agua*) enthärten
II. *vr:* ~**se** (MED, QUÍM) sich entkalken

descalificación [deskalifika'θjon] *f* ❶ (*desacreditación*) Diskreditierung *f*
❷ (*t.* DEP: *eliminación*) Disqualifikation *f*

descalificar [deskalifi'kar] <c→qu> *vt* ❶ (*desacreditar*) diskreditieren
❷ (*t.* DEP: *eliminar*) disqualifizieren

descalza [des'kalθa] *adj o f v.* **descalzo**

descalzar [deskal'θar] <z→c> I. *vt* die Schuhe ausziehen (*a* +*dat*);

descargar

(*una rueda*) den Bremsklotz wegziehen (von +*dat*)
II. *vr:* ~**se** (sich *dat*) die Schuhe ausziehen; (*caballo*) ein Hufeisen verlieren

descalzo, -a [des'kalθo, -a] I. *adj* barfuß; (*fig: pobre*) bettelarm
II. *m, f* (REL) Barfüß(l)er(in) *m(f)*

descamar [deska'mar] *vt, vr:* ~**se** (sich) (ab)schuppen

descambiar [deskam'bjar] *vt* (*fam*) umtauschen

descaminar [deskami'nar] I. *vt* irreführen; **andar** [*o* **ir**] **descaminado** (*t. fig*) irregehen *elev*; **no vas descaminado al suponer que...** du irrst dich nicht, wenn du meinst, dass...
II. *vr:* ~**se** ❶ (*perderse*) sich verirren
❷ (*descarriarse*) auf Abwege geraten

descamisado, -a [deskami'saðo, -a] *adj* ohne Hemd; (*desharrapado*) zerlumpt; **los ~s** (*Arg:* POL) die Peronisten

descampado [deskam'paðo] *m* offenes Feld *nt*; **en** ~ auf freiem Feld

descansabrazos [deskansa'βraθos] *m inv* Armlehne *f*

descansado, -a [deskan'saðo, -a] *adj* ❶ *estar* erholt; (*bien dormido*) ausgeschlafen
❷ *ser* mühelos; (*cómodo*) bequem; **una vida descansada** ein gemächliches Leben

descansapié(s) [deskansa'pje(s)] *m* (*inv*) Fußstütze *f*; (*en una moto*) Fußraste *f*

descansar [deskan'sar] I. *vi* ❶ (*reposar*) sich ausruhen; (*recuperarse*) sich erholen (*de* von +*dat*); (*en una marcha*) rasten
❷ (*dormir*) schlafen; ¡**que descanses!** schlaf gut [*o* schön]!; ¡**que Ud. descanse!** angenehme Ruhe!; **descanse en paz** (*fig: yacer*) er/sie ruhe in Frieden; ~ **eternamente** (*fig*) auf ewig ruhen
❸ (*t. fig: apoyar*) ruhen (*en/sobre* auf +*dat*); ¡**descansen armas!** (MIL) Gewehr ab!
❹ (*confiar*) sich verlassen (*en* auf +*akk*)
II. *vt* ❶ (*apoyar*) stützen (*en/sobre* auf +*akk*)
❷ (*aliviar*) entlasten (*de* von +*dat*)
III. *vr:* ~**se** (*confiarse*) sein Herz ausschütten (*en* bei +*dat*)

descansillo [deskan'siʎo] *m* Treppenabsatz *m*

descanso [des'kanso] *m* ❶ (*reposo*) Ausruhen *nt*; (*recuperación*) Erholung *f*; (*tranquilidad*) Ruhe *f*; **día de** ~ Ruhetag *m*
❷ (*pausa*) Pause *f*; (*alto*) Rast *f*; (DEP) Halbzeit *f*; **sin** ~ ununterbrochen
❸ (*alivio*) Erleichterung *f*
❹ (*apoyo*) Stütze *f*
❺ (*descansillo*) Treppenabsatz *m*

descapitalización [deskapitaliθa'θjon] *f* ❶ (ECON, FIN) Unterkapitalisierung *f*; (*falta de liquidez*) Illiquidität *f*
❷ (SOCIOL) Kulturverlust *m*

descapitalizar [deskapitali'θar] <z→c> *vt* ❶ (ECON, FIN) unterkapitalisieren
❷ (SOCIOL) Kulturgut verlieren; **la guerra descapitalizó mucho a este país** durch den Krieg hat dieses Land viel Kulturgut verloren

descapotable [deskapo'taβle] I. *adj* (AUTO) aufklappbar; **coche** ~ Kabriolett *nt*
II. *m* (AUTO) Kabrio(lett) *nt*

descarado, -a [deska'raðo, -a] *adj* ❶ (*desvergonzado*) dreist
❷ (*evidente*) unverhüllt

descararse [deska'rarse] *vr* ❶ (*insolentarse*) frech werden (*con* zu +*dat*)
❷ (*violentarse*) sich zu etwas Peinlichem zwingen müssen; **y aún tuve que descararme para pedir que me devolviera el dinero** und ich musste es mir auch noch antun, mein Geld von ihm/ihr zurückzuverlangen

descarga [des'karɣa] *f* ❶ (*de mercancías*) Abladen *nt*, Ablad *m Suiza*; (NÁUT) Löschung *f*; **recibir una** ~ **de golpes** eine Tracht Prügel bekommen
❷ (*disparos*) Salve *f*
❸ (*t.* ELEC, FÍS) Entladung *f*; ~ **eléctrica** elektrischer Schlag
❹ (*t.* FIN: *alivio*) Entlastung *f*

descargadero [deskarɣa'ðero] *m* Abladeplatz *m*

descargador [deskarɣa'ðor] *m* ❶ (*trabajador*) Ablader *m*
❷ (TÉC; ELEC) Ableiter *m*

descargar [deskar'ɣar] <g→gu> I. *vi* ❶ (*desembocar*) auslaufen (*en* in +*akk*); (*río*) münden (*en* in +*akk*)
❷ (*tormenta*) sich entladen
II. *vt* ❶ (*carga*) abladen, ausladen; (NÁUT) löschen; ~ **el vientre** seine Notdurft verrichten
❷ (*t.* ELEC, FÍS) entladen; (*corriente*) ableiten
❸ (*disparar*) abfeuern; ~ **un golpe sobre...** einen Schlag versetzen +*dat*
❹ (*desahogar*) auslassen; **su ira/su mal genio en** [*o* **sobre**] **alguien** seinen Zorn/seine schlechte Laune an jdm auslassen
❺ (*aliviar*) erleichtern; (FIN) entlasten
❻ (JUR) freisprechen; (*t.* FIN: *librar*) entlasten (*de* von +*dat*)

descargo

❼ (INFOR) herunterladen, downloaden
III. *vr:* ~**se** ❶ (*vaciarse*) sich leeren; (ELEC, FÍS) sich entladen
❷ (*librarse*) sich entledigen (*de* +*gen*)
❸ (*desahogarse*) sich abreagieren; (*con movimiento*) sich austoben

descargo [des'karɣo] *m* ❶ (*descarga*) Entladen *nt*
❷ (FIN) Gutschrift *f*
❸ (*liberación*) Entlastung *f*
❹ (*justificación*) Rechtfertigung *f*; **tengo que decir en mi ~ que...** zu meiner Verteidigung muss ich sagen, dass ...
❺ (JUR: *absolución*) Freisprechung *f*; **testigo de ~** Entlastungszeuge *m*

descargue [des'karɣe] *m* Entladen *nt*

descarnado, -a [deskar'naðo, -a] *adj* ❶ (*sin carne*) fleischlos; (*huesudo*) knochig; (*flaco*) abgemagert
❷ (*fig: acre*) gnadenlos

descarnar [deskar'nar] *vt* entfleischen

descaro [des'karo] *m* Dreistigkeit *f*; **¡qué ~!** so eine Frechheit!; **¿y tiene Ud. el ~ de decir eso?** und Sie besitzen noch die Dreistigkeit, das zu sagen?

descarriar [deskarri'ar] <*1. pres:* descarrío> I. *vt* ❶ (*dispersar*) versprengen
❷ (*descaminar*) irreführen
II. *vr:* ~**se** ❶ (*perderse*) sich verirren; **un niño descarriado** ein Straßenkind
❷ (*descaminarse*) auf Abwege geraten

descarrilamiento [deskarrila'mjento] *m* (FERRO) Entgleisung *f*

descarrilar [deskarri'lar] *vi* (FERRO: *t. fig*) entgleisen

descarrío [deska'rrio] *m* Verirrung *f*

descartar [deskar'tar] I. *vt* ausschließen; **puedes ~ esa posibilidad** diese Möglichkeit kannst du ausschließen
II. *vr:* ~**se** (*naipes*) Karten abwerfen

descartelización [deskarteliθa'θjon] *f* (COM, ECON) Entkartellisierung *f*, Kartellentflechtung *f*

descartelizar [deskarteli'θar] <z→c> *vt* (COM, ECON) entkartellisieren

descascarar [deskaska'rar] *vt, vr:* ~**se** (sich) (ab)schälen

descascarillar [deskaskari'ʎar] I. *vt* polieren; (TÉC: *decapar*) entzundern
II. *vr:* ~**se** abbröckeln

descastado, -a [deskas'taðo, -a] *adj* unartig; (*maleducado*) ungeraten

descendencia [desθen'denθja] *f* ❶ (*descendientes*) Nachkommenschaft *f*; **tener ~** Nachwuchs bekommen
❷ (*origen*) Abstammung *f*; **~ legítima/ilegítima** eheliche/nichteheliche Abstammung

descendente [desθen'dente] *adj* absteigend; (*en caída*) fallend; (*en disminución*) rückläufig; (INFOR) top-down

descender [desθen'der] <e→ie> I. *vi* ❶ (*bajar*) hinuntergehen, heruntergehen; (*una montaña, una mina*) hinuntersteigen, heruntersteigen; (*t. fig*) herunterkommen; (*de un vehículo*) absteigen; **~ la escalera** die Treppe herabsteigen; **~ a hacer algo** (*fig*) sich herablassen etw zu tun
❷ (*proceder*) abstammen (*de* von +*dat*)
II. *vt* herunternehmen

descendiente [desθen'djente] *mf* Nachkomme *m*; (JUR) Abkömmling *m*; **los ~s** die Nachkommenschaft

descendimiento [desθendi'mjento] *m* Herunternehmen *nt*; (ARTE, REL) Kreuzabnahme *f*

descenso [des'θenso] *m* ❶ (*bajada*) Abstieg *m*; **~ en paracaídas** (DEP) Fallschirmabsprung *m*; **carrera de ~** (DEP) Abfahrtslauf *m*
❷ (*cuesta*) Abhang *m*; (*pendiente*) Gefälle *nt*
❸ (*disminución*) Rückgang *m*; (*caída*) Abfall *m*; (FIN) Baisse *f*; **~ de la natalidad** Geburtenrückgang *m*
❹ (MED) Senkung *f*; **~ del útero** Gebärmuttersenkung *f*

descentralización [desθentraliθa'θjon] *f* (ADMIN, ECON, POL) Dezentralisierung *f*, Dezentralisation *f*; **~ administrativa** (ADMIN, POL) Dezentralisierung der Verwaltung

descentralizar [desθentrali'θar] <z→c> *vt* (ADMIN, ECON, POL) dezentralisieren

descentrar [desθen'trar] I. *vt* (*t. TÉC*) dezentrieren; (*fig*) aus dem Takt bringen; **hoy estoy muy descentrado** heute bin ich nicht ganz bei der Sache
II. *vr:* ~**se** aus dem Takt geraten

descerebrado, -a [desθere'βraðo, -a] *adj* (*fam*) hirnverbrannt

descerrajar [desθerra'xar] *vt* aufbrechen; **~ una puerta/un coche** eine Tür/ein Auto aufbrechen; **~ un tiro a alguien** auf jdn einen Schuss abfeuern

descifrar [desθi'frar] *vt* entziffern, entschlüsseln; (*código*) dechiffrieren

desclasar [deskla'sar] *vt* (SOCIOL) deklassieren

desclasificación [desklasifika'θjon] *f* (ADMIN: *publicación*) Verlautbarung *f*

desclasificar [desklasifi'kar] <c→qu> *vt* (ADMIN: *hacer público*) verlautbaren

descompuesto

desclavar [deskla'βar] I. *vt* einen Nagel herausziehen; **~ algo** aus etw *dat* die Nägel herausziehen
II. *vr:* ~**se** die Nägel verlieren; **la tapa se ha desclavado** die Nägel haben sich vom Deckel gelöst

descocado, -a [desko'kaðo, -a] *adj* frech; (*indecente*) flittchenhaft

descoco [des'koko] *m* Frechheit *f*; (*indecencia*) Flittchenart *f*

descodificador [deskoðifika'ðor] *m* (RADIO, TÉC, TV) Decoder *m*

descodificar [deskoðifi'kar] <c→qu> *vt* (ELEC, RADIO, TV) decodieren

descojonante [deskoxo'nante] *adj* (*argot*) zum Schieflachen

descojonarse [deskoxo'narse] *vr* (*argot*) ❶ (*reír*) sich schieflachen (*de* über +*akk*)
❷ (*golpearse*) dagegenkrachen

descolgar [deskol'ɣar] *irr como* colgar I. *vt* ❶ (*quitar*) abhängen, herabnehmen, herunternehmen; **andar descolgado** (*fig*) rumhängen
❷ (*teléfono*) abnehmen
❸ (*bajar*) herunterlassen
II. *vr:* ~**se** ❶ (*bajar*) sich herunterlassen
❷ (*aparecer*) sich ab und zu blicken lassen
❸ (*separarse*) den Kontakt verlieren; **últimamente te has descolgado del grupo** (*fam*) in letzter Zeit hast du dich von der Gruppe abgeseilt
❹ (*dejar caer*) herausplatzen (*con* mit +*dat*)

descollar [desko'ʎar] <o→ue> *vi* herausragen, hervorragen (*entre/sobre* über +*akk*); **Goya descolló en la pintura de su tiempo** Goya war ein hervorragender Maler seiner Zeit; **descuella por sus conocimientos** er/sie ragt durch seine/ihre Kenntnisse hervor

descolocar [deskolo'kar] <c→qu> I. *vt* in Unordnung bringen; **estar descolocado** (*desordenado*) unordentlich sein; (*mal colocado*) verstellt sein; (*fig*) fehl am Platz sein
II. *vr:* ~**se** außer Ordnung geraten

descolonización [deskoloniθa'θjon] *f* (POL) Dekolonisation *f*, Entkolonisation *f*

descolonizar [deskoloni'θar] <z→c> *vt* (POL) dekolonisieren, entkolonisieren

descolorar(se) [deskolo'rar(se)] *vt, vr v.* **descolorir**

descolorir [deskolo'rir] I. *vt* bleichen, entfärben; **estar descolorido** ausgeblichen sein; (*lavado*) ausgewaschen sein
II. *vr:* ~**se** (aus)bleichen, verschießen

descombrar [deskom'brar] *vt* enttrümmern, von Schutt säubern

descomedido, -a [deskome'ðiðo, -a] *adj* ❶ (*excesivo*) übermäßig
❷ (*insolente*) ungehörig, ungebührlich

descomedimiento [deskomeði'mjento] *m* Ungehörigkeit *f*, Ungebührlichkeit *f*

descomedirse [deskome'ðirse] *irr como* pedir *vr* sich ungehörig aufführen; (*descararse*) sich erdreisten

descompaginar [deskompaxi'narse] *vt* durcheinander bringen; **este trabajo descompagina todo mi horario** dieser Job bringt meinen ganzen Stundenplan durcheinander

descompasarse [deskompa'sarse] *vr* ❶ (*descomedirse*) sich unmöglich aufführen
❷ (*perder el compás*) aus dem Takt geraten

descompensación [deskompensa'θjon] *f* Unausgeglichenheit *f*, Unausgewogenheit *f*; (MED) Dekompensation *f*

descompensar [deskompen'sar] I. *vt* aus dem Gleichgewicht bringen; **estar descompensado** unausgeglichen [*o* unausgewogen] sein
II. *vr:* ~**se** aus dem Gleichgewicht geraten

descomponer [deskompo'ner] *irr como* poner I. *vt* ❶ (*desordenar*) in Unordnung bringen
❷ (*t. QUÍM: separar*) zersetzen, zerlegen (*en* in +*akk*)
❸ (*corromper*) zersetzen
❹ (*enfurecer*) außer sich *dat* bringen
II. *vr:* ~**se** ❶ (*desmembrarse*) zerfallen
❷ (*corromperse*) verwesen
❸ (*enfermar*) Durchfall bekommen
❹ (*encolerizarse*) außer sich *dat*/*akk* geraten

descomposición [deskomposi'θjon] *f* ❶ (*separación*) Zerfall *m*; (*t. QUÍM*) Zersetzung *f*
❷ (*corrupción*) Verwesung *f*; **en (estado de) ~** in Verwesung
❸ (*diarrea*): **~ de vientre** Durchfall *m*
❹ (INFOR) Zerlegung *f*; **~ de programa** Programmzerlegung *f*; **~ funcional** funktionale Auflösung *f*

descompostura [deskompos'tura] *f* ❶ (*desarreglo*) Ungepflegtheit *f*
❷ (*descomedimiento*) Ungehörigkeit *f*

descompresión [deskompre'sjon] *f* ❶ (FÍS, TÉC) Dekompression *f*
❷ (INFOR) Dekomprimierung *f*

descomprimir [deskompri'mir] *vt* (FÍS, TÉC, INFOR) dekomprimieren

descomprometido, -a [deskomprome'tiðo, -a] *adj* unverbindlich; (POL) politisch nicht engagiert

descompuesto, -a [deskom'pwesto, -a] I. *pp de* descomponer
II. *adj* ❶ (*desordenado*) unordentlich

❷ (*podrido*) verfault
❸ (*alterado*) verzerrt; **con el rostro ~** mit verzerrtem Gesicht; **me puse ~ de rabia** ich geriet außer mich [*o mir*] vor Wut
❹ (*enfermo*) an Durchfall leidend
descomunal [deskomu'nal] *adj* übermäßig, ungeheuerlich
desconcentración [deskoṇθentra'θjon] *f* ❶ (ECON) Dekonzentration *f*, Entflechtung *f*
❷ (*desatención*) Konzentrationsmangel *m*
desconcentrar [deskoṇθeṇ'trar] I. *vt* ❶ (ECON) entflechten, dekonzentrieren
❷ (*distraer*) aus dem Konzept bringen
II. *vr:* **~se** aus dem Konzept kommen, abschalten *fam*
desconceptuar [deskoṇθeptu'ar] <*1. pres:* desconceptúo> *vt* entsinnlichen
desconcertante [deskoṇθer'taṇte] *adj* verblüffend
desconcertar [deskoṇθer'tar] <e→ie> *vt* ❶ (*desbaratar*) durcheinander bringen; (*planes*) vereiteln
❷ (*pasmar*) verblüffen; **estar desconcertado** verblüfft sein; **eso le dejó desconcertado** das hat ihn verblüfft
desconchado [deskoṇ'tʃaðo] *m* abgebröckelte Stelle *f*; (*proceso*) Abbröck(e)lung *f*
desconchar [deskoṇ'tʃar] I. *vt* abbröckeln lassen
II. *vr:* **~se** abbröckeln
desconchón [deskoṇ'tʃon] *m* abgebröckelte Stelle *f*
desconcierto [deskoṇ'θjerto] *m* ❶ (*desarreglo*) Unordnung *f*
❷ (*desorientación*) Verlorenheit *f*
desconectar [deskonek'tar] I. *vi, vt* ❶ (ELEC, RADIO) ausschalten, abschalten
❷ (*fig: desconcentrarse*) abschalten *fam*
II. *vr:* **~se** ❶ (ELEC, RADIO) sich abschalten
❷ (*fig: desligarse*) den Kontakt verlieren (*de* zu +*dat*)
desconexión [deskoneɣ'sjon] *f* (ELEC, RADIO) Ausschalten *nt*, Abschalten *nt*
desconfiado, -a [deskoṃfi'aðo, -a] *adj* misstrauisch; (*receloso*) argwöhnisch
desconfianza [deskoṃfi'aṇθa] *f* Misstrauen *nt*; (*recelo*) Argwohn *m*; **producir** [*o* **provocar**] **~** Misstrauen hervorrufen, misstrauisch machen
desconfiar [deskoṃfi'ar] <*1. pres:* desconfío> *vi* misstrauen (*de* +*dat*); (*recelar*) argwöhnen (*de* +*akk*); **desconfío de tus palabras** ich schenke deinen Worten keinen Glauben; **desconfío de conseguirlo** ich bezweifle, dass es mir gelingt
descongelación [deskoŋxela'θjon] *f* Auftauen *nt*; (TÉC) Enteisung *f*; (FIN) Freigabe *f*
descongelar [deskoŋxe'lar] I. *vt* auftauen; (*el frigorífico*) abtauen; (TÉC) enteisen; (FIN) freigeben, entsperren; **~ los salarios** den Lohnstopp aufheben
II. *vr:* **~se** auftauen
descongestión [deskoŋxes'tjon] *f* Entlastung *f*; (ECON) Entflechtung *f*; (*de población*) Entballung *f*; (MED) Entstauung *f*
descongestionar [deskoŋxestjo'nar] I. *vt* entlasten; (MED) entstauen; (ECON) entflechten; **~ el tráfico** den Straßenverkehr entlasten
II. *vr:* **~se** sich entlasten; (*de gente*) sich entleeren; (MED) sich entstauen
desconocer [deskono'θer] *irr como crecer vt* ❶ (*ignorar*) nicht wissen; (*subestimar*) verkennen; **desconozco cuáles son sus intenciones** ich weiß nicht, welche Absichten er/sie hat
❷ (*no conocer*) nicht kennen; (*fig: no reconocer*) nicht wieder erkennen; **me desconozco en esta foto** auf diesem Foto erkenne ich mich nicht wieder
❸ (*negar*) verleugnen; (JUR) aberkennen; **~ la paternidad** die Vaterschaft leugnen
desconocido, -a [deskono'θiðo, -a] I. *adj* unbekannt; (*correos*) Empfänger unbekannt; **esa expresión me es desconocida** dieser Ausdruck ist mir nicht bekannt; **¡chico, sin barba estás ~!** Junge, ohne Bart bist du nicht wieder zu erkennen!
II. *m, f* Unbekannte(r) *mf*; **un completo ~** ein wildfremder Mensch; **este autor es un gran ~** dieser Autor ist ein verkanntes Genie
desconocimiento [deskonoθi'mjeṇto] *m* Unkenntnis *f*; (*ignorancia*) Unwissenheit *f*; **por ~ de los hechos** in Verkennung der Tatsachen
desconsideración [deskonsiðera'θjon] *f* Rücksichtslosigkeit *f*; (*desprecio*) Missachtung *f*
desconsiderado, -a [deskonsiðe'raðo, -a] *adj* rücksichtslos
desconsolado, -a [deskonso'laðo, -a] *adj* trostlos; (*inconsolable*) untröstlich
desconsolador(a) [deskonsola'ðor(a)] *adj* betrüblich; **una situación ~a** eine trostlose Lage
desconsolar [deskonso'lar] <o→ue> I. *vt* betrüben
II. *vr:* **~se** sich trostlos fühlen
desconsuelo [deskon'swelo] *m* Trostlosigkeit *f*, Trübsal *f*; **daba verlo** es/er sah trostlos aus
descontado, -a [deskoṇ'taðo, -a] *adj* ❶ (*descartado*) ausgeschlossen
❷ (*seguro*): **por ~** selbstverständlich; **dar algo por ~** etw für selbstverständlich halten
descontaminación [deskoṇtamina'θjon] *f* (ECOL) Dekontamination *f*, Entseuchung *f*
descontaminar [deskoṇtami'nar] *vt* (ECOL) dekontaminieren, entseuchen
descontar [deskoṇ'tar] <o→ue> *vt* ❶ (COM, FIN) abrechnen, abschreiben; (*restar*) abziehen (*de* von +*dat*); (*por pago al contado*) skontieren; (*reducir*) herabsetzen
❷ (ECON, FIN) diskontieren
❸ (*descartar*) ausschließen; **descontando que...** +*subj* ungeachtet dessen, dass ...
descontentadizo, -a [deskoṇteṇta'ðiθo, -a] *adj* wählerisch; (*pey*) mäk(e)lig
descontento[1] [deskoṇ'teṇto] *m* Unzufriedenheit *f*; **expresar su ~** seine Unzufriedenheit [*o* sein Missfallen] zum Ausdruck bringen; **producir ~** Unzufriedenheit erregen; **sembrar el ~** für Unzufriedenheit sorgen (*en/entre* unter +*dat*)
descontento, -a[2] [deskoṇ'teṇto, -a] *adj* unzufrieden (*con* mit +*dat*); **los ~s** die unzufriedene Menge
descontextualizar [deskoṇtestwali'θar] <z→c> *vt* aus dem Zusammenhang reißen
descontrol [deskoṇ'trol] *m* Mangel *m* an Kontrolle, unkontrollierte Lage *f*; (*desbarajuste*) Durcheinander *nt*; **esto es un ~** hier geht alles drunter und drüber
descontrolar [deskoṇtro'lar] I. *vi* (*argot: perder el control*) spinnen; **Paco descontrola mogollón** Paco ist voll ausgeflippt
II. *vr:* **~se** (*máquina*) außer Kontrolle geraten; (*persona*) außer sich *dat/akk* geraten, sich nicht beherrschen (können)
desconvocar [deskombo'kar] <c→qu> *vt* absagen; (*un acto ya iniciado*) abbrechen; **~ la huelga/la manifestación** den Streik/die Demonstration abblasen
desconvocatoria [deskomboka'torja] *f* Abbruch *m*; **los huelguistas votaron contra la ~** die Streikenden stimmten gegen den Streikabbruch
descoordinación [desko(o)rðina'θjon] *f* Mangel *m* an Koordinierung, unkoordinierte Lage *f*
descoque [des'koke] *m v.* **descoco**
descorazonador(a) [deskoraθona'ðor(a)] *adj* entmutigend
descorazonamiento [deskoraθona'mjeṇto] *m* Entmutigung *f*; (*desaliento*) Verzagtheit *f*; (*desánimo*) Mutlosigkeit *f*
descorazonar [deskoraθo'nar] I. *vt* entmutigen, (*desalentar*) verzagt machen
II. *vr:* **~se** verzagen
descorbatado, -a [deskorβa'taðo, -a] *adj* ohne Krawatte
descorchador [deskortʃa'ðor] *m* Korkenzieher *m*
descorchar [deskor'tʃar] *vt* ❶ (AGR: *alcornoque*) (die Korkeiche) entrinden
❷ (*botella*) entkorken
descorche [des'kortʃe] *m* ❶ (AGR: *del alcornoque*) Entrindung *f*
❷ (*de una botella*) Entkorken *nt*
descornar [deskor'nar] <o→ue> I. *vt* die Hörner stutzen +*dat*; (*argot: confesar*) auspacken
II. *vr:* **~se** ❶ (*fam: golpearse*) dagegenkrachen
❷ (*esforzarse*) sich abrackern
descorrer [desko'rrer] I. *vt* zurückziehen; (*cortinas*) aufziehen; (*cerrojo*) zurückschieben
II. *vr:* **~se** sich von selbst öffnen
descortés [deskor'tes] *adj* unhöflich
descortesía [deskorte'sia] *f* Unhöflichkeit *f*
descortezar [deskorte'θar] <z→c> *vt* entrinden
descoser [desko'ser] I. *vt* (*costura*) auftrennen; (*grapas*) Heftklammern entfernen; **tengo la manga descosida** mein Ärmel hat sich gelöst
II. *vr:* **~se** (*costura*) aufgehen; **se me ha descosido un botón** mein Knopf ist ab
descosido[1] [desko'siðo] *m* aufgetrennte Stelle *f*
descosido, -a[2] [desko'siðo, -a] *adj* **como un ~** (*fig*) wie ein Wilder; **Pepa habla como una descosida** Pepa plappert alles aus
descoyuntar [deskoʝuṇ'tar] *vt* ❶ (*dislocar*) ausrenken, verrenken; **me he descoyuntado la muñeca, tengo la muñeca descoyuntada** ich habe mir das Handgelenk verrenkt; **estoy descoyuntado** (*fig*) ich bin fix und fertig
❷ (*falsear*) verdrehen
descrédito [des'kreðito] *m* Verruf *m*; **caer en ~** in Misskredit [*o* Verruf] geraten; **ser motivo de ~ para alguien** jdn in Misskredit [*o* Verruf] bringen
descreer [deskre'er] *irr como leer* I. *vi* (REL) nicht glauben
II. *vt* keinen Glauben schenken +*dat*
descreído, -a [deskre'iðo, -a] *adj* (REL) ungläubig; (*pey*) gottlos

descreimiento [deskreiˈmjento] *m* (REL) Ungläubigkeit *f*; (*pey*) Gottlosigkeit *f*

descremar [deskreˈmar] *vt* entrahmen; **leche descremada** entrahmte Milch

describir [deskriˈβir] *irr como escribir vt* beschreiben; (*caracterizar*) schildern; (*presentar*) darstellen; (*movimiento*) beschreiben; ~ **una curva** eine Kurve beschreiben; ~ **algo con todo detalle** etw in allen Einzelheiten beschreiben; **no se puede** ~ es spottet jeder Beschreibung

descripción [deskriβˈθjon] *f* Beschreibung *f*; (*caracterización*) Schilderung *f*; (*presentación*) Darstellung *f*

descriptivo, -a [deskripˈtiβo, -a] *adj* deskriptiv, beschreibend

descriptor [deskripˈtor] *m* (INFOR) Deskriptor *m*

descrismar [deskrisˈmar] I. *vt* (*fam*): ~ **a alguien** jdm eins überziehen, jdm eins über den Schädel ziehen
II. *vr:* ~**se** (*fam*) ❶ (*romperse la cabeza*) sich *dat* den Schädel einrennen ❷ (*enfadarse*) aus der Haut fahren

descrispado, -a [deskrisˈpaðo, -a] *adj* (POL) entspannt

descuadrado, -a [deskwaˈðraðo, -a] *adj* unausgeglichen

descuajaringar [deskwaxariŋˈgar] <g→gu> I. *vt* kaputtmachen
II. *vr:* ~**se** (*fam*) schlappmachen; ~ **de risa** sich schieflachen

descuartizar [deskwartiˈθar] <z→c> *vt* ❶ (*en cuatro*) vierteln; (*como castigo*) vierteilen
❷ (*despedazar*) zerlegen, zerteilen

descubierta [desku'βjerta] *f* ❶ (NÁUT) Absuchen *nt* des Horizonts
❷ (MIL) Erkundung *f*
❸ (GASTR) ungedeckter Kuchen *m*

descubierto[1] [deskuˈβjerto] *m* ❶ (FIN) Kontoüberziehung *f*; **al** ~ (*cuenta*) überzogen; (*cheque*) ungedeckt; **crédito al** ~ Überziehungskredit *m*; **en** ~ im Rückstand; **firmar en** ~ **blanko** unterschreiben; **quedarse en** ~ sein Konto überziehen
❷ (*en evidencia*): **poner al** ~ an den Tag bringen, entlarven; **quedar al** ~ entlarvt werden
❸ (*loc*): **al** ~ (MIN) über Tage; **dormir al** ~ unter freiem Himmel übernachten

descubierto, -a[2] [deskuˈβjerto, -a] I. *pp de* **descubrir**
II. *adj* unbedeckt; (*cheque*) blanko; (*sin techo*) unüberdacht; (*cielo*) heiter; (*cabeza*) barhäuptig; (*paisaje*) unbewaldet; **a pecho** ~ unbewaffnet; (*fig*) waghalsig

descubridor(a) [deskuβriˈðor(a)] *m(f)* ❶ (*general*) Entdecker(in) *m(f)*
❷ (JUR) Finder(in) *m(f)*
❸ (MIL) Kundschafter(in) *m(f)*

descubrimiento [deskuβriˈmjento] *m* Entdeckung *f*; (*desenmascaramiento*) Aufdeckung *f*, Enthüllung *f*; **el D**~ die Entdeckung Amerikas

descubrir [deskuˈβrir] *irr como abrir* I. *vt* ❶ (*destapar*) entdecken, enthüllen
❷ (*averiguar*) herausfinden
❸ (*inventar*) erfinden
❹ (*revelar*) offenbaren
❺ (*desenmascarar*) entlarven, enttarnen
II. *vr:* ~**se** ❶ (*saludo*) den Hut ziehen
❷ (*traicionarse*) sich bloßstellen
❸ (*desenmascararse*) sich entlarven (*como* als *+akk*)
❹ (*salir a la luz*) an den Tag kommen

descuento [desˈkwento] *m* ❶ (COM) Abrechnung *f*, Abzug *m*; (*rebaja*) Rabatt *m*, Nachlass *m*; (*reducción*) Ermäßigung *f*; (*por pago al contado*) Skonto *m o nt*; **por cantidad** Mengenrabatt *m*; ~ **de disagio** Disagionachlass *m*; ~ **al por mayor** Großhandelsrabatt *m*; ~ **en nómina** Lohnabzug *m*; **conceder un** ~ Rabatt gewähren
❷ (FIN, ECON) Diskont *m*; ~ **de letras** Wechseldiskontierung *f*
❸ (DEP) Nachspielzeit *f*

descuidado, -a [deskwiˈðaðo, -a] *adj* ❶ *ser* (*falto de atención*) unachtsam; (*desinteresado*) nachlässig, fahrlässig; (*desaseado*) schlampig; (*desaliñado*) liederlich
❷ *estar* (*abandonado*) vernachlässigt; (*desprevenido*) unvorbereitet; **aspecto** ~ ungepflegtes Äußeres; **coger** [*o* **pillar**] ~ überfallen, überrumpeln

descuidar [deskwiˈðar] I. *vi:* **¡descuida/descuide Ud.!** lass/lassen Sie das nur meine Sorge sein!
II. *vt* ❶ (*desatender*) vernachlässigen
❷ (*ignorar*) unbeachtet lassen
III. *vr:* ~**se** ❶ (*abandonarse*) sich vernachlässigen
❷ (*distraerse*) nicht aufpassen

descuidero, -a [deskwiˈðero, -a] *m, f* Gelegenheitsdieb(in) *m(f)*

descuido [desˈkwiðo] *m* ❶ (*falta de atención*) Versehen *nt*, Unachtsamkeit *f*; **por** ~ aus Versehen, versehentlich
❷ (*falta de cuidado*) Fahrlässigkeit *f*, Nachlässigkeit *f*; **al** ~ betont sorglos
❸ (*error*) Fehltritt *m*

desculpabilizar [deskulpaβiliˈθar] <z→c> *vt* von jeder Schuld freisprechen

desculturización [deskulturiθaˈθjon] *f* (SOCIOL) Entkulturisierung *f*

desde [ˈdesðe] I. *prep* ❶ (*temporal*) seit *+dat*; (*a partir de*) ab *+dat*; ~... **hasta**... von ... bis ...; ~ **ahora** (**en adelante**) von nun an; **¿~ cuándo?** seit wann?; **¿~ cuándo vives aquí?** wie lange wohnst du schon hier?; ~ **entonces** seitdem; ~ **hace un mes** seit einem Monat; ~ **hace poco/mucho** seit kurzem/langem; ~ **hoy/mañana** ab heute/morgen; ~ **el principio** von Anfang an; ~ **ya** ab sofort
❷ (*local*) von ... (aus); ~... **hasta.../hacia...** von ... bis .../nach ...; **te llamo** ~ **una cabina** ich rufe von einer Telefonzelle (aus) an
II. *adv:* ~ **luego** selbstverständlich, aber natürlich; **¿vienes con nosotros?** – **¡~ luego!** kommst du mit uns? – aber klar!; **hace un tiempo horroroso** – **¡~ luego!** das ist aber ein Sauwetter – allerdings!
III. *conj:* ~ **que** seit(dem); ~ **que te conozco** seit(dem) ich dich kenne

desdecir [desðeˈθir] *irr como decir* I. *vi* nicht entsprechen (*de +dat*); ~ **de los suyos** aus der Art schlagen
II. *vr:* ~**se** zurücknehmen (*de +akk*), widerrufen (*de +akk*); ~**se de una promesa** ein Versprechen nicht halten

desdén [desˈðen] *m* Geringschätzung *f*; (*desprecio*) Verachtung *f*

desdentado, -a [desðenˈtaðo, -a] *adj* zahnlos

desdeñable [desðeˈɲaβle] *adj* verachtenswert; **nada** ~ nicht zu verachten

desdeñar [desðeˈɲar] *vt* ❶ (*despreciar*) gering schätzen
❷ (*rechazar*) verschmähen

desdeñoso, -a [desðeˈɲoso, -a] *adj* geringschätzig; (*soberbio*) hochmütig

desdibujado, -a [desðiβuˈxaðo, -a] *adj* verschwommen, unscharf

desdibujar [desðiβuˈxar] I. *vt* verschwimmen lassen
II. *vr:* ~**se** verschwimmen; **con la niebla, las montañas se desdibujan** die Berge verschwimmen im Nebel

desdicha [desˈðitʃa] *f* ❶ (*desgracia*) Unglück *nt*; (*suceso*) Un(glücks)fall *m*
❷ (*miseria*) Elend *nt*

desdichado, -a [desðiˈtʃaðo, -a] *adj* unglücklich; **es un** ~ er ist ein armer Teufel; **¿qué haces, ~?** was machst du da, du Unglücksrabe?

desdoblamiento [desðoβlaˈmjento] *m* ❶ (*extensión*) Ausbreitung *f*, Entfaltung *f*
❷ (*división*) Spaltung *f*; (QUÍM) Zersetzung *f*; (BIOL) Verdoppelung *f*; ~ **jurídico** (JUR) Rechtsspaltung *f*; ~ **de la personalidad** (MED, PSICO) Bewusstseinsspaltung *f*

desdoblar [desðoˈβlar] I. *vt* ❶ (*desplegar*) auseinander falten; (*extender*) ausbreiten; (*t. fig*) entfalten
❷ (*dividir*) spalten; (QUÍM) abbauen
II. *vr:* ~**se** ❶ (*abrirse*) sich auseinander falten; (*t. fig*) sich entfalten
❷ (*dividirse*) sich spalten

desdoro [desˈðoro] *m* (*vergüenza*) Schande *f*; (*mancha*) Schandfleck *m*; (*deshonor*) Unehre *f*

desdramatizar [desðramatiˈθar] <z→c> *vt* entdramatisieren; (*minimizar*) herunterspielen

deseable [deseˈaβle] *adj* wünschenswert; (*t. sexualmente*) begehrenswert

desear [deseˈar] *vt* wünschen; (*t. sexualmente*) begehren; ~ **feliz Navidad a alguien** jdm frohe Weihnachten wünschen; **hacerse** ~ auf sich warten lassen; **¿desea algo más?** haben Sie noch einen Wunsch?; **siempre he deseado algo así** ich habe mir immer so was gewünscht; **dejar mucho que** ~ viel zu wünschen übrig lassen

desecación [deseka'θjon] *f* ❶ (*secado*) Austrocknung *f*; (*del aire*) Entfeuchtung *f*
❷ (*de un pantano*) Trockenlegung *f*
❸ (*de alimentos*) Dörren *nt*
❹ (QUÍM) Exsikkation *f*, Austrocknung *f*

desecador [desekaˈðor] *m* ❶ (TÉC) Trockner *m*; ~ **de aire** Entfeuchter *m*
❷ (QUÍM) Exsikkator *m*

desecamiento [desekaˈmjento] *m v.* **desecación**

desecante [deseˈkante] *m* (QUÍM) Exsikkator *m*

desecar [deseˈkar] <c→qu> I. *vt* ❶ (*secar*) austrocknen; (*aire*) entfeuchten
❷ (*pantano*) trockenlegen
❸ (*alimentos*) dörren
II. *vr:* ~**se** austrocknen

desecativo, -a [desekaˈtiβo, -a] *adj* austrocknend

desechable [deseˈtʃaβle] *adj* ❶ (*de un solo uso*) Wegwerf-, Einweg-; **guantes** ~**s** Einmalhandschuhe *mpl*
❷ (*despreciable*) verachtenswert; **nada** ~ gar nicht zu verachten

desechar [deseˈtʃar] *vt* ❶ (*tirar*) wegwerfen; (*ropa*) ablegen
❷ (*descartar*) ausschließen; (JUR: *desestimar*) ablehnen, zurückweisen
❸ (*desdeñar*) verschmähen
❹ (*fam: cerrojo*) zurückschieben; (*llave*) zum Öffnen umdrehen; ~ **el cerrojo** [*o* **la llave**] aufschließen

desecho [de'setʃo] *m* ❶ (*basura*) Abfall *m*; **~s caseros** Hausmüll *m*; **~s industriales** Industriemüll *m*; **~s radiactivos** Atommüll *m*; **~s tóxicos** Giftmüll *m*; **productos de ~** Abfallprodukte *ntpl*
❷ (*restos*) Ausschuss *m*, Ausschussware *f*; **de ~** ausgemustert; **el ~ de la sociedad** (*fig*) der Abschaum der Gesellschaft

deseconomía [desekono'mia] *f sin pl* (ECON) Unwirtschaftlichkeit *f*

deselectrizar [deselektri'θar] <z→c> *vt, vr*: **~se** (ELEC) (sich) entladen

desembalaje [desemba'laxe] *m* Auspacken *nt*

desembalar [desemba'lar] *vt* auspacken

desembarazado, -a [desembara'θaðo, -a] *adj* ❶ (*expedito*) unbehindert, frei (*de* von +*dat*)
❷ (*desenvuelto*) ungezwungen, zwanglos

desembarazar [desembara'θar] <z→c> I. *vt* ❶ (*ordenar*) räumen
❷ (*despejar*) frei machen (*de* von +*dat*); (*librar*) befreien (*de* von +*dat*)
II. *vr*: **~se** sich frei machen (*de* von +*dat*), sich befreien (*de* von +*dat*)
III. *vi* (*Chil*: *dar a luz*) entbinden

desembarazo [desemba'raθo] *m* ❶ (*despejo*) Räumung *f*
❷ (*desenvoltura*) Ungezwungenheit *f*, Zwanglosigkeit *f*

desembarcadero [desembarka'ðero] *m* (NÁUT) Landungsplatz *m*; (*puente*) Anlegesteg *m*; (*descargadero*) Ausladeplatz *m*, Löschplatz *m*

desembarcar [desembar'kar] <c→qu> I. *vi* landen; (*la escalera*) enden
II. *vt* (*transportar*) ausschiffen; (*descargar*) ausladen

desembarco [desem'barko] *m* ❶ (*arribada, t.* MIL) Landung *f*; **~ aéreo** Luftlandung *f*
❷ (*transporte*) Ausschiffung *f*; (*descarga*) Ausladung *f*
❸ (*descansillo*) Treppenvorplatz *m*

desembargar [desembar'ɣar] <g→gu> *vt* (JUR) freigeben

desembargo [desem'barɣo] *m* (JUR) Aufhebung *f* der Beschlagnahme

desembarque [desem'barke] *m* ❶ (*arribada*) Landung *f*
❷ (*transporte*) Ausschiffung *f*; (*descarga*) Ausladung *f*

desembarrancar [desembarraŋ'kar] <c→qu> *vt* (NÁUT) flottmachen

desembocadura [desemboka'ðura] *f* (*de un río*) (Ein)mündung *f*; (*desagüe*) Auslauf *m*

desembocar [desembo'kar] <c→qu> *vi* ❶ (*río*) (ein)münden (*en* in +*akk*)
❷ (*situación*) führen (*en* zu +*dat*)

desembolsar [desembol'sar] *vt* ❶ (*sacar*) aus der Tasche nehmen
❷ (*pagar*) (aus)zahlen; (*gastar*) ausgeben; (ECON, FIN: *acciones*) einzahlen

desembolso [desem'bolso] *m* (*pago*) (Aus)zahlung *f*; (*gasto*) Ausgabe *f*; **~ inicial** (ECON, FIN) Einzahlung *f*; **hacer un ~** eine Ausgabe machen

desembozar [desembo'θar] <z→c> I. *vt* ❶ (*descubrir, t. fig*) enthüllen
❷ (*desatrancar*) eine Verstopfung beseitigen; **~ un conducto** die Verstopfung in einem Rohr beseitigen
II. *vr*: **~se** ❶ (*descubrirse, t. fig*) sich enthüllen
❷ (*desatrancarse*) (von einer Verstopfung) frei werden

desembragar [desembra'ɣar] <g→gu> *vi, vt* auslösen; (TÉC) ausrücken; (AUTO) auskuppeln

desembrague [desem'braɣe] *m* Auslösung *f*; (TÉC) Ausrückung *f*; (AUTO) Auskupp(e)lung *f*

desembriagar [desemβrja'ɣar] <g→gu> I. *vt* ernüchtern, nüchtern machen
II. *vr*: **~se** wieder nüchtern werden

desembridar [desembri'ðar] *vt* abzäumen

desembrollar [desembro'ʎar] *vt* (*fam*) entwirren; (*aclarar*) klären

desembrujar [desembru'xar] *vt* von einem Zauber befreien, entzaubern

desembuchar [desembu'tʃar] *vi, vt* ❶ (*aves*) aus dem Kropf würgen
❷ (*fam: confesar*) auspacken; **¡desembucha de una vez!** nun schieß schon los!

desemejante [deseme'xante] *adj* ungleich

desemejanza [deseme'xanθa] *f* Ungleichheit *f*

desemejar [deseme'xar] I. *vi* nicht ähnlich (*en* +*dat*); **los dos libros desemejan en estilo** die beiden Bücher unterscheiden sich im Stil
II. *vt* (*desfigurar*) entstellen

desempacar [desempa'kar] <c→qu> I. *vt* (*desempaquetar*) auspacken
II. *vr*: **~se** (*apaciguarse*) sich beruhigen

desempachar [desempa'tʃar] I. *vt* (*estómago*) (den übersättigten Magen) erleichtern
II. *vr*: **~se** ❶ (*quitarse el empacho*) sich von der Übersättigung befreien
❷ (*perder la vergüenza*) alle Scheu ablegen

desempacho [desem'patʃo] *m* (*desenvoltura*) Ungeniertheit *f*

desempadronar [desempaðro'nar] I. *vt* ❶ (*dar de baja*) (beim Einwohnermeldeamt) abmelden
❷ (*argot: matar*) umbringen
II. *vr*: **~se** (*darse de baja*) sich (beim Einwohnermeldeamt) abmelden

desempalmar [desempal'mar] *vt* (ELEC) eine Verbindung lösen

desempañar [desempa'ɲar] I. *vt* (*cristal*) klar machen; (AUTO) entfrosten
II. *vr*: **~se** klar werden

desempapelar [desempape'lar] *vt* die Tapete von der Wand entfernen; **tenemos que ~ el comedor** wir müssen im Esszimmer die Tapete von der Wand entfernen

desempaque [desem'pake] *m* Auspacken *nt*

desempaquetar [desempake'tar] *vt* auspacken

desemparejado, -a [desempare'xaðo, -a] *adj* ❶ (*sin pareja*) einzeln, unpaarig
❷ (*desigualado*) ungleich; **las perneras del pantalón están desemparejadas** die Hosenbeine sind ungleich lang

desemparejar [desempare'xar] I. *vt* trennen, auseinander bringen; **me desemparejé los calcetines** ich habe einen der zwei Socken verloren
II. *vr*: **~se** getrennt werden; **los calcetines se me desemparejan sin que yo me dé ni cuenta** ich verliere immer wieder einzelne Socken, ohne es zu merken

desemparentado, -a [desempareŋ'taðo, -a] *adj* allein stehend, ohne Angehörige

desempastar [desempas'tar] *vt* eine (Zahn)plombe entfernen (*aus* +*dat*); **~ un diente** die Plombe aus einem Zahn entfernen

desempaste [desem'paste] *m* Entfernen *nt* einer Zahnplombe

desempatar [desempa'tar] *vi, vt* (DEP) stechen; (*votación*) durch Stichwahl entscheiden

desempate [desem'pate] *m* (DEP) Stichkampf *m*; (*votación*) Stichwahl *f*

desempedrar [desempe'ðrar] <e→ie> *vt* das Pflaster (einer Straße) aufbrechen; (*fig: apresurarse*) die Beine in die Hand nehmen

desempeñar [desempe'ɲar] *vt* ❶ (*préstamo*) einlösen
❷ (*cargo*) ausüben; (*trabajo*) ausführen; **~ un papel** [*o* **una función**] eine Rolle spielen

desempeño [desem'peɲo] *m* ❶ (*de un préstamo*) Einlösung *f*
❷ (*ejercicio*) Ausübung *f*; (*realización*) Ausführung *f*

desempleado, -a [desemple'aðo, -a] I. *adj* arbeitslos
II. *m, f* Arbeitslose(r) *mf*

desempleo [desem'pleo] *m* Arbeitslosigkeit *f*; **~ coyuntural** konjunkturelle Arbeitslosigkeit; **~ estacional** saisonbedingte Arbeitslosigkeit; **~ estructural** strukturelle Arbeitslosigkeit; **~ juvenil** Jugendarbeitslosigkeit *f*; **~ permanente** Langzeitarbeitslosigkeit *f*; **seguro de ~** Arbeitslosenversicherung *f*

desempolvar [desempol'βar] *vt* ❶ (*limpiar*) abstauben, entstauben
❷ (*volver a usar*) auffrischen; **~é mis conocimientos de inglés** ich werde meine Englischkenntnisse auffrischen
❸ (*traer a la memoria*) wieder in Erinnerung bringen

desempuñar [desempu'ɲar] *vt* niederlegen; **~ las armas** die Waffen fallen lassen

desenamorarse [desenamo'rarse] *vr* aufhören zu lieben (*de* +*akk*), nicht mehr hängen (*de* an +*dat*)

desencadenador(a) [deseŋkaðena'ðor(a)] *adj* auslösend; **se desconoce el factor ~ del accidente** die Unfallursache ist unbekannt

desencadenamiento [deseŋkaðena'mjeŋto] *m* Entfesselung *f*

desencadenante [deseŋkaðe'nante] I. *adj* auslösend
II. *m* Auslöser *m*

desencadenar [deseŋkaðe'nar] I. *vt* ❶ (*soltar*) losketten
❷ (*provocar*) entfesseln, auslösen; **~ una huelga** einen Streik auslösen
II. *vr*: **~se** ausbrechen, losbrechen

desencajar [deseŋka'xar] I. *vt* ❶ (*sacar*) lösen; (MED) verrenken; (*cara*) verzerren; **rostro desencajado** verzerrtes Gesicht
II. *vr*: **~se** (*salirse, t.* TÉC) ausrasten; (MED) sich *dat* verrenken

desencajonar [deseŋkaxo'nar] *vt* (TAUR): **~ a los toros** die Stiere von den Transportfahrzeugen laden

desencallar [deseŋka'ʎar] I. *vi* (NÁUT) wieder flott werden
II. *vt* (NÁUT) flottmachen

desencaminar [deseŋkami'nar] I. *vt* irreführen; **andar** [*o* **ir**] **desencaminado** (*t. fig elev*) irregehen; **no vas desencaminado al suponer que...** du irrst dich nicht, wenn du denkst, dass ...
II. *vr*: **~se** ❶ (*perderse*) sich verirren
❷ (*descarriarse*) auf Abwege geraten

desencantamiento [deseŋkaŋta'mjeŋto] *m* ❶ (*desilusión*) Enttäuschung *f*, Ernüchterung *f*
❷ (*acto de deshacer un embrujo*) Entzauberung *f*

desencantar [deseŋkaŋ'tar] I. *vt* ❶ (*desembrujar*) entzaubern
❷ (*desilusionar*) ernüchtern; **estar desencantado** enttäuscht sein (*de* von +*dat*)
II. *vr*: **~se** enttäuscht werden

desencanto [deseŋ'kaŋto] *m* Enttäuschung *f*, Ernüchterung *f*

desencapotarse [deseŋkapo'tarse] *vr* ❶ (*despejarse el cielo*) aufklaren, sich aufhellen
❷ (*quitarse la capa*) den Umhang abnehmen

desencapricharse [deseŋkapri'tʃarse] *vr* Vernunft annehmen; **~ de algo** sich *dat* etw aus dem Kopf schlagen
desencarcelar [deseŋkarθe'lar] *vt* aus der Haft entlassen
desencarecer [deseŋkare'θer] *irr como crecer* **I.** *vt* verbilligen **II.** *vr:* **~se** billiger werden
desencargar [deseŋkar'ɣar] <g→gu> *vt* abbestellen
desencarpetar [deseŋkarpe'tar] *vt* ❶ (*documento*) (heraussuchen und) vorlegen ❷ (*asunto*) wieder hervorholen
desencerrar [deseŋθe'rrar] <e→ie> *vt* ❶ (*persona, animal*) herauslassen, freilassen ❷ (*problema*) lösen; (*secreto*) lüften
desenchufar [desentʃu'far] *vt* den Stecker herausziehen; **¿has desenchufado la radio?** hast du den Stecker vom Radio herausgezogen?
desencintar [desenθin'tar] *vt* ❶ (*quitar cintas*) die Bänder abnehmen (von +*dat*); **cuando acabó la fiesta desencintó la sala** als das Fest zu Ende war, entfernte er/sie die Girlanden ❷ (TÉC) die Randsteine entfernen
desenclavar [deseŋkla'βar] *vt* ❶ (*desclavar*) einen Nagel herausziehen (aus +*dat*) ❷ (*arrancar*) losreißen (*de* von +*dat*), fortreißen (*de* von +*dat*)
desenclavijar [deseŋklaβi'xar] *vt* ❶ (*de un instrumento*) die Wirbel herausziehen ❷ (*desasir*) auseinander reißen
desencofrado [deseŋko'fraðo] *m* (ARQUIT) Ausschalung *f*
desencofrar [deseŋko'frar] *vt* (ARQUIT) ausschalen
desencoger [deseŋko'xer] <g→j> **I.** *vt* ❶ (*extender*) ausbreiten ❷ (*estirar*) ausstrecken **II.** *vr:* **~se** ❶ (*extenderse*) sich ausbreiten ❷ (*estirarse*) sich ausstrecken ❸ (*desempacharse*) jede Scheu ablegen
desencolar [deseŋko'lar] **I.** *vt* (Geleimtes) auseinander nehmen **II.** *vr:* **~se** aus dem Leim gehen
desencolerizar [deseŋkoleri'θar] <z→c> **I.** *vt:* **~ a alguien** jds Zorn besänftigen [*o* mildern] **II.** *vr:* **~se** sich beruhigen, sich besänftigen
desenconamiento [deseŋkona'mjento] *m* ❶ (MED) Entzündungslinderung *f* ❷ (*apaciguamiento*) Besänftigung *f*, Beschwichtigung *f*
desenconar [deseŋko'nar] **I.** *vt* (*calmar*) lindern; (*inflamación*) zum Abschwellen bringen; (*conciliar*) beschwichtigen **II.** *vr:* **~se** sich lindern; (*tranquilizarse*) sich beruhigen
desencordar [deseŋkor'ðar] <o→ue> *vt* die Saiten abnehmen [*o* entfernen] (von +*dat*)
desencrespar [deseŋkres'par] **I.** *vt* ❶ (*desrizar*) entkräuseln, glätten ❷ (*apaciguar*) besänftigen, beschwichtigen; **~ los ánimos** die Gemüter beschwichtigen **II.** *vr:* **~se** ❶ (*desrizarse*) sich glätten ❷ (*apaciguarse*) sich besänftigen, sich beruhigen
desencuadernar [deseŋkwaðer'nar] **I.** *vt* (*libro*) vom Einband lösen **II.** *vr:* **~se** sich vom Einband lösen, auseinander fallen; (*t. fig*) zusammenbrechen
desencuentro [deseŋ'kwentro] *m* ❶ (*encuentro decepcionante*) missstimmiges Zusammentreffen *nt;* **nuestra última cita fue un ~** unser letztes Treffen verlief nicht gerade harmonisch ❷ (*desacuerdo*) Unstimmigkeit *f*
desendemoniar [desendemo'njar] *vt* Dämonen austreiben (aus +*dat*), exorzieren
desendiosar [desendjo'sar] **I.** *vt* von seinem hohen Ross herunterholen **II.** *vr:* **~se** von seinem hohen Ross heruntersteigen
desendurecer [desendure'θer] *irr como crecer* **I.** *vt* ❶ (*ablandar*) erweichen ❷ (*agua*) enthärten **II.** *vr:* **~se** erweichen, weich werden
desenfadaderas [desemfaða'ðeras] *fpl* (*fam*) Findigkeit *f*, Gewitztheit *f;* **tener buenas ~** sich *dat* zu helfen wissen
desenfadado, -a [desemfa'ðaðo, -a] *adj* (*desenvuelto*) ungezwungen; (*relajado*) locker
desenfadar [desemfa'ðar] **I.** *vt* besänftigen **II.** *vr:* **~se** sich besänftigen, sich beruhigen
desenfado [desem'faðo] *m* Ungezwungenheit *f*, Zwanglosigkeit *f*
desenfardar [desemfar'ðar] *vt* (*abrir*) öffnen; (*desatar*) aufschnüren
desenfilada [desemfi'laða] *f* (MIL) Deckung *f*
desenfilar [desemfi'lar] **I.** *vt* (MIL) decken, in Deckung bringen **II.** *vr:* **~se** (MIL) in Deckung gehen
desenfocar [desemfo'kar] <c→qu> *vt* ❶ (FOTO) nicht scharf stellen, nicht fokussieren; **esta foto está desenfocada** dieses Foto ist unscharf ❷ (*fig: tema*) aus einem falschen Blickwinkel betrachten
desenfoque [desem'foke] *m* (FOTO) falsche Einstellung *f*; (*fig*) falscher Blickwinkel *m*

desenfrenado, -a [desemfre'naðo, -a] *adj* ungestüm; **llevar una vida desenfrenada** ein ungezügeltes Leben führen
desenfrenar [desemfre'nar] **I.** *vt* (*caballo*) abzäumen **II.** *vr:* **~se** (*desmandarse*) sich nicht zügeln
desenfreno [desem'freno] *m* Zügellosigkeit *f*, Ungestüm *nt*
desenfundar [desemfun'dar] *vt* aus dem Futteral ziehen; **~ el revólver** den Revolver ziehen
desenfurecer [desemfure'θer] *irr como crecer* **I.** *vt:* **~ a alguien** jds Zorn besänftigen [*o* mildern] **II.** *vr:* **~se** sich beruhigen
desenfurruñar [desemfurru'ɲar] **I.** *vt:* **~ a alguien** jds schlechte Laune vertreiben **II.** *vr:* **~se** bessere Laune bekommen
desenganchar [deseŋgan'tʃar] **I.** *vt* aushaken, loshaken; (*soltar*) losmachen; (*caballos*) abspannen; (FERRO) abkoppeln **II.** *vr:* **~se** sich aushaken; (*argot: de la droga*) von den Drogen loskommen, clean werden *fam*
desenganche [deseŋ'gantʃe] *m* Aushängen *nt*, Aushaken *nt;* **el mozo procedió al ~ de los caballos** der Gehilfe begann mit dem Ausspannen der Pferde
desengañadamente [deseŋgaɲaða'mente] *adv* ❶ (*claramente*) aufrichtig, offen ❷ (*fam: malamente*) erbärmlich
desengañado, -a [deseŋga'ɲaðo, -a] *adj* desillusioniert, ernüchtert
desengañador(a) [deseŋgaɲa'ðor(a)] *adj* desillusionierend, ernüchternd; **sus ~as palabras desilusionaron a todo el auditorio** seine/ihre ernüchternden Worte nahmen den Zuhörern jegliche Illusion
desengañar [deseŋga'ɲar] **I.** *vt* ernüchtern; (*desilusionar*) die Illusion nehmen (*a* +*dat*); (*abrir los ojos*) die Augen öffnen (*a* +*dat*) **II.** *vr:* **~se** enttäuscht werden (*de* von +*dat*); **pronto te ~ás** dir werden bald die Augen aufgehen
desengaño [deseŋ'gaɲo] *m* Enttäuschung *f*; **sufrir un ~ amoroso** sich unglücklich verliebt haben
desengarzar [deseŋgar'θar] <z→c> *vt, vr,* **desengastar** [deseŋgas'tar] *vt, vr:* **~se** (*brillantes*) (sich) aus der Fassung lösen
desengrasado [deseŋgra'saðo] *m* Entfettung *f*
desengrasante [deseŋgra'sante] **I.** *adj* Fett lösend **II.** *m* Fettlöser *m*, Fettlösungsmittel *nt*
desengrasar [deseŋgra'sar] *vt* entfetten
desengrase [deseŋ'grase] *m* Entfettung *f*
desenguantarse [deseŋgwan'tarse] *vr* die Handschuhe ausziehen
desenhebrar [desene'βrar] *vt* ausfädeln
desenhornar [desenor'nar] *vt* (GASTR) aus dem Ofen nehmen
desenjaular [desenxau'lar] *vt* aus dem Käfig freilassen
desenjaule [desen'xaule] *m* Befreien *nt* aus dem Käfig
desenlace [desen'laθe] *m* (*fin*) Ende *nt;* (*t.* TEAT) Ausgang *m*; **no se pudo evitar el fatal ~** das tragische Ende konnte nicht verhindert werden; **la película tiene un ~ feliz** der Film hat ein Happyend
desenladrillar [desenlaðri'ʎar] *vt* die Ziegelsteine entfernen (aus +*dat*)
desenlazar [desenla'θar] <z→c> **I.** *vt* ❶ (*desatar*) losbinden ❷ (*resolver, t.* TEAT) (auf)lösen **II.** *vr:* **~se** (*resolverse*) sich lösen; (*t.* TEAT) ausgehen
desenlodar [desenlo'ðar] *vt* von Schlamm und Schmutz befreien
desenlosar [desenlo'sar] *vt* die Fliesen [*o* Bodenplatten] entfernen (aus +*dat*)
desenlutar [desenlu'tar] **I.** *vt* die Trauerkleidung ausziehen (*a* +*dat*) **II.** *vr:* **~se** die Trauer(kleidung) ablegen
desenmallar [desenma'ʎar/desemma'ʎar] *vt* aus dem Netz nehmen
desenmarañar [desenmara'ɲar/desemmara'ɲar] *vt* ❶ (*desenredar*) entzausen ❷ (*desentrañar*) herausbekommen
desenmarcar [desenmar'kar/desemmar'kar] <c→qu> *vt* (*cuadro*) entrahmen
desenmascarar [desenmaska'rar/desemmaska'rar] **I.** *vt* demaskieren; (*fig*) die Maske vom Gesicht reißen (*a* +*dat*) **II.** *vr:* **~se** sich demaskieren; (*fig*) sich entpuppen (*como* als +*nom*)
desenmohecer [desenmoe'θer/desemmoe'θer] *irr como crecer vt* ❶ (*quitar los hongos*) von Schimmel befreien; (*quitar el óxido*) entrosten ❷ (*fig*) auffrischen, aufpolieren *fam*
desenmudecer [desenmuðe'θer/desemmuðe'θer] *irr como crecer* **I.** *vi* (*quitar de ser mudo*) die Sprache wieder erlangen; (*volver a hablar*) sein Schweigen brechen **II.** *vt* wieder zum Sprechen bringen
desenojar [deseno'xar] **I.** *vt* besänftigen, beruhigen **II.** *vr:* **~se** sich beruhigen
desenojo [dese'noxo] *m* Besänftigung *f*, Beruhigung *f*
desenojoso, -a [deseno'xoso, -a] *adj* beschwichtigend, besänftigend

desenredante [desenrre'ðante] *adj*: **el acondicionador es ~** die Spülung macht das Haar leicht kämmbar
desenredar [desenrre'ðar] **I.** *vt* (*t. fig*) entwirren; (*pelo*) durchkämmen
II. *vr*: **~se** (*fam: librarse*) heil herauskommen (*de* aus +*dat*)
desenredo [desen'rreðo] *m* ❶ (*acción de desenredar*) Entwirren *nt*; **el ~ del cabello es más sencillo si se utiliza un suavizante** das Haar lässt sich leichter durchkämmen, wenn man eine Spülung benutzt
❷ (LIT, CINE: *desenlace*) Ausgang *m*, Ende *nt*
desenrollar [desenrro'ʎar] **I.** *vt* ausrollen; (*desenvolver*) auswickeln
II. *vr*: **~se** sich auseinander rollen, sich loswickeln
desenroscar [desenrros'kar] <c→qu> **I.** *vt* ❶ (*desenrollar*) ausrollen
❷ (*sacar de la rosca*) abschrauben; (*abrir*) aufschrauben
II. *vr*: **~se** ❶ (*desenrollarse*) sich auseinander rollen
❷ (*salirse de la rosca*) sich von der Schraube lösen
desenrudecer [desenruðe'θer] *irr como crecer* **I.** *vt* Schliff beibringen [*o* verpassen] (*a* +*dat*)
II. *vr*: **~se** Schliff bekommen
desensamblador [desensambla'ðor] *m* (INFOR) Disassembler *m*
desensamblar [desensam'blar] **I.** *vt* zerlegen, auseinander nehmen
II. *vr*: **~se** auseinander gehen, aus dem Leim gehen
desensañar [desensa'ɲar] **I.** *vt* beruhigen, besänftigen
II. *vr*: **~se** sich beruhigen, sich besänftigen
desenseñar [desense'ɲar] *vt*: **~ algo a alguien** jdm etw abgewöhnen
desensibilización [desensiβiliθa'θjon] *f sin pl* (MED, FOTO) Desensibilisierung *f*
desensibilizador [desensiβili'ðor] *m* (FOTO) Desensibilisator *m*
desensibilizante [desensiβili'θante] *adj* desensibilisierend
desensibilizar [desensiβili'θar] <z→c> **I.** *vt* unempfindlich machen; (FOTO, MED) desensibilisieren; **nuestra sociedad está desensibilizada frente al Tercer Mundo** unsere Gesellschaft ist gegen das Leid in der Dritten Welt abgestumpft
II. *vr*: **~se** unempfindlich werden
desensillar [desensi'ʎar] *vt* absatteln
desentablar [desenta'βlar] **I.** *vt* ❶ (*tablones*) Bretter abreißen
❷ (*desencadenar*) entfesseln
II. *vr*: **~se** losbrechen
desentenderse [desenten'derse] <e→ie> *vr* ❶ (*fingir ignorancia*) sich unwissend stellen; **hacerse el desentendido** so tun, als wüsste man von nichts
❷ (*despreocuparse*) sich nicht (mehr) kümmern (*de* um +*akk*); **~ de un problema** von einem Problem nichts mehr wissen wollen
desentendido, -a [desenten'diðo, -a] *adj*: **hacerse el ~** sich taub stellen
desentendimiento [desentendi'mjento] *m* (*inhibición*) Zurückhaltung *f*, Nichteinmischung *f*
desenterrador(a) [desenterra'ðor(a)] *m(f)* Ausgräber(in) *m(f)*
desenterramiento [desenterra'mjento] *m* Ausgrabung *f*
desenterrar [desente'rrar] <e→ie> *vt* ausgraben; (*fig: encontrar*) ausfindig machen; **~ el hacha de guerra** das Kriegsbeil ausgraben; **~ viejos recuerdos** alte Erinnerungen auffrischen
desentierramuertos [desentjerra'mwertos] *mf inv* (*fam*) jd, der/die schlecht über Tote redet
desentonar [desento'nar] *vi* ❶ (MÚS: *t. fig*) einen Misston bringen; **sonar desentonado** unharmonisch klingen
❷ (*no combinar*) nicht passen (*con* zu +*dat*); **con esa ropa desentonas en la fiesta** in diesem Aufzug bist du auf dem Fest fehl am Platz
desentono [desen'tono] *m* ❶ (MÚS: *acción*) Misstönen *nt*; (*resultado*) Misston *m*
❷ (*fig*) Ungehörigkeit *f*
desentorpecer [desentorpe'θer] *irr como crecer vt* ❶ (*desembarazar*) frei machen
❷ (*desentumecer*) recken
❸ (*fig: afinar*) Schliff beibringen (*a* +*dat*)
desentrampar [desentram'par] **I.** *vt* (*fam*) von Schulden befreien
II. *vr*: **~se** (*fam*) seine Schulden tilgen
desentrañar [desentra'ɲar] *vt* ❶ (*destripar*) ausweiden
❷ (*descubrir*) ergründen
desentrenamiento [desentrena'mjento] *m* Untrainiertheit *f*, fehlende Kondition *f*
desentrenar [desentre'nar] **I.** *vt* aus der Übung bringen; (*hacer perder la fuerza*) die Kondition verringern; **estar desentrenado** keine Kondition haben
II. *vr*: **~se** (*t.* DEP) aus der Übung kommen; (*perder su fuerza*) an Kondition verlieren
desentronizar [desentroni'θar] <z→c> *vt* entthronen
desentumecer [desentume'θer] *irr como crecer vt, vr*: **~se** (sich) recken
desentumecimiento [desentumeθi'mjento] *m* Lockern *nt*, Aufheben *nt* der Erstarrung; **para conseguir el ~ de los músculos ...** zur Lockerung der Muskulatur ...
desenvainar [desembai'nar] *vi, vt* (*pelear*) vom Leder ziehen; (*descubrir*) an den Tag bringen; **~ la espada** das Schwert aus der Scheide ziehen
desenvelejar [desembele'xar] *vt* (NÁUT) die Segel einholen (+*gen*)
desenvoltura [desembol'tura] *f* Ungezwungenheit *f*, Zwanglosigkeit *f*; (*descaro*) Frechheit *f*
desenvolver [desembol'βer] *irr como volver* **I.** *vt* ❶ (*desempaquetar*) auspacken
❷ (*desenrollar*) ausrollen, auswickeln; (*desdoblar*) entfalten
❸ (*t. fig: descubrir*) enthüllen
❹ (*desarrollar*) entwickeln
II. *vr*: **~se** ❶ (*desarrollarse*) sich entwickeln
❷ (*manejarse*) sich zu helfen wissen, zurechtkommen; **~se bien con alguien/algo** mit jdm/etw *dat* gut umgehen können; **~se mal con alguien/algo** mit jdm/etw *dat* nicht umgehen können
desenvolvimiento [desembolβi'mjento] *m* ❶ (*desembalaje*) Auspacken *nt*
❷ (*desenvoltura*) Zwanglosigkeit *f*
❸ (*desarrollo*) Entwicklung *f*
desenvuelto, -a [desem'bwelto, -a] **I.** *pp de* **desenvolver**
II. *adj* ungezwungen, zwanglos; (*descarado*) frech
desenzarzar [desenθar'θar] <z→c> *vt* ❶ (*sacar de las zarzas*) aus den Dornen befreien
❷ (*fam: separar*) auseinander bringen
deseo [de'seo] *m* Wunsch *m*; (*necesidad*) Verlangen *nt*; (*ansia*) Begehren *nt*; (*t. sexual*) Begierde *f*, Lust *f*; (*impulso*) Drang *m*; **~s de gloria** Ruhmsucht *f*; **~ imperioso** dringender Wunsch; **~s de venganza** Rachsucht *f*; **con el ~ de agradar** mit der Absicht zu gefallen; **con mis mejores ~s** mit besten Wünschen; **según sus/nuestros ~s** Ihrem/unserem Wunsch entsprechend, wunschgemäß; **tengo grandes ~s de que vengan** ich wünsche mir sehr, dass sie kommen
deseoso, -a [dese'oso, -a] *adj* begehrlich; (*ansioso*) begierig; **estoy ~ de conocerle** ich würde Sie gerne einmal kennen lernen
desequilibrado, -a [desekili'βraðo, -a] *adj* unausgeglichen; (*trastornado*) geistig gestört; (PSICO) labil
desequilibrar [desekili'βrar] **I.** *vt* ❶ (*descompensar*) aus dem Gleichgewicht bringen
❷ (*trastornar*) verstören; (PSICO, MED) verwirren
II. *vr*: **~se** ❶ (*descompensarse*) aus dem Gleichgewicht geraten
❷ (*psíquicamente*) verstört [*o* verwirrt] werden
desequilibrio [deseki'liβrjo] *m* ❶ (*falta de equilibrio*) Ungleichgewicht *nt*; (*descompensación*) Unausgeglichenheit *f*, Unausgewogenheit *f*; (*desproporción*) Missverhältnis *nt*; **~ estructural** Strukturungleichheit *f*
❷ (TÉC) Unwucht *f*
❸ (*trastorno*) Verstörung *f*; **~ mental** (PSICO, MED) Geistesverwirrung *f*, Geistesstörung *f*
deserción [deser'θjon] *f* (MIL) Desertion *f*, Fahnenflucht *f*; (*fig*) Abtrünnigkeit *f*
desertar [deser'tar] *vi* (MIL) desertieren (*de* von +*dat*), fahnenflüchtig werden; (*pasarse al enemigo*) zum Feind überlaufen; (*fig*) abtrünnig werden
desértico, -a [de'sertiko, -a] *adj* Wüsten-; **clima ~** Wüstenklima *nt*
desertícola [deser'tikola] *adj* in der Wüste lebend, Wüsten-
desertificación [desertifika'θjon] *f sin pl* (GEO) Desertifikation *f*, Wüstenbildung *f*
desertización [desertiθa'θjon] *f* Versteppung *f*; (GEO) Desertifikation *f*
desertizar [deserti'θar] <z→c> **I.** *vt* versteppen, zur Wüste machen
II. *vr*: **~se** zur Wüste werden
desertor(a) [deser'tor(a)] *m(f)* (MIL) Deserteur(in) *m(f)*, Fahnenflüchtige(r) *mf*; (*traidor*) Überläufer(in) *m(f)*; (*fig*) Abtrünnige(r) *mf*
deservicio [deser'βiθjo] *m* Verletzung *f* der Dienstpflichten
desescalada [deseska'laða] *f* Deeskalation *f*
desescolarización [deseskolariθa'θjon] *f* fehlende Einschulung *f*
desescolarizado, -a [deseskolari'θaðo, -a] *adj*: **niños ~s** schulpflichtige Kinder, die nicht eingeschult werden (können)
desescombrar [deseskom'brar] *vt* enttrümmern, von Schutt säubern
desescombro [deses'kombro] *m* ❶ (*quitar escombros*) Trümmerbeseitigung *f*, (Auf)räumungsarbeiten *fpl*; (*quitar obstáculos*) Räumung *f*, (Auf)räumungsarbeiten *fpl*; (MIN) Abraumbeseitigung *f*
❷ *pl* (*limpieza*) Säuberung *f*
desespaldar [desespal'dar] **I.** *vt* eine Rückenverletzung beibringen (*a* +*dat*)
II. *vr*: **~se** sich *dat* eine Rückenverletzung zuziehen
desespañolizar [desespaɲoli'θar] <z→c> **I.** *vt* etw oder jdm die spanische Eigenart nehmen
II. *vr*: **~se** seine spanische Eigenart ablegen
desesperación [desespera'θjon] *f* ❶ (*desmoralización*) Verzweiflung *f*, Mutlosigkeit *f*; **intentar algo con ~** etw verzweifelt versuchen; **caer**

desesperado

en la ~ verzweifeln

② (*enojo*) Wut *f*, Rage *f*

③ (*que desespera*) Ärgernis *nt;* **ser una ~** zum Verzweifeln sein; **su manera de trabajar es mi ~** seine/ihre Arbeitsweise treibt mich zur Verzweiflung

desesperado, -a [desespe'raðo, -a] *adj* ① (*desmoralizado*) verzweifelt, trostlos; (*situación*) hoffnungslos; **correr como un ~** auf Teufel komm raus laufen; **gritó como un ~** er brüllte wie besessen [*o* verrückt]; **hacer algo a la desesperada** etw als letzten Ausweg versuchen, in letzter Verzweiflung etw tun

② (*enojado*) wütend, zornerfüllt

desesperante [desespe'rante] *adj* ① (*que quita toda esperanza*) entmutigend; (*sin esperanza*) hoffnungslos, trostlos; **resulta ~ querer cambiar su opinión** es ist ein hoffnungsloses Unterfangen, seine/ihre Meinung ändern zu wollen; **eres ~** du bist ein hoffnungsloser Fall

② (*exasperante*) nervenaufreibend; **su comportamiento es ~** sein/ihr Verhalten treibt mich zur Verzweiflung

desesperanza [desespe'ranθa] *f* ① (*falta de esperanza*) Hoffnungslosigkeit *f,* Trostlosigkeit *f*

② (*estado de ánimo*) Mutlosigkeit *f,* Verzweiflung *f;* **crece la ~ entre la población** das Volk ist zunehmend entmutigt

desesperanzador(a) [desesperanθa'ðor(a)] *adj* entmutigend

desesperanzar [desesperan'θar] *I. vt* (*quitar la esperanza*) entmutigen, die Hoffnung nehmen (*a +dat*)

II. vi, vr: **~se** verzweifeln (*de* an *+dat*), die Hoffnung verlieren [*o* aufgeben]; **no (te) desesperances de encontrarlos** gib die Hoffnung, sie noch zu finden, nicht auf; **aunque está muy enferma, nunca se desesperanza** obwohl sie sehr krank ist, verliert sie nie den Mut

desesperar [desespe'rar] *I. vt* ① (*quitar la esperanza*) entmutigen, die Hoffnung nehmen (*a +dat*)

② (*exasperar*) nerven *fam;* **me desesperas** du gehst mir auf die Nerven *fam;* **me desespera que me vengas siempre con las mismas excusas** deine ewig gleichen Ausreden treiben mich zur Verzweiflung

II. vi verzweifeln (*de* an *+dat*), die Hoffnung aufgeben [*o* verlieren]; **no desesperes de que sigan vivos** verlier nicht die Hoffnung, dass sie noch am Leben sind; **no desesperes ante la difícil situación en el mercado de trabajo** verlier angesichts der schwierigen Lage auf dem Arbeitsmarkt nicht den Mut

III. vr: **~se** ① (*perder la esperanza*) verzweifeln (*de* an *+dat*), die Hoffnung verlieren [*o* aufgeben], den Mut verlieren; **¡no te desesperes!** nur Mut!, Kopf hoch!; **no te desesperes de volver a verlos** gib die Hoffnung auf ein Wiedersehen nicht auf

② (*lamentarse*) bedauern, sich ärgern; **ahora me desespero por no haber aceptado la oferta** jetzt reut es mich, das Angebot nicht angenommen zu haben

③ (*despecharse*) (völlig) verzweifeln, den Lebensmut verlieren

desespero [deses'pero] *m v.* **desesperación**

desespinar [desespi'nar] *vt* (GASTR) entgräten

desestabilidad [desestaβili'ðað] *f sin pl* Instabilität *f;* **la ~ política de un país** die instabile politische Lage eines Landes

desestabilización [desestaβiliθa'θjon] *f* Destabilisierung *f*

desestabilizador(a) [desestaβiliθa'ðor(a)] *adj* destabilisierend

desestabilizar [desestaβili'θar] <z➞c> *vt* destabilisieren, aus dem Gleichgewicht bringen

desestacionalización [desestaθjonaliθa'θjon] *f* (ECON) Saisonbereinigung *f*

desestacionalizado, -a [desestaθjonali'θaðo, -a] *adj* saisonbereinigt; **en cifras desestacionalizadas** saisonbereinigt

desestancar [desestaŋ'kar] <c➞qu> *vt* freisetzen; **~ una mercancía** (COM) die Handelsbeschränkung für eine Ware aufheben, ein Monopol auf eine Ware aufgeben; **~ un río** einem Fluss freien Lauf lassen

desestanco [deses'taŋko] *m* (ECON) Monopolauflösung *f*

desestiba [deses'tiβa] *f* (NÁUT) Ausladen *nt,* Löschen *nt* der Ladung

desestibar [desesti'βar] *vt* (NÁUT) entladen, löschen

desestimable [desesti'maβle] *adj* minderwertig; (*persona*) verachtenswert, unwürdig; (*cosa*) geringwertig, wertlos

desestimación [desestima'θjon] *f* ① (*falta de estima*) Geringschätzung *f,* Verachtung *f*

② (JUR: *recurso, instancia*) Abweisung *f,* Verwerfung *f;* **~ de recursos legales** Verwerfung von Rechtsmitteln

desestimar [desesti'mar] *vt* ① (*despreciar*) gering schätzen, verachten; **desestima a su jefe** er/sie hat eine geringe Meinung von seinem/ihrem Chef

② (*rechazar*) ablehnen, zurückweisen; **~ una demanda/una reclamación** eine Klage/eine Beschwerde abweisen; **~ un recurso** (JUR) einem Rechtsmittel nicht stattgeben, ein Rechtsmittel nicht zulassen

desestructuración [desestruktura'θjon] *f* ① (*pérdida de la estructura*) Strukturverfall *m;* **la ~ de la familia** der Verfall der Familienstruktur

② (MED) Zerstörung *f* der Persönlichkeitsstruktur

desestructurado, -a [desestruktu'raðo, -a] *adj* unstrukturiert

desestructurar [desestruktu'rar] *I. vt* die Struktur zerstören (+*gen*)

II. vr: **~se** seine Struktur verlieren

desexcitación [deseksθita'θjon] *f* (FÍS) Aberregung *f,* Entregung *f*

desfachatez [desfatʃa'teθ] *f* Frechheit *f,* Unverschämtheit *f*

desfalcador(a) [desfalka'ðor(a)] *I. adj* betrügerisch

II. m(f) Veruntreuer(in) *m(f),* Betrüger(in) *m(f)*

desfalcar [desfal'kar] <c➞qu> *vt* ① (*dinero*) hinterziehen, unterschlagen; **~ dinero** Gelder veruntreuen

② (*derrocar*) eines Amtes entheben; (*un ministro*) stürzen

③ (*quitar el favor*) die Gunst entziehen (*a +dat*); (*quitar la amistad*) die Freundschaft kündigen (*a +dat*)

④ (*descabalar*) auseinander nehmen, etwas wegnehmen (*von +dat*); **los ladrones han desfalcado la colección de sellos** nach dem Einbruch ist die Briefmarkensammlung nicht mehr vollständig

desfalco [des'falko] *m* Unterschlagung *f,* Hinterziehung *f,* Veruntreuung *f;* **~ aduanero** Zollhinterziehung *f;* **~ en el cargo** (JUR) Unterschlagung im Amt

desfallecer [desfaʎe'θer] *irr como crecer I. vi* (*debilitarse*) ermüden, nachlassen; (*colapsar*) zusammenklappen, zusammenbrechen; (*desmayarse*) ohnmächtig werden, in Ohnmacht fallen; (*perder el ánimo*) den Mut verlieren, aufgeben; **~ de agotamiento** vor Erschöpfung zusammenbrechen; **sin ~** unermüdlich, ausdauernd; **después de diez kilómetros empezó a ~** nach zehn Kilometern ließen seine/ihre Kräfte nach [*o* schwanden ihm/ihr die Kräfte]

II. vt ① (*debilitar*) schwächen, ermüden

② (*desanimar*) entmutigen

desfallecido, -a [desfaʎe'θiðo, -a] *adj* schwach, ermattet

desfallecimiento [desfaʎeθi'mjento] *m* ① (*de las fuerzas*) Ermüdung *f,* Kräfteschwund *m,* Schwäche *f;* (*desmayo*) Ohnmacht *f;* (*colapso*) Zusammenbruch *m*

② (*de ánimo*) Entmutigung *f,* Mutlosigkeit *f;* **poco antes de llegar a la meta le sobrevino el ~** kurz vor dem Ziel ließen seine/ihre Kräfte nach [*o* schwanden ihm/ihr die Kräfte]

desfasado, -a [desfa'saðo, -a] *adj* ① (*anticuado*) altmodisch; (*cosa*) überholt, veraltet; **estar ~** (*persona*) nicht mit der Zeit gehen; (*cosa*) nicht auf dem neuesten Stand sein

② (ELEC) phasenverschoben

③ (*imagen*) unscharf, gestört; (*proceso*) gestört, unregelmäßig

desfasar [desfa'sar] *I. vt* ① (ELEC) in der Phase verschieben

II. vr: **~se** ① (ELEC) eine Phasenverschiebung aufweisen

② (*no adaptarse*) sich nicht anpassen (*a* an *+akk, a +dat*); (*retrasarse*) den Anschluss verlieren, zurückbleiben; (*ser anticuado*) nicht auf dem neuesten Stand sein; (*persona*) nicht mit der Zeit gehen

desfase [des'fase] *m* ① (FÍS) Phasenverschiebung *f*

② (*falta de adecuación*) mangelnde Übereinstimmung *f,* mangelnde Abstimmung *f,* Divergenz *f;* (ECON) Verzerrung *f;* **~ con la realidad** Abweichung von der Realität; **~ de tesorería** (FIN) Deckungslücke *f*

desfavorable [desfaβo'raβle] *adj* (*perjudicial*) nachteilig, schädlich; (*negativo*) negativ, ungünstig; (*opinión*) ablehnend, abfällig

desfavorecedor(a) [desfaβoreθe'ðor(a)] *adj* ungünstig, nachteilig; **se ha comprado un vestido ~** sie hat sich *dat* ein Kleid gekauft, das ihr nicht steht

desfavorecer [desfaβore'θer] *irr como crecer vt* ① (*sentar mal*) schaden (*a +dat*); **este color te desfavorece** diese Farbe steht dir nicht [*o* passt nicht zu deinem Typ]; **este clima me desfavorece** dieses Klima tut mir nicht gut

② (*perjudicar*) benachteiligen, schaden (*a +dat*); **la nueva ley desfavorece a las mujeres** durch das neue Gesetz werden Frauen benachteiligt

③ (*oponerse*) ablehnen; (*dejar de favorecer*) die Gunst entziehen (*a +dat*); **la suerte me desfavoreció en aquella situación** in dieser Situation war mir das Glück nicht hold *elev*

desfavorecido, -a [desfaβore'θiðo, -a] *adj* ① (*perjudicado*) benachteiligt; **sentirse ~** sich schlecht [*o* ungerecht] behandelt fühlen

② (*rechazado*) abgelehnt; (*persona*) ungeliebt

desfibrado [desfi'βraðo] *m* (*acción*) Zerfaserung *f;* (*resultado*) zerfasertes Gewebe *nt*

desfibrador[1] [desfiβra'ðor] *m* Zerfaserungsmaschine *f,* Defibrator *m*

desfibrador(a)[2] [desfiβra'ðor(a)] *adj* zerfasernd, defibrierend

desfibrar [desfi'βrar] *vt* zerfasern

desfibrilación [desfiβrila'θjon] *f* (MED) Defibrillation *f*

desfibrinación [desfiβrina'θjon] *f* (MED) Defibrinieren *nt*

desfiguración [desfiɣura'θjon] *f,* **desfiguramiento** [desfiɣura'mjento] *m* ① (*deformación*) Verformung *f;* (*de las facciones, de una imagen*) Verzerrung *f;* (*de un texto*) Verstümmelung *f;* (*de un sonido*) verzerrte Wiedergabe *f;* (*de la realidad*) falsche Darstellung *f*

② (*afeamiento*) Verunstaltung *f;* (*de las facciones*) Entstellung *f;* (*del*

desfigurar   248   **desgastamiento**

cuerpo) Verstümmelung *f* ❸ (*disfraz*) Tarnung *f*; (*traje*) Verkleidung *f*

desfigurar [desfiɣu'rar] I. *vt* ❶ (*afear*) verunstalten; (*las facciones*) entstellen; (*el cuerpo*) verstümmeln; (*el tipo*) ruinieren

❷ (*deformar*) verformen, verändern; (*una imagen, un sonido*) verzerrt wiedergeben, verzerren; (*un texto*) verstümmeln; **~ la realidad** die Wirklichkeit verdrehen [*o* falsch darstellen]

❸ (*disfrazar*) verkleiden, unkenntlich machen

❹ (*ocultar*) verbergen; **~ su verdadera intención** seine wahre Absicht verheimlichen, mit seinen wahren Absichten hinter dem Berg halten
II. *vr*: **~se** ❶ (*inmutarse*) zusammenzucken, die Miene verziehen

❷ (*deformarse*) sich verformen; (*una imagen*) verschwimmen

❸ (*disfrazarse*) sich verkleiden; **~se las facciones** sein Gesicht unkenntlich machen; **~se hasta resultar irreconocible** sich bis zur Unkenntlichkeit verkleiden

desfiguro [desfi'ɣuro] *m* (*Méx: cosa ridícula*) Lächerlichkeit *f*; **hacer un ~** sich lächerlich machen, dummes Zeug machen

desfiladero [desfila'ðero] *m* ❶ (GEO) (Berg)pass *m*, Schlucht *f*

❷ (MIL) Hohlweg *m*

desfilar [desfi'lar] *vi* ❶ (*marchar en fila*) (in Reih und Glied) vorbeiziehen; (MIL) vorbeimarschieren; (*ante un personaje importante*) defilieren, eine Parade abhalten

❷ (*salir*) (hintereinander) herauskommen

desfile [des'file] *m* ❶ (*acción de desfilar*) Vorbeiziehen *nt*; (*de tropas*) Vorbeimarschieren *nt*; (*parada*) (Militär)parade *f*; (*de modelos*) Modenschau *f*; (POL) Marsch *m*, Umzug *m*; (*en una fiesta*) Umzug *m*

❷ (*personas que desfilan*) Zug *m*, Kolonne *f*; **participar en el ~** im Zug mitmarschieren

desflemar [desfle'mar] *vi* (MED) abhusten, auswerfen; (QUÍM) dephlegmieren

desfloración [desflora'θjon] *f* ❶ (*de una mujer*) Entjungferung *f*; (MED) Defloration *f*

❷ (*de una cosa*) Beschädigung *f*; (*desgaste*) Abnutzung *f*

desflorar [desflo'rar] I. *vt* ❶ (*a una mujer*) entjungfern; (MED) deflorieren

❷ (*estropear*) ruinieren; (*gastar*) abnutzen; (*metal*) den Glanz nehmen +*dat*; **~ una cosa** einer Sache übel zusetzen; (*fig*) einer Sache den Reiz nehmen

❸ (*tratar superficialmente*) oberflächlich behandeln, kurz abhandeln; (*tema*) streifen

❹ (TÉC) abnarben, schlichten
II. *vr*: **~se** Schaden nehmen; (*metal*) stumpf werden; (*plata*) anlaufen

desflorecimiento [desfloreθi'mjento] *m* (BOT) Verblühen *nt*

desfogar [desfo'ɣar] <g→gu> I. *vt* ❶ (*un fuego*) (das Feuer) schüren; **~ el horno** den Ofen schüren

❷ (*cal*) löschen

❸ (*un sentimiento*) freien Lauf lassen +*dat*; **~ su ira** seinem Ärger Luft machen; **no desfogues tu ira/tu mal humor en mí** [*o* conmigo] reagier deine Wut/deine schlechte Laune nicht an mir ab, lass deine Wut/deine schlechte Laune nicht an mir aus
II. *vi* (*tormenta*) losbrechen, sich entladen
III. *vr*: **~se** (*expresar su irritación*) Luft ablassen, seinem Ärger Luft machen; (*expresar su frustración*) sich *dat* Luft machen, sich ausheulen; **~se en** [*o* con] **alguien** (*expresar su irritación*) seine Wut an jdm auslassen, sich an jdm abreagieren; (*expresar su frustración*) sich bei jdm ausweinen

desfogue [des'foɣe] *m* ❶ (*estado de ánimo*) Abreagieren *nt*

❷ (*cal viva*) Löschen *nt*

❸ (*tormenta*) Ausbruch *m*

desfoliadora [desfolja'ðora] *f* (AGR) Entblätterungsmaschine *f* für Rüben, Blattschläger *m*

desfondado, -a [desfoɲ'daðo, -a] *adj* ❶ (*sin fondo*) bodenlos; (*agujereado*) (am Boden) durchlöchert; (NÁUT) leck

❷ (DEP: *sin fuerza*) kraftlos, schlapp; (*fam: desmoralizado*) entmutigt, demotiviert

❸ (AGR) umgepflügt, umgegraben

desfondar [desfon'dar] I. *vt* ❶ (*quitar el fondo*) den Boden wegnehmen; (*romper el fondo*) den Boden einschlagen; (*agujerar*) den Boden durchlöchern; **~ un barco** ein Leck in den Schiffsboden schlagen; **~ una botella** den Boden einer Flasche zertrümmern

❷ (DEP: *quitar la fuerza*) schwächen, ermüden; (*fam: desmoralizar*) entmutigen, demotivieren

❸ (AGR) rigolen, (tief) umpflügen [*o* umgraben]
II. *vr*: **~se** ❶ (*perder el fondo*) den Boden verlieren, (NÁUT) leckschlagen, zu lecken beginnen

❷ (DEP: *perder fuerza*) ermüden, schlappmachen *fam*; (*perder el empuje*) aufgeben; (*colapsar*) zusammenklappen, zusammenbrechen

desfonologización [desfonoloxiθa'θjon] *f* (LING) Entphonologisierung *f*

desforestación [desforesta'θjon] *f* Rodung *f*; (*con herramientas*) Abholzung *f*; (*con fuego*) Brandrodung *f*

desforestar [desfores'tar] *vt* roden, abholzen; (*quemando*) brandroden

desforrar [desfo'rrar] *vt* das Futter entfernen (aus +*dat*); (*libro*) den Einband entfernen (von +*dat*)

desfragmentar [desfraɣmen'tar] *vt* defragmentieren

desgaire [des'ɣaire] *m* ❶ (*desaliño*) (Nach)lässigkeit *f*; **al ~** nachlässig; **andar con ~** (betont) lässig gehen; **vestir con ~** sich (betont) nachlässig kleiden; **me saludó con ~** er/sie grüßte mich mit einer lässigen Handbewegung

❷ (*ademán*) abwertende Geste *f*; **hacer un ~ con la cara** das Gesicht verziehen

desgajadura [desɣaxa'ðura] *f* (*rama*) gewaltsames Abreißen *nt* (vom Baumstamm)

desgajar [desɣa'xar] I. *vt* ❶ (*arrancar*) abreißen; (*romper*) abbrechen; (*ramas*) abknicken; **~ una página de un libro** eine Seite aus einem Buch herausreißen

❷ (*separar*) trennen

❸ (*despedazar*) zerschlagen, zertrümmern
II. *vr*: **~se** ❶ (*desprenderse*) abfallen; (*romperse*) abbrechen; (*rama*) abknicken; (*piedra*) sich lösen

❷ (*apartarse*) sich lossagen (*de* von +*dat*), sich lösen (*de* von +*dat*); **~se de su patria** seiner Heimat den Rücken kehren

desgalichado, -a [desɣali'tʃaðo, -a] *adj* ❶ (*desaliñado*) ungepflegt, schlampig

❷ (*desgarbado*) ungelenk, plump; **ser ~** keine Anmut besitzen

desgana [desˈɣana] *f* (*fam*) ❶ (*inapetencia*) Appetitlosigkeit *f*; **la cena me ha sentado mal porque comí con ~** das Abendessen ist mir nicht bekommen, weil ich keinen Appetit hatte [*o* weil ich mich zum Essen gezwungen habe]

❷ (*falta de interés*) Unlust *f*; **hacer algo con ~** etw ohne Lust tun, etw widerwillig tun

desganado, -a [desɣa'naðo, -a] *adj* ❶ (*sin apetito*) appetitlos; **no sé porqué estoy hoy tan desganada** ich weiß nicht, warum ich heute gar keinen Appetit habe

❷ (*sin interés*) lustlos, unwillig; **estar ~** keine Lust haben; **estar ~ de algo** etw *gen* überdrüssig sein, auf etw keine Lust mehr haben

desganar [desɣa'nar] I. *vt* ❶ (*apetito*) den Appetit verderben (*a* +*dat*)

❷ (*ganas*) die Lust nehmen (*a* +*dat*)
II. *vr*: **~se** ❶ (*apetito*) den Appetit verlieren

❷ (*ganas*) die Lust verlieren

desganarse [desɣa'narse] *vr* ❶ (*perder el apetito*) den Appetit verlieren; **si bebes mucho antes de comer te desganarás** wenn du vor dem Essen viel trinkst, hast du später keinen Appetit mehr [*o* vergeht dir der Appetit]

❷ (*cansarse*) überdrüssig werden (*de* +*gen*), die Lust verlieren (*de* auf +*akk*), das Interesse verlieren (*de* an +*dat*); **me he desganado de ir a las discotecas** ich habe keine Lust mehr auf Diskos

desgañitarse [desɣaɲi'tarse] *vr* (*gritar*) sich *dat* die Kehle [*o* Lunge] aus dem Hals schreien; (*enronquecerse*) sich heiser schreien

desgarbado, -a [desɣar'βaðo, -a] *adj* ❶ (*sin garbo*) ungelenk, plump; **ser ~** keine Anmut besitzen

❷ (*larguirucho*) schlacksig

desgarbo [des'ɣarβo] *m* fehlende Anmut *f*, Tölpelhaftigkeit *f*; **andar con ~** staksen *fam*; **moverse con ~** sich ungelenk bewegen

desgarrado, -a [desɣa'rraðo, -a] *adj* unverschämt, dreist

desgarrador(a) [desɣarra'ðor(a)] *adj* herzzerreißend, erschütternd

desgarradura [desɣarra'ðura] *f* Riss *m*

desgarramiento [desɣarra'mjento] *m* ❶ (*acción*) Einreißen *nt*

❷ (*rotura*) (Ein)riss *m*

desgarrar [desɣa'rrar] I. *vt* (*romper*) zerreißen; (*en muchos pedazos*) zerfetzen; **~ un paquete** ein Paket aufreißen; **estas imágenes desgarran el corazón** das sind herzzerreißende Bilder; **esto me desgarra el corazón** das bricht mir das Herz
II. *vr*: **~se** ❶ (*romperse*) (zer)reißen; **se me desgarra el corazón al pensar que no voy a verte nunca más** der Gedanke, dich nie wieder zu sehen, bricht mir das Herz

❷ (*desgajarse*) sich lossagen (*de* von +*dat*), sich lösen (*de* von +*dat*); **~se de su familia** seiner Familie den Rücken kehren

desgarro [des'ɣarro] *m* ❶ (*rotura*) (Ein)riss *m*

❷ (*descaro*) Unverschämtheit *f*, Frechheit *f*; **contestar con ~** eine freche [*o* dreiste] Antwort geben

❸ (*fanfarronada*) Prahlerei *f*, Angeberei *f*

❹ (*desenvoltura*) Ungezwungenheit *f*, souveränes Auftreten *nt*; **hablar con ~** wortgewandt sein

❺ (*Am: esputo*) Auswurf *m*; (MED) Sputum *nt*

desgarrón [desɣa'rron] *m* ❶ (*rotura*) (Ein)riss *m*

❷ (*tira*) Fetzen *m*

desgasificar [desɣasifi'kar] <c→qu> *vt* entgasen

desgastamiento [desɣasta'mjento] *m* Überschäumen *nt*, Überfluss *m* *m*, Überfülle *f*

desgastar [desɣas'tar] **I.** *vt* ❶ (*estropear*) abnutzen, verschleißen; (*tela*) abwetzen; (*zapatos*) ablaufen; **ese pantalón está desgastado por las rodillas** diese Hose ist an den Knien durchgescheuert
❷ (*consumir*) aufbrauchen, verbrauchen; (*comida*) aufessen
❸ (*cansar*) auslaugen, aufreiben; **el trabajo en la mina lo ha desgastado mucho** die Arbeit im Bergwerk hat ihm sehr zugesetzt
II. *vr*: ~**se** ❶ (*consumirse*) sich abnutzen; (*tela*) verschleißen; (*color*) verblassen, verschießen
❷ (*acabarse*) ausgehen; (*una mercancía*) auslaufen
❸ (*debilitarse*) abbauen; **se ha desgastado mucho en los últimos años** mit ihm/ihr ist es in den letzten Jahren bergab gegangen

desgaste [des'ɣaste] *m* ❶ (*fricción*) Abnutzung *f*, Verschleiß *m*
❷ (*consumo*) Verbrauch *m*
❸ (*de una persona*) Zermürbung *f*, Beanspruchung *f*

desglaciación [desɣlaθja'θjon] *f* (GEO) Gletscherrückgang *m*, Gletscherabschmelzen *nt*

desglosar [desɣlo'sar] *vt* ❶ (*separar*) trennen; (*una hoja*) heraustrennen; (*una cuestión*) getrennt behandeln; ~ **los gastos** die Kosten (einzeln) aufschlüsseln [*o* aufgliedern], eine Aufstellung der einzelnen Kosten anfertigen; ~ **un documento un expediente** (JUR) eine Urkunde aus einer Akte (ent)nehmen, die Entnahme eines Schriftstücks aus einer Akte vermerken; ~ **un tema** ein Thema untergliedern [*o* unterteilen]
❷ (*quitar la glosa*): ~ **una disertación** die Anmerkungen aus einem Aufsatz entfernen

desglose [des'ɣlose] *m* ❶ (*de una página*) Entnahme *f*; ~ **de documentos** (JUR) Herausnahme von Urkunden aus den Akten
❷ (*de los gastos*) Aufschlüsselung *f*, (Einzel)aufstellung *f*, Aufgliederung *f*; (*de un tema*) (Unter)gliederung *f*; ~ **del balance** Bilanzgliederung *f*; ~ **de costes** [*o* **de gastos**] Kostenaufstellung *f*; ~ **patrimonial** Vermögensaufstellung *f*
❸ (*quitar la glosa*) Entfernen *nt* von Anmerkungen

desgobernadura [desɣoβerna'ðura] *f* (MED) Ausrenkung *f*

desgobernar [desɣoβer'nar] <e→ie> **I.** *vt* ❶ (*un país*) schlecht regieren, herunterwirtschaften; (*una institución*) schlecht leiten, schlecht verwalten; (*una nave*) schlecht steuern, nicht unter Kontrolle haben; ~ **un asunto** eine Angelegenheit nicht in den Griff bekommen
❷ (*los huesos*) ausrenken
❸ (*perturbar el orden*) stören, aus dem Lot bringen
II. *vr*: ~**se** ❶ (*perder el control*) außer Kontrolle geraten
❷ (*llevar mala vida*) ein ausschweifendes Leben führen, einen schlechten Lebenswandel führen

desgobierno [desɣo'βjerno] *m* ❶ (*de un país, de una institución*) fehlende Kontrolle *f* (*de über +akk*), Misswirtschaft *f*
❷ (*desorden*) Unordnung *f*, Chaos *nt*
❸ (*comportamiento*) Zügellosigkeit *f*

desgolletar [desɣoʎe'tar] **I.** *vt* (*una botella*) den (Flaschen)hals abschlagen
II. *vr*: ~**se** den Hals freimachen, die oberen Hemdknöpfe [*o* Blusenknöpfe] öffnen; ~**se la corbata** die Krawatte lockern

desgomar [desɣo'mar] *vt* degummieren

desgracia [des'ɣraθja] *f* ❶ (*suerte adversa*) Pech *nt*, Unglück *nt*; **por** ~ leider, unglücklicherweise; **¡qué ~!** so ein Pech!; **este año estoy de ~** dieses Jahr läuft bei mir alles schief [*o* habe ich nur Pech]; **llevar una temporada de ~s** in letzter Zeit kein Glück haben; **no he tenido más que ~s** ich habe immer nur Pech gehabt; **tuve la ~ de perder todo mi dinero en el bingo** zu meinem Pech habe ich mein ganzes Geld beim Bingo verspielt; **tiene la ~ de ser sordo** er ist leider taub
❷ (*acontecimiento trágico*) Unglück *nt*, Unheil *nt*; ~ **personal** (JUR) Personenschaden *m*; **en el accidente no hubo ~s personales** bei dem Unfall waren keine Opfer [*o* Toten] zu beklagen, bei dem Unfall kam niemand ums Leben; **ha tenido la ~ de perder a toda su familia en un accidente** ihm/ihr ist das große Unglück widerfahren, seine/ihre ganze Familie bei einem Unfall zu verlieren; **es una ~ que tanta gente tenga que pasar hambre en el mundo** es ist schrecklich, dass auf der Welt so viele Leute Hunger leiden müssen; **eres una verdadera ~** dir gelingt einfach gar nichts
❸ (*pérdida de gracia*) Ungnade *f*; **caer en ~** in Ungnade fallen
❹ (*falta de gracia*) Schwerfälligkeit *f*, Unbeholfenheit *f*

desgraciada [desɣra'θjaða] *adj v.* **desgraciado**

desgraciadamente [desɣraθjaða'mente] *adv* unglücklicherweise, leider

desgraciado, -a [desɣra'θjaðo, -a] **I.** *adj* ❶ (*sin suerte*) glücklos, vom Pech verfolgt, Pech-; **ser** ~ (*tener mala suerte*) Pech [*o* kein Glück] haben, ein Pechvogel sein; (*no llegar a nada*) es zu nichts bringen; ~ **en el juego, afortunado en amores** (*prov*) Pech im Spiel, Glück in der Liebe
❷ (*infeliz*) unglücklich, vom Schicksal gebeutelt
❸ (*que implica desgracia*) tragisch, unheilvoll; **un accidente** ~ ein schwerer [*o* schrecklicher] Unfall; **fue una intervención desgraciada das Eingreifen richtete nur Schaden an**
❹ (*pobre*) arm(selig)
❺ (*sin gracia*) unbeholfen, schwerfällig
❻ (*desagradable*) unsympathisch, unangenehm; (*feo*) hässlich, reizlos
II. *m*, *f* ❶ (*sin suerte*) Pechvogel *m*, Unglücksrabe *m*
❷ (*infeliz*): **es un ~** ihm hat das Schicksal übel mitgespielt
❸ (*pobre*) armer Schlucker *m*
❹ (*persona sin valor*) Schwächling *m*, Nichtsnutz *m*
❺ (*pey: miserable*) Schuft *m*, Schwein *nt fam*

desgraciar [desɣra'θjar] **I.** *vt* ❶ (*estropear*) ruinieren, zunichte machen; (*malograr*) verderben; **estos lazos desgracian el vestido** diese Schleifen nehmen dem Kleid jeden Reiz
❷ (*disgustar*) verärgern, verdrießen
❸ (*herir*) übel zurichten; (*la cara*) entstellen
❹ (*asesinar*) umbringen
II. *vr*: ~**se** ❶ (*estropearse*) verderben, kaputtgehen; **se ha desgraciado mucho en los últimos años** in den letzten Jahren hat sein/ihr Aussehen sehr gelitten
❷ (*hacerse daño*) sich übel zurichten
❸ (*malograrse*) scheitern, missglücken; (*una amistad*) in die Brüche gehen; **corre peligro de que se le desgracie el niño que espera** sie läuft Gefahr, das Kind, das sie erwartet, zu verlieren
❹ (*perder el favor*) in Ungnade fallen

desgramar [desɣra'nar] *vt* vom Hundszahngras befreien

desgranado, -a [desɣra'naðo, -a] *adj*: **una de las ruedas está desgranada** an einem Zahnrad fehlen (mehrere) Zähne

desgranadora [desɣrana'ðora] *f* (AGR) Entkörnungsmaschine *f*

desgranar [desɣra'nar] **I.** *vt* ❶ (*maíz*) entkörnen; (*habas*) aushülsen, ausschälen; (*trigo*) dreschen; (*un racimo*) abbeeren; ~ **(las cuentas de) un rosario** (*fig*) einen Rosenkranz abbeten
❷ (*repetir*): ~ **insultos** einen Sturm von Beleidigungen ablassen; ~ **mentiras** Lügen vom Stapel lassen; ~ **palabrotas** mit Schimpfwörtern um sich werfen
II. *vr*: ~**se** ❶ (*un collar*) reißen, die Perlen verlieren
❷ (*una espiga*) ausfallen; (*una vaina*) aufplatzen; **con la tormenta se han desgranado los girasoles** durch das Gewitter haben die Sonnenblumen ihre Körner verloren

desgrane [des'ɣrane] *m* Enthülsen *nt*, Entkörnen *nt*

desgrasadora [desɣrasa'ðora] *f* (*para lanas*) Entschweißungskübel *m*

desgrasar [desɣra'sar] *vt* ❶ (*una superficie*) entfetten
❷ (*lanas*) entschweißen

desgrase [des'ɣrase] *m* ❶ (*desengrase*) Entfetten *nt*
❷ (BIOL) Fettverlust *m*

desgravable [desɣra'βaβle] *adj* abzugsfähig, (von der Steuer) abziehbar

desgravación [desɣraβa'θjon] *f* ❶ (*reducción de un impuesto*) Steuererleichterung *f*, Steuervergünstigung *f*, Steuersenkung *f*; (*de un arancel*) Zollminderung *f*; ~ **fiscal** Steuererleichterung *f*; ~ **por hijo** Kinderfreibetrag *m*; ~ **principal** Grundentlastung *f*
❷ (*abolición de un impuesto*) Steuerbefreiung *f*, Erlass *m* von Steuern; (*de un arancel*) Zollfreiheit *f*; **la oposición exige la ~ de los salarios bajos** die Opposition fordert, dass geringe Einkommen steuerfrei sind [*o* fordert die Steuerbefreiung für geringe Einkommen]
❸ (*de un gasto*) Abzug *m*; ~ **sobre bienes de capital** Anlageabschreibung *f*; ~ **por cargas familiares** Kinderfreibetrag *m*

desgravar [desɣra'βar] *vt* ❶ (*suprimir un impuesto*) von der Steuer befreien; (*un derecho arancelario*) von den Zollgebühren befreien; ~ **una mercancía** keine Zollgebühren auf eine Ware erheben; **el gobierno ha decidido ~ los intereses** die Regierung hat beschlossen, dass Zinsen steuerfrei sind [*o* keine Steuern auf Zinsen zu erheben]
❷ (*reducir un impuesto, un arancel*): ~ **el tabaco** (*bajar el impuesto*) die Tabaksteuer senken, eine Steuererleichterung für Tabakwaren gewähren; (*el arancel*) keine Zollgebühren auf Tabakwaren erheben
❸ (*deducir un impuesto*) (von der Steuer) abziehen; ~ **los gastos de teléfono del impuesto sobre la renta** die Telefonkosten von der Einkommensteuer abziehen

desgreñado, -a [desɣre'ɲaðo, -a] *adj* ungekämmt, zerzaust

desgreñar [desɣre'ɲar] **I.** *vt* (*despeinar*) zerzausen
II. *vr*: ~**se** ❶ (*despeinarse*) sein Haar in Unordnung bringen, sich *dat* die Haare zerzausen
❷ (*reñir*) sich in die Haare kriegen, sich streiten; (*pelearse*) sich raufen, sich prügeln

desguace [des'ɣwaθe] *m* (*total*) Verschrottung *f*; (*parcial*) Ausschlachten *nt*; **estar para el ~** (*fig fam: cosa*) schrottreif sein; (*fig fam: persona*) abgewrackt sein

desguarnecer [desɣwarne'θer] *irr como crecer vt* ❶ (*quitar el adorno*) von Zierrat [*o* Schmuck] befreien; ~ **un uniforme** den Besatz von einer Uniform entfernen

desguazar

② (*un caballo*) abschirren
③ (MIL) die Truppen abziehen (von +*dat*); **fue un error ~ la ciudad** es erwies sich als Fehler, die Stadt ohne militärischen Schutz zurückzulassen
④ (*quitar algo esencial*) unbrauchbar machen; **¿por qué has desguarnecido de cuerdas la guitarra?** warum hast du die Gitarrensaiten entfernt?

desguazar [desɣwa'θar] <z→c> *vt* ① (*desmontar*) auseinander nehmen, zerlegen
② (*deshacer completamente*) verschrotten; (*un buque*) abwracken; (*quitar las partes útiles*) ausschlachten
③ (*madera*) abhobeln

deshabitado, -a [desaβi'taðo, -a] *adj* verlassen, leer; (*edificio*) unbewohnt, leer stehend; (*zona*) unbesiedelt; **una ciudad deshabitada** eine Geisterstadt; **una región muy deshabitada** ein nur spärlich besiedeltes Gebiet

deshabitar [desaβi'tar] *vt* ① (*dejar de habitar*) verlassen; (*un edificio*) räumen; **~ un piso** aus einer Wohnung ausziehen
② (*dejar sin habitantes*) entvölkern; **la emigración a las ciudades ha deshabitado los pueblos** die Landflucht hat die Dörfer entvölkert

deshabituación [desaβitwa'θjon] *f* Abgewöhnung *f*

deshabituar [desaβitu'ar] <*1. pres:* deshabitúo> I. *vt* entwöhnen; **~ a alguien de algo** jdm etw abgewöhnen, jdn etw *gen* entwöhnen *elev*
II. *vr:* **~se** sich *dat* abgewöhnen (*de +akk*); **~se de beber** vom Alkohol loskommen; **~se de una droga** einen (Drogen)entzug machen; **quiero ~me de fumar** ich will mir das Rauchen abgewöhnen

deshacer [desa'θer] *irr como* hacer I. *vt* ① (*un paquete*) auspacken; (*una costura*) auftrennen; (*un nudo*) lösen, aufmachen; (*la cama*) zerwühlen; (*un aparato*) auseinander bauen, zerlegen; (INFOR: *una cosa*) rückgängig machen; **~ una maleta** einen Koffer wieder auspacken; **~ los puntos** das Gestrickte wieder auftrennen; **no intentes ~ lo hecho** versuch nicht das Geschehene ungeschehen zu machen; **no sé cómo ~ mi error** ich weiß nicht, wie ich meinen Fehler wieder gutmachen soll; **ser el que hace y deshace** (*fig*) die erste Geige spielen
② (*destruir*) kaputtmachen, zerstören; (*en pedazos*) zerstückeln, zerbröckeln; (*cortar*) zerhacken, zerstückeln; (*una res*) zerlegen; (*una tela*) zerreißen, in Stücke reißen; (*a golpes*) zerschlagen; **los niños han deshecho el sofa** die Kinder haben das Sofa kaputtgemacht [*o* völlig ruiniert]; **la tormenta ha deshecho toda la cosecha** das Gewitter hat die gesamte Ernte vernichtet; **me has deshecho mis planes** du hast meine Pläne zunichte gemacht; **la guerra le ha deshecho la vida** der Krieg hat sein/ihr Leben ruiniert; **el perro ha deshecho el periódico** der Hund hat die Zeitung zerfetzt [*o* in Stücke gerissen]
③ (*disolver*) auflösen; (*hielo*) schmelzen (lassen), zum Schmelzen bringen; **~ una casa** (*fig*) eine Wohnung [*o* einen Haushalt] auflösen; **~ un contrato** einen Vertrag lösen [*o* rückgängig machen]; **~ un negocio** ein Geschäft rückgängig machen [*o* stornieren]; **hay que ~ la pastilla en agua** man muss die Tablette in Wasser auflösen
④ (MIL) in die Flucht schlagen
II. *vr:* **~se** ① (*descomponerse*) sich auflösen; **se deshace en cumplidos/en alabanzas** er/sie überschüttet mich mit Komplimenten/Lob; **~se de impacienca** vor lauter Ungeduld vergehen, es vor Ungeduld nicht mehr aushalten; **~se en lágrimas** sich in Tränen auflösen, in Tränen zerfließen; **~se en llanto** in Gejammer ausbrechen; **~se de nervios** übernervös sein; **~se por algo** (ganz) verrückt nach etw *dat* sein; **se deshace por complacernos** er/sie tut alles, um uns zufrieden zu stellen; **~se a trabajar** wie besessen arbeiten, sich abrackern *fam*; **se me ha deshecho el helado** das Eis ist mir weggeschmolzen; **aunque me he deshecho empollando, no he aprobado el examen** obwohl ich wie verrückt gebüffelt habe, habe ich die Prüfung nicht bestanden
② (*romperse*) kaputtgehen, in die Brüche gehen; (*una costura, un nudo*) aufgehen; (*un pastel*) zerbröckeln; (*una silla*) aus dem Leim gehen
③ (*desprenderse*) sich entledigen (*de +gen*), loswerden; (*de gente*) abwimmeln (*de*); **~se de alguien** sich *dat* jdn vom Hals schaffen; (*asesinar*) jdn umbringen; **~se de un empleado** einen Angestellten entlassen; **me he deshecho de mi coche** ich habe mein Auto verkauft
④ (*enflaquecerse*) abmagern
⑤ (*desaparecer*) verschwinden; **no sé dónde está, se ha deshecho** ich weiß nicht, wo er/sie ist, er/sie hat sich wohl in Luft aufgelöst

deshalogenar [desaloxe'nar] *vt* (QUÍM) ein Halogen (aus einer Verbindung) abspalten, dehalogenieren

deshambrido, -a [desam'briðo, -a] *adj* sehr hungrig, ausgehungert

desharrapado, -a [desarra'paðo, -a] I. *adj* zerlumpt, abgerissen, schäbig
II. *m, f* ① Bettler(in) *m(f)*, Penner(in) *m(f) fam*; **hatajo de ~s** Lumpenpack *nt pey*, Lumpengesindel *nt pey*

deshebillar [deseβi'ʎar] *vt* lösen, abschnallen

deshebrar [dese'βrar] *vt* ① (*un tejido*) ausfasern, ausfransen

② (*una cosa*) zerstückeln

deshechizar [desetʃi'θar] <z→c> *vt* von einem Zauber befreien; **el príncipe consiguió ~ a la princesa** es gelang dem Prinzen, den Zauber, der auf der Prinzessin lag, zu brechen

deshecho, -a [de'setʃo, -a] I. *pp de* deshacer
II. *adj* ① (*deprimido*) am Boden zerstört; **estar ~** am Boden zerstört sein, völlig fertig sein *fam*; **dejar a alguien ~** jdn fertig machen *fam*
② (*cansado*) erschöpft; **estar ~** völlig erledigt sein, fix und fertig sein *fam*
③ (*tormenta*) heftig, stürmisch; (*lluvia*) strömend

deshelar [dese'lar] <e→ie> I. *vt* (*hielo*) schmelzen (lassen), tauen (lassen); (*una nevera*) abtauen
II. *vr:* **~se** (*nieve*) schmelzen, tauen; (*nevera*) abtauen; **la nieve en las montañas se está deshelando** es taut in den Bergen, in den Bergen hat Tauwetter eingesetzt

desherbar [deser'βar] <e→ie> *vt* (aus)jäten, von Unkraut befreien

desheredación [desereða'θjon] *f* (*t.* JUR) Enterbung *f*; (*exclusión*) Erbausschließung *f*

desheredado, -a [desere'ðaðo, -a] I. *adj* ① (*excluido de una herencia*) enterbt
② (*pobre*) benachteiligt, arm
II. *m, f* ① (*excluido de una herencia*) Enterbte(r) *mf*
② (*pobre*) Arme(r) *mf*, Benachteiligte(r) *mf*

desheredar [desere'ðar] *vt* enterben
II. *vr:* **~se** seiner Familie Schande machen; **con tu comportamiento te has desheredado** aufgrund [*o* auf Grund] deines Verhaltens gehörst du nun nicht mehr zur Familie

desherrar [dese'rrar] <e→ie> I. *vt* ① (*persona*) die Fesseln abnehmen (*a +dat*)
② (*caballería*) die Hufeisen entfernen (+*dat*)
II. *vr:* **~se** ① (*persona*) sich aus den Fesseln befreien
② (*caballería*) ein Hufeisen verlieren

desherrumbrar [deserrum'brar] *vt* entrosten

deshidratación [desiðrata'θjon] *f* ① (*extracción de agua*) Wasserentzug *m*, Entwässerung *f*; (*de alimentos*) Trocknung *f*, Dehydratation *f* *elev*; **este medicamento produce ~** dieses Medikament entzieht dem Körper Wasser
② (QUÍM) Dehydrierung *f*
③ (MED) Dehydration *f*

deshidratado, -a [desiðra'taðo, -a] *adj* ① (*sin agua*) trocken; (*campos, personas*) ausgedörrt; (*alimentos*) getrocknet, dehydriert; (*elev: huevos, leche*) pulverisiert; (*piel*) feuchtigkeitsarm
② (QUÍM) dehydratisiert
③ (MED) dehydriert

deshidratador(a) [desiðrata'ðor(a)] *adj* dehydratisierend, Wasser entziehend; **el calor es un agente ~** Hitze wirkt dehydratisierend

deshidratadora [desiðrata'ðora] *f* (AGR) Trocknungsanlage *f*

deshidratar [desiðra'tar] I. *vt* Wasser entziehen +*dat*; (*suelo, cuerpo*) entwässern; (*alimentos*) trocknen, dehydratisieren; (*elev: huevos, leche*) pulverisieren; **el sol deshidrata los campos** die Sonne dörrt die Felder aus; **el calor deshidrató a los jugadores** die Hitze entzog den Spielern viel Wasser; **este jabón deshidrata la piel** diese Seife trocknet die Haut aus
II. *vr:* **~se** (aus)trocknen; (*tierra*) ausdörren, ausdorren; **como sudaba tanto, su cuerpo se deshidrató** weil er/sie so viel schwitzte, verlor sein/ihr Körper viel Flüssigkeit

deshidrogenar [desiðroxe'nar] *vt* (QUÍM) dehydrieren, Wasserstoff entziehen (+*dat*)

deshidrogenasa [desiðroxe'nasa] *f* (BIOL) Dehydrase *f*, Dehydrogenase *f*

deshielo [des'jelo] *m* ① (*acción de deshelar(se)*) Schmelzen *nt*, Tauen *nt*; (*de la nevera*) Abtauen *nt*
② (*clima*) Tauwetter *nt*
③ (POL) Tauwetter *nt*; (*entre personas*) Entspannung *f*; **mi intervención provocó un cierto ~ (en su relación)** mein Eingreifen bewirkte, dass sich die Lage zwischen ihnen etwas entspannte

deshijar [desi'xar] *vt* (*Arg, Chil*) *v.* desahijar

deshilachado, -a [desila'tʃaðo, -a] *adj* ① (*ropa*) fadenscheinig, abgetragen
② (*persona*) zerlumpt, schäbig

deshilachar [desila'tʃar] I. *vt* ① (*sacar hilos de*) ausfransen, zerfransen; (*reducir a hilos*) ausfasern
② (*deshacer puntos*) auftrennen; **deshilaché el jersey para hacerme una chaqueta con la lana** ich trennte den Pullover auf um mir aus der Wolle eine Jacke zu stricken
II. *vr:* **~se** zerfransen, ausfransen; **tira ya este abrigo, está completamente deshilachado** wirf doch den Mantel endlich weg, er ist schon völlig abgetragen

deshilada [desi'laða]: **a la ~** (*en fila*) hintereinander, in einer Reihe (*con disimulo*) heimlich; **marchar a la ~** im Gänsemarsch marschieren

deshilvanado, -a [desilβa'naðo, -a] *adj* ❶ (*discurso*) zusammenhanglos, wirr
❷ (*vestido*) ohne Heftfaden, ohne Heftnaht

deshilvanar [desilβa'nar] **I.** *vt:* **~ un pantalón** die Heftnähte einer Hose auftrennen, den Heftfaden aus einer Hose entfernen
II. *vr:* **al probarme la blusa se deshilvanó** als ich die Bluse anprobierte, platzte die Heftnaht [*o* löste sich der Heftfaden]

deshinchadura [desintʃa'ðura] *f* Abschwellung *f*

deshinchar [desin'tʃar] **I.** *vt* ❶ (*sacar el aire*) die Luft herauslassen (aus +*dat*)
❷ (*una inflamación*) zum Abschwellen bringen
❸ (*fig: cólera*) ablassen, freien Lauf lassen +*dat*
❹ (*hacer perder la vanidad*) von seinem hohen Ross herunterholen; **~ a alguien** jdm einen Dämpfer aufsetzen *fam*
II. *vr:* **~se** ❶ (*perder aire*) Luft verlieren; **se me ha deshinchado la rueda de la bici** mein Fahrradreifen ist platt
❷ (*una inflamación*) abschwellen, zurückgehen; **ya se está deshinchando la herida** die Wunde schwillt allmählich ab, die Wundschwellung geht allmählich zurück
❸ (*fam: deponer la vanidad*) von seinem hohen Ross herunterkommen, einen Dämpfer abbekommen *fam*

deshipotecar [desipote'kar] <c→qu> *vt* von einer Hypothek befreien; **~ una casa** die auf einem Haus lastende Hypothek tilgen [*o* abtragen]

deshojado, -a [deso'xaðo] *adj* ❶ (*árbol*) kahl, entblättert
❷ (*libro*) zerfleddert

deshojar [deso'xar] **I.** *vt* ❶ (BOT) entblättern; (*un árbol*) entlauben; **~ una flor** die Blütenblätter abzupfen
❷ (*arrancar las páginas*) die Blätter herausreißen (aus +*dat*); (*un calendario*) die (Kalender)blätter abreißen
II. *vr:* **~se** ❶ (BOT) sich entblättern, die Blätter verlieren; (*un árbol*) das Laub verlieren; (*perder los pétalos*) die Blüten verlieren
❷ (*un libro*) aus dem Leim gehen

deshoje [des'oxe] *m* Abblättern *nt*, Abfallen *nt* der Blätter; (*de los árboles en otoño*) Laubfall *m*, Entlaubung *f*

deshollejar [desoʎe'xar] *vt* schälen

deshollinadera [desoʎina'ðera] *f* Schornsteinfegerbesen *m*

deshollinador¹ [desoʎina'ðor] *m* ❶ (*persona*) Schornsteinfeger *m*, Kaminkehrer *m*, Kaminfeger *m reg*
❷ (*instrumento para deshollinar*) Kaminkehrbesen *m*
❸ (*escoba*) Stielbesen *m*

deshollinador(a)² [desoʎina'ðor(a)] **I.** *adj* ❶ (*para limpiar el hollín*) Entrußungs-
❷ (*curioso*) neugierig
II. *m(f)* Schnüffler(in) *m(f)*

deshollinar [desoʎi'nar] *vt* ❶ (*quitar el hollín*) entrußen; **~ una chimenea** einen Schornstein fegen
❷ (*limpiar*) putzen, sauber machen
❸ (*curiosear*) herumschnüffeln (in +*dat*)

deshonestidad [desonesti'ðað] *f* ❶ (*carácter inmoral*) Unehrbarkeit *f*, Unanständigkeit *f*
❷ (*carácter tramposo*) Unehrlichkeit *f*, Unredlichkeit *f*
❸ (*acto licencioso*) Unzucht *f*
❹ (*fraude*) Betrug *m*
❺ (*dicho*) unanständige Bemerkung *f*

deshonesto, -a [deso'nesto, -a] *adj* ❶ (*inmoral*) unanständig, unmoralisch, unsittlich; (*impúdico*) schamlos; (*licencioso*) unzüchtig; **llevar una vida deshonesta** einen unmoralischen [*o* anrüchigen] Lebenswandel haben
❷ (*tramposo*) unehrlich, unredlich; **acto ~** Betrug *m*, betrügerische Handlung *f*

deshonor [deso'nor] *m* ❶ (*pérdida del honor*) Entehrung *f*, Schmach *f elev*
❷ (*acto*) Schande *f*; **tu comportamiento es [*o* supone] un ~ para la familia** dein Benehmen gereicht der Familie zur Schande [*o* macht der Familie Schande]

deshonrar [deson'rar] **I.** *vt* ❶ (*quitar el empleo*) seines Amtes entheben
❷ (*quitar el honor*) entehren
II. *vr:* **~se** (*quitar el honor*) sich unwürdig benehmen

deshonra [des'onra] *f* ❶ (*acto*) Schande *f*; **tener algo a ~** (*juzgar como insulto*) etw als Kränkung empfinden; (*juzgar como humillante*) etw als Demütigung empfinden
❷ (*pérdida de la honra*) Schmach *f elev*; **ser una ~ para la empresa** den Ruf [*o* das Ansehen] der Firma ruinieren
❸ (*de una mujer*) Verführung *f*, Entehrung *f*; (*elev: violación*) Schändung *f*

deshonrar [deson'rrar] *vt* ❶ (*quitar la honra*) entehren; **~ a alguien** jds Ansehen [*o* Ruf] ruinieren; **has deshonrado el nombre de la familia** du hast den Namen der Familie geschändet [*o* in den Schmutz gezogen]
❷ (*una mujer*) verführen, entehren; (*elev: violar*) schänden, vergewaltigen
❸ (*ofender*) kränken
❹ (*humillar*) demütigen
❺ (*quitar el cargo a*) seines Amtes entheben; (MIL) degradieren

deshonroso, -a [deson'rroso, -a] *adj* ❶ (*que causa deshonra*) schändlich, unsittlich, skandalös
❷ (*poco honroso*) unehrenhaft, ehrlos, schmählich *elev*

deshora [de'sora] *f* Unzeit *f*; **hablar a ~(s)** dazwischenreden, sich ungefragt zu Wort melden; **venir a ~(s)** (*en un momento inconveniente*) zu einem unpassenden Zeitpunkt kommen, ungelegen kommen; (*demasiado tarde*) zu spät kommen; **hace una vida muy irregular, comiendo y durmiendo siempre a ~(s)** er/sie führt ein sehr unregelmäßiges Leben und isst und schläft zu den unmöglichsten Zeiten

deshornado [desor'naðo] *m sin pl* Herausnehmen *nt* aus dem Ofen

deshuesado, -a [deswe'saðo, -a] *adj* ❶ (*fruta*) entkernt, entsteint
❷ (*carne*) ohne [*o* frei von] Knochen

deshuesadora [deswesa'ðora] *f* (*máquina*) Entsteinungsmaschine *f*; (*instrumento*) Entsteiner *m*, Entkerner *m*

deshuesar [deswe'sar] *vt* (*fruto*) entsteinen, entkernen; (*carne*) ausbeinen

deshumanización [desumaniθa'θjon] *f* Entmenschlichung *f*, Dehumanisation *f elev*

deshumanizado, -a [desumani'θaðo, -a] *adj* entmenschlicht, dehumanisiert *elev*

deshumanizar [desumani'θar] <z→c> *vt* entmenschlichen, dehumanisieren *elev*

deshumedecer [desumeðe'θer] *irr como crecer vt* entfeuchten, trocknen

deshumidificación [desumiðifika'θjon] *f sin pl* Entfeuchtung *f*

deshumidificador¹ [desumiðifi'kaðor] *m* (Luft)entfeuchter *m*

deshumidificador(a)² [desumiðifika'ðor(a)] *adj* entfeuchtend, Entfeuchtungs-; **aparato ~** Entfeuchtungsgerät *nt*

deshumidificar [desumiðifi'kar] <c→qu> *vt* entfeuchten

desideologizado, -a [desiðeoloxi'θaðo, -a] *adj* ideologiefrei; **un discurso ~** eine in keinster Weise ideologisch gefärbte Rede

desideologizar [desiðeoloxi'θar] <z→c> *vt* (POL) entideologisieren

desiderativo, -a [desiðera'tiβo, -a] *adj* (LING) Wunsch-, einen Wunsch ausdrückend; **oración desiderativa** Wunschsatz *m*

desiderátum [desiðe'ratun] *m* Desiderat(um) *nt*, Erwünschte(s) *nt*; **su máximo ~ era tener un hijo** sein/ihr sehnlichster Wunsch war ein Kind, mehr als alles andere (auf der Welt) wünschte er/sie sich *dat* ein Kind; **mi máximo ~ sería no tener que trabajar nunca más** mein sehnlichster Wunsch ist es, nie wieder arbeiten zu müssen

desidia [de'siðja] *f* ❶ (*descuido*) Nachlässigkeit *f*, Schlampigkeit *f*; **me molesta su ~ en el trabajo** mich stört seine/ihre schlampige Arbeitsweise
❷ (*pereza*) Trägheit *f*, Faulheit *f*

desidioso, -a [desi'ðjoso, -a] *adj* ❶ (*descuidado*) nachlässig, schlampig
❷ (*perezoso*) faul, träge

desierto¹ [de'sjerto] *m* ❶ (*lugar árido*) Wüste *f*; **~ rocoso** Geröllwüste *f*; **~ salino** Salzwüste *f*
❷ (*lugar despoblado*) Einöde *f*; **predicar en el ~** in den Wind reden, tauben Ohren predigen; **hablarle de los peligros del tabaco para la salud es predicar en el ~, nunca dejará de fumar** es ist sinnlos [*o* ein sinnloses Unterfangen], ihm/ihr zu erzählen, wie gesundheitsschädlich Zigaretten sind; er/sie wird das Rauchen nie aufgeben

desierto, -a² [de'sjerto, -a] *adj* ❶ (*sin gente*) (menschen)leer, verlassen; (*zona*) unbesiedelt
❷ (*como un desierto*) öde, wüst
❸ (*sin participantes*): **una subasta desierta** eine Auktion ohne Bieter; **el premio fue declarado [*o* quedó] ~** der Preis wurde nicht vergeben; **dar por desierta una apelación** (JUR) ein Rechtsmittel nicht zulassen; **dar por ~ un concurso** einen Wettbewerb mangels Teilnehmer absagen

designación [desiɣna'θjon] *f* ❶ (*nombramiento*) Ernennung *f*, Berufung *f*; **~ de candidatos** Aufstellung von Kandidaten (zur Wahl); **~ de defensor** (JUR) Verteidigerbestellung *f*; **~ de letrado** Anwaltsbestellung *f*; **~ presidencial** Ernennung durch den Präsidenten
❷ (*nombre*) Bezeichnung *f*, Benennung *f*; (*símbolo*) Kennzeichnung *f*, Markierung *f*; **~ colectiva** Sammelbezeichnung *f*; **~ del contenido** Inhaltsangabe *f*; **~ genérica** Gattungsbezeichnung *f*; **~ de la mercancía** Warenbezeichnung *f*

designar [desiɣ'nar] *vt* ❶ (*denominar*) kennzeichnen, markieren; (*dar un nombre*) benennen, bezeichnen (*por* als +*akk*); **~ a alguien con un apodo** jdm einen Spitznamen verpassen
❷ (*nombrar*) ernennen (*para* zu +*dat*); **~ un abogado** einen Anwalt benennen; **~ un candidato** einen Kandidaten aufstellen; **~ un repre-**

designio

sentante einen Vertreter bestellen; **la ~on para vicepresidente** sie wurde zur Vizepräsidentin ernannt

❸ (*elegir*) auswählen, bestimmen; **¿qué ciudad habéis designado como sede del congreso?** welche Stadt habt ihr als Austragungsort für den Kongress gewählt?; **todavía tenemos que ~ la fecha para la boda** wir müssen noch das Hochzeitsdatum festsetzen

❹ (*formar un designio*) planen, beabsichtigen, vorhaben

designio [de'siɣnjo] *m* (*plan*) Vorhaben *nt*, Plan *m*; (*propósito*) Absicht *f*, Ziel *nt*; (*deseo*) Wunsch *m*; **su ~ es convertirse en multimilionario** er will es zum Multimillionär bringen

desigual [desi'ɣwal] *adj* ❶ (*no igual*) ungleich, verschieden; (*lucha*) unfair, ungleich; (*tratamiento*) ungerecht, unfair; **las dos hermanas son muy ~es** die beiden Schwestern sind völlig verschieden [*o* ähneln sich *dat* überhaupt nicht]

❷ (*irregular*) uneben, rau; (*carretera*) holp(e)rig, unwegsam

❸ (*inconstante*) unbeständig; (*tiempo*) wechselhaft; (*carácter*) unausgeglichen, wechselhaft

❹ (*loc*): **salir ~** missraten

desigualar [desiɣwa'lar] I. *vt* ❶ (*hacer desigual*) ungleich machen; **~ a alguien** jdn benachteiligen; **aquí no desigualamos a nadie** hier sind alle gleich, hier werden alle gleich behandelt

❷ (*hacer irregular*) uneben machen, aufrauen

II. *vr*: **~se** ❶ (*desemejarse*) auseinander driften; **nuestras opiniones se van desigualando cada vez más** unsere Meinungen weichen immer mehr voneinander ab

❷ (*sobresalir*) herausragen, die Nase vorn haben *fam*

desigualdad [desiɣwal'daθ] *f* ❶ (*diferencia*) Verschiedenheit *f*, Ungleichheit *f*; (*en el trato*) Ungerechtigkeit *f*; **~ social** soziale Ungleichheit

❷ (*irregularidad*) Unebenheit *f*

❸ (*del carácter*) Unausgeglichenheit *f*, Wankelmut *m*; (*t. del tiempo*) Wechselhaftigkeit *f*

desilusión [desilu'sjon] *f* ❶ (*desengaño*) Enttäuschung *f*; **sufrir una ~** enttäuscht werden

❷ (*desencanto*) Ernüchterung *f*; **caer en la ~** in Hoffnungslosigkeit verfallen

desilusionante [desilusjo'nante] *adj* ❶ (*que desengaña*) enttäuschend

❷ (*que desencanta*) ernüchternd, desillusionierend

desilusionar [desilusjo'nar] I. *vt* ❶ (*quitar la ilusión*) ernüchtern, die Illusionen rauben (*a* +*dat*); **la vida me ha desilusionado mucho** das Leben hat mir all meine Illusionen geraubt

❷ (*desengañar*) enttäuschen

II. *vr*: **~se** ❶ (*perder la ilusión*) seine Illusionen verlieren; **ya se ~á y cambiará de opinión** er/sie wird schon noch die Wahrheit erkennen und seine/ihre Meinung ändern

❷ (*sufrir un desengaño*) eine Enttäuschung erleiden; **como te diga la verdad te vas a ~** wenn ich dir die Wahrheit sage, wirst du enttäuscht sein

desimanación [desimana'θjon] *f v.* **desimantación**

desimanar [desima'nar] *vt v.* **desimantar**

desimantación [desimanta'θjon] *f* Entmagnetisierung *f*

desimantar [desiman'tar] I. *vt* entmagnetisieren

II. *vr*: **~se** seine Anziehungskraft verlieren

desincentivación [desinθenti̯ βa'θjon] *f sin pl* (*anulación de incentivos*) Streichung *f* von Anreizen; (*desanimación*) Entmutigung *f*

desincentivar [desinθenti'βar] *vt* entmutigen

desincronización [desiŋkroniθa'θjon] *f sin pl* ❶ (*falta de sincronía*) Verlust *m* der Synchronität; (*máquina*) Nichtsynchronlauf *m*

❷ (MED) Desynchronisation *f*

desincronizar [desiŋkroni'θar] <z→c> I. *vt* die Synchronisation aufheben (+*gen*), desynchronisieren; **desincronizó los relojes** er/sie stellte die Uhren auf verschiedene Zeiten

II. *vr*: **~se** zeitlich nicht aufeinander abgestimmt sein

desincrustante [desiŋkrus'tante] I. *adj* ❶ (*que descalcifica*) Kalk lösend; (*que limpia calderas*) Kesselstein lösend

II. *m* (*para descalcificar*) Kalkreiniger *m*; (*para calderas*) Kesselsteinlösemittel *nt*, Kesselsteinentferner *m*; (*para el tártaro de cerveza*) Biersteinentfernungsmittel *nt*

desincrustar [desiŋkrus'tar] *vt* von Ablagerungen befreien; (*descalcificar*) entkalken, von Kalk befreien; (*para calderas*) Kesselstein befreien; **un aparato para ~ calderas** eine Maschine zum Ausklopfen [*o* zur Entfernung] von Kesselstein

desindexación [desinde̯ʝsa'θjon] *f sin pl* (INFOR) Indexauflösung *f*

desindexar [desinde̯ʝ'sar] *vt* (INFOR) den Index aufheben

desindustrialización [desindustrjaliθa'θjon] *f* Entindustrialisierung *f*, Deindustrialisierung *f*

desindustrializar [desindustrjali'θar] <z→c> *vt* entindustrialisieren

desinencia [desi'nenθja] *f* (LING) Endung *f*; **~ nominal** Substantivendung *f*

desinencial [desinen'θjal] *adj* (LING) Endungs-

desinfartar [desimfar'tar] I. *vt* (MED) dem Infarkt (eines Organs) entgegenwirken

II. *vr*: **~se** (MED) sich von einem Infarkt erholen

desinfección [desimfeɣ'θjon] *f* Desinfizierung *f*, Desinfektion *f*

desinfectante [desimfek'tante] I. *adj* desinfizierend, Desinfektions-; **líquido ~** Desinfektionsmittel *nt*, Desinfiziens *nt*

II. *m* Desinfektionsmittel *nt*, Desinfiziens *nt*

desinfectar [desimfek'tar] *vt* desinfizieren

desinflación [desimfla'θjon] *f* (ECON) Deflation *f*

desinflado, -a [desim'flaðo, -a] *adj* (*rueda*) platt

desinflamación [desimflama'θjon] *f sin pl* (MED) Abklingen *nt* einer Entzündung

desinflamar [desimfla'mar] I. *vt* (MED) eine Entzündung abklingen lassen (+*gen*)

II. *vr*: **~se** (MED): **la herida se desinflamó muy lentamente** die Entzündung der Wunde klang nur langsam ab

desinflar [desim'flar] I. *vt* ❶ (*sacar el aire*) die Luft herauslassen [*o* ablassen] (*aus* +*dat*)

❷ (*disminuir*) vermindern, verringern

❸ (*desanimar*) entmutigen

❹ (*hacer perder la pretensión*) von seinem hohen Ross herunterholen; **~ a alguien** jdm einen Dämpfer aufsetzen *fam*

II. *vr*: **~se** ❶ (*perder aire*) die Luft verlieren; **se me ha desinflado la rueda de atrás de la bici** mein hinterer Fahrradreifen ist platt

❷ (*disminuir*) abnehmen, zurückgehen; (*inflamación*) abschwellen; **el rumor se está desinflando** das Gerücht verliert langsam an Boden

❸ (*desanimarse*) den Mut [*o* die Lust] verlieren, aufgeben; **me desinflé al enterarme que había 50 solicitantes para cada plaza** ich verlor die Hoffnung, als ich hörte, dass auf jeden Platz 50 Bewerber kamen

❹ (*perder la presunción*) von seinem hohen Ross herunterkommen

desinformación [desimforma'θjon] *f* Desinformation *f*

desinformar [desimfor'mar] *vt* falsch informieren

desinformativo, -a [desimforma'tiβo, -a] *adj* irreführend

desinhibición [desiniβi'θjon] *f* Enthemmung *f*

desinhibido, -a [desini'βiðo, -a] *adj* ❶ (*persona*) ungehemmt, natürlich

❷ (*órgano*) funktionsfähig

desinhibir [desini'βir] I. *vt* ❶ (*a una persona*) enthemmen

❷ (*un órgano*) von einer Blockierung befreien

II. *vr*: **~se** ❶ (*un órgano*) seine Funktion wieder aufnehmen; (MED) spontan reagieren

❷ (*persona*) seine Hemmungen verlieren, sich ungezwungen [*o* natürlich] verhalten

desinsectación [desinsekta'θjon] *f sin pl* Insektenvernichtung *f*

desinsectador(a) [desinsekta'ðor(a)] *adj* Insektenvernichtungs-; **producto ~** Insektenvernichtungsmittel *nt*, Insektizid *nt*

desinsectar [desinsek'tar] *vt* von Insekten befreien; **~ un campo** die Insekten in einem Feld vernichten, ein Feld mit Insektenvernichtungsmitteln besprühen

desinserción [desinser'θjon] *f* (SOCIOL) (soziale) Ausgrenzung *f*

desinsertar [desinser'tar] I. *vt* (SOCIOL) (sozial) ausgrenzen

II. *vr*: **~se** (SOCIOL) (sozial) ausgegrenzt werden

desintegración [desinte̯ɣra'θjon] *f* ❶ Auflösung *f*, Desintegration *f*; (*de un territorio*) Teilung *f*; (*de una ruina*) Zerfall *m*; (*de un grupo*) Trennung *f*; (*de una institución*) Auflösung *f*; (*debido al clima*) Verwitterung *f*; (FÍS) Spaltung *f*; (QUÍM) Zersetzung *f*, Auflösung *f*; **~ nuclear** Kernspaltung *f*

desintegrar [desinte'ɣrar] I. *vt* (in seine Bestandteile) auflösen, desintegrieren; (*una piedra*) zerbröckeln; (*un grupo*) auflösen; (*un país*) teilen; (FÍS) spalten; (QUÍM) zersetzen; (*por radiación*) zerstrahlen; **~ un Estado** einen Staat teilen, ein Gebiet aus einem Staat ausgliedern

II. *vr*: **~se** zerfallen; (*un edificio*) einstürzen; (*un muro*) zerbröckeln; (*grupo*) sich auflösen; (FÍS) sich spalten; (QUÍM) sich auflösen; **el partido se desintegró a causa de la discusión sobre el nuevo programa** die Partei spaltete sich infolge [*o* zerbrach an] der Diskussion über das Programm

desinterés [desinte'res] *m* ❶ (*indiferencia*) Gleichgültigkeit *f*, Desinteresse *nt* (*por a* +*dat*) *elev*; **sentir ~ por algo** an etw *dat* kein Interesse haben

❷ (*altruismo*) Uneigennützigkeit *m*, Selbstlosigkeit *f*; (*generosidad*) Freigebigkeit *f*; **hacer algo con ~** etw ohne Eigennutz tun

desinteresado, -a [desinte're'saðo, -a] *adj* ❶ (*indiferente*) gleichgültig, unbeteiligt, desinteressiert *elev*; (*en un conflicto*) unvoreingenommen, unparteiisch

❷ (*altruista*) uneigennützig, selbstlos; (*generoso*) freigebig

desinteresar [desinte're'sar] I. *vt* nicht interessieren

II. *vr*: **~se** ❶ (*no tener interés*) kein Interesse haben (*de an* +*dat*); (*inhi-*

desmañado tienda y lo vendió todo er/sie räumte den Laden aus und verkaufte alles
④ (NÁUT: *desarbolar*) abtakeln; (*desguarnecer*) abwracken, ausschlachten
desmañado, -a [desma'ɲaðo, -a] **I.** *adj* ungeschickt, linkisch; **es muy ~ para trabajos manuales** er hat kein Talent für handwerkliche Arbeiten
II. *m, f* (*torpe*) Tölpel *m*, Nichtsnutz *m*; (*chapucero*) Stümper *m*; **ser un ~** zwei linke Hände haben
desmaquillador[1] [desmakiʎa'ðor] *m* Abschminkcreme *f*; **~ para los ojos** Augen-Make-up-Entferner *m*
desmaquillador(a)[2] [desmakiʎa'ðor(a)] *adj* Abschmink-; **leche ~a** Reinigungsmilch *f*
desmaquillante [desmaki'ʎante] *adj*: **loción ~** Make-up-Entferner *m*
desmaquillar [desmaki'ʎar] *vt, vr*: **~se** (sich) abschminken
desmarañar [desmara'ɲar] *vt* entwirren
desmarcado, -a [desmar'kaðo, -a] *adj* (DEP) ungedeckt, frei
desmarcar [desmar'kar] <c→qu> **I.** *vt* von Markierungen befreien
II. *vr*: **~se** ① (DEP) sich freilaufen
② (*escaparse*) sich absetzen; **esperó el momento ideal para ~se del grupo** er/sie wartete auf den besten Zeitpunkt um sich von der Gruppe abzusetzen
③ (*no simpatizar*) sich distanzieren (*de* von +*dat*)
desmarojar [desmaro'xar] *vt* welke Blätter entfernen (von +*dat*)
desmaterialización [desmaterjaliθa'θjon] *f sin pl* ① (FÍS) Zerstrahlung *f*, Annihilation *f*
② (*fenómeno paranormal*) Dematerialisierung *f*
desmayado, -a [desma'ʝaðo, -a] *adj* ① (*sin conocimiento*) ohnmächtig, bewusstlos
② (*sin fuerza*) schwach, kraftlos
③ (*color*) blass, unscheinbar
desmayar [desma'ʝar] **I.** *vt* ① (*desanimar*) entmutigen
② (*chocar*) bestürzen, niederschmettern
③ (*debilitar*) schwächen; **el calor me desmaya** die Hitze macht mir schwer zu schaffen [*o* setzt mir sehr zu]
II. *vi* aufgeben, den Mut verlieren, das Handtuch werfen *fam*
III. *vr*: **~se** ① (*desvanecerse*) in Ohnmacht fallen, ohnmächtig werden; **se desmayó en mis brazos** er/sie sank ohnmächtig in meine Arme
② (*fig: caer*) herabsinken, herunterhängen; **el árbol se desmaya sobre el río** die Äste des Baumes senken sich über den Fluss
desmayo [des'maʝo] *m* ① (*desvanecimiento*) Ohnmacht *f*
② (*desánimo*) Mutlosigkeit *f*
③ (*debilidad*) Schwäche *f*, Kraftlosigkeit *f*
desmedido, -a [desme'ðiðo, -a] *adj* exzessiv, übermäßig, maßlos; **ambición desmedida** krankhafter [*o* maßloser] Ehrgeiz; **tener un apetito ~** übermäßig viel essen; **su afición desmedida por la bebida destrozó su matrimonio** sein/ihr krankhafter Hang zum Alkohol zerstörte seine/ihre Ehe
desmedirse [desme'ðirse] *irr como pedir vr* ① (*excederse*) das gesunde Maß überschreiten; **~ en la bebida** exzessiv trinken, unmäßig viel trinken, saufen *fam*
② (*insolentarse*) aus der Rolle fallen, sich ungehörig benehmen; (*insultar*) ausfallend werden, unverschämt werden
desmedrado, -a [desme'ðraðo, -a] *adj* ① (*mal desarrollado*) unterentwickelt; (*pequeño*) klein; (*parte del cuerpo, de una planta*) verkümmert; (*mentalmente atrasado*) zurückgeblieben
② (*estropeado*) beschädigt, kaputt
③ (*sin fuerza*) schlaff; (*persona*) abgezehrt, verfallen, kraftlos
④ (*flaco*) abgemagert, abgezehrt
desmedrar [desme'ðrar] **I.** *vt* beschädigen, ruinieren; **el sol ha desmedrado el cuadro** die Sonne hat dem Bild sehr geschadet
II. *vi* ① (*estropearse*) kaputtgehen; (*monumento*) verfallen; **el negocio ha desmedrado mucho** mit dem Geschäft ist es steil bergab gegangen
② (*debilitarse*) abbauen, an Substanz verlieren; (*persona*) verfallen, schwächer werden; (*planta*) verkümmern; **con la infección ha desmedrado mucho** die Entzündung hat sehr an ihm/ihr gezehrt [*o* hat ihm/ihr sehr zugesetzt], durch die Entzündung hat sich ihr/sein (Gesundheits)zustand verschlechtert; **por falta de ejercicio sus músculos van desmedrando cada vez más** seine/ihre Muskeln verkümmern zusehends mangels Bewegung; **va desmedrando cada vez más** seine/ihre Kräfte schwinden zunehmend
③ (*adelgazar*) abmagern
III. *vr*: **~se** ① (*adelgazarse*) abmagern
② (*debilitarse*) abbauen, an Substanz verlieren; (*persona*) verfallen; (*planta*) verkümmern; **en los últimos meses te has desmedrado mucho** in den letzten Monaten hat sich dein Zustand sehr verschlechtert; **si no comes vas a ~te completamente** wenn du nicht isst, hast du bald gar keine Kraft mehr; **el armario se ha desmedrado con el transporte** der Schrank hat unter dem Transport sehr gelitten

desmejora [desme'xora] *f* Verschlechterung *f*
desmejoramiento [desmexora'mjento] *m* ① (*acción de estropear*) Beschädigung *f*; (*efecto*) Schaden *m*; (*desgaste*) Verschleiß *m*, Abnutzung *f*; **sufrir un ~** Schaden nehmen; **el bosque ha sufrido un ~ considerable debido a la contaminación atmosférica** der Wald hat unter der Luftverschmutzung beträchtlich gelitten
② (*de un enfermo*) Verfall *m*; **su ~ me preocupa mucho** die Verschlechterung seines/ihres Gesundheitszustandes beunruhigt mich sehr
desmejorar [desmexo'rar] **I.** *vt* ① (*estropear*) beschädigen, kaputtmachen, ruinieren; (*gastar*) verschleißen, abnutzen; (*ropa*) abtragen
II. *vi* schwächer werden, verfallen; **ha desmejorado mucho** sein/ihr (Gesundheits)zustand hat sich drastisch verschlechtert, er/sie hat stark abgebaut; **con la gripe has desmejorado mucho** die Grippe hat dir sehr zugesetzt [*o* hat dich sehr in den Kräften gezehrt]
III. *vr*: **~se** ① (*estropearse*) Schaden nehmen, kaputtgehen; (*gastarse*) verschleißen, sich abnutzen; (*tejido*) schäbig werden
② (*perder la salud*) abbauen, verfallen
desmelenado, -a [desmele'naðo, -a] *adj* ① (*despeinado*) zerzaust, ungekämmt
② (*desmadrado*) ungehobelt, unverschämt
③ (*nervioso*) nervös, unruhig, zappelig *fam*
desmelenar [desmele'nar] **I.** *vt* (*das Haar*) zerzausen; **el viento me ha desmelenado** der Wind hat mir das Haar zerzaust [*o* meine Frisur durcheinander gebracht]
II. *vr*: **~se** ① (*el pelo*) sein Haar in Unordnung bringen; **subí la ventanilla del coche para no ~me** ich kurbelte das Autofenster hoch, damit meine Frisur [*o* mein Haar] nicht durcheinander geriet
② (*fig: desmadrarse*) aus der Rolle fallen; (*en la conducta*) sich ungehörig benehmen, über die Stränge schlagen *fam*; (*en el lenguaje*) ausfallend werden; (*enfurecerse*) die Fassung verlieren, in Rage geraten, ausrasten *fam*
③ (*ponerse nervioso*) hektisch werden, rotieren *fam*
desmembración [desmembra'θjon] *f* (*división*) Teilung *f*; (*separación*) Zerlegung *f*
desmembrar [desmem'brar] <e→ie> **I.** *vt* ① (*desunir*) (zer)teilen; (*una institución*) spalten; (*un cuerpo*) zerstückeln, zerlegen; **la bomba le desmembró la mano** die Bombe zerfetzte ihm/ihr die Hand
② (*escindir*) abspalten (*de* von +*dat*), (ab)trennen (*de* von +*dat*)
II. *vr*: **~se** ① (*desunirse*) sich spalten (*de* von +*dat*), sich auflösen
② (*escindirse*) sich abspalten, sich trennen (*de* von +*dat*)
desmemoriado, -a [desmemo'rjaðo, -a] **I.** *adj* ① (*olvidadizo*) vergesslich, zerstreut; **es muy ~** er hat ein Gedächtnis wie ein Sieb
② (*que ha perdido la memoria*) unter Gedächtnisschwund leidend
③ (JUR) unzurechnungsfähig
II. *m, f* ① (*descabezado*) vergesslicher Mensch *m*, Schussel *m fam*
② (*que ha perdido la memoria*) unter Gedächtnisschwund leidender Mensch *m*
③ (JUR) unzurechnungsfähige Person *f*
desmemoriarse [desmemo'rjarse] *vr* ① (*no acordarse*) sich nicht erinnern können
② (*perder la memoria*) das Gedächtnis verlieren
desmentido [desmen'tiðo] *m* ① (*negación*) (Ab)leugnung *f*, (Ab)leugnung *f*; (*de una noticia*) Dementi *nt*
② (*demostración de la falsedad*) Widerlegung *f*, Widerlegen *nt*
desmentir [desmen'tir] *irr como sentir* **I.** *vt* ① (*negar*) (ab)leugnen, abstreiten; (*una noticia*) dementieren; **~ a alguien** (*contradecir*) jdm widersprechen; (*decir que miente*) jdn als Lügner darstellen; **este artículo desmiente tu historia** dieser Artikel behauptet, deine Geschichte sei nicht wahr; **el ministro desmintió la noticia sobre su dimisión** der Minister dementierte die Meldung über seinen Rücktritt
② (*demostrar que es falso*) widerlegen; **~ una sospecha** einen Verdacht zerstreuen; **las pruebas desmienten tus palabras** die Beweise strafen deine Worte Lügen; **el abogado logró ~ los indicios** es gelang dem Anwalt, die Indizien zu entkräften
③ (*disimular*) überspielen, verbergen; **intenta ~ su miedo** er/sie versucht sich *dat* seine/ihre Angst nicht anmerken zu lassen
④ (*desdecir*) im Widerspruch stehen (zu +*dat*), widersprechen +*dat*; **con su comportamiento desmiente a su familia** man sollte nicht meinen, dass er/sie aus dieser Familie stammt; **este vino desmiente su marca** dieser Wein ist schlechter, als es die Marke vermuten lässt
II. *vi* sich neigen, abweichen
desmenuzable [desmenu'θaβle] *adj* brüchig, mürbe
desmenuzar [desmenu'θar] <z→c> **I.** *vt* ① (*deshacer*) zerkleinern; (*con un cuchillo*) zerstückeln; (*con los dedos*) zerbröckeln; (*raspar*) reiben; (*moler*) zermahlen, zerreiben; (*papel*) zerpflücken, zerreißen; (*pan*) zerkrümeln
② (*analizar*) auseinander nehmen, zerpflücken, unter die Lupe nehmen
II. *vr*: **~se** (zer)bröckeln, (ab)bröckeln
desmeollar [desmeo'ʎar] *vt* (MED) das Knochenmark entfernen (aus

desmerecedor +*dat*)
desmerecedor(a) [desmereθe'ðor(a)] *adj* unwürdig
desmerecer [desmere'θer] *irr como crecer* **I.** *vt* (*no merecer*) nicht verdienen; **desmereces su amor** du bist seiner/ihrer Liebe nicht würdig
II. *vi* ① (*decaer*) sich verschlechtern, an Qualität verlieren; (*belleza*) verblühen
② (*ser inferior*) sich negativ abheben (*de* von +*dat*), schlechter sein (*de* als +*nom*); ~ **de algo** im Vergleich zu etw *dat* schlecht [*o* minderwertig] sein; **no ~ de algo** im Vergleich zu etw *dat* gleichwertig sein; **desmerece en talento de su hermano** er/sie ist weniger talentiert als sein/ihr Bruder; **su último libro no desmerece de los anteriores** sein/ihr letztes Buch steht den vorangehenden in nichts nach [*o* ist genauso gut wie die vorangehenden]; **desmereces de tu familia** du fällst innerhalb deiner Familie negativ aus dem Rahmen
desmesura [desme'sura] *f* ① (*falta de mesura*) Unmäßigkeit *f*, Maßlosigkeit *f*, Unmaß *nt*
② (*descomedimiento*) Unverschämtheit *f*, Frechheit *f*
desmesurado, -a [desmesu'raðo, -a] *adj* ① (*enorme*) riesig, übermäßig groß; **tiene un apetito ~** er/sie hat einen ungeheuren Appetit
② (*excesivo*) exzessiv, maßlos; (*ambición*) krankhaft, grenzenlos; (*pretensiones*) überzogen; **beber de una forma desmesurada** übermäßig (viel) trinken, exzessiv trinken
③ (*desvergonzado*) frech, unverschämt, dreist; (*descortés*) unhöflich; (*ofensivo*) ausfallend, beleidigend
desmesurarse [desmesu'rarse] *vr* aus der Rolle fallen, sich ungehörig benehmen, zu weit gehen; (*atreverse*) frech [*o* unverschämt] werden; (*insultar*) ausfallend werden
desmigajar [desmiɣa'xar] **I.** *vt* zerbröckeln; (*pan*) zerkrümeln
II. *vr:* **~se** zerfallen, (zer)bröckeln; (*pan*) (zer)krümeln
desmigar [desmi'ɣar] <g→gu> *vt* zerbröckeln, zerkrümeln
desmilitarización [desmilitariθa'θjon] *f* Entmilitarisierung *f*, Demilitarisierung *f*
desmilitarizar [desmilitari'θar] <z→c> *vt* entmilitarisieren, demilitarisieren; **zona desmilitarizada** entmilitarisierte Zone
desmineralización [desmineraliθa'θjon] *f* (MED) Verarmung *f* an Mineralstoffen, Demineralisation *f*
desmineralizarse [desminerali'θarse] *vr* (MED) Mineralstoffe verlieren, demineralisieren
desmirriado, -a [desmi'rrjaðo, -a] *adj* (*flaco*) abgezehrt, dürr; (*raquítico*) schmächtig
desmitificación [desmitifika'θjon] *f* Entmythisierung *f*, Entmythologisierung *f*
desmitificar [desmitifi'kar] <c→qu> *vt* entmythisieren, entmythologisieren
desmochadora [desmotʃa'ðora] *f* (AGR) Mähdrescher *m*
desmochar [desmo'tʃar] *vt* ① (*deputar*) stutzen; (*plantas*) zurückschneiden, beschneiden; **~ un toro** einem Stier die Hörner stutzen
② (*mutilar*) verstümmeln
③ (*un asunto*) oberflächlich behandeln, streifen
desmoche [des'motʃe] *m* ① (*despunte*) Stutzen *nt*; (*de una planta*) Zurückschneiden *nt*, Beschneiden *nt*
② (*mutilación*) Verstümmelung *f*
③ (*fam: despidos*) Serie *f* von Entlassungen
desmocho [des'motʃo] *m* (AGR: *de trigo*) Ausdrusch *m*; (*ramas*) Baumschnitt *m*
desmolasa [desmo'lasa] *f* (BIOL) Desmolase *f*
desmoldar [desmol'dar] *vt* aus der Form lösen
desmonetización [desmonetiθa'θjon] *f sin pl* ① (*devaluación*) Geldentwertung *f*
② (*abolición de un metal*) Abschaffung *f* der Metallwährung
desmonetizar [desmoneti'θar] <z→c> **I.** *vt* entwerten; **~ un metal** eine Metallwährung abschaffen; **~ una moneda** Geld für ungültig erklären [*o* außer Kurs setzen]; **~ el oro** die Goldwährung abschaffen
II. *vr:* **~se** im Wert fallen
desmonopolizar [desmonopoli'θar] <z→c> *vt* (ECON) das Monopol auflösen
desmontable [desmon'taβle] **I.** *adj* ① (*que se puede quitar*) abnehmbar, abmontierbar, herausnehmbar
② (*que se puede deshacer*) zerlegbar, auseinandernehmbar, auseinanderbaubar
③ (*que se dobla*) zusammenklappbar
II. *m* (AUTO) (Reifen)montiereisen *nt*
desmontadura [desmonta'ðura] *f* ① (*de una pieza*) Auseinanderbauen *nt*, Demontage *f*
② (*de un terreno*) Rodung *f*
desmontaje [desmon'taxe] *m* ① (*de un arma*) Sicherung *f*
② (*de un mecanismo*) Zerlegung *f*, Demontage *f*
③ (*de una pieza*) Ausbau *m*

desmovilizar
④ (*de una estructura*) Abbau *m*; (*de un edificio*) Abriss *m*; **~ social** Sozialabbau *m*
⑤ (MIL) Zerstörung *f*
desmontar [desmon'tar] **I.** *vt* ① (*un mecanismo*) zerlegen, auseinander bauen, auseinander nehmen, demontieren *elev*; **~ un reloj** eine Uhr auseinander bauen [*o* zerlegen]
② (*una pieza*) abmontieren, ausbauen, demontieren *elev*; **~ el motor** den Motor ausbauen; **~ una rueda** ein Rad abmontieren
③ (*una estructura*) abbauen, demontieren; (*un edificio*) abreißen; **~ una fábrica** eine Fabrik demontieren; **~ una tienda de campaña** ein Zelt abbauen
④ (*un bosque*) abholzen, ausroden
⑤ (*un terreno*) (ein)ebnen, planieren
⑥ (*un montón de tierra*) abtragen
⑦ (*un buque*) abwracken
⑧ (*una pistola*) sichern
⑨ (MIL) zerstören, außer Gefecht setzen; **~ un cañón antiaéreo** eine Luftabwehrrakete außer Gefecht setzen
⑩ (*de un caballo, de una moto*) herunterstoßen (*de* von +*dat*)
II. *vi* (*de un caballo*) vom Pferd (ab)steigen; (*de una moto*) vom Motorrad (ab)steigen
III. *vr:* **~se** absteigen (*de* von +*dat*)
desmonte [des'monte] *m* ① (*de un terreno*) Planierung *f*, (Ein)ebnung *f*
② (*de un bosque*) Rodung *f*, Abholzung *f*; **~ de áreas** Flächenrodung *f*
③ (*escombros*) Schutt *m*, Trümmer *mpl*; (MIN) Abraum *m*
④ *pl* (AGR) Lichtung *f*
desmoralización [desmoraliθa'θjon] *f* ① (*desánimo*) Entmutigung *f*, Demoralisierung *f*; **no sé a qué se debe su ~** ich weiß nicht, worauf seine/ihre Mutlosigkeit zurückzuführen ist [*o* warum er/sie so mutlos ist]
② (*de las costumbres*) Untergrabung *f* der Moral, Untergrabung *f* von Sitte und Ordnung, Demoralisation *f*; (*efecto*) Sittenlosigkeit *f*, Zuchtlosigkeit *f*, Demoralisierung *f*; **va aumentando la ~ en este colegio** die Sitten an dieser Schule verfallen zunehmend, an dieser Schule ist ein zunehmender Verfall der Sitten zu beobachten
desmoralizador(a) [desmoraliθa'ðor(a)] *adj* ① (*que desanima*) entmutigend, demoralisierend
② (*que corrompe*) verderblich, demoralisierend
desmoralizante [desmorali'θante] *adj* entmutigend, demoralisierend
desmoralizar [demorali'θar] <z→c> **I.** *vt* ① (*desanimar*) entmutigen, demoralisieren; **la crítica la ha desmoralizado mucho** die Kritik hat an ihrem Selbstvertrauen genagt
② (*corromper*) verderben, demoralisieren; **~ a alguien** jds Moral untergraben
II. *vr:* **~se** ① (*desanimarse*) den Mut [*o* die Zuversicht] verlieren; **con el frío y la lluvia las tropas se iban desmoralizando cada vez más** bei Kälte und Regen sank die Moral der Truppe zunehmend; **después de haber perdido cinco partidos seguidos, el equipo se ha desanimado mucho** nachdem sie fünf Spiele in Folge verloren hat, hat die Mannschaft ihr Selbstvertrauen verloren
② (*corromperse*) sittlich verfallen
desmoronadizo, -a [desmorona'ðiθo, -a] *adj* brüchig, mürbe; (*edificio*) baufällig
desmoronamiento [desmorona'mjento] *m* ① (*arruinamiento*) Zerfall *m*, Verfall *m*; (*de un edificio*) Einsturz *m*; **~ de las rocas** Erdrutsch *m*
② (*disminución*) Schwinden *nt*; (*de un sentimiento*) Abflauen *nt*; (*de un imperio*) Untergang *m*; (*de una ideología*) Scheitern *nt*; **la crisis económica produjo el ~ de mi fortuna** die Wirtschaftskrise kostete mich mein gesamtes Vermögen
desmoronar [desmoro'nar] **I.** *vt* (*deshacer*) zerbröckeln; (*edificio*) abreißen; **el viento ha desmoronado el muro** der Wind hat die Mauer abgetragen; **~ la fe de alguien** (*fig*) jdm dem Glauben an der Sache nehmen
II. *vr:* **~se** ① (*deshacerse*) zerfallen; (*un edificio*) einstürzen; (*un muro*) (zer)bröckeln; (QUIM) sich zersetzen
② (*disminuir*) schwinden; (*sentimiento*) abflauen; (*imperio*) untergehen; (*ideología*) scheitern; **su poder se iba desmoronando cada vez más** seine/ihre Macht schwand zunehmend
③ (*persona*) am Boden zerstört sein
desmotivación [desmotiβa'θjon] *f* Demotivation *f*
desmotivar [desmoti'βar] **I.** *vt* demotivieren; **has conseguido ~me con tu pesimismo** durch deinen Pessimismus ist mir die Lust vergangen
II. *vr:* **~se** das Interesse verlieren, die Lust verlieren
desmovilización [desmoβiliθa'θjon] *f* Demobilisierung *f*; (*de tropas*) Truppenabbau *m*; (*de un soldado*) Entlassung *f* aus dem Kriegsdienst
desmovilizar [desmoβili'θar] <z→c> **I.** *vt* (aus dem Kriegsdienst) entlassen
II. *vi* demobilisieren, Truppen abbauen

hen, auflösen

② (*un misterio*) (auf)klären; (*un enredo*) entwirren; ~ **un asunto** Licht in eine Sache bringen

③ (*a una persona*) ermutigen

II. *vr:* ~**se** ① (*ovillo*) aufgehen

② (*situación*) sich (auf)klären

desoxidable [desoˠsiˈðaβle] *adj* desoxydierbar

desoxidación [desoˠsiðaˈθjon] *f* Entrostung *f*

desoxidante [desoˠsiˈðante] **I.** *adj* ① (*que quita el oxígeno*) desoxidierend, desoxydierend

② (*contra el óxido*) Antirost-, Entrostungs-

II. *m* ① (*para quitar el oxígeno*) Reduktionsmittel *nt*, Desoxidationsmittel *nt*

② (*contra el óxido*) Rostentferner *m*

desoxidar [desoˠsiˈðar] **I.** *vt* ① (*quitar el oxígeno*) desoxidieren, reduzieren

② (*quitar el óxido*) entrosten, von Rost befreien

③ (*fig: un conocimiento*) aufbessern, aufpolieren *fam;* **quiero ~ mi español** ich möchte mein Spanisch aufbessern

II. *vr:* ~**se** Sauerstoff freigeben

desoxigenación [desoˠsixenaˈθjon] *f* (QUÍM) Sauerstoffentzug *m*, Desoxydation *f*

desoxigenar [desoˠsixeˈnar] **I.** *vt* (QUÍM) desoxydieren, Sauerstoff entziehen (+*dat*)

II. *vr:* ~**se** (QUÍM) Sauerstoff freigeben

despabilado, -a [despaβiˈlaðo, -a] *adj* ① (*listo*) aufgeweckt, clever

② (*despierto*) wach, munter

despabilador(a) [despaβilaˈðor(a)] **I.** *adj* aufmunternd; **una sustancia ~a** ein Muntermacher

II. *m(f)* Person, die in alten Theaterhäusern bzw. Kirchen damit beauftragt war, die verkohlten Dochtenden zu entfernen

despabilar [despaβiˈlar] **I.** *vt* ① (*una luz*) putzen; ~ **una vela** den Docht einer Kerze kürzen

② (*despertar*) munter machen; **la ducha me ha despabilado** die Dusche hat mich munter gemacht

③ (*avivar*) aufrütteln; **en la mili ya lo ~án** beim Militär werden sie ihm schon zeigen, wo es langgeht *fam;* **es muy perezosa, pero en el colegio ya la ~án** sie ist sehr faul, aber in der Schule werden sie ihr schon Dampf machen *fam*

④ (*acabar deprisa*) schnell erledigen; (*fortuna*) durchbringen, verschwenden; (*comida*) verdrücken *fam*, verputzen *fam*

⑤ (*robar*) stehlen, stibitzen *fam*

⑥ (*matar*) erledigen

II. *vi* ① (*darse prisa*) sich beeilen; **despabila y vístete, vienen a buscarte en cinco minutos** mach schnell [*o* beeil dich] und zieh dich an, du wirst in fünf Minuten abgeholt

② (*avivarse*) **si quiere empezar a trabajar por su cuenta, tiene que ~** wenn er/sie sich selb(st)ständig machen will, muss er/sie noch einiges lernen

III. *vr:* ~**se** ① (*sacudir el sueño*) munter werden, wach werden; (*la pereza*) sich aufrappeln *fam;* **tómate un café para ~te** trink einen Kaffee, damit du munter wirst [*o* damit du richtig wach wirst]

② (*darse prisa*) sich beeilen; **despabílate que vas a llegar tarde** beeil dich [*o* mach schnell], du kommst sonst noch zu spät

③ (*avivarse*) **se ha despabilado desde que va al colegio** seit er/sie zur Schule geht, ist er/sie viel aufgeweckter

④ (*Am: marcharse*) abhauen, sich aus dem Staub machen

despachaderas [despatʃaˈðeras] *fpl* (*fam*) Barschheit *f*, Schroffheit *f*

despachado, -a [despaˈtʃaðo, -a] *adj* ① (*fresco*) frech, unverschämt

② (*listo*) einfallsreich, geschickt

③ (*libre*) frei; **estar ~** nichts zu tun haben

despachante [despaˈtʃante] *mf* (RíoPl: COM) Verkäufer(in) *m(f)*

despachar [despaˈtʃar] **I.** *vt* ① (*enviar*) abschicken, absenden; ~ **un mensajero** einen Boten entsenden

② (*concluir*) erledigen; ~ **un buque** ein Schiff abfertigen; ~ **la correspondencia** die Korrespondenz erledigen; ~ **un pedido** einen Auftrag ausführen

③ (*resolver*) regeln; ~ **un asunto** eine Sache besprechen; ~ **con alguien** sich mit jdm beraten [*o* besprechen], mit jdm eine Besprechung haben

④ (*atender*) bedienen

⑤ (*vender*) verkaufen, absetzen

⑥ (*matar*) erledigen

⑦ (*comer*) verputzen *fam*, verdrücken *fam;* (*beber*) hinuntergießen, hinunterkippen *fam;* ~**on una botella de vino entre los dos** sie haben zu zweit eine Flasche Wein niedergemacht *fam*

⑧ (*despedir*) hinauswerfen; (*de un empleo*) entlassen, hinauswerfen, feuern *fam*

II. *vi* ① (*acabar*) fertig werden

② (*atender*) bedienen; **por las tardes no despachan en esta tienda** am Nachmittag ist dieser Laden geschlossen

III. *vr:* ~**se** ① (*darse prisa*) sich beeilen; **despáchate ya, que tenemos que marcharnos** beeil dich [*o* mach schnell], wir müssen gehen!

② (*desahogarse*) sich *dat* (o seinem Herzen) Luft machen; ~**se a (su) gusto con alguien** (*decir lo que uno piensa*) jdm (frei von der Leber weg) seine Meinung sagen; (*decir lo que uno siente*) jdm sagen, was man auf dem Herzen hat

③ (*parir*) gebären

④ (*desembarazarse*) sich entledigen (*de*+*gen*), loswerden (*de*+*akk*)

despachero, -a [despaˈtʃero, -a] *m, f* (Chil: COM) Krämer(in) *m(f)*

despacho [desˈpatʃo] *m* ① (*de un pedido*) Ausführung *f*, Bearbeitung *f*; (*de la correspondencia*) Erledigung *f*; (*de un buque*) Abfertigung *f*; ~ **de aduana** Zollabfertigung *f*; ~ **de equipajes** Gepäckabfertigung *f*; **la nueva secretaria tiene buen ~** die neue Sekretärin erledigt alles schnell und zuverlässig

② (*envío*) (Ver)sendung *f*, Versand *m;* ~ **de artículos** Warenversand *m*

③ (*de un asunto*) Regelung *f*, Besprechung *f;* **mañana tengo un ~ con el jefe** morgen habe ich eine Besprechung mit dem Chef

④ (*de clientes*) Bedienung *f*

⑤ (*venta*) Verkauf *m*, Absatz *m;* ~ **de billetes** Kartenausgabe *f;* **géneros sin ~** unverkäufliche Güter; **no tener buen ~** ein Ladenhüter sein; **este modelo tiene buen ~** dieses Modell verkauft sich gut [*o* ist ein Verkaufsschlager]

⑥ (*despido*) Kündigung *f*, Entlassung *f*

⑦ (*oficina*) Büro *nt;* (*en casa*) Arbeitszimmer *nt;* ~ **de abogado** Anwaltskanzlei *f;* ~ **de aduana** Zollamt *nt;* ~ **de patentes** Patentbüro *nt;* **mesa de ~** Schreibtisch *m;* **sólo tenemos ~ por las mañanas** wir haben nur morgens geöffnet

⑧ (*muebles*) Büroeinrichtung *f;* **me he comprado un ~ nuevo** ich habe mein Büro neu eingerichtet

⑨ (*taquilla*) Schalter *m*, Verkaufsstelle *f;* (*tienda*) Laden *m;* (Chil: *pulpería*) Krämerladen *m;* ~ **de billetes** (*de tren*) Fahrtenschalter *m;* (*de teatro*) Theaterkasse *f;* (*de cine*) Kinokasse *f;* ~ **de información** Informationsschalter *m*, Information *f*, Auskunft *f;* ~ **de localidades** Vorverkaufsstelle *f*

⑩ (*parte*) Mitteilung *f*, Nachricht *f;* (*telegrama*) Telegramm *nt*, Depesche *f elev*

⑪ (*resolución*) Bescheid *m,* Beschluss *m;* ~ **judicial** richterliche Verfügung

⑫ (POL: *entre gobiernos*) Kommuniqué *nt;* (*de/para un agente diplomático*) Note *f*

despachurramiento [despatʃurraˈmjento] *m* (*fam*) ① (*estropearse*) Kaputtgehen *nt*

② (*aplastar*) Zerquetschen *nt*, Zerdrücken *nt*

despachurrar [despatʃuˈrrar] **I.** *vt* ① (*aplastar*) zerquetschen, zerdrücken; (*reventar*) zerschlagen

② (*embrollar*) durcheinander bringen; ~ **una historia** eine Geschichte falsch erzählen, bei einer Geschichte alles durcheinander bringen; **despachurras todos los chistes** du kannst keine Witze erzählen

③ (*apabullar*): **me dejó despachurrado** ich war sprachlos, mir blieb die Sprache weg; **lo despachurró con sus argumentos** er konnte seinen/ihren Argumenten nichts entgegensetzen, er/sie machte ihn mit seinen/ihren Argumenten fertig *fam*

II. *vr:* ~**se** kaputtgehen; (*fruta*) matschig werden

despacio [desˈpaθjo] **I.** *adv* ① (*lentamente*) langsam; **trabaja bien pero muy ~** er/sie arbeitet gut, aber gemächlich [*o* lässt sich aber viel Zeit]; **por allí viene caminando ~** da hinten kommt er/sie gemächlichen Schrittes daher; **en esta oficina las cosas van ~** in diesem Büro dauert alles etwas länger; **~, que te vas a caer** nicht so hastig [*o* sachte, sachte], du fällst sonst noch hin

② (*calladamente*) leise

③ (*por tiempo dilatado*) lange (Zeit); **luego hablaremos más ~** später können wir uns länger [*o* in aller Ruhe] unterhalten

II. *interj* immer mit der Ruhe

despacioso, -a [despaˈθjoso, -a] *adj* ① (*lento*) langsam; (*persona*) behäbig, gemütlich

② (*espacioso*) umfangreich, umfassend

despacito [despaˈθito] **I.** *adv* ganz langsam; **levántalo ~** hebe es ganz langsam [*o* vorsichtig] hoch

II. *interj* immer mit der Ruhe

despampanante [despampaˈnante] *adj* fantastisch, unglaublich; (*mujer*) atemberaubend; **estás ~** du siehst fabelhaft [*o* toll] aus

despancar [despanˈkar] <c→qu> *vt* (AmS: *maíz*) entblättern

despanchurrar [despantʃuˈrrar] *vt* (*fam*) zerdrücken, zerquetschen

despanzurrar [despanθuˈrrar] **I.** *vt* ① (*destripar*) aufschlitzen

② (*reventar*) zum Platzen [*o* Bersten] bringen; (*romper*) zertrümmern

③ (*argot: matar*) kaltmachen

II. *vr:* ~**se** (*reventar*) aufplatzen, zerbersten; (*romperse*) zerschellen,

desparasitar

auseinander brechen; **~se contra una pared** an einer Wand zerschellen
desparasitar [desparasi'tar] *vt* von Ungeziefer befreien
desparejado, -a [despare'xaðo, -a] *adj* ❶ (*sin pareja*) einzeln; **este calcetín está ~** zu dieser Socke fehlt das Gegenstück
❷ (*dispar*) ungleich; **estos calcetines están ~s** diese Socken passen [*o* gehören] nicht zusammen
❸ (*irregular*) uneben, ungleichmäßig
desparejar [despare'xar] I. *vt* trennen; **~ los calcetines** ein Paar Socken voneinander trennen
II. *vr:* **~se** getrennt werden, nur einzeln vorliegen; **estos calcetines se han desparejado** zu diesen Socken fehlt jeweils das Gegenstück
desparejo, -a [despa'rexo, -a] *adj* verschieden, unterschiedlich; **ser ~ a algo** sich von etw *dat* unterscheiden
desparpajo [despar'paxo] *m* ❶ (*desenvoltura*) Ungezwungenheit *f*; (*en el hablar*) Redegewandtheit *f*; **con ~** ungezwungen, locker
❷ (*habilidad*) Geschicklichkeit *f*, Souveränität *f*; **manejó el problema con ~** er/sie bewältigte das Problem souverän [*o* gekonnt]
❸ (*frescura*) Frechheit *f*, Unverfrorenheit *f*; **con ~** frech, dreist
❹ (*Am: desorden*) Chaos *nt*, Unordnung *f*
desparramado, -a [desparra'maðo, -a] *adj* ❶ (*extendido*) ausgedehnt, weitläufig; (*ancho*) weit
❷ (*abierto*) (weit) offen
desparramamiento [desparrama'mjento] *m* verstreutes Umherliegen *nt*, Unordnung *f*; **el ~ de todos los juguetes por el suelo daba una sensación de desorden** durch die über den Fußboden verstreuten Spielsachen sah es unordentlich aus
desparramar [desparra'mar] I. *vt* ❶ (*dispersar*) zerstreuen; **~ su atención** sich verzetteln, sich zu vielen Dingen auf einmal widmen; **~ los juguetes sobre el suelo** das Spielzeug über den ganzen Boden verteilen; **~ pápiros** (*argot*) Blüten in Umlauf bringen
❷ (*un líquido*) verschütten
❸ (*malgastar*) verschwenden, verprassen
❹ (*una noticia*) verbreiten
❺ (*Arg: diluir*) verdünnen
II. *vr:* **~se** ❶ (*dispersarse*) sich verteilen, sich zerstreuen; **el rebaño se desparramó por el campo** die Herde war über das Feld zerstreut; **al pasar el coche los pájaros se ~on** als der Wagen vorbeifuhr, stoben die Vögel auseinander
❷ (*un líquido*) fließen; **el vino se desparramó sobre el mantel** der Wein floss [*o* verteilte sich] über die Tischdecke
❸ (*divertirse excesivamente*) sich wild amüsieren, die Sau rauslassen *fam*
❹ (*dispersar su atención*) sich verzetteln
desparramo [despa'rramo] *m* ❶ (*Chil, Cuba: desparramiento*) Unordnung *f*
❷ (*Chil, Urug: desbarajuste*) Durcheinander *nt*, Wirrwarr *m*
despatarrado, -a [despata'rraðo, -a] *adj* ❶ (*espatarrado*) breitbeinig
❷ (*pasmado*) verblüfft; **me quedé ~** ich war sprachlos
❸ (*asustado*) angsterfüllt, starr vor Schreck
despatarrante [despata'rrante] *adj* ❶ (*pasmante*) verblüffend, unglaublich
❷ (*terrible*) schrecklich, Angst einflößend
despatarrar [despata'rrar] I. *vt* ❶ (*asombrar*) verblüffen
❷ (*asustar*) erschrecken
II. *vr:* **~se** ❶ (*espatarrarse*) die Beine spreizen; **se despatarró sobre la cama** er/sie fiel aufs Bett und streckte alle viere von sich *dat*
❷ (*pasmarse*) völlig verdutzt sein, sprachlos sein
❸ (*caerse*) stürzen, auf den Hintern fallen; **~se de risa** sich kaputtlachen, sich vor Lachen biegen
❹ (*argot: una mujer*) die Beine breit machen
despavesar [despaβe'sar] *vt* ❶ (*despabilar*) die verkohlten Dochten entfernen (+*gen*)
❷ (*ceniza*) die Asche wegblasen (von +*dat*)
despavorido, -a [despaβo'riðo, -a] *adj* angsterfüllt, entsetzt
despechado, -a [despe'tʃaðo, -a] *adj* empört, verbittert, sauer *fam*
despechar [despe'tʃar] I. *vt* ❶ (*indignar*) empören, verärgern
❷ (*destetar*) abstillen
❸ (FIN) zu hoch besteuern
II. *vr:* **~se** sich empören (*contra* über +*akk*), sich ärgern (*contra* über +*akk*); **~se contra alguien** auf jdn wütend sein, gegen jdn einen Groll hegen
despecho [des'petʃo] *m* ❶ (*animosidad*) Groll *m*, Zorn *m*, Verbitterung *f*
❷ (*desesperación*) Verzweiflung *f*
❸ (*destete*) Abstillen *nt*
❹ (*loc*): **a ~ de** trotz +*gen*; **lo hizo a ~ de tus advertencias** er/sie tat es ungeachtet [*o* trotz] deiner Warnungen
despechugado, -a [despetʃu'ɣaðo, -a] *adj* ❶ (*con el pecho desnudo*) mit nackter Brust; **hace frío, no salgas a la calle tan ~** es ist kalt, geh

nicht mit offenem Hemd auf die Straße
❷ (*que luce mucho escote*) tief dekolletiert; **hoy vienes muy despechugada** heute trägst du aber einen gewagten Ausschnitt
❸ (*vestido*) tief ausgeschnitten, tief dekolletiert
despechugar [despetʃu'ɣar] <g→gu> I. *vt* das Brustfleisch entfernen (von +*dat*)
II. *vr:* **~se** seine Brust entblößen
despechugarse [despetʃu'ɣarse] <g→gu> *vr* ❶ (*descubrirse el pecho*) die Brust freimachen
❷ (*lucir mucho escote*) einen gewagten Ausschnitt tragen
despectivo¹ [despek'tiβo] *m* (LING) Pejorativum *nt*, pejoratives Wort *nt*
despectivo, -a² [despek'tiβo, -a] *adj* ❶ (*despreciativo*) verächtlich, geringschätzig, despektierlich; (*elev: desdeñoso*) herablassend; (*tono*) abfällig, abschätzig; **tratar a alguien de manera despectiva** jdn von oben herab [*o* herablassend] behandeln
❷ (LING) pejorativ, abwertend
despedazamiento [despeðaθa'mjento] *m* Zerstörung *f*; (*explosión*) Zerfetzen *nt*; (*cuchillo*) Zerschneiden *nt*, Zerstückeln *nt*
despedazar [despeða'θar] <z→c> I. *vt* ❶ (*hacer pedazos*) zerstören, kaputtmachen; (*en mil pedazos*) zertrümmern; (*con un cuchillo*) zerstückeln, zerhacken; (*en una tijera*) zerschneiden; (*con las manos*) zerstückeln; (*pan*) zerkrümeln; **la bomba le despedazó la mano** die Bombe zerfetzte ihm/ihr die Hand; **su muerte le despedazó el corazón** sein/ihr Tod brach ihm/ihr das Herz
II. *vr:* **~se** kaputtgehen; (*en mil pedazos*) zerschellen; (*pan*) zerkrümeln; (*muro*) zerbröckeln; (*cristal*) zersplittern; (*globo*) zerplatzen; **se me despedazó el alma cuando vi tanta miseria** (*fig*) beim Anblick von so viel Leid zerriss es mir das Herz, ich war erschüttert beim Anblick von so viel Leid
despedible [despe'ðiβle] *adj* (JUR, ADMIN) kündigungsreif
despedida [despe'ðiða] *f* ❶ (*separación*) Abschied *m*, Verabschiedung *f*; **visita de ~** Abschiedsbesuch *m*; **no me gustan las ~s** ich hasse es, Abschied zu nehmen
❷ (*acto oficial*) Verabschiedung *f*; (*fiesta*) Abschiedsfeier *f*; **~ de soltero** [*o* **soltera**] Polterabend *m*; **cena de ~** Abschiedsessen *nt*; **mañana le dan la ~ en el palacio** morgen wird er/sie (offiziell) im Palast verabschiedet
❸ (*en una carta*) Schlussformel *f*
❹ (*MÚS*) ≈Abschiedsstrophe *f*
despedir [despe'ðir] *irr como* pedir I. *vt* ❶ (*decir adiós*) verabschieden; **~ un testigo** (*fig*) einen Zeugen entlassen; **~ las tropas** die Truppen wegtreten lassen; **lo/la despidieron con una fiesta** sie gaben ihm/ihr zu Ehren ein Abschiedsfest; **salió a ~me a mi coche** er/sie begleitete mich bis zu meinem Auto; **vinieron a ~me al aeropuerto** sie brachten mich zum Flughafen
❷ (*echar*) hinauswerfen; (*de un empleo*) entlassen; **su jefe la ha despedido por llegar siempre tarde al trabajo** ihr Chef hat ihr gekündigt, weil sie immer zu spät zur Arbeit kommt; **~ a alguien con cajas destempladas** (*fig*) jdn in hohem Bogen hinauswerfen
❸ (*difundir*) verbreiten; (*emitir*) ausstoßen; (*un olor*) verströmen; **la chimenea despide humo** der Kamin stößt Rauch aus; **el volcán despide fuego** der Vulkan speit Feuer; **esta lámpara despide una luz agradable** diese Lampe verbreitet ein angenehmes Licht [*o* strahlt ein angenehmes Licht aus]
❹ (*lanzar*) schleudern; (*flecha*) abschießen; **el mar despidió el barco contra las rocas** das Meer schleuderte das Schiff gegen die Felsen
❺ (*apartar de sí*) loswerden; **no poder ~ de sí un pensamiento** einen Gedanken einfach nicht loswerden
II. *vr:* **~se** ❶ (*decir adiós*) sich verabschieden (*de* von +*dat*), Abschied nehmen (*de* von +*dat*); **~se a la francesa** ohne ein Abschiedswort weggehen
❷ (*dejar un empleo*) kündigen, seine Kündigung einreichen; **~se de un trabajo** eine Stelle aufgeben
❸ (*de obtener, de conseguir algo*): **despídete de ese dinero** (*fig*) das Geld siehst du nie wieder; **despídete este mes de salir por las noches** diesen Monat darfst du abends nicht mehr ausgehen; **se despidió de ir de viaje** er/sie gab seine/ihre Reisepläne auf, er/sie schminkte sich *dat* das mit der Reise ab *fam*
despedregar [despeðre'ɣar] <g→gu> *vt* von Steinen befreien [*o* säubern]
despegable [despe'ɣaβle] *adj* ablösbar, abtrennbar
despegado, -a [despe'ɣaðo, -a] *adj* ❶ (*poco cariñoso*) kühl, distanziert, lieblos
❷ (*áspero*) unfreundlich, schroff
despegar [despe'ɣar] <g→gu> I. *vt* ❶ (*desprender*) abmachen, ablösen; (*una pegatina*) abziehen; (*algo cosido*) abtrennen; **~ dos hojas** zwei Blätter voneinander lösen [*o* trennen]; **me obedeció sin ~ los labios** er/sie gehorchte mir wortlos; **ha estado toda la tarde sin ~ los labios** er/sie hat den ganzen Abend kein Wort gesagt

despego

II. *vi* starten, abheben; **los hidroaviones pueden ~ del suelo o del agua** Wasserflugzeuge können vom Boden oder vom Wasser aus starten; **la economía no despega** (*fig*) die Wirtschaft kommt nicht in Gang
III. *vr:* **~se** ❶ (*desprenderse*) sich (ab)lösen (*de* von +*dat*); (*deshacerse*) auseinander gehen, auseinander fallen; **se ha despegado el sello** die Briefmarke hat sich gelöst [*o* ist abgegangen]; **se ha despegado el libro** das Buch ist aus dem Leim gegangen
❷ (*perder el afecto*) sich abwenden (*de* von +*dat*), sich distanzieren (*de* von +*dat*)
❸ (*desentonar*) nicht passen (*de* zu +*dat*); (*desdecir*) widersprechen (*con* +*dat*), im Widerspruch stehen (*con* zu +*dat*); **esto se despega con lo que dijiste ayer** das widerspricht dem, was du gestern gesagt hast

despego [des'peɣo] *m* ❶ (*falta de cariño*) Distanz *f*, Kühle *f*, Lieblosigkeit *f*
❷ (*falta de afecto*) Abneigung *f* (*por* gegen +*akk*); **sentir ~ por alguien** jdn nicht mögen
❸ (*falta de interés*) Gleichgültigkeit *f*

despegue [des'peɣe] *m* ❶ (AERO) Start *m*; **~ de emergencia** Notstart *m*; **~ vertical** Senkrechtstart *m*
❷ (ECON) wirtschaftlicher Aufschwung *m*

despeinado, -a [despei'naðo, -a] *adj* ungekämmt, zerzaust

despeinar [despei'nar] I. *vt* das Haar zerzausen (*a* +*dat*); **¡no me despeines!** ruinier mir nicht die Frisur!, zerzaus mir nicht das Haar!
II. *vr:* **~se** in Unordnung geraten

despejado, -a [despe'xaðo, -a] *adj* ❶ (*sin nubes*) blau, wolkenlos; (*día*) wolkenlos, heiter
❷ (*sin obstáculos*) frei, leer
❸ (*ancho*) breit; **una habitación despejada** ein großer Raum
❹ (*listo*) aufgeweckt, schlau
❺ (*despierto*) munter; **para ya de beber, tienes que tener la cabeza despejada para la entrevista** hör auf zu trinken, du brauchst für das Gespräch einen klaren Kopf

despejar [despe'xar] I. *vt* ❶ (*un lugar*) frei machen, räumen; **~ la calle de nieve** den Schnee von der Straße räumen; **~ una mesa** einen Tisch abräumen; **~ una sala** einen Saal räumen
❷ (*una situación*) klären; (*un misterio*) aufklären, aufdecken; **~ un asunto** Licht in eine Sache bringen
❸ (*una persona*) munter machen; **el aire fresco despejó su mente** durch die frische Luft bekam er/sie wieder einen klaren Kopf; **la ducha fría me despejó** die kalte Dusche hat mich munter gemacht
❹ (MAT) berechnen; **~ la incógnita** die Unbekannte bestimmen; (*fig*) ein Geheimnis lüften
❺ (DEP) abwehren; **el defensa despejó el tiro a córner** der Abwehrspieler kickte den Ball ins Toraus
II. *vr:* **~se** ❶ (*el cielo*) sich aufklären, sich aufhellen, sich aufheitern; **el cielo se ha despejado** die Wolken haben sich verzogen; **parece que se va a ~ el día** es sieht so aus, als ob sich die Bewölkung heute noch auflöst [*o* sich das Wetter heute noch bessert]
❷ (*despabilarse*) munter werden, einen klaren Kopf bekommen; **tómate una taza de café para ~te** trink eine Tasse Kaffee um wach zu werden; **una ducha fría por la mañana es lo mejor para ~se** eine kalte Dusche am Morgen ist der ideale Muntermacher; **había bebido demasiado y salí al jardín para ~me** ich hatte zuviel getrunken und ging in den Garten um wieder einen klaren Kopf zu bekommen [*o* um wieder zu mir zu kommen]
❸ (*misterio*) sich aufklären
❹ (*adquirir desenvoltura*) seine Befangenheit ablegen, sich ungezwungen [*o* lockerer] geben
❺ (*un enfermo*): **se ha despejado un poco** sein/ihr Fieber ist leicht gesunken
❻ (*divertirse*) sich amüsieren

despeje [des'pexe] *m* (DEP: *en fútbol*) weiter Abwehrschuss *m*; (*en hockey sobre hielo*) Befreiungsschlag *m*

despejo [des'pexo] *m* ❶ (*de un lugar*) Räumung *f*
❷ (*en el trato*) Ungezwungenheit *f*, Lockerheit *f*; **te envidio por el ~ que muestras con tus superiores** ich beneide dich um deine ungezwungene [*o* lockere] Art, mit deinen Vorgesetzten umzugehen
❸ (*claro entendimiento*) Aufgewecktheit *f*, klarer Verstand *m*

despellejado, -a [despeʎe'xaðo, -a] *adj* ❶ (*animal*) abgehäutet
❷ (*piel*) abgeschürft
❸ (*tela*) zerschlissen, abgewetzt
❹ (*fam: sin dinero*) blank, pleite, abgebrannt

despellejar [despeʎe'xar] I. *vt* ❶ (*desollar*) (ab)häuten, (ent)häuten
❷ (*fam: maldecir*) lästern (*a* über +*akk*), kein gutes Haar lassen (*a* an +*dat*)
❸ (*fam: desvalijar*): **~ a alguien** jdm das Hemd über den Kopf ziehen
II. *vr:* **~se** sich häuten

despelotado, -a [despelo'taðo, -a] *adj* zerzaust

despelotarse [despelo'tarse] *vr* (*fam*) ❶ (*desnudarse*) sich ausziehen; **se despelotó delante de todos** er/sie zog sich einfach vor allen aus
❷ (*morirse de risa*) sich totlachen
❸ (*desmadrarse*) ausschweifen, zügellos leben

despelote [despe'lote] *m* (*fam*) Chaos *nt*, Durcheinander *nt*; **¡qué ~! so ein Chaos!**

despeluchar(se) [despelu'tʃar(se)] *vt*, *vr v.* **despeluzar**

despeluzar [despelu'θar] <z→c> *vt*, *vr v.* **despeluznar**

despeluznante [despeluθ'nante] *adj* haarsträubend, entsetzlich

despeluznar [despeluθ'nar] *vt*, *vr:* **~se** ❶ (*felpa, pelo*) zerzausen
❷ (*erizar el cabello*) das Fell sträuben; **el perro se despeluz(n)ó del miedo que tenía** dem Hund sträubten sich vor Angst die Haare
❸ (*Cuba: desplumar*) ausplündern; **me asaltaron y me ~on** sie haben mich überfallen und völlig ausgeraubt

despenalización [despenaliθa'θjon] *f* Legalisierung *f*

despenalizar [despenali'θar] <z→c> *vt* legalisieren; **~ el aborto** die Abtreibung legalisieren

despenar [despe'nar] *vt* ❶ (*consolar*) trösten
❷ (*fam: matar*) abmurksen
❸ (*Am: rematar*) den Gnadenstoß geben +*dat*

despendolarse [despendo'larse] *vr* (*fam*) verrückt spielen, ausflippen

despendole [despen'dole] *m* (*fam*) Ausflippen *nt*, Durchdrehen *nt*

despensa [des'pensa] *f* ❶ (*fresquera*) Speisekammer *f*
❷ (*provisiones*) Vorrat *m*
❸ (*comestibles*) Nahrungsmittel *ntpl*
❹ (*Arg: almacén*) Lager *nt*

despensero, -a [despen'sero, -a] *m, f* Wirtschafter(in) *m(f)*; (*bodeguero*) Kellermeister(in) *m(f)*

despeñadero¹ [despeɲa'ðero] *m* ❶ (GEO) Abgrund *m*, steiler Abhang *m*
❷ (*riesgo*) Wagnis *nt*; **meterse en un ~** sich in ein gefährliches Unterfangen stürzen

despeñadero, -a² [despeɲa'ðero, -a] *adj* abschüssig

despeñamiento [despeɲa'mjento] *m* ❶ (*caída*) Herabstürzen *nt*, Absturz *m*
❷ (*pérdida económica*) finanzieller Ruin *m*
❸ (*diarrea*) Durchfall *m*, Diarrhoe *f*

despeñar [despe'ɲar] I. *vt* (herab)stürzen; **~ a alguien por un precipicio** jdn in den Abgrund stürzen
II. *vr:* **~se** ❶ (*caer*) (ab)stürzen; **el motorista se despeñó por el talud** der Motorradfahrer stürzte die Rampe herab; **~se a un vicio** einem Laster völlig verfallen

despepitar [despepi'tar] I. *vt* ❶ (*deshuesar*) entkernen, entkörnen
II. *vr:* **~se** ❶ (*desgargantarse*) sich *dat* den Hals ausschreien
❷ (*loc*): **~se por algo** für etw schwärmen

desperdiciado, -a [desperði'θjaðo, -a] *adj* verschwenderisch

desperdiciar [desperði'θjar] *vt* (*ocasión*) verpassen; (*tiempo*) verschwenden, vertrödeln; (*dinero*) verschwenden, vergeuden; **¡cómo desperdicias el tiempo!** wie du deine Zeit vertrödelst!

desperdicio [desper'ðiθjo] *m* ❶ (*residuo*) Abfall *m*, Reststoff *m*; **~s biológicos** biologische Abfälle, Biomüll *m*
❷ (*malbaratamiento*) Verschwendung *f*; **no tener ~** sehr nützlich [*o* wertvoll] sein

desperdigado, -a [desperði'ɣaðo, -a] *adj* zerstreut, verteilt

desperdigamiento [desperðiɣa'mjento] *m* Auseinandergehen *nt*; **el ~ descontrolado de los niños por el parque puso nerviosa a la cuidadora** die Kindergärtnerin wurde nervös, da sich die Kinder im Park in alle Richtungen zerstreuten

desperdigar [desperði'ɣar] <g→gu> I. *vt* (*gente*) zerstreuen; (*rebaño*) auseinander bringen
II. *vr:* **~se** sich zerstreuen, auseinander gehen

desperezarse [despere'θarse] <z→c> *vr* sich recken, sich strecken

desperezo [despe'reθo] *m* Recken *nt*, Strecken *nt*

desperfecto [desper'fekto] *m* ❶ (*deterioro*) Schaden *m*, Beschädigung *f*
❷ (*defecto*) Mangel *m*, Fehler *m*; **~ de fabricación** Fabrikationsfehler *m*; **la mercancía tiene graves ~s** die Ware weist schwere Fehler auf; **esta máquina tiene un pequeño ~** diese Maschine ist leicht defekt [*o* hat einen leichten Defekt]

despersonalización [despersonaliθa'θjon] *f sin pl* ❶ (*pérdida de la identidad*) Persönlichkeitsverlust *m*
❷ (MED) Bewusstseinsspaltung *f*, Depersonalisation *f*

despersonalizar [despersonali'θar] <z→c> I. *vt* ❶ (*a una persona*) die Identität [*o* persönliche Note] nehmen (*a* +*dat*)
❷ (*una cosa*) entpersönlichen, das Persönliche ausschalten (*bei* +*dat*)
II. *vr:* **~se** seine persönliche Note verlieren

despertador¹ [desperta'ðor] *m* ❶ (*reloj*) Wecker *m*, Weckuhr *f*
❷ (*estímulo*) Aufmunterung *f*

despertador(a)² [desperta'ðor(a)] *adj* (auf)weckend

despertamiento [desperta'mjento] *m* Erwachen *nt*
despertar [desper'tar] <e→ie> **I.** *vt* (*persona*) (auf)wecken; (*interés*) (er)wecken
II. *vr:* **~se** aufwachen
III. *m* Erwachen *nt*
despezuñarse [despeθu'ɲarse] *vr* ❶ (*dañarse en la pezuña*) sich *dat* die Klauen verletzen
❷ (*AmS, PRico: ir con prisa*) eilig schreiten, eilen
❸ (*AmS, PRico: desvivirse*) sich *dat* ein Bein ausreißen, sich sehr bemühen
despiaco, -a [des'pjako, -a] *adj* (*Arg*) ❶ (*animal*) mit empfindlichen Pfoten
❷ (*persona*) gehbehindert
despiadado, -a [despja'ðaðo, -a] *adj* (*inhumano*) unbarmherzig, mitleid(s)los; (*cruel*) erbarmungslos, schonungslos
despichar [despi'tʃar] *vi* (*fam*) krepieren, abkratzen
despidiente [despi'ðjente] *m* (TÉC) *andamio*) Trennstange *f*
despido [des'piðo] *m* ❶ (*despedida*) Abschied *m*
❷ (*descontratación*) Kündigung *f*, Entlassung *f*; **~ colectivo** Massenentlassung *f*; **~ improcedente** ungerechtfertigte Kündigung; **~ masivo** (ECON) Massenentlassung *f*; **~ pactado** Kündigung in gegenseitigem Einvernehmen (*meist mit Zahlung einer Abfindung*); **~ súbito** fristlose Entlassung [*o* Kündigung]
despiece [des'pjeθe] *m* Zerlegung *f*
despierto, -a [des'pjerto, -a] *adj* ❶ (*insomne*) wach
❷ (*listo*) aufgeweckt, rege; **tienes una mente despierta** du hast einen regen [*o* wachen] Verstand
despiezar [despje'θar] <z→c> *vt* auseinander nehmen, zerlegen; **~ una máquina** eine Maschine auseinander bauen
despigmentación [despiɣmenta'θjon] *f* Depigmentierung *f*
despilarar [despila'rar] *vt* (MIN) die Pfeiler abbauen (+*gen*), abpfeilern
despilfarrador(a) [despilfarra'ðor(a)] **I.** *adj* verschwenderisch
II. *m(f)* Verschwender(in) *m(f)*
despilfarrar [despilfa'rrar] *vt* (*fam*) verplempern, verschwenden
despilfarro [despil'farro] *m* ❶ (*derroche*) Verschwendung *f*, Vergeudung *f*; **esto es un ~ de tiempo** das ist reine Zeitverschwendung [*o* Zeitvergeudung], du vergeudest nur deine Zeit
❷ (*descuido*) Liederlichkeit *f*, Schlamperei *f*
despimpollar [despimpo'ʎar] *vt* (AGR) ausgeizen
despinochar [despino'tʃar] *vt* (AGR) *v.* **despancar**
despintar [despin'tar] **I.** *vt* ❶ (*un tejido*) entfärben; (*colores*) auswaschen
❷ (*desfigurar*) entstellen; **esta película despinta la realidad** dieser Film verzerrt die Wirklichkeit
❸ (*Col, Chil, PRico: apartar la mirada*) den Blick abwenden; (*perder de vista*) aus den Augen verlieren
II. *vi* (*diferenciarse*) aus der Art schlagen; **esta niña despinta de su familia** dieses Mädchen schlägt nicht nach seiner Familie
III. *vr:* **~se** (*borrarse*) verblassen, verschießen; **la tela se despinta con el sol** der Stoff verblasst [*o* verschießt] in der Sonne
❷ (*fam: borrarse de la memoria*) aus dem Gedächtnis verlieren; **este asunto no se me despinta** (*fam*) diese Sache geht mir nicht aus dem Kopf [*o* lässt mir keine Ruhe]
despiojador [despjoxa'ðor] *m* Entlausungsgerät *nt*
despiojar [despjo'xar] *vt* entlausen
despioje [des'pjoxe] *m* Entlausung *f*
despiporre(n) [despi'porre(n)] *m* (*fam*) Wirrwarr *m*
despistado, -a [despis'taðo, -a] **I.** *adj* verwirrt, zerstreut, geistesabwesend
II. *m, f:* **eres un ~** wo hast du nur deine Gedanken?
despistar [despis'tar] **I.** *vt* ❶ (*de la pista*) von der Fährte abbringen, irreleiten
❷ (*engañar*) täuschen, irreführen
II. *vr:* **~se** ❶ (*perderse*) sich verirren
❷ (*desconcertarse*) durcheinander kommen
despiste [des'piste] *m* Verwirrung *f*, Kopflosigkeit *f*; **un ~ lo tiene cualquiera** das kann jedem mal passieren
despitorrado, -a [despito'rraðo, -a] *adj* (TAUR) mit abgebrochenen Hörnern
desplacer [despla'θer] *irr como crecer* **I.** *vt* missfallen; **eso me desplace** das missfällt mir
II. *m* Missfallen *nt*, Unbehagen *nt*
desplanchar [desplan'tʃar] **I.** *vt* (wieder) zerknittern
II. *vr:* **~se** knittern
desplantación [desplanta'θjon] *f* (AGR) Entwurzeln *nt*
desplantar [desplan'tar] **I.** *vt* ❶ (*planta*) verpflanzen, versetzen
❷ (*desplomar*) aus dem Lot [*o* der Senkrechten] bringen
II. *vr:* **~se** (*desplomarse*) aus dem Lot [*o* der Senkrechten] geraten
desplante [des'plante] *m* (*insolencia*) Frechheit *f*, Dreistigkeit *f*

desplayado [despla'ʝaðo, -a] *m* ❶ (*Arg: playa*) nur bei Ebbe trockenfallender Sandstrand
❷ (*Arg, Guat: descampado*) freies Gelände *nt*
desplazado, -a [despla'θaðo, -a] *adj* deplatziert, fehl am Platz; **en esta fiesta me siento ~** auf dieser Party fühle ich mich fehl am Platz [*o* deplatziert]
desplazamiento [desplaθa'mjento] *m* ❶ (*traslado*) Umzug *m*; **gastos de ~** (ECON, FIN) Fahrtkosten *pl*
❷ (*remoción*) Verschiebung *f*, Verrückung *f*; **~ de aire** Luftzug *m*
❸ (INFOR) Verschieben *nt*; **tecla de ~** Richtungstaste *f*
❹ (NÁUT) Wasserverdrängung *f*
desplazar [despla'θar] <z→c> *vt* ❶ (*muebles*) verschieben, verrücken; (*enfermos*) verlagern; **~ línea a línea** (INFOR) scrollen
❷ (*suplantar*) aus dem Amt verdrängen
desplegable [desple'ɣaβle] *adj* (*silla*) aufklappbar; (*cartón*) auseinanderfaltbar; **silla ~** Klappstuhl *m*
desplegar [desple'ɣar] *irr como fregar* *vt* ❶ (*abrir*) öffnen; (*desdoblar*) auseinander falten, entfalten
❷ (MIL) ausschwärmen lassen
❸ (*desarrollar*) entfalten; **desplegó toda su fantasía para este trabajo** für diese Arbeit hat er/sie seine/ihre ganze Fantasie eingesetzt
despleguetear [despleɣete'ar] *vt* (AGR) die Ranken entfernen (+*gen*)
despliegue [des'pljeɣe] *m* ❶ (*desarrollo*) Entfaltung *f*, Ausbreitung *f*; **~ libre de la personalidad** freie Entfaltung der Persönlichkeit
❷ (MIL) Aufmarsch *m*
desplomarse [desplo'marse] *vr* ❶ (*casa*) einstürzen
❷ (*persona*) zusammensinken, zusammenbrechen
❸ (*desviarse*) aus dem Lot geraten
desplome [des'plome] *m* Abweichung *f* vom Lot, Sichsenken *nt*; **el ~ de un edificio** das Sichsenken eines Gebäudes; **el ~ del oro** der Goldpreissturz; **el ~ de los precios** der Preiseinbruch
desplomo [des'plomo] *m* Abweichung *f* vom Lot, Sichsenken *nt*
desplumadura [despluma'ðura] *f* ❶ (*extracción de las plumas*) Rupfen *nt*
❷ (*pérdida de las plumas*) Ausfallen *nt* der Federn
❸ (*fam: robo*) Ausrauben *nt*
desplumar [desplu'mar] *vt* ❶ (*plumas*) rupfen
❷ (*robar*) ausrauben, ausplündern; **me ~on jugando a las cartas** sie haben mir beim Kartenspiel das Hemd über den Kopf gezogen
despoblación [despoβla'θjon] *f* Entvölkerung *f*
despoblado[1] [despo'βlaðo] *m* (*yermo*) Einöde *f*
despoblado, -a[2] [despo'βlaðo, -a] *adj* unbewohnt, menschenleer; **un sitio ~** ein verlassener Ort
despoblar [despo'βlar] <o→ue> *vt* entvölkern, veröden; **~ un bosque** einen Wald abholzen; **~ el mar pescando** das Meer völlig ausfischen; **el huracán despobló la zona de árboles** der Orkan riss alle Bäume in dem Gebiet mit sich *dat*
despoetizar [despoeti'θar] <z→c> *vt* des poetischen Charakters berauben, entpoetisieren
despojar [despo'xar] **I.** *vt* rauben; **~ de un derecho a alguien** jdm ein Recht entziehen; **la ~on de todo lo que tenía** sie haben ihr alles weggenommen, was sie besaß
II. *vr:* **~se** ❶ (*desistir*) verzichten (*de* auf +*akk*); **se despojó de su fortuna** er/sie verzichtete auf sein/ihr Vermögen
❷ (*quitar*) ablegen (*de* +*akk*), abstreifen (*de* +*akk*); **se despojó de su traje** er entledigte sich seines Anzugs; **no se puede ~ de sus angustias** (*fig*) er/sie kann sich seiner/ihrer Ängste nicht entledigen
despojo [des'poxo] *m* ❶ (*presa*) Beute *f*; **~ del mar** Strandgut *nt*
❷ *pl* (*matadero*) Schlachtabfall *m*
❸ *pl* (*restos*) Überreste *mpl*, Abfall *m*; **los ~s de la comida** die Essensreste
❹ *pl* (*escombros*) Bauschutt *m*; **construir una casa con ~s** ein Haus aus Abbruchsteinen bauen
❺ *pl* (*restos mortales*) sterbliche Überreste *mpl*
despolarización [despolariθa'θjon] *f sin pl* (FÍS) Depolarisation *f*
despolarizador[1] [despolariθa'ðor] *m* (FÍS) Depolarisator *m*
despolarizador(a)[2] [despolariθa'ðor(a)] *adj* (FÍS) depolarisierend
despolarizante [despolari'θante] **I.** *adj* (QUÍM) depolarisierend
II. *m* (QUÍM) Depolarisationsstoff *m*, Depolarisator *m*
despolarizar [despolari'θar] <z→c> *vt* (FÍS) depolarisieren
despolimerización [despolimeriθa'θjon] *f* (QUÍM) Depolymerisation *f*
despolitización [despolitiθa'θjon] *f* Entpolitisierung *f*
despolitizar [despoliti'θar] <z→c> *vt* entpolitisieren
despolvorear [despolβore'ar] *vt* abstauben, entstauben
despopularización [despopulariθa'θjon] *f* (SOCIOL) Popularitätsverlust *m*
despopularizar [despopulari'θar] <z→c> **I.** *vt* unpopulär machen, die Popularität nehmen (*a* +*dat*)
II. *vr:* **~se** unpopulär werden, an Popularität verlieren

desporrondingarse [desporroṇdi'ɟarse] <g→gu> vr (Col, Ven: derrochar) verschwenderisch sein, sein Geld verschleudern

desportilladura [desportiʎa'ðura] f Randbruch m, Randscharte f

desportillar [desporti'ʎar] vt den Rand ausbrechen +gen, schartig machen

desposado, -a [despo'saðo, -a] adj ❶ (recién casado) jung [o frisch] verheiratet
❷ (llevar esposas) mit Handschellen gefesselt; **lo han ~** sie haben ihn in Handschellen gelegt

desposar [despo'sar] I. vt verheiraten, trauen
II. vr: **~se** heiraten; **~se con alguien** jdn heiraten

desposeer [despose'er] irr como leer I. vt ❶ (expropiar) enteignen; **el Estado desposeyó a los propietarios** der Staat hat die Grundbesitzer enteignet
❷ (no reconocer) aberkennen (de +akk); **la desposeyeron de sus derechos** ihre Rechte wurden ihr aberkannt
❸ (destituir) absetzen, aus dem Amt entfernen; **desposeyeron al ministro de su cargo** der Minister wurde abgesetzt
❹ (fam: desplumar) berauben
II. vr: **~se** ❶ (renunciar) entsagen (de +dat); **se desposeyó voluntariamente del mando** er/sie verzichtete freiwillig auf die Herrschaft
❷ (desapropiarse) aufgeben (de +akk); **se desposeyó de todo lo que tenía** er/sie gab seinen/ihren gesamten Besitz auf

desposeído, -a [despose'iðo, -a] I. pp de desposeer
II. adj besitzlos, arm; **estar ~ de una cosa** einer Sache verlustig gehen

desposeimiento [desposei'mjento] m ❶ (privación) Enteignung f, Besitzentzug m
❷ (renuncia) Besitzaufgabe f
❸ (destitución) Absetzung f

desposesión [despose'sjon] f (JUR) Besitzaufgabe f

desposorio(s) [despo'sorjo(s)] m(pl) ❶ (esponsales) Eheversprechen nt
❷ (matrimonio) Heirat f

despostador(a) [desposta'ðor(a)] m(f) (Arg) Person f, die Schlachtvieh zerlegt

despostar [despos'tar] vt (AmS) zerlegen

despostillar [desposti'ʎar] vt (Am) v. desportillar

déspota ['despota] mf Despot(in) m(f), Tyrann(in) m(f)

despótico, -a [des'potiko, -a] adj despotisch, tyrannisch

despotismo [despo'tismo] m ❶ (sistema) Despotismus m, Gewaltherrschaft f, Diktatur f
❷ (tiranía) Despotie f, Tyrannei f

despotizar [despoti'θar] <z→c> vt (AmS) tyrannisieren

despotricar [despotri'kar] <c→qu> vi ❶ (fam: chochear) quasseln, faseln
❷ (fam: maldecir) dumm anmachen (contra +akk), anschnauzen (contra +akk)

despreciable [despre'θjaβle] adj verwerflich, verächtlich

despreciar [despre'θjar] I. vt ❶ (menospreciar) verachten
❷ (desairar) verschmähen, gering schätzen
❸ (oferta) ausschlagen; **hemos despreciado su oferta** wir haben sein/ihr Angebot in den Wind geschlagen
II. vr: **~se** sich herabwürdigen; **no se desprecia de hacer cualquier trabajo** er/sie ist sich dat für keine Arbeit zu schade

despreciativo, -a [despre'θjatiβo, -a] adj verächtlich, geringschätzig, herabsetzend

desprecintar [despreθiṇ'tar] vt entplomben

desprecio [des'preθjo] m Verachtung f, Geringschätzung f

desprender [despreṇ'der] I. vt ❶ (soltar) abmachen, (los)lösen; **~ el broche de la camisa** die Brosche von der Bluse lösen
❷ (deducir) schließen (de aus +dat); **de su aviso desprendemos que...** ihrer Nachricht entnehmen wir, dass ...
II. vr: **~se** ❶ (soltarse) sich (ab)lösen; **se desprendió el gancho** der Haken hat sich gelöst
❷ (deshacerse) weggeben (de +akk), sich lösen (de von +dat); **me desprendí de la colección de monedas** ich habe die Münzsammlung weggegeben; **se desprendió de cualquier duda** er/sie löste sich von jeglichen Zweifeln
❸ (deducirse) sich ableiten (lassen) (de aus +dat), sich ergeben (de aus +dat); **de su comportamiento se desprende que está resentido** aus seinem Verhalten lässt sich schließen, dass er beleidigt ist

desprendido, -a [despreṇ'diðo, -a] adj freigebig, großzügig

desprendimiento [despreṇdi'mjento, -a] m ❶ (separación) (Los)lösung f, (Ab)lösung f; **~ de tierras** Erdrutsch m; **~ de gas** (TÉC) Gasabgabe f, Gasentwicklung f
❷ (generosidad) Großzügigkeit f, Freigebigkeit f

despreocupación [despreokupa'θjon] f ❶ (indiferencia) Unbekümmertheit f
❷ (insensatez) Unvernunft f

despreocupado, -a [despreoku'paðo, -a] adj ❶ (descuidado) leichtsinnig, unbekümmert
❷ (ingenuo) unbefangen

despreocuparse [despreoku'parse] vr ❶ (tranquilizarse) sich von Sorgen befreien, sich entspannen; **me despreocupé con la lectura** das Lesen entspannte mich [o ließ mich meine Sorgen vergessen]
❷ (desatender) vernachlässigen (de +akk); **después de casarse se despreocupó de sus amigos** nach seiner/ihrer Heirat kümmerte er/sie sich nicht mehr um seine/ihre Freunde

despresar [despre'sar] vt (AmS) zerlegen

desprestigiar [despresti'xjar] I. vt entehren, herabwürdigen
II. vr: **~se** ❶ (rebajarse) sich erniedrigen
❷ (perder reputación) sein Ansehen verlieren

desprestigio [despres'tixjo] m Verlust m des Ansehens

despresurización [despresuriθa'θjon] f sin pl (AERO) Luftdrucksenkung f, Druckentlastung f

despresurizar [despresuri'θar] <z→c> vt (AERO) den Luftdruck senken (+gen, in +dat)

desprevención [despreβeṇ'θjon] f Achtlosigkeit f, Mangel m an Vorsorge

desprevenido, -a [despreβe'niðo, -a] adj unvorbereitet, ahnungslos; **coger [o pillar] ~** überraschen, überrumpeln

desprivatización [despriβatiθa'θjon] f Entprivatisierung f, Vergesellschaftung f

desprivatizar [despriβati'θar] <z→c> vt entprivatisieren, der Öffentlichkeit zugänglich machen

desprofesionalizar [desprofesjonali'θar] <z→c> vt entprofessionalisieren

desproporción [despropor'θjon] f Missverhältnis nt

desproporcionado, -a [despropor θjo'naðo, -a] adj unverhältnismäßig

desproporcionar [desproporθjo'nar] vt ungleich machen

despropósito [despro'posito] m Ungereimtheit f, Unsinn m; **sólo dices ~s** du redest nur Unsinn

desprotección [desproteɣ'θjon] f Schutzlosigkeit f

desprotegido, -a [desprote'xiðo, -a] adj schutzlos

desproveer [desproβe'er] irr como proveer vt nicht versorgen (de mit +dat); **~ de libertad a alguien** jdn seiner Freiheit berauben elev

desprovisto, -a [despro'βisto, -a] I. pp de desproveer
II. adj bar +gen, frei von +dat; **el viejo estadio está ~ de las normas de seguridad necesarias** der Sicherheitsstandard des alten Stadions ist nicht ausreichend

despueble [des'pweβle] m Entvölkerung f; **el ~ del campo** die Landflucht

después [des'pwes] I. adj danach; **una hora ~** eine Stunde danach [o später]
II. adv ❶ (de tiempo) nach, nachher; **¡hasta ~!** bis nachher!, bis dann!, auf Wiedersehen!; **~ de todo** trotz allem; **te lo cuento** nachher [o später] erzähle ich es dir; **~ de la cena salimos** nach dem Essen gehen wir aus; **~ (de) que vino** nachdem [o als] er/sie kam
❷ (de espacio) nach, hinter; **~ de las montañas viene el mar** hinter den Bergen liegt das Meer

despulpado [despul'paðo] m Entnahme f des Fruchtfleisches

despulpar [despul'par] vt das Fruchtfleisch entnehmen (+gen)

despuntadura [despuṇta'ðura] f Entfernen nt der Spitze

despuntar [despuṇ'tar] I. vt ❶ (gastar la punta) stumpf machen, abstumpfen
❷ (quitar la punta) die Spitze abbrechen
❸ (colmena) zeideln
❹ (NÁUT) doblar una punta) umfahren
II. vi ❶ (brotar) knospen; **ya empiezan a ~ los narcisos** die Narzissen haben bereits Knospen
❷ (amanecer) anbrechen; **al ~ la aurora** bei Tagesanbruch
❸ (fig: distinguirse) überragen; **despunta en inglés** in Englisch ist er/sie besonders gut
III. vr: **~se** (gastarse la punta) stumpf werden; (perderse la punta) die Spitze verlieren

desqueje [des'kexe] m (BOT) Verpflanzen nt von Stecklingen

desquiciado, -a [deski'θjaðo, -a] adj ❶ (desordenado) unordentlich
❷ (fam: trastornado) zerrüttet; **una familia desquiciada** eine zerrüttete Familie

desquiciamiento [deskiθja'mjento] m Zerrüttung f

desquiciante [deski'θjaṇte] adj zerrüttend, erschütternd

desquiciar [deski'θjar] I. vt ❶ (desencajar) aus den Angeln heben
❷ (fig: alterar) aus der Fassung bringen; **esta tragedia le ha desquiciado** diese Tragödie hat ihn innerlich aus dem Gleichgewicht gebracht
❸ (dar importancia excesiva) überbewerten
II. vr: **~se** den Halt verlieren

desquitar [deski'tar] vt, vr: **~se** ❶ (resarcir(se)) wiedergewinnen; **~se**

desquite

de una **pérdida** den Verlust wieder einbringen
② (*desagraviar*(*se*)) sich schadlos halten (*de* an +*dat*)
desquite [des'kite] *m* ① (*juego de cartas*) Wiedergewinnen *nt*
② (*desagravio*) Genugtuung *f,* Vergeltung *f;* **tomar**(**se**) **el** ~ sich rächen, sich schadlos halten
desraspado [desrras'paðo] *m* (AGR) Entrappen *nt*
desraspar [desrras'par] *vt* (AGR) entrappen
desratización [desrratiθa'θjon] *f* Bekämpfung *f* von Ratten und Mäusen
desratizar [desrrati'θar] <z→c> *vt* von Ratten und Mäusen befreien
desrazonable [desrraθo'naβle] *adj* unvernünftig, irrational
desreglamentación [desrreɣlamenta'θjon] *f* Deregulierung *f*
desregulación [desrreɣula'θjon] *f* Regellosigkeit *f,* Unordnung *f*
desrielar [desrrje'lar] *vi* (*Am*) entgleisen
desriñonar [desrriɲo'nar] I. *vt* lendenlahm schlagen
II. *vr:* ~**se** sich *dat* das Rückgrat brechen
desrizar [desrri'θar] <z→c> I. *vt* ① (*cabello*) entkräuseln, glätten
② (NAÚT: *velas*) entfalten
II. *vr:* ~**se** (*rizos*) aufgehen; (*pelo*) sich glätten
destacable [desta'kaβle] *adj* erwähnenswert
destacado, -a [desta'kaðo, -a] *adj* herausragend; **es uno de los actores de cine más** ~ er ist einer der hervorragendsten Leinwandschauspieler; **elementos** ~**s** (*Am*) führende Persönlichkeiten
destacamento [destaka'mento] *m* ① (MIL) Detachement *nt,* abgesonderte Truppenabteilung *f*
② (*policía*) Polizeieinheit *f*
destacar [desta'kar] <c→qu> I. *vi* überragen, hervorstechen; **destaca en el deporte** im Sport ist er/sie ein Ass
II. *vt* ① (*realzar*) hervorheben, hervortreten lassen; **de entre todos los participantes hay que** ~ **a los argentinos** von allen Teilnehmern sind die Argentinier besonders zu erwähnen
② (MIL) abkommandieren (*Truppe*)
III. *vr:* ~**se** ① (*descollar*) sich abheben (*de/entre* von +*dat*); **se destacaba entre los demás por su tranquilidad** er/sie hob sich von den anderen durch seine/ihre ruhige Art ab
② (MIL) sich von der Truppe absondern
destajador [destaxa'ðor] *m* Schmiedehammer *m,* Setzhammer *m*
destajar [desta'xar] *vt* ① (*trabajo*) Arbeitsbedingungen festlegen
② (*naipes*) abheben
destajista [desta'xista] *mf* Akkordarbeiter(in) *m(f)*
destajo [des'taxo] *m* Akkordarbeit *f;* **a** ~ auf [*o* im] Akkord; **trabajar a** ~ (*fam*) arbeiten wie ein Pferd; **hablar a** ~ (*fam*) reden wie ein Wasserfall; **a** ~ (*Arg, Chil: a ojo*) aufs Geratewohl
destallar [desta'ʎar] *vt* (AGR) die Triebe zurückschneiden (+*gen*)
destapar [desta'par] I. *vt* ① (*abrir*) öffnen, den Deckel abnehmen (von +*dat*); ~ **una botella de vino** eine Weinflasche entkorken; ~ **la olla** den Deckel vom Topf nehmen
② (*desabrigar*) aufdecken; **lo destapó para despertarlo** er/sie hat ihm die Bettdecke weggenommen um ihn aufzuwecken
③ (*secretos*) aufdecken, enthüllen; **ha destapado el secreto** er/sie hat den Schleier des Geheimnisses gelüftet
④ (*vulg: matar*) abmurksen *fam*
⑤ (*Méx: animales*) loslaufen
II. *vr:* ~**se** ① (*perder la tapa*) den Deckel verlieren, sich öffnen
② (*desabrigarse*) sich aufdecken; **te has destapado durmiendo** du hast dich im Schlaf aufgedeckt
③ (*fam: desnudarse*) sich ausziehen
④ (*fig: descubrirse*) sich bloßstellen; **se destapó con su amigo** er/sie sprach sich bei seinem/ihrem Freund aus, er/sie schüttete seinem/ihrem Freund sein/ihr Herz aus
destape [des'tape] *m* (*fam*) Striptease *m o nt*
destapiar [desta'pjar] *vt* eine (Umfassungs)mauer abreißen
destaponar [destapo'nar] *vt* ① (*botellas*) entkorken
② (*Perú: abrir*) öffnen
destartalado, -a [destarta'laðo, -a] *adj* ① (*desmantelado*) verwahrlost, baufällig; **casa destartalada** altes Gemäuer *elev*
② (*desproporcionado*) krumm und schief
destechar [deste't͡ʃar] *vt* abdecken
destejar [deste'xar] *vt* abdecken
destejer [deste'xer] *vt* ① (*tejido*) auftrennen, aufräufeln
② (*fig: desbaratar*) zerstören
destellante [deste'ʎante] *adj* leuchtend, strahlend
destellar [deste'ʎar] *vi* aufleuchten, funkeln
destello [des'teʎo] *m* ① (*rayo de luz*) Strahl *m*
② (*reflejo*) Abglanz *m*
③ (*resplandor*) Schimmer *m*
④ (*fig: indicio*) Anzeichen *nt,* Anflug *m;* **tener** ~**s de inteligencia** vor Intelligenz sprühen
destemplado, -a [destem'plaðo, -a] *adj* ① (*sonido*) verstimmt, klang-

destino

los
② (*voz*) rau, unangenehm
③ (*acero*) enthärtet
④ (*pintura*) unharmonisch
⑤ (*tiempo*) unfreundlich
⑥ (*persona*) unpässlich
⑦ (*loc*): **echar con cajas destempladas** barsch abweisen
destemplanza [destem'planθa] *f* ① (*inmoderación*) Unmäßigkeit *f*
② (*tiempo*) Unbeständigkeit *f*
③ (*malestar*) Unpässlichkeit *f,* leichtes Fieber *nt*
destemplar [destem'plar] I. *vt* ① (*acero*) enthärten
② (*sonido*) verstimmen
③ (*perturbar*) stören
II. *vr:* ~**se** ① (*alterarse*) heftig werden
② (*indisponerse*) unpässlich werden
destemple [des'temple] *m* ① (*música*) Missklang *m,* Verstimmung *f*
② (*indisposición ligera*) Unwohlsein *nt,* leichte Unpässlichkeit *f*
③ (*fig: desconcierto*) Verwirrung *f,* Unordnung *f*
destensar [desten'sar] *vt* lockern
desteñido, -a [deste'ɲiðo, -a] *adj* entfärbt, verwaschen
desteñir [deste'ɲir] *irr como* ceñir I. *vi* abfärben; **si lavas la camisa con agua muy caliente se** ~**á** wenn du das Hemd mit heißem Wasser wäschst, färbt es ab
II. *vt* ① (*quitar el color*) entfärben
② (*manchar con color*) verfärben
III. *vr:* ~**se** **los tatuajes se destiñen con el tiempo** die Tätowierungen verlieren mit der Zeit an Farbe
desternillante [desterni'ʎante] *adj* zum Totlachen
desternillarse [desterni'ʎarse] *vr:* ~ **de risa** sich totlachen, zwerchfellerschütternd lachen
desterrado, -a [deste'rraðo, -a] I. *adj* ① (*exiliado*) verbannt
② (*desechado*) nicht mehr üblich; **la pena de muerte es una práctica desterrada de este país** in diesem Land wird die Todesstrafe nicht mehr angewandt
II. *m, f* Verbannte(r) *mf*
desterrar [deste'rrar] <e→ie> I. *vt* ① (*exiliar*) verbannen; **lo** ~**on del país** er wurde des Landes verwiesen
② (*quitar la tierra*) die Erde entfernen; ~ **una planta** die Erde an den Wurzeln einer Pflanze entfernen
③ (*alejar*) vertreiben, bannen; ~ **la enfermedad** die Krankheit beschwören; ~ **los malos pensamientos** böse Gedanken vertreiben
II. *vr:* ~**se** auswandern
destetar [deste'tar] I. *vt* abstillen, entwöhnen; **la madre destetó a su bebé a los ocho meses** die Mutter hat ihr Baby mit acht Monaten abgestillt
II. *vr:* ~**se con algo** (*fig*) etw mit der Muttermilch einsaugen
destete [des'tete] *m* Abstillen *nt,* Entwöhnung *f* (*von der Muttermilch*)
destiempo [des'tjempo] *m:* **a** ~ ungelegen
destierre [des'tjerre] *m* (MIN) Säuberung *f* des Gesteins
destierro [des'tjerro] *m* ① (*pena*) Verbannung *f,* Landesverweisung *f*
② (*lugar*) Exil *nt,* Verbannungsort *m*
③ (*fig: lugar muy alejado*) abgelegener Ort *m*
destilación [destila'θjon] *f* Destillation *f*
destilado [desti'laðo] *m* (QUÍM) Destillat *nt*
destilador[1] [desti'ðor] *m* Destillierapparat *m*
destilador(a)[2] [destila'ðor(a)] *m(f)* Branntweinbrenner(in) *m(f),* Destillateur(in) *m(f)*
destilar [desti'lar] I. *vi* tröpfeln
II. *vt* ① (*alambicar*) destillieren
② (*filtrar*) filtrieren
③ (*soltar*) absondern; **la herida destila sangre** die Wunde blutet
④ (*sentimiento*) offenbaren; **la crítica destila mala leche** die Kritik steckt voller Bosheiten
destilatorio[1] [destila'torjo] *m* Destillierapparat *m*
destilatorio, -a[2] [destila'torjo, -a] *adj* Destillier-; **procedimiento** ~ Destillierverfahren *nt*
destilería [destile'ria] *f* Spiritusbrennerei *f,* Destillieranlage *f*
destinado, -a [desti'naðo, -a] *adj* berufen; **desde que nació estaba** ~ **a ser un gran sacerdote** seit seiner Geburt war er dazu bestimmt, Priester zu werden
destinar [desti'nar] *vt* ① (*dedicar*) bestimmen (*a* für +*akk*), zuweisen (*a* +*dat*)
② (*enviar*) versetzen; **el ministerio lo ha destinado a Berlín** das Ministerium hat ihn nach Berlin versetzt
③ (*designar*) ernennen, berufen; **lo han destinado para Ministro de Defensa** er wurde zum Verteidigungsminister ernannt
destinatario, -a [destina'tarjo, -a] *m, f* Empfänger(in) *m(f),* Adressat(in) *m(f)*
destino [des'tino] *m* ① (*hado*) Schicksal *nt,* Los *nt;* **tuvo un** ~ **muy**

destitución

triste ihm/ihr war ein schweres Los beschieden ❷ (*empleo*) Amt *nt*, Anstellung *f*; **el derecho a ~** die Anstellungsberechtigung; **pedir un importante ~ en el gobierno** sich um einen wichtigen Regierungsposten bewerben ❸ (*destinación*) Bestimmungsort *m*; **la estación de ~** die Endstation; **el puerto de ~** der Bestimmungshafen; **este barco sale con ~ a México** dieses Schiff fährt nach Mexiko ❹ (*finalidad*) Zweckbestimmung *f*, Bestimmung *f*; **esta caja la uso para varios ~s: para mesa, para taburete, etc.** ich verwende diesen Kasten gleichzeitig als Tisch, als Hocker, usw.

destitución [destitu'θjon] *f* Entlassung *f*, Amtsenthebung *f*; **la ~ del cargo** die Absetzung vom Amt; **la ~ disciplinaria** die Entfernung aus dem Dienst; **~ provisional** vorläufige Dienstenthebung

destituible [destiti'βle] *adj* absetzbar; **ser ~ el cargo de uno** von seinem Amt absetzbar sein

destituido, -a [destitu'iðo, -a] *adj* ❶ (*despedido*) abgesetzt, entlassen ❷ (*falto de* +*dat*) frei von +*dat;* **~ de fundamento** grundlos; **una tarea destituida de importancia** eine bedeutungslose Aufgabe

destituir [destitu'ir] *irr como huir* **I.** *vt* ❶ (*despedir*) absetzen, entlassen; **~ al jefe de gobierno** den Regierungschef absetzen ❷ (*elev: privar*): **~ a alguien de algo** jdm etw entziehen

destorcer [destor'θer] *irr como cocer* **I.** *vt* aufdrehen **II.** *vr:* **~se** ❶ (*cable*) sich aufdrehen ❷ (NÁUT) vom Kurs abkommen

destornillado, -a [destorni'ʎaðo, -a] *adj* (*fig*) kopflos, unbesonnen

destornillador [destorniʎa'ðor] *m* Schraubenzieher *m*

destornillar [destorni'ʎar] **I.** *vt* abschrauben, losschrauben **II.** *vr:* **~se** (*fig*) den Kopf verlieren, ausrasten *fam*

destoserse [desto'serse] *vr* sich räuspern, hüsteln

destoxicación [destoksika'θjon] *f* ❶ (QUÍM) Entgiftung *f*, Detoxikation *f* ❷ (TÉC) Abfallentgiftung *f*

destrabar [destra'βar] **I.** *vt* ❶ (*desatar*) losbinden ❷ (*Am*) eine Sperrung ausklinken **II.** *vr:* **~se** sich losmachen

destral [des'tral] *m* Handbeil *nt*

destrenzar [destren'θar] <z→c> **I.** *vt* entflechten **II.** *vr:* **~se** sich *dat* den Zopf lösen

destreza [des'treθa] *f* Geschicklichkeit *f*; **la ~ manual** die Handfertigkeit; **con ~** geschickt

destripacuentos [destripa'kwentos] *mf inv* (*fam*) jd, der eine Erzählung an unangebrachten Stellen unterbricht

destripador(a) [destripa'ðor(a)] *m/f* (*fig*) Mörder(in) *m/f*; **Jack el ~** Jack the Ripper

destripamiento [destripa'mjento] *m* ❶ (*extracción de las tripas*) Ausweiden *nt*, Ausnehmen *nt* der Eingeweide ❷ (*espachurramiento*) Ausdrücken *nt;* **el ~ del tubo dentrífico** das Ausdrücken der Zahnpastatube

destripar [destri'par] *vt* ❶ (*despanzurrar*) ausweiden, ausnehmen ❷ (*fig: vaciar*) den Inhalt [*o* die Füllung] entfernen; **~ un cigarrillo** den Tabak aus der Zigarettenhülse ziehen ❸ (*despachurrar, t. fig*) zerquetschen ❹ (*estropear*) vereiteln, voreilig unterbrechen; **si sigues interrumpiéndome me ~ás la historia** wenn du mich weiter unterbrichst, vermasselst du mir noch die Geschichte ❺ (*Méx: abandonar los estudios*) das Studium abbrechen

destripaterrones [destripate'rrones] *mf inv* (*fam*) Feldarbeiter(in) *m/f*; **ser un ~** plump und grobschlächtig sein

destrísimo, -a [des'trisimo, -a] *adj superl de* **diestro, -a**

destronamiento [destrona'mjento] *m* Absetzung *f*, Entthronung *f*

destronar [destro'nar] *vt* absetzen, entthronen

destroncadora [destronka'ðora] *f* Rodemaschine *f*, Ausroder *m*

destroncar [destron'kar] <c→qu> **I.** *vt* ❶ (*árbol*) fällen, umhauen ❷ (*discurso, ensayo*) verpatzen ❸ (*dañar*) Schaden zufügen (*a* +*dat*) ❹ (*cuerpo de una persona*) zerlegen ❺ (*derrengar*) zu Grunde richten **II.** *vr:* **~se** (*derrengar*) sich abarbeiten, sich kaputt arbeiten

destronque [des'tronke] *m* Bäumefällen *nt*

destrozar [destro'θar] <z→c> **I.** *vt* ❶ (*despedazar*) zerstören; **un libro** ein Buch zerreißen [*o* zerfetzen]; **~ la ropa** die Kleider abtragen; **~ un vehículo** ein Auto zu Schrott fahren ❷ (*destruir física o moralmente*) zerstören, ruinieren; **estar destrozado** am Boden zerstört sein; **he trabajado todo el día y estoy destrozado** ich habe den ganzen Tag geschuftet und jetzt bin ich fix und fertig; **el viaje me ha destrozado** von der langen Reise bin ich völlig gerädert; **con el alma destrozada** mit gebrochenem Herzen ❸ (*aniquilar*) vereiteln; **~ on nuestros planes** sie haben unsere Pläne vereitelt [*o* zunichte gemacht] ❹ (MIL) besiegen

desvanecer

II. *vr:* **~se** in Stücke gehen

destrozo [des'troθo] *m* ❶ (*daño*) Schaden *m* ❷ (MIL) Niederlage *f*

destrozón, -ona [destro'θon, -ona] *adj o m, f* (*fam*): **este niño es un ~** dieses Kind macht alles kaputt

destrucción [destruk'θjon] *f* Zerstörung *f*, Vernichtung *f*

destructibilidad [destruktiβili'ðað] *f sin pl* Zerstörbarkeit *f*

destructible [destruk'tiβle] *adj* zerstörbar

destructividad [destruktiβi'ðað] *f* Zerstörungstrieb *m*, Destruktivität *f*

destructivo, -a [destruk'tiβo, -a] *adj* zerstörend, destruktiv

destructor¹ [destruk'tor] *m* (MIL) Zerstörer *m*

destructor(a)² [destruk'tor(a)] *m(f)* Zerstörer(in) *m(f)*

destruible [destru'iβle] *adj* zerstörbar

destruir [destru'ir] *irr como huir* **I.** *vt* ❶ (*destrozar*) zerstören, vernichten; **el granizo destruyó la cosecha** der Hagel vernichtete die Ernte ❷ (*arruinar física o moralmente*) ruinieren, zugrunde [*o* zu Grunde] richten ❸ (*aniquilar*) vereiteln, zunichte machen; **me destruyeron las esperanzas** meine Hoffnungen wurden zunichte gemacht ❹ (*malbaratar*) abwirtschaften; **destruyó la empresa familiar** er/sie hat den Familienbetrieb heruntergewirtschaftet **II.** *vr:* **~se** ❶ (*destrozarse*) sich ruinieren ❷ (MAT) sich aufheben

destusar [destu'sar] *vt* (AmC) *v.* **despancar**

desubicado, -a [desuβi'kaðo, -a] *adj* (*Am*) desorientiert; (*fig*) zerstreut, träumerisch

desuello [de'sweʎo] *m* ❶ (*desolladura*) Abhäuten *nt*, Enthäutung *f* ❷ (*descaro*) Unverschämtheit *f*, Frechheit *f*

desuerar [deswe'rar] *vt* (*mantequilla, yogur*) Molke ablaufen lassen [*o* abgießen] (*von* +*dat*)

desulfuración [desulfura'θjon] *f* (QUÍM) Entschwefelung *f*

desulfurar [desulfu'rar] *vt* (QUÍM) entschwefeln

desuncir [desun'θir] <c→z> *vt* (*animales*) abspannen, ausspannen

desunión [desu'njon] *f* ❶ (*separación*) Trennung *f*, Lösung *f* ❷ (*discordia*) Uneinigkeit *f*, Zwietracht *f elev*

desunir [desu'nir] *vt, vr:* **~se** ❶ (*separar(se)*) (sich) trennen ❷ (*enemistar(se)*) (sich) entzweien, (sich) verfeinden

desuñarse [desu'ɲarse] *vr* sich plagen, sich abmühen; **~ para alimentar a sus hijos** sich abmühen um seine Kinder zu ernähren

desurbanización [desurβaniθa'θjon] *f* Verwilderung *f*

desurbanizar [desurβani'θar] <z→c> *vt* Gewerbe auf der grünen Wiese ansiedeln (*Ackerland in Industrieland umwandeln*)

desurdir [desur'ðir] *vt* ❶ (*tejido*) auftrennen ❷ (*fig: trama*) vereiteln

desusado, -a [desu'saðo, -a] *adj* ungebräuchlich, unüblich

desuso [de'suso] *m:* **caer en ~** aus dem Gebrauch [*o* aus der Mode] kommen

desvahar [desβa'ar] *vt* (AGR) welkes Laub entfernen (*von* +*dat*)

desvaído, -a [desβa'iðo, -a] *adj* ❶ (*colores*) verwaschen ❷ (*persona*) sehr groß und dünn, ohne Anmut; **es una mujer desvaída** sie ist eine richtige Hopfenstange *fam*

desvainadura [desβaina'ðura] *f* Enthülsen *nt*

desvainar [desβai'nar] *vt* enthülsen

desvaírse [desβa'irse] *irr como embaír vr* ausbleichen, verblassen

desvalido, -a [desβa'liðo, -a] *adj* schutzlos, hilfsbedürftig

desvalijamiento [desβalixa'mjento] *m* Ausplünderung *f*

desvalijar [desβali'xar] *vt* ausplündern, ausrauben

desvalimiento [desβali'mjento] *m* Schutzlosigkeit *f*, Hilfsbedürftigkeit *f*

desvalorar [desβalo'rar] *vt v.* **desvalorizar**

desvalorización [desβaloriθa'θjon] *f* Entwertung *f*, Abwertung *f*, Wertminderung *f*; **~ monetaria** Geldentwertung *f*

desvalorizar [desβalori'θar] <z→c> *vt* entwerten, abwerten; **~on el dólar** der Dollar wurde abgewertet

desván [des'βan] *m* Dachboden *m;* **~ gatero** [*o* **perdido**] unbewohnbarer Dachboden

desvanecer [desβane'θer] *irr como crecer* **I.** *vt* ❶ (*color*) verwischen, verschwimmen lassen ❷ (*dudas*) beseitigen, verscheuchen; **~ una duda** einen Zweifel beseitigen [*o* zerstreuen]; **~ las sospechas de alguien** den Verdacht von jdm ablenken **II.** *vr:* **~se** ❶ (*disiparse*) verschwinden, sich auflösen; **el alcohol se desvanece** Alkohol verdunstet; **el sol se desvaneció tras las montañas** die Sonne verschwand hinter den Bergen; **si usas mucha agua para la acuarela, los colores se desvanecen** wenn du für das Aquarell zu viel Wasser verwendest, verschwimmen die Farben; **desde que me debe dinero se ha desvanecido** seitdem er/sie mir Geld schuldet, hat er/sie sich in Luft aufgelöst; **el entusiasmo se desvaneció rápidamente** die Begeisterung war schnell wieder verflogen; **mis esperanzas se desva-**

desvanecido

necieron meine Hoffnungen sind (in nichts) zerronnen; **poco a poco se desvaneció su enojo** langsam verrauchte sein/ihr Ärger
② (*desmayarse*) ohnmächtig werden
③ (*Chil: entibiar el agua*) das Wasser lauwarm machen

desvanecido, -a [desβaneˈθiðo, -a] *adj* ① (*desmayado*) bewusstlos
② (*vanidoso*) selbstgefällig

desvanecimiento [desβaneθiˈmjento] *m* ① (*desaparición*) Verschwinden *nt*, Auflösen *nt*
② (*mareo*) Schwindel *m*; **tener un ~** ohnmächtig werden
③ (*vanidad*) Selbstgefälligkeit *f*
④ (RADIO) schlechter Empfang *m*

desvarar [desβaˈrar] *vt* (NÁUT) flott machen

desvariado, -a [desβaˈrjaðo, -a] *adj* ① (*incoherente*) unvernünftig
② (AGR) ins Holz geschossen (*Zweige*)

desvariar [desβaˈrjar] *< 1. pres: desvarío> vi* fantasieren, wirr reden; **la fiebre alta hace ~** hohes Fieber verursacht Fieberträume

desvarío [desβaˈrio] *m* ① (*locura*) Wahnsinn *m*, Irrsinn *m*; **los ~s de una imaginación enfermiza** die Fantastereien eines verwirrten Geistes
② (*delirio*) Fieberwahn *m*
③ (*monstruosidad*) Ungeheuerlichkeit *f*
④ (*capricho*) Launenhaftigkeit *f*

desvedar [desβeˈðar] *vt* ein Verbot aufheben (+*gen*); **desvedaron la caza de liebres en la temporada de primavera** im Frühjahr wurde die Schonzeit der Feldhasen aufgehoben

desvelado, -a [desβeˈlaðo, -a] *adj* ① (*sin sueño*) schlaflos, wach
② (*despabilado*) munter, aufgeweckt
③ (*atento*) wachsam

desvelar [desβeˈlar] I. *vt* ① (*sueño*) wach halten, wecken; **el café desvela** der Kaffee hält wach; **el sol de la mañana me desveló** die Morgensonne hat mich geweckt
② (*revelar*) offenbaren, aufdecken
II. *vr:* **~se** ① (*despertarse*) aufwachen
② (*esmerarse*) sich einsetzen (*por* für +*akk*), sich bemühen (*por* um +*akk*); **siempre se desvelaba por el bienestar de los demás** er/sie setzte sich immer für das Wohlergehen der anderen ein; **esta madre se desvela día y noche por sus hijos** diese Mutter müht sich rund um die Uhr für ihre Kinder ab

desvelo [desˈβelo] *m* ① (*insomnio*) Schlaflosigkeit *f*
② (*despabilamiento*) Munterkeit *f*
③ (*pl*) (*celo*) Eifer *m*, Sorgfalt *f*
④ (*pl*) (*atención*) Sorge *f*, Fürsorge *f*

desvencijado, -a [desβenθiˈxaðo, -a] *adj* klapp(e)rig, wack(e)lig; **una mesa desvencijada** ein wack(e)liger Tisch

desvencijar [desβenθiˈxar] I. *vt* auseinander nehmen
II. *vr:* **~se** aus den Fugen geraten, auseinander fallen

desvendar [desβenˈdar] I. *vt* die Binde entfernen (von +*dat*, *a* +*dat*)
II. *vr:* **~se** *sich dat* die Binde abnehmen; **se desvendó la pierna** er/sie entfernte den Verband an seinem/ihrem Bein

desventaja [desβenˈtaxa] *f* Nachteil *m*

desventajoso, -a [desβentaˈxoso, -a] *adj* nachteilig; **apariencia desventajosa** unvorteilhaftes Auftreten; **condiciones de pago desventajosas** ungünstige Zahlungsbedingungen; **consecuencias desventajosas** nachteilige Folgen

desventura [desβenˈtura] *f* Missgeschick *nt*, Unglück *nt*

desventurado, -a [desβentuˈraðo, -a] I. *adj* unglücklich, unheilvoll; **es una familia desventurada, sufre una tragedia tras otra** die Familie wird vom Pech verfolgt, sie erleidet eine Tragödie nach der anderen; **fue un verano muy ~** in diesem Sommer häuften sich die unangenehmen Vorfälle
II. *m, f* Unglückliche(r) *mf*, Pechvogel *m*

desvergonzado, -a [desβerɣonˈθaðo, -a] I. *adj* schamlos, unverschämt
II. *m, f* Schamlose(r) *mf*

desvergonzarse [desβerɣonˈθarse] *irr como avergonzar vr* unverschämt werden; **~ con alguien** jdm gegenüber unverschämt werden

desvergüenza [desβerˈɣwenθa] *f* Unverschämtheit *f*, Frechheit *f*, Dreistigkeit *f*

desvertebrado, -a [desβerteˈβraðo, -a] *adj* ohne Rückgrat

desvertebrar [desβerteˈβrar] *vt* das Rückgrat brechen (*a* +*dat*)

desvestir [desβesˈtir] *irr como pedir vt, vr:* **~se** (sich) ausziehen, (sich) entkleiden

desviación [desβjaˈθjon] *f* ① (*torcedura*) Abweichung *f*, Richtungsänderung *f*; **~ de la aguja magnética** Missweisung der Magnetnadel; **~ del barco** Abdrift des Schiffes; **~ de beneficios** Gewinnverlagerung *f*; **~ de la columna vertebral** Rückgratverkrümmung *f*; **jurídica** Rechtsfehler *m*; **~ magnética** magnetische Ablenkung; **~ del péndulo** Ausschlag des Pendels; **~ de poder** Ermessensmissbrauch *m*, Ermessensüberschreitung *f*; **~ del tráfico** Umleitung des Verkehrs
② (*aberración*) Verirrung *f*

desviacionismo [desβjaθjoˈnismo] *m* (FILOS, POL) Abweichlertum *nt*

desviacionista [desβjaθjoˈnista] *mf* Abweichler(in) *m(f)*

desviado, -a [desˈβjaðo, -a] *adj* ① (*diferente*) abweichend (*de* von +*dat*)
② (*tráfico*) umgeleitet

desviar [desˈβjar] *< 1. pres: desvío>* I. *vt* umleiten, umlenken; (*en su opinión*) umstimmen; **~ a alguien de la intención de hacer algo** jdn davon abbringen etw zu tun; **~ a alguien del buen camino** jdn vom rechten Weg abbringen; **~ el agua por una zanja** das Wasser abgraben; **~ el avión** das Flugzeug entführen; **~ una cuestión** einer Frage ausweichen; **~ el dinero** das Geld abzweigen; **~ el rayo de luz** den Lichtstrahl umlenken; **~ un río** einen Fluss umleiten
II. *vr:* **~se** ① (*cambiar de dirección*) abkommen, abschwenken; **~se del camino** vom Weg abkommen; **~se de una idea** von einer Idee Abstand nehmen; **la brigada se desvió hacia la izquierda** die Kolonne schwenkte nach links ab
② (*extraviarse*) abhanden kommen, verloren gehen

desvinculación [desβinkulaˈθjon] *f* Loslösung *f*, Auflösen *nt* der Bindung

desvincular [desβinkuˈlar] I. *vt* ① (*perder el vínculo*) die Verbindung lösen (*de* mit/zwischen +*dat*)
② (Am: ECON: *amortizar*) der toten Hand entziehen
II. *vr:* **~se** sich lösen (*de* von +*dat*); **se ha desvinculado del grupo** er/sie hat sich von der Gruppe gelöst

desvío [desˈβio] *m* ① (*desviación*) Abweichung *f*
② (*tráfico*) Umgehungsstraße *f*, Nebenstraße *f*; (*temporal*) Umleitung *f*
③ (NÁUT) Abweichung *f* vom Kurs
④ (CSur, PRico: FERRO) Ausweichgleis *nt*, Seitengleis *nt*
⑤ (*despego*) Abneigung *f*

desvirgar [desβirˈɣar] *<g→gu> vt* ① (*persona*) entjungfern
② (*fig fam: estrenar*) einweihen

desvirtuar [desβirˈtwar] *< 1. pres: desvirtúo>* I. *vt* entkräften, widerlegen; **~ una prueba** einen Beweis entkräften; **~ la competencia** den Wettbewerb verfälschen; **~ un rumor** ein Gerücht widerlegen
II. *vr:* **~se** an Kraft verlieren, den Halt verlieren

desvitrificación [desβitrifikaˈθjon] *f* (TÉC) Entglasung *f*

desvivirse [desβiˈβirse] *vr* versessen sein (*por* auf +*akk*), schmachten (*por* nach +*dat*); **el niño se desvive por las golosinas** das Kind ist auf Süßigkeiten ganz versessen; **el hombre se desvive por esta mujer** der Mann ist unsterblich in diese Frau verliebt; **se desvivió por conseguir este documento** nach diesem Dokument hat er/sie sich auf die Beine abgelaufen; **se desvivieron conmigo** sie haben alles für mich getan

desyemar [desʝeˈmar] *vt* ① (*planta*) die Knospen entfernen (von +*dat*)
② (*huevo*) das Eigelb vom Eiweiß trennen

desyerbar [desʝerˈβar] *vt* (AGR) jäten

desyugar [desʝuˈɣar] *<g→gu> vt* das Joch entfernen (von +*dat*)

detallado, -a [detaˈʎaðo, -a] *adj* ausführlich, detailliert

detallar [detaˈʎar] *vt* ① (*pormenorizar*) einzeln aufführen, detaillieren
② (COM) im Einzelhandel verkaufen

detalle [deˈtaʎe] *m* ① (*pormenor*) Detail *nt*, Einzelaufstellung *f*; **en al ~** ausführlich, genau; **venta al ~** (COM) Einzelverkauf *m*; **dar ~s** genau schildern, detailliert berichten; **entrar en ~s** ins Detail gehen
② (*finura*) Liebenswürdigkeit *f*, Aufmerksamkeit *f*; **has tenido un ~ regalándome las flores** es war sehr aufmerksam [*o* liebenswürdig] von dir, mir die Blumen zu schenken

detallista [detaˈʎista] I. *adj* genau; (*pey*) kleinlich, pedantisch
II. *mf* ① (*minucioso*) Kleinigkeitskrämer(in) *m(f)*, Pedant(in) *m(f)*
② (*minorista*) Einzelhändler(in) *m(f)*

detasa [deˈtasa] *f* (COM) Gebührenermäßigung *f*; (FERRO) Frachtrabatt *m*

detección [deteɣˈθjon] *f* ① (*reconocimiento*) Erkennung *f*; **la ~ precoz** die Früherkennung
② (RADIO) Demodulation *f*, Gleichrichtung *f*
③ (NÁUT): **la ~ de incendios** Feueranzeige *f*

detectable [detekˈtaβle] *adj* erkennbar

detectar [detekˈtar] *vt* entdecken, erkennen, ausfindig machen; **~ on la presencia de radiactividad en el suelo** sie haben entdeckt, dass der Boden radioaktiv belastet ist; **los astrónomos ~on un astro desconocido** die Astronomen haben einen unbekannten Himmelskörper entdeckt [*o* ausfindig gemacht]

detective [detekˈtiβe] *mf* Detektiv(in) *m(f)*

detectivesco, -a [detektiˈβesko, -a] *adj* detektivisch; **sagacidad detectivesca** detektivischer Scharfsinn

detector [detekˈtor] *m* Detektor *m*, Spürgerät *nt*; **~ de humo** Rauchgasanzeiger *m*; **~ de mentiras** Lügendetektor *m*; **~ de minerales y metales** Metall- und Erzsuchgerät *nt*

detención [detenˈθjon] *f* ① (*parada*) Anhalten *nt*; **palanca de ~** Arretierhebel *m*; **la ~ de la correspondencia** das Zurückhalten der Korrespondenz; **la ~ del crecimiento** die Wachstumshemmung; **la ~ de un tren** das Anhalten eines Zuges

detener

② (*encarcelamiento*) Verhaftung *f*, Festnahme *f*; **~ cautelar** Schutzhaft *f*; **~ coactiva** Erzwingungshaft *f*; **~ en flagrante** (JUR) Festnahme auf frischer Tat; **~ ilegal** Freiheitsberaubung *f*; **~ previa** [*o* **preventiva**] Untersuchungshaft *f*; **~ detenciones masivas** (POL) Massenverhaftungen *fpl*; **~ provisional** vorläufige Festnahme; **~ reglamentaria** Ordnungshaft *f*
③ (*dilación*) Verzögerung *f*; **venga sin ~** kommen Sie unverzüglich
④ (*prolijidad*) Ausführlichkeit *f*; **lo describió con ~** er/sie beschrieb es in allen Einzelheiten; **ha corregido el examen con ~** er/sie hat die Klausur mit großer Sorgfalt korrigiert

detener [dete'ner] *irr como tener* I. *vt* ① (*parar*) anhalten, zurückhalten; **~ la máquina** die Maschine anhalten; **~ los progresos de una enfermedad** das Fortschreiten einer Krankheit bremsen [*o* aufhalten]; **la policía me detuvo para pedirme la documentación** die Polizei hielt mich an und verlangte meine Papiere
② (*encarcelar*) verhaften, festnehmen; **~ ilegalmente** rechtswidrig in Haft halten; **~ provisionalmente** vorläufig in Haft halten
③ (*retener*) einbehalten, beschlagnahmen; **~ un objeto en su poder** eine Sache einbehalten, eine Sache beschlagnahmen
II. *vr:* **~se** ① (*pararse*) innehalten; **se detuvieron un momento ante los escaparates** sie hielten einen Moment vor den Schaufenstern inne
② (*entretenerse*) sich aufhalten (*en* mit +*dat*), verweilen

detenido, -a [dete'niðo, -a] I. *adj* ① (*minucioso*) gründlich, eingehend; **un ~ examen del problema** eine eingehende Untersuchung des Problems
② (*apocado*) schüchtern, unentschlossen, zurückhaltend
③ (*escaso*) karg
④ (*arrestado*) verhaftet, festgenommen; **¡está ~!** Sie sind verhaftet!
II. *m, f* Häftling *m*, Verhaftete(r) *mf*, Gefangene(r) *mf*

detenimiento [deteni'mjento] *m* ① (*minuciosidad*) Ausführlichkeit *f*; **con ~** ausführlich
② (*tardanza*) Verzögerung *f*; **con ~** umständlich
③ (*encarcelamiento*) Verhaftung *f*

detentación [detenta'θjon] *f* (JUR): **~ de la posesión** Besitzvorenthaltung *f*

detentador(a) [detenta'ðor(a)] *m(f)* (JUR) unrechtmäßiger Besitzer *m*, unrechtmäßige Besitzerin *f*

detentar [deten'tar] *vt* unrechtmäßig besitzen; **el general pudo ~ el poder gracias a un golpe de Estado** der General konnte die Macht durch einen Staatsstreich an sich reißen

detergente [deter'xente] I. *adj* reinigend
II. *m* Reinigungsmittel *nt*; **~ para lavar la ropa** Waschmittel *nt*, Waschpulver *nt*; **~ lavavajillas** Spülmittel *nt*

deterger [deter'xer] <g→j> *vt* ① (MED) säubern
② (*limpiar*) reinigen

deteriorar [deterjo'rar] I. *vt* verschlechtern, beschädigen; **~ los muebles** die Möbel abnutzen
II. *vr:* **~se** ① (*empeorarse*) sich verschlimmern, sich verschlechtern; **si no te cuidas se ~á aún más tu salud** wenn du dich nicht schonst, wird sich deine Gesundheit weiter verschlechtern
② (*estropearse*) verderben; **mercancía deteriorada** schadhafte Ware; **los cereales se han deteriorado por el frío** das Getreide ist ausgewintert

deteriorativo, -a [deterjora'tiβo, -a] *adj* (MED) geistig abbauend, degenerativ

deterioro [dete'rjoro] *m* ① (*desmejora*) Verschlechterung *f*; **~ de calidad** Qualitätsminderung *f*; **el ~ de la situación política parece haber remitido** die politische Lage scheint sich nicht weiter zu verschlechtern; **~ del turismo** Beeinträchtigung des Tourismus
② (*daño*) Schaden *m*, Beschädigung *f*; **sin ~** unbeschädigt; **~ debido al amacenamiento** Lagerschaden *m*
③ (*desgaste*) Abnutzung *f*, Verschleiß *m*
④ (*echarse a perder*) Verderben *nt*; **sujeto a ~** verderblich; **de fácil ~** leicht verderblich

determinabilidad [determinaβili'ðað] *f sin pl* ① (*propiedad de ser determinable*) Bestimmbarkeit *f*
② (FILOS) Determiniertheit *f*

determinable [determi'naβle] *adj* bestimmbar

determinación [determina'θjon] *f* ① (*fijación*) Bestimmung *f*, Beschluss *m*; **~ ambiental** Umweltgestaltung *f*; **~ de los beneficios** Gewinnfeststellung *f*; **~ de los daños** Schadensfestsetzung *f*; **~ del derecho aplicable** Rechtswahl *f*; **~ de las necesidades** (ECON) Bedarfsfeststellung *f*; **~ de objetivos** Zielsetzung *f*; **~ de la pena** (JUR) Strafbemessung *f*; **~ del plazo** Fristbestimmung *f*
② (*decisión*) Entschluss *m*; **tomar una ~** eine Entscheidung treffen
③ (*audacia*) Unerschrockenheit *f*, Bestimmtheit *f*

determinado, -a [determi'naðo, -a] *adj* ① (*cierto*) bestimmt; **artículo ~** (LING) bestimmter Artikel; **determinada gente** bestimmte [*o* gewisse] Leute; **un día ~** ein bestimmter Tag
② (*atrevido*) kühn, entschlossen; **un soldado ~** ein kühner Soldat

determinante [determi'nante] I. *adj* bestimmend, entscheidend; **verbo ~** (LING) modifizierende Verbform; **palabra ~** (LING) Bestimmungswort *nt*
II. *m* Bestimmungsgröße *f*; (MAT) Determinante *f*

determinar [determi'nar] I. *vt* ① (*fijar*) festlegen, bestimmen; **~ el plazo de entrega** den Liefertermin festlegen; **~ los precios** die Preise bestimmen
② (*decidir*) beschließen; **~ un pleito** einen Prozess entscheiden; **ayer había determinado salir de paseo, pero después se me quitaron las ganas** gestern hatte ich beschlossen spazieren zu gehen, doch dann habe ich die Lust dazu verloren
③ (*causar*) verursachen; **la falta de alimentos determinó el pánico entre la población** der Mangel an Lebensmitteln verursachte Panik unter der Bevölkerung
④ (*motivar*): **~ a alguien a hacer algo** jdn zu etw *dat* bewegen [*o* veranlassen]; **esto le determinó a ayudarme** das hat ihn dazu bewogen, mir zu helfen
II. *vr:* **~se** sich entschließen (*a* zu +*dat*), sich entscheiden (*por* für +*akk*); **se determinó a comprarse un coche nuevo** er/sie hat beschlossen sich *dat* ein neues Auto zu kaufen; **se determinó por la camisa roja** er/sie hat sich für das rote Hemd entschieden

determinismo [determi'nismo] *m* (FILOS) Determinismus *m*

determinista [determi'nista] I. *adj* (FILOS) deterministisch
II. *mf* (FILOS) Determinist(in) *m(f)*

detersorio¹ [deter'sorjo] *m* Reinigungsmittel *nt*

detersorio, -a² [deter'sorjo, -a] *adj* reinigend

detestable [detes'taβle] *adj* abscheulich, ekelhaft

detestar [detes'tar] *vt* ① (*abominar*) verabscheuen; **detesto a esta persona** ich hasse diese Person
② (*maldecir*) verwünschen

detonación [detona'θjon] *f* Detonation *f*, Knall *m*

detonador [detona'ðor] *m* Sprengstoffzünder *m*, Zündkapsel *f*

detonante [deto'nante] *adj* ① (*explosivo*) knallend, explosiv; **explosivo ~** brisanter Sprengstoff; **mezcla ~** Sprengmischung *f*
② (*Am: que molesta*) störend

detonar [deto'nar] I. *vi* explodieren, detonieren
II. *vt* zünden; **~on la mina** sie zündeten die Mine

detorsión [detor'sjon] *f* (ANAT) Zerrung *f*

detracción [detrak'θjon] *f* Verleumdung *f*

detractor(a) [detrak'tor(a)] I. *adj* lästerlich
II. *m(f)* Verleumder(in) *m(f)*

detraer [detra'er] *irr como traer* I. *vt* ① (*restar*) abziehen
② (*desacreditar*) herabwürdigen
II. *vr:* **~se** sich fern halten (*de* von +*dat*), sich abwenden (*de* von +*dat*); **~se de un grupo** sich einer Gruppe entziehen

detrás [de'tras] I. *adv* ① (*local*) hinten; **allí ~** dahinter; **tienes una mancha ~** auf dem Rücken einen Fleck; **tienes que entrar por ~** du musst hinten(he)rum hereinkommen; **me asaltaron por ~** sie haben mich hinterrücks angegriffen
② (*en el orden*): **el que está ~** der Hintermann; **primero estás tu y ~ van mis amigos** (*fig*) du bist für mich am wichtigsten und dann erst kommen meine Freunde
II. *prep* ① (*local: tras*): **~ de** hinter +*dat*; (*con movimiento*) hinter +*akk*; **el niño se esconde ~ de la casa** das Kind versteckt sich hinter dem Haus; **ponte ~ de tu hermano** stell dich hinter deinen Bruder; **~ de la carta pone la dirección** auf der Rückseite des Briefes steht die Adresse; **quedar ~ de los otros** hinter den anderen zurückbleiben; **ir ~ de alguien** jdm nachfolgen, hinter jdm hergehen; **¿no te da vergüenza hablar mal (por) ~ de ella?** (*fig*) schämst du dich nicht hinter ihrem Rücken schlecht über sie zu reden?
② (*en el orden*): **uno ~ de otro** einer nach dem anderen, nacheinander

detrición [detri'θjon] *f* (GEO) Zerreiben *nt* des Gesteins, Zertrümmerung *f* des Gesteins

detrimento [detri'mento] *m* ① (*daño*) Schaden *m*; **causar gran ~ a alguien** jdm großen Schaden zufügen; **~ de la salud** Gesundheitsschaden *m*, Beeinträchtigung der Gesundheit
② (*perjuicio*) Nachteil *m*; **en ~ de alguien** zu jds Schaden; **en ~ de la salud** auf Kosten der Gesundheit

detrítico¹ [de'tritiko] *m* (GEO) Gesteinsschutt *m*, Detritus *m*

detrítico, -a² [de'tritiko, -a] *adj* (GEO) locker, detritisch, klastisch

detritívoro¹ [detri'tiβoro] *m* (ZOOL) Abfallfresser *m*

detritívoro, -a² [detri'tiβoro, -a] *adj* (ZOOL) Abfälle fressend

detrito [de'trito] *m*, **detritus** [de'tritus] *m inv* (GEO, BIOL, MED) Detritus *m* ② (*desechos*) Ausschuss *m*

detumescencia [detumes'θenθja] *f* (MED) Abschwellung *f*, Detumeszens *f*

detumescente [detumes'θente] I. *adj* (MED) abschwellend
II. *m* (MED) abschwellendes Medikament *nt*

deuda ['deuða] *f* ① (*débito*) Schuld *f*, Verschuldung *f*; **~ activa** Geldfor-

deudor

derung *f*; ~ **aduanera** Zollschuld *f*; ~ **amortizable** tilgbare Schuld; ~ **bancaria** Bankschuld *f*; ~ **consolidada** konsolidierte Schuld; ~ **contable** Buchschuld *f*; ~ **contraída** Verschuldung *f*; ~ **en efectivo** (FIN) Geldsortenschuld *f*; ~ **del Estado** Staatsschuld *f*, Staatsverschuldung *f*; ~ **externa** Auslandsschuld *f*; ~ **fiscal** Steuerschuld *f*; ~ **flotante** schwebende Schuld; ~ **hereditaria** Nachlassschulden *fpl*; ~ **hipotecaria** Hypothekenschuld *f*; ~ **impositiva** Steuerschuld *f*; ~ **interna** Inlandsschuld *f*; ~ **de juego** Spielschuld *f*; ~ **pública** Verschuldung der öffentlichen Hand; ~ **a pagar** fällige Schuld; ~ **particular** Privatschuld *f*; ~ **pendiente** ausstehende Schuld; ~ **pública exterior** Fremdwährungsschuld *f*; ~ **vencida** überfällige Schuld; **cobrar una** ~ eine Schuld einziehen; **liquidar una** ~ eine Schuld abtragen; **saldar una** ~ eine Schuld begleichen

❷ *pl* (*deudas*) Schulden *fpl*; **~s del patrimonio hereditario** Nachlassverbindlichkeiten *fpl*; **~s sociales** Gesellschaftsschulden *fpl*; **~s tributarias** Steuerschulden *fpl*; **cargado de ~s** überschuldet; **contraer** [*o* **hacer**] **~s** Schulden machen; **gravar con ~s** mit Schulden belasten; **sin ~s** schuldenfrei

❸ (*obligación moral*) moralische Verpflichtung *f*; **estar en ~ con alguien** in jds Schuld stehen; **lo prometido es ~** was man verspricht, muss man auch halten

❹ (*pecado*) Sünde *f*; **y perdónanos nuestras ~s...** und vergib uns unsere Schuld ...

deudor(a) [deu̯'ðor(a)] **I.** *adj* schuldnerisch, schuldig, Schuldner-; **saldo ~** Sollsaldo *m*; **nación ~a** Schuldnerland *nt*

II. *m(f)* Schuldner(in) *m(f)*; (JUR) Debitor(in) *m(f)*; ~ **alimentario** Unterhaltspflichtige(r) *m*; ~ **cambiario** Wechselschuldner *m*; ~ **de derechos de aduana** Zollschuldner *m*; ~ **documentario** Remboursschuldner *m*; ~ **mancomunado** Teilschuldner *m*; ~ **moroso** säumiger Schuldner; ~ **de obligaciones** Obligationenschuldner *m*; ~ **pignoraticio** Pfandgeber *m*, Pfandschuldner *m*; ~ **principal** Hauptschuldner *m*; ~ **solidario** Mitschuldner *m*

deuterio [deu̯'terjo] *m* (QUÍM) Deuterium *nt*, schwerer Wasserstoff *m*

deuterogamia [deu̯tero'γamja] *f* Zweitehe *f*, Wiederheirat *f*

deutón [deu̯'ton] *m* (FÍS) Deuteron *nt*

deutoneurona [deu̯toneu̯'rona] *f* (ANAT) Deutero-Neuron *nt*

deutoplasma [deu̯to'plasma] *m* (BIOL) Deutoplasma *nt*

devaluación [deβalwa'θjon] *f* Abwertung *f*; ~ **monetaria** Geldabwertung *f*

devaluar [deβalu'ar] <*1. pres:* devalúo> *vt* abwerten

devanadera [deβana'ðera] *f* ❶ (TÉC: *máquina para devanar*) Aufspulgerät *nt*, Garnwinde *f*

❷ (TEAT) Abwickelmaschine *f*

❸ (TÉC: *para mangas contra incendios*) Schlauchtrommel *f*

❹ (*pesca*) Logrolle *f*

devanado [deβa'naðo] *m* ❶ (*resultado de devanar*) Haspeln *nt*

❷ (ELEC) Wicklung *f*

devanador(a) [deβana'ðor(a)] *m(f)* Haspler(in) *m(f)*

devanadora [deβana'ðora] *f* Haspel *f*

devanar [deβa'nar] **I.** *vt* haspeln, aufwickeln; (*en un carrete*) aufspulen

II. *vr:* **~se** (*Cuba: reírse mucho*) sich vor Lachen krümmen

❷ (*loc*): **~se los sesos** (*fig*) sich *dat* den Kopf zerbrechen

devaneo [deβa'neo] *m* ❶ (*locura*) Hirngespinst *nt*

❷ (*distracción*) Ablenkung *f*, unnützer Zeitvertreib *m*

❸ (*amorío pasajero*) Liebelei *f*

devastación [deβasta'θjon] *f* Verwüstung *f*, Verheerung *f*

devastador(a) [deβasta'ðor(a)] **I.** *adj* verheerend

II. *m(f)* Zerstörer(in) *m(f)*

devastar [deβas'tar] *vt* verwüsten, verheeren

devengado, -a [deβeŋ'gaðo, -a] *adj*: **interés ~** angefallener Zins *m*

devengar [deβeŋ'gar] <g→gu> *vt* ❶ (*salario*) beziehen, verdienen

❷ (*intereses*) abwerfen, einbringen

devengo [de'βeŋgo] *m* ❶ (FIN): ~ **de intereses** Zinsertrag *m*

❷ *pl* (FIN) Auslagen *fpl*

devenir [deβe'nir] *irr como* venir **I.** *vi* ❶ (*acaecer*) geschehen, vorkommen

❷ (FILOS) werden, in Erscheinung treten

II. *m* (FILOS) Dasein *nt*

deverbal [deβer'βal] *adj* (LING) deverbativ

devoción [deβo'θjon] *f* ❶ (REL: *religión*) Frömmigkeit *f*, Gottergebenheit *f*; **fingir ~** frömmeln; **los objetos de ~** die Devotionalien *pl*; **no tener a alguien como santo de su ~** jdm nicht grün sein

❷ (*oración*) Andacht *f*, Gebet *nt*

❸ (*profundo respeto*) Ehrfurcht *f*; **rezar con ~** andächtig beten

❹ (*sujeto a obediencia*) Ergebenheit *f*; **estar a la ~ de alguien** jdm völlig ergeben sein

❺ (*fervor*) Hingabe *f*; **amar a alguien con ~** jdn abgöttisch lieben; **hacer algo con ~** etw mit Hingabe tun; **tener ~ a un santo** einen Heiligen verehren

día

❻ (*afición*) Zuneigung *f*

devocionario [deβoθjo'narjo] *m* Gebetbuch *nt*, Andachtsbuch *nt*

devolución [deβolu'θjon] *f* Rückgabe *f*, Rückzahlung *f*; ~ **del impuesto** Steuererstattung *f*; ~ **del importe** Rückerstattung des Rechnungsbetrages; ~ **a origen** Rücksendung *f*

devolutivo, -a [deβolu'tiβo, -a] *adj* (JUR) rückerstattend, Devolutiv-

devolver [deβol'βer] *irr como* volver **I.** *vt* zurückgeben, wiedergeben; ~ **bien por mal** Böses mit Gutem vergelten; ~ **la comida** sich übergeben, (sich) erbrechen; ~ **dinero** Geld herausgeben; ~ **un favor** eine Gefälligkeit erwidern; ~ **un libro** ein Buch zurückgeben; ~ **la visita** einen Gegenbesuch machen; **devuélvase al remitente** (*en cartas*) zurück an Absender; **esta máquina no devuelve cambio** dieser Automat gibt kein Wechselgeld heraus; **le devolvió la pelota al defensa** er/sie schoss den Ball zum Verteidiger zurück; **ha devuelto la ciudad a su antiguo encanto** er/sie hat der Stadt ihren einstigen Zauber wiedergegeben

II. *vr:* **~se** (*Am: volver*) zurückkehren; **se devolvió a casa** er/sie ist nach Hause zurückgegangen

devorador(a) [deβora'ðor(a)] *adj* verschlingend; **hambre ~a** Heißhunger *m*

devorar [deβo'rar] *vt* verschlingen; ~ **la comida** das Essen in großer Hast verschlingen [*o* hinunterschlingen]; ~ **una novela** ein Buch verschlingen; ~ **a alguien con los ojos** jdn mit den Augen verschlingen; **el león devora a la cebra** der Löwe frisst das Zebra; **la enfermedad devoró sus fuerzas** die Krankheit hat ihm/ihr seine/ihre Kraft genommen; **el fuego devoró la casa** das Feuer verschlang das Haus; **me devora la impaciencia** ich vergehe vor Ungeduld

devoto, -a [de'βoto, -a] **I.** *adj* ❶ (*religioso*) gläubig, gottergeben, fromm

❷ (*adicto*) ergeben (*de* +*dat*), zugetan (*de* +*dat*); **es una devota admiradora de los Beatles** sie ist eine leidenschaftliche Anhängerin der Beatles

II. *m*, *f* ❶ (*creyente*) Gläubige(r) *mf*

❷ (*admirador*) Anhänger(in) *m(f)*; **es un ~ de San Francisco de Asís** Franz von Assisi ist sein Lieblingsheiliger

dexiocardia [deksjo'karðja] *f* (MED) Herzrechtslage *f*, Dextrokardie *f*

dextrina [des'trina] *f* (QUÍM) Dextrin *nt*, Stärkegummi *nt*

dextrosa [des'trosa] *f* (QUÍM) Dextrose *f*, Traubenzucker *m*

deyección [dejek'θjon] *f* ❶ (*volcán*) Auswurf *m*

❷ (*defecación*) Darmentleerung *f*, Stuhlgang *m*

❸ *pl* (*heces*) Kot *m*, Stuhl *m*

dezmar [deθ'mar] *vt* (HIST: *diezmar*) den Zehnten entrichten (+*gen*)

DF [de'efe] *m abr de* **Distrito Federal** Bundesbezirk *m*

DG [de'xe] *f abr de* **Dirección General** GD *f*, Generaldirektion *f*; (POL) Ministerialabteilung *f*

DGT [dexe'te] ❶ *abr de* **Dirección General de Turismo** spanisches Fremdenverkehrsamt

❷ *abr de* **Dirección General del Tesoro** Abteilung Staatsvermögen des spanischen Finanzministeriums

día ['dia] *m* Tag *m*; ~ **anual** [*o* **natural**] [*o* **civil**] Kalendertag *m*; ~ **de año nuevo** Neujahrstag *m*; ~ **de baja** Ausfalltag *m*; ~ **de Bolsa** Börsentag *m*; ~ **de cumpleaños** Geburtstag *m*; ~ **de descanso** Ruhetag *m*; ~ **de los difuntos** Allerseelentag *m*; ~ **festivo** Feiertag *m*; ~ **hábil** Arbeitstag *m*, Werktag *m*; **el ~ a ~** der Alltag; **el ~ D** der Tag X; **el ~ del juicio final** das Jüngste Gericht; ~ **laborable** Arbeitstag *m*, Werktag *m*; ~ **lectivo** Unterrichtstag *m*; ~ **de liquidación** Liquidationstermin *m*; ~ **de paga** Zahltag *m*; ~ **puente** Brückentag *m*; ~ **de Reyes** Dreikönigstag *m*; ~ **del santo** Namenstag *m*; **cambio del ~** Tageskurs *m*; **a ~s** unregelmäßig; **al abrir** [*o* **romper**] [*o* **rayar**] **el ~** bei Tagesanbruch; **al caer el ~** am späten Nachmittag; **al otro ~** tags darauf, am nächsten Tag; **antes del ~** vor Tagesanbruch, vor dem Morgengrauen; **¡buenos ~s!** guten Tag!; (*por la mañana*) guten Morgen!; **cada ~** jeden Tag; **cualquier ~** irgendwann; **de ~** tagsüber; **del ~** aktuell, vom Tage; **de ~s** nicht mehr neu; **de ~ para ~** Tag für Tag; **de ~ en ~** von Tag zu Tag; **de hoy en ocho ~s** heute in acht Tagen; **de un ~ a otro** von einem Tag auf den anderen; **una diferencia como del ~ a la noche** ein Unterschied wie Tag und Nacht; **~ a ~** tagtäglich; **~ por** [*o* **tras**] **~** tagaus, tagein; **~ por medio** (*Am*) einen um den anderen Tag; **~ y noche** fortwährend; **durante ~s enteros** tagelang; **el ~ de hoy** heute; **el ~ de mañana** in der Zukunft; **el ~ menos pensado** eines schönen Tages; **el ~ que...** als ...; **el otro ~** neulich; **~s de Dios** [*o* **de la vida**] [*o* **del mundo**] noch nie; **en su ~** zum rechten Zeitpunkt; **¡no en mis ~s!** nie und nimmer!; **entrado en ~s** in die Jahre gekommen; **entre ~s** irgendwann an diesem Tag; **¡hasta otro ~!** bis bald!; **hoy (en) ~** heutzutage; **un buen ~** eines schönen Tages; **un ~ de estos** in den nächsten Tagen; **un ~ u otro** irgendwann einmal; **un ~ y otro ~** immer wieder; **todo el santo ~** den lieben langen Tag; **alcanzar a alguien en ~s** jdn überleben; **cerrarse el ~** Abend werden; **dar a alguien el ~** jdm den Tag verderben; **dar los ~s** (*el día de su santo*) zum Namenstag gratulieren; (*el día de su cumpleaños*) zum Geburtstag gratulieren; **estar al ~** auf dem Laufenden sein; **hay más ~s que longani-**

diabetes

zas (*fam*) die Zeit läuft doch nicht weg; **hace buen ~** heute ist schönes Wetter; **no pasar los ~s por alguien** die Jahre gehen an jdm vorüber; **un ~ es un ~** einmal ist keinmal; **mañana será otro ~** morgen ist auch noch ein Tag; **tener ~s** (*viejo*) betagt sein; (*de mal humor*) launisch sein; **tiene los ~s contados** seine/ihre Tage sind gezählt; **vivir al ~** nur für den Tag leben

diabetes [dja'βetes] *f inv* (MED) Diabetes (mellitus) *m*, Zuckerkrankheit *f*
diabético, -a [dja'βetiko, -a] **I.** *adj* (MED) diabetisch, zuckerkrank **II.** *m, f* (MED) Diabetiker(in) *m(f)*, Zuckerkranke(r) *mf*
diabetómetro [djaβe'tometro] *m* (MED) Messgerät *nt* für Zuckerwerte im Urin
diabla ['djaβla] *f* ❶ (*diablo mujer*) Teufelsweib *nt* ❷ (*instrumento textil*) Reißwolf *m* ❸ (*carro*) Planwagen *m* ❹ (TEAT) Kulissenlicht *nt*
diablear [djaβle'ar] *vi* (*fam: niños*) Unfug treiben, Dummheiten machen, herumalbern
diablesa [dja'βlesa] *f* Teufelin *f*
diablesco, -a [dja'βlesko, -a] *adj* ❶ (*del diablo*) teuflisch ❷ (*muy malo*) verteufelt
diablillo [dja'βliʎo] *m* ❶ (*disfraz*) Teufelsmaske *f* ❷ (*fam*) Lausejunge *m*, Bengel *m*
diablo [di'aβlo] *m* ❶ (*demonio*) Teufel *m*, Satan *m*; **¡~s!** Donnerwetter!; **¡al ~ con él!** zum Teufel mit ihm!; **anda el ~ suelto** (*fam*) der Teufel ist los; **aquí anda el ~** hier geht es nicht mit rechten Dingen zu; **aquí hay mucho ~** (*fam*) hier hat der Teufel seine Hand im Spiel; **¿cómo ~s...?** wie zum Teufel ...?; **¡con mil ~s!** Teufel noch (ein)mal!; **dar al ~** (*fam*) zum Teufel schicken; **dar de comer al ~** (*fam*) lästern; **darse al ~** (*fam*) sich grün und blau ärgern; **del ~, de mil ~s, de todos los ~s** verteufelt; **donde el ~ perdió el poncho** (*Am*) wo sich die Füchse gute Nacht sagen; **duele como el ~** das tut höllisch weh; **hágase el milagro y hágalo el ~** möge das Wunder geschehen, selbst wenn es der Teufel täte; **llevarse el ~** zum Teufel gehen; **pobre ~** armer Teufel; **¡qué ~s!** zum Teufel!; **¿qué ~s pasa aquí?** was zum Teufel ist hier los!; **tener el ~ en el cuerpo** den Teufel im Leib haben; **¡vete al ~!** scher dich zum Teufel!; **~s azules** (*Am*) Delirium tremens *nt*; **es el ~ encarnado** er ist ein ausgesprochener Fiesling; **es un ~ de hombre** er ist ein Teufelskerl ❷ (*hilandería*) Reißwolf *m*
diablura [dja'βlura] *f* böser Streich *m*
diabólico, -a [dja'βoliko, -a] *adj* ❶ (*maligno*) teuflisch, satanisch; **un plan ~** ein teuflischer Plan ❷ (*complicado*) vertrackt, verteufelt; **una situación diabólica** eine vertrackte Situation
diábolo [di'aβolo] *m* Diabolo(spiel) *nt*
diaconal [djako'nal] *adj* (REL) Diakonats-
diaconato [djako'nato] *m* (REL) Diakonat *nt*
diaconisa [djako'nisa] *f* (REL) Diakonisse *f*
diácono [di'akono] *m* (REL) Diakon *m*
diacrítico, -a [dja'kritiko, -a] *adj* ❶ (LING) diakritisch ❷ (MED) diakritisch, unterscheidend
diacronía [djakro'nia] *f* ❶ (*sucesión en el tiempo*) zeitliche Abfolge *f* ❷ (LING) Diachronie *f*
diacrónico, -a [dja'kroniko, -a] *adj* diachronisch
diacústica [dja'kustika] *f* (FÍS) Diakustik *f*
Diada ['djaða] *f* katalanisches Nationalfest am 11. September
díada ['diaða] *f* (FILOS, PSYCHO) Dyade *f*
diadema [dja'ðema] *f* Diadem *nt*, Kopfschmuck *m*
diádico, -a ['djaðiko, -a] *adj* dyadisch
diadococinesia [djaðokoθi'nesja] *f* (MED) Diadochokinese *f*
diafanidad [djafani'ðað] *f* Durchsichtigkeit *f*
diáfano, -a [di'afano, -a] *adj* ❶ (*transparente*) durchsichtig ❷ (*translúcido*) durchscheinend ❸ (*claro*) klar, eindeutig; **un argumento ~** ein einleuchtendes Argument
diáfisis [di'afisis] *f sin pl* ❶ (ANAT) Diaphyse *f*, Mittelstück *nt* eines Röhrenknochens ❷ (BOT) wilde Triebe
diafonía [djafo'nia] *f* ❶ (TV, RADIO) Mitsprechen *nt*, Übersprechen *nt* ❷ (TEL) Nebensprechen *nt* ❸ (MÚS) Diaphonie *f*
diaforesis [djafo'resis] *f inv* (MED) Schweißsekretion *f*, Diaphorese *f*
diafragma [dja'fraɣma] *m* ❶ (ANAT) Zwerchfell *nt* ❷ (FOTO) Blende *f* ❸ (FÍS) Diaphragma *nt* ❹ (*mecánica*) Membran(e) *f*, Zwischenwand *f* ❺ (*preservativo*) Diaphragma *nt*
diagénesis [dja'xenesis] *f inv* (GEO) Diagenese *f*
diagnosis [djaɣ'nosis] *f inv* (MED, BIOL) Diagnose *f*
diagnosticar [djaɣnosti'kar] <c→qu> *vt* (MED) diagnostizieren

diario

diagnóstico¹ [djaɣ'nostiko] *m* ❶ (MED) Diagnose *f*, Befund *m*; **~ precoz** Früherkennung *f* ❷ (MED) Diagnostik *f* ❸ (*fig: análisis*) Analyse *f*
diagnóstico, -a² [djaɣ'nostiko, -a] *adj* (MED) diagnostisch
diagonal [djaɣo'nal] **I.** *adj* diagonal, schräg laufend; **en ~** übereck **II.** *f* Diagonale *f*, Diagonallinie *f*
diágrafo [di'ayrafo] *m* Diagraph *m*
diagrama [dja'ɣrama] *m* Diagramm *nt*, Schaubild *nt*, grafische Darstellung *f*; **~ de barras** Balkendiagramm *nt*; **~ de bloques** Blockdiagramm *nt*; **~ de curvas** Kurvendiagramm *nt*; **~ esquemático** Schema *nt*, schematische Darstellung; **~ de flujo de datos** Datenflussdiagramm *nt*; **~ de puntos** Streudiagramm *nt*
dial [di'al] **I.** *adj* Tag- **II.** *m* ❶ (*indicador*) ≈Anzeige *f*; **~ de velocidad** (AUTO) Geschwindigkeitsmesser *m* ❷ (*del teléfono*) Wählscheibe *f* ❸ *pl* (*efemérides*) Tagebuch *nt*
dialectal [djalek'tal] *adj* dialektisch, dialektal, mundartlich
dialectalismo [djalekta'lismo] *m* Dialektausdruck *m*, Mundartwort *nt*
dialectalización [djalektaliθa'θjon] *f sin pl* (LING) Herausbildung *f* von Mundarten
dialéctica [dja'lektika] *f* (*t.* FILOS) Dialektik *f*
dialéctico, -a [dja'lektiko, -a] **I.** *adj* (FILOS) dialektisch **II.** *m, f* (*t.* FILOS) Dialektiker(in) *m(f)*
dialecto [dja'lekto] *m* Dialekt *m*, Mundart *f*
dialectología [djalekto'loxia] *f* Dialektologie *f*, Mundartforschung *f*
dialectólogo, -a [djalek'toloɣo, -a] **I.** *adj* (LING) dialektologisch; **experto ~** Dialektologieexperte, -in *m, f* **II.** *m, f* (LING) Dialektologe, -in *m, f*
diálisis [di'alisis] *f inv* (QUÍM) Dialyse *f*
dializador [djaliθa'ðor] *m* (QUÍM) Dialysator *m*
dializar [djali'θar] <z→c> *vt* (QUÍM, MED) dialysieren
dialogador(a) [djaloɣa'ðor(a)] **I.** *adj* gesprächsbereit, gesprächsoffen **II.** *m(f)* Gesprächsteilnehmer(in) *m(f)*
dialogante [djalo'ɣante] *adj* dialogfähig, in Gesprächsform
dialogar [djalo'ɣar] <g→gu> *vi* miteinander sprechen, ein Zwiegespräch führen; **escrito en forma dialogada** in Dialogform geschrieben
diálogo [di'aloɣo] *m* ❶ (*conversación*) Gespräch *nt*, Dialog *m*, Wechselrede *f* ❷ (LIT) Dialog *m*
dialoguista [djalo'ɣista] *mf* Verfasser(in) *m(f)* von Dialogen, Dialogautor(in) *m(f)*
diamagnético¹ [djamaɣ'netiko] *m* (FÍS) Diamagnetikum *nt*
diamagnético, -a² [djamaɣ'netiko, -a] *adj* (FÍS) diamagnetisch
diamagnetismo [djamaɣne'tismo] *m* (FÍS) Diamagnetismus *m*
diamantado, -a [djaman'tado, -a] *adj* diamantartig
diamante [dja'mante] *m* Diamant *m*; **bodas de ~** diamantene Hochzeit; **~ brillante** Brillant *m*; **~ (en) bruto** ungeschliffener Diamant
diamantina [djaman'tina] *f* ❶ (*polvo abrasivo*) Diamantin *m* ❷ (ZOOL) Diamant-Klapperschlange *f*
diamantino, -a [djaman'tino, -a] *adj* ❶ (*como el diamante*) diamanten ❷ (*persona*) unbeugsam, eisern ❸ (*cosas*) steinhart
diamantista [djaman'tista] *mf* (*labrador*) Diamantenarbeiter(in) *m(f)*, Diamantenschleifer(in) *m(f)*; (*vendedor*) Diamantenhändler(in) *m(f)*
diametral [djame'tral] *adj* diametral
diametralmente [djametral'mente] *adv* diametral, von einem Ende zum gegenüberliegenden; **~ opuesto** genau [*o* diametral] entgegengesetzt
diámetro [di'ametro] *m* Durchmesser *m*
diana [di'ana] *f* ❶ (MIL) Weckruf *m*, Reveille *f*; **a toque de ~** (*fig*) sehr diszipliniert [*o* streng] ❷ (*blanco de tiro*) Zentrum *nt* einer Zielscheibe; **hacer ~** ins Schwarze treffen
diantre [di'antre] *m* (*fam*) Teufel *m*
diapasón [djapa'son] *m* (MÚS) Stimmgabel *f*; **~ normal** Kammerton *m*; **bajar o subir el ~** leiser oder lauter sprechen
diapausa [dja'pawsa] *f* (ZOOL) Diapause *f*
diapédesis [dja'peðesis] *f inv* (BIOL) Diapedese *f*
diaporama [djapo'rama] *m* Tonbildschau *f*, Diaporama *nt*
diapositiva [djaposi'tiβa] *f* (FOTO) Dia(positiv) *nt*
diariamente [djarja'mente] *adv* täglich
diariero, -a [dja'rjero, -a] *m, f* (AmS) Zeitungshändler(in) *m(f)*
diario¹ [di'arjo] *m* ❶ (*periódico*) Tageszeitung *f*, Tageblatt *nt*; **~ de avisos** Anzeigenblatt *nt* ❷ (*dietario*) Journal *nt*, Tagebuch *nt*; **~ de navegación** (NÁUT) Logbuch *nt* ❸ (*memorias*) Tagebuch *nt*

④ (*gastos*) Tagesaufwand *m*, Tageskosten *pl*
diario, -a² [di'arjo, -a] *adj* täglich; **a ~** (all)täglich; **uniforme de ~** Dienstuniform *f*
diarismo [dja'rismo] *m* (*Am: periodismo*) Journalistik *f*, Publizistik *f*
diarquía [djar'kia] *f* ① (HIST) Doppelherrschaft *f*
② (POL) Dualismus *m*
diarrea [dja'rrea] *f* Durchfall *m*; (MED) Diarrhö *f*
diarreico, -a [dja'rrei̯ko, -a] *adj* (MED) durchfallartig, diarrhöisch
diascopia [djas'kopja] *f* (MED) Röntgenaufnahme *f*
diáspora [di'aspora] *f* Diaspora *f*
diastasa [djas'tasa] *f* (BIOL) Amylase *f*, Diastase *f*
diastimómetro [djasti'mometro] *m* (TÉC) Entfernungsmesser *m*
diástole [di'astole] *f* (MED) Diastole *f*
diastólico, -a [djas'toliko, -a] *adj* (MED) diastolisch
diastrofia [djas'trofja] *f* (MED) Verrenkung *f*, Verzerrung *f*
diatermia [dja'termja] *f* (MED) Diathermie *f*
diatómico, -a [dja'tomiko, -a] *adj* (QUÍM) zweiatomig
diatónico, -a [dja'toniko, -a] *adj* (MÚS) diatonisch
diatriba [dja'triβa] *f* Streitschrift *f*, Diatribe *f*
dibujante [diβu'xante] *mf* Zeichner(in) *m(f)*; **~ proyectista** Entwurfszeichner(in) *m(f)*; **~ técnico** technischer Zeichner
dibujar [diβu'xar] I. *vt* ① (*trazar*) zeichnen; **~ copiando** abzeichnen; **~ según modelo** nach Vorlagen zeichnen; **~ a pulso** freihändig zeichnen; **~ a lápiz/con tinta** mit dem Bleistift/mit Tinte zeichnen
② (*describir*) schildern, ausmalen
II. *vr:* **~se** sich abzeichnen, sichtbar werden
dibujo [di'βuxo] *m* ① (*acción*) Zeichnen *nt*
② (*resultado*) Zeichnung *f*; **~ acotado** Maßzeichnung *f*; **~s animados** Zeichentrickfilm *m*; **meterse en ~s** (*fig*) sich in die Nesseln setzen
③ (*muestra*) Muster *nt*; **tejido con ~s** gemusterter Stoff
dicción [diɣ'θjon] *f* ① (*declamación*) Vortrag *m*
② (*pronunciación*) Aussprache *f*
③ (*manera de hablar, escribir*) Ausdrucksweise *f*
diccionario [diɣθjo'narjo] *m* ① (*obra de consulta*) Lexikon *nt*; **~ de artes y ciencias** Reallexikon *nt*; **~ dialectal** Idiotikon *nt*; **~ enciclopédico** Enzyklopädie *f*
② (*vocabulario*) Wörterbuch *nt*; **~ de alemán-español** deutsch-spanisches Wörterbuch
diccionarista [diɣθjona'rista] *mf* Lexikograph(in) *m(f)*
dicha [ditʃa] *f* ① (*suerte*) Glück *nt*; **por ~** zum Glück, glücklicherweise
② (*estado de ánimo*) Glücksgefühl *nt*; **la ~ conyugal** das Eheglück
③ (*Chil*) Name verschiedener Stachelpflanzen
dicharachero, -a [ditʃara'tʃero, -a] I. *adj* spaßhaft
II. *m, f* Spaßmacher(in) *m(f)*, Zotenreißer(in) *m(f) pey*
dicho¹ ['ditʃo] *m* ① (*ocurrencia*) Einfall *m*, Witz *m*
② (*refrán*) Sprichwort *nt*
③ (JUR) (Zeugen)aussage *f*
④ *pl* (*al casarse*) Jawort *nt*; **tomarse los ~s** sich verloben
dicho, -a² ['ditʃo, -a] I. *pp de* **decir**
II. *adj* genannt, erwähnt; **dicha gente** besagte Leute; **~ y hecho** gesagt, getan; **~ sea de paso** nebenbei gesagt; **lo ~,** es bleibt dabei; **¡lo ~!** es bleibt beim Gesagten!; **mejor ~** besser gesagt; **como se ha ~** wie gesagt; **del ~ al hecho hay mucho trecho** (*prov*) Versprechen und Halten ist zweierlei
dichoso, -a [di'tʃoso, -a] *adj* ① (*feliz*) glücklich (*con/de* mit +*dat*, über +*akk*)
② (*maldito*) verdammt; **esta dichosa silla no se puede abrir** dieser verflixte Stuhl lässt sich nicht aufklappen
diciembre [di'θjembre] *m* Dezember *m*; *v. t.* **marzo**
dicotomía [dikoto'mia] *f* ① (BOT, FILOS) Dichotomie *f*
② (*práctica entre médicos*) Art Provisionszahlung eines Arztes an einen anderen, der einen Patienten zu ihm überwiesen hat
dicotómico, -a [diko'tomiko, -a] *adj* dichotom
dicromático, -a [dikro'matiko, -a] *adj* zweifarbig, dichromatisch
dicrotismo [dikro'tismo] *m* (MED) Doppelschlägigkeit *f* des Pulses, Dikrotie *f*
dícroto, -a ['dikroto, -a] *adj* (MED) zweigipflig, dikrot
dictado [dik'taðo] *m* ① (*escuela*) Diktat *nt*
② (*título de dignidad*) Ehrentitel *m*
③ *pl* (*fig: inspiración*) Eingebung *f*; **seguir los ~s de la conciencia** der Stimme des Gewissens folgen
dictador(a) [dikta'ðor(a)] *m(f)* (POL) Diktator(in) *m(f)*, Gewaltherrscher(in) *m(f)*
dictadura [dikta'ðura] *f* (POL) Diktatur *f*, Gewaltherrschaft *f*
dictáfono [dik'tafono] *m* Diktiergerät *nt*, Diktaphon *nt*
dictamen [dik'tamen] *m* ① (*peritaje*) Gutachten *nt*; **~ arbitral** Schiedsgutachten *nt*; **~ contrario** Gegengutachten *nt*; **~ facultativo** ärztliches Gutachten; **~ judicial** Gerichtsurteil *nt*; **~ en juicio** gerichtliches Gutachten; **~ jurídico** Rechtsgutachten *nt*; **~ pericial** Sachverständigengutachten *nt*; **dar ~** ein Gutachten abgeben
② (*informe*) Stellungnahme *f*; **~ favorable** befürwortende Stellungnahme
③ (*opinión*) Meinung *f*; **tomar ~ de alguien** von jdm einen Rat(schlag) annehmen
dictaminar [diktami'nar] *vi* ein Gutachten abgeben (*sobre* über +*akk*); **los arquitectos ~on que el edificio se había derrumbado porque...** die Architekten kamen in ihrem Gutachten zu dem Schluss, dass das Gebäude eingestürzt war, weil ...
dictar [dik'tar] *vt* ① (*un dictado*) diktieren
② (*una sentencia*) verkünden, fällen
③ (*una ley*) erlassen, verabschieden
④ (*un discurso*) halten
⑤ (*Am: clases*) (ab)halten
⑥ (*fig: sugerir*) eingeben
dictatorial [diktato'rjal] *adj* diktatorisch
didáctica [di'ðaktika] *f* Didaktik *f*
didáctico, -a [di'ðaktiko, -a] *adj* didaktisch, Lehr-; **material ~** Lehrmaterial *nt*
didactismo [diðak'tismo] *m* didaktische Methode *f*
diecinueve [djeθi'nweβe] *adj inv* neunzehn; *v. t.* **ocho**
dieciochesco, -a [djeθio'tʃesko, -a] *adj* aus dem 18. Jahrhundert
dieciochismo [djeθio'tʃismo] *m sin pl* Brauchtum *nt* des 18. Jahrhunderts
dieciocho [djeθi'otʃo] *adj inv* achtzehn; *v. t.* **ocho**
dieciséis [djeθi'sei̯s] *adj inv* sechzehn; *v. t.* **ocho**
dieciseisavo¹ [djeθisei̯'saβo] *m* (TIPO) **en ~** im Sedez(format)
dieciseisavo, -a² [djeθisei̯'saβo, -a] I. *adj* sechzehnte(r, s)
II. *m, f* Sechzehntel *nt*; *v. t.* **octavo²**
diecisiete [djeθi'sjete] *adj inv* siebzehn; *v. t.* **ocho**
diecisieteavo, -a [djeθisjete'aβo, -a] I. *adj* siebzehnte(r, s)
II. *m, f* Siebzehntel *nt*; *v. t.* **octavo²**
diedro [di'eðro] I. *adj* (MAT) zweiflächig
II. *m* (MAT) Zweiflächner *m*, Dieder *nt*
diente ['djente] *m* ① (*muela*) Zahn *m*; **~ canino** [*o* **columelar**] Eckzahn *m*; **~s de embustero** (*fam*) weit auseinander stehende Zähne; **~ incisivo** Schneidezahn *m*; **~ de leche** [*o* **mamón**] Milchzahn *m*; **~ molar** Backenzahn *m*; **alargársele a alguien los ~s** (*fig*) es unbedingt haben wollen; **armado hasta los ~s** bis an die Zähne bewaffnet; **crujirle a alguien los ~s** (*fig fam*) großen Kummer haben; **dar ~ con ~** (*de frío*) vor Kälte mit den Zähnen klappern; (*de miedo*) vor Angst mit den Zähnen klappern; **decir algo entre ~s** etw zwischen den Zähnen murmeln; **enseñar los ~s a alguien** (*fig*) jdm die Zähne zeigen; **limpiarse los ~s** sich *dat* die Zähne putzen; **no haber para untar un ~**, **no llegar a un ~** nichts zu beißen haben; **pelar un ~** (*Am: fam*) kokett lächeln; **tener buen ~** ein guter Esser sein
② (TÉC) Zacke *f*, Zinken *m*; **~ de horquilla** Gabelzinke *f*; **~ de sierra** Zahn einer Säge; **de dos ~s** zweizackig
③ (BOT) **~ de ajo** Knoblauchzehe *f*; **~ de león** Löwenzahn *m*
diéresis ['djeresis] *f inv* (LING) Diärese *f*, Diäresis *f*
diesel ['djesel] *m* (AUTO) Diesel *m*; **motor ~** Dieselmotor *m*
dies irae ['dies i'rae] (REL) Dies irae *nt*
diestramente [djestra'mente] *adv* mit Geschick, geschickt
diestro¹ ['djestro] *m* ① (*esgrimidor*) Fechtkünstler *m*
② (TAUR: *torero*) Stierkämpfer *m*, Matador *m*
③ (*del caballo*) Halfter *nt o m*, Zaumzeug *nt*
diestro, -a² ['djestro, -a] <*destrísimo o diestrísimo*> *adj* ① (*a la derecha*) rechte(r, s); **a ~ y siniestro** (*fig*) kreuz und quer
② (*hábil*) geschickt, gewandt
③ (*astuto*) schlau, listig
④ (*que usa la mano derecha*) rechtshändig
dieta [di'eta] *f* ① (*para adelgazar*) Diät *f*, Schonkost *f*; **~ absoluta** Hungerkur *f*, Nulldiät *f*; **~ alimenticia** Ernährungsweise *f*; **~ básica** Grundnahrung *f*; **~ mediterránea** (GASTR, MED) mediterrane Kost *f*; **estar a ~** fasten, Diät halten; **poner alguien a ~** jdm eine Diät verordnen, jdn auf Diät setzen *fam*
② (*parlamento*) Parlament *nt*, Landtag *m*; **~ confederal** Bundesversammlung *f*; **D~ Federal** Bundestag *m*; **D~ Imperial** Reichstag *m*; **~ regional** Landtag *m*
③ *pl* (*retribución*) Diäten *pl*, Tagegelder *ntpl*; **~s de asistencia** Sitzungsgelder *ntpl*, Präsenzgelder *ntpl*; **~s de desplazamiento** [*o* **de viaje**] Reisespesen *pl*
dietario [dje'tarjo] *m* ① (*agenda*) Haushaltsbuch *nt*, Agenda *f*
② (HIST) Chronik der Chronisten von Aragón
dietética [dje'tetika] *f* Diätetik *f*, Ernährungswissenschaft *f*
dietético, -a [dje'tetiko, -a] *adj* diätetisch; **régimen ~** Diätkur *f*
dietista [dje'tista] *mf* Ernährungsspezialist(in) *m(f)*
diez [djeθ] I. *adj inv* zehn; **hacer las ~ de últimas** (*fam*) sich so dumm anstellen, dass man das Gegenteil von dem erreicht, was man erreichen

wollte; v. t. **ocho**
II. m ❶ (*número*) Zehn f
❷ (*oración*) Gebete ntpl des Rosenkranzes (*jeweils zehn Ave-Marias und ein Vaterunser*)
diezmar [djeθ'mar] vt ❶ (*aniquilar*) dezimieren
❷ (HIST, REL) den Zehnten zahlen [*o* entrichten], verzehnten
diezmero, -a [djeθ'mero, -a] m, f ❶ (*pagador*) Zehntentrichter(in) m(f)
❷ (*cobrador*) Zehntempfänger(in) m(f)
diezmesino, -a [djeθme'sino, -a] adj zehnmonatig
diezmilésimo, -a [djeθmi'lesimo, -a] I. adj (*parte*) zehntausendstel; (*numeración*) zehntausendste(r,s)
II. m, f Zehntausendstel nt
diezmillonésimo, -a [djeθmiʎo'nesimo, -a] I. adj (*parte*) zehnmillionstel; (*numeración*) zehnmillionste(r,s)
II. m, f Zehnmillionstel nt
diezmilmillonésimo, -a [djeθmilmiʎo'nesimo, -a] I. adj (*parte*) zehnmilliardstel; (*numeración*) zehnmilliardste(r,s)
II. m, f Zehnmilliardstel nt
diezmo ['djeθmo] m (REL) Zehnt m
difamación [difama'θjon] f Verleumdung f, üble Nachrede f, Diffamation f elev; ~ **del recuerdo de difuntos** Verunglimpfung des Andenkens Verstorbener
difamador(a) [difama'ðor(a)] I. adj diffamierend, verleumdend
II. m(f) Verleumder(in) m(f)
difamar [difa'mar] vt diffamieren, in Verruf bringen
difamatorio, -a [difama'torjo, -a] adj diffamatorisch, verleumderisch
difásico, -a [di'fasiko, -a] adj (ELEC) zweiphasig
diferencia [dife'renθja] f ❶ (*desigualdad*) Unterschied m, Verschiedenheit f; ~ **de calidad** Qualitätsunterschied m, Qualitätsabweichung f; ~ **de precios** Preisunterschied m; ~ **de los tipos de interés** Zinsgefälle nt; **a** ~ **de** im Unterschied zu +dat
❷ (*desacuerdo*) Meinungsverschiedenheit f, Differenz f; **arreglar** (**las**) ~**s** einen Streit schlichten
❸ (MAT) Differenz f, Rest(betrag) m; ~ **al cuadrado** quadrierte Differenz
❹ (*en contabilidad*) Fehlbetrag m; ~ **de caja** Kassendefizit nt
diferenciable [diferen'θjaβle] adj unterscheidbar, differenzierbar
diferenciación [diferenθja'θjon] f ❶ (*distinción*) Differenzierung f, Unterscheidung f; ~ **de productos** (COM) Produktdifferenzierung f; ~ **de los precios** Preisstaffelung f
❷ (MAT) Differenziation f
diferenciador [diferenθja'ðor] m (INFOR) Differenziergerät nt, Differenziator m; ~ **de frecuencia** Frequenzdiskriminator m
diferencial[1] [diferen'θjal] I. adj ❶ (*variable*) unterscheidend, differenziell elev
❷ (MAT) Differenzial-; **cálculo** ~ Differenzialrechnung f
II. f (MAT) Differenzial nt
diferencial[2] [diferen'θjal] m (*1*, AUTO) Differenzial(getriebe) nt, Ausgleichsgetriebe nt; (*2*, FIN); ~ **de inflación** Inflationsgefälle nt; ~ **de intereses** Zinsgefälle nt
diferenciar [diferen'θjar] I. vi verschiedener Meinung sein
II. vt ❶ (*distinguir*) unterscheiden, differenzieren
❷ (MAT) ableiten, differenzieren
III. vr: ~**se** sich unterscheiden (*de* von +dat)
diferendo [dife'rendo] m (AmS) Streitigkeit f, Konflikt m
diferente [dife'rente] I. adj verschieden; ~**s calidades** unterschiedliche Qualitäten; ~**s veces** mehrere Male; **España es** ~ Spanien ist anders; **las hermanas son muy** ~**s** die Schwestern sind sehr verschieden; **tenemos en almacén** ~**s piezas** wir haben verschiedene Teile auf Lager
II. adv anders; **piensa muy** ~ er/sie denkt ganz anders
diferido, -a [dife'riðo, -a] adj aufgeschoben; **llamada diferida** zurückgestellter Anruf
diferir [dife'rir] irr como sentir I. vi abweichen, verschieden sein; **el tema de su última novela difiere mucho del de sus anteriores** das Thema seines/ihres neuesten Romanes unterscheidet sich grundlegend von den vorherigen
II. vt aufschieben, verschieben; ~ **el pago** die Zahlung stunden
difícil [di'fiθil] adj schwer, schwierig; **un crucigrama muy** ~ ein sehr schwieriges Kreuzworträtsel; **un niño** ~ ein schwieriges Kind; **tiempos** ~**es** schwere [*o* harte] Zeiten; ~ **de explicar** schwer zu erklären; **de** ~ **acceso** schwer zugänglich
difícilmente [difiθil'mente] adv schwerlich, kaum; **un material** ~ **soluble** ein schwer lösliches Material; **me acuerdo** ~ **de todos los nombres** ich erinnere mich kaum an alle Namen
dificultad [difikul'tað] f (*problema*) Schwierigkeit f; (*disgusto*) Unannehmlichkeit f; ~**es económicas** wirtschaftliche Schwierigkeiten; ~**es de orden monetario** Währungsschwierigkeiten fpl; ~**es de pago** Zahlungsschwierigkeiten fpl; ~**es de venta** Absatzschwierigkeiten fpl; **encontrarse con** ~**es** auf Schwierigkeiten stoßen; **estar en** ~**es in**

Schwierigkeiten stecken; **expresarse con** ~ sich schwer ausdrücken können; **herir en la** ~ den schwierigen Punkt treffen; **poner** ~**es a alguien** jdm Schwierigkeiten machen, jdm Unannehmlichkeiten bereiten; **provocar** ~**es** Schwierigkeiten hervorrufen; **superar las** ~**es iniciales** die Anfangsschwierigkeiten überwinden; **tropezar con** ~**es** auf Schwierigkeiten stoßen; **ahí está la** ~ hier liegt das Problem
dificultar [difikul'tar] vt erschweren; ~ **la circulación** den Verkehr behindern
dificultoso, -a [difikul'toso, -a] adj schwierig, mühsam; **un cargo** ~ ein mühsames Amt
difracción [difrak'θjon] f (FÍS) Beugung f, Diffraktion f; ~ **de luz** Lichtbeugung f; ~ **de los rayos X** Röntgenstrahlenbeugung f
difractar [difrak'tar] I. vt (FÍS) ableiten, beugen (*Schwingungen*)
II. vr: ~**se** (FÍS) gebeugt werden
difteria [dif'terja] f (MED) Diphtherie f
difteritis [difte'ritis] f inv (MED) Diphtherie f
difuminado [difumi'naðo] m (*de colores*) Verwischen nt der Farben, Schummerung f
difuminar [difumi'nar] vt (*colores*) verlaufen lassen; (*en mapas geográficas*) schummern
difumino [difu'mino] m (ARTE) Wischer m
difundir [difun'dir] I. vt ❶ (*cosas*) ausbreiten; (*líquidos*) ausschütten
❷ (*noticias*) verbreiten; ~ **por la radio** im Rundfunk senden
II. vr: ~**se** ❶ (*cosas*) sich ausbreiten, sich verbreiten; **la niebla se difundió por todo el valle** der Nebel hüllte das ganze Tal ein
❷ (*noticias*) sich verbreiten, bekannt werden; **la novedad se ha difundido por toda la vecindad** die Neuigkeit hat sich in der ganzen Nachbarschaft herumgesprochen
difunto, -a [di'funto, -a] I. adj verstorben, verschieden
II. m, f Verstorbene(r) mf; **día de** ~**s** Allerseelentag m; **misa de** ~**s** Totenmesse f
difusión [difu'sjon] f ❶ (*expansión, divulgación*) Verbreitung f, Ausbreitung f; ~ **de productos** Erzeugnisvertrieb m; ~ **de programas de televisión** Sendung von Fernsehprogrammen, Übertragung von Fernsehprogrammen; ~ **de publicaciones pornográficas** Verbreitung pornografischer Schriften
❷ (*fig: prolijidad*) Weitschweifigkeit f
❸ (FÍS, QUÍM) Diffusion f
difusionismo [difusjo'nismo] m sin pl (SOCIOL) Diffusionismus m
difusionista [difusjo'nista] I. adj (SOCIOL) diffusionistisch, des Diffusionismus
II. mf (SOCIOL) Anhänger(in) m(f) des Diffusionismus
difuso, -a [di'fuso, -a] adj ❶ (*extendido*) ausgedehnt, weitläufig
❷ (*vago*) unklar, verschwommen
❸ (*fig: prolijo*) weitschweifig, umständlich
difusor [difu'sor] m ❶ (*de perfume*) Zerstäuber m
❷ (*en fábricas de azúcar*) Diffuseur m
❸ (FÍS) Diffusor m
difusora [difu'sora] f Vertrieb m, Vertriebsunternehmen nt
digerible [dixe'riβle] adj verdaulich
digerir [dixe'rir] irr como sentir vt ❶ (*la comida*) verdauen
❷ (*fig: a una persona*) ertragen; (*una noticia*) verarbeiten, verdauen; (*un libro*) verdauen; **a este profesor no lo digiero** ich kann diesen Dozenten nicht ertragen [*o* ausstehen]; **cuesta** ~ **este libro** dieses Buch ist schwer zu verdauen
❸ (QUÍM) digerieren, auslaugen
digestibilidad [dixestiβili'ðað] f sin pl Verdaulichkeit f
digestible [dixes'tiβle] adj verdaulich
digestión [dixes'tjon] f ❶ (*de alimentos*) Verdauung f; **tener mala** ~ eine schlechte Verdauung haben
❷ (QUÍM) Auslaugung f
digestivo, -a [dixes'tiβo, -a] adj verdaulich, Verdauungs-; **aparato** ~ (ANAT) Verdauungsapparat m
digestólogo, -a [dixes'toloɣo, -a] m, f (MED) Gastroenterologe, -in m, f, Facharzt, -ärztin m,f für Erkrankungen des Verdauungsapparates
digitación [dixita'θjon] f (MÚS) Fingersatz m
digitado, -a [dixi'taðo, -a] adj ❶ (BIOL) fingerförmig
❷ (ZOOL) gefingert
digital [dixi'tal] I. adj ❶ (*dactilar*) digital, Finger-; **huellas** ~**es** Fingerabdrücke mpl
❷ (INFOR, TÉC) digital; **ingreso** ~ Digitaleingabe f; **ordenador** [*o* **computador**] ~ Digitalrechner m; **reloj** ~ Digitaluhr f
II. m (BOT) Fingerhut m, Digitalis f
digitalina [dixita'lina] f (QUÍM) Digitalin nt
digitalización [dixitaliθa'θjon] f (INFOR) Digitalisierung f
digitalizador [dixitaliθa'ðor] m (INFOR): ~ (**de mano**) Digitalisierer m, Digitalisiergerät nt; ~ **de rodillo** Einzugsscanner m; ~ **de sobremesa** Desktopscanner m
digitalizar [dixitali'θar] <z→c> vt digitalisieren

dígito ['dixito] I. *adj* einstellig
II. *m* ❶ (MAT) einstellige Zahl *f*; (INFOR) Ziffer *f*; **~ binario** Binärziffer *f*; **~ de control** Kontrollziffer *f*; **~ de paridad** Paritätszeichen *nt*; **~ de signo** Vorzeichenziffer *f*; **~ de verificación** Prüfziffer *f*
❷ (ASTR) Zwölftel *nt*

digitoplastia [dixito'plastja] *f* (MED) plastische Rekonstruktion *m* eines Fingers/mehrerer Finger

diglosia [di'ɣlosja] *f* ❶ (ANAT) Spaltzunge *f*
❷ (LING) Diglossie *f*

dignamente [diɣna'mente] *adv* ❶ (con dignidad) würdevoll
❷ (con justicia) anständig, rechtschaffen

dignarse [diɣ'narse] *vr* sich herablassen ((de) zu +*inf*), geruhen ((de) zu +*inf*) *elev irón*; **Su Majestad se dignó (de) declarar su conformidad** Seine Majestät haben geruht zuzustimmen; **se dignó invitarnos a su fiesta** (*irón*) er/sie hatte die Güte, uns zu seinem/ihrem Fest einzuladen; **no se dignó respondernos** er/sie ließ sich nicht dazu herab, uns zu antworten

dignatario, -a [diɣna'tarjo, -a] *m, f* Würdenträger(in) *m(f)*; (REL) Dignitar *m*, Dignitär *m*

dignidad [diɣni'ðað] *f* ❶ (decencia) Würde *f*, Dignität *f*; **~ humana** (*elev*) Menschenwürde *f*
❷ (cargo honorífico) Ehrenamt *nt*; **~ nobiliaria** Adelsprädikat *nt*
❸ (comportamiento) Anstand *m*, würdiges Benehmen *nt*; **hablar con ~** würdevoll sprechen
❹ (REL) Dignität *f*

dignificable [diɣnifi'kaβle] *adj* würdig

dignificación [diɣnifika'θjon] *f* Ausstattung *f* mit Würde, Erlangung *f* von Würde

dignificar [diɣnifi'kar] <c→qu> *vt* mit Würden ausstatten

digno, -a ['diɣno, -a] *adj* ❶ (merecedor) würdig, wert; **~ de compasión** mitleidenswert; **~ de confianza** vertrauenswürdig; **~ de fe** glaubwürdig; **~ de mención** erwähnenswert; **~ de protección** schützenswert; **~ de ver** sehenswert; **fue considerado ~ de ser elogiado públicamente** er wurde einer öffentlichen Belobigung (für) wert erachtet
❷ (adecuado) passend, angemessen; **representación digna de un cargo** angemessene Vertretung eines Amtes
❸ (noble) anständig, ehrenwert; **una persona digna** eine ehrenwerte Person

digrafía [diɣra'fia] *f* (COM) doppelte Buchführung *f*

digresión [diɣre'sjon] *f* ❶ (del tema) Abschweifung *f*
❷ (ASTR) Digression *f*

dihueñe [di'weɲe] *m* (Chil) essbarer Eichenpilz

dije ['dixe] *m* (colgante) Anhänger *m*; **ser un ~** (*fig fam*) ein Juwel sein

dilacerar [dilaθe'rar] I. *vt* (*elev: lacerar*) zerfetzen, zerfleischen
II. *vr*: **~se** (*elev*) sich *dat* eine Fleischwunde zuziehen

dilación [dila'θjon] *f* Aufschub *m*, Verzögerung *f*; (JUR) Dilation *f*; **~ de la quiebra** Konkursverschleppung *f*; **sin ~** unverzüglich

dilapidación [dilapiða'θjon] *f* Verschwendung *f*, Vergeudung *f*

dilapidador(a) [dilapiða'ðor(a)] I. *adj* verschwenderisch
II. *m(f)* Verschwender(in) *m(f)*

dilapidar [dilapi'ðar] *vt* verschwenden, vergeuden; **~ una fortuna** ein Vermögen verschleudern

dilatabilidad [dilataβili'ðað] *f sin pl* Dehnbarkeit *f*

dilatable [dila'taβle] *adj* dehnbar

dilatación [dilata'θjon] *f* ❶ (ampliación) (Aus)dehnung *f*, Erweiterung *f*; (FÍS) Dilatation *f*; **~ del corazón** (MED) Herzerweiterung *f*; **~ del mercado** (COM) Markterweiterung *f*; **~ térmica** (FÍS) Wärme(aus)dehnung *f*
❷ (fig: desahogo) Erleichterung *f*

dilatado, -a [dila'taðo, -a] *adj* ausgedehnt, weit(läufig); **una dilatada llanura** eine ausgedehnte Ebene; **un ~ número de participantes** eine große Anzahl von Teilnehmern

dilatador¹ [dilata'ðor] *m* (MED) Dilatator *m*

dilatador(a)² [dilata'ðor(a)] *adj* erweiternd

dilatar [dila'tar] I. *vt* ❶ (extender) erweitern, (aus)dehnen; **~ tubos** Rohre ausweiten
❷ (aplazar) aufschieben, verschieben; **~ la reunión** die Besprechung vertagen
❸ (retrasar) verzögern, hinausschieben; **no podemos ~ más la decisión** wir können die Entscheidung nicht länger hinauszögern, wir müssen uns nun endlich entscheiden
❹ (propagar) verbreiten, (überall) bekannt machen
❺ (prolongar) verlängern
II. *vr*: **~se** ❶ (extenderse) sich ausdehnen, sich ausweiten
❷ (en un discurso) weitschweifig werden, sich verbreiten (sobre über +*akk*)
❸ (Am: demorar) sich aufhalten

dilatorio, -a [dila'torjo, -a] *adj* (JUR) aufschiebend, Verzögerungs-; **moción dilatoria** Verzögerungsantrag *m*

dilección [dilek'θjon] *f* aufrichtige Zuneigung *f*

dilema [di'lema] *m* Dilemma *nt*; **encontrarse en un ~** in der Zwickmühle [*o* Klemme] sitzen *fam*

dilemático, -a [dile'matiko, -a] *adj* ❶ (relativo al dilema) verfahren, ausweglos
❷ (FILOS) dilemmatisch; **argumentación dilemática** dilemmatische Argumentation

diletante [dile'tante] I. *adj* dilettantisch, stümperhaft *pey*
II. *mf* Dilettant(in) *m(f)*; (aficionado) Amateur(in) *m(f)*, Laie, -in *m, f*; (chapucero) Stümper(in) *m(f) pey*

diletantismo [diletan'tismo] *m sin pl* Kunstliebhaberei *f* ohne Fachausbildung, Dilettantismus *m*

diligencia [dili'xenθja] *f* ❶ (esmero) Sorgfalt *f*, Genauigkeit *f*; **con la debida ~** mit der gebührenden Sorgfalt; **proceder con ~ razonable** mit angemessener Sorgfalt handeln
❷ (agilidad) Eifer *m*, Schnelligkeit *f*
❸ (trámite) Erledigung *f*, Schritt *m*; **~s policíacas** [*o* policiales] polizeiliche Ermittlungen *f pl*; **evacuar una ~** ein Geschäft erledigen; **hacer ~s** Schritte unternehmen, Maßnahmen ergreifen; **hacer las ~s de cristiano** beichten und das Abendmahl entgegennehmen; **hacer una ~** (*fig fam*) seine Notdurft verrichten
❹ (asunto administrativo) Amtshandlung *f*; (JUR) Prozesshandlung *f*; **~ de consignación** Hinterlegungsverfügung *f*; **~ de embargo** Vollstreckungsmaßnahme *f*; **~ judicial** gerichtliche Maßnahme; **~ policial** polizeiliche Maßnahme; **~s previas** Vorverfahren *nt*; **~ probatoria** Beweisaufnahmehandlung *f*; **~s preparatorias** Ermittlungsverfahren *nt*; **~s de prueba** Beweisaufnahme *f*
❺ (nota oficial) Verfügung *f* (*der Geschäftsstelle*); **~ notarial** Verfügung *f* des Notars; **~ de notificación** Benachrichtigung *f*, Zustellungsvermerk *m*; **~ de lanzamiento** Räumungsanordnung *f*
❻ (vehículo) Eilpostkutsche *f*, Diligence *f*

diligenciamiento [dilixenθja'mjento] *m* ❶ (tramitación) Erledigung *f*, Bearbeitung *f*; **~ de costas** Kostenbeitreibung *f*
❷ (formal) amtlicher Vermerk *m*

diligenciar [dilixen'θjar] *vt* ❶ (resolver) erledigen, in die Wege leiten
❷ (JUR: en el proceso) verfügen
❸ (documentación) ausstellen, bearbeiten

diligente [dili'xente] *adj* ❶ (cuidadoso) sorgfältig, aufmerksam
❷ (aplicado) fleißig, emsig
❸ (ágil) flink, flott *fam*

dilucidación [diluθiða'θjon] *f* Aufklärung *f*, Erläuterung *f*

dilucidador(a) [diluθiða'ðor(a)] *adj* aufklärend, aufschlussreich

dilucidar [diluθi'ðar] *vt* aufklären, erläutern

dilución [dilu'θjon] *f* ❶ (de líquidos, colores) Verdünnung *f*
❷ (de sólidos) Auflösung *f*

diluir [dilu'ir] *irr como huir* I. *vt* ❶ (líquidos, colores) verdünnen; **sin ~** unverdünnt
❷ (sólidos) auflösen; **dejar ~ algo en la boca** etw im Munde zergehen lassen
II. *vr*: **~se** sich auflösen

diluviano, -a [dilu'βjano, -a] *adj* sintflutartig

diluviar [dilu'βjar] *vi impers* in Strömen regnen [*o* gießen]

diluvio [di'luβjo] *m* ❶ (lluvia abundante) Sintflut *f*
❷ (fig fam: abundancia excesiva) Flut *f*, Schwall *m*; **un ~ de balas** ein Kugelhagel
❸ (GEO) Pleistozän *nt*, Diluvium *nt*

diluyente [dilu'ʝente] I. *adj* auflösend, Verdünnungs-; **producto ~** Verdünnungsmittel *nt*
II. *m* Verdünnungsmittel *nt*, Streckmittel *nt*

dimanación [dimana'θjon] *f* Ursprung *m*, Herkunft *f*

dimanar [dima'nar] *vi* ❶ (del manantial) ausfließen, entspringen
❷ (fig: proceder) herrühren (de von +*dat*), entspringen (de +*dat*); **su éxito dimana de su constancia** sein/ihr Erfolg ist auf seine/ihre Stetigkeit zurückzuführen

dimensión [dimen'sjon] *f* ❶ (extensión) Ausdehnung *f*, Dimension *f*; **de dos/tres dimensiones** zwei-/dreidimensional; **una superficie tiene dos dimensiones** eine Fläche hat zwei Dimensionen
❷ (tamaño, t. fig) Ausmaß *nt*, Umfang *m*, Größe(nordnung) *f*; **~ básica** Grundmaß *nt*; **~ de una empresa** Betriebsgröße *f*; **~ de la imagen** (TV) Bildgröße *f*; **~ de palabra** (INFOR) Wortumfang *m*; **~ de la pila** Stapelgröße *f*; **indique las dimensiones en medidas métricas** geben Sie die Abmessungen in metrischen Maßen an; **un macizo montañoso de grandes dimensiones** ein Bergmassiv von gewaltigen Ausmaßen; **un escándalo de grandes dimensiones** (*fig*) ein Skandal größten Ausmaßes; **este asunto está alcanzando dimensiones inesperadas** diese Angelegenheit nimmt ungeahnte Dimensionen an
❸ (MÚS) Taktmaß *nt*

dimensionado [dimensjo'naðo] *m* (INFOR) Dimensionierung *f*

dimensional [dimensjo'nal] *adj* Ausdehnungs-, dimensional

dimensionamiento [dimensjona'mjento] *m* (INFOR) Dimensionierung *f*
dimensionar [dimensjo'nar] *vt* (*formal*) abmessen, dimensionieren
dimes ['dimes] *mpl:* ~ **y diretes** (*fam*) Wortgefecht *nt*, Wortwechsel *m*; **andar en** ~ **y diretes** hadern
diminuendo [dimi'nwendo] *m* (MÚS) Diminuendo *nt*
diminutivo[1] [diminu'tiβo] *m* (LING) Diminutiv *nt*, Verkleinerungsform *f*
diminutivo, -a[2] [diminu'tiβo, -a] *adj* verkleinernd; **lente diminutiva** Verkleinerungsglas *nt*
diminuto, -a [dimi'nuto, -a] *adj* winzig
división [dimi'sjon] *f* Rücktritt *m*; ~ **del gobierno** Regierungsrücktritt *m*; ~ **de un ministro** Rücktritt eines Ministers; ~ **de un parlamentario** Niederlegung des Mandats eines Abgeordneten; **hacer** ~ **de algo** auf etw verzichten; **presentar la** ~ abdanken, zurücktreten
dimisionario, -a [dimisjo'narjo, -a] **I.** *adj* (*que va a dimitir*) zurücktretend; (*que ha dimitido*) zurückgetreten, abgedankt **II.** *m, f* Zurücktretende(r) *mf*, Abgedankte(r) *mf*
dimitir [dimi'tir] *vt* zurücktreten, ein Amt niederlegen [*o* aufgeben]; ~ **del cargo** aus dem Dienst ausscheiden; **dimitió de presidente del club** er gab sein Amt als Präsident des Vereins auf
dina ['dina] *f* (FÍS) Dyn *nt*
Dinamarca [dina'marka] *f* Dänemark *nt*
dinamarqués, -esa [dinamar'kes, -esa] **I.** *adj* dänisch **II.** *m, f* Däne, -in *m, f*
dinámica [di'namika] *f* Dynamik *f*; ~ **de grupos** (PSICO) Gruppendynamik *f*; ~ **del crecimiento** (ECON) Wachstumsdynamik *f*; ~ **de la población** (ECON) Bevölkerungsentwicklung *f*
dinámico, -a [di'namiko, -a] *adj* dynamisch; **buscamos jóven** ~ **y con experiencia** wir suchen einen dynamischen jungen Mann mit Erfahrung
dinamismo [dina'mismo] *m* ❶ (*fig: energía*) Schwung *m*, Dynamik *f* ❷ (FILOS) Dynamismus *m*
dinamita [dina'mita] *f* Dynamit *nt*
dinamitar [dinami'tar] *vt* (mit Dynamit) sprengen
dinamitazo [dinami'taθo] *m* Dynamitexplosion *f*, Dynamitsprengung *f*
dinamitero, -a [dinami'tero, -a] *m, f* Sprengmeister(in) *m(f)*
dinamización [dinamiθa'θjon] *f sin pl* ❶ (*dinamizar*) Dynamisieren *nt*, Antreiben *nt*; ~ **de las relaciones comerciales** die Beschleunigung der Handelsbeziehungen ❷ (MED) Dynamisierung *f*, Potenzierung *f*
dinamizador(a) [dinamiθa'ðor(a)] *adj* beschleunigend, vorantreibend
dinamizar [dinami'θar] <z→c> *vt* dynamisieren, vorantreiben
dinamo [di'namo] *f*, **dínamo** ['dinamo] *f* Dynamo *m*; (AUTO) Lichtmaschine *f*
dinamogénesis [dinamo'xenesis] *f inv* (MED) Energieentwicklung *f*, Kraftentfaltung *f*
dinamometría [dinamome'tria] *f* (FÍS) Kraftmessung *f*, Dynamometrie *f*
dinamómetro [dina'mometro] *m* (FÍS) Dynamometer *nt*, Kraftmesser *m*
dinar [di'nar] *m* (ECON) Dinar *m*
dinastía [dinas'tia] *f* Dynastie *f*, Herrschergeschlecht *nt*
dinástico, -a [di'nastiko, -a] *adj* dynastisch
dinastismo [dinas'tismo] *m sin pl* Dynastietreue *f*
dinerada [dine'raða] *f v.* **dineral**
dineral [dine'ral] *m* große Geldmenge *f*, Unsumme *f*; **costar un** ~ (*fam*) ein Heidengeld kosten
dinerillo [dine'riʎo] *m* (*fam*) kleine Geldsumme *f*, Sümmchen *nt*; **la criada tiene algunos** ~s die Hausangestellte hat ein hübsches Sümmchen zurückgelegt; **mis padres me dieron un** ~ **para pasar el fin de semana** meine Eltern gaben mir ein wenig Geld für das Wochenende
dinero [di'nero] *m* Geld *nt*; ~ **asistencial** Pflegegeld *nt*; ~ **bancario** Bankgeld *nt*, Buchgeld *nt*; ~ **blanco** Silbergeld *nt*; ~ **en caja** Kassenbestand *m*; ~ **contante y sonante** Bargeld *nt*, klingende Münze *fam*; ~ **de curso legal** gesetzliches Zahlungsmittel; ~ **a un día** Tagesgeld *nt*; ~ **en efectivo** [*o* **en metálico**] Bargeld *nt*; ~ **electrónico** Cybercash *nt*, elektronisches Geld, E-Cash *nt*; ~ **falso** Falschgeld *nt*; ~ **metálico** Hartgeld *nt*, Bargeld *nt*; ~ **negro** Schwarzgeld *nt*; ~ **plástico** Plastikgeld *nt*; ~ **de rescate** Lösegeld *nt*; ~ **en reserva** Notgroschen *m*; ~ **suelto** Kleingeld *nt*, Wechselgeld *nt*; ~ **de San Pedro** Peterspfennig *m*; **hacer** ~ (das große) Geld machen; **pagar en** ~ bar bezahlen; ~ **llama** ~ wer einmal viel Geld hat, kann leicht mehr bekommen; **estar** (**alguien**) **mal de** ~ schlecht bei Kasse sein; **ser** (**alguien**) **de** ~ wohlhabend [*o* reich] sein; **poderoso caballero es don D**~ mit Geld kann man alles erreichen
dingui ['diŋgi] *m* ❶ (NÁUT) Beiboot *nt*, Ding(h)i *nt* ❷ (AERO) Rettungsboot *nt*
dinodo [di'noðo] *m* (ELEC) Dynode *f*
dinomanía [dinoma'nia] *f* Dinomanie *f*
dinosaurio [dino'saurjo] *m* Dinosaurier *m*
dinosaurólogo, -a [dinosau'roloɣo, -a] *m, f* Dinosaurierexperte, -in *m, f*

dintel [din'tel] *m* (*de ventana*) Fenstersturz *m*; (*de puerta*) Türsturz *m*
dintelar [dinte'lar] *vt* ❶ (*puerta, ventana*) einen Tür-/Fenstersturz errichten (+gen) ❷ (*casa*) eine Oberschwelle errichten (an +dat)
diñar [di'nar] *vt* (*fam*) geben; ~**la** (*fam*) abkratzen, ins Gras beißen
dio [djo] 3. *pret* de **dar**
diocesano[1] [djoθe'sano] *m* Diözesan *m*; (*obispo*) Diözesanbischof *m*, Ordinarius *m*
diocesano, -a[2] [djoθe'sano, -a] *adj* diözesan, Diözesan-; **sínodo** ~ Diözesansynode *f*
diócesis [di'oθesis] *f inv* Diözese *f*; ~ **sede plena/sede vacante** besetzte/unbesetzte Diözese
diodo [di'oðo] *m* (ELEC) Diode *f*; ~ **láser** Laserdiode *f*
dionisiaco, -a [djoni'sjako, -a] *adj*, **dionisíaco, -a** [djoni'siako, -a] *adj* dionysisch, ekstatisch
dioptría [djop'tria] *f* (*unidad de óptica*) Dioptrie *f*
dióptrica ['djoptrika] *f* (FÍS) Lichtbrechungskunde *f*, Dioptrik *f*
diorama [djo'rama] *m* Diorama *nt*
dios(a) [djos, 'djosa] *m(f)* (heidnischer) Gott *m*, (heidnische) Göttin *f*; **la** ~**a del amor** die Göttin der Liebe; **los** ~**es de la mitología** die Götter der Mythologie
Dios [djos] *m* Gott *m*; ~ **Hombre** Jesus Christus; ~ **Padre, Hijo y Espíritu Santo** Gott Vater, Sohn und Heiliger Geist; ~ **mediante** mit Gottes Hilfe; ¡~ **mío!** mein Gott!, ach du lieber Gott!; ¡~ **nos asista** [*o* **nos coja confesados**]! Gott steh uns bei!; ¡~ **sabe!** wer weiß?, Gott weiß!; ¡~ **te oiga!** dein Wort in Gottes Ohr!; ~ **sabe que estuve ahí** selbstverständlich war ich da, Gott ist Zeuge, dass ich da war; ¡~ **nos libre!** Gott behüte!; ~ **te bendiga** [*o* **te lo pague**] vergelt's Gott!; ¡**a** ~! auf Wiedersehen!; ¡**alabado sea** ~! gottlob!; **a la buena de** ~ aufs Geratewohl; **armar la de** ~ **es Cristo** (*fam*) einen Mordsradau machen; **así** ~ **me asista** (JUR) so wahr mir Gott helfe; ¡**ay** ~! oh Gott!; **hacer algo como** ~ **le da a alguien a entender** (*fam*) etw so gut wie nur möglich machen; **como** ~ **manda** wie es sich gehört; **costar** ~ **y ayuda lograr algo** alle Kraft kosten etw zu erreichen; **cuando** ~ **quiera** mal sehen, ich weiß noch nicht; **dar a** ~ **a alguien** (REL) jdm die Sterbesakramente geben; **dejado de la mano de** ~ gottverlassen, völlig vernachlässigt; **de menos nos hizo** ~ (*fam*) vielleicht schaffe auch ich es; ~ **dirá** das liegt in Gottes Hand; ~ **lo llamó** Gott hat ihn zu sich geholt [*o* gerufen]; ~ **te la depare buena** (*fam*) wir wollen das Beste hoffen!; **donde** ~ **es servido** (*fam*) wo sich die Füchse gute Nacht sagen; **estar de** ~ unvermeidlich sein; **estar fuera de** ~ (*fig*) (ganz und gar) von Gott verlassen sein; **gozar** (**alguien**) **de** ~ im Himmel sein; **pongo a** ~ **por testigo** Gott soll mein Zeuge sein; **ponerse a bien con** ~ mit Gott ins Reine kommen, beichten; ¡**por** ~! um Gottes willen!; ¡**que de** ~ **goce**! Gott hab ihn/sie selig!; **que sea lo que** ~ **quiera** wie's kommt, wie kommt's; **recibir a** ~ (REL) das heilige Abendmahl empfangen; ¡**santo** ~! Gott im Himmel!; **si** ~ **quiere** so Gott will; **sin encomendarse ni a** ~ **ni al diablo** völlig unbedacht, ohne Überlegung; **todo** ~ Gott und die Welt; ¡**válgame** ~! Gott steh mir bei!, Gott bewahre!; ¡**vaya por** ~! es ist nicht zu fassen!; **venga** ~ **y lo vea** das ist himmelschreiend; ¡**vive** ~! so wahr Gott lebt!; **vivir como** ~ leben wie Gott in Frankreich; ~ **aprieta, pero no ahoga** (*fam*) Gott lässt sinken, aber nicht ertrinken; **dar a** ~ **lo que es de** ~ **y al César lo que es de César** (*prov*) jedem das Seine; **los** ~ **cría y ellos se juntan** (*prov fam*) Gleich und Gleich gesellt sich gern
diosa ['djosa] *f v.* **dios**
dióxido [di'oʸsiðo] *m* (QUÍM) Dioxid *nt*; ~ **de azufre** Schwefeldioxid *nt*; ~ **de carbono** Kohlendioxid *nt*
dioxina [djoʸ'sina] *f* (QUÍM) Dioxin *nt*
diplacusia [dipla'kusja] *f* (MED) Diplakusis *f*, Doppelthören *nt*
diplejía [diple'xia] *f* (MED) beidseitige Lähmung *f*, Diplegie *f*
diplococo [diplo'koko] *m* (BIOL) Diplokokkus *m*
diploe [di'ploe] *f* (ANAT) Diploe *f*, poröse Knochensubstanz *f*
diploma [di'ploma] *m* Diplom *nt*; ~ **de asistencia** Teilnahmebescheinigung *f*; ~ **de bachiller(ato)** Abiturzeugnis *nt*; ~ **de capitán** Kapitänspatent *nt*; ~ **de maestría** Meisterbrief *m*; ~ **de reconocimiento** Prüfungszeugnis *nt*; ~ **universitario** Hochschuldiplom *nt*
diplomacia [diplo'maθja] *f* ❶ (*política, tacto*) Diplomatie *f* ❷ (*cuerpo*) diplomatisches Korps *nt* ❸ (*carrera*) Diplomatenlaufbahn *f*
diplomado, -a [diplo'maðo, -a] **I.** *adj* ❶ diplomiert, mit akademischem Grad; **traductora diplomada** Diplomübersetzerin *f* **II.** *m, f* Diplomierte(r) *mf*
diplomar [diplo'mar] **I.** *vt* (*Arg*) einen akademischen Grad verleihen (*a* +dat) **II.** *vr:* ~**se** einen akademischen Grad erlangen [*o* erhalten]
diplomático, -a [diplo'matiko, -a] **I.** *adj* ❶ (*de diplomacia*) diplomatisch ❷ (*fig: circunspecto*) diplomatisch, taktisch geschickt

diplomatura

❸ (*de diploma*) urkundlich
II. *m, f* Diplomat(in) *m(f)*
diplomatura [diploma'tura] *f* Diplomierung *f*
dipolio [di'poljo] *m* (COM, ECON) Dyopol *nt*
dipolo [di'polo] *m* (BIOL, QUÍM) Dipol *m*
dipsomanía [diβsoma'nia] *f* (PSICO) periodisch auftretende Trunksucht *f*, Dipsomanie *f*
díptero¹ ['diptero] *m* ❶ (ARQUIT) Dipteros *m*, Gebäude *nt* mit doppelter Säulenreihe
❷ *pl* (ZOOL) Dipteren *pl*, Zweiflügler *mpl*
díptero, -a² ['diptero, -a] *adj* (ARQUIT, ZOOL) zweiflügelig
díptico ['diptiko] *m* (ARTE) Diptychon *nt*
diptongación [diptoŋga'θjon] *f* (LING) Diphthongierung *f*
diptongar [diptoŋ'gar] <g→gu> I. *vt* (LING) diphthongieren
II. *vr:* ~**se** (LING) zu einem Diphthong werden
diptongo [dip'toŋgo] *m* (LING) Diphthong *m*
diputación [diputa'θjon] *f* ❶ (*delegación*) Abordnung *f*, Deputation *f*; ~ **permanente de Cortes** Parlamentspräsidium *nt*; ~ **provincial** Provinzialrat *m*, Bezirksrat *m*
❷ (*personas*) Abgeordnetenversammlung *f*
❸ (*cargo*) Abgeordnetenmandat *nt*
❹ (*Méx: edificio*) Rathaus *nt*
diputado, -a [dipu'taðo, -a] *m, f* Abgeordnete(r) *mf*; ~ **en** [*o* **a**] **Cortes** Abgeordneter bei den Cortes; ~ **independiente** Fraktionslose(r) *m*; ~ **regional** Landtagsabgeordnete(r) *m*
diputar [dipu'tar] *vt* ❶ (*elegir como representante*) abordnen, als Vertretung wählen
❷ (*nombrar*) ernennen
❸ (*tener por*) befinden (für +*akk*), halten (für +*akk*); **me han diputado apto** sie halten mich für geeignet
dique ['dike] *m* ❶ (*rompeolas*) Damm *m*, Deich *m*; ~ **de abrigo** Schutzdamm *m*
❷ (NÁUT) Dock *nt*; ~ **flotante** Schwimmdock *nt*; ~ **seco** Trockendock *nt*
❸ (*fig: freno*) Hindernis *nt*, Sperre *f*; **poner un** ~ **a algo** etw *dat* einen Riegel vorschieben
dirección [direɣ'θjon] *f* ❶ (*rumbo*) Richtung *f*; ~ **de la circulación** Verkehrslauf *m*; ~ **de marcha** Fahrtrichtung *f*; ~ **visual** Blickrichtung *f*; **en** ~ **longitudinal** längs laufend; **en** ~ **opuesta** in umgekehrter Richtung; **el viento soplaba en** ~ **oeste** der Wind blies gen Westen; **salió con** ~ **a España** er reiste nach Spanien
❷ (*administración, mando*) Direktion *f*, Leitung *f*; **alta** ~ Management *nt*; ~ **central** Zentralverwaltung *f*; ~ **comercial** Geschäftsführung *f*; ~ **competente** zuständiges Direktorat; ~ **general** Generaldirektion *f*; (POL) Ministerialabteilung *f*; ~ **regional** Filialdirektion *f*; ~ **de ventas** Vertriebsleitung *f*
❸ (*orientación, guía*) (An)führung *f*, (An)leitung *f*; ~ **artística** (TEAT) künstlerische Leitung, Regie *f*; ~ **de la campaña electoral** Wahlkampfführung *f*; ~ **del Estado** Staatsführung *f*; ~ **de personal** Personalführung *f*; ~ **política** politische Führung; ~ **de la vista** [*o* **de la causa**] (JUR) Sachleitung *f*; **bajo la** ~ **de** unter der Leitung von
❹ (*señas, t.* INFOR) Adresse *f*, Anschrift *f*; ~ **abreviada** Telegrammanschrift *f*; ~ **comercial** Geschäftsadresse *f*; ~ **codificada** Chiffreanschrift *f*; ~ **completa** vollständige Anschrift; ~ **de correo electrónico** E-Mail-Adresse *f*; ~ **de Internet** Internetadresse *f*; **mensaje de** ~ **múltiple** (INFOR) Mehradressnachricht *f*
❺ (*conducción*) Lenkung *f*, Steuerung *f*; ~ **delantera** (AUTO) Frontlenkung *f*; ~ **a la derecha** (AUTO) Rechtssteuerung *f*, Rechtslenkung *f*; ~ **a distancia** (TÉC) Fernsteuerung *f*; ~ **por rayos infrarrojos** (MIL) Infrarotlenkung *f*
direccionable [direɣθjo'naβle] *adj* (INFOR) adressierbar
direccional [direɣθjo'nal] *adj* (ELEC) gerichtet
direccionamiento [direɣθjona'mjento] *m* (INFOR) Adressierung *f*; ~ **de base** Basisadressierung *f*; ~ **diferido** indirekte Adressierung; ~ **inherente** indizierte Adressierung; ~ **real** absolute Adressierung; **modo de** ~ Adressierungsmodus *m*
direccionar [direɣθjo'nar] *vt* (INFOR) adressieren
directa [di'rekta] *f* (AUTO) direkter Gang *m*; **poner la** ~ (*fam*) Vollgas geben
directiva [direk'tiβa] *f* ❶ (*dirección*) Vorstand *m*, Präsidium *nt*; ~ **de la asociación** Vereinsvorstand *m*
❷ (*instrucción*) Richtlinie *f*, Direktive *f*; ~ **comunitaria** Gemeinschaftsrichtlinie *f*; ~ **discrecional** Ermessensrichtlinie *f*; ~ **de planificación** Planungsleitlinie *f*; ~**s procesales** [*o* **de procedimiento**] Verfahrensrichtlinien *fpl*; ~**s sobre recursos jurídicos** Rechtsmittelrichtlinien *fpl*
directivo, -a [direk'tiβo, -a] I. *adj* leitend, Direktions-; **junta directiva** Vorstand *m*, Präsidium *nt*
II. *m, f* ❶ (*alto ejecutivo*) Manager(in) *m(f)*; ~ **de la empresa** leitender Angestellter
❷ (*miembro de la junta directiva*) Vorstandsmitglied *nt*

directo¹ [di'rekto] *m* ❶ (*tren*) durchgehender Zug *m*
❷ (DEP: *boxeo*) Gerade *f*
❸ (TV, RADIO) Livedarbietung *f*
directo, -a² [di'rekto, -a] *adj* ❶ (*recto*) gerade, geradlinig
❷ (*inmediato*) direkt, unmittelbar; **transmisión en** ~ (TV, RADIO) Direktübertragung *f*; **un tren** ~ ein durchgehender Zug; **seguir el camino más** ~ den kürzesten Weg nehmen
❸ (*fig: franco*) offen, unverblümt; **una pregunta directa** eine direkte Frage
director(a) [direk'tor(a)] I. *adj* leitend
II. *m(f)* Direktor(in) *m(f)*, Leiter(in) *m(f)*; ~ **adjunto** stellvertretender Direktor; ~ **administrativo** geschäftsführender Direktor, Verwaltungsleiter *m*; ~ **comercial** kaufmännischer Direktor; ~ **de departamento** Abteilungsleiter *m*; ~ **de escena** (CINE, TEAT) Regisseur *m*; ~ **de escuela** [*o* **instituto**] Rektor *m*; ~ **espiritual** Beichtvater, Seelsorger *m*; ~ **de exportación** Exportleiter *m*; ~ **de fábrica** Werksleiter *m*; ~ **financiero** Finanzdirektor *m*; ~ **general** Generaldirektor *m*; ~ **gerente** geschäftsführender Direktor; ~ **de la junta** Versammlungsleiter *m*; ~ **de la obra** Bauleiter *m*; ~ **de orquesta** Dirigent *m*; ~ **de sucursal** Filialleiter *m*; ~ **técnico** technischer Leiter, Betriebsleiter *m*; ~ **de la tesis** Doktorvater *m*
directorio¹ [direk'torjo] *m* ❶ (*conjunto de direcciones*) Adressenliste *f*
❷ (*normativa*) Leitfaden *m*, Richtlinien *fpl*
❸ (*junta directiva*) Verwaltungsrat *m*, Direktorium *nt*
❹ (INFOR) Verzeichnis *nt*; ~ **actual** aktuelles Verzeichnis; ~ **destino** Zielverzeichnis *nt*; ~ **principal** Hauptverzeichnis *nt*; ~ **raíz** [*o* **maestro**] Stammverzeichnis *nt*; ~ **de trabajo** Arbeitsverzeichnis *nt*
❺ (*en establecimientos públicos*) Informationstafel *f*
directorio, -a² [direk'torjo, -a] *adj* bestimmend, angebend
directriz [direk'triθ] *f* ❶ (*orientación*) Richtlinie *f*; **directrices de balance** Bilanzrichtlinien *fpl*; **directrices del mercado interno** Binnenmarktrichtlinien *fpl*; **directrices tributarias** Besteuerungsrichtlinien *fpl*; **directrices de valoración** Bewertungsrichtlinien *fpl*; **fijar directrices** Richtlinien festlegen
❷ (MAT) Leitlinie *f*, Direktrix *f*
dirigente [diri'xente] I. *adj* leitend, führend
II. *mf* Leiter(in) *m(f)*, Manager(in) *m(f)*; (POL) Führer(in) *m(f)*; ~ **estudiantil** Studentenführer(in) *m(f)*; ~ **sindical** Gewerkschaftsführer(in) *m(f)*; **los** ~**s** die führenden Persönlichkeiten; **preparar a los** ~**s** Führungskräfte heranbilden
dirigible [diri'xiβle] I. *adj* lenkbar, steuerbar
II. *m* (*globo*) (lenkbares) Luftschiff *nt*
dirigido, -a [diri'xiðo, -a] *adj* (*sistemas*) ferngesteuert
dirigir [diri'xir] <g→j> I. *vt* ❶ (*un coche*) fahren, lenken; (*t.* INFOR) steuern
❷ (*el tráfico*) regeln
❸ (*un envío*) richten (*a* an +*akk*), senden (*a* an +*akk*); ~ **la palabra a alguien** das Wort an jdn richten
❹ (*la vista*) richten (*hacia* auf +*akk*); **dirige todas sus atenciones a...** (*fig*) er/sie richtet seine/ihre ganze Aufmerksamkeit auf ... +*akk*
❺ (*una nación*) regieren; (*una empresa, un debate*) leiten, führen
❻ (*por un camino*) führen, (ge)leiten
❼ (*la orquesta*) dirigieren
❽ (CINE, TEAT, TV) Regie führen; **una película dirigida por...** Regie führte: ...
❾ (*una casa*) wirtschaften, den Haushalt führen; (*una finca*) bewirtschaften
❿ (*el tiro*) zielen (*a* auf +*akk*)
II. *vr:* ~**se** ❶ (*a un lugar*) sich begeben (*a/hacia* nach +*dat*)
❷ (*a una persona*) sich wenden (*a* an +*akk*)
dirigismo [diri'xismo] *m* (POL) Dirigismus *m*; ~ **económico** Wirtschaftslenkung *f*; ~ **estatal** Staatsplanung *f*
dirigista [diri'xista] *mf* Anhänger(in) *m(f)* der Planwirtschaft
dirimente [diri'mente] I. *adj* ausschlaggebend; (JUR) die Ehe aufhebend
II. *m* (POL) Dezisivstimme *f*
dirimible [diri'miβle] *adj* aufhebbar, auflösbar
dirimir [diri'mir] *vt* ❶ (*un contrato, el matrimonio*) aufheben, auflösen
❷ (*una disputa*) schlichten, beilegen; (*un asunto*) entscheiden; ~ **las competencias** den Zuständigkeitsstreit entscheiden; ~ **divergencias** Meinungsverschiedenheiten schlichten; ~ **los empates** bei Stimmengleichheit entscheiden
disagio [di'saxjo] *m* (FIN) Disagio *nt*
disarmonía [disarmo'nia] *f* ❶ (*falta de armonía*) Uneinigkeit *f*, Disharmonie *f*
❷ (MED) Funktionsstörung bei körperlichen Bewegungsabläufen
disarmónico, -a [disar'moniko, -a] I. *adj* ❶ (MÚS) disharmonisch
❷ (MED) entwicklungsstörend
❸ (MED) entwicklungsgestört
II. *m, f* (MED) Person, die unter Entwicklungsstörungen leidet
discante [dis'kante] *m* (MÚS) Diskantgitarre *f*

discapacidad [diskapaθi'ðaᵈ] f (Körper)behinderung f; ~ **mental** geistige Behinderung
discapacitado, -a [diskapaθi'taðo, -a] I. adj (körper)behindert
II. m, f (Körper)behinderte(r) mf; ~ **mental** geistig Behinderter
discernible [disθer'niβle] adj erkennbar, deutlich
discernimiento [disθerni'mjento] m ❶ (acción de distinguir) Unterscheidung f; (capacidad de distinguir) Unterscheidungsvermögen nt
❷ (juicio) Überlegung f, Urteilsvermögen nt; ~ **reducido** (JUR) verminderte Einsichtsfähigkeit; **obrar sin** ~ unüberlegt [o uneinsichtig] handeln
❸ (JUR: apoderamiento judicial) gerichtliche Bestellung f; (de la tutela) Ernennung f (de zu +dat); ~ **de** (un) **cargo** gerichtliche Ermächtigung zu einem Amt; ~ **de la curatela** Pflegerbestellung f; ~ **público como perito** öffentliche Bestellung zum Gutachter
discernir [disθer'nir] irr como cernir vt ❶ (diferenciar) unterscheiden (können); ~ **lo bueno de lo malo** [o **entre lo bueno y lo malo**] das Gute vom Bösen unterscheiden können
❷ (JUR: tutela) (gerichtlich) bestellen, ernennen; (cargos) übertragen (a +dat)
discinesia [disθi'nesja] f (MED) Dyskinesie f
disciplina [disθi'plina] f ❶ (obediencia y orden) Disziplin f, Zucht f; ~ **militar** militärische Disziplin
❷ (asignatura) Lehrfach nt, Disziplin f; ~ **jurídica** Rechtsgebiet nt
❸ pl (látigo) Geißel f
disciplinado, -a [disθipli'naðo, -a] adj diszipliniert
disciplinar [disθipli'nar] I. vt ❶ (someter, educar) disziplinieren
❷ (enseñar) unterrichten, unterweisen
❸ (azotar) geißeln
II. vr: ~**se** ❶ (someterse) sich disziplinieren
❷ (azotarse) sich geißeln
disciplinario, -a [disθipli'narjo, -a] adj disziplinarisch, Disziplinar-; **batallón** ~ (MIL) Strafbataillon nt; **medida disciplinaria** Disziplinarmaßnahme f; **sanción disciplinaria** Ordnungsstrafe f
discipulado [disθipu'laðo] m ❶ (condición de discípulo) Schülerdasein nt
❷ (doctrina) Ausbildung f, Wissensvermittlung f
❸ (conjunto de discípulos) Schülerschaft f
discípulo, -a [dis'θipulo, -a] m, f ❶ (alumno) Schüler(in) m(f), Lehrling m
❷ (seguidor) Jünger(in) m(f), Anhänger(in) m(f)
disc-jockey [dis 'ʒoke¡] <dis yoqueis> mf Diskjockey m
disco ['disko] m ❶ (lámina circular) Scheibe f; (en el teléfono) Wählscheibe f; ~ **de freno** Bremsscheibe f; ~ **de horario** Parkscheibe f; ~ **de señales** (FERRO) Signalscheibe f
❷ (MÚS) Schallplatte f; ~ **compacto** Compactdisc f; ~ **de larga duración** Langspielplatte f; **siempre pones el mismo** ~ (fam) immer dieselbe Leier!; ¡**cambia el ~ ya!** (fam) leg mal eine andere Platte auf!
❸ (DEP) Diskus m
❹ (AUTO) Verkehrsampel f
❺ (INFOR) Platte f; ~ **duro** Festplatte f; ~ **intercambiable** Wechselplatte f; ~ **magnético** Magnetplatte f; ~ **óptico** optische Speicherplatte f; ~ **RAM** RAM-Laufwerk f
❻ (ASTR: de la luna) Mondscheibe f; (del sol) Sonnenscheibe f
discóbolo [dis'koβolo] m (HIST, LIT) Diskuswerfer m
discófilo, -a [dis'kofilo, -a] I. adj (MÚS) für Schallplatten begeistert
II. m, f (MÚS) Schallplattenfan m, Liebhaber(in) m(f) von Schallplatten, Diskophile(r) mf
discografía [diskoɣra'fia] f ❶ (impresión y reproducción) Schallplattenschneiden nt
❷ (colección) Diskografie f
discográfica [disko'ɣrafika] f Plattenfirma f
discográfico, -a [disko'ɣrafiko, -a] adj (Schall)platten-
discoidal [diskoi'ðal] adj scheibenförmig
díscolo, -a ['diskolo, -a] adj unfolgsam, widerspenstig
disconforme [diskom'forme] adj nicht einverstanden; **se mostró ~ ante mis ideas** er/sie zeigte sich mit meinen Vorstellungen nicht einverstanden
disconformidad [diskomformi'ðaᵈ] f ❶ (de una persona) Ablehnung f; (entre personas) Uneinigkeit f; **se le nota en la cara su ~ con la decisión** man kann ihm/ihr vom Gesicht ablesen, dass er/sie mit der Entscheidung nicht einverstanden ist
❷ (de cosas) Ungleichheit f, Disharmonie f
discontinuar [diskonti'nu̯ar] <1. pres: discontinúo> vt unterbrechen
discontinuidad [diskontinwi'ðaᵈ] f ❶ (inconstancia) Unstetigkeit f
❷ (interrupción) Unterbrechung f
discontinuo, -a [diskon'tinwo, -a] adj ❶ (inconstante) unstetig
❷ (interrumpido) unzusammenhängend, diskontinuierlich elev
discordancia [diskor'ðanθja] f ❶ (disconformidad) Uneinigkeit f, Unstimmigkeit f; **hubo ~s a la hora de elegir un representante** man war sich dat über die Ernennung eines Vertreters nicht einig

❷ (MÚS) Missklang m, Diskordanz f
❸ (GEO) Diskordanz f
discordante [diskor'ðante] adj ❶ (opinión) abweichend, nicht übereinstimmend
❷ (MÚS) misstönend, unharmonisch
❸ (GEO) diskordant
discordar [diskor'ðar] <o→ue> vi ❶ (cosas) nicht zusammenpassen; **la corbata a rayas y la camisa a topos discuerdan mucho** die gestreifte Krawatte sticht sich mit dem gepunkteten Hemd
❷ (personas) uneinig sein, nicht übereinstimmen (de mit +dat)
❸ (MÚS) verstimmt sein, disharmonieren
discorde [dis'korðe] adj ❶ (persona) nicht einverstanden
❷ (MÚS) verstimmt
discordia [dis'korðja] f Zwietracht f
discoteca [disko'teka] f ❶ (local de baile) Diskothek f
❷ (discos) Schallplattensammlung f
❸ (mueble donde se guardan) Schallplattenschrank m
❹ (fonoteca) Schallplattenarchiv nt, Diskothek f
discotequero, -a [diskote'kero, -a] adj Diskotheken-, Disko- fam; **es un chico muy ~** er ist ein begeisterter Diskogänger, er ist ein Diskofan
discreción [diskre'θjon] f Diskretion f; (tacto) Feingefühl m, Takt m; (moderación) Zurückhaltung f; (reserva) Verschwiegenheit f; (prudencia) Umsicht f; **a ~** nach Belieben, nach Gutdünken; **bajo ~** vertraulich; **con ~** umsichtig; **entregarse a ~** (MIL) sich auf Gnade und Ungnade ergeben
discrecional [diskreθjo'nal] adj beliebig, Ermessens-; **cuestión ~** Ermessensfrage f; **parada ~** Bedarfshaltestelle f
discrecionalidad [diskreθjonali'ðaᵈ] f sin pl Ermessensspielraum m, Ermessen nt
discrepancia [diskre'panθja] f ❶ (entre cosas) Missverhältnis nt, Diskrepanz f; ~ **de prestaciones** (ECON) Leistungsabweichung f
❷ (entre personas) Unstimmigkeit f, Meinungsverschiedenheit f
discrepante [diskre'pante] adj nicht übereinstimmend, diskrepant
discrepar [diskre'par] vi ❶ (diferenciarse) abweichen (de von +dat), nicht übereinstimmen (con mit +dat)
❷ (disentir) anderer Meinung sein (de als +nom); **discrepo de lo que Ud. piensa sobre eso** ich stimme Ihrer Meinung darüber nicht zu
discreto, -a [dis'kreto, -a] adj (t. FÍS, TÉC, MAT) diskret; (prudente) umsichtig; (mesurado) zurückhaltend, unaufdringlich; (ingenioso) geistreich; (reservado) verschwiegen
discriminación [diskrimina'θjon] f ❶ (diferenciación) Unterscheidung f; **de difícil ~** schwer feststellbar
❷ (perjuicio) Diskriminierung f; ~ **laboral** Diskriminierung am Arbeitsplatz; ~ **de precios** Preisdiskriminierung f; ~ **racial** Rassendiskriminierung f; ~ **tributaria** Steuerdiskriminierung f
discriminado, -a [diskrimi'naðo, -a] I. adj diskriminiert
II. m, f Diskriminierte(r) mf
discriminador¹ [diskrimina'ðor] m (ELEC) Diskriminator m
discriminador(a)² [diskrimina'ðor(a)] adj diskriminierend, herabsetzend
discriminar [diskrimi'nar] vt ❶ (cosas) unterscheiden
❷ (personas) diskriminieren
discriminatorio, -a [diskrimina'torjo, -a] adj diskriminierend
discromía [diskro'mia] f (MED) Hautverfärbung f, Dyschromie f
disculpa [dis'kulpa] f ❶ (perdón) Entschuldigung f; **admitir una ~** eine Entschuldigung gelten lassen; **pedir ~s** sich entschuldigen; **eso no tiene ~** das ist unverzeihlich
❷ (pretexto) Ausrede f; ¡**qué ~ más tonta!** so eine faule Ausrede!; ¡**no valen ~s!** keine Ausreden!
disculpable [diskul'paβle] adj entschuldbar, verzeihlich
disculpar [diskul'par] I. vt ❶ (perdonar) verzeihen (a +dat); **discúlpame por no haberte escrito** entschuldige, dass ich dir nicht geschrieben habe; **discúlpala de su falta** verzeih ihr ihren Fehler
❷ (justificar) rechtfertigen; **tu inexperiencia no disculpa ese comportamiento** deine Unerfahrenheit ist keine Entschuldigung für dieses Verhalten
II. vr: ~**se** sich entschuldigen; ~**se con alguien por algo** sich bei jdm wegen etw +gen/dat entschuldigen
discurrir [disku'rrir] I. vi ❶ (pensar) nachgrübeln (sobre über +akk), sich dat den Kopf zerbrechen (sobre über +akk) fam
❷ (elev: pasar) durchlaufen; (río) fließen; **los niños discurrían por la feria** die Kinder liefen über den Rummelplatz
❸ (transcurrir) verlaufen; (tiempo) verstreichen, vergehen
❹ (andar por diversas partes) umherlaufen
II. vt ausdenken, ersinnen; ~ **poco** nicht ganz hell im Kopf sein
discursante [diskur'sante] I. adj Reden schwingend
II. mf (fam) Redner(in) m(f)
discursear [diskurse'ar] vi (fam) große Reden halten
discursista [diskur'sista] mf (pey) Schwätzer(in) m(f)

discursivo, -a [diskur'siβo, -a] *adj* diskursiv
discurso [dis'kurso] *m* ❶ (*arenga*) Rede *f,* Ansprache *f;* ~ **de apertura** [*o* **de inauguración**] Eröffnungsansprache *f;* ~ **de clausura** Schlussrede *f;* ~ **de recepción** [*o* **de bienvenida**] Begrüßungsansprache *f;* ~ **solemne** Festansprache *f;* **pronunciar un** ~ eine Rede halten
❷ (*plática*) Gespräch *nt,* Unterhaltung *f;* **perder el hilo del** ~ den Faden des Gespräches verlieren
❸ (*disertación escrita*) Abhandlung *f;* (*oral*) Vortrag *m*
❹ (*raciocinio*) Gedankengang *m;* (*reflexión*) Überlegung *f,* Nachdenken *nt;* (*facultad de racionar*) Urteilsfähigkeit *f*
❺ (*transcurso*) (Ver)lauf *m;* (*de la vida*) Lebenslauf *m*
❻ (LING) sprachliche Äußerung *f*
discusión [disku'sjon] *f* ❶ Diskussion *f;* ~ **colectiva** (PSICO) Gruppenberatung *f;* ~ **jurídica** rechtliche Erörterung; ~ **del presupuesto** (POL) Haushaltsdebatte *f;* ~ **pública** öffentliche Aussprache, Podiumsdiskussion *f;* **la** ~ **del asunto exigirá algún tiempo** die Erörterung der Angelegenheit wird eine gewisse Zeit in Anspruch nehmen; **ayer tuvimos una** ~ **muy fuerte** gestern hatten wir eine heftige Auseinandersetzung; **entablar una** ~ sich auf eine Diskussion einlassen; **sin** ~ ohne Zweifel
discutible [disku'tiβle] *adj* ❶ (*disputable*) erwägenswert, diskutabel *elev*
❷ (*dudoso*) zweifelhaft, fraglich
discutido, -a [disku'tiðo, -a] *adj* umstritten
discutidor(a) [diskuti'ðor(a)] **I.** *adj* (*fam*) diskussionsfreudig **II.** *m(f)* (*fam*) Diskussionsfreudige(r) *mf*
discutir [disku'tir] *vi, vt* diskutieren; ~ **un asunto** eine Frage erörtern; ~ **algo punto por punto** etw durchsprechen; **quisiera** ~ **el plan a fondo contigo** ich möchte mit dir den Plan eingehend besprechen; **están discutiendo el recorte del presupuesto** sie debattieren die Kürzung des Etats; **están discutiendo sobre el precio del coche** sie verhandeln über den Preis des Wagens; **siempre discuten de lo mismo** sie streiten immer über das gleiche Thema; **siempre que tocamos el tema discutimos** immer wenn wir auf das Thema zu sprechen kommen, kommt es zu Streit; **siempre me discutes lo que digo** du stellst immer alles, was ich sage, in Frage [*o* infrage]
disecación [diseka'θjon] *f* ❶ (*preparación de animales*) Ausstopfen *nt* (von Tieren); (*de plantas*) Trocknen *nt* (von Pflanzen)
❷ (*autopsía*) Sezieren *nt,* Sektion *f*
disecado [dise'kaðo] *m* Trocknung *f,* Trocknen *nt*
disecar [dise'kar] <c→qu> *vt* ❶ (*cortar, abrir: un cuerpo*) sezieren; (*un animal, una planta*) zerlegen, zerschneiden
❷ (*preparar un animal muerto*) ausstopfen, präparieren
❸ (*secar una planta*) trocknen
disección [disek'θjon] *f* ❶ (ANAT) Sektion *f,* Sezieren *nt*
❷ (*fig: análisis pormenorizado*) eingehende Analyse *f,* eingehende Untersuchung *f*
diseccionar [diseɣθjo'nar] *vt* ❶ (*un animal, una planta*) zerlegen, zerschneiden
❷ (*fig: analizar*) eingehend analysieren [*o* untersuchen]
diseminación [disemina'θjon] *f* (Weiter)verbreitung *f,* Ausstreuung *f;* ~ **de informaciones** Weiterverbreitung von Informationen
diseminado, -a [disemi'naðo, -a] *adj* verstreut, verteilt
diseminar [disemi'nar] **I.** *vt* ❶ (*semillas*) verstreuen, ausstreuen
❷ (*noticias*) (weiter)verbreiten
II. *vr:* ~**se** sich verstreuen, sich verbreiten
disensión [disen'sjon] *f* ❶ (*desavenencia*) Meinungsverschiedenheit *f,* Uneinigkeit *f*
❷ (*riña*) Zwist *m,* Streitigkeit *f*
disenso [di'senso] *m* Meinungsverschiedenheit *f,* Dissens *m*
disentería [disente'ria] *f* (MED) Ruhr *f,* Dysenterie *f*
disentérico, -a [disen'teriko, -a] *adj* (MED) dysenterisch, ruhrartig
disentimiento [disenti'mjento] *m* Meinungsverschiedenheit *f*
disentir [disen'tir] *irr como sentir vi* anderer Meinung sein (*de* als +*nom*); **disiento de tu opinión** ich bin nicht deiner Meinung, ich teile deine Ansicht nicht; **en religión disentimos profundamente** was die Religion angeht, gehen unsere Meinungen grundsätzlich auseinander
diseñador(a) [diseɲa'ðor(a)] *m(f)* ❶ (*dibujante*) Zeichner(in) *m(f)*
❷ (*decorador*) Designer(in) *m(f)*
diseñar [dise'ɲar] *vt* ❶ (*dibujar*) zeichnen
❷ (*proyectar*) entwerfen
❸ (*delinear*) skizzieren
diseño [di'seɲo] *m* ❶ (*dibujo*) Zeichnung *f;* (*esbozo*) Entwurf *m,* Skizze *f;* ~ **asistido por ordenador** computergestütztes Zeichnen; ~ **de construcción** Grundriss *m;* ~ **de maqueta** Modellzeichnung *f;* ~ **de página** (*t.* INFOR) Seitenaufbau *m*
❷ (*forma*) Design *nt;* **ergonómico** ergonomische Form, ergonomische Gestaltung; ~ **industrial** Industriedesign *nt;* ~ **del producto** Produktdesign *nt*
❸ (*en tejidos*) Muster *nt,* Dessin *nt*

❹ (*fig: descripción*) Umreißen *nt,* Skizzieren *nt*
disertación [diserta'θjon] *f* (*escrita*) (wissenschaftliche) Abhandlung *f;* (*oral*) Vortrag *m*
disertador(a) [diserta'ðor(a)] *adj* wortgewandt
disertar [diser'tar] *vi* (*por escrito*) abhandeln (*sobre* +*akk*), eine Abhandlung schreiben (*sobre* über +*akk*); (*oralmente*) vortragen (*sobre* +*akk*), einen Vortrag halten (*sobre* über +*akk*)
disfonía [disfo'nia] *f* (MED) Stimmstörung *f,* Dysphonie *f*
disforme [dis'forme] *adj* (*deforme*) unförmig, disproportioniert
disfraz [dis'fraθ] *m* ❶ (*máscara*) Verkleidung *f;* (*para tapar la cara*) Maske *f;* (MIL) Tarnung *f*
❷ (*fig: disimulación*) Verstellung *f;* **presentarse sin** ~ sein wahres Gesicht zeigen
disfrazar [disfra'θar] <z→c> *vt* ❶ (*enmascarar*) verkleiden; (*la cara*) maskieren; (MIL) tarnen
❷ (*fig: ocultar, disimular*) verschleiern; ~ **su embarazo** seine Verlegenheit kaschieren; ~ **un escándalo** einen Skandal verschleiern; ~ **la voz** die Stimme verstellen; **disfrazó su tristeza con una sonrisa** er/sie verstreckte seine/ihre Trauer hinter einem Lächeln
II. *vr:* ~**se** (*enmascararse*) sich verkleiden (*de* als +*nom*)
disfrutar [disfru'tar] *vi, vt* ❶ (*gozar*) genießen (*de* +*akk*); ~ **de excelente salud** sich bester Gesundheit erfreuen; ~ **de licencia** Urlaub haben; ~ **de la vida** das Leben genießen
❷ (*poseer*) haben (*de* +*akk*), verfügen (*de* über +*akk*); **esta coche disfruta de muchas comodidades** dieses Auto hat viel Komfort
❸ (*utilizar*) Nutzen ziehen ((*de*) aus +*dat*), nutznießen ((*de*) von +*dat*) *elev;* ~ **un derecho** ein Recht nutzen
disfrute [dis'frute] *m* ❶ (*goce*) Genuss *m*
❷ (*aprovechamiento*) Nutzung *f,* Nutznießung *f;* ~ **de la posesión** Besitzausübung *f*
disfunción [disfun'θjon] *f* (*t.* MED) Funktionsstörung *f,* (MED) Dysfunktion *f*
disfuncionalidad [disfunθjonali'ðað] *f* Funktionsunfähigkeit *f*
disgregación [disɣreɣa'θjon] *f* Zerstreuung *f,* Zerlegung *f;* (QUÍM) Zersetzung *f;* (FÍS) Spaltung *f;* (GEO) Verwitterung *f*
disgregar [disɣre'ɣar] <g→gu> **I.** *vt, vr:* ~**se** (sich) zerstreuen, (sich) auflösen; (QUÍM) (sich) zersetzen; (FÍS) (sich) spalten; **el público se disgregó al terminar el espectáculo** das Publikum zerstreute sich nach der Vorstellung in alle Richtungen
II. *vr:* ~**se** zerfallen; **con el tiempo el monumento se va disgregando** mit der Zeit zerfällt das Denkmal immer mehr
disgustado, -a [disɣus'taðo, -a] *adj* ❶ (*apenado*) bekümmert
❷ (*enfadado*) verärgert, erzürnt
disgustar [disɣus'tar] **I.** *vt* missfallen (*a* +*dat*); (*comida*) anekeln; ~ **a alguien** jdn erzürnen, jdm zu nahe treten; **me disgusta que salgas tan tarde** es passt mir nicht [*o* es missfällt mir], dass du so spät noch ausgehst
II. *vr:* ~**se** sich ärgern (*por/de* über +*akk,* wegen +*gen/dat*), Ärger haben (*con* mit +*dat*); **se ha disgustado por tus comentarios** deine Äußerungen haben ihn/sie verletzt [*o* verärgert]; **se disgustó con tu hermano** er/sie ist mit deinem Bruder aneinander geraten
disgusto [dis'ɣusto] *m* ❶ (*desagrado*) Missfallen *nt;* (*repugnancia*) Ekel *m,* Abneigung *f;* **estar** [*o* **sentirse**] **a** ~ sich unbehaglich fühlen
❷ (*aflicción*) Kummer *m;* (*molestia*) Scherei *f,* Unannehmlichkeit *f;* (*enfado*) Ärger *m;* **dar un** ~ **a alguien** jdm Kummer machen, jdm Unannehmlichkeiten bereiten
❸ (*pelea*) Streit *m,* Auseinandersetzung *f*
disidencia [disi'ðenθja] *f* ❶ (*apostasía*) Abspaltung *f;* (*de un partido*) Abtrünnigkeit *f*
❷ (*desavenencia*) Uneinigkeit *f*
disidente [disi'ðente] **I.** *adj* anders denkend, abtrünnig
II. *mf* Dissident(in) *m(f),* Abtrünnige(r) *mf*
disidir [disi'ðir] *vi* (*creencia*) abfallen (*de* von +*dat*); (*doctrina*) abschwören (+*gen*); ~ **de un partido** aus einer Partei austreten
disímbolo, -a [di'simbolo, -a] *adj* (*Méx: diferente*) ungleich, verschieden
disimetría [disime'tria] *f* Asymmetrie *f*
disimétrico, -a [disi'metriko, -a] *adj* asymmetrisch, unsymmetrisch
disímil [di'simil] *adj* (*elev*) unterschiedlich, verschieden
disimilación [disimila'θjon] *f* (LING) Dissimilation *f*
disimilitud [disimili'tuð] *f* Unähnlichkeit *f,* Verschiedenartigkeit *f*
disimulación [disimula'θjon] *f* ❶ (*fingimiento*) Verstellung *f;* (*simulación*) Vortäuschung *f,* Vorspiegelung *f*
❷ (*ocultación*) Verheimlichung *f,* Verschleierung *f*
❸ (*tolerancia*) Nachsicht *f*
❹ (JUR) Scheingeschäft *nt*
disimulado, -a [disimu'laðo, -a] **I.** *adj* ❶ (*fingido*) verstellt, vorgespiegelt
❷ (*encubierto*) heimlich, unauffällig
❸ (*engañoso*) verlogen; (*hipócrita*) heuchlerisch

disimular II. *m, f* Heuchler(in) *m(f);* **hacerse el ~** sich dumm stellen

disimular [disimu'lar] I. *vi* ❶ (*aparentar*) heucheln, sich verstellen
❷ (*ocultar*) sich *dat* nichts anmerken lassen
❸ (*tolerar*) nachsichtig sein
II. *vt* ❶ (*ocultar*) verstecken, verbergen; **~ el miedo** sich *dat* die Angst nicht anmerken lassen; **no ~ algo** keinen Hehl aus etw *dat* machen; **no podía ~ su alegría** er/sie konnte seine/ihre Freude nicht verbergen; **la falda disimulaba su barriga** durch den Rock ließ sie schlanker aussehen
❷ (*paliar*) beschönigen; **~ sus fallos** seine Fehler beschönigen
❸ (JUR) verschleiern
❹ (*tolerar*) dulden, vergeben; **~ algo a alguien** jdm etw nachsehen

disimulo [disi'mulo] *m* (*fingimiento*) Verstellung *f;* (*engaño*) Verschleierung *f;* **con ~** unauffällig, heimlich
❷ (*tolerancia*) Nachsicht *f,* Duldung *f*
❸ (JUR) Scheingeschäft *nt*

disipable [disi'paβle] *adj* auflösbar; **duda ~** ausräumbarer Zweifel

disipación [disipa'θjon] *f* ❶ (*desvanecimiento*) Auflösung *f,* Zerstreuung *f;* (*volatilización*) Verflüchtigung *f;* (FÍS) Dissipation *f*
❷ (*libertinaje*) Zügellosigkeit *f,* Ausschweifung *f*
❸ (*derroche*) Verschwendung *f,* Vergeudung *f*

disipado, -a [disi'paðo, -a] I. *adj* ❶ (*libertino*) zügellos, ausschweifend
❷ (*que derrocha*) verschwenderisch
II. *m, f* Prasser(in) *m(f)*

disipador(a) [disipa'ðor(a)] I. *adj* verschwenderisch
II. *m(f)* Verschwender(in) *m(f)*

disipar [disi'par] I. *vt* ❶ (*nubes, nieblas*) zerstreuen, auflösen; (*dudas*) beseitigen, verscheuchen; **el sol disipa las nieblas** die Sonne vertreibt den Nebel; **~ el cansancio** die Müdigkeit verscheuchen
❷ (*derrochar*) verschwenden, vergeuden
II. *vr:* **~se** sich auflösen; (*dudas*) verschwinden; **~se en humo** verrauchen

diskette [dis'kete] *m* (INFOR) *v.* **disquete**

dislalia [dis'lalja] *f* (MED) Stammeln *nt,* Dyslalie *f*

dislate [dis'late] *m* Unsinn *m,* Ungereimtheit *f*

dislexia [dis'leɣsja] *f* (MED) Legasthenie *f*

disléxico, -a [dis'leɣsiko, -a] I. *adj* (MED) legasthenisch
II. *m, f* Legastheniker(in) *m(f)*

dislocación [disloka'θjon] *f* ❶ (*desplazamiento*) Verlagerung *f,* Verschiebung *f*
❷ (MED) Verrenkung *f,* Ausrenkung *f*
❸ (GEO) Verschiebung *f,* Verwerfung *f*
❹ (FÍS) Dislokation *f*
❺ (*fig: desfiguración*) Entstellung *f,* Verzerrung *f*

dislocado, -a [dislo'kaðo, -a] *adj* ❶ (*desplazado*) verlagert, verschoben
❷ (MED) verrenkt, ausgerenkt
❸ (*fam: loco*) verrückt

dislocar [dislo'kar] <c→qu> I. *vt* ❶ (*desplazar*) verlagern, verschieben
❷ (MED) verrenken, ausrenken
❸ (*fig: desfigurar*) entstellen, verzerren
II. *vr:* **~se** ❶ auseinander gehen, auseinander laufen
❷ (*desarticularse*) sich *dat* verstauchen, sich *dat* verrenken; **~se un pie** sich den Fuß verstauchen

disloque [dis'loke] *m* (*fig fam*) Höhepunkt *m;* **¡es el ~!** das ist der Gipfel!

disminución [disminu'θjon] *f* Verminderung *f,* Verringerung *f;* (ARQUIT) Verjüngung *f;* **~ de los gastos** Kostensenkung *f;* **~ de ingresos** Einnahmenrückgang *m;* **~ de la longitud de (las) onda(s)** (RADIO) Wellenverkürzung *f;* **~ de la natalidad** Geburtenrückgang *m;* **~ de la pena** (JUR) Strafmilderung *f;* **~ de peso** Gewichtsabnahme *f;* **~ de los precios** Preissenkung *f;* **~ de la presión** (TÉC) Druckabfall *m;* **~ de la producción** Produktionsrückgang *m;* **~ de la recaudación tributaria** Steuerausfall *m;* **~ de riesgo** Risikominderung *f;* **~ de tamaño** Verkleinerung *f;* **~ de la tasa de ganancia** (ECON) rückläufige Ertragslage *f;* **~ de la tensión** Entspannung *f;* **~ del valor** Wertminderung *f,* Wertbeeinträchtigung *f;* **~ de las ventas** Absatzstockung *f,* Absatzrückgang *m*

disminuido, -a [disminu'iðo, -a] I. *adj* ❶ (*fig: achicado*) eingeschüchtert
❷ (*discapacitado*) behindert
II. *m, f* Behinderte(r) *mf;* **~ físico** Körperbehinderte(r) *m;* **~ mental** geistig Behinderter

disminuir [disminu'ir] *irr como* **huir** I. *vi* nachlassen, zurückgehen; **~ de tamaño** kleiner werden; **nuestras existencias disminuyen rápidamente** unser Warenvorrat nimmt rasch ab; **ha disminuido el viento** der Wind ist abgeflaut
II. *vt* vermindern, verringern; (ARQUIT) verjüngen; **~ de tamaño** verkleinern; **~ en duración** zeitlich verkürzen; **~ la ganancia** den Gewinn schmälern; **~ los precios** die Preise ermäßigen [*o* senken] [*o* herabsetzen]; **~ el sueldo** den Lohn senken; **~ la velocidad** die Geschwindigkeit drosseln

dismnesia [dis'nesja] *f* (MED) Gedächtnisschwäche *f,* Hypomnesie *f*

disnea [dis'nea] *f* (MED) Atemnot *f,* Kurzatmigkeit *f,* Dyspnoe *f*

disociable [diso'θjaβle] *adj* trennbar, auflösbar; (QUÍM) dissoziierbar, spaltbar

disociación [disoθja'θjon] *f* (*separación*) Trennung *f;* (*disgregación*) Auflösung *f;* (QUÍM) (Auf)spaltung *f,* Dissoziation *f;* **~ térmica** (QUÍM) Thermolyse *f,* thermische Dissoziation

disociador(a) [disoθja'ðor(a)] I. *adj* dissoziierend, aufspaltend; **sustancia ~a** Trennmittel *nt*
II. *m(f)* Trennmittel *nt*

disociar [diso'θjar] I. *vt* ❶ (*disgregar*) (auf)lösen; (*separar*) trennen
❷ (QUÍM) (auf)spalten, (ab)spalten
II. *vr:* **~se** sich auflösen, zerfallen

disociativo, -a [disoθja'tiβo, -a] *adj* (MED) dissoziativ

disolubilidad [disoluβili'ðað] *f sin pl* (QUÍM) Löslichkeit *f,* (Auf)lösbarkeit *f*

disoluble [diso'luβle] *adj* löslich, auflösbar

disolución [disolu'θjon] *f* Auflösung *f;* (*fig*) (sittliche) Zerrüttung *f,* Sittenverfall *m;* (QUÍM) Lösung *f;* **~ de contrato** Vertragsaufhebung *f;* **~ de matrimonio** Auflösung der Ehe; **~ del parlamento** Parlamentsauflösung *f;* **~ de sales ferrosas** (QUÍM) Eisensalzlösung *f*

disolutivo, -a [disolu'tiβo, -a] *adj* auflösend

disoluto, -a [diso'luto, -a] I. *adj* zügellos, ausschweifend
II. *m, f* Wüstling *m*

disolvente [disol'βente] I. *adj* auflösend; (*t. fig*) zersetzend
II. *m* (QUÍM) Lösemittel *nt*

disolver [disol'βer] *irr como* **volver** I. *vt* auflösen; **~ el matrimonio/el contrato** die Ehe/den Vertrag auflösen; **~ la pastilla en agua** die Tablette in Wasser auflösen
II. *vr:* **~se** sich auflösen

disonancia [diso'nanθja] *f* ❶ (MÚS) Dissonanz *f,* Missklang *m*
❷ (*desproporción*) Missverhältnis *nt*
❸ (*discordancia*) Unstimmigkeit *f*

disonante [diso'nante] *adj* missklingend, dissonant; (*fig*) unharmonisch

disonar [diso'nar] <o→ue> *vi* ❶ (MÚS) misstönen, dissonieren
❷ (*fig: discrepar*) abweichen (*de* von +*dat*); **~ de alguien** jds Ansicht nicht teilen
❸ (*fig: disgustar algo*) missfallen

disosmia [di'sosmja] *f* (MED) Dysosmie *f,* Beeinträchtigung *f* des Geruchssinns

dispar [dis'par] *adj* ungleich

disparada [dispa'raða] *f* (*AmS, Méx, Guat: fuga precipitada*) Davonlaufen *nt,* heillose Flucht *f;* (*caballo*) Durchgehen *nt*

disparadero [dispara'ðero] *m* (*arma de fuego*) Abzugshebel *m,* Drücker *m;* **poner a alguien en el ~** jdn auf die Folter spannen

disparado, -a [dispa'raðo, -a] *adj:* **salir ~** sich blitzschnell davonmachen

disparador[1] [dispara'ðor] *m* ❶ (*en armas de fuego*) Abzug *m,* Drücker *m*
❷ (FOTO) Auslöser *m;* **~ automático** Selbstauslöser *m*
❸ (TÉC) Ausrücker *m*

disparador[2] [dispara'ðor(a)] *m(f)* Schütze, -in *m, f*

disparar [dispa'rar] I. *vt* ❶ (*un tiro, flechas*) abschießen, schießen (*a/ contra* auf +*akk*); (*un proyectil*) abfeuern; (*accionar el arma*) abdrücken; **~ una bala con el fusil** eine Kugel mit dem Gewehr abfeuern; **disparó contra el enemigo** er/sie schoss auf den Feind; **~ una flecha con el arco** einen Pfeil mit dem Bogen abschießen; **~ una piedra contra alguien** jdn mit einem Stein bewerfen; **~ la pistola** die Pistole abdrücken
❷ (*hacer una foto*) knipsen *fam*
II. *vi* ❶ (*Am: caballo*) durchgehen
❷ (*un arma*) losgehen; **esta pistola no dispara bien** diese Pistole schießt nicht gut
❸ (FOTO) auslösen
III. *vr:* **~se** ❶ (*arma*) losgehen; (*flecha*) abschnellen; (*resorte*) ausschnappen
❷ (*salir corriendo*) losrennen, lossausen; (*caballo*) durchgehen
❸ (*desbocarse*) losplatzen, loslegen

dispara(ta)damente [dispara(ta)ða'mente] *adv* unsinnig, absurd

disparatado, -a [dispara'taðo, -a] *adj* ❶ (*absurdo*) unsinnig, absurd
❷ (*fam: desmesurado*) ungeheuer, riesig

disparatar [dispara'tar] *vi* (*hablar*) Unsinn reden, albernes Zeug sagen; (*obrar*) töricht [*o* unüberlegt] handeln

disparate [dispa'rate] *m* ❶ (*insensatez*) Unsinn *m,* Quatsch *m fam;* **¡qué ~!** was für ein Quatsch!
❷ (*fam: demasía*) Übermaß *nt;* **me gusta un ~** er/sie gefällt mir wahnsinnig gut

disparejo, -a [dispa'rexo, -a] *adj* unterschiedlich, verschieden; **sus comportamientos son muy ~s** ihr Verhalten ist sehr verschieden

disparidad [dispari'ðað] f Unterschiedlichkeit f, Ungleichheit f; ~ **de culto** (REL) Glaubensverschiedenheit f; ~ **de precios** (ECON) Preisdisparität f, Preisgefälle nt

disparo [dis'paro] m ❶ (acción de disparar) Abschuss m; (tiro) Schuss m; ~ **al aire** Warnschuss m; ~ **de partida** Startschuss m
❷ (de un mecanismo, t. FOTO) Auslösung f; ~ **automático** Selbstauslösung f; ~ **de alarma** Alarmauslösung f
❸ (de un resorte) Ausschnappen nt
❹ (fig: disparate) Albernheit f

dispendio [dis'pendjo] m Verschwendung f; (ECON, JUR) Ausgabe f; ~ **desproporcional** überplanmäßige Ausgabe

dispendioso, -a [dispen'djoso, -a] adj ❶ (costoso) kostspielig, teuer
❷ (derrochador) verschwenderisch

dispensa [dis'pensa] f ❶ (excepción, gracia) Befreiung f, Erlass m, Dispens m; (REL) Dispens f; ~ **de edad** (JUR) Altersdispens f, Ehemündigkeitserklärung f; ~ **matrimonial** (REL) Ehedispens f
❷ (documento) Dispensbescheinigung f

dispensabilidad [dispensaβili'ðað] f sin pl Verzeihlichkeit f, Entschuldbarkeit f

dispensable [dispen'saβle] adj erlässlich

dispensación [dispensa'θjon] f ❶ (concesión) Bewilligung f, Zugeständnis nt
❷ (REL) Dispens m, Dispenserteilung f
❸ (JUR) Befreiung f, Entbindung f

dispensador [dispensa'ðor] m, **dispensadora** [dispensa'ðora] f (aparato) Spender m; ~(**a**) **de jabón** Seifenspender m

dispensar [dispen'sar] I. vt ❶ (otorgar) erteilen, gewähren; ~ **cuidados a alguien** jdn gut pflegen; ~ **favores/atención a alguien** jdm seine Gunst/Beachtung schenken; ~ **ovaciones/elogios a alguien** jdm Beifall/Lob spenden [o zollen]; **le ~on un tratamiento privilegiado** ihm/ihr wurde eine bevorzugte Behandlung zuteil
❷ (librar) befreien (de von +dat), entbinden (de von +dat); (de molestias) verschonen (de mit +dat); ~ **a alguien de su cargo** jdn von seinem Amt entbinden; ~ **a alguien del servicio militar** jdn vom Wehrdienst freistellen; **me ~on del castigo** mir wurde die Strafe erlassen
❸ (excusar) entschuldigen, verzeihen; **dispénseme que le interrumpa** verzeihen Sie bitte, wenn ich störe
❹ (despachar (medicamentos)) austeilen, ausgeben
II. vr: ~**se de algo** sich lossagen von etw dat, sich hinwegsetzen über etw akk; **no poder ~se de...** nicht umhinkönnen zu ...

dispensaría [dispensa'ria] f (Chil, Perú) Poliklinik f, Ambulanz f

dispensario [dispen'sarjo] m medizinische Beratungsstelle f, Ambulanz f, Poliklinik f; ~ **sanitario** Sanitätsstelle f

dispepsia [dis'pepsja] f (MED) Dyspepsie f, Verdauungsstörung f

dispéptico, -a [dis'peptiko, -a] adj (MED) dyspeptisch

dispersar [disper'sar] I. vt zerstreuen, ausstreuen; (MIL) zersprengen, zersplittern; (FÍS) streuen; ~ **sus energías** seine Kräfte verzetteln [o zersplittern]; ~ **una manifestación** eine demonstrierende Menge auseinander sprengen; ~ **un rebaño** eine Herde auseinander treiben
II. vr: ~**se** (semillas) verwehen; (personas, animales) auseinander laufen, auseinander stieben; (MIL) sich zersplittern

dispersión [disper'sjon] f Zerstreuung f; (FÍS) Streuung f; (QUÍM) Dispersion f; (COM: distribución) Vertrieb m; ~ **cromática** Farbenzerstreuung f; ~ **de esfuerzos** Kräftezersplitterung f; ~ **de la luz** Lichtstreuung f; ~ **de la nubosidad** (METEO) Bewölkungsauflockerung f; **pintura de** ~ Dispersionsfarbe f; **la ~ de las tropas** die Zersprengung der Truppen; **la ~ de los manifestantes** das Auseinandertreiben der Demonstranten

dispersivo, -a [disper'siβo, -a] adj zerstreuend

disperso, -a [dis'perso, -a] adj zerstreut; (MIL) versprengt

displasia [dis'plasja] f (MED) Dysplasie f, Fehlbildung f

display [dis'plai̯] m sin pl ❶ (INFOR) Display nt
❷ (anuncio) Werbeschild nt

displicencia [displi'θenθja] f ❶ (desagrado) Unfreundlichkeit f; **tratar a alguien con** ~ jdn barsch [o unfreundlich] behandeln
❷ (desaliento) Missmut m, Unlust f

displicente [displi'θente] adj unfreundlich, mürrisch

disponer [dispo'ner] irr como poner I. vi verfügen (de über +akk); **dispongo de dinero suficiente** ich verfüge über genügend Geld; **puedes ~ de mí cuando quieras** ich stehe dir jederzeit zur Verfügung
II. vt ❶ (colocar) (an)ordnen, aufstellen; **las sillas en círculo** die Stühle im Kreis aufstellen; ~ **por docenas** dutzendweise anordnen
❷ (preparar) vorbereiten, (ein)richten; ~ **la mesa** den Tisch decken; ~ **las camas para los huéspedes** die Betten für die Gäste richten
❸ (determinar) verfügen, beschließen; ~ **en testamento** testamentarisch verfügen
III. vr: ~**se** ❶ (colocarse) sich aufstellen; **los soldados se dispusieron en fila/en filas de a cinco** die Soldaten stellten sich in Reih und Glied/in Fünferreihen auf
❷ (prepararse) sich anschicken (a zu +inf) elev, sich vorbereiten (a auf +akk); **me disponía a escribir la carta cuando...** ich war im Begriff den Brief zu schreiben, als ...

disponibilidad [disponiβili'ðað] f ❶ (disposición) Verfügbarkeit f
❷ pl (de dinero) finanzielle Mittel ntpl, finanzielle Möglichkeiten fpl, Barvermögen nt; **nuestras ~es no nos permitirán nunca comprar una casa** aufgrund [o auf Grund] unserer finanziellen Möglichkeiten werden wir nie in der Lage sein, eine Eigentumswohnung zu kaufen

disponible [dispo'niβle] adj verfügbar; ~ **en almacén** (COM) vorrätig

disposición [disposi'θjon] f ❶ (colocación) Anordnung f, Aufstellung f; ~ **del espacio** Raumaufteilung f; ~ **de registros** (INFOR) Anordnung von Einträgen
❷ (estado de ánimo) Verfassung f, Stimmung f; (de salud) Gesundheitszustand m
❸ (para algún fin) Bereitschaft f; ~ **para el consumo** Konsumbereitschaft f; ~ **de servicio** Betriebsbereitschaft f; **estar en ~ de hacer algo** bereit sein etw zu tun
❹ (disponibilidad) Verfügung f; **de libre** ~ zur freien Verfügung; **estoy a tu** ~ ich stehe dir zur Verfügung; **poner a** ~ zur Verfügung stellen
❺ (talento) Talent nt, Veranlagung f; **tener** ~ **para la música** musikalisch begabt sein
❻ (t. JUR: resolución) Bestimmung f, Verordnung f; ~ **abusiva** Missbrauchsverfügung f; ~ **de alimentos** Unterhaltsverfügung f; ~ **comisoria** befristete Verfügung; **disposiciones contables** Rechnungslegungsvorschriften fpl; **disposiciones de un contrato** Vertragsbestimmungen fpl; ~ **de derribo** Abrissverfügung f; ~ **disciplinaria** Disziplinarverfügung f; ~ **de ejecución** Vollzugsanordnung f; ~ **inhibitoria** Unterlassungsverfügung f; ~ **legal** gesetzliche Vorschrift, Rechtsvorschrift f; ~ **sobre multas** Bußgeldbestimmung f; **disposiciones penales** Strafbestimmungen fpl; ~ **precautoria** einstweilige Anordnung; **disposiciones prohibitivas** Verbotsbestimmungen fpl; ~ **de protección** [o **tutelar**] Schutzverfügung f; **disposiciones publicitarias** Werbebestimmungen fpl; ~ **reguladora** Regelungsverfügung f; ~ **transitoria** Übergangsbestimmung f; ~ **de última voluntad** letztwillige Verfügung; **última** ~ letzter Wille, testamentarische Verfügung; **dictar disposiciones** Bestimmungen erlassen; **tomar las disposiciones precisas** die notwendigen Vorkehrungen treffen

dispositivo [disposi'tiβo] m Vorrichtung f, Gerät nt; ~ **de activación** (INFOR) Auslösegerät nt; ~ **adicional** [o **opcional**] Zusatzeinrichtung f; ~ **de alarma** Alarmanlage f; ~ **de almacenamiento** (INFOR) Speichergerät nt; ~ **de almacenamiento de acceso directo** (INFOR) Direktzugriffsspeicher m; ~ **antirrobo** Diebstahlsicherung f; ~ **apuntador** (INFOR) Zeiger m; ~ **de cambio de velocidades** (AUTO) Gangschaltung f; ~ **de entrada/salida** (INFOR) Eingabe-/Ausgabegerät nt; ~ **de seguridad** Sicherheitseinrichtung f; ~ **sensitivo** (TÉC) Tastgerät nt; ~ **de televisión** Videoüberwachungssystem nt; ~ **de visualización** (INFOR) Datensichtgerät nt

dispuesto, -a [dis'pwesto, -a] I. pp de **disponer**
II. adj ❶ (preparado) bereit, fertig; ~ **para el uso** gebrauchsfertig; **estar ~ a trabajar/a negociar** arbeitswillig/verhandlungsbereit sein; **estar ~ para salir** bereit zum Ausgehen sein; **estar ~ para salir de viaje** reisefertig sein
❷ (habilidoso) geschickt, fähig
❸ (de buen cuerpo) gut gebaut, stattlich; **ser bien** ~ ein stattliches Aussehen haben
❹ (de ánimo, salud) aufgelegt, gelaunt; **estar bien/mal** ~ gut/schlecht aufgelegt sein, in guter/schlechter Verfassung sein
❺ (colocado) angeordnet; ~ **plano** (TÉC) flachkant liegend; **la mesa está dispuesta** es ist angerichtet elev

disputa [dis'puta] f Streitgespräch nt, Disput m; ~ **legal** Rechtsstreit m; **sin** ~ unbestreitbar

disputable [dispu'taβle] adj fraglich, strittig

disputado, -a [dispu'taðo, -a] adj umstritten

disputador(a) [disputa'ðor(a)] m(f) Streitsüchtige(r) mf, Streithammel m fam

disputar [dispu'tar] I. vi streiten (de/sobre über +akk), disputieren elev
II. vt ❶ (controvertir) (be)streiten, streitig machen
❷ (competir) kämpfen (por um +akk); ~ **una carrera** ein Rennen austragen; ~ **por la copa mundial** um den Weltcup kämpfen
III. vr: ~**se** sich reißen (um +akk), sich streiten (um +akk); **todos se disputan una foto con Schumacher** alle reißen sich um eine Foto mit Schumacher

disquete [dis'kete] m (INFOR) Diskette f; ~ **de 3.5"** 3,5-Zoll-Diskette f; ~ **de arranque** Bootdiskette f; ~ **de destino** Zieldiskette f; ~ **para instalación** Installationsdiskette f; ~ **original** Originaldiskette f; ~ **del programa** Programmdiskette f

disquetera [diske'tera] f (INFOR) Diskettenlaufwerk nt

disquinesia [diski'nesja] f (MED) Dyskinesie f

disquisición [diskisi'θjon] f Studie f, (wissenschaftliche) Untersuchung f

disrupción [disrruβ'θjon] f (ELEC: *interrupción*) Stromkreisunterbrechung f; (*apertura*) Durchschlag m
distal [dis'tal] adj (ANAT) distal
distancia [dis'tanθja] f Entfernung f; (*fig*) Entfremdung f; ~ **focal** (FÍS) Brennweite f; ~ **entre ruedas** (AUTO) Radspur, Spurweite f; ~ **de seguridad** Sicherheitsabstand m; ~ **visual** Sichtweite f; **a** ~ (*lejos*) in der Ferne; (*desde lejos*) aus der Ferne; **cubrir** ~**s** Entfernungen zurücklegen; **guardar las** ~**s** (*fig*) auf Distanz achten; **tener a alguien a** ~ sich dat jdn vom Leibe halten
distanciado, -a [distan'θjaðo, -a] adj entfernt; (*fig*) distanziert; **están** ~**s** (*fig*) sie sind nicht mehr befreundet
distanciamiento [distanθja'mjento] m (*fig*) Distanzierung f
distanciar [distan'θjar] I. vt voneinander trennen, voneinander entfernen
II. vr: ~**se** ❶ (*de una persona*) sich distanzieren (*de* von +dat)
❷ (*de un lugar*) sich entfernen (*de* von +dat)
distante [dis'tante] adj ❶ (*lugar*) entfernt, abgelegen
❷ (*persona*) distanziert
distar [dis'tar] vi (*t. fig*) entfernt sein (*de* von +dat); **disto mucho de creerlo** ich bin weit davon entfernt, es zu glauben
distender [disten'der] <e→ie> vt ❶ (*estirar, t.* MED) strecken, dehnen
❷ (TÉC: *t. fig*) entspannen, lockern
distensión [disten'sjon] f Streckung f, Dehnung f; (MED) Zerrung f; (POL, TÉC) Entspannung f
distermia [dis'termja] f (MED) Dysthermie f
dístico ['distiko] m (LIT) Distichon nt
distinción [distin'θjon] f ❶ (*diferenciación*) Unterscheidung f; **a** ~ **de** im Unterschied zu +dat; **no hacer** ~ keinen Unterschied machen
❷ (*claridad*) Deutlichkeit f, Klarheit f
❸ (*honor*) Auszeichnung f, Orden m
❹ (*elegancia*) Vornehmheit f, Distinguiertheit f; (*educación*) feine Erziehung f, Anstand m; **persona de** ~ Standesperson f
distingo [dis'tiŋgo] m ❶ (*reparo*) Vorbehalt m
❷ (*distinción*) Unterscheidung f
distinguible [distin'giβle] adj ❶ (*diferenciable*) unterscheidbar
❷ (*visible*) erkennbar
distinguido, -a [distin'giðo, -a] adj ❶ (*ilustre*) angesehen
❷ (*elegante*) distinguiert
❸ (*en cartas*) hochverehrte(r), sehr geehrte(r); ~ **amigo:...** hochverehrter Freund, ...
distinguir [distin'gir] <gu→g> I. vt ❶ (*diferenciar*) unterscheiden, auseinander halten; **no** ~ **lo blanco de lo negro** (*fam*) sehr beschränkt sein
❷ (*señalar*) kennzeichnen
❸ (*divisar*) erkennen, ausmachen
❹ (*condecorar*) auszeichnen (*con* mit +dat); (*tratar mejor*) bevorzugt behandeln; ~ **a alguien con su confianza** jdn durch sein [*o* mit seinem] Vertrauen ehren
II. vr: ~**se** ❶ (*poder ser visto*) deutlich [*o* sichtbar] werden
❷ (*ser diferente de otros*) sich auszeichnen, sich hervortun
distintivo[1] [distin'tiβo] m Merkmal nt, Kennzeichen nt
distintivo, -a[2] [distin'tiβo, -a] adj Unterscheidungs-, Erkennungs-; **característica distintiva** Unterscheidungsmerkmal nt
distinto, -a [dis'tinto, -a] adj ❶ (*diferente*) unterschiedlich, verschieden; **es** ~ **a** [*o* **de**] **los demás** er ist anders als die anderen; **hay opiniones muy distintas** es gibt ganz unterschiedliche Ansichten; **operaciones distintas a la actividad de la empresa** betriebsfremde Aktivitäten
❷ (*nítido*) klar, deutlich
distocia [dis'toθja] f (MED) Dystokie f, komplizierte Geburt f
distonía [disto'nia] f (MED) Dystonie f, Spannungsstörung f
distorsión [distor'sjon] f ❶ (MED) Verstauchung f, Distorsion f
❷ (FÍS, TV) Bildverzerrung f, Distorsion f
❸ (*fig: falseamento*) Verfälschung f, Verdrehung f; **distorsiones de competencia** Wettbewerbsverzerrungen fpl; ~ **de los precios** (ECON) Preisverzerrung f
distorsionador(a) [distorsjona'ðor(a)] adj, **distorsionante** [distorsjo'nante] adj (*t. fig*) verzerrend
distorsionar [distorsjo'nar] I. vt (*fig*) verfälschen, deformieren
II. vt, vr: ~**se** ❶ (MED) (sich dat) verstauchen
❷ (FÍS) (sich) verzerren
distracción [distrak'θjon] f ❶ (*entretenimiento*) Ablenkung f, Zeitvertreib m
❷ (*falta de atención*) Unaufmerksamkeit f, Zerstreutheit f
❸ (JUR) ~ **de fondos** Unterschlagung f, Veruntreuung f
distraer [distra'er] I. vt ❶ (*desviar*) ablenken; **el paseo distrae** der Spaziergang bringt einen auf andere Gedanken
❷ (*entretener*) unterhalten
❸ (*fig fam: dinero*) unterschlagen, veruntreuen
II. vr: ~**se** ❶ (*entretenerse*) sich ablenken (*con* mit +dat), sich unterhalten; **el niño se distrae sólo** das Kind beschäftigt sich mit sich dat selbst
❷ (*no atender*) unaufmerksam sein, nicht Acht geben
distraído, -a [distra'iðo, -a] I. adj ❶ (*desatento*) zerstreut, unaufmerksam
❷ (*entretenido*) unterhaltsam
❸ (Chil, Méx: *mal vestido*) zerlumpt
II. m, f zerstreuter Professor m fam, zerstreute Professorin f fam; **hacerse el** ~ sich dumm stellen
distribución [distriβu'θjon] f ❶ (*repartición*) Verteilung f, Austeilung f; (*disposición*) Einteilung f, Anordnung f; (*de correo*) Zustellung f, Briefausgabe f; ~ **de agua** Wasserversorgung f; ~ **per cápita** Pro-Kopf-Verteilung f; ~ **de competencias** Kompetenzverteilung f; ~ **de los costes** (COM) Kostenaufteilung f; ~ **de datos** (INFOR) Datenvermittlung f; ~ **de equipajes** Gepäckausgabe f; ~ **del espacio** Raumaufteilung f; ~ **de funciones** Zuständigkeitsverteilung f; ~ **de información** Informationsverbreitung f; ~ **del mercado** Marktaufteilung f; ~ **de la renta** Einkommensverteilung f
❷ (COM) Vertrieb m, Absatz m; ~ **exclusiva** Alleinvertrieb m; ~ **directa** Direktvertrieb m; ~ **industrial** Industrievertrieb m; ~ **mayorista** Großhandelsvertrieb m
❸ (ECON) Ausschüttung f; ~ **de beneficios** Gewinnausschüttung f; ~ **de capital** Kapitalausschüttung f
❹ (CINE) Filmverleih m
❺ (TÉC) Steuerung f; **armario de** ~ (ELEC) Schaltschrank m
❻ (TIPO) Ablegen nt; ~ **de tipos** Satzablegen nt
distribuido, -a [distriβu'iðo, -a] adj verteilt, ausgeteilt; **beneficio** ~ ausgeschütteter Gewinn
distribuidor[1] [distriβwi'ðor] m ❶ (TÉC) Verteiler m; ~ **automático** Warenautomat m; ~ **automático de billetes** Fahrkartenautomat m; ~ **de corriente** Stromverteiler m; ~ **de gasolina** Tankstelle f; ~ **de ignición** (AUTO) Zündverteiler m
❷ (COM) Lieferfirma f
❸ (INFOR) Zuteiler m
distribuidor(a)[2] [distriβwi'ðor(a)] m(f) ❶ (COM) Vertreter(in) m(f); ~ **exclusivo** Alleinvertreter m; ~ **industrial** Industriekaufmann m; ~ **oficial** Vertragshändler m
❷ (CINE) Filmverleiher(in) m(f)
distribuidora [distriβwi'ðora] f ❶ (COM) Vertrieb m
❷ (AGR) Streumaschine f; ~ **de abono** Düngerstreumaschine f
distribuir [distriβu'ir] irr como huir I. vt ❶ (*repartir*) verteilen, aufteilen; (*disponer*) einteilen, anordnen; (*información*) verbreiten; (*un trabajo, una tarea*) zuweisen, zuteilen; (*el correo*) zustellen, austragen; (*comida*) ausgeben (*a* an +akk)
❷ (COM) vertreiben
❸ (ECON) ausschütten
❹ (TIPO) den Satz ablegen
II. vr: ~**se** sich verteilen, sich verbreiten
distributivo, -a [distriβu'tiβo, -a] adj verteilend, austeilend; **conjunciones distributivas** (LING) trennende [*o* distributive] Partikel [*o* Konjunktionen]; **justicia distributiva** (*fig*) ausgleichende Gerechtigkeit
distrito [dis'trito] m Bezirk m; ~ **administrativo** Verwaltungsbezirk m; ~ **electoral** Wahlkreis m; ~ **federal** Stadtgebiet nt, Bundesgebiet nt (*einiger Hauptstädte wie Mexiko und Buenos Aires*); ~ **gubernamental** Regierungsbezirk m; ~ **industrial** Industriegebiet nt; ~ **judicial** Gerichtsbezirk m; ~ **de policía** Polizeirevier nt; ~ **postal** Post-, Zustellbezirk m
distrofia [dis'trofja] f (MED) Dystrophie f, Ernährungsstörung f
disturbar [distur'βar] vt (*elev*) stören, beeinträchtigen
disturbio [dis'turβjo] m Unruhe f, (Ruhe)störung f; ~**s estudiantiles** Studentenunruhen fpl; ~**s raciales** Rassenunruhen fpl
disuadir [diswa'ðir] vt umstimmen, abraten (*a* +dat, *de* von +dat); ~ **a alguien de su plan** jdn von seinem Plan abbringen, jdm seinen Plan ausreden
disuasión [diswa'sjon] f Überredung f, Abraten nt; (POL, MIL) Abschreckung f
disuasivo, -a [diswa'siβo, -a] adj, **disuasorio, -a** [diswa'sorjo, -a] adj Überredungs-; (POL, MIL) Abschreckungs-; **poder** ~ Überredungskunst f; **armas disuasivas** Abschreckungswaffen fpl
dis yoqueis [dis 'jokeis] pl de **disc-jockey**
disyunción [disjun'θjon] f ❶ (*separación*) Trennung f
❷ (*decisión*) Option f, Wahlmöglichkeit f
❸ (FILOS) Disjunktion f
disyuntiva [disjun'tiβa] f Alternative f
disyuntivo, -a [disjun'tiβo, -a] adj trennend; (LING) disjunktiv, ausschließend; **conjunción disyuntiva** (LING) disjunktive Konjunktion
disyuntor [disjun'tor] m (ELEC) Ausschalter m, Unterbrecher m
dita ['dita] f ❶ (AmC, Chil) Schulden fpl
❷ (ECON: *cosa*) Bürgschaft nt; (*persona*) Bürge, -in m, f
diteísmo [dite'ismo] m sin pl (REL) Ditheismus m

DIU ['diu] *f* (MED) *abr de* **Dispositivo IntraUterino** Intrauterinpessar *nt*, IUP

diuresis [dju'resis] *f inv* (MED) Harnausscheidung *f*, Diurese *f*

diurético, -a [dju'retiko, -a] *adj* harntreibend, diuretisch

diurno, -a [di'urno, -a] *adj* täglich, Tag(e)-, Tages-; **trabajo** ~ Tagesarbeit *f*; **luz diurna artificial** künstliches Tageslicht

diva ['diβa] *f* ❶ (CINE, TEAT) Diva *f*
❷ (LIT) Göttin *f*

divagación [diβaɣa'θjon] *f* Abschweifung *f*; (*fig*) unzusammenhängendes Gerede *nt*

divagador(a) [diβaɣa'ðor(a)] I. *adj* abschweifend, faselnd
II. *m(f)* Schwafler(in) *m(f)*, Faselhans *m*

divagar [diβa'ɣar] <g→gu> *vi* abschweifen; (*fig*) irrereden

diván [di'βan] *m* Diwan *m*

diver ['diβer] *adj inv* (*fam*) lustig

divergencia [diβer'xenθja] *f* Abweichung *f*; (*t.* MAT) Divergenz *f*

divergente [diβer'xente] *adj* entgegengesetzt, unterschiedlich verlaufend; (*t.* MAT) divergent; **opiniones** ~**s** auseinander gehende [*o* abweichende] Meinungen

divergir [diβer'xir] <g→j> *vi* auseinander streben, voneinander abweichen; (*t.* MAT) divergieren

diversidad [diβersi'ðað] *f* Vielfalt *f*, Mannigfaltigkeit *f*

diversificación [diβersifika'θjon] *f* ❶ (*variedad*) Vielfalt *f*, Abwechslung *f*
❷ (ECON) Diversifikation *f*, Erweiterung *f*; ~ **de cultivos** Erweiterung der Anbaukulturen; ~ **de la economía nacional** Diversifizierung der Volkswirtschaft; ~ **horizontal/vertical** horizontale/vertikale Diversifikation; ~ **de los productos** Produktdifferenzierung *f*

diversificar [diβersifi'kar] <c→qu> I. *vt* verschiedenartig [*o* vielseitig] gestalten; (ECON) diversifizieren; ~ **su horizonte** seinen Horizont erweitern
II. *vr:* ~**se** sich verschiedenartig [*o* vielseitig] gestalten

diversión [diβer'sjon] *f* ❶ (*entretenimiento*) Vergnügen *nt*
❷ (*pasatiempo*) Zeitvertreib *m*, Unterhaltung *f*
❸ (MIL) Ablenkungsmanöver *nt*

diverso, -a [di'βerso, -a] *adj* ❶ (*distinto*) verschieden(artig), unterschiedlich; (*desemejante*) unähnlich; **se han escuchado las más diversas opiniones** man hörte die unterschiedlichsten [*o* diversesten] Meinungen
❷ (*variado*) vielseitig, vielfältig; **tiene un estilo muy** ~ er/sie hat einen sehr mannigfaltigen Stil
❸ *pl* (*varios, muchos*) verschiedene, mehrere; **practica** ~**s deportes** er/sie betreibt mehrere Sportarten; **hay diversas clases de vino** es gibt verschiedene Weinsorten

divertido, -a [diβer'tiðo, -a] *adj* ❶ (*alegre*) lustig
❷ (*Arg, Chil, Guat, Perú: achispado*) angeheitert

divertimento [diβerti'mento] *m* ❶ (*diversión*) Vergnügen *nt*
❷ (MÚS) Divertimento *nt*
❸ (*obra literaria*) Trivialliteratur *f*

divertimiento [diβerti'mjento] *m* ❶ (*diversión*) Vergnügen *nt*
❷ (*distracción*) Ablenkung *f*

divertir [diβer'tir] *irr como sentir* I. *vt* ❶ (*entretener*) unterhalten; **sus bromas me divierten** seine/ihre Scherze erheitern mich
❷ (*apartar*) ablenken (*de* von +*dat*)
❸ (MED) ableiten
❹ (MIL: *distraer al enemigo*) ablenken
II. *vr:* ~**se** ❶ (*alegrarse*) sich amüsieren (*con* mit +*dat*, *en* über +*akk*); **¡que te diviertas!** viel Spaß!
❷ (*distraerse*) sich ablenken

dividendo [diβi'ðendo] *m* ❶ (MAT) Dividend *m*
❷ (ECON) Dividende *f*; ~ **activo** Aktivdividende *f*; ~ **de capital** Liquidationsquote *f*; ~ **en efectivo** Barausschüttung *f*; ~ **extraordinario** Superdividende *f*; ~ **final** Schlussdividende *f*; ~ **inicial** Anlaufdividende *f*; ~ **pasivo** Passivdividende *f*; ~ **preferente** Vorzugsgewinnanteil *m*, Vorzugsdividende *f*; ~ **preferente acumulativo** kumulative Vorzugsdividende; **arrojar** ~**s** Dividenden ausschütten

divididero, -a [diβi'ðero, -a] *adj* zu teilen; **el importe** ~ der zu teilende [*o* aufzuteilende] Betrag

dividir [diβi'ðir] I. *vt* ❶ (*partir*) teilen (*con* mit +*dat*, *en* in +*akk*); ~ **por la mitad** halbieren
❷ (*distribuir*) aufteilen (*entre* unter +*dat*)
❸ (*separar*) trennen; (*sembrando discordia*) entzweien
❹ (*agrupar*) einteilen (*en* in +*akk*)
❺ (MAT) teilen (*entre/por* durch +*akk*), dividieren (*entre/por* durch +*akk*); **divide 200 entre** [*o por*] **10** teile 200 durch 10
II. *vr:* ~**se** ❶ (*partirse*) sich teilen; **el camino se divide aquí** der Weg teilt sich hier
❷ (*agruparse*) unterteilt sein; **la escala se divide en 10 grados** die Skala ist in 10 Grade unterteilt
❸ (*enemistarse*) sich trennen, sich entzweien; **se han dividido por una tontería** sie haben sich wegen einer Kleinigkeit entzweit

divieso [di'βjeso] *m* (MED) Furunkel *m o nt*

divinidad [diβini'ðað] *f* ❶ (*ser divino*) Divinität *f*, Göttlichkeit *f*
❷ (*deidad*) Gottheit *f*
❸ (*fam: preciosidad*) Prachtstück *nt*; **esta mujer es una** ~ diese Frau ist göttlich (schön)

divinización [diβiniθa'θjon] *f sin pl* ❶ (*deificación*) Vergöttlichung *f*
❷ (*elogio*) Verherrlichung *f*

divinizar [diβini'θar] <z→c> *vt* ❶ (*deificar*) vergöttlichen
❷ (*santificar*) heiligen
❸ (*glorificar*) verherrlichen

divino, -a [di'βino, -a] *adj* ❶ (*relativo a Dios*) göttlich
❷ (*fam: precioso*) göttlich, himmlisch

divisa [di'βisa] *f* ❶ (*insignia*) Abzeichen *nt*, Erkennungszeichen *nt*
❷ (TAUR) bunte Bänder als Kennzeichen der Stierzüchter
❸ (*mote*) Devise *f*, Wahlspruch *m*
❹ (*lema en el escudo*) Wappenspruch *m*
❺ (*moneda*) Devise *f*; ~ **al contado** Kassadevise *f*; ~**s convertibles** konvertierbare Währungen

divisar [diβi'sar] *vt* ❶ (*percibir*) ausmachen, erblicken *elev*; **divisó a lo lejos un vehículo** er/sie konnte in der Ferne ein Fahrzeug ausmachen
❷ (*armas de familia*) mit einem Wappenspruch versehen

divisible [diβi'siβle] *adj* teilbar; **ser** ~ **por dos** durch zwei teilbar sein

división [diβi'sjon] *f* ❶ (MAT) Division *f*
❷ (*partición*) Teilung *f*; (ECON) Splitting *nt*; ~ **celular** Zellteilung *f*; ~ **jurídica** Rechtsspaltung *f*; ~ **del mercado** Marktaufspaltung *f*; ~ **real** (FIN) Realteilung *f*; ~ **del trabajo** Arbeitsteilung *f*
❸ (*separación*) Trennung *f*
❹ (*parte*) Teil *m*
❺ (MIL) Division *f*; ~ **acorazada** [*o* **blindada**] Panzerdivision *f*
❻ (*desavenencia*) Uneinigkeit *f*
❼ (*de un discurso*) Gliederung *f*
❽ (LING) Trennungsstrich *m*

divisionario, -a [diβisjo'narjo, -a] *adj* (ECON) Teilungs-; **moneda divisionaria** Scheidemünze *f*

divisionismo [diβisjo'nismo] *m sin pl* ❶ (ARTE) Divisionismus *m*, Pointillismus *m*
❷ (POL) Spaltungstendenz *f*

divismo [di'βismo] *m* Vergötterung *f*

divisor¹ [diβi'sor] *m* (MAT) ❶ (*submúltiplo*) Teiler *m*; ~ **de intereses** (FIN) Zinsdivisor *m*
❷ (*componente de la división*) Divisor *m*; **máximo común** ~ größter gemeinschaftlicher Teiler *m*

divisor(a)² [diβi'sor(a)] *adj* (MAT) teilend, dividierend

divisoria [diβi'sorja] *f* Trennungslinie *f*; (GEO) Wasserscheide *f*

divisorio, -a [diβi'sorjo, -a] *adj* Trennungs-; **línea divisoria** Trennungslinie *f*; **línea divisoria de las aguas** Wasserscheide *f*

divo¹ ['diβo] *m* (*elev: deidad*) Gottheit *f*

divo, -a² ['diβo, -a] I. *adj* ❶ (*elev: divino*) göttlich
❷ (*pey: arrogante*) arrogant
II. *m, f* (*artista*) (Opern)star *m*; (*mujer*) Diva *f*

divorciado, -a [diβor'θjaðo, -a] I. *adj* geschieden
II. *m, f* Geschiedene(r) *mf*

divorcialidad [diβorθjali'ðað] *f sin pl* Scheidungsrate *f*

divorciar [diβor'θjar] I. *vt* (*matrimonio*) scheiden; (*opiniones*) auseinander gehen
II. *vr:* ~**se** sich scheiden lassen; **se ha divorciado de él** sie hat sich von ihm scheiden lassen

divorcio [di'βorθjo] *m* ❶ (*separación*) (Ehe)scheidung *f*; **presentar demanda de** ~ die Scheidung einreichen
❷ (*discrepancia*) Diskrepanz *f*; ~ **de opiniones** Meinungsverschiedenheiten *fpl*
❸ (*Col: cárcel de mujeres*) Frauengefängnis *nt*

divorcista [diβor'θista] *mf* Scheidungsanwalt, -wältin *m, f*

divulgación [diβulɣa'θjon] *f* ❶ (*propagación*) Verbreitung *f*; (*publicación*) Bekanntmachung *f*; (*popularización*) Popularisierung *f*; **libro de** ~ populärwissenschaftliches Buch

divulgador(a) [diβulɣa'ðor(a)] *m(f)* Verbreiter(in) *m(f)*

divulgar [diβul'ɣar] <g→gu> I. *vt* (*propagar*) verbreiten; (*dar a conocer*) bekannt geben; (*popularizar*) popularisieren, der breiten Masse zugänglich machen
II. *vr:* ~**se** (*propagarse*) (sich) verbreiten; (*conocerse*) bekannt werden, in die Öffentlichkeit dringen

divulgativo, -a [diβulɣa'tiβo, -a] *adj:* **medios** ~**s** ≈Massenmedien *ntpl*

DM [de'eme] *m abr de* **Derecho Mercantil** Handelsrecht *nt*

Dn. [don] *m abr de* **don** ≈Hr.

DNA [de(e)ne'a] *m* (BIOL, QUÍM) *abr de* **Desoxyribo Nucleic Acid** DNS *f*, Desoxyribonukleinsäure *f*

DNI [de(e)ne'i] *m abr de* **Documento Nacional de Identidad** Personalausweis *m*

Dña. ['doɲa] *f abr de* **doña** ≈Fr.

do [do] <**does**> **I.** *adv* (*elev*) wo
II. *m* (MÚS) c *nt*, C *nt*; ~ **bemol** ces *nt*, Ces *nt*; ~ **de pecho** eingestrichenes C, hohes C; ~ **sostenido** cis *nt*, Cis *nt*

dóberman ['doβerman] **I.** *adj* Dobermann-; **perro** ~ Dobermann *m*
II. *m* (ZOOL) Dobermann *m*

dobla ['doβle] *f* ❶ (HIST) altspanische Goldmünze
❷ (*Chil:* MIN) Tagesschürflohn *m*
❸ (*Chil: fam*) Gratisessen *nt*

dobladamente [doβlaða'meɲte] *adv* ❶ (*al doble*) doppelt, zweifach
❷ (*con doblez*) doppelzüngig, falsch

dobladillar [doβlaði'ʎar] *vt* säumen

dobladillo [doβla'ðiʎo] *m* ❶ (*pliegue*) Saum *m*
❷ (*hilo*) Strumpfgarn *nt*

doblado¹ [do'βlaðo] *m* Tuchmaß

doblado, -a² [do'βlaðo, -a] *adj* ❶ (*persona*) stämmig, gedrungen
❷ (*terreno*) uneben
❸ (*hipócrita*) falsch

doblador(a) [doβla'ðor(a)] *m(f)* (CINE) Synchronsprecher(in) *m(f)*

doblaje [do'βlaxe] *m* (CINE) Synchronisation *f*

doblamiento [doβla'mjeɲto] *m* Biegung *f*

doblar [do'βlar] **I.** *vt* ❶ (*arquear*) biegen, krümmen
❷ (*plegar*) falten; **no** ~ **el hincel** nicht knicken
❸ (*duplicar*) verdoppeln; **mi madre me dobla en edad** meine Mutter ist doppelt so alt wie ich
❹ (CINE) synchronisieren
❺ (*rodear*) umfahren; ~ **la esquina** um die Ecke biegen
❻ (*convencer*) umstimmen
II. *vi* ❶ (*redoblar*) (Totenglocke) läuten
❷ (*torcer*) abbiegen (*a nach +dat*)
❸ (CINE, TEAT: *hacer dos papeles*) eine Doppelrolle spielen
❹ (CINE: *sustituir a un actor*) doubeln
❺ (REL) zwei Messen an einem Tag halten
III. *vr:* ~**se** ❶ (*inclinarse*) sich biegen
❷ (*ceder*) sich beugen

doble¹ ['doβle] **I.** *adj inv* ❶ (*duplo*) doppelt, Doppel-; ~ **clic** Doppelklick *m*; ~ **fila** Doppelreihe *f*; **contabilidad por partida** ~ (FIN) doppelte Buchführung
❷ (*robusto*) robust
❸ (*hipócrita*) falsch; **Pedro es muy** ~ Pedro kann man nicht (über den Weg) trauen
II. *mf* Doppelgänger(in) *m(f)*; (CINE) Double *nt*

doble² ['doβle] *m* ❶ (*duplo*) Doppelte(s) *nt*
❷ (*pliegue*) Saum *m*
❸ (*toque de campanas*) Totengeläut *nt*
❹ (DEP: *tenis*): (**partido de**) ~**s** Doppel *nt*

doble³ ['doβle] *f* Pasch *m*

doblegable [doβle'γaβle] *adj* ❶ (*fácil de torcer*) biegsam; (*fácil de doblar*) faltbar
❷ (*fig: fácil de someter*) nachgiebig, gefügig; **un carácter** ~ ein willensschwacher Charakter

doblegadizo, -a [doβleγa'ðiθo, -a] *adj* (*elev*) biegsam

doblegar [doβle'γar] <g→gu> *vt, vr:* ~**se** ❶ (*torcer*) (sich) biegen
❷ (*ceder*) (sich) beugen (*a +dat*); **se doblegó a sus súplicas** er/sie gab seinem/ihrem Bitten nach

doblemente [doβle'meɲte] *adv* ❶ (*al doble*) doppelt; **incrementó** ~ **el precio del apartamento** der Mietpreis des Appartements stieg um das Doppelte
❷ (*mucho más*) umso mehr
❸ (*con doblez*) hinterhältig, falsch

doblete [do'βlete] *m* (*t.* LING) Dublette *f*

doblez¹ [do'βleθ] *m* (*pliegue*) Falte *f*

doblez² [do'βleθ] *m o f* (*hipocresía*) Falschheit *f*

doblón [do'βlon] *m* (HIST) Dublone *f*

doce ['doθe] **I.** *adj inv* zwölf
II. *m* Zwölf *f; v. t.* **ocho**

doceavo, -a [doθe'aβo, -a] *adj* zwölftel; *v. t.* **octavo²**

docemesino, -a [doθeme'sino, -a] *adj* zwölfmonatig; **año** ~ zwölfmonatiges Jahr *nt*

docena [do'θena] *f* Dutzend *nt*; **una** ~ **de huevos** ein Dutzend Eier

docencia [do'θenθja] *f* Lehrtätigkeit *f*; **dedicarse a la** ~ unterrichten

doceno, -a [do'θeno, -a] *adj* zwölfte(r, s); **en** ~ **lugar** zwölftens, an zwölfter Stelle; *v. t.* **octavo²**

docente [do'θeɲte] **I.** *adj* Lehr-; **cuerpo** ~ Lehrkörper *m*; **plan** ~ Lehrplan *m*
II. *mf* Unterrichtende(r) *mf*; (*en el colegio*) Lehrer(in) *m(f)*; (*en la universidad*) Dozent(in) *m(f)*

docetismo [doθe'tismo] *m sin pl* (FILOS, REL) Doketismus *m*

dócil ['doθil] *adj* ❶ (*inteligente*) gelehrig
❷ (*sumiso*) fügsam
❸ (*manso*) zahm
❹ (*metal*) geschmeidig

docilidad [doθili'ðað] *f* ❶ (*inteligencia*) Gelehrigkeit *f*
❷ (*sumisión*) Fügsamkeit *f*
❸ (*mansedumbre*) Zahmheit *f*
❹ (*del metal*) Geschmeidigkeit *f*

docimasia [doθi'masja] *f* ❶ (MIN) Probierkunde *f*, Dokimastik *f*
❷ (MED) Prüfung *f*, Untersuchung *f*

docimasiología [doθimasjolo'xia] *f* (MED) Untersuchungskunst *f*, Dokimasiologie *f*

docto, -a ['dokto, -a] *adj* gelehrt; ~ **en leyes** rechtsgelehrt

doctor(a) [dok'tor(a)] *m(f)* Doktor(in) *m(f)*

doctorado [dokto'raðo] *m* ❶ (*grado*) Doktorwürde *f*; ~ **honorario** Ehrendoktortitel *m*
❷ (*estudios*): **curso de** ~ ≈Doktorandenkolloquium *nt*

doctoral [dokto'ral] *adj* ❶ (*relativo al grado de doctor*) Doktor-; **tesis** ~ Doktorarbeit *f*, Dissertation *f*
❷ (*pomposo*) feierlich; (*serio*) ernst; **dirigirse a alguien en tono** ~ jdn in einem ernsten Ton anreden

doctoramiento [doktora'mjeɲto] *m sin pl* Erlangung *f* der Doktorwürde, Promotion *f*

doctorando, -a [dokto'rando, -a] *m, f* (UNIV) Doktorand(in) *m(f)*, Promovend(in) *m(f)*

doctorar [dokto'rar] *vt, vr:* ~**se** promovieren; ~**se en historia/en medicina** zum Doktor der Geschichte/der Medizin promovieren

doctrina [dok'trina] *f* ❶ (*teoría*) Doktrin *f*; ~ **económica** Wirtschaftsdoktrin *f*; ~ **de la imputabilidad** (JUR) Vertretbarkeitslehre *f*; ~ **de la sustantividad** (JUR) Wesentlichkeitslehre *f*
❷ (*sabiduría*) Wissen *nt*
❸ (*catecismo*) Religion *f*

doctrinal [doktri'nal] *adj* doktrinell

doctrinar [doktri'nar] *vt* indoktrinieren

doctrinario, -a [doktri'narjo, -a] **I.** *adj* doktrinär
II. *m, f* Doktrinär(in) *m(f)*

doctrinarismo [doktrina'rismo] *m sin pl* (FILOS, POL) Doktrinarismus *m*

doctrinero [doktri'nero] *m* (REL) Katechet *m*

docudrama [doku'ðrama] *m* Dokudrama *nt*

documentación [dokumenta'θjon] *f* ❶ (*estudio*) Dokumentation *f*
❷ (*documentos*) Unterlagen *fpl*; ~ **del coche** Kraftfahrzeugpapiere *ntpl*; ~ **contable** Buchhaltungsunterlagen *fpl*

documentado, -a [dokumeɲ'taðo, -a] *adj* ❶ (*probado*) beurkundet, belegt
❷ (*identificado*) (mit Papieren) ausgewiesen
❸ (*informado*) (gut) unterrichtet

documental [dokumeɲ'tal] **I.** *adj* dokumentarisch
II. *m* Dokumentarfilm *m*

documentalista [dokumeɲta'lista] *mf* ❶ (CINE, TV) Dokumentarist(in) *m(f)*
❷ (*especialista en documentos*) Dokumentar(in) *m(f)*, Dokumentalist(in) *m(f)*

documentar [dokumeɲ'tar] **I.** *vt* ❶ (*probar*) belegen, dokumentieren
❷ (*instruir*) unterrichten
II. *vr:* ~**se** sich unterrichten (*sobre* über *+akk*)

documento [doku'meɲto] *m* Dokument *nt*; ~**s contra aceptación** (COM, FIN) Dokumente gegen Akzept; ~ **base** (INFOR) Basisdokument *nt*; ~ **ejecutorio** (JUR) vollstreckbare Urkunde; ~ **de embarque** (COM) Verschiffungsdokument *nt*; ~**s de envío** Versandpapiere *ntpl*; ~ **del estado civil** (JUR) Personenstandsurkunde *f*; ~**s de expedición** [*o* **de transporte**] (COM) Frachtpapiere *ntpl*; ~ **falsificado** (JUR) verfälschte Urkunde; ~ **falso** (JUR) unechte Urkunde; ~ **fuente** (INFOR) Quelldokument *nt*; ~ **habilitante de poder** (JUR) Vollmachtsurkunde *f*; ~ **justificado** (JUR) Beweisunterlage *f*; D~ **Nacional de Identidad** Personalausweis *m*; ~ **de salida** (INFOR) Ausgangsdokument *nt*; ~ **secreto** (INFOR) Verschlusssache *f*; ~ **de texto** (INFOR) Textdokument *nt*; D~ **Único Aduanero** (UE) Europäisches Einheitspapier

dodecaedro [doðeka'eðro] *m* (MAT) Zwölfflächner *m*, Dodekaeder *nt*

dodecafonía [doðekafo'nia] *f* (MÚS) Dodekaphonie *f*, Zwölftonmusik *f*

dodecafónico, -a [doðeka'foniko, -a] *adj* dodekaphonisch

dodecafonismo [doðekafo'nismo] *m sin pl* (MÚS) Zwölftonmusik *f*

dodecagonal [doðekaγo'nal] *adj* zwölfeckig

dodecágono [doðe'kaγono] *m* Zwölfeck *nt*

dodecasílabo¹ [doðeka'silaβo] *m* (LIT) Zwölfsilbner *m* (*Vers*)

dodecasílabo, -a² [doðeka'silaβo, -a] *adj* (LIT) zwölfsilbig; **verso** ~ Zwölfsilbenvers *m*

dodotis® [do'ðotis] *m inv* Pampers® *f*

doga ['doγa] *adj o f v.* **dogo**

dogal [do'ɣal] *m* (Galgen)strick *m;* **está con el ~ al cuello** ihm/ihr steht das Wasser bis zum Hals
dogma ['doɣma] *m* Dogma *nt*
dogmática [doɣ'matika] *f* Dogmatik *f;* **~ del derecho penal** Strafrechtsdogmatik *f;* **~ jurídica** Rechtsdogmatik *f*
dogmáticamente [doɣmatika'mente] *adv* ❶ (*conforme al dogma*) dogmatisch
❷ (*atribuyendo calidad de dogma*) beharrlich, unbeirrbar
dogmático, -a [doɣ'matiko, -a] I. *adj* dogmatisch
II. *m, f* Dogmatiker(in) *m(f)*
dogmatismo [doɣma'tismo] *m* ❶ (*dogma*) Dogma *nt*
❷ (*intolerancia*) Dogmatismus *m*
dogmatista [doɣma'tista] *mf* (REL) Dogmatiker(in) *m(f)*, Glaubenslehrer(in) *m(f)*
dogmatizar [doɣmati'θar] <z→c> *vi, vt* dogmatisieren
dogo, -a ['doɣo] I. *adj:* **perro ~** Dogge *f*
II. *m, f* Dogge *f*
dogre ['doɣre] *m* (NÁUT) Dogger *m*
dólar ['dolar] *m* Dollar *m*
dolencia [do'lenθja] *f* Leiden *nt;* **~ crónica** chronisches Leiden; **~ respiratoria** Atemwegserkrankung *f*
doler [do'ler] <o→ue> I. *vi* schmerzen; **me duele la cabeza** ich habe Kopfschmerzen; **le duelen mucho sus comentarios** seine/ihre Bemerkungen schmerzen ihn/sie sehr
II. *vr:* **~se** ❶ (*quejarse*) klagen (*de* über +*akk*)
❷ (*arrepentirse*) bereuen (*de* +*akk*), bedauern (*de* +*akk*)
dolido, -a [do'lido, -a] *adj* gekränkt; **estoy ~ por tus palabras** deine Worte haben mich gekränkt
doliente [do'ljente] *adj* ❶ (*enfermo*) krank
❷ (*afligido*) trauernd
dolmen ['dolmen] *m* Dolmen *m*
dolo ['dolo] *m* ❶ (*engaño*) Täuschung *f;* **~ incidental** arglistige Täuschung
❷ (JUR) Dolus *m*, (böser) Vorsatz *m*, Schädigungsabsicht *f;* **~ directo** direkter Vorsatz; **~ de hurto** Diebstahlsvorsatz *m;* **~ natural** natürlicher Vorsatz; **~ necesario/presunto** bedingter/vermuteter Vorsatz
dolomía [dolo'mia] *f* (GEO) Dolomit *m*
dolomita [dolo'mita] *f* (GEO) *v.* **dolomía**
dolor [do'lor] *m* Schmerz *m;* **~ de cabeza** Kopfschmerzen *mpl;* **estar con ~es** in den Wehen liegen; **tiene ~ de barriga** ihm/ihr tut der Bauch weh; **tengo ~ en las piernas** mir schmerzen die Beine; **con gran ~ de mi corazón, tuve que negarles el permiso** es tat mir in der Seele weh, aber ich musste ihnen die Erlaubnis verweigern
dolorido, -a [dolo'rido, -a] *adj* ❶ (*dañado*) schmerzend; **tengo la rodilla dolorida desde el accidente** seit dem Unfall habe ich Schmerzen im Knie
❷ (*apenado*) traurig
dolorosa [dolo'rosa] *f* ❶ (REL) Dolorosa *f*
❷ (*fam*) Rechnung *f*
doloroso, -a [dolo'roso, -a] *adj* ❶ (*lastimador*) schmerzhaft
❷ (*lamentable*) traurig
doloso, -a [do'loso, -a] *adj* (JUR) vorsätzlich; **silenciación dolosa** arglistiges Verschweigen
doma ['doma] *f* Zähmung *f*, Bändigung *f*
domable [do'maβle] *adj* zähmbar
domador(a) [doma'dor(a)] *m(f)* Tierbändiger(in) *m(f)*, Dompteur, -euse *m, f*
domar [do'mar] *vt* zähmen, bändigen
domeñable [dome'ɲaβle] *adj* beherrschbar, bezwingbar
domeñar [dome'ɲar] *vt* bändigen
doméstica [do'mestika] *adj o f v.* **doméstico**
domesticable [domesti'kaβle] *adj* zähmbar
domesticación [domestika'θjon] *f* Domestizierung *f*
domesticado, -a [domesti'kado, -a] *adj:* **animal ~** Haustier *nt*
domesticar [domesti'kar] <c→qu> I. *vt:* **~se** ❶ (*referente a animales*) domestizieren
❷ (*referente a personas*) bändigen
II. *vr:* **~se** ❶ (*animales*) zahm werden
❷ (*personas*) umgänglich(er) werden
domesticidad [domestiθi'daᵈ] *f sin pl* ❶ (*condición de doméstico*) häusliches Wesen *nt*
❷ (*de los animales domésticos*) Haustierhaltung *f*, (*mansedumbre*) Zahmheit *f*
doméstico, -a [do'mestiko, -a] I. *adj* Haus-; **animal ~** Haustier *nt;* **trabajo ~** Hausarbeit *f*
II. *m, f* Diener(in) *m(f)*
domiciliación [domiθilja'θjon] *f* (COM, FIN) Dauerauftrag *m;* (*de una letra de cambio*) Domizilierung *f;* **~ bancaria** Einzugsermächtigung *f;* **~ de recibos** Abbuchungsverfahren *nt*

domiciliar [domiθi'ljar] I. *vt* ❶ (*dar domicilio*) unterbringen
❷ (*asignar un cobro*) einen Dauerauftrag einrichten; **~ la nómina** das Gehalt monatlich auf ein Gehaltskonto überweisen lassen; **~ un recibo** abbuchen lassen
II. *vr:* **~se** ansässig werden (*en* in +*dat*)
domiciliario, -a [domiθi'ljarjo, -a] I. *adj* Haus-; **arresto ~** Hausarrest *m*
II. *m, f* Ortsansässige(r) *mf*
domicilio [domi'θiljo] *m* Wohnsitz *m;* (*a efectos legales*) Sitz *m;* **~ civil** zivilrechtlicher Wohnsitz; **~ fiscal** steuerlicher Wohnsitz *m;* **~ legal** gesetzlicher Wohnsitz; **~ social** Sitz einer Gesellschaft; **franco ~** frei Haus
dominación [domina'θjon] *f* ❶ (*el dominar*) Beherrschung *f*
❷ (*poder*) Herrschaft *f;* **~ extranjera** Fremdherrschaft *f*
dominador(a) [domina'dor(a)] *m(f)* Herrscher(in) *m(f)*
dominancia [domi'nanθja] *f sin pl* (BIOL) Dominanz *f*
dominanta [domi'nanta] I. *adj* (*fam*) herrschsüchtig
II. *f* (*fam*) herrschsüchtige Frau *f*
dominante [domi'nante] I. *adj* ❶ (*persona*) dominant, herrschsüchtig
❷ (BIOL) dominant
❸ (*que predomina*) (vor)herrschend, führend; **~ en el mercado** marktführend
II. *f* (MÚS) Dominante *f*
dominar [domi'nar] I. *vi* ❶ (*imperar*) herrschen
❷ (*sobresalir*) emporragen (*sobre* über +*akk*)
❸ (*predominar*) vorherrschen
II. *vt* ❶ (*conocer*) beherrschen; **~ el alemán** die deutsche Sprache beherrschen
❷ (*reprimir*) bezwingen; **~ el odio** den Hass unterdrücken
❸ (*sobresalir*) überragen
❹ (*divisar*) überblicken
III. *vr:* **~se** sich beherrschen
dómine ['domine] *m* (*fam*) ❶ (*preceptor*) Lateinpauker *m*
❷ (*pey: pedante*) Schulmeister *m*
domingas [do'miŋgas] *fpl* (*vulg*) Titten *fpl*
domingo [do'miŋgo] *m* Sonntag *m;* **~ de Cuasimodo** Weißer Sonntag; **~ de Ramos** Palmsonntag *m;* **hacer ~** sich *dat* einen freien Tag nehmen; *v. t.* **lunes**
dominguero, -a [domiŋ'gero, -a] I. *adj* Sonntags-; **traje ~** Sonntagsanzug *m*
II. *m, f* (*pey*) Sonntagsfahrer(in) *m(f)*
dominica [domi'nika] *adj o f v.* **dominico**
dominical [domini'kal] I. *adj* Sonntags-; **descanso ~** Sonntagsruhe *f;* **oración ~** (REL) Vaterunser *nt*
II. *m* (PREN) Sonntagsbeilage *f*
dominicanismo [dominika'nismo] *m* (LING) Dominikanismus *m*, in der Dominikanischen Republik gebräuchlicher Ausdruck *m*
dominicano, -a [domini'kano, -a] I. *adj* ❶ (REL) dominikanisch
❷ (*de Santo Domingo*) aus Santo Domingo
❸ (*de la República Dominicana*) aus der Dominikanischen Republik
II. *m, f* ❶ (REL) Dominikaner(in) *m(f)*
❷ (*de Santo Domingo*) Einwohner(in) *m(f)* Santo Domingos
❸ (*de la República Dominicana*) Einwohner(in) *m(f)* der Dominikanischen Republik
dominico, -a [do'miniko, -a] I. *adj* (REL) dominikanisch
II. *m, f* (REL) Dominikaner(in) *m(f)*
dominio [do'minjo] *m* ❶ (*dominación*) Beherrschung *f;* **~ del mercado** Marktbeherrschung *f;* **~ de sí mismo** Selbstbeherrschung *f*
❷ (*poder*) Herrschaft *f;* **~ partidista** Parteiherrschaft *f*
❸ (*territorio*) Gebiet *nt;* (*del Imperio Británico*) Dominion *nt*
❹ (*campo*) Bereich *m;* **~ Internet** (INFOR, TEL) Internet-Domain *f*
❺ (*posesión*) Eigentum *nt*, Besitz *m;* **público** öffentliches Eigentum; **ser del ~ público** allgemein bekannt sein
dominó [domi'no] <dominós> *m* ❶ (*juego*) Domino(spiel) *nt*
❷ (*traje talar*) Domino *m*
don¹ [don] *m* Gabe *f;* **tener ~ de gentes** gut mit Menschen umgehen können
don² [don, 'doɲa] *m*, **doña** *f* Don *m*, Doña *f* (*in Verbindung mit dem Vornamen gebrauchte spanische Anrede für Herr/Frau*)
donación [dona'θjon] *f* Spende *f;* (JUR) Schenkung *f;* **~ por causa de muerte** Schenkung von Todes wegen; **~ ceremonial** Anstandsschenkung *f;* **~ genérica** Gattungsschenkung *f;* **~ modal** Zweckzuwendung *f;* **~ pecuniaria** Geldgeschenk *nt;* **~ entre vivos** Schenkung unter Lebenden
donado, -a [do'nado, -a] *m, f* Laienbruder, -schwester *m, f*
donador(a) [dona'dor(a)] *m(f)* Spender(in) *m(f)*
donaire [do'naire] *m* ❶ (*gracia*) Anmut *f*
❷ (*chiste*) Witz *m*, Esprit *m*
donante [do'nante] *mf* Stifter(in) *m(f)*, Spender(in) *m(f);* **~ de sangre**

Blutspender(in) *m(f)*
donar [do'nar] *vt* spenden, stiften
donatario, -a [dona'tarjo, -a] *m, f* (JUR) Beschenkte(r) *mf*, Schenkungsempfänger(in) *m(f)*
donativo [dona'tiβo] *m* Spende *f*
doncel [don'θel] **I.** *adj* mild
II. *m* ❶ (*joven no armado*) Knappe *m*
❷ (*elev: muchacho*) Jüngling *m*
doncella [don'θeʎa] *f* ❶ (*criada*) Zofe *f*
❷ (*elev: muchacha*) Mädchen *nt*
donde ['donde] *adv* wo; **a** [*o* hacia] **~** wohin; **de ~** woher; **en ~** wo; **la calle ~ vivo** die Straße, wo [*o* in der] ich wohne; **estuve ~ Luisa** ich war bei Luisa
dónde ['donde] *pron inter o pron rel* wo; **¿a** [*o* hacia] **~?** wohin?; **¿de ~?** woher?; **¿en ~?** wo?; **¿~ se habrá enterado?** woher weiß er/sie das wohl?
dondequiera [donde'kjera] *adv* irgendwo, wo immer; **~ que estés** wo immer du (auch) sein magst
donjuán [don'xwan] *m* Don Juan *m*, Frauenheld *m*
donjuanesco, -a [donxwa'nesko, -a] *adj* donjuanesk
donjuanismo [donxwa'nismo] *m* Donjuanismus *m*
donosidad [donosi'ðað] *f v.* **donosura**
donoso, -a [do'noso, -a] *adj* ❶ (*garboso*) anmutig; **criatura donosa** anmutiges Geschöpf
❷ (*chistoso*): **¡donosa humorada!** (*irón*) schöner Scherz!
Donostia [do'nostja] *f* baskischer Name für die Stadt San Sebastián
donostiarra [donos'tjarra] **I.** *adj* aus San Sebastián
II. *mf* Einwohner(in) *m(f)* von San Sebastián
donosura [dono'sura] *f* ❶ (*garbo*) Anmut *f*
❷ (*gracia*) Witz *m*, Esprit *m*
donut [do'nut] *m* <donuts> (GASTR) Schmalzkringel *m*, Doughnut *m*
doña ['dona] *f v.* **don**²
dopado, -a [do'paðo, -a] *adj* (DEP) gedopt
dopaje [do'paxe] *m v.* **doping**
dopar [do'par] **I.** *vt* (ELEC) dotieren
II. *vt, vr:* **~se** (DEP) (sich) dopen
doping ['dopiŋ] *m sin pl* (DEP) Doping *nt*
doquier(a) [do'kjer(a)] *adv* (*elev*) wo immer, irgendwo; **por ~a que voy me lo encuentro** überall, wo ich hingehe, treffe ich ihn
dorada [do'raða] *f* ❶ (*pez*) Goldbrasse *f*
❷ (*Cuba: mosca*) giftige Fliegenart
dorado¹ [do'raðo] *m* ❶ (*doradura*) Vergoldung *f*
❷ *pl* Beschläge aus Gold oder Messing
dorado, -a² [do'raðo, -a] *adj* golden; **aquellos fueron tiempos ~s** das waren goldene Zeiten
doradura [dora'ðura] *f* Vergoldung *f*
dorar [do'rar] **I.** *vt* ❶ (*sobredorar*) vergolden
❷ (*tostar*) anbräunen
❸ (*suavizar*) beschönigen, vergolden *elev*
II. *vr:* **~se** braun werden
doria ['dorja] *adj o f v.* **dorio**
dórico, -a ['doriko, -a] *adj* dorisch
dorio, -a ['dorjo, -a] **I.** *adj* dorisch
II. *m, f* Dorier(in) *m(f)*
dormida [dor'miða] *f* ❶ (*sueño*) Schlaf *m*
❷ (*fam: siesta*) Nickerchen *nt*; **echar una ~** ein Nickerchen machen
❸ (*del gusano de seda*) Erstarrung *f*
❹ (*dormidero*) Schlafstätte *f*
dormidera [dormi'ðera] *f* ❶ (*adormidera*) (Schlaf)mohn *m*; **tener buenas ~s** (*fam*) einen guten Schlaf haben
❷ (*Cuba, PRico: sensitiva*) Mimose *f*
dormidero¹ [dormi'ðero] *m* Schlafstätte *f* des Viehs
dormidero, -a² [dormi'ðero, -a] *adj* einschläfernd
dormido [dor'miðo] *m* typischer Kuchen, der in Cuenca an Fronleichnam gebacken wird
dormilón, -ona [dormi'lon, -ona] *m, f* (*fam*) Schlafmütze *f*
dormilona [dormi'lona] *f* ❶ (*sillón*) Schlafsessel *m*
❷ *pl* (*pendiente*) Ohrring mit Stein oder Perle
❸ (*AmC: sensitiva*) Mimose *f*
❹ (*Ven: camisón*) Nachthemd *nt*
dormir [dor'mir] *irr* **I.** *vi* ❶ (*descansar*) schlafen; **~ con alguien** mit jdm schlafen; **~ a pierna suelta** wie ein Murmeltier schlafen; **~ de un tirón** durchschlafen; **~ sobre algo** (*fig*) sich *dat* etw durch den Kopf gehen lassen, etw überschlafen; **quedarse dormido** einschlafen
❷ (*pernoctar*) übernachten; **durmió en casa de Juan** er/sie hat bei Juan übernachtet [*o* geschlafen]
❸ (*reposar*) ruhen; **dejar ~ un asunto** eine Angelegenheit ruhen lassen
❹ (*descuidarse*) unaufmerksam sein, schlafen *fam*
II. *vt* (*a un niño*) zum (Ein)schlafen bringen; (*a un paciente*) betäuben; **~ la borrachera** seinen Rausch ausschlafen; **~ la siesta** eine Siesta machen; **¡no hay quien duerma a este niño!** das Kind will einfach nicht einschlafen!; **esta monotonía me duerme** diese Eintönigkeit schläfert mich ein
III. *vr:* **~se** ❶ (*adormecerse*) einschlafen; **se me ha dormido el brazo** mein Arm ist (mir) eingeschlafen
❷ (*descuidarse*) unaufmerksam sein, schlafen *fam;* **~se en los laureles** sich auf seinen Lorbeeren ausruhen
dormitar [dormi'tar] *vi* dösen *fam*
dormitivo [dormi'tiβo] *m* Schlafmittel *nt*
dormitorio [dormi'torjo] *m* (*habitación*) Schlafzimmer *nt*; (*muebles*) Schlafzimmermöbel *pl*
dorsal¹ [dor'sal] **I.** *adj* ❶ (*relativo al dorso*) Rücken-; (ANAT) dorsal; **aleta ~** Rückenflosse *f*; **espina ~** (ANAT) Rückgrat *nt*
❷ (LING) dorsal
II. *m* (DEP) Startnummer *f*
dorsal² [dor'sal] *f* ❶ (LING) Dorsal(laut) *m*
❷ (GEO) Rücken *m*
dorsalgia [dor'salxja] *f* (MED) Rückenschmerzen *mpl*, Dorsodynie *f*
dorso ['dorso] *m* ❶ (*espalda, lomo*) Rücken *m*; **~ de la mano** Handrücken *m*
❷ (*reverso*) Rückseite *f*
dos [dos] **I.** *adj inv* zwei; **~ puntos** Doppelpunkt *m*; **cada ~ por tres** dauernd, ständig; **de ~ en ~** paarweise; **en un ~ por tres** im Nu; **están a ~ ~** es steht zwei zu zwei; **no hay ~ sin tres** (*fam*) ≈aller guten Dinge sind drei
II. *m* Zwei *f*; *v. t.* **ocho**
DOS [dos] (INFOR) *abr de* **sistema operativo en disco** DOS
dosañal [dosa'nal] *adj* (*duración*) zweijährig; (*repetición*) zweijährlich
doscientos, -as [dos'θjentos, -as] *adj* zweihundert; *v. t.* **ochocientos**
dosel [do'sel] *m* ❶ (*baldaquín*) Baldachin *m*, Himmel *m;* **cama con ~** Himmelbett *nt*
❷ (*tapiz*) Wandbehang *m*
❸ (*antepuerta*) Türvorhang *m*
dosificable [dosifi'kaβle] *adj* dosierbar
dosificación [dosifika'θjon] *f* Dosierung *f*
dosificador [dosifika'ðor] *m* Dosierer *m*
dosificar [dosifi'kar] <c→qu> *vt* dosieren
dosillo [do'siʎo] *m* ❶ (*juego de cartas*) zu zweit gespieltes Kartenspiel, ähnlich dem Lomber
❷ (MÚS) Duole *f*
dosimetría [dosime'tria] *f* (MED) Strahlungsmessung *f*, Dosimetrie *f*
dosímetro [do'simetro] *m* (FÍS) Strahlungsmesser *m*, Dosimeter *nt*
dosis ['dosis] *f inv* Dosis *f*; **una buena ~ de paciencia** eine ganze Menge Geduld
dosología [dosolo'xia] *f* (MED) Posologie *f*
dossier [do'sjer] *m* Dossier *nt*
dotación [dota'θjon] *f* ❶ (*dote*) Aussteuerung *f*
❷ (*donación*) Stiftung *f*
❸ (*financiación*) Finanzierung *f*
❹ (*equipamiento*) (personelle und materielle) Ausstattung *f;* **~ financiera** Finanzausstattung *f*
❺ (*personal: de un buque*) Mannschaft *f;* (*de una fábrica*) Belegschaft *f;* (*de una oficina*) Personal *m*
dotado, -a [do'taðo, -a] *adj* begabt (*para* für + *akk*)
dotar [do'tar] *vt* ❶ (*constituir dote*) aussteuern
❷ (*equipar*) ausstatten (*de/con* mit + *dat*)
❸ (*señalar bienes*) stiften
❹ (*financiar*) finanzieren
❺ (*asignar personal y medios*) personell und materiell ausstatten
❻ (*asignar sueldo*) dotieren (*con* mit + *dat*)
dote¹ ['dote] *m o f* (*ajuar*) Aussteuer *f*, Mitgift *f*
dote² ['dote] *f* (*aptitud*) Begabung *f*, Gabe *f;* **~ de mando** Führungsgeschick *nt*
dote³ ['dote] *m* (*en el juego*) Punktzahl *f*
dovela [do'βela] *f* (ARQUIT: *piedra*) Keilstein *m*; (*superficie*) Wölbung *f*
dovelar [doβe'lar] *vt* (*piedras*) zu Keilsteinen formen
doy [doi] *1. pres de* **dar**
dozavo, -a [do'θaβo, -a] *adj* zwölftel; *v. t.* **octavo**
Dpto. [departa'mento] ❶ *abr de* **departamento** (*sección*) Abt.
❷ (*Am*) *abr de* **departamento** (*distrito*) Gebietskörperschaft in einigen lateinamerikanischen Ländern
Dr(a). [dok'tor(a)] *abr de* **doctor(a)** Dr.
dracma ['draɣma] *f* Drachme *f*
draconiano, -a [drako'njano, -a] *adj* drakonisch
DRAE ['drae] *m abr de* **Diccionario de la Real Academia Española** Wörterbuch der spanischen Sprachakademie
draga ['draɣa] *f* Nassbagger *m*
dragado [dra'ɣaðo] *m* Ausbaggerung *f*

dragador¹ [draɣa'ðor] *m* (NÁUT) Baggerschiff *nt*
dragador(a)² [draɣa'ðor(a)] *m(f)* Baggerarbeiter(in) *m(f)*
dragaminas [draɣa'minas] *m inv* Minensuchboot *nt*
dragar [dra'ɣar] <g→gu> *vt* ausbaggern
drago ['draɣo] *m* (BOT) Drachenbaum *m*
dragón [dra'ɣon] *m* ❶ (*monstruo*) Drache *m*
❷ (*reptil*) Flugdrache *m;* ~ **marino** (*pez*) Drachenfisch *m*
❸ (*soldado*) Dragoner *m*
❹ (*del caballo*) milchiger Fleck im Auge der Pferde oder anderer Vierfüßler
dragoncillo [draɣon'θiʎo] *m* ❶ (*arma*) alte Handfeuerwaffe
❷ (BOT) Estragon *m*
❸ *pl* (BOT) Drachenkraut *nt*
dragonear [draɣone'ar] I. *vi* (*Am*) ❶ (*cargo*) ein Amt unbefugt bekleiden
❷ (*alardear*) prahlen, angeben
II. *vt* (*Arg, Urug: a una mujer*) umwerben, den Hof machen (+*dat*)
drag queen [draɣ kwin] <drag queens> *f* Drag queen *f*
drama ['drama] *m* Drama *nt*
dramáticamente [dramatika'mente] *adv* ❶ (LIT) dramatisch, die Dramaturgie betreffend
❷ (*trágicamente*) tragischerweise; **se tomó su expulsión** ~ er/sie empfand den Verweis als tragisch
dramático, -a [dra'matiko, -a] *adj* dramatisch; **autor** ~ Dramatiker *m*
dramatismo [drama'tismo] *m* Dramatik *f*
dramatización [dramatiθa'θjon] *f* Dramatisierung *f*
dramatizar [dramati'θar] <z→c> I. *vt* dramatisieren
II. *vi* (*fam*) dramatisieren, viel Trara machen (um +*akk*)
dramaturga [drama'turɣa] *f v.* **dramaturgo**
dramaturgia [drama'turxja] *f* Dramaturgie *f*
dramaturgo, -a [drama'turɣo, -a] *m, f* Dramatiker(in) *m(f)*
dramón [dra'mon] *m* (*fam*) Schnulze *f*
drapeado [drape'aðo] *m* Faltenwurf *m*, Draperie *f*
drapear [drape'ar] *vt* drapieren
drástico¹ ['drastiko] *m* (MED) Drastikum *nt*, starkes Abführmittel *nt*
drástico, -a² ['drastiko, -a] *adj* ❶ (*draconiano*) drastisch
❷ (MED) abführend
drenaje [dre'naxe] *m* (*t.* MED) Dränage *f;* ~ **de liquidez** (FIN) Liquiditätsabschöpfung *f*
drenar [dre'nar] *vt* (*t.* MED) dränieren
Dresde ['dresðe] *m* Dresden *nt*
dríada ['driaða] *f,* **dríade** ['driaðe] *f* Dryade *f*, Baumnymphe *f*
driblar [dri'βlar] *vi, vt* (DEP) dribbeln; ~ **a un contrario** einen Gegenspieler umspielen
dril [dril] *m* ❶ (*tela*) Drill(ich) *m*
❷ (ZOOL: *mono*) Drill *m*
drino ['drino] *m* (ZOOL) grüne Baumschlange *f*
drive ['draiʃ] *m* ❶ (DEP) Drive *m*
❷ (INFOR) Laufwerk *nt;* ~ **de disco CD-ROM** CD-ROM-Laufwerk *nt*
droga ['droɣa] *f* Droge *f;* ~ **blanda/dura** weiche/harte Droge; ~ **de diseño** Designerdroge *f;* ~ **sintética** synthetische Droge
drogadicción [droɣaðik'θjon] *f* Drogenabhängigkeit *f*, Drogensucht *f*
drogadicto, -a [droɣa'ðikto, -a] I. *adj* drogenabhängig
II. *m, f* Drogenabhängige(r) *mf*
drogado, -a [dro'ɣaðo, -a] *adj* unter (dem Einfluss von) Drogen stehend, high *argot*
drogar [dro'ɣar] <g→gu> I. *vt* Drogen verabreichen (*a* +*dat*)
II. *vr:* ~**se** Drogen nehmen
drogata [dro'ɣata] *mf* (*fam*) User *m*
drogodelincuencia [droɣoðeliŋ'kwenθja] *f* Beschaffungskriminalität *f*
drogodependencia [droɣoðepen'denθja] *f v.* **drogadicción**
drogodependiente [droɣoðepen'djente] *adj o mf v.* **drogadicto**
drogota [dro'ɣota] *m* (*vulg*) *v.* **drogata**
droguera [dro'ɣera] *f v.* **droguero**
droguería [droɣe'ria] *f* Drogerie *f*
droguero, -a [dro'ɣero, -a] *m, f,* **droguista** [dro'ɣista] *mf* Drogist(in) *m(f)*
dromedario [drome'ðarjo] *m* (ZOOL) Dromedar *nt*
dropar [dro'par] *vt* (DEP) droppen
drosofila [droso'fila] *f,* **drosófila** [dro'sofila] *f* (ZOOL) Taufliege *f*, Drosophila *f*
drosómetro [dro'sometro] *m* (TÉC) Taumessgerät *nt*, Drosometer *nt*
druida ['drwiða] *m* Druide *m*
druídico, -a [dru'iðiko, -a] *adj* (REL) druidisch, Druiden-
druidismo [drwi'ðismo] *m sin pl* (REL) Druidentum *nt*, Druidismus *m*
drupa ['drupa] *f* (BOT) Steinfrucht *f*
druso, -a ['druso, -a] I. *adj* drusisch
II. *m, f* Druse, -in *m, f*

dto. [des'kwento] *abr de* **descuento** Skto.
Dtor(a). [direk'tor(a)] *m(f) abr de* **director(a)** Dir. *mf*
dual [du'al] I. *adj* dual; **sistema** ~ Dualsystem *nt*, Zweiersystem *nt;* **tarjeta** ~ Verbundlochkarte *f*
II. *m* (LING) Dual(is) *m*
dualidad [dwali'ðað] *f* ❶ (*duplicidad*) Dualität *f*
❷ (QUÍM) Dimorphie *f*
dualismo [dwa'lismo] *m* (*t.* FILOS, REL) Dualismus *m*
dualista [dwa'lista] I. *adj* dualistisch
II. *mf* Dualist(in) *m(f)*
dubitable [duβi'taβle] *adj* (*elev*) zweifelhaft
dubitación [duβita'θjon] *f* ❶ (*elev: duda*) Zweifel *m*, Bedenken *ntpl*
❷ (LIT) Dubitatio *f*
dubitativo, -a [duβita'tiβo, -a] *adj* dubitativ
dublinés, -esa [duβli'nes, -esa] I. *adj* aus Dublin
II. *m, f* Einwohner(in) *m(f)* Dublins
ducado [du'kaðo] *m* ❶ (*título*) Herzogswürde *f*
❷ (*territorio*) Herzogtum *nt*
❸ (*moneda*) Dukaten *m*
ducal [du'kal] *adj* herzoglich
duce ['dutʃe] *m* (POL) Duce *m*
ducha ['dutʃa] *f* ❶ (*para ducharse*) Dusche *f;* **recibir una** ~ **de agua fría** (*fig*) eine kalte Dusche bekommen
❷ (MED) Guss *m*
duchar [du'tʃar] *vt, vr:* ~**se** (sich) duschen
ducho, -a ['dutʃo, -a] *adj* bewandert (*en* in +*dat*); ~ **en negocios** geschäftstüchtig
dúctil ['duktil] *adj* ❶ (*condescendiente*) fügsam
❷ (*dilatable*) dehnbar; (*flexible*) geschmeidig; (TÉC) duktil
ductilidad [duktili'ðað] *f* ❶ (*condescendencia*) Fügsamkeit *f*
❷ (*dilatabilidad*) Dehnbarkeit *f;* (*flexibilidad*) Geschmeidigkeit *f;* (TÉC) Duktilität *f*
duda ['duða] *f* ❶ (*indecisión*) Unschlüssigkeit *f*
❷ (*incredulidad*) Zweifel *m;* **salir de** ~**s** Gewissheit erlangen; **sin** ~ (**alguna**) zweifellos; **no cabe la menor** ~ es besteht nicht der geringste Zweifel; **poner algo en** ~ etw in Zweifel ziehen [*o* stellen]
dudable [du'ðaβle] *adj* zweifelhaft
dudar [du'ðar] I. *vi* ❶ (*desconfiar*) zweifeln (*de* an +*dat*)
❷ (*vacilar*) (sich *dat*) unschlüssig sein
II. *vt* bezweifeln
dudosamente [duðosa'mente] *adv* kaum, schwerlich
dudoso, -a [du'ðoso, -a] *adj* ❶ (*inseguro*) zweifelhaft
❷ (*indeciso*) unschlüssig
duela ['dwela] *f* ❶ (*de tonel*) Daube *f*
❷ (*Méx: de un entarimado*) (Fußboden)latte *f*, Laufdiele *f*
❸ (ZOOL) Großer Leberegel *m*
duelista [dwe'lista] *mf* ❶ (*experto en duelos*) Duellexperte, -in *m, f*
❷ (*participante en un duelo*) Duellant(in) *m(f)*
duelo ['dwelo] *m* ❶ (*desafío*) Duell *nt;* **retar a** ~ zum Duell (heraus)fordern
❷ (*pesar*) Trauer *f*
❸ (*funerales*) Trauerfeier *f*
❹ (*cortejo*) Trauerzug *m*, Trauergefolge *nt*
duende ['dwende] *m* ❶ (*fantasma*) Kobold *m*
❷ (*loc*): **tener** ~ das gewisse Etwas haben
dueño, -a ['dweɲo, -a] *m, f* ❶ (*propietario*) Besitzer(in) *m(f);* (*amo*) Herr(in) *m(f);* **hacerse** ~ **de algo** (*apropiarse*) sich einer Sache bemächtigen; (*dominar*) einer Sache Herr werden; **ser** ~ **de sí mismo** sein eigener Herr sein; **ella no es dueña de sí misma** sie ist nicht mehr Herr ihrer Sinne; **poner a alguien como no digan dueñas** (*fam*) über jdn herziehen
❷ (*jefe de familia*) Familienoberhaupt *nt*
duermevela [dwerme'βela] *m o f* (*sueño ligero*) Halbschlaf *m*, Dämmerschlaf *m;* (*sueño agitado*) unruhiger Schlaf *m*
Duero ['dwero] *m* Duero *m*
duetista [dwe'tista] *mf* (MÚS) Duettist(in) *m(f)*
dueto ['dweto] *m* (MÚS) Duett *nt*
dula ['dula] *f* ❶ (AGR) Bewässerungsparzelle *f*
❷ (*rastrojal*) Stoppelweide *f*
❸ (*ganado*) Gemeindeweide *f*
dulcamara [dulka'mara] *f* (BOT) Bittersüß *nt*, Bittersüßer Nachtschatten *m*
dulce ['dulθe] I. *adj* ❶ (*referente al sabor*) süß; **agua** ~ Süßwasser *nt*
❷ (*suave*) sanft
❸ (*agradable*) angenehm
❹ (*metal*) weich; **acero** ~ Weichstahl *m*, Flussstahl *m*
II. *m* ❶ (*postre*) Süßspeise *f*
❷ (*almíbar*) Gelee *nt*
❸ (*golosina*) Süßigkeit *f;* **a nadie le amarga un** ~ (*fam*) warum sollte

dulcera [dulˈθera] f Einmachglas nt, Marmeladentopf m; (de almíbar) Sirupgefäß nt
dulcería [dulθeˈria] f (COM) Konditorei f
dulcero, -a [dulˈθero, -a] I. adj: ser ~ eine Naschkatze sein II. m, f Zuckerbäcker(in) m(f), Konditor(in) m(f)
dulcificar [dulθifiˈkar] <c→qu> I. vt ① (azucarar) süßen ② (suavizar) mildern; (hacer más grato) versüßen II. vr: ~se (persona) milder werden; (cosa) sich mildern
dulcinea [dulθiˈnea] f (fam) Angebetete f, Herzensdame f
dulzaina [dulˈθaina] f ① (MÚS) ≈Flageolett nt ② (fam pey: dulces) süßes Zeug nt
dulzaino, -a [dulˈθaino, -a] adj (fam) übersüß, widerlich süß
dulzarrón, -ona [dulθaˈrron, -ona] adj (fam) widerlich süß
dulzón, -ona [dulˈθon, -ona] adj ① (dulzarrón) übersüß ② (sentimental) schmalzig, schnulzig
dulzor [dulˈθor] m, **dulzura** [dulˈθura] f ① (sabor dulce) Süße f ② (suavidad) Sanftheit f ③ (bondad) Wärme f, Warmherzigkeit f
duma [ˈduma] f (POL) Duma f
dumdum [dumˈdum] f Dumdum(geschoss) nt
dumping [ˈdampin] m <dumpings> (COM) Dumping nt
duna [ˈduna] f Düne f
dundera [dunˈdera] f (Am: bobada) Dummheit f, Einfältigkeit f
dundo, -a [ˈdundo, -a] adj (Am: bobo) einfältig, dumm
Dunquerque [dunˈkerke] m Dünkirchen nt
dúo [ˈduo] m (MÚS) Duo nt; **cantar a ~** im Duett singen
duodecimal [duoðeθiˈmal] adj ① (duodécimo: parte) zwölftel; (numeración) zwölfte(r,s) ② (MAT) duodezimal
duodécimo, -a [duoˈðeθimo, -a] I. adj (parte) zwölftel; (numeración) zwölfte(r, s); **en ~ lugar** zwölftens, an zwölfter Stelle II. m, f Zwölftel nt; v. t. **octavo**
duodécuplo, -a [duoˈðekuplo, -a] adj ① (que contiene un número doce veces) zwölfmal ② (que se repite doce veces) zwölfmalig ③ (compuesto de doce elementos) zwölfteilig
duodenal [duoðeˈnal] adj (MED) Zwölffingerdarm-, duodenal; **úlcera ~** Zwölffingerdarmgeschwür nt
duodenario, -a [duoðeˈnarjo, -a] adj zwölftägig
duodeno¹ [duoˈðeno] m (MED) Zwölffingerdarm m, Duodenum nt
duodeno, -a² [duoˈðeno, -a] adj v. **duodécimo¹**
duopolio [duoˈpoljo] m (COM, ECON) Duopol nt, Dyopol nt
duopsonio [dwoβˈsonjo] m (ECON) Dyopson nt
dúplex [ˈdupleʏs] m ① (transmisión telegráfica) Duplexbetrieb m ② (vivienda) Maison(n)ette f
dúplica [ˈduplika] f (JUR) Gegenerwiderung f, Duplik f
duplicación [duplikaˈθjon] f Verdopp(e)lung f
duplicado [dupliˈkaðo] m Duplikat nt, Doppel nt, Zweitausfertigung f; **por ~** in doppelter [o zweifacher] Ausfertigung
duplicador¹ [duplikaˈðor] m Vervielfältigungsgerät nt, Kopiergerät nt
duplicador(a)² [duplikaˈðor(a)] adj Verdoppelungs-; **un sistema ~** ein Verdoppelungssystem
duplicar [dupliˈkar] <c→qu> vt, vr: ~se (sich) verdoppeln
duplicativo, -a [duplikaˈtiβo, -a] adj verdoppelnd
duplicidad [dupliθiˈðað] f ① (calidad de doble) doppeltes Vorhandensein nt, Duplizität f ② (falsedad) Doppelzüngigkeit f
duplo¹ [ˈduplo] m Doppelte(s) nt, Zweifache(s) nt; v. t. **óctuplo**
duplo, -a² [ˈduplo, -a] adj doppelt, zweifach
duque(sa) [ˈduke, duˈkesa] m(f) Herzog(in) m(f)
durabilidad [duraβiliˈðað] f Dauerhaftigkeit f; (de materiales) Haltbarkeit f
durable [duˈraβle] adj dauerhaft, haltbar, durabel elev
duración [duraˈθjon] f Dauer f; (FIN: de un préstamo) Laufzeit f; **~ del contrato** Vertragsdauer f; **~ del empleo** Beschäftigungsdauer f; **máxima** Höchstdauer f; **~ del seguro** Dauer des Versicherungsschutzes
duradero, -a [duraˈðero, -a] adj dauerhaft, haltbar
duralex® [duraˈleʏs] m zur Herstellung von Geschirr verwendetes glasähnliches Plastikmaterial
duraluminio® [duraluˈminjo] m Duralumin® nt
duramen [duˈramen] m (BOT) Kernholz nt
durante [duˈrante] prep während +gen; **~ la guerra** während des Krieges; **habló ~ una hora** er/sie sprach eine Stunde lang
durar [duˈrar] vi ① (extenderse) (an)dauern ② (permanecer) (sich) halten
durativo, -a [duraˈtiβo, -a] adj (LING) durativ
durazno [duˈraθno] m (Am: BOT) Pfirsich m
Durero [duˈrero] (pintor alemán) Dürer
dureza [duˈreθa] f ① (rigidez) Härte f; **~ de vientre** Verstopfung f ② (callosidad) Verhärtung f
durmiente¹ [durˈmjente] I. adj schlafend II. mf Schlafende(r); **la Bella D~** Dornröschen nt
durmiente² [durˈmjente] m ① (travesaño) Querbalken m, Traverse f ② (Am: traviesa) (Bahn)schwelle f
duro¹ [ˈduro] I. m Fünfpesetenstück nt; **no valer dos ~s** (fam) keinen Pfifferling wert sein; **no tener ni un ~** (fam) pleite sein; **que le den dos ~s** (fam) vergiss es; **no querer cobrar ni un ~ por algo** (fam) für etw keine müde Mark haben wollen II. adv hart, schwer; **¡dale [o pégale] ~!** (fam) schlag (kräftig) zu!; (a personas) gib's ihm/ihr!
duro, -a² [ˈduro, -a] adj hart; **~ de corazón** hartherzig; **a duras penas** mit Müh und Not; **estoy contigo a las duras y las maduras** ich gehe mit dir durch dick und dünn
DVD [deuβeˈðe] m (INFOR) abr de **videodisco digital** DVD f

E

E, e [e] f E, e nt; **~ de España** E wie Emil
e [e] conj (ante 'h i') und; **Pedro ~ Ignacio** Pedro und Ignacio
E [ˈeste] abr de **Este** O
ea [ˈea] interj los, komm(t)
ebanista [eβaˈnista] mf Möbeltischler(in) m(f)
ebanistería [eβanisteˈria] f Möbeltischlerei f
ébano [ˈeβano] m ① (planta) Ebenholzgewächs nt ② (madera) Ebenholz nt
ebonita [eβoˈnita] f (TÉC) Hartgummi m o nt, Ebonit nt
ebria [ˈeβrja] adj o f v. **ebrio**
ebriedad [eβrjeˈðað] f (elev) Trunkenheit f, Rausch m
ebrio, -a [ˈeβrjo, -a] I. adj (elev) ① (borracho) betrunken, berauscht ② (exaltado) trunken (de vor +dat), blind (de vor +dat); **~ de alegría** trunken vor Freude; **~ de ira** blind vor Wut II. m, f (formal) Betrunkene(r) mf
ebullición [eβuʎiˈθjon] f ① (de líquidos) Aufkochen nt, Sieden nt ② (agitación) Aufruhr m; **estar en ~** in Aufruhr sein
ebullómetro [eβuˈʎometro] m (FÍS) Siedepunktmesser m, Ebullioskop nt
eburnación [eβurnaˈθjon] f (MED) Verknöcherung f, Eburnifikation f
ebúrneo, -a [eˈβurneo, -a] adj (elev) Elfenbein-, elfenbeinern
eccehomo [eθeˈomo] m Ecce-Homo nt; **estar hecho un ~** erbärmlich aussehen
eccema [eʏˈθema] m (MED) Ekzem nt, Ausschlag m
eccematoso, -a [eʏθemaˈtoso, -a] adj (MED) ekzematös
echacuervos [etʃaˈkwerβos] m inv (fam) ① (alcahuete) Zuhälter m ② (bribón) Gauner m, Betrüger m
echada [eˈtʃaða] f ① (lanzamiento) Wurf m; (acción) Werfen nt ② (medida) ≈(Vorsprung von einer) Länge f ③ (Arg, Méx: bola) Ente f ④ (Méx: fanfarronada) Prahlerei f, Aufschneiderei f
echado¹ [eˈtʃaðo] m (MIN) Neigung f (des Flözes)
echado, -a² [eˈtʃaðo, -a] adj ① (postrado) liegend; **estar ~** liegen ② (Nic, CRi: indolente) träge ③ (AmC, PRico) gut verdienend ④ (loc): **~ a perder** verdorben; **~ para adelante** mutig, kühn; **la suerte está echada** die Würfel sind gefallen
echador¹ [etʃaˈðor] m (camarero) Servierer m
echador(a)² [etʃaˈðor(a)] m(f) ① (lanzador) Werfer(in) m(f); **~a de cartas** Kartenlegerin f ② (Cuba, Méx, RDom) Angeber(in) m(f)
echar [eˈtʃar] I. vt ① (tirar, lanzar) werfen; **lo echó a la basura/al suelo** er/sie hat es in den Müll/auf den Boden geworfen; **~ una carta** einen Brief einwerfen ② (verter) eingießen (en in +akk), einschenken (en in +akk); **échame un poco de vino** gieß mir etwas Wein ein ③ (fam: aparecer) bekommen; **~ los dientes** Zähne bekommen, zahnen; **~ barriga** einen Bauch bekommen ④ (despedir) entlassen; **lo ~on de la empresa** er wurde entlassen ⑤ (expulsar) hinauswerfen (de aus +dat); **¡échala de aquí!** wirf sie hinaus! ⑥ (emitir) ausstoßen; **la chimenea echa humo** der Schornstein raucht ⑦ (poner en posición horizontal) legen; **la ~on en la cama** sie legten sie ins Bett ⑧ (proyectar) zeigen; (obra de teatro) aufführen; **en el cine echan 'Rocky IV'** im Kino läuft 'Rocky IV' ⑨ (calcular) schätzen (auf +akk); **le echo 30 años** ich schätze ihn/sie

auf 30

⑩ (*invertir tiempo o esfuerzo*): **echó dos horas en acabar** er/sie brauchte zwei Stunden, um fertig zu werden

⑪ (*loc: con objeto directo*): **~ abajo** (*destruir*) niederreißen, abreißen; (*rechazar*) ablehnen; **~ un brindis** einen Trinkspruch ausbringen; **~ chispas** (*fam*) vor Wut schnaufen; **~ cuentas** rechnen; **~ cuerpo a tierra** (MIL) sich hinwerfen; **~ la culpa a alguien** die Schuld auf jdn schieben; **~ un discurso** eine Rede halten; **~ gasolina** tanken; **~ leña al fuego** Öl ins Feuer gießen; **~ una mano a alguien** (*fam*) jdm zur Hand gehen; **~ una ojeada a** [*o* **sobre**] **alguien/algo** einen Blick auf jdn/etw werfen; **~ pestes** (*fam*) fluchen; **~ un pitillo** (*fam*) eine rauchen; **~ raíces** Wurzeln schlagen; **~ un trago** (*fam*) einen trinken; **~las** (*Chil*) davonlaufen; **~le** (*Perú*) sich (ständig) betrinken

⑫ (*loc: a*): **~ a perder** verderben; **~ a pique** versenken; **~ a suertes** losen

⑬ (*loc: de*): **~ de menos** vermissen

⑭ (*loc: en*): **~ algo en cara a alguien** jdm etw vorwerfen; **~ en falta** vermissen

⑮ (*loc: por*): **~ por tierra** zunichte machen

II. *vi* ❶ (*lanzar*) werfen, schleudern

❷ (*verter*) einschenken

❸ (*empezar*) anfangen (*a* zu), beginnen (*a* zu); **echó a correr** er/sie lief los

III. *vr*: **~se** ❶ (*postrarse*) sich hinlegen; **me eché en la cama** ich legte mich ins Bett

❷ (*lanzarse*) sich stürzen (*sobre* auf + *akk*); **~se a los pies de alguien** sich jdm zu Füßen werfen

❸ (*empezar*) anfangen (*a* zu), beginnen (*a* zu); **~se a llorar** in Tränen ausbrechen

❹ (*fam: iniciar una relación*): **se echó un novio** sie hat sich *dat* einen Freund zugelegt

❺ (*loc*): **~se a perder** verderben

echarpe [e'tʃarpe] *m* Schultertuch *nt*; (*Am*) Halstuch *nt*

echón, -ona [e'tʃon, -ona] I. *adj* (*Ven*) prahlerisch, angeberisch
II. *m, f* (*Ven*) Angeber(in) *m(f)*, Prahler(in) *m(f)*

eclampsia [eklamˈpsja] *f* (MED) Eklampsie *f*

ecléctica [e'klektika] *adj o f v*. **ecléctico**

eclecticismo [eklekti'θismo] *m* (*t*. FILOS) Eklektizismus *m*

ecléctico, -a [e'klektiko, -a] I. *adj* eklektisch
II. *m, f* Eklektiker(in) *m(f)*

eclesial [ekle'sjal] *adj* kirchlich, Kirchen-

eclesiástico¹ [ekle'sjastiko] *m* Geistlicher *m*

eclesiástico, -a² [ekle'sjastiko, -a] *adj* kirchlich, Kirchen-; **derecho ~** Kirchenrecht *nt*; **impuesto ~** Kirchensteuer *f*

eclesiología [eklesjolo'xia] *f sin pl* (REL) Ekklesiologie *f*, Ekklesiastik *f*

eclímetro [e'klimetro] *m* Neigungsmesser *m*

eclipsable [ekliβ'saβle] *adj* in den Schatten zu stellen

eclipsar [ekliβ'sar] I. *vt* ❶ (ASTR) verfinstern
❷ (*oscurecer*) in den Schatten stellen; **eclipsa incluso a su jefe** er/sie stellt sogar seinen/ihren Chef in den Schatten
II. *vr*: **~se** ❶ (*desaparecer*) verschwinden
❷ (*decaer*) schwinden

eclipse [e'kliβse] *m* ❶ (ASTR) Finsternis *f*, Verfinsterung *f*; **~ de luna** Mondfinsternis *f*; **~ parcial/total** partielle/totale Finsternis
❷ (*desaparición*) Verschwinden *nt*

eclíptica [e'kliptika] *f* (ASTR) Ekliptik *f*

eclíptico, -a [e'kliptiko, -a] *adj* (ASTR) ekliptisch

eclisa [e'klisa] *f* (FERRO) Schienenlasche *f*

eclosión [eklo'sjon] *f* ❶ (BOT) Aufblühen *nt*
❷ (ZOOL) Ausschlüpfen *nt*
❸ (*brote, manifestación*) Ausbruch *m*; (*aparición*) Auftauchen *nt*

eclosionar [eklosjo'nar] *vi* ❶ (BOT) aufblühen
❷ (ZOOL) ausschlüpfen
❸ (*surgir*) ausbrechen

eco ['eko] *m* ❶ (*de sonidos*) Echo *nt*, Widerhall *m*; **ser el ~ de alguien** (*fam*) jds Echo sein; **hacer ~** Aufsehen erregen; **hacerse ~ de algo** etw weitergeben, etw weiterverbreiten; **tener ~** Anklang finden
❷ (*repercusión*) Nachklang *m*

ecodesarrollo [ekoðesa'rroʎo] *m* (ECOL) ökologische Entwicklung *f*

ecoencefalograma [ekoenθefalo'ɣrama] *m* (MED) Echoenzephalogramm *nt*

ECOFIN [eko'fin] *m abr de* **Consejo de Ministros de Economía y Finanzas** (UE) Ministerrat *m* für Wirtschaft und Finanzen

ecofisiología [ekofisjolo'xia] *f* (ECOL) Ökophysiologie *f*

ecografía [ekoɣra'fia] *f* ❶ (MED) *técnica*) Echographie *f*, Ultraschall *m*
❷ (*imagen*) Ultraschallbild *nt*

ecóloga [e'koloɣa] *f v*. **ecólogo**

ecología [ekolo'xia] *f* Ökologie *f*

ecológico, -a [eko'loxiko, -a] *adj* ökologisch; **daños ~s** Umweltschä-

den *mpl*; **producción ecológica** (AGR) biologischer Anbau

ecológico-paisajístico, -a [eko'loxiko-pai̯sa'xistiko, -a] *adj* landschaftsökologisch

ecologismo [ekolo'xismo] *m sin pl* Umweltschutz *m*

ecologista [ekolo'xista] I. *adj* Umweltschutz-; **movimiento ~** Umwelt(schutz)bewegung *f*
II. *mf* Umweltschützer(in) *m(f)*

ecólogo, -a [e'koloɣo, -a] *m, f* Ökologe, -in *m, f*, Umweltforscher(in) *m(f)*

ecómetro [e'kometro] *m* (TÉC) Echolot *nt*

econdrosis [ekon̩'drosis] *f inv* (MED) Knorpelwucherung *f*, Ecchondrosis *f*

economato [ekono'mato] *m* Konsumgenossenschaft *f*, Konsumverein *m*; **~ de la empresa** betriebseigener Laden

econometra [eko'nometra] *mf* (ECON) Ökonometriker(in) *m(f)*

econometría [ekonome'tria] *f* (ECON) Ökonometrie *f*

econométrico, -a [ekono'metriko, -a] *adj* (ECON) ökonometrisch

economía [ekono'mia] *f* ❶ (*situación, sistema*) Wirtschaft *f*; **~ abierta** offene Wirtschaft; **~ agraria** Landwirtschaft *f*; **~ agropecuaria** Agrarwirtschaft *f*; **~ clandestina** Schattenwirtschaft *f*; **~ colectiva** Gemeinwirtschaft *f*; **~ competitiva** Wettbewerbswirtschaft *f*; **~ de consumo** konsumorientierte Wirtschaft; **~ crediticia** Kreditwirtschaft *f*; **~ de desechos** Entsorgungswirtschaft *f*; **~ dirigida** [*o* **planificada**] Planwirtschaft *f*; **~ doméstica** Hauswirtschaft *f*; **~ exterior** Außenwirtschaft *f*; **~ forestal** Forstwirtschaft *f*; **~ de guerra** Kriegswirtschaft *f*; **~ hidrológica** Wasserwirtschaft *f*; **~ intervenida** Planwirtschaft *f*; **~ de mercado** Marktwirtschaft *f*; **~ mixta** Mischwirtschaft *f*; **~ monetaria** Geldwirtschaft *f*; **~ monopolista** Monopolwirtschaft *f*; **~ mundial** Weltwirtschaft *f*; **~ nacional** Binnenwirtschaft *f*; **~ de pequeñas y medianas empresas** mittelständische Wirtschaft; **~ personal** Personalwirtschaft *f*; **~ de planificación central** zentralistische Planwirtschaft; **~ de plantación** Plantagenwirtschaft *f*; **~ rural** (bäuerliche) Landwirtschaft *f*; **~ social de mercado** soziale Marktwirtschaft *f*; **~ sumergida** Schattenwirtschaft *f*; **~ de trueque** Tauschwirtschaft *f*
❷ (*ciencia*) Wirtschaftswissenschaft *f*; **~ de la empresa** Betriebswirtschaft *f*; **~ política** Volkswirtschaft(slehre) *f*
❸ (*ahorro*) Sparsamkeit *f*; (*cosa ahorrada*) Ersparnis *f*; **~s de escala** Kosteneinsparungen durch Betriebsvergrößerung; **~ de tiempo** Zeitersparnis *f*
❹ *pl* Ersparnisse *fpl*; **hacer ~s** sparen

economicidad [ekonomiθi'ðað] *f* Sparsamkeit *f*

economicista [ekonomi'θista] I. *adj* (ECON, HIST, POL) ökonomistisch
II. *mf* (ECON, HIST, POL) Anhänger(in) *m(f)* des Ökonomismus

económico, -a [eko'nomiko, -a] *adj* ❶ (ECON) wirtschaftlich, Wirtschafts-; **año ~** Geschäftsjahr *nt*; **bloqueo ~** Wirtschaftsblockade *f*; **boicot ~** Wirtschaftsboykott *m*; **ciencias económicas** Wirtschaftswissenschaften *fpl*; **derecho ~** Wirtschaftsrecht *nt*; **embargo ~** Wirtschaftsembargo *nt*; **espacio ~** Wirtschaftsraum *m*; **Espacio E~ Europeo** Europäischer Wirtschaftsraum; **milagro ~** Wirtschaftswunder *nt*; **sección económica** (**de un periódico**) Wirtschaftsteil *m* (einer Tageszeitung); **situación económica** Wirtschaftslage *f*; **teoría económica** Wirtschaftstheorie *f*; **estudiar (ciencias) económicas** Wirtschaftswissenschaften studieren
❷ (*barato*) preiswert, billig; **clase económica** (AERO) Economyclass *f*; **un hotel ~** ein preiswertes Hotel
❸ (*ahorrador*) sparsam

económico-social [eko'nomiko-so'θjal] *adj* sozioökonomisch

economismo [ekono'mismo] *m sin pl* (ECON, HIST, POL) Ökonomismus *m*

economista [ekono'mista] *mf* Volkswirt(in) *m(f)*, Volkswirtschaftler(in) *m(f)*, Wirtschaftswissenschaftler(in) *m(f)*, Ökonom(in) *m(f)*

economizador [ekonomiθa'ðor] *m* Spargerät *nt*

economizar [ekonomi'θar] <z→c> I. *vi* sparen
II. *vt* (ein)sparen, sparsam umgehen (mit +*dat*); **no ~ esfuerzos** keine Mühe scheuen; **~ esfuerzos** seine Kräfte schonen

ecónomo [e'konomo] *m* Vermögensverwalter *m*

ecopacifismo [ekopaθi'fismo] *m sin pl* (ECOL, SOCIOL) Ökopaxbewegung *f*

ecosistema [ekosis'tema] *m* Ökosystem *nt*

ecosonda [eko'sonda] *f* (NÁUT) Echolot *nt*

ecotasa [eko'tasa] *f* Ökosteuer *f*

ecotest [eko'tesˡ] *m* Umweltverträglichkeitsprüfung *f*, Ökotest *m*

ecotipo [eko'tipo] *m* (BIOL) Ökotypus *m*

ecotono [eko'tono] *m* (BIOL) Grenze zwischen zwei verschiedenen Naturgebieten

ecoturismo [ekotu'rismo] *m* (ECOL) Ökotourismus *m*, „Sanfter Tourismus" *m*

ectodermo [ekto'ðermo] *m* (BIOL) Hautblatt *nt*, Ektoderm *nt*

ectopia [ek'topja] *f* (MED) Spaltbildung *f*, Ektopie *f*

ectoplasma [ekto'plasma] *m* (BIOL) Ektoplasma *nt*
ecu ['eku] *m* Ecu *m o f*, ECU *m o f*
ecuación [ekwa'θjon] *f* (MAT) Gleichung *f*; **~ cúbica** [*o* de tercer grado] Gleichung dritten Grades; **resolver una ~** eine Gleichung lösen
ecuador [ekwa'ðor] *m* (GEO) Äquator *m*
Ecuador [ekwa'ðor] *m* Ecuador *nt*
ecualizador [ekwaliθa'ðor] *m* (TÉC) Equalizer *m*
ecuánime [e'kwanime] *adj* ❶ (*justo*) gerecht; (*imparcial*) unparteiisch ❷ (*sereno*) gleichmütig, gelassen
ecuanimidad [ekwanimi'ðað] *f* ❶ (*imparcialidad*) Unparteilichkeit *f* ❷ (*calma*) Gleichmut *m*, Gelassenheit *f*
ecuatoguineano, -a [ekwatoɣine'ano, -a] I. *adj* äquatorialguineisch II. *m, f* Äquatorialguineer(in) *m(f)*
ecuatorial [ekwato'rjal] *adj* äquatorial, Äquatorial-
ecuatoriano, -a [ekwato'rjano, -a] I. *adj* ecuadorianisch, aus Ecuador II. *m, f* Ecuadorianer(in) *m(f)*
ecuestre [e'kwestre] *adj* (*jinete*) Reiter-; (*hidalgo*) Ritter-; **estatua ~** Reiterstandbild *nt*
ecumenicidad [ekumeniθi'ðað] *f sin pl* (REL) Universalität des katholischen Konzils
ecuménico, -a [eku'meniko, -a] *adj* ökumenisch
ecumenismo [ekume'nismo] *m sin pl* (*doctrina*) Ökumenismus *m*; (*movimiento*) ökumenische Bewegung *f*, Ökumene *f*
ecumenista [ekume'nista] I. *adj* (REL) ökumenisch II. *mf* (REL) Anhänger(in) *m(f)* des Ökumenismus
eczema [eɣ'θema] *m* (MED) Ekzem *nt*, Ausschlag *m*
eczematoso, -a [eɣθema'toso, -a] *adj* (MED) ekzematös
ed. abr de **editorial** Verl.
edad [e'ðað] *f* ❶ (*años*) Alter *nt*; **~ del chivateo**, **~ de la punzada** (*AmS, Cuba*) Pubertät *f*; **~ para jubilarse** Pensionsalter *nt*; **~ del pavo** Flegeljahre *ntpl*; **la tercera ~** das Rentenalter; **mayor de ~** volljährig; **menor de ~** minderjährig; **a la ~ de...** im Alter von ... +*dat*; **¿qué ~ tiene?** wie alt sind Sie?; **es de mi ~** er/sie ist in meinem Alter ❷ (*época*) Zeitalter *nt*; **~ media** Mittelalter *nt*; **~ de piedra** Steinzeit *f*
edáfico, -a [e'ðafiko, -a] *adj* (BIOL) edaphisch
edafogénesis [eðafo'xenesis] *f inv* (BIOL) Bodenbildung *f*, Pedogenese *f*
edafología [eðafolo'xia] *f* Bodenkunde *f*
edafológico, -a [eðafo'loxiko, -a] *adj* bodenkundlich
edafólogo, -a [eða'foloɣo, -a] *m, f* (BIOL) Bodenkundler(in) *m(f)*
edecán [eðe'kan] *m* ❶ (MIL) (Feld)adjutant *m* ❷ (*fam irón: acompañante*) Adlatus *m* ❸ (*fam: correveidile*) Klatschbase *f*
edelweiss [eðel'ßais] *m inv* (BOT) Edelweiß *nt*
edema [e'ðema] *m* (MED) Ödem *nt*
edematoso, -a [eðema'toso, -a] *adj* (MED) ödematös
edén [e'ðen] *m* (*t. fig*) Eden *nt*, Paradies *nt*
edible [e'ðißle] *adj* (*elev*) essbar
edición [eði'θjon] *f* ❶ (*impresión*) Ausgabe *f*; **~ de bolsillo** Taschenausgabe *f*; **~ pirata** Raubdruck *m*; **~ príncipe** Erstausgabe *f* ❷ (*conjunto de ejemplares*) Auflage *f*; **tercera ~** dritte Auflage; **ser la segunda ~ de algo** (*fig*) ein Abbild von etw *dat* sein
edicto [e'ðikto] *m* ❶ (*decreto*) Erlass *m* ❷ (JUR) Aufgebot *nt*; **~s judiciales** gerichtliche Bekanntmachungen; **~ matrimonial** Eheaufgebot *nt* ❸ (HIST) Edikt *nt*
edificabilidad [eðifikaßili'ðað] *f sin pl* Bebaubarkeit *f*
edificable [eðifi'kaßle] *adj* bebaubar, baureif
edificación [eðifika'θjon] *f* ❶ (*construcción*) Gebäude *nt*, Bau *m*; **permiso de ~** Baugenehmigung *f* ❷ (*moral*) Erbauung *f*
edificante [eðifi'kante] *adj* erbaulich; **fue una charla ~** es war ein erbaulicher Vortrag
edificar [eðifi'kar] <c→qu> *vt* ❶ (*construcción*) (er)bauen, errichten ❷ (*moral*) erbauen
edificio [eði'fiθjo] *m* Gebäude *nt*, Bauwerk *nt*, Bau *m*; **administrativo** Verwaltungsgebäude *nt*; **~ público** öffentliches Gebäude
edil [e'ðil] *m* (*elev*) Ratsherr *m*, Stadtrat *m*
edilidad [eðili'ðað] *f sin pl* (POL) ❶ (*cargo*) Ratsherrenamt *nt* ❷ (*duración del cargo*) Ratsherrenzeit *f*
edípico, -a [e'ðipiko, -a] *adj* (PSICO, MED) ödipal
Edipo [e'ðipo] *m* Ödipus *m*; **complejo de ~** Ödipuskomplex *m*
editar [eði'tar] *vt* herausgeben, verlegen
editor¹ [eði'tor] *m* (INFOR) Editor *m*; **~ de pantalla** Bildschirmeditor *m*; **~ de software** Softwareeditor *m*; **~ de texto** Texteditor *m*
editor(a)² [eði'tor(a)] *m(f)* Herausgeber(in) *m(f)*, Verleger(in) *m(f)*
editorial¹ [eðito'rjal] I. *adj* Verlags-, verlegerisch; **casa ~** Verlagshaus *nt*; **éxito ~** Bestseller *m*
II. *f* Verlag *m*; **la ~ tuvo grandes pérdidas** der Verlag machte hohe Verluste

editorial² [eðito'rjal] *m* Leitartikel *m*
editorialista [eðitorja'lista] *mf* Leitartikler(in) *m(f)*
editorializar [eðitorjali'θar] <z→c> *vi* Leitartikel schreiben
Edo. [es'taðo] (*Méx, Ven*) *abr de* **Estado** Staat *m*
edredón [eðre'ðon] *m* ❶ (*plumón*) Daune *f* ❷ (*cobertor*) Federbett *nt*; (*con pespuntes*) Steppdecke *f*, gestepptes Federbett *nt*
educable [eðu'kaßle] *adj* bildungsfähig; (*crianza*) lernfähig
educación [eðuka'θjon] *f* ❶ (*enseñanza*) (Aus)bildung *f*; (*de crianzas*) Erziehung *f*; **~ de adultos** Erwachsenenbildung *f*; **~ ambiental** Umwelterziehung *f*; **~ básica** Grundbildung *f*; **~ física** (ENS) Turnen *nt*, Sportunterricht *m*; **~ general** Allgemeinbildung *f*; **E~ General Básica** Grund- und Hauptschulwesen *nt* (*in Spanien*); **~ preescolar** Vorschulerziehung *f*; **~ vil** Verkehrserziehung *f*; **Ministerio de E~ y Ciencia** Kultusministerium *nt* ❷ (*comportamiento*) Erziehung *f*, Benehmen *nt*; **el niño no tiene ~** das Kind ist unerzogen
educacional [eðukaθjo'nal] *adj v.* **educativo**
educacionista [eðukaθjo'nista] I. *adj* Erziehungs-; **teoría ~** Erziehungstheorie *f* II. *mf* Erzieher(in) *m(f)*
educado, -a [eðu'kaðo, -a] *adj* gebildet; **bien ~** wohlerzogen; **mal ~** unerzogen, schlecht erzogen
educador(a) [eðuka'ðor(a)] *m(f)* Erzieher(in) *m(f)*
educando, -a [eðu'kando, -a] *m, f* (*elev*) Zögling *m*, Schüler(in) *m(f)*
educar [eðu'kar] <c→qu> *vt* ❶ (*dar instrucción*) ausbilden ❷ (*dirigir*) erziehen; **los padres educan a los hijos** die Eltern erziehen ihre Kinder ❸ (*cultivar facultades*) schulen; **debes ~ tu oído** du musst dein Gehör schulen
educativo, -a [eðuka'tiβo, -a] *adj* Bildungs-, Erziehungs-; **sistema ~** Bildungswesen *nt*
edulcoración [eðulkora'θjon] *f* Süßen *nt*
edulcorante [eðulko'rante] I. *adj* süßend II. *m* Süßstoff *m*
edulcorar [eðulko'rar] *vt* süßen
edutenimiento [eðuteni'mjento] *m* Edutainment *nt*
EEE [ee'e] *m abr de* **Espacio Económico Europeo** EWR *m*
EE.UU. [es'taðos u'niðos] *mpl abr de* **Estados Unidos** USA *pl*
efabilidad [efaßili'ðað] *f sin pl* (*elev*) ❶ (*posibilidad de expresión*) Ausdrucksmöglichkeit *f*, Wortgewandtheit *f* ❷ (*capacidad expresiva*) Expressivität *f*, Ausdrucksfähigkeit *f*
efable [e'faßle] *adj* (*elev*) wortstark
efe ['efe] *f* ❶ (*letra*) F, f *nt* ❷ (*prensa*) spanische Nachrichtenagentur
efebo [e'feßo] *m* ❶ (*elev*) Jüngling *m* ❷ (HIST) Ephebe *m*
efectismo [efek'tismo] *m* Effekthascherei *f*
efectista [efek'tista] I. *adj* effekthascherisch II. *mf* Effekthascher(in) *m(f)*
efectivamente [efektiβa'mente] *adv* wirklich, tatsächlich
efectividad [efektiβi'ðað] *f* ❶ (*efecto*) Wirkung *f*, Wirksamkeit *f*; **~ jurídica** Rechtswirkung *f*, Rechtswirksamkeit *f*; **la ~ del medicamento** die Wirksamkeit des Medikaments ❷ (*autenticidad*) Wirklichkeit *f* ❸ (*empleo*) feste Anstellung *f*
efectivo¹ [efek'tiβo] *m* ❶ (*dinero*) Bargeld *nt*; **~ en caja** Kassenbestand *m*; **~ electrónico** Electronic Cash *nt*; **crédito en ~** Kassenkredit *m*; **descuento en ~** Bardiskont *m*; **existencias en ~** Barbestand *m*; (**pagar**) **en ~ bar** (bezahlen) ❷ *pl* (MIL) Kräfte *fpl*; **~s de guerra** Kriegsstärke *f* ❸ (*personal*) Personalbestand *m*
efectivo, -a² [efek'tiβo, -a] *adj* ❶ (*que hace efecto*) wirksam; **declarar algo ~** (*t.* JUR) etw für wirksam erklären ❷ (*auténtico*) wirklich, tatsächlich; **salario ~** Effektivlohn *m*; **un éxito ~** ein echter Erfolg; **hacer ~** in die Tat umsetzen; **hacer ~ un cheque** einen Scheck einlösen ❸ (*no interino*) fest angestellt
efecto [e'fekto] *m* ❶ (*consecuencia, impresión*) Wirkung *f*, Effekt *m*; (*resultado*) Ergebnis *nt*; **~ acción directa** (JUR) Durchgriffswirkung *f*; **~ boomerang** Bumerangeffekt *m*; **~ declarativo** (JUR) Feststellungswirkung *f*; **~ indiciario** Indizwirkung *f*; **~ invernadero** Treibhauseffekt *m*; **~ jurídico** Rechtswirkung *f*; **~ retroactivo** Rückwirkung *f*; **~ de simpatizante** (ECON) Mitläufereffekt *m*; **~ suspensivo** (JUR) Hemmungswirkung *f*; **~ vinculante** Bindungswirkung *f*; **hacer ~** wirken; **hacer buen/mal ~** einen guten/schlechten Eindruck machen; **tener ~** stattfinden; **llevar a ~** zustande [*o* zu Stande] bringen; **al ~ de hacer algo** zu dem Zweck, etw zu tun; **en ~** tatsächlich; **con ~s retroactivos** rückwirkend ❷ (COM) Wertpapier *nt*; **~ anticipado** Vorschusswechsel *m*; **~ bancario**

efectuar Bankwechsel *m*; ~ **cambial en depósito** Kautionswechsel *m*; ~ **cambiario descontable** Diskontwechsel *m*; ~ **comercial** Handelswechsel *m*; ~ **descontable** diskontfähiges Papier; ~ **documentario** Dokumententratte *f*; ~ **negociable** bankfähiger Wechsel; ~ **nominal** Namenspapier *nt*; ~ **a pagar** Wechselverbindlichkeiten *fpl*; ~**s financieros** Finanzwechsel *mpl*; ~**s públicos** öffentliche Schuldverschreibungen
❸ (*loc*): **para los** ~**s** praktisch; **a** ~**s legales** (JUR) im Sinne des Gesetzes
efectuar [efektu'ar] <*I. pres:* efectúo> I. *vt* ausführen, durchführen; (*viaje*) unternehmen; ~ **un asiento** einen Eintrag vornehmen; ~ **una compra** einen Kauf tätigen; ~ **un desembolso** eine Einzahlung vornehmen; ~ **una llamada** anrufen; ~ **retenciones** Quellenabzüge vornehmen
II. *vr:* ~**se** (*tener lugar*) stattfinden; (*realizarse*) verwirklicht werden, geschehen; **ayer se efectuó el sorteo** gestern fand die Verlosung statt
efeméride [efe'meriðe] *f* ❶ (*conmemoración*) Jahrestag *m*
❷ *pl* (ASTR) Ephemeriden *pl*, astronomisches Jahrbuch *nt*
❸ *pl* (*libro*) Tagebuch *nt*
eferencia [efe'renθja] *f* (MED) Efferenz *f*
eferente [efe'rente] *adj* (MED) efferent
efervescencia [eferβes'θenθja] *f* ❶ (*de un líquido*) Aufwallen *nt*, Brodeln *nt*; **entrar en** ~ sprudeln
❷ (*agitación*) Aufruhr *m*, Erregung *f*; **la** ~ **política** der politische Aufruhr
efervescente [eferβes'θente] *adj* ❶ (*líquido*) brodelnd
❷ (*agitado*) in Aufruhr
efesio, -a [e'fesjo, -a] I. *adj* ephesisch; **cultura efesia** ephesische Kultur
II. *m, f* Epheser(in) *m(f)*
eficacia [efi'kaθja] *f* ❶ (*resultado positivo*) Wirksamkeit *f*, Wirkung *f*; ~ **económica** Wirtschaftlichkeit *f*; ~ **general** Allgemeinverbindlichkeit *f*; ~ **jurídica** Rechtswirksamkeit *f*; ~ **publicitaria** Werbewirksamkeit *f*; **con** ~ erfolgreich; **sin** ~ erfolglos
❷ (TÉC) Leistung *f*, Leistungsfähigkeit *f*
eficaz [efi'kaθ] *adj* ❶ (*eficiente*) wirksam; (TÉC) leistungsfähig; (JUR) rechtswirksam; **un medicamento** ~ ein wirksames Medikament
❷ (*persona*) tatkräftig
eficiencia [efi'θjenθja] *f* ❶ (*eficacia*) Wirksamkeit *f*; (TÉC) Leistungsfähigkeit *f*; (JUR) Rechtswirksamkeit *f*
❷ (*persona*) Tüchtigkeit *f*, Tatkraft *f*
eficiente [efi'θjente] *adj* wirksam; (TÉC) leistungsfähig; (*persona*) tüchtig, tatkräftig
efigie [e'fixje] *f* ❶ (*representación*) Bildnis *nt*, Abbild *nt*
❷ (*personificación*) Verkörperung *f*; **esta pobre madre es la** ~ **del dolor** diese arme Mutter ist die Verkörperung des Leidens
efímero, -a [e'fimero, -a] *adj* kurzlebig, vorübergehend, flüchtig
efluente [e'flwente] I. *adj* ausströmend; **gas** ~ ausströmendes Gas
II. *m* Abfallprodukt *nt*
efluir [eflu'ir] *irr como huir vi* ausfließen, ausströmen
efluvio [e'fluβjo] *m* Ausdünstung *f*; (*agradable*) Duft *m*, Aroma *nt*; **le rodea un** ~ **de simpatía** er strömt Sympathie aus
efusión [efu'sjon] *f* ❶ (*manifestación vehemente*) Herzlichkeit *f*; **me abrazó con gran** ~ er/sie umarmte mich herzlich
❷ (*derramamiento*) Vergießen *nt*, Ausfließen *nt*; ~ **de sangre** Blutvergießen *nt*
efusividad [efusiβi'ðað] *f* Herzlichkeit *f*, Innigkeit *f*; **su** ~ **no era auténtica** seine/ihre Herzlichkeit war nicht ehrlich gemeint
efusivo, -a [efu'siβo, -a] *adj* herzlich, innig; (*con mucha emoción*) überschwänglich
EGB [exe'βe] *f* (ENS) *abr de* **Educación General Básica** (spanisches) Grundschulwesen *nt*
Egeo [e'xeo] *m* Ägäis *f*; **el mar** ~ das Ägäische Meer
egesta [e'xesta] *f* (BIOL) Egesta *pl*
egida [e'xiða] *f*, **égida** [e'xiða] *f* Schutz *m*, Ägide *f*; **bajo la** ~ **de...** unter der Schirmherrschaft von ... +*dat*
egipcio, -a [e'xiβθjo, -a] I. *adj* ägyptisch
II. *m, f* Ägypter(in) *m(f)*
Egipto [e'xipto] *m* Ägypten *nt*
egiptología [exiptolo'xia] *f* Ägyptologie *f*
eglefino [eyle'fino] *m* (ZOOL) Schellfisch *m*
égloga ['eyloɣa] *f* (LIT) Ekloge *f*, Hirtengedicht *nt*
ego ['eɣo] *m:* **el** ~ (PSICO) das Ich, das Ego
egocéntrico, -a [eɣo'θentriko, -a] I. *adj* egozentrisch
II. *m, f* Egozentriker(in) *m(f)*
egocentrismo [eɣoθen'trismo] *m sin pl* Egozentrik *f*, Ichbezogenheit *f*
egoísmo [eɣo'ismo] *m sin pl* Egoismus *m*, Selbstsucht *f*
egoísta [eɣo'ista] I. *adj* egoistisch, selbstsüchtig
II. *mf* Egoist(in) *m(f)*
ególatra [e'ɣolatra] I. *adj* selbstverherrlichend, egozentrisch
II. *mf* Egozentriker(in) *m(f)*
egolatría [eɣola'tria] *f sin pl* Selbstverherrlichung *f*, Egozentrik *f*

egolátrico, -a [eɣo'latriko, -a] *adj* selbstverherrlichend
egotismo [eɣo'tismo] *m sin pl* Egotismus *m*
egotista [eɣo'tista] I. *adj* den Egotismus betreffend; **actitud** ~ Egotisteneinstellung *f*
II. *mf* Egotist(in) *m(f)*
egregio, -a [e'ɣrexjo, -a] *adj* (*elev*) illuster, erlaucht
egresado, -a [eɣre'saðo, -a] I. *adj* graduiert
II. *m, f* (*Arg, Chil: universidad*) Hochschulabsolvent(in) *m(f)*, Graduierte(r) *mf*; (*escuela*) Schulabgänger(in) *m(f)*
egresar [eɣre'sar] *vi* (*Arg, Chil: escuela*) die Schule absolvieren; (*universidad*) die Hochschule absolvieren
egreso [e'ɣreso] *m* (*Arg, Chil*) ❶ (*universidad*) Studienabschluss *m*; (*escuela*) Schulabschluss *m*
❷ (*dinero*) Ausgabe *f*
❸ (*salida*) Ausgang *m*
eh [e] *interj* ❶ (*advertencia*) he; **¡~, no me oyes!** he! hörst du mich nicht?; **no vuelvas a hacerlo, ¿~?** tu das bloß nicht noch mal!
❷ (*susto, incomprensión*): **¿~?** wie?, was?
eider [e'iðer] <*eideres*> *m* (ZOOL) Eiderente *f*
eidetismo [eiðe'tismo] *m sin pl* (PSICO) Eidetik *f*
einstenio [ei̯ns'tenjo] *m* (QUÍM) Einsteinium *nt*
ej. [e'xemplo] *abr de* **ejemplo** Bsp.; **p.~** z. B.
eje ['exe] *m* ❶ (TÉC) Achse *f*, Welle *f*; ~ **anterior** Vorderachse *f*; ~ **cigüeñal** Kurbelwelle *f*
❷ (MAT) Achse *f*; ~ **de abcisas** Abszissenachse *f*
❸ (*centro, punto más importante*): ~ **de la conversación** Hauptgesprächsthema *nt*; **ella siempre es el** ~ **de atención** sie steht immer im Mittelpunkt
❹ (HIST) Achse *f*; **potencias del** ~ Achsenmächte *fpl*
❺ (*loc*): **partir por el** ~ **a alguien** jdn zugrunde [*o* zu Grunde] richten
ejecución [exeku'θjon] *f* ❶ (*realización*) Ausführung *f*, Durchführung *f*; ~ **de un contrato** Vertragserfüllung *f*; ~ **por embargo** (JUR) Pfandversteigerung *f*; ~ **de la ley** Gesetzesvollzug *m*; ~ **de la obra** Baurealisierung *f*; ~ **parcial** Teilerfüllung *f*; ~ **de un pedido** Auftragserledigung *f*; ~ **de la pena** (JUR) Strafvollstreckung *f*; ~ **de la pena de prisión** (JUR) Haftvollzug *m*; ~ **de la pretensión** (JUR, ECON) Anspruchsdurchsetzung *f*; ~ **de sanción administrativa** (JUR) Maßregelvollzug *m*; ~ **de la sentencia** (JUR) Urteilsvollstreckung *f*; **no** ~ Nichterfüllung *f*; **retraso en la** ~ Leistungsverzug *m*; **poner en** ~ **algo** etw ausführen; **la** ~ **del proyecto es imposible** die Durchführung des Projekts ist nicht möglich
❷ (*sentencia de muerte*) Hinrichtung *f*; **pelotón de** ~ Erschießungskommando *nt*
❸ (JUR: *de un pago*) Vollstreckung *f*; ~ **de la deuda** Schuldvollstreckung *f*; ~ **forzosa** Zwangsvollstreckung *f*; ~ **hipotecaria** Hypothekenzwangsvollstreckung *f*; ~ **de una sentencia** Vollstreckung eines Urteils; ~ **testamentaria** Testamentsvollstreckung *f*
ejecutable [exeku'taβle] *adj* ❶ (*realizable*) durchführbar; (*t.* INFOR) ausführbar
❷ (JUR) vollstreckbar
❸ (MÚS) spielbar
ejecutante [exeku'tante] I. *adj* ausführend; **acreedor** ~ (JUR) Vollstreckungsgläubiger *m*
II. *mf* ❶ (*quien ejecuta*) Ausführende(r) *mf*, ausführende Person *f*
❷ (*arte*) Künstler(in) *m(f)*
ejecutar [exeku'tar] *vt* ❶ (*realizar, t.* INFOR) ausführen; ~ **un contrato** einen Vertrag erfüllen; ~ **una orden** einen Auftrag ausführen
❷ (*ajusticiar*) hinrichten
❸ (JUR: *llevar a efecto*) vollstrecken; ~ **una hipoteca** eine Hypothek pfänden
ejecutiva [exeku'tiβa] *f* Führungsgremium *nt*; **la** ~ **del partido** die Parteispitze
ejecutivo, -a [exeku'tiβo, -a] I. *adj* ❶ (*que ejecuta decisiones*) ausübend, ausführend; **poder** ~ (POL) Exekutive *f*, Exekutivgewalt *f*
❷ (JUR) vollstreckbar
❸ (*urgente*) dringend; **una medida ejecutiva** eine dringende Maßnahme
II. *m, f* Manager(in) *m(f)*; (*en cargo directivo*) Führungskraft *f*, leitende(r) Angestellte(r) *mf*; ~ **de marketing** Marketingmanager *m*
ejecutor(a) [exeku'tor(a)] I. *adj* ausführend
II. *m(f)* ❶ (*quien pone en práctica*) Ausführende(r) *mf*, Vollstrecker(in) *m(f)*, Vollzieher(in) *m(f)*
❷ (*verdugo*) Scharfrichter(in) *m(f)*, Henker(in) *m(f)*
ejecutoria [exeku'torja] *f* ❶ (JUR) Vollstreckungsbefehl *m*
❷ (*documento*) Adelsbrief *m*
❸ (*mérito*) Ruhmestat *f*
ejecutoriedad [exekutorje'ðað] *f sin pl* (JUR) Vollstreckbarkeit *f*
ejecutorio, -a [exeku'torjo, -a] *adj* (JUR) vollstreckbar, rechtskräftig
ejem [e'xem] *interj* hm
ejemplar [exem'plar] I. *adj* ❶ (*que sirve de ejemplo*) musterhaft, vor-

ejemplaridad bildlich

② (*que sirve de escarmiento*) exemplarisch, abschreckend; **castigo ~** exemplarische Strafe

II. *m* Exemplar *nt*; **~ de un contrato** Vertragsabschrift *f*; **duplicado** Duplikat *nt*; **~ de muestra** Probeexemplar *nt*, Prüfstück *nt*; **~ original** Original *nt*, Originalausfertigung *f*; **es un buen ~** das ist ein schönes Exemplar

ejemplaridad [exemplari'ðað] *f* ① (*calidad de ejemplar*) Mustergültigkeit *f*; **una ~ de vida** ein vorbildliches Leben

② (*escarmiento*) Abschreckung *f*

ejemplarizante [exemplari'θante] *adj* abschreckend

ejemplarizar [exemplari'θar] <z→c> *vi* (*Am*) ein Beispiel geben

ejemplificación [exemplifika'θjon] *f sin pl* Exemplifikation *f*, Exemplifizierung *f*

ejemplificar [exemplifi'kar] <c→qu> *vt* an Beispielen erklären, mit Beispielen belegen

ejemplo [e'xemplo] *m* Beispiel *nt*, Vorbild *nt*; **dar buen/mal ~** mit gutem/schlechtem Beispiel vorangehen; **poner de** [*o* **por**] **~** als Beispiel anführen; **por ~** zum Beispiel; **predicar con el ~** mit gutem Beispiel vorangehen; **tomar por ~** zum Beispiel nehmen; **servir de ~ a alguien** jdm als Beispiel dienen

ejercer [exer'θer] <c→z> I. *vt* ausüben; **~ un cargo** ein Amt bekleiden; **ejerce su profesión de médico** er übt seinen Beruf als Arzt aus; **sólo ejerce sus derechos** er/sie macht nur seine/ihre Rechte geltend; **~ influencia** Einfluss ausüben

II. *vi* arbeiten (*de/como* als *+nom*); **ejerce de profesor** er arbeitet als Lehrer; **~ de médico** praktizieren

ejercicio [exer'θiθjo] *m* ① (*realización*) Ausübung *f*; **~ de derechos** Geltendmachung von Ansprüchen; **~ del derecho fundamental** Grundrechtsausübung *f*; **en ~** ausübend; im aktiven Dienst; **abogado en ~** praktizierender Anwalt

② (DEP) (Leibes)übung *f*; (*entrenamiento*) Training *nt*; **el médico le recomendó hacer ~** der Arzt empfahl ihm/ihr sich mehr zu bewegen; **tener falta de ~** nicht genug Bewegung haben

③ (ENS) Übung *f*, (Prüfungs)aufgabe *f*; **~s espirituales** Exerzitien *pl*; **haced el ~ dos de deberes** macht Übung zwei als Hausaufgabe

④ (MIL) Waffenübung *f*; **~ de las armas** Waffendienst *m*; **~ de combate** Gefechtsübung *f*

⑤ (ECON): **~ contable** Rechnungsjahr *nt*; **~ deficitario** Verlustjahr *nt*; **~ económico** Geschäftsjahr *nt*; **~ fiscal** Steuerjahr *nt*; **~ parcial** Rumpfgeschäftsjahr *nt*; **~ de la tasación** Veranlagungsjahr *nt*; **cierre del ~** Jahresabschluss *m*

ejerciente [exer'θjente] *adj* ausübend, im aktiven Dienst

ejercitación [exerθita'θjon] *f sin pl* Üben *nt*; **la ~ de los dedos es necesaria para poder tocar bien el piano** Fingerübungen sind für das Klavierspielen wichtig

ejercitante [exerθi'tante] I. *adj* ausübend; **persona ~** ausübende Person

II. *mf* ① (*practicante de una actividad*) Ausübende(r) *mf*

② (*oposiciones, pruebas*) Prüfling *m*, (Prüfungs)kandidat(in) *m(f)*

③ (REL: *ejercicios espirituales*) Teilnehmer(in) *m(f)* an Exerzitien

ejercitar [exerθi'tar] I. *vt* ① (*profesión*) ausüben; (*actividad, comercio*) (be)treiben; **ejercita la cirugía** er/sie ist als Chirurg(in) tätig

② (*desarrollar*) trainieren, üben; **~ los músculos** seine Muskeln trainieren

II. *vr*: **~se** sich üben (*en* in *+dat*), Übungen machen; **~se en natación** schwimmen lernen

ejército [e'xerθito] *m* ① (MIL) Heer *nt*, Armee *f*; **~ del aire** Luftwaffe *f*; **~ profesional** Berufsarmee *f*; **~ de Salvación** Heilsarmee *f*

② (*grupo de gente*) Schwarm *m*, Menge *f*

ejidatario, -a [exiða'tarjo, -a] *m, f* (*Méx*) Mitglied *nt* eines kommunalen landwirtschaftlichen Betriebs

ejido [e'xiðo] *m* ① (*tierra*) Gemeindeflur *f*

② (*Méx: finca*) kommunaler landwirtschaftlicher Betrieb *m*

ejión [e'xjon] *m* (ARQUIT) Knagge *f*

ejote [e'xote] *m* (*AmC, Méx*) grüne Bohne *f*

el, la, lo [el, la, lo] <los, las> *art det* der, die, das; **el perro/puente/niño** der Hund/die Brücke/das Kind; **la mujer/mesa/chica** die Frau/der Tisch/das Mädchen; **lo bueno/malo** das Gute/das Schlechte; **el Pepe/la María** (*vulg*) der Pepe/die Maria; **el Canadá** Kanada; **la China/India** China/Indien; **los amigos/las amigas** die Freunde/die Freundinnen; **¡la de gente que vino!** die Leute kamen in Massen!; **ni lo uno, ni lo otro** weder das eine, noch das andere; **lo antes posible** schnellstmöglich; **lo más pronto posible** so bald wie möglich, möglichst bald; **hazlo lo mejor que puedas** mach es so gut wie du kannst; **lo mío** das Mein(ig)e

él [el] *pron pers 3. sg m* ① (*sujeto*) er; **~ es el culpable** er ist der Schuldige

② (*tras preposición*) ihn, ihm; **llámale a ~** ruf ihn an; **lo he comprado para ~** das habe ich ihm gekauft; **lo recibí de ~** ich habe es von ihm bekommen; **salgo con ~** ich gehe mit ihm aus; **el libro es de ~** das Buch ist seins; **se lo di a ~** ich habe es ihm gegeben

elaboración [elaβora'θjon] *f* ① (*fabricación*) Herstellung *f*; (*tratamiento*) Verarbeitung *f*; **~ de datos** Datenverarbeitung *f*; **electrónica de datos** elektronische Datenverarbeitung; **~ del petróleo** Erdölaufbereitung *f*

② (*de comidas*) Zubereitung *f*; **de ~ casera** hausgemacht

③ (*desarrollo de una idea*) Ausarbeitung *f*; (*de una obra*) Bearbeitung *f*; (*de un inventario, balance*) Aufstellung *f*; (*de un documento*) Ausfertigung *f*

elaborador(a) [elaβora'ðor(a)] *adj* verarbeitend

elaborar [elaβo'rar] *vt* ① (*fabricar*) herstellen, anfertigen; (*trabajar*) verarbeiten

② (*una idea*) ausarbeiten; (*una obra*) bearbeiten; **tú puedes ~ el plan** du kannst den Plan ausarbeiten

elación [ela'θjon] *f* (*Am*) Jubel *m*, Heiterkeit *f*

elasticidad [elastiθi'ðað] *f* Dehnbarkeit *f*, Elastizität *f*; **~ de la demanda/de la oferta** Nachfrage-/Angebotselastizität *f*; **~ de los precios** Preiselastizität *f*

elástico¹ [e'lastiko] *m* Gummiband *nt*; (*de calcetín*) Bündchen *nt*

elástico, -a² [e'lastiko, -a] *adj* elastisch, dehnbar; **es un concepto ~** das ist ein dehnbarer Begriff

elastina [elas'tina] *f* (QUÍM, BIOL) Elastin *nt*

Elba ['elβa] *m* (*río*): **el ~** die Elbe

② (*isla*) Elba *f*

Eldorado [eldo'raðo] *m* Eldorado *nt*

ele ['ele] I. *f* L, l *nt*

II. *interj* richtig so!

eleático, -a [ele'atiko, -a] I. *adj* (FILOS) eleatisch

II. *m, f* (FILOS) Eleate, -in *m, f*

eleatismo [elea'tismo] *m sin pl* (FILOS) Eleatismus *m*

elección [elek'θjon] *f* ① (*selección*) Wahl *f*; **libertad de ~** Wahlfreiheit *f*; **lo dejo a su ~** ich überlasse Ihnen die Wahl

② (*alternativa*) Auswahl *f*; **~ de la profesión** Berufswahl *f*

③ *pl* (POL) Wahlen *fpl*; **elecciones legislativas** Parlamentswahlen *fpl*

electa [e'lekta] *adj o f v.* **electo**

electivo, -a [elek'tiβo, -a] *adj* Wahl-; (*persona*) durch Wahl bestimmt

electo, -a [e'lekto, -a] I. *adj* gewählt; **los diputados ~s** die gewählten Abgeordneten

II. *m, f* Gewählte(r) *mf*

elector(a) [elek'tor(a)] I. *adj* wahlberechtigt

II. *m(f)* ① (*quien vota*) Wähler(in) *m(f)*, Wahlberechtigte(r) *mf*

② (HIST) Kurfürst(in) *m(f)*

electorado [elekto'raðo] *m* ① (POL) Wählerschaft *f*; **~ fluctuante** Wechselwähler *mpl*

② (HIST) Kurfürstentum *nt*, Elektorat *nt*

electoral [elekto'ral] *adj* ① (POL) Wahl-, Wähler-; **colegio ~** Wahllokal *nt*; **derecho ~** Wahlrecht *nt*

② (HIST) kurfürstlich

electoralismo [elektora'lismo] *m* (POL) Wahlpropaganda *f*, Wahlkampf *m*

electoralista [elektora'lista] *adj* Wahlkampf-; **discurso ~** Wahlkampfrede *f*

electricidad [elektriθi'ðað] *f* Elektrizität *f*, Strom *m*; **~ estática** statische Elektrizität

electricista [elektri'θista] I. *adj* Elektro-; **ingeniero ~** Elektroingenieur *m*

II. *mf* Elektriker(in) *m(f)*, Elektroinstallateur(in) *m(f)*

eléctrico, -a [e'lektriko, -a] *adj* elektrisch, Elektro-; **máquina eléctrica** Elektrogerät *nt*

electrificación [elektrifika'θjon] *f* Elektrifizierung *f*

electrificar [elektrifi'kar] <c→qu> *vt* elektrifizieren

electrizable [elektri'θaβle] *adj* (FÍS, ELEC) elektrisierbar

electrización [elektriθa'θjon] *f sin pl* (FÍS, ELEC) Elektrisierung *f*

electrizador(a) [elektriθa'ðor(a)] *adj* (FÍS, ELEC) elektrisierend

electrizante [elektri'θante] *adj* elektrisierend; **pronunció un discurso ~** er/sie hat mit seiner/ihrer Rede alle elektrisiert [*o* mitgerissen]

electrizar [elektri'θar] <z→c> I. *vt* elektrisieren; (*emocionar*) begeistern; **sus palabras me han electrizado** ich war von seinen/ihren Worten begeistert

II. *vr*: **~se** ① (*cargarse de electricidad*) sich elektrisieren

② (*emocionarse*) sich begeistern (*con* für *+akk*), sich mitreißen lassen (*con* von *+dat*)

electroacústica [elektroa'kustika] *f sin pl* (FÍS) Elektroakustik *f*

electroafinidad [elektroafini'ðað] *f* (QUÍM) Elektroaffinität *f*

electroanálisis [elektroa'nalisis] *m inv* (QUÍM) Elektroanalyse *f*

electrocardioencefalograma [elektrokarðjoenθefalo'ɣrama] *m* (MED) Elektrokardioenzephalogramm *nt*

electrocardiografía [eleˣtrokarðjoɣraˈfia] *f* (MED) Elektrokardiographie *f*

electrocardiograma [eleˣtrokarðjoˈɣrama] *m* (MED) Elektrokardiogramm *nt*

electrochoque [eleˣtroˈt͡ʃoke] *m* Elektroschock *m*

electrocirugía [eleˣtroθiruˈxia] *f* (MED) Elektrochirurgie *f*

electrocución [eleˣtrokuˈθjon] *f* Tötung *f* durch den elektrischen Stuhl

electrocutar [eleˣtrokuˈtar] **I.** *vt* durch elektrischen Strom hinrichten; (*en la silla eléctrica*) auf dem elektrischen Stuhl töten **II.** *vr:* ~**se** durch elektrischen Strom sterben; (*en la silla eléctrica*) durch den elektrischen Stuhl sterben

electrodiagnóstico [eleˣtroðjaɣˈnostiko] *m* (MED) Elektrodiagnose *f*

electrodiálisis [eleˣtroðiˈalisis] *f inv* (QUÍM) Elektrodialyse *f*

electrodinámica [eleˣtroðiˈnamika] *f sin pl* (FÍS) Elektrodynamik *f*

electrodinámico, -a [eleˣtroðiˈnamiko, -a] *adj* elektrodynamisch

electrodinamismo [eleˣtroðinaˈmismo] *m sin pl* (FÍS) Elektrodynamismus *m*

electrodinamómetro [eleˣtroðinaˈmometro] *m* (FÍS) Elektrodynamometer *nt*

electrodo [eleˣˈtroðo] *m*, **eléctrodo** [eˈleˣtroðo] *m* (FÍS) Elektrode *f;* ~ **negativo** Kathode *f;* ~ **positivo** Anode *f*

electrodoméstico [eleˣtroðoˈmestiko] *m* (elektrisches) Haushaltsgerät *nt*, Elektrogerät *nt*

electroencefalografía [eleˣtroenθefaloɣraˈfia] *f* (MED) Elektroenzephalographie *f*

electroencefalógrafo [eleˣtroenθefaˈloɣrafo] *m* (MED) Elektroenzephalograph *m*

electroencefalograma [eleˣtroenθefaloˈɣrama] *m* (MED) Elektroenzephalogramm *nt*

electróforo [eleˣˈtroforo] *m* (FÍS) Elektrophor *m*

electrofotográfico, -a [eleˣtrofotoˈɣrafiko, -a] *adj* fotoelektrisch

electrógeno, -a [eleˣˈtroxeno, -a] *adj* (ELEC) elektrizitätserzeugend

electroimán [eleˣtroiˈman] *m* (ELEC) Elektromagnet *m*

electrolisis [eleˣtroˈlisis] *f*, **electrólisis** [eleˣˈtrolisis] *f inv* (QUÍM) Elektrolyse *f*

electrolito [eleˣtroˈlito] *m*, **electrólito** [eleˣˈtrolito] *m* (QUÍM) Elektrolyt *m*

electrolización [eleˣtroliθaˈθjon] *f sin pl* (QUÍM) Elektrolyse *f*

electrolizar [eleˣtroliˈθar] <z→c> *vt* (QUÍM) elektrolysieren

electroluminiscente [eleˣtroluminisˈθente] *adj* Elektrolumineszenz-

electromagnético, -a [eleˣtromaɣˈnetiko, -a] *adj* (FÍS) elektromagnetisch

electromagnetismo [elekˈromaɣneˈtismo] *m sin pl* (FÍS) Elektromagnetismus *m*

electromecánica [eleˣtromeˈkanika] *f sin pl* (TÉC) Elektromechanik *f*

electromecánico, -a [eleˣtromeˈkaniko, -a] *adj* (ELEC) elektromechanisch

electromedicina [eleˣtromeðiˈθina] *f sin pl* (MED) Elektromedizin *f*

electrometalurgia [eleˣtrometaˈlurxja] *f sin pl* (TÉC) Elektrometallurgie *f*

electrometría [eleˣtromeˈtria] *f sin pl* (FÍS) Elektrizitätsmessung *f*

electrómetro [eleˣˈtrometro] *m* (ELEC) Elektrometer *nt*

electromontaje [eleˣtromonˈtaxe] *m* (ELEC) Elektromontage *f*

electromotor [eleˣtromoˈtor] *m* (TÉC) Elektromotor *m*

electromotriz [eleˣtromoˈtriθ] *adj* (TÉC): **fuerza** ~ elektromotorische Kraft

electrón [eleˣˈtron] *m* (FÍS) Elektron *m*

electronegativo, -a [eleˣtroneɣaˈtiβo, -a] *adj* elektronegativ

electrónica [eleˣˈtronika] *f* Elektronik *f*

electrónico, -a [eleˣˈtroniko, -a] *adj* (FÍS) elektronisch, Elektronen-; **microscopio** ~ Elektronenmikroskop *nt*; **movimiento** ~ **de pagos** elektronischer Zahlungsverkehr

electronuclear [eleˣtronukleˈar] *adj* (FÍS) elektronuklear

electrón-voltio [eleˣˈtron-ˈβoltjo] *m sin pl* (FÍS) Elektron(en)volt *nt*

electropositivo, -a [eleˣtroposiˈtiβo, -a] *adj* (FÍS) elektropositiv

electropuntura [eleˣtropunˈtura] *f sin pl* (MED) Elektropunktur *f*

electroquímica [eleˣtroˈkimika] *f sin pl* (QUÍM, FÍS) Elektrochemie *f*

electroquímico, -a [eleˣtroˈkimiko, -a] *adj* (QUÍM) elektrochemisch

electrorradiología [eleˣtrorraðjoloˈxia] *f sin pl* (MED) Elektroradiologie *f*

electroscopio [eleˣtrosˈkopjo] *m* (FÍS) Elektroskop *nt*

electroshock [eleˣtroˈʃoˣ] *m* <electroshocks> (MED) Elektroschock *m*

electrosolar [eleˣtrosoˈlar] *adj* (FÍS) elektrosolar

electrostática [eleˣtrosˈtatika] *f sin pl* (FÍS) Elektrostatik *f*

electrostático, -a [eleˣtrosˈtatiko, -a] *adj* (FÍS) elektrostatisch

electrotecnia [eleˣtroˈteɣnja] *f* Elektrotechnik *f*

electrotécnico, -a [eleˣtroˈteɣniko, -a] *adj* elektrotechnisch

electroterapia [eleˣtroteˈrapja] *f* (MED) Elektrotherapie *f*

electrotren [eleˣtroˈtren] *m Zugart der spanischen Eisenbahn* (RENFE)

electrovalencia [eleˣtroβaˈlenθja] *f* (QUÍM) Elektrovalenz *f*

electroválvula [eleˣtroˈβalβula] *f* (TÉC) Elektroventil *nt*

elefante, -a [eleˈfante, -a] *m, f* ❶ (ZOOL) Elefant *m*, Elefantenkuh *f;* ~ **marino** Walross *nt;* **ver ~s volando** (*fig*) weiße Mäuse sehen
❷ (*Arg, Chil, Méx, Perú*): ~ **blanco** (nutzloser) Luxusgegenstand *m*

elefantiasis [elefanˈtjasis] *f inv*, **elefantíasis** [elefanˈtiasis] *f inv* (MED) Elefantiasis *f*

elefantino, -a [elefanˈtino, -a] *adj* Elefanten-

elegancia [eleˈɣanθja] *f* ❶ (*distinción*) Eleganz *f*
❷ (*buen gusto*) Geschmack *m*

elegante [eleˈɣante] *adj* ❶ (*con armonía en las formas*) elegant, fein; (*noble*) vornehm; **vestido** ~ elegantes Kleid
❷ (*que tiene buen gusto*) geschmackvoll
❸ (*actitud honrada*) rühmlich; (*actitud generosa*) großzügig

elegantoso, -a [eleɣanˈtoso, -a] *adj* (*t. Am: fam*) vornehm, elegant

elegía [eleˈxia] *f* Elegie *f*, Klagelied *nt*

elegiaco, -a [eleˈxjako, -a] *adj*, **elegíaco, -a** [eleˈxiako, -a] *adj* elegisch

elegibilidad [elexiβiliˈðað] *f* Wählbarkeit *f*

elegible [eleˈxiβle] *adj* wählbar

elegido, -a [eleˈxiðo, -a] **I.** *adj* gewählt, ausgesucht; **la candidata elegida** die gewählte Kandidatin
II. *m, f* Auserwählte(r) *mf*

elegir [eleˈxir] *irr vi, vt* wählen (*de/entre* zwischen +*dat*); (POL) wählen; (INFOR) auswählen; **a** ~ nach Wahl, nach Belieben

elementado, -a [elemenˈtaðo, -a] *adj* (*Chil, Col: alelado*) einfältig, dumm

elemental [elemenˈtal] *adj* ❶ (*fundamental*) grundlegend, elementar; **conocimientos ~es** Grundkenntnisse *fpl*
❷ (*sencillo*) selbstverständlich, elementar

elemento [eleˈmento] *m* ❶ (*parte*) Element *nt*, Bestandteil *m;* ~ **del activo/pasivo** (*en contabilidad*) Aktiv-/Passivposten *m;* ~ **base** Grundbestandteil *m;* ~ **contractual** Vertragselement *nt;* ~ **de datos** (INFOR) Datenelement *nt;* ~ **de entrada/salida** (INFOR) Eingabe-/Ausgabeelement *nt;* ~ **fundamental** Grundelement *nt;* ~ **de imagen** (INFOR) Bildelement *nt*, Pixel *nt;* ~ **de texto** (INFOR, LING) Textelement *nt;* **los ~s químicos** die chemischen Elemente; **el líquido** ~ (*elev*) das nasse Element; **estar en su** ~ in seinem Element sein; **tener ~s de juicio** urteilsfähig sein
❷ (*persona*) Element *nt;* **~s subversivos** subversive Elemente; **es un ~ de cuidado** vor ihm/ihr muss man sich in Acht nehmen
❸ *pl* (*fuerzas naturales*) Naturgewalten *fpl*, Naturkräfte *fpl*
❹ *pl* (*nociones fundamentales*) Grundkenntnisse *fpl;* **~s de matemáticas** Grundkenntnisse der Mathematik
❺ *pl* (*medios*) Mittel *ntpl;* **contar con ~s para hacer algo** über Mittel verfügen etw zu tun

elenco [eˈleŋko] *m* ❶ (*catálogo*) Verzeichnis *nt*, Liste *f*
❷ (TEAT) Besetzung *f*
❸ (*Am: personal*) Personal *nt;* (*Chil, Perú: equipo*) Mannschaft *f*

elepé [eleˈpe] *m* (MÚS) Langspielplatte *f*

elevación [eleβaˈθjon] *f* ❶ (*subida*) Steigerung *f*, Anhebung *f*, Erhöhung *f;* ~ **de aranceles** Zollerhöhung *f;* ~ **del nivel de vida** Verbesserung des Lebensstandards; ~ **de precios** Preissteigerung *f*
❷ (GEO) Bodenerhebung *f*, Hügel *m*
❸ (JUR) Beurkundung *f;* ~ **a público** öffentliche Beurkundung

elevado, -a [eleˈβaðo, -a] *adj* ❶ (*alto*) hoch; (*nivel*) gehoben; **los precios son ~s** die Preise sind hoch; **elevadas sumas de dinero** erhebliche Geldbeträge; **su estilo es muy** ~ sein/ihr Stil ist sehr gehoben
❷ (MAT): **tres** ~ **a cuatro** drei hoch vier

elevador¹ [eleβaˈðor] *m* (TÉC) ❶ (*AmC: ascensor*) Aufzug *m*
❷ (*Arg: para cargas*) Lastenaufzug *m*

elevador(a)² [eleβaˈðor(a)] *adj* Hebe-; **músculo** ~ (ANAT) Heber *m*

elevalunas [eleβaˈlunas] *m inv* (AUTO) Fensterheber *m;* ~ **eléctrico** elektrischer Fensterheber

elevamiento [eleβaˈmjento] *m* Heben *nt;* **el ~ de tanto peso es perjudicial para la salud** das Heben von so viel Gewicht kann gesundheitliche Schäden hervorrufen

elevar [eleˈβar] **I.** *vt* ❶ (*subir*) heben, erhöhen, steigern; ~ **a los altares** heiligsprechen; ~ **la tasa** den Diskontsatz heraufsetzen; ~ **el tipo de interés** den Zinssatz erhöhen; ~ **al trono** auf den Thron erheben; **elevan los precios continuamente** sie erhöhen ständig die Preise
❷ (MAT): ~ **a una potencia** in eine Potenz erheben, potenzieren
❸ (*enviar*) einreichen (*a* bei +*dat*), richten (*a* an +*akk*); ~ **una instancia** ein Gesuch einreichen; ~ **una protesta** protestieren
II. *vr:* ~**se** ❶ (*tener altura*) eine Höhe haben (*a* von +*dat*); **el monte se eleva a 4.000 metros** der Berg hat eine Höhe von 4.000 Metern
❷ (*tener precio*) betragen (*a*); (*cotización*) steigen (*a* auf +*akk*); **el precio se eleva a dos millones de euros** der Preis beträgt zwei Millionen

elfo ['elfo] *m* Elf *m*

elidir [eli'ðir] *vt* (LING) elidieren

eliminable [elimi'naβle] *adj* entfernbar

eliminación [elimina'θjon] *f* ❶ (*supresión*) Beseitigung *f*, Entfernung *f*; ~ **de errores** (*t.* INFOR) Fehlerbehebung *f*; ~ **de residuos** Müllbeseitigung *f*; **la ~ de los aranceles** die Abschaffung der Zölle; **la ~ de un producto** die Ausmusterung eines Produktes
❷ (MED, DEP) Ausscheiden *f*; **la ~ del equipo fue una sorpresa** das Ausscheiden der Mannschaft kam überraschend
❸ (POL) Ausschaltung *f*, Eliminierung *f*

eliminar [elimi'nar] *vt* ❶ (*suprimir*) entfernen (*de* von +*dat*, *de* aus +*dat*), beseitigen (*de* von +*dat*); **barreras aduaneras** Zollschranken beseitigen; ~ **errores** (*t.* INFOR) Fehler beheben
❷ (INFOR: *borrar*) löschen
❸ (MED) ausscheiden; **está eliminando toxinas** er/sie scheidet Giftstoffe aus
❹ (DEP) besiegen; **la ~on enseguida** sie wurde sofort besiegt; **fueron eliminados en la cuarta prueba** sie schieden in der vierten Runde aus
❺ (*matar*) beseitigen, eliminieren; **debemos ~ al espía** wir müssen den Spion aus dem Weg räumen
❻ (*para fallos*) beheben
❼ (COM) verdrängen; **el año próximo ~emos a la competencia** nächstes Jahr werden wir die Konkurrenz verdrängen
❽ (MAT) eliminieren

eliminatoria [elimina'torja] *f* (DEP) Ausscheidungskampf *m*, Vorrunde *f*

eliminatorio, -a [elimina'torjo, -a] *adj* (DEP, MED) Ausscheidungs-; **partido ~** Ausscheidungsspiel *nt*

elipse [e'lipse] *f* (MAT) Ellipse *f*

elipsis [e'lipsis] *f inv* (LING) Auslassung *f*, Ellipse *f*

elipsoidal [eliβsoi'ðal] *adj* ellipsoid

elipsoide [eliβ'soiðe] *m* (MAT) Ellipsoid *nt*

elíptico, -a [e'liptiko, -a] *adj* elliptisch, ellipsenförmig

elisabetano, -a [elisaβe'tano, -a] *adj* (ARTE, HIST) elisabethanisch

elisión [eli'sjon] *f* (LING) Elision *f*, Auslassung *f*

elite [e'lite] *f*, **élite** ['elite] *f* Elite *f*

elitismo [eli'tismo] *m sin pl* Elitismus *m*

elitista [eli'tista] *adj* elitär

élitro ['elitro] *m* (ZOOL) Deckflügel *m*, Flügeldecke *f*

elixir [eli'ksir] *m*, **elíxir** [e'liksir] *m* Elixier *nt*, Wundermittel *nt*, Zaubertrank *m*; ~ **bucal** Mundwasser *nt*

ella ['eʎa] *pron pers 3. sg f* ❶ (*sujeto*) sie; ~ **es su hermana** sie ist seine/ihre Schwester
❷ (*tras preposición*) sie, ihr; **llámala a ~** ruf sie an; **debes cuidar de ~** du sollst dich um sie kümmern; **voy a hablar con ~** ich werde mit ihr sprechen; **el abrigo es de ~** der Mantel ist ihrer; **he pensado en ~** ich habe an sie gedacht; **el regalo se lo compré a ~** das Geschenk habe ich ihr gekauft; **lo recibí de ~** das habe ich von ihr bekommen

ellas ['eʎas] *pron pers 3. pl f* ❶ (*sujeto: varias mujeres*) sie *pl*; ~ **son arquitectas** sie sind Architektinnen
❷ (*tras preposición*) sie, ihnen; **hoy voy a comer con ~** ich werde heute mit ihnen zu Mittag essen; **no sé qué decirte de ~** ich weiß nicht, was ich dir über sie sagen soll; **el coche es de ~** das Auto gehört ihnen; **¿trabajas para ~?** arbeitest du für sie?

elle ['eʎe] *f* Ll, ll *nt*

ello ['eʎo] *pron pers 3. sg nt* ❶ (*sujeto*) es, das, dieses; ~ **no quiere decir que...** das bedeutet nicht, dass ...
❷ (*tras preposición*): **para ~** dafür; **por ~** darum, deshalb; **estar en ~** schon dabei sein; **¡a ~!** nur zu!

ellos ['eʎos] *pron pers 3. pl m* ❶ (*sujeto*) sie *pl*; ~ **son estudiantes** sie sind Studenten; **si ~ no pueden venir, iré yo** wenn sie nicht kommen können, werde ich selbst hingehen
❷ (*tras preposición*) sie, ihnen; **¿sabes algo de ~?** hast du was von ihnen gehört?; **puedes preguntarles a ~** du kannst sie fragen; **estos niños son de ~** das sind ihre Kinder, diese Kinder sind von ihnen; **quiero invitarlos a ~** ich möchte sie einladen

elocución [eloku'θjon] *f* Ausdrucksweise *f*, Sprechweise *f*

elocuencia [elo'kwenθja] *f* Beredsamkeit *f*, Rednergabe *f*; **con ~** beredt

elocuente [elo'kwente] *adj* ❶ (*que tiene elocuencia*) beredt
❷ (*claro*) viel sagend; **las pruebas son ~s** die Beweise sprechen für sich

elogiable [elo'xjaβle] *adj* lobenswert, rühmenswert

elogiar [elo'xjar] *vt* loben, preisen, rühmen

elogio [e'loxjo] *m* Lob *nt*; **digno de ~** lobenswert; **hacer ~s** loben; **recibir** [*o* **cosechar**] **~s** Lob ernten

elogioso, -a [elo'xjoso, -a] *adj* lobend; **palabras elogiosas** lobende Worte

elongación [eloŋga'θjon] *f* ❶ (*elev: alargamiento*) Verlängerung *f*, Streckung *f*
❷ (MED) Dehnung *f*, Zerrung *f*
❸ (ASTR) Elongation *f*

elote [e'lote] *m* (AmC) Maiskolben *m*; **torta de ~** (GASTR) Maisauflauf *m*; **coger a alguien asando ~s** (*fig*) jdn auf frischer Tat ertappen

elucidación [eluθiða'θjon] *f* (*formal*) Erläuterung *f*, Erklärung *f*

elucidar [eluθi'ðar] *vt* (*formal*) erläutern, erklären

elucubración [elukuβra'θjon] *f* (sinnlose) Überlegung *f*

elucubrar [eluku'βrar] *vi*, *vt* (sinnlose) Überlegungen anstellen (über +*akk*)

eludible [elu'ðiβle] *adj* vermeidlich; **esa ley es ~** dieses Gesetz lässt sich umgehen

eludir [elu'ðir] *vt* ❶ (*evitar*) ausweichen +*dat*, meiden, umgehen; **eludió su responsabilidad** er/sie hat sich seiner/ihrer Verantwortung entzogen; ~ **las leyes** die Gesetze umgehen
❷ (*declinar*) ablehnen; ~ **una invitación** eine Einladung ablehnen

elusión [elu'sjon] *f* Umgehen *nt*; ~ **de impuestos** Steuervermeidung *f*; **la ~ sistemática de cualquier trabajo** das systematische Umgehen jeder Art von Arbeit

elusivo, -a [elu'siβo, -a] *adj* ausweichend; **dio una respuesta elusiva** er/sie gab eine ausweichende Antwort

e-mail ['imeil] *m abr de* **electronic mail** E-Mail *f*

emanación [emana'θjon] *f* Ausströmung *f*, Emanation *f*; (*de un líquido*) Ausfluss *m*

emanantismo [emanan'tismo] *m sin pl* (REL) Emanationslehre *f*

emanar [ema'nar] **I.** *vi* ❶ (*escaparse*) ausströmen; (*líquido*) ausfließen; **el gas emana de este depósito** das Gas strömt aus diesem Tank aus
❷ (*tener su origen*) hervorgehen (*de* aus +*dat*); **de la carta emanan dudas** aus dem Brief gehen Zweifel hervor
II. *vt* ausstrahlen; **su persona emanaba tranquilidad** von seiner/ihrer Person ging Ruhe aus

emancipación [emanθipa'θjon] *f* Emanzipation *f*

emancipador(a) [emanθipa'ðor(a)] **I.** *adj* befreiend, emanzipatorisch
II. *m(f)* Befreier(in) *m(f)*

emancipar [emanθi'par] **I.** *vt* ❶ (*feminismo*) emanzipieren, gleichstellen; **una mujer emancipada** eine emanzipierte Frau
❷ (*liberar*) befreien
❸ (JUR) mündig sprechen, für volljährig erklären
II. *vr:* **~se** selb(st)ständig werden, sich emanzipieren (*de* von +*dat*)

emancipatorio, -a [emanθipa'torjo, -a] *adj* befreiend, emanzipatorisch

emasculación [emaskula'θjon] *f* (*elev: castración*) Entmannung *f*, Kastrierung *f*

emascular [emasku'lar] *vt* entmannen, kastrieren

embadurnamiento [embaðurna'mjento] *m* Ausschmieren *nt*, Beschmieren *nt*; **es imprescindible el ~ de la fuente con aceite de oliva** die Backform muss unbedingt mit Olivenöl ausgeschmiert werden

embadurnar [embaður'nar] **I.** *vt* ❶ (*manchar*) beschmieren (*con/de* mit +*dat*), verschmieren
❷ (*pintar mal*) kritzeln, schmieren
II. *vr:* **~se** sich beschmieren (*de/con* mit +*dat*)

embaimiento [embai'mjento] *m* (*elev*) Blendwerk *nt*

embaír [emba'ir] *irr vt* (*elev*) anschwindeln, beschwindeln

embajada [emba'xaða] *f* ❶ (*edificio, cargo*) Botschaft *f*; **¿dónde está la E~ Española?** wo ist die spanische Botschaft?
❷ (*mensaje*) Botschaft *f*, Nachricht *f*

embajador(a) [embaxa'ðor(a)] *m(f)* ❶ (*diplomático*) Botschafter(in) *m(f)*
❷ (*mensajero*) Gesandte(r) *mf*, Bote, -in *m, f*

embalado, -a [emba'laðo, -a] *adj* (AUTO) auf Hochtouren

embalador(a) [embala'ðor(a)] *m(f)* Packer(in) *m(f)*

embalaje [emba'laxe] *m* Verpackung *f*, Verpackungsmaterial *nt*; ~ **automático** maschinelle Verpackung; ~ **de presentación** Geschenkverpackung *f*; ~ **reutilizable** wieder verwendbare Verpackung; ~ **vacío** Leergut *nt*; **gastos de ~** Verpackungskosten *pl*

embalar [emba'lar] **I.** *vt* ❶ (*empaquetar*) einpacken, verpacken
❷ (AUTO) auf Touren bringen
II. *vr:* **~se** ❶ (*correr*) lossausen
❷ (*poner mucho empeño*) sich hinreißen lassen

embaldosado, -a [embaldo'saðo, -a] *m* ❶ (*suelo*) Fliesenboden *m*, Fliesenbelag *m*
❷ (*acción*) Fliesen(legen) *nt*

embaldosar [embaldo'sar] *vt* fliesen

embalsadero [embalsa'ðero] *m* Sumpf *m*

embalsamador(a) [embalsama'ðor(a)] **I.** *adj* balsamierend
II. *m(f)* (Ein)balsamierer(in) *m(f)*

embalsamamiento [embalsama'mjento] *m* Einbalsamierung *f*

embalsamar [embalsa'mar] *vt* ① (*cadáveres*) einbalsamieren ② (*perfumar*) parfümieren
embalsar [embal'sar] *vt, vr:* **~se** (sich) stauen
embalse [em'balse] *m* ① (*acción de embalsar*) (An)stauen *nt* ② (*pantano*) Stausee *m* ③ (*Arg: presa*) Talsperre *f*
embanastar [embanas'tar] *vt* ① (*meter en banasta*) in einen Korb legen ② (*gente*) zusammenpferchen
embancarse [embaŋ'karse] <c→qu> *vr* (NÁUT) auflaufen
embanderar [embande'rar] **I.** *vt* mit Fahnen schmücken **II.** *vr:* **~se** mit Fahnen geschmückt werden; **la ciudad se embanderó para recibir al rey** die Stadt wurde zum Empfang des Königs mit Fahnen geschmückt
embarazada [embara'θaða] **I.** *adj* schwanger; **está ~ de seis meses** sie ist im sechsten Monat schwanger **II.** *f* Schwangere *f*
embarazado, -a [embara'θaðo, -a] *adj* verlegen, gehemmt
embarazar [embara'θar] <z→c> **I.** *vt* ① (*estorbar*) stören, belästigen ② (*cohibir*) in Verlegenheit bringen ③ (*dejar encinta*) schwängern **II.** *vr:* **~se** ① (*quedarse encinta*) schwanger werden ② (*cohibirse*) in Verlegenheit geraten
embarazo [emba'raθo] *m* ① (*gravidez*) Schwangerschaft *f*; **interrupción del ~** Schwangerschaftsabbruch *m* ② (*cohibición*) Verlegenheit *f*; **causar ~ a alguien** jdn in Verlegenheit bringen ③ (*molestia*) Störung *f*; (*impedimento*) Hindernis *nt*
embarazoso, -a [embara'θoso, -a] *adj* ① (*molesto*) hinderlich, störend ② (*desagradable*) peinlich, unangenehm; **es una situación embarazosa** das ist eine peinliche Lage ③ (COM): **mercancías embarazosas** Sperrgut *nt*
embarbascar [embarβas'kar] <c→qu> *vt* ① (*Bol, Ecua, Méx, Ven*) mit einem Zaubertrank verhexen ② (*Méx: peces*) vergiften
embarcable [embar'kaβle] *adj* verschiffbar
embarcación [embarka'θjon] *f* Wasserfahrzeug *nt*, Schiff *nt*, Boot *nt*
embarcadero [embarka'ðero] *m* Landungsbrücke *f*
embarcar [embar'kar] <c→qu> **I.** *vi* an Bord gehen **II.** *vt* ① (*en barco*) einschiffen, verladen, an Bord nehmen ② (*en asunto arriesgado*) verwickeln (*en* in +*akk*), hineinziehen (*en* in +*akk*) **III.** *vr:* **~se** ① (*en barco*) sich einschiffen, an Bord gehen; **se embarcó para América** er/sie reiste (mit dem Schiff) nach Amerika ② (*en asunto arriesgado*) sich einlassen (*en* auf +*akk*); **se embarcó en un extraño negocio** er/sie ließ sich auf ein seltsames Geschäft ein
embarco [em'barko] *m* Einschiffung *f*; (*t. avión*) An-Bord-Gehen *nt*
embargabilidad [embarɣaβili'ðað] *f sin pl* (JUR) Pfändbarkeit *f*
embargable [embar'ɣaβle] *adj* pfändbar
embargar [embar'ɣar] <g→gu> *vt* ① (*retener*) beschlagnahmen ② (*absorber*) gefangen nehmen, völlig beanspruchen ③ (*molestar*) hindern, stören
embargo [em'barɣo] **I.** *m* ① (*retención de bienes*) Embargo *nt*; **~ de armas** Waffenembargo *nt*; **~ comercial** Handelsembargo *nt*; **~ a la exportación** Ausfuhrembargo *nt*; **~ de seguridad** Sicherheitsarrest *m*; **~ inmobiliario** Immobiliarvollstreckung *f*; **imponer** [*o* **decretar**] **un ~** ein Embargo verhängen; **levantar un ~** ein Embargo aufheben; **suavizar un ~** ein Embargo lockern ② (*confiscación*) Beschlagnahmung *f* ③ (FIN) Pfändung *f*; **~ de cuentas bancarias** Kontopfändung *f*; **~ de deudas** [*o* **de créditos**] Pfändung von Forderungen, Forderungspfändung *f*; **~ de salarios** Gehaltspfändung *f*, Lohnpfändung *f* ④ (JUR: *arresto*) Arrest *m* **II.** *conj:* **sin ~** trotzdem, dennoch
embarque [em'barke] *m* ① (*de material*) Einschiffung *f*, Verladung *f*; **documentos de ~** (COM) Verschiffungsdokumente *ntpl* ② (*de personas*) An-Bord-Gehen *nt*; **tarjeta de ~** Bordkarte *f*
embarrada [emba'rraða] *f* (*Cuba, PRico, And*) ① (*desliz*) Peinlichkeit *f* ② (*tontería*) Albernheit *f*, Dummheit *f*
embarradilla [embarra'ðiʎa] *f* (*Méx:* GASTR) mit süßer Milch, Kokos, Ei und anderen Zutaten gefülltes Pastetchen
embarrancamiento [embarraŋka'mjento] *m* Stranden *nt*, Strandung *f*
embarrancar [embarraŋ'kar] <c→qu> **I.** *vi* ① (*barcos*) stranden, auf Grund laufen ② (*atascarse*) stecken bleiben **II.** *vr:* **~se** stecken bleiben, nicht vorwärtskommen
embarrar [emba'rrar] **I.** *vt* ① (*ensuciar*) (mit Schlamm) beschmieren ② (AmC: *implicar*) verwickeln ③ (*Cuba, PRico, CSur: mancillar*) schänden; (*fam: cometer un error*) verbocken ④ (*reg: blanquear*) tünchen **II.** *vr:* **~se** ① (*ensuciarse*) sich (mit Schlamm) beschmieren ② (AmC) sich verwickeln
embarrilado [embarri'laðo] *m sin pl* Abfüllen *nt* in Fässer
embarrilar [embarri'lar] *vt* in Fässer füllen
embarrizarse [embarri'θarse] <z→c> *vr* sich (mit Schlamm) beschmutzen [*o* beschmieren]
embarullar [embaru'ʎar] **I.** *vt* (*fam*) durcheinander bringen, durcheinander werfen **II.** *vr:* **~se** (*fam*) durcheinander geraten
embasamiento [embasa'mjento] *m* (ARQUIT) Haussockel *m*
embatada [emba'taða] *f* (NÁUT) durch die Brandung oder heftigen Wind verursachte Kursänderung
embate [em'bate] *m* ① (*golpe de mar*) (starke) Brandung *f*, Wellenschlag *m* ② (*golpe fuerte*) Schlag *m*; **los ~s del destino** die Schicksalsschläge
embaucador(a) [embau̯ka'ðor(a)] **I.** *adj* betrügerisch **II.** *m(f)* Betrüger(in) *m(f)*, Schwindler(in) *m(f)*
embaucamiento [embau̯ka'mjento] *m* Betrug *m*, Schwindel *m*
embaucar [embau̯'kar] <c→qu> *vt* betrügen
embaulado, -a [embau̯'laðo, -a] *adj* (*fig*) voll gestopft; **había diez personas embauladas en un apartamento de dos habitaciones** die Zweizimmerwohnung war mit 10 Personen voll gestopft
embazar [emba'θar] <z→c> **I.** *vi* in Erstaunen geraten **II.** *vt* ① (*teñir*) braun färben ② (*estorbar*) hindern, hemmen ③ (*sorprender*) erstaunen **III.** *vr:* **~se** ① (*indigestarse*) Schmerzen an der Milz haben ② (*cansarse*) überdrüssig werden +*gen*, genug haben (*von* +*dat*) ③ (*estar fastidiado*) verärgert sein (*por* wegen +*gen*/*dat*)
embebecer [embeβe'θer] *irr como crecer* **I.** *vi, vt* begeistern, entzücken; **su voz (me) embebece** er/sie hat eine entzückende Stimme **II.** *vr:* **~se** sich begeistern (*de/con* für +*akk*)
embebecimiento [embeβeθi'mjento] *m* (*elev*) Begeisterung *f*, Verzückung *f*
embeber [embe'βer] **I.** *vi* einlaufen, eingehen **II.** *vt* ① (*absorber*) aufsaugen ② (*empapar*) tränken (*de* mit +*dat*), tauchen (*en* in +*akk*) ③ (*contener*) enthalten **III.** *vr:* **~se** ① (*empaparse*) sich voll saugen (*de* mit +*dat*) ② (*enfrascarse*) sich vertiefen (*en* in +*akk*), sich versenken (*en* in +*akk*); **se embebió en la lectura** er/sie hat sich in das Buch vertieft
embebido, -a [embe'βiðo, -a] *adj* vertieft (*en* in +*akk*), versunken (*en* in +*akk*), geistesabwesend
embecadura [embeka'ðura] *f* (ARQUIT) Hängezwickel *m* einer Kuppel (*Dreiecke, die durch einen in einem Quadrat gezeichneten Kreis entstehen*)
embejucar [embexu'kar] <c→qu> **I.** *vt* ① (*Ant, Col, Ven: envolver con bejucos*) mit Lianen umschlingen ② (*Col: desorientar*) verwirren **II.** *vr:* **~se** (*Col*) abmagern
embelecar [embele'kar] <c→qu> *vt* betrügen, beschwindeln
embelesamiento [embelesa'mjento] *m* Entzücken *nt*, Begeisterung *f*
embelesar [embele'sar] **I.** *vi, vt* begeistern, entzücken; **su voz (me) embelesa** er/sie hat eine entzückende Stimme **II.** *vr:* **~se** sich begeistern (*de/con* für +*akk*)
embeleso [embe'leso] *m* Begeisterung *f*, Entzücken *nt*
embellaquecerse [embeʎake'θerse] *irr como crecer* *vr* gemein werden, schurkisch werden
embellecedor[1] [embeʎeθe'ðor] *m* Schmuck *m*; (*en los coches*) Zierkappe *f*
embellecedor(a)[2] [embeʎeθe'ðor(a)] *adj* verschönernd, schmückend
embellecer [embeʎe'θer] *irr como crecer* *vt* ① (*hacer más bonito*) verschönern, schmücken ② (*idealizar*) idealisieren
embellecimiento [embeʎeθi'mjento] *m* ① (*adorno*) Verschönerung *f*, Verzierung *f* ② (*idealización*) Idealisierung *f*
embeodar [embeo'ðar] **I.** *vt* betrunken machen **II.** *vr:* **~se** sich betrinken
embero [em'bero] *m* ① (BOT) in Westafrika vorkommender Baum ② (*madera*) Holz eines in Westafrika vorkommenden Baumes, das als Edelholz für Zimmerarbeiten verwendet wird
emberrenchinarse [emberrentʃi'narse] *vr,* **emberrincharse** [emberrin'tʃarse] *vr* (*fam*) einen Wutanfall bekommen
embestida [embes'tiða] *f* heftiger Angriff *m*, Ansturm *m*

embestir [embes'tir] *irr como pedir* **I.** *vi* schlagen (*contra* gegen +*akk*); **las olas embestían contra el muro** die Wellen schlugen gegen die Mauer **II.** *vt* ❶ (*atacar*) angreifen, anfallen; **el toro embistió al torero** der Stier griff den Stierkämpfer an ❷ (*fam: acometer pidiendo*) anbetteln, bestürmen (mit der Bitte um Geld)

embetunar [embetu'nar] *vt* (*calzado*) eincremen, wichsen

embichar [embi'tʃar] **I.** *vt* (*Arg*) verhexen **II.** *vr:* ~se (*Arg: agusanarse*) wurmstichig werden, von Würmern befallen werden; (*abicharse*) madig werden

emblandecer [emblande'θer] *irr como crecer* **I.** *vi* (*viento, frío*) nachlassen **II.** *vt* ❶ (*poner blando*) weich machen; (*suelo*) aufweichen ❷ (*calmar*) besänftigen ❸ (*hacer ceder*) erweichen **III.** *vr:* ~se ❶ (*dejarse calmar*) sich besänftigen lassen ❷ (*conmoverse*) weich werden

emblanquecer [emblaŋke'θer] *irr como crecer* **I.** *vt* tünchen, weiß machen **II.** *vr:* ~se weiß werden

emblanquecimiento [emblaŋkeθi'mjento] *m* Tünchen *nt*

emblema [em'blema] *m* Emblem *nt*, Wahrzeichen *nt*, Sinnbild *nt;* ~ **comercial** Warenzeichen *nt*

emblemático, -a [emble'matiko, -a] *adj* sinnbildlich; **producto** ~ Vorzeigeprodukt *nt*

embobamiento [emboba'mjento] *m* (*asombro*) Verblüffung *f*, Staunen *nt;* (*fascinación*) Faszination *f*

embobar [embo'βar] **I.** *vt* (*asombrar*) verblüffen, erstaunen; (*fascinar*) faszinieren; **me emboba** er/sie macht mich ganz verrückt **II.** *vr:* ~se (*de asombro*) erstaunt sein (*con/en* über +*akk*); (*de fascinación*) fasziniert sein (*con/en* von +*dat*)

embobecer [emboβe'θer] *irr como crecer* **I.** *vt* verdummen **II.** *vr:* ~se blöd werden

embocadura [emboka'ðura] *f* ❶ (*entrada*) Einfahrt *f;* (*de un río*) Mündung *f;* ~ **del puerto** Hafeneinfahrt *f* ❷ (*de los caballos*) Gebiss *nt*, Mundstück *nt* ❸ (*del vino*) Geschmack *m* ❹ (*habilidad*) Begabung *f* ❺ (MÚS) Mundstück *nt;* **tener buena** ~ einen guten Ansatz haben

embocar [embo'kar] <c→qu> *vt* ❶ (*enfilar*) (hin)einfahren (in +*akk*); **el barco emboca el puerto** das Schiff fährt in den Hafen ein ❷ (*meter*) hineinstecken ❸ (*coger con la boca*) schnappen; (*meter por la boca*) in den Mund stecken ❹ (MÚS) ansetzen ❺ (*una mentira*) weismachen; ~ **a alguien una historia** (*fam*) jdm einen Bären aufbinden ❻ (*empezar*) anfangen, einleiten

embodegar [emboðe'ɣar] <g→gu> *vt* (*vinos*) einkellern

emboinado, -a [emboi'naðo, -a] *adj* eine Boina oder Baskenmütze tragend

embolado [embo'laðo] *m* ❶ (*mentira*) Lüge *f;* **meter a alguien en un** ~ jdn in Verlegenheit bringen ❷ (*t.* TEAT) Nebenrolle *f* ❸ (TAUR) Stier mit Holzkugeln an den Hörnern

embolar [embo'lar] **I.** *vt* ❶ (TAUR) einem Stier Holzkugeln auf die Hörner stecken ❷ (*embetunar*) eincremen **II.** *vr:* ~se (*Arg*) sich langweilen

embolatar [embola'tar] **I.** *vt* ❶ (*Col, Pan: engañar*) belügen ❷ (*Col: dilatar una acción*) hinausschieben, verzögern ❸ (*Col, Pan: embrollar una situación*) komplizieren **II.** *vr:* ~se ❶ (*Col: concentrarse*) sich vertiefen (*en* in +*akk*) ❷ (*Col: perderse*) sich verlaufen ❸ (*Col, Pan: entregarse al jolgorio*) sich dem Vergnügen hingeben

embolia [em'bolja] *f* (MED) Embolie *f;* ~ **cerebral** Gehirnschlag *m*

émbolo ['embolo] *m* ❶ (TÉC) Kolben *m* ❷ (MED) Embolus *m*, Gefäßpfropf *m*

embolsar [embol'sar] **I.** *vt* ❶ (*meter en bolsa*) einpacken, in eine Tüte [*o* einen Beutel] stecken ❷ (*dinero*) verdienen **II.** *vr:* ~se verdienen; **con este negocio se embolsó dos millones** an diesem Geschäft hat er/sie zwei Millionen verdient

embolso [em'bolso] *m* Einnahme *f*, Einnehmen *nt*

embonar [embo'nar] *vt* (*Cuba, Ecua, Méx: acomodar cosas*) anpassen; (*caer bien una cosa*) (gut) stehen +*dat*

emboque [em'boke] *m* ❶ (*fam: engaño*) Betrug *m;* (*mentira*) Lüge *f* ❷ (*por un orificio*) Durchzwängen *nt*

emboquillado [emboki'ʎaðo] **I.** *adj* (*cigarrillo*) mit Filter, Filter- **II.** *m* Filterzigarette *f*

emboquillar [emboki'ʎar] *vt* ❶ (*cigarrillo*) mit Filter drehen ❷ (MIN) mit der Bohrung beginnen (*an* +*dat*)

emborrachamiento [emborratʃa'mjento] *m* (Be)trunkenheit *f*

emborrachar [emborra'tʃar] **I.** *vt* ❶ (*a alguien*) betrunken machen ❷ (*repostería*) Alkohol zugeben +*dat* **II.** *vr:* ~se ❶ (*beber*) sich betrinken (*con/de* mit +*dat*) ❷ (*correrse los colores*) ineinander laufen

emborrar [embo'rrar] *vt* ❶ (*rellenar de borra*) polstern (*de* mit +*dat*), ausstopfen (*de* mit +*dat*) ❷ (*comida*) verschlingen

emborrascarse [emborras'karse] <c→qu> *vr* ❶ (METEO) stürmisch werden ❷ (*negocio*) scheitern

emborronar [emborro'nar] *vt* ❶ (*de tachaduras*) beklecksen, verschmieren ❷ (*escribir mal*) hinkritzeln

emboscada [embos'kaða] *f* Hinterhalt *m*, Falle *f;* **tender una** ~ **a alguien** jdm eine Falle stellen

emboscar [embos'kar] <c→qu> **I.** *vt* in einen Hinterhalt locken **II.** *vr:* ~se ❶ (*atacar*) im Hinterhalt lauern [*o* liegen] ❷ (*buscar lo más cómodo*) sich drücken

embosquecer [emboske'θer] *irr como crecer vi* sich bewalden

embotado, -a [embo'taðo, -a] *adj* ❶ (*herramienta*) stumpf ❷ (*persona*) abgestumpft

embotamiento [embota'mjento] *m* ❶ (*herramienta*) Stumpfwerden *nt* ❷ (*persona*) Abstumpfen *nt*

embotar [embo'tar] **I.** *vt* ❶ (*herramienta*) stumpf machen, abstumpfen ❷ (*tabaco*) in eine (Tabak)dose füllen ❸ (*sentidos*) benebeln; **este olor me embota** dieser Geruch benebelt mich (völlig) **II.** *vr:* ~se ❶ (*herramienta*) stumpf werden ❷ (*aturdirse*) benommen werden ❸ (*gracia, desenvoltura*) nachlassen ❹ (*fam: las botas*) die Stiefel anziehen

embotellado¹ [embote'ʎaðo] *m* Flaschenabfüllung *f*

embotellado, -a² [embote'ʎaðo, -a] *adj* ❶ (*bebida*) abgefüllt; **vino** ~ Flaschenwein *m* ❷ (*discurso*) vorbereitet, ausgearbeitet ❸ (*tráfico*) lahm gelegt

embotellador(a) [emboteʎa'ðor(a)] *adj* (Ab)füll-; **máquina** ~**a** (Ab)füllmaschine *f*

embotelladora [emboteʎa'ðora] *f* (Ab)füllmaschine *f;* ~ **circular** Rundfüller *m*

embotellamiento [emboteʎa'mjento] *m* ❶ (*de vino*) Flaschenabfüllung *f* ❷ (*de tráfico*) (Verkehrs)stau *m;* **siempre hay** ~**s en esta carretera** auf dieser Landstraße staut sich immer der Verkehr

embotellar [embote'ʎar] **I.** *vt* ❶ (*líquido*) in Flaschen abfüllen ❷ (*tráfico*) lahm legen ❸ (*a alguien*) in die Enge treiben ❹ (*negocio*) hemmen, behindern ❺ (MIL: *naves*) am Auslaufen hindern ❻ (*fam: lección*) pauken **II.** *vr:* ~se ❶ (*fam: lección*) pauken ❷ (*tráfico*) sich stauen; **el tráfico se embotelló en la autopista** auf der Autobahn bildete sich ein (Verkehrs)stau

embotijar [emboti'xar] **I.** *vt* in Tonkrüge abfüllen **II.** *vr:* ~se ❶ (*hincharse*) (an)schwellen ❷ (*fam: encolerizarse*) hochgehen, in die Luft gehen

embovedado¹ [emboβe'ðaðo] *m* (ARQUIT) Wölbung *f*

embovedado, -a² [emboβe'ðaðo, -a] *adj* (ARQUIT) gewölbt

embovedar [emboβe'ðar] *vt* (ARQUIT: *abovedar*) wölben

embozalar [emboθa'lar] *vt* (*a un perro*) den Maulkorb anlegen (*a* +*dat*); (*a un caballo*) den [*o* das] Halfter anlegen (*a* +*dat*)

embozar [embo'θar] <z→c> **I.** *vt* ❶ (*rostro*) vermummen, verhüllen ❷ (*hecho*) vertuschen, verheimlichen, unter den Teppich kehren *fam* ❸ (*cañería*) verstopfen **II.** *vr:* ~se ❶ (*rostro*) sich vermummen ❷ (*una cañería*) verstopfen

embozo [em'boθo] *m* ❶ (*de la capa*) Kragen *m* ❷ (*de la sábana*) am Kopfende umgeschlagener Teil eines Bettlakens; **asomó la cabeza sobre el** ~ er/sie streckte den Kopf unter dem Bettlaken hervor ❸ *pl* (*tapujos*) Verhüllung *f;* **déjate de** ~**s y ve al grano** red nicht um den heißen Brei herum und komm (endlich) zur Sache

embragar [embra'ɣar] <g→gu> **I.** *vi* (AUTO) kuppeln

embrague

II. *vt* ❶ (AUTO) einkuppeln
❷ (*fardo*) verschnüren; (*sujetar*) festbinden; ~ **un bulto** ein Seil um ein Bündel binden

embrague [em'braɣe] *m* ❶ (*mecanismo*) Kupplung *f*
❷ (*pedal*) Kupplung *f*, Kupplungspedal *nt*; **quitar el pie del** ~ den Fuß von der Kupplung nehmen

embravecer [embraβe'θer] *irr como crecer* I. *vi* (*plantas*) gut gedeihen
II. *vt* ❶ (*a un animal*) reizen
❷ (*mar*) aufwühlen, aufpeitschen; **la tormenta embraveció el mar** der Sturm wühlte die See auf
III. *vr:* ~**se** ❶ (*animal*) aggressiv werden
❷ (*mar, viento*) toben

embravecido, -a [embraβe'θiðo, -a] *adj* ❶ (*animal*) aggressiv, gereizt
❷ (*viento*) stürmisch, brausend; (*mar*) stürmisch, aufgewühlt

embravecimiento [embraβeθi'mjento] *m* (*cólera*) heftiger Zorn *m*; (*t. fig*) Toben *nt*; **el** ~ **del mar provocó problemas a los marineros** das Toben des Meeres brachte die Seeleute in Schwierigkeiten

embrear [embre'ar] *vt* (*con brea*) teeren; (*con pez*) verpichen

embriagado, -a [embrja'ɣaðo, -a] *adj* betrunken

embriagador(a) [embrjaɣa'ðor(a)] *adj* berauschend; **aroma** ~ betörendes Aroma; **música** ~**a** bezaubernde Musik

embriagar [embrja'ɣar] <g→gu> I. *vi, vt* ❶ (*emborrachar*) betrunken machen
❷ (*enajenar*) berauschen, entzücken; **esta música embriaga** diese Musik ist berauschend; **este perfume embriaga** das ist ein betörendes Parfum
II. *vr:* ~**se** ❶ (*emborracharse*) sich betrinken (*con* mit +*dat*)
❷ (*enajenarse*) sich berauschen (*de* an +*dat*), sich begeistern (*de* für +*akk*)

embriaguez [embrja'ɣeθ] *f* ❶ (*borrachera*) (Be)trunkenheit *f*; **en estado de** ~ in betrunkenem Zustand
❷ (*enajenación*) Rausch *m*, (Sinnes)taumel *m*

embridar [embri'ðar] *vt* ❶ (*caballos*) aufzäumen
❷ (*pasión*) im Zaum halten
❸ (TÉC): ~ **una tubería** an einem Rohr Schellen befestigen

embriogénesis [embrjo'xenesis] *f inv* (BIOL) Embryonalentwicklung *f*

embriogenia [embrjo'xenja] *f* (BIOL) Embryogenese *f*, Embryonalentwicklung *f*

embriología [embrjolo'xia] *f sin pl* (BIOL) Embryologie *f*

embriólogo, -a [em'bri'oloɣo, -a] *m, f* (BIOL) Embryologe, -in *m, f*

embrión [embri'on] *m* ❶ (BIOL) Embryo *m*
❷ (*principio*) Keim *m*

embrional [embrjo'nal] *adj* embryonal, embryonisch

embrionario, -a [embrjo'narjo, -a] *adj* embryonisch, embryonal; **estadio** ~ Embryonalstadium *nt*

embriopatía [embrjopa'tia] *f* (MED) Embryopathie *f*

embriotomía [embrjoto'mia] *f* (MED) Embryotomie *f*

embrocar [embro'kar] <c→qu> I. *vt* ❶ (*líquido*) umfüllen
❷ (TÉC: *hilos*) (auf eine Spindel) spulen
❸ (*suelas*) annageln
❹ (TAUR) zwischen die Hörner nehmen
II. *vr:* ~**se** (*Méx*) über den Kopf ziehen; ~**se un vestido** sich *dat* ein Kleid über den Kopf ziehen

embrollar [embro'ʎar] I. *vt* ❶ (*cosas*) verwirren, verwickeln; **la situación está embrollada** die Lage ist verworren; **embrolla todo lo que toca** er/sie bringt alles durcheinander; **lo embrollas más de lo necesario** du machst die Sache komplizierter als nötig
❷ (*hilos*) verwirren
❸ (*Chil, Urug: engañar*) betrügen
II. *vr:* ~**se** ❶ (*cosas*) sich verwirren, in Unordnung gebracht werden; ~**se en un negocio** in ein Geschäft verwickelt [*o* hineingezogen] werden
❷ (*hilos*) sich verwirren, sich verheddern *fam*

embrollo [em'broʎo] *m* ❶ (*lío*) Wirrwarr *m*, Durcheinander *nt*; (*confusión*) Konfusion *f*; **meterse en un** ~ sich in eine verzwickte Lage bringen
❷ (*hilos*) Gewirr *nt*
❸ (*embuste*) Lüge *f*; **no me vengas con** ~**s** sag mir die Wahrheit
❹ (*chanchullo*) Machenschaft *f*, Intrige *f*; **este negocio seguro que es un** ~ an diesem Geschäft ist mit Sicherheit etwas faul

embrollón, -ona [embro'ʎon, -ona] *m, f* ❶ (*enredador*) Intrigant(in) *m(f)*
❷ (*mentiroso*) Lügner(in) *m(f)*, Schwindler(in) *m(f)*

embromado, -a [embro'maðo, -a] *adj* (*Am: fam*) ❶ (*difícil*) schwierig
❷ (*molesto*) lästig

embromar [embro'mar] *vt* ❶ (*gastar una broma*) hochnehmen, verarschen *vulg*; (*cariñosamente*) necken, aufziehen
❷ (*engatusar*) beschwatzen
❸ (*Am: fastidiar*) ärgern

embroncarse [embroŋ'karse] <c→qu> *vr* (*Arg: fam*) sich ärgern

embrujado, -a [embru'xaðo, -a] *adj* Geister-; **un castillo** ~ ein Spukschloss

embrujar [embru'xar] *vt* ❶ (*haciendo brujería*) verhexen
❷ (*embelesar*) bezaubern; **lo ha embrujado totalmente** er/sie hat ihn völlig bezirzt

embrujo [em'bruxo] *m* ❶ (*acción*) Verhexung *f*
❷ (*encanto*) Zauber *m*

embrutecedor(a) [embruteθe'ðor(a)] *adj* verrohend, brutal; **se crió en un ambiente** ~ er/sie wuchs in einem von Gewalt geprägten Milieu auf

embrutecer [embrute'θer] *irr como crecer* I. *vt* ❶ (*volverse bruto*) verrohen lassen, brutalisieren
❷ (*entontecer*) verdummen lassen
II. *vr:* ~**se** ❶ (*volverse bruto*) verrohen
❷ (*volverse insensible*) gefühllos werden, abstumpfen

embrutecido, -a [embrute'θiðo, -a] *adj* ❶ (*bruto*) verroht, brutal
❷ (*insensible*) gefühllos, abgestumpft

embrutecimiento [embruteθi'mjento] *m* ❶ (*de bruto*) Verrohen *nt*, Brutalisierung *f*
❷ (*de tonto*) Verdummung *f*
❸ (*de insensible*) Abstumpfung *f*

embuchado [embu'tʃaðo] *m* ❶ (GASTR) Wurst *f*
❷ (*para ocultar*) Ablenkungsmanöver *nt*
❸ (*fam: enojo*) heimlicher Groll *m*
❹ (POL) Wahlschwindel *m*, Wahlbetrug *m*
❺ (TEAT) Extempore *nt*, Einlage *f*

embuchar [embu'tʃar] *vt* ❶ (*cebar*) kröpfen, mästen
❷ (*embutir*) füllen
❸ (*engullir*) schlingen

embudar [embu'ðar] *vt* ❶ (*un embudo*) einen Trichter aufsetzen (auf +*akk*)
❷ (*engañar*) beschwindeln
❸ (*la caza*) einschließen, umzingeln

embudo [em'buðo] *m* ❶ (*aparato, t.* MIL) Trichter *m*; **en forma de** ~ trichterförmig
❷ (*trampa*) Schwindel *m*, Mogelei *f fam*; **aplicar la ley del** ~ mit zweierlei Maß messen

embuste [em'buste] *m* ❶ (*mentira*) Lüge *f*; **¡esto es un** ~! das ist gelogen!
❷ (*estafa*) Betrug *m*, Schwindel *m*
❸ *pl* (*adornos*) Flitter *m*

embustero, -a [embus'tero, -a] I. *adj* verlogen; **¡qué tío más** ~! der lügt ja wie gedruckt!
II. *m, f* ❶ (*mentiroso*) Lügner(in) *m(f)*; (*mentirosillo*) Schwindler(in) *m(f)*
❷ (*estafador*) Betrüger(in) *m(f)*

embute [em'bute] *m* (*Méx: fam: soborno*) Bestechung *f*

embutido [embu'tiðo] *m* ❶ (GASTR) Wurst *f*; ~**s** Wurstwaren *fpl*
❷ (TÉC) Pressen *nt*
❸ (*taracea*) Einlegearbeit *f*, Intarsie *f*
❹ (*Am: bordado*) Spitzeneinsatz *m*

embutidora [embuti'ðora] *f* (TÉC) Tiefziehpresse *f*

embutir [embu'tir] I. *vt* ❶ (*cosas*) (hinein)stopfen (*en* in +*akk*), hineinpressen (*en* in +*akk*); (*personas*) hineinzwängen (*en* in +*akk*); ~ **lana en un cojín** ein Kissen mit Wolle füllen; **íbamos embutidos en el tranvía** wir waren in der Straßenbahn zusammengepfercht
❷ (*el embutido*) füllen
❸ (TÉC: *una chapa*) treiben; (*golpeando*) (zurecht)hämmern; (*madera*) einlegen; ~ **una viga en la pared** einen Balken in die Wand treiben
❹ (*fam: comer*) in sich hineinstopfen
II. *vr:* ~**se** ❶ (*de comida*) sich voll stopfen (*de* mit +*dat*); ~**se de chocolate** sich mit Schokolade voll stopfen
❷ (*en un vestido*) sich (hinein)zwängen (*en* in +*akk*)

eme ['eme] *f* M, m *nt*; **mandar a alguien a la** ~ (*fam: mierda*) jdn zum Teufel schicken

emergencia [emer'xenθja] *f* ❶ (*acción*) Auftauchen *nt*
❷ (*suceso*) Notfall *m*; **estado de** ~ Notstand *m*; **plan de** ~ Notstandsplan *m*; **declarar el estado de** ~ **en una zona** eine Zone zum Notstandsgebiet erklären
❸ (*t.* JUR) Notstand *m*; ~ **legislativa** Gesetzgebungsnotstand *m*; ~ **supralegal** übergesetzlicher Notstand

emergente [emer'xente] *adj* ❶ (*del agua*) auftauchend (*de* aus +*dat*)
❷ (*de la superficie*) hervorragend (*de* aus +*dat*); **año** ~ Jahresfrist *f*; **daño** ~ (JUR) eingetretener Schaden; **país** ~ Schwellenland *nt*

emerger [emer'xer] <g→j> *vi* ❶ (*del agua*) auftauchen (*de* aus +*dat*)
❷ (*de la superficie*) hervorragen (*de* aus +*dat*), emporragen (*de* über +*dat*); **mi jefe emergió de la nada** mein Chef hat sich von ganz unten emporgearbeitet

emeritense [emeri'tense] **I.** *adj* aus Mérida
II. *mf* Einwohner(in) *m(f)* von Mérida
emérito, -a [e'merito, -a] *adj* emeritiert, emeritus; **profesor** ~ Emeritus *m*
emersión [emer'sjon] *f* (ASTR) Emersion *f*
emético[1] [e'metiko] *m* (MED) Brechmittel *nt*, Emetikum *nt*
emético, -a[2] [e'metiko, -a] *adj* (MED) emetisch
emetropía [emetro'pia] *f* (MED) Normalsichtigkeit *f*, Emmetropie *f*
emigración [emiɣra'θjon] *f* Auswanderung *f* (*a* nach +*dat*, in +*akk*), Emigration *f* (*a* nach +*dat*, in +*akk*); **vivir en la** ~ in der Emigration leben
emigrado, -a [emi'ɣraðo, -a] **I.** *adj* ausgewandert, emigriert
II. *m, f* Ausgewanderte(r) *mf*, Emigrant(in) *m(f)*
emigrante [emi'ɣrante] **I.** *adj* auswandernd, emigrierend
II. *mf* Auswanderer, -in *m, f*, Emigrant(in) *m(f)*; **los ~s españoles en Alemania** die spanischen Emigranten in Deutschland
emigrar [emi'ɣrar] *vi* auswandern (*a* nach +*dat*, in +*akk*), emigrieren (*a* nach +*dat*, in +*akk*)
emigratorio, -a [emiɣra'torjo, -a] *adj* Auswanderungs-, Emigrations-
eminencia [emi'nenθja] *f* ❶ (GEO) Anhöhe *f*, Erhebung *f*
❷ (*virtud*) Würde *f*, Erhabenheit *f*
❸ (*título*) Eminenz *f*; ~ **gris** graue Eminenz
❹ (*talento*) Meister *m* (*en* +*gen*), Genie *nt*; **es una** ~ **en su campo** er/sie ist ein Meister seines/ihres Fachs [o auf seinem/ihrem Gebiet]; **es una** ~ **en literatura contemporánea** er/sie ist ein Experte/eine Expertin für zeitgenössische Literatur
eminente [emi'nente] *adj* ❶ (*elevado*) hoch (gelegen)
❷ (*sobresaliente*) hervorragend, herausragend
eminentemente [eminente'mente] *adv* ❶ (*de forma eminente*) hevorragend
❷ (*especialmente*) besonders
❸ (*esencialmente*) im Wesentlichen, besonders; **una clase** ~ **práctica** ein vor allen Dingen praktischer Unterricht
emir [e'mir] *m* Emir *m*
emirato [emi'rato] *m* Emirat *nt*; **E~s Árabes Unidos** Vereinigte Arabische Emirate
emisario, -a [emi'sarjo, -a] *m, f* Agent(in) *m(f)*, Abgesandte(r) *mf*; ~ **para la recepción** Empfangsbote *m*
emisión [emi'sjon] *f* ❶ (TEL, RADIO) Übertragung *f*, Ausstrahlung *f*; (*programa*) Sendung *f*; **la** ~ **de un concierto** die Übertragung eines Konzerts
❷ (*de luz*) Ausstrahlung *f*, Abstrahlung *f*; (*de radiación*) Abgabe *f*, Emission *f*; (*de calor*) Ausstrahlung *f*, Abgabe *f*
❸ (*de contaminantes*) Ausstoß *m*; **emisiones contaminantes** Schadstoffemissionen *fpl*
❹ (FIN: *de billetes*) Ausgabe *f*, Emission *f*; ~ **de acciones** Aktienemission *f*; ~ **básica** Leitemission *f*; ~ **de deuda pública** öffentliche Schuldverschreibung *f*, Staatsanleihe *f*; ~ **de dinero** Ausgabe von Geld; ~ **de divisas** Devisenausgabe *f*; ~ **de un empréstito** Begebung einer Anleihe; ~ **de obligaciones** Ausstellung von Schuldverschreibungen; ~ **permanente** Daueremission *f*; **tipo de** ~ Ausgabekurs *m*
emisor[1] [emi'sor] *m* ❶ (LING, TÉC) Sender *m*
❷ (FIN) Emittent *m*; ~ **permanente** Daueremittent *m*
emisor(a)[2] [emi'sor(a)] *adj* ❶ (TEL, RADIO) Sende-
❷ (FIN): **banco** ~ Notenbank *f*, Emissionsbank *f*
emisora [emi'sora] *f* Sender *m*; ~ **clandestina** Piratensender *m*; ~ **de radio** Rundfunkstation *f*, (Rundfunk)sender *m*; ~ **de televisión** Fernsehstation *f*, (Fernseh)sender *m*
emitir [emi'tir] *vt* ❶ (TEL, RADIO) senden, ausstrahlen; **la radio emite el concierto** das Konzert wird vom Rundfunk übertragen
❷ (*luz*) ausstrahlen; (*radiación*) abgeben, emittieren; (*calor, olor*) ausstrahlen, abgeben; (*humo*) ausstoßen
❸ (*grito*) ausstoßen, von sich *dat* geben
❹ (*dictamen*) abgeben, äußern
❺ (FIN) ausgeben, emittieren; ~ **billetes de banco** Banknoten in Umlauf bringen [o ausgeben]
emment(h)al [emen'tal] *m* (GASTR) Emmentaler (Käse) *m*
emoción [emo'θjon] *f* ❶ (*conmoción*) Rührung *f*, Emotion *f*; **lleno de emociones** emotionsgeladen; **palabras llenas de** ~ sehr bewegte Worte; **sin** ~ emotionslos; **sentir una honda** ~ tief bewegt [o gerührt] sein; **hacer llorar de** ~ **a alguien** jdn zu Tränen rühren
❷ (*expresión*) Gefühlsregung *f*; **dio rienda suelta a sus emociones** er/sie ließ seinen/ihren Gefühlen freien Lauf
❸ (*turbación*) Aufregung *f*, Erregung *f*; **los enfermos del corazón no deben ser expuestos a emociones** herzkranke Menschen sollten jede Form von Aufregung vermeiden
emocionable [emoθjo'naβle] *adj* ❶ (*emotivo*) rührselig, gefühlsbetont; **persona** ~ Gefühlsmensch *m*
❷ (*excitable*) leicht erregbar
emocional [emoθjo'nal] *adj* emotional, emotionell; **fue una reacción** ~ er/sie reagierte völlig emotional; **trastorno** ~ Störung des Gefühlslebens
emocionalidad [emoθjonali'ðað] *f* Emotionalität *f*
emocionante [emoθjo'nante] *adj* ❶ (*conmovedor*) rührend, bewegend
❷ (*excitante*) packend, spannend; **una historia** ~ eine spannende Geschichte
emocionar [emoθjo'nar] **I.** *vt* (be)rühren, bewegen; **este libro no me emociona** dieses Buch lässt mich kalt; **los espectadores estaban emocionados** die Zuschauer waren ergriffen; **sus palabras la ~on** seine/ihre Worte gingen ihr zu Herzen; **sólo la idea ya lo emocionaba** der Gedanke allein versetzte ihn in freudige Erregung
II. *vr*: **~se** ❶ (*conmoverse*) gerührt [o bewegt] sein
❷ (*excitarse, turbarse*) in Aufregung geraten, freudig erregt sein
emolumentos [emolu'mentos] *mpl* Einkünfte *fpl*, Bezüge *mpl*; (*de un libro*) Tantiemen *fpl*; **este abogado cobra unos** ~ **muy altos** dieser Rechtsanwalt verlangt ein sehr hohes Honorar
emoticón [emoti'kon] *m* Emoticon *nt*
emotividad [emotiβi'ðað] *f* Emotivität *f*, (erhöhte) Erregbarkeit *f*
emotivo, -a [emo'tiβo, -a] *adj* ❶ (*persona*) gefühlsbetont
❷ (*reacción*) emotiv, emotional
❸ (*atmósfera*) emotionsgeladen
❹ (*escena*) rührend, bewegend
empacado [empa'kaðo] *m* ❶ (*envoltorio*) Verpackung *f*; (*paquete*) Bündel *nt*
❷ *sin pl v.* **empaquetado**
empacadora [empaka'ðora] *f* (TÉC) Verpackungsmaschine *f*
empacamiento [empaka'mjento] *m* Verpackung *f*
empacar [empa'kar] <c→qu> **I.** *vi* (den Koffer) packen; **empacó y se fue** er/sie schnürte sein/ihr Bündel und ging
II. *vt* (ein)packen
III. *vr*: **~se** ❶ (*fam: emperrarse*) beharren (*en* auf +*dat*), (hartnäckig) bestehen (*en* auf +*dat*)
❷ (*turbarse*) in Verlegenheit geraten
❸ (*Am: animal*) bocken
empachado, -a [empa'tʃaðo, -a] *adj* ❶ (*indigesto*): **estoy** ~ (*me he indigestado*) ich habe mir den Magen verdorben; (*he comido demasiado*) ich habe mir den Magen voll geschlagen
❷ (*apocado*) schüchtern, kleinmütig
empachar [empa'tʃar] **I.** *vt* ❶ (*estorbar*) behindern
❷ (*indigestar*) zu einer Verstopfung führen (*a* bei +*dat*)
❸ (*turbar*) verlegen machen; **para decirlo no me empacha que estés delante** deine Anwesenheit hindert mich nicht daran, es zu sagen
II. *vr*: **~se** ❶ (*indigestarse*) sich *dat* den Magen verderben; (*comer demasiado*) sich *dat* den Magen voll schlagen
❷ (*turbarse*) in Verlegenheit geraten; **no se empachó de expresar sus sentimientos** er/sie schämte sich nicht seine/ihre Gefühle zu offenbaren
empacho [em'patʃo] *m* ❶ (*indigestión*) Magenverstimmung *f*; **tengo un** ~ **de dulces** ich habe mir den Magen mit Süßigkeiten verdorben; **tengo un** ~ **de televisión** ich habe das Fernsehen satt
❷ (*estorbo*) Hindernis *nt*
❸ (*turbación*) Verlegenheit *f*; **no tengo** ~ **en decirle la verdad** es macht mir nichts aus, dir die Wahrheit zu sagen
empachoso, -a [empa'tʃoso, -a] *adj* ❶ (*indigesto*) schwer verdaulich
❷ (*vergonzoso*) beschämend
empadrado, -a [empa'ðraðo, -a] *adj*: **este niño está** ~ (*con su padre*) dieses Kind hängt sehr an seinem Vater; (*con sus padres*) dieses Kind hängt sehr an seinen Eltern
empadrarse [empa'ðrarse] *vr* sich zu sehr auf seinen Vater oder auf seine Eltern fixieren
empadronamiento [empaðrona'mjento] *m* Eintragung *f* in das Einwohnerregister; (*en Alemania*) Meldung *f* beim Einwohnermeldeamt; **oficina de** ~ Einwohnermeldeamt *nt*
empadronar [empaðro'nar] **I.** *vt* (ins Einwohnerregister) eintragen; (*en Alemania*) beim Einwohnermeldeamt melden, anmelden
II. *vr*: **~se** sich ins Einwohnerregister eintragen; (*en Alemania*) sich anmelden
empalagamiento [empalaɣa'mjento] *m v.* **empalago**
empalagar [empala'ɣar] <g→gu> **I.** *vt* ❶ (*alimento*) zu süß sein (*a* +*dat*); **el anís me empalaga** der Anislikör ist mir zu süß
❷ (*persona*) lästig sein (*a* +*dat*); **tanta cortesía me empalaga** so viel Höflichkeit ist mir zuwider; **esta película empalaga** dieser Film ist zu sentimental
II. *vr*: **~se** ❶ (*empacharse*) sich *dat* den Magen verderben (*con* mit +*dat*)
❷ (*hastiarse*) überdrüssig werden (*de/con* +*gen*); **me empalago de oírlo contar chistes** ich kann seine Witze nicht mehr hören
empalago [empa'laɣo] *m* ❶ (*dulzonería*) Süßlichkeit *f*

empalagoso

② (*pesadez*) Aufdringlichkeit *f*
③ (*hastío*) Überdruss *m*
④ (*empacho*) Magenverstimmung *f*
⑤ (*loc*): **hablar con ~** gekünstelt reden
empalagoso, -a [empala'ɣoso, -a] *adj* ① (*alimento*) süßlich
② (*persona*) lästig, aufdringlich
③ (*película*) (zu) sentimental, schmalzig *pey*
empalamiento [empala'mjento] *m* Pfählen *nt*
empalar [empa'lar] I. *vt* (DEP: *con la pelota*) schlagen
II. *vr*: **~se** (*Chil*) beharren (*en* auf +*dat*)
empalidecer [empaliðe'θer] *irr como crecer vi* ① (*persona*) erbleichen, erblassen; (*color*) blass werden
② (*un hecho*) verblassen; **su fama empalideció ante el nuevo récord mundial** angesichts des neuen Weltrekords verblasste sein/ihr Ruhm
empalizada [empali'θaða] *f* ① (*valla*) (Garten)zaun *m*
② (*de fortificación*) Palisade *f*; **~ de nieve** Schneezaun *m*
empalizar [empali'θar] <z→c> *vt* mit einem Palizadenzaun umgeben
empalmado, -a [empal'mado, -a] *adj* (*vulg*) geil, mit einem Ständer *fam*
empalmar [empal'mar] I. *vi* ① (*dos trenes*) Anschluss haben (*con* an +*akk*)
② (*dos caminos*) sich kreuzen; (*dos ríos*) zusammenfließen; **esta carretera empalma con la nacional** über diese Landstraße kommt man zur Bundesstraße; **esta película empalma con la otra** (*retoma el argumento*) dieser Film knüpft an den anderen an; (*se pasa después de la otra*) dieser Film wird direkt nach dem anderen gezeigt
II. *vt* (*maderos, tubos*) aneinander fügen, zusammenfügen; (NÁUT: *cabos*) spleißen; (*teléfono*) anschließen; **~ a puerta** (DEP) direkt aufs Tor schießen; **~ ideas** eine Idee nach der anderen haben
III. *vr*: **~se** (*vulg*) steif werden
empalme [em'palme] *m* ① (*acción: de maderos, tubos*) Zusammenfügen *nt*, Verbindung *f*; (NÁUT: *de cabos*) Spleiß *m*; (*del teléfono*) Anschluss *m*
② (*punto: de maderos, tubos*) Verbindungsstelle *f*; (NÁUT: *de cabos*) Spleißstelle *f*; (*del teléfono*) Anschlussstelle *f*; **estación de ~** (FERRO) Umsteigebahnhof *m*
empamparse [empam'parse] *vr* (AmS: *desorientarse en la pampa*) sich in der Pampa verlaufen
empanada [empa'naða] *f* ① (GASTR) gefüllte Teigpastete *f*
② (*timo*) Betrug *m*, Schwindel *m*; **tengo una ~ mental** mir ist ganz wirr im Kopf
empanadilla [empana'ðiʎa] *f* (GASTR) Pastetchen *nt*, Pastete *f*
empanado¹ [empa'nado] *m* schlecht belüftetes Zimmer *nt*
empanado, -a² [empa'nado, -a] *adj* ① (*carne*) paniert
② (*habitación*) schlecht belüftet
empanar [empa'nar] I. *vt* ① (*rellenar*) (eine Pastete) füllen
② (*rebozar*) panieren
③ (*tierra*) mit Weizen bepflanzen
II. *vr*: **~se** (*siembra*) (durch ein dichtes Säen) eingehen
empanizar [empani'θar] <z→c> *vt* (Méx: GASTR) panieren
empantanar [empanta'nar] I. *vt* ① (*un terreno*) überschwemmen, unter Wasser setzen
② (*a una persona*) in einen Sumpf stoßen
③ (*un proyecto*) hemmen
II. *vr*: **~se** ① (*terreno*) versumpfen, sumpfig werden
② (*proyecto*) ins Stocken geraten, stocken
empañado, -a [empa'ɲaðo, -a] *adj* (*cristal*) angelaufen; (*ojos*) trüb, glanzlos; (*metal*) matt, glanzlos; (*voz*) belegt
empañamiento [empaɲa'mjento] *m* Beschlagen *nt* der Scheiben
empañar [empa'ɲar] I. *vt* ① (*ventana*) trüben, beschlagen; (*metal*) matt [*o* glanzlos] machen; **las lágrimas le empañan los ojos** Tränen verschleiern ihm/ihr die Augen
② (*nombre*) beflecken; (*hazaña*) den Glanz nehmen +*dat*
③ (*niño*) wickeln
II. *vr*: **~se** (*ventana*) anlaufen, beschlagen; (*metal*) anlaufen; (*ojos*) sich trüben, glanzlos werden; (*voz*) belegt klingen
empañetar [empaɲe'tar] *vt* (*Am*: *encalar*) verputzen
empapamiento [empapa'mjento] *m* Durchtränken *nt*, Vollsaugen *nt*
empapar [empa'par] I. *vt* ① (*humedecer*) eintauchen, tunken *reg*; **~ la galleta en la leche** den Keks in die Milch eintauchen
② (*absorber*) aufsaugen; **~ el agua con una esponja** das Wasser mit einem Schwamm aufsaugen
③ (*mojar*) durchnässen; **zapatos empapados** durchnässte Schuhe; **la lluvia ha empapado el suelo** der Regen hat den Boden aufgeweicht; **el vendaje está empapado de sangre** der Verband ist von Blut durchtränkt
II. *vr*: **~se** ① (*mojarse*) (völlig) nass werden, bis auf die Knochen nass werden *fam*
② (*un tema*) in sich aufsaugen [*o* aufnehmen]; **se de una idea** von einer Idee durchdrungen sein
empapelado [empape'laðo] *m* ① (*acción*) Tapezieren *nt*
② (*papel*) Tapete *f*
empapelador(a) [empapela'ðor(a)] *m(f)* Tapezierer(in) *m(f)*
empapelar [empape'lar] I. *vi*, *vt* (*las paredes*) tapezieren
II. *vt* ① (*objeto*) (in Papier) verpacken [*o* einpacken]
② (*fam: encausar*) vor Gericht bringen, den Prozess machen (*a* +*dat*); **le ~on por prostitución** er wurde wegen Prostitution angeklagt; **~on al funcionario por negligencia** gegen den Beamten wurde ein Disziplinarverfahren wegen Nachlässigkeit eröffnet
empapuciar [empapu'θjar] I. *vt* (*fam*) voll stopfen, mästen
II. *vr*: **~se** (*fam*) sich voll stopfen
empapuzar [empapu'θar] <z→c> I. *vt* voll stopfen
II. *vr*: **~se** sich überessen (*de* an +*dat*), sich voll stopfen (*de* mit +*dat*)
empaque [em'pake] *m* ① (*de empaquetar*) Verpacken *nt*, Einpacken *nt*
② (*semblante*) Aussehen *nt*; (*expresión del rostro*) Gesichtsausdruck *m*; **su ~ era grave** er/sie machte ein ernstes Gesicht
③ (*gravedad*) Würde *f*, Gemessenheit *f*; **andaba con gran ~** er/sie ging gemessenen Schrittes
④ (*Am: desfachatez*) Unverschämtheit *f*
⑤ (*Am: de un animal*) Bocken *nt*
empaquetado [empake'taðo] *m* Verpacken *nt*, Einpacken *nt*
empaquetador(a) [empaketa'ðor(a)] *m(f)* Packer(in) *m(f)*
empaquetar [empake'tar] I. *vt* ① (*objetos*) verpacken, einpacken
② (*personas*) zusammenpferchen (*en* in +*dat*)
③ (*emperejilar*) herausputzen
④ (MIL) bestrafen
II. *vr*: **~se** sich herausputzen
emparamentar [emparamen'tar] *vt* schmücken
emparchar [empar'tʃar] *vt* mit einem Pflaster versehen
emparedado¹ [empare'ðaðo] *m* belegtes Brötchen *nt*, belegtes Brot *nt*, Sandwich *m o nt*; **un ~ de jamón** ein Schinkenbrötchen [*o* Schinkenbrot]
emparedado, -a² [empare'ðaðo, -a] *adj* (*encerrado*) eingesperrt; (*aislado*) isoliert
emparedamiento [empareða'mjento] *m* Einmauern *nt*; **la muerte por ~ conlleva un enorme sufrimiento** der Tod durch Einmauern ist mit unendlichem Leiden verbunden
emparedar [empare'ðar] I. *vt* einmauern
II. *vr*: **~se** ① (*encerrarse*) sich einsperren
② (*aislarse*) sich (von der Außenwelt) zurückziehen [*o* abkapseln]
emparejamiento [emparexa'mjento] *m* ① (*acción*) Paarung *f*, Paarbildung *f*
② (*pareja*) Paar *nt*
emparejar [empare'xar] I. *vi* ① (*ponerse al lado*): **~ con alguien** jdn einholen
② (*formar pareja*) ein Paar bilden (*con* mit +*dat*); **en el siguiente partido quedé emparejado con Juan** in der folgenden Runde spielte ich mit Juan zusammen
③ (*ponerse al nivel*) gleichziehen (*con* mit +*dat*)
II. *vt* ① (*dos cosas*) (miteinander) paaren, paarweise zusammenstellen [*o* anordnen]; **ya estoy emparejado** ich habe bereits einen Partner; **me quieren ~ con ella** sie wollen mich mit ihr verkuppeln
② (*nivelar*) auf dieselbe Höhe setzen [*o* bringen]
③ (*ventana*) anlehnen
III. *vr*: **~se** ein Paar bilden
emparentado, -a [empareɲ'taðo, -a] *adj* angeheiratet, verschwägert; **está bien ~** er hat in eine vermögende Familie eingeheiratet
emparentar [empareɲ'tar] <e→ie> I. *vi* ① (*por matrimonio*) in eine Familie einheiraten, sich verschwägern (*con* mit +*dat*)
② (*tener afinidad*) verwandt sein (*con* mit +*dat*), Ähnlichkeiten haben (*con* mit +*dat*)
II. *vt* halten (*con* für +*akk*); **me emparentan con alemanes porque tengo el pelo rubio** ich werde für einen Deutschen/eine Deutsche gehalten, weil ich blond bin
emparrado [empa'rraðo] *m* Pergola *f*, Laubengang *m*
emparrar [empa'rrar] I. *vt* wachsen lassen (*alrededor de* um +*akk*)
II. *vr*: **~se** sich ranken
emparrillado [emparri'ʎaðo] *m* (ARQUIT) Pfahlgründung *f*
emparrillar [emparri'ʎar] *vt* ① (*asar*) grillen
② (ARQUIT) verpfählen
emparvar [empar'βar] *vt* (AGR): **~ las mieses** das Getreide auf der Tenne ausbreiten
empastador¹ [empasta'ðor] *m* Impastierpinsel *m*
empastador(a)² [empasta'ðor(a)] *m(f)* (*Am*) Buchbinder(in) *m(f)*
empastar [empas'tar] I. *vt* ① (*rellenar con pasta*) (mit Paste) füllen; (*cubrir*) (mit Paste) bestreichen; **~ un diente** einen Zahn mit einer Füllung [*o* Plombe] versehen; **~ la cara con crema** (sich *dat*) das Gesicht (dick) eincremen

empaste ② (*libro*) kartonieren ③ (ARTE: *cuadro*) impastieren ④ (*Am: terreno*) zu Weideland machen II. *vr:* ~**se** (*Am*) ① (*terreno*) als Weideland genutzt werden ② (*ganado*) an Meteorismus leiden

empaste [em'paste] *m* ① (*relleno*) Füllen *nt;* (*cubrir*) Bestreichen *nt* ② (*de un libro*) Impastieren *nt* ③ (MED) (Zahn)füllung *f,* (Zahn)plombe *f;* **tengo dos muelas con ~** ich habe zwei plombierte Backenzähne ④ (ARTE) Impasto *nt*

empatar [empa'tar] I. *vi* ① (DEP) unentschieden enden [*o* ausgehen]; ~ **a uno** eins zu eins unentschieden spielen; **cuando iban empatando uno a uno...** beim Gleichstand von eins zu eins ...; **estar empatados a puntos en la clasificación** auf demselben Tabellenplatz sein ② (POL) Stimmengleichheit erreichen II. *vt* ① (*una resolución*) hemmen, blockieren ② (*Am: cuerdas*) miteinander verbinden; ~ **mentiras** Lügen vom Stapel lassen ③ (CRi: *amarrar*) festmachen, befestigen ④ (*Ven: importunar*) belästigen

empate [em'pate] *m* ① (DEP) Unentschieden *nt;* **gol del ~** Ausgleichstreffer *m* ② (POL) Stimmengleichheit *f*

empatía [empa'tia] *f* Empathie *f*

empático, -a [em'patiko, -a] *adj* empathisch

empavesada [empaβe'saða] *f* ① (MIL) Verschanzung *f* mit Schildern ② (NÁUT) Beflaggung *f*

empavesado [empaβe'saðo] *m* ① (MIL) mit einem Schild bewaffneter Soldat ② (NÁUT) Wimpel *mpl*

empavesar [empaβe'sar] *vt* ① (*monumento*) verhüllen ② (NÁUT) bewimpeln

empavonar [empaβo'nar] I. *vt* ① (TÉC) brünieren ② (*Am: pringar*) beschmieren II. *vr:* ~**se** (*AmC*) sich herausputzen

empecatado, -a [empeka'taðo, -a] *adj* ① (*incorregible*) unverbesserlich ② (*malintencionado*) übel wollend, böswillig ③ (*maldito*) verdammt

empecinado, -a [empeθi'naðo, -a] *adj* stur, hartnäckig

empecinamiento [empeθina'mjento] *m* Sturheit *f,* Hartnäckigkeit *f*

empecinarse [empeθi'narse] *vr* stur beharren (*en* auf +*dat*), hartnäckig bestehen (*en* auf +*dat*)

empedar [empe'ðar] I. *vt* (*Méx: vulg: emborrachar*) besoffen machen *fam* II. *vr:* ~**se** (*Méx: vulg: emborracharse*) sich besaufen *fam*

empedernido, -a [empeðer'niðo, -a] *adj* ① (*insensible*) herzlos, unbarmherzig ② (*costumbre*) erklärt, unverbesserlich; **bebedor ~** Gewohnheitstrinker *m;* **fumador ~** Kettenraucher *m;* **jugador ~** unverbesserlicher Spieler; **solterón ~** eingefleischter Junggeselle

empedrado¹ [empe'ðraðo] *m* ① (*acción*) Pflastern *nt* ② (*adoquinado*) Pflaster *nt*

empedrado, -a² [empe'ðraðo, -a] *adj* ① (*calle*) gepflastert ② (*caballo*) scheckig ③ (*cielo*) leicht bewölkt

empedramiento [empeðra'mjento] *m* Pflasterung *f*

empedrar [empe'ðrar] <e→ie> *vt* ① (*pavimentar*) (be)pflastern ② (*plagar*) reichlich versehen (*de* mit +*dat*); ~ **un libro con citas** ein Buch mit Zitaten spicken; **pastel empedrado de almendras** mit Mandeln bestreuter Kuchen

empeine [em'peine] *m* ① (ANAT: *del pie*) Spann *m,* Rist *m* ② (ANAT: *del vientre*) Unterleib *m* ③ (*de la bota*) Blatt *nt* ④ (MED) Impetigo *f,* Eiterflechte *f*

empelar [empe'lar] *vi* ① (*criar pelo*) Haare bekommen ② (*caballerías*) das gleiche Fell haben

empelazgarse [empelaθ'γarse] <g→gu> *vr* (*fam: pelearse*) sich in die Haare kriegen

empella [em'peʎa] *f* (*del zapato*) Blatt *nt*

empellar [empe'ʎar] *vt* stoßen, schubsen

empellón [empe'ʎon] *m* Stoß *m,* Schubs(er) *m fam;* **mover algo a empellones** etw stoßweise bewegen; **pasar a través de la multitud a empellones** sich durch die Menge boxen

empelotado, -a [empelo'taðo, -a] *adj* ① (*confuso*) verwirrt ② (*Am: fam: desnudo*) nackt

empelotarse [empelo'tarse] *vr* ① (*fam: enredarse*) konfus werden ② (*Am: fam: desnudarse*) sich ganz [*o* nackt] ausziehen

empenachar [empena'tʃar] *vt* mit Federbüschen schmücken

empenaje [empe'naxe] *m* (AERO) Leitwerk *nt*

empentón [empen'ton] *m* (*reg*) *v.* **empellón**

empeñado, -a [empe'ɲaðo, -a] *adj* ① (*obstinado*) hartnäckig, stur; **estar ~ en...** hartnäckig darauf bestehen zu ...; **lo vi ~ en invitarme** er bestand hartnäckig darauf, mich einzuladen ② (*endeudado*) verschuldet ③ (*discusión*) hitzig, erregt

empeñar [empe'ɲar] I. *vt* ① (*objetos*) verpfänden; ~ **la palabra** sein Wort geben ② (*discusión, lucha*) beginnen ③ (FIN: *títulos-valor*) lombardieren II. *vr:* ~**se** ① (*insistir*) stur beharren (*en* auf +*dat*), hartnäckig bestehen (*en* auf +*dat*); **se empeña en hablar contigo** er/sie will unbedingt mit dir sprechen; **no te empeñes** hör auf zu drängen; **si te empeñas en beber este vino asqueroso...** wenn du unbedingt diesen ekelhaften Wein trinken willst ... ② (*endeudarse*) sich verschulden ③ (*entablarse*) beginnen, entstehen; **se ha empeñado en una discusión de fútbol** er/sie hat sich in ein Gespräch über Fußball verwickeln lassen ④ (*mediar*) sich einsetzen (*por* für +*akk*)

empeño [em'peɲo] *m* ① (*de objetos*) Verpfändung *f;* **casa de ~s** Pfandhaus *nt* ② (*compromiso*) Verpflichtung *f* ③ (*afán*) Streben *nt,* Eifer *m;* **hacer algo con ~** etw hartnäckig [*o* beharrlich] tun; **tengo ~ por** [*o* **en**] **sacar la mejor nota** ich strebe danach, die beste Note zu erhalten; **pondré ~ en hacerlo mejor** ich werde alles daransetzen, es besser zu machen ④ (*empresa*) Vorhaben *nt,* Unternehmen *nt;* **se dejó la piel en el ~** er/sie verausgabte sich bei dem Unterfangen völlig

empeoramiento [empeora'mjento] *m* ① (*deterioro*) Verschlechterung *f,* Verschlimmerung *f;* ~ **de la coyuntura** Konjunkturverschlechterung *f* ② (JUR: *perjuicio*) Schlechterstellung *f;* **prohibición de ~** Verbot der Schlechterstellung

empeorar [empeo'rar] I. *vt* verschlechtern; **con tus palabras lo has acabado de ~** mit deinen Worten hast du es nur noch schlimmer gemacht II. *vi, vr:* ~**se** sich verschlechtern, schlechter werden

empequeñecer [empekeɲe'θer] *irr como crecer* I. *vt* ① (*disminuir*) verkleinern ② (*quitar importancia*) herabsetzen, schmälern II. *vr:* ~**se** sich verkleinern, kleiner werden; **a su lado sentí ~me** ich kam mir neben ihm/ihr ziemlich klein vor

empequeñecimiento [empekeɲeθi'mjento] *m* ① (*de talla*) Verkleinerung *f* ② (*de importancia*) Herabsetzung *f,* Schmälerung *f*

emperador [empera'ðor] *m* ① (POL) Kaiser *m* ② (ZOOL) Schwertfisch *m*

emperatriz [empera'triθ] *f* Kaiserin *f*

emperchado [emper'tʃaðo] *m* grüner Flechtzaun *m*

emperchar [emper'tʃar] I. *vt* auf den Bügel hängen II. *vr:* ~**se** sich in einer Schlinge verfangen

emperejilar [emperexi'lar] *vt, vr:* ~**se** (*fam*) (sich) herausputzen, (sich) schniegeln *pey*

emperezar [empere'θar] <z→c> I. *vt* (*fig: retardar*) aufschieben II. *vr:* ~**se** faul werden, träge werden

empergaminar [emperɣami'nar] *vt* in Pergament binden

empericarse [emperi'karse] <c→qu> *vr* (*Méx: encaramarse*) hochklettern (*a* +*akk*)

emperifollar [emperifo'ʎar] *vt, vr:* ~**se** (*fam*) *v.* **emperejilar**

empero [em'pero] *conj* (*elev*) ① (*pero*) aber; (*sin embargo*) jedoch, dennoch; **lo he hecho mal, ~, no es culpa mía** ich habe es schlecht gemacht; es ist jedoch nicht meine Schuld ② (*sin embargo*) hingegen

emperramiento [emperra'mjento] *m* (*fam*) ① (*obstinación*) Sturheit *f,* Hartnäckigkeit *f* ② (*capricho*) Vernarrtheit *f* ③ (*cólera*) Wut *f,* Zorn *m*

emperrarse [empe'rrarse] *vr* (*fam*) ① (*obstinarse*) stur beharren (*en* auf +*dat*), hartnäckig bestehen (*en* auf +*dat*) ② (*encapricharse*) vernarrt sein (*en* in +*akk*) ③ (*no ceder*) sich widersetzen, Widerstand leisten ④ (*encolerizarse*) hochgehen, in die Luft gehen

empesgar [empes'ɣar] <g→gu> *vt* (*prensar*) beschweren

empesgue [em'pesɣe] *m* ① (*empesgar*) Beschweren *nt* ② (*prensado de la aceituna*) Auspressen *nt* der Oliven ③ (*palanca*) Olivenpresse *f*

empestillarse [empesti'ʎarse] *vr* (*fam: obstinarse*) beharren (*en* auf

+*dat*)

empezar [empe'θar] *irr vi, vt* beginnen (*con* mit +*dat*), anfangen (*con* mit +*dat*); ~ **a hacer algo** beginnen etw zu tun; ~ **una botella** eine Flasche anbrechen; **¿quién empieza el pastel?** wer schneidet den Kuchen an?; **la carrera ha empezado** das Rennen hat begonnen; **empezó de la nada** er/sie hat sich von ganz unten hochgearbeitet; **¡no empieces!** fang nicht schon wieder damit an!; **para ~ me leeré el periódico** zunächst einmal werde ich die Zeitung lesen; **para ~ no tengo dinero y, además, no tengo ganas** erstens habe ich kein Geld und zweitens keine Lust

empicotar [empiko'tar] *vt* an den Pranger stellen

empiece [em'pjeθe] *m* (*fam*) Beginn *m*, Anfang *m*

empiezo [em'pjeθo] *m* (*Col, Ecua, Guat: comienzo*) Beginn *m*, Anfang *m*

empiltrarse [empil'trarse] *vr* (*fam*) sich hinlegen, sich in die Falle hauen

empinado, -a [empi'naðo, -a] *adj* ❶ (*edificio*) hoch (ragend)
❷ (*pendiente*) steil, abschüssig
❸ (*persona*) hochnäsig, eingebildet

empinar [empi'nar] I. *vt* ❶ (*poner vertical*) aufstellen, senkrecht stellen
❷ (*alzar*) hochheben; ~ **una botella** eine Flasche (zum Trinken) ansetzen; ~ **la cabeza** den Kopf heben; ~ **el codo** (*fam*) saufen
II. *vr:* ~**se** ❶ (*persona*) sich auf die Fußspitzen stellen; (*animal*) sich auf die Hinterbeine stellen [*o* setzen]
❷ (*un edificio*) (empor)ragen; **la antena se empina hasta el cielo** die Antenne ragt bis in den Himmel; **no se me empina** (*vulg*) ich kriege keinen hoch *fam*

empingorotado, -a [empiŋgoro'taðo, -a] *adj* ❶ (*fam: engreído*) hochnäsig, eingebildet
❷ (*en la sociedad*) (gesellschaftlich) angesehen

empingorotarse [empiŋgoro'tarse] *vr* (*fam*) arrogant werden

empiñonado [empiɲo'naðo] *m* (GASTR) Pinienkernkuchen *m*

empiojarse [empjo'xarse] *vr* (*Méx*) Läuse bekommen, sich *dat* Läuse zuziehen

empipada [empi'paða] *f* (*Am*) Schlemmerei *f*; **darse una ~ de chocolate** Unmengen von Schokolade essen

empiparse [empi'parse] *vr* (*Am*) sich satt essen

empíreo¹ [em'pireo] *m* (*elev: cielo*) Himmel *m*, Empyreum *nt*

empíreo, -a² [em'pireo, -a] *adj* (*elev: relativo al cielo*) himmlisch, empyreisch

empírico, -a [em'piriko, -a] I. *adj* empirisch
II. *m, f* Empiriker(in) *m(f)*

empirismo [empi'rismo] *m sin pl* ❶ (*científico*) Empirie *f*
❷ (FILOS) Empirismus *m*

empirista [empi'rista] *mf* Empiriker(in) *m(f)*

empitonar [empito'nar] *vt* (TAUR) mit den Hörnern aufspießen

empizarrado [empiθa'raðo] *m* Schieferdach *nt*

empizarrar [empiθa'rrar] *vt* mit Schiefer(platten) decken

emplastadura [emplasta'ðura] *f* Versorgung einer Wunde mit Salbe und Pflaster oder Verband

emplastar [emplas'tar] I. *vt* ❶ (MED) ein Pflaster kleben (auf +*akk*, über +*akk*)
❷ (*objeto*) beschmieren
❸ (*fam: negocio*) hemmen, ins Stocken bringen
❹ (*maquillar*) schminken
II. *vr:* ~**se** ❶ (*ensuciarse*) sich schmutzig machen; ~**se con lodo** sich mit Schlamm einschmieren
❷ (*maquillarse*) sich schminken

emplaste [em'plaste] *m* Gips *m*

emplasto [em'plasto] *m* (MED) (Heft)pflaster *nt;* **aplicar un ~** ein Pflaster über eine Wunde kleben

emplazamiento [emplaθa'mjento] *m* ❶ (JUR) Vorladung *f*
❷ (*lugar*) Platz *m*, Ort *m*
❸ (ECON) Standort *m;* ~ **de explotación** Betriebsansiedlung *f;* ~ **industrial** Industriestandort *m;* **la empresa busca un nuevo ~ para su filial española** die Firma sucht einen neuen Standort für ihre spanische Niederlassung
❹ (MIL) Emplacement *nt*, Stellung *f*

emplazar [empla'θar] <z→c> *vt* ❶ (*citar*) zitieren; (JUR) vorladen; **le emplazo para darme una respuesta mañana** ich fordere Sie hiermit auf mir morgen eine Antwort zu geben
❷ (*situar*) platzieren, einen Platz zuweisen +*dat;* **los misiles emplazados en Europa** die in Europa stationierten Raketen; **este monumento no está bien emplazado aquí** dieses Denkmal ist hier fehl am Platz; **los científicos han emplazado el galeón hundido** die Wissenschaftler haben die versunkene Galeone geortet
❸ (MIL) stationieren

empleado, -a [emple'aðo, -a] *m, f* Angestellte(r) *mf;* ~ **administrativo** Verwaltungsangestellte(r) *m;* ~ **de una agencia de viajes** Reisebürokaufmann *m;* ~ **de banca** Bankangestellte(r) *m;* ~ **de correos** Postangestellte(r) *m;* **empleada de hogar** Hausangestellte *f;* ~ **de oficina** Sachbearbeiter *m;* ~ **de plantilla** Festangestellte(r) *m;* ~ **de ventanilla** Schalterbeamte(r) *m;* **los ~s de una empresa** die Belegschaft einer Firma

empleador(a) [emplea'ðor(a)] *m(f)* (*Am*) Arbeitgeber(in) *m(f)*

emplear [emple'ar] I. *vt* ❶ (*colocar*) anstellen, einstellen, beschäftigen; **en estos momentos no estoy empleado** zur Zeit habe ich keine Anstellung
❷ (*usar*) benutzen, gebrauchen, verwenden; (*fuerza, tiempo*) aufwenden; (*medio, técnica, método, conocimientos*) anwenden, einsetzen; (*razón*) walten lassen; **¡podrías ~ mejor el tiempo!** du könntest mit deiner Zeit etwas Besseres anfangen!; **¡ya te está bien empleado!** das geschieht dir (ganz) recht!; **dar algo por bien empleado** etw nicht bereuen
❸ (*dinero*) ausgeben (*en* für +*akk*), verwenden (*en* für +*akk*); **he empleado todo el dinero en la casa** ich habe das ganze Geld in das Haus gesteckt
II. *vr:* ~**se** ❶ (*colocarse*) eine Anstellung finden (*como/de* als +*nom*), einen Job finden (*como/de* als +*nom*) *fam*
❷ (*usarse*) benutzt [*o* gebraucht] werden; ~**se a fondo** sein Möglichstes [*o* Bestes] tun

empleo [em'pleo] *m* ❶ (*trabajo*) Stelle *f*, Job *m* *fam;* (*ocupación*) Beschäftigung *f;* ~ **estacional** Saisonbeschäftigung *f;* ~ **eventual** Gelegenheitsarbeit *f;* ~ **fijo** feste Anstellung; ~ **a jornada completa** Vollzeitbeschäftigung *f;* ~ **a media jornada** Halbtagsbeschäftigung *f;* ~ **de oficina** Bürotätigkeit *f;* ~ **vacante** offene Stelle; **medidas creadoras de ~** Arbeitsbeschaffungsmaßnahmen *fpl;* **oferta de ~** Stellenangebot *nt;* **pleno ~** Vollbeschäftigung *f;* **política de ~** Beschäftigungspolitik *f;* **tasa de ~** Beschäftigungsgrad *m;* **no tener ~** arbeitslos sein; **crear ~** neue Arbeitsplätze schaffen; **suspender de ~ y sueldo** vom Dienst suspendieren
❷ (*uso*) Benutzung *f*, Gebrauch *m;* (*de fuerza, tiempo*) Aufwendung *f;* (*de medio, técnica, método, conocimientos*) Anwendung *f*, Einsatz *m;* **modo de ~** Gebrauchsanweisung *f;* ~ **de materias primas y energía** der Einsatz von Rohstoffen und Energie
❸ (*ejercicio*) Aufwendung *f;* ~ **de la fuerza directa** (JUR) Ausübung unmittelbaren Zwangs

empleomanía [empleoma'nia] *f* (*fam*) Stellenjagd *f*

emplomado [emplo'maðo] *m* Bleifuge *f* an Fensterscheiben

emplomadura [emploma'ðura] *f* ❶ (*cubrimiento*) Verbleiung *f*
❷ (*precinto*) Plombierung *f*, Verplombung *f*
❸ (*plomo*) Blei(stück) *nt*
❹ (*Am: empaste*) (Zahn)füllung *f*

emplomar [emplo'mar] *vt* ❶ (*cubrir*) verbleien
❷ (*precintar*) plombieren, verplomben
❸ (*Am: empastar*) mit einer Füllung [*o* Plombe] versehen
❹ (*Col, Guat: enredar*) betrügen

emplumar [emplu'mar] I. *vi* ❶ (*ave*) Federn ansetzen [*o* bekommen]
❷ (*AmC: fugarse*) fliehen
❸ (*Guat, Cuba: engañar*) betrügen
II. *vt* ❶ (*sombrero, flecha*) mit Federn schmücken
❷ (HIST) teeren und federn
❸ (*Cuba: despedir*) entlassen
❹ (*Ecua, Ven: enviar*) zur Strafe wegschicken
❺ (*fam: condenar*) verknacken; **le han emplumado diez años** er/sie ist zu zehn Jahren Haft verknackt worden
❻ (*fam: detener*) schnappen
❼ (*fam: castigar*) bestrafen

empobrecedor(a) [empoβreθe'ðor(a)] *adj:* **algo es [*o* resulta] ~ para alguien** etw macht jdn arm

empobrecer [empoβre'θer] *irr como crecer* I. *vt* arm machen; **la edad empobrece los reflejos** mit dem Alter werden die Reflexe schlechter
II. *vi, vr:* ~**se** verarmen; **la mina se ha ido empobreciendo con los años** die Mine ist mit der Zeit völlig abgebaut worden; **este terreno se ha empobrecido** dieser Acker ist ausgelaugt

empobrecimiento [empoβreθi'mjento] *m* ❶ (*depauperación*) Verarmung *f*
❷ (*empeoramiento*) Verschlechterung *f*
❸ (*de una mina*) völliger Abbau *m;* (*de un terreno*) Auslaugung *f*

empodrecer [empoðre'θer] *irr como crecer* I. *vt* verderben, ungenießbar machen
II. *vr:* ~**se** faulig werden, verfaulen

empolladura [empoʎa'ðura] *f* ❶ (*fam: de los estudiantes*) Pauken *nt*, Büffeln *nt*
❷ (*de las abejas*) Bienenbrut *f*

empollar [empo'ʎar] I. *vi* ❶ (*fam: estudiante*) pauken, büffeln
❷ (*abejas*) ihre Brut bekommen
❸ (*Am: ampollar*) Blasen bilden
II. *vt* ❶ (*ave*) ausbrüten, bebrüten

② (*fam: lección*) pauken, büffeln; **estar empollado de algo** etw aus dem Effeff können

empollón, -ona [empoˈʎon, -ona] *m, f* (*fam*) Streber(in) *m(f)*

empolvar [empolˈβar] **I.** *vt* (ein)pudern
II. *vr:* **~se** ❶ (*el rostro*) sich pudern
② (*un objeto*) einstauben, verstauben; **la mesa se ha empolvado** der Tisch ist staubig geworden; **los libros están completamente empolvados** die Bücher sind vollkommen verstaubt

emponchado, -a [emponˈtʃado, -a] *adj* ❶ (*Am: astuto*) schlau, clever *fam*
② (*Arg, Ecua, Perú, Urug: con poncho*) mit einem Poncho bekleidet

emponzoñador(a) [emponθoɲaˈðor(a)] *adj* ❶ (*venenoso*) giftig
② (*fig: perjudicial*) schädlich

emponzoñamiento [emponθoɲaˈmjento] *m* Vergiftung *f*

emponzoñar [emponθoˈɲar] *vt* vergiften; **estas declaraciones emponzoñan la atmósfera política** diese Äußerungen verpesten die politische Atmosphäre

empopada [empoˈpaða] *f* (NÁUT) ❶ (*navegación*) Segeln bei starkem Heckwind
② (*distancia*) Streckenvorsprung dank des Heckwindes

emporcar [emporˈkar] *irr como volcar vt v.* **empuercar**

emporio [emˈporjo] *m* ❶ (*ciudad*) Handelsstadt *f*; (*centro*) (Handels)zentrum *nt*
② (*centro cultural*) Hochburg *f*; **Roma fue ~ de escultores y pintores** Rom war die Hochburg der Malerei und Bildhauerei
③ (*AmC: almacén*) Warenhaus *nt*, Kaufhaus *nt*

emporrado, -a [empoˈrrado, -a] *adj* (*argot*) **estar ~** high sein

emporrarse [empoˈrrarse] *vr* (*argot*) einen Joint rauchen, kiffen

empotrable [empoˈtraβle] *adj* Einbau-

empotrado, -a [empoˈtrado, -a] *adj* eingebaut; **muebles ~s** Einbaumöbel *ntpl*

empotramiento [empotraˈmjento] *m* (*encastramiento*) Einbau *m*; (*de obra*) Einmauerung *f*

empotrar [empoˈtrar] **I.** *vt* einbauen (*en* in +*akk*), einlassen (*en* in +*akk*); (*en una pared*) einmauern (*en* in +*akk*)
II. *vr:* **~se** sich (ineinander) verkeilen; **el coche se empotró en la pared** der Wagen prallte gegen die Mauer; **las dos máquinas de tren se ~on en la colisión** bei dem Zusammenstoß verkeilten sich die zwei Lokomotiven ineinander

empotrerar [empotreˈrar] *vt* (*Am*) (zum Weiden) auf die Koppel treiben

empozar [empoˈθar] <z→c> **I.** *vi* (*Am*) Pfützen bilden
II. *vt* ❶ (*persona, cosa*) in einen Brunnen werfen
② (*cáñamo, lino*) einweichen
III. *vr:* **~se** (*fam*) unerledigt zu den Akten gelegt werden, unerledigt bleiben

emprendedor(a) [emprendeˈðor(a)] *adj* unternehmungslustig, aktiv

emprender [emprenˈder] *vt* ❶ (*trabajo*) in Angriff nehmen, angehen; (*negocio*) gründen; **~ la marcha** [*o* **el camino**] sich auf den Weg machen, aufbrechen; **~ la vuelta** den Rückweg antreten; **~ el vuelo** abfliegen; **~ la traducción del Quijote** mit der Übersetzung des Don Quijote anfangen; **al anochecer la emprendimos hacia el refugio** (*fam*) als es dunkel wurde, kehrten wir in die Berghütte zurück
② (*fam*): **~la con alguien** es mit jdm aufnehmen; **la emprendió a bofetadas con el borracho** er/sie fing eine Prügelei mit dem Betrunkenen an; **la emprendió a insultos con su vecina** er/sie bombardierte seine/ihre Nachbarin mit Beschimpfungen

empresa [emˈpresa] *f* ❶ (*operación*) Vorhaben *nt*, Unternehmung *f*; (*iniciativa*) Initiative *f*
② (COM) Betrieb *m*; (*privada*) Unternehmen *nt*, Firma *f*; **~ agrícola** Landwirtschaftsbetrieb *m*; **~ con ánimo de lucro** Erwerbsunternehmen *nt*; **~ autogestionada** selbstverwaltetes Unternehmen; **~ auxiliar** Nebenbetrieb *m*; **~ cogestionada** mitbestimmter Betrieb; **~ comercial** kaufmännischer Betrieb; **~ concesionaria** konzessionierter Betrieb; **~ conjunta** [*o* **comunitaria**] Gemeinschaftsunternehmen *nt*; **~ contratante** Vertragsunternehmen *nt*; **~ editorial** Verlagshaus *nt*; **~ familiar** Familienbetrieb *m*; **~ fantasma** [*o* **clandestina**] Mondscheinfirma *f*; **~ fiduciaria** Treuhandunternehmen *nt*; **~ filial** Tochterunternehmen *nt*; **~ individual** [*o* **personal**] Einzelunternehmen *nt*; **~ matriz** Mutterunternehmen *nt*; **~ monopolista** Monopolbetrieb *m*, Monopolunternehmen *nt*; **~ de mensajería** Paketdienst *m*; **~ de mensajería y paquetería** Kurier- und Paketdienst *m*; **~ nacional** staatseigener Betrieb; **~ naviera** Schifffahrtsunternehmen *nt*; **~ participante** Beteiligungsunternehmen *nt*; **~ privada** Privatunternehmen *nt*; **~ de producción** Produktionsunternehmen *nt*; **~ pública** Staatsunternehmen *nt*; **~ de servicios** Dienstleistungsunternehmen *nt*; **~ sindicada** gewerkschaftlich organisierter Betrieb; **~ de suministro** Versorgungsbetrieb *m*; **~ de transportes** Transportunternehmen *nt*; **~ de utilidad pública** gemeinnütziges Unternehmen; **~ de venta por correo** Versandhaus *nt*; **agrupación de ~s** Unternehmensgruppe *f*; **antigüedad en la ~** Dauer der Betriebszugehörigkeit *f*; **cierre de una ~** Betriebsschließung *f*; **comité de ~** Betriebsrat *m*; **espíritu de ~** Unternehmungsgeist *m*; **fusión de ~s** Firmenzusammenschluss *m*; **gestión de ~** Betriebsführung *f*; **gran ~** Großbetrieb *m*; **libertad de ~** Handels- und Gewerbefreiheit *f*; **mediana ~** mittelständischer Betrieb; **pequeña ~** Kleinbetrieb *m*

empresaria [empreˈsarja] *f v.* **empresario**

empresariado [empresaˈrjaðo] *m* Unternehmertum *nt*, Unternehmerschaft *f*

empresarial [empresaˈrjal] *adj* ❶ (*del empresario*) Unternehmer-, unternehmerisch; **actividad ~** unternehmerische Aktivität
② (*de la empresa*) Betriebs-, Unternehmens-; **negocio ~** unternehmensbezogenes Geschäft; **estudiar E~es** (*fam*) BWL studieren

empresario, -a [empreˈsarjo, -a] *m, f* ❶ (COM) Unternehmer(in) *m(f)*; (*patrón*) Arbeitgeber(in) *m(f)*; **pequeño ~** Kleinunternehmer *m*
② (TEAT) Intendant(in) *m(f)*

emprestar [empresˈtar] *vt* (*vulg*) (ver)leihen

empréstito [emˈprestito] *m* (FIN) Anleihe *f*; **~ amortizable** Tilgungsanleihe *f*; **~ por anualidades** Rentenanleihe *f*; **~ bancario** Bankanleihe *f*; **~ de conversión** Konvertierungsanleihe *f*; **~ estatal** [*o* **público**] Staatsanleihe *f*, Bundesanleihe *f* Austr; **~ estatal consolidado** fundierte Staatsanleihe, fundierte Bundesanleihe Austr; **~ hipotecario** Hypothekenanleihe *f*; **~ municipal** Kommunalanleihe *f*; **emisión de un ~** Begebung einer Anleihe; **mercado de ~s** Anleihemarkt *m*; **colocar un ~** eine Anleihe unterbringen [*o* platzieren]; **suscribir un ~** eine Anleihe zeichnen

empringar [empriŋˈgar] <g→gu> **I.** *vt* (*vulg*) einsauen *fam*
II. *vr:* **~se** sich einsauen *fam*

empuercar [empwerˈkar] <c→qu> **I.** *vt* versauen *fam*
II. *vr:* **~se** sich versauen *fam*

empujador(a) [empuxaˈðor(a)] *adj* Schub-, schiebend

empujar [empuˈxar] *vi, vt* ❶ (*dar empujón*) schieben; (*con violencia*) stoßen, schubsen *fam*; (*multitud*) drängen; (*puerta*) drücken; **me empujó hacia atrás** er/sie stieß mich zurück; **me empujó contra la pared** er/sie drückte mich gegen die Wand
② (*empleado*) entlassen
③ (*instar*) drängen; **su familia le empuja a que se case** seine Familie drängt ihn zur Heirat
④ (*intrigar*) intrigieren; **ha empujado mucho para conseguir el puesto** er/sie hat einige Intrigen gesponnen, um sich *dat* den Posten zu sichern

empuje [emˈpuxe] *m* ❶ (*acción*) Stoß *m*, Schubs *m* *fam*; **~ de costes** (COM) Kostenauftrieb *m*; **~ inflacionista** (ECON) Inflationsdruck *m*
② (FÍS) Schub *m*, Druck *m*; **~ ascensional** Auftrieb *m*
③ (*energía*) Schwung *m*, Elan *m*; (*resolución*) Durchsetzungsvermögen *nt*; **una persona de ~** ein(e) Draufgänger(in); **no tiene el ~ suficiente para llevar la empresa** er/sie hat nicht den nötigen Schwung, um die Firma zu leiten

empujón [empuˈxon] *m* ❶ (*empellón*) Stoß *m*, Schubs *m* *fam*; (*en la bolsa*) Schub *m*, Aufwärtsbewegung *f*; **dar un ~** stoßen, schubsen *fam*; **entrar en un local a empujones** sich in ein Lokal (hinein)drängen; **la carretera se está construyendo a empujones** die Straßenbauarbeiten werden ständig unterbrochen
② (*impulso*) Schub *m*, Ruck *m*; **si no le damos un ~ al trabajo no lo acabaremos** wenn wir jetzt nicht Druck machen, werden wir mit der Arbeit nie fertig

empulgarse [empulˈɣarse] <g→gu> *vr* Flöhe bekommen, sich *dat* Flöhe zuziehen

empuntar [empunˈtar] **I.** *vi* ❶ (*irse*) (weg)gehen
② (*Col: fam*): **~las** sich auf die Socken machen
II. *vt* ❶ (TAUR: *empitonar*) mit den Hörnern aufspießen
② (*Col, Ecua: encarrilar*) anbahnen
III. *vr:* **~se** (*Ven: obstinarse*) stur bleiben

empuñadura [empuɲaˈðura] *f* ❶ (*de herramienta*) (Hand)griff *m*; (*de un bastón*) Knauf *m*
② (*fam: de un cuento*) Einleitung *f*

empuñar [empuˈɲar] *vt* ❶ (*tomar*) ergreifen; (*asir*) fest halten; **~ las armas** zu den Waffen greifen
② (*un puesto*) erreichen, bekommen
③ (*Chil: la mano*) ballen

empurrarse [empuˈrrarse] *vr* (*AmC*) zornig werden, wütend werden

emputecer [emputeˈθer] *irr como crecer vt, vr:* **~se** (sich) prostituieren

emú [eˈmu] *m* Emu *m*

émula [ˈemula] *f v.* **émulo**

emulación [emulaˈθjon] *f* ❶ (*imitación*) Nacheiferung *f*
② (*competencia*) Wetteifer *m*
③ (INFOR) Emulation *f*; **~ de dispositivos** Geräteemulation *f*; **~ de terminal** Terminalemulation *f*

emulador[1] [emulaˈðor] *m* (INFOR) Emulator *m*; **~ de memoria expan-**

emulador

dida Expansionsspeicher-Emulator *m*
emulador(a)² [emula'ðor(a)] *m(f)* ❶ (*imitador*) Nachahmer(in) *m(f)* ❷ (*competidor*) Rivale, -in *m, f,* Konkurrent(in) *m(f)*
emular [emu'lar] *vt* ❶ (*imitar*) nacheifern +*dat* (*en* in +*dat*); **intenta ~ a su profesor** er/sie versucht, es seinem/ihrem Dozenten gleichzutun ❷ (*competir*) wetteifern (mit +*dat*) ❸ (INFOR) emulieren
emulgente [emul'xente] *adj* (ANAT): **arteria ~** Nierenarterie *f;* **vena ~** Nierenvene *f*
émulo, -a ['emulo, -a] *m, f* ❶ (*imitador*) Nachahmer(in) *m(f)* ❷ (*oponente*) Rivale, -in *m, f,* Gegner(in) *m(f)*
emulsión [emul'sjon] *f* Emulsion *f*
emulsionante [emulsjo'nante] I. *adj* emulgierend II. *m* Emulgator *m*
emulsionar [emulsjo'nar] *vt* emulgieren
en [en] *prep* ❶ (*lugar*) in +*dat,* auf +*dat,* an +*dat;* (*con movimiento*) in +*akk,* auf +*akk,* an +*akk;* **el libro está ~ el cajón** das Buch ist in der Schublade; **pon el libro ~ el cajón** leg das Buch in die Schublade; **he dejado las llaves ~ la mesa** ich habe die Schlüssel auf dem Tisch liegen lassen; **coloca el florero ~ la mesa** stell die Blumenvase auf den Tisch; **~ la pared hay un cuadro** an der Wand hängt ein Bild; **pon el póster ~ la pared** kleb das Poster an die Wand; **estar ~ el campo/~ la ciudad/~ una isla** auf dem Lande/in der Stadt/auf einer Insel sein; **Alemania/~ Turquía/~ Irak** in Deutschland/in der Türkei/im Irak; **vacaciones ~ el mar** Urlaub an der See; **jugar ~ la calle** auf der Straße spielen; **vivo ~ la calle Mozart** ich wohne in der Mozartstraße; **estoy ~ casa** ich bin zu Hause; **estoy ~ casa de mis padres** ich bin bei meinen Eltern; **trabajo ~ una empresa japonesa** ich arbeite bei einer japanischen Firma ❷ (*tiempo*) in +*dat;* **~ el año 2000** im Jahre 2000; **~ el año 1995 Kobe sufrió un terremoto** Kobe wurde (im Jahre) 1995 von einem Erdbeben heimgesucht; **~ otra ocasión** bei einer anderen Gelegenheit; **~ aquellos tiempos** damals, zu jener Zeit; **~ un mes/dos años** innerhalb eines Monats/von zwei Jahren; **lo terminaré ~ un momento** ich mache es gleich [*o* sofort] fertig; **no ha dicho nada ~ todo el día** er/sie hat den ganzen Tag den Mund nicht aufgemacht ❸ (*modo, estado*): **~ venta** zu verkaufen; **~ flor** in Blüte; **estar ~ proyecto** im Werden (begriffen) sein; **estar ~ poder de algo** im Besitz von etw *dat* sein; **estar ~ poder de alguien** in jds Gewalt sein; **el periódico está ~ prensa** die Zeitung wird gerade gedruckt [*o* befindet sich noch im Druck]; **~ construcción** im Bau (befindlich); **~ vida** am Leben; **~ absoluto** auf (gar) keinen Fall; **de tres ~ tres** (jeweils) zu dritt; **llegaron de dos ~ dos** sie kamen paarweise; **pagué ~ marcos** ich habe in [*o* mit] Mark bezahlt; **hablar ~ voz alta/baja** laut/leise sprechen; **decir algo ~ español** etw auf Spanisch sagen ❹ (*medio*): **papá viene ~ tren/coche** Papa kommt mit dem Zug/Auto; **he venido ~ avión** ich bin geflogen; **lo reconocí ~ la voz** ich erkannte ihn an der Stimme ❺ (*ocupación*): **doctor ~ filosofía** Doktor der Philosophie; **trabajo ~ ingeniería genética** ich arbeite als Genetiker(in); **está ~ la policía** er/sie ist bei der Polizei; **está ~ la mili/el ejército** er/sie ist beim Militär/bei der Bundeswehr; **trabajo ~ Correos/~ una fábrica** ich arbeite bei der Post/in einer Fabrik ❻ (*con verbo*): **pienso ~ ti** ich denke an dich; **no confío ~ él** ich vertraue ihm nicht, ich verlasse mich nicht auf ihn; **ingresar ~ un partido** in eine Partei eintreten; **ganar ~ importancia** an Bedeutung gewinnen ❼ (*cantidades*): **aumentar la producción ~ un 5 %** die Produktion um 5 % steigern; **me he equivocado sólo ~ 17 euros** ich habe mich nur um 17 Euro verrechnet ❽ (ECON): **~ fábrica** ab Werk; **franco ~ almacén** ab Lager ❾ (HIST: *con gerundio*): **~ viéndola llegar** als er/sie sie kommen sah
enaceitar [enaθei̯'tar] I. *vt* ölen, schmieren II. *vr:* **~se** sich einölen
ENAGAS [ena'ɣas] *f abr de* **Empresa Nacional de Gas** staatliche Gasbetriebe
enagua(s) [e'naɣwa(s)] *f(pl)* Unterrock *m,* Petticoat *m*
enaguar [ena'ɣwar] <gu→gü> *vt* unter Wasser setzen
enaguazar [enaɣwa'θar] <z→c> I. *vt* schlammig machen II. *vr:* **~se** schlammig werden
enagüillas [ena'ɣwiʎas] *fpl* Lendenschurz *m*
enajenable [enaxe'naβle] *adj* veräußerlich, veräußerbar, verkäuflich
enajenación [enaxena'θjon] *f* ❶ (*de una propiedad*) Veräußerung *f,* Verkauf *m;* **~ inmobiliaria** Grundstücksveräußerung *f;* **~ de participaciones** (FIN) Anteilsveräußerung *f* ❷ (*de la mente*) Verwirrung *f;* **~ mental** Geistesgestörtheit *f* ❸ (*embeleso*) Verzückung *f* ❹ (*distracción*) Zerstreutheit *f* ❺ (*entre personas*) Entfremdung *f* (*de* von +*dat*)
enajenado, -a [enaxe'naðo, -a] *adj* verrückt; **~ mental** geistesgestört

enarcar

enajenador(a) [enaxena'ðor(a)] *m(f)* Veräußerer, -in *m, f,* Verkäufer(in) *m(f)*
enajenamiento [enaxena'mjento] *m v.* **enajenación**
enajenar [enaxe'nar] I. *vt* ❶ (*una posesión*) veräußern, verkaufen ❷ (*enloquecer*) verrückt machen ❸ (*turbar*) entzücken, bezaubern; **su manera de bailar me enajena** seine/ihre Art zu tanzen fasziniert mich ❹ (*de alguien*) entfremden; **su carácter lo enajena de mucha gente** sein Charakter macht ihn vielen Leuten unsympathisch II. *vr:* **~se** ❶ (*de una posesión*) veräußern (*de +akk*), verkaufen (*de +akk*); **~se de una casa** ein Haus veräußern ❷ (*enloquecer*) verrückt werden, den Verstand verlieren ❸ (*de alguien*) sich entfremden (*de* von +*dat*)
enalbardar [enalβar'ðar] *vt* ❶ (*caballería*) den Packsattel auflegen (+*dat*) ❷ (GASTR: *rebozar*) panieren ❸ (GASTR: *envolver en tocino*) in Speckscheiben einwickeln
enaltecedor(a) [enalteθe'ðor(a)] *adj* lobend, preisend; (*de hechos*) verherrlichend; **palabras ~as** Lob *nt*
enaltecer [enalte'θer] *irr como* **crecer** *vt* ❶ (*ensalzar*) loben, preisen; **el capitán enalteció la conducta de la tripulación** der Kapitän lobte [*o* hielt eine Lobrede auf] die Leistung der Mannschaft ❷ (*dignificar*) Würde verleihen +*dat,* erheben; **tus palabras te enaltecen** deine Worte verleihen dir Würde
enaltecimiento [enalteθi'mjento] *m* Lob *nt,* Preis *m elev*
enamorada [enamo'raða] *adj f v.* **enamorado**
enamoradizo, -a [enamora'ðiθo, -a] *adj* leicht entflammbar; **es un joven ~** er fängt leicht Feuer, er lässt sich leicht hinreißen
enamorado, -a [enamo'raðo, -a] I. *adj* verliebt (*de* in +*akk*); **sí, estamos ~s** ja, wir lieben uns; **estuvimos un tiempo ~s** wir waren einige Zeit ein Paar II. *m, f* ❶ (*amante*) Liebhaber(in) *m(f),* Geliebte(r) *mf;* **día de los ~s** Valentinstag *m* ❷ (*aficionado*) Freund(in) *m(f),* Liebhaber(in) *m(f);* **un ~ de la música** ein Musikfreund; **un ~ de los coches deportivos** ein Liebhaber von Sportwagen
enamoramiento [enamora'mjento] *m* Verliebtsein *nt*
enamorar [enamo'rar] I. *vt* ❶ (*conquistar*) verliebt machen, entflammen; **mi profesora me ha enamorado** ich habe mich in meine Lehrerin verliebt ❷ (*cortejar*) den Hof machen (*a* +*dat*) ❸ (*gustar*) lieben; **me enamora el flamenco** ich mag den Flamenco über alles II. *vr:* **~se** ❶ (*de alguien*) sich verlieben (*de* in +*akk*) ❷ (*de una cosa*) sehr gern mögen, lieben; **me he enamorado de su manera de traducir** ich mag seine/ihre Art zu übersetzen sehr
enamori(s)carse [enamori(s)'karse] <c→qu> *vr* sich ein bisschen verlieben (*en* in +*akk*)
enana [e'nana] *adj o f v.* **enano**
enancar [enaŋ'kar] <c→qu> I. *vt* (*Am*) auf die Kruppe des Pferdes setzen II. *vr:* **~se** (*Am*) ❶ (*montarse sobre las ancas*) sich (hinter jdm) auf die Kruppe des Pferdes setzen ❷ (*entrometerse*) sich ungefragt einmischen (*in* +*akk*)
enangostar [enaŋɡos'tar] I. *vt* verengen, schmaler machen; **~ una carretera** eine Straße verschmälern II. *vr:* **~se** sich verengen, schmaler werden
enanismo [ena'nismo] *m sin pl* (MED) Zwergwuchs *m,* Nanismus *m*
enanito, -a [ena'nito, -a] *m, f* Zwerg(in) *m(f);* **Blancanieves y los siete ~s** Schneewittchen und die sieben Zwerge
enano, -a [e'nano, -a] I. *adj* ❶ (*persona*) zwerg(en)haft ❷ (*objeto, árbol*) Zwerg- ❸ (MED) zwergwüchsig II. *m, f* ❶ (*liliputiense*) Liliputaner(in) *m(f)* ❷ (*de un cuento*) Zwerg(in) *m(f)* ❸ (*fam: criatura*) Kleine(r) *mf* ❹ (*pey: granuja*) elender Wicht *m* ❺ (*loc*): **disfrutar como un ~** sich köstlich amüsieren
enantema [enan'tema] *m* (MED) Schleimhautausschlag *m,* Enanthem *nt*
enarbolado [enarβo'laðo] *m* (ARQUIT) Gerüst *nt,* Gebälk *nt*
enarbolar [enarβo'lar] I. *vt* ❶ (*bandera*) hissen; (*cartel*) hoch halten; (*espada*) schwingen ❷ (*razón*) anführen, vorbringen II. *vr:* **~se** ❶ (*caballo*) sich aufbäumen ❷ (*persona*) aufbrausen
enarcar [enar'kar] <c→qu> I. *vt* ❶ (*arquear*) biegen; (*las cejas*) hochziehen ❷ (*tonel*) bereifen II. *vr:* **~se** ❶ (*arquearse*) sich wölben

❷ (*encogerse*) sich ducken
❸ (*Méx: caballo*) sich aufbäumen
enardecedor(a) [enarðeθe'ðor(a)] *adj* begeisternd
enardecer [enarðe'θer] *irr como crecer* **I.** *vt* ❶ (*pasiones*) entfachen; **el vino los enardeció** der Wein brachte sie in Stimmung; **la arenga del capitán enardeció los ánimos de los viajeros** die Ansprache des Kapitäns bewegte die Gemüter der Reisenden
❷ (*enfervorizar*) begeistern
❸ (*sexualmente*) erregen
II. *vr:* ~**se** ❶ (*pasiones*) sich entflammen
❷ (*entusiasmarse*) sich begeistern (*por* für +*akk*)
❸ (MED: *inflamarse*) sich entzünden
❹ (*sexualmente*) erregt werden
enardecimiento [enarðeθi'mjento] *m* ❶ (*de una pasión*) Entflammen *nt*
❷ (*entusiasmo*) Begeisterung *f*
enarenar [enare'nar] **I.** *vt* mit Sand bestreuen
II. *vr:* ~**se** (NÁUT) auflaufen, stranden
encabalgamiento [eŋkaβalɣa'mjento] *m* ❶ (*armazón*) Traggerüst *nt*
❷ (LIT) Enjambement *nt*
encabalgar [eŋkaβal'ɣar] <g→gu> **I.** *vi* ❶ (*montar*) reiten
❷ (*apoyar*) anlehnen, auflegen
II. *vt* ❶ (*proveer de caballos*) mit Pferden versehen
❷ (LIT) ein Enjambement machen (*bei/in* +*dat*)
III. *vr:* ~**se** ruhen (*en* auf +*dat*)
encabestrar [eŋkaβes'trar] *vt* ❶ (*cabestro*) (an)halftern
❷ (*persona*) bewegen, bringen; ~ **a alguien para que haga algo** jdn dazu bewegen [*o* bringen], etw zu tun
encabezado [eŋkaβe'θaðo] *m* (*Guat, Méx: titular*) Überschrift *f*, Schlagzeile *f*
encabezamiento [eŋkaβeθa'mjento] *m* ❶ (*de un escrito, libro*) Kopf *m*; (*de un artículo*) Überschrift *f*
❷ (*de una carta: parte superior*) Briefkopf *m*; (*tratamiento*) Anrede *f*; (*primeras líneas del texto*) Einleitung *f*; (JUR) Einleitungsformel *f*
❸ (INFOR, TIPO) Kopfzeile *f*
❹ (*registro*) Eintrag *m*, Registrierung *f*
❺ (*impuesto*) Pauschalbetrag *m* einer Steuergruppe
encabezar [eŋkaβe'θar] <z→c> **I.** *vt* ❶ (*lista, grupo*) anführen, an oberster Stelle [*o* der Spitze] stehen +*gen*; **él encabeza la lista** er ist der Erste auf der Liste, er führt die Liste an; **mi padre encabeza esta institución** mein Vater leitet diese Institution
❷ (*un escrito*) einleiten; (*un artículo*) überschreiben; **el autor encabeza el libro con una cita de Cervantes** der Autor stellt dem Buch ein Zitat von Cervantes voran
❸ (*una carta: la parte superior*) den Briefkopf schreiben +*gen*; (*el tratamiento*) die Anrede schreiben +*gen*; (*las primeras líneas*) einleiten
❹ (*vino*) den Grad erhöhen +*gen*
❺ (*Am: motín*) anführen
❻ (*registrar*) eintragen, registrieren
❼ (*dos tableros*) miteinander verbinden
II. *vr:* ~**se** ❶ (*contentarse*) das kleinere Übel wählen
❷ (*en una cantidad*) sich auf einen Betrag einigen
encabritarse [eŋkaβri'tarse] *vr* ❶ (*animal*) sich aufbäumen
❷ (*persona*) wütend werden
encabronarse [eŋkaβro'narse] *vr* wütend werden (*con* über +*akk*)
encachado [eŋka'tʃaðo] *m* (Fluss)befestigung *f*
encadenación [eŋkaðena'θjon] *f v.* **encadenamiento**
encadenado¹ [eŋkaðe'naðo] *m* ❶ (ARQUIT: *armazón*) Traggebälk *nt*
❷ (*mina*) Abstrebung *f*
encadenado, -a² [eŋkaðe'naðo, -a] *adj* ❶ (*con cadena*) angekettet (*a* an +*dat*)
❷ (*estrofa*) verkettet; **verso** ~ Kettenvers *m*
encadenamiento [eŋkaðena'mjento] *m* ❶ (*acción*) Anketten *nt* (*a* an +*akk/dat*)
❷ (*a un trabajo*) Bindung *f* (*a* an +*akk*)
❸ (*de hechos*) Verkettung *f*
encadenar [eŋkaðe'nar] **I.** *vt* ❶ (*bicicleta, persona*) anketten (*a* an +*akk/dat*); (*un perro t.*) an die Kette legen
❷ (*hechos, t.* INFOR) verketten; (*razonamientos*) miteinander verknüpfen
❸ (*a un trabajo, lugar*) binden (*a* an +*akk*); **los recuerdos la encadenan a esta casa** die Erinnerungen binden sie an dieses Haus
II. *vr:* ~**se** ❶ (*con cadenas*) sich anketten (*a* an +*akk/dat*)
❷ (*hechos*) sich verketten
❸ (*a un trabajo, lugar*) sich binden (*a* an +*akk*)
encajadura [eŋkaxa'ðura] *f* ❶ (*acción*) Einpassung *f*, Einfügung *f*
❷ (*ranura*) Falz *m*, Nut *f*
❸ (*de joya*) Fassung *f*
encajamiento [eŋkaxa'mjento] *m* (BIOL, MED: *feto*) Senkung *f* ins Becken
encajar [eŋka'xar] **I.** *vi* ❶ (*ajustar, t.* TÉC) passen; (*cerradura*) einrasten, einschnappen; **la puerta encaja mal** die Tür klemmt; **esta puerta no encaja con este marco** diese Tür passt nicht in diesen Rahmen
❷ (*datos, hechos*) passen (*con* zu +*dat*); **las dos declaraciones encajan** die zwei Aussagen stimmen überein; **¡ves como todo encaja!** sieh mal, wie alles zusammenpasst!; **este chiste no encaja aquí** dieser Witz ist hier fehl am Platz
II. *vt* ❶ (*ajustar, t.* TÉC) einpassen (*en* in +*akk*), einfügen (*en* in +*akk*); ~ **dos piezas** zwei Stücke ineinander fügen [*o* miteinander verbinden]; ~ **la ventana en el marco** das Fenster in den Fensterrahmen einsetzen; ~ **el sombrero en la cabeza** den Hut aufsetzen [*o* auf den Kopf setzen]; ~ **la funda en la máquina** den Überzug über die Maschine stülpen
❷ (*fam: disparo*) abgeben; (*golpe*) versetzen
❸ (*fam: aceptar*) annehmen; **no ha encajado su muerte** er/sie hat seinen/ihren Tod nicht verkraftet; **no sabes ~ una broma** du verstehst keinen Spaß
❹ (DEP: *golpe*) abbekommen; (*gol*) kassieren
❺ (*fam: soltar*) loslassen, vom Stapel lassen; **le encajó una reprimenda** er/sie hat ihm/ihr die Leviten gelesen; **me encajó todas sus vacaciones** ich musste die Schilderung seines/ihres gesamten Urlaubes über mich ergehen lassen
❻ (*fam: endilgar*) andrehen; **el vendedor me ha encajado una máquina de coser** der Verkäufer hat mir eine Nähmaschine angedreht; **me han encajado esta tarea** sie haben diese Aufgabe auf mich abgeschoben
❼ (*insertar*) einfügen; **tenemos que ~ esta historia en la edición de mañana** wir müssen diese Geschichte in der Ausgabe von morgen unterbringen
III. *vr:* ~**se** ❶ (*empotrarse*) stecken bleiben (*en* in +*dat*)
❷ (*fam: ponerse*) sich *dat* anziehen
❸ (*atascarse*) klemmen; (*acción*) sich verklemmen; **la puerta se ha encajado** die Tür klemmt
encaje [eŋ'kaxe] *m* ❶ (*acción*) Einpassung *f* (*en* in +*akk*), Einfügung *f* (*en* in +*akk*)
❷ (*ranura*) Falz *m*, Nut *f*
❸ (*lo insertado*) Einsatz *m*
❹ (*tejido*) Spitze *f*; ~ **de bolillos** Klöppelspitze *f*
❺ (*taracea*) Einlegearbeit *f*, Intarsie *f*
❻ (FIN: *bancario*) Kassenbestand *m*; ~ **oro** Goldreserve *f*
encajera [eŋka'xera] *f* Spitzenklöpplerin *f*
encajetillar [eŋkaxeti'ʎar] *vt* (*cigarrillos*) abpacken
encajonado [eŋkaxo'naðo] *m* Lehmmauer *f*
encajonamiento [eŋkaxona'mjento] *m* ❶ (*en cajones*) Einpacken *nt* (*in* Kartons/Kisten)
❷ (*a la fuerza*) Hineinzwängen *nt*
❸ (*de un muro*) Abstützung *f*
encajonar [eŋkaxo'nar] **I.** *vt* ❶ (*poner en cajones*) (ein)packen (*in* Kartons/Kisten)
❷ (*a la fuerza*) (hinein)zwängen; (*personas*) zusammenpferchen; **estábamos encajonados en el ascensor** wir standen zusammengepfercht [*o* eingezwängt] im Aufzug
❸ (*cimientos*) in Caissons mauern
❹ (*un muro*) abstützen
II. *vr:* ~**se** ❶ (*apretarse*) sich hineinzwängen (*en* in +*akk*)
❷ (*un río*) eine Enge bilden
encalabozar [eŋkalaβo'θar] <z→c> *vt* einkerkern
encalabrinar [eŋkalaβri'nar] **I.** *vt* ❶ (*olores*) benebeln
❷ (*irritar*) reizen, ärgern; **este tipo me encalabrina los nervios** dieser Kerl geht mir auf die Nerven
II. *vr:* ~**se** ❶ (*irritarse*) sich ärgern
❷ (*encapricharse*) sich vernarren (*en* in +*akk*)
❸ (*enamorarse*) sich verlieben (*con* in +*akk*), sich vernarren (*con* in +*akk*)
encalado [eŋka'laðo] *m* Tünchen *nt*, Kalken *nt*
encalador(a) [eŋkala'ðor(a)] *m(f)* Maler(in) *m(f)*, Tüncher(in) *m(f)* *reg*
encaladura [eŋkala'ðura] *f v.* **encalado**
encalambrarse [eŋkalam'brarse] *vr* (*Am*) ❶ (*calambre*) einen Krampf haben
❷ (*de frío*) erstarren
encalamocar [eŋkalamo'kar] <c→qu> *vt, vr:* ~**se** (*Col, Ven: embobar*) verdummen, verblöden *fam*
encalar [eŋka'lar] *vt* tünchen, kalken
encalladero [eŋkaʎa'ðero] *m* (NÁUT) Sandbank *f*
encalladura [eŋkaʎa'ðura] *f* (NÁUT) Stranden *nt*
encallar [eŋka'ʎar] **I.** *vi* ❶ (*barco*) stranden, auf Grund laufen
❷ (*asunto*) ins Stocken geraten, nicht vorankommen; (*negociaciones*) sich festfahren

II. *vr:* **~se** ❶ (*barco*) festsitzen
❷ (*alimentos*) hart werden
encallecer [eŋkaʎe'θer] *irr como crecer* **I.** *vi* (*piel*) verhornen, schwielig werden
II. *vt* ❶ (*piel*) schwielig werden lassen
❷ (*corazón*) verhärten; **un alma encallecida** eine abgestumpfte Seele
III. *vr:* **~se** ❶ (*piel*) verhornen, schwielig werden
❷ (*persona*) abstumpfen; **se encallece en la bebida desde muy joven** er/sie ist seit seiner/ihrer Jugend ein Gewohnheitstrinker/eine Gewohnheitstrinkerin
❸ (*alimentos*) hart werden
encallejonar [eŋkaʎexo'nar] *vt* in eine Gasse treiben
encalmada [eŋkal'maða] *f* (NÁUT) Flaute *f*, Windstille *f*
encalmarse [eŋkal'marse] *vr* (*viento, negocios*) abflauen
encalvecer [eŋkalβe'θer] *irr como crecer vi* kahl werden
encamada [eŋka'maða] *f* (*Arg, Urug*) Geschlechtsakt im Bett
encamado [eŋka'maðo] *m* (AGR) Getreideumlegen *nt*
encamar [eŋka'mar] **I.** *vt* (*poner*) auf den Boden stellen
II. *vr:* **~se** ❶ (*persona*) ins [o zu] Bett gehen
❷ (AGR: *mieses*) sich biegen; (*mucho*) umknicken
❸ (*animal*) sich (hin)kauern
encamarar [eŋkama'rar] *vt* in der Speisekammer aufbewahren
encaminador [eŋkamina'ðor] *m* (INFOR) Router *m*
encaminar [eŋkami'nar] **I.** *vt* ❶ (*orientar*) auf den richtigen Weg bringen (*a* nach/zu +*dat*); **¿me puede ~ al pueblo más próximo, por favor?** können Sie mir bitte erklären, wie ich zum nächsten Dorf komme?
❷ (*dirigir*) lenken (*hacia* auf +*akk*); **encaminó sus pasos hacia el pueblo** er/sie machte sich auf den Weg ins Dorf; **~ la mirada/la conversación hacia un punto** den Blick/das Gespräch auf einen Punkt lenken; **~ los esfuerzos hacia una meta** die Bemühungen auf ein Ziel richten; **medidas encaminadas a reducir el paro** Maßnahmen zur Senkung der Arbeitslosigkeit; **~ los negocios** die Geschäfte in Gang bringen
II. *vr:* **~se** sich begeben (*a/hacia* nach/zu +*dat*), sich aufmachen (*a/hacia* nach/zu +*dat*); **~se a la meta** direkt aufs Ziel zugehen
encamisado [eŋkami'saðo] *m* (TÉC) Ummantelung *f*, Umhüllung *f*
encamotarse [eŋkamo'tarse] *vr* (*Am*) sich verlieben (*en* in +*akk*)
encanalar [eŋkana'lar] *vt* kanalisieren
encanallamiento [eŋkanaʎa'mjento] *m* Verwahrlosung *f* (*der Sitten*)
encanallar [eŋkana'ʎar] **I.** *vt* (sittlich) verwahrlosen lassen
II. *vr:* **~se** (sittlich) verwahrlosen
encanarse [eŋka'narse] *vr* ❶ (*envararse*) erstarren
❷ (*Col: argot: ser encarcelado*) hinter Gitter kommen
encanastar [eŋkanas'tar] *vt* in einen Korb legen
encancerarse [eŋkanθe'rarse] *vr* (MED) bösartig werden
encandecer [eŋkande'θer] *irr como crecer* **I.** *vt* zum Weißglühen bringen; **el fuego encandece el hierro** das Feuer bringt das Eisen zum Weißglühen
II. *vr:* **~se** sich zur Weißglut erhitzen
encandilado, -a [eŋkandi'laðo, -a] *adj* ❶ (*fam: erguido*) aufrecht, gerade
❷ (*fam: enamorado*) verschossen (*con* in +*akk*), verliebt (*con* in +*akk*); **está ~ con su vecina** er schwärmt für seine Nachbarin
❸ (*deslumbrado*) geblendet
encandilar [eŋkandi'lar] **I.** *vt* ❶ (*deslumbrar*) blenden; **su belleza lo encandiló** er war von seiner/ihrer Schönheit ganz geblendet; **la gente escuchaba encandilada al orador** die Leute hörten dem Redner wie gebannt zu
❷ (*fam: la lumbre*) schüren, anfachen
❸ (*excitar*) aufregen
II. *vr:* **~se** ❶ (*deslumbrarse*) geblendet werden
❷ (*ojos*) funkeln, glänzen
❸ (*Am: asustarse*) Angst haben
❹ (*PRico: enfadarse*) sich ärgern
encanecer [eŋkane'θer] *irr como crecer vi, vr:* **~se** ❶ (*pelo*) ergrauen; **pelo encanecido** graumeliertes Haar
❷ (*persona*) alt werden
encanecimiento [eŋkaneθi'mjento] *m* Ergrauen *nt*, Canities *f*
encanijado, -a [eŋkani'xaðo, -a] *adj* ❶ (*enfermizo*) kränklich
❷ (*esmirriado*) mickerig
encanijamiento [eŋkanixa'mjento] *m* Verkümmern *nt*
encantado, -a [eŋkan'taðo, -a] *adj* ❶ (*satisfecho*) (hoch)erfreut (*de/con* über +*akk*), entzückt (*de/con* über +*akk*); **¡~ de conocerle!** sehr angenehm!, hocherfreut!; **estoy ~ con mi nuevo trabajo** ich bin mit meiner neuen Arbeit sehr zufrieden; **estoy ~ de la vida** ich fühle mich sehr wohl
❷ (*distraído*) zerstreut, geistesabwesend
❸ (*príncipe, casa*) verzaubert; **bosque ~** Zauberwald *m*
encantador(a) [eŋkanta'ðor(a)] **I.** *adj* ❶ (*persona*) reizend, bezaubernd; (*bebé*) niedlich, goldig
❷ (*fiesta, lugar*) zauberhaft, wunderbar
❸ (*música*) entzückend, bezaubernd
II. *m(f)* Zauberer, -in *m, f*; **~ de serpientes** Schlangenbeschwörer *m*
encantamiento [eŋkanta'mjento] *m* Verzauberung *f*; **lo hizo como por arte de ~** er/sie tat es wie durch Zauberei
encantar [eŋkan'tar] *vt* ❶ (*hechizar*) verzaubern, verhexen; (*serpientes*) beschwören
❷ (*gustar*) erfreuen, große Freude bereiten +*dat*; **me encanta viajar** ich reise sehr gern; **le encantan los dulces** er/sie isst unheimlich gern Süßes; **me encanta que te preocupes por mí** es freut mich sehr, dass du dich um mich kümmerst
❸ (*cautivar*) begeistern, entzücken; **me ha encantado cómo toca el piano** sein/ihr Klavierspiel hat es mir angetan; **este cantante me encanta** dieser Sänger fasziniert mich
encanto [eŋ'kanto] *m* ❶ (*encantamiento*) Verzauberung *f*; (*hechizo*) Zauber *m*; **romper el ~** den Zauber [o Bann] brechen
❷ (*atractivo*) Reiz *m*, Charme *m*; **¡es un ~ de niño!** das ist ein goldiges Kind!
❸ (*distracción*) Zerstreutheit *f*
encañado [eŋka'ɲaðo] *m* ❶ (*tubos*) Rohrleitung *f*
❷ (*cañas*) Rohrgestell *nt*
encañar [eŋka'ɲar] **I.** *vt* ❶ (*agua*) durch Rohre leiten
❷ (*tierra*) entwässern
❸ (*plantas*) hochbinden
❹ (*leña*) stapeln
II. *vi* (*cereales*) Halme entwickeln
encañonar [eŋkaɲo'nar] **I.** *vt* ❶ (*agua*) durch Rohre leiten
❷ (*arma*) zielen (auf +*akk, con* mit +*dat*), richten (auf +*akk*); **la encañonó con su pistola** er/sie richtete seine/ihre Pistole auf sie
❸ (*cartones, prendas*) fälteln
❹ (*seda*) spulen
II. *vi* Federn ansetzen
encapirotar [eŋkapiro'tar] **I.** *vt* eine Kappe aufsetzen (*a* +*dat*) (*u. a. die Kapuze der Büßenden in der Karwoche*)
II. *vr:* **~se** sich *dat* eine Kappe aufsetzen (*u. a. die Kapuze der Büßenden in der Karwoche*)
encapotado, -a [eŋkapo'taðo, -a] *adj* bedeckt; **el cielo está muy ~** der Himmel ist verhangen
encapotar [eŋkapo'tar] **I.** *vt* (*con el capote*) einen Umhang umhängen +*dat*
II. *vr:* **~se** ❶ (*capote*) sich *dat* einen Umhang umhängen
❷ (*cielo*) sich bedecken, sich bewölken
❸ (*persona*) ein düsteres Gesicht machen
encapricharse [eŋkapri'tʃarse] *vr* ❶ (*con una cosa*) hartnäckig wollen (*con* +*akk*); **se ha encaprichado con el sofá que vimos ayer** er/sie will unbedingt das Sofa, das wir gestern gesehen haben
❷ (*con una persona*) sich vernarren (*con* in +*akk*), einen Narren gefressen haben (*con an* +*dat*); **se ha encaprichado con ella** sie hat es ihm/ihr angetan
encapsulación [eŋkaβsula'θjon] *f sin pl* Einkapselung *f*
encapsular [eŋkaβsu'lar] *vt* einkapseln
encapuchado, -a [eŋkapu'tʃaðo, -a] *adj* (*monje*) mit Kapuze; (*atracador*) maskiert, vermummt
encapuchar [eŋkapu'tʃar] *vt, vr:* **~se** ❶ (*poner(se) capucha*) (sich *dat*) eine Kapuze aufsetzen
❷ (*tapar(se) el rostro*) (sich) vermummen
encarado, -a [eŋka'raðo, -a] *adj:* **bien/mal ~** (*aspecto*) mit einem hübschen/hässlichen Gesicht; (*humor*) gut/schlecht gelaunt; **cuando está mal ~ es mejor no hablarle** wenn er schlecht gelaunt ist, sollte man ihn besser nicht ansprechen
encaramar [eŋkara'mar] **I.** *vt* ❶ (*alzar*) hochheben, emporheben; **~ a alguien a la fama mundial** jdn weltberühmt machen
❷ (*alabar*) loben, herausstreichen
II. *vr:* **~se** ❶ (*subir*) hinaufklettern (*a/en* +*akk*), hochklettern (*a/en* +*akk*); **~se a un árbol** (auf) einen Baum hinaufklettern; **~se a una escalera** eine Leiter hochklettern
❷ (*de categoría*) sich emporarbeiten, sich hocharbeiten; **se ha encaramado a lo más alto de la empresa** er/sie hat sich in der Firma ganz nach oben gearbeitet
encaramiento [eŋkara'mjento] *m* Gegenüberstellung *f*; (*enfrentamiento*) Konfrontation *f*
encarar [eŋka'rar] **I.** *vt* ❶ (*persona, cosa*) (einander) gegenüberstellen
❷ (*riesgo*) ins Auge sehen [o blicken] +*dat*
❸ (*fusil*) zielen (*a* auf +*akk*), richten (*a* auf +*akk*)
II. *vr:* **~se** ❶ (*dos personas*) einander gegenüberstehen
❷ (*a una dificultad*) ins Auge sehen (*a/con* +*dat*); **el gobierno se encara a** [o **con**] **una gran dificultad** die Regierung sieht sich mit einem großen Problem konfrontiert

encarcelación

③ (*fam: a un superior*) die Stirn bieten (*a* +*dat*); **~se a la jefa** der Chefin die Stirn bieten

encarcelación [eŋkarθela'θjon] *f*, **encarcelamiento** [eŋkarθela'mjento] *m* ① (*acción*) Inhaftierung *f* ② (*efecto*) Haft *f*; **~ forzoso** Zwangshaft *f*

encarcelar [eŋkarθe'lar] *vt* inhaftieren, einsperren; **estar encarcelado** sich in Haft befinden

encarecedor(a) [eŋkareθe'ðor(a)] *adj* preistreibend, verteuernd; **factor ~ de los precios** preissteigernder Faktor

encarecer [eŋkare'θer] *irr como crecer vt* ① (COM: *precio*) erhöhen

② (*alabar*) loben

③ (*subrayar*) hervorheben, betonen; **encareció la necesidad de aprender idiomas** er/sie unterstrich immer wieder, wie wichtig es ist, Sprachen zu lernen

④ (*insistir*) eindringlich bitten; **me encareció que, si iba a su ciudad, no dejara de visitarla** er/sie bat mich eindringlich sie zu besuchen, falls ich in ihre Stadt käme; **nos encarecieron que guardáramos el secreto** man schärfte uns ein das Geheimnis zu wahren

encarecidamente [eŋkareθiða'mente] *adv* eindringlich, mit Nachdruck; **le ruego ~...** ich bitte Sie inständig ...

encarecimiento [eŋkareθi'mjento] *m* ① (COM: *de los precios*) Preissteigerung *f*, Preiserhöhung *f*, Verteuerung *f*

② (*acentuación*) Hervorhebung *f*, Betonung *f*

③ (*insistencia*) Eindringlichkeit *f*, Nachdruck *m*; **con ~** eindringlich, mit Nachdruck

encargado, -a [eŋkar'ɣaðo, -a] I. *adj* beauftragt (*de* mit +*dat*), betraut (*de* mit +*dat*)

II. *m*, *f* Beauftragte(r) *mf*; (*oficial*) Sachbearbeiter(in) *m(f)*; (*de un taller*) Werkmeister(in) *m(f)*; **~ de curso** Lehrbeauftragte(r) *mf*; **~ de negocios** Geschäftsträger *m*; **~ de obras** Polier *m*; **~ de prensa** Pressesprecher *m*

encargar [eŋkar'ɣar] <g→gu> I. *vt* ① (*encomendar*) anvertrauen; (*cargo*) übertragen; **lo ~on del departamento de ventas** ihm wurde die Leitung der Verkaufsabteilung übertragen; **encargó a su hijo a una vecina** er/sie vertraute das Kind der Obhut einer Nachbarin an

② (*recomendar*) empfehlen, raten; **le encargué que fuera discreta** ich riet ihr zur Diskretion

③ (COM: *pedir*) bestellen

④ (*trabajo*) in Auftrag geben; **me han encargado que ocupe la presidencia** man hat mich beauftragt [*o* mir aufgetragen] den Vorsitz zu führen

II. *vr:* **~se** übernehmen, sich kümmern (*de* um +*akk*); **yo me ~é de eso** ich kümmere mich schon darum; **¿quién se encarga de este departamento?** wer betreut diese Abteilung?; **tengo que ~me aún de un par de cosas** ich muss noch ein paar Sachen erledigen

encargo [eŋ'karɣo] *m* ① (*fam: pedido*) Bestellung *f*; **~ por anticipado** Vorbestellung *f*; **~ por catálogo** Katalogbestellung *f*; **~ por correo** Bestellung per Post; **~ por correspondencia** Versandbestellung *f*; **hacer un nuevo ~** nachbestellen

② (*trabajo*) Auftrag *m*; **obra de ~** (TEAT) Auftragswerk *nt*; **~ a empresa ajena** Fremdleistungsauftrag *m*; **traje de ~** Maßanzug *m*; **de ~** im Auftrag; **por ~ de...** im Auftrag von ..., auf Bestellung von ...; **hacer ~s** Besorgungen machen; **tener ~ de hacer algo** den Auftrag haben, etw zu tun; **este vestido te viene como hecho de ~** dieses Kleid passt dir [*o* sitzt] wie angegossen

encariñado, -a [eŋkari'ɲaðo, -a] *adj*: **estar ~ con algo** etw (gern) mögen; **estar ~ con alguien** jdm zugetan sein, jdn gern haben

encariñar [eŋkari'ɲar] I. *vt:* **~ a alguien** jds Zuneigung wecken; **la madre intenta ~ a los niños con su nuevo padre** die Mutter versucht die Zuneigung der Kinder zu dem neuen Vater zu wecken

II. *vr:* **~se** ① (*con algo*) (gern) mögen (*con* +*akk*)

② (*con alguien*) gern haben (*con* +*akk*); **me he encariñado con el pequeño** ich habe den Kleinen lieb gewonnen; **el hijo mayor se ha encariñado con su madre** das älteste Kind hängt sehr an seiner Mutter

encarnación [eŋkarna'θjon] *f* ① (REL) Inkarnation *f*

② (*personificación*) Verkörperung *f*; **la ~ del horror** der Inbegriff des Schreckens

encarnado[1] [eŋkar'naðo] *m* (*color carne*) Fleischfarbe *f*; (*rojo*) Rot *nt*; (ARTE) Inkarnat *nt*

encarnado, -a[2] [eŋkar'naðo, -a] *adj* ① (*color carne*) fleischfarben; (*rojo*) rot; (ARTE) inkarniert

② (REL) inkarniert, Fleisch geworden

③ (*persona*) leibhaftig; **era Alejandro Magno ~** er war Alexander der Große in Person

encarnadura [eŋkarna'ðura] *f* (MED): **tener buena/mala ~** gut/schlecht heilendes Gewebe haben

encarnar [eŋkar'nar] I. *vi* ① (REL) zu Fleisch werden

② (*arma*) (in das Fleisch) eindringen

③ (*herida*) heilen

④ (*impresionar*) beeindrucken

⑤ (*perros*) sich verbeißen

II. *vt* ① (*un personaje*) verkörpern, darstellen; **esta persona encarna la opresión** dieser Mensch verkörpert die Unterdrückung

② (ARTE) im Inkarnat malen

III. *vr:* **~se** ① (REL) Fleisch werden, Mensch werden

② (*en una persona*) sich verkörpern

encarnecer [eŋkarne'θer] *irr como crecer vi* Fett ansetzen, dick werden

encarnizado, -a [eŋkarni'θaðo, -a] *adj* ① (*herida*) entzündet; (*ojo*) blutunterlaufen

② (*lucha*) erbittert, blutig

encarnizamiento [eŋkarniθa'mjento] *m* Grausamkeit *f*; (*de la lucha*) Schärfe *f*, Heftigkeit *f*

encarnizar [eŋkarni'θar] <z→c> I. *vt* (*perro*) scharf machen; (*persona*) aufhetzen

II. *vr:* **~se** ① (*perro*) sich verbeißen (*con* in +*akk/dat*)

② (*recrudecerse*) grausam werden; (*en un combate*) verbissen kämpfen

③ (*ensañarse*) seine Wut auslassen (*con/en* an +*dat*)

encarpetar [eŋkarpe'tar] *vt* in eine Mappe legen; (*encuadernar*) abheften; (*Am: dar carpetazo*) ad acta legen

encarriladera [eŋkarrila'ðera] *f* (FERRO) Aufgleisgerät *nt*

encarrilar [eŋkarri'lar] *vt* ① (FERRO) aufgleisen; **ir encarrilado** auf Gleisen laufen

② (*dirigir*) auf den rechten Weg bringen; (*de nuevo*) wieder ins (rechte) Gleis bringen

encartado, -a [eŋkar'taðo, -a] *m*, *f* (JUR) ① (*procesado*) Beschuldigte(r) *mf*

② (*ausente*) in Abwesenheit Verurteilte(r) *mf*

encartamiento [eŋkarta'mjento] *m* (JUR) Verurteilung *f* in Abwesenheit

encartar [eŋkar'tar] *vt* (JUR) in Abwesenheit verurteilen

encarte [eŋ'karte] *m* Werbebeilage *f*

encartonado [eŋkarto'naðo] *m* (TIPO) Kartonierung *f*

encartonar [eŋkarto'nar] *vt* ① (*empaquetar*) in Pappe verpacken

② (*encuadernar*) kartonieren

encascabelar [eŋkaskaβe'lar] *vt* Schellen umhängen (*a* +*dat*); **~on al gato para que no se perdiera** der Katze wurde ein Glöckchen umgehängt, damit sie nicht verloren ging

encasillado [eŋkasi'ʎaðo] *m* (*de un crucigrama*) Kästchen *ntpl*

encasillamiento [eŋkasiʎa'mjento] *m* ① (*encasillado*) Kästchen *ntpl*

② (*colocación en casillas*) Verteilung *f* in einzelne Fächer

③ (*pey: clasificación*) Abstempeln *nt*

encasillar [eŋkasi'ʎar] I. *vt* ① (*meter en casillas*) in Fächer verteilen

② (*clasificar*) einordnen (*en* in +*akk*), in eine Schublade stecken *pey*

II. *vr:* **~se** sich festlegen (*en* auf +*akk*); **este actor se ha encasillado en los papeles de héroe** dieser Schauspieler spielt nur Heldenrollen

encasquetar [eŋkaske'tar] I. *vt* ① (*sombrero*) aufstülpen

② (*golpe*) versetzen

③ (*una idea*) einreden

④ (*endilgar*) aufhalsen; **me encasquetó un rollo tremendo** er/sie traktierte mich mit seinem/ihrem fürchterlichen Geschwätz

II. *vr:* **~se** (*sombrero*) sich *dat* aufstülpen; **se te ha encasquetado esa idea** diese Idee hast du dir in den Kopf gesetzt

encasquillamiento [eŋkaskiʎa'mjento] *m* Klemmen *nt*; (*de un arma*) Ladehemmung *f*

encasquillar [eŋkaski'ʎar] I. *vt* ① (TÉC) einbuchsen

② (*Am: herrar*) beschlagen

II. *vr:* **~se** ① (*atascarse*) klemmen; (*arma*) Ladehemmungen haben

② (*irón: al hablar*) einen Kloß im Hals haben

encastillamiento [eŋkastiʎa'mjento] *m* (*obstinación*) Beharren *nt* (*en* auf +*dat*)

encastillar [eŋkasti'ʎar] I. *vt* (MIL: *fortificar*) befestigen

II. *vr:* **~se** ① (MIL) sich verschanzen

② (*obstinarse*) beharren (*en* auf +*dat*), sich versteifen (*en* auf +*akk*); **se encastilló en su silencio** er/sie schwieg beharrlich

encastrable [eŋkas'traβle] *adj* (*empotrable*) einbaubar; **pila ~** Einbauspüle *f*

encastrar [eŋkas'trar] *vt* ① (*empotrar*) einbauen

② (TÉC) verzahnen

encauchado[1] [eŋkau̯'tʃaðo] *m* (*Am: poncho*) wasserdichter Poncho *m*

encauchado, -a[2] [eŋkau̯'tʃaðo, -a] *adj* (*Am*) mit Gummi überzogen, gummiert

encauchar [eŋkau̯'tʃar] *vt* kautschutieren

encausado, -a [eŋkau̯'saðo, -a] *m*, *f* (JUR) Angeklagte(r) *mf*

encausar [eŋkau̯'sar] *vt* (JUR) belangen; (*acusar*) verklagen

encáustico[1] [eŋ'kau̯stiko] *m* (*para madera*) Beize *f*; (*cera*) Bienenwachs *nt*; (*para dar brillo*) Politur *f*

encáustico, -a[2] [eŋ'kau̯stiko, -a] *adj* (ARTE) enkaustisch

encausto [eŋ'kau̯sto] *m* (ARTE) Enkaustik *f*

encauzamiento [eŋkauθa'mjento] *m* (*corriente*) Eindämmen *nt*; (*debate*) Lenkung *f*
encauzar [eŋkau'θar] <z→c> *vt* (*corriente*) eindämmen; (*debate*) lenken; **tuvo que ~ su vida después del divorcio** nach der Scheidung musste er/sie sein/ihr Leben neu ordnen
encebollado, -a [enθeβo'ʎaðo, -a] *adj* (GASTR) mit viel Zwiebeln in Öl geschmort
encebollar [enθeβo'ʎar] *vt* (GASTR) mit viel Zwiebeln in Öl schmoren
encefalalgia [enθefa'lalxja] *f* (MED) Kephalgie *f*, Kopfschmerzen *mpl*
encefálico, -a [enθe'faliko, -a] *adj* Gehirn-; **masa encefálica** Hirnmasse *f*
encefalitis [enθefa'litis] *f inv* (MED) Enzephalitis *f*, Gehirnentzündung *f*
encéfalo [en'θefalo] *m* (MED) Gehirn *nt*
encefalografía [enθefaloɣra'fia] *f* (MED) Enzephalographie *f*
encefalograma [enθefalo'ɣrama] *m* (MED) Enzephalogramm *nt*
encefalopatía [enθefalopa'tia] *f sin pl* (MED) Enzephalopathie *f*; **~ bovina** Rinderwahnsinn *m*
enceguecer [enθeɣe'θer] *irr como crecer* I. *vi* (*quedarse ciego*) blind werden, erblinden
II. *vt* ❶ (*cegar*) blenden
❷ (*fig: ofuscar*) verblenden
III. *vr:* ~**se** ❶ (*ofuscarse*) aus der Fassung geraten; **se enceguecié de furia** er/sie wurde blind vor Wut
❷ (*quedarse ciego*) erblinden, blind werden
encelar [enθe'lar] I. *vt* eifersüchtig machen
II. *vr:* ~**se** ❶ (*sentir celos*) eifersüchtig werden (*de* auf +*akk*)
❷ (*fam: enamorarse*) sich bis über beide Ohren verlieben (*de* in +*akk*); **estar encelado** verschossen sein
❸ (ZOOL) brünstig werden
encella [en'θeʎa] *f* (GASTR) Käseform *f*
encenagado, -a [enθena'ɣaðo, -a] *adj* verschlammt, verdreckt
encenagar [enθena'ɣar] <g→gu> I. *vt* mit Schlamm bedecken
II. *vr:* ~**se** ❶ (*con barro*) verschlammen
❷ (*pervertirse*) versumpfen
encendajas [enθen'daxas] *fpl* Reisig *nt* (zum Feueranmachen)
encendedor [enθende'ðor] *m* Anzünder *m*; (*mechero*) Feuerzeug *nt*
encender [enθen'der] <e→ie> I. *vi* zünden; **este mechero no enciende** dieses Feuerzeug zündet nicht
II. *vt* ❶ (*llama*) anzünden, anstecken; **~ una vela/la chimenea** eine Kerze/den Kamin anzünden; **~ un conflicto** einen Konflikt heraufbeschwören
❷ (*conectar*) anmachen, anschalten; **~ la luz** das Licht anmachen
❸ (*pasiones*) entflammen
❹ (AUTO, TÉC) zünden
III. *vr:* ~**se** ❶ (*desencadenarse*) aufflammen
❷ (*inflamarse*) sich entzünden
❸ (*ruborizarse*) erröten
encendido¹ [enθen'diðo] *m* (AUTO, TÉC: *proceso*) Zündung *f*; (*instalación*) Zündanlage *f*; **~ automático** Selbstzündung *f*; **~ defectuoso** Fehlzündung *f*
encendido, -a² [enθen'diðo, -a] *adj* ❶ (*conectado*) angeschaltet; **la luz está encendida** das Licht ist an
❷ (*ardiente*) brennend; (*apasionado*) inbrünstig, feurig
❸ (*rojo*) feuerrot
encendimiento [enθendi'mjento] *m* ❶ (*encendido*) Zünden *nt*
❷ (*calentamiento*) Erhitzen *nt*
❸ (*ardor*) Glut *f*; (*pasión*) Inbrunst *f*
encenizar [enθeni'θar] <z→c> I. *vt* mit Asche bedecken
II. *vr:* ~**se** mit Asche bedeckt werden
encepar [enθe'par] I. *vi* (AGR) tiefe Wurzeln treiben
II. *vt* ❶ (HIST: *meter en el cepo*) in den Block spannen
❷ (*madera*) mit einem Bambast befestigen
❸ (*armas de fuego*) schäften
III. *vr:* ~**se** ❶ (AGR) sich verwurzeln
❷ (NÁUT: *ancla*) sich verhaken
encerado [enθe'raðo] *m* ❶ (*tratamiento con cera*) Wachsen *nt*; (*abrillantado*) Bohnern *nt*
❷ (*pizarra*) Wandtafel *f*
❸ (NÁUT) Persenning *f*
enceradora [enθera'ðora] *f* Bohnermaschine *f*
encerar [enθe'rar] *vt* wachsen; (*lustrar*) bohnern
encerradero [enθerra'ðero] *m* (*majada*) Pferch *m*
❷ (TAUR: *toril*) Stierzwinger *m*
encerramiento [enθerra'mjento] *m* ❶ (*acción*) Einschließen *nt*, Einsperren *nt*
❷ (*lugar*) Gehege *nt*, Käfig *m*
encerrar [enθe'rrar] <e→ie> I. *vt* ❶ (*recluir*) einschließen (*en* in +*akk*/*dat*), einsperren (*en* in +*akk*/*dat*); (*argot: encarcelar*) einlochen (*en* in +*dat*); **~ una palabra entre paréntesis** ein Wort einklammern

❷ (*contener*) enthalten, umfassen; **su oferta encerraba una trampa** hinter seinem/ihrem Angebot verbarg sich eine Falle
❸ (*en el juego*) mauern
II. *vr:* ~**se** sich zurückziehen (*en* in +*akk*)
encerrona [enθe'rrona] *f* (*trampa*) Falle *f*; **preparar** [*o* **tender**] **una ~ a alguien** jdm eine Falle stellen
encespedar [enθespe'ðar] *vt* mit Rasen bedecken
encestador(a) [enθesta'ðor(a)] I. *adj* (DEP) den Korb treffend
II. *m(f)* (DEP) Korbwerfer(in) *m(f)*
encestar [enθes'tar] *vi* (DEP) einen Korb werfen
enceste [en'θeste] *m* (DEP) Korb *m*
enchancletar [entʃankle'tar] I. *vt* (*poner chancletas*) Hausschuhe anziehen (*a* +*dat*)
II. *vr:* ~**se** ❶ (*ponerse chancletas*) (sich *dat*) Hausschuhe anziehen
❷ (*a modo de chancletas*) in Halbschuhe wie in Schlappen schlüpfen
encharcamiento [entʃarka'mjento] *m* Überflutung *f*; (*charco*) große Wasserpfütze *f*
encharcar [entʃar'kar] <c→qu> I. *vt* Pfützen hinterlassen (auf +*dat*)
II. *vr:* ~**se** ❶ (*empantanarse*) zum See werden
❷ (MED): **tener los pulmones encharcados** Wasser in der Lunge haben
enchastrar [entʃas'trar] *vt, vr:* ~**se** (*CSur: ensuciar(se)*) (sich) beschmutzen
enchastre [en'tʃastre] *m* (*CSur: chanchada*) Schweinerei *f*
enchilada [entʃi'laða] *f* (*AmC:* GASTR) Enchilada *f*, gefüllter Fladen *m*
enchilado, -a [entʃi'laðo, -a] *adj* (*Méx*) ❶ (*bermejo*) blutrot
❷ (*colérico*) cholerisch; (*rabioso*) zornig
enchilar [entʃi'lar] I. *vt* (*AmC*) ❶ (GASTR) mit Chili würzen
❷ (*molestar*) belästigen
❸ (*decepcionar*) enttäuschen
II. *vr:* ~**se** (*AmC: enfurecerse*) wütend werden
enchinar [entʃi'nar] I. *vt* (*Méx: enrizar el cabello*) locken, in Locken drehen
II. *vr:* ~**se** (*Méx*) ❶ (*ponerse carne de gallina*) eine Gänsehaut bekommen
❷ (*acobardarse*) den Mut verlieren
enchinchar [entʃin'tʃar] I. *vt* ❶ (*Guat, RDom: incomodar*) belästigen
❷ (*Méx: hacer perder el tiempo*) hinhalten
II. *vr:* ~**se** ❶ (*Arg: malhumorarse*) schlechte Laune bekommen; **¿estás enchinchado?** welche Laus ist dir denn über die Leber gelaufen?
❷ (*Guat, Méx, Perú, PRico: llenarse de chinches*) verwanzen, von Wanzen befallen werden
enchiquerar [entʃike'rar] *vt* ❶ (TAUR) den Kampfstier in die Stallbox sperren
❷ (*argot: encarcelar*) einlochen
enchironar [entʃiro'nar] *vt* (*argot*) einlochen
enchisterado, -a [entʃiste'raðo, -a] *adj* (*t. pey*) mit Zylinderhut gekleidet
enchivarse [entʃi'βarse] *vr* (*Col, Ecua: emberrincharse*) wütend werden
enchufado, -a [entʃu'faðo, -a] I. *adj* (*fam*): **está bien ~** er hat gute Beziehungen
II. *m, f* (*fam*) Günstling *m*, Filzokrat(in) *m(f)*
enchufar [en'tʃufar] *vt* ❶ (ELEC) einstecken
❷ (TÉC: *conectar*) anschließen; (*empalmar*) verbinden
❸ (*acoplar*) ineinander stecken
❹ (*fam: persona*) ein Pöstchen verschaffen (*a* +*dat*)
enchufe [en'tʃufe] *m* ❶ (ELEC: *clavija*) Stecker *m*
❷ (ELEC, TÉC: *toma*) Steckdose *f*
❸ (TÉC: *conexión*) Anschluss *m*; (*manguito*) Buchse *f*, Muffe *f*
❹ (INFOR) Plug-In *m*
❺ (*fam pey: relaciones*) Beziehungen *fpl*, Vitamin B *nt*; **tener ~** Beziehungen haben; **Pepa tiene ~ con el profesor** Pepa hat bei dem Lehrer einen Stein im Brett
enchufillo [entʃu'fiʎo] *m* (*fam*) Pöstchen *nt*
enchufismo [entʃu'fismo] *m* Günstlingswirtschaft *f*, Filzokratie *f*
enchutar [entʃu'tar] *vt* (*AmC*) ❶ (*embutir*) füllen (*de* mit +*dat*)
❷ (*introducir*) einführen
encía [en'θia] *f* Zahnfleisch *nt*
encíclica [en'θiklika] *f* (REL) Enzyklika *f*
enciclopedia [enθiklo'peðja] *f* Enzyklopädie *f*, Lexikon *nt*; **~ en varios volúmenes** mehrbändiges Lexikon; **la E~** (HIST) die französische 'Encyclopédie'; **es una ~ viviente** [*o* **andante**] er/sie ist ein wandelndes Lexikon
enciclopédico, -a [enθiklo'peðiko, -a] *adj* enzyklopädisch; **diccionario ~** Reallexikon *nt*, Sachwörterbuch *nt*; **tiene conocimientos ~s** er/sie ist ein wandelndes Sachwörterbuch
enciclopedista [enθiklope'ðista] I. *adj* ❶ (HIST) die französische 'Encyclopédie' betreffend
❷ (*ilustrado*) aufgeklärt

II. *mf* (HIST) Enzyklopädist(in) *m(f)*
encierro [enˈθjerro] *m* ❶ (*reclusión*) Einsperren *nt;* (*prisión*) Haft *f;* (*aislamiento*) Zurückgezogenheit *f;* (*como protesta*) Sitzblockade *f*
❷ (*lugar*) Gefängnis *nt;* (*cercado*) Gehege *nt*
❸ (TAUR) Eintreiben in die Arenastallungen
❹ (TAUR) Volksfest, bei dem die Kampfstiere auf die Straßen gelassen werden
encima [enˈθima] **I.** *adv* ❶ (*arriba*) obendrauf; **llevar** [*o* **tener**] ~ dabei [*o* bei sich *dat*] haben; **tener algo/a alguien** ~ (*fig*) etw/jdn auf den Hals(e) haben; **ya tenemos bastante** ~ wir tragen schon genug mit uns herum; **no poderse quitar algo/a alguien de** ~ etw/jdn nicht loswerden können; **quitar a alguien un peso de** ~ jdm einen Stein vom Herzen nehmen; **se me ha quitado un peso de** ~ mir ist ein Stein vom Herzen gefallen; **echarse** ~ **de alguien** (*fig*) jdn überfallen; **se nos echa el tiempo** ~ die Zeit rennt uns davon
❷ (*además*) obendrein; **le dio el dinero y** ~ **una botella de vino** er/sie gab ihm/ihr das Geld und noch eine Flasche Wein
❸ (*superficialmente*): **por** ~ oberflächlich
II. *prep* ❶ (*local: sobre*): ~ **de** auf *+dat;* (*por*) ~ **de** (*sin contacto*) über *+dat;* **el libro está** ~ **de la mesa** das Buch liegt auf dem Tisch; **viven** ~ **de nosotros** sie wohnen über uns; **estar** ~ **de algo/alguien** (*fig*) ein Auge auf etw/jdn haben
❷ (*con movimiento*) auf *+akk;* (*por*) ~ **de** (*sin contacto*) über *+akk;* **pon esto** ~ **de la cama** leg das auf das Bett; **cuelga la lámpara** ~ **de la mesa** hänge die Lampe über den Tisch; **¡por** ~ **de mí** [*o* **de mi cadáver**]**!** nur über meine Leiche!; **ése pasa por** ~ **de todo** der geht über Leichen
❸ (*más alto*): **por** ~ **de** höher als *+nom;* **este rascacielos está por** ~ **de la catedral** dieser Wolkenkratzer ist noch höher als die Kathedrale; **estar (muy) por** ~ **de algo/alguien** (*fam fig*) über etw/jdn erhaben sein
❹ (*en contra de*): **salió, por encima de su padre** er/sie ging weg, obwohl sein/ihr Vater dagegen war
encimera [enθiˈmera] *f* Arbeitsfläche *f*
encimero, -a [enθiˈmero, -a] *adj* Über-; **colcha encimera** Überdecke *f*
encina [enˈθina] *f* ❶ (*árbol*) Steineiche *f*
❷ (*madera*) Steineichenholz *nt*
encinal [enθiˈnal] *m,* **encinar** [enθiˈnar] *m* Steineichenhain *m*
encinta [enˈθinta] *adj* schwanger; **dejar** ~ schwängern; **quedar(se)** ~ schwanger werden
encintado [enθinˈtaðo, -a] *m* (*bordillo*) Bordstein *m*
encintar [enθinˈtar] *vt* ❶ (*engalanar con cintas*) mit Bändern schmücken
❷ (*bordillo*) mit einem Bordstein versehen
encizañar [enθiθaˈɲar] *vt* Zwietracht säen (unter *+dat*)
enclaustramiento [eŋklaustraˈmjento] *m* Absonderung *f*
enclaustrar [eŋklausˈtrar] **I.** *vt* in ein Kloster einschließen; (*aislar*) absondern
II. *vr:* ~**se** ins Kloster gehen; (*aislarse*) sich absondern
enclavado, -a [eŋklaˈβaðo, -a] *adj* eingeschlossen (**en** *+dat*); **estar** ~ **en...** (GEO) liegen in ... *+dat,* sich befinden in ... *+dat;* **Madrid está** ~ **en el centro de la Península** Madrid befindet sich in der Mitte der Halbinsel
enclave [eŋˈklaβe] *m* Enklave *f;* ~ **aduanero** Zollanschlussgebiet *nt*
enclenque [eŋˈkleŋke] *adj* mick(e)rig
enclisis [eŋˈklisis] *f inv* (LING) Enklise *f,* Enklisis *f*
enclítico, -a [eŋˈklitiko, -a] *adj* (LING) enklitisch
enclocarse [eŋkloˈkarse] *irr como volcar vr* glucken
encochado, -a [eŋkoˈtʃaðo, -a] *adj* (*fam*) ans Auto gewöhnt; **está tan** ~ **que no es capaz de ir a pie a ninguna parte** er ist so an das Autofahren gewöhnt, dass er nirgendwo zu Fuß hingeht
encocorar [eŋkokoˈrar] **I.** *vt* (*fam*) auf die Palme bringen
II. *vr:* ~**se** (*fam*) auf die Palme gehen
encofrado [eŋkoˈfraðo] *m* (Ver)schalung *f*
encofrar [eŋkoˈfrar] *vt* (ver)schalen
encoger [eŋkoˈxer] <g→j> **I.** *vi* (*tejido*) einlaufen; (*madera*) schrumpfen
II. *vt* ❶ (*contraer*) zurückziehen
❷ (*reducir*) verkürzen
❸ (*desalentar*) einschüchtern; **verlo así me encoge el ánimo** mir sinkt der Mut, wenn ich ihn so sehe
III. *vr:* ~**se** ❶ (*contraerse*) sich zusammenziehen; (*persona*) zusammenzucken; ~**se de hombros** die [*o* mit den] Achseln zucken
❷ (*reducirse*) (ein)schrumpfen
❸ (*acobardarse*) verzagen
encogido, -a [eŋkoˈxiðo, -a] *adj* gehemmt, scheu
encogimiento [eŋkoxiˈmjento] *m* ❶ (*contracción*) Zusammenziehen *nt;* (*de un tejido*) Einlaufen *nt*
❷ (*timidez*) Kleinmut *m,* Verzagtheit *f*

encolado [eŋkoˈlaðo] *m,* **encoladura** [eŋkolaˈðura] *f* Verleimung *f*
encolar [eŋkoˈlar] *vt* ❶ (*pegar*) (zusammen)leimen
❷ (*engomar*) (auf)leimen
encolerizar [eŋkoleriˈθar] <z→c> **I.** *vt* erzürnen
II. *vr:* ~**se** in Zorn geraten
encomendar [eŋkomenˈdar] <e→ie> **I.** *vt* (*recomendar*) empfehlen; (*confiar*) anvertrauen; (*encargar*) übergeben; ~ **algo a alguien** jdn mit etw *dat* beauftragen
II. *vr:* ~**se** sich anvertrauen; **sin** ~**se ni a Dios ni al diablo** Hals über Kopf
encomendería [eŋkomendeˈria] *f* (*Perú:* COM) Lebensmittelgeschäft *nt,* Krämerladen *m reg*
encomendero[1] [eŋkomenˈdero] *m* Bevollmächtigte(r) *mf*
encomendero, -a[2] [eŋkomenˈdero, -a] *m, f* ❶ (*Perú: tendero de comestibles*) Lebensmittelverkäufer(in) *m(f),* Krämer(in) *m(f) reg*
❷ (*Cuba: suministrador de carne*) Fleischlieferant(in) *m(f)*
encomiable [eŋkoˈmjaβle] *adj* lobenswert
encomiar [eŋkoˈmjar] *vt* loben, lobpreisen; (*irón*) ein Loblied singen (auf *+akk*)
encomiástico, -a [eŋkoˈmjastiko, -a] *adj* Lob-; (*irón*) lobrednerisch; **palabras encomiásticas** Lobpreisung *f*
encomienda [eŋkoˈmjenda] *f* ❶ (*encargo*) Auftrag *m*
❷ (*encomio*) Lob *nt*
❸ (*recomendación*) Empfehlung *f*
❹ (*Am: paquete postal*) Postpaket *nt*
❺ (HIST) Kommende *f,* Komturei *f*
encomio [eŋˈkomjo] *m* Lob *nt,* Lobpreisung *f;* (*irón*) Lobrede *f;* **digno de** ~ lobenswert
enconadura [eŋkonaˈðura] *f* (MED) Vereiterung *f*
enconamiento [eŋkonaˈmjento] *m* ❶ (MED) Entzündung *f*
❷ (*rencor*) Groll *m;* (*odio*) Hass *m*
enconar [eŋkoˈnar] **I.** *vt* ❶ (MED: *inflamar*) entzünden
❷ (*agravar*) verschlimmern; (*agudizar*) verschärfen; (*espolear*) anstacheln, schüren
❸ (*exasperar*) reizen
II. *vr:* ~**se** ❶ (MED: *inflamarse*) sich entzünden
❷ (*agravarse*) sich verschlimmern; (*agudizarse*) sich verschärfen
❸ (*ensañarse*) seine Wut auslassen (**con** an *+dat*)
encono [eŋˈkono] *m* ❶ (MED: *inflamación*) Entzündung *f*
❷ (*rencor*) Groll *m*
encontradizo, -a [eŋkontraˈðiθo, -a] *adj:* **hacerse el** ~ jdm scheinbar zufällig über den Weg laufen
encontrado, -a [eŋkonˈtraðo, -a] *adj* (*opuesto*) entgegengesetzt; **opiniones encontradas** gegensätzliche Meinungen
encontrar [eŋkonˈtrar] <o→ue> **I.** *vt* ❶ (*hallar*) finden; ~ **a alguien** jdm begegnen, jdn treffen
❷ (*considerar*) (*notar*) merken; **lo encuentro muy aburrido** ich finde es sehr langweilig
II. *vr:* ~**se** ❶ (*estar*) sich befinden; (*sentirse*) sich fühlen
❷ (*citarse*) sich treffen (**con** mit *+dat*)
❸ (*conocerse*) zusammenkommen (**con** mit *+dat*); (*coincidir*) begegnen (**con** *+dat*); ~**se con algo** etw vorfinden; **me encontré con que el coche se había estropeado** ich fand mein Auto kaputt vor; ~**se con un problema** auf ein Problem stoßen; ~**se con una sorpresa desagradable** eine böse Überraschung erleben; **no sé lo que me -é cuando llegue** ich weiß nicht, was mich bei meiner Ankunft erwartet; ~**se todo hecho** (*fam*) sich ins gemachte Bett legen, sich an den gedeckten Tisch setzen
encontrón [eŋkonˈtron] *m,* **encontronazo** [eŋkontroˈnaθo] *m* (*fam*) Zusammenstoß *m;* **darse un** ~ sich anrempeln; **tener un** ~ **con alguien** mit jdm zusammenstoßen; (*enfrentamiento*) einen Zusammenstoß mit jdm haben
encoñado, -a [eŋkoˈɲaðo, -a] *adj* (*vulg*): **estar** ~ **con alguien** (*enamorado*) in jdn verschossen sein *fam*
encoñarse [eŋkoˈɲarse] *vr* (*vulg*) in den Arsch kriechen (**con** *+dat*); (*enamorarse*) sich total verknallen (**con** in *+akk*) *fam*
encopetado, -a [eŋkopeˈtaðo, -a] *adj* ❶ (*fam: noble*) vornehm, nobel *fam*
❷ (*pey: pretencioso*) hochgestochen
encorajinarse [eŋkoraxiˈnarse] *vr* (*fam*) eine Wut haben (**con** auf *+akk*)
encorar [eŋkoˈrar] <o→ue> **I.** *vi* zuheilen
II. *vt* ❶ (*cubrir con cuero*) mit Leder überziehen
❷ (*líquido*) in eine Lederflasche füllen
III. *vr:* ~**se** zuheilen
encorbatado, -a [eŋkorβaˈtaðo, -a] *adj* ❶ (*con corbata*) mit Krawatte
❷ (*fam: elegante*) herausgeputzt; **vino todo** ~ er hatte sich in Schale geworfen
encorchadora [eŋkortʃaˈðora] *f* (TÉC) Flaschenverkorkmaschine *f*

encorchadura [eŋkortʃa'ðura] *f* an Fischernetzen angebrachte Korken *mpl*
encorchar [eŋkor'tʃar] *vt* ① (*botella*) zukorken
② (*enjambre*) in den Bienenstock bringen
encordadura [eŋkorða'ðura] *f* (MÚS) Besaitung *f*
encordar [eŋkor'ðar] <o→ue> I. *vt* ① (*atar*) zusammenschnüren; (*acordonar*) (mit Stricken, Schnüren) abgrenzen
② (MÚS) besaiten
II. *vr:* ~se (DEP: *escalador*) sich anseilen
encornadura [eŋkorna'ðura] *f* Gehörn *nt;* **tener buena** ~ (*t.* TAUR) gut gehörnt sein
encorsetado, -a [eŋkorse'taðo, -a] *adj* staksig
encorsetar [eŋkorse'tar] I. *vt* ① (*poner corsé*) ein Korsett anlegen (+*dat*), (ein)schnüren
② (*constreñir*) einschränken
II. *vr:* ~se sich (ein)schnüren
encortinar [eŋkorti'nar] *vt* Vorhänge anbringen (in +*dat*)
encorvado, -a [eŋkor'βaðo, -a] *adj* krumm; **un hombrecillo** ~ ein buckliges Männlein
encorvadura [eŋkorβa'ðura] *f* (Ver)krümmung *f,* Biegung *f*
encorvar [eŋkor'βar] I. *vt* (*combar*) (ver)krümmen; (*torcer*) biegen; (*doblar*) beugen
II. *vr:* ~se sich krümmen, sich bücken; ~se [*o* andar encorvado] bajo una carga gebückt unter einer Last laufen
encostarse [eŋkos'tarse] *vr* (NÁUT) sich der Küste nähern
encrespado, -a [eŋkres'paðo, -a] *adj* ① (*cabello*) kraus; (*erizado*) gesträubt
② (*t. fig: crispado*) tobend, schäumend; **el mar ~ impedía a los turistas el acceso a la playa** das tobende Meer versagte den Touristen den Zugang zum Strand
encrespamiento [eŋkrespa'mjento] *m* ① (*cabello*) Kräuseln *nt;* (*erizamiento*) Sträuben *nt*
② (*mar*) Toben *nt,* Schäumen *nt*
③ (*crispación*) Gereiztheit *f*
④ (*complicación*) verzwickte Situation *f*
encrespar [eŋkres'par] I. *vt* ① (*rizar*) kräuseln; **el viento encrespó las aguas** der Wind kräuselte die Wasseroberfläche
② (*erizar*) sträuben
③ (*irritar*) reizen; (*excitar*) aufrühren
II. *vr:* ~se ① (*rizarse*) sich kräuseln
② (*erizarse*) sich sträuben
③ (*irritarse*) sich aufregen
encrestado, -a [eŋkres'taðo, -a] *adj* (*fam fig: altivo*) hochnäsig
encrestarse [eŋkres'tarse] *vr* (*gallo*) den Kamm stellen
encriptación [eŋkripta'θjon] *f* Chiffrierung *f;* ~ **de datos** (INFOR) Datenchiffrierung *f*
encristalar [eŋkrista'lar] *vt* verglasen
encrucijada [eŋkruθi'xaða] *f* (*cruce*) Kreuzung *f;* **estar** [*o* **encontrarse**] **en una ~** am Scheideweg stehen
encuadernable [eŋkwaðer'naβle] *adj* einbindfähig; **fascículos ~s** Loseblattsammlung *f*
encuadernación [eŋkwaðerna'θjon] *f* ① (*encuadernado*) (Buch)binden *nt*
② (*cubierta*) Einband *m;* ~ **en rústica** Pappeinband *m;* ~ **en tela** Leineneinband *m*
③ (*taller*) Buchbinderei *f*
encuadernador(a) [eŋkwaðerna'ðor(a)] *m(f)* Buchbinder(in) *m(f)*
encuadernadora [eŋkwaðerna'ðora] *f* Buchbindemaschine *f*
encuadernar [eŋkwaðer'nar] *vt* (ein)binden; **~ en piel/en tela** in Leder/in Leinen binden; **encuadernado en cartoné** [*o* **en rústica**] kartoniert; **sin ~** nicht gebunden
encuadrable [eŋkwa'ðraβle] *adj:* **algo es ~ en** [*o* **dentro de**] **algo** etw lässt sich etw *dat* zuordnen, etw kann etw *dat* zugeordnet werden
encuadrar [eŋkwa'ðrar] I. *vt* ① (*enmarcar*) einrahmen
② (CINE, FOTO, TEL) einstellen
③ (*clasificar*) zuordnen (*en/dentro de* +*dat*)
II. *vr:* ~se ① (*clasificarse*) sich zuordnen lassen (*en/dentro de* +*dat*)
② (*incorporarse*) beitreten (*en* +*dat*), eintreten (*en* in +*akk*)
encuadre [eŋ'kwaðre] *m* ① (*enmarque*) Einrahmung *f*
② (CINE, FOTO, TEL) Bildausschnitt *m*
③ (*clasificación*) Zuordnung *f*
encuartelar [eŋkwarte'lar] *vt* (MIL: *acuartelar*) einquartieren
encubado [eŋku'βaðo] *m* Abfüllen *nt* in Fässer
encubar [eŋku'βar] *vt* (*vino*) in Fässer füllen
encubierta [eŋku'βjerta] *f* ① (*ocultación*) Verheimlichung *f*
② (JUR: *de un delito*) Begünstigung *f*
③ (JUR: *receptación*) Hehlerei *f*
encubierto, -a [eŋku'βjerto, -a] I. *pp de* encubrir
II. *adj* ① (*oculto*) verhüllt, verdeckt

② (*velado*) verschleiert; **tus palabras son una acusación encubierta** hinter deinen Worten verbirgt sich eine Anklage
encubridor(a) [eŋkuβri'ðor(a)] *m(f)* ① (JUR: *de un delito*) Begünstiger(in) *m(f)*
② (JUR: *receptador*) Hehler(in) *m(f)*
encubrimiento [eŋkuβri'mjento] *m* ① (*cubierta*) Bedeckung *f*
② (*ocultación*) Verbergung *f;* (*silenciamiento*) Verheimlichung *f;* **~ de los hechos** Verdunkelung des Sachverhalts
③ (JUR: *de un delito*) Begünstigung *f*
④ (JUR: *receptación*) Hehlerei *f*
encubrir [eŋku'βrir] *irr como* abrir *vt* ① (*cubrir*) verdecken, bedecken
② (*ocultar*) verbergen; (*silenciar*) verheimlichen
③ (JUR: *un delito*) begünstigen
④ (JUR: *receptar*) verhehlen
encuentro [eŋ'kwentro] *m* ① (*fortuito*) Begegnung *f;* (*previsto*) Zusammenkunft *f;* **ir** [*o* **salir**] **al ~ de alguien** jdn abpassen
② (*cita*) Treffen *nt,* Verabredung *f*
③ (*reunión*) Treffen *nt,* Zusammenkunft *f;* **el ~ está marcado para las siete** das Treffen ist für sieben (Uhr) angesetzt
④ (*encontronazo*) Zusammenstoß *m*
⑤ (MIL) Gefecht *nt*
⑥ (DEP) Begegnung *f;* **~ amistoso** Freundschaftsspiel *nt*
encuerado, -a [eŋkwe'raðo, -a] *adj* (*Cuba, Méx*) ① (*desharrapado*) zerlumpt
② (*semidesnudo*) halb nackt
encuerar [eŋkwe'rar] I. *vt* (*Am*) ausziehen
II. *vr:* ~se (*Am*) sich ausziehen
encuerista [eŋkwe'rista] *mf* (*Am*) Stripper(in) *m(f)*
encuesta [eŋ'kwesta] *f* ① (*sondeo*) Befragung *f* (*sobre* über +*akk*), Umfrage *f* (*sobre* über +*akk*), Erhebung *f* (*sobre* über +*akk*); **~ estadística** statistische Erhebung; **~ de mercado** Marktforschung *f;* **~ por muestreo** Stichprobenerhebung *f;* **~ de población activa** Volksbefragung *f;* **hacer una ~** eine Umfrage machen [*o* durchführen]
② (ECON, POL) Enquete *f*
③ (*investigación*) Nachforschung *f;* **~ judicial** (JUR) gerichtliche Untersuchung
encuestado, -a [eŋkwes'taðo, -a] *m, f* Befragte(r) *mf*
encuestador(a) [eŋkwesta'ðor(a)] *m(f)* Befrager(in) *m(f);* (*entrevistador*) Interviewer(in) *m(f)*
encuestar [eŋkwes'tar] I. *vi* eine Umfrage erstellen
II. *vt* befragen; (*entrevistar*) interviewen
encuitarse [eŋkwi'tarse] *vr* betrübt sein
encularse [eŋku'larse] *vr* (*Arg: fam*) ① (*ofenderse*) sich beleidigt fühlen (*por* wegen +*gen/dat*)
② (*enojarse*) in Zorn geraten, wütend werden
enculturación [eŋkultura'θjon] *f sin pl* Inkulturation *f*
encumbramiento [eŋkumbra'mjento] *m* ① (*elevación*) Erhebung *f*
② (*en la sociedad*) Aufstieg *m*
③ (*envanecimiento*) Überheblichkeit *f*
④ (*superioridad*) Erhabenheit *f*
encumbrar [eŋkum'brar] I. *vt* ① (*levantar*) emporheben
② (*socialmente*) aufsteigen lassen, den Aufstieg ermöglichen (*a* +*dat*); **~ a alguien a la fama** jdm Ruhm einbringen
③ (*exaltar*) erheben
④ (*un monte*) ersteigen
II. *vr:* ~se ① (*elevarse*) emporragen
② (*engrandecerse*) emporkommen, aufsteigen
③ (*envanecerse*) überheblich werden
encurtidos [eŋkur'tiðos] *mpl* (GASTR) in Essig eingelegtes Gemüse, ≈Mixpickles *pl*
encurtir [eŋkur'tir] *vt* in Essig einlegen
ende ['ende] *adv:* **por ~** folglich
endeble [en'deβle] *adj* ① (*débil*) schwach; (*enfermizo*) schwächlich
② (*inconsistente*) haltlos
endeblez [ende'βleθ] *f* ① (*debilidad*) Schwäche *f;* (*calidad de enfermizo*) Schwächlichkeit *f;* **~ de una moneda frente a otra** Schwäche einer Währung gegenüber einer anderen
② (*inconsistencia*) Haltlosigkeit *f*
endeca- [endeka] Elf-
endecasílabo¹ [endeka'silaβo] *m* (LING, LIT) Elfsilber *m*
endecasílabo, -a² [endeka'silaβo, -a] *adj* (LING, LIT) elfsilbig
endecha [en'detʃa] *f* Klagelied *nt;* (LIT) Endecha *f*
endemia [en'demja] *f sin pl* (MED) Endemie *f*
endémico, -a [en'demiko, -a] *adj* ① (MED) endemisch
② (*continuo*) wiederkehrend, häufig; **el golpismo es un mal ~ en Latinoamérica** in Lateinamerika sind Putsche ein immer wiederkehrendes Übel
endemismo [ende'mismo] *m* (BIOL, ECOL) Endemismus *m*
endemoniado, -a [endemo'njaðo, -a] *adj* ① (*poseso*) vom Teufel

endemoniar besessen; (*demoníaco*) teuflisch
② (*difícil*) verflixt; **tiene un genio ~** er/sie hat einen verdammt schwierigen Charakter
③ (*tremendo*) verteufelt; **tengo un hambre endemoniada** ich habe einen teuflischen Hunger
④ (*fam: travieso*) unartig; **¡~s chiquillos!** Satansbrut!

endemoniar [eṇdemo'njar] **I.** *vt* (*fam fig: encolerizar*) zornig machen, wütend machen
II. *vr:* **~se** (*fam fig*) zornig werden, wütend werden

endenantes [eṇde'naṇtes] *adv* (*Am: fam: antes*) früher

enderezar [eṇdere'θar] <z→c> **I.** *vt* ① (*poner derecho*) gerade biegen
② (*poner vertical*) aufrichten
③ (AERO, NÁUT) trimmen
④ (*dirigir*) lenken; (*encarrilar*) in die Wege leiten
⑤ (*corregir*) wieder gutmachen; (*enmendar*) berichtigen; (*castigar*) züchtigen; **~ entuertos** (*irón*) Unrecht einrenken
II. *vr:* **~se** ① (*ponerse derecho*) sich aufrichten
② (*disponerse*) sich bereit machen (*a* zu +*dat*)
③ (*dirigirse*) sich wenden (*a/hacia* nach +*dat*)

ENDESA [eṇ'desa] *f abr de* **Empresa Nacional de Electricidad Sociedad Anónima** staatliche Strombetriebe

endeudado, -a [eṇdeu̯'ðaðo, -a] *adj* verschuldet; **fuertemente** [*o* **muy**] **~** hoch verschuldet

endeudamiento [eṇdeu̯ða'mjeṇto] *m* (ECON, FIN) Verschuldung *f*, Schuldenlast *f*; (COM) Passiva *ntpl*; **~ excesivo**, **exceso de ~** Überschuldung *f*; **~ neto** Nettoverschuldung *f*; **~ público nacional** innere Staatsverschuldung

endeudarse [eṇdeu̯'ðarse] *vr* sich verschulden, in Schulden geraten; **~ hasta las cejas** sich bis über beide Ohren verschulden

endiablado, -a [eṇdja'βlaðo, -a] *adj v.* **endemoniado**

endiablar [eṇdja'βlar] *vt, vr:* **~se** *v.* **endemoniar**

endíadis [eṇ'diasis] *f inv* (LIT) Hendiadys *nt*

endibia [eṇ'diβja] *f* Chicorée *m o f*

endilgar [eṇdil'γar] <g→gu> *vt* (*fam*) ① (*encaminar*) einfädeln
② (*una tarea*) hinpfuschen
③ (*cargar*) aufhalsen (*a* +*dat*); (*culpa*) in die Schuhe schieben (*a* +*dat*)
④ (*calificar*) abstempeln (als +*nom*); **le han endilgado el cartel de reaccionario** er ist als reaktionär abgestempelt worden

endiñar [eṇdi'ɲar] *vt* (*fam*) ① (*golpear*) einen Schlag verpassen (*a* +*dat*); **~le una a alguien** jdm eine knallen
② (*endosar*) aufhalsen (*a* +*dat*)

endiosamiento [eṇdjosa'mjeṇto] *m* ① (*altivez*) Dünkel *m*
② (*ensimismamiento*) Verzücktheit *f*

endiosar [eṇdjo'sar] **I.** *vt* (*divinizar*) vergöttlichen
II. *vr:* **~se** ① (*envanecerse*) Dünkel bekommen; **está muy endiosada** sie ist sehr dünkelhaft
② (*embelesarse*) in Verzückheit geraten

endivia [eṇ'diβja] *f v.* **endibia**

endocardio [eṇdo'karðjo] *m* (MED) Endokard *nt*, Herzinnenhaut *f*

endocarditis [eṇdokar'ðitis] *f inv* (MED) Endokarditis *f*

endocrino, -a [eṇdo'krino, -a] **I.** *adj* (MED) endokrin
II. *m, f* (*fam*) Endokrinologe, -in *m, f*

endocrinóloga [eṇdokri'noloɣa] *f v.* **endocrinólogo**

endocrinología [eṇdokrinolo'xia] *f sin pl* (MED) Endokrinologie *f*

endocrinológico, -a [eṇdokrino'loxiko, -a] *adj* (MED) endokrinologisch

endocrinólogo, -a [eṇdokri'noloɣo, -a] *m, f* (MED) Endokrinologe, -in *m, f*

endocrinopatía [eṇdokrinopa'tia] *f* (MED) Endokrinopathie *f*

endodoncia [eṇdo'ðonθja] *f* (MED) Endodontie *f*

endogamia [eṇdo'ɣamja] *f* (BIOL) Endogamie *f*

endógeno, -a [eṇ'doxeno, -a] *adj* ① (*t.* MED) endogen
② (PSICO) anlagebedingt

endometrio [eṇdo'metrjo] *m* (ANAT, MED) Endometrium *nt*, Gebärmutterschleimhaut *f*

endomingarse [eṇdomiŋ'garse] <g→gu> *vr* Sonntagskleidung anziehen, sich in Schale werfen *fam*; **todos los paseantes iban endomingados** die Spaziergänger waren alle sonntäglich gekleidet

endomorfismo [eṇdomor'fismo] *m* ① (MAT) Endomorphismus *m*
② (GEO) Endomorphose *f*

endoplasma [eṇdo'plasma] *m* (BIOL) Endoplasma *nt*

endorfina [eṇdor'fina] *f* (QUÍM) Endorphin *nt*

endosable [eṇdo'saβle] *adj* (FIN) indossabel; **no ~** nicht übertragbar

endosado, -a [eṇdo'saðo, -a] *m, f* (FIN) Indossat(in) *m(f)*, Indossatar(in) *m(f)*

endosante [eṇdo'saṇte] *mf* (FIN) Indossant(in) *m(f)*, Indossent(in) *m(f)*; (*de crédito*) Zedent(in) *m(f)*

endosar [eṇdo'sar] *vt* ① (FIN) indossieren; (*traspasar*) übertragen; (*crédito*) zedieren; **~ una letra** einen Wechsel girieren
② (*fam: endilgar*) aufhalsen (*a* +*dat*)

endosatario, -a [eṇdosa'tarjo, -a] *m, f v.* **endosado**

endoscopia [eṇdos'kopja] *f* (MED) Endoskopie *f*

endoscopio [eṇdos'kopjo] *m* (MED) Endoskop *nt*

endosfera [eṇdos'fera] *f* (GEO) Endosphäre *f*

endoso [eṇ'doso] *m* (FIN) Indossament *nt*, Indosso *nt*; **~ en blanco** Blankoindossament *nt*; **~ al** [*o* **para el**] **cobro** Inkassoindossament *nt*; **~ completo** Vollindossament *nt*; **~ hipotecario** Pfandindossament *nt*; **~ de una letra** Wechselindossament *nt*; **~ de poder** Vollmachtsindossament *nt*; **~ por poder** Prokuraindossament *nt*; **sin ~** nicht übertragbar; **ceder por ~** durch Indossament [*o* Giro] übertragen

endotérmico, -a [eṇdo'termiko, -a] *adj* (FÍS, QUÍM) endotherm

endovenoso, -a [eṇdoβe'noso, -a] *adj* (MED) intravenös; **por vía endovenosa** intravenös

endrina [eṇ'drina] *f* Schlehe *f*

endrino[1] [eṇ'drino] *m* Schlehdorn *m*, Schwarzdorn *m*

endrino, -a[2] [eṇ'drino, -a] *adj* blauschwarz

endrogarse [eṇdro'ɣarse] <g→gu> *vr* ① (*Am: drogarse*) Drogen nehmen
② (*Méx, Perú: endeudarse*) sich verschulden, Schulden machen (*con* bei +*dat*)

endulzante [eṇdul'θaṇte] **I.** *adj* versüßend
II. *m* Süßmittel *nt*

endulzar [eṇdul'θar] <z→c> **I.** *vt* ① (*poner dulce*) süßen
② (*suavizar*) versüßen
II. *vr:* **~se** ① (*ponerse dulce*) süß werden
② (*suavizarse*) sanfter werden; **con los años se ha endulzado su carácter** mit den Jahren ist er/sie sanfter geworden

endurecedor [eṇdureθe'ðor] *m* Härter *m*

endurecer [eṇdure'θer] *irr como crecer* **I.** *vt* ① (*poner duro*) (ver)härten
② (*hacer resistente*) abhärten (*con/en/por* durch +*akk*)
③ (*extremar*) verschärfen
II. *vr:* **~se** ① (*ponerse duro*) verhärten, hart werden; (*sentimientos*) hartherzig werden
② (*hacerse resistente*) sich abhärten (*con/en/por* durch +*akk*); **ya estoy endurecido** ich bin schon abgehärtet
③ (*agudizarse*) sich verschärfen

endurecimiento [eṇdureθi'mjeṇto] *m* ① (*dureza*) Härte *f*
② (*proceso*) Verhärtung *f*; **~ de las arterias** (MED) Arterienverkalkung *f*
③ (*resistencia*) Abhärtung *f*
④ (*agudizamiento*) Verschärfung *f*

ene ['ene] **I.** *adj inv* zig; (MAT) n; **~ veces** n-mal
II. *f* ① (*letra*) N, n *nt*
② (*fam: horca*): **~ de palo** Galgen *m*

enea [e'nea] *f* (BOT) Rohrkolben *m*

eneagonal [eneaɣo'nal] *adj* (MAT) neuneckig

eneágono [ene'aɣono] *m* (MAT) Neuneck *nt*

enebrina [ene'βrina] *f* Wacholderbeere *f*

enebro [e'neβro] *m* Wacholder *m*; **bayas de ~** Wacholderbeeren *fpl*

eneldo [e'neldo] *m* Dill *m*

enema [e'nema] *m* ① (MED: *antihemorrágico*) Hämostyptikum *nt*
② (MED: *lavado intestinal*) Klistier *nt*, Einlauf *m*; **poner un ~ a alguien** jdm klistieren, jdm einen Einlauf machen

enemigo, -a [ene'miɣo, -a] <enemicísimo> **I.** *adj* feindlich, feindselig; **país ~** Feindesland *nt*; **en manos enemigas** in Feindeshand
II. *m, f* Feind(in) *m(f)*; (*contrario*) Gegner(in) *m(f)*; **~ acérrimo** Erzfeind *m*; **~s mortales** Todfeinde *mpl*; **pasarse al ~** zum Feind(e) überlaufen; **ser ~ de algo** gegen etw sein

enemistad [enemis'tað] *f* Feindschaft *f* (*entre* zwischen +*dat*), Feindseligkeit *f*

enemistar [enemis'tar] **I.** *vt* verfeinden (*con* mit +*dat*)
II. *vr:* **~se** sich verfeinden (*con* mit +*dat*)

energético, -a [ener'xetiko, -a] *adj* energetisch, Energie-; **balanza energética** Energiebilanz *f*; **consumo ~** Energieverbrauch *m*; **crisis energética** Energiekrise *f*; **fuentes energéticas** Energiequellen *fpl*; **política energética** Energiepolitik *f*; **reparto ~** Energieverteilung *f*; **reservas energéticas** Energiereserven *fpl*; **riqueza energética** Energiereichtum *m*; **sector ~** Energiesektor *m*, Energiewirtschaft *f*

energía [ener'xia] *f* ① (*t.* FÍS) Energie *f*; (*fuerza*) Kraft *f*; **~s alternativas** alternative Energien; **~ atómica** [*o* **nuclear**] Atomenergie *f*; **~ eléctrica** elektrische Energie; **~ eólica** Windenergie *f*; **~ hidráulica** [*o* **hidroeléctrica**] Wasserkraft *f*; **~ mareomotriz** Gezeitenenergie *f*; **~s renovables** erneuerbare Energien; **~ de respaldo** [*o* **de seguridad**] (INFOR) unterbrechungsfreie Stromversorgung; **~ solar** Solarenergie *f*; **~ térmica** Wärmeenergie *f*; **consumo de ~** Energieverbrauch *m*; **fuente de ~** Energiequelle *f*; **suministro de ~** Energieversorgung *f*; **con ~** (tat)kräftig; **con toda su ~** mit aller Kraft; **sin ~** kraftlos; **producir ~** Energie erzeugen; **la glucosa da ~** Traubenzucker spendet Energie;

enérgico emplear todas las ~s en algo alle Kraft auf etw verwenden
enérgico, -a [e'nerxiko, -a] *adj* ❶ (*fuerte*) energisch, kräftig ❷ (*decidido*) entschlossen, tatkräftig ❸ (*estricto*) streng; **ponerse ~ con alguien** jdm gegenüber strengere Saiten aufziehen ❹ (*efectivo*) wirksam, wirkungsvoll
energúmeno, -a [ener'ɣumeno, -a] *m, f* (*fam*) Besessene(r) *mf*; **se puso a gritar como un ~** er fing an wie verrückt zu schreien
enero [e'nero] *m* Januar *m*; *v. t.* **marzo**
enervación [enerβa'θjon] *f*, **enervamiento** [enerβa'mjento] *m* Schwächung *f*; (MED) Enervierung *f*, nervöse Erschöpfung *f*
enervante [ener'βante] *adj* ❶ (*agotador*) entnervend, strapazierend; (MED) enervierend ❷ (*fam: irritante*) nervtötend
enervar [ener'βar] I. *vt* ❶ (*debilitar*) entnerven, schwächen, (MED) enervieren ❷ (*fam: poner nervioso*) nervös machen II. *vr:* **~se** ❶ (*debilitarse*) entnervt sein ❷ (*fam: ponerse nervioso*) nervös werden
enésimo, -a [e'nesimo, -a] *adj* ❶ (MAT) n-te; **elevar a la enésima potencia** in die n-te Potenz erheben ❷ (*fam*) zigste; **por enésima vez** zum zigsten Mal
enfadadizo, -a [eɱfaða'ðiθo, -a] *adj* leicht reizbar
enfadar [eɱfa'ðar] I. *vt* ❶ (*irritar*) ärgern (*con* durch +*akk*, *mit* +*dat*); **estar enfadado con alguien** jdm böse sein ❷ (*Am: aburrir*) langweilen II. *vr:* **~se** ❶ (*irritarse*) sich ärgern (*con* über +*akk*), böse werden (*por* über +*akk*); **~se con alguien** auf jdn böse werden ❷ (*Am: aburrirse*) sich langweilen
enfado [eɱ'faðo] *m* ❶ (*enojo*) Ärger *m* ❷ (*desagrado*) Widerwille *m* ❸ (*esfuerzo*) Plagerei *f*
enfadoso, -a [eɱfa'ðoso, -a] *adj* ❶ (*irritante*) ärgerlich ❷ (*molesto*) widerwärtig ❸ (*enojoso*) umständlich; (*trabajoso*) mühsam
enfaldado, -a [eɱfal'daðo, -a] *adj* (*fam pey*) am Rockzipfel der Mutter hängend
enfangar [eɱfaŋ'gar] <g→gu> I. *vt* ❶ (*manchar*) mit Schlamm beschmutzen ❷ (*fama*) besudeln II. *vr:* **~se** ❶ (*embarrarse*) sich mit Schlamm beschmutzen ❷ (*pervertirse*) versumpfen
enfardadora [eɱfarða'ðora] *f* Packmaschine *f*
enfardar [eɱfar'ðar] *vt*, **enfardelar** [eɱfarðe'lar] *vt* zu Ballen packen; (*empaquetar*) einpacken
énfasis [eɱ'fasis] *m o f inv* Emphase *f*, Eindringlichkeit *f*; (*insistencia*) Nachdruck *m*; **poner ~ en algo** Nachdruck auf etw legen
enfático, -a [eɱ'fatiko, -a] *adj* emphatisch, eindringlich; (*insistente*) nachdrücklich
enfatizar [eɱfati'θar] <z→c> I. *vi* Nachdruck legen (*en* auf +*akk*) II. *vt* betonen
enfebrecido, -a [eɱfeβre'θiðo, -a] *adj* fieberhaft
enferma [eɱ'ferma] *adj o f v.* **enfermo**
enfermar [eɱfer'mar] I. *vi, vr:* **~se** erkranken (*de* an +*dat*); **~ de cáncer** an Krebs erkranken II. *vt* krank machen; **este niño me enferma** dieses Kind macht mich ganz krank
enfermedad [eɱferme'ðað] *f* Krankheit *f*; (*dolencia*) Leiden *nt*; (*afección*) Erkrankung *f*; **~ contagiosa** [*o* **infecciosa**] ansteckende Krankheit; **~ degenerativa** degenerative Erkrankung; **~ grave** schwere Krankheit; **~ hereditaria** Erbkrankheit *f*; **~ del hígado** Leberleiden *nt*; **~ del legionario** Legionärskrankheit *f*; **~ leve** leichte Krankheit; **~ profesional** Berufskrankheit *f*; **~ venérea** Geschlechtskrankheit *f*; **ausencia por ~** krankheitsbedingte Abwesenheit; **certificado de ~** (*del medico*) ärztliches Attest; (*para el patrono*) Krankmeldung *f*; **seguro obligatorio de ~** gesetzliche Krankenversicherung; **seguro privado de ~** private Krankenversicherung; **subsidio de** [*o* **por**] **~** Krankengeld *nt*; **contagiar una ~ a alguien** jdn mit einer Krankheit anstecken; **costar una ~** graue Haare kosten; **darse de baja por ~** sich krankmelden; **padecer la ~ de los directivos** an der Managerkrankheit leiden; **tener seguro de ~** krankenversichert sein
enfermera [eɱfer'mera] *f* Krankenschwester *f*; (*en una consulta*) Arzthelferin *f*, Sprechstundenhilfe *f*
enfermería [eɱferme'ria] *f* ❶ (*sala con camas*) Krankensaal *m*; (MIL) Revier *nt*; (*en guerra*) Lazarett *nt* ❷ (*primeros auxilios*) Krankenstation *f*
enfermero [eɱfer'mero] *m* Krankenpfleger *m*; (*camillero*) Sanitäter *m*
enfermizo, -a [eɱfer'miθo, -a] *adj* ❶ (*de mala salud*) kränklich ❷ (*morboso*) krankhaft

enfermo, -a [eɱ'fermo, -a] I. *adj* krank; **~ del corazón** herzkrank; **~ grave** [*o* **de gravedad**] schwer krank; **~ del hígado** leberkrank; **caer ~** erkranken (*de* an +*dat*); **ponerse ~** krank werden; **esta situación me pone ~** diese Situation macht mich ganz krank II. *m, f* Kranke(r) *mf*; (*paciente*) Patient(in) *m(f)*; **~ del corazón** Herzkranke(r) *m*
enfermucho, -a [eɱfer'mutʃo, -a] *adj* (*fam*) kränklich; **estar ~** kränkeln
enfervorizador(a) [eɱferβoriθa'ðor(a)] I. *adj* begeisternd, antreibend II. *m(f)* Antreiber(in) *m(f)*
enfervorizar [eɱferβori'θar] <z→c> *vt, vr:* **~se** (sich) begeistern
enfilar [eɱfi'lar] I. *vi* sich begeben (*hacia* nach +*dat*) II. *vt* ❶ (*poner en fila*) aneinander reihen ❷ (*enhebrar*) einfädeln; (*cuentas*) aufreihen; (*atravesar*) aufspießen; **~ la aguja** den Faden einfädeln ❸ (*llegar*) gelangen (*auf* +*akk*); (*en vehículo*) einfahren (*in* +*akk*); **enfilamos la carretera** wir fuhren auf die Schnellstraße
enfisema [eɱfi'sema] *m* (MED) Emphysem *nt*; **~ pulmonar** Lungenemphysem *nt*
enfiteusis [eɱfi'teusis] *f inv* (JUR) Erbpacht *f*
enfiteuta [eɱfi'teuta] *mf* (JUR) Erbpächter(in) *m(f)*
enflaquecer [eɱflake'θer] *irr como* **crecer** I. *vi, vr:* **~se** abmagern (*de/por* durch +*akk*); (*debilitarse*) ermatten, erschlaffen II. *vt* abmagern lassen; (*debilitar*) ermatten
enflaquecimiento [eɱflake'θi'mjento] *m* Abmagerung *f*, Abmagern *nt*; (*debilitamiento*) Schlaffheit *f*, Mattigkeit *f*
enfocar [eɱfo'kar] <c→qu> *vt* ❶ (CINE, FOTO: *ajustar*) einstellen, fokussieren ❷ (CINE, FOTO: *en el visor*) (an)visieren ❸ (*iluminar*) anleuchten, beleuchten, den Lichtstrahl richten (*auf* +*akk*) ❹ (*una cuestión*) beleuchten; (*concebir*) konzipieren; **no enfocas bien el problema** dieses Problem betrachtest du vom falschen Standpunkt aus
enfollonar [eɱfoʎo'nar] I. *vt* (*fam*) ❶ (*complicar*) verwirren ❷ (*implicar*) verwickeln (*en* in +*akk*) II. *vr:* **~se** verwickelt werden (*en* in +*akk*)
enfondar [eɱfon'dar] *vt* (GASTR: *molde*) auslegen, belegen
enfoque [eɱ'foke] *m* ❶ (CINE, FOTO: *ajuste*) Einstellung *f*, Fokussierung *f* ❷ (CINE, FOTO: *en el visor*) Visieren *nt* ❸ (*de una cuestión*) Standpunkt *m*; (*planteamiento*) Fragestellung *f*; (*concepción*) Konzept *nt*; **~ industrial** Industriekonzept *nt*
enfoscar [eɱfos'kar] <c→qu> I. *vt* verputzen II. *vr:* **~se** ❶ (*enojarse*) sich ärgern ❷ (*cielo*) sich bedecken
enfrailar [eɱfrai'lar] I. *vi, vr:* **~se** Mönch werden II. *vt* zum Mönch machen
enfrascar [eɱfras'kar] <c→qu> I. *vt* in eine Flasche [*o* ein Schraubglas] füllen II. *vr:* **~se** sich versenken (*en* in +*akk*), sich vertiefen (*en* in +*akk*); **~se en la lectura** in die Lektüre versenken
enfrenar [eɱfre'nar] *vt* ❶ (*caballo*) zäumen; (*domar*) zügeln ❷ (TÉC) (ver)laschen
enfrentamiento [eɱfrenta'mjento] *m* Konfrontation *f* (*con* mit +*dat*); (*encontronazo*) Zusammenstoß *m* (*con* mit +*dat*); (*pelea*) Streit *m* (*con* mit +*dat*); **un ~ entre colegas** ein Zusammenstoß unter Kollegen; **tener un ~** einen Zusammenstoß haben; **se registraron ~s callejeros** es kam zu Straßenschlachten
enfrentar [eɱfren'tar] I. *vt* ❶ (*encarar*) gegenüberstellen +*dat*; (*confrontar*) konfrontieren (*con* mit +*dat*) ❷ (*hacer frente*) sich stellen +*dat*; **~ un peligro** sich einer Gefahr stellen; **~ los hechos** den Tatsachen ins Auge blicken ❸ (*enemistar*) entzweien II. *vr:* **~se** ❶ (*encararse*) sich gegenüberstehen; (DEP: *equipos*) aufeinander treffen ❷ (*afrontar*) zusammenstoßen (*con* mit +*dat*); (*pelearse*) sich *dat* eine Schlacht liefern (*con* mit +*dat*); **los manifestantes se ~on con la policía** es kam zu Zusammenstößen zwischen Demonstranten und der Polizei ❸ (*confrontar*) sich auseinander setzen (*con* mit +*dat*); **~se a la demanda** die Nachfrage befriedigen ❹ (*oponerse*) die Stirn bieten (*a* +*dat*); **estar enfrentado a alguien** mit jdm überworfen sein
enfrente [eɱ'frente] I. *adv* ❶ (*en el lado opuesto*) gegenüber; **allí ~** dort drüben; **la casa de ~** das Haus gegenüber ❷ (*en contra*) entgegen; **tendrás a tu familia ~** deine Familie wird sich dir entgegenstellen II. *prep* (*local: frente a*): **~ de** gegenüber +*dat/gen*, gegenüber von +*dat*; **~ mío** [*o* **de mí**] mir gegenüber; **~ del teatro** gegenüber des Theaters; **vive ~ del parque** er/sie wohnt gegenüber vom Park; **ponerse ~**

de alguien sich jdm entgegenstellen
enfriadero [eɱfrja'ðero] *m* Kühlraum *m*
enfriamiento [eɱfrja'mjento] *m* ❶ (*pérdida de temperatura*) Abkühlung *f*; **~ económico** (ECON, FIN) Konjunkturtief *nt*
❷ (*resfriado*) Erkältung *f*; **pillar un ~** (*fam*) sich erkälten
enfriar [eɱfri'ar] <*1. pres:* enfrío> I. *vi* kühlen; **este frigorífico no enfría** dieser Kühlschrank kühlt nicht
II. *vt* (ab)kühlen; (*con agua*) abschrecken
III. *vr:* **~se** ❶ (*perder calor*) kalt werden; (*refrescar*) abkühlen, kühler werden
❷ (*acatarrarse*) sich erkälten
❸ (*apaciguarse*) abkühlen
enfrijolada [eɱfrixo'laða] *f* (*Méx:* GASTR) Maisomelette mit verschiedenen Zutaten und einer Paste aus roten Bohnen
enfundar [eɱfun'dar] I. *vt* in ein Futteral stecken
II. *vr:* **~se** sich (ein)hüllen (*en* in +*akk*)
enfurecer [eɱfure'θer] *irr como* crecer I. *vt* rasend machen, wütend machen
II. *vr:* **~se** ❶ (*encolerizarse*) (vor Wut) rasen, wütend werden (*con/contra* auf +*akk*)
❷ (*mar*) tosen
enfurecimiento [eɱfureθi'mjento] *m* (*cólera*) Wut *f*
enfurruñamiento [eɱfurruɲa'mjento] *m* (*malhumor*) Mürrischkeit *f*
enfurruñarse [eɱfurru'ɲarse] *vr* mürrisch werden (*por* wegen +*gen/dat*); **estar enfurruñado** mürrisch sein
engaitar [eŋgai'tar] *vt* (*fam*) beschwatzen
engajado, -a [eŋga'xaðo, -a] *adj* (*Col: rizado*) lockig
engalanar [eŋgala'nar] I. *vt* verzieren (*con* mit +*dat*); *adornar* schmücken (*con* mit +*dat*)
II. *vr:* **~se** sich herausputzen; (*adornarse*) sich schmücken (*con* mit +*dat*)
enganchado, -a [eŋgan'tʃaðo, -a] I. *adj* drogenabhängig
II. *m, f* Drogenabhängige(r) *mf*
enganchar [eŋgan'tʃar] I. *vt* ❶ (*sujetar*) anhaken; (*remolque*) einhängen; (*caballerías*) anspannen (*de* an +*akk*)
❷ (*prender*) verhaken; (TAUR) auf die Hörner nehmen
❸ (*fam: atrapar*) einfangen, sich *dat* schnappen; (*convencer*) bequatschen
❹ (MIL) anwerben
❺ (FERRO, TÉC) koppeln
II. *vr:* **~se** ❶ (*sujetarse*) sich festhaken (*de* an +*dat*)
❷ (*prenderse, t.* TÉC) sich verhaken (*de/con* an/in/mit +*dat*), hängen bleiben (*de/con* an +*dat*)
❸ (*enredarse*) sich verheddern (*en* in +*dat*); **~se en una pelea** in Streit geraten
❹ (MIL) sich anwerben lassen, Soldat werden
❺ (*argot: drogarse*) drogensüchtig werden; **estar enganchado** an der Nadel hängen
enganche [eŋ'gantʃe] *m* ❶ (*gancho*) Haken *m*
❷ (*sujeción*) Kupplung *f*
❸ (MIL) Anwerbung *f*
❹ (*enganchón*) gezogener Faden *m*
enganchón [eŋgan'tʃon] *m* ❶ (*en un tejido*) gezogener Faden *m*
❷ (*riña*) Schlägerei *f*
engañabobos¹ [eŋgaɲa'βoβos] *mf inv* ❶ (*fam: timador*) Bauernfänger(in) *m(f)*
❷ (*reg: chotacabras*) Ziegenmelker(in) *m(f)*
engañabobos² [eŋgaɲa'βoβos] *m inv* Bauernfängerei *f*
engañadizo, -a [eŋgaɲa'ðiθo, -a] *adj* ❶ (*que engaña*) trügerisch
❷ (*fácil de engañar*) leicht zu überlisten
engañador(a) [eŋgaɲa'ðor(a)] *adj v.* **engañoso**
engañanecios¹ [eŋgaɲa'neθjos] *mf inv v.* **engañabobos¹**
engañanecios² [eŋgaɲa'neθjos] *m inv v.* **engañabobos²**
engañar [eŋga'ɲar] I. *vi* trügen; **las apariencias engañan** der Schein trügt
II. *vt* ❶ (*mentir*) betrügen
❷ (*estafar*) überlisten
❸ (*fam: sentimiento*) überlisten; **~ el hambre** einen Happen essen
❹ (*ser infiel*) betrügen
III. *vr:* **~se** ❶ (*equivocarse*) sich irren, sich täuschen
❷ (*hacerse ilusiones*) sich *dat* Illusionen machen; **¡no te engañes con esta oferta!** mach dir nichts vor, prüf das Angebot erst!
engañifa [eŋga'ɲifa] *f* (*fam*), **engañifla** [eŋga'ɲifla] *f* (*Chil*) Gaunerei *f*
engaño [eŋ'gaɲo] *m* ❶ (*mentira*) Betrug *m*; **~ material** Sachbetrug *m*
❷ (*truco*) List *f*; (*estafa*) Hinterhältigkeit *f*; **llamarse a ~** sich auf Betrug berufen
❸ (*error*) Irrtum *m*
❹ (*ilusión*) Täuschung *f*

engañoso, -a [eŋga'ɲoso, -a] *adj* (*falaz*) (be)trügerisch; (*equívoco*) täuschend; **publicidad engañosa** irreführende Werbung
engaratusar [eŋgaratu'sar] *vt* (*AmC, Col:* engatusar) umschmeicheln
engarce [eŋ'garθe] *m* ❶ (*engarzado*) Einfassen *nt*
❷ (*montura*) Fassung *f*
engarzar [eŋgar'θar] <z→c> I. *vt* ❶ (*trabar*) verketten
❷ (*montar*) einfassen
II. *vr:* **~se** (*Am*) sich verwickeln (*en* in +*akk*)
engastado [eŋgas'taðo] *m* Einfassen *nt* (*en* in +*akk*)
engastar [eŋgas'tar] *vt* einfassen (*en* in +*akk*)
engaste [eŋ'gaste] *m* ❶ (*engastado*) Einfassen *nt*
❷ (*montura*) Fassung *f*
❸ (*piedra*) zum Fassen bestimmter Stein
engatusamiento [eŋgatusa'mjento] *m* Umgarnen *nt*
engatusar [eŋgatu'sar] *vt* umgarnen; (*a un hombre*) bezirzen; (*algo*) aufschwatzen (*a* +*dat*)
engavetar [eŋgaβe'tar] *vt* (*Guat*) in eine Schatulle stecken; **~ a alguien** jdn auf Eis legen
engendrador(a) [enxendra'ðor(a)] I. *adj* erzeugend; (*t. fig: provocador*) auslösend
II. *m(f)* Erzeuger(in) *m(f)*; (*t. fig: causante*) Auslöser(in) *m(f)*
engendramiento [enxendra'mjento] *m* Zeugung *f*; (*t. fig: desencadenamiento*) Entstehung *f*; **las causas que llevaron al ~ de una cruenta guerra civil** die Ursachen, die zu einem grausamen Bürgerkrieg führten
engendrar [enxen'drar] *vt* ❶ (*concebir*) zeugen
❷ (*t.* MAT*: generar*) generieren
❸ (*causar*) erzeugen; **la pobreza engendra violencia** Armut führt zu Gewalt
engendro [en'xendro] *m* ❶ (*feto*) Leibesfrucht *f*
❷ (*aborto*) Missgeburt *f*; (*deforme*) Ausgeburt *f*
❸ (*persona fea*) Kreatur *f*
❹ (*idea, plan*) Auswuchs *m*
engibar [enxi'βar] I. *vt* buckelig machen, krumm machen
II. *vr:* **~se** buckelig werden
englobar [eŋglo'βar] I. *vt* ❶ (*incluir*) umfassen
❷ (*reunir*) einbeziehen (*en* in +*akk*)
❸ (*resumir*) zusammenfassen
II. *vr:* **~se** inbegriffen sein (*en* in +*dat*); **la medida se engloba dentro del programa previsto** die Maßnahme ist Teil des vorgesehenen Programms
engolado, -a [eŋgo'laðo, -a] *adj* ❶ (*con gola*) mit Halskrause
❷ (*afectado*) geschwollen
❸ (*fatuo*) geckenhaft
engolamiento [eŋgola'mjento] *m* (*afectación*) Einbildung *f*, Dünkel *m*
engolfarse [eŋgol'farse] *vr* ❶ (*enfrascarse*) sich versenken (*en* in +*akk*)
❷ (*arrebatarse*) Feuer fangen
engolillarse [eŋgoli'ʎarse] *vr* ❶ (*Cuba: contraer deudas*) Schulden machen (*con* bei +*dat*)
❷ (*Perú: encolerizarse*) wütend werden
engolosinar [eŋgolosi'nar] I. *vt* (*atraer*) locken (*con* mit +*dat*); (*engatusar*) ködern (*con* mit +*dat*)
II. *vr:* **~se** Geschmack finden (*con* an +*dat*); (*encariñarse*) lieb gewinnen (*con* +*akk*)
engomado [eŋgo'maðo] *m*, **engomadura** [eŋgoma'ðura] *f* Gummierung *f*
engomar [eŋgo'mar] *vt* ❶ (*cubrir*) gummieren
❷ (*cabello*) festigen
engominar [eŋgomi'nar] I. *vt* (*cabello*) festigen
II. *vr:* **~se** Festiger in die Haare geben; (*engalanarse*) sich herausputzen
engorda [eŋ'gorða] *f* ❶ (*Col, Chil, Méx: engorde del ganado*) Mästen *nt*
❷ (*Chil, Méx: ganado engordado*) Mastvieh *nt*
engordar [eŋgor'ðar] I. *vi* ❶ (*ponerse gordo*) dick werden; (*ensanchar*) aufquellen
❷ (*poner gordo*) dick machen; **el chocolate engorda** Schokolade macht dick
❸ (*fam: enriquecerse*) Geld anhäufen
II. *vt* (AGR) mästen
engorde [eŋ'gorðe] *m* (AGR) Mast *f*; **animales de ~** Mastvieh *nt*
engorro [eŋ'gorro] *m* ❶ (*impedimento*) Hindernis *nt*
❷ (*molestia*) Belästigung *f*
engorroso, -a [eŋgo'rroso, -a] *adj* ❶ (*dificultoso*) hinderlich; (*complicado*) umständlich
❷ (*molesto*) lästig
engoznar [eŋgoθ'nar] <z→c> *vt* (*ventana, puerta*) einhängen
engrama [eŋ'grama] *f* (PSICO) Folgeschäden *mpl*
engranaje [eŋgra'naxe] *m* ❶ (TÉC: *encaje*) Verzahnung *f*
❷ (TÉC: *mecanismo*) Räderwerk *nt*

engranar ❸ (*sistema*) Getriebe *nt*
engranar [eŋgraˈnar] **I.** *vi* (TÉC) ineinander greifen **II.** *vt* ❶ (TÉC: *endentar*) verzahnen ❷ (*enlazar*) verbinden
engrandar [eŋgranˈdar] *vt* (*agrandar*) vergrößern
engrandecer [eŋgrandeˈθer] *irr como crecer* **I.** *vt* ❶ (*aumentar*) vergrößern; (*acrecentar*) vermehren; (*elevar*) steigern ❷ (*exagerar*) übertreiben ❸ (*enaltecer*) verherrlichen **II.** *vr*: ~**se** ❶ (*aumentar*) sich vergrößern; (*en importancia*) an Größe gewinnen ❷ (*ascender*) aufsteigen
engrandecimiento [eŋgrandeθiˈmjento] *m* ❶ (*aumento*) Vergrößerung *f*; (*en número*) Vermehrung *f*; (*subida*) Steigerung *f* ❷ (*exageración*) Übertreibung *f* ❸ (*enaltecimiento*) Verherrlichung *f* ❹ (*ascenso*) Aufstieg *m*
engrasado [eŋgraˈsaðo] *m* Einfetten *nt*; (AUTO, TÉC) Schmierung *f*
engrasador¹ [eŋgrasaˈðor] *m* (AUTO, TÉC) Schmiervorrichtung *f*
engrasador(a)² [eŋgrasaˈðor(a)] *adj* fettend; (AUTO, TÉC) schmierend
engrasar [eŋgraˈsar] *vt* ❶ (*t. TÉC: con grasa*) einfetten; (*enaceitar*) einölen; (AUTO, TÉC: *lubricar*) schmieren; ~ **la bandeja** das Backblech einfetten ❷ (*manchar*) voll schmieren
engrase [eŋˈgrase] *m* ❶ (*engrasado*) Einfetten *nt*; (AUTO, TÉC) Schmierung *f*, Abschmieren *nt* ❷ (*grasa*) Fett *nt*; (*lubricante*) Schmiermittel *nt*
engravar [eŋgraˈβar] *vt* Kies streuen (auf +*akk*)
engreído, -a [eŋgreˈiðo, -a] *adj* ❶ (*envanecido*) dünkelhaft, eingebildet ❷ (*Am: mimado*) verwöhnt
engreimiento [eŋgreiˈmjento] *m* Dünkel *m*; (*presunción*) Angeberei *f*
engreír [eŋgreˈir] *irr como reír* **I.** *vt* ❶ (*envanecer*) eingebildet machen ❷ (*Am: mimar*) verhätscheln **II.** *vr*: ~**se** ❶ (*envanecerse*) eingebildet werden, dünkelhaft werden; (*presumir*) angeben (*con* mit +*dat*) ❷ (*Am: hacerse mimado*) verhätschelt werden
engrescar [eŋgresˈkar] <c→qu> **I.** *vt* (*fam*) aufstacheln **II.** *vr*: ~**se** (*fam*) sich in die Haare kriegen
engrifarse [eŋgriˈfarse] *vr* ❶ (*Col: volverse altivo*) hochnäsig werden, viel von sich *dat* halten ❷ (*Méx: irritarse*) böse werden (*con* auf +*akk*); (*malhumorarse*) schlechte Laune bekommen
engringarse [eŋgriŋˈgarse] <g→gu> *vr* (*Am*) amerikanisiert werden
engrosar [eŋgroˈsar] <o→ue> **I.** *vi*, *vr*: ~**se** ❶ (*engordar*) zunehmen ❷ (*aumentar*) wachsen, größer werden **II.** *vt* ❶ (*engordar*) dick machen ❷ (*aumentar*) vergrößern; (*multiplicar*) vermehren; ~ **las filas del partido** die Reihen der Partei verstärken
engrudo [eŋˈgruðo] *m* Kleister *m*; (*cola*) Leim *m*
engrumecerse [eŋgrumeˈθerse] *irr como crecer vr* verklumpen
engualichar [eŋgwaliˈtʃar] *vt* (*Arg*) ❶ (*endemoniar*) verhexen ❷ (*someter al amante*) bezirzen
enguandos [eŋˈgwandos] *mpl* (*Col*) ❶ (*cosas superfluas*) Kram *m* ❷ (*evasivas*) Vorwand *m*
enguandujar [eŋgwanduˈxar] *vt* (*Col: adornar*) schmücken; (*recargar de adornos*) überladen
enguantarse [eŋgwanˈtarse] *vr* (sich *dat*) Handschuhe anziehen; **enguantado** behandschuht, mit Handschuhen
enguaracarse [eŋgwaraˈkarse] <c→qu> *vr* (*AmC: esconderse*) sich verbergen, sich verstecken
enguaraparse [eŋgwaraˈparse] *vr* (*AmC: fermentar*) vergären, fermentieren
enguatar [eŋgwaˈtar] *vt* wattieren
engubiar [eŋguˈβjar] *vt* (*Urug: derrotar*) schlagen, besiegen
engüerar [eŋgweˈrar] *vi*, *vr*: ~**se** (*corromperse*) schlecht werden, verderben
engullir [eŋguˈʎir] <3. pret: engulló> **I.** *vi* ❶ (*atropelladamente*) schlingen ❷ (*pey: comer*) fressen **II.** *vt* (*tragar*) hinunterschlucken; (*atropelladamente*) verschlingen
enharinar [enariˈnar] *vt* (GASTR) in Mehl wenden; (*espolvorear*) mit Mehl bestreuen
enhebillar [eneβiˈʎar] *vt* festschnallen
enhebrar [eneˈβrar] *vt* (*hilo y aguja*) einfädeln; (*cuentas*) auffädeln
enhiesto, -a [eˈnjesto, -a] *adj* ❶ (*derecho*) gerade; (*erguido*) aufrecht, emporgerichtet ❷ (*alto*) hoch ragend
enhorabuena [enoraˈβwena] *f* Glückwunsch *m*; **dar la ~ a alguien** jdn beglückwünschen; **estar de ~** sich *dat* gratulieren können; **¡~!** herzlichen Glückwunsch!, gratuliere!; **pues...**, ~ tja, von mir aus
enigma [eˈniɣma] *m* Rätsel *nt*; **descifrar/plantear un ~** ein Rätsel lösen/aufgeben
enigmático, -a [eniɣˈmatiko, -a] *adj* rätselhaft; (*misterioso*) geheimnisvoll
enjabonado [enxaβoˈnaðo] *m* Einseifen *nt*
enjabonadura [enxaβonaˈðura] *f* Einseifen *nt*
enjabonar [enxaβoˈnar] *vt* ❶ (*al lavar*) einseifen ❷ (*fam: dar coba*) um den Bart gehen (*a* +*dat*), sich lieb Kind machen (*a* bei +*dat*) ❸ (*regañar*) rüffeln
enjaezamiento [enxaeθaˈmjento] *m* Anschirren *nt*
enjaezar [enxaeˈθar] <z→c> *vt* anschirren; (*enganchar*) anspannen
enjalbegado¹ [enxalβeˈɣaðo] *m* Weißung *f*
enjalbegado, -a² [enxalβeˈɣaðo, -a] *adj* weiß getüncht, geweißt
enjalbegadura [enxalβeɣaˈðura] *f sin pl* Tünchen *nt*
enjalbegar [enxalβeˈɣar] <g→gu> *vt* weißen
enjalma [enˈxalma] *f* leichter Packsattel *m*
enjambre [enˈxambre] *m* ❶ (*de abejas*) (Bienen)schwarm *m* ❷ (*muchedumbre*) Menschenmenge *f*
enjarciar [enxarˈθjar] *vt* (NÁUT) auftakeln
enjardinar [enxarðiˈnar] *vt* ❶ (*hacer un jardín*) einen Garten anlegen (auf +*dat*) ❷ (*poner plantas*) begrünen
enjaretar [enxareˈtar] *vt* ❶ (*costura*) durch einen Bund ziehen ❷ (*fam: una chapuza*) hinschludern, zusammenschustern ❸ (*fam: endilgar*) aufhalsen (*a* +*dat*)
enjarje [enˈxarxe] *m* (ARQUIT) ❶ (*pared, muro*) Verzahnung *f* ❷ (*bóveda*) (Bogen)knoten *m*
enjaular [enxawˈlar] *vt* in einen Käfig sperren; (*encerrar*) einsperren; (*argot: encarcelar*) einlochen
enjetarse [enxeˈtarse] *vr* (*Arg, Méx*) ❶ (*enojarse*) zornig werden ❷ (*ofenderse*) beleidigt sein
enjoyar [enxoˈjar] **I.** *vt* Juwelen anlegen (*a* +*dat*) **II.** *vr*: ~**se** sich mit Juwelen schmücken; **iban todas enjoyadas** sie waren mit Juwelen bedeckt
enjuagado [enxwaˈɣaðo] *m v.* **enjuague**
enjuagar [enxwaˈɣar] <g→gu> *vt* ausspülen; (*aclarar*) abspülen
enjuague [enˈxwaɣe] *m* ❶ (*t. TÉC*) Spülung *f*; ~ **bucal** Mundspülung *f* ❷ (*manejo*) List *f*, Ränke *mpl*
enjugamanos [enxuɣaˈmanos] *m inv* (*Am*) Handtuch *nt*
enjugar [enxuˈɣar] <g→gu> **I.** *vt* ❶ (*secar*) abtrocknen; (*limpiar*) abwischen ❷ (*una deuda*) erlassen (*a* +*dat*) **II.** *vr*: ~**se** ❶ (*secarse*) sich (ab)trocknen; ~**se el sudor/las lágrimas** sich *dat* den Schweiß/die Tränen trocknen ❷ (*adelgazar*) abmagern
enjuiciable [enxwiˈθjaβle] *adj* beurteilbar; (JUR) gerichtlich verfolgbar
enjuiciamiento [enxwiθjaˈmjento] *m* ❶ (*juicio*) Beurteilung *f* ❷ (JUR: *proceso*) Prozess *m*; (*instrucción*) Einleitung *f* eines Gerichtsverfahrens, Anklageerhebung *f*; ~ **civil** Zivilprozess *m*; ~ **criminal** Strafprozess *m*
enjuiciar [enxwiˈθjar] *vt* ❶ (*juzgar*) beurteilen; (*censurar*) verurteilen ❷ (JUR: *procesar*) den Prozess machen (*a* +*dat*); (*sentenciar*) das Urteil fällen (*a* über +*akk*)
enjundia [enˈxundja] *f* ❶ (*unto*) Tierfett *nt* ❷ (*substancia*) Substanz *f*; (*núcleo*) Kern *m*; **de ~** von Bedeutung; **de poca ~** belanglos, substanzlos ❸ (*vigor*) Kraft *f* ❹ (*característica*) Eigenart *f*
enjundioso, -a [enxunˈdjoso, -a] *adj* bedeutsam
enjutarse [enxuˈtarse] *vr* (*Guat, Ven*) ❶ (*enflaquecerse*) abmagern ❷ (*achicarse*) sich verkleinern; (*encogerse*) zusammenschrumpfen
enjuto, -a [enˈxuto, -a] *adj* dürr; **a pie ~** trockenen Fußes; ~ **de carnes** knochendürr
enlace [enˈlaθe] *m* ❶ (*conexión*) Verbindung *f*; (*empalme*) Verknüpfung *f*; (*unión*) Bindung *f*; (*t. ELEC, FERRO*) Anschluss *m*; ~ **ferroviario** Bahnanschluss *m* ❷ (*entrelazado*) Verflechtung *f* ❸ (*boda*) Vermählung *f* ❹ (*contacto*) Verbindungsmann *m*, -frau *m, f*; ~ **policial** V-Mann *m* ❺ (INFOR: *en la Internet*) Link *m*; ~ **cero** Null-Link *m*; ~ **de datos** Datenleitung *f*
enlaciar [enlaˈθjar] **I.** *vt* schlaff machen; **el clima seco y la falta de cuidados ~on su pelo** das trockene Klima und der Mangel an Pflege machten sein/ihr Haar schlaff **II.** *vi*, *vr*: ~**se** erschlaffen, kraftlos werden; **se le enlació el pelo por falta de cuidados** aufgrund mangelnder Pflege erschlaffte sein/ihr Haar

enladrillado [enlaðri'ʎaðo] *m* ① (*pavimento*) Backsteinpflaster *nt* ② (*acción*) Pflasterung *f*
enladrillar [enlaðri'ʎar] *vt* mit Backsteinen pflastern
enlagunar [enlaɣu'nar] **I.** *vt* überschwemmen **II.** *vr:* ~**se** überschwemmt werden
enlanado, -a [enla'naðo, -a] *adj* mit Wolle bedeckt; **cojín** ~ mit Wolle gefülltes Kissen
enlardar [enlar'ðar] *vt* (GASTR) spicken
enlatar [enla'tar] *vt* eindosen; **un programa enlatado** (TV) ein Programm aus der Konserve
enlazar [enla'θar] <z→c> **I.** *vi* ① (*transporte*) Anschluss haben (*con* an +*akk*) ② (*relacionarse*) einheiraten (*con* in +*akk*) **II.** *vt* ① (*atar*) verbinden (*con* mit +*dat*); (*unir*) verknüpfen (*con* mit +*dat*); (*entrelazar*) verflechten (*con* mit +*dat*) ② (*empalmar*) anknüpfen (*con* an +*akk*); (ELEC, TÉC) anschließen (*con* an +*akk*) ③ (*cazar con lazo*) mit dem Lasso fangen **III.** *vr:* ~**se** ① (*enrollarse*) sich schlingen (*en* um +*akk*) ② (*desposarse*) sich vermählen
enlistonado [enlisto'naðo] *m* Leistenwerk *nt*
enlistonar [enlisto'nar] *vt* mit Leisten versehen
enlodar [enlo'ðar] *vt, v r.* **enfangar**
enloquecedor(a) [enlokeθe'ðor(a)] *adj* zum Verrücktwerden; (*fam: extraordinario*) wahnsinnig
enloquecer [enloke'θer] *irr como crecer* **I.** *vi, vr:* ~**se** verrückt werden; ~ **de dolor** vor Schmerzen verrückt werden; ~ **de rabia** vor Wut außer sich *dat/akk* geraten; ~ **por alguien** auf jdn [*o* nach jdm] verrückt sein **II.** *vt* in den Wahnsinn treiben; **me enloquecen los pasteles** ich bin verrückt auf Kuchen
enloquecimiento [enlokeθi'mjento] *m* Wahnsinn *m*, Verrücktheit *f*; (*proceso*) Irrewerden *nt*
enlosado [enlo'saðo] *m* ① (*pavimento*) Fliesenboden *m* ② (*operación*) Bodenplattenverlegung *f*, Fliesen *nt*
enlosar [enlo'sar] *vt* fliesen
enlozado [enlo'θaðo] *m* (*Am: esmaltado*) Emaillierung *f*
enlozar [enlo'θar] <z→c> *vt* (*Am: esmaltar*) emaillieren
enlucido [enlu'θiðo] *m* (Ver)putz *m*
enlucir [enlu'θir] *irr como lucir* *vt* ① (*con yeso*) verputzen ② (*lustrar*) bohnern
enlutar [enlu'tar] **I.** *vt* ① (*en el vestir*) Trauer anlegen (*a* +*dat*); **mujeres enlutadas** Frauen in Trauerkleidern ② (*ensombrecer*) verdüstern; (*entristecer*) betrüben **II.** *vr:* ~**se** Trauerkleidung anziehen, Trauer anlegen
enmaderado [eⁿmaðe'raðo/eᵐmaðe'raðo] *m* ① (*enmaderamiento*) Vertäfelung *f* ② (*maderamen*) Gebälk *nt*
enmaderar [eⁿmaðe'rar/eᵐmaðe'rar] *vt* ① (*cubrir con madera*) vertäfeln ② (*hacer el maderamen*) das Balkenwerk erstellen (+*gen*)
enmadrarse [eⁿma'ðrarse/eᵐma'ðrarse] *vr* ein Mamakind werden; (PSICO) sich auf die Mutter fixieren; **este niño está muy enmadrado** dieses Kind hängt immer am Rockzipfel seiner Mutter
enmarañar [eⁿmara'ɲar/eᵐmara'ɲar] **I.** *vt* ① (*enredar*) zersausen ② (*confundir*) verwirren; (*complicar*) verwickeln **II.** *vr:* ~**se** ① (*enredarse*) sich zersausen ② (*confundirse*) sich verwirren; (*complicarse*) sich verwickeln
enmarcar [eⁿmar'kar/eᵐmar'kar] <c→qu> **I.** *vt* einrahmen, umrahmen; (*ribetear*) umranden **II.** *vr:* ~**se** im Rahmen sein (*en/dentro de* von +*dat*)
enmascarado, -a [eⁿmaska'raðo, -a/eᵐmaska'raðo, -a] **I.** *adj* maskiert **II.** *m, f* Maskierte(r) *mf*
enmascaramiento [eⁿmaskara'mjento/eᵐmaskara'mjento] *m* ① (*disfraz*) Maskierung *f* ② (*ocultación*) Verschleierung *f*; (*encubrimiento*) Tarnung *f* ③ (INFOR) Maskierung *f*
enmascarar [eⁿmaska'rar/eᵐmaska'rar] **I.** *vt* ① (*poner máscara*) maskieren; (*disfrazar*) verkleiden ② (*ocultar*) verschleiern; (*encubrir*) tarnen **II.** *vr:* ~**se** ① (*ponerse una máscara*) sich maskieren; (*disfrazarse*) sich verkleiden ② (*encubrirse*) sich tarnen
enmasillar [eⁿmasi'ʎar/eᵐmasi'ʎar] *vt* ① (*pared*) verkitten ② (*madera*) einkitten
enmendable [eⁿmen'daβle/eᵐmen'daβle] *adj* (*corregible*) korrigierbar
enmendar [eⁿmen'dar/eᵐmen'dar] <e→ie> **I.** *vt* ① (*corregir*) verbessern, korrigieren; (*rectificar*) berichtigen; (**querer**) ~ **la plana a alguien** jdn übertreffen (wollen) ② (JUR: *modificar*) abändern; (*una ley*) novellieren **II.** *vr:* ~**se** sich bessern
enmicado [eⁿmi'kaðo/eᵐmi'kaðo] *m* (*Méx: funda de plástico*) Plastikhülle *f*
enmicar [eⁿmi'kar/eᵐmi'kar] <c→qu> *vt* (*Méx: cubrir con plástico*) laminieren
enmienda [eⁿ'mjenda/eᵐ'mjenda] *f* ① (*corrección*) Verbesserung *f*, Korrektur *f*; (*rectificación*) Berichtigung *f*; **sin** ~**s ni tachaduras** (ADMIN, JUR) ohne Änderungen und Streichungen; **va sin** ~ die Abschrift stimmt mit dem Original überein; **no tener** ~ ein hoffnungsloser Fall sein ② (JUR) (Ab)änderung *f*; (POL: *de una ley*) Novellierung *f*; **presentar** ~ (POL) einen Abänderungsantrag stellen
enmohecer [eⁿmoe'θer/eᵐmoe'θer] *irr como crecer* **I.** *vi, vr:* ~**se** ① (*cubrirse de moho*) verschimmeln; (*pudrirse*) vermodern ② (*caer en desuso*) veralten **II.** *vt* verschimmeln lassen
enmohecimiento [eⁿmoeθi'mjento/eᵐmoeθi'mjento] *m* Verschimmeln *nt*
enmoquetar [eⁿmoke'tar/eᵐmoke'tar] **I.** *vi* Teppichboden verlegen **II.** *vt* mit Teppichboden auslegen; **suelo enmoquetado** Teppichboden *m*
enmudecer [eⁿmuðe'θer/eᵐmuðe'θer] *irr como crecer* **I.** *vi* ① (*perder el habla*) verstummen; **enmudeció de miedo** er/sie war sprachlos vor Angst ② (*callar*) schweigen **II.** *vt* verstummen lassen
enmudecimiento [eⁿmuðeθi'mjento/eᵐmuðeθi'mjento] *m* Verstummen *nt*, Sprachlosigkeit *f*
enmugrecer [eⁿmuɣre'θer/eᵐmuɣre'θer] *irr como crecer* **I.** *vt* beschmutzen **II.** *vr:* ~**se** beschmutzt werden
enmustiar [eⁿmus'tjar/eᵐmus'tjar] **I.** *vt* welk machen **II.** *vr:* ~**se** welk werden
ennegrecer [enneɣre'θer] *irr como crecer* **I.** *vt* ① (*poner negro*) schwärzen ② (*oscurecer*) verfinstern; (*ensombrecer*) überschatten **II.** *vr:* ~**se** ① (*ponerse negro*) schwarz werden ② (*oscurecerse*) sich verfinstern; (*ensombrecer*) sich verdüstern
ennegrecimiento [enneɣreθi'mjento] *m* Schwärzung *f*, Schwarzwerden *nt*; (*ensombrecimiento*) Verdüsterung *f*
ennoblecer [ennoβle'θer] *irr como crecer* **I.** *vt* ① (*conceder el título*) adeln ② (*mejorar*) veredeln; (*refinar*) verfeinern ③ (*enaltecer*) verherrlichen **II.** *vr:* ~**se** geadelt werden, einen Adelstitel erwerben
ennoblecimiento [ennoβleθi'mjento] *m* ① (*nobleza*) Adel *m* ② (*mejora*) Veredelung *f*; (*refinamiento*) Verfeinerung *f* ③ (*enaltecimiento*) Verherrlichung *f*
ennoviarse [enno'βjarse] *vr* (*fam*) sich *dat* einen Freund/eine Freundin zulegen
enojadizo, -a [enoxa'ðiθo, -a] *adj* reizbar
enojar [eno'xar] **I.** *vt* ärgern, böse machen **II.** *vr:* ~**se** sich ärgern (*con* über +*akk*); **estar enojado** böse sein
enojo [e'noxo] *m* Ärger *m*, Unmut *m*; **con** ~ unwillig
enojón, -ona [eno'xon, -ona] **I.** *adj* (*Chil, Ecua, Méx: enojadizo*) reizbar **II.** *m, f* (*Chil, Ecua, Méx: enojadizo*) reizbarer Mensch *m*
enojoso, -a [eno'xoso, -a] *adj* ① (*enfadoso*) ärgerlich ② (*molesto*) widerwärtig ③ (*complicado*) umständlich; (*trabajoso*) mühsam
enóloga [e'noloɣa] *f v.* **enólogo**
enología [enolo'xia] *f sin pl* Önologie *f*, Weinkunde *f*
enológico, -a [eno'loxiko, -a] *adj* önologisch
enólogo, -a [e'noloɣo, -a] *m, f* Önologe, -in *m, f*, Weinfachmann, -frau *m, f*; (*conocedor*) Weinkenner(in) *m(f)*
enometría [enome'tria] *f* Bestimmung des Alkoholgrades des Weines
enómetro [e'nometro] *m* Apparat zur Bestimmung des Alkoholgrades des Weines
enorgullecer [enorɣuʎe'θer] *irr como crecer* **I.** *vt* stolz machen, mit Stolz erfüllen **II.** *vr:* ~**se** stolz sein (*de* auf +*akk*)
enorgullecimiento [enorɣuʎeθi'mjento] *m* Stolz *m*
enorme [e'norme] *adj* ① (*grande*) enorm; (*gigantesco*) gewaltig; (*desmedido*) übermäßig, ungeheuer ② (*fam: extraordinario*) ungeheuer, wahnsinnig
enormidad [enormi'ðað] *f* ① (*gran tamaño*) Enormität *f*, Übermaß *nt* ② (*gran cantidad*) Unmenge *f*
enotecnia [eno'teɣnja] *f* Weinbereitungstechnik *f*
enquistamiento [eŋkista'mjento] *m* (BIOL) Einkapselung *f*, Abkapse-

enquistarse [eŋkis'tarse] *vr* ❶ (MED) sich abkapseln, sich einkapseln ❷ (*fosilizarse*) erstarren

enrabiar [enrra'βjar] **I.** *vt* wütend machen
II. *vr:* ~**se** wütend werden, in Wut geraten

enrabietarse [enrraβje'tarse] *vr* (*fam*) bocken, bockig werden

enraizado, -a [enrrai̯'θaðo, -a] *adj* verwurzelt; **una costumbre muy enraizada** eine fest verwurzelte Sitte

enraizamiento [enrrai̯θa'mjento] *m* Verwurzelung *f*

enraizar [enrrai̯'θar] *irr vi* Wurzeln schlagen

enralecer [enrrale'θer] *irr como crecer vi* licht werden, sich lichten; **sus pelos enralecieron rápidamente** sein/ihr Haar wurde schnell licht

enramado [enrra'maðo] *m* (NÁUT) Spanten *ntpl*

enranciamiento [enrranθja'mjento] *m* Ranzigwerden *nt*

enranciar [enrran'θjar] **I.** *vt* ranzig machen
II. *vr:* ~**se** ranzig werden

enrarecer [enrrare'θer] *irr como crecer* **I.** *vt* (*hacer que escasee*) reduzieren; (*gas*) verdünnen
II. *vr:* ~**se** (*relaciones*) sich verschlechtern

enrarecido, -a [enrrare'θiðo, -a] *adj* (*aire*) verbraucht, schlecht

enrarecimiento [enrrareθi'mjento] *m* ❶ (*escasez*) Knappheit *f*
❷ (*gas*) Verdünnung *f*
❸ (*relaciones*) Verschlechterung *f*

enrastrojarse [enrrastro'xarse] *vr* (*Am: cubrirse de malezas*) verwildern

enredadera [enrreða'ðera] *f* (BOT) Schlingpflanze *f*, Kletterpflanze *f*; ~ **de campanillas** Winde *f*

enredador(a) [enrreða'ðor(a)] **I.** *adj* (*fam*) ❶ (*chismoso*) geschwätzig, klatschsüchtig
❷ (*embustero*) verlogen; (*niño*) ungezogen
II. *m(f)* ❶ (*fam: chismoso*) Klatschbase *f*; (*embustero*) Lügner(in) *m(f)*, Flunkerer, -in *m, f*
❷ (*fam: niño travieso*) Frechdachs *m*; (*pendenciero*) Streithahn *m*, Zänker(in) *m(f)*
❸ (*elev: intrigante*) Intrigant(in) *m(f)*

enredar [enrre'ðar] **I.** *vi* (*niño*) Unfug treiben; **¡no andes enredando con las cerillas!** spiel nicht mit den Streichhölzern herum!
II. *vt* ❶ (*liar*) verwickeln, verstricken; (*confundir*) durcheinander bringen
❷ (*enemistar*) aufhetzen
❸ (*prender*) mit Netzen fangen
III. *vr:* ~**se** ❶ (*cuerda*) sich verwickeln; (*asunto*) sich verwickeln, sich verstricken
❷ (*planta*) hinaufklettern (*por/a* an +*dat*)
❸ (*fam: amancebarse*) anbändeln (*con* mit +*dat*)

enredo [en'rreðo] *m* ❶ (*de alambres*) Wirrwarr *m*
❷ (*mentira*) Lüge *f*
❸ (*tinglado*) Affäre *f*, Intrige *f*
❹ (*amorío*) Techtelmechtel *nt*
❺ *pl* (*fam: trastos*) Kram *m*

enredoso, -a [enrre'ðoso, -a] *adj* verwickelt, verstrickt

enrejado [enrre'xaðo] *m* ❶ (*de hierro*) Gitterwerk *nt*, Gitter *ntpl*
❷ (*de caña*) Geflecht *nt*

enrejar [enrre'xar] *vt* ❶ (*ventana*) vergittern; (*huerta*) einzäunen
❷ (*madera*) kreuzweise stapeln
❸ (*argot: encarcelar*) einbuchten

enrevesado, -a [enrreβe'saðo, -a] *adj* verwickelt, verworren; **era un crucigrama bastante** ~ es war ein ziemlich verzwicktes Kreuzworträtsel

enriquecedor(a) [enrrikeθe'ðor(a)] *adj* bereichernd; **fue una experiencia muy** ~**a** es war eine sehr positive Erfahrung

enriquecer [enrrike'θer] *irr como crecer* **I.** *vi* (*prosperar*) blühen
II. *vt* ❶ (*hacer rico*) reich machen
❷ (*engrandecer*) bereichern
❸ (*metal, tierra*) anreichern (*con/de* mit +*dat*)
❹ (*adornar*) verzieren
III. *vr:* ~**se** reich werden, sich bereichern; **se enriqueció a costa ajena** er/sie hat sich auf fremde Kosten bereichert

enriquecido, -a [enrrike'θiðo, -a] *adj* angereichert; **cereales** ~**s con vitaminas** mit Vitaminen angereicherte Cerealien

enriquecimiento [enrrikeθi'mjento] *m* ❶ (*fortuna, ennoblecimiento*) Bereicherung *f*; ~ **injusto** (JUR) ungerechtfertigte Bereicherung
❷ (*de uranio*) Anreicherung *f*

enristrar [enrris'trar] *vt* ❶ (*ajos, cebollas*) zu einem Zopf zusammenbinden
❷ (*poner la lanza*) einlegen; (*coger la lanza*) ergreifen
❸ (*un problema*) in Angriff nehmen; (*una dificultad*) fertig werden (mit +*dat*)

enrocar [enrro'kar] <c→qu> **I.** *vi, vt* (*ajedrez*) rochieren; ~ **el rey**

rochieren
II. *vr:* ~**se** am Felsen hängenbleiben

enrodrigar [enrroðri'ɣar] <g→gu> *vt* (AGR) pfählen, mit einem Pfahl stützen

enrojecer [enrroxe'θer] *irr como crecer* **I.** *vi* erröten; **enrojeció de ira** er/sie wurde rot vor Wut
II. *vt* (*cielo*) rot färben
III. *vr:* ~**se** (*persona*) erröten; (*cielo*) sich röten, sich rot färben

enrojecido, -a [enrroxe'θiðo, -a] *adj* rot

enrojecimiento [enrroxeθi'mjento] *m* (*efecto*) Röte *f*; (*acción*) Erröten *nt*

enrolamiento [enrrola'mjento] *m* (*Arg, Par: el alistarse al ejército*) Eintragung der Ausgelosten in die Wehrdienstlisten; **libreta de** ~ Wehrpass *m*

enrolar [enrro'lar] **I.** *vt* ❶ (NÁUT) anheuern; **enroló a un cocinero** er/sie heuerte einen Schiffskoch an
❷ (MIL) einberufen, einziehen
II. *vr:* ~**se** ❶ (MIL) sich anwerben lassen
❷ (*participar*) mitmachen, teilnehmen
❸ (NÁUT) anheuern; **se enroló en un mercante** er/sie heuerte auf einem Handelsschiff an

enrollable [enrro'ʎaβle] *adj* (INFOR) rollbar

enrollado, -a [enrro'ʎaðo, -a] *adj* (*argot*) voll dabei; **es una profesora muy enrollada** die Lehrerin ist voll stark [*o* geil]

enrollamiento [enrroʎa'mjento] *m* Bildlauf *m*

enrollar [enrro'ʎar] **I.** *vt* ❶ (*cartel*) (ein)rollen, zusammenrollen, aufrollen
❷ (*liar*) verwirren; **él siempre me enrolla con sus cuentos** er bringt mich mit seinen Geschichten immer ganz durcheinander
❸ (*argot: gustar*) irre gefallen (*a* +*dat*), antörnen; **esta música me enrolla muchísimo** diese Musik macht mich unheimlich [*o* tierisch] an
II. *vr:* ~**se** ausschweifen; **se enrolla como una persiana** er/sie redet wie ein Buch

enronquecer [enrronke'θer] *irr como crecer* **I.** *vi* heiser machen
II. *vr:* ~**se** heiser werden

enronquecimiento [enrronkeθi'mjento] *m* Heiserkeit *f*

enroñar [enrro'ɲar] **I.** *vt* rostig machen
II. *vr:* ~**se** rostig werden

enroque [en'rroke] *m* (*ajedrez*) Rochade *f*

enroscamiento [enrroska'mjento] *m* ❶ (*tornillo*) Aufschrauben *nt*
❷ (*enrollar*) Zusammenrollen *nt*

enroscar [enrros'kar] <c→qu> **I.** *vt* ❶ (*enrollar*) zusammenrollen; **he enroscado el hilo en el palo** ich habe den Faden um den Stock gewickelt
❷ (*tornillo*) einschrauben
II. *vr:* ~**se** sich zusammenrollen (*a/alrededor de* um +*akk*); **la serpiente se enroscó a la rama** die Schlange wand sich um den Ast

enrostrar [enrros'trar] *vt* (*Am*) vorwerfen

enrular [enrru'lar] *vt* (*CSur: hacer rizos*) locken, in Locken legen

ensacado¹ [ensa'kaðo] *m* (AGR) Einsacken *nt*, Abfüllen *nt* in Säcke

ensacado, -a² [ensa'kaðo, -a] **I.** *adj* im Sack, eingesackt
II. *m, f* Sackhüpfer(in) *m(f)*

ensacar [ensa'kar] <c→qu> *vt* (AGR) in Säcke füllen, einsacken

ensaimada [ensai̯'maða] *f* Blätterteiggebäck aus Mallorca

ensalada [ensa'laða] *f* ❶ (GASTR) Salat *m*; ~ **de berros** Kressesalat *m*; ~ **de frutas** Obstsalat *m*; ~ **italiana** italienischer Salat; ~ **mixta** gemischter Salat
❷ (*mezcla*) Mischmasch *m*, Salat *m fam*
❸ (*Cuba: bebida*) Getränk mit Zitrone und Ananas

ensaladera [ensala'ðera] *f* ❶ (*bol*) Salatschüssel *f*, Salatschale *f*
❷ (DEP: *fam*) Daviscup *m*

ensaladilla [ensala'ðiʎa] *f* (*dulces*) gemischtes Konfekt *nt*; ~ **rusa** Kartoffelsalat mit Erbsen, Karotten, gekochten Eiern, Majonäse

ensalivar [ensali'βar] *vt* einspeicheln

ensalmo [en'salmo] *m* (*conjuro*) Beschwörung *f*; (*exorcismo*) Besprechung *f*; **desapareció (como) por** ~ er/sie war wie weggezaubert

ensalobrarse [ensalo'βrarse] *vr* brackig werden, salzig werden

ensalzamiento [ensalθa'mjento] *m* Preisen *nt*, Rühmen *nt*

ensalzar [ensal'θar] <z→c> *vt, vr:* ~**se** (sich) preisen, (sich) rühmen

ensamblador [ensambla'ðor] *m* (INFOR) Assembler *m*

ensamblaje [ensam'blaxe] *m* Montage *f*, Zusammenbau *m*; (*de madera*) Verzapfung *f*

ensamblar [ensam'blar] *vt* zusammenfügen, verbinden; (*madera*) verzapfen

ensanchamiento [ensantʃa'mjento] *m* Erweiterung *f*; (*hacer más ancho*) Verbreiterung *f*

ensanchar [ensan'tʃar] **I.** *vt* erweitern, ausdehnen; (*hacer más ancho*) verbreitern; (*vestido*) weiter machen; ~**on las aceras** die Bürgersteige sind verbreitert worden

ensanche II. *vr:* ~**se** (*fam: ocupar lugar*) sich breit machen; **si no os ensancháis tanto, cabré yo también en el banco** wenn ihr euch nicht so breit macht, passe ich auch noch auf die Bank
② (*vestido*) ausweiten

ensanche [enˈsantʃe] *m* ① (*ampliación*) Erweiterung *f*; (*de anchura*) Verbreiterung *f*
② (*ciudad*) neues Stadtviertel *nt*; **zona de** ~ Neubaugebiet *nt*; **el E~ barcelonés** schachbrettartig angelegtes Stadtviertel in Barcelona
③ (*vestido*) Einschlag *m*

ensandecer [ensandeˈθer] *irr como crecer* I. *vi* verrückt werden, wahnsinnig werden
II. *vt* verrückt machen, wahnsinnig machen

ensangrentar [ensaŋgrenˈtar] <e→ie> *vt* mit Blut beflecken

ensañamiento [ensaɲaˈmjento] *m* Grausamkeit *f*

ensañarse [ensaˈɲarse] *vr* seine Wut auslassen (*con/en* an +*dat*); **se ensañó con los más inocentes** er/sie hat seine/ihre Wut an den Unschuldigen ausgelassen, seine/ihre Wut entlud sich auf die Unschuldigen

ensarnecer [ensarneˈθer] *irr como crecer vi* krätzig [*o* räudig] werden

ensartamiento [ensartaˈmjento] *m* (INFOR) Einfädelung *f*

ensartar [ensarˈtar] *vt* ① (*perlas*) auffädeln
② (*pinchar*) aufspießen

ensayar [ensaˈʝar] I. *vt* ① (*probar*) versuchen, (aus)probieren; (*examinar*) prüfen
② (TEAT) proben, üben; **están ensayando el acto final de la ópera** sie proben den Schlussakt der Oper
II. *vr:* ~**se** sich üben (*en* in +*dat*)

ensayismo [ensaˈʝismo] *m* (LIT) Essayistik *f*

ensayista [ensaˈʝista] *mf* Essayist(in) *m(f)*

ensayístico, -a [ensaˈʝistiko, -a] *adj* essayistisch

ensayo [enˈsaʝo] *m* ① (TEAT) Probe *f*; ~ **general** Generalprobe *f*
② (LIT) Essay *m o nt*
③ (*prueba*) Probe *f*, Versuch *m*, Test *m*; (*experimento*) Experiment *nt*; ~ **de materiales** Werkstoffprüfung *f*; **a manera de** ~ probeweise; **tubo de** ~ Reagenzglas *nt*
④ (MIN) Metallprobe *f*

enseguida [enseˈɣiða] *adv* sofort; **voy** ~ ich komme sofort

ensenada [enseˈnaða] *f* ① (*mar*) Bucht *f*
② (*Arg: corral*) Stall *m*

enseña [enˈseɲa] *f* Fahne *f*; (*estandarte*) Banner *nt*

enseñable [enseˈɲaβle] *adj* lehrbar, unterrichtbar

enseñado, -a [enseˈɲaðo, -a] *adj* (*persona*) erzogen; (*animales*) abgerichtet

enseñante [enseˈɲante] *mf* Lehrer(in) *m(f)*

enseñanza [enseˈɲanθa] *f* ① (*sistema*) Bildungswesen *nt*, Bildungssystem *nt*; ~ **primaria** Volksschulwesen *nt*; ~ **privada** Privatschulwesen *nt*; ~ **pública** öffentliches Schulwesen; ~ **secundaria** Sekundarschulwesen *nt*; ~ **superior** Hochschulwesen *nt*; **ha sido fiel a las ~s de su maestro** er/sie ist den Gedanken seines/ihres Meisters treu geblieben
② (*clase*) Unterricht *m*; ~ **asistida por ordenador** computergestützter Unterricht; ~ **a distancia** Fernstudium *nt*; ~ **de inglés** Englischunterricht *m*; **libertad de** ~ Lehrfreiheit *f*; **se dedica a la** ~ er/sie ist in der Lehre tätig; **es un nuevo método de** ~ das ist eine neue Unterrichtsmethode
③ (*lección*) Lehre *f*; **de lo ocurrido en el pasado no ha sacado ninguna** ~ er/sie hat aus der Vergangenheit keine Lehren gezogen

enseñar [enseˈɲar] *vt* ① (*profesor*) lehren, unterrichten; (*explicar*) erklären; (*mostrar*) zeigen; (*a alemán*) Deutsch unterrichten; **él fue quien me enseñó la poca química que sé** er hat mir das wenige an Chemie beigebracht, das ich weiß; **ella me enseñó a tocar la flauta** sie hat mich Flöte spielen gelehrt; **hay que** ~ **con el ejemplo** man muss mit gutem Beispiel vorangehen; **¡la vida le** ~**á!** das Leben wird ihn/sie zur Räson bringen!; **le enseñó a hacer las camas** er/sie hat ihm/ihr gezeigt, wie man die Betten macht; **¡ya te** ~**é yo a obedecer!** ich werde dich schon Gehorsam lehren!
② (*mostrar*) (vor)zeigen; (*exhibir*) (vor)führen; **en la frontera tuve que** ~ **mi equipaje** an der Grenze musste ich mein Gepäck vorzeigen; **me enseñó su colección de sellos** er/sie hat mir seine/ihre Briefmarkensammlung gezeigt; **nos enseñó el camino** er/sie zeigte uns den Weg

enseñoramiento [enseɲoraˈmjento] *m* Bemächtigung *f*

enseñorearse [enseɲoreˈarse] *vr* sich bemächtigen (*de* +*gen*)

enseres [enˈseres] *mpl* Gerätschaften *fpl*; (*útiles*) Werkzeug *nt*; (*mobiliario*) Einrichtung *f*; ~ **de labranza** landwirtschaftliche Geräte; ~ **de oficina** Büroeinrichtung *f*

ensilado [ensiˈlaðo] *m* (AGR) Silieren *nt*

ensillada [ensiˈʎaða] *f* (GEO) Bergsattel *m*

ensillar [ensiˈʎar] *vt* satteln

ensimismado, -a [ensimisˈmaðo, -a] *adj* in Gedanken vertieft; (*ausente*) geistesabwesend; **estaba** ~ **en la lectura** er war in seine Lektüre vertieft

ensimismamiento [ensimismaˈmjento] *m* Nachdenklichkeit *f*, Versunkenheit *f*

ensimismarse [ensimisˈmarse] *vr* ① (*absorberse*) sich vertiefen (*en* in +*akk*); (*pensar*) grübeln
② (*Col, Chil: engreírse*) eingebildet werden

ensoberbecerse [ensoβerβeˈθerse] *irr como crecer vr* ① (*persona*) hochmütig werden (*de* durch +*akk*)
② (*mar*) brausen, toben

ensoberbecido, -a [ensoβerβeˈθiðo, -a] *adj* hochmütig, dünkelhaft

ensoberbecimiento [ensoβerβeθiˈmjento] *m* Hochmut *m*

ensombrecer [ensombreˈθer] *irr como crecer* I. *vt* (*oscurecer*) verdüstern; (*ofuscar*) überschatten
II. *vr:* ~**se** ① (*entristecerse*) traurig werden, trübsinnig werden
② (*oscurecerse*) sich verdüstern

ensoñación [ensoɲaˈθjon] *f* Träumerei *f*, Traum *m*; (*ilusión*) Trugbild *nt*, Illusion *f*

ensoñar [ensoˈɲar] <o→ue> *vt* träumen; (*entusiasmarse*) schwärmen (*für* +*akk*)

ensopar [ensoˈpar] I. *vt* ① (*pan*) eintunken, eintauchen
② (*AmS: empapar*) einweichen
II. *vr:* ~**se** (*AmS*) durchnässt [*o* (klatsch)nass] werden

ensordecedor(a) [ensorðeθeˈðor(a)] *adj* (ohren)betäubend

ensordecer [ensorðeˈθer] *irr como crecer* I. *vi* ① (*anciano*) ertauben *elev*, taub werden
② (*elev: callar*) schweigen
II. *vt* ① (*ruido*) betäuben
② (*sordina*) dämpfen
③ (LING) stimmlos machen

ensordecimiento [ensorðeθiˈmjento] *m sin pl* Taubheit *f*

ensortijado, -a [ensortiˈxaðo, -a] *adj* gekräuselt, kraus, gekringelt

ensortijar [ensortiˈxar] I. *vt* ① (*pelo*) kräuseln, locken
② (*animal*) mit einem Nasenring versehen
II. *vr:* ~**se** (*cabello*) sich locken; (*mar*) sich kräuseln

ensuciamiento [ensuθjaˈmjento] *m* Beschmutzung *f*, Verunreinigung *f*

ensuciar [ensuˈθjar] I. *vt* (*manchar*) beschmutzen (*con/de* mit +*dat*), beflecken (*con/de* mit +*dat*); **ensució el nombre de su padre** er beschmutzte den Namen seines Vaters
II. *vr:* ~**se** ① (*mancharse*) sich schmutzig machen (*con/de* mit +*dat*), sich beschmutzen (*con/de* mit +*dat*); ~**se las manos** sich *dat* die Hände schmutzig machen; **ensuciarse de** ~ **abajo** sich von Kopf bis Fuß dreckig machen
② (*fam: excremento*) sich voll machen, sich *dat* in die Hosen machen

ensueño [enˈsweɲo] *m* Traum *m*, Träumerei *f*; (*ilusión*) Trugbild *nt*; **hemos visto una casa de** ~ wir haben ein traumhaftes Haus gesehen

entabacarse [entaβaˈkarse] <c→qu> *vr* (*fam*) wie ein Schlot rauchen

entablamento [entaβlaˈmento] *m* ① (ARQUIT) Sims *m*
② (*techo*) Dielendecke *f*

entablar [entaˈβlar] *vt* ① (*conversación*) anfangen; (*negociaciones*) aufnehmen; (*amistad*) (an)knüpfen; (*juicio*) einleiten; (*negocios*) unternehmen; ~ **relaciones comerciales** Geschäftsbeziehungen aufnehmen
② (*suelo*) dielen
③ (*ajedrez*) aufstellen

entablillamiento [entaβliʎaˈmjento] *m* (MED) Schienen *nt*

entablillar [entaβliˈʎar] *vt* (ein)schienen

entalegar [entaleˈɣar] <g→gu> *vt* ① (*meter en un talego*) einpacken, in einen Beutel stecken
② (*argot: encarcelar*) einsperren, in den Knast stecken

entallado, -a [entaˈʎaðo, -a] *adj* tailliert

entalladura [entaʎaˈðura] *f* (*incisión*) Kerbe *f*; (*resina*) Einschnitt *m*

entallar [entaˈʎar] I. *vt* ① (*tallar*) einmeißeln, ausmeißeln
② (*en árbol*) einkerben, einschneiden
③ (*carpintero*) einblatten
④ (*vestido*) auf Taille arbeiten
II. *vi, vr:* ~**se** in der Taille anliegen; **la chaqueta entalla bien** die Jacke liegt in der Taille an

entalpía [entalˈpia] *f* (FÍS) Enthalpie *f*

entapetado, -a [entapeˈtaðo, -a] *adj* mit einem Deckchen bedeckt

entarimado [entariˈmaðo] *m* Parkett *nt*; (*en barcos*) Bodenplatte *f*

ente [ˈente] *m* ① (FILOS) Wesen *nt*
② (*autoridad*) Amt *nt*, Behörde *f*; ~**s autonómicos** autonome Gebietskörperschaften; **el E~ Público** das öffentliche Fernsehen

entecarse [enteˈkarse] <c→qu> *vr* (*Chil: emperrarse*) hartnäckig werden

enteco, -a [enˈteko, -a] *adj* kränklich, schwächlich

entejar [enteˈxar] *vt* das Dach decken (+*gen*)

entelequia [enteˈlekja] *f* ① (FILOS) Entelechie *f*
② (*fantasía*) Illusion *f*

entenado, -a [eṇte'naðo, -a] *m, f* (JUR) Stiefsohn, -tochter *m, f*, Stiefkind *nt*
entendederas [eṇteṇde'ðeras] *fpl* (*fam*) Grips *m*, Verstand *m*; **es muy corto de ~** er hat eine lange Leitung, ist ist schwer von Begriff
entendedor(a) [eṇteṇde'ðor(a)] **I.** *adj* Kenner-, bewandert
II. *m(f)* Kenner(in) *m(f)*; **a buen ~... (con pocas palabras basta)** Sie verstehen schon ...
entender [eṇteṇ'der] <e→ie> **I.** *vi* ❶ (*saber de*) verstehen (*de* von +*dat*); **él entiende mucho de flores** er versteht viel von Blumen; **no entiende nada de organización** er/sie versteht nichts von Organisation
❷ (*ocuparse con*) sich beschäftigen (*en* mit +*dat*); **~ en ordenadores** sich mit Computern befassen
II. *vt* ❶ (*comprender*) verstehen, begreifen, kapieren *fam*; **lo entendieron mal** sie haben es missverstanden; **si entiendo bien Ud. quiere decir que...** wenn ich Sie recht verstehe, wollen Sie sagen, dass ...; **no entendí la explicación** ich habe die Erklärung nicht begriffen; **¿entendido?** verstanden?; **¿qué entiende Ud. por acuerdo?** was verstehen Sie unter Abmachung?; **ellos ya se harán ~** sie werden sich schon verständlich machen; **no entiende una broma** er/sie versteht keinen Spaß; **le dio a ~ a su novia que...** er gab seiner Freundin zu verstehen, dass ...
❷ (*creer*) glauben; **yo entiendo que sería mejor si... +*subj*** ich glaube, es wäre besser, wenn ...; **yo no lo entiendo así** ich bin (da) anderer Meinung; **tengo entendido que...** (*según creo*) soweit ich weiß, ...; (*según he oído*) ich habe gehört, dass ...
❸ (*saber*) können, verstehen; **¿entiendes francés?** verstehst [*o* kannst] du Französisch?; **lo hicieron como Dios les dio a ~** sie machten es so gut sie konnten
III. *vr*: **~se** ❶ (*llevarse*) sich verstehen (*con* mit +*dat*); **el presidente y el secretario se entienden muy bien** der Präsident und der Schriftführer verstehen sich sehr gut; **yo no me entiendo con mi padre** ich verstehe mich nicht mit meinem Vater
❷ (*ponerse de acuerdo*) sich verständigen; **para el precio entiéndete con mi socio** über den Preis musst du mit meinem Partner verhandeln
❸ (*fam: liarse*) ein Liebesverhältnis haben (*con* mit +*dat*)
❹ (*fam: desenvolverse*) zurechtkommen (*con* mit +*dat*); **no me entiendo con este lío de cables** bei diesem Kabelwirrwarr steige ich nicht durch; **¡que se las entienda!** das ist seine/ihre Sache!
❺ (*loc*): **¡yo me entiendo!** ich weiß (schon), was ich sage!; **pero ¿cómo se entiende?** (*fam*) aber was soll das heißen?; **eso se entiende por sí mismo** das versteht sich von selbst
IV. *m* Meinung *f*; **a mi ~** meiner Meinung nach, meines Erachtens
entendido, -a [eṇteṇ'diðo, -a] **I.** *adj* ❶ (*listo*) klug, geschickt; (*experto*) bewandert (*en* in +*dat*), erfahren (*en* in +*dat*); **no se dio por ~** er stellte sich dumm
❷ (*loc*): **bien ~ que...** vorausgesetzt, dass ..., unter der Voraussetzung, dass ...; **lo haremos, bien ~ que nos tendréis que pagar antes** wir werden es machen, vorausgesetzt, dass ihr uns vorher bezahlt; **queda ~ que...** es ist selbstverständlich, dass ...; **queda ~ que te acompaño a casa** selbstverständlich begleite ich dich nach Hause
II. *m, f* Kenner(in) *m(f)*; (*experto*) Sachverständige(r) *mf*; **es un gran ~ en informática** er versteht viel von Informatik; **era una entendida en la materia** sie war Expertin in dem Bereich; **hacerse el ~** den Klugen spielen
entendimiento [eṇteṇdi'mjeṇto] *m sin pl* ❶ (*razón*) Verstand *m*; (*facilidad de comprensión*) Begriffsvermögen *nt*, Auffassungsgabe *f*; **obrar con ~** überlegt handeln; **es un hombre de mucho ~** er ist ein sehr intelligenter Mann
❷ (*acuerdo*) Verständigung *f*
entenebrecer [eṇteneβre'θer] *irr como crecer* **I.** *vt* verfinstern, verdunkeln; (*fig*) überschatten
II. *vr*: **~se** sich verfinstern; **su alma se entenebreció al saber que ya nunca volvería a verle** bei dem Gedanken daran, dass sie ihn nie wieder sehen würde, wurde ihr weh ums Herz
entenebrecimiento [eṇteneβreθi'mjeṇto] *m* Verdunklung *f*, Verfinsterung *f*
entente [eṇ'teṇte] *f* (HIST) Entente *f*
enteradillo, -a [eṇtera'ðiʎo, -a] **I.** *adj* (*pey*) besserwisserisch
II. *m, f* (*pey*) Besserwisser(in) *m(f)*, Schlaumeier(in) *m(f) fam*
enterado, -a [eṇte'raðo, -a] *adj* ❶ (*iniciado*) eingeweiht (*de* in +*akk*); (*conocedor*) vertraut (*de* mit +*dat*); **yo ya estaba ~ del incidente** ich wusste schon von dem Zwischenfall, ich war schon über den Zwischenfall informiert (worden); **no se dio por ~** er stellte sich dumm
enteralgia [eṇte'ralxja] *f* (MED) Darmschmerzen *mpl*
enteramente [eṇtera'meṇte] *adv* ganz, völlig; **queremos satisfacer ~ a nuestros clientes** wir wollen unsere Kunden ganz zufrieden stellen
enterar [eṇte'rar] **I.** *vt* ❶ (*informar*) informieren (*de* über +*akk*); **lo enteramos de la conjura** wir haben ihn über die Verschwörung informiert
❷ (*Col, Méx, CRi:* COM) (ein)zahlen
II. *vr*: **~se** (*saber de algo*) erfahren (*de* von +*dat*); **me enteré de la explosión por la radio** ich habe aus dem Radio von der Explosion erfahren; **no me enteré de nada hasta que me lo dijeron** ich bekam nichts (davon) mit, bis sie es mir sagten; **pasa las hojas sin ~se de lo que lee** er/sie blättert herum, ohne zu verstehen, was er/sie gerade liest; **¡para que se entere!** (*fam*) damit Sie das endlich kapieren!
entereza [eṇte'reθa] *f sin pl* (*determinación*) Beharrlichkeit *f*; (*aplomo*) Sicherheit *f*; (*integridad*) Standhaftigkeit *f*; **a la muerte de su madre demostró mucha ~** er/sie war sehr tapfer, als seine/ihre Mutter starb
enteritis [eṇte'ritis] *f inv* (MED) Darmentzündung *f*, Enteritis *f*
enternecedor(a) [eṇterneθe'ðor(a)] *adj* rührend
enternecer [eṇterne'θer] *irr como crecer* **I.** *vt* rühren, erweichen
II. *vr*: **~se** weich werden
enternecimiento [eṇterneθi'mjeṇto] *m* ❶ (*sentimiento de ternura*) Rührung *f*
❷ (*reblandecimiento*) Zartwerden *nt*, Weichwerden *nt*
entero¹ [eṇ'tero] *m* ❶ (MAT) ganze Zahl *f*
❷ (FIN: *cotización*) Punkt *m*
entero, -a² [eṇ'tero, -a] *adj* ❶ (*completo*) ganz, vollständig; **por ~** völlig, vollständig; **el mundo ~ lo sabía** die ganze Welt wusste es; **nos dio una tarta entera para nosotros** er/sie hat uns eine ganze Torte geschenkt; **un año ~ se lo pasó en la selva** er/sie verbrachte ein volles Jahr im Dschungel; **se pasa días ~s sin decir ni una palabra** er/sie kann tagelang schweigen; **el espejo salió ~ de aquí** der Spiegel wurde unversehrt von hier mitgenommen; **la comisión entera se declaró a favor** die Kommission sprach sich geschlossen dafür aus; **el juego de café no está ~** das Kaffeeservice ist nicht vollständig
❷ (*persona íntegra*) redlich
❸ (BOT) ganzrandig
❹ (*no castrado*) unverschnitten
❺ (MAT) ganz; **número ~** ganze Zahl
enterrador¹ [eṇterra'ðor] *m* (ZOOL) Totengräber *m*
enterrador(a)² [eṇterra'ðor(a)] *m(f)* ❶ (*sepulturero*) Totengräber(in) *m(f)*
❷ (TAUR) Gehilfe des Matadors
enterramiento [eṇterra'mjeṇto] *m* ❶ (*entierro*) Begräbnis *nt*, Beerdigung *f*
❷ (*sepultura*) Grab *nt*; (*sepulcro*) Grabstätte *f*; **se han descubierto unos ~s prehistóricos** man hat prähistorische Grabstätten gefunden
enterrar [eṇte'rrar] <e→ie> **I.** *vt* ❶ (*a un muerto*) begraben, bestatten; **¡ésa nos ~á a todos!** (*fam*) sie wird uns alle überleben!
❷ (*un objeto*) vergraben, eingraben; (*no muy profundo*) verscharren
❸ (*ilusiones, esperanzas*) begraben
II. *vr*: **~se** (*recluirse*) sich vergraben; **él se fue a su aldea y se enterró en vida** er ging in sein Dorf und brach alle Brücken hinter sich *dat* ab [*o* und zog sich von der Welt zurück]
enterratorio [eṇterra'torjo] *m* (*AmS: cementerio*) Friedhof *m*
entibar [eṇti'βar] *vt* (MIN) abstützen, ausbauen
entibiar [eṇti'βjar] **I.** *vt* ❶ (*líquido*) lau machen
❷ (*entusiasmo*) mäßigen; (*amistad*) abkühlen
II. *vr*: **~se** ❶ (*líquido*) lau werden, abkühlen
❷ (*entusiasmo*) sich mäßigen; (*amistad*) sich abkühlen
entidad [eṇti'ðað] *f* ❶ (FILOS) Wesenheit *f*, Entität *f*; (*ser*) Wesen *nt*
❷ (*elev: importancia*) Gewichtigkeit *f*; **no era asunto de bastante ~ como para interrumpir el viaje** die Sache war nicht bedeutend genug, um die Reise zu unterbrechen
❸ (*asociación*) Vereinigung *f*, Körperschaft *f*; **~ aseguradora** Versicherungsgesellschaft *f*; **~ crediticia** Kreditbank *f*; **~ intermunicipal** Gemeindeverband *m*; **~ de financiación** Finanzierungsinstitut *nt*; **~ jurídica** Körperschaft *f*
entierro [eṇ'tjerro] *m* ❶ (*ceremonia*) Beerdigung *f*, Bestattung *f*, Begräbnis *nt*; **el ~ de la sardina** Beerdigung des Karnevals-Löffels am Aschermittwoch; **¡no pongas esa cara de ~!** mach doch nicht so eine Trauermiene!
❷ (*comitiva*) Leichenzug *m*
❸ (*enterramiento*) Vergraben *nt*; (*en poca profundidad*) Verscharren *nt*
entintado [eṇtiṇ'taðo] *m* (TIPO) Einfärben *nt*
entintar [eṇtiṇ'tar] *vt* ❶ (*manchar*) mit Tinte beschmieren; (*teñir*) färben
❷ (TIPO) einfärben
entitativo, -a [eṇtita'tiβo, -a] *adj* (FILOS) zur Entität gehörig
entoldado [eṇtol'daðo] *m* (*para terrazas*) Markise *f*, Sonnendach *nt*; (*para fiestas*) Festzelt *nt*
entoldar [eṇtol'dar] *vt* mit einem Sonnendach versehen
entomatada [eṇtoma'taða] *f* (*Méx:* GASTR) gefüllter Maisfladen mit Tomatensoße
entomóloga [eṇto'moloya] *f v.* **entomólogo**

entomología [entomolo'xia] *f sin pl* Entomologie *f*, Insektenkunde *f*

entomológico, -a [entomo'loxiko, -a] *adj* (ZOOL) entomologisch

entomólogo, -a [ento'moloɣo, -a] *m, f* Entomologe, -in *m, f*, Insektenforscher(in) *m(f)*

entonación [entona'θjon] *f* ① (MÚS) Intonation *f*; (*canto*) Anstimmung *nt*
② (LING) Tonfall *m*, Intonation *f*

entonado, -a [ento'naðo, -a] *adj* hochmütig, dünkelhaft

entonar [ento'nar] I. *vi* ① (*canción*) richtig singen, den Ton halten
② (*armonizar*) passen (*con* zu +*dat*); **los colores de las cortinas no entonan con los de la pared** die Farben der Vorhänge beißen sich mit denen der Wand
③ (*órgano*) die Bälge treten
II. *vt* ① (*canción*) anstimmen; **entonó un cántico a la paz** er/sie stimmte ein Loblied auf den Frieden an
② (*fortalecer*) kräftigen; **este caldo te ~á** diese Brühe wird dich stärken

entonces [en'tonθes] *adv* ① (*temporal*) damals, zu jener Zeit; **desde ~** seitdem; **desde ~ nos avergonzamos** seitdem schämen wir uns; **hasta ~** bis dahin; **hasta ~ no supimos la verdad** bis dahin kannten wir die Wahrheit nicht; (**en** [*o* **por**] **aquel**) ~ **lo aceptamos sin rechistar** damals haben wir es ohne Widerspruch akzeptiert
② (*modal*) dann; **¿y ~ qué pasó?** na, und was geschah dann?; **¿pues por qué te extraña si no vienen?** ja, dann brauchst du dich nicht zu wundern, wenn sie nicht kommen!; **¡~!** also das will ich meinen!; **si lo amas ¿~ por qué no se lo dices?** wenn du ihn liebst, warum sagst du es ihm dann nicht?

entonelar [entone'lar] *vt* eintonnen, in Fässer füllen

entontecer [entonte'θer] *irr como crecer* I. *vi, vr:* ~**se** verdummen, verblöden
II. *vt* verdummen

entontecimiento [entonteθi'mjento] *m* Verdummung *f*, Verblödung *f*

entorchado [entor'tʃaðo] *m* (*cuerda, hilo*) seidener Faden, um den ein anderer gewickelt ist; (*bordado de oro*) Goldstickerei *f*; (*bordado de plata*) Silberstickerei *f*

entorilar [entori'lar] *vt* (TAUR) in den Zwinger sperren

entornar [entor'nar] I. *vt* ① (*puerta*) halb öffnen, anlehnen
② (*ojos*) halb öffnen
③ (*ladear*) umkippen
II. *vr:* ~**se** umkippen

entorno [en'torno] *m* Umgebung *f*; (*medio ambiente*) Umwelt *f*; (*mundillo*) Milieu *nt*; (*condiciones*) Rahmenbedingungen *fpl*; ~ **heterogéneo** (INFOR) heterogene Umgebung; ~ **Windows** (INFOR) Windowsumgebung *f*

entorpecedor(a) [entorpeθe'ðor(a)] *adj* behindernd, störend

entorpecer [entorpe'θer] *irr como crecer* I. *vt* ① (*movimiento*) lähmen; **el frío me entorpecía los dedos** die Kälte ließ meine Finger erstarren
② (*dificultar*) behindern, stören; (*retrasar*) verzögern; **la maleza entorpecía la marcha** das Gestrüpp behinderte das Vorwärtskommen
③ (*sentidos*) betäuben, abstumpfen
II. *vr:* ~**se** benommen werden

entorpecimiento [entorpeθi'mjento] *m sin pl* ① (*torpeza*) Zerfahrenheit *f*, Benommenheit *f*
② (*obstáculo*) Hindernis *nt*

entrabar [entra'βar] *vt* (*AmS*) behindern, hemmen

entrada [en'traða] *f* ① (*puerta*) Eingang *m*; (*para coche*) Zufahrt *f*, Einfahrt *f*; ~ **a la autopista** Autobahnauffahrt *f*; ~ **trasera** Hintereingang *m*
② (*traspaso*) Eintritt *m*; (MIL) Einmarsch *m*, **se prohíbe la ~** Zutritt verboten!; **los deportistas hicieron su ~ en la ciudad** die Sportler liefen in die Stadt ein; **su ~ en escena tranquilizó a la comunidad internacional** sein/ihr Auftreten beruhigte die Völkergemeinschaft
③ (*comienzo*) Beginn *m*; (*en un cargo*) Antritt *m*; ~ **en funciones** Amtsantritt *m*; ~ **en vigor** Inkrafttreten *nt*; **discurso de ~** Antrittsrede *f*
④ (*cine, teatro*) Eintrittskarte *f*; ~ **gratuita** Freikarte *f*; ~ **libre** Eintritt frei; **dos ~s, por favor** zwei Eintrittskarten, bitte
⑤ (*público*) Zuschauer *mpl*; (*hospital*) Zugänge *mpl*; **en el estreno hubo una gran ~** bei der Uraufführung war viel Publikum anwesend
⑥ (GASTR) Vorspeise *f*, Entree *nt*; **¿qué quieres de ~?** was möchtest du als Vorspeise?
⑦ (*pelo*) Geheimratsecken *fpl fam*
⑧ (MÚS) Einsatz *m*; **dar la ~** den Einsatz geben
⑨ (*en diccionario*) Eintrag *m*
⑩ (*pago*) Anzahlung *f*; **ya hemos dado la ~ para el piso** wir haben schon die erste Rate für die Wohnung bezahlt
⑪ (COM) Eingang *m*; ~ **en aduana** Einfuhr *f*; ~ **en caja** Kasseneingang *m*; ~ **de capitales** Kapitalzufluss *m*; ~ **de pedidos** Auftragseingang *m*; **~s y salidas** Einnahmen und Ausgaben; **libro de ~s** Einnahmebuch *m*
⑫ (INFOR) Eingabe *f*; ~ **de datos** Dateneingabe *f*; ~ **de datos por lotes** Dateneingabe im Stapelbetrieb; ~ **directa** Direkteingabe *f*; ~ **de identificación** Kennungseingabe *f*; ~ **en paralelo** Paralleleingabe *f*; ~ **de tarea remota** Aufgabenferneingabe *f*; **dispositivo de ~** Eingabegerät *nt*
⑬ (*loc*): **de ~** auf den ersten Blick; **así de ~ su idea no me pareció mal** zunächst schien mir seine/ihre Idee gar nicht schlecht; **la joven celebró su ~ en sociedad** das Mädchen feierte seinen Eintritt in die Gesellschaft; **tengo ~ con este local** in diesem Lokal gehe ich ein und aus [*o* bin ich Stammgast]

entradilla [entra'ðiʎa] *f* (PREN) Einführungsresümee *nt* (einer Nachricht)

entrado, -a [en'traðo, -a] *adj:* **un señor ~ en años** ein älterer Herr; **llegamos entrada la noche** wir kamen erst in der Nacht an; **hasta muy ~ el siglo XVII** bis spät ins XVII. Jahrhundert hinein

entrador(a) [entra'ðor(a)] *adj* ① (*AmS: animoso*) tapfer; (*atrevido*) mutig
② (*Arg: simpático*) nett
③ (*Am: enamoradizo*) schwärmerisch
④ (*Chil: entrometido*) zudringlich
⑤ (*Guat, Nic: compañero*) kameradschaftlich

entramado [entra'maðo] *m* ① (INFOR) Verflechtung *f*
② (ARQUIT) Fachwerk *nt*, Bindwerk *nt*; ~ **del tejado** Dachstuhl *m*
③ (*relaciones*) Verflechtung *f*

entrampar [entram'par] I. *vt* ① (*animal*) in eine Falle locken
② (*engañar*) betrügen, überlisten
③ (*fam: embrollar*) komplizieren
④ (*fam: deudas*) mit Schulden belasten
II. *vr:* ~**se** in Schulden geraten

entrante [en'trante] I. *adj* ① (*próximo*) kommend; **a primeros del mes ~** Anfang nächsten Monats
② (*ángulo*) einspringend
II. *m* Einschnitt *m*, Kerbe *f*

entraña [en'traɲa] *f* ① (*órganos*) Eingeweide *ntpl*; **te voy a arrancar las ~s** ich werde dir das Herz aus dem Leibe reißen; **echó las ~s** (*fam*) er/sie hat stark erbrochen; **¡hijo de mis ~s!** (*fam*) mein Herzblatt!; **por mis hijos doy las ~s** (*fam*) für meine Kinder würde ich alles hergeben
② (*lo esencial*) Kern *m*; **la ~ del problema** der Kern des Problems
③ *pl* (*carácter*) Charakter *m*; **es persona de buenas ~s** er/sie ist ein gutherziger Mensch
④ *pl* (*interior*) Innerste(s) *nt*; **las ~s de la tierra** das Erdinnere

entrañable [entra'ɲaβle] *adj* innig, herzlich; **nos unía una amistad ~** uns verband eine innige Freundschaft; **es para mí un recuerdo ~** das ist mir eine sehr liebe Erinnerung

entrañar [entra'ɲar] *vt* mit sich *dat* bringen, bedeuten; **otros criterios ~ían una pérdida de poder** andere Kriterien würden zu Machtverlust führen; **la aventura entrañaba graves peligros** das Abenteuer barg große Risiken in sich

entrar [en'trar] I. *vi* ① (*pasar*) hineingehen (*a/en* +*akk*), eintreten (*a/en* +*akk*); (*vehículo*) hineinfahren (*a/en* +*akk*); (*barco*) einlaufen (*a/en* +*akk*); **¡entras en la habitación!** du gehst in das Zimmer hinein!; **~ on por la ventana** sie sind durch das Fenster eingestiegen; **el tren entra en la estación** der Zug fährt in den Bahnhof ein; **¡entre!** herein!; **yo en eso no entro** [*o* **ni entro ni salgo**] (*fam*) damit habe ich nichts zu schaffen; **le entró por un oído y le salió por otro** das ist ihm/ihr zum einen Ohr hineingegangen und zum anderen wieder hinaus; **en su discurso no entró en detalles** in seiner/ihrer Rede ist er/sie nicht auf Einzelheiten eingegangen; **para ir entrando en materia** zum Einstieg in das Thema, um zur Sache zu kommen
② (*caber*) (hinein)passen (*en* in +*akk*), (hinein)gehen (*en* in +*akk*); **el cajón no entra en el armario** die Schublade passt nicht in den Schrank; **en la lata no entran más que dos tomates** in die Dose passen nur zwei Tomaten; **no me entra el anillo** der Ring passt mir nicht; **el corcho no entra en la botella** der Korken geht nicht in die Flasche; **por fin he hecho ~ el tapón** endlich habe ich den Stöpsel hineinbekommen
③ (*zapato, ropa*) passen; **la falda me entra bien** der Rock passt mir gut; **a las hermanastras no les entró el zapatito** die Stiefschwestern kamen in den kleinen Schuh nicht hinein
④ (*con autorización*) Zutritt haben (*en* zu +*dat*)
⑤ (INFOR) (sich) einloggen
⑥ (*empezar*) beginnen, anfangen; **el verano entra el 21 de junio** der Sommer beginnt am 21. Juni; ~ **en calor** warm werden; ~ **en relaciones con alguien** Beziehungen zu jdm aufnehmen; **después entré a trabajar en una casa más rica** dann begann ich in einem reicheren Haushalt zu arbeiten; **cuando entró de alcalde hizo muchas promesas** als er als Bürgermeister antrat, machte er viele Versprechungen; **me entró la tentación** ich überkam mich die Versuchung; **me entró un mareo** mir wurde schwindlig; **le entró el sueño** der Schlaf überwältigte [*o* übermannte] ihn/sie; **me entró el hambre** ich bekam Hunger; **esperemos que no te entre la gripe** hoffentlich bekommst du keine Grippe; **le ha entrado la costumbre de levantarse tarde** er/sie hat es sich *dat* zur Gewohnheit gemacht, spät aufzustehen; ~ **en un empleo** eine Stel-

lung antreten; **~ en funciones** ein Amt übernehmen; **~ en un negocio** in ein Geschäft einsteigen; **~ como socio** als Teilhaber eintreten

❼ (*penetrar*) hineingehen (*en* in +*akk*); **el clavo entró en la pared** der Nagel ging in die Wand; **¡no me entra en la cabeza cómo pudo hacer eso!** es will mir nicht in den Kopf, warum er/sie das getan hat!, ich begreife nicht, wie er/sie so etwas tun konnte!

❽ (*formar parte*) eintreten; **casi todos ~on en el partido** fast alle sind in die Partei eingetreten; **entró en el ejército** er/sie ist in das Heer eingetreten; **entró en la Academia de Ciencias** er/sie wurde in die Akademie der Wissenschaften aufgenommen; **en un kilo entran tres panochas** auf ein Kilo kommen drei Maiskolben; **eso no entraba en mis cálculos** damit habe ich nicht gerechnet; **en esta receta no entran huevos** bei diesem Rezept sind keine Eier vorgesehen

❾ (MÚS) einsetzen

❿ (MIL) einmarschieren (*en* in +*akk*), einrücken (*en* in +*akk*)

⓫ (TIPO) einzeilen

⓬ (*loc*): **las matemáticas no me entran** (*fam*) Mathematik begreife ich einfach nicht; **su hermano no me entra** (*fam*) ich kann seinen/ihren Bruder nicht leiden; **a él no sabes como ~le** man weiß nicht, wie man an ihn rankommen kann

II. *vt* hineinbringen (*en* in +*akk*); (*vehículo*) (hinein)fahren (*en* in +*akk*); **~ el coche en el garaje** das Auto in die Garage (hinein)fahren

entre ['entre] *prep* ❶ (*local, temporal*) zwischen +*dat;* **la casa está ~ el ayuntamiento y Correos** das Haus liegt zwischen dem Rathaus und der Post; **salió ~ las ramas** er/sie kam aus den Zweigen hervor; **pasó por ~ las mesas** er/sie ging zwischen den Tischen durch; **~ semana no puedo ayudarte** unter der Woche kann ich dir nicht helfen; **ven ~ las cinco y las seis** komm zwischen fünf und sechs; **~ tanto** inzwischen; **te cuento ~ mis amigos** ich zähle ihn zu meinen Freunden; **este es un ejemplo ~ muchos** das ist ein Beispiel unter vielen; **es el peor ~ [o de] todos** er ist der Schlimmste von allen; **llegaron veinte ~ hombres y mujeres** es kamen zwanzig, teils Männlein, teils Weiblein; **se lo llevaron ~ cuatro hombres** sie trugen sie zu viert heraus; **lo hablaremos ~ nosotros** wir werden unter uns darüber sprechen; **~ el taxi y la entrada me quedé sin dinero** das Taxi und die Eintrittskarte raubten mir mein ganzes Geld; **lo dije ~ mí** ich sagte es für mich

❷ (*con movimiento*) zwischen +*akk;* **¡guárdalo ~ los libros!** leg es zwischen die Bücher!; **me senté ~ los dos** ich setzte mich zwischen die beiden

❸ (MAT) durch +*akk;* **cuatro dividido ~ dos es igual a dos** vier geteilt durch zwei ist zwei

entreabierto, -a [entrea'βjerto, -a] *adj* halb offen
entreabrir [entrea'βrir] *irr como* abrir *vt* halb öffnen, halb aufmachen
entreacto [entre'akto] *m* ❶ (TEAT: *intermedio*) Zwischenakt *m*, Entreakt *m;* (*música*) Zwischenaktsmusik *f*
❷ (*cigarro*) Zigarillo *m o nt*
entrecano, -a [entre'kano, -a] *adj* halbgrau, graumeliert
entrecavar [entreka'βar] *vt* (AGR) überackern
entrecejo [entre'θexo] *m* Raum zwischen den Augenbrauen; (*ceño*) Stirnrunzeln *nt;* **fruncir** [*o* **arrugar**] **el ~** die Stirn runzeln
entrecerrar [entreθe'rrar] <e→ie> *vt* anlehnen
entrechocar [entretʃo'kar] <c→qu> *vi, vr:* **~se** aneinander stoßen, aufeinander prallen
entrecomillar [entrekomi'ʎar] *vt* in Anführungszeichen setzen
entrecortado, -a [entrekor'taðo, -a] *adj* (*respiración*) stoßweise; (*voz*) stockend; **ella me lo dijo con una voz entrecortada por los sollozos** sie sagte es mir mit einer von Schluchzern erstickten Stimme
entrecortar [entrekor'tar] *vt* unterbrechen
entrecot [entre'ko¹] *m* <entrecots> (GASTR) Entrecote *nt*
entrecruzamiento [entrekruθa'mjento] *m* Überschneidung *f;* (*genética*) Kreuzung *f*
entrecruzar [entrekru'θar] <z→c> I. *vt* ❶ (*cruzar, t.* BIOL) kreuzen
❷ (*cintas*) flechten
II. *vr:* **~se** sich kreuzen; **sus caminos se ~on** ihre Wege kreuzten sich
entrecubierta [entreku'βjerta] *f* (NÁUT) Zwischendeck *nt*
entredicho [entre'ðitʃo] *m* ❶ (*prohibición*) Verbot *nt*
❷ (REL) Interdikt *nt;* (*excomunión*) Kirchenbann *m*
❸ (*loc*): **poner algo en ~** etw in Zweifel ziehen; **esta noticia pone en ~ la veracidad de las otras** diese Nachricht stellt die Glaubwürdigkeit anderer Meldungen in Frage [*o* infrage]
entredós [entre'ðos] *m* ❶ (*bordado*) Spitzeneinsatz *m*
❷ (*mueble*) niedriges Wandschränkchen *nt*
entrefino, -a [entre'fino, -a] *adj* (*entre fino y basto*) mittelfein, halbfein; **una tela entrefina** ein mittelfeiner Stoff
entreforro [entre'forro] *m* Zwischenfutter *nt*
entrega [en'treɣa] *f* ❶ (*dedicación*) Engagement *nt*
❷ (*fascículo*) Lieferung *f;* **novela por ~s** Fortsetzungsroman *m*
❸ (*de documentos*) Übergabe *f;* (*ceremonia*) Überreichung *f;* **~ de premios** Preisverleihung *f;* **durante la ~ de títulos** während der Diplomverleihung; **le hicieron ~ de las llaves de la ciudad** man überreichte ihm/ihr die Schlüssel der Stadt
❹ (COM) Lieferung *f;* **~ en aduana** (Zoll)gestellung *f;* **~ anticipada** vorzeitige Lieferung *f;* **~ domiciliaria, ~ a domicilio** Zustellung (frei Haus), Lieferung frei Haus *f;* **~ franco domicilio** Lieferung frei Haus; **~ llave en mano** ≈schlüsselfertige Anlage *f;* **~ en propia mano** eigenhändige Zustellung; **~ supletoria** Ersatzlieferung *f;* **gastos de ~** Lieferkosten *pl;* **lugar de la ~** Erfüllungsort *m;* **orden de ~** Lieferauftrag *m;* **pagadero a la ~** zahlbar bei Lieferung; **plazo de ~** Lieferfrist *f;* **talón de ~** Lieferschein *m*
❺ (MIL) Übergabe *f;* (*de prisioneros*) Auslieferung *f*
entregar [entre'ɣar] <g→gu> I. *vt* ❶ (*dar*) abgeben (*a* bei +*dat*), aushändigen (*a* +*dat*); (*en ceremonia*) überreichen (*a* +*dat*); (*premio*) verleihen (*a* +*dat*); **entrega la carta a la portera** er/sie händigt den Brief der Hausmeisterin aus; **le ~on el Premio Nobel** ihm/ihr wurde der Nobelpreis verliehen
❷ (COM) abliefern, ausliefern; **~ a domicilio** ins Haus liefern
❸ (MIL: *ciudad*) übergeben; (*prisioneros*) ausliefern
❹ (*loc*): **~la** (*fam*) ins Gras beißen
II. *vr:* **~se** ❶ (*desvivirse*) sich widmen (*a* +*dat*); **se entregó a la música** er/sie widmete sich der Musik; **se entregó a los placeres del mundo** er/sie hat sich in Vergnügungen gestürzt; **se entregó a la bebida** er/sie begann zu trinken
❷ (*delincuente*) sich stellen (*a* +*dat*)
❸ (MIL) sich ergeben (*a* +*dat*); **los soldados se ~on a las fuerzas enemigas** die Soldaten haben sich dem Feind ergeben
❹ (*sexo*) sich hingeben (*a* +*dat*)
entreguerras [entre'ɣerras]: **período de ~** Zwischenkriegszeit *f*
entreguismo [entre'ɣismo] *m sin pl* Defätismus *m*
entrelazamiento [entrelaθa'mjento] *m* Verflechtung *f;* **~ de memorias** (INFOR) Speicherverschränkung *f*
entrelazar [entrela'θar] <z→c> I. *vt* verflechten, ineinander weben
II. *vr:* **~se** sich verflechten
entrelínea [entre'linea] *f* ❶ (*lo escrito entre líneas*) Zwischenzeile *f*
❷ (TIPO) Durchschuss *m*
entremedias [entre'meðjas] *adv* ❶ (*local*) dazwischen; **~ de...** zwischen ... +*dat*
❷ (*temporal*) währenddessen
entremés [entre'mes] *m* ❶ (TEAT) Zwischenspiel *nt*
❷ (GASTR) Vorspeise *f*
entremeterse [entreme'terse] *vr* sich einmischen (*en* in +*akk*)
entremetido, -a [entreme'tiðo, -a] I. *adj* zudringlich, naseweis
II. *m, f* Naseweis *m*
entremezclar [entremeθ'klar] *vt* vermischen
entrenador¹ [entrena'ðor] *m:* **~ domiciliario** Hometrainer *m;* **~ de pilotaje** Flugsimulator *m*
entrenador(a)² [entrena'ðor(a)] *m(f)* (DEP) Trainer(in) *m(f);* **~ de fútbol** Fußballtrainer *m*
entrenamiento [entrena'mjento] *m* ❶ (DEP) Training *nt*
❷ (*práctica*) Übung *f*
entrenar [entre'nar] I. *vt* trainieren; (*perro*) abrichten
II. *vr:* **~se** trainieren; **se están entrenando para el campeonato** sie trainieren für die Meisterschaft
entreoír [entreo'ir] *vt* como oír *vt* erlauschen
entrepaño [entre'paɲo] *m* ❶ (ARQUIT) Getäfel *nt,* Tafelwerk *nt*
❷ (*de estantería*) Fach *nt*
entrepierna [entre'pjerna] *f* ❶ (*muslo*) Innenseite *f* des Oberschenkels; **esto se me pasa por la ~** (*vulg*) das geht mir am Arsch vorbei
❷ (*del pantalón*) Hosenkreuz *nt,* (Hosen)zwickel *m*
❸ (*Chil: traje de baño*) Badehose *f*
entrepiso [entre'piso] *m* Zwischenetage *f,* Zwischengeschoss *nt*
entreplanta [entre'planta] *f* Zwischenstock *m,* Zwischengeschoss *nt*
entrepuente [entre'pwente] *m* (NÁUT) Zwischendeck *nt*
entrepunzar [entrepun'θar] <z→c> *vi* (MED) leicht schmerzen
entresacar [entresa'kar] <c→qu> *vt* ❶ (*elegir*) heraussuchen (*de* aus +*dat*); **entresacó algunos párrafos del discurso** er/sie wählte einige Abschnitte aus der Rede aus
❷ (*pelo*) ausdünnen
❸ (*bosque*) aushauen; (*semillero*) lichten
entresijo [entre'sixo] *m* ❶ (ANAT) Gekröse *nt*
❷ *pl* (*cosas escondidas*) Geheimnisse *ntpl;* **la cuestión tiene más ~s de lo que parece a primera vista** die Sache ist verzwickter, als es auf Anhieb scheint; **tiene muchos ~s: es imposible saber lo que piensa** er/sie ist schwer zu durchschauen: Es ist unmöglich, zu wissen, was er/sie denkt
entresuelo [entre'swelo] *m* Zwischengeschoss *nt*
entresueño [entre'sweɲo] *m* ❶ (*estado entre la vigilia y el sueño*) Dämmerzustand *m*
❷ (*duermevela*) Halbschlaf *m*
entretanto [entre'tanto] *adv* inzwischen, unterdessen

entretecho [eṇtre'tetʃo] m (CSur: desván) Dachboden m, Speicher m
entretejer [eṇtrete'xer] vt einweben, verflechten; (incluir) einflechten
entretela [eṇtre'tela] f Zwischenfutter nt
entretelar [eṇtrete'lar] vt ① (ropa) mit einem Zwischenfutter versehen ② (TIPO) glätten
entretener [eṇtrete'ner] irr como tener I. vt ① (detener) aufhalten; **llego tarde porque me ha entretenido un amigo** ich komme zu spät, weil ich von einem Freund aufgehalten wurde ② (divertir) unterhalten, zerstreuen; **sabe como ~ a los niños** er/sie kann Kinder gut bei Laune halten ③ (asunto) hinauszögern, verschieben; **desde hace un mes está entreteniendo a los acreedores con excusas** seit einem Monat vertröstet er/sie die Gläubiger mit Ausreden II. vr: ~se sich dat die Zeit vertreiben; **si tengo que esperar me entretendré con las revistas** wenn ich warten muss, vertreibe ich mir die Zeit mit Zeitschriftenlesen; **¡no te entretengas!** lass dich nicht ablenken!
entretenida [eṇtrete'niða] f (amante) Geliebte f; **dar la ~ a alguien** jdn vertrösten
entretenido, -a [eṇtrete'niðo, -a] adj unterhaltsam, lustig
entretenimiento [eṇtreteni'mjeṇto] m ① (diversión) Unterhaltung f, Zeitvertreib m; **en el bosque hay mucho ~ para los niños** im Wald gibt es viele interessante Dinge für die Kinder ② (conservación) Erhaltung f, Pflege f
entretiempo [eṇtre'tjempo] m sin pl Übergangszeit f; **ropa de ~** Kleidung für die Übergangszeit
entreventana [eṇtreβeṇ'tana] f Fensterzwischenraum m
entrever [eṇtre'βer] irr como ver vt ① (objeto) undeutlich sehen ② (sospechar) ahnen; (intenciones) durchschauen; **le dejó ~ la posibilidad de un ascenso** er/sie hat ihm/ihr eine Beförderung in Aussicht gestellt
entreverado, -a [eṇtreβe'raðo, -a] adj (carne) durchwachsen
entreverar [eṇtreβe'rar] I. vt durcheinander werfen II. vr: ~se (Arg, Perú) durcheinander geraten
entrevero [eṇtre'βero] m (CSur) ① (confusión) Durcheinander nt ② (riña) Streit m ③ (escaramuza) Geplänkel nt
entrevía [eṇtre'βia] f Gleisabstand m
entrevista [eṇtre'βista] f ① (PREN) Interview nt; **hacer una ~ a alguien** jdn interviewen ② (reunión) Besprechung f; **~ de trabajo** Vorstellungsgespräch nt
entrevistado, -a [eṇtreβis'taðo, -a] m, f Interviewpartner(in) m(f)
entrevistador(a) [eṇtreβista'ðor(a)] m(f) Interviewer(in) m(f)
entrevistar [eṇtreβis'tar] I. vt interviewen II. vr: ~se sich treffen (con mit +dat), zusammenkommen (con mit +dat)
entristecedor(a) [eṇtristeθe'ðor(a)] adj betrüblich, traurig
entristecer [eṇtriste'θer] irr como crecer I. vt traurig machen, betrüben II. vr: ~se traurig werden
entristecimiento [eṇtristeθi'mjeṇto] m Traurigkeit f
entrojar [eṇtro'xar] vt (AGR) speichern
entrometerse [eṇtrome'terse] vr sich einmischen (en in +akk)
entrometido, -a [eṇtrome'tiðo, -a] I. adj zudringlich II. m, f zudringlicher Mensch m
entrometimiento [eṇtrometi'mjeṇto] m Einmischen nt
entromparse [eṇtrom'parse] vr sich betrinken
entroncamiento [eṇtroŋka'mjeṇto] m (relación) verwandtschaftliche Beziehung f
entroncar [eṇtroŋ'kar] <c→qu> I. vi ① (parentesco) sich verschwägern (con mit +dat); **la física entronca en este punto con las matemáticas** die Physik und die Mathematik treffen sich in diesem Punkt ② (Am: tren) Anschluss haben (con an +akk) II. vt in eine (verwandtschaftliche) Beziehung bringen; **algunos lo entroncan con la familia real inglesa** einige behaupten, er sei mit dem englischen Königshaus verwandt
entronización [eṇtroniθa'θjon] f Thronerhebung f
entronizar [eṇtroni'θar] <z→c> I. vt auf den Thron erheben II. vr: ~se eingebildet werden
entronque [eṇ'troŋke] m ① (parentesco) Verwandtschaft f ② (Am: tren) Anschluss m, Verbindung f
entropía [eṇtro'pia] f sin pl (FÍS) Entropie f
entrucharse [eṇtru'tʃarse] vr (Méx) ① (entremeterse) sich einmischen ② (enamorarse) sich unsterblich verlieben
entrullado, -a [eṇtru'ʎaðo, -a] adj (argot: encarcelado) eingesperrt, hinter Gittern
entubación [eṇtuβa'θjon] f (MED) Intubation f
entubado [eṇtu'βaðo] m (MED) Intubation f
entubar [eṇtu'βar] vt (MED) intubieren

entuerto [eṇ'twerto] m ① (agravios) Unrecht nt; **desfacedor de ~s** (irón) Weltverbesserer m ② pl (dolores puerperales) Nachwehen fpl
entumecerse [eṇtume'θerse] irr como crecer vr gefühllos werden, einschlafen; **se me ha entumecido la pierna** mein Bein ist (mir) eingeschlafen
entumecido, -a [eṇtume'θiðo, -a] adj (pierna) taub; (rígido) erstarrt
entumecimiento [eṇtumeθi'mjeṇto] m Taubheit f; (rigidez) Erstarren nt
enturbiamiento [eṇturβja'mjeṇto] m Trübung f
enturbiar [eṇtur'βjar] vt (agua) trüben; **los acontecimientos ~on su alegría** die Ereignisse trübten seine/ihre Freude
entusiasmar [eṇtusjas'mar] I. vt begeistern, entzücken II. vr: ~se sich begeistern (con/por für +akk), in Entzücken geraten (con/por über +akk); **se entusiasma con cualquier cosa** er/sie kann sich für alles begeistern
entusiasmo [eṇtu'sjasmo] m sin pl Begeisterung f, Enthusiasmus m
entusiasta [eṇtu'sjasta] I. adj begeistert, enthusiastisch; **le tributaron un recibimiento ~** sie bereiteten ihm/ihr einen begeisterten Empfang II. mf Enthusiast(in) m(f), Begeisterte(r) mf; **soy una ~ del ballet** ich bin eine große Anhängerin des Balletts
entusiástico, -a [eṇtu'sjastiko, -a] adj v. entusiasta
enumeración [enumera'θjon] f Aufzählung f
enumerar [enume'rar] vt aufzählen, nennen; (escrito) aufführen; **fue enumerando los motivos de su dimisión** er/sie nannte der Reihe nach die Gründe für seinen/ihren Rücktritt
enumerativo, -a [enumera'tiβo, -a] adj aufzählend; **hizo un resumen ~ de los proyectos** er/sie zählte zusammenfassend alle Projekte auf
enunciado [enuṇ'θjaðo] m ① (de problema) Exposition f, Darlegung f ② (texto) Wortlaut m ③ (LING) Aussage f
enunciar [enuṇ'θjar] vt äußern, ausdrücken; (LING) aussagen; **enunció con sencillez el teorema** er/sie erläuterte den Lehrsatz mit sehr einfachen Worten
enunciativo, -a [enuṇθja'tiβo, -a] adj aussagend; **oración enunciativa** Aussagesatz m
envainar [embai'nar] vt einstecken; (espada) in die Scheide stecken
envalentonar [embaleṇto'nar] I. vt ermutigen II. vr: ~se großtun, prahlen
envalijar [embali'xar] vt in Koffer packen
envanecer [embane'θer] irr como crecer I. vt stolz machen II. vr: ~se ① (enorgullecerse) stolz sein (de auf +akk) ② (engreírse) eingebildet werden
envanecido, -a [embane'θiðo] adj stolz; (arrogante) anmaßend, überheblich
envanecimiento [embaneθi'mjeṇto] m sin pl Anmaßung f; (orgullo) Stolz m
envarado, -a [emba'raðo, -a] adj steif, starr, erstarrt; (estirado) hochnäsig
envaramiento [embara'mjeṇto] m ① (persona) Steifheit f ② (músculo, parte del cuerpo) Starre f
envarar [emba'rar] I. vt lähmen II. vr: ~se ① (miembro) starr werden ② (persona) hochmütig werden
envasado [emba'saðo] m Verpackung f, Verpacken nt
envasador [embasa'ðor] m Abfülltrichter m
envasar [emba'sar] vt ① (líquido) einfüllen, abfüllen; **~ en latas** in Dosen abfüllen ② (verdura) verpacken
envase [em'base] m ① (objeto) Verpackung f; **~ reciclable [o reutilizable]** Mehrwegverpackung f, Wiederverwendungsverpackung f; **~ no retornable [o no recuperable]** Einwegverpackung f ② (acción) Einfüllen nt; **~ al vacío** Vakuumverpackung f
envejecer [embexe'θer] irr como crecer I. vt alt machen II. vr: ~se altern, alt werden
envejecimiento [embexeθi'mjeṇto] m sin pl Älterwerden nt, Altern nt
envenenador(a) [embenena'ðor(a)] m(f) Giftmischer(in) m(f); (asesino) Giftmörder(in) m(f)
envenenamiento [embenena'mjeṇto] m Vergiftung f
envenenar [embene'nar] vt vergiften
enverdecer [emberðe'θer] irr como crecer vi (reverdecer) ergrünen
envergadura [emberɣa'ðura] f ① (NÁUT) Segelbreite f ② (AERO) Flügelspannweite f ③ (importancia) Umfang m, Bedeutung f; **~ del siniestro [o de los daños]** (JUR) Schadensumfang m; **de gran ~** von einschneidender Bedeutung
enverjado [ember'xaðo] m Zaungitter nt
envés [em'bes] m (BOT) Rückseite f

enviado, -a [embi'aðo, -a] *m, f* Abgesandte(r) *mf*, Sendbote, -in *m, f*; ~ **especial** Sonderberichterstatter *m*; **el E~ de Dios en la Tierra** (REL) Gottes Gesandter auf Erden

enviar [embi'ar] <*1. pres: envío*> *vt* (*mandar*) schicken; (*despachar*) absenden, versenden; ~ (**a**) **por algo a alguien** jdn etw holen lassen; ~ **por correo** mit der Post schicken; **le envié un ramo de flores** ich habe ihm/ihr einen Blumenstrauß geschickt; **la ONU ~á a un mediador** die UNO wird einen Vermittler entsenden; ~ **una circular** ein Rundschreiben versenden; ~ **un telegrama** ein Telegramm aufgeben

enviciar [embi'θjar] **I.** *vi* (AGR) (ins Kraut) schießen **II.** *vt* moralisch verderben **III.** *vr*: ~**se** sich dem Laster ergeben; **se envició en el juego** er/sie gab sich der Spielleidenschaft hin

envidar [embi'ðar] *vt* (*naipes*) bieten, setzen; ~ **en** [*o* **de**] **falso** bluffen

envidia [em'biðja] *f* Neid *m*, Missgunst *f*; ~ **profesional** Konkurrenzneid *m*; **tener ~ a alguien** jdn beneiden; **tener ~ de algo** auf etw neidisch sein; **daba ~ verlo de lo guapo que iba** er sah beneidenswert gut aus; **lo corroe la ~** er wird vom Neid zerfressen

envidiable [embi'ðjaβle] *adj* beneidenswert; **tiene una tranquilidad ~** er/sie hat eine beneidenswerte Ruhe an sich *dat*

envidiar [embi'ðjar] *vt* neidisch sein (*por* auf +*akk*), beneiden (*por* um +*akk*); **todos los envidian por su suerte** alle beneiden ihn um sein Glück; **¡mucho tienes tú que ~le a ella!** (*irón*) du hast gar keinen Grund sie zu beneiden!

envidioso, -a [embi'ðjoso, -a] *adj* neidisch (*de* auf +*akk*), missgünstig

envigado [embi'ɣaðo] *m* Gebälk *nt*

envilecer [embile'θer] *irr como crecer* **I.** *vt* herabwürdigen **II.** *vr*: ~**se** verkommen; (*humillarse*) sich erniedrigen

envilecimiento [embileθi'mjento] *m* Verkommenheit *f*, Entartung *f*; (*humillación*) Erniedrigung *f*

envinagrar [embina'ɣrar] *vt* mit Essig versetzen

envío [em'bio] *m* Sendung *f*; (*expedición*) Versand *m*; ~ **por adelantado** Voreinsendung *f*; ~ **por avión** Luftpostsendung *f*; ~ **certificado** Einschreib(e)sendung *f*; ~ **devuelto** unzustellbarer Sendung; ~ **de dinero** Geldsendung *f*; ~ **a domicilio** Lieferung frei Haus; ~ **exprés** Eilsendung *f*; ~ **de muestras** Sendung zur Ansicht; ~ **parcial** Teilsendung *f*; ~ **a portes pagados** portofreie Sendung; ~ **contra reembolso** Nachnahmesendung *f*; ~ **urgente** Eilsendung *f*; ~ **con valor declarado** Wertsendung *f*; **gastos de ~** Versandkosten *pl*

envite [em'bite] *m* ❶ (*en juegos: apuesta*) Gebot *nt*
❷ (*fig: ofrecimiento*) Angebot *nt*
❸ (*empujón*) Stoß *m*; **al primer ~** auf einmal

enviudar [embju'ðar] *vi* verwitwen; (*hombre*) Witwer werden; (*mujer*) Witwe werden

envoltorio [embol'torjo] *m* ❶ (*lío*) Bündel *nt*
❷ (*embalaje*) Verpackung *f*

envoltura [embol'tura] *f* ❶ (*embalaje*) Verpackung *f*; ~ **hermética** luftdichte Verpackung; **en ~ original** originalverpackt
❷ (MED) Wickel *m*
❸ (TÉC) Umhüllung *f*, Mantel *m*
❹ *pl* (*pañales*) Windeln *fpl*

envolvente [embol'βente] *adj* einhüllend; **curva ~** (MAT) Hüllkurve *f*

envolver [embol'βer] *irr como volver vt* ❶ (*en tela, papel*) einpacken (*en/con* in +*akk*, *mit* +*dat*), einhüllen (*con/en* in +*akk*, *mit* +*dat*), einwickeln (*con/en* in +*akk*, *mit* +*dat*); **¿me lo puede ~ en papel de regalo?** können Sie es mir als Geschenk verpacken?; **el crimen quedó envuelto en el misterio** das Geheimnis um das Verbrechen konnte nicht gelüftet werden; **la niebla envuelve la ciudad** (*elev*) Nebel hüllt die Stadt ein
❷ (*mezclar*) verwickeln; **envolvieron también en el proceso al hijo del acusado** auch der Sohn des Angeklagten wurde in den Prozess verwickelt
❸ (*hilo*) aufwickeln
❹ (MIL) umzingeln

envuelto¹ [em'bwelto] *m* (*Méx*) gefüllte Maisrolle

envuelto, -a² [em'bwelto, -a] *pp de* **envolver**

enyesado [enɟe'saðo] *m* Eingipsen *nt*

enyesar [enɟe'sar] *vt* eingipsen

enzarzar [enθar'θar] <z→c> **I.** *vt* ❶ (*muro*) mit Dornen bedecken
❷ (*enemistar*) in einen Streit verwickeln
II. *vr*: ~**se** ❶ (*enredarse*) im Gestrüpp hängen bleiben
❷ (*tener dificultades*) sich in Ungelegenheiten bringen; **se ~on en una discusión que no llevaba a nada** sie haben sich in eine Diskussion verbissen, die zu nichts führte; **se ~on en una pelea** sie sind aneinander geraten

enzima [en'θima] *m o f* (BIOL) Enzym *nt*

enzimático, -a [enθi'matiko, -a] *adj* (BIOL) enzymatisch, Enzym-

enzimología [enθimolo'xia] *f* (BIOL, QUÍM) Enzymologie *f*

enzimopatía [enθimopa'tia] *f* (MED) Enzympathie *f*

eñe ['eɲe] *f* Ñ, ñ *nt*

eoceno¹ [eo'θeno] *m* (GEO) Eozän *nt*

eoceno, -a² [eo'θeno, -a] *adj* (GEO) eozän

eólico, -a [e'oliko, -a] *adj* ❶ (*aire*) Wind-; **central eólica** Windkraftwerk *nt*; **energía eólica** Windenergie *f*
❷ (*dialecto griego*) äolisch

eolito [eo'lito] *m* (HIST) Eolith *m*, Feuerstein *m*

eón [e'on] *m* (FILOS) Äon *m*

epa ['epa] *interj* (*Am*) he, hallo; (*Chil*) auf

epanáfora [epana'ðora] *f* (LIT) Epanaphora *f*

epatante [epa'tante] *adj* beeindruckend, überwältigend

epatar [epa'tar] *vt* in Staunen versetzen, verblüffen

epéntesis [e'pentesis] *f inv* (LING) Epenthese *f*

épica ['epika] *f sin pl* Epik *f*

epiceno, -a [epi'θeno, -a] *adj* grammatische Bezeichnung für ein Wort, das beide Geschlechter bezeichnet, z. B. „Ameise"

epicentro [epi'θentro] *m* Epizentrum *nt*

épico, -a ['epiko, -a] *adj* episch; (*heroico*) Helden-, heroisch; **autor ~** Epiker *m*; **personaje ~** epische Figur; **poema ~** Epos *nt*

epicureísmo [epikure'ismo] *m* (FILOS) Epikureismus *m*

epicúreo, -a [epi'kureo, -a] **I.** *adj* epikur(e)isch **II.** *m, f* Epikureer(in) *m(f)*

epidemia [epi'ðemja] *f* Epidemie *f*, Seuche *f*

epidémico, -a [epi'ðemiko, -a] *adj* epidemisch, Seuchen-

epidemiología [epiðemjolo'xia] *f sin pl* Epidemiologie *f*

epidemiológico, -a [epiðemjolo'loxiko, -a] *adj* epidemiologisch

epidérmico, -a [epi'ðermiko, -a] *adj* epidermal, Oberhaut-; (*superficial*) äußerlich

epidermis [epi'ðermis] *f inv* (ANAT, BOT) Epidermis *f*, Oberhaut *f*

Epifanía [epifa'nia] *f sin pl* Dreikönigsfest *nt*

epigastrio [epi'ɣastrjo] *m* (ANAT) Magengrube *f*

epiglotis [epi'ɣlotis] *f inv* (ANAT) Kehldeckel *m*

epígono [e'piɣono] *m* (LIT) Epigone *m*

epígrafe [e'piɣrafe] *m* ❶ (*inscripción*) Inschrift *f*, Epigraph *nt*
❷ (*título*) Überschrift *f*
❸ (*consigna*) Motto *nt*

epigrafía [epiɣra'fia] *f sin pl* Inschriftenkunde *f*, Epigraphik *f*

epigráfico, -a [epi'ɣrafiko, -a] *adj* epigraphisch

epigrafista [epiɣra'fista] *mf* Inschriftenforscher(in) *m(f)*, Epigraphiker(in) *m(f)*

epigrama [epi'ɣrama] *m* ❶ (*en piedra*) Inschrift *f*
❷ (*poema*) Epigramm *nt*, Spottgedicht *nt*

epigramático, -a [epiɣra'matiko, -a] **I.** *adj* epigrammatisch **II.** *m, f* Epigrammatiker(in) *m(f)*

epilepsia [epi'leβsja] *f* (MED) Epilepsie *f*

epiléptico, -a [epi'leptiko, -a] **I.** *adj* epileptisch **II.** *m, f* Epileptiker(in) *m(f)*

epilogismo [epilo'xismo] *m* (ASTR) Epilogismus *m*

epílogo [e'piloɣo] *m* ❶ (*de libro*) Nachwort *nt*, Epilog *m*
❷ (*elev: final*) Schluss *m*; **la fiesta tuvo un ~ triste** das Fest hatte ein trauriges Nachspiel

epirogénesis [epiro'xenesis] *f inv* (GEO) Epirogenese *f*

epirogénico, -a [epiro'xeniko, -a] *adj* (GEO) epirogenetisch

episcopado [episko'paðo] *m* ❶ (*cargo*) Bischofsamt *nt*
❷ (*comunidad*) Episkopat *nt*

episcopal [episko'pal] **I.** *adj* bischöflich, Bischofs-; **conferencia ~** Bischofskonferenz *f*; **sede ~** Bischofssitz *m*
II. *m* Ritenbuch *nt*

episcopalismo [episkopa'lismo] *m sin pl* (REL) Episkopalismus *m*

episódico, -a [epi'soðiko, -a] *adj* episodisch, gelegentlich

episodio [epi'sodjo] *m* ❶ (*suceso*) Ereignis *nt*, Episode *f*; (LIT, MÚS) Episode *f*; **los E~s nacionales** Romanzyklus von B. Pérez Galdós; **ese fue un importante ~ de la última guerra** das war eine wichtige Episode des letzten Krieges
❷ (*parte*) Teil *m*; **mañana dan el último ~ de la película** morgen wird der letzte Teil des Films gezeigt

epistemología [epistemolo'xia] *f sin pl* (FILOS) Epistemologie *f*, Erkenntnistheorie *f*

epistemológico, -a [epistemo'loxiko, -a] *adj* (FILOS) epistemologisch

epistemólogo, -a [episte'moloɣo, -a] *m, f* (FILOS) Epistemologe, -in *m, f*

epístola [e'pistola] *f* ❶ (REL: *carta*) Brief *m*; **~s de San Pablo** Briefe des Apostels Paulus
❷ (*subdiácono*) Unterdiakonat *nt*
❸ (LIT) Epistel *f*

epistolar [episto'lar] *adj* brieflich, Brief-; **relación ~** Brieffreundschaft *f*

epistolario [episto'larjo] *m* ❶ (*correspondencia*) Briefwechsel *m*, gesammelte Briefe *mpl*
❷ (REL) Epistolarium *nt*

epitafio [epi'tafjo] *m* Epitaph *nt*, Grabschrift *f*
epitalamio [epita'lamjo] *m* (LIT) Epithalamion *nt*
epitelio [epi'teljo] *m* (ANAT) Epithel(gewebe) *nt*
epíteto [e'piteto] *m* (LING) Epitheton *nt*, Beiwort *nt*
epítome [e'pitome] *m* (LING) Epitome *f*, Auszug *m*
época ['epoka] *f* Epoche *f;* (*período*) Zeitraum *m*, Zeitabschnitt *m;* ~ **industrial** Industriezeitalter *nt;* ~ **de las lluvias** Regenzeit *f;* **muebles de** ~ Stilmöbel *ntpl;* **desde aquella** ~ **no nos hemos vuelto a ver** seit jener Zeit haben wir uns nicht mehr gesehen; **es la** ~ **más calurosa del año** das ist die wärmste Jahreszeit; **en aquella** ~ **no se había inventado todavía el cine** damals gab es das Kino noch nicht; **en el baile de disfraces había muchos trajes de** ~ auf dem Maskenball gab es viele historische Trachten; **los coches de** ~ **son muy apreciados** Oldtimer sind sehr beliebt; **fue un invento que hizo** ~ das war eine Epoche machende Erfindung
epónimo, -a [e'ponimo, -a] *m, f* Namensgeber(in) *m(f)*
epopeya [epo'peɟa] *f* Epos *nt*, Heldengedicht *nt;* **la travesía del desierto fue una verdadera** ~ die Durchquerung der Wüste war ein richtiges Abenteuer
equidad [eki'ðað] *f sin pl* (JUR) Rechtlichkeit *f;* ~ **fiscal** Steuergerechtigkeit *f*
② (*de precios*) Mäßigkeit *f*
equidistancia [ekiðis'tanθja] *f* (MAT) Äquidistanz *f*
equidistante [ekiðis'tante] *adj* (MAT, GEO) gleich weit entfernt (*de* von +*dat*), äquidistant
equidistar [ekiðis'tar] *vi* gleich weit entfernt sein (*de* von +*dat*)
equidna [e'kiðna] *f* (ZOOL) Ameisenigel *m*
équido¹ ['ekiðo] *m* (ZOOL) Einhufer *m*, Equide *m*
équido, -a² ['ekiðo, -a] *adj* (ZOOL) einhufig
equilátero [eki'latero, -a] *adj* (MAT) gleichseitig
equilibrado, -a [ekili'βraðo, -a] *adj* ausgeglichen, ausgewogen; (*sensato*) vernünftig; (*coche*) ausgewuchtet; **una dieta equilibrada es muy importante para la salud** eine ausgewogene Diät ist sehr wichtig für die Gesundheit
equilibrador¹ [ekiliβra'ðor] *m* (ELEC) Ausgleicher *m*, Ausgleichselement *nt*
equilibrador(a)² [ekiliβra'ðor(a)] *adj* ausgleichend
equilibrar [ekili'βrar] I. *vt* ① (*compensar*) ausgleichen, ins Gleichgewicht bringen
② (*coche*) auswuchten
③ (*balanza*) tarieren
④ (*avión, barco*) trimmen
II. *vr:* ~**se** sich ausgleichen
equilibrio [eki'liβrjo] *m* ① (*estabilidad*) Gleichgewicht *nt;* ~ **de la balanza comercial** Ausgeglichenheit der Handelsbilanz; ~ **ecológico** ökologisches Gleichgewicht; ~ **de las fuerzas** Gleichgewicht der Kräfte; ~ **del mercado** Marktausgleich *m;* ~ **presupuestario** Haushaltsausgleich *m;* **mantener/perder el** ~ das Gleichgewicht halten/verlieren; **alguien le hizo perder el** ~ jemand brachte ihn aus dem Gleichgewicht
② (*contrapeso*) Gegengewicht *nt*
③ (*armonía, mesura*) Ausgewogenheit *f*
④ (*loc*): **hacer** ~**s** sich auf einer Gratwanderung befinden; **para llegar a fin de mes tengo que hacer muchos** ~**s** (*fam*) es wird für mich ganz schön schwierig werden, diesen Monat über die Runden zu kommen
equilibrismo [ekili'βrismo] *m* Gleichgewichtskunst *f*
equilibrista [ekili'βrista] *mf* Seiltänzer(in) *m(f)*
equimosis [eki'mosis] *f inv* (MED) Blutunterlaufung *f*, Ekchymose *f*
equinismo [eki'nismo] *m sin pl* (MED: *malformación del pie*) Pferdefuß *m*, Spitzfuß *m*
equino¹ [e'kino] *m* ① (*caballo*) Pferd *nt*
② (*erizo*) Seeigel *m*
③ (ARQUIT) Echinus *m*
equino, -a² [e'kino, -a] *adj* Pferde-
equinoccial [ekino(ɣ)'θjal] *adj* äquinoktial; **línea** ~ Äquator *m*
equinoccio [eki'no(ɣ)θjo] *m* (ASTR) Tag-und-Nacht-Gleiche *f*, Äquinoktium *nt*
equinodermo¹ [ekino'ðermo] *m* (ZOOL) Echinoderme *m*, Stachelhäuter *m*
equinodermo, -a² [ekino'ðermo, -a] *adj* (ZOOL) stachelhäutig
equipaje [eki'paxe] *m* ① (*maletas*) (Reise)gepäck *nt;* ~ **de mano** Handgepäck *nt;* **entrega de** ~**s** Gepäckausgabe *f;* **exceso de** ~ Übergepäck *nt;* **franquicia de** ~**s** Gepäckfreigrenze *f;* **registro de** ~ Zollkontrolle *f;* **seguro de** ~**s** Reisegepäckversicherung *f;* **facturar el** ~ das Gepäck aufgeben
② (*tripulación*) Schiffsbesatzung *f*
equipal [eki'pal] *m* (Méx) ① (*silla de mimbre*) Korbstuhl *m*
② (*silla de cuero*) Stuhl *m* mit Lederpolster
equipamiento [ekipa'mjento] *m* Ausstattung *f*, Ausrüstung *f;* ~ **industrial** Industrieanlagen *fpl;* ~ **de serie** Serienausstattung *f;* ~ **técnico** technische Anlagen
equipar [eki'par] *vt, vr:* ~**se** (sich) ausrüsten (*con/de* mit +*dat*), (sich) ausstatten (*con/de* mit +*dat*); **se han equipado tres clínicas con instrumental quirúrgico** drei Kliniken wurden mit chirurgischem Instrumentarium ausgestattet; **lo equipó con todo lo necesario** er/sie hat ihn mit allem Nötigen versehen
equiparable [ekipa'raβle] *adj* vergleichbar (*a/con* mit +*dat*)
equiparación [ekipara'θjon] *f* Angleichung *f* (*con* an +*akk*); ~ **jurídica** Rechtsangleichung *f*
equiparar [ekipa'rar] *vt* angleichen (*con* an +*akk*), gleichstellen (*con* mit +*dat*); (*comparar*) vergleichen (*con* mit +*dat*)
equipo [e'kipo] *m* ① (*grupo*) Team *nt*, Arbeitsgruppe *f;* (*turno*) Schicht *f;* ~ **de colaboradores** Mitarbeiterstab *m;* ~ **gestor** Management *nt;* ~ **ideal** Dreamteam *nt*, ideales Gespann *f;* **jefe de** ~ Teamchef *m;* **trabajo en** ~ Teamarbeit *f;* **con un único** ~ **de investigadores no avanzaremos** mit nur einer Forschungsgruppe werden wir nicht vorankommen
② (DEP) Mannschaft *f;* ~ **de fútbol** Fußballmannschaft *f;* ~ **nacional** Nationalmannschaft *f;* **carrera por** ~**s** Mannschaftsrennen *nt;* **se cayó con todo el** ~ (*fam*) er/sie ist völlig gescheitert
③ (*utensilios*) Ausstattung *f*, Ausrüstung *f;* (*de novia*) Aussteuer *f*, Brautausstattung *f;* ~ **de alta fidelidad** Hi-Fi-Anlage *f;* ~ **productivo** Produktionsapparat *m;* **bienes de** ~ Investitionsgüter *ntpl*
equis ['ekis] I. *adj inv* x; **rayos** ~ Röntgenstrahlen *mpl;* **supongamos que necesito** ~ **euros** nehmen wir mal an, ich brauche X Euro; **el señor** ~ **está dispuesto a prestármelas** Herr XY [*o* Sowieso] ist bereit sie mir zu leihen
II. *f inv* ① (*letra*) X, x *nt;* **su proyecto de construcción tenía forma de** ~ sein/ihr Bauprojekt war x-förmig angelegt
② (Col: *serpiente*) Giftviper *f*
equiseto [eki'seto] *m* (BOT) Schachtelhalm *m*
equitación [ekita'θjon] *f sin pl* Reitkunst *f*, Reitsport *m;* (*montar*) Reiten *nt;* **escuela de** ~ Reitschule *f*
equitativamente [ekitatiβa'mente] *adv* billigerweise, gerechterweise
equitativo, -a [ekita'tiβo, -a] *adj* gerecht, gleichmäßig; **hicieron un reparto** ~ **de las ganancias** der Gewinn wurde gleichmäßig aufgeteilt
equivalencia [ekiβa'lenθja] *f* Gleichwertigkeit *f*, Äquivalenz *f*
equivalente [ekiβa'lente] I. *adj* äquivalent, gleichwertig (*a* mit +*dat*); (*significado*) gleichbedeutend (*a* mit +*dat*); (*correspondiente*) entsprechend; **era una cantidad** ~ **a diez dólares** es war eine Summe, die zehn Dollar entsprach
II. *m* Äquivalent *nt*, Gegenwert *m;* ~ **químico** Äquivalentgewicht *nt;* **me dio el** ~ **a diez días de trabajo** er/sie gab mir das Äquivalent für zehn Arbeitstage
equivaler [ekiβa'ler] *irr como valer vi* gleichwertig sein (*a* mit +*dat*), gleichkommen (*a* +*dat*), entsprechen (*a* +*dat*); **la negativa equivaldría a la ruptura de las negociaciones** eine Absage käme einem Abbruch der Beziehungen gleich; **lo que equivale a decir que...** was nichts anderes bedeutet, als dass ..., was darauf hinausläuft, dass ...
equivocación [ekiβoka'θjon] *f* Irrtum *m;* (*error*) Fehler *m;* (*malentendido*) Missverständnis *nt;* (*confusión*) Verwechslung *f;* **por** ~ aus Versehen
equivocadamente [ekiβokaða'mente] *adv* irrtümlicherweise, irrtümlich, aus Versehen; **yo creía** ~ **que quien lo había hecho era él** ich dachte irrtümlicherweise, er hätte es getan
equivocar [ekiβo'kar] <c→qu> I. *vt* verwechseln; **equivoqué los sobres de las cartas** ich habe die Briefumschläge vertauscht; **si habláis mientras cuento, me equivocáis** wenn ihr redet, während ich zähle, bringt ihr mich durcheinander
II. *vr:* ~**se** sich irren (*de/en* in +*dat*), sich täuschen (*de/en* in +*dat*); ~**se de camino** sich verlaufen; ~**se de carretera** sich verfahren; ~**se al escribir** sich verschreiben; ~**se al escribir** (a máquina) sich vertippen; ~**se al hablar** sich versprechen; ~**se al hacer una cuenta** sich verrechnen; ~**se al leer** sich verlesen; ~**se de número** (de teléfono) sich verwählen; ~**se de tranvía** in die falsche Straßenbahn einsteigen; **¡se equivoca Ud.!** da irren Sie sich!; **me equivoqué de puerta** ich habe mich in der Tür geirrt
equivocidad [ekiβoθi'ðað] *f sin pl* Zweideutigkeit *f*
equivoco [eki'βoko] *m* (Am) Irrtum *m*, Fehler *m*
equívoco¹ [e'kiβoko] *m* Doppelsinn *m*, Zweideutigkeit *f*
equívoco, -a² [e'kiβoko, -a] *adj* doppelsinnig, zweideutig; **es una mujer de vida equívoca** diese Frau führt ein zweifelhaftes Leben
era¹ ['era] *f* ① (*período*) Ära *f*, Zeitalter *nt;* ~ **atómica** Atomzeitalter *nt;* **la** ~ **del capitalismo** die Ära des Kapitalismus; ~ **cristiana** [*o* **común**] christliches Zeitalter; ~ **de los descubrimientos** Zeitalter der Entdeckungen; ~ **industrial** Industriezeitalter *nt;* ~ **postcomunista** postkommunistische Ära; ~ **terciaria** (GEO) Tertiär *nt*
② (*para trigo*) Tenne *f*
③ (*para flores*) (Garten)beet *nt;* (*huerta*) Ackerbeet *nt*
④ (*de albañil*) Mörtelmischplatz *m*

era² ['era] 3. *imp de* **ser**
erario [e'rarjo] *m* Fiskus *m;* **el ~ público** die Staatskassen
erasmismo [eras'mismo] *m sin pl* (FILOS) Lehre des Erasmus von Rotterdam
erasmista [eras'mista] **I.** *adj* erasmisch; **escritos ~s** erasmische Schriften
II. *mf* Anhänger(in) *m(f)* der erasmischen Lehre
erbio ['erβjo] *m sin pl* (QUÍM) Erbium *nt*
ere ['ere] *f* R, r *nt*
erección [erek'θjon] *f* ① *(del pene)* Erektion *f*
② *(de monumentos)* Errichtung *f*
eréctil [e'rektil] *adj* erektil, aufrichtbar; **púas ~es** aufrichtbare Stacheln
erecto, -a [e'rekto, -a] *adj* steif; **vimos a un erizo con las púas erectas** wir sahen einen Igel mit aufgestellten Stacheln
eremita [ere'mita] *mf* Einsiedler(in) *m(f)*, Eremit(in) *m(f)*
eremítico, -a [ere'mitiko, -a] *adj* einsiedlerisch; **vida eremítica** Einsiedlerleben *nt*
eres ['eres] 2. *pres de* **ser**
ergástula [er'ɣastula] *f* Sklavenunterkunft *f*
ergativo [erɣa'tiβo] *m* (LING) Ergativ *m*
ergio ['erxjo] *m* (FÍS) Erg *nt*
ergo ['erɣo] *conj* (*elev t. irón*) also, ergo
ergonomía [erɣono'mia] *f sin pl* Ergonomie *f*, Ergonomik *f*
ergonómico, -a [erɣo'nomiko, -a] *adj* ergonomisch; **teclado ~** ergonomische Tastatur
ergoterapeuta [erɣotera'peuta] *mf* Ergotherapeut(in) *m(f)*
ergoterapia [erɣote'rapja] *f sin pl* Ergotherapie *f*
erguido, -a [er'ɣiðo, -a] *adj* ① *(derecho)* aufrecht, gerade
② *(creído)* eingebildet, hochnäsig
erguir [er'ɣir] *irr* **I.** *vt* (hoch)heben, aufrichten; **~ el cuello** den Hals (lang) strecken; **con la cabeza erguida** hocherhobenen Hauptes; **puedes llevar erguida la cabeza** du brauchst dich nicht zu schämen
II. *vr:* **~se** ① *(ponerse derecho)* sich aufrichten, sich strecken; **~se en una silla** sich gerade hinsetzen; **el perro se irguió sobre las patas traseras** der Hund stellte sich auf die Hinterpfoten
② *(levantarse)* sich erheben, aufstehen
③ *(engreírse)* eingebildet sein, hochnäsig sein
④ *(edificio)* in die Höhe ragen
erial [eri'al] **I.** *adj* brach(liegend), unbestellt
II. *m* Brache *f*
erigir [eri'xir] <g→j> **I.** *vt* ① *(construir)* errichten, (er)bauen; **~ un andamio** ein Gerüst aufstellen; **~ un monumento en honor a alguien** jdm zu Ehren ein Denkmal errichten
② *(fundar)* (be)gründen, ins Leben rufen
③ *(nombrar)* ernennen (zu +*dat*), erklären (zu +*dat*), bestimmen (zu +*dat*); **la erigieron presidente** sie wurde zur Präsidentin ernannt; **lo erigieron sucesor del director** er wurde zum Nachfolger des Direktors bestimmt
II. *vr:* **~se** *(declararse)* sich (selbst) erklären (*en* zu +*dat*), sich (selbst) bestimmen (*en* zu +*dat*); *(hacer de)* auftreten (*en* als +*nom*); **~se en demandante** (JUR) als Kläger auftreten; **~se en juez** (*pey*) sich als Richter aufspielen
eritema [eri'tema] *m* (MED) Erythem *nt*
erizado, -a [eri'θaðo, -a] *adj* ① (BOT) stachelig
② *(pelo)* borstig, struppig
erizar [eri'θar] <z→c> **I.** *vt* ① *(el pelo)* sträuben; **el frío me erizó el vello** ich bekam vor Kälte eine Gänsehaut; **el miedo le erizó los cabellos** ihm/ihr standen vor Angst die Haare zu Berge
② *(un asunto)* erschweren; **estar erizado de dificultades** mit Schwierigkeiten gespickt sein; **la vida está erizada de espinas** das Leben ist voller Dornen; **el camino está erizado de obstáculos** der Weg ist mit Hindernissen gepflastert
II. *vr:* **~se** ① *(pelo)* sich sträuben; **mis cabellos se ~on del susto** mir standen vor Schreck die Haare zu Berge, mir sträubten sich vor Schreck die Haare; **se me erizó el vello de tanto frío** ich bekam vor lauter Kälte eine Gänsehaut
② *(persona)* nervös [*o* unruhig] werden
erizo [e'riθo] *m* ① *(mamífero)* Igel *m*
② *(pez)* Igelfisch *m*
③ *(del castaño)* Kastanienschale *f*
④ *(de mar)* Seeigel *m*
⑤ *(fam: persona)* Brummbär *m*, übellauniger Mensch *m*
⑥ (MIL: *defensa*) Stacheldraht *m;* *(obstáculo)* ≈spanischer Reiter *m*
ermita [er'mita] *f* ① *(capilla)* Kapelle *f;* *(de peregrinación)* Wallfahrtskirche *f*
② *(reg: taverna)* Kneipe *f*
ermitaño¹ [ermi'taɲo] *m* (ZOOL) Einsiedlerkrebs *m*
ermitaño, -a² [ermi'taɲo, -a] *m, f* ① *(asqueta)* Einsiedler(in) *m(f)*, Eremit(in) *m(f)*

② *(persona poco sociable)* Einzelgänger(in) *m(f);* **ser un ~** sehr zurückgezogen leben
③ *(que cuida de una ermita)* Wächter(in) *m(f)* einer Kapelle
erogación [eroɣa'θjon] *f* ① *(Arg, Méx, Par: pago)* Zahlung *f*
② *(Ven: donativo)* Spende *f*
erogar [ero'ɣar] <g→gu> *vt* *(Arg: pagar)* zahlen; *(bienes)* verteilen
erógeno, -a [e'roxeno, -a] *adj* erogen
eros ['eros] *m* Eros *m*
erosión [ero'sjon] *f* ① *(desgaste)* Abnutzung *f*, Verschleiß *m;* *(desaparición)* Schwinden *nt;* **~ monetaria** Geldwertschwund *m;* **~ del poder adquisitivo** (ECON) Kaufkraftverlust *m*
② (GEO) Erosion *f*, Abtragung *f;* *(causada por el agua)* Auswaschung *f;* **~ eólica** Winderosion *f*
③ *(de la piel)* (Haut)abschürfung *f;* (MED) Erosion *f*
④ *(de alguien)* Schädigung *f;* **sufrir ~** Schaden nehmen; *(perder influencia)* an Einfluss verlieren; *(perder prestigio)* an Ansehen verlieren
erosionable [erosjo'naβle] *adj* erodierbar
erosionar [erosjo'nar] **I.** *vt* ① *(desgastar)* abnutzen, verschleißen
② (GEO) erodieren, abtragen; **el agua erosiona las rocas** das Wasser wäscht die Felsen aus
③ *(la piel)* abschürfen
④ *(a alguien)* schädigen; **el artículo erosionó al partido** der Artikel hat dem Ruf der Partei geschadet
II. *vr:* **~se** Schaden nehmen; *(perder prestigio)* an Ansehen verlieren; *(perder influencia)* an Einfluss verlieren
erosivo, -a [ero'siβo, -a] *adj* ① *(relativo a la erosión)* Abnutzungs-; (GEO) erosiv, Erosions-
② *(que causa erosión)* abnutzend; (GEO) erodierend
erótica [e'rotika] *f* Erotikon *nt*, erotische Dichtung *f*
erótico, -a [e'rotiko, -a] *adj* erotisch
erotismo [ero'tismo] *m* ① *(amor sensual)* Erotik *f*
② *(exaltado)* Erotizismus *m*, Erotismus *m*
erotización [erotiθa'θjon] *f* Erotisierung *f*
erotizar [eroti'θar] <z→c> *vt* erotisieren
erotólogo, -a [ero'toloɣo, -a] *m, f* Sexualforscher(in) *m(f)*
erotomanía [erotoma'nia] *f* (MED, PSICO) Erotomanie *f*
erotómano, -a [ero'tomano, -a] **I.** *adj* (MED, PSICO) erotomanisch
II. *m, f* (MED, PSICO) Erotomane, -in *m, f*
erque ['erke] *m* ① *(Arg:* MUS*)* Saiteninstrument *nt*
② *(Arg, Bol: quena)* indianische Flöte
errabundo, -a [erra'βundo, -a] *adj* umherziehend, umherstreifend; *(sin orientación)* umherirrend; *(vagabundo)* vagabundierend
erradicación [erraðika'θjon] *f* Ausrottung *f*, Ausmerzung *f;* *(de una institución)* Abschaffung *f;* **~ de una epidemia** Seuchenbekämpfung *f*
erradicar [erraði'kar] <c→qu> *vt* ausrotten, ausmerzen; *(una planta)* entwurzeln, ausreißen; *(una institución)* abschaffen
errado, -a [e'rraðo, -a] *adj* ① *(cosa)* falsch
② *(persona):* **estar** [*o* **andar**] **~** sich irren
errante [e'rrante] *adj* umherschweifend, umherziehend; *(sin orientación)* umherirrend; *(vagabundo)* vagabundierend; **capitales ~s** heißes Geld; **pájaro ~** Zugvogel *m*
errar [e'rrar] *irr* **I.** *vi* ① *(equivocarse)* sich irren (*en* in +*dat*); **~ en la respuesta** eine falsche Antwort geben, falsch antworten; **~ en el camino** sich verlaufen; *(fig)* auf dem Holzweg sein
② *(andar vagando)* umherirren *(por* in +*dat*); *(sin orientación)* umherirren *(por* in +*dat*); *(vagabundear)* vagabundieren; **ir errando por las calles** durch die Straßen ziehen [*o* irren]
II. *vt* ① *(no acertar)* verfehlen; **~ el blanco** das Ziel verfehlen; **~ el golpe** danebenschlagen; **~ el tiro** danebenschießen; **~ la vocación** den Beruf verfehlen
② *(no cumplir)* falsch handeln; **erró a su superior** er/sie kam seinen/ihren Verpflichtungen gegenüber seinem/ihrem Vorgesetzten nicht nach
III. *vr:* **~se** sich irren *(en* in +*dat*)
errata [e'rrata] *f* (TIPO) Druckfehler *m;* **fe de ~s** Druckfehlerverzeichnis *nt*
errático, -a [e'rratiko, -a] *adj* umherziehend; *(sin orientación)* umherirrend; *(vagabundo)* vagabundierend; *(dolor)* wandernd; (GEO) erratisch; **estrella errática** Planet *m*
erre ['erre] *f* R, r *nt;* **~ que ~** *(fam)* stur, halsstarrig; **seguir ~ que ~**, unbeirrt weitermachen; **por mucho que le digamos, él está, ~ que ~**, empeñado a subir a la montaña so sehr wir ihm auch zureden, er will auf Teufel komm raus den Berg besteigen; **estar ~**, **hacer** [*o* **tropezar en las**] **~s** blau sein
erróneo, -a [e'rroneo, -a] *adj* falsch; **decisión errónea** Fehlentscheidung *f;* **juicio** [*o* **veredicto**] **~** Fehlurteil *nt*
error [e'rror] *m* ① *(falta)* Fehler *m;* **~ en la calculación de los costes** Fehler bei der Kostenberechnung, **~ de cálculo** Rechenfehler *m;* **~ contable** Buch(halt)ungsfehler *m;* **~ de desbordamiento** (INFOR) Überlauffehler *m;* **~ de escritura** (INFOR) Schreibfehler *m;* **~ fatal** (INFOR) unbe-

hebbarer Fehler; ~ **de forma** (JUR) Formfehler *m;* ~ **de hardware** (INFOR) Hardwarefehler *m;* ~ **de imprenta** Druckfehler *m;* ~ **de lectura** (INFOR) Lesefehler *m;* ~ **de manejo** Bedienungsfehler *m;* ~ **de operación** (INFOR) Betriebsfehler *m;* ~ **ortográfico** Rechtschreibfehler *m;* ~ **de planificación** Fehlplanung *f;* ~ **de sintaxis** Syntaxfehler *m;* ~ **de software** (INFOR) Softwarefehler *m;* ~**es no eliminables** nicht behebbare Fehler; **cometer un** ~ einen Fehler machen; **has cometido un** ~ **muy grave** dir ist ein gravierender Fehler unterlaufen

② (*equivocación, t.* JUR) Irrtum *m;* (*descuido*) Versehen *nt;* ~ **jurídico** Rechtsirrtum *m;* ~ **obstativo** Erklärungsirrtum *m;* ~ **procesal** Verfahrensfehler *m;* **estar en el** [*o* **un**] ~ sich irren

③ (FÍS, MAT: *diferencia*) Abweichung *f*

④ (*conducta reprochable*) Verirrung *f*

ertzaina [er'tʃaina] *mf* baskische(r) Polizist(in)

Ertzaintza [er'tʃantʃa] *f sin pl* autonome baskische Polizei

eructar [eruk'tar] *vi* aufstoßen, rülpsen *fam*

eructo [e'rukto] *m* (*acción*) Aufstoßen *nt;* (*efecto*) Rülpser *m fam*

erudición [eruði'θjon] *f* Gelehrtheit *f,* (umfassende) Bildung *f;* (*sabiduría*) Weisheit *f*

erudito, -a [eru'ðito, -a] I. *adj* ① (*persona*) gelehrt, gebildet; (*sabio*) weise

② (*obra*) gelehrt, wissenschaftlich; **conocimientos** ~**s** fundierte Kenntnisse

II. *m, f* (*con amplio conocimiento*) Gelehrte(r) *mf;* (*sabio*) Weise(r) *mf;* (*experto*) Experte, -in *m, f;* **es un** ~ **en filosofía** er ist eine Kapazität auf dem Gebiet der Philosophie; **sólo es un** ~ **a la violeta** er ist nur ein Pseudogelehrter, er verfügt nur über ein sehr oberflächliches Wissen

erupción [eruβ'θjon] *f* ① (GEO) Eruption *f;* ~ **solar** Sonneneruption *f;* ~ **volcánica** Vulkanausbruch *m*

② (MED) Ausschlag *m,* Eruption *f;* ~ **cutánea** Hautausschlag *m*

eruptivo, -a [erup'tiβo, -a] *adj* ① (GEO) eruptiv, durch Eruption entstanden; **rocas eruptivas** Eruptivgestein *nt*

② (MED) eruptiv; **el sarampión es una enfermedad eruptiva** Masern sind eine Krankheit, die sich durch einen Hautausschlag äußert

erutar [eru'tar] *vi v.* **eructar**

es [es] *3. pres de* **ser**

esa ['esa] *adj v.* **ese, -a**

ésa ['esa] *pron dem v.* **ése**

ESADE [e'saðe] *f abr de* **Escuela Superior de Administración y Dirección de Empresas** betriebs- und verwaltungstechnische Hochschule

esbeltez [esβel'teθ] *f* (*delgadez*) Schlankheit *f;* (*altura*) hoher Wuchs *m;* (*gracia*) Anmut *f;* (*elegancia*) Eleganz *f*

esbelto, -a [es'βelto, -a] *adj* (*delgado*) schlank; (*alto*) hoch gewachsen; (*grácil*) anmutig; (*elegante*) elegant; **un hombre** ~ ein stattlicher Mann

esbirro [es'βirro, -a] *m* ① (*alguacil*) Gerichtsdiener *m*

② (*de las autoridades*) Ordnungshüter *m,* Scherge *m pey,* Handlanger *m pey*

③ (*fam: que comete actos violentos*) Schläger *m;* (*sicario*) Killer *m;* **ser un** ~ ein Schläger(typ) sein

esbozar [esβo'θar] <z→c> *vt* ① (*dibujo*) skizzieren, entwerfen; ~ **un plano** einen Plan skizzieren

② (*un tema*) umreißen; (*un escrito*) entwerfen; ~ **un discurso** eine Rede in Stichwörtern notieren

③ (*una sonrisa*) andeuten; **esbozó una sonrisa** ein Lächeln huschte über sein/ihr Gesicht; ~ **una sonrisa irónica** sein Gesicht zu einem spöttischen Grinsen verziehen

esbozo [es'βoθo] *m* ① (*dibujo*) Skizze *f,* Entwurf *m*

② (*de un proyecto*) Entwurf *m*

③ (*de una sonrisa*) Andeutung *f*

④ (BIOL) Anlage *f*

escabechado, -a [eskaβe'tʃaðo, -a] *adj* (*maquillado*) geschminkt; (*que se tiñe el pelo*) mit gefärbten Haaren

escabechar [eskaβe'tʃar] *vt* ① (GASTR) marinieren, einlegen

② (*teñir*) färben, tönen

③ (*fam: suspender*) durchrasseln lassen

④ (*fam: matar*) abmurksen

escabeche [eska'βetʃe] *m* ① (GASTR: *adobo*) Marinade *f;* **atún en** ~ marinierter Thunfisch; **poner algo en** ~ etw marinieren [*o* einlegen]

② (*alimento*) marinierte Speise *f;* (*pescado*) marinierter Fischer *m;* ~ **de pollo** mariniertes Huhn

③ (*para teñir*) Haarfärbemittel *nt*

④ (*Arg: fruta*) sauer eingelegtes Obst *nt;* (*legumbre*) sauer eingelegtes Gemüse *nt*

escabechina [eskaβe'tʃina] *f* ① (*fam: en un examen*) große Anzahl Durchgefallener; **en el examen hubo gran** ~ bei der Prüfung fielen reihenweise Leute durch; **hacer una** ~ viele Prüflinge durchfallen lassen

② (*destrozo*) Zerstörung *f,* Verwüstung *f;* (*carnicería*) Gemetzel *nt,* Massaker *m;* **hacer una** ~ großen Schaden anrichten, Unheil anrichten

escabel [eska'βel] *m* ① (*taburete*) Schemel *m;* (*para los pies*) Fußbank *f*

② (*persona, circunstancia*) Sprungbrett *nt*

escabroso, -a [eska'βroso, -a] *adj* ① (*áspero*) rau, uneben; (*terreno*) holperig, unwegsam; (*carácter*) schwierig

② (*espinoso*) dornig

③ (*comprometido*) heikel, kritisch

④ (*indecente*) unanständig, anstößig, schlüpfrig; (*obsceno*) obszön

escabullirse [eskaβu'ʎirse] <3. pret: escabulló> *vr* ① (*desaparecer*) sich wegschleichen (*de* von +*dat, fuera de* aus +*dat*), entwischen, sich aus dem Staub machen *fam;* ~ (**por**) **entre la multitud** in der Menge untertauchen

② (*escurrirse*) entgleiten; **la trucha se me escabulló** (**de entre las manos**) die Forelle rutschte [*o* glitt] mir aus der Hand

escachar [eska'tʃar] I. *vt* (*fam: aplastar*) zerdrücken, zerquetschen

II. *vr:* ~**se** (*fam: quedar aplastado*) zerdrückt werden

escacharrado, -a [eskatʃa'rraðo, -a] *adj* (*plan*) gescheitert; (*proyecto, día*) misslungen

escacharrar [eskatʃa'rrar] I. *vt* ruinieren; (*cosa*) zerstören, kaputtmachen *fam;* (*plato*) zerbrechen, zerschlagen; (*proyecto*) zunichte machen, vereiteln; **me has escacharrado el dibujo** du hast meine Zeichnung verpfuscht; **la lluvia escacharró la fiesta** der Regen verdarb uns das ganze Fest; **escacharró nuestros planes** er/sie machte uns einen Strich durch die Rechnung

II. *vr:* ~**se** (*cosa*) ruiniert sein, kaputtgehen *fam;* (*plato*) zerbrechen; (*proyecto*) scheitern, misslingen; (*plan*) sich zerschlagen; **nuestros planes se** ~**on por culpa de la lluvia** unsere Pläne fielen buchstäblich ins Wasser; **se me ha escacharrado la escultura** die Skulptur ist mir nicht gelungen

escafandra [eska'fandra] *f* Taucheranzug *m;* ~ **autónoma** Tauchgerät *nt;* ~ **espacial** Raumanzug *m*

escafandrista [eskafan'drista] *mf* Taucher(in) *m(f)*

escala ['eskala] *f* ① (*serie*) Skala *f,* Staffel *f;* ~ **de colores** Farbskala *f;* ~ **de cuotas** Beitragsstaffelung *f;* ~ **de descuentos** Rabattstaffel *f;* ~ **de gravamen** Steuertarif *m;* ~ **de honorarios** Honorarstufe *f;* ~ **impositiva** Steuersatz *m;* ~ **de intereses** Zinsstaffel *f;* ~ (**móvil**) **de salarios** (gleitende) Lohnskala *f;* ~ **de precios** Preisskala *f*

② (*musical*) Tonleiter *f;* ~ **diatónica** diatonische Tonleiter; **hacer** ~**s** Läufe üben

③ (*proporción*) Verhältnis *nt;* (*de un mapa*) Maßstab *m;* ~ **de reproducción** Abbildungsmaßstab *m;* **a** ~ maßstabsgerecht; **un mapa a** ~ **1:100.000** eine Karte im Maßstab (von) 1:100.000

④ (*de medición*) Skala *f;* ~ **de altura** Höhenskala *f;* ~ **de celsio/Fahrenheit** Celsius-/Fahrenheitskala *f;* ~ **de grados** Gradeinteilung *f;* ~ **milimétrica** Millimetereinteilung *f;* ~ **de Richter** Richterskala *f*

⑤ (*medida*) Größe *f,* Maß *nt;* **a** ~ **mundial** weltweit; **a** ~ **nacional** landesweit; **en gran** ~ in großem Umfang; **comprar en gran** ~ in großen Mengen einkaufen; **fabricación en gran** ~ Massenproduktion *f;* **ser de mayor** ~ größer sein

⑥ (*parada*) Zwischen(aufent)halt *m;* (*de un avión*) Zwischenlandung *f;* ~ **forzada** (*de un avión*) Notlandung *f;* **el avión tuvo que hacer** ~ **en París** das Flugzeug musste in Paris zwischenlanden; **hacer** ~ **en un puerto** einen Hafen anlaufen

⑦ (*puerto*) Anlaufhafen *m*

⑧ (*escalera*) Leiter *f;* ~ **de cuerda** Strickleiter *f*

⑨ (MIL) (Dienst)rangliste *f,* Stammrolle *f;* ~ **cerrada** Beförderungssystem nach Dienstalter; ~ **de reserva** Reserve(liste) *f*

escalabrar [eskala'βrar] I. *vt* verletzen

II. *vr:* ~**se** sich verletzen

escalada [eska'laða] *f* ① (*subida*) Klettern *nt* (*de* auf +*akk*), Hinaufsteigen *nt* (*de* auf +*akk*); (*de una montaña*) Aufstieg *m* (*de* auf +*akk*), Besteigung *f;* (*de un muro*) Überwindung *f;* (*de una pared*) Erklimmen *nt;* ~ **libre** Freeclimbing *nt*

② (*alpinismo*) Bergsteigen *nt*

③ (*de un edificio*) Einstieg *m* (*de* in +*akk*); (*violentamente*) Eindringen *nt* (*de* in +*akk*); (*robo*) Einbruch *m* (*de* in +*akk*); (MIL) Erstürmung *f*

④ (*a una posición social*) (gesellschaftlicher) Aufstieg *m;* (*a un cargo*) (beruflicher) Aufstieg *m*

⑤ (*aumento*) (rapider) Anstieg *m;* (*de un conflicto, la violencia*) Eskalation *f;* ~ **de precios** Preisanstieg *m,* Preissteigerung *f*

⑥ (MIL) Eskalierung *f*

⑦ (*del pescado*) Ausnehmen *nt*

escalador(a) [eskala'ðor(a)] I. *adj* Bergsteiger-; **tres jóvenes** ~**es quedaron sepultados por la avalancha** die Lawine begrub drei junge Bergsteiger unter sich

II. *m(f)* ① (*alpinista*) Bergsteiger(in) *m(f)*

② (*ladrón*) Fassadenkletterer, -in *m, f,* Einbrecher(in) *m(f)*

escalafón [eskala'fon] *m* (*lista de cargos*) (Dienst)rangliste *f,* Personalregister *nt;* (MIL) Stammrolle *f;* (*lista de sueldos*) Besoldungsliste *f;* ~ **cerrado** Beförderungssystem nach Dienstalter; **cambio de** ~ (*de nivel*)

escalar

Wechsel in eine andere Rangstufe; (*de sueldo*) Einstufung in eine andere Besoldungsgruppe; **subir** [*o* **ascender**] **en el ~** befördert werden; **tener uno de los primeros números del ~** (*cargo*) in der gehobenen Laufbahn tätig sein; (*sueldo*) in die oberste Besoldungsgruppe fallen

escalar [eska'lar] **I.** *adj* (FÍS, MAT) skalar
II. *m* (FÍS, MAT) Skalar *m*
III. *vi* ❶ (*en las montañas*) bergsteigen
❷ (*socialmente*) (gesellschaftlich) aufsteigen; (*profesionalmente*) (beruflich) aufsteigen
IV. *vt* ❶ (*subir*) (hinauf)steigen (auf *+akk*), klettern (auf *+akk*), besteigen; **~ una montaña** einen Berg besteigen [*o* erklimmen]; **~ un muro** über eine Mauer klettern; **~ una pared** eine Wand hochklettern; **ha escalado las cimas del poder** er/sie ist auf dem Gipfel der Macht angelangt
❷ (*entrar*) (ein)steigen (in *+akk*), (hinein)klettern (in *+akk*); (*violentamente*) eindringen (in *+akk*); (*ladrón*) einbrechen (in *+akk*); (MIL) (er)stürmen; **~on la habitación por la ventana** sie stiegen durch das Fenster ins Zimmer
❸ (*una acequia*) öffnen
❹ (*una posición*) erlangen; **escaló el cargo más alto de la empresa** er/sie arbeitete sich bis zum höchsten Posten in der Firma hoch
❺ (*el pelo*) stufig schneiden
❻ (*pescado*) ausnehmen

escalaris [eska'laris] *m* (ZOOL) Skalar *m*

escaldado, -a [eskal'daðo, -a] *adj* ❶ (GASTR) abgebrüht
❷ (*inflamado*) entzündet, wund; (*quemado*) verbrannt; (*con agua hirviendo*) verbrüht; **tener la piel escaldada del sol** einen Sonnenbrand haben
❸ (*hierro*) glühend heiß
❹ (*escarmentado*) vorsichtig; **quedar** [*o* **salir**] **~** schlechte Erfahrungen gemacht haben; **gato ~ del agua fría huye** (*prov*) gebranntes Kind scheut das Feuer
❺ (*mujer*) schamlos

escaldadura [eskalda'ðura] *f* (*Arg: lastimadura*) Schürfwunde *f*

escaldamiento [eskalda'mjento] *m* Verbrühung *f*

escaldar [eskal'dar] **I.** *vt* ❶ (GASTR) abbrühen
❷ (MED) verbrennen; (*con agua hirviendo*) verbrühen; (*inflamar*) entzünden
❸ (*hierro*) zum Glühen bringen, glühen
❹ (*humillar*) demütigen, verletzen
II. *vr:* **~se** ❶ (*persona*) sich verbrennen; (*con agua hirviendo*) sich verbrühen
❷ (*piel*) sich entzünden

escaldo [es'kaldo] *m* (LIT) Skalde *m*

escaleno [eska'leno] **I.** *adj* (MAT) ❶ (*triángulo*) ungleichseitig
❷ (*cono, pirámide*) schief
II. *m* ❶ (MAT) ungleichseitiges Dreieck *nt*
❷ (ANAT) Skalenus *m*

escalera [eska'lera] *f* ❶ (*escalones*) Treppe *f*; (AERO) Gangway *f*; **~ abajo** treppab; **~ arriba** treppauf; **~ automática** Rolltreppe *f*; **~ de caracol** Wendeltreppe *f*; **~ mecánica** Rolltreppe *f*; **~ de servicio** Hintertreppe *f*; **en ~** stufig angeordnet
❷ (*pasillo*) Treppenhaus *nt*
❸ (*escala*) Leiter *f*; **~ de bomberos** Feuerwehrleiter *f*; **~ de cuerda** Strickleiter *f*; **~ doble** Trittleiter *f*; **~ de incendios** Feuerleiter *f*; **~ de mano** Leiter *f*; **~ de tijera** Trittleiter *f*; **subir la ~** auf die Leiter steigen
❹ (*listones*) Gerüst *nt*; (*de un carro*) (leiterartiges) Seitenteil *nt*
❺ (*naipes*) Sequenz *f*; (*poker*) Straße *f*; **~ de color** (*poker*) Straight Flush *m*
❻ (*en el pelo*) Stufe *f*; **flequillo con ~s** fransig geschnittener Pony, Fransenpony *m*

escalerilla [eskale'riʎa] *f* ❶ (*escalones*) kleine Treppe *f*; (AERO) Gangway *f*; **en ~** staffelförmig
❷ (*escala*) kurze Leiter *f*
❸ (*naipes*) Sequenz *f* von drei Karten
❹ (*listones*) Gitter *nt*
❺ (*de un veterinario*) Spekulum *nt*

escalfado, -a [eskal'faðo, -a] *adj* (*pared*) blasig

escalfar [eskal'far] **I.** *vt* ❶ (GASTR) pochieren; **huevos escalfados** pochierte Eier
❷ (*pan*) zu heiß backen; **pan escalfado** Brot voller Luftblasen
II. *vr:* **~se** (*pan*) Blasen werfen

escalibar [eskali'βar] *vt* ❶ (*fuego*) schüren
❷ (*discusión*) beleben, in Schwung bringen

escalinata [eskali'nata] *f* Freitreppe *f*

escalo [es'kalo] *m* ❶ (*subida*) Klettern *nt* (*de* auf *+akk*), Hinaufsteigen *nt* (*de* auf *+akk*); (*de una montaña*) Aufstieg *m* (*de* auf *+akk*); (*de un muro*) Überwindung *f*
❷ (*penetración*) Einstieg *m* (*de* in *+akk*); (*violentamente*) Eindringen

escamotear

nt (*de* in *+akk*); (*robo*) Einbruch *m* (*de* in *+akk*); (MIL) Erstürmung *f*
❸ (*boquete*) (Schlupf)loch *nt*, (Durch)gang *m*

escalofriante [eskalo'frjante] *adj* ❶ (*pavoroso*) schaurig, unheimlich; **película ~** Gruselfilm *m*
❷ (*asombroso*) haarsträubend, unglaublich

escalofriar [eskalo'frjar] **I.** *vi* frösteln
II. *vt* schaudern lassen; **sus palabras me ~on** seine/ihre Worte ließen mich schaudern
III. *vr:* **~se** frösteln; **me escalofrié al oír sus palabras** mich fröstelte, als ich seine/ihre Worte hörte

escalofrío [eskalo'frio] *m* ❶ (*sensación*) Schauder *m*; **al abrir la ventana sentí ~s** beim Öffnen des Fensters überlief mich ein Schauder; **la película me produjo ~s** der Film erfüllte mich mit Schauder; **cierra la puerta, tengo ~s** mach die Tür zu, mir ist es kalt [*o* es fröstelt mich]
❷ (MED) Schüttelfrost *m*

escalón [eska'lon] *m* ❶ (*de una escala*) (Leiter)sprosse *f*; **~ de chimenea** Steigeisen *nt* (am Schornstein)
❷ (*de una escalera*) (Treppen)stufe *f*; (*en un terreno*) Stufe *f*, (stufenförmiger) Absatz *m*; (*fam: en el pelo*) Stufe *f*; **~ de descansillo** Treppenabsatz *m*; **~ lateral** Standspur *f*; **cortar el pelo en escalones** die Haare stufig schneiden
❸ (*de un grado*) Stufe *f*, Grad *m*; (*del escalafón*) (Dienst)grad *m*; **~ de velocidad** Geschwindigkeitsstufe *f*; **subir un ~** befördert werden, aufsteigen
❹ (*paso*) Schritt *m*; **subir/descender un ~** einen Schritt nach oben/unten machen; **este libro es un ~ hacia el éxito** dieses Buch ist ein erster Schritt auf dem Weg zum Erfolg; **descender un ~ en la opinión pública** in der öffentlichen Meinung sinken
❺ (*medio para conseguir algo*) Sprungbrett *nt*
❻ (MIL) Staffel *f*; **~ de combate** Gefechtsstaffel *f*

escalonado, -a [eskalo'naðo, -a] *adj* ❶ (*terreno*) stufenförmig, terrassenförmig, abgestuft
❷ (*precio*) gestaffelt; **tarifa escalonada** Staffeltarif *m*

escalonamiento [eskalona'mjento] *m* ❶ (*de personas, cosas*) Formation *f*
❷ (*graduación*) Abstufung *f*, Staffelung *f*; **~ de los pagos** Staffelung der Zahlungen; **~ de los precios** Preisstaffelung *f*; **~ de presión** Druckabstufung *f*; **~ de los salarios** Staffelung der Gehälter; **sin ~** stufenlos
❸ (*de un terreno*) Abstufung *f*

escalonar [eskalo'nar] **I.** *vt* ❶ (*situar*) formieren; **~ puestos de vigilancia** in regelmäßigen Abständen Wachposten aufstellen
❷ (*graduar*) abstufen, staffeln; **~ los sueldos** die Gehälter staffeln
❸ (*distribuir*) zeitlich staffeln [*o* einteilen]; **~ la entrega del material** das Material zu bestimmten Zeiten ausgeben
❹ (*un terreno*) abstufen, terrassenförmig gestalten
II. *vr:* **~se** formieren

escalonia [eska'lonja] *f* (BOT, GASTR) Schalotte *f*

escalopa [eska'lopa] *f*, **escalope** [eska'lope] *m* Schnitzel *nt*; **~ de ternera** Kalbsschnitzel *nt*; **~ a la vienesa** Wiener Schnitzel *nt*

escalpar [eskal'par] *vt* skalpieren

escalpelo [eskal'pelo] *m* (MED) Skalpell *nt*

escama [es'kama] *f* ❶ (ZOOL, BOT) Schuppe *f*; **tener más ~s que un besugo** auf der Hut sein
❷ (*placa*) Schuppe *f*, Plättchen *nt*; **~s de jabón** Seifenflocken *fpl*
❸ (*fam: recelo*) Misstrauen *nt*, Argwohn *m*; **sentir ~** argwöhnisch sein, stutzen; **sentí ~ de que no llamaras** dass du nicht anriefst, machte mich misstrauisch [*o* stutzig]; **le salieron ~s** er/sie wurde misstrauisch

escamada [eska'maða] *f* schuppenartige Stickerei *f*

escamado¹ [eska'maðo] *m* ❶ (*conjunto de escamas*) Schuppen *fpl*
❷ (*de una obra*) schuppenartige Struktur *f*

escamado, -a² [eska'maðo, -a] *adj* ❶ (*piel, superficie*) schuppig
❷ (*fam: receloso*) misstrauisch, argwöhnisch

escamar [eska'mar] **I.** *vt* ❶ (*el pescado*) (ab)schuppen
❷ (*fam: inquietar*) misstrauisch machen, stutzig machen; **~ a alguien** jds Misstrauen wecken
❸ (*adornar*) mit Schuppen verzieren
II. *vr:* **~se** (*fam*) stutzen, misstrauisch werden; **me escamé al oír la noticia** die Nachricht ließ mich stutzen [*o* weckte mein Misstrauen]; **me escamé de tu respuesta** deine Antwort machte mich stutzig [*o* weckte mein Misstrauen]

escamocha [eska'motʃa] *f* (*Méx: sobras de comida*) Essensreste *mpl*

escamón, -ona [eska'mon, -ona] **I.** *adj* misstrauisch, argwöhnisch
II. *m*, *f* misstrauischer [*o* argwöhnischer] Mensch *m*

escamoso, -a [eska'moso, -a] *adj* schuppig

escamoteable [eskamo'teaβle] *adj* (AERO) einziehbar

escamoteador(a) [eskamotea'ðor(a)] *m(f)* ❶ (*ilusionista*) Zauberer, -in *m, f*
❷ (*ladrón*) Dieb(in) *m(f)*

escamotear [eskamote'ar] *vt* ❶ (*ilusionista*) verschwinden lassen,

wegzaubern
② (quitar) wegnehmen; (robar) entwenden, stibitzen, klauen fam
③ (ocultar) verbergen, verschleiern; (hacer desaparecer) unterschlagen; ~ la verdad die Wahrheit verheimlichen [o verschweigen]; ~ un asunto eine Angelegenheit unter den Tisch fallen lassen

escamoteo [eskamo'teo] m ① (prestidigitación) Zaubertrick m
② (robo) Diebstahl m
③ (encubrimiento) Verbergung f, Verbergen nt; (de una información) Unterschlagung f

escampada [eskam'paða] f (fam) trockener Moment m (an einem Regentag)

escampado, -a [eskam'paðo, -a] adj (lugar) frei, leer; (sin vegetación) öde; (sin edificios) unbesiedelt

escampar [eskam'par] I. vi ① (dejar de insistir) aufgeben
② (Col, PRico: ampararse) sich unterstellen
II. vt räumen
III. vimpers aufhören zu regnen; **espera hasta que escampe** warte, bis es nicht mehr regnet

escanciador(a) [eskanθja'ðor(a)] m(f) Getränkekellner(in) m(f); (de vino) Weinkellner(in) m(f)

escanciar [eskan'θjar] I. vi Wein trinken
II. vt einschenken

escandalera [eskanda'lera] f (fam) Krach m, Radau m; **armar una ~** einen Heidenlärm machen; **armó una ~ porque le habían robado el monedero** er/sie erhob ein riesiges Geschrei, weil ihm/ihr der Geldbeutel geklaut worden war

escandalizar [eskandali'θar] <z→c> I. vi Krach [o Lärm] machen
II. vt ① (indignar) empören; **su comportamiento escandalizó a los profesores** sein/ihr Verhalten erregte bei den Lehrern Anstoß
② (horrorizar) entsetzen, schockieren
③ (alborotar) Unruhe stiften (bei +dat, in +dat); **escandalizó la discusión con sus gritos** er/sie veranstaltete bei der Diskussion ein Riesengeschrei; **ayer por la noche escandalizaste la casa con tus gritos** gestern Nacht hast du mit deinem Geschrei das ganze Haus aufgeweckt
III. vr: ~se ① (indignarse) sich empören (de/por über +akk), Anstoß nehmen (de/por an +dat)
② (estar horrorizado) entsetzt sein (de/por über +akk), schockiert sein (de/por über +akk)

escándalo [es'kandalo] m ① (ruido) Lärm m, Krach m, Radau m; (fam: gritos) Geschrei nt; **armar un** [o **dar el**] **~** Lärm [o Krach] machen; **se armó un ~** (fam) ein Riesenlärm brach los
② (manifestación) Tumult m, Aufruhr m; **se armó un ~** es kam zu Tumulten; **dar el ~** Aufsehen erregen
③ (desvergüenza) Anstößigkeit f, anstößiges Benehmen nt; **la piedra del ~** der Stein des Anstoßes; **causar** [o **dar**] **un ~** sich anstößig benehmen, Anstoß erregen; **su comportamiento es un ~** er/sie verhält sich unmöglich
④ (que provoca indignación) Ärgernis nt; (abuso) Unverschämtheit f, Frechheit f; ~ **público** öffentliches Ärgernis; **de** ~ skandalös, unmöglich; **estos precios son un** ~ diese Preise sind eine Frechheit
⑤ (suceso inmoral) Skandal m; ~ **financiero** Finanzskandal m; **dar un** ~ einen Skandal verursachen
⑥ (admiración) Bewunderung f; (pasmo) Verwunderung f; **¡qué ~!** das ist ja unglaublich [o kaum zu fassen]!

escandalosa [eskanda'losa] f (NÁUT) Toppsegel nt; **echar la** ~ ausfallend werden, fluchen

escandaloso, -a [eskanda'loso, -a] adj ① (ruidoso) laut, lärmend; (alborotado) turbulent
② (inmoral) unanständig, skandalös
③ (contra las convenciones sociales) skandalös, Aufsehen erregend; **proceso** ~ Skandalprozess m
④ (irritante) ärgerlich, unverschämt; **precios ~s** Wucherpreise mpl
⑤ (revoltoso) unruhig; **es un niño muy** ~ er ist ein sehr lebhaftes Kind

escandinava [eskandi'naβa] adj o f v. **escandinavo**
Escandinavia [eskandi'naβja] f Skandinavien nt
escandinavo, -a [eskandi'naβo, -a] I. adj skandinavisch
II. m, f Skandinavier(in) m(f)

escandio [es'kandjo] m (QUÍM) Skandium nt
escanear [eskane'ar] vt scannen
escáner [es'kaner] m Scanner m; ~ **a** [o **en**] **color** Farbscanner m; ~ **manual** [o **de mano**] Handscanner m; **hacer una pasada con el** ~ einen Durchgang mit dem Scanner machen

escaño [es'kaɲo] m ① (banco) (Sitz)bank f; (en el parlamento) Abgeordnetenbank f
② (acta de diputado) (Abgeordneten)sitz m; (en el parlamento) (Parlaments)sitz m; (en el senado) (Senats)sitz m

escapada [eska'paða] f ① (de un lugar) Entwischen nt, Entkommen nt; (de un encierro) Flucht f, Ausbruch m; (de casa) Ausreißen nt; **hacer una** ~ (del trabajo) Urlaub machen; (de la rutina) aus der Routine ausbrechen; (de la vida cotidiana) dem Alltag entfliehen
② (loc): **en una** ~ in Windeseile; **¿te importaría ir en una ~ a traerme cigarrillos?** könntest du mir mal kurz Zigaretten holen?

escapar [eska'par] I. vt ① (un caballo) antreiben, abhetzen
② (a alguien) retten (de vor +dat), bewahren (de vor +dat)
II. vi, vr: ~se ① (de un encierro) fliehen (de aus +dat), entkommen (de aus +dat); (de la cárcel) ausbrechen (de aus +dat)
② (de un peligro) entrinnen (de +dat); **se escapó de la muerte** er/sie ist dem Tod entronnen; **logré** ~ ich kam ungeschoren davon
③ (deprisa, ocultamente) entwischen, entkommen; **~se de casa** von zu Hause ausreißen; **el ladrón (se) escapó por la ventana** der Dieb entkam durch das Fenster
④ (quedar fuera del alcance) sich entziehen (a +dat); **algunas cosas se escapan al poder de la voluntad** manche Dinge kann man nicht beeinflussen; **es imposible** ~ **a esta ley** man kann dieses Gesetz nicht umgehen
III. vr: ~se ① (agua, gas) entweichen (de aus +dat), ausströmen (de aus +dat)
② (decir) herausrutschen fam; **se me ha escapado que te vas a casar** ich habe aus Versehen gesagt, dass du heiratest
③ (soltarse) entwischen; **se me ha escapado un punto** ich habe eine Masche verloren; **se escapó un tiro** ein Schuss löste sich
④ (no poder retener): **se me ha escapado su nombre** mir ist sein/ihr Name entfallen; **se me ha escapado el negocio** das Geschäft ist mir entgangen; **se me ha escapado el autobús** ich habe den Bus verpasst; **se le ha escapado la mano** ihm/ihr ist die Hand ausgerutscht; **se me ha escapado la risa** ich konnte mir das Lachen nicht verkneifen; **se le escapó un suspiro** ihm/ihr entfuhr ein Seufzer
⑤ (no advertir) entgehen; **no se le escapa ni una** ihm/ihr entgeht nichts

escaparate [eskapa'rate] m ① (de una tienda) Schaufenster nt, Auslage f; **estar en el** ~ (fig) im Rampenlicht stehen
② (estantería) Vitrine f
③ (Am: armario) Schrank m
④ (argot: pecho) Busen m; **tener mucho** ~ viel Holz vor der Hütte haben

escaparatista [eskapara'tista] mf Schaufensterdekorateur(in) m(f)

escapatoria [eskapa'torja] f ① (de un lugar) Entwischen nt, Entkommen f; (de un encierro) Flucht f; (de casa) Ausreißen nt; ~ **fiscal** Steuerflucht f, Steuerhinterziehung f; **hacer una** ~ (del trabajo) Urlaub machen; (de la rutina) aus der Routine ausbrechen; (de la vida cotidiana) dem Alltag entfliehen
② (lugar) Fluchtweg m; **no hay** ~ es gibt kein Entrinnen
③ (excusa) Ausflucht f, Ausrede f
④ (solución) Ausweg m; **es la única ~ que tienes** es bleibt dir nur dieser Ausweg, du hast keine andere Wahl; **no tener** ~ sich in einer ausweglosen Lage befinden

escape [es'kape] m ① (de un gas, líquido) Ausströmen nt, Entweichen nt
② (de un lugar) Entwischen nt, Entkommen nt; (de un encierro) Flucht f; (de casa) Ausreißen nt
③ (de una amenaza) Entrinnen nt; (solución) Ausweg m; **no tenía** ~ es gab kein Entrinnen; **no había ningún** ~ **a la situación** die Situation war ausweglos
④ (de una máquina) Abzug m; (de un motor) Auspuff m; **de aire** Entlüftung f; **tubo de** ~ Auspuffrohr nt
⑤ (de un reloj) Hemmung f
⑥ (loc): **a** ~ in Windeseile; **dame a** ~ **las tijeras** gib mir bitte ganz schnell die Schere

escapismo [eska'pismo] m sin pl (PSICO) Eskapismus m
escápula [es'kapula] f Schulterblatt nt
escapulario [eskapu'larjo] m (REL) Skapulier nt
escaquearse [eskake'arse] vr ① (eludir) umgehen (de +akk), vermeiden (de +akk); ~ **de una situación comprometida** einer heiklen Situation aus dem Weg gehen
② (fam: no cumplir) sich drücken (de vor +dat)

escara [es'kara] f Schorf m
escarabajo [eskara'βaxo] m ① (ZOOL) Käfer m; (coleóptero) Skarabäus m, Pillendreher m; ~ **de corteja** Borkenkäfer m; ~ **patatero** [o **de la patata**] Kartoffelkäfer m
② (pers: enano) Gnom m, Knirps m; (persona fea) Scheusal nt; (persona despreciable) Wicht m, Abschaum m
③ (en un tejido) Webfehler m; (en un metal) Gussblase f
④ pl (fam: rasgos confusos) Gekritzel nt

escarabeo [eskara'βeo] m (ARTE, HIST) Skarabäus m
escaramujo [eskara'muxo] m Hagebutte f
escaramuza [eskara'muθa] f ① (lucha) Scharmützel nt, Geplänkel nt
② (discusión) Wortgefecht nt, Geplänkel nt
escarapela [eskara'pela] f ① (cucarda) Kokarde f

escarapelar

② (*riña*) Zänkerei *f*
escarapelar [eskarape'lar] **I.** *vt* ① (*Col, CRi, Méx: descascarar*) schälen ② (*Col: manosear*) befühlen; (*ajar*) zerknüllen
II. *vr:* **~se** (*Méx, Perú*) ① (*atemorizarse*) sich ängstigen ② (*temblar*) zittern
escarbadientes [eskarβa'ðjentes] *m inv* Zahnstocher *m*
escarbar [eskar'βar] **I.** *vi* ① (*en la tierra*) scharren (*en* in +*dat*) ② (*escudriñar*) herumstochern (*en* in +*dat*)
II. *vt* ① (*la tierra*) aufscharren, aufwühlen; **~ la arena** im Sand scharren ② (*la lumbre*) schüren ③ (*tocar*) herumstochern (in +*dat*); **~ la mantequilla** in der Butter herumstochern ④ (*limpiar*) reinigen; **~ los dientes** die Zähne von Speiseresten befreien ⑤ (*investigar*) erforschen, auskundschaften; **~ una cuestión** einer Sache nachgehen [*o* auf den Grund gehen]
III. *vr:* **~se** herumstochern (in +*dat*); **no te escarbes la herida** hör auf an der Wunde herumzufummeln; **~se las orejas** sich *dat* die Ohren reinigen; **~se los dientes** sich *dat* Speisereste aus den Zähnen entfernen
escarcear [eskarθe'ar] *vi* (*caballo*) tänzeln
escarceo [eskar'θeo] *m* ① (*oleaje*) Strudel *m*, (leichte) Wellenbewegung *f* ② (*vueltas*) Tänzeln *nt*; **el caballo dio ~s** das Pferd drehte sich im Kreis ③ *pl* (*divagaciones*) Abschweifung *f*, Exkurs *m*; **~s políticos** [*o* **por el mundo de la política**] Abstecher in die Politik; **sin ~s** ohne Umschweife ④ *pl* (*actividad*) Zeitvertreib *m*, Spielerei *f*; **~s amorosos** Affäre *f*
escarcha [es'kartʃa] *f* (Rau)reif *m*
escarchada [eskar'tʃaða] *f* (BOT) Eiskraut *nt*
escarchado¹ [eskar'tʃaðo] *m* (*de oro*) Goldstickerei *f*; (*de plata*) Silberstickerei *f*
escarchado, -a² [eskar'tʃaðo, -a] *adj* ① (*paisaje*) mit Reif überzogen, bereift *elev* ② (*frutas*) kandiert ③ (*licor*) kristallisiert; **ron ~** Rum mit einem kandierten Aniszweig ④ (*arcilla*) geschlämmt
escarchar [eskar'tʃar] **I.** *vi* kristallisieren
II. *vt* ① (*frutas*) kandieren ② (*salpicar*) überpudern, bestreuen; **~ azúcar glas sobre un pastel** einen Kuchen mit Puderzucker bestreuen ③ (*aguardiente*) kristallisieren lassen; **~ un licor** bei einem Likör bewirken, dass der Zucker einen Aniszweig kandiert ④ (*arcilla*) schlämmen
III. *vimpers* reifen; **ha escarchado** es hat gereift
escardar [eskar'ðar] *vt* ① (*desherbar*) jäten ② (*limpiar*) säubern; **~ un libro de errores** ein Buch von Fehlern befreien ③ (*separar*) aussondern, auslesen; **~ palabrotas de un texto** Schimpfworte aus einem Text herausnehmen
escardillo [eskar'ðiʎo] *m* ① (AGR) Hackwerkzeug *nt* ② (BOT) Distelblüte *f* ③ (*reflejo del sol*) Widerschein *m*
escarlata [eskar'lata] **I.** *adj* scharlachrot, scharlachfarben
II. *m* ① (*color*) Scharlach(rot) *nt* ② (*tela*) Scharlach *m* ③ (MED) Scharlach *m*, Scharlachfieber *nt fam*
escarlatina [eskarla'tina] *f* ① (MED) Scharlach *m*, Scharlachfieber *nt fam* ② (*tela*) Scharlach *m*
escarlatinoso, -a [eskarlati'noso, -a] **I.** *adj* (MED) scharlachartig
II. *m, f* (MED) Scharlachkranke(r) *mf*
escarmenar [eskarme'nar] *vt* ① (*desenredar*) entwirren; (*pelo, lana*) auskämmen ② (MIN) auslesen, aussieben
escarmentado, -a [eskarmen'taðo, -a] *adj* ① (*desengañado*) zurückhaltend, vorsichtig ② (*enmendado*) geläutert; (*niño*) brav
escarmentar [eskarmen'tar] <e→ie> **I.** *vi* (*desengañarse*) dazulernen, aus Schaden klug werden; **quedar** [*o* **estar**] **escarmentado de algo** von etw *dat* nichts mehr wissen wollen; **~ en cabeza ajena** aus dem Schaden anderer klug werden ② (*enmendarse*) sich bessern
II. *vt* ① (*castigar*) bestrafen ② (*reprender*) zurechtweisen; **~ a alguien** (*fam*) jdm den Kopf waschen, jdm die Leviten lesen ③ (*desengañar*) lehren; **aquella experiencia lo escarmentó** diese Erfahrung war ihm eine Lehre
escarmiento [eskar'mjento] *m* ① (*lección*) Lektion *f*, Lehre *f*; **espero que esto te sirva de ~** das soll dir eine Lehre sein; **me sirvió de ~** das war mir eine Lehre

escena

② (*penalización*) Bestrafung *f*; (*pena*) Strafe *f* ③ (*corrección*) Rüge *f*, Rüffel *m*; **dar un ~ a alguien** jdm einen Rüffel [*o* eine Rüge] erteilen ④ (*enmienda*) Besserung *f*
escarnecedor(a) [eskarneθe'ðor(a)] *adj* spöttisch, höhnisch
escarnecer [eskarne'θer] *irr como crecer vt* (*burlarse*) verspotten, verhöhnen; (*ridiculizar*) lächerlich machen, zum Gespött machen
escarnio [es'karnjo] *m* Spott *m*, Hohn *m*; **con ~** spöttisch, höhnisch
escaro [es'karo] *m* (ZOOL) Seepapagei *m*
escarola [eska'rola] *f* (BOT) Endivie *f*; (*ensalada*) Endiviensalat *m*
escarolado, -a [eskaro'laðo, -a] *adj* (*fam*) gekräuselt, kraus
escarpa [es'karpa] *f* ① (*pendiente*) Steilhang *m* ② (*albañilería*) Mauerböschung *f*
escarpado, -a [eskar'paðo, -a] *adj* (*terreno*) steil, abschüssig; (*montaña*) schroff
escarpadura [eskarpa'ðura] *f* (*pendiente*) (Ab)hang *m*; (*de una montaña*) schroffe Felswand *f*
escarpia [es'karpja] *m* (Wand)haken *m*
escarpín [eskar'pin] *m* ① (*zapato*) Slipper *m*; (*mocasín*) Mokassin *m* ② (*calzado interior*) Füßling *m* ③ (*Arg, Urug: calzado de lana*) ≈Hüttenschuh *m*; (*para bebés*) Babyschuh *m*; (*para dormir*) Bettsocke *f*
escasamente [eskasa'mente] *adv* ① (*con escasez*) kaum, spärlich ② (*apenas*) kaum, gerade einmal; **hace ~ dos horas que se han ido** sie sind vor knapp zwei Stunden gegangen
escasear [eskase'ar] **I.** *vi* ① (*faltar*) spärlich vorhanden sein, knapp sein; **escasea la leche** es mangelt an Milch ② (*ir a menos*) knapp werden
II. *vt* ① (*dar con escasez*) knausern (mit +*dat*), sparen (an +*dat*); (*cantidad*) knapp bemessen; **escasea las visitas a su familia** er/sie besucht seine/ihre Familie nur selten ② (*espaciar*) seltener werden lassen; **escaseó las visitas al médico** er/sie ging immer seltener zum Arzt ③ (*cortar*) abschrägen
escasez [eska'seθ] *f* ① (*insuficiencia*) Knappheit *f*; **~ de capital** Kapitalknappheit *f*; **~ en el suministro** Versorgungsengpass *m*; **comprar con ~** nur das Nötigste einkaufen ② (*falta*) Mangel *m* (*de an* +*dat*); **~ de lluvias** spärliche Regenfälle; **~ de personal** Personalknappheit *f*; **~ de viviendas** Wohnungsmangel *m*, Wohnungsnot *f*; **una región con ~ de agua** ein wasserarmes Gebiet ③ (*pobreza*) Bedürftigkeit *f*, Armut *f*; **vivir con ~** Mangel leiden
escaso, -a [es'kaso, -a] *adj* ① (*insuficiente*) spärlich, gering; (*recursos*) knapp, beschränkt; **~ de palabras** wortkarg; **quedar ~** nicht ausreichen; **viento ~** Flaute *f*; **andar ~ de dinero** knapp bei Kasse sein; **estar ~ de tiempo** kaum Zeit haben; **tiene escasas posibilidades de ganar** er/sie hat kaum Chancen zu gewinnen; **el oro es un bien ~** Gold ist ein knappes Gut ② (*tiempo, cantidad*) knapp; **hizo el recorrido en dos horas escasas** er/sie lief die Strecke in knapp zwei Stunden ③ (*mezquino*) knausrig
escatimar [eskati'mar] *vt* sparen (an +*dat*), geizen (mit +*dat*); **me escatimó parte del dinero** er/sie enthielt mir einen Teil des Geldes vor; **no ~ gastos/medios** keine Kosten/Mühen scheuen; **~ el aplauso a alguien/algo** jdm/etw *dat* nicht den gebührenden Tribut zollen
escatología [eskatolo'xia] *f* ① (REL) Eschatologie *f* ② (MED, PSICO) Skatologie *f* ③ (*del lenguaje*) Vulgarität *f*
escatológico, -a [eskato'loxiko, -a] *adj* ① (*relativo a los excrementos*) Fäkal-; (*expresión*) vulgär; **lenguaje ~** Fäkalsprache *f* ② (PSICO, MED) skatologisch ③ (REL) eschatologisch
escay [es'kai] *m* Kunstleder *nt*, Skai® *nt*
escayola [eska'jola] *f* ① (*yeso*) Gips *m*; **~ para modelar** Modellgips *m*; **¿cuándo te quitan la escayola?** wann nehmen sie dir den Gips ab? ② (*estuco*) Stuck(gips) *m*
escayolar [eskajo'lar] *vt* (MED) (ein)gipsen; **lleva el brazo escayolado** er/sie hat den Arm in Gips
escayolista [eskajo'lista] *mf* Gipser(in) *m(f)*
escena [es'θena] *f* ① (*parte del teatro*) Bühne *f*; **aparecer en ~** auftreten; **poner en ~** inszenieren; **puesta en ~** Inszenierung *f*; **salir a la ~** auftreten; **salir de la ~** abtreten ② (*lugar*) Schauplatz *m*, Szene *f*; **~ del crimen** Tatort *m*; **desaparecer de ~** (*marcharse*) von der Bildfläche verschwinden; (*morirse*) sterben; **poner en ~** arrangieren, in Szene setzen; **salir a ~** (*aparecer*) in Erscheinung treten; (*ante el público*) an die Öffentlichkeit treten; **el cuadro representa una ~ bíblica** das Bild stellt eine Bibelszene dar ③ (*parte de una obra*) Szene *f*; (*de una película*) (Film)szene *f*; **~ final** Schlussszene *f*; **cambio de ~** Szenenwechsel *m* ④ (*arte*) Schauspielerei *f*, Theater *nt*; **dedicarse a la ~** zur Bühne gehen

escenario

⑤ (LIT) Theater nt, Drama nt
⑥ (suceso) Szene f, Schauspiel nt; (espectáculo) Spektakel nt
⑦ (reproche, amenaza) Szene f; ~ **de celos** Eifersuchtsszene f; **hacer una ~ a alguien** jdm eine Szene machen; **hacer** [o **dar**] **una ~ ridícula** sich unmöglich aufführen

escenario [esθe'narjo] m ① (parte del teatro) Bühne f
② (lugar) Schauplatz m, Szenerie f; ~ **del crimen** Tatort m
③ (situación) Umstände mpl, Situation f; (situación hipotética) Szenarium nt

escénico, -a [es'θeniko, -a] adj szenisch, Bühnen-; **efectos ~s** Bühneneffekte mpl; **escuela de arte** ~ Schauspielschule f; **palco** ~ Bühne f

escenificable [esθenifi'kaβle] adj ① (novela) bühnentauglich
② (drama) bühnenwirksam

escenificación [esθenifika'θjon] f ① (representación) Inszenierung f
② (dramatización) Dramatisierung f

escenificar [esθenifi'kar] <c→qu> vt ① (representar) inszenieren
② (dramatizar) dramatisieren

escenógrafa [esθe'noɣrafa] f v. **escenógrafo**

escenografía [esθenoɣra'fia] f ① (decoración) Bühnendekoration f, Ausstattung f; (pintura) Bühnenbild nt
② (arte de decorar) Bühnenbildnerei f; (de pintar) Bühnenmalerei f

escenográfico, -a [esθeno'ɣrafiko, -a] adj (TEAT) szenisch, bühnenmäßig

escenógrafo, -a [esθe'noɣrafo, -a] m, f (decorador) Bühnenbildner(in) m(f); (pintor) Bühnenmaler(in) m(f)

escenotecnia [esθeno'teɣnja] f Bühnentechnik f

escéptica [es'θeptika] adj o f v. **escéptico**

escepticismo [esθepti'θismo] m sin pl ① (desconfianza) Skepsis f
② (FILOS) Skeptizismus m

escéptico, -a [es'θeptiko, -a] I. adj ① (desconfiado) skeptisch; **ser ~ respecto a algo** an etw dat Zweifel hegen
② (FILOS: relativo al escepticismo) den Skeptizismus betreffend; (persona) den Skeptizismus vertretend
II. m, f Skeptiker(in) m(f); **es un ~ de la homeopatía** er glaubt nicht an die Homöopathie

escindir [esθin'dir] I. vt (dividir) teilen (en in +akk); (t. FÍS) spalten (en in +akk); (separar) abspalten; (cortar) herausschneiden; **la discusión sobre el candidato escindió el partido** die Diskussion um den Kandidaten spaltete die Partei
II. vr: **~se** (dividirse) sich teilen (en in +akk), sich spalten (en in +akk); (abrirse) aufplatzen; (separarse) sich abspalten; **el partido se escindió en dos bandos** die Partei zerbrach in zwei Lager

escirro [es'θirro] m (MED) Faserkrebs m, Szirrhus m

escisión [esθi'sjon] f (división) Teilung f, Spaltung f; (separación) Trennung f; (MED) Entfernung f; ~ **celular** Zellteilung f; ~ **del contrato** Vertragsspaltung f; ~ **de empresas** Unternehmensspaltung f; ~ **nuclear** Kernspaltung f

escisionista [esθisjo'nista] adj (POL): **grupo ~** Splittergruppe f, kleine Fraktion f

escita [es'θita] I. adj (HIST) skythisch
II. mf (HIST) Skythe, -in m, f

esclarecedor(a) [esklareθe'ðor(a)] adj ① (luz) erhellend, erleuchtend
② (que explica) erklärend; (que aclara) klärend; (que revela) aufklärend
③ (que afama) verdienstvoll, ruhmreich

esclarecer [esklare'θer] irr como crecer I. vt ① (iluminar) erhellen, erleuchten
② (afamar) berühmt machen; ~ **a alguien** jdm zu Ruhm verhelfen
③ (aclarar) (auf)klären; (explicar) erklären; ~ **un asunto** Licht in eine Angelegenheit bringen; ~ **un crimen** ein Verbrechen aufklären
II. vimpers tagen, dämmern; **está esclareciendo** es dämmert, der Tag bricht an

esclarecido, -a [esklare'θiðo, -a] adj ① (lugar) hell, erleuchtet
② (ilustre) herausragend, verdient; (famoso) berühmt
③ (asunto) klar, geklärt; (crimen) aufgeklärt

esclarecimiento [esklareθi'mjento] m ① (iluminación) Erleuchtung f
② (aclaración) Klärung f; (explicación) Erklärung f; (de un crimen) Aufklärung f
③ (fama) Ruhm m, Ansehen nt

esclava [es'klaβa] f ① (pulsera) Armreif m
② (persona) Sklavin f

esclavina [eskla'βina] f ① (capa) Pelerine f, (Schulter)cape nt
② (manteleta) Stola f, Schultertuch nt

esclavismo [eskla'βismo] m sin pl (HIST, SOCIOL) Sklaventum nt, Sklaverei f

esclavista [eskla'βista] I. adj die Sklaverei befürwortend
II. mf Befürworter(in) m(f) der Sklaverei

esclavitud [esklaβi'tuð] f ① (sistema) Sklaverei f; **someter a la ~** versklaven
② (dependencia) Abhängigkeit f; (de la voluntad de alguien) Hörigkeit f

③ (REL: cofradía) Bruderschaft f

esclavización [esklaβiθa'θjon] f sin pl ① (cautivar) Versklavung f
② (dominar) Unterjochung f

esclavizar [esklaβi'θar] <z→c> I. vt ① (cautivar) versklaven
② (dominar) unterjochen; ~ **a alguien** jdn von sich dat abhängig machen; **la empresa te ha esclavizado** du lebst nur für die Firma
II. vr: **~se** sich unterwerfen

esclavo, -a [es'klaβo, -a] I. adj ① (cautivo) versklavt; ~ **del trabajo** Workaholic m
② (dominado) abhängig, hörig; **eres esclava de tu familia** du lebst nur für deine Familie; **ser ~ del alcohol** dem Alkohol verfallen sein
II. m, f ① (de alguien/algo) Sklave, -in m, f; **ser el ~ de alguien** (obedecer) jdm hörig sein; (estar enamorado) jdm verfallen sein; **ser un ~** hart arbeiten; **eres un ~ del alcohol** du bist dem Alkohol verfallen; **es un ~ de su ambición** er ist der Sklave seines Ehrgeizes
② (de una hermandad) Mitglied nt einer Bruderschaft

escleroscopio [eskleros'kopjo] m (TÉC) Rückprallhärteprüfer m, Skleroskop nt

esclerósico, -a [eskle'rosiko, -a] adj (MED): **enfermedad esclerósica** Sklerose f

esclerosis [eskle'rosis] f inv ① (MED) Sklerose f; ~ **múltiple** multiple Sklerose
② (inmobilismo) Unbeweglichkeit f, mangelnde Flexibilität f; ~ **mental** geistige Unbeweglichkeit

escleroso, -a [eskle'roso, -a] I. adj (MED) sklerotisch, verhärtet
II. m, f (MED) Sklerosekranke(r) mf

esclerótica [eskle'rotika] f (ANAT) Sklera f

esclerótico, -a [eskle'rotiko, -a] adj ① (MED) sklerotisch, Sklerose-
② (inmóvil) unbeweglich, unflexibel

esclerotizado, -a [esklero'tiθaðo, -a] adj (MED) sklerotisch, verhärtet

esclusa [es'klusa] f ① (recinto) Schleuse f; ~ **de navegación** Schiffschleuse f; ~ **neumática** [o **de aire**] Luftschleuse f
② (puerta) Schleusentor nt

escoba [es'koβa] f ① (para barrer) Besen m; **no vender ni una ~** (fam) auf keinen grünen Zweig kommen
② (BOT) Ginster m
③ (fam: mujer) Bohnenstange f
④ (juego) spanisches Kartenspiel

escobajo [esko'βaxo] m ① (escoba) alter Besen m
② (de un racimo) Kamm m

escobazo [esko'βaθo] m ① (golpe) Besenhieb m; **echar a alguien a ~s** (fam) jdn in hohem Bogen hinauswerfen
② (Arg, Chil: barredura): **dar un ~ al suelo** kurz über den Boden fegen

escobero¹ [esko'βero] m Besenschrank m

escobero, -a² [esko'βero, -a] m, f Besenbinder(in) m(f)

escobilla [esko'βiʎa] f ① (cepillo) Bürste f; (de alambre) Drahtbürste f; (para la ropa) Kleiderbürste f
② (escoba) Handfeger m, Handbesen m; (para limpiar el polvo) Staubwedel m
③ (BOT: brezo) Besenheide f, Heidekraut nt
④ (BOT: cardencha) Karde f
⑤ (ELEC) Bürste f, Stromabnehmer m
⑥ (del limpiaparabrisas) Wischblatt nt
⑦ (barreduras) Kehricht mit Edelmetallpartikeln

escobillar [eskoβi'ʎar] I. vi (Am: zapatear) aufstampfen
II. vt bürsten

escobillón [eskoβi'ʎon] m ① (para el suelo) Schrubber m
② (para un arma de fuego) Rohrbürste f

escobón [esko'βon] m ① (de mango largo) langstieliger Besen m; (para deshollinar) Kaminbesen m
② (de mango corto) Handfeger m, Handbesen m
③ (BOT) Ginster m

escocedura [eskoθe'ðura] f ① (picor) Brennen nt
② (irritación) Entzündung f

escocer [esko'θer] irr como cocer I. vi ① (picar) brennen; **este champú escuece en los ojos** dieses Shampoo brennt in den Augen
② (ofender) kränken, verletzen; (irritar) ärgern; **me ha escocido que me criticara delante de todos** es hat mich getroffen, dass er/sie mich vor allen kritisiert hat; **no me escuece que no me hayan invitado** es macht mir nichts aus, dass ich nicht eingeladen wurde
II. vr: **~se** ① (inflamarse) sich entzünden
② (dolerse) sich gekränkt fühlen; (enfadarse) sich ärgern

escocés¹ [esko'θes] m ① (lengua) Schottisch(e) nt
② (tela) Schotten m
③ (dibujo) Schottenmuster nt
④ (bebida) Scotch m
⑤ (fam: helado) Eis mit Kaffee und Whisky

escocés, -esa² [esko'θes, -esa] I. adj schottisch, Schotten-; **bufanda escocesa** Schal mit Schottenmuster; **cuadros escoceses** Schottenmus-

ter nt; **falda escocesa** Kilt m; (para mujeres) Schottenrock m
II. m, f Schotte, -in m, f
Escocia [es'koθja] f Schottland nt
escocimiento [eskoθi'mjento] m (picor) Brennen nt
escofina [esko'fina] f Raspel f
escoger [esko'xer] <g→j> I. vi sich dat das Beste herauspicken; **no has sabido ~** du hast die falsche Wahl getroffen
II. vt ① (elegir) (aus)wählen (de aus +dat, de entre unter +dat), aussuchen (de aus +dat, de entre unter +dat)
② (decidirse) wählen (entre zwischen +dat)
③ (seleccionar) auslesen; (persona) auserwählen; (MIN) klauben; **ha escogido las mejores piezas** er/sie hat die besten Stücke aussortiert
escogido, -a [esko'xiðo, -a] adj ① ser (selecto) ausgewählt, erlesen; (persona) auserwählt; **mercancías escogidas** Artikel erster Wahl
② estar (elegido) ausgesucht; **estos plátanos están ya muy ~s** bei diesen Bananen sind die besten bereits aussortiert worden
escolanía [eskola'nia] f ① (coro) Knabenchor m
② (escuela) Kloster(musik)schule f
escolano [esko'lano] m ① (niño) Chorknabe m, Sängerknabe m
② (ZOOL) Leng m
escolapio, -a [esko'lapjo, -a] I. adj Piaristen-; **alumno ~** Piaristenschüler m
II. m, f ① (miembro de la orden) Piarist(in) m(f)
② (alumno de los escolapios) Piaristenschüler(in) m(f)
escolar [esko'lar] I. adj schulisch, Schul-; **curso** [o **año**] **~** Schuljahr nt; **vacaciones ~es** Schulferien pl; **en edad ~** schulpflichtig
II. mf Schüler(in) m(f)
escolaridad [eskolari'ðað] f ① (en una escuela) Schulzeit f, Schulausbildung m; **libro de ~** Zeugnisheft nt; **la ~ es obligatoria** es besteht Schulpflicht
② (en un centro de enseñanza) Ausbildung(szeit) f; **perder la ~** von einem Kurs ausgeschlossen werden
escolarización [eskolariθa'θjon] f Einschulung f; **~ obligatoria** Schulpflicht f; **esta región tiene una tasa de ~ muy baja** in dieser Gegend besuchen nur wenige Kinder die Schule
escolarizar [eskolari'θar] <z→c> vt einschulen; **~ una región** die Möglichkeit des Schulbesuchs in einer Gegend gewährleisten
escolástica [esko'lastika] f (FILOS) Scholastik f
escolástico, -a [esko'lastiko, -a] I. adj ① (FILOS) scholastisch
② (academicista) spitzfindig, scholastisch elev
II. m, f ① (FILOS) Scholastiker(in) m(f)
② (academicista) Haarspalter(in) m(f), Scholastiker(in) m(f) elev
escolero, -a [esko'lero, -a] m, f (Perú: escolar) Schüler(in) m(f)
escólex [es'koleʏs] m inv (ZOOL) Bandwurmkopf m, Skolex m
escolio [es'koljo] m ① (nota) Glosse f, Anmerkung f; (HIST, LING) Scholion nt
② (HIST: canción) Skolion nt
escoliosis [esko'ljosis] f inv (MED) Skoliose f
escoliótico, -a [esko'ljotiko, -a] I. adj (MED) skoliotisch
II. m, f (MED) Skoliosekranke(r) mf
escollar [esko'ʎar] vi ① (barco) stranden
② (Arg, Chil: proyecto) scheitern, misslingen
escollera [esko'ʎera] f (dique, fundamento) Damm m, Wall m; (rompeolas) Wellenbrecher m; (en un puerto) (Hafen)mole f
escollo [es'koʎo] m ① (peñasco) Klippe f; **sortear un ~** (fig) eine Klippe umschiffen
② (dificultad) Klippe f, Stolperstein m fam
③ (riesgo) Gefahr f, Fallstrick m fam
escolopendra [eskolo'pendra] f (ZOOL) Skolopender m
escolta [es'kolta] f ① (MIL) Eskorte f; **~ real** königliche Leibgarde; **buque de ~** Geleitboot nt
② (acompañamiento) Geleit nt; (acompañante) Begleiter(in) m(f); (fam: asiduo) ständiger Begleiter m; **dar ~ a alguien** jdn geleiten
③ (guardaespaldas) Leibwächter f; (guardia) Leibwache f
④ (guardias civiles) Streife f der Guardia civil
escoltar [eskol'tar] vt ① (acompañar) geleiten; (MIL, POL) eskortieren
② (cortejar) umwerben; **lleva escoltándola más de un año** er macht ihr schon seit über einem Jahr den Hof
escombrar [eskom'brar] vt ① (limpiar) säubern; (desembarazar) (frei) räumen; (una obra) von Schutt befreien; **~ las calles de nieve** die Straßen von Schnee befreien
② (pasas) auslesen, klauben
③ (un pimiento) vom Strunk befreien
escombrera [eskom'brera] f ① (cascotes) Schutt(haufen) m; (ruinas) Trümmer ntpl; (MIN) Abraum m
② (depósito) (Schutt)abladeplatz m; (en la guerra) Trümmerberg m; (MIN) Halde f
escombro [es'kombro] m ① (MIN) Abraum m
② (ZOOL) Makrele f

③ (de un racimo) verschrumpelte Trauben fpl
④ (de un pimiento) Strunk m
⑤ pl (de una obra) (Bau)schutt m; (de una ruina) Trümmer ntpl
⑥ (loc): **hacer ~** (Arg) Staub aufwirbeln
esconder [eskon'der] I. vt ① (ocultar) verstecken (de vor +dat); (de las miradas) verbergen (de vor +dat)
② (tapar) verdecken
③ (encerrar) verbergen, beinhalten; **su comportamiento esconde alguna intención** hinter seinem/ihrem Verhalten steckt irgendeine Absicht; **el fondo del mar esconde muchas riquezas** der Meeresgrund birgt große Schätze
II. vr: **~se** ① (persona) sich verstecken (de vor +dat)
② (cosas) verborgen sein, im Verborgenen liegen; **en esta cueva se esconde oro** diese Höhle birgt Gold
escondidas [eskon'diðas] adv: **a ~** heimlich, unbemerkt; **lo hizo a ~ del profesor** er/sie machte es, ohne dass der Lehrer es merkte
escondidizo, -a [eskondi'ðiθo, -a] adj (fam) scheu
escondido, -a [eskon'diðo, -a] adj ① (secreto) geheim; **en ~** heimlich, unbemerkt
② (retirado) abgelegen, entlegen
escondido(s) [eskon'diðo(s)] m(pl) (Am) Versteckspiel nt
escondite [eskon'dite] m ① (juego) Versteckspiel nt; **jugar al ~** Verstecken) spielen
② (lugar) Versteck nt; (pey: de delincuentes) Schlupfwinkel m
escondrijo [eskon'drixo] m Versteck nt
escoñado, -a [esko'ɲaðo, -a] adj (vulg) ① (roto) kaputt fam; **estar ~** im Arsch sein
② (herido) verletzt; (maltrecho) fix und fertig fam
escoñar [esko'ɲar] I. vt (vulg) ① (una cosa) kaputtmachen fam
② (un proyecto) vermasseln fam, verpatzen fam
II. vr: **~se** (vulg) ① (cosa) kaputtgehen fam
② (proyecto) schief gehen fam, in die Hose gehen fam
③ (hacerse daño) sich dat weh tun
escopeta [esko'peta] f ① (arma) Gewehr nt; **~ de caza** Jagdgewehr nt; **~ neumática** [o **de aire comprimido**] Luftgewehr nt; **aquí te quiero (ver) ~** (fam) jetzt wird's brenzlig
② (cazador) Jäger(in) m(f); **~ negra** Berufsjäger(in) m(f)
③ (vulg: pene) Schwanz m
escopetazo [eskope'taθo] m ① (tiro) Schuss m
② (herida) Schusswunde f
③ (bomba) Überraschung(snachricht) f; (golpe) Schlag m; **ser un ~ para alguien** jdn schwer treffen; **la novedad fue un gran ~** die Neuigkeit schlug ein wie eine Bombe
escopeteado, -a [eskopete'aðo, -a] adj blitzschnell, (schnell) wie der Blitz
escopetear [eskopete'ar] vt ① (Méx: enojar con indirectas) sticheln
② (Ven: contestar mal) barsch antworten (a +dat), über den Mund fahren (a +dat) fam
escoplo [es'koplo] m Meißel m; (para madera) Beitel m; **~ de cantería** (Stein)meißel m
escora [es'kora] f ① (anchura) maximale Schiffsbreite f
② (puntal) Stütze f, (Stütz)pfosten m
③ (inclinación) Krängung f
escoraje [esko'raxe] m (NÁUT: inclinación) Krängung f
escorar [esko'rar] I. vi ① (barco) krängen
② (marea) den tiefsten Stand erreichen
II. vt abstützen
III. vr: **~se** (Cuba, Hond: resguardarse) Schutz suchen; (esconderse) sich verstecken
escorbuto [eskor'βuto] m (MED) Skorbut m
escorchar [eskor'tʃar] vt (Arg: molestar) stören; (enfadar) ärgern; **¡no me escorches la paciencia!** lass mich in Ruhe!
escoria [es'korja] f ① (del volcán, metal fundido, carbón) Schlacke f
② (del hierro martillado) Hammerschlag m, Zunder m
③ (hez) Abschaum m
④ (basura) Abfall m
escoriación [eskorja'θjon] f sin pl (MED) Abschürfung f
escorial [esko'rjal] m Schlackenhalde f
Escorpio [es'korpjo] m (ASTR) Skorpion m
escorpión [eskor'pjon] m ① (alacrán) Skorpion m
② (pez) Drachenkopf m
③ (azote) Stachelgeißel f
Escorpión [eskor'pjon] m (ASTR) Skorpion m
escorrocho, -a [esko'rrotʃo, -a] m, f (CRi: persona fea y ridícula) Vogelscheuche f
escorzar [eskor'θar] <z→c> vt perspektivisch zeichnen
escorzo [es'korθo] m ① (representación) perspektivische Zeichnung f; **en ~** (perspektivisch) verkürzt
② (posición) Schräglage f

escotado¹ [esko'taðo] *m* Ausschnitt *m*
escotado, -a² [esko'taðo, -a] *adj* ❶ (*vestido*) ausgeschnitten; **lleva un vestido muy ~** sie trägt ein (tief) dekolletiertes Kleid
❷ (*mujer*) dekolletiert; **va muy escotada** sie trägt ein (tiefes) Dekolletee
escotadura [eskota'ðura] *f* ❶ (*en el cuello*) (Hals)ausschnitt *m*
❷ (*en una armadura*) Armloch *nt*
❸ (TEAT) Versenkung *f*
❹ (*cortadura*) Aussparung *f*
escotar [esko'tar] I. *vt* ❶ (*cortar un escote*) mit einem Ausschnitt versehen
❷ (*ajustar*) zurechtschneiden
❸ (*pagar*) anteilig bezahlen
❹ (*un río*) entwässern, das Wasser ableiten (aus +*dat*)
II. *vi*: **~ entre todos** zusammenlegen
III. *vr*: **~se** sich *dat* den Kragen öffnen
escote [es'kote] *m* ❶ (*en el cuello*) (Hals)ausschnitt *m*; **~ en pico** V-Ausschnitt *m*
❷ (*busto*) Dekolletee *nt*
❸ (*dinero*) Anteil *m*; **comprar algo a ~** für etw zusammenlegen, gemeinsam etw kaufen; **pagaron la cena a ~** jeder bezahlte seinen Teil des Essens
❹ (*para las mangas*) Armloch *nt*
❺ (*adorno*) Spitzeneinsatz *m*
escotilla [esko'tiʎa] *f* (NÁUT) Luke *f*
escotillón [eskoti'ʎon] *m* ❶ (*trampilla*) Falltür *f*
❷ (TEAT) Versenkung *f*
escotoma [esko'toma] *m* (MED) Skotom *nt*
escozor [esko'θor] *m* ❶ (*picor*) Juckreiz *m*
❷ (*resentimiento*) Groll *m*, Verbitterung *f*
❸ (*pena*) Schmerz *m*, Gram *m*
escrachar [eskra'tʃar] *vt* ❶ (*Am: tachar*) streichen; **~ la candidatura** die Kandidatur zurückziehen; **~ un caballo** ein Pferd aus einem Rennen zurückziehen
❷ (*PRico: estropear*) beschädigen
❸ (*Arg: fam: arruinar*) kaputtmachen
escracho [es'kratʃo] *m* (*RíoPl*) ❶ (*cara fea*) Fratze *f*, Visage *f pey*
❷ (*esperpento*) Vogelscheuche *f*
escriba [es'kriβa] *m* ❶ (HIST) Schriftgelehrte(r) *m*
❷ (*fam: escribiente*) Schreibkraft *f*
escribanía [eskriβa'nia] *f* ❶ (*juego*) Schreibtischset *nt*
❷ (*oficio del secretario judicial*) Gerichtsschreiberamt *nt*; (*oficina*) Kanzlei *f*, Schreibstube *f*
❸ (*mueble*) Schreibtisch *m*, Sekretär *m*
❹ (*Am: notaría*) Notariat *nt*
escribano [eskri'βano] *m* ❶ (*notario*) Notar *m*
❷ (*secretario judicial*) Gerichtsschreiber *m*
❸ (*amanuense*) Schreibkraft *f*
❹ (*ave*) Ammer *f o m*
escribidor(a) [eskriβi'ðor(a)] *m(f)* (*fam pey*) Schreiberling *m*
escribiente [eskri'βjente] *mf* Schreibkraft *f*
escribir [eskri'βir] *irr* I. *vi*, *vt* ❶ (*apuntar*) schreiben; **~ algo a mano/a máquina** etw von Hand/mit [*o* auf] der Maschine schreiben; **un texto escrito a mano/a máquina** ein handgeschriebener/maschinengeschriebener Text; **¿cómo se escribe tu nombre?** wie wird dein Name geschrieben?
❷ (*redactar*) verfassen, schreiben; **~ una carta** einen Brief abfassen; **escribe para** [*o* **en**] **dos periódicos** er/sie schreibt (Artikel) für zwei Zeitungen; **~ una canción** ein Lied komponieren
❸ (*comunicar*): **~ a alguien** jdm schreiben, jdm einen Brief schicken
II. *vr*: **~se** ❶ (*comunicarse*) korrespondieren, in Briefwechsel stehen; **se escriben mucho** sie schreiben sich *dat* oft
❷ (*loc*): **no se escribe lo bella que es** ihre Schönheit lässt sich nicht in Worte fassen; **estaba escrito que acabarían casándose** ihre Heirat war vom Schicksal vorbestimmt
escrito¹ [es'krito] *m* ❶ (*texto*) Schreiben *nt*, Schriftstück *nt*; (*nota*) Notiz *f*; **~ de amenazas** Drohbrief *m*; **~ de destitución** [*o* **de revocación**] Abberufungsschreiben *nt*; **~ de reclamación** Anspruchsschreiben *nt*; **~ de requerimiento** Aufforderungsschreiben *nt*; **por ~** schriftlich
❷ (*obra literaria/científica*) Schrift *f*
❸ (ADMIN, POL) Schriftstück *nt*, Erklärung *f*
❹ (JUR) Schriftsatz *m*, Schrift *f*; **~ de acusación** Anklageschrift *f*; **~ de agravios** [*o* **apelación**] Berufungsschrift *f*; **~ de anexo** Anlageschrift *f*; **~ de calificación** (*parte demandante*) Anklageschrift *f*; (*parte demandada*) Verteidigungsschrift *f*; **~ de defensa** Verteidigungsschriftsatz *m*; **~ de demanda** Klageschrift *f*; **~ de expresión de agravios** Berufungsbegründung *f*; **~ de formulación** Antragsschrift *f*; **~ de interposición de recurso** Rechtsmittelschrift *f*; **~ de intervención adhesiva** Streithilfeschriftsatz *m*; **~ de queja** Beschwerdeschrift *f*; **~ de publicación** (*de patente*) Offenlegungsschrift *f*; **~ de recusación** Ablehnungsantrag *m*; **~ de revisión** Revisionsschrift *f*

escrito, -a² [es'krito, -a] I. *pp de* **escribir**
II. *adj* schriftlich, in schriftlicher Form; **examen ~** schriftliche Prüfung
escritor(a) [eskri'tor(a)] *m(f)* (*autor*) Verfasser(in) *m(f)*, Urheber(in) *m(f)*; (*de obras literarias*) Schriftsteller(in) *m(f)*, Autor(in) *m(f)*
escritorio [eskri'torjo] *m* ❶ (*mesa*) Schreibtisch *m*
❷ (*oficina*) Büro *nt*; (*de un abogado, notario*) Kanzlei *f*; **gastos de ~** Kosten für Bürobedarf
❸ (INFOR) Arbeitsoberfläche *f*
❹ (*para joyas*) Schmuckkommode *f*
escritorzuelo, -a [eskritor'θwelo, -a] *m, f* (*pey*) Schreiberling *m*
escritura [eskri'tura] *f* ❶ (*acto de escribir*) Schreiben *nt*
❷ (*signos*) Schrift *f*; **~ agrupada** (INFOR) sammelndes Schreiben; **~ fonética** Lautschrift *f*
❸ (*documento*) Schriftstück *nt*, Dokument *nt*; (*documento notarial*) Urkunde *f*; **~ de apoderamiento** Vollmachtsurkunde *f*; **~ de compraventa** Verkaufsurkunde *f*; **~ de constitución** Gründungsurkunde *f*; **~ de declaración de herederos** Erbschein *m*; **~ de fundación** Gründungsurkunde *f*; **~ de hipoteca** Hypothekenbrief *m*; **~ matriz** Urschrift *f*; **~ de partición** Erbteilungsvertrag *m*; **~ de patente** Patenturkunde *f*; **~ de propiedad** Eigentumsurkunde *f*; **~ de propiedad inmobiliaria** Grundeigentumsurkunde *f*; **~ pública** öffentliche Urkunde; **~ de seguro** Versicherungspolice *f*; **~ social** Gesellschaftsvertrag *m*; **~ de transmisión** Übertragungsurkunde *f*; **~ de transmisión inmobiliaria** Grundstücksübertragungsurkunde *f*; **mediante ~** urkundlich
❹ (REL): **las Sagradas E~s** die Heilige Schrift
escriturar [eskritu'rar] *vt* (öffentlich [*o* notariell]) beurkunden
escriturario, -a [eskritu'rarjo, -a] I. *adj* (JUR) amtlich ausgefertigt
II. *m, f* (REL) Bibelkenner(in) *m(f)*
escrófula [es'krofula] *f* (MED) Drüsengeschwulst *f*, Skrofel *f*
escrofulismo [eskrofu'lismo] *m* (MED) Skrofulose *f*
escroto [es'kroto] *m* (ANAT) Hodensack *m*
escrúpulo [es'krupulo] *m* ❶ (*duda*) Skrupel *m*; **~s de conciencia** Gewissensbisse *mpl*; **no tener ~s, ser una persona sin ~s** skrupellos sein
❷ (*escrupulosidad*) Gewissenhaftigkeit *f*
❸ (*aprensión*) Ekel *m*; **me da ~ beber de latas** es ekelt mich an [*o* ich finde es eklig], aus Dosen zu trinken
❹ (*piedra*) (spitzes) Steinchen *nt*
❺ (ASTR) Minute *f*
escrupulosidad [eskrupulosi'ðað] *f* Gewissenhaftigkeit *f*, Genauigkeit *f*
escrupuloso, -a [eskrupu'loso, -a] *adj* ❶ (*meticuloso*) gewissenhaft, genau
❷ (*honrado*) anständig
❸ (*delicado*) empfindlich
❹ (*que causa escrúpulos*) bedenklich
escrutador(a) [eskruta'ðor(a)] I. *adj* prüfend, musternd
II. *m(f)* (*que recuenta votos*) Wahlhelfer(in) *m(f)*; (*que examina los votos*) Wahlprüfer(in) *m(f)*
escrutar [eskru'tar] *vt* ❶ (*mirar*) mustern, in Augenschein nehmen
❷ (*controlar*) prüfen
❸ (*recontar*) auszählen
escrutinio [eskru'tinjo] *m* ❶ (*examen*) Musterung *f*, eingehende Betrachtung *f*; (*control*) Prüfung *f*; (*de una elección*) Wahlprüfung *f*
❷ (*recuento*) Stimmenauszählung *f*
❸ (*votación*) Wahl *f*, Abstimmung *f*; **~ mayoritario** Mehrheitswahl *f*
escuadra [es'kwaðra] *f* ❶ (*para dibujar*) Zeichendreieck *nt*; **~ de delineante** Reißschiene *f*; **~ falsa** Schmiege *f*; **a ~** rechtwinklig
❷ (*de apoyo, fijación*) (Stütz)winkel *m*, (Befestigungs)winkel *m*
❸ (MIL: *de infantería*) Trupp *m*; (*de caballería*) Schwadron *f*; (*de aviones, naves*) Geschwader *nt*
❹ (MIL: *cargo*) Korporal *m*
❺ (MIL: *flota*) Kriegsflotte *f*
❻ (*cuadrilla*) Trupp *m*, Mannschaft *f*
escuadrilla [eskwa'ðriʎa] *f* ❶ (*fuerzas navales*) Flotille *f*
❷ (*fuerzas aéreas*) Staffel *f*
escuadrón [eskwa'ðron] *m* ❶ (*caballería*) Schwadron *f*; **escuadrones de la muerte** Todesschwadronen *fpl*
❷ (*fuerzas aéreas*) Geschwader *nt*
escualidez [eskwali'ðeθ] *f sin pl* (*delgadez extrema*) Dürrheit *f*
escuálido¹ [es'kwaliðo] *m* Hai(fisch) *m*
escuálido, -a² [es'kwaliðo, -a] *adj* ❶ (*flaco*) abgemagert, dürr; (*macilento*) abgezehrt
❷ (*sucio*) schmutzig; (*asqueroso*) widerlich
escualo [es'kwalo] *m v.* **escuálido¹**
escucha¹ [es'kutʃa] *m* (MIL) Späher *m*, Kundschafter *m*
escucha² [es'kutʃa] *f* ❶ (*acción de escuchar*) (An)hören *nt*, Zuhören *nt*; (*en secreto*) (Be)lauschen *nt*, Horchen *nt*; (*de conversaciones*) Abhören

escuchar

nt; **~ telefónica** Abhören eines Telefons; **servicio de ~** (militärischer) Abhördienst *m;* **estar a la ~** ganz Ohr sein
②(*en un convento*) Aufpasserin *f* bei Gesprächen mit Besuchern
escuchar [esku'tʃar] **I.** *vi* ①(*atender*) zuhören
②(*en secreto*) lauschen, horchen; **el que escucha su mal oye** (*prov*) der Lauscher an der Wand hört seine eigene Schand'
③(*obedecer*) folgen, gehorchen
II. *vt* ①(*oír*) (an)hören; (*en secreto*) belauschen; **~ un concierto** sich *dat* ein Konzert anhören; **~ una conversación telefónica** ein Telefongespräch abhören; **~** (**la**) **radio** Radio hören
②(*prestar atención*) zuhören (*a* +*dat*); **no me estás escuchando** du hörst mir ja gar nicht zu; **¡escúchame bien!** pass gut auf!
③(*obedecer*) hören (auf +*akk*); **tu hija no te escucha** deine Tochter hört nicht auf dich
III. *vr:* **~se** sich gerne reden hören
escuchimizado, -a [eskutʃimi'θaðo, -a] *adj* (*flaco*) dürr, abgemagert; (*raquítico*) schwächlich, kränklich
escudar [esku'ðar] **I.** *vt* ①(*proteger*) beschützen (*de* vor +*dat*)
②(*con el escudo*) mit dem Schild decken
II. *vr:* **-se** ①(*excusarse*) sich herausreden (*en* mit +*dat*), sich verschanzen (*en* hinter +*dat*); **siempre te escudas en tu trabajo** du schiebst immer deine Arbeit als Ausrede vor
②(*ampararse*) sich wappnen (*con/de* mit +*dat*)
escudería [eskuðe'ria] *f* (DEP) Rennstall *m*, Rennteam *nt*
escudero¹ [esku'ðero] *m* ①(*que lleva el escudo*) (Schild)knappe *m*
②(*sirviente*) Diener *m*, Page *m*
③(*noble*) Ritter *m*
④(*fabricante*) Schildhersteller *m*
⑤(*jabalí*) Jungkeiler *m*
escudero, -a² [esku'ðero, -a] *adj* Schildknappen-
escudilla [esku'ðiʎa] *f* Suppenschale *f*
escudo [es'kuðo] *m* ①(*arma*) (Schutz)schild *m*
②(*amparo*) Schutz *m*; (*persona*) Beschützer *m*
③(*emblema*) Wappen *nt;* **~ de armas** Wappen *nt;* **~ cortado** Spiegelwappen *nt*
④(*de una cerradura*) Schlüssellochblech *nt*
⑤(*moneda portuguesa*) Escudo *m*
⑥(HIST: *de oro*) Goldmünze *f;* (*de plata*) Silbermünze *f*
escudriñador(a) [eskuðriɲa'ðor(a)] *m(f)* Schnüffler(in) *m(f)*
escudriñamiento [eskuðriɲa'mjento] *m* (*examen*) Untersuchung *f*
escudriñar [eskuðri'ɲar] *vt* ①(*examinar*) untersuchen, unter die Lupe nehmen *fam;* (*fam: una habitación*) durchsuchen; **en la intimidad de alguien** in jds Privatleben herumschnüffeln
②(*mirar*) absuchen, den Blick *o* die Augen gleiten lassen (über +*akk*); **escudriñó el cielo en busca de aviones** er/sie suchte den Himmel nach Flugzeugen ab
escuela [es'kwela] *f* ①(*institución*) Schule *f;* (*de enseñanza primaria*) Grundschule *f;* **E~ de Bellas Artes** Kunstakademie *f;* **~ de conducir** Fahrschule *f;* **~ de idiomas** Sprachschule *f;* **~ normal** pädagogische Hochschule *f;* **~ de párvulos** Kindergarten *m;* **~ privada** Privatschule *f;* **E~ Superior de Comercio** Höhere Handelsschule *f;* **~ superior técnica** technische Hochschule *f;* **taller** Lehrwerkstatt *f*
②(*edificio*) Schulgebäude *nt*, Schule *f*
③(*método de enseñanza*) Unterricht *m*, Unterrichtsmethode *f*
④(*conocimientos*) (Schul)bildung *f;* **ha tenido buena ~** er/sie hat eine ausgezeichnete Ausbildung genossen; **la vida es la mejor ~** das Leben ist die beste Schule
⑤(*profesores, alumnos*) Schule *f*
⑥(*estilo, seguidores*) Schule *f;* **la ~ holandesa/de Dürer** die flämische/dürersche Schule; **su ejemplo ha hecho ~** sein/ihr Beispiel hat Schule gemacht
⑦(*doctrina*) Lehre *f*
escuerzo [es'kwerθo] *m* ①(ZOOL) Kröte *f*
②(*fam: feo*) Scheusal *nt;* (*raquítico*) Knirps *m*, Schwächling *m*
escueto, -a [es'kweto, -a] *adj* ①(*sin adornos*) nüchtern, schlicht
②(*lenguaje*) sachlich, knapp; (*pey*) trocken; **explicar algo de forma escueta** etw mit knappen Worten schildern
③(*desembarazado*) frei
escuincle, -a [es'kwiŋkle, -a] *m, f* (*Méx: fam: chiquillo*) Junge *m;* (*chiquilla*) Mädchen *nt*
esculcar [eskul'kar] <c→qu> *vt* (*AmC, Col, Méx: registrar*) durchsuchen; **~ los bolsillos** die Taschen durchsuchen
esculpir [eskul'pir] *vt* ①(*modelar*) (bildhauerisch) gestalten; **~ a cincel** meißeln; **~ en madera** (in Holz) schnitzen; **~ una figura en mármol** eine Figur aus Marmor hauen
②(*grabar*) (ein)gravieren (*en* in +*akk*), meißeln (*en* in +*akk*)
escultor(a) [eskul'tor(a)] *m(f)* Bildhauer(in) *m(f);* **~ de madera** Holzschnitzer *m*
escultórico, -a [eskul'toriko, -a] *adj* bildhauerisch, plastisch; **arte ~**

Bildhauerkunst *f*, Plastik *f*
escultura [eskul'tura] *f* ①(*obra*) Skulptur *f*, Plastik *f;* **~ de madera** Holzschnitzerei *f*
②(*arte*) Bildhauerkunst *f*, Plastik *f;* **~ en madera** Holzschnitzerei *f*
escultural [eskultu'ral] *adj* **v. escultórico**
①(*bello*) bildschön; **tener un cuerpo ~** einen wohlgeformten Körper haben; **esta chica tiene medidas ~es** dieses Mädchen hat Idealmaße
escupidera [eskupi'ðera] *f* ①(*para escupir*) Spucknapf *m*
②(*orinal*) Nachttopf *m*
③(*Am: loc*): **pedir la ~** (*acobardarse*) Angst bekommen; (*considerarse vencido*) sich geschlagen geben, das Handtuch werfen
escupidura [eskupi'ðura] *f* ①(*saliva*) Speichel *m*, Spucke *f fam*
②(*pupa*) Fieberbläschen *m*
escupir [esku'pir] **I.** *vi* ①(*por la boca*) spucken
②(*vulg: cantar*) singen *fam*, auspacken *fam*
II. *vt* ①(*por la boca*) (aus)spucken; **~ sangre** Blut spucken
②(*soltar*) abgeben
③(*arrojar*) ausstoßen; **~ fuego** Feuer speien; **el volcán escupe lava** der Vulkan spuckt Lava; **su piel escupió pústulas** (MED) auf ihrer/seiner Haut bildeten sich Pusteln
④(*despreciar*) ablehnen, zurückweisen; (*tratar mal*) mit Füßen treten; **~ al cielo** (*fam*) sich *dat/akk* ins eigene Fleisch schneiden; **~ a alguien a la cara** jdn schwer beleidigen
⑤(*vulg: decir*) ausspucken *fam;* **escupe lo que sabes** jetzt spuck schon aus, was du weißt
escupitajo [eskupi'taxo] *m* ①(*saliva*) Speichel *m*, Spucke *f fam;* (*flema*) Auswurf *m;* (MED) Sputum *nt*
②(*fam: persona*) Ebenbild *nt;* **ser el ~ de alguien** jdm zum Verwechseln ähnlich sehen, jdm aus dem Gesicht geschnitten sein
escurialense [eskurja'lense] *adj* aus El Escorial; (*del monasterio*) das Kloster in El Escorial betreffend
escurreplatos [eskurre'platos] *m inv* Geschirrständer *m*, Abtropfgestell *nt*
escurridero [eskurri'ðero] *m* Abtropfgestell *nt*
escurridizo, -a [eskurri'ðiθo, -a] *adj* ①(*objeto*) schlüpfrig, glatt; (*terreno*) rutschig, glatt
②(*persona*) aalglatt; (*respuesta*) ausweichend; (*problema*) schwer fassbar
escurrido¹ [esku'rriðo] *m* Schleudern *nt;* **no funciona el ~ de la lavadora** das Schleuderprogramm der Waschmaschine funktioniert nicht
escurrido, -a² [esku'rriðo, -a] *adj* ①(*flaco*) mager, dürr; **~ de caderas** schmalhüftig; **~ de pecho** flachbrüstig
②(*ropa*) eng anliegend, hauteng; **una mujer escurrida** eine Frau, die einen engen Rock trägt
③(*Méx, PRico: avergonzado*) peinlich berührt, beschämt
escurridor [eskurri'ðor] *m* ①(*colador*) (Abtropf)sieb *nt*
②(*escurreplatos*) Geschirrständer *m;* (*escurridero*) Abtropfgestell *nt*
③(*de una lavadora*) (Wäsche)schleuder *f*
escurriduras [eskurri'ðuras] *fpl* ①(*de un líquido*) Neige *f*
②(*resto*) Überbleibsel *ntpl*
escurrir [esku'rrir] **I.** *vi* ①(*gotear*) tropfen; (*ropa, verdura*) abtropfen
II. *vt* ①(*una vasija*) völlig entleeren; **~ la (botella de) cerveza** die Bierflasche bis zur Neige [*o* bis auf den letzten Tropfen] leeren
②(*ropa*) auswringen; (*platos, verdura*) abtropfen lassen
③(*deslizar*) gleiten lassen; **~ la mano por encima de algo** die Hand über etw gleiten lassen; **deslizó el dinero en mi bolsillo** er/sie ließ das Geld unauffällig in meine Tasche gleiten
III. *vr:* **-se** ①(*resbalar*) ausrutschen
②(*desaparecer*) entwischen; **~se (por) entre la gente** in der Menge untertauchen
③(*escaparse*) entgleiten; **el pez se me escurrió de (entre) las manos** der Fisch glitt mir aus den Händen; **~se por un agujero** durch ein Loch rutschen; **las perlas se me escurren entre los dedos** die Perlen gleiten [*o* rutschen] mir durch die Finger
④(*gotear*) tropfen; (*soltar agua*) abtropfen
⑤(*fam: dar*) sich vertun; **me he escurrido en la propina** ich habe aus Versehen zu viel Trinkgeld gegeben
⑥(*fam: decir*) sich verplappern
escusado, -a [esku'saðo, -a] *adj* **v. excusado²**
escúter [es'kuter] *m* Motorroller *m*
esdrújulo¹ [es'ðruxulo] *m* (LING) auf der drittletzten Silbe betontes Wort
esdrújulo, -a² [es'ðruxulo, -a] *adj* auf der drittletzten Silbe betont
ese¹ ['ese] *f* S, s *nt;* **ir** [*o* **andar**] **haciendo ~s** (*fam*) torkeln
ese, -a² ['ese, -a] **I.** *adj* <esos, -as> diese(r, s), der/die/das (da); (*Am*) jene(r, s); **¿~ coche es tuyo?** gehört dieses Auto dir?, ist das dein Auto?; **esas sillas están en el paso** die Stühle da stehen im Weg; **el chico ~ no me cae bien** der Typ da ist mir nicht sympathisch
II. *pron dem v.* **ése, ésa, eso**

ése, ésa, eso ['ese, 'esa, 'eso] *pron dem* <ésos, -as> diese(r, s), der/die/das (da); **eso no me lo creo** das glaube ich nicht; **me lo ha dicho ésa** die da hat es mir erzählt; **ya me he decidido, o ésa o ninguna** ich habe mich entschieden, entweder die oder keine; **¿por qué no vamos a otro bar? – ~ no me gusta** lass uns doch in eine andere Kneipe gehen – die da drüben gefällt mir nicht; **llegaré a eso de las doce** ich komme so gegen zwölf Uhr an; **le ofrecieron mucho dinero pero, ¡ni por ésas!** sie boten ihm/ihr viel Geld, aber da war nichts zu wollen; **estaba trabajando, en eso (que) tocaron al timbre** ich war gerade am Arbeiten, da klingelte es an der Tür; **siempre está sin un duro, ¡y eso que gana mucho dinero!** er/sie ist immer blank, obwohl er/sie sehr gut verdient; **¡a ~!** haltet den Dieb!; **eso mismo le acabo de decir** genau das habe ich soeben zu ihm/ihr gesagt; **aun con eso prefiero quedarme en casa** ich bleibe trotzdem lieber zu Hause; **lejos de eso** ganz im Gegenteil; **no es eso** darum geht es doch gar nicht; **por eso (mismo)** (gerade) deswegen; **¿y eso?** wieso das?; **¿y eso qué?** na und?; **¡eso sí que no!** das kommt nicht in die Tüte! *fam; v. t.* **ese, -a**

esencia [e'senθja] *f* ① (*naturaleza*) Wesen *nt*, Natur *f*, Essenz *f elev*; **se dice que el alemán es por ~ trabajador** es heißt, der Deutsche sei von Natur aus fleißig
② (*fondo*) Kern *m*, Wesentliche(s) *nt*, Essenz *f*; **quinta ~** Quintessenz *f*; **ser de ~** wesentlich sein; **ser en ~ lo mismo** im Grunde (genommen) [*o* im Wesentlichen] dasselbe sein; **me contó en ~ lo que había pasado** er/sie erzählte mir im Wesentlichen, was passiert war
③ (QUÍM) Essenz *f*; **~ de café** Kaffeeextrakt *m*; **~ de rosas** Rosenöl *nt*
④ (*colmo*) Inbegriff *m*; **es la ~ de la arrogancia** er/sie ist die Arroganz in Person

esencial [esen'θjal] *adj* ① (*sustancial*) wesentlich, grundlegend, essenziell; **elemento ~** Hauptbestandteil *m*
② (*indispensable*) unerlässlich (*a/para* für +*akk*), notwendig (*a/para* für +*akk*); **alimento ~** Grundnahrungsmittel *nt*
③ (*loc*): **aceite ~** ätherisches Öl *nt*

esencialidad [esenθjali'ðað] *f sin pl* (*cualidad de esencial*) Wesentlichkeit *f*, Essentia *f*

esencialismo [esenθja'lismo] *m sin pl* (FILOS) Essentialismus *m*

esencialmente [esenθjal'mente] *adv* im Wesentlichen, im Grunde (genommen)

esenciero [esen'θjero] *m* Flakon *m o nt*

esfenoidal [esfenoi'ðal] *adj* (ANAT) Keilbein-

esfenoides [esfe'noiðes] I. *adj inv* (ANAT) keilförmig; **hueso ~** keilförmiger Knochen
II. *m* (ANAT) Keilbein *nt*

esfenoiditis [esfenoi'ðitis] *f inv* (MED) Keilbeinhöhlensinusitis *f*

esfera [es'fera] *f* ① (MAT) Kugel *f*; **~ terrestre** Erdkugel *f*
② (*del reloj*) Zifferblatt *nt*; **~ luminosa** Leuchtzifferblatt *nt*
③ (*ámbito*) Sphäre *f*, Bereich *m*; **~ de actividad** Wirkungskreis *m*; **~ de influencia** Einflussbereich *m*
④ (ASTR) Sphäre *f*
⑤ (*clase*) Gesellschaftsschicht *f*; **las altas ~s de la sociedad** die besseren Kreise

esfericidad [esferiθi'ðað] *f sin pl* Kugelförmigkeit *f*

esférico¹ [es'feriko] *m* (DEP) (Spiel)ball *m*

esférico, -a² [es'feriko, -a] *adj* ① (*redondo*) kugelförmig
② (*de la esfera*) sphärisch

esferográfico [esfero'γrafiko, -a] *m* (*AmS: bolígrafo*) Kugelschreiber *m*

esferoide [esfe'roiðe] *m* (MAT) Sphäroid *nt*, Rotationsellipsoid *nt*

esferómetro [esfe'rometro] *m* (TÉC) Sphärometer *nt*

esfigmógrafo [esfiγ'moγrafo] *m* (MED) Pulsschreiber *m*, Sphygmograph *m*

esfigmomanómetro [esfiγmoma'nometro] *m* (MED) Blutdruckmesser *m*, Sphygmomanometer *nt*

esfinge [es'finxe] *f* ① (*animal fabuloso*) Sphinx *f*; **ser una ~** ein undurchschaubarer Mensch sein
② (ZOOL) Nachtfalter *m*, Nachtschwärmer *m*

esfínter [es'finter] *m* (ANAT) Ringmuskel *m*, Schließmuskel *m*

esforzado, -a [esfor'θaðo, -a] *adj* kühn, tapfer

esforzar [esfor'θar] *irr como forzar* I. *vt* ① (*forzar*) anstrengen, beanspruchen; **~ demasiado la vista** die Augen überanstrengen
② (*dar fuerza*) (ver)stärken; **~ la voz** die Stimme heben
③ (*dar ánimo*) ermutigen
II. *vr*: **~se** *dat* Mühe geben (*en* bei +*dat*), sich bemühen (*por/para* zu +*inf*); **se esforzó para ganar** er/sie strengte sich an, um zu gewinnen

esfuerzo [es'fwerθo] *m* ① (*acción de esforzarse*) Anstrengung *f*, Mühe *f*; **~ fiscal** Steuerlast *f*; **sin ~** mühelos; **hacer un ~** sich anstrengen; **me ha costado muchos ~s conseguirlo** es hat mich viel Mühe gekostet, das zu erreichen; **no lo conseguiremos si tú no haces un ~ por tu parte** ohne dein Dazutun schaffen wir es nicht
② (*económico*) (finanzielles) Opfer *nt*; **está haciendo un ~ para pagar el piso** er/sie schränkt sich (finanziell) ein, um die Wohnung zu bezahlen
③ (*valor*) Mut *m*
④ (*vigor*) Kraft *f*, Energie *f*
⑤ (*de una máquina*) Beanspruchung *f*; **~ excesivo** Überbeanspruchung *f*

esfumado [esfu'maðo] *m* (ARTE) (Technik *f* des) Sfumato *nt*

esfumar [esfu'mar] I. *vt* ① (*trazos, contornos*) verwischen
② (*colores*) abtönen
II. *vr*: **~se** ① (*desvanecerse*) schwinden, sich auflösen; (*desaparecer*) verschwinden; (*nubes*) sich verziehen; (*contornos*) verschwimmen; **el coche se esfumó en la lejanía** das Auto verschwand in der Ferne
② (*fam: marcharse*) sich aus dem Staub machen

esfuminar [esfumi'nar] *vt* (ARTE) verwischen

esfumino [esfu'mino] *m* (ARTE) Wischer *m*

esgrafiado [esγra'fjaðo] *m* (ARTE) ① (*técnica*) Sgraffito *nt*, Kratzputz *m*
② (*obra*) Sgraffito-Werk *nt*

esgrima [es'γrima] *f* (DEP) Fechtsport *m*, Fechten *nt*; (*arte*) Fechtkunst *f*; **practicar la ~** fechten

esgrimible [esγri'mißle] *adj* (*argumentos*) haltbar

esgrimir [esγri'mir] *vt* ① (*blandir*) schwingen
② (*utilizar*) anführen, ins Spiel bringen; (*motivos, argumentos*) anführen

esgrimista [esγri'mista] *mf* (*Am*) Fechter(in) *m(f)*

esguince [es'γinθe] *m* ① (MED) Verstauchung *f*; **hacerse un ~ en el tobillo** sich *dat* den Knöchel verstauchen
② (*cuarteo*) Ausweichmanöver *nt*
③ (*gesto*) abfällige Geste *f*

eslabón [esla'ßon] *m* ① (*de una cadena*) (Ketten)glied *nt*
② (*entre acontecimientos*) Bindeglied *nt*; **este testimonio es el ~ que faltaba para resolver el caso** diese Aussage ist das zur Auflösung des Falles fehlende Glied in der Kette
③ (*para sacar fuego*) Schlägel *m*
④ (*para afilar*) Wetzstahl *m*

eslabonamiento [eslaßona'mjento] *m* ① (*encadenar*) Verkettung *f*
② (*fig: relacionar*) Verknüpfung *f*

eslabonar [eslaßo'nar] I. *vt* ① (*encadenar*) verketten
② (*fig: relacionar*) verknüpfen
II. *vr*: **~se** sich verketten

eslalon [es'lalon] *m* (DEP) Slalom *m*

eslava [es'laßa] *adj o f v.* **eslavo**

eslavista [esla'ßista] *mf* Slawist(in) *m(f)*

eslavística [esla'ßistika] *f* (LING) Slawistik *f*

eslavo, -a [es'laßo, -a] I. *adj* slawisch
II. *m, f* Slawe, -in *m, f*

eslip [es'lip] <eslips> *m* Slip *m*

eslogan [es'loγan] *m* Slogan *m*, Schlagwort *nt*, Werbespruch *m*; **~ publicitario** Werbeslogan *m*, Werbespruch *m*

eslora [es'lora] *f* ① (*longitud*) Schiffslänge *f*, Kiellänge *f*
② *pl* Schiffsbalken *mpl*, (Längs)balken *mpl*

eslovaco, -a [eslo'ßako, -a] I. *adj* slowakisch
II. *m, f* Slowake, -in *m, f*

Eslovaquia [eslo'ßakja] *f* Slowakei *f*

eslovena [eslo'ßena] *adj o f v.* **esloveno**

Eslovenia [eslo'ßenja] *f* Slowenien *nt*

esloveno, -a [eslo'ßeno, -a] I. *adj* slowenisch
II. *m, f* Slowene, -in *m, f*

esmaltado¹ [esmal'taðo] *m* (*de metal*) Emaillierung *f*; (*de cerámica*) Glasierung *f*

esmaltado, -a² [esmal'taðo, -a] *adj* (*metal*) emailliert; (*cerámica*) glasiert

esmaltar [esmal'tar] *vt* ① (*metal*) emaillieren; (*cerámica*) glasieren
② (*adornar de colores*) bemalen
③ (*embellecer*) schmücken

esmalte [es'malte] *m* ① (*barniz*) Schmelz *m*; (*sobre metal*) Email *nt*, Emaille *f*; (*sobre porcelana*) Glasur *f*; (*de color azul*) Schmalte *f*; **~ de laca** Emaillack *m*; **sin ~** unglasiert
② (*de uñas*) Nagellack *m*
③ (*labor*) Emaillierung *f*
④ (*objeto*) Emailarbeit *f*; **pulsera con ~s** emaillierter Armreif
⑤ (*de los dientes*) Zahnschmelz *m*
⑥ (*lustre*) Glanz *m*
⑦ (*adorno*) Verzierung *f*

esmerado, -a [esme'raðo, -a] *adj* ① (*persona*) sorgfältig, gewissenhaft, genau
② (*obra*) tadellos

esmeralda¹ [esme'ralda] I. *adj* smaragdgrün
II. *m* Smaragdgrün *nt*

esmeralda² [esme'ralda] *f* Smaragd *m*; **~ oriental** Korund *m*

esmerar [esme'rar] I. *vt* polieren
II. *vr:* **~se** ① (*obrar con esmero*) sorgfältig [*o* gewissenhaft] arbeiten; **~se en la limpieza** gründlich putzen
② (*esforzarse*) sich *dat* Mühe geben (*en* bei +*dat*); **se esmera en no cometer errores** er/sie bemüht sich Fehler zu vermeiden
③ (*lucirse*) sich hervortun; **hoy te has esmerado en la comida** heute hast du dich mit dem Essen selbst übertroffen

esmeril [esme'ril] *m* (*roca*) Schmirgel *m*; **papel de ~** Schmirgelpapier *nt*, Schleifpapier *nt*

esmerilado¹ [esmeri'laðo] *m* (*acción*) Schmirgeln *nt*, Schleifen *nt*; (*efecto*) Schliff *m*

esmerilado, -a² [esmeri'laðo, -a] *adj* (*vidrio*) matt

esmerilar [esmeri'lar] *vt* (ab)schmirgeln, (ab)schleifen

esmero [es'mero] *m* Sorgfalt *f*, Genauigkeit *f*, Gewissenhaftigkeit *f*; **~ debido** (JUR) eigenübliche Sorgfalt; **~ defectuoso** (JUR) mangelnde Sorgfalt; **con ~** gewissenhaft

esmirriado, -a [esmi'rrjaðo, -a] *adj* (*flaco*) abgezehrt, dürr; (*raquítico*) schmächtig

esmoquin [es'mokin] *m* (*traje*) Smoking *m*; (*chaqueta*) Smokingjackett *nt*

esnifada [esni'faða] *f* (*argot*) ① (*aspiración*) Sniff *m*, Schnupfen *nt*; (*de pegamento, pintura*) Schnüffeln *nt*
② (*dosis*) Nase *f*, Dosis *f*

esnifar [esni'far] *vt* (*argot: cocaína*) sniffen, schnupfen; (*pegamento, pintura*) schnüffeln

esnife [es'nife] *m v.* **esnifada**

esnob [es'noβ] I. *adj* snobistisch, versnobt
II. *mf* Snob *m*; **es una ~** sie ist ein Snob

esnobismo [esno'βismo] *m* Snobismus *m*

eso ['eso] *pron dem v.* **ése**

esófago [e'sofaɣo] *m* (ANAT) Speiseröhre *f*

esos ['esos] *adj v.* **ese, -a**

ésos ['esos] *pron dem v.* **ése**

esotérico, -a [eso'teriko, -a] *adj* esoterisch

esoterismo [esote'rismo] *m sin pl* Esoterik *f*

espabilada [espaβi'laða] *f* (*Col: parpadeo*) Lidschlag *m*; **en una ~** auf einen Schlag

espabilado, -a [espaβi'laðo, -a] *adj* ① (*listo*) aufgeweckt, clever
② (*despierto*) wach, munter

espabilar [espaβi'lar] I. *vi* ① (*darse prisa*) sich beeilen; **espabila y vístete, vienen a buscarte en cinco minutos** mach schnell und zieh dich an, du wirst in fünf Minuten abgeholt
② (*avivarse*) dazulernen, sich fit machen *fam*; **si quiere empezar a trabajar por su cuenta, tiene que ~** wenn er/sie sich selb(st)ständig machen will, muss er/sie noch einiges lernen
II. *vt* ① (*despertar*) muntern [*o* wach] machen
② (*avivar*) aufrütteln; **en la mili ya lo ~án** beim Bund werden sie ihm schon zeigen, wo es langgeht; **es muy perezosa, pero en el colegio ya la ~án** sie ist sehr faul, aber in der Schule werden sie ihr schon Dampf machen
③ (*una luz*) putzen; **~ una vela** den Docht einer Kerze kürzen
④ (*acabar deprisa*) schnell erledigen; (*fortuna*) durchbringen; (*comida*) verdrücken *fam*, verputzen *fam*
⑤ (*robar*) stehlen, stibitzen *fam*
⑥ (*matar*) erledigen
III. *vr:* **~se** ① (*sacudir el sueño*) munter [*o* wach] werden; (*la pereza*) sich aufraffen, sich aufrappeln *fam*; **tómate un café para ~te** trink einen Kaffee, damit du richtig wach wirst
② (*darse prisa*) sich beeilen; **espabílate, que vas a llegar tarde** mach schnell, du kommst sonst noch zu spät
③ (*avivarse*) rege werden, sich interessieren zeigen; **se ha espabilado desde que va al colegio** seit er/sie zur Schule geht, ist er/sie viel aufgeweckter
④ (*Am: marcharse*) sich aus dem Staub machen *fam*

espachurrar [espatʃu'rrar] I. *vt* ① (*aplastar*) zerquetschen, zerdrücken; (*reventar*) zerschlagen; **me dejó espachurrado** ich war sprachlos; **lo espachurró con sus argumentos** er konnte seinen/ihren Argumenten nichts entgegensetzen
② (*embrollar*) durcheinander bringen; **espachurras todos los chistes** du kannst keine Witze erzählen
II. *vr:* **~se** kaputtgehen; (*fruta*) matschig werden

espaciado¹ [espa'θjaðo] *m* ① (*acción de espaciar*) Trennung *f*; (*de objetos*) Auseinanderrücken *nt*; (*en el tiempo*) Verteilung *f* auf verschiedene Zeitpunkte; (TIPO: *de letras*) Sperren *nt*; (*de líneas*) Durchschießen *nt*; (*divulgación*) Verbreitung *f*
② (*efecto de espaciar*) Abstand *m*; (*entre objetos*) Zwischenraum *m*; (TIPO: *entre letras*) Leerschritt *m*; (*entre líneas*) Zeilenabstand *m*

espaciado, -a² [espa'θjaðo, -a] *adj* (*separado*) auseinander liegend; (TIPO) gesperrt (gedruckt)

espaciador [espaθja'ðor] *m* Leertaste *f*

espacial [espa'θjal] *adj* räumlich, Raum-; **estación ~** Raumstation *f*; **nave ~** Raumschiff *nt*

espaciar [espa'θjar] I. *vt* ① (*separar*) auseinander ziehen; (*en el espacio*) auseinander rücken; (*en el tiempo*) die (zeitlichen) Abstände vergrößern; **~ las visitas** zwischen den Besuchen Zeit verstreichen lassen; **~ los árboles** einen Zwischenraum zwischen den Bäumen lassen
② (*escasear*) immer seltener tun
③ (*divulgar*) verbreiten
④ (*esparcir*) ausbreiten
⑤ (TIPO: *letras*) sperren; (*líneas*) durchschießen
II. *vr:* **~se** ① (*dilatarse*) sich ausdehnen, sich ausbreiten; (*en un discurso*) ausschweifen
② (*escasear*) seltener werden
③ (*divertirse*) sich zerstreuen, sich *dat* die Zeit vertreiben

espacio [es'paθjo] *m* ① (*área*) Raum *m*; (*superficie*) Fläche *f*; (*trayecto*) Strecke *f*; **~ aéreo** Luftraum *m*; **E~ Económico Europeo** Europäischer Wirtschaftsraum; **~ hueco** Hohlraum *m*; **~ vacío** luftleerer Raum; **~ verde** Grünfläche *f*; **~ virtual** (INFOR) Cyberspace *m*; **~ vital** Lebensraum *m*; **~ web** Website *f*
② (*que ocupa un cuerpo*) Platz *m*, Raum *m*; **~ necesario** Platzbedarf *m*; **no tenemos ~ para tantos muebles** wir haben für so viele Möbel nicht genügend Platz
③ (*entre objetos*) Zwischenraum *m*, Lücke *f*; (TIPO) Leerschritt *m*; (INFOR) Leerzeichen *nt*; (TEC) Spiel *nt*
④ (*de tiempo*) Zeitraum *m*; **en el ~ de dos meses** innerhalb von zwei Monaten; **por ~ de tres horas** drei Stunden lang
⑤ (ASTR) Weltraum *m*, Weltall *nt*
⑥ (MÚS) Pause *f*
⑦ (*programa*) Sendung *f*; **~ informativo** Nachrichtensendung *f*
⑧ (*lentitud*) Langsamkeit *f*; (*tardanza*) Verspätung *f*, Verzögerung *f*

espaciosidad [espaθjosi'ðað] *f* Geräumigkeit *f*, Weiträumigkeit *f*

espacioso, -a [espa'θjoso, -a] *adj* (*lugar*) geräumig, weiträumig; (*persona*) schwerfällig, phlegmatisch

espacio-temporal [es'paθjo tempo'ral] *adj* räumlich-zeitlich

espada¹ [es'paða] *mf* (*espadachín*) geübter Fechter *m*, geübte Fechterin *f*

espada² [es'paða] *m* ① (TAUR) Matador *m*
② (ZOOL) Schwertfisch *m*

espada³ [es'paða] *f* ① (*arma*) Schwert *nt*, Degen *m*; **~ negra** Florett *nt*; **desnudar la ~** das Schwert zücken; **el despido era su ~ de Damocles** eine mögliche Entlassung schwebte wie ein Damoklesschwert über seinem/ihrem Haupt; **tu respuesta es ~ de dos filos** deine Antwort ist ein zweischneidiges Schwert; **estar entre la ~ y la pared** (*fam*) in einer Zwickmühle sein; **salió con su media ~** er/sie mischte sich ungefragt ein; **colgar la ~** sich zurückziehen; **sacar la ~ por alguien/algo** für jdn/etw eine Bresche schlagen
② (*llave*) Dietrich *m*
③ *pl* (*en la baraja española*) ≈Schwert *nt* (*spanische Spielkartenfarbe*); **pintan ~s** Schwert ist Trumpf

espadachín [espaða'tʃin] *m* ① (*maestro*) geübter Fechter *m*, Fechtkünstler *m*
② (*fanfarrón*) Prahlhans *m*; (*pendenciero*) Raufbold *m*

espadaña [espa'ðaɲa] *f* ① (*campanario*) Glockenturm *m*
② (BOT) Rohrkolben *m*

espadín [espa'ðin] *m* ① (*arma*) Rapier *nt*, (Uniform)degen *m*
② (ZOOL) Sprotte *f*

espadón [espa'ðon] *m* ① (*fam: persona*) hohes Tier *nt*
② (*eunuco*) Eunuch *m*

espagueti(s) [espa'ɣeti(s)] *m(pl)* (GASTR) Spaghetti *pl*; **~s a la boloñesa** Spaghetti Bolognese

espalda [es'palda] *f* ① (ANAT) Rücken *m*, Buckel *m fam*; **ancho de ~s** breitschult(e)rig; **dolor de ~s** Rückenschmerzen *mpl*; **ser cargado de ~s** einen krummen Rücken haben; **andar de ~s** rückwärts gehen; **con las manos en la ~** mit hinter dem Rücken verschränkten Händen; **estar a ~s de alguien/algo** hinter jdm/etw *dat* sein; **estar de ~s a la pared** mit dem Rücken zur Wand stehen; **atacar a alguien por la ~** jdn von hinten [*o* hinterrücks] überfallen; **coger a alguien por la ~** jdn in den Rücken fallen; **doblar la ~** arbeiten; **volver la ~ a alguien** (*fam*) jdn links liegen lassen, jdm die kalte Schulter zeigen; **volver las ~s al enemigo** vor dem Feind fliehen; **hablar a ~s de alguien** hinter jds Rücken reden; **me caí de ~s al oír eso** (*fam*) ich war wie vor den Kopf geschlagen, als ich das hörte; **donde la ~ pierde su honesto nombre** (*fam*) der verlängerte Rücken; **tener las ~s muy anchas** (*fam*) einen breiten Buckel haben; **tener las ~s bien guardadas** (*fam*) gute Beziehungen haben; **la responsabilidad recae sobre mis ~s** die Verantwortung liegt [*o* lastet] auf meinen Schultern; **vivir de ~s a la realidad** an der Wirklichkeit vorbeileben
② (DEP) Rückenschwimmen *nt*; **100 metros ~** 100 Meter Rücken;

espaldar

¿sabes nadar ~? kannst du rückenschwimmen?; **nadar de ~s va bien para la columna** Rückenschwimmen ist gut für die Wirbelsäule
❸ (*de un edificio*) Rückseite *f*
❹ (*de un animal*) Rücken *m*; (*para el consumo*) Rückenstück *nt*

espaldar [espal'dar] *m* ❶ (*de una res*) Rücken *m*; (*para el consumo*) Rückenstück *nt*
❷ (*de una silla*) Rückenlehne *f*
❸ (*de un muro*) Spalier *nt*
❹ (*de tortuga*) Panzer *m*

espaldarazo [espalda'raθo] *m* (HIST) Ritterschlag *m*; **dar el ~ a alguien** jdn als gleichgeberechtigt anerkennen

espaldera [espal'dera] *f* ❶ (*de un muro*) Spalier *nt*; **árbol a ~** (BOT) Spalierbaum *m*; **cultivar plantas en ~** Pflanzen an einem Spalier ziehen
❷ (DEP) Sprossenwand *f*

espaldero [espal'dero] *m* (Ven) ❶ (*guardaespaldas*) Leibwächter *m*
❷ (*asistente de un militar*) Adjutant *m*

espaldilla [espal'diʎa] *f* ❶ (*de una res*) Bug *m*
❷ (ANAT) Schulterblatt *nt*

espaldista [espal'dista] *mf* (DEP) Rückenschwimmer(in) *m(f)*

espanglis [espaŋ'lis] *m* Spanglish *f*

espantable [espan'taβle] *adj v.* **espantoso**

espantada [espan'taða] *f* ❶ (*de un animal*) Flucht *f*
❷ (*de alguien*) Rückzieher *m*; **pegar una ~** plötzlich abspringen

espantadizo, -a [espanta'ðiθo, -a] *adj* ❶ (*persona*) schreckhaft
❷ (*caballo*) scheu, scheuend

espantagustos [espanta'ɣustos] *mf inv* Spaßverderber(in) *m(f)*

espantajo [espan'taxo] *m* ❶ (*espantapájaros*) Vogelscheuche *f*; **tal como vas vestido pareces un ~** in diesem Aufzug siehst du wie eine Vogelscheuche aus
❷ (*fantoche*) Popanz *m*, Schreckgespenst *nt*

espantalobos [espanta'loβos] *m inv* (BOT) Blasenstrauch *m*

espantamoscas [espanta'moskas] *m inv* Fliegenklatsche *f*, Fliegenklappe *f*

espantapájaros [espanta'paxaros] *m inv* Vogelscheuche *f*

espantar [espan'tar] I. *vt* ❶ (*dar susto*) einen Schreck einjagen [*o* versetzen] (*a* +*dat*), erschrecken; (*dar miedo*) Angst machen (*a* +*dat*)
❷ (*ahuyentar a un animal*) verscheuchen; (*asustándolo*) aufscheuchen, aufschrecken; (*caballos*) scheu machen
❸ (*miedo, penas*) verjagen
❹ (*asombrar*) erstaunen, verwundern
II. *vr:* **~se** ❶ (*personas*) sich erschrecken (*de/por* bei/vor +*dat*)
❷ (*animales*) scheu werden; (*caballo*) scheuen (*de/por* vor +*dat*)

espanto [es'panto] *m* ❶ (*miedo*) Schrecken *m*, Entsetzen *nt*; **¡qué ~!** wie entsetzlich!; **hace un calor de ~** es ist furchtbar [*o* schrecklich] heiß; **los precios son de ~** die Preise sind unerschwinglich; **estar curado de ~s** (*fam*) sich nicht so leicht erschrecken lassen
❷ (*terror*) panische Angst *f*
❸ (*enfermedad*) Schock *m*
❹ (*Am: fantasma*) Gespenst *nt*

espantosidad [espantosi'ðað] *f* (*AmC, Col, PRi: horror*) Grauen *nt*

espantoso, -a [espan'toso, -a] *adj* ❶ (*horroroso*) entsetzlich, schrecklich
❷ (*feo*) hässlich
❸ (*enorme*) enorm, ungeheuer *fam*

España [es'paɲa] *f* Spanien *nt*

español[1] [espa'ɲol] *m* Spanisch(e) *nt*, spanische Sprache *f*; **dar clases de ~** (*impartir*) Spanischunterricht geben; (*tomar*) Spanischunterricht nehmen

español(a)[2] [espa'ɲol(a)] I. *adj* spanisch
II. *m(f)* Spanier(in) *m(f)*

españolada [espaɲo'laða] *f* (*pey*) **esto es una ~** das ist typisch spanisch

españolear [espaɲole'ar] *vi* für Spanien die Werbetrommel rühren, Wunderbares über Spanien erzählen

españolidad [espaɲoli'ðað] *f* ❶ (*carácter*) spanischer Charakter *m*
❷ (*naturaleza*) spanisches Wesen *nt*

españolismo [espaɲo'lismo] *m* ❶ (*amor*) Spanienliebe *f*
❷ (*carácter*) spanischer Charakter *m*
❸ (*hispanismo*) Hispanismus *m*

españolista [espaɲo'lista] *mf* ❶ (POL) spanischer Nationalist *m*, spanische Nationalistin *f*
❷ (DEP) Anhänger(in) *m(f)* des F.C. Español

españolización [espaɲoliθa'θjon] *f* Hispanisierung *f*

españolizar [espaɲoli'θar] <z→c> I. *vt* hispanisieren
II. *vr:* **~se** hispanisiert werden

esparadrapo [espara'ðrapo] *m* (MED) Heftpflaster *nt*, Leukoplast® *m*

esparcido, -a [espar'θiðo, -a] *adj* ❶ (*árboles*) verstreut
❷ (*creencia*) verbreitet
❸ (*persona*) vergnügt

esparcimiento [esparθi'mjento] *m* ❶ (*acción*) Verstreuung *f*, Ausstreuung *f*
❷ (*diversión*) Zerstreuung *f*, Unterhaltung *f*

esparcir [espar'θir] <c→z> I. *vt* ❶ (*cosas*) streuen, ausstreuen, verstreuen; **tenía los apuntes esparcidos por el suelo** seine/ihre Unterlagen waren über den ganzen Boden verstreut; **el viento ha esparcido los papeles de la mesa** der Wind hat die Papiere vom Tisch geweht
❷ (*líquido*) versprengen
❸ (*mancha*) größer machen
❹ (*noticia*) verbreiten
❺ (*distraer*): **~ el ánimo** sich zerstreuen
II. *vr:* **~se** ❶ (*cosas*) ausgestreut [*o* verstreut] werden
❷ (*noticias*) sich verbreiten
❸ (*distraerse*) sich zerstreuen; **¿qué haces para ~te?** was machst du als Zeitvertreib?

esparragal [esparra'ɣal] *m* Spargelfeld *nt*

espárrago [es'parraɣo] *m* ❶ (BOT) Spargel *m*; **puntas de ~** Spargelspitzen *fpl*; **¡vete a freír ~s!** (*fam*) scher dich zum Teufel!; **ser un ~** eine Bohnenstange sein
❷ (TÉC) Stiftschraube *f*
❸ (*de entoldado*) Stange *f*

esparraguera [esparra'ɣera] *f* ❶ (BOT) Spargel *m*
❷ (*arriate*) Spargelbeet *nt*; (*campo*) Spargelfeld *nt*
❸ (*fuente*) Spargelteller *m*, Spargelschüssel *f*

esparramar [esparra'mar] I. *vt* (*fam: desparramar*) verstreuen, verschütten
II. *vr:* **~se** (*fam: desparramarse*) sich verteilen, sich ausbreiten

esparrancado, -a [esparraŋ'kaðo, -a] *adj* ❶ (*al andar*) breitbeinig
❷ (*tumbado*) mit gespreizten Beinen
❸ (*cosas*) weit verstreut

esparrancarse [esparraŋ'karse] <c→qu> *vr* die Beine spreizen

Esparta [es'parta] *f* Sparta *nt*

espartano, -a [espar'tano, -a] I. *adj* spartanisch; **lleva una vida espartana** er/sie lebt spartanisch
II. *m, f* Spartaner(in) *m(f)*

espartaquismo [esparta'kismo] *m sin pl* (HIST, POL) Spartakistentum *nt*

espartaquista [esparta'kista] *mf* Spartakist(in) *m(f)*

esparteña [espar'teɲa] *f* Espadrille *f*

espartería [esparte'ria] *f* ❶ (*oficio*) Sparteriewarenherstellung *f*
❷ (*taller*) Sparterie *f*

espartero, -a [espar'tero, -a] *m, f* Sparteriewarenhersteller(in) *m(f)*

espartillo [espar'tiʎo] *m* (*Am*), **esparto** [es'parto] *m* Espartogras *nt*, Esparto *m*

espasmo [es'pasmo] *m* (MED) Krampf *m*, Verkrampfung *f*

espasmódico, -a [espas'moðiko, -a] *adj* krampfartig

espatarrado, -a [espata'rraðo, -a] *adj* ❶ (*al andar*) breitbeinig
❷ (*tumbado*) mit gespreizten Beinen

espatarrarse [espata'rrarse] *vr* die Beine spreizen

espato [es'pato] *m* Spat *m*

espátula [es'patula] *f* ❶ (TÉC) Spachtel *m*; (*del farmacéutico*) Spatel *m*
❷ (ZOOL) Löffelreiher *m*

espavorido, -a [espaβo'riðo, -a] *adj* (*fam*) angsterfüllt, entsetzt

especia [es'peθja] *f* Gewürz *nt*

especiación [espeθja'θjon] *f* (BIOL) Artbildung *f*, Speziation *f*

especial [espe'θjal] *adj* (*lugar, fecha, libro, amigo, deseo*) besonders, speziell; (*edición, comisión, escuela*) Sonder-; (*caso, problema*) Spezial-, Sonder-; (*persona*) seltsam, eigenartig; **en ~** insbesondere, im Besonderen; **¿qué has hecho hoy? – nada en ~** was hast du heute gemacht? – nichts Besonderes; **no pensaba en nada en ~** ich dachte an nichts Bestimmtes; **él es para mí alguien muy ~** er bedeutet mir sehr viel

especialidad [espeθjali'ðað] *f* ❶ (*de un restaurante, una empresa*) Spezialität *f*; **~ de la casa** Spezialität des Hauses
❷ (*rama*) Spezialgebiet *nt*, Spezialfach *nt*; (*de un deporte, ciencia*) Disziplin *f*; (*de una ciencia*) (Fach)gebiet *nt*, Sparte *f*

especialista [espeθja'lista] *mf* ❶ (*experto*) Spezialist(in) *m(f)* (*en* für +*akk*), Fachmann, -frau *m, f* (*en* für +*akk*), Sachverständiger(in) *m(f)* (*en* für +*akk*); **~** Wirtschaftsexperte *m*; **asesoramiento por ~s** fachmännische Beratung
❷ (*médico*) Facharzt, -ärztin *m, f*
❸ (CINE) Stuntman, -woman *m, f*

especialización [espeθjaliθa'θjon] *f* Spezialisierung *f* (*en* auf +*akk*); **mi ~ es la física cuántica** mein Spezialgebiet ist die Quantenphysik

especializado, -a [espeθjali'θaðo, -a] *adj* spezialisiert (*en* auf +*akk*); **casa especializada** Fachgeschäft *nt*; **comercio ~** Fachhandel *m*; **conocimientos ~s** Fachkenntnisse *fpl*; **obrero ~** Facharbeiter *m*, gelernter Arbeiter; **personal ~** Fachkräfte *fpl*

especializar [espeθjali'θar] <z→c> I. *vt* (*limitar*) auf einen Zweck begrenzen
II. *vi, vr:* **~se** sich spezialisieren (*en* auf +*akk*)

especialmente [espeθjal'mente] *adv* besonders; **un partido ~ complicado** ein besonders kompliziertes Spiel; **lo he hecho ~ para ti** ich habe es extra für dich gemacht; **muebles ~ diseñados para minusválidos** speziell auf die Bedürfnisse von Behinderten abgestimmte Möbel

especiar [espe'θjar] *vt* würgen

especie [es'peθje] *f* ① (BOT, ZOOL) Art *f*, Spezies *f*; **una ~ amenazada** eine bedrohte Art [*o* Spezies]; **~ amenazada de extinción** vom Aussterben bedrohte Tierart; **la ~ animal** die Tiere

② (*clase*) Art *f*, Sorte *f*; **~ de la mercancía** Gattung der Ware; **una ~ de palo** eine Art (von) Stock; **ese es una ~ de cantante** er ist sozusagen Sänger; **gente de todas las ~s** Menschen jeder Gattung; **un hombre de mala ~** ein übel gesinnter Mann; **no me gusta esta ~ de vida** ich mag diese Art (von) Leben nicht; **es de esa ~ de personas que nunca están tristes** er/sie gehört zu den Menschen, die nie traurig sind

③ (*condimento*) Gewürz *nt*

④ (DEP: *finta*) Finte *f*; (*estocada*) Degenstoß *m*

⑤ (*noticia*) Nachricht *f*; (*rumor*) Gerücht *nt*; **corre la ~ que...** man sagt, dass ...

⑥ (MÚS) Einzelstimme *f*

⑦ (COM): **pagar en ~s** in Naturalien zahlen

especiero¹ [espe'θjero] *m* Gewürzständer *m*

especiero, -a² [espe'θjero, -a] *m, f* Gewürzhändler(in) *m(f)*

especificación [espeθifika'θjon] *f* ① (*explicación*) genaue Darlegung *f*, genaue Erklärung *f*, Spezifikation *f elev*, Spezifizierung *f elev*; **~ de archivo** (INFOR) Dateikenndaten *pl*; **~ funcional** (INFOR) Funktionsspezifikation *f*; **~ de memoria extendida** (INFOR) Erweiterungsspeicher-Spezifikation *f*

② (*precisión*) genaue [*o* nähere] Angabe *f*, Spezifikation *f elev*; **~ de los gastos** Kostenaufstellung *f*; **especificaciones técnicas** technische Daten

especificar [espeθifi'kar] <c→qu> *vt* ① (*explicar*) im Einzelnen darlegen [*o* erklären], spezifizieren *elev*; **especificó sus razones** er/sie legte jeden Grund einzeln dar; **el ministro especificó los problemas actuales de la economía** der Minister erläuterte im Einzelnen die aktuellen Wirtschaftsprobleme; **no quiso ~ los pormenores de las negociaciones** er/sie wollte nicht auf die Einzelheiten der Verhandlungen eingehen

② (*citar, enumerar*) angeben, aufzählen

especificativo, -a [espeθifika'tiβo, -a] *adj* spezifizierend

especificidad [espeθifiθi'ðað] *f* Spezifität *f*, Spezifik *f*

específico¹ [espe'θifiko] *m* (MED) Spezifikum *nt*

específico, -a² [espe'θifiko, -a] *adj* spezifisch; **el significado ~ de una palabra** die eigentliche [*o* grundlegende] Bedeutung eines Wortes

espécimen [es'peθimen] *m* <especímenes> (*ejemplar*) Exemplar *nt*; **~ de lujo** Prachtexemplar *nt*

② (*muestra*) Muster *nt*, Probe *f*; **~ de orina** Urinprobe *f*

espectacular [espektaku'lar] *adj* ① (*accidente*) spektakulär; (*trabajo, caso*) Aufsehen erregend; (*récord, historia*) sensationell

espectacularidad [espektakulari'ðað] *f* ① (*aparatosidad*) spektakulärer Charakter *m*, Protzigkeit *f pey*

② (*efectismo*) Effekthascherei *f*

③ (*ostentosidad*) theatralische [*o* bombastische] Art *f*

espectáculo [espek'takulo] *m* ① (TEAT) Schauspiel *nt*; (*de variedades*) Show *f*; **~ de circo** Zirkusvorstellung *f*; **~ deportivo** Sportereignis *nt*

② (*visión*) Anblick *m*, Schauspiel *nt elev*

③ (*fam: escándalo*) Spektakel *nt*, Szene *f*; **dar el** [*o* **un**] **~** eine Szene machen

espectador(a) [espekta'ðor(a)] *m(f)* Zuschauer(in) *m(f)*; **~ televisivo** Fernsehzuschauer *m*

espectativa [espekta'tiβa] *f* Erwartung *f*, Aussicht *f*; **~ de renta** (JUR) Versorgungsanwartschaft *f*

espectral [espek'tral] *adj* ① (*fantasmal*) gespenstisch, geisterhaft

② (FÍS) Spektral-, spektral

espectro [es'pektro] *m* ① (*fantasma*) Gespenst *nt*

② (FÍS) Spektrum *nt*

espectrografía [espektroɣra'fia] *f* (FÍS) Spektrographie *f*

espectrógrafo [espek'troɣrafo] *m* (FÍS) Spektrograph *m*

espectrograma [espektro'ɣrama] *m* (FÍS) Spektrogramm *nt*

espectrometría [espektrome'tria] *f* (FÍS) Spektrometrie *f*

espectrómetro [espek'trometro] *m* (FÍS) Spektrometer *nt*

espectroscopia [espektros'kopja] *f* (FÍS) Spektroskopie *f*

espectroscopio [espektros'kopjo] *m* (FÍS) Spektroskop *nt*

especulación [espekula'θjon] *f* Spekulation *f* (*sobre* über +*akk*); **~ al alza/a la baja** Spekulation auf Hausse/Baisse; **~ en bolsa** Börsenspekulation *f*; **especulaciones deshonestas** unlautere Spekulationsgeschäfte; **~ en moneda extranjera** Währungsspekulation *f*; **~ del suelo** Bodenspekulation *f*

especulador(a) [espekula'ðor(a)] *m(f)* Spekulant(in) *m(f)*; **~ al alza/a la baja** Haussier *m*/Baissier *m*

especular [espeku'lar] **I.** *adj* ① (*del espejo*) Spiegel-

② (*que refleja*) spiegelnd

II. *vi* ① (COM) spekulieren (*con/en* mit/in +*dat*); **~ en la Bolsa** an der Börse spekulieren

② (*conjeturar*) spekulieren (*sobre* über +*akk*); **se especula sobre la nacionalización de algunas empresas** es wird über die Verstaatlichung einiger Unternehmen spekuliert

③ (*meditar*) nachgrübeln (*sobre* über +*akk*), nachsinnen (*sobre* über +*akk*)

III. *vt* (*con la mirada*) mustern, unter die Lupe nehmen *fam*

especulativo, -a [espekula'tiβo, -a] *adj* ① (*que especula*) spekulativ; **maniobras bursátiles especulativas** Börsenspekulation *f*; **operación especulativa** Spekulationsgeschäft *nt*

② (*teórico*) theoretisch

③ (*meditativo*) grüblerisch, nachdenklich

espéculo [es'pekulo] *m* (MED) Spekulum *nt*

espejado [espe'xaðo] (*Am*) Bleiglanz *m*

espejarse [espe'xarse] *vr* (*elev*) sich widerspiegeln

espejear [espexe'ar] *vi* glitzern, flimmern

espejeo [espe'xeo] *m* (FÍS) Luftspiegelung *f*, Fata Morgana *f*

espejismo [espe'xismo] *m* ① (*óptico*) Luftspiegelung *f*, Fata Morgana *f*

② (*de la imaginación*) Trugbild *nt*, Illusion *f*

espejo [es'pexo] *m* Spiegel *m*; **~ de mano** Handspiegel *m*; **~ retrovisor** Rückspiegel *m*; **mirarse al ~** sich im Spiegel betrachten; **el cine es el ~ de la vida** das Kino spiegelt das Leben wider; **esta obra es un ~ de la sociedad actual** dieses Werk ist ein Spiegelbild der heutigen Gesellschaft

espejuelo [espe'xwelo] *m* ① (*yeso*) Strahlgips *m*

② (*señuelo*) Lockvogel *m*

③ *pl* (*fam: gafas*) Brille *f*

espeleóloga [espele'oloɣa] *f v.* **espeleólogo**

espeleología [espeleolo'xia] *f sin pl* Höhlenkunde *f*, Speläologie *f*

espeleológico, -a [espeleo'loxiko, -a] *adj* speläologisch

espeleólogo, -a [espele'oloɣo, -a] *m, f* Höhlenforscher(in) *m(f)*, Speläologe, -in *m, f*

espeluznante [espeluθ'nante] *adj* haarsträubend

espeluznar [espeluθ'nar] **I.** *vt* ① (*los cabellos*) sträuben; (*por el miedo*) die Haare zu Berge stehen lassen +*dat*

② (*horrorizar*) entsetzen

II. *vr*: **~se** entsetzt sein

espeluzno [espe'luθno] *m* (*fam*) Schauder *m*

espera [es'pera] *f* ① (*acción*) Warten *nt*; (*estado*) Erwartung *f*; (*duración*) Wartezeit *f*; **cuenta de ~** Interimskonto *nt*; **indemnización de ~** Wartegeld *nt*; **lista de ~** Warteliste *f*; **sala de ~** Wartesaal *m*; **tuvimos dos horas de ~** wir mussten zwei Stunden lang warten; **estoy a la ~ de recibir la beca** ich erwarte jeden Moment die Zusage über das Stipendium; **en ~ a su respuesta** (*final de carta*) in Erwartung Ihrer Antwort; **en ~ de tu carta, te mando el paquete** ich schicke dir schon einmal das Paket und erwarte demnächst deinen Brief; **esta ~ me saca de quicio** diese Warterei geht mir auf die Nerven

② (*paciencia*) Geduld *f*; **no tener ~** keine Geduld haben

③ (*plazo*) Aufschub *m*; **este asunto no tiene ~** diese Angelegenheit duldet keinen Aufschub; **debes pagar sin más ~** du hast unverzüglich zu zahlen

esperable [espe'raβle] *adj* ① (*aguardable*) zu erwarten

② (*confiable*) zu (er)hoffen

esperadero [espera'ðero] *m* Ansitz *m*, Hochsitz *m*

esperantista [esperan'tista] *mf* (LING) Esperantist(in) *m(f)*

esperanto [espe'ranto] *m* Esperanto *nt*

esperanza [espe'ranθa] *f* Hoffnung *f*; **~ de vida** Lebenserwartung *f*; **no tener ~s** keine Hoffnung haben; **estar lleno de ~** voller Hoffnung sein, sehr hoffnungsvoll sein; **abrigar ~s** Hoffnungen [*o* Erwartungen] hegen; **estar en estado de buena ~** guter Hoffnung sein; **poner las ~s en algo** die Hoffnungen auf etw setzen; **tener ~s de conseguir un puesto de trabajo** Hoffnung [*o* Aussichten] auf einen Arbeitsplatz haben; **veo el futuro con ~** ich bin sehr zuversichtlich

esperanzado, -a [esperan'θaðo, -a] *adj* hoffnungsvoll, voller Hoffnung

esperanzador(a) [esperanθa'ðor(a)] *adj* ① (*que da esperanza*) hoffnungsvoll

② (*prometedor*) hoffnungsvoll, viel versprechend

esperanzar [esperan'θar] <z→c> **I.** *vt* Hoffnung machen (*a* +*dat*)

II. *vr*: **~se** Hoffnung schöpfen, sich *dat* Hoffnung(en) machen (*en* auf +*akk*)

esperar [espe'rar] **I.** *vi* ① (*aguardar*) warten (auf +*akk*); (*con paciencia*) abwarten, sich gedulden; **~ al aparato** (*teléfono*) am Apparat bleiben; **hacerse de ~** auf sich warten lassen; **hacer ~ a alguien** jdn warten lassen; **es de ~ que... +***subj* es ist zu erwarten, dass ...; **esperemos y veamos cómo evolucionan las cosas** warten wir ab und sehen wir, wie es weitergeht; **¡que se espere!** er/sie soll gefälligst warten; **espera, que**

esperezarse

no lo encuentro Augenblick, ich finde es jetzt nicht; **ganaron la copa tan esperada** sie gewannen den heiß ersehnten Pokal; **¡ay, no puedo ~ (de curiosidad)!** ich kann es kaum abwarten!; **uno sólo tiene que ~ a que las cosas lleguen** man muss die Dinge nur auf sich zukommen lassen

② (*confiar*) hoffen; **espero que sí** ich hoffe doch; **~ en alguien** die Hoffnung auf jdn setzen; **espero que nos veamos pronto** hoffentlich sehen wir uns bald

II. *vt* ① (*aguardar*) erwarten, warten (auf +*akk*); (*con paciencia*) abwarten, sich gedulden; **hace una hora que lo espero** ich warte seit einer Stunde auf ihn; **te espero mañana a las nueve** ich erwarte dich morgen um neun Uhr; **ya me lo esperaba** das dachte ich mir schon; **nos esperan malos tiempos** uns schene schlimme Zeiten bevor; **espero su decisión con impaciencia** (*final de carta*) ich sehe Ihrer Entscheidung gespannt entgegen; **te espera una prueba dura** du kannst dich auf eine harte Probe gefasst machen

② (*confiar*) hoffen (auf +*akk*); **~ un milagro** auf ein Wunder hoffen; **esperando recibir noticias tuyas…** in der Hoffnung, bald von dir zu hören …; **espero sacar grandes ganancias de este negocio** ich erhoffe mir von diesem Geschäft große Gewinne

esperezarse [espereˈθarse] <z→c> *vr* (*fam*) sich recken, sich strecken
esperma [esˈperma] *m* Samen *m*, Sperma *nt*; **~ congelado** gefrorener Samen
espermático, -a [esperˈmatiko, -a] *adj* (BIOL) Samen-
espermatogénesis [espermatoˈxenesis] *f inv* (BIOL) Spermatogenese *f*
espermatorrea [espermatoˈrrea] *f* (MED) Spermatorrhöe *f*
espermatozoide [espermatoˈθoi̯ðe] *m*, **espermatozoo** [espermaˈtoθoo] *m* Spermatozoon *nt*
espermicida [espermiˈθiða] *m* Spermizid *nt*
esperpéntico, -a [esperˈpentiko, -a] *adj* ① (*grotesco*) grotesk
② (*absurdo*) unsinnig, absurd
esperpentizar [esperpentiˈθar] <z→c> *vt* grotesk darstellen, lächerlich machen
esperpento [esperˈpento] *m* ① (*persona*) groteske Figur *f*
② (*desatino*) Unsinn *m*
③ (LIT) Groteske *f*
espesador [espesaˈðor] *m* Bindemittel *nt*
espesamiento [espesaˈmjento] *m* Eindickung *f*, Eindicken *nt*
espesante [espeˈsante] I. *adj* verdickend; **sustancia ~** Verdickungsmittel *nt*
II. *m* ① (*sustancia*) Verdickungsmittel *nt*
② (TÉC) Eindicker *m*
espesar [espeˈsar] I. *vt* (*salsa*) binden; (*líquido*) eindicken, verdicken; (*tejido*) engmaschiger weben/stricken
II. *vr*: **~se** (*bosque*) dichter werden; (*niebla*) sich verdichten; (*salsa*) zähflüssig werden, eindicken
espeso, -a [esˈpeso, -a] *adj* ① (*cabello, niebla*) dicht, dick; (*salsa, líquido*) dick(flüssig), zähflüssig; (*bosque*) dicht; (*muro*) dick
② (*persona*) schlampig
③ (*Arg, Perú, Ven: molesto*) lästig
espesor [espeˈsor] *m* ① (*grosor*) Dicke *f*
② (*densidad*) Dichte *f*
espesura [espeˈsura] *f* ① (*de cabello, del bosque*) Dichte *f*; (*de un muro*) Dicke *f*; (*de una salsa, un líquido*) Dickflüssigkeit *f*
② (*bosque*) Dickicht *nt*
③ (*cabellera*) Mähne *f*
espetar [espeˈtar] *vt* ① (*ave, objeto*) aufspießen
② (*fam: palabrota*) ausstoßen; **~ una bronca a alguien** jdn anschnauzen; **~ un sermón a alguien** jdm eine Predigt halten; **~ cuatro verdades a alguien** jdm den Kopf waschen
espetera [espeˈtera] *f* ① (*tabla*) Küchenbrett *nt*
② (*cacharros*) Küchengeräte *ntpl*
③ (*fam: pecho*) Atombusen *m*, Vorbau *m*; **tener buenas ~s** viel Holz vor der Hütte haben
espetón [espeˈton] *m* ① (*hierro*) Spieß *m*
② (*de horno*) Schürhaken *m*
③ (*alfiler*) große Stecknadel *f*
④ (*barracuda*) Barrakuda *m*, Pfeilhecht *m*
espía¹ [esˈpia] *mf* Spion(in) *m(f)*; (*de la policía*) Spitzel *m*; **~ doble** Doppelagent(in) *m(f)*
espía² [esˈpia] *f* (NÁUT) Verholtrosse *f*
espiantar [espjanˈtar] I. *vi*, *vr*: **~se** (*Arg, Chil: fam: alejarse*) weggehen; (*huir*) fliehen, verduften
II. *vt* (*RíoPl: hurtar*) klauen
espiar [espiˈar] <1. pres: espío> I. *vi* ① (*hacer espionaje*) spionieren (*para* für +*akk*), Spionage treiben (*para* für +*akk*)
② (NÁUT) verholen
II. *vt* (*a alguien, algo*) ausspionieren, ausspähen; (*siguiéndole*) nachspionieren (*a* +*dat*); (*para la policía*) bespitzeln

espichar [espiˈtʃar] I. *vi* ① (*morir*): **~la** (*fam*) abkratzen
② (*Cuba, Ven, Méx: adelgazar*) abnehmen
II. *vt* ① (*pinchar*) (hinein)stechen (in +*akk*)
② (*Chil: dinero*) herausrücken
espiga [esˈpiɣa] *f* ① (BOT) Ähre *f*
② (TÉC: *clavija*) Zapfen *m*, Stift *m*; (*de tornillo*) Schaft *m*
③ (*de cuchillo*) Angel *f*
④ (*badajo*) Glockenschwengel *m*
⑤ (*espoleta*) Zünder *m*
⑥ (*de un tejido*): **dibujo de ~** Fischgrätenmuster *nt*
espigado, -a [espiˈɣaðo, -a] *adj* ① (*en forma de espiga*) ährenförmig
② (*maduro*) reif
③ (*árbol*) hoch; (*persona*) lang aufgeschossen
espigador(a) [espiɣaˈðor(a)] *m(f)* Ährenleser(in) *m(f)*
espigar [espiˈɣar] <g→gu> I. *vi* Ähren ansetzen
II. *vt* ① (*las espigas*) nachlesen
② (*datos*) sammeln; **~ citas de un libro** Zitate aus einem Buch herauspicken
III. *vr*: **~se** in die Höhe schießen, aufschießen
espigón [espiˈɣon] *m* ① (*de un clavo*) Spitze *f*
② (*espiga*) dornige Ähre *f*
③ (*mazorca*) Kolben *m*
④ (NÁUT: *dique*) (Hafen)mole *f*; (*rompeolas*) Wellenbrecher *m*
⑤ (*cerro*) kahler Hügel *m*
⑥ (*aguijón*) Stachel *m*
espiguilla [espiˈɣiʎa] *f* ① (*de la espiga*) Ährchen *nt*
② (*cebadilla*) Rispengras *nt*
③ (*del álamo*) Pappelkätzchen *nt*
④ (*dibujo*) Fischgrätenmuster *nt*
espín [esˈpin] *m* ① (ZOOL): **puerco ~** Stachelschwein *nt*
② (FÍS) Spin *m*
espina [esˈpina] *f* ① (*de pescado*) Gräte *f*
② (*púa*) Dorn *m*, Stachel *m*
③ (*astilla*) Splitter *m*
④ (ANAT): **~ (dorsal)** Rückgrat *nt*, Wirbelsäule *f*; **~ bífida** (MED) offene Wirbelsäule, Spina *f* bifida
⑤ (*inconveniente*) Schwierigkeit *f*; **dar mala ~** (*fam*) argwöhnisch machen, Argwohn hervorrufen
⑥ (*pesar*) Kummer *m*; **sacarse una ~** (*fam: desquitarse*) sich revanchieren; (*desahogarse*) sich *dat* etwas von der Seele reden
espinaca [espiˈnaka] *f* Spinat *m*
espinal [espiˈnal] *adj* Rückgrat-, Spinal-, spinal; **médula ~** Rückenmark *nt*
espináquer [espiˈnaker] *m* (NÁUT) Spinnaker *m*
espinar [espiˈnar] I. *vi* stechen
II. *vt* ① (*herir*) stechen
② (*árboles*) zum Schutz mit Dornen umwickeln
③ (*ofender*) beleidigen
III. *vr*: **~se** sich stechen (*con* an +*dat*)
IV. *m* ① (*lugar*) Dornengestrüpp *nt*
② (*problema*) dornige Sache *f elev*, heikle Angelegenheit *f*
espinazo [espiˈnaθo] *m* ① (ANAT) Rückgrat *nt*; **doblar el ~** kein Rückgrat haben
② (ARQUIT) Schlussstein *m*
espineta [espiˈneta] *f* (MÚS) Spinett *nt*
espingarda [espiŋˈɡarða] *f* ① (MIL: *cañón*) Feldschlange *f*
② (MIL: *escopeta*) lange Araberflinte *f*
③ (*fam pey: persona*) Vogelscheuche *f*
espinilla [espiˈniʎa] *f* ① (ANAT) Schienbein *nt*; **dar a alguien una patada en la ~** jdm vors Schienbein treten
② (MED) Pickel *m*; **sacarse una ~** sich *dat* einen Pickel ausdrücken
espinillera [espiniˈʎera] *f* (DEP) Schienbeinschützer *m*
espino [esˈpino] *m* ① (BOT): **~ albar** [*o* **blanco**] Weißdorn *m*; **~ cerval** Kreuzbeere *f*; **~ negro** Schwarzdorn *m*
② (TÉC): **alambre de ~** Stacheldraht *m*
espinochar [espinoˈtʃar] *vt* (AGR: *maíz*kolben) entblättern
espinosismo [espinoˈsismo] *m sin pl* (FILOS) Spinozismus *m*
espinosista [espinoˈsista] I. *adj* spinozistisch
II. *mf* Spinozist(in) *m(f)*
espinoso, -a [espiˈnoso, -a] *adj*, **espinudo, -a** [espiˈnuðo, -a] *adj* (AmC, CSur) ① (*árbol*) Dorn-, dornig, Stachel-, stach(e)lig; (*pescado*) grätig, voller Gräten ② (*problema*) dornig *elev*, haarig
espionaje [espjoˈnaxe] *m* Spionage *f*; **~ industrial** Werk(s)spionage *f*; **novela de ~** Spionageroman *m*; **servicio de ~ alemán** Bundesnachrichtendienst *m*
Espira [esˈpira] *f* Speyer *nt*
espiración [espiraˈθjon] *f* ① (MED) Ausatmen *nt*
② (*de un olor*) Ausströmung *f*
espiral [espiˈral] I. *adj* Spiral-, spiralförmig; **escalera ~** Wendeltreppe *f*

espirar

II. *f* ❶ (*línea*) Spirale *f*, Spirallinie *f*; **~ de la inflación** Inflationsspirale *f*; **~ de salarios** Lohnspirale *f*; **la ~ de violencia** die Spirale der Gewalt; **en ~** spiralförmig

❷ (TÉC: *del reloj*) Spiralfeder *f*; (*del coche*) Schneckengewinde *nt*

❸ (*fam: anticonceptivo*) Spirale *f*

espirar [espi'rar] I. *vi* ❶ (*aire*) ausatmen

❷ (*elev: viento*) lind wehen

II. *vt* (*olor*) verströmen, ausströmen

espiratorio, -a [espira'torjo, -a] *adj* exspiratorisch; **ejercicio ~** Exspirationsübung *f*

espirilo [espi'rilo] *m* (MED) Spirille *f*

espiritado, -a [espiri'taðo, -a] *adj* (*fam*) abgemagert

espiritismo [espiri'tismo] *m sin pl* Spiritismus *m*; **sesión de ~** spiritistische Sitzung

espiritista [espiri'tista] I. *adj* spiritistisch

II. *mf* Spiritist(in) *m(f)*

espiritoso, -a [espiri'toso, -a] *adj* ❶ (*bebida*) alkoholisch; **bebidas espirit(u)osas** Spirituosen *fpl*

❷ (*persona*) tatkräftig

espiritrompa [espiri'trompa] *f* (ZOOL) Saugrüssel *m*

espíritu [es'piritu] *m* ❶ (*esencia, carácter, mente*) Geist *m*; (*ánimo*) Gemüt *nt*; (*valor*) Mut *m*, Einsatzfreude *f*; **~ de ahorro** Sparsinn *m*; **~ de compañerismo** kameradschaftlicher Geist; **el ~ de la Constitución** der Geist der Verfassung; **~ de contradicción** Widerspruchsgeist *m*; **~ emprendedor** Unternehmungsgeist *m*; **~ de la época** Zeitgeist *m*; **~ de equipo** Teamgeist *m*; **el E~ Santo** (REL) der Heilige Geist; **~ de solidaridad** Gemeinschaftsgeist *m*; **~ turbado/vivo** verwirrter/lebendiger Geist; **pobre de ~** Kleingeist *m*; **exhalar el ~** den Geist aufgeben; **cobrar ~** Mut fassen; **levantar el ~ a alguien** jdn aufmuntern; **tener ~ de empresa** Unternehmergeist besitzen; **tiene un ~ de rebelión** er/sie hat ein rebellisches Gemüt [*o* ist ein rebellischer Geist]; **hacer algo con ~ alegre** etw voller Freude tun

❷ (*don*) Gabe *f*; **~ de observación** Beobachtungsgabe *f*

❸ (*de una leyenda*) Geist *m*; **los malos ~s** die bösen Geister; **evocar los ~s** die Geister beschwören

❹ (QUÍM) Extrakt *m o nt*; **~ de vino** Weingeist *m*, Spiritus *m*

espiritual [espiri'tual] *adj* ❶ (*del espíritu*) geistig; **hombre ~** vergeistigter Mensch; **pobreza ~** Geistesarmut *f*; **vida ~** Seelenleben *nt*; **mantenemos una relación puramente ~** unsere Beziehung ist rein geistiger Natur

❷ (*religioso*) geistlich; **padre ~** Spiritual *m*

espiritualidad [espiritwali'ðað] *f* Geistigkeit *f*, Spiritualität *f elev*

espiritualismo [espiritwa'lismo] *m sin pl* ❶ (*forma de vida*) geistiges Leben *nt*

❷ (FILOS) Spiritualismus *m*

espiritualización [espiritwaliθa'θjon] *f sin pl* ❶ (FILOS) Spiritualisierung *f*

❷ (REL, ECON) Besitzanspruch *m* der Kirche

espirituoso, -a [espiritu'oso, -a] *adj v.* **espiritoso**

espiroidal [espiroi'ðal] *adj* spiralig, spiralförmig

espita [es'pita] *f* ❶ (*de una cuba*) Zapfhahn *m*; **~ del gas** Gashahn *m*; **cerrar la ~** (*fig*) den Geldhahn abdrehen

❷ (*palmo*) Spanne *f*

❸ (*fam: borracho*) Säufer(in) *m(f)*

esplendidez [esplendi'deθ] *f* ❶ (*generosidad*) Großzügigkeit *f*, Freigebigkeit *f*

❷ (*de aspecto, de un vestido*) Prächtigkeit *f*, Pracht *f*, Glanz *m*; (*del día*) Herrlichkeit *f*; (*de una comida*) Vorzüglichkeit *f*; (*de una idea, un resultado*) Großartigkeit *f*

espléndido, -a [es'plendiðo, -a] *adj* ❶ (*generoso*) großzügig, freigebig

❷ (*aspecto, vestido*) prächtig; (*día*) herrlich; (*comida*) vorzüglich, ausgezeichnet; (*ocasión, idea, resultado*) glänzend, großartig

esplendor [esplen'dor] *m* Glanz *m*, Pracht *f*; **el ~ del día** die Herrlichkeit des Tages; **en los días de ~ del imperio** in der Blütezeit des Reiches

esplendoroso, -a [esplendo'roso, -a] *adj* prächtig, prachtvoll, glanzvoll

espliego [es'pljeɣo] *m* (BOT) Lavendel *m*

esplín [es'plin] *m* ❶ (*melancolía*) Melancholie *f*, Schwermut *f*

❷ (*tedio*) Lebensüberdruss *m*

espolear [espole'ar] *vt* ❶ (*al caballo*) die Sporen geben +*dat*

❷ (*a alguien*) anspornen, antreiben

espoleta [espo'leta] *f* ❶ (*de bomba*) Zünder *m*

❷ (ZOOL) Brustbein *nt*

espoliación [espolja'θjon] *f* Plünderung *f*

espoliar [espo'ljar] *vt* ausrauben, plündern

espolio [es'poljo] *m* (REL) Spolium *nt*

❷ (*desposesión de bienes*) Enteignung *f*

espolón [espo'lon] *m* ❶ (ZOOL: *de gallinas*) Sporn *m*; (*de caballos*) Fessel *m*; **tener más espolones que un gallo** (*fam*) sehr erfahren sein

❷ (*muro*) Damm *m*; **el ~ de Burgos** die Promenade in Burgos

❸ (NÁUT: *de galera*) Rammsporn *m*

❹ (GEO) Ausläufer *m*

❺ (ARQUIT) Widerlager *nt*

❻ (*sabañón*) Frostbeule *f*

espolvorear [espolβore'ar] I. *vt* (GASTR) bestäuben

II. *vr:* **~se** (*con un cepillo*) sich abbürsten; (*con la mano*) sich abklopfen

espolvoreo [espolβo'reo] *m* Bestäuben *nt*

esponja [es'ponxa] *f* ❶ (*para lavar, t.* ZOOL) Schwamm *m*; **~ de baño** Badeschwamm *m*; **beber como una ~** saufen wie ein Loch; **¡pasemos la ~!** (*fam*) Schwamm drüber!

❷ (*persona*) Parasit *m*, Schmarotzer *m*

esponjar [espon'xar] I. *vt* ❶ (*la tierra*) auflockern; (*una masa*) schaumig machen

❷ (*líquido*) mit dem Schwamm abwischen; (*coche*) waschen

II. *vr:* **~se** (*engreírse*) sich aufblähen

❷ (*de aspecto*) aufblühen

esponjera [espon'xera] *f* Schwammbehälter *m*

esponjoso, -a [espon'xoso, -a] *adj* ❶ (*masa*) schaumig, locker; (*pan*) aufgeweicht

❷ (MED) spongiös, schwammartig

esponsales [espon'sales] *mpl* (*elev*) Verlobung *f*, Verlöbnis *nt elev*

esponsorizar [esponsori'θar] <z→c> *vt* sponsern

espontáneamente [espontanea'mente] *adv* ❶ (*impensadamente*) spontan

❷ (*voluntariamente*) von selbst, freiwillig, von sich *dat* aus

espontaneidad [espontanei'ðað] *f* Spontan(e)ität *f*, Ungezwungenheit *f*

espontaneísmo [espontane'ismo] *m sin pl* (POL) Sponti-Bewegung *f*

espontaneísta [espontane'ista] I. *adj* Sponti-

II. *mf* Sponti *m*

espontáneo¹ [espon'taneo] *m* (TAUR) Zuschauer, der in die Arena springt, um mit dem Stier zu kämpfen

espontáneo, -a² [espon'taneo, -a] *adj* spontan, Spontan-; (*saludo*) ungezwungen; **curación espontánea** (MED) Spontanheilung *f*

espora [es'pora] *f* (BOT) Spore *f*

esporádico, -a [espo'radiko, -a] *adj* ❶ (*aislado*) sporadisch, vereinzelt

❷ (*ocasional*) sporadisch, gelegentlich

esportilla [espor'tiʎa] *f* kleiner Korb *m*

esportivo, -a [espor'tiβo, -a] *adj* (*Am*) ❶ (*deportivo*) sportlich

❷ (*afectando descuido*) lässig

esporular [esporu'lar] *vi* (BIOL) Sporen bilden

esposa [es'posa] *f v.* **esposo**

esposado, -a [espo'saðo, -a] *adj* ❶ (*con esposas*) (mit Handschellen) gefesselt

❷ (*elev: casado*) jung vermählt

esposar [espo'sar] *vt* Handschellen anlegen (*a* +*dat*)

esposas [es'posas] *fpl* Handschellen *fpl*; **colocar las ~ a alguien** jdm Handschellen anlegen

esposo, -a [es'poso, -a] *m, f* Ehemann, -frau *m, f*, Gatte, -in *m, f*, Gemahl(in) *m(f) elev*; **le presento a mi esposa** ich möchte Ihnen meine Frau vorstellen; **salude a su ~ de mi parte** grüßen Sie Ihren Mann [*o* Gatten] von mir; **los ~s salieron de la iglesia** die Eheleute verließen [*o* das Ehepaar verließ] die Kirche

espray [es'prai] *m* ❶ (*líquido*) Spray *m o nt*

❷ (*envase*) Spraydose *f*, Sprühdose *f*

esprint [es'print] *m* (DEP) Sprint *m*, Spurt *m*; **ganar el ~** den Sprint für sich entscheiden

esprintar [esprin'tar] *vt* sprinten, spurten

esprínter [es'printer] *mf* (DEP) Sprinter(in) *m(f)*, Kurzstreckenläufer(in) *m(f)*

espuela [es'pwela] *f* ❶ (*de la bota*) Sporn *m*; **dar de (la) ~, picar ~s** dem Pferd die Sporen geben

❷ (*Am: espolón*) Hahnensporn *m*

❸ (*Arg, Chil: espoleta*) Brustbein *nt*

❹ (BOT): **~ de caballero** Gartenrittersporn *m*, Hahnenfußgewächs *nt*

❺ (*acicate*) Ansporn *m*, Anreiz *m*; **poner las ~s a alguien** jdn anspornen

❻ (*trago*): **echar [*o* tomar] la ~** zum Abschluss noch einen trinken

espuerta [es'pwerta] *f* Korb *m*; **a ~s** haufenweise, jede Menge *fam*

espulgar [espul'ɣar] <g→gu> I. *vt* ❶ (*de pulgas*) flöhen

❷ (*examinar*) genau prüfen [*o* untersuchen]

II. *vr:* **~se** sich flöhen

espuma [es'puma] *f* ❶ (*burbujas*) Schaum *m*; (*de las olas*) Gischt *m o f*; **~ de afeitar** Rasierschaum *m*; **baño de ~** Schaumbad *nt*; **extintor de ~** Schaumlöscher *m*, Schaumlöschgerät *nt*; **crecer como la ~** (*fam: persona*) sehr schnell wachsen; (*cosa*) rapide steigen [*o* anwachsen]

❷ (*materia*) Schaumstoff *m*

espumadera [espuma'ðera] f Schaumlöffel m
espumajear [espumaxe'ar] vi geifern; ~ **de rabia** vor Wut schäumen
espumar [espu'mar] I. vi ❶ (*hacer espuma*) schäumen
❷ (*aumentar*) rapide steigen [*o* anwachsen]
II. vt den Schaum abschöpfen (von +*dat*)
espumarajear [espumaraxe'ar] vi v. **espumajear**
espumarajo [espuma'raxo] m ❶ (*pey: espuma*) dreckiger Schaum m
❷ (*de la boca*) Geifer m; **echar ~s por la boca** vor Wut schäumen
espumilla [espu'miʎa] f ❶ (*tejido*) feiner Krepp m
❷ (*Am:* GASTR: *merengue*) Schaumgebäck nt
espumosidad [espumosi'ðað] f sin pl Schaumigkeit f
espumoso, -a [espu'moso, -a] adj (*masa, crema*) schaumig; (*líquido*) schäumend; **vino** ~ Schaumwein m
espurio, -a [es'purjo, -a] adj ❶ (*falso*) falsch, unecht; **palabra espuria** (von der Real Academia) nicht anerkanntes Wort; **raza espuria** Mischrasse f
❷ (*persona*) unehelich; **hijo** ~ uneheliches Kind
esputo [es'puto] m Speichel m, Spucke f fam; (MED) Sputum nt, Auswurf m
esquebrajar [eskeβra'xar] I. vt spalten, ritzen
II. vr: ~**se** Risse bekommen, sich spalten
esqueje [es'kexe] m (BOT) Steckling m
esquela [es'kela] f ❶ (*nota*) kurze Mitteilung f
❷ (*necrológica*): ~ (**mortuoria**) Todesanzeige f; **publicar una** ~ eine Todesanzeige aufgeben
esquelético, -a [eske'letiko, -a] adj ❶ (ANAT) Skelett-
❷ (*persona*) spindeldürr
esqueleto [eske'leto] m ❶ (ANAT) Skelett nt, Gerippe nt; **después de la operación quedó hecho un** ~ nach der Operation war er/sie nur noch ein Skelett; **esta noche vamos a mover el** ~ (*fam*) heute Abend schwingen wir das Tanzbein
❷ (*de un avión, barco*) Gerippe nt, Gerüst nt; (*de un edificio*) Skelett nt
❸ (*Col, AmC: impreso*) Formular nt
❹ (*Chil: de un escrito*) Entwurf m
esquema [es'kema] m ❶ (*gráfico*) Schema nt; **en** ~ schematisch
❷ (*de una clase*) Konzept nt; **tengo que hacer el** ~ **del discurso** ich muss mir ein Konzept für die Rede machen
esquemático, -a [eske'matiko, -a] adj schematisch
esquematismo [eskema'tismo] m sin pl ❶ (*pey: simplificación*) Schematisierung f
❷ (*conjunto de esquemas*) Schematismus m
esquematización [eskematiθa'θjon] f sin pl schematische Darstellung f
esquematizar [eskemati'θar] <z→c> vt schematisieren, schematisch darstellen
esquí [es'ki] m ❶ (*patín*) Ski m; ~ **compacto** Kompaktski m; ~ **de fondo** Langlaufski m; **bastón de** ~ Skistock m
❷ (*deporte*) Skisport m; ~ **acuático** Wasserski nt; ~ **alpino** alpiner [*o* nordischer] Skilauf; ~ **náutico** Wasserski nt
esquiador(a) [eskja'ðor(a)] m(f) Skiläufer(in) m(f); ~ **acuático** Wasserskiläufer m; ~ **de fondo** Langläufer m
esquiar [eski'ar] <*1. pres:* esquío> vi Ski laufen [*o* fahren]
esquife [es'kife] m (NÁUT) Beiboot nt; (MIL) Pinasse f
esquila [es'kila] f ❶ (*cencerro*) Kuhglocke f
❷ (*campanilla*) Glöckchen nt
❸ (*esquileo*) Schur f
❹ (ZOOL) Sandgarnele f
esquiladero [eskila'ðero] m (AGR) Scherstall m, Schurstelle f
esquilador(a) [eskila'ðor(a)] m(f) (AGR) Schafscherer(in) m(f)
esquiladora [eskila'ðora] f (AGR) Schermaschine f
esquilar [eski'lar] vt (*ovejas*) scheren; (*perros*) trimmen; **esta tarde iré a que me esquilen** heute Nachmittag gehe ich zum Friseur; **hoy sí que te han esquilado bien** heute hat der Friseur dich mächtig gestutzt
esquileo [eski'leo] m ❶ (*acción*) Schur f, Scheren nt
❷ (*época*) Schurzeit f
❸ (*lugar*) Schurstall m; (*al aire libre*) Schurplatz m
esquilmar [eskil'mar] vt ❶ (*frutos*) ernten
❷ (*la tierra*) auslaugen
❸ (*fuente de riqueza*) ausbeuten; **antes los nobles esquilmaban a sus súbditos** früher haben die Adligen ihre Untertanen ausgebeutet; **ha esquilmado el premio de la lotería en un año** er/sie hat den Lottogewinn in einem Jahr verprasst
esquimal [eski'mal] I. adj eskimoisch; **perro** ~ Eskimohund m, Husky m
II. mf Eskimo m, Eskimofrau f
esquina [es'kina] f (*de un edificio*) (Straßen)ecke f; (*de una mesa*) Ecke f, Kante f; **casa que hace** ~ Eckhaus nt; **saque de** ~ (DEP) Eckball m; **hacer un saque de** ~ (DEP) einen Eckball ausführen; **a la vuelta de la** ~ um die Ecke; **doblar la** ~ um die Ecke biegen; **nos encontramos en la** ~ wir treffen uns an der Ecke
esquinado, -a [eski'naðo, -a] adj ❶ (*objeto*): **las cajas estaban esquinadas** die Kisten lagen über Eck
❷ (*persona*) spröde, ungesellig
esquinar [eski'nar] I. vi ❶ eine Ecke bilden
II. vt ❶ (*objetos*) über Eck legen
❷ (*maderos*) rechtwinklig zuschneiden
III. vr: ~**se** sich verfeinden (*con* mit +*dat*)
esquinazo [eski'naθo] m (*fam*) Hausecke f; **dar** ~ **a alguien** (*dejar plantado*) jdn versetzen, jdn im Stich lassen; (*rehuir*) jdm (auf der Straße) ausweichen, jdm aus dem Weg gehen
esquirla [es'kirla] f Splitter m
esquirol [eski'rol] mf Streikbrecher(in) m(f)
esquivar [eski'βar] I. vt ❶ (*golpe*) ausweichen +*dat*; ~ **un golpe** einem Schlag ausweichen
❷ (*problema, encuentro*) vermeiden, umgehen
❸ (*a alguien*) ausweichen (*a* +*dat*), aus dem Weg gehen (*a* +*dat*)
II. vr: ~**se** sich drücken (vor +*dat*)
esquivez [eski'βeθ] f sin pl ❶ (*huraño*) Ungeselligkeit f
❷ (*arisco*) Reserviertheit f
esquivo, -a [es'kiβo, -a] adj ❶ (*huidizo, huraño*) scheu, ungesellig
❷ (*arisco*) spröde, reserviert
esquizofrenia [eskiθo'frenja] f (PSICO) Schizophrenie f
esquizofrénico, -a [eskiθo'freniko, -a] I. adj (PSICO) schizophren
II. m, f (PSICO) Schizophrene(r) mf
esquizoide [eski'θojðe] I. adj (PSICO) schizoid
II. mf Schizoide(r) mf
esta ['esta] adj v. **este, -a**
ésta ['esta] pron dem v. **éste**
estabilidad [estaβili'ðað] f (*de un objeto, t.* ECON) Stabilität f; (*de un trabajo*) Dauerhaftigkeit f; (*de una amistad*) Beständigkeit f; (*del carácter*) Standhaftigkeit f; ~ **de los cambios** (FIN) Kursstabilität f; ~ **económica/política** wirtschaftliche/politische Stabilität; ~ **del empleo** Sicherheit des Arbeitsplatzes; ~ **de los precios** Preisstabilität f
estabilización [estaβiliθa'θjon] f Stabilisierung f; ~ **del mercado** Marktstabilisierung f
estabilizador¹ [estaβiliθa'ðor] m ❶ (QUÍM, AUTO, TÉC) Stabilisator m
❷ (AERO) Flosse f; ~ **de cola** Kielflosse f; ~ **de dirección** Seitenflosse f
estabilizador(a)² [estaβiliθa'ðor(a)] adj stabilisierend; **tener un efecto** ~ **sobre los precios** eine preisstabilisierende Wirkung haben
estabilizante [estaβili'θante] adj stabilisierend
estabilizar [estaβili'θar] <z→c> I. vt ❶ (*objeto, t.* ECON) stabilisieren, stabil machen
❷ (*trabajo*) sichern
❸ (*amistad*) festigen
II. vr: ~**se** sich stabilisieren
estable [es'taβle] adj (*objeto, situación, moneda, precios*) stabil; (*trabajo*) dauerhaft, sicher; (*tiempo*) beständig; (*carácter*) standhaft, gefestigt
establecer [estaβle'θer] *irr como* crecer I. vi festlegen, festsetzen; **la ley establece que...** das Gesetz setzt fest, dass...
II. vt ❶ (*fundar*) gründen; (*dictadura*) errichten; (*grupo de trabajo*) einsetzen; (*costumbre*) einführen; (*sucursal, tienda*) eröffnen; (*relaciones, contacto*) aufnehmen; (*principio*) aufstellen; (*orden*) (wieder)herstellen; (*escuela*) einrichten; (*récord, regla*) aufstellen; (*ley*) erlassen; (*balance, presupuesto*) aufstellen; (*precio, salario*) festsetzen; ~ **relaciones comerciales** Geschäftsverbindungen aufbauen; ~ **un tanto alzado** einen Pauschalpreis vereinbaren; **la empresa establece su propio reglamento** das Unternehmen legt eine eigene Betriebsordnung fest
❷ (*ordenar*) festlegen, festsetzen; **proporción establecida** festgelegter Satz
❸ (*colocar*) aufstellen, aufbauen; (*campamento*) aufschlagen; (*colonos*) ansiedeln; (*conexión*) herstellen; (*sociedad*) gründen
III. vr: ~**se** ❶ (*instalarse*) sich niederlassen (*en* +*dat, de* als +*nom*); ~**se en Madrid/de abogada** sich in Madrid/als Rechtsanwältin niederlassen
❷ (*trabajar por cuenta propia*) sich selb(st)ständig machen (*de* als +*nom*)
establecimiento [estaβleθi'mjento] m ❶ (*fundación*) Gründung f; (*de un grupo de trabajo*) Einsatz m; (*de una costumbre*) Einführung f; (*de una sucursal*) Eröffnung f; (*de relaciones*) Aufnahme f; (*de un principio, récord*) Aufstellung f; (*del orden*) (Wieder)herstellung f; (*de una escuela*) Einrichtung f; (*de un balance, un presupuesto*) Aufstellung f; (*de un precio, un salario*) Festsetzung f; ~ **de los hechos** (JUR) Tatsachenfeststellung f; ~ **de relaciones comerciales** Aufnahme von Handelsbeziehungen
❷ (*tienda*) Geschäft nt, Laden m
❸ (*institución*) Institution f; (*pública*) öffentliche Einrichtung f, öffentli-

establishment

che Institution *f*; (*empresa*) Unternehmen *nt*; ~ **bancario** Bankhaus *nt*; ~ **de crédito** Kreditinstitut *nt*; ~ **industrial** Industriebetrieb *m*; ~ **penitenciario** Strafvollzugsanstalt *f*; ~ **permanente** Betriebsstätte *f*; ~ **principal** [*o* **central**] Hauptniederlassung *f*

④ (*de una persona*) Ansiedelung *f*; **libertad de** ~ Niederlassungsfreiheit *f*

establishment [es'taβlismen] *m* Establishment *nt*

establo [es'taβlo] *m* ① (*cuadra*) Stall *m*, Stallung *f*; **esta casa es un** ~ dieses Haus ist ein Saustall

② (*Cuba: cochera*) Garage *f*; (*para alquilar*) Autoverleih *m*

estabulación [estaβula'θjon] *f* Aufzucht *f* im Stall

estabular [estaβu'lar] *vt* im Stall aufziehen

estaca [es'taka] *f* ① (*para clavar*) Pfahl *m*; (*para hortalizas*) Pfahl *m*, Stange *f*; (*para tienda*) Zeltpflock *m*

② (BOT) Steckling *m*

③ (*garrote*) Knüppel *m*, Stock *m*

④ (*clavo*) Balkennagel *m*

estacada [esta'kaða] *f* Pfahlzaun *m*, Palisade *f*; **dejar a alguien en la** ~ jdn im Stich lassen, jdn hängen lassen *fam*; **quedarse alguien en la** ~ (*por un negocio*) in der Patsche sitzen; (*en una disputa*) den Kürzeren ziehen

estacazo [esta'kaθo] *m* ① (*golpe*) Stockschlag *m*

② (*crítica*) scharfe Kritik *f*; (*rapapolvo*) Standpauke *f*; **dar un** ~ **a alguien** jdm eine Standpauke halten

estación [esta'θjon] *f* ① (*del año*) Jahreszeit *f*, Saison *f*; ~ **de las flores** Frühjahr *m*; ~ **de las lluvias** Regenzeit *f*

② (*de trenes*) Bahnhof *m*; (*pequeña*) Station *f*; (*parada*) Station *f*, Haltestelle *f*; ~ **de autobuses** Busbahnhof *m*; ~ **de carga** Verladebahnhof *m*; ~ **central** Hauptbahnhof *m*; ~ **de correspondencia** Anschlussbahnhof *m*; ~ **de destino** Bestimmungsbahnhof *m*; ~ **final** Endstation *f*, Zielbahnhof *m*; ~ **de maniobras** Rangierbahnhof *m*; ~ **de mercancías** Güterbahnhof *m*; ~ **de metro** U-Bahn-Station *f*; **franco** ~ **de salida** frei Abgangsstation; **franco** ~ **de llegada** frei Bestimmungsbahnhof

③ (REL) Station *f*

④ (RADIO, TV) Sender *m*, Sendestation *f*

⑤ (*centro*) Station *f*, Stelle *f*; ~ **de acoplamiento** (INFOR) Kopplungsstation *f*; ~ **depuradora** (**de aguas**) Klärwerk *nt*; ~ **espacial** Raumstation *f*; ~ **de lectura** (INFOR) Lesestation *f*; ~ **meteorológica** Wetterwarte *f*, Wetterstation *f*; ~ **orbital** Weltraumstation *f*; ~ **de servicio** Tankstelle *f*; ~ **de trabajo** (INFOR) Workstation *f*; ~ **de tratamiento de basura** Müllaufbereitungsanlage *f*

estacional [estaθjo'nal] *adj* ① (*del año*) jahreszeitlich bedingt

② (*de la temporada*) saisonal; **variaciones** ~**es** saisonbedingte Schwankungen

estacionalidad [estaθjonali'ðað] *f* Saisonabhängigkeit *f*

estacionamiento [estaθjona'mjento] *m* ① (*colocación*) Aufstellung *f*; (*de una persona*) Postierung *f*; (*de misiles, soldados*) Stationierung *f*; (*posición*) Stellung *f*

② (AUTO: *acción*) Parken *nt*; (*lugar*) Parkplatz *m*; ~ **prohibido** Parken verboten; ~ **vigilado** bewachter Parkplatz

③ (*inmovilidad*) Stehenbleiben *nt*

estacionar [estaθjo'nar] I. *vt* ① (*colocar*) aufstellen; (*una persona*) postieren; (*misiles, soldados*) stationieren

② (AUTO) parken, abstellen

II. *vr*: ~**se** ① (*colocarse*) aufgestellt werden; (*una persona*) sich postieren; (*misiles, soldados*) stationiert werden

② (AUTO) parken

③ (*parar*) stehen bleiben; **la producción se ha estacionado** die Produktion ist ins Stocken geraten

estacionario, -a [estaθjo'narjo, -a] *adj* stationär

estada [es'taða] *f* (*Am*), **estadía** [esta'ðia] *f* ① (*estancia*) Aufenthalt *m* ② (*de un modelo*) Sitzung *f* ③ (COM: *tiempo*) (Über)liegezeit *f*; (*tarifa*) (Über)liegegeld *nt*

estadígrafo, -a [esta'ðiɣrafo, -a] *m, f* (MAT) Statistiker(in) *m(f)*

estadio [es'taðjo] *m* ① (DEP) Stadion *m*

② (MED) Stadium *m*

estadista [esta'ðista] *mf* ① (POL) bedeutender Politiker *m*, bedeutende Politikerin *f*, Staatsmann, -frau *m, f*

② (MAT) Statistiker(in) *m(f)*

estadística [esta'ðistika] *f* Statistik *f*; ~ **de naturalización** Einbürgerungsstatistik *f*

estadístico, -a [esta'ðistiko, -a] *adj* statistisch

estado [es'taðo] *m* ① (*condición*) Zustand *m*, Lage *f*; ~ **de alarma** Alarmzustand *m*; ~ **civil** Familienstand *m*; ~ **contable** Kontostand *m*; ~ **de las cosas** (*general*) Stand [*o* Lage] der Dinge; (*de un hecho concreto*) Sachlage *f*; ~ **de costes** Kostenaufstellung *f*; ~ **de las cotizaciones** Kursstand *m*; ~ **de cuenta** Kontostand *m*; ~ **de la economía** Wirtschaftslage *f*; ~ **de emergencia** Notstand *m*; ~ **de espera** (INFOR) Wartezustand *m*; ~ **de las existencias** Bestandslage *f*; ~ **financiero** Finanzlage *f*;

estampa

gaseoso (FÍS) gasförmiger Zustand; ~ **de guerra** Kriegszustand *m*; ~ **latente** (INFOR) latenter Zustand; ~ **líquido** (FÍS) flüssiger Zustand; ~ **de salud** Gesundheitszustand *m*; ~ **sólido** (FÍS) fester Zustand; **en buen/mal** ~ in gutem/schlechtem Zustand; **en buen** ~ **de conservación** gut erhalten; **en** ~ **de embriaguez** im Zustand der Trunkenheit, in betrunkenem Zustand; **estar en** ~ **de buena esperanza, estar en** ~ **interesante** guter Hoffnung sein; **en** ~ **de merecer** unverheiratet; **debate sobre el** ~ **de la nación** Debatte zur Lage der Nation

② (POL) Staat *m*; ~ **de administración fiduciaria** Treuhandgebiet *nt*; ~ **agrario** Agrarstaat *m*; ~ **asociado** (UE) assoziierter Staat; ~ **de las autonomías** Staat mit selbstverwalteten Regionen; ~ **del bienestar** Wohlfahrtsstaat *m*; ~ **comunitario** Mitgliedstaat der Europäischen Union; ~ **de derecho** Rechtsstaat *m*; ~ **deudor** Schuldnerstaat *m*; ~ **federal** Bundesstaat *m*; ~ **industrial** Industriestaat *m*; ~ **limítrofe** Nachbarstaat *m*; ~ **litoral** Küstenstaat *m*; ~ **sin litoral** Binnenstaat *m*; ~ **miembro** Mitgliedstaat *m*; ~ **miembro de la UEME** EWWU-Teilnehmerland *nt*; ~ **providencia** Wohlfahrtsstaat *m*; ~ **ribereño** Anrainerstaat *m*; ~ **social** Sozialstaat *m*; ~ **empresa del** ~ Staatsbetrieb *m*; **funcionario del** ~ Staatsbedienstete(r) *m*; **patrimonio del** ~ Staatsvermögen *nt*; **presupuestos del** ~ Staatshaushalt *m*

③ (MIL): ~ **mayor** Generalstab *m*; ~ **mayor de la armada** Führungsstab der Marine

④ (HIST) Stand *m*; **el** ~ **llano** der untere Stand

⑤ (FIN): ~ **de cuentas** Kassenbericht *m*; ~ **de las cuentas anuales** Aufstellung des Jahresabschlusses; ~ **de los gastos** Ausgabenseite *f*; ~ **de los ingresos** Einnahmenseite *f*; **papel del** ~ Staatspapier *nt*

⑥ (JUR): ~ **de necesidad** Notstand *m*

Estados Unidos [es'taðos u'niðos] *mpl* Vereinigte Staaten *mpl* (von Amerika)

estadounidense [estaðouni'ðense] *mf* US-Amerikaner(in) *m(f)*

estafa [es'tafa] *f* Betrug *m*, Schwindel *m*; ~ **contractual** (JUR) Eingehungsbetrug *m*; ~ **de crédito** Kreditbetrug *m*; ~ **en seguros** Versicherungsbetrug *m*

estafador(a) [estafa'ðor(a)] *m(f)* Betrüger(in) *m(f)*, Schwindler(in) *m(f)*, Gauner(in) *m(f)*

estafar [esta'far] *vt* betrügen, prellen; **la cajera me ha estafado el cambio** die Kassiererin hat mich um das Wechselgeld betrogen; **me has estafado 20 euros** du hast mir 20 Euro abgeschwindelt

estafermo [esta'fermo] *m* (*persona embobada*) Dummkopf *m*, Trottel *m*

estafeta [esta'feta] *f* ① (*correos*) Postamt *nt*, Poststelle *f*

② (HIST) Bote *m*

estafilococo [estafilo'koko] *m* (BIOL) Staphylokokkus *m*

estagnación [estayna'θjon] *f* (*AmC*) Stagnation *f*, Stocken *nt*

estajanovismo [estaxano'βismo] *m sin pl* (ECON) Stajanovismus *m*

estajanovista [estaxano'βista] I. *adj* (ECON) stajanovistisch II. *mf* (ECON) Stajanovist(in) *m(f)*

estaje [es'taxe] *m* (*Am*) Akkord *m*

estajear [estaxe'ar] *vi* (*Am*) Akkord arbeiten

estajero, -a [esta'xero, -a] *m, f* (*Am*) Akkordarbeiter(in) *m(f)*

estalactita [estalak'tita] *f* Stalaktit *m*

estalagmita [estalaɣ'mita] *f* Stalagmit *m*

estalinismo [estali'nismo] *m sin pl* Stalinismus *m*

estalinista [estali'nista] I. *adj* (POL) stalinistisch II. *mf* (POL) Stalinist(in) *m(f)*

estallar [esta'ʎar] *vi* ① (*al caer*) bersten, platzen; (*globo, neumático*) platzen; (*bomba*) explodieren; (*cristales*) zersplittern; (*látigo*) knallen; **estalló una ovación** Beifall brach los; **me estalla la cabeza** mir platzt der Schädel

② (*revolución, incendio*) ausbrechen; (*tormenta*) losbrechen; **al** ~ **la guerra** bei Kriegsausbruch

③ (*risa, alegría*) losbrechen; ~ **en llanto** in Tränen ausbrechen; **estaba enfadado y al final estalló** er war verärgert und platzte am Ende vor Wut

estallido [esta'ʎiðo] *m* ① (*ruido*) Knall *m*, Knallen *nt*; (*de un globo*) Platzen *nt*; (*explosión*) Explosion *f*

② (*de una revolución*) Ausbruch *m*; ~ **de cólera** Zornausbruch *m*

estambre [es'tambre] *m* ① (*tela*) Kammgarnstoff *m*; (*hebra*) Kammgarn *nt*

② (BOT) Staubgefäß *nt*

Estambul [estam'bul] *m* Istanbul *nt*

estamental [estamen'tal] *adj* Standes-, ständisch

estamento [esta'mento] *m* Stand *m*, Gesellschaftsschicht *f*

estameña [esta'meɲa] *f* Estamin *nt*, Etamine *f*

estampa [es'tampa] *f* ① (*dibujo*) Bild *nt*, Druck *m*; ~ **de un santo** Heiligenbild *nt*; ~ **de la Virgen** Marienbild *nt*; **dar algo a la** ~ etw in Druck geben

② (*huella*) Abdruck *m*, Spur *f*

③ (*impresión*) Eindruck *m*; (*aspecto*) Aussehen *nt*; **un caballo de mag-**

nífica ~ ein Pferd von prächtiger Gestalt; **tienes mala ~** du siehst schlecht aus; **¡maldita sea tu ~!** verflucht seist du!; **es la viva ~ de la pobreza** er/sie ist die Armut in Person; **es la viva ~ de su padre** (*fam*) er/sie ist seinem/ihrem Vater wie aus dem Gesicht geschnitten

estampación [estampa'θjon] *f sin pl* Drucken *nt*; (*con relieve*) Prägung *f*

estampado¹ [estam'paðo] *m* ❶ (*tejido*) Druck *m*; **no me gusta este ~** dieses (Stoff)muster gefällt mir nicht
❷ (*metal*) Stanzung *f*, Prägung *f*

estampado, -a² [estam'paðo, -a] *adj* bedruckt

estampador¹ [estampa'ðor] *m* (TÉC) Stanzwerkzeug *nt*

estampador(a)² [estampa'ðor(a)] I. *adj* (TÉC) Stanz-; **proceso ~** Stanzprozess *m*
II. *m(f)* Stanzer(in) *m(f)*

estampar [estam'par] I. *vt* ❶ (*en papel, tela*) drucken (*en/sobre* auf +*akk*); (*con relieve*) prägen (*en/sobre* in/auf +*akk*); **~ un dibujo en una camiseta** ein T-Shirt mit einer Zeichnung bedrucken, eine Zeichnung auf ein T-Shirt drucken
❷ (TÉC: *una chapa*) stanzen, prägen; (*un motivo en una chapa*) einstanzen, einprägen; **~ pins** Pins ausstanzen; **se me quedó estampado en la cabeza** das hat sich mir eingeprägt, das ist mir im Gedächtnis haften geblieben
❸ (*huella*) hinterlassen; **~ una firma** unterzeichnen; **~ la firma al pie del documento** die Unterschrift unter ein Dokument setzen
❹ (*fam: arrojar*) knallen, donnern; **~ el libro contra la pared** das Buch gegen die Wand donnern
❺ (*fam: dar*) verpassen; **~ una bofetada a alguien** jdm eine knallen [*o* schmieren]; **~le un beso a alguien en la cara** jdm einen Kuss auf die Wange drücken
II. *vr:* **~se** (*fam*) prallen (*contra* gegen +*akk*)

estampía [estam'pia] *f*: **salir** [*o* **partir**] **de ~** losrasen, losbrausen *fam*; **embestir algo de ~** auf etw plötzlich losgehen

estampida [estam'piða] *f* ❶ (*huida*) überstürzte Flucht *f*
❷ (*ruido*) Knall *m*

estampido [estam'piðo] *m* Knall *m*; **~ del trueno** Donnerschlag *m*; **dar un ~** knallen

estampilla [estam'piʎa] *f* ❶ (*sello*) Faksimilestempel *m*
❷ (*Am: de correos*) Briefmarke *f*

estampillado [estampi'ʎaðo] *m* Abstempeln *nt*

estampilladora [estampiʎa'ðora] *f* Stempelmaschine *f*

estampillar [estampi'ʎar] *vt* abstempeln

estampita [estam'pita] *f* Heiligenbild *nt*; **me han dado el timo de la ~** (*fam*) ich bin reingelegt worden

estancación [estaŋka'θjon] *f* Stockung *f*, Stillstand *m*; **~ del volumen de ventas** Absatzstockung *f*

estancado, -a [estaŋ'kaðo, -a] *adj* ❶ (*río*) (auf)gestaut; **aguas estancadas** Stauwasser *nt*
❷ (COM: *mercancía*) monopolisiert, Monopol-
❸ (*negocio*) stockend, stagnierend; **quedarse ~** ins Stocken geraten

estancamiento [estaŋka'mjento] *m* ❶ (*del agua*) (Auf)stauung *f*
❷ (*de una mercancía*) Monopolisierung *f*
❸ (*de los negocios*) Stockung *f*, Stagnation *f*; (*de un proceso*) Stillstand *m*; **~ coyuntural** (ECON) Konjunkturstillstand *m*

estancar [estaŋ'kar] <c→qu> I. *vt* ❶ (*un río*) (auf)stauen
❷ (COM: *mercancía*) monopolisieren
❸ (*negocio*) zum Stillstand bringen, zum Stocken bringen
II. *vr:* **~se** ❶ (*río*) sich (auf)stauen
❷ (*negocio*) stocken, stagnieren; **me he estancado en los estudios** ich komme mit meinem Studium nicht weiter

estancia [es'tanθja] *f* ❶ (*permanencia*) Aufenthalt *m*; **~ en un hospital** Krankenhausaufenthalt *m*
❷ (*habitación*) Wohnraum *m*; (*de palacio*) Gemach *nt*
❸ (*Am: hacienda*) Landgut *m*, Hazienda *f*
❹ (*Cuba, Ven: quinta*) Landhaus *nt*
❺ (LIT) Stanze *f*

estanciera [estan'θjera] *f* (*Arg: furgoneta*) Lieferwagen *m*

estanciero, -a [estan'θjero, -a] *m, f* (*CSur, Col, Ven*) ❶ (*de una finca ganadera*) Viehfarmer(in) *m(f)*
❷ (*de latifundios*) Großgrundbesitzer(in) *m(f)*

estanco¹ [es'taŋko] *m* ❶ (*establecimiento*) Tabak(waren)laden *m*
❷ (*monopolio*) Monopol *nt*

estanco, -a² [es'taŋko, -a] *adj* ❶ (NÁUT) wasserdicht
❷ (*separado*) abgeschlossen, abgeriegelt; **compartimento ~** abgeschlossenes Abteil

estándar [es'tandar] I. *adj* Standard-; **tipo ~** Standardversion *f*
II. *m* Standard *m*, Norm *f*; **~ de seguridad** Sicherheitsstandard *m*; **~ de vida** Lebensstandard *m*

estandarización [estandariθa'θjon] *f* Standardisierung *f*, Normung *f*

estandarizar [estandari'θar] <z→c> *vt* standardisieren, normen

estandarte [estan'darte] *m* Standarte *f*, Fahne *f*

estanflación [estanfla'θjon] *f* (ECON) Stagflation *f*

estannífero, -a [estan'nifero, -a] *adj* (GEO) zinnhaltig

estanque [es'taŋke] *m* ❶ (*en un parque*) Teich *m*
❷ (*para el riego*) Wasserbassin *nt*, Wasserbecken *nt*

estanqueidad [estaŋkei'ðað] *f* Wasserundurchlässigkeit *f*

estanquero, -a [estaŋ'kero, -a] *m, f* Tabak(waren)händler(in) *m(f)*

estanquillo [estaŋ'kiʎo] *m* ❶ (*Ecua: taberna*) Kneipe *f*
❷ (*Méx: tienda*) Kramladen *m*

estante [es'tante] *m* ❶ (*para libros*) Bücherbrett *nt*, Bücherbord *nt*; (*para muebles*) (Einlege)boden *m*; (*en una tienda*) Ständer *m*
❷ (*mueble*) Regal *nt*

estantería [estante'ria] *f* Regal *nt*; (*de toda la pared*) Regalwand *f*; (*en una tienda*) Warenregal *nt*; **~ de libros** Bücherregal *nt*, Bücherbord *nt*

estañar [esta'nar] *vt* (*Ven*) ❶ (*herir*) verletzen
❷ (*echar del trabajo*) entlassen

estaño [es'taɲo] *m* Zinn *nt*; **~ para soldar** Lötzinn *nt*

estaquear [estake'ar] *vt* (*CSur*) ❶ (*cueros*) spannen
❷ (HIST) foltern durch das Festbinden der Gliedmaßen des Opfers an vier Pfählen

estaquilla [esta'kiʎa] *f* ❶ (*hierro*) Schuhzwecke *f*, Eisenklammer *f*
❷ (*madera*) Pflocknagel *m*, Holznagel *m*

estar [es'tar] *irr* I. *vi* ❶ (*hallarse*) sein, sich befinden; (*un objeto, derecho*) stehen; (*tumbado*) liegen; (*colgando*) hängen (*en* an +*dat*); (*durante un tiempo*) sich aufhalten; **Valencia está en la costa** Valencia liegt an der Küste; **¿está Pepe? – no, no está** ist Pepe hier [*o* da]? – nein, er ist nicht hier [*o* da]; **el vaso está en la mesa** das Glas steht auf dem Tisch; **el periódico está en el suelo** die Zeitung liegt auf dem Boden; **el cuadro está en la pared** das Bild hängt an der Wand; **ahora estoy en Alemania** ich halte mich zur Zeit in Deutschland auf; **¿dónde estábamos?** wo waren wir stehen geblieben?; **sí, se han separado, como estamos aquí tú y yo** ja, sie haben sich scheiden lassen, so wahr wir hier sitzen; **ya lo hago yo, para eso estoy** ich übernehme das, das ist das Mindeste [*o* Wenigste], was ich tun kann; **¿está la comida?** ist das Essen fertig?; **¿a cómo están las acciones hoy?** wie stehen heute die Aktien?
❷ (*sentirse*) sich fühlen; **¿cómo estás?** wie geht es dir?; **ya está mejor** es geht ihm/ihr schon besser; **hoy no estoy bien** ich fühle mich heute nicht wohl
❸ (*con adjetivo o participio*): **~ asomado al balcón** auf dem Balkon stehen; **~ cansado** müde sein; **~ cerrado/listo** geschlossen/fertig sein; **~ sentado** sitzen; **~ triste** traurig sein; **~ ubicado** (*Am*) sich befinden; **~ viejo** alt aussehen; **el asado está rico** der Braten schmeckt gut [*o* lecker]; **está visto que...** es ist offensichtlich, dass ...
❹ (*con 'bien', 'mal'*): **~ mal de azúcar** kaum Zucker haben; **está mal de la cabeza** der/die spinnt; **está mal consigo mismo** er kommt mit sich *dat* selbst nicht zurecht; **~ mal de dinero** schlecht bei Kasse sein; **una semana de descanso te ~á bien** eine Woche Urlaub wird dir gut tun; **eso te está bien empleado** (*fam*) das geschieht dir recht; **esa blusa te está bien** diese Bluse steht dir gut; **este peinado no te está bien** diese Frisur steht dir nicht [*o* passt nicht zu dir]
❺ (*con 'a'*): **~ al caer** (*persona*) bald kommen; (*suceso*) bevorstehen; **~ al día** auf dem Laufenden sein; **~ a todo** überall seine Finger im Spiel haben; **están al caer las diez** es ist bald zehn Uhr; **estamos a uno de enero** heute ist der 1. Januar; **¿a qué estamos?** den Wievielten haben wir heute?; **las peras están a 1,70 euros el kilo** die Birnen kosten 1,70 Euro pro [*o* das] Kilo; **el cuadro está ahora a 15.000 euros** das Bild ist nun auf 15.000 Euro gestiegen; **las acciones están a 23 euros** die Aktien liegen bei 23 Euro; **Sevilla está a 40 grados** in Sevilla sind es 40 Grad; **el termómetro está a diez grados** das Thermometer zeigt zehn Grad an; **están uno a uno** das Spiel steht eins zu eins; **~ a examen** kurz vor einer Prüfung stehen; **estoy a lo que decida la asamblea** ich schließe mich der Entscheidung der Versammlung an; **estoy a oscuras en este tema** ich habe keinen blassen Schimmer von diesem Thema
❻ (*más 'con'*): **estoy con mi novio** ich bin mit meinem Freund zusammen; **en el piso estoy con dos más** ich teile die Wohnung mit zwei Leuten; **estoy contigo en este punto** ich stimme mit dir in diesem Punkt überein
❼ (*con 'de'*): **~ de broma** zum Scherzen aufgelegt sein; **~ de charla** einen Schwatz halten; **~ de mal humor** schlecht gelaunt sein; **~ de parto** in den Wehen liegen; **~ de pie** stehen; **~ de suerte** Glück haben; **~ de secretario** als Sekretär arbeiten; **~ de viaje** verreist sein, auf Reisen sein; **en esta reunión estoy de más** ich bin in dieser Sitzung überflüssig; **esto que has dicho estaba de más** was du gesagt hast, war überflüssig [*o* war nicht nötig]
❽ (*con 'en'*): **el problema está en el dinero** das Problem ist das Geld; **yo estoy en que él no dice la verdad** ich bin überzeugt (davon), dass er lügt; **no estaba en sí cuando lo hizo** er/sie war

nicht ganz bei sich *dat*, als er/sie es tat; **~ en todo** sich um alles kümmern, für alles sorgen; **siempre está en todo** ihm/ihr entgeht nichts; **estoy en lo que tú dices** ich weiß, wovon du sprichst

⑨ (*con 'para'*): **hoy no estoy para bromas** heute bin ich nicht zu Späßen aufgelegt; **~ para morir** im Sterben liegen; **el tren está para salir** der Zug fährt in Kürze ab; **para eso estamos** (*fam*) gern geschehen

⑩ (*con 'por'*): **~ por alguien** (*fam*) auf jdn stehen, auf jdn abfahren; **estoy por llamarle** ich bin versucht ihn anzurufen; **eso está por ver** das wird sich zeigen; **la historia de esta ciudad está por escribir** die Geschichte dieser Stadt muss noch geschrieben werden; **este partido está por la democracia** diese Partei setzt sich für die Demokratie ein

⑪ (*con gerundio*) gerade etw tun; **¿qué estás haciendo?** was machst du da?; **estoy haciendo la comida** ich bereite gerade das Essen zu; **siempre está mirando la tele** er/sie sieht dauernd fern; **he estado una hora esperando el autobús** ich habe eine Stunde lang auf den Bus gewartet; **estoy escribiendo una carta** ich bin gerade dabei, einen Brief zu schreiben; **¡lo estaba viendo venir!** ich habe es kommen sehen!; **este pastel está diciendo cómeme** bei diesem Kuchen läuft mir das Wasser im Munde zusammen

⑫ (*con 'que'*): **estoy que no me tengo** ich bin fix und fertig; **está que trina** er/sie ist außer sich *dat*

⑬ (*con 'sobre'*): **estáte sobre este asunto** kümmere dich um diese Angelegenheit; **siempre tengo que ~ sobre mi hijo para que coma** ich muss immer hinter meinem Sohn her sein, damit er was isst; **es una persona que siempre está sobre sí** (*serena*) er/sie verhält sich immer ganz ruhig; (*impasible*) er/sie offenbart nie seine/ihre Gefühle

⑭ (*comportarse*): (**no**) **saber ~** sich (nicht) zu benehmen wissen

⑮ (*loc*): **a las 10 en casa, ¿estamos?** du bist um 10 Uhr zu Hause, verstanden?

II. *vr*: **~se** ① (*hallarse*) sein, sich aufhalten

② (*permanecer*) bleiben; **~se de charla** ein Schwätzchen halten; **te puedes ~ con nosotros toda la tarde** du kannst bei uns bleiben; **me estuve con ellos toda la tarde** ich verbrachte den ganzen Nachmittag bei ihnen; **¡estáte quieto!** (*callado*) sei ruhig!; (*quieto*) Hände weg!; **en casa se está muy bien** zu Hause fühlt man sich sehr wohl

estárter [es'tarter] *m* (AUTO) Starter *m*

estatal [esta'tal] *adj* Staats-, staatlich

estatalista [estata'lista] *adj* staatsmännisch

estatalización [estataliθa'θjon] *f* Verstaatlichung *f*

estatalizar [estatali'θar] <z→c> *vt* verstaatlichen

estática [es'tatika] *f sin pl* Statik *f*

estático, -a [es'tatiko, -a] *adj* ① (TÉC) statisch

② (*quieto*) statisch, unbewegt; **en los últimos meses he estado muy ~ y he echado barriga** in den letzten Monaten habe ich mich kaum bewegt und einen Bauch angesetzt

③ (*pasmado*) verblüfft, sprachlos, wie vor den Kopf geschlagen *fam*

estatificar [estatifi'kar] <c→qu> *vt* verstaatlichen

estatismo [esta'tismo] *m* ① (*inmovilidad*) Unbeweglichkeit *f*

② (POL) Etatismus *m*

estatización [estatiθa'θjon] *f* Verstaatlichung *f*

estatua [es'tatwa] *f* Statue *f*, Standbild *nt*; **me quedé como una ~** ich erstarrte zur Salzsäule

estatuaria [esta'twarja] *f* Bildhauerei *f*, Bildhauerkunst *f*, Plastik *f*

estatuilla [esta'twiʎa] *f* Statuette *f*; **este año la ~ no fue a parar a una película española** dieses Jahr bekam kein spanischer Film den Oscar

estatura [esta'tura] *f* Statur *f*, Körpergröße *f*; **¿qué ~ tienes?** wie groß bist du?; **es un hombre de ~ pequeña** er ist klein von Statur

estatus [es'tatus] *m* Status *m*; **~ quo** Status quo *m*

estatutario, -a [estatu'tarjo, -a] *adj* satzungsgemäß, statutarisch

estatuto [esta'tuto] *m* ① (*de una sociedad*) Satzung *f*, Statut *nt*; **~s de la asociación** Vereinssatzung *f*; **~ del Banco Central** Zentralbankstatut *nt*; **~ comercial** Geschäftsstatut *nt*; **~ de explotación** Betriebsatzung *f*; **~ interno** Betriebsordnung *f*; **~ profesional** Berufsordnung *f* (für freie Berufe); **~s sociales** Gesellschaftsstatut *nt*

② (JUR) Statut *nt*, Gesetz *nt*; **~ territorial** Belegenheitsstatut *nt*; **~ de los trabajadores** Betriebsverfassungsgesetz *nt*

③ (POL) Gesetz *nt*; **el ~ de Cataluña/Guernika** die Verfassung der katalanischen/baskischen Autonomie

este¹ ['este] *m* Osten *m*; (METEO, NÁUT) Ost *m*; **el viento viene del ~** der Wind kommt von [*o* aus] Ost; **sopla viento del ~** es weht ein Ostwind; **los países del ~** die Ostblockländer; **Alemania del E~** Ostdeutschland *nt*; (HIST) DDR *f*

este, -a² ['este] I. *adj* <estos, -as> diese(r, s), der/die/das (hier); **~ perro es el mío** dieser Hund ist meiner; **esta casa es nuestra** dieses Haus gehört uns; **hay que llevarse estas cajas** die Kisten hier müssen weg; **no sé qué hacer con la tarea esta** ich weiß nicht, was ich mit dieser Aufgabe anfangen soll

II. *pron dem v.* **éste, ésta, esto**

éste, ésta, esto ['este, 'esta, 'esto] *pron dem* <éstos, -as> diese(r, s), der/die/das (hier); **¿qué es esto?** was ist das?; **¿quién es ~?** wer ist das?; **¿quién ha hecho esto?** wer hat das gemacht?; **~ soy yo, y éstos son mis hijos** das bin ich, und das sind meine Kinder; **¿los conoces? – no, (a) éstos no los he visto nunca** kennst du sie? – nein, die habe ich nie gesehen; **~ se cree muy importante** der hält sich für sehr wichtig; **antes yo también tenía una camisa como ésta** früher hatte ich auch so ein Hemd; **desde ésta te escribo** ich schreibe Dir aus dieser Stadt; (estando) **en esto** [*o* **en éstas**], **llamaron a la puerta** dann [*o* in diesem Moment] klingelte es an der Tür; **¡ésta sí que es buena!** das ist ja ein Ding!; **te lo juro, por ésta(s)** darauf kannst du Gift nehmen; *v. t.* **este, -a**

estela [es'tela] *f* ① (NÁUT) Kielwasser *nt*

② (AERO: *de avión*) Kondensstreifen *m*; (*de cohete*) Rauchfahne *f*

③ (*rastro*) Spur *f*; **los hooligans dejan siempre una ~ de violencia** die Hooligans hinterlassen immer eine Spur der Gewalt; **dejó una ~ de recuerdos** er/sie hinterließ eine Reihe von Erinnerungen

④ (ARTE) Stele *f*

estelar [este'lar] *adj* ① (*en el cielo*) Stern(en)-; (ASTR) stellar; **sistema ~** Sternsystem *nt*

② (*extraordinario*) Star-; **invitado ~** Stargast *m*; **programa ~** (TV) Erfolgssendung *f*

estelaridad [estelari'ðað] *f* (Chil: *popularidad*) Beliebtheit *f*, Popularität *f*; **en este momento el noticiero matinal tiene una gran ~** zur Zeit erfreuen sich die Morgennachrichten größter Beliebtheit

estenografía [estenoɣra'fia] *f* Stenografie *f*

estenografiar [estenoɣrafi'ar] <*1. pres:* estenografío> *vt* stenografieren

estenográfico, -a [esteno'ɣrafiko, -a] *adj* stenographisch

estenógrafo, -a [este'noɣrafo, -a] *m*, *f* Stenograph(in) *m(f)*

estenor(d)este [estenor'(ð)este] I. *adj* ostnordöstlich

II. *m* ① (GEO) Ostnordosten *m*

② (*viento*) Ostnordostwind

estenosis [este'nosis] *f inv* (MED) Stenose *f*

estenotipia [esteno'tipja] *f* Stenotypie *f*

estenotipista [estenoti'pista] *mf* Stenotypist(in) *m(f)*

estentóreo, -a [esten'toreo, -a] *adj* (*voz*) laut, durchdringend; (*risa*) schallend; (*acento*) ausgeprägt

estepa [es'tepa] *f* ① (GEO) Steppe *f*

② (BOT) Zistrose *f*

estepario, -a [este'parjo, -a] *adj* Steppen-; **lobo ~** Steppenwolf *m*

estera [es'tera] *f* (Fuß)matte *f*

estercolamiento [esterkola'mjento] *m* (AGR) organische Düngung *f*

estercolar [esterko'lar] I. *vi* misten

II. *vt* misten, mit Mist düngen

estercolero [esterko'lero] *m* ① (*montón*) Misthaufen *m*, Mistgrube *f*

② (*lugar*) Saustall *m abw*

estercoraria [esterko'rarja] *f* (Méx: *escarabajo*) Käfer *m*

estéreo [es'tereo] I. *adj* (*fam*) Stereo-, stereo(phon); **disco ~**, **grabación ~** Stereoaufnahme *f*

II. *m* ① (*estereofonía*) Stereo *nt*, Stereophonie *f*; **emitir en ~** in Stereo senden

② (*equipo*) Stereoanlage *f*

③ (*de leña*) Ster *m*, Raummeter *m o nt*

estereofonía [estereofo'nia] *f* Stereophonie *f*

estereofónico, -a [estereo'foniko, -a] *adj* Stereo-, stereophon(isch)

estereometría [estereome'tria] *f* (MAT) Stereometrie *f*

estereoquímica [estereo'kimika] *f* (QUÍM) Stereochemie *f*

estereotipado, -a [estereoti'paðo, -a] *adj* stereotyp, klischeehaft

estereotipar [estereoti'par] *vt* ① (TIPO) stereotypieren

② (*frase*) klischeehaft darstellen, klischieren *elev*

estereotipia [estereo'tipja] *f sin pl* Stereotypie *f*

estereotípico, -a [estereo'tipiko, -a] *adj* stereotyp

estereotipo [estereo'tipo] *m* ① (TIPO) Stereotypplatte *f*

② (*cliché*) Stereotyp *nt*, Klischeevorstellung *f*, Klischee *nt*

estereovisión [estereoβi'sjon] *f sin pl* (TV) Stereofernsehen *nt*

esterería [estere'ria] *f* ① (*taller*) Mattenherstellung *f*

② (COM: *tienda*) Mattenladen *m*

estéril [es'teril] *adj* ① (*persona*) steril, unfruchtbar; (*tierra*) unfruchtbar

② (MED) steril, keimfrei

③ (*trabajo*) nutzlos; (*esfuerzo*) fruchtlos; (*discusión*) unfruchtbar

esterilidad [esterili'ðað] *f* ① (*de una persona*) Sterilität *f*, Unfruchtbarkeit *f*; (*de un hombre*) Zeugungsunfähigkeit *f*; (*de un terreno*) Unfruchtbarkeit *f*

② (MED) Sterilität *f*, Keimfreiheit *f*

③ (*de un trabajo*) Nutzlosigkeit *f*; (*de un esfuerzo*) Fruchtlosigkeit *f*; (*de una discusión*) Unfruchtbarkeit *f*

esterilización [esteriliθa'θjon] *f* Sterilisation *f*, Sterilisierung *f*

esterilizador¹ [esteriliθa'ðor] *m* Sterilisiergerät *nt*, Sterilisator *m*

esterilizador(a)² [esteriliθa'ðor(a)] *adj* sterilisierend, Sterilisier-; **aparato ~** Sterilisierapparat *m*
esterilizar [esterili'θar] <z→c> *vt* sterilisieren
esterilla [este'riʎa] *f* ① (*estera*) kleine (Fuß)matte *f*; **~ eléctrica** Heizdecke *f*; **~ del wáter** Klosettumrandung *f*
② (*trencilla*) goldene Borte *f*
③ (*de paja*) Strohgeflecht *nt*
④ (*Ecua: rejilla*): **silla de ~** Korbstuhl *m*
esterlina [ester'lina] *adj:* **libra ~** Pfund *nt* Sterling
esternocleidomastoideo [esternokleiðomastoi'ðeo] I. *adj* (ANAT): **músculo ~** Kopfnickermuskel *m*
II. *m* (ANAT) Kopfnicker *m*
esternón [ester'non] *m* (ANAT) Brustbein *nt*
estero [es'tero] *m* ① (*Am: pantano*) Sumpf *m*
② (*Cuba: ría*) Bucht *f*
③ (*Chil, Ecua: arroyo*) Bach *m*
④ (*Ven: aguazal*) Wasserlache *f*; **estar en el ~** in der Klemme sitzen
esteroide [este'roiðe] *m* (QUÍM) Steroid *nt*
estertor [ester'tor] *m* ① (*respiración*) Röcheln *nt*
② (MED) Rasselgeräusch *nt*
estertóreo, -a [ester'toreo, -a] *adj* röchelnd
estesiología [estesjolo'xia] *f* (ANAT) Sinnesorganlehre *f*
esteta [es'teta] *mf* Ästhet(in) *m(f)*
estética [es'tetika] *f* ① (*ciencia*) Ästhetik *f*
② (*persona*) Ästhetikerin *f*
estetición [esteti'θjen] *mf inv* Kosmetiker(in) *m(f)*
estéticienne [esteti'θjen] *mf* Kosmetiker(in) *m(f)*
esteticismo [esteti'θismo] *m sin pl* Ästhetizismus *m*
esteticista [esteti'θista] I. *adj* ästhetizistisch
II. *mf* ① (*de esteticismo*) Ästhetizist(in) *m(f)*
② (*estéticienne*) Kosmetiker(in) *m(f)*
estético, -a [es'tetiko, -a] I. *adj* ästhetisch; **no ~** unästhetisch
II. *m, f* Ästhetiker(in) *m(f)*
estetoscopia [estetos'kopja] *f* (MED) Stethoskopie *f*
estetoscopio [estetos'kopjo] *m* (MED) Stethoskop *nt*, Hörrohr *nt*
estiaje [es'tjaxe] *m* ① (*nivel*) Niedrigwasser *nt*
② (*período*) Niedrigwasserperiode *f*
estiba [es'tiβa] *f* (NÁUT: *carga*) Stauen *nt*; (*distribución*) Trimmen *nt*
estibador(a) [estiβa'ðor(a)] *m(f)* (NÁUT) Stauer(in) *m(f)*
estibadora [estiβa'ðora] *f* (TÉC) Stapler *m*
estibar [esti'βar] *vt* ① (NÁUT: *cargar*) (ver)stauen; (*distribuir*) trimmen
② (*lana*) einsacken
estiércol [es'tjerkol] *m* Mist *m*, Dung *m*; **sacar el ~** ausmisten
estigma [es'tiɣma] *m* ① (*en el cuerpo*) Wundmal *nt*
② (REL, BOT, MED, ZOOL) Stigma *nt*
③ (*de un hierro*) Brandmal *nt*
estigmatismo [estiɣma'tismo] *m* (FÍS) Stigmatismus *m*
estigmatizar [estiɣma'tiθar] <z→c> *vt* ① (*con hierro*) brandmarken
② (REL) stigmatisieren
③ (*infamar*) brandmarken, stigmatisieren
estilar [esti'lar] I. *vi* die Angewohnheit haben (zu); **estila levantarse pronto** er/sie steht gewöhnlich früh auf
II. *vr:* **~se** gewöhnlich [*o* üblich] sein; **ya no se estila llevar bombachos** Reiterhosen sind aus der Mode gekommen; **antes no se estilaba que las mujeres llevaran pantalones** früher war es nicht üblich, dass Frauen Hosen trugen
estilete [esti'lete] *m* ① (*puñal*) Stilett *nt*
② (*del reloj solar*) Gnomon *m*
estilismo [esti'lismo] *m sin pl* Stilpflege *f*
estilista [esti'lista] *mf* ① (LIT) Stilist(in) *m(f)*
② (*diseño*) Stylist(in) *m(f)*
estilística [esti'listika] *f sin pl* (LIT) Stilistik *f*, Stillehre *f*
estilístico, -a [esti'listiko, -a] *adj* stilistisch
estilización [estiliθa'θjon] *f* Stilisierung *f*; (*diseño*) Styling *nt*
estilizar [estili'θar] <z→c> *vt* I. stilisieren; (*fam: la silueta corporal*) stylen
II. *vr:* **~se** (*fam*) sich stylen
estilo [es'tilo] *m* ① (*modo, forma*) Stil *m*; **~ de vida** Lebensstil *m*; **al ~ de…** im Stil … +*gen*, à la …; **por el ~** so ungefähr, so in etwa, ähnlich; **¿qué, estás mal?, pues yo estoy por el ~** so, dir geht es schlecht?, mir geht es nicht besser; **algo por el ~** etw in der Art; **ya me habían dicho algo por el ~** ich hatte schon so etwas (Ähnliches) gehört
② (ARTE, LIT) Stil *m*
③ (DEP) Schwimmstil *m*; **~ libre** Freistil *m*; **~ (de) pecho** Brustschwimmen *nt*
④ (LING): **~ directo/indirecto** direkte/indirekte Rede
⑤ (BOT) Griffel *m*, Stylus *m*
⑥ (*del reloj solar*) Gnomon *m*
⑦ (INFOR): **~ de la fuente** Schrifttyp *m*

estilóbato [esti'loβato] *m* (ARQUIT) Stylobat *m*
estilográfica [estilo'ɣrafika] *f* Füllfederhalter *m*
estiloso, -a [esti'loso, -a] *adj* elegant, stattlich
estima [es'tima] *f* ① (*aprecio*) Hochschätzung *f*, Wertschätzung *f*, (Hoch)achtung *f*; **tener a alguien en mucha ~** jdn sehr hoch schätzen
② (NÁUT) Giss *m*, Gissung *f*
estimabilidad [estimaβili'ðaᵈ] *f sin pl* (*calculable*) Schätzbarkeit *f*
estimable [esti'maβle] *adj* ① (*apreciable*) schätzenswert, achtenswert
② (*calculable*) (ab-, ein)schätzbar, taxierbar
estimación [estima'θjon] *f* ① (*aprecio*) Wertschätzung *f*, Hochschätzung *f*, (Hoch)achtung *f*; **~ propia** Selbstachtung *f*
② (*evaluación*) (Ab-, Ein)schätzung *f*, Taxierung *f*; **~ de los costes** Kostenschätzung *f*; **~ del daño** Schadensschätzung *f*; **~ a tanto alzado** Pauschalabschätzung *f*; **~ de pruebas** (JUR) Beweiswürdigung *f*
③ (*acción*) Schätzen *nt*; **~ de ventas** Verkaufsprognose *f*
estimado, -a [esti'maðo, -a] *adj* ① (*apreciado*) geschätzt, geachtet; (*en cartas: señores*) geehrt; (*señoras*) verehrt; **estimadas Señoras** sehr verehrte Damen
② (*tasado*) eingeschätzt, taxiert (*en* auf +*akk*); **precio ~** Schätzpreis *m*; **valor ~** Schätzwert *m*
estimar [esti'mar] I. *vt* ① (*apreciar*) schätzen; **~ a alguien mucho** jdn hoch schätzen; **~ a alguien poco** jdn gering schätzen; **~ en demasía** überschätzen
② (*valorar*) schätzen (*en* auf +*akk*), taxieren (*en* auf +*akk*); (*tasar*) überschlagen
③ (*juzgar*) halten (für +*akk*); **lo estimó oportuno** er/sie hielt es für angemessen, **~ que…** der Meinung sein, dass …, denken, dass …
II. *vr:* **~se** ① (*apreciarse*) sich schätzen
② (*calcularse*) geschätzt werden (*en* auf +*akk*)
estimativa [estima'tiβa] *f* Urteilsvermögen *nt*
estimativamente [estimatiβa'mente] *adv* schätzungsweise
estimativo, -a [estima'tiβo, -a] *adj* geschätzt, Schätz-; **valor ~** Schätzwert *m*
estimulante [estimu'lante] I. *adj* anregend, stimulierend
II. *m* Stimulans *nt*, Anregungsmittel *nt*
estimular [estimu'lar] *vt* ① (*café, té*) anregen; (*apetito, debate*) anregen; (*la circulación*) stimulieren; (*en la sexualidad*) stimulieren, reizen, erregen
② (*animar*) ermuntern, anspornen, motivieren; (ECON) Anreize schaffen (für +*akk*)
estimulina [estimu'lina] *f* (BIOL) Stimulin *nt* (*organstimulierendes Hormon*)
estímulo [es'timulo] *m* ① (MED) Reiz *m*
② (*incentivo*) Motivation *f*, Ansporn *m*; (ECON) Anreiz *m*; **~ de la exportación** Exportförderung *f*; **~ fiscal** Steueranreiz *m*
estío [es'tio] *m* (*elev*) Sommer *m*
estipendio [esti'pendjo] *m* Lohn *m*, Bezahlung *f*; **~ semanal** Wochenlohn *m*
esti(p)tiquez [esti(p)ti'keθ] *f* (*Am: estreñimiento*) Verstopfung *f*
estipulación [estipula'θjon] *f* ① (*convenio*) mündliche Vereinbarung *f*, Abmachung *f*; **~ arancelaria** Zollfestsetzung *f*
② (JUR) Klausel *f*, Vertragsbestimmung *f*
estipular [estipu'lar] *vt* ① (*acordar*) vereinbaren, abmachen; (JUR) mündlich vereinbaren
② (*fijar*) festsetzen, festlegen
estirada [esti'raða] *f* (DEP) Streckung *f*
estirado¹ [esti'raðo] *m* (TÉC) Ziehen *nt*
estirado, -a² [esti'raðo, -a] *adj* ① (*adusto*) barsch, unwirsch; (*engreído*) eingebildet, hochnäsig
② (*justo, escaso*) knapp, eng
③ (*tacaño*) knaus(e)rig, knick(e)rig
④ (TÉC) gezogen
estirajar [estira'xar] *vt v.* **estirar**
estiramiento [estira'mjento] *m* Strecken *nt*, Streckung *f*
estirar [esti'rar] I. *vi* ziehen, zerren; **no estires más que se rompe la cuerda** hör auf zu ziehen, sonst reißt die Schnur
II. *vt* ① (*alargar*) (lang) ziehen; (*dinero, suma*) strecken; **~ el bolsillo** den Gürtel enger schnallen, sparen; **estiramos el sueldo todo lo que podemos** wir strecken unseren Lohn so gut wir können; **el discurso fue aburridísimo porque lo estiró mucho** die Rede war todlangweilig, weil sie sich sehr in die Länge zog
② (*alisar*) glatt ziehen, glatt streichen; **~ la masa** den Teig ausrollen; **aún tengo que ~ la cama** ich muss das Bett noch machen; **las sábanas no las plancho, sólo las estiro un poco** Bettlaken bügle ich nicht, ich ziehe sie nur ein bisschen glatt
③ (*extender*) dehnen
④ (*tensar*) spannen
⑤ (*piernas, brazos*) (aus)strecken; **voy a salir a ~ un poco las piernas** ich gehe mir mal ein bisschen die Beine vertreten; **~ demasiado un**

estirón músculo einen Muskel überstrecken [*o* überdehnen]
⑥ (TÉC: *alambre*) ziehen
III. *vr:* ~**se** sich (aus)strecken, sich recken

estirón [esti'ron] *m* ❶ (*tirón*) Ruck *m*, ruckartiges Ziehen *nt*
❷ (*crecimiento*) schnelles Wachsen *nt*; ¡**vaya ~ que ha dado** [*o* **pegado**] **el niño!** (*fam*) der Junge ist aber groß geworden!

estirpe [es'tirpe] *f* Abstammung *f*, Herkunft *f*; (JUR) Stamm *m*; **ser de noble ~** von edler Abstammung sein

estivación [estiβa'θjon] *f* ❶ (*adaptación*) körperliche Anpassung an die sommerliche Hitze
❷ (ZOOL) Sommerschlaf *m*

estival [esti'βal] *adj* sommerlich, Sommer-

esto ['esto] *pron dem v.* **éste**

estocada [esto'kaða] *f* ❶ (*pinchazo*) Degenstoß *m*, Degenstich *m*; (TAUR) Todesstoß *m*
❷ (*herida*) Stichverletzung *f*
❸ (*réplica*) bissige [*o* scharfe] Antwort *f*

Estocolmo [esto'kolmo] *m* Stockholm *nt*

estofa [es'tofa] *f* ❶ (*tejido*) bestickter (Seiden)stoff *m*
❷ (*pey: calidad*) Schlag *m*, Art *f*, Sorte *f*; **gente de baja ~** Pöbel *m*, Pack *nt*

estofado [esto'faðo] *m* ❶ (*guiso*) Schmorfleisch *nt*, Schmorbraten *m*
❷ (*de tela*) Zierstickerei *f*

estofar [esto'far] *vt* ❶ (*guisar*) schmoren, dünsten
❷ (*en madera, oro*) in Sgraffito-Technik verzieren
❸ (*enguatar*) füttern, wattieren

estoica [es'toika] *adj o f v.* **estoico**

estoicidad [estoiθi'ðað] *f sin pl* Unerschütterlichkeit *f*, Stoizismus *m*

estoicismo [estoi̯'θismo] *m sin pl* (FILOS: *escuela*) Stoa *f*; (*doctrina*) Stoizismus *m*
❷ (*impasibilidad*) Stoizismus *m*, Unerschütterlichkeit *f*, Gleichmut *m*

estoico, -a [es'toiko, -a] I. *adj* ❶ (FILOS) stoisch
❷ (*impasible*) stoisch, gelassen, unerschütterlich
II. *m, f* Stoiker(in) *m(f)*

estola [es'tola] *f* Stola *f*

estólida [es'toliða] *adj o f v.* **estólido**

estolidez [estoli'ðeθ] *f sin pl* Einfältigkeit *f*, Dummheit *f*

estólido, -a [es'toliðo, -a] I. *adj* einfältig, dumm
II. *m, f* Einfaltspinsel *m*, Dummkopf *m*; **es una estólida** sie ist ein Dummkopf

estoma [es'toma] *m* (BOT) Stoma *nt*, Spaltöffnung *f*

estomacal [estoma'kal] I. *adj* Magen-; (MED) stomachal; **trastorno ~** Magenverstimmung *f*
II. *m* verdauungsförderndes Mittel *nt*; (MED) Stomachikum *nt*

estomagante [estoma'ɣante] *adj* ❶ (*que empacha*) Völlegefühl verursachend
❷ (*que fastidia*) ärgerlich

estomagar [estoma'ɣar] <g→gu> *vt* ❶ (*empachar*) Völlegefühl verursachen (*a* +*dat*)
❷ (*fastidiar*) verstimmen, auf die Nerven gehen (*a* +*dat*) *fam*

estómago [es'tomaɣo] *m* Magen *m*; **algo se le asienta a alguien en el ~** (*fam*) etw liegt jdm schwer im Magen; **lo tengo asentado en el ~** er liegt mir im Magen, ich kann ihn nicht ausstehen; **se me revolvió el ~** mir wurde schlecht [*o* übel], mir drehte sich der Magen um; **tener buen ~** ein dickes Fell haben; **alguien tiene el ~ en los pies** [*o* **talones**] jdm hängt der Magen in den Kniekehlen

estomatitis [estoma'titis] *f inv* (MED) Mundschleimhautentzündung *f*, Stomatitis *f*

estomatología [estomatolo'xia] *f* (MED) Stomatologie *f*

estomatólogo, -a [estoma'toloɣo, -a] *m, f* Stomatologe, -in *m, f*

estonia [es'tonja] *adj o f v.* **estonio**

Estonia [es'tonja] *f* Estland *nt*

estonio, -a [es'tonjo, -a] I. *adj* estländisch, estnisch
II. *m, f* Este, -in *m, f*, Estländer(in) *m(f)*

estopa [es'topa] *f* ❶ (*tela*) Flachstuch *nt*, Hanftuch *nt*
❷ (*al peinar el lino o cáñamo*) Werg *nt*, Hede *f*
❸ (*para limpiar*) Putzwolle *f*
❹ (NÁUT) Werg *nt*
❺ (*argot: pegar*): **repartir** [*o* **dar**] [*o* **largar**] **~** schlagen, prügeln; (*dar bofetadas*) ohrfeigen

estoque [es'toke] *m* ❶ (*espadín*) Rapier *nt*, Stoßdegen *m*; **estar hecho un ~** klapperdürr [*o* spindeldürr] sein, eine Bohnenstange sein
❷ (BOT) Schwertlilie *f*

estoquear [estoke'ar] *vt* mit einem Stoßdegen niederstechen

estorbar [estor'βar] I. *vi* ❶ (*obstaculizar*) behindern, hinderlich sein
❷ (*molestar*) stören
II. *vt* ❶ (*impedir*) verhindern
❷ (*obstaculizar*) behindern; **~ el tráfico** den Verkehr blockieren
❸ (*molestar*) stören

estorbo [es'torβo] *m* ❶ (*molestia*) Ärgernis *nt*; **sal de casa, que sólo eres un ~** geh aus dem Haus, du stehst einem nur im Weg
❷ (*obstáculo*) Hindernis *nt*; **el mayor ~ es mi marido** das größte Hindernis ist mein Mann
❸ (*molestia*) Störung *f*; **tuvieron que interrumpir el discurso a causa de un ~** sie mussten die Rede wegen einer Störung unterbrechen

estorboso, -a [estor'βoso, -a] *adj* hinderlich, störend

estornino [estor'nino] *m* Star *m*

estornudar [estornu'ðar] *vi* niesen

estornudo [estor'nuðo] *m* Niesen *nt*

estos ['estos] *adj v.* **este, -a**

éstos ['estos] *pron dem v.* **éste**

estrábico, -a [es'traβiko, -a] *adj* schielend, schieläugig; **es ~** er schielt

estrabismo [estra'βismo] *m sin pl* (MED) Schielen *nt*, Strabismus *m*

estrado [es'traðo] *m* ❶ (*tarima*) Podium *nt*, Estrade *f*
❷ (JUR): **~ del testigo** Zeugenstand *m*; **citar a alguien para ~s** jdn vor Gericht laden

estrafalario, -a [estrafa'larjo, -a] I. *adj* (*fam*) ❶ (*ropa*) nachlässig, schlampig, ungepflegt
❷ (*extravagante*) exzentrisch, sonderbar; (*ridículo*) lächerlich, skurril
II. *m, f* (*fam*) ❶ (*en el vestir*) Schlamper *m*, Schlampe *f*
❷ (*excéntrico*) Sonderling *m*, komischer Kauz *m*

estragar [estra'ɣar] <g→gu> I. *vt* ❶ (*dañar*) verwüsten, zerstören
❷ (*embotar*) abstumpfen; (*gusto*) verderben
II. *vr:* ~**se** stumpf werden, sich abstumpfen

estrago [es'traɣo] *m* Verwüstung *f*, Zerstörung *f*; **causar ~s** verwüsten, zerstören; **hacer grandes ~s en la población civil** viele Opfer unter der Zivilbevölkerung fordern

estragón [estra'ɣon] *m* Estragon *m*

estramador [estrama'ðor] *m* (*Méx: peine*) Kamm *m*; (*carmenador*) Wollkamm *m*

estrambótico, -a [estram'botiko, -a] *adj* sonderbar, skurril

estramonio [estra'monjo] *m* Stechapfel *m*

estrangis [es'traŋxis] *adv* (*argot*): **de ~** (klamm)heimlich, verstohlenerweise

estrangulación [estraŋgula'θjon] *f* ❶ (*acción*) Erwürgen *nt*, Erdrosseln *nt*; (*efecto*) Erdrosselung *f*, Strangulation *f*; (*ahorcado*) Erhängen *nt*; **~ de la coyuntura** konjunktureller Engpass
❷ (MED) Abschnürung *f*, Abbinden *nt*; **~ de intestinos** Strangulation *f*
❸ (TÉC) Drosseln *nt*, Drosselung *f*

estrangulador[1] [estraŋgula'ðor] *m* (TÉC): **~ de aire** Choke *m*

estrangulador(a)[2] [estraŋgula'ðor(a)] I. *adj* ❶ (MED) abschnürend
❷ (TÉC) Drossel-
II. *m(f)* (*asesino*) Würger(in) *m(f)*

estrangulamiento [estraŋgula'mjento] *m* ❶ (*de persona*) Strangulation *f*, Erdrosselung *f*
❷ (*lentitud*) Drosselung *f*; **~ de la producción** Drosselung der Produktion
❸ (COM, ECON): **~ de los mercados** Marktabschottung *f*
❹ (*estrechamiento*) Verengung *f*

estrangular [estraŋgu'lar] I. *vt* ❶ (*asesinar*) erwürgen, erdrosseln, strangulieren; (*ahorcar*) erhängen
❷ (MED) abschnüren, abbinden
❸ (TÉC) (ab)drosseln; **~ gas/vapor** Gas/Dampf drosseln
II. *vr:* ~**se** sich erhängen, sich strangulieren

estraperlear [estraperle'ar] *vi* Schwarzhandel treiben

estraperlista [estraper'lista] *mf* Schwarzhändler(in) *m(f)*

estraperlo [estra'perlo] *m* ❶ (*tráfico*) Schwarzhandel *m*; **adquirir algo de ~** etw schwarz [*o* illegal] erstehen
❷ (*mercancía*) Schmuggelware *f*
❸ (*asunto*) undurchsichtige [*o* unsaubere] Angelegenheit *f*

Estrasburgo [estras'βurɣo] *m* Straßburg *nt*

estratagema [estrata'xema] *f* ❶ (MIL) Kriegslist *f*, Strategie *f*
❷ (*artimaña*) List *f*, Hinterhältigkeit *f*

estratega [estra'teɣa] *mf* Stratege, -in *m, f*

estrategia [estra'texja] *f* ❶ (MIL) Strategie *f*, Kriegskunst *f*
❷ (*habilidad*) Strategie *f*; **~ de ventas** Verkaufsstrategie *f*

estratégico, -a [estra'texiko, -a] *adj* strategisch

estratificación [estratifika'θjon] *f* (GEO) Stratifikation *f*, Schichtenbildung *f*

estratificar [estratifi'kar] <c→qu> I. *vt* (GEO) stratifizieren, Schichten bilden (*in* +*dat*)
II. *vr:* ~**se** (GEO) sich in Schichten (ab)lagern

estratigrafía [estratiɣra'fia] *f* (GEO) Stratigraphie *f*

estratigráfico, -a [estrati'ɣrafiko, -a] *adj* (GEO) stratigraphisch

estrato [es'trato] *m* ❶ (GEO: *sedimentación*) Schicht *f*, Lage *f*
❷ (METEO) Stratus *m*, Schichtwolke *f*, Stratuswolke *f*
❸ (*capa*) Schicht *f*; **~ social** Gesellschaftsschicht *f*

estratosfera [estratos'fera] *f* (METEO) Stratosphäre *f*

estraza [es'traθa] *f* Fetzen *m*, Lumpen *m*; **papel de** ~ Packpapier *nt*

estrechamente [estreʧa'mente] *adv* ❶ (*pobremente*) ärmlich, bescheiden; **vivimos** ~ wir kommen gerade so über die Runden
❷ (*íntimamente*) eng, innigst
❸ (*rigurosamente*) streng, strikt; **tenemos que atenernos** ~ **a las normas de seguridad** wir müssen uns strikt an die Sicherheitsbestimmungen halten

estrechamiento [estreʧa'mjento] *m* ❶ (*angostura*) Verengung *f*; (*punto estrecho*) Engpass *m*; ~ **del crédito** Kreditverknappung *f*; ~ **del mercado monetario** Geldverknappung *f*; **mañana comenzarán con el** ~ **de la carretera** morgen beginnen sie mit der Verengung der Straße
❷ (*de gastos*) Einschränkung *f*
❸ (*de amistad*) engere Verflechtung *f*, Vertiefung *f*; ~ **de las relaciones económicas** Intensivierung der Wirtschaftsbeziehungen
❹ (*para caber*) Zusammenrücken *nt*, Näherrücken *nt*
❺ (*abrazo*) Umarmen *nt*; ~ **de manos** Händedrücken *nt*, Händeschütteln *nt*
❻ (*presión*) Nötigung *f*

estrechar [estre'ʧar] I. *vt* ❶ (*angostar*) verengen, einengen; (*ropa*) enger machen
❷ (*abrazar*) an sich drücken, in die Arme nehmen, umarmen; (*la mano*) schütteln, drücken
❸ (*amistad*) vertiefen, intensivieren; **hemos estrechado nuestra relación** unsere Beziehung ist intensiver geworden
❹ (*obligar*) nötigen, in die Enge treiben
II. *vr*: ~**se** ❶ (*camino, carretera*) sich verengen, enger werden
❷ (*fam: en un asiento*) dichter [*o* näher] zusammenrücken, sich zusammenquetschen *fam*
❸ (*dos personas*) sich umarmen, sich drücken; ~**se las manos** sich *dat* die Hände drücken [*o* schütteln]
❹ (*amistad*) enger [*o* intensiver] werden
❺ (*económicamente*) sich einschränken; ~**se el cinturón** (*fam*) den Gürtel enger schnallen

estrechez [estre'ʧeθ] *f* ❶ (*angostura*) Enge *f*; (*falta de espacio*) Beengung *f*, Beengtheit *f*; ~ **económica** wirtschaftlicher Engpass; ~ **de espíritu** Kleingeistigkeit *f*, Beschränktheit *f*
❷ (*rigidez*) Strenge *f*, Striktheit *f*
❸ (*de amistad*) Innigkeit *f*, Enge *f*
❹ (*escasez*) Knappheit *f*; (*apuro*) Engpass *m*, Not *f*; ~ **de dinero** Geldmangel *m*
❺ *pl* (*económicamente*) finanzielle Probleme *ntpl*, finanzielle Schwierigkeiten *fpl*

estrecho¹ [es'treʧo] *m* ❶ (GEO) Meerenge *f*
❷ (NÁUT) Straße *f*; ~ **de Gibraltar** Straße von Gibraltar

estrecho, -a² [es'treʧo, -a] *adj* ❶ (*angosto*) eng, schmal; **él es muy** ~ **de caderas** er ist sehr schmal um die Hüften
❷ (*amistad*) innig, eng, vertraut
❸ (*ropa*) eng (anliegend)
❹ (*con poco sitio*) eng zusammengerückt, dicht gedrängt
❺ (*rígido*) strikt, streng
❻ (*argot: sexualmente*) verklemmt
❼ (*fam: loc*): **hacérselas pasar estrechas a alguien** jdn in eine schwierige Lage bringen

estrechura [estre'ʧura] *f* ❶ (*angostura*) Enge *f*
❷ (*amistad*) Innigkeit *f*
❸ (GEO) Meerenge *f*

estregar [estre'ɣar] *irr como fregar* I. *vt* ❶ (*frotar*) fest reiben; (*para limpiar*) scheuern, schrubben
❷ (*cepillar*) bürsten
❸ (*sacar brillo*) polieren
II. *vr*: ~**se** (*gatos, osos*) sich reiben (*contra* an +*dat*); ~**se los ojos** sich *dat* die Augen reiben

estrella [es'treʎa] *f* ❶ (ASTR) Stern *m*; ~ **fija** Fixstern *m*; ~ **fugaz** Sternschnuppe *f*; ~ **Polar** [*o* **del Norte**] Nordstern *m*, Polarstern *m*; ~ **de rabo** Komet *m*; ~ **temporaria** Nova *f*; ~ **de Venus** Abendstern *m*
❷ (*destino*) Glücksstern *m*; **haber nacido con buena/mala** ~ unter einem günstigen/ungünstigen Stern geboren sein; **tener buena/mala** ~ Glück/Unglück haben
❸ (CINE, TEAT) Star *m*; **una nueva** ~ **del teatro** ein neuer Stern am Theaterhimmel
❹ (TIPO) Sternchen *nt*
❺ (ZOOL): ~ **de mar** Seestern *m*
❻ (ZOOL: *en caballos*) Stern *m*, Blesse *f*
❼ *pl* (*loc*): **querer contar** [*o* **alcanzar**] **las** ~**s** nach den Sternen greifen, das Unmögliche wollen; **poner a alguien/algo por** [*o* **sobre**] **las** ~**s** jdn/etw in den Himmel heben; **ver las** ~**s** (**de dolor**) Sterne sehen (vor Schmerz)

estrellado, -a [estre'ʎaðo, -a] *adj* ❶ (*esteliforme*) sternenförmig
❷ (*noche, cielo*) stern(en)klar; (*lleno de estrellas*) mit Sternen bedeckt, besternt *elev*; **cielo** ~ Stern(en)himmel *m*
❸ (*taza, plato, jarrón*) zerschlagen, zerbrochen, zerschmettert; (*avión*) abgestürzt; **huevos** ~**s** (GASTR) Spiegeleier *ntpl*

estrellar [estre'ʎar] I. *adj* Stern(en)-
II. *vt* ❶ (*romper*) zerbrechen; (*arrojar*) zerschmettern, schlagen (*contra* gegen +*akk*); **huevos en una sartén** Eier in die Pfanne schlagen
❷ (*llenar de estrellas*) mit Sternen übersäen [*o* bedecken]
III. *vr*: ~**se** ❶ (*chocar*) fahren (*contra/en* gegen +*akk*); ~**se con alguien** (*fig*) mit jdm aneinander geraten
❷ (*avión, barco*) zerschellen (*contra/en* an +*dat*); (*globo*) zerplatzen; (*morir*) durch einen Unfall ums Leben kommen
❸ (*fracasar*) scheitern (*contra/en* an +*dat*)

estrellato [estre'ʎato] *m* ❶ (*artista*) Glanzzeit *f*
❷ (*conjunto de artistas*) Stargruppe *f*

estrellón [estre'ʎon] *m* (*Méx: choque*) Aufprall *m*

estremecedor(a) [estremeθe'ðor(a)] *adj* ❶ (*emoción*) erschütternd, ergreifend
❷ (*horrible*) schaurig, Schau(d)er erregend

estremecer [estreme'θer] *irr como crecer* I. *vt* ❶ (*noticia, suceso*) erschüttern
❷ (*cañonazo, terremoto*) erschüttern, (er)beben lassen
❸ (*hacer tiritar*) erschau(d)ern [*o* schau(d)ern] lassen; **el frío me estremeció** die Kälte ließ mich schau(d)ern
II. *vr*: ~**se** ❶ (*por noticia, suceso*) erschüttert sein; **se estremeció mucho al escuchar la noticia** die Nachricht erschütterte ihn/sie sehr; **se estremecieron sus creencias** sein/ihr Glaube war erschüttert worden
❷ (*de susto*) zusammenfahren, zusammenzucken; **me estremecí al explotar el globo** ich fuhr zusammen, als der Luftballon platzte
❸ (*temblar*) zittern, erschau(d)ern; ~**se de frío/miedo** vor Kälte/Angst zittern

estremecimiento [estremeθi'mjento] *m* ❶ (*emoción*) Erschütterung *f*
❷ (*de cañonazo, terremoto*) Erbeben *nt*, Erzittern *nt*
❸ (*de frío, miedo*) Erschau(d)ern *nt*
❹ (*de susto*) Zusammenfahren *nt*, Zusammenzucken *nt*

estrenar [estre'nar] I. *vt* ❶ (*usar*) zum ersten Mal verwenden [*o* gebrauchen]; (*ropa*) zum ersten Mal anziehen [*o* tragen]; (*edificio*) einweihen; ~ **un piso** als erster Mieter eine Wohnung beziehen; **sin** ~ noch ganz neu, ungebraucht; **estos guantes están sin** ~ diese Handschuhe sind noch ungetragen
❷ (CINE, TEAT) zum ersten Mal aufführen, uraufführen
❸ (*trabajo*) neu anfangen; ~ **un cargo** ein Amt antreten
II. *vr*: ~**se** ❶ (*carrera artística*) sein Debüt geben, debütieren, zum ersten Mal auftreten
❷ (CINE, TEAT) Premiere haben, Erstaufführung [*o* Uraufführung] haben
❸ (*fam: negocio*) das erste Geschäft des Tages machen, den ersten Verkauf des Tages tätigen; **no se estrena** (*fam*) er/sie hat noch keinen einzigen Handschlag getan
❹ (*trabajo*) antreten; ~**se en un cargo** ein Amt antreten, ein neues Amt bekleiden

estreno [es'treno] *m* ❶ (*uso*) erstmaliger Gebrauch *m*; (*edificio*) Einweihung *f*; ~ **de piso** Erstbezug *m*; **ser de** ~ ganz neu sein
❷ (CINE, TEAT: *actor, músico*) Debüt *nt*, erster Auftritt *m*; (*película, obra*) Premiere *f*, Erstaufführung *f*, Uraufführung *f*; ~ **mundial** Weltpremiere *f*

estreñido, -a [estre'ɲiðo, -a] *adj* (MED) verstopft

estreñimiento [estreɲi'mjento] *m* (MED) Verstopfung *f*

estreñir [estre'ɲir] *irr como ceñir* *vt* (*comida*) zu Verstopfung führen (bei +*dat*); **las judías me estriñen** von Bohnen bekomme ich Verstopfung

estrépito [es'trepito] *m* ❶ (*ruido*) Lärm *m*, Krach *m*, Getöse *nt*; **reírse con** ~ schallend [*o* dröhnend] lachen
❷ (*ostentación*) Aufsehen *nt*; **con gran** ~ mit großem Aufsehen [*o* Getöse]

estrepitoso, -a [estrepi'toso, -a] *adj* geräuschvoll, lärmend; **aplausos** ~**s** tosender [*o* rauschender] Beifall; **risa estrepitosa** schallendes [*o* dröhnendes] Gelächter

estreptococo [estrepto'koko, -a] *m* (MED) Streptokokkus *m*

estreptomicina [estreptomi'θina] *f* (MED) Streptomyzin *nt*

estrés [es'tres] *m* Stress *m*; **producir** ~ Stress hervorrufen

estresado, -a [estre'saðo, -a] *adj* gestresst

estresante [estre'sante] *adj* stressig, anstrengend; **es un trabajo** ~ das ist eine stressige Arbeit

estresar [estre'sar] *vt* stressen, erschöpfen

estría [es'tria] *f* ❶ (ARQUIT) Riefe *f*, Rille *f*; (*columna*) Kannelüre *f*, Hohlkehle *f*
❷ *pl* (*rayas, t.* MED) Streifen *mpl*; ~**s del embarazo** Schwangerschaftsstreifen *mpl*

estriado¹ [estri'aðo] *m* Kannelierung *f*

estriado, -a² [estriˈaðo, -a] *adj* ❶ (ARQUIT) gerieft, gerillt; (*columna*) kanneliert
❷ (*con rayas*) gestreift
estriar [estriˈar] <*1. pres:* **estrío**> *vt* (ARQUIT) riefe(l)n; (*columna*) kannelieren, kehlen
estribación [estriβaˈθjon] *f* (GEO) (Gebirgs)ausläufer *m*
estribar [estriˈβar] **I.** *vi* ❶ (*apoyarse*) sich (auf)stützen (*en* auf +*akk*), getragen werden (*en* von +*dat*), ruhen (*en* auf +*dat*)
❷ (*fundarse*) sich stützen (*en* auf +*akk*), sich gründen (*en* auf +*akk*), beruhen (*en* auf +*dat*); **nuestro éxito estriba en nuestra larga experiencia** unser Erfolg beruht auf unserer langen Erfahrung; **la dificultad estriba en la falta de práctica** die Schwierigkeit liegt in der mangelnden Praxis
II. *vr:* ~**se** in den Steigbügeln hängen bleiben
estribillo [estriˈβiʎo] *m* ❶ (MÚS) Refrain *m*
❷ (LIT) Kehrreim *m*
❸ (*expresión repetitiva*) Lieblingswort *nt;* (*toda una frase*) Lieblingssatz *m;* **siempre (con) el mismo ~** immer die gleiche alte Leier
estribo [esˈtriβo] *m* ❶ (*de jinete*) Steigbügel *m;* **estar sobre los ~s** auf der Hut sein; **perder los ~s** die Nerven [*o* den Kopf] verlieren, ausrasten *fam*
❷ (*del coche*) Trittbrett *nt*
❸ (*de la moto*) Fußraste *f*
❹ (ARQUIT: *entibo*) Stütze *f*, Strebe *f*; (*muro*) Strebemauer *f*, Stützmauer *f*, Widerlager *nt;* (*de madera*) Stützbalken *m*
❺ (ANAT) Steigbügel *m*
❻ (GEO) (Gebirgs)ausläufer *m*
❼ (*respaldo*) Stütze *f*
estribor [estriˈβor] *m* (NÁUT) Steuerbord *nt*
estricnina [estriɣˈnina] *f* (QUÍM) Strychnin *nt*
estricote [estriˈkote] *m* ❶ (*Ven: vida desordenada*) chaotisches Leben *nt*
❷ (*Ecua*): **poner algo al ~** (*destinar al uso diario*) etw für den alltäglichen Bedarf bestimmen
estricto, -a [esˈtrikto, -a] *adj* ❶ (*severo*) streng
❷ (*exacto*) strikt, genau, rigoros
estridencia [estriˈðenθja] *f* ❶ (*de colores*) Schrillheit *f*
❷ (*sonido*) schriller Ton *m*
estridente [estriˈðente] *adj* ❶ (*sonido, voz, grito*) schrill, durchdringend, grell
❷ (*color*) schrill, grell
estripazón [estripaˈθon] *m* (*AmC*) ❶ (*apretura*) Gedränge *nt*
❷ (*destrozo*) Zerstörung *f*
estroboscopia [estroβosˈkopja] *f* (FÍS) Stroboskopie *f*
estroboscopio [estroβosˈkopjo] *m* (TÉC) Stroboskop *nt*
estrofa [esˈtrofa] *f* (MÚS, LIT) Strophe *f*; **una canción de cuatro ~s** ein Lied mit vier Strophen
estrófico, -a [esˈtrofiko, -a] *adj* Strophen-
estrógeno [esˈtroxeno] *m* (BIOL) Östrogen *nt*
estroncio [esˈtronθjo] *m sin pl* (QUÍM) Strontium *nt*
estropajo [estroˈpaxo] *m* ❶ (*de fregar*) Topfreiniger *m*, Scheuerschwämmchen *nt*
❷ (*algo inútil*) unnützes Zeug *nt*, Kram *m*
❸ (*alguien inútil*) Nichtsnutz *m;* **poner a alguien como un ~** jdn fertig machen; **servir de ~** als Fußabtreter dienen, die Dreckarbeit machen
estropajoso, -a [estropaˈxoso, -a] *adj* ❶ (*seco*) trocken, strohig; (*carne*) zäh, ledrig; **no puedo masticar esta carne estropajosa** ich kann dieses zähe Fleisch nicht kauen
❷ (*pelo*) strubbelig, struppig
❸ (*tartajoso*) stammelnd, stotternd; **su hablar ~** sein/ihr Stammeln
❹ (*andrajoso*) lumpig, zerlumpt
estropear [estropeˈar] **I.** *vt* ❶ (*deteriorar*) beschädigen
❷ (*destruir, averiar*) zerstören, kaputtmachen *fam*; (*planes, proyectos*) zunichte machen, durchkreuzen; (*cosecha*) zerstören; (*comida*) verderben; **con lo que dijiste, lo has estropeado todo** durch das, was du gesagt hast, hast du alles verdorben
❸ (*aspecto*) altern (lassen); **desde la muerte de su mujer está muy estropeado** seit dem Tod seiner Frau ist er stark gealtert; **está muy estropeado por la enfermedad** durch die Krankheit ist er stark angeschlagen
II. *vr:* ~**se** ❶ (*deteriorarse*) sich verschlechtern
❷ (*averiarse*) zerstört werden, kaputtgehen; (*comida*) schlecht werden, verderben; (*planes, proyectos*) scheitern
estropicio [estroˈpiθjo] *m* ❶ (*destrozo*) Schaden *m*
❷ (*alboroto*) Krach *m*, Radau *m*
estructura [estrukˈtura] *f* ❶ (*organización*) Struktur *f*, Gefüge *nt;* (*disposición*) Anordnung *f*; **~ celular** (BIOL) Zellstruktur *f*; **~ de los costes de producción** Produktionskostengestaltung *f*; **~ del directorio** (INFOR) Verzeichnisstruktur *f*; **~ económico-nacional** nationale Wirtschaftsstruktur; **~ de la empresa** Unternehmensstruktur *f*; **~ de la renta nacional** Struktur des Volkseinkommens; **~ de subventanas** (INFOR) Frame *m o nt*
❷ (ARQUIT) Struktur *f*, Bauart *f*, Aufbau *m*
❸ (LIT) Struktur *f*, Gliederung *f*
estructuración [estrukturaˈθjon] *f* Strukturierung *f*, Anordnung *f*
estructurado, -a [estrukˈturaðo, -a] *adj* strukturiert
estructural [estrukt uˈral] *adj* Struktur-, strukturell; **paro ~** strukturelle Arbeitslosigkeit; **problemas ~es** Strukturprobleme *ntpl*
estructuralismo [estrukturaˈlismo] *m sin pl* (LING) Strukturalismus *m*
estructuralista [estrukturaˈlista] **I.** *adj* (LING) strukturalistisch
II. *mf* (LING) Strukturalist(in) *m(f)*
estructurar [estrukt uˈrar] **I.** *vt* strukturieren, anordnen; (*clasificar*) gliedern (*en* in +*akk*)
II. *vr:* ~**se** sich gliedern (*en* in +*akk*)
estruendo [esˈtrwendo] *m* ❶ (*ruido*) Lärm *m*, Krach *m*
❷ (*alboroto*) Radau *m*, Getöse *nt*
❸ (*ostentación*) Aufsehen *nt;* **con gran ~** mit großem Aufsehen
estruendoso, -a [estrwenˈdoso, -a] *adj* geräuschvoll, lärmend; (*aplauso*) dröhnend, tosend
estrujamiento [estruxaˈmjento] *m* Pressen *nt*, Drücken *nt*
estrujar [estruˈxar] **I.** *vt* ❶ (*apretar*) pressen; (*limón, naranja*) auspressen
❷ (*machacar*) zerdrücken, zerquetschen; (*papel*) zerknüllen, zusammenknüllen
❸ (*al saludar*) drücken; **Juan le estrujó la mano** Juan drückte ihm/ihr die Hand
II. *vr:* ~**se** ❶ (*entre mucha gente*) sich durchquetschen, sich durchdrängeln
❷ (*apretujarse*) sich zusammenquetschen, sich zusammendrängen
estrujón [estruˈxon] *m* Zerdrücken *nt*, Zerquetschen *nt;* **dar un ~ a alguien** jdn fest (an sich) drücken
estuario [esˈtwarjo] *m* Ästuar *nt*, trichterförmige Flussmündung *f*
estucar [estuˈkar] <c→qu> *vt* ❶ (*adornar*) mit Stuck verkleiden, stuckieren
❷ (*una fachada*) verputzen
estuchar [estuˈtʃar] *vt* abpacken
estuche [esˈtutʃe] *m* ❶ (*receptáculo*) Etui *nt*, Futteral *nt;* (*cajita*) Kästchen *nt;* **~ de gafas** Brillenetui *nt;* **~ de joyas** Schmuckkästchen *nt;* **~ de violín** Geigenkasten *m*
❷ (*fam*): **ser un ~** ein (Allround)genie sein
estuco [esˈtuko] *m* ❶ (*ornamento*) Stuck *m*
❷ (*enyesado*) Putz *m*
estucurú [estukuˈru] *m* (*Hond: búho*) Uhu *m*
estudiado, -a [estuˈðjaðo, -a] *adj* gekünstelt
estudiantado [estuðjanˈtaðo] *m* Studentenschaft *f*, Studierendenschaft *f*
estudiante [estuˈðjante] *mf* ❶ (*de universidad*) Student(in) *m(f)*, Studierende(r) *mf*, Hochschüler(in) *m(f);* **~ de ciencias** Student(in) der Naturwissenschaften; **~ de románicas** Romanistikstudent(in) *m(f)*
❷ (*de escuela*) Schüler(in) *m(f)*
estudiantil [estuðjanˈtil] *adj* Studenten-, studentisch; **movimiento ~** Studentenbewegung *f*
estudiantina [estuðjanˈtina] *f* Estudiantina *f* (*traditionelle Studentengesangsgruppe*)
estudiar [estuˈðjar] *vt* ❶ (*aprender*) lernen
❷ (*analizar*) untersuchen, prüfen
❸ (*obra de teatro*) einstudieren
❹ (*observar*) studieren
❺ (*reflexionar*) überdenken; **lo ~é** ich werde darüber nachdenken
❻ (*cursar estudios universitarios*) studieren; **~ para médico** Medizin studieren; **~ en Salamanca** in Salamanca studieren
estudio [esˈtuðjo] *m* ❶ (*trabajo intelectual*) Lernen *nt;* **dedicarse tres horas todos los días al ~** sich täglich drei Stunden lang dem Lernen widmen
❷ (*ensayo, obra*) Studie *f*, Abhandlung *f*; (*informe*) Bericht *m*; (*investigación*) Untersuchung *f*; **~ de impacto ambiental** Umweltverträglichkeitsstudie *f*; **~ de mercado** Marktstudie *f*; **~ de viabilidad** Durchführbarkeitsstudie *f*; **estar en ~** untersucht werden, Gegenstand einer Untersuchung sein
❸ (MÚS) Etüde *f*
❹ (ARTE) Studie *f*, Entwurf *m*
❺ (RADIO, TV) Studio *nt;* **~ cinematográfico** Filmstudio *nt;* **~ de grabación** Aufnahmestudio *nt;* **~ radiofónico** Rundfunkstudio *nt;* **~ de registro de sonido** Aufnahmestudio *nt;* **~ de televisión** Fernsehstudio *nt*
❻ (*taller*) Atelier *nt*, Studio *nt*
❼ *pl* (*carrera*) (Hochschul)studium *nt;* **cursar ~s** studieren; **no se le dan bien los ~s** das Studium fällt ihm/ihr schwer; **tener ~s** eine akademische Ausbildung besitzen

estudioso, -a [estu'ðjoso, -a] I. *adj* lerneifrig, fleißig
II. *m, f* Fachmann, -frau *m, f* (*de* für +*akk*)

estufa [es'tufa] *f* ❶ (*calentador*) Ofen *m*; (*de mesa camilla*) Kohlebecken *nt*; **~ eléctrica** Heizlüfter *m*; **~ de gas** Gasofen *m*
❷ (*invernadero*) Gewächshaus *nt*, Treibhaus *nt*; **efecto de ~** Treibhauseffekt *m*; **criar en ~** im Treibhaus ziehen; **criar a alguien en ~** jdn überbehüten
❸ (*en las curas*) Schwitzkasten *m*

estulticia [estul'tiθja] *f* (*elev*) Torheit *f*, Narrheit *f*

estupefacción [estupefaɣ'θjon] *f* ❶ (*asombro*) Verblüffung *f*, Sprachlosigkeit *f*; (*sorpresa*) Überraschung *f*
❷ (*espanto*) Betroffenheit *f*, Bestürzung *f*, Entsetzen *nt*
❸ (MED) Betäubung *f*

estupefaciente [estupefa'θjente] I. *adj* ❶ (MED) betäubend
❷ (*que causa asombro*) verblüffend, überraschend
❸ (*que causa espanto*) verstörend, schreckend
II. *m* (MED) Betäubungsmittel *nt*; (*droga*) Rauschgift *nt*, Droge *f*; **tráfico de ~s** Rauschgifthandel *m*

estupefacto, -a [estupe'fakto, -a] *adj* ❶ (*atónito*) perplex, sprachlos, verblüfft; **quedarse ~** sprachlos werden
❷ (*espantado*) bestürzt, betroffen, entsetzt

estupendo, -a [estu'pendo, -a] *adj* fabelhaft, wunderbar, großartig, toll *fam*; **¡~!** super!

estúpida [es'tupiða] *adj o f v.* **estúpido**

estupidez [estupi'ðeθ] *f* ❶ (*acto*) Dummheit *f*, Blödsinn *m*
❷ (*calidad*) Dummheit *f*, Beschränktheit *f*

estúpido, -a [es'tupiðo, -a] I. *adj* dumm, beschränkt, stupide
II. *m, f* Dummkopf *m*, Idiot(in) *m(f)*

estupor [estu'por] *m* ❶ (MED) Benommenheit *f*
❷ (*asombro*) Verblüffung *f*, Erstaunen *nt*
❸ (*espanto*) Bestürzung *f*, Entsetzen *nt*

estuprador [estupra'ðor] *m* (JUR) Verführer *m* Minderjähriger

estuprar [estu'prar] *vt* (JUR) verführen

estupro [es'tupro] *m* (JUR) Vergewaltigung *f*; (*de menores*) Verführung *f* Minderjähriger

esturión [estu'rjon] *m* (ZOOL) Stör *m*

esvástica [es'βastika] *f* Hakenkreuz *nt*

ETA ['eta] *f abr de* **Euskadi Ta Askatasuna** ETA *f*

etano [e'tano] *m* (QUÍM) Ethan *nt*

etanol [eta'nol] *m* (QUÍM) Ethanol *nt*

etapa [e'tapa] *f* ❶ (*trayecto*) Etappe *f*, Abschnitt *m*; (*fase*) Phase *f*; (*época*) Zeitabschnitt *m*, Epoche *f*; **por ~s** in (einzelnen) Abschnitten, schrittweise; **quemar ~s** (*fam*) vorpreschen; **quemar ~s con el coche** (*fam*) durchbrettern
❷ (MIL: *parada*) Etappe *f*, Streckenabschnitt *m*; (*ración*) Marschverpflegung *f*
❸ (DEP) Etappe *f*, Streckenabschnitt *m*
❹ (ELEC) Stufe *f*; **cohete de varias ~s** Mehrstufenrakete *f*

etarra [e'tarra] I. *adj* die ETA betreffend; **un comando ~** ein Kommando der ETA
II. *mf* ETA-Angehörige(r) *mf*, ETA-Mitglied *nt*

etcétera [e⁽ᵈ⁾'θetera] und so weiter, et cetera

éter ['eter] *m* ❶ (QUÍM) Äther *m*
❷ (*elev: cielo*) Äther *m*, Himmel *m*; (*aire*) Himmelsluft *f*

etéreo, -a [e'tereo, -a] *adj* ❶ (QUÍM) Äther-, ätherisch
❷ (*elev: volátil*) ätherisch, himmlisch

eterificación [eterifika'θjon] *f* (QUÍM) Veretherung *f*

eternidad [eterni'ðað] *f* Ewigkeit *f*; **tardar una ~** eine Ewigkeit dauern, ewig dauern; **tarda una ~ en regresar** es dauert eine Ewigkeit, bis er/sie zurückkommt

eternizar [eterni'θar] <z→c> I. *vt* verewigen; (*pey: alargar*) endlos hinziehen, endlos in die Länge ziehen
II. *vr*: **~se** sich verewigen; **~se en algo** sich ewig lang an etw *dat* aufhalten

eterno, -a [e'terno, -a] *adj* ❶ (*perpetuo*) ewig
❷ (*pey: interminable*) ewig, endlos; **un discurso ~** eine endlose Rede, eine nicht enden wollende Rede
❸ (*pey: reiterado*) ewig; **¿ya estás otra vez con tu eterna envidia?** fängst du schon wieder mit deiner ewigen Eifersucht an?

ethos ['etos] *m* Ethos *nt*

ética ['etika] *f* ❶ (FILOS) Ethik *f*, Morallehre *f*
❷ (*moral*) Ethos *nt*, Sittlichkeit *f*; **~ profesional** Berufsethos *nt*
❸ (*fam: decencia*) Anstand *m*, Schicklichkeit *f*; **ese hombre no tiene ~ ninguna** dieser Mann besitzt kein bisschen Anstand

ético, -a [e'tiko, -a] I. *adj* ethisch, sittlich, Ethik-
II. *m, f* Ethiker(in) *m(f)*

etileno [eti'leno] *m* (QUÍM) Ethylen *nt*

etílico, -a [e'tiliko, -a] *adj* ❶ (QUÍM) Äthyl-; **alcohol ~** Äthylalkohol *m*
❷ (*alcohólico*) Alkohol-; **borrachera etílica** Alkoholvergiftung *f*; **en estado ~** in alkoholisiertem Zustand

etilismo [eti'lismo] *m* Alkoholismus *m*; (*intoxicación*) Alkoholvergiftung *f*

etilo [e'tilo] *m* (QUÍM) Ethylgruppe *f*

etilotest [etilo'tesᵗ] <etilotests> *m* Alkoholtestgerät *nt*

étimo ['etimo] *m* (LING) Etymon *nt*, Stammwort *nt*

etimología [etimolo'xia] *f sin pl* Etymologie *f*

etimológico, -a [etimo'loxiko, -a] *adj* etymologisch; **diccionario ~** etymologisches Wörterbuch

etíope [e'tiope] I. *adj* äthiopisch
II. *mf* Äthiopier(in) *m(f)*

Etiopía [etjo'pia] *f* Äthiopien *nt*

etiqueta [eti'keta] *f* ❶ (*rótulo*) Etikett *nt*; **~ del precio** Preisschild *nt*; **poner ~s** Etiketten anbringen
❷ (*en los actos oficiales*) Etikette *f*; **~ de palacio** Hofetikette *f*
❸ (*convenciones*) Etikette *f*, gesellschaftliche Umgangsformen *fpl*; **de ~** (*solemne*) Gala-; (*ceremonioso*) förmlich, steif; **~ de la red** (INFOR) Netikette *f*; **función de ~** Galavorstellung *f*; **de rigurosa ~** Abendkleidung erwünscht; **traje de ~** Galaanzug *m*; **ir de ~** (*fam*) sehr elegant angezogen sein

etiquetado [etike'taðo] *m* Etikettieren *nt*

etiquetadora [etiketa'ðora] *f* (TÉC) Etikettiermaschine *f*

etiquetar [etike'tar] *vt* etikettieren

etnia ['eðnja] *f* Ethnie *f*, Stamm *m*; (*pueblo*) Volk *nt*

étnico, -a ['eᵈniko, -a] *adj* ethnisch

etnocéntrico, -a [eᵈno'θentriko, -a] *adj* ethnozentrisch

etnocentrismo [eᵈnoθen'trismo] *m sin pl* Ethnozentrismus *m*

etnocentrista [eᵈnoθen'trista] I. *adj* ethnozentristisch
II. *mf* Ethnozentrist(in) *m(f)*

etnocidio [eᵈno'θiðjo] *m* Völkermord *m*

etnografía [eᵈnoɣra'fia] *f sin pl* Ethnographie *f*, beschreibende Völkerkunde *f*

etnográfico, -a [eᵈno'ɣrafiko, -a] *adj* ethnographisch

etnógrafo, -a [eᵈ'noɣrafo, -a] *m, f* Ethnograph(in) *m(f)*

etnolingüística [eᵈnoliŋ'ɣwistika] *f* (LING) Ethnolinguistik *f*

etnolingüístico, -a [eᵈnoliŋ'ɣwistiko, -a] *adj* (LING) ethnolinguistisch

etnóloga [eᵈ'noloɣa] *f v.* **etnólogo**

etnología [eᵈnolo'xia] *f sin pl* Ethnologie *f*, Völkerkunde *f*; **museo de ~** Völkerkundemuseum *nt*

etnológico, -a [eᵈno'loxiko, -a] *adj* ethnologisch

etnólogo, -a [eᵈ'noloɣo, -a] *m, f* Ethnologe, -in *m, f*

etología [etolo'xia] *f sin pl* Ethologie *f*, Verhaltensforschung *f*

etólogo, -a [e'toloɣo, -a] *m, f* (BIOL) Ethologe, -in *m, f*, Verhaltensforscher(in) *m(f)*

etos ['etos] *m inv* Ethos *nt*

etrusco, -a [e'trusko, -a] I. *adj* etruskisch
II. *m, f* Etrusker(in) *m(f)*

E.U. [es'taðos u'niðos], **E.U.A.** [es'taðos u'niðos] (*Am*) *abr de* **Estados Unidos** USA *mpl*

eucalipto [euka'lipto] *m*, **eucaliptus** [euka'liptus] *m inv* (BOT) Eukalyptus *m*

eucaristía [eukaris'tia] *f* (REL) Eucharistie *f*

eucarístico, -a [euka'ristiko, -a] *adj* (REL) eucharistisch

euclídeo, -a [eu'kliðeo, -a] *adj*, **euclidiano, -a** [eukli'ðjano, -a] *adj* (MAT) euklidisch

eudemonismo [euðemo'nismo] *m sin pl* (FILOS) Eudämonismus *m*, Glückseligkeitslehre *f*

eufemismo [eufe'mismo] *m* Euphemismus *m*, beschönigende Bezeichnung *f*

eufemístico, -a [eufe'mistiko, -a] *adj* euphemistisch, beschönigend

eufonía [eufo'nia] *f* Wohlklang *m*, Euphonie *f*

eufónico, -a [eu'foniko, -a] *adj* euphonisch, wohlklingend

euforbia [eu'forβja] *f* (BOT) Euphorbie *f*

euforia [eu'forja] *f* ❶ (*alegría*) Euphorie *f*, Hochstimmung *f*, Glücksgefühl *nt*
❷ (MED) Euphorie *f*

eufórico, -a [eu'foriko, -a] *adj* ❶ (*muy contento*) euphorisch, ausgelassen
❷ (MED) euphorisch

euforizante [eufori'θante] *adj* euphorisierend

eugenesia [euxe'nesja] *f sin pl* Eugenik *f*, Erbgesundheitslehre *f*

eugenésico, -a [euxe'nesiko, -a] *adj* (BIOL) eugenisch

eugenista [euxe'nista] *mf* (BIOL) Eugeniker(in) *m(f)*

eunuco [eu'nuko] *m* Eunuch *m*, Kastrat *m*

Eurasia [eu'rasja] *f* Eurasien *nt*

eurasiático, -a [eura'sjatiko, -a] I. *adj* eurasisch
II. *m, f* Eurasier(in) *m(f)*

EURATOM [eura'ton] *f abr de* **Agencia Europea para la Energía Atómica** (UE) EURATOM *f*

eureka [eu̯'reka] *interj* heureka, ich hab's
euritmia [eu̯'riðmja] *f* (*t. MED*) Eurhythmie *f*
euro ['eu̯ro] *m* (UE) Euro *m;* **billetes** ~ die Eurobanknoten *fpl;* **monedas** ~ Euromünzen *fpl;* **la fijación del valor del** ~ die Festsetzung des Wertes des Euro; **la introducción del** ~ die Einführung des Euro; **ley de introducción del** ~ Euro-Einführungsgesetz *nt;* **la transición al** ~ der Übergang zum Euro; **el período de doble etiquetado en moneda nacional y en euros** die Phase der doppelten Preisauszeichnung in nationalen Währungseinheiten und in Euro
euroasiático, -a [eu̯roa'sjatiko, -a] *adj o m, f v.* **eurasiático**
eurocámara [eu̯ro'kamara] *f* (POL) Europaparlament *nt*
eurocéntrico, -a [eu̯ro'θentriko, -a] *adj* eurozentristisch
eurocentrismo [eu̯roθen'trismo] *m sin pl* Eurozentrismus *m*
eurocheque [eu̯ro'tʃeke] *m* (COM) Euroscheck *m;* ¿**puedo pagar con** ~? kann ich mit Euroscheck bezahlen?
eurocohete [eu̯roko'ete] *m* europäische Rakete *f*
eurocomisario, -a [eu̯rokomi'sarjo, -a] *m, f* (POL) Mitglied *nt* der Europäischen Kommission
eurocomunismo [eu̯rokomu'nismo] *m sin pl* Eurokommunismus *m*
eurocomunista [eu̯rokomu'nista] I. *adj* eurokommunistisch II. *mf* Eurokommunist(in) *m(f)*
Eurocopa [eu̯ro'kopa] *f* (DEP) Europapokal *m*
eurocracia [eu̯ro'kraθja] *f* (POL) Eurokratie *f*
eurócrata [eu̯'rokrata] *mf* Eurokrat(in) *m(f)*
eurocrédito [eu̯ro'kreðito] *m* Eurokredit *m*
euroderecha [eu̯roðe'retʃa] *f* (POL) konservative Parteien *fpl* Europas
eurodiputado, -a [eu̯roðipu'taðo, -a] *m, f* Europaabgeordnete(r) *mf,* europäischer Abgeordneter *m,* europäische Abgeordnete *f*
eurodivisa [eu̯roði'βisa] *f* (FIN) Euro-Devise *f*
eurodólar [eu̯ro'ðolar] *m* (ECON) Eurodollar *m*
euroescéptico, -a [eu̯roes'θeptiko, -a] *m, f* (POL) Euroskeptiker(in) *m(f)*
eurofestival [eu̯rofesti'βal] *m* europäisches Festival *nt*
euroizquierda [eu̯roiθ'kjerða] *f* europäische Linke *f*
euromarco [eu̯ro'marko] *m* Euromark *f*
euromercado [eu̯romer'kaðo] *m* (ECON) Euromarkt *m;* ~ **de capitales** Eurokapitalmarkt *m*
euromisil [eu̯romi'sil] *m* europäische Fernlenkrakete *f*
Europa [eu̯'ropa] *f* Europa *nt;* **Copa de** ~ (DEP) Europacup *m;* **la** ~ **unificada** das vereinte Europa; **la** ~ **de los Quince** das Europa der Fünfzehn
europarlamentario, -a [eu̯roparlameṇ'tarjo, -a] *m, f* Europaparlamentarier(in) *m(f)*
europarlamento [eu̯roparla'meṇto] *m* Europaparlament *nt,* Europäisches Parlament *nt*
europea [eu̯ro'pea] *adj o f v.* **europeo**
europeidad [eu̯ropei̯'ðað] *f* europäisches Wesen *nt,* europäische Gesinnung *f*
europeísmo [eu̯rope'ismo] *m sin pl* europäischer Gedanke *m,* europäische Idee *f*
europeísta [eu̯rope'ista] I. *adj* proeuropäisch, europafreundlich II. *mf* Proeuropäer(in) *m(f),* überzeugter Europäer *m,* überzeugte Europäerin *f*
europeización [eu̯ropei̯θa'θjon] *f* Europäisierung *f*
europeizar [eu̯ropei̯'θar] *irr como enraizar* I. *vt* europäisieren II. *vr:* ~**se** europäisch werden
europeo, -a [eu̯ro'peo, -a] I. *adj* europäisch; **Comité Monetario E~** Europäischer Währungsausschuss; **Consejo E~** Europarat *m;* **unidad de cuenta europea** Europäische Währungseinheit II. *m, f* Europäer(in) *m(f)*
Europol [eu̯ro'pol] *f* Europol *f*
eurotelevisión [eu̯roteleβi'sjon] *f* Eurovision *f*
eurotúnel [eu̯ro'tunel] *m* Eurotunnel *m*
eurovisión [eu̯ro'βisjon] *f v.* **eurotelevisión**
eurovisivo, -a [eu̯roβi'siβo, -a] *adj* über Eurovision ausgestrahlt
euscaldún, -una [eu̯skal'dun, -una] *adj* baskisch
Euskadi [eu̯s'kaði] *m* Baskenland *nt*
euskera [eu̯s'kera] *adj,* **eusquera** [eu̯s'kera] *adj* baskisch
eutanasia [eu̯ta'nasja] *f* Euthanasie *f,* Sterbehilfe *f*
eutanásico, -a [eu̯ta'nasiko, -a] *adj* Euthanasie-
eutrofia [eu̯'trofja] *f* (BIOL) Eutrophie *f*
eutrófico, -a [eu̯'trofiko, -a] *adj* (BIOL, ECOL) eutroph
evacuación [eβakwa'θjon] *f* ❶ (*desalojo de personas*) Evakuierung *f;* (*de edificios*) Räumung *f*
❷ (MED) Darmentleerung *f,* Stuhlgang *m*
evacuado, -a [eβa'kwaðo, -a] *m, f* Evakuierte(r) *mf*
evacuar [eβa'kwar] *vt* ❶ (*ciudad, población*) evakuieren; (*recipiente*) (aus)leeren
❷ (MIL) räumen

❸ (*diligencias, trámites*) erledigen; (*deber*) erfüllen; (*consulta*) durchführen; (*negocio, trato*) abschließen, zum Abschluss bringen
❹ (MED) abführen; ~ **el vientre** den Darm entleeren
evacuatorio[1] [eβakwa'torjo] *m* öffentliche Toilette *f*
evacuatorio, -a[2] [eβakwa'torjo, -a] *adj* abführend
evadido, -a [eβa'ðiðo, -a] *m, f* Entkommene(r) *mf,* Entflohene(r) *mf*
evadir [eβa'ðir] I. *vt* ❶ (*evitar*) vermeiden; (*preguntas*) ausweichen +*dat,* umgehen; (*peligro*) entgehen +*dat;* (*enemigo*) entrinnen +*dat;* ~ **al enemigo** dem Feind entrinnen; ~ **la mirada** den Blickkontakt meiden, dem Blick ausweichen; ~ **el riesgo** der Gefahr entgehen
❷ (ECON) (ins Ausland) umleiten [*o* schleusen]
II. *vr:* ~**se** fliehen (*de* aus +*dat*), flüchten (*de* aus +*dat*), entkommen (*de* aus +*dat*); ~**se de la cárcel** aus dem Gefängnis ausbrechen; **consiguió** ~**se poco después de que la arrestaran** kurz nach ihrer Festnahme gelang ihr die Flucht
evaluable [eβalu'aβle] *adj* schätzbar
evaluación [eβalwa'θjon] *f* ❶ (*valoración*) Bewertung *f;* (*apreciación*) Schätzung *f;* (*tasación*) Taxierung *f;* ~ **de costes/beneficios** Kosten-/Gewinnermittlung *f;* ~ **de daños** Schadensermittlung *f;* ~ **de necesidades** Bedarfsbewertung *f;* ~ **del impuesto** Steuervoranschlag *m;* ~ **del riesgo** Risikoabschätzung *f;* ~ **de valor** Wertberechnung *f;* **base de** ~ Bemessungsgrundlage *f*
❷ (ENS) Arbeit *f,* (Einstufungs)test *m*
evaluador(a) [eβalwa'ðor(a)] *adj* bewertend; **el examen es un instrumento** ~ die Prüfung ist ein Bewertungsmittel
evaluar [eβalu'ar] <*1. pres:* evalúo> *vt* ❶ (*valorar*) bewerten; (*apreciar*) schätzen (*en* auf +*akk*); (*tasar*) taxieren (*en* auf +*akk*); (*analizar*) auswerten; (*costes, beneficios*) überschlagen; ~ **los gastos** die Kosten abschätzen; ~ **la casa en ocho millones** das Haus wurde auf acht Millionen geschätzt; **tengo que evaluar estas estadísticas** ich muss diese Statistiken auswerten
❷ (ENS) benoten, bewerten
evanescente [eβanes'θente] *adj* (*que se desvanece*) sich verflüchtigend, verfliegend; (*que se esfuma*) sich auflösend, verschwindend
evangeliario [eβaŋxe'ljarjo] *m* (REL) Evangelienbuch *nt,* Evangeliarium *nt*
evangélico, -a [eβaŋ'xeliko, -a] I. *adj* ❶ (*relativo al Evangelio*) evangelisch
❷ (*relativo al protestantismo*) evangelisch, protestantisch
II. *m, f* Protestant(in) *m(f)*
evangelio [eβaŋ'xeljo] *m* Evangelium *nt;* **el** ~ **según San Mateo** das Matthäusevangelium, das Evangelium des Matthäus; **predicar el** ~ das Evangelium predigen [*o* verkünden]; **escuchó sus palabras como si fueran el** ~ er/sie lauschte seinen/ihren Worten, als wären sie das Evangelium; **dice** [*o* **habla como**] **el** ~ er/sie sagt [*o* spricht] die reine Wahrheit
evangelista [eβaŋxe'lista] *m* Evangelist *m*
evangelización [eβaŋxeliθa'θjon] *f* Evangelisierung *f,* Bekehrung *f* zum Evangelium
evangelizador(a) [eβaŋxeliθa'ðor(a)] *m(f)* Prediger(in) *m(f)* des Evangeliums
evangelizar [eβaŋxeli'θar] <z→c> *vt* evangelisieren, zum Evangelium bekehren
evaporable [eβapo'raβle] *adj* verdampfbar
evaporación [eβapora'θjon] *f* Verdampfung *f,* Verdunstung *f*
evaporador [eβapora'ðor] *m* (TÉC) Verdampfer *m,* Evaporator *m*
evaporar [eβapo'rar] I. *vt* ❶ (*convertir en vapor*) verdampfen [*o* verdunsten] lassen
❷ (*hacer desaparecer*) verbrauchen
II. *vr:* ~**se** ❶ (*convertirse en vapor*) verdampfen, verdunsten
❷ (*desaparecer*) verschwinden, sich verflüchtigen
❸ (*fam: persona*) verduften, sich verdrücken
evaporización [eβaporiθa'θjon] *f sin pl* Verdampfung *f,* Verdunstung *f*
evasión [eβa'sjon] *f* ❶ (*fuga*) Flucht *f,* Entfliehen *nt,* Entkommen *nt*
❷ (ECON) ~ **de capital** Kapitalflucht *f;* ~ **fiscal** [*o* **de impuestos**] Steuerflucht *f*
❸ (*distracción*) Flucht *f;* **lectura de** ~ Unterhaltungsliteratur *f;* ~ **de la realidad** Flucht vor der Wirklichkeit
evasionismo [eβasjo'nismo] *m sin pl* Eskapismus *m,* realitätsferne Haltung *f*
evasiva [eβa'siβa] *f* ❶ (*rodeo*) Ausflucht *f,* Ausrede *f;* **siempre me responde con** ~**s** er/sie antwortet mir ständig mit Ausflüchten
❷ (*pretexto*) Vorwand *m*
❸ (*escapatoria*) Hintertürchen *nt fam*
evasivo, -a [eβa'siβo, -a] *adj* ausweichend; (*ambiguo*) zweideutig
evasor(a) [eβa'sor(a)] *m(f)* ❶ (*fugitivo*) Entkommene(r) *mf,* Entflohene(r) *mf*
❷ (ECON) ~ **de capitales** Kapitalflüchtige(r) *m;* ~ **fiscal** [*o* **de impuestos**] Steuerflüchtling *m*

evento [e'βento] *m* ❶ (*incidente*) Vorfall *m*, Begebenheit *f*, Vorkommnis *nt*; **a todo ~** auf jeden Fall
❷ (*importante, conmemorable*) Ereignis *nt*; **~ social** gesellschaftliches Ereignis
❸ (DEP) Spiel *nt*, Zusammentreffen *nt*

eventual [eβeṇ'twal] *adj* ❶ (*posible*) eventuell, möglich; (*accidental*) zufällig; (*inseguro*) unsicher; (*provisional*) vorübergehend; **clientes ~es** potenzielle Kunden; **obrero ~** Zeitarbeiter *m*; **trabajo ~** Zeitarbeit *f*, vorübergehende Arbeit
❷ (*adicional*) Sonder-, Neben-; **ingresos ~es** Nebeneinkünfte *fpl*; **paga ~** Sonderbezüge *mpl*, Nebenbezüge *mpl*

eventualidad [eβeṇtwali'ðað] *f* Eventualität *f*, Möglichkeit *f*, unvorhergesehener Fall *m*

eventualmente [eβeṇtwal'mente] *adv* eventuell, möglicherweise; (*tal vez*) vielleicht

evicción [eβiɣ'θjon] *f* (JUR) Eviktion *f*; **~ del servicio militar obligatorio** Wehrpflichtentziehung *f*

evidencia [eβi'ðeṇθja] *f* ❶ (*certidumbre*) Offensichtlichkeit *f*, Augenscheinlichkeit *f*
❷ (JUR) Beweismittel *nt*, Beweis *m*; **poner algo en ~** etw (eindeutig) beweisen, etw deutlich machen; **nos rendimos ante la ~ de las pruebas** wir mussten uns der Aussagekraft der Beweise beugen
❸ (*loc*): **poner a alguien en ~** jdn bloßstellen, jdn lächerlich machen

evidenciar [eβiðeṇ'θjar] *vt* ❶ (*demostrar*) (eindeutig) beweisen; **este hecho evidencia su inocencia** diese Tatsache beweist seine/ihre Unschuld
❷ (*patentizar*) zeigen, offensichtlich machen; **en ese momento su cara evidenció toda su codicia** in dem Moment brachte sein/ihr Gesicht seine/ihre ganze Habgier zum Vorschein

evidente [eβi'ðente] *adj* offensichtlich, offenbar, augenscheinlich; (*pruebas*) klar, deutlich

evidentemente [eβiðente'mente] *adv* offensichtlich, offenbar; **¡~!** natürlich!, klar!

evitable [eβi'taβle] *adj* vermeidbar, abwendbar

evitación [eβita'θjon] *f* Vermeidung *f*; (*prevención*) Vorbeugung *f*

evitar [eβi'tar] I. *vt* ❶ (*impedir*) vermeiden, abwenden; (*prevenir*) vorbeugen +*dat*; (*molestias*) ersparen; **evita rascarte** vermeide es, dich zu kratzen; **pudo ~ mayores estragos** er/sie konnte größeren Schaden abwenden, er/sie konnte Schlimmeres verhindern; **tenemos que tomar medidas para ~ ese caso** wir müssen Maßnahmen ergreifen, um diesem Fall vorzubeugen; **quiero ~le esa desilusión** ich möchte ihm/ihr diese Enttäuschung ersparen
❷ (*rehuir*) ausweichen +*dat*, aus dem Weg gehen +*dat*; **evitaba mis miradas** er/sie wich meinen Blicken aus
II. *vr*: **~se** ❶ (*cosas*) sich vermeiden [*o* verhindern] lassen, sich abwenden lassen; **estas cosas no pueden ~se** diese Dinge lassen sich nicht vermeiden
❷ (*personas*) sich meiden, sich *dat* aus dem Weg gehen *fam*

evocación [eβoka'θjon] *f* ❶ (*de espíritus, muertos*) Anrufung *f*, Beschwörung *f*
❷ (*recuerdo*) Erinnerung *f* (*de* an +*akk*), Reminiszenz *f* (*de* an +*akk*)

evocador(a) [eβoka'ðor(a)] *adj* ❶ (*de recuerdos*) Erinnerungen hervorrufend [*o* heraufbeschwörend]
❷ (*histórico*) historisch; **fue un momento ~** das war ein geschichtsträchtiger Moment

evocar [eβo'kar] <c→qu> *vt* ❶ (*muertos, espíritus*) anrufen, beschwören; **~ a Dios** Gott anrufen
❷ (*recordar*) ins Gedächtnis zurückrufen (*en* +*dat*), erinnern (an +*akk*); (*revivir*) in Erinnerungen schwelgen (an +*akk*); **estuvimos toda la tarde evocando nuestra niñez** wir schwelgten den ganzen Mittag in Kindheitserinnerungen; **su presencia evocó en mí el recuerdo de su madre** seine/ihre Anwesenheit rief mir seine/ihre Mutter ins Gedächtnis zurück

evolución [eβolu'θjon] *f* ❶ (*desarrollo*) Entwicklung *f*; **~ de la bolsa** Börsentendenz *f*; **~ de la coyuntura** Konjunkturentwicklung *f*
❷ (*cambio*) Veränderung *f*, Wandel *m*; (*transformación*) Wendung *f*, Umschwung *m*; **he experimentado una ~ en los últimos años** in den letzten Jahren habe ich eine Veränderung durchgemacht
❸ (MED) (Krankheits)verlauf *m*
❹ (BIOL) Evolution *f*; **teoría de la ~** Evolutionstheorie *f*
❺ (FILOS) Evolutionismus *m*
❻ (MIL) Manöver *nt*
❼ *pl* (*vueltas*) Drehungen *fpl*

evolucionar [eβoluθjo'nar] *vi* ❶ (*desarrollarse*) sich (fort-, weiter)entwickeln
❷ (*cambiar*) sich (ver)ändern, sich (ver)wandeln
❸ (MED) verlaufen
❹ (*dar vueltas*) sich drehen
❺ (MIL) manövrieren

evolucionismo [eβoluθjo'nismo] *m sin pl* ❶ (BIOL) Evolutionstheorie *f*, Evolutionslehre *f*
❷ (FILOS) Evolutionismus *m*

evolucionista [eβoluθjo'nista] I. *adj* ❶ (BIOL) entwicklungsgeschichtlich, Evolutions-
❷ (FILOS) evolutionistisch
II. *mf* ❶ (BIOL) Anhänger(in) *m(f)* der Evolutionstheorie, Darwinist(in) *m(f)*
❷ (FILOS) Evolutionist(in) *m(f)*

evolutivo, -a [eβolu'tiβo, -a] *adj* Entwicklungs-, Evolutions-

ex [eɣs] I. *prep* ❶ (*antiguo*) Ex-, ehemalige(r); **~ ministro** ehemaliger Minister; **~ novia** Exfreundin *f*
❷ (COM): **~ fábrica** ab Werk; **~ muelle** ab Kai
II. *mf* (*argot*) Ex *mf*; **mi ~** mein(e) Ex

exabrupto [eɣsa'βrupto] *m* (*respuesta*) wütende [*o* scharfe] Antwort *f*; (*de ira*) plötzlicher Wutanfall *m*

exacción [eɣsaɣ'θjon] *f* ❶ (*cobro*) Eintreibung *f*, Einforderung *f*; (*imposición*) Erhebung *f*; (*de impuestos*) Steuererhebung *f*
❷ (*sobrecarga*) Übersteuerung *f*; **~ ilegal** Gebührenüberhebung *f*

exacerbación [eɣsaθerβa'θjon] *f sin pl* ❶ (*sentimiento*) Reizung *f*
❷ (*enfermedad*) Verschlimmerung *f*

exacerbar [eɣsaθer'βar] I. *vt* ❶ (*dolor, crisis*) verschlimmern, verschärfen
❷ (*irritar*) wütend [*o* zornig] machen
II. *vr*: **~se** ❶ (*dolor, crisis*) sich verschlimmern, sich verschärfen; (*enconar*) sich zuspitzen
❷ (*irritarse*) wütend [*o* zornig] werden, ausrasten *fam*

exactitud [eɣsakti'tuð] *f* ❶ (*veracidad*) Exaktheit *f*, Richtigkeit *f*
❷ (*precisión*) Exaktheit *f*, Genauigkeit *f*
❸ (*puntualidad*) Pünktlichkeit *f*

exacto, -a [eɣ'sakto, -a] *adj* ❶ (*correcto*) exakt, richtig, korrekt; **¡~!** genau!, exakt!; **eso no es del todo ~** das stimmt nicht ganz, das trifft nicht ganz zu
❷ (*con precisión*) exakt, genau; (*al copiar algo*) (original)getreu, vollständig
❸ (*puntual*) pünktlich

ex aequo [eɣ'sekwo] ex aequo, gleichermaßen

exageración [eɣsaxera'θjon] *f* Übertreibung *f*

exagerado, -a [eɣsaxe'raðo, -a] I. *adj* ❶ (*excesivo*) übertrieben; **publicidad exagerada** überzogene Werbung
❷ (*precio, exigencias*) übertrieben, überhöht
❸ (*ropa, colores, maquillaje*) übertrieben, gewagt
❹ (*en los gestos*) (sehr) theatralisch
II. *m, f* Wichtigtuer(in) *m(f)*; (*al contar*) Aufschneider(in) *m(f)*, Angeber(in) *m(f)*; (*en el trato*) Überfreundliche(r) *mf*; **es un ~, me hace demasiados regalos** er übertreibt immer, er macht mir zu viele Geschenke; **¡eres un ~!** du bist ja verrückt [*o* übergeschnappt]!, du übertreibst wieder einmal (maßlos)!

exagerar [eɣsaxe'rar] *vi, vt* ❶ (*sobrepasarse*) übertreiben (*con/en* mit +*dat*), zu weit gehen (*con/en* mit +*dat*); **exageras con el alcohol** du übertreibst es mit dem Alkohol; **exageras en el deporte** du übertreibst es mit dem Sport; **~ los precios** die Preise zu hoch ansetzen; **~ los gestos** sich sehr theatralisch geben; **pienso que ese paso sería ~** ich denke, dass wir mit diesem Schritt zu weit gehen würden
❷ (*al relatar*) übertreiben, angeben (*con* mit +*dat*) *fam*; **¡anda, anda, no exageres tanto!** (*fam*) jetzt mach mal halblang!

exaltación [eɣsalta'θjon] *f* ❶ (*gloria*) Verherrlichung *f*, Lobeserhebung *f*
❷ (*entusiasmo*) Begeisterung *f*, Überschwänglichkeit *f*; (*pasión*) Leidenschaftlichkeit *f*, Erregung *f*; (*sobreexcitación*) Hitzköpfigkeit *f*
❸ (MED) Exaltation *f*, Überspanntheit *f*

exaltado, -a [eɣsal'taðo, -a] I. *adj* ❶ (*sobreexcitado*) sehr aufgeregt, überspannt; (*apasionado*) leidenschaftlich, überschwänglich; (*entusiasmado*) begeistert
❷ (*violento*) leicht erregbar [*o* reizbar], hitzköpfig
❸ (*radical*) radikal, extrem
❹ (MED) exaltiert, überspannt
II. *m, f* ❶ (*nervioso*) Hitzkopf *m*
❷ (POL) Extremist(in) *m(f)*, Radikale(r) *mf*
❸ (*loco*) Verrückte(r) *mf*

exaltar [eɣsal'tar] I. *vt* ❶ (*elevar*) erheben (*a* in +*akk*); **han exaltado su cuadro a la categoria de obra maestra** sie haben sein/ihr Bild in die Kategorie eines Meisterwerks erhoben
❷ (*realzar*) loben, preisen; (*en exceso*) verherrlichen
II. *vr*: **~se** ❶ (*entusiasmarse, apasionarse*) sich begeistern (*con* für +*akk*)
❷ (*excitarse*) sich aufregen (*con* über +*akk*); (*acalorarse*) sich erhitzen (*con* über +*akk*), sich hineinsteigern (*con* in +*akk*); **cada vez se exaltaba más con la discusión** er/sie steigerte sich immer mehr in die Diskussion hinein

exalumno, -a [eˠsa'lumno, -a] *m, f* (*escolar*) Exschüler(in) *m(f)*; (*universitario*) ehemaliger Student *m*, ehemalige Studentin *f*

examen [eˠ'samen] *m* ❶ (*prueba*) Prüfung *f*, Test *m*; ~ **de admisión** Aufnahmeprüfung *f*, Zulassungsprüfung *f*; ~ **de conductor** Fahrprüfung *f*; ~ **de cuentas** (FIN) Rechnungsprüfung *f*; ~ **final de un aprendizaje** (Lehr)abschlussprüfung *f*; ~ **de ingreso** Aufnahmeprüfung *f*, Zulassungsprüfung *f*; ~ **de los libros** (FIN) Buchprüfung *f*, Bücherrevision *f*; ~ **de maestría** Meisterprüfung *f*; ~ **de selectividad** spanische Hochschulzulassungsprüfung; **tribunal de exámenes** Prüfungskommission *f*; **presentarse a un** ~ sich einer Prüfung stellen; **suspender un** ~ durch eine Prüfung fallen, eine Prüfung nicht bestehen

❷ (*médico*) Untersuchung *f*; **someterse a un** ~ sich einer Untersuchung unterziehen

❸ (*de motor, instrumentos*) Inspektion *f*, Überprüfung *f*

❹ (*reflexión*) Prüfung *f*; ~ **de conciencia** Gewissensprüfung *f*

❺ (*estudio*) Untersuchung *f*, Prüfung *f*; (*indagación*) Nachforschung *f*; ~ **de calidad** Qualitätsprüfung *f*; ~ **de impacto ambiental** Umweltverträglichkeitsprüfung *f*

examinador(a) [eˠsamina'ðor(a)] I. *adj* Prüfungs-, Untersuchungs- II. *m(f)* Prüfer(in) *m(f)*, Prüfende(r) *mf*

examinando, -a [eˠsami'nando, -a] *m, f* Prüfling *m*, Prüfungskandidat(in) *m(f)*

examinar [eˠsami'nar] I. *vt* ❶ (*en una prueba*) prüfen

❷ (*médico*) untersuchen

❸ (*motor, instrumentos*) inspizieren, überprüfen

❹ (*reflexionar*) prüfen; ~ **su conciencia** sein Gewissen prüfen

❺ (*estudiar*) untersuchen, prüfen, erforschen; (*observar*) genau beobachten [*o* betrachten]; ~ **actas/facturas** Akten/Rechnungen prüfen

❻ (ADMIN, JUR) Einsicht nehmen (in +*akk*); **para ~lo** zur Ansicht; **al ~lo** bei der Durchsicht

II. *vr:* **~se** (*en una prueba*) geprüft werden (*de* in +*dat*); **mañana me examino de francés** morgen werde ich in Französisch geprüft; **volver a ~se** die Prüfung wiederholen

❷ (*inspeccionarse*) sich untersuchen; (*observarse*) sich genau beobachten

exangüe [eˠ'saŋgwe] *adj* ❶ (*sin sangre*) blutlos, blutleer; (*desangrado*) verblutet

❷ (*agotado*) völlig erschöpft [*o* geschwächt]

exánime [eˠ'sanime] *adj* ❶ (*inánime*) leblos

❷ (*debilitado*) völlig erschöpft [*o* ermattet]

exantema [eˠsan'tema] *m* (MED) Hautausschlag *m*, Exanthem *nt*

exantemático, -a [eˠsante'matiko, -a] *adj* (MED) exanthematisch

exasperación [eˠsaspera'θjon] *f* ❶ (*ira*) Wut *f*, Zorn *m*; (*enojo*) Entrüstung *f*, Empörung *f*

❷ (*acción*) Erzürnung *f*

exasperante [eˠsaspe'rante] *adj* verzweifelt; **fueron momentos de incertidumbre ~s** es waren verzweifelte Augenblicke der Ungewissheit; **es** ~ es ist zum Verzweifeln

exasperar [eˠsaspe'rar] I. *vt* (*enojar*) erzürnen, erbosen; (*enfurecer*) in Wut [*o* Rage] versetzen

II. *vr:* **~se** sich aufregen, wütend werden

excampeón, -ona [eskampe'on, -ona] *m, f* Exchampion *m*; **excampeona del mundo** Exweltmeisterin *f*; ~ **de Europa** Exeuropameister *m*

excarcelación [eskarθela'θjon] *f* Haftentlassung *f*

excarcelar [eskarθe'lar] *vt* aus der (Gefängnis)haft entlassen, auf freien Fuß setzen *fam*

ex cathedra [es'kateðra] ❶ (REL) ex cathedra, aus päpstlicher Vollmacht

❷ (*fam pey: en tono magistral*) lehrerhaft

excavación [eskaβa'θjon] *f* ❶ (*acción*) (Aus)graben *nt*

❷ (*en la arqueología*) Ausgrabung *f*

❸ (*en la construcción*) Erdaushub *m*, Ausschachtung *f*, Ausbaggerung *f*

excavador(a) [eskaβa'ðor(a)] *m(f)* Ausgräber(in) *m(f)*

excavadora [eskaβa'ðora] *f* Bagger *m*

excavar [eska'βar] *vt* ❶ (*hacer una cavidad*) graben

❷ (*en arqueología*) ausgraben

❸ (*en la construcción*) ausheben, ausschachten

❹ (AGR) umgraben

❺ (MIN) (ab)teufen

excedencia [esθe'ðenθja] *f* ❶ (*tiempo*) Beurlaubung *f*

❷ (*paga*) Ruhegeld *nt*

excedentario, -a [esθeðen'tarjo, -a] *adj* überschüssig, überzählig; **producción excedentaria** Überproduktion *f*; **región excedentaria** Überschussgebiet *nt*; **rentas excedentarias** Mehreinkommen *nt*

excedente [esθe'ðente] I. *adj* ❶ (*sobrante*) überzählig, überschüssig

❷ (*funcionario*) außer Dienst, beurlaubt

II. *m* Überschuss *m*; ~ **agrícola** Agrarüberschuss *m*; ~ **del balance** Bilanzüberschuss *m*; ~ **en la balanza comercial** Handelsbilanzüberschuss *m*; ~ **de demanda/oferta** Nachfrage-/Angebotsüberhang *m*; ~ **empresarial** Betriebsüberschuss *m*; ~ **de liquidación** Abrechnungsüberhang *m*; ~ **de mano de obra** Überangebot an Arbeitskräften; ~ **de mercancías** Warenüberschuss *m*

exceder [esθe'ðer] I. *vi* hinausgehen (*de* über +*akk*); **esto excede de mi competencia** das geht über meine Kompetenzen hinaus, das liegt nicht (mehr) in meiner Kompetenz

II. *vt* ❶ (*aventajar: persona*) übertreffen; (*cosa*) überragen; **excede a su hermana en inteligencia** er/sie übertrifft seine/ihre Schwester an Intelligenz

❷ (*sobrepasar*) übersteigen (*a* +*akk*); **las ganancias exceden a lo que invertimos con creces** der Gewinn übersteigt bei weitem das, was wir investiert haben; **los costos exceden al presupuesto en 100.000 euros** die Kosten übersteigen das Budget um 100.000 Euro

III. *vr:* **~se** ❶ (*sobrepasar*) hinausgehen (*de* über +*akk*); **se excede de lo previsto** es geht über die Prognosen hinaus

❷ (*pasarse*) übertreiben (*en* mit +*dat*); **has vuelto a ~te** du bist wieder einmal zu weit gegangen; **te excedes en el uso de tacos** du übertreibst es (ein bisschen) mit den Kraftausdrücken

❸ (*loc*) **~se a sí mismo** sich selbst übertreffen

excelencia [esθe'lenθja] *f* ❶ (*exquisitez*) Vorzüglichkeit *f*, Auserlesenheit *f*; **la ~ de los vinos de la región** die Vorzüglichkeit der Weine aus der Gegend; **por** ~ schlechthin, überhaupt

❷ (*tratamiento*) Exzellenz *f*; **su ~ el señor marqués** Seine Exzellenz der Markgraf

excelente [esθe'lente] *adj* hervorragend, ausgezeichnet, vorzüglich

excelentísimo, -a [esθelen'tisimo, -a] *adj:* ~ **Sr. D. Carlos Molina** Seine Exzellenz Herr Carlos Molina; **excelentísima Sra. Dª. Sofía Rodríguez** Ihre Exzellenz Frau Sofía Rodríguez

excelso, -a [es'θelso, -a] *adj* ❶ (*muy eminente*) erhaben, eminent; (*de gran categoría*) hoch gestellt, hochrangig

❷ (*excelente*) hervorragend, ausgezeichnet, vorzüglich

❸ (*elev: muy alto*) sehr hoch, himmelhoch; **árbol** ~ himmelhoher Baum

excéntrica [es'θentrika] *adj o f v.* **excéntrico**

excentricidad [esθentriθi'ðað] *f* ❶ (*estado*) Exzentrizität *f*; (*calidad*) Exzentrizität *f*, exzentrisches Wesen *nt*, Überspanntheit *f*; **estoy harta de tus ~es** ich habe deine Extravaganzen langsam satt

❷ (MAT) Exzentrizität *f*, Abstand *m* zum Mittelpunkt

excéntrico, -a [es'θentriko, -a] I. *adj* ❶ (*estrafalario*) exzentrisch, überspannt, extravagant

❷ (MAT) exzentrisch, ausmittig

II. *m, f* Exzentriker(in) *m(f)*

excepción [esθeβ'θjon] *f* ❶ (*irregularidad*) Ausnahme *f*, Ausnahmefall *m*; ~ **de la regla** Abweichung von der Regel; **estado de** ~ Ausnahmezustand *m*; **hacer una** ~ eine Ausnahme machen; **con** ~ **de algunos casos** von einigen Fällen abgesehen; **sin** ~ (**ninguna**) ausnahmslos, ohne Ausnahme; **de** ~ außergewöhnlich; **a** [*o* **con**] ~ **de...** mit Ausnahme von ... +*dat*, außer ... +*dat*; **todo el mundo a** [*o* **con**] ~ **de mí** alle, mich ausgenommen; **la** ~ **confirma la regla** (*prov*) Ausnahmen bestätigen die Regel

❷ (JUR) Einrede *f*; ~ **contraria** Gegeneinrede *f*; ~ **de derecho** Rechtseinwendung *f*; ~ **dilatoria** aufschiebende Einrede; ~ **de dolo** Arglistigkeitseinrede *f*; ~ **de excusión** Vorausklage *f*; ~ **indigente** Dürftigkeitseinrede *f*; ~ **de incumplimiento/litispendencia** Einrede der Nichterfüllung/Rechtshängigkeit; ~ **de nulidad** Nichtigkeitseinrede *f*; ~ **perentoria** peremptorische Einrede; ~ **de prescripción** Verjährungseinrede *f*; ~ **procesal** Verfahrenseinwand *m*; ~ **por vicio** Mängeleinrede *f*

excepcional [esθeβθjo'nal] *adj* ❶ (*extraordinario*) Ausnahme-, außergewöhnlich

❷ (*excelente*) außergewöhnlich, einmalig, einzigartig

excepcionalidad [esθeβθjonali'ðað] *f* ❶ (*singularidad*) Ausnahmecharakter *m*, Außergewöhnlichkeit *f*

❷ (*excelencia*) Außergewöhnlichkeit *f*, Einmaligkeit *f*, Einzigartigkeit *f*

excepcionalmente [esθeβθjonal'mente] *adv* außerordentlich, außergewöhnlich; ~ **caro** besonders teuer

excepto [es'θepto] *adv* mit Ausnahme von +*dat*, außer +*dat*; **todo el mundo ~ yo** alle, mich ausgenommen; ~ **algunos casos** von einigen Fällen abgesehen

exceptuar [esθeptu'ar] <1. *pres:* exceptúo> *vt, vr:* **~se** (sich) ausnehmen (*de* von +*dat*), (sich) ausschließen (*de* von +*dat*); ~ **de un deber** von einer Pflicht entbinden

excesivo, -a [esθe'siβo, -a] *adj* exzessiv, übermäßig, maßlos; **exposición excesiva** (FOTO) Überbelichtung *f*

exceso [es'θeso] *m* ❶ (*demasía*) Übermaß *nt* (*de an* +*dat*), Zuviel *nt* (*de an* +*dat*); (*en los sentimientos*) Überschwang *m*, Überschwänglichkeit *f*; ~**s de capacidad** Überkapazitäten *fpl*; ~ **de demanda** Nachfrageüberschuss *m*; ~ **de deudas** Überschuldung *f*; ~ **de equipaje** Übergepäck *nt*; ~ **de personal** Personalüberhang *m*; ~ **de peso** Übergewicht *nt*; ~ **de producción** Produktionsüberschuss *m*; ~ **de trabajo** Arbeitsüberlastung *f*; **en** ~ übermäßig

❷ (*abuso*) Maßlosigkeit *f*; ~ **de alcohol** übermäßiger Alkoholgenuss *m*; ~

excipiente

de velocidad Geschwindigkeitsüberschreitung *f*; comer con [*o* en] ~ zu viel [*o* maßlos (viel)] essen; solía beber hasta el ~ er/sie trank gewöhnlich bis zum Exzess

③ (FIN) Überschuss *m*

④ *pl* (*libertinaje*) Exzesse *mpl*, Ausschweifungen *fpl*; en su juventud cometió muchos ~s in seiner Jugend hat er/sie sehr exzessiv gelebt

⑤ *pl* (*desorden*) Ausschreitungen *fpl*; en la manifestación hubo muchos ~s auf der Demonstration gab es zahlreiche Ausschreitungen

excipiente [esθi'pjente] *m* (MED) Auflösungsmittel *nt*

excitabilidad [esθitaβili'ðað] *f* ① (*exaltación*) Reizbarkeit *f*, Erregbarkeit *f*

② (*sexual*) Erregbarkeit *f*

excitable [esθi'taβle] *adj* ① (*irritable*) reizbar, erregbar; muy ~ leicht reizbar, aufbrausend

② (*sexualmente*) erregbar

excitación [esθita'θjon] *f* ① (*exaltación*) Erregung *f*, heftige Gefühlswallung *f*

② (*irritación*) Aufregung *f*, Aufbrausen *nt*

③ (*incitación*) Anregung *f*

④ (*sexual*) Erregung *f*

excitador¹ [esθita'ðor] *m* (ELEC) Erreger *m*

excitador(a)² [esθita'ðor(a)] *adj* ① (*exaltador*) erregend, aufregend

② (*sexualmente*) erregend, stimulierend

excitante [esθi'tante] I. *adj* ① (*emocionante*) erregend, aufregend

② (MED) stimulierend

③ (*sexualmente*) erregend, stimulierend

II. *m* (MED) Stimulans *nt*, Anregungsmittel *nt*

excitar [esθi'tar] I. *vt* ① (*incitar*) anstacheln (*a zu* +*dat*), anstiften (*a zu* +*dat*); (*apetito*) anregen

② (*poner nervioso*) aufregen, nervös machen

③ (*sexualmente*) erregen

II. *vr:* ~**se** ① (*enojarse*) sich aufregen

② (*sexualmente*) erregt werden

exclamación [esklama'θjon] *f* ① (*frase*) Ausruf *m*; signo de ~ Ausrufezeichen *nt*

② (*grito*) Aufschrei *m*; lanzar una ~ de sorpresa überrascht aufschreien

exclamar [eskla'mar] *vi, vt* ① (*declamar*) (aus)rufen

② (*gritar*) schreien

exclamativo, -a [esklama'tiβo, -a] *adj*, **exclamatorio, -a** [esklama'torjo, -a] *adj* Ausrufe-; en tono ~ in deklamierendem Tonfall

exclaustrado, -a [esklaus'traðo, -a] *m*, *f* aus dem Kloster entlassene(r) Geistliche(r) *mf*

exclaustrar [esklaus'trar] *vt* aus dem Kloster entlassen

exclave [es'klaβe] *m* Exklave *f*; ~ aduanero Zollausschlussgebiet *nt*

excluible [esklu'iβle] *adj* auszuschließen (*de* von +*dat*)

excluir [esklu'ir] *irr como huir* I. *vt* ① (*expulsar*) ausschließen (*de* aus/von +*dat*)

② (*rechazar*) ablehnen

II. *vr:* ~**se** ① (*descartarse*) sich ausschließen

② (*apartarse*) sich absondern (*de* von +*dat*)

exclusión [esklu'sjon] *f* ① (*eliminación*) Ausschluss *m*; ~ del derecho de voto Stimmrechtsausschluss *m*; ~ de la responsabilidad (JUR) Ausschluss der Haftung; ~ de riesgos Risikoausschluss *m*; con ~ de la prensa unter Ausschluss der Presse

② (*expulsión*) Ausscheiden *nt*

③ (*rechazo*) Ablehnung *f*

exclusiva [esklu'siβa] *f* ① (*privilegio*) Exklusivrecht *nt*

② (*monopolio*) Monopol *nt*

③ (PREN) Exklusivbericht *m*

exclusivamente [eskluziβa'mente] *adv* ausschließlich

exclusive [esklu'siβe] *adv* ausschließlich, exklusive; cerrado hasta el 27 de agosto ~ geschlossen bis einschließlich 26. August

exclusividad [eskluziβi'ðað] *f* Exklusivität *f*

exclusivismo [eskluzi'βismo] *m* ① (*parcialidad*) Einseitigkeit *f*, Ausschließlichkeit *f*

② (*favoritismo*) Willkür *f*

exclusivo, -a [esklu'siβo, -a] *adj* ausschließlich, exklusiv; adquisición en exclusiva Alleinbezug *m*; concesionario ~ Alleinkonzessionär *m*; contrato en exclusiva Alleinvertriebsvertrag *m*; contrato ~ Exklusivvertrag *m*; derecho de compra en exclusiva Alleinkaufsrecht *nt*; derechos de promoción y venta exclusiva en Alemania Alleinverkaufs- und Vertriebsrechte in Deutschland; distribución en exclusiva Alleinvertrieb *m*; distribuidor ~ Alleinvertriebshändler *m*; modelo ~ Sonderanfertigung *f*; proveedor ~ Exklusivlieferant *m*; representación (en) exclusiva Alleinvertretung *f*; representante ~ Exklusivvertreter *m*

excluyente [esklu'jente] *adj* ausschließend

excma. [esθelen'tisima] *adj abr de* **excelentísima**: la ~ señora presidenta... Ihre Exzellenz Frau Präsidentin ...

excmo. [esθelen'tisimo] *adj abr de* **excelentísimo**: el ~ señor presidente... Seine Exzellenz Herr Präsident ...

excombatiente [eskomba'tjente] *mf* Veteran(in) *m(f)*

excomulgar [eskomul'ɣar] <g→gu> *vt* ① (REL) exkommunizieren

② (*fam: conminar*) ächten

excomunión [eskomu'njon] *f* (REL) Exkommunikation *f*

excomunista [eskomu'nista] *mf* Exkommunist(in) *m(f)*

excoriación [eskorja'θjon] *f* (MED) ① (*desolladura*) Hautabschürfung *f*, Schramme *f*

② (*escocedura*) Scheuerwunde *f*

excoriar [esko'rjar] I. *vt* aufscheuern

II. *vr:* ~**se** sich wund scheuern

excrecencia [eskre'θenθja] *f* (MED) Wucherung *f*

excreción [eskre'θjon] *f* Ausscheidung *f*, Exkretion *f*

excremento [eskre'mento] *m* Exkrement *nt*

excretar [eskre'tar] *vi* ① (*evacuar el vientre*) den Darm entleeren

② (*secretar*) Ausscheidungen absondern

excretorio, -a [eskre'torjo, -a] *adj* (MED) exkretorisch, ausscheidend

exculpación [eskulpa'θjon] *f* Entlastung *f*; (JUR) Exkulpation *f*

exculpar [eskul'par] I. *vt* von Schuld entlasten

II. *vr:* ~**se** sich rechtfertigen

exculpatorio, -a [eskulpa'torjo, -a] *adj* (JUR) entlastend

excursión [eskur'sjon] *f* ① (*paseo*) Ausflug *m*; ~ a pie Wanderung *f*; hacer una ~, ir [*o* salir] de ~ einen Ausflug machen; ¿adónde vais de ~? wohin geht der Ausflug?

② (*viaje de estudios*) Exkursion *f*

③ (*correría*) Feldzug *m*

excursionismo [eskursjo'nismo] *m* Ausflüge/Exkursionen machen

excursionista [eskursjo'nista] *mf* Ausflügler(in) *m(f)*; (*de estudios*) Exkursionsteilnehmer(in) *m(f)*

excusa [es'kusa] *f* ① (*pretexto*) Ausrede *f*

② (*disculpa*) Entschuldigung *f*; ~ de testimonio Zeugnisverweigerung *f*; dar [*o* presentar] sus ~s sich entschuldigen

③ (JUR) Rechtfertigung *f*

excusable [esku'saβle] *adj* entschuldbar, verzeihlich

excusado¹ [esku'saðo] *m* Klosett *nt*

excusado, -a² [esku'saðo, -a] *adj* ① (*disculpado*) entschuldigt

② (*libre de impuestos*) steuerfrei

③ (*superfluo*) überflüssig

④ (*reservado*) vorbehalten; pensar en lo ~ sich *dat* etwas Unmögliches vornehmen

excusar [esku'sar] I. *vt* ① (*justificar*) rechtfertigen (*ante/frente a* vor/gegenüber +*dat*)

② (*disculpar*) entschuldigen

③ (*eximir*) von Abgaben befreien

④ (*evitar*) vermeiden

⑤ (~ + *inf*): excusas venir es ist nicht nötig, dass du kommst

II. *vr:* ~**se** sich entschuldigen (*de* für +*akk*)

excusión [esku'sjon] *f* (JUR) Vorausklage *f*; **excepción de** ~ Einrede der Vorausklage

exdirectivo, -a [esðirek'tiβo, -a] *m*, *f* ehemaliges Vorstandsmitglied *nt*

exdirector(a) [esðirek'tor(a)] *m(f)* ehemaliger Leiter *m*, ehemalige Leiterin *f*

execrable [eʝse'kraβle] *adj* abscheulich

execrar [eʝse'krar] *vt* ① (REL) entweihen

② (*maldecir*) verfluchen

③ (*aborrecer*) verabscheuen

exegesis [eʝse'xesis] *f inv*, **exégesis** [eʝ'sexesis] *f inv* Exegese *f*, Auslegung *f* (*insbesondere der Bibel*)

exegeta [eʝse'xeta] *mf*, **exégeta** [eʝ'sexeta] *mf* Exeget(in) *m(f)*

exegético, -a [eʝse'xetiko, -a] *adj* deutend, exegetisch

exención [eʝsen'θjon] *f* Freistellung *f* (*de* von +*dat*), Befreiung *f* (*de* von +*dat*); ~ **arancelaria** Zollbefreiung *f*; ~ **por categorías** Gruppenfreistellung *f*; ~ **de costas** (JUR) Kostenfreiheit *f*; ~ **de derechos de aduana** Zollfreiheit *f*; ~ **del encarcelamiento** Haftverschonung *f*; ~ **de impuestos** Steuerbefreiung *f*; ~ **del servicio militar** Freistellung *f* vom Wehrdienst; ~ **tributaria** Abgabenfreiheit *f*

exento, -a [eʝ'sento, -a] *adj* frei (*de* von +*dat*); ~ **de aranceles** [*o* **aduana**] zollfrei; ~ **de averías** (TÉC) störungsfrei; ~ **de impuestos** steuerfrei; ~ **de mantenimiento** (TÉC) wartungsfrei; **rentas exentas del impuesto** (FIN) nicht steuerpflichtige Einkünfte; **estar** ~ **de la jurisdicción local** (JUR) der örtlichen Gerichtsbarkeit entzogen sein

exequias [eʝ'sekjas] *fpl* Exequien *fpl*, Begräbnisfeierlichkeiten *fpl*

exfoliación [esfolja'θjon] *f* ① (*división en láminas*) Abblätterung *f*

② (MED) Abschilferung *f*, Exfoliation *f*

③ (MIN) Abschiefern *nt*

exfoliador [esfolja'ðor] *m* (*Chil, Méx: cuaderno*) Abreißblock *m*; (*calendario*) Abreißkalender *m*

exfoliante [esfo'ljante] I. *adj* abblätternd; **producto** ~ Abschuppungs-

produkt *nt*; **crema** ~ Peeling-Creme *f*
II. *m* Peeling-Produkt *nt*
exfoliar [esfoˈljar] I. *vt* ablösen; **la falta de humedad exfolia la piel** Feuchtigkeitsmangel führt zum Abschuppen der Haut
II. *vr:* ~**se** (*pintura*) abblättern; (*corteza*) sich ablösen
exhalación [eˠsalaˈθjon] *f* ❶ (*emanación*) Ausdünstung *f*
❷ (*de suspiro*) Ausstoßen *nt*
❸ (*rayo*) Blitz *m*; **pasar corriendo como una** ~ wie der Blitz vorbeisausen
❹ (*estrella fugaz*) Sternschnuppe *f*
exhalar [eˠsaˈlar] I. *vt* ❶ (*emanar*) ausströmen
❷ (*suspiros, quejas*) ausstoßen
II. *vr:* ~**se** sich bemühen; ~**se por llegar a tiempo** sich bemühen rechtzeitig zu kommen
exhaustivo, -a [eˠsausˈtiβo, -a] *adj* erschöpfend, gründlich
exhausto, -a [eˠsausto, -a] *adj* erschöpft; **llegar** ~ erschöpft ankommen
exheredación [eˠsereðaˈθjon] *f* (JUR) Enterbung *f*
exheredar [eˠsereˈðar] *vt* (JUR) enterben
exhibición [eˠsiβiˈθjon] *f* ❶ (*manifestación*) Darlegung *f*, Vorzeigen *nt*
❷ (*ostentación*) Zurschaustellung *f*
❸ (*exposición*) Ausstellung *f*; ~ **de arte** Kunstausstellung *f*; ~ **cinematográfica** Filmvorführung *f*; ~ **deportiva** sportliche Darbietungen
❹ (JUR) Vorlage *f* von Dokumenten
exhibicionismo [eˠsiβiθjoˈnismo] *m sin pl* (MED) Exhibitionismus *m*
exhibicionista [eˠsiβiθjoˈnista] *mf* (MED) Exhibitionist(in) *m(f)*
exhibidor(a) [eˠsiβiðor(a)] *m(f)* Aussteller(in) *m(f)*
exhibir [eˠsiˈβir] I. *vt* ❶ (*mostrar*) vorzeigen, ausstellen; ~ **productos para la venta** Waren für den Verkauf ausstellen
❷ (*ostentar*) prahlen (mit +*dat*), angeben (mit +*dat*)
❸ (JUR) vorlegen, einreichen
II. *vr:* ~**se** sich zur Schau stellen; ~**se en público** in der Öffentlichkeit auftreten
exhortación [eˠsortaˈθjon] *f* ❶ (*ruego*) eindringliche Bitte *f*, Ermahnung *f*; ~ **al pago** Zahlungsaufforderung *f*
❷ (*amonestación*) Verwarnung *f*
❸ (*sermón breve*) kurze Predigt *f*
exhortar [eˠsorˈtar] *vt* ❶ (*rogar*) ermahnen (*a* zu +*dat*)
❷ (*amonestar*) verwarnen
exhortativo, -a [eˠsortaˈtiβo, -a] *adj* ermahnend
exhorto [eˠˈsorto] *m v.* **exhortación**
exhumación [eˠsumaˈθjon] *f* Exhumierung *f*
exhumar [eˠsuˈmar] *vt* ❶ (*ruinas*) ausgraben
❷ (*cadáver*) exhumieren
exigencia [eˠsiˈxenθja] *f* ❶ (*demanda*) Forderung *f*; **satisfacer las** ~**s** den Anforderungen gerecht werden; **tener** ~**s** (*fam*) Ansprüche stellen
❷ (*requisito*) Anforderung *f*
exigente [eˠsiˈxente] *adj* anspruchsvoll; **ser muy** ~ hohe Ansprüche stellen
exigibilidad [eˠsixiβiliˈðað] *f* (JUR) ~ **jurídica** Rechtsdurchsetzung *f*
exigible [eˠsiˈxiβle] I. *adj* (*obligación*) fällig; (JUR) einklagbar; **crédito** ~ eintreibbare Forderung *f*; **intereses** ~**s** fällige Zinsen
II. *m* (FIN, JUR) Forderung *f*; ~ **fiduciario** mündelsichere Forderung; ~ **inembargable** unpfändbare Forderung
exigir [eˠsiˈxir] <g→j> *vt* ❶ (*solicitar*) fordern; **exigimos la libertad de los presos políticos** wir fordern die Freilassung der politischen Gefangenen; **el docente exige demasiado** der Dozent stellt zu hohe Anforderungen
❷ (*reclamar, pedir*) verlangen, erfordern; **la carta exige contestación** der Brief muss beantwortet werden
exigüidad [eˠsiɣwiˈðað] *f sin pl* (*elev*) Spärlichkeit *f*
exiguo, -a [eˠsiɣwo, -a] *adj* gering, kärglich
exil(i)ado, -a [eˠsiˈl(j)aðo, -a] I. *adj* im Exil lebend, exiliert
II. *m, f* (politischer) Flüchtling *m*
exil(i)ar [eˠsiˈl(j)ar] I. *vt* exilieren, ins Exil schicken
II. *vr:* ~**se** ins Exil gehen; **muchos chilenos se** ~**on en la RDA** viele Chilenen gingen in die DDR ins Exil
exilio [eˠˈsiljo] *m* Exil *nt*
eximente [eˠsiˈmente] I. *adj* (JUR) schuldausschließend, strafausschließend
II. *m* (JUR) Strafausschließungsgrund *m*
eximio, -a [eˠˈsimjo, -a] *adj* hervorragend, vorzüglich
eximir [eˠsiˈmir] I. *vt* befreien (*de* von +*dat*), freistellen (*de* von +*dat*); ~ **de obligaciones** von einer Verpflichtung befreien; ~ **de responsabilidades** der Verantwortung entheben; ~ **del servicio militar** vom Militärdienst befreien
II. *vr:* ~**se** sich entziehen (*de* +*dat*)
existencia [eˠsisˈtenθja] *f* ❶ (*vida*) Existenz *f*, Leben *nt*
❷ (FILOS) Dasein *nt*, Existenz *f*

❸ (*subsistencia*) Existenz *f*, Lebensunterhalt *m*
❹ *pl* (COM) Vorrat *m*, (Lager)bestände *mpl*; **en** ~ vorrätig; **liquidación de** ~**s** Ausverkauf *m*; **agotar las** ~**s** den Lagerbestand räumen; **renovar las** ~**s** das Lager wieder auffüllen; **en tanto haya** ~**s** solange der Vorrat reicht
existencial [eˠsistenˈθjal] *adj* existenziell
existencialismo [eˠsistenθjaˈlismo] *m sin pl* (FILOS) Existenzialismus *m*
existencialista [eˠsistenθjaˈlista] I. *adj* (FILOS) existenzialistisch
II. *mf* (FILOS) Existenzialist(in) *m(f)*
existente [eˠsisˈtente] *adj* ❶ (*que existe*) vorhanden, existent
❷ (COM) vorrätig
existir [eˠsisˈtir] *vi* (*seres vivos*) existieren, leben; (*cosas*) vorhanden sein; **existen numerosas actividades** es gibt zahlreiche Aktivitäten; **cree que existen ovnis** er/sie glaubt, dass es Ufos gibt
exitazo [eˠsiˈtaθo] *m* (*fam*) Riesenerfolg *m*
éxito [ˈeˠsito] *m* Erfolg *m*; ~ **de taquilla** Kassenschlager *m*; ~ **de ventas** Verkaufsschlager *m*; **con** ~ erfolgreich; **sin** ~ erfolglos; **cosechar un** ~ einen Erfolg erzielen; **tener** ~ Erfolg haben
exitoso, -a [eˠsiˈtoso, -a] *adj* erfolgreich
ex libris [esˈliβris] *m* Exlibris *nt*
exmonarca [esmoˈnarka] *mf* Exmonarch(in) *m(f)*
éxodo [ˈeˠsoðo] *m* Exodus *m*; ~ **rural** Landflucht *f*; ~ **urbano** Stadtflucht *f*
exogamia [eˠsoˈɣamja] *f* (SOCIOL, BIOL) Exogamie *f*
exogámico, -a [eˠsoˈɣamiko, -a] *adj* (BIOL, SOCIOL) exogamisch, Exogamie-
exógeno, -a [eˠˈsoxeno, -a] *adj* (ECON) außerbetrieblich; ~ **a la empresa** außerbetrieblich
exoneración [eˠsoneraˈθjon] *f* ❶ (*exención*) Befreiung *f* (*de* von +*dat*), Entlastung *f*; ~ **fiscal** Steuerbefreiung *f*; ~ **de responsabilidad** Haftungsausschluss *m*
❷ (*cese*) Absetzung *f* (*de* von +*dat*); ~ **de un cargo** Amtsenthebung *f*
exonerar [eˠsoneˈrar] *vt* ❶ (*eximir*) befreien (*de* von +*dat*)
❷ (*relevar*) absetzen (*de* von +*dat*); ~ **a alguien de su cargo** jdn seines Amtes entheben
exorbitancia [eˠsorβiˈtanθja] *f* ❶ (*excesividad*) Übermaß *nt*
❷ (*exageración*) Übertreibung *f*
exorbitante [eˠsorβiˈtante] *adj* ❶ (*excesivo*) übermäßig; (*precio*) überhöht; **precios** ~**s** Wucherpreise *mpl*
❷ (*exagerado*) übertrieben
exorbitar [eˠsorβiˈtar] *vt* aufbauschen, übertreiben
exorcismo [eˠsorˈθismo] *m* Geisterbeschwörung *f*, Exorzismus *m*
exorcista [eˠsorˈθista] *mf* Geisterbeschwörer(in) *m(f)*, Exorzist(in) *m(f)*
exorcizar [eˠsorθiˈθar] <z→c> *vt* exorz(is)ieren
exordio [eˠˈsorðjo] *m* (LIT) Exordium *nt*, Einleitung *f*
exornar [eˠsorˈnar] *vt* ❶ (*adornar*) schmücken
❷ (LIT) ausschmücken
exosfera [eˠsosˈfera] *f* (ASTR) Exosphäre *f*
exotérico, -a [eˠsoˈteriko, -a] *adj* exoterisch
exotérmico, -a [eˠsoˈtermiko, -a] *adj* (FÍS, QUÍM) exotherm
exótico, -a [eˠˈsotiko, -a] *adj* exotisch
exotismo [eˠsoˈtismo] *m* Exotik *f*
exp. [espeˈðor(a)] *abr de* **expendedor** Abs.
expandible [espanˈdiβle] *adj* (aus)dehnbar
expandir [espanˈdir] I. *vt* ❶ (*dilatar*) ausdehnen
❷ (*divulgar*) verbreiten
II. *vr:* ~**se** ❶ (*dilatarse*) sich ausdehnen
❷ (*extenderse*) sich ausbreiten
❸ (*divulgarse*) sich verbreiten
expansibilidad [espansiβiliˈðað] *f sin pl* (FÍS) Dehnbarkeit *f*
expansible [espanˈsiβle] *adj* (aus)dehnbar
expansión [espanˈsjon] *f* ❶ (*dilatación, t.* POL) Ausdehnung *f*, Expansion *f*; (*extensión*) Ausbreitung *f*
❷ (*crecimiento*) Erweiterung *f*; ~ **económica** wirtschaftliches Wachstum; ~ **industrial** Betriebsausweitung *f*; ~ **del mercado** Marktexpansion *f*, Marktausweitung *f*; **factor de** ~ Expansionsfaktor *m*; **política de** ~ Expansionspolitik *f*
❸ (*efusión*) Mitteilsamkeit *f*
❹ (*difusión*) Verbreitung *f*
❺ (*diversión*) Erholung *f*, Entspannung *f*
expansionarse [espansjoˈnarse] *vr* ❶ (*dilatarse*) sich ausdehnen
❷ (*crecer*) sich erweitern
❸ (*fam: sincerarse*) sich aussprechen (*con* bei +*dat*)
❹ (*fam: divertirse*) sich amüsieren
expansionismo [espansjoˈnismo] *m sin pl* (POL) Expansionsdrang *m*
expansionista [espansjoˈnista] *adj* (POL) expansionistisch; **influencias** ~**s** expansive Einflüsse; **política** ~ Expansionspolitik *f*
expansivo, -a [espanˈsiβo, -a] *adj* ❶ (*dilatable*) (aus)dehnbar

② (*comunicativo*) mitteilsam

expatriación [espatrja'θjon] *f* **①** (*acción de ser expatriado*) Landesverweisung *f*, Ausbürgerung *f*
② (*acción de expatriarse*) Ausreise *f*, Verlassen *nt* des (Heimat)landes

expatriado, -a [espatri'aðo, -a] I. *adj* (*exiliado*) ausgewiesen; (*privado de la ciudadanía*) ausgebürgert; (*emigrado*) ausgewandert
II. *m, f* (*exiliado*) Ausgewiesene(r) *mf*; (*privado de la ciudadanía*) Ausgebürgerte(r) *mf*

expatriar [espatri'ar] <*1. pres:* expatrío> I. *vt* **①** (*exiliar*) des Landes verweisen, verbannen
② (*quitar la ciudadanía*) ausbürgern
II. *vr:* **~se** **①** (*exiliarse*) das Land verlassen, ins Exil gehen
② (*renunciar a la ciudadanía*) sich ausbürgern lassen

expectación [espekta'θjon] *f* **①** (*expectativa*) Erwartung *f*; **~ de pena** (JUR) Strafenwartung *f*; **~ de vida** Lebenserwartung *f*; **con ~** erwartungsvoll
② (*interés*) Interesse *nt*; **despertar gran ~** großes Interesse wecken

expectante [espek'tante] *adj* **①** (*atento*) erwartungsvoll
② (JUR) anstehend

expectativa [espekta'tiβa] *f* **①** (*expectación*) Erwartung *f*; **estar a la ~ de algo** etw erwarten
② (*perspectiva*) Aussicht *f*, Prognose *f*

expectoración [espektora'θjon] *f* (MED) **①** (*acción*) Expektoration *f*, Aushusten *nt*
② (*esputo*) Expektoration *f*, Auswurf *m*

expectorante [espekto'rante] I. *adj* schleimlösend
II. *m* (MED) schleimlösendes Mittel *nt*, Expektorans *nt*

expectorar [espekto'rar] *vt* (MED) expektorieren, aushusten

expedición [espeði'θjon] *f* **①** (*viaje*) Expedition *f*; **~ científica** Forschungsreise *f*; **~ militar** Feldzug *m*
② (*grupo*) Expeditionsgruppe *f*, Expedition *f*
③ (*remesa*) Versand *m*; (COM) Spedition *f*; **documentos de ~** Frachtpapiere *ntpl*; **empresa de ~** Spedition *f*; **gastos de ~** Versandkosten *pl*; **lugar de ~** Versandort *m*; **oficina de ~** Versandabteilung *f*
④ (*mercancías*) Versendung *f*, Verschickung *f*
⑤ (REL) Schreiben *nt* der römischen Kurie
⑥ (*rapidez*) Schnelligkeit *f*
⑦ (*de documentos*) Ausstellung *f*

expedicionario, -a [espeðiθjo'narjo, -a] I. *adj* Expeditions-
II. *m, f* Expeditionsteilnehmer(in) *m(f)*

expedidor(a) [espeði'ðor(a)] I. *adj* (COM) Versand-
II. *m(f)* (COM) Versender(in) *m(f)*, Absender(in) *m(f)*; (COM) Verfrachter *m*; **~ y fletador** Verfrachter und Befrachter

expedientar [espeðjen'tar] *vt* (JUR) ein Verfahren eröffnen (*a* gegen +*akk*), (ADMIN, MIL) ein Disziplinarverfahren einleiten (*a* gegen +*akk*)

expediente [espe'ðjente] *m* **①** (JUR: *asunto judicial*) amtliche Untersuchung *f*, Rechtssache *f*; **~ de despido** Kündigungsverfahren *nt*; **disciplinario** Disziplinarverfahren *nt*; **~ de regulación de empleo** arbeitsrechtliches Verfahren; **instruir un ~** ein Verfahren betreiben
② (JUR: *sumario*) Dossier *nt*, Unterlagen *fpl*
③ (*procedimiento administrativo*) Dienstverfahren *nt*; **~ de crisis** Antrag auf Entlassung von Arbeitnehmern; **~ de homologación** Antrag auf staatliche Anerkennng
④ (*trámite*) Bearbeitung *f*; **cubrir el ~** (*fam*) nur das Nötigste tun, Dienst nach Vorschrift machen
⑤ (*facilidad*) Gewandtheit *f*, Geschicklichkeit *f*; (*medio, recurso*) Ausweg *m*
⑥ (*legajo*) Personalakte *f*; **~ laboral** Arbeitsunterlagen *fpl*

expedienteo [espeðjen'teo] *m* **①** (*fam: papeleo*) Papierkrieg *m*
② (*tramitación*) Aktenerledigung *f*

expedir [espe'ðir] *irr como* pedir *vt* **①** (*tramitar*) erledigen; **~ una carta** einen Brief aufsetzen
② (COM: *despachar*) versenden; **por avión** per Luftfracht verschicken; **~ por correo** verschicken; **~ contra reembolso** per Nachnahme verschicken; **~ por tren** mit der Bahn befördern; **~ por vía marítima** verschiffen
③ (*documentos*) ausstellen; **~ un documento/pasaporte** eine Urkunde/einen Pass ausstellen; **~ un duplicado** eine Zweitausfertigung ausstellen

expeditar [espeði'tar] *vt* **①** (*Am: acelerar*) beschleunigen
② (*AmC, Méx: despachar un asunto*) schnell bearbeiten

expeditivo, -a [espeði'tiβo, -a] *adj* rasch, schnell

expedito, -a [espe'ðito, -a] *adj* **①** (*desembarazado*) unbehindert
② (*rápido*) schnell

expeler [espe'ler] *vt* (*sangre, excreto*) auswerfen; (*aire, humo*) ausstoßen

expendedor¹ [espende'ðor] *m*: **~ automático** Warenautomat *m*; **~ de bebidas** Getränkeautomat *m*; **~ de cigarrillos** Zigarettenautomat *m*; **~ de jabón** Seifenspender *m*

expendedor(a)² [espende'ðor(a)] I. *adj:* **máquina ~a de billetes** Fahrkartenautomat *m*; **máquina ~a de tabaco** Zigarettenautomat *m*
II. *m(f)* Verkäufer(in) *m(f)*; **~ de moneda falsa** (JUR) Verbreiter von Falschgeld

expendeduría [espendeðu'ria] *f* Verkaufsstelle *f*; (*de tabaco*) Tabakladen *m*

expender [espen'der] *vt* **①** (*vender*) verkaufen; **máquina que expende billetes** Fahrkartenautomat *m*
② (*gastar*) ausgeben
③ (JUR: *moneda falsa*) in Umlauf bringen

expendio [es'pendjo] *m* (*And, Méx, Ven: estanco*) Tabakladen *m*

expensas [es'pensas] *fpl* **①** (*costas*) Kosten *pl*; **a mis ~** auf meine Rechnung; **vivir a ~ de alguien** sich von jdm aushalten lassen
② (JUR) Gerichtskosten *pl*

experiencia [espe'rjenθja] *f* **①** (*práctica*) Erfahrung *f* (*en* in +*dat*, *con* mit +*dat*); **~ comercial** Handelserfahrung *f*; **~ docente** Lehrerfahrung *f*; **~ profesional** Berufserfahrung *f*; **falta de ~ laboral** mangelnde Berufserfahrung; **tener mucha/poca ~** erfahren/unerfahren sein; **saber algo por ~ propia** etw aus eigener Erfahrung wissen; **la ~ es la madre de la ciencia** Erfahrung ist die Mutter der Weisheit
② (*vivencia*) Erlebnis *nt*
③ (*experimento*) Versuch *m*, Experiment *nt*; **~ de laboratorio** Laborversuch *m*; **~ piloto** Pilotversuch *m*

experimentación [esperimenta'θjon] *f* Experimentieren *nt*; **en fase de ~** in der Erprobungsphase, im Versuchsstadium

experimentado, -a [esperimen'taðo, -a] *adj* **①** (*con experiencia*) erfahren
② (*comprobado*) erprobt; **no ~ en animales** (*en etiquetas*) ohne Tierversuche

experimental [esperimen'tal] *adj* experimentell, Versuchs-

experimentalmente [esperimental'mente] *adv* **①** (*empíricamente*) experimentell
② (*por experiencia*) durch Erfahrung

experimentar [esperimen'tar] I. *vi* experimentieren (*con* mit +*dat*), Experimente durchführen, Versuche machen
II. *vt* **①** (*probar*) ausprobieren
② (*sentir*) fühlen, spüren
③ (*sufrir*) erfahren, erleiden; **~ un alza** steigen; **~ un aumento** an Wert gewinnen; **~ una caída** sinken; **~ un cambio** eine Veränderung erfahren; **~ una pérdida** einen Verlust erleiden

experimento [esperi'mento] *m* Experiment *nt*, Versuch *m*

experta [es'perta] *adj o v.* **experto**

expertización [espertiθa'θjon] *f* Gutachten *nt*

experto, -a [es'perto, -a] I. *adj* sachkundig, erfahren
II. *m, f* **①** (*conocedor*) Experte, -in *m, f*, Fachmann, -frau *m, f*; **~ en aduanas** Zollsachverständige(r) *m*; **~ contable** Rechnungsprüfer *m*; **~ en asuntos económicos** Wirtschaftssachverständige(r) *m*; **~ fiscal** Steuerfachmann *m*, Sachverständiger für Steuerfragen; **~ en seguros** Versicherungssachverständige(r) *m*; **comisión de ~s** Fachausschuss *m*, Sachverständigenrat *m*
② (*perito*) Sachverständige(r) *mf*

expiación [espja'θjon] *f* **①** (*purgación*) Sühne *f*, Buße *f*
② (*castigo*) Strafe *f* (*de* für +*akk*); **~ del delito** Strafe für das Delikt

expiar [espi'ar] <*1. pres:* expío> *vt* **①** (*purgar*) sühnen
② (*pena*) eine Strafe verbüßen (für +*akk*), büßen (für +*akk*); **~ un delito** für ein Delikt büßen

expiatorio, -a [espja'torjo, -a] *adj* Sühn(e)-; **un acto ~** ein Akt der Sühne; **chivo ~** Sündenbock *m*

expiración [espira'θjon] *f* **①** (*fin*) Erlöschen *nt*, Untergang *m*; (*de la vida*) Tod *m*
② (*de plazos*) Ablauf *m*; **~ de un contrato** Vertragsablauf *m*

expirar [espi'rar] *vi* **①** (*morir*) sterben; (*cultura*) untergehen, erlöschen
② (*vencer el plazo*) ablaufen; **antes de ~ el mes** vor Monatsende

explanada [espla'naða] *f* **①** (*terreno*) freier Platz *m*
② (*delante de edificios*) Esplanade *f*, Vorplatz *m*
③ (MIL: *declive*) Glacis *nt*; (*para baterías*) Geschützbettung *f*

explanar [espla'nar] *vt* **①** (*allanar*) einebnen, planieren
② (*explicar*) erklären, erläutern

explayar [espla'jar] I. *vt* ausdehnen, ausbreiten; **~ la mirada** den Blick schweifen lassen (*por* über +*akk*)
II. *vr:* **~se** **①** (*extenderse*) sich ausdehnen, sich ausbreiten
② (*expresarse*) weitschweifig reden (*en* über +*akk*), sich verbreiten (*en* über +*akk*); (*confiarse*) sich aussprechen (*con* bei +*dat*)
③ (*divertirse*) sich amüsieren

explicable [espli'kaβle] *adj* **①** (*que se puede explicar*) erklärbar
② (*comprensible*) verständlich

explicación [esplika'θjon] *f* **①** (*aclaración*) Erklärung *f*, Erläuterung *f*; **pedir explicaciones** eine Erklärung verlangen
② (*motivo*) Grund *m*; **sin dar explicaciones** ohne Begründung, ohne

explicaderas Angabe von Gründen
③ (*interpretación*) Auslegung *f*, Deutung *f*
④ *pl* (*excusas*) Entschuldigung *f*; **dar explicaciones** sich entschuldigen
explicaderas [esplika'ðeras] *fpl* (*fam*) Ausdrucksweise *f*; **tener buenas ~** gut erklären können
explicar [expli'kar] <c→qu> I. *vt* ❶ (*manifestar*) darstellen, schildern
❷ (*aclarar*) erklären, erläutern
❸ (*exponer*) unterrichten
❹ (*dar motivos*) begründen
❺ (*interpretar*) auslegen, deuten
❻ (*justificar*) rechtfertigen
II. *vr:* **~se** ❶ (*comprender*) begreifen; **no me lo explico** es ist mir unbegreiflich
❷ (*disculparse*) sich entschuldigen
❸ (*articularse*) sich ausdrücken; **¿me explico?** habe ich mich deutlich ausgedrückt?; **ella se explica muy bien** sie ist sehr redegewandt
explicativo, -a [esplika'tiβo, -a] *adj* erklärend, erläuternd
explicitar [espliθi'tar] *vt* deutlich ausdrücken
explícito, -a [es'pliθito, -a] *adj* ausdrücklich, explizit
explicotear [esplikote'ar] *vt, vr:* **~se** (*fam*) (sich) offen und ohne Scheu aussprechen
explorable [esplo'raβle] *adj* erforschbar, ergründbar
exploración [esplora'θjon] *f* ❶ (*investigación*) Erforschung *f*, Erkundung *f*
❷ (INFOR) Scannen *nt*
❸ (MED) (ärztliche) Untersuchung *f*
❹ (MIL) Aufklärung *f*
❺ (MIN) Lagerstättenerkundung *f*
❻ (TÉC) Abtastung *f*
explorador¹ [esplora'ðor] *m* ❶ (TÉC) Abtaster *m*, Abtastgerät *nt*
❷ (INFOR) Scanner *m*; (*en Internet*) Browser *m*
explorador(a)² [esplora'ðor(a)] I. *adj* ❶ (*investigador*) Forschungs-
❷ (MIL) Aufklärungs-
❸ (MIN) Erkundungs-
❹ (TÉC) Abtastungs-
II. *m(f)* ❶ (*investigador*) Forscher(in) *m(f)*
❷ (*en viaje de descubrimiento*) Entdeckungsreisende(r) *mf*
❸ (*boy scout*) Pfadfinder(in) *m(f)*
explorar [esplo'rar] *vt* ❶ (*investigar*) erforschen, erkunden
❷ (INFOR) scannen
❸ (MED) (ärztlich) untersuchen
❹ (MIL) aufklären
❺ (MIN) explorieren, schürfen
❻ (TÉC) abtasten
exploratorio¹ [esplora'torjo] *m* ❶ (*para explorar*) Untersuchungsgerät *nt*
❷ (MED) Sonde *f*
exploratorio, -a² [esplora'torjo, -a] *adj* Forschungs-; **conversaciones exploratorias** Vorgespräche *ntpl*
explosión [esplo'sjon] *f* ❶ (*estallido*) Explosion *f*; **~ demográfica** Bevölkerungsexplosion *f*; **gran ~** (FÍS) Urknall *m*; **motor de ~** Verbrennungsmotor *m*; **hacer ~** explodieren
❷ (*detonación*) Detonation *f*; (*voladura*) Sprengung *f*; **~ fallida** Fehlzündung *f*; **~ nuclear** (MIL) Kernwaffenexplosion *f*
❸ (*arrebato*) (Gefühls)ausbruch *m*; **~ de carcajadas** Ausbrechen *nt* in Gelächter; **~ de ira** Zornesausbruch *m*
explosionar [esplosjo'nar] I. *vi* explodieren
II. *vt* (*cohete*) zünden; (*artefacto, paquete bomba*) zur Explosion bringen, explodieren lassen
explosivo¹ [esplo'siβo] *m* Sprengstoff *m*
explosivo, -a² [esplo'siβo, -a] *adj* explosiv; **artefacto ~** Sprengkörper *m*; **fuerza explosiva** Sprengkraft *f*
explotabilidad [esplotaβili'ðað] *f* ❶ (*aprovechamiento*) Nutzbarkeit *f*, Verwertbarkeit *f*; (AGR) Anbaufähigkeit *f*; (MIN) Abbauwürdigkeit *f*
❷ (*de una empresa*) Betriebsfähigkeit *f*, Wirtschaftlichkeit *f*
explotable [esplo'taβle] *adj* ❶ (*aprovechable*) nutzbar, verwertbar; (AGR) anbaufähig; (MIN) abbauwürdig; **bosque ~** Nutzwald *m*
❷ (*empresa*) betriebsfähig
explotación [esplota'θjon] *f* ❶ (*aprovechamiento*) Nutzung *f*; (AGR) Bebauung *f*; (MIN) Abbau *m*; **~ abusiva** [*o* **de agotamiento**] Raubbau *m*; **~ de bovinos** Rinderhaltung *f*; **~ a cielo abierto** Tagebau *m*; **~ de la energía** Energienutzung *f*; **~ de un mercado** Abschöpfung eines Marktes; **~ minera** Bergbau *m*; **~ de una patente** Patentverwertung *f*; **~ del subsuelo** Abbau von Bodenschätzen; **modo de ~** Nutzungsart *f*
❷ (*empresa*) Betrieb *m*; **~ agrícola** Landwirtschaftsbetrieb *m*; **~ artesanal** Handwerksbetrieb *m*; **~ industrial** Industriebetrieb *m*; **~ de una línea aérea** Fluglinienunternehmen *nt*; **~ de temporada** Saisonbetrieb *m*; **beneficio de ~** Geschäftsgewinn *m*; **capital de ~** Betriebskapital *nt*; **cuenta de ~** Betriebs(ergebnis)rechnung *f*; **gastos de ~** Betriebskosten *pl*; **en ~** in Betrieb
❸ (*abuso*) Ausbeutung *f*; **~ de la fama** [*o* **de prestigio**] (JUR) Rufausbeutung *f*; **~ de prestaciones ajenas** Ausbeutung fremder Leistung
explotado, -a [esplo'taðo, -a] *m, f* Ausgebeutete(r) *mf*
explotador(a) [esplota'ðor(a)] I. *adj* ❶ (*empresa*) betreibend, Betreiber-; **empresa ~a** Betreiberfirma *f*
❷ (*que abusa*) Ausbeuter-
II. *m(f)* ❶ (*utilizador*) Nutzer(in) *m(f)*; (*empresario, artesano*) Betreiber(in) *m(f)*
❷ (*abusador*) Ausbeuter(in) *m(f)*
explotar [esplo'tar] I. *vi* ❶ (*estallar*) explodieren; **~ en carcajadas** in Gelächter ausbrechen
❷ (*tener un arrebato*) platzen
II. *vt* ❶ (*recursos, terreno*) nutzen; (AGR) bebauen, (MIN) abbauen, ausbeuten; **~ un bosque** einen Wald (forst)wirtschaftlich nutzen; **~ una licencia** eine Lizenz verwerten; **~ una línea de autobús** eine Busstrecke befahren; **~ una línea aérea** eine Fluglinie befliegen; **~ pozos petrolíferos** Ölquellen erschließen
❷ (*empresa*) betreiben; **~ una granja** einen Bauernhof bewirtschaften; **~ un negocio** ein Geschäft betreiben
❸ (*abusar*) ausbeuten; **~ a los trabajadores** die Arbeiter ausbeuten
expoliación [espolja'θjon] *f* Plünderung *f*
expoliador(a) [espolja'ðor(a)] I. *adj* plündernd
II. *m(f)* Plünderer, -in *m, f*
expoliar [espo'ljar] *vt* ausrauben, ausplündern
expolio [es'poljo] *m* ❶ (*acción*) Ausraubung *f*, Plünderung *f*
❷ (*botín*) Beute *f*
exponencial [esponen'θjal] I. *adj* (MAT) exponentiell, Exponential-
II. *f* (MAT) Exponentialfunktion *f*
exponente [espo'nente] *m* ❶ (*persona*) Exponent *m*
❷ (*ejemplo*) Beispiel *nt*; (*índice*) Ausdruck *m*
❸ (MAT) Exponent *m*
exponer [espo'ner] *irr como poner* I. *vt* ❶ (*mostrar*) darlegen
❷ (*hablar*) vortragen
❸ (*exhibir*) ausstellen
❹ (*interpretar*) auslegen, erklären
❺ (*someter*) aussetzen (*a + dat*); **~ cerámica al sol para que se seque** Töpferwaren zum Trocknen in die Sonne stellen
❻ (*arriesgar*) riskieren; **~ algo a un peligro** etw einer Gefahr aussetzen, etw gefährden
❼ (*abandonar*) aussetzen; **~ a un niño** ein Kind aussetzen
❽ (FOTO) belichten
II. *vr:* **~se** ❶ (*descubrirse*) sich aussetzen (*a + dat*); **se expuso a la lluvia** er/sie setzte sich dem Regen aus; **~se a un peligro** sich einer Gefahr aussetzen
❷ (*arriesgarse*) sich einem Risiko aussetzen
exportable [espor'taβle] *adj* exportfähig
exportación [esporta'θjon] *f* Export *m*, Ausfuhr *f*; **~ agrícola** Agrarexport *m*; **~ de artículos manufacturados** Fertigwarenausfuhr *f*; **~ de basura** Müllexport *m*; **~ en franquicia** zollfreie Ausfuhr; **exportaciones visibles/invisibles** sichtbare/unsichtbare Ausfuhren; **arancel de ~** Ausfuhrzoll *m*; **artículo de ~** Exportartikel *m*; **licencia de ~** Exportlizenz *f*; **medidas de apoyo a la ~** Exportfördermaßnahmen *fpl*; **mercancía de ~** Exportware *f*; **permiso de ~** Ausfuhrerlaubnis *f*
exportador(a) [esporta'ðor(a)] I. *adj* Ausfuhr-, Export-; **empresa ~a** Exportfirma *f*; **país ~** Exportland *nt*; **sector ~** Exportsektor *m*
II. *m(f)* Exporteur(in) *m(f)*
exportar [espor'tar] *vt* exportieren (*a nach + dat*), ausführen (*a nach + dat*); (INFOR: *datos*) exportieren
exposición [esposi'θjon] *f* ❶ (*explicación*) Beschreibung *f*, Darstellung *f*
❷ (*informe*) Exposee *nt*, Bericht *m*
❸ (*exhibición*) Ausstellung *f*; **~ de arte** Kunstausstellung *f*; **~ especializada** Fachausstellung *f*; **~ permanente** Dauerausstellung *f*; **~ universal** [*o* **mundial**] Weltausstellung *f*
❹ (*colocación*) Aussetzen *nt*; **la ~ excesiva de la piel al sol puede provocar quemaduras** durch übermäßige Sonnenbestrahlung können Hautverbrennungen entstehen
❺ (*posición*) Lage *f*
❻ (*de un niño*) Kindesaussetzung *f*
❼ (FOTO) Belichtung *f*
❽ (MÚS, LIT) Exposition *f*
exposímetro [espo'simetro] *m* (FOTO) Belichtungsmesser *m*; **~ automático** automatischer Belichtungsmesser
expósita [es'posita] *adj o f v.* **expósito**
expositivo, -a [esposi'tiβo, -a] *adj* erläuternd
expósito, -a [es'posito, -a] I. *adj* Findel-
II. *m, f* Findelkind *nt*
expositor(a) [esposi'tor(a)] I. *adj* ❶ (*que exhibe*) ausstellend, Ausstel-

exprés

ler-
② (*que aclara*) darlegend, erklärend
II. *m(f)* ① (*que exhibe*) Aussteller(in) *m(f)*; **catálogo de ~es** Ausstellerkatalog *m*
② (*que aclara*) Vortragende(r) *mf*, Referent(in) *m(f)*
exprés [es'pres] I. *adj inv* Eil-, Express-; **café ~** Espresso *m*; **olla ~** Schnellkochtopf *m*
II. *m* Schnellzug *m*
expresado, -a [espre'saðo, -a] *adj* genannt, erwähnt
expresamente [espresa'mente] *adv* ① (*literalmente*) ausdrücklich
② (*deliberadamente*) vorsätzlich
expresar [espre'sar] I. *vt* ① (*manifestar*) ausdrücken, äußern; **~ su opinión** seine Meinung äußern
② (*decir*) aussprechen
③ (*indicar*) zu erkennen geben
II. *vr*: **~se** (*hacerse entender*) sich ausdrücken; (*hablar*) sich äußern
expresidente [espresi'ðente] *mf* Expräsident(in) *m(f)*
expresión [espre'sjon] *f* ① (*palabra*) Ausdruck *m*; (*locución*) Redensart *f*, Wendung *f*
② (*gesto*) Ausdruck *m*; **~ corporal** (ARTE) freier Tanz; **~ facial** Gesichtsausdruck *m*, Miene *f*
③ (*declaración*) Äußerung *f*, Erklärung *f*; **derecho de libre ~** Recht auf freie Meinungsäußerung
④ (MAT) Ausdruck *m*; **~ algebraica** algebraischer Ausdruck
⑤ *pl* (*saludos*) Grüße *mpl*
expresionismo [espresjo'nismo] *m sin pl* (ARTE) Expressionismus *m*
expresionista [espresjo'nista] I. *adj* expressionistisch
II. *mf* Expressionist(in) *m(f)*
expresivamente [espresiβa'mente] *adv* ① (*reveladoramente*) ausdrucksvoll
② (*afectuosamente*) warmherzig, herzlich
expresividad [espresiβi'ðað] *f* Expressivität *f*, Ausdrucksstärke *f*
expresivo, -a [espre'siβo, -a] *adj* ① (*vivo*) lebhaft
② (*revelador*) ausdrucksvoll
③ (*significativo*) bezeichnend
④ (*afectuoso*) warmherzig, herzlich
expreso¹ [es'preso] I. *m* ① (*tren*) Schnellzug *m*, D-Zug *m*
② (*correo*) Eilbote *m*
II. *adv* absichtlich, vorsätzlich
expreso, -a² [es'preso, -a] *adj* ① (*explícito*) ausdrücklich
② (*claro*) deutlich
③ (*rápido*) express, Eil-; **tren ~** Schnellzug *m*, D-Zug *m*; **enviar una carta por (correo) ~** einen Brief mit Eilpost [*o* per Eilboten] verschicken
exprimelimones [esprimeli'mones] *m inv* Zitronenpresse *f*
exprimidor [esprimi'ðor] *m* Saftpresse *f*, Entsafter *m*
exprimir [espri'mir] I. *vt* ① (*frutas*) auspressen, entsaften; **~ a alguien para que hable** jdn ausquetschen
② (*ropa*) auswringen
③ (*persona*) ausbeuten, ausnützen
II. *vr*: **~se** (*fam*) grübeln; **~se el cerebro** [*o* **el coco**] sich *dat* das Hirn zermartern
ex profeso [espro'feso] *adv* absichtlich, vorsätzlich
expropiación [espropja'θjon] *f* ① (*acción*) Enteignung *f*; **~ de créditos** Forderungsenteignung *f*; **~ forzosa** Zwangsenteignung *f*
expropiador(a) [espropja'ðor(a)] I. *adj* enteignend, Enteignungs-
II. *m(f)* Enteigner(in) *m(f)*
expropiar [espro'pjar] *vt* (JUR) enteignen
expropiatorio, -a [espropja'torjo, -a] *adj* Enteignungs-
expuesto, -a [es'pwesto, -a] I. *pp de* **exponer**
II. *adj* ① (*peligroso*) gefährlich, riskant
② (*sin protección*) gefährdet; **estar ~ a la intemperie** der Witterung ausgesetzt sein
③ (*sensible*) anfällig (*a für +akk*); **~ a perturbaciones** störanfällig
④ (*exhibido*) ausgestellt; **estar ~ al público** der Öffentlichkeit zugänglich sein, öffentlich ausliegen
⑤ (*citado*) genannt, dargelegt; **el problema ~** das dargelegte Problem
⑥ (FOTO) belichtet; **no ~** unbelichtet
expugnable [espuɣ'naβle] *adj* einnehmbar
expugnar [espuɣ'nar] *vt* erstürmen, erobern
expulsar [espul'sar] *vt* ① (*echar*) vertreiben (*de* aus *+dat*), ausstoßen (*de* aus *+dat*), hinauswerfen (*de* aus *+dat*) *fam*; **~ a alguien de la escuela** jdn von der Schule verweisen; **~ del campo de juego** (DEP) vom Platz stellen
② (JUR) ausweisen, abschieben; **~ de la sala** des Saales verweisen
③ (MED) abstoßen
④ (TÉC) ausstoßen, auswerfen; **~ humo** Rauch ausstoßen
expulsión [espul'sjon] *f* ① (*echada*) Verweis *m*, Vertreibung *f*; **~ del campo de juego** (DEP) Platzverweis *m*; **~ de la escuela** Schulverweis *m*
② (JUR) Ausweisung *f*, Abschiebung *f*

extensivo

③ (MED: *flemas*) Auswurf *m*; (*feto*) Abgang *m*
④ (TÉC: *de gases*) Ausstoß *m*; (*de cartuchos, fichas*) Auswerfen *nt*
expulsor¹ [espul'sor] *m* (TÉC: *de electrones*) Ausstoßer *m*; (*de cartuchos, fichas*) Auswerfer *m*; (*de gases*) Abzug *m*
expulsor(a)² [espul'sor(a)] *adj* Ausstoß-, Auswurf-
expurgación [espurɣa'θjon] *f* ① (*purificación*) Reinigung *f*
② (*censura*) Zensur *f*
expurgar [espur'ɣar] <g→gu> *vt* ① (*purificar*) reinigen
② (*censurar*) zensieren
expurgatorio, -a [espurɣa'torjo, -a] *adj* ① (*purificador*) reinigend
② (*que censura*) zensierend; **libro ~** (REL) Index *m*
expurgo [es'purɣo] *m v.* **expurgación**
exquisitez [eskisi'teθ] *f* ① (*refinamiento*) Erlesenheit *f*; (*de vestido*) Eleganz *f*; (*de trato*) Kultiviertheit *f*; (*de plato*) Köstlichkeit *f*
② (*manjar*) Delikatesse *f*, Leckerbissen *m*
exquisito, -a [eski'sito, -a] *adj* ① (*refinado*) erlesen, exquisit
② (*delicioso*) exquisit, köstlich
extasiar [esta'sjar] <1. *pres*: extasío> I. *vt* verzücken
II. *vr*: **~se** in Verzückung geraten (*con* über *+akk*), sich begeistern (*con* für *+akk*)
éxtasis ['estasis] *m inv* ① (*embeleso*) Verzückung *f*, Ekstase *f*; **hacer llegar al ~** in Ekstase versetzen
② (REL) Ekstase *f*
extático, -a [es'tatiko, -a] *adj* verzückt, ekstatisch
extemporal [estempo'ral] *adj*, **extemporáneo, -a** [estempo'raneo, -a] *adj* ① (*a destiempo*) unzeitgemäß; **son unas temperaturas extemporáneas para esta altura del año** diese Temperaturen sind außergewöhnlich für die Jahreszeit ② (*inoportuno*) unpassend; (*inadecuado*) unangebracht
extender [esten'der] <e→ie> I. *vt* ① (*papeles, mapa*) ausbreiten (*en/sobre/por* auf *+dat*); (*pintura, betún, semillas*) verteilen (*en/sobre* auf *+dat*); **~ algo para que se seque** etw zum Trocknen ausbreiten; **~ la mantequilla/mermelada** die Butter/Marmelade verstreichen (*sobre* auf *+dat*)
② (*desplegar*) strecken; **~ la mano/el brazo** die Hand/den Arm ausstrecken
③ (*ensanchar*) ausdehnen; (*agrandar*) erweitern; **~ la vista** in die Ferne blicken
④ (*propagar*) verbreiten (*por in +dat*, über *+akk*)
⑤ (*escribir*) ausfertigen; (*cheque*) ausstellen; **~ acta** Protokoll führen; **~ un certificado/una factura** eine Bescheinigung/Rechnung ausstellen; **~ un cheque por 60 euros** einen Scheck über 60 Euro ausstellen; **~ un documento** ein Dokument aufsetzen
II. *vr*: **~se** ① (*expandirse*) sich ausbreiten, sich ausdehnen; (*llanura, montañas*) sich erstrecken (*por* über *+akk*, *hasta* bis *+dat*); (*en la cama, al sol*) sich ausstrecken (*en/sobre* auf *+dat*); **~se en discusiones interminables** sich in endlosen Diskussionen verlieren
② (*prolongarse*) dauern (*a/hasta* bis *+akk*)
③ (*difundirse*) sich verbreiten (*por* über *+akk*)
extendido, -a [esten'diðo, -a] *adj* ① (*amplio*) weit; **un parentesco muy ~** eine weit verzweigte Verwandtschaft
② (*expandido*) ausgebreitet; (*cuerpo, brazo*) ausgestreckt
③ (*prolongado*) lang; (*conocido*) verbreitet; **estar muy ~** weit verbreitet sein
④ (*escrito*) ausgefertigt, ausgestellt
⑤ (*detallado*) ausführlich
extensamente [estensa'mente] *adv* ausführlich
extensible [esten'siβle] *adj* ① (*ampliable*) ausdehnbar
② (*desplegable*) ausziehbar; **mesa ~** Ausziehtisch *m*
③ (*elástico*) dehnbar
④ (INFOR) erweiterungsfähig
extensión [esten'sjon] *f* ① (*dimensión*) Ausdehnung *f*, Umfang *m*; (*difusión*) Verbreitung *f*; **en toda la ~ de la palabra** im weitesten Sinne des Wortes; **por ~** im weiteren Sinne
② (*superficie*) Fläche *f*, Ausdehnung *f*
③ (*longitud*) Länge *f*
④ (*duración*) Dauer *f*
⑤ (*ampliación*) Erweiterung *f*, Vergrößerung *f*; **~ hacia el este** (POL) Osterweiterung *f*
⑥ (INFOR) Erweiterung *f*, Zusatzbereich *m*; **~ del bus** Buserweiterung *f*; **~ de dirección virtual** Erweiterung der virtuellen Adresse; **extensiones CD ROM** CD-ROM-Erweiterungen *fpl*
⑦ (MED) Streckung *f*; **vendaje de ~** Streckverband *m*
⑧ (TÉC) Dehnung *f*, Streckung *f*; **~ eléctrica** Verlängerungsschnur *f*
⑨ (TEL) Nebenanschluss *m*
extensivo, -a [esten'siβo, -a] *adj* ausdehnbar, extensiv; **cultivo ~** (AGR) Extensivkultur *f*; **hacer extensiva una invitación a alguien** eine Einladung auf jdn ausdehnen; **hacer ~s sus saludos a alguien** jdm Grüße ausrichten

extenso, -a [es'tenso, -a] *adj* ❶ (*amplio*) weit, ausgedehnt
❷ (*dilatado*) umfassend, ausführlich
extensómetro [esten'sometro] *m* (FÍS) Dehnungsmesser *m*
extensor[1] [esten'sor] *m* ❶ (ANAT) Streckmuskel *m*
❷ (DEP) Expander *m*
extensor(a)[2] [esten'sor(a)] *adj* Streck-
extenuación [estenwa'θjon] *f* ❶ (*agotamiento*) Erschöpfung *f*
❷ (*debilidad*) Entkräftung *f*
extenuado, -a [estenu'aðo, -a] *adj* ❶ (*agotado*) erschöpft
❷ (*débil*) entkräftet, schwach
❸ (*demacrado*) ausgemergelt
extenuante [estenu'ante] *adj* erschöpfend, ermattend
extenuar [estenu'ar] <*1. pres*: extenúo> I. *vt* ❶ (*agotar*) erschöpfen
❷ (*debilitar*) entkräften, schwächen
❸ (*enflaquecer*) ausmergeln
II. *vr*: **~se** sich erschöpfen
exterior [este'rjor] I. *adj* ❶ (*de fuera*) äußere(r, s), Außen-, extern; **aspecto ~** Äußere(s) *nt*; **comercio ~** Außenhandel *m*; **deuda ~** Auslandsverbindlichkeit *f*; **servicios ~es** ausgelagerte Dienstleistungen
❷ (*extranjero*) auswärtig, ausländisch; **Ministerio de Asuntos E~es** (POL) Außenministerium *nt*; (BRD) Auswärtiges Amt; **política ~** Außenpolitik *f*; **relaciones ~es** Auslandsbeziehungen *fpl*
II. *m* ❶ (*parte de afuera*) Äußere(s) *nt*
❷ (*apariencia*) Aussehen *nt*
❸ (*extranjero*) Ausland *nt*; **en el ~** im Ausland
❹ *pl* (CINE, TV) Außenaufnahmen *fpl*
exterioridad [esterjori'ðað] *f* ❶ (*aspecto*) Äußerlichkeit *f*
❷ *pl* (*alardes*) Prahlerei *f*
exteriorización [esterjoriθa'θjon] *f* Äußerung *f*
exteriorizar [esterjori'θar] <z→c> I. *vt* ❶ (*manifestar*) zeigen, äußern
❷ (*revelar*) zum Ausdruck bringen
II. *vr*: **~se** sich äußern, sich zeigen
exteriormente [esterjor'mente] *adv* äußerlich, nach außen
exterminable [estermi'naβle] *adj* vernichtbar, ausmerzbar
exterminación [estermina'θjon] *f* ❶ (*aniquilación*) Ausrottung *f*, Ausmerzung *f*
❷ (*devastación*) Zerstörung *f*, Vernichtung *f*
exterminador(a) [estermina'ðor(a)] *adj* ausrottend, vernichtend
exterminar [estermi'nar] *vt* ❶ (*aniquilar*) ausrotten, ausmerzen
❷ (*devastar*) zerstören, vernichten
exterminio [ester'minjo] *m v*. **exterminación**
externa [es'terna] *adj o f v*. **externo**
externamente [esterna'mente] *adv* äußerlich, nach außen
externo, -a [es'terno, -a] I. *adj* äußerlich, Außen-; **consultorios ~s** Ambulanz *f*; **paciente ~** Patient in ambulanter Behandlung; **de uso ~** (MED) zur äußerlichen Anwendung
II. *m, f* Externe(r) *mf*
extinción [estiŋ'θjon] *f* ❶ (*apagado*) Löschen *nt*; **~ de incendios** Brandlöschung *f*
❷ (*finalización*) Erlöschen *nt*; (*de esperanza*) Schwinden *nt*
❸ (ECOL) Aussterben *nt*; **en peligro** [*o* **en vías**] **de ~** vom Aussterben bedroht
❹ (JUR: *del estado*) Untergang *m*; (*de derecho*) Erlöschen *nt*; **~ del contrato** Vertragsbeendigung *f*, Vertragsablauf *m*; **~ de una prenda** Untergang eines Pfandes; **~ de la relación laboral/contractual** Erlöschen des Arbeitsverhältnisses/Vertragsverhältnisses
❺ (ECON) Löschung *f*, Tilgung *f*; **~ de una hipoteca** Löschung einer Hypothek; **~ de obligaciones** Obligationentilgung *f*
extinguible [estiŋ'giβle] *adj* löschbar
extinguir [estiŋ'gir] <gu→g> I. *vt* ❶ (*apagar*) löschen
❷ (*finalizar*) auslöschen
II. *vr*: **~se** ❶ (*apagarse*) erlöschen
❷ (*finalizar*) zu Ende gehen, abklingen
extinto, -a [es'tinto, -a] I. *adj* ❶ (*apagado*) erloschen
❷ (AmS, Méx: *muerto*) verstorben
II. *m, f* (AmS, Méx) Verstorbene(r) *mf*
extintor [estiŋ'tor] *m* Löscher *m*; **~ de incendios** Feuerlöscher *m*
extirpable [estir'paβle] *adj* ❶ (MED) operabel, operierbar
❷ (*erradicable*) ausrottbar
extirpación [estirpa'θjon] *f* ❶ (MED) operative Entfernung *f*; (*de un miembro*) Amputation *f*
❷ (*erradicación*) Ausrottung *f*
❸ (*desarraigo*) Entwurzelung *f*
extirpar [estir'par] *vt* ❶ (MED) herausoperieren, operativ entfernen; (*miembro*) amputieren
❷ (*erradicar*) ausrotten
❸ (*arrancar*) ausreißen, entwurzeln
extornar [estor'nar] *vt* ❶ (COM: *una partida*) gegenbuchen
❷ (FIN: *una prima*) stornieren
extorno [es'torno] *m* ❶ (COM: *en cuenta*) Rückbuchung *f*, Gegenbuchung *f*
❷ (*de seguro*) Prämienrückvergütung *f*, Prämienrückerstattung *f*
❸ (FIN: *de una prima*) Storno *m o nt*
extorsión [estor'sjon] *f* ❶ (*chantaje*) Erpressung *f*
❷ (*molestia*) Umstände *mpl*; **su llegada fue una ~** seine/ihre Ankunft machte viele Umstände
extorsionar [estorsjo'nar] *vt* ❶ (*chantajear*) erpressen
❷ (*molestar*) Umstände machen (*a + dat*)
extorsionista [estorsjo'nista] *mf* Erpresser(in) *m(f)*
extorsivo, -a [estor'siβo, -a] *adj* (JUR) erpresserisch; **secuestro ~** erpresserischer Menschenraub
extra[1] ['estra] I. *adj* ❶ (*adicional*) Extra-, Sonder-; **horas ~s** Überstunden *fpl*; **paga ~** Lohnzulage *f*
❷ *inv* (*excelente*) erstklassig; **de calidad ~** von besonderer Qualität
II. *prep*: **~ de** außer + *dat*, zusätzlich zu + *dat*
III. *m* ❶ (*complemento*) Extra *nt*, Sonderleistung *f*; (*en periódico, revista*) Sonderbericht *m*
❷ (*paga*) Lohnzulage *f*
❸ (*fam: menú*) Extraspeise *f*
❹ *pl* (*adicionales*) Extras *ntpl*; (AUTO) Sonderzubehör *nt*
extra[2] ['estra] *mf* ❶ (CINE, TV) Statist(in) *m(f)*
❷ (*ayudante*) Aushilfe *f*
extraacadémico, -a [estra(a)ka'ðemiko, -a] *adj* außerakademisch
extracción [estrak'θjon] *f* ❶ (*sacar*) Herausziehen *nt*; (*de un diente*) Ziehen *nt*; **~ de la raíz** (MAT) Wurzelziehen *nt*; **~ de sangre** Blutentnahme *f*
❷ (*lotería*) Ziehung *f*
❸ (*origen*) Herkunft *f*; **un hombre de baja ~** ein Mann niederer Herkunft
❹ (INFOR) Ausgeben *nt*; **~ de documentos** Dokumentenausgabe *f*
❺ (MIN) Förderung *f*, Gewinnung *f*
extracomunitario, -a [estrakomuni'tarjo, -a] *adj* außergemeinschaftlich; (*de la UE*) außerhalb der EU
extraconstitucional [estrakonstituθjo'nal] *adj* außerhalb der Verfassung
extraconyugal [estrakoɲʝu'ɣal] *adj* außerehelich
extracorpóreo, -a [estrakor'poreo, -a] *adj* (MED) extrakorporal
extractar [estrak'tar] *vt* exzerpieren; (*resumir*) resümieren
extracto [es'trakto, -a] *m* ❶ (*resumen*) Resümee *nt*, Zusammenfassung *f*
❷ (*pasaje de un escrito*) Auszug *m*, Extrakt *m*; **~ de contabilidad** Buchungsauszug *m*; **~ de cuenta** (COM) Kontoauszug *m*; **~ impreso** (INFOR) Ausdruck *m*; **~ del registro de la propiedad** Grundbuchauszug *m*
❸ (QUÍM) Auszug *m*, Extrakt *m o nt*; **~ fluído** Fluidextrakt *m o nt*; **~ seco** Trockenextrakt *m o nt*
extractor[1] [estrak'tor] *m* ❶ (QUÍM) Extraktionsanlage *f*; (MED) Extrakteur *m*; **~ de humo** Rauchabzug *m*; **~ de petróleo** Erdölförderanlage *f*; **~ de polvo** Entstauber *m*; **~ de pruebas** Probenehmer *m*
❷ (MIL) Auszieher *m*, (Patronen)auswerfer *m*
extractor(a)[2] [estrak'tor(a)] *adj* abziehend; **campana ~a de humos** Rauchabzugshaube *f*
extracurricular [estrakurriku'lar] *adj* außercurricular
extradición [estraði'θjon] *f* (JUR) Auslieferung *f*; **tratado de ~** Auslieferungsabkommen *nt*
extraditable [estraði'taβle] *adj* (JUR) auslieferbar
extraditado, -a [estraði'taðo, -a] I. *adj* (JUR) ausgeliefert
II. *m, f* (JUR) Ausgelieferte(r) *mf*
extraditar [estraði'tar] *vt* (JUR) ausliefern
extraer [estra'er] *irr como* traer *vt* ❶ (*sacar*) herausziehen; **~ de un libro** exzerpieren; **~ dientes** Zähne ziehen; **~ líquidos** Flüssigkeiten abziehen
❷ (QUÍM) extrahieren, ausziehen
❸ (MAT: *raíz*) ziehen
❹ (MIN) abbauen, fördern; **técnicas para ~ carbón** Kohlefördertechniken *fpl*
extraescolar [estraesko'lar] *adj* außerschulisch; **actividad ~** Veranstaltung außerhalb des Lehrplans
extraeuropeo, -a [estraeuro'peo, -a] *adj* außereuropäisch; **países ~s** außereuropäische Länder
extrafino, -a [estra'fino, -a] *adj* extrafein
extrahospitalario, -a [estraospita'larjo, -a] *adj* außerhalb des Krankenhauses
extraíble [estra'iβle] *adj* herausnehmbar
extrajudicial [estraxuði'θjal] *adj* außergerichtlich
extralaboral [estralaβo'ral] *adj* außerhalb der Arbeit
extralimitación [estralimita'θjon] *f* Kompetenzüberschreitung *f*; **~ de autoridad** Amtsanmaßung *f*; **~ de competencias** Kompetenzüber-

extralimitarse — **eyaculación**

schreitung *f*; ~ **de facultades** Überschreitung der Befugnisse; ~ **jurídica** Rechtsübertretung *f*

extralimitarse [estralimi'tarse] *vr* die Grenzen überschreiten, zu weit gehen; ~ **en sus funciones** seine Befugnisse überschreiten; ~ **en sus esfuerzos** sich überanstrengen

extramatrimonial [estramatrimo'njal] *adj* außerehelich

extramuros [estra'muros] *adv* extramural, außerhalb der Stadtmauern

extranjera [estraŋ'xera] *adj o f v.* **extranjero²**

extranjería [estraŋxe'ria] *f* ❶ (*estatus*) Ausländerstatus *m*
❷ (JUR) Ausländerrecht *nt;* **ley de** ~ Ausländergesetz *nt*

extranjerismo [estraŋxe'rismo] *m* ❶ (*exotismo*) Vorliebe *f* für alles Ausländische
❷ (LING) Fremdwort *nt*

extranjerizante [estraŋxeri'θante] *adj* überfremdend

extranjerizar [estraŋxeri'θar] <z→c> I. *vt* ausländische Sitten einführen (in *+dat*); (*masivamente*) überfremden
II. *vr:* ~**se** ❶ (*adoptar lo extranjero*) sich *dat* ausländische Sitten aneignen
❷ (*nacionalizarse en el extranjero*) sich im Ausland einbürgern

extranjero¹ [estraŋ'xero] *m* Ausland *nt;* **ayuda al** ~ Auslandshilfe *f;* **inversiones en el** ~ Auslandsinvestitionen *fpl;* **representación en el** ~ Auslandsvertretung *f;* **viajar al** ~ ins Ausland reisen

extranjero, -a² [estraŋ'xero, -a] I. *adj* fremd, ausländisch, Auslands-; **lengua extranjera** Fremdsprache *f*
II. *m, f* Fremde(r) *mf*, Ausländer(in) *m(f)*

extranjis [es'traŋxis]: **de** ~ heimlich

extraña [es'traɲa] *adj o f v.* **extraño**

extrañamente [estraɲa'mente] *adv* merkwürdigerweise

extrañamiento [estraɲa'mjento] *m* Landesverweisung *f*, Ausweisung *f*

extrañar [estra'ɲar] I. *vt* ❶ (*desterrar*) ausweisen, verbannen
❷ (*sorprender*) erstaunen; **me extrañó que no me llamaras** es hat mich erstaunt, dass du mich nicht angerufen hast; **¡no me extraña!** das habe ich mir schon gedacht!
❸ (*encontrar extraño*) ungewohnt finden
❹ (*echar de menos*) vermissen
II. *vr:* ~**se** sich wundern (*de* über *+akk*), erstaunt sein (*de* über *+akk*)

extrañeza [estra'ɲeθa], **extrañeza** [estra'ɲeθa] *f* ❶ (*rareza*) Befremden *nt;* **causar** ~ befremden ❷ (*singularidad*) Seltsamkeit *f*, Sonderbarkeit *f* ❸ (*perplejidad*) Verwunderung *f*, Erstaunen *nt*

extraño, -a [es'traɲo, -a] I. *adj* ❶ (*raro*) fremd; **cuerpo** ~ (MED) Fremdkörper *m*
❷ (*forastero*) auswärtig; (*extranjero*) ausländisch
❸ (*peculiar*) sonderbar, merkwürdig
❹ (*extraordinario*) außerordentlich, ungewöhnlich
II. *m, f* Fremde(r) *mf*, Ausländer(in) *m(f)*

extraoficial [estraofi'θjal] *adj* inoffiziell

extraordinariamente [estraorðinarja'mente] *adv* außerordentlich

extraordinario¹ [estraorði'narjo] *m* ❶ (PREN) Extrablatt *nt*, Sonderausgabe *f*
❷ (*gasto añadido*) Extrakosten *pl*
❸ (*paga*) Lohnzulage *f*
❹ (*excepción*) Ausnahme *f*

extraordinario, -a² [estraorði'narjo, -a] *adj* ❶ (*fuera de lo normal*) außerordentlich; (*muy bueno*) hervorragend, *extra fam;* **gastos** ~**s** außerordentliche Ausgaben; **junta extraordinaria** außerordentliche Versammlung; **una obra de teatro extraordinaria** ein hervorragendes Theaterstück
❷ (*por añadidura*) Extra-, Sonder-; **permiso** ~ Sondererlaubnis *f*
❸ (*raro*) merkwürdig, sonderbar, unüblich
❹ (*sorprendente*) überraschend

extraparlamentario, -a [estraparlamen'tarjo, -a] *adj* außerparlamentarisch

extrapeninsular [estrapeninsu'lar] *adj* außerhalb der (iberischen) Halbinsel

extraplano, -a [estra'plano, -a] *adj* extrem flach

extrapolable [estrapo'laβle] *adj* extrapolierbar

extrapolación [estrapola'θjon] *f* ❶ (MAT) Hochrechnung *f*, Extrapolation *f*
❷ (*conclusión*) Analogieschluss *m*

extrapolar [estrapo'lar] *vt* ❶ (MAT) extrapolieren, hochrechnen
❷ (*extender*) ausweiten (*a* auf *+akk*)
❸ (*concluir*) erschließen (*aus +dat*), extrapolieren (*aus +dat*)

extrarradio [estra'rraðjo] *m* Außenbezirk *m*

extrasensorial [estrasenso'rjal] *adj* übersinnlich

extrasístole [estra'sistole] *f* (MED) Extrasystole *f*

extraterreno, -a [estrate'rreno, -a] *adj v.* **extraterrestre**

extraterrestre [estrate'rrestre] I. *adj* außerirdisch, extraterrestrisch
II. *mf* Außerirdische(r) *mf*

extraterritorial [estraterrito'rjal] *adj* exterritorial

extraterritorialidad [estraterritorjali'ðað] *f* Exterritorialität *f*

extrauterino, -a [estraute'rino, -a] *adj* (MED) extrauterin

extravagancia [estraβa'ɣanθja] *f* ❶ (*rareza*) Extravaganz *f*, Überspanntheit *f*
❷ (*excentricidad*) Verschrobenheit *f*, Spinnerei *f*

extravagante [estraβa'ɣante] I. *adj* ❶ (*raro*) extravagant, überspannt
❷ (*excéntrico*) verschroben, verrückt
II. *mf* Spinner(in) *m(f)*

extraversión [estraβer'sjon] *f* (PSICO) Extravertiertheit *f*

extravertido [estraβer'tiðo] *adj* (PSICO) extravertiert

extraviado, -a [estraβi'aðo, -a] *adj* ❶ (*perdido*) verloren gegangen
❷ (*confuso*) verwirrt
❸ (*apartado*) abgelegen

extraviar [estraβi'ar] <*I. pres:* extravío> I. *vt* ❶ (*despistar*) vom Weg abbringen; **los amigos la han extraviado** die Freunde haben sie auf Abwege gebracht
❷ (*perder*) verlieren; (*objetos*) verlegen; ~ **la mirada** den Blick ins Unbestimmte schweifen lassen
II. *vr:* ~**se** ❶ (*errar el camino*) sich verirren
❷ (*perderse*) abhanden kommen; (*carta*) verloren gehen
❸ (*descarriarse*) vom rechten Weg abkommen, sittlich verkommen

extravío [estra'βio] *m* ❶ (*desviación*) Irregehen *nt*
❷ (*pérdida*) Verlieren *nt*, Abhandenkommen *nt*
❸ (*perdición*) Ausschweifung *f*

extrema [es'trema] *adj o f v.* **extremo²**

extremadamente [estremaða'mente] *adv* äußerst, extrem

extremado, -a [estre'maðo, -a] *adj* ❶ (*excesivo*) extrem, übermäßig
❷ (*exagerado*) übertrieben

Extremadura [estrema'ðura] *f* Estremadura *f*

extremar [estre'mar] I. *vt* aufs Äußerste treiben, übertreiben; ~ **la prudencia** äußerst vorsichtig sein; **la policía extremó las medidas de seguridad** die Polizei traf strengste Sicherheitsmaßnahmen
II. *vr:* ~**se** sich *dat* größte Mühe geben (*en* bei *+dat*)

extremaunción [estremauŋ'θjon] *f* (REL) letzte Ölung *f*

extremeño, -a [estre'meɲo, -a] I. *adj* aus Estremadura
II. *m, f* Einwohner(in) *m(f)* von Estremadura

extremidad [estremi'ðað] *f* ❶ (*extremo*) Extrem *nt*
❷ (*cabo*) Spitze *f*, Ende *nt;* **en una** ~ **del palo** an einem Ende des Stockes
❸ *pl* (ANAT) Extremitäten *fpl*, Gliedmaßen *fpl;* ~ **inferiores/superiores** untere/obere Gliedmaßen

extremismo [estre'mismo] *m* (POL) Extremismus *m;* ~ **derechista** Rechtsextremismus *m*

extremista [estre'mista] I. *adj* (POL) extremistisch, radikal
II. *mf* (POL) Extremist(in) *m(f)*, Radikale(r) *mf*

extremo¹ [es'tremo] *m* ❶ (*cabo*) Ende *nt*, Spitze *f;* **a tal** ~ so weit; **con** [*o* **en**] ~ äußerst; **en último** ~ äußerstenfalls; **ir** [*o* **pasar**] **de un** ~ **a otro** von einem Extrem ins andere fallen; (*tiempo*) plötzlich umschlagen; **eso se encuentra al otro** ~ **del edificio** das ist am anderen Ende des Gebäudes; **los** ~**s se tocan** (*prov*) Gegensätze ziehen sich an
❷ (*asunto*) Punkt *m*, Angelegenheit *f;* **en este** ~ in dieser Hinsicht
❸ (*punto límite*) Äußerste(s) *nt*, Schmerzgrenze *f fam;* **esto llega hasta el** ~ **de...** das geht so weit, dass ...
❹ (MAT) Extremwert *m*
❺ *pl* (*aspavientos*) Aufheben *nt;* **hacer** ~**s** viel Aufheben machen

extremo, -a² [es'tremo, -a] I. *adj* ❶ (*sumo*) äußerste(r, s), extrem; **extrema derecha** (POL) äußerste Rechte
❷ (*distante*) letzte(r, s), entfernteste(r, s); **los barrios más** ~**s** die am weitesten entfernten Viertel
❸ (*opuesto*) entgegengesetzt
II. *m, f* (DEP) Außenstürmer(in) *m(f);* ~ **derecha** Rechtsaußen *m;* ~ **izquierda** Linksaußen *m*

extremoso, -a [estre'moso, -a] *adj* ❶ (*vehemente*) übereifrig
❷ (*afectuoso*) überaus zärtlich

extrínseco, -a [es'trinseko, -a] *adj* ❶ (*externo*) äußerlich; **circunstancias extrínsecas** äußere Umstände
❷ (*superficial*) nicht wesentlich

extroversión [estroβer'sjon] *f* (PSICO) Extravertiertheit *f*

extrovertido, -a [estroβer'tiðo, -a] *adj* (PSICO) extravertiert

exuberancia [eɣsuβe'ranθja] *f* Überfülle *f*, Üppigkeit *f*

exuberante [eɣsuβe'rante] *adj* strotzend (*de* vor *+dat*), üppig

exudación [eɣsuða'θjon] *f* (MED, QUÍM) Ausschwitzen *nt*

exudado [eɣsu'ðaðo] *m* (MED) Schweiß *m*

exudar [eɣsu'ðar] *vi, vt* (MED, QUÍM) ausschwitzen

exultación [eɣsulta'θjon] *f* Jubel *m*, Frohlocken *nt*

exultante [eɣsul'tante] *adj* jubelnd, frohlockend

exultar [eɣsul'tar] *vi* jubeln, sich freuen

exvoto [es'βoto] *m* (REL) Weihgeschenk *nt*

eyaculación [eɟakula'θjon] *f* ❶ (*acción*) Ejakulation *f*, Samenerguss *m*

eyacular

② (*sperma*) Ejakulat *nt*
eyacular [eɟaku'lar] *vi* ejakulieren
eyaculatorio, -a [eɟakula'torjo, -a] *adj* Ejakulations-
eyección [eɟeʝ'θjon] *f* (TÉC) Auswerfen *nt*
eyectable [eɟek'taβle] *adj* (TÉC) Auswerf-; **asiento** ~ Schleudersitz *m*
eyectar [eɟek'tar] *vt* (TÉC) auswerfen
eyector¹ [eɟek'tor] *m* (TÉC) ❶ (*expulsor*) Auswerfer *m*, Auswerfvorrichtung *f*
② (*bomba expulsora*) Strahlgebläse *nt*, Ejektor *m*
③ (*bomba extractora*) Saugstrahlpumpe *f*
eyector(a)² [eɟek'tor(a)] *adj* (TÉC) auswerfend

F

F, f ['efe] *f* F, f *nt*; ~ **de Francia** F wie Friedrich
fa [fa] *m inv* (MÚS) f, F *nt*; ~ **mayor** F-Dur *nt*; ~ **menor** f-Moll *nt*; ~ **sostenido** Fis *nt*
faba ['faβa] <fabes> *f* weiße Bohne
fabada [fa'βaða] *f* Bohneneintopf *m* (*aus Asturien*)
fabianismo [faβja'nismo] *m* (ECON) Fabianismus *m*
fábrica ['faβrika] *f* ❶ (*lugar de producción*) Fabrik *f*, Werk *nt*; ~ **de acero** Stahlwerk *nt*; ~ **de cerveza** Brauerei *f*; ~ **de coches** Automobilwerk *nt*; ~ **de incineración de basura** Müllverbrennungsanlage *f*; ~ **llave en mano** schlüsselfertige Anlage; ~ **de la moneda** Münzstätte *f*, Münzanstalt *f*; ~ **textil** Textilfabrik *f*; **trabajador de** ~ Fabrikarbeiter *m*; **en** [*o* **ex**] ~ ab Werk; **precio franco (en)** ~ Preis ab Werk
② (*de ladrillo, piedra*) Mauerwerk *nt*; **de** ~ gemauert; **obra de** ~ gemauertes Bauwerk
③ (*edificio*) Gebäude *nt*
④ (*fondos de iglesias*) Kirchenmittel *ntpl*
⑤ (*invención*): ~ **de embustes** Schwindelei *f*; ~ **de mentiras** Lügenspinst *nt*
⑥ (FÍS): ~ **de taus** Teilchenbeschleuniger *m*
fabricación [faβrika'θjon] *f* Herstellung *f*; ~ **asistida por computador** rechnergestützte Fertigung; ~ **casera** Herstellung in Heimarbeit; ~ **a gran escala** Großserienfertigung *f*; ~ **industrial** industrielle Fertigung; ~ **integrada por computador** rechnerintegrierte Fertigung; ~ **en masa** Massenproduktion *f*; ~ **en serie** Serienfabrikation *f*, Serien(an)fertigung *f*; **proceso de** ~ Herstellungsprozess *m*; **unidad de** ~ Fertigungseinheit *f*
fabricador(a) [faβrika'ðor(a)] I. *adj* (*que fabrica*) herstellend; (*que inventa*) erfindend
II. *m(f)* (*que fabrica*) Hersteller(in) *m(f)*; (*que inventa*) Erfinder(in) *m(f)*
fabricante [faβri'kante] *mf* ❶ (*que fabrica*) Hersteller(in) *m(f)*; **asociación de** ~**s** Industriellenverband *m*; **marca del** ~ Herstellerzeichen *nt*; **precio recomendado por el** ~ Preisempfehlung des Herstellers
② (*dueño*) Fabrikant(in) *m(f)*
fabricar [faβri'kar] <c→qu> *vt* ❶ (*producir*) herstellen, fertigen; ~ **cerveza** Bier brauen; **fabricado en Corea** hergestellt in Korea; ~ **algo en serie** etw serienmäßig herstellen
② (*construir*) erbauen
③ (*inventar*) erfinden, erdichten; ~ **cuentos** Geschichten erfinden
fabril [fa'βril] *adj* Fabrik-; (*Herstellung*) fabrikmäßig; **trabajadora** ~ Fabrikarbeiterin *f*
fábula ['faβula] *f* ❶ (LIT) (Tier)fabel *f*
② (*fam: rumor, invención*) (Lügen)geschichte *f*, Märchen *nt*; **contar** ~**s sobre alguien** Gerüchte über jdn verbreiten
③ (*relato mitológico*) Sage *f*
fabulador(a) [faβula'ðor(a)] *m(f)* ❶ (*fabulista*) Fabeldichter(in) *m(f)*
② (*que inventa cosas fabulosas*) Aufschneider(in) *m(f)*, Münchhausen *m fam*
fabular [faβu'lar] *vt* fabulieren
fabulesco, -a [faβu'lesko, -a] *adj* (LIT) fabelhaft
fabulista [faβu'lista] *mf* Fabeldichter(in) *m(f)*
fabulosamente [faβulosa'mente] *adv* ❶ (*con fantasía*) phantasievoll
② (*fig: muy bien*) außergewöhnlich gut
fabuloso, -a [faβu'loso, -a] *adj* ❶ (*inventado, ficticio*) erdichtet; **personaje** ~ Fabelwesen *nt*
② (*extraordinario*) fabelhaft, großartig
faca ['faka] *f* langes, spitzes Messer *nt*
facción [faʝ'θjon] *f* ❶ (*banda*) Bande *f*, aufrührerische Gruppe *f*
② (*de un partido*) Fraktion *f*, Splittergruppe *f*
③ *pl* (*rasgos*) (Gesichts)züge *mpl*; **tener las facciones muy marcadas** sehr markante Gesichtszüge haben
faccioso, -a [faʝ'θjoso, -a] I. *adj* aufrührerisch
II. *m*, *f* ❶ (*rebelde*) Aufrührer(in) *m(f)*

② (*de un partido*) Parteigänger(in) *m(f)*
faceta [fa'θeta] *f* ❶ (*de poliedros*) Facette *f*
② (*aspecto*) Seite *f*, Facette *f*; **las distintas** ~**s de un problema** die verschiedenen Seiten eines Problems
facetada [faθe'taða] *f* (*Méx: chiste*) schlechter Witz *m*; (*de niños*) Scherz *m*
faceto, -a [fa'θeto, -a] *adj* (*Méx*) ❶ (*chistoso*) witzig, spaßig
② (*presuntuoso*) angeberisch, eingebildet
facha¹ ['fatʃa] I. *adj* (*fam pey*) rechtsradikal
II. *mf* (*fam pey*) Faschist(in) *m(f)*, Rechtsradikale(r) *mf*
facha² ['fatʃa] *f* ❶ (*apariencia*) Aussehen *nt*, Äußere(s) *nt*; **tener una** ~ **sospechosa** verdächtig aussehen; **estar hecho una** ~ (*fam*) lächerlich aussehen
② (*loc*): **ponerse en** ~ (NÁUT) beidrehen; (*fam*) seine Vorkehrungen treffen
fachada [fa'tʃaða] *f* ❶ (*de un edificio*) Fassade *f*, Vorderfront *f*; **hacer** ~ **con un edificio** einem Gebäude gegenüberliegen
② (*apariencia*) Erscheinung *f*, Äußere(s) *nt*; **tener una** ~ **impresionante** eine beeindruckende Erscheinung sein; **su buen humor es pura** ~ seine/ihre gute Laune ist reine Fassade
fachado, -a [fa'tʃaðo, -a] *adj*: **como él es muy bien** ~ **le eligieron como modelo** da er ein stattlicher Mann ist, wurde er als Model ausgewählt; **como era muy mal** ~ **nadie se enamoraba de él** niemand verliebte sich in ihn, da er sehr hässlich war
fachear [fatʃe'ar] I. *vi* (NÁUT) beidrehen
II. *vt* die Außenwand verkleiden, die Fassade errichten
fachenda¹ [fa'tʃenda] *mf* (*fam*) Angeber(in) *m(f)*
fachenda² [fa'tʃenda] *f* (*fam*) Prahlerei *f*, Angeberei *f*
fachendear [fatʃende'ar] *vi* (*fam*) prahlen, protzen
fachendoso, -a [fatʃen'doso, -a] I. *adj* (*fam*) prahlerisch, großtuerisch
II. *m*, *f* (*fam*) Prahler(in) *m(f)*, Angeber(in) *m(f)*
fachinal [fatʃi'nal] *m* (*Arg*) Sumpf *m*
fachoso, -a [fa'tʃoso, -a] *adj* (*fam*) lächerlich (aussehend)
facial [fa'θjal] *adj* Gesichts-; **cirugía** ~ Gesichtschirurgie *f*
fácil ['faθil] *adj* ❶ (*sin dificultades*) leicht, einfach; ~ **de digerir** leicht verdaulich; ~ **para el usuario** anwenderfreundlich; **la ventana es** ~ **de abrir** das Fenster lässt sich leicht öffnen; **tenerlo** ~ es leicht haben
② (*cómodo*) bequem
③ (*probable*) wahrscheinlich; **es** ~ **que... +***subj* es ist wahrscheinlich, dass ...; **es** ~ **que nieve** wahrscheinlich wird es schneien
④ (*carácter*) nachgiebig; **mujer** ~ (*fig*) leichtes Mädchen
facilidad [faθili'ðað] *f* ❶ (*sin dificultad*) Leichtigkeit *f*, Mühelosigkeit *f*; (*dotes*) Talent *nt*, Begabung *f*; **tener** ~ **para algo** für etw begabt sein, Talent für etw [*o* zu etw *dat*] haben; **tener** ~ **para los idiomas** sprachbegabt sein
③ *pl* Erleichterungen *fpl*; ~**es de crédito** Kreditfazilitäten *fpl*; ~**es fiscales** Steuererleichterungen *fpl*; ~**es de pago** Zahlungserleichterungen *fpl*; **ofrecer** [*o* **dar**] ~**es a alguien para algo** jdm Erleichterungen bei etw *dat* einräumen, jdm bei etw *dat* entgegenkommen
facilillo, -a [faθi'liʎo, -a] *adj* (*irón: difícil*) nicht (gerade) leicht
facilitación [faθilita'θjon] *f sin pl* ❶ (*alivio*) Erleichterung *f*; (*posibilitación*) Ermöglichung *f*
② (*suministro*) Bereitstellung *f*, Beschaffung *f*
facilitar [faθili'tar] *vt* ❶ (*favorecer*) erleichtern; (*posibilitar*) ermöglichen
② (*suministrar*) verschaffen, besorgen; (*entregar*) zur Verfügung stellen; ~ **una declaración** eine Erklärung abgeben
fácilmente [faθil'mente] *adv* ❶ (*sin dificultad*) mit Leichtigkeit, mühelos
② (*con probabilidad*) wahrscheinlich
facilón, -ona [faθi'lon, -ona] *adj* (*fam*) kinderleicht
facineroso, -a [faθine'roso, -a] I. *adj* ruchlos, schuftig
II. *m*, *f* ❶ (*delincuente*) Verbrecher(in) *m(f)*
② (*malvado*) Schuft *m*, Bösewicht *m*
facistol [faθis'tol] I. *adj* ❶ (*Ant, Col, Méx, Ven: petulante*) anmaßend, eingebildet
② (*Cuba, PRico: bromista*) spaßig
II. *m* (Chor)pult *nt*
facómetro [fa'kometro] *m* (FÍS) Dioptrienmessgerät *nt*, Phakometer *nt*
facón [fa'kon] *m* (*RíoPl*) langes, spitzes Messer der Gauchos
facsimilar [faʝsimi'lar] *adj* faksimiliert, Faksimile-; **reproducción** ~ Faksimile *nt*, getreue Nachbildung *f*
facsímil(e) [faʝ'simil(e)] *m* ❶ (*reproducción*) Faksimile *nt*
② (TEL) Bildtelegrafie *f*
factibilidad [faktiβili'ðað] *f* Durchführbarkeit *f*; **informe de** ~ Durchführbarkeitsuntersuchung *f*
factible [fak'tiβle] *adj* durchführbar, machbar
facticio, -a [fak'tiθjo, -a] *adj* künstlich, Schein-
fáctico, -a ['faktiko, -a] *adj* faktisch

factor¹ [fak'tor] *m* (*causa, t.* MAT) Faktor *m*; **~es ambientales** Umweltfaktoren *mpl*; **~ de cálculo** Bemessungsfaktor *m*; **~ de crecimiento** (ECON) Wachstumsträger *m*; **~ endógeno/exógeno** endogener/exogener Faktor; **~ de escala** (INFOR) Skalierfaktor *m*; **~ externo** exogener Faktor, äußerer Umstand; **~ humano** menschlicher Faktor; **~es de producción** Produktionsfaktoren *mpl*; **~ de protección** Schutzfaktor *m*; **~ Rhesus** (MED) Rhesusfaktor *m*; **~ de riesgo** Risikofaktor *m*

factor(a)² [fak'tor(a)] *m(f)* ❶ (COM) Bevollmächtigte(r) *mf*
❷ (FERRO) Angestellte(r) für Gepäck- und Güterabfertigung

factoría [fakto'ria] *f* ❶ (*emporio*) Handelsniederlassung *f*
❷ (*fábrica*) Fabrik *f*, Fabrikanlage *f*; **~ de construcción naval** Schiffswerft *f*, Schiffsbaubetrieb *m*
❸ (*Am: taller de fundición*) Eisengießerei *f*

factorial [fakto'rjal] *f* (MAT) Fakultät *f*

factoring ['faktorin] *m* <factorings> (COM) Factoring *nt*

factótum [fak'totun] *m* (*fam*) Mädchen *nt* für alles

factual [fak'twal] *adj* faktisch

factura [fak'tura] *f* ❶ (*hechura*) Machart *f*, Ausführung *f*
❷ (*cuenta*) Rechnung *f*; (*recibo*) Quittung *f*; **~ comercial** Handelsrechnung *f*; **~ de corretaje** Courtagerechnung *f*; **~ en divisas** Rechnung in Fremdwährung; **~ impagada** offene [*o* unbezahlte] Rechnung; **~ proforma** Proformarechnung *f*; **~ de venta** Verkaufsrechnung *f*; **anular una ~** eine Rechnung stornieren; **pasar la ~** die Rechnung ausstellen; **pagar** [*o* **saldar**] **una ~** eine Rechnung bezahlen [*o* begleichen]; **su holgazanería le pasa ahora ~** (*fam*) das ist die Quittung für seine/ihre Faulheit; **hacer una ~ con IVA incluido** eine Rechnung inklusive MwSt. ausstellen; **preparar una ~** (**por duplicado**) eine Rechnung (in zweifacher Ausfertigung) ausstellen; **presentar una ~** eine Rechnung vorlegen
❸ (*Arg: bollos*) Gebäck *nt*

facturación [faktura'θjon] *f* ❶ (FERRO) Gepäckaufgabe *f*
❷ (*elaboración de una factura*) Berechnung *f*, Rechnungsstellung *f*; **departamento de ~** Rechnungsabteilung *f*; **encargado de la ~** Fakturist *m*; **nuestra empresa tiene un volumen de ~ no muy grande** unsere Firma hat kein sehr großes Umsatzvolumen

facturar [faktu'rar] *vt* ❶ (*cobrar*) berechnen; **~ los gastos de transporte** die Transportkosten in Rechnung stellen
❷ (FERRO) aufgeben; **¿dónde se puede ~ el equipaje?** wo kann man das Gepäck aufgeben?
❸ (AERO) **~** (**el equipaje**) (das Gepäck) abfertigen, einchecken

facultad [fakul'taδ] *f* ❶ (*atribuciones*) Befugnis *f*; **~ contractual** Vertragsbefugnis *f*; **~ de deliberación** Beratungsbefugnis *f*; **~ de dirección** Weisungsrecht *nt*; **~ de disposición** Verfügungsbefugnis *f*, Verfügungsberechtigung *f*; **~ estatuaria** Satzungsbefugnis *f*; **~ de firma** Zeichnungsbefugnis *f*; **~ de gestión** [*o* **de administración**] Geschäftsführungsbefugnis *f*; **~ de intervención** Eingriffsermächtigung *f*; **~ de legitimación** Beglaubigungsbefugnis *f*; **~ de representación** Vertretungsbefugnis *f*, Vertretungsberechtigung *f*; **~ resolutoria** Entscheidungsbefugnis *f*; **~ de uso** Nutzungsbefugnis *f*; **~ de venta** Verkaufsvollmacht *f*; **libre ~** (*t.* JUR) freies Ermessen; **tener ~ para algo** zu etw *dat* befugt sein; **conceder ~es a alguien para algo** jdn (zu etw *dat*) bevollmächtigen
❷ (*aptitud*) Fähigkeit *f*; **~ de crítica** Kritikfähigkeit *f*; **recobrar sus ~es** wieder zu sich *dat* kommen
❸ (UNIV) Fakultät *f*; **F~ de Letras** Geisteswissenschaftliche Fakultät *f*
❹ (*profesorado*) Lehrkörper *m*
❺ *pl* (*dotes*) Talent *nt*, Geistesgaben *fpl*

facultar [fakul'tar] *vt* ermächtigen (*para* zu +*dat*), berechtigen (*para* zu +*dat*)

facultativo, -a [fakulta'tiβo, -a] I. *adj* ❶ (*potestativo*) fakultativ, wahlfrei
❷ (UNIV) Fakultäts-
❸ (*del médico*) ärztlich
II. *m, f* ❶ (*funcionario*) Beamte(r) *m* des höheren Dienstes, Beamtin *f* des höheren Dienstes
❷ (*médico*) Arzt *m*, Ärztin *f*

facundia [fa'kundja] *f* ❶ (*verbosidad*) Redseligkeit *f*
❷ (*locuacidad*) Beredsamkeit *f*

facundo, -a [fa'kundo, -a] *adj* ❶ (*verboso*) redselig
❷ (*locuaz*) beredt, redegewandt

fada ['faða] *f* (*hada*) Fee *f*, Zauberin *f*

fado ['faðo] *m* Fado *m* (*portugiesisches Volkslied*)

faena [fa'ena] *f* ❶ (*tarea*) (schwere) Arbeit *f*; **~s del campo** Feldarbeit *f*; **~s domésticas** Hausarbeit(en) *f(pl)*
❷ (*fam: mala pasada*) Streich *m*; **hacer una ~ a alguien** jdm einen Streich spielen
❸ (TAUR) *Gefecht des Stierkämpfers*; **rematar la ~** den Stier den Gnadenstoß geben; (*fig*) eine Sache gut zu Ende bringen
❹ (*Chil: trabajadores*) Arbeiterschaft *f*

faenar [fae'nar] I. *vi* ❶ (*laborar*) (hart) arbeiten
❷ (*pescar*) fischen
II. *vt* (*matar reses*) schlachten

faenero, -a [fae'nero, -a] *m, f* (*Chil*) Landarbeiter(in) *m(f)*

fagocito [faɣo'θito] *m* (BIOL) Fresszelle *f*

fagot¹ [fa'ɣo¹] *mf* Fagottist(in) *m(f)*

fagot² [fa'ɣo¹] *m* Fagott *nt*

fagotista [faɣo'tista] *mf* Fagottist(in) *m(f)*

failear [faile'ar] *vt* (*AmC, RíoPl:* COM: *documentos*) ablegen; (*en una carpeta*) abheften; **~ un asunto** eine Angelegenheit zu den Akten legen

fain [fain] *adj* (*AmC, Col, Méx, PRico: estupendo*) fabelhaft, prima; (*calidad*) hochwertig

faino, -a ['faino, a] *adj*, **faíno, -a** [fa'ino, -a] *adj* (*Cuba*) unhöflich, grob

fair play [fer plei] *m sin pl* (DEP) Fairplay *nt*

faisán [fai'san] *m* Fasan *m*

faisanería [faisane'ria] *f* Fasanerie *f*

faite ['faite] I. *adj* (*AmC, Méx, Perú, PRico: luchador*) kämpferisch
II. *m* ❶ (*AmC, Méx, Perú, PRico*) Kämpfer *m*
❷ (*Méx: pendenciero*) Streithahn *m*; (*guapo*) Schönling *m*

faitear [faite'ar] *vi* (*AmC, Méx, PRico*) sich prügeln

faja ['faxa] *f* ❶ (*para ceñir*) Korsett *nt*, Mieder *nt*; (*para abrigar*) (Leib)binde *f*
❷ (*distintivo honorífico*) Schärpe *f*
❸ (*franja*) Streifen *m*
❹ (*de libros*) Bauchbinde *f*

fajada [fa'xaða] *f* ❶ (*Ant: ataque*) heftiger Angriff *m*, Ansturm *m*
❷ (*Arg: paliza*) (Tracht *f*) Prügel *mpl*; **le han dado una buena ~** sie haben ihm/ihr eine ordentliche Tracht Prügel verabreicht
❸ (*Ven: burla*) Streich *m*

fajado¹ [fa'xaðo] *m* (MIN) Grubenholz *nt*

fajado, -a² [fa'xaðo, -a] *adj* ❶ (*con bandas*) gestreift
❷ (*experimentado, curtido*) erfahren

fajar [fa'xar] I. *vt* ❶ (*envolver*) umwickeln; (*periódicos*) bündeln
❷ (*Am: golpear*) schlagen; **~ a alguien** jdn schlagen
II. *vr:* **~se** ❶ (*ponerse una faja*) sich *dat* eine Schärpe anlegen
❷ (*Am: pelearse*) sich schlagen (*con* mit +*dat*); **los dos hombres se ~on** die beiden Männer prügelten sich
III. *vi:* **~ con alguien** jdn angreifen

fajardo [fa'xarðo] *m* (GASTR) Fleischpastete *f*

fajilla [fa'xiʎa] *f* (*Am*) Kreuzband *nt* (für Postsendungen)

fajín [fa'xin] *m* ❶ *dim de* **faja**
❷ (*de generales, funcionarios*) (Amts)schärpe *f*

fajina [fa'xina] *f* ❶ (*en la era*) Garbenhaufen *m*
❷ (*de leña*) Reisigbündel *nt*
❸ (MIL: *haz de ramas*) Faschine *f*
❹ (*Arg: trabajo*) (körperliche) Arbeit *f*; **ropa de ~** Arbeitskleidung *f*
❺ (*Cuba: horas extra*) Überstunden *fpl*

fajo ['faxo] *m* ❶ (*papeles*) Bündel *nt*; **~ de billetes** Notenbündel *nt*
❷ *pl* (*de bebé*) Babyausstattung *f*

fajol [fa'xol] *m* (BOT) Buchweizen *m*

fakir [fa'kir] *m* Fakir *m*

falacia [fa'laθja] *f* (Be)trug *m*, Täuschung *f*

falange [fa'lanxe] *f* ❶ (MIL) Truppe *f*, Bataillon *nt*; (HIST) Phalanx *f*
❷ (ANAT: *de las manos*) Fingerknochen *m*; (*de los pies*) Zehenknochen *m*
❸ (POL) **F~ Española** Falange *f* (*faschistische, totalitäre Staatspartei Spaniens von 1933 – 1976*)

falangero [falan'xero] *m* (ZOOL) Kletterbeutler *m*

falangio [fa'lanxjo] *m* (ZOOL) Weberknecht *m*

falangismo [falan'xismo] *m* (POL) Bewegung der spanischen Falange

falangista [falan'xista] I. *adj* (POL) falangistisch
II. *mf* (POL) Falangist(in) *m(f)*

falaz [fa'laθ] *adj* (be)trügerisch

falca ['falka] *f* ❶ (*cuña*) Keil *m*; (*para ruedas*) Bremskeil *m*
❷ (NÁUT) Setzbord *m*

falcado, -a [fal'kaðo, -a] *adj* sichelförmig

falcar [fal'kar] <c→qu> *vt* (*reg*) unterkeilen

falce [fal'θe] *f* Sichel *f*

falconete [falko'nete] *m* (MIL) Falkonett *nt*

falda ['falda] *f* ❶ (*vestido*) Rock *m*; **~ escocesa** Schottenrock *m*; **~ pantalón** Hosenrock *m*; **~ plisada** Plisseerock *m*; **~ tubo** eng geschnittener Rock; **estar cosido a las ~s de** am Rockzipfel der Mutter hängen; **estar pegado a las ~s de una mujer** unter dem Pantoffel einer Frau stehen; **se ha criado bajo las ~s de mamá** er/sie ist wohl behütet aufgewachsen
❷ (*regazo*) (Rock)schoß *m*; **estar sentado en la ~ de su madre** auf Mutters Schoß sitzen
❸ (*de una mesa camilla*) Tischdecke für einen Tisch mit darunter liegendem Kohlenbecken
❹ (*de sombrero*) Hutkrempe *f*

faldellín

⑤ (*de una montaña*) Bergabhang *m*; **a la ~ de la montaña** am Fuße des Berges
⑥ (GASTR) Rippenfleisch *nt*
⑦ *pl* (*fam: mujeres*) Frauen *fpl*, Weibsbilder *ntpl pey*; **es asunto** [*o* **cuestión**] **de ~s** das ist Frauensache; **le tiran mucho las ~s** er ist hinter den Frauen her

faldellín [falde'ʎin] *m* (*Ant, Ven*) Taufkleid *n*
faldeo [fal'deo] *m* (*Arg, Chil: ladera*) Bergflanke *f*
faldero [fal'dero] *m* ❶ (*hombre*) Schürzenjäger *m*
❷ (*animal*): **perro ~** Schoßhund *m*
faldillas [fal'diʎas] *fpl* Schößchen *nt*
faldón [fal'don] *m* ❶ (*de una camisa*) Schoß *m*; **agarrarse a los faldones de alguien** (*fam*) bei jdm Schutz suchen
❷ (*de una funda*) Volant *m*
❸ (ARQUIT) Walm *m*
❹ (*de la chimenea*) Kaminrahmen *m*
falena [fa'lena] *f* (ZOOL) Fliederspanner *m*
falencia [fa'lenθja] *f* (*Am*) Konkurs *m*, Bankrott *m*
falibilidad [faliβili'ðað] *f* Fehlbarkeit *f*
falible [fa'liβle] *adj* ❶ (*erróneo*) fehlbar
❷ (*engañoso*) trügerisch
fálico, -a ['faliko, -a] *adj* phallisch, Phallus-
falla ['faʎa] *f* ❶ (*defecto*) Fehler *m*, Defekt *m*; (*en un sistema*) Störung *f*; (*en un arma*) Ladehemmung *f*
❷ (GEO) Erdriss *m*, Verwerfung *f*
❸ (*de Valencia*) Pappmascheefiguren, die am 19. März in Valencia verbrannt werden
❹ (*Am*) *v.* **fallo**
fallar [fa'ʎar] I. *vi* ❶ (JUR) entscheiden, ein Urteil fällen; **~ ejecutoriamente** rechtskräftig entscheiden
❷ (*malograrse: proyecto*) misslingen; (*plan, intento*) fehlschlagen
❸ (*no prestar el rendimiento esperado*) versagen, nicht funktionieren; (*de repente*) ausfallen; **le ~on los nervios** seine/ihre Nerven machten nicht mit; **algo le falla** etwas ist nicht in Ordnung mit ihm/ihr; **no falla nunca** (*cosa*) das funktioniert immer; (*persona*) auf ihn/sie ist Verlass
❹ (*romperse*) nachgeben, (zusammen)brechen
II. *vt* ❶ (JUR) fällen; **~ la absolución** auf Freispruch erkennen; **~ un pleito** einen Rechtsstreit beilegen
❷ (DEP) danebenschießen, danebentreffen; **~ la portería** am Tor vorbeischießen
❸ (*en el juego de naipes*) trumpfen (mit +*dat*)
❹ (*no cumplir con su palabra*): **~ a alguien** jdn im Stich lassen; (*en una cita*) jdn versetzen
Fallas ['faʎas] *fpl*: **las ~** die Fallas (*Volksfest in Valencia am Sankt-Josefs-Tag* (19. *März*))
fallecer [faʎe'θer] *irr como crecer vi* sterben, verscheiden *elev*
fallecido, -a [faʎe'θiðo, -a] I. *adj* verstorben
II. *m, f* Verstorbene(r) *mf*, Verschiedene(r) *mf*
fallecimiento [faʎeθi'mjento] *m* Sterben *nt*, Verscheiden *nt*
fallero, -a [fa'ʎero, -a] I. *adj* ❶ (*relativo a las Fallas*) die Fallas betreffend
❷ (*empleado*) arbeitsscheu
❸ (*Chil: que falta a su palabra*) wortbrüchig
II. *m, f* Teilnehmer(in) am Umzug der Fallas; **es un ~** er feiert häufig(er) krank
fallido, -a [fa'ʎiðo, -a] I. *adj* ❶ (*esfuerzo, proyecto*) misslungen; (*plan, intento*) gescheitert
❷ (COM: *deuda*) uneintreibbar
❸ (*en quiebra*) bankrott
II. *m, f* Bankrotteur(in) *m(f)*
fallo ['faʎo] *m* ❶ (*opinión*) Urteil *nt*
❷ (JUR) Urteil *nt*, Urteilsspruch *m*; **dictar el ~** das Urteil fällen
❸ (*error*) Fehler *m*, Irrtum *m*; (*omisión*) Lücke *f*, Auslassung *f*; **~ de construcción** Konstruktionsfehler *m*; **~ de fabricación** Fabrikationsfehler *m*; **~ humano** menschliches Versagen; **arrojar ~s** Fehler aufweisen; **el asunto solo tiene un pequeño ~** die Sache hat nur einen kleinen Nachteil [*o* Haken]
❹ (TÉC) Versagen *nt*, Defekt *m*; (*en un sistema*) Schwachstelle *f*; **~ de arranque** (INFOR) Startfehler *m*; **~ de sistema** (INFOR) Systemfehler *m*; **esto no tiene ~** das ist unfehlbar
❺ (*en el juego de naipes*) Fehlfarbe *f*
❻ (*fracaso*) Fehlschlag *m*, Misserfolg *m*; **tener un ~ en algo** bei etw *dat* erleiden
fallón, -ona [fa'ʎon, -ona] *adj* ❶ (*vago*) arbeitsscheu
❷ (*Am: que falta a su palabra*) wortbrüchig
fallutería [faʎute'ria] *f* (*RíoPl: fam: comportamiento*) Heuchelei *f*; (*modo de ser*) Scheinheiligkeit *f*
falluto, -a [fa'ʎuto, -a] *adj* (*RíoPl: fam: en el comportamiento*) heuchlerisch; (*en el modo de ser*) scheinheilig
falo ['falo] *m* (*elev*) Phallus *m*

falocracia [falo'kraθja] *f* Männerherrschaft *f*
falsa ['falsa] *adj o f v.* **falso²**
falsario, -a [fal'sarjo, -a] I. *adj* falsch, unaufrichtig
II. *m, f* ❶ (*mentiroso*) Lügner(in) *m(f)*
❷ (*que falsifica monedas*) Falschmünzer(in) *m(f)*
falsarregla [falsa'rreɣla] *f* (Stell)winkel *m*
falseable [false'aβle] *adj* fälschbar; **carnet no ~** fälschungssicherer Ausweis
falseador(a) [falsea'ðor(a)] *m(f)* Fälscher(in) *m(f)*, Verfälscher(in) *m(f)*
falseamiento [falsea'mjento] *m* Fälschung *f*, Verfälschung *f*; **~ del balance** Bilanzfälschung *f*; **~ de la competencia** Wettbewerbsverfälschung *f*
falsear [false'ar] I. *vi* ❶ (*flaquear*) nachgeben
❷ (MÚS) verstimmt sein, falsch klingen
II. *vt* ❶ (*adulterar al referir*) verfälschen; (*verdad*) entstellen
❷ (*falsificar materialmente*) fälschen; **~ las guardas** einen Schlüssel nachmachen (lassen)
❸ (ARQUIT) schrägen
falsedad [false'ðað] *f* ❶ (*en el carácter*) Falschheit *f*; (*hipocresía*) Heuchelei *f*
❷ (JUR) Falschdarstellung *f*; **~ de declaración** Falschbeurkundung *f*; **~ deliberada/no deliberada** wissentliche/unwissentliche Falschdarstellung; **~ documental** Urkundenfälschung *f*
falseta [fal'seta] *f* (MÚS) Überleitung *f*
falsete [fal'sete] *m* ❶ (MÚS) Falsett *nt*; **cantar en ~** falsettieren
❷ (*corcho*) Spund *m*
❸ (*puertecilla*) Tapetentür *f*
falsía [fal'sia] *f* (*elev pey*) Falschheit *f*, Unredlichkeit *f*
falsificación [falsifika'θjon] *f* ❶ (*acto*) Fälschen *nt*, Fälschung *f*; (*objeto*) Fälschung *f*; (JUR) Falsifikation *f*; **~ del balance** Bilanzfälschung *f*; **~ de billetes** Falschgeldherstellung *f*; **~ de la competencia** Verfälschung des Wettbewerbs; **~ de documentos** (JUR) Urkundenfälschung *f*; **~ de efectos bursátiles** Wertpapierfälschung *f*; **~ del estado civil** Personenstandsfälschung *f*; **~ de facturas** Fälschung von Rechnungen; **~ de una marca registrada** Nachahmung eines eingetragenen Warenzeichens; **~ de moneda** Falschmünzerei *f*, Münzfälschung *f*; **~ de tarjetas de crédito** Kreditkartenfälschung *f*; **~ y explotación de producción ajena** Nachahmen und Ausbeuten fremder Leistung
falsificador(a) [falsifika'ðor(a)] *m(f)* Fälscher(in) *m(f)*; **~ de documentos** Urkundenfälscher *m*; **~ de moneda** Falschmünzer *m*
falsificar [falsifi'kar] <c→qu> *vt* fälschen; (*balance*) frisieren; **la verdad** die Wahrheit verfälschen
falsilla [fal'siʎa] *f* Linienblatt *nt*
falso¹ ['falso] I. *m* (Saum)besatz *m*
II. *adv*: **en ~** (*falsamente*) falsch; **jurar en ~** einen Meineid schwören; **coger a alguien en ~** jdn bei einer Lüge ertappen; **dar un golpe en ~** (*movimiento*) nicht treffen; **dar un paso en ~** einen Fehltritt tun; **edificar en ~** (*superficialmente*) ohne Fundament bauen; **la herida se cura en ~** die Wunde verheilt nur oberflächlich
falso, -a² ['falso, -a] I. *adj* ❶ (*contrario a la verdad*) falsch, unrichtig; (*no auténtico*) falsch, unecht; (*carácter mentiroso*) falsch, verlogen; **falsa modestia** falsche Bescheidenheit; **~ testimonio** falsche Zeugenaussage; **billete ~** Fälschung *f*, Falsifikat *nt*; **moneda falsa** Falschgeld *nt*; **¡~!** das ist gelogen!
❷ (*no natural*) künstlich; (*pseudo*) Schein-, falsch; **llave falsa** Dietrich *m*; **puerta falsa** blinde Tür
❸ (*reg: vago*) faul
❹ (*reg: cobarde*) feige
❺ (*caballería*) widerspenstig
II. *m, f* (*mentiroso*) Lügner(in) *m(f)*; (*hipócrita*) Heuchler(in) *m(f)*
falta ['falta] *f* ❶ (*carencia*) Mangel *m* (*de* an +*dat*); (*ausencia*) Abwesenheit *f*, Fehlen *nt*; **~ de dinero** Geldmangel *m*; **~ de educación** Respektlosigkeit *f*, Unverschämtheit *f*; **~ de equidad** Unbilligkeit *f*; **~ de existencias** Fehlbestand *m*; **~ de liquidez** Liquiditätsengpass *m*; **~ de pago** Nichtbezahlung *f*, unterbliebene Zahlung; **echar en ~ algo/a alguien** etw/jdn vermissen; **alguien hace mucha ~ a alguien** jd braucht jdn sehr; **aquí no haces ~** du wirst hier nicht gebraucht; **hace ~ hacer algo** etw muss getan werden; **¡~ hacía!** es wurde auch höchste Zeit!; **¡ni ~ que hace!** das ist absolut nicht nötig!; **hacer tanta ~ como los perros en misa** (*fam*) so nötig sein wie ein Kropf; **poner ~ a alguien** jds Fehlen vermerken; **sacar ~s** (jdn) kritisieren; **a ~ de pan, buenas son tortas** (*prov*) in der Not frisst der Teufel Fliegen
❷ (*equivocación*) Fehler *m*, Irrtum *m*; **~ ortográfica** [*o* **de ortografía**] Rechtschreibfehler *m*; **cometer una ~** einen Fehler machen [*o* begehen]; **sin ~s** makellos, fehlerlos; **sin ~** ganz sicher, zweifellos
❸ (DEP) Foul(spiel) *nt*
❹ (JUR) Übertretung *f*, Ordnungswidrigkeit *f*; (*omisión censurable*) Unterlassung *f*; (*descuido castigable*) Fahrlässigkeit *f*
❺ *pl*: **está embarazada de tres ~s** sie ist im dritten Monat schwanger

faltar [fal'tar] *vi* **1** (*no estar*) fehlen (an +*dat*); (*persona*) fernbleiben; (*cosa*) nicht vorhanden sein; ~ **a clase** dem Unterricht fernbleiben; ~ **a una cita** in ein Treffen versäumen; **me faltan mis llaves** ich vermisse meine Schlüssel; **nos falta dinero para...** wir haben nicht genug Geld, um ..., es fehlt uns an Geld, um ...; **no falta quien...** es gibt auch einige, die ...; **falta (por) saber si...** es ist nur noch die Frage, ob ...; **no ~ ni sobrar** weder zu viel noch zu wenig sein; **¡no ~ía [**o **faltaba] más!** das fehlte gerade noch!; (*respuesta a agradecimiento*) das war doch nicht der Rede wert!; (*asentir amablemente*) aber selbstverständlich; **no ~ía [**o **faltaba] más (sino) que...** +*subj* jetzt fehlt nur noch, dass ...; **¡lo que faltaba!** das hat uns gerade noch gefehlt!; **por si algo faltaba** nicht genug damit; **nunca falta un roto para un descosido** jedes Töpfchen hat sein Deckelchen; **al que mal hace, nunca le falta achaque** (*prov*) ≈wer Böses tut, der Böses erntet

2 (*necesitar*) **me faltan 10 euros** ich brauche noch 10 Euro; **me falta tiempo para hacerlo** ich habe nicht genug Zeit, um das zu machen; **~ (por) hacer** noch getan werden müssen; **falta todavía por preparar el postre** der Nachtisch ist noch nicht zubereitet

3 (*temporal: quedar*) fehlen, dauern; **faltan cuatro días para tu cumpleaños** es sind noch vier Tage bis zu deinem Geburtstag; **falta mucho para que venga** es dauert noch lange, bis er/sie kommt; **falta poco para que venga** bald kommt er/sie; **falta poco para las doce** es ist fast zwölf Uhr; **faltan diez para las nueve** (*Am*) es ist zehn vor neun; **¿falta mucho?** dauert es noch lang(e)?; **poco le faltó para llorar** er/sie war drauf und dran zu weinen, ihm/ihr standen die Tränen schon in den Augen

4 (*no cumplir*): ~ **a** verstoßen gegen +*akk*; ~ **a su palabra** wortbrüchig werden; ~ **a su mujer** seine Frau betrügen; ~ **en los pagos** seinen Zahlungsverpflichtungen nicht nachkommen, säumig sein; ~ **en hacer algo** etw unterlassen; **no ~é en dárselo** ich werde es ihm/ihr ganz sicher geben

5 (*ofender*) verletzen; ~ **al respeto de alguien** jdm gegenüber ausfallend werden

6 (*cometer una falta*): ~ **en algo** bei etw *dat* einen Fehler machen, etw falsch machen

7 (*elev: morir*) dahingehen, sterben; **el día en que faltemos** wenn wir mal nicht mehr am Leben sind

falto, -a ['falto, -a] *adj* (*escaso*) knapp (*de* an/mit +*dat*); (*desprovisto*) beraubt (*de* +*gen*), ohne (*de* +*akk*); ~ **de argumentos** ohne Argumente; ~ **de patria** heimatlos; ~ **de recursos** mittellos; **está ~ de cariño** ihm mangelt es an Zuneigung; **está ~ de amabilidad** er ist unhöflich

faltón, -ona [fal'ton, -ona] *adj* (*fam*) **1** (*que falta a su palabra*) wortbrüchig
2 (*negligente*) unachtsam, nachlässig
3 (*Arg, Cuba, Méx: vago*) faul, arbeitsscheu
4 (*reg: irrespetuoso*) beleidigend

faltriquera [faltri'kera] *f* Rocktasche *f*; (*a la cintura*) Gürteltasche *f*; **reloj de ~** Taschenuhr *f*; **rascarse la ~** (*fam*) tief in die Tasche greifen

falúa [fa'lua] *f* (NÁUT) Küstenschiff *nt*, Feluke *f*

fama ['fama] *f* **1** (*gloria*) Ruhm *m*; (*celebridad*) Berühmtheit *f*; **tener ~** berühmt sein; **dar ~ a algo/alguien** etw/jdn berühmt machen; **unos cobran la ~ y otros cardan la lana** (*prov*) des einen Arbeit ist des andern Ruhm
2 (*reputación*) Ruf *m*, Leumund *m*; **tener ~ de fanfarrón** als Aufschneider gelten; **ser de mala ~** anrüchig sein, von zweifelhaftem Ruf sein; **cobra buena ~ y échate a dormir** (*prov*) erwirb dir einen guten Ruf und lege dich schlafen; **quien la ~ ha perdido muerto anda en la vida** (*prov*) wer seinen guten Ruf verloren hat, ist so gut wie tot; **la mala llaga sana, la mala ~ mata** (*prov*) böse Wunden heilen, ein schlechter Ruf aber nicht; **mi hacienda me llevarás, mi ~ me dejarás** (*prov*) mein Hab und Gut kannst Du mir nehmen, meinen guten Ruf aber nicht
3 (*rumor*) Gerücht *nt*; **corre la ~ de que...** +(*subj*) es geht das Gerücht, dass ..., es wird gesagt, dass ...

famélico, -a [fa'meliko, -a] *adj* ausgehungert

familia [fa'milja] *f* **1** (*pareja e hijos*) Familie *f*; (*que comparten una casa*) Haushalt *m*; **~ monoparental** Einelternfamilie *f*; **~ numerosa** kinderreiche Familie; **la F~ Real** die königliche Familie; **cabeza de ~** Familienoberhaupt *nt*, Familienvorstand *m*
2 (*parentela*) Familie *f*, Verwandtschaft *f*; **~ política** durch Heirat verbundene Familien; **libro de ~** Familienstammbuch *nt*; **gran ~ humana** Menschheit *f*; **de buena ~** aus gutem Hause; **eso viene de ~** das liegt in der Familie, das ist seit Generationen so; **en ~** im (engsten) Familienkreis, unter sich; **ser de la ~** zur Familie gehören; **acordarse de la ~ de alguien** (*argot*) jds Familie verfluchen
3 (*hijos*) Kinder *ntpl*, Nachwuchs *m*; **no tener ~** kinderlos sein

familiar¹ [fami'ljar] **I.** *adj* **1** (*íntimo*) familiär, die Familie betreffend; **asunto ~** Familienangelegenheit *f*; **economía ~** privater Haushalt; **empresa ~** Familienunternehmen *nt*

2 (*conocido*) vertraut, bekannt
3 (*sin ceremonia*) zwanglos
II. *mf* (*pariente*) Familienangehörige(r) *mf*, Verwandte(r) *mf*

familiar² [fami'ljar] *m* **1** (*de un obispo*) Hauskaplan *m*
2 (*criado*) Diener *m*, Gehilfe *m*
3 (*demonio*) Hausgeist *m*

familiaridad [familjari'ðað] *f* (*confianza*) Vertraulichkeit *f*; (*trato familiar*) Vertrautheit *f*; **permitirse ~es con alguien** jdm gegenüber zudringlich werden

familiarizar [familjari'θar] <z→c> **I.** *vt* (*acostumbrar*) vertraut machen (*con* mit +*dat*), gewöhnen (*con* an +*akk*); **tenía que ~ al gato con la casa** ich musste die Katze erst an das Haus gewöhnen
II. *vr*: **~se** **1** (*acostumbrarse*) sich vertraut machen (*con* mit +*dat*), sich gewöhnen (*con* an +*akk*)
2 (*dominar*) sich vertraut machen; **~se con un sistema nuevo** sich in ein neues System einarbeiten

famoso, -a [fa'moso, -a] *adj* **1** (*conocido*) berühmt (*por* durch +*akk*); (*fam: sonado*) allseits bekannt
2 (*fam: estupendo*) famos, großartig

fan [fan] *mf* <fans> **1** (*admirador*) Fan *m*
2 (*fútbol*) Schlachtenbummler(in) *m(f)*

fanal [fa'nal] *m* **1** (NÁUT) Signallaterne *f*, Leuchtfeuer *nt*; (*de barco*) Schiffslaterne *f*
2 (*campana*) Glasglocke *f*

fanático, -a [fa'natiko, -a] **I.** *adj* fanatisch
II. *m, f* **1** (*fam: hincha*) Fan *m* (*de* von +*dat*), Anhänger(in) *m(f)* (*de* von +*dat*); **es una fanática del rock** sie ist ganz wild auf Rockmusik
2 (*pey: extremista*) Fanatiker(in) *m(f)*; ~ **de una creencia** Glaubenseiferer *m*

fanatismo [fana'tismo] *m sin pl* Fanatismus *m*

fanatizar [fanati'θar] <z→c> *vt* aufhetzen, aufpeitschen

fandango [fan'dango] *m* **1** (*baile*) Fandango *m* (*in Andalusien noch verbreiteter altspanischer Tanz*)
2 (*fam: jaleo*) Radau *m*

fandanguero, -a [fandan'gero, -a] **I.** *adj* **1** (*fam*) leichtlebig, vergnügungssüchtig
2 (MÚS) Fandango-
II. *m, f* **1** (*fam*) leichtlebiger Mensch *m*, Partygänger(in) *m(f)*
2 (MÚS) Fandangotänzer(in) *m(f)*

fané [fa'ne] *adj* **1** (*arrugado*) faltig, runzelig; (*marchito*) verwelkt, leicht zerknittert; **estar ~** in einem fürchterlichen Zustand sein
2 (*vulgar*) geschmacklos
3 (*Arg: cansado*) müde

faneca [fa'neka] *f* (ZOOL) Franzosendorsch *m*

fanega [fa'neɣa] *f* Fanega *f* (*je nach Region unterschiedliches Hohlmaß oder Flächenmaß*)

fanegada [fane'ɣaða] *f*: **a ~s** scheffelweise

fanesca [fa'neska] *f* (*Ecua*) Fischeintopf, *der traditionell an Ostern gegessen wird*

fanfarrear [faɱfarre'ar] *vi v.* **fanfarronear**

fanfarria [faɱ'farrja] *f* **1** (*fam: jactancia*) Prahlerei *f*, Aufschneiderei *f*
2 (MÚS) Fanfarenzug *m*

fanfarrón, -ona [faɱfa'rron, -ona] **I.** *adj* (*fam: chulo*) prahlerisch, aufschneiderisch
II. *m, f* (*fam: bravucón*) Prahlhans *m*, Aufschneider(in) *m(f)*

fanfarronada [faɱfarro'naða] *f* (*fam*) Prahlerei *f*, Aufschneiderei *f*

fanfarronear [faɱfarrone'ar] *vi* (*fam*) prahlen, aufschneiden

fanfarronería [faɱfarrone'ria] *f* (*fam*) Prahlerei *f*, Aufschneiderei *f*

fanfurriña [faɱfu'rriɲa] *f* (*fam*) Jähzorn *m*

fangal [faŋ'gal] *m*, **fangar** [faŋ'gar] *m* Morast *m*

fango ['faŋgo] *m* **1** (*lodo*) Schlamm *m*; **baños de ~** (MED) Schlammbäder *ntpl*, Fangobäder *ntpl*
2 (*deshonra*) Schande *f*; **sumió a toda la familia en el ~** er/sie beschmutzte die Ehre der ganzen Familie

fangoso, -a [faŋ'goso, -a] *adj* schlammig

fangoterapia [faŋgote'rapja] *f* (MED) Fangopackung *f*, Moorbadbehandlung *f*

fantaseador(a) [fantasea'ðor(a)] *adj* phantasierend

fantasear [fantase'ar] **I.** *vi* **1** (*soñar*) fantasieren, (wach) träumen
2 (*presumir*) prahlen; **¡no fantasees tanto!** red doch keinen Blödsinn!
II. *vt* erdichten, erfinden

fantaseo [fanta'seo] *m* Fantasiererei *f*

fantasía [fanta'sia] *f* **1** (*imaginación*) Fantasie *f*, Einbildungskraft *f*; (*cosa imaginada*) Hirngespinst *nt*; **joyas de ~** Modeschmuck *m*; **es obra de la ~** das ist das Produkt der Fantasie; **dejar correr la ~** der Fantasie freien Lauf lassen; **¡déjate de ~s!** hör auf zu träumen!; **lo que cuentas es pura ~** was du erzählst, sind reine Hirngespinste
2 (LIT) Fiktion *f*
3 (MÚS) Fantasie *f*

fantasioso, -a [fanta'sjoso, -a] I. *adj* ① (*inventado*) ausgedacht, erfunden; **idea fantasiosa** Fantasterei *f*
② (*fachendoso*) großtuerisch
II. *m, f* Fantast *m*, Träumer(in) *m(f)*

fantasma [fan'tasma] I. *m* ① (*aparición*) Gespenst *nt*, Geist *m*; **andar como un ~** herumirren, in geistiger Umnachtung herumlaufen *fam*; **aparecer como un ~** plötzlich auftauchen
② (*visión*) Phantom *nt*; **~ de la imagen** Hirngespinst *nt*
③ (*fam: fanfarrón*) Angeber(in) *m(f)*; **¡no seas ~!** gib doch nicht so an!, spiel dich doch nicht so auf!
II. *adj* (*cosa inexistente*) Schein-; **empresa ~** Briefkastenfirma *f*

fantasmada [fantas'maða] *f* (*fam*) Prahlerei *f*, Aufschneiderei *f*

fantasmagoría [fantasmayo'ria] *f* Trugbild *nt*; (TEAT) Phantasmagorie *f*

fantasmagórico, -a [fantasma'ɣoriko, -a] *adj* illusionistisch; (TEAT) phantasmagorisch

fantasmal [fantas'mal] *adj* gespenstisch, Gespenster-

fantasmón, -ona [fantas'mon, -ona] I. *adj* (*fam*) wichtigtuerisch, großtuerisch
II. *m, f* (*fam*) Prahlhans *m*, Angeber(in) *m(f)*

fantásticamente [fantastika'mente] *adv* ① (*muy bien*) großartig, fabelhaft
② (*fingidamente*) falsch, unecht

fantástico, -a [fan'tastiko, -a] *adj* ① (*irreal*) fantastisch, unwirklich
② (*fam: fabuloso*) fabelhaft, toll; **¡~!** fantastisch!, super!

fantochada [fanto'tʃaða] *f* ① (*fantasmada*) Prahlerei *f*
② (*tontería*) Unsinn *m*

fantoche [fan'totʃe] *m* ① (*títere*) Marionette *f*
② (*mamarracho*) Vogelscheuche *f*
③ (*fantasmón*) Prahlhans *m*, Sprücheklopfer(in) *m(f) fam*

fanzine [fan'θine] *m* Fanzine *nt*

fañoso, -a [fa'ɲoso, -a] *adj* (*Ven*) näselnd

FAO ['fao] *f abr de* **Organización de las Naciones Unidas para la Agricultura y la Alimentación** FAO *f*, Welternährungsorganisation *f*

faquir [fa'kir] *m* Fakir *m*

farad [fa'raᵈ] <farads> *m* (FÍS) Farad *nt*

faralá [fara'la] *f* <faralaes> *m* (*volante*) Volant *m*
② (*fam: oropel*) Schnickschnack *m*, Firlefanz *m*

farallón [fara'ʎon] *m* Klippe *f*

faramallear [faramaʎe'ar] *vi* (Chil, Méx) prahlen, sich aufspielen

farándula [fa'randula] *f* ① (*farsa*) Komödiantentum *nt*
② (TEAT) primitive Wanderbühne *f*, Schmiere *f pey*
③ (*fam: palabrería*) Bauernfängerei *f*, Betrügerei *f*
④ (*Arg: colonia artística*) Showleute *pl*

farandulear [farandule'ar] *vi* prahlen

farandulero, -a [farandu'lero, -a] I. *adj* ① (*comediante*) gauklerisch
② (*fam: trapecero*) betrügerisch
II. *m, f* ① (*comediante*) Komödiant(in) *m(f)*, Gaukler(in) *m(f)*
② (*fam: trapecero*) Bauernfänger(in) *m(f)*, Betrüger(in) *m(f)*

faraón [fara'on] *m* Pharao *m*

faraónico, -a [fara'oniko, -a] *adj* pharaonisch, Pharaonen-

fardada [far'ðaða] *f* (*fam*) Protzerei *f*, Angeberei *f*

fardaje [far'ðaxe] *m* Gepäck *nt*

fardar [far'ðar] *vi* (*fam*) ① (*presumir*) protzen, angeben; (*impresionar*) Eindruck schinden
② (*vestir bien*) sich in Schale werfen

farde ['farðe] *m* (*fam*) Aufspielerei *f*, Angeberei *f*

fardel [far'ðel] *m* ① (*morral*) Rucksack *m*; (*bulto*) Bündel *nt*
② (*fam: desaliñado*) Schlamper *m*, Schlampe *f*

fardo ['farðo] *m* ① (*bulto*) Ballen *m*; (*de ropa*) Kleiderbündel *nt*
② (*fam: obeso*) Dickwanst *m*

fardón, -ona [far'ðon, -ona] *adj* ① (*chulo*) elegant (gekleidet), schick; **¡qué ~ vas con esa camisa!** mit diesem Hemd hast du dich ganz schön in Schale geworfen!
② (*vistoso*) klasse, fabelhaft; (*coche*) schnittig
③ (*presumido*) eingebildet

farero, -a [fa'rero, -a] *m, f* Leuchtturmwärter(in) *m(f)*

fárfara ['farfara] *f* ① (BOT) Huflattich *m*
② (ZOOL) Schalenhaut *f*, Eihaut *f*

farfolla [far'foʎa] *f* ① (*espata*) Hülse *f* (*eines Mais- oder Hirsekolbens*)
② (*oropel*) Tand *m*

farfulla¹ [far'fuʎa] I. *adj* (*fam*) stotternd, stockend
II. *mf* (*fam*) Stotterer, -in *m, f*

farfulla² [far'fuʎa] *f* Stottern *nt*

farfulladamente [farfuʎaða'mente] *adv* stotternd, stammelnd

farfullar [farfu'ʎar] *vi* (*fam*) ① (*balbucear*) stottern, stammeln
② (*chapucear*) pfuschen

farfullero, -a [farfu'ʎero, -a] *m, f* (*fam*) ① (*tartamudo*) Stotterer, -in *m, f*
② (*chapucero*) Pfuscher(in) *m(f)*

faria® ['farja] *m o f* Zigarrenmarke

farináceo, -a [fari'naθeo, -a] *adj* mehlig, Mehl-

farináceos [fari'naθeos] *mpl* Mehlprodukte *ntpl*

faringe [fa'rinxe] *f* (ANAT) Rachen *m*, Schlund *m*

faríngeo, -a [fa'rinxeo, -a] *adj* (ANAT) Rachen-, pharyngeal

faringitis [farin'xitis] *f inv* (MED) Rachenentzündung *f*, Pharyngitis *f*

fariña [fa'riɲa] *f* (AmS) Maniokmehl *nt*

fario ['farjo] *m* (*mal*) Pech *nt*; (*buen*) Glück *nt*; **tener buen/mal ~** Glück/Pech haben

farisaico, -a [fari'sajko, -a] *adj* ① (*fariseo*) pharisäisch, Pharisäer-
② (*falso*) unehrlich, heuchlerisch

fariseo, -a [fari'seo, -a] *m, f* ① (*de la secta judía*) Pharisäer(in) *m(f)*
② (*hipócrita*) Heuchler(in) *m(f)*

farmacéutico, -a [farma'θeytiko, -a] I. *adj* pharmazeutisch, Apotheken-; **industria farmacéutica** Pharmaindustrie *f*; **productos ~s** Arzneimittel *ntpl*
II. *m, f* Apotheker(in) *m(f)*, Pharmazeut(in) *m(f)*

farmacia [far'maθja] *f* ① (*tienda*) Apotheke *f*; **~ de guardia** Bereitschaftsapotheke *f*
② (*ciencia*) Pharmazie *f*, Pharmazeutik *f*

fármaco ['farmako] *m* Medikament *nt*, Arzneimittel *nt*

farmacodependencia [farmakoðepen'denθja] *f* Medikamentenabhängigkeit *f*

farmacodinamia [farmakoði'namja] *f*, **farmacodinámica** [farmakoði'namika] *f* (MED) Pharmakodynamik *f*

farmacóloga [farma'koloɣa] *f v.* **farmacólogo**

farmacología [farmakolo'xia] *f* (MED) Pharmakologie *f*, Arzneimittelkunde *f*

farmacológico, -a [farmako'loxiko, -a] *adj* pharmakologisch

farmacólogo, -a [farma'koloɣo, -a] *m, f* Pharmakologe, -in *m, f*

farmacopea [farmako'pea] *f* (MED) ① (*técnica*) Technik *f* der Arzneimittelzubereitung
② (*libro*) Pharmakopöe *f*, amtliches Arzneibuch *nt*

farmacovigilancia [farmakoβixi'lanθja] *f* Arzneimittelüberwachung *f*

faro ['faro] *m* ① (AUTO) Scheinwerfer *m*; **~ antiniebla** Nebelscheinwerfer *m*; **~ delantero** Scheinwerfer *m*; **~ lateral** Begrenzungsleuchte *f*; **~ de marcha atrás** Rückfahrscheinwerfer *m*; **~ piloto** Scheinwerfer *m*; **~ trasero** Schlussleuchte *f*
② (*señal*) (Leucht)bake *f*; **~ buscador** Suchscheinwerfer *m*; **~ de destello** Blaulicht *nt*; **~ detector** Suchscheinwerfer *m*
③ (NÁUT) Leuchtturm *m*
④ (*guía*) Fanal *nt*

farol [fa'rol] *m* ① (*lámpara*) Laterne *f*, Leuchte *f*; (*de papel*) Papierlaterne *f*, Lampion *m*; **~ de calle** [*o* **público**] Straßenlaterne *f*; **~ de costado** (NÁUT) Hecklaterne *f*; **~ de popa** Seitenlaterne *f*; **hacer de ~** (*fam*) den Aufpasser/die Anstandsdame spielen
② (DEP) Handstand *m*
③ (*fam: fanfarronada*) Protzerei *f*; (*patraña*) Bluff *m*; **tirarse** [*o* **marcarse**] [*o* **echarse**] **un ~** angeben; **él tiene mucho ~** er ist ein unheimlicher Angeber
④ (*mangas*): **mangas de ~** Bauschärmel *mpl*
⑤ (TAUR) Figur des Toreros mit der Capa
⑥ *pl* (Am: ojos) Augen *ntpl*; **¡adelante con los ~es!** (*fam*) vorwärts!, nur zu!

farola [fa'rola] *f* Straßenlaterne *f*

farolazo [faro'laθo] *m* (AmC, Méx) (kräftiger) Schluck *m* Schnaps

farolear [farole'ar] *vi* (*fam*) prahlen, große Töne spucken

faroleo [faro'leo] *m* (*fam*) Angeberei *f*, Prahlerei *f*

farolero, -a [faro'lero, -a] I. *adj* (*fam*) prahlerisch, aufgeblasen
II. *m, f* ① (*bravucón*) Aufschneider(in) *m(f)*, Prahlhans *m*
② (*quien enciende faroles*) Laternenanzünder(in) *m(f)*; (*fabricante*) Laternenhersteller(in) *m(f)*; (*vendedor*) Laternenverkäufer(in) *m(f)*

farolillo [faro'liʎo] *m* Lampion *m*; **~ rojo** (*fam*) Schlusslicht *nt*; **ha sido el ~ rojo en la etapa de ayer** er/sie bildete das Schlusslicht auf der gestrigen Etappe

farra ['farra] *f* Fest *nt*; (*argot: juerga*) Gaudi *f*; **estar** [*o* **ir**] **de ~** (*fam*) einen draufmachen

fárrago ['farraɣo] *m* Durcheinander *nt*, Wirrwarr *m*

farragoso, -a [farra'ɣoso, -a] *adj* (*confuso*) durcheinander, verworren; (*discurso*) überladen

farrear [farre'ar] I. *vi* (CSur: fam) feiern, auf Sauftour gehen *argot*
II. *vr*: **~se** (RíoPl: dinero) verjubeln

farrista [fa'rrista] I. *adj* (CSur) nachtschwärmerisch; **mi hija es muy ~** meine Tochter ist eine Nachtschwärmerin
II. *mf* (CSur: que le gusta salir) Nachtschwärmer(in) *m(f)*; (*que le gusta ir a fiestas*) Partylöwe *m*, Partygirl *nt*

farruca [fa'rruka] *f* (MÚS) ① (*cante*) Flamencogesangsstil
② (*baile*) Flamencotanzstil, bei dem die Gesten eines Matadors imitiert werden

farruco, -a [fa'rruko, -a] I. *adj* kühn, draufgängerisch; **ponerse** [*o* **estar**] ~ **con alguien** jdm die Stirn bieten, jdm furchtlos entgegentreten
II. *m, f* ❶ (*impávido*) Draufgänger(in) *m(f)*
❷ (*gallego*) gerade ausgewanderte(*r*) Galicier(in)

farruto, -a [fa'rruto, -a] *adj* (*Bol, Chil*) kränklich

farsa ['farsa] *f* ❶ (TEAT: *farándula*) Komödiantentum *nt*; (*sainete*) Schwank *m*, Posse *f*
❷ (*compañía de comediantes*) Wanderschausteller *mpl*, Wanderbühne *f*
❸ (*engaño*) Farce *f*, Schwindel *m*
❹ (GASTR) Farce *f*

farsante [far'sante] I. *adj* (*fam*) schwindlerisch, heuchlerisch
II. *mf* (*fam*) ❶ (*embustero*) Schwindler(in) *m(f)*, Heuchler(in) *m(f)*
❷ (*comediante*) Komödiant(in) *m(f)*

fas [fas] (*fam*): **por ~ o por nefas** so oder so

FAS [fas] *fpl* (MIL) *abr de* **Fuerzas Armadas** Streitkräfte *fpl*

fascículo [fas'θikulo] *m* ❶ (*publicación*) Faszikel *m*
❷ (ANAT) Faszikel *m*, (Muskel)strang *m*

fascinación [fasθina'θjon] *f* Faszination *f*, Bezauberung *f*; **sentir ~ por algo** sich für etw begeistern

fascinador(a) [fasθina'ðor(a)] *adj*, **fascinante** [fasθi'nante] *adj* faszinierend; (*persona*) bezaubernd; (*libro*) fesselnd

fascinar [fasθi'nar] I. *vi, vt* ❶ (*encantar*) faszinieren; (*libro*) fesseln; (*seducir*) faszinieren, in seinen Bann ziehen
❷ (*embrujar*) (mit dem bösen Blick) verhexen
II. *vr*: **~se** sich begeistern lassen, sich fesseln lassen

fascismo [fas'θismo] *m sin pl* Faschismus *m*

fascista [fas'θista] I. *adj* faschistisch
II. *mf* Faschist(in) *m(f)*

fascistoide [fasθis'toi̯ðe] *adj* faschistoid

fase ['fase] *f* ❶ (*período*) Phase *f*, Etappe *f*; **~ de constitución** Gründungsphase *f*; **~ de crecimiento/de decrecimiento** (COM) Wachstums-/Abschwungphase *f*; **~ de desarrollo** Entwicklungsphase *f*; **~ de expansión** Expansionsphase *f*, (wirtschaftlicher) Aufschwung *m*; **~ transitoria** Übergangsphase *f*; **el proyecto está en ~ de producción** das Projekt befindet sich in der Produktionsphase
❷ (*estado*) Stufe *f*, Stand *m*
❸ (ELEC, FÍS, QUÍM) Phase *f*; **~s de la luna** (ASTR) Mondphasen *fpl*; **~ de oscilación** Schwingungsphase *f*; **de tres ~s** dreiphasig; (*nave espacial*) dreistufig

fast food [fas fuð] *m o f sin pl* Fastfood *nt*

fastidiado, -a [fasti'ðjaðo, -a] *adj* (*enfermo*) angeschlagen

fastidiar [fasti'ðjar] I. *vt* ❶ (*molestar*) ärgern, stören
❷ (*causar hastío*) anekeln
❸ (*aburrir*) langweilen, anöden *fam*
❹ (*loc*) **¡no te fastidia!** soweit kommt's noch!, das fehlte gerade noch!
II. *vr*: **~se** (*fam*) ❶ (*enojarse*) sich ärgern (*con/de* über +*akk*); **¡fastídiate!** geschieht dir (ganz) recht!, ätsch!; **¡hay que ~se!** da muss man durch!; **¡hay que ~se, el frío que hace aquí!** so eine Kälte – das gibt's doch nicht [*o* das ist ja nicht zum Aushalten]!
❷ (*aguantarse*) sich abfinden müssen (*con/de* mit +*dat*); **no me hiciste caso, pues ahora te fastidias** du hast nicht auf mich hören wollen; nun sieh zu, wie du zurechtkommst
❸ (*Am: perjudicarse*) sich *dat* schaden, sich *dat* Schaden zufügen

fastidio [fas'tiðjo] *m* ❶ (*disgusto*) Ärgernis *nt*, Ärger *m*; (*mala suerte*) Pech *nt*
❷ (*aburrimiento*) Langeweile *f*, Verdruss *m*
❸ (*hastío*) Ekel *m*

fastidioso, -a [fasti'ðjoso, -a] *adj* ❶ (*molesto*) ärgerlich, lästig
❷ (*aburrido*) langweilig
❸ (*pesado*) unerträglich; **persona fastidiosa** Nervensäge *f fam*

fasto¹ ['fasto] *m* ❶ (*pompa*) Pomp *m*, Prunk *m*
❷ *pl* (*anales*) Annalen *fpl*, Chronik *f*

fasto, -a² ['fasto, -a] *adj* (*fecha*) glücklich, günstig

fastuosidad [fastwosi'ðað] *f* Pracht *f*, Luxus *m*

fastuoso, -a [fastu'oso, -a] *adj* (*casa, boda*) prachtvoll, pompös; (*persona*) prunksüchtig

fatal [fa'tal] I. *adj* ❶ (*inevitable*) unausweichlich, schicksalhaft; **momento ~** entscheidender Augenblick
❷ (*desagradable*) unangenehm
❸ (*funesto*) verhängnisvoll, fatal; (*mortal*) tödlich; **mujer ~** Femme fatale *f*
❹ (JUR) nicht aufschiebbar
❺ (*fam: muy mal*) übel, mies
II. *adv* (*fam*) mies, fatal; **el examen me fue ~** die Prüfung ist schlecht gelaufen

fatalidad [fatali'ðað] *f* ❶ (*desgracia*) Fatalität *f*, Verhängnis *nt*
❷ (*destino*) Fatum *nt*, Schicksalsfügung *f*

fatalismo [fata'lismo] *m sin pl* Schicksalsglaube *m*, Fatalismus *m*

fatalista [fata'lista] I. *adj* fatalistisch, blind ergeben
II. *mf* ❶ (*que sigue el fatalismo*) Fatalist(in) *m(f)*, Schicksalsgläubige(r) *mf*
❷ (*fam: pesimista*) Pessimist(in) *m(f)*

fatalizarse [fatali'θarse] <z→c> *vr* ❶ (*Col: cometer un delito*) ein schwer wiegendes Verbrechen begehen, sich strafbar machen
❷ (*Chil: lastimarse*) sich (schwer) verletzen
❸ (*Perú: pagar sus consecuencias*) büßen (für +*akk*)

fatalmente [fatal'mente] *adv* ❶ (*inevitablemente*) unvermeidlich, zwangsläufig
❷ (*desgraciadamente*) unglücklicherweise
❸ (*muy mal*) sehr schlecht

fatídico, -a [fa'tiðiko, -a] *adj* ❶ (*que predice el futuro*) wahrsagend, weissagend
❷ (*fam: algo*) Unheil verkündend, Unheil bringend

fatiga [fa'tiɣa] *f* ❶ (*cansancio*) Ermüdung *f*, Erschöpfung *f*
❷ (*sofocos*) Atemnot *f*
❸ (TÉC) Ermüdung *f*, Verschleiß *m*
❹ *pl* (*sacrificios*) Mühe *f*, Qualen *fpl*

fatigado, -a [fati'ɣaðo, -a] *adj* ❶ (*agotado*) müde, erschöpft
❷ (*sofocado*) außer Atem, keuchend
❸ (TÉC) ermüdet

fatigador(a) [fatiɣa'ðor(a)] *adj* ermüdend, anstrengend

fatigar [fati'ɣar] <g→gu> I. *vt* ❶ (*cansar*) ermüden, erschöpfen
❷ (*molestar*) stören, auf die Nerven gehen +*dat fam*; (*importunar*) belästigen
II. *vr*: **~se** ❶ (*agotarse*) ermüden; (*ojos*) überanstrengt werden
❷ (*sacrificarse*) sich abplagen, sich abquälen
❸ (*sofocarse*) außer Atem kommen [*o* geraten]; (*patológicamente*) in Atemnot geraten
❹ (TÉC) ermüden

fatigoso, -a [fati'ɣoso, -a] *adj* ❶ (*trabajo, discusión*) ermüdend, anstrengend
❷ (*persona*) erschöpft; (*jadeante*) kurzatmig

fatuidad [fatwi'ðað] *f* (*vanidad*) Eitelkeit *f*; (*inmodestia*) Überheblichkeit *f*

fatuo, -a ['fatwo, -a] *adj* ❶ (*presumido*) eingebildet, aufgeblasen; (*jactancioso*) angeberisch, prahlerisch
❷ (*necio*) albern, töricht

fauces ['fau̯θes] *fpl* ❶ (ZOOL) Schlund *m*, Rachen *m*
❷ (*Am: dientes*) Eckzähne *mpl*

fauna ['fau̯na] *f* Fauna *f*, Tierwelt *f*

faunístico, -a [fau̯'nistiko, -a] *adj* faunistisch; **el desarrollo ~** die Entwicklung der Fauna

fauno ['fau̯no] *m* Faun *m*

fáustico, -a ['fau̯stiko, -a] *adj* (LIT) faustisch

fausto¹ ['fau̯sto] *m* (*lujo*) Pracht *f*; (*ostentación*) Prunk *m*, Pomp *m*

fausto, -a² ['fau̯sto, -a] *adj* glücklich, freudig

fauvismo [fo'βismo] *m sin pl* (ARTE) Fauvismus *m*

favela [fa'βela] *f* (*Am*) ❶ (*casucha*) Baracke *f*
❷ *pl* (*barrio*) Slums *pl*

favo ['faβo] *m* (MED) Favus *m*, Kopfgrind *m*

favor [fa'βor] *m* ❶ (*servicio*) Gefallen *m*, Gefälligkeit *f*; (*ayuda*) Hilfe *f*; **entrada de ~** Freikarte *f*; **de ~** aus Gefälligkeit; **por ~** bitte; **hacer un ~ a alguien** jdm einen Dienst erweisen, jdm einen Gefallen tun; **¡hágame el ~ de dejarme en paz!** seien Sie so freundlich und lassen Sie mich in Ruhe!; **pedir un ~ a alguien** jdn um einen Gefallen bitten; **te lo pido por ~** ich bitte dich inständig darum; **hagan el ~ de venir puntualmente** kommen [*o* seien] Sie bitte pünktlich; **estar haciéndole siempre ~es a alguien** jdm ständig Dienste erweisen, jdm ständig eine Sonderbehandlung zuteil werden lassen
❷ (*gracia*) Bevorzugung *f*, Begünstigung *f*; **a** [*o* **en**] **~ de alguien** zugunsten [*o* zu Gunsten] von jdm; **tener a alguien a su ~, gozar del ~ de alguien** jdn auf seiner Seite haben, in jds Gunst stehen; **a ~ del viento/de la corriente** mit Rückenwind/stromabwärts
❸ (*beneficio*) ~ **Jastimme *f*; estar a ~ de algo** sich für etw aussprechen, für etw sein; **votar a ~ de alguien** für jdn stimmen

favorable [faβo'raβle] *adj* ❶ (*propicio*) günstig (*a/para* für +*akk*), vorteilhaft (*a/para* für +*akk*)
❷ (*optimista*) positiv; **una impresión ~** ein guter [*o* positiver] Eindruck
❸ (*benévolo*) wohlwollend, wohlgesinnt

favorecedor(a) [faβoreθe'ðor(a)] *adj* begünstigend, vorteilhaft; **es un vestido muy ~ para ti** das Kleid steht dir sehr gut

favorecer [faβore'θer] *irr como crecer* I. *vt* ❶ (*beneficiar*) begünstigen, sich positiv auswirken (*a auf* +*akk*)
❷ (*ayudar*) helfen +*dat*, unterstützen
❸ (*dar preferencia*) bevorzugen, begünstigen
❹ (*prendas de vestir*) gut stehen +*dat*, schmeicheln +*dat*; **este vestido te favorece** das Kleid steht dir wirklich gut, in dem Kleid siehst du wirklich gut aus

favorecido II. *vr:* ~**se** Profit schlagen [*o* ziehen] (*de* aus +*dat*); ~**se de algo** sich *dat* etw zunutze [*o* zu Nutze] machen

favorecido, -a [faβoreˈθiðo, -a] I. *adj* ❶ (*propiciado*) begünstigt (*por* durch +*akk*)
❷ (*fotografía*) gut getroffen
II. *m, f* ❶ (*beneficiado*) Nutznießer(in) *m(f)*
❷ (*preferido*) Günstling *m;* ~ **por la suerte** Glückspilz *m*

favorita [faβoˈrita] *adj o f. v.* **favorito**

favoritismo [faβoriˈtismo] *m* (*nepotismo*) Vetternwirtschaft *f*, Günstlingswirtschaft *f;* (*parcialidad*) Bevorzugung *f*

favorito, -a [faβoˈrito, -a] I. *adj* Lieblings-, bevorzugt; **plato** ~ Leibspeise *f*, Leibgericht *nt*
II. *m, f* ❶ (*del rey*) Günstling *m;* ~ **del público** Publikumsliebling *m;* **la favorita del rey** die Geliebte des Königs
❷ (DEP) Favorit(in) *m(f)*

fax [faʏs] *m inv* Fax *nt;* **número de** ~ Faxnummer *f;* **papel para** [*o* **de**] ~ Faxpapier *nt;* **mandar un** ~ **a una empresa/a la señora Klose/a Suecia** ein Fax an eine Firma/an Frau Klose/nach Schweden schicken; **pasar un** ~ ein Fax übertragen; **pásame la factura por** ~ fax mir die Rechnung zu, schick mir die Rechnung per Fax

faxear [faʏseˈar] *vt* faxen

fayuca [faˈʝuka] *f* (*Méx: fam*) Schmuggel *m;* **tabaco de** ~ Schmuggeltabak *m*

fayuquero, -a [faʝuˈkero, -a] *m, f* (*Méx: fam*) Hehler(in) *m(f)*

faz [faθ] *f* ❶ (*elev: rostro*) Antlitz *nt*, Gesicht *nt;* ~ **a** ~ von Angesicht zu Angesicht; **a la** [*o* **en**] ~ **de** angesichts +*gen*
❷ (*anverso*) Vorderseite *f;* (*de moneda, medalla*) Avers *m;* (*de tela*) rechte Seite *f*

FBI [efeβeˈi] *m abr de* **Federal Bureau of Investigation** FBI *m o nt*

f.c., F C [ferrokaˈrril] *abr de* **ferrocarril** Eisenbahn *f*

FCA [efeθeˈa] (ECON) *abr de* **franco transportista** frei Frachtführer

FCC [efeθeˈθe] *abr de* **fluorclorocarbonados** FCKW *m*

fe [fe] *f* ❶ (*religión*) Glaube *m* (*en* an +*akk*); ~ **cristiana** christlicher Glaube; ~ **en Dios** Glaube an Gott; **dar profesión de** ~ das Glaubensbekenntnis sprechen; ~ **y verdad, en el cielo parecerá** (*prov*) Glaube und Wahrheit haben ihren Lohn im Himmel; **el amor y la** ~, **en las obras se ven** (*prov*) die Liebe und den Glauben erkennt man an den Werken
❷ (*confianza*) Vertrauen *nt* (*en* zu +*dat*); **digno de** ~ glaubwürdig; **tener** ~ **en alguien** zu jdm Vertrauen haben, an jdn glauben; **dar** [*o* **prestar**] ~ **a algo/alguien** jdm/etw *dat* Glauben schenken, jdm/etw *dat* glauben; **dar** ~ **de algo** etw bestätigen; **de buena** ~ in ehrlicher [*o* mit guter] Absicht; (*ingenuamente*) in gutem Glauben, nichts Böses ahnend; (JUR) auf Treu und Glauben; **de mala** ~ in [*o* mit] böser Absicht
❸ (*lealtad*) Treue *f;* ~ **conyugal** eheliche Treue
❹ (*palabra*) Zusicherung *f*, Versicherung *f;* **a** ~ wirklich, wahrlich; **a** ~ **mía** mein Wort darauf; **en** ~ **de ello** [*o* **lo cual**] (JUR) zum Beweis dessen
❺ (*certificado*) Urkunde *f*, Nachweis *m;* ~ **de bautismo/de matrimonio** Tauf-/Trauschein *m;* ~ **de erratas** Nachtrag *m* (zur Richtigstellung von Druckfehlern); ~ **de soltería** Ledigkeitsbescheinigung *f*

fealdad [fealˈdað] *f* ❶ (*monstruosidad*) Hässlichkeit *f*
❷ (*indignidad*) Gemeinheit *f*

feamente [feaˈmente] *adv* gemein

febrera [feˈβrera] *f* Bewässerungskanal *m*

febrero [feˈβrero] *m* Februar *m; v. t.* **marzo**

febril [feˈβril] *adj* ❶ (*con fiebre*) fieb(e)rig, mit Fieber einhergehend, Fieber-; **acceso** ~ Fieberanfall *m*
❷ (*agitado*) fieberhaft, (übertrieben) eifrig

fecal [feˈkal] *adj* fäkal, Fäkal-; **sustancias** ~**es** Fäkalien *fpl*

fecha [ˈfetʃa] *f* ❶ (*data*) Datum *nt;* (*señalada*) Termin *m;* ~ **de amortización** (FIN) Abschreibungsstichtag *m*, Tilgungstermin *m;* ~ **de caducidad** Verfallsdatum *nt;* ~ **de cierre** Schlusstermin *m;* ~ **clave** Stichtag *m;* ~ **de consumo preferente** Mindestbarkeitsdatum *nt;* ~ **de creación** Erstellungsdatum *nt;* ~ **de cumplimiento** Erfüllungstermin *m;* ~ **de las elecciones** Wahltag *m*, Wahltermin *m;* ~ **de entrada/salida** (COM) Eingangs-/Ausgangsdatum *nt;* (*de personas*) Einreise-/Ausreisedatum *nt;* ~ **de entrega** (Ab)lieferungstermin *m;* ~ **de expedición** Ausstellungsdatum *nt;* ~ **de nacimiento** Geburtsdatum *nt*, Geburtstag *m;* ~ **del sello postal** Datum des Poststempels; ~ **tope** Schlusstermin *m;* ~ **de vencimiento** (COM) Fälligkeitstermin *m;* (*en facturas*) Zahlungsziel *nt;* **factura con** ~ **anterior/posterior a la del día** Rechnung mit Datumsangabe vor-/nach dem Tag der Ausstellung; **sin** ~ undatiert; **a partir de esta** ~ von heute an; **en aquella** ~ zu jenem Zeitpunkt, an jenem Tag; **en la** ~ **fijada** termingerecht; **hasta la** ~ bis zum heutigen Tag; **con** ~ **del 14 de mayo** mit Datum vom 14. Mai; **adelantar/atrasar la** ~ **de algo** etw vor-/zurückdatieren; **poner la** ~ das Datum schreiben; **¿cuál es la** ~ **de hoy?** der Wievielte ist heute?
❷ (ECON) (Zeit *f* nach) Sicht *f;* **a 30 días** ~ 30 Tage dato; **a** ~ auf Zeit
❸ *pl* (*época*) Zeit(en) *f(pl);* **en estas** ~**s** dieser Tage, in dieser Zeit, in diesen Zeiten

fechable [feˈtʃaβle] *adj* datierbar

fechado, -a [feˈtʃaðo, -a] *adj* (*en cartas*): ~ **el...** mit Datum vom ...

fechador [fetʃaˈðor] *m* Datumsstempel *m*

fechar [feˈtʃar] *vt* datieren

fechoría [fetʃoˈria] *f* ❶ (*delito*) Gewalttat *f*, Missetat *f;* **le hicieron una auténtica** ~ **en la peluquería** (*fam*) der Friseur hat ihn/sie wirklich schlimm zugerichtet
❷ (*travesura*) (Lausbuben)streich *m*

fécula [ˈfekula] *f* Stärke *f;* **harina de** ~ Stärkemehl *nt*

feculento, -a [fekuˈlento, -a] *adj* ❶ (*que contiene fécula*) stärkehaltig
❷ (*que tiene heces*) fäkalienhaltig

fecundable [fekunˈdaβle] *adj* fruchtbar, fortpflanzungsfähig

fecundación [fekundaˈθjon] *f* Befruchtung *f;* ~ **artificial** künstliche Befruchtung

fecundador(a) [fekundaˈðor(a)] *adj* befruchtend

fecundar [fekunˈdar] *vt* (BIOL) befruchten; (*fertilizar*) fruchtbar machen; **el río fecunda las orillas** der Fluss macht die Ufer fruchtbar; **el hombre fecunda las tierras** der Mensch macht das Land urbar

fecundidad [fekundiˈðað] *f* Fruchtbarkeit *f*

fecundización [fekundiθaˈθjon] *f* (AGR) Düngung *f*

fecundizar [fekundiˈθar] <z→c> *vt* fruchtbar machen; (*mediante abonos*) düngen

fecundo, -a [feˈkundo, -a] *adj* ❶ (*prolífico*) fruchtbar
❷ (*tierra*) fruchtbar; (*campo*) ertragreich; ~ **en recursos** finanzstark
❸ (*creador*) fruchtbar, produktiv; ~ **de palabras** wortreich

FED [feð] *m abr de* **Fondo Europeo de Desarrollo** (UE) EEF *m*

fedatario [feðaˈtarjo] *m* ❶ (*notario*) Notar *m*
❷ (*funcionario*) Urkundsbeamter(beamtin) *m(f);* ~ **de la secretaría** Urkundsbeamter der Geschäftsstelle

FEDER [ˈfeðer] *m* (UE) *abr de* **Fondo Europeo de Desarrollo Regional** EFRE *m*, Europäischer Fonds *m* für regionale Entwicklung

federación [feðeraˈθjon] *f* Verband *m*, Zusammenschluss *m;* (*de estados*) Staatenbund *m*, Föderation *f;* ~ **de sindicatos** Gewerkschaftsbund *m*

federado, -a [feðeˈraðo, -a] *adj* föderativ, Bundes-; **estado** ~ Bundesland *nt*

federal [feðeˈral] I. *adj* föderativ, Bundes-; (*partidario del federalismo*) bundesstaatlich; **estado** ~ Bundesstaat *m;* **gobierno** ~ Bundesregierung *f;* **república** ~ Bundesrepublik *f*
II. *mf* Föderalist(in) *m(f)*

federalismo [feðeraˈlismo] *m sin pl* Föderalismus *m*

federalista [feðeraˈlista] I. *adj* föderalistisch
II. *mf* Föderalist(in) *m(f)*

federalización [feðeraliθaˈθjon] *f* (POL) Föderalisierung *f*

federalizar [feðeraliˈθar] <z→c> I. *vt* föderalisieren
II. *vr:* ~**se** sich bundesstaatlich zusammenschließen

federar [feðeˈrar] I. *vt* (*aliarse*) verbünden, vereinigen; (*federalizar*) zu einer Föderation vereinigen
II. *vr:* ~**se** ❶ (*unirse*) sich verbünden, sich vereinigen; (*federalizarse*) sich bundesstaatlich zusammenschließen
❷ (*Col: divorciarse*) sich scheiden lassen

federativo, -a [feðeraˈtiβo, -a] *adj* bundesstaatlich, Bundes-; **administración federativa** bundeseigene Verwaltung

feérico, -a [feˈeriko, -a] *adj* feenhaft

fehaciente [feaˈθjente] *adj* eindeutig; (JUR) beweiskräftig

feísta [feˈista] *adj* (ARTE, LIT): **cultura** ~ Hässlichkeitskult *m*

FE-JONS [efeˈxons] *f abr de* **Falange Española de las Juntas de Ofensiva Nacional Sindicalista** spanische Einheitspartei ab 1937

felación [felaˈθjon] *f* Fellatio *f*

feldespato [felðesˈpato] *m* (MIN) Feldspat *m*

felicidad [feliθiˈðað] *f* ❶ (*dicha*) Glück *nt;* **¡~es!** (herzlichen) Glückwunsch!; **te deseamos muchas** ~**es** wir wünschen dir alles Gute; **hemos llegado de las vacaciones con toda** ~ wir sind gut aus dem Urlaub zurückgekommen
❷ (*alegría*) Freude *f*

felicitación [feliθitaˈθjon] *f* ❶ (*enhorabuena*) Glückwunsch *m*, Gratulation *f*
❷ (*tarjeta*) Glückwunschkarte *f;* (*escrito*) Glückwunschschreiben *nt;* (*por telegrama*) Glückwunschtelegramm *nt*

felicitar [feliθiˈtar] I. *vt* beglückwünschen (*por* zu +*dat*), gratulieren (*a* +*dat, por* zu +*dat*)
II. *vr:* ~**se** sich beglückwünschen (*por* zu +*dat*), sich *dat* gratulieren (*por* zu +*dat*); ~**se de que...** +*subj* sich freuen, dass ...; ~**se de haber hecho algo** sich freuen etw (noch doch) getan zu haben

félido, -a [ˈfeliðo, -a] I. *adj* (ZOOL) katzenartig, Katzen-
II. *m, f* (ZOOL) katzenartiges Raubtier *nt*

feligrés, -esa [feliˈɣres, -esa] *m, f* Pfarrgemeindemitglied *nt*

feligreses [feliˈɣreses] *mpl* (Pfarr)gemeinde *f*

felino, -a [fe'lino, -a] *adj* (ZOOL) Katzen-, katzenartig, katzenhaft
felinos [fe'linos] *mpl* (ZOOL) (Familie *f* der) Katzen *fpl*
felipismo [feli'pismo] *m sin pl* Regierungspolitik von Felipe González
felipista [feli'pista] I. *adj* die Regierungspolitik von Felipe González betreffend
II. *mf* Anhänger(in) *m(f)* von Felipe González
feliz [fe'liθ] *adj* ❶ (*dichoso*) glücklich, zufrieden, froh; ¡~ **año nuevo!** ein glückliches neues Jahr!; ¡~ **Navidad!** fröhliche Weihnachten!, frohe Weihnachten!; ¡**felices Pascuas!** frohe Ostern!; ¡~ **viaje!** gute Reise!; **desenlace** ~ Happyend *nt*; **hacer** ~ **a alguien** jdn glücklich machen; **tener un fin** ~ glücklich enden, ein gutes Ende nehmen
❷ (*exitoso, acertado*) gelungen, erfolgreich
felizmente [feliθ'mente] *adv* ❶ (*sin contratiempos*) wohlbehalten, glücklich
❷ (*por suerte*) glücklicherweise
fellatio [fe'latjo] *f v.* **felación**
felón, -ona [fe'lon, -ona] I. *adj* ❶ (*traidor*) untreu, verräterisch
❷ (*infame*) gemein, heimtückisch
II. *m, f* ❶ (*traidor*) Verräter(in) *m(f)*
❷ (*infame*) Schurke, -in *f*
felonía [felo'nia] ❶ (*deslealtad*) Treubruch *m*, Verrat *m*
❷ (*infamia*) Gemeinheit *f*
❸ (*Am:* JUR) schweres Delikt *nt*
felpa ['felpa] *f* ❶ (*peluche*) Plüsch *m*
❷ (*fam: paliza*) Prügel *mpl*, Schläge *mpl*
❸ (*fam: reprimenda*) Rüffel *m*, Verweis *m*
felpeada [felpe'aða] *f* (*Arg, Urug: fam*) derber Verweis *m*, Anschnauzer *m*
felpudo¹ [fel'puðo] *m* Fußabtreter *m*, Fußmatte *f*
felpudo, -a² [fel'puðo, -a] *adj* plüschartig, samtig
femenino¹ [feme'nino] *m* (LING) Femininum *nt*
femenino, -a² [feme'nino, -a] *adj* ❶ (*de sexo femenino*) weiblich, feminin; **equipo** ~ Damenmannschaft *f*; **400 m lisos** ~**s** (DEP) 400-m-Lauf der Damen
❷ (*afeminado*) weibisch, verweichlicht
❸ (LING) femin, weiblich; **artículo** ~ femininer Artikel
fémina ['femina] *f* (*argot*) tolle Frau *f*, tolle Braut *f*; (*pey*) Weibsbild *nt*, Weibsperson *f*
femineidad [feminei'ðað] *f sin pl* Weiblichkeit *f*, Fraulichkeit *f*
feminidad [femini'ðað] *f* Weiblichkeit *f*
feminismo [femi'nismo] *m sin pl* (*doctrina*) Feminismus *m*; (*movimiento*) Frauenbewegung *f*
feminista [femi'nista] I. *adj* feministisch
II. *mf* Feminist(in) *m(f)*
feminización [feminiθa'θjon] *f sin pl* ❶ (BIOL, LING) Feminisierung *f*
❷ (*sociedad*) gesellschaftliche Emanzipation *f* der Frau
feminoide [femi'noiðe] *adj* (*elev*) weibisch, feminin
femoral [femo'ral] *adj* (ANAT) femoral, Oberschenkel-
fémur ['femur] *m* (ANAT) Oberschenkelknochen *m*
fenec [fe'nek] *m* (ZOOL) Fennek *m*, Wüstenfuchs *m*
fenecer [fene'θer] *irr como* **crecer** I. *vi* ❶ (*morirse*) sterben, umkommen
❷ (*acabarse*) zu Ende gehen, enden, vorbei sein *fam*
II. *vt* (*acabar*) beenden, zum Abschluss bringen
fenecimiento [feneθi'mjento] *m* ❶ (*fallecimiento*) (Da)hinscheiden *nt*, Verscheiden *nt*
❷ (*fin*) Ende *nt*, Schluss *m*
fenianismo [fenja'nismo] *m sin pl* (POL) Sinn-Fein-Bewegung *f*
fenicia [fe'niθja] *adj o f v.* **fenicio**
Fenicia [fe'niθja] *f* Phönizien *nt*
fenicio, -a [fe'niθjo] I. *adj* phönizisch, Phönizier-
II. *m, f* Phönizier(in) *m(f)*
fénix ['feniɣs] *m* Phönix *m*; **renacer como el** ~ **de sus cenizas** wie ein Phönix aus der Asche (auf)steigen
fenomenal [fenome'nal] I. *adj* ❶ (*fenoménico*) Phänomen-
❷ (*extraordinario*) großartig, erstaunlich; (*susto*) unglaublich
❸ (*fam: tremendo*) toll, riesig
II. *adv* (*fam*) fabelhaft, wunderbar; **se ha comportado** ~ **conmigo** sein/ihr Verhalten mir gegenüber war einfach fabelhaft
fenómeno [fe'nomeno] I. *adj inv* (*fam*) phänomenal, kolossal; ¡~! perfekt!, super!
II. *m* ❶ (*suceso*) Phänomen *nt*, Erscheinung *f*
❷ (FILOS, MED) Phänomen *nt*
❸ (*maravilla*) Wunder *nt*
❹ (*persona*) Phänomen *nt*, ungewöhnlicher Mensch *m*; (*genio*) Genie *nt*; **es un** ~ **para los idiomas** er/sie ist ein Sprachgenie
❺ (*monstruo*) Ungeheuer *nt*, schreckliches Wesen *nt*
III. *adv* toll; **pasarlo** ~ sich blendend amüsieren
fenotipo [feno'tipo] *m* (BIOL) Phänotyp *m*, Erscheinungsbild *f*

feo¹ ['feo] I. *m* (*fam*) ❶ (*grosería*) Gehässigkeit *f*, Gemeinheit *f*; **hacer un** ~ **a alguien** zu jdm gemein sein
❷ (*aspecto*) Hässlichkeit *f*
❸ (GASTR: *dulce*) kleines rechteckiges Mandelgebäck
II. *adv* (*fam*) schlecht, übel; **dejar** ~ **a alguien** jdn blamieren, jdn lächerlich machen
feo, -a² ['feo, -a] *adj* ❶ (*espantoso*) hässlich; **ser más** ~ **que Picio** hässlich wie die Nacht sein; **poner un asunto** ~ eine Sache schwarz ausmalen [*o* negativ darstellen]; **le tocó bailar con la más fea** (*fig*) er hatte Pech, er hat den Kürzeren gezogen; **la cosa se está poniendo fea** es wird langsam brenzlig, die Angelegenheit fängt allmählich an zu stinken *fam;* **tener las cartas muy feas** (*juego de barajas*) sehr schlechte Karten haben
❷ (*reprobable*) gemein, gehässig; **está muy** ~ **lo que hiciste** so etwas macht man nicht
FEOGA [fe'oɣa] *m* (UE) *abr de* **Fondo Europeo de Orientación y Garantía Agrícola** EAGFL *m*, Europäischer Ausrichtungs- und Garantiefonds *m* für die Landwirtschaft
feracidad [feraθi'ðað] *f* Fruchtbarkeit *f*
feraz [fe'raθ] *adj* fruchtbar, ertragreich
féretro ['feretro] *m* Sarg *m*
feria ['ferja] *f* ❶ (*exposición*) Messe *f*; ~ **del automóvil** Automobilmesse *f*; ~ **comercial/industrial** Handels-/Industriemesse *f*; ~ **internacional del libro** internationale Buchmesse; ~ **monográfica** Fachmesse *f*; ~ **de muestras** Mustermesse *f*; **stand en la** ~ Messestand *m*; **la** ~ **se celebra en Frankfurt** die Messe findet in Frankfurt statt
❷ (*mercado*) Markt *m*; ~ **semanal** Wochenmarkt *m*
❸ (*fiesta*) Fest *nt*; **la** ~ **de San Isidro** Volksfest in Madrid
❹ (*verbena*) Jahrmarkt *m*, Kirmes *f*; **puesto de** ~ Jahrmarktsbude *f*; **no creas al que de la** ~ **viene, sino al que a ella vuelve** (*prov*) ≈glaube nicht dem, der von der Kirmes kommt, sondern dem, der nochmals hingeht; **cada uno habla de la** ~ **según le va en ella** (*prov*) ≈jeder erzählt so von der Kirmes, wie es ihm dort ergangen ist
❺ (*descanso*) Ruhetag *m*, Feiertag *m*
❻ (CRi, ElSal: *propina*) Trinkgeld *nt*; (*Méx: cambio*) Wechselgeld *nt*
feriado, -a [fe'rjaðo, -a] *adj* (*Am*) festlich; **día** ~ Feiertag *m*
ferial [fe'rjal] I. *adj* (*de exposición*) Messe-; (*de mercado*) Markt-; **ciudad** ~ Messestadt *f*; **recinto** ~ Messegelände *nt*
II. *m* (*de feria*) Messegelände *nt*; (*de mercado*) Marktplatz *m*
feriante [fe'rjante] *mf* ❶ (*que exhibe*) Messeaussteller(in) *m(f)*; (*en la verbena*) Schausteller(in) *m(f)*
❷ (*que compra*) Marktbesucher(in) *m(f)*; (*en una feria*) Messebesucher(in) *m(f)*
feriar [fe'rjar] I. *vi* freimachen (*en* an +*dat*), Urlaub nehmen (*en* an +*dat*)
II. *vt* ❶ (*mercar*) erstehen, kaufen
❷ (*vender*) verkaufen
❸ (*permutar*) tauschen
ferino, -a [fe'rino, -a] *adj* wild; **tos ferina** (MED) Keuchhusten *m*
fermata [fer'mata] *f* (MÚS) ❶ (*notas de adorno*) Kadenz *f*, (kurze) Improvisationsstelle *f*
❷ (*calderón*) Fermate *f*, Haltezeichen *nt*
fermentación [fermenta'θjon] *f* (Ver)gärung *f*; (*de tabaco, té*) Fermentation *f*; ~ **alcohólica** alkoholische Gärung
fermentado, -a [fermen'taðo, -a] *adj* vergoren; (*tabaco, té*) fermentiert
fermentar [fermen'tar] I. *vi* ❶ (*vino*) (ver)gären; **poner a** ~ gären lassen
❷ (*agitarse*) gären, brodeln
II. *vt* vergären; (*tabaco, té*) fermentieren
fermento [fer'mento] *m* ❶ (*sustancia*) Gärmittel *nt*
❷ (*origen*) Auslöser *m*, Ursache *f*
fermi ['fermi] *m* (FÍS) Fermi *nt*
fermio ['fermjo] *m* (QUÍM) Fermium *nt*
ferocidad [feroθi'ðað] *f* ❶ (*salvajismo*) Wildheit *f*
❷ (*crueldad*) Grausamkeit *f*
feromona [fero'mona] *f* (BIOL) Pheromon *nt*
feroz [fe'roθ] *adj* ❶ (*salvaje*) wild
❷ (*cruel*) grausam; (*violento*) gewalttätig
❸ (*fam: muy grande*) riesig
ferrado, -a [fe'rraðo, -a] *adj* Eisen-, eisern; **un puente** ~ Eisenbrücke *f*
ferralita [ferra'lita] *f* (GEO) Ferralsol *m*
ferralla [fe'rraʎa] *f* Alteisen *nt*
ferrar [fe'rrar] <e→ie> *vt* mit Eisen beschlagen
férreo, -a ['ferreo, -a] *adj* ❶ (*de hierro*) Eisen-
❷ (*del ferrocarril*) Eisenbahn-; **línea férrea** Eisenbahnlinie *f*; **vía férrea** Eisenbahngleis *nt*
❸ (*tenaz*) eisern, hart; **disciplina férrea** eiserne Disziplin
ferrería [ferre'ria] *f* Eisenhütte *f*

ferretera [ferre'tera] *f v.* **ferretero**
ferretería [ferrete'ria] *f* ❶ (*tienda*) Eisenwarengeschäft *nt*; (*ramo de establecimientos*) Eisenwarenhandel *m*
❷ (*ferrería*) Eisenhütte *f*
ferretero, -a [ferre'tero, -a] *m, f* Eisenwarenhändler(in) *m(f)*
férrico, -a ['ferriko, -a] *adj* (QUÍM) Eisen-, eisenhaltig
ferrificarse [ferrifi'karse] <c→qu> *vr* (MIN) sich in Eisen verwandeln
ferro ['ferro] *m* (NÁUT) Anker *m*
ferroaleación [ferroalea'θjon] *f* (QUÍM) Eisenlegierung *f*
ferrobús [ferro'βus] *m* Schienenbus *m*
ferrocarril [ferroka'rril] *m* ❶ (*vía*) Schienen *fpl*
❷ (*tren*) Eisenbahn *f;* ~ **de cremallera** Zahnradbahn *f;* ~ **elevado** Hochbahn *f;* ~ **funicular** (Draht)seilbahn *f;* ~ **subterráneo** Untergrundbahn *f;* ~ **de vía ancha** Breitspurbahn *f;* ~ **de vía estrecha** Schmalspurbahn *f;* ~ **de vía única** Einschienenbahn *f;* **por** ~ auf der Schiene, per Bahn
ferrocarrilero, -a [ferrokarri'lero, -a] *adj* (*Am: fam: ferroviario*) Eisenbahn-; **el transporte** ~ Eisenbahntransport *m*
ferroelectricidad [ferroelektriθi'ðað] *f sin pl* (ELEC) Ferroelektrizität *f*
ferromagnetismo [ferromayne'tismo] *m* (FIS) Ferromagnetismus *m*
ferroso, -a [fe'rroso, -a] *adj* (QUÍM) Eisen-, eisenhaltig; **metal no** ~ nicht eisenhaltiges Metall
ferrovía [ferro'βia] *f* Eisenbahnschienen *fpl*
ferrovial [ferro'βjal] *adj* Eisenbahn-; **tráfico** ~ Eisenbahnverkehr *m*
ferroviario, -a [ferro'βjarjo, -a] I. *adj* Eisenbahn-
II. *m, f* Bahnangestellte(r) *mf*
ferruginoso, -a [ferruxi'noso, -a] *adj* ❶ (*agua, mineral*) eisenhaltig
❷ (*color*) rotbraun, rostrot
ferry ['ferri] *m* Fähre *f*, Fährschiff *nt*
fértil ['fertil] *adj* ❶ (*tierra*) fruchtbar, ertragreich; (*persona*) fruchtbar; **estar en edad** ~ im gebärfähigen Alter sein
❷ (*rico*) reich (*en* an +*dat*)
fertilidad [fertili'ðað] *f* Fruchtbarkeit *f*; (*de tierra t.*) Ergiebigkeit *f*
fertilización [fertiliθa'θjon] *f* (*de tierra*) Fruchtbarmachung *f;* ~ **in vitro** In-vitro-Fertilisation *f*
fertilizante [fertili'θante] *m* Dünger *m*, Düngemittel *nt*
fertilizar [fertili'θar] <z→c> *vt* fruchtbar machen; (*abonar*) düngen
férula ['ferula] *f* ❶ (*palmeta*) Zuchtrute *f*; **estar bajo la** ~ **de alguien** unter jds Zuchtrute stehen
❷ (*castigo*) Stockhieb *m*
❸ (MED) Schiene *f*, Schienenverband *m*
férvido, -a ['ferβiðo, -a] *adj* (*elev*) ❶ (*hirviente*) kochend
❷ (*sentimiento*) leidenschaftlich, inbrünstig
ferviente [fer'βjente] *adj* eifrig, begeistert
fervor [fer'βor] *m* ❶ (*calor*) Glut *f*, Hitze *f*
❷ (*celo*) Eifer *m*, Inbrunst *f;* **con** ~ eifrig
❸ (*piedad religiosa*) Frömmigkeit *f*
fervoroso, -a [ferβo'roso, -a] *adj* eifrig, hingebungsvoll
festejar [feste'xar] I. *vt* ❶ (*celebrar*) feiern, begehen *elev;* ~ **a alguien** jdn feiern
❷ (*galantear*): ~ **a alguien** jdm den Hof machen, jdn umgarnen
❸ (*Am: azotar*) verprügeln
II. *vr:* ~**se** feiern
festejo [fes'texo] *m* ❶ (*conmemoración*) Fest *nt*, Feier *f*
❷ (*galanteo*) (Um)werben *nt*, Umgarnen *nt*
❸ *pl* (*actos públicos*) Feierlichkeiten *fpl*
festín [fes'tin] *m* ❶ (*celebración*) Feier *f*
❷ (*banquete*) Festessen *nt*, Bankett *nt*
festinación [festina'θjon] *f* (MED) Festination *f*
festinar [festi'nar] *vt* (*AmC*) ❶ (*agasajar*) bewirten
❷ (*arruinar*) ruinieren, zugrunde [*o* zu Grunde] richten
❸ (*apremiar*) drängen
festival [festi'βal] *m* Festival *nt;* ~ **de cinematografía** Filmfestspiele *ntpl*
festividad [festiβi'ðað] *f* ❶ (*conmemoración*) Feierlichkeit *f*, Festlichkeit *f*
❷ (*día*) Festtag *m*
festivo, -a [fes'tiβo, -a] *adj* ❶ (*de fiesta*) Feier-, Fest-; **día** ~ Feiertag *m*
❷ (*humorístico*) witzig, lustig; (*persona*) scherzhaft, fröhlich
festón [fes'ton] *m* ❶ (*guirnalda*) Girlande *f*; (ARTE) Feston *nt*
❷ (*remate cosido*) Borte *f* (mit Kettenstichen), Saum *m*
❸ (ARQUIT) (Bau)ornament *nt*
festonear [festone'ar] *vt* ❶ (*bordar*) (mit Kettenstich) versäumen
❷ (*adornar*) Girlanden anbringen (*an* +*dat*), mit Girlanden schmücken
feta ['feta] *f* (*Arg*) Scheibe *f* Wurst
fetación [feta'θjon] *f* (MED) Schwangerschaft *f*
fetal [fe'tal] *adj* fötal, Fötus-
fetén [fe'ten] I. *adj inv* ❶ (*excelente*) außerordentlich, hervorragend; **una chica** ~ (*argot*) ein tolles Mädchen, eine klasse Frau
❷ (*auténtico*) authentisch, echt
II. *f* (*fam: verdad*) Wahrheit *f*
fetiche [fe'titʃe] *m* Fetisch *m*
fetichismo [feti'tʃismo] *m sin pl* Fetischismus *m*
fetichista [feti'tʃista] I. *adj* fetischistisch
II. *mf* Fetischist(in) *m(f)*
feticida [feti'θiða] I. *adj* (*elev*) abtreibend
II. *mf* (*elev*) Abtreibende(r) *mf*
feticidio [feti'θiðjo] *m* (*elev*) Abtreibung *f*, Abtötung *f* des Fetus
fetidez [feti'ðeθ] *f* Gestank *m*, schlechter Geruch *m;* (*exhalación fétida*) üble Ausdünstungen *fpl*
fétido, -a ['fetiðo, -a] *adj* stinkend, übel riechend
feto ['feto] *m* ❶ (MED) Fötus *m*, Leibesfrucht *f*
❷ (*monstruo*) hässliche Kreatur *f*, Missgeburt *f*
feúcho, -a [fe'utʃo, -a] *adj* (*fam*) hässlich, unansehnlich
feudal [feu'ðal] *adj* Feudal-, Lehns-, feudal; **señor** ~ Feudalherr *m*, Lehnsherr *m;* **sociedad** ~ feudalistische Gesellschaft, Feudalgesellschaft *f*
feudalidad [feuðali'ðað] *f sin pl* (HIST) Feudalität *f*, Lehnsverhältnis *nt*
feudalismo [feuða'lismo] *m sin pl* (*sistema*) Feudalismus *m*, Feudalherrschaft *f*
❷ (*época*) Feudalzeit *f*
feudatario, -a [feuða'tarjo, -a] I. *adj* (HIST) ❶ (*poseedor de feudo*) Lehns-, Feudal-
❷ (*obligado a pagar feudo*) lehnspflichtig
II. *m, f* (HIST) ❶ (*poseedor de feudo*) Lehnsherr(in) *m(f)*
❷ (*obligado a pagar feudo*) Lehnsträger(in) *m(f)*
feudo ['feuðo] *m* Lehen *nt*, Lehn(s)gut *nt*; **este pueblo es un** ~ **de los socialistas** dieses Dorf ist ein Bollwerk der Sozialisten
fez [feθ] *m* Fes *m*
FFAA ['fwerθas ar'maðas] *abr de* **Fuerzas Armadas** Streitkräfte *fpl*
FFCC [ferroka'rriles] *abr de* **ferrocarriles** Eisenbahn *f*
FGD [efexe'ðe] *m abr de* **Fondo de Garantía de Depósitos** Einlagensicherungsfonds *m*
FGS [efexe'ese] *m abr de* **Fondo de Garantía Salarial** Konkursausfallfonds *m*
fiabilidad [fjaβili'ðað] *f* ❶ (*de una persona, información*) Zuverlässigkeit *f*, Verlässlichkeit *f*
❷ (*de una empresa*) Seriosität *f*, Vertrauenswürdigkeit *f;* ~ **de un producto** Zuverlässigkeit eines Produktes
fiable [fi'aβle] *adj* ❶ (*persona, información*) zuverlässig, verlässlich
❷ (*empresa*) seriös, vertrauenswürdig
fiado, -a [fi'aðo, -a] *adj* (*confiado*) zuversichtlich; **Juan es muy** ~ **de sí mismo** Juan ist sehr von sich *dat* eingenommen
❷ (*sin pagar*): **comprar al** ~ auf Kredit kaufen
fiador¹ [fja'ðor] *m* (*de puerta*) Riegel *m;* (*de pistola, caja fuerte*) Sicherung *f;* ~ **mancomunado** (JUR) Nebenbürge *m*
fiador(a)² [fja'ðor(a)] *m(f)* Bürge, -in *m, f* (*de* für +*akk*), Garant(in) *m(f)* (*de* für +*akk*); ~ **de letra** Wechselbürge *m;* **salir** ~ **por alguien** für jdn bürgen
fiambrar [fjam'brar] *vt* (GASTR) Wurst aufschneiden
fiambre [fi'ambre] I. *adj* ❶ (GASTR) kalt
❷ (*fam: noticia*) veraltet, überholt; (*discurso*) nicht aktuell
II. *m* ❶ (GASTR) Wurstwaren *fpl*
❷ (*fam: cadáver*) Leiche *f*; **ese está** ~ der ist mausetot
❸ (*Arg: fiesta*) langweiliges Fest *nt*
fiambrera [fjam'brera] *f* (*cesta*) Picknickkorb *m*; (*caja*) Frischhaltebox *f*
fianza [fi'anθa] *f* ❶ (*depósito*) Kaution *f*; **salir en libertad bajo** ~ gegen Kaution freigelassen werden
❷ (*garantía*) Sicherheit *f*, Garantie *f*; (JUR, FIN) Bürgschaft *f;* ~ **solidaria** Mitbürgschaft *f*, Solidarbürgschaft *f;* ~ **subsidiaria** Ausfallbürgschaft *f*; **caducación de la** ~ Erlöschen der Bürgschaft
❸ (*fiador*) Bürge, -in *m, f*
fiar [fi'ar] <*1. pres:* fío> I. *vi* ❶ (*al vender*) Kredit geben, anschreiben *fam*; **en esa tienda no fían** in diesem Geschäft wird nicht angeschrieben
❷ (*confiar*) vertrauen (*en* auf +*akk*); **ser alguien de poco** ~ wenig vertrauenswürdig sein
II. *vt* ❶ (*garantizar*) bürgen (*für* +*akk*), sich verbürgen (*für* +*akk*)
❷ (*dar crédito*) auf Kredit überlassen
❸ (*confiar*) anvertrauen; **le he fiado el secreto** ich habe ihm/ihr das Geheimnis anvertraut; **es de** ~ er/sie ist zuverlässig [*o* verlässlich]
III. *vr:* ~**se** sich verlassen (*de* auf +*akk*), vertrauen (*de* +*dat*, auf +*akk*); **no te fíes de lo que dice** glaub ihm/ihr kein Wort
fiasco ['fjasko] *m* Fiasko *nt*
fibra ['fiβra] *f* ❶ (*filamento, t.* BIOL, MED) Faser *f*; (*raíz*) Wurzelfaser *f;* ~ **muscular** (MED) Muskelfaser *f;* ~ **natural** Naturfaser *f;* ~ **textil** Textilfaser *f;* ~ **vegetal** (BIOL) Pflanzenfaser *f;* ~ **de vidrio** Glasfaser *f*
❷ (*vigor*) Kraft *f*; **tiene** ~ **para conseguir grandes triunfos** er/sie wird

es einmal weit bringen; **no tiene ~ suficiente para llevar la empresa** ihm/ihr fehlt das Zeug zur Leitung der Firma; **con esas palabras tocó la ~ (sensible) del público** mit diesen Worten gewann er/sie das Publikum (emotional) für sich
④ *pl* (*en alimentos*) Ballaststoffe *mpl*
fibrilación [fiβrila'θjon] *f* (MED) Muskelflimmern *nt*, Fibrillation *f*
fibrocemento [fiβroθe'mento] *m* Faserzement *m*
fibroína [fiβro'ina] *f* (QUÍM) Fibroin *nt*
fibroma [fi'βroma] *m* (MED) Fibrom *nt*
fibromatosis [fiβroma'tosis] *f inv* (MED) Fibromatose *f*
fibromioma [fiβromi'oma] *m* (MED) Fibromyom *nt*
fibrosis [fi'βrosis] *f inv* (MED) Fibrose *f*
fibroso, -a [fi'βroso, -a] *adj* Faser-, faserig; (MED) fibrös
fíbula ['fiβula] *f* ❶ (HIST) Fibel *f*
❷ (ANAT) Wadenbein *nt*, Fibula *f*
ficción [fiɣ'θjon] *f* ❶ (*simulación*) Vortäuschung *f*, Vortäuschen *nt*
❷ (*invención*) Fiktion *f*, Erfindung *f*; **~ novelesca** Roman *m*; **ciencia ~** Sciencefiction *f*
❸ (JUR) Fiktion *f*; **~ confesional** Geständnisfiktion *f*; **~ de la notificación** Zustellungsfiktion *f*
ficcional [fiɣθjo'nal] *adj* erdacht, erfunden, fiktional
ficha ['fitʃa] *f* ❶ (*de ruleta*) Chip *m*, Jeton *m*; (*de dominó, parchís*) (Spiel)stein *m*; **mover ~** (*fig*) Stellung beziehen
❷ (*para una máquina*) Jeton *m*; (*de teléfono*) Münze *f*; (*de guardarropa*) Marke *f*
❸ (*tarjeta informativa*) Karteikarte *f*; (*en el trabajo*) Stechkarte *f*; **~ artística** (CINE, TV) Vorspann *m*; **~ chip** (INFOR) Chipkarte *f*; **~ magnética** (INFOR) Magnetkarte *f*; **~ perforada** (INFOR) Lochkarte *f*; **~ policial** Polizeiakte *f*; **~ de sonido** (INFOR) Soundkarte *f*; **~ técnica** (CINE, TV) Nachspann *m*
❹ (DEP) Ablösesumme *f*
❺ (*bribón*) Gauner *m*
fichaje [fi'tʃaxe] *m* (DEP) Verpflichtung *f* (eines Spielers); **el Madrid no realizará ningún ~** (der Verein) Real Madrid wird niemanden verpflichten; **el último ~ ha resultado un fracaso** die Wahl des neuen Mitspielers stellte sich als ein Fehlgriff heraus
fichar [fi'tʃar] I. *vi* ❶ (DEP) sich verpflichten; **~ por un club por dos años** sich bei einem Verein auf zwei Jahre verpflichten
❷ (*en el trabajo*) stechen
II. *vt* ❶ (*registrar*) in die Kartei aufnehmen, registrieren; (*la policía*) die Personalien aufnehmen (*a* +gen, von +dat); **estar fichado** vorbestraft sein
❷ (*fam: desconfiar*) in eine (bestimmte) Schublade stecken; **en este club me han fichado y no me dejan entrar** in diesem Verein sind sie mir nicht wohlgesinnt; deshalb lassen sie mich nicht beitreten
❸ (DEP) verpflichten
❹ (*anotar informaciones*) kartieren
fichero [fi'tʃero] *m* ❶ (*archivador*) Kartei *f*; (*caja*) Karteikasten *m*; **~ de clientes** Kundenkartei *f*
❷ (INFOR) Datei *f*; **ASCII** ASCII- Datei *f*; **~ de trabajo** Arbeitsdatei *f*; **~ transitorio** Hilfsdatei *f*
ficticio, -a [fik'tiθjo, -a] *adj* (frei) erfunden, fiktiv; **activos ~s** (FIN) unechte Aktiva
ficus ['fikus] *m inv* (BOT) Ficus *m*
fidedigno, -a [fiðe'ðiɣno, -a] *adj* glaubwürdig
fideicomisario, -a [fiðeikomi'sarjo, -a] I. *adj* (JUR) fideikommissarisch
II. *m, f* Treuhänder(in) *m(f)*; **~ económico** Wirtschaftstreuhänder *m*
fideicomiso [fiðeiko'miso] *m* (JUR) Fideikommiss *nt*, Treuhandschaft *f*; **~ de seguridad** Sicherungstreuhand *f*; **~ temporal** Vorerbschaft *f*
fideicomitente [fiðeikomi'tente] *mf* (JUR) Begründer(in) *m(f)* eines Fideikommisses
fideísmo [fiðe'ismo] *m sin pl* (FILOS) Fideismus *m*
fidelidad [fiðeli'ðað] *f* ❶ (*lealtad*) Treue *f*; **~ constitucional** (JUR, POR) Verfassungstreue *f*; **~ federal** (POL) Bundestreue *f*
❷ (*precisión*) Genauigkeit *f*; (*de un sonido*) Klangtreue *f*; **alta ~** Highfidelity *f*
fideo [fi'ðeo] *m* ❶ (GASTR) Suppennudel *f*
❷ (*fam: persona*) Bohnenstange *f*
fiduciario, -a [fiðuθi'ðarjo, -a] I. *adj* fiduziarisch, treuhänderisch; **sociedad fiduciaria** Treuhandgesellschaft *f*
II. *m, f* Fiduziar(in) *m(f)*, Treuhänder(in) *m(f)*; **~ contractual** Vertragstreuhänder *m*; **~ subsidiario** Gegentreuhänder *m*
fiebre ['fjeβre] *f* ❶ (MED) Fieber *nt*; **~ amarilla** Gelbfieber *nt*; **~ del heno** Heuschnupfen *m*; **~ palúdica** Malaria *f*; **tener mucha ~** hohes Fieber haben; **tener poca ~** erhöhte Temperatur haben
❷ (*locura*) Fieber *nt*, Erregung *f*; **~ del juego** Spielleidenschaft *f*; **~ del oro** Goldrausch *m*
fiel [fjel] I. *adj* ❶ (*persona*) treu; **~ a Moscú** (POL) moskautreu; **ser ~ a una promesa** sein Versprechen halten; **siempre me han sido ~es** sie haben immer zu mir gehalten
❷ (*retrato*) getreu
❸ (*memoria*) gut, verlässlich
II. *m* ❶ (*seguidor*) Anhänger *m*; **el político iba acompañado de sus ~es** der Politiker wurde von seinen Getreuen [*o* von seiner Anhängerschaft] begleitet
❷ (*de una balanza*) Zeiger *m*, Zunge *f*; **él podría inclinar el ~ de la balanza** er könnte das Zünglein an der Waage sein
❸ (*inspector*) Eicher *m*, Eichmeister *m*
❹ *pl* (REL) Gläubigen *mpl*
fieltro ['fjeltro] *m* ❶ (*paño*) Filz *m*
❷ (*sombrero*) Filzhut *m*; (*capote*) Filzcape *nt*
fiera ['fjera] *f* ❶ (ZOOL) Raubtier *nt*
❷ (TAUR) Stier *m*
❸ (*persona*) Bestie *f*, Unmensch *m*; **llegó hecho una ~** (fam) er/sie kam außer sich *dat* vor Wut an
❹ (*loc, fam*): **ser una ~ en algo** sehr tüchtig in etw *dat* sein; **ser una ~ para el trabajo** ein Arbeitstier sein
fiereza [fje'reθa] *f* ❶ (*de un animal*) Wildheit *f*
❷ (*de una persona*) Grausamkeit *f*, Brutalität *f*
fiero, -a ['fjero, -a] *adj* ❶ (*feroz*) wild
❷ (*cruel*) grausam, brutal
❸ (*feo*) hässlich
❹ (*fuerte*) stark; **tener ~s celos** von rasender Eifersucht geplagt sein; **tener ~s remordimientos** heftige Gewissensbisse haben
fierro ['fjerro] *m* (Am) ❶ (*hierro*) Eisen *nt*
❷ (*del ganado*) Brandzeichen *nt*
fiesta ['fjesta] *f* ❶ (*día*) Feiertag *m*, Festtag *m*; **~ de guardar** gesetzlicher Feiertag; **~s movibles** bewegliche Feiertage; **las ~s de Navidad** die Weihnachtsfeiertag; **¡Felices F~s!** Frohe Weihnachten!, Frohes Fest!; **hoy hago ~** heute mache ich frei
❷ (*celebración*) Fest *nt*, Feier *f*; **~ de disfraces** Kostümfest *nt*; **~ de inauguración** Einweihungsfest *nt*; **~ mayor** (*de una ciudad*) Stadtfest *nt*; (*de un pueblo*) Dorffest *nt*; **dar/hacer una ~** ein Fest geben/machen; **aguar la ~ a alguien** (*fam*) jdm den Spaß verderben
❸ *pl* (*caricias*): **hacer ~s a alguien** jdm schmeicheln, jdm um den Bart gehen *fam*
❹ (*loc, fam*): **se acabó la ~** Schluss damit; **estar de ~** gut aufgelegt sein; **hoy no estoy para ~s** heute bin ich nicht zum Scherzen aufgelegt; **acabemos la ~ en paz** lass/lasst uns keinen Streit anfangen
fifí [fi'fi] *m* (CSur, Méx: señorito) Fatzke *m fam*, Snob *m*
fifirriche [fifi'ritʃe] I. *adj* (AmC, Méx: enclenque) schwächlich
II. *m* (CRi, Méx: petimetre) Fatzke *m fam*, Snob *m*
fig. [fiɣura'tiβo] *abr de* **figurativo** figurativ
figle ['fiɣle] *m* (MÚS) ❶ (*instrumento*) Ophikleide *f*, tiefes Klapphorn *nt*
❷ (*músico*) Klapphornist(in) *m(f)*
figón [fi'ɣon] *m* Spelunke *f*
figura¹ [fi'ɣura] *m* Wichtigtuer *m*
figura² [fi'ɣura] *f* ❶ (*de un cuerpo, t.* ARTE, MAT, MÚS) Figur *f*; **~ de ajedrez** Schachfigur *f*; **~ decorativa** (*persona*) Lückenbüßer *m*; **un vestido que realza la ~** (*que adelgaza*) ein Kleid, das schlank macht; (*que modela*) ein figurbetontes Kleid; **¡vaya ~ estás hecho!** du siehst ja wie eine Vogelscheuche aus!
❷ (*cara*) Gesicht *nt*; (*aspecto*) Aussehen *nt*
❸ (*imagen*) Gestalt *f*; **~ de cera** Wachsfigur *f*; **se distinguía la ~ de un barco** die Umrisse eines Schiffes zeichneten sich ab
❹ (TEAT) Figur *f*, Gestalt *f*; **~ central** Hauptperson *f*; **~ grotesca** Spottgestalt *f*
❺ (*personaje*) Figur *f*, Persönlichkeit *f*; **~ clave** Schlüsselfigur *f*; **las grandes ~s del deporte** die Größen des Sports
❻ (*de una danza, t.* DEP) Figur *f*
❼ (*mueca*) Grimasse *f*
❽ (*ilustración*) Figur *f*, Abbildung *f*
❾ (LING) Figur *f*; **~ retórica** Redefigur *f*
❿ (ASTR): **~ celeste** Sternbild *nt*
⓫ (JUR): **~ de delito** Straftatbestand *m*
⓬ (*de la baraja*) Bube, Reiter oder König in den spanischen Spielkarten
figuración [fiɣura'θjon] *f* ❶ (ARTE) Figuration *f*
❷ (*imaginación*) Einbildung *f*; **esto sólo son figuraciones tuyas** das bildest du dir nur ein
❸ (CINE) Statisten *mpl*
figurado, -a [fiɣu'raðo, -a] *adj* ❶ (*lenguaje*) bildlich
❷ (*significado, uso*) figurativ, figürlich; **en sentido ~** im übertragenen Sinne
figurante [fiɣu'rante] *mf* Statist(in) *m(f)*
figurar [fiɣu'rar] I. *vi* ❶ (*en una lista*) erscheinen, auftauchen; **no figura en la lista** er/sie steht nicht auf der Liste; **figura en el puesto número tres** er/sie rangiert auf Platz drei; **no figura entre los más importantes** er/sie zählt nicht zu den Wichtigsten

figurativo

② (*destacar*) eine wichtige Rolle spielen; **figura mucho en la empresa** er/sie zählt zur Führungsspitze der Firma
③ (*aparentar*) angeben; **le gusta un montón ~** er/sie legt viel Wert auf sein/ihr Äußeres
II. vt ① (*representar*) darstellen
② (TEAT) spielen
③ (*simular*) vortäuschen, simulieren; **figuró no haber oído el comentario** er/sie tat so, als ob er/sie den Kommentar nicht gehört hätte
III. vr: **~se** sich *dat* vorstellen, sich *dat* denken; **¡figúrate!** stell dir vor!; **no vayas a ~te que...** bilde dir bloß nicht ein, dass ...; **me había figurado que el encuentro sería más bonito** ich hatte mir die Begegnung schöner vorgestellt

figurativo, -a [fiɣuraˈtiβo, -a] *adj* figurativ, figürlich; **no ~** abstrakt
figurilla [fiɣuˈriʎa] *f* Statuette *f*
figurín [fiɣuˈrin] *m* ① (*dibujo*) Modezeichnung *f*; (*modelo*) Schaufensterpuppe *f*; (CINE, TEAT) Figurine *f*
② (*persona*) Modegeck *m*
figurinista [fiɣuriˈnista] *mf* Modezeichner(in) *m(f)*; (CINE, TEAT) Kostümbildner(in) *m(f)*
figurita [fiɣuˈrita] *f* (*Arg*) Farbendruck *m*
figurón [fiɣuˈron] *m* ① (*fam: fachendoso*) Angeber *m*
② (NÁUT): **~ de proa** Galionsfigur *f*
figuroso, -a [fiɣuˈroso, -a] *adj* (*Chil, Méx: extravagante en el vestir*) auffällig gekleidet
fija [ˈfixa] *f* ① (*CSur: en una apuesta*) Tipp *m*
② (*Arg: arpón*) Harpune *f*
fijación [fixaˈθjon] *f* ① (*sujeción*) Befestigung *f*, Anbringung *f*; (*con chinchetas*) Anheften *nt*; (*con cuerdas*) Anbinden *nt*; (*con cola*) Aufkleben *nt*, Ankleben *nt*; (*con clavos*) Annageln *nt*; (*con cadenas*) Ankletten *nt*; (*con tornillos*) Anschrauben *nt*
② (*de precio, regla, interés*) Festlegung *f*, Festsetzung *f*; **~ de los cambios** [*o* **de las cotizaciones**] (FIN) Kursfestlegung *f*
③ (*de la mirada, t.* MED, QUÍM) Fixierung *f*
④ (*de esquíes*) Bindung *f*
⑤ (*loc*): **tener una ~ por alguien** eine Schwäche für jdn haben
fijado [fiˈxaðo] *m* (FOTO) Fixierbad *nt*
fijador [fixaˈðor] *m* ① (*para el pelo*) Haarfestiger *m*
② (*de pintura*) Fixativ *nt*, Fixiermittel *nt*
③ (FOTO) Fixierbad *nt*, Fixiersalz *nt*
fijamente [fixaˈmente] *adv* ① (*fijo*) fest; **mirar ~ a alguien** jdn anstarren, jdn fest anschauen
② (*con seguridad*) sicher; **saber algo ~** etw mit Sicherheit wissen
fijapelo [fixaˈpelo] *m* Haarfestiger *m*
fijar [fiˈxar] I. vt ① (*sujetar*) befestigen (*a/en* an +*dat*), festmachen (*a/en* an +*dat*), anbringen (*a/en* an +*dat*); (*con chinchetas*) anheften; (*con cuerdas*) anbinden; (*con cola*) ankleben, aufkleben; (*con clavos*) annageln; (*con cadenas*) anketten; (*con tornillos*) anschrauben; **~ una placa en la pared** eine Tafel an der Wand anbringen; **~ un palo en el suelo** einen Pfahl in die Erde rammen; **prohibido ~ carteles** Plakate ankleben [*o* anbringen] verboten
② (*la mirada*) heften (*en* auf +*akk*); **~ la mirada en un punto** den Blick auf einen Punkt heften [*o* fixieren]; **~ la atención en algo** die Aufmerksamkeit auf etw richten
③ (*residencia*) festlegen (*en* in +*dat*), festmachen (*en* in +*dat*)
④ (*precio, plazo*) festlegen, festsetzen; (*dividendo*) festsetzen; (*interés*) festlegen
⑤ (ARTE, FOTO, QUÍM) fixieren
⑥ (*puerta, ventana*) einsetzen
II. vr: **~se** ① (*en un lugar*) sich niederlassen (*en* in +*dat*), sich ansiedeln (*en* in +*dat*)
② (*atender, observar*) aufpassen, Acht geben; **conduces sin ~te** du bist beim Autofahren nicht bei der Sache; **no se ha fijado en mi nuevo peinado** er/sie hat nicht gemerkt, dass ich eine neue Frisur habe; **ese se fija en todo** ihm entgeht nichts; **fíjate bien en lo que te digo** hör mir mal gut zu; **no quiere colaborar, ¡fíjate qué plan!** er/sie will nicht mitmachen; klasse, nicht wahr?
③ (*mirar*) anschauen; **no se fijó en mí** er/sie beachtete mich nicht; **todos se fijaban en ella** alle Blicke waren auf sie gerichtet
fijativo [fixaˈtiβo, -a] *m* (ARTE, FOTO) Fixativ *nt*
fijeza [fiˈxeθa] *f* ① (*seguridad*) Sicherheit *f*
② (*persistencia*) Beharrlichkeit *f*; **mirar con ~ a alguien** jdn anstarren
fijo, -a [ˈfixo, -a] I. *adj* ① (*estable, firme*) fest; **activo ~** (FIN) Anlagevermögen *nt*; **capital ~** (FIN) Anlagekapital *nt*, Anlagewerte *mpl*; **cliente ~** Stammgast *m*; **precio ~** Fixpreis *m*; **punto ~** Fixpunkt *m*; **residencia fija** fester Wohnsitz; **sueldo ~** festes Gehalt, Fixum *nt*; **hacer un depósito a plazo ~** Termingeld anlegen, eine feste Einlage tätigen; **tengo un trabajo ~** ich habe eine feste Stelle
② (*idea*) fix
③ (*mirada*) starr

filigrana

④ (*trabajador*) fest angestellt; **~ discontinuo** Festangestellter, der nicht durchgehend arbeitet
II. *adv* sicher; **saber algo de ~** etw mit Sicherheit wissen; **de ~ lo consigue** er/sie schafft es ganz sicher; **a la fija** (*Chil, Urug*) mit Sicherheit; **en fija** (*RíoPl*) mit Sicherheit, todsicher
fila [ˈfila] *f* ① (*hilera*) Reihe *f*; **~ de coches** Autoschlange *f*; **~ de la tabla** Tabellenzeile *f*; **de primera ~** erstrangig; **en ~ india** im Gänsemarsch; **aparcar en doble ~** in der zweiten Reihe parken; **ponerse en ~** sich in Reih und Glied aufstellen; **ir en ~** in Reih und Glied gehen; **salir de la ~** aus der Reihe tanzen *fam*
② (MIL) Glied *nt*; **¡en ~s!** antreten!; **¡rompan ~s!** weg(ge)treten!; **llamar a ~s** zum Militärdienst einberufen
③ (*fam: tirria*) Groll *m*; **tener ~ a alguien** Groll gegen jdn hegen
④ (MAT) Reihe *f*
⑤ *pl* (*de un partido*) Reihen *fpl*; **el partido cierra ~s en torno a su presidente** die Partei steht geschlossen hinter ihrem Vorsitzenden
filacteria [filakˈterja] *f* ① (REL: *envoltura de cuero*) Amulett *nt*
② (REL: *cinta*) Phylakterion *nt*, Gebetsriemen *m*
filamento [filaˈmento] *m* ① (*de un tejido*) Faden *m*
② (ELEC) Glühfaden *m*
③ (BOT) Staubfaden *m*, Filament *nt*
filamentoso, -a [filamenˈtoso, -a] *adj* faserig
filandria [fiˈlandrja] *f* (ZOOL) Fadenwurm *m* der Vögel
filantropía [filantroˈpia] *f sin pl* Menschenliebe *f*, Philanthropie *f elev*
filantrópico, -a [filanˈtropiko, -a] *adj* menschenfreundlich, philanthropisch *elev*
filantropismo [filantroˈpismo] *m v.* **filantropía**
filántropo [fiˈlantropo, -a] *mf* Menschenfreund(in) *m(f)*, Philanthrop(in) *m(f) elev*
filar [fiˈlar] *vt* ① (NÁUT) fieren
② (*fam: calar*) durchschauen; (*estar precavido*) voreingenommen sein (*gegenüber* +*dat*)
filaria [fiˈlarja] *f* (ZOOL) Filaria *f*, Fadenwurm *m*
filariosis [filaˈrjosis] *f inv* (MED) Filarienkrankheit *f*, Filariose *f*
filarmonía [filarmoˈnia] *f sin pl* (MÚS) Musikliebe *f*, Musikleidenschaft *f*
filarmónica [filarˈmonika] *f* (*Méx: acordeón*) Ziehharmonika *f*
filarmónico, -a [filarˈmoniko, -a] *adj* philharmonisch; **orquesta filarmónica** Philharmonie *f*
filástica [fiˈlastika] *f* (NÁUT) Kabelgarn *nt*
filatelia [filaˈtelja] *f* Briefmarkenkunde *f*, Philatelie *f*
filatélico, -a [filaˈteliko, -a] *adj* philatelisch
filatelista [filateˈlista] *mf* Briefmarkensammler(in) *m(f)*, Philatelist(in) *m(f)*
filete [fiˈlete] *m* ① (ARQUIT) Zierleiste *f*
② (*ribete*) Saum *m*
③ (GASTR: *solomillo*) Lendenstück *nt*; (*lonja*) Filet *nt*
④ (TIPO) Linie *f*; (*de adorno*) Zierlinie *f*
⑤ (*de un potro*) Trense *f*
⑥ (*de aire*) (kalter) Luftzug *m*
⑦ (TÉC) Gewinde *nt*
filetear [fileteˈar] *vt* ① (ARQUIT) mit Leisten verzieren
② (*un vestido*) (ein)säumen
③ (GASTR) in Filets [*o* Scheiben] schneiden
④ (TÉC) das Gewinde schneiden (*von* +*dat*)
filfa [ˈfilfa] *f* (*fam*) ① (*mentira*) Lüge *f*
② (*engañifa*) Betrug *m*; **estos diamantes parecen de verdad pero son pura ~** diese Diamanten wirken zwar echt, sind aber eine billige Nachahmung
filiación [filjaˈθjon] *f* ① (*origen*) Abstammung *f*, Filiation *f elev*; (*de ideas*) Herkunft *f*, Ursprung *m*
② (*datos personales*) Personalien *fpl*
③ (MIL) Aufnahme *f* in die Stammrolle
④ (*en un partido*) Mitgliedschaft *f* (*en* in +*dat*); **~ socialista** Mitgliedschaft in der sozialistischen Partei; **¿qué ~ política tiene?** welcher Partei gehört er/sie an?
filial [fiˈljal] I. *adj* Kindes-; **amor ~** Kindesliebe *f elev*; **equipo ~** (DEP) zweite Mannschaft
II. *f* (COM) Filiale *f*, Zweigstelle *f*
② (REL) Filialkirche *f*
filialmente [filjalˈmente] *adv* wie das eigene Kind
filibusterismo [filiβusteˈrismo] *m sin pl* Partei, die sich im 19.Jh. für die Unabhängigkeit der spanischen Kolonien in Amerika einsetzte
filibustero [filiβusˈtero] *m* (HIST) Pirat *m*
filicida [filiˈθiða] I. *adj* (*elev*) kindestötend; (*asesinando*) kindesmordend
II. *mf* (*elev*) Kindestöter(in) *m(f)*; (*asesino*) Kindesmörder(in) *m(f)*
filicidio [filiˈθiðjo] *m* (*elev*) Kindestötung *f*; (*asesinato*) Kindesmord *m*
filigrana [filiˈɣrana] *f* ① (*de orfebrería*) Filigran *nt*, Filigranarbeit *f*; **de ~** Filigran-, filigran

filípica

② (*en un papel*) Wasserzeichen *nt*; **papel de ~** Filigranpapier *nt*
③ (*finura*) Filigranarbeit *f*, Feinarbeit *f*; **Maradona hace todo tipo de ~s con la pelota** Maradona vollbringt alle möglichen Kunststückchen mit dem Ball
filípica [fi'lipika] *f* Philippika *f elev*
filipina [fili'pina] *adj o f v.* **filipino**
Filipinas [fili'pinas] *fpl*: **las ~** die Philippinen
filipino, -a [fili'pino, -a] I. *adj* philippinisch
II. *m, f* Philippiner(in) *m(f)*
filisteo¹ [filis'teo] *m* ① (*vulgar*) Spießbürger *m*
② (*gigante*) Riese *m*
filisteo, -a² [filis'teo, -a] I. *adj* Philister-
II. *m, f* (HIST) Philister(in) *m(f)*
filloas [fi'ʎoas] *fpl* (GASTR) dünne, mit Creme gefüllte Crêpes
film [film] *m* Film *m*
filmación [filma'θjon] *f* ① (*de reportaje*) Filmen *nt*
② (*rodaje*) Dreharbeiten *fpl*
③ (*de novela*) Verfilmung *f*
filmador(a) [filma'ðor(a)] *m(f)* (CINE) Filmemacher(in) *m(f)*; **~ aficionado** Hobbyfilmer *m*
filmadora [filma'ðora] *f* Filmkamera *f*
filmar [fil'mar] *vt* ① (*reportaje*) filmen
② (*rodar*) drehen, filmen
③ (*novela*) verfilmen
filme [ˈfilme] *m* Film *m*
fílmico, -a [ˈfilmiko, -a] *adj* Film-, filmisch
filmina [fil'mina] *f* Dia(positiv) *nt*; **conferencia con ~s** Diavortrag *m*
filmografía [filmoɣra'fia] *f* Filmografie *f*
filmología [filmolo'xia] *f* (CINE, SOCIOL) Filmwissenschaft *f*
filmoteca [filmo'teka] *f* Filmothek *f*, Cinemathek *f*
filo ['filo] *m* ① (*de cuchillo*) Schneide *f*; **~ de la navaja** Messerschneide *f*; **como el ~ de una navaja** messerscharf; **un arma de dos ~s** eine zweischneidige Waffe; (*fig*) ein zweischneidiges Schwert
② (*entre dos partes*) Trennungslinie *f*
③ (*Guat, Hond, Méx: hambre*) Hunger *m*
④ (BOT) Phylum *nt*
⑤ (NÁUT): **~ del viento** Windrichtung *f*
⑥ (*loc*): **al ~ del amanecer** bei Tagesanbruch; **al ~ de la medianoche** Punkt Mitternacht
filocomunismo [filokomu'nismo] *m sin pl* Prokommunismus *m*
filocomunista [filokomu'nista] I. *adj* prokommunistisch
II. *mf* Prokommunist(in) *m(f)*
filodendro [filo'ðendro] *m* (BOT) Philodendron *m*
filodio [fi'loðjo] *m* (BOT) Phyllodium *nt*
filoetarra [filoe'tarra] *adj* ETA-freundlich
filogenia [filo'xenja] *f* (BIOL) Phylogenese *f*, Phylogenie *f*
filóloga [fi'loloɣa] *f v.* **filólogo**
filología [filolo'xia] *f* Philologie *f*; **~ germánica** Germanistik *f*; **~ hispánica** Hispanistik *f*; **~ inglesa** Anglistik *f*; **~ románica** Romanistik *f*
filológico, -a [filo'loxiko, -a] *adj* philologisch
filólogo, -a [fi'loloɣo, -a] *m, f* Philologe, -in *m, f*
filón [fi'lon] *m* ① (MIN) Ader *f*, Flöz *nt*
② (*negocio*) Goldgrube *f*; **los escándalos por corrupción son un ~ para la prensa** die Bestechungsskandale sind ein gefundenes Fressen für die Presse
filosa [fi'losa] *f* (BOT) Zistrose *f*
filoso, -a [fi'loso, -a] *adj* ① (*Am: afilado*) scharf
② (*Hond: hambriento*) hungrig
filósofa [fi'losofa] *f v.* **filósofo**
filosofal [filoso'fal] *adj*: **piedra ~** Stein *m* der Weisen
filosofar [filoso'far] *vi* philosophieren (*de/sobre* über +*akk*)
filosofía [filoso'fia] *f* ① (*disciplina*) Philosophie *f*; **la ~ de la empresa** die Philosophie der Firma, die Firmenphilosophie
② (*serenidad*) Gelassenheit *f*; **se lo toma todo con mucha ~** er/sie trägt alles mit Fassung, er/sie bleibt stets gelassen
filosófico, -a [filo'sofiko, -a] *adj* philosophisch
filósofo, -a [fi'losofo, -a] *m, f* Philosoph(in) *m(f)*
filotaxis [filo'taksis] *f inv* (BOT) Blattstellung *f*, Phyllotaxis *f*
filoxera [filoɣ'sera] *f* ① (*insecto*) Reblaus *f*
② (*fam: borrachera*) Rausch *m*
filoxérico, -a [filoɣ'seriko, -a] *adj* (AGR, ZOOL) Reblaus-; **plaga filoxérica** Reblausplage *f*
filtración [filtra'θjon] *f* ① (*de un líquido*) Filtern *nt*, Filtrierung *f*; (*de la luz*) Durchscheinen *nt*; **hay una ~ en el barril** das Fass ist undicht
② (*de información*) Durchsickern *nt*; (*de datos*) Auswahl *f*
filtrador¹ [filtra'ðor] *m* Filter *m o nt*
filtrador(a)² [filtra'ðor(a)] *adj* Filter-; **lente ~a** (FOTO) Filter *m o nt*
filtraje [fil'traxe] *m* Filtern *nt*, Filtrierung *f*; **instalación de ~** Filteranlage *f*

financiamiento

filtrante [fil'trante] *adj* filtrierend, Filtrier-
filtrar [fil'trar] I. *vi* ① (*líquido*) durchsickern (*por* durch +*akk*); (*luz*) durchscheinen (*por* durch +*akk*), durchschimmern (*por* durch +*akk*)
② (*tubería*) lecken, undicht sein
II. *vt* ① (*por un filtro*) filtern, filtrieren *elev*
② (*datos*) auswählen
③ (*noticia*) durchsickern lassen; **~ una noticia a la prensa** der Presse eine Nachricht zuspielen
III. *vr*: **~se** ① (*líquido*) durchsickern; (*luz*) durchscheinen, durchschimmern
② (*noticia*) durchsickern; **la noticia se ha filtrado a la prensa** die Nachricht ist bis zur Presse durchgesickert
③ (*dinero*) dahinschwinden
filtro ['filtro] *m* ① (*tamiz, t.* FOTO, TÉC, INFOR) Filter *m o nt*; **~ del café** Kaffeefilter *m*; **~ de ozono** Ozonfilter *m*; **~ de pantalla** (INFOR) Bildschirmfilter *m*; **~ solar** (*crema de protección solar*) Sonnenschutzmittel *nt*; **cigarrillo con ~** Filterzigarette *f*; **estos exámenes sirven de ~** bei diesen Prüfungen soll ausgesiebt werden
② (*poción*) Trank *m*; **~ de amor** Liebestrank *m*
filudo, -a [fi'luðo, -a] *adj* (*Am*) messerscharf
fimosis [fi'mosis] *f inv* (MED) Phimose *f*
fin [fin] *m* ① (*término*) Ende *nt*, Schluss *m*; **~ anormal** (INFOR) anormaler Programmabbruch; **~ de curso** Schuljahresende *nt*; **~ de mensaje** (INFOR) Nachrichtenende *nt*; **~ de semana** Wochenende *nt*; **~ de texto** (INFOR) Textende *nt*; **a ~(es) de mes** Ende des Monats, am Monatsende; **algo toca a su ~** etw geht dem Ende entgegen; **dar** [*o* **poner**] **~ a algo** etw *dat* ein Ende setzen; **sin ~** endlos; **al ~ y al cabo, a ~ de cuentas** letzten Endes, schließlich; **en ~, no sé qué decirte** kurz und gut, ich weiß nicht, was ich (dir) sagen soll
② (*propósito*) Ziel *nt*, Absicht *f*; **~es benéficos** wohltätige Zwecke; **~es deshonestos** unehrenhafte Absichten; **el ~ último** das Hauptziel, der Hauptzweck; **conseguir sus ~es** sein Ziel erreichen; **con el ~ de...** in der Absicht [*o* mit dem Ziel] zu ...; **trabajaré sin parar a ~ de acabar antes** ich werde durcharbeiten, um früher fertig zu sein; **a ~ de que** +*subj* damit; **el ~ no justifica los medios** der Zweck heiligt die Mittel nicht
finado, -a [fi'naðo, -a] *m, f* Verstorbene(r) *mf*
final¹ [fi'nal] I. *adj* ① (*producto, resultado*) End-; (*fase, examen*) Schluss-; (*solución, decisión*) endgültig; **consumidor ~** (COM) Endverbraucher *m*; **el juicio ~** (REL) das Jüngste Gericht; **palabras ~es** Schlussworte *ntpl*
② (LING) final; **consonante ~** auslautender Konsonant
II. *m* Ende *nt*, Schluss *m*; (*de un libro, cuento*) Ausgang *m*; (MÚS) Finale *nt*; **película con ~ feliz** Film mit Happyend; **el ~ de una obra de teatro** die Schlussszene eines Theaterstücks; **al ~ de la calle** am Ende der Straße; **al ~ del día** am Ende des Tages; **al ~ no nos lo dijo** er/sie sagte es uns schließlich [*o* letztendlich] nicht
final² [fi'nal] *f* (DEP: *partido*) Finale *nt*, Endspiel *nt*; (*ronda*) Endrunde *f*; **~ de consolación** Spiel um den dritten Platz; **cuartos de ~** Viertelfinale *nt*; **jugar la ~** das Finale austragen
finalidad [finali'ðað] *f* Ziel *nt*, Zweck *m*; (*intención*) Absicht *f*; (FILOS) Finalität *f*; **~ de ahorro** Einsparziel *nt*; **~ industrial** Betriebszweck *m*; **sin ~** unzweckmäßig
finalísima [fina'lisima] *f* (DEP) Endrunde *f*, Finale *nt*
finalismo [fina'lismo] *m sin pl* (FILOS) Finalismus *m*
finalista [fina'lista] *mf* ① (*en un concurso*) Teilnehmer(in) *m(f)* der Schlussrunde, Teilnehmer(in) *m(f)* an der Endausscheidung; (DEP) Finalist(in) *m(f)*; **novela ~** Roman, der in die Endausscheidung gelangt ist
② (FILOS) Vertreter(in) *m(f)* des Finalismus
finalización [finaliθa'θjon] *f* Beendigung *f*, Abschluss *m*; **~ de contrato** Vertragsablauf *m*
finalizar [finali'θar] <z→c> I. *vi* enden (*con* mit +*dat*), abschließen (*con* mit +*dat*); (*plazo*) ablaufen
II. *vt* beenden, abschließen
finalmente [final'mente] *adv* endlich, schließlich, am Ende
finamente [fina'mente] *adv* ① (*con finura*) fein
② (*con elegancia*) elegant
③ (*con astucia*) schlau, gerissen
④ (*con delicadeza*) mit (Zart)gefühl
financiable [finan'θjaβle] *adj* finanzierbar; **esta casa no es ~ (para nosotros)** wir können uns dieses Haus nicht leisten
financiación [finanθja'θjon] *f* Finanzierung *f*; **~ ajena** Fremdfinanzierung *f*; **~ de compra a plazos** Ratenkauffinanzierung *f*; **~ con déficit** Defizitfinanzierung *f*; **~ ilegal** [*o* **irregular**] (POL) illegale Parteifinanzierung; **~ interina** Zwischenfinanzierung *f*; **~ de los partidos** Parteienfinanzierung *f*; **~ propia** Eigenfinanzierung *f*; **~ a través de participaciones** Beteiligungsfinanzierung *f*
financiador(a) [finanθja'ðor(a)] *m(f)* Geldgeber(in) *m(f)*, Finanzier *m*
financiamiento [finanθja'mjento] *m v.* **financiación**

financiar [finanˈθjar] *vt* finanzieren; ~ **con recursos ajenos** fremdfinanzieren

financiera [finanˈθjera] *f* Finanzinstitut *nt*

financiero, -a [finanˈθjero, -a] **I.** *adj* Finanz-, finanziell; **asesor** ~ Finanzberater *m*; **mercado** ~ **y monetario** Geld- und Kreditmarkt *m*; **sociedad financiera** Finanzierungsgesellschaft *f*, Investmentgesellschaft *f*; **los recursos ~s de la empresa son limitados** der finanzielle Rückhalt der Firma ist begrenzt; **necesitamos apoyo ~ para sacar adelante el producto** wir benötigen eine Finanzhilfe, um das Produkt voranzubringen; **no sabemos aún cuál es nuestro estado ~** wir wissen noch nicht, wie unsere finanzielle Lage ist
II. *m, f* Finanzexperte, -in *m, f*

financista [finanˈθista] *mf* (*Am*) ❶ (*experto en finanzas*) Finanzexperte, -in *m, f*
❷ (*el que financia*) Finanzier *m*

finanzas [fiˈnanθas] *fpl* Finanzen *fpl*; **director de** ~ Leiter der Finanzabteilung [*o* des Rechnungswesens]; **ministro de** ~ Finanzminister *m*; **el mundo de las** ~ die Finanzwelt

finar [fiˈnar] *vi* sterben, hinscheiden *elev*

finca [ˈfiŋka] *f* (*urbana*) Grundstück *nt*; (*rústica*) Landgut *nt*, ländliches Anwesen *nt*; ~ **industrial** Industriegrundstück *nt*

fincar [fiŋˈkar] <c→qu> *vi, vr:* **~se** ein Grundstück erwerben

finchado, -a [finˈtʃaðo, -a] *adj* hochnäsig, eingebildet

fincharse [finˈtʃarse] *vr* (*fam*) hochnäsig [*o* eingebildet] werden

finés¹ [fiˈnes] *m* (*lengua*) Finnisch(e) *nt*

finés², -esa² [fiˈnes, -esa] **I.** *adj* finnisch
II. *m, f* Finne, -in *m, f*

fineza [fiˈneθa] *f* ❶ (*delgadez*) Dünne *f*
❷ (*suavidad*) Feinheit *f*, Zartheit *f*
❸ (*de calidad*) Feinheit *f*, Finesse *f*
❹ (*cumplido*) Kompliment *nt*
❺ (*regalo*) Aufmerksamkeit *f*
❻ (*primor*) Feinarbeit *f*

fingido, -a [finˈxiðo, -a] *adj* vorgetäuscht, fingiert; (*respuesta, persona*) falsch

fingidor(a) [finxiˈðor(a)] *m(f)* (*de una enfermedad*) Simulant(in) *m(f)*; (*de sentimientos*) Heuchler(in) *m(f)*

fingimiento [finxiˈmjento] *m* ❶ (*de una enfermedad*) Simulierung *f*, Vortäuschung *f*; (*de un sentimiento*) Vorheucheln *nt*
❷ (*engaño*) Täuschung *f*; (*hipocresía*) Heuchelei *f*

fingir [finˈxir] <g→j> **I.** *vi, vt* vortäuschen, fingieren; (*enfermedad*) simulieren, vortäuschen; (*sentimiento*) heucheln
II. *vr:* **~se** sich ausgeben (für +*akk*); **~se el muerto** sich tot stellen; **~se un amigo** vorgeben ein Freund zu sein

finiquitar [finikiˈtar] *vt* ❶ (*cuenta*) saldieren, liquidieren
❷ (*fam: asunto*) abschließen; ~ **una disputa** einer Auseinandersetzung ein Ende setzen

finiquito [finiˈkito] *m* Endabrechnung *f*, Schlussabrechnung *f*

finisecular [finisekuˈlar] *adj* der Jahrhundertwende; **una pintora ~** eine Malerin der Jahrhundertwende

finito, -a [fiˈnito, -a] *adj* begrenzt; **forma finita** (LING) finite Form; **número** ~ (MAT) endliche Zahl

finitud [finiˈtuð] *sin pl* Endlichkeit *f*; **la ~ de los recursos hace más necesaria una buena administración de los mismos** es ist notwendig mit den Ressourcen sparsam umzugehen, da diese nur in begrenztem Maß vorhanden sind

finlandés¹ [finlanˈdes] *m* (*lengua*) Finnisch(e) *nt*

finlandés, -esa² [finlanˈdes, -esa] **I.** *adj* finnisch
II. *m, f* Finne, -in *m, f*

Finlandia [finˈlandja] *f* Finnland *nt*

fino¹ [ˈfino] *m* trockener Sherry *m*

fino, -a² [ˈfino, -a] *adj* ❶ (*delgado*) dünn, fein; **bolígrafo de punta fina** feiner Kugelschreiber; **lluvia fina** feiner Regen
❷ (*liso, suave*) fein, zart; **fina ironía** feine Ironie
❸ (*de calidad*) fein, erlesen; **oro ~** Feingold *nt*; **placeres ~s** auserlesene Genüsse; **vino ~** Qualitätswein *m*; **tener un paladar ~** einen feinen Gaumen haben, ein Feinschmecker sein
❹ (*sentido*) fein; **olfato ~** feine Nase; **de oído ~** hellhörig
❺ (*cortés*) höflich, vornehm; **modales ~s** gute Manieren
❻ (*astuto*) schlau, gerissen
❼ (*metal*) edel
❽ (*loc, fam*): **hoy no me encuentro muy ~** ich fühle mich heute nicht sehr wohl; **no estaba muy fina anoche en la fiesta** ich war gestern Abend auf dem Fest nicht besonders gut drauf

finolis [fiˈnolis] **I.** *adj inv* (*fam*) geziert, affektiert
II. *mf inv* (*fam*) arroganter [*o* überheblicher] Mensch *m*; **ser un ~** sich geziert geben; **es un ~ con la comida** er ist im Essen sehr wählerisch

finta [ˈfinta] *f* (*t. DEP*) Finte *f*; **hacer una ~** fintieren

fintar [finˈtar] *vi* (DEP) fintieren

finura [fiˈnura] *f* ❶ (*delgadez*) Dünne *f*
❷ (*suavidad*) Feinheit *f*, Zartheit *f*
❸ (*calidad, exquisitez*) Feinheit *f*, Erlesenheit *f*
❹ (*cortesía*) Feinheit *f*, Vornehmheit *f*
❺ (*astucia*) Schläue *f*; **ser una persona de ~** ein raffinierter Mensch sein
❻ (*fam: objeto*) Prachtstück *nt*

fiordo [ˈfjorðo] *m* Fjord *m*

firma [ˈfirma] *f* ❶ (*en documentos*) Unterschrift *f*, Signatur *f elev*; ~ **en blanco** Blankounterschrift *f*; ~ **electrónica** elektronische Unterschrift; **dar a alguien una ~ en blanco** jdm eine Blankovollmacht erteilen; **esto no lleva ~** das ist nicht unterschrieben; **recoger ~s** Unterschriften sammeln
❷ (*de un acuerdo*) Unterzeichnung *f*
❸ (JUR) Testat *nt*, Unterschriftszeichnung *f*
❹ (*empresa*) Firma *f*

firmamento [firmaˈmento] *m* Firmament *nt*

firmante [firˈmante] *mf* Unterzeichner(in) *m(f)*, Unterzeichnete(r) *mf*

firmar [firˈmar] *vi, vt* unterschreiben, signieren *elev*; (*un acuerdo*) unterzeichnen; ~ **en blanco** blanko unterschreiben; ~ **autógrafos** Autogramme geben; ~ **un cheque** einen Scheck ausstellen

firme [ˈfirme] **I.** *adj* (*fijo*) fest; (*estable*) stabil; (*seguro*) sicher; (*carácter*) standfest, unerschütterlich; (*creencia*) unbeirrbar, unerschütterlich; (*postura corporal*) stramm; (*amistad*) treu; **sentencia ~** rechtskräftiges Urteil; **tierra ~** Festland *nt*; **¡~s!** (MIL) still gestanden!; **con mano ~** mit ruhiger Hand; **esta mesa no está ~** dieser Tisch wackelt; **mantenerse** [*o* **estar**] ~ (**en una negociación**) (bei einer Verhandlung) standhaft bleiben; **ser ~ en sus propósitos** feste [*o* unerschütterliche] Absichten haben; **comprar en ~** (COM) fest kaufen; **estar en lo ~** Recht haben
II. *m* ❶ (*de la carretera*) (Straßen)belag *m*
❷ (*de guijo*) Kiesschicht *f*
III. *adv* **de ~** (*fuertemente*) heftig, stark; (*sin parar*) unaufhörlich; **llover de ~** stark [*o* heftig] regnen; **el calor aprieta de ~** es herrscht eine sengende Hitze; **estudiar de ~** fleißig lernen

firmemente [firmeˈmente] *adv* ❶ (*con firmeza*) fest, standhaft; **creer algo ~** fest an etw glauben
❷ (*con perseverancia*) beharrlich, hartnäckig

firmeza [firˈmeθa] *f* ❶ (*solidez*) Festigkeit *f*; (*de un mueble*) Stabilität *f*
❷ (*de una creencia*) Unerschütterlichkeit *f*; ~ **de carácter** Charakterstärke *f*
❸ (*perseverancia*) Beharrlichkeit *f*, Hartnäckigkeit *f*; **negarse con ~** sich hartnäckig weigern

firulete [firuˈlete] *m* ❶ (*CSur: adorno*) Ornament *nt*
❷ (*RíoPl: paso de tango*) Tanzfigur des Tangos

firuletear [firuleteˈar] **I.** *vi* (*RíoPl*) ❶ (*adornar*) dekorieren
❷ (*hablar con rodeos*) Umschweife machen
❸ (*bailar con firuletes*) den Tango mit vielen komplizierten Figuren tanzen
II. *vt* (*RíoPl: adornar*) dekorieren

FIS [fis] *m* (POL) *abr de* **Frente Islámico de Salvación** Islamische Heilsfront *f*

fiscal [fisˈkal] **I.** *adj* ❶ (*del fisco*) Fiskal-, fiskalisch
❷ (*de los impuestos*) Steuer-, steuerlich; **año ~** Rechnungsjahr *nt*, Haushaltsjahr *nt*; **asesor ~** Steuerberater *m*; **evasión ~** Steuerflucht *f*; **fraude ~** Steuerbetrug *m*; **política ~** Steuerpolitik *f*; **presión ~** Steuerlast *f*, Steuerbelastung *f*; **aprovechar una laguna ~** eine Steuerlücke nützen; **introducir medidas ~es** steuerliche Maßnahmen einführen; **Mónaco es un paraíso ~** Monaco ist ein Steuerparadies
II. *mf* ❶ (JUR) Staatsanwalt, -wältin *m, f*; ~ **federal** Bundesanwalt, -anwältin *m, f*; **F~ General del Estado** Generalstaatsanwalt, -wältin *m, f*; ~ **de menores** Jugendstaatsanwalt, -anwältin *m, f*; ~ **supremo** Oberstaatsanwalt, -anwältin *m, f*; **tengo un jefe que es un ~, no deja pasar ni una** (*fam*) mein Chef ist äußerst streng, er lässt keinen Fehler durchgehen
❷ (*interventor*) Steuerbeamte(r), -in *m, f*

fiscalía [fiskaˈlia] *f* Staatsanwaltschaft *f*; **ejercer la ~** als Staatsanwalt tätig sein

fiscalidad [fiskaliˈðað] *f* Steuergesetzgebung *f*

fiscalizable [fiskaliˈθaβle] *adj* prüfbar, kontrollierbar

fiscalización [fiskaliθaˈθjon] *f* Prüfung *f*, Kontrolle *f*; (*de impuestos*) Steuerprüfung *f*; ~ **económica** Wirtschaftsaufsicht *f*; ~ **de carteles** Kartellaufsicht *f*; ~ **de monopolios** Monopolkontrolle *f*; ~ **de subvenciones** Subventionskontrolle *f*

fiscalizador(a) [fiskaliθaˈðor(a)] *m(f)* Prüfer(in) *m(f)*; (*de impuestos*) Steuerprüfer(in) *m(f)*

fiscalizar [fiskaliˈθar] <z→c> *vt* prüfen, kontrollieren; (*lo fiscal*) steuerlich prüfen

fisco [ˈfisko] *m* Fiskus *m*, Staatskasse *f*; **declarar al ~** seine Steuererklärung abgeben; **defraudar al ~** Steuern hinterziehen

fiscorno [fisˈkorno] *m* (MÚS) Tenorhorn *nt*

fisgar [fisˈɣar] <g→gu> **I.** *vi* ❶ (*burlarse*) spotten (*de* über +*akk*), sich lustig machen (*de* über +*akk*)
❷ (*indagar*) (herum)schnüffeln (*en* in +*dat*) *fam*; **le encanta ~ en mis asuntos** er/sie steckt gerne die Nase in meine Angelegenheiten
II. *vt* ❶ (*pescar*) mit der Harpune fischen
❷ (*con el olfato*) schnüffeln, wittern

fisgón, -ona [fisˈɣon, -ona] *m, f* ❶ (*que se burla*) Spötter(in) *m(f)*
❷ (*que indaga*) Schnüffler(in) *m(f) fam pey*

fisgonear [fisɣoneˈar] *vi* (herum)schnüffeln (*en* in +*dat*) *fam*

fisgoneo [fisɣoˈneo] *m* (*fam*) Schnüffelei *f*

fisiatra [fiˈsjatra] *mf* Naturheilpraktiker(in) *m(f)*, Physiater(in) *m(f)*

fisiatría [fisjaˈtria] *f sin pl* Naturheilkunde *f*, Physiatrie *f*

física [ˈfisika] *f* ❶ (*ciencia*) Physik *f*; ~ **cuántica** Quantenphysik *f*; ~ **del estado sólido** Festkörperphysik *f*; ~ **nuclear** Kernphysik *f*, Atomphysik *f*
❷ *v.* **físico²**

físicamente [fisikaˈmente] *adv* ❶ (*corporalmente*) physisch, körperlich
❷ (*verdaderamente*) wirklich, einfach; **eso es ~ imposible** das ist wirklich [*o* einfach] nicht machbar

físico¹ [ˈfisiko] *m* Körperbau *m*; **tener un buen ~** eine gute Figur haben

físico, -a² [ˈfisiko, -a] **I.** *adj* ❶ (*del cuerpo*) physisch, körperlich; **educación física** (ENS) Sport *m*
❷ (FÍS) physikalisch
❸ (*Cuba, Méx: pedante*) pedantisch
II. *m, f* Physiker(in) *m(f)*

fisicoquímica [fisikoˈkimika] *f* (FÍS, QUÍM) Physikochemie *f*, physikalische Chemie *f*

fisicoquímico, -a [fisikoˈkimiko, -a] *adj* chemisch-physikalisch

fisiocracia [fisjoˈkraθja] *f sin pl* (ECON) Physiokratismus *m*

fisiócrata [fiˈsjokrata] *mf* (ECON) Physiokrat(in) *m(f)*

fisiognomía [fisjoɣnoˈmia] *f* (PSICO) Physiognomie *f*

fisiografía [fisjoɣraˈfia] *f* (GEO) Physiographie *f*

fisióloga [fiˈsjoloɣa] *f v.* **fisiólogo**

fisiología [fisjoloˈxia] *f* Physiologie *f*

fisiológico, -a [fisjoˈloxiko, -a] *adj* physiologisch

fisiólogo, -a [fiˈsjoloɣo, -a] *m, f* Physiologe, -in *m, f*

fisión [fiˈsjon] *f* ❶ (FÍS) Spaltung *f*; ~ **nuclear** Kernspaltung *f*, Fission *f*
❷ (BIOL) Zellteilung *f*, Fission *f*

fisionar [fisjoˈnar] *vt* spalten

fisionomía [fisjonoˈmia] *f v.* **fisonomía**

fisiopatología [fisjopatoloˈxia] *f* (MED) Pathophysiologie *f*

fisioterapeuta [fisjoteraˈpeuta] *mf* Krankengymnast(in) *m(f)*, Physiotherapeut(in) *m(f)*

fisioterapia [fisjoteˈrapja] *f* Physiotherapie *f*

fisiparidad [fisipariˈðað] *f* (BIOL) Fortpflanzung *f* durch Zellteilung

fisonomía [fisonoˈmia] *f* ❶ (*del rostro*) Gesichtsausdruck *m*, Physiognomie *f elev*
❷ (*aspecto*) Aussehen *nt*; **cambiar de ~** sein Aussehen verändern; **no me gusta la ~ de este pueblo** dieses Dorf macht auf mich einen schlechten Eindruck

fisonómico, -a [fisoˈnomiko, -a] *adj* physiognomisch, Gesichts-; **rasgos ~s** Gesichtszüge *mpl*

fisonomista [fisonoˈmista] *mf* Physiognom(in) *m(f)*; **¿eres un buen ~?** hast du ein gutes Personengedächtnis?

fístula [ˈfistula] *f* ❶ (*tubo*) Röhre *f*
❷ (MED) Fistel *f*

fistular [fistuˈlar] *adj* (MED) fistelartig, Fistel-

fisura [fiˈsura] *f* ❶ (*grieta*) Riss *m*; (*grande*) Spalte *f*; **el juego de este equipo no muestra ~s** das Spiel dieser Mannschaft wirkt sehr geschlossen
❷ (MED: *en un hueso*) Knochenriss *m*
❸ (MED: *en el ano*) Afterschrunde *f*

fitipaldi [fitiˈpaldi] *mf* (*fam*) Raser(in) *m(f)*

fitness [ˈfitnes] *m sin pl* (DEP) Fitness *f*

fitobiología [fitoβjoloˈxia] *f* Pflanzenbiologie *f*, Phytobiologie *f*

fitófago, -a [fiˈtofaɣo, -a] *adj* Pflanzen fressend, phytophag

fitofarmacia [fitofarˈmaθja] *f* Phytopharmazie *f*

fitografía [fitoɣraˈfia] *f* (BOT) Pflanzenbeschreibung *f*

fitología [fitoloˈxia] *f* (BOT) Pflanzenkunde *f*, Phytologie *f*

fitopatología [fitopatoloˈxia] *f* Phytopathologie *f*

fitosanitario, -a [fitosaniˈtarjo, -a] *adj* Pflanzenschutz-

fitosociología [fitosoθjoloˈxia] *f* (BOT) Phytosoziologie *f*, Pflanzensoziologie *f*

fitoterapéutico, -a [fitoteraˈpeutiko, -a] *adj* (MED) phytotherapeutisch

fitoterapia [fitoteˈrapja] *f* (MED) Phytotherapie *f*

fitotomía [fitoˈtomia] *f* (BOT) Phytotomie *f*, Pflanzenanatomie *f*

fitotrón [fitoˈtron] *m* (ECOL) Phytotron *nt*

FITUR [fiˈtur] *f abr de* **Feria Internacional del Turismo** Internationale Tourismusmesse *f*

fixing [ˈfiksin] *m* <fixings> (FIN) Fixing *nt*

flac(c)idez [flak(ˠ)θiˈðeθ] *f* ❶ (*de las carnes*) Schlaffheit *f*
❷ (*de la piel*) Welkheit *f*

flác(c)ido, -a [ˈflak(ˠ)θiðo, -a] *adj* ❶ (*carnes*) schlaff
❷ (*piel*) welk
❸ (*vestiduras*) bauschig

flaco¹ [ˈflako] *m* ❶ (*debilidad, afición*) Schwäche *f*; **su ~ es la literatura contemporánea** er/sie hat eine Schwäche für zeitgenössische Literatur
❷ (*defecto*) Mangel *m*, Schwäche *f*

flaco, -a² [ˈflako, -a] *adj* ❶ (*delgado*) dünn, mager; **estar muy ~** nur noch Haut und Knochen sein; **la época** [*o* **los años**] **de vacas flacas** die mageren Jahre
❷ (*pobre, escaso*) knapp, gering; **rendimientos ~s** kümmerliche Erträge
❸ (*débil*) schwach; **punto ~** Schwachpunkt *m*, Schwachstelle *f*; **ser ~ de memoria** ein schlechtes Gedächtnis haben; **con esto me haces un ~ favor** damit tust du mir keinen großen Gefallen

flacucho, -a [flaˈkutʃo, -a] *adj* (*pey fam*) mager, dürr

flacura [flaˈkura] *f* ❶ (*flaco*) Magerkeit *f*
❷ (*débil*) Schwächlichkeit *f*

flagelación [flaxelaˈθjon] *f* Auspeitschung *f*, Geißelung *f*

flagelante [flaxeˈlante] **I.** *adj* Flagellaten-
II. *mf* ❶ (*penitente*) Geißelbruder, -schwester *m, f*, Flagellant(in) *m(f)*
❷ (HIST, REL) Geißler(in) *m(f)*

flagelar [flaxeˈlar] **I.** *vt* ❶ (*azotar*) auspeitschen; (REL) geißeln
❷ (*verbalmente*) scharf kritisieren
II. *vr:* **-se** sich geißeln

flagelo [flaˈxelo] *m* ❶ (*azote*) Geißel *f*
❷ (*calamidad*) Geißel *f*, Plage *f*
❸ (BIOL) Geißel *f*

flagrante [flaˈɣrante] **I.** *adj* (*evidente*) offenkundig, flagrant
II. *adv*: **en ~** in flagranti; **coger a alguien en ~** jdn auf frischer Tat [*o* in flagranti] ertappen

flamante [flaˈmante] *adj* (*fam*) ❶ (*vistoso*) auffallend, auffällig
❷ (*nuevo*) (funkel)nagelneu, brandneu; **el ~ campeón** der frisch gebackene Sieger

flam(b)eado, -a [flam(b)eˈaðo, -a] *adj* (GASTR) flambiert

flambear [flambeˈar] *vt* (GASTR) flambieren

flamear [flameˈar] **I.** *vi* ❶ (*llamear*) lodern
❷ (*bandera*) flattern
II. *vt* ❶ (GASTR) flambieren
❷ (MED) abflammen

flamenco¹ [flaˈmenko] *m* ❶ (*lengua*) Flämisch(e) *nt*
❷ (ZOOL) Flamingo *m*
❸ (*cante*) Flamenco *m*

flamenco, -a² [flaˈmenko, -a] **I.** *adj* ❶ (*de Flandes*) flämisch
❷ (*andaluz*) Flamenco-; **cante ~** Flamenco *m*; **guitarra flamenca** Flamencogitarre *f*
❸ (*chulo*) angeberisch, großspurig
❹ (*Hond, PRico: delgado*) mager, hager
II. *m, f* Flame *m*, Flämin *f*

flamencología [flamenkoloˈxia] *f sin pl* (MÚS) Flamencokunde *f*

flamencólogo, -a [flamenˈkoloɣo, -a] *m, f* Flamencospezialist(in) *m(f)*

flamenquería [flamenkeˈria] *f* (*fam*) Angeberei *f*, Prahlerei *f*

flamenquilla [flamenˈkiʎa] *f* ❶ (*plato*) kleine Servierplatte *f*
❷ (BOT) Ringelblume *f*

flamenquismo [flamenˈkismo] *m* Flamencoleidenschaft *f*, Liebe *f* zum Flamenco

flamígero, -a [flaˈmixero, -a] *adj*: **estilo ~** (ARTE) Flamboyantstil *m*

flan [flan] *m* (GASTR) ≈Karamellpudding *m*; **estar hecho un ~** (*fam*) das reinste Nervenbündel sein

flanco [ˈflanko] *m* ❶ (*lado*) Flanke *f*, Seite *f*
❷ (MIL) Flanke *f*; **atacar por el ~ derecho** über die rechte Flanke angreifen

Flandes [ˈflandes] *m* Flandern *nt*

flanera [flaˈnera] *f* ≈Puddingform *f*

flanquear [flankeˈar] *vt* ❶ (*estar al lado*) flankieren; **camino flanqueado por** [*o* **de**] **árboles** mit Bäumen gesäumter Weg; **dos guardaespaldas flanquean al presidente** der Präsident wird von zwei Leibwächtern begleitet
❷ (MIL: *atacar*) von der Flanke her angreifen; (*proteger*) seitlich decken

flaquear [flakeˈar] *vi* ❶ (*fuerzas*) nachlassen, erlahmen; (*salud*) sich verschlechtern; (*ánimo*) nachlassen, schwinden; **me flaquean las rodillas** mir zittern die Knie
❷ (*en un examen*) eine schwache Leistung zeigen
❸ (*demanda*) abflauen, erlahmen
❹ (*edificio*) baufällig werden; **la pared flaquea** die Wand gibt nach

flaqueza [flaˈkeθa] *f* **①** (*de flaco*) Magerkeit *f*
② (*debilidad*) Schwäche *f*; **tuvo la ~ de llamarlo por teléfono** er/sie konnte dem Drang, ihn anzurufen, nicht widerstehen
flas [flas] *m*, **flash** [flaʃ] *m inv* **①** (FOTO) Blitzlicht *nt*, Blitz *m* **②** (*noticia*) Eilmeldung *f*; **~ informativo** (*corto*) Kurzmeldung *f*; (*de última hora*) aktuelle Nachricht
flashback [ˈflasβak] <flashbacks> *m* (CINE, LIT) Flashback *m*, Rückblende *f*
flato [ˈflato] *m* **①** (MED) Blähung *f*, Flatus *m*
② (*AmC, Col, Ven: melancolía*) Schwermut *f*, Melancholie *f*
flatoso, -a [flaˈtoso, -a] *adj* **①** (*AmC, Ven: miedoso*) ängstlich
② (*Cuba: triste*) traurig; (*malhumorado*) verstimmt
flatulencia [flatuˈlenθja] *f* (MED) Blähsucht *f*, Flatulenz *f*
flatulento, -a [flatuˈlento, -a] *adj* blähend
flauta¹ [ˈflau̯ta] *f* Flöte *f*; **~ dulce** Blockflöte *f*; **~ travesera** Querflöte *f*; **sonar la ~ por casualidad** reiner Zufall sein
flauta² [ˈflau̯ta] *mf* Flötist(in) *m(f)*
flautero, -a [flau̯ˈtero, -a] *m, f* (MÚS) Flötenhersteller(in) *m(f)*
flautín [flau̯ˈtin] *m* **①** (*instrumento*) Pikkoloflöte *f*
② (*músico*) Pikkoloflötenspieler(in) *m(f)*
flautista [flau̯ˈtista] *mf* Flötist(in) *m(f)*
flebitis [fleˈβitis] *f inv* (MED) Venenentzündung *f*, Phlebitis *f*
flecha [ˈfletʃa] *f* **①** (*arma, indicador*) Pfeil *m*; **~ abajo/arriba** Abwärts-/Aufwärtspfeil *m*; **~ de desplazamiento** (INFOR) Bildlaufpfeil *m*, Schiebepfeil *m*; **~ de enrollado** (INFOR) Rollbalkenpfeil *m*; **punta de la ~** (INFOR) Pfeilzeiger *m*; **sigan las ~s azules** folgen Sie den blauen Pfeilen; **ser rápido como una ~** pfeilschnell sein
② (*sagita*) Bogenhöhe *f*
③ (*de torre*) Turmspitze *f*
④ (*de viga*) Durchbiegung *f*
flechar [fleˈtʃar] I. *vi* den Bogen gespannt haben
II. *vt* **①** (*un arco*) spannen
② (*matar*) mit einem Pfeil tödlich treffen; (*herir*) mit einem Pfeil treffen
③ (*fam: enamorar*) den Kopf verdrehen +*dat*; **esta mujer me ha flechado** diese Frau hat mir den Kopf verdreht
flechazo [fleˈtʃaθo] *m* **①** (*de flecha*) Pfeilschuss *m*
② (*fam: de amor*): **lo nuestro fue un ~** bei uns war es Liebe auf den ersten Blick
fleco [ˈfleko] *m* **①** (*adorno*) Franse *f*
② (*del pelo*) Pony *m*
③ *pl* (*de vestido*) ausgefranster Rand *m*
fleje [ˈflexe] *m* Bandeisen *nt*
flema [ˈflema] *f* **①** (*calma*) Trägheit *f*, Phlegma *nt*
② (*mucosidad*) Schleim *m*
③ (QUÍM) Rohalkohol *m*
flemático, -a [fleˈmatiko, -a] I. *adj* phlegmatisch, schwerfällig
II. *m, f* Phlegmatiker(in) *m(f)*
flemón [fleˈmon] *m* **①** (MED) Phlegmone *f*, Entzündung *f* (*, die mit einer Schwellung verbunden ist*)
② (*dental*) Zahnfleischentzündung *f*
flequillo [fleˈkiʎo] *m* (*del pelo*) Pony *m*
fleta [ˈfleta] *f* (AmC) **①** (*friega*) Reibung *f*
② (*zurra*) Tracht *f* Prügel; (*castigo*) Züchtigung *f*
fletador(a) [fletaˈðor(a)] *m(f)* **①** (*de avión, barco*) Charterer, -in *m, f*
② (COM) Frachtführer(in) *m(f)*, Befrachter(in) *m(f)*
fletamento [fletaˈmento] *m* **①** (*de avión, barco*) Chartern *nt*; (*contrato*) Charter *m*
② (COM: *acción*) Verfrachtung *f*
③ (*contrato*) Frachtvertrag *m*
fletante¹ [fleˈtante] *mf* Schiffsvermieter(in) *m(f)*
fletante² [fleˈtante] *m* (*sociedad*) Chartergesellschaft *f*
fletar [fleˈtar] I. *vt* **①** (*avión, barco*) chartern
② (COM: *mercancías*) verfrachten
③ (*Am: vehículo*) verleihen
④ (*Chil, Perú: bofetada*) verpassen, geben; (*golpe*) versetzen; (*insulto*) ausstoßen
⑤ (CSur: *despedir*) entlassen
⑥ (*Arg, Chil: expulsar*) hinauswerfen, rausschmeißen *fam*
II. *vr*: **~se** **①** (AmC: *fastidiarse*) sich abfinden müssen (*con/de* mit +*dat*)
② (*Cuba, Méx: largarse*) verschwinden, abhauen *fam*
flete [ˈflete] *m* **①** (*carga*) Frachtgut *nt*, Fracht *f*; **~ aéreo** Luftfracht *f*
② (COM: *tasa*) Fracht *f*, Frachtkosten *pl*; **~ contra reembolso** (COM) Fracht zahlbar bei Lieferung
③ (*Am: tarifa*) Mietpreis *m*, Leihgebühr *f*
flexibilidad [fleksiβiliˈðað] *f* **①** (*de palo*) Biegsamkeit *f*, Elastizität *f*; (*de músculo*) Elastizität *f*
② (*de una persona, política*) Flexibilität *f*, Anpassungsfähigkeit *f*; **~ de un mercado** (ECON) Marktflexibilität *f*; **~ de precios** Preisflexibilität *f*

flexibilización [fleksiβiliθaˈθjon] *f* Flexibilisierung *f*
flexibilizar [fleksiβiliˈθar] <z→c> *vt* flexibilisieren
flexible [flekˈsiβle] I. *adj* **①** (*palo*) biegsam, elastisch; (*músculo*) elastisch
② (*persona, política*) flexibel, anpassungsfähig; **horario ~** Gleitzeit *f*
II. *m* **①** (*sombrero*) Schlapphut *m*
② (ELEC) Kabel *nt*
flexión [flekˈsjon] *f* **①** (*del cuerpo*) Beugen *nt*; **~ completa de piernas** Hockstellung *f*, Hocke *f*; **~ de piernas** Kniebeuge *f*; **~ de tronco** Rumpfbeuge *f*; **~ de brazos en la espaldera** Klimmzüge am Reck
② (LING) Flexion *f*, Beugung *f*
③ (GEO) Flexur *f*
flexionar [fleksjoˈnar] *vt* beugen
flexo [ˈflekso] *m* biegsame (Schreib)tischlampe *f*
flexor(a) [flekˈsor(a)] *adj*: **músculo ~** Beugemuskel *m*; (MED) Flexor *m*
flipado, -a [fliˈpaðo, -a] *adj* (*argot*) high
flipante [fliˈpante] *adj* (*argot*) cool, stark
flipar [fliˈpar] I. *vt* (*argot*) antörnen; **esa chica me flipa** ich stehe auf diese Frau
II. *vi, vr*: **~se** (*argot*) ausflippen
flirt [flirt] *m* <flirts> Flirt *m*
flirtear [flirteˈar] *vi* flirten (*con* mit +*dat*)
flirteo [flirˈteo] *m* Flirt *m*
flojear [floxeˈar] *vi* **①** (*disminuir*) nachlassen, schwächer werden; (*interés*) abflauen; (*fuerzas*) nachlassen, erlahmen
② (*en una materia*) schwach sein (*en* in +*dat*)
flojedad [floxeˈðað] *f* **①** (*debilidad*) Schwäche *f*
② (*pereza*) Faulheit *f*, Trägheit *f*
flojera [floˈxera] *f* (*fam*) **①** (*debilidad*) Schwäche *f*; **coger ~ de piernas** weiche Knie bekommen; **le coge ~ de piernas antes de salir en público** er/sie bekommt vor einem öffentlichen Auftritt Lampenfieber
② (*pereza*) Faulheit *f*
flojo, -a [ˈfloxo, -a] *adj* **①** (*cuerda*) locker, schlaff; (*tornillo*) locker; (*nudo*) lose
② (*vino*) leicht; (*persona, argumento*) schwach; (*viento*) flau; (*café*) dünn; (*luz, color*) matt, schwach; **~ de carácter** charakterschwach; **estoy ~ en alemán** mein Deutsch ist nicht so gut; (ENS) ich bin schlecht in Deutsch; **la fiesta estuvo floja** das Fest war langweilig; **la política me la trae floja** (*vulg*) ich kümmere mich einen Dreck um Politik *fam*
③ (*cosecha*) mager
④ (*demanda*) schwach
⑤ (*obrero*) faul, nachlässig
⑥ (*Am: cobarde*) feig(e)
floppy [ˈflopi] *m* (INFOR) Floppydisk *f*
flor [flor] *f* **①** (BOT: *planta*) Blume *f*; (*parte de la planta*) Blüte *f*; **ramo de ~es** Blumenstrauß *m*; **una planta sin ~es** eine blütenlose Pflanze; **echar ~es** Blüten treiben; **estar en ~** blühen; **camisa de ~es** geblümtes Hemd
② (*lo más selecto*) Blüte *f*, Auslese *f*; **la ~ de la harina** feines Mehl, Auszugsmehl *nt*; **la ~ de la canela** (*fam*) das Feinste vom Feinen; **la ~ y nata de la sociedad** die Crème de la crème; **murió en la ~ de la vida** er/sie starb in der Blüte seiner/ihrer Jahre
③ (*piropo*) Schmeichelei *f*
④ (*de los metales*) Irisieren *nt*
⑤ (*de las pieles*) Narbenseite *f*
⑥ (*juego*) spanisches Kartenspiel; (*lance del juego*) Partie mit drei Karten der gleichen Farbe
⑦ (*virginidad*) Jungfräulichkeit *f*
⑧ (QUÍM): **~ de cinc** Zinkoxyd *nt*; **~ de cobalto** Kobaltoxyd *nt*
⑨ (*del vino*) Kahmhaut *f*
⑩ (*loc*): **pasó volando a ~ de tierra** es flog dicht am Boden vorbei; **tengo los nervios a ~ de piel** meine Nerven sind zum Zerreißen gespannt; **dar en la ~ de hacer algo** sich *dat* etw angewöhnen
flora [ˈflora] *f* **①** (BOT) Flora *f*, Pflanzenwelt *f*
② (MED) Flora *f*; **~ intestinal** Darmflora *f*
floración [floraˈθjon] *f* **①** (*acción*) Blühen *nt*; **estar en plena ~** in voller Blüte stehen
② (*tiempo*) Blüte(zeit) *f*
floral [floˈral] *adj* **①** (*de las plantas*) Blumen-
② (*de la flor de la planta*) Blüten-
③ (LIT): **juegos ~es** Gedichtwettbewerb *m*
floreado, -a [floreˈaðo, -a] *adj* geblümt
florear [floreˈar] I. *vi* **①** (*la espada*) schwingen
② (MÚS) (auf der Gitarre) tremolieren
③ (*Am: florecer*) blühen
II. *vt* **①** (*adornar*) mit Blumen schmücken
② (*harina*) sieben
③ (*naipes*) falsch mischen
④ (*piropear*) schmeicheln +*dat*

florecer [floreˈθer] *irr como crecer* I. *vi* ① (*planta*) blühen
② (*industria*) gedeihen, florieren; **en la Florencia de los Medicis florecieron las artes** im Florenz der Medicis erlebte die Kunst eine Blütezeit
II. *vr:* **~se** (ver)schimmeln
floreciente [floreˈθjente] *adj* ① (*planta*) blühend
② (*industria*) florierend, blühend
florecimiento [floreθiˈmjento] *m* ① (*de una planta*) Blühen *nt*
② (*de una industria*) Florieren *nt*
Florencia [floˈrenθja] *f* Florenz *nt*
florentino, -a [florenˈtino, -a] I. *adj* florentinisch
II. *m, f* Florentiner(in) *m(f)*
floreo [floˈreo] *m* ① (*conversación*) Geschwätz *nt*, Gerede *nt*; **~ de palabras** Wortschwall *m*
② (MÚS) Tremolo *nt*
florero¹ [floˈrero] *m* ① (*jarrón*) (Blumen)vase *f*
② (*maceta*) Blumentopf *m*
③ (*loc*) **mi marido me trata como a un ~** mein Mann behandelt mich wie Luft
florero, -a² [floˈrero, -a] I. *adj* ① (*de las flores*) Blumen-
② (*halagador*) schmeichelnd
II. *m, f* ① (*lisonjero*) Schmeichler(in) *m(f)*
② (*vendedor de flores*) Blumenverkäufer(in) *m(f)*
floresta [floˈresta] *f* ① (*bosque*) Wald *m*
② (*de poemas*) Anthologie *f*
florete [floˈrete] *m* Florett *nt*
floricultor(a) [florikulˈtor(a)] *m(f)* Blumenzüchter(in) *m(f)*
floricultura [florikulˈtura] *f* Blumenzucht *f*
florido, -a [floˈriðo, -a] *adj* ① (*con flores*) Blumen-; (*floreciente*) blühend; **alfombra florida** Blumenteppich *m*; **árbol ~** Baum in Blüte; **un campo ~** ein mit Blumen übersätes Feld; **mesa florida** blumengeschmückter Tisch
② (*selecto*) erlesen, fein; **lo más ~ de nuestro club** die Crème de la crème unseres Vereins
③ (*lenguaje, estilo*) blumig
④ (*vaca*) gescheckt
florín [floˈrin] *m* Gulden *m*
floripondio [floriˈpondjo] *m* (*pey*) ① (*flor*) hässliche Blume *f*
② (*adorno*) kitschiger Schmuck *m*
florista [floˈrista] *mf* ① (*comerciante*) Blumenhändler(in) *m(f)*
② (*vendedor*) Blumenverkäufer(in) *m(f)*
③ (*que hace ramos*) Florist(in) *m(f)*
floristería [floristeˈria] *f* Blumengeschäft *nt*, Blumenladen *m*
flota [ˈflota] *f* ① (AERO, NÁUT) Flotte *f*; **~ mercante** Handelsflotte *f*; **~ pesquera** Fischereiflotte *f*, Fischfangflotte *f*
② (*de vehículos*) Fuhrpark *m*; **~ de camiones** Lkw-Park *m*; **~ de coches** Fuhrpark *m*
flotación [flotaˈθjon] *f* ① (*en agua: activo*) Schwimmen *nt*; (*pasivo*) Treiben *nt*; (*en aire*) Schweben *nt*; **línea de ~** (NÁUT) Wasserlinie *f*
② (TÉC) Schwimmaufbereitung *f*, Flotation *f*
③ (FIN) Floating *nt*
flotador¹ [flotaˈðor] *m* ① (TÉC: *de pesca*) Schwimmer *m*
② (*en barcos*) Rettungsring *m*; (*para niños*) Schwimmring *m*
flotador(a)² [flotaˈðor(a)] *adj* (*activo*) schwimmend; (*pasivo*) treibend
flotante [floˈtante] *adj* ① (*cuerpo: activamente*) schwimmend; (*pasivamente*) treibend; (*en aire*) schwebend
② (*persona*) ohne festen Wohnsitz
③ (*deuda*) schwebend, flottierend
④ (FIN) floatend
flotar [floˈtar] *vi* ① (*en agua: activamente*) schwimmen; (*pasivamente*) treiben; (*en aire*) schweben; (MED) flottieren
② (*bandera*) flattern
③ (FIN) floaten
flote [ˈflote] *m:* **línea de ~** Wasserlinie *f*; **estar a ~** flott sein; **poner a ~** flottmachen; **mantenerse a ~** (*t. fig*) sich über Wasser halten; **sacar a ~ una empresa** eine Firma wieder flottmachen
flotilla [floˈtiʎa] *f* Flottille *f*
fluctuación [fluktwaˈθjon] *f* ① (*oscilación*) Schwankung *f*, Fluktuation *f elev*; **~ del cambio** (FIN) Kursbewegung *f*; **~ de divisas** [*o* **monetaria**] Währungsschwankung *f*; **~ de precios** Preisschwankung *f*, Preisfluktuation *f*; **banda** (**ancha/estrecha**) **de ~** (FIN) (hohe/geringe) Schwankungsbreite *f*
② (*irresolución*) Schwanken *nt*
fluctuante [flukˈtuante] *adj* schwankend, fluktuierend *elev;* **cambio ~** (FIN) schwankender Wechselkurs
fluctuar [flukˈtuar] *<1. pres:* fluctúo*> vi* ① (*oscilar*) schwanken, sich ändern
② (*dudar*) schwanken, wanken; **estoy fluctuando entre comprarme un coche o no** ich weiß nicht, ob ich mir ein Auto kaufen soll oder nicht

fluente [fluˈente] *adj* fließend
fluidez [flwiˈðeθ] *f* ① (*de un líquido, estilo*) Flüssigkeit *f*; **hablar con ~ un idioma extranjero** eine Fremdsprache fließend sprechen
② (*de expresión*) (Rede)gewandtheit *f*
fluido¹ [ˈflwiðo] *m* ① (*líquido*) Flüssigkeit *f*; (QUÍM) Fluid *nt*
② (ELEC) Strom *m*
fluido, -a² [ˈflwiðo, -a] *adj* ① (*alimento, estilo*) flüssig; **es ~ de palabra** er ist redegewandt
② (*tráfico*) fließend
fluir [fluˈir] *irr como huir vi* ① (*correr*) fließen; (*brotar*) heraussprudeln
② (*palabras*) fließen; **sus ideas fluían con facilidad** er/sie sprühte nur so vor Ideen
flujo [ˈfluxo] *m* ① (*de un líquido*) Fluss *m*; **~ de caja** (ECON) Barmittelfluss *m*; **~ de datos** (*t.* INFOR) Datenfluss *m*; **~ de fondos** (ECON) Mittelzufluss *m*; **~ de información** Informationsfluss *m*; **~ de inversiones** (ECON) Investitionsfluss *m*; **~ de palabras** Redeschwall *m*; **~ de trabajo** (INFOR) Arbeitsfluss *m*
② (*de la marea*) Flut *f*; **~ y reflujo** Ebbe und Flut
③ (MED) Ausfluss *m*, Absonderung *f*; **~ de vientre** Durchfall *m*
fluminense [flumiˈnense] I. *adj* aus Rio de Janeiro
II. *mf* Einwohner(in) *m(f)* von Rio de Janeiro
flúor [ˈfluor] *m* (QUÍM) Fluor *nt*
fluorclorocarbonado [fluorklorokarβoˈnaðo] *m* (QUÍM) Fluorchlorkohlenwasserstoff *m*
fluorescencia [flworesˈθenθja] *f* Fluoreszenz *f*
fluorescente [flworesˈθente] I. *adj* fluoreszierend; **tubo ~** Leuchtstoffröhre *f*
II. *m* Leuchtstoffröhre *f*
flus [flus] *m* ① (Ant, Col, Ven: *terno*) Herrenanzug *m*
② (ElSal: *racha de buena suerte*) Glückssträhne *f*
fluvial [fluˈβjal] *adj* Fluss-, fluvial; **puerto ~** Binnenhafen *m*
FM [eˈfeme/efeˈeme] *f abr de* **Frecuencia Modulada** UKW *f*
FMI [efe(e)meˈi] *m abr de* **Fondo Monetario Internacional** IWF *m*
f.o.b. [foβ], **FOB** [foβ] *abr de* **franco a bordo** (ECON) fob
fobia [ˈfoβja] *f* ① (MED) Phobie *f*
② (*aversión*) Abscheu *f* (*a/por* vor *+dat*), Widerwille *m* (*a/por* gegen *+akk*)
foca [ˈfoka] *f* ① (ZOOL) Robbe *f*, Seehund *m*
② (*piel*) Robbenfell *nt*
③ (*pey: gordo*) Fettsack *m*
focal [foˈkal] *adj* fokal; **distancia ~** Brennweite *f*
focalizar [fokaliˈθar] <z→c> *vt* fokussieren
foche [ˈfotʃe] I. *adj* (Chil: *maloliente*) stinkig
II. *mf* (Chil: *persona corrompida*) verkommenes Subjekt *nt*, heruntergekommene Person *f*
foco [ˈfoko] *m* ① (FÍS, MAT) Brennpunkt *m*, Fokus *m*
② (*centro*) Brennpunkt *m*, Mittelpunkt *m*; **~ de infección** Infektionsherd *m*
③ (*lámpara*) Scheinwerfer *m*
④ (Am: *bombilla*) Glühbirne *f*
⑤ (Chil, Pan: *de coche*) (Auto)scheinwerfer *m*
fofo, -a [ˈfofo, -a] *adj* schwabbelig, wabbelig; **estoy ~** ich habe Speck angesetzt
fogaje [foˈxaxe] *m* (Col, PRico: *bochorno*) schwüles Wetter *nt*
fogata [foˈɣata] *f* (*en el campo*) Lagerfeuer *nt*; (*de alegría*) Freudenfeuer *nt*; (*como baliza*) Signalfeuer *nt*
fogón [foˈɣon] *m* ① (*de la cocina*) Herd *m*; **~ de gas** Gasherd *m*
② (*de máquinas de vapor*) Kessel *m*, Kesselanlage *f*; (FERRO) Feuerbüchse *f*
③ (*de un cañón*) Zündloch *nt*
④ (Arg, CRi, Urug: *fogata*) Lagerfeuer *nt*
fogonazo [foɣoˈnaθo] *m* ① (*de arma*) Mündungsfeuer *nt*
② (*de pólvora*) Pulverblitz *m*
fogonero [foɣoˈnero] *m* Heizer *m*
fogosidad [foɣosiˈðað] *f* ① (*de pasión*) Feuer *nt*
② (*de persona*) Temperament *nt*, Leidenschaft *f*
③ (*de debate*) Hitze *f*
fogoso, -a [foˈɣoso, -a] *adj* ① (*pasión*) feurig
② (*persona*) temperamentvoll, leidenschaftlich
③ (*debate*) hitzig
④ (*caballo*) feurig
fogueado, -a [foɣeˈaðo, -a] *adj* ① (Am: *experimentado*) erfahren
② (Col: *fatigado*) müde
foguear [foɣeˈar] I. *vt* ① (*un arma*) (mit einem Schuss) reinigen
② (MIL) ans Gefecht gewöhnen
③ (*a penalidades*) abhärten (*a* gegen *+akk*)
II. *vr:* **~se** sich abhärten (*a* gegen *+akk*)
fogueo [foˈɣeo] *m:* **bala de ~** Platzpatrone *f*
foguerear [foɣereˈar] I. *vt* (Chil, Cuba: *quemar campo o monte*) brand-

roden

II. *vi* (*hacer una hoguera*) ein Lagerfeuer machen

foja ['foxa] *f* (*Am: hoja*) Seite *f;* ~ **de servicios** Personalakte *f*

folclor(e) [fol'klor(e)] *m* Folklore *f*

folclórico, -a [fol'kloriko, -a] **I.** *adj* Folklore-, folkloristisch
II. *m, f* Flamencosänger(in) *m(f)*

folclorista [folklo'rista] *mf* Folklorist(in) *m(f)*

folder ['folder] *m,* **fólder** ['folder] *m* (*Col, Méx: carpeta*) Schreibmappe *f*

foliación [folja'θjon] *f* ❶ (TIPO) Foliieren *nt,* Nummerieren *nt*
❷ (BOT: *echar hojas*) Blattbildung *f;* (*colocación*) Blattanordnung *f*
❸ (GEO) Schichtung *f*

foliar [fol'jar] **I.** *adj* Blatt-
II. *vt* (TIPO) foliieren, nummerieren

folio ['foljo] *m* ❶ (*de un libro*) Folio *nt;* **edición en** ~ Folioausgabe *f;* **libro en** ~ Buch im Folioformat
❷ (*hoja de papel*) Blatt *nt*

folk [folk] *m sin pl* (MÚS) Folkmusik *f*

folklor(e) [fol'klor(e)] *m* Folklore *f*

folklórico, -a [fol'kloriko, -a] *adj o m, f v.* **folclórico**

folklorismo [folklo'rismo] *m* Folkloristik *f*

folklorista [folklo'rista] *mf* Folklorist(in) *m(f)*

follador [foʎa'dor] *m* ❶ (*que afuella*) Balgtreter *m*
❷ (*vulg: fornicador*) Hurenbock *m*

follaje [fo'ʎaxe] *m* ❶ (*de árbol, bosque*) Laub(werk) *nt,* Blätter *ntpl;* ~ **espeso** dichtes Laub
❷ (*adorno*) Laubgewinde *nt*
❸ (*en un texto*) Geschwafel *nt;* (*al hablar*) Geschwätz *nt*

follar[1] [fo'ʎar] **I.** *vi* (*vulg*) bumsen, ficken
II. *vt* ❶ (*vulg: coitar*) bumsen, ficken
❷ (*vulg: fastidiar*) in Rage [*o* zur Weißglut] bringen *fam*
❸ (*deshacer*) in einzelne Blätter zerlegen

follar[2] [fo'ʎar] <o→ue> **I.** *vt* ❶ (*soplar*) anfachen
❷ (*fam: suspender*) durchfallen lassen
II. *vr:* **-se** (*vulg*) einen fahren lassen *fam,* furzen

folletín [foʎe'tin] *m* Feuilleton *nt;* **novela de** ~ Schundroman *m;* **una escena de** ~ eine melodramatische Szene

folletinesco, -a [foʎeti'nesko, -a] *adj* feuilletonistisch

folleto [fo'ʎeto] *m* Broschüre *f;* ~ **publicitario** Werbeprospekt *m*

follón[1] [fo'ʎon] *m* (*fam*) ❶ (*alboroto*) Krach *m,* Radau *m;* **armar un** ~ ein Chaos veranstalten
❷ (*asunto enojoso*) unangenehme Sache *f,* Zumutung *f;* **la película fue un** ~ der Film war kaum zu ertragen

follón, -ona[2] [fo'ʎon, -ona] *adj* ❶ (*chulo*) angeberisch, aufgeblasen
❷ (*holgazán*) nachlässig

follonero, -a [foʎo'nero, -a] *m, f* Radaumacher(in) *m(f),* Randalierer(in) *m(f)*

fomentar [fomen'tar] *vt* ❶ (*empleo, industria*) fördern, unterstützen; (*economía, producción*) ankurbeln
❷ (*discordias*) schüren
❸ (MED) Fomente [*o* Fomentationen] auflegen +*dat*

fomento [fo'mento] *m* ❶ (*del empleo, la industria*) Förderung *f,* Unterstützung *f;* (*de la economía*) Ankurbelung *f;* ~ **del empleo** Arbeitsförderung *f;* **Banco Internacional de Reconstrucción y F~** Internationale Bank für Wiederaufbau und Entwicklung, Weltbank *f*
❷ (*de discordias*) Schüren *nt*
❸ (MED) Foment *nt,* Fomentation *f*

fonda ['fonda] *f* ❶ (*posada*) (billige) Pension *f*
❷ (*Chil, Guat: taberna*) Gasthof *m*

fondeadero [fondea'ðero] *m* Ankerplatz *m*

fondeado, -a [fonde'aðo, -a] *adj* (*Am*) wohlhabend, vermögend, betucht

fondear [fonde'ar] **I.** *vi* (NÁUT) ankern, vor Anker liegen
II. *vt* ❶ (*anclar*) verankern
❷ (*sondear*) (aus)loten
❸ (*registrar*) durchsuchen, untersuchen; (*una cuestión*) gründlich untersuchen; ~ **un asunto** einer Sache auf den Grund gehen

fondeo [fon'deo] *m* ❶ (NÁUT) Ankern *nt;* (*sondeo*) Ausloten *nt*
❷ (*registro*) Durchsuchung *f*
❸ (*Chil:* HIST) das Verschwindenlassen von Regimegegnern im Meer

fondillos [fon'diʎos] *mpl* Hosenboden *m*

fondista [fon'dista] *mf* ❶ (*de una fonda*) (Gast)wirt(in) *m(f)*
❷ (DEP) Langstreckenläufer(in) *m(f);* **medio** ~ Mittelstreckenläufer(in) *m(f)*

fondo ['fondo] *m* ❶ (*de un vaso, cajón*) Boden *m;* (*del río*) Grund *m,* Boden *m;* (*de un valle*) Sohle *f;* ~ **del mar** Meeresboden *m,* Meeresgrund *m;* **los bajos ~s** die Unterwelt; **cajón de doble** ~ Schublade mit doppeltem Boden; **en este lago se puede ver el** ~ in diesem See kann man bis auf den Grund sehen; **aquí ya no toco** ~ hier habe ich keinen Grund mehr unter den Füßen; **en el** ~ **de su corazón** im Grunde seines/ihres Herzens; **tratar un tema a** ~ ein Thema gründlich behandeln; **en este asunto hay mar de** ~ an dieser Sache ist etwas faul; **tocar** ~ (ECON) den Tiefstand erreichen
❷ (*de un edificio*) Tiefe *f;* **al** ~ **del pasillo** am Ende des Ganges; **mi habitación está al** ~ **de la casa** mein Zimmer liegt auf der Hinterseite des Hauses
❸ (*lo esencial*) Kern *m;* **artículo de** ~ Leitartikel *m;* **el** ~ **de la cuestión** der Kern der Sache; **en el** ~ im Grunde (genommen), eigentlich; **ir al** ~ **de un asunto** einer Sache auf den Grund gehen; **hay un** ~ **de verdad en lo que dices** in deinen Worten steckt ein Körnchen Wahrheit
❹ (*índole*) Wesensart *f,* Wesen *nt,* Natur *f;* **persona de buen** ~ gutherziger Mensch; **tiene un buen** ~ in ihm/ihr steckt ein guter Kern
❺ (*de un cuadro*) Hintergrund *m;* (*de una tela*) Untergrund *m,* Fond *m;* **sobre** ~ **blanco** auf weißem Hintergrund
❻ (*conjunto de cosas*) Bestände *mpl;* (*de biblioteca*) Bücherbestand *m*
❼ (DEP) Ausdauer *f;* **corredor de** ~ Langstreckenläufer *m;* **corredor de medio** ~ Mittelstreckenläufer *m;* **esquiador de** ~ Langläufer *m*
❽ (FIN, POL, COM) Fonds *m;* ~ **de amortización** Tilgungsfonds *m,* Ablösungsfonds *m;* ~ **de caja** Kassenbestand *m;* ~ **de capital** Kapitalstock *m;* ~ **de cohesión** Kohäsionsfonds *m;* ~ **de comercio** Firmenwert *m;* ~ **de compensación** Ausgleichsfonds *m;* **F~ de Compensación Interterritorial** Internationaler Kompensationsfonds; ~ **común** Gemeinschaftsfonds *m;* ~**s a corto plazo** kurzfristige Gelder; ~**s no disponibles de inmediato** Quasigeld *nt;* ~ **estructural** Strukturfonds *m;* **F~ Europeo de Desarrollo Regional** Europäischer Fonds für regionale Entwicklung; **F~ Europeo de Orientación y Garantía Agrícola** Europäischer Ausrichtungs- und Garantiefonds für die Landwirtschaft; ~**s de explotación** finanzielle Betriebsmittel; ~ **de garantía** Delkrederefonds *m;* ~ **de garantía salarial** Konkursausfallfonds *m;* ~**s inmovilizados** festliegende Gelder; ~ **de inversión** Investmentfonds *m;* ~ **de inversión inmobiliaria** Grundstücksanlagefonds *m,* Sachinvestitionsfonds *m;* ~ **de inversión mobiliaria** Investmentfonds *m,* Wertpapierfonds *m;* ~ **de jubilación** Pensionsrückstellung *f;* ~ **de maniobra** Umlaufvermögen *nt;* ~**s en metálico** Bargeldbestand *m;* ~**s en metálico en el sector no bancario** Bargeldbestand bei Nichtbanken; ~ **monetario** Währungsfonds *m;* **F~ Monetario Internacional** Internationaler Währungsfonds; ~**s pendientes** ausstehende Gelder; ~ **de pensiones** Pensionsfonds *m;* ~ **de previsión** Hilfskasse *f;* ~ **de renta fija** festverzinslicher Rentenfonds; ~ **de renta variable** Wertpapierfonds *m;* ~ **de reptiles** Reptilienfonds *m;* ~ **de rescate** Rückkauffonds *m;* ~ **de reserva** Rücklagenfonds *m;* **F~ Social Europeo** Europäischer Sozialfonds
❾ *pl* (*medios*) Mittel *ntpl,* Gelder *ntpl;* ~**s propios** Eigenmittel *ntpl;* ~**s públicos** öffentliche (Geld)mittel, Mittel der öffentlichen Hand; **cheque sin** ~**s** ungedeckter Scheck; **asignar** ~**s** Mittel zuführen [*o* zuweisen]; **malversar** ~**s** Gelder veruntreuen
❿ (NÁUT) Tiefgang *m;* **tocar** ~ auf Grund laufen; **irse a** ~ untergehen
⓫ (*contenido*) Gehalt *m;* **su carta tiene un** ~ **amargo** sein/ihr Brief hat einen bitteren Unterton
⓬ (*cosmética*) Basis-Make-up *nt*

fondón, -ona [fon'don, -ona] *adj* (*pey fam: persona*) schwerfällig

fonema [fo'nema] *m* (LING) Phonem *nt*

fonendoscopio [fonendos'kopjo] *m* (MED) Phonendoskop *nt*

fonética [fo'netika] *f* Phonetik *f*

fonético, -a [fo'netiko, -a] *adj* phonetisch; **transcripción fonética** phonetische Umschrift

foniatra [fo'njatra] *mf* (MED) Phoniater(in) *m(f)*

foniatría [fonja'tria] *f* Phoniatrie *f*

fónico, -a ['foniko, -a] *adj* phonisch

fono ['fono] *m* (*Chil: auricular del teléfono*) Hörer *m*

fonógrafo [fo'noɣrafo] *m* (FÍS) Phonograph *m*

fonología [fonolo'xia] *f* (LING) Phonologie *f*

fonológico, -a [fono'loxiko, -a] *adj* (LING) phonologisch

fonoteca [fono'teka] *f* Phonothek *f*

fontana [fon'tana] *f* (*elev*) (Spring)brunnen *m*

fontanal [fonta'nal] **I.** *adj* (*artificial*) Brunnen-; (*natural*) Quell-
II. *m* Ort *m* mit vielen Quellen

fontanera [fonta'nera] *adj o f v.* **fontanero**

fontanería [fontane'ria] *f* ❶ (*acción*) Installation *f*
❷ (*conducto*) Rohre *ntpl,* (Wasser)leitungen *fpl*
❸ (*establecimiento*) Klempnerei *f,* Klempnerwerkstatt *f*

fontanero, -a [fonta'nero, -a] **I.** *adj* (*natural*) Quell-; (*artificial*) Brunnen-
II. *m, f* Installateur(in) *m(f),* Klempner(in) *m(f)*

footing ['futiŋ] *m sin pl* Jogging *nt;* **hacer** ~ joggen

foque ['foke] *m* ❶ (NÁUT) Klüver *m*
❷ (*fam: cuello*) Vatermörder *m*

forajido, -a [fora'xido, -a] **I.** *adj* gesetzesflüchtig
II. *m, f* flüchtiger Verbrecher *m,* flüchtige Verbrecherin *f*

foral [fo'ral] **I.** *adj* ① (*de los privilegios*) partikularrechtlich; **derecho ~** Partikularrecht *nt*
② (*de la jurisdicción*) gerichtlich
③ (*de las leyes*) gesetzlich
④ (*arrendado*) verpachtet; **bienes ~es** Pachtgüter *ntpl*
II. *m* (*reg*) Erbpachtgut *nt*

foráneo, -a [fo'raneo, -a] *adj* ① (*de otro lugar*) fremd
② (*extraño*) fremdartig

forastero, -a [foras'tero, -a] **I.** *adj* ① (*de otro lugar*) fremd; (*extranjero*) ausländisch
② (*extraño*) fremdartig
II. *m, f* Fremde(r) *mf*; (*extranjero*) Ausländer(in) *m(f)*

forcejear [forθexe'ar] *vi* ① (*esforzarse*) sich anstrengen, sich abmühen
② (*resistir*) sich widersetzen +*dat*

forcejeo [forθe'xeo] *m* ① (*esfuerzo*) (Kraft)anstrengung *f*
② (*resistencia*) Widerstand *m*

fórceps ['forθeᵖs] *m inv* (Geburts)zange *f*, Forzeps *m o f*

forense [fo'rense] **I.** *adj* gerichtlich; **médico ~** Gerichtsmediziner *m*
II. *mf* Gerichtsmediziner(in) *m(f)*

forestal [fores'tal] *adj* forstlich, Forst-; **camino ~** Waldweg *m*; **plantas ~es** Bäume *mpl*; **repoblación ~** Aufforstung *f*

forestar [fores'tar] *vt* aufforsten

forfait [for'faiᵗ] *m* ① (COM) Pauschale *f*; **viaje a ~** Pauschalreise *f*
② (DEP) Nichterscheinen *nt*

forfaiting [for'faitiŋ] <forfaitings> *m* (COM) Forfaitierung *f*

forfetización [forfetiθa'θjon] *f* (ECON) Forfaitierung *f*

forja ['forxa] *f* ① (*fragua*) Schmiede *f*; (*de platero*) Silberschmiede *f*
② (*ferrería*) (Eisen)hütte *f*
③ (*del metal*) Schmieden *nt*
④ (*creación*) Schaffung *f*
⑤ (*argamasa*) Mörtel *m*

forjar [for'xar] **I.** *vt* ① (*metal*) schmieden
② (*muro*) mauern; (*revocar*) verputzen
③ (*inventar*) sich *dat* ausdenken; **~ planes** Pläne schmieden
④ (*crear*) schaffen; (*imperio, futuro*) aufbauen
II. *vr*: **~se** ① (*imaginarse*) sich *dat* ausdenken; **~se ilusiones** sich *dat* Illusionen machen
② (*crear*) sich aufbauen

forma ['forma] *f* ① (*figura*) Form *f*, Gestalt *f*; **~ jurídica** (ECON, JUR) Gesellschaftsform *f*; **las ~s de una mujer** die weiblichen Rundungen; **en ~ de gota** tropfenförmig; **dar ~ a algo** (*formar*) etw gestalten [*o* formen]; (*precisar*) etw *dat* Gestalt verleihen, etw konkretisieren; **tomar ~** Gestalt [*o* feste Formen] annehmen
② (*manera*) Art (und Weise) *f*, Form *f*; **~ de comportamiento** Verhaltensweise *f*; **~ de envío** Versandart *f*; **~ de organización empresarial** Unternehmensform *f*; **~ de pago** Zahlungsweise *f*; **~ de tributación** Besteuerungsart *f*; **defecto de ~** (JUR) Formfehler *m*; **tiene una extraña ~ de andar** er/sie hat einen eigenartigen Gang; **de ~ libre** formlos; **en ~ escrita** schriftlich; **en (buena y) debida ~** vorschriftsmäßig; **en ~ förmlich**, formgerecht; **de ~ que** so dass; **de todas ~s,...** wie auch immer, ..., jedenfalls, ...; **lo haré de una u otra ~** [*o* **de todas ~s**] ich werde es auf jeden Fall machen; **no hay ~ de abrir la puerta** die Tür lässt sich überhaupt nicht öffnen; **no hay ~ de que cambie** er/sie ist unverbesserlich
③ (*comportamiento*) Form *f*, Anstand *m*; **guardar las ~s** die Form wahren
④ (*molde*) Form *f*; **~ de imprimir** Druckform *f*
⑤ (DEP) Form *f*; **coger la ~** in Form kommen; **estar en ~** in Form sein; **los ciclistas deben coger la ~ antes de llegar a los Pirineos** die Radfahrer müssen ihre Hochform noch vor den Pyrenäen erreichen
⑥ (JUR) Schriftform *f*; **~ legal/arbitraria** gesetzliche/gewillkürte Schriftform

formación [forma'θjon] *f* ① (*creación*) (Heraus)bildung *f*, Entstehung *f*; (*de una sociedad*) Gründung *f*; **~ del balance** Bilanzaufstellung *f*, Bilanzierung *f*; **~ de capital** Vermögensbildung *f*, Kapitalbildung *f*; **~ de capital propio** Eigenkapitalbildung *f*; **~ de carteles** Kartellbildung *f*; **~ de humo** Rauchentwicklung *f*; **~ de inventario** Inventarisierung *f*; **una sociedad en ~** eine in Gründung befindliche Gesellschaft
② (*de personas, t.* MIL) Formation *f*, Verband *m*; **~ política** politische Gruppierung; **~ de los precios** Preisbildung *f*; **~ de tropas** Truppenverband *m*; **desfilar en ~ cerrada** in geschlossener Formation marschieren
③ (*educación*) (Aus)bildung *f*; **~ de adultos** Erwachsenenbildung *f*; **~ básica** [*o* **fundamental**] Grundausbildung *f*; **~ continuada** Weiterbildung *f*; **~ escolar** Schulbildung *f*; **~ de mandos** Manager-Training *nt*; **~ profesional** Berufsausbildung *f*; **~ en el puesto de trabajo** Ausbildung am Arbeitsplatz
④ (GEO) (Gesteins)formation *f*
⑤ (*forma*) Form *f*, Gestalt *f*; **~ vegetal** (BOT) Formation *f*; **de buena ~** wohlgeformt

formal [for'mal] *adj* ① (*relativo a la forma*) formal, Form-; **defecto ~** Formfehler *m*; **requisito ~** Formalität *f*
② (*serio*) vernünftig, seriös; (*educado*) wohlerzogen, anständig; (*cumplidor*) zuverlässig, korrekt; **esto no es ~** (*fam*) das schickt sich nicht
③ (*oficial*) formell, förmlich; **una invitación ~** eine offizielle Einladung; **tiene novio ~** sie hat einen festen Freund

formalidad [formali'ðað] *f* ① (*seriedad*) Seriosität *f*, Anständigkeit *f*; (*exactitud*) Zuverlässigkeit *f*, Korrektheit *f*; **¿cuándo te va a entrar la ~?** (*fam*) wann wirst du endlich vernünftig?
② (ADMIN, JUR) Formalität *f*, Formalie *f*; **~es en la frontera** Grenzformalitäten *fpl*
③ (*norma de comportamiento*) Formalität *f*

formalismo [forma'lismo] *m* Formalismus *m*

formalista [forma'lista] *mf* Formalist(in) *m(f)*

formalizar [formali'θar] <z→c> **I.** *vt* ① (*dar forma*) formalisieren
② (*solemnizar*) offiziell machen; **~ un noviazgo** (*comprometerse*) sich verloben; (*casarse*) heiraten
③ (JUR) in die vorgeschriebene Form bringen; **~ un cargo** Anklage erheben; **~ un contrato** einen Vertrag ordnungsgemäß abschließen; **~ una solicitud** einen Antrag stellen
II. *vr*: **~se** ① (*formarse*) zustande [*o* zu Stande] kommen
② (*volverse formal*) vernünftig werden
③ (*ofenderse*) sich entrüsten

formar [for'mar] **I.** *vi* ① (MIL) antreten
② (*figurar*) gehören (**en** zu +*dat*)
II. *vt* ① (*dar forma*) formen; **~ algo de barro** etw aus Ton formen
② (*constituir*) bilden, (MIL) formieren; **~ el gobierno** die Regierung bilden; **~ parte de** gehören zu +*dat*; **forma parte del equipo** er/sie gehört zur Mannschaft
③ (*educar*) erziehen; (*enseñar*) (aus)bilden
III. *vr*: **~se** ① (*crearse*) sich bilden; (MIL) sich formieren; **se ~on varios grupos** es bildeten sich mehrere Gruppen
② (*ser educado*) ausgebildet werden; **se ha formado a sí mismo** er ist Autodidakt
③ (*desarrollarse*) sich entwickeln
④ (*hacerse*) sich *dat* bilden; **~ una idea de algo** sich *dat* ein Bild von etw *dat* machen

formatear [formate'ar] *vt* (INFOR) formatieren

formateo [forma'teo] *m* (INFOR) Formatierung *f*

formativo, -a [forma'tiβo, -a] *adj* ① (*que da forma*) gestaltend, formativ
② (*educativo*) erzieherisch; (*instructivo*) (Aus)bildungs-
③ (LING) Wortbildungs-

formato [for'mato] *m* Format *nt*; **~ de alto/bajo nivel** (INFOR) höheres/niedrigeres Format; **~ de archivo** (INFOR) Dateiformat *nt*; **~ binario** (INFOR) Binärformat *nt*; **~ de una carta** Brieffformat *nt*; **~ de datos** (INFOR) Datenformat *nt*; **~ de dirección** (INFOR) Adressformat *nt*; **~ estándar** Standardformat *nt*; **~ de intercambio** (INFOR) Austauschformat *nt*; **~ de texto** (INFOR) Textformat *nt*; **~ vertical** Hochformat *nt*

formica® [for'mika] *f sin pl* Resopal® *nt*

formidable [formi'ðaβle] *adj* ① (*fam: estupendo*) toll, großartig
② (*temible*) furchtbar
③ (*enorme*) riesig

formol® [for'mol] *m sin pl* Formol® *nt*, Formalin® *nt*

formón [for'mon] *m* ① (*escoplo*) (Stech)beitel *m*
② (*sacabocados*) Stanze *f*

fórmula ['formula] *f* ① (*t.* MAT, QUÍM) Formel *f*; (MED) (Rezept)formel *f*; **~ de cálculo** (ECON, FIN) Bemessungsformel *f*; **~ de cortesía** Höflichkeitsformel *f*; **~ de despedida** Schlussformel *f*; **~ de juramento** (JUR) Beteuerungsformel *f*, Eidesformel *f*; **~ química** chemische Formel; **~ de sentencia** (JUR) Urteilsformel *f*; **coche de ~ 1** (DEP) Formel-1-Wagen *m*; **por (pura) ~** pro forma

formulación [formula'θjon] *f* ① (*de una idea*) Formulierung *f*; **~ de balances** Bilanzaufstellung *f*; **~ de demanda** (JUR) Klageantrag *m*; **~ de la propuesta** Antragstellung *f*
② (FÍS, MAT, QUÍM) Aufstellung *f* einer Formel

formular [formu'lar] **I.** *adj* formelhaft, Formel-
II. *vt* ① (*expresar con una fórmula*) in einer Formel ausdrücken
② (*manifestar*) formulieren, zum Ausdruck bringen; **~ demanda** Klage erheben; **~ denuncia** Anzeige erstatten; **~ oposición** Einspruch einlegen [*o* erheben]
③ (*recetar*) verschreiben

formulario¹ [formu'larjo] *m* ① (*impreso*) Formular *nt*, Vordruck *m*; **~ continuo** (INFOR) Endlosformular *nt*; **~ para giro postal** Zahlkarte *f*; **~ impreso** (INFOR) Vordruck *m*, Formular *nt*; **~ múltiple** (INFOR) Mehrfachformular *nt*; **~ de solicitud** Antragsformular *nt*; **~ tabular** (INFOR) Tabellenformular *nt*; **rellenar un ~** ein Formular ausfüllen
② (*colección de fórmulas*) Formelsammlung *f*; (*de recetas*) Rezeptbuch *nt*; (*de modelos*) Mustersammlung *f*

formulario, -a² [formu'larjo, -a] *adj* ❶ (*cortés*) formell, förmlich
❷ (*formular*) formelhaft, Formel-
formulismo [formu'lismo] *m* Formalismus *m*
fornicación [fornika'θjon] *f* Geschlechtsverkehr *m*; (*pey*) Hurerei *f*; (JUR) außerehelicher Geschlechtsverkehr *m*; (REL) Ehebruch *m*
fornicador(a) [fornika'ðor(a)] *m(f)* (*pey*) Hurenbock *m*, Hure *f*; (REL) Ehebrecher(in) *m(f)*
fornicar [forni'kar] <c→qu> *vi* Geschlechtsverkehr haben; (*pey*) (herum)huren; (REL) die Ehe brechen
fornido, -a [for'niðo, -a] *adj* stämmig, kräftig
foro ['foro] *m* ❶ (*plaza, reunión*) Forum *nt*; ~ **romano** Forum *nt* Romanum; ~**s de discusión** Diskussionsforen *ntpl* (*im Internet*)
❷ (JUR: *lugar*) Gerichtssaal *m*, Gericht *nt*
❸ (JUR: *curia*) Rechtsanwaltschaft *f*
❹ (TEAT) Hintergrund *m*, Kulisse *f*; **desaparecer por el ~** unbemerkt verschwinden
❺ (*contrato*) (Erb)pacht *f*, (Erb)pachtvertrag *m*; ~ **de pacto** auf den ältesten Sohn übergehende Erbpacht
❻ (*renta*) (Erb)pachtzins *m*
forofo, -a [fo'rofo, -a] *m*, *f* Fan *m*
forraje [fo'rraxe] *m* ❶ (*pasto*) (Vieh)futter *nt*; (*verde*) Grünfutter *nt*; (*Am: seco*) Trockenfutter *m*
❷ (*fam: fárrago*) Mischmasch *m*
forrar [fo'rrar] I. *vt* (*el exterior*) umhüllen (*de/con* mit +*dat*); (*el interior*) ausschlagen (*de/con* mit +*dat*), auskleiden (*de/con* mit +*dat*); (*una prenda*) füttern (*de/con* mit +*dat*); (*una butaca*) beziehen (*de/con* mit +*dat*); (*un libro*) einbinden (*con* mit +*dat*); (*una pared*) verkleiden (*con* mit +*dat*); ~ **con algodón** wattieren
II. *vr*: ~**se** (*fam*) ❶ (*enriquecerse*) sich *dat* eine goldene Nase verdienen; **se ha forrado con** [*o* **de**] **dinero** er/sie hat Unmengen von Geld verdient
❷ (*hartarse*) sich *dat* den Bauch voll schlagen (*de* mit +*dat*)
forro ['forro] *m* ❶ (*exterior*) Hülle *f*; (*interior*) (Innen)verkleidung *f*; (*de una prenda, maleta*) Futter *nt*; (*de una butaca*) Bezug *m*; (*de un libro*) Einband *m*; (*de una pared*) Verkleidung *f*; ~ **de cuero** Lederfutter *nt*; ~ **metálico** (TÉC) Metallverkleidung *f*
❷ (NÁUT) Beplankung *f*
❸ (AUTO): ~ **de freno** Bremsbelag *m*
❹ (*loc, fam*): **ni por el** ~ nicht im Geringsten; **no conocer algo ni por el** ~ nicht die leiseste Ahnung von etw *dat* haben
fortachón, -ona [forta'tʃon, -ona] *adj* (*fam*) kräftig, stämmig
fortalecedor(a) [fortaleθe'ðor(a)] *adj* ❶ (*vigorizador*) kräftigend, stärkend
❷ (*que da ánimo*) aufbauend, ermutigend
❸ (*reforzante*) Befestigungs-
fortalecer [fortale'θer] *irr como crecer* I. *vt* ❶ (*vigorizar*) kräftigen, stärken
❷ (*animar*) aufbauen, ermutigen
❸ (*reforzar*) befestigen
II. *vr*: ~**se** ❶ (*vigorizarse*) sich stärken
❷ (*volverse más fuerte*) stärker werden, erstarken *elev*
fortalecimiento [fortaleθi'mjento] *m* ❶ (*de una cosa*) Befestigung *f*
❷ (*del cuerpo*) Stärkung *f*
❸ (*del ánimo*) Ermutigung *f*
fortaleza [forta'leθa] *f* ❶ (*fuerza*) Kraft *f*, Stärke *f*; **de poca** ~ schwächlich
❷ (*virtud*) Seelenstärke *f*, Standhaftigkeit *f*
❸ (*robustez*) Robustheit *f*
❹ (MIL) Festung(sanlage) *f*; **la** ~ **Europa** die Festung Europa
❺ (*Chil: hedor*) Gestank *m*
❻ (*Chil: hoyuelo*) ≈Murmelspiel *nt*
fortificación [fortifika'θjon] *f* ❶ (*fortalecimiento*) Kräftigung *f*, Stärkung *f*
❷ (MIL: *acción*) Befestigung *f*
❸ (MIL: *obra*) Befestigung(sanlage) *f*, Verteidigungsanlage *f*
fortificar [fortifi'kar] <c→qu> I. *vt* ❶ (*fortalecer*) kräftigen, stärken
❷ (MIL) befestigen
II. *vr*: ~**se** ❶ (*fortalecerse*) stärker werden, erstarken *elev*
❷ (MIL) sich verschanzen
fortín [for'tin] *m* ❶ (*fuerte*) kleine Festung(sanlage) *f*
❷ (*defensa*) Schanze *f*
fortísimo, -a [for'tisimo, -a] *superl de* **fuerte**
fortuito, -a [for'twito, -a/fortu'ito, -a] *adj* zufällig
fortuna [for'tuna] *f* ❶ (*suerte*) Glück *nt*; **por** ~ (*afortunadamente*) glücklicherweise, zum Glück; (*por casualidad*) zufällig(erweise); **hacer** ~ (*persona*) sein Glück machen, es zu etwas bringen; (*cosa*) einen Siegeszug antreten; **probar** ~ sein Glück versuchen; **tener** ~ Glück haben (*en* bei/in +*dat*)
❷ (*destino*) Schicksal *nt*; **golpe de** ~ (*próspero*) Fügung des Schicksals *f*; (*adverso*) Schicksalsschlag *m*
❸ (*capital*) Vermögen *nt*; ~**s** Besitztümer *ntpl*; **sin** ~ unvermögend; **su voz era su** ~ seine/ihre Stimme war sein/ihr Kapital
❹ (*tempestad*) Sturm *m*; **el barco corrió** ~ das Schiff geriet in Seenot
fórum ['forum] *m* Forum *nt*
forúnculo [fo'runkulo] *m* (MED) Furunkel *m o nt*
forzadamente [forθaða'mente] *adv* ❶ (*violentamente*) gewaltsam
❷ (*inevitablemente*) zwangsläufig, gezwungenermaßen
forzado¹ [for'θaðo] *m* ❶ (*presidiario*) Sträfling *m*
❷ (*galeote*) Galeerensträfling *m*
forzado, -a² [for'θaðo, -a] *adj* ❶ (*artificial, forzoso*) gezwungen; **risa forzada** gezwungenes Lachen; **trabajos** ~**s** Zwangsarbeit *f*
❷ (*ocupado*) besetzt
forzar [for'θar] *irr* I. *vt* ❶ (*obligar*) zwingen; **nos** ~**on a marcharnos** [*o* **a que nos marcháramos**] sie zwangen uns zum Gehen
❷ (*un acontecimiento*) erzwingen
❸ (*violar*) vergewaltigen
❹ (*esforzar*) überbeanspruchen; (*voz*) überanstrengen
❺ (*obligar a entrar*) hineinzwängen; (*a abrirse*) aufbrechen; ~ **un bloqueo** eine Blockade (durch)brechen
❻ (MIL) erobern, stürmen
II. *vr*: ~**se** ❶ (*obligarse*) sich zwingen; **me forzé a comer** ich zwang mich zum Essen
❷ (*esforzarse*) sich überanstrengen
forzosa [for'θosa] *f* Spielzug beim Damespiel; **hacer a alguien la** ~ (*fam*) jdn zwingen
forzoso, -a [for'θoso, -a] *adj* zwangsläufig, zwingend; **aterrizaje** ~ Notlandung *f*; **venta forzosa** Zwangsverkauf *m*; **es** ~ **que vengas** es ist unerlässlich, dass du kommst, du musst (unbedingt) kommen
forzudo, -a [for'θuðo, -a] *adj* sehr stark, bärenstark *fam*
fosa ['fosa] *f* ❶ (*hoyo*) Grube *f*; (*alargado, t.* GEO) Graben *m*; (MIL) Festungsgraben *m*; ~ **abisal** [*o* **marina**] (GEO) Tiefseegraben *m*; ~ **séptica** Klärgrube *f*
❷ (*sepultura*) Grab *nt*; ~ **común** Massengrab *nt*
❸ (ANAT) Höhle *f*; ~ **nasal** Nasenhöhle *f*
fosfato [fos'fato] *m* (QUÍM) Phosphat *nt*; ~ **de magnesio** Magnesiumphosphat *nt*
fosforecer [fosfore'θer] *irr como crecer vi* phosphoreszieren
fosforera [fosfo'rera] *f* (*estuche*) Streichholzschachtel *f*, Zündholzschachtel *f*
fosforero, -a [fosfo'rero, -a] *m*, *f* ❶ (*vendedor*) Streichholzverkäufer(in) *m(f)*, Zündholzverkäufer(in) *m(f)*
❷ (*fabricante*) Streichholzfabrikant(in) *m(f)*, Zündholzfabrikant(in) *m(f)*
fosforescencia [fosfores'θenθja] *f* Phosphoreszenz *f*
fosforescente [fosfores'θente] *adj* phosphoreszierend
fosfórico, -a [fos'foriko, -a] *adj* ❶ (*relativo al fósforo*) Phosphor-; **ácido** ~ Phosphorsäure *f*
❷ (*que contiene fósforo*) phosphorig
fósforo ['fosforo] *m* ❶ (QUÍM) Phosphor *m*
❷ (*cerilla*) Zündholz *nt*, Streichholz *nt*
❸ (*Méx:* GASTR) ≈Kaffee *m* mit Schuss
❹ (*Col: fulminante*) Sprengkapsel *f*
Fósforo ['fosforo] *m* (ASTR) Morgenstern *m*
fósil ['fosil] I. *adj* ❶ (GEO) fossil
❷ (*fam: anticuado*) steinzeitlich, vorsintflutlich
II. *m* Fossil *nt*; **ser un** ~ (*viejo*) verknöchert sein; (*anticuado*) ein Fossil sein
fosilizado, -a [fosili'θaðo, -a] *adj* (GEO) fossil
fosilizarse [fosili'θarse] <z→c> *vr* ❶ (GEO) fossilisieren
❷ (*fam: persona*) verknöchern
foso ['foso] *m* ❶ (*hoyo*) Grube *f*; (*alargado*) Graben *m*; (MIL) (Festungs)graben *m*; (*para la lluvia*) Entwässerungsgraben *m*
❷ (MÚS, TEAT) Orchestergraben *m*
❸ (*en un garaje*) Reparaturgrube *f*
❹ (DEP) Sandgrube *f*
foto ['foto] *f* Foto *nt*, Bild *nt*; ~ **tamaño** **carnet** Passfoto *nt*; **sacar una** ~ **de alguien** ein Bild (von jdm) machen; **sales muy guapa en la** ~ auf dem Foto bist du gut getroffen
fotocomponedora [fotokompone'ðora] *f* Fotosatzanlage *f*
fotocomposición [fotokomposi'θjon] *f* Fotosatz *m*, Lichtsatz *m*
fotocopia [foto'kopja] *f* (Foto)kopie *f*; **sacar** ~**s** (Foto)kopien machen (*de* +*dat*)
fotocopiadora [fotokopja'ðora] *f* (Foto)kopiergerät *nt*, (Foto)kopierer *m*; ~ **a color** Farbkopierer *m*
fotocopiar [fotoko'pjar] *vt* (foto)kopieren
fotoeléctrico, -a [fotoe'lektriko, -a] *adj* lichtelektrisch, fotoelektrisch
fotoenvejecimiento [fotoembexeθi'mjento] *m* (MED) Altern *nt* der Haut durch Sonnenlichteinwirkung
fotogénico, -a [foto'xeniko, -a] *adj* ❶ (*motivo*) bildwirksam; (*per-*

fotógrafa sona) fotogen
② (color, superficie) fotogen, Licht ausstrahlend
fotógrafa [fo'toɣrafa] f v. **fotógrafo**
fotografía [fotoɣra'fia] f ① (imágen) Fotografie f, (Licht)bild nt; ~ **aérea** Luftaufnahme f; ~ **en color** Farbbild nt; ~ (**tamaño**) **carnet** Passbild nt; **álbum de** ~**s** Fotoalbum nt
② (procedimiento, arte) Fotografie f
fotografiar [fotoɣra'fi'ar] <1. pres: fotografío> I. vi fotografieren; **fotografía para varios periódicos** er/sie arbeitet als Fotograf/Fotografin für verschiedene Zeitungen
II. vt ① (hacer fotos) fotografieren
② (describir) detailliert beschreiben
fotográfico, -a [foto'ɣrafiko, -a] adj fotografisch, Foto-; **máquina fotográfica** Fotoapparat m; **papel** ~ Fotopapier nt
fotógrafo, -a [fo'toɣrafo, -a] m, f Fotograf(in) m(f); ~ **de prensa** Pressefotograf m
fotograma [foto'ɣrama] m ① (CINE) Standbild nt
② (FOTO) Fotogramm nt
fotomatón [fotoma'ton] m ① (mecanismo) Fotomaton® nt
② (cabina) Passbildautomat m
③ (argot: foto) Passbild nt aus dem Automaten
fotómetro [fo'tometro] m Lichtmesser m, Fotometer nt
fotomodelo [fotomo'ðelo] mf (Foto)modell nt
fotomontaje [fotomoɲ'taxe] m Fotomontage f
fotón [fo'ton] m (FÍS) Foton nt
fotonovela [fotono'βela] f Fotoroman m
fotoprotección [fotoproteɣ'θjon] f Sonnenschutz m
fotoprotector(a) [fotoprotek'tor(a)] adj Sonnenschutz-
fotoquímica [foto'kimika] f (QUÍM) Fotochemie f
fotoquímico, -a [foto'kimiko, -a] adj (QUÍM) fotochemisch
fotorreportaje [fotorrepor'taxe] m Fotoreportage f
fotosensible [fotosen'siβle] adj lichtempfindlich
fotosíntesis [foto'sintesis] f sin pl (BIOL, QUÍM) Fotosynthese f
fotovoltaico, -a [fotoβol'tai̯ko, -a] adj fotovoltaisch
fotuto¹ [fo'tuto] m ① (Cuba, PRico, Ven: instrumento de viento) Blasinstrument der Indios
② (Cuba: fam: bocina) Hupe f
fotuto, -a² [fo'tuto, -a] adj (Arg, Méx: arruinado) bankrott; (enfermo) angeschlagen
foulard [fu'lar] m ① (tela) Foulard m
② (pañuelo) Halstuch nt, Foulard nt Suiza
FP¹ [efe'pe] f abr de **Formación Profesional** Berufsausbildung f
FP² [efe'pe] m abr de **Frente Popular** ≈Volksfront f (spanische Regierungskoalition von 1936)
frac [frak] m <fracs o fraques> Frack m
fracasado, -a [fraka'saðo, -a] m, f gescheiterte Existenz f
fracasar [fraka'sar] vi ① (no tener éxito) scheitern; **fracasó como escritora** sie scheiterte als Schriftstellerin; **la película fracasó** der Film fiel (beim Publikum) durch; ~ **en un examen** durch eine Prüfung fallen
② (NÁUT) zerschellen
fracaso [fra'kaso] m ① (acción) Scheitern nt; **esto conduce al** ~ das ist zum Scheitern verurteilt
② (fiasco) Misserfolg m
③ (desastre) Unglück nt
fracción [fraɣ'θjon] f ① (división) (Zer)teilen nt, Zerlegen nt; (ruptura) (Zer)brechen nt; (de una cantidad) Aufsplitterung f; **la** ~ **del pan** (REL) das Brechen des Brotes
② (parte) Bruchteil m; (de un objeto) Bruchstück nt; (de una organización) Fraktion f; ~ **parlamentaria** (Parlaments)fraktion f
③ (MAT) Bruch m, Bruchzahl f
④ (QUÍM) Fraktion f
fraccionadora [fraɣθjona'ðora] f (Méx: compañía inmobiliaria) Wohnungsbaugesellschaft f
fraccionamiento [fraɣθjona'mjento] m ① (división) Zerteilung f, Zerlegung f; ~ **de acciones** Stückelung von Aktien
② (ruptura) Zerbrechen nt; (de una cantidad) Aufsplitterung f; (de una organización) Zersplitterung f, Spaltung f
③ (QUÍM) Fraktionierung f
fraccionar [fraɣθjo'nar] I. vt ① (dividir) (zer)teilen; (romper) (zer)brechen; (una cantidad) aufsplittern; (una organización) spalten
② (QUÍM) fraktionieren
II. vr: ~**se** (grupo) sich spalten
fraccionario, -a [fraɣθjo'narjo, -a] adj (MAT) Bruch-; **moneda fraccionaria** Kleingeld nt; **número** ~ Bruchzahl f, Bruch m
② (POL) fraktionell
③ (incompleto) bruchstückhaft
fractura [frak'tura] f ① (rotura) Bruch m; (MED) Fraktur f; ~ **conminuta** Splitterbruch m
② (GEO: falla) Verwerfung f

fracturar [fraktu'rar] I. vt zerbrechen; (una cerradura, caja fuerte) aufbrechen
II. vr: ~**se** (zer)brechen; ~**se la pierna** sich dat das Bein brechen
fragancia [fra'ɣanθja] f Duft m
fragata [fra'ɣata] f ① (NÁUT) Fregatte f
② (ZOOL) Fregattvogel m
frágil ['fraxil] adj ① (objeto) zerbrechlich
② (constitución) zart; (anciano) gebrechlich
③ (salud) anfällig
④ (carácter) schwach; **tener una memoria** ~ vergesslich sein; **es una chica** ~ sie ist ein leichtes Mädchen
fragilidad [fraxili'ðað] f ① (de un objeto) Zerbrechlichkeit f
② (de la constitución) Zartheit f; (de un anciano) Gebrechlichkeit f
③ (de la salud) Anfälligkeit f
④ (del carácter) Schwäche f
fragilizar [fraxili'θar] <z→c> vt schwächen
fragmentación [fraɣmenta'θjon] f Zerlegung f, (Zer)teilung f; (en muchos pedazos) Zerstückelung f; (de un cristal) Zersplitterung f
fragmentar [fraɣmen'tar] I. vt ① (dividir) zerlegen, (zer)teilen; (en muchos pedazos) zerstückeln; (romper) zerschlagen; (una roca) zerbröckeln
II. vr: ~**se** (cristal) zersplittern; (roca) zerbröckeln
fragmentario, -a [fraɣmen'tarjo, -a] adj ① (compuesto) (aus Fragmenten) zusammengesetzt [o zusammengestückelt]
② (incompleto) fragmentär, bruchstückhaft
fragmento [fraɣ'mento] m ① (parte) (Bruch)stück nt, Fragment nt; (de un cristal) Scherbe f, Splitter m; (de una roca) Brocken m; (de un tejido) Fetzen m; (de un papel) Schnipsel m o nt; **romper algo en** ~**s** etw in Stücke reißen
• ② (LIT, MÚS: parte) Fragment nt, Auszug m; (obra incompleta) Fragment nt
③ pl (restos) Fragmente ntpl
fragor [fra'ɣor] m Getöse nt
fragoroso, -a [fraɣo'roso, -a] adj dröhnend
fragosidad [fraɣosi'ðað] f ① (de un monte) Dichte f
② (de un camino) Unwegsamkeit f
③ (lugar) unwegsame Gegend f; (lleno de arbustos) Dickicht nt
fragoso, -a [fra'ɣoso, -a] adj ① (áspero) unwegsam
② (ruidoso) lärmend
fragua ['fraɣwa] f Schmiede f
fraguar [fra'ɣwar] <gu→gü> I. vi (cemento) sich verfestigen, hart werden
② (idea) sich durchsetzen
II. vt (metal, plan) schmieden; **¿qué estás fraguando?** was heckst du nun wieder aus?
fraguista [fra'ɣista] adj (POL) bezeichnet die Ideologie von Manuel Fraga, Gründer der AP (Alianza Popular)
fraile [fra'ile] m ① (REL) Mönch m; ~ **motilón** Laienbruder m; ~ **de misa y olla** (fam) ungebildeter Geistlicher
② (en un vestido) Falte f
③ (en una chimenea) (Rauch)abzug m
④ (TIPO) blass gedruckte Stelle f
frambuesa [fram'bwesa] f Himbeere f
frambueso [fram'bweso] m Himbeerstrauch m
frame [freim] m (INFOR) Frame m o nt
franca ['franka] adj o f v. **franco**²
francamente [franka'mente] adv offen, freiheraus; ~, **no tengo interés** offen gesagt habe ich kein Interesse
francés¹ [fran'θes] m (lengua) Französisch(e) nt
francés, -esa² [fran'θes, -esa] I. adj französisch; **tortilla francesa** Omelett nt; **despedirse** [o **marcharse**] **a la francesa** sich (auf) Französisch verabschieden fam, sich verdrücken fam
II. m, f Franzose m, Französin f
Fráncfort ['fraŋkfort] m Frankfurt nt; ~ **del Meno** Frankfurt am Main; **salchicha de F**~ Frankfurter f, Frankfurter Würstchen
franchute [fran'tʃute] I. adj (pey) französisch
II. mf (pey) Franzose m, Französin f
Francia ['franθja] f Frankreich nt
franciscano, -a [franθis'kano, -a] I. adj ① (REL) franziskanisch; **orden franciscana** Franziskanerorden m
② (Am: pardo) (grau)braun
II. m, f Franziskaner(in) m(f)
francmasonería [fraŋkmasone'ria/fraⁿmasone'ria] f Freimaurerei f
francmasónico, -a [fraⁿma'soniko, -a/fraⁿma'soniko, -a] adj freimaurerisch
franco¹ ['franko] m ① (moneda francesa, belga, luxemburguesa) Franc m; (suiza) Franken m; **CFA** CFA-Franc m
② (lengua) Fränkisch(e) nt
franco, -a² ['franko, -a] I. adj ① (sincero) aufrichtig; **es** ~ **de** [o **en el**|

carácter er ist ein aufrichtiger Mensch
② (*generoso*) großzügig (a/(*para*)con/para gegenüber +*dat*)
③ (*libre, exento*) frei, befreit; **puerto** ~ Freihafen *m;* ~ (**en**) **almacén** frei [*o* ab] Lager; ~ **a bordo** frei an Bord; ~ **de derechos** gebührenfrei; ~ **en fábrica** ab Werk; ~ **muelle** frei [*o* ab] Kai; ~ **sobre vagón** frei [*o* ab] Waggon; ~ **transportista** frei Frachtführer
④ (*claro*) eindeutig, klar
⑤ (HIST) fränkisch
⑥ (*francés*) französisch
II. *m, f* Franke *m,* Fränkin *f*
franco-alemán, -ana [ˈfraŋko aleˈman, -ana] *adj* deutsch-französich; **las relaciones franco-alemanas** die deutsch-französischen Beziehungen
francófilo, -a [fraŋˈkofilo, -a] *adj* frankophil
francófobo, -a [fraŋˈkofoβo, -a] *adj* frankophob
francotirador [fraŋkotiraˈðor] *m,* **franco-tirador** [ˈfraŋko tiraˈðor] *m* ① (*guerrillero*) Freischärler *m;* (*tirador emboscado*) Heckenschütze *m* ② (*persona aislada*) Querschläger *m fam;* **ser un** ~ quer schießen *fam*
franela [fraˈnela] *f* ① (*tejido*) Flanell *m*
② (*Am: camiseta*) (Herren)unterhemd *nt*
frangollo [fraŋˈɡoʎo] *m* (*reg:* GASTR) typisch kanarische Nachspeise aus Mais und Milch
franja [ˈfraŋxa] *f* ① (*guarnición*) Borte *f*
② (*tira*) Streifen *m;* ~ **costera** Küstenstreifen *m;* ~ **de Gaza** Gazastreifen *m*
③ (*periodo*): ~ **horaria** Zeitzone *f;* **en la misma** ~ **horaria** im gleichen Zeitraum
franqueador(a) [fraŋkeaˈðor(a)] *adj* Frankier-
franquear [fraŋkeˈar] I. *vt* ① (*carta*) frankieren, freimachen; **a** ~ **en destino** Porto bezahlt Empfänger
② (*desobstruir*) räumen, frei machen
③ (*fam: atravesar: río, paso*) überqueren; (*puerta*) durchschreiten; (*obstáculo*) überwinden
④ (*conceder*) gewähren; ~ **la entrada** Eintritt gewähren
⑤ (*dar libertad*) freilassen
II. *vr:* ~**se** sich anvertrauen (*con/a* +*dat*)
franqueo [fraŋˈkeo] *m* ① (*sellos*) Porto *nt,* Frankierung *f;* ~ **de vuelta** Rückporto *nt;* **sin** ~ unfrankiert
② (*acción: de una carta*) Frankieren *nt*
③ (*de un esclavo*) Freilassung *f*
④ (*de una salida*) Räumung *f*
franqueza [fraŋˈkeθa] *f* ① (*sinceridad*) Aufrichtigkeit *f,* Offenheit *f;* **admitir algo con** ~ etw unumwunden zugeben
② (*generosidad*) Großzügigkeit *f*
③ (*familiaridad*) Vertrautheit *f;* **no tengo suficiente** ~ **con ella como para pedirle este favor** ich kenne sie nicht gut genug, um sie um diesen Gefallen zu bitten
④ (*exención*) Freiheit *f*
franquía [fraŋˈkia] *f* (NÁUT) Seebereitschaft *f;* **estar en** ~ seeklar sein; (*fig*) freie Bahn haben
franquicia [fraŋˈkiθja] *f* ① (*de franqueo*) Abgabenfreiheit *f;* ~ **arancelaria** Zollfreiheit *f;* ~ **de derechos** Gebührenfreiheit *f;* ~ **fiscal** Steuerfreiheit *f;* ~ **postal** Portofreiheit *f;* **en** ~ abgabenfrei; **goza de** ~ **de viaje** er/sie reist zum Nulltarif
② (ECON) Franchising *nt*
franquiciado, -a [fraŋkiˈθjaðo, -a] *m, f* Franchisingnehmer(in) *m(f)*
franquiciador(a) [fraŋkiθjaˈðor(a)] I. *adj* (COM) Franchising-
II. *m(f)* (COM) Franchisinggeber(in) *m(f)*
franquismo [fraŋˈkismo] *m sin pl* ① (*régimen*) Franco-Ära *f*
② (*movimiento*) Franquismus *m*
franquista [fraŋˈkista] I. *adj* franquistisch; **la política** ~ die Politik der Franco-Ära
II. *mf* Anhänger(in) *m(f)* Francos
fraques [ˈfrakes] *pl de* **frac**
frasco [ˈfrasko] *m* ① (*botella*) Flasche *f;* (*de perfume*) Flakon *m o nt;* ~ **cuentagotas** Tropfflasche *f;* ~ **pulverizador** Zerstäuber *m*
② (*Cuba, Méx, RíoPl: medida*) ≈2,37 Liter
frase [ˈfrase] *f* ① (*oración*) Satz *m;* ~ **exclamativa** Ausrufesatz *m;* ~ **interrogativa** Fragesatz *m;* ~ **estructura de la** ~ Satzstruktur *f*
② (*locución*) (Rede)wendung *f;* (*fam: refrán*) Sprichwort *nt;* (*expresión famosa*) geflügeltes Wort *nt;* ~ **hecha** Redensart *f;* ~ **proverbial** Sprichwort *nt*
③ (*sin valor*) Phrase *f;* **¡eso no son más que ~s!** das ist doch nur leeres Gerede!
④ (*estilo*) Ausdrucksweise *f*
⑤ (MÚS) Phrase *f*
fraseología [fraseoloˈxia] *f* ① (LING) Phraseologie *f*
② (*verbosidad*) Phrasendrescherei *f*
fraternal [fraterˈnal] *adj* brüderlich; **amor** ~ Bruderliebe *f*

fraternidad [fraterniˈðað] *f* Brüderlichkeit *f*
fraternizar [fraterniˈθar] <z→c> *vi* ① (*unirse*) sich verbrüdern (*con* mit +*dat*); (POL) fraternisieren (*con* mit +*dat*)
② (*alternar*) (freundschaftlich) verkehren (*con* mit +*dat*)
fraterno, -a [fraˈterno, -a] *adj v.* **fraternal**
fratricida [fratriˈθiða] *mf* Brudermörder(in) *m(f)*
fratricidio [fratriˈθiðjo] *m* Brudermord *m*
fraude [ˈfrauðe] *m* (*t.* JUR) Betrug *m,* Täuschung *f;* ~ **cambial** Wechselbetrug *m;* ~ **de cheques** Scheckbetrug *m;* ~ **electoral** Wahlbetrug *m;* ~ **electrónico** Computerbetrug *m;* ~ **de evidencias** Beweismittelbetrug *m;* ~ **fiscal** Steuerhinterziehung *f,* Steuerbetrug *m;* ~ **de identidad** Identitätstäuschung *f;* ~ **de ley** Gesetzesumgehung *f;* **cometer** ~ betrügen
fraudulento, -a [frauðuˈlento, -a] *adj* (*t.* JUR) betrügerisch; **intención fraudulenta** betrügerische Absicht; **negocio** ~ Schwindelgeschäft *nt;* **publicidad fraudulenta** irreführende Werbung
fray [frai] *m* (REL) Bruder *m*
frazada [fraˈθaða] *f* (*Am*) Bettdecke *f;* (*de lana*) Wolldecke *f*
freático, -a [freˈatiko, -a] *adj* phreatisch; **aguas freáticas** Grundwasser *nt*
frecuencia [freˈkwenθja] *f* ① (*repetición*) Häufigkeit *f;* **con** ~ oft
② (FÍS, RADIO) Frequenz *f;* **alta** ~ Hochfrequenz *f;* ~ **de exploración vertical/horizontal** (INFOR) vertikale/horizontale Abtastfrequenz
frecuentador(a) [frekwentaˈðor(a)] I. *adj* regelmäßig (besuchend)
II. *m(f)* regelmäßiger Besucher *m,* regelmäßige Besucherin *f;* (*de un negocio*) Stammkunde, -in *m, f;* (*de un bar*) Stammgast *m*
frecuentar [frekwenˈtar] *vt* ① (*acción*) oft wiederholen
② (*lugar*) regelmäßig besuchen, frequentieren, verkehren (**in** +*dat*); ~ **la escuela** zur Schule gehen, die Schule besuchen
③ (*a alguien*) sich regelmäßig treffen (*a* mit +*dat*), verkehren (*a* mit +*dat*)
frecuente [freˈkwente] *adj* ① (*repetido*) häufig
② (*usual*) üblich
free-lance [fri lans] *mf* Freiberufler(in) *m(f)*
fregadero [freɣaˈðero] *m* Spülbecken *nt;* (*en la cocina*) Spüle *f*
fregado¹ [freˈɣaðo] *m* ① (*limpieza*) Säuberung *f;* (*de los platos*) Spülen *nt;* **el balcón necesita un buen** ~ der Balkon muss mal wieder gründlich gewischt werden
② (*fam: enredo*) Schlamassel *m o nt*
③ (*pey: pelea*) Streit *m*
fregado, -a² [freˈɣaðo, -a] *adj* ① (*Am: descarado*) frech; (*fastidioso*) zudringlich
② (*Am: astuto*) gewitzt
③ (*Col: terco*) stur
④ (*Méx: bellaco*) streitsüchtig
⑤ (*Ecua, Pan: severo*) streng
fregador [freɣaˈðor] *m* ① (*fregadero*) Spülbecken *nt*
② (*estropajo*) (Spül)schwamm *m*
fregar [freˈɣar] *irr vt* ① (*frotar*) abreiben
② (*limpiar: el suelo*) (nass) wischen; (*los platos*) spülen, abwaschen; ~ **la cacerola con el estropajo** den Topf blank scheuern
③ (*Am: fam: molestar*) nerven
fregona [freˈɣona] *f* ① (*utensilio*) Wischmopp *m*
② (*pey: sirvienta*) Putzfrau *f,* Putze *f*
③ (*pey: mujer ordinaria*) Schlampe *f*
freidora [freiˈðora] *f* Fritteuse *f*
freír [freˈir] *irr* I. *vt* ① (*guisar*) braten; (*en mucho aceite*) frittieren; ~ **con** [*o* **en**] **mantequilla** in Butter braten; **al** ~ **será el reír, y al pagar será el llorar**) freu dich bloß nicht zu früh; **mandar a alguien a** ~ **espárragos** (*fam*) jdn zum Teufel schicken
② (*fam: molestar*) nerven; ~ **a alguien a** [*o* **con**] **preguntas** jdn mit Fragen löchern; **me trae** [*o* **tiene**] **frito con sus preguntas** er/sie geht mir mit seiner/ihrer Fragerei auf die Nerven, ich habe von seiner/ihrer Fragerei die Nase voll
③ (*fam: matar*) umlegen; ~ **a balazos** abknallen
II. *vr:* ~**se** ① (*alimento*) braten
② (*fam: persona*) vor Hitze umkommen; **aquí te fríes** hier herrscht eine Affenhitze
frejol [freˈxol] *m,* **fréjol** [ˈfrexol] *m* (*Perú*) *v.* **frijol**
frenada [freˈnaða] *f* (*Arg, Chil*) *v.* **frenazo**
frenar [freˈnar] I. *vt* ① (*hacer parar*) zum Stillstand bringen, stoppen
② (*moderar: un impulso*) dämpfen; (*un desarollo*) hemmen; (*una persona*) zurückhalten, bremsen; ~ **una crisis/la actividad económica** eine Krise/die Konjunktur dämpfen
II. *vi* (ab)bremsen; ~ **en seco** abrupt abbremsen
III. *vr:* ~**se** sich bremsen (*en* bei +*dat*), sich zurückhalten (*en* bei/*in* +*dat*)
frenazo [freˈnaθo] *m* ① (AUTO) Vollbremsung *f*
② (*del desarrollo*) Dämpfung *f;* **sufrir un** ~ (*fig*) stark gebremst werden einen Dämpfer bekommen *fam*

frenesí [frene'si] *m* ❶ (*exaltación*) Leidenschaft *f*; (*violenta*) Raserei *f*; **con ~ ungestüm**; **tener ~ por algo** ganz verrückt nach etw *dat* sein ❷ (*locura*) Wahnsinn *m*; (*delirio furioso*) Tobsucht *f*

frenético, -a [fre'netiko, -a] *adj* ❶ (*exaltado*) frenetisch, rasend; **aplauso ~** stürmischer Beifall ❷ (*loco*) wahnsinnig, tobsüchtig ❸ (*furioso*) rasend, tobend

frenillo [fre'niʎo] *m* (ANAT) (Zungen)bändchen *nt*; **no tener ~ en la lengua** kein Blatt vor den Mund nehmen

freno ['freno] *m* ❶ (TÉC) Bremse *f*; **~ de mano** Handbremse *f*; **~ de pedal** Fußbremse *f* ❷ (*para un caballo*) Trense *f* ❸ (*contención*) Bremse *f*, Zügel *m*; **tirar del ~ a alguien** jdn zügeln; **pon ~ a tu imaginación** zügle deine Fantasie; **no tener ~** nicht zu bremsen sein; **correr sin ~** ein zügelloses Leben führen

frenóloga [fre'noloɣa] *f v.* **frenólogo**

frenología [frenolo'xia] *f* Phrenologie *f*

frenólogo, -a [fre'noloɣo, -a] *m, f* Phrenologe, -in *m, f*

frente¹ ['frente] *f* ❶ (*parte de la cara*) Stirn *f*; **~ calzada** niedrige Stirn; **fruncir la ~** die Stirn runzeln; **hacer ~ a alguien/a algo** jdm/etw *dat* die Stirn bieten; **no tener dos dedos de ~** (*fam*) nichts im Kopf haben ❷ (*cara, semblante*) Gesicht *nt*; **~ a ~** von Angesicht zu Angesicht; **bajar la ~** sich schämen; **con la ~ erguida** hocherhobenen Hauptes; **lo llevas escrito en la ~** es steht dir ins Gesicht geschrieben

frente² ['frente] **I.** *m* ❶ (*delantera*) Vorderseite *f*; (*de un edificio*) Front *f*, Stirnseite *f*; **de ~** frontal ❷ (MIL, POL) Front *f*; **F~ Islamita de Salvación** Islamische Heilsfront; **~ popular** Volksfront *f*; **~ único** Einheitsfront *f*; **¡de ~!** Marsch! ❸ (*cabeza*) Spitze *f*; **al ~** (*dirección*) nach vorne; (*lugar*) vorne; **de ~** (*de cara*) von vorne; (*hacia delante*) nach vorne; (*enfrente*) gegenüber; (*sin rodeos*) direkt; **acometer un problema de ~** ein Problem zielstrebig angehen; **estar al ~ de algo** etw leiten; **ponerse al ~** die Führung übernehmen ❹ (METEO) Front *f*; **~ frío** Kaltfront *f* ❺ (*de un escrito*) Kopf *m* **II.** *prep* ❶ **~ a** (*enfrente de*) gegenüber +*dat*; (*delante de*) vor +*dat*; (*contra*) gegen +*akk*; (*ante*) angesichts +*gen* ❷ **en ~ de** gegenüber +*dat*; **~ por ~ de algo** etw *dat* genau gegenüber

fresa ['fresa] **I.** *adj* erdbeerfarben **II.** *f* ❶ (BOT) Erdbeere *f* ❷ (TÉC) Fräser *m*, Fräse *f*

fresadora [fresa'ðora] *f* Fräsmaschine *f*, Fräse *f*

fresal [fre'sal] *m* Erdbeerfeld *nt*

fresar [fre'sar] *vt* fräsen

fresca ['freska] *adj o f v.* **fresco²**

frescachón, -ona [freska'tʃon, -ona] *adj* (*robusto*) gesund, kräftig; (*de color sano*) rosig

frescales [fres'kales] *mf inv* (*fam*) Frechdachs *m*; (*pey*) unverschämter Mensch *m*

fresco¹ ['fresko] *m* ❶ (*frescor*) Frische *f*; (*frío moderado*) Kühle *f*; (*viento*) Brise *f*; **salir a tomar el ~** an die frische Luft gehen, frische Luft schnappen gehen *fam*; **hoy hace ~** heute ist es kühl; **al ~** (*al aire libre*) im Freien; (*en la sombra*) im Schatten; **esto me trae al ~** das lässt mich völlig kalt ❷ (ARTE) Fresko *nt* ❸ (*Am: refresco*) Erfrischung *f*, Erfrischungsgetränk *nt*

fresco², -a ['fresko, -a] **I.** *adj* ❶ (*frío*) frisch, kühl; (*prenda*) luftig; (*cutis*) frisch, rosig; (*olor*) frisch; **una brisa fresca** eine frische Brise; **¿quieres beber algo ~?** möchtest du etwas Kühles trinken? ❷ (*reciente*) frisch; **queso ~** Frischkäse *m*; **noticia fresca** taufrische Nachricht; **¡cuidado, la pintura está fresca!** Vorsicht, hier ist frisch gestrichen! ❸ (*descansado*) frisch, ausgeruht ❹ (*fam: desvergonzado*) frech, unverschämt ❺ (*impasible*) ungerührt, cool *fam* ❻ (*equivocado*): **estar ~** (*fam*) auf dem Holzweg sein **II.** *m, f* (*fam*) Frechdachs *m*; (*pey*) unverschämte Person *f*

frescor [fres'kor] *m* ❶ (*frío moderado*) Kühle *f*; (*frescura*) Frische *f* ❷ (ARTE) Fleischton *m*

frescura [fres'kura] *f* ❶ (*frescor*) Frische *f*; (*frío moderado*) Kühle *f* ❷ (*desvergüenza*) Unverschämtheit *f*, Frechheit *f* ❸ (*desembarazo*) Ungezwungenheit *f*; **con ~** ungehemmt

fresno ['fresno] *m* Esche *f*

fresón [fre'son] *m* Erdbeerart aus Chile

fresquera [fres'kera] *f* ❶ (*armario*) ≈Speisekammer *f* ❷ (*Arg: fiambrera*) Frischhaltebox *f*

fresquería [freske'ria] *f* (*Am*) Erfrischungsstand *m*, Milchbar *f*

freudiano, -a [freuˈðjano, -a] *adj* freudianisch

II. *m, f* Freudianer(in) *m(f)*

freza ['freθa] *f* ❶ (*desove: acción*) Laichen *nt*; (*época*) Laiche *f*; (*huevos*) Laich *m* ❷ (*hoyo*) Loch *nt* ❸ (*del gusano*) Fresszeit *f* ❹ (*estiércol*) Kot *m*

frezar [fre'θar] <z→c> *vi* ❶ (*desovar*) laichen ❷ (*hozar*) die Erde aufscharren ❸ (*comer*) fressen ❹ (*estercolar*) misten

frialdad [frjalˈdað] *f* ❶ (*frío*) Kälte *f* ❷ (*despego*) Distanziertheit *f*; **me trató con ~** er/sie war mir gegenüber sehr kühl ❸ (*impasibilidad*) Gleichgültigkeit *f* ❹ (*falta de sentimientos*) Gefühlskälte *f*; (*frigidez*) Frigidität *f* ❺ (*estilo*) Ausdruckslosigkeit *f*; (*del ambiente*) Kälte *f*, Unpersönlichkeit *f*

fríamente [fria'mente] *adv* ❶ (*impasiblemente*) eiskalt, ohne mit der Wimper zu zucken ❷ (*sin gracia*) trocken

fricandó [frikan'do] *m* ≈Fleischeintopf *m*

fricativa [frika'tiβa] *f* (LING) Frikativ(laut) *m*, Reibelaut *m*

fricativo, -a [frika'tiβo, -a] *adj* (LING) frikativ

fricción [friɣˈθjon] *f* ❶ (*resistencia*) Reibung *f* ❷ (*del cuerpo*) Abreibung *f*; (*con linimento*) Einreiben *nt* ❸ (*desavenencia*) Reibungen *fpl*; (*disputa*) Reiberei *f*; **puntos de ~** Reibungspunkte *mpl*

friccionar [friɣθjo'nar] *vt* (*en seco*) abreiben; (*con linimento*) einreiben

friega ['frjeɣa] *f* ❶ (*fricción*) Abreibung *f*; (*con una sustancia*) Einreibung *f*; **darse ~s de** [*o* **con**] **alcohol** sich mit Alkohol einreiben ❷ (*Am: molestia*) Plage *f*, Last *f* ❸ (*fam: zurra*) Abreibung *f*

friegaplatos [frjeɣa'platos] *m inv* Geschirrspüler *m*

frigider [frixi'ðer] *m* (*Chil: nevera*) Kühlschrank *m*

frigidez [frixi'ðeθ] *f* ❶ (*frialdad*) Kälte *f* ❷ (*de la mujer*) Frigidität *f*

frígido, -a ['frixiðo, -a] *adj* ❶ (*elev: frío*) kalt ❷ (*mujer*) frigid(e)

frigorífico¹ [friɣo'rifiko] *m* ❶ (*nevera*) Kühlschrank *m* ❷ (*local*) Kühlhaus *nt*

frigorífico, -a² [friɣo'rifiko, -a] *adj* Kälte erzeugend; **camión ~** Kühlwagen *m*

frijol [fri'xol] *m*, **fríjol** ['frixol] *m* ❶ (*Am: BOT*) Bohne *f* ❷ *pl* (*Méx*) Essen *nt*; **no gana para los ~es** er/sie verdient nicht einmal genug zum Leben

frío¹ ['frio] *m* Kälte *f*; **hace ~** es ist kalt; **hace un ~ que pela** es ist eiskalt; **coger ~** sich erkälten; **tengo ~** mir ist kalt; **la noticia lo cogió en ~** die Nachricht traf ihn völlig unerwartet; **no me da ni ~ ni calor** das ist mir egal

frío, -a² ['frio, -a] *adj* ❶ (*no caliente*) kalt; **colores ~s** kalte Farben; **el té está ~** der Tee ist kalt ❷ (*despegado*) frostig, unterkühlt; (*relación*) gespannt; **guerra fría** kalter Krieg ❸ (*falto de sentimientos*) gefühlskalt, kaltherzig; (*frígida*) frigide ❹ (*impasible*) ungerührt, cool *fam*; **se quedó ~ ante mis palabras, mis palabras lo dejaron ~** (*indiferente*) meine Worte ließen ihn kalt; (*asombrado*) meine Worte verschlugen ihm die Sprache ❺ (*inexpresivo*) ausdruckslos; (*ambiente*) kühl, unpersönlich

friolento, -a [frjo'lento, -a] *adj* (*Am: friolero*) verfroren

friolera [frjo'lera] *f* ❶ (*cosa pequeña*) Kleinigkeit *f* ❷ (*fam: montón*) Haufen *m*; **gastarse una ~ en algo** einen Haufen Geld für etw ausgeben

friolero, -a [frjo'lero, -a] *adj* kälteempfindlich, verfroren; **mi hermana es muy friolera** meine Schwester friert sehr leicht

frisa ['frisa] *f* ❶ (*tela*) Fries *m* ❷ (*Arg, Chil: pelo*) Flor *m* ❸ (*PRico, RDom: manta*) Bettdecke *f* ❹ (MIL) Palisade *f* ❺ (NÁUT) Dichtung *f*

frisar [fri'sar] **I.** *vi* ❶ (*acercarse*) zugehen (**en** auf +*akk*); **frisa en los cincuenta** er/sie geht auf die Fünfzig zu ❷ (*simpatizar*) sich gut verstehen **II.** *vt* ❶ (*tejido*) aufrauen ❷ (NÁUT) abdichten

Frisia ['frisja] *f* Friesland *nt*

friso ['friso] *m* ❶ (ARQUIT) Fries *m* ❷ (*de la pared*) Leiste *f*

frisón, -ona [fri'son, -ona] **I.** *adj* friesisch; (*de los Países Bajos*) friesländisch **II.** *m, f* Friese, -in *m, f*; (*de los Países Bajos*) Friesländer(in) *m(f)*

fritada [fri'taða] *f* ❶ (*fritura*) Gebratene(s) *nt;* (*con mucho aceite*) Frittierte(s) *nt*
❷ (*sofrito*) Tomaten-Zwiebel-Soße *f*
fritanga [fri'taŋga] *f* (*Am*) ❶ (*comida frita*) Frittüre *f*
❷ (*instrumento*) Fritteuse *f*
fritanguera [fritaŋ'gera] *f v.* **fritanguero**
fritanguería [fritaŋge'ria] *f* (*Chil: tienda de fritanga*) Laden, in dem frittierte Speisen verkauft werden
fritanguero, -a [fritaŋ'gero, -a] *m, f* (*Am: vendedor de fritangas*) Verkäufer(in) *m(f)* von frittierten Speisen
frito¹ ['frito] *m* Gebratene(s) *nt;* **no debe comer ~s** er/sie sollte gebratene Speisen meiden
frito, -a² ['frito, -a] I. *pp de* **freír**
II. *adj* ❶ (*comida*) gebraten
❷ (*fam: dormido*): **quedarse ~** einnicken
❸ (*fam: muerto*) tot; **quedarse ~** abkratzen; **dejar a alguien ~** jdn um die Ecke bringen
❹ (*fam: harto*): **estar ~ con** die Nase voll haben von +*dat*
fritura [fri'tura] *f* Pfannengericht *nt;* **~ de pescado** Fischpfanne *f*
frivolidad [friβoli'ðað] *f* ❶ (*ligereza*) Leichtlebigkeit *f*
❷ (*coquetería*) Koketterie *f*, Eitelkeit *f*
❸ (*trivialidad*) Seichtheit *f*, Oberflächlichkeit *f*
❹ (*sensualidad*) Frivolität *f*
frívolo, -a ['friβolo, -a] *adj* ❶ (*ligero*) leichtlebig
❷ (*coqueto*) kokett, eitel
❸ (*superficial*) seicht, oberflächlich
❹ (*sensual*) frivol
friyider [friɟi'ðer] *m* (*Chil: nevera*) Kühlschrank *m*
fronda ['fronda] *f* ❶ (*hoja*) Blatt *nt;* (*del helecho*) Wedel *m*
❷ (MED) (Arm)schlinge *f*
❸ *pl* (*follaje*) Laub(werk) *nt*
frondosidad [frondosi'ðað] *f* ❶ (*espesura de una planta*) dichte Belaubung *f*; (*de un bosque*) Dichte *f*
❷ (*follaje*) Laub(werk) *nt*
frondoso, -a [fron'doso, -a] *adj* (*planta*) blätt(e)rig, (*árbol*) dicht belaubt; (*bosque*) dicht
frontal [fron'tal] I. *adj* ❶ (ANAT) Stirn-
❷ (*relativo al frente*) Vorder-; **parte ~** Vorderseite *f*
❸ (*de frente, hacia adelante*) frontal; **ataque ~** Frontalangriff *m;* **choque ~** Frontalzusammenstoß *m*
II. *m* ❶ (ANAT) Stirnbein *nt*
❷ (REL) Frontale *f*
❸ **~ extraíble** (AUTO) abnehmbares Bedienelement
III. *f* (DEP): **~** (**del área**) Strafraumgrenze *f*, 16-m-Linie *f*
frontenis [fron'tenis] *m sin pl* Variante der Pelota
frontera [fron'tera] *f* ❶ (*límite*) Grenze *f* (*entre* zwischen +*dat*); **~ exterior** Außenzoll *m;* **~ exterior común** (UE) gemeinsamer Außenzoll; **~ interior** Binnengrenze *f;* **~ interna** (UE) Europäische Binnengrenze; **~ lingüística** Sprachgrenze *f;* **~ de la paz** (POL) Friedensgrenze *f;* **atravesar la ~** die Grenze überqueren
❷ (*frontispicio*) Vorderseite *f*; (*de un edificio*) Fassade *f*; (*de un libro*) Frontispiz *nt*, Titelseite *f*
fronterizo, -a [fronte'riθo, -a] *adj* ❶ (*en la frontera*) Grenz-; (*país*) angrenzend; **puesto ~** Grenzposten *m;* **zona fronteriza** Grenzregion *f*
❷ (*frontero*) gegenüberliegend
frontero¹ [fron'tero] *m* (MIL) Grenzkommandant *m*
frontero, -a² [fron'tero, -a] *adj* gegenüberliegend; **~ a** [*o* **de**] gegenüber +*dat;* **la casa frontera a la estación** das Haus gegenüber dem Bahnhof
frontis ['frontis] *m inv* ❶ (*frontispicio*) Vorderseite *f*; (*de un edificio*) Fassade *f*
❷ (*pared*) Wand *f* (*zum Pelotaspielen*)
frontispicio [frontis'piθjo] *m* ❶ (*delantera*) Vorderseite *f*; (*de un edificio*) Fassade *f*
❷ (*de un libro*) Frontispiz *nt*, Titelseite *f*
❸ (ARQUIT) Giebel *m*, Frontispiz *nt*
❹ (*cara*) Antlitz *nt*
frontón¹ [fron'ton] *m sin pl* (*juego*) Pelota *f*
frontón² [fron'ton] *m* ❶ (*pared*) Wand *f* (*zum Pelotaspielen*)
❷ (*pista*) (Pelota-)Spielfeld *nt;* (*edificio*) (Pelota-)Halle *f*
❸ (ARQUIT) Giebel *m*, Frontispiz *nt*
frotación [frota'θjon] *f,* **frotadura** [frota'ðura] *f* ❶ (*acción*) Reiben *nt;* (*con toalla, cepillo*) Frottieren *nt* ❷ (*efecto*) Reibung *f*
frotamiento [frota'mjento] *m* (*acción de frotar*) (Ab)reiben *nt;* (*con toalla, cepillo*) Frottieren *nt* (*de frotarse*) Sichabreiben *nt*
frotar [fro'tar] I. *vt* reiben; (*con toalla, cepillo*) frottieren; (*con un estropajo*) scheuern; **~ la cuchara con un paño** den Löffel mit einem Tuch abreiben; **~ la cerilla contra el raspador** das Streichholz anzünden
II. *vr:* **~se** sich reiben (*contra* an +*dat*); **~se las manos** sich *dat* die Hände reiben; **~se con una toalla** sich mit einem Handtuch abreiben

frote ['frote] *m v.* **frotamiento**
frotis ['frotis] *m inv* (MED) Abstrich *m*
fructífero, -a [fruk'tifero, -a] *adj* fruchtbringend, fruchtbar, ertragreich
fructificación [fruktifika'θjon] *f* ❶ (*de una planta*) Fruchtbildung *f*
❷ (*de un esfuerzo*) Nutzen *m*, Ertrag *m*
fructificar [fruktifi'kar] <c→qu> *vi* ❶ (*planta*) Früchte tragen
❷ (*esfuerzo*) fruchten, Früchte tragen
fructuoso, -a [fruktu'oso, -a] *adj* fruchtbar, fruchtbringend
fru-frú [fru fru] *m* Froufrou *m o nt*
frugal [fru'ɣal] *adj* ❶ (*persona*) genügsam
❷ (*comida*) frugal
frugalidad [fruɣali'ðað] *f* ❶ (*de persona*) Genügsamkeit *f*
❷ (*de comidas*) Frugalität *f*
fruición [frwi'θjon] *f* Genuss *m*
frunce ['frunθe] *m* Falte *f*
fruncimiento [frunθi'mjento] *m* ❶ (*pliegue*) Falte *f*
❷ (*arrugamiento*) Zerknittern *nt*
❸ (*de los labios*) Kräuseln *nt;* (*de la frente*) Runzeln *nt;* (*del entrecejo*) Zusammenziehen *nt*
fruncir [frun'θir] <c→z> I. *vt* ❶ (*tela*) fälteln, kräuseln
❷ (*labios*) kräuseln; (*frente*) runzeln; **~ el entrecejo** die Augenbrauen zusammenziehen
II. *vr:* **~se** zerknittern
fruslería [frusle'ria] *f* ❶ (*baratija*) Kleinigkeit *f*
❷ (*fam: bagatela*) Nichtigkeit *f*, Belanglosigkeit *f*
❸ (*fam: tontería*) Blödsinn *m*
frustración [frustra'θjon] *f* ❶ (*de planes*) Zunichtemachen *nt;* (*fracaso*) Scheitern *nt;* (*de una esperanza*) Zerschlagung *f;* **~ de pruebas** (JUR) Beweisvereitelung *f*
❷ (*desilusión*) Frustration *f*, Enttäuschung *f*
frustrado, -a [frus'traðo, -a] *adj* (*persona*) frustriert; (*intento*) vergeblich; **intento ~** vergeblicher Versuch
frustrar [frus'trar] I. *vt* ❶ (*estropear*) zunichte machen; **~ las esperanzas de alguien** jds Hoffnungen zerschlagen
❷ (*decepcionar*) frustrieren, enttäuschen
II. *vr:* **~se** ❶ (*plan*) scheitern, misslingen
❷ (*esperanzas*) sich zerschlagen
fruta ['fruta] *f* Frucht *f;* (*nombre colectivo*) Obst *nt;* **~ escarchada** kandierte Früchte; **~ de la pasión** Passionsfrucht *f;* **~ de sartén** Schmalzgebackene(s) *nt;* **~ seca** Dörrobst *nt;* **~s de Aragón** kandierte Früchte mit Schokoladenüberzug; **~s del bosque** Waldfrüchte *fpl;* **~ del tiempo** Frischobst *nt;* **~s tropicales** tropische Früchte; **ensalada de ~s** Obstsalat *m;* **de postre comimos ~** zum Nachtisch gab es Obst; **la ~ del cercado ajeno** (*fig*) Kirschen aus Nachbars Garten; **para mí el tabaco es ~ prohibida** Zigaretten sind für mich verbotene Früchte; **en invierno los resfriados son ~ del tiempo** (*fam*) Erkältungen sind eine typische Winterkrankheit
frutal [fru'tal] I. *adj* Obst-; **árbol ~** Obstbaum *m*
II. *m* Obstbaum *m*
frutera [fru'tera] *adj o f v.* **frutero²**
Frutera [fru'tera] *f* (*Am*) United Fruit Company *f*
frutería [frute'ria] *f* Obsthandlung *f*
frutero¹ [fru'tero] *m* ❶ (*recipiente*) Obstschale *f*
❷ (ARTE) Stillleben *nt*
❸ (*paño*) ≈Tuch *nt* (*zum Abdecken einer Obstschale*)
frutero, -a² [fru'tero, -a] I. *adj* Obst-; **canastillo ~** Obstkorb *m;* **es muy ~** er isst viel und gerne Obst
II. *m, f* Obsthändler(in) *m(f)*
fruticultura [frutikul'tura] *f* Obstanbau *m*
frutilla [fru'tiʎa] *f* ❶ (*cuenta*) Perle *f* (*eines Rosenkranzes*)
❷ (*Am: fresón*) Erdbeerart
fruto ['fruto] *m* ❶ (BOT) Frucht *f;* **~s secos** Trockenfrüchte *fpl*
❷ (*hijo*) (Leibes)frucht *f;* **~ de bendición** eheliches Kind
❸ (AGR) Ertrag *m;* **los ~s de la tierra** die Früchte des Feldes; **producir** [*o* **dar**] **~** Ertrag abwerfen
❹ (*rendimiento*) Ertrag *m*, Ausbeute *f;* (*ganancia*) Gewinn *m;* (*resultado*) Produkt *nt*, Ergebnis *nt;* (*provecho*) Nutzen *m;* (JUR) Frucht *f;* **el ~ de su trabajo** die Früchte seiner/ihrer Arbeit; **el ~ de su imaginación** das Produkt seiner/ihrer Fantasie; **sacar ~ de algo** Nutzen aus etw *dat* ziehen
❺ (GASTR): **~s de mar** Meeresfrüchte *fpl*
FSE [efe(e)se'e] *m abr* **Fondo Social Europeo** ESF *m*
fu [fu] *interj* ❶ (*desprecio*) pfui
❷ (*sonido: gato*) zsss; (*al escaparse algo*) zisch, pff; **hacer ~** (*gato*) fauchen; (*gas*) zischen; (*marcharse*) abziehen *fam;* **no ser ni ~ ni fa** (*fam*) nichts Halbes und nichts Ganzes (sein), so lala (sein); **no me hace ni ~ ni fa** (*fam*) er/sie/es interessiert mich nicht
fucsia¹ ['fuɣsja] I. *adj* (*color*) pink
II. *m* Pink *nt*

fucsia² ['fuɣsja] *f* (BOT) Fuchsie *f*
fue [fwe] ❶ *3. pret de* **ir**
❷ *3. pret de* **ser**
fuego ['fweɣo] *m* ❶ (*llamas*) Feuer *nt;* (*incendio*) Brand *m,* Feuer *nt;* **~ artificiales** Feuerwerk *nt;* **~ fatuo** Irrlicht *nt;* **~ de Santelmo** (METEO) Elmsfeuer *nt;* **¿tienes ~?** hast du Feuer?; **a ~ lento** (GASTR) bei schwacher Hitze; (*fig*) langsam; **prender** [*o* **pegar**] **~ a algo** etw anzünden; **avivar el ~** das Feuer schüren; **echar ~ por los ojos** vor Wut sprühen; **jugar con ~** mit dem Feuer spielen; **este pueblo tiene doscientos ~s** dieses Dorf zählt 200 Haushalte; **huir del ~ y dar en las brasas** vom Regen in die Traufe kommen
❷ (MIL) (Geschütz)feuer *nt;* **~ cruzado** Kreuzfeuer *nt;* **~ nutrido** Schnellfeuer *nt;* **romper** [*o* **abrir**] **el ~** das Feuer eröffnen; (*fig*) Streit anfangen; **estar entre dos ~s** zwischen die Fronten geraten
❸ (*ardor*) Feuer *nt,* Hitze *f;* **en el ~ de la discusión** im Eifer des Gefechts
❹ (MED: *inflamación interior*) Brennen *nt;* (*de la piel*) Hautausschlag *m*
❺ (*del faro*) Leuchtfeuer *nt*
fuel [fwel] *m* Heizöl *nt*
fuelle ['fweʎe] *m* ❶ (*instrumento*) Blasebalg *m*
❷ (*de un tren*) Faltenbalg *m;* (*de una cámara*) Balgen *m*
❸ (*de un vestido*) Falte *f*
❹ (*de un carruaje*) Faltverdeck *nt*
❺ (*fam: pulmones*) Puste *f;* (*aguante*) Ausdauer *f;* **tener mucho ~** ausdauernd sein
❻ (*fam: soplón*) Petze *f*
fuente ['fwente] *f* ❶ (*manantial*) Quelle *f;* **sus ojos eran ~s de lágrimas** aus seinen/ihren Augen quollen Tränen
❷ (*construcción*) Brunnen *m;* **~ bautismal** Taufbecken *nt*
❸ (*plato llano*) Platte *f;* (*plato hondo*) Schüssel *f*
❹ (*origen, texto*) Quelle *f;* **~ de derecho** Rechtsquelle *f;* **~ de divisas** Devisenquelle *f;* **~ de energía** Energiequelle *f;* **~s de energía renovables** regenerative Energiequellen; **~ de financiación** Finanzierungsquelle *f;* **~ histórica** historische Quelle; **~ de ingresos** Einnahmequelle *f,* Einkommensquelle *f;* **~s jurídicas** Rechtsquellen *fpl;* **~s oficiales** offizielle Quellen; **~ de suministro** Bezugsquelle *f;* **código ~** (INFOR) Quellcode *m;* **datos ~** (INFOR) Quelldaten *pl;* **~s bien informadas** gut informierte Kreise; **saber algo de buena ~** etw aus zuverlässiger Quelle wissen; **beber en buenas ~s** Informationen aus zuverlässiger Quelle schöpfen
fuer [fwer] *prep:* **a ~ de** als
fuera ['fwera] **I.** *adv* ❶ (*lugar*) draußen; **por ~** außen; **de ~** (*por la parte exterior*) von außen; (*de otro lugar*) von außerhalb; **costumbres de ~** fremde Bräuche; **el nuevo maestro es de ~** der neue Lehrer ist nicht von hier
❷ (*dirección*) hinaus; **¡~!** raus!; **¡~ con esto!** weg damit!; **¡~ de mi vista!** geh mir bloß aus den Augen!; **salir ~** hinausgehen; **hacia ~** nach draußen; **echar a alguien ~** jdn hinauswerfen
❸ (*tiempo*) außerhalb; **~ de plazo** nach Fristablauf
❹ (*fam: de viaje*) weg; **me voy ~ una semana** ich verreise für eine Woche; **mis vecinos están ~** meine Nachbarn sind verreist
II. *prep* ❶ (*local, t. fig*) außer +*dat,* außerhalb +*gen;* **estar ~ de casa** außer Haus sein; **estar ~ de sí** außer sich *dat* sein; **~ de serie** ausgezeichnet; **~ de juego** (DEP) Abseits *nt;* **~ de concurso** außer Konkurrenz; **~ de razón** unsinnig; **~ de servicio** außer Betrieb
❷ **~ de** (*excepto*) außer +*dat,* abgesehen von +*dat*
III. *conj:* **~ de que…** +*subj* abgesehen davon, dass …
IV. *m* Buhruf *m*
fueraborda [fwera'βorða] **I.** *adj* Außenbord-; **barco ~** Außenborder *m;* **motor ~** Außenbordmotor *m*
II. *m* ❶ (*motor*) Außenbordmotor *m*
❷ (*embarcación*) Außenborder *m*
fuereño, -a [fwe'reɲo, -a] **I.** *adj* (*Am: fam: forastero*) fremd
II. *m, f* (*Am: fam: forastero*) Auswärtige(r) *mf,* Fremde(r) *mf*
fuero ['fwero] *m* ❶ (*privilegio*) Sonderrecht *nt,* Partikularrecht *nt;* **~ (municipal)** (HIST) Stadtrecht *nt;* **a ~** rechtmäßig; **de ~** von Rechts wegen; **volver por los ~s de algo** für etw eintreten
❷ (*jurisdicción*) Gerichtsbarkeit *f;* **~ militar** Militärgerichtsbarkeit *f;* **~ interior** [*o* **interno**] Gewissen *nt;* **en tu ~ interno sabes que tengo razón** in deinem tiefsten Innern weißt du, dass ich recht habe
❸ (*código*) Gesetzessammlung *f;* **el F~ de los Españoles** unter Franco erlassene Grundrechte
❹ *pl* (*fam: arrogancia*) Überheblichkeit *f;* **no me vengas con tantos ~s** sei nicht so überheblich
fuerte ['fwerte] **I.** *adj* <*fortísimo*> ❶ (*resistente*) stark; (*robusto*) robust; **caja ~** Safe *m o nt;* **moneda ~** starke Währung; **hacerse ~** standhaft bleiben; **ser ~ de caracter** charakterstark sein
❷ (*musculoso*) kräftig, stark; (*gordo*) korpulent
❸ (*intenso*) heftig, stark; (*sonido*) laut; (*comida*) würzig; **un azul ~** ein kräftiges Blau; **un medicamento ~** ein starkes Medikament; **un vino ~** ein schwerer Wein; **ha sido un golpe muy ~ para ella** das war für sie ein schwerer (Schicksals)schlag
❹ (*valiente*) tapfer
❺ (*sólido*) stabil; (*duro*) hart; (*tela*) reißfest
❻ (*genio: difícil*) schwierig; (*colérico*) aufbrausend
❼ (*poderoso*) mächtig
❽ (*versado*) gewandt; **estar ~ en matemáticas** sehr gut in Mathematik sein
❾ (*considerable*) beträchtlich; **una razón muy ~** ein schwerwiegendes Argument; **estar ~ de dinero** gut bei Kasse sein
❿ (*violento*) derb; (*expresión*) grob; **palabra ~** Kraftausdruck *m*
⓫ (*terreno*) unwegsam
⓬ (LING: *vocal*) stark; (*forma*) stammbetont
⓭ (MIL) befestigt; **hacerse ~** sich verschanzen
II. *m* ❶ (*de una persona*) Stärke *f*
❷ (MIL) Festung(sanlage) *f*
❸ (MÚS) Forte *nt*
❹ (*auge*) Höhepunkt *m;* **en el ~ del combate** in der Hitze des Gefechts
III. *adv* ❶ (*en abundancia*) viel; **desayunar ~** reichhaltig frühstücken
❷ (*con fuerza*) fest; (*con intensidad*) heftig; **llueve ~** es regnet in Strömen
❸ (*en voz alta*) laut
fuertemente [fwerte'mente] *adv* ❶ (*con fuerza*) fest
❷ (*con vehemencia*) energisch, nachdrücklich
fuerza ['fwerθa] *f* ❶ (*capacidad física, t. FÍS*) Kraft *f;* **~ de ánimo** Mut *m;* **~ de gravedad** Schwerkraft *f;* **~ de inercia** (FÍS) Trägheit *f;* **~ de voluntad** Willenskraft *f;* **tiene más ~ que yo** er/sie ist stärker als ich; **sin ~s** kraftlos; **para conseguir algo** sich anstrengen, um etw zu bekommen; **hacer ~ a alguien** auf jdn Druck ausüben; **ha sacado ~s de flaqueza** er/sie hat seine/ihre letzten Kräfte mobilisiert; **recuperar las ~s** wieder zu Kräften kommen; **írsele la ~ por la boca** (*pey*) große Reden schwingen
❷ (*capacidad de soportar*) Stärke *f;* (*eficacia*) Wirksamkeit *f*
❸ (*poder*) Macht *f;* **~ de disuasión** Überzeugungskraft *f;* **~ de la ley** Gesetzeskraft *f;* **~ mayor** höhere Gewalt; **~ probatoria** Beweiskraft *f;* **~ pública** Polizeigewalt *f;* **la ~ de la costumbre** die Macht der Gewohnheit
❹ (*violencia*) Gewalt *f;* **a** [*o* **por**] **la ~** gewaltsam, mit Gewalt; **por ~** (*por necesidad*) gezwungenermaßen; (*con violencia*) gewaltsam; **a viva ~** mit roher Gewalt
❺ (*intensidad*) Wucht *f;* **crecer con mucha ~** in die Höhe schießen
❻ (*expresividad*) Ausdruckskraft *f*
❼ (*auge*) Höhepunkt *m;* **en la ~ de la discusión** in der Hitze des Gefechts
❽ *pl* (POL) Kräfte *fpl;* **~s del orden público** Polizei *f;* **~s de seguridad** Sicherheitskräfte *fpl*
❾ *pl* (MIL: *tropas*) Streitkräfte *fpl;* **~s de choque** Stoßtrupp *m;* **~s navales** Marine *f*
❿ (MIL: *fortificación*) Festungsanlage *f*
⓫ (ELEC) Strom *m*
⓬ (*loc*) **a ~ de** mittels; **a ~ de insistir, me vendió su coche** nach langem Zureden verkaufte er/sie mir sein/ihr Auto; **lo ha conseguido todo a ~ de trabajo** er/sie hat sich *dat* alles hart erarbeitet; **es ~ que vengas** du musst unbedingt kommen
fuete ['fwete] *m* (*Am: látigo*) Peitsche *f*
fuga ['fuɣa] *f* ❶ (*huida*) Flucht *f* (*de* aus +*dat*); (*de la cárcel*) Ausbruch *m* (*de* aus +*dat*); **~ de capitales** Kapitalflucht *f;* **~ de cerebros** Braindrain *m;* **~ de consonantes/vocales** Worträtsel *nt* (*bei dem die fehlenden Konsonanten/Vokale zu erraten sind*); **poner en ~ a alguien** jdn in die Flucht schlagen; **darse a la ~** die Flucht ergreifen
❷ (*en tubos*) Leck *nt;* (*de líquido*) Auslaufen *nt,* Ausfließen *nt;* (*de gas*) Ausströmen *nt;* **la cañería tiene una ~** das Rohr ist undicht; **hubo una ~ de gas/petróleo** es ist Gas/Öl ausgetreten
❸ (MÚS) Fuge *f*
❹ (*auge*) Höhepunkt *m*
fugacidad [fuɣaθi'ðað] *f* Flüchtigkeit *f;* (*caducidad*) Vergänglichkeit *f*
fugada [fu'ɣaða] *f* Windstoß *m*
fugarse [fu'ɣarse] <g→gu> *vr* fliehen (*de* aus +*dat*), flüchten (*de* aus +*dat*); (*capital*) abfließen; **~ de la cárcel** aus dem Gefängnis ausbrechen; **su mujer se fugó con su mejor amigo** seine Frau ist mit seinem besten Freund durchgebrannt
fugaz [fu'ɣaθ] *adj* flüchtig; (*caduco*) vergänglich; **estrella ~** Sternschnuppe *f*
fugitivo, -a [fuxi'tiβo, -a] **I.** *adj* flüchtig; (*belleza*) vergänglich; **~ de la policía** auf der Flucht vor der Polizei
II. *m, f* Flüchtling *m;* (*de la cárcel*) Ausbrecher(in) *m(f)*
fujichoque [fuxi'tʃoke] *m sin pl* Fuji(mori)-Schock *m* (*rigoroses Wirtschaftsprogramm des peruanischen Präsidenten Fujimori*)

fujigolpe [fuxi'yolpe] *m sin pl* Fuji(mori)-Putsch *m* (*peruanischer Staatsstreich von oben durch den Präsidenten Fujimori*)

ful [ful] **I.** *adj* (*argot*) ❶ (*falso*) falsch; (*fallido*) faul
❷ (*mal hecho*) pfuscherhaft, verkorkst; (*de poco valor*) wertlos
II. *m* (*argot*) Schrott *m*, Mist *m*

fulana [fu'lana] *f* (*pey*) Nutte *f*, leichtes Mädchen *nt*

fulano, -a [fu'lano, -a] *m, f* ❶ (*evitando el nombre*) Herr *m* Soundso, Frau *f* Soundso
❷ (*persona indeterminada*) Herr *m* X, Frau *f* X; **no me importa lo que digan ~ y mengano** es ist mir egal, was Hinz und Kunz davon halten
❸ (*pey: sujeto*) Person *f*; **te ha vuelto a llamar ese ~** dieser Typ hat schon wieder für dich angerufen
❹ (*amante*) Geliebte(r) *mf*

fular [fu'lar] *m* ❶ (*tela*) Foulard *m*
❷ (*pañuelo*) Halstuch *nt*, Foulard *nt Suiza*

fulcro ['fulkro] *m* Drehpunkt *m*

fulero, -a [fu'lero, -a] *adj* (*fam*) ❶ (*chapucero*) pfuscherhaft, verkorkst; **eres muy ~** du bist ein Pfuscher
❷ (*embustero*) falsch, unehrlich

fulgir [ful'xir] <g→j> *vi* (*elev*) *v.* **fulgurar**

fulgor [ful'yor] *m* (*resplandor*) Strahlen *nt*; (*centelleo*) Funkeln *nt*; (*de una superficie*) Glanz *m*

fulgurante [fulyu'rante] *adj* ❶ (*dolor*) heftig
❷ (*rápido*) blitzartig; **carrera ~** Blitzkarriere *f*

fulgurar [fulyu'rar] *vi* (*resplandecer*) strahlen; (*centellear*) funkeln; (*espejear*) glänzen; **rayos fulguran en el horizonte** Blitze zucken am Himmel

fullera [fu'ʎera] *adj o f v.* **fullero**

fullería [fuʎe'ria] *f* ❶ (*trampa*) Betrug *m*; (*en el juego*) Schummelei *f fam*; **hacer ~s** mogeln
❷ (*treta*) Trick *m*
❸ (*Col: presunción*) Angeberei *f*

fullero, -a [fu'ʎero, -a] **I.** *adj* ❶ (*tramposo*) betrügerisch
❷ (*fam: astuto*) gerissen
❸ (*Col: gracioso*) drollig
❹ (*Chil: fanfarrón*) angeberisch
II. *m, f* ❶ (*tramposo*) Betrüger(in) *m(f)*; (*en el juego*) Falschspieler(in) *m(f)*
❷ (*fam: astuto*) Gauner(in) *m(f)*
❸ (*Col: niño gracioso*) drolliges Kind *nt*
❹ (*Col, Chil: fanfarrón*) Angeber(in) *m(f)*

full time [ful taim] *adv* ganztags; **trabajar ~** eine Ganztagsstelle haben

fulminación [fulmina'θjon] *f* ❶ (*de un explosivo*) Zündung *f*, Detonation *f*
❷ (*emisión*) Schleudern *nt*; (*de amenazas*) Ausstoßen *nt*
❸ (*aniquilación*) Vernichtung *f*
❹ (*de una sentencia*) Anordnung *f*, Verhängung *f*

fulminante [fulmi'nante] **I.** *adj* ❶ (*rápido*) blitzartig; (*inesperado*) plötzlich; **ataque ~** Blitzangriff *m*
❷ (*explosivo*) zündend, detonierend
❸ (*mirada*) hasserfüllt
II. *m* Zündstoff *m*

fulminar [fulmi'nar] **I.** *vi* explodieren, zünden
II. *vt* ❶ (*arrojar*) schleudern; **~ amenazas** Drohungen ausstoßen; **~ balas** Kugeln abfeuern; **los cielos fulminan la tierra** (*elev*) ≈der Himmel schleudert Blitze zur Erde
❷ (*dañar*) treffen; (*aniquilar*) vernichten; (*matar*) umbringen; (*enfermedad*) dahinraffen; **el rayo fulminó la casa** der Blitz schlug in das Haus ein, das Haus wurde vom Blitz getroffen; **la fulminó un rayo** sie wurde vom Blitz erschlagen; **~ a alguien de un tiro** jdn erschießen; **el cáncer la fulminó** der Krebs hat sie dahingerafft; **me fulminó con su mirada** er/sie blickte mich hasserfüllt an, er/sie tötete mich mit Blicken; **~ los precios** die Preise drastisch reduzieren
❸ (*imponer*) anordnen; **~ una censura** eine Zensur verhängen; **~ una sentencia** ein Urteil erlassen; **~ excomuniones contra alguien** jdn exkommunizieren
❹ (*amenazar*) mit Drohungen überschütten

fumadero [fuma'ðero] *m* Rauchzimmer *nt*; **~ de opio** Opiumhöhle *f*

fumador(a) [fuma'ðor(a)] **I.** *adj* rauchend
II. *m(f)* Raucher(in) *m(f)*; **~ pasivo** Passivraucher *m*; **no ~** Nichtraucher *m*; **zona de no ~es** Nichtraucherzone *f*

fumar [fu'mar] **I.** *vi, vt* rauchen; **~ en pipa** Pfeife rauchen; **está que fuma** (*fam*) er/sie ist stocksauer
II. *vr:* **~se** ❶ (*fumar*) rauchen; **~se un cigarrillo** eine Zigarette rauchen
❷ (*fam: gastar*) verjubeln
❸ (*fam: faltar*) versäumen; **~se la clase** den Unterricht schwänzen; **~se la oficina** blaumachen

fumata [fu'mata] *f* Rauchsäule *f* (*nach der Wahl eines neuen Papstes*)

fumeta [fu'meta] *mf* (*fam*) Kiffer(in) *m(f)*

fumigación [fumiɣa'θjon] *f* Ausräuchern *nt*

fumigar [fumi'ɣar] <g→gu> *vt* ausräuchern

fumista [fu'mista] *mf* Ofensetzer(in) *m(f)*

funámbula [fu'nambula] *f v.* **funambulo**

funambulesco, -a [funambu'lesko, -a] *adj* ❶ (*extravagante*) extravagant
❷ (*relativo al funámbulo*) Seiltänzer-; (*como un funámbulo*) seiltänzerisch

funámbulo, -a [fu'nambulo, -a] *m, f* Seiltänzer(in) *m(f)*

función [fun'θjon] *f* ❶ (*papel, objetivo, t.* BIOL, MAT) Funktion *f*; **~ de ayuda** (INFOR) Hilfsfunktion *f*; **~ del hígado** (MED) Leberfunktion *f*; **~ de marcado automático** (TEL) Selbstwählfunktion *f*; **~ para ahorrar consumo de energía** Stromsparfunktion *f*; **el precio está en ~ de la calidad** der Preis hängt von der Qualität ab
❷ (*cargo*) Amt *nt*; (*tarea*) Tätigkeit *f*, Aufgabe *f*; **entrar en ~** tätig werden; (*cargo*) ein Amt antreten; **el ministro en funciones** der stellvertretende Minister; **las funciones de la ONU** die Aufgaben der UNO; **ejerce las funciones de directora** sie übt das Amt der Direktorin aus
❸ (*acto*) Veranstaltung *f*; (CINE, TEAT) Vorstellung *f*; **~ de circo** Zirkusvorstellung *f*; **~ de la tarde** Nachmittagsvorstellung *f*

funcional [funθjo'nal] *adj* ❶ (*relativo a la función*) funktionell, funktional; **desorden ~** (MED) funktionelle Störung; **ecuación ~** (MAT) Funktionsgleichung *f*
❷ (*utilitario*) funktionell, zweckmäßig

funcionalidad [funθjonali'ðað] *f* Zweckmäßigkeit *f*

funcionamiento [funθjona'mjento] *m* ❶ (*marcha*) Funktionieren *nt*; **~ administrativo** Verwaltungsablauf *m*; **~ del mercado** Marktordnung *f*; **poner en ~** in Gang setzen; **el mecanismo entra en ~ automáticamente** der Mechanismus startet automatisch
❷ (*rendimiento*) Funktionsfähigkeit *f*, Funktionstüchtigkeit *f*; (*manera de funcionar*) Funktionsweise *f*, Arbeitsweise *f*; **en estado de ~** einsatzbereit; (*máquina*) betriebsfähig; **controlar el ~ de una máquina** die Funktionsfähigkeit einer Maschine überprüfen; **me explicó el ~ de la organización** er/sie erklärte mir die Funktionsweise der Organisation

funcionar [funθjo'nar] *vi* funktionieren; (*estar trabajando*) in Betrieb sein; **el coche no funciona bien** der Wagen läuft nicht gut; **la televisión no funciona** der Fernseher ist kaputt *fam*; **el ascensor no funciona** der Aufzug ist außer Betrieb; **su matrimonio no funciona** sie führen eine unglückliche Ehe

funcionaria [funθjo'narja] *f v.* **funcionario**

funcionariado [funθjona'rjaðo] *m* (*del Estado*) Beamtenschaft *f*; (*de una organización*) Funktionäre *mpl*

funcionario, -a [funθjo'narjo, -a] *m, f* (*de una organización*) Funktionär(in) *m(f)*; (*del Estado*) Beamte(r), -in *m, f*; **~ consular** Konsularbeamter *m*; **~ a prueba/a revocación** Beamter auf Probe/auf Widerruf; **~ temporal** Beamter auf Zeit; **alto funcionario** Beamter des gehobenen Dienstes

funda ['funda] *f* ❶ (*cubierta*) (Schutz)hülle *f*; (*para gafas*) Etui *nt*, Futteral *nt*; (*de libro*) (Schutz)umschlag *m*; (*de almohada*) Bezug *m*; (*de butaca*) Überzug *m*; (*de máquina*) Abdeckhaube *f*; (*de revólver*) Halfter *nt o f*; **~ nórdica** Bettbezug *m* (*für Federbett*); **~ de plástico** Plastikhülle *f*; **cambiar la ~ de la almohada** das Kissen neu beziehen
❷ (*Col: falda*) Rock *m*; (*Ven: enaguas*) Unterrock *m*

fundación [funda'θjon] *f* ❶ (*creación*) Gründung *f*
❷ (*institución, bienes*) Stiftung *f*
❸ (*justificación*) Begründung *f*, Untermauerung *f*
❹ (*origen*) Ursprung *m*, Anfänge *mpl*
❺ (*de una estructura*) Unterbau *m*

fundadamente [fundaða'mente] *adv* zu Recht

fundado, -a [fun'daðo, -a] *adj* fundiert, begründet

fundador(a) [funda'ðor(a)] **I.** *adj* Gründer-, Gründungs-; **socio ~** Gründungsmitglied *nt*
II. *m(f)* (Be)gründer(in) *m(f)*

fundamentación [fundamenta'θjon] *f* (*t.* JUR) Begründung *f*; **~ de la demanda** Klagebegründung *f*; **~ de un derecho** Begründung eines Rechts; **~ de pretensión** Anspruchsbegründung *f*; **~ de la reclamación** [*o* **de la oposición**] Einspruchsbegründung *f*

fundamental [fundamen'tal] *adj* ❶ (ARQUIT, MAT) Grund-; **línea ~** Grundlinie *f*; **piedra ~** Grundstein *m*
❷ (*esencial*) Haupt-; (*básico*) grundlegend, fundamental; **argumento ~** Hauptgrund *m*; **conocimientos ~es** Grundkenntnisse *fpl*

fundamentalismo [fundamenta'lismo] *m sin pl* Fundamentalismus *m*

fundamentalista [fundamenta'lista] **I.** *adj* fundamentalistisch
II. *mf* Fundamentalist(in) *m(f)*

fundamentalmente [fundamental'mente] *adv* vor allem, im Wesentlichen

fundamentar [fundamen'tar] *vt* ❶ (ARQUIT) fundamentieren
❷ (*basar*) stützen (*en* auf +*akk*), untermauern (*en* mit +*dat*)
❸ (*establecer*) begründen

④ (*hacer firme*) festigen
fundamento [fuṇda'meṇto] *m* **①** (ARQUIT) Fundament *nt*
② (*base*) Grundlage *f*, Fundament *nt*; **~s procesales** Verfahrensgrundsätze *mpl*
③ (*motivo*, *t.* JUR) Grund *m*, Grundlage *f*; **~ de la conciliación** [*o* **de la transacción**] Vergleichsgrundlage *f*; **~ de la demanda** Klagegrund *m*; **~ de la derrama** (ECON) Umlagegrundlage *f*; **~ jurídico** Rechtsgrund *m*; **~ de la pretensión** Anspruchsgrundlage *f*; **~ del recurso** Beschwerdegrund *m*; **~ de la responsabilidad** Haftungsgrundlage *f*; **sin ~** unbegründet; **tu argumentación carece de ~** deine Argumentation entbehrt jeglicher Grundlage
④ (*formalidad*) Vernunft *f*; (*seriedad*) Ernsthaftigkeit *f*; **hablar sin ~** nur Unsinn reden
⑤ *pl* (*conocimientos*) (Grund)kenntnisse *fpl*; **~s de alemán** Deutschkenntnisse *fpl*
fundar [fuṇ'dar] I. *vt* **①** (*crear*) gründen; **~ un hogar** eine Familie gründen
② (ARQUIT, TÉC) stützen (*sobre/en* auf +*akk*)
③ (*basar*) stützen (*en/sobre* auf +*akk*); (*justificar*) begründen (*en* mit +*dat*), zurückführen (*en* auf +*akk*); **una opinión en una teoría** eine Meinung mit einer Theorie untermauern
II. *vr:* **~se ①** (*basarse*) sich stützen (*en* auf +*akk*), sich gründen (*en* auf +*akk*); (*tener su justificación*) beruhen (*en* auf +*dat*); **¿en qué se fundan tus consejos?** worauf beruhen deine Ratschläge?
② (*asentarse*) ruhen (*en/sobre* auf +*dat*)
fundible [fuṇ'diβle] *adj* schmelzbar
fundición [fuṇdi'θjon] *f* **①** (*de un metal*) Schmelzen *nt*
② (*en una forma*) Gießen *nt*; **~ de campanas** Glockenguss *m*
③ (*de un aparato eléctrico*) Durchbrennen *nt*
④ (*de ideas, organizaciones*) Verschmelzung *f*
⑤ (*taller*) Gießerei *f*; **~ de hierro** Eisengießerei *f*
⑥ (*hierro*) Gusseisen *nt*; **~ blanca** Weißeisen *nt*
⑦ (TIPO) Satz *m* Schriftzeichen
fundidor [fuṇdi'ðor] *m* Gießer *m*
fundillo [fuṇ'diʎo] *m* **①** (*Am: fondillos*) Hosenboden *m*
② (*Méx: trasero*) Hintern *m fam*
fundir [fuṇ'dir] I. *vt* **①** (*deshacer*) schmelzen; **el sol funde la nieve** die Sonne lässt den Schnee schmelzen; **~ a alguien con la mirada** jdn mit Blicken durchbohren
② (*dar forma*) gießen
③ (*un aparato eléctrico*) durchbrennen lassen
④ (*unir*) (miteinander) verschmelzen; (*empresas*) zusammenlegen
⑤ (*Am: gastar*) verjubeln *fam*
⑥ (*argot: consumir*) verschlingen *fam*
II. *vr:* **~se ①** (*deshacerse*) (zer)schmelzen
② (*aparato eléctrico*) durchbrennen; **se han fundido los plomos** die Sicherung ist durchgebrannt
③ (*unirse*) (miteinander) verschmelzen (*en* zu +*dat*); (*empresas*) fusionieren (*en* zu +*dat*), sich zusammenschließen (*en* zu +*dat*)
④ (*Am: arruinarse*) zugrunde [*o* zu Grunde] gehen; (*negocio*) Bankrott machen
fundo ['fuṇdo] *m* (*Chil, Perú: finca*) Farm *f*, Bauernhof *m*
fúnebre ['funeβre] *adj* **①** (*triste*) traurig
② (*sombrío*) düster
③ (*de los difuntos*) Toten-; **coche ~** Leichenwagen *m*; **pompas ~s** (*ceremonia*) Begräbnis *nt*; (*empresa*) Bestattungsinstitut *nt*
funeral [fune'ral] I. *adj* Bestattungs-, Beerdigungs-
II. *m* **①** (*entierro*) Begräbnis *nt*
② *pl* (*misa*) Trauergottesdienst *m*, Trauerfeier *f*
funeraria [fune'rarja] *f* Beerdigungsinstitut *nt*, Bestattungsinstitut *nt*
funerario, -a [fune'rarjo, -a] *adj* Bestattungs-, Beerdigungs-; **ceremonia funeraria** Beerdigung *f*; **empresa funeraria** Bestattungsinstitut *nt*; **misa funeraria** Trauergottesdienst *m*
funesto, -a [fu'nesto, -a] *adj* **①** (*aciago*) verhängnisvoll, unheilvoll
② (*desgraciado*) schrecklich, verheerend; (*triste*) traurig, tragisch
③ (*fam: sin talento*) verheerend, katastrophal
fungible [fuŋ'xiβle] *adj* **①** (*gastable*) verschleißbar; (*fugaz*) vergänglich
② (JUR) vertretbar, fungibel
fungicida [fuŋxi'θiða] I. *adj* pilztötend, fungizid
II. *m* Fungizid *nt*
fungir [fuŋ'xir] <g→j> *vi* **①** (*Am: un cargo*) das Amt innehaben (*de* +*gen*); **funge de alcalde** er ist Bürgermeister
② (*Cuba, Méx, PRico: presumir*) angeben; **~ de valiente** sich als Held(in) aufspielen
fungoso, -a [fuŋ'goso, -a] *adj* schwammig; (MED) fungös
funicular [funiku'lar] I. *adj* Bergbahn-; (*de cable aéreo*) Seilbahn-; **tren ~** Bergbahn *f*
II. *m* (*tren*) Bergbahn *f*; **~ (aéreo)** Seilbahn *f*, Schwebebahn *f*
funky-rock ['faŋki rok] *m* (MÚS) Funk-Rock *m*; **sonido ~** Funk-Rock-Sound *m*
furcia ['furθja] *f* (*pey*) Nutte *f*
furgón [fur'ɣon] *m* **①** (*carro*) Wagen *m*; (*camioneta*) Transporter *m*; **~ de mudanzas** Umzugswagen *m*
② (FERRO: *para el equipaje*) Gepäckwagen *m*; (*para mercancías*) Güterwagen *m*; **~ de cola** Bremswagen *m*; **~ postal** Postwagen *m*
furgoneta [furɣo'neta] *f* Lieferwagen *m*, Kleintransporter *m*
furia ['furja] *f* **①** (*ira*) Zorn *m*, Wut *f*
② (*ímpetu*) Wucht *f*
③ (*persona*) Furie *f*; **estar hecho una ~** vor Wut rasen
④ (*fam: energía*) Eifer *m*; **con ~** wie verrückt; **a toda ~** volle Pulle
⑤ (*auge*) Höhepunkt *m*; **estar en plena ~** sehr angesagt sein, voll in Mode sein *fam*
furibundo, -a [furi'βuṇdo, -a] *adj* **①** (*furioso*) zornerfüllt
② (*fam: entusiasta*) begeistert; (*extremado*) fanatisch
furioso, -a [fu'rjoso, -a] *adj* **①** (*furibundo*) wütend, zornig
② (*loco*) tobsüchtig
③ (*violento*) heftig; (*tempestad*) tosend
④ (*tremendo*) enorm; (*sentimiento, necesidad*) unbändig
furor [fu'ror] *m* **①** (*ira*) Wut *f*, Zorn *m*
② (*ímpetu*) Wucht *f*
③ (*energía*) Eifer *m*
④ (*auge*) Höhepunkt *m*; **hacer ~** Furore machen; **estar en ~** in Mode sein
⑤ (*afición*) Begeisterung *f*; **~ poético** Furor *m* poeticus; **tener ~ por algo** ganz verrückt nach etw *dat* sein; **tiene ~ por el fútbol** er/sie ist ein begeisterter Fußballfan
⑥ (*locura*) Tobsuchtsanfall *m*
⑦ (MED): **~ uterino** Nymphomanie *f*
furriel [fu'rrjel] *m* (MIL) Furier *m*
furtivo, -a [fur'tiβo, -a] *adj* heimlich; **cazador ~** Wilderer *m*
furúnculo [fu'ruŋkulo] *m* (MED) Furunkel *nt o m*
fusa ['fusa] *f* (MÚS) Zweiunddreißigstelnote *f*
fuselaje [fuse'laxe] *m* (AERO) Rumpf *m*
fusible [fu'siβle] I. *adj* schmelzbar
II. *m* Sicherung *f*; **~ principal** Hauptsicherung *f*
fusil [fu'sil] *m* Gewehr *nt*; **~ automático** Selbstladegewehr *nt*; **~ de repetición** Repetiergewehr *nt*
fusilamiento [fusila'mjeṇto] *m* **①** (*ejecución*) standrechtliche Erschießung *f*
② (*fam: de textos*) Abkupfern *nt*
fusilar [fusi'lar] *vt* **①** (*ejecutar*) füsilieren, standrechtlich erschießen
② (*fam: copiar*) abkupfern
fusilería [fusile'ria] *f* **①** (*fusiles*) Gewehre *ntpl*
② (*soldados*) Schützen *mpl*
③ (*fuego*) Gewehrfeuer *nt*
fusilero¹ [fusi'lero] *m* Schütze *m* (der Infanterie)
fusilero, -a² [fusi'lero, -a] *adj* Gewehr-
fusión [fu'sjon] *f* **①** (*fundición*) Schmelzen *nt*; **punto de ~** Schmelzpunkt *m*
② (*unión*) Fusion *f*, Verschmelzung *f*; **~ de los ejecutivos** (UE) Zusammenlegung der Exekutivorgane; **~ nuclear** (FÍS) Kernfusion *f*
③ (ECON) Fusion *f*, Zusammenschluss *m*; **~ por absorción** Fusion auf dem Wege der Übernahme; **~ por adhesión** Anschlussfusion *f*; **~ económica** Wirtschaftszusammenschluss *m*; **~ de empresas** Unternehmungszusammenlegung *f*; **~ de grandes empresas** Großfusion *f*; **~ parcial** Teilfusion *f*
fusionar [fusjo'nar] I. *vi* schmelzen; **a una temperatura elevada** bei hoher Temperatur schmelzen
II. *vt* **①** (*deshacer*) schmelzen
② (*unir*) verschmelzen; (*empresas*) fusionieren
③ (*acciones*) zusammenlegen
III. *vr:* **~se** (miteinander) verschmelzen; (*empresas*) fusionieren
fusta ['fusta] *f* **①** (*látigo*) Gerte *f*, (Reit)peitsche *f*; **sacudir la ~** mit der Peitsche knallen
② (*leña*) Reisig *nt*
③ (*tejido*) Wollstoff *m*
fustán [fus'tan] *m* (*Am: combinación*) Unterrock *m*
fuste ['fuste] *m* **①** (*madera*) Holz *nt*
② (*vara*) Stange *f*; (*de una lanza*) Schaft *m*
③ (ARQUIT) Säulenschaft *m*
④ (*importancia*) Bedeutung *f*; (*sustancia*) Gehalt *m*; (*de una persona*) Format *nt*; **de poco ~** unbedeutend; (*persona*) charakterlos; (*discurso*) nichts sagend
⑤ (*arzón*) Sattelbaum *m*
fustigar [fusti'ɣar] <g→gu> *vt* **①** (*azotar*) peitschen; **~ un caballo** einem Pferd die Peitsche geben
② (*reprender*) tadeln
futbito [fuð'βito] *m* (*fam*) Hallenfußball *m*

fútbol ['fuðβol] *m* Fußball *m;* **club de ~** Fußballklub *m,* Fußballverein *m;* **partido de ~** Fußballspiel *nt*
futbolín [fuðβo'lin] *m* Tischfußballspiel *nt;* **jugar al ~** Tischfußball spielen
futbolista [fuðβo'lista] *mf* Fußballspieler(in) *m(f),* Fußballer(in) *m(f) fam*
futbolístico, -a [fuðβo'listiko, -a] *adj* fußballerisch, Fußball-; **equipo ~** Fußballmannschaft *f,* (Fußball)elf *f*
fútbol-sala ['fuðβol-'sala] *m sin pl* Hallenfußball *m*
futesa [fu'tesa] *f* Kleinigkeit *f,* Nichtigkeit *f*
fútil ['futil] *adj* nichtig, belanglos
futileza [futi'leθa] *f* (*Chil: pequeñez*) Kleinigkeit *f*
futilidad [futili'ðaᵈ] *f* Belanglosigkeit *f,* Nichtigkeit *f*
futirse [fu'tirse] *vr* (*Ant, Chil: fastidiarse*) sich ärgern; **¡estamos futidos!** wir sind erledigt!
futre ['futre] *m* (*Am: pey*) Geck *m,* Lackaffe *m*
futrir [fu'trir] *vt* (*Col: molestar*) belästigen, plagen
futura [fu'tura] *f* ❶ (*a la sucesión de un empleo*) Anwartschaft *f*
❷ *v.* **futuro²**
futurible [futu'riβle] **I.** *adj* möglich; (*acontecimiento*) eventuell (eintretend); (*persona*) in Frage [*o* infrage] kommend
II. *mf* Anwärter(in) *m(f);* **~s para presidente** Anwärter auf das Präsidentenamt
futurismo [futu'rismo] *m sin pl* Futurismus *m*
futurista [futu'rista] **I.** *adj* futuristisch
II. *mf* Futurist(in) *m(f)*
futuro¹ [fu'turo] *m* ❶ (*tiempo ~*) Zukunft *f*
❷ (LING) Futur *nt*
❸ (FIN): **~ financiero** Termingeschäft *nt;* **compra de ~s** Terminkauf *m;* **mercado de ~s financieros** spanischer Termin- und Futuresmarkt; **tipo de cambios ~s** Terminkurs *m;* **vender/comprar divisas a ~s** Devisen auf Termin verkaufen/kaufen
futuro, -a² [fu'turo, -a] **I.** *adj* (zu)künftig; **tiempo ~** Zukunft *f*
II. *m, f* (*fam*) Zukünftige(r) *mf*
futuróloga [futu'roloɣa] *f v.* **futurólogo**
futurología [futurolo'xia] *f* Futurologie *f,* Futuristik *f*
futurólogo, -a [futu'roloɣo, -a] *m, f* Futurologe, -in *m, f*

G

G, g [xe] *f* G, g *nt;* **~ de Granada** G wie Gustav
gabacho, -a [ga'βatʃo, -a] *m, f* (*pey: francés*) Franzose *m,* Französin *f*
gabán [ga'βan] *m* Mantel *m*
gabardina [gaβar'ðina] *f* ❶ (*tela*) Gabardine *m o f*
❷ (*prenda*) Trenchcoat *m*
gabarra [ga'βarra] *f* (NÁUT: *para carga y descarga*) Frachtkahn *m;* (*más pequeña*) Leichter *m;* (*remolcada*) Schleppkahn *m*
gabela [ga'βela] *f* Abgabe *f*
gabinete [gaβi'nete] *m* ❶ (*estudio*) Arbeitsraum *m;* (*junto a la alcoba*) Salon *m*
❷ (*tocador*) Toilettentisch *m*
❸ (*museo*) Kabinett *nt*
❹ (*de médico*) Praxis *f*
❺ (POL) Kabinett *nt*
❻ (*loc*): **~ de prensa** Pressestelle *f*
Gabón [ga'βon] *m* Gabun *nt*
gabonés, -esa [gaβo'nes, -esa] **I.** *adj* gabunisch
II. *m, f* Gabuner(in) *m(f)*
gabro ['gaβro] *m* (GEO) Gabbro *m*
gacela [ga'θela] *f* Gazelle *f;* **corre como una ~** er/sie ist flink wie ein Wiesel
gaceta [ga'θeta] *f* ❶ (HIST: *periódico*) Zeitung *f*
❷ (HIST: *BOE*) spanisches Gesetzblatt
❸ (*fam: correveidile*) Klatschmaul *nt*
gacetilla [gaθe'tiʎa] *f* ❶ (*de un periódico*) Kurznachrichtenübersicht *f*
❷ (*noticia*) Kurznachricht *f*
gacetillero, -a [gaθeti'ʎero, -a] *m, f* Journalist(in) *m(f)*
gacha ['gatʃa] *f* ❶ (*fam: barro*) Schlamm *m*
❷ *pl* (*comida*) Brei *m*
gacheta [ga'tʃeta] *f* ❶ (*cerradura*) Ringhalter *m*
❷ (*pestillo*) Schließhaken *m*
❸ (GASTR) Mehlkleister *m*
gachí [ga'tʃi] <gachíes> *f* (*fam*) Mädel *nt*
gacho, -a [ˈgatʃo, -a] *adj* (herunter)hängend; **orejas gachas** Schlappohren *ntpl;* **sombrero ~** Schlapphut *m*

gachó [ga'tʃo] *m* (*fam*) Kerl *m*
gachumbo [ga'tʃumbo] *m* (*Col, Ecua*) holzartige Schale *f*
gádido ['gaðiðo] *m* (ZOOL) Schellfisch *m,* Dorsch *m*
gaditano, -a [gaði'tano, -a] **I.** *adj* aus Cádiz
II. *m, f* Einwohner(in) *m(f)* von Cádiz
gaélico, -a [ɣa'eliko, -a] *adj* gälisch
gafa ['gafa] *f* ❶ *pl* (*anteojos*) Brille *f;* **~s de inmersión** Taucherbrille *f;* **llevar ~** eine Brille tragen; **ponerse las ~s** die Brille aufsetzen
❷ (*varilla*) Brillenbügel *m*
❸ (TÉC: *grapa*) Klammer *f*
❹ (TÉC: *abrazadera*) Krampe *f*
gafar [ga'far] *vt* ❶ (*con grapas*) verklammern
❷ (*con las uñas*) sich festkrallen (an +*dat*)
❸ (*fam: mala suerte*) Unglück bringen +*dat*
gafe ['gafe] *m* ❶ (*cenizo*) Unglücksbringer *m*
❷ (*aguafiestas*) Spielverderber *m*
gafedad [gafe'ðaᵈ] *f* (MED) ❶ (*contracción*) krampfartige Fingerlähmung *f*
❷ (*lepra*) Krallenfingrigkeit *f*
gafotas [ga'fotas] **I.** *adj inv* (*pey*): **algunos niños miopes tienen complejo de ~** manche kurzsichtigen Kinder haben einen Komplex, weil sie Brillenträger sind
II. *mf inv* (*pey*) Brillenschlange *f fam pey*
gag [gaɣ] *m* <gags> Gag *m*
gago, -a ['gaɣo, -a] **I.** *adj* (*Am*) stotternd
II. *m, f* Stotterer, -in *m, f*
gaicano [gai̯'kano] *m* (ZOOL) Schiffshalter *m*
gaita ['gai̯ta] *f* ❶ (MÚS: *gallega*) Dudelsack *m;* (*zamorana*) Flageolett *nt*
❷ (*fam: cuello*) Hals *m*
❸ (*fam: lata*): **vaya ~ tener que hacer eso** das machen zu müssen ist die reinste Qual
❹ (*loc*): **estar hecho una ~** kränklich sein; **estar de ~** (*fam*) guter Dinge sein
gaitero, -a [gai̯'tero, -a] *m, f* (*de gaita gallega*) Dudelsackspieler(in) *m(f);* (*de gaita zamorana*) Flageolettspieler(in) *m(f)*
gaje ['gaxe] *m* Einkommen *nt;* **los ~s del oficio** (*irón*) die Unannehmlichkeiten des Berufs
gajo ['gaxo] *m* ❶ (*de naranja*) Segment *nt*
❷ (*racimo*) Traube *f*
❸ (*rama*) herabgefallener Zweig
gajoso, -a [ga'xoso, -a] *adj* vielteilig, vielscheibig
gal [gal] *m* (GEO) Gal *nt*
gala ['gala] *f* ❶ (*fiesta*) Gala *f*
❷ (*garbo*) Anmut *f*
❸ (*selecto*) Beste(s) *nt*
❹ *pl* (*vestido*) Kleider *ntpl*
galabardera [galabar'ðera] *f* (BOT) ❶ (*planta*) Hagebuttenstrauch *m*
❷ (*fruto*) Hagebutte *f*
galáctico, -a [ga'laktiko, -a] *adj* (ASTR) galaktisch
galactita [ga'laktika] *f* (MIN) Galaktit *m*
galactocele [galakto'θele] *f* (MED) Galaktozele *f*
galactóforo, -a [galak'toforo, -a] *adj* (ANAT) Milch führend
galactorrea [galakto'rrea] *f* (MED) vermehrte Milchabsonderung *f,* Galaktorrhöe *f*
galactosa [galak'tosa] *f* (QUÍM) Galaktose *f*
galaico, -a [ga'lai̯ko, -a] *adj* galicisch
galaicoportugués, -esa [galai̯koportu'ɣes, -esa] *adj* galicisch-portugiesisch
galán [ga'lan] *m* ❶ (*hombre*) Galan *m*
❷ (*novio*) Liebhaber *m*
❸ (TEAT: *papel*) jugendlicher Liebhaber *m*
galancete [galan'θete] *m* (TEAT) jugendlicher Liebhaber *m*
galanga [ga'laŋga] *f* (BOT) ❶ (*planta*) Galgant *m*
❷ (*rizoma*) Galgantwurzel *f*
galante [ga'lante] *adj* ❶ (*atento*) aufmerksam
❷ (*mujer*) kokett
❸ (*historia*) pikant
galanteador(a) [galantea'ðor(a)] *adj* umwerbend
galantear [galante'ar] *vt* den Hof machen (*a* +*dat*)
galantería [galante'ria] *f* ❶ (*hacia una mujer*) Höflichkeit *f* (*hacia* gegenüber +*dat*)
❷ (*amabilidad*) Aufmerksamkeit *f* (*hacia* gegenüber +*dat*)
❸ (*generosidad*) Großzügigkeit *f* (*hacia* gegenüber +*dat*)
galantina [galan'tina] *f* (GASTR) Galantine *f*
galapagar [galapa'ɣar] *m* Schildkrötensumpf *m*
galápago [ga'lapaɣo] *m* (ZOOL) Süßwasserschildkröte *f;* **tener más conchas que un ~** (*fam*) sehr gerissen sein
galapaguera [galapa'ɣera] *f* Schildkröten-Terrarium *nt*
galardón [galar'ðon] *m* Preis *m*

galardonar [galarðo'nar] vt auszeichnen; ~ **a alguien con un título** jdm einen Titel verleihen
galaxia [ga'laksja] f ❶ (*universo*) Galaxie f
❷ (*AmC*) Prominenz f
galbana [gal'βana] f (*fam*) Faulheit f
galbanado, -a [galβa'naðo, -a] adj gelblichgrau
galbano [gal'βano] m ❶ (BOT) Galbanum nt
❷ (MED) Mutterharz nt
galbanoso, -a [galβa'noso, -a] adj faul, arbeitsscheu
gálbula ['galβula] f (BOT) Fruchtzapfen m
galega [ga'leɣa] f (BOT) Geißraute f
galena [ga'lena] f Galenit m
galeno [ga'leno] m (*fam*) Doktor m
gáleo ['galeo] m (ZOOL) Hundshai m
galeón [gale'on] m Galeone f
galeote [gale'ote] m Galeerensträfling m
galera [ga'lera] f ❶ (NÁUT) Galeere f
❷ (ZOOL) Heuschreckenkrebs m
❸ (TIPO) (Setz)schiff nt
❹ (MAT) Divisionszeichen nt
❺ (*Am: cobertizo*) Schuppen m
❻ (*Am: sombrero*) Zylinder(hut) m
galerada [gale'raða] f (TIPO) Fahne f
galería [gale'ria] f ❶ (*corredor*) Galerie f
❷ (*de arte*) Kunstgalerie f
❸ pl (*grandes almacenes*) Kaufhaus nt
❹ pl (*bulevar*) Ladenpassage f
❺ (MIN) Stollen m
❻ (TEAT) Galerie f
❼ (*subterránea*) Tunnel m
galerista [gale'rista] mf Galerist(in) m(f)
galerón [gale'ron] m ❶ (*AmS: romance*) Ballade f, Romanze f
❷ (*Col, Ven*: MÚS) Volkstanz m
❸ (*CRi, ElSal: cobertizo*) Schuppen m
galés, -esa [ga'les, -esa] I. adj walisisch
II. m, f Waliser(in) m(f)
Gales ['gales] m: **País de** ~ Wales nt
galgo, -a ['galɣo, -a] m, f (ZOOL) Windhund, -hündin m, f
gálgulo ['galgulo] m (ZOOL) Blauelster f
Galia ['galja] f Gallien nt
galicanismo [galika'nismo] m sin pl (POL, REL) Gallikanismus m
Galicia [ga'liθja] f Galicien nt
galicismo [gali'θismo] m Gallizismus m
gálico, -a ['galiko, -a] adj gallisch
galileo, -a [gali'leo, -a] I. adj (HIST) galiläisch
II. m, f (HIST) Galiläer(in) m(f)
galillo [ga'liʎo] m ❶ (ANAT) Zäpfchen nt
❷ (*fam: gaznate*) Kehle f, Schlund m
galimatías [galima'tias] m inv ❶ (*lenguaje*) Kauderwelsch nt
❷ (*enredo*) Durcheinander nt
galio ['galjo] m ❶ (BOT) Labkraut nt
❷ (QUÍM) Gallium nt
galipandria [gali'pandrja] f (*fam*) Erkältung f
galipote [gali'pote] m (NÁUT) Teer m
galladura [gaʎa'ðura] f Hahnentritt m (*im Ei*)
gallano [ga'ʎano] m (ZOOL) Schleimfisch m
gallarda [ga'ʎarða] f ❶ (*baile*) altspanischer Tanz
❷ (MÚS) Gaillarde f
❸ (TIPO) Petit f
gallardear [gaʎarðe'ar] vi ❶ (*ostentar gallardía*) Mut zur Schau tragen
❷ (*presumir*) prahlen (*de* mit +dat)
gallardía [gaʎar'ðia] f ❶ (*apostura*) Stattlichkeit f
❷ (*garbo*) Anmut f
❸ (*valentía*) Mut m
gallardo, -a [ga'ʎarðo, -a] adj ❶ (*de aspecto*) stattlich
❷ (*garboso*) anmutig
❸ (*valiente*) mutig
gallear [gaʎe'ar] I. vi ❶ (*fanfarronear*) angeben
❷ (*alzar la voz*) brüllen
❸ (*creerse importante*) sich dat viel einbilden
II. vt (*el gallo a la gallina*) treten
gallego, -a [ga'ʎeɣo, -a] I. adj galicisch
II. m, f ❶ (*habitante*) Galicier(in) m(f)
❷ (*AmS: pey: español*) Spanier(in) m(f)
galleguismo [gaʎe'ɣismo] m Galicismus m
galleguista [gaʎe'ɣista] I. adj (POL) galicisch gesinnt
II. mf (POL) nationalistisch gesinnter Galicier m, nationalistisch gesinnte Galicierin f
galleta [ga'ʎeta] f ❶ (*dulce*) Keks m; (*bizcocho*) Zwieback m
❷ (MIN) Würfelkohle f
❸ (*fam: bofetada*) Ohrfeige f
gallete [ga'ʎete] m: **beber al** ~ (direkt) vom Strahl trinken
galletero [gaʎe'tero] m Keksdose f
gallina [ga'ʎina] f ❶ (*hembra del gallo*) Huhn nt; ~ **clueca** Glucke f
❷ (*fam: cobarde*) Feigling m
❸ (*juego*): **jugar a la** ~ **ciega** Blindekuh spielen
❹ (*loc*): **se me pone la carne de** ~ ich bekomme eine Gänsehaut
gallinaza [gaʎi'naθa] f Hühnermist m
gallinazo [gaʎi'naθo] m Truthahngeier m
gallinero [gaʎi'nero] m ❶ (*corral*) Hühnerstall m
❷ (TEAT) Olymp m
gallipato [gaʎi'pato] m (ZOOL) spanischer Rippenmolch m
gallito [ga'ʎito] m: **ser un** ~ der Hahn im Korb sein; **ponerse** ~ agressiv werden
gallo ['gaʎo] m ❶ (*ave*) Hahn m; ~ **de pelea** Kampfhahn m; ~ **silvestre** Auerhahn m
❷ (*pez*) Heringskönig m
❸ (*engreído*) Angeber m
❹ (MÚS): **soltar un** ~ kicksen
❺ (*esputo*) Auswurf m
❻ (*Am: hombre fuerte*) starker Mann m
❼ (*loc*): **misa de(l)** ~ Christmette f; **pata de** ~ Krähenfüße mpl; **peso** ~ (DEP) Bantamgewicht nt; **alzar el** ~ großspurig werden; **en menos que canta un** ~ im Nu; **si el dinero fuera mío, otro** ~ **nos cantara** (*fam*) wenn das Geld mir gehören würde, würde die Lage anders aussehen
gallocresta [gaʎo'kresta] f (BOT) Hahnenkamm m
galludo [ga'ʎuðo] m (ZOOL) Dornhai m
galo, -a ['galo, -a] I. adj ❶ (*de la Galia*) gallisch
❷ (*francés*) französisch
II. m, f ❶ (*de la Galia*) Gallier(in) m(f)
❷ (*francés*) Franzose m, Französin f
galón [ga'lon] m ❶ (*cinta*) Borte f
❷ (MIL: *distintivo*) Litze f
❸ (*medida inglesa*) Gallone f
galonista [galo'nista] m (MIL) Galon m
galopada [galo'paða] f Galopprennen nt
galopar [galo'par] vi galoppieren
galope [ga'lope] m Galopp m
galopillo [galo'piʎo] m Küchenjunge m
galopín [galo'pin] m ❶ (*golfillo*) Straßenjunge m
❷ (*granuja*) Gauner m
❸ (*granujilla*) Bengel m
galorrománico¹ [galorro'maniko] m (LING) Galloromanisch(e) nt
galorrománico, -a² [galorro'maniko, -a] adj (LING) galloromanisch
galpón [gal'pon] m (*AmS*) Schuppen m
galuchar [galu'tʃar] vi (*Col, Cuba, PRico, Ven*) galoppieren
galvanismo [galβa'nismo] m sin pl (FÍS) Galvanismus m
galvanización [galβaniθa'θjon] f ❶ (MED) Galvanisation f
❷ (TÉC) Galvanisierung f
galvanizar [galβani'θar] <z→c> vt ❶ (TÉC) galvanisieren; (*con cinc*) verzinken
❷ (*una institución*) beleben
galvanocauterio [galβanokau̯'terjo] m (MED) Galvanokanter m, Glühstift m
galvanometría [galβanome'tria] f (ELEC) Galvanometrie f
galvanoplastia [galβano'plastja] f (TÉC) Galvanoplastik f
galvanoscopio [galβanos'kopjo] m (ELEC) Galvanoskop nt
galvanostegia [galβanos'texja] f (TÉC) Galvanotechnik f
galvanotecnia [galβano'teknja] f (TÉC) Galvanotechnik f
galvanotipia [galβano'tipja] f (TIPO) Galvanoplastik f
gama ['gama] f ❶ (MÚS) Tonleiter f
❷ (*escala*) Skala f; ~ **de ofertas** Angebotspalette f; **una** ~ **baja de productos** Billigprodukte ntpl
gamada [ga'maða] adj: **cruz** ~ Hakenkreuz nt
gamba ['gamba] f ❶ (ZOOL) Garnele f
❷ (GASTR) Krabbe f
gámbaro ['gambaro] m (ZOOL) Ostseegarnele f
gamberrada [gambe'rraða] f rowdyhafter Streich m; **hacer** ~**s** etwas anstellen
gamberrear [gamberre'ar] vi gaunern
gamberro, -a [gam'berro, -a] m, f Rowdy m
gambeta [gam'beta] f ❶ (*Am: distensión*) Verrenkung f
❷ (*Am: evasiva*) ausweichende Antwort f; (*fútbol*) Dribbling nt; **hacer** ~**s** dribbeln
gamboa [gam'boa] f (BOT) saftige Quitte f
gambota [gam'bota] f (NÁUT) Heckpfeiler m
gambuza [gam'buθa] f (NÁUT) Vorratskammer f für Lebensmittel auf einem Schiff

gameto [ga'meto] *m* (BIOL) Fortpflanzungszelle *f*, Gamet *m*
gametófito [game'tofito] *m* (BOT) Gametophyt *m*
gametogénesis [gameto'xenesis] *f inv* (BIOL) Keimzellenbildung *f*, Gametogenie *f*
gamezno [ga'meθno] *m* (ZOOL) Damkalb *nt*
gamma ['gam(m)a] *f* Gamma *nt*
gammaglobulina [gam(m)aɣloβu'lina] *f* (BIOL, QUÍM) Gammaglobulin *nt*
gammagrafía [gam(m)aɣra'fia] *f* (MED) Gammagraphie *f*
gammaterapia [gam(m)ate'rapja] *f* (MED) Gammatherapie *f*
gamo ['gamo] *m* Damhirsch *m*
gamón [ga'mon] *m* (BOT) Affodill *m*
gamonal [gamo'nal] *m* (*Am: cacique*) Kazike *m*
gamonalismo [gamona'lismo] *m* (*Am*) Kazikentum *nt*
gamuza [ga'muθa] *f* ❶ (*animal*) Gämse *f*
❷ (*piel*) Gämsleder *nt*
❸ (*paño*) Fensterleder *nt*
gana ['gana] *f* Lust *f* (*de* auf +*akk*); **tengo ~s de comer** ich habe Appetit; **de buena ~** gerne; **de mala ~** ungerne; **tengo ~s de irme de vacaciones** ich möchte gerne Urlaub machen; **no me da la (real) ~** (*fam*) ich will einfach nicht; **son ~s de fastidiar** sie wollen uns ja nur das Spiel verderben!; **me quedé con las ~s de verle** ich musste mich leider damit abfinden, ihn nicht sehen zu können; **este es feo con ~s** (*fam*) der ist ja furchtbar hässlich!
ganadería [ganaðe'ria] *f* ❶ (*ganado*) Viehbestand *m*
❷ (*crianza*) Viehzucht *f*; **~ biológica** artgerechte Viehhaltung
❸ (*comercio*) Viehhandel *m*
ganadero, -a [gana'ðero, -a] I. *adj* Vieh-
II. *m, f* ❶ (*criador*) Viehzüchter(in) *m(f)*
❷ (*tratante*) Viehhändler(in) *m(f)*
ganado [ga'naðo, -a] *m* ❶ (*reses*) Vieh *nt*; **~ bovino** [*o* **vacuno**] Rinder *ntpl*; **~ cabrío** Ziegen *fpl*; **~ ovino** Schafe *ntpl*; **~ porcino** Schweine *ntpl*
❷ (*Am: ~ vacuno*) Rinder *ntpl*
❸ (*fam: de personas*) Schar *f*, Horde *f*
ganador(a) [gana'ðor(a)] I. *adj* ❶ (*de ganar*) siegend, Sieges-
❷ (*victorioso*) siegreich
II. *m(f)* Gewinner(in) *m(f)*
ganancia [ga'nanθja] *f* ❶ (*beneficio*) Gewinn *m*; **~ atesorada** thesaurierter Gewinn; **~ global** Gesamtgewinn *m*; **~ sujeta a tributación** steuerpflichtiger Gewinn
❷ (*sueldo*) Verdienst *m*
ganancioso, -a [ganan'θjoso, -a] *adj* ❶ (*que da ganancia*) gewinnbringend
❷ (*beneficiado*): **salir ~ de algo** einen Nutzen aus etw *dat* ziehen
ganapán [gana'pan] *m* ❶ (*pey: peón*) Gelegenheitsarbeiter *m*
❷ (*rudo*) Grobian *m*
ganar [ga'nar] I. *vi* ❶ (*en el juego*) gewinnen
❷ (*mejorar*) gewinnen (*en* an +*dat*); **~ en condición social** sich gesellschaftlich verbessern; **¿qué esperas ~ con esto?** was erhoffst du dir davon?; **con esto sólo puedes salir ganando** das kann dir nur von Nutzen sein
II. *vt* ❶ (*trabajando*) verdienen; **con ese negocio consiguió ~ mucho dinero** dieses Geschäft brachte ihm/ihr viel Geld ein
❷ (*jugando*) gewinnen; (*premio*) erringen; (*a alguien*) besiegen (*a* +*akk*); **le he ganado 5 euros a los dados** ich habe ihm/ihr 5 Euro beim Würfeln abgenommen
❸ (*adquirir*) gewinnen; (*libertad*) erlangen; (*conocimientos*) erwerben; **~ experiencia** Erfahrungen sammeln; **~ peso** zunehmen; **~ velocidad** schneller werden
❹ (*llegar a*) erreichen; **~ la orilla** ans Ufer gelangen
❺ (*aventajar*) übertreffen (*en* an +*dat*)
❻ (MIL: *ciudad*) erobern
❼ (*a una persona*) für sich gewinnen
III. *vr*: **~se** ❶ (*dinero*) verdienen
❷ (*a alguien*) für sich gewinnen
❸ (*loc*): **si no me sale, me la gano** wenn mir das nicht gelingt, dann blüht mir was
ganchillo [gan'tʃiʎo] *m* ❶ (*gancho*) Häkelnadel *f*
❷ (*labor*) Häkelarbeit *f*; **hacer ~** häkeln
gancho ['gantʃo] *m* ❶ (*instrumento*) Haken *m*
❷ (DEP: *boxeo*) Haken *m*; (*baloncesto*) Hookshot *m*
❸ (*de árbol*) Aststumpf *m*
❹ (*algo que atrae*) Blickfang *m*
❺ (*Am: horquilla*) Haarnadel *f*
❻ (*garabato*) Haken *m*
❼ (*atractivo*) Anziehungskraft *f*
❽ (*persona*) Lockvogel *m*
ganchudo, -a [gan'tʃuðo, -a] *adj* hakenförmig
gandido, -a [gan'diðo, -a] *adj* (*Col: pey: glotón*) gefräßig
gandinga [gan'diŋga] *f* ❶ (*mineral*) Erzschlich *m*
❷ (*Cuba, PRico*: GASTR) frittiertes Gemüse und Hülsenfrüchte mit einer dickflüssigen Soße
gandola [gan'dola] *m* (BOT) essbare, dem Spinat ähnliche Blattpflanze
gandul(a) [gan'dul(a)] I. *adj* faul
II. *m(f)* Faulpelz *m*
gandulear [gandule'ar] *vi* faulenzen
gandulería [gandule'ria] *f* Faulheit *f*
gandulitis [gandu'litis] *f sin pl* (*fam*) Faulenzerei *f*
gandumbas [gan'dumbas] I. *adj inv* (*fam*) faul, träge
II. *mf inv* (*fam*) Faulenzer(in) *m(f)*
ganga ['gaŋga] *f* ❶ (*oferta*) günstiges Angebot *nt*; **¿sólo vale 8 euros? ¡pues sí que es una ~!** das kostet nur 8 Euro? das ist ja spottbillig!; **¡menuda ~ este nuevo jefe!** mit dem neuen Chef haben wir uns ja was Schönes eingehandelt!
❷ (ZOOL) Flughuhn *nt*
❸ (MIN) Gangstein *m*
ganglio ['gaŋgljo] *m* (ANAT) Ganglion *nt*
gangosear [gaŋgose'ar] *vi* näseln
gangoso, -a [gaŋ'goso, -a] I. *adj* näselnd
II. *adv*: **hablar ~** näseln
gangrena [gaŋ'grena] *f* ❶ (MED) Brand *m*
❷ (*mal*) Hauptübel *nt*
gangrenarse [gaŋgre'narse] *vr* den Brand bekommen
gángster ['gaⁿster] *mf* Gangster(in) *m(f)*
ganguear [gaŋge'ar] *vi* näseln
gangueo [gaŋ'geo] *m* Näseln *nt*
gansada [gan'saða] *f* Albernheit *f*, Faxen *fpl*
gansarón [gansa'ron] *m* (ZOOL) Gänserich *m*
gansear [ganse'ar] *vi* ❶ (*fam: vaguear*) (faul) herumlungern
❷ (*decir gansadas*) herumalbern
ganso, -a ['ganso, -a] *m, f* ❶ (*ave*) Gans *f*; (*macho*) Gänserich *m*
❷ (*perezoso*) Faulenzer(in) *m(f)*
❸ (*estúpido*) Dummkopf *m*; **hacer el ~** herumalbern
Gante ['gante] *m* Gent *nt*
ganzúa¹ [gan'θua] *f* (*llave*) Dietrich *m*
ganzúa² [gan'θua] *m* Einbrecher(in) *m(f)*
gañafón [gaɲa'fon] *m* (TAUR) heftiger Hornstoß *m*
gañán [ga'ɲan] *m* ❶ (*mozo*) Bauernjunge *m*
❷ (*tosco*) Rüpel *m*
gañido [ga'ɲiðo] *m* (*de animal*) Heulen *nt*; (*de perro*) Jaulen *nt*; (*de aves*) Krächzen *nt*; (*de personas*) Keuchen *nt*
gañir [ga'ɲir] <3. *pret*: gañó> *vi* (*animal*) heulen; (*perro*) jaulen; (*las aves*) krächzen; (*personas*) schnaufen, keuchen
gañote [ga'ɲote] *m* Kehle *f*
garabatear [garaβate'ar] I. *vt* (*al escribir*) (hin)kritzeln
II. *vi* ❶ (TÉC) (einen) Haken verwenden
❷ (*al escribir*) kritzeln
❸ (*al hablar*) um den heißen Brei herumreden
garabato [gara'βato] *m* ❶ (*gancho*) Haken *m*
❷ (*al escribir*) Gekritzel *nt*
❸ (*atractivo*) Anziehungskraft *f*
garaje [ga'raxe] *m* ❶ (*para coches*) Garage *f*
❷ (*taller*) Autowerkstatt *f*
garambaina [garam'baina] *f* ❶ (*adorno*) Flitterkram *m*
❷ *pl* (*ademanes*) Getue *nt*
❸ *pl* (*garrapatos*) Gekritzel *nt*
❹ *pl* (*tonterías*) Unsinn *m*
garandumba [garan'dumba] *f* (*AmS*) Floß *nt*
garante [ga'rante] I. *adj* garantierend
II. *mf* Bürge, -in *m, f*
garantía [garan'tia] *f* ❶ (*t. JUR: seguridad*) Garantie *f*, Gewährleistung *f*; (ECON) Delkredere *nt*; **~s constitucionales** Grundrechte *ntpl*; **~ contractual** Vertragsgarantie *f*; **~s del crédito** Kreditsicherheiten *fpl*, Kreditabsicherung *f*; **~ del derecho fundamental** Grundrechtsgewährleistung *f*; **~ de fabricación** Herstellungsgarantie *f*; **~ de financiación** Finanzierungsgarantie *f*; **~ de pago** Zahlungsgarantie *f*; **~ precio cerrado** Festpreisgarantie *f*; **~ de precios** Preisgarantie *f*; **~ de prestación** Leistungsgarantie *f*; **~ de puesta en venta** Ausbietungsgarantie *f*; **~ de transporte** Frachtgarantie *f*; **~ de tutela jurisdiccional** Rechtsschutzgarantie *f*; **~ del valor efectivo** Substanzwertgarantie *f*; **~ por vicios** Mängelgewähr *f*; **prestar/asumir una ~** Delkredere anbieten/übernehmen; **recibir/entregar algo en ~** etw als Pfand erhalten/geben; **sin/ohne Gewähr**
❷ (FIN: *aval*) Bürgschaft *f*; (*caución*) Kaution *f*; **~ de cumplimiento** Erfüllungsbürgschaft *f*; **~ de depósitos** Einlagensicherung *f*; **~ para la exportación** Ausfuhrbürgschaft *f*
garantir [garan'tir] *irr como* **abolir** *vt v.* **garantizar**
garantizador(a) [garantiθa'ðor(a)] *m(f)* Bürge, -in *m, f*

garantizar [garanti'θar] <z→c> vt ❶ (*asegurar*) garantieren; **no está garantizado que él sea el orador** es steht noch nicht fest, ob er der Redner ist
❷ (JUR) gewährleisten; (*deuda*) bürgen (*por* für +*akk*)
garañón [gara'ɲon] m ❶ (*asno*) Eselhengst m; (*camello*) Kamelhengst m
❷ (*Am: caballo semental*) Zuchthengst m
garapacho [gara'patʃo] m ❶ (*de las tortugas*) Rückenpanzer m der Schildkröte
❷ (GASTR: *cazuela*) Holzkasserolle f
garapiña [gara'piɲa] f ❶ (*galón*) Borte f
❷ (GASTR) Kandierung f
❸ (*Am: bebida*) Erfrischungsgetränk aus Ananasschalen
garapiñar [garapi'ɲar] vt kandieren
garapiñera [garapi'ɲera] f (GASTR) Kandiergefäß nt
garapita [gara'pita] f kleines, dichtes Fischfangnetz nt
garapito [gara'pito] m (ZOOL) Rückenschwimmer m (*Insekten*)
garbancero, -a [garβan'θero, -a] I. *adj* Kichererbsen-
II. m, f Kichererbsenhändler(in) m(f)
garbanzo [gar'βanθo] m Kichererbse f; **ganarse los ~s** (*fam*) seinen Lebensunterhalt verdienen; **ser el ~ negro** das schwarze Schaf sein
garbear [garβe'ar] I. vi ❶ (*afectar garbo*) prahlen
❷ (*trampear*) sich durchschlagen
II. vt ❶ (*garbas*) in Garben binden
❷ (*robar*) stehlen
III. vr: ~se spazieren gehen
garbeo [gar'βeo] m Spaziergang m
garbillar [garβi'ʎar] vt sieben
garbillo [gar'βiʎo] m ❶ (*criba*) Sieb nt
❷ (MIN) Kleinerz nt
garbo [gar'βo] m ❶ (*elegancia*) Anmut f; (*de movimiento*) Grazie f
❷ (*brío*) Schwung m
❸ (*generosidad*) Großzügigkeit f
❹ (*de un escrito*) Charme m
garbón [gar'βon] m (ZOOL) Rebhahn m
garboso, -a [gar'βoso, -a] *adj* ❶ (*elegante*) anmutig
❷ (*brioso*) schwungvoll
❸ (*generoso*) großzügig
garbullo [gar'βuʎo] m Tumult m, Aufruhr m
garceta [gar'θeta] f ❶ (*ave*) Seidenreiher m
❷ (*pelo*) Schläfenlocke f
garcilla [gar'θiʎa] f (ZOOL) Reiher m
gardenia [gar'ðenja] f Gardenie f
garduña [gar'ðuɲa] f Hausmarder m
garete [ga'rete] m: **ir(se) al ~** (*proyecto*) scheitern; (NÁUT) treiben
garfa ['garfa] f Klaue f
garfada [gar'faða] f Festkrallen nt
garfio ['garfjo] m spitzer Haken m
gargajear [garɣaxe'ar] vi spucken
gargajo [gar'ɣaxo] m zäher Auswurf m
garganta [gar'ɣanta] f ❶ (*gaznate*) Kehle f; (*cuello*) Hals m; (*empeine*) Spann m; **tener buena ~** eine gute Stimme haben; **se me hizo un nudo en la ~ de nervioso que estaba** die Aufregung schnürte mir die Kehle zu
❷ (*de un objeto*) Hals m
❸ (GEO: *quebrada*) Schlucht f; (*angostura*) Engpass m
❹ (TÉC) Seilnut f
❺ (ARQUIT) Schaft m
gargantada [garɣan'taða] f Schluck m
gargantear [garɣante'ar] vi ❶ (MÚS) trillern
❷ (NÁUT) stroppen
garganteo [garɣan'teo] m (MÚS) Trillern nt
gargantilla [garɣan'tiʎa] f ❶ (*cinta*) Halsband nt
❷ (*collar*) Halskette f; (*de perlas*) Perlenkette f
gárgaras ['garɣaras] fpl Gurgeln nt; **hacer ~** gurgeln; **¡vete a hacer ~!** scher dich zum Teufel!
gargarear [garɣare'ar] vi (*Chil, Guat, Perú*) gurgeln
gargarizar [garɣari'θar] <z→c> vi gurgeln
gárgaro [gar'ɣaro] m (*Ven*) Versteckspiel nt
gárgola ['garɣola] f (ARQUIT) Wasserspeier m
gariofilea [garjofi'lea] f (BOT) wilde Nelke f
garita [ga'rita] f ❶ (*de centinelas*) Schilderhaus nt
❷ (*de portero*) Pförtnerloge f
❸ (FERRO) Bahnwärterhäuschen nt
❹ (*de fortificación*) Mauertürmchen nt
garitero, -a [gari'tero, -a] m, f ❶ (*propietario*) Inhaber(in) m(f) einer Spielhölle
❷ (*cliente*) Spielhöllenbesucher(in) m(f)
garito [ga'rito] m ❶ (*local*) illegale Spielhalle f
❷ (*ganancia*) Gewinn m (beim Glücksspiel)
garlar [gar'lar] vi (*fam*) schwätzen
garlito [gar'lito] m ❶ (*nasa*) Fischreuse f
❷ (*fam: trampa*) Falle f
garlopa [gar'lopa] f Langhobel m
garnacha [gar'natʃa] f ❶ (BOT) Garnacha nt
❷ (*vino*) Garnachawein m
garra ['garra] f ❶ (*de animal*) Kralle f; **caer en las ~s de alguien** in jds Fänge geraten; **la policía le echó la ~ al ladrón** die Polizei konnte den Dieb schnappen
❷ (*pey: mano*) Pfote f
❸ (NÁUT) Enterhaken m
❹ pl (*Am: harapos*) Fetzen mpl
❺ (*fam: brío*): ~ **diese Mannschaft hat Pep**
garrafa [ga'rrafa] f ❶ (*de vidrio*) Karaffe f
❷ (*con cesto*) Korbflasche f; **vino de ~** offener Wein
garrafal [garra'fal] *adj* riesig, ungeheuer
garrafiñar [garrafi'ɲar] vt (*fam*) entreißen
garrancha [ga'rrantʃa] f ❶ (*fam: arma*) Degen m
❷ (BOT) vielschichtige Schale f
garrapata [garra'pata] f Zecke f
garrapatear [garrapate'ar] vi, vt kritzeln
garrapiña [garra'piɲa] f v. **garapiña**
garrapiñar [garrapi'ɲar] vt kandieren
garrido, -a [ga'rriðo, -a] *adj* ❶ (*gallardo*) stattlich
❷ (*galano*) elegant
garriga [ga'rriɣa] f (BOT) Strauchheide f
garrir [ga'rrir] vi schreien (*Papagei*)
garrocha [ga'rrotʃa] f Lanze f
garrochar [garro'tʃar] vt (TAUR) mit der Lanze stechen (*Picador*)
garrochazo [garro'tʃaθo] m ❶ (*golpe*) Stich m mit der Lanze (*Picador*)
❷ (*herida*) Lanzenstich m
garrochear [garrotʃe'ar] vt (TAUR) v. **garrochar**
garrochero [garro'tʃero] m ❶ (TAUR) Picador m
❷ (*conductor de reses*) Transporteur m von Kampfstieren
garrochista [garro'tʃista] mf (TAUR) Person, die die Lanze benutzt
garrochón [garro'tʃon] m (TAUR) Stachelspieß m, Lanze f
garrofón [garro'fon] m eine Bohnenart
garronear [garrone'ar] vi (*Arg*) schmarotzen (*a* bei +*dat*)
garrotazo [garro'taθo] m Schlag m mit dem Knüppel
garrote [ga'rrote] m ❶ (*palo*) Knüppel m
❷ (*ligadura*) Knebel m
❸ (*de ejecución*) Würgschraube f
garrotillo [garro'tiʎo] m sin pl (MED) Diphtherie f
garrucha [ga'rrutʃa] f Rolle f
garrulería [garrule'ria] f Geschwätz nt
garrulo, -a [ga'rrulo, -a] I. *adj* (*pey*) grob, ungeschliffen
II. m, f (*pey*) Grobian m, Flegel m
gárrulo, -a ['garrulo, -a] *adj* ❶ (*pájaro*) zwitschernd
❷ (*persona*) geschwätzig, schwatzhaft
❸ (*arroyo*) murmelnd; (*viento*) flüsternd
garúa [ga'rua] f (*Am: llovizna*) Nieseln nt
garuar [ga'rwar] *vimpers* (*Am: lloviznar*) nieseln
garza ['garθa] f Reiher m
garzón, -ona [gar'θon, -ona] m, f (*Am: camarero*) Kellner(in) m(f)
garzota [gar'θota] f ❶ (ZOOL) Cayennereiher m
❷ (*sombrero*) Reiherbusch m
gas [gas] m ❶ (*fluido*) Gas nt; ~ **natural** Erdgas nt; **bombona de ~** Gasflasche f; **cartucho de ~** Gaspatrone f; **cocina de ~** Gasherd m; **agua con ~** Sprudel m; **agua sin ~** stilles Wasser
❷ (AUTO): **dar ~** Gas geben; **ir a todo ~** mit Vollgas fahren
❸ pl (*en el estómago*): ~es Blähungen fpl
gasa ['gasa] f ❶ (*tela*) Gaze f
❷ (*de luto*) Trauerflor m
❸ (MED) Verband(s)mull m
❹ (*pañal*) Windel f
gascón, -ona [gas'kon, -ona] I. *adj* gascognisch
II. m, f Gascogner(in) m(f)
gaseado, -a [gase'aðo, -a] *adj* vergast
gasear [gase'ar] vt ❶ (*agua*) Kohlensäure zusetzen +*dat*
❷ (*algodón*) gasieren
❸ (*matar*) vergasen
gaseiforme [gasei̯'forme] *adj* gasförmig
gaseoducto [gaseo'ðukto] m Erdgasleitung f, Ferngasleitung f
gaseosa [gase'osa] f süßer Sprudel m
gaseoso, -a [gase'oso, -a] *adj* ❶ (*con gas*) gashaltig
❷ (*gaseiforme*) gasförmig
gasfitería [gasfite'ria] f (*Am*) Klempnerei f
gasificación [gasifika'θjon] f Vergasung f

gasificar [gasifi'kar] <c→qu> vt ❶ (TÉC: *transformar en gas*) vergasen ❷ (*un líquido*) mit Kohlensäure versetzen
gasoducto [gaso'ðukto] *m* Gasfernleitung *f*
gasógeno [ga'soxeno] *m* Gasgenerator *m*
gasoil [ga'soi̯l] *m*, **gas-oil** [ga's oi̯l] *m* Diesel(öl) *nt*
gasóleo [ga'soleo] *m* Diesel(öl) *nt*
gasolina [gaso'lina] *f* Benzin *nt*; ~ **con/sin plomo** verbleites/bleifreies Benzin; ~ **súper** Super(benzin) *nt*; **echar** ~ tanken
gasolinera [gasoli'nera] *f* ❶ (*establecimiento*) Tankstelle *f* ❷ (*lancha*) Motorboot *nt*
gasometría [gasome'tria] *f* (QUÍM) Gasanalyse *f*
gastable [gas'taβle] *adj* abnutzbar, verbrauchbar
gastadero [gasta'ðero] *m* (*fam*) Ursache *f* von Ausgaben
gastado, -a [gas'taðo, -a] *adj* ❶ (*vestido*) abgetragen; (*cuello*) abgescheuert; (*zapato*) abgelaufen; (*talón*) abgetreten; (*suelo*) ausgetreten; (*neumático*) abgefahren; (*pilas*) leer ❷ (*expresión*) abgedroschen ❸ (*persona*) verbraucht
gastador¹ [gasta'ðor] *m* ❶ (MIL: *zapador*) Pionier *m* ❷ (*condenado*) Zwangsarbeiter *m*
gastador(a)² [gasta'ðor(a)] I. *adj* verschwenderisch II. *m(f)* Verschwender(in) *m(f)*
gastar [gas'tar] I. *vt* ❶ (*dinero*) ausgeben ❷ (*vestido*) abtragen; (*zapato*) ablaufen; (*talón*) abtreten; (*suelo*) austreten; (*neumático*) abfahren ❸ (*tiempo*) investieren ❹ (*electricidad*) verbrauchen ❺ (*tener*): ~ **mal/buen humor** stets schlecht/gut gelaunt sein ❻ (*poseer*) haben ❼ (*loc*): ~ **pocas palabras** nicht viele Worte machen; ~ **bromas a alguien** seine Scherze mit jdm treiben II. *vr*: ~**se** ❶ (*dinero*) ausgeben ❷ (*vestido*) sich abnutzen ❸ (*consumirse*) verbraucht werden
Gasteiz [gas'tei̯θ] *m* Vitoria *nt*
gasto ['gasto] *m* ❶ (*de dinero*) Ausgabe *f*; (*en un negocio*) Kosten *pl*; (ECON, COM: *desembolso*) Ausgaben *fpl*; (*costos adicionales*) Unkosten *pl*; ~**s de agasajo** Bewirtungskosten *pl*; ~**s de almacenaje** Lagerkosten *pl*; ~**s de asesoramiento** Beratungskosten *pl*; ~**s de conciliación** (JUR) Vergleichskosten *pl*; ~**s de constitución** Gründungskosten *pl*; ~**s del contrato** Vertragskosten *pl*; ~**s de descuento** (FIN) Diskontspesen *fpl*; ~**s de desplazamiento** Anfahrtskosten *pl*; ~**s extraordinarios** außerordentliche Aufwendungen *fpl*; ~**s federales** Bundesausgaben *fpl*; ~**s fiscales** Steueraufwendungen *fpl*; ~**s de formación** Ausbildungskosten *pl*; ~**s de inscripción** Einschreibegebühren *fpl*; ~**s jurídicos** Rechtskosten *pl*; ~**s de manutención** Lebensunterhalt *m*, Unterhaltungskosten *pl*; ~**s materiales** Sachkosten *pl*; ~**s de la unidad familiar** Haushaltskosten *pl*; ~**s de personal** Personalaufwand *m*; ~**s publicitarios** Werbekosten *pl*; **el** ~ **público** die Staatsausgaben *pl*; ~**s de representación** Spesen *pl*; **dinero para** ~**s corrientes** Taschengeld *nt* ❷ (*de fuerza*) Aufwand *m* (*de* an +*dat*); ~ **de tiempo** Zeitaufwand *m* ❸ (*consumo*) Verbrauch *m* (*de* an +*dat*) ❹ (*de una fuente*) Ergiebigkeit *f*
gastrectomía [gastrekto'mia] *f* (MED) Magenresektion *f*, Gastrektomie *f*
gástrico, -a ['gastriko, -a] *adj* Magen-
gastrina [gas'trina] *f* (BIOL) Gastrin *nt*
gastritis [gas'tritis] *f inv* (MED) Magenschleimhautentzündung *f*
gastroenteritis [gastroente'ritis] *f inv* (MED) Magen-Darm-Entzündung *f*
gastroenterología [gastroenterolo'xia] *f* (MED) Gastroenterologie *f*
gastrointestinal [gastrointesti'nal] *adj* (MED) gastrointestinal, Magen-Darm-
gastrolito [gastro'lito] *m* (BIOL) Magenstein *m*, Gastrolith *m*
gastronomía [gastrono'mia] *f sin pl* ❶ (*arte culinaria*) Gastronomie *f* ❷ (ECON) Gaststättengewerbe *nt*
gastronómico, -a [gastro'nomiko, -a] *adj* gastronomisch
gastrónomo, -a [gas'tronomo, -a] *m, f* ❶ (*que trabaja en gastronomía*) Gastronom(in) *m(f)* ❷ (*gourmet*) Feinschmecker(in) *m(f)*
gastropatía [gastropa'tia] *f* (MED) Magenleiden *nt*, Gastropathie *f*
gastrorragia [gastro'rraxja] *f* (MED) Magenblutung *f*, Gastrorrhagie *f*
gastroscopia [gastros'kopja] *f* (MED) Magenspiegelung *f*, Gastroskopie *f*
gastrotomía [gastroto'mia] *f* (MED) Magenschnitt *m*, Gastrotomie *f*
gata ['gata] *f* ❶ (*hembra del gato*) Katze *f* ❷ (*nubecilla*) Wolken *fpl* am Berg ❸ (*madrileña*) Madriderin *f* ❹ (*loc*): **hacer la** ~ **muerta** (*fam*) den Bescheidenen spielen
gatas ['gatas]: **andar a** ~ auf allen vieren gehen

gateado, -a [gate'aðo, -a] *adj* katzenhaft; **marmol** ~ geaderter Marmor
gatear [gate'ar] I. *vi* ❶ (*trepar*) klettern ❷ (*ir a gatas*) krabbeln ❸ (*Am: enamorar*) hinter den Frauen her sein II. *vt* ❶ (*arañar*) kratzen ❷ (*fam: robar*) mausen
gatera [ga'tera] *f* ❶ (*de gatos*) Katzendurchschlupf *m* ❷ (NÁUT) Klüse *f* ❸ (*Am: verdulera*) Gemüsefrau *f*
gatillo [ga'tiʎo] *m* ❶ (*percusor*) Abzug *m*; **apretar el** ~ abdrücken ❷ (*de dentista*) Zahnzange *f* ❸ (*de cuadrúpedo*) Widerrist *m* ❹ (*ratero*) Spitzbube *m*
gato ['gato] *m* ❶ (*félido*) Katze *f*; (*macho*) Kater *m*; **el G~ con Botas** der Gestiefelte Kater; **ser** ~ **viejo** ein alter Hase sein; **dar** ~ **por liebre a alguien** (*fam*) jdm ein X für ein U vormachen; **aquí hay** ~ **encerrado** (*fam*) hier ist etwas faul; **llevarse el** ~ **al agua** (*fam*) den Vogel abgeschossen haben; **éramos cuatro** ~**s en el cine** (*fam*) es waren nur ein paar Leute im Kino; **¿quién le pone el cascabel al** ~**?** (*fig*) wer hängt der Katze die Schelle um?; **buscarle los tres pies al** ~ Haarspalterei betreiben; **andar como el perro y el** ~ wie Hund und Katze sein ❷ (*astuto*) Gauner *m* ❸ (*madrileño*) Madrider *m* ❹ (TÉC: *de coche*) Wagenheber *m*; (*de carpintero*) Schraubzwinge *f* ❺ (*para dinero*) Geldbeutel *m*
GATT [gat] *m abr de* **Acuerdo General sobre Aranceles y Comercio** GATT *nt*
gatuno, -a [ga'tuno, -a] *adj* Katzen-, katzenhaft
gatuña [ga'tuɲa] *f* (BOT) Hauhechel *f*
gatuperio [gatu'perjo] *m* ❶ (*mezcla*) Mischmasch *m* ❷ (*embrollo*) Intrige *f*
gauchaje [gau̯'tʃaxe] *m* (*CSur*) Gauchos *mpl*, Gauchotrupp *m*
gauchear [gau̯tʃe'ar] *vi* ❶ (*Arg, Urug: vivir como un gaucho*) sich wie ein Gaucho benehmen ❷ (*Arg: errar*) umherirren
gaucho¹ ['gau̯tʃo] *m* (*Am*) ❶ (*campesino*) Gaucho *m* ❷ (*jinete*) guter Reiter *m*
gaucho, -a² ['gau̯tʃo, -a] *adj* ❶ (*de gaucho*) Gaucho-, gauchohaft ❷ (*Am: grosero*) grob ❸ (*Am: astuto*) gerissen
gaudiniano, -a [gau̯ði'njano, -a] *adj* den spanischen Architekten Antonio Gaudí betreffend
gaullismo [go'lismo] *m sin pl* (POL) Gaullismus *m*
gaur [gau̯r] *m* (ZOOL) Gaur *m*
gausio [ˈgau̯sjo] *m* (FÍS) Gauß *nt*
gavanzo [ga'βanθo] *m* (BOT) Hagebutte *f*, Heckenrose *f*
gaveta [ga'βeta] *f* ❶ (*de escritorio*) Schubfach *nt* ❷ (*de albañil*) Mörtelpfanne *f*
gavia ['gaβja] *f* ❶ (*zanja*) Entwässerungsgraben *m* ❷ (NÁUT: *vela*) Marssegel *nt* ❸ (*gaviota*) Möwe *f*
gaviero [ga'βjero] *m* (NÁUT) Marsgast *m*
gavilán [ga'βilan] *m* ❶ (*ave*) Sperber *m* ❷ (*de pluma*) Spitze *f* ❸ (*de espada*) Parierstange *f* ❹ (*del cardo*) Distelblüte *f*
gavilla [ga'βiʎa] *f* ❶ (*fajo*) Garbe *f* ❷ (*cuadrilla*) Bande *f*
gaviota [ga'βjota] *f* Möwe *f*
gay [gai̯] *m* Schwule(r) *m*
gayomba [ga'ʝomba] *f* (BOT) Binsenginster *m*
gazapera [gaθa'pera] *f* ❶ (*madriguera*) Kaninchenbau *m* ❷ (*de mala gente*) Schlupfwinkel *m* ❸ (*riña*) Zankerei *f*
gazapo [ga'θapo] *m* ❶ (*conejo*) junges Kaninchen *nt* ❷ (*en un periódico*) (Zeitungs)ente *f* ❸ (*fam: al hablar*) Versprecher *m*
gazmoñería [gaθmoɲe'ria] *f* ❶ (*mojigatería*) Scheinheiligkeit *f* ❷ (*hipocresía*) Heuchelei *f*
gazmoño, -a [gaθ'moɲo, -a] *adj* ❶ (*mojigato*) scheinheilig ❷ (*hipócrita*) heuchlerisch
gaznápiro, -a [gaθ'napiro, -a] *m, f* ❶ (*simple*) Einfaltspinsel *m* ❷ (*gamberro*) Halbstarke(r) *mf*
gaznatada [gaθna'taða] *f* (*Am*) Ohrfeige *f*
gaznate [gaθ'nate] *m* Kehle *f*
gazpacho [gaθ'patʃo] *m* (GASTR) Gazpacho *m*
gazuza [ga'θuθa] *f* (*fam*) Kohldampf *m*, Bärenhunger *m*
GB [dʒiɣa'bai̯t] *m* (INFOR) *abr de* **gigabyte** GB *nt*
Gbit [dʒiɣa'bit] *m* (INFOR) *abr de* **gigabit** GBit *nt*

Gbyte [dʒiɣa'bajt] *m* (INFOR) *abr de* **gigabyte** GByte *nt*
geco ['xeko] *m* (ZOOL) Gecko *m*
géiser ['xejser] *m* (ZOOL) Geysir *m*
geisha ['gejsa] *f* Geisha *f*
gel [xel] *m* Gel *nt*
gelatina [xela'tina] *f* ❶ (*sustancia*) Gelatine *f*
❷ (GASTR) Sülze *f*
gelatinar [xelati'nar] *vt* mit Gelatine überziehen
gelatinizar [xelatini'θar] <z→c> *vt* (GASTR) gelieren, gelatinieren
gelatinoso, -a [xelati'noso, -a] *adj* ❶ (*como la gelatina*) gallertartig
❷ (*de gelatina*) gallertig
geldre ['xeldre] *m* (BOT) Schneeball *m*
gélido, -a ['xelido, -a] *adj* eiskalt
gelivación [xeliβa'θjon] *f* (GEO) Frostwirkung *f*
gelosa [xe'losa] *f* Gelose *f*, Agar-Agar *nt*
gema ['xema] *f* ❶ (*piedra preciosa*) Edelstein *m*; (*entallada*) Gemme *f*
❷ (BOT) Knospe *f*
gemación [xema'θjon] *f* ❶ (BOT) Knospenbildung *f*, Knospentreiben *nt*
❷ (BIOL) Knospung *f*
gemebundo, -a [xeme'βundo, -a] *adj* (*de dolor*) stöhnend; (*de pena*) seufzend
gemelar [xeme'lar] *adj* Zwillings-; **pareja ~** Zwillingspaar *nt*
gemelaridad [xemelari'ðað] *f* Zwillingsschwangerschaft *f*
gemelípara [xeme'lipara] **I.** *adj* zwillingsgebärend
II. *f* Zwillingsgebärende *f*
gemelo, -a [xe'melo, -a] **I.** *adj* Zwillings-; **hermanos ~s** Zwillinge *mpl*
II. *m, f* (*mellizo*) Zwilling *m*
gemelos [xe'melos] *mpl* ❶ (*anteojos*) Fernglas *nt*; **~ de teatro** Opernglas *nt*
❷ (ASTR) Zwillinge *mpl*
❸ (*de la camisa*) Manschettenknopf *m*
gemido [xe'miðo] *m* ❶ (*de dolor*) Stöhnen *nt*; (*de pena*) Seufzer *m*; (*al llorar*) Wimmern *nt*
❷ (*de animal*) Heulen *nt*
geminación [xemina'θjon] *f* ❶ (*duplicación*) Verdopp(e)lung *f*
❷ (LING) Gemination *f*
Géminis ['xeminis] *m inv* (ASTR) Zwillinge *mpl*
gemir [xe'mir] *irr como pedir vi* ❶ (*de dolor*) stöhnen; (*de pena*) seufzen
❷ (*animal*) heulen
gemología [xemolo'xia] *f* (GEO) Edelsteinkunde *f*, Gemmologie *f*
gen [xen] *m* (BIOL) Gen *m*
gena ['xena] *f* ❶ (*argot: para adulterar el hachís*) Stoff, der zum Strecken von Haschisch verwendet wird
❷ (BOT) Hennastrauch *m*
❸ (ZOOL) *Gesichtshälfte beim Geflügel*
genciana [xen'θjana] *f* Enzian *m*
gendarme [xen'darme] *m* Gendarm *m*
genealogía [xenealo'xia] *f* Genealogie *f*
genealógico, -a [xenea'loxiko, -a] *adj* genealogisch; **árbol ~** Stammbaum *m*
generable [xene'raβle] *adj* erzeugbar
generación [xenera'θjon] *f* ❶ (TÉC: *producción*) Erzeugung *f*; **instrucción de ~** (INFOR) Erzeugungsanweisung *f*
❷ (COM: *creación*) Schaffung *f*
❸ (BIOL: *procreación*) Zeugung *f*
❹ (*descendientes*) Generation *f*
generacional [xeneraθjo'nal] *adj* Generations-
generador[1] [xenera'ðor] *m* (TÉC) Generator *m*
generador(a)[2] [xenera'ðor(a)] *adj* ❶ (TÉC) Erzeugungs-, erzeugend
❷ (COM) schaffend; **medidas ~as de empleo** Arbeitsbeschaffungsmaßnahmen *fpl*
❸ (BIOL) Zeugungs-
general [xene'ral] **I.** *adj* ❶ (*universal*) Allgemein-, allgemein; (*huelga*) General-; (*cuartel*) Haupt-; (*impresión*) Gesamt-; **cultura ~** Allgemeinbildung *f*; **junta ~** (**extraordinaria**) (außerordentliche) Hauptversammlung *f*; **regla ~** allgemein gültige Regel; **de uso ~** (*para todo*) für den allgemeinen Gebrauch; (*para todo el mundo*) für die Allgemeinheit; **por lo ~**, **en ~** im Allgemeinen; **por regla ~** in der Regel; **en ~ me siento satisfecho** im Großen und Ganzen bin ich zufrieden; **en ~ hace mejor tiempo aquí que allí** normalerweise ist das Wetter hier schöner als dort
❷ (*vago*) allgemein; **tengo una idea ~ del tema** ich weiß ungefähr, worum es geht
II. *m* General *m*; **~ en jefe** Oberbefehlshaber *m*
generalato [xenera'lato] *m* ❶ (MIL) Generalswürde *f*, Generalat *nt*
❷ (REL) Generalat *nt*
generalidad [xenerali'ðað] *f* ❶ (*calidad general*) Allgemeinheit *f*; (*validez general*) Allgemeingültigkeit *f*; **en la ~ de los casos** in den meisten Fällen
❷ (*vaguedad*): **respondió con una ~** er/sie gab keine konkrete Antwort; **hablar de ~es** eine unverbindliche Unterhaltung führen
❸ *pl* (*conocimientos generales*) allgemeine Kenntnisse *fpl*
Generalitat [xenerali'ta'] *f* autonome Regierung Kataloniens
generalizable [xenerali'θaβle] *adj* zu verallgemeinern, verallgemeinerbar
generalización [xeneraliθa'θjon] *f* ❶ (*universalización*) Verallgemeinerung *f*
❷ (*difusión*) allgemeine Verbreitung *f*
generalizador(a) [xeneraliθa'ðor(a)] *adj* verallgemeinernd
generalizar [xenerali'θar] <z→c> *vt* ❶ (*hacer general*) verallgemeinern
❷ (*difundir*) verbreiten
generalmente [xeneral'mente] *adv* ❶ (*en general*) im Allgemeinen
❷ (*ampliamente*) allgemein
❸ (*habitualmente*) gewöhnlich, normalerweise
generar [xene'rar] *vt* ❶ (*producir*) erzeugen; **~ beneficios** Gewinne abwerfen
❷ (*provocar*) hervorrufen; **~ un clima de confianza** ein Klima des Vertrauens schaffen
generativo, -a [xenera'tiβo, -a] *adj* ❶ (TÉC) Erzeugungs-; (BIOL) Zeugungs-
❷ (LING) generativ
generatriz [xenera'triθ] *f* ❶ (FÍS) Stromerzeuger *m*
❷ (MAT) Mantellinie *f*
genérico, -a [xe'neriko, -a] *adj* ❶ (*de la especie*) Gattungs-, generisch
❷ (LING): **nombre ~** Gattungsname *m*
género ['xenero] *m* ❶ (BIOL) Gattung *f*; **este ~ de animales está extinguido** diese Tierart ist ausgestorben
❷ (*manera*) Weise *f*
❸ (*clase*) Sorte *f*; **¿qué ~ de hombre es?** was für ein Mensch ist er?; **sin ningún ~ de dudas** ohne den geringsten Zweifel; **tomar todo ~ de precauciones** alle denkbaren Vorsichtsmaßnahmen ergreifen
❹ (LING) Genus *nt*
❺ (LIT) Gattung *f*; **~ épico** Epik *f*; **~ lírico** Lyrik *f*
❻ (COM: *artículo*) Ware *f*; (*tela*) (Kleider)stoff *m*; **~ de punto** Strickware *f*
❼ (ARTE) Genre *f*
generosidad [xenerosi'ðað] *f* ❶ (*magnanimidad*) Edelmut *m*
❷ (*desinterés*) Großzügigkeit *f*
generoso, -a [xene'roso, -a] *adj* ❶ (*magnánimo*) edelmütig (con/para con gegenüber +*dat*)
❷ (*desinteresado*) großzügig
❸ (*abundante*) reichlich
❹ (*loc*): **vino ~** Dessertwein *m*
génesis ['xenesis] *f inv* Entstehung *f*
Génesis ['xenesis] *m* Schöpfungsgeschichte *f*
genética [xe'netika] *f sin pl* (BIOL) Genetik *f*
genético, -a [xe'netiko, -a] *adj* genetisch; **análisis ~** erbbiologische Untersuchung
genial [xe'njal] *adj* ❶ (*idea*) genial
❷ (*gracioso*) witzig
❸ (*estupendo*) toll
genialidad [xenjali'ðað] *f* ❶ (*cualidad*) Genialität *f*
❷ (*acción*) Geniestreich *m*
génico, -a ['xeniko, -a] *adj* (BIOL) genisch, Gen-; **terapia génica** Gentherapie *f*
geniecillo [xenje'θiʎo] *m* (LIT) Elf *m*, Kobold *m*
genio ['xenjo] *m* ❶ (*carácter*) Charakter *m*; **tener buen/mal ~** gutmütig/jähzornig sein; **esta chica tiene mucho ~** dieses Mädchen hat ein aufbrausendes Wesen
❷ (*talento*) Veranlagung *f*
❸ (*aptitud*) Genie *nt*
❹ (*persona*) Genie *nt*; **el ~ de Cervantes** der Genius Cervantes
❺ (*empuje*) Tatkraft *f*
❻ (*de una época*) (Zeit)geist *m*
❼ (*de los cuentos*) Kobold *m*; (*ser fabuloso*) (Flaschen)geist *m*
❽ (ARTE) Genius *m*
genipa [xe'nipa] *f* (BOT) Honigbeere *f*
genista [xe'nista] *f* Ginster *m*
genital [xeni'tal] *adj* Geschlechts-
genitales [xeni'tales] *mpl* Geschlechtsorgane *ntpl*
genitivo [xeni'tiβo] *m* (LING) Genitiv *m*
genocidio [xeno'θiðjo] *m* Völkermord *m*
genoma [xe'noma] *m* (BIOL) Genom *m*
genotípico, -a [xeno'tipiko, -a] *adj* (BIOL) genotypisch
genotipo [xeno'tipo] *m* (BIOL) Genotypus *m*, Erbbild *nt*
Génova ['xenoβa] *f* Genua *nt*
gente ['xente] *f* ❶ (*personas*) Leute *pl*; **~ de armas** Soldaten *mpl*; **~ de**

gentil color Farbige pl; **la ~ joven/mayor** die Jungen/Alten; **~ menuda** Kinder ntpl; **~ de negocios** (COM) Geschäftsleute pl; **a este partido le preocupa la ~** dieser Partei geht es um die Menschen; **tienes que tratar más con la ~** du musst mehr unter die Leute (gehen); **¿qué dirá la ~?** was werden die Leute (dazu) sagen?; **la ~ dice que ...** man sagt, dass ...; **tener don de ~s** gut mit Menschen umgehen können
② (*personal*) Personal nt
③ (MIL: *tropa*) Truppe f; (NÁUT) Besatzung f
④ (*fam: parentela*) Familienangehörige(n) mpl; **¿qué tal tu ~?** wie geht's deiner Familie?
⑤ (*Am: honrado*) anständiger Mensch m

gentil [xen'til] I. adj ① (*pagano*) heidnisch
② (*apuesto*) gut aussehend; (*elegante*) anmutig
③ (*amable*) höflich
II. mf Heide, -in m, f

gentileza [xenti'leθa] f ① (*garbo*) Anmut f
② (*cortesía*) Höflichkeit f; **¿tendría Ud. la ~ de ayudarme?** wären Sie so nett mir zu helfen?

gentilicio, -a [xenti'liθjo, -a] adj (LING): **nombre ~** Völkername m

gentío [xen'tio] m sin pl Gedränge nt

gentuza [xen'tuθa] f (*pey*) Pöbel m

genuflexión [xenufleɣ'sjon] f Kniebeuge f

genuino, -a [xe'nwino, -a] adj (*persona*) echt; (*manuscrito*) authentisch; (*amor*) wahr; **es un caso ~ de histeria** das ist ein reiner Fall von Hysterie

geobiología [xeoβiolo'xia] f (BIOL) Geobiologie f

geobotánica [xeoβo'tanika] f (BOT) Pflanzengeographie f, Geobotanik f

geocentrismo [xeoθen'trismo] m sin pl (ASTR) Egozentrik f

geocronología [xeokronolo'xia] f (GEO) Geochronologie f

geoda [xe'oða] f Geode f

geodesia [xeo'ðesja] f Erdmessung f

geodinámica [xeoði'namika] f (GEO) Geodynamik f

geoestacionario, -a [xeoestaθjo'narjo, -a] adj (AERO) geostationär

geofagia [xeo'faxja] f (PSICO) Geophagie f

geogenia [xeo'xenja] f (GEO) Geogenese f, Geogenie f

geognosia [xeoɣ'nosja] f (GEO) Geologie f

geografía [xeoɣra'fia] f sin pl Geographie f

geográfico, -a [xeo'ɣrafiko, -a] adj geographisch

geógrafo, -a [xe'oɣrafo, -a] m, f Geograph(in) m(f)

geología [xeolo'xia] f sin pl Geologie f

geológico, -a [xeo'loxiko, -a] adj geologisch

geólogo, -a [xe'oloɣo, -a] m, f Geologe, -in m, f

geomedicina [xeomeði'θina] f (MED) Geomedizin f

geometría [xeome'tria] f sin pl Geometrie f

geométrico, -a [xeo'metriko, -a] adj geometrisch

geopolítica [xeopo'litika] f (GEO) Geopolitik f

geopolítico, -a [xeopo'litiko, -a] adj geopolitisch

geoquímica [xeo'kimika] f (GEO, QUÍM) Geochemie f

Georgia [xe'orxja] f Georgien nt; (*en los Estados Unidos*) Georgia nt

georgiano, -a [xeor'xjano, -a] I. adj georgisch
II. m, f Georgier(in) m(f)

geosfera [xeos'fera] f (GEO) Geosphäre f

geosinclinal [xeosiŋkli'nal] m (GEO) Geosynklinale f

geosistema [xeosis'tema] m (BIOL, GEO) Geosystem m

geotecnia [xeo'teknja] f (GEO) Geotechnik f

geotectónica [xeotek'tonika] f (GEO) Geotektonik f

geotermia [xeo'termja] f (GEO) Geothermik f

geotropismo [xeotro'pismo] m (BOT) Geotropismus m

geraniácea [xera'njaθea] f (BOT) Storchschnabelgewächs nt

geranio [xe'ranjo] m Geranie f

gerbo ['xerβo] m (ZOOL) Wüstenspringmaus f

gerencia [xe'renθja] f (*de una empresa*) (Geschäfts)führung f; (*de un banco*) Leitung f; (*de un teatro*) Intendanz f

gerente [xe'rente] mf (*de una gran empresa*) Geschäftsführer(in) m(f); (*de una pequeña empresa*) Betriebsleiter(in) m(f); (*de un banco*) Leiter(in) m(f); (*de un departamento*) Abteilungsleiter(in) m(f); (*de un teatro*) Intendant(in) m(f); **~ de producción** Produktionsmanager(in) m(f)

geriatra [xe'rjatra] mf Geriater(in) m(f)

geriatría [xeria'tria] f sin pl Geriatrie f, Altersheilkunde f

geriátrico, -a [xe'rjatriko, -a] adj geriatrisch; **clínica geriátrica** Altenpflegeheim nt

gerifalte [xeri'falte] m ① (*halcón*) Gerfalke m
② (*persona*) wichtige Persönlichkeit f

germanesco, -a [xerma'nesko, -a] adj Gauner-

germánico, -a [xer'maniko, -a] I. adj ① (*de Germania*) germanisch
II. m, f ① (*de Germania*) Germane, -in m, f
② (*de Alemania*) deutsch
II. m, f ① (*de Germania*) Germane, -in m, f
② (*de Alemania*) Deutsche(r) mf

germanio [xer'manjo] m (QUÍM) Germanium nt

germanismo [xerma'nismo] m Germanismus m

germanista [xerma'nista] mf Germanist(in) m(f)

germanización [xermaniθa'θjon] f Germanisierung f

germanizar [xermani'θar] <z→c> vt eindeutschen

germano, -a [xer'mano, -a] adj o m, f v. **germánico**

germanofilia [xermano'filja] f Deutschfreundlichkeit f

germanófilo, -a [xerma'nofilo, -a] adj germanophil, deutschfreundlich

germanofobia [xermano'foβja] f Deutschfeindlichkeit f

germanófobo, -a [xerma'nofoβo, -a] adj germanophob, deutschfeindlich

germanooccidental [xermano(o)ɣθiðen'tal] I. adj westdeutsch
II. mf Westdeutsche(r) mf, Wessi m pey

germanooriental [xermano(o)rjen'tal] I. adj ostdeutsch
II. mf Ostdeutsche(r) mf, Ossi m pey

germen ['xermen] m ① (BIOL) Keim m
② (*origen*) Ursprung m

germicida [xermi'θiða] I. adj keimtötend
II. m Keimtötungsmittel nt

germinación [xermina'θjon] f (Auf)keimen nt

germinador[1] [xermina'ðor] m (AGR) Keimungskammer f

germinador(a)[2] [xermina'ðor(a)] adj keimend

germinar [xermi'nar] vi ① (BOT) sprießen
② (*sospechas*) aufkeimen (*en* in +dat)

geromorfismo [xeromor'fismo] m (MED) vorzeitiges Altern nt

gerontocracia [xeronto'kraθja] f (POL) Gerontokratie f

gerontología [xerontolo'xia] f sin pl Gerontologie f, Alternsforschung f

gerundense [xerun'dense] I. adj aus Gerona
II. mf Einwohner(in) m(f) Geronas

gerundio [xe'rundjo] m (LING) Gerundium nt

gerundivo [xerun'diβo] m (LING) Gerundiv nt

gesta ['xesta] f Heldentat f

gestación [xesta'θjon] f ① (*de una persona*) Schwangerschaft f; (*de un animal*) Trächtigkeit f
② (*de un proyecto*) Reifungsprozess m; (*de un plan*) Ausarbeitung f; (*de un complot*) Anzett(e)lung f; **el proyecto está en ~** das Projekt ist in Planung

gestar [xes'tar] I. vt tragen
II. vr: **~se** (*proceso*) sich entwickeln; (*plan*) ausgearbeitet werden; (*proyecto*) in Planung sein; (*complot*) angezettelt werden

gesticulación [xestikula'θjon] f Gestik f; (*de la cara*) Mimik f

gesticulador(a) [xestikula'ðor(a)] adj gestikulierend

gesticular [xestiku'lar] I. adj Gebärden-
II. vi (*con las manos*) gestikulieren; (*con la cara*) das Gesicht verziehen

gestión [xes'tjon] f ① (*diligencia*) Schritt m, Formalität f
② (*de una empresa*) (Geschäfts)führung f; **la ~ de gobierno** die Amtsführung der Regierung; **~ de negocios** Geschäftsführung f
③ (*tramitación*) Betreibung f; **~ de edificios** Gebäudebewirtschaftung f
④ (ADMIN, INFOR) Verwaltung f; **~ de deudas** Schuldenverwaltung f; **~ de la deuda pública** staatliche Schuldenverwaltung; **~ de ficheros** Dateiverwaltung f; **~ de recursos** Mittelverwaltung f

gestionar [xestjo'nar] vt ① (*asunto*) in die Wege leiten
② (*negocio*) führen

gesto ['xesto] m ① (*con el cuerpo*) Geste f; (*con la mano*) Handbewegung f; (*con el rostro*) Grimasse f
② (*semblante*) Gesicht nt; **torcer el ~** eine saure Miene machen
③ (*acto*) Geste f; **un ~ de apoyo** ein Zeichen der Unterstützung

gestor(a) [xes'tor(a)] I. adj geschäftsführend
II. m(f) Agent(in) m(f) für Verwaltungsformalitäten

gestual [xes'twal] adj Gebärden-; **lenguaje ~** Gebärdensprache f

gestualidad [xestwali'ðað] f (*del rostro*) Gesichtsausdruck m; (*del cuerpo*) Gestik f

getei [xete'i] m (AUTO) GTI m

geyser ['xeiser] m Geysir m

ghanés, -esa [ga'nes, -esa] I. adj ghanaisch
II. m, f Ghanaer(in) m(f)

GHz [dʒiya'xerθ] (INFOR) abr de **gigahertz** GHz

giba ['xiβa] f ① (*chepa*) Buckel m
② (*bulto*) Beule f
③ (*molestia*) Belästigung f

gibar [xi'βar] vt ① (*concorvar*) krümmen
② (*fam: jorobar*) belästigen

giberelina [xiβere'lina] f (BOT) Gibberellin nt

gibón [xi'βon] m Gibbon m

gibosidad [xiβosi'ðað] f Buckel m

gibraltareño, -a [xiβralta'reɲo, -a] I. adj gibraltarisch
II. m, f Gibraltarer(in) m(f)

Giga ['dʒiya] m (INFOR) Gigabyte nt

gigabyte [dʒiya'bait] m (INFOR) Gigabyte nt; **~s por segundo** Gigabyte pro Sekunde

gigante [xi'ɣante] I. *adj* riesig
II. *m* ❶ (*ser fabuloso*) Riese *m*; **un ~ con pies de barro** ein Koloss auf tönernen Füßen
❷ (*en fiesta popular*) Riesenfigur *f* aus Pappmaschee
❸ (*persona*) Gigant *m*
gigantesco, -a [xiɣan'tesko, -a] *adj* riesig
gigantismo [xiɣan'tismo] *m sin pl* (MED) Riesenwuchs *m*
gigoló [dʒiɣo'lo] *m* Gigolo *m*
gijonés, -esa [xixo'nes, -esa] I. *adj* aus Gijón
II. *m, f* Person *f* aus Gijón
gilbertio [xil'βertjo] *m* (FÍS) Gilbert *nt*
gilipollada [xilipo'ʎaða] *f* (*vulg*) ❶ (*acción, palabras*) Blödsinn *m fam*
❷ (*cosa*) Ramsch *m fam*
gilipollas [xili'poʎas] *mf inv* (*vulg*) Arschloch *nt*
gilipollez [xilipo'ʎeθ] *f* (*vulg*) Blödsinn *m fam*
gimnasia [xim'nasja] *f* ❶ (*disciplina*) Gymnastik *f*
❷ (DEP) Turnen *nt*; **~ rítmica** rhythmische Sportgymnastik; **~ de suelo** (DEP) Bodenturnen *nt*; **hacer ~** turnen
❸ (ENS) Sport *m*
❹ (*ejercicio*) Übung *f*
gimnasio [xim'nasjo] *m* Turnhalle *f*; **~ (de musculación)** Fitnesscenter *nt*
gimnasta [xim'nasta] *mf* Turner(in) *m(f)*
gimnástico, -a [xim'nastiko, -a] *adj* ❶ (*de la disciplina*) gymnastisch
❷ (*del deporte*) Turn-
gimnoto [xim'noto] *m* (ZOOL) Zitteraal *m*
gimotear [ximote'ar] *vi* ❶ (*pey: gemir*) stöhnen
❷ (*lloriquear*) wimmern
gimoteo [ximo'teo] *m* ❶ (*gemidos*) Gestöhn(e) *nt*
❷ (*lloriqueo*) Gewimmer *nt*
ginandromorfismo [xinandromor'fismo] *m* (BIOL) Gynandromorphismus *m*
ginebra [xi'neβra] *f* Gin *m*
Ginebra [xi'neβra] *f* Genf *nt*
ginebrino, -a [xine'βrino, -a] I. *adj* genferisch
II. *m, f* Genfer(in) *m(f)*
ginecología [xinekolo'xia] *f sin pl* Frauenheilkunde *f*
ginecológico, -a [xineko'loxiko, -a] *adj* gynäkologisch
ginecólogo, -a [xine'koloɣo, -a] *m, f* Frauenarzt, -ärztin *m, f*
ginecomastia [xineko'mastja] *f* (MED) Brustbildung *f*, Gynäkomastie *f*
ginecopatía [xinekopa'tia] *f* (MED) Gynäkopathie *f*
ginesta [xi'nesta] *f* Ginster *m*
gingidio [xiŋ'xidjo] *m* (BOT) Zahnstocherdolde *f*
gingival [xiŋxi'βal] *adj* (MED) Zahnfleisch-; **inflamación ~** Zahnfleischentzündung *f*
gingivitis [xiŋxi'βitis] *f inv* (MED) Zahnfleischentzündung *f*
gingivorragia [xiŋxiβo'rraxja] *f* (MED) Zahnfleischbluten *nt*
ginkgo ['dʒiŋko] *m* (BOT) Ginkgo *m*
gipsografía [xipsoɣra'fia] *f* (ARTE) ❶ (*técnica*) Stucktechnik *f* in Gips
❷ (*obra*) Stuckarbeit *f*
gira ['xira] *f* ❶ (*de un día*) Ausflug *m*; (*más larga*) Rundfahrt *f*
❷ (*de un artista*) Tournee *f*; **~ mundial** (MÚS, TEAT) Welttournee *f*; **ir de ~** auf Tournee gehen
giradiscos [xira'ðiskos] *m inv* Schallplattenspieler *m*
girado, -a [xi'raðo, -a] *m, f* (FIN) Bezogene(r) *mf*
girador(a) [xira'ðor(a)] *m(f)* (ECON) Trassant *m*, Aussteller *m*
giralda [xi'ralda] *f* Wetterfahne *f*; (*en forma de gallo*) Wetterhahn *m*
girándula [xi'randula] *f* ❶ (*cohetes*) Feuerrad *nt*
❷ (TÉC) Wasserradtechnik *f*
❸ (*candelabro*) mehrarmiger Leuchter *m*
girar [xi'rar] I. *vi* ❶ (*dar vueltas*) sich drehen (*alrededor de* um +*akk*)
❷ (*conversación*) sich drehen (*sobre/en torno a* um +*akk*)
❸ (COM: *letra*) ziehen (*a cargo de* auf +*akk*); **este negocio gira mucho** dieses Geschäft macht viel Umsatz
❹ (*torcer*) abbiegen; (*barco*) abdrehen
❺ (*artista, músico, argot*) touren
II. *vt* ❶ (*dar la vuelta*) drehen; **~ la vista** sich umsehen
❷ (COM: *letra*) ziehen (*a cargo de* auf +*akk*); (*dinero*) überweisen (*a* an +*akk*)
girasol [xira'sol] *m* Sonnenblume *f*
giratorio, -a [xira'torjo, -a] *adj* Dreh-
giravión [xira'βjon] *m* (AERO) Drehflügelflugzeug *nt*
giro ['xiro] *m* ❶ (*vuelta*) Drehung *f*; **un ~ de volante** eine Umdrehung des Lenkrades
❷ (*cariz*) Wendung *f*; **tomar un ~ favorable/negativo** sich zum Guten/Schlechten wenden; **me preocupa el ~ que toma este asunto** ich bin über die Entwicklung dieser Angelegenheit beunruhigt
❸ (LING: *locución*) (Rede)wendung *f*
❹ (COM: *letra*) Überweisung *f*; **~ bancario** Banküberweisung *f*; **~ postal** Postanweisung *f*
❺ (COM: *de una empresa*) Umsatz *m*; **~ de derechos** Gebührenumsatz *m*
girocompás [xirokom'pas] *m inv* Kreiselkompass *m*
girola [xi'rola] *f* (ARQUIT) Chorumgang *m*, Deambulatorium *nt*
giroláser [xiro'laser] *m sin pl* (AERO) Lasergyroskop *nt*, optisches Gyroskop *nt*
girómetro [xi'rometro] *m* ❶ (TÉC) Drehzahlmesser *m*
❷ (AERO) Gyrometer *nt*, Tourenzählapparat *m*
giropiloto [xiropi'loto] *m* (AERO) Selbststeuergerät *nt*
gitanada [xita'naða] *f* ❶ (*acción*) Zigeunerstreich *m*
❷ (*engaño*) Schwindel *m*
❸ (*zalamería*) Schmeichelei *f*
gitanear [xitane'ar] *vi* ❶ (*hacer el gitano*) sich wie ein Zigeuner benehmen
❷ (*en negocio*) betrügerisch handeln
❸ (*chalanear*) schachern
gitanería [xitane'ria] *f* ❶ (*halago*) hinterlistige Schmeichelei *f*
❷ (*grupo*) Zigeunertruppe *f*
❸ (*vida*) Zigeunerleben *nt*
❹ (*acción*) Zigeunerstreich *m*
gitanismo [xita'nismo] *m* ❶ (SOCIOL) Zigeunertum *nt*
❷ (LING) Wörter und Redewendungen aus der Zigeunersprache
❸ (*gitanería*) Zigeunerleben *nt*
gitano, -a [xi'tano, -a] I. *adj* ❶ (*de los gitanos*) Zigeuner-
❷ (*galanero*) schmeichlerisch
❸ (*tramposo*) schwindlerisch
II. *m, f* ❶ (*calé*) Zigeuner(in) *m(f)*; **va hecho un ~** (*fig*) er sieht heruntergekommen aus; **menudo ~** (*reg*: GASTR) Bezeichnung für Kaldaunen in Sevilla
❷ (*estafador*) Schwindler(in) *m(f)*
glabela [gla'βela] *f* (ANAT) Glabella *f*
glaciación [glaθja'θjon] *f* (GEO) ❶ (*formación de hielo*) Eisbildung *f*
❷ (*período*) Eiszeit *f*
glacial [gla'θjal] *adj* ❶ (*helado*) eiskalt; **zona ~** Eiszone *f*
❷ (*persona*) kalt
glacialismo [glaθja'lismo] *m* (GEO) Glazialgeologie *f*
glaciar [gla'θjar] *m* (GEO) Gletscher *m*
glaciarismo [glaθja'rismo] *m* (GEO) Glaziallandschaft *f*, Gletscherlandschaft *f*
glacioeólico, -a [glaθjoe'oliko, -a] *adj* (GEO) glaziäolisch
glaciología [glaθjolo'xia] *f* (GEO) Glaziologie *f*, Gletscherkunde *f*
gladiador [glaðja'ðor] *m* Gladiator *m*
gladiolo [gla'ðjolo] *m*, **gladíolo** [gla'ðiolo] *m* Gladiole *f*
glande ['glande] *m* (ANAT) Eichel *f*
glándula ['glandula] *f* (ANAT) Drüse *f*
glandular [glandu'lar] *adj* Drüsen-
glanduloso, -a [glandu'loso, -a] *adj* (ANAT) drüsenartig, Drüsen-
glasé [gla'se] *m* (Glanz)taft *m*
glaseado, -a [glase'aðo, -a] *adj* glasiert; **azúcar ~** Puderzucker *m*
glasear [glase'ar] *vt* ❶ (*alimentos*) glasieren
❷ (*papel*) satinieren
glauberita [glauβe'rita] *f* (GEO) Glauberit *m*
glaucoma [glau'koma] *m* (MED) grüner Star *m*
glena ['glena] *f* (ANAT) Knochengelenkhöhle *f*
glicerina [gliθe'rina] *f* (QUÍM) Glycerin *nt*
glicógeno [gli'koxeno] *m* (BIOL, QUÍM) Glykogen *nt*
glicol [gli'kol] *m* (QUÍM) Glykol *nt*
glifo ['glifo] *m* (ARQUIT) Glyphe *f*, Glypte *f*
glioma ['gljoma] *m* (MED) Augenblutschwamm *m*, Gliom *nt*
glíptica ['gliptika] *f* ❶ (*de piedras finas*) Steinschneidekunst *f*, Glyptik *f*
❷ (*de monedas*) Stanzung *f*, Prägung *f*
gliptogénesis [glipto'xenesis] *f inv* (GEO) Glyptogenese *f*
global [glo'βal] *adj* ❶ (*total*) global; **valoración ~** Pauschalurteil *nt pey*
❷ (*cantidad*) Gesamt-
❸ (*informe*) umfassend
globalidad [gloβali'ðað] *f* Gesamtheit *f*
globalización [gloβaliθa'θjon] *f* ❶ (*de un problema*) globale Betrachtung *f*
❷ (*generalización*) Verallgemeinerung *f*
globalizador(a) [gloβaliθa'ðor(a)] *adj* alles umfassend
globalizante [gloβali'θante] *adj* verallgemeinernd
globalizar [gloβali'θar] <z→c> *vt* ❶ (*problema*) global betrachten
❷ (*generalizar*) (stark) verallgemeinern
❸ (*cantidad*) pauschalieren
globalmente [gloβal'mente] *adv* insgesamt, im Ganzen
globo ['gloβo] *m* ❶ (*esfera*) Kugel *f*; **~ de una lámpara** Lampenschirm *m*; **~ ocular** Augapfel *m*
❷ (*Tierra*) Erdball *m*

globular — **golpe**

❸ (*mapa*) Globus *m*
❹ (*para niños*) (Luft)ballon *m;* ~ **aerostático** (Heißluft)ballon *m*
❺ (*fam: borrachera*) Rausch *m*
❻ (*fam: enfado*) Rage *f*
❼ (*fam: preservativo*) Pariser *m*
❽ (DEP: *tenis*) Lob *m*
globular [gloβu'lar] *adj* ❶ (*de globo*) kugelförmig
❷ (*de glóbulo*) Blutkörperchen-
globulina [gloβu'lina] *f* (BIOL) Globulin *nt*
glóbulo ['gloβulo] *m* ❶ (*esfera*) Kügelchen *nt*
❷ (ANAT) Blutkörperchen *nt*
gloria[1] ['glorja] *f* ❶ (*fama*) Ruhm *m;* **Goya es una ~ nacional** Goya ist der Stolz Spaniens; **sin pena ni ~** sang- und klanglos
❷ (*paraíso*) Himmelreich *nt;* **conseguir la ~** die ewige Seligkeit erlangen; **Dios le tenga en su ~** Gott habe ihn selig; **estar en la ~** (*fam*) im siebten Himmel sein
❸ (*esplendor*) Herrlichkeit *f*
❹ (*gusto*) Freude *f;* **este pastel sabe a ~** dieser Kuchen schmeckt himmlisch
gloria[2] ['glorja] *m* (REL) Gloria *nt*
gloria patri ['glorja 'patri] <glorias patri> *m* (REL) Gloria *nt*
gloriarse [glori'arse] <1. pres: me glorío> *vr* ❶ (*presumir*) sich rühmen (*de* + *gen*)
❷ (*complacerse*) sich freuen (*de/en* über + *akk*)
glorieta [glo'rjeta] *f* ❶ (*cenador*) Gartenhäuschen *nt*
❷ (*plazoleta*) Rondell *nt*
❸ (*cruce*) Kreisverkehr *m*
glorificación [glorifika'θjon] *f* Verherrlichung *f*
glorificar [glorifi'kar] <c→qu> I. *vt* verherrlichen
II. *vr:* **~se** sich rühmen (*de* + *gen*)
glorioso, -a [glo'rjoso, -a] *adj* ❶ (*famoso*) ruhmreich
❷ (REL) selig
❸ (*estupendo*) herrlich
❹ (*jactancioso*) prahlerisch
glosa ['glosa] *f* ❶ (*aclaración*) Erläuterung *f* (*a* zu + *dat*); (*anotación*) Bemerkung *f* (*a* zu + *dat*); (*comentario*) Kommentar *m* (*a* zu + *dat*)
❷ (LIT) Glosse *f*
❸ (MÚS) freie Variation *f*
glosador(a) [glosa'ðor(a)] I. *adj* deutend, erklärend
II. *m(f)* Deuter(in) *m(f)*, Ausleger(in) *m(f)*
glosar [glo'sar] *vt* ❶ (*comentar*) erläutern; (LIT) glossieren
❷ (*tergiversar*) verdrehen
glosario [glo'sarjo] *m* Glossar *nt*
glosectomía [glosekto'mia] *f* (MED) Zungenresektion *f*
glosemática [glose'matika] *f* (LING) Glossematik *f*
glosilla [glo'siʎa] *f* (TIPO) Kolonel *f*
glositis [glo'sitis] *f inv* (MED) Zungenentzündung *f*, Glossitis *f*
glosofaríngeo, -a [glosofa'rinxeo, -a] *adj* (ANAT) glossopharyngeal
glosolalia [gloso'lalja] *f* (LING, PSICO) Zungenreden *nt*, Glossolalie *f*
glosoptosis [glosop'tosis] *f inv* (MED) Glossoptose *f*
glotis ['glotis] *f sin pl* (ANAT) Glottis *f*
glotitis [glo'titis] *f inv* (MED) Stimmbänderentzündung *f*
glotón[1] [glo'ton] *m* (*animal*) Vielfraß *m*
glotón, -ona[2] [glo'ton, -ona] I. *adj* gefräßig
II. *m, f* Vielfraß *m fam*
glotonear [glotone'ar] *vi* gierig essen, schlingen
glotonería [glotone'ria] *f* Essgier *f*
gloxínea [glok'sinea] *f* (BOT) Gloxinie *f*
glucemia [glu'θemja] *f* (MED) Blutzuckerspiegel *m*
glucogénesis [gluko'xenesis] *f inv* (BIOL) Glukogenese *f*
glucómetro [glu'kometro] *m* (TÉC) Blutzuckermessgerät *nt*
glucosa [glu'kosa] *f* Traubenzucker *m;* (QUÍM) Glucose *f*
gluma ['gluma] *f* (BOT) Spelze *f*
glutamato [gluta'mato] *m* (QUÍM) Glutamat *nt*
gluten ['gluten] *m* ❶ (*cola*) Klebstoff *m*
❷ (BOT) Gluten *nt*
glúteo [gluteo] *m* (ANAT) Gesäßmuskel *m*
glutinoso, -a [gluti'noso, -a] *adj* klebrig
gnatoplastia [nato'plastja] *f* (MED) Kieferplastik *f*
gnomo ['nomo] *m* Zwerg *m*
gnoseología [noseolo'xia] *f* Erkenntnislehre *f*, Gnoseologie *f*
gnosis ['nosis] *f inv* (REL) Gnosis *f*
gnosticismo [nosti'θismo] *m sin pl* (REL) Gnostizismus *m*
gnu [nu] *m* (ZOOL) Gnu *nt*
gobernabilidad [goβernaβili'ðaº] *f sin pl* Regierbarkeit *f*
gobernable [goβer'naβle] *adj* ❶ (*país*) regierbar
❷ (*nave*) steuerbar
gobernación [goβerna'θjon] *f* Regieren *nt*
gobernador(a) [goβerna'ðor(a)] I. *adj* regierend
II. *m(f)* Gouverneur(in) *m(f);* ~ **del Banco Central** Zentralbankpräsident *m;* **el ~ del Banco de España** der Präsident der spanischen Zentralbank
gobernanta [goβer'nanta] *f* (*Am*) ❶ (*niñera*) Kinderfrau *f*
❷ (*institutriz*) Hauslehrerin *f*
gobernante [goβer'nante] *mf* Regierende(r) *mf*
gobernar [goβer'nar] <e→ie> *vt* ❶ (POL: *mandar*) regieren
❷ (*dirigir*) leiten; (*nave*) steuern; ~ **una casa** den Haushalt führen
❸ (*máquina*) bedienen
❹ (*a una persona*) beherrschen
gobierna [go'βjerna] *f* (*veleta*) Wetterfahne *f*
gobierno [go'βjerno] *m* ❶ (POL) Regierung *f;* ~ **absoluto** Alleinherrschaft *f;* ~ **autónomico** Regionalregierung *f;* ~ **en la sombra** Schattenkabinett *nt;* **en círculos afines al ~** in regierungsnahen Kreisen
❷ (*ministros*) Kabinett *nt*
❸ (*del gobernador*) Gouverneursamt *nt;* (*residencia*) Gouverneurssitz *m*
❹ (*dirección*) Führung *f*
❺ (*de una nave*) Manövrierfähigkeit *f*
❻ (*de una máquina*) Bedienung *f*
goce ['goθe] *m* Genuss *m*
gocho, -a ['gotʃo, -a] *m, f* (*fam: cerdo*) Schwein *nt*, Sau *f*
godo, -a ['goðo, -a] I. *adj* gotisch
II. *m, f* ❶ (HIST) Gote, -in *m, f*
❷ (*AmC: pey: español*) Spanier(in) *m(f)*
gofio ['gofjo] *m* ❶ (*harina de maíz*) Mehl *nt* von geröstetem Mais
❷ (*Am*) Zuckerteig *m*
gofrado [go'fraðo] *m* Prägedruck *m*
gofrar [go'frar] *vt* gaufrieren
gofre ['gofre] *m* Waffel *f*
gofrera [go'frera] *f* Waffeleisen *nt*
gol [gol] *m* (DEP) Tor *nt;* ~ **del empate** Ausgleichstor *nt;* **meter un ~** ein Tor schießen; **meterle un ~ a alguien** (*fam*) jdn hereinlegen
gola ['gola] *f* ❶ (*garganta*) Kehle *f*
❷ (*gorguera*) Halskrause *f*
golazo [go'laθo] *m* (DEP) Traumtor *nt*
golden ['golden] *m inv* (AGR) Golden Delicious *m*
goleador(a) [golea'ðor(a)] *m(f)* (DEP) Torjäger(in) *m(f)*
golear [gole'ar] *vt* (DEP) vernichtend schlagen
goleta [go'leta] *f* (NÁUT) Schoner *m*
golf [golf] *m sin pl* (DEP) Golf *nt*
golfa ['golfa] *f* ❶ (*fam: puta*) Hure *f*
❷ *v.* **golfo**[2]
golfear [golfe'ar] *vi* sich herumtreiben
golfín [gol'fin] *m* ❶ (ZOOL) Delphin *m*
❷ (*ladrón*) Bandendieb *m*
golfista [gol'fista] *mf* (DEP) Golfspieler(in) *m(f)*
golfo[1] ['golfo] *m* (GEO) Golf *m*
golfo, -a[2] ['golfo, -a] *m, f* ❶ (*pilluelo*) Straßenkind *nt*
❷ (*vagabundo*) Strolch *m*
gollería [goʎe'ria] *f* Leckerbissen *m*
golletazo [goʎe'taθo] *m* (TAUR: *pey*) Halsstich *m*
gollete [go'ʎete] *m* ❶ (ANAT: *garganta*) Kehle *f*
❷ (*de vasija*) (Flaschen)hals *m*
golondrina [golon'drina] *f* ❶ (*pájaro*) Schwalbe *f*
❷ (*reg: barca*) Motorboot *nt*
golondrino [golon'drino] *m* ❶ (*pájaro*) junge Schwalbe *f*
❷ (*vagabundo*) Landstreicher *m*
golosina [golo'sina] *f* ❶ (*manjar*) Leckerbissen *m*
❷ (*dulce*) Süßigkeit *f*
❸ (*deseo*) Naschsucht *f*
❹ (*cosa apetitosa*) Versuchung *f*
golosinear [golosine'ar] *vi* naschen
goloso, -a [go'loso, -a] I. *adj* ❶ (*de dulces*) naschhaft
❷ (*apetitoso*) appetitanregend
II. *m, f* Leckermaul *nt*
golpe ['golpe] *m* ❶ (*impacto*) Schlag *m;* (*choque*) Stoß *m;* ~ **de Estado** Staatsstreich *m*, Putsch *m;* ~ **militar** Militärputsch *m;* ~ **de pincel** Pinselstrich *m;* ~ **de tos** Hustenanfall *m;* **a** ~ **de vista** mit einem Blick; **dar un ~** einen Schlag versetzen; **parar un ~** einen Schlag abwehren; **cerrar la puerta de ~** die Tür zuschlagen; **la puerta se abrió de ~** die Tür flog auf; **me he dado un ~ en la cabeza** ich habe mir den Kopf angestoßen; **no pegar ~** (*fam*) keinen Schlag tun
❷ (*gran cantidad*): ~ **de gente** Menschenmenge *f*
❸ (TÉC: *pestillo*) Schnappriegel *m*
❹ (*sorpresa*) Überraschung *f*
❺ (*ocurrencia*) Einfall *m*
❻ (*atraco*) Überfall *m*
❼ (*de vestido*) Besatz *m*

golpeadero

❽ (DEP): **~ bajo** Tiefschlag *m*; **~ franco** Freistoß *m*
❾ (*loc*): **de ~** (**y porrazo**) (*al mismo tiempo*) auf einen Schlag; (*de repente*) mit einem Schlag, plötzlich; **me lo tragué de un ~** ich schluckte es alles auf einmal
golpeadero [golpea'ðero] *m* ❶ (*lugar*) Aufschlagstelle *f*, Anschlagstelle *f*
❷ (*agua*) Auftreffstelle *f*
❸ (*ruido*) Klopfen *nt*, Schlagen *nt*
golpear [golpe'ar] I. *vi* ❶ (*dar un golpe*) schlagen
❷ (*latir*) klopfen
❸ (TÉC: *motor*) klopfen
II. *vt* schlagen; (*en la puerta*) klopfen (an +*akk*); (*a alguien*) verprügeln
III. *vr*: **~se** sich schlagen; **me he golpeado la cabeza contra la pared** ich bin mit dem Kopf gegen die Wand gestoßen
golpetazo [golpe'taθo] *m* wuchtiger Schlag *m*
golpete [gol'pete] *m* Halter *m*; (*para puertas*) Türhalter *m*; (*para ventanas*) Fensterhalter *m*
golpetear [golpete'ar] I. *vi* ❶ (*dar golpes*) hämmern
❷ (*traquetear*) klappern
II. *vt* einhämmern (auf +*akk*)
golpista [gol'pista] I. *adj* Putsch-
II. *mf* Putschist(in) *m(f)*
goma ['goma] *f* ❶ (*sustancia*) Gummi *nt o m*; **~ elástica** Kautschuk *m*
❷ (*producto*): **~ de borrar** Radiergummi *m*; **~ elástica** Gummiband *nt*; **jugar a la ~** Gummispringen [*o* Gummitwist] spielen
❸ (*fam: preservativo*) Gummi *m o nt*
❹ (*Am: resaca*) Kater *m fam*
goma-dos ['goma-ðos] *f sin pl* Plastiksprengstoff *m*
gomaespuma [gomaes'puma] *f* Schaumgummi *m*
gombo ['gombo] *m* (BOT) Rosenpappel *f*, Okra *f*
gomería [gome'ria] *f* (*Arg:* COM) Autoreifenwerkstatt *f*, Autoreifenhandlung *f*
gomero [go'mero] *m* (*Am: árbol*) Kautschukbaum *m*
gomina® [go'mina] *f* Haarfestiger *m*
gominola [gomi'nola] *f* ≈Gummibärchen *nt*
gomosidad [gomosi'ðað] *f* ❶ (*elasticidad*) Elastizität *f*
❷ (*adherencia*) Klebrigkeit *f*
gomoso [go'moso] *m* Dandy *m*
gónada [ˈgonaða] *f* (MED) Keimdrüse *f*
gonce ['gonθe] *m* ❶ (*gozne*) Türangel *f*
❷ (ANAT) Knochengelenk *nt*
góndola ['gondola] *f* ❶ (*de Venecia*) Gondel *f*
❷ (*Am*) Omnibus *m*
gondolero [gondo'lero] *m* Gondoliere *m*
gonfalón [gomfa'lon] *m* Fahne *f*, Banner *nt*
gong [goŋ] *m* <gongs>, **gongo** ['goŋgo] *m* Gong *m*
goniometría [gonjome'tria] *f* ❶ (MAT) Winkelmessung *f*, Goniometrie *f*
❷ (TEL) Funkpeilung *f*, Peilfunk *f*
gonocito [gono'θito] *m* (BIOL) Gonozyte *f*
gonorrea [gono'rrea] *f* (MED) Gonorrhö *f*
gorda ['gorða] *f* (*Chil: vulg*) schwangere Frau *f*
❷ (*loc, fam*): **ni ~** absolut nichts; **no tener ni ~** völlig blank sein; **sin gafas no veo ni ~** ohne Brille sehe ich absolut nichts
gordo¹ ['gorðo] *m* ❶ (*grasa*) Fett *nt*
❷ (*lotería*): **el ~** das große Los
gordo, -a² ['gorðo, -a] I. *adj* (*persona*) dick; (*comida*) fett; (*tejido*) grob; (*suceso*) wichtig; (*salario*) üppig; **el dedo ~** der Daumen; **una mentira gorda** eine faustdicke Lüge; **es un pez ~** er/sie ist ein hohes Tier; **me cae ~** ich kann ihn nicht ausstehen; **ha pasado algo muy ~** es ist etwas Ernstes geschehen; **se armó la gorda** (*fam*) es gab einen Riesenkrach
II. *m, f* (*fam*) Dicke(r) *mf*
gordura [gor'ðura] *f* (*obesidad*) Fettleibigkeit *f*; (*corpulencia*) Korpulenz *f*; (*tejido adiposo*) Fett *nt*
gorgojo [gor'ɣoxo] *m* ❶ (*insecto*) Kornwurm *m*
❷ (*fam: persona*) Zwerg *m*
gorgoritear [gorɣorite'ar] *vi* (*fam*) trillern
gorgotear [gorɣote'ar] *vi* ❶ (*hacer ruido*) gluckern; (*arroyo*) gurgeln
❷ (*burbujear*) brodeln
gorgoteo [gorɣo'teo] *m* ❶ (*ruido*) Gluckern *nt*; (*de un arroyo*) Gurgeln *nt*
❷ (*borboteo*) Brodeln *nt*
gorguera [gor'ɣera] *f* ❶ (*gola*) Halskrause *f*
❷ (*de la armadura*) Halsberge *f*
gorila [go'rila] *m* Gorilla *m*
gorjeador(a) [gorxea'ðor(a)] *adj* zwitschernd, trillernd
gorjear [gorxe'ar] I. *vi* ❶ (*personas*) trillern
❷ (*pájaros*) zwitschern; (*alondra*) tirilieren
II. *vr*: **~se** ❶ (*niño*) glucksen

❷ (*Am: burlarse*) sich lustig machen (*de* über +*akk*)
gorjeo [gor'xeo] *m* ❶ (*de personas*) Trillern *nt*
❷ (*de pájaros*) Gezwitscher *nt*; (*de la alondra*) Tirili *nt*
gormar [gor'mar] *vt* (*vomitar*) erbrechen
gorra ['gorra] *f* ❶ (*prenda*) Mütze *f*; **~ de visera** Schirmkappe *f*
❷ (*para niños*) Babymützchen *nt*
❸ (*loc*): **andar de ~** schmarotzen; **hacer algo con la ~** (*fam*) etw mit links machen; **vivir de ~** auf fremde Kosten leben
gorrear [gorre'ar] *vi* (*fam*) schmarotzen; **¿te puedo ~ un cigarrillo?** kann ich von dir eine Zigarette schnorren?
gorrería [gorre'ria] *f* (COM) Mützengeschäft *nt*
gorrero [go'rrero] *m* (*fam*) Schmarotzer *m*
gorrinada [gorri'naða] *f* Schweinerei *f*
gorrinera [gorri'nera] *f* Schweinestall *m*
gorrino, -a [go'rrino, -a] *m, f* ❶ (*cochinillo*) Spanferkel *nt*; (*cerdo*) Schwein *nt*; (*cerda*) Sau *f*
❷ (*pey: persona*) Schwein *nt*, Sau *f*
gorrión [gorri'on] *m* ❶ (*pardal*) Sperling *m*
❷ (*AmC: colibrí*) Kolibri *m*
gorrionera [gorrjo'nera] *f* (*fam fig*) Schlupfwinkel *m* für Gesindel
gorro ['gorro] *m* Mütze *f*; (*de uniforme*) Schiffchen *nt*; **~ para bebés** Babymützchen *nt*; **~ de natación** Badekappe *f*; **~ de papel** Papiermütze *f*; **estoy hasta el ~** (*fig*) ich habe die Nase voll
gorrón¹ [go'rron] *m* ❶ (*piedra*) Kiesel(stein) *m*
❷ (TÉC) Zapfen *m*
gorrón, -ona² [go'rron, -ona] *m, f* ❶ (*gorrero*) Schmarotzer *m*
❷ (*AmC: egoísta*) Egoist(in) *m(f)*
gorronear [gorrone'ar] *vi v.* **gorrear**
gorronería [gorrone'ria] *f* ❶ (*de gorrero*) Schmarotzen *nt*
❷ (*avaricia*) Geiz *m*
❸ (JUR) Zechprellerei *f*
gota ['gota] *f* ❶ (*de líquido*) Tropfen *m*; **café con ~s de ron** Kaffee mit einem Schuss Rum; **el agua salía a ~ del grifo** das Wasser tröpfelte aus dem Hahn; **apurar el vaso hasta la última ~** das Glas bis zur Neige leeren; **la ~ que colma el vaso** der Tropfen, der das Fass zum Überlaufen bringt; **parecerse como dos ~s de agua** sich *dat* wie ein Ei dem anderen gleichen
❷ (*pizca*) kleiner Rest *m*; **no queda ni ~ de agua** es ist kein Tropfen Wasser mehr da; **no tiene ni una ~ de paciencia** er/sie hat kein bisschen Geduld
❸ (METEO): **~ fría** Kalt(luft)front *f*
❹ (MED: *enfermedad*) Gicht *f*
❺ (*gotero*) Tropf *m*
gotear [gote'ar] *vi* ❶ (*líquido*) tropfen; (*lentamente*) tröpfeln
❷ (*dar*) tropfenweise geben
❸ (*recibir*) tropfenweise bekommen
goteo [go'teo] *m* ❶ (*gotear*) Tropfen *nt*
❷ (MED) Tropf *m*
gotera [go'tera] *f* ❶ (*filtración*) Tropfen *nt*
❷ (*grieta*) undichte Stelle *f*; **hay una ~ en el baño** im Badezimmer regnet es durch
❸ (*mancha*) Fleck(en) *m*
❹ (*achaque*) Wehwehchen *nt*; (*más fuerte*) Gebrechen *nt*
❺ *pl* (*Am: afueras*) Stadtrand *m*
gotero [go'tero] *m* ❶ (MED) Tropf *m*
❷ (*Am: cuentagotas*) Tropfenzähler *m*
gótico, -a ['gotiko, -a] *adj* gotisch
Gotinga [go'tiŋga] *f* Göttingen *nt*
gotoso, -a [go'toso, -a] I. *adj* (MED) gichtkrank
II. *m, f* (MED) Gichtkranke(r) *mf*
gouache ['gwatʃ] *m* (ARTE) Guaschmalerei *f*, Gouachemalerei *f*
gouda ['gouða] *m* (GASTR) Gouda(-Käse) *m*
gozada [go'θaða] *f* (*fam: para la vista*) Augenschmaus *m*; (*para el oído*) Ohrenschmaus *m*
gozar [go'θar] <z→c> I. *vi* ❶ (*complacerse*) Gefallen finden (an +*dat*)
❷ (*disfrutar*) sich erfreuen (*de* +*gen*); **~ de una increíble fortuna** ein unglaubliches Vermögen haben
II. *vt* ❶ (*disfrutar*) genießen
❷ (*poseer carnalmente*): **~ a una mujer** mit einer Frau schlafen
III. *vr*: **~se** sich erfreuen (*en* an +*dat*)
gozne ['goθne] *m* ❶ (*de puerta*) (Tür)angel *f*
❷ (*de una caja*) Scharnier *m*
gozo ['goθo] *m* ❶ (*delicia*) Wonne *f*; (*placer*) Freude *f*
❷ (*alegría*) Freude *f*; **mi ~ en un pozo** es ist alles im Eimer
❸ (*del fuego*) Aufflackern *nt*
gr. ['gramo] *abr de* **gramo** g
grabación [graβa'θjon] *f* ❶ (*de disco*) Aufnahme *f*
❷ (TV: *de una serie*) Aufzeichnung *f*
❸ (INFOR) Speichern *nt*

grabado [gra'βaðo] *m* ❶ (ARTE: *acción*) Gravieren *nt;* (*en piedra*) Einmeißeln *nt;* (*en madera*) Einschnitzen *nt*
❷ (ARTE: *copia*) Stich *m;* ~ **al agua fuerte** Ätzung *f;* ~ **en madera** Holzschnitt *m*
❸ (*arte*) Gravierkunst *f*
❹ (*ilustración*) Abbildung *f*
grabador¹ [graβa'ðor] *m:* ~ **de CDs** CD-Brenner *m*
grabador(a)² [graβa'ðor(a)] *m(f)* Graveur(in) *m(f)*
grabadora [graβa'ðora] *f* Tonbandgerät *nt*
grabadura [graβa'ðura] *f* ❶ (*acción*) Gravieren *nt;* (*en piedra*) Einmeißeln *nt;* (*en madera*) Einschnitzen *nt*
❷ (*efecto: en metal*) Gravur *f;* (*en madera*) Schnitzwerk *nt*
grabar [gra'βar] I. *vt* ❶ (ARTE) (ein)gravieren (*en* in +*akk*); (*en piedra*) einmeißeln; (*en madera*) einschnitzen
❷ (*disco*) aufnehmen; (*en vídeo*) aufzeichnen
❸ (INFOR) speichern
❹ (*fijar*) einprägen
II. *vr:* **~se** sich einprägen +*dat*
gracejada [graθe'xaða] *f* (*AmC, Méx*) dummer Streich *m*, schlechter Witz *m*
gracejo [gra'θexo] *m* Witz *m*
gracia ['graθja] *f* ❶ *pl* (*agradecimiento*): **¡~s!** danke!; **¡muchas ~s!** vielen Dank!; **¡~s a Dios!** Gott sei Dank!; **te debo las ~s** ich bin dir zu Dank verpflichtet; **no me ha dado ni las ~s** er hat sich nicht einmal bei mir bedankt; **~s a tus esfuerzos lo conseguí** ich schaffte es dank deiner Bemühungen
❷ (REL) Gnade *f*
❸ (*perdón*) Begnadigung *f*
❹ (*favor*) Gunst *f*
❺ (*agrado*): **me cae en ~** er/sie ist mir sympathisch
❻ (*garbo*) Anmut *f;* **está escrito con ~** es ist geistreich geschrieben
❼ (*chiste*) Witz *m;* (*diversión*) Spaß *m;* **no tiene (ni) pizca de ~** das ist gar nicht lustig; **no me hace nada de ~** das finde ich gar nicht lustig; **si lo haces se va la ~** wenn du es tust, geht der Reiz verloren; **este cómico tiene poca ~** dieser Komiker ist langweilig; **la ~ es que ...** das Witzige daran ist, dass ...; **no estoy hoy para ~s** ich bin heute nicht zu(m) Scherzen aufgelegt
❽ (*ocurrencia*): **hoy ha hecho otra de sus ~s** er/sie hat heute wieder was Schönes angerichtet
grácil ['graθil] *adj* grazil
gracilidad [graθili'ðað] *f* Grazilität *f*
graciola [gra'θjola] *f* (BOT) Gichtkraut *nt*
graciosamente [graθjosa'mente] *adv* ❶ (*con gracia*) graziös, anmutig
❷ (*gratis*) umsonst, unentgeltlich
❸ (*por gracia*) gnadenweise
gracioso, -a [gra'θjoso, -a] I. *adj* ❶ (*atractivo*) anmutig
❷ (*chistoso*) witzig; **para mí no fue nada ~** das fand ich gar nicht lustig
❸ (*gratis*) unentgeltlich
II. *m, f* (TEAT) Spaßvogel *m;* **algún ~ me ha escondido las llaves** irgendein Witzbold hat meine Schlüssel versteckt; **no te hagas el ~ conmigo** komm mir bloß nicht komisch
grada ['graða] *f* ❶ (*peldaño*) Stufe *f*
❷ (*de un estadio*) (Sitz)reihe *f*
❸ (AGR) Egge *f*
❹ (NÁUT) Helling *f*
❺ *pl* (*escalinata*) Freitreppe *f*
❻ *pl* (*Am: atrio*) Vorhalle *f*
gradación [graða'θjon] *f* ❶ (*escalonamiento*) Abstufung *f*
❷ (MÚS) Steigerung *f*
❸ (*retórica*) Gradation *f*
gradería [graðe'ria] *f*, **graderío** [graðe'rio] *m* (*t. fig*) Tribüne *f*
gradiente¹ [gra'ðjente] *m* (FÍS) Gefälle *nt*, Gradient *m*
gradiente² [gra'ðjente] *f* (*Chil, Ecua, Nic, Perú*) Gefälle *nt*, Abhang *m*
grado ['graðo] *m* ❶ (*nivel*) Grad *m* (*de* an +*dat*); **~ de confianza** Maß an Vertrauen; **quemaduras de primer ~** (MED) Verbrennungen ersten Grades; **en ~ sumo** in höchstem Grade; **en mayor/menor ~** in stärkerem/geringerem Maße
❷ (*parentesco*) Verwandtschaftsgrad *m*
❸ (JUR): **en primer ~** in erster Instanz
❹ (ENS) (Schul)klasse *f;* **~ elemental** Grundstufe *f*
❺ (*universitario*) akademischer Grad *m;* **~ de doctor** Doktorwürde *f*
❻ (MAT) Grad *m;* **~ centígrado** Grad Celsius
❼ (LING): **~ comparativo** Komparativ *m*
❽ (MIL: *rango*) Rang *m*
❾ (*de alcohol*) Prozent *nt*
graduable [graðu'aβle] *adj* ❶ (*herramienta*) verstellbar
❷ (*temperatura*) graduierbar
graduación [graðwa'θjon] *f* ❶ (*regulación, t.* TÉC) Einstellung *f*
❷ (*en grados*) Gradeinteilung *f;* (*en niveles*) Abstufung *f;* (*de personas*) Einstufung *f;* (*de precios*) Staffelung *f;* **~ de la pena** (JUR) Strafzumessung *f*
❸ (*de un vino*) Alkoholgehalt *m*
❹ (MIL) Rang *m*
graduado, -a [graðu'aðo, -a] I. *adj* ❶ (*aparato*) Grad-, Stufen-
❷ (*colores*) abgestuft
II. *m, f* ❶ (UNIV) Akademiker(in) *m(f);* **~ en ingeniería** Diplomingenieur *m*
❷ (ENS): **~ escolar** (*fam*) Hauptschulabgänger *m*
graduador [graðwa'ðor] *m* Regler *m*
gradual [graðu'al] *adj* allmählich
gradualmente [graðwal'mente] *adv* ❶ (*en grados*) stufenweise
❷ (*progresivamente*) allmählich
graduando, -a [graðu'ando, -a] *m, f* Promovend(in) *m(f)*, Doktorand(in) *m(f)*
graduar [graðu'ar] <*1. pres:* gradúo> I. *vt* ❶ (*regular*) einstellen
❷ (TÉC) gradieren; (*aparato*) eichen; (*líquido*) den Alkoholgehalt bestimmen +*gen;* **~ la vista** die Brillengläser anpassen
❸ (*en niveles*) (gradweise) abstufen; (*precios*) staffeln
❹ (ENS) graduieren
❺ (MIL) einen Rang verleihen (*a* +*dat*)
II. *vr:* **~se:** **se graduó en económicas** er/sie machte seine/ihre Diplomprüfung in VWL
grafema [gra'fema] *m* (LING) Graphem *nt*
grafía [gra'fia] *f* Schreibweise *f*
gráfica ['grafika] *f* ❶ (*diagrama*) Schaubild *nt*
❷ (*curva*) Kurve *f*
gráfico¹ ['grafiko] *m* Schaubild *nt;* **~ pixelado** Pixelgraphik *f;* **~ de tarta** Tortendiagramm *nt;* **~ vectorial** Vektorgraphik *f;* **tarjeta de ~s** (INFOR) Grafikkarte *f*
gráfico, -a² ['grafiko, -a] *adj* ❶ (*de la escritura*) Schrift-
❷ (*del dibujo*) grafisch; **diccionario ~** Bildwörterbuch *nt*
❸ (*claro*) anschaulich
grafila [gra'fila] *f*, **gráfila** ['grafila] *f* Randverzierung *f*
grafio ['grafjo] *m* (ARTE) Griffel *m*
grafismo [gra'fismo] *m* ❶ (*grafía*) Schreibweise *f*
❷ (*aspecto estético*) Grafik *f*
❸ (INFOR) grafische Darstellung *f*
grafista [gra'fista] *mf* Grafiker(in) *m(f)*
grafito [gra'fito] *m* (MIN) Graphit *m*
grafología [grafolo'xia] *f sin pl* Graphologie *f*
grafológico, -a [grafo'loxiko, -a] *adj* graphologisch
grafólogo, -a [gra'foloɣo, -a] *m, f* Graphologe, -in *m, f*
grafómetro [gra'fometro] *m* (TÉC) Winkelmessgerät *nt*
gragea [gra'xea] *f* Dragee *nt*
grajear [graxe'ar] *vi* ❶ (*el grajo*) krächzen
❷ (*un bebé*) glucksen
grajilla [gra'xiʎa] *f* Dohle *f*
grajo ['graxo] *m* ❶ (*ave*) Saatkrähe *f*
❷ (*charlatán*) Schwätzer *m*
❸ (*Am: sobaquina*) Schweißgeruch *m*
gral. [xene'ral] *adj abr de* **general** allg.
gramática [gra'matika] *f* (LING) Grammatik *f;* **tener mucha ~ parda** (*fam*) listig sein
gramatical [gramati'kal] *adj* grammatikalisch; **regla ~** Grammatikregel *f*
gramaticalidad [gramatikali'ðað] *f sin pl* (LING) Grammatikalität *f*
gramaticalización [gramatikaliθa'θjon] *f sin pl* (LING) Grammatikalisation *f*
gramaticalizarse [gramatikali'θarse] <z→c> *vr* (LING) grammatikalisiert werden
gramático, -a [gra'matiko, -a] *m, f* Grammatiker(in) *m(f)*
gramatiquear [gramatike'ar] *vi* (*pey*) grammatisch tüfteln
gramilla [gra'miʎa] *f* (*Am: hierba*) Gras *nt*
gramo ['gramo] *m* Gramm *nt*
gramófono [gra'mofono] *m* Grammophon *nt*
gramola [gra'mola] *f* ❶ (*gramófono*) Grammophon *nt*
❷ (*en un bar*) Musikbox *f*
gran [gran] *adj v.* **grande**
grana ['grana] *f* ❶ (*acción*) Reifen *nt* der Getreidekörner
❷ (*semilla*) Same(n) *m*
❸ (*color*) Scharlach(rot) *nt*
❹ (*tela*) Scharlach *m*
❺ (*cochinilla*) Koschenille(laus) *f;* (*color*) Koschenille *f*
❻ (*quermes*) Kermes *m*
granada [gra'naða] *f* ❶ (*fruto*) Granatapfel *m*
❷ (*proyectil*) Granate *f*
granadal [grana'ðal] *f* (BOT) Granatbaumanlage *f*
granadilla [grana'ðiʎa] *f* ❶ (*fruto*) Passionsfrucht *f*

② (*AmC: planta*) Passionsblume *f*
granadino, -a [grana'ðino, -a] **I.** *adj* aus Granada
 II. *m, f* Einwohner(in) *m(f)* von Granada
granado¹ [gra'naðo] *m* Granat(apfel)baum *m*
granado, -a² [gra'naðo, -a] *adj* **①** (*ilustre*) vornehm
 ② (*maduro*) reif
 ③ (*alto*) hoch aufgeschossen
granar [gra'nar] **I.** *vi* Körner entwickeln
 II. *vt* treiben
granate [gra'nate] **I.** *adj* granatfarben, granatrot
 II. *m* Granatstein *m*
Gran Bretaña [gram bre'taɲa] *f* Großbritannien *nt*
grancanario, -a [graŋka'narjo, -a] **I.** *adj* aus Gran Canaria
 II. *m, f* Einwohner(in) *m(f)* von Gran Canaria
grancolombiano, -a [graŋkolom'bjano, -a] *adj* (HIST) die Republik Groß-Kolumbien betreffend
grande ['graṇde] **I.** *adj* <más grande *o* mayor, grandísimo> (*precediendo un substantivo singular: gran*) **①** (*de tamaño*) groß; **gran ciudad** Großstadt *f*; ~ **como una montaña** riesengroß; **una habitación** ~ ein geräumiges Zimmer; **una gran suma de dinero** eine hohe Geldsumme; **una gran mentira** eine faustdicke Lüge; **vino gran cantidad de gente** es kamen sehr viele Leute; **tengo un gran interés por ...** ich bin sehr interessiert an ... +*dat;* **no me preocupa gran cosa** das kümmert mich nicht besonders
 ② (*de edad*) alt; **Juan es más ~ que Pedro** Juan ist älter als Pedro
 ③ (*moralmente*): **un gran hombre** ein bedeutender Mann; **una gran idea** eine großartige Idee
 ④ (*loc*): **pasarlo en** ~ sich großartig amüsieren; **este trabajo me va** ~ ich bin dieser Arbeit nicht gewachsen; **vivir a lo** ~ auf großem Fuß leben
 II. *m* **①** (*prócer*) Größe *f*; **los ~s de la industria** die Großindustriellen
 ② (*título*): **G~ de España** Grande *m* Spaniens
grandemente [graṇde'meṇte] *adv* (*mucho*) sehr; (*extremadamente*) äußerst
grandeza [graṇ'deθa] *f* **①** (*vastedad*) Größe *f*; **delirio de** ~ Größenwahn *m*
 ② (*excelencia de cosas*) Großartigkeit *f*
 ③ (*de personas*) Größe *f*
 ④ (*de un Grande*) Würde *f*
grandilocuencia [graṇdilo'kweṇθja] *f* **①** (*de estilo*) Schwülstigkeit *f*
 ② (*de una persona*) hochtrabende Ausdrucksweise *f*
grandilocuente [graṇdilo'kweṇte] *adj* hochtönend
grandiosidad [graṇdjosi'ðað] *f* Großartigkeit *f*
grandioso, -a [graṇ'djoso, -a] *adj* großartig
grandote, -a [graṇ'dote, -a] *adj* (*fam*) enorm, riesengroß
grandullón, -ona [graṇdu'ʎon, -ona] *adj* hoch aufgeschossen
granear [grane'ar] *vt* **①** (*semilla*) (aus)säen
 ② (*pólvora*) körnen
 ③ (*cuero*) aufrauen
 ④ (ARTE: *grabado en cobre*) granieren
granel [gra'nel]: **a** ~ (*sin envase*) unverpackt; (*suelto*) lose; (*líquido*) vom Fass; (*en abundancia*) haufenweise; **carga a** ~ Schüttgut *nt*
granero [gra'nero] *m* Scheune *f*; **Castilla es el** ~ **de España** Kastilien ist die Kornkammer Spaniens
granítico, -a [gra'nitiko, -a] *adj* **①** (*relativo al granito*) Granit-
 ② (*parecido al granito*) granitartig
granito [gra'nito] *m* (MIN) Granit *m*
granívoro¹ [gra'niβoro] *m* (ZOOL) Körnerfresser *m*
granívoro, -a² [gra'niβoro, -a] *adj* (ZOOL) Körner fressend
granizada [grani'θaða] *f* **①** (*pedrisco*) Hagelschauer *m*
 ② (*de balas*) Kugelhagel *m*
granizado [grani'θaðo] *m* Erfrischungsgetränk mit zerstoßenem Eis; ~ **de café** Kaffee *m* mit Eis
granizar [grani'θar] <z→c> *vimpers* hageln
granizo [gra'niθo] *m* Hagel *m*
granja ['graŋxa] *f* **①** (*finca*) Bauernhof *m*; (*en la zona anglosajona*) Farm *f*
 ② (*cafetería*) Milchbar *f*
granjeable [graŋxe'aβle] *adj* erwerbbar
granjear [graŋxe'ar] **I.** *vt* **①** (*ganado*) handeln
 ② (*adquirir*) erwerben
 II. *vr:* **-se** für sich gewinnen
granjero, -a [graŋ'xero, -a] *m, f* Landwirt(in) *m(f)*, Bauer *m*, Bäuerin *f*; (*en la zona anglosajona*) Farmer(in) *m(f)*
grano ['grano] *m* **①** (*de cereales*) (Samen)korn *nt*; (*de café*) Bohne *f*; (*del anís*) Kern *m*; **~s** Getreide *nt*; **de uva** Weintraube *f*; **vaya al** ~ kommen Sie zur Sache; **apartar el** ~ **de la paja** die Spreu vom Weizen trennen
 ② (TÉC) Korn *nt*; **de** ~ **duro** grobkörnig; **de** ~ **fino** feinkörnig
 ③ (*de piel*) Narbe *f*

 ④ (MED) Pickel *m*
 ⑤ (*loc*): **aportó su** ~ **de arena** er/sie trug sein/ihr Scherflein bei; **de un** ~ (**de arena**) **hace una montaña** aus einer Mücke macht er/sie einen Elefanten
granoso, -a [gra'noso, -a] *adj* körnig
granuja¹ [gra'nuxa] *m* **①** (*pilluelo*) Schelm *m*
 ② (*bribón*) Gauner *m*; **el muy** ~ **me ha engañado** der Mistkerl hat mich reingelegt
granuja² [gra'nuxa] *f* **①** (*uva*) Traubenkamm *m*
 ② (*de las frutas*) Kern *m*
granujada [granu'xaða] *f* **①** (*travesura*) Streich *m*
 ② (*bribonada*) Schurkerei *f*
granujería [granuxe'ria] *f* **①** (*travesura*) Streich *m*
 ② (*bribonada*) Schurkerei *f*
 ③ (*de pillos*) Rasselbande *f*
 ④ (*de bribones*) Gaunerbande *f*
granujiento, -a [granu'xjeṇto, -a] *adj* **①** (*cara*) pickelig
 ② (*superficie*) rau
granulación [granula'θjon] *f* Granulation *f*
granulado [granu'laðo] *m* Granulat *nt*
granulador [granula'ðor] *m*, **granuladora** [granula'ðora] *f* Granulationsapparat *m*
granular [granu'lar] **I.** *adj* **①** (*superficie*) körnig
 ② (*cuero*) aufgeraut
 II. *vt* granulieren
granulita [granu'lita] *f* (GEO) Granulit *m*
granulocito [granulo'θito] *m* (ANAT) Granulozyt *m*
granuloma [granu'loma] *m* (MED) Granulom *nt*
granulosis [granu'losis] *f inv* (MED) Granulose *f*
granuloso, -a [granu'loso, -a] *adj* körnig
granza [gran'θa] *f* **①** (BOT) Krapp *m*, Färberröte *f*
 ② (MIN) Schlich *m*, zerriebenes Erz *nt*
 ③ *pl* (AGR) Kornsiebsel *nt*
grapa ['grapa] *f* **①** (*para papeles*) Heftklammer *f*; (*para madera*) Krampe *f*
 ② (*licor*) Grappa *m*
 ③ (*de la uva*) Kamm *m*
grapadora [grapa'ðora] *f* Heftmaschine *f*
grapar [gra'par] *vt* heften
grasa ['grasa] *f* **①** (ANAT) Fett *nt*; ~ **de cerdo** Schweineschmalz *nt*; **cocinar sin** ~ fettarm kochen; **tengo mucha** ~ **en la barriga** ich habe viel Speck am Bauch; **el deporte quita la** ~ Sport lässt die Pfunde schmelzen
 ② (TÉC: *lubricante*) Schmieröl *nt*
 ③ (*mugre*) Schmutz *m*
 ④ (MIN): **las ~s** die Schlacke
grasera [gra'sera] *f* Fettgefäß *nt*, Ölgefäß *nt*
grasiento, -a [gra'sjeṇto, -a] *adj* fettig; (*de aceite*) ölig
graso, -a ['graso, -a] *adj* **①** (*grasiento*) fettig
 ② (*gordo*) dick
gratén [gra'ten] *m* (GASTR): **al** ~ überbacken
gratificación [gratifika'θjon] *f* **①** (*recompensa*) Belohnung *f*; (*sobre objetos perdidos*) Finderlohn *m*
 ② (*del sueldo*) Sondervergütung *f*; ~ **de Navidad** Weihnachtsgeld *nt*
 ③ (*propina*) Trinkgeld *nt*
gratificante [gratifi'kaṇte] *adj* erfreulich
gratificar [gratifi'kar] <c→qu> *vt* **①** (*recompensar*) belohnen (*por* für +*akk*); **se ~á a quien lo encuentre** ein Finderlohn ist ausgesetzt
 ② (*en el trabajo*) eine Sondervergütung zahlen (*a* +*dat*)
 ③ (*complacer*) zufrieden stellen
gratinado [grati'naðo] *m* (GASTR) Gratin *nt*
gratinador [gratina'ðor] *m* Grill *m* zum Überbacken
gratinar [grati'nar] *vt* (GASTR) überbacken, gratinieren
gratis ['gratis] *adv* kostenlos, gratis
gratitud [grati'tuð] *f* Dankbarkeit *f*
grato, -a ['grato, -a] *adj* **①** (*agradable*) angenehm; ~ **al paladar** köstlich; **tu novio me ha dado una grata impresión** dein Freund hat bei mir einen sehr guten Eindruck gemacht; **tu visita me es muy grata** dein Besuch kommt mir sehr gelegen
 ② (*en una carta*): **me es ~ comunicarle que ...** ich freue mich Ihnen mitteilen zu können, dass ...
gratuidad [gratwi'ðað] *f* **①** (*de gratis*) Unentgeltlichkeit *f*
 ② (*arbitrariedad*) Willkürlichkeit *f*
 ③ (*algo infundado*) Unbegründetheit *f*
gratuitamente [gratwita'meṇte] *adv* **①** (*gratis*) umsonst, kostenlos
 ② (*sin fundamento*) grundlos, willkürlich
gratuito, -a [gra'twito, -a] *adj* **①** (*gratis*) kostenlos
 ② (*arbitrario*) willkürlich
 ③ (*infundado*) unbegründet; **es una acusación gratuita** diese Anklage ist ungerechtfertigt; **este rumor es** ~ dieses Gerücht ist aus der Luft

grava

gegriffen; **lo que has hecho ha sido bastante ~** was du gemacht hast, hättest du dir schenken können
grava ['graβa] f ❶ (*casquijo*) Kies m
❷ (*cascajo*) Schotter m
gravable [gra'βaβle] adj steuerpflichtig
gravamen [gra'βamen] m ❶ (*carga*) Last f
❷ (*de los ingresos*) Versteuerung f; (*del Estado*) Besteuerung f; **~ definitivo** Schlussbesteuerung f; **~ sobre el embalaje** Verpackungssteuer f; **~ en la fuente** Quellenbesteuerung f; **~ íntegro** Vollbesteuerung f; **~ real** Grundschuldbrief m; **~ suplementario** Nachversteuerung f
❸ (UE) Abschöpfung f
gravar [gra'βar] vt ❶ (*cargar*) belasten
❷ (FIN) besteuern; **~ con un impuesto** eine Steuer erheben (auf +akk)
grave ['graβe] adj ❶ (*objeto*) schwer
❷ (*enfermedad*) schlimm; **está ~** er/sie ist schwer krank
❸ (*persona, situación*) ernst; **es un momento ~ para la industria** es ist eine kritische Zeit für die Industrie
❹ (*estilo*) streng, nüchtern
❺ (*sonido*) tief
❻ (LING): **acento ~** Gravis m; **palabra ~** auf der vorletzten Silbe betontes Wort
gravedad [graβe'ðað] f ❶ (FÍS) Schwerkraft f; **centro de ~** Schwerpunkt m
❷ (MÚS: *de los sonidos*) Tiefe f
❸ (MED): **estar herido de ~** schwer verletzt sein
❹ (*de un estilo*) Strenge f
❺ (*de una situación, persona*) Ernst m
❻ (t. JUR) Schwere f; **~ del hecho** Schwere der Tat; **~ de los hechos** Tatschwere f
gravidez [graβi'ðeθ] f Schwangerschaft f
grávido, -a ['graβiðo, -a] adj ❶ (*mujer*) schwanger
❷ (*elev: cargado*) (rand)voll, voll geladen
gravilla [gra'βiʎa] f Feinkies m; (*en la calzada*) (Roll)splitt m
gravitación [graβita'θjon] f (FÍS) Anziehungskraft f; (*de la tierra*) Schwerkraft f
gravitar [graβi'tar] vi ❶ (FÍS) gravitieren
❷ (*un cuerpo*) ruhen (*sobre* auf +dat)
❸ (*recaer*) lasten (*sobre* auf +dat)
gravitatorio, -a [graβita'torjo, -a] adj Gravitations-
gravoso, -a [gra'βoso, -a] adj ❶ (*pesado*) lästig; (*duro*) beschwerlich; (*libro*) schwierig
❷ (*costoso*) kostspielig
graznar [graθ'nar] vi (*cuervo*) krächzen; (*ganso*) schnattern; (*pato*) quaken
graznido [graθ'niðo] m (*cuervo*) Krächzen nt; (*ganso*) Schnattern nt; (*pato*) Quaken nt
greca ['greka] f ❶ (*adorno*) Mäanderband nt
❷ (*Am: cafetera eléctrica*) Kaffeemaschine f
Grecia ['greθja] f Griechenland nt
grecolatino, -a [grekola'tino, -a] adj griechisch-lateinisch
grecorromano, -a [grekorro'mano, -a] adj griechisch-römisch
greda ['greða] f ❶ (*arcilla*) Kreide f
❷ (*para desengrasar*) Bleicherde f
gredal [gre'ðal] m Kreidegrube f
gredoso, -a [gre'ðoso, -a] adj kreidig, tonig
gregal [gre'ɣal] adj Herden-
gregario, -a [gre'ɣarjo, -a] adj ❶ (*persona*) Herden-
❷ (*soldado*) gemein
gregarismo [greɣa'rismo] m sin pl Herdentrieb m
gregoriano, -a [greɣo'rjano, -a] adj gregorianisch
greguería [greɣe'ria] f Stimmengewirr nt
grelo ['grelo] m (GASTR) Steckrübenstengel mpl
gremial [gre'mjal] I. adj ❶ (*de un gremio*) Innungs-
❷ (HIST) Zunft-
II. mf Verbandsangehörige(r) mf
gremialismo [gremja'lismo] m sin pl ❶ (*mundo de*) Innungswesen nt
❷ (*doctrina*) Zunftgeist m
❸ (*tendencia*) Neigung f zur Verbandsbildung
gremio ['gremjo] m ❶ (*asociación*) Innung f
❷ (HIST) Zunft f
greña ['greɲa] f (*cabellos*) Haarschopf m; **andar a la ~** aneinander geraten
greñudo, -a [gre'ɲuðo, -a] adj zerzaust
gres [gres] m ❶ (*arcilla*) (Töpfer)ton m
❷ (*producto*) Steingut nt
gresca ['greska] f ❶ (*bulla*) Krach m
❷ (*riña*) Zankerei f
grial [gri'al] m Gral m; **el santo ~** (HIST, REL, LIT) der Heilige Gral
griego, -a ['grjeɣo, -a] I. adj griechisch

grúa

II. m, f Grieche, -in m, f
grieta ['grjeta] f ❶ (*en la pared*) Riss m
❷ (*en una taza*) Sprung m; (*más grande*) Spalte f
❸ (*en la piel*) Schrunde f
grietarse [grje'tarse] vr (*agrietarse*) rissig werden
grifa ['grifa] f Haschisch nt o m
grifo¹ ['grifo] m ❶ (TÉC) Hahn m; **agua del ~** Leitungswasser nt; **me he dejado el ~ abierto** ich habe den Hahn nicht zugedreht
❷ (*mitología*) Greif m
❸ (*Perú: gasolinera*) Tankstelle f
grifo, -a² ['grifo, -a] adj kraus
grillado, -a [gri'ʎaðo, -a] adj (fam: *loco*) verrückt
grillarse [gri'ʎarse] vr ❶ (*tubérculo*) auskeimen
❷ (*fam: persona*) überschnappen
grillera [gri'ʎera] f ❶ (*agujero*) Grillenloch nt
❷ (*jaula*) Grillenkäfig m
❸ (*fam: lugar*): **esto es una ~** das ist ja das reinste Irrenhaus
❹ (*de la policía*) Streifenwagen m
grillete [gri'ʎete] m ❶ (*cepo*) Fußfessel f
❷ (NÁUT) Schäkel m
grillo ['griʎo] m ❶ (*insecto*) Grille f
❷ (*tubérculo*) Keim m
❸ pl (*grilletes*) Fußfesseln fpl
grima ['grima] f Schauder m; **me da ~ ver cómo la maltratas** es macht mich krank zu sehen, wie du sie misshandelst
grimillón [grimi'ʎon] m (Chil) Menge f, Haufen m
gringada [griŋ'gaða] f (*Am: fam*) ❶ (*truco sucio*) Ganoventrick m
❷ (*grupo de gringos*) Gruppe f von Gringos
gringo¹ ['griŋgo] m (fam) Kauderwelsch nt
gringo, -a² ['griŋgo, -a] m, f (*Am: fam*) ❶ (*persona*) Gringo m; (pey) Ausländer(in) m(f)
❷ (*de EE.UU.*) Amerikaner(in) m(f), Yankee m pey
gripa ['gripa] f (*Am*) Grippe f
gripal [gri'pal] adj (MED) grippal
griparse [gri'parse] vr (TÉC) sich festfressen
gripe ['gripe] f (MED) Grippe f
griposo, -a [gri'poso, -a] I. adj (MED) **estoy ~** ich habe die Grippe
II. m, f Grippekranke(r) mf
gris [gris] I. adj ❶ (*color*) grau; **~ marengo** dunkelgrau; **de ojos ~es** grauäugig
❷ (*persona*) fade
II. m ❶ (*color*) Grau m
❷ (*viento*) kalter Wind m
❸ (HIST: *policía*) Bulle m fam
grisáceo, -a [gri'saθeo] adj gräulich
grisma ['grisma] f (*Chil, Guat, Hond: pizca*) Prise f
grisón¹ [gri'son] m (LING) graubündnerischer Dialekt m
grisón, -ona² [gri'son, -ona] adj graubündnerisch
grisoso, -a [gri'soso, -a] adj (*Am*) v. **grisáceo**
grisú [gri'su] m <grisúes o grisús> (MIN) Grubengas nt
gritadera [grita'ðera] f (*Col, Ven: griterío*) Geschrei nt, Gegröle nt
gritar [gri'tar] vi, vt (*dar gritos*) schreien
❷ (*reprender*) anschreien
❸ (*en un concierto*) auspfeifen
griterío [grite'rio] m Geschrei nt
grito ['grito] m Schrei m; **~ de protesta** Protestruf m; **pegar un ~** einen Schrei ausstoßen; **me lo dijo a ~s** er/sie schrie mich an; **a ~ limpio** [o **pelado**] mit lautem Geschrei; **poner el ~ en el cielo por algo** viel Aufhebens um etw machen; **Bosnia está pidiendo a ~s ayuda internacional** Bosnien bittet inständig um internationale Hilfe
grivna ['griβna] f (ECON) Griwna f
groenlandés, -esa [groenlan'des, -esa] I. adj grönländisch
II. m, f Grönländer(in) m(f)
Groenlandia [groen'landja] f Grönland nt
grogui ['groɣi] adj groggy
grosella [gro'seʎa] f Johannisbeere f
grosellero [grose'ʎero] m (BOT) Johannisbeerstrauch m
grosería [grose'ria] f ❶ (*descortesía*) Unhöflichkeit f
❷ (*ordinariez*) Gewöhnlichkeit f
❸ (*tosquedad*) Rohheit f
❹ (*estupidez*) Dummheit f
❺ (*observación*) vulgäre Äußerung f; (*palabrota*) Schimpfwort nt
grosero, -a [gro'sero, -a] adj ❶ (*descortés*) unhöflich
❷ (*ordinario*) gewöhnlich, ordinär
❸ (*tosco*) plump
grosor [gro'sor] m Dicke f
grotesco, -a [gro'tesko, -a] adj grotesk
grúa ['grua] f ❶ (*máquina*) Kran m
❷ (*vehículo*) Abschleppwagen m

gruesa ['grwesa] *f* (*cantidad*) Gros *nt*
gruesamente [grwesa'mente] *adv* ❶ (*ligeramente*) grob ❷ (*toscamente*) grob, rüde
grueso¹ ['grweso] *m* ❶ (*espesor*) Dicke *f* ❷ (*parte principal*) Gros *nt* ❸ (MED: *intestino*) Dickdarm *m* ❹ (COM): **vender en ~ en gros** verkaufen ❺ (TIPO) (Schrift)kegel *m*
grueso, -a² ['grweso, -a] *adj* ❶ (*persona*) korpulent ❷ (*objeto*) dick ❸ (*mar*) schwer ❹ (*broma*) derb ❺ (*tela*) grob
grulla ['gruʎa] *f* Kranich *m*
grumete [gru'mete] *m* (NÁUT) Schiffsjunge *m*
grumo ['grumo] *m* ❶ (*coágulo*) Klumpen *m*; **~ de sangre** (Blut)gerinnsel *nt* ❷ (*de uvas*) Bündel *nt*; (*de lechuga*) (Salat)herz *nt* ❸ (*de planta*) Schössling *m*; (*en patatas*) Auge *nt*
grumoso, -a [gru'moso, -a] *adj* klumpig, verklumpt
gruñido [gru'niðo] *m* ❶ (*del cerdo*) Grunzen *nt* ❷ (*del perro*) Knurren *nt* ❸ (*de persona*) Murren *nt* ❹ (*de puerta*) Quietschen *nt*
gruñir [gru'nir] <3. pret: gruñó> *vi* ❶ (*cerdo*) grunzen ❷ (*perro*) knurren ❸ (*persona*) murren ❹ (*puerta*) quietschen
gruñón, -ona [gru'non, -ona] **I.** *adj* (*fam*) brummig **II.** *m, f* (*fam*) Brummbär *m*; **es un viejo ~** er ist ein alter Brummbart
grupa ['grupa] *f* Kruppe *f*; **volver ~s** (MIL) kehrtmachen
grupal [gru'pal] *adj* Gruppen-
grupeto [gru'peto] *m* (MÚS) Doppelvorschlag *m*
grupo ['grupo] *m* ❶ (*conjunto*) Gruppe *f*; ~ **industrial** (COM) Konzern *m*; ~ **de noticias** (INFOR) Newsgroup *f*; ~ **parlamentario** (POL) Fraktion *f*; ~ **de presión** (POL) Lobby *f*; ~ **principal** (INFOR) Hauptgruppe *f*; **planificación de ~s** Gruppenplanung *f*; **trabajo en ~** Teamarbeit *f*; (INFOR) Workgroup *f* ❷ (TÉC) Aggregat *nt*
grupúsculo [gru'puskulo] *m* (POL, SOCIOL) kleine, radikale Organisation *f*, Splittergruppe *f*
gruta ['gruta] *f* (*artificial*) Grotte *f*; (*natural*) Höhle *f*
grutesco¹ [gru'tesko] *m* (ARTE) Groteske *f*
grutesco, -a² [gru'tesko, -a] *adj* ❶ (*relativo a la gruta*) grotesk, seltsam ❷ (ARTE) grotesk
guaca ['gwaka] *f* (*Am*) ❶ (*tumba*) indianische Begräbnisstätte *f* ❷ (*tesoro*) verborgener Schatz *m* ❸ (*hucha*) Spardose *f*; **hacer ~** Geld machen
guacal [gwa'kal] *m* (*AmC: calabaza*) Kalebassenbaum *m*; (*jícara*) aus einem Kürbis oder einer Kalebasse hergestelltes Essgeschirr
guacamayo [gwaka'maɟo] *m* Ara *m*
guacamol(e) [gwaka'mol(e)] *m* (*Am*: GASTR) Avocadocreme *f*
guacamote [gwaka'mote] *m* (*Méx*) Maniok *m*
guachada [gwa'tʃaða] *f* (*Am: fam: canallada*) Schurkenstreich *m*
guacharrazo [gwatʃa'rraθo] *m* (*fam*) Fall auf die Seite oder den Rücken
guachimán [gwatʃi'man] *m* (*Am: vigilante*) Wächter *m*
guacho, -a ['gwatʃo, -a] *m, f* (*AmS: huérfano*) Waisenkind *nt*; (*expósito*) ausgesetztes Kind *nt*
guadal [gwa'ðal] *m* (*Arg*) ausgetrockneter, sandiger Sumpfboden *m*
guadalajareño, -a [gwaðalaxa'reno, -a] **I.** *adj* aus Guadalajara **II.** *m, f* Einwohner(in) *m(f)* von Guadalajara
guadaña [gwa'ðana] *f* Sense *f*
guadañadora [gwaðana'ðora] *f* (AGR) Grasmäher *m*
guadañar [gwaða'nar] *vt* mit der Sense mähen
guadianés, -esa [gwaðja'nes, -esa] *adj* Guadiana-, des Guadiana (Fluss)
guagua ['gwaɣwa] *f* ❶ (*trivialidad*) Lappalie *f* ❷ (*Am: autobús*) Bus *m*
guaichi ['gwaitʃi] *m*, **guaichí** [gwai'tʃi] *m* (ZOOL) Vieraugenbeutelratte *f*, Quicka *f*
guaipo ['gwaipo] *m* (ZOOL) Pampashuhn *nt*
guairabo [gwai'raβo] *m* (*Chil*: ZOOL) Nachtreiher *m*
guajira [gwa'xira] *f* (MÚS) Guajira *f* (*kubanische Volksliedform*)
guajiro, -a [gwa'xiro, -a] **I.** *adj* bäurisch **II.** *m, f* (*Cuba*) weißer Bauer *m*, weiße Bäuerin *f*
gualda ['gwalda] *f* (BOT) Färberwau *m*, Färberresede *f*
gualdera [gwal'dera] *f* Seitenwand *f*
gualdo, -a ['gwaldo, -a] *adj* goldgelb; **la bandera roja y gualda** die spanische Flagge

gualicho [gwa'litʃo] *m* (*Arg, Urug*) ❶ (*maleficio*) Zauber *m* ❷ (*objeto que hechiza*) Fetisch *m*
gualve ['gwalβe] *m* (*Chil*) Sumpfgebiet *nt*
guamazo [gwa'maθo] *m* (*Méx*) kräftiger Schlag *m*
guamúchil [gwa'mutʃil] *m* (*Méx: planta*) Regenbaum *m*
guanábano [gwa'naβano] *m* (*Am: árbol*) Zimtapfel(baum) *m*
guanaco¹ [gwa'nako] *m* (*mamífero*) Guanako *m o nt*
guanaco, -a² [gwa'nako, -a] **I.** *adj* (*Am: tonto*) dumm, einfältig; (*lento*) tranig *fam* **II.** *m, f* ❶ (*Am: tonto*) Einfaltspinsel *m*, Dummkopf *m* ❷ (*AmC: habitante*) Einwohner(in) *m(f)* von El Salvador
guanche ['gwantʃe] *m* ❶ (*persona*) Ureinwohner der kanarischen Inseln ❷ (HIST: *lengua*) Sprache der Einwohner Gran Canarias
guango, -a ['gwango, -a] *adj* (*Méx*) weit
guanina [gwa'nina] *f* (BIOL, QUÍM) Guanin *f*
guano ['gwano] *m* ❶ (*excrementos*) Guano *m* ❷ (*CSur: estiércol*) Dung *m*
guantada [gwan'taða] *f* Ohrfeige *f*; **dar una ~ a alguien** jdn ohrfeigen
guantazo [gwan'taθo] *m v.* **guantada**
guante ['gwante] *m* Handschuh *m*; ~ **cibernético** [o **virtual**] Datenhandschuh *f*; **ir** [o **sentar**] **como un ~** wie angegossen sitzen; **recoger el ~** den Fehdehandschuh aufnehmen; **colgar los ~s** (*boxeador*) die Boxhandschuhe an den Nagel hängen; (*futbolista*) die Fußballschuhe an den Nagel hängen; **le echaron el ~ al ladrón** der Dieb wurde geschnappt
guantear [gwante'ar] *vt* (*Am: abofetear*) ohrfeigen
guantelete [gwante'lete] *m* Panzerhandschuh *m*
guantera [gwan'tera] *f* (AUTO) Handschuhfach *nt*
guantero, -a [gwan'tero, -a] *m, f* Handschuhmacher(in) *m(f)*
guapamente [gwapa'mente] *adv* (*fam: muy bien*) prima, toll; (*sin recato*) putzmunter; **la fiesta salió tan ~ como esperábamos** das Fest lief super, ganz wie wir's gehofft hatten
guapear [gwape'ar] *vi* (*fam*) ❶ (*ostentar*) sein Äußeres zur Schau stellen ❷ (*fanfarronear*) prahlen (*de* mit +*dat*)
guaperas [gwa'peras] *m inv* (*fam*) eitler Mensch *m*; **va de ~** er spielt den wilden Mann
guaperío [gwape'rio] *m* Schickeria *f*
guapeza [gwa'peθa] *f* ❶ (*aspecto*) Schönheit *f*; (*elegancia*) Eleganz *f* ❷ (*en los vestidos*) Eitelkeit *f* ❸ (*valentonería*) Mut *m*
guapo¹ ['gwapo] *m* ❶ (*Am: pey: pendenciero*) Raufbold *m* ❷ (*galán*) Galan *m*
guapo, -a² ['gwapo, -a] *adj* ❶ (*atractivo*) gut aussehend ❷ (*en el vestir*) schick ❸ (*Am: valiente*) mutig
guapote [gwa'pote] *adj* (*fam*) (ganz) attraktiv, (recht) gut aussehend
guaquero, -a [gwa'kero, -a] *m, f* (*Am*) Schatzsucher(in) *m(f)*; (*ilegal*) Schatzplünderer, -in *m, f*
guaraca [gwa'raka] *f* (*Am: honda*) Schleuder *f*; (*látigo*) Peitsche *f*
guaraná [gwara'na] *f* (*Am: planta*) Guaranapflanze *f*
guarangada [gwaran'gaða] *f* (*Am: grosería*) Flegelei *f*
guaraní [gwara'ni] **I.** *adj* Guarani- **II.** *m* Guaraní *m*
guarapo [gwa'rapo] *m* (*Am: jugo*) Zuckerrohrsaft *m*; (*bebida*) Zuckerrohrschnaps *m*
guarapón [guara'pon] *m* (*AmS*) breitkrempiger Hut *m*
guarda¹ ['gwarða] *mf* Wächter(in) *m(f)*; ~ **forestal** Förster(in) *m(f)*
guarda² ['gwarða] *f* ❶ (*acto*) Wache *f* ❷ (*protección*) Schutz *m* ❸ (*de un libro*) Vorsatz *m* ❹ (*de la ley*) Befolgung *f* ❺ *pl* (*de llave*) Einkerbung *f* im Schlüsselbart; (*de cerradura*) Zuhaltung *f* ❻ *pl* (*de abanico*) Stäbe *mpl*
guardabarrera [gwarðaβa'rrera] *mf* Bahnwärter(in) *m(f)*
guardabarros [gwarða'βarros] *m inv* Schutzblech *nt*
guardabosque(s) [gwarða'βoske(s)] *mf* (*inv*) Förster(in) *m(f)*
guardabrisa [gwarða'βrisa] *f* Sturmlaterne *f*; (*campana*) Glasglocke *f*
guardacabras [gwarða'kaβras] *mf inv* Ziegenhirte, -in *m, f*
guardacostas [gwarða'kostas] *m inv* Boot *nt* der Küstenwache
guardaespaldas [gwarðaes'paldas] *mf inv* Leibwächter(in) *m(f)*
guardagujas [gwarða'ɣuxas] *mf inv* (FERRO) Weichensteller(in) *m(f)*
guardalmacén [gwarðalma'θen] *mf* Lagerverwalter(in) *m(f)*
guardameta [gwarða'meta] *mf* (DEP) Torwart, -frau *m, f*
guardapesca [gwarða'peska] *m* (NÁUT) Fischereischutzboot *nt*
guardapolvo [gwarða'polβo] *m* Staubmantel *m*
guardapuerta [gwarða'pwerta] *f* Türvorhang *m*

guardapuntas [gwarða'puntas] *m inv* Bleistifthülse *f*
guardar [gwar'ðar] **I.** *vt* ① (*vigilar*) bewachen; (*rebaño*) hüten
② (*proteger*) beschützen (*de* vor +*dat*)
③ (*ley*) einhalten
④ (*conservar*) (auf)bewahren; ~ **en la memoria intermedia** (INFOR) zwischenspeichern; ~ **un sitio** einen Platz freihalten; ~**le un trozo de pastel a alguien** jdm ein Stück Kuchen aufheben; **guárdame esto que ahora vengo** heb das für mich auf, ich komme sofort
⑤ (*poner*): **¿dónde has guardado las servilletas?** wo hast du die Servietten hingetan?; ~ **el dinero en el banco** das Geld auf die Bank bringen; ~ **algo en el bolsillo** etw in die Tasche stecken
⑥ (*quedarse con*) behalten
⑦ (*ahorrar*) sparen; ~ **las fuerzas** seine Kräfte schonen
⑧ (*loc*): ~ **cama** das Bett hüten; ~ **silencio** Stillschweigen bewahren; ~ **las distancias** Distanz wahren
II. *vr*: ~**se** ① (*conservar*) aufheben
② (*protegerse*) sich hüten (*de* vor +*dat*)
guardarriel [gwarða'rrjel] *m* (FERRO) Schutzschiene *f*, Leitschiene *f*
guardarropa¹ [gwarða'rropa] *m* Garderobe *f*
guardarropa² [gwarða'rropa] *mf* ① (*de vestuario: mujer*) Garderobe(n)frau *f*; (*hombre*) Garderobier *m*
② (TEAT: *guardarropía*) Requisiteur(in) *m(f)*
guardarropía [gwarðarro'pia] *m* ① (TEAT: *accesorios*) Requisiten *ntpl*; **de** ~ Schein-
② (*cuarto*) Requisitenkammer *f*
guardavía [gwarða'βia] *mf* (FERRO) Bahnwärter(in) *m(f)*
guardería [gwarðe'ria] *f* (*hasta tres años*) Kinderkrippe *f*; (*más de tres años*) Kindergarten *m*; (*durante todo el día*) Kindertagesstätte *f*
guardia¹ ['gwarðja] *f* ① (*vigilancia*) Wache *f*; **¿cuál es la farmacia de ~?** welche Apotheke hat Notdienst?; **estar de ~** (*por la noche*) Nachtdienst haben; (*el fin de semana*) Wochenenddienst haben; (MIL) Wache schieben
② (DEP) Deckung *f*; **bajar la ~** die Deckung fallen lassen; **en ~** (*esgrima*) en garde
③ (*instituciones*): **la G~ Civil** die Guardia civil; ~ **municipal** [*o* **urbana**] Gemeindepolizei *f*; **estar en ~** auf der Hut sein; **poner a alguien en ~** jdn in Alarmbereitschaft versetzen
guardia² [gwarðja] *mf*: ~ **civil** Beamte(r) *m* der Guardia civil, Beamtin *f* der Guardia civil; ~ **municipal** [*o* **urbano**] Gemeindepolizist(in) *m(f)*; ~ **de tráfico** Verkehrspolizist(in) *m(f)*
guardián, -ana [gwar'ðjan, -ana] *m, f* ① (*protector*) Hüter(in) *m(f)*; **perro** ~ Wachhund *m*; ~ **de la moneda** (ECON) Währungshüter *m*
② (*en el zoo*) Wärter(in) *m(f)*
guardilla [gwar'ðiʎa] *f* ① (*habitación*) Dachzimmer *nt*
② (*ventana*) Dachfenster *nt*
guardón, -ona [gwar'ðon, -ona] **I.** *adj* (*pey*) geizig, knauserig
II. *m, f* (*pey*) Geizhals *m*, Knauser(in) *m(f)*
guarecer [gware'θer] *irr como crecer* **I.** *vt* ① (*proteger*) schützen (*de* vor +*dat*)
② (*albergar*) beherbergen; **le guarecí en mi casa** ich nahm ihn bei mir auf
③ (*curar*) heilen
II. *vr*: ~**se** ① (*cobijarse*) sich flüchten
② (*de la lluvia*) sich unterstellen
guarida [gwa'riða] *f* ① (*cueva*) Höhle *f*; (*de animales*) Bau *m*
② (*refugio*) Versteck *nt*
guarisapo [gwari'sapo] *m* (*Chil*: ZOOL) Kaulquappe *f*
guarismo [gwa'rismo] *m* (MAT) Ziffer *f*
guarnecer [gwarne'θer] *irr como crecer* *vt* ① (*adornar*) verzieren (*con/de* mit +*dat*); (GASTR) garnieren; (*vestido*) besetzen
② (MIL: *ciudad*) eine Garnison (in einer Stadt) stationieren
③ (*equipar*) ausrüsten (*con/de* mit +*dat*); (*proveer*) versehen (*con/de* mit +*dat*), ausstatten (*con/de* mit +*dat*)
guarnecido [gwarne'θiðo] *m sin pl* ① (*entablado*) Wandverkleidung *f*
② (*enlucido*) Verputz *m*
guarnición [gwarni'θjon] *f* ① (*adorno*) Verzierung *f*; (*en vestido*) Besatz *m*; (*en joya*) (Ein)fassung *f*
② (MIL) Garnison *f*
③ (GASTR) Garnierung *f*
④ *pl* (*arreos*) Geschirr *nt*
guarnicionar [gwarniθjo'nar] *vt* (MIL) garnisonieren, in Garnison legen
guarrazo [gwa'rraθo] *m* (*fam*) Sturz *m*; **darse un ~** einen Sturz bauen [*o* drehen]
guarrear [gwarre'ar] **I.** *vt* (*fam: manchar*) einsauen
II. *vr*: ~**se** (*fam: mancharse*) sich eindrecken, sich einsauen
guarrería [gwarre'ria] *f* Schweinerei *f*
guarro, -a ['gwarro, -a] **I.** *adj* ① (*cosa*) dreckig; **chiste ~** anstößiger Witz
② (*persona*) schlampig; (*moralmente*) unanständig
II. *m, f* Schwein *nt*
guasa ['gwasa] *f* ① (*burla*) Scherz *m*; **estar de ~** zum Scherzen aufgelegt sein
② (*sosería*) Fadheit *f*
guasanga [gwa'saŋga] *f* (*Am: bullanga*) Remmidemmi *nt*
guasca ['gwaska] *f* (*Am*) Peitsche *f*
guasearse [gwase'arse] *vr* sich lustig machen (*de* über +*akk*)
guasería [gwase'ria] *f* (*Arg, Chil: grosería*) Unhöflichkeit *f*, Flegelhaftigkeit *f*
guaso, -a ['gwaso, -a] *adj* (*CSur*) ① (*rústico*) bäurisch
② (*torpe*) grob, unhöflich
guasón, -ona [gwa'son, -ona] *m, f* Spaßvogel *m*
guata ['gwata] *f* ① (*algodón*) Watte *f*
② (*Am: barriga*) Bauch *m*
guate ['gwate] *m* (*AmC, Méx*) Futtermaispflanzung *f*
guatemalteco, -a [gwatemal'teko, -a] **I.** *adj* guatemaltekisch
II. *m, f* Guatemalteke, -in *m, f*
guatemaltequismo [gwatemalte'kismo] *m* (LING) in Guatemala gebräuchlicher Ausdruck *m*
guateque [gwa'teke] *m* (*Chil*) Party *f*
guatero [gwa'tero] *m* (*Chil*) Wärmflasche *f*
guau-guau [gwaṷ gwaṷ] <guau-guaus> *m* (*fam*) Wauwau *m*
guay [gwai̯] *adj* (*fam*) klasse
guayaba [gwa'ɟaβa] *f* ① (*fruto*) Guajave *f*
② (*jalea*) Guajavegelee *nt*
③ (*Am: mentira*) Lüge *f*
guayabo [gwa'ɟaβo] *m* Guajavabaum *m*
guayacán [gwaɟa'kan] *m* (*Am*: BOT) Guajakbaum *m*
guayacol [gwaɟa'kol] *m* (MED) Guajakol *nt*, Guajaktinktur *f*
guayameño, -a [gwaɟa'meɲo, -a] **I.** *adj* aus Guayama (*Puerto Rico*)
II. *m, f* Einwohner(in) *m(f)* von Guayama (*Puerto Rico*)
Guayana [gwa'ɟana] *f* Guyana *nt*
guayanés, -esa [gwaɟa'nes, -esa] **I.** *adj* guyanisch
II. *m, f* Guyaner(in) *m(f)*
guayar [gwa'ɟar] **I.** *vt* (*Ant*) reiben, raspeln
II. *vr*: ~**se** (*PRico*) sich voll laufen lassen *fam*
guazubirá [gwaθuβi'ra] *m* (*Arg, Par*: ZOOL) Grauer Spießhirsch *m*, Graumazama *m*
gubernamental [guβernamen'tal] *adj* ① (*relativo a*) Regierungs-
② (*partidario*) regierungstreu
gubernativo, -a [guβerna'tiβo, -a] *adj* Regierungs-; **policía gubernativa** Staatspolizei *f*
gubia ['guβja] *f* (TÉC) Hohlmeißel *m*
guedeja [ge'ðexa] *f* ① (*mechón de pelo*) (Haar)strähne *f*; **con esas ~s encima de la cara** mit dieser ins Gesicht hängenden Mähne
② (*cabellera larga*) langes Haar *nt*, Mähne *f*
③ (*melena del león*) (Löwen)mähne *f*
güemul [gwe'mul] *m* (*Arg, Chil*: ZOOL) Huemul *m*
guepardo [ge'parðo] *m* Gepard *m*
güero, -a ['gwero, -a] **I.** *adj* (*Am: rubio*) blond
II. *m, f* (*Am: rubio*) Blonde(r) *mf*
guerra ['gerra] *f* Krieg *m*; ~ **de precios/tarifas** Preis-/Tarifkampf *m*; ~ **sucia** (*fig*) schmutzige Machenschaften; **la ~ civil española** der spanische Bürgerkrieg; **la Primera G~ Mundial** der Erste Weltkrieg; **ir a la ~** in den Krieg ziehen; **estar en pie de ~ con alguien** mit jdm auf Kriegsfuß stehen; **estos niños dan mucha ~** (*fam*) diese Kinder sind sehr anstrengend; **no saber de qué va la ~** (*fam*) nicht wissen, worum es geht
guerreador(a) [gerrea'ðor(a)] **I.** *adj* (*que guerrea*) Krieg führend; (*inclinado a la guerra*) angriffslustig, kriegerisch; **es un niño muy ~** er ist ein sehr aggressiver Junge
II. *m(f)* (*que guerrea*) Kriegführende(r) *mf*; (*inclinado a la guerra*) Angriffslustige(r) *mf*
guerrear [gerre'ar] *vi* ① (*hacer guerra*) Krieg führen
② (*resistir*) sich zur Wehr setzen
guerrera [ge'rrera] *f* Uniformjacke *f*
guerrero, -a [ge'rrero, -a] **I.** *adj* ① (*de guerra*) Kampf-, kämpferisch
② (*travieso*) ausgelassen
③ (*revoltoso*) ungezogen
II. *m, f* Krieger(in) *m(f)*
guerrilla [ge'rriʎa] *f* Freischar *f*; (*en Latinoamérica*) Guerilla *f*
guerrillear [gerriʎe'ar] *vi* einen Guerillakrieg führen
guerrillero, -a [gerri'ʎero, -a] *m, f* Freischärler(in) *m(f)*; (*en Latinoamérica*) Guerillakämpfer(in) *m(f)*, Guerillero, -a *m, f*
gueto ['geto] *m* Getto *nt*
guía¹ ['gia] *mf* ① (*de un grupo*) Führer(in) *m(f)*; ~ **turístico** Fremdenführer *m*
guía² ['gia] *m* ① (MIL) Flügel *m*
② (*manillar*) Lenkstange *f*

guía³ ['gia] *f* ① (*pauta*) Richtschnur *f*
② (*persona*) Leitbild *nt*
③ (*manual*) Handbuch *nt*; ~ **comercial** Firmenadressbuch *nt*; ~ **de ferrocarriles** Kursbuch *nt*; ~ **telefónica** Telefonbuch *nt*; ~ **turística** Reiseführer *m*
④ (*planta*) Leittrieb *m*
⑤ (TÉC) Führungsschiene *f*
⑥ (*del bigote*) Schnurrbartspitze *f*
⑦ (*del abanico*) Stäbe *mpl*
⑧ (PRico: *volante*) Lenkrad *nt*
⑨ *pl* (*riendas*) Zügel *mpl*
guiadera [gia'ðera] *f* Führungsstück *nt*, Führungsschiene *f*
guiar [gi'ar] <*1. pres*: guío> I. *vt* ① (*a alguien*) führen
② (*conversación*) lenken
③ (*planta*) hochbinden
II. *vr*: ~se sich richten (*por* nach +*dat*); **me guío por mi instinto** ich folge meinem Instinkt
guiguí [gi'ɣi] <guiguíes> *m* (ZOOL) Taguan *m*, Riesengleithörnchen *nt*
guija ['gixa] *f* ① (*piedra*) Kiesel(stein) *m*; ~s **del río** Flusskiesel *pl*
② (BOT) Saatplatterbse *f*
guijarro [gi'xarro] *m* ① (*canto*) Kiesel(stein) *m*
② *pl* (*en playa*) Geröll *nt*
guijo ['gixo] *m* Schotter *m*
guileña [gi'leɲa] *f* (BOT) Akelei *f*
guillado, -a [gi'ʎaðo, -a] *adj* (*fam*) bescheuert; **¿no ves que está ~? merkst du nicht, dass er total spinnt?**
guillarse [gi'ʎarse] *vr* (*fam*) ① (*chiflarse*) überschnappen
② (*irse*): **guillárselas** abhauen
guillomo [gi'ʎomo] *m* (BOT: *Amelanchier*) Felsenbirne *f*; (*Cotoneaster*) Zwergmispel *f*
guillotina [giʎo'tina] *f* ① (*de ejecución*) Guillotine *f*
② (*para papel*) (Papier)schneidemaschine *f*
③ (TÉC): **ventana de ~** (nach oben zu öffnendes) Schiebefenster *f*
guillotinar [giʎoti'nar] *vt* ① (*decapitar*) guillotinieren
② (*papel*) schneiden
guinda ['ginda] *f* ① (*fruta*) Sauerkirsche *f*
② (NÁUT: *de arboladura*) Bemastungshöhe *f*
③ (*loc*): **y la ~ fue que ...** (*fam*) und der Hammer war, dass ...
guindal [gin'dal] *m* (BOT) Sauerkirschbaum *m*, Sauerkirsche *f*
guindamaina [ginda'majna] *f* (NÁUT) Flaggengruß *m*
guindar [gin'dar] *vt* (*fam: robar*) klauen
guindilla [gin'diʎa] *f* (GASTR) Paprikaschote *f*; (*pequeña*) Peperoni *f*
guindillo [gin'diʎo] *m* (BOT) Peruanischer Pfeffer *m*
guindo ['gindo] *m* ① (*árbol*) Sauerkirschbaum *m*
② (*loc*): **subirse al ~** (*fam*) in die Luft gehen
guineo [gi'neo] *m* (Am: *banana*) Banane *f*
guineoecuatoriano, -a [gineoekwato'rjano, -a] I. *adj* äquatorialguineisch, aus Äquatorialguinea
II. *m*, *f* Äquatorialguineer(in) *m(f)*
guiñada [gi'ɲaða] *f* ① (*guiño*) Zwinkern *nt*; **le avisó con una ~ de que...** durch Zwinkern wies er/sie ihn darauf hin, dass ...
② (NÁUT) Gieren *nt*
guiñapiento, -a [giɲa'pjento, -a] *adj* zerlumpt, verwahrlost
guiñapo [gi'ɲapo] *m* ① (*trapo*) Lumpen *m*
② (*andrajoso*) zerlumpter Mensch *m*
③ (*degradado*) heruntergekommener Mensch *m*
④ (*debilucho*) Schwächling *m*
guiñar [gi'ɲar] I. *vt* zwinkern
II. *vi* (NÁUT) gieren
guiño ['giɲo] *m* (*con el ojo*) (Zu)zwinkern *nt*; **hacer un ~** zwinkern; (*en señal de algo*) zuzwinkern
guiñol [gi'ɲol] *m* ① (*teatro*) Kasper(le)theater *nt*
② (*títere*) Kasperpuppe *f*
guiñolesco, -a [giɲo'lesko, -a] *adj* Kasper(le)-; **una obrita de carácter ~** ein kleines Stück im Stil des Kaspertheaters
guion [gi'on] *m* ① (*de una conferencia*) Konzept *nt*
② (CINE) Drehbuch *nt*; (TV) Skript *nt*
③ (LING: *al fin de renglón*) Trennungsstrich *m*; (*de compuesto*) Bindestrich *m*; (*en diálogo*) Gedankenstrich *m*
④ (*persona*) Führer *m*
⑤ (*real*) königliche Standarte *f*
⑥ (*de procesión*) Prozessionsfahne *f*
guionista [gjo'nista] *mf* (CINE) Drehbuchautor(in) *m(f)*; (TV) Skriptautor(in) *m(f)*
guipar [gi'par] *vt* (*vulg*) glotzen (*a* auf +*akk*) *fam*
guiri ['giri] *mf* (*pey*) ① (*extranjero*) Ausländer(in) *m(f)*
② (*guardia*) Beamte(r) *mf* der Guardia civil, Beamtin *f* der Guardia civil
guirigay [giri'ɣaj] *m* <guirigayes *o* gurigáis> (*fam*) ① (*lenguaje*) Kauderwelsch *nt*
② (*griterío*) Geschrei *nt*
③ (*barullo*) Wirrwarr *m*
guirlache [gir'latʃe] *m* Krokant *m*
guirnalda [gir'nalda] *f* Girlande *f*
guiropa [gi'ropa] *f* (GASTR) *Gericht aus Kartoffeln und Fleisch*
guisa ['gisa] *f*: **no puedes hacerlo de esta ~** du kannst es so nicht machen
guisado [gi'saðo] *m* Schmorbraten *m*
guisantal [gisan'tal] *m* (AGR) Erbsenfeld *nt*
guisante [gi'sante] *m* Erbse *f*
guisar [gi'sar] I. *vt* ① (*cocinar*) kochen; (*con salsa*) schmoren
② (*tramar*) aushecken
II. *vr*: ~se sich anbahnen; **se está guisando** es köchelt vor sich hin
guiso ['giso] *m* ① (*plato*) Gericht *nt*
② (*en salsa*) Schmorbraten *m*
guisopillo [giso'piʎo] *m* (BOT) Winterbohnenkraut *nt*
guisote [gi'sote] *m* (*pey*) Fraß *m*
güisqui ['gwiski] *m* Whisky *m*
guita ['gita] *f* ① (*cuerda*) Bindfaden *m*
② (*fam: dinero*) Kohle *f*
guitarra [gi'tarra] *f* ① (*instrumento*) Gitarre *f*
② (*loc*): **venir como una ~ en un entierro** fehl am Platz(e) sein; **chafar la ~ a alguien** jdm einen Strich durch die Rechnung machen
guitarrear [gitarre'ar] *vi* (MÚS) Gitarre spielen; (*fatigosamente*) auf der Gitarre (herum)klimpern
guitarreo [gita'rreo] *m* (MÚS) Gitarrengeklimper *nt*
guitarrero, -a [gita'rrero, -a] *m*, *f* (*fabricante*) Gitarrenhersteller(in) *m(f)*
② (*guitarrista*) Gitarrenspieler(in) *m(f)*; (*profesional*) Gitarrist(in) *m(f)*
guitarrista [gita'rrista] *mf* Gitarrenspieler(in) *m(f)*; (*profesional*) Gitarrist(in) *m(f)*
güito ['gwito] *m* ① (*fam: sombrero*) Hut *m*
② (*de albaricoque*) Aprikosenkern *m*
gula ['gula] *f* Gefräßigkeit *f*
gulasch [gu'laʃ] *m* Gulasch *nt o m*
gullería [guʎe'ria] *f* Leckerbissen *m*
guloso, -a [gu'loso, -a] *adj o m*, *f v.* **glotón²**
gulusmear [gulusme'ar] *vi* (*fam*) ① (*comer golosinas*) naschen
② (*husmear*) schnüffeln
gúmena ['gumena] *f* (NÁUT) Ankertau *nt*
gura ['gura] *f* (ZOOL) Krontaube *f*
guripa [gu'ripa] *m* ① (*soldado*) Soldat *m*
② (*guardia*) (Gemeinde)polizist *m*
③ (*golfo*) Gauner *m*
gurmet [gur'met] *mf* Gourmet *m*
gurrumino¹ [gurru'mino] *m* Pantoffelheld *m*
gurrumino, -a² [gurru'mino, -a] *adj* ① (*ruin*) knauserig
② (*mezquino*) schäbig
gurú [gu'ru] *m* Guru *m*
gusanillo [gusa'niʎo] *m* Würmchen *nt*; **matar el ~** (*comiendo*) eine Kleinigkeit essen; (*bebiendo*) auf nüchternen Magen Schnaps trinken; **a alguien le entra el ~ de algo/de hacer algo** jdn bekommt wieder Lust auf etw/etw zu tun
gusano [gu'sano] *m* ① (*lombriz*) Wurm *m*; ~ **de tierra** Regenwurm *m*; ~ **de luz** Glühwürmchen *nt fam*
② (*oruga*) Raupe *f*
③ (*malo*) verächtlicher Mensch *m*
④ (*abatido*) niedergeschlagener Mensch *m*
gusarapiento, -a [gusara'pjento, -a] *adj* ① (*lleno de gusarapos*) voller Maden
② (*fig: inmundo*) verwahrlost, schmuddelig
gusarapo [gusa'rapo] *m* (ZOOL) Made *f*
gustar [gus'tar] *vi* ① (*agradar*) gefallen; (*actividad*) gern tun; (*persona*) gern haben; (*comida*) schmecken; **como Ud. guste** wie Sie wünschen; **¿te gusta estar aquí?** gefällt es dir hier?; **me gusta nadar** ich schwimme gern
② (*querer*): ~ **de ...** belieben zu ...; **me gustas** ich mag dich
③ (*condicional*): **me ~ía saber ...** ich wüsste gern ...
gustativo, -a [gusta'tiβo, -a] *adj* Geschmacks-
gustazo [gus'taθo] *m* ① (*placer*) Riesenspaß *m*; **tuve el ~ de darle la mano** ich hatte (endlich) das Vergnügen, ihm/ihr die Hand zu geben
② (*ante una desgracia*) Schadenfreude *f*
gustillo [gus'tiʎo] *m* Nachgeschmack *m*
gusto ['gusto] *m* ① (*sentido*) Geschmack(ssinn) *m*; **una broma de mal ~** ein geschmackloser Scherz; **no hago nada a ~ de nadie** ich kann es ihm/ihr nie recht machen; **lo ha hecho a mi ~** er/sie hat es ganz nach meinem Geschmack gemacht; **sobre ~s no hay nada escrito** über Geschmack lässt sich nicht streiten
② (*sabor*) Geschmack *m* (*a* nach +*dat*); **huevos al ~** Eier nach Wahl

gustoso

❸ (*placer*) Vergnügen *nt;* ~s caros teures Vergnügen; **encontrar ~ en algo** Freude an etw *dat* finden; **estar a ~** sich wohl fühlen; **tanto ~ en conocerla – el ~ es mío** sehr erfreut – ganz meinerseits; **hago lo que me viene en ~** ich mache, was ich will

gustoso, -a [gus'toso, -a] *adj* ❶ (*sabroso*) köstlich
❷ (*con gusto*): **te acompañaré ~** ich werde dich gern begleiten
❸ (*agradable*) angenehm

gutapercha [guta'pertʃa] *f* Guttapercha *f o nt*
gutural [gutu'ral] *adj* guttural
gym-jazz [dʒim'dʒas] *m* (DEP) Jazzgymnastik *f*
gymkhana [dʒiŋ'kana] *f* Gymkhana

H

H, h ['atʃe] *f* H, h *nt;* **~ de Huelva** H wie Heinrich
ha [xa] *interj* ah!, ach!; **¡~, ~!** haha(ha)!
haba ['aβa] *f* ❶ (BOT) Saubohne *f;* **son ~s contadas** (*es seguro*) das ist ganz sicher; (*es escaso*) das ist knapp; **en todas partes cuecen ~s** das kommt in den besten Familien vor
❷ (*de café*) (Kaffee)bohne *f*
❸ (*del caballo*) Gaumengeschwulst *f*
❹ (*del pene*) Eichel *f*

Habana [a'βana] *f:* **la ~** Havanna *nt*
habanero, -a [aβa'nero, -a] I. *adj* aus Havanna
II. *m, f* Einwohner(in) *m(f)* von Havanna
habano [a'βano] *m* Havanna(zigarre) *f*
habar [a'βar] *m* (AGR) Puffbohnenfeld *nt*
haber [a'βer] *irr* I. *aux* ❶ (*en tiempos compuestos*) haben, sein; **ha ido al cine** er/sie ist ins Kino gegangen; **he comprado el periódico** ich habe die Zeitung gekauft
❷ (*de obligación*) müssen; **¿qué ha de ser cierto?** das soll wahr sein?
❸ (*futuro*): **él no ha de decirlo** er wird es nicht sagen
❹ (*imperativo*): **no tengo sitio – ¡~ venido antes!** ich habe keinen Platz – du hättest früher kommen sollen!
II. *v impers* ❶ (*ocurrir*) geschehen; **ha habido un terremoto en Japón** in Japan hat es ein Erdbeben gegeben; **¿qué hay?** was ist los?; **¿qué hay, Pepe?** wie geht's, Pepe?
❷ (*efectuar*): **hoy no hay cine** heute gibt's keine Kinovorstellung; **ayer hubo reunión** gestern fand die Sitzung statt; **después habrá baile** später wird getanzt
❸ (*existir*) geben; **aquí no hay agua** hier gibt es kein Wasser; **a este negocio no hay nada que hacerle** mit diesem Geschäft kann man keinen Blumentopf gewinnen *fam;* **eso es todo ... ¡y ya no hay más!** das ist alles ... und damit basta!; **¿hay algo entre tú y ella?** läuft etwas zwischen euch beiden?; **hay poca gente** es sind wenige Leute da; **hay quien cree que ...** manche (Leute) glauben, dass ...; **¡muchas gracias! – no hay de qué** vielen Dank! – gern geschehen!; **no hay para ponerse así** es gibt keinen Grund, sich derart aufzuregen; **no hay quien me gane al ping-pong** keiner kann mich im Tischtennis schlagen
❹ (*hallarse*) sein; **hay un cuadro en la pared** an der Wand hängt ein Bild; **había un papel en el suelo** auf dem Boden lag ein Blatt Papier
❺ (*tiempo*) vor *+dat;* **había una vez ...** es war einmal ...
❻ (*obligatoriedad*): **¡hay que ver cómo están los precios!** mein Gott, wie teuer alles geworden ist!; **hay que trabajar más** man muss mehr arbeiten; **no hay que olvidar que ...** man darf nicht vergessen, dass ...
III. *vt:* **compra cuantos sellos pueda ~** er/sie kauft alle erhältlichen Briefmarken
IV. *vr:* **-se** (*comportarse*) sich benehmen; (*entenderse*) auskommen (*con mit +dat*); **habérselas con alguien** es mit jdm zu tun bekommen
V. *m* ❶ (*capital*) Haben *nt*
❷ (*en cuenta corriente*) (Gut)haben *nt;* **~ fiscal** Steuergutschrift *f;* **pasaré la cantidad a tu ~** ich werde die Summe auf dein Konto überweisen
❸ *pl* (*emolumentos*) Einkünfte *fpl;* **~es pasivos** Versorgungsbezüge *pl*

habichuela [aβi'tʃwela] *f* Bohne *f*
habiente [a'βjente] *adj* (JUR) innehabend; **derecho ~** Berechtigte(r) *mf,* Rechtsinhaber(in) *m(f)*
hábil ['aβil] *adj* ❶ (*diestro*) geschickt; **ser ~ para algo** für etw Geschick haben
❷ (*en el oficio*) tüchtig
❸ (*astuto*) schlau; **una respuesta ~** eine schlagfertige Antwort
❹ (JUR) fähig; **días ~es** Arbeitstage *mpl*
habilidad [aβili'ðað] *f* ❶ (*destreza*) Geschicklichkeit *f;* **no tengo gran ~ con las manos** ich habe zwei linke Hände
❷ (*facultad*) Können *nt;* (*para los negocios*) (Geschäfts)tüchtigkeit *f*
❸ (*astucia*) Schläue *f*
❹ (*gracia*) Anmut *f;* **se mueve con ~** er/sie bewegt sich anmutig

habilidoso, -a [aβili'ðoso, -a] *adj* ❶ (*diestro*) geschickt
❷ (*en los negocios*) (geschäfts)tüchtig
❸ (*astuto*) schlau
❹ (*gracioso*) anmutig

habilitación [aβilita'θjon] *f* ❶ (JUR: *de personas*) Befähigung *f* (*para zu +dat*), Bevollmächtigung *f* (*para zu +dat*)
❷ (*de empleo*) Zahlungsbevollmächtigung *f;* **~ de cobro** Inkassoermächtigung *f*
❸ (*oficina*) Zahlstelle *f*
❹ (*de un espacio*) Umgestaltung *f*

habilitar [aβili'tar] I. *vt* ❶ (JUR: *a personas*) befähigen; (*documentos*) für rechtsgültig erklären
❷ (COM: *dar capital*) finanzieren
❸ (*proveer*) versorgen (*de mit +dat*); **~ horas de visita** Sprechstunden festlegen
❹ (*espacio*) umgestalten
II. *vr:* **-se** sich versorgen (*de mit +dat*)

habiloso, -a [aβi'loso, -a] *adj* (*Am*) ❶ (*hábil*) flink
❷ (*astuto*) schlau
habitabilidad [aβitaβili'ðað] *f sin pl* Bewohnbarkeit *f*
habitable [aβi'taβle] *adj* bewohnbar
habitación [aβita'θjon] *f* ❶ (*cuarto*) Zimmer *nt*
❷ (*vivienda*) Wohnung *f*
❸ (*acción*) Wohnen *nt*
habitáculo [aβi'takulo] *m* ❶ (*vivienda*) Wohnung *f*
❷ (*espacio*) Wohnraum *m*
❸ (AUTO) Innenraum *m*
habitante [aβi'tante] *mf* ❶ (*en ciudad*) Einwohner(in) *m(f)*
❷ (*de una isla*) Bewohner(in) *m(f)*
habitar [aβi'tar] I. *vi* wohnen (*en* in *+dat*); **hace tiempo que habita en Alemania** er/sie lebt seit langem in Deutschland
II. *vt* bewohnen
hábitat ['aβitat] *m* <hábitats> Habitat *nt*
hábito ['aβito] *m* ❶ (*costumbre*) (An)gewohnheit *f;* **~ de consumo** Verbrauchergewohnheit *f;* **~ mercantil** Handelsüblichkeit *f;* **he dejado el ~ de fumar** ich habe mir das Rauchen abgewöhnt
❷ (REL: *sotana*) Habit *m o nt;* (*orden*) Orden *m*
habituación [aβitwa'θjon] *f sin pl* Anpassung *f,* Gewöhnung *f*
habitual [aβitu'al] *adj* gewöhnlich; **bebedor ~** Gewohnheitstrinker *m;* **cliente ~** Stammgast *m;* **lo dijo con su ironía ~** er/sie sagte es mit der ihm/ihr eigenen Ironie
habitualidad [aβitwali'ðað] *f* (*t.* JUR) Gewohnheitsmäßigkeit *f;* **~ del delito** Gewohnheitsmäßigkeit der Tat
habituar [aβitu'ar] *<1. pres:* habitúo*> vt, vr:* **-se** (sich) gewöhnen (*a an +akk*)
habla ['aβla] *f* ❶ (*facultad*) Sprache *f;* **quedarse sin ~** sprachlos sein
❷ (*acto*) Sprechen *nt;* (LING) Parole *f;* **país de ~ alemana** deutschsprachiges Land; **¡Juan al ~!** Juan am Apparat!
❸ (*manera*) Sprechweise *f*
❹ (*dialecto*) Mundart *f*
hablado, -a [a'βlaðo, -a] *adj:* **bien ~** sprachgewandt; **ser bien/mal ~** sich gewählt/derb ausdrücken
hablador(a) [aβla'ðor(a)] I. *adj* gesprächig
II. *m(f)* ❶ (*cotorra*) Plappermaul *nt fam*
❷ (*chismoso*) Klatschmaul *nt fam*
habladuría [aβlaðu'ria] *f* Gerede *nt*
hablante [a'βlante] *mf* Sprecher(in) *m(f)*
hablantina [aβlan'tina] *f* (*Col, Ven*) Geschwätz *nt fam*
hablar [a'βlar] I. *vi* ❶ (*decir*) sprechen (*de/sobre* über *+akk,* von *+dat*), reden (*de/sobre* über *+akk*); **~ a gritos** schreien; **~ al oído** ins Ohr flüstern; **déjeme terminar de ~** lassen Sie mich ausreden; **~ claro** zur Sache kommen; **este autor no habla de este tema** dieser Autor behandelt dieses Thema nicht; **la policía le ha hecho ~** die Polizei hat ihn zum Reden gebracht; **los números hablan por sí solos** die Zahlen sprechen für sich; **¡ni ~!** auf keinen Fall!, kommt nicht in Frage [*o* infrage]!; **por no ~ de ...** ganz zu schweigen von ... *+dat;* **¡y no se hable más!** und damit basta!
❷ (*conversar*) reden (*de/sobre* über *+akk*); **~ con franqueza** offen sprechen; **~ por los codos** (*fam*) wie ein Wasserfall reden; **~ por teléfono** telefonieren; **no he podido ~ con él** er war nicht ansprechbar
❸ (*tratamiento*) ansprechen (*de mit +dat*); **nos hablamos de tú/Ud.** wir duzen/siezen uns
II. *vt* ❶ (*idioma*) sprechen
❷ (*asunto*) besprechen
III. *vr:* **-se** miteinander reden; **no se hablan** es herrscht Funkstille zwischen ihnen
hablilla [a'βliʎa] *f* Gerede *nt*

hablista [a'βlista] *mf* gewandter Redner *m*, gewandte Rednerin *f*
hacedero, -a [aθe'ðero, -a] *adj* machbar, durchführbar
hacedor(a) [aθe'ðor(a)] *m(f)* ① (*creador*) Schöpfer(in) *m(f)*
② (*de una hacienda*) (Landgut)verwalter(in) *m(f)*; (*Am*) (Hazienda)verwalter(in) *m(f)*
hacendado, -a [aθen'daðo, -a] I. *adj* vermögend
II. *m, f* ① (*de una hacienda*) Großgrundbesitzer(in) *m(f)*
② (*AmS: de ganado*) Viehzüchter(in) *m(f)*
hacendoso, -a [aθen'doso, -a] *adj* tüchtig
hacer [a'θer] *irr* I. *vt* ① (*producir*) machen; (*vestido*) nähen; (*coche*) herstellen; **la casa está hecha de madera** das Haus ist aus Holz; **Dios hizo al hombre** Gott schuf den Menschen
② (*realizar*) machen, tun; (*servicio*) erweisen; (*maleta*) packen; (*favor*) tun; (*balance*) ziehen; (*libro*) schreiben; (*disparo*) abgeben; (*solitario*) legen; **¿qué hacemos hoy?** was unternehmen wir heute?; **~ una llamada** anrufen; **demuestra lo que sabes** ~ zeig, was in dir steckt; **hazlo por mí** tu es mir zuliebe; **a medio ~** halb fertig; **¡Dios mío, qué has hecho!** mein Gott, was hast du da angerichtet!; **lo hecho, hecho está** was geschehen ist, ist geschehen; **puedes ~ lo que quieras** du kannst tun und lassen, was du willst; **¿qué haces por aquí?** was bringt dich hierher?; **¡me la has hecho!** du hast mich reingelegt!
③ (*con el intelecto: demagogia*) betreiben; (*poema*) schreiben; (*pregunta*) stellen; (*observación*) anstellen; (*discurso*) halten
④ (*ocasionar: sombra*) spenden; (*ruido*) machen; (*daño*) zufügen (*a* +*dat*); (*destrozos*) anrichten; **no puedes ~me esto** das kannst du mir nicht antun
⑤ (*caber*) fassen; **esta bota hace cinco litros** in dieses Fass gehen fünf Liter
⑥ (*construir*) bauen; (*monumento*) errichten
⑦ (*disponer: maleta*) packen
⑧ (*procurar*) schaffen; **¿puedes ~me sitio?** kannst du etwas zur Seite rücken?
⑨ (*transformar*): **~ pedazos algo** etw kaputtmachen; **estás hecho un hombre** du bist ja groß geworden
⑩ (*habituar*) sich gewöhnen (*a* an +*akk*)
⑪ (*cortar*) schneiden (lassen); **¿quién te hace el pelo?** zu welchem Friseur gehst du?
⑫ (*conseguir*) schaffen; (*dinero*) verdienen; (*amistad*) schließen
⑬ (*llegar*): **~ puerto** einlaufen; **~ noche en ...** übernachten in ... +*dat*
⑭ (*más sustantivo*): **~ caja** (FIN) abrechnen; **~ caso a alguien** jdm gehorchen; **~ cumplidos** Umstände machen; **~ frente a algo/alguien** etw *dat*/jdm die Stirn bieten; **~ gimnasia** (*con aparatos*) turnen; (*en el suelo*) Gymnastik machen; **~ uso de algo** etw gebrauchen
⑮ (*más verbo*): **~ creer algo a alguien** jdm etw weismachen; **~ venir a alguien** jdn zu sich *dat* rufen; **hazle pasar** bitte ihn herein; **no me hagas contarlo** erspare es mir, das erzählen zu müssen
⑯ (*limpiar*) sauber machen; **~ los platos** das Geschirr spülen
⑰ (TEAT): **~ una obra** ein Theaterstück aufführen; **~ el (papel de) Fausto** den Faust spielen
⑱ (ENS: *carrera*) studieren; **¿haces francés o inglés?** lernst du Französisch oder Englisch?
⑲ (GASTR: *comida*) zubereiten; (*patatas*) kochen; (*pastel*) backen; **quiero la carne bien hecha** ich möchte das Fleisch gut durchgebraten
II. *vi* ① (*convenir*) passen; **eso no hace al caso** das tut nichts zur Sache
② (*oficio*) arbeiten (*de* als +*nom*)
③ (*con preposición*): **por lo que hace a Juan ...** was Juan angeht, ...; **hizo como que no me vio** er/sie übersah mich (einfach)
III. *vr*: **~se** ① (*volverse*) werden; **~se del Madrid** dem Sportverein von Real Madrid beitreten
② (*crecer*) wachsen
③ (*simular*) sich verstellen; **se hace a todo** er/sie gibt sich mit allem zufrieden
④ (*habituarse*) sich gewöhnen (*a* an +*akk*)
⑤ (*cortarse*) sich *dat* schneiden lassen
⑥ (*parecer*) glauben
⑦ (*conseguir*) schaffen; **~se respetar** sich *dat* Respekt verschaffen; **~se con el poder** an die Macht gelangen
⑧ (*resultar*): **se me hace muy difícil creer eso** es fällt mir sehr schwer, das zu glauben
IV. *vimpers* ① (*tiempo*): **hace frío/calor** es ist kalt/warm; **hoy hace un buen día** heute haben wir schönes Wetter
② (*temporal*) vor +*dat*; **hace tres días** vor drei Tagen; **no hace mucho** vor kurzem; **desde hace un día** seit einem Tag
hacha [a'tʃa] *f* ① (*herramienta*) Axt *f*; (*más pequeña*) Beil *nt*; (*de los indios*) Tomahawk *m*
② (*antorcha*) Fackel *f*
③ (*vela*) große Kerze *f*
hachar [a'tʃar] *vt* (klein)hacken
hachazo [a'tʃaθo] *m* Axthieb *m*

hache [a'tʃe] *f* H, h *nt*; **por ~ o por be** aus irgendeinem Grund
hachear [atʃe'ar] *vt* hacken
hachero [a'tʃero] *m* ① (*candelero*) Kerzenleuchter *m*
② (*persona*) Holzfäller *m*
hachís [a'tʃis] *m* Haschisch *m*
hacia ['aθja] *prep* ① (*dirección*) nach +*dat*, zu +*dat*; **el pueblo está más ~ el sur** das Dorf liegt weiter südlich; **el pueblo está yendo ~ Valencia** das Dorf liegt auf dem Weg nach Valencia; **fuimos ~ allí** wir gingen dorthin; **vino ~ mí** er/sie kam zu mir herüber
② (*cerca de*) gegen +*akk*
③ (*respecto a*) gegenüber +*dat*
hacienda [a'θjenda] *f* ① (*finca*) (Land)gut *nt*
② (*bienes*) Vermögen *nt*; **la ~ pública** die Staatsfinanzen; **¿pagas mucho a ~?** zahlst du viel Steuern?
Hacienda [a'θjenda] *f* (FIN) Steuerbehörde *f*; **el Ministro de Economía y ~** der Wirtschafts- und Finanzminister
hacinamiento [aθina'mjento] *m* (*de haces*) Aufschichtung *f*; (*de objetos*) Anhäufung *f*; (*de personas*) Gedränge *nt*
hacinar [aθi'nar] I. *vt* aufschichten
II. *vr*: **~se** (*personas*) sich drängen; (*objetos*) sich anhäufen
hacker ['xaker] *mf* (INFOR) Hacker(in) *m(f)*
hada ['aða] *f* Fee *f*; **cuento de ~s** Märchen *nt*
hado ['aðo] *m* Schicksal *nt*
hadrón [a'ðron] *m* (FÍS) Hadron *nt*
hafnio ['(x)afnjo] *m* (QUÍM) Hafnium *nt*
Haití [ai'ti] *m* Haiti *nt*
haitiano, -a [ai'tjano, -a] I. *adj* haitianisch
II. *m, f* Haitianer(in) *m(f)*
hala ['ala] *interj* ① (*sorpresa*) (ach) du meine Güte!
② (*prisa*) los!
halagador(a) [alaɣa'ðor(a)] *adj* ① (*que halaga*) schmeichelhaft
② (*prometedor*) viel versprechend
halagar [ala'ɣar] <g→gu> *vt* ① (*mostrar afecto*) umschmeicheln
② (*satisfacer*) erfreuen
③ (*adular*) schmeicheln (*a* +*dat*)
halago [a'laɣo] *m* ① (*acción*) Schmeicheln *nt*
② (*palabras*) Lob *nt*
halagüeño, -a [ala'ɣweɲo, -a] *adj* ① (*halagador*) schmeichelhaft
② (*adulador*) schmeichlerisch
③ (*prometedor*) viel versprechend
hálara ['alara] *f* Eihäutchen *nt*
halcón [al'kon] *m* Falke *m*
halconero, -a [alko'nero, -a] *m, f* Falkner(in) *m(f)*
halda ['alda] *f* ① (*falda*) Rock *m*
② (*lo que cabe en el halda*) geschürzter Rock *m*
③ (*tela*) Sackleinen *nt*
hale ['ale] *interj* los, auf (geht's)
haleche [a'letʃe] *m* (ZOOL) Sardelle *f*
halieto [a'ljeto] *m* (ZOOL) Fischadler *m*
haligote [ali'ɣote] *m* (ZOOL) Achselfleck-Brasse *f*, Spanische Meerbrasse *f*
halita [a'lita] *f* (QUÍM) Steinsalz *nt*, Halit *m*
hálito ['alito] *m* ① (*aliento*) Atem *m*
② (*vapor*) Dunst *m*
③ (*elev: viento*) Windhauch *m*
hall [xol] *m* (Eingangs)halle *f*
hallado, -a [a'ʎaðo, -a] *adj* (*familiarizado*) vertraut; **sentirse bien ~** gut zurechtkommen; **sentirse mal ~** sich nicht heimisch fühlen
hallar [a'ʎar] I. *vt* ① (*encontrar*) finden; (*sin buscar*) stoßen (*auf* +*akk*)
② (*inventar*) erfinden
③ (*averiguar*) herausfinden
④ (*darse cuenta*) feststellen
⑤ (*tierra*) entdecken
II. *vr*: **~se** ① (*sitio*) sich aufhalten
② (*estado*) sein; **no me hallo a gusto aquí** ich fühle mich hier nicht wohl; **se halló con la resistencia de su partido** er/sie stieß auf den Widerstand seiner/ihrer Partei
hallazgo [a'ʎaθɣo] *m* ① (*acción*) Entdeckung *f*
② (*cosa*) Fund *m*
③ (MED) Befund *m*
halo ['alo] *m* ① (ASTR) Halo *m*
② (FOTO) Lichthof *m*
③ (REL) Heiligenschein *m*, Aureole *f*
④ (*aureola*) Aura *f*
halófilo, -a [a'lofilo, -a] *adj* (BOT) halophil
halófita [a'lofita] *f* (BOT) Halophyt *m*
halófito, -a [a'lofito, -a] *adj* (BOT) halophytisch
halógeno [a'loxeno] *m* (QUÍM) Halogen *nt*
halotecnia [alo'teɣnja] *f* (TÉC) Technik *f* der industriellen Salzgewinnung

haltera [al'tera] *f* (DEP) Hantel *f*
halterofilia [altero'filja] *f* (DEP) Gewichtheben *nt*
halterófilo, -a [alte'rofilo, -a] *m, f* (DEP) Gewichtheber(in) *m(f)*
hamaca [a'maka] *f* ① (*cama*) Hängematte *f*
② (*tumbona*) Liegestuhl *m*
③ (*AmS: mecedora*) Schaukelstuhl *m*
hamacar [ama'kar] <c→qu> *vt, vr:* **~se** (*AmS, Guat*) in der Hängematte schaukeln
hambre ['ambre] *f* ① (*apetito*) Hunger *m*; **huelga de ~** Hungerstreik *m*; **matar el ~** den Hunger stillen; **me ha entrado (el) ~** ich habe Hunger bekommen; **morirse de ~** verhungern; **ser más listo que el ~** sehr gerissen sein; **a buen ~ no hay pan duro** (*prov*) Hunger ist der beste Koch
② (*de la población*) Hungersnot *f*
③ (*deseo*) Hunger *m* (*de* nach +*dat*); **~ de poder** Machtgier *f*
hambrear [ambre'ar] *vt* (*Am*) ① (*hacer pasar hambre*) aushungern
② (*explotar*) ausbeuten
hambriento, -a [am'brjento, -a] *adj* ① (*con hambre*) hungrig
② (*deseoso*) gierig (*de* nach +*dat*); **~ de poder** machthungrig
hambrón, -ona [am'bron, -ona] *m, f* Nimmersatt *m*
hambruna [am'bruna] *f* (*Am*) Hungersnot *f*
Hamburgo [am'buryo] *m* Hamburg *nt*
hamburgués, -esa [ambur'ɣes, -esa] I. *adj* hamburgisch
II. *m, f* Hamburger(in) *m(f)*
hamburguesa [ambur'ɣesa] *f* (GASTR) *sola*) Frikadelle *f*; (*bocadillo*) Hamburger *m*
hamburguesería [ambur ɣese'ria] *f* Schnellimbiss *m*
hampa ['ampa] *f* ① (*gente*) Gesindel *nt*
② (*mundo*) Unterwelt *f*
hampón [am'pon] *m* ① (*maleante*) Verbrecher *m*
② (*valentón*) Angeber *m*
hámster ['xamster] *m* Hamster *m*
handicap ['xandikap] *m* Handikap *nt*
hangar [aŋ'gar] *m* (AERO) Flugzeughalle *f*
hansa ['xansa] *f* (HIST) Hanse *f*
hanseático, -a [xanse'atiko, -a] I. *adj* Hanse-
II. *m, f* Hanseat(in) *m(f)*
hápax ['apaʸs] *m inv* (LING) Hapaxlegomenon *nt*
haplología [aplolo'xia] *f* (LING) Haplologie *f*
haragán, -ana [ara'ɣan, -ana] *m, f* Faulenzer(in) *m(f)*
haraganear [araɣane'ar] *vi* faulenzen
haraganería [araɣane'ria] *f* Faulenzerei *f*
harakiri [ara'kiri] *m* Harakiri *nt*
harapiento, -a [ara'pjento, -a] *adj* zerlumpt
harapo [a'rapo] *m* Lumpen *m*
haraposo, -a [ara'poso, -a] *adj* zerlumpt, verschlissen; **se presentó con un atuendo ~** er/sie erschien in abgerissener Aufmachung
hardware ['xar⁽ᵈ⁾wer] *m* (INFOR) Hardware *f*
harem [a'ren] *m*, **harén** [a'ren] *m* Harem *m*
harija [a'rixa] *f sin pl* (AGR) Mehlstaub *m*
harina [a'rina] *f* ① (GASTR) Mehl *nt*; **~ integral** Vollkornmehl *nt*; **~ de trigo** Weizenmehl *m*
② (*polvo*) Pulver *nt*
③ (*loc, fam*): **esto es ~ de otro costal** das ist etwas anderes
harinado [ari'naðo] *m* Mehlbrei *m*
harinear [arine'ar] *v impers* (*Ven*) nieseln
harinoso, -a [ari'noso, -a] *adj* ① (*parecido a la harina*) mehlartig
② (*con harina*) mehlig
harma ['arma] *f* (BOT) Steppenraute *f*
harmonía [armo'nia] *f* ① (*concordancia*) Harmonie *f*
② (MÚS) Harmonielehre *f*
harmónico, -a [ar'moniko, -a] *adj* harmonisch
harmonioso, -a [armo'njoso, -a] *adj* harmonisch
harmonización [armoniθa'θjon] *f* (MÚS) Harmonisierung *f*
harnero [ar'nero] *m* Sieb *nt*
harpía [ar'pia] *f* ① (*figura mitológica*) Harpyie *f*
② (*bruja*) Hexe *f*, Xanthyppe *f*
③ (*mujer fea*) hässliche Frau *f*
harrado [a'rraðo] *m* (ARQUIT) ① (*ángulo: bóveda de cañón*) einspringender Winkel *m*
② (*pechina*) Bogenzwickel *m*
harre ['arre] *interj* hü
harriero, -a [a'rrjero, -a] *m, f* Maultiertreiber(in) *m(f)*
hartada [ar'taða] *f* (*exceso en la comida o bebida*) Unmenge *f*, Riesenmenge *f*; **una ~ de jamón** eine Unmenge Schinken
hartar [ar'tar] *irr* I. *vt* ① (*saciar*) sättigen (*de* mit +*dat*)
② (*fastidiar*) belästigen (*con* mit +*dat*); **me harta con sus chistes** ich habe seine/ihre Witze satt
II. *vr:* **~se** ① (*saciarse*) sich satt essen (*de* mit +*dat*); (*en exceso*) sich voll essen (*de* mit +*dat*)
② (*cansarse*) überdrüssig werden (*de* +*gen*); **~se de reír** sich totlachen; **me he hartado del tiempo que hace en Alemania** ich habe das Wetter in Deutschland satt
hartazgo [ar'taθɣo] *m* Übersättigung *f*; **darse un ~** (*de dulces*) sich (an Süßigkeiten) überessen; **tengo un ~ de televisión** ich habe zu viel ferngesehen
harto, -a ['arto, -a] I. *adj* ① (*repleto*) satt; (*en exceso*) übersatt
② (*sobrado*) **tengo hartas razones** ich habe genügend Gründe
③ (*loc*): **estar ~ de alguien/algo** jds/etw *gen* überdrüssig sein
II. *adv* (*sobrado*) ausreichend; (*muy*) sehr
hartura [ar'tura] *f* Übersättigung *f*
hasta ['asta] I. *prep* ① (*de lugar*) bis (zu); **te llevo ~ la estación** ich fahre dich bis zum Bahnhof; **volamos ~ Madrid** wir flogen bis (nach) Madrid; **~ cierto punto** bis zu einem gewissen Grad(e)
② (*de tiempo*) bis; **~ ahora** bisher; **~ el próximo año** bis zum nächsten Jahr
③ (*en despedidas*): **¡~ luego!** bis später!; **¡~ la vista!** auf Wiedersehen!; **¡~ la próxima!** bis zum nächsten Mal!
II. *adv* selbst
III. *conj:* **~ cuando come lee el periódico** sogar beim Essen liest er/sie die Zeitung; **no consiguió un trabajo fijo ~ que cumplió 40 años** erst als er/sie 40 wurde, bekam er/sie eine feste Stelle
hastiar [asti'ar] <*1. pres:* hastío> I. *vt* ① (*hartar*) satt bekommen
② (*repugnar*) anekeln
③ (*aburrir*) langweilen
II. *vr:* **~se de alguien/algo** jdn/etw satt haben
hastío [as'tio] *m* ① (*repugnancia*) Ekel *m*
② (*disgusto*) Überdruss *m*
③ (*tedio*) Langeweile *f*
hastioso, -a [as'tjoso, -a] *adj* langweilig
hataca [a'taka] *f* ① (*cucharón de palo*) großer Holzlöffel *m*
② (*rodillo*) Teigrolle *f*
hatajo [a'taxo] *m* ① (*de ganado*) kleine Herde *f*
② (*de personas*) Haufen *m*
hato ['ato] *m* ① (*de ropa*) Bündel *nt*
② (*de ganado*) kleine Herde *f*
③ (*montón*) Haufen *m*
haute couture [ot ko'tur] *f* Hautecouture *f*
Hawai [xa'wai̯] *m* Hawaii *nt*
hawaiano, -a [xawa'jano, -a] I. *adj* hawaiisch
II. *m, f* Hawaiianer(in) *m(f)*
haxix [xa'ʃis] *m sin pl* Haschisch *nt*
haya ['aja] *f* ① (*árbol*) Buche *f*
② (*madera*) Buchenholz *nt*
Haya ['aja] *f:* **La ~** Den Haag *nt*
hayal [a'jal] *m* Buchenwald *m*
hayedo [a'jeðo] *m* (BOT) *v.* hayal
hayuco [a'juko] *m* Buchecker *f*
haz [aθ] *m* ① (*hato*) Bündel *nt*
② (FÍS) Strahl *m*; **~ luminoso** Lichtbündel *nt*
haza ['aθa] *f* Stück *nt* Acker(land)
hazaña [a'θaɲa] *f* Heldentat *f*
hazmerreír [aθmerre'ir] *m inv* Witzfigur *f*; **es el ~ de la gente** alle lachen ihn aus
HB [aˈtʃeˈβe] *m abr de* **Herri Batasuna** baskische Partei
he [e] *1. pres de* **haber**
heavy¹ ['xeβi] I. *adj* heavy, hard; **música ~** Heavy [*o* Hard] Rock *m*, Heavy Metal *nt*
II. *m sin pl* Heavy-Metal-Anhänger(in) *m(f)*, Hardrock-Fan *m*
heavy² ['xeβi] <heavys *o* heavies> *m* Heavy [*o* Hard] Rock *m*, Heavy Metal *nt*
heavy metal ['xeβi 'metal] *m* (MÚS) Heavy metal *m*
hebefrenia [eβe'frenja] *f* (MED) Hebephrenie *f*
hebilla [e'βiʎa] *f* Schnalle *f*
heboidofrenia [eβoi̯ðo'frenja] *f* (MED) Heboidophrenie *f*
hebra ['eβra] *f* ① (*hilo*) Faden *m*
② (*fibra*) Faser *f*; **tabaco de ~** Feinschnitt *m*
hebreo¹ [e'βreo] *m* ① (*lengua*) Hebräisch(e) *nt*
② (*fam: mercader*) Kaufmann *m*
③ (*fam: usurero*) Wucherer *m*
hebreo, -a² [e'βreo, -a] I. *adj* hebräisch
II. *m, f* Hebräer(in) *m(f)*
hebrero [e'βrero] *m* (ZOOL) Speiseröhre *f* der Wiederkäuer
hebroso, -a [e'βroso, -a] *adj* faserig
hecatombe [eka'tombe] *f* Hekatombe *f*
hechicería [etʃiθe'ria] *f* ① (*arte*) Hexenkunst *f*
② (*acto*) Hexerei *f*
③ (*hechizo*) Zauber *m*

hechicero, -a [etʃi'θero, -a] m, f ❶ (*brujo*) Zauberer, -in m, f
❷ (*de tribu*) Medizinmann, -frau m, f

hechizar [etʃi'θar] <z→c> vt ❶ (*embrujar*) verhexen
❷ (*encantar*) bezaubern, in seinen Bann ziehen

hechizo [e'tʃiθo] m Zauber m; **romper el ~** den Bann brechen

hecho¹ ['etʃo] m ❶ (*circunstancia*) Tatsache f; **~ notorio** (t. JUR) offenkundige Tatsache
❷ (*acto*) Tat f; **~ delictivo** Straftat f; **los H~s de los Apóstoles** die Apostelgeschichte
❸ (*suceso*) Ereignis nt; (JUR) Tatbestand m; **~ imponible** Besteuerungstatbestand m, Steuertatbestand m; **~ sancionado con multa** Bußgeldtatbestand m; **exposición de los ~s** Darstellung des Sachverhalts; **lugar de los ~s** Tatort m; **los ~s que causaron el incendio** die Ursache des Brandes
❹ (*loc*): **de ~** (*efectivamente*) tatsächlich; (*en realidad*) eigentlich; (*por la fuerza*) de facto; **de ~ el piso es mío** die Wohnung gehört eigentlich mir

hecho, -a² ['etʃo, -a] adj ❶ (*maduro*) reif; **vino ~** abgelagerter Wein
❷ (*cocido*) gar; **me gusta la carne hecha** mir schmeckt das Fleisch durchgebraten; **el pollo está demasiado ~** das Hühnchen ist zu stark gebraten
❸ (*acabado*) fertig; **frase hecha** feste Wendung; **traje ~** Anzug von der Stange
❹ (*adulto*) erwachsen

hechor¹ [e'tʃor] m (AmS) Esel(hengst) m

hechor(a)² [e'tʃor(a)] m(f) (Chil, Ecua) Straftäter(in) m(f), Kriminelle(r) mf

hechura [e'tʃura] f ❶ (*factura*) Anfertigung f
❷ (*de un vestido*) Schnitt m
❸ (*obra*) Werk nt; (*de Dios*) Kreatur f; **este caos seguro que es ~ tuya** dieses Durcheinander hast bestimmt du angerichtet
❹ (*del cuerpo*) Körperbau m

hectárea [ek'tarea] f Hektar nt

hectiquez [ekti'keθ] f (MED) Lungentuberkulose f, Schwindsucht f

hectogramo [ekto'ɣramo] m Hektogramm nt

hectolitro [ekto'litro] m Hektoliter m o nt

hectómetro [ek'tometro] m Hektometer m o nt

heder [e'ðer] <e→ie> vi ❶ (*apestar*) stinken (*a* nach +dat)
❷ (*molestar*) auf die Nerven gehen +dat

hediento, -a [e'ðjento, -a] adj (*maloliente*) stinkend, übel riechend

hediondez [eðjon'deθ] f Gestank m

hediondo, -a [e'ðjondo] adj ❶ (*fétido*) übel riechend
❷ (*repugnante*) ekelhaft
❸ (*obsceno*) unanständig

hedonismo [eðo'nismo] m sin pl Hedonismus m

hedonista [eðo'nista] I. adj hedonistisch
II. mf Hedonist(in) m(f)

hedor [e'ðor] m Gestank m (*a* nach +dat)

hegelianismo [xeɣelja'nismo] m sin pl (FILOS) Hegelianismus m

hegemonía [exemo'nia] f Hegemonie f

hegemónico, -a [exe'moniko, -a] adj hegemonisch

helada [e'laða] f Frost m; **las primeras ~s del año** die ersten Frosteinbrüche des Jahres; **anoche cayó una ~** heute Nacht hat es gefroren

heladera [ela'ðera] f Kühlschrank m

heladería [elaðe'ria] f Eiscafé nt

heladizo, -a [ela'ðiθo, -a] adj leicht gefrierend; **un riachuelo ~** ein schnell zufrierender Bach

helado¹ [e'laðo] m (Speise)eis nt, Eiscreme f

helado, -a² [e'laðo, -a] adj ❶ (*frío*) Eis-, eisig; **el lago está ~** der See ist zugefroren; **las cañerías están heladas** die Wasserleitung ist eingefroren
❷ (*turulato*) verblüfft; (*de miedo*) starr (*de* vor +dat)

helador(a) [ela'ðor(a)] adj eisig, eiskalt

heladora [ela'ðora] f Eismaschine f

helaje [e'laxe] m (Col) klirrende Kälte f, starker Frost m

helar [e'lar] <e→ie> I. vt ❶ (*congelar*) gefrieren (lassen)
❷ (*pasmar*) verblüffen
II. vimpers frieren
III. vr: **~se** ❶ (*congelarse*) gefrieren; **el lago se ha helado** der See ist zugefroren
❷ (*morir*) erfrieren
❸ (*pasar frío*) frieren; **~se de frío** vor Kälte erstarren

helechal [ele'tʃal] m mit Farn bestandenes Gelände nt

helecho [e'letʃo] m Farnkraut nt

helénico, -a [e'leniko, -a] adj ❶ (*antiguo*) hellenisch
❷ (*actual*) griechisch

helenista [ele'nista] mf Hellenist(in) m(f)

helero [e'lero] m ❶ (GEO) Gletscher m
❷ (*mancha de nieve*) Schneefeld nt

heliaco, -a [e'ljako, -a] adj, **helíaco**, -a [e'liako, -a] adj (ASTR) heliakisch

heliantina [eljan'tina] f (QUÍM) Methylorange nt, Helianthin nt

hélice ['eliθe] f ❶ (TÉC) Propeller m; (*de avión t.*) Luftschraube f; (*de barco*) Schiffsschraube f
❷ (ANAT) Helix f
❸ (MAT) Spirale f

helicicultura [eliθikul'tura] f (ZOOL) Schneckenzucht f

helícido¹ [e'liθiðo] m (ZOOL) Schnirkelschnecke f

helícido, -a² [e'liθiðo, -a] adj (ZOOL) zur Familie der Schnirkelschnecken gehörend

helicoidal [eliko̞i'ðal] adj Spiral-, spiralförmig

helicoide [eli'koi̞ðe] m (MAT) Helikoide f

helicón [eli'kon] m (MÚS) Helikon nt, Kontrabasstuba f

helicóptero [eli'koptero] m Hubschrauber m

helio ['eljo] m (QUÍM) Helium nt

heliocéntrico, -a [eljo'θentriko, -a] adj (ASTR) heliozentrisch

heliocentrismo [eljoθen'trismo] m sin pl (ASTR) heliozentrisches Weltsystem nt

helioeléctrico, -a [eljoe'lektriko, -a] adj (ELEC) photovoltaisch

heliofísica [eljo'fisika] f (ASTR) Solarphysik f

heliograma [eljo'ɣrama] m (TEL) Blinkspruch m

heliolatría [eljola'tria] f (REL) Sonnenkult m

helión [e'ljon] m (FÍS, QUÍM) Heliumkern m, Alphateilchen nt

helioplastia [eljo'plastja] f (ARTE) Heliogravüre f

helioscopio [eljos'kopjo] m (ASTR) Helioskop nt

heliosfera [eljos'fera] f (ASTR) Heliosphäre f

heliosis [e'ljosis] f inv (MED) Sonnenstich m, Heliosis f

helióstato [e'ljostato] m (TÉC) Heliostat m

heliotecnia [eljo'teɣnja] f (ELEC) Heliotechnik f

heliotropismo [eljotro'pismo] m sin pl (BIOL) Phototropismus m

helipuerto [eli'pwerto] m Heliport m

helitransportado, -a [elitransᵖpor'taðo, -a] adj per Hubschrauber befördert

hélix ['eliks] m inv (ANAT) Ohrleiste f, Helix f

helmintiasis [elmin'tjasis] f inv (MED) Helminthiasis f, Helminthose f

helmintología [elmintolo'xia] f (ZOOL) Helminthologie f

helvecio, -a [el'βeθjo, -a] adj (HIST) helvetisch

helvético, -a [el'βetiko, -a] I. adj schweizerisch
II. m, f Schweizer(in) m(f)

hematermo, -a [ema'termo, -a] adj (BIOL) warmblütig, homöotherm

hematocrito [emato'krito] m (MED) Hämatokritwert m

hematológico, -a [emato'loxiko, -a] adj (MED) hämatologisch

hematoma [ema'toma] m (MED) Bluterguss m

hematopatía [ematopa'tia] f (MED) Blutkrankheit f, Hämopathie f

hematopoyesis [ematopo'ʝesis] f inv (BIOL) Blutbildung f, Hämatopoese f

hematosis [ema'tosis] f inv (BIOL) Arterialisation f

hematuria [ema'turja] f (MED) Blutharnen nt, Hämaturie f

hembra ['embra] f ❶ (*mujer*) Frau f
❷ (ZOOL) Weibchen nt
❸ (BOT) weibliche Blüte f
❹ (TÉC) (Schrauben)mutter f

hembraje [em'braxe] m (AmS) ❶ (*de ganado*) Herde f Weibchen
❷ (pey: *de mujeres*) Gruppe f von Weibern

hemeralopía [emeralo'pia] f (MED) Nachtblindheit f, Hemeralopie f

hemeroteca [emero'teka] f Zeitungsarchiv nt

hemialgia [e'mjalxja] f (MED: *cabeza*) Migräne f, Hemialgie f

hemianopsia [emja'nopsja] f (MED) Halbsichtigkeit f, Hemianop(s)ie f

hemiciclo [emi'θiklo] m ❶ (*semicírculo*) Halbkreis m
❷ (*sala*) halbkreisförmiger Saal m
❸ (POL: **en España**) Parlamentssaal m

hemiedro [emi'eðro] m (GEO) Hemieder m

hemiplejia [emi'plexja] f, **hemiplejía** [emiple'xia] f (MED) Hemiplegie f, halbseitige Lähmung f

hemipléjico, -a [emi'plexiko, -a] I. adj halbseitig gelähmt
II. m, f Hemiplegiker(in) m(f)

hemisférico, -a [emis'feriko, -a] adj hemisphärisch

hemisferio [emis'ferjo] m ❶ (GEO) (Erd)halbkugel f
❷ (ANAT: *del cerebro*) Hemisphäre f

hemocito [emo'θito] m (BIOL) Häm(at)ozyt m

hemodinámica [emoði'namika] f (MED) Hämodynamik f

hemofilia [emo'filja] f (MED) Bluterkrankheit f

hemoglobina [emoɣlo'βina] f (BIOL) Hämoglobin nt

hemolítico, -a [emo'litiko, -a] adj (MED) hämolytisch

hemopatía [emopa'tia] f (MED) Blutkrankheit f, Hämopathie f

hemoptisis [emop'tisis] f inv (MED) Bluthusten m, Hämoptyse f

hemorragia [emo'rraxja] f (MED) starke Blutung f

hemorrágico, -a [emo'rraxiko, -a] adj (MED) Blutungen verursachend,

hemorroides

hämorrhagisch
hemorroides [emo'rroiðes] *fpl* (MED) Hämorriden *fpl*
hemorroo [emo'rro(o)] *m* (ZOOL) Hornviper *f*
hemoscopia [emos'kopja] *f* (MED) Blutuntersuchung *f*, Hämatoskopie *f*
hemostasis [emos'tasis] *f inv* (MED) Hämostase *f*; (*esporádico*) Stockung *f* der Blutzirkulation; (*artificial*) Blutstillung *f*
hemostático [emos'tatiko] *m* (MED) Hämostatikum *nt*
hemotórax [emo'toraʏs] *m inv* (MED) Häm(at)othorax *m*
henaje [e'naxe] *m sin pl* (AGR) Heumachen *nt*
henar [e'nar] *m* Heufeld *nt*
henchido, -a [en'tʃiðo, -a] *adj* prall, geschwollen; (*fig*) strotzend (*de* vor +*dat*); ~ **de orgullo** mit stolzgeschwellter Brust
henchir [en'tʃir] *irr como pedir* I. *vt* anfüllen; ~ **los pulmones de aire** tief einatmen; ~ **una maleta** einen Koffer voll stopfen II. *vr:* ~**se** (*hartarse de comida*) sich voll stopfen
hender [en'der] <e→ie> I. *vt* ❶ (*algo de madera*) spalten; (*algo de plástico*) aufschlitzen
❷ (*abrirse paso*) sich *dat* einen Weg bahnen (*durch* +*akk*)
II. *vr:* ~**se** sich spalten
hendidura [eṇdi'ðura] *f* ❶ (*raja*) Spalte *f*; (*en la pared*) Riss *m*; (*en un jarrón*) Sprung *m*
❷ (*de una guía*) Kerbe *f*
hendija [en'dixa] *f* (*Am: rendija*) Spalt *m*
hendimiento [eṇdi'mjeṇto] *m* Spalten *nt*
hendir [en'dir] *irr como cernir vt v.* **hender**
henequén [ene'ken] *m* (*Am*) Agave *f*
henil [e'nil] *m* Heuboden *m*
heno ['eno] *m* Heu *nt*; **fiebre del** ~ Heuschnupfen *m*
henoteísmo [enote'ismo] *m sin pl* (REL) Henotheismus *m*
henrio ['enrrjo] *m* (ELEC) Henry *nt*
hepática [e'patika] *f* (BOT) Leberblümchen *nt*, Hepatika *f*
hepático, -a [e'patiko, -a] *adj* hepatisch, Leber-; **cirrosis hepática** Leberzirrhose *f*
hepatismo [epa'tismo] *m* (MED) Lebererkrankung *f*, Hepatismus *m*
hepatitis [epa'titis] *f inv* (MED) Hepatitis *f*, Leberentzündung *f*
hepatología [epatolo'xia] *f* (MED) Hepatologie *f*
hepatólogo, -a [epa'toloyo, -a] *m, f* (MED) Hepatologe, -in *m, f*
heptaedro [epta'eðro] *m* (MAT) Heptaeder *nt*
heptágono [ep'tayono] *m* Siebeneck *nt*
heptasilábico, -a [eptasi'laβiko, -a] *adj v.* **heptasílabo²**
heptasílabo¹ [epta'silaβo] *m* Siebensilbler *m*
heptasílabo, -a² [epta'silaβo, -a] *adj* siebensilbig
heptatlón [epta'ðlon] *m* (DEP) Siebenkampf *m*
heráldica [e'raldika] *f sin pl* Wappenkunde *f*
heráldico, -a [e'raldiko] *adj* heraldisch
heraldista [eral'dista] *mf* Wappenkundige(r) *mf*, Heraldiker(in) *m(f)*
herbáceo, -a [er'βaθeo, -a] *adj* ❶ (*de hierba*) Gras-
❷ (*de hierbas medicinales*) krautig, krautartig
herbajar [erβa'xar] I. *vi* weiden, grasen
II. *vt* weiden lassen
herbaje [er'βaxe] *m* ❶ (*lugar*) Weide *f*
❷ (*comida*) Grasfutter *nt*
herbario [er'βarjo] *m* Pflanzensammlung *f*
herbecer [erβe'θer] *irr como crecer vi* (neu) sprießen
herbicida [erβi'θiða] *m* Unkrautvertilgungsmittel *nt*
herbívoro [er'βiβoro] *m* Pflanzenfresser *m*
herbolario¹ [erβo'larjo] *m* Heilkräuterladen *m*
herbolario, -a² [erβo'larjo, -a] I. *adj* unbesonnen
II. *m, f* Heilkräuterhändler(in) *m(f)*
herborista [erβo'rista] *mf* Heilkräuterhändler(in) *m(f)*
herboristería [erβoriste'ria] *f v.* **herbolario¹**
herborizar [erβori'θar] <z→c> *vt* botanisieren
herboterapia [erβote'rapja] *f* Kräutertherapie *f*
herciniano, -a [erθi'njano, -a] *adj* (GEO) herzynisch
hercio ['erθjo] *m* (FÍS) Hertz *nt*
hercúleo, -a [er'kuleo, -a] *adj* herkulisch; (*fig*) riesenstark
hércules ['erkules] *m inv* (*fig*) Herkules *m*, Muskelmann *m*
heredabilidad [ereðaβili'ðað] *f* Vererblichkeit *f*; ~ **de derechos** (JUR) Vererblichkeit von Rechten
heredable [ere'ðaβle] *adj* (ver)erblich
heredación [ereða'θjon] *f* (JUR) Beerbung *f*
heredad [ere'ðað] *f* ❶ (*finca*) Landgut *nt*
❷ (*terreno*) Grundstück *nt*
heredar [ere'ðar] *vt* ❶ (*recibir*) erben; **propiedad heredada** vererbtes Eigentum; **problemas heredados del franquismo** Erblasten aus der Zeit des Franco-Regimes
❷ (*dar*) zum Erben einsetzen
heredero, -a [ere'ðero, -a] *m, f* Erbe, -in *m, f*; ~ **forzoso** Pflichtteilsberechtigte(r) *mf*; ~ **legítimo** gesetzlicher Erbe; ~ **legitimario** pflichtteils-

berechtigter Erbe; **el** ~ **del trono** der Thronfolger; **el príncipe** ~ der Kronprinz
hereditario, -a [ereði'tarjo, -a] *adj* ❶ (*de la herencia*) Erb-
❷ (*rasgos*) Erb-, vererbbar; **enfermedad hereditaria** Erbkrankheit *f*
heredopatía [ereðopa'tia] *f* (MED) Erbkrankheit *f*, Heredopathie *f*
hereje [e'rexe] *mf* (REL) Ketzer(in) *m(f)*
herejía [ere'xia] *f* ❶ (REL) Ketzerei *f*
❷ (*insulto*) Beleidigung *f*
❸ (*fechoría*) Streich *m*
❹ (*disparate*) Unsinn *m*
herencia [e'reṇθja] *f* ❶ (JUR) Erbschaft *f*
❷ (*legado*) Erbe *nt*; **una** ~ **de la antigüedad** ein Vermächtnis der Antike
herético, -a [e'retiko, -a] *adj* ketzerisch
herida [e'riða] *f* ❶ (*lesión*) Wunde *f*; **tocar a alguien en la** ~ (*fig*) jds wunden Punkt treffen
❷ (*ofensa*) Beleidigung *f*
herido, -a [e'riðo, -a] I. *adj* ❶ (*lesionado*) verletzt (*en* an +*dat*); (MIL) verwundet (*en* an +*dat*); ~ **de gravedad** schwer verletzt; (MIL) schwer verwundet
❷ (*ofendido*) beleidigt
II. *m, f* Verletzte(r) *mf*; (MIL) Verwundete(r) *mf*; **en el atentado no hubo** ~**s** bei dem Anschlag wurde niemand verletzt
herir [e'rir] *irr como sentir* I. *vt* ❶ (*lesionar*) verletzen (*en* an +*dat*); (MIL) verwunden (*en* an +*dat*)
❷ (*golpear*) schlagen
❸ (*flecha*) (durch die Luft) schwirren
❹ (*instrumento*) anschlagen
❺ (*sol*) bestrahlen
❻ (*ofender*) verletzen; **no quisiera** ~ **susceptibilidades** ich möchte niemandem zu nahe treten
❼ (*acertar*) treffen
II. *vr:* ~**se** sich verletzen (*en* an +*dat*)
hermafrodita [ermafro'ðita] I. *adj* zwittrig
II. *m* Zwitter *m*
hermafroditismo [ermafroði'tismo] *m sin pl* (BIOL, MED) Zwittrigkeit *f*, Hermaphrod(it)ismus *m*
hermanado, -a [erma'naðo, -a] *adj* ähnlich (*con* +*dat*); **ciudad hermanada** Partnerstadt *f*
hermanamiento [ermana'mjeṇto] *m* ❶ (*de ciudades*) Partnerschaft *f*
❷ (*acción*) Verbrüderung *f*
hermanar [erma'nar] I. *vt* (*unir*) verbinden; **Cambridge está hermanada con Heidelberg** Cambridge ist eine Partnerstadt Heidelbergs
II. *vr:* ~**se** sich verbrüdern
hermanastro, -a [erma'nastro, -a] *m, f* Stiefbruder, -schwester *m, f*
hermandad [erman'dað] *f* ❶ (*parentesco*) geschwisterliche Beziehung *f*
❷ (*amistad*) innige Freundschaft *f*
❸ (*agrupación*) Innung *f*; (REL) Bruderschaft *f*
hermano, -a [er'mano, -a] *m, f* (*pariente*) Bruder *m*, Schwester *f*; ~ **de padre/de madre** Halbbruder väterlicherseits/mütterlicherseits; ~ **político** Schwager *m*; **mi** ~ **mayor/pequeño** mein älterer/jüngerer Bruder; **tengo tres** ~**s** (*sólo chicos*) ich habe drei Brüder; (*chicos y chicas*) ich habe drei Geschwister; **lenguas hermanas** verwandte Sprachen
hermeneuta [erme'neuta] *mf* Hermeneutiker(in) *m(f)*
hermenéutico, -a [erme'neutiko, -a] *adj* hermeneutisch
hermeticidad [ermetiθi'ðað] *f sin pl v.* **hermetismo**
hermético, -a [er'metiko, -a] *adj* ❶ (*objeto*) hermetisch; (*al aire*) luftdicht; (*al agua*) wasserdicht
❷ (*persona*) äußerst verschlossen
❸ (*texto*) schwer verständlich
hermetismo [erme'tismo] *m* Verschlossenheit *f*
hermetizar [ermeti'θar] <z→c> *vt* hermetisch verschließen
hermodátil [ermo'ðatil] *m* (BOT) Zeitlose *f*
hermosamente [ermosa'mente] *adv* prächtig, wundervoll
hermosear [ermose'ar] *vt* ❶ (*a una persona*) herausputzen
❷ (*a una cosa*) verschönern, schmücken
hermoso, -a [er'moso, -a] *adj* ❶ (*paisaje*) schön; (*día*) herrlich
❷ (*persona*) wunderschön
❸ (*niño*) niedlich
❹ (*salón*) prächtig
❺ (*gesto*) schön
❻ (*palabras*) nett
hermosura [ermo'sura] *f* Schönheit *f*
hernia ['ernja] *f* (MED) (Eingeweide)bruch *m*
herniado, -a [er'njaðo, -a] *adj* (MED): **estar** ~ einen Bruch [*o* eine Hernie] haben; **desde que está** ~ **no se puede agachar** seitdem er sich *dat* den Bruch [*o* die Hernie] zugezogen hat, kann er sich nicht mehr bücken

herniarse [er'njarse] *vr sich dat* einen Bruch heben; ¡no te herniarás, no! na ja, du wirst dir schon kein Bein (dabei) ausreißen!
héroe ['eroe] *m* ❶ (*personaje*) Held *m*
❷ (*mitología*) Heros *m*
❸ (TEAT) Heldendarsteller *m*
heroicidad [eroiθi'ðað] *f* ❶ (*hazaña*) Heldentat *f*
❷ (*cualidad*) Heldentum *nt*
heroico, -a [e'roiko, -a] *adj* heldenhaft
heroida [e'roiða] *f* (LIT) Heldenbrief *m*, Heroide *f*
heroína [ero'ina] *f* ❶ (*de héroe*) Heldin *f*
❷ (*droga*) Heroin *nt*
heroinomanía [eroinoma'nia] *f* (MED) Heroinrausch *m*
heroinómano, -a [eroi'nomano, -a] *m, f* Heroinsüchtige(r) *mf*
heroísmo [ero'ismo] *m sin pl* Heldentum *nt*
herpes ['erpes] *m o f inv* (MED) Herpes *m*
herpetología [erpetolo'xia] *f* (ZOOL) Herpetologie *f*
herrador [erra'ðor] *m* Hufschmied *m*
herradura [erra'ðura] *f* ❶ (*de caballo*) Hufeisen *nt;* **camino de ~** Reitweg *m*
❷ (ZOOL) Hufeisennase *f*
herraje(s) [e'rraxe(s)] *m(pl)* Eisenbeschläge *mpl*
herramienta [erra'mjenta] *f* Werkzeug *nt;* (INFOR) Tool *nt*, Werkzeug *nt;* **~ agrícola** landwirtschaftliches Gerät; **~s de desarrollo** Entwicklungswerkzeuge *ntpl;* **caja de (las) ~s** Werkzeugkasten *m*
herrar [e'rrar] <e→ie> *vt* ❶ (*caballo*) beschlagen
❷ (*a un animal*) mit Brandzeichen kennzeichnen
herrén [e'rren] *m* ❶ (AGR: *pasto*) Kraftfutter *nt*, Getreidefutter *nt*
❷ (*lugar*) Futteracker *m*
herreño, -a [e'rreɲo, -a] **I.** *adj* aus El Hierro
II. *m, f* Einwohner(in) *m(f)* von El Hierro
herrera [e'rrera] *f* (ZOOL) Marmorbrasse *f*
herrería [erre'ria] *f* Schmiede *f*
herrerillo [erre'riʎo] *m* (ZOOL) Blaumeise *f*
herrero [e'rrero] *m* Schmied *m*
herrete [e'rrete] *m* Nestelstift *m*
herrialde [e'rrjalde] *m* (baskische) Provinz *f*
Herri Batasuna ['erri βata'suna] *m* (POL) baskische Partei
herrín [e'rrin] *f* (QUÍM) Rost *m*
herriza [e'rriθa] *m* (AGR) hoch gelegenes Ödland *nt*
herrumbrar [errum'brar] **I.** *vt* rosten lassen; **el agua herrumbró los goznes** durch Wassereinwirkung sind die Scharniere gerostet
II. *vr:* **~se** rosten
herrumbre [e'rrumbre] *f* (*orín, t. bot*) Rost *m*
herrumbroso, -a [errum'broso, -a] *adj* rostig
hertz [(x)erðs] *m* (FÍS) Hertz *nt*
hertzio ['erθjo] *m* (FÍS) Hertz *nt*
hervidero [erβi'ðero] *m* ❶ (*manantial*) heiße Quelle *f;* **un ~ de intrigas** ein Intrigenherd
❷ (*multitud*) Gewimmel *nt*
hervido [er'βiðo] *m* ❶ (*de los alimentos*) Kochen *nt;* (*de los líquidos*) Aufkochen *nt*
❷ (*burbujeo*) Brodeln *nt*
❸ (*AmS: cocido*) Eintopf *m*
hervidor [erβi'ðor] *m* ❶ (*de cocina*) Kocher *m*
❷ (TÉC) Heizrohr *nt*
hervir [er'βir] *irr como sentir* **I.** *vi* ❶ (*alimentos*) kochen
❷ (*burbujear*) brodeln
❸ (*desinfectar*) abkochen
❹ (*el mar*) tosen
❺ (*persona*) kochen; **hierve en cólera** er/sie kocht vor Wut; **le hierve la sangre** sein/ihr Blut gerät in Wallung
❻ (*abundar*): **esta calle hierve en rumores** diese Straße ist eine wahre Gerüchteküche
II. *vt* (auf)kochen (lassen)
hervor [er'βor] *m* ❶ (*acción*) Kochen *nt;* **levantar el ~** aufkochen
❷ (*burbujeo*) Brodeln *nt*
❸ (*de la juventud*) Feuer *nt*
Hesse ['(x)ese] *m* Hessen *nt*
heterocíclico, -a [etero'θikliko, -a] *adj* ❶ (BOT) verschiedenquirlig, heterozyklisch
❷ (QUÍM) heterozyklisch
heterocromatismo [eterokroma'tismo] *m sin pl* (BOT) Verschiedenfarbigkeit *f*, Heterochromie *f*
heterodino [etero'ðino] *m* (TEL) Überlagerer *m*, Heterodyn *nt*
heterodoxo, -a [etero'ðoɣso, -a] *adj* heterodox
heterogamia [etero'ɣamja] *f* (BIOL) Heterogamie *f*
heterogeneidad [eteroxenei'ðað] *f* Heterogenität *f*
heterogéneo, -a [etero'xeneo, -a] *adj* verschiedenartig, heterogen
heteromancia [etero'manθja] *f,* **heteromancía** [eteroman'θia] *f* Wahrsagung *f* nach dem Flug von Vögeln
heteronimia [etero'nimja] *f* (LING) Heteronymie *f*
heterónimo [ete'ronimo] *m* (LING) Heteronym *nt*
heterosexual [eteroseɣsu'al] **I.** *adj* heterosexuell
II. *mf* Heterosexuelle(r) *mf*
heterosexualidad [eteroseɣswali'ðað] *f sin pl* Heterosexualität *f*
heterotermo¹ [etero'termo] *m* (ZOOL) wechselwarmes [*o* heterothermes] Tier *nt*
heterotermo, -a² [etero'termo, -a] *adj* (ZOOL) wechselwarm, heterotherm
hevea [e'βea] *m* (BOT) Hevea *f*, (Para)kautschukbaum *m*
hevicultivo [eβikul'tiβo] *m* (AGR) Heveaplantage *f*, Kautschuk(baum)plantage *f*
hexacordo [eɣsa'korðo] *m* (MÚS) ❶ (*escala*) Hexachord *m o nt*
❷ (*intervalo*) Sext(e) *f*
hexadecimal [eɣsaðeθi'mal] *adj* hexadezimal
hexaedro [eɣsa'eðro] *m* (MAT) Sechsflächner *m*, Hexaeder *nt*
hexagonal [eɣsaɣo'nal] *adj* sechseckig, hexagonal
hexágono [eɣ'saɣono] *m* Sechseck *nt*, Hexagon *nt*
hexagrama [eɣsa'ɣrama] *m* (MAT) Sechsstern *m*, Hexagramm *nt*
hexasílabo¹ [eɣsa'silaβo] *m* (*verso*) sechssilbiger Vers *m;* (*palabra*) sechssilbiges Wort *nt*
hexasílabo, -a² [eɣsa'silaβo, -a] *adj* sechssilbig
hez [eθ] *f* ❶ (*poso*) Bodensatz *m*
❷ *pl* (*escoria*) Abschaum *m*
❸ *pl* (*excrementos*) Kot *m;* **heces fecales** Fäkalien *fpl*
hialita [ja'lita] *f* (GEO) Glasopal *m*, Hyalit *m*
hialografía [jaloɣra'fia] *f* (ARTE) Glasmalerei *f*, Hyalographie *f*
hialoideo, -a [jaloi'ðeo, -a] *adj* glasig, glasartig
hialotecnia [jalo'teknja] *f* Glashüttenwesen *nt*
hibernación [iβerna'θjon] *f* ❶ (ZOOL) Winterschlaf *m*
❷ (MED) Hibernation *f*
hibernal [iβer'nal] *adj* Winter-, winterlich
hibernar [iβer'nar] *vi* Winterschlaf halten
hibisco [i'βisko] *m* Hibiskus *m*
hibridación [iβriða'θjon] *f* Hybridisierung *f*
hibridar [iβri'ðar] *vt* (BIOL) kreuzen
hibridismo [iβri'ðismo] *m* (*t. BIOL: carácter híbrido*) Gemisch *nt*, Konglomerat *nt*
híbrido¹ [i'βriðo] *m* (BIOL) Hybride *m o f*
híbrido, -a² ['iβriðo, -a] *adj* hybrid; **computador ~** (INFOR) Hybridrechner *m*
hicotea [iko'tea] *f* (ZOOL) Amerikanische Sumpfschildkröte *f*
hidalgo¹ [i'ðalɣo] *m* (HIST) Edelmann *m*
hidalgo, -a² [i'ðalɣo, -a] *adj* ❶ (*de los nobles*) adelig
❷ (*noble*) edel
❸ (*generoso*) großmütig
hidátide [i'ðatiðe] *f* ❶ (ZOOL) Blasenbandwurm *m*, Hundebandwurm *m*
❷ (MED) Hydatidenzyste *f*
hidra ['iðra] *f* ❶ (*pólipo*) Süßwasserpolyp *m*
❷ (ASTR) Hydra *f*
hidrartrosis [iðrar'trosis] *f inv* (MED) Gelenkerguss *m*, Hyd(r)arthrose *f*
hidratante [iðra'tante] *adj* Feuchtigkeit spendend; **crema ~** Feuchtigkeitscreme *f*
hidratar [iðra'tar] *vt* ❶ (QUÍM) hydratisieren
❷ (*piel*) mit einer Feuchtigkeitscreme behandeln
hidrato [i'ðrato] *m* (QUÍM) Hydrat *nt*
hidráulica [i'ðraulika] *f* Hydraulik *f*
hidremia [i'ðremja] *f* (MED) Hydrämie *f*
hídrico, -a ['iðriko, -a] *adj* ❶ (*relativo al agua*) Wasser-
❷ (*que contiene agua*) wasserhaltig
hidroala [iðro'ala] *m* (NÁUT) Tragflügelboot *nt*
hidroavión [iðroaβi'on] *m* Wasserflugzeug *nt*
hidrobase [iðro'βase] *f* (AERO) Startfläche *f* für Wasserflugzeuge
hidrobiología [iðroβiolo'xia] *f* (BIOL) Hydrobiologie *f*
hidrocarbonado¹ [iðrokarβo'naðo] *m* (QUÍM) Kohlenwasserstoff *m*
hidrocarbonado, -a² [iðrokarβo'naðo, -a] *adj* (QUÍM) Kohlenwasserstoff-
hidrocarburo [iðrokar'βuro] *m* (QUÍM) Kohlenwasserstoff *m*
hidrocistoma [iðroθis'toma] *m* (MED) Schweißdrüsenzyste *f*, Hidrozystom *nt*
hidrodinámico, -a [iðroði'namiko, -a] *adj* hydrodynamisch
hidroelectricidad [iðroelektriθi'ðað] *f sin pl* (ELEC) Hydroelektrizität *f*
hidroeléctrico, -a [iðroe'lektriko, -a] *adj* hydroelektrisch; **central hidroeléctrica** Wasserkraftwerk *nt*
hidrófilo, -a [i'ðrofilo, -a] *adj* hydrophil
hidrofobia [iðro'foβja] *f* ❶ (MED: *fobia al agua*) Wasserphobie *f*
❷ (*rabia*) Tollwut *f*
hidrófobo, -a [i'ðrofoβo, -a] *adj* ❶ (QUÍM) hydrophob

hidrófugo

② (*rabioso*) tollwütig
hidrófugo, -a [i'ðrofuɣo, -a] *adj* feuchtigkeitsbeständig
hidrogenar [iðroxe'nar] *vt* (QUÍM) hydrieren
hidrógeno [i'ðroxeno] *m* (QUÍM) Wasserstoff *m*
hidrogeología [iðroxeolo'xia] *f* (GEO) Hydrogeologie *f*
hidrografía [iðroɣra'fia] *f sin pl* Gewässerkunde *f*, Hydrografie *f*
hidrográfico, -a [iðro'ɣrafiko, -a] *adj* hydrografisch
hidrolápato [iðro'lapato] *m* (BOT) Ampfer *m*
hidrología [iðrolo'xia] *f* (GEO) Hydrologie *f*
hidrológico, -a [iðro'loxiko, -a] *adj* hydrologisch
hidromancia [iðro'maɲθea] *f*, **hidromancía** [iðromaɲ'θia] *f* Hydromantie *f*
hidromecánica [iðrome'kanika] *f* (FÍS) Hydromechanik *f*
hidromel [iðro'mel] *m* Honigwasser *m*
hidrometeoro [iðromete'oro] *m* Hydrometeor *m*
hidromiel [iðro'mjel] *m* Honigwasser *nt*
hidromodelismo [iðromoðe'lismo] *m* Schiffsmodellbau *m*
hidroneumático, -a [iðroneṷ'matiko, -a] *adj* (TÉC) hydropneumatisch
hidronimia [iðro'nimja] *f* (LING) Hydronymik *f*
hidrónimo [i'ðronimo] *m* (LING) Gewässername *m*
hidropesía [iðrope'sia] *f* (MED) Wassersucht *f*, Hydropsie *f*
hidrópico, -a [i'ðropiko, -a] *adj* ① (MED) wassersüchtig
② (*fig: insaciable*) unersättlich
hidroplano [iðro'plano] *m* ① (AERO) Wasserflugzeug *nt*
② (NÁUT) Gleitboot *nt*
hidróptero [i'ðroptero] *m* (NÁUT) Tragflächenboot *nt*
hidrorrea [iðro'rrea] *f* (MED) wässriger Ausfluss *m*, Hydrorrhö(e) *f*
hidroscopia [iðros'kopja] *f* (GEO) Hydroskopie *f*
hidrosfera [iðros'fera] *f* (GEO) Hydrosphäre *f*
hidrosoluble [iðroso'luβle] *adj* wasserlöslich
hidrostático, -a [iðros'tatiko, -a] *adj* hydrostatisch
hidroterapia [iðrote'rapja] *f* (MED) Hydrotherapie *f*
hidrotimetría [iðrotime'tria] *f* (QUÍM) Hydrotimetrie *f*
hidrotropismo [iðrotro'pismo] *m* (BIOL) Hydrotropismus *m*
hidróxido [i'ðroˠsiðo] *m* (QUÍM) Hydroxid *nt*
hiedra ['jeðra] *f* Efeu *m*
hiel [jel] *f* ① (*bilis*) Galle *f*
② (*amargura*) Bitterkeit *f*; **echar la ~** sich abrackern
③ *pl* (*adversidades*) Probleme *ntpl*
hielera [je'lera] *f* ① (*Chil, Méx: nevera portátil*) (tragbare) Kühlbox *f*
② (*Arg: cubitera*) Eiswürfelbehälter *m*
hielo ['jelo] *m* ① (*del agua*) Eis *nt*; **~ en la carretera** Glatteis *nt*; **~ picado** zerhacktes Eis; **el barco ha quedado aprisionado en el ~** das Schiff ist eingefroren
② *pl* (*helada*) Frost *m*
③ (*frialdad*) Kälte *f*
④ (*loc*): **me quedé de ~** ich war wie vor den Kopf geschlagen
hiena ['jena] *f* Hyäne *f*
hienda ['jenda] *f* (AGR) Mist *m*, Dung *m*
hierático, -a [je'ratiko, -a] *adj* hieratisch
hierba ['jerβa] *f* ① (*planta*) Gras *nt*
② (*comestible*) Kraut *nt*; **~ medicinal** Heilkraut *nt*; **~s de Provenza** (GASTR) Kräuter der Provence; **infusión de ~s** Kräutertee *m*; **mala ~** Unkraut *nt*; **haber pisado mala/buena ~** Pech/Glück haben; **mala ~ nunca muere** (*prov*) Unkraut vergeht nicht
③ (*césped*) Rasen *m*; **tenis sobre ~** (DEP) Rasentennis *nt*
④ (*pasto*) Weideland *nt*
⑤ (*fam: droga*) Gras *nt*
⑥ (*veneno*) Gifttrank *m*
⑦ (*loc*): **y otras ~s** (*irón*) et cetera pp.
hierbabuena [jerβa'βwena] *f* Minze *f*
hierbajo [jer'βaxo] *m* Unkraut *nt*
hierbal [jer'βal] *m* (*Chil*) Grasfläche *f*, Wiese *f*
hierbazal [jerβa'θal] *f* (BOT) Weide *f*, Weideland *nt*
hiero ['jero] *m* (BOT) Wicke *f*
hierocracia [jero'kraθja] *f* (POL) Priesterherrschaft *f*, Hierokratie *f*
hieromancia [jero'manθja] *f* Hieromantie *f*
hierosolimitano, -a [jerosolimi'tano, -a] *adj* Jerusalemer, jerusalemitisch
hierra ['jerra] *f* (*Am*) Brandzeichen *nt*
hierro ['jerro] *m* ① (*metal, t. DEP*) Eisen *nt*; **edad del ~** Eisenzeit *f*; **salud de ~** eiserne Gesundheit; **voluntad de ~** eiserner Wille; **quitar ~ a un asunto** eine Angelegenheit herunterspielen
② (*del ganado*) Brandzeichen *nt*
③ (*para marcar*) Brandeisen *nt*
④ (*de lanza*) Spitze *f*
⑤ (*arma*) Waffe *f*
⑥ (*herramienta*) Werkzeug *nt* aus Eisen
⑦ *pl* (*grilletes*) Handschellen *fpl*

⑧ *pl* (*cadenas*) Ketten *fpl*
hifi ['ifi/'xaifi] *adj* Hi-Fi-
higadillo [iɣa'ðiʎo] *m* (GASTR) (Geflügel)leber *f*
hígado ['iɣaðo] *m* ① (ANAT) Leber *f*
② *pl* (*valor*) Mumm *m fam*
higiene [i'xjene] *f* Hygiene *f*; **~ personal** Körperpflege *f*
higiénico, -a [i'xjeniko, -a] *adj* hygienisch; **compresa higiénica** Damenbinde *f*; **papel ~** Toilettenpapier *nt*
higienista [ixje'nista] I. *adj* (MED) Hygienik-; **experto ~** Hygieniker *m*
II. *mf* (MED) Hygieniker(in) *m(f)*
higienización [ixjeniθa'θjon] *f* Sanierung *f*
higienizar [ixjeni'θar] <z→c> *vt* sanieren
higo ['iɣo] *m* ① (*fruto*) Feige *f*; **~ pico** (*reg*) kanarische Bezeichnung für die Kaktusfeige
② (*cosa sin valor*): **esto me importa un ~** das ist mir völlig egal; **esto no vale un ~** das ist keinen Deut wert
③ (*algo arrugado*): **estar hecho un ~** (*persona*) ganz runzelig sein; (*ropa*) zerknittert sein
higroma [i'ɣroma] *m* (MED) Hygrom *nt*
higrómetro [i'ɣrometro] *m* Hygrometer *nt*
higuera [i'ɣera] *f* Feigenbaum *m*; **estar en la ~** nichts mitbekommen
higueral [iɣe'ral] *m* (BOT) Feigenplantage *f*
higuereta [iɣe'reta] *f* (BOT) Rizinus *m*
higüero [i'ɣwero] *m* (BOT) ① (*planta*) Kalebassenbaum *m*
② (*fruto*) Kalebasse *f*
higuerón [iɣe'ron] *m* (BOT) Riesengummibaum *m*
hijastro, -a [i'xastro, -a] *m, f* Stiefsohn, -tochter *m, f*
hijato [i'xato] *m* (BOT) Jungtrieb *m*, Schössling *m*
hijo, -a ['ixo, -a] *m, f* ① (*parentesco*) Sohn *m*, Tochter *f*; **~ adoptivo** Adoptivkind *nt*; **~ político** Schwiegersohn *m*; **~ predilecto (de una ciudad)** Ehrenbürger *m* (einer Stadt); **~ de puta** (*vulg*) Scheißkerl *m*; **~ único** Einzelkind *nt*; **un ~ de papá** ein verwöhnter Jugendlicher; **pareja sin ~s** kinderloses Paar; **como cualquier ~ de vecino** wie jedermann; **es ~ de Madrid** er ist gebürtiger Madrider
② *pl* (*descendencia*) Kinder *ntpl*
híjole ['ixole] *interj* (*Am: fam: caramba*) Donnerwetter!
hijuela [i'xwela] *f* ① (*de camino*) Abzweigung *f*
② (*de herencia*) Erbteil *m*
③ (*de una institución*) Zweigstelle *f*
hijuelar [ixwe'lar] *vt* (*Chil*) in Erbteile aufteilen, parzellieren
hijuelo [i'xwelo] *m* (BOT) Jungtrieb *m*, Schössling *m*
hila ['ila] *f* ① (*acción*) Spinnen *nt*
② *pl* (*hebras*) Scharpie *f*
hilacha [i'latʃa] *f*, **hilacho** [i'latʃo] *m* (Tuch)faser *f*
hilachoso, -a [ila'tʃoso, -a] *adj* ausgefranst
hilada [i'laða] *f* ① (*hilera*) Reihe *f*
② (ARQUIT) Lage *f*
hilado [i'laðo] *m* ① (*acción*) Spinnen *nt*
② (*hilo*) Faden *m*; (*en la industria*) Gespinst *nt*; **fábrica de ~s** Spinnerei *f*
hilador(a) [ila'ðor(a)] *m(f)* Spinner(in) *m(f)*
hiladora [ila'ðora] *f* Spinnmaschine *f*
hilandería [ilande'ria] *f* ① (*arte*) Spinnen *nt*
② (*fábrica*) Spinnerei *f*
hilandero¹ [ilan'dero] *m* (*lugar*) Spinnerei *f*
hilandero, -a² [ilan'dero, -a] *m, f* Spinner(in) *m(f)*
hilar [i'lar] *vt* ① (*hilo*) (ver)spinnen; (*arañas*) weben
② (*discurrir*) (miteinander) verknüpfen; **~ fino** Haarspalterei betreiben
hilaracha [ila'ratʃa] *f* herabhängender Faden *m*
hilarante [ila'rante] *adj* sehr lustig; **gas ~** Lachgas *nt*
hilaridad [ilari'ðað] *f* Heiterkeit *f*; **esta comedia provoca la ~ del público** diese Komödie bringt das Publikum zum Lachen
hilatura [ila'tura] *f* ① (*fábrica*) Spinnerei *f*
② (*fabricación*) (Ver)spinnen *nt*
hilaza [i'laθa] *f* ① (*hilo*) Faden *m*
② (*en la industria*) Gespinst *nt*
hilemorfismo [ilemor'fismo] *m sin pl* (FILOS) Hylemorphismus *m*
hilera [i'lera] *f* ① (*fila*) Reihe *f*; (*de cosas iguales*) Zeile *f*; (MIL) Glied *nt*; **colocarse en la ~** anstehen
② (TÉC) Spinndüse *f*
hilero [i'lero] *m* (GEO) ① (*señal*) Stromstrich *m*
② (*corriente secundaria*) Nebenströmung *f*
hilio ['iljo] *m* (ANAT) Hilus *m*
hilo ['ilo] *m* ① (*hebra*) Faden *m*; (*para coser*) Garn *nt*; (*más resistente*) Zwirn *m*; **~ bramante** Schnur *f*; **~ de perlas** Perlenschnur *f*; **cortar el ~ de la vida a alguien** (*fig*) jdm den Lebensfaden abschneiden; **estar pendiente de un ~** an einem dünnen [*o* seidenen] Faden hängen; **mover los ~s** (*fig*) die Fäden in der Hand haben; **pender de un ~** (*fig*) an einem seidenen Faden hängen

❷ (*tela*) Leinen *nt*
❸ (TÉC) dünner Draht *m;* ~ **conductor** Leitungsdraht *m;* **telegrafía sin ~s** drahtlose Telegrafie
❹ (*de un discurso*) (roter) Faden *m;* **no sigo el ~ de la película** ich kann der Handlung des Films nicht folgen; **perder el ~** (*de la conversación*) (bei einem Gespräch) den (roten) Faden verlieren; **recoger el ~ de la historia** den (roten) Faden der Geschichte wieder aufnehmen
❺ (*de un líquido*) Rinnsal *nt*

hilozoísmo [iloθo'ismo] *m sin pl* (FILOS) Hylozoismus *m*
hilván [il'βan] *m* ❶ (*costura*) Heftnaht *f*
❷ (*hilo*) Heftfaden *m*
hilvanado [ilβa'naðo] *m* Heften *nt*
hilvanar [ilβa'nar] *vt* ❶ (*vestido*) heften
❷ (*frases*) (miteinander) verknüpfen; **un discurso mal hilvanado** eine zusammenhang(s)lose Rede
himen ['imen] *m* (ANAT) Jungfernhäutchen *nt*
himeneo [ime'neo] *m* Hochzeit *f*
himenóptero¹ [ime'noptero] *m* (ZOOL) Hautflügler *m;* **las abejas son ~s** die Bienen zählen zu den Hymenopteren [*o* Hautflüglern]
himenóptero, -a² [ime'noptero, -a] *adj* (ZOOL) zu den Hautflüglern gehörend
himnario [im'narjo] *m* (MÚS, LIT) Hymnensammlung *f,* Hymnar(ium) *nt*
himno ['imno] *m* Hymne *f*
himnodia [im'noðja] *f* (MÚS) Hymnendichtung *f,* Hymnodie *f*
hincapié [iŋka'pje] *m* Aufstemmen *nt;* **hacer ~ en algo** Nachdruck auf etw legen
hincar [iŋ'kar] <c→qu> **I.** *vt* ❶ (*clavar*) (ein)treiben (*en* in +*akk*); (*golpeando*) (hin)einschlagen (*en* in +*akk*); **~ los codos** (*fam: trabajar mucho*) sich ins Zeug legen; **~ el diente en la pera** (*fam*) in die Birne hineinbeißen
❷ (*pie*) aufstützen (*en* auf +*dat/akk*), aufsetzen (*en* auf +*dat/akk*)
II. *vr:* **~se de rodillas** niederknien
hincha¹ ['intʃa] *mf* (*seguidor*) Fan *m*
hincha² ['intʃa] *f* (*fam: tirria*) Groll *m*
hinchable [in'tʃaβle] *adj* aufblasbar; **colchón ~** Luftmatratze *f;* **muñeca ~** Gummipuppe *f*
hinchada [in'tʃaða] *f* Fans *mpl*
hinchado, -a [in'tʃaðo, -a] *adj* ❶ (*pie*) geschwollen; (*cara*) aufgedunsen; (*madera*) aufgequollen; (*velas*) (auf)gebläht
❷ (*estilo*) schwülstig
❸ (*persona*) aufgeblasen
hinchamiento [intʃa'mjento] *m* (An)schwellung *f*
hinchar [in'tʃar] **I.** *vt* ❶ (*globo*) aufblasen; (*neumático*) aufpumpen; (*telas*) (auf)blähen; (*estómago*) (auf)blähen; **~ la bici** das Fahrrad aufpumpen
❷ (*exagerar*) aufbauschen; **¡no lo hinches!** halt die Luft an! *fam*
❸ (*río*) anschwellen lassen
❹ (*AmS: molestar*) nerven *fam*
❺ (*loc*): **~ de palos a alguien** (*fam*) jdn windelweich schlagen; **te voy a ~ los morros** (*vulg*) ich poliere dir noch die Fresse
II. *vr:* **~se** ❶ (*pierna*) anschwellen; **se me ha hinchado mucho el pie** mein Fuß ist ganz dick
❷ (*engreírse*) sich aufblasen
❸ (*de comer*) sich überessen (*de* an +*dat*)
❹ (*hacer mucho*): **~se a mirar/a escuchar algo** sich an etw *dat* satt sehen/hören; **~se a insultar a alguien** jdn unaufhörlich beschimpfen
hinchazón [intʃa'θon] *f* ❶ (*del pie*) (An)schwellung *f;* (*del río*) Anschwellen *nt;* (*de la madera*) (Auf)quellen *nt;* (*de las velas*) Blähen *nt*
❷ (*soberbia*) Aufgeblasenheit *f*
❸ (*de un estilo*) Schwülstigkeit *f*
hindi ['indi] *m* Hindi *nt*
hindú [in'du] *mf* ❶ (*indio*) Inder(in) *m(f)*
❷ (*del hinduismo*) Hindu *mf*
hinduismo [indu'ismo] *m sin pl* (REL) Hinduismus *m*
hinduista [indu'ista] **I.** *adj* (REL) hinduistisch, Hindu-
II. *mf* (REL) Hindu *m*
hiniesta [i'njesta] *f* (BOT) Besenginster *m*
hinojal [ino'xal] *m* (BOT) Fenchelfeld *nt*
hinojo [i'noxo] *m* ❶ (*planta*) Fenchel *m*
❷ (*rodilla*) Knie *nt;* **de ~s** auf Knien; **ponerse de ~s** sich hinknien
hiogloso, -a [ɟo'ɣloso, -a] *adj* (ANAT) hyoglossus, -a, -um
hioides ['ɟoiðes] *m inv* (ANAT): **hueso ~** Zungenbein *nt*
II. *m inv* (ANAT) Zungenbein *nt*
hipar [i'par] *vi* ❶ (*tener hipo*) Schluckauf haben
❷ (*perros*) hecheln
❸ (*fatigarse*) sich überarbeiten
❹ (*sollozar*) (auf)schluchzen
❺ (*desear*) lechzen (*por* nach +*dat*)
hiper ['iper] *m* (*fam*) großer Supermarkt *m*

hiperacidez [iperaθi'ðeθ] *f* Übersäuerung *f*
hiperactividad [iperaktiβi'ðað] *f* Überaktivität *f*
hiperactivo, -a [iperak'tiβo, -a] *adj* überaktiv
hiperalgesia [iperal'xesja] *f* (MED) Hyperalgesie *f*
hipérbola [i'perβola] *f* (MAT) Hyperbel *f*
hipérbole [i'perβole] *f* (LIT) Hyperbel *f*
hiperbólico, -a [iper'βoliko, -a] *adj* (MAT) hyperbolisch
hipercinesia [iperθi'nesja] *f* (MED) Hyperkinese *f*
hiperclorhidria [iperklo'riðrja] *f* (MED) Magenübersäuerung *f,* Superazidität *f*
hipercolesterolemia [iperkolestero'lemja] *f* (MED) Hypercholesterinämie *f*
hipercrítico, -a [iper'kritiko, -a] *adj* hyperkritisch
hiperenlace [iperen'laθe] *m* (INFOR) Hyperlink *m*
hiperfunción [iperfun'θjon] *f* (MED) Überfunktion *f,* Hyperfunktion *f*
hiperglucemia [iperɣlu'θemja] *f* (MED) Hyperglykämie *f*
hiperhidrosis [iperi'ðrosis] *f inv* (MED) übermäßige Schweißabsonderung *f,* Hyper(h)idrose *f;* **~ gustatoria** gustatorisches Schwitzen
hiperinflación [iperimfla'θjon] *f* (COM) Hyperinflation *f*
hiperlipemia [iperli'pemja] *f* (MED) Hyperlipämie *f*
hipermenorrea [ipermeno'rrea] *f* (MED) Hypermenorrhö(e) *f*
hipermercado [ipermer'kaðo] *m* großer Supermarkt *m*
hipermétrope [iper'metrope] *adj* (MED) weitsichtig
hipermetropía [ipermetro'pia] *f* (MED) Weitsichtigkeit *f*
hipermnesia [iper'nesja] *f* (MED) Hypermnesie *f*
hipernefroma [iperne'froma] *m* (MED) Hypernephrom *nt*
hipernutrición [ipernutri'θjon] *f* (MED) Überernährung *f,* Hyperalimentation *f*
hiperón [ipe'ron] *m* (FÍS) Hyperon *nt*
hiperonimia [ipero'nimja] *f* (LING) Hyperonymie *f*
hiperónimo [ipe'ronimo] *m* (LING) Hyperonym *nt,* Superonym *nt*
hiperoxia [ipe'roɣsja] *f* (MED) Hyperoxie *f*
hiperrealismo [iperrea'lismo] *m sin pl* Hyperrealismus *m*
hipersensibilidad [ipersensiβili'ðað] *f sin pl* Überempfindlichkeit *f*
hipersensible [ipersen'siβle] *adj* überempfindlich
hipertensión [iperten'sjon] *f* (MED) Bluthochdruck *m*
hipertenso, -a [iper'tenso, -a] **I.** *adj* hypertonisch
II. *m, f* Hypertoniker(in) *m(f);* **mi padre es ~** mein Vater hat einen zu hohen Blutdruck
hipertexto [iper'teɣsto] *m* (INFOR) Hypertext *m*
hipertrofia [iper'trofja] *f* Hypertrophie *f*
hipertrofiarse [ipertro'fjarse] *vr* übermäßig wuchern
hipervitaminosis [iperβitami'nosis] *f inv* (MED) Hypervitaminose *f*
hípica ['ipika] *f sin pl* Pferdesport *m*
hípico, -a ['ipiko, -a] *adj* Pferde-; **concurso ~** Springreiten *nt*
hipido [i'piðo] *m* Schluchzer *m*
hipnosis [iβ'nosis] *f inv* Hypnose *f*
hipnótico¹ [iβ'notiko] *m* Schlafmittel *nt*
hipnótico, -a² [iβ'notiko, -a] *adj* hypnotisch
hipnotismo [iβno'tismo] *m* Hypnotik *f*
hipnotización [iβnotiθa'θjon] *f* Hypnotisieren *nt*
hipnotizador(a) [iβnotiθa'ðor(a)] *m(f)* Hypnotiseur(in) *m(f)*
hipnotizar [iβnoti'θar] <z→c> *vt* hypnotisieren
hipo ['ipo] *m* ❶ (*fisiológico*) Schluckauf *m*
❷ (*deseo*) Sehnsucht *f* (*de/por* nach +*dat*)
❸ (*tirria*) Groll *m*
hipoacusia [ipoa'kusja] *f* (MED) Schwerhörigkeit *f,* Hypakusie *f*
hipoalergénico, -a [ipoaler'xeniko, -a] *adj* (MED) hypoallergen
hipoalgia [ipo'alxja] *f* (BIOL) Hypalg(es)ie *f*
hipocalórico, -a [ipoka'loriko, -a] *adj* kalorienarm
hipocampo [ipo'kampo] *m* ❶ (ZOOL) Seepferdchen *nt*
❷ (ANAT) Hippocampus *m*
❸ (LIT) Hippokamp *m*
hipocentro [ipo'θentro] *m* (GEO) Erdbebenherd *m,* Hypozentrum *nt*
hipocolesterolemia [ipokolestero'lemja] *f* (MED) Hypocholesterinämie *f*
hipocondría [ipokon'dria] *f* (MED) Hypochondrie *f*
hipocondríaco, -a [ipokon'driako, -a] **I.** *adj* hypochondrisch
II. *m, f* Hypochonder *m*
hipocóndrico, -a [ipo'kondriko, -a] **I.** *adj* (MED) hypochondrisch
II. *m, f* Hypochonder *m*
hipocondrio [ipo'kondrjo] *m* (ANAT) Hypochondrium *nt*
hipocrático, -a [ipo'kratiko, -a] *adj* hippokratisch
hipocratismo [ipokra'tismo] *m* (MED) Hippokratismus *m*
hipocresía [ipokre'sia] *f* ❶ (*comportamiento*) Heuchelei *f*
❷ (*modo de ser*) Scheinheiligkeit *f*
hipócrita [i'pokrita] **I.** *adj* ❶ (*en el comportamiento*) heuchlerisch
❷ (*en el modo de ser*) scheinheilig
II. *mf* Heuchler(in) *m(f)*

hipodérmico, -a [ipo'ðermiko, -a] *adj* (MED) subkutan
hipódromo [i'poðromo] *m* (DEP) Pferderennbahn *f*
hipófisis [i'pofisis] *f inv* (ANAT) Hypophyse *f*
hipogastrio [ipo'ɣastrjo] *m* (ANAT) Unterleib *m*
hipogloso, -a [ipo'ɣloso, -a] *adj* (ANAT) Unterzungen-
hipoglucemia [ipoɣlu'θemja] *f* (MED) Hypoglykämie *f*
hipología [ipolo'xia] *f* (ZOOL) Pferdekunde *f*, Hippologie *f*
hipomancia [ipo'manθja] *f*, **hipomancía** [ipoman'θia] *f* (HIST) Wahrsagung *f* nach Bewegungen und Lautäußerungen von Pferden
hipomanía [ipoma'nia] *f* (MED) Hypomanie *f*
hiponimia [ipo'nimja] *f* (LING) Hyponymie *f*
hipónimo [i'ponimo] *m* (LING) Hyponym *nt*
hipopótamo [ipo'potamo] *m* Nilpferd *nt*
hiposódico, -a [ipo'soðiko, -a] *adj* (MED) salzarm
hipostenia [ipos'tenja] *f* (MED) leichter Kräfteverfall *m*, Hyposthenie *f*
hipotáctico, -a [ipo'taktiko, -a] *adj* (LING) unterordnend, hypotaktisch
hipotálamo [ipo'talamo] *m* (ANAT) Hypothalamus *m*
hipotaxis [ipo'taɣsis] *f inv* (LING) Hypotaxe *f*
hipoteca [ipo'teka] *f* Hypothek *f*; ~ **cerrada** Höchstbetragshypothek *f*; ~ **común** Verkehrshypothek *f*; ~ **de garantía** Sicherungshypothek *f*; ~ **independiente** Eigentümerhypothek *f*; ~ **al portador** Inhaberhypothek *f*; ~ **registral** Buchhypothek *f*; ~ **solidaria** Gesamthypothek *f*; **cancelar una** ~ eine Hypothek tilgen; **gravar algo con una** ~ etw mit einer Hypothek belastne
hipotecable [ipote'kaβle] *adj* hypothekarisch belastbar
hipotecar [ipote'kar] <c→qu> *vt* mit einer Hypothek belasten; **si haces eso ~ás tu libertad** wenn du das machst, setzt du deine Freiheit aufs Spiel
hipotecario, -a [ipote'karjo, -a] *adj* Hypotheken-; **crédito** ~ Hypothekarkredit *m*
hipotensión [ipoten'sjon] *f* (MED) niedriger Blutdruck *m*
hipotenso, -a [ipo'tenso, -a] I. *adj* hypotonisch II. *m, f* Hypotoniker(in) *m(f)*; **mi mujer es hipotensa** meine Frau hat einen zu niedrigen Blutdruck
hipotensor¹ [ipoten'sor] *m* (MED) blutdrucksenkendes Mittel *nt*, Antihypertonikum *nt*
hipotensor(a)² [ipoten'sor(a)] *adj* (MED) blutdrucksenkend
hipotenusa [ipote'nusa] *f* (MAT) Hypotenuse *f*
hipotermia [ipo'termja] *f* (MED) Unterkühlung *f*; **muerte por** ~ Kältetod *m*
hipótesis [i'potesis] *f inv* Hypothese *f*
hipotético, -a [ipo'tetiko, -a] *adj* hypothetisch; **es totalmente ~ que ...** es ist eine reine Hypothese, dass ...
hipotónico, -a [ipo'toniko, -a] I. *adj* hypotonisch II. *m, f* Hypotoniker(in) *m(f)*
hippie ['xipi] I. *adj* Hippie-; **moda** ~ Hippielook *m* II. *mf* Hippie *m*
hippismo [xi'pismo] *m* (SOCIOL) Hippietum *nt*
hippy ['xipi] *adj o mf v.* **hippie**
hipsómetro [iβ'sometro] *m* ① (FÍS) Höhenmesser *m*, Hypso(thermo)meter *m* ② (ELEC) Pegelanzeiger *m*
hirco ['irko] *m* (ZOOL) Bergziege *f*
hiriente [i'rjente] *adj* verletzend; **una observación** ~ eine spitze Bemerkung
hirsuto, -a [ir'suto, -a] *adj* ① (*pelo*) borstig, struppig ② (*planta*) stachelig ③ (*carácter*) widerborstig
hirudinicultura [iruðiniku'ltura] *f* (MED) Blutegelkultur *f*
hirviente [ir'βjente] *adj* kochend
hisopar [iso'par] *vt v.* **hisopear**
hisopear [isope'ar] *vt* mit dem Weih(wasser)wedel verspengen
hisopo [i'sopo] *m* ① (*planta*) Ysop *m* ② (*de iglesia*) Weih(wasser)wedel *m*
hispalense [ispa'lense] I. *adj* aus Sevilla II. *mf* Einwohner(in) *m(f)* von Sevilla
hispánico, -a [is'paniko, -a] *adj* ① (*de España*) spanisch ② (*de Hispania*) hispanisch; **Filología Hispánica** Hispanistik *f*
hispanidad [ispani'ðað] *f sin pl* ① (*calidad*) Hispanität *f* ② (*conjunto*) spanische Kultur *f*
hispanismo [ispa'nismo] *m* Hispanismus *m*
hispanista [ispa'nista] *mf* Hispanist(in) *m(f)*
hispanización [ispaniθa'θjon] *f sin pl* Hispanisierung *f*
hispanizar [ispani'θar] <z→c> *vt, vr:* ~**se** (sich) hispanisieren
hispano, -a [is'pano, -a] I. *adj* ① (*español*) spanisch ② (*en EE.UU.*) Hispano-, hispanoamerikanisch II. *m, f* ① (*español*) Spanier(in) *m(f)* ② (*en EE.UU.*) Hispanoamerikaner(in) *m(f)*
Hispanoamérica [ispanoa'merika] *f* hispanoamerikanische Länder *ntpl*
hispanoamericanismo [ispanoamerika'nismo] *m sin pl* (SOCIOL) soziale Bewegung für die kulturelle Einheit der spanischsprachigen Länder in Süd- und Mittelamerika
hispanoamericano, -a [ispanoameri'kano, -a] I. *adj* hispanoamerikanisch II. *m, f* Hispanoamerikaner(in) *m(f)*
hispanoárabe [ispano'araβe] *adj* (HIST) spanisch-arabisch, hispanoarabisch
hispanófobo, -a [ispa'nofoβo, -a] I. *adj* spanienfeindlich, hispanophob II. *m, f* Spanienfeind(in) *m(f)*
hispanófono, -a [ispa'nofono, -a] *adj o m, f v.* **hispanohablante**
hispanohablante [ispano'βlante] I. *adj* Spanisch sprechend; **los países ~s** die spanischsprachigen Länder II. *mf* spanischer Muttersprachler *m*, spanische Muttersprachlerin *f*
hispanomusulmán, -ana [ispanomusul'man, -ana] *adj* (HIST) spanisch-arabisch, hispanoarabisch
histamínico, -a [ista'miniko, -a] *adj* (BIOL, QUÍM) Histamin-
histerectomía [isterekto'mia] *f* (MED) Hysterektomie *f*
histeria [is'terja] *f* Hysterie *f*
histérico, -a [is'teriko, -a] I. *adj* hysterisch II. *m, f* Hysteriker(in) *m(f)*
histerismo [iste'rismo] *m* Hysterie *f*
histología [istolo'xia] *f* (MED) Histologie *f*
historia [is'torja] *f* Geschichte *f*; ~ **natural** Naturwissenschaft *f*; ~ **universal** Weltgeschichte *f*; **pasar a la** ~ (*ser importante*) in die Geschichte eingehen; (*no ser actual*) längst überholt sein; **cuenta la ~ completa** sag die ganze Wahrheit; **¡déjate de ~s!** komm zur Sache!; **ésa es la misma ~ de siempre** das ist das alte Lied; **es otra ~** das ist eine ganz andere Geschichte; **¡no me vengas con ~s!** erzähl mir doch keine Märchen!; **eso sólo son ~s** das ist doch nur Klatsch
historiador(a) [istorja'ðor(a)] *m(f)* Historiker(in) *m(f)*
historial [isto'rjal] I. *adj* geschichtlich II. *m* ① (*antecedentes*) Vorgeschichte *f*; ~ **delictivo** Vorstrafen *fpl* ② (*currículo*) Lebenslauf *m*; ~ **profesional** beruflicher Werdegang; **este hecho no empañará el ~ de esta institución** dieses Ereignis wird diese Institution nicht in Verruf bringen; **él tiene un ~ intachable** er hat sich dat nie etwas zuschulden kommen lassen
historiar [isto'rjar] *vt* ① (*contar*) geschichtlich darstellen ② (ARTE) Historienbilder malen (von + *dat*) ③ (*Am: enmarañar*) verwirren
historicidad [istoriθi'ðað] *f sin pl* Geschichtlichkeit *f*, Historizität *f*
historicismo [istori'θismo] *m* Histori(zi)smus *m*
histórico, -a [is'toriko, -a] *adj* geschichtlich, historisch; **un miembro ~ del partido** einer der Parteigründer
historieta [isto'rjeta] *f* ① (*anécdota*) Anekdote *f* ② (*con viñetas*) Bildergeschichte *f*; (*cómic*) Comic(strip) *m*
historiografía [istorjoɣra'fia] *f sin pl* Geschichtsschreibung *f*
historiográfico, -a [istorjo'ɣrafiko, -a] *adj* (HIST) historiographisch
historiógrafo, -a [isto'rjoɣrafo, -a] *m, f* Geschichtsschreiber(in) *m(f)*
historiología [istorjolo'xia] *f* (HIST) Historiologie *f*
histrión [is'trjon] *m* ① (HIST) Histrione *m* ② (*actor*) Schauspieler *m* ③ (*payaso*) Clown *m*; (TEAT) Narr *m* ④ (*efectista*) Effekthascher *m*
histriónico, -a [is'trjoniko, -a] *adj* theatralisch
histrionismo [istrjo'nismo] *m* ① (*teatralidad*) übertriebenes Auftreten *nt* ② (*efectismo*) Effekthascherei *f*
hita ['ita] *f* ① (*clavo*) kopfloser Nagel *m* ② (*hito*) Meilenstein *m*
hitleriano, -a [xiðle'rjano, -a] *adj* Hitler-
hito ['ito] *m* ① (*mojón*) Markstein *m*; ~ **fronterizo** Grenzzeichen *nt* ② (*blanco*) Meilenstein *m*; **mirar a alguien de ~ en ~** jdn anstarren
hit-parade [xiðpa'raðe] *m* Hitparade *f*
hobby ['xoβi] *m* <hobbies> Hobby *nt*
hocicar [oθi'kar] <c→qu> I. *vt* ① (*hozar*) (die Erde) aufwühlen ② (*pey: besar*) abknutschen II. *vi* ① (*caerse*) auf die Nase fallen ② (*fam: dificultad*) stoßen (*con auf* + *akk*) ③ (NÁUT: *amorrar*) buglastig sein
hocico [o'θiko] *m* ① (*morro*) Schnauze *f*; (*de cerdo*) Rüssel *m* ② (*vulg: cara*) Visage *f* ③ (*vulg: boca*) Fresse *f*; **caer de ~s** auf die Nase fallen *fam*; **estar de ~s** schmollen; **meter el ~ en todo** seine Nase überall hineinstecken
hocicudo, -a [oθi'kuðo, -a] *adj* (*Am*) ① (*malhumorado*) schlecht gelaunt ② (*disgustado*) verärgert
hociquear [oθike'ar] *vt* ① (*puerco*) (mit dem Rüssel) aufwühlen;

hockey ['xokei] *m sin pl* Hockey *nt;* ~ **sobre patines** Rollhockey *nt*
hodómetro [o'ðometro] *m* (TÉC) ❶ (*podómetro*) Wegmesser *m,* Hodometer *nt*
❷ (*taxímetro*) Taxameter *nt*
hogar [o'ɣar] *m* ❶ (*de cocina*) Herd *m;* (*de chimenea*) Kamin *m;* (*de fundición*) Ofenraum *m;* (*de un tren*) Feuerbüchse *f*
❷ (*casa*) Zuhause *nt;* ~ **del pensionista** Altenheim *nt;* **artículos para el** ~ Haushaltsgeräte *ntpl;* **persona sin** ~ Obdachlose(r) *m*
❸ (*familia*) Familie *f*
hogareño, -a [oɣa'reɲo, -a] *adj* häuslich
hogaza [o'ɣaθa] *f* Rundbrot *nt*
hoguera [o'ɣera] *f* ❶ (*en un campamento*) (Lager)feuer *nt;* (*de alegría*) Freudenfeuer *nt*
❷ (HIST: *ejecución*) Scheiterhaufen *m*
hoja ['oxa] *f* ❶ (*de una planta*) Blatt *nt;* (*pétalo*) (Blüten)blatt *nt;* ~**s del bosque** Laub *nt;* **árbol sin** ~**s** kahler Baum; **los árboles vuelven a echar** ~**s** die Bäume fangen an zu sprießen
❷ (*de papel*) Blatt *nt* Papier; (*de madera*) Platte *f;* (*de metal*) Folie *f;* ~ **de lata** Blech *nt;* ~ **volante** Flugblatt *nt;* ~ **de una mesa** (**extensible**) ausziehbarer Teil eines Tisches; **pasar la** ~ umblättern; (*fig*) einen neuen Anfang machen
❸ (*formulario*) Bogen *m;* (FERRO) Frachtschein *m;* ~ **de consolidación** Konsolidierungsbogen *m;* ~ **del inventario** Inventurbogen *m;* ~ **de pedido** Bestellschein *m;* ~ **registral** Grundbuchblatt *nt;* ~ **de servicios** Personalakte *f;* **tener una buena** ~ **de servicios** ein verdienter Arbeiter sein
❹ (*de arma*) Klinge *f;* ~ **de afeitar** Rasierklinge *f*
❺ (*de ventana*) (Fenster)flügel *m;* (*de puerta*) (Tür)flügel *m*
❻ (*loc*): **esto no tiene vuelta de** ~ daran gibt es nichts zu rütteln
hojalata [oxa'lata] *f* Blech *nt*
hojalatería [oxalate'ria] *f* Klempnerei *f*
hojalatero [oxala'tero] *m* Klempner *m*
hojaldra [o'xaldra] *f* (*Am*), **hojaldre** [o'xaldre] *m* Blätterteig *m;* **pastel de** ~ Pastete *f*
hojaranzo [oxa'ranθo] *m* (BOT) Weißbuche *f,* Hainbuche *f*
hojarasca [oxa'raska] *f* ❶ (*hojas*) (dürres) Laub *nt*
❷ (*paja*) leeres Geschwätz *nt fam*
hojear [oxe'ar] *vt* ❶ (*leer*) überfliegen
❷ (*pasar hojas*) blättern
hojoso, -a [o'xoso, -a] *adj* belaubt
hojuela [o'xwela] *f* ❶ (*hoja*) einzelnes Blättchen *nt*
❷ (GASTR) dünne Waffel *f*
❸ (*AmC: hojaldre*) Blätterteig *m*
hola ['ola] *interj* hallo!
holán [o'lan] *m* (*AmC: lienzo*) Leinenstoff *m*
holanda [o'landa] *f* feiner Leinenstoff *m*
Holanda [o'landa] *f* Holland *nt*
holandés, -esa [olan'des, -esa] I. *adj* holländisch; **la escuela holandesa** (ARTE) die Niederländische Schule
II. *m, f* Holländer(in) *m(f)*
holco ['olko] *m* (BOT) Honiggras *nt*
holding ['xoldiŋ] *m* <holdings> (COM) Holding(gesellschaft) *f;* **el** ~ **de empresas fiduciarias** die Treuhandanstalt
holgado, -a [ol'ɣaðo, -a] *adj* ❶ (*vestido*) weit
❷ (*espacioso*) geräumig; **en este coche se va** ~ dieses Auto hat innen viel Platz; **ir** ~ **de tiempo** genug Zeit haben
holganza [ol'ɣanθa] *f* ❶ (*ociosidad*) Untätigkeit *f;* (*agradable*) Ruhe(pause) *f*
❷ (*diversión*) Vergnügen *nt;* (*regocijo*) Belustigung *f*
holgar [ol'ɣar] *irr como colgar* I. *vi* ❶ (*sobrar*) überflüssig sein; **huelgan las palabras** das bedarf keiner Erklärung
❷ (*descansar*) Urlaub haben
II. *vr:* ~**se** ❶ (*alegrarse*) sich freuen (*de/con* über +*akk*)
❷ (*divertirse*) sich amüsieren (*de* über +*akk*)
holgazán, -ana [olɣa'θan, -ana] *m, f* Faulenzer(in) *m(f)*
holgazanear [olɣaθane'ar] *vi* faulenzen
holgazanería [olɣaθane'ria] *f* Faulenzerei *f*
holgón, -ona [ol'ɣon, -ona] I. *adj* (*fam*) stinkfaul; **es muy** ~ er faulenzt gern
II. *m, f* (*fam*) Faulenzer(in) *m(f),* Faulpelz *m*
holgorio [ol'ɣorjo] *m* lärmendes Vergnügen *nt*
holgura [ol'ɣura] *f* ❶ (*de vestido*) Weite *f*
❷ (TÉC) Spiel *nt*
❸ (*bienestar*): **vivir con** ~ in guten Verhältnissen leben
holismo [o'lismo] *m sin pl* (FILOS) Holismus *m*
holladura [oʎa'ðura] *f* ❶ (*acción*) Betreten *nt*
❷ (*huella*) Fußabdruck *m*
hollar [o'ʎar] <o→ue> *vt* ❶ (*pisar*) betreten
❷ (*despreciar*) missachten
hollejo [o'ʎexo] *m* Schale *f*
hollejudo, -a [oʎe'xuðo, -a] *adj* festschalig
hollín [o'ʎin] *m* Ruß *m*
holliniento, -a [oʎi'njento, -a] *adj* (*elev*) rußig, verrußt
holocausto [olo'kausto] *m* ❶ (*genocidio*) Holocaust *m*
❷ (REL) Brandopfer *nt*
holografía [oloɣra'fia] *f* Holografie *f*
holográfico, -a [oloˈɣrafiko, -a] *adj* (FOTO) holographisch, Holographie-
hológrafo, -a [o'loɣrafo, -a] *adj* holografisch
holograma [olo'ɣrama] *m* Hologramm *nt*
holómetro [o'lometro] *m* (TÉC) Höhenwinkelmesser *m,* Holometer *nt*
holostérico, -a [olos'teriko, -a] *adj* (TÉC): **barómetro** ~ Aneroidbarometer *m*
holotipo [olo'tipo] *m* (BIOL) Holotypus *m*
hombracho [om'bratʃo] *m,* **hombrachón** [ombra'tʃon] *m* kräftiger Mann *m*
hombrada [om'braða] *f* Heldentat *f*
hombradía [ombra'ðia] *f v.* **hombría**
hombre ['ombre] I. *m* ❶ (*varón*) Mann *m;* **el** ~ **de la calle** (*fig*) der Mann auf der Straße; ~ **de confianza** Vertrauensmann *m;* ~ **de estado** Staatsmann *m;* ~ **de negocios** Geschäftsmann *m;* ~ **de las nieves** Schneemensch *m,* Yeti *m;* ~ **de paja** (*fig*) Strohmann *m;* **el** ~ **del tiempo** der Moderator des Wetterberichtes; **el defensa fue al** ~ (DEP) der Verteidiger ging an den Mann; **¡está hecho un** ~**!** er ist schon ein gestandener Mann!; **hacer un** ~ **de alguien** aus jdm einen Mann machen; **se comportó como un** ~ er stand seinen Mann
❷ (*ser humano*) Mensch *m;* ~ **de las cavernas** Höhlenmensch *m;* ~ **del montón** Durchschnittsmensch *m;* **¡**~ **al agua!** Mann über Bord!
❸ (*fam: marido*) Mann *m*
II. *interj* Mann!, Mensch!; **¡**~**!, ¿qué tal?** na, wie geht's?; **¡cállate, ~!** Mensch, sei still!; **pero, ¡**~**!** (mein lieber) Mann!; **¡sí, ~!** aber natürlich!
hombre-anuncio ['ombre-a'nunθjo] *m* <hombres-anuncio> Plakatträger *m*
hombrear [ombre'ar] I. *vi* den starken Mann spielen
II. *vr:* **quiere** ~**se con su padre** er versucht, es seinem Vater gleichzutun
hombrecillo [ombre'θiʎo] *m* Hopfen *m*
hombre-lobo ['ombre-'loβo] *m* <hombres-lobo> Werwolf *m*
hombre-mono ['ombre-'mono] *m* <hombres-mono> Affenmensch *m*
hombrera [om'brera] *f* ❶ (*almohadilla*) Schulterpolster *nt*
❷ (*de uniforme*) Schulterklappe *f*
❸ (*de armadura*) Vorderflug *m*
hombre-rana ['ombre-'rana] *m* <hombres-rana> Taucher *m*
hombría [om'bria] *f* Männlichkeit *f;* **un acto de** ~ eine Heldentat
hombro ['ombro] *m* ❶ (ANAT) Schulter *f;* **ancho de** ~**s** breitschult(e)rig; **cargado de** ~**s** bucklig; **echarse al** ~ (*fig*) sich ins Zeug legen; **encogerse de** ~**s** die Achseln zucken; **llevar algo a** ~**s** etw auf dem Rücken tragen; **mirar a alguien por encima del** ~ auf jdn herabsehen
❷ (TIPO) Fleisch *nt*
hombruno, -a [om'bruno, -a] *adj* männlich (wirkend); **mujer hombruna** Mannweib *nt*
homenaje [ome'naxe] *m* ❶ (*el honrar*) Ehrung *f;* **hacer una fiesta en** ~ **de alguien** jdm zu Ehren ein Fest veranstalten; **rendir** ~ **a alguien** jdn ehren
❷ (HIST) Huldigung *f*
homenajear [omenaxe'ar] *vt* ehren
homeópata [ome'opata] *mf* Homöopath(in) *m(f)*
homeopatía [omeopa'tia] *f sin pl* Homöopathie *f*
homeopático, -a [omeo'patiko, -a] *adj* homöopathisch
homeostasis [omeos'tasis] *f inv* (BIOL) Homöostasie *f*
homeotermia [omeo'termja] *f* (BIOL) Homöothermie *f*
homicida [omi'θiða] I. *adj* Mord-
II. *mf* (*cuando está planeado*) Mörder(in) *m(f);* (*cuando no lo está*) Totschläger(in) *m(f);* (JUR) Täter(in) *m(f)*
homicidio [omi'θiðjo] *m* Tötung *f;* (*planeado*) Mord *m;* (*no planeado*) Totschlag *m;* ~ **accidental/premeditado** fahrlässige/vorsätzliche Tötung; **brigada de** ~**s** Mordkommission *f*
homiliario [omi'ljarjo] *m* (REL) Homiliar(ium) *nt*
hominal [omi'nal] *adj* (ZOOL) Menschen-, human
homínido [o'miniðo] *m* (BIOL) Hominide *m*
hominización [ominiθa'θjon] *f* (ZOOL) Menschwerdung *f,* Hominisation *f*
homo ['omo] I. *adj* (*fam*) homo(sexuell)
II. *m* (ZOOL) Homo *m,* Mensch *m*
homofonía [omofo'nia] *f* ❶ (LING) Gleichklang *m,* Homophonie *f*
❷ (MÚS) Homophonie *f*

homogeneidad [omoxeneiˈðað] f sin pl Homogenität f
homogeneización [omoxeneiθaˈθjon] f Homogenisierung f
homogeneizar [omoxeneiˈθar] <z→c> vt ❶ (QUÍM) homogenisieren
❷ (uniformar) homogen machen, homogenisieren elev
homogéneo, -a [omoˈxeneo, -a] adj homogen, einheitlich
homografía [omoɣraˈfia] f (LING) Homographie f
homógrafo¹ [oˈmoɣrafo] m Homograf nt
homógrafo, -a² [oˈmoɣrafo, -a] adj homograf
homologable [omoloˈɣaβle] adj gültig; **el récord no es ~** der Rekord kann nicht anerkannt werden
homologación [omoloɣaˈθjon] f ❶ (de una escuela) amtliche Genehmigung f
❷ (DEP: de un récord) Anerkennung f; (de un circuito) Homologation f
❸ (TÉC: de un casco) Typenprüfung f
❹ (JUR: de un arreglo) gerichtliche Genehmigung f; (de un convenio) verbindliche Erklärung f
homologar [omoloˈɣar] <g→gu> I. vt ❶ (escuela) amtlich genehmigen
❷ (DEP: récord) anerkennen; (circuito) homologieren
❸ (TÉC): **casco homologado** TÜV-geprüfter Helm
❹ (JUR: arreglo) gerichtlich genehmigen; (convenio) für verbindlich erklären
II. vr: **~se** sich angleichen
homólogo, -a [oˈmoloɣo, -a] I. adj ❶ (análogo) ähnlich
❷ (BIOL) homolog
II. m, f Amtskollege, -in m, f
homonimia [omoˈnimja] f (LING) Homonymie f
homónimo¹ [oˈmonimo] m Homonym nt
homónimo, -a² [oˈmonimo, -a] I. adj homonym
II. m, f Namensvetter(in) m(f)
homoplastia [omoˈplastja] f (MED) Hom(ö)oplastik f
homosexual [omoseɣˈswal] I. adj homosexuell
II. mf Homosexuelle(r) mf
homosexualidad [omoseɣswaliˈðað] f sin pl Homosexualität f
homosfera [omosˈfera] f (GEO) Homosphäre f
honda [ˈonda] f Schleuder f
hondable [onˈdaβle] adj (NÁUT) zum Ankern geeignet
hondamente [ondaˈmente] adv äußerst, überaus
hondo¹ [ˈondo] m Boden m
hondo, -a² [ˈondo, -a] adj tief; **en lo ~ del valle** unten im Tal; **respirar ~** tief einatmen
hondonada [ondoˈnaða] f (GEO) Mulde f
hondura [onˈdura] f Tiefe f; **meterse en ~s** klug daherreden
Honduras [onˈduras] f Honduras nt
hondureñismo [ondureˈɲismo] m ❶ (LING) in Honduras gebräuchlicher Ausdruck m
❷ (afecto) Liebe f zu Honduras
hondureño, -a [onduˈreɲo, -a] I. adj honduranisch
II. m, f Honduraner(in) m(f)
honestidad [onestiˈðað] f sin pl ❶ (honradez) Ehrlichkeit f
❷ (formalidad) Pflichtbewusstsein nt
❸ (decencia) Anständigkeit f
❹ (decoro) Ehrbarkeit f; (en sentido moral) Sittsamkeit f
honesto, -a [oˈnesto, -a] adj ❶ (honrado) ehrlich
❷ (cumplidor) pflichtbewusst
❸ (decente) anständig
❹ (decoroso) ehrbar; (en sentido moral) sittsam
hongo [ˈoŋgo] m ❶ (BOT) Pilz m; **solo como un ~** ganz allein
❷ (sombrero) Melone f
honor [oˈnor] m Ehre f; **cuestión de ~** Ehrensache f; **¡palabra de ~!** Ehrenwort!; **¡por mi ~!** bei meiner Ehre!; **hacer ~ a su fama** seinem Ruf gerecht werden; **es para mí un gran ~** es ist mir eine große Ehre; **hacer los ~es** die Gäste begrüßen; **hacer ~ a las obligaciones** den Verpflichtungen nachkommen
honorabilidad [onoraβiliˈðað] f Ehrbarkeit f
honorable [onoˈraβle] adj ehrbar
honorario¹ [onoˈrarjo] m Honorar nt
honorario, -a² [onoˈrarjo, -a] adj (t. JUR) Ehren-, ehrenamtlich; **cónsul ~** Honorarkonsul m
honoríficamente [onorifikaˈmente] adv ehrenhalber
honorífico, -a [onoˈrifiko, -a] adj (t. JUR) Ehren-, ehrenamtlich; **juez ~** ehrenamtlicher Richter
honra [ˈonrra] f ❶ (honor) Ehre f
❷ (pundonor) Ehrgefühl nt
❸ (reputación) Ruf m
❹ (REL): **~s fúnebres** Trauerfeier f
honradez [onrraˈðeθ] f ❶ (integridad) Ehrlichkeit f
❷ (valor moral) Ehrenhaftigkeit f; (decencia) Anständigkeit f; **falta de ~** Unredlichkeit f

honrado, -a [onˈrraðo, -a] adj (íntegro) ehrlich; (moral) ehrenhaft; (decente) anständig; **llevar una vida honrada** ein redliches Leben führen
honramiento [onrraˈmjento] m Ehrenerweisung f, Ehrung f
honrar [onˈrrar] I. vt ehren; **nos honra con su presencia** Sie beehren uns mit Ihrer Gegenwart
II. vr: **~se de** [o **de**] algo etw als eine Ehre ansehen
honrilla [onˈrriʎa] f Ehrgefühl nt
honroso, -a [onˈrroso, -a] adj ehrenvoll
hontanar [ontaˈnar] m Quelle f
hooligan [ˈxuliɣan] <hooligan o hooligans> m Hooligan m
hopo [ˈopo] m ❶ (rabo) buschiger Schwanz m; (de zorro) Lunte f
❷ (mechón) Haarbüschel nt
hora [ˈora] f ❶ (de un día) Stunde f; **media ~** eine halbe Stunde; **un cuarto de ~** eine Viertelstunde; **una ~ y media** anderthalb Stunden; **~ de consulta** Sprechstunde f; **~s extraordinarias** Überstunden fpl; **~ feliz** Happy Hour; **~s punta** Hauptverkehrszeit f; **noticias de última ~** letzte Nachrichten; **a la ~** pünktlich; **a primera ~ de la tarde** am frühen Nachmittag; **a última ~ de la tarde** am späten Nachmittag; **a última ~** in letzter Sekunde; **el pueblo está a dos ~s de camino** das Dorf ist zwei Wegstunden entfernt; **estuve esperando ~s y ~s** ich wartete stundenlang
❷ (del reloj) Uhrzeit f; **¿qué ~ es?** wie viel Uhr ist es?; **¿a qué ~ vendrás?** um wie viel Uhr kommst du?; **adelantar la ~** die Uhr vorstellen; **retrasar la ~** die Uhr zurückstellen; **el dentista me ha dado ~ para el martes** ich habe am Dienstag einen Termin beim Zahnarzt; **poner el reloj en ~** die Uhr stellen
❸ (tiempo) Zeit f; **a la ~ de la verdad ...** wenn es ernst wird ...; **comer entre ~s** zwischendurch essen; **estar en ~s bajas** eine schwache Stunde haben; **no lo dejes para última ~** schieb es nicht bis zum letzten Augenblick auf; **tener ~s de vuelo** sehr erfahren sein; **ven a cualquier ~** du kannst jederzeit kommen; **ya va siendo ~ que ... +subj** es wird höchste Zeit, dass ...
❹ (REL) Gebetsstunde f
❺ pl (mitología): **las ~s** die Horen
horadar [oraˈðar] vt durchbohren
hora-hombre [ˈora-ˈombre] <horas-hombre> f (ECON) Arbeitsstunde f; **con las huelgas se pierden al año miles y miles de horas-hombre** durch Streiks gehen pro Jahr Tausende von Arbeitsstunden verloren
horario¹ [oˈrarjo] m ❶ (escolar) Stundenplan m; (de medio de transporte) Fahrplan m; (de despacho) Geschäftszeiten fpl; (de consulta) Sprechzeiten fpl; **~ de atención al público** Öffnungszeiten fpl; **~ comercial** (Laden)öffnungszeiten fpl; **~ flexible** gleitende Arbeitszeit; **~ de oficina** Dienststunden fpl; **¿qué ~ hacen?** wann haben Sie geöffnet?
❷ (manecilla) Stundenzeiger m
horario, -a² [oˈrarjo, -a] adj Stunden-
horca [ˈorka] f ❶ (para colgar) Galgen m
❷ (bieldo) Heugabel f
❸ (horquilla) Gabelstütze f
horcajadas [orkaˈxaðas]: **a ~** rittlings
horchata [orˈtʃata] f Erfrischungsgetränk aus Mandeln
horchatero, -a [ortʃaˈtero, -a] m, f ❶ (elaborador) Zubereiter(in) m(f) von „horchatas"
❷ (vendedor) Verkäufer(in) m(f) von „horchatas"
horda [ˈorða] f ❶ (de salvajes) Horde f
❷ (banda) Bande f
horizontal [oriθonˈtal] I. adj waag(e)recht
II. f Horizontale f
horizontalidad [oriθontaliˈðað] f sin pl waag(e)rechte Lage f
horizonte [oriˈθonte] m Horizont m
horma [ˈorma] f ❶ (TÉC: molde) Form f
❷ (muelle) Schuhspanner m; **~ de zapatos** Schuhleisten m; **encontrar la ~ de su zapato** (fam: cosa) genau das finden, was man sucht; (persona) den Mann/die Frau seines Lebens finden
hormiga [orˈmiɣa] f Ameise f; **~ blanca** Termite f; **ser una ~** (fig) emsig arbeiten
hormigón [ormiˈɣon] m Beton m; **~ armado** Stahlbeton m
hormigonera [ormiɣoˈnera] f Betonmischmaschine f
hormigueante [ormiɣeˈante] adj kribbelnd
hormiguear [ormiɣeˈar] vi ❶ (picar) kribbeln
❷ (gente) wimmeln (**de** von +dat)
hormigueo [ormiˈɣeo] m ❶ (picor) Kribbeln nt; **tengo un ~ en la espalda** mein Rücken kribbelt
❷ (multitud) Gewimmel nt
hormiguero¹ [ormiˈɣero] m ❶ (de hormigas) Ameisenhaufen m
❷ (de gente) Gewimmel nt; **la plaza era un ~ de gente** auf dem Platz wimmelte es von Menschen
hormiguero, -a² [ormiˈɣero, -a] adj Ameisen-
hormona [orˈmona] f Hormon nt

hormonal [ormo'nal] *adj* hormonal, hormonell
hormonar [ormo'nar] *vt* mit Hormonen behandeln
hornacho [or'natʃo] *m* (MIN) Grube *f*
hornachuela [ornaˈtʃwela] *f* Hütte *f*, Schuppen *m*
hornacina [ornaˈθina] *f* (ARQUIT) Nische *f*
hornada [or'naða] *f* Schub *m* (*aus dem Backofen*); **una ~ de médicos** (*fam*) ein Schub frisch gebackener Ärzte
hornaguera [orna'ɣera] *f* (MIN) Steinkohle *f*
hornalla [or'naʎa] *f* (*Am*) ① (*parrilla*) Rost *m*
  ② (*del fogón*) Aschenschieber *m*
  ③ (*horno*) Ofen *m*
hornear [orne'ar] *vt* backen
hornero, -a [or'nero, -a] *m, f* Bäcker(in) *m(f)*
hornija [or'nixa] *f* Reisig(holz) *nt*, Reiser *ntpl*
hornillo [or'niʎo] *m* (*cocina*) Herd *m*; (*de una cocina*) Kochplatte *f*; **~ de gas** Gaskocher *m*; **~ portátil** (Camping)kocher *m*
horno ['orno] *m* ① (*cocina*) Backofen *m*; **~ de leña** Holzofen *m*; **~ microondas** Mikrowelle *f*; **recién salido del ~** frisch gebacken; **asar al ~** grillen; **no está el ~ para bollos** jetzt ist nicht der richtige Augenblick zum Spaßen
  ② (TÉC) Ofen *m*; **~ crematorio** Verbrennungsofen *m*; **alto ~** Hochofen *m*
horóscopo [o'roskopo] *m* Horoskop *nt*
horqueta [or'keta] *f* ① (*horca*) Gabel *f*
  ② (*horquilla*) Gabelstütze *f*
  ③ (*de un árbol*) Astgabel *f*
horquilla [or'kiʎa] *f* ① (*del pelo*) Haarnadel *f*
  ② (*de bicicleta*) Gabel *f*
  ③ (*de árboles*) Gabelstütze *f*
  ④ (*espacio entre dos magnitudes*) Bandbreite *f*
horrendo, -a [o'rrendo, -a] *adj v.* horroroso
hórreo ['orreo] *m* Getreidespeicher *m*
horrero, -a [o'rrero, -a] *m, f* (AGR) Verwalter(in) *m(f)* eines Getreidespeichers
horrible [o'rriβle] *adj* ① (*horroroso*) schrecklich; **un crimen ~** eine Gräueltat; **una historia ~** eine Schauergeschichte
  ② (*muy feo*) äußerst hässlich
horridez [orri'ðeθ] *f sin pl* Entsetzlichkeit *f*, Scheußlichkeit *f*; **la ~ del crimen estremeció a toda la vecindad** die Abscheulichkeit des Verbrechens erschütterte die gesamte Nachbarschaft
hórrido, -a ['orriðo, -a] *adj* (*elev*) entsetzlich, abscheulich
horripilante [orripi'lante] *adj* haarsträubend
horripilar [orripi'lar] I. *vt* ① (*erizar*) die Haare sträuben +*dat*; **estas historias me horripilan** bei diesen Geschichten sträuben sich mir die Haare
  ② (*horrorizar*) entsetzen
  II. *vr*: **~se** entsetzt sein
horrísono, -a [o'rrisono, -a] *adj* schaurig; **un griterío ~** ein ohrenbetäubendes Geschrei
horro, -a ['orro, -a] *adj* ① (*esclavo*) freigelassen
  ② (*exento*) befreit (*de* von +*dat*)
  ③ (*carente*): **~ de experiencia** unerfahren; **~ de fortuna** unvermögend
horror [o'rror] *m* ① (*miedo*) Entsetzen *nt*; **¡qué ~!** wie entsetzlich!; **siento ~ a la oscuridad** ich habe panische Angst vor der Dunkelheit
  ② (*aversión*) Horror *m* (*a* vor +*dat*); **el diseño moderno me parece un ~** mir ist das moderne Design ein Gräuel; **me da ~ verte con esta corbata** ich finde eine Krawatte entsetzlich
  ③ *pl* (*actos*) Gräuel *mpl*; **los ~es de la guerra** die Gräuel des Krieges
  ④ (*mucho*): **gana un ~ de dinero** er/sie verdient ein Heidengeld; **hoy hace un ~ de frío** heute ist es schrecklich kalt
horrorizar [orrori'θar] <z→c> I. *vt* mit Entsetzen erfüllen; **me horrorizó ver el accidente** der Anblick des Unfalls hat mich entsetzt
  II. *vr*: **~se** entsetzt sein (*de* über +*akk*), (er)schaudern (*de* vor +*dat*)
horroroso, -a [orro'roso, -a] *adj* schrecklich; **una escena horrorosa** ein Grauen erregender Anblick; **su última novela es horrorosa** sein/ihr letzter Roman ist furchtbar schlecht
hortaliza [orta'liθa] *f* Gemüse *nt*; **la lechuga es una ~** der Kopfsalat zählt zu den Gemüsepflanzen
hortelano, -a [orte'lano, -a] *m, f* Gemüsegärtner(in) *m(f)*; **~ aficionado** Kleingärtner *m*
hortense [or'tense] *adj* Garten-, Gärtnerei-; **los productos ~s son ricos en fibras** Obst- und Gemüseprodukte sind reich an Faserstoffen
hortensia [or'tensja] *f* Hortensie *f*
hortera¹ [or'tera] I. *adj* geschmacklos
  II. *m* (*argot*) Bauer *m*
hortera² [or'tera] *f* hölzerner Napf *m*
horterada [orte'raða] *f* (*argot*) Geschmacklosigkeit *f*; **este vestido es una ~** dieses Kleid ist völlig geschmacklos; **esta película es una ~** dieser Film ist kitschig

hortícola [or'tikola] *adj* Gartenbau-; **producto ~** Gartenerzeugnis *nt*
horticultor(a) [ortikul'tor(a)] *m(f)* Gemüsegärtner(in) *m(f)*
horticultura [ortikul'tura] *f sin pl* Gartenbau *m*
hortofrutícula [ortofru'tikula] *adj* Gartenbau-
hortofruticultura [ortofrutikul'tura] *f sin pl* Obst- und Gartenbau *m*
hosanna [o'sana] *m* (REL) Hos(i)anna *nt*
hosco, -a ['osko, -a] *adj* ① (*persona*) mürrisch
  ② (*de piel*) dunkelbraun
  ③ (*ambiente*) düster
hospedaje [ospe'ðaxe] *m* ① (*acción*) Beherbergung *f*
  ② (*situación*) Unterkunft *f*; **dar ~ a alguien** jdn beherbergen
  ③ (*coste*) Pension *f*
  ④ (*casa*) Gasthaus *nt*
hospedante [ospe'ðante] *adj* ① (*que hospeda*) beherbergend, Bewirtungs-
  ② (BIOL) Wirts-
hospedar [ospe'ðar] I. *vt* beherbergen
  II. *vr*: **~se** ① (*en una pensión*) unterkommen (*en* bei/in +*dat*)
  ② (*pernoctar*) übernachten (*en* in +*dat*)
hospedería [ospeðe'ria] *f* ① (*fonda*) Gasthaus *nt*
  ② (*en convento*) Gästezimmer *nt*
hospedero, -a [ospe'ðero, -a] *m, f* (Gast)wirt(in) *m(f)*
hospiciano, -a [ospi'θjano, -a] *m, f* ① (*niño*) Waisenkind *nt*
  ② (*pobre*) Armenhäusler(in) *m(f)*
hospicio [os'piθjo] *m* ① (*para niños*) Waisenhaus *nt*
  ② (*para pobres*) Armenhaus *nt*
  ③ (*en un monasterio*) Hospiz *nt*
hospital [ospi'tal] *m* Krankenhaus *nt*; **~ militar** Lazarett *nt*
hospitalario, -a [ospita'larjo, -a] *adj* ① (*acogedor*) gastfreundlich
  ② (*de hospital*) Krankenhaus-
hospitalicio, -a [ospita'liθjo, -a] *adj* gastfreundlich, gastlich
hospitalidad [ospitali'ðað] *f sin pl* Gastfreundschaft *f*
hospitalización [ospitaliθa'θjon] *f* ① (*envío*) Krankenhauseinweisung *f*
  ② (*estancia*) Krankenhausaufenthalt *m*
hospitalizar [ospitali'θar] <z→c> *vt* in ein Krankenhaus einweisen; **ayer ~on a mi madre** meine Mutter wurde gestern ins Krankenhaus eingeliefert; **estoy hospitalizado desde el domingo** seit Sonntag liege ich im Krankenhaus
hosquedad [oske'ðað] *f* ① (*de una persona*) mürrischer Charakter *m*
  ② (*de un lugar*) Düsterheit *f*
hostal [os'tal] *m* Gasthaus *nt*
hostelería [ostele'ria] *f* Hotel- und Gaststättengewerbe *nt*; **escuela superior de ~** Hotelfachschule *f*
hostelero, -a [oste'lero, -a] I. *adj* Gaststätten-
  II. *m, f* Gastwirt(in) *m(f)*
hostería [oste'ria] *f* Gasthaus *nt*
hostia ['ostja] I. *f* ① (REL) Hostie *f*; (*sin consagrar*) Oblate *f*; **¡me cago en la ~!** (*vulg*) verdammt noch mal! *fam*
  ② (*vulg: bofetada*) Ohrfeige *f*; (*golpe*) Schlag *m*; **darse una ~** sich *dat* anschlagen; **¡este examen es la ~!** diese Prüfung ist der reinste Hammer! *fam*; **hace un tiempo de la ~** (*malo*) das Wetter ist heute beschissen; (*bueno*) das Wetter ist heute prima *fam*; **iba a toda ~** er/sie hatte einen Affenzahn drauf *fam*
  II. *interj* (*vulg*) Sakrament (noch mal)! *fam*
hostiar [os'tjar] *vt* (*vulg: bofetada*) eine Ohrfeige versetzen (*a* +*dat*); (*golpe*) einen Schlag versetzen (*a* +*dat*)
hostiario [os'tjarjo] *m* (REL) ① (*caja*) Hostienbehälter *m*
  ② (*molde*) Hostienform *f*
hostigador(a) [ostiɣa'ðor(a)] *adj* lästig
hostigamiento [ostiɣa'mjento] *m* ① (*fustigación*) Auspeitschen *nt*
  ② (*molestia*) Belästigung *f*
  ③ (*apremio*) Druck *m*
hostigar [osti'ɣar] <g→gu> *vt* ① (*fustigar*) auspeitschen
  ② (*molestar*) belästigen; (*con observaciones*) necken
  ③ (*incitar*) bedrängen
  ④ (MIL) unaufhörlich angreifen
  ⑤ (*Col: fastidiar*) lästig fallen +*dat*
hostigo [os'tiɣo] *m* ① (*golpe de látigo*) Hieb *m*; (*de palo*) Schlag *m*
  ② (*parte de pared o muro*) Wetterseite *f*
  ③ (*golpe de viento o lluvia*) Witterungseinfluss *m*, ständige Einwirkung *f* von Wind und Regen
hostigoso, -a [osti'ɣoso, -a] *adj* (*Chil, Guat, Perú*) lästig, aufdringlich
hostil [os'til] *adj* feindselig; **le hicieron un recibimiento ~** er/sie wurde unfreundlich empfangen
hostilidad [ostili'ðað] *f* Feindseligkeit *f*; (*más aguda*) Feindschaft *f*
hostilizar [ostili'θar] <z→c> *vt* ① (*hostigar*) anfeinden
  ② (MIL) unaufhörlich angreifen
hostión [os'tjon] *m* (*vulg*) heftiger Schlag *m*

hot dog [xotˈðoɣ] <hot dogs> *m* (GASTR: *perrito caliente*) Hotdog *nt o m*, Hot Dog *nt o m*
hotel [oˈtel] *m* ❶ (*establecimiento*) Hotel *nt*; ~ **residencia** Aparthotel *nt*
❷ (*casa*) (Einzel)haus *nt*; (*mansión*) Villa *f*
hotelero, -a [oteˈlero, -a] I. *adj* Hotel-; **industria hotelera** Hotelgewerbe *nt*
II. *m, f* Hotelbesitzer(in) *m(f)*, Hotelier *m*
hotelito [oteˈlito] *m* (*casa*) (Einzel)haus *nt*; (*mansión*) Villa *f*
house [xaʊs] *m* (MÚS) House *m*
hovercraft [oβerˈkraf] *m* <hovercrafts> Luftkissenfahrzeug *nt*
hoy [oi̯] *adv* heute; ~ **(en) día** heutzutage; **de ~ a mañana** von heute auf morgen; **de ~ en adelante** ab heute; **los niños de ~ (en día)** die Kinder von heute; **llegará de ~ a mañana** er/sie kann jeden Tag kommen
hoya [ˈoɟa] *f* ❶ (*hoyo*) Grube *f*
❷ (*sepultura*) Grab *nt*
❸ (GEO: *hondonada*) Mulde *f*
hoyanca [oˈɟaŋka] *f* (*fam*) Sammelgrab *nt*
hoyo [ˈoɟo] *m* ❶ (*concavidad*) Grube *f*
❷ (*agujero*) Loch *nt*
❸ (*sepultura*) Grab *nt*
hoyuelo [oˈɟwelo] *m* ❶ (*en la barba*) (Kinn)grübchen *nt*
❷ (*en la mejilla*) (Wangen)grübchen *nt*
hoz [oθ] *f* (AGR) Sichel *f*
❷ (GEO: *desfiladero*) Engpass *m*; (*garganta*) Schlucht *f*
hozada [oˈθaða] *f* ❶ (*golpe de hoz*) Sichelhieb *m*
❷ (*cantidad de mies*) (mit einem Sichelhieb) abgemähtes Schnittgut *nt*
hozar [oˈθar] <z→c> I. *vi* wühlen
II. *vt* aufwühlen
huachafoso, -a [watʃaˈfoso, -a] *adj* (*Perú*) kitschig, affig
huachar [waˈtʃar] *vt* (*Ecua*) (um)pflügen
huaco [ˈwako] *m* (BOT: *Aristolochia*) Pfeifenblume *f*; (*Eupatorium*) Wasserdost *m*; (*Spilanthes*) Husarenknopf *m*, Parakresse *f*; (*Mikania*) Sommerefeu *m*
huaico [ˈwai̯ko] *m* (*Perú*) Schlammlawine *f*
huarmi [ˈwarmi] *f* (*AmS*) ❶ (*mujer muy trabajadora*) fleißige Frau *f*
❷ (*ama de casa*) Hausfrau *f*
huasca [ˈwaska] *f* (*Am: látigo*) Peitsche *f*
huaso, -a [ˈwaso, -a] I. *adj* (*AmS: campesino*) bäuerisch
II. *m, f* (*AmS: campesino*) Bauer *m*, Bäuerin *f*
hubo [ˈuβo] 3. *pret* de **haber**
hucha [ˈutʃa] *f* ❶ (*alcancía*) Sparbüchse *f*
❷ (*ahorros*) Ersparnisse *fpl*
hueco[1] [ˈweko] *m* ❶ (*agujero*) Loch *nt*; ~ **del ascensor** Aufzug(s)schacht *m*; ~ **de la mano** hohle Hand; ~ **de la ventana** Fensteröffnung *f*
❷ (*lugar*) Sitzplatz *m*; **hazme un** ~ mach mir etwas Platz
❸ (*vacío*) Lücke *f*; ~ **de mercado** Marktlücke *f*; **hazme un ~ para mañana** nimm dir morgen ein bisschen Zeit für mich
hueco, -a[2] [ˈweko, -a] *adj* ❶ (*ahuecado*) hohl; (*vacío*) leer
❷ (*sonido*) hohl
❸ (*tierra*) locker
❹ (*palabras*) leer
❺ (*persona*) eitel; **ponerse** ~ sich wichtig tun; **tener la cabeza hueca** (*pey*) ein Hohlkopf sein
❻ (*estilo*) schwülstig
huecograbado [wekoɣraˈβaðo] *m* (TIPO) Tiefdruck *m*
huelga [ˈwelɣa] *f* Streik *m*; ~ **de advertencia** Warnstreik *m*; ~ **de brazos caídos** Sitzstreik *m*; ~ **general** Generalstreik *m*; ~ **de hambre** Hungerstreik *m*; ~ **de solidaridad** Sympathiestreik *m*; **convocar una** ~ einen Streik ausrufen; **declararse en** ~ in (den) Streik treten; **hacer** ~ streiken; **en esta fábrica estamos en** ~ in dieser Fabrik wird gestreikt
huelgo [ˈwelɣo] *m* ❶ (*aliento*) Atem *m*
❷ (*holgura*) Weite *f*
❸ (TÉC) Spiel *nt*
huelguista [welˈɣista] *mf* Streikende(r) *mf*
huelguístico, -a [welˈɣistiko, -a] *adj* Streik-
huella [ˈweʎa] *f* ❶ (*señal*) Abdruck *m*; ~ **de un animal** Fährte *f*; ~ **dactilar** Fingerabdruck *m*
❷ (*vestigio*) Spur *f*; **seguir las ~s de alguien** in jds Fußstapfen treten
huelveño, -a [welˈβeɲo, -a] I. *adj* aus Huelva
II. *m, f* Einwohner(in) *m(f)* von Huelva
huérfano, -a [ˈwerfano, -a] I. *adj* Waisen-; ~ **de padre** vaterlos; **quedarse** ~ verwaisen; **la ciudad se queda huérfana en invierno** die Stadt ist im Winter menschenleer
II. *m, f* Waisenkind *nt*; ~ **de padre y madre** Vollwaise *f*
huero, -a [ˈwero, -a] *adj*: **discurso** ~ inhaltslose Rede; **huevo** ~ Windei *nt*; **la cosa ha salido huera** die Sache ist schief gegangen

huerta [ˈwerta] *f* Huerta *f*
huertero, -a [werˈtero, -a] *m, f* (*Arg, Nic, Perú*) Gemüsegärtner(in) *m(f)*
huerto [ˈwerto] *m* Gemüsegarten *m*; ~ **familiar** Kleingarten *m*; **llevar a alguien al** ~ (*fam*) jdn rumkriegen
huesa [ˈwesa] *f* Grab *nt*
huesera [weˈsera] *f* (*Chil*) Beinhaus *nt*
hueso [ˈweso] *m* ❶ (ANAT) Knochen *m*; **carne sin** ~ knochenloses Fleisch; **dio con sus ~s en la cárcel** er/sie landete im Gefängnis; **dar en** ~ (*fam*) auf Schwierigkeiten stoßen; **está pirada por sus ~s** (*fam*) sie hat sich in ihn verknallt; **este profesor es un** ~ bei diesem Professor kommt fast keiner durch; **no puede con sus ~s** (*fam*) er/sie kann sich kaum noch auf den Beinen halten; **te voy a romper los ~s** ich werde dir alle Knochen brechen
❷ (BOT) (Obst)kern *m*
❸ (*faena*) schweres Stück *nt* Arbeit; **un ~ duro de roer** eine harte Nuss
❹ (*Am: trabajo*) bequemer Posten *m*
huésped[1] [ˈwespeð] *m* (BIOL) Wirt *m*
huésped(a)[2] [ˈwespeð, -eða] *m(f)* (*invitado*) Gast *m*
hueste [ˈweste] *f* ❶ (HIST: *ejército*) Heerschar *f*
❷ (*de un partido*) Anhängerschaft *f*
huesudo, -a [weˈsuðo, -a] *adj* ❶ (*persona*) knochig
❷ (*carne*) mit vielen Knochen
hueva [ˈweβa] *f* Fischei *nt*
huevada [weˈβaða] *f* (*AmS: fam: estupidez*) Dummheit *f*
huevamen [weˈβamen] *m sin pl* (*vulg*) Eier *ntpl*
huevar [weˈβar] *vi* (ZOOL) mit der Eiablage beginnen
huevazos [weˈβaθos] *m inv* (*vulg*) Pantoffelheld *m fam*
huevear [weβeˈar] *vi* (*hacer tonterías*) Dummheiten machen
❷ (*perder el tiempo*) rumhängen
huevera [weˈβera] *f* Eierbecher *m*
huevería [weβeˈria] *f* Eierhandlung *f*
huevero[1] [weˈβero] *m* Eierbecher *m*
huevero, -a[2] [weˈβero, -a] *m, f* Eierhändler(in) *m(f)*
huevo [ˈweβo] *m* ❶ (BIOL) Ei *nt*; ~ **blando** mittelweich gekochtes Ei; ~ **duro** hart gekochtes Ei; **~s a la flamenca** (*reg*) gebackene Eier auf Tomaten, Paprikawurst, Schinken, grünen Bohnen, Pommes Frites und Spargel; **~s fritos** Spiegeleier *ntpl*; ~ **pasado por agua** weich gekochtes Ei; **~s revueltos** Rührei *ntpl*; **clara de** ~ Eiweiß *nt*; **poner un** ~ ein Ei legen
❷ (*para zurcir*) Stopfei *nt*
❸ (*vulg: testículo*) Ei *nt fam*; **¡estoy hasta los ~s!** ich habe die Nase voll! *fam*; **me importa un** ~ das ist mir scheißegal; **¡tiene ~s la cosa!** das ist ja wohl der Hammer! *fam*; **me costó un** ~ (*de dinero*) das hat mich eine schöne Stange Geld gekostet *fam*; (*de dificultades*) das hat mich viel Mühe gekostet
huevonear [weβoneˈar] *vi* (*Méx: vulg*) auf der faulen Haut liegen *fam*
huevudo, -a [weˈβuðo, -a] *adj* (*vulg*) super *fam*, toll *fam*
hugonote, -a [uɣoˈnote, -a] I. *adj* (REL) Hugenotten-
II. *m, f* (REL) Hugenotte, -in *m, f*
huida [uˈiða] *f* Flucht *f*; ~ **del lugar del accidente** Fahrerflucht *f*; **no hay ~ posible** es gibt kein Entkommen
huidero[1] [uiˈðero] *m* Unterschlupf *m* des Wildes
huidero, -a[2] [uiˈðero, -a] *adj* scheu
huidizo, -a [uiˈðiθo, -a] *adj* flüchtig, scheu
huido, -a [uˈiðo, -a] *m, f* Flüchtige(r) *mf*
huir [uˈir] *irr* I. *vi* (*escapar*) fliehen (*de* vor +*dat*); ~ **de casa** von zu Hause weglaufen; **el tiempo huye** die Zeit vergeht wie im Fluge; **pudieron ~ de sus perseguidores** sie konnten ihren Verfolgern entkommen
❷ (*marcharse en coche*) davonfahren; (*a pie*) davoneilen
II. *vt* (*cosa*) vermeiden; (*persona*) meiden (*de* +*akk*)
huiro [ˈwiro] *m* (*AmS: alga*) Alge *f*
huitrín [wiˈtrin] *m* (*Chil*) getrockneter Maiskolben *m*
hule [ˈule] *m* ❶ (*para la mesa*) Wachstuch *nt*; **pon el ~ en la mesa** leg die Wachstischdecke auf
❷ (*tela*) Öllleinwand *f*
❸ (*Am: caucho*) Kautschuk *m*
hulero, -a [uˈlero, -a] *m, f* (*Am*) Kautschuksammler(in) *m(f)*
hulla [ˈuʎa] *f* Steinkohle *f*
hullero, -a [uˈʎero, -a] *adj* Steinkohle(n)-; **período** ~ (GEO) Karbon *nt*
humanamente [umanaˈmente] *adv* menschlich; **hacer todo lo ~ posible** alles Menschenmögliche tun
humanidad [umaniˈðað] *f* ❶ (*género humano*) Menschheit *f*; **un crimen contra la** ~ ein Verbrechen gegen die Menschlichkeit
❷ (*naturaleza, caridad humana*) Menschlichkeit *f*
❸ (*fam: corpulencia*) Korpulenz *f*
❹ *pl* (*letras*) Geisteswissenschaften *fpl*
humanismo [umaˈnismo] *m sin pl* Humanismus *m*
humanista [umaˈnista] *mf* Humanist(in) *m(f)*

humanístico, -a [umaˈnistiko, -a] *adj* humanistisch
humanitario, -a [umaniˈtarjo, -a] *adj* humanitär; **organización humanitaria** Hilfsorganisation *f*
humanitarismo [umanitaˈrismo] *m sin pl* Humanitarismus *m*
humanización [umaniθaˈθjon] *f sin pl* ❶ (*dignificación*) Humanisierung *f*
❷ (ARTE) Vermenschlichung *f*
humanizador(a) [umaniθaˈðor(a)] *adj* humanisierend
humanizar [umaniˈθar] <z→c> I. *vt* ❶ (*dignificar*) humanisieren
❷ (ARTE) vermenschlichen
II. *vr*: ~**se** menschlicher werden
humano, -a [uˈmano, -a] *adj* ❶ (*del hombre*) Menschen-; **naturaleza humana** menschliche Natur; **ser ~** Mensch *m*
❷ (*condiciones*) menschlich
humanoide [umaˈnoiðe] *m* menschenähnliches Wesen *nt*
humareda [umaˈreða] *f* Rauchwolke *f*
humazo [uˈmaθo] *m* dichter Rauch *m*
humear [umeˈar] I. *vi* ❶ (*humo*) rauchen
❷ (*vapor*) dampfen
❸ (*enemistad*) weiterbestehen
❹ (*engreírse*) prahlen
II. *vr*: ~**se** rauchen
humectador [umektaˈðor] *m* Luftbefeuchter *m*
humectante [umekˈtante] *adj* befeuchtend
humedad [umeˈðað] *f* Feuchtigkeit *f*
humedal [umeˈðal] *m* Feuchtgebiet *nt*
humedecer [umeðeˈθer] *vt irr como crecer* befeuchten
húmedo, -a [ˈumeðo, -a] *adj* feucht; (GEO) humid
humero [uˈmero] *m* Fuchs *m*
húmero [ˈumero] *m* (ANAT) Oberarmknochen *m*
humidificación [umiðifikaˈθjon] *f* Befeuchtung *f*, Erhöhung *f* der (Luft)feuchtigkeit; **la lluvia ha producido una ~ del aire** der Regen hat zu erhöhter Luftfeuchtigkeit geführt
humidificador [umiðifikaˈðor] *m* Luftbefeuchter *m*
humidificar [umiðifiˈkar] <c→qu> *vt* befeuchten
humildad [umilˈdað] *f* ❶ (*modestia*) Bescheidenheit *f*
❷ (*religiosa*) Demut *f*
❸ (*social*) Armut *f*
humilde [uˈmilde] *adj* ❶ (*modesto*) bescheiden; **un ~ trabajador** ein einfacher Arbeiter
❷ (*en sentido religioso*) demütig
❸ (*condición social*) einfach; **ser de orígenes ~s** aus bescheidenen Verhältnissen stammen
humillación [umiʎaˈθjon] *f* ❶ (*degradación*) Demütigung *f*
❷ (*vergüenza*) Beschämung *f*
humilladero [umiʎaˈðero] *m* Bildstock *m*
humillar [umiˈʎar] I. *vt* ❶ (*degradar*) demütigen
❷ (*avergonzar*) beschämen
II. *vr*: ~**se** sich demütigen (*a/ante* vor +*dat*)
humo [ˈumo] *m* ❶ (*de chimenea*) Rauch *m*; **señal de ~** Rauchsignal *nt*; **en ese bar siempre hay ~** diese Kneipe ist immer völlig verqualmt; **la chimenea echa ~** der Schornstein raucht; **tragar el ~ al fumar** auf Lunge rauchen
❷ (*vapor*) Dampf *m*
❸ (*al cocinar*) Dunst *m*
❹ *pl* (*vanidad*) Einbildung *f*; **bajarle los ~s a alguien** jdm einen Dämpfer versetzen; **subírsele los ~s a la cabeza** hochnäsig werden; **tener muchos ~s** sehr eingebildet sein
humor [uˈmor] *m* ❶ (*cualidad*) Humor *m*; **¡pero no tienes sentido del ~ o qué!** Mensch, du verstehst wohl keinen Spaß!
❷ (*humorismo*) Humor *m*
❸ (*ánimo*) Laune *f*; **estar de buen/mal ~** gut/schlecht gelaunt sein; **no estoy de ~ para bailar** ich bin nicht zum Tanzen aufgelegt
❹ (MED: *líquido*) Körpersaft *m*
humorada [umoˈraða] *f* ❶ (*capricho*) Laune *f*
❷ (*dicho*) witziger Einfall *m*; **dejémonos de ~s** lassen wir die Witze
humorado, -a [umoˈraðo, -a] *adj*: **bien/mal ~** (*por un momento*) gut gelaunt/schlecht gelaunt; (*carácter*) humorvoll/humorlos
humorismo [umoˈrismo] *m sin pl* Humor *m*
humorista [umoˈrista] *mf* Komiker(in) *m(f)*; (*dibujante*) Humorist(in) *m(f)*
humorístico, -a [umoˈristiko, -a] *adj* humoristisch
humus [ˈumus] *m sin pl* Humus *m*
hunche [ˈuntʃe] *m* (*Col*) Getreideschale *f*
hundido, -a [unˈdiðo, -a] *adj* ❶ (*ojos*) tief liegend; (*techo*) eingesunken
❷ (*persona*) deprimiert
hundimiento [unndiˈmjento] *m* ❶ (*de un barco*) Untergang *m*; (*después de tocado*) Versenkung *f*
❷ (*de un edificio*) Einsturz *m*
❸ (ECON) Zusammenbruch *m*
❹ (GEO: *depresión*) Vertiefung *f*
hundir [unˈdir] I. *vt* ❶ (*barco*) versenken
❷ (*edificio*) abreißen
❸ (*sumergir*): ~ **la mano en el agua** die Hand ins Wasser (ein)tauchen; ~ **los pies en el barro** die Füße in den Schlamm stecken
❹ (*suelo*) versenken
❺ (*proyecto*) zunichte machen; (*empresa*) zugrunde richten; (*esperanzas*) zerstören; **la crisis económica ha hundido a muchos empresarios** die wirtschaftliche Krise hat viele Unternehmer ruiniert
II. *vr*: ~**se** ❶ (*barco*) untergehen; (*después de ser tocado*) (ver)sinken
❷ (*edificio*) einstürzen; (*suelo*) sinken; **el dólar se hunde** der Dollar fällt
❸ (*fracasar*) scheitern; **me he hundido en el tercer set** im dritten Satz war ich völlig von der Rolle *fam*
húngaro, -a [ˈuŋgaro, -a] I. *adj* ungarisch
II. *m, f* Ungar(in) *m(f)*
Hungría [uŋˈgria] *f* Ungarn *nt*
huno, -a [ˈuno, -a] I. *adj* (HIST) hunnisch
II. *m, f* (HIST) Hunne, -in *m, f*
huracán [uraˈkan] *m* Orkan *m;* **las tropas pasaron como un ~ por la ciudad** die Stadt wurde von den Truppen dem Erdboden gleichgemacht
huracanado, -a [urakaˈnaðo, -a] *adj* orkanartig
huracanarse [urakaˈnarse] *vr* stürmisch [*o* orkanartig] werden, zum Sturm werden
huraño, -a [uˈraɲo, -a] *adj* ❶ (*insociable*) ungesellig
❷ (*hosco*) mürrisch
hurgador [urɣaˈðor] *m* Schürhaken *m*, Feuerhaken *m*
hurgar [urˈɣar] <g→gu> *vt* ❶ (*revolver*) herumwühlen (*en* in +*dat*), (herum)kramen (*en* in +*dat*)
❷ (*con un palo*) (herum)stochern (in +*dat*); ~ **el fuego** das Feuer schüren; ~ **la nariz** in der Nase bohren
❸ (*fisgonear*) (herum)schnüffeln
❹ (*incitar*) schüren
hurgón¹ [urˈɣon] *m* Feuerhaken *m*
hurgón, -ona² [urˈɣon, -ona] *adj* herumschnüffelnd
hurgonear [urɣoneˈar] *vt* (das Feuer) schüren
hurguetear [urɣeteˈar] *vt* (*Am*) herumschnüffeln
hurguillas [urˈɣiʎas] *mf inv* (*inquieto*) unruhiger Geist *m*; (*apremiante*) Nervtöter(in) *m(f)*; (*esp. niño*) Quälgeist *m fam*
hurí [uˈri] *f* Huri *f*
hurón, -ona [uˈron, -ona] *m, f* ❶ (*animal*) Frettchen *nt*
❷ (*fam: husmeador*) Schnüffler(in) *m(f)*
❸ (*fam: huraño*) ungeselliger Mensch *m*
huronear [uroneˈar] *vi* ❶ (*cazar*) frettieren
❷ (*fisgonear*) (herum)schnüffeln, herumstöbern
huronera [uroˈnera] *f* ❶ (*madriguera*) Frettchenbau *m*
❷ (*escondrijo*) Versteck *nt*; (*de ladrones*) Räuberhöhle *f*
hurra [ˈurra] *interj* hurra!
hurtadillas [urtaˈðiʎas] *a* ~ heimlich; **lo hizo a ~ de su novia** er tat es hinter dem Rücken seiner Freundin
hurtar [urˈtar] I. *vt* ❶ (*robar*) stehlen
❷ (*con el peso*) betrügen
❸ (*mar*) fortschwemmen
❹ (*cuerpo*) ausweichen +*dat*
❺ (*ocultar*) verbergen
II. *vr*: ~**se** sich entziehen (*a* +*dat*); ~**se al trabajo** sich vor der Arbeit drücken
hurto [ˈurto] *m* ❶ (*acción*) Diebstahl *m*; (*supresión*) Unterschlagung *f*; ~ **de hallazgo** Fundunterschlagung *f*; ~ **en cuadrilla** Bandendiebstahl *m*; ~ **forestal** Forstdiebstahl *m*
❷ (*cosa*) Diebesbeute *f*
húsar [ˈusar] *m* Husar *m*
husera [uˈsera] *f* (BOT) Spindelstrauch *m*
husma [ˈusma] *f* Schnüffelei *f*
husmear [usmeˈar] *vi, vt* ❶ (*perro*) schnüffeln
❷ (*fisgonear*) (aus)schnüffeln
husmeo [usˈmeo] *m* ❶ (*de un perro*) Schnüffeln *nt*
❷ (*fisgoneo*) Schnüffelei *f*
husmo [ˈusmo] *m* übler Geruch *m* (von verdorbenem Fleisch)
huso [ˈuso] *m* ❶ (*textil*) Spindel *f*
❷ (GEO): ~ **horario** Zeitzone *f*
hutía [uˈtia] *f* (ZOOL) Kuba-Baumratte *f*, Hutia-Conga *f*
hutu [ˈutu] *mf* Hutu *mf*
huy [ui̯] *interj* ❶ (*de dolor*) au!
❷ (*de asombro*) ach!

I, i [i] f I, i nt; ~ **de Italia** I wie Ida; ~ **griega** Ypsilon nt; **poner los puntos sobre las íes** sich sehr deutlich ausdrücken

IAE [ia'e] abr de **Impuesto de Actividades Económicas** Gewerbesteuer f

IATA [i'ata] abr de **Asociación de Transporte Aéreo Internacional** Internationaler Verband m von Luftverkehrsgesellschaften

ibera [i'βera], **íbera** ['iβera] adj o f v. **íbero**

IBERIA [i'βerja] f spanische Fluggesellschaft

ibérico, -a [i'βeriko, -a] adj iberisch; **Península Ibérica** Iberische Halbinsel

iberismo [iβe'rismo] m ① (HIST) iberische Kulturwissenschaft f
② (LING) Iberismus m
③ (POL) Eintreten für engere politische Zusammenarbeit zwischen Spanien und Portugal

ibero, -a [i'βero, -a], **íbero, -a** ['iβero, -a] I. adj iberisch II. m, f Iberer(in) m(f)

Iberoamérica [iβeroa'merika] f Iberoamerika nt

iberoamericano, -a [iβeroameri'kano, -a] I. adj iberoamerikanisch II. m, f Iberoamerikaner(in) m(f)

iberorromano, -a [iβerorro'mano, -a] adj (ARTE) iberoromanisch

IBI [iβe'i] abr de **Impuesto sobre Bienes Inmuebles** Grundsteuer f

íbice ['iβiθe] m (ZOOL) Steinbock m

ibicenco, -a [iβi'θeŋko, -a] I. adj aus Ibiza, ibizenkisch II. m, f Ibizenker(in) m(f)

íbidem ['iβiðen] adv ibidem, ebenda

ibirá-pitá [iβi'ra pi'ta] m sin pl (CSur: palo brasil) Rotholz nt

ibis ['iβis] f inv (ZOOL) Ibis m

Ibiza [i'βiθa] f Ibiza nt

ICAC [i'kakʰ] abr de **Instituto de Contabilidad y Auditoría de Cuentas** Institut nt für Buchführung und Wirtschaftsprüfung

iceberg [iθe'βerᵛ] m <icebergs> Eisberg m

ICEX ['iθeʏs] abr de **Instituto de Comercio Exterior** staatliches Außenhandelsinstitut in Spanien

ICI ['iθi] m abr de **Instituto de Cooperación Iberoamericana** Institut nt für Spanisch-Lateinamerikanische Zusammenarbeit

icnografía [iɣnoɣra'fia] f (ARQUIT) Grundriss m

ICO ['iko] m abr de **Instituto de Crédito Oficial** Spanische Staatliche Kreditanstalt f

ICONA [i'kona] m abr de **Instituto para la Conservación de la Naturaleza** dem Landwirtschaftsministerium angeschlossenes Institut für Naturschutz

icono [i'kono] m, **ícono** ['ikono] m ① (REL) Ikone f ② (INFOR) Icon nt, Symbol nt

iconoclasia [ikono'klasja] f (HIST, REL) Ikonoklasmus m

iconoclasta [ikono'klasta] I. adj bilderstürmerisch, ikonoklastisch II. mf Bilderstürmer(in) m(f), Ikonoklast(in) m(f)

iconografía [ikonoɣra'fia] f Ikonographie f

iconográfico, -a [ikono'ɣrafiko, -a] adj ikonographisch

iconolatría [ikonola'tria] f Ikonodulie f, Ikonolatrie f

iconología [ikonolo'xia] f (ARTE) Ikonologie f

iconomanía [ikonoma'nia] f Ikonomanie f

iconoscopio [ikonos'kopjo] m (TV) Bildspeicherröhre f, Ikonoskop nt

icosaedro [ikosa'eðro] m (MAT) Zwanzigflächner m, Ikosaeder nt

icoságono¹ [iko'saɣono] m (MAT) Zwanzigeck nt

icoságono, -a² [iko'saɣono, -a] adj (MAT) zwanzigeckig; **polígono ~** Zwanzigeck nt

ictericia [ikte'riθja] f sin pl (MED) Gelbsucht f

ictiofagia [iktjo'faxja] f Ichthyophagie f

ictiografía [iktjoɣra'fia] f (ZOOL) Fischkunde f, Ichthyologie f

ictiol [ik'tjol] m (MED) Ichthyol nt

ictiología [iktjolo'xia] f sin pl Ichthyologie f, Fischkunde f

ictiosis [ik'tjosis] f inv (MED) Fischschuppenkrankheit f, Ichthyose f

I+D [i mas ðe] abr de **Investigación y Desarrollo** Forschung und Entwicklung

ida ['iða] f ① (marcha) Hinweg m; (en vehículo) Hinfahrt f; **~s y venidas** Hin und Her nt; **~ y vuelta** Hin- und Rückfahrt f; **partido de ~** Auswärtsspiel nt; **a la ~** auf dem Hinweg; (en vehículo) auf der Hinfahrt; **en dos ~s y venidas** im Nu; **entre ~s y venidas hemos perdido el tren** aufgrund [o auf Grund] des ganzen Hin und Hers haben wir jetzt den Zug verpasst
② (rastro en la caza) Fährte f, Spur f
③ (acción inconsiderada) Unbesonnenheit f; (pronto) Anwandlung f; **tiene unas ~s terribles** er/sie hat schlimme Anwandlungen

idea [i'ðea] f ① (FILOS) Idee f, Begriff m
② (conocimiento) Vorstellung f, Bild nt; **ni ~** keine Ahnung; **dar a alguien (una) ~ de algo** jdm etw veranschaulichen; **darse [o hacerse] una ~ de algo/alguien** sich dat ein Bild dat von etw [o eine Vorstellung]/jdm machen; **hacerse a la ~ de algo** sich mit dem Gedanken an etw vertraut machen; **no tener la menor [o la más remota] ~** keine blasse Ahnung [o keinen blassen Schimmer fam] haben; **se ha formado una ~ falsa del asunto** es ist ein falsches Bild von der Sache entstanden; **tener ~ de algo** eine Ahnung von etw dat haben; **¿tienes ~ de dónde estamos?** hast du eine Ahnung, wo wir sind?
③ (pensamiento) Idee f, Gedanke m; **~ fija** fixe Idee, Zwangsvorstellung f; **~ fundamental** Grundgedanke m; **cambiar de ~s** auf andere Gedanken kommen
④ (ocurrencia) Idee f, Einfall m; **tuvo la ~ de** +inf er/sie kam auf die Idee zu +inf
⑤ (opinión) Ansicht f, Meinung f; **~ preconcebida** vorgefasste Meinung; **cambiar de ~** seine Meinung ändern, sich anders besinnen; **tener sus (propias) ~s acerca de algo** seine eigene Meinung über etw haben
⑥ (propósito) Plan m, Vorhaben nt; **apartar a alguien de una ~** jdn von einem Vorhaben abbringen; **llevar [o tener] ~ de hacer algo** beabsichtigen [o vorhaben] etw zu tun; **vino con ~ de convencerme** er/sie kam mit der Absicht, mich zu überzeugen
⑦ pl (convicciones) Gesinnung f; **~s políticas** politische Gesinnung

ideal [iðe'al] I. adj ① (imaginario) ideell, geistig
② (perfecto) ideal; **un marido ~** ein idealer Ehemann
II. m Ideal nt

idealismo [iðea'lismo] m Idealismus m

idealista [iðea'lista] I. adj idealistisch II. mf Idealist(in) m(f)

idealización [iðealiθa'θjon] f Idealisierung f

idealizar [iðeali'θar] <z→c> vt idealisieren

idear [iðe'ar] vt ① (concebir) ersinnen, sich dat ausdenken
② (inventar) erfinden
③ (trazar un proyecto) planen; (un plan) entwerfen

ideario [iðe'arjo] m ① (conjunto de ideas) Gedankengut nt
② (ideología) Ideologie f

ídem ['iðen] pron der-, die-, dasselbe; **~ de ~** (fam) ebenfalls (nicht); **~ per ~** eins wie das andere

idéntico, -a [i'ðentiko, -a] adj ① (igual) identisch, vollkommen gleich; **es ~ a su madre** er ist genau wie seine Mutter
② (semejante) sehr ähnlich

identidad [iðenti'ðað] f ① (coincidencia) völlige Übereinstimmung f, Gleichheit f
② (personalidad) Identität f; **carné de ~** Personalausweis m; **probar su ~** sich ausweisen
③ (COM, JUR: de mercancías) Nämlichkeit f; **comprobar la ~ de las mercancías** die Nämlichkeit der Waren sichern

identificable [iðentifi'kaβle] adj identifizierbar

identificación [iðentifika'θjon] f ① (de alguien) Identifizierung f, Identifikation f; **número de ~ fiscal** Steuernummer f; **~ de la persona** Feststellung der Person [o persönlichen Daten]
② (INFOR) Kennung f; **~ de caracteres** Zeichenerkennung f; **~ digital** digitale Kennung; **~ de programa** Programmbezeichnung f; **~ del usuario** Benutzerkennung f, Benutzer-ID f

identificador [iðentifika'ðor] m (INFOR) Kennzeichen nt, Kennung f; **~ de mensajes** Nachrichtenkennung f

identificar [iðenti'fikar] <c→qu> I. vt ① (reconocer) identifizieren, genau wieder erkennen; **ha sido identificado como el secuestrador que buscaban** er wurde als der gesuchte Entführer identifiziert
② (establecer la identidad) identifizieren; **~ a alguien** jds Identität feststellen
③ (equiparar) gleichsetzen
II. vr: ~**se** ① (solidarizarse) sich identifizieren (con mit +dat)
② (compenetrarse) sich hineinversetzen (con in +akk)
③ (demostrar su identidad) sich ausweisen
④ (INFOR) seine Kennung eingeben

ideograma [iðeo'ɣrama] m Ideogramm nt

ideóloga [iðe'oloɣa] f v. **ideólogo**

ideología [iðeolo'xia] f Ideologie f, Weltanschauung f

ideológico, -a [iðeo'loxiko, -a] adj ideologisch

ideologizar [iðeoloxi'θar] <z→c> vt ideologisieren

ideólogo, -a [iðe'oloɣo, -a] m, f ① (teórico) Ideologe, -in m, f
② (iluso) weltfremder Theoretiker m, weltfremde Theoretikerin f

ideoplastia [iðeo'plastja] f (PSICO) Ideoplas(t)ie f

idílico, -a [i'ðiliko, -a] adj idyllisch

idilio [i'ðiljo] m ① (LIT) Idylle f
② (relación amorosa) Romanze f

idiocia [i'ðjoθja] f (MED) hochgradiger Schwachsinn m, Idiotie f

idiófono [i'ðjofono] m (MÚS) selbstklingendes Instrument nt, Idiophon nt

idiolecto [iðjo'lekto] m (LING) Idiolekt m

idioma [i'ðjoma] m Sprache f; **~ nacional/oficial** Landes-/Amtsspra-

idiomático, -a [iðjo'matiko, -a] *adj* idiomatisch
idiomatismo [iðjoma'tismo] *m* (LING) idiomatische Struktur *f*, Idiomatik *f*
idiopatía [iðjopa'tia] *f* (MED) idiopathische Erkrankung *f*, Primärerkrankung *f*
idiopático, -a [iðjo'patiko, -a] *adj* (MED) idiopathisch
idiosincrasia [iðjosiŋ'krasja] *f* Idio(syn)krasie *f*
idiosincrásico, -a [iðjosiŋ'krasiko, -a] *adj* (*característico*) kennzeichnend, spezifisch; (*susceptible*) idiosynkratisch
idiota [i'ðjota] I. *adj* idiotisch, schwachsinnig, blödsinnig
II. *mf* ① (MED) Schwachsinnige(r) *mf*
② (*estúpido*) Idiot(in) *m(f)*, Dummkopf *m*; **deja de hacer el ~** hör auf mit dem Blödsinn
idiotez [iðjo'teθ] *f* ① (*t.* MED) Schwachsinn *m*, Idiotie *f*; **¡vaya ~!** (*fam*) so ein Schwachsinn!
② (*estupidez*) Blödsinn *m*
idiotismo [iðjo'tismo] *m* ① (LIT) Idiotismus *m*, Spracheigenheit *f*
② (*ignorancia*) Unwissenheit *f*, Kenntnislosigkeit *f*
idiotizar [iðjoti'θar] <z→c> I. *vi* verdummen, verblöden
II. *vt* ① (*atontar*) verdummen, verblöden
② (*desconcertar*) verblüffen
ido, -a ['iðo, -a] *adj* (*fam: mal de la cabeza*) verrückt, verdreht; **estar ~ (de la cabeza)** nicht alle beisammen haben
② (AmC, Méx: *borracho*) betrunken
idólatra [i'ðolatra] I. *adj* ① (*que rinde culto*) Götzendienst treibend
② (*que ama excesivamente*) leidenschaftlich ergeben (*de* +*dat*)
II. *mf* ① (*quien rinde culto*) Götzendiener(in) *m(f)*
② (*quien ama una persona o cosa*) leidenschaftlicher Verehrer *m*, leidenschaftliche Verehrerin *f*
idolatrar [iðola'trar] *vt* ① (*rendir culto*) (als Götzen) anbeten
② (*adorar*) abgöttisch verehren, vergöttern; (*amar*) abgöttisch lieben
idolatría [iðola'tria] *f* ① (*culto*) Götzendienst *m*
② (*adoración*) abgöttische Verehrung *f*, Vergötterung *f*
ídolo ['iðolo] *m* ① (*pey: divinidad*) Götze *m*; (*efigie*) Götzenbild *nt*
② (*persona*) Idol *nt*
idoneidad [iðoneị'ðaᵈ] *f* ① (*aptitud*) Geeignetheit *f*, Tauglichkeit *f*
② (*capacidad*) Fähigkeit *f*
idóneo, -a [i'ðoneo, -a] *adj* ① (*apropiado*) geeignet, tauglich; **ella es la persona idónea para este cargo** sie ist die geeignete Person für diesen Posten
② (*capaz*) fähig
IES ['ies] *m abr de* **Instituto de Enseñanza Secundaria** höhere Lehranstalt *f* mit Berufsausbildung
iglesia [i'ɣlesja] *f* Kirche *f*; **~ conventual** Klosterkirche *f*; **~ parroquial** Pfarrkirche *f*; **casarse por la ~** sich kirchlich trauen lassen, kirchlich heiraten; **entrar en la ~** (*fig*) Mönch/Nonne werden; **hacerse miembro de la ~** der Kirche beitreten; **ir a la ~** in die Kirche gehen; **llevar a alguien a la ~** (*fig*) jdn zum Traualtar führen; **salirse de la ~** aus der Kirche austreten
iglú [i'ɣlu] *m* Iglu *m o nt*
ígneo, -a ['iɣneo, -a] *adj* ① (*de fuego*) feurig, Feuer-
② (*de color de fuego*) feuerfarben
ignición [iɣni'θjon] *f* ① (*combustión*) Verbrennen *nt*; (*incandescencia*) Glühen *nt*
② (*inicio de una combustión*) Entzünden *nt*
ignífero, -a [iɣ'nifero, -a] *adj* (*elev*) Feuer speiend
ignífugo, -a [iɣ'nifuɣo, -a] *adj* (*que protege contra el fuego*) feuersicher; (*que no se quema*) feuerfest, feuerbeständig
ignominia [iɣno'minja] *f* Schmach *f*, Schande *f*
ignominioso, -a [iɣnomi'njoso, -a] *adj* schmachvoll, schändlich
ignorancia [iɣno'ranθja] *f* ① (*desconocimiento*) Unwissenheit *f*, Kenntnislosigkeit *f*, Ignoranz *f pey*; **~ supina** fahrlässige Unkenntnis; **de [***o* **por] ~** aus Unwissenheit; **mantener a alguien en ~ de algo** jdn in Unkenntnis über etw lassen; **perdonen mi ~ en este asunto** entschuldigen Sie meine Unkenntnis auf diesem Gebiet; **~ no quita pecado** (*prov*) Unkenntnis schützt vor Strafe nicht
② (*incultura*) Bildungslücke *f*
ignorante [iɣno'rante] I. *adj* ① (*desconocedor*) unwissend (*de* über +*akk*), ignorant *pey*; **aún es ~ de lo que sucede** er/sie weiß noch nicht, was eigentlich vorgeht
② (*inculto*) ungebildet
II. *mf* (*pey*) Ignorant(in) *m(f)*
ignorar [iɣno'rar] *vt* ① (*desconocer*) nicht kennen; (*no saber*) nicht wissen; **ignoro su dirección** ich kenne seine/ihre Adresse nicht; **no ignoro que...** ich weiß sehr wohl, dass ...
② (*no hacer caso*) ignorieren, nicht beachten; **no puedes ~ lo que ocurre en el mundo** du kannst dich dem Weltgeschehen nicht verschließen
ignoto, -a [iɣ'noto, -a] *adj* (*elev*) unbekannt
igual¹ [i'ɣwal] I. *adj* ① (*idéntico*) (genau) gleich; (*semejante*) (sehr) ähnlich; **¿habrá cosa ~?** hat man so etwas schon einmal gesehen?; **no vi nunca cosa ~** ich habe nie dergleichen [*o* Derartiges] gesehen; **tengo un vestido ~ al tuyo** ich habe das gleiche Kleid, das du auch hast; **a partes ~es** zu gleichen Teilen
② (*llano*) eben; **un terreno muy ~** ein sehr ebenes Gelände
③ (*constante: temperaturas*) gleich bleibend; (*clima*) ausgeglichen; (*ritmo*) gleichmäßig
④ (MAT) kongruent
⑤ (*lo mismo*) gleichgültig, einerlei, egal *fam*; **¡es ~!** (das ist) egal!; **me da [***o* **me es] ~** es ist mir egal
II. *mf* Gleichgestellte(r) *mf*; **sin ~** ohnegleichen; **es una belleza sin ~** sie ist eine Schönheit ohnegleichen; **no tener ~** einzigartig [*o* unvergleichlich] sein; **ser el ~ de alguien/de algo** jdm/etw *dat* gleich sein; **tratar a alguien de ~ a ~** jdn gleichberechtigt [*o* wie seinesgleichen] behandeln
III. *adv* ① (*fam: quizá*) womöglich, vielleicht; **~ ya viene mañana** womöglich kommt er/sie schon morgen
② (*loc*): **~ que...** genauso wie ...; **eres ~ que tu madre** du bist genau(so) wie deine Mutter; **al ~ que...** ebenso [*o* genauso] wie ...; **Carlos, al ~ que tú, piensa que...** Carlos denkt ebenso wie du, dass ...; **por ~** gleich; **dales a todos por ~** gib allen gleich viel; **tienes que extender la pintura por ~** du musst die Farbe gleichmäßig verstreichen
igual² [i'ɣwal] *m* (MAT) Gleichheitszeichen *nt*
iguala [i'ɣwala] *f* (*cantidad de dinero*) Pauschalhonorar *nt*
igualación [iɣwala'θjon] *f* ① (*igualamiento*) Gleichmachung *f*; (*equiparación*) Gleichstellung *f*, Gleichsetzung *f*
② (*allanamiento*) (Ein)ebnung *f*
③ (*nivelación*) Ausgleich *m*; **~ de cargas** (FIN) Lastenausgleich *m*
④ (*ajuste*) Anpassung *f*, Angleichung *f*
⑤ (*convenio*) Übereinkunft *f*
igualada [iɣwa'laða] *f* (DEP) Unentschieden *nt*
igualado, -a [iɣwa'laðo, -a] *adj* ① (*parecido*) ähnlich; **son dos personas muy igualadas** es sind zwei sehr ähnliche Menschen
② (*empatado*) unentschieden; **están ~s** es steht unentschieden
igualador¹ [iɣwala'ðor] *m* (ELEC) Entzerrer *m*, Equalizer *m*
igualador(a)² [iɣwala'ðor(a)] *adj* angleichend; **la escuela pretende ser un factor ~ de la juventud de un país** die Schule gibt vor, eine nivellierende Wirkung auf die Jugend eines Landes auszuüben
igualar [iɣwa'lar] I. *vt* ① (*hacer igual*) gleichmachen; (*equiparar*) gleichstellen, gleichsetzen; **hemos igualado la cuenta de resultados del año pasado** wir haben die Erfolgsrechnung des letzten Jahres ausgeglichen
② (*allanar*) (ein)ebnen
③ (*nivelar*) ausgleichen
④ (*ajustar*) anpassen
II. *vi* ① (*equivaler*) gleichkommen (*en* +*dat*); **no hay quien le iguale en vivacidad** niemand ist so lebendig wie er/sie
② (*combinar*) passen (*con* zu +*dat*), entsprechen (*con* +*dat*); **el color de los zapatos iguala con el del vestido** die Farbe der Schuhe entspricht der des Kleides
III. *vr*: **~se** ① (*parecerse*) gleichen; **~se a [***o* **con] alguien en algo** jdm in etw *dat* gleichen
② (*compararse*) sich vergleichen (*con* mit +*dat*); **siempre se iguala con su hermana mayor** er/sie vergleicht sich ständig mit seiner/ihrer älteren Schwester
③ (*ponerse al igual*) sich (einander) angleichen
igualatorio, -a [iɣwala'torjo, -a] *adj* gleichmachend
igualdad [iɣwal'daᵈ] *f* ① (*uniformidad*) Gleichheit *f*; **~ de derechos** Gleichberechtigung *f*; **~ ante la ley** Rechtsetzungsgleichheit *f*; **~ del mercado** (ECON) Marktparität *f*; **~ de oportunidades** Chancengleichheit *f*; **~ de retribución para hombres y mujeres** Lohngleichheit von Mann und Frau; **~ de trato** Gleichbehandlung *f*
② (*semejanza*) Ähnlichkeit *f*
③ (*regularidad*) Gleichmäßigkeit *f*; (*de superficie*) Ebenheit *f*; **~ de ánimo** Gleichmut *f*
④ (MAT) Kongruenz *f*
igualitario, -a [iɣwali'tarjo, -a] *adj* egalitär
igualitarismo [iɣwalita'rismo] *m sin pl* ① (POL) Egalitarismus *m*
② (*pey: igualación*) Gleichmacherei *f*
igualmente [iɣwal'mente] I. *interj* danke, gleichfalls
II. *adv* ① (*del mismo modo*) gleichermaßen, ebenso
② (*también*) ebenfalls, auch
iguana [i'ɣwana] *f* (ZOOL) Leguan *m*
ijada [i'xaða] *f* ① (ANAT) Flanke *f*, Weiche *f*
② (*dolor*) Seitenstechen *nt*
③ (*loc*): **la cosa tiene su ~** die Sache hat einen Haken

ijar [i'xar] *m* (ANAT) Weiche *f*, Flanke *f*
ikastola [ikas'tola] *f Schule, in welcher in baskischer Sprache unterrichtet wird*
ikurriña [iku'rriɲa] *f grün-rot-weiße Nationalflagge der Basken*
ilapso [i'lapso] *m* (PSICO) Verzückung *f*, Ekstase *f*
ilativo, -a [ila'tiβo, -a] *adj* ❶ (*que se infiere de algo*) (schluss)folgernd
❷ (LING) konsekutiv
ilegal [ile'ɣal] *adj* gesetzwidrig, ungesetzlich, illegal
ilegalidad [ileɣali'ðað] *f* Gesetzwidrigkeit *f*, Ungesetzlichkeit *f*, Illegalität *f*
ilegibilidad [ilexiβili'ðað] *f sin pl* Unlesbarkeit *f*, Unleserlichkeit *f*
ilegible [ile'xiβle] *adj* ❶ (*la letra*) unleserlich
❷ (*el contenido*) unlesbar
ilegislable [ilexis'laβle] *adj* (JUR) nicht gesetzlich regelbar
ilegitimar [ilexiti'mar] *vt* ❶ (*un asunto*) für unrechtmäßig erklären
❷ (*un hijo*) für unehelich erklären
ilegitimidad [ilexitimi'ðað] *f* ❶ (*de un asunto*) Unrechtmäßigkeit *f*, Illegitimität *f*
❷ (*de un hijo*) Unehelichkeit *f*
ilegítimo, -a [ile'xitimo, -a] *adj* ❶ (*asunto*) unrechtmäßig, illegitim
❷ (*hijo*) unehelich; (*relación*) außerehelich
❸ (*exigencia*) ungerechtfertigt, unberechtigt
ileón [ile'on] *m* (ANAT) ❶ (*intestino delgado*) Krummdarm *m*, Ileum *nt*
❷ (*cadera*) Hüftbein *nt*
ilerdense [iler'ðense] I. *adj* aus Lérida
II. *mf* Einwohner(in) *m(f)* von Lérida
ileso, -a [i'leso, -a] *adj* unverletzt, unversehrt; **los pasajeros resultaron ~s** die Passagiere waren unverletzt; **salir ~ de un accidente** bei einem Unfall unversehrt bleiben
iletrado, -a [ile'traðo, -a] *adj* ❶ (*inculto*) ungebildet
❷ (*analfabeto*) des Lesens und Schreibens unkundig
ilicitano, -a [iliθi'tano, -a] I. *adj* aus Elche
II. *m, f* Einwohner(in) *m(f)* von Elche
ilícito, -a [i'liθito, -a] *adj* unerlaubt, verboten; **acto/hecho ~** rechtswidrige Handlung/Tat; **competencia ilícita** unlauterer Wettbewerb; **negocio ~** rechtswidriges Geschäft; **publicidad ilícita** unerlaubte Werbung
ilicitud [iliθi'tuð] *f sin pl* Unzulässigkeit *f*
ilimitable [ilimi'taβle] *adj* nicht begrenzbar, nicht beschränkbar
ilimitado, -a [ilimi'taðo, -a] *adj* unbegrenzt, unbeschränkt; **mi caja me ha concedido un crédito ~** meine Sparkasse hat mir einen unbegrenzten Kredit gewährt
iliquidez [iliki'ðeθ] *f sin pl* (FIN) Zahlungsunfähigkeit *f*, Illiquidität *f*
ilíquido, -a [i'likiðo, -a] *adj* (ECON: *sin pagar*) unbezahlt; (*sin recursos*) illiquid, zahlungsunfähig
iliterario, -a [ilite'rarjo, -a] *adj* literaturlos
iliterato, -a [ilite'rato, -a] *adj* (*elev*) unwissend, ungebildet
Ilma. [ilus'trisima], **Ilmo.** [ilus'trisimo] *abr de* **ilustrísimo, -a** hochverehrte(r), hochverehrteste(r)
ilocalizable [ilokali'θaβle] *adj* unauffindbar
ilógico, -a [i'loxiko, -a] *adj* unlogisch
iluminación [ilumina'θjon] *f* ❶ (*el alumbrar*) Beleuchten *nt*
❷ (*alumbrado*) Beleuchtung *f*; (*como adorno*) Festbeleuchtung *f*; **~ artificial** künstliche Beleuchtung, künstliches Licht
❸ (REL) Erleuchtung *f*
❹ (ARTE) Buchmalerei *f*, Illumination *f*
iluminado¹ [ilumi'naðo] *m* ❶ (REL) Erleuchtete(r) *mf*
❷ (*miembro de la secta*) Illuminat *m*
iluminado, -a² [ilumi'naðo, -a] *adj* ❶ (*un lugar*) erleuchtet, beleuchtet; (*un monumento*) angestrahlt
❷ (REL) erleuchtet
❸ (*fam: borracho*) betrunken; (*drogado*) high
iluminador(a) [ilumina'ðor(a)] *m(f)* Illuminator(in) *m(f)*
iluminar [ilumi'nar] *vt* ❶ (*alumbrar*) erleuchten, beleuchten; (*como decoración*) festlich beleuchten; (*un monumento*) anstrahlen; **la alegría iluminó su cara** sein/ihr Gesicht strahlte vor Freude
❷ (REL) erleuchten
❸ (ARTE) illuminieren
iluminativo, -a [ilumina'tiβo, -a] *adj* beleuchtend, Beleuchtungs-
iluminismo [ilumi'nismo] *m sin pl* (FILOS, REL) Illuminationstheorie *f*
ilusa [i'lusa] *adj o f v.* **iluso**
ilusión [ilu'sjon] *f* ❶ (*espejismo*) (Sinnes)täuschung *f*; **~ óptica** optische Täuschung
❷ (*esperanza*) Hoffnung *f*; **poner su ~ en algo** seine Hoffnungen auf etw setzen
❸ (*visión*) (falsche) Vorstellung *f*, Illusion *f*; **hacerse ilusiones** sich *dat* falsche Vorstellungen machen (*acerca de/sobre* von +*dat*), sich *dat* etwas vormachen; **hacer ilusiones a alguien** jdm falsche Hoffnungen machen; **hacerse la ~ de que...** sich der Vorstellung hingeben, dass ...
❹ (*sueño*) Traum *m*, sehnlichster Wunsch *m*; **su ~ es poder volver** sein/ihr sehnlichster Wunsch ist es, zurückkommen zu können
❺ (*alegría*) Freude *f*; **no le quites la ~** nimm ihm/ihr nicht die (Vor)freude; **ese viaje me hace mucha ~** ich freue mich sehr auf diese Reise
ilusionante [ilusjo'nante] *adj* traumhaft, überaus schön
ilusionar [ilusjo'nar] I. *vt* ❶ (*hacer ilusiones*) falsche Hoffnungen machen +*dat*
❷ (*engañar*) täuschen, irreführen
II. *vr:* ❶ (*esperanzarse*) sich *dat* falsche Hoffnungen machen
❷ (*alegrarse*) sich freuen (*con* über +*akk*); **~se con algo** seine Hoffnung auf etw setzen
ilusionismo [ilusjo'nismo] *m* ❶ (*magia*) Zauberei *f*, Zaubern *nt*
❷ (*número de magia*) Zauberkunststück *nt*, Zaubertrick *m*
ilusionista [ilusjo'nista] *mf* Zauberkünstler(in) *m(f)*, Illusionist(in) *m(f)*
ilusivo, -a [ilu'siβo, -a] *adj* trügerisch, illusorisch
iluso, -a [i'luso, -a] I. *adj* leichtgläubig, naiv
II. *m, f* ❶ (*soñador*) Träumer(in) *m(f)*
❷ (*entusiasta*) Schwärmer(in) *m(f)*
ilusorio, -a [ilu'sorjo, -a] *adj* ❶ (*engañoso*) trügerisch, illusorisch
❷ (*de ningún efecto*) zwecklos
ilustración [ilustra'θjon] *f* ❶ (*imagen*) Abbildung *f*, Illustration *f*; (*acompañando un texto*) Bebilderung *f*; **~ gráfica** grafische Darstellung; **~ de portada** Titelbild *nt*
❷ (*aclaración*) Veranschaulichung *f*; **servir de** [*o* **como**] **~** zur Veranschaulichung dienen
❸ (*instrucción*) Gelehrsamkeit *f*, Bildung *f*
❹ (ARTE, HIST, LIT): **la I~** die Aufklärung
ilustrado, -a [ilus'traðo, -a] I. *adj* ❶ (*con imágenes*) bebildert, illustriert
❷ (*aclarado*) veranschaulicht
❸ (*instruido*) gebildet
❹ (*perteneciente al movimiento intelectual*) aufgeklärt
II. *m, f* Aufklärer(in) *m(f)*
ilustrador(a) [ilustra'ðor(a)] I. *adj* ❶ (*ilustrativo*) illustrierend
❷ (*aclarativo*) veranschaulichend
❸ (*instructivo*) lehrreich
II. *m(f)* Illustrator(in) *m(f)*
ilustrar [ilus'trar] I. *vt* ❶ (*con imagenes*) bebildern, illustrieren
❷ (*aclarar*) veranschaulichen
❸ (*instruir*) belehren, aufklären
II. *vr:* **~se** sich bilden
ilustrativo, -a [ilustra'tiβo, -a] *adj* ❶ (*aclarador*) anschaulich
❷ (*sintomático*) bezeichnend, charakteristisch
ilustre [i'lustre] *adj* (*famoso*) berühmt, bekannt; (*egregio*) erlaucht
Ilustrísima [ilus'trisima] *f:* **Su ~** (*a obispos*) Eure [*o* Euer] Hochwürden
ilustrísimo, -a [ilus'trisimo, -a] *adj* ❶ hochverehrte(r), hochverehrteste(r); **señor ~** sehr geehrter Herr; (*a personas de rango más alto*) hochverehrter Herr
ilutación [iluta'θjon] *f* (MED) Schlammbad *nt*, Fangobad *nt*
imada [i'maða] *f* (NÁUT) Ablaufbahn *f*
imagen [i'maxen] *f* ❶ (*t.* LIT, PREN, TV) Bild *nt*; **~ de impresión** (INFOR) Druckbild *nt*; **~ de tarjeta** (INFOR) Kartenbild *nt*
❷ (*representación exacta*) Abbild *nt*; (*fiel*) Ebenbild *nt*; (*reflejada*) Spiegelbild *nt*; **ser la viva ~ de alguien** jdm wie aus dem Gesicht geschnitten sein
❸ (*representación mental*) Vorstellung *f*, Bild *nt*
❹ (*fama*) Image *nt*; **~ de marca** Markenimage *nt*
❺ (*escultura sagrada*) Heiligenfigur *f*; (*pintura*) Heiligenbild *nt*; **quedarse para vestir imágenes** keinen Mann (mehr) abkriegen, als alte Jungfer enden
imaginable [imaxi'naβle] *adj* vorstellbar, denkbar
imaginación [imaxina'θjon] *f* (*imaginativa*) Vorstellung(skraft) *f*, Einbildung(skraft) *f*; (*fantasía*) Fantasie *f*; **dejarse llevar por la ~** sich seinen Vorstellungen hingeben; **eso sobrepasa mi ~** das übertrifft meine Vorstellungskraft; **ni por ~** auf keinen Fall; **pasarle** [*o* **pasársele**] **a alguien por la ~** jdm in den Sinn kommen; **tener muy poca ~** eine sehr geringe Vorstellungskraft haben, wenig Fantasie haben
imaginar [imaxi'nar] I. *vt* ❶ (*representarse*) sich *dat* vorstellen, sich *dat* denken
❷ (*idear*) sich *dat* ausdenken; (*inventar*) erfinden; **~ fantasmas** Gespenster sehen
❸ (*suponer*) vermuten, annehmen; (*sospechar*) ahnen; **imagino que no vendrá** ich vermute, dass er/sie nicht kommen wird
II. *vr:* **~se** ❶ (*representarse*) sich *dat* vorstellen, sich *dat* denken; **¡imagínate!** stell dir das einmal vor!; **no puedo imaginármelo** das kann ich mir nicht vorstellen; **me lo imagino** ich denke es mir; **¿viene Toni? - me imagino que sí** kommt Toni? – ich denke schon
❷ (*figurarse*) sich *dat* einbilden; **me imagino haberlo visto** ich bilde mir ein ihn gesehen zu haben

imaginaria[1] [imaxi'narja] f (MIL) Bereitschaftsdienst m
imaginaria[2] [imaxi'narja] m (MIL) Nachtwache f
imaginario, -a [imaxi'narjo, -a] adj ① (t. MAT) imaginär
② (inventado) erdacht, erfunden
③ (figurado) eingebildet
④ (irreal) unwirklich
imaginativa [imaxina'tiβa] f ① (imaginación) Vorstellungskraft f, Einbildungskraft f
② (facultad de imaginar) Vorstellungsvermögen nt
imaginativo, -a [imaxina'tiβo, -a] adj ① (fantasioso) fantasievoll
② (ocurrente) einfallsreich, ideenreich
③ (inventivo) erfinderisch
imaginera [imaxi'nera] f v. imaginero
imaginería [imaxine'ria] f ① (bordado) figurative Seidenstickerei f
② (escultura sagrada) Heiligenfiguren fpl; (pintura) Heiligenbilder ntpl
③ (LIT) Metaphorik f
imaginero, -a [imaxi'nero, -a] m, f (escultor de imágenes) Bildhauer(in) m(f); (tallista) Bildschnitzer(in) m(f); (pintor) Maler(in) m(f) von Heiligenbildern
imaginología [imaxinolo'xia] f (MED) Radiologie f, Röntgendiagnostik f
imago [i'mayo] m (ZOOL) Vollinsekt nt, Imago f
imán [i'man] m ① (t. fig: hierro magnético) Magnet m
② (REL) Imam m
iman(t)ación [imana'θjon/imanta'θjon] f Magnetisierung f
iman(t)ar [ima'nar/iman'tar] vt magnetisieren
imbatibilidad [imbatiβili'ðað] f sin pl Unschlagbarkeit f
imbatible [imba'tiβle] adj unschlagbar
imbatido, -a [imba'tiðo, -a] adj ungeschlagen
imbebible [imbe'βiβle] adj ① (no potable) nicht trinkbar
② (con mal sabor) ungenießbar
imbécil [im'beθil] I. adj ① (t. MED) schwachsinnig
② (estúpido) blöd, dumm
II. mf ① (MED) Schwachsinnige(r) mf
② (estúpido) Schwachkopf m, Dummkopf m
imbecilidad [imbeθili'ðað] f ① (t. MED) Schwachsinn m
② (estupidez) Blödsinn m; ¡no digas ~es! red keinen Blödsinn!
imberbe [im'berβe] adj ① (sin barba) bartlos
② (pey: inmaduro) (noch) grün; un chico ~ ein grüner Junge
imbornal [imbor'nal] m ① (alcantarilla) Wasserabzugsrinne f
② (NÁUT) Speigat(t) nt
imborrable [imbo'rraβle] adj ① (lápiz) nicht ausradierbar; (tinta) nicht (aus)löschbar
② (acontecimiento) unauslöschlich, unaustilgbar; **recuerdos ~s** unauslöschliche Erinnerungen
imbricación [imbrika'θjon] f ① (ARQUIT) dachziegelartige Anordnung f
② (superposición) Überlappung f, Überlagerung f; (entrecruzamiento) Überschneidung f
imbricado, -a [imbri'kaðo, -a] adj ① (ARQUIT) dachziegelartig angeordnet
② (factores) miteinander verflochten
③ (ZOOL: concha) gerieffelt
imbricar [imbri'kar] <c→qu> I. vt überlappen, überlagern
II. vr: ~se ① (superponerse) sich überlappen, sich überlagern
② (entrecruzarse) sich überschneiden
③ (entrelazarse) ineinander greifen
imbuido, -a [imbu'iðo, -a] adj durchdrungen (de von +dat)
imbuir [imbu'ir] irr como huir I. vt ① (inculcar) einprägen, einimpfen; ~ a alguien (de) algo jdm etw einprägen
② (transmitir) vermitteln, beibringen
II. vr: ~se sich dat zu Eigen machen (de +akk), sich dat aneignen (de +akk)
IME [iⁿsti'tuto mone'tarjo eu̯ro'peo] m abr de **Instituto Monetario Europeo** EWI nt
imitable [imi'taβle] adj nachahmenswert, nachahmenswürdig
imitación [imita'θjon] f ① (copia) Nachahmung f; (reproducción) Nachbildung f; ~ **fraudulenta** betrügerische Fälschung; **a ~ de...** nach dem Vorbild von ...
② (como falsificación) Imitat nt, Imitation f; **perlas de ~** Kunstperlen fpl; **¡desconfíe de las imitaciones!** (COM) vor Nachahmungen wird gewarnt!
imitado, -a [imi'taðo, -a] adj ① (copiado) nachgemacht, nachgeahmt, imitiert
② (falso) unecht
imitador(a) [imita'ðor(a)] m(f) (copista) Nachmacher(in) m(f); (parodista) Nachahmer(in) m(f), Imitator(in) m(f)
imitamonas [imita'monas] mf inv (fam) Nachäffer(in) m(f); **deja de hacer el ~** hör mit der Nachäfferei auf
imitar [imi'tar] vt ① (copiar) nachmachen; (parodiar) nachahmen, imitieren; (reproducir) nachbilden; ~ **una firma** eine Unterschrift fälschen
② (asemejarse) ähneln +dat, ähnlich sein +dat; **imita a su hermano en la voz** er/sie ähnelt seinem/ihrem Bruder in der Stimme
imitativo, -a [imita'tiβo, -a] adj nachahmend, imitativ
impaciencia [impa'θjenθja] f Ungeduld f; **esperar a alguien con ~** mit [o voller] Ungeduld auf jdn warten
impacientar [impaθjen'tar] I. vt ungeduldig machen
II. vr: ~se ungeduldig werden, die Geduld verlieren
impaciente [impa'θjente] adj ① ser (sin paciencia) ungeduldig; **no seas tan ~ con él** sei nicht so ungeduldig mit ihm
② estar (intranquilo) unruhig
③ estar (ansioso) begierig; **estoy ~ por conocerla** ich brenne darauf, sie kennen zu lernen
impactar [impak'tar] vt ① (un proyectil) einschlagen (en in +akk)
② (un acontecimiento) beeindrucken
impacto [im'pakto] m ① (choque de un proyectil) Einschlag m; (huella) Treffer m, Einschuss m; **hacer ~** (MIL) ins Ziel treffen
② (Am: en el boxeo) (Faust)schlag m, Stoß m
③ (golpe emocional) Schlag m fig
④ (efecto) (große) Wirkung f; (impresión) Eindruck m; ~ **(medio)ambiental** Umweltbelastung f; ~ **publicitario** Werbewirkung f; ~ **visual** optische Wirkung f; **algo causa un gran ~ en alguien** etw macht einen großen Eindruck auf jdn; **el ~ en la economía de una fuerte bajada de intereses** die Auswirkung einer starken Zinssenkung auf die Wirtschaft
⑤ (INFOR) Hit m
impagable [impa'yaβle] adj ① (no pagable) unbezahlbar
② (inapreciable) unschätzbar; **una belleza ~** eine unschätzbare Schönheit
impagado, -a [impa'yaðo, -a] adj unbezahlt
impago [im'payo] m Nichtzahlung f; ~ **de impuestos** Steuerumgehung f
impala [im'pala] m (ZOOL) Impala f
impalpable [impal'paβle] adj ① (intocable) nicht [o kaum] fühlbar; (imperceptible) nicht [o kaum] wahrnehmbar
② (sutil) (hauch)dünn, fein; **azúcar ~** Puderzucker m; **polvo ~** feiner Staub
impar [im'par] I. adj ① (número) ungerade
② (sin par) ungleich; **dos zapatos ~es** zwei ungleiche Schuhe
③ (ANAT, BIOL) unpaarig
④ (sin igual) einzigartig
II. m ungerade Zahl f
imparable [impa'raβle] adj unhaltbar, nicht haltbar
imparcial [impar'θjal] adj ① (sin tomar partido) unparteiisch
② (sin prejuicios) unvoreingenommen
③ (justo) gerecht
imparcialidad [imparθjali'ðað] f ① (falta de parcialidad) Unparteilichkeit f
② (falta de prevención) Unvoreingenommenheit f
impartir [impar'tir] vt ① (dar) erteilen; ~ **clases/una orden a alguien** jdm Unterricht/einen Befehl erteilen
② (conferir) gewähren, geben; ~ **el auxilio** (JUR) Rechtshilfe gewähren
③ (comunicar) mitteilen
impasibilidad [impasiβili'ðað] f ① (insensibilidad) Empfindungslosigkeit f, Gefühllosigkeit f
② (indiferencia) Gleichmütigkeit f
impasible [impa'siβle] adj ① (insensible) empfindungslos, gefühllos
② (indiferente) gleichmütig
impasse [im'pas] m (t. fig) Sackgasse f; **las negociaciones se encuentran en un ~** die Verhandlungen befinden sich in einer Sackgasse
impavidez [impaβi'ðeθ] f ① (denuedo) Unerschrockenheit f
② (Chil: impertinencia) Frechheit f, Unverschämtheit f
impávido, -a [im'paβiðo, -a] adj ① (denodado) unerschrocken
② (Chil: impertinente) frech, unverschämt
impecabilidad [impekaβili'ðað] f sin pl Tadellosigkeit f
impecable [impe'kaβle] adj ① ser (correcto) untad(e)lig, makellos; **un comportamiento ~** ein untadeliges Verhalten; **habla un español ~** er/sie spricht ein einwandfreies [o fehlerloses] Spanisch
② estar (nuevo) tadellos, einwandfrei; **este vestido está ~** dieses Kleid ist in einem tadellosen Zustand
impedido, -a [impe'ðiðo, -a] I. adj behindert; **estar ~ de una mano** an einer Hand behindert sein; **estar ~ para algo** zu etw dat unfähig sein; ~ **para trabajar** arbeitsunfähig
II. m, f Behinderte(r) mf; ~ **físico** Körperbehinderte(r) m
impedimenta [impeði'menta] f (MIL) Tross m
impedimento [impeði'mento] m ① (que imposibilita algo) Verhinderung f
② (obstáculo) Hindernis nt; (acerca del matrimonio) Ehehindernis nt; ~ **para la aceptación** (COM) Annahmeverhinderung f; ~ **para la ejecución** (JUR) Vollstreckungshindernis nt; ~ **de la prestación** (JUR) Leis-

impedir

tungshindernis *nt*
❸ (*t.* MED) Behinderung *f*

impedir [impe'ðir] *irr como pedir vt* ❶ (*imposibilitar*) verhindern; ~ **un accidente** einen Unfall verhindern; **eso no se puede** ~ das kann man nicht verhindern, das ist unvermeidlich
❷ (*obstaculizar*) behindern, aufhalten, hemmen; (*el paso*) versperren
❸ (*estorbar*) abhalten, hindern; ~ **a alguien hacer algo** [*o* **que alguien haga algo**] jdn daran hindern [*o* davon abhalten], etw zu tun; **el ruido me impide trabajar** der Lärm hindert mich am Arbeiten; **eso no impide que vayamos de vacaciones** das hält uns nicht davon ab [*o* hindert uns nicht daran], in Urlaub zu fahren

impeler [impe'ler] *vt* ❶ (*empujar*) (fort)schieben
❷ (*impulsar*) antreiben, in Bewegung setzen; **el viento impele el barco** der Wind treibt das Schiff an
❸ (*incitar*) veranlassen, bewegen; ~ **a alguien a hacer algo** jdn dazu bewegen etw zu tun

impenetrabilidad [impenetraβili'ðað] *f* ❶ (*inaccesibilidad*) Undurchdringlichkeit *f*; (*de personas*) Unzugänglichkeit *f*
❷ (*impermeabilidad*) Undurchlässigkeit *f*
❸ (*incomprensibilidad*) Undurchsichtigkeit *f*, Undurchschaubarkeit *f*
❹ (*insondeabilidad*) Unerforschlichkeit *f*, Unergründlichkeit *f*

impenetrable [impene'traβle] *adj* ❶ (*inaccesible*) undurchdringlich; (*persona*) unzugänglich
❷ (*impermeable*) undurchlässig
❸ (*incomprensible*) undurchsichtig, undurchschaubar
❹ (*insondable*) unerforschlich, unergründlich

impenitencia [impeni'tenθja] *f* Unbußfertigkeit *f*

impenitente [impeni'tente] *adj* ❶ (REL) unbußfertig, nicht reumütig
❷ (*empedernido*) eingefleischt; (*incorregible*) unverbesserlich; **es un optimista** ~ er ist ein unverbesserlicher Optimist

impensa [im'pensa] *f* (JUR) Aufwendung *f*; ~ **economizada** ersparte Aufwendung; ~ **frustrada** fehlgeschlagene Aufwendung

impensable [impen'saβle] *adj* undenkbar

impensado, -a [impen'saðo, -a] *adj* ❶ (*repentino*) unvermutet, plötzlich
❷ (*imprevisto*) unvorhergesehen; (*inesperado*) unerwartet, überraschend

impepinable [impepi'naβle] *adj* (*fam*) bombensicher

imperante [impe'rante] *adj* ❶ (*t. fig: reinante*) herrschend; **el régimen** ~ das herrschende Regime
❷ (*predominante*) (vor)herrschend, überwiegend

imperar [impe'rar] *vi* ❶ (*reinar*) herrschen (*sobre* über +*akk*), regieren (*sobre* über +*akk*)
❷ (*elev: existir*) herrschen; **impera la niebla** es herrscht Nebel; **ahora imperan otras costumbres** jetzt herrschen andere Sitten
❸ (*predominar*) vorherrschen, überwiegen

imperatividad [imperatiβi'ðað] *f* (JUR) Verbindlichkeit *f*; ~ **de la igualdad de trato** Gleichbehandlungsgebot *nt*

imperativo¹ [impera'tiβo] *m* ❶ (LING) Imperativ *m*
❷ *pl* (*exigencia*) Gebot *nt*, Erfordernis *f*; (*necesidad*) Notwendigkeit *f*

imperativo, -a² [impera'tiβo, -a] *adj* ❶ (*autoritario*) befehlend, imperativisch; (*imperioso*) gebieterisch; **decir algo en tono** ~ etw in einem gebieterischen Ton sagen
❷ (*exigente*) fordernd; (*obligatorio*) zwingend, obligatorisch

imperatoria [impera'torja] *f* (BOT) Kaiserwurz *f*, Meisterwurz *f*

imperceptible [imperθep'tiβle] *adj* ❶ (*inapreciable*) nicht wahrnehmbar
❷ (*minúsculo*) unmerklich

imperdible [imper'ðiβle] I. *adj* unverlierbar
II. *m* Sicherheitsnadel *f*

imperdonable [imperðo'naβle] *adj* unverzeihlich

imperecedero, -a [impereθe'ðero, -a] *adj* unvergänglich; **bienes** ~**s** (ECON) unverderbliche Waren; **fama imperecedera** unvergänglicher Ruhm

imperfección [imperfek'θjon] *f* ❶ (*falta de perfección*) Unvollkommenheit *f*
❷ (*defecto*) Mangel *m*, Fehler *m*; **esta tela tiene algunas imperfecciones** dieser Stoff weist einige Mängel auf

imperfectivo, -a [imperfek'tiβo, -a] *adj* (LING) unvollendet

imperfecto¹ [imper'fekto] *m* (LING) Imperfekt *m*

imperfecto, -a² [imper'fekto, -a] *adj* ❶ (*persona*) unvollkommen
❷ (*cosa incompleta*) unvollständig; (*inacabada*) unvollendet; (*defectuosa*) mangelhaft, fehlerhaft
❸ (LING) imperfektisch

imperforación [imperfora'θjon] *f* (MED) Atresie *f*, Imperforation *f*

imperial [impe'rjal] I. *adj* kaiserlich, Kaiser-; **dignidad** ~ kaiserliche Würde
II. *f* ❶ (*de un autobús*) oberer Stock *m*
❷ (*de una carroza*) Verdeck *nt*

imperialismo [imperja'lismo] *m* (POL) Imperialismus *m*

imperialista [imperja'lista] I. *adj* imperialistisch
II. *mf* Imperialist(in) *m(f)*

impericia [impe'riθja] *f* ❶ (*ineptitud*) Unfähigkeit *f*
❷ (*inexperiencia*) Unerfahrenheit *f*
❸ (*torpeza*) Ungeschicklichkeit *f*

imperio [im'perjo] *m* ❶ (*territorio*) Reich *nt*; (*t. fig*) Imperium *nt*; ~ **colonial** Kolonialreich *nt*; **valer un** ~ (*una cosa*) ein Vermögen wert sein; (*una persona*) ein Goldstück sein
❷ (*mandato*) Herrschaft *f*
❸ (*autoridad*) Macht *f*, Gewalt *f*
❹ (ARTE) Empire *nt*, Empirestil *m*
❺ (*altanería*) Hochmut *m*; (*orgullo*) Stolz *m*

imperioso, -a [impe'rjoso, -a] *adj* ❶ (*autoritario*) gebieterisch, herrisch
❷ (*urgente*) dringend; (*forzoso*) zwingend; **necesidad imperiosa** dringende Notwendigkeit

impermeabilidad [impermeaβili'ðað] *f* (Wasser)undurchlässigkeit *f*

impermeabilización [impermeaβiliθa'θjon] *f* ❶ (*de un tejido*) Imprägnierung *f*
❷ (AUTO) Unterbodenschutz *m*

impermeabilizar [impermeaβili'θar] <z→c> *vt* ❶ (*un tejido*) wasserdicht machen, imprägnieren
❷ (*una abertura*) undurchlässig machen, abdichten
❸ (AUTO) mit Unterbodenschutz versehen

impermeable [imperme'aβle] I. *adj* (wasser)dicht, (wasser)undurchlässig
II. *m* Regenmantel *m*

impermutabilidad [impermutaβili'ðað] *f sin pl* Unvertauschbarkeit *f*

impermutable [impermu'taβle] *adj* nicht austauschbar

impersonal [imperso'nal] *adj* (*t.* LING) unpersönlich

impersonalidad [impersonali'ðað] *f* Unpersönlichkeit *f*

impertérrito, -a [imper'territo, -a] *adj* ❶ (*impávido*) unerschrocken; (*imperturbable*) unerschütterlich
❷ (*sin miedo*) furchtlos

impertinencia [imperti'nenθja] *f* ❶ (*insolencia*) Ungehörigkeit *f*, Impertinenz *f*; (*descaro*) Unverschämtheit *f*, Frechheit *f*
❷ (*inoportunidad*) unpassende Bemerkung *f*
❸ (*importunidad*) Zudringlichkeit *f*

impertinente [imperti'nente] I. *adj* ❶ (*insolente*) ungehörig, impertinent; (*descarado*) unverschämt, frech
❷ (*inoportuno*) unpassend, unangebracht
❸ (*pesado*) zudringlich, belästigend
II. *mf* unverschämte Person *f*

imperturbabilidad [imperturβaβili'ðað] *f* (*firmeza*) Unerschütterlichkeit *f*; (*seguridad*) Unbeirrtheit *f*

imperturbable [impertur'βaβle] *adj* (*firme*) unerschütterlich; (*seguro*) unbeirrt

impetrar [impe'trar] *vt* (*elev*) ❶ (*conseguir*) erlangen
❷ (*suplicar*) erflehen, flehen (um +*akk*); ~ **el perdón** um Gnade flehen

ímpetu ['impetu] *m* ❶ (*vehemencia*) Heftigkeit *f*, Wucht *f*
❷ (*brío*) Schwung *m*, Elan *m*; **trabajar con mucho** ~ mit viel Elan arbeiten
❸ (*violencia*) Gewalt *f*; **el** ~ **de las olas** die Wucht der Wellen

impetuosidad [impetwosi'ðað] *f* Ungestüm *nt*, Impetus *m*

impetuoso, -a [impetu'oso, -a] *adj* ❶ (*temperamento*) ungestüm, stürmisch
❷ (*movimiento*) heftig, gewaltig; (*fuerza*) wuchtig
❸ (*acto*) übereilt, unbedacht

impía [im'pia] *adj o f v.* **impío**

impiedad [impje'ðað] *f* ❶ (*falta de fe*) Gottlosigkeit *f*
❷ (*de piedad*) Herzlosigkeit *f*

impiedoso, -a [impje'ðoso, -a] *adj* unbarmherzig

impío, -a [im'pio, -a] I. *adj* ❶ (*irreligioso*) gottlos
❷ (*inclemente*) mitleid(s)los, unbarmherzig
❸ (*irrespetuoso*) unehrerbietig, respektlos
II. *m, f* Gottlose(r) *mf*

implacable [impla'kaβle] *adj* ❶ (*imposible de ablandar*) unversöhnlich
❷ (*riguroso*) unerbittlich

implantación [implanta'θjon] *f* ❶ (MED) Implantation *f*
❷ (*introducción*) Einführung *f*; ~ **en el mercado** (ECON) Markteinführung *f*
❸ (*asentamiento*) Ansiedlung *f*
❹ (*generalización*) Einbürgerung *f*; ~ **de costumbres** Einbürgerung von Bräuchen

implantar [implan'tar] I. *vt* ❶ (*establecer*) errichten, aufbauen; (*asentar*) ansiedeln
❷ (*instituir*) (be)gründen
❸ (*introducir*) einführen; ~ **una nueva moda** eine neue Mode einführen

implante ④ (MED) einpflanzen, implantieren
II. *vr:* ~**se** ❶ (*establecerse*) sich niederlassen, sich etablieren
❷ (*generalizarse*) sich einbürgern; **esta palabra se ha implantado en nuestro idioma** dieses Wort hat sich in unserer Sprache eingebürgert
implante [im'plante] *m* (MED) Implantat *nt*
implementación [implementa'θjon] *f* ❶ (INFOR) Installation *f*
❷ (*reajuste*) Implementierung *f*
implementar [implemen'tar] *vt* (*Am*) ❶ (*un método*) anwenden
❷ (*un plan*) durchführen, ausführen; (*una orden*) vollziehen
❸ (*un deber*) erfüllen
implemento [imple'mento] *m* (*Am: utensilio*) Gerät *nt;* (*accesorio*) Zubehör *nt;* ~**s agrícolas** landwirtschaftliche Geräte
implicación [implika'θjon] *f* ❶ (*inclusión*) Einbeziehung *f*
❷ (*participación en un delito*) Beteiligung *f,* Verwick(e)lung *f*
❸ (*consecuencia*) Auswirkung *f*
❹ (*significado*) Bedeutung *f*
❺ (*contradicción*) Widerspruch *m;* (*oposición*) Gegensatz *m*
implicado, -a [impli'kaðo, -a] *m, f:* **presunto ~** (JUR) mutmaßlicher Komplize *m*
implicar [impli'kar] <c→qu> I. *vt* ❶ (*envolver*) verwickeln, (mit) hineinziehen; **~ a alguien en un negocio** jdn in ein Geschäft verwickeln
❷ (*contener*) (mit) enthalten, beinhalten, implizieren; (*una consecuencia*) mit sich *dat* bringen, zur Folge haben
❸ (*significar*) bedeuten
II. *vi* (*impedir*) entgegenstehen (+*dat*), ein Hindernis sein (für +*akk*); **el tiempo implica para que hagamos la excursión** das Wetter hindert uns daran, den Ausflug zu machen; **nada implica para que vayamos de viaje** unserer Reise steht nichts entgegen
III. *vr:* ~**se** sich verwickeln (*en* in +*akk*)
implícito, -a [im'pliθito, -a] *adj* ❶ (*incluido*) (mit) einbegriffen, (mit) eingeschlossen; (*una circunstancia*) (mit) einbezogen
❷ (*sobreentendido*) implizit; **una amenaza implícita** eine implizite Drohung
❸ (*tácito*) stillschweigend; **un acuerdo ~** ein stillschweigendes Übereinkommen
imploración [implora'θjon] *f* (An)flehen *nt,* flehentliche Bitte *f*
implorante [implo'rante] *adj* flehend
implorar [implo'rar] *vt* (an)flehen, flehentlich bitten; **~ (el) perdón** um Verzeihung flehen; **~ algo de alguien** jdn um etw anflehen
implosión [implo'sjon] *f* (ASTR, FÍS, LING) Implosion *f*
implosionar [implosjo'nar] *vi* implodieren
implosivo¹ [implo'siβo] *m* (LING) Implosivlaut *m*
implosivo, -a² [implo'siβo, -a] *adj* implosiv
implotar [implo'tar] *vi* implodieren
implume [im'plume] *adj* federlos, ungefiedert
impolarizable [impolari'θaβle] *adj* nicht polarisierbar
impolítico, -a [impo'litiko, -a] *adj* (*sin cortesía*) unhöflich, taktlos
impoluto, -a [impo'luto, -a] *adj* ❶ (*limpio*) nicht verschmutzt, rein
❷ (*sin tacha moral*) rein, makellos; **tener una reputación impoluta** einen makellosen Ruf haben
imponderable [imponde'raβle] *adj* ❶ (*incalculable*) unwägbar, nicht abzuschätzen; **consecuencias ~s** nicht abzuschätzende Folgen
❷ (*inestimable*) unschätzbar; **este cuadro es un testimonio ~ de nuestra época** dieses Bild ist ein unschätzbares Zeugnis unserer Zeit
imponderables [imponde'raβles] *mpl* Unwägbarkeiten *fpl,* Imponderabilien *pl elev*
imponente [impo'nente] I. *adj* ❶ (*impresionante*) eindrucksvoll
❷ (*que infunde respeto*) imponierend, beeindruckend
❸ (*inmenso*) mächtig, gewaltig; (*grandioso*) großartig, imposant
❹ (*fam: atractivo*) toll, großartig; **es una mujer ~** sie ist eine tolle Frau
II. *mf* (FIN) Einleger(in) *m(f)*
imponer [impo'ner] *irr como poner* I. *vt* ❶ (*idea*) aufdrängen, aufzwingen; (*carga*) auferlegen, aufbürden (*a/sobre* +*dat*); (*impuestos*) erheben (*sobre* für +*akk*); (*sanciones, condenas*) verhängen; (*barreras comerciales*) errichten; **una multa** como Geldstrafe auferlegen; **la CE consideró ~ restricciones a las importaciones de automóviles Japón** die EG erwog, Importbeschränkungen für japanische Automobile zu beschließen
❷ (*nombre*) geben, verleihen
❸ (*respeto, miedo*) einflößen
❹ (REL) **~ las manos** die Hände auflegen (*sobre* auf +*akk*)
❺ (FIN) einzahlen; (*invertir*) anlegen
❻ (*instruir*) unterweisen (*en* in +*dat*); (*informar*) in Kenntnis setzen (*de* über +*akk*)
❼ (TIPO) ausschießen
II. *vi* imponieren
III. *vr:* ~**se** ❶ (*hacerse necesario*) sich aufdrängen, sich aufzwingen; (*hacerse ineludible*) unumgänglich sein, unbedingt notwendig sein; **se impone la necesidad de... +***inf* es drängt sich die Notwendigkeit auf zu ... +*inf;* **se impone el tomar medidas** es ist unbedingt notwendig, dass Maßnahmen ergriffen werden
❷ (*hacerse obedecer*) sich durchsetzen (*a* gegen +*akk*); (*prevalecer*) sich behaupten (*a* gegen +*akk*)
❸ (*tomar como obligación*) sich *dat* auferlegen
❹ (*informarse*) sich informieren (*de* über +*akk*); (*familiarizarse*) sich vertraut machen (*en* mit +*dat*)
❺ (*Méx: acostumbrarse*) sich gewöhnen (*a* an +*akk*)
imponible [impo'niβle] *adj* ❶ (FIN) (be)steuerbar, besteuerbar; **líquido ~** steuerbarer Betrag, (Steuer)messbetrag *m*
❷ (*importación*) verzollbar
❸ (*fam: ropa*) nicht tragbar
impopular [impopu'lar] *adj* ❶ (*antipático*) unbeliebt
❷ (*desfavorable*) unpopulär; **medidas ~es** unpopuläre Maßnahmen
impopularidad [impopulari'ðað] *f* Unbeliebtheit *f,* Unpopularität *f*
importación [importa'θjon] *f* ❶ (*acción*) Einfuhr *f,* Import *m;* **~ de artículos** Warenimport *m;* **~ de países no comunitarios** Einfuhr aus Drittländern; **~ particular** Privateinfuhr *f;* **contingente de ~** Einfuhrquote *f,* Importkontingent *nt;* **licencia de ~** Einfuhrgenehmigung *f,* Importlizenz *f;* **país de ~** Einfuhrland *nt;* **restricciones a la ~** Einfuhrbeschränkungen *fpl*
❷ (*producto*) Importartikel *m,* Importware *f*
importador(a) [importa'ðor(a)] I. *adj* Einfuhr-, Import-
II. *m(f)* Importeur(in) *m(f)*
importancia [impor'tanθja] *f* ❶ (*interés*) Bedeutung *f;* **carecer de ~** belanglos sein; **sin ~** ohne Bedeutung, bedeutungslos; **dar ~ a algo** etw *dat* Bedeutung beimessen; **medidas ~s** nicht abzuschätzende Folgen; **ser de poca/mucha** [*o gran*] **importancia** von geringer/großer Bedeutung sein; **tener ~** von Bedeutung sein
❷ (*extensión*) Umfang *m,* Ausmaß *nt*
❸ (*trascendencia*) Tragweite *f,* Bedeutsamkeit *f;* **un acontecimiento de gran ~** ein Ereignis von großer Tragweite
❹ (*prestigio*) Geltung *f,* Ansehen *nt;* (*influencia*) Einfluss *m;* **una mujer de mucha ~** eine Frau von hohem Ansehen; **darse ~** (*fam*) angeben, wichtig tun
importante [impor'tante] *adj* ❶ (*de gran interés*) bedeutend, wichtig; **lo ~ es... +***inf* Hauptsache ...; **lo más ~ es que... +***subj* die Hauptsache ist, dass ...
❷ (*dimensión*) von besonderem Ausmaß, beachtlich
❸ (*cantidad*) beträchtlich, erheblich
❹ (*calidad*) wertvoll
❺ (*situación*) ernst
❻ (*persona*) berühmt, namhaft; (*influyente*) einflussreich; **hacerse el/la ~** sich aufspielen
importar [impor'tar] I. *vt* ❶ (*mercancía*) importieren, einführen; **prohibición de ~** Einfuhrverbot *nt,* Importsperre *f*
❷ (*precio*) betragen, sich belaufen (auf)
❸ (*traer consigo*) mit sich bringen; **la guerra importa mucha necesidad** der Krieg bringt sehr viel Not mit sich
II. *vi* von Bedeutung sein, wichtig sein; **importa que... +***subj* es ist von Bedeutung [*o* es ist wichtig], dass ...; **lo que importa es que... +***subj* die Hauptsache ist, dass ...; **me importa mucho tu salud** es liegt mir sehr viel an deiner Gesundheit; **¿a ti qué te importa?** was geht dich das an?; **siempre se mete en lo que no le importa** er/sie mischt sich immer in fremde Angelegenheiten ein; **eso a ella no le importa** (*no le atañe*) das geht sie nichts an; (*le da igual*) das ist ihr einerlei [*o* gleichgültig]; **¿qué importa?** was macht das schon?; **¿te importa esperar?** macht es dir was aus zu warten?; **¡no importa!** (das) macht nichts!; **¡esto me importa un pito!** das ist mir schnurzpiepegal!
importe [im'porte] *m* (*cuantía*) Betrag *m;* (*total*) Summe *f;* **~ de adquisición** Anschaffungsbetrag *m;* **~ amortizado** Abschreibungsbetrag *m;* **~ debido** geschuldeter Betrag; **~ exento de impuestos** Steuerfreibetrag *m;* **~ de la factura** Rechnungsbetrag *m;* **~ de garantía** Garantiebetrag *m;* **~ global** (ECON, COM) Pauschbetrag *m;* **~ normal** Regelbetrag *m;* **~ líquido** [*o* **neto**] Nettobetrag *m;* **~ neto de la cifra de negocios** Nettoumsatz *m;* **~ nominal** Nennwert *m,* Nominalbetrag *m;* **~ de una prima** Prämienhöhe *f;* **~ del reembolso** Erstattungsbetrag *m;* **~ total** Gesamtbetrag *m;* **hasta el ~ de...** bis zu einem Betrag von ...
importunar [importu'nar] *vt* (*incomodar*) belästigen; (*molestar*) stören
importunidad [importuni'ðað] *f* ❶ (*incomodidad*) Belästigung *f;* (*molestia*) Störung *f*
❷ (*indiscreción*) Aufdringlichkeit *f*
importuno, -a [impor'tuno, -a] *adj* ❶ (*incómodo*) lästig; (*molesto*) störend
❷ (*indiscreto*) aufdringlich
❸ (*inoportuno*) ungelegen
imposibilidad [imposiβili'ðað] *f* Unmöglichkeit *f;* **estar** [*o* **encontrarse**] **en la ~ de...** nicht in der Lage sein zu ..., außerstande [*o* außer Stande] sein zu ...

imposibilitado, **-a** [imposiβili'taðo, -a] *adj* ❶ (*impedido*) (körper)behindert; (*paralítico*) gelähmt; **está ~ de las dos piernas** er ist an beiden Beinen gelähmt
❷ (*de acudir*) verhindert; **se halla imposibilitada por razones de trabajo** sie ist dienstlich verhindert

imposibilitar [imposiβili'tar] *vt* (*impedir*) verhindern; (*evitar*) vermeiden

imposible [impo'siβle] **I.** *adj* ❶ (*irrealizable*) unmöglich; **¡~!** ausgeschlossen!; **me es ~ ir a verte** es ist mir unmöglich, dich besuchen zu kommen; **parece ~ que ya hayas terminado** ich kann es kaum glauben, dass du schon fertig bist
❷ (*fam: insoportable*) unerträglich, unausstehlich; **hoy estás ~** du bist heute unerträglich
❸ (*Am: repugnante*) abstoßend, ekelhaft
II. *m:* **lo ~** das Unmögliche; **pedir un ~** Unmögliches verlangen; **haré lo ~ para [o por] que se quede** ich werde alles Menschenmögliche tun, damit er/sie bleibt

imposición [imposi'θjon] *f* ❶ (*de una carga*) Auferlegung *f*, Aufbürdung *f*; (*de condena*) Verhängung *f*; **~ de medidas coercitivas** Verhängung von Zwangsmaßnahmen
❷ (*de condiciones*) Auflage *f*
❸ (*de impuestos*) Besteuerung *f*; **~ sobre las actividades económicas** Gewerbesteuerbelastung *f*; **~ sobre el consumo** Einkommensverwendungssteuern *fpl*; **~ directa** (FIN) direkte Besteuerung; **~ sobre el gasto** Ausgabensteuer *f*; **~ indirecta** indirekte Besteuerung; **~ sobre los legados** Vermächtnissteuern *fpl*; **~ múltiple** Mehrfachbesteuerung *f*; **~ suplementaria** Zusatzbesteuerung *f*
❹ (*de un nombre*) Vergabe *f*, Verleihung *f*
❺ (REL): **~ de manos** Handauflegung *f*
❻ (FIN) Einlage *f*; **~ de ahorro** Spareinlage *f*; **~ a plazo (fijo)** Termineinlage *f*; **~ a séis meses** Einlage mit einer Laufzeit von sechs Monaten; **~ a la vista** Sichteinlage *f*
❼ (TIPO) Ausschießen *nt*

impositiva [imposi'tiβa] *f* (*Am*) Finanzamt *nt*

impositivo, **-a** [imposi'tiβo, -a] *adj* ❶ (FIN) Steuer-; **capacidad impositiva** Steuerfähigkeit *f*; **escala impositiva** Steuertarif *m*; **tipo ~** Steuersatz *m*, Steuerrate *f*; **tramo ~** Steuerteilbetrag *m*
❷ (*CSur: imperativo*) entschieden, bestimmt

impositor(a) [imposi'tor(a)] *m(f)* ❶ (TIPO) Anleger(in) *m(f)*
❷ (FIN) Einzahler(in) *m(f)*

impostergable [imposter'ɣaβle] *adj* nicht zurückstellbar, unaufschiebbar; **una visita ~** ein unaufschiebbarer Besuch

impostor(a) [impos'tor(a)] **I.** *adj* ❶ (*difamador*) verleumderisch
❷ (*tramposo*) betrügerisch
II. *m(f)* ❶ (*difamador*) Verleumder(in) *m(f)*
❷ (*tramposo*) Betrüger(in) *m(f)*, Schwindler(in) *m(f)*

impostura [impos'tura] *f* ❶ (*calumnia*) Verleumdung *f*
❷ (*trampa*) Betrug *m*, Schwindel *m*

impotable [impo'taβle] *adj* nicht trinkbar

impotencia [impo'tenθja] *f* ❶ (*falta de poder*) Machtlosigkeit *f*, Ohnmacht *f*
❷ (*incapacidad*) Unfähigkeit *f*, Unvermögen *nt*
❸ (MED) Impotenz *f*, Zeugungsunfähigkeit *f*

impotente [impo'tente] *adj* ❶ (*sin poder*) machtlos, ohnmächtig
❷ (*incapaz*) unfähig
❸ (*desvalido*) schwach, kraftlos
❹ (MED) impotent

impracticable [imprakti'kaβle] *adj* ❶ (*irrealizable*) unausführbar, undurchführbar
❷ (*intransitable*) unbefahrbar; (*incómodo de pasar*) unwegsam

imprecación [impreka'θjon] *f* Verwünschung *f*, Fluch *m*; **proferir imprecaciones contra alguien** einen Fluch gegen jdn ausstoßen

imprecar [impre'kar] <c→qu> *vt* verwünschen, verfluchen

imprecatorio, **-a** [impreka'torjo, -a] *adj* Verwünschungs-; **lanzó una exclamación imprecatoria** er/sie stieß eine laute Verwünschung aus

imprecisión [impreθi'sjon] *f* ❶ (*falta de precisión*) Ungenauigkeit *f*
❷ (*falta de determinación*) Unbestimmtheit *f*

impreciso, **-a** [impre'θiso, -a] *adj* ❶ (*no preciso*) ungenau
❷ (*indefinido*) vage, unbestimmt

impredecible [impreðe'θiβle] *adj* nicht voraussagbar

impregnable [impreɣ'naβle] *adj* imprägnierbar

impregnación [impreɣna'θjon] *f* ❶ (*empapamiento*) Tränkung *f*; (*impermeabilización*) Imprägnierung *f*
❷ (*t. fig: penetración*) Durchdringung *f*

impregnar [impreɣ'nar] **I.** *vt* ❶ (*empapar*) tränken; (*impermeabilizar un tejido*) imprägnieren; **~ el algodón con [o de]/en alcohol** den Wattebausch mit/in Alkohol tränken
❷ (*penetrar*) durchtränken; **el agua impregna la tierra** das Wasser durchtränkt den Erdboden
❸ (*influir*) erfüllen; **estar impregnado de una idea** von einer Vorstellung erfüllt sein
II. *vr:* **~se** sich voll saugen (*con/de* mit +*dat*)

impremeditación [impremeði ta'θjon] *f sin pl* Unbesonnenheit *f*, Unüberlegtheit *f*; **la ~ de su respuesta** seine/ihre unbedachte Antwort

impremeditado, **-a** [impremeði'taðo, -a] *adj* ❶ (*impensado*) unüberlegt
❷ (*irreflexivo*) unbedacht
❸ (*involuntario*) unbeabsichtigt

imprenta [im'prenta] *f* ❶ (*técnica*) (Buch)druck *m*; **letra de ~** Druckbuchstabe *m*; **tinta de ~** Druckerschwärze *f*
❷ (*arte*) Buchdruckerkunst *f*
❸ (*taller*) (Buch)druckerei *f*
❹ (*impresión*) Druck *m*
❺ (JUR): **~ genética** genetischer Fingerabdruck *m*

imprescindible [impresθin'diβle] *adj* ❶ (*ineludible*) unumgänglich
❷ (*obligatorio*) unerlässlich, unbedingt erforderlich; **es ~ cumplir estas condiciones** diese Voraussetzungen müssen unbedingt erfüllt werden
❸ (*insustituible*) unentbehrlich; **estos libros son ~s para mi trabajo** diese Bücher sind für meine Arbeit unentbehrlich

imprescriptible [impreskrip'tiβle] *adj* ❶ (MED) nicht verschreibbar
❷ (JUR) unverjährbar

impresentable [impresen'taβle] *adj* nicht vorzeigbar; **con ese vestido estás ~** mit dem Kleid kannst du dich nicht sehen lassen

impresión [impre'sjon] *f* ❶ (*huella*) Abdruck *m*; **~ dactilar** [*o* **digital**] Fingerabdruck *m*
❷ (TIPO) Druck *m*; (*acto*) Drucklegung *f*; **~ en colores** Farbendruck *m*; **~ plana/en relieve** Flach-/Hochdruck *m*; **~ en varios colores** Mehrfarbendruck *m*
❸ (INFOR) Ausdruck *m*
❹ (FOTO) Abzug *m*
❺ (*grabación*) (Ton)aufnahme *f*
❻ (*sensación*) (Sinnes)eindruck *m*; (*opinión*) Eindruck *m*; **cambiar impresiones** Eindrücke austauschen; **dar la ~ de que…** den Eindruck [*o* den Anschein] erwecken, als ob …; **causar buena/mala ~ a alguien** einen guten/schlechten Eindruck auf jdn machen; **su historia me causó mucha ~** seine/ihre Geschichte hat einen tiefen Eindruck bei mir hinterlassen [*o* hat mich sehr beeindruckt]; **tengo la ~ de que…** ich habe den Eindruck, dass …

impresionable [impresjo'naβle] *adj* ❶ (*fácil de impresionar*) leicht zu beeindrucken; (*de alterar*) leicht erregbar
❷ (*sensible*) empfindsam
❸ (TIPO) druckbar
❹ (INFOR) ausdruckbar

impresionante [impresjo'nante] *adj* ❶ (*emocionante*) beeindruckend, eindrucksvoll
❷ (*de gran efecto*) wirkungsvoll
❸ (*magnífico*) großartig

impresionar [impresjo'nar] **I.** *vt* ❶ (*emocionar*) beeindrucken, Eindruck machen (*auf* +*akk*); (*conmover*) tief bewegen, erschüttern
❷ (*inculcar*) einprägen
❸ (FOTO) belichten
❹ (*grabar*) bespielen
II. *vr:* **~se** (*emocionarse*) beeindruckt sein; (*conmoverse*) tief bewegt sein, erschüttert sein; **se ha impresionado con tu carta** er/sie war von deinem Brief tief bewegt

impresionismo [impresjo'nismo] *m* (ARTE) Impressionismus *m*

impresionista [impresjo'nista] **I.** *adj* (ARTE) impressionistisch
II. *mf* (ARTE) Impressionist(in) *m(f)*

impreso¹ [im'preso] *m* ❶ (*hoja, folleto, libro*) Druckerzeugnis *nt*
❷ (*formulario*) Formular *nt*, Vordruck *m*; **~ del contrato** Vertragsformular *nt*, Kontraktformular *nt*; **~ de solicitud** Antragsformular *nt*
❸ (*envío*) Drucksache *f*; **~ comercial** Geschäftsdrucksache *f*; **~ publicitario** Werbedrucksache *f*; **enviar [*o* mandar] algo como ~** etw als Drucksache verschicken

impreso, **-a²** [im'preso, -a] *pp de* **imprimir**

impresor(a) [impre'sor(a)] **I.** *adj* Druck-
II. *m(f)* Drucker(in) *m(f)*

impresora [impre'sora] *f* (INFOR) Drucker *m*; **~ de colores** Farbdrucker *m*; **~ digital** Digitaldrucker *m*; **~ para gráficos** Grafikdrucker *m*; **~ de inyección de tinta (a color)** (Farb)tintenstrahldrucker *m*; **~ láser** Laserdrucker *m*; **~ de línea** Zeilendrucker *m*; **~ matricial** Matrixdrucker *m*; **~ térmica** Thermodrucker *m*

imprestable [impres'taβle] *adj* nicht ausleihbar, nicht auszuleihen

imprevisibilidad [impreβisiβili'ðað] *f* Unvorhersehbarkeit *f*

imprevisible [impreβi'siβle] *adj* unvorhersehbar

imprevisión [impreβi'sjon] *f* ❶ (*despreocupación*) Sorglosigkeit *f*; (*descuido*) Unachtsamkeit *f*
❷ (*ligereza*) Leichtsinnigkeit *f*

imprevisor(a) [impreβi'sor(a)] *adj* ❶ (*despreocupado*) sorglos; (*descuidado*) unachtsam
❷ (*ligero*) leichtsinnig
imprevisto¹ [impre'βisto] *m* ❶ (*percance inesperado*) unerwartetes Ereignis *nt*
❷ *pl* (*gastos*) unvorhergesehene Ausgaben *fpl*
imprevisto, -a² [impre'βisto, -a] *adj* (*no previsto*) unvorhergesehen; (*inesperado*) unerwartet, überraschend; **lo ~** das Unvorhergesehene
imprimátur [impri'matur] *m* (TIPO) Imprimatur *nt*
imprimir [impri'mir] *vt irr* ❶ (TIPO) drucken (*en/sobre* auf +*dat*); (*editar*) herausbringen (*en/sobre* auf +*dat*); (*reproducir*) abdrucken (*en/sobre* auf +*dat*)
❷ (INFOR) ausdrucken; **~ pantalla** Bildschirm drucken
❸ (*t. fig: un sello*) aufprägen, aufdrücken
❹ (*inculcar*) einprägen; **espero que te quede impreso en la memoria** ich hoffe, du prägst dir das ein
❺ (*transmitir*) verleihen; **~ actividad a algo** etw in Bewegung setzen; **~ aceleración** [*o* **velocidad**] **a algo** etw beschleunigen; **esto me imprime nuevas fuerzas** das verleiht mir neue Kräfte
improbabilidad [improβaβili'ðað] *f* Unwahrscheinlichkeit *f*
improbable [impro'βaβle] *adj* unwahrscheinlich
improbidad [improβi'ðað] *f* Unredlichkeit *f*
ímprobo, -a ['improβo, -a] *adj* ❶ (*elev: inmoral*) unredlich
❷ (*esfuerzo*) mühselig, beschwerlich; (*trabajo*) hart, schwer, mühevoll
improcedencia [improθe'ðenθja] *f* ❶ (*inoportunidad*) Unangemessenheit *f*
❷ (*de fundamento*) Unzweckmäßigkeit *f*
❸ (*de derecho*) Unzulässigkeit *f*; (JUR) Rechtswidrigkeit *f*
improcedente [improθe'ðente] *adj* ❶ (*inoportuno*) unangemessen; (*extemporáneo*) unpassend, unangebracht
❷ (*inadecuado*) unzweckmäßig
❸ (*antirreglamentario*) unzulässig; (JUR) rechtswidrig
improductividad [improðuktiβi'ðað] *f* ❶ (*falta de productividad*) Unproduktivität *f*
❷ (*falta de rendimiento*) Unergiebigkeit *f*
❸ (*falta de rentabilidad*) Unwirtschaftlichkeit *f*
improductivo, -a [improðuk'tiβo, -a] *adj* ❶ (*no productivo*) unproduktiv
❷ (*sin rendimiento*) unergiebig; **capital ~** unproduktives Kapital; **dinero ~** totes [*o* brachliegendes] Kapital
❸ (*antieconómico*) unwirtschaftlich
improlongable [improloŋ'gaβle] *adj* nicht verlängerbar
impromptu [im'promtu] *m* (MÚS) Impromptu *nt*
impronta [im'pronta] *f* ❶ (*de una imagen*) Abdruck *m*
❷ (*huella*) Spuren *fpl*; **la guerra dejó una ~ imborrable en la población** der Krieg hat unauslöschliche Spuren bei der Bevölkerung hinterlassen
impronunciable [impronun'θjaβle] *adj* ❶ (*inarticulable*) unaussprechbar
❷ (*inefable*) unaussprechlich
improperio [impro'perjo] *m* (*ofensa*) Beleidigung *f*; (*insulto*) Beschimpfung *f*
impropiedad [impropje'ðað] *f* ❶ (*inexactitud en el lenguaje*) Ungenauigkeit *f*; (*incorrección*) Unrichtigkeit *f*
❷ (*inoportunidad*) Unangemessenheit *f*
❸ (*ineptitud*) Untauglichkeit *f*
impropio, -a [im'propjo, -a] *adj* ❶ (*inoportuno*) unpassend, unangemessen, unangebracht; **ese comportamiento es ~ en** [*o* **de**] **él** dieses Verhalten passt nicht zu ihm; **tu presentación es impropia para la ocasión** deine Aufmachung ist dem Anlass unangemessen
❷ (*inapropiable*) ungeeignet, untauglich
❸ (MAT) unecht
improrrogable [improrro'ɣaβle] *adj* ❶ (*no prolongable*) nicht verlängerbar
❷ (*no aplazable*) unaufschiebbar
impróvido, -a [im'proβiðo, -a] *adj* (*elev*) unvorbereitet, unerwartet
improvisación [improβisa'θjon] *f* Improvisation *f*
improvisado, -a [improβi'saðo, -a] *adj* improvisiert
improvisador(a) [improβisa'ðor(a)] *m(f)* Improvisator(in) *m(f)*
improvisar [improβi'sar] *vt* improvisieren; **~ un discurso** eine Rede improvisieren
improviso, -a [impro'βiso, -a] *adj* (*imprevisto*) unerwartet, unvorhergesehen; **al** [*o* **de**] **~** plötzlich, unversehens; **coger a alguien de ~** jdn überraschen; **en un ~** in einem [*o* im] Nu *fam*
improvisto, -a [impro'βisto, -a] *adj* (*imprevisto*) unerwartet, unvorhergesehen; **a la improvista**, plötzlich, unversehens
imprudencia [impru'ðenθja] *f* ❶ (*irreflexión*) Unbesonnenheit *f*
❷ (*descuido*) Unvorsichtigkeit *f*
❸ (*indiscreción*) Taktlosigkeit *f*
❹ (JUR) Fahrlässigkeit *f*; **cometer una ~ temeraria** grob fahrlässig handeln
imprudente [impru'ðente] *adj* ❶ (*irreflexivo*) unbesonnen; (*insensato*) unklug, unvernünftig
❷ (*incauto*) unvorsichtig
❸ (*indiscreto*) taktlos
❹ (JUR) fahrlässig
impúber [im'puβer] **I.** *adj* vorpubertär
II. *mf* Kind *nt* im vorpubertären Alter
impublicable [impuβli'kaβle] *adj* nicht zur Veröffentlichung geeignet
impudencia [impu'ðenθja] *f* (*descaro*) Unverschämtheit *f*, Frechheit *f*; (*desvergüenza*) Schamlosigkeit *f*
impudente [impu'ðente] *adj* (*descarado*) unverschämt, frech; (*desvergonzado*) schamlos
impudicia [impu'ðiθja] *f* ❶ (*deshonestidad*) Unkeuschheit *f*
❷ (*desvergüenza*) Schamlosigkeit *f*
impúdico, -a [im'puðiko, -a] *adj* ❶ (*deshonesto*) unkeusch
❷ (*obsceno*) unzüchtig, unsittlich
❸ (*desvergonzado*) schamlos
impudor [impu'ðor] *m* (*desvergüenza*) Schamlosigkeit *f*; (*falta de delicadeza*) Skrupellosigkeit *f*
impuesto¹ [im'pwesto] *m* (FIN) Steuer *f*, Abgabe *f*; **~ de actividades económicas** Gewerbesteuer *f*; **~ de actividades renumeradas** Erwerbsteuer *f*; **~ sobre el alcohol y las bebidas derivadas** Getränkesteuer *f*; **~ sobre los beneficios** Ertragssteuer *f*; **~ sobre bienes inmuebles** Grundsteuer *f*; **~ sobre el capital** Vermögenssteuer *f*; **~ sobre el café** Kaffeesteuer *f*; **~ sobre el capital improductivo** Tote-Hand-Steuer *f*; **~ sobre el capital industrial** Gewerbekapitalsteuer *f*; **~ sobre la cerveza** Biersteuer *f*; **~ sobre de circulación** Kraftfahrzeugsteuer *f*; **~ climático** Klimasteuer *f*; **~ compensatorio** Ausgleichssteuer *f*; **~ de compra** Kaufsteuer *f*; **~s comunes** Gemeinschaftsteuern *fpl*; **~ al consumo** Verbrauch(s)steuer *f*; **~s de devengo** [*o* **de vencimiento**] Fälligkeitssteuern *fpl*; **~ directo** direkte Steuer; **~ ecológico** Öko-Steuer *f*, Umweltsteuer *f*; **~ empresarial** Unternehmenssteuer *f*; **~ sobre las empresas** Betriebssteuer *f*; **~s especiales** staatliche Verbrauch(s)steuern; **~ global** Steuerpauschale *f*; **~ sobre hidrocarburos** Mineralölsteuer *f*; **~ indirecto** indirekte Steuer; **~ sujeto a liquidación** Veranlagungssteuer *f*; **~ de lujo** [*o* **suntuario**] Luxussteuer *f*; **~ de matriculación** bei der Zulassung eines Fahrzeugs zu entrichtende Steuer; **~ sobre la negociación bursátil** Börsenumsatzsteuer *f*; **~ sobre participaciones** Teilhabersteuer *f*; **~ sobre el patrimonio** Vermögenssteuer *f*; **~ sobre las personas físicas** Personensteuer *f*; **~ sobre la plusvalía** Wertzuwachssteuer *f*; **~ progresivo** progressive Steuer; **~ publicitario** Werbesteuer *f*; **~ sobre la renta del capital** Kapitalertrag(s)steuer *f*; **~ real** Objektsteuer *f*, Realsteuer *f*; **~ sobre los recursos generados** Cash-flow-Steuer *f*; **~ redistributivo** Sozialzwecksteuer *f*; **~ sobre el rendimiento industrial** Gewerbeertragssteuer *f*; **~ sobre la renta** Einkommenssteuer *f*; **~ sobre la renta del capital** Kapitalertragssteuer *f*; **~ retenido** Abzugssteuer *f*; **~ sobre los salarios** Lohnsteuer *f*; **~ de sociedades** Gesellschaftsteuer *f*; **~ sobre Sociedades** Körperschaft(s)steuer *f*; **~ sobre las sucesiones** [*o* **sucesorio**] Erbschaftssteuer *f*; **~ sobre el tabaco** Tabaksteuer *f*; **~ sobre transmisiones bursátiles** Börsenumsatzsteuer *f*; **~ sobre transmisiones patrimoniales** Schenkungssteuer *f*; **~ sobre el turismo** Fremdenverkehrsteuer *f*; **~ de utilidades** Lohn- und Einkommenssteuer *f*; **~ sobre el valor añadido** Mehrwertsteuer *f*; **~ sobre el volumen de ventas** Umsatzsteuer *f*; **libre** [*o* **exento**] **de ~s** steuerfrei; **sujeto a ~s** steuerpflichtig; **mercancía sujeta a ~s** steuerpflichtige Ware; **rentas exentas del ~** nicht steuerpflichtige Einkünfte; **recaudar ~s** Steuern erheben
impuesto, -a² [im'pwesto, -a] **I.** *pp de* imponer
II. *adj* (*fam*) bewandert; **mi hija está impuesta en historia** meine Tochter ist in Geschichte (sehr) bewandert [*o* kennt sich in Geschichte sehr gut aus]
impugnable [impuɣ'naβle] *adj* (*combatible*) anfechtbar, bestreitbar; (*una teoría*) angreifbar
impugnación [impuɣna'θjon] *f* ❶ (*t.* JUR) Anfechtung *f*; **~ a causa de error** Anfechtung wegen Irrtum; **~ del concurso de acreedores** Konkursanfechtung *f*; **~ por errores/coacción/dolo** Anfechtung wegen Irrtums/Nötigung/Täuschung; **~ de la filiación** Anfechtung der Ehelichkeit; **~ del testamento** Testamentsanfechtung *f*
❷ (*negación*) Bestreiten *nt*
❸ (*objeción*) Einwand *m*; **presentar una ~** einen Einwand vorbringen
impugnar [impuɣ'nar] *vt* ❶ (*t.* JUR) anfechten
❷ (*combatir*) bestreiten; (*una teoría*) angreifen, zu widerlegen suchen
impugnativo, -a [impuɣna'tiβo, -a] *adj* Anfechtungs-
impulsar [impul'sar] *vt* ❶ (*empujar*) schieben
❷ (*incitar*) veranlassen (*a zu* +*dat*), bewegen (*a zu* +*dat*); **~ a alguien a hacer algo** jdn dazu bewegen, etw zu tun

impulsión

❸ (*estimular*) antreiben; (*promover*) vorantreiben; ~ **las relaciones comerciales** die Handelsbeziehungen vorantreiben
impulsión [impul'sjon] *f* ❶ (TÉC) Antrieb *m*
❷ (*elev: empuje*) Anstoß *m*
impulsiva [impul'siβa] *adj o f v.* **impulsivo**
impulsivamente [impulsiβa'mente] *adv* impulsiv; (*sin reflexión*) leichtfertig; (*espontáneamente*) aus freien Stücken
impulsividad [impulsiβi'ðað] *f* Impulsivität *f*
impulsivo, -a [impul'siβo, -a] **I.** *adj* impulsiv
II. *m, f* impulsiver Mensch *m*
impulso [im'pulso] *m* ❶ (*empujón*) Stoß *m*
❷ (*estímulo*) Anstoß *m*, Impuls *m*; (*exterior*) Antrieb *m*, Anreiz *m*; (*interior*) Antrieb *m*, innere Regung *f*; ~ **coyuntural** (ECON) Konjunkturimpuls *m*; ~ **sexual** Sexualtrieb *m*; **a ~s de...** angetrieben von ...; **dar nuevos ~s a algo/alguien** etw *dat*/jdm neuen Antrieb [*o* neue Anreize] geben; **hacer algo al primer ~** etw aus einem (plötzlichen) Impuls heraus tun
❸ (*empuje*) Schwung *m*; **tomar** [*o* **coger**] **~** (*tomar fuerza*) Schwung holen; (*corriendo*) Anlauf nehmen
❹ (*t.* ELEC, FÍS) Impuls *m*
impulsor¹ [impul'sor] *m* ❶ (TÉC) Antrieb *m*
❷ (AERO) Triebwerk *nt*
impulsor(a)² [impul'sor(a)] **I.** *adj* antreibend
II. *m(f)* Anstifter(in) *m(f)*
impune [im'pune] *adj* straflos, straffrei, ungestraft; **quedar ~** straffrei ausgehen
impunidad [impuni'ðað] *f* Straflosigkeit *f*, Straffreiheit *f*
impuntual [impuntu'al] *adj* unpünktlich
impuntualidad [impuntwali'ðað] *f* Unpünktlichkeit *f*
impureza [impu'reθa] *f* ❶ (*t.* REL) Unreinheit *f*; **~s de la piel** Hautunreinheiten *fpl*
❷ (*suciedad*) Verunreinigung *f*
❸ (*falta de castidad*) Unkeuschheit *f*; (*obscenidad*) Unzucht *f*, Unsittlichkeit *f*
impurificación [impurifika'θjon] *f* Verunreinigung *f*
impurificar [impurifi'kar] <c→qu> *vt* verunreinigen; **el poder impurificó sus ideas** die Macht korrumpierte seine Ideen
impuro, -a [im'puro, -a] *adj* ❶ (*t.* REL) unrein; **los espíritus ~s** die Dämonen
❷ (*sucio*) verunreinigt, verschmutzt
❸ (*deshonesto*) unkeusch; (*obsceno*) unzüchtig, unsittlich
imputabilidad [imputaβili'ðað] *f* Zurechnungsfähigkeit *f*, Schuldfähigkeit *f*; **~ menguada** verminderte Zurechnungsfähigkeit
imputable [impu'taβle] *adj* zurückzuführen (*a* auf +*akk*), zuzuschreiben (*a*+*dat*)
imputación [imputa'θjon] *f* ❶ (*insinuación*) Unterstellung *f*
❷ (*acusación*) Beschuldigung *f*, Anschuldigung *f*; **formular una ~ contra alguien** eine Beschuldigung gegen jdn aussprechen
❸ (JUR: *atribución*) Zurechnung *f*; **~ de daños** Schadenszurechnung *f*; **~ tributaria** Steueranrechnung *f*
imputar [impu'tar] *vt* ❶ (*atribuir*) zurückführen (*a* auf +*akk*), zuschreiben (*a*+*dat*)
❷ (*cargar*) aufbürden (*a*+*dat*), zur Last legen (*a*+*dat*)
❸ (COM) verbuchen (*a* auf +*akk*)
in [in] *adj inv* (*fam*) in; **ser ~** in sein
inabarcable [inaβar'kaβle] *adj* unermesslich
inabordable [inaβor'ðaβle] *adj* ❶ (NÁUT) ohne Landungsmöglichkeit
❷ (*lugar, tema*) unzugänglich
❸ (*persona*) unnahbar
inacabable [inaka'βaβle] *adj* unendlich, endlos
inacabado, -a [inaka'βaðo, -a] *adj* unvollendet, nicht fertig
inaccesibilidad [inaɣθesiβili'ðað] *f* ❶ (*inasequibilidad*) Unerreichbarkeit *f*; (*a un lugar, de un tema*) Unzugänglichkeit *f*; (*de una persona*) Unnahbarkeit *f*
❷ (*incomprensibilidad*) Unverständlichkeit *f*
inaccesible [inaɣθe'siβle] *adj* ❶ (*inalcanzable*) unerreichbar (*para* für +*akk*); (*lugar, tema*) unzugänglich (*a*+*dat*); (*persona*) unnahbar
❷ (*incomprensible*) unverständlich; **sus motivos son ~s para mí** seine/ihre Gründe sind mir unverständlich
inacción [inaɣ'θjon] *f* (*inactividad*) Untätigkeit *f*; (*ociosidad*) Nichtstun *nt*
inacentuado, -a [inaθentu'aðo, -a] *adj* (*átono*) unbetont; (*sin acento gráfico*) ohne Akzent
inaceptable [inaθep'taβle] *adj* unannehmbar
inactividad [inaktiβi'ðað] *f* ❶ (*inacción*) Tatenlosigkeit *f*; (*desocupación*) Untätigkeit *f*; (*ociosidad*) Müßiggang *m*
❷ (*de una sustancia*) Unwirksamkeit *f*
❸ (QUÍM, MED) Inaktivität *f*
inactivo, -a [inak'tiβo, -a] *adj* ❶ (*persona*) tatenlos; (*desocupado*)

418

inapropiado

untätig; (*ocioso*) müßig; (*mercado*) umsatzlos, lustlos; (*cuenta corriente*) umsatzlos; **dinero ~** totes [*o* brachliegendes] Kapital
❷ (*funcionamiento*) stillgelegt
❸ (*volcán*) untätig
❹ (*sustancia*) unwirksam
❺ (QUÍM, MED) inaktiv
inactual [inaktu'al] *adj* unzeitgemäß, inaktuell
inadaptabilidad [inaðaptaβili'ðað] *f* mangelnde Anpassungsfähigkeit *f*
inadaptable [inaðap'taβle] *adj* (*inaplicable*) nicht anwendbar (*a* auf +*akk*); (*no aclimatable*) nicht anpassungsfähig
inadaptación [inaðapta'θjon] *f* (*inadaptabilidad*) mangelndes Anpassungsvermögen *nt*; (*resultado*) Unangepasstheit *f*
inadaptado, -a [inaðap'taðo, -a] **I.** *adj* unangepasst
II. *m, f* unangepasster Mensch *m*
inadecuación [inaðekwa'θjon] *f* ❶ (*falta de apropiación*) Unangemessenheit *f*
❷ (*inutilidad*) Untauglichkeit *f*
inadecuado, -a [inaðe'kwaðo, -a] *adj* ❶ (*inapropiado*) unangemessen
❷ (*no apto*) ungeeignet, untauglich; **esos zapatos son ~s para ir de paseo** diese Schuhe sind zum Spazierengehen nicht geeignet
inadmisibilidad [inaðmisiβili'ðað] *f* (*t.* JUR) Unzumutbarkeit *f*
inadmisible [inaðmi'siβle] *adj* (*insostenible*) unzulässig
❷ (*t.* JUR: *intolerable*) unannehmbar, unzumutbar
inadvertencia [inaðβer'tenθja] *f* Unachtsamkeit *f*; **por ~** aus Versehen, versehentlich
inadvertido, -a [inaðβer'tiðo, -a] *adj* ❶ (*descuidado*) unachtsam; **me cogió ~** er/sie hat mich überrascht
❷ (*desapercibido*) unbemerkt; **pasar** [*o* **quedar**] **~** unbemerkt bleiben; **le pasó inadvertida tu presencia** er/sie hat deine Anwesenheit nicht bemerkt
in aeternum [in e'ternum] (*elev*) auf ewig, in aeternum
inafectado, -a [inafek'taðo, -a] *adj* (*persona*) nicht betroffen; (*órgano*) nicht beteiligt
inagotable [inaɣo'taβle] *adj* unerschöpflich
inaguantable [inaɣwan'taβle] *adj* unerträglich
inajenable [inaxe'naβle] *adj* unveräußerlich
inalámbrico, -a [ina'lambriko, -a] *adj* (TEL) schnurlos, drahtlos; **teléfono ~** schnurloses Telefon
in albis [in 'alβis] *adv*: **dejar ~ a alguien** jdn leer ausgehen lassen; **estar ~** keinen blassen Schimmer haben *fam*; **quedarse ~** (*no entender*) kein Wort verstehen; (*fracasar*) leer ausgehen
inalcanzable [inalkan'θaβle] *adj* unerreichbar
inalienabilidad [inaljenaβili'ðað] *f sin pl* Unveräußerlichkeit *f*
inalienable [inalje'naβle] *adj* unveräußerlich
inalterabilidad [inalteraβili'ðað] *f sin pl* Unveränderbarkeit *f*; (*persona*) Unerschütterlichkeit *f*
inalterable [inalte'raβle] *adj* ❶ (*invariable*) unveränderlich
❷ (*permanente*) beständig; **~ al calor** hitzebeständig; **a la luz** lichtbeständig; **ser de color ~** farbecht sein
❸ (*imperturbable*) unerschütterlich
inalterado, -a [inalte'raðo, -a] *adj* unverändert
inamovible [inamo'βiβle] *adj* (*piedra*) nicht zu bewegen; (*persona*) unkündbar; (*que no se puede trasladar*) unversetzbar; (*de un cargo*) unabsetzbar
inanalizable [inanali'θaβle] *adj* nicht analysierbar
inane [i'nane] *adj* (*elev*) ❶ (*inútil*) vergeblich, zwecklos
❷ (*fútil*) nichtig, belanglos
inanición [inani'θjon] *f* Erschöpfung *f*, Entkräftung *f*; **morir de ~** an Entkräftung sterben
inanidad [inani'ðað] *f* Nichtigkeit *f*, Leere *f*, Inanität *f elev*
inanimado, -a [inani'maðo, -a] *adj*, **inánime** [i'nanime] *adj* leblos, unbelebt
inapelabilidad [inapelaβili'ðað] *f* (JUR) Unanfechtbarkeit *f*
inapelable [inape'laβle] *adj* ❶ (JUR) berufungsunfähig, unanfechtbar
❷ (*fig: irremediable*) unvermeidbar, unabwendbar; (*irreparable*) nicht wieder gutzumachen
inapetencia [inape'tenθja] *f* Appetitlosigkeit *f*
inapetente [inape'tente] *adj* appetitlos; **estar ~** unter Appetitlosigkeit leiden
inaplazable [inapla'θaβle] *adj* ❶ (*impostergable*) unaufschiebbar
❷ (*urgente*) (besonders) dringend
inaplicable [inapli'kaβle] *adj* unanwendbar
inapreciable [inapre'θjaβle] *adj* ❶ (*de gran valor*) unschätzbar
❷ (*imperceptible*) nicht wahrnehmbar; **~ a simple vista** mit bloßem Auge kaum wahrnehmbar
inaprensible [inapren'siβle] *adj* ❶ (*inasible*) nicht greifbar
❷ (*incomprensible*) unverständlich, nicht nachvollziehbar
inapropiado, -a [inapro'pjaðo, -a] *adj* ❶ (*inadecuado*) ungeeignet
❷ (*inoportuno*) unangemessen

inarmónico, **-a** [inarˈmoniko, -a] *adj* unharmonisch
inarrugable [inarruˈɣaβle] *adj* knitterfrei
inarticulable [inartikulaˈβle] *adj* unaussprechbar, nicht artikulierbar
in artículo mortis [in arˈtikulo ˈmortis] (JUR) auf dem Sterbebett
inasequible [inaseˈkiβle] *adj* unerreichbar; (*a causa del precio*) unerschwinglich; **el alto precio de la casa la hace ~ para nosotros** das Haus ist für uns unerschwinglich, wir können uns das Haus nicht leisten
inasible [inaˈsiβle] *adj* nicht greifbar
inasistencia [inasisˈtenθja] *f* mangelnde Pflege *f*, Mangel *m* an Pflege
inasistido, **-a** [inasisˈtiðo, -a] *adj* ❶ (*anciano*) ohne Pflege, ohne Betreuung
❷ (*en una operación*) ohne Assistenz
inaudible [inauˈðiβle] *adj* unhörbar
inaudito, **-a** [inauˈðito, -a] *adj* ❶ (*sin precedente*) noch nie da gewesen
❷ (*vituperable*) unerhört
inauguración [inauɣuraˈθjon] *f* ❶ (*puente, comercio*) Eröffnung *f*, Einweihung *f*
❷ (*estatua*) Enthüllung *f*
❸ (*exposición*) Vernissage *f*
❹ (*comienzo*) Anfang *m*, Beginn *m*; **la ~ de una nueva era** der Beginn einer neuen Ära
inaugurador(a) [inauɣuraˈðor(a)] *adj* Einweihungs-, Eröffnungs-
inaugural [inauɣuˈral] *adj* Einweihungs-, Eröffnungs-; **discurso ~ al asumir un cargo** Antrittsrede bei Amtsübernahme
inaugurar [inauɣuˈrar] *vt* ❶ (*puente, comercio*) eröffnen, einweihen
❷ (*estatua*) enthüllen
❸ (*comenzar*) anfangen, beginnen
inauténtico, **-a** [inauˈtentiko, -a] *adj* unecht, nicht authentisch
inaveriguable [inaβeriˈɣwaβle] *adj* (*causa, tarea*) unlösbar; (*identidad*) nicht ermittelbar [*o* feststellbar]
INB [ieneˈβe] *m* (ENS) *abr de* **Instituto Nacional de Bachillerato** Spanische Bildungseinrichtung zur Erlangung der Hochschulreife
inca [ˈiŋka] I. *adj* Inka-
II. *m* Inka *m*
incaico, **-a** [iŋˈkaiko, -a] *adj* inkaisch
incalculable [iŋkalkuˈlaβle] *adj* ❶ (*invalorable*) unschätzbar
❷ (*no cuantificable*) unbezifferbar
❸ (*comportamiento*) unberechenbar; **nunca se sabe cómo reaccionará, es ~** man weiß nie, wie er/sie reagieren wird; er/sie ist unberechenbar
incalificable [iŋkalifiˈkaβle] *adj* ❶ (*indecible*) unbeschreiblich, unaussprechlich
❷ (*reprobable*) tadelnswert, schmählich
incalmable [iŋkalˈmaβle] *adj* nicht zu beruhigen
incalumniable [iŋkalumˈnjaβle] *adj* untadelig
incanato [iŋkaˈnato] *m* (*Chil, Perú:* HIST) Inkaherrschaft *f*
incandescencia [iŋkandesˈθenθja] *f* ❶ (FIS: *metal*) Weißglut *f*
❷ (*pasión, temperamento*) Erregung *f*, Glut *f*; (*furia, enfado*) Weißglut *f*
incandescente [iŋkandesˈθente] *adj* ❶ (FIS: *metal*) weiß glühend
❷ (*temperamento*) erregt, erhitzt; (*pasión*) glühend
incansable [iŋkanˈsaβle] *adj* unermüdlich
incapacidad [iŋkapaθiˈðað] *f* ❶ (*ineptitud*) Unfähigkeit *f*; **~ para contratar** (JUR) Vertragsunfähigkeit *f*; **~ de gestión** Geschäftsunfähigkeit *f*; **~ laboral** Arbeitsunfähigkeit *f*, Erwerbsunfähigkeit *f*; **~ mental** Unzurechnungsfähigkeit *f*; **~ procesal** Prozessunfähigkeit *f*; **tiene la baja por ~ transitoria/permanente** er/sie ist wegen vorübergehender/dauernder Arbeitsunfähigkeit beurlaubt
❷ (*física, psíquica*) Behinderung *f*
incapacitación [iŋkapaθitaˈθjon] *f* ❶ (*minusvalía*) Behinderung *f*
❷ (JUR) Entmündigung *f*
incapacitado, **-a** [iŋkapaθiˈtaðo, -a] I. *adj* ❶ (*incompetente*) unbefugt
❷ (*para negocios, contratos*) entmündigt
II. *m*, *f* ❶ (*minusválido*) Behinderte(r) *mf*
❷ (JUR: *para negocios, contratos*) Entmündigte(r) *mf*, Geschäftsunfähige(r) *mf*
incapacitar [iŋkapaθiˈtar] *vt* ❶ (JUR: *para negocios, contratos*) entmündigen
❷ (*impedir*) nicht erlauben [*o* gestatten]; **su condición de extranjero le incapacita para ejercer el derecho de voto** sein Status als Ausländer gestattet es ihm nicht, das Wahlrecht auszuüben
incapaz [iŋkaˈpaθ] *adj* ❶ (*inepto*) unfähig (*de* zu +*dat*); **es ~ de hacerle daño a nadie** er/sie ist unfähig jdm auch nur ein Haar zu krümmen; **es un hombre ~ de realizar este tipo de tareas** er ist ein zu solchen Aufgaben unfähiger Mann
❷ (JUR: *sin capacidad legal*) unmündig; **~ para contratar** geschäftsunfähig, vertragsunfähig; **~ para testar** testierunfähig
❸ (*sin talento*) unfähig, ungeschickt
incario [iŋˈkarjo] *m* (HIST) ❶ (*período*) Zeit *f* der Inkaherrschaft
❷ (*estructura*) soziopolitische Struktur *f* des Inkareiches

incasable [iŋkaˈsaβle] *adj* ❶ (*imposible de casar*) nicht zu verheiraten, nicht unter die Haube zu bringen *fam*
❷ (JUR: *sin autorización legal*) eheunfähig
incatalogable [iŋkataloˈɣaβle] *adj* nicht katalogisierbar
incautación [iŋkautaˈθjon] *f* Beschlagnahmung *f*, Konfiszierung *f*
incautado, **-a** [iŋkauˈtaðo, -a] *adj* beschlagnahmt, konfisziert
incautarse [iŋkauˈtarse] *vr* ❶ (*confiscar*) beschlagnahmen (*de* +*akk*)
❷ (*adueñarse*) Besitz ergreifen (*de* von +*dat*), sich *dat* unter den Nagel reißen (*de* +*akk*) *fam*
incauto, **-a** [iŋˈkauto, -a] *adj* ❶ (*sin cautela*) unvorsichtig, unbedacht; (*confiado*) gutgläubig, vertrauensselig
❷ (*ingenuo*) naiv, einfältig
incendiar [inθenˈdjar] I. *vt* (*sin intención*) entzünden; (*intencionalmente*) anzünden, in Brand stecken
II. *vr*: **~se** sich entzünden, in Flammen aufgehen, Feuer fangen
incendiario, **-a** [inθenˈdjarjo, -a] I. *adj* ❶ (*para producir un incendio*) Brand-; **bomba incendiaria** Brandbombe *f*
❷ (*subversivo*) aufwiegelnd, Hetz-; **discurso ~** Hetzrede *f*
II. *m*, *f* Brandstifter(in) *m(f)*
incendio [inˈθendjo] *m* Brand *m*, Feuer *nt*; **~ intencionado** [*o* **premeditado**] Brandstiftung *f*, gelegtes Feuer; **peligro de ~s** Brandgefahr *f*
incensurable [inθensuˈraβle] *adj* tadellos, einwandfrei
incentivación [inθentiβaˈθjon] *f* Schaffung *f* von Anreizen (*de* für +*akk*); **~ fiscal** Steuerbegünstigung *f*
incentivar [inθentiˈβar] *vt* einen Anreiz schaffen (*a* für +*akk*), fördern (*a* +*akk*)
incentivo [inθenˈtiβo] *m* Anreiz *m*; **~ fiscal** steuerlicher Anreiz, Steuervergünstigung *f*; **prima de ~** Anreizprämie *f*; **programa de ~s** Stimulierungsprogramm *nt*
incertidumbre [inθertiˈðumbre] *f* ❶ (*inseguridad*) Unsicherheit *f*
❷ (*duda*) Ungewissheit *f*, Zweifel *m*
incesable [inθeˈsaβle] *adj* unaufhörlich, unablässig
incesante [inθeˈsante] *adj* unaufhörlich, ununterbrochen
incesto [inˈθesto] *m* Inzest *m*, Blutschande *f*
incestuoso, **-a** [inθestuˈoso, -a] *adj* inzestuös, blutschänderisch
incidencia [inθiˈðenθja] *f* ❶ (*efecto*) Auswirkungen *fpl*, Folgen *fpl*; **la huelga tuvo escasa ~** der Streik zeigte kaum Auswirkungen
❷ (*suceso*) Zwischenfall *m*, Vorfall *m*
❸ (MAT: *línea, rayo*) Einfall *m*, Auftreffen *nt*; **ángulo de ~** Einfallswinkel *m*, Inzidenswinkel *m*
incidente [inθiˈðente] I. *adj* ❶ (*que interrumpe*) dazwischenkommend, störend
❷ (*al margen*) nebenbei vorkommend, beiläufig
❸ (*ocasional*) gelegentlich
II. *m* Zwischenfall *m*, Vorfall *m*; **~ aeronáutico** Flugzeugunglück *nt*, Flugzeugabsturz *m*
incidir [inθiˈðir] *vi* ❶ (*consecuencias*) Auswirkungen haben (*en* auf +*akk*), Einfluss nehmen (*en* auf +*akk*)
❷ (*elev: falta, error*) verfallen (*en* in +*akk*)
❸ (FIS: *elev: luz, rayo*) einfallen (*en* in +*akk*), fallen (*en* auf +*akk*)
❹ (*tema, asunto, punto*) hervorheben (*en* +*akk*)
❺ (MED) inzidieren (*en* +*akk*)
incienso [inˈθjenso] *m* Weihrauch *m*
incierto, **-a** [inˈθjerto, -a] *adj* ungewiss, unsicher; **tener un futuro ~** eine unsichere Zukunft haben
incinerable [inθineˈraβle] *adj* (ECON: *billete de banco*) zur Verbrennung bestimmt
incineración [inθineraˈθjon] *f* Verbrennung *f*; (*de personas*) Einäscherung *f*, Feuerbestattung *f*; **~ de residuos** Müllverbrennung *f*
incinerador[1] [inθineraˈðor] *m* ❶ (TÉC) Verbrennungsanlage *f*
❷ (*para cadáveres*) Feuerbestattungsofen *m*
incinerador(a)[2] [inθineraˈðor(a)] *adj* ❶ (TÉC) Verbrennungs-
❷ (*para cadáveres*) Äscherungs-
incineradora [inθineraˈðora] *f* ❶ *v.* **incinerador**[2]
❷ (*para basuras*) Müllverbrennungsanlage *f*
incinerar [inθineˈrar] *vt* ❶ (TÉC) verbrennen
❷ (*cadáveres*) einäschern
incipiente [inθiˈpjente] *adj* beginnend, anbrechend
incircunciso, **-a** [inθirkunˈθiso, -a] *adj* unbeschnitten
incisión [inθiˈsjon] *f* ❶ (MED) (Ein)schnitt *m*, Inzision *f*
❷ (*elev: corte*) Schnitt *m*
incisivo, **-a** [inθiˈsiβo, -a] *adj* schneidend; **diente ~** Schneidezahn *m*, Inzisivzahn *m*
inciso [inˈθiso] *m* ❶ (TIPO) Absatz *m*
❷ (LING: *paréntesis*) Einschub *m*, eingeschobener Nebensatz *m*; (*coma*) Komma *nt*, Beistrich *m*
❸ (*al relatar*) Exkurs *m*, Abschweifung *f*
❹ (*en documentos*) Randbemerkung *f*
incisorio, **-a** [inθiˈsorjo, -a] *adj* schneidend, Schneide-

incisura [iɲθi'sura] *f* (ANAT) Einbuchtung *f*, Inzisur *f*
incitación [inθita'θjon] *f* ❶ (*instigación*) Anstiftung *f*, Aufstachelung *f*, Aufhetzung *f*
❷ (*ánimo*) Ansporn *m*, Anstachelung *f*
incitador(a) [inθita'ðor(a)] *adj* anstiftend, aufwiegelnd
incitante [inθi'tante] *adj* ❶ (*instigador*) aufstachelnd, provokativ
❷ (*que anima*) ermunternd, anregend
incitar [inθi'tar] *vt* ❶ (*instigar*) anstiften (*a* zu +*dat*), aufhetzen (*contra* gegen +*akk*)
❷ (*animar*) ermuntern, anspornen; ~ **a los clientes a la compra** die Kunden zum Kauf verleiten
incívico, -a [in'θiβiko, -a] *adj* asozial, unsozial
incivil [inθi'βil] *adj*, **incivilizado, -a** [inθiβili'θaðo, -a] *adj* ❶ (*inculto*) unzivilisiert, ungesittet ❷ (*rudo*) brutal
inclasificable [iŋklasifi'kaβle] *adj* nicht klassifizierbar, nicht einzuordnen
inclemencia [iŋkle'menθja] *f* ❶ (*falta de clemencia*) Unbarmherzigkeit *f*
❷ (*clima*) Härte *f*, Rauheit *f*; (*invierno*) Strenge *f*; (*paisaje*) Unwirtlichkeit *f*; **las ~s del tiempo** die Unbilden der Witterung [*o* des Wetters]
inclemente [iŋkle'mente] *adj* ❶ (*falto de clemencia*) unbarmherzig
❷ (*clima*) hart, rau; (*invierno*) streng; (*paisaje*) unwirtlich, ungastlich
inclinación [iŋklina'θjon] *f* ❶ (*declive*) Neigung *f*
❷ (*reverencia*) Verbeugung *f*, Verneigung *f*; (*con la cabeza*) Zunicken *nt*
❸ (*afecto*) Zuneigung *f* (*por* für +*akk*); (*propensión*) Hang (*a* zu +*dat*); **sentir** [*o* **tener**] ~ **por alguien** Zuneigung für jdn empfinden; **sentir** [*o* **tener**] ~ **hacia la pintura** sich zur Malerei hingezogen fühlen, einen Hang zur Malerei haben
❹ (*tendencias*) Neigungen *fpl*; **tiene unas inclinaciones raras** er/sie hat sonderbare Neigungen
inclinado, -a [iŋkli'naðo, -a] *adj* ❶ (*ángulo*) geneigt, schräg
❷ (*de cuerpo*) gebeugt, gebückt
❸ (*dispuesto*) geneigt; **estar ~ a rechazar la invitación** geneigt sein, die Einladung abzusagen
inclinar [iŋkli'nar] I. *vt* ❶ (*posición*) neigen, beugen
❷ (*influenciar*) geneigt machen
II. *vr:* **-se** ❶ (*persona*) sich beugen, sich bücken
❷ (*árboles*) sich beugen
❸ (*propender*) geneigt sein (*a* zu +*dat*)
❹ (*preferir*) neigen (*por* zu +*dat*)
incluir [iŋklu'ir] *irr como huir vt* ❶ (*comprender*) einschließen, umfassen; (*contener*) beinhalten; **este precio incluye todos los servicios** dieser Preis umfasst alle Leistungen; **todo incluido** alles inklusive; **el precio es con IVA incluido** der Preis versteht sich inklusive MwSt.
❷ (*formar parte*) mit aufnehmen, mit aufführen; ~ **en una cuenta** in eine Rechnung (mit) einschließen; ~ **en una lista** in eine Liste mit aufnehmen
inclusa [iŋ'klusa] *f* Findelhaus *nt*
inclusero, -a [iŋklu'sero, -a] *m, f* Findelkind *nt*
inclusión [iŋklu'sjon] *f* ❶ (*integración*) Einschließung *f*, Eingliederung *f*
❷ (*formar parte*) Aufnahme *f*, Einschluss *m*; **con ~ de...** einschließlich ... +*gen*
❸ (ECON, FIN) ~: **en el pasivo** Passivierung *f*; ~ **en el pasivo del balance comercial/de la cuenta de capital** Passivierung der Handelsbilanz/Kapitalbilanz
inclusive [iŋklu'siβe] *adv* einschließlich; **hasta el 6 de mayo ~** bis einschließlich 6. Mai
inclusivo, -a [iŋklu'siβo, -a] *adj* einschließlich
incluso, -a [iŋ'kluso, -a] I. *adj* eingeschlossen
II. *adv* sogar; **trabajando aquí, ~ puedes salir al extranjero** wenn du hier arbeitest, kannst du sogar ins Ausland kommen
III. *prep* sogar, selbst; **habéis aprobado todos, ~ tú** ihr habt alle bestanden, selbst du; **ha nevado ~ donde nunca suele nevar** es hat sogar [*o* selbst] dort geschneit, wo es sonst nie schneit
incoación [iŋkoa'θjon] *f* ❶ (*comienzo*) Anfang *m*, Beginn *m*
❷ (JUR: *de un proceso*) Einleitung *f*, Eröffnung *f*; ~ **del procedimiento** Verfahrenseinleitung *f*
incoar [iŋko'ar] *vt* ❶ (*comenzar*) anfangen, beginnen
❷ (JUR: *expediente, proceso*) einleiten, eröffnen
incobrabilidad [iŋkoβraβili'ðað] *f* (ECON, JUR) Uneinbringlichkeit *f*
incobrable [iŋko'βraβle] *adj* uneintreibbar, nicht einzutreiben
incógnita [iŋ'koɣnita] *f* ❶ (MAT: *magnitud*) unbekannte Größe *f*
❷ (*enigma*) Rätsel *nt*; (*secreto*) Geheimnis *nt*; **despejar la ~** (*enigma*) das Rätsel lösen; (*secreto*) das Geheimnis enthüllen [*o* lüften]
incógnito[1] [iŋ'koɣnito] *m* Inkognito *nt*; **viajar de ~** inkognito reisen
incógnito, -a[2] [iŋ'koɣnito, -a] *adj* unbekannt
incognoscible [iŋkoɣnos'θiβle] *adj* (*elev*) unerkennbar
incoherencia [iŋkoe'renθja] *f* Zusammenhanglosigkeit *f*, Inkohärenz *f*
incoherente [iŋkoe'rente] *adj* unzusammenhängend, inkohärent

incoloro, -a [iŋko'loro, -a] *adj* farblos
incólume [iŋ'kolume] *adj* unversehrt, unverletzt; **salir ~ del accidente** den Unfall unverletzt [*o* unversehrt] überstehen
incombustibilidad [iŋkombustiβili'ðað] *f sin pl* Feuerfestigkeit *f*, Unbrennbarkeit *f*
incombustible [iŋkombus'tiβle] *adj* un(ver)brennbar, feuerfest, feuersicher
incomerciable [iŋkomer'θjaβle] *adj* unverkäuflich, nicht handelsfähig; **la felicidad es ~** das Glück ist ein unverkäufliches Gut
incomible [iŋko'miβle] *adj* nicht essbar, ungenießbar
incomodado, -a [iŋkomo'ðaðo, -a] *adj* ❶ (*enfadado*) ärgerlich
❷ (*ofendido*) beleidigt; **eso la dejó incomodada** sie war deswegen verärgert [*o* gekränkt]
incomodar [iŋkomo'ðar] I. *vt* stören, belästigen
II. *vr:* **-se** ❶ (*molestarse*) sich bemühen, Mühen auf sich nehmen; **¡no se incomode!** machen Sie sich *dat* keine Umstände!
❷ (*CSur: enfadarse*) sich beleidigt fühlen; **estar incomodado con alguien por...** auf jdn schlecht zu sprechen sein wegen ... +*gen/dat*
incomodidad [iŋkomoði'ðað] *f*, **incomodo** [iŋko'moðo] *m* ❶ (*inconfortable*) Unbequemlichkeit *f*, Unbehaglichkeit *f* ❷ (*molestia*) Ärgernis *nt*, Unannehmlichkeit *f*
incómodo, -a [iŋ'komoðo, -a] *adj* ❶ (*inconfortable*) unbequem, unbehaglich; **estar ~** sich unbehaglich fühlen
❷ (*molesto*) lästig, beschwerlich
❸ (*CSur: enfadado*) verärgert; **estar ~ con alguien** mit jdm böse sein, auf jdn nicht gut zu sprechen sein
incomparable [iŋkompa'raβle] *adj* ❶ (*no comparable*) unvergleichbar
❷ (*extraordinario*) unvergleichlich, außergewöhnlich
incomparablemente [iŋkompara'βle'mente] *adv* unvergleichlich; **~ mejor** erheblich besser
incomparecencia [iŋkompare'θenθja] *f* (JUR) Nichterscheinen *nt*
incompartible [iŋkompar'tiβle] *adj* nicht (mit anderen) teilbar; **un marido es ~** den Ehemann teilt man nicht mit anderen
incompasivo, -a [iŋkompa'siβo, -a] *adj* mitleidlos, unbarmherzig
incompatibilidad [iŋkompatiβili'ðað] *f* Inkompatibilität *f*, Unvereinbarkeit *f*; ~ **de intereses** Interessenkonflikt *m*, Unvereinbarkeit von Interessen; ~ **de oficios** Verbot der Ämterhäufung
incompatible [iŋkompa'tiβle] *adj* inkompatibel, unvereinbar
incompensable [iŋkompen'saβle] *adv* nicht auszugleichen, nicht kompensierbar; **la ausencia de los padres era ~** die Abwesenheit der Eltern war durch nichts zu kompensieren
incompetencia [iŋkompe'tenθja] *f* ❶ (*inaptitud*) Unfähigkeit *f*
❷ (*sin poder legal*) Unzuständigkeit *f*
incompetente [iŋkompe'tente] *adj* ❶ (*inapto*) unfähig, untauglich
❷ (*sin poder legal*) unbefugt
incompleto, -a [iŋkom'pleto, -a] *adj* ❶ (*inacabado*) unvollständig, unvollkommen
❷ (*deficiente*) dürftig, lückenhaft
incomprehensible [iŋkompre(e)n'siβle] *adj v.* **incomprensible**
incomprendido, -a [iŋkompren'diðo, -a] *adj* unverstanden
incomprensibilidad [iŋkomprensiβili'ðað] *f sin pl* Unverständlichkeit *f*
incomprensible [iŋkompren'siβle] *adj* ❶ (*no inteligible*) unverständlich
❷ (*inexplicable*) nicht nachvollziehbar
incomprensión [iŋkompren'sjon] *f* ❶ (*no querer comprender*) Unverständnis *nt*, Verständnislosigkeit *f*
❷ (*no poder comprender*) Unverständlichkeit *f*
incomprensivo, -a [iŋkompren'siβo, -a] *adj* verständnislos; **ella es incomprensiva con sus alumnos** sie bringt kein Verständnis für ihre Schüler auf
incomprobable [iŋkompro'βaβle] *adj* unbeweisbar, unnachweisbar
incomunicabilidad [iŋkomunikaβili'ðað] *f sin pl* Unmöglichkeit *f* der Mitteilung; **la ~ de la terrible noticia por carta** die Unmöglichkeit, die schreckliche Nachricht in einem Brief mitzuteilen
incomunicable [iŋkomuni'kaβle] *adj* nicht mitteilbar
incomunicación [iŋkomunika'θjon] *f* ❶ (*aislamiento*) Isolation *f*
❷ (*en prisión*) Einzelhaft *f*
❸ (*falta de comunicación*) Kommunikationsmangel *m*
incomunicado, -a [iŋkomuni'kaðo, -a] *adj* ❶ (*aislado*) von der Außenwelt abgeschlossen [*o* abgeschnitten]; **dos habitaciones incomunicadas** zwei Zimmer ohne Verbindungstür
❷ (*en prisión*) in Einzelhaft
incomunicar [iŋkomuni'kar] <c→qu> *vt* ❶ (*aislar*) in Einzelhaft nehmen
❷ (*bloquear*) abriegeln, (ab)sperren; **toda la zona fue incomunicada** die ganze Gegend wurde abgeriegelt
inconcebible [iŋkonθe'βiβle] *adj* ❶ (*inimaginable*) unvorstellbar, undenkbar

❷ (*inadmisible*) unbegreiflich, unglaublich
inconciliable [iŋkonθi'ljaβle] *adj* unvereinbar, nicht in Einklang zu bringen
inconcluso, -a [iŋkoŋ'kluso, -a] *adj* unbeendet, unfertig
inconcreción [iŋkoŋkre'θjon] *f* Ungenauigkeit *f*, Unbestimmtheit *f*, Verschwommenheit *f*
inconcreto, -a [iŋkoŋ'kreto, -a] *adj* vage, nicht konkret festgelegt, unbestimmt
incondicional [iŋkondiθjo'nal] **I.** *adj* bedingungslos
II. *mf* ❶ (*amigo*) bedingungsloser Freund *m*, bedingungslose Freundin *f*; (*servil*) treu Ergebene(r) *mf*
❷ (*Am: pey: sin opinión propia*) Jasager(in) *m(f)*
incondicionalidad [iŋkondiθjonali'ðað] *f* ❶ (*sin condiciones*) Bedingungslosigkeit *f*
❷ (*servilismo*) treue Ergebenheit *f*; (*pey*) völlige Unterwürfigkeit *f*
inconexión [iŋkoneʝ'sjon] *f* Zusammenhanglosigkeit *f*, Beziehungslosigkeit *f*; **la ~ de los esfuerzos de los dos profesores** das mangelnde Zusammenwirken der beiden Lehrer
inconexo, -a [iŋkone'ʝso, -a] *adj* unzusammenhängend, unverbunden
inconfesa [iŋkoɱ'fesa] *adj o f v.* **inconfeso**
inconfesable [iŋkoɱfe'saβle] *adj* so schrecklich [*o* schändlich], dass es nicht erzählt werden kann
inconfeso, -a [iŋkoɱ'feso, -a] **I.** *adj* (JUR) ungeständig, nicht geständig
II. *m*, *f* (JUR) Nichtgeständige(r) *mf*
inconforme [iŋkoɱ'forme] **I.** *adj* nicht konform [*o* übereinstimmend]; **la expulsión es ~ con el reglamento** der Verweis ist unvereinbar mit den Bestimmungen
II. *mf* Nonkonformist(in) *m(f)*; **los ~s con la reforma** die Reformgegner
inconformismo [iŋkoɱfor'mismo] *m* Nonkonformismus *m*
inconformista [iŋkoɱfor'mista] **I.** *adj* nonkonformistisch
II. *mf* Nonkonformist(in) *m(f)*
inconfortabilidad [iŋkoɱfortaβili'ðað] *f* Ungemütlichkeit *f*, Unbehaglichkeit *f*
inconfortable [iŋkoɱfor'taβle] *adj* ungemütlich, unbequem
inconfundible [iŋkoɱfun'diβle] *adj* unverwechselbar
incongruencia [iŋkoŋ'grweŋθja] *f* ❶ (*incoherencia*) Unvereinbarkeit *f*
❷ (LING, MAT: *sin relación*) Inkongruenz *f*; (MAT) mangelnde Deckungsgleichheit *f*
incongruente [iŋkoŋ'grwente] *adj* ❶ (*contradictorio*) unvereinbar (*con* mit +*dat*), nicht übereinstimmend (*con* mit +*dat*)
❷ (LING, MAT: *que no guarda relación*) inkongruent; (MAT) nicht deckungsgleich
inconmensurabilidad [iŋkoⁿmensuraβili'ðað/iŋkoᵐmensuraβili'ðað] *f sin pl* Unermesslichkeit *f*, Maßlosigkeit *f*
inconmensurable [iŋkoⁿmensu'raβle/iŋkoᵐmensu'raβle] *adj* ❶ (*que no puede medirse*) unmessbar
❷ (*enorme*) unermesslich
inconmovible [iŋkoⁿmo'βiβle/iŋkoᵐmo'βiβle] *adj* ❶ (*cosas*) nicht zu bewegen, unverrückbar *m*
❷ (*personas*) unerschütterlich
inconmutabilidad [iŋkoⁿmutaβili'ðað/iŋkoᵐmutaβili'ðað] *f sin pl* Unvertauschbarkeit *f*
inconmutable [iŋkoⁿmu'taβle/iŋkoᵐmu'taβle] *adj* nicht austauschbar [*o* vertauschbar]
inconquistable [iŋkoŋkis'taβle] *adj* ❶ (*castillo, fuerte*) uneinnehmbar, nicht zu erobern
❷ (*persona*) unerbittlich, nicht herumzukriegen *fam*
inconsciencia [iŋkons'θjenθja] *f* ❶ (MED: *desmayo*) Bewusstlosigkeit *f*
❷ (*insensatez*) Gedankenlosigkeit *f*; (*irresponsabilidad*) Verantwortungslosigkeit *f*, Leichtsinnigkeit *f*; (*ignorancia*) Ahnungslosigkeit *f*
inconsciente [iŋkons'θjente] *adj* ❶ *estar* (MED: *desmayado*) bewusstlos, ohne Bewusstsein
❷ *ser* (*insensato*) gedankenlos; (*irresponsable*) verantwortungslos, leichtsinnig; (*ignorante*) ahnungslos
❸ *ser* (*gesto*) unbewusst, instinktiv
inconsecuencia [iŋkonse'kweŋθja] *f* Inkonsequenz *f*
inconsecuente [iŋkonse'kwente] *adj* inkonsequent
inconsistencia [iŋkonsis'tenθja] *f* Inkonsistenz *f*, Unbeständigkeit *f*
inconsistente [iŋkonsis'tente] *adj* ❶ (*irregular*) inkonsistent, unbeständig
❷ (*poco sólido*) nicht fest; (*argumento*) schwach
inconsolable [iŋkonso'laβle] *adj* untröstlich
inconstancia [iŋkons'tanθja] *f* Unbeständigkeit *f*, Inkonstanz *f*
inconstante [iŋkons'tante] *adj* ❶ (*irregular*) veränderlich, inkonstant
❷ (*caprichoso*) unbeständig, wankelmütig; **es muy ~ en sus relaciones amorosas** in seinen/ihren Liebesbeziehungen ist er/sie sehr unbeständig [*o* ziemlich untreu]
inconstitucional [iŋkoⁿstituθjo'nal] *adj* verfassungswidrig

inconstitucionalidad [iŋkoⁿstituθjonali'ðað] *f* Verfassungswidrigkeit *f*
incontable [iŋkon'taβle] *adj* ❶ (*innumerable*) unzählig, nicht zählbar
❷ (*innarrable*) nicht erzählbar
incontaminado, -a [iŋkontami'naðo, -a] *adj* nicht verseucht, unverschmutzt
incontenible [iŋkonte'niβle] *adj* ❶ (*irrefrenable*) unaufhaltbar, nicht zu bremsen
❷ (*fuera de control*) unkontrollierbar
❸ (*pasión*) unbezähmbar, nicht zurückzuhalten
incontestable [iŋkontes'taβle] *adj* ❶ (*innegable*) unbestreitbar, nicht zu leugnen
❷ (*pregunta*) nicht zu beantworten
incontestado, -a [iŋkontes'taðo, -a] *adj* ❶ (*innegado*) unbestritten
❷ (*pregunta, carta*) unbeantwortet
incontinencia [iŋkonti'nenθja] *f* ❶ (MED: *evacuaciones*) Inkontinenz *f*
❷ (*desmesura*) Maßlosigkeit *f*, Hemmungslosigkeit *f*
❸ (REL: *lujuria*) Unenthaltsamkeit *f*, Unkeuschheit *f*
incontinente [iŋkonti'nente] *adj* ❶ (MED: *evacuaciones*) inkontinent
❷ (*desmesurado*) maßlos, hemmungslos
❸ (REL: *no castizo*) unenthaltsam, unkeusch
incontrastable [iŋkontras'taβle] *adj* unvergleichbar, nicht zu kontrastieren
incontrolable [iŋkontro'laβle] *adj* ❶ (*que no puede controlarse*) unkontrollierbar, unbeherrschbar
❷ (*que no puede verificarse*) unüberprüfbar, unkontrollierbar
incontrolado, -a [iŋkontro'laðo, -a] **I.** *adj* ❶ (*que no puede controlarse*) unkontrolliert, unbeherrscht
❷ (*que no puede verificarse*) unüberprüft, unkontrolliert
❸ (*violento*) wild, gewalttätig
II. *m*, *f* Gewalttätige(r) *mf*
incontrovertible [iŋkontroβer'tiβle] *adj* unumstößlich, unbestreitbar
inconvencible [iŋkomben'θiβle] *adj* nicht zu überzeugen; **su padre se mostró ~** sein/ihr Vater ließ sich nicht überzeugen
inconveniencia [iŋkombe'njenθja] *f* ❶ (*descortesía*) Ungebührlichkeit *f*, Unschicklichkeit *f*; (*disparate*) unpassende [*o* taktlose] Bemerkung *f*; **cometer una ~** einen Fauxpas begehen *elev*, ins Fettnäpfchen treten *fam*
❷ (*no adecuado*) Unangemessenheit *f*
❸ *pl* (*desventajas*) Nachteile *mpl*, Schwachstellen *fpl*
inconveniente [iŋkombe'njente] **I.** *adj* ❶ (*descortés*) ungebührlich, unschicklich; (*disparate*) taktlos
❷ (*no adecuado*) unangemessen
❸ (*no aconsejable*) unratsam
II. *m* ❶ (*desventaja*) Nachteil *m*, Schwachstelle *f*, Schwachpunkt *m*
❷ (*obstáculo*) Hindernis *nt*, Schwierigkeit *f*; **no hay ~s en** [*o* **para**] **hacerlo así** es spricht nichts dagegen, es so zu machen; **poner un ~** einen Einwand vorbringen; **¿tienes algún ~ en que vayamos los dos juntos?** hast du etwas dagegen [*o* macht es dir etwas aus], wenn wir beide zusammen hingehen?
inconvertibilidad [iŋkomberti βili'ðað] *f sin pl* (FIN) Nichtkonvertierbarkeit *f*
inconvertible [iŋkomber'tiβle] *adj* (*cosa*) unverwandelbar; (*moneda*) nicht konvertierbar; (*persona*) nicht konvertierwillig
incoordinación [iŋko(o)rðina'θjon] *f* (MED) Inkoordination *f*, Ataxie *f*
incordia [iŋ'korðja] *f* (*Col*) Abneigung *f*, Widerwille *m*
incordiante [iŋkor'ðjante] *adj* ärgerlich, lästig
incordiar [iŋkor'ðjar] *vt* belästigen, ärgern; **¡no incordies!** es reicht!, benimm dich!
incordio [iŋ'korðjo] *m* ❶ (MED: *bubón*) Leistengeschwulst *f*
❷ (*fam: molestia*) Ärgernis *nt*
incorporación [iŋkorpora'θjon] *f* ❶ (*al enderezarse*) Sichaufrichten *nt*, Aufstehen *nt*; (*al sentarse*) Sichaufsetzen *nt*
❷ (*integración*) Eingliederung *f*, Einbindung *f*; (*en un texto*) Einfügung *f*; (*en un equipo*) Aufnahme *f*; **~ a filas** (MIL) Einberufung *f*
incorporado[1] [iŋkorpo'raðo] *m* Einberufene(r) *m*
incorporado, -a[2] [iŋkorpo'raðo, -a] *adj* integriert, eingebaut; **con antena incorporada** mit integrierter [*o* eingebauter] Antenne
incorporar [iŋkorpo'rar] **I.** *vt* ❶ (*integrar*) einbinden (*a/en* in +*akk*), eingliedern (*a/en* in +*akk*)
❷ (*a un grupo*) aufnehmen (*a/en* in +*akk*)
❸ (*en un texto*) einfügen (*a/en* in +*akk*)
❹ (*a una persona*) aufrichten
❺ (MIL) einziehen (*a/en* zu +*dat*)
II. *vr:* **~se** ❶ (*integrarse*) sich einfinden (*a/en* an +*dat*); **mañana todos tienen que ~se a las seis a sus puestos** morgen haben sich alle um sechs Uhr an ihrem Arbeitsplatz einzufinden
❷ (*agregarse*) sich anschließen (*a/en* an +*akk*), hinzukommen (*a/en* zu +*dat*)

❸ (*enderezarse*) sich aufrichten
❹ (MIL: *a filas*) den Militärdienst antreten, sich zum Militärdienst melden
incorporeidad [iŋkorporeiˈðaðᵈ] *f sin pl* Unkörperlichkeit *f,* Immaterialität *f*
incorpóreo, -a [iŋkorˈporeo, -a] *adj* nicht körperlich [*o* materiell]
incorrección [iŋkorreɣˈθjon] *f* ❶ (*no correcto*) Fehlerhaftigkeit *f,* Unrichtigkeit *f*
❷ (*falta*) Fehler *m*
❸ (*descortesía*) Unkorrektheit *f,* Fehlverhalten *nt,* Unhöflichkeit *f*
incorrecto, -a [iŋkoˈrrekto, -a] *adj* ❶ (*erróneo*) unrichtig, falsch
❷ (*descortés*) unkorrekt, unhöflich
incorregible [iŋkorreˈxiβle] *adj* unverbesserlich
incorrupción [iŋkorruβˈθjon] *f sin pl* ❶ (*de un cuerpo*) Unversehrtheit *f*
❷ (*fig: moral*) Unbestechlichkeit *f*
incorruptibilidad [iŋkorruptiβiliˈðaðᵈ] *f sin pl* ❶ (*de un cuerpo*) Unverderblichkeit *f*
❷ (*fig: moral*) Unbestechlichkeit *f*
incorruptible [iŋkorrupˈtiβle] *adj* unbestechlich
incorrupto, -a [iŋkoˈrrupto, -a] *adj* ❶ (*personas*) integer, unbescholten, rechtschaffen
❷ (*cosas*) unversehrt, unberührt
incoterm [iŋkoˈterm] *m abr de* **International comercial term** (COM) Incoterm *m*
increbilidad [iŋkreðiβiliˈðaðᵈ] *f* Unglaubwürdigkeit *f*
incrédula [iŋˈkreðula] *adj o f v.* **incrédulo**
incredulidad [iŋkreðuliˈðaðᵈ] *f* ❶ (*desconfianza*) Ungläubigkeit *f,* Misstrauen *nt*
❷ (REL: *sin fe*) Unglaube *m*
incrédulo, -a [iŋˈkreðulo, -a] I. *adj* ❶ (*desconfiado*) ungläubig, misstrauisch
❷ (REL: *sin fe*) ungläubig
II. *m, f* ❶ (*desconfiado*) Skeptiker(in) *m(f)*
❷ (REL: *sin fe*) Ungläubige(r) *mf*
increíble [iŋkreˈiβle] *adj* ❶ (*inaceptable*) unglaubwürdig
❷ (*extraordinario*) unglaublich, außergewöhnlich
increíblemente [iŋkreiβleˈmente] *adv* unglaublich, ungeheuer
incrementar [iŋkremenˈtar] I. *vt* erhöhen, steigern, aufstocken
II. *vr: -se* (an)steigen, sich erhöhen, (an)wachsen
incremento [iŋkreˈmento] *m* ❶ (*aumento*) Erhöhung *f,* Steigerung *f,* Zunahme *f;* ~ **de los costes** Kostenanstieg *m;* ~ **del impuesto sobre el volumen de ventas** Umsatzsteuererhöhung *f;* ~ **del patrimonio** Vermögenszuwachs *m;* ~ **de la productividad** Produktivitätssteigerung *f;* ~ **salarial** Lohnerhöhung *f*
❷ (*crecimiento*) Wachstum *nt*
increpación [iŋkrepaˈθjon] *f* (*elev*) Verweis *m,* Rüge *f*
increpador(a) [iŋkrepaˈðor(a)] *adj* tadelnd, vorwurfsvoll
increpar [iŋkreˈpar] *vt* tadeln, rügen
in crescendo [in kreˈʃendo] *m* (MÚS) Crescendo *nt*
incriminación [iŋkriminaˈθjon] *f* Anschuldigung *f,* Beschuldigung *f*
incriminar [iŋkrimiˈnar] *vt* ❶ (JUR: *acusar*) (öffentlich) anschuldigen, (eines Vergehens) beschuldigen [*o* bezichtigen]
❷ (*falta*) vorhalten, vorwerfen
incruento, -a [iŋˈkrwento, -a] *adj* unblutig
incrustación [iŋkrustaˈθjon] *f* ❶ (*proceso*) Verkrustung *f,* Krustenbildung *f*
❷ (ARTE, ARQUIT: *de madera, marfil*) Inkrustierung *f,* Einlegearbeiten *fpl;* ~ **de nácar** Perlmuttkrustierung *f,* Einlegearbeiten aus Perlmutt
❸ (MED: *al curarse*) Krustenbildung *f*
❹ (*costra, t.* MED) verkrusteter Belag *m*
incrustar [iŋkrusˈtar] I. *vt* (ARTE, ARQUIT: *con madera, marfil*) einlegen (*de* mit +*dat*); (*con piedras de colores*) inkrustieren
II. *vr: -se* ❶ (*introducirse*) sich festsetzen, sich verhärten; (*idea, opinión*) sich festsetzen, sich festbeißen; **la grasa se ha incrustado en la pared** das Fett hat sich in der Wand festgesetzt; **esta idea se le ha incrustado en la mente** dieser Gedanke hat sich bei ihm/ihr festgesetzt [*o* festgebissen]
❷ (MED: *al curarse*) verschorfen, verkrusten
incubación [iŋkuβaˈθjon] *f* ❶ (MED: *de una enfermedad*) Inkubationszeit *f*
❷ (ZOOL: *aves*) (Aus)brüten *nt;* (*período*) Brutzeit *f*
incubadora [iŋkuβaˈðora] *f* ❶ (MED) Brutkasten *m,* Inkubator *m*
❷ (*para animales*) Brutofen *m,* Brutapparat *m,* Brutmaschine *f*
incubar [iŋkuˈβar] I. *vt* (ZOOL) (aus)brüten
II. *vr: -se* sich entwickeln; **por esas fechas se estaba incubando el proceso que inició finalmente la revolución** um diese Zeit begann der Prozess, der die Revolution schließlich einleitete
incuestionable [iŋkwestjoˈnaβle] *adj* unbestreitbar, unumstritten

incuestionablemente [iŋkwestjonaβleˈmente] *adv* zweifellos, fraglos, ohne Frage
inculcar [iŋkulˈkar] <c→qu> I. *vt* ❶ (*enseñar*) mühsam beibringen (*a* +*dat, en* +*akk*)
❷ (*infundir*) eintrichtern (*a/en* +*dat*), einschärfen (*a/en* +*dat*)
II. *vr: -se* hartnäckig bestehen (*en* auf +*dat*), sich versteifen (*en* auf +*akk*)
inculpación [iŋkulpaˈθjon] *f* Anschuldigung *f,* Beschuldigung *f;* ~ **de asesinato** Mordanklage *f*
inculpado, -a [iŋkulˈpaðo, -a] I. *adj* beschuldigt; (JUR) angeklagt, angeschuldigt
II. *m, f* Beschuldigte(r) *mf;* (JUR) Angeklagte(r) *mf,* Angeschuldigte(r) *mf*
inculpar [iŋkulˈpar] *vt* beschuldigen (*de* +*gen*), (JUR) anklagen (*de* +*gen*), anschuldigen (*de* +*gen*); **los delitos que se le inculpan** die Vergehen, deren er/sie beschuldigt wird; ~ **a alguien de haber robado** jdn des Diebstahls beschuldigen [*o* bezichtigen], jdn beschuldigen gestohlen zu haben
incultivable [iŋkultiˈβaβle] *adj* (AGR) unbebaubar, nicht anbaufähig
inculto, -a [iŋˈkulto, -a] *adj* ❶ (*sin instrucción*) ungebildet
❷ (*comportamiento*) ohne Manieren, unkultiviert
❸ (AGR: *sin cultivar*) unbebaut, unbestellt; **dejar un campo** ~ ein Feld brachliegen lassen
incultura [iŋkulˈtura] *f* ❶ (*falta de enseñanza*) Unbildung *f,* Bildungsmangel *m*
❷ (*comportamiento*) Unkultur *f,* Ungeschliffenheit *f*
incumbencia [iŋkumˈbenθja] *f* Zuständigkeit *f,* Zuständigkeitsbereich *m,* Ressort *nt;* **no es de mi** ~ dafür bin ich nicht zuständig, das fällt nicht in mein Ressort
incumbir [iŋkumˈbir] *vi* ❶ (*atañer*) angehen (*a* +*akk*), betreffen (*a* +*akk*); **eso a él no le incumbe** das geht ihn nichts an, das betrifft ihn nicht
❷ (ADMIN: *ser de la competencia*) obliegen (*a* +*dat*), in den Zuständigkeitsbereich fallen (*a* +*gen*); **eso a él no le incumbe** das fällt nicht in seine Zuständigkeit
incumplido, -a [iŋkumˈpliðo, -a] *adj* unerfüllt
incumplimiento [iŋkumpliˈmjento] *m* Nichterfüllung *f,* Nichteinhaltung *f;* ~ **de contrato** Vertragsbruch *m,* Vertragsverletzung *f;* ~ **de pago** Nichtbezahlung *f*
incumplir [iŋkumˈplir] *vt* (*contrato*) nicht erfüllen [*o* einhalten]; (*regla*) verletzen, missachten; (*promesa*) brechen
incunable [iŋkuˈnaβle] *m* (TIPO) Inkunabel *f,* Frühdruck *m,* Wiegendruck *m*
incurable [iŋkuˈraβle] I. *adj* ❶ (*enfermedad*) unheilbar
❷ (*sin esperanza*) hoffnungslos
II. *mf* Unheilbare(r) *mf*
incuria [iŋˈkurja] *f* (*elev*) Nachlässigkeit *f,* Unachtsamkeit *f*
incurrimiento [iŋkurriˈmjento] *m* Begehen *nt* (*en* +*gen*); **el** ~ **en un error no está permitido** es ist nicht erlaubt, Fehler zu machen
incurrir [iŋkuˈrrir] *vi* ❶ (*situación mala*) geraten (*en* in +*akk*), kommen (*en* in +*akk*); ~ **en contradicciones** sich in Widersprüchen verstricken; ~ **en un delito** straffällig werden; **incurrió en un desastre** ihm/ihr widerfuhr ein Unglück, ihn/sie traf ein Unglück; ~ **en dificultades de pago** in Zahlungsschwierigkeiten kommen; ~ **en una falta** einen Fehler begehen; ~ **en viejas costumbres** in alte Gewohnheiten zurückverfallen
❷ (*deuda, ira, odio*) sich *dat* zuziehen [*o* einhandeln]; **como siga así ~á en la ira del jefe** wenn er/sie so weiter macht, wird er/sie sich den Ärger des Chefs zuziehen [*o* einhandeln]; ~ **en responsabilidad** haften
incursión [iŋkurˈsjon] *f* Einfall *m,* Eindringen *nt;* ~ **en mora** (JUR) Verzugseintritt *m*
indagación [iɲdaɣaˈθjon] *f* ❶ (*en general*) Untersuchung *f,* Nachforschung *f;* ~ **de campos** Feldforschung *f*
❷ (*de policía*) Ermittlung *f*
indagador(a) [iɲdaɣaˈðor(a)] *m(f)* ❶ (*científico*) Forscher(in) *m(f)*
❷ (*de policía*) Ermittler(in) *m(f)*
indagar [iɲdaˈɣar] <g→gu> *vt* ermitteln (in +*dat*), untersuchen; ~ **a alguien** gegen jdn ermitteln, jdm nachspüren; ~ **en un asunto** in einer Angelegenheit ermitteln [*o* nachforschen], eine Angelegenheit untersuchen
indagatoria [iɲdaɣaˈtorja] *f* (JUR) uneidliche Aussage *f*
indagatorio, -a [iɲdaɣaˈtorjo, -a] *adj* ❶ (*pesquisa*) Untersuchungs-, Ermittlungs-
❷ (*interrogatorio*) Vernehmungs-
indebidamente [iɲdeβiðaˈmente] *adv* ungerechtfertigterweise, unrechtmäßigerweise
indebido, -a [iɲdeˈβiðo, -a] *adj* ❶ (*cantidades*) nicht geschuldet
❷ (*injusto*) ungerechtfertigt; (*ilícito*) unrechtmäßig; **respuesta indebida** unangebrachte [*o* unpassende] Antwort
indecencia [iɲdeˈθenθja] *f* ❶ (*persona*) Unschicklichkeit *f,* Indezenz *f*

indecente *elev;* (*obscenidad*) Obszönität *f,* Unanständigkeit *f*
② (*acción*) unanständiges Verhalten *nt;* (*dicho*) unanständiger Ausdruck *m*

indecente [inde'θente] *adj* ❶ (*inadecuado*) unmöglich; **¿cómo voy a vivir en un cuarto ~ como éste?** wie soll ich in solch einem unmöglichen Zimmer wohnen?; **su comportamiento fue de lo más ~** sein/ihr Benehmen war einfach unmöglich
❷ (*obsceno*) obszön, unanständig; (*sin vergüenza*) schamlos, unverschämt
❸ (*guarro*) anstößig, schlüpfrig

indecible [inde'θiβle] *adj* unsagbar, unsäglich

indecisión [indeθi'sjon] *f* ❶ (*irresolución*) Unentschlossenheit *f,* Unentschiedenheit *f*
❷ (*vacilación*) Wankelmut *m*

indeciso, -a [inde'θiso, -a] *adj* ❶ (*irresoluto*) unentschlossen, unentschieden
❷ (*que vacila*) wankelmütig
❸ (*resultado*) unklar, ungenau

indeclinable [indekli'naβle] *adj* ❶ (*inevitable*) unumgänglich
❷ (LING) undeklinierbar

indecoroso, -a [indeko'roso, -a] *adj* ❶ (*indecente*) unanständig
❷ (*incorrecto*) unpassend, ungebührlich

indefectible [indefek'tiβle] *adj* unfehlbar

indefendible [indefen'diβle] *adj* ❶ (*lugar*) unhaltbar, nicht zu verteidigen
❷ (*argumento*) unhaltbar, nicht aufrechtzuerhalten

indefensable [indefen'saβle] *adj* (*argumento*) unhaltbar; (*hecho, delito*) nicht zu rechtfertigen, unentschuldbar

indefensión [indefen'sjon] *f* Wehrlosigkeit *f*

indefenso, -a [inde'fenso, -a] *adj* wehrlos, schutzlos, hilflos

indefinible [indefi'niβle] *adj* undefinierbar, unbeschreiblich

indefinidamente [indefiniða'mente] *adv* auf unbestimmte Zeit

indefinido, -a [indefi'niðo, -a] *adj* ❶ (*indeterminado*) unbestimmt, vage
❷ (*tiempo*) unbestimmt, (zeitlich) unbegrenzt; **contrato de trabajo ~** unbefristeter Arbeitsvertrag; **por tiempo ~** auf unbestimmte Zeit
❸ (LING) unbestimmt

indeformable [indefor'maβle] *adj* unverformbar

indeleble [inde'leβle] *adj* (*elev*) unauslöschlich, unvergesslich

indelegable [indele'yaβle] *adj* nicht delegierbar [*o* übertragbar] (**en** auf +*akk*)

indeliberado, -a [indeliβe'raðo, -a] *adj* unfreiwillig, unabsichtlich

indelicadeza [indelika'ðeθa] *f* ❶ (*vulgaridad*) Grobheit *f*
❷ (*desconsideración*) Taktlosigkeit *f,* Unhöflichkeit *f*

indelicado, -a [indeli'kaðo, -a] *adj* taktlos, unhöflich, rücksichtslos

indemne [in'demne] *adj* ❶ (*persona*) unverletzt, heil; **salir ~ de un accidente** bei einem Unfall unversehrt bleiben
❷ (*cosa*) unbeschädigt

indemnidad [indemni'ðað] *f sin pl* Unbeschädigtheit *f,* Unversehrtheit *f*

indemnización [indemniθa'θjon] *f* ❶ (*pago*) Entschädigung *f,* Abstandszahlung *f;* **~ por alimentos** Unterhaltsabfindung *f;* **~ en capital** Kapitalabfindung *f;* **~ compensatoria** Ausgleichszuschlag *m;* **~ por** [*o* **de**] **daños y perjuicios** Schadensersatz *m;* **~ de despido** Abfindung *f;* **~ por enfermedad** Krankengeld *nt;* **~ por enriquecimiento injusto** Bereicherungsausgleich *m;* **~ por falta de ingresos** Verdienstausfallentschädigung *f;* **~ global** Globalentschädigung *f;* **~ pecuniaria** Geldentschädigung *f;* **~ subsidiaria** Ausfallentschädigung *f;* **~ del valor real** [*o* **en especie**] Sachwertabfindung *f*
❷ *pl* (*después de una guerra*) Reparationen *fpl,* Wiedergutmachung *f*

indemnizar [indemni'θar] <z→c> *vt* ❶ (*daños y perjuicios*) entschädigen (*de* für +*akk*)
❷ (*gastos*) ersetzen, erstatten

indemostrable [indemos'traβle] *adj* nicht nachweisbar [*o* beweisbar]

independencia [indepen'denθja] *f* Unabhängigkeit *f;* **~ del dispositivo** (INFOR) Geräteunabhängigkeit *f;* **con ~ de...** unabhängig von ... +*dat;* **con ~ de que...** unabhängig davon, ob ...

independentismo [indepenðen'tismo] *m* (POL) Unabhängigkeitsbestrebungen *fpl,* Unabhängigkeitsbewegung *f*

independentista [indepenðen'tista] *mf* (POL) Unabhängigkeitskämpfer(in) *m(f),* Freiheitskämpfer(in) *m(f)*

independiente [indepen'djente] *adj* ❶ (*libre*) unabhängig; **compañía ~** unabhängige Gesellschaft; **un piso ~** eine Wohnung mit eigenem [*o* separatem] Eingang; **trabajador ~** selbst(st)ändiger Erwerbstätiger; **trabajo como profesional ~** ich arbeite freiberuflich [*o* als Selb(st)ändiger]; **~ de eso, es muy simpático** abgesehen davon ist er sehr sympathisch
❷ (*adolescente, profesión*) selb(st)ständig; **hacerse ~** sich selb(st)ständig machen; **es pequeño aún pero ya es muy ~** er ist noch klein, aber schon sehr selb(st)ständig [*o* unabhängig]
❸ (*soltero*) ungebunden
❹ (*sin partido*) parteilos, keiner Partei zugehörig

independientemente [indepenðjente'mente] *adv* unabhängig; **~ de que...** +*subj* unabhängig davon, dass ...; **~ de eso, es muy simpático** abgesehen davon ist er sehr sympathisch

independización [indepenðiθa'θjon] *f* ❶ (*liberación*) Befreiung *f,* Unabhängigwerden *nt,* Verselb(st)ständigung *f;* (*adolescente*) Selb(st)ständigwerden *nt*

independizar [indepenði'θar] <z→c> **I.** *vt* befreien (*de* von +*dat*), unabhängig machen, verselb(st)ständigen
II. *vr:* **~se** ❶ (*liberarse*) sich befreien, sich unabhängig [*o* selb(st)ständig] machen, sich verselb(st)ständigen; **~se de un partido** sich von einer Partei lossagen [*o* trennen]
❷ (*adolescente*) selb(st)ständig werden, sich abnabeln

inderogabilidad [inderoɣaβili'ðað] *f sin pl* Unaufhebbarkeit *f,* Unabdingbarkeit *f*

inderogable [indero'ɣaβle] *adj* unaufhebbar

indescifrable [indesθi'fraβle] *adj* ❶ (*ilegible*) unentzifferbar, unleserlich
❷ (*misterio, enigma*) unergründlich, undurchdringlich

indescriptible [indeskrip'tiβle] *adj* unbeschreiblich

indeseable [indese'aβle] **I.** *adj* nicht wünschenswert, unerwünscht
II. *mf* ❶ (*persona mala*) Schurke *m,* Lump *m*
❷ (*persona non grata*) unerwünschte Person *f*

indeseado, -a [indese'aðo, -a] *adj* ungewollt, unerwünscht

indestructibilidad [indestruktiβili'ðað] *f sin pl* Unzerstörbarkeit *f*

indestructible [indestruk'tiβle] *adj* unzerstörbar

indetectable [indetek'taβle] *adj* unauffindbar

indeterminación [indetermina'θjon] *f* ❶ (*inconcreción*) Unbestimmtheit *f*
❷ (*indecisión*) Unentschlossenheit *f*

indeterminado, -a [indetermi'naðo, -a] *adj* ❶ (*inconcreto*) unbestimmt
❷ (*indeciso*) unentschlossen

indexación [indeɣsa'θjon] *f* (*t.* INFOR) Verzeichniserstellung *f*

indexar [indeɣ'sar] *vt* (INFOR) indexieren

india ['indja] *adj o f v.* **indio**

India ['indja] *f* ❶ (*en el oriente*): **la ~** Indien *nt*
❷ *pl* Hispanoamerika *nt;* **las ~s occidentales** Westindien *nt* (*eigentlich die Antillen*)
❸ (ZOOL): **conejillo de I~s** Meerschweinchen *nt;* (*fam: con quien se experimenta*) Versuchskaninchen *nt*

indiada [in'djaða] *f* (*Am: grupo de indios*) Indianer *mpl*

indianismo [indja'nismo] *m sin pl* ❶ (*disciplina de estudio*) Indienkunde *f,* Indologie *f*
❷ (LING) indische Spracheigentümlichkeit *f*
❸ (POL) indianische Kulturbewegung *f*

indianista [indja'nista] *mf* Indologe, -in *m, f*

indiano¹ [in'djano] *m* (HIST) aus Amerika nach Spanien zurückgekehrter, reicher Auswanderer

indiano, -a² [in'djano, -a] *adj* Indio- (*bezogen auf Hispanoamerika*)

indicación [indika'θjon] *f* ❶ (*señal*) Zeichen *nt,* Hinweis *m;* (*por escrito*) Vermerk *m,* Angabe *f;* **~ de las fuentes** Quellenangaben *fpl;* **~ de procedencia** Herkunftsangabe *f,* Ursprungsvermerk *m*
❷ (MED: *síntoma*) Anzeichen *nt,* Symptom *nt;* (*en recetas*) Indikation *f*
❸ (*consejo*) Tipp *m,* Wink *m;* **por ~ de...** auf Anregung von ...
❹ *pl* (*instrucciones*) Anweisungen *fpl;* **indicaciones para el uso** Gebrauchsanweisung *f*

indicado, -a [indi'kaðo, -a] *adj* ❶ (*aconsejable*) angezeigt, ratsam; (*adecuado*) geeignet, passend, angebracht; **el más ~ para este puesto** der Geeignetste für diesen Posten; **el más ~ para este fin** der Zweckmäßigste; **eso es lo más ~** das ist das Allerbeste
❷ (MED: *tratamiento*) indiziert

indicador¹ [indika'ðor] *m* Anzeiger *m;* (TÉC) Anzeigevorrichtung *f,* Anzeigetafel *f;* (QUÍM, GEO, ECON) Indikator *m;* **~ de acarreo** (INFOR) Überlaufanzeige *f;* **~ de carretera** Straßenschild *nt,* Verkehrsschild *nt;* **~ económico** (ECON) (Wirtschafts)indikator *m;* **~ de gasolina** Benzinuhr *f;* **~ de prioridad** (INFOR) Prioritätsanzeige *f*

indicador(a)² [indika'ðor(a)] *adj* Hinweis-; **flecha ~a** Richtpfeil *m;* **señal ~a** Hinweisschild *nt*

indicar [indi'kar] <c→qu> *vt* ❶ (TÉC: *aparato*) anzeigen, angeben
❷ (*señalar*) hinweisen (auf +*akk*); (*sugerir*) aufmerksam machen (auf +*akk*); (*mostrar*) zeigen; **indicó lo importante que son las vitaminas** er/sie wies auf die Bedeutung der Vitamine hin; **me indicó que sería mejor...** er/sie möchte mich darauf aufmerksam, dass es besser sei ...; **~ como lugar de residencia Madrid** als Wohnort Madrid angeben
❸ (MED) indizieren

indicativo¹ [indika'tiβo] *m* (LING: *modo*) Indikativ *m*

indicativo, -a² [indika'tiβo, -a] *adj* ❶ (LING: *modo*) anzeigend

❷ (*ilustrativo*) bezeichnend

índice ['indiθe] *m* ❶ (*recopilación*) Verzeichnis *nt*, Index *m*; (*de nombres*) Namenverzeichnis *nt*; (*de materias*) Sachverzeichnis *nt*; (*biblioteca*) Katalog *m*; (*de libro*) Inhaltsverzeichnis *nt*; ~ **alfabético**/**general** Stichwort-/Gesamtverzeichnis *nt*; ~ **de ilustraciones** Bildnachweis *m*

❷ (*dedo*) Zeigefinger *m*

❸ (*estadísticas*) (Index)ziffer *f*, Rate *f*, Quote *f*; ~ **de audiencia** Einschaltquote *f*; ~ **bursátil** Börsenindex *m*; ~ **de cobertura** Deckungsverhältnis *nt*; ~ **del coste de la vida** Index der Lebenshaltungskosten; ~ **de crecimiento** Zuwachsrate *f*, Wachstumsquote *f*; ~ **de incremento de los precios** Preissteigerungsrate *f*; ~ **monetario**, **monetärer Indikator**, ~ **de mortalidad** Sterblichkeitsrate *f*; ~ **de muestreo** (INFOR) Stichprobenindex *m*; ~ **de natalidad** Geburtenrate *f*; ~ **de paro** Arbeitslosenquote *f*; ~ **de pedidos** Auftragsverhältnis *f*; ~ **de precio** Preisindex *m*; Í~ **de Precios al Consumo** Verbraucherpreisindex *m*; ~ **de regeneración** (INFOR) Auffrischrate *f*; ~ **de siniestralidad** (*seguros*) Schadensziffer *f*; ~ **de transferencia** (INFOR) Übertragungsrate *f*; **el** ~ **DAX de la Bolsa de Frankfurt** der DAX an der Frankfurter Börse; **la inflación ha conseguido este mes el** ~ **más bajo de los últimos años** die Inflation hat diesen Monat den niedrigsten Stand der letzten Jahre erreicht

❹ (MAT: *de raíz*) Wurzelexponent *m*

❺ (TÉC) Zeiger *m*, Nadel *f*; (*de reloj*) Uhrzeiger *m*

❻ (POL, REL: *libros prohibidos*): ~ (**expurgatorio**) Index *m*

indiciación [indiθja'θjon] *f* Hinweis *m* (auf +*akk*)

indiciar [indi'θjar] *vt* hinweisen (auf +*akk*)

indiciario, -a [indi'θjarjo, -a] *adj* (JUR) Indizien-; **prueba indiciaria** Indizienbeweis *m*

indicio [in'diθjo] *m* ❶ (*señal*) (An)zeichen *nt*, Indiz *nt elev*; **es ~ de...** es ist ein Indiz für ... +*akk*

❷ (JUR) Indiz *nt*; (*prueba*) Beweisstück *nt*

❸ (*vestigio*) Spur *f*, Fährte *f*; **no hay ni el menor ~ de él** es gibt nicht die geringste Spur von ihm [*o* den geringsten Hinweis auf ihn]

indiferencia [indife'renθja] *f* Gleichgültigkeit *f*, Desinteresse *nt*, Indiferenz *f*

indiferenciado, -a [indiferen'θjaðo, -a] *adj* (BIOL) undifferenziert, nicht differenziert

indiferente [indife'rente] *adj* gleichgültig (*a* gegenüber +*dat*), desinteressiert, indifferent *elev*; **me es** ~ das ist mir gleich

indiferentismo [indiferen'tismo] *m* (REL) Indifferentismus *m*

indígena [in'dixena] I. *adj* eingeboren, einheimisch; (*en Latinoamérica*) Indio-

II. *mf* Eingeborene(r) *mf*, Ureinwohner(in) *m(f)*; (*en Latinoamérica*) Indio *m*, Indiofrau *f*

indigencia [indi'xenθja] *f* Bedürftigkeit *f*, Armut *f*, Mittellosigkeit *f*

indigenismo [indixe'nismo] *m* ❶ (LING) Indigenismus *m* (*Lehnwort aus einer Eingeborenensprache*)

❷ (POL: *en Latinoamérica*) *politische Bewegung zur Verteidigung der Rechte der Indios und zur Wahrung ihres Kulturguts*

indigente [indi'xente] I. *adj* bedürftig, arm, mittellos

II. *mf* Bedürftige(r) *mf*, Mittellose(r) *mf*

indigerible [indixe'rißle] *adj* unverdaulich

indigestar [indixes'tar] I. *vt* schlecht bekommen, schwer im Magen liegen; **me indigesta ese asunto** die Sache liegt mir schwer im Magen

II. *vr*: ~**se** ❶ (*empacharse*) sich *dat* den Magen verderben (*de*/*por* durch +*akk*)

❷ (*fam: hacerse antipático*) gegen den Strich gehen; **se me indigesta esa chica** ich kann das Mädchen nicht leiden; **las matemáticas se me ~on en el curso pasado** ich wurde im vergangenen Schuljahr der Mathematik überdrüssig

❸ (*Am: inquietarse*) sich beunruhigen

indigestible [indixes'tißle] *adj* unverdaulich

indigestión [indixes'tjon] *f* Verdauungsstörung *f*, Verdauungsschwierigkeiten *fpl*; **contraer una** ~ sich *dat* den Magen verderben

indigesto, -a [indi'xesto, -a] *adj* ❶ *ser* unverdaulich

❷ *estar* (*indigerido*) unverdaut; (*persona*) Verdauungsprobleme haben; **estar aún** ~ noch nicht verdaut sein; **le sentó mal el pescado, por eso está** ~ der Fisch bekam ihm nicht, deshalb hat er Verdauungsschwierigkeiten

❸ *estar* (*de mal humor*) mürrisch, brummig

indignación [indiɣna'θjon] *f* Entrüstung *f*, Empörung *f*; **expresar su** ~ seinem Unwillen Ausdruck verleihen

indignado, -a [indiɣ'naðo, -a] *adj* entrüstet (*con*/*contra* über +*akk*), empört (*con*/*contra*/*por* über +*akk*)

indignante [indiɣ'nante] *adj* empörend

indignar [indiɣ'nar] I. *vt* empören, zornig machen

II. *vr*: ~**se** sich entrüsten (*con*/*contra*/*por* über +*akk*), sich empören (*con*/*contra*/*por* über +*akk*); ~**se con alguien** sich über jdn empören [*o* entrüsten], auf jdn zornig werden

indignidad [indiɣni'ðað] *f* ❶ (*cualidad*) Unwürdigkeit *f*

❷ (*acto*) Niederträchtigkeit *f*, Gemeinheit *f*

indigno, -a [in'diɣno, -a] *adj* ❶ (*desmerecedor*) unwürdig, nicht wert; ~ **de confianza** nicht vertrauenswürdig; **con todo ello ha demostrado que es ~ de nuestra amistad** bei alledem hat er bewiesen, dass er unsere Freundschaft nicht wert ist [*o* verdient hat]

❷ (*vil*) niederträchtig, gemein

índigo ['indiɣo] *m* Indigo *nt o m*

indiligencia [indili'xenθja] *f sin pl* Nachlässigkeit *f*, Mangel *m* an Sorgfalt

indio, -a ['indjo, -a] I. *adj* ❶ (*de la India*) indisch

❷ (*de América*) indianisch

❸ (*loc*): **en fila india** im Gänsemarsch

II. *m*, *f* ❶ (*de la India*) Inder(in) *m(f)*

❷ (*de América*) Indianer(in) *m(f)*

❸ (*loc*): **hacer el** ~ **tonterías**) den Kasper spielen, Blödsinn machen; (*el ridículo*) sich lächerlich machen

indiófilo, -a [in'djofilo, -a] I. *adj* (SOCIOL) indianerfreundlich

II. *m*, *f* (SOCIOL) Indianerfreund(in) *m(f)*

indirecta [indi'rekta] *f* (*fam*) Anspielung *f*; **decir** [*o* **soltar**] [*o* **tirar**] **una** ~ eine Anspielung machen

indirecto, -a [indi'rekto, -a] *adj* indirekt, mittelbar; **complemento** ~ (LING) indirektes Objekt; **gastos** ~**s** indirekte Kosten, allgemeine Unkosten; **imposición indirecta** indirekte Besteuerung

indiscernible [indisθer'nißle] *adj* (*elev*) undeutlich, nicht auszumachen

indisciplina [indisθi'plina] *f* Disziplinlosigkeit *f*; (*desobediencia*) Ungehorsam *m*

indisciplinable [indisθipli'naßle] *adj* nicht disziplinierbar

indisciplinado, -a [indisθipli'naðo, -a] I. *adj* (*falto de disciplina*) undiszipliniert, disziplinlos; (*desobediente*) ungehorsam; (*insumiso*) unbeugsam

II. *m*, *f* (*desobediente*) Ungehorsame(r) *mf*; (*insumiso*) Unbeugsame(r) *mf*

indisciplinarse [indisθipli'narse] *vr* sich auflehnen, aufbegehren, aufsässig werden

indiscreción [indiskre'θjon] *f* ❶ (*no guardar un secreto*) Indiskretion *f*, Vertrauensbruch *m*

❷ (*observación*) Taktlosigkeit *f*, taktlose Bemerkung *f*

❸ (*curiosidad*) (taktlose) Neugierde *f*; **cometió la** ~ **de preguntar...** er/sie besaß die Taktlosigkeit zu fragen ...

indiscreto, -a [indis'kreto, -a] *adj* ❶ (*imprudente*) taktlos, indiskret

❷ (*que no guarda secretos*) schwatzhaft

indiscriminadamente [indiskriminaða'mente] *adv* in gleicher Weise, ohne Unterschied

indiscriminado, -a [indiskrimi'naðo, -a] *adj* gleich behandelnd

indisculpable [indiskul'paßle] *adj* unentschuldbar, unverzeihlich

indiscutible [indisku'tißle] *adj* unbestreitbar

indisociable [indiso'θjaßle] *adj* untrennbar; (QUÍM) nicht spaltbar

indisolubilidad [indisoluβili'ðað] *f* (QUÍM: *sustancia*) Unauflöslichkeit *f*

❷ (*unión inseparable*) Unauflösbarkeit *f*, Untrennbarkeit *f*

indisoluble [indiso'lußle] *adj* ❶ (QUÍM: *sustancia*) unauflöslich

❷ (*inseparable*) unauflösbar, untrennbar

indispensabilidad [indispensaβili'ðað] *f sin pl* Unentbehrlichkeit *f*

indispensable [indispen'saßle] *adj* unerlässlich, unabdingbar; **lo** (**más**) ~ das Allernötigste [*o* Allernotwendigste]; **el requisito** ~ **es...** die unabdingbare Voraussetzung ist ...

indisponer [indispo'ner] *irr como poner* I. *vt* ❶ (*enemistar*) aufbringen (*con*/*contra* gegen +*akk*); **las disputas por la herencia han indispuesto a los hermanos entre sí** der Streit um das Erbe hat die Geschwister entzweit

❷ (*de salud*) mitnehmen, zusetzen +*dat*; **el largo viaje en coche la ha indispuesto** die lange Autofahrt hat sie (ganz schön) mitgenommen

II. *vr*: ~**se** ❶ (*enemistarse*) sich wenden (*con*/*contra* gegen +*akk*), sich entzweien

❷ (*ponerse mal*) krank werden

indisposición [indisposi'θjon] *f* ❶ (*de salud*) Indisposition *f*, Unpässlichkeit *f*

❷ (*desgana*) Verstimmung *f*, Lustlosigkeit *f*

indispuesto, -a [indis'pwesto, -a] *adj* ❶ (*enfermizo*) unpässlich

❷ (*con desgana*) lustlos, nicht aufgelegt (*para* zu +*dat*)

❸ (*molesto*) verstimmt; **estar** ~ **con** [*o* **contra**] **alguien** auf jdn schlecht zu sprechen sein

indisputable [indispu'taßle] *adj* unbestritten, nicht in Frage [*o* infrage] gestellt

indistinción [indistin'θjon] *f* ❶ (*vaguedad*) Unbestimmtheit *f*

❷ (*igualdad*) Nichtunterscheidung *f*, Undifferenziertheit *f*

indistinguible [indistin'gißle] *adj* nicht unterscheidbar (*de* von +*dat*), nicht differenzierbar (*de* von +*dat*)

indistintamente [iṇdistinta'mente] *adv* ❶ (*indiscriminadamente*) in gleicher Weise, ohne Unterschied
❷ (*irreconocible*) undeutlich, unbestimmt
indistinto, -a [iṇdis'tinto, -a] *adj* ❶ (*elev: indiferenciado*) undifferenziert, gleich geartet
❷ (*igual*) einerlei, gleich, egal; **es ~ que lo hagas tú o yo** es ist einerlei, ob du das machst oder ich
❸ (*difuso*) undeutlich; (*poco claro*) unbestimmt, vage
individua [iṇdi'βiðwa] *f* (*pey*) Frau *f*, Type *f*
individual [iṇdiβi'ðwal] *adj* ❶ (*personal*) individuell; (*peculiar*) einzigartig
❷ (*simple*) Einzel-; **habitación ~** Einzelzimmer *nt*; (**partido**) **~** (DEP) Einzel(spiel) *nt*; (**partido**) **~ femenino/masculino** Damen-/Herreneinzel *nt*
❸ (*And, CSur: idéntico*) identisch, genau gleich
individualidad [iṇdiβiðwali'ðað] *f* ❶ (*personalidad*) Individualität *f*, Persönlichkeit *f*
❷ (*que es único*) Einzigartigkeit *f*, Besonderheit *f*
❸ (*peculiaridad*) Eigenart *f*
individualismo [iṇdiβiðwa'lismo] *m* Individualismus *m*
individualista [iṇdiβiðwa'lista] I. *adj* individualistisch
II. *mf* Individualist(in) *m(f)*
individualizar [iṇdiβiðwali'θar] <z→c> *vt* individualisieren, einzeln betrachten [*o* behandeln]
individualmente [iṇdiβiðwal'mente] *adv* individuell
individuo [iṇdi'βiðwo] *m* ❶ (*espécimen*) Individuum *nt*, Einzelwesen *nt*
❷ (*miembro*) Mitglied *nt*
❸ (*pey: sujeto*) Typ *m*, Type *f fam*, Individuum *nt*, Kerl *m*; **dos ~s sospechosos** zwei verdächtige Gestalten; **¡qué ~ más raro!** was für eine seltsame Type!
indivisibilidad [iṇdiβisiβili'ðað] *f sin pl* Unteilbarkeit *f*
indivisible [iṇdiβi'siβle] *adj* unteilbar
indiviso, -a [iṇdi'βiso, -a] *adj* ungeteilt
indización [iṇdiθa'θjon] *f v.* **indexación**
Indo ['iṇdo] *m* (GASTR) *abr de* **Instituto nacional de denominaciones de origen** staatliches Institut *nt* für Herkunftsbezeichnungen
indochina [iṇdo'tʃina] *adj o f v.* **indochino**
Indochina [iṇdo'tʃina] *f* Indochina *nt*
indochino, -a [iṇdo'tʃino, -a] I. *adj* indochinesisch
II. *m, f* Indochinese, -in *m, f*
indócil [iṇ'doθil] *adj* ❶ (*desobediente*) unbeugsam, ungehorsam
❷ (*cabezota*) starrköpfig, eigensinnig
indocilidad [iṇdoθili'ðað] *f* ❶ (*desobediencia*) Ungehorsamkeit *f*
❷ (*cabezonería*) Starrköpfigkeit *f*
indocto, -a [iṇ'dokto, -a] *adj* (*elev*) ungelehrt, ungebildet
indoctrinar [iṇdoktri'nar] *vt* (*Am*) indoktrinieren
indocumentado, -a [iṇdokumen'taðo, -a] I. *adj* ❶ *ser* (*no registrado*) nicht dokumentiert, nirgends schriftlich festgehalten
❷ *estar* (*sin documentos*) ohne (Ausweis)papiere; **estar ~** seine (Ausweis)papiere nicht bei sich *dat* haben; **no andes ~** du sollst nicht ohne (Ausweis)papiere herumlaufen
❸ *ser* (*pey: ignorante*) unwissend
II. *m, f* ❶ (*que no lleva documentos*) jd, der sich nicht ausweisen kann
❷ (*Méx: ilegal*) illegaler Einwanderer *m*, illegale Einwanderin *f*
indoeuropeo, -a [iṇdoeuro'peo, -a] I. *adj* indoeuropäisch
II. *m, f* Indoeuropäer(in) *m(f)*
indogermánico, -a [iṇdoxer'maniko, -a] *adj* (LING) indogermanisch
índole [iṇ'dole] *f* ❶ (*condición*) Wesensart *f*
❷ (*manera de ser*) Naturell *nt*, Charakter *m*
❸ (*clase*) Art *f*; **cosas de esta ~** Dinge dieser Art, derartige Dinge
indolencia [iṇdo'lenθja] *f* ❶ (*apatía*) Apathie *f*, Teilnahmslosigkeit *f*
❷ (*indiferencia*) Gleichgültigkeit *f*, Interesselosigkeit *f*
❸ (*desgana*) Lustlosigkeit *f*, Trägheit *f*
indolente [iṇdo'lente] *adj* ❶ (*apático*) apathisch, teilnahmslos
❷ (*indiferente*) gleichgültig, interesselos
❸ (*con desgana*) lustlos, träge
indoloro, -a [iṇdo'loro, -a] *adj* schmerzfrei, schmerzlos
indomable [iṇdo'maβle] *adj* ❶ (*que no se somete*) unbeugsam
❷ (*indomesticable*) unzähmbar
❸ (*fuera de control*) unbezähmbar, unkontrollierbar
indomado, -a [iṇdo'maðo, -a] *adj* ungezähmt, ungebändigt
indomesticable [iṇdomesti'kaβle] *adj* ❶ (*animales*) unzähmbar, nicht domestizierbar
❷ (*fig: personas*) nicht zu bändigen
indomesticado, -a [iṇdomesti'kaðo, -a] *adj* verwildert, wild
indómito, -a [iṇ'domito, -a] *adj* ❶ (*indomable*) unbeugsam
❷ (*rebelde*) unbezähmbar, unbändig
indonesia [iṇdo'nesja] *adj o f v.* **indonesio**

Indonesia [iṇdo'nesja] *f* Indonesien *nt*
indonesio, -a [iṇdo'nesjo, -a] I. *adj* indonesisch
II. *m, f* Indonesier(in) *m(f)*
Indostán [iṇdos'tan] *m* Hindustan *nt*
indostanés, -esa [iṇdosta'nes, -esa] I. *adj* hindustanisch, aus Hindustan
II. *m, f* Hindustaner(in) *m(f)*
indostánico, -a [iṇdos'taniko, -a] *adj* hindustanisch
indubitable [iṇduβi'taβle] *adj* (*elev*) unzweifelhaft
inducción [iṇduk'θjon] *f* ❶ (ELEC: *corriente*) Induktion *f*
❷ (FILOS: *razonamiento*) Induktion *f*, Schlussfolgerung *f*
❸ (*instigación*) Anstiftung *f*, Verleitung *f*; **~ al falso testimonio** Verleitung zur Falschaussage
inducido [iṇdu'θiðo] *m* (ELEC) Anker *m*, Läufer *m*
inducir [iṇdu'θir] *irr como* **traducir** *vt* ❶ (TÉC, ELEC: *corriente*) induzieren
❷ (FILOS: *razonar*) (schluss)folgern (*de* aus +*dat*); **de todo esto induzco que...** aus alledem schließe ich, dass …
❸ (*instigar*) anstiften (*a/en* zu +*dat*), verleiten (*a/en* zu +*dat*); **~ en un error** zu einem Fehler verleiten
inductividad [iṇduktiβi'ðað] *f* (ELEC) Induktivität *f*
inductivo, -a [iṇduk'tiβo, -a] *adj* ❶ (ELEC: *corriente*) induktiv
❷ (*instigador*) verleitend
inductor[1] [iṇduk'tor] *m* (ELEC) Induktor *m*
inductor(a)[2] [iṇduk'tor(a)] *adj* ❶ (ELEC: *corriente*) induzierend
❷ (*instigador*) verleitend
indudable [iṇdu'ðaβle] *adj* zweifellos, unzweifelhaft; **es ~ que...** es besteht kein Zweifel daran, dass …
indulgencia [iṇdul'xenθja] *f* ❶ (REL: *pecados*) Ablass *m*
❷ (*elev: cualidad*) Nachsicht *f*; **proceder sin ~ contra...** gnadenlos [*o* schonungslos] vorgehen gegen …
indulgente [iṇdul'xente] *adj* (*elev*) nachsichtig (*con* gegenüber +*dat*)
indultar [iṇdul'tar] *vt* ❶ (JUR: *perdonar*) begnadigen; (*después del proceso*) freisprechen (*de* von +*dat*); **~ a alguien de la pena de muerte** jdm die Todesstrafe erlassen
❷ (*eximir*) ausnehmen (*de* aus +*dat*)
indulto [iṇ'dulto] *m* ❶ (*perdón total*) Straferlass *m*, Begnadigung *f*
❷ (*perdón parcial*) Strafminderung *f*, Begnadigung *f*
❸ (*exención*) Befreiung *f*
indumentaria [iṇdumen'tarja] *f* ❶ (*ropa*) Kleidung *f*; **¿dónde vas con esa ~?** (*irón*) wohin willst du denn in diesem Aufzug?
❷ (HIST: *estudio*) Trachtenkunde *f*, Kostümkunde *f*
indumentario, -a [iṇdumen'tarjo, -a] *adj* Kleidungs-
industria [iṇ'dustrja] *f* ❶ (COM: *conjunto*) Industrie *f*; (*sector*) Sektor *m*, Gewerbe *nt*; **~ aeronáutica** Luftfahrtindustrie *f*; **~ de la alimentación** [*o* **alimentaria**] Nahrungsmittelindustrie *f*; **~ del automóvil** Autoindustrie *f*; **~ auxiliar** Nebengewerbe *nt*, Zubringerindustrie *f*; **~ de bienes de consumo** Konsumgüterindustrie *f*; **~ de bienes de inversión** [*o* **de bienes de equipo**] (ECON) Investitionsgüterindustrie *f*; **~ del carbón y del acero** Montanindustrie *f*; **~ clave** Schlüsselindustrie *f*; **~ de la construcción** Bauindustrie *f*, Baugewerbe *nt*; **~ del libro** Buchgewerbe *nt*; **~ ligera/pesada** Leicht-/Schwerindustrie *f*; **~ manufacturera** verarbeitende Industrie, Fertigungsindustrie *f*; **~ mercantil** [*o* **comercial**] Handelsgewerbe *nt*; **~ metalúrgica** Metallindustrie *f*; **~ minera** Bergbauindustrie *f*; **~ naciente** junge Industrie; **~ del ocio** Freizeitindustrie *f*; **~ petrolífera** Mineralölindustrie *f*; **~ proveedora** Zulieferindustrie *f*; **~ puntera** Spitzenindustrie *f*; **~ secundaria** [*o* **de transformación**] (weiter)verarbeitende Industrie; **~ siderúrgica** Eisen- und Stahlindustrie *f*; **el Ministro de ~** der Industrieminister; **las ~s en expansión se concentran en el sector servicios** die industriellen Wachstumsbranchen konzentrieren sich im Dienstleistungssektor; **en la ~ terciaria** im Dienstleistungssektor, im Dienstleistungsgewerbe
❷ (*empresa*) Unternehmen *nt*, Betrieb *m*; (*fábrica*) Fabrik *f*
❸ (*dedicación*) Fleiß *m*, Hingabe *f*
❹ (*maña*) Fertigkeit *f*, Geschicklichkeit *f*; **de ~** (*a propósito*) absichtlich
industrial [iṇdus'trjal] I. *adj* Industrie-, Gewerbe-, industriell; **capacidad ~** industrielle Kapazität *f*; **centro ~** Industriezentrum *nt*; **impuesto ~** Gewerbesteuer *f*; **nave ~** Fabrikhalle *f*, Fabrikgebäude *nt*; **planta ~** Fabrik(anlage) *f*; **polígono ~** Industriegebiet *nt*, Gewerbegebiet *nt*; **productos ~es** industrielle Erzeugnisse; **reconversión ~** Umstellung der Industrieproduktion; **zona ~** Industriegebiet *nt*, Gewerbegebiet *nt*; **Opel acusa a VW de ~ de espionaje** Opel bezichtigt VW der Industriespionage
II. *mf* Industrielle(r) *mf*, Großunternehmer(in) *m(f)*; (*fabricante*) Fabrikant(in) *m(f)*
industrialismo [iṇdustrja'lismo] *m* Industrialismus *m*
industrialista [iṇdustrja'lista] I. *adj* Industrialismus-
II. *mf* Anhänger(in) *m(f)* des Industrialismus
industrialización [iṇdustrjaliθa'θjon] *f* Industrialisierung *f*
industrializar [iṇdustrjali'θar] <z→c> I. *vt* industrialisieren

industrioso

II. *vr:* ~**se** sich industrialisieren, sich industriell entwickeln
industrioso, -a [iṇdus'trjoso, -a] *adj* ❶ (*trabajador*) unternehmerisch, fleißig
  ❷ (*mañoso*) geschickt
INE ['ine] *m abr de* **Instituto Nacional de Estadística** Staatliches Statistisches Institut *nt*
inecuación [inekwa'θjon] *f* (MAT) Ungleichung *f*
inédito, -a [i'neðito, -a] *adj* ❶ (LIT: *no publicado*) unveröffentlicht
  ❷ (*desconocido*) unbekannt; **una experiencia inédita** eine völlig neue Erfahrung
inefabilidad [inefaβili'ðað] *f* Unbeschreibbarkeit *f,* Unaussprechlichkeit *f*
inefable [ine'faβle] *adj* unbeschreiblich, unsagbar
inefectivo, -a [inefek'tiβo, -a] *adj* ❶ (*sin resultado*) ineffektiv, unwirksam, fruchtlos
  ❷ (COM: *no rentable*) ineffizient, unwirtschaftlich
ineficacia [inefi'kaθja] *f* ❶ (*sin resultado*) Ineffektivität *f,* Unwirksamkeit *f,* Nutzlosigkeit *f;* ~ **jurídica** Rechtsunwirksamkeit *f*
  ❷ (COM: *sin rentabilidad*) Ineffizienz *f,* Unwirtschaftlichkeit *f*
  ❸ (*de una persona*) Inkompetenz *f,* Untauglichkeit *f*
ineficaz [inefi'kaθ] *adj* ❶ (*cosa*) ineffektiv, unwirksam, fruchtlos
  ❷ (*persona*) inkompetent, untauglich
ineficiencia [inefi'θjenθja] *f* Ineffizienz *f,* Unwirtschaftlichkeit *f*
ineficiente [inefi'θjente] *adj* ineffizient, unwirtschaftlich
inejecución [inexeku'θjon] *f* Nichtvollstreckung *f,* Nichtausführung *f*
inelasticidad [inelasti'θi'ðað] *f sin pl* Inelastizität *f;* ~ **de la demanda** (ECON) Inelastizität der Nachfrage
inelegancia [inele'γanθja] *f* fehlende Eleganz *f,* Mangel *m* an Eleganz
inelegibilidad [inelexiβili'ðað] *f* Nichtwählbarkeit *f*
inelegible [inele'xiβle] *adj* nicht wählbar
ineluctable [ineluk'taβle] *adj* (*elev*) **ineludible** [inelu'ðiβle] *adj* (*elev*) unvermeidlich, unentrinnbar
INEM [i'nem] *m abr de* **Instituto Nacional de Empleo** Staatliches Institut für Arbeitsvermittlung
inembargabilidad [inembarγaβili'ðað] *f* (JUR) Unpfändbarkeit *f*
inembargable [inembar'γaβle] *adj* (JUR, ECON) unpfändbar, beschlagnahmefrei; **exigible** ~ unpfändbare Forderung; **haberes** ~**s** unpfändbare Bezüge; **objeto** ~ beschlagnahmefreier Gegenstand
inenarrable [inena'rraβle] *adj* unbeschreiblich, außergewöhnlich; **una aventura** ~ ein unbeschreibliches Erlebnis
inencontrable [inenkon'traβle] *adj* unauffindbar
inepcia [i'neβθja] *f* (AmC, Arg) ❶ (*ineptitud*) Unfähigkeit *f*
  ❷ (*necedad*) Torheit *f;* **decir** ~**s** Unsinn reden
ineptitud [inepti'tuð] *f* ❶ (*incapacidad*) Unfähigkeit *f* (*para* zu +*dat*)
  ❷ (*incompetencia*) Untauglichkeit *f* (*para* für +*akk*)
inepto, -a [i'nepto, -a] *adj* ❶ (*incapaz*) unfähig (*para* zu +*dat*)
  ❷ (*incompetente*) untauglich (*para* für +*akk*)
inequitativo, -a [inekita'tiβo, -a] *adj* (JUR) unbillig
inequívoco, -a [ine'kiβoko, -a] *adj* eindeutig, unmissverständlich
inercia [i'nerθja] *f* (*t.* FÍS) Trägheit *f;* **ley de la** ~ Trägheitsgesetz *nt;* **por** ~ aus Gewohnheit, aus Trägheit [*o* auf Grund] der Trägheit
inercial [iner'θjal] *adj* (FÍS) Trägheits-
inerme [i'nerme] *adj* ❶ (*desarmado*) unbewaffnet
  ❷ (BIOL: *sin aguijón*) stachellos; (*sin púas*) dornenlos
  ❸ (*indefenso*) wehrlos; **sentirse** ~ sich wehrlos fühlen
inerte [i'nerte] *adj* ❶ (*sin vida*) tot
  ❷ (*inmóvil*) leblos
  ❸ (QUÍM) inert
  ❹ (FÍS) träge
inescrutable [ineskru'taβle] *adj* (*elev*) unergründbar, unergründlich
inesperable [inespe'raβle] *adj* unvorhersehbar, unverhofft
inesperado, -a [inespe'raðo, -a] *adj* unerwartet, unvorhergesehen; **una sorpresa inesperada** eine unverhoffte Überraschung
inestabilidad [inestaβili'ðað] *f* ❶ (*t.* TÉC: *fragilidad*) Instabilität *f;* **la** ~ **del mercado** (ECON) die Unbeständigkeit des Marktes; **la** ~ **del euro** (ECON) die Instabilität des Euro; ~ **política** (POL) politische Instabilität
  ❷ (*variabilidad*) Unbeständigkeit *f*
inestable [ines'taβle] *adj* ❶ (*t.* TÉC: *frágil*) instabil; **precios** ~**s** schwankende Preise; **tipos de cambio** ~**s** schwankende Wechselkurse
  ❷ (*variable*) unbeständig
inestimabilidad [inestimaβili'ðað] *f sin pl* Unschätzbarkeit *f*
inestimable [inesti'maβle] *adj* unschätzbar; **de valor** ~ von unschätzbarem Wert
inevitable [ineβi'taβle] *adj* unvermeidbar, unvermeidlich
inevitablemente [ineβitaβle'mente] *adv* unweigerlich
inexactitud [inekˠsakti'tuð] *f* ❶ (*no exacto*) Ungenauigkeit *f*
  ❷ (*error*) Fehler *m*
inexacto, -a [inekˠ'sakto, -a] *adj* ❶ (*no exacto*) ungenau, inexakt
  ❷ (*erróneo*) falsch

infarto

inexcusable [inesku'saβle] *adj* ❶ (*ineludible*) unumgänglich
  ❷ (*sin disculpa*) unverzeihbar, unverzeihlich, unentschuldbar; **una falta** ~ ein unverzeihlicher Fehler
inexistencia [inekˠsis'tenθja] *f* Nichtvorhandensein *nt,* Inexistenz *f*
inexistente [inekˠsis'tente] *adj* nicht vorhanden, inexistent
inexorabilidad [inekˠsoraβili'ðað] *f* (*elev*) Unerbittlichkeit *f*
inexorable [inekˠso'raβle] *adj* (*elev*) unerbittlich (*en* in +*dat*)
inexperiencia [inespe'rjenθja] *f* Unerfahrenheit *f*
inexperto, -a [ines'perto, -a] *adj* unerfahren
inexpiable [ines'pjaβle] *adj* nicht sühnbar
inexplicable [inespli'kaβle] *adj* unerklärlich; **eso es** ~ **en tan poco tiempo** das kann man nicht in so kurzer Zeit erklären
inexplicado, -a [inespli'kaðo, -a] *adj* unklar, ungeklärt
inexplorado, -a [inesplo'raðo, -a] *adj* unerforscht
inexplotable [inesplo'taβle] *adj* ❶ (*no aprovechable*) nicht verwertbar [*o* nutzbar]
  ❷ (AGR) nicht anbaufähig
  ❸ (MIN) nicht abbaufähig [*o* abbauwürdig]
inexplotado, -a [inesplo'taðo, -a] *adj* ungenutzt
inexportable [inespor'taβle] *adj* (ECON) nicht exportfähig
inexpresable [inespre'saβle] *adj* unbeschreiblich
inexpresividad [inespresiβi'ðað] *f* Unbeschreiblichkeit *f*
inexpresivo, -a [inespre'siβo, -a] *adj* ❶ (*aplicado a la cara/mirada*) ausdruckslos
  ❷ (*aplicado a cosas*) nichts sagend
inexpugnable [inespuγ'naβle] *adj* ❶ (*inconquistable*) uneinnehmbar
  ❷ (*irreductible*) unerschütterlich
in extenso [in es'tenso] detailliert, in extenso
inextinguible [inestin'giβle] *adj* ❶ (*fuego, llama*) nicht löschbar
  ❷ (*amor, esperanza*) unauslöschlich
inextirpable [inestir'paβle] *adj* ❶ (*no erradicable*) unausrottbar
  ❷ (MED) nicht operierbar, inoperabel
in extremis [in es'tremis] *adv* (MED) im Sterben liegend, in extremis
inextricable [inestri'kaβle] *adj* ❶ (*enmarañado*) undurchdringlich
  ❷ (*complicado*) verwickelt
infalibilidad [imfaliβili'ðað] *f* Unfehlbarkeit *f*
infalible [imfa'liβle] *adj* unfehlbar; **un éxito** ~ ein bombensicherer Erfolg
infalsificable [imfalsifi'kaβle] *adj* fälschungssicher
infamación [imfama'θjon] *f* Verleumdung *f*
infamador(a) [imfama'ðor(a)] I. *adj* verleumderisch
II. *m(f)* Verleumder(in) *m(f)*
infamante [imfa'mante] *adj* schimpflich, schändlich, entehrend
infamar [imfa'mar] *vt* schänden (*Ansehen, Ehre*)
infamatorio, -a [imfama'torjo, -a] *adj* (*elev*) schändlich; **palabras infamatorias** verleumderische Worte
infame [im'fame] *adj* ❶ (*vil*) gemein, niederträchtig, infam
  ❷ (*muy malo*) miserabel
infamia [im'famja] *f* ❶ (*canallada*) Gemeinheit *f,* Niederträchtigkeit *f*
  ❷ (*deshonra*) Schande *f*
infancia [im'fanθja] *f* ❶ (*niñez*) Kindheit *f;* **enfermedades de la** ~ Kinderkrankheiten *fpl;* **primera/segunda** ~ frühes/fortgeschrittenes Kindesalter; **recuerdos de la** ~ Kindheitserinnerungen *fpl*
  ❷ (*etapa inicial*) Anfang *m;* **estar en su** ~ noch in den Kinderschuhen stecken
  ❸ (*niños*) Kinder *ntpl*
infante, -a [im'fante, -a] *m, f* ❶ (*elev: niño/niña*) Knabe *m,* Mädchen *nt;* **jardín de** ~**s** (*Am*) Kindergarten *m*
  ❷ (*príncipe/princesa*) Infant(in) *m(f)*
  ❸ (*soldado*) Infanterist(in) *m(f)*
infantería [imfante'ria] *f* (MIL) Infanterie *f;* ~ **ligera** leichte Infanterie; ~ **de marina** Marineinfanterie *f*
infanticida [imfanti'θiða] I. *adj:* **madre** ~ Kind(e)smörderin *f*
II. *mf* Kindermörder(in) *m(f)*
infanticidio [imfanti'θiðjo] *m* Kind(e)smord *m*
infantil [imfan'til] *adj* ❶ (*referente a la infancia*) Kinder-; **centro** ~ Kindertagesstätte *f;* **moda** ~ Kindermode *f;* **trabajo** ~ Kinderarbeit *f;* **la sonrisa** ~ **de tu abuelo** das kindliche Lächeln deines Großvaters
  ❷ (*pey: ingenuo*) kindisch, infantil
infantilidad [imfantili'ðað] *f* kindisches Wesen *nt,* Infantilität *f;* **la** ~ **de su comportamiento** sein/ihr infantiles Benehmen
infantilismo [imfanti'lismo] *m* ❶ (*ingenuidad*) Kindlichkeit *f,* Infantilität *f*
  ❷ (MED, PSICO) Infantilismus *m*
infantiloide [imfanti'loiβe] *adj* (*fam*) kindisch *pey*
infanzón, -ona [imfan'θon, -ona] *m, f* (HIST) Angehörige(r) *mf* des niederen Landadels
infarto [im'farto] *m* Infarkt *m;* ~ **de miocardio** Herzinfarkt *m;* **sufrir un** ~ einen Infarkt erleiden

infatigable [iɱfati'ɣaβle] *adj* unermüdlich (*en* in +*dat,* *para* bei +*dat*)
infatigablemente [iɱfatiɣaβle'mente] *adv* unermüdlich
infatuarse [iɱfatu'arse] <*1. pres:* me infatúo> *vr* (*elev*) sich *dat* etwas einbilden (*con* auf +*akk*)
infausto, -a [iɱ'fausto, -a] *adj* unheilvoll
infección [iɱfeɣ'θjon] *f* (MED) ❶ (*contaminación*) Ansteckung *f*
❷ (*afección*) Infektion *f;* ~ **intestinal** Darminfektion *f*
infeccioso, -a [iɱfeɣ'θjoso, -a] *adj* (MED) infektiös, Infektions-; **enfermedad infecciosa** Infektionskrankheit *f;* **foco** ~ Infektionsherd *m*
infectar [iɱfek'tar] I. *vt* ❶ (MED: *contagiar*) infizieren, anstecken
❷ (*fam: contaminar*) verseuchen
❸ (*corromper*) infizieren
II. *vr:* ~**se** ❶ (*contagiarse*) sich infizieren, sich anstecken
❷ (*inflamarse*) sich entzünden
infecto, -a [iɱ'fekto, -a] *adj* ❶ (*contagiado*) infiziert (*de* mit +*dat*); ~ **de ideas peligrosas** mit gefährlichen Gedanken infiziert
❷ (*nauseabundo*) Ekel erregend, widerlich; **es un café** ~ der Kaffee schmeckt ekelhaft
❸ (*corrupto*) schmutzig
infecundidad [iɱfekundi'ðaᵈ] *f* (*t.* BIOL, MED) Unfruchtbarkeit *f*
infecundo, -a [iɱfe'kundo, -a] *adj* (*t.* BIOL, MED) unfruchtbar
infelicidad [iɱfeliθi'ðaᵈ] *f* ❶ (*falta de felicidad*) Unzufriedenheit *f;* **la ~ de la madre afectó a toda la familia** die ganze Familie litt darunter, dass die Mutter so unglücklich war
❷ (*suerte adversa*) Unglück *nt*
infeliz [iɱfe'liθ] I. *adj* ❶ (*no feliz*) unglücklich
❷ (*fam: ingenuo*) treudoof
II. *mf* (*fam*) ❶ (*desgraciado*) Unglückliche(r) *mf*
❷ (*buenazo*) armer Tropf *m*
inferencia [iɱfe'renθja] *f* (Schluss)folgerung *f*
inferior [iɱfe'rjor] I. *adj* ❶ (*debajo*) untere(r, s); **labio** ~ Unterlippe *f;* **ser** ~ **a un año** ein Jahr unterschreiten, unter einem Jahr alt sein
❷ (*de menos calidad*) minderwertiger (*a* als +*nom*)
❸ (*de menos importancia, categoría*) niedriger (*a* als +*nom*); **organismos ~es** niedere Organismen
❹ (*menos*) geringer (*a* als +*nom*)
❺ (*subordinado*) untergeben
II. *mf* Untergebene(r) *mf*
inferioridad [iɱferjori'ðaᵈ] *f* Unterlegenheit *f;* **complejo de** ~ Minderwertigkeitskomplex *m;* **estar en** ~ **de condiciones** im Nachteil sein
inferir [iɱfe'rir] *irr como sentir* I. *vt* ❶ (*deducir*) schließen (*de/por* aus +*dat*), folgern (*de/por* aus +*dat*)
❷ (*ocasionar*) herbeiführen
❸ (*causar*) zufügen; ~ **heridas a alguien** jdm Verletzungen zufügen, jdn verletzen
II. *vr:* ~**se** hervorgehen (*de* aus +*dat*)
infernal [iɱfer'nal] *adj* höllisch, Höllen-; **ruido** ~ Höllenlärm *m;* **es un niño** ~ das ist ein schreckliches [*o* unerträgliches] Kind
infernar [iɱfer'nar] <e→ie> I. *vt* ❶ (*ocasionar la condenación*) der Verdammnis preisgeben
❷ (*fig: molestar*) ärgern
II. *vr:* ~**se** ❶ (*ocasionarse la condenación*) der Verdammnis anheim fallen
❷ (*fig: molestarse*) sich ärgern, sich aufregen
infernillo [iɱfer'niʎo] *m* Kocher *m*
infértil [iɱ'fertil] *adj* unfruchtbar
infertilidad [iɱfertili'ðaᵈ] *f sin pl* Unfruchtbarkeit *f*
infestación [iɱfesta'θjon] *f sin pl* ❶ (*parásitos*) Befall *m;* (*hierbas*) Plage *f*
❷ (*infección*) Ansteckung *f,* Infektion *f*
infestar [iɱfes'tar] *vt* ❶ (*inundar*) überschwemmen (*de* mit +*dat*); **infestado de malas hierbas** mit Unkraut übersät; **las langostas ~on los campos** die Felder wurden von Heuschrecken befallen
❷ (*infectar*) anstecken (*de* mit +*dat*), infizieren (*de* mit +*dat*)
❸ (*causar*) zufügen
❹ (*corromper*) infizieren (*de* mit +*dat*)
infesto, -a [iɱ'festo, -a] *adj* (*elev*) schädlich
infibulación [iɱfiβula'θjon] *f* Infibulation *f*
inficionar [iɱfiθjo'nar] *vt* ❶ (*contaminar*) verseuchen
❷ (*envenenar*) vergiften
❸ (*corromper*) verderben
infidelidad [iɱfiðeli'ðaᵈ] *f* ❶ (*deslealtad*) Untreue *f*
❷ (*incredulidad*) Unglaube *m*
infidelísimo, -a [iɱfiðe'lisimo, -a] *adj superl de* **infiel**
infidencia [iɱfi'ðenθja] *f* ❶ (*elev: infidelidad*) Untreue *f*
❷ (*violación de la confianza*) Vertrauensbruch *m*
infiel [iɱ'fjel] I. *adj* <infidelísimo> ❶ (*desleal*) untreu
❷ (*pagano*) ungläubig
❸ (*inexacto*) nicht getreu
II. *mf* Ungläubige(r) *mf*
infiernillo [iɱfjer'niʎo] *m* Kocher *m*
infierno [iɱ'fjerno] *m* ❶ (*t.* REL) Hölle *f;* **¡al ~ con el trabajo!** zur Hölle mit der Arbeit!; **mandar al** ~ zum Teufel jagen; **su matrimonio es un** ~ seine/ihre Ehe ist die (reinste) Hölle; **¡vete al ~!** fahr zur Hölle!; **vive en el quinto** ~ er/sie wohnt jwd
❷ (*en la mitología*) Unterwelt *f*
❸ (*Cuba: juego de naipes*) Kartenspiel
infijación [iɱfixa'θjon] *f sin pl* (LING) Infigierung *f*
infijo [iɱ'fixo] *m* (LING) Infix *nt*
infiltración [iɱfiltra'θjon] *f* ❶ (*el penetrar*) Einsickern *nt,* Infiltration *f*
❷ (*propagación*) Verbreitung *f* (*von Ideen, Doktrinen*)
❸ (POL) Einschleusung *f*
infiltrado, -a [iɱfil'trado, -a] *m, f* Spion(in) *m(f)*
infiltrar [iɱfil'trar] I. *vt* ❶ (*penetrar*) einsickern lassen (*en* in +*akk*), infiltrieren (*en* in +*akk*)
❷ (*inculcar*) verbreiten (*entre* unter +*dat*)
II. *vr:* ~**se** ❶ (*penetrar*) einsickern (*en* in +*akk*)
❷ (*introducirse*) sich einschleusen (*en* in +*akk*)
ínfimo, -a ['iɱfimo, -a] *adj* ❶ (*muy bajo*) unterste(r, s)
❷ (*mínimo*) geringste(r, s); **detalle** ~ winziges Detail
❸ (*vil*) niederträchtigste(r, s)
infinible [iɱfi'niβle] *adj* (*elev*) unvergänglich, ewig
infinidad [iɱfini'ðaᵈ] *f* ❶ (*cualidad de infinito*) Unendlichkeit *f*
❷ (*gran número*) Unmenge *f* (*de* an/von +*dat*); **una ~ de cosas** eine Unmenge von Sachen
infinitesimal [iɱfinitesi'mal] *adj* (MAT) infinitesimal; **cálculo** ~ Infinitesimalrechnung *f*
infinitivo¹ [iɱfini'tiβo] *m* (LING) Infinitiv *m*
infinitivo, -a² [iɱfini'tiβo, -a] *adj* (LING) Infinitiv-; **forma infinitiva** Infinitivform *f*
infinito¹ [iɱfi'nito] *m* (*t.* MAT) Unendliche(s) *nt*
infinito, -a² [iɱfi'nito, -a] *adj* ❶ (*ilimitado*) unendlich, endlos; (*aplicado a cosas no materiales*) grenzenlos
❷ (*incontable*) unzählbar
infinitud [iɱfini'tuᵈ] *f sin pl* Unendlichkeit *f*
infirmar [iɱfir'mar] *vt* (JUR) außer Kraft setzen, annullieren
inflable [iɱ'flaβle] *adj* aufblasbar
inflación [iɱfla'θjon] *f* ❶ (*el inflar*) Aufblasen *nt;* (MED) Aufblähung *f*
❷ (ECON) Inflation *f;* ~ **baja** [*o* **moderada**] niedrige Inflation; ~ **de costes** kostenbedingte Inflation, Kosteninflation *f;* ~ **oculta** verdeckte Inflation; ~ **provocada por los costes salariales** lohnkosteninduzierte Inflation; ~ **reptante/galopante** schleichende/galoppierende Inflation; ~ **persistente** anhaltende Inflation; ~ **subyacente** verdeckte [*o* versteckte] Inflation; **tasa de** ~ Inflationsrate *f;* **controlar** [*o* **luchar contra**] **la** ~ die Inflation bekämpfen; **la ~ se dispara** die Inflation galoppiert
❸ (*exceso*) Übermaß *nt*
inflacionario, -a [iɱflaθjo'narjo, -a] *adj* inflationär, inflationistisch; **espiral inflacionaria** Inflationsspirale *f*
inflacionismo [iɱflaθjo'nismo] *m* (ECON) Inflationismus *m*
inflacionista [iɱflaθjo'nista] *adj* (ECON) inflationär, inflationistisch
inflador [iɱfla'ðor] *m* Luftpumpe *f*
inflagaitas [iɱfla'ɣaitas] *m inv* (*fam*) Blödmann *m,* Knallkopf *m*
inflamabilidad [iɱflamaβili'ðaᵈ] *f sin pl* Entflammbarkeit *f,* Brennbarkeit *f*
inflamable [iɱfla'maβle] *adj* leicht entzündbar, leicht brennbar
inflamación [iɱflama'θjon] *f* ❶ (*t.* MED) Entzündung *f;* ~ **de las amígdalas** Mandelentzündung *f*
❷ (TÉC) Entflammung *f,* Zündung *f;* ~ **espontánea** Selbstzündung *f;* **punto de** ~ Zündpunkt *m*
inflamar [iɱfla'mar] I. *vt* ❶ (*encender*) entzünden
❷ (*excitar*) entflammen
II. *vr:* ~**se** (*t.* MED) sich entzünden; **se me ha inflamado el pulgar** mein Daumen hat sich entzündet; ~**se de rabia** in Wut geraten
inflamatorio, -a [iɱflama'torjo, -a] *adj* (MED) entzündlich
inflamiento [iɱfla'mjento] *m* Aufblasen *nt;* (*con inflador*) Aufpumpen *nt*
inflar [iɱ'flar] I. *vt* ❶ (*llenar de aire*) aufblasen
❷ (*exagerar*) aufbauschen; ~ **la economía** die Wirtschaft aufblähen
II. *vr:* ~**se** ❶ (*hincharse*) sich aufblähen (*de* mit +*dat*)
❷ (*fam: hartarse de bebida*): **se ha inflado de coca-cola** er/sie hat sich *dat* den Bauch mit Cola voll gekippt
❸ (*fam: hartarse de comida*) sich voll stopfen (*de* mit +*dat*)
inflexibilidad [iɱfleɣsiβili'ðaᵈ] *f* ❶ (*rigidez*) Inflexibilität *f*
❷ (*firmeza*) Unnachgiebigkeit *f* (*a* gegenüber +*dat,* *en* in +*dat*)
inflexible [iɱfleɣ'siβle] *adj* ❶ (*rígido*) unbiegsam
❷ (*firme*) unnachgiebig (*a* gegenüber +*dat,* *en* in +*dat*)
inflexión [iɱfleɣ'sjon] *f* ❶ (*torcimiento*) Biegung *f*
❷ (*referente a la voz*) Modulation *f*

❸ (MAT) Wendepunkt *m*
❹ (LING) Flexion *f*, Beugung *f*
infligir [iɱfli'xir] <g→j> *vt*: ~ **un castigo** eine Strafe auferlegen; ~ **daño** Schaden verursachen; (*dolor*) Schmerz zufügen; ~ **una derrota** eine Niederlage bereiten
influencia [iɱ'flwenθja] *f* Einfluss *m* (*en/sobre* auf +*akk*); **tener** ~ **con alguien** gute Beziehungen zu jdm haben
influenciable [iɱflwen'θjaβle] *adj* beeinflussbar
influenciar [iɱflwen'θjar] I. *vt* beeinflussen
II. *vr*: ~**se** sich beeinflussen lassen
influir [iɱflu'ir] *irr como huir* I. *vi* ❶ (*contribuir*) beeinflussen (*en/sobre* +*akk*)
❷ (*actuar*) einwirken (*en/sobre* auf +*akk*)
II. *vt* beeinflussen
III. *vr*: ~**se** sich beeinflussen lassen (*de* von +*dat*)
influjo [iɱ'fluxo] *m* ❶ (*influencia*) Einfluss *m*
❷ (*flujo*) Flut *f*
influyente [iɱflu'ɟente] *adj* einflussreich
información [iɱforma'θjon] *f* Information *f* (*sobre* über +*akk*); (*oficina*) Auskunft(sstelle) *f*; ~ **bancaria** Bankauskunft *f*; ~ **al consumidor** Verbraucherinformation *f*; ~ **horaria por teléfono** telefonische Zeitansage; ~ **oficial** amtliche Auskunft; ~ **periodística** Zeitungsnachricht *f*; ~ **pública** öffentliche Bekanntmachung; ~ **sobre el tiempo** Wetterbericht *m*; **para averiguar esto, tienes que preguntar en** ~ um das herauszufinden, musst du bei der Auskunft nachfragen
informador(a) [iɱforma'ðor(a)] *m(f)* ❶ (*informante*) Informant(in) *m(f)*
❷ (*periodista*) Berichterstatter(in) *m(f)*
informal [iɱfor'mal] *adj* ❶ (*desenfadado*) informal; **bienvenida** ~ formlose Begrüßung *f*; **lenguaje** ~ Umgangssprache *f*
❷ (*no cumplidor*) unzuverlässig
informalidad [iɱformali'ðað] *f* Unzuverlässigkeit *f*
informalismo [iɱforma'lismo] *m* (ARTE) informelle Kunst *f*, Informalismus *m*
informante [iɱfor'mante] *mf* Informant(in) *m(f)*
informar [iɱfor'mar] I. *vt* ❶ (*comunicar*) informieren (*de/sobre* über +*akk*)
❷ (*elev: fundamentar*) begründen
II. *vi* (JUR) plädieren
III. *vr*: ~**se** sich informieren (*de* über +*akk*)
informática [iɱfor'matika] *f* Informatik *f*, elektronische Datenverarbeitung *f*
informático, -a [iɱfor'matiko, -a] I. *adj*: **fallo** ~ Computerfehler *m*
II. *m*, *f* Informatiker(in) *m(f)*
informativo¹ [iɱforma'tiβo] *m* Nachrichtensendung *f*
informativo, -a² [iɱforma'tiβo, -a] *adj* informativ, Informations-; **boletín** ~ (*por escrito*) Informationsblatt *nt*; (*radial*) Nachrichten *fpl*; **de carácter** ~ informativ
informatización [iɱformatiθa'θjon] *f* Umstellung *f* auf EDV, Computerisierung *f*
informatizar [iɱformati'θar] <z→c> *vt* auf EDV umstellen
informe [iɱ'forme] I. *adj* ❶ (*sin forma*) unförmig
❷ (*indefinido*) unbestimmt
II. *m* ❶ (*exposición*) Bericht *m* (*sobre* über +*akk*); ~ **anual** Jahresbericht *m*; ~ **del balance** Bilanzbericht *m*; ~ **de cierre de ejercicio** Jahresabschlussbericht *m*; ~ **de cuentas** Rechenschaftsbericht *m*; ~ **económico anual** Jahreswirtschaftsbericht *m*; ~ **financiero** Finanzbericht *m*; ~ **de investigación** Recherchenbericht *m*; ~ **pericial** Sachverständigengutachten *nt*; ~ **técnico** fachliche Stellungnahme; ~ **de viabilidad** Durchführbarkeitsstudie *f*; **elaborar** [*o* **redactar**] **un** ~ einen Bericht erstellen; **presentar un** ~ **de ventas al director** dem Direktor einen Verkaufsbericht vorlegen
❷ *pl* (*referencias*) Referenzen *fpl* (*sobre* über +*akk*)
informulable [iɱformu'laβle] *adj* unaussprechlich, nicht in Worte zu fassen
infortificable [iɱfortifi'kaβle] *adj* (MIL) nicht zu befestigen
infortunadamente [iɱfortunaða'mente] *adv* unglücklicherweise
infortunado, -a [iɱfortu'naðo, -a] *adj* unglücklich
infortunio [iɱfor'tunjo] *m* ❶ (*adversidad*) Unglück *nt*
❷ (*mala suerte*) Pech *nt*
infotainment [iɱfo'tainmenᵗ] *m* Infotainment *n*
infracapitalizado, -a [iɱfrakapitali'θaðo, -a] *adj* unterkapitalisiert
infracción [iɱfraɣ'θjon] *f* Verstoß *m* (*de* gegen +*akk*), Vergehen *nt* (*de* gegen +*akk*); ~ **de actas** Aktenwidrigkeit *f*; ~ **aduanera** Zollvergehen *nt*; ~ **de un contrato** Vertragsbruch *m*, Vertragsverletzung *f*; ~ **de deberes** Obliegenheitsverletzung *f*; ~ **del deber de alimentos** Unterhaltsverletzung *f*; ~ **del deber jurídico** Rechtspflichtverletzung *f*; ~ **del deber profesional** Berufspflichtverletzung *f*; ~ **del derecho fundamental** Grundrechtsverletzung *f*; ~ **fiscal** Steuervergehen *nt*; ~ **de ley** Gesetzesverletzung *f*; ~ **de pesca** Fischwilderei *f*; ~ **de tráfico** Verkehrsübertretung *f*; ~ **tributaria** Steuerordnungswidrigkeit *f*
infractor(a) [iɱfrak'tor(a)] I. *adj* zuwiderhandelnd
II. *m(f)* Zuwiderhandelnde(r) *mf*; (JUR) Rechtsbrecher(in) *m(f)*; ~ **de la ley** Gesetzesbrecher *m*
infradesarrollado, -a [iɱfraðesarro'ʎaðo, -a] *adj* unterentwickelt
infradotado, -a [iɱfraðo'taðo, -a] *adj* unzureichend ausgestattet
infraestructura [iɱfraestruk'tura] *f* ❶ (*construcción*) Unterbau *m*
❷ (*medios*) Infrastruktur *f*
infraestructural [iɱfraestruktu'ral] *adj* infrastrukturell, Infrastruktur-
in fraganti [iɱ fra'ɣanti] *adv* in flagranti, auf frischer Tat
infrahumano, -a [iɱfrau'mano, -a] *adj* menschenunwürdig
infraliteratura [iɱfralitera'tura] *f* minderwertige Literatur *f*
infranqueable [iɱfranke'aβle] *adj* unüberwindbar
infraocupación [iɱfraokupa'θjon] *f* (ECON) Unterbeschäftigung *f*
infraorbitario, -a [iɱfraorβi'tarjo, -a] *adj* (ANAT) unterhalb der Augenhöhle, infraorbital
infrarrojo, -a [iɱfra'roxo, -a] *adj* (FÍS) infrarot; **rayos ~s** Infrarotstrahlen *mpl*
infrascrito, -a [iɱfras'krito, -a] *m*, *f* Unterzeichnete(r) *mf*, Unterzeichnende(r) *mf*
infraseguro [iɱfrase'ɣuro] *m* Unterversicherung *f*
infrasonido [iɱfraso'niðo] *m* (FÍS) Infraschall *m*
infrasonoro, -a [iɱfraso'noro, -a] *adj* (FÍS) Infraschall-
infrautilización [iɱfrautiliθa'θjon] *f* Nichtauslastung *f*
infrautilizar [iɱfrautili'θar] <z→c> *vt* nicht erschöpfend nutzen
infravaloración [iɱfraβalora'θjon] *f sin pl* Unterbewertung *f*
infravalorar [iɱfraβalo'rar] *vt* unterbewerten; **esta moneda está infravalorada** diese Währung ist unterbewertet
infravivienda [iɱfraβi'βjenda] *f* menschenunwürdige Behausung *f*
infrecuencia [iɱfre'kwenθja] *f* Seltenheit *f*
infrecuente [iɱfre'kwente] *adj* selten
infringir [iɱfriŋ'xir] <g→j> *vt* verstoßen (gegen +*akk*); ~ **una norma** gegen eine Norm verstoßen
infructuosidad [iɱfruktwosi'ðað] *f sin pl* Fruchtlosigkeit *f*, Erfolglosigkeit *f*
infructuoso, -a [iɱfruktu'oso, -a] *adj* unfruchtbar, vergeblich, ergebnislos; **invertir las energías en esfuerzos ~s** seine Energie sinnlos vergeuden, sich vergeblichen Mühen hingeben
ínfula ['iɱfula] *f* ❶ (REL) Infül *f* (*Zierband an der Mitra*)
❷ *pl* (*soberbia*): **darse ~s** sich wichtig machen; **no te des tantas ~s** tu nicht so wichtig; **venir con ~s** sich aufspielen
infumable [iɱfu'maβle] *adj* ❶ (*tabaco*) nicht rauchbar, ungenießbar
❷ (*fig: inaceptable*) unzumutbar, inakzeptabel; **esta novela es** ~ dieser Roman ist eine Zumutung
infundado, -a [iɱfun'daðo, -a] *adj* unbegründet
infundio [iɱ'fundjo] *m* Gerücht *nt*
infundir [iɱfun'dir] *vt* einflößen; (REL) geben, verleihen; ~ **valor a alguien** jdm Mut einflößen [*o* machen]; ~ **sospechas** einen Verdacht aufkommen lassen
infusible [iɱfu'siβle] *adj* unschmelzbar
infusión [iɱfu'sjon] *f* ❶ (*disolución*) Aufguss *m*; (MED) Infus *nt*
❷ (*bebida*) (Kräuter)tee *m*
infuso, -a [iɱ'fuso, -a] *adj* (*elev: inherente*) innewohnend (*de* +*dat*); (*adquirido*) anverwandelt; **tener ciencia infusa** (*irón*) die Weisheit auch nicht mit Löffeln gegessen haben
ingá [iŋ'ga] *m* (*Am: BOT*) Inga *f*
ingeniar [iŋxe'njar] I. *vt* erfinden
II. *vr*: ~**se** sich *dat* ausdenken; **ingeniárselas para hacer algo** es schaffen, etw zu tun
ingeniera [iŋxe'njera] *f v*. **ingeniero**
ingeniería [iŋxenje'ria] *f* ❶ (*técnica*) Technik *f*; ~ **financiera** (FIN) Finanzplanung *f*; ~ **genética** Gentechnik *f*
❷ (*disciplina*) Ingenieurwissenschaft *f*; **escuela de** ~ Ingenieurfachschule *f*
ingeniero, -a [iŋxe'njero, -a] *m*, *f* Ingenieur(in) *m(f)*; ~ **agrónomo** Agraringenieur *m*; ~ **de caminos, canales y puertos** Tiefbauingenieur *m*; ~ **de minas** Bergbauingenieur *m*; ~ **de sistemas** Systemingenieur *m*
ingenio [iŋ'xenjo] *m* ❶ (*inventiva*) Erfindungsgabe *f*, Erfindergeist *m*; **aguzar el** ~ seinen Geist anstrengen
❷ (*talento para contar*) Esprit *m*
❸ (*persona*) Genie *nt*
❹ (*maña*) Geschick *nt*
❺ (*máquina*) Maschine *f*
ingeniosidad [iŋxenjosi'ðað] *f* ❶ (*ingenio*) Erfindergeist *m*
❷ (*dicho*) Spruch *m*
ingenioso, -a [iŋxe'njoso, -a] *adj* ❶ (*hábil*) geschickt
❷ (*listo*) geistreich
ingente [iŋ'xente] *adj* enorm; ~ **cantidad** Unmenge *f*; **una ~ cantidad**

ingenuidad [iŋxenwi'ðað] *f* ❶ (*inocencia*) Naivität *f*
❷ (*torpeza*) Torheit *f*
ingenuo, -a [iŋ'xenwo, -a] *adj* naiv; **no te hagas el** ~ spiel nicht den Naiven
ingerir [iŋxe'rir] *irr como sentir vt* ❶ (*referente a medicamentos*) einnehmen
❷ (*beber*) trinken; (*comer*) essen
ingesta [iŋ'xesta] *f* (MED) aufgenommene Nahrung *f*, Ingesta *ntpl*
ingestión [iŋxes'tjon] *f* ❶ (*referente a medicamentos*) Einnahme *f*
❷ (*el beber*) Trinken *nt*; (*el comer*) Essen *nt*
Inglaterra [iŋla'terra] *f* England *nt*
ingle ['iŋgle] *f* (ANAT) Leiste *f*, Leistenbeuge *f*
inglés, -esa [iŋ'gles, -esa] I. *adj* englisch; **a la inglesa** nach englischer Art; **llave inglesa** Engländer *m* (*verstellbarer Schraubenschlüssel*)
II. *m, f* Engländer(in) *m(f)*
inglete [iŋ'glete] *m* ❶ (MAT) *ein Winkel von 45° bei einem rechtwinkligen gleichschenkligen Dreieck*
❷ (*de la moldura*) Gehrung *f*
ingobernable [iŋgoβer'naβle] *adj* ❶ (*no gobernable*) unregierbar
❷ (*no dirigible*) unsteuerbar
ingratitud [iŋgrati'tuð] *f* Undankbarkeit *f*
ingrato, -a [iŋ'grato, -a] *adj* undankbar (*con/para con* gegenüber +*dat*)
ingravidez [iŋgraβi'ðeθ] *f* Leichtigkeit *f*; **la ~ de sus movimientos** die Schwerelosigkeit seiner/ihrer Bewegungen
ingrávido, -a [iŋ'graβiðo, -a] *adj* ❶ (*falta de gravedad*) schwerelos
❷ (*ligero*) leicht
ingrediente [iŋgre'ðjente] *m* ❶ (*sustancia*) Zutat *f*
❷ (*elemento*) Bestandteil *m*
ingresar [iŋgre'sar] I. *vi* ❶ (*inscribirse*) eintreten (*en* in +*akk*)
❷ (*hospitalizarse*) eingeliefert werden; **ingresó en el hospital con quemaduras** er/sie kam mit Verbrennungen ins Krankenhaus
II. *vt* ❶ (*meter*) einzahlen; ~ **dinero en una cuenta** Geld auf ein Konto einzahlen; ~ **un cheque** einen Scheck einreichen
❷ (*hospitalizar*) einliefern (*en* in +*akk*)
❸ (*percibir*) verdienen
ingreso [iŋ'greso] *m* ❶ (*inscripción*) Eintritt *m*; **examen de ~** Aufnahmeprüfung *f*
❷ (*ceremonia*) Aufnahmezeremoniell *nt*
❸ (*alta*) Einlieferung *f*; **¿cuántos ~s hubo ayer?** wie viele Neuaufnahmen [*o* Neuzugänge] gab es gestern?
❹ (*en una cuenta*) Einzahlung *f*; **hacer** [*o* **realizar**] **un ~ en una cuenta** eine Einzahlung auf ein Konto vornehmen
❺ *pl* (*retribuciones*) Einnahmen *fpl*, Einkünfte *fpl*, Erträge *mpl*; **~s adicionales** Mehreinnahmen *fpl*; **~s anuales** Jahreseinkünfte *fpl*, Jahreseinnahmen *fpl*; **~s brutos/netos** Brutto-/Nettoerlöse *mpl*, Brutto-/Nettoeinnahmen *fpl*; **~s del capital** Erlös aus Kapitalvermögen; **~s efectivos** Effektivverdienst *m*; **~s por enajenación** Veräußerungseinkünfte *fpl*; **~s excedentarios** Überschusseinkünfte *fpl*; **~s financieros** Finanzerträge *mpl*; **~s fiscales** Steuereinnahmen *fpl*; **~s y gastos** Einnahmen und Ausgaben; **~s libres de impuestos** steuerfreie Einnahmen; **~s por publicidad** Werbeeinnahmen *fpl*
íngrimo, -a ['iŋgrimo, -a] *adj* (*Am: solitario*) einsam
inguinal [iŋgi'nal] *adj* (ANAT) Leisten-, inguinal
inhábil [i'naβil] *adj* ❶ (*torpe*) ungeschickt; **ser ~ para algo** für etw kein Geschick haben
❷ (JUR): **día ~** Feiertag *m*
inhabilidad [inaβili'ðað] *f* Ungeschicklichkeit *f*
inhabilitación [inaβilita'θjon] *f* (JUR) ❶ (*incapacitación*) Unfähigkeit *f*; **~ especial** Unfähigkeit zu einzelnen Ämtern
❷ (*interdicción*) Berufsverbot *nt*; **~ especial temporal** Berufsverbot auf Zeit
inhabilitar [inaβili'tar] *vt* (JUR) ❶ (*incapacitar*) für unfähig erklären (*para* zu +*dat*)
❷ (*prohibir*) ein Berufsverbot aussprechen (*a* gegen +*akk*)
inhabitable [inaβi'taβle] *adj* unbewohnbar
inhabitado, -a [inaβi'taðo, -a] *adj* unbewohnt, verlassen
inhabitual [inaβitu'al] *adj* ungewohnt, nicht üblich
inhalación [inala'θjon] *f* Einatmen *nt*; (MED) Inhalation *f*; **realizar inhalaciones de eucalipto** Inhalationen mit Eukalyptus machen
inhalador [inala'ðor] *m* (MED) Inhalationsapparat *m*, Inhalator *m*
inhalar [ina'lar] *vt* einatmen; (MED) inhalieren
inhereditable [inereði'taβle] *adj* nicht vererbbar
inherente [ine'rente] *adj* innewohnend (*a* +*dat*), verbunden (*a* mit +*dat*)
inhibición [iniβi'θjon] *f* ❶ (*represión*) Unterdrückung *f*
❷ (*abstención*) Zurückhaltung *f*; **mi ~ ante vuestras peleas es absoluta** ich halte mich völlig aus euren Streitigkeiten heraus
❸ (MED) Hemmung *f*

❹ (JUR) Ablehnung *f* (*eines Richters*)
inhibidor [iniβi'ðor] *m* (QUÍM) Hemmstoff *m*
inhibir [ini'βir] I. *vt* ❶ (*reprimir*) unterdrücken
❷ (BIOL) hemmen
❸ (JUR) (einen Richter) ablehnen
II. *vr*: **~se** sich heraushalten (*de/en* aus +*dat*); **~se de hacer algo** sich zurückhalten etw zu tun
inhibitorio, -a [iniβi'torjo, -a] *adj* (JUR) Untersagungs-; **procedimiento ~** Untersagungsverfahren *nt*
inhospitalario, -a [inospita'larjo, -a] *adj* ungastlich
inhospitalidad [inospitali'ðað] *f sin pl* Ungastlichkeit *f*
inhóspito, -a [i'nospito, -a] *adj* unwirtlich, ungastlich
inhumación [inuma'θjon] *f* Beisetzung *f*
inhumanidad [inumani'ðað] *f* Unmenschlichkeit *f*
inhumano, -a [inu'mano, -a] *adj* unmenschlich, inhuman
inhumar [inu'mar] *vt* (*elev*) beisetzen
INI ['ini] *m abr de* **Instituto Nacional de Industria** Staatliches Institut *nt* für Industrie (*Dachorganisation der staatlichen Industrieunternehmen in Spanien*)
iniciación [iniθja'θjon] *f* ❶ (*comienzo*) Beginn *m*; **~ del procedimiento** (JUR) Verfahrenseinleitung *f*
❷ (*introducción*) Einführung *f* (*a/en* in +*akk*)
❸ (*información sobre algo secreto*) Einweihung *f*
❹ (*admisión de un novato*) Initiation *f*
iniciado, -a [ini'θjaðo, -a] I. *adj* eingeweiht
II. *m, f* Eingeweihte(r) *mf*
iniciador[1] [iniθja'ðor] *m* (INFOR) Initiator *m*
iniciador(a)[2] [iniθja'ðor(a)] I. *adj*: **el país ~ de las hostilidades** das Land, von dem die Feindseligkeiten ausgehen
II. *m(f)* Initiator(in) *m(f)*
inicial [ini'θjal] I. *adj* anfänglich, Anfangs-; **capital ~** (ECON) Anfangskapital *nt*, Einlagekapital *nt*; **fase ~** Anfangsphase *f*; **saldo ~** (FIN) Anfangssaldo *m*
II. *f* Anfangsbuchstabe *m*
inicialización [iniθjaliθa'θjon] *f* (INFOR) Initialisierung *f*; **~ de ventanas Windows** Windows-Initialisierung *f*
inicializar [iniθjali'θar] <z→c> *vt* (INFOR) initialisieren
iniciar [ini'θjar] I. *vt* ❶ (*comenzar*) beginnen; **~ la sesión** die Sitzung eröffnen
❷ (*introducir*) einführen (*en* in +*akk*), vertraut machen (*en* mit +*dat*); **~ a alguien en matemáticas** jdn mit der Mathematik vertraut machen
❸ (*revelar un secreto*) einweihen (*en* in +*akk*)
❹ (INFOR) booten; **~ el funcionamiento del ordenador** den Rechner urladen
II. *vr*: **~se** ❶ (*comenzar*) beginnen
❷ **introducirse**) sich vertraut machen (*en* mit +*dat*)
iniciático, -a [ini'θjatiko, -a] *adj* Initiations-
iniciativa [iniθja'tiβa] *f* Initiative *f*; **~ propia** Eigeninitiative *f*; **la ~ del proyecto fue mía** das Projekt geht auf meine Initiative zurück; **dejar la ~ a alguien** jdm die Initiative überlassen; **le falta ~** ihm/ihr mangelt es an Initiative; **tener ~** Initiative haben [*o* besitzen]; **tomar la ~** die Initiative ergreifen; **estimular la ~ privada** (ECON) die Privatinitiative fördern
iniciativo, -a [iniθja'tiβo, -a] *adj* einleitend, einführend
inicio [i'niθjo] *m* Beginn *m*; **~ de la actividad** (COM) Betriebsaufnahme *f*; **~ de salto** (INFOR) Sprungstart *m*; **~ de texto** (INFOR) Textanfang *m*
inicuo, -a [i'nikwo, -a] *adj* ❶ (*injusto*) ungerecht
❷ (*malvado*) gemein, niederträchtig
inigualable [iniɣwa'laβle] *adj* unvergleichlich; **un paisaje de una belleza ~** eine Landschaft von unvergleichlicher Schönheit
inigualado, -a [iniɣwa'laðo, -a] *adj*: **récord ~** unerreichter Rekord *m*; **superficie inigualada** unebene Oberfläche *f*
inimaginable [inimaxi'naβle] *adj* unvorstellbar
inimitable [inimi'taβle] *adj* unnachahmlich
inimputabilidad [inimputaβili'ðað] *f* Unzurechnungsfähigkeit *f*
inimputable [inimpu'taβle] *adj* unzurechnungsfähig
ininflamable [inim'flamaβle] *adj* nicht brennbar
ininteligibilidad [inintelixiβili'ðað] *f* (*letra*) Unleserlichkeit *f*; (*palabras, expresión*) Unverständlichkeit *f*
ininteligible [ininteli'xente] *adj* unverständlich; (*escritura*) unleserlich
ininterrumpido, -a [ininterrum'piðo, -a] *adj* ununterbrochen
iniquidad [iniki'ðað] *f* ❶ (*injusticia*) Ungerechtigkeit *f*
❷ (*infamia*) Gemeinheit *f*, Niederträchtigkeit *f*
injerencia [iŋxe'renθja] *f* Einmischung *f* (*en* in +*akk*)
injeridura [iŋxeri'ðura] *f* (AGR) Veredelungsstelle *f*, Pfropfstelle *f*
injerir [iŋxe'rir] *irr como sentir* I. *vt* ❶ (*introducir*) einführen (*en* in +*akk*)
❷ (*injertar*) pfropfen
II. *vr*: **~se** sich einmischen (*en* in +*akk*)
injertar [iŋxer'tar] *vt* ❶ (*plantas*) pfropfen

injertera 430 **inmundicia**

② (MED) verpflanzen, transplantieren
injertera [iŋxer'tera] f (AGR) Baumschule f
injerto [iŋ'xerto] m ① (el injertar) Pfropfung f, Pfropfen nt
② (resultado del injertar) Kreuzung f
③ (brote) Pfröpfling m
④ (MED) Verpflanzung f, Transplantation f
injuria [iŋ'xurja] f (con palabras) Beschimpfung f; (con acciones o palabras) Beleidigung f; **proferir ~s contra alguien** Beschimpfungen gegen jdn ausstoßen
injuriador(a) [iŋxurja'ðor(a)] adj beleidigend
injuriar [iŋxu'rjar] vt (con palabras) beschimpfen; (con acciones o palabras) beleidigen
injurioso, -a [iŋxu'rjoso, -a] adj beleidigend
injusticia [iŋxus'tiθja] f Ungerechtigkeit f
injustificable [iŋxustifi'kaβle] adj nicht zu rechtfertigen
injustificado, -a [iŋxustifi'kaðo, -a] adj ungerechtfertigt
injusto, -a [iŋ'xusto, -a] adj ungerecht; (t. JUR: injustificado) ungerechtfertigt; **enriquecimiento ~** (JUR) ungerechtfertigte Bereicherung; **ser ~ con alguien** ungerecht gegen jdn sein, jdm gegenüber ungerecht sein
INLE ['inle] m abr de **Instituto nacional del libro español** Staatliches Spanisches Buchinstitut nt
Inmaculada [iⁿmaku'laða/iᵐmaku'laða] f Immaculata f (Beiname Marias); **la fiesta de la ~** Mariä Empfängnis (8. Dezember)
inmaculado, -a [iⁿmaku'laðo, -a/iᵐmaku'laðo, -a] adj ① (limpísimo) rein
② (impecable) makellos, unbefleckt elev
inmadurez [iⁿmaðu'reθ/iᵐmaðu'reθ] f sin pl Unreife f
inmaduro, -a [iⁿma'ðuro, -a/iᵐma'ðuro, -a] adj unreif; **ideas inmaduras** unreife [o unausgereifte] Ideen
inmanencia [iⁿma'nenθja/iᵐma'nenθja] f (elev) Immanenz f
inmanente [iⁿma'nente/iᵐma'nente] adj (elev) innewohnend (a +dat), immanent (a +dat)
inmanentismo [iⁿmanen'tismo/iᵐmanen'tismo] m (FILOS) Immanenzphilosophie f
inmarcesible [iⁿmarθe'siβle/iᵐmarθe'siβle] adj (formal) unvergänglich
inmarchitable [iⁿmartʃi'taβle/iᵐmartʃi'taβle] adj ① (planta) nicht (ver)welkend
② (fig: sentimientos) unvergänglich
inmaterial [iⁿmate'rjal/iᵐmate'rjal] adj (elev) immateriell
inmaterialidad [iⁿmateriali'ðað/iᵐmateriali'ðað] f sin pl Unstofflichkeit f, Immaterialität f
inmaterialismo [iⁿmaterja'lismo/iᵐmaterja'lismo] m sin pl (FILOS) Immaterialismus m
inmaterializar [iⁿmateriali'θar/iᵐmateriali'θar] <z→c> I. vt entstofflichen, entmaterialisieren
II. vr: **~se** sich entstofflichen, sich entmaterialisieren
inmediaciones [iⁿmeðja'θjones/iᵐmeðja'θjones] fpl nähere Umgebung f; **pueblos de las ~ de la capital** Dörfer in der näheren Umgebung der Hauptstadt
inmediatamente [iⁿmeðjata'mente/iᵐmeðjata'mente] adv ① (sin demora) sofort, unverzüglich
② (directamente) unmittelbar
inmediatez [iⁿmeðja'teθ/iᵐmeðja'teθ] f sin pl ① (contigüidad) Unmittelbarkeit f
② (sin demora) Unverzüglichkeit f
inmediato, -a [iⁿme'ðjato, -a/iᵐme'ðjato, -a] adj ① (sin demora) sofortig, unverzüglich; **de ~** sofort, unverzüglich; **su reacción fue inmediata** er/sie reagierte sofort [o unverzüglich]
② (directo) unmittelbar
③ (próximo) nächstgelegen; **en la sala inmediata** im Saal (direkt) nebenan; **el asiento ~ al mío** der Platz (direkt) neben meinem
inmedicable [iⁿmeði'kaβle/iᵐmeði'kaβle] adj (MED) (medikamentös) nicht behandelbar; **es un problema psicológico ~** es ist ein psychologisches Problem, das nicht mit Medikamenten zu heilen ist
inmejorable [iⁿmexo'raβle/iᵐmexo'raβle] adj vortrefflich, hervorragend
inmemorable [iⁿmemo'raβle/iᵐmemo'raβle] adj, **inmemorial** [iⁿmemo'rjal/iᵐmemo'rjal] adj sehr weit zurückliegend; **desde tiempos ~es** seit Menschengedenken, seit undenklichen Zeiten
in memóriam [iⁿme'morjan/iᵐme'morjan] (elev) in memoriam
inmensidad [iⁿmensi'ðað/iᵐmensi'ðað] f ① (extensión) Unermesslichkeit f, Unendlichkeit f
② (cantidad) ungeheure Menge f
inmenso, -a [iⁿ'menso, -a/iᵐ'menso, -a] adj unermesslich, immens
inmensurable [iⁿmensu'raβle/iᵐmensu'raβle] adj unmessbar
inmerecido, -a [iⁿmere'θiðo, -a/iᵐmere'θiðo, -a] adj unverdient
inmeritorio, -a [iⁿmeri'torjo, -a/iᵐmeri'torjo, -a] adj wenig ruhmreich
inmersión [iⁿmer'sjon/iᵐmer'sjon] f ① (sumersión) Eintauchen nt

② (ASTR) Immersion f
inmerso, -a [iⁿ'merso, -a/iᵐ'merso, -a] adj versunken (en in +akk); **estar ~ en una crisis** sich in einer Krise befinden, in einer Krise stecken
inmigración [iⁿmiɣra'θjon/iᵐmiɣra'θjon] f Immigration f, Einwanderung f
inmigrante [iⁿmi'ɣrante/iᵐmi'ɣrante] mf Immigrant(in) m(f), Einwanderer, -in m, f
inmigrar [iⁿmi'ɣrar/iᵐmi'ɣrar] vi immigrieren, einwandern; **~ en Austria/en Suiza** nach Österreich/in die Schweiz immigrieren [o einwandern]
inmigratorio, -a [iⁿmiɣra'torjo, -a/iᵐmiɣra'torjo, -a] adj Einwanderungs-; **movimientos ~s** Einwanderungsbewegungen fpl
inminencia [iⁿmi'nenθja/iᵐmi'nenθja] f nahes Bevorstehen nt
inminente [iⁿmi'nente/iᵐmi'nente] adj nahe bevorstehend, imminent
inmisario [iⁿmi'sarjo/iᵐmi'sarjo] m (GEO) Zufluss m
inmiscuir [iⁿmisku'ir/iᵐmisku'ir] irr como huir I. vt mischen
II. vr: **~se** sich einmischen (en in +akk)
inmisericorde [iⁿmiseri'korðe/iᵐmiseri'korðe] adj unbarmherzig
inmobiliaria [iⁿmoβi'ljarja/iᵐmoβi'ljarja] f Immobilienfirma f; **acciones de ~s** Immobilienaktien fpl
inmobiliario, -a [iⁿmoβi'ljarjo, -a/iᵐmoβi'ljarjo, -a] adj Immobilien-; **mercado ~** Immobilienmarkt m; **sociedad de inversión inmobiliaria** Immobilien-Anlagegesellschaft f, Anlagefonds m; **transacción inmobiliaria** Immobiliengeschäft nt
inmoderación [iⁿmoðera'θjon/iᵐmoðera'θjon] f Unmäßigkeit f, Maßlosigkeit f
inmoderado, -a [iⁿmoðe'raðo, -a/iᵐmoðe'raðo, -a] adj unmäßig, maßlos
inmodestia [iⁿmo'ðestja/iᵐmo'ðestja] f Unbescheidenheit f
inmodesto, -a [iⁿmo'ðesto, -a/iᵐmo'ðesto, -a] adj unbescheiden
inmódico, -a [iⁿ'moðiko, -a/iᵐ'moðiko, -a] adj (cantidad) stattlich; (esfuerzo) übermäßig; (precio) unangemessen
inmodificable [iⁿmoðifi'kaβle/iᵐmoðifi'kaβle] adj unveränderlich
inmolación [iⁿmola'θjon/iᵐmola'θjon] f Opferung f, Opfer nt; **~ humana** Menschenopfer nt; **la ~ de esos soldados salvó a los demás** weil sich diese Soldaten opferten, wurden die Übrigen gerettet
inmolar [iⁿmo'lar/iᵐmo'lar] vt, vr: **~(se)** (sich) opfern (por für +akk)
inmoral [iⁿmo'ral/iᵐmo'ral] adj unmoralisch, immoralisch; (en cuestiones sexuales) unsittlich
inmoralidad [iⁿmorali'ðað/iᵐmorali'ðað] f ① (indignidad) Unmoral f, Immoralität f; **vida de ~** unmoralischer Lebenswandel
② (indecencia) Unsittlichkeit f; (JUR) Sittenwidrigkeit f
inmortal [iⁿmor'tal/iᵐmor'tal] adj unsterblich
inmortalidad [iⁿmortali'ðað/iᵐmortali'ðað] f Unsterblichkeit f
inmortalizar [iⁿmortali'θar/iᵐmortali'θar] <z→c> vt, vr: **~(se)** (sich) unsterblich machen, (sich) verewigen
inmotivado, -a [iⁿmoti'βaðo, -a/iᵐmoti'βaðo, -a] adj ① (infundado) grundlos, unmotiviert
② (LING) unmotiviert
inmovible [iⁿmo'βiβle/iᵐmo'βiβle] adj unbeweglich
inmóvil [iⁿ'moβil/iᵐ'moβil] adj bewegungslos, reg(ungs)los
inmovilidad [iⁿmoβili'ðað/iᵐmoβili'ðað] f Bewegungslosigkeit f, Reg(ungs)losigkeit f
inmovilismo [iⁿmoβi'lismo/iᵐmoβi'lismo] m Fortschrittsfeindlichkeit f
inmovilista [iⁿmoβi'lista/iᵐmoβi'lista] I. adj fortschrittsfeindlich
II. mf fortschrittsfeindliche Person f
inmovilización [iⁿmoβiliθa'θjon/iᵐmoβiliθa'θjon] f ① (incapaz de moverse) Bewegungsunfähigkeit f; (MIL) Immobilität f
② (MED) Ruhigstellung f
③ (COM) (feste) Anlage f
inmovilizado [iⁿmoβili'θaðo/iᵐmoβili'θaðo] m (FIN) Anlagevermögen nt, unbewegliches Vermögen nt; **~ inmaterial** immaterielle Anlagewerte; **~ material** Sachanlagen fpl; **~ neto** Netto-Anlagevermögen nt
inmovilizador [iⁿmoβiliθa'ðor/iᵐmoβiliθa'ðor] m (AUTO) Wegfahrsperre f
inmovilizar [iⁿmoβili'θar/iᵐmoβili'θar] <z→c> I. vt ① (paralizar) lähmen; **~ a alguien** jdn bewegungsunfähig machen; **~ la circulación/la economía** den Verkehr/die Wirtschaft lahm legen; **~ toda actividad** jede Aktivität lähmen; **capital inmovilizado en maquinaria** in Maschinen angelegtes Kapital
② (MED) ruhig stellen
③ (COM) (fest) anlegen
II. vr: **~se** bewegungsunfähig werden
inmueble [iⁿ'mweβle/iᵐ'mweβle] I. adj unbeweglich; **bienes ~s** unbewegliche Güter
II. m Grundbesitz m; **~ industrial** Betriebsgrundstück nt
inmundicia [iⁿmuɲ'diθja/iᵐmuɲ'diθja] f ① (suciedad) Schmutz m; **lleno de ~s** schmutzig, dreckig
② (indecencia) Unanständigkeit f

inmundo, -a [iⁿˈmundo, -a/iᵐˈmundo, -a] *adj* schmutzig; **lenguaje ~** ordinäre Ausdrucksweise; **pensamientos ~s** schmutzige [*o* unanständige] Gedanken

inmune [iⁿˈmune/iᵐˈmune] *adj* ❶ (MED, JUR) immun (*a* gegen +*akk*)
❷ (*exento*) befreit (*de* von +*dat*)

inmunidad [iⁿmuniˈðað/iᵐmuniˈðað] *f* (MED, JUR) Immunität *f*; **~ diplomática/parlamentaria** diplomatische/parlamentarische Immunität; **~ política** (JUR) Immunität *f*; **gozar de ~** (JUR, POL) Immunität genießen

inmunitario, -a [iⁿmuniˈtarjo, -a/iᵐmuniˈtarjo, -a] *adj* (MED) Immun-; **defensa inmunitaria** Immunabwehr *f*

inmunización [iⁿmuniθaˈθjon/iᵐmuniθaˈθjon] *f* (*acción*) Immunisierung *f*; (*resultado*) Immunität *f*

inmunizante [iⁿmuniˈθante/iᵐmuniˈθante] *adj* immunisierend, Schutz-

inmunizar [iⁿmuniˈθar/iᵐmuniˈθar] <z→c> I. *vt* immunisieren (*contra* gegen +*akk*)
II. *vr:* **~se** immun werden (*contra* gegen +*akk*)

inmunodeficiencia [iⁿmunoðefiˈθjenθja/iᵐmunoðefiˈθjenθja] *f* (MED) Immunschwäche *f*; **síndrome de ~ adquirida** erworbenes Immundefektsyndrom, erworbene Immunschwäche (*Aids*)

inmunodepresor¹ [iⁿmunoðepreˈsor/iᵐmunoðepreˈsor] *m* (MED) Immunsuppressivum *nt*

inmunodepresor(a)² [iⁿmunoðepreˈsor(a)/iᵐmunoðepreˈsor(a)] *adj* (MED) immunsuppressiv, immunsupprimierend

inmunogenético, -a [iⁿmunoxeˈnetiko, -a/iᵐmunoxeˈnetiko, -a] *adj* (BIOL) immun(o)genetisch

inmunógeno, -a [iⁿmuˈnoxeno, -a/iᵐmuˈnoxeno, -a] *adj* (BIOL) immunogen

inmunóloga [iⁿmuˈnoloɣa/iᵐmuˈnoloɣa] *f v.* **inmunólogo**

inmunología [iⁿmunoloˈxia/iᵐmunoloˈxia] *f* (MED) Immunologie *f*

inmunológico, -a [iⁿmunoˈloxiko, -a/iᵐmunoˈloxiko, -a] *adj* (MED) immunologisch

inmunólogo, -a [iⁿmuˈnoloɣo, -a/iᵐmuˈnoloɣo, -a] *m, f* (MED) Immunologe, -in *m, f*

inmunoterapia [iⁿmunoteˈrapja/iᵐmunoteˈrapja] *f* (MED) Immuntherapie *f*, Heilimpfung *f*

inmunotransfusión [iⁿmunotraⁿsfuˈsjon/iᵐmunotraⁿsfuˈsjon] *f* (MED) Immuntransfusion *f*

inmutabilidad [iⁿmutaβiliˈðað/iᵐmutaβiliˈðað] *f* ❶ (*inmodificable*) Unveränderlichkeit *f*
❷ (*imperturbable*) Unerschütterlichkeit *f*

inmutable [iⁿmuˈtaβle/iᵐmuˈtaβle] *adj* ❶ (*inmodificable*) unveränderlich
❷ (*imperturbable*) unerschütterlich

inmutación [iⁿmutaˈθjon/iᵐmutaˈθjon] *f* ❶ (*conmoción*) Bestürzung *f*; **no veo la más mínima ~ en tu cara** ich sehe nicht die geringste Spur von Bestürzung in deinem Gesicht
❷ (*cambio*) Veränderung *f*

inmutar [iⁿmuˈtar/iᵐmuˈtar] I. *vt* ❶ (*afectar*) erschüttern
❷ (*variar*) verändern
II. *vr:* **~se** sich erschüttern lassen (*por* durch +*akk*); **sin ~se** gelassen

innatismo [innaˈtismo] *m* (FILOS) Nativismus *m*

innato, -a [inˈnato, -a] *adj* angeboren; **la taciturnidad es innata en ella** sie ist von Natur aus schweigsam; **tiene un talento ~** er/sie ist ein Naturtalent

innatural [innatuˈral] *adj* unnatürlich

innavegable [innaβeˈɣaβle] *adj* ❶ (*aguas*) nicht schiffbar
❷ (*embarcación*) manövrierunfähig

innecesario, -a [inneθeˈsarjo, -a] *adj* unnötig

innegable [inneˈɣaβle] *adj* unleugbar, unbestreitbar; **es ~ que...** es lässt sich nicht bestreiten, dass ...

innegociable [inneɣoˈθjaβle] *adj* (ECON) nicht handelsfähig

innoble [inˈnoβle] *adj* gemein, niederträchtig

innocuidad [innokwiˈðað] *f* Unschädlichkeit *f*, Ungefährlichkeit *f*

innocuo, -a [inˈnokwo, -a] *adj* unschädlich

innombrable [innomˈbraβle] *adj* unaussprechlich, unbeschreiblich

innominado, -a [innomiˈnaðo, -a] *adj* namenlos; **contratos ~s** (JUR) atypische Verträge; **hueso ~** (ANAT) Beckenknochen *m*

innovación [innoβaˈθjon] *f* Innovation *f*, Neuerung *f*; **~ de productos** Produktinnovation *f*

innovador(a) [innoβaˈðor(a)] I. *adj* innovativ, neuartig
II. *m(f)* Neuerer, -in *m, f*

innovar [innoˈβar] *vt* innovieren

innumerable [innumeˈraβle] *adj* zahllos, unzählig, endlos viel; **un gentío ~** unzählig viele Menschen [*o* Leute]; **una cantidad ~ de coches** ungeheuer viele Autos; **existen ~s ejemplos sobre eso** dafür gibt es zahllose [*o* endlos viele] Beispiele

innúmero, -a [inˈnumero, -a] *adj* (*elev*) *v.* **innumerable**

inobediencia [inoβeˈðjenθja] *f* Ungehorsam *m*

inobediente [inoβeˈðjente] *adj* ungehorsam

inobservancia [inoβserˈβanθja] *f* ❶ (*desacato*) Missachtung *f*
❷ (JUR) Nichteinhaltung *f*, Missachtung *f*; **~ del plazo** Fristversäumnis *f*

inocencia [inoˈθenθja] *f* ❶ (*falta de culpabilidad*) Unschuld *f*
❷ (*falta de malicia*) Harmlosigkeit *f*
❸ (*ingenuidad*) Naivität *f*, Einfältigkeit *f*

inocentada [inoθenˈtaða] *f* ❶ (*tontada*) Dummheit *f*
❷ (*broma*) Art Aprilscherz am 28. Dezember; **dar [*o* gastar] una ~ a alguien** jdn in den April schicken

inocente [inoˈθente] *adj* ❶ (*sin culpa*) unschuldig; **ser ~ de un delito** eines Verbrechens nicht schuldig sein
❷ (*sin malicia*) harmlos
❸ (*ingenuo*) naiv, einfältig

inocentón, -ona [inoθenˈton, -ona] *adj* (*fam*) blöde

inocuidad [inokwiˈðað] *f sin pl* Unschädlichkeit *f*

inoculable [inokuˈlaβle] *adj* (MED) ansteckend

inoculación [inokulaˈθjon] *f* (MED) Inokulation *f*

inocular [inokuˈlar] *vt* ❶ (MED) inokulieren
❷ (*referente a animales venenosos*) einspritzen

inocultable [inokulˈtaβle] *adj* nicht zu verbergen, offenkundig

inocuo, -a [iˈnokwo, -a] *adj* unschädlich

inodoro¹ [inoˈðoro] *m* Wasserklosett *nt*

inodoro, -a² [inoˈðoro, -a] *adj* geruchlos

inofensivo, -a [inofenˈsiβo, -a] *adj* harmlos

inoficioso, -a [inofiˈθjoso, -a] *adj* (*AmC, Arg, Col, Méx*) nutzlos, zwecklos

inolvidable [inolβiˈðaβle] *adj* unvergesslich

inoperable [inopeˈraβle] *adj* (MED) inoperabel

inoperante [inopeˈrante] *adj* wirkungslos

inopia [iˈnopja] *f* Bedürftigkeit *f*, Mittellosigkeit *f*, Armut *f*; **estar en la ~** (*fig*) zerstreut sein

inopinable [inopiˈnaβle] *adj* unstrittig, indisputabel; **las órdenes paternas eran ~s** die elterlichen Anordnungen standen nicht zur Diskussion

inopinado, -a [inopiˈnaðo, -a] *adj* unerwartet, unvorhergesehen, unverhofft

inoportunidad [inoportuniˈðað] *f* ❶ (*fuera de lugar*) Unangebrachtheit *f*
❷ (*fuera de tiempo*) ungünstiger Zeitpunkt *m*

inoportuno, -a [inoporˈtuno, -a] *adj* ❶ (*fuera de lugar*) unangebracht, unpassend
❷ (*fuera de tiempo*) ungelegen

inorgánico, -a [inorˈɣaniko, -a] *adj* ❶ (*no viviente*) anorganisch; **química inorgánica** anorganische Chemie
❷ (*no organizado*) unorganisiert, ungeordnet

inoxidable [inoɣsiˈðaβle] *adj* rostfrei, nicht rostend; **un cuchillo de acero ~** ein Messer aus rostfreiem Stahl

input [ˈimput] *m* <inputs> (INFOR) Input *m o nt*

inquebrantable [iŋkeβranˈtaβle] *adj* (*decisión, voluntad*) unerschütterlich, (*felsen*)fest; (*cosa*) unzerbrechlich

inquietante [iŋkjeˈtante] *adj* beunruhigend

inquietar [iŋkjeˈtar] I. *vt* beunruhigen
II. *vr:* **~se** beunruhigt sein (*con/por* wegen +*gen/dat*), sich beunruhigen (*con/por* wegen +*gen/dat*); **no necesitas ~te por ella** du brauchst dir um sie [*o* ihretwegen] keine Sorgen zu machen

inquieto, -a [iŋˈkjeto, -a] *adj* ❶ **estar** (*intranquilo*) unruhig
❷ **ser** (*desasosegado*) ruhelos, rastlos

inquietud [iŋkjeˈtuð] *f* ❶ (*intranquilidad*) Unruhe *f*
❷ (*desasosiego*) Ruhelosigkeit *f*, Rastlosigkeit *f*
❸ (*preocupación*) Beunruhigung *f*
❹ *pl* (*anhelos*) Interessen *ntpl*

inquilino, -a [iŋkiˈlino, -a] *m, f* Mieter(in) *m(f)*

inquina [iŋˈkina] *f* Abneigung *f*; **sentir ~ por alguien** Abneigung gegen jdn empfinden; **tener ~ a alguien** jdn nicht ausstehen können; **no comprendo la ~ que le tienes a Diego** ich verstehe nicht, was du gegen Diego hast

inquirir [iŋkiˈrir] *irr como* **adquirir** *vt* untersuchen

inquirición [iŋkisiˈθjon] *f* Untersuchung *f*

Inquisición [iŋkisiˈθjon] *f* Inquisition *f*

inquisidor¹ [iŋkisiˈðor] *m* Inquisitor *m*

inquisidor(a)² [iŋkisiˈðor(a)] *adj* neugierig, inquisitiv *elev*

inquisitivo, -a [iŋkisiˈtiβo, -a] *adj* neugierig, inquisitiv *elev*

inquisitorial [iŋkisitoˈrjal] *adj* inquisitorisch

inquisitorio, -a [iŋkisiˈtorjo, -a] *adj* ❶ (*capaz para inquirir*) Untersuchungs-
❷ (HIST, REL) inquisitorisch, Inquisitions-

inri [ˈinrri] *m* (*rótulo en la cruz*) I.N.R.I.; **para más [*o* mayor] ~** (*fig*) um das Maß voll zu machen; **poner el ~ a alguien** (*fig*) jdn verhöhnen

insaciabilidad [insaθjaβiliˈðað] *f sin pl* Unersättlichkeit *f*; **~ de dinero**

unersättliche Geldgier
insaciable [insa'θjaβle] *adj* unersättlich; (*hambre, sed*) unstillbar
insalivación [insaliβa'θjon] *f* Einspeichelung *f*, Insalivation *f*
insalivar [insali'βar] *vt* einspeicheln
insalubre [insa'luβre] *adj* gesundheitsschädlich, ungesund
insalubridad [insaluβri'ðaᵈ] *f* Gesundheitsschädlichkeit *f*
INSALUD [in'saluᵈ] *m abr de* **Instituto Nacional de la Salud** Staatliches Spanisches Gesundheitsinstitut *nt*
insalvable [insal'βaβle] *adj* nicht zu retten; (*obstáculo*) unüberwindbar
insanable [insa'naβle] *adj* unheilbar
insania [in'sanja] *f* Wahnsinn *m*
insano, -a [in'sano, -a] *adj* ❶ (*insalubre*) ungesund
❷ (*loco*) verrückt, wahnsinnig
insatisfacción [insatisfak'θjon] *f sin pl* Unzufriedenheit *f*
insatisfactorio, -a [insatisfak'torjo, -a] *adj* unbefriedigend
insatisfecho, -a [insatis'fetʃo, -a] *adj* unzufrieden (*con* mit +*dat*)
insaturado, -a [insatu'raðo, -a] *adj* (QUÍM) ungesättigt
inscribible [iⁿskri'βiβle] *adj* einbeschreibbar
inscribir [iⁿskri'βir] *irr como escribir* I. *vt* ❶ (*registrar*) anmelden (*en* für +*akk*)
❷ (*grabar*) einmeißeln (*en* in +*akk*); ~ **algo oficialmente** etw amtlich eintragen
❸ (*alistar*) eintragen (*en* in +*akk*)
❹ (MAT) einbeschreiben; ~ **un triángulo en una circunferencia** einem Kreis ein Dreieck einbeschreiben
II. *vr*: ~**se** ❶ (*registrarse*) sich anmelden (*en* für +*akk*)
❷ (*alistarse*) sich eintragen (*en* in +*akk*); (*en la universidad*) sich einschreiben (*en* an +*dat*)
inscripción [iⁿskriβ'θjon] *f* ❶ (*registro*) Anmeldung *f*
❷ (*alistamiento*) Eintragung *f*; (*en la universidad*) Einschreibung *f* (*en* an +*dat*); ~ **industrial** Gewerbeanmeldung *f*; ~ **de marca** (COM) Markeneintragung *f*; ~ **oficial** amtliche Eintragung; ~ **registral** Registereintragung *f*, Eintragung ins Handelsregister
❸ (*escrito grabado*) Inschrift *f*
inscrito, -a [iⁿs'krito, -a] *pp de* **inscribir**
insectario [insek'tarjo] *m* Insektarium *nt*
insecticida [insekti'θiða] I. *adj* Insekten tötend, zur Insektenbekämpfung; **polvo** ~ Insektenpulver *nt*
II. *m* Insektenbekämpfungsmittel *nt*, Insektizid *nt*
insectívoro¹ [insek'tiβoro] *m* Insektenfresser *m*
insectívoro, -a² [insek'tiβoro, -a] *adj* Insekten fressend
insecto [in'sekto] *m* Insekt *nt*; ~**s sociales** Staaten bildende Insekten
in sécula seculorum [in 'sekula seku'lorun] (*elev*) für immer und ewig
inseguridad [inseɣuri'ðaᵈ] *f* Unsicherheit *f*; **la** ~ **ciudadana** die Angst der Bevölkerung (*vor Gewaltverbrechen*)
inseguro, -a [inse'ɣuro, -a] *adj* unsicher
inseminación [insemina'θjon] *f* Befruchtung *f*; (*de un animal*) Besamung *f*; ~ **artificial** künstliche Befruchtung
inseminar [insemi'nar] *vt* befruchten; (*animal*) besamen
insensatez [insensa'teθ] *f* ❶ (*falta de sensatez*) Unvernunft *f*, Unvernünftigkeit *f*
❷ (*disparate*) Unsinn *m*
insensato, -a [insen'sato, -a] *adj* unvernünftig
insensibilidad [insensiβili'ðaᵈ] *f* ❶ (*falta de sensibilidad física o afectiva*) Gefühllosigkeit *f* (*a* gegenüber +*dat*)
❷ (*resistencia*) Unempfindlichkeit *f* (*a* gegen +*akk*)
insensibilizador(a) [insensiβiliθa'ðor(a)] *adj* (MED) betäubend, anästhesierend
insensibilizar [insensiβili'θar] <z→c> I. *vt* unempfindlich machen; (MED) betäuben
II. *vr*: ~**se** ❶ (*resistir*) unempfindlich werden (*hacia* gegen +*akk*)
❷ (*no sentir*) gefühllos werden
insensible [insen'siβle] *adj* ❶ (*sin sensibilidad física o afectiva*) gefühllos (*a* gegenüber +*dat*)
❷ (*resistente*) unempfindlich (*a* gegen +*akk*); ~ **a la luz** lichtunempfindlich
❸ (*imperceptible*) unmerklich; **experimentar una** ~ **mejoría** eine kaum merkliche Besserung verspüren
inseparabilidad [inseparaβili'ðaᵈ] *f sin pl* (*personas*) Unzertrennlichkeit *f*; (*cosas*) Untrennbarkeit *f*
inseparable [insepa'raβle] *adj* ❶ (*que no se puede separar*) untrennbar; **ser** ~ **de algo** mit etw *dat* untrennbar verknüpft sein
❷ (*referente a amigos*) unzertrennlich
insepulto, -a [inse'pulto, -a] *adj* unbeerdigt
inserción [inser'θjon] *f* ❶ (*inclusión*) Einfügen *nt*; ~ **de un anuncio** Aufgeben eines Inserates; ~ **social** soziale Eingliederung
❷ (MED) Ansatz *m*
insertar [inser'tar] I. *vt* ❶ (*poner dentro: llave*) hineinstecken; (*disquete*) einlegen; (*moneda*) einwerfen; **insertó algunos chistes en el discurso** er/sie streute ein paar Witze in die Rede ein
❷ (*texto*) einfügen (*en* in +*akk*); ~ **un paréntesis en la frase** eine Parenthese in einen Satz schalten
❸ (*anuncio*) aufgeben; ~ **un anuncio en el periódico** (*un particular*) in einer Zeitung inserieren; (*al compaginar el periódico*) eine Anzeige in die Zeitung setzen; **han insertado mi artículo en la revista** sie haben meinen Artikel in der Zeitschrift veröffentlicht
II. *vr*: ~**se** ❶ (*músculo*) ansetzen
❷ (*tumor*) (hin)einwachsen (*en* in +*akk*)
inserto¹ [in'serto] *m* (TV) Untertitel *m*, Begleittext *m*
inserto, -a² [in'serto, -a] *adj* (*disquete*) eingelegt
inservible [inser'βiβle] *adj* unbrauchbar
insidia [in'siðja] *f* ❶ (*asechanzas*) Intrigen *fpl*
❷ (*engaño*) Hinterlistigkeit *f*, Hinterhältigkeit *f*
❸ (*trampa*) Falle *f*
insidioso, -a [insi'ðjoso, -a] I. *adj* ❶ (*intrigante*) intrigant
❷ (*capcioso*) hinterlistig, hinterhältig
❸ (*enfermedad*) heimtückisch
II. *m, f* Intrigant(in) *m(f)*
insigne [in'siɣne] *adj* ❶ (*personaje público*) prominent; (*científico, poeta*) erlaucht *elev*
❷ (*tontería*) sehr groß
insignia [in'siɣnja] *f* ❶ (*de asociación, cofradía*) Abzeichen *nt*; (*honorífica*) Ehrenzeichen *nt*; (*real, militar*) Insigne *nt*
❷ (*bandera*) Flagge *f*, Fahne *f*
insignificancia [insiɣnifi'kanθja] *f* ❶ (*pequeñez*) Kleinigkeit *f*, Geringfügigkeit *f*
❷ (*no significancia*) Bedeutungslosigkeit *f*
❸ (*no importancia*) Unwichtigkeit *f*
insignificante [insiɣnifi'kante] *adj* ❶ (*pequeño*) gering(fügig), unbedeutend
❷ (*no significante*) unbedeutend, bedeutungslos
❸ (*no importante*) unwichtig, belanglos
insinceridad [insinθeri'ðaᵈ] *f* Unaufrichtigkeit *f*
insincero, -a [insin'θero, -a] *adj* ❶ (*no sincero*) unaufrichtig
❷ (*falso*) falsch
insinuación [insinwa'θjon] *f* ❶ (*alusión*) Andeutung *f* (*a* über +*akk*), Anspielung *f* (*a* auf +*akk*)
❷ (*engatusamiento*) Einschmeichelung *f*
insinuante [insinu'ante] *adj* ❶ (*palabras*) einschmeichelnd
❷ (*persona, comportamiento*) schmeichlerisch, schöntuerisch
❸ (*seductor*) verführerisch
insinuar [insinu'ar] <*l. pres*: insinúo> I. *vt* ❶ (*dar a entender*) andeuten, zu verstehen geben; **¿qué estás insinuando?** was willst du damit andeuten [*o* sagen]?, worauf willst du hinaus?; **me insinuó que dejara el cargo** er/sie legte mir die Niederlegung meines Amtes nahe
❷ (*hacer creer*): **¿quién te ha insinuado tal tontería?** wer hat dir so einen Unsinn eingeredet?
II. *vr*: ~**se** ❶ (*engatusar*) sich einschmeicheln (*a* bei +*dat*); ~**se en el ánimo de alguien** jdn für sich gewinnen
❷ (*fam: amorosamente*) sich ranmachen (*a* an +*akk*)
❸ (*cosa*) sich andeuten, sich abzeichnen
insipidez [insipi'ðeθ] *f* ❶ (*de comida*) Fadheit *f*
❷ (*de persona: aburrida*) Fadheit *f*, Langweiligkeit *f*; (*sin espíritu*) Geistlosigkeit *f*
insípido, -a [in'sipiðo, -a] *adj* ❶ (*comida*) fade, geschmacklos
❷ (*persona: aburrida*) fad(e), langweilig; (*sin espíritu*) geistlos
insistencia [insis'tenθja] *f* ❶ (*perseverancia*) Beharrlichkeit *f*, Hartnäckigkeit *f*
❷ (*énfasis*) Betonung *f*, Nachdruck *m*; **pedir algo con** ~ nachdrücklich um etw bitten
❸ (*exigencia*) Drängen *nt*
insistente [insis'tente] *adj* ❶ (*perseverante*) beharrlich, hartnäckig; (*machacón*) aufdringlich
❷ (*con énfasis*) nachdrücklich
insistir [insis'tir] *vi* ❶ (*perseverar*) bestehen (*en* auf +*dat*), beharren (*en* auf +*dat*); **insiste en que no lo ha hecho** er/sie behauptet steif und fest es nicht getan zu haben; **no insistas porque no vale la pena** gib dir keine weitere Mühe, es lohnt sich nicht
❷ (*exigir*) drängen (*en* auf +*akk*), dringen (*en* auf +*akk*); **insiste en que le pague** er/sie dringt auf Zahlung
❸ (*recalcar*) betonen (*en* +*akk*), herausstellen (*en* +*akk*)
in situ [in 'situ] *adv* vor Ort, an Ort und Stelle
insobornable [insoβor'naβle] *adj* unbestechlich
insociabilidad [insoθjaβili'ðaᵈ] *f sin pl* Ungeselligkeit *f*
insociable [insoθ'jaβle] *adj*, **insocial** [inso'θjal] *adj* ungesellig
insolación [insola'θjon] *f* ❶ (METEO) Sonneneinstrahlung *f*, Insolation *f*
❷ (MED) Sonnenstich *m*, Insolation *f*

insoldable [insolˈdaβle] *adj* nicht lötbar
insolencia [insoˈlenθja] *f* ❶ (*impertinencia*) Frechheit *f,* Unverschämtheit *f*
❷ (*arrogancia*) Arroganz *f*
insolentarse [insolenˈtarse] *vr* frech [*o* unverschämt] werden (*con* gegenüber +*dat*)
insolente [insoˈlente] *adj* ❶ (*impertinente*) frech, unverschämt
❷ (*arrogante*) arrogant, anmaßend
insolidario, -a [insoliˈðarjo, -a] *adj* unsolidarisch
in solidum [in ˈsoliðum] (JUR) vollständig, uneingeschränkt
insólito, -a [inˈsolito, -a] *adj* ❶ (*inhabitual*) ungewöhnlich; **en esta ciudad las nevadas son algo ~** in dieser Stadt schneit es sehr selten
❷ (*extraordinario*) außergewöhnlich; **he pescado una trucha de tamaño ~** ich habe eine außergewöhnlich große Forelle geangelt
insolubilidad [insoluβiliˈðað] *f sin pl* ❶ (*no solubilidad*) Unlöslichkeit *f*
❷ (*insolucionabilidad*) Unlösbarkeit *f*
insolubilización [insoluβiliθaˈθjon] *f* (QUÍM: *acción*) Unlöslichmachen *nt;* (*resultado*) Unlöslichkeit *f*
insolubilizar [insoluβiliˈθar] <z→c> *vt* (QUÍM) unlöslich machen
insoluble [insoˈluβle] *adj* ❶ (*no soluble*) unlöslich
❷ (*insolucionable*) unlösbar
insolvencia [insolˈβenθja] *f* Zahlungsunfähigkeit *f;* (ECON) Insolvenz *f*
insolvente [insolˈβente] I. *adj* zahlungsunfähig; (ECON) insolvent
II. *mf* Zahlungsunfähige(r) *mf*
insomne [inˈsomne] *adj* schlaflos
insomnio [inˈsomnjo] *m* Schlaflosigkeit *f*
insondable [insonˈdaβle] *adj* unergründlich; **un misterio ~** ein unergründliches Rätsel
insonoridad [insonoriˈðað] *f* Schalldichtheit *f,* Schallisoliertheit *f*
insonorización [insonoriθaˈθjon] *f* Schallisolation *f*
insonorizado, -a [insonoriˈθaðo, -a] *adj* schalldicht, schallisoliert
insonorizar [insonoriˈθar] <z→c> *vt* schalldicht machen, (gegen Schall) isolieren
insonoro, -a [insoˈnoro, -a] *adj* klanglos
insoportable [insoporˈtaβle] *adj* unerträglich; (*persona t.*) unausstehlich
insoslayable [insoslaˈʝaβle] *adj* unvermeidbar, unvermeidlich
insospechable [insospeˈtʃaβle] *adj* (*imprevisible*) unvorhersehbar; (*sorprendente*) überraschend
insospechado, -a [insospeˈtʃaðo, -a] *adj* (*no esperado*) unerwartet; (*no sospechado*) unvermutet
insostenible [insosteˈniβle] *adj* unhaltbar
inspección [inspekˈθjon] *f* ❶ (*reconocimiento*) Besichtigung *f;* (*t.* ENS) Inspektion *f;* **~ de Hacienda** Steuerprüfung *f;* **judicial** richterliche Inaugenscheinnahme; **~ sanitaria** gesundheitliche Überwachung; **~ del siniestro** [*o* **de los daños**] Schadensbesichtigung *f;* **visita de ~** Inspektionsbesuch *m;* **realizar una ~ de las mercancías** (COM) eine Beschau der Waren vornehmen
❷ (ADMIN) Aufsicht *f;* **~ administrativa** Verwaltungsaufsicht *f;* **~ de obras** Bauaufsicht *f;* **~ de trabajo** Gewerbeaufsicht *f*
❸ (*de equipaje*) Kontrolle *f,* Prüfung *f*
❹ (*de trabajo*) Aufsicht *f,* Überwachung *f*
❺ (*de una instalación, máquina*) Inspizierung *f*
❻ (TÉC) (Über)prüfung *f;* **I~ Técnica de Vehículos** TÜV *m* (*Technischer Überwachungsverein*)
inspeccionar [inspekθjoˈnar] *vt* ❶ (*reconocer, t.* ENS) inspizieren
❷ (*equipaje, documentos*) kontrollieren, prüfen
❸ (*trabajo*) beaufsichtigen, überwachen
❹ (TÉC) (über)prüfen, untersuchen
inspector(a) [inspekˈtor(a)] *m(f)* ❶ (*controlador*) Inspektor(in) *m(f);* **~ de aduanas/policía/seguros** Zoll-/Polizei-/Versicherungsinspektor *m;* **~ de Hacienda** Steuerinspektor *m,* Steuerfahnder *m*
❷ (ENS) Schulrat, -rätin *m, f*
inspiración [inspiraˈθjon] *f* ❶ (*de aire*) Einatmung *f;* (MED) Inspiration *f*
❷ (*artística*) Eingebung *f,* Inspiration *f elev;* **escribe bien pero le falta ~** er/sie schreibt gut, aber ihm/ihr fehlen die Ideen
inspirador(a) [inspiraˈðor(a)] *adj* ❶ (*de aire*) inspiratorisch; **músculo ~** Atemmuskel *m*
❷ (*artístico*) inspirierend
inspirar [inspiˈrar] I. *vt* ❶ (*aire*) einatmen
❷ (*ideas*) inspirieren
❸ (*confianza, miedo*) einflößen; **esperanza en alguien** jdm Hoffnungen machen; **~ duda a alguien** bei jdm Zweifel wecken
II. *vr:* **~se** sich inspirieren lassen (*en* von +*dat*), inspiriert sein (*en* von +*dat*)
instalación [instalaˈθjon] *f* ❶ (*acción*) Installierung *f,* Installation *f;* (*de motor, baño*) Einbau *m*
❷ (*lo instalado, t.* TÉC) Installation *f,* Anlage *f;* (*de teléfono*) Anschluss *m;* **~ de refrigeración** Kühlanlage *f*
❸ *pl* (*edificio*) Einrichtungen *fpl,* Anlagen *fpl;* **instalaciones deportivas** Sportanlagen *fpl;* **instalaciones fijas** (**de una empresa**) fest installierte Anlagen (*eines Unternehmens*); **instalaciones portuarias** Hafenanlagen *fpl;* **la villa olímpica dispone de unas magníficas instalaciones** das olympische Dorf verfügt über hervorragende Einrichtungen
instalador(a) [instalaˈðor(a)] *m(f)* Installateur(in) *m(f)*
instalar [instaˈlar] I. *vt* ❶ (*calefacción, corriente, t.* TÉC) installieren; (*teléfono*) anschließen; (*sauna, baño, motor*) einbauen; **~ un departamento de marketing en una empresa** in einem Unternehmen eine Marketingabteilung einrichten; **~ ordenadores en una oficina** in einem Büro Rechner installieren [*o* aufstellen]
❷ (*alojar*) unterbringen
❸ (*en un cargo*) einsetzen (*en* in +*akk*)
II. *vr:* **~se** (*en un lugar, una ciudad*) sich niederlassen; **~se en un sillón** es sich *dat* in einem Sessel bequem machen
❷ (*negocio*) sich selb(st)ständig machen
instancia [insˈtanθja] *f* ❶ (*acción de instar*) inständige Bitte *f*
❷ (*solicitud*) Gesuch *nt;* (*petición formal*) Ersuchen *nt;* **hacer algo a ~ de alguien** (*elev*) etw auf jds Bitte [*o* Ersuchen] hin tun
❸ (*institución, t.* JUR) Instanz *f;* **~ de apelación** Berufungsinstanz *f;* **~ de casación** Revisionsinstanz *f;* **~ jurídica** Rechtsinstanz *f;* **~ de queja** Beschwerdeinstanz *f;* **~ de recurso** [*o* **de apelación**] [*o* **de alzada**] (JUR) Rechtsmittelinstanz *f;* **primera/segunda ~** erste/zweite Instanz; **una ~ superior** eine übergeordnete Instanz; **en última ~** wenn keine andere Wahl bleibt
instantánea [insˈtantanea] *f* (FOTO) Momentaufnahme *f*
instantáneo, -a [insˈtantaneo, -a] *adj* augenblicklich; (*efecto, resultado, respuesta*) sofortig; (*café, sopa*) Instant-; (*interruptor, obturador*) Moment-; **la muerte fue instantánea** der Tod trat unmittelbar [*o* sofort] ein
instante [insˈtante] *m* Augenblick *m;* **¡un ~!** Augenblick (mal)!, Moment mal!; **al ~** sofort; **al cabo de un ~** kurz danach; **en este** (**mismo**) **~** jetzt, in diesem Augenblick; **en un ~** sehr schnell, im Nu *fam;* **pienso en ti a cada ~** ich denke ständig [*o* jede Minute] an dich; **la tensión crece por ~s** die Spannung nimmt von Minute zu Minute zu
instar [insˈtar] *vi, vt* (*pedir*) inständig [*o* eindringlich] bitten (um +*akk*); (*solución*) drängen (auf +*akk*); **~ a alguien a algo** jdn zu etw *dat* drängen; **me han instado a que diera una explicación** sie haben mich zu einer Erklärung gedrängt
in statu quo [in esˈtatu kwo] (*elev*) unverändert, in statu quo
instauración [instauraˈθjon] *f* ❶ (*de imperio, sistema*) Errichtung *f,* Begründung *f*
❷ (*de democracia, costumbres*) Einführung *f*
❸ (*de plan, normas*) Aufstellung *f*
instaurar [instauˈrar] *vt* ❶ (*imperio, sistema, orden*) errichten, begründen
❷ (*democracia, dictadura, costumbres*) einführen
❸ (*plan, normas*) aufstellen
instigación [instiɣaˈθjon] *f* ❶ (*a algo malo*) Anstiftung *f*
❷ (*a rebelión, huelga*) Anzettelung *f;* (*de las masas*) Aufhetzung *f,* Aufwiegelung *f*
instigador(a) [instiɣaˈðor(a)] I. *adj* ❶ (*a algo malo*) anstiftend
❷ (*a rebelión, huelga*) anzettelnd; (*de las masas*) aufhetzend, aufwiegelnd
II. *m(f)* ❶ (*a algo malo*) Anstifter(in) *m(f)*
❷ (*a rebelión, huelga*) Anzett(e)ler(in) *m(f)*
instigar [instiˈɣar] <g→gu> *vt* ❶ (*a algo malo*) anstiften
❷ (*rebelión, huelga*) anzetteln; (*a las masas*) aufhetzen, aufwiegeln
instintivo, -a [instinˈtiβo, -a] *adj* instinktiv; **acción instintiva** Instinkthandlung *f*
instinto [insˈtinto] *m* Instinkt *m;* **~ asesino** mörderischer Instinkt; **~ de supervivencia** Überlebenstrieb *m;* **reaccionar por ~** instinktiv handeln; **no tener ~** instinktlos sein
institor [insˈtitor] *m* (COM) Prokurist *m,* Bevollmächtigte(r) *m*
institución [instituˈθjon] *f* ❶ (*social, del Estado, privado*) Institution *f,* Einrichtung *f;* **~ benéfica** Wohlfahrtseinrichtung *f;* **~ de crédito** Kreditinstitut *nt;* **~ de derecho público** Anstalt des öffentlichen Rechts; **instituciones europeas** (UE) europäische Organe; **~ financiera** Geldinstitut *nt,* Finanzinstitut *nt;* **~ penitenciaria** Strafanstalt *f;* **~ pública** öffentliche Anstalt; **la ~ del matrimonio** die Institution der Ehe; **Boris Becker es toda una ~ en Alemania** Boris Becker genießt in Deutschland großes Ansehen
❷ (*fundación*) Gründung *f*
❸ (*establecimiento: de comité*) Einrichtung *f,* Einsetzung *f;* (*de derecho*) Einführung *f;* (*de beca*) Stiftung *f;* (*de norma*) Aufstellung *f,* Bestimmung *f;* (*de horario*) Aufstellung *f*
❹ (JUR) Einsetzung *f* als Erbe
institucional [instituθjoˈnal] *adj* institutionell
institucionalidad [instituθjonaliˈðað] *f sin pl* Institutionalisierung *f*

institucionalismo [iⁿstituθjona'lismo] *m* (ECON, POL) Institutionalismus *m*
institucionalización [iⁿstituθjonaliθa'θjon] *f* Institutionalisierung *f*
institucionalizar [iⁿstituθjonali'θar] <z→c> *vt* institutionalisieren
instituir [iⁿstitu'ir] *irr como huir vt* ❶ (*fundar*) gründen
❷ (*establecer: comisión*) einrichten, einsetzen; (*derecho, obligación*) einführen; (*beca, premio*) stiften; (*norma, horario*) aufstellen; (*sistema*) festlegen, etablieren
❸ (JUR): ~ **a alguien heredero** jdn als Erben einsetzen
instituto [iⁿsti'tuto] *m* ❶ (ENS: *de bachillerato*) Gymnasium *nt*
❷ (*científico, cultural*) Institut *nt;* ~ **de crédito** Kreditinstitut *nt;* ~ **de crédito agrícola** [*o* **de crédito rural**] Bodenkreditbank *f;* **I~ Federal Bundesanstalt** *f;* **I~ Monetario Europeo** Europäisches Währungsinstitut; ~ **nacional de denominaciones de origen** staatliches Institut für Herkunftsbezeichnungen; **I~ Nacional de Empleo** Bundesanstalt für Arbeit; **I~ Nacional de Estadística** Staatliches Statistisches Institut
❸ (MIL): ~ **armado** Waffengattung *f;* **el** ~ **armado de la Guardia Civil** die spanische Guardia civil
❹ (REL) (Ordens)regel *f*
❺ (*loc*): ~ **de belleza** Schönheitssalon *m*, Kosmetiksalon *m*
institutriz [iⁿstitu'triθ] *f* Hauslehrerin *f*
instrucción [iⁿstruk'θjon] *f* ❶ (*enseñanza*) Unterricht *m*, Lehre *f;* (*en una máquina*) Schulung *f*, Unterweisung *f elev;* (MIL) Drill *m*, Ausbildung *f;* ~ **asistida por ordenador** computergestützter Unterricht; **la ~ pública** das öffentliche Unterrichtssystem; **hacer la** ~ (MIL) drillen
❷ (*conocimientos*) Bildung *f;* (*formación*) Ausbildung *f;* **persona de vasta ~** sehr gebildete Person
❸ *pl* (*órdenes*) Anweisungen *fpl;* (*directrices*) Richtlinien *fpl;* **instrucciones de envío** Versandanweisungen *fpl*, Beförderungsangaben *fpl;* **instrucciones de uso** [*o* **de manejo**] Gebrauchsanweisung *f;* (TÉC) Bedienungsanleitung *f;* **he recibido instrucciones** ich habe Anweisungen erhalten, ich bin instruiert worden
❹ (JUR: *proceso*) Einleitung *f*, Betreiben *nt;* (*sumario*) Einleitung *f*, Durchführung *f;* ~ **del procedimiento** Einleitung des Verfahrens; ~ **del sumario** Ermittlungsverfahren *nt*
❺ (INFOR) Befehl *m;* ~ **de carga** Ladebefehl *m;* ~ **de grabación** Schreibbefehl *m;* ~ **de parada** Stoppbefehl *m;* ~ **de retorno** Rücksprungbefehl *m;* ~ **de salto** Sprungbefehl *m*
instructivo, -a [iⁿstruk'tiβo, -a] *adj* instruktiv, lehrreich
instructor(a) [iⁿstruk'tor(a)] I. *adj:* **juez** ~ (JUR) Untersuchungsrichter *m*, Ermittlungsrichter *m*
II. *m(f)* (*en escuela*) Lehrer(in) *m(f);* (*en empresa, t.* MIL) Ausbilder(in) *m(f)*
instruido, -a [iⁿstru'iðo, -a] *adj* gebildet
instruir [iⁿstru'ir] *irr como huir vt* ❶ (*enseñar*) unterrichten (*en* in +*dat*), lehren (*en* +*akk*); (*en una máquina*) ausbilden (*en an* +*dat*), unterweisen (*en* in +*dat*) *elev;* (*en tarea específica*) schulen; (MIL) drillen, ausbilden; **el viajar instruye** Reisen bildet; **los padres se ocupan de ~ bien a sus hijos** die Eltern sorgen dafür, dass ihre Kinder eine gute Ausbildung bekommen
❷ (*informar*) unterrichten (*de/sobre* über +*akk*), instruieren (*de/sobre* über +*akk*) *elev*
❸ (JUR: *proceso*) einleiten, betreiben; (*sumario*) einleiten, durchführen
instrumentación [iⁿstrumenta'θjon] *f* ❶ (*acción*) Instrumentierung *f*
❷ (*resultado*) Instrumentation *f*
instrumental [iⁿstrumen'tal] I. *adj* instrumental; (*solista, pieza, música*) Instrumental-; **testigo ~** (JUR) Urkundszeuge *m*
II. *m* ❶ (LING)
❷ (*de médico*) Instrumentarium *nt*, Instrumente *ntpl*
❸ (MÚS) Instrumentarium *nt*
instrumentalismo [iⁿstrumenta'lismo] *m* (FILOS) Instrumentalismus *m*
instrumentalizar [iⁿstrumentali'θar] <z→c> *vt* instrumentalisieren
instrumentar [iⁿstrumen'tar] *vt* (*t.* MÚS) instrumentieren; ~ **una campaña difamatoria** eine Hetzkampagne ausrichten [*o* arrangieren]
instrumentista [iⁿstrumen'tista] *mf* ❶ (*músico*) Instrumentalist(in) *m(f)*
❷ (*fabricante*) Instrumentenmacher(in) *m(f)*
❸ (*de quirófano*) Operationsassistent(in) *m(f);* (*mujer*) Operationsschwester *f*
instrumento [iⁿstru'mento] *m* ❶ (*utensilio, t.* TÉC) Instrument *nt*, Werkzeug *nt*
❷ (MÚS) (Musik)instrument *nt;* ~ **de cuerda/metal/viento/percusión** Saiten-/Blechblas-/Blas-/Schlaginstrument *nt;* **tocar un ~** ein Instrument spielen
❸ (*medio*) Mittel *nt*, Instrument *nt;* ~ **de crédito** (FIN) Kreditinstrument *nt*
❹ (JUR) Instrument *nt*, Urkunde *f;* ~ **de modificación** Abänderungsurkunde *f;* ~ **de ratificación** Ratifikationsurkunde *f*
insubordinación [iⁿsuβorðina'θjon] *f* ❶ (*rebeldía*) Aufsässigkeit *f*

❷ (MIL) Gehorsamsverweigerung *f*, Insubordination *f elev*
insubordinado, -a [iⁿsuβorði'naðo, -a] I. *adj* ❶ (*rebelde*) aufsässig
❷ (MIL) ungehorsam
II. *m*, *f* Aufsässige(r) *mf*, Rebell(in) *m(f)*
insubordinar [iⁿsuβorði'nar] I. *vt* aufwiegeln (*contra* gegen +*akk*), aufhetzen (*contra* gegen +*akk*)
II. *vr:* **-se** den Gehorsam verweigern
insubsanable [iⁿsuβsa'naβle] *adj* ❶ (*daño, injusticia*) irreparabel *elev*, nicht wieder gutzumachen; (JUR) unheilbar
❷ (*avería, deficiencia*) nicht behebbar
❸ (*dificultad*) unüberwindbar
insubstancial [iⁿsuβstan'θjal] *adj v.* **insustancial**
insubstituible [iⁿsuβsti'twiβle] *adj v.* **insustituible**
insuficiencia [iⁿsufi'θjenθja] *f* ❶ (*cualidad*) unzureichende Beschaffenheit *f*, Insuffizienz *f elev;* (*de conocimientos, trabajo*) Unzulänglichkeit *f*
❷ (*escasez*) Knappheit *f;* (*falta*) Mangel *m*
❸ (MED) Insuffizienz *f*
insuficiente [iⁿsufi'θjente] I. *adj* ungenügend, unzureichend; (*cantidades*) ungenügend; (*conocimientos, trabajo*) unzulänglich, unzureichend
II. *m* (ENS) ≈mangelhaft; **he sacado un ~ en inglés** ich bin in Englisch durchgefallen
insuflación [iⁿsufla'θjon] *f* (MED) Einblasung *f*, Insufflation *f*
insuflar [iⁿsu'flar] *vt* ❶ (MED) einblasen
❷ (*ánimo, coraje*) einflößen
insufrible [iⁿsu'friβle] *adj* unerträglich
insulano, -a [iⁿsu'lano, -a] *adj* (*isleño*) Insel-
insular [iⁿsu'lar] *adj* Insel-, insular
insularidad [iⁿsulari'ðað] *f* Insellage *f*, Insularität *f*
insulina [iⁿsu'lina] *f* (MED) Insulin *nt*
insulinodependiente [iⁿsulinoðepen'djente] *adj* (MED): **ser ~** auf Insulin angewiesen sein, Insulin benötigen
insulinoterapia [iⁿsulinote'rapja] *f* (MED) Insulintherapie *f*
insulso, -a [iⁿ'sulso, -a] *adj* ❶ (*comida*) fad(e), geschmacklos
❷ (*persona*) langweilig, fad(e)
❸ (*libro, película*) gehaltlos, langweilig
insultada [iⁿsul'taða] *f* (*Am: palabras gruesas*) Beschimpfungen *fpl;* (*injurias*) Beleidigungen *fpl*
insultante [iⁿsul'tante] *adj* beleidigend; (*de modo grosero*) ausfallend; **una derrota ~** eine schmähliche Niederlage
insultar [iⁿsul'tar] *vt* ❶ (*con insultos*) beschimpfen
❷ (*con injurias*) beleidigen
insulto [iⁿ'sulto] *m* ❶ (*palabra gruesa*) Beschimpfung *f;* **proferir ~s contra alguien** jdn beschimpfen
❷ (*injuria*) Beleidigung *f*
insumergible [iⁿsumer'xiβle] *adj* unsinkbar
insumisión [iⁿsumi'sjon] *f* ❶ (*de un pueblo*) Rebellion *f*
❷ (MIL) Wehr- und Zivildienstverweigerung *f*
❸ (*intransigencia*) Unbeugsamkeit *f*
insumiso¹ [iⁿsu'miso] *m* (*objetor de conciencia*) Wehrdienstverweigerer *m;* (*en Alemania*) Wehr- und Zivildienstverweigerer *m*
insumiso, -a² [iⁿsu'miso, -a] *adj* ❶ (*rebelde*) aufrührerisch, rebellisch
❷ (*intransigente*) unbeugsam
insumo [iⁿ'sumo] *m* (ECON) Input *m*, Aufwand *m*
insuperable [iⁿsupe'raβle] *adj* ❶ (*dificultad*) unüberwindbar
❷ (*resultado*) unübertrefflich
insurgente [iⁿsur'xente] I. *adj* aufständisch
II. *mf* Aufständische(r) *mf*
insurrección [iⁿsurrek'θjon] *f* Aufstand *m;* ~ **militar** Militärputsch *m*
insurrecto, -a [iⁿsu'rrekto, -a] I. *adj* aufständisch
II. *m*, *f* Aufständische(r) *mf*
insustancial [iⁿsustan'θjal] *adj* ❶ (*sin sustancia*) gehaltlos, substanzlos *elev*
❷ (*sin interés*) uninteressant
❸ (*no importante*) bedeutungslos, unbedeutend
❹ (*superficial*) oberflächlich, gehaltlos
insustituible [iⁿsustitu'iβle] *adj* unersetzlich; (*persona*) unersetzlich, unabkömmlich
intachable [inta'tʃaβle] *adj* makellos; (*comportamiento*) untadelig, einwandfrei
intacto, -a [in'takto, -a] *adj* ❶ (*no tocado*) unberührt, unangetastet; **el paquete de tabaco está ~** die Zigarettenschachtel ist nicht angebrochen
❷ (*no dañado*) intakt, unversehrt
❸ (*puro*) rein
❹ (*no tratado*) unbehandelt
intangibilidad [intaŋxiβili'ðað] *f sin pl* ❶ (*intocabilidad*) Unberührbarkeit *f*
❷ (*inviolabilidad*) Unantastbarkeit *f*

❸ (*inmaterialidad*) abstrake Natur *f*, Immaterialität *f*
intangible [inṭaŋ'xiβle] *adj* ❶ (*inviolable*) unantastbar
❷ (*intocable*) unberührbar; **la realidad** ~ die unangreifbare Wirklichkeit
❸ (*inmaterial*) immateriell
integrable [inṭe'γraβle] *adj* ❶ (*susceptible de ser integrado*) integrierbar
❷ (MAT) integrabel, integrierbar
integración [inṭeγra'θjon] *f* ❶ (*acción*) Integration *f*, Integrierung *f*; ~ **a gran escala** Großintegration *f*; ~ **a media escala** mittlerer Integrationsgrad; ~ **laboral** Eingliederung in das Arbeitsleben (*von Behinderten*); ~ **de sistemas** (INFOR) Systemintegration *f*
❷ (*resultado, t.* MAT, POL) Integration *f* (*en* in +*akk*); ~ **horizontal/vertical** horizontale/vertikale Integration; ~ **racial** Rassenintegration *f*
integracionista [inṭeγraθjo'nista] I. *adj* (POL) integrativ
II. *mf* (POL) Integrationist(in) *m(f)*
integrado, -a [inṭe'γraðo, -a] *adj* integriert; **estar** ~ **por...** sich aus ... zusammensetzen
integrador [inṭeγra'ðor] *m* Integrator *m*, Integriergerät *nt*; ~ **de sistemas** (INFOR) Systemintegrator *m*
integral [inṭe'γral] I. *adj* ❶ (*completo*) vollständig, vollkommen; (*plan*) einheitlich; **un idiota** ~ ein Vollidiot
❷ (*pan*) Vollkorn-
❸ (*elemento, poder*) integral
❹ (MAT) **cálculo** ~ Integralrechnung *f*
II. *f* (MAT) Integral *nt*
íntegramente [inṭeγra'menṭe] *adv* vollständig, ganz und gar
integrante [inṭe'γranṭe] I. *adj* ❶ (*que integra*) integrativ, integrierend
❷ (*elemento*) integrierend, wesentlich
II. *m* Mitglied *nt*
integrar [inṭe'γrar] I. *vt* ❶ (*constituir*) bilden; **cinco empresas integran el nuevo grupo industrial** fünf Betriebe haben sich zu der neuen Gruppe von Industrieunternehmen zusammengeschlossen
❷ (*en conjunto*) integrieren, einfügen
❸ (MAT) integrieren, das Integral berechnen +*gen*
II. *vr:* ~**se** sich integrieren
integridad [inṭeγri'ðað] *f* ❶ (*de territorio*) Vollständigkeit *f*
❷ (*de un territorio*) Unverletzlichkeit *f*, Integrität *f*
❸ (*honradez*) Integrität *f*, Unbestechlichkeit *f*
❹ (*física*) Unversehrtheit *f*
integrismo [inṭe'γrismo] *m* ❶ (*ideológico*) Fundamentalismus *m*
❷ (*católico*) Integralismus *m*
integrista [inṭe'γrista] *mf* ❶ (*ideológico*) Fundamentalist(in) *m(f)*
❷ (*católico*) Integralist(in) *m(f)*
íntegro, -a [i'nṭeγro, -a] *adj* ❶ (*completo*) vollständig
❷ (*persona*) integer, unbestechlich
intelección [inṭele'γθjon] *f* Verständnis *nt*, Verstehen *nt*
intelectiva [inṭelek'tiβa] *f* Auffassungsgabe *f*
intelecto [inṭe'lekto, -a] *m* Intellekt *m*, Verstand *m*
intelectual [inṭelektwa'al] I. *adj* intellektuell; (*interés*) geistig; (*facultad*) geistig, intellektuell; **cociente** ~ Intelligenzquotient *m*; **propiedad** ~ Urheberrecht *nt*
II. *mf* Intellektuelle(r) *mf*
intelectualidad [inṭelektwali'ðað] *f* ❶ (*facultad*) Intellektualität *f*
❷ (*personas*) Intelligenz *f*
intelectualismo [inṭelektwa'lismo] *m* ❶ (FILOS) Intellektualismus *m*
❷ (*de una obra*) intellektuelle Natur *f*
intelectualoide [inṭelektwa'lojðe] I. *adj* pseudointellektuell
II. *mf* Pseudointellektuelle(r) *mf*
inteligencia [inṭeli'xenθja] *f* ❶ (*capacidad, de acción*) Intelligenz *f*; ~ **artificial** (INFOR) künstliche Intelligenz; ~ **emocional** emotionale Intelligenz; **cociente de** ~ Intelligenzquotient *m*
❷ (*comprensión, conocimiento*) Verständnis *nt*; **no he llegado a la** ~ **de este tema** ich habe dieses Thema nicht begriffen
❸ (*acuerdo*) Verständigung *f*
❹ (POL): **servicio de** ~ Geheimdienst *m*; (*en Alemania*) Bundesnachrichtendienst *m*
❺ (*loc*): **lo hice en la** ~ **de que tú...** ich tat es in der Annahme, dass du ...
inteligente [inṭeli'xenṭe] *adj* intelligent
inteligibilidad [inṭelixiβili'ðað] *f sin pl* Verständlichkeit *f*
inteligible [inṭeli'xiβle] *adj* ❶ (*comprensible*) verständlich
❷ (FILOS) intelligibel
❸ (*sonido*) vernehmlich, deutlich hörbar
intemperancia [inṭempe'ranθja] *f* ❶ (*intolerancia*) Intoleranz *f*
❷ (*intransigencia*) Unnachgiebigkeit *f*
❸ (*falta de moderación*) Unmäßigkeit *f*, Maßlosigkeit *f*
intemperante [inṭempe'ranṭe] *adj* ❶ (*intolerante*) intolerant
❷ (*intransigente*) unnachgiebig

❸ (*no moderado*) unmäßig, maßlos
intemperie [inṭem'perje] *f* ❶ (*el aire libre*): **a la** ~ im Freien; **salir a la** ~ ins Freie gehen; **dormir a la** ~ unter freiem Himmel schlafen
❷ (*del clima*) Rauheit *f*; (*mal tiempo*) schlechtes Wetter *nt*
intempestivo, -a [inṭempes'tiβo, -a] *adj* ❶ (*observación*) unangebracht
❷ (*visita, momento*) ungelegen, unpassend
intemporal [inṭempo'ral] *adj* zeitlos
intemporalidad [inṭemporali'ðað] *f sin pl* Zeitlosigkeit *f*
intención [inṭen'θjon] *f* ❶ (*propósito*) Absicht *f*, Intention *f elev*; (*propósito firme*) Vorsatz *m*; ~ **extorsiva** betrügerische [*o* erpresserische] Absicht; ~ **latrocinante** räuberische Absicht; ~ **de lucro** Vorteilsabsicht *f*; ~ **de voto** (POL, SOCIOL) voraussichtliches Wählerverhalten; **con** ~ absichtlich, (ganz) bewusst; **con buena** ~ in guter Absicht; **con la** ~ **de...** in der Absicht zu ..., mit dem Vorsatz zu ...; **sin** ~ unabsichtlich, unbeabsichtigt; **sin mala** ~ ohne böse Absicht; **tener malas intenciones** böse Absichten verfolgen; **tener segundas intenciones** Hintergedanken haben
❷ (*idea, plan*) Plan *m*, Vorhaben *nt*; **intenciones de futuro** Zukunftspläne *mpl*
❸ (*objetivo*) Zweck *m*
❹ (*loc*): **de primera** ~ vorläufig; **curar a alguien de primera** ~ jdm erste Hilfe leisten
intencionado, -a [inṭenθjo'naðo, -a] *adj* absichtlich, beabsichtigt; (JUR) vorsätzlich; **bien** ~ wohlwollend, wohlmeinend; **mal** ~ übel gesinnt, bösartig
intencional [inṭenθjo'nal] *adj* ❶ (*relativo a la intención*) intentional, zielgerichtet
❷ (*con intención*) absichtlich, vorsätzlich
intencionalidad [inṭenθjonali'ðað] *f* Absichtlichkeit *f*; (JUR) Vorbedacht *m*
intendencia [inṭen'denθja] *f* ❶ (MIL) Intendantur *f*
❷ (*dirección*) Betriebsleitung *f*
❸ (*Arg, Urug: distrito*) Verwaltungsbezirk *m*
intendente [inṭen'denṭe] *m* ❶ (MIL) Verwaltungsoffizier *m*
❷ (*de empresa*) Betriebsleiter *m*
❸ (*Arg, Urug: en un distrito*) Vorsteher *m* eines Verwaltungsbezirks
intensidad [inṭensi'ðað] *f* ❶ (*fuerza, t.* FÍS) Intensität *f*, Stärke *f*; (*de lucha, tormenta*) Heftigkeit *f elev*; ~ **de sonido** Lautstärke *f*
❷ (*de poema, palabras*) Eindringlichkeit *f*
intensificación [inṭensifika'θjon] *f sin pl* Intensivierung *f*, Verstärkung *f*
intensificar [inṭensifi'kar] <c→qu> I. *vt* intensivieren, verstärken
II. *vr:* ~**se** sich verstärken, intensiver werden; (*calor*) stärker werden; (*tráfico*) zunehmen; (*tensión*) zunehmen; (*conflicto*) sich verschärfen; **la competencia en el sector informático se ha intensificado mucho** der Informatiksektor ist einem verschärften Wettbewerb ausgesetzt
intensímetro [inṭen'simetro] *m* (TÉC) Intensimeter *nt*
intensivista [inṭensi'βista] *mf* (MED) Spezialist(in) *m(f)* für Intensivmedizin
intensivo, -a [inṭen'siβo, -a] *adj* intensiv; (*cura, curso*) Intensiv-
intenso, -a [in'ṭenso, -a] *adj* ❶ (*fuerza, t.* FÍS) intensiv, stark
❷ (*poema, palabras*) eindringlich
❸ (*lucha, tormenta*) heftig
❹ (*frío*) durchdringend
❺ (*olor*) intensiv
❻ (*color*) grell
intentar [inṭen'tar] *vt* ❶ (*probar*) versuchen; ~ **por todos los medios** mit allen Mitteln versuchen
❷ (*proponerse*) beabsichtigen, vorhaben
intento [in'ṭento] *m* ❶ (*lo intentado*) Versuch *m*; ~ **de fuga** Fluchtversuch *m*
❷ (*propósito*) Absicht *f*; **de** ~ absichtlich, aus Absicht
intentona [inṭen'tona] *f* (*fam*) tollkühner Versuch *m*; ~ **golpista** (POL) Putschversuch *m*
ínter ['inṭer] *adv* inzwischen, unterdessen; **en el** ~ in der Zwischenzeit
interacción [inṭeraγ'θjon] *f* ❶ (*influencia, t.* FÍS) Wechselwirkung *f*
❷ (PSICO) Interaktion *f*
interaccionar [inṭeraγθjo'nar] *vi* ❶ (FÍS) Wechselwirkungen hervorrufen
❷ (PSICO) interagieren
interactividad [inṭeraktiβi'ðað] *f* (INFOR) Dialogfähigkeit *f*
interactivo, -a [inṭerak'tiβo, -a] *adj* interaktiv
interalemán, -ana [inṭerale'man, -ana] *adj* innerdeutsch, deutschdeutsch
interaliado, -a [inṭerali'aðo, -a] *adj* verbündet, interalliiert
interamericano, -a [inṭerameri'kano, -a] *adj* interamerikanisch
interandino, -a [inṭeran'dino, -a] *adj* (*sucediendo*) zwischen den

interanual

Andenstaaten; (*situado*) Anden(staaten)-; **valles ~s** Andentäler *ntpl*
interanual [interanu'al] *adj* jährlich
interarticular [interartiku'lar] *adj* (ANAT) in den Gelenken (befindlich), interartikulär
interastral [interas'tral] *adj* (ASTR) interstellar
interatracción [interatraʏ'θjon] *f* (ZOOL) soziale Attraktion *f*
interbancario, -a [interβaŋ'karjo, -a] *adj* Interbank(en)-; **crédito ~** Bank-an-Bank-Kredit *m*
intercalación [interkala'θjon] *f* Einfügung *f*, Einschaltung *f*; (*en una serie, sucesión, un libro*) Einfügung *f*, Einschiebung *f*; **~ de líneas** Zeilenschaltung *f*
intercalado, -a [interka'laðo, -a] *adj* eingeschoben, eingestreut
intercaladura [interkala'ðura] *f* ❶ (*de intercalar*) Einschieben *nt*
❷ (TIPO) eingeschobenes Zitat *nt*
intercalar [interka'lar] I. *adj* eingeschaltet; (*año*) interkalar
II. *vt* einfügen, einschalten; (*en una serie, sucesión*) einfügen, einschieben; (*en un periódico*) einlegen; **~ ilustraciones a lo largo de un trabajo escrito** Bilder in eine schriftliche Arbeit einfügen
intercambiabilidad [interkambjaβili'ðað] *f sin pl* Austauschbarkeit *f*
intercambiable [interkam'bjaβle] *adj* austauschbar
intercambiar [interkam'bjar] I. *vt* austauschen; **~ correspondencia con alguien** mit jdm in Briefwechsel stehen; **~ impresiones con alguien** seine Eindrücke mit jdm austauschen
II. *vr*: **~se** (*lugares*) (miteinander) wechseln [*o* tauschen]
intercambio [inter'kambjo] *m* ❶ (*de estudiantes, ideas*) Austausch *m*; **~ comercial** Handelsaustausch *m*, Handelsverkehr *m*; **~ de computadores** (INFOR) Austausch zwischen Rechnern; **~ de datos electrónicos** (INFOR) Austausch elektronischer Daten; **tener un ~ de conversación con un alemán** einen Konversationsaustausch mit einem Deutschen haben
❷ (*de lugares*) Tausch *m*
interceder [interθe'ðer] *vi* sich einsetzen (*por/en favor de* für +*akk*), sich verwenden (*por/en favor de* für +*akk*) *elev*; **¿puedes ~ por mí ante el jefe?** kannst du beim Chef ein gutes Wort für mich einlegen?
intercelular [interθelu'lar] *adj* (BIOL) interzellular, interzellulär
interceptar [interθep'tar] *vt* ❶ (*comunicaciones*) unterbrechen; (*el paso de algo*) hemmen; (*pelota, golpe*) auffangen; (*tráfico*) aufhalten, ins Stocken bringen
❷ (*avión, mensaje*) abfangen; (*carta*) abfangen, unterschlagen; (*conversación telefónica*) abhören
❸ (*calle*) (ab)sperren
interceptor [interθep'tor] *m* (MIL) Abfangjäger *m*
intercesión [interθe'sjon] *f* ❶ (*en favor de alguien*) Fürsprache *f*
❷ (*entre contendientes, en secuestro*) Vermittlung *f*, Intervention *f*
intercesor(a) [interθe'sor(a)] I. *adj* (*en favor de alguien*) fürsprechend; (*entre contendientes*) vermittelnd
II. *m(f)* (*en favor de alguien*) Fürsprecher(in) *m(f)*; (*entre contendientes*) Vermittler(in) *m(f)*
interclasista [interkla'sista] *adj* für alle Klassen
intercolumnio [interko'lumnjo] *m* (ARQUIT) Säulenweite *f*, Interkolumnium *nt*
intercomunicación [interkomunika'θjon] *f* Kommunikation *f*, Verbindung *f*
intercomunicador [interkomunika'ðor] *m* (Gegen)sprechanlage *f*
intercomunicar [interkomuni'kar] <c→qu> *vt* (miteinander) verbinden; **~ redes** Netze miteinander verbinden
intercomunión [interkomu'njon] *f* (REL) Interkommunion *f*
interconectar [interkonek'tar] *vt* (ELEC) zusammenschalten, untereinander verbinden
interconexión [interkoneʏ'sjon] *f* (ELEC) Zusammenschaltung *f*; **~ digital** (INFOR) digitale Schnittstelle *f*; **~ de redes eléctricas** (elektrische) Verbundwirtschaft *f*
intercontinental [interkontinen'tal] *adj* interkontinental
intercostal [interkos'tal] *adj* (ANAT) zwischen den Rippen (befindlich), interkostal
intercultural [interkultu'ral] *adj* interkulturell
intercutáneo, -a [interku'taneo, -a] *adj* (ANAT) im Hautgewebe (befindlich), interkutan
interdepartamental [interðepartamen'tal] *adj*: **comisión ~** Ausschuss *m* aus Vertretern verschiedener Abteilungen
interdependencia [interðepen'denθja] *f* gegenseitige Abhängigkeit *f*, Interdependenz *f* *elev*; **~ de los mercados** (ECON) Marktverflechtung *f*
interdependiente [interðepen'djente] *adj* voneinander abhängig, interdependent *elev*
interdicción [interðiʏ'θjon] *f* Verbot *nt*, Untersagung *f*; **civil** Strafentmündigung *f*; **~ del ejercicio profesional** Untersagung der Berufsausübung; **~ de la retroactividad** Rückwirkungsverbot *nt*
interdigital [interðixi'tal] *adj* (ANAT) interdigital; (*dedo*) zwischen den Fingern; (*dedo del pie*) zwischen den Zehen

interferir

interdisciplinar [interðisθipli'nar] *adj* interdisziplinär
interdisciplinaridad [interðisθiplinari'ðað] *f sin pl* Interdisziplinarität *f*
interdisciplinario, -a [interðisθipli'narjo, -a] *adj v.* **interdisciplinar**
interés [inte'res] *m* ❶ (*importancia*) Interesse *nt*, Bedeutung *f*; **algo es de vital ~** etw ist von lebenswichtigem Interesse [*o* lebenswichtiger Bedeutung]; **este ejemplo carece de ~** dieses Beispiel ist völlig belanglos
❷ (*deseo*) Interesse *nt*, Bestrebung *f*; **he leído el libro por ~** ich habe das Buch aus Interesse [*o* interessehalber] gelesen; **tener ~ por alguien/algo** sich für jdn/etw interessieren; **tengo mucho ~ en que...** es liegt mir viel daran, dass ...; **tengo ~ por saber...** ich möchte gerne wissen ..., ich bin gespannt darauf, zu erfahren, ...; **tener un ~ loco por alguien** (*fam*) an jdm einen Narren gefressen haben
❸ (*atención*) Interesse *nt*; **seguir algo con ~** etw mit Interesse verfolgen; **no poner ~ en algo** etw *dat* keine Aufmerksamkeit schenken
❹ (*provecho*) Interesse *nt*, Nutzen *m*; **comercial** Handelsinteresse *nt*, **intereses creados** Interessenverflechtungen *fpl*; **~ de explotación** Nutzungsinteresse *nt*; **el ~ público** das öffentliche Wohl; **en ~ de todos** im Interesse der Allgemeinheit, in jedermanns Interesse; **en ~ tuyo...** in deinem Interesse ...; **esto redunda en ~ tuyo** das kommt dir zugute; **esto va contra mis intereses** das läuft meinen Interessen zuwider; **con eso vas contra tus intereses** damit schneidest du dich [*o* dir] ins eigene Fleisch; **hacer algo en ~ de alguien** etw aus eigenem Interesse machen; **hacer algo por el ~ de los hijos** etw zum Wohle der Kinder tun
❺ (FIN) Zinssatz *m*; (*rendimiento*) Zinsen *mpl*; **intereses acreedores** Habenzinsen *mpl*; **~ acumulado** angefallene [*o* aufgelaufene] Zinsen **intereses compensatorios** Ausgleichszinsen *mpl*; **~ compuesto** Zinseszinsen *m(pl)*; **intereses de demora** Verzugszinsen *mpl*; **intereses deudores** Sollzinsen *mpl*; **~ deudor mínimo** Mindestsollzins *m*; **~ fijo** fester Zinssatz, feste Verzinsung; **intereses hipotecarios** Hypothekenzinsen *mpl*; **~ del mercado de capitales** Kapitalmarktzins *m*, Kapitalzins *m*; **~ pignoraticio de créditos** Lombardzins *m*; **intereses procesales** Prozesszinsen *mpl*; **~ simple** einfacher Zins; **intereses al vencimiento** Fälligkeitszinsen *mpl*; **tipo de ~ elevado/bajo** hohes/niedriges Zinsniveau; **préstamo sin ~** unverzinsliches Darlehen; **un 10% de ~** 10% Zinsen; **dar ~** Zinsen tragen; **dar mucho ~** viel Zinsen abwerfen; **me han cobrado 10 euros más en concepto de intereses** sie haben mir 10 Euro mehr in Form von Zinsen berechnet
❻ *pl* (*bienes*): **tener intereses económicos en un proyecto** finanziell an einem Projekt beteiligt sein
❼ *pl* (*preferencias*) Interessen *ntpl*; **intereses públicos** öffentliche Belange
interesada [intere'saða] *adj o v.* **interesado**
interesadamente [interesaða'mente] *adv* interessiert; **actuar ~** (*por propio interés*) aus eigenem Interesse handeln; (*por interés material*) materialistisch handeln
interesado, -a [intere'saðo, -a] I. *adj* interessiert; **estar ~ en algo** Interesse für etw zeigen, an etw *dat* interessiert sein
II. *m, f* Interessent(in) *m(f)*
interesante [intere'sante] *adj* interessant; **hacerse el ~** sich aufspielen
interesar [intere'sar] I. *vi* interessieren; **¿te interesa?** hast du Interesse daran?, bist du daran interessiert?; **este tema no me interesa** dieses Thema spricht mich nicht an [*o* interessiert mich nicht]; **este tema no interesa** dieses Thema ist nicht von Interesse; **este artículo ya no interesa mucho** dieser Artikel ist nicht mehr besonders gefragt
II. *vt* ❶ (*inspirar interés*) interessieren; (*libro*) packen, begeistern
❷ (*en un negocio*) interessieren (*para* für +*akk*), zu gewinnen suchen (*para* für +*akk*)
❸ (*atraer*) reizen, anziehen
III. *vr*: **~se** ❶ (*por algo, alguien*) sich interessieren (*por* für +*akk*)
❷ (*preguntar por*) fragen (*por* nach +*dat*); **~se por la salud de alguien** sich nach jds Befinden erkundigen
interestatal [interesta'tal] *adj* zwischenstaatlich
interestelar [intereste'lar] *adj* interstellar
intereuropeo, -a [intereuro'peo, -a] *adj* intereuropäisch
interface [inter'feis] *m* (INFOR) Interface *nt*, Schnittstelle *f*
interfaz [inter'faθ] *f* (INFOR) Schnittstelle *f*, Interface *nt*; **~ de usuario** Benutzerschnittstelle *f*
interfecto, -a [inter'fekto, -a] I. *adj* ermordet
II. *m, f* ❶ (JUR) Ermordete(r) *mf*
❷ (*fam: susodicho*) besagte Person *f*
interferencia [interfe'renθja] *f* ❶ (FÍS) Interferenz *f*, Störung *f*
❷ (LING) Interferenz *f*
❸ (*en asunto*) Einmischung *f*
interferencial [interferen'θjal] *adj* (FÍS) interferential, Interferenz-
interferente [interfe'rente] *adj* (FÍS) *v.* **interferencial**
interferir [interfe'rir] *irr como sentir* *vi* ❶ (FÍS) interferieren

❷ *(en asunto)* sich einmischen *(en* in +*akk)*; **eso no interfiere en absoluto** das stört überhaupt nicht; **no quiero que nadie interfiera en mis planes** ich will nicht, dass irgend jemand meine Pläne durchkreuzt
interfijo [iṇter'fixo] *m* (LING) Interfix *nt*
interfono [iṇter'fono] *m* (Gegen)sprechanlage *f*
intergaláctico, -a [iṇterγa'laktiko, -a] *adj* (ASTR) intergalaktisch
interglacial [iṇterγla'θjal] **I.** *adj* (GEO) zwischeneiszeitlich, interglazial **II.** *m* (GEO) Zwischeneiszeit *f*, Interglazialzeit *f*
intergubernamental [iṇterγuβernamen'tal] *adj* zwischen Regierungen, zwischenstaatlich; *(acuerdo, asunto)* Regierungs-; **Conferencia I~** (UE) Regierungskonferenz *f*
ínterin ['iṇterin] **I.** *adv (elev)* inzwischen **II.** *m* Interim *nt*
interina [iṇte'rina] *adj o f v.* **interino**
interinato [iṇteri'nato] *m* ❶ *(Arg: interinidad)* einstweiliger Zustand *m* ❷ *(Arg, Chil, Guat, Hond: cargo interino)* Vertretung *f*
interindividual [iṇterindiβi'ðwal] *adj* (PSICO) interindividuell
interinidad [iṇterini'ðað] *f* ❶ *(cualidad)* Vorläufigkeit *f*; **estar en situación de** ~ eine befristete Stelle haben ❷ *(de un cargo)* Vertretungsdauer *f*
interino, -a [iṇte'rino, -a] **I.** *adj* ❶ *(funcionario)* stellvertretend ❷ *(plaza)* befristet ❸ (POL, ECON) Interims-; **acuerdo ~** Interimsabkommen *nt* **II.** *m, f* ❶ *(suplente)* (Stell)vertreter(in) *m(f)* ❷ *(funcionario)* Referendar(in) *m(f)*; *(maestro)* Studienreferendar(in) *m(f)*
interinsular [iṇterinsu'lar] *adj* zwischen (den) Inseln
interior [iṇte'rjor] **I.** *adj* innere(r, s), Innen-; **comercio ~** (COM) Binnenhandel *m*; **consumo ~** (ECON) Inlandsverbrauch *m*; **decoración ~** Innenausstattung *f*; **el mercado ~** (COM: *de la UE)* der Binnenmarkt; *(de Alemania)* der Inlandsmarkt; **patio ~** Innenhof *m*; **ropa ~** Unterwäsche *f*; **la vida ~ de una persona** das Innenleben [*o* Gefühlsleben] eines Menschen
II. *m* ❶ *(lo de dentro)* Innere(s) *nt*; *(la parte, cara interna)* Innenseite *f*; **el ~ de un país** das Landesinnere; **el Ministerio del I~** (POL) das Innenministerium, das Ministerium für innere Angelegenheiten; **Schumacher adelanta a Hill por el ~** Schumacher überholt Hill durch die Mitte ❷ *(de alguien)* Innere(s) *nt*; **en su ~** in seinem/ihrem Inneren, im Grunde seines/ihres Herzens ❸ (DEP) Innenstürmer(in) *m(f)*; **juego ~** Innensturm *m*
interiores [iṇte'rjores] *mpl* ❶ *(entrañas)* Innereien *fpl* ❷ *(fam: de una cosa)* Innenleben *nt* ❸ (ARQUIT) Innenraum *m*; **arquitectura de ~** Innenarchitektur *f* ❹ (CINE: *secuencias)* Innenaufnahmen *fpl*; *(decorados)* Kulissen *fpl*
interioridad [iṇterjori'ðað] *f* ❶ *(cualidad)* Innerlichkeit *f* ❷ *pl (de alguien)* Privatleben *nt*, Intimsphäre *f*; *(de una familia)* Familiengeheimnisse *ntpl*; **conozco las ~es de este caso** ich weiß über diesen Fall genau Bescheid, ich kenne die Einzelheiten dieses Falls
interiorismo [iṇterjo'rismo] *m sin pl* (ARTE: *decoración)* Innendekoration *f*; *(arquitectura)* Innenarchitektur *f*
interiorista [iṇterjo'rista] *m f* ❶ *(arquitecto)* Innenarchitekt(in) *m(f)* ❷ *(diseñador)* Raumgestalter(in) *m(f)*, Raumausstatter(in) *m(f)*
interiorizar [iṇterjori'θar] <z→c> *vt (sensación, vida)* verinnerlichen; *(gramática)* internalisieren, verinnerlichen
interiormente [iṇterjor'meṇte] *adv* ❶ *(en su interior)* im Inneren, innerlich, im Grunde des Herzens ❷ *(internamente)* intern
interjección [iṇterxeɣ'θjon] *f* (LING) Ausrufewort *nt*, Interjektion *f*
interlínea [iṇter'linea] *f* (TIPO) Durchschuss *m*
interlineado [iṇterline'aðo] *m* (TIPO) Zeilenabstand *m*
interlinear [iṇterline'ar] *vt* (TIPO) durchschießen
interlocución [iṇterloku'θjon] *f (elev)* Unterredung *f*, Gespräch *nt*
interlocutor(a) [iṇterloku'tor(a)] *m(f)* Gesprächspartner(in) *m(f)*; **los ~es sociales** (ECON) die Tarifpartner, die Sozialpartner
interludio [iṇter'luðjo] *m* (MÚS) Interludium *nt*
intermaxilar [iṇtermaɣsi'lar] *adj* (ANAT) zwischen den Kiefern (befindlich), intermaxillar
intermediar [iṇterme'ðjar] *vi* ❶ *(estar en el medio)* liegen *(entre* zwischen +*dat)* ❷ *(intervenir)* vermitteln *(en* bei +*dat)*
intermediario, -a [iṇterme'ðjarjo, -a] **I.** *adj* vermittelnd **II.** *m, f* ❶ *(mediador)* Vermittler(in) *m(f)* ❷ *(comerciante)* Zwischenhändler(in) *m(f)*
intermedio¹ [iṇter'meðjo] *m* (CINE) Pause *f*; (TEAT: *sin actuación)* Pause *f*; *(con actuación)* Zwischenakt *m*
intermedio, -a² [iṇter'meðjo, -a] *adj* ❶ *(capa, talla, producto)* Zwischen- ❷ *(período de tiempo)* dazwischenliegend ❸ *(calidad)* mittlere(r, s), Mittel-; **mandos ~s** mittlere Führungsebene

interminable [iṇtermi'naβle] *adj* endlos, unendlich
interministerial [iṇterministe'rjal] *adj* interministeriell
intermitencia [iṇtermi'teṇθja] *f* ❶ *(calidad)* kurze Unterbrechung *f* ❷ (MED) Intermission *f*
intermitente [iṇtermi'teṇte] **I.** *adj* intermittierend, mit Unterbrechungen; **fiebre ~** Wechselfieber *nt* **II.** *m* Blinklicht *nt*; (AUTO) Blinkleuchte *f*, Blinker *m*
intermunicipal [iṇtermuniθi'pal] *adj* interkommunal
intermuscular [iṇtermusku'lar] *adj* (ANAT) intermuskulär
interna [iṇ'terna] *adj o f v.* **interno**
internación [iṇterna'θjon] *f v.* **internamiento**
internacional [iṇternaθjo'nal] *adj* international, zwischenstaatlich; **derecho ~** (JUR) internationales Recht, Völkerrecht *nt*; **partido ~** (DEP) Länderspiel *nt*
internacionalidad [iṇternaθjonali'ðað] *f* Internationalität *f*
internacionalismo [iṇternaθjona'lismo] *m* Internationalismus *m*
internacionalización [iṇternaθjonaliθa'θjon] *f* Internationalisierung *f*
internacionalizar [iṇternaθjonali'θar] <z→c> *vt* internationalisieren
internada [iṇter'naða] *f* (DEP: *por el centro)* Angriff *m* über die Mitte; *(por los extremos)* Angriff *m* über die Flanke
internado¹ [iṇter'naðo] *m* Internat *nt*, Internatsschule *f*
internado, -a² [iṇter'naðo, -a] **I.** *adj* interniert **II.** *m, f* ❶ *(alumno)* Internatsschüler(in) *m(f)* ❷ *(demente, soldado)* Internierte(r) *mf*
internalizar [iṇternali'θar] <z→c> *vt* (PSICO) verinnerlichen, internalisieren
internamiento [iṇterna'mjeṇto] *m* ❶ *(en hospital)* Einweisung *f (en* in +*akk)* ❷ (MIL) Internierung *f (en* in +*dat)*
internar [iṇter'nar] **I.** *vt* ❶ *(penetrar)* hineinbringen *(en* in +*akk)*, hineinführen *(en* in +*akk)* ❷ *(en hospital)* einweisen *(en* in +*akk)*; *(en asilo)* unterbringen *(en* in +*dat)* ❸ (MIL) internieren
II. *vr:* **~se** ❶ *(penetrar)* eindringen; (DEP) in die gegnerische Hälfte vorstürmen ❷ *(en tema)* sich intensiv beschäftigen *(en* mit +*dat)*
internauta [iṇter'naṵta] *mf* (INFOR) Internetsurfer(in) *m(f)*
internet [iṇter'net] *f sin pl* (INFOR) Internet *nt*
internista [iṇter'nista] **I.** *adj* (MED) internistisch; **médico ~** Internist *m* **II.** *mf* (MED) Internist(in) *m(f)*
interno, -a [iṇ'terno, -a] **I.** *adj* innere(r, s), intern; **auditoría interna** (FIN) interne Revision, Innenrevision *f*; **demanda interna** (ECON) Binnennachfrage *f*, Inlandsnachfrage *f*; **herida interna** (MED) innere Verletzung; **medicina interna** (MED) innere Medizin; **una cuestión de régimen ~** *(de una empresa)* eine innerbetriebliche Angelegenheit; *(de un partido)* eine innerparteiliche Angelegenheit; **un medicamento para uso ~** ein Medikament zur innerlichen Anwendung
II. *m, f* Interne(r) *mf*, Internatsschüler(in) *m(f)*
inter nos [ˈiṇter nos] *(elev)* privatim, unter uns [*o* im Vertrauen] (gesagt)
interoceánico, -a [iṇteroθe'aniko, -a] *adj* interozeanisch
interóseo, -a [iṇter'oseo, -a] *adj* (ANAT) zwischen den Knochen (befindlich), interossär
interparietal [iṇterparje'tal] *adj* (ANAT) interparietal
interparlamentario, -a [iṇterparlameṇ'tarjo, -a] *adj* (POL) interparlamentarisch
interpelación [iṇterpela'θjon] *f* (POL) (parlamentarische) Anfrage *f*, Interpellation *f*
interpelar [iṇterpe'lar] *vt* (POL) interpellieren
interpersonal [iṇterperso'nal] *adj* zwischenmenschlich, interpersonell *elev*
interplanetario, -a [iṇterplane'tarjo, -a] *adj* interplanetar(isch)
Interpol [iṇter'pol] *f* Interpol *f*
interpolación [iṇterpola'θjon] *f* ❶ (MAT) Interpolation *f* ❷ (LIT) Interpolation *f*, Einfügung *f*
interpolar [iṇterpo'lar] *vt* ❶ (MAT) interpolieren ❷ (LIT) interpolieren, einfügen
interponer [iṇterpo'ner] *irr como* poner **I.** *vt* ❶ *(entre varias cosas)* einfügen, einschieben; *(entre dos cosas: silla)* dazwischenstellen; *(papel)* dazwischenlegen; *(a alguien)* dazwischensetzen ❷ *(en un asunto)* einschalten [*o* eingreifen] lassen; **~ la influencia** den Einfluss geltend machen ❸ (JUR) einlegen
II. *vr:* **~se** einschreiten, eingreifen
interposición [iṇterposi'θjon] *f* ❶ *(entre varias cosas)* Einfügung *f*, Einschaltung *f*; *(de una silla)* Dazwischenstellen *nt*; *(de un papel)* Dazwischenlegen *nt*; *(de alguien)* Dazwischensetzen *nt* ❷ *(en un asunto)* Eingreifen *nt*, Einschalten *nt*

interpretable

③ (JUR) Einlegung *f*; ~ **de demanda** Klageerhebung *f*; ~ **de reclamación** [*o* **de oposición**] Einspruchseinlegung *f*; ~ **de recurso** Revisionseinlegung *f*; ~ **de recursos legales** Einlegung von Rechtsmitteln
interpretable [iṇtepre'taβle] *adj* (*texto*) interpretierbar; (TEAT) darstellbar, spielbar; (MÚS) interpretierbar
interpretación [iṇtepreta'θjon] *f* **①** (*de texto, palabras*) Auslegung *f*, Interpretation *f elev*; ~ **del contrato** Vertragsauslegung *f*; ~ **legal** Gesetzesauslegung *f*; ~ **del testamento** Testamentsauslegung *f*
② (TEAT, CINE) Darstellung *f*; (MÚS) Interpretation *f*; **escuela de** ~ (TEAT) Theaterschule *f*
③ (*traducción oral*) Dolmetschen *nt*; ~ **de lenguas** (*en un ministerio*) Sprachendienst *m*
interpretador[1] [iṇtepreta'ðor] *m* (INFOR) Interpreter *m*
interpretador(a)[2] [iṇtepreta'ðor(a)] I. *adj* interpretierend
II. *m(f)* Interpret(in) *m(f)*
interpretadora [iṇtepreta'ðora] *f* (INFOR) Sichtanzeiger *m*
interpretar [iṇtepre'tar] *vt* **①** (*texto*) auslegen, interpretieren *elev*
② (TEAT, CINE) darstellen; (MÚS) interpretieren
③ (*traducir oralmente*) dolmetschen
interpretativo, -a [iṇtepreta'tiβo, -a] *adj* auslegend, deutend, interpretierend; **fuerza interpretativa** Darstellungskraft *f*
intérprete[1] [iṇ'teṛpɾete] *mf* **①** (*de texto*) Interpret(in) *m(f) elev*
② (*actor*) Darsteller(in) *m(f)*, Schauspieler(in) *m(f)*
③ (*traductor*) Dolmetscher(in) *m(f)*; ~ **jurado** vereidigter Dolmetscher; ~ **simultáneo** Simultandolmetscher *m*; **escuela de ~s** Dolmetscherinstitut *nt*, Dolmetscherschule *f*
intérprete[2] [iṇ'teṛpɾete] *m* (INFOR) Interpreter *m*
interprofesional [iṇteṛprofesjo'nal] *adj* berufsunabhängig, für alle Berufe; **Salario Mínimo I~** gesetzlicher Mindestlohn
interpuesto, -a [iṇteṛ'pwesto, -a] *pp de* **interponer**
interraíl [iṇtera'il] *m* Interrailkarte *f*, Interrail *nt*; **me fui de** ~ ich fuhr mit Interrail
interregional [iṇterexjo'nal] *adj* interregional
interregno [iṇte'reɣno] *m* Interregnum *nt*
interrelación [iṇterela'θjon] *f* Beziehung *f* (*entre* zwischen + *dat*)
interrelacionado, -a [iṇterelaθjo'naðo, -a] *adj* zusammenhängend
interrelacionar [iṇterelaθjo'nar] *vt* (miteinander) in Beziehung setzen; ~ **A y B** A in Beziehung zu B bringen
interrogación [iṇteroɣa'θjon] *f* **①** (*pregunta*) Frage *f*; (**signo de**) ~ Fragezeichen *nt*
② (JUR) Vernehmung *f*
interrogador(a) [iṇteroɣa'ðor(a)] I. *adj* fragend
II. *m(f)* (*que pregunta*) Fragesteller(in) *m(f)*
② (*policía*) Vernehmungsbeamte(r), -in *m, f*
interrogante[1] [iṇtero'ɣaṇte] I. *adj* fragend
II. *m* **①** (*signo*) Fragezeichen *nt*
② (*de un asunto*) Fragezeichen *nt*, Unklarheit *f*; **este asunto presenta varios ~s** diese Sache weist einige Unklarheiten auf
interrogante[2] [iṇtero'ɣaṇte] *m o f* Frage *f*
interrogar [iṇtero'ɣar] <g→gu> *vt* **①** (*hacer preguntas*) (be)fragen
② (*policía*) verhören, vernehmen
interrogativo, -a [iṇteroɣa'tiβo, -a] *adj* **①** (*mirada*) fragend
② (LING) interrogativ; (*pronombre, oración*) Interrogativ-
interrogatorio [iṇteroɣa'toṛjo] *m* Verhör *nt*, Vernehmung *f*; (**acta de**) ~ Vernehmungsprotokoll *nt*; **~s Beweisfragen** *fpl*; **~s de la parte actora** Beweislastfragen *fpl*
interrumpir [iṇterum'pir] *vt* **①** (*parar, cortar*) unterbrechen; (*bruscamente al hablar*) ins Wort fallen (*a* + *dat*); (*tráfico*) stören
② (*partido, estudios*) abbrechen; ~ **las vacaciones** (*por unos días*) den Urlaub unterbrechen; (*definitivamente*) den Urlaub abbrechen
interrupción [iṇteruβ'θjon] *f* **①** (*parada, corte*) Unterbrechung *f*; (*del tráfico*) Störung *f*; ~ **para publicidad** Werbeunterbrechung *f*; **sin ~** ununterbrochen
② (*del partido, los estudios*) Abbruch *m*; ~ **del embarazo** Schwangerschaftsabbruch *m*
interruptor[1] [iṇterup'tor] *m* (ELEC) Schalter *m*; ~ **de encendido/apagado** Ein-/Ausschalter *m*
interruptor(a)[2] [iṇterup'tor(a)] *adj* unterbrechend
intersección [iṇteṛseɣ'θjon] *f* **①** (*de dos líneas*) Schnittstelle *f*
② (*de dos calles*) Kreuzung *f*
intersexual [iṇteṛseɣsu'al] *adj* intersexuell
intersexualidad [iṇteṛseɣswali'ðað] *f* Intersexualität *f*
intersideral [iṇteṛsiðe'ral] *adj* (ASTR) interstellar
intersindical [iṇteṛsiṇdi'kal] *adj* gewerkschaftsübergreifend, übergewerkschaftlich
intersticio [iṇteṛs'tiθjo] *m* **①** (*espacio*) Zwischenraum *m*; (*en pared*) Riss *m*; (*entre placas*) Fuge *f*
② (BIOL) Interstitium *nt*
interterritorial [iṇteṛterito'rjal] *adj* interterritorial

intertropical [iṇtertropi'kal] *adj* (GEO) intertropisch
interurbano, -a [iṇterur'βano, -a] *adj* zwischen Städten; **conferencia interurbana** (TEL) Inlandsgespräch *nt*; **tren ~** (FERRO) Stadtexpress *m*; (*rápido*) Intercity(zug) *m*
intervalo [iṇter'βalo] *m*, **intérvalo** [iṇ'teṛβalo] *m* **①** (*lapso de tiempo*) Zeitraum *m*, Intervall *nt*; **a ~s** in Abständen **②** (MÚS) Intervall *nt*
intervención [iṇteṛβen'θjon] *f* **①** (*participación*) Teilnahme *f* (*en* an + *dat*); **precio de ~** (UE) Interventionspreis *m*
② (*en un conflicto*) Eingreifen *nt* (*en* in + *akk*), Intervenieren *nt* (*en* in + *dat*); (*de la policía*) Eingreifen *nt*, Einschreiten *nt*; (*en temas familiares*) Einmischung *f*; ~ **adhesiva** (JUR) Streithilfe *f*; **la ~ de una autoridad** das Eingreifen einer Behörde; ~ **en el derecho fundamental** Grundrechtseingriff *m*; **la ~ bajo nombre ajeno** das Handeln unter fremden Namen; **la ~ en nombre propio/por cuenta ajena** das Handeln im eigenen Namen/in fremdem Namen
③ (*mediación*) Vermittlung *f*
④ (POL) Eingriff *m*, Intervention *f*; **tropas de ~ rápida** schnelle Eingreiftruppen
⑤ (MED) Operation *f*; ~ **quirúrgica** chirurgischer Eingriff, Operation *f*
⑥ (*del teléfono*) Anzapfen *nt*; (*del correo*) Unterschlagung *f*
intervencionismo [iṇteṛβenθjo'nismo] *m* (POL) Interventionismus *m*
intervencionista [iṇteṛβenθjo'nista] I. *adj* (POL) interventionistisch
II. *mf* (POL) Interventionist(in) *m(f)*
intervenir [iṇteṛβe'nir] *irr como* **venir** I. *vi* **①** (*tomar parte*) teilnehmen (*en* an + *dat*)
② (*en conflicto*) eingreifen, intervenieren *elev*; **el Banco Central Europeo tuvo que ~ para apoyar el euro** die Europäische Zentralbank musste intervenieren, um den Euro zu stützen; **la policía tuvo que ~** die Polizei musste eingreifen [*o* einschreiten]; **el país A interviene en la política del país B** Land A mischt sich in die Politik von Land B ein
③ (*mediar*) vermitteln (*en* in/bei + *dat*); ~ **en favor de alguien** für jdn eintreten
④ (*factores, circunstancias*) eine Rolle spielen
⑤ (*suceder*) dazwischenkommen
II. *vt* **①** (MED) operieren
② (*incautar*) beschlagnahmen
③ (*teléfono*) anzapfen; (*correo*) unterschlagen
④ (COM) prüfen
interventor(a) [iṇteṛβen'tor(a)] *m(f)* **①** (COM) Buchprüfer(in) *m(f)*, Wirtschaftsprüfer(in) *m(f)*; ~ **de cuentas** (FIN) Wirtschaftsprüfer *m*
② (POL) Wahlprüfer(in) *m(f)*
intervertebral [iṇteṛβeṛte'βral] *adj* (ANAT) zwischen den Wirbeln, intervertebral
interviú [iṇteṛ'βju] *f o m* Interview *nt*
interviuar [iṇteṛβi'war] *vt* interviewen
inter vivos ['iṇteṛ 'βiβos] (JUR): **donación ~** Schenkung *f* unter Leben den
intervocálico, -a [iṇteṛβo'kaliko, -a] *adj* (LING) intervokalisch
intestado, -a [iṇtes'taðo, -a] I. *adj* testamentslos, ohne ein Testament hinterlassen zu haben
II. *m, f* Intestaterbe, -in *m, f*
intestinal [iṇtesti'nal] *adj* Darm-, Eingeweide-; (MED) intestinal; **lombriz** Eingeweidewurm *m*; **obstrucción ~** Darmverschluss *m*
intestino[1] [iṇtes'tino] *m* **①** (ANAT) Darm *m*; ~ **ciego/delgado/grueso** Blind-/Dünn-/Dickdarm *m*
② *pl* (*tripas*) Eingeweide *pl*
intestino, -a[2] [iṇtes'tino, -a] *adj* innere(r, s); **luchas intestinas** (*en un país*) Bürgerkrieg *m*; (*en un partido*) innerparteiliche Auseinandersetzungen
íntimamente [iṇtima'meṇte] *adv* **①** (*estrechamente*) eng
② (*en lo íntimo*) in seinem Inneren
intimar [iṇti'mar] I. *vi* vertraut werden (*con* mit + *dat*)
II. *vt* auffordern; **me intimó a que no lo dijera** er/sie gab mir zu verstehen, dass ich es nicht sagen sollte
intimatorio, -a [iṇtima'toṛjo, -a] *adj* (JUR) auffordernd, Aufforderungs-
intimidación [iṇtimiða'θjon] *f* Einschüchterung *f*
intimidad [iṇtimi'ðað] *f* **①** (*personal*) Intimität *f*, Vertrautheit *f*
② *pl* (*sexuales*) Intimitäten *fpl*; (*privacidad*) Privatangelegenheiten *fpl*
③ (*vida privada*) Intimsphäre *f*, Privatleben *nt*; **eso sólo se dice en la ~** das sagt man nur in den eigenen vier Wänden; **la fiesta se celebró en l ~** (*con los íntimos*) das Fest fand im kleinen Kreis statt; (*con la familia*) das Fest fand im Familienkreis statt
intimidar [iṇtimi'ðar] I. *vt* einschüchtern
II. *vr*: **~se** sich einschüchtern lassen
intimidatorio, -a [iṇtimiða'toṛjo, -a] *adj* einschüchternd
intimismo [iṇti'mismo] *m* (LIT) intimistische Strömung *f*
intimista [iṇti'mista] I. *adj* intimistisch
II. *mf* (ARTE) Maler(in) *m(f)* von Interieurs
íntimo, -a ['iṇtimo, -a] *adj* **①** (*interior*) innerlich, intim *elev*; **en lo má**

~ **de mi corazón** im Innersten [*o* Grunde] meines Herzens
② (*interno*) intern
③ (*amistad, amigo*) vertraut, eng; **tener una relación íntima con alguien** eine enge Beziehung zu jdm haben
④ (*velada*) gemütlich
⑤ (*conversación, vida*) privat
intitular [iṇtitu'lar] *vt* betiteln
intocable [iṇto'kaβle] **I.** *adj* unberührbar
II. *mf* Unberührbare(r) *mf*
intolerabilidad [iṇtoleraβili'ðað] *f sin pl* Unerträglichkeit *f*
intolerable [iṇtole'raβle] *adj* unerträglich
intolerancia [iṇtole'ranθja] *f* Intoleranz *f*
intolerante [iṇtole'raṇte] *adj* intolerant
intoxicación [iṇtoˠsika'θjon] *f* Vergiftung *f*
intoxicar [iṇtoˠsi'kar] <c→qu> *vt, vr:* ~(**se**) (sich) vergiften
intracardiaco, -a [iṇtrakar'ðjako, -a] *adj*, **intracardíaco, -a** [iṇtrakar'ðiako, -a] *adj* (ANAT) intrakardial
intracelular [iṇtraθelu'lar] *adj* (BIOL) intrazellulär
intracerebral [iṇtraθere'βral] *adj* (ANAT) intrazerebral
intracomunitario, -a [iṇtrakomuni'tarjo, -a] *adj* EU-, gemeinschaftlich
intradérmico, -a [iṇtra'ðermiko, -a] *adj* (ANAT) intradermal, intrakutan
intradós [iṇtra'ðos] *m* (ARQUIT) ① (*arco, bóveda*) Laibung *f*, Innenwölbung *f*
② (*de dovela*) Innenfläche *f*
intraducibilidad [iṇtraðuθiβili'ðað] *f sin pl* Unübersetzbarkeit *f*
intraducible [iṇtraðu'θiβle] *adj* unübersetzbar
intragable [iṇtra'ɣaβle] *adj* ungenießbar; **esta novela es** ~ dieser Roman ist schwer verdaulich
intramedular [iṇtrameðu'lar] *adj* (ANAT) intramedullär
intramuros [iṇtra'muros] *adv* ① (*dentro de*) innerhalb der Mauern
② (*en secreto*) geheim, intra muros *elev*
intramuscular [iṇtramusku'lar] *adj* (MED) intramuskulär
intranet [iṇtra'net] *f* (INFOR) Intranet *nt*
intranquilidad [iṇtraŋkili'ðað] *f sin pl* Unruhe *f*
intranquilizador(a) [iṇtraŋkiliθa'ðor(a)] *adj* beunruhigend
intranquilizar [iṇtraŋkili'θar] <z→c> *vt, vr:* ~(**se**) (sich) beunruhigen
intranquilo, -a [iṇtraŋ'kilo, -a] *adj* ① (*nervioso*) unruhig
② (*preocupado*) besorgt
③ (*excitado*) aufgeregt
intransferibilidad [iṇtraⁿsferiβili'ðað] *f* (*t.* JUR) Unübertragbarkeit *f*
intransferible [iṇtraⁿsfe'riβle] *adj* nicht übertragbar, nicht transferierbar *elev*
intransigencia [iṇtransi'xenθja] *f* ① (*no condescendencia*) Unnachgiebigkeit *f*, Intransigenz *f elev*
② (*intolerancia*) Intoleranz *f*
intransigente [iṇtransi'xeṇte] *adj* ① (*no condescendiente*) unnachgiebig, intransigent *elev*
② (*intolerante*) intolerant
intransitable [iṇtransi'taβle] *adj* (*a pie*) nicht begehbar; (*en coche*) nicht befahrbar
intransitividad [iṇtransitiβi'ðað] *f sin pl* (LING) Intransitivität *f*
intransitivo, -a [iṇtransi'tiβo, -a] *adj* (LING) intransitiv
intransmisible [iṇtraⁿsmi'siβle] *adj* unübertragbar, nicht übertragbar
intransportable [iṇtraⁿspor'taβle] *adj* intransportabel, nicht transportfähig [*o* beförderbar]
intraocular [iṇtraoku'lar] *adj* (ANAT) intraokulär
intrascendencia [iṇtrasθeṇ'deṇθja] *f sin pl* Unwichtigkeit *f*
intrascendental [iṇtrasθeṇdeṇ'tal] *adj* unwesentlich, belanglos
intrascendente [iṇtrasθeṇ'deṇte] *adj* unwichtig, unwesentlich
intrasectorial [iṇtrasekto'rjal] *adj* innersektoral
intrasferible [iṇtrasfe'riβle] *adj v.* **intransferible**
Intrastat [iṇtras'taᵗ] *m* (UE) Intrastat *m*
intratable [iṇtra'taβle] *adj* ① (*persona*) unfreundlich
② (*material*) unnachgiebig
③ (*asunto*) tabu
④ (*enfermedad*) unbehandelbar
intrauterino, -a [iṇtraute'rino, -a] *adj* (MED) intrauterin
intravenoso, -a [iṇtraβe'noso, -a] *adj* (MED) intravenös
intrepidez [iṇtrepi'ðeθ] *f* Kühnheit *f*, Unerschrockenheit *f*
intrépido, -a [iṇ'trepiðo, -a] *adj* kühn, unerschrocken
intriga [iṇ'triɣa] *f* ① (*maquinación*) Intrige *f*
② (*de una película*) Verwicklung *f*
intrigante [iṇtri'ɣaṇte] **I.** *adj* ① (*persona*) intrigant
② (*película*) spannend
II. *mf* Intrigant(in) *m(f)*
intrigar [iṇtri'ɣar] <g→gu> **I.** *vi* intrigieren, Ränke schmieden
II. *vt* neugierig machen; **me intriga saber si lo hará** ich bin gespannt [*o* möchte zu gerne wissen], ob er/sie es tut

intrincado, -a [iṇtriŋ'kaðo, -a] *adj* (*bosque*) dicht; (*camino*) verschlungen; (*nudo*) kompliziert; (*situación*) verwickelt
intrincar [iṇtriŋ'kar] <c→qu> *vt* (*hilos*) verwirren; (*asunto*) (ver)komplizieren
intríngulis [iṇ'triŋgulis] *m inv* (*fam*) ① (*intención*) Absicht *f*
② (*dificultad*) Haken *m*, Schwierigkeit *f*
intrínsecamente [iṇtrinseka'meṇte] *adv* von Grund auf, grundsätzlich
intrínseco, -a [iṇ'trinseko, -a] *adj* ① (*interior*) innerlich; **motivación intrínseca** (PSICO) intrinsische Motivation; **valor** ~ innerer Wert
② (*propio*) eigen (*de* +*dat*), innewohnend (*de* +*dat*) *elev*
③ (*esencial*) wesentlich (*de* für +*akk*), wesenhaft *elev*
introducción [iṇtroðuˠ'θjon] *f* ① (*acción: de una llave*) Hineinstecken *nt;* (*de supositorio*) Einführung *f;* (*de moneda*) Einwurf *m;* (*de clavo*) (Hin)einschlagen *nt*, (Hin)eintreiben *nt;* (*de medidas*) Einleitung *f;* (INFOR: *de disquete*) Einlegen *nt;* (INFOR: *de datos*) Eingabe *f*
② (*de moda*) Einführung *f;* (*de mercancías*) Einfuhr *f*
③ (*de libro*) Vorwort *nt*, Einleitung *f;* ~ **a la química** (*libro de estudios*) Einführung in die Chemie
④ (MÚS) Einleitung *f*, Vorspiel *nt*
introducir [iṇtroðu'θir] *irr como traducir* **I.** *vt* ① (*objeto: llave*) hineinstecken; (*supositorio, sonda*) einführen; (*moneda*) einwerfen; (*clavo, cuña*) (hin)einschlagen, (hin)eintreiben; (*medidas, procedimiento*) einleiten; (INFOR: *disquete*) einlegen; (INFOR: *datos*) eingeben
② (*moda, a alguien*) einführen (*en* in +*akk*); ~ **clandestinamente** hineinschmuggeln; ~ **una mercancía** (*en el país*) eine Ware einführen; (*en el mercado*) eine Ware auf den Markt bringen
③ (*discordia*) stiften; (*desorden*) stiften, hervorrufen
II. *vr:* ~**se** ① (*meterse*) eindringen
② (*en un ambiente*) eingeführt werden (*en* in +*akk*); ~**se con alguien** jds Bekanntschaft machen
③ (*moda*) aufkommen
④ (*entrometerse*) sich einmischen (*en* in +*akk*)
introductorio, -a [iṇtroðuk'torjo, -a] *adj* einführend, einleitend; **capítulo** ~ einleitendes Kapitel
intromisión [iṇtromi'sjon] *f* Einmischung *f* (*en* in +*akk*)
introspección [iṇtrospeˠ'θjon] *f* Selbstbeobachtung *f;* (PSICO) Introspektion *f*
introspectivo, -a [iṇtrospek'tiβo, -a] *adj* (PSICO) introspektiv
introversión [iṇtroβer'sjon] *f* Introvertiertheit *f;* (PSICO) Introversion *f*
introverso, -a [iṇtro'βerso, -a] *adj* (PSICO) introversiv
introvertido, -a [iṇtroβer'tiðo, -a] *adj* introvertiert, verschlossen; (PSICO) introversiv
intrusa [iṇ'trusa] *adj o f v.* **intruso**
intrusión [iṇtru'sjon] *f* Eindringen *nt;* (*en la vida privada*) Einmischung *f*
intrusismo [iṇtru'sismo] *m* unbefugte Berufsausübung *f*
intruso, -a [iṇ'truso, -a] **I.** *adj* ① (*profesional*) unqualifiziert
② (*en un grupo*) eingedrungen
II. *m, f* ① (*en reunión*) Eindringling *m;* ~ **informático** Hacker *m*
② (*en fiesta*) ungebetener Gast *m*
intubación [iṇtuβa'θjon] *f* (MED) Intubation *f*
intubar [iṇtu'βar] *vt* (MED) intubieren
intuible [iṇ'twiβle] *adj* intuitiv erkennbar [*o* erfassbar]
intuición [iṇtwi'θjon] *f* Intuitition *f;* **saber algo por** ~ etw intuitiv wissen
intuicionismo [iṇtwiθjo'nismo] *m* Intuitionismus *m*
intuicionista [iṇtwiθjo'nista] *mf* Intuitionist(in) *m(f)*
intuir [iṇtu'ir] *irr como huir vt* ① (*reconocer*) intuitiv wissen [*o* erkennen]
② (*presentir*) (vor)ahnen; **intuyo que...** ich habe das Gefühl, dass …
intuitivo, -a [iṇtwi'tiβo, -a] *adj* intuitiv
inundación [inuṇda'θjon] *f* ① (*de agua: casa, baño*) Überschwemmung *f;* (*de las calles, campos*) Überflutung *f*
② (ECON: *de un producto*) Überschwemmung *f;* ~ **del mercado** Marktschwemme *f*
inundado, -a [inuṇ'daðo, -a] *adj* überschwemmt, unter Wasser gesetzt; (*terreno*) überflutet
inundar [inuṇ'dar] *vt* ① (*de agua*) überschwemmen, überfluten
② (*de un producto*) überschwemmen
inurbanidad [inurβani'ðað] *f sin pl* Unhöflichkeit *f*
inurbano, -a [inur'βano, -a] *adj* unhöflich
inusitado, -a [inusi'taðo, -a] *adj* ① (*inhabitual*) ungewöhnlich
② (*extraordinario*) außergewöhnlich
③ (*raro*) selten
inusual [inusu'al] *adj* ① (*inhabitual*) ungewöhnlich
② (*extraordinario*) außergewöhnlich
inútil [i'nutil] **I.** *adj* ① (*que no sirve*) unbrauchbar, unnütz; (MIL) (wehrdienst)untauglich; **¡qué tipo más ~!** so ein unnützer Kerl!
② (*esfuerzo*) nutzlos, vergeblich; (*intento*) vergeblich

❸ (*sin sentido*) sinnlos, zwecklos, müßig
II. *mf* (*torpe*) Taugenichts *m*, Nichtsnutz *m*; ~ **de guerra** Kriegsverletzte(r) *mf*; ~ **laboral** Arbeitsunfähige(r) *mf*
inutilidad [inutili'ðað] *f* Nutzlosigkeit *f*; (*laboral*) Berufsunfähigkeit *f*; (MIL) Wehruntauglichkeit *f*; **reconoció la ~ de su esfuerzo** er/sie sah ein, dass seine/ihre Bemühung zu nichts führte
inutilizar [inutili'θar] <z→c> *vt* ❶ (*objeto*) unbrauchbar machen; (*sello*) entwerten; (*instalaciones*) zerstören
❷ (*al enemigo*) kampfunfähig machen
invadir [imba'ðir] *vt* ❶ (MIL: *país*) überfallen, einfallen (in +*akk*), einmarschieren (in +*akk*); **las tropas han invadido el país** die Truppen sind in das Land eingefallen [*o* einmarschiert]
❷ (*entrar en gran número*) einfallen (in +*akk*), überfluten; **la gente ha invadido las calles** die Straßen haben sich mit Menschen gefüllt; ~ **un mercado con capital extranjero** (ECON) einen Markt überfremden
❸ (*plaga*) befallen, heimsuchen
❹ (*tristeza, miedo*) überkommen, überfallen; **le invadió una gran alegría** große Freude brachen ihn/sie
❺ (*jurisdicción*) eingreifen (in +*akk*); (*privacidad*) eindringen (in +*akk*)
invaginación [imbaxina'θjon] *f* (MED) Invagination *f*
invaginar [imbaxi'nar] *vt* (MED) einstülpen
inválida [im'baliða] *adj o f v.* **inválido**
invalidación [imbaliða'θjon] *f* ❶ (*acción*) Entwertung *f*, Ungültigmachen *nt*; (*resultado*) Ungültigkeit *f*
❷ (JUR) Nichtigerklärung *f*
invalidar [imbali'ðar] *vt* (*anular*) ungültig machen; (*declarar nulo*) für ungültig erklären; (JUR: *matrimonio*) für nichtig erklären; (*compra, acuerdo*) rückgängig machen
invalidez [imbali'ðeθ] *f* ❶ (*nulidad*) Ungültigkeit *f*; (JUR: *de matrimonio*) Nichtigkeit *f*; (*de compra, acuerdo*) Rückgängigmachen *nt*
❷ (MED) Invalidität *f*; ~ **parcial/total** Teil-/Vollinvalidität *f*; **pensión de ~** Invalidenrente *f*
inválido, -a [im'baliðo, -a] **I.** *adj* ❶ (MED) invalid(e); **estar ~ de las piernas** an den Beinen gelähmt sein
❷ (*acuerdo*) ungültig; (JUR) nichtig
II. *m, f* Invalide(r) *mf*
invaluable [imbalu'aβle] *adj* unschätzbar
invariabilidad [imbarjaβili'ðað] *f sin pl* Unveränderlichkeit *f*, Unveränderbarkeit *f*
invariable [imba'rjaβle] *adj* unveränderlich, invariabel *elev*; (MAT) invariabel
invasión [imba'sjon] *f* ❶ (*t.* MIL) Invasion *f*; ~ **de turistas** Touristeninvasion *f*
❷ (*de plaga*) Heimsuchung *f*
❸ (*en jurisdicción*) Eingriff *m*; (*en privacidad*) Eindringen *nt*
❹ (MED) Invasion *f*
invasor(a) [imba'sor(a)] **I.** *adj* eindringend
II. *m(f)* Eindringling *m*; (MIL) Invasor(in) *m(f)*, Eroberer, -in *m, f*
invectiva [imbek'tiβa] *f* Schmährede *f*; **lanzar ~s contra alguien** Schmähreden gegen jdn halten
invencibilidad [imbenθiβili'ðað] *f sin pl* Unbesiegbarkeit *f*
invencible [imben'θiβle] *adj* ❶ (*inderrotable*) unbesiegbar
❷ (*insuperable*) unübertrefflich
❸ (*obstáculo*) unüberwindbar
invención [imben'θjon] *f* Erfindung *f*
invendible [imben'diβle] *adj* unverkäuflich; (COM) unabsetzbar
inventar [imben'tar] *vt* erfinden; (*historias*) sich *dat* ausdenken
inventariar [imbenta'rjar] <*I. pres:* inventarío> *vt* inventarisieren, eine Inventur machen +*gen*
inventario [imben'tarjo] *m* ❶ (*recuento*) Inventur *f*, Bestandsaufnahme *f*; ~ **de existencias** Lagerbestandsaufnahme *f*; **hacer** [*o* **establecer**] ~ Inventur machen, eine Bestandsaufnahme machen
❷ (*lista*) Inventar *nt*, Bestandsverzeichnis *nt*; ~ **del patrimonio** Vermögensverzeichnis *nt*; ~ **de la sucesión** (JUR) Nachlassverzeichnis *nt*
inventiva [imben'tiβa] *f* Erfindungsgabe *f*
inventivo, -a [imben'tiβo, -a] *adj* erfinderisch, kreativ; **tiene dotes inventivas** er/sie verfügt über Einfallsreichtum
invento [im'bento] *m* Erfindung *f*
inventor(a) [imben'tor(a)] *m(f)* Erfinder(in) *m(f)*
inverificable [imberifi'kaβle] *adj* ❶ (*que no se puede probar*) nicht nachweisbar, nicht feststellbar
❷ (*incontrolable*) unüberprüfbar, nicht nachprüfbar
invernáculo [imber'nakulo] *m v.* **invernadero**
invernada [imber'naða] *f* ❶ (*elev: estación*) Winter *m*, Winterzeit *f*
❷ (*CSur: invernadero*) Winterquartier *nt*; **ganado de ~** Mastvieh *nt*
❸ (*Méx: cosecha*) Winterernte *f*
❹ (*Ven: aguacero*) Regenguss *m*
invernadero [imberna'ðero] *m* (BOT) Gewächshaus *nt*, Treibhaus *nt*
invernal [imber'nal] *adj* winterlich, Winter-; **sueño ~** (ZOOL) Winter-schlaf *m*
invernar [imber'nar] <e→ie> *vi* (ZOOL) überwintern; (*los que duermen*) Winterschlaf halten
invernizo, -a [imber'niθo, -a] *adj* winterlich, Winter-
inverosímil [imbero'simil] *adj* ❶ (*increíble*) unglaubwürdig
❷ (*que no parece verdad*) unwahrscheinlich
inverosimilitud [imberosimili'tuð] *f* ❶ (*falta de credibilidad*) Unglaubwürdigkeit *f*
❷ (*falta de probabilidad*) Unwahrscheinlichkeit *f*
inversamente [imbersa'mente] *adv* umgekehrt
inversible [imber'siβle] *adj* (FOTO) Umkehr-
inversión [imber'sjon] *f* ❶ (COM, FIN, ECON: *dinero*) Investition *f*, (Geld)anlage *f*; ~ **equivocada** Fehlinvestition *f*; **inversiones fijas** [*o* **en el activo fijo**] Anlageinvestition *f*; ~ **de garantía** Sicherungsanlage *f*; ~ **inmobiliaria** Immobilieninvestition *f*; ~ **mínima** Mindesteinlage *f*; ~ **a largo/corto plazo** langfristige/kurzfristige Anlage; ~ **pública** staatliche [*o* öffentliche] Investition; ~ **de racionalización** Rationalisierungsinvestition *f*; **Banco Europeo de Inversiones** (UE) Europäische Investitionsbank; **bienes de ~** (FIN) Investitionsgüter *ntpl*; **fondos de ~** (FIN) Investmentfonds *mpl*; **plan de ~** Investitionsplan *m*; **el gobierno ha prometido ayudas a la ~** die Regierung hat versprochen, Investitionsvorhaben zu fördern
❷ (*al revés*) Inversion *f*, Umkehrung *f*; ~ **sexual** Homosexualität *f*; ~ **térmica** (METEO) Inversion *f*
inversionista [imbersjo'nista] *mf* Investor(in) *m(f)*, Anleger(in) *m(f)*
inverso, -a [im'berso] *adj* umgekehrt; **a la inversa** umgekehrt, andersherum; **en sentido ~ de las manijillas del reloj** gegen den Uhrzeigersinn; **traducción inversa** Übersetzung aus der Muttersprache in die Fremdsprache
inversor(a) [imber'sor(a)] **I.** *adj* Investitons-; **capacidad ~a** Investitionskapazität *f*
II. *m(f)* Investor(in) *m*, Anleger(in) *m(f)*; **pequeño/gran ~** Klein-/Großanleger *m*; ~ **institucional** institutioneller Anleger
invertebrado, -a [imberte'βraðo, -a] *adj* ❶ (ZOOL: *sin columna vertebral*) wirbellos
❷ (*débil*) ohne Rückgrat
invertible [imber'tiβle] *adj* umkehrbar
invertido, -a [imber'tiðo, -a] **I.** *adj* ❶ (*al revés*) umgekehrt, invertiert; (*azúcar*) (QUIM) Invertzucker *m*
❷ (*sexualmente*) homosexuell
II. *m, f* Homosexuelle(r) *mf*
invertir [imber'tir] *irr como sentir vt* ❶ (*orden, dirección*) umkehren, umdrehen
❷ (*dinero*) investieren, anlegen; ~ **en acciones** in Aktien investieren
❸ (*tiempo*) investieren, aufwenden
❹ (INFOR) invertieren
investidura [imbesti'ðura] *f* (*en un cargo*) Einsetzung *f*, Einweisung *f*; (REL) Investitur *f*
investigable [imbesti'γaβle] *adj* untersuchbar
investigación [imbestiγa'θjon] *f* ❶ (*indagación*) Nachforschung *f*, Untersuchung *f*; (*averiguación*) Ermittlung *f*; ~ **de mercado(s)** Marktforschung *f*; ~ **policial** polizeiliche Ermittlung; **departamento de ~ y desarrollo** (COM) Abteilung Forschung und Entwicklung; **promover una ~** (*t.* JUR) eine Untersuchung einleiten
❷ (*ciencia*) Forschung *f*; ~ **antisida** Aidsforschung *f*
❸ (*estudio*) Untersuchung *f*
investigador(a) [imbestiγa'ðor(a)] **I.** *adj* forschend, Untersuchungs-, Forschungs-; **comisión ~a** Untersuchungsausschuss *m*; **grupo ~** Forschungsgruppe *f*
II. *m(f)* Forscher(in) *m(f)*; ~ **científico** Wissenschaftler *m*
investigar [imbesti'γar] <g→gu> *vt* ❶ (*indagar*) untersuchen; (*averiguar*) ermitteln
❷ (*en la ciencia*) erforschen
investir [imbes'tir] *irr como pedir vt* (*en un cargo*) einsetzen, investieren; **~ a alguien con el título de doctor** jdm den Doktortitel verleihen; **~ a alguien de una dignidad** jdn mit einer Würde bekleiden
inveterado, -a [imbete'raðo, -a] *adj* ❶ (*costumbre*) althergebracht, tief verwurzelt
❷ (*por adicción*) Gewohnheits-; **bebedor ~** Gewohnheitstrinker *m*; **criminal ~** Gewohnheitsverbrecher *m*
inviabilidad [imbjaβili'ðað] *f sin pl* Undurchführbarkeit *f*
inviable [im'bjaβle] *adj* undurchführbar
invicto, -a [im'bikto, -a] *adj* unbesiegt, siegreich
invidencia [imbi'ðenθja] *f* Blindheit *f*
invidente [imbi'ðente] **I.** *adj* blind
II. *mf* Blinde(r) *mf*
invierno [im'bjerno] *m* ❶ (*estación*) Winter *m*, Winter(s)zeit *f*
❷ (*Am: lluvias*) Regenzeit *f*
❸ (*AmC, Ant: aguacero*) Platzregen *m*, Regenguss *m*

inviolabilidad [imbjolaβili'ðað] f (POL: *de derechos*) Unverletzbarkeit f, Unantastbarkeit f; **~ parlamentaria** parlamentarische Immunität
inviolable [imbjo'laβle] *adj* (POL: *derechos*) unverletzbar, unantastbar
inviolado, -a [imbjo'laðo, -a] *adj* unangetastet, unverletzt
invisibilidad [imbisiβili'ðað] f Unsichtbarkeit f
invisible [imbi'siβle] *adj* unsichtbar; **importaciones/ingresos ~s** (COM) unsichtbare Einfuhren/Einnahmen; **partida ~** (COM) unsichtbarer Posten
invitación [imbita'θjon] f ❶ (*a una fiesta, boda*) Einladung f ❷ (*a una acción*) Aufforderung f ❸ (*tarjeta*) Einladungsschreiben *nt*, Einladungskarte f
invitado, -a [imbi'taðo, -a] I. *adj* eingeladen, geladen; **estrella invitada** Stargast *m* II. *m, f* Gast *m*; **~ de honor** Ehrengast *m*
invitar [imbi'tar] *vt* ❶ (*convidar*) einladen (*a/para* zu +*dat*) ❷ (*pagar*) einladen, ausgeben; **esta vez invito yo** dieses Mal geht es auf meine Rechnung, die Runde geht auf mich ❸ (*instar*) auffordern (*a* zu +*dat*); (*rogar*) bitten; **el juez le invitó a ponerse en pie** der Richter forderte ihn auf sich zu erheben; **me invitó a sentarme a su lado** er/sie bat mich mich neben ihn/sie zu setzen ❹ (*incitar*) einladen, ermuntern; **este lugar invita a la meditación** dieser Ort lädt zur Meditation ein
in vitro [im'bitro] (BIOL) im Reagenzglas (durchgeführt), in vitro; **fecundación ~** In-vitro-Fertilisation f
invocación [imboka'θjon] f Anrufung f, flehentliche Bitte f; (*de Dios*) Invokation f
invocador(a) [imboka'ðor(a)] *adj* flehend, beschwörend
invocar [imbo'kar] <c→qu> *vt* ❶ (*dirigirse*) anrufen; (*suplicar*) flehentlich bitten; **invocó la ayuda de Dios** er/sie bat um Gottes Hilfe ❷ (*alegar*) anführen, vorbringen; **siempre invoca el ejemplo del hermano mayor para que le permitamos lo mismo** er/sie führt immer das Beispiel des älteren Bruders an, damit wir ihm/ihr das Gleiche erlauben ❸ (JUR: *apoyarse en una ley*) anführen, sich berufen (auf +*akk*)
invocatorio, -a [imboka'torjo, -a] *adj* Anrufungs-
involución [imbolu'θjon] f ❶ (POL: *regresión*) Rückfall *m*, Rückkehr f, Zurück *nt* ❷ (BIOL, MED: *evolución regresiva*) Rückbildung f, Involution f
involucionismo [imboluθjo'nismo] *m* (POL) Haltung von Reaktionären
involucionista [imboluθjo'nista] I. *adj* (POL) reaktionär, regressiv, rückschrittlich II. *mf* (POL) Reaktionär(in) *m(f)*
involucrar [imbolu'krar] I. *vt* verwickeln (*en* in +*akk*); **andar involucrado en algo** in etw verwickelt sein II. *vr*: **~se** ❶ (*inmiscuirse*) sich einmischen ❷ (*intervenir*) eingreifen (*en* in +*akk*)
involuntariedad [imboluntarje'ðað] f ❶ (*por obligación*) Unfreiwilligkeit f ❷ (*falta de voluntad*) fehlender Wille *m* ❸ (*sin querer*) Unabsichtlichkeit f
involuntario, -a [imbolun'tarjo, -a] *adj* ❶ (*por obligación*) unfreiwillig ❷ (*sin querer*) unabsichtlich, unbeabsichtigt
involutivo, -a [imbolu'tiβo, -a] *adj* rückschrittlich, regressiv
invulnerabilidad [imbulneraβili'ðað] f ❶ (*que no puede ser herido*) Unverwundbarkeit f, Unverletzlichkeit f, Unverletzbarkeit f ❷ (*insensibilidad*) Unempfänglichkeit f, Unempfindlichkeit f
invulnerable [imbulne'raβle] *adj* ❶ (*que no puede ser herido*) unverwundbar, unverletzlich, unverletzbar ❷ (*insensible*) unempfindlich, unempfänglich (*a für +akk*); **es ~ a las críticas** Kritik prallt an ihm/ihr ab
inyección [in+ek'θjon] f ❶ (MED: *ampolla*) Spritze f, Injektion f; **una ~ de penicilina** eine Penizillinspritze [*o* -injektion]; **poner una ~** injizieren, spritzen, eine Spritze geben ❷ (TÉC) Injektion f; **motor de ~** Einspritzmotor *m* ❸ (ECON) **~ de créditos** Kreditspritze f
inyectable [in+ek'taβle] I. *adj* (MED) injizierbar II. *m* (MED) Injektionsmittel *nt*
inyectado, -a [in+ek'taðo, -a] *adj* blutunterlaufen
inyectar [in+ek'tar] *vt* (ein)spritzen, injizieren; **~ algo a alguien** jdm etw injizieren [*o* spritzen]
inyectivo, -a [in+ek'tiβo, -a] *adj* (MAT) injektiv
inyector [in+ek'tor] *m* (TÉC) Injektor *m*; (*motor*) Einspritzdüse f; (*máquina de vapor*) Strahlpumpe f
iodo ['+oðo] *m* (QUÍM) Jod *nt*
ión [i'on] *m* (QUÍM) Ion *nt*
iónico, -a [i'oniko, -a] *adj* (QUÍM) ionisch, Ionen-
ionizar [ioni'θar] <z→c> *vt* (QUÍM) ionisieren
ionosfera [ionos'fera] f Ionosphäre f

iota [i'ota] f Jota *nt*, Iota *nt*
IPC [ipe'θe] *m* (ECON) *abr de* **Índice de Precios al Consumidor** Verbraucherpreisindex *m*, Einzelhandelspreisindex *m*
ipecacuana [ipeka'kwana] f (BOT) Brechwurzel f
iperita [ipe'rita] f (QUÍM) Senfgas *nt*, Yperit *nt*
ípsilon ['iβsilon] f Ypsilon *nt*
ipso facto ['iβso 'fakto] (*elev*) auf der Stelle
ir [ir] *irr* I. *vi* ❶ (*general*) gehen; **¡voy!** ich komme!; **¡que ya voy!** ich komm ja schon!; **¡ahora voy!** ich komme sofort!; **¡vamos!** los!, auf!, gehen wir!; **¡vamos a ver!** mal sehen!; **~ y venir, yendo y viniendo** hin- und hergehen, auf und ab gehen; **~ a pie** zu Fuß gehen; **~ en bicicleta** (*mit dem*) Fahrrad fahren; **~ a caballo** reiten; **fui en coche** ich bin mit dem Auto (hin)gefahren; **todos los días va a casa de sus padres** er/sie geht jeden Tag zu seinen/ihren Eltern; **tengo que ~ a París** ich muss nach Paris (verreisen); **este verano ~emos a Grecia** diesen Sommer werden wir nach Griechenland reisen; **las nubes van de norte a sur** die Wolken ziehen von Norden nach Süden; **~ de boda** auf eine Hochzeit gehen; **~ de campo** aufs Land hinausfahren; **~ a costa/cargo de alguien** auf jds Kosten/zu jds Lasten gehen; **~ a lo suyo** sich auf seine Angelegenheiten konzentrieren, seinen eigenen Weg gehen; (*pey*) nur an sich denken; **~ detrás de una chica** einem Mädchen nachlaufen [*o* hinterherlaufen]; **~ en perjuicio de alguien** zu jds Nachteil sein; **~ por partes** schrittweise vorgehen; **dejarse ~** sich gehen lassen; **¡con eso vas que chutas!** (*fam*) damit hast du mehr als genug!, das reicht vollkommen für dich!; **esta enfermedad va para largo** diese Krankheit zieht sich ganz schön in die Länge; **pues va dado** [*o* **vendido**] **con esos amigos** da hat er ja schöne Aussichten bei solchen Freunden; **pues vas dada** [*o* **vendida**] **si te lo crees** da bist du aber auf dem Holzweg, wenn du das glaubst; **¿qué tal? – vamos tirando** (*fam*) wie geht's? – na ja, es geht so ❷ (*llamar, coger*) holen; **~ por leche** Milch holen; **voy por el médico** ich hole den Arzt, ich gehe den Arzt holen ❸ (*estar de acuerdo con alguien*): **~ con alguien** mit jdm übereinstimmen ❹ (*en serio*): **esto va de veras** das ist ernst gemeint ❺ (*progresar*) laufen; **¿cómo va eso?** na, wie läuft das?; **¿cómo va la tesina?** was macht die Diplomarbeit?; **¿cómo** [*o* **qué tal**] **te va?** wie läuft es bei dir?, wie geht es dir?; **en química me va fatal actualmente** Chemie läuft zur Zeit ganz schlecht; **la enferma va mejor** der Kranken geht es besser; **en lo que va de año** im Laufe dieses Jahres; **~ de mal en peor** vom Regen in die Traufe kommen ❻ (*diferencia*): **de dos a cinco van tres** von der Zwei bis zur Fünf sind es drei; **va mucho de un gemelo al otro** da ist ein großer Unterschied von einem Zwilling zum anderen ❼ (*referirse*): **a eso voy** darauf will ich hinaus; **a lo que iba a decir,...** wie ich gerade sagen wollte, ...; **eso no va por ti** das bezieht sich nicht auf dich, damit bist du nicht gemeint; **~ demasiado lejos** zu weit gehen; **sin ~ más lejos, este es un buen ejemplo** ohne weiter auszuholen [*o* suchen zu müssen], ist dies ein gutes Beispiel ❽ (*apuestas*) wetten, setzen; **¿cuánto te va?** was wettest du?, wie viel setzt du?; **van 5 euros a que no lo consigues** ich wette 5 Euro, dass du das nicht schaffst; **no va más** (*dicho del croupier*) nichts geht mehr ❾ (*estudios*) werden; **va para médica** sie wird Ärztin ❿ (*naipes*) mitgehen ⓫ (*ropa*) stehen; **te va muy bien eso** das steht dir sehr gut ⓬ (*interj: sorpresa*): **¡vaya!** na so was!, was du nicht sagst!; (*enfado*) Mist!; **¡vaya contigo!** soso, das hätte ich ja nicht von dir gedacht!; **¡vaya coche!** er ist ein Auto!; **¡vaya susto que me dio!** er/sie hat mich ganz schön erschreckt!; **¡vamos, anda, di la verdad!** na los, komm schon, sag die Wahrheit!; **era un perro como un lobo, vamos, casi como un lobo** es war ein Hund so groß wie ein Wolf, nun ja, sagen wir fast so groß; **¡qué va!** ach was!, Blödsinn!; **es un problema, pero, vamos, sí se puede conseguir** es ist zwar ein Problem, aber, nun ja, man kann es schaffen; **¡vete tú a saber!/¡vaya Ud. a saber!** wer weiß? ⓭ (*con gerundio*): **iba amaneciendo** es wurde langsam Tag; **iban charlando** sie gingen und unterhielten sich dabei; **no vayas contándolo por ahí** erzähl das nicht überall herum; **va siendo la hora de despedirnos** es ist langsam Zeit, Abschied zu nehmen; **voy comprendiendo** langsam fange ich an zu verstehen ⓮ (*con participio*): **iba enfadada** sie war wütend; **todos van sentados ya en el autobús** alle sitzen schon im Bus ⓯ (*cantidades*): **con esta van 28** mit der sind es jetzt 28; **ya van escritas 50 invitaciones** es sind schon 50 Einladungen geschrieben ⓰ (*intención*): **voy a hacerlo** ich werde es tun; **iba a hacerlo ahora mismo** ich wollte es gerade [*o* eben] tun; **fuimos a verla** wir gingen sie besuchen; **¿no ~ás a comértelo todo tú sólo?** du wirst doch wohl nicht alles allein aufessen?; **no sueltes el perro, no vaya a ser que se escape** lass den Hund nicht frei, nicht, dass er noch davonläuft; **¿cómo lo iba a tener precisamente ella?** wie sollte ausge-

rechnet sie es haben?; **¡no lo va a saber!** was, er/sie soll es angeblich nicht wissen? dass ich nicht lache!, natürlich weiß er/sie das!; **no sé dónde ~á a parar** ich weiß nicht, wo das noch mit ihm/ihr enden soll
⑰ (*vestido*) gekleidet; (*disfrazado*) verkleidet (*de* als +*nom*); **va de princesa** sie ist als Prinzessin verkleidet, sie geht als Prinzessin; **la que va de negro** die in Schwarz, die, die schwarz angezogen ist; **~ de etiqueta** in Abendkleidung gehen; **~ de luto** Trauer tragen
⑱ (*tratar*) handeln (*de* von +*dat*), gehen (*de* um +*akk*); **la película va de brujas** der Film handelt von Hexen, in dem Film geht es um Hexen; **¿pero tú sabes de lo que va?** weißt du überhaupt, worum es geht?
⑲ (*edad*) zugehen (*para* auf +*akk*); **va para los 50** er/sie geht auf die 50 zu; **va para viejo** er wird (langsam) alt, er kommt langsam in die Jahre
⑳ (*extenderse*) ziehen, sich ausdehnen; **la cordillera va de norte a sur** die Bergkette verläuft [*o* zieht sich] von Norden nach Süden
㉑ (*loc, fam*): **ser el no va más** das Beste vom Besten sein; **eso no va conmigo** das geht mich nichts an; **no te metas, que esto no va contigo** das geht dich nichts an, also halt dich da raus; **tu novio (no) me va** ich kann deinen Freund (nicht) gut leiden; **ni me va ni me viene** das ist mir völlig wurscht [*o* schnuppe]
II. *vr:* **~se ①** (*marcharse*) (weg-, fort)gehen; **¡vete!** geh weg!; **¡no te vayas!** geh nicht fort!, bleib!; **¡vámonos!** wir gehen jetzt!; **¡idos en paz!** (*liturgia*) gehet hin in Frieden!; **~se de picos pardos** einen draufmachen, ausgehen; **~se por las ramas** um den heißen Brei herumreden; **~se a alguien el santo al cielo** völlig daneben [*o* abwesend] sein; **se fueron sin decir nada** sie gingen, ohne ein Wort zu sagen; **se le van los ojos** er/sie bekommt Stielaugen
② (*dirección*) kommen (*para* nach +*dat*); **por aquí se va a Roma/al río** hier entlang kommt man nach Rom/zum Fluss
③ (*resbalar*) ausrutschen; **se me fue la mano** mir rutschte die Hand aus; **se me fue la mano al echar sal** ich habe etwas zu viel Salz hineingetan, beim Salzen habe ich es zu gut gemeint; **se me fueron las tijeras** (*se cayeron*) mir fiel die Schere aus der Hand; (*corté demasiado*) ich habe es mit der Schere und dem Schneiden etwas übertrieben
④ (*perder*) verlieren; **se me fue el coche** ich verlor die Kontrolle über den Wagen; **se me fue la fuerza** ich verlor die Kraft; **se me fue el valor** ich verlor den Mut, mich verließ der Mut; **el neumático se va** der Autoreifen verliert Luft; **se va el aceite del coche** das Auto verliert Öl; **írsele a alguien la cabeza** (*perder el juicio*) den Verstand verlieren, verrückt werden; (*marearse*) schlecht [*o* schwindlig] werden +*dat*
⑤ (*morirse*) gehen (*von* +*dat*), verscheiden; **se nos fue hace cinco años** er/sie ist vor fünf Jahren von uns gegangen
⑥ (*no importar*): **a mí ni me va ni me viene** das geht mich nichts an, das lässt mich kalt *fam*
⑦ (*chivarse*): **~se de la boca** [*o* **lengua**] sich verplappern
⑧ (*fracasar*): **~se a pico** untergehen; **~se al traste** scheitern
⑨ (*vulg: pedo*) furzen, einen fahren lassen *fam*
ira ['ira] *f* Wut *f*, Zorn *m*, Raserei *f*; **descargar la ~ en alguien** an jdm seine Wut auslassen
IRA ['ira] *f abr de* **Irish Republican Army** IRA *f*
iraca [i'raka] *f* (*Col*) Panamapalme *f*
iracundia [ira'kuṇdja] *f* (*elev*) Jähzorn *m*
iracundo, -a [ira'kuṇdo, -a] *adj* jähzornig
Irak [i'rak] *m* Irak *m*
Irán [i'ran] *m* Iran *m*
iraní [ira'ni] I. *adj* iranisch
II. *mf* Iraner(in) *m(f)*
Iraq [i'rak] *m* Irak *m*
iraquí [ira'ki] I. *adj* irakisch
II. *mf* Iraker(in) *m(f)*
irascibilidad [irasθiβili'ðað] *f sin pl* (*elev*) Jähzorn *m*
irascible [iras'θiβle] *adj* jähzornig
irgo ['iryo] *1. pres de* **erguir**
irguió [ir'γjo] *3. pret de* **erguir**
iridectomía [iriðekto'mia] *f* (MED) Iridektomie *f*
irídico, -a [i'riðiko, -a] *adj* (ANAT) Regenbogenhaut-, Iris-
iridio [i'riðjo] *m* (QUÍM) Iridium *nt*
iridiscencia [iriðis'θenθja] *f* Iri(di)sieren *nt*
iridiscente [iriðis'θeṇte] *adj* irisierend, in den Regenbogenfarben schillernd
iridología [iriðolo'xia] *f* Augendiagnostik *f*
iris ['iris] *m* **①** (ANAT: *ojo*) Iris *f*, Regenbogenhaut *f*
② (*arco*) Regenbogen *m*; **arco ~** Regenbogen *m*
irisación [irisa'θjon] *f* (FÍS) Reflexe in den Regenbogenfarben, die z. B. ein Metall annimmt, nachdem es in sehr heißem Zustand in Wasser getaucht worden ist
irisado, -a [iri'saðo, -a] *adj* in den Regenbogenfarben schillernd, regenbogenfarbig
irisar [iri'sar] I. *vi* Regenbogenfarben annehmen

II. *vt* in den Regenbogenfarben schillern lassen
iritis [i'ritis] *f inv* (MED) Regenbogenhautentzündung *f*, Iritis *f*
Irlanda [ir'laṇda] *f* Irland *nt*
irlandés, -esa [irlaṇ'des, -esa] I. *adj* irisch, irländisch
II. *m, f* Ire, -in *m, f*, Irländer(in) *m(f)*
ironía [iro'nia] *f* Ironie *f*
irónico, -a [i'roniko, -a] I. *adj* ironisch
II. *m, f* Ironiker(in) *m(f)*
ironizar [ironi'θar] <z→c> *vt* ironisieren, (versteckt) lächerlich machen
IRPF [ierrepe'efe/ierre'pefe] *m abr de* **Impuesto sobre la Renta de Personas Físicas** Einkommensteuer *der abhängig Beschäftigten, Selb*(*st*)*ständigen und Künstler und aus bestimmten Kapitalerträgen*
irracional [irraθjo'nal] *adj* **①** (*contra la razón*) irrational, vernunftwidrig, unvernünftig; (*contra la lógica*) unlogisch
② (ZOOL) nicht mit Vernunft begabt; **ser ~** Tier *nt*
③ (MAT: *número*) irrational
irracionalidad [irraθjonali'ðað] *f sin pl* Irrationalität *f*, Unvernunft *f*, Unverstand *m*
irradiación [irraðja'θjon] *f* **①** (*de material nuclear*) Strahlung *f*
② (MED: *tratamiento*) Bestrahlung *f*; (*dolor*) Ausstrahlung *f*
irradiar [irra'ðjar] I. *vt* **①** (*emitir*) ausstrahlen; **la luz que irradia la linterna** das Licht, das die Taschenlampe ausstrahlt
② (*difundir*) ausstrahlen, verbreiten; **la universidad irradió pronto el saber a todos los países** die Universität verbreitete rasch das Wissen in allen Ländern
③ (*tratamiento*) bestrahlen
II. *vi* strahlen
III. *vr:* **~se** sich verbreiten, ausstrahlen
irrayable [irra'ɟaβle] *adj* kratzfest
irrazonable [irraθo'naβle] *adj* unvernünftig
irreal [irre'al] *adj* irreal, unwirklich
irrealidad [irreali'ðað] *f* Irrealität *f*, Unwirklichkeit *f*
irrealizable [irreali'θaβle] *adj* nicht verwirklichbar, undurchführbar, nicht realisierbar
irrebatible [irreβa'tiβle] *adj*, **irrechazable** [irretʃa'θaβle] *adj* unwiderlegbar, nicht zurückzuweisen
irreconciliable [irrekonθi'ljaβle] *adj* unversöhnlich
irreconocible [irrekono'θiβle] *adj* unerkennbar, nicht wieder zu erkennen
irrecordable [irrekor'ðaβle] *adj* nicht erinnerbar
irrecuperable [irrekupe'raβle] *adj* unwiederbringbar
irrecusable [irreku'saβle] *adj* unwiderlegbar, nicht zurückzuweisen
irredentismo [irreðen'tismo] *m* (POL) Irredentismus *m* (*Bewegung, die Gebietsansprüche stellt*)
irredento, -a [irre'ðento, -a] *adj* (*territorio*) unbefreit
irredimible [irreði'miβle] *adj* **①** (ECON, JUR: *hipoteca, obligación*) unablöslich, untilgbar, uneinlösbar
② (REL: *sin salvación*) unerlösbar
irreducible [irreðu'θiβle] *adj* (QUÍM) nicht reduzierbar; **fracción ~** (MAT) unkürzbarer Bruch
irreductible [irreðuk'tiβle] *adj* unbeugsam, kompromisslos
irreemplazable [irremplaθaβle] *adj* unersetzbar, unentbehrlich
irreflexión [irrefleɣ'sjon] *f* Unbedachtheit *f*, Unbesonnenheit *f*
irreflexivo, -a [irrefleɣ'siβo, -a] *adj* **①** (*acción*) unüberlegt
② (*persona*) unbesonnen, unbedacht
③ (*precipitado*) voreilig
irreformable [irrefor'maβle] *adj* nicht reformierbar
irrefrenable [irrefre'naβle] *adj* **①** (*desarrollo*) unhaltbar, unaufhaltsam
② (*persona*) nicht zurückzuhalten, nicht zu bremsen
irrefutabilidad [irrefutaβili'ðað] *f sin pl* Unwiderlegbarkeit *f*, Unumstößlichkeit *f*
irrefutable [irrefu'taβle] *adj* unumstößlich, nicht in Frage [*o* infrage] zu stellen
irreglamentable [irreɣlamen'taβle] *adj* nicht regelbar
irregular [irreɣu'lar] *adj* **①** (*desigual*) unregelmäßig, ungleichmäßig; **polígono ~** (MAT) unregelmäßiges Vieleck; **terreno ~** unebenes Gelände; **verbo ~** (LING) unregelmäßiges Verb
② (*contra las reglas*) regelwidrig, ordnungswidrig; (*sin reglas*) regellos; (*anómalo*) außerplanmäßig
irregularidad [irreɣulari'ðað] *f* **①** (*desigualdad*) Unregelmäßigkeit *f*, Ungleichmäßigkeit *f*; **con gran ~** sehr unregelmäßig
② (*del terreno*) Unebenheit *f*
③ (*contra las reglas*) Regelwidrigkeit *f*, Ordnungswidrigkeit *f*; (*sin reglas*) Regellosigkeit *f*; **las ~es en un proceso** die Formfehler in einem Verfahren; **se descubrieron las ~es en la contabilidad** die Fehler in der Buchhaltung wurden entdeckt; **es una persona sin ~es** es ist eine unauffällige Person, es ist eine Person ohne Auffälligkeiten
irreivindicable [irreiˌβiṇdi'kaβle] *adj* nicht einforderbar; **eso era hasta hace poco algo ~** bis vor kurzem war es undenkbar, dies [*o* so

irrelevancia etwas| zu fordern
irrelevancia [irreleˈβanθja] f Irrelevanz f, Belanglosigkeit f
irrelevante [irreleˈβante] adj irrelevant, unerheblich
irreligión [irreliˈxjon] f Religionslosigkeit f, Fehlen nt von Religion
irreligiosidad [irrelixjosiˈðaᵈ] f sin pl unreligiöse Einstellung f, Irreligiosität f
irreligioso, -a [irreliˈxjoso, -a] adj nicht religiös, ungläubig
irremediable [irremeˈðjaβle] adj ❶ (inevitable) unvermeidbar, nicht zu verhindern, unabwendbar
❷ (irreparable) nicht wieder gutzumachen
❸ (daño físico) unheilbar
irremisible [irremiˈsiβle] adj ❶ (falta) unverzeihlich, unentschuldbar
❷ (pérdida) nicht wieder gutzumachen
irremisiblemente [irremisiβleˈmente] adv unumgänglich; **perdido ~** für immer verloren, unwiederbringlich verloren
irremontable [irremonˈtaβle] adj nicht wieder zusammensetzbar
irremunerado, -a [irremuneˈraðo, -a] adj unbezahlt
irrenunciable [irrenunˈθjaβle] adj ❶ (imprescindible) unverzichtbar; **una aspiración ~** ein Streben, das nie aufgegeben werden sollte; **la cultura es un patrimonio ~** die Kultur ist ein unverzichtbares Gut
❷ (destino) unentrinnbar
irreparable [irrepaˈraβle] adj ❶ (que no se puede reparar) irreparabel, nicht wieder gutzumachen; (incompensable) unersetzlich
❷ (daño físico) nicht heilbar
irrepetible [irrepeˈtiβle] adj unwiederholbar
irreprensible [irrepренˈsiβle] adj tadellos, einwandfrei, perfekt
irrepresentable [irrepreseņˈtaβle] adj nicht aufführbar
irreprimible [irrepriˈmiβle] adj nicht zu unterdrücken
irreprochable [irreproˈtʃaβle] adj tadellos, einwandfrei, perfekt; (conducta) tadellos
irreproducible [irreproðuˈθiβle] adj ❶ (irrepetible) unwiederholbar
❷ (que ya no se puede fabricar) nicht mehr produzierbar
irresarcible [irresarˈθiβle] adj nicht wieder gutzumachen; **una pérdida ~** ein unersetzbarer Verlust
irrescindibilidad [irresθindiβiliˈðaᵈ] f (JUR) Unverfallbarkeit f
irrescindible [irresθinˈdiβle] adj nicht (wieder) auflösbar, nicht annullierbar
irresistible [irresisˈtiβle] adj ❶ (atractivo, impulso) unwiderstehlich
❷ (inaguantable) unerträglich; **dolor ~** unerträglicher Schmerz
irresoluble [irresoˈluβle] adj unlösbar
irresolución [irresoluˈθjon] f ❶ (indecisión) Unentschlossenheit f, Unschlüssigkeit f
❷ (vacilación) Zögern nt
irresoluto, -a [irresoˈluto, -a] adj ❶ (indeciso) unentschlossen, unschlüssig
❷ (vacilante) zögerlich
❸ (problema) ungelöst
irrespetuoso, -a [irrespetuˈoso, -a] adj respektlos, schamlos
irrespirable [irrespiˈraβle] adj ❶ (por tóxico) giftig
❷ (aire, atmósfera) unerträglich, stickig; **ambiente ~** stickige Luft
irresponsabilidad [irresponsaβiliˈðaᵈ] f ❶ (que no le compite la responsabilidad) Unverantwortlichkeit f; (por minoría de edad) Unmündigkeit f
❷ (desconsideración) Verantwortungslosigkeit f
❸ (COM: sociedades) Nichthaftung f, Haftungsausschluss m
irresponsable [irresponˈsaβle] I. adj ❶ (por edad, falta de conocimientos) unverantwortlich (de für +akk)
❷ (desconsiderado) verantwortungslos
❸ (COM: sociedades) nicht haftbar (de für +akk)
II. mf ❶ (por edad, falta de conocimientos) Unverantwortliche(r) mf
❷ (desconsiderado) Verantwortungslose(r) mf
irretractable [irretrakˈtaβle] adj unwiderruflich, unabänderlich
irreverencia [irreβeˈrenθja] f Respektlosigkeit f, Unehrerbietigkeit f elev
irreverente [irreβeˈrente] adj respektlos, unehrerbietig elev
irreversibilidad [irreβersiβiliˈðaᵈ] f sin pl Unumkehrbarkeit f, Irreversibilität f
irreversible [irreβerˈsiβle] adj irreversibel, nicht umkehrbar
irrevocabilidad [irreβokaβiliˈðaᵈ] f sin pl Unwiderruflichkeit f, Unabänderlichkeit f
irrevocable [irreβoˈkaβle] adj ❶ (no revocable) unwiderruflich; (firme) unverrückbar, unumstößlich
❷ (inamovible) unabsetzbar
irrigación [irriɣaˈθjon] f ❶ (AGR: regadío) Bewässerung f
❷ (MED: del intestino) Einlauf m; **~ gástrica** Magenspülung f; **~ sanguínea del cerebro** Gehirndurchblutung f
irrigador¹ [irriɣaˈðor] m (MED) Spülkanne f, Irrigator m
irrigador(a)² [irriɣaˈðor(a)] adj Bewässerungs-
irrigar [irriˈɣar] <g→gu> vt ❶ (AGR: regar) bewässern
❷ (MED: la sangre) durchbluten; (el intestino) durchspülen
irrisible [irriˈsiβle] adj ❶ (ridículo) lächerlich, lachhaft
❷ (gracioso) lustig, komisch
irrisión [irriˈsjon] f Lächerlichkeit f; **verlo así es una ~** wenn man ihn so sieht, gibt er eine lächerliche Figur ab
irrisorio, -a [irriˈsorjo, -a] adj ❶ (que da risa) lächerlich, lachhaft
❷ (precio) lächerlich klein; (cantidad) lächerlich wenig; **la indemnización que le han dado es irrisoria** die Abfindung, die er/sie bekommen hat, ist lächerlich
irritabilidad [irritaβiliˈðaᵈ] f sin pl Reizbarkeit f
irritable [irriˈtaβle] adj reizbar
irritación [irritaˈθjon] f ❶ (MED: órgano) Irritation f, Reizung f, Entzündung f; (de piel) (Haut)ausschlag m
❷ (desatención) Verwirrung f, Ablenkung f
❸ (enfado) Aufregung f, Ärger m
irritante [irriˈtante] adj ❶ (enojar) ärgerlich
❷ (molesto) irritierend, verwirrend, störend
❸ (MED: órgano) reizend, entzündend
irritar [irriˈtar] I. vt ❶ (enojar) reizen, ärgern, aufregen
❷ (molestar) irritieren, verwirren, stören
❸ (MED: órgano) reizen, entzünden
II. vr: ~**se** ❶ (enojarse) sich aufregen
❷ (MED: órgano) sich entzünden
irritativo, -a [irritaˈtiβo, -a] adj irritativ; (de piel) hautreizend; (enfadoso) ärgerlich
irrompible [irromˈpiβle] adj ❶ (material) unzerbrechlich
❷ (amistad) unverbrüchlich elev
irrumpir [irrumˈpir] vi (gewaltsam) eindringen (en in +akk), einbrechen (en in +akk); **los manifestantes irrumpieron en la plaza** die Demonstranten drangen plötzlich auf den Platz
irrupción [irruβˈθjon] f ❶ (entrada) plötzliches Eindringen nt, Einbruch m
❷ (MIL: invasión) Einfallen nt; (ataque) Angriff m
irruptor(a) [irrupˈtor(a)] adj eingedrungen, eingefallen
irunés, -esa [iruˈnes, -esa] I. adj aus Irun
II. m, f Einwohner(in) m(f) von Irun
irupé [iruˈpe] m (CSur) Seerose f
IRYDA [iˈriða] m abr de **Instituto de Reforma y Desarrollo Agrario** Institut nt für Landwirtschaftliche Reform und Entwicklung
IS [ˈi.ese] m abr de **Impuesto sobre Sociedades** Körperschaft(s)steuer f
isa [ˈisa] f (MÚS) traditioneller Gesang und Tanz auf den kanarischen Inseln
isatis [iˈsatis] m inv (ZOOL) Polarfuchs m, Eisfuchs m
isba [ˈisβa] f Isba f
ISBN [i(e)s(e)βeˈene] m abr de **International Standard Book Number** ISBN f
isidril [isiˈðril] adj das Madrider Volksfest betreffend
isla [ˈisla] f ❶ (GEO: en el mar, río) Insel f, Eiland nt elev
❷ (artificial) Insel f; **~ de árboles** allein stehende Baumgruppe; **~ de casas** Häuserblock m; **~ de tráfico** Verkehrsinsel f
Islam [isˈlan] m (REL) Islam m
islámico, -a [isˈlamiko, -a] adj islamisch, Islam-
islamismo [islaˈmismo] m (REL) Islam(ismus) m
islamita [islaˈmita] I. adj (REL) islam(it)isch, moslemisch
II. mf (REL) Islamit(in) m(f), Moslem m, Moslime f
islamización [islamiθaˈθjon] f Islamisation f
islamizar [islamiˈθar] <z→c> vt islamisieren
islandés, -esa [islanˈdes, -esa] I. adj isländisch
II. m, f Isländer(in) m(f)
Islandia [isˈlandja] f Island nt
islario [isˈlarjo] m (GEO) ❶ (descripción) Inselbeschreibung f
❷ (mapa) Inselkarte f
isleño, -a [isˈleɲo, -a] I. adj Insel-
II. m, f Inselbewohner(in) m(f)
isleta [isˈleta] f Inselchen nt
islilla [isˈliʎa] f (ANAT) ❶ (axila) Achsel(höhle) f
❷ (clavícula) Schlüsselbein nt
islote [isˈlote] m (unbewohnte) Felseninsel f; **~s de Langerhans** (ANAT) Langerhanssche Inseln
ismailí [ismaiˈli] I. adj (REL) ismailitisch
II. mf (REL) Ismailit(in) m(f)
isobara [isoˈβara] f, **isóbara** [iˈsoβara] f (METEO) Isobare f
isofonía [isofoˈnia] f Geichklang m
isofónico, -a [isoˈfoniko, -a] adj gleich klingend
isófono, -a [iˈsofono, -a] adj gleich klingend
isogamia [isoˈɣamja] f (BIOL) Isogamie f
isoglosa [isoˈɣlosa] f (LING) Isoglosse f
isomería [isomeˈria] f (QUÍM) Isomerie f
isométrico, -a [isoˈmetriko, -a] adj isometrisch

isomorfismo [isomor'fismo] *m* ❶ (QUÍM) Isomorphismus *m*
❷ (LING) Isomorphie *f*
isósceles [i'sosθeles] *adj inv* (MAT) gleichschenklig; **triángulo** ~ gleichschenkliges Dreieck
isosilábico, -a [isosi'laβiko, -a] *adj* (LIT) isosyllabisch
isoterma [iso'terma] *f* Isotherme *f*
isotérmico, -a [iso'termiko, -a] *adj* isothermisch
isótopo [i'sotopo] *m* (QUÍM) Isotop *nt*
isquemia [is'kemja] *f* (MED) Ischämie *f*
isquión [is'kjon] *m* (ANAT) Sitzbein *nt*
Israel [i(s)rra'el] *m* Israel *nt*
israelí [i(s)rrae'li] I. *adj* israelisch
II. *mf* Israeli *mf*
israelita [i(s)rrae'lita] I. *adj* israelitisch, jüdisch
II. *mf* Israelit(in) *m(f)*, Jude *m*, Jüdin *f*
istmo ['ismo] *m* (GEO) Landenge *f*, Isthmus *m*
itacate [ita'kate] *m* (Méx: provisión) Mundvorrat *m;* **ser amigo del camino, pero no del** ~ (prov) bei Geld hört die Freundschaft auf
Italia [i'talja] *f* Italien *nt*
italianizante [italjani'θante] *adj* ❶ (que italianiza) italianisierend
❷ (LING) italienischen Ursprungs
italiano, -a [ita'ljano, -a] I. *adj* italienisch
II. *m, f* Italiener(in) *m(f)*
italianófilo, -a [italja'nofilo, -a] I. *adj* italienfreundlich
II. *m, f* Italienfreund(in) *m(f)*
itálico, -a [i'taliko, -a] I. *adj* italisch
II. *m, f* Italiker(in) *m(f)*
ítem ['iten] I. *m* Item *nt*, (noch zu erörternde) Angelegenheit *f*, Fragepunkt *m*
II. *adv* item, desgleichen; ~ **más** ferner
iteración [itera'θjon] *f* Wiederholung *f*
iterativo, -a [itera'tiβo, -a] *adj* (LING) iterativ, wiederholend
itinerante [itine'rante] *adj* Wander-; **copa** ~ Wanderpokal *m;* **exposición** ~ Wanderausstellung *f*
itinerario [itine'rarjo] *m* ❶ (ruta) Strecke *f*, Route *f*, Weg *m*
❷ (FERRO: horario) (Zug)fahrplan *m*
❸ (AERO: vuelo) Flugstrecke *f*
❹ (MIL: ruta) Marschroute *f*
ITV [ite'uβe] *f abr de* **Inspección Técnica de Vehículos** TÜV *m*
IU [i'u] *m* (POL) *abr de* **Izquierda Unida** spanische Linkspartei
IVA ['iβa], **I.V.A.** ['iβa] *m abr de* **impuesto sobre el valor añadido** MWSt. *f*
izada [i'θaða] *f* (Am: alzamiento) Aufstand *m*
izamiento [iθa'mjento] *m* (bandera) Hissen *nt;* (velas) Setzen *nt*
izar [i'θar] <z→c> *vt* ❶ (bandera) hissen
❷ (velas) hissen, setzen
izcuinche [iθ'kwintʃe] *m* (Méx) ❶ (perro callejero) streunender Hund *m*
❷ (niño callejero) Straßenkind *nt*
izda. [iθ'kjerða] *adj*, **izdo.** [iθ'kjerðo] *adj abr de* **izquierda, izquierdo** linke(r, s)
izote [i'θote] *m* (AmC, Méx: BOT) Yucca *f*
izquierda [iθ'kjerða] *f* ❶ (mano) linke Hand *f*; **escribo con la** ~ ich schreibe mit der linken Hand
❷ (POL) Linke *f*; **protestó sobre todo la** ~ es protestierten vor allem die Linken
❸ (lado) linke Seite *f*; **a la** ~ links; **la primera puerta a la** ~ die erste Tür links; **la chica a mi** ~ das Mädchen zu meiner Linken [o links von mir]; **el coche vino por la** ~ das Auto kam von links; **la extrema** ~ (POL) die linksextreme Partei, der linksextreme Flügel; **ser de -s** (POL: *fig*) zu den Linken gehören; **ser un cero a la** ~ (fam) eine Null [o Niete] sein; **torcer a la** ~ (nach) links [o linker Hand] abbiegen; **vete siempre por la** ~ fahr immer links [o auf der linken Seite], halte dich immer links
izquierdismo [iθkjer'ðismo] *m* (POL) linksgerichtete Tendenzen *fpl;* (grupo) linksgerichtete Bewegung *f*
izquierdista [iθkjer'ðista] I. *adj* (POL) linksgerichtet
II. *mf* (POL) Linke(r) *mf*
izquierdización [iθkjerðiθa'θjon] *f* (POL: tendencia) Linksrutsch *m*, Abdriften *nt* nach links; (propagación) Verbreitung von linksgerichtetem Gedankengut
izquierdo, -a [iθ'kjerðo, -a] *adj* linke(r, s); **levantarse con el pie** ~ mit dem linken Fuß aufstehen; **tener dos manos izquierdas** (*fam*) zwei linke Hände haben
izquierdoso, -a [iθkjer'ðoso, -a] I. *adj* (POL: *pey*) linksgerichtet, links stehend, der Linken nahe stehend
II. *m, f* (POL: *pey*) Linksgerichtete(r) *mf*, linker Sympathisant *m*, linke Sympathisantin

J

J, j ['xota] *f* J, j *nt;* ~ **de Juan** J wie Julius
ja [xa] *interj* ha; **¡~, ~, ~!** ha, ha, ha!
jaba ['xaβa] *f* ❶ (Cuba: cesta de junco) Rotangkorb *m;* (de yagua) Palmfaserkorb *m*
❷ (Cuba: bolsa) Plastikbeutel *m*
❸ (Am: cajón enrejado) Lattenkiste *f*
jabalí [xaβa'li] *m* <jabalíes> (ZOOL) Wildschwein *nt*
jabalina [xaβa'lina] *f* ❶ (ZOOL) Wildsau *f*, Bache *f*
❷ (DEP) Speer *m;* **lanzamiento de** ~ (disciplina) Speerwerfen *nt*, Speerwurf *m;* (un lanzamiento) Speerwurf *m*
jabato [xa'βato, -a] I. *adj* kühn, wagemutig
II. *m* ❶ (ZOOL) Frischling *m*
❷ (hombre) kühner [o wagemutiger] Mann *m;* **luchar como un** ~ sehr mutig kämpfen
jábega ['xaβeɣa] *f* ❶ (red de pesca) Schleppnetz *nt*, Zugnetz *nt*
❷ (barco) Fischerboot *nt*
jabeque [xa'βeke] *m* (NÁUT) Schebecke *f*
jabillo [xa'βiʎo] *m* (BOT) Sandbüchsenbaum *m*
jabón [xa'βon] *m* ❶ (para lavar) Seife *f*; ~ **para afeitar** Rasierseife *f*; **pastilla de** ~ Stück Seife
❷ (PRico, Arg: susto) Schreck *m*
❸ (loc): **dar** ~ **a alguien** jdm Honig um den Bart schmieren; **dar un** ~ **a alguien** jdn schelten [o ausschimpfen]
jabonada [xaβo'naða] *f* ❶ (aplicar jabón) Einseifen *nt*, Abseifen *nt*
❷ (fam: reprimenda) Tadel *m*, Verweis *m*
jabonado [xaβo'naðo] *m* ❶ (enjabonado) Einseifen *nt*
❷ (ropa blanca) Weißwäsche *f*
jabonadura [xaβona'ðura] *f* ❶ (acción) Einseifen *nt*, Abseifen *nt*
❷ (espuma) (Seifen)schaum *m*
❸ *pl* (agua) Seifenwasser *nt*
❹ (loc): **dar** ~ **a alguien** jdm Honig um den Bart schmieren
jabonar [xaβo'nar] *vt* ❶ (con jabón) einseifen, abseifen
❷ (fam: reprender) schelten, ausschimpfen
jaboncillo [xaβon'θiʎo] *m* ❶ (de tocador) Toilettenseife *f*
❷ (de sastre) Schneiderkreide *f*
jabonera [xaβo'nera] *f* ❶ (para depositar jabón) Seifenschale *f*
❷ (BOT) Seifenkraut *nt*
jabonería [xaβone'ria] *f* ❶ (fábrica) Seifensiederei *f*
❷ (tienda) Seifenladen *m*
jabonero, -a [xaβo'nero, -a] I. *adj* ❶ (del jabón) seifig
❷ (TAUR) weißlich gelb, schmutzig weiß
II. *m, f* ❶ (productor) Seifensieder(in) *m(f)*
❷ (vendedor) Seifenhändler(in) *m(f)*
jabonoso, -a [xaβo'noso, -a] *adj* Seifen-, seifig
jabugo [xa'βuɣo] *m* Schinken aus Jabugo
jaca ['xaka] *f* ❶ (caballo) kleines Pferd *nt*
❷ (yegua) Stute *f*
❸ (Am: gallo) Kampfhahn *m*
jacal [xa'kal] *m* (Méx, Ven) Hütte *f*
jacalear [xakale'ar] *vi* (Méx: auf der Straße) klatschen, tratschen *fam*
jacamar [xaka'mar] *m* (ZOOL) Rotschwanzjakamar *m*
jacapa [xa'kapa] *f* (ZOOL) Kardinaltangare *f*
jacapucayo [xakapu'kaɟo] *m* (BOT) Krukenbaum *m*
jácara ['xakara] *f* ❶ (danza) spanischer Volkstanz
❷ (romance) Romanze über das Gaunerleben
❸ (gente) fröhliche Menschenmenge *f*
❹ (fam: mentira) Lüge *f*, Märchen *nt*
❺ (fam: historia) Geschichte *f*
❻ (molestia) Belästigung *f*, Ärgernis *nt*
jacarandá [xaka'randa] *m* (Am: BOT) Jakaranda *f*
jacarandoso, -a [xakaran'doso, -a] *adj* fröhlich, vergnügt
jacarear [xakare'ar] *vi* ❶ (cantar) (Jacaras) singen
❷ (por la calle) Lärm [o Krach] machen
❸ (insultar) beleidigend werden, abfällig werden
jacarero, -a [xaka'rero, -a] *m, f* (fam) Spaßvogel *m*, Kasper *m*
jácena ['xaθena] *f* (ARQUIT) Unterzug *m*, Tragbalken *m*
jacinto [xa'θinto] *m* ❶ (BOT) Hyazinthe *f*
❷ (mineral) Hyazinth *m*
jaco ['xako] *m* ❶ (caballo) Klepper *m*, Schindmähre *f fam*
❷ (argot: heroína) Horse *nt*
jacobeo, -a [xako'βeo, -a] *adj* Jakobs-; **ruta jacobea** Pilgerweg nach Santiago de Compostela
jacobinismo [xakoβi'nismo] *m sin pl* (POL) ❶ (doctrina de los jacobinos) Jakobinertum *nt*
❷ (tendencia política) Jakobinismus *m*
jacobino, -a [xako'βino, -a] I. *adj* jakobinisch

jactancia [xak'tanθja] *f* Prahlerei *f*, Angeberei *f*
jactancioso, -a [xaktan'θjoso, -a] I. *adj* prahlerisch, angeberisch II. *m, f* Angeber(in) *m(f)*; **es un ~** er ist ein Angeber
jactarse [xak'tarse] *vr* prahlen (*de* mit +*dat*), angeben (*de* mit +*dat*)
jaculatoria [xakula'torja] *f* Stoßgebet *nt*
jacuz(z)i® [ʈaˈkuᵈsi] *m* Whirlpool *m*
jade ['xaðe] *m* Jade *m o f*
jadeante [xaðe'ante] *adj* (*persona*) keuchend; (*perro*) hechelnd
jadear [xaðe'ar] *vi* (*persona*) keuchen; (*perro*) hecheln
jadeo [xa'ðeo] *m* (*de persona*) Keuchen *nt*; (*de perro*) Hecheln *nt*
jaenero, -a [xae'nero, -a], **jaenés, -esa** [xae'nes, -esa] I. *adj* aus Jaén II. *m, f* Einwohner(in) *m(f)* von Jaén
jaez [xa'eθ] *m* ❶ (*de caballo*) Geschirr *nt*
❷ (*de persona*) Sorte *f*; **persona de mal ~** bösartiger Mensch; **no te fíes de gente de ese ~** traue solchen Leuten nicht
jaguar [xa'ɣwar] *m* (ZOOL) Jaguar *m*
jaguareté [xaɣware'te] *m* (CSur) Jaguar *m*
jagüel [xa'ɣwel] *m*, **jagüey** [xa'ɣweɪ̯] *m* (Am: balsa) Wasserbecken *nt*; (*cisterna*) Zisterne *f*
jaiba ['xaɪβa] I. *adj* ❶ (Ant, Méx: astuto) gerissen
❷ (Cuba: perezoso) faul
II. *f* (Am: cangrejo) Flusskrebs *m*
jáibol ['xaɪβol] *m* (Méx) Highball *m*, Longdrink *m*
jaibón [xaɪ̯'βon] *m* (Chil) junger Mann *m* aus gutem Hause
jaima ['xaɪ̯ma] *f* Nomadenzelt
jainismo [xaɪ̯'nismo] *m* (REL) Dschainismus *m*, Jainismus *m*
jaique ['xaɪ̯ke] *m* Haik *m o nt*
jalada [xa'laða] *f* ❶ (Méx: fam: exageración) Übertreibung *f*
❷ (Méx: fam: fumada) Zug *m* (an der Zigarette)
jalado, -a [xa'laðo, -a] *adj* ❶ (Méx: fam: exagerado) übertrieben
❷ (Am: demacrado) abgezehrt
❸ (Am: obsequioso) gefällig
❹ (Am: borracho) betrunken, beschwipst
jalador(a) [xala'ðor(a)] *m(f)* (Méx) begeisterungsfähiger Mensch *m* (*Person, die sich einem gemeinsamen Vorhaben mit Begeisterung anschließt*)
jalancia [xa'lanθja] *f* (*fam*) Essen *nt*; ¿**está lista la ~?** ist das Essen fertig?
jalapa [xa'lapa] *f* (BOT) Jalapenwurzel *f*, Wurzel *f* der Purgierwinde
jalar [xa'lar] I. *vt* ❶ (*una cuerda*) ziehen, zerren (an +*dat*)
❷ (*una persona*) anziehen
❸ (*fam: comer*) mampfen
II. *vi* (Bol, PRico, Urug: largarse) abhauen
III. *vr*: **~se** (Am: emborracharse) sich betrinken
jalbegue [xal'βeɣe] *m* Tünche *f*
jalde ['xalde] *adj* leuchtend gelb, grellgelb
jalea [xa'lea] *f* Gelee *nt*; **~ real** Gelee *nt* royale
jalear [xale'ar] *vt* (durch Händeklatschen) anfeuern
jaleo [xa'leo] *m* ❶ (*barullo*) Lärm *m*, Krach *m*, Radau *m fam*; **armar ~** Lärm [*o* Krach] machen; **con este ~ no se puede estudiar** bei diesem Krach kann man nicht lernen; **el ~ que hay montado en esta oficina es increíble** (*fam*) in diesem Büro herrscht ein unglaubliches Durcheinander; **me he armado un ~ con los nombres** (*fam*) ich habe alle Namen durcheinander gebracht
❷ (*riña*) Streit *m*, Zank *m*; **meterse en ~s por algo** in Streit über etw geraten; **meterse en un ~** sich (in einen Streit) einmischen
❸ (*danza*) andalusischer Volkstanz
jaleoso, -a [xale'oso, -a] *adj* lärmend
jalifa [xa'lifa] *m* (HIST) marokkanischer Kalif *m*
jalón [xa'lon] *m* ❶ (*vara*) Absteckpfahl *m*
❷ (*hito*) Meilenstein *m*, Markstein *m*
jalonamiento [xalona'mjento] *m* Abstecken *nt*; **trabajos de ~** Absteckarbeiten *fpl*
jalonar [xalo'nar] *vt* ❶ (*un terreno*) abstecken
❷ (*marcar*) kennzeichnen, prägen; **las desgracias ~on su vida** sein/ihr Leben war von unglücklichen Ereignissen geprägt; **una carrera jalonada de éxitos** eine Karriere im Zeichen des Erfolges
jaloque [xa'loke] *m* Südostwind *m*
jamacuco [xama'kuko] *m* (*fam: dolor*) plötzlich auftretender Schmerz *m*; (*enfermedad*) plötzlich auftretende Krankheit *f*
jamaica [xa'maɪka] *f* ❶ (Méx: tómbola) Wohltätigkeitstombola *f*
❷ (Cuba, Méx: planta diurética) harntreibendes Malvengewächs
jamaicano, -a [xamaɪ̯'kano, -a], **jamaiquino, -a** [xamaɪ̯'kino, -a] I. *adj* jamaikanisch II. *m, f* Jamaikaner(in) *m(f)*
jamancia [xa'manθja] *f* (*argot*) ❶ (*comida*) Fressalien *pl*
❷ (*hambre*) Kohldampf *m*
jamar [xa'mar] *vt, vr*: **~se** (*fam: comer*) verdrücken
jamás [xa'mas] *adv* nie, niemals; **~ de los jamases** nie und nimmer; **~ lo conseguirás** das wirst du niemals erreichen; **~ había habido un entusiasmo igual** die Begeisterung war so groß wie nie zuvor; **~ había tenido la oportunidad, pero ahora...** nie zuvor hatte ich die Gelegenheit gehabt, aber nun ...; ¿**habías leído ~ algo parecido?** hast du je zuvor so etwas gelesen?; **nunca digas nunca ~** sag niemals nie
jamba ['xamba] *f* (*de la ventana*) Fensterpfosten *m*; (*de la puerta*) Türpfosten *m*
jambaje [xam'baxe] *m* (ARQUIT) ❶ (*ventana*) Fensterrahmen *m*; (*puerta*) Türrahmen *m*
❷ (*adorno*) Rahmenverzierung *f*
jamelgo [xa'melɣo] *m* (*fam*) Schindmähre *f*, Klepper *m*
jamón [xa'mon] *m* ❶ (GASTR) Schinken *m*; **~ (en) dulce** [*o* **de York**] gekochter Schinken; **~ de pato** geräucherte Entenbrust; **~ serrano** luftgetrockneter Schinken; **bocadillo de ~** Schinkenbrot *nt*; ¡**y un ~!** (*fam*) kommt überhaupt nicht in Frage [*o* infrage]!
❷ (*golosina*) Mäusespeck *m*
jamona [xa'mona] *f* (*fam: mujer gruesa*) gut gepolsterte(, nicht mehr ganz junge) Frau *f*
jangada [xaŋ'gaða] *f* ❶ (*baba*) Floß *nt*
❷ (*tontería*) dumme Bemerkung *f*
❸ (*fam: trastada*) gemeiner Trick *m*
jansenismo [xanse'nismo] *m sin pl* (REL) Jansenismus *m*
Japón [xa'pon] *m* Japan *m*
japonés¹ [xapo'nes] *m* (*lengua*) Japanisch(e) *nt*
japonés, -esa² [xapo'nes, -esa] I. *adj* japanisch II. *m, f* Japaner(in) *m(f)*
japonesismo [xapone'sismo] *m sin pl* (ARTE) japanischer Einfluss *m* (*de* auf +*akk*)
japuta [xa'puta] *f* (ZOOL) Rays Brasse *f*
jaque ['xake] *m* ❶ (DEP) Schach *nt*; ¡**~ (al rey)**! Schach (dem König)!; **~ mate** (Schach)matt *nt*; **dar ~** Schach bieten; **tener a alguien en ~** jdn in Schach halten
❷ (*fam: perdonavidas*) Angeber *m*
jaquear [xake'ar] *vt* ❶ (DEP) Schach bieten
❷ (*al enemigo*) unaufhörlich angreifen
jaqueca [xa'keka] *f* Kopfschmerzen *mpl*, Migräne *f*; **este tipo me da ~** (*fam*) dieser Kerl geht mir auf die Nerven
jaquecoso, -a [xake'koso, -a] *adj* lästig, unerquicklich
jaqués, -esa [xa'kes, -esa] I. *adj* aus Jaca II. *m, f* Einwohner(in) *m(f)* von Jaca
jaquetón [xake'ton] *m* (ZOOL) Weißer Hai *m*, Weißhai *m*
jara ['xara] *f* ❶ (BOT) Zistrose *f*
❷ (Guat, Méx: flecha) Pfeil *m*
jarabe [xa'raβe] *m* Sirup *m*; (*para la tos*) Hustensaft *m*; **~ de pico** Geschwätz *nt*; **dar ~ de palo a alguien** (*fam*) jdm eine Tracht Prügel verpassen
jaracalla [xara'kaʎa] *f* (ZOOL) Lerche *f*
jaracatal [xaraka'tal] *m* (Guat) Menge *f*, Masse *f*
jaraíz [xara'iθ] *m* (AGR: para aceite) Ölpresse *f*; (*para vino*) Kelter *f*
jaral [xa'ral] *m* ❶ (*de jaras*) Gelände *nt* mit Zistrosen
❷ (*enredo*) Wirrwarr *m*
jaramugo [xara'muɣo] *m* (ZOOL) Jungfisch *m*
jarana [xa'rana] *f* ❶ (*juerga*) Gaudi *f o nt*; **ir de ~** (*fam: de copas*) eine Kneipentour machen; (*por la calle*) einen draufmachen
❷ (*discusión*) Krach *m*, Zank *m*
❸ (Am: burla) Spaß *m*, Scherz *m*
❹ (AmC: deuda) Schuld *f*
❺ (Col: embuste) Lüge *f*
jaranear [xarane'ar] I. *vi* (*fam: ir de copas*) eine Kneipentour machen; (*salir*) einen draufmachen
II. *vt* (Col: importunar) belästigen
jaranero, -a [xara'nero, -a] *adj*; **ser un ~** sehr gern feiern
jarcha ['xartʃa] *f* (LIT) in romanischer Sprache geschriebene Strophe, die als Urkunde der spanischen Dichtung gilt
jarcia ['xarθja] *f* ❶ (NÁUT: para pescar) Fischfangausrüstung *f*
❷ *pl* (NÁUT: de velero) Gut *nt*, Tauwerk *nt*
jardín [xar'ðin] *m* Garten *m*; **~ botánico/zoológico** botanischer/zoologischer Garten; **los jardines de una ciudad** die Grünanlagen einer Stadt; **~ de infancia** (*hasta los tres años*) Kinderkrippe *f*; (*a partir de tres años*) Kindergarten *m*; **trabajar en el ~** gärtnern
jardinear [xarðine'ar] *vt* (Am) gärtnern
jardinera [xarði'nera] *f* ❶ (*profesión*) Gärtnerin *f*; **a la ~** (GASTR) nach Gärtnerinart
❷ (*esposa*) Gärtnersfrau *f*
❸ (*maceta*) Blumenkasten *m*
❹ (*carruaje*) Droschke *f*
❺ (*tranvía*) (an den Seiten) offener Straßenbahnwagen *m*
jardinería [xarðine'ria] *f* (*arte*) Gartenkunst *f*; (*cuidado*) Gartenpflege *f*; **útiles de ~** Gartengeräte *ntpl*

jardinero, -a [xarði'nero, -a] *m, f* Gärtner(in) *m(f)*
jareta [xa'reta] *f* ❶ (*para ceñir*) (Tunnel)bund *m*; **cinturón de** ~ Tunnelgürtel *m*
❷ (*dobladillo*) Saum *m*
❸ (*CRi, Par: bragueta*) Reißverschluss *m*
jarifo, -a [xa'rifo, -a] *adj* elegant, stattlich
jarocho, -a [xa'rotʃo, -a] *adj* ❶ (*rudo, insolente*) grob, rüde
❷ (*Am: natural de Veracruz*) aus Veracruz
jarope [xa'rope] *m* ❶ (*jarabe*) Sirup *m*
❷ (*fam: brebaje*) Gebräu *nt*
jarra ['xarra] *f* ❶ (*de barro*) (Ton)krug *m*; (*de agua, café*) Kanne *f*; ~ **de cerveza** Bierkrug *m*; ~ **de vino** (*de vidrio*) Weinkaraffe *f*; (*de barro*) Weinkrug *m*; ~ **mezcladora** Rührschüssel *f*
❷ (*loc*): **ponerse de** [*o* **en**] ~**s** die Arme in die Hüften stemmen
jarrear [xarre'ar] **I.** *vi* ❶ (*sacar líquido*) schöpfen
❷ (*sacar agua de un pozo*) Wasser schöpfen
II. *vt* (*pared, muro*) verputzen
III. *v impers* (*fam: llover intensamente*) in Strömen regnen
jarro [xarro] *m* ❶ (*de barro*) (Ton)krug *m*; (*de agua*) Kanne *f*; **echarle a alguien un** ~ **de agua fría** (*fig*) jdn um seine Hoffnungen bringen
jarrón [xa'rron] *m* Vase *f*
jartón, -ona [xar'ton, -ona] *m, f* (*CRi, Hond, Guat, Méx*) Vielfraß *m fam*
jaspe ['xaspe] *m* ❶ (*cuarzo*) Jaspis *m*
❷ (*mármol*) geäderter Marmor *m*
jaspeado¹ [xaspe'aðo] *m* ❶ (*acción de jaspear*) Jaspieren *nt*
❷ (TIPO) Sprenkeln *m*
jaspeado, -a² [xaspe'aðo, -a] *adj* jaspiert
jaspear [xaspe'ar] *vt* (*tejido*) jaspieren; (*papel*) marmorieren
jaspón [xas'pon] *m* (GEO) grobkörniger Marmor *m*
jato, -a ['xato] *m, f* Kalb *nt*
jau [xaʊ] *interj* ho!, he!
jauja ['xauxa] *f* Schlaraffenland *nt*; **¡pero te crees que esto es J~!** was hast du bloß für (falsche) Vorstellungen!; **para ti la vida es J~** für dich ist das Leben wohl nur ein einziger Spaß
jaula ['xaula] *f* ❶ (*para animales*) Käfig *m*; ~ **de pájaros** Vogelkäfig *m*, Vogelbauer *m*; (*grande, para volar*) Voliere *f*
❷ (*de una mina*) Förderkorb *m*
❸ (*del ascensor*) Fahrstuhl *m*, Kabine *f*
❹ (FÍS): ~ **de Faraday** faradayscher Käfig
jauría [xaʊ'ria] *f* Meute *f*
Java ['xaβa] *f* Java *nt*
javanés¹ [xaβa'nes] *m* (*lengua*) Javanisch(e) *nt*
javanés, -esa² [xaβa'nes, -esa] **I.** *adj* javanisch
II. *m, f* Javaner(in) *m(f)*
jayán, -ana [xa'ɟan, -ana] *m, f* Riese, -in *m, f*
jayao [xa'ɟao] *m* (*Cuba*: ZOOL) Weißer Grunzer *m*
jazmín [xaθ'min] *m* Jasmin *m*
jazz [dʒas] *m sin pl* Jazz *m*; **música de** ~ Jazzmusik *f*; **músico de** ~ Jazzmusiker *m*; **tocar** ~ jazzen
jazzero, -a [dʒa'sero, -a] *m, f*, **jazzista** [dʒa'sista] *mf* Jazzmusiker(in) *m(f)*
jazzístico, -a [dʒa'sistiko, -a] *adj* Jazz-; **festival** ~ Jazzfestival *nt*
jazzman ['dʒasman] *m* Jazzmusiker *m*, Jazzer *m*
J.C. [xesu'kristo] *m abr de* **Jesucristo** Jesus Christus *m*
je [xe] *interj* (*expresando risa*) hihi!, hehe!
jeans [dʒins] *mpl* Jeans *f(pl)*
jebe ['xeβe] *m* ❶ (*alumbre*) Alaun *m*
❷ (*Am: caucho*) Gummi *m o nt*, Kautschuk *m*
jeep [dʒip] *m* <jeeps> Jeep *m*
jefatura [xefa'tura] *f* ❶ (*cargo*) Leitung *f*, Führung *f*
❷ (*sede*): ~ **del gobierno** Amt *nt* des Regierungschefs; ~ **de policía** Polizeipräsidium *nt*; ~ **de tráfico** Straßenverkehrsbehörde *f*
jefazo [xe'faθo] *m* (*fam*) hohes Tier *nt*
jefe, -a ['xefe, -a] *m, f* ❶ (*de una organización, empresa*) Chef(in) *m(f)*; (*de un trabajador*) Vorgesetzte(r) *mf*, Boss *m fam*; (*de un departamento*) Leiter(in) *m(f)*; (*de una oficina*) Abteilungsleiter(in) *m(f)*, Vorsteher(in) *m(f)*; (*de una banda*) Anführer(in) *m(f)*, Boss *m fam*; ~ **adjunto** stellvertretender Leiter; ~ **de almacén** Lagerverwalter *m*, Lagerleiter *m*; ~ **de compras/ventas** Leiter der Einkaufs-/Verkaufsabteilung; ~ **de contabilidad** Hauptbuchhalter *m*; ~ **de departamento** Abteilungsleiter *m*; ~ **de filas** (DEP) Mannschaftskapitän *m*; ~ **de personal** Personalchef *m*, Leiter der Personalabteilung; ~ **de sección** Sektionschef *m*, Referatsleiter *m*; ~ **de ventas** Verkaufsleiter *m*; ~ **de zona** Gebietsleiter *m*, Bezirksleiter *m*; ~ **redactor** ~ Chefredakteur *m*; **¡oiga, ~!** (*fam*) hallo, Freundchen!; **aquí el** ~ **soy yo y no se hable más** hier bin ich der Boss, und damit basta; **en mi casa no soy yo el** ~, **sino mi mujer** zu Hause hat meine Frau die Hosen an
❷ (POL): ~ **de(l) Estado** Staatschef *m*, Staatsoberhaupt *nt*; ~ **de gobierno** Regierungschef *m*; ~ **de partido** Parteivorsitzender *m*
❸ (MIL) Stabsoffizier *m*; **comandante en** ~ Oberkommandierende(r) *m*
Jehová [xeo'βa] *m* (REL) Jehova *m*
jeito ['xeito] *m* Sardinenfangnetz *nt*
jején [xe'xen] *m* (*Am*) kleine Stechmücke *f*
jeme ['xeme] *m* ❶ (*distancia entre pulgar e índice*) Spanne *f* (zwischen Daumen und Zeigefinger)
❷ (*fam: palmito*) hübsches Gesicht *nt* (einer Frau)
jémer ['xemer] **I.** *adj* Khmer-
II. *mf* Khmer *mf*; **los ~es rojos** die Roten Khmer
JEN [xen] *f abr de* **Junta de Energía Nuclear** Kommission *f* für Kernenergie
jenabe [xe'naβe] *m* ❶ (BOT) Senf *m*
❷ (*semilla*) Senfsamen *m*
jengibre [xeŋ'xiβre] *m* (BOT) Ingwer *m*
jeniquén [xeni'ken] *m* (*Col, Cuba, PRico*: BOT) Agave *f*
jenízaro¹ [xe'niθaro] *m* (HIST) Janitschar *m*
jenízaro, -a² [xe'niθaro, -a] *m, f* (*Méx*) Polizist(in) *m(f)*
jeque ['xeke] *m* Scheich *m*
jerarca [xe'rarka] *mf* Oberhaupt *nt*; **los ~s del mundo financiero** die Mächtigen der Finanzwelt
jerarquía [xerar'kia] *f* Hierarchie *f*
jerárquico, -a [xe'rarkiko, -a] *adj* hierarchisch
jerarquización [xerarkiθa'θjon] *f* Hierarchisierung *f*
jerarquizar [xerarki'θar] <z→c> *vt* hierarchisieren
jerbo [xerβo] *m* (ZOOL) Wüstenspringmaus *f*
jeremías [xere'mias] *m inv* (*fam*) ständig klagender Mensch *m*; **tu hermano es un** ~ dein Bruder hat immer was zu jammern
jerez [xe'reθ] *m* (GASTR) Sherry *m*, Jerez(wein) *m*
jerezano, -a [xere'θano, -a] **I.** *adj* aus Jerez
II. *m, f* Einwohner(in) *m(f)* von Jerez
jerga ['xerɣa] *f* ❶ (*lenguaje*) Jargon *m*, (Sonder)sprache *f*; ~ **estudiantil** Studentensprache *f*; ~ **del hampa** Gaunersprache *f*; ~ **de los toreros** Jargon der Toreros
❷ (*galimatías*) Kauderwelsch *nt*
❸ (*tela*) Wollstoff *m*
jergal [xer'ɣal] *adj* Jargon-
jergón [xer'ɣon] *m* ❶ (*colchón*) Strohsack *m*
❷ (*fam: persona*) Fettbauch *m*, Fettwanst *m*
❸ (*vestido*) schlecht sitzende Kleidung *f*
jeribeque [xeri'βeke] *m*: **hacer ~s** Grimassen schneiden
jericoplear [xerikople'ar] *vt* (*Guat, Hond*) belästigen, behelligen
jerigonza [xeri'ɣonθa] *f* ❶ (*galimatías*) Kauderwelsch *nt*
❷ (*jerga*) Jargon *m*
jeringa [xe'riŋga] *f* ❶ (*instrumento*) (Injektions)spritze *f*; ~ **hipodérmica** Injektionsspritze *f*; ~ **de un sólo uso** Einmalspritze *f*
❷ (*fam: molestia*) Belästigung *f*, Plage *f*
jeringador(a) [xeriŋga'ðor(a)] *adj* (*fam*) lästig, unangenehm
jeringar [xeriŋ'gar] <g→gu> *vt* ❶ (*con la jeringa*) spritzen
❷ (*molestar*) belästigen, plagen
jeringazo [xeriŋ'gaθo] *m* (*acción*) Spritzen *nt*; (*líquido*) Strahl *m* aus der Spritze
jeringuilla [xeriŋ'giʎa] *f* (Injektions)spritze *f*
jeroglífico¹ [xero'ɣlifiko] *m* ❶ (*signo*) Hieroglyphe *f*
❷ (*pasatiempo*) Bilderrätsel *nt*
jeroglífico, -a² [xero'ɣlifiko, -a] *adj* hieroglyphisch; **escritura jeroglífica** Hieroglyphenschrift *f*
jerónimo, -a [xe'ronimo, -a] **I.** *adj* (REL) Hieronymiten-
II. *m, f* (REL) Hieronymit(in) *m(f)*
jersey [xer'sei] *m* Pullover *m*; ~ **de cuello alto** Rollkragenpullover *m*; ~ **de cuello de pico** Pullover mit V-Ausschnitt
jeruga [xe'ruɣa] *f* (BOT) Schote *f*, Hülse *f*
jeruva [xe'ruβa] *f* (ZOOL) Rostsägeracke *f*
Jesucristo [xesu'kristo] *m* Jesus Christus *m*
jesuita [xesu'ita] **I.** *adj* Jesuiten-, jesuitisch
II. *m* Jesuit *m*
jesuítico, -a [xesu'itiko, -a] *adj* Jesuiten-, jesuitisch
jesuitina [xeswi'tina] **I.** *adj* (REL) jesuitisch, Jesuiten-; **es una religiosa** ~ sie ist Jesuitin
II. *f* (REL) Jesuitin *f*
Jesús [xe'sus] *m* Jesus *m*; **¡~!** (*al estornudar*) Gesundheit!; (*interjección*) o mein Gott!; **la Compañía de** ~ der Jesuitenorden; **en un** (*decir*) ~ im Nu
jet¹ [dʒet] *f sin pl* Jetset *m*
jet² [dʒet] *m* <jets> (AERO) Jet *m*
jeta ['xeta] *f* ❶ (*fam: cara*) Visage *f*; **ser un** ~ unverschämt sein; **ese tiene una** ~ **increíble** der ist unglaublich frech [*o* unverschämt]; **te voy a romper la** ~ (*vulg*) ich poliere dir die Visage
❷ (*labios*) wulstige Lippen *fpl*

❸ (*del cerdo*) Rüssel *m*
❹ (*Arg: nariz*) Nase *f*
jet-foil [dʒeᵈ foi̯l] *m* <jet-foils> Tragflächenboot *nt*, Tragflügelboot *nt*
jet lag ['dʒeᵈ laʏ] *m* <jet lags> Jetlag *nt*
jetón, -ona [xe'ton, -ona] **I.** *adj* dicklippig; (*fig*) schmollend
II. *m, f* Person *f*, die einen Schmollmund zieht
jet set ['dʒeᵈ seᵈ] *f inv* Jetset *m*
jetudo, -a [xe'tuðo, -a] *adj* (*fam pey*) unverschämt
ji [xi] **I.** *f* Chi *nt*
II. *interj* ha
jíbaro ['xiβaro, -a] **I.** *adj* ❶ (*Am: campesino*) bäuerlich; (*costumbres, vida*) ländlich
❷ (*Am: planta, animal*) wild
❸ (*Ant, Méx: huraño*) menschenscheu
II. *m* Jibaro *m*
jibia ['xiβja] *f* (ZOOL) Sepia *f*
jibraltareño, -a [xiβralta'reɲo, -a] **I.** *adj* gibraltarisch, aus Gibraltar
II. *m, f* Gibraltarer(in) *m(f)*
jícama ['xikama] *f* (*Méx*: BOT) Knollenfrucht
jicaque [xi'kake] *adj* (*Guat, Hond: necio*) dumm, begriffsstutzig; (*inculto*) ungebildet
jícara ['xikara] *f* ❶ (*taza*) (Schokoladen)tasse *f*
❷ (*AmC, Méx: fruto*) Frucht *f* des Kalebassenbaums
jicarazo [xika'raθo] *m*: **dar ~ a algo** etw übereilt erledigen
jícaro ['xikaro] *m* (*AmC: árbol*) Kalebassenbaum *m*
jicotera [xiko'tera] *f* (*AmC, Méx*) Wespennest *nt*
jienense, -a [xje'nense, -a] **I.** *adj* aus Jaén
II. *m, f* Einwohner(in) *m(f)* von Jaén
jifa ['xifa] *f* Schlachtabfälle *mpl*
jifero¹ [xi'fero] *m* Schlachtmesser *nt*
jifero, -a² [xi'fero, -a] **I.** *adj* ❶ (*del matadero*) Schlachthof-
❷ (*sucio*) dreckig; (*fam*) schmutzig
II. *m, f* Schlächter(in) *m(f)*
jifia ['xifja] *f* (ZOOL) Schwertfisch *m*
jijallo [xi'xaʎo] *m* (BOT) Salzkraut *nt*
jijo, -a ['xixo, -a] *adj* (*Méx: vulg*) Balg *m o nt fam*
jijona [xi'xona] *m* (GASTR) Mandelnugat *m o nt* (aus Jijona)
jijonenco, -a [xixo'neŋko, -a] **I.** *adj* aus Jijona
II. *m, f* Einwohner(in) *m(f)* von Jijona
jilguero [xil'ɣero] *m* (ZOOL) Stieglitz *m*, Distelfink *m*
jimio ['ximjo] *m* (ZOOL) Affe *m*
jineta [xi'neta] *f* ❶ (ZOOL) Ginsterkatze *f*, Genette *f*
❷ (*monta*) **montar a la ~** mit kurzen Steigbügeln reiten
jinete [xi'nete] *m* ❶ (*persona*) Reiter *m*; (*profesional*) Jockei *m*
❷ (*caballo*) Reitpferd *nt*
❸ (*pura sangre*) Vollblut(pferd) *nt*
jinetear [xinete'ar] **I.** *vi* seine Fähigkeiten als Reiter zur Schau stellen
II. *vt* (*Am: domar*) zureiten
jinetera [xine'tera] *f* (*Cuba*) Hure *f pey*
jínjol [xiŋxol] *m* (BOT) Jujube *f*, Brustbeere *f*
jinjolero [xiŋxo'lero] *m* (BOT) Jujube *f*, Brustbeerbaum *m*
jiña ['xiɲa] *f* (*menschlicher*) Kot *m*
jiñar [xi'ɲar] *vi, vr*: **~se** (*vulg*) scheißen
jiote ['xjote] *m* (*Méx*) juckender Hautausschlag *m*
jipa ['xipa] *f* (*Col*) Strohhut *m*
jipijapa [xipi'xapa] *m* Strohhut *m*
jipioso, -a [xi'pjoso, -a] *adj* zerlumpt
jira ['xira] *f* ❶ (*jirón*) Fetzen *m*
❷ (*picnic*) Picknick *nt*
jirafa [xi'rafa] *f* ❶ (ZOOL) Giraffe *f*
❷ (*para el micro*) Galgen *m*
jirafista [xira'fista] *mf* (CINE, TV) Mikrofonassistent(in) *m(f)*
jirasal [xira'sal] *f* (BOT) Stachelannone *f*
jíride ['xiriðe] *f* (BOT) Stinkschwertlilie *f*
jiroflé [xiro'fle] *m* (BOT) Gewürznelkenbaum *m*
jirón [xi'ron] *m* Fetzen *m*; **un ~ de nubes** Wolkenfetzen *mpl*; **un vestido hecho jirones** (*por alguien*) ein zerfetztes Kleid; (*por viejo*) ein zerlumptes Kleid; **hacer algo jirones** etw zerfetzten [*o* zerreißen]
jitazo [xi'taθo] *m* (*Méx*) Erfolg *m*
jiu-jitsu [dʒju 'dʒiᵈsu] *m* (DEP) Jiu-Jitsu *nt*
JJ.OO. ['xweɣos o'limpikos] *abr de* **Juegos Olímpicos** Olympische Spiele *ntpl*
jo [xo] *interj* ❶ (*so*) hü, halt
❷ (*sorpresa*) Wahnsinn!
Job [xoᵝ] *m* Hiob *m*; **el libro de ~** das Buch Hiob; **ser un ~** eine Engelsgeduld haben
jobar [xo'βar] *interj* (*fam*) verdammt (noch mal)!, zum Teufel!
jobillo [xo'βiʎo] *m* (*PRico: fam*): **irse de ~s** die Schule schwänzen
jobo ['xoβo] *m* (BOT: *planta, fruto*) Goldpflaume *f*, Gelbe Mombin-pflaume *f*
jockey ['xokei̯] *m* Jockei *m*
jocoque [xo'koke] *m* (*Méx: leche agriada*) saure Milch *f*; (*comida*) mit saurer Milch zubereitete Speise
jocosidad [xokosi'ðað] *f* ❶ (*cualidad*) Humor *m*
❷ (*chiste*) Witz *m*
jocoso, -a [xo'koso, -a] *adj* ❶ (*humorístico*) lustig, spaßig, witzig
❷ (*gracioso*) drollig
jocundidad [xokuṇdi'ðað] *f* Heiterkeit *f*, Fröhlichkeit *f*
jocundo, -a [xo'kuṇdo, -a] *adj* heiter, fröhlich
joda ['xoða] *f* ❶ (*Arg: vulg: situación difícil*) Problem *nt*, verzwickte Situation *f*
❷ (*Arg, Col, Chil, Méx: vulg: acción de fastidiar*) Belästigung *f*, Plage *f*
❸ (*Méx: fam: molestia por exceso de trabajo*) Plackerei *f*, Schinderei *f*; **es una ~ tener que trabajar el domingo** es ist eine Schinderei, am Sonntag arbeiten zu müssen
joder [xo'ðer] **I.** *vt* ❶ (*vulg: copular*) bumsen, ficken
❷ (*vulg: fastidiar*) belästigen; **¡no me jodas!** erzähl mir keinen Scheiß!; **¡no te jode!** das ist ja kaum zu fassen!; **¡jódete!** zum Teufel mit dir!
❸ (*vulg: echar a perder*) vermasseln
❹ (*vulg: robar*) klauen
II. *vi* (*vulg*) bumsen, ficken
III. *vr*: **~se** ❶ (*vulg: fastidiarse*) sich abfinden; **¡hay que ~se!** da müssen wir durch
❷ (*vulg: echar a perder*): **nuestra amistad se ha jodido** unsere Freundschaft ist im Eimer; **la tele se ha jodido** der Fernseher ist im Arsch
IV. *interj* Scheiße, verdammt (noch mal)
jodido, -a [xo'ðiðo, -a] *adj* (*vulg*): **estoy ~** (*enfermo*) mir geht's beschissen; (*en un apuro*) ich bin aufgeschmissen; **es ~ tener que trabajar tanto** es ist verdammt hart, so viel arbeiten zu müssen; **esta película es jodida** dieser Film ist verdammt schwierig (zu verstehen)
jodienda [xo'ðjeṇda] *f* (*vulg*) ❶ (*sexo*) Bumsen *nt fam*, Vögeln *nt fam*
❷ (*molestia*) Mist *m fam*, Scheißdreck *m fam*
jodo [xo'ðo] *interj* (*fam*) verflucht (noch mal)!, zum Teufel!
jodón, -ona [xo'ðon, -ona] **I.** *adj* (*Méx: fam*) nervtötend
II. *m, f* (*Méx: fam*) Nervensäge *f*
jofaina [xo'fai̯na] *f* Waschschüssel *f*
jogging ['djoɣiŋ] *m* <joggings> Jogging *nt*; **esta mañana he hecho ~** heute Morgen war ich joggen
joint-venture ['dʒoiṃ 'bentʃa], **joint venture** ['dʒoiṃ 'bentʃa] *f* (ECON) Jointventure *nt*, Gemeinschaftsunternehmen *nt*
jojoba [xo'xoβa] *f* (*Am*: BOT) Jojoba *f*, Jojobastrauch *m*
jojoto¹ [xo'xoto] *m* (*Ven*) unreifer Mais *m*
jojoto, -a² [xo'xoto, -a] *adj* (*Ven*) unreif, grün
jóker ['dʒoker] <jókers> *m* (*comodín*) Joker *m*
jolgorio [xol'ɣorjo] *m* Gaudi *f o nt*
jolín [xo'lin] *interj*, **jolines** [xo'lines] *interj* verdammt (noch mal), verflucht (noch mal)
jondo, -a ['xoṇdo, -a] *adj* (MÚS): **cante ~** schwermütiger Flamenco(gesangs)stil
jónico, -a ['xoniko, -a] *adj* ionisch; **orden ~** ionischer Stil
JONS [xons] *fpl abr de* **Juntas de Ofensiva Nacional Sindicalista** faschistische Partei unter Franco
jopé [xo'pe] *interj* Mensch!
Jordania [xor'ðanja] *f* Jordanien *nt*
jordano, -a [xor'ðano, -a] **I.** *adj* jordanisch
II. *m, f* Jordanier(in) *m(f)*
jorfe ['xorfe] *m* ❶ (*muro*) Trockenmauer *f*
❷ (*peñasco*) steil aufragender Felsen *m*, Felswand *f*
jorge ['xorxe] *m* (ZOOL) Maikäfer *m*
jorguinería [xorɣine'ria] *f* Zauberei *f*, Hexerei *f*
jornada [xor'naða] *f* ❶ (*de trabajo*) Arbeitstag *m*; (*tiempo trabajado*) Arbeitszeit *f*; **~ ampliada** Mehrarbeit *f*; **~ bursátil** Börsentag *m*; **~ continua/reducida** gleitende/verkürzte Arbeitszeit; **~ partida** Arbeitstag mit (langer) Mittagspause; **una ~ de siete horas** ein Arbeitstag von sieben Stunden; **hago ~ completa** ich arbeite Vollzeit; **hago una ~ de seis horas** ich habe einen Sechsstunden(arbeits)tag; **trabajo media ~** ich habe eine Halbtagsstelle, ich arbeite halbtags
❷ (*camino*) Tage(s)marsch *m*
❸ (*viaje*) Tagesreise *f*; **este pueblo está a dos ~s de viaje** dieses Dorf liegt zwei Tagesreisen entfernt
❹ *pl* (*conferencia*) Konferenz *f*, Tagung *f*
❺ (MIL) Feldzug *m*
jornal [xor'nal] *m* ❶ (*paga*) Tagelohn *m*; **trabajar a ~** im Tagelohn arbeiten, als Tagelöhner arbeiten
❷ (*trabajo*) Tagesarbeit *f*
❸ (AGR) spanisches Feldmaß
jornalero, -a [xorna'lero, -a] *m, f* Tagelöhner(in) *m(f)*; **trabajar de ~**

joroba [xo'roβa] *f* ❶ (*de persona*) Buckel *m*
❷ (*de camello*) Höcker *m*
❸ (*bulto*) Buckel *m*; **un sillón con ~s** ein weich gepolsterter Sessel
❹ (*molestia*) Belästigung *f*
jorobado, -a [xoro'βaðo, -a] I. *adj* buck(e)lig
II. *m, f* Buck(e)lige(r) *mf*
jorobar [xoro'βar] I. *vt* (*fam*) belästigen, plagen; **no haces más que ~me** du gehst mir ständig auf die Nerven, du fällst mir auf den Wecker II. *vr:* ~**se** (*fam*) sich abfinden (*con* mit *+dat*); **si no le gusta, ¡que se jorobe!** wenn es ihm/ihr nicht passt, hat er/sie Pech gehabt!; **me joroba tener que pedirle perdón** es fuchst mich, ihn/sie um Verzeihung bitten zu müssen
jorobeta [xoro'βeta] *m* (*fam pey*) Buck(e)lige(r) *m*
jorongo [xo'roŋgo] *m* (*Méx*) Poncho *m*
jorrar [xo'rrar] *vt* schleppen
josa ['xosa] *f* (AGR) Wein- und Obstgrundstück *nt*
jota ['xota] *f* ❶ (*letra*) J *nt*; **no entender** [*o* **saber**] **ni ~** (*fam*) keinen blassen Schimmer haben; **no ver ni ~** (*fam*) stockblind sein
❷ (*baile*) Jota *f*
jote ['xote] *m* (ZOOL) Geier *m*
jotero, -a [xo'tero, -a] I. *adv* die Jota betreffend
II. *m, f* Jotatänzer(in) *m(f)*
joto ['xoto] *m* ❶ (*Col: paquete*) Päckchen *nt*, Bündel *nt*
❷ (*Méx: pey: homosexual*) Tunte *f*
joule [dʒul] *m* (FÍS) Joule *nt*
joven ['xoβen] I. *adj* jung; **un ~ galán** (TEAT) ein jugendlicher Liebhaber; **la gente ~** die jungen Leute, die Jugendlichen; **un vino ~** ein junger Wein; **de muy ~** in früher Jugend; **tiene 40 años pero parece ~** er/sie ist zwar 40, sieht aber noch jung aus
II. *mf* (*chico*) junger Mann *m*, Jugendliche(r) *m*; (*chica*) junge Frau *f*, Jugendliche *f*; **los jóvenes** die jungen Leute, die Jugend, die Jugendlichen
jovenado [xoβe'naðo] *m* (REL) ❶ (*espacio temporal*) Noviziat *nt*
❷ (*espacio físico*) Noviziat *nt*, Novizenunterkunft *f*
jovencito, -a [xoβeɲ'θito, -a] I. *adj* jung
II. *m, f* (*chico*) Junge *m*; (*chica*) (junges) Mädchen *nt*
jovenzuelo, -a [xoβeɲ'θwelo, -a] *m, f* (*pey*) Grünschnabel *m*
jovial [xo'βjal] *adj* fröhlich, heiter
jovialidad [xoβjali'ðað] *f* Fröhlichkeit *f*, Heiterkeit *f*
joya ['xoʝa] *f* ❶ (*alhaja*) Schmuckstück *nt*, Juwel *nt o m*; **las ~s** der Schmuck; **este palacio es una auténtica ~** dieser Palast ist eine wahre Pracht; **este puente es una ~ del renacentismo** diese Brücke ist ein Juwel des Renaissancestils
❷ (*persona*) Schatz *m fig*, Juwel *nt o m fig*; **esta mujer de la limpieza es una ~** sie ist ein Juwel von einer Putzfrau; **este niño es una ~** dieses Kind ist ein wahrer Schatz
joyería [xoʝe'ria] *f* Juwelierladen *m*
joyero¹ [xo'ʝero] *m* Schmuckkästchen *nt*
joyero, -a² [xo'ʝero, -a] *m, f* Juwelier(in) *m(f)*
joyo ['xoʝo] *m* (BOT) Taumellolch *m*
joystick ['dʒoi̯stik] *m* <joysticks> (INFOR) Joystick *m*
Jr. ['dʒunjor] *abr de* **Júnior** jr.
juagarzo [xwa'ɣarθo] *m* (BOT) Zistrose *f*
Juan [xwan] *m* ≈Johannes *m*; **~ lanas** (*fam*) Simpel *m*, Trottel *m*; **~ Palomo** (*fam*) Taugenichts *m*; **es un don ~** er ist ein Frauenheld
juanete [xwa'nete] *m* ❶ (*del pie*) (Fuß)ballen *m*
❷ (*pañuelo*) vorstehender Backenknochen *m*
❸ (NÁUT) Bramsegel *nt*
juanetero, -a [xwane'tero, -a] *m, f* (NÁUT) Toppsgast *m*
juanola [xwa'nola] *f* Salmiakpastille *f*
jubilación [xuβila'θjon] *f* ❶ (*empleado, trabajador*) Ruhestand *m*; (*funcionario*) Pensionierung *f*; (*profesor universitario*) Emeritierung *f*; **~ anticipada** [*o* **prematura**] vorgezogener [*o* vorzeitiger] Ruhestand, Vorruhestand *m*; **~ edad de ~** Rentenalter *nt*, Altersgrenze *f*; **suscribir un plan de ~** eine Firmenrente zeichnen
❷ (*pensión*) Pension *f*, Rente *f*
jubilado, -a [xuβi'laðo, -a] *m, f* (*beneficiario*) Rentner(in) *m(f)*; (*funcionario*) Pensionär(in) *m(f)*; (*profesor universitario*) Emeritus *m*
jubilar [xuβi'lar] I. *vt* ❶ (*a un funcionario*) in Pension schicken, in den Ruhestand versetzen, pensionieren; (*a un profesor universitario*) emeritieren
❷ (*fam: un objeto*) ausrangieren; (*un vestido*) ablegen
II. *vr:* ~**se** ❶ (*una persona*) in Pension [*o* Rente] gehen, in den Ruhestand treten, sich pensionieren lassen; (*un profesor*) emeritiert werden; **~se anticipadamente** vorzeitig in Rente gehen
❷ (*AmC: hacer novillos*) schwänzen
jubilata [xuβi'lata] *mf v.* **jubilado**
jubileo [xuβi'leo] *m* ❶ (*judío*) Jobeljahr *nt*, Jubeljahr *nt*
❷ (*católico*) Jubeljahr *nt*
júbilo ['xuβilo] *m* Jubel *m*; **gritos de ~** Jubelgeschrei *nt*
jubiloso, -a [xuβi'loso, -a] *adj* jubelnd; **un día ~** ein Freudentag; **estar ~** überglücklich sein
jubón [xu'βon] *m* Wams *nt*
judaico, -a [xu'ðai̯ko, -a] *adj* jüdisch
judaísmo [xuða'ismo] *m sin pl* Judaismus *m*
judaización [xuðai̯θa'θjon] *f* Judaisierung *f*
judas ['xuðas] *m* Judas *m*; **ser más falso que el alma de ~** ein Verräter sein
judeoalemán¹ [xuðeoale'man] *m* (LING) Jiddisch(e) *nt*
judeoalemán, -ana² [xuðeoale'man, -ana] I. *adj* aschkenasisch
II. *m, f* Aschkenas *mf*
judeocristiano, -a [xuðeokris'tjano, -a] *adj* jüdisch-christlich
judeoespañol¹ [xuðeoespa'ɲol] *m* Judenspanisch(e) *nt*
judeoespañol(a) [xuðeoespa'ɲol(a)], **judeo-español(a)²** [xuðeo-espa'ɲol(a)] I. *adj* jüdisch-spanisch II. *m(f)* Spaniole, -in *m, f*
judería [xuðe'ria] *f* Judenviertel *nt*
judía [xu'ðia] *f* ❶ (*mujer*) Jüdin *f*
❷ (BOT) Bohne *f*
judiada [xu'ðjaða] *f* übler Streich *m*
judiar [xu'ðjar] *m* (AGR) Bohnenacker *m*
judicatura [xuðika'tura] *f* ❶ (*cargo*) Richteramt *nt*; **habilitación para la ~** Befähigung zum Richteramt
❷ (*de un país*) Richterstand *m*
❸ (*ejercicio*) Rechtsprechung *f*, Judikatur *f*; **~ del trabajo** Arbeitsgerichtsbarkeit *f*
judicial [xuði'θjal] *adj* Justiz-, Gerichts-, richterlich, gerichtlich; **aparato ~** Justizapparat *m*; **dictamen ~** Gerichtsurteil *nt*; **poder ~** richterliche Gewalt; **interponer una demanda ~** Klage erheben
judicialmente [xuðiθjal'mente] *adv* gerichtlich
judío, -a [xu'ðio, -a] I. *adj* ❶ (*hebreo*) jüdisch
❷ (*avaro*) knauserig
II. *m, f* Jude *m*, Jüdin *f*; **los ~s** die Juden, das jüdische Volk
judo [dʒu'ðo] *m* (DEP) Judo *nt*; **llave de ~** Judogriff *m*
judogi [dʒu'ðoxi] *m* (DEP) Judogi *m*
judoka [dʒu'ðoka] *mf* (DEP) Judoka *mf*
juego ['xweɣo] *m* ❶ (*diversión*) Spiel *nt*; **~ de azar/de ingenio/de mesa** Glücks-/Geschicklichkeits-/Gesellschaftsspiel *nt*; **~ de construcción** Baukasten *m*; **~ de los roles/de palabras** Rollen-/Wortspiel *nt*; **teoría de los ~s** (ECON) Spieltheorie *f*; **hace ~s malabares** er/sie jongliert; **hacer trampas en el ~** falsch spielen; **hay muchos millones en ~** es wird um viele Millionen gespielt; **perder dinero en el ~** Geld verspielen; **tengo mal ~** ich habe schlechte Karten; **poner en ~** (*fig*) riskieren, aufs Spiel setzen; **diciendo esto le hace el ~ a su rival** seine/ihre Äußerungen kommen seinem/ihrem Gegner zugute; **esto es un ~ de niños** das ist ein Kinderspiel; **se le ve fácilmente el ~** man kann ihn/sie leicht durchschauen; **se toma nuestra relación a ~** er/sie nimmt unsere Beziehung nicht ernst; **desgraciado en el ~, afortunado en amores** (*prov*) Pech im Spiel, Glück in der Liebe
❷ (DEP) Spiel *nt*; **~ duro/sucio** hartes/unfaires Spiel *nt*; **~ limpio** Fairplay *nt*, Fairness *f*; **fuera de ~** Abseits *nt*; **~ en blanco** Null-zu-Null-Spiel *nt*; **entrar en ~** ins Spiel kommen; **J~s Olímpicos** Olympische Spiele *ntpl*
❸ (*de cacerolas, llaves*) Satz *m*; (*de agujas*) Satz *m*, Spiel *nt*; (*de herramientas*) Satz *m*, Kit *m o nt*; (*de botones, ropa interior*) Garnitur *f*; **~ de mesa** Service *nt*; **hacer ~** zusammenpassen; **este tenedor hace ~ con ese** diese Gabel ist das Gegenstück zu dieser hier; **estos colores no hacen ~** diese Farben passen nicht zusammen
❹ (TÉC) Spiel *nt*, Spielraum *m*; **~ de luces/colores** Lichter-/Farbenspiel *nt*; **esta llave no hace ~ con la cerradura** dieser Schlüssel passt nicht ins Schloss
juerga ['xwerɣa] *f* Gaudi *f o nt*; **ayer estuve de ~** (*fam*) ich habe gestern einen draufgemacht; **se le nota en la cara que se ha corrido unas cuantas ~s** (*fam*) man merkt an seinem/ihrem Gesicht, dass er/sie ein ausschweifendes Leben geführt hat; **ayer noche se armó una ~ increíble en este bar** (*fam*) gestern Abend war in dieser Kneipe der Bär los
juerguista [xwer'ɣista] *mf* (*salidor*) Nachtschwärmer *m*; (*fiestero*) Partylöwe *m*, Partygirl *nt*
jueves ['xweβes] *m inv* Donnerstag *m*; **J~ Santo** Gründonnerstag *m*; **no ser nada del otro ~s** nichts weltbewegendes sein; *v. t.* **lunes**
juey [xwei̯] *m* (*PRico*) ❶ (*cangrejo*) Landkrabbe *f*
❷ (*persona codiciosa*) habgierige Person *f*
juez(a) [xweθ] *m(f)* ❶ (JUR) Richter(in) *m(f)*; **~ administrativo** Verwaltungsrichter *m*; **~ de carrera** Berufsrichter *m*; **~ constitucional** Verfassungsrichter *m*; **~ federal** Bundesrichter *m*; **~ honorífico** ehrenamtlicher Richter; **~ de instrucción** Untersuchungsrichter *m*; **~ lego en derecho** Laienrichter *m*; **~ mercantil** Handelsrichter *m*; **~ municipal** Amtsrichter *m*; **~ por mandato** Richter kraft Auftrags; **~ de menores**

jugable

Jugendrichter *m;* ~ **ordinario** gesetzlicher Richter; ~ **de paz** Friedensrichter *m;* ~ **presidente** vorsitzender Richter; ~ **de primera instancia** Richter erster Instanz; ~ **de segunda instancia** Richter zweiter Instanz; ~ **a prueba** Richter auf Probe; ~ **temporal** Richter auf Zeit; ~ **tutelar** Vormundschaftsrichter *m;* ~ **vitalicio** Richter auf Lebenszeit
② (DEP) ~ **de línea** [*o* **banda**] Linienrichter *m;* ~ **de llegada** Zielrichter *m;* ~ **de pista** Zielrichter *m;* ~ **de salida** Starter *m;* ~ **de silla** Stuhlschiedsrichter *m*

jugable [xu'ɣaβle] *adj* (*pista*) bespielbar; (*pelota*) zu spielen

jugada [xu'ɣaða] *f* ① (DEP) Spielzug *m;* ~ **de ajedrez** Schachzug *m;* ~ **antirreglamentaria** Foul *nt;* **la ~ del delantero permitió marcar el primer gol** der Spielzug des Stürmers ermöglichte das erste Tor; **las ~s de Michael Jordan encandilan al público** das Publikum ist von der Spielweise Michael Jordans begeistert; **Maradona hizo una ~ genial** Maradona spielte einen genialen Ball
② (*apuesta*) Wette *f*
③ (*jugarreta*) Streich *m;* **hacerle** [*o* **gastarle**] **una ~ a alguien** jdm übel mitspielen

jugador(a) [xuɣa'ðor(a)] **I.** *adj:* **mi marido es muy ~** mein Mann ist eine Spielernatur
II. *m(f)* ① (DEP) Spieler(in) *m(f);* ~ **de baloncesto** Basketballspieler *m,* Basketballer *m fam;* ~ **profesional** Profi(spieler) *m*
② (*de juegos de azar*) Spieler(in) *m(f)*

jugar [xu'ɣar] *irr* **I.** *vi* ① (*a un juego, deporte*) spielen; ~ **de líbero** auf der Liberoposition spielen; ~ **limpio/sucio** fair/unfair spielen; ~ **a la lotería** (in der) Lotterie spielen; ~ **a policías y ladrones** Räuber und Gendarm spielen; **¿puedo ~?** darf ich mitspielen?; **¿a qué juegas?** (*fig*) was soll denn das?
② (*bromear*) scherzen; **con esto no se juega** damit ist nicht zu scherzen; **hacer una cosa por ~** etw aus Spaß machen
③ (*en un negocio*) ~ **a la bolsa** an der Börse spekulieren; ~ **a la baja** auf Baisse spekulieren; ~ **al alza** auf Hausse spekulieren; ~ **en negocios sucios** dunkle Geschäfte treiben
④ (*hacer juego*) zusammenpassen
II. *vt* ① (*un juego, una partida*) spielen; ~ **un papel importante** eine wichtige Rolle spielen; **me la han jugado** (*fig*) man hat mir einen bösen Streich gespielt
② (*apostar*) setzen (*a auf +akk*), einsetzen; (*a los caballos*) wetten, Geld setzen (*a auf +akk*); ~ **fuerte** hoch [*o* mit hohem Einsatz] spielen
③ (*la espada*) schwingen
④ (*una carta*) (aus)spielen; (*una torre*) spielen; **¿quién juega?** wer ist dran?; (*al ajedrez y a las cartas*) wer ist am Zug?
⑤ (TÉC: *dos piezas*) Spiel(raum) haben
III. *vr:* **~se** ① (*la lotería*) verlost werden
② (*apostar*) setzen (*a auf +akk*), wetten; (*a los caballos*) Geld setzen (*a auf +akk*); **¿qué te juegas que…?** wollen wir wetten, dass …?
③ (*arriesgar*) aufs Spiel setzen, riskieren; **~se el todo por el todo** alles auf eine Karte setzen

jugarreta [xuɣa'rreta] *f* (*fam*) übler Streich *m,* übler Trick *m;* **hacerle una ~ a alguien** jdm einen üblen Streich spielen, jdm übel mitspielen

juglar(esa) [xu'ɣlar, xuɣla'resa] *m(f)* (HIST) Spielmann *m,* fahrende Sängerin *m,* fahrende Sängerin *f*

juglaresco, -a [xuɣla'resko, -a] *adj* Spielmanns-

juglaría [xuɣla'ria] *f:* **mester de ~** Spielmannsdichtung *f*

jugo ['xuɣo] *m* ① (*de fruta, carne*) Saft *m;* **~s gástricos** Magensäfte *mpl*
② (*esencia*) Kern *m,* Substanz *f;* **declaraciones con mucho ~** bedeutungsschwere Äußerungen; **este jefe saca el ~ a sus trabajadores** dieser Chef beutet seine Arbeitnehmer aus; **sacar ~ a la carrera** Nutzen aus dem Studium ziehen

jugosidad [xuɣosi'ðað] *f* Saftigkeit *f*

jugoso, -a [xu'ɣoso, -a] *adj* ① (*fruta, carne*) saftig
② (*color*) frisch

juguete [xu'ɣete] *m* ① (*objeto*) Spielzeug *nt;* **el barco era un ~ de las olas** das Schiff war ein Spielball der Wellen
② (TEAT) Schwank *m*
③ *pl* Spielwaren *pl*

juguetear [xuɣete'ar] *vi* ① (*con las llaves, un boli*) herumspielen (*con mit +dat*); (*con una pelota*) tändeln
② (*los niños*) herumtollen

jugueteo [xuɣe'teo] *m* ① (*con las llaves*) Herumspielen *nt;* (*con una pelota*) Tändelei *f*
② (*de unos niños*) Herumtollen *nt*

juguetería [xuɣete'ria] *f* Spielwarengeschäft *nt*

juguetero, -a [xuɣe'tero, -a] **I.** *adj* Spielzeug-, Spielwaren-
II. *m, f* Spielwarenhändler(in) *m(f)*

juguetón, -ona [xuɣe'ton, -ona] *adj* verspielt

juicio ['xwiθjo] *m* ① (*facultad para juzgar*) Urteilskraft *f,* Urteilsfähigkeit *f*
② (*cordura, razón*) Vernunft *f,* Verstand *m;* **falta de ~** Unvernunft *f;*

junta

recobrar el ~ zur Vernunft [*o* zu Verstand] kommen; **tú no estás en tu sano** [*o* **entero**] **~** du bist wohl nicht bei Verstand
③ (*opinión*) Meinung *f,* Urteil *nt,* Ermessen *nt;* **a mi ~** meiner Meinung nach; **hacer un ~ de valor** ein Werturteil abgeben; **emitir un ~ sobre algo** etw beurteilen
④ (JUR) Gerichtsverfahren *nt,* Prozess *m;* ~ **acelerado** beschleunigtes Verfahren; ~ **de alimentos** Alimentenprozess *m;* ~ **civil** Zivilprozess *m;* ~ **criminal** Strafverfahren *nt;* ~ **declarativo** Feststellungsverfahren *nt;* ~ **de faltas** Bagatellstrafsache *f;* **el día del J~ final** (REL) der jüngste Tag; ~ **laboral** Arbeitsgerichtsverfahren *nt;* ~ **sucesorio** Nachlassverfahren *nt;* **llevar a alguien a ~** jdm den Prozess machen

juicioso, -a [xwi'θjoso, -a] *adj* vernünftig, verständig; **palabras juiciosas** treffende Worte

juico, -a ['xwiko, -a] *adj* (Hond) taub, gehörlos

juil [xwil] *m* (Méx: ZOOL) karpfenähnlicher Fisch, der in den Seen um Mexiko-Stadt vorkommt; **si el ~ no abriera la boca, no lo pescarían** (*prov*) Schweigen ist Gold

jujú [xu'xu] *interj* juhu!, juchhe!

juke-box ['dʒuɣβoʏs] *m* Jukebox *f*

julay [xu'lai] *m* (*vulg*) ① (*incauto*) naive, leichtgläubige Person *f*
② (*individuo despreciable*) verachtenswerte [*o* unangenehme] Person *f*
③ (*homosexual*) Homosexuelle(r) *m,* Schwule(r) *m fam*
④ *pl* (Bol) Indianer, die einen Kriegstanz aufführen

julepe [xu'lepe] *m* ① (*medicina*) ≈flüssiges Arzneimittel *nt*
② (*juego*) spanisches Kartenspiel
③ (*fam: castigo*) Strafe *f;* (*reprimenda*) Standpauke *f;* **dar ~ a alguien** (*castigar*) jdn bestrafen; (*dar una reprimenda*) jdm eine Standpauke halten
④ (Am: fam: miedo) Angst *f*
⑤ (*Am: ajetreo*) Plackerei *f;* **dar un ~ a alguien** (*fam*) jdm zu viel Arbeit aufhalsen

julepear [xulepe'ar] **I.** *vt* ① (*fam: dar reprimenda*) eine Standpauke halten +*dat*
② (Arg, Par, Urug: meter miedo) Angst einjagen +*dat*
③ (*Am: atormentar*) plagen
④ (Col: urgir) antreiben
II. *vi* Julepe (*spanisches Kartenspiel*) spielen

julia ['xulja] *f* ① (ZOOL) Meerjunker *m*
② (Méx: fam: coche celular) grüne Minna *f*

juliana [xu'ljana] *f* (BOT) Nachtviole *f;* **cortar algo en ~** etw in Streifen schneiden

julio ['xuljo] *m* ① (FÍS) Joule *nt*
② (*mes*) Juli *m; v. t.* **marzo**

juma ['xuma] *f* (Am: fam) Rausch *m*

jumado, -a [xu'maðo, -a] *adj* (Am: fam) besoffen, blau

jumarse [xu'marse] *vr* (Col, Cuba) sich betrinken

jumbo ['dʒumbo] *m* Jumbo(jet) *m*

jumento [xu'mento] *m* Esel *m*

jumera [xu'mera] *f* (*fam*) Alkoholrausch *m,* Suff *m*

jumo¹ ['xumo] *m* (PRico) Rausch *m*

jumo, -a² ['xumo, -a] *adj* (Am: borracho) betrunken, besoffen, blau *fam*

jumper ['dʒamper] *m* <jumpers> Springpferd *nt*

juncal [xuŋ'kal] **I.** *adj* ① (*del junco*) Binsen-
② (*gallardo*) stattlich
II. *m* Binsendickicht *nt*

juncar [xuŋ'kar] *m* Binsendickicht *nt*

juncia ['xunθja] *f* (BOT) Zypergras *nt;* **vender ~** (*fig*) prahlen

junciera [xun'θjera] *f* Riechtopf *m*

junco ['xuŋko] *m* ① (BOT) Binse *f*
② (*bastón*) Spazierstock *m*
③ (*embarcación*) Dschunke *f*

jungla ['xuŋgla] *f* Dschungel *m*

junglada [xuŋ'glaða] *f* (GASTR) Hasenbraten *m*

junio ['xunjo] *m* Juni *m; v. t.* **marzo**

júnior ['dʒunjor] *m* <juniores> Junior *m*

junípero [xu'nipero] *m* ① (BOT) Wacholder *m*
② (Col: necio) Trottel *m fam,* Idiot *m fam*

junquera [xuŋ'kera] *f* (BOT) Binse *f*

junqueral [xuŋke'ral] *m* Binsendickicht *nt*

junquillo [xuŋ'kiʎo] *m* ① (BOT) Jonquille *f*
② (ARQUIT) (schmales) Gesims *nt*

junta ['xunta] *f* ① (*consejo, comité*) Ausschuss *m;* ~ **de apelación** Beschwerdekammer *f;* ~ **de arbitraje** [*o* **de conciliación**] Schiedsausschuss *m;* ~ **calificadora** (ENS) Prüfungskommission *f;* ~ **consultiva** Beirat *m;* ~ **deliberante** Beschlusskammer *f;* ~ **directiva** (*en una empresa*) Vorstand *m,* Direktorium *nt;* ~ **ejecutiva/electoral** Exekutiv-/Wahlausschuss *m;* ~ **gestora** geschäftsführender Ausschuss *m;* ~ **de liquidación** Verkaufssyndikat *nt;* ~ **militar** Militärjunta *f;* ~ **municipal** (*en una ciudad*) Gemeinderat *m;* ~ **de portavoces** (POL) Ältestenrat *m,* Sprecherrat

juntamente

m; ~ **del puerto** Hafenbehörde *f;* ~ **de revisión** Berufungsausschuss *m;* ~ **de socios comanditarios** Kommanditistenausschuss *m*

❷ (*reunión*) Sitzung *f,* Versammlung *f;* ~ **de accionistas** Generalversammlung *f,* Aktionärsversammlung *f;* ~ **de acreedores** Gläubigerversammlung *f;* ~ **general** Generalversammlung *f;* ~ **de personal** Personalversammlung *f;* ~ **de socios** Gesellschafterversammlung *f;* **celebrar** ~ (*de la junta directiva*) eine Vorstandssitzung abhalten; (*de la junta general*) eine Generalversammlung abhalten; **convocar una** ~ eine Versammlung einberufen

❸ (TÉC: *de dos ladrillos, tablas*) Fuge *f;* (*de dos tubos*) Verbindung(sstelle) *f;* (*sellado*) Dichtung *f*

juntamente [xuṇta'meṇte] *adv* ❶ (*juntos*) zusammen, gemeinsam
❷ (*al mismo tiempo*) gleichzeitig

juntar [xuṇ'tar] **I.** *vt* ❶ (*aproximar*) heranrücken; ~ **la mesa a la pared** den Tisch an die Wand rücken; ~ **las sillas** die Stühle zusammenrücken
❷ (*unir*) verbinden; ~ **dos tubos** zwei Rohre (miteinander) verbinden [*o* zusammenfügen]
❸ (*personas*) versammeln
❹ (*objetos*) (an)sammeln; (*dinero*) ansammeln, (an)sparen; (*víveres*) ansammeln
❺ (*puerta, ventana*) anlehnen

II. *vr:* ~**se** ❶ (*personas*) sich versammeln
❷ (*unirse*) sich zusammenschließen, sich zusammentun *fam;* **nos juntamos para llevar el negocio** wir haben uns zusammengetan, um das Geschäft zu führen
❸ (*aproximarse*) zusammenrücken; **¿podéis** ~**os un poco que no tengo sitio?** könnt ihr etwas zusammenrücken? ich habe nämlich keinen Platz
❹ (*liarse con alguien*) zusammenziehen (*con* mit +*dat*); **se han juntado** sie wohnen zusammen

juntillas [xuṇ'tiʎas] *adv:* **creer algo a pie(s)** ~ felsenfest an etw glauben

junto¹ ['xuṇto] **I.** *adv:* **hablaba por teléfono y trabajaba en el ordenador, todo** ~ er/sie telefonierte und arbeitete gleichzeitig am PC; **tengo en** ~ **5 euros** so habe alles in allem [*o* insgesamt] 5 Euro; **comprar por** ~ in großen Mengen kaufen

II. *prep* ❶ (*local: cerca de, al lado de*): ~ **a** neben +*dat,* an +*dat;* **¿quién es el que está** ~ **a ella?** wer ist der Mann (da) neben ihr?; **estábamos** ~ **a la entrada** wir waren am Eingang; **pasaron** ~ **a nosotros** sie liefen an uns vorbei
❷ (*con movimiento*): ~ **a** neben +*akk,* an +*akk;* **he puesto la botella** ~ **a las otras** ich habe die Flasche neben die [*o* zu den] anderen gestellt; **pon la silla** ~ **a la mesa** rück den Stuhl an den Tisch
❸ (*con, en compañía de*): ~ **con** mit +*dat;* **la he visto** ~ **con su madre** ich habe sie mit ihrer Mutter gesehen

junto, -a² ['xuṇto, -a] *adj* (*con otros*) zusammen, miteinander, gemeinsam; **nos sentamos todos** ~**s** wir saßen alle beieinander [*o* nebeneinander]; **me las pagarás todas juntas** das wirst du mir büßen

juntura [xuṇ'tura] *f* (TÉC: *de dos ladrillos, tablas*) Fuge *f;* (*de dos tubos*) Verbindung(sstelle) *f,* Dichtung *f;* (*sellado*) Dichtung *f*

jupiarse [xu'pjarse] *vr* (*AmC*) *sich dat* einen Vollrausch antrinken

jupón, -ona [xu'pon, -ona] *adj* (*AmC*) stur, dickköpfig

jura ['xura] *f* (Treu)eid *m;* ~ **de la bandera** Fahneneid *m;* ~ **del cargo** Amtseid *m*

juraco [xu'rako] *m* (*Am*) Loch *nt,* Öffnung *f*

jurado¹ [xu'raðo] *m* ❶ (*miembro*) Geschworene(r) *mf,* Schöffe, -in *m, f;* (*tribunal*) Geschworenen *mpl;* ~ **juvenil** Jugendschöffe *m;* **el** ~ **popular** die Geschworenen
❷ (*de un examen*) Prüfungskommission *f,* Prüfungsausschuss *m*
❸ (*de un concurso*) Jury *f,* Preisgericht *nt*

jurado, -a² [xu'raðo, -a] *adj* ❶ (*testigo*) vereidigt; **declaración jurada** eidesstattliche Versicherung; **intérprete** ~ Gerichtsdolmetscher *m*
❷ (*traductor*) beeidigt, vereidigt

juraduría [xuraðu'ria] *f* (JUR) Geschworenenamt *nt,* Schöffenamt *nt*

juramentación [xuramenta'θjon] *f* (JUR) Vereidigung *f;* ~ **de intérpretes/peritos** Vereidigung von Dolmetschern/Sachverständigen

juramentar [xuramen'tar] **I.** *vt* vereidigen, beeid(ig)en
II. *vr:* ~**se** sich eidlich verpflichten

juramento [xura'meṇto] *m* ❶ (JUR) Eid *m,* Schwur *m;* (JUR) Eid *m,* Versicherung *f* an Eides Statt; ~ **de cargo** Amtseid *m;* ~ **declarativo** Offenbarungseid *m;* ~ **de lealtad** Loyalitätseid *m;* **declaración bajo** ~ eidesstattliche Versicherung; **falso** ~ Meineid *m;* **estar bajo** ~ unter Eid stehen; **prestar** ~ **declarativo** einen Offenbarungseid leisten; **tomar** ~ **a alguien** jdn vereidigen
❷ (*blasfemia*) Fluch *m*

jurar [xu'rar] **I.** *vt* schwören (*por* bei +*dat*); ~ **en falso** einen falschen Eid ablegen; ~ **por todos los santos** Stein und Bein schwören; **te juro que es verdad** ich schwöre dir, dass es wahr ist; **júrame que no beberás más** versprich mir fest, dass du nicht mehr trinken wirst; **jurársela(s) a alguien** (*fam*) jdm Rache schwören

justificación

II. *vi* fluchen

jurásico¹ [xu'rasiko] *m* Jura *m,* Juraformation *f*

jurásico, -a² [xu'rasiko, -a] *adj* jurassisch, Jura-

jurco ['xurko] *m* (AGR) Furche *f*

jurel [xu'rel] *m* (ZOOL) Makrele *f*

jurero, -a [xu'rero, -a] *m, f* (*Chil, Ecua: testigo falso contratado*) gekaufter [*o* falscher] Zeuge *m,* gekaufte [*o* falsche] Zeugin *f*

juricidad [xuriθi'ðað] *f* Rechtmäßigkeit *f,* rechtliche Regelung *f*

jurídicamente [xuriðika'mente] *adv* rechtlich; ~ **capaz** rechtsfähig; ~ **incapaz** rechtsunfähig; ~ **ineficaz** rechtsunwirksam; ~ **inválido** rechtsungültig; ~ **relevante** rechtserheblich; ~ **válido** [*o* **eficaz**] rechtswirksam; ~ **vinculante** rechtsverbindlich

jurídico, -a [xu'riðiko, -a] *adj* Rechts-, rechtlich, juristisch

jurídico-arancelario [xu'riðiko aranθe'larjo, -a] *adj* tarifrechtlich; (*de aduana*) zollrechtlich

jurídico-concursal [xu'riðiko koŋkur'sal] *adj* konkursrechtlich

jurídico-editorial [xu'riðiko eðito'rjal] *adj* verlagsrechtlich

jurídico-obligacional [xu'riðiko oβliɣaθjo'nal] *adj* schuldrechtlich

jurídico-patrimonial [xu'riðiko patrimo'njal] *adj* vermögensrechtlich

jurídico-privado [xu'riðiko pri'βaðo] *adj* bürgerlich-rechtlich, privatrechtlich

jurídico-procesal [xu'riðiko proθe'sal] *adj* verfahrensrechtlich

jurisconsulto, -a [xuriskon'sulto, -a] *m, f* Rechtskundige(r) *mf*

jurisdicción [xurisðiɣ'θjon] *f* ❶ (JUR: *potestad*) Rechtsprechung *f,* Jurisdiktion *f;* ~ **administrativa** Verwaltungsgerichtsbarkeit *f;* ~ **arbitral** Schiedsgerichtsbarkeit *f;* ~ **extranjera** ausländische Gerichtsbarkeit *f;* ~ **mercantil** Handelsgerichtsbarkeit *f;* ~ **militar** Militärgerichtsbarkeit *f;* ~ **social** Sozialgerichtsbarkeit *f;* ~ **del trabajo** [*o* **laboral**] Arbeitsgerichtsbarkeit *f;* ~ **voluntaria** freiwillige Gerichtsbarkeit *f;* **ese caso no está dentro de la** ~ **de este tribunal** dieser Fall fällt nicht in die Zuständigkeit dieses Gerichts
❷ (*territorio*) Gerichtsbezirk *m,* Gerichtsstand *m;* ~ **del demandante** Klägergerichtsstand *m;* ~ **especial** besonderer Gerichtsstand *m;* ~ **general/provisional** allgemeiner/fliegender Gerichtsstand *m;* ~ **del lugar de cumplimiento** Gerichtsstand am Erfüllungsort; ~ **opcional** Wahlgerichtsstand *m*

jurisdiccional [xurisðiɣθjo'nal] *adj* Gerichts-, gerichtlich; **no** ~ außergerichtlich; **aguas** ~**es** Hoheitsgewässer *nt(pl)*

jurispericia [xurispe'riθja] *f v.* **jurisprudencia**

jurisperito, -a [xurispe'rito, -a] *m, f* Rechtskundige(r) *mf*

jurisprudencia [xurispru'ðenθja] *f* ❶ (*ciencia*) Rechtswissenschaft *f,* Jurisprudenz *f elev*
❷ (*legislación*) Rechtsprechung *f;* **sentar** ~ Rechtsprechung schaffen

jurisprudencial [xurispruðen'θjal] *adj* Rechtsprechungs-, in der Rechtsprechung; **poder** ~ rechtsprechende Gewalt

jurisprudente [xurispru'ðente] *mf* (JUR) Rechtskundige(r) *mf,* Jurist(in) *m(f)*

jurista [xu'rista] *mf* Jurist(in) *m(f);* ~ **especializado en economía** Wirtschaftsjurist(in) *m(f)*

juro ['xuro] *m* (lebenslängliches) Eigentumsrecht *nt*

jurungar [xuruŋ'gar] <g→gu> *vt, vr:* ~**se** (*Ven*) (sich) langweilen

jusbarba [xus'βarβa] *f* (BOT) Mäusedorn *m*

justa ['xusta] *f* ❶ (HIST) Tjost *f*
❷ (*elev: literaria*) Wettbewerb *m*

justamente [xusta'mente] *adv* ❶ (*con justicia*) mit [*o* zu] Recht
❷ (*precisamente*) gerade, genau; **ocurrió** ~ **lo contrario** es ereignete sich genau das Gegenteil; **eso era** ~ **lo que quería decir** genau das wollte ich eben sagen
❸ (*ajustadamente*): **este vestido viene** ~ **al cuerpo** das ist ein eng anliegendes Kleid

justar [xus'tar] *vi* in einem Turnier kämpfen, turnieren

justeza [xus'teθa] *f* Gerechtigkeit *f*

justicia [xus'tiθja] *f* ❶ (*cualidad*) Gerechtigkeit *f;* ~ **casuística** Fallgerechtigkeit *f;* **en** ~**, él merece ganar el premio** genau genommen sollte er den Preis gewinnen; **hacerle** ~ **a alguien** jdm gerecht werden; **quiero que se haga** ~ ich fordere Gerechtigkeit
❷ (*derecho*) Recht *nt;* ~ **arbitraria** Willkürjustiz *f;* **administrar** ~ Recht sprechen; **la** ~ **está de mi parte** das Recht ist auf meiner Seite; **tomarse la** ~ **por sus manos** sich selbst Recht verschaffen
❸ (*poder judicial*) Justiz *f*
❹ (*loc*): **cae un sol de** ~ es herrscht eine sengende Hitze

justiciable [xusti'θjaβle] *adj* der Gerichtsbarkeit unterliegend

justicialismo [xustiθja'lismo] *m* (POL) Justizialismus *m* (*politisch-soziale Doktrin in Argentinien unter Perón*)

justiciero, -a [xusti'θjero, -a] *adj* gerechtigkeitsliebend

justificable [xustifi'kaβle] *adj* (*decisión*) zu rechtfertigen; (*comportamiento*) entschuldbar; (*error*) nachweisbar

justificación [xustifika'θjon] *f* ❶ (*disculpa*) Rechtfertigung *f;* **no hay** ~ **para lo que has hecho** es gibt keine Entschuldigung für das, was du

justificante

gemacht hast
❷ (*prueba*) Beweis *m*, Nachweis *m*; (*documento*) Beleg *m*
❸ (TIPO) Justieren *nt*

justificante [xustifi'kan̪te] *m* ❶ (*documento*) Beleg *m*; ~ **de pago** Zahlungsbeleg *m*
❷ (*de ausencia*) ärztliches Attest *nt*

justificar [xustifi'kar] <c→qu> I. *vt* ❶ (*disculpar*) rechtfertigen; **eso no se puede ~ con nada** das lässt sich durch nichts rechtfertigen [*o* entschuldigen]; **mi desconfianza es justificada** mein Misstrauen ist gerechtfertigt [*o* berechtigt] [*o* begründet]
❷ (*probar*) beweisen, nachweisen; (*con documentos*) belegen
❸ (TIPO) justieren
II. *vr:* **-se** sich rechtfertigen

justificativo, -a [xustifika'tiβo, -a] *adj* ❶ (*de disculpa*) Rechtfertigungs-, rechtfertigend; **razón justificativa** Rechtfertigungsgrund *m*
❷ (*de prueba*) Beweis-, Nachweis-; (*de documento*) Beleg-

justillo [xus'tiʎo] *m* Mieder *nt*

justipreciar [xustipre'θjar] *vt* (ab)schätzen, taxieren

justiprecio [xusti'preθjo] *m* Bewertung *f*, Taxierung *f*

justo¹ ['xusto] I. *adv* ❶ (*exactamente*) genau; **llegué ~ a tiempo** ich kam gerade noch rechtzeitig
❷ (*escasamente*) gerade, knapp; **tengo ~ para vivir** mir reicht es gerade so zum Leben
II. *mpl* Gerechten *pl*

justo, -a² ['xusto, -a] *adj* ❶ (*persona, decisión*) gerecht; **comercio ~** gerechter Handel; **precio ~** gerechter Preis
❷ (*exacto*) genau; **el peso ~** das exakte [*o* genaue] Gewicht; **dijo las palabras justas** er/sie wählte die treffenden Worte; **¿tiene el dinero ~? es que no tengo cambio** haben Sie das Geld passend? ich habe nämlich kein Kleingeld
❸ (*escaso*) knapp
❹ (*ajustado*) eng; **este abrigo me viene ~** dieser Mantel ist mir zu eng

juvenil [xuβe'nil] I. *adj* Jugend-, jugendlich; **delincuente ~** jugendlicher Verbrecher; **delincuencia ~** Jugendkriminalität *f*
II. *mf* (DEP): **juego con los ~es** ich spiele in der Jugendmannschaft

juventud [xuβen̪'tuð] *f* ❶ (*edad*) Jugend(zeit) *f*; **en mi ~** in meiner Jugend(zeit); **pecado de ~** Jugendsünde *f*; **recuerdo de ~** Jugenderinnerung *f*
❷ (*estado*) Jugendlichkeit *f*
❸ (*jóvenes*) junge Leute *f*, Jugend *f*, Jugendliche(n) *mpl*

juvia ['xuβja] *f* (BOT) ❶ (*planta*) Brasilnussbaum *m*, Paranussbaum *m*
❷ (*fruto*) Paranuss *f*

juzgado [xuθ'ɣaðo] *m* ❶ (*jueces*) Gericht *nt*; ~ **municipal** Amtsgericht *nt*; ~ **de paz** Friedensgericht *nt*; ~ **de primera instancia** Gericht erster Instanz; ~ **de segunda instancia** Gericht zweiter Instanz
❷ (*local*) Gerichtsgebäude *nt*; ~ **civil** Zivilgericht *nt*; ~ **competente** Zuständigkeitsgericht *nt*; ~ **de conciliación** Vergleichsgericht *nt*; ~ **de quiebras** Konkursgericht *nt*; ~ **de lo social** Sozialgericht *nt*
❸ (*territorio*) Gerichtsbezirk *m*
❹ (*loc*): **¡esto es de ~ de guardia!** das ist ein Skandal!

juzgamundos [xuθɣa'mun̪dos] *mf inv* (*fam*) Lästerer, -in *m, f*, Lästermaul *nt*

juzgar [xuθ'ɣar] <g→gu> *vt* ❶ (*el juez*) richten, befinden, verurteilen; **lo han juzgado por homicidio** sie haben ihn wegen Totschlags verurteilt
❷ (*opinar, considerar*) (be)urteilen, erachten; ~ **mal a alguien** jdn falsch einschätzen; ~ **sobre apariencias** nach dem äußeren Anschein beurteilen; **a ~ por como me mira, debe conocerme** so, wie er/sie mich ansieht, scheint er/sie mich zu kennen; **juzgo necesario avisarle** ich halte es für angebracht, ihm/ihr Bescheid zu sagen; **le ~on de maleducado** sie hielten ihn für ungezogen; **no lo puedes ~ sólo por su aspecto exterior** du kannst ihn nicht nur nach seinem Äußeren beurteilen; **no te juzgo capaz de hacerlo** ich halte dich nicht für fähig es zu tun; **si lo juzga oportuno…**

K

K, k [ka] *f* K, k *nt*; ~ **de Kenia** K wie Kaufmann
ka [ka] *f* K *nt*
kabila [ka'βila] *f* Beduinen- oder Berberstamm
kabileño, -a [kaβi'leɲo, -a] I. *adj* Beduinen-, Berber-
II. *m, f* Beduine, -in *m, f*, Berber(in) *m(f)*
kabuki [ka'βuki] *m* (TEAT) Kabuki *nt*
kafkiano, -a [kaf'kjano, -a] *adj* (LIT) kafkaesk
kaftán [kaf'tan] *m* Kaftan *m*

káiser ['kaiser] *m* Kaiser *m*
kaki ['kaki] *m* ❶ (*color*) Kaki *nt*; **de color ~** kakifarben
❷ (*tela*) Kaki *m*
❸ (BOT: *Baum*) Kakibaum *m*; (*fruto*) Kakipflaume *f*
kamikaze [kami'kaθe] *m* (MIL) Kamikaze *m*
kan [kan] *m v.* **khan**
kanguro [kaŋ'ɡuro] *m* Känguru *nt*
kantiano, -a [kan̪'tjano, -a] I. *adj* (FILOS) Kant betreffend
II. *m, f* Kantianer(in) *m(f)*
kantismo [kan̪'tismo] *m inv* (FILOS) Kantianismus *m*
kappa ['kapa] *f* Kappa *nt*
karaoke [kara'oke] *m* Karaoke *nt*
karate [ka'rate] *m*, **kárate** ['karate] *m* (DEP) Karate *nt*
karateka [kara'teka] *mf* (DEP) Karatekämpfer(in) *m(f)*
karma ['karma] *m* (REL) Karma(n) *nt*
karst [karst] *m* (GEO) Karst *m*
kart [kart] *m* <karts> (DEP) Go-Kart *m*
kartin(g) ['kartiŋ] *m* <kartin(g)s> ❶ (DEP) Go-Kart-Rennen *nt*
❷ (*para niños*) Kettcar *nt*
kartódromo [kar'toðromo] *m* (DEP) Go-Kart-Rennbahn *f*
katiuska [ka'tjuska] *f* Gummistiefel *m*
kayac [ka'ɟak] *m* <kayacs> (DEP) Kajak *m o nt*
Kazajstán [kaθaɣs'tan] *m* Kasachstan *nt*
kb [kilo'βit] *m* (INFOR) *abr de* **kilobit** KBit *nt*
KB [kilo'βait] *m* (INFOR) *abr de* **kilobyte** KB *nt*
Kbit [kilo'βit] *m* (INFOR) *abr de* **kilobit** KBit *nt*
Kbps [kilo'βits por se'ɣun̪do] (INFOR) *abr de* **kilobits por segundo** Kbit/s
KBps [kilo'βaits por se'ɣun̪do] (INFOR) *abr de* **kilobytes por segundo** KB/s
kbyte [kilo'βait] *abr de* **kilobyte** kbyte
kebab [ke'βaβ] *m* <kebabs> (GASTR) Kebab *m*
kéfir ['kefir] *m* (GASTR) Kefir *m*
keke ['keke] *m* (*Am*): ~ **inglés** Kuchen mit getrockneten Früchten
kelvin ['kelβin] *m* (FÍS) Kelvin *nt*
kendo ['ken̪do] *m* (DEP) Kendo *nt*
Kenia ['kenja] *f* Kenia *nt*
keniano, -a [ke'njano, -a] I. *adj* kenianisch
II. *m, f* Kenianer(in) *m(f)*
keniata [ke'njata] I. *adj* kenianisch
II. *mf* Kenianer(in) *m(f)*
kermesse [ker'mes] *f* Kirmes *f*
kerosén [kero'sen] *m* (AmS) Kerosin *m*
keroseno [kero'seno] *m* Kerosin *nt*
ketchup ['keʧup] *m* <ketchups> Ketchup *m o nt*
keynesianismo [keinesja'nismo] *m sin pl* (ECON) Keynesianismus *m*
keynesiano, -a [keinesj'sjano, -a] I. *adj* Keynes-; **efecto ~** Keynes-Effekt *m*; **teoría keynesiana** keynessche Theorie
II. *m, f* Keynesianer(in) *m(f)*
kg [kilo'ɣramo] *abr de* **kilogramo** kg
khan [kan] *m* (HIST) Khan *m*
kibutz [ki'βuθ] *m* <kibutzs> Kibbuz *m*
kié [kje] *m* (*argot*) Kumpel *m*
kif [kif] *m* (*hachís, marihuana*) Kif *m*
kikirikí [kikiri'ki] *m* (*onomatopeya*) Kikeriki *nt*
kiliárea [kili'area] *f* 10 Hektar
kilim ['kilin] *m* (*alfombra*) Kelim *m*
kilo ['kilo] I. *m* ❶ (*peso*) Kilo *nt*
❷ (*argot: dinero*) Million *f* Peseten
II. *adv* (*argot: mucho*) sehr viel
kilobyte [kilo'βait] *m* (INFOR) Kilobyte *nt*; ~**s por segundo** Kilobyte pro Sekunde
kilocaloría [kilokalo'ria] *f* Kilokalorie *f*
kilociclo [kilo'θiklo] *m* Kilohertz *nt*
kilogramo [kilo'ɣramo] *m* Kilogramm *nt*
kilohercio [kilo'erθjo] *m*, **kilohertzio** [kilo'erθjo] *m* Kilohertz *nt*
kilojulio [kilo'xuljo] *m* (FÍS) Kilojoule *nt*
kilolitro [kilo'litro] *m* Kiloliter *m*
kilometraje [kilome'traxe] *m* ❶ (AUTO) Kilometerstand *m*, Kilometerleistung *f*
❷ (*distancia*) Entfernung *f*; **hay que recorrer un buen ~** wir müssen eine ziemliche Entfernung [*o* einige Kilometer] zurücklegen
kilometrar [kilome'trar] *vt* ❶ (*medir*) nach Kilometern messen
❷ (*río, carretera*) kilometrieren
kilométrico¹ [kilo'metriko] *m* für eine bestimmte Kilometeranzahl gültiger Fahrschein
kilométrico, -a² [kilo'metriko, -a] *adj* ❶ (*en kilómetros*) kilometrisch
❷ (*muy largo*) kilometerlang, ellenlang *fam*; **una cola kilométrica** eine ellenlange Schlange

kilómetro [ki'lometro] *m* Kilometer *m*
kilopondio [kilo'pondjo] *m* (HIST, FÍS) Kilopond *nt*
kilotón [kilo'ton] *m* Kilotonne *f*
kilovatio [kilo'βatjo] *m* Kilowatt *nt*
kilovatio-hora [kilo'βatjo-'ora] *m* <kilovatios-hora> Kilowattstunde *f*
kilovoltio [kilo'βoltjo] *m* (ELEC) Kilovolt *nt*
kilowatio [kilo'βatjo] *m v.* **kilovatio**
kilt [kil^t] <kilts> *m* Kilt *m*
kimono [ki'mono] *m* Kimono *m*
kínder ['kinder] *m inv,* **kindergarten** [kinder'ɣarten] *m inv* (*Am*) Kindergarten *m*
kinesiología [kinesjolo'xia] *f sin pl* (MED) Kinästhetik *f*
kinesiólogo, -a [kine'sjoloɣo, -a] *m, f* (MED) Kinästhesist(in) *m(f)*
kinesi(o)terapia [kinesite'rapja/kinesjote'rapja] *f sin pl* (MED) Kinästhesietherapie *f*, Kinästhesiebehandlung *f*
kingkones [kiŋ'kones] *mpl* (*Perú*) süße Torten mit Karamellmasse und Pflaumen oder Aprikosen
kiosco ['kjosko] *m*, **kiosko** ['kjosko] *m* Kiosk *m*
kiosquero, -a [kjos'kero, -a] *m, f* Kioskbesitzer(in) *m(f)*
kirie ['kirje] *m* (REL) Kyrie *nt*
kirieleisón [kirjelei̯'son] *m* (REL) Kyrieeleison *nt*
kirsch [kirʃ] *m* Kirsch *m*, Kirschwasser *nt*
kit [kit] *m* <kits> Baukasten *m*; ~ **multimedia** (INFOR) Multimedia-Kit *m*
kitsch [kitʃ] *m sin pl* Kitsch *m*
kivi ['kiβi] *m*, **kiwi** ['kiβi] *m* Kiwi *f*
kl [kilo'litro] *abr de* **kilolitro** kl
kleenex® ['kliney͡s] *m inv,* **klínex®** ['kliney͡s] *m inv* Tempo® *nt*, Papiertaschentuch *nt*
km [ki'lometro] *abr de* **kilómetro** km
km/h [ki'lometro por 'ora] *abr de* **kilómetro por hora** km/h, km/st
k.o. ['kao] *m* (DEP) *abr de* **knockout** K.o. *m*
koala [ko'ala] *m* Koala *m*
kodak® ['koðak] *f* <kodaks> (*Am:* FOTO) Kleinbildkamera *f*
kokotxa [ko'kotʃa] *f* (GASTR) fleischige Auswüchse am Kopf von Seehecht und Kabeljau
koljoz [kol'xoθ] *m* Kolchos *m*
Komintern [komin'tern] *f abr de* **Comunista Internacional** Komintern *f*
krausismo [krau̯'sismo] *m sin pl* (FILOS) Krausismus *m* (*nach Karl Christian Krause*)
Kremlin ['kremlin] *m* Kreml *m*
kremlinología [kremlinolo'xia] *f sin pl* (POL) Wissenschaft, die sich mit der Geschichte und dem Wesen des Kremls beschäftigt
kremlinólogo, -a [kremli'noloɣo, -a] *m, f* (POL) Kremlfachmann, -frau *m, f*
kung-fu [kuŋ'fu] *m sin pl* (DEP) Kung-Fu *nt*
Kurdistán [kurðis'tan] *m* Kurdistan *nt*
kurdo, -a ['kurðo, -a] I. *adj* kurdisch
II. *m, f* Kurde, -in *m, f*
Kuwait [ku'βai̯t] *m* Kuwait *nt*
kuwaití [kuβai̯'ti] I. *adj* kuwaitisch
II. *mf* Kuwaiter(in) *m(f)*
kv [kilo'βatjo] *abr de* **kilovatio** kW
kv/h [kilo'βatjo 'ora] *abr de* **kilovatio-hora** kWh

L

L, l ['ele] *f* L, l *nt;* ~ **de Lisboa** L wie Ludwig
l ['litro] *abr de* **litro(s)** l
l. ['liβro-lei̯] ❶ *abr de* **libro** Buch
❷ *abr de* **ley** Gesetz
L. [lei̯-'lira] ❶ *abr de* **Ley** Gesetz
❷ *abr de* **lira(s)** L.
L/ ['letra ðe 'kambjo] *abr de* **letra de cambio** Wechselbrief *m*
la [la] I. *art det v.* **el, la, lo**
II. *pron pers f sg* ❶ (*objeto directo*) sie, ihr *sg;* ¡**tráeme~!** bring sie mir!; ¿~ **has visto?** hast du sie gesehen?; ~ **quiero ayudar** ich will ihr helfen
❷ (*enclítico*) es; ¡**buena ~ hemos hecho!** da haben wir uns eingebrockt!
❸ (*con relativo*): ~ **que...** die(jenige), die ...; ~ **cual** welche, die; **mi hermana es ~ que está bailando** meine Schwester ist die(jenige), die gerade tanzt; **tiene una amiga, ~ cual habla español** er/sie hat eine Freundin, die Spanisch spricht
❹ (*laísmo: uso incorrecto*) ihr; ~ **digo que...** ich sage ihr, dass ...
III. *m* (MÚS) A *nt*

lábaro ['laβaro] *m* (HIST, REL) Labarum *nt*, Christusmonogramm *nt*
laberíntico, -a [laβe'rintiko, -a] *adj* (*lugar*) labyrinthisch; (*intrincado*) verworren, abstrus
laberinto [laβe'rinto] *m* ❶ (*lugar*) Labyrinth *nt*, Irrgarten *m*
❷ (ANAT) Labyrinth *nt*
❸ (*maraña*) Durcheinander *nt*
labia ['laβja] *f* (*fam*) Zungenfertigkeit *f*; **tener mucha** [*o* **buena**] ~ ein flinkes Mundwerk haben
labiadas [la'βjaðas] *fpl* (BOT) Lippenblütler *mpl*, Labiaten *fpl*
labiado, -a [la'βjaðo, -a] *adj* (BOT) lippenförmig
labial [la'βjal] *adj* Lippen-; (LING) labial
labializar [laβjali'θar] <z→c> *vt* (LING) labialisieren
labiérnago [la'βjernaɣo] *m* (BOT) Steinlinde *f*
lábil ['laβil] *adj* ❶ (*frágil*) unsicher
❷ (*carácter*) labil
❸ (QUÍM) labil, instabil
labio ['laβjo] *m* ❶ (*de la boca*) Lippe *f*; ~ **hendido** [*o* **leporino**] Hasenscharte *f*; ~ **inferior** Unterlippe *f*; ~ **superior** Oberlippe *f*; **los ~s der Mund**; **cerrar los ~s** schweigen; **estar colgado** [*o* **pendiente**] **de los ~s de alguien** an jds Lippen hängen; **morderse los ~s** sich *dat* auf die Lippen beißen; (*fig*) sich *dat* das Lachen verbeißen
❷ (*de un animal*) Lefze *f*
❸ (*borde*) Rand *m;* ~ **de una herida** Wundrand *m*
❹ *pl* (ANAT: *vulva*) Schamlippen *fpl*
labiodental [laβjoðen'tal] I. *adj* (LING) labiodental; **en español sólo hay una consonante** ~ im Spanischen gibt es nur einen Lippenzahnlaut
II. *m* (LING) Lippenzahnlaut *m*, Labiodental *m*
labioso, -a [la'βjoso, -a] *adj* (*Ecua: adulador*) schmeichlerisch
labor [la'βor] *f* ❶ (*trabajo*) Arbeit *f*; **hacer las ~es del campo** Landarbeit verrichten
❷ (*manualidad*) Handarbeit *f*; ~ **de aguja** Näharbeit *f*; ~ **de ganchillo** Häkelarbeit *f*; **hacer ~es** handarbeiten
❸ (*labranza*) Feldarbeit *f*
❹ *pl* (*en formularios*): **sus ~es** Hausfrau *f*
laborable [laβo'raβle] *adj* ❶ (*tierra*) kultivierbar
❷ (*de trabajo*): **día** ~ Werktag *m;* **sólo tenemos abierto los días ~s** wir haben nur werktags geöffnet
laboral [laβo'ral] *adj* Arbeits-; **accidente** ~ Arbeitsunfall *m;* **conflicto** ~ Arbeitskampf *m*, Arbeitskonflikt *m;* **contrato** ~ Arbeitsvertrag *m;* **cualificación** ~ Arbeitsqualifikation *f*, berufliche Befähigung *f;* **derecho** ~ Arbeitsrecht *nt;* **productividad** ~ Arbeitsproduktivität *f;* **siniestralidad** ~ Arbeitsunfallhäufigkeit *f;* **tengo una relación puramente ~ con él** mein Verhältnis zu ihm ist rein beruflicher Natur [*o* beschränkt sich auf die berufliche Zusammenarbeit]
laboralista [laβora'lista] I. *adj:* **abogado** ~ Arbeitsrechtler *m*
II. *mf* Arbeitsrechtler(in) *m(f)*
laborar [laβo'rar] I. *vi* ❶ (*gestionar*) sich bemühen (*por/en favor de* um +*akk*)
❷ (*intrigar*) intrigieren
II. *vt v.* **labrar**
laboratorio [laβora'torjo] *m* Labor(atorium) *nt;* ~ **fotográfico** Fotolabor *nt;* ~ **de idiomas** Sprachlabor *nt;* ~ **de investigaciones** Forschungslabor(atorium) *nt*
laborear [laβore'ar] I. *vt v.* **labrar**
❷ (MIN) fördern, schürfen
II. *vi* (NÁUT) über eine Rolle laufen
laboreo [laβo'reo] *m* ❶ (AGR) Ackerbau *m*
❷ (*de las minas*) Bergbau *m;* **exhaustivo** ~ Raubbau *m*
laborío [laβo'rio] *m* Arbeit *f*, Mühe *f;* **este mantel de hilo lleva mucho ~** in dieser Leinentischdecke steckt viel Arbeit
laboriosidad [laβorjosi'ðað] *f* Fleiß *m*
laborioso, -a [laβo'rjoso, -a] *adj* ❶ (*trabajador*) fleißig
❷ (*difícil*) mühsam, schwierig
laborismo [laβo'rismo] *m* (POL) Labourbewegung *f*
laborista [laβo'rista] I. *adj* Labour-; **partido** ~ Labour Party *f*
II. *mf* Anhänger(in) *m(f)* der Labour Party
labortano [laβor'tano] *m* (LING) in Südfrankreich gesprochener baskischer Dialekt
laborterapia [laβorte'rapja] *f* (MED) Arbeitstherapie *f*
labradío, -a [laβra'ðio, -a] *adj v.* **labrantío²**
labrado¹ [la'βraðo] *m* ❶ (*acción*) Bearbeitung *f;* (AGR) Bestellung *f*
❷ (*resultado*) Arbeit *f;* (*dibujo*) Muster *nt;* (*de un cristal*) Schliff *m*
❸ (*campo*) Acker *m*
❹ *pl* (*tierra*) Ackerland *nt*
labrado, -a² [la'βraðo, -a] *adj* ❶ (*telas*) gemustert; (*objetos*) fein gearbeitet; (*madera*) behauen; (*cristal*) geschliffen
❷ (*tierra*) bestellt; **campo** ~ Ackerland *nt*
labrador(a) [laβra'ðor(a)] *m(f)* Landwirt(in) *m(f)*
labrandera [laβran'dera] *f* Handarbeiterin *f;* (*costurera*) Näherin *f*

labrantío[1] [laβran'tio] *m* Ackerland *nt*

labrantío, -a[2] [laβran'tio, -a] *adj* ❶ (*cultivado*) bebaut, kultiviert
❷ (*cultivable*) anbaufähig

labranza [la'βranθa] *f* ❶ (*cultivo*) Ackerbau *m*
❷ (*trabajo*) Feldarbeit *f*
❸ (*hacienda*) Bauernhof *m*, Landgut *nt*

labrapuntas [laβra'puntas] *m inv* (*Col*) Anspitzer *m*

labrar [la'βrar] *vt* ❶ (*trabajar un material*) bearbeiten; (*un dibujo*) herausarbeiten; (*cristal*) schleifen; ~ **la madera** Kunstarbeiten in Holz ausführen; **sin ~** unbearbeitet
❷ (*cultivar*) bestellen; (*arar*) pflügen
❸ (*en jardín*) hacken
❹ (*mina*) ausbeuten
❺ (*coser*) nähen; (*bordar*) sticken
❻ (*acuñar*) prägen
❼ (*causar gradualmente*) bewirken; ~ **la felicidad de alguien** jdm zu seinem Glück verhelfen; ~ **la perdición de alguien** jdn ins Verderben stürzen

labriego, -a [la'βrjeɣo, -a] *m, f* Landwirt(in) *m(f)*

labrusca [la'βruska] *f* (BOT) wilder Wein *m*

laburar [laβu'rar] *vi* (*Arg, Urug*) arbeiten

laca ['laka] *f* ❶ (*pintura*) Lack *m;* (*del coche*) Autolack *m;* ~ **para** [*o* **de**] **las uñas** Nagellack *m;* **goma** ~ Schellack *m*
❷ (*para el pelo*) Haarlack *m;* (*en spray*) Haarspray *m o nt*

lacado, -a [la'kaðo, -a] *adj* lackiert; **uñas lacadas en rojo** rotlackierte Fingernägel

lacar [la'kar] <c→qu> *vt* lackieren; **hay que ~ la mesa vieja** der alte Tisch muss mit einer Lackschicht überzogen werden

lacayo[1] [la'kaʝo] *m* ❶ (*criado*) Lakai *m*
❷ (*soldado*) Reitknecht *m*
❸ (*pey: persona servil*) Speichellecker *m*

lacayo, -a[2] [la'kaʝo, -a] *adj* ❶ (*propio de lacayos*) Lakaien-
❷ (*pey: servil*) unterwürfig, lakaienhaft

laceador(a) [laθea'ðor(a)] *m(f)* (*Am*) Lassowerfer(in)

lacear [laθe'ar] *vt* ❶ (*adornar*) mit Bändern schmücken
❷ (*cazar*) mit dem Lasso fangen

lacera [la'θera] *f v.* **lacero**

laceración [laθera'θjon] *f* (*elev*) Verletzung *f;* **las laceraciones de Jesucristo** der Leidensweg Jesu Christi

lacerado, -a [laθe'raðo, -a] *adj* unglückselig

lacerante [laθe'rante] *adj* unangenehm; (*dolor*) stechend; **un grito ~** ein gellender Schrei

lacerar [laθe'rar] I. *vt* ❶ (*herir*) verletzen; ~ **el alma** das Herz zerreißen
❷ (*magullar*) quetschen
❸ (*dañar la honra*) Schaden zufügen +*dat*
II. *vr:* ~**se** sich kasteien

laceria [la'θerja] *f* ❶ (*miseria*) Elend *nt*
❷ (*fatiga*) Mühe *f*

lacero, -a [la'θero, -a] *m, f* ❶ (*laceador*) Lassowerfer(in) *m(f)*
❷ (*perrero*) Hundefänger(in) *m(f)*

lacha ['latʃa] *f* ❶ (ZOOL) Sardelle *f*
❷ (*fam: vergüenza*) Scham *f;* **tener poca ~** unverschämt [*o* schamlos] sein

lachear [latʃe'ar] *vt* (*Chil*) den Hof machen *dat,* umwerben

lacho ['latʃo] I. *adj* (*Chil, Perú: hombre enamoradizo*) leicht entflammbar; (*acostumbrado a galantear*) galant
II. *m* (*Chil, Perú: enamorado*) Liebhaber *m;* (*pisaverde*) Galan *m*

lacio, -a ['laθjo, -a] *adj* ❶ (*marchito*) welk
❷ (*flojo*) schlaff; **cabello ~** glattes Haar

lacolito [lako'lito] *m* (GEO) Lakkolith *m*

lacón [la'kon] *m* (luftgetrockneter) Vorderschinken *m;* ~ **con grelos** (*reg:* GASTR) geräucherte Schweinshaxe mit Steckrübenblättern

lacónicamente [lakonika'mente] *adv* kurz und bündig, lakonisch

lacónico, -a [la'koniko, -a] *adj* lakonisch; **una persona lacónica** eine wortkarge Person

laconismo [lako'nismo] *m* Lakonismus *m*, Lakonik *f*

lacra ['lakra] *f* ❶ (*secuela de una enfermedad*) Folgeerscheinung *f*
❷ (*cicatriz*) Narbe *f*
❸ (*vicio*) Laster *nt;* ~ **social** sozialer Missstand

lacrar [la'krar] *vt* ❶ (*cerrar con lacre*) versiegeln
❷ (*contagiar*) anstecken
❸ (*perjudicar*) schädigen

lacre ['lakre] I. *adj* rot
II. *m* Siegellack *m*

lacrimal [lakri'mal] *adj* Tränen-; **bolsa ~** Tränensack *m*

lacrimatorio[1] [lakrima'torjo] *m* (HIST) Tränenkrug *m*

lacrimatorio, -a[2] [lakrima'torjo, -a] *adj* Tränen-; **urna lacrimatoria** (HIST) Tränenurne *f*

lacrimógeno, -a [lakri'moxeno, -a] *adj* tränenerregend; **gas ~** Tränengas *nt;* **película lacrimógena** (*pey*) Schnulze *f*

lacrimoso, -a [lakri'moso, -a] *adj* ❶ (*lloroso*) tränend
❷ (*lastimoso*) zu Tränen rührend
❸ (*quejumbroso*) wehleidig

lactación [lakta'θjon] *f* Milcherzeugung *f*, Milchproduktion *f*

lactancia [lak'tanθja] *f* ❶ (*acción*) Säugen *nt*
❷ (*período*) Stillzeit *f*

lactante [lak'tante] I. *adj* stillend
II. *mf* Säugling *m*

lactar [lak'tar] I. *vt* ❶ (*amamantar*) stillen, säugen
❷ (*criar*) mit Milch aufziehen
II. *vi* (*mamar la leche*) saugen

lacteado, -a [lakte'aðo, -a] *adj* Milch-, milchhaltig; **harina lacteada** Milchpulver *nt*

lácteo, -a ['lakteo, -a] *adj* Milch-, milchig; **vía láctea** (ASTR) Milchstraße *f*

láctico, -a ['laktiko, -a] *adj* (BIOL, MED) Milch-; **ácido ~** Milchsäure *f*

lactífero, -a [lak'tifero, -a] *adj* (ANAT) Milch-; **vasos ~s** Milchgänge *mpl*

lactina [lak'tina] *f v.* **lactosa**

lactosa [lak'tosa] *f* (BIOL, MED) Laktose *f*, Milchzucker *m*

lactumen [lak'tumen] *m* (MED) Milchschorf *m*

lacustre [la'kustre] *adj* See-; **construcciones ~s** Pfahlbauten *mpl;* **planta ~** Seewasserpflanze *f*

lada ['laða] *f* (BOT) Zistrose *f*

ladeado, -a [laðe'aðo, -a] *adj* (*seitlich*) geneigt, schief

ladear [laðe'ar] I. *vt* ❶ (*inclinar*) (zur Seite) neigen; (*un sombrero*) schief aufsetzen; **el perro ladeó la cabeza** der Hund legte den Kopf zur Seite
❷ (*desviar*) ausweichen +*dat;* ~ **un problema** einem Problem aus dem Weg gehen
II. *vi* (*caminar*) einen Hang entlanglaufen; (*desviarse*) vom Weg abkommen
III. *vr:* ~**se** ❶ (*inclinarse*) sich (zur Seite) neigen
❷ (*Chil: enamorarse*) sich verlieben
❸ (*loc*): ~**se con alguien** sich auf jds Seite stellen, für jdn Partei ergreifen

ladeo [la'ðeo] *m* seitliche Neigung *f*

ladera [la'ðera] *f* Abhang *m*

ladilla [la'ðiʎa] *f* (ZOOL) Filzlaus *f*

ladillo [la'ðiʎo] *m* (TIPO) Randtitel *m*

ladino[1] [la'ðino] *m* ❶ (LING: *español*) Altspanisch(e) *nt*
❷ (*sefardí*) jüdisches Spanisch *nt*

ladino, -a[2] [la'ðino, -a] I. *adj* ❶ (*taimado*) abgefeimt
❷ (LING: *español*) altspanisch
❸ (LING: *sefardí*) jüdisch-spanisch
❹ (*políglota*) sprachgewandt
II. *m, f* (*AmC*) Mestize, der nur Spanisch spricht

lado ['laðo] *m* ❶ (*lateral, t.* MAT) Seite *f;* **por un ~... y por el otro ~...** einerseits ... und andererseits ...; **de todos ~s** von allen Seiten; **a ambos ~s** beiderseits; **por el ~ materno** mütterlicherseits; **ir de un ~ a otro** hin und her gehen; **duerme del ~ izquierdo** er/sie schläft auf der linken Seite; **por todos ~s** überall; **dejar de ~ a alguien** jdn ignorieren; **mirar de ~ a alguien** jdn schief anblicken; **los dos ~s de la moneda** die zwei Seiten der Medaille
❷ (*borde*) Kante *f;* **los ~s de la mesa** die Tischkanten
❸ (*extremo*) Rand *m;* **la ciudad crece por el ~ sur** die Stadt wächst im südlichen Teil
❹ (*lugar, sitio*) Gegend *f*, Platz *m;* **por el ~ del río** in der Nähe des Flusses; **debe de haber ido a algún otro ~** er/sie muss wohl irgendwo anders hingegangen sein
❺ (*punto de vista*) Aspekt *m;* **por el ~ ecológico** vom ökologischen Standpunkt; **el ~ positivo de una cosa** der positive Aspekt einer Sache; **el ~ bueno de la vida** die angenehme(n) Seite(n) des Lebens
❻ (*camino*) Weg *m;* **tomar por otro ~** den Weg einschlagen
❼ (*partido*): **se puso de su ~** er/sie ergriff für ihn/sie Partei
❽ (*loc*): **al ~** daneben; **la casa de al ~** das Haus nebenan; **al ~ de** (*estar junto a*) neben +*dat;* (*colocar junto a*) neben +*akk;* **el niño está al ~ suyo** [*o* **a su ~**] das Kind steht neben Ihnen; **pon la fruta al ~ de la leche** leg das Obst neben die Milch; **¡colócate al ~ mío** [*o* **a mi ~**]! komm an meine Seite!

ladón [la'ðon] *m* (BOT) *v.* **lada**

ladrador(a) [laðra'ðor(a)] *adj* bellend; **dice del refrán: perro ~ poco mordedor** es heißt: Hunde, die bellen, beißen nicht

ladrar [la'ðrar] *vi* bellen; (*amenazar sin acometer*) kläffen; **perro que ladra no muerde** (*prov*) Hunde, die bellen, beißen nicht

ladrear [laðre'ar] *vi* ständig bellen; **el perro estuvo toda la noche ladreando** der Hund hat die ganze Nacht gebellt

ladrido [la'ðriðo] *m* ❶ (*de un perro*) Bellen *nt*, Gebell *nt*
❷ (*pey: calumnia*) Beschimpfung *f*

ladrillado [laðri'ʎaðo] *m* mit Ziegeln gepflasterter Boden
ladrillar [laðri'ʎar] I. *vt* ❶ (*enladrillar*) mit Ziegeln pflastern
❷ (*fabricar ladrillo*) Ziegel herstellen
II. *m* Ziegelei *f*
ladrillazo [laðri'ʎaθo] *m* Schlag *m* mit einem Ziegelstein
ladrillera [laðri'ʎera] *f* Ziegelform *f*
ladrillero, -a [laðri'ʎero, -a] I. *adj* Ziegel-; **la industria ladrillera** die Ziegelindustrie
II. *m, f* Ziegelbrenner(in) *m(f);* **la mayoría de los habitantes del pueblo son ~s** die meisten Dorfbewohner arbeiten in der Ziegelbrennerei
ladrillo [la'ðriʎo] *m* ❶ (*de construcción*) Ziegel(stein) *m;* **~ recocido** Klinker *m;* **~ refractario** Schamottestein *m;* **color ~** Ziegelrot *nt*
❷ (TEAT, LIT) (langweiliger) Schinken *m fig*
ladrón¹ [la'ðron] *m* (ELEC) ❶ (*enchufe*) Mehrfachstecker *m*
❷ (*toma clandestina*) illegaler Stromverteiler *m*
ladrón, -ona² [la'ðron, -ona] I. *adj* diebisch
II. *m, f* (*bandido*) Dieb(in) *m(f),* Räuber(in) *m(f);* **~ de cadáveres** Leichenfledderer *m;* **~ cuatrero** Viehdieb *m;* **~ de guante blanco** Gentleman-Ganove *m;* **la ocasión hace al ~** (*prov*) Gelegenheit macht Diebe; **quien roba al ~ tiene cien años de perdón** (*prov*) den Dieb bestehlen heißt nicht sündigen
ladronamente [laðrona'mente] *adv* verstohlen, heimlich; **se llevó ~ su cuaderno** er/sie hat ihm/ihr heimlich das Heft weggenommen
ladronear [laðrone'ar] *vi* vom Diebstahl leben; **~ para sobrevivir** sich mit kleinen Diebstählen über Wasser halten
ladronera [laðro'nera] *f* ❶ (*escondrijo*) Diebesnest *nt*
❷ (*de un río o acequia*) unbefugte Wasserentnahme *f*
❸ (*defraudación*) Gaunerei *f*
❹ (*alcancía*) Sparbüchse *f*
ladronería [laðrone'ria] *f* Diebstahl *m*
ladronesca [laðro'neska] *f* (*fam*) Diebesbande *f;* **la ~ de la ciudad** die Stadtgauner
ladronesco, -a [laðro'nesko, -a] *adj* diebisch, Diebes-; **un imperdonable acto ~** eine unverzeihliche Diebestat
ladronzuelo, -a [laðron'θwelo, -a] *m, f* ❶ *dim de* **ladrón²**
❷ (*ratero*) Taschendieb(in) *m(f)*
lady ['leiði] <ladys> *f* Lady *f*
lagar [la'ɣar] *m* ❶ (*recipiente*) Steingutbehälter *m* (*zum Mosten*); (*para aceite de oliva*) Ölpresse *f;* (*para sidra, vino*) Kelter *f*
❷ (*edificio*) Kelterei *f,* Presse *f*
lagarero, -a [laɣa'rero, -a] *m, f* (*de uvas*) Kelterer, -in *m, f,* (*de aceite*) Ölpresser(in) *m(f);* **varias personas trabajan como ~s en el prensado de la uva** mehrere Leute arbeiten in der Kelterei
lagarta [la'ɣarta] *f* ❶ (ZOOL) Schwammspinner *m*
❷ (*fam: mujer licenciosa*) unverschämtes Weib *nt,* Biest *nt;* **la muy ~ intentó engañar a su suegra** das Biest hat (doch) ihre Schwiegermutter reinlegen wollen
❸ *v.* **lagarto²**
lagartear [laɣarte'ar] I. *vt* ❶ (*Chil*) jdn an den Oberarmen fest halten und ihn unbeweglich machen, *z. B.* beim Kampf
❷ (*Col: importunar*) bedrängen
II. *vi* (*Guat, Méx: cazar lagartos*) Eidechsen fangen
lagartera [laɣar'tera] *f* Eidechsenhöhle *f*
lagarterano, -a [laɣarte'rano, -a] I. *adj* aus Lagartera (*Provinz Toledo*)
II. *m, f* Einwohner(in) *m(f)* von Lagartera
lagartija [laɣar'tixa] *f* (ZOOL) Mauereidechse *f*
lagarto¹ [la'ɣarto] I. *interj* toi, toi, toi
II. *m* ❶ (*reptil*) Eidechse *f*
❷ (*Am: caimán*) Kaiman *m*
lagarto, -a² [la'ɣarto, -a] I. *adj* verschlagen
II. *m, f* (*persona*) Luder *nt*
lagartón, -ona [laɣar'ton, -ona] I. *adj* schlau, durchtrieben, pfiffig
II. *m, f* Schlauberger(in) *m(f) fam,* gerissener Mensch *m*
lago ['laɣo] *m* See *m;* **L~ de Constanza** Bodensee *m*
lagón [la'ɣon] *m* (GEO) Lagune *f*
lagópodo [la'ɣopoðo] *m* (ZOOL) Schneehuhn *nt*
lágrima ['laɣrima] *f* ❶ (*del ojo*) Träne *f;* **la vida es un valle de ~s** das Leben ist ein Jammertal; **llorar ~s de sangre por algo** wegen etw *gen/dat* heiße Tränen vergießen; **llorar a ~ viva, deshacerse en ~s** bitterlich weinen, Rotz und Wasser heulen *fam;* **saltársele a alguien las ~s** in Tränen ausbrechen; **ser el paño de ~s de alguien** jds Trost sein
❷ (*de vino, licor*) Schlückchen *nt*
lagrimal [laɣri'mal] I. *adj* Tränen-
II. *m* (ANAT) Tränensack *m*
lagrimar [laɣri'mar] *vi* weinen
lagrimear [laɣrime'ar] *vi* tränen
lagrimón [laɣri'mon] *m* (*fam*) dicke Träne *f*
lagrimoso, -a [laɣri'moso, -a] *adj* tränend
laguna [la'ɣuna] *f* ❶ (*agua salada*) Lagune *f;* (*agua dulce*) Teich *m*

❷ (*omisión*) Lücke *f;* **~ en la memoria** Gedächtnislücke *f*
lagunajo [laɣu'naxo] *m* große Pfütze *f;* **tras la tormenta el campo se llenó de ~s** durch das Gewitter haben sich auf dem Feld tümpelartige Pfützen gebildet
lagunoso, -a [laɣu'noso, -a] *adj* lagunenreich; (*pantano*) sumpfig
lahar [la'ar] <lahars> *m* (GEO) Lahar *m*
laica ['laika] *adj f v.* **laico**
laicado [lai̯'kaðo] *m* Laien *fpl*
laical [lai̯'kal] *adj* (REL) weltlich, Laien-; **participación ~** Mitarbeit der Laien
laicalización [lai̯kaliθa'θjon] *f* (*Chil*) Säkularisierung *f*
laicalizar [lai̯kali'θar] <z→c> *vt* (*Chil*) säkularisieren
laicidad [lai̯θi'ðað] *f* ❶ (*no eclesiástico*) Weltlichkeit *f*
❷ (POL) Laizismus *m*
laicismo [lai̯'θismo] *m* Laizismus *m*
laicización [lai̯θiθa'θjon] *f* Verweltlichung *f*
laicizar [lai̯θi'θar] <z→c> *vt* verweltlichen
laico, -a ['lai̯ko, -a] I. *adj* Laien-, weltlich
II. *m, f* Laie, -in *m, f*
laísmo [la'ismo] *m* (LING) falsche Verwendung von 'la(s)' als Dativobjekt anstelle von 'le(s)'
laísta [la'ista] I. *adj* (LING) 'la(s)' statt 'le(s)' im Dativ verwendend
II. *mf* (LING) Person, die 'la(s)' statt 'le(s)' im Dativ verwendet
laja ['laxa] *f* Steinplatte *f;* **~ de pizarra** Schieferplatte *f*
lalopatía [lalopa'tia] *f* (MED) Sprachstörung *f,* Lalopathie *f*
lama¹ ['lama] *f* ❶ (*cieno*) Schlick *m*
❷ (*de metal*) Lahn *m*
lama² ['lama] *m* (REL) Lama *m*
lamaísmo [lama'ismo] *m* (REL) Lamaismus *m*
lamarquismo [lamar'kismo] *m sin pl* (BIOL) Lamarckismus *m*
lambada [lam'baða] *f* Lambada *f*
lambarero, -a [lamba'rero, -a] *adj* (*Cuba: ocioso*) müßiggängerisch; (*errante*) umherschweifend, streunend
lambda ['lambða] *f* (*letra griega*) Lambda *nt*
lambdacismo [lambða'θismo] *m* (LING, PSICO) Lambdazismus *m*
lamber [lam'ber] *vt v.* **lamer**
lambiche [lam'bitʃe] *adj* (*Méx: vulg: adulador*) schmeichlerisch
lambrija [lam'brixa] *f* ❶ (ZOOL) Regenwurm *m*
❷ (*fam: persona muy flaca*) Bohnenstange *f*
lamé [la'me] *m* Lamé *m*
lameculos [lame'kulos] *mf inv* (*vulg*) Arschkriecher(in) *m(f)*
lamedor¹ [lame'ðor] *m* ❶ (*jarabe*) Sirup *m*
❷ (*lisonja*) Schmeichelei *f;* **dar ~** (*fam*) beim Geldspiel Unfähigkeit vortäuschen
lamedor(a)² [lame'ðor(a)] *adj* leckend
lamedura [lame'ðura] *f* Lecken *nt*
lamelibranquio [lameli'βraŋkjo] *m* ❶ (ZOOL: *molusco*) Muschel *f*
❷ *pl* (ZOOL: *clase*) Lamellibranchiata *pl*
lamentable [lamen'taβle] *adj* jämmerlich
lamentación [lamenta'θjon] *f* (*acción*) (Weh)klagen *nt;* (*expresión*) (Weh)klage *f;* **las lamentaciones das Gejammer; las lamentaciones de Jeremías** die Klagelieder des Jeremia
lamentar [lamen'tar] I. *vt* beklagen; **lo lamento** ich bedaure es
II. *vr:* **~se** sich beklagen (*de* über +*akk*)
lamento [la'mento] *m* Wehklage *f*
lameplatos [lame'platos] *mf inv* ❶ (*fam: goloso*) Leckermaul *nt*
❷ (*pobre*) armer Schlucker *m*
lamer [la'mer] I. *vt* ❶ (*pasar la lengua*) (ab)lecken
❷ (*tocar*) leicht berühren; **dejar a uno qué ~** jdm einen empfindlichen Schaden zufügen; **las olas lamen la orilla/las arenas** die Wellen rollen ans Ufer/an den Strand; **mejor lamiendo que mordiendo** (*fig*) man erreicht mehr mit Lob als mit Tadel
II. *vr:* **~se** sich (be)lecken; **el gato se lame las patas** die Katze leckt sich *dat* die Pfoten
lametazo [lame'taθo] *m* gieriges Lecken *nt*
lameteo [lame'teo] *m* Lecken *nt*
lametón [lame'ton] *m* Schlecken *nt,* gieriges Lecken *nt;* **dar lametones a algo** etw abschlecken
lamido¹ [la'miðo] *m* Lecken *nt*
lamido, -a² [la'miðo, -a] *adj* ❶ (*flaco*) dünn
❷ (*pálido*) blass
❸ (*relamido*) geschniegelt
❹ (*gastado*) abgewetzt
lámina ['lamina] *f* ❶ (*hojalata*) dünnes Blech *nt;* (*hoja de metal*) Folie *f;* (*segmento*) Lamelle *f;* **~ autoadhesiva** Selbstklebefolie *f;* **~ para proyector** Overheadfolie *f;* **producción de acero en ~s** Herstellung von Walzstahl [*o* Stahlblech]
❷ (*para estampar*) Druckplatte *f*
❸ (*ilustración*) Abbildung *f,* (Bild)tafel *f;* **~ hecha en cobre** Kupferstich

laminable [lami'naβle] *adj* walzbar
laminación [lamina'θjon] *f* Walzen *nt*
laminado¹ [lami'naðo] *m* (Aus)walzen *nt*
laminado, -a² [lami'naðo, -a] *adj* (*reducido a una lámina*) (aus)gewalzt; (*cubierto de láminas*) mit Platten verkleidet
laminador¹ [lamina'ðor] *m* Walzwerk *nt*
laminador(a)² [lamina'ðor(a)] **I.** *adj* Walz-; **tren ~** Walzstraße *f*
II. *m(f)* Arbeiter(in) *m(f)* in einem Walzwerk
laminar [lami'nar] **I.** *adj* ❶ (*en forma de lámina*) Folien-
❷ (*formado de láminas*) schichtartig
❸ (GEO, METEO) laminar
II. *vt* ❶ (*cortar*) (aus)walzen
❷ (*guarnecer*) mit Platten verkleiden
laminilla [lami'niʎa] *f* Lamelle *f*, Blättchen *nt*; **~ de cobre** Kupferfolie *f*
lamotear [lamote'ar] *vt* auflecken, aufschlecken
lampa ['lampa] *f* (*And: pala*) Schaufel *f*; (*azada*) Hacke *f*
lampacear [lampaθe'ar] *vt* (NÁUT) schrubben, schwabbern
lampalagua¹ [lampa'laɣwa] *mf* (*Arg, Chil*) Vielfraß *m fam*
lampalagua² [lampa'laɣwa] *m* (*Chil*) Fabelwesen; *Monstrum, das die Flüsse leer trinkt*
lampalagua³ [lampa'laɣwa] *f* (*Arg*) ≈Wasserboa *f*
lampante [lam'pante] *adj:* **petróleo ~** Leuchtöl *nt*
lámpara ['lampara] *f* ❶ (*luz*) Lampe *f*; **~ de alarma** Warnleuchte *f*; **~ fluorescente** Leuchtstoffröhre *f*; **~ de pie** Stehlampe *f*; **atizar la ~** (*fig fam*) noch eine Runde Wein einschenken
❷ (*de televisión, radio*) Röhre *f*
❸ (*mancha*) Fettfleck *m*
lamparazo [lampa'raθo] *m* (*Col*) (großer) Schluck *m*
lamparilla [lampa'riʎa] *f* ❶ *dim de* **lámpara**
❷ (*luz*) Nachtlampe *f*
❸ (ZOOL) Wachslämpchen *nt*
❹ (BOT) Zitterpappel *f*, Espe *f*
lamparón [lampa'ron] *m:* **~ de grasa** großer Fettfleck *m*
lampazo [lam'paθo] *m* (NÁUT) Dweil *m*, Schwabber *m*, Schrubber *m*
lampeón [lampe'on] *m v.* **lampión**
lampiño, -a [lam'piɲo, -a] *adj* (*sin barba*) bartlos; (*sin pelo*) haarlos
lampión [lam'pjon] *m* Laterne *f*, Lampion *m o nt*
lampista [lam'pista] *mf* ❶ (*fabricante*) Lampenhersteller(in) *m(f)*
❷ (*vendedor*) Lampenverkäufer(in) *m(f)*
❸ (*sereno*) Lampenanzünder(in) *m(f)*
lampistería [lampiste'ria] *f* ❶ (*fábrica*) Lampenfabrik *f*
❷ (*tienda*) Lampengeschäft *nt*
❸ (*almacén*) Lampenwerkstatt *f*
lampote [lam'pote] *m* auf den Philippinen hergestellter Baumwollstoff
lamprea [lam'prea] *f* (ZOOL) Lamprete *f*, Neunauge *nt*
lamprear [lampre'ar] *vt* (GASTR) anbraten und anschließend in Wein oder Wasser mit Honig oder Zucker und Gewürzen kochen
lampreazo [lampre'aθo] *m* (*fam*) Peitschenhieb *m*
lampuga [lam'puɣa] *f* (ZOOL) Goldmakrele *f*
LAN [lan] *f abr de* **Línea Aérea Nacional** *Spanische Nationale Fluglinie*
lana ['lana] *f* ❶ (*material*) Wolle *f*; **~ de acero** Stahlwolle *f*; **~ esquilada** Schurwolle *f*; **perro de ~s** Pudel *m*; **cardarle la ~ a alguien** (*fig fam*) jdm gehörig die Meinung sagen
❷ (*tela*) Wollstoff *m*
❸ (*vulg: dinero*) Zaster *m fam*, Kohle *f fam*
lanada [la'naða] *f* (MIL) Waffenreiniger *m*, Wischstock *m*
lanado, -a [la'naðo, -a] *adj* wollig; **industria de tejidos ~s** Wollstoffindustrie *f*
lanar [la'nar] *adj* Woll-; **ganado ~** Wollvieh *nt*
lanaria [la'narja] *f* (BOT: *jabonera*) Seifenkraut *nt*
lance ['lanθe] *m* ❶ (*acción*) Wurf *m*, Werfen *nt*
❷ (*pesca*) Auswerfen *nt* des Netzes
❸ (*trance*) kritische Situation *f*
❹ (*pelea*) Streit *m*; **~ de honor** Duell *nt*
❺ (LIT) (dramatischer) Höhepunkt *m*
❻ (*juego*) wichtige Aktionen *fpl*
❼ (TAUR) Mantelparade *f*
❽ (*casualidad*) Zufall *m*; **~ de amor** Liebesabenteuer *nt*; **~ de fortuna** Schicksalswendung *f*
❾ (*fam: compra*) Gelegenheit *f*; **comprar de ~** ein Schnäppchen machen; **de ~** aus zweiter Hand
lancear [lanθe'ar] *vt* ❶ (*alancear*) mit der Lanze verletzen
❷ (TAUR): **~ el toro** Stierkampfparaden ausführen
lancéola [lan'θeola] *f* (BOT) Spitzwegerich *m*
lancero [lan'θero] *m* ❶ (*soldado*) Lanzenreiter *m*
❷ (*torero*) Lanzenkämpfer *m*
lanceta [lan'θeta] *f* (MED) Lanzette *f*; (*para vacunar*) Impfmesser *nt*
lancha ['lantʃa] *f* ❶ (*piedra*) Steinplatte *f*; **~ de pizarra** Schieferplatte *f*
❷ (*bote*) Kahn *m*, Leichter *m*
❸ (*bote adjunto*) Schaluppe *f*
❹ (*barca*) Barkasse *f*; **~ de carga** Lastkahn *m*; **~ de excursiones** Ausflugsboot *nt*; **~ a remolque** Schleppkahn *m*; **~ de salvamento** Seenotrettungskreuzer *m*
lanchaje [lan'tʃaxe] *m* ❶ (*flete*) Leichtergeld *nt*
❷ (*servicio*) Leichterverkehr *m*
lanchar [lan'tʃar] **I.** *vi* ❶ (*Ecua: nublarse el cielo*) sich bewölken
❷ (*Ecua: helar*) (ge)frieren; (*escarchar*) reifen
II. *m* Steinbruch *m*
lanchero, -a [lan'tʃero, -a] *m, f* (NÁUT) Kahnschiffer(in) *m(f)*, Schiffsfahrer(in) *m(f)*; (*propietario*) Bootseigner(in) *m(f)*
lanchón [lan'tʃon] *m* (NÁUT) großer Kahn *m*, großes Boot *nt*
lancinante [lanθi'nante] *adj* blitzartig (einsetzend)
lancurdia [laŋ'kurðja] *f* (ZOOL) kleine Forelle *f*
land [lanᵈ] *m* (deutsches) Bundesland *nt*
landa ['landa] *f* Heide(landschaft) *f*
landó [lan'do] *m* Landauer *m*
landre ['landre] *f* ❶ (MED) eichelgroße Geschwulst *f* an den Drüsen; (*en los sobacos*) Achselgeschwulst *f*; (*en las ingles*) Leistengeschwulst *f*
❷ (*bolsa*) Innentasche *f* eines Kleidungsstückes (*in der Geld versteckt wird*)
landrilla [lan'driʎa] *f* (ZOOL) Finne *f*
lanera [la'nera] *adj o f v.* **lanero**
lanería [lane'ria] *f* Wollwarengeschäft *nt*
lanero, -a [la'nero, -a] **I.** *adj* wollen, Woll-
II. *m, f* Wollwarenhändler(in) *m(f)*
langa ['laŋga] *f* (GASTR) Stockfisch *m*
langosta [laŋ'gosta] *f* ❶ (*insecto*) Heuschrecke *f*; (*saltamontes*) Grashüpfer *m*; **~ migratoria** Wanderheuschrecke *f*; **plaga de ~s** Heuschreckenplage *f*; **los muchachos son la ~** (*fam*) vor den Jungen ist nichts (Essbares) sicher; **por esta nevera ha pasado la ~** der Kühlschrank ist total leer geräumt worden
❷ (*crustáceo*) Languste *f*
langostero¹ [laŋgos'tero] *m* Langustenfangboot *nt*
langostero, -a² [laŋgos'tero, -a] *m, f* Langustenfischer(in) *m(f)*
langostino [laŋgos'tino] *m* Garnele *f*
langostón [laŋgos'ton] *m* (ZOOL) Baumhüpfer *m*
langucia [laŋ'guθja] *f* (*Am*) Gefräßigkeit *f*
languidamente [laŋgiða'mente] *adv* matt, kraftlos
languidecer [laŋgiðe'θer] *irr como* **crecer** *vi* ❶ (*debilitarse*) verkümmern; (*alguien*) dahinsiechen; (*flores*) verwelken; (*fuego*) verglimmen; **~ de amor** sich vor Liebe verzehren; **la conversación languideció** die Unterhaltung verlief schleppend
❷ (*perder el espíritu*) niedergeschlagen [*o* deprimiert] sein
languidez [laŋgi'ðeθ] *f* ❶ (*debilidad*) Mattigkeit *f*, Abgespanntheit *f*, Schlaffsein *nt*
❷ (*falta de espíritu*) Niedergeschlagenheit *f*
lánguido, -a ['laŋgiðo, -a] *adj* ❶ (*débil*) matt, kraftlos
❷ (*de poco espíritu*) deprimiert, niedergeschlagen
langur [laŋ'gur] *m* (ZOOL) Langur *m*
LANICA [la'nika] *f abr de* **Líneas Aéreas de Nicaragua, S.A.** *Nicaraguanische Fluglinie*
lanilla [la'niʎa] *f* ❶ (*pelillo*) (Woll)flor *m*
❷ (*tejido*) dünner Wollstoff *m*
lanolina [lano'lina] *f* Lanolin *nt*, Wollfett *nt*
lanoso, -a [la'noso, -a] *adj* wollig; **una raza ovina muy lanosa** eine sehr wollreiche Schafrasse
lantana [lan'tana] *f* (BOT) Wandelröschen *nt*
lantano [lan'tano] *m* (QUIM) Lanthan *nt*
lanudo, -a [la'nuðo, -a] *adj v.* **lanoso**
lanuginoso, -a [lanuxi'noso, -a] *adj* (BOT) wollig; **hoja lanuginosa** flaumiges Blatt
lanugo [la'nuɣo] *m* (ANAT) Lanugo *f*, Flaum *m* des Fetus
lanza ['lanθa] *f* ❶ (*arma*) Lanze *f*; **correr ~s** Lanzenturnier *nt*; **quebrar ~s** sich verfeinden
❷ (*carro*) (Wagen)deichsel *f*
❸ (HIST: *soldado*) Lanzenkämpfer *m*; (*vasallo del rey*) Lanzenritter *m*
❹ (*extremo de manga*) Spritzrohr *nt*
❺ *pl* (HIST: *impuesto al rey*) Ablösegeld an den König anstelle der Bereitstellung von Soldaten
lanzabengalas [lanθaβeŋ'galas] *m inv* Leuchtpistole *f*, Signalpistole *f*
lanzabombas [lanθa'βombas] *m inv* (MIL) Bombenwerfer *m*
lanzacabos [lanθa'kaβos] *m inv* (NÁUT) Leinenwurfapparat *m*
lanzacohetes [lanθako'etes] *m inv* Raketenwerfer *m*
lanzada [lan'θaða] *f* (*golpe*) Lanzenstoß *m*; (*herida*) Lanzenstich *m*
lanzadera [lanθa'ðera] *f* ❶ (*textil*) (Weber)schiffchen *nt*
❷ (*para misiles*) Abschussrampe *f*; **una ~ móvil** eine mobile Abschussrampe

lanzado

③ (AERO) Raumfähre f
lanzado, -a [lanˈθaðo, -a] *adj* ❶ *(decidido)* entschlossen
❷ *(impetuoso)* ungestüm; *(fogoso)* feurig
lanzador¹ [lanθaˈðor] *m (cohete)* Trägerrakete f
lanzador(a)² [lanθaˈðor(a)] *m(f) (que lanza)* Werfer(in) *m(f)*; **~ de disco** (DEP) Diskuswerfer *m*; **~ de jabalina** Speerwerfer *m*
lanzafuego [lanθaˈfweɣo] *m* (MIL) Zündstock *m*, Luntenstock *m*
lanzagranadas [lanθaɣraˈnaðas] *m inv* Granatwerfer *m*
lanzallamas [lanθaˈʎamas] *m inv* Flammenwerfer *m*
lanzamiento [lanθaˈmjento] *m* ❶ *(lanzar algo)* Werfen *nt*, Wurf *m*; **~ de bombas** Bombenabwurf *m*; **~ comercial** Lancierung *f*; **~ espacial** Raketenstart *m*; **~ de un producto al mercado** Markteinführung eines Produktes; **~ de una sociedad** Gesellschaftsgründung *f*; **fecha de ~** (COM) Datum der Markteinführung; **oferta de ~** (COM) Einführungsangebot *nt*
❷ (JUR) Zwangsräumung f
❸ (NÁUT) Stapellauf *m*
❹ (DEP): **~ de disco/martillo** Diskus-/Hammerwerfen *nt*; **~ de jabalina** Speerwurf *m*; **~ de peso** Kugelstoßen *nt*
lanzaminas [lanθaˈminas] *m inv* Minenwerfer *m*; *(buque)* Minenleger *m*
lanzamisiles [lanθamiˈsiles] *m inv* Raketenwerfer *m*
lanzaplatos [lanθaˈplatos] *m inv* (DEP) Wurfmaschine *f* *(Vorrichtung zum Schleudern beim Wurftaubenschießen)*
lanzar [lanˈθar] <z→c> I. *vt* ❶ *(arrojar)* werfen *(a* auf *+akk, en* in *+akk)*, schleudern *(contra* gegen *+akk)*; **~ peso** kugelstoßen
❷ *(vomitar)* erbrechen
❸ *(perro de caza)* loslassen; *(halcón)* fliegen lassen
❹ *(al mercado)* lancieren, auf den Markt bringen; **~ un nuevo producto al mercado** ein neues Produkt auf den Markt bringen
II. *vr*: **~se** sich stürzen *(a/sobre* auf *+akk, en* in *+akk)*; **~ a correr** losrennen; **~se al agua** ins Wasser springen; **~se en paracaídas** mit dem Fallschirm abspringen; **~se en picado** im Sturzflug fliegen
Lanzarote [lanθaˈrote] *m* ❶ (HIST) Lanzelot *m*
❷ (GEO) Lanzarote *nt*
lanzaroteño, -a [lanθaroˈteɲo, -a] I. *adj* aus Lanzarote
II. *m, f* Bewohner(in) *m(f)* von Lanzarote
lanzatorpedos [lanθatorˈpeðos] *m inv* Torpedoträger *m*
laña [ˈlaɲa] *f* ❶ *(grapa)* Metallklammer *f*
❷ *(coco)* unreife Kokosnuss *f*
laosiano, -a [laoˈsjano, -a] I. *adj* laotisch
II. *m, f* Laote, -in *m, f*
lapa [ˈlapa] *f* ❶ (BIOL) Kahmschicht *f*
❷ (ZOOL) Napfschnecke *f*
❸ (BOT) Große Klette *f*
❹ *(fam: persona insistente)* lästige Person *f*; **el tío ese es una ~** der Typ geht mir total auf den Geist
lapacho [laˈpatʃo] *m* (BOT: *AmS*) Baum der Familie der Trompetenbaumgewächse mit verwertbarem Holz
laparoscopia [laparosˈkopja] *f* (MED) Bauchhöhlenspiegelung *f*, Laparoskopie *f*
laparotomía [laparotoˈmia] *f* (MED) Bauchschnitt *m*, Laparotomie *f*
lapicera [lapiˈθera] *f (Arg)* Füller *m*
lapicero [lapiˈθero] *m* ❶ *(para poner lápices)* Bleistifthalter *m*
❷ *(lápiz)* Bleistift *m*
❸ *(Am: bolígrafo)* Kugelschreiber *m*
lápida [ˈlapiða] *f* Steintafel *f*; **~ conmemorativa** Gedenktafel *f*, Gedenkstein *m*
lapidación [lapiðaˈθjon] *f* Steinigung *f*; **le condenaron a muerte por ~** er ist zum Tode durch Steinigen verurteilt worden
lapidar [lapiˈðar] *vt* steinigen
lapidario¹ [lapiˈðarjo] *m (del relojero)* Lapidär *m*
lapidario, -a² [lapiˈðarjo, -a] I. *adj* ❶ *(piedras preciosas)* Edelstein-
❷ *(categórico)* lapidar, kurz und bündig
II. *m, f* ❶ *(artesano)* Edelsteinschleifer(in) *m(f)*
❷ *(comerciante)* Edelsteinhändler(in) *m(f)*
lapidificación [lapiðifikaˈθjon] *f* (GEO) Versteinerung *f*
lapidificar [lapiðifiˈkar] <c→qu> *vt* (QUÍM) versteinern
lapilla [laˈpiʎa] *f* (BOT) Hundszunge *f*
lapilli [laˈpili] *m* (GEO) Lapilli *pl*
lapislázuli [lapisˈlaθuli] *m* Lapislazuli *m*
lápiz [ˈlapiθ] *m* Bleistift *m*; **~ de cejas** Augenbrauenstift *m*; **~ de color** Buntstift *m*; **~ de labios** Lippenstift *m*; **~ óptico** [*o* **luminoso**] (INFOR) Lichtgriffel *m*, Lichtstift *m*; **~ de pizarra** Griffel *m*; **~ rojo** Rötelstift *m*
lápiz-ratón [ˈlapiθ raˈton] *m* (INFOR) Lichtgriffel *m*, Lichtstift *m*
lapón¹ [laˈpon] *m (idioma)* Lappisch(e) *nt*
lapón, -ona² [laˈpon, -ona] I. *adj* lappländisch
II. *m, f (habitante)* Lappländer(in) *m(f)*, Lappe, -in *m, f*
Laponia [laˈponja] *f* Lappland *nt*

lapso [ˈlapso] *m* ❶ *(período)* Zeitraum *m*; **~ de tiempo** Zeitraum *m*, Zeit *f*
❷ *(intervalo)* Zwischenzeit *f*
❸ *v.* **lapsus**
lapsus [ˈlapsus] *m* Lapsus *m*, Fehler *m*; **~ cálami** Schreibfehler *m*; **~ linguae** Lapsus *m* linguae, Versprecher *m*
laqueado¹ [lakeˈaðo] *m* Lackieren *nt*; **el ~ de los barrotes de la barandilla salió muy caro** das Lackieren der Geländerstangen war sehr kostspielig
laqueado, -a² [lakeˈaðo, -a] *adj* lackiert
laqueador(a) [lakeaˈðor(a)] I. *adj* lackierend, Lackier-; **empresa ~a** Lackiererei *f*
II. *m(f)* Lackierer(in) *m(f)*
laquear [lakeˈar] *vt* lackieren
laquista [laˈkista] *mf* Lackierer(in) *m(f)*
lar [lar] *m* ❶ *(fuego)* Herd *m*
❷ *(fig: hogar)* Heim (und Herd) *nt*
❸ *pl (dioses)* Laren *mpl*
lardear [larðeˈar] *vt* ❶ (GASTR: *untar*) mit Fett bestreichen; *(envolver)* mit Speckstreifen umwickeln; **hay que ~ las truchas antes de meterlas en el horno** die Forellen müssen vor dem Backen in Speckstreifen gewickelt werden
❷ *(abrasar con aceite a alguien)* mit siedendem Öl übergießen
lardo [ˈlarðo] *m* ❶ *(tocino)* Speck *m*
❷ *(grasa)* Schmalz *m*
lardoso, -a [larˈðoso, -a] *adj* fettig
largamente [larɣaˈmente] *adv* ❶ *(extensamente)* ausführlich
❷ *(tiempo)* lange
❸ *(holgadamente)* spielend, mühelos
❹ *(generosamente)* reichlich
largar [larˈɣar] <g→gu> I. *vt* ❶ *(soltar)* loslassen, losmachen; **¡larga! lass los!**
❷ *(fam: pegar)* austeilen; **~ un golpe** einen Schlag versetzen; **le largó una bofetada** er/sie gab ihm/ihr eine Ohrfeige
❸ *(fam: un discurso)* vom Stapel lassen; **~ un sermón a alguien** eine Predigt halten
❹ (NÁUT): **~ el barco** das Boot herunterlassen; **~ las velas** die Segel setzen
II. *vr*: **~se** ❶ *(irse)* abhauen; *(de casa)* ausreißen; **¡lárgate!** verschwinde!
❷ *(Am: comenzar)* in Bewegung setzen; **~se a hacer algo** etw mit Schwung beginnen
III. *vi (fam)* schwätzen, labern
largavistas [larɣaˈβistas] *m inv* Fernrohr *nt*
larghetto [larˈɣeto] *m* (MÚS) Larghetto *nt*
largo¹ [ˈlarɣo] I. *adv* ❶ *(en abundancia)* reichlich; **~ y tendido** in Hülle und Fülle
❷ *(loc)*: **a lo ~ de** *(lugar)* entlang *+gen*, an *+dat* ... entlang; *(período)* während; **a lo ~ del río hay sauces** entlang des Flusses gibt es viele Weiden; **a lo ~ del día/de su vida** im Laufe des Tages/seines Lebens; **pasear a lo ~ de la playa** am Strand entlanggehen; **¡~ de aquí!** weg hier!
II. *m* ❶ *(longitud)* Länge *f*; **nadar tres ~s** drei Bahnen schwimmen; **tiene diez metros de ~** es ist zehn Meter lang
❷ (MÚS) Largo *nt*
largo, -a² [ˈlarɣo, -a] *adj* ❶ *(tamaño, duración)* lang; **a ~ plazo** langfristig; **a la larga** langfristig; **a la larga o a la corta** über kurz oder lang; **a ~ de muchos años** viele Jahre lang; **dar largas a algo** etw auf die lange Bank schieben; **el pantalón te está ~** die Hose ist dir zu lang; **ir de ~** ein langes Kleid tragen; *(de gala)* in Abendkleid tragen; **pasar de ~** weitergehen ohne stehen zu bleiben; *(fig)* außer Acht lassen; **tiene cincuenta años ~s** er/sie ist weit über fünfzig; **tiene las manos largas** *(pegar)* ihm/ihr rutscht leicht die Hand aus; *(robar)* er/sie ist ein Langfinger
❷ *(fig: extensivo)* ausführlich; *(mucho)* reichlich; **hablar de algo por ~** ausführlich über etw sprechen
❸ *(fam: astuto)* clever
largometraje [larɣomeˈtraxe] *m* Spielfilm *m*
largor [larˈɣor] *m v.* **largura**
larguero [larˈɣero] *m* ❶ *(carpintería, escalera, avión)* Holm *m*
❷ *(fútbol)* (Tor)latte *f*
❸ *(almohada)* langes Kopfkissen *nt*
largueza [larˈɣeθa] *f* ❶ *(largo)* Länge *f*
❷ *(generosidad)* Großzügigkeit *f*
❸ *(liberalidad)* Toleranz *f*
larguirucho, -a [larɣiˈrutʃo, -a] *adj (fam)* schlaksig
largura [larˈɣura] *f* Länge *f*; **con ~** spielend
lárice [ˈlariθe] *m* (BOT) Lärche *f*
larije [laˈrixe] *adj* (AGR): **uva ~** eine rote Traubenart
laringe [laˈrinxe] *f* Kehlkopf *m*; (MED) Larynx *m*

laringectomía [lariŋxekto'mia] f (MED) operative Entfernung f des Kehlkopfes, Laryngektomie f
laríngeo, -a [la'riŋxeo, -a] adj (ANAT) Kehlkopf-, laryngeal
laringitis [lariŋ'xitis] f inv Kehlkopfentzündung f; (MED) Laryngitis f
laringología [lariŋgolo'xia] f (MED) Laryngologie f
laringólogo, -a [lariŋ'goloɣo, -a] m, f (MED) Laryngologe, -in m, f
laringoscopia [lariŋgos'kopja] f (MED) Laryngoskopie f, Kehlkopfspiegelung f
laringotomía [lariŋgoto'mia] f (MED) Kehlkopfschnitt m, Laryngotomie f
larva ['larβa] f Larve f
larvado, -a [lar'βaðo, -a] adj verborgen, versteckt
larvario, -a [lar'βarjo, -a] adj (ZOOL) Larven-; **desarrollo ~** Larvenentwicklung f
larvicida [larβi'θiða] I. adj: **producto ~** Larvenvertilgungsmittel nt
II. m Larvenvertilgungsmittel nt, Larvizid nt
las [las] I. art det v. **el, la, lo**
II. pron pers f pl ❶ (objeto directo) sie, ihnen; ¡**míra~**! schau sie dir an!; **~ escucho** ich höre ihnen zu
❷ (con relativo): **~ que...** die(jenigen), die ...; **~ cuales** welche, die; **mis amigas son ~ que están hablando** meine Freundinnen sind die(jenigen), die sich unterhalten
❸ (laísmo: uso incorrecto) ihnen; **~ doy un beso** ich gebe ihnen einen Kuss
lasaña [la'saɲa] f (GASTR: plato de origen italiano) Lasagne f
lasca ['laska] f ❶ (astilla) Steinsplitter m
❷ (reg: lonja) (dünne) Fleischscheibe f
lascar [las'kar] <c→qu> vt ❶ (NÁUT) (das Tau) lockern
❷ (Méx: lastimar) verletzen
lascivia [las'θiβja] f ❶ (lujuria) Lüsternheit f
❷ (indecencia) Laszivität f, Unanständigkeit f
❸ (sensualidad) Laszivität f
lascivo, -a [las'θiβo, -a] adj ❶ (sensual) lasziv
❷ (lujurioso) lüstern
❸ (indecente) unanständig, lasziv
láser ['laser] m Laser m; **rayo ~** Laserstrahl m
laserpicio [laser'piθjo] m (BOT) Laserkraut nt
láserterapia [laserte'rapja] f Lasertherapie f
lasitud [lasi'tuð] f Mattigkeit f
laso, -a ['laso -a] adj matt
lástex® ['lasteɣs] m Lastex® nt
lástima ['lastima] f ❶ (compasión) Mitleid nt; **dar** [o **causar**] **~** Mitleid erwecken; **de** [o **por**] **~** aus Mitleid; **estar hecho una ~** in einem jämmerlichen Zustand sein; **¡qué ~!** wie schade!
❷ (lamentación) Jammer m; **llorar ~s** herumjammern
lastimador(a) [lastima'ðor(a)] adj verletzend
lastimadura [lastima'ðura] f Verletzung f
lastimar [lasti'mar] I. vt ❶ (herir) wehtun +dat, verletzen; **las botas me han lastimado los pies** ich habe mir in den Schuhen die Füße wund gelaufen
❷ (agraviar) beleidigen; **~ los oídos** in den Ohren wehtun
II. vr: **~se** ❶ (herirse) sich verletzen; **~se las manos cortando rosas** sich beim Rosenschneiden an den Händen verletzen
❷ (quejarse) wehklagen (de über +akk)
lastimero, -a [lasti'mero, -a] adj jämmerlich, mitleiderregend
lastimoso, -a [lasti'moso, -a] adj elend, mitleiderregend
lastón [las'ton] m (BOT) Fieder-Zwenke f
lastrante [las'trante] adj belastend
lastrar [las'trar] I. vt ❶ (poner peso) (mit Ballast) beladen
❷ (subrayar) bekräftigen
II. vi Ballast aufladen
lastre ['lastre] m ❶ (cantera) Schotterstein m
❷ (de una embarcación) Ballast m
❸ (juicio) Vernunft f; **cabeza con ~** vernünftiger Kopf; **él todavía no tiene ~** er ist noch etwas unreif
❹ (escollo) Last f, Klotz m am Bein
lasún [la'sun] m (ZOOL) Schmerle f, Bartgrundel m o f
lata ['lata] f ❶ (metal) Blech nt
❷ (envase) Blechdose f, Blechbüchse f
❸ (para cocinar) Backblech nt
❹ (conversación) langweilige Unterhaltung f
❺ (fam: pesadez) Last f; **dar la ~ a alguien** jdn nerven, jdm auf die Nerven [o auf den Wecker] gehen; **¡es una ~!, ¡vaya ~!** (fastidio) das ist ätzend!; (aburrido) das ist ja stinklangweilig!
lataz [la'taθ] f (ZOOL) Seeotter m, Kalan m
latazo [la'taθo] m ❶ aum de **lata**
❷ (fam: tontería) Schwachsinn m, Blech nt
❸ (fam: pesadez) Last f; **ser un ~** (pesado) lästig sein; (fastidioso) ätzend sein; (aburrido) stinklangweilig sein; **dar el ~** nerven

latear [late'ar] vi (Am) ❶ (aburrir a alguien) langweilen
❷ (parlotear) schwatzen; **se pasa el día lateando** er/sie redet den ganzen Tag herum
latente [la'tente] adj latent
latera [la'tera] adj o f v. **latero**
lateral [late'ral] I. adj ❶ (lado) seitlich, Seiten-
❷ (secundario) Neben-
II. m (de una iglesia) Seitenschiff nt; (de una avenida) Seite f einer Allee
lateralidad [laterali'ðað] f sin pl (PSICO) Lateralität f
lateralmente [lateral'mente] adv seitlich
latería [late'ria] f ❶ (conjunto de latas) (Vorrat an) Konservendosen fpl; **la ~ de su despensa** der Konservenvorrat in seiner/ihrer Speisekammer
❷ (Am: hojalatería) (Weiß)blechwaren fpl
laterita [late'rita] f (GEO) Laterit m; **~ ferruginosa** Lateriteisenerz nt
latero, -a [la'tero, -a] I. adj lästig
II. m, f (Am) Klempner(in) m(f)
látex ['lateɣs] m Latex m
latido [la'tiðo] m ❶ (del corazón) Schlagen nt, Klopfen nt, Pochen nt; **los ~s del corazón** der Herzschlag
❷ (de una herida, arteria) Pochen nt
❸ (de un perro) kurzes Bellen nt, Anschlagen nt elev
latifundio [lati'fundjo] m Großgrundbesitz m
latifundismo [latifun'dismo] m Latifundienwirtschaft f, Latifundienwesen nt
latifundista [latifun'dista] mf Großgrundbesitzer(in) m(f)
latigazo [lati'ɣaθo] m ❶ (golpe) Peitschenhieb m
❷ (chasquido) Peitschenknall m
❸ (destino) Schicksalsschlag m
❹ (reprimenda) Rüffel m fam
❺ (fam: trago) Schlückchen m
látigo ['latiɣo] m Peitsche f
latiguear [latiɣe'ar] I. vi mit der Peitsche knallen
II. vt (Am) auspeitschen
latigueo [lati'ɣeo] m Knallen nt mit der Peitsche; **recurrir con frecuencia al ~** öfters die Peitsche knallen lassen
latiguillo [lati'ɣiʎo] m ❶ dim de **látigo**
❷ (efectismo) Effekthascherei f
❸ (muletilla) Füllwort nt; (expresión) stereotype Wendung f
latín [la'tin] m ❶ (lengua) Latein nt; **saber (mucho) ~** (fam fig) clever sein; **sabe demasiado ~** er/sie ist zu clever [o gewieft]
❷ pl (expresión) lateinische Ausdrücke mpl; **echarle a alguien los latines** (fam) jdn trauen
latina [la'tina] adj o f v. **latino**
latinajo [lati'naxo] m (pey) Küchenlatein nt
latinidad [latini'ðað] f sin pl ❶ (cultura) Latinität f, lateinische Kultur f
❷ (pueblos de origen romano) lateinische Völker ntpl
latinismo [lati'nismo] m (LING) Latinismus m
latinista [lati'nista] I. adj latinistisch
II. mf Latinist(in) m(f)
latinización [latiniθa'θjon] f Latinisierung f
latinizar [latini'θar] <z→c> vt (LING) latinisieren
latino, -a [la'tino, -a] I. adj ❶ (del Lacio) latinisch
❷ (del latín) lateinisch; **América Latina** Lateinamerika nt
❸ (de los descendientes de pueblos latinizados) Latino-
❹ (LING) romanisch
II. m, f ❶ (del Lacio) Latiner(in) m(f)
❷ (descendiente de pueblos latinizados) Latino, -a m, f
Latinoamérica [latinoa'merika] f Lateinamerika nt
latinoamericano, -a [latinoameri'kano, -a] I. adj lateinamerikanisch
II. m, f Lateinamerikaner(in) m(f)
latir [la'tir] vi ❶ (corazón) klopfen, schlagen, pochen
❷ (arterias, herida) pochen
❸ (perros) kurz bellen, anschlagen elev
latirismo [lati'rismo] m (MED) Lathyrismus m, Vergiftung f durch Platterbsen
latitud [lati'tuð] f (GEO, ASTR) Breite f; **por** [o **en**] **estas ~es llueve mucho** in diesen Breiten regnet es viel
❷ (extensión) Ausdehnung f
latitudinal [latituði'nal] adj Breiten-
latitudinarismo [latituðina'rismo] m sin pl (REL) Latitudinarismus m
LATN [eleate'ene] f abr de **Líneas Aéreas de Transporte Nacional** Spanische Nationale Luftverkehrslinie
lato, -a ['lato, -a] adj (amplio) weit; (extendido) ausgedehnt; **en sentido ~** im weitesten Sinne
latón [la'ton] m Messing nt
latonería [latone'ria] f ❶ (taller) Gelbgießerei f, Messinggießerei f
❷ (comercio) Messinghandel m, Messingladen m
❸ (productos) Messingwaren fpl

latoso, -a [la'toso, -a] *adj* lästig
latrocinio [latro'θinjo] *m* Diebstahl *m*
laúd [la'uð] *m* ❶ (MÚS) Laute *f*
❷ (NÁUT) Feluke *f*
❸ (ZOOL) Lederschildkröte *f*
laudable [lau̯'ðaβle] *adj* lobenswert
láudano ['lau̯ðano] *m* (MED) Laudanum *nt*
laudatorio, -a [lau̯ða'torjo, -a] *adj* Lob(es)-, lobend; **discurso ~** Laudatio *f*
laudo ['lau̯ðo] *m* (JUR): **~ (arbitral)** Schiedsspruch *m*; **anular/dictar un ~ arbitral** einen Schiedsspruch aufheben/fällen; **declarar nulo un ~ arbitral** einen Schiedsspruch für nichtig erklären
laureada [lau̯re'aða] *f* (MIL): **la ~ de San Fernando** spanische Tapferkeitsauszeichnung
laureado, -a [lau̯re'aðo, -a] *adj* ❶ (coronado) lorbeerbekränzt
❷ (premiado) preisgekrönt, ausgezeichnet
laurear [lau̯re'ar] *vt* ❶ (coronar) mit Lorbeeren bekränzen
❷ (premiar) (mit einem Preis) auszeichnen
laurel [lau̯'rel] *m* ❶ (árbol) Lorbeer(baum) *m*; **~ cerezo** Kirschlorbeer *m*; **~ rosa** [o **de olor**] Oleander *m*; **hoja de ~** Lorbeerblatt *nt*
❷ (condimento) Lorbeer *m*
❸ *pl* (honor) Siegerkranz *m*, Lorbeeren *fpl*; **dormirse en** [o **sobre**] **los ~es** sich auf seinen Lorbeeren ausruhen
laurencio [lau̯'renθjo] *m* (QUÍM) Lawrencium *nt*
laureola [lau̯re'ola] *f*, **lauréola** [lau̯'reola] *f* ❶ (corona de laureles) Lorbeerkranz *m* ❷ (aureola) Heiligenschein *m*
laurisilva [lau̯ri'silβa] *f* (BOT) kanarischer Lorbeerwald
lauro ['lau̯ro] *m* ❶ *v.* **laurel**
❷ (gloria) Ruhm *m*
lauroceraso [lau̯roθe'raso] *m* (BOT) Kirschlorbeer *m*
lava ['laβa] *f* ❶ (del volcán) Lava *f*
❷ (de minerales) Erzwäsche *f*
lavable [la'βaβle] *adj* ❶ (que puede lavarse) waschbar
❷ (que no se altera al lavar) waschecht; **colores ~s** waschechte Farben
lavabo [la'βaβo] *m* ❶ (pila) Waschbecken *nt*
❷ (mesa) Waschtisch *m*
❸ (cuarto) Toilette *f*
❹ (en monasterios) Lavabo *nt*
lavacoches¹ [laβa'kotʃes] *mf inv* (persona) Wagenwäscher(in) *m(f)*, Autowäscher(in) *m(f)*
lavacoches² [laβa'kotʃes] *m inv* (instalación) Wagenwaschanlage *f*, Autowaschanlage *f*
lavacristales [laβakris'tales] *mf inv* Fensterputzer(in) *m(f)*
lavadero [laβa'ðero] *m* ❶ (de ropa) Waschküche *f*
❷ (GEO: de minerales) Waschanlage *f*
lavado [la'βaðo] *m* ❶ (acción) Waschen *nt*, Wäsche *f*; **~ de cerebro** Gehirnwäsche *f*; **~ de dinero** Geldwäsche *f*; **~ en seco** Trockenreinigung *f*; **~ frecuente del cabello** häufiges Haarewaschen
❷ (MED) Spülung *f*
❸ (pintura) (einfarbiges) Aquarell *nt*
lavador(a) [laβa'ðor(a)] I. *adj* Wasch-
II. *m(f)* Wäscher(in) *m(f)*
lavadora [laβa'ðora] *f* Waschmaschine *f*
lavafaros [laβa'faros] *m inv* (AUTO) Scheinwerferscheibenwischer *m*
lavafrutas [laβa'frutas] *m inv* Waschschale *f* (für Obst)
lavaluneta [laβalu'neta] *m* Scheibenwischer *m*
lavamanos [laβa'manos] *m inv* Waschbecken *nt*
lavanda [la'βanda] *f* Lavendel *m*
lavandera [laβan'dera] *f v.* **lavandero**
lavandería [laβande'ria] *f* Wäscherei *f*
lavandero, -a [laβan'dero, -a] *m, f* Wäscher(in) *m(f)*
lavándula [la'βandula] *f* (BOT) Lavendel *m*
lavaojos [laβa'oxos] *m inv* (MED) Augen(spül)schale *f*
lavaparabrisas [laβapara'βrisas] *m inv* (AUTO) Scheibenwascher *m*, Scheibenwaschanlage *f*
lavaplatos [laβa'platos] *m inv* Spülmaschine *f*
lavar [la'βar] I. *vt* ❶ (limpiar) waschen; **la cabeza a alguien** jdm die Haare waschen; **~ los platos** das Geschirr spülen; **~ y marcar** (en la peluquería) waschen und legen
❷ (muro) tünchen, weißen
❸ (pintura) lavieren
❹ (GEO: purificar minerales) aufbereiten
II. *vr*: **~se** sich waschen; **~se los dientes** sich *dat* die Zähne putzen; **~se las manos** sich *dat* die Hände waschen; (fig) seine Hände in Unschuld waschen; **~ se de culpas** von Sünden freiwaschen
lavativa [laβa'tiβa] *f* (MED) ❶ (enema) Einlauf *m*
❷ (instrumento) Klistierspritze *f*
lavatorio [laβa'torjo] *m* ❶ (MED) Reinigungssud *m*
❷ (REL) Fußwaschung *f*; **~ del Jueves Santo** Fußwaschung am Gründonnerstag
❸ (Am) *v.* **lavabo**
lavavajillas [laβaβa'xiʎas] *m inv* Geschirrspülmaschine *f*, Geschirrspüler *m*
lave ['laβe] *m* (MIN) Erzwäsche *f*
lavotear [laβote'ar] I. *vt* flüchtig waschen
II. *vr*: **~se** sich oberflächlich waschen, Katzenwäsche machen *fam*
lavoteo [laβo'teo] *m* Auswaschen *nt*, Durchwaschen *nt*; **dar a la ropa un simple ~** die Wäsche nur kurz durchwaschen
laxante [la'ʝsante] *m* Abführmittel *nt*; (MED) Laxans *nt*, Laxativ(um) *nt*
laxar [la'ʝsar] *vt* ❶ (relajar) lockern
❷ (purgar): **~ el vientre** den Darm leeren
laxativo¹ [la'ʝsa'tiβo] *m* Abführmittel *nt*; (MED) Laxans *nt*, Laxativ(um) *nt*
laxativo, -a² [la'ʝsa'tiβo, -a] *adj* abführend
laxismo [la'ʝsismo] *m sin pl* Laxismus *m*; **el ~ impera en los sistemas educativos actuales** die heutigen Erziehungssysteme sind weit weniger streng als früher
laxitud [la'ʝsi'tuð] *f* Schlaffheit *f*
laxo, -a ['la'ʝso, -a] *adj* ❶ (flojo) schlaff
❷ (moral, costumbres) lax
layar [la'ʝar] *vt* (AGR) (mit dem Spaten) umgraben
lazada [la'θaða] *f* Schlinge *f*, Schlaufe *f*
lazar [la'θar] <z→c> *vt* verschnüren; **lazó el paquete de cartas** er/sie umwickelte die Briefe mit einer Kordel
lazareto [laθa'reto] *m* ❶ (de contagiosos) Quarantänestation *f*
❷ (de leprosos) Leprastation *f*
lazarillo, -a [laθa'riʎo, -a] *m, f* Blindenführer(in) *m(f)*; **el L~ de Tormes** Figur des gleichnamigen spanischen Romans aus dem 16.Jh.
lázaro ['laθaro] *m* (fam) armer Teufel *m*, Lazarus *m*
lazo ['laθo] *m* ❶ (nudo) Schlinge *f*, Schlaufe *f*
❷ (cuerda para cazar animales) Lasso *m*
❸ (trampa) Falle *f*; (para conejos, perdices) Fangschlinge *f*
❹ (cinta) Schleife *f*; **~ azul** blaue Schleife als Zeichen des Protestes gegen die ETA-Verbrechen
❺ (fig: vínculo) Band *nt*; **~s afectivos** emotionale Bindungen
lazulita [laθu'lita] *f* Lapislazuli *m*
lda. [limi'taða], **ldo.** [limi'taðo] *abr de* **limitado, -a** (ECON, JUR) beschränkt, mit beschränkter Haftung
le [le] *pron pers* ❶ *m sg* (reg: objeto directo) ihn; (forma cortés) Sie *m sg*; **no ~ veo** ich sehe ihn nicht
❷ *mf sg* (objeto indirecto) ihm, ihr; (t. acusativo) ihn, sie; (forma cortés) Ihnen *sg*; (t. acusativo) Sie *sg*; **¡da~ un beso!** gib ihm/ihr einen Kuss!; **~ gustó mucho** es gefiel ihm/ihr sehr; **¿~ pasa algo?** fehlt Ihnen was?; **no ~ preguntes** frag ihn/sie nicht; **~ recuerdo que...** ich erinnere Sie daran, dass ...
leal [le'al] *adj* treu, loyal
leala [le'ala] *f* (fam) Peseta *f*
lealtad [leal'tað] *f* Treue *f*, Loyalität *f*; (JUR) Lauterkeit *f*; **~ de la competencia** Lauterkeit des Wettbewerbs
leasing ['lisiŋ] *m sin pl* Leasing *nt*; **~ financiero** [o **de financiación**] Finanzierungsleasing *nt*; **~ operativo** operatives Leasing
lebaniego, -a [leβa'njeɣo, -a] I. *adj* aus Liébana (Provinz Santander)
II. *m, f* Einwohner(in) *m(f)* von Liébana
lebeche [le'βetʃe] *m* trockener Südwestwind *m* (der spanischen Mittelmeerküste)
lebení [leβe'ni] *m* maurisches Getränk aus saurer Milch
lebrada [le'βraða] *f* (GASTR) Gericht aus Hasenfleisch
lebrancho [le'βrantʃo] *m* (Ant: GASTR, ZOOL) Meeräsche *f*
lebrato [le'βrato] *m* Junghase *m*; **la liebre y sus ~s** die Häsin und ihre Jungen
lebrel [le'βrel] *m* Windhund *m*; **~ afgano** Afghane *m*
lebrillo [le'βriʎo] *m* Waschschüssel *f*
lebruno, -a [le'βruno, -a] *adj* Hasen-; **tenía la tez de un color ~** sein/ihr Gesicht war von der Farbe eines Hasenfelles
lecanomancia [lekano'manθja] *f*, **lecanomancía** [lekanoman'θia] *f* Wahrsagerei aus dem Geräusch von Edelsteinen, die in eine Schüssel geworfen werden
lección [le'ʝθjon] *f* ❶ (lectura) Lesen *nt*; **~ de documentos** (t. JUR) Urkundenverlesung *f*
❷ (enseñanza escolar) Unterricht *m*; **lecciones de piano** Klavierunterricht *m*, Klavierstunden *fpl*; **tomar lecciones de matemáticas** Mathematikstunden nehmen
❸ (enseñanza universitaria) Vorlesung *f*
❹ (tema a estudiar) Lektion *f*; **dar la ~** (fam) im Unterricht drankommen
❺ (advertencia) Lehre *f*, Lektion *f*; **dar una ~ a alguien** jdm eine Lektion erteilen; **¡que te sirva de ~!** das soll dir eine Lehre sein!
leccionario [leʝθjo'narjo] *m* (REL) Lektionar(ium) *nt*

lechada [le'tʃaða] f ❶ (*argamasa*) Mörtel m
❷ (*para hacer papel*) Papierbrei m
❸ (*emulsión*) Emulsion f
lechal [le'tʃal] I. adj ❶ (*cachorro*) Jung-; **cordero** ~ Milchlamm nt
❷ (*planta*) milchig, Milch-
II. m ❶ (*plantas*) Milchsaft m
❷ (*cordero*) Milchlamm nt
lechar [le'tʃar] adj ❶ (*de animales*) Jung-; **corzo** ~ Kitz nt
❷ (*productor de leche*) milcherzeugend; **vaca** ~ Milchkuh f
lechazo [le'tʃaθo] m Milchlamm nt
leche ['letʃe] f ❶ (*alimento*) Milch f; ~ **condensada** Kondensmilch f; ~ **en polvo** Milchpulver nt; **ternera de** ~ Milchkalb nt
❷ (BOT) Milchsaft m, Milch f
❸ (*emulsión*) Milch f; ~ **corporal** Körpermilch f; ~ **desmaquillante** [o **limpiadora**] Reinigungsmilch f; ~ **hidratante** Feuchtigkeitsmilch f; ~ **solar** (**protectora**) Sonnen(schutz)milch f
❹ (*vulg: esperma*) Sperma m
❺ (*loc*): ¡~s! (*fam*) Scheiße!; ¡**es la** ~! er/sie ist unmöglich!; **estar de mala** ~ (*fam*) mies drauf sein, schlechte Laune haben; **tener mala** ~ (*fam*) fies sein
lechecillas [letʃe'θiʎas] fpl ❶ (*molleujuelas*) (Kalbs)bries nt, Kalbsmilch f
❷ (*asaduras*) Gekröse nt, Innereien fpl
lechera [le'tʃera] f ❶ (*recipiente*) Milchkanne f
❷ v. **lechero**
lechería [letʃe'ria] f Milchgeschäft nt
lechero, -a [le'tʃero, -a] I. adj Milch-
II. m, f Milchmann, -frau m, f
lechetrezna [letʃe'treθna] f (BOT) Milchkraut nt
lechigada [letʃi'yaða] f Wurf m
lechiguana [letʃi'ywana] f (*Arg*) ❶ (ZOOL) tropische Faltenwespenart
❷ (*panal*) die Honigwabe dieser Wespe
lechín [le'tʃin] adj (AGR): **olivo** ~ sehr ertragreiche und ölreiche Olivensorte
lecho ['letʃo] m ❶ (*cama*) Bett nt; **estar en un** ~ **de rosas** auf Rosen gebettet sein
❷ (*para el ganado*) Einstreu f
❸ (*de un río*) Flussbett nt
lechón, -ona [le'tʃon, -ona] m, f ❶ (*cochinillo*) Spanferkel nt
❷ (*persona*) schlampiger Mensch m, Dreckspatz m fam
lechosa [le'tʃosa] f (*Am: BOT*) Papaya f
lechoso¹ [le'tʃoso] m (*Am: BOT*) Papaya(staude) f
lechoso, -a² [le'tʃoso, -a] adj ❶ (*como leche*) milchig
❷ (*planta, fruta*) milchhaltig
lechuga [le'tʃuya] f ❶ (*ensalada*) Kopfsalat m; ~ **iceberg** Eisbergsalat m; **como una** ~ (*fam*) frisch und munter; **ser más fresco que una** ~ (*fam*) rotzfrech sein
❷ (BOT) Lattich m
lechuguino¹ [letʃu'yino] m ❶ (*esqueje*) Salatsetzling m
❷ (*pey: joven elegante*) Dandy m
lechuguino, -a² [letʃu'yino, -a] m, f (*pey: niño presumido*) Geck m; (*niña presumida*) (Mode)püppchen f
lechuza [le'tʃuθa] f Eule f
lechuzo¹ [le'tʃuθo] m Bote m
lechuzo, -a² [le'tʃuθo, -a] I. adj (*fam: raro*) kauzig
II. m, f (*fam: que es raro*) komischer Kauz m
lecitina [leθi'tina] f (QUIM) Lezithin nt
lectivo, -a [lek'tiβo, -a] adj (ENS) Schul-, Unterrichts-; (UNIV) Vorlesungs-, Lehr-; **ciclo** ~ (ENS) Schuljahr nt; (UNIV) Vorlesungszeit f; **día** ~ Schultag m, Unterrichtstag m
lectoescritura [lektoeskri'tura] f Lesen und Schreiben nt
lector¹ [lek'tor] m (INFOR) Scanner m, Lesegerät nt; ~ (**de**) **CD-ROM** CD-ROM-Laufwerk nt; ~ **de impresiones digitales** Lesegerät für digitale Bilder; ~ **óptico de páginas** Seitenleser m; ~ **de tarjetas** Kartenleser m
lector(a)² [lek'tor(a)] m(f) ❶ (*que lee*) Leser(in) m(f)
❷ (*que lee en voz alta*) Vorleser(in) m(f)
❸ (*en editoriales, universidades*) Lektor(in) m(f)
lectorado [lekto'raðo] m Lektorat nt
lectoría [lekto'ria] f ❶ (*iglesia*) Lektorenamt nt
❷ (*universidad*) Lektorat nt
lectura [lek'tura] f ❶ (*acción de leer*) Lesen nt; ~ **múltiple** (INFOR) mehrfaches Abtasten; ~ **de tarjetas** (INFOR) Kartenlesen nt; ~ **en voz alta** Vorlesen nt; ~ **del acta** (JUR) Verlesung des Protokolls; ~ **de instrumentos de medición** Ablesen von Messinstrumenten
❷ (*obra*) Lektüre f, Lesestoff m
❸ (*disertación*) Lesung f
❹ (*conocimientos*) Belesenheit f
leer [le'er] irr vt ❶ (*percibir*) lesen; ~ **en voz alta** vorlesen; ~ **instrumentos de medición** Messinstrumente ablesen
❷ (*interpretar*) deuten; ~ **la borra del café** im Kaffeesatz lesen; ~ **una cosa en la cara de alguien** jdm etw vom Gesicht ablesen
lega ['leya] adj o f v. **lego**
legación [leya'θjon] f ❶ (*cargo*) Gesandtschaft f; ~ **papal** päpstliche Legation
❷ (*comitiva*) Gesandtschaft f
❸ (*edificio*) Gesandtschaftsgebäude nt
legado [le'yaðo] m ❶ (*diplomático*) Gesandte(r) m
❷ (REL) (päpstlicher) Legat m
❸ (HIST) Legat m
❹ (*herencia*) Erbe m
❺ (*poder legal*) Vermächtnis nt; ~ **per damnationem** Damnationslegat nt; ~ **del derecho de compraventa** Kaufrechtsvermächtnis nt; ~ **facultativo** Ersatzvermächtnis nt; ~ **mancomunado** gemeinschaftliches Vermächtnis; ~ **obligatorio** Pflichtversäumnis nt; ~ **per vindicationem** Vindikationslegat nt
legador(a) [leya'ðor(a)] m(f) (JUR) Vermächtnisgeber(in) m(f)
legajo [le'yaxo] m Aktenbündel nt, Akte f
legal [le'yal] adj ❶ (*determinado por la ley*) gesetzlich; **medicina** ~ Gerichtsmedizin f
❷ (*conforme a la ley*) legal, rechtmäßig
❸ (*fiel, recto*) rechtschaffen
legalidad [leyali'ðað] f Legalität f, Gesetzmäßigkeit f; **al filo de la** ~ am Rande des Gesetzes; **fuera de la** ~ gesetzwidrig, illegal
legalismo [leya'lismo] m Legalismus m, striktes Befolgen nt der Gesetze
legalista [leya'lista] adj gesetzestreu
legalizable [leyali'θaβle] adj legalisierbar; **según los manifestantes el consumo de drogas es** ~ nach Meinung der Demonstranten ist eine Legalisierung der Drogen machbar
legalización [leyaliθa'θjon] f ❶ (*autorización*) Legalisierung f
❷ (*atestamiento*) Beglaubigung f
legalizar [leyali'θar] <z→c> vt ❶ (*autorizar*) legalisieren
❷ (*atestar*) beglaubigen
legalmente [leyal'mente] adv kraft Gesetzes, gesetzmäßig; ~ **reconocido** gesetzlich anerkannt; **protegido/prescrito** ~ gesetzlich geschützt/vorgeschrieben; **disponer algo** ~ etw gesetzlich verfügen
legamente [leya'mente] adv laienhaft, als Laie; **pensó, ~, que...** ganz naiv dachte er/sie, dass ...
légamo ['leyamo] m ❶ (*cieno*) Schlick m; (*lodo*) Schlamm m
❷ (*barro arcilloso*) Tonboden m, Lehmboden m
legamoso, -a [leya'moso, -a] adj (*lodoso*) schlammig; (*cienoso*) schlickig
legaña [le'yaɲa] f Tränenflüssigkeit f; **tienes ~s** dir tränen die Augen; (*al despertar*) du hast Schlaf in den Augen
legañoso, -a [leya'ɲoso, -a] adj triefäugig
legar [le'yar] <g→gu> vt ❶ (*hacer un legado*) vermachen, vererben; (*dejar como herencia*) hinterlassen
❷ (*enviar*) entsenden
legatario, -a [leya'tarjo, -a] m, f Vermächtnisnehmer(in) m(f); (JUR) Legatar(in) m(f)
legato [le'yato] m (MÚS) Legato nt
legenda [le'xenda] f (REL) Legendar nt, Legendenbuch nt
legendario¹ [lexen'darjo] m Legendensammlung f
legendario, -a² [lexen'darjo, -a] adj ❶ (*de leyenda*) legendär, sagenhaft
❷ (*famoso*) berühmt
leggings ['leyins] mpl Leggings pl
legibilidad [lexiβili'ðað] f Lesbarkeit f, Leserlichkeit f
legible [le'xiβle] adj lesbar, leserlich
legión [le'xjon] f ❶ (MIL) Legion f
❷ (*gran cantidad*) Schar f; **una** ~ **de niños** eine Kinderschar; **los mosquitos son** ~ (*elev*) es gibt massenweise Moskitos
legionario, -a [lexjo'narjo, -a] I. adj Legion-
II. m, f Legionär(in) m(f)
legionella [lexjo'nela] f (MED) ❶ (*bacteria*) Legionellabakterium nt
❷ (*enfermedad*) Legionärskrankheit f
legionelosis [lexjone'losis] f inv (MED) Legionärskrankheit f, Legionellose f
legislable [lexis'laβle] adj (JUR) gesetzlich regelbar
legislación [lexisla'θjon] f ❶ (*acción*) Gesetzgebung f; ~ **sobre el abuso** Missbrauchsgesetzgebung f; ~ **antimonopolio** Kartellgesetzgebung f; ~ **sobre divisas** Devisengesetzgebung f; ~ **federal** Bundesgesetzgebung f; ~ **fiscal** Steuergesetzgebung f; ~ **marco** Rahmengesetzgebung f; ~ **prohibitiva** Verbotsgesetzgebung f; ~ **social** Sozialgesetzgebung f; ~ **contra la usura** Wuchergesetzgebung f
❷ (*leyes*) Gesetze ntpl, Recht nt; ~ **antitrust** Antitrustrecht nt; ~ **contra la competencia desleal** Anti-Dumping-Recht nt; ~ **sobre energía nuclear** Atomenergierecht nt; ~ **para los extranjeros** Ausländerrecht

nt; ~ **laboral** Arbeitsrecht nt; ~ **de protección laboral** Arbeitsschutzrecht nt; ~ **sobre responsabilidad nuclear** Atomhaftungsrecht nt; ~ **social** Sozialgerichtsgesetz nt
legislador(a) [lexisla'ðor(a)] **I.** adj gesetzgeberisch
❷ m(f) ❶ (que legisla) Gesetzgeber(in) m(f)
❷ (Am: parlamentario) Parlamentarier(in) m(f), Abgeordnete(r) mf
legislar [lexis'lar] vi Gesetze erlassen [o verabschieden]
legislativo, -a [lexisla'tiβo, -a] adj gesetzgebend; **asamblea legislativa** verfassungsgebende Versammlung; **poder** ~ Legislative f
legislatura [lexisla'tura] f ❶ (período) Legislaturperiode f
❷ (Arg, Méx, Perú: parlamento) Parlament nt
legista [le'xista] mf ❶ (eminencia en leyes) Rechtsgelehrte(r) mf; (jurisprudente) Jurist(in) m(f)
❷ (estudiante) Jurastudent(in) m(f)
legítima [le'xitima] f (JUR) Pflichtteil m o nt
legitimación [lexitima'θjon] f ❶ (legalización) Legalisierung f, gesetzliche Anerkennung f; ~ **judicial** gerichtliche Beurkundung f; ~ **notarial** notarielle Beurkundung
❷ (habilitación) Legitimation f; ~ **activa** Klagelegitimation f; ~ **de recepción** Empfangsberechtigung f; ~ **original** Erstberechtigung f; ~ **procesal** Prozessstandschaft f
❸ (reconocimiento de un hijo) Anerkennung f; (JUR) Ehelichkeitserklärung f
legítimamente [lexitima'mente] adv rechtmäßig
legitimar [lexiti'mar] **I.** vt ❶ (dar legitimidad) für rechtmäßig erklären, gesetzlich anerkennen
❷ (habilitar) befähigen, berechtigen
❸ (reconocer a un hijo) anerkennen; (JUR) für ehelich erklären
II. vr: ~**se** sich ausweisen
legitimario, -a [lexiti'marjo, -a] m, f (JUR) Vermächtnisnehmer(in) m(f)
legitimidad [lexitimi'ðað] f Legitimität f, Rechtmäßigkeit f; ~ **de un niño** Ehelichkeit eines Kindes; ~ **para interponer una demanda** Klagebefugnis f
legitimismo [lexiti'mismo] m sin pl (POL) Legitimismus m
legitimista [lexiti'mista] mf (HIST) Legitimist(in) m(f)
legítimo, -a [le'xitimo, -a] adj ❶ (legal) rechtmäßig; **defensa legítima** Notwehr f
❷ (verdadero) echt; **collar de perlas legítimas** Kollier aus echten Perlen
❸ (hijo) ehelich
lego, -a ['leɣo, -a] **I.** adj ❶ (no eclesiástico) weltlich, Laien-
❷ (ignorante) unwissend
II. m, f Laie, -in m, f; **ser un** ~ **en el tema** nichts von der Sache verstehen
legón [le'ɣon] m (AGR) Hacke f
legra ['leɣra] f (MED) Schabinstrument nt
legración [leɣra'θjon] f (MED: hueso) (Ab)schaben nt; (útero) Ausschabung f
legrar [le'ɣrar] vt (MED: huesos) (ab)schaben; (útero) ausschaben
legua ['leɣwa] f (spanische) Meile f (5,5727 km); ~ **marina** (spanische) Seemeile (5,555 km); **lo reconocí a la** ~ ich habe ihn von weitem erkannt; **no hay nadie mejor (que ella) en** ~**s a la redonda** sie ist die Beste weit und breit
legui ['leɣi] m (Leder)gamasche f, Überstrumpf m
leguleyo, -a [leɣu'lejo, -a] m, f (pey) Winkeladvokat(in) m(f)
legumbre [le'ɣumbre] f Hülsenfrucht f; **frutas y** ~**s** Obst und Gemüse
legumbrera [leɣum'brera] f Gemüseschüssel f
leguminosas [leɣumi'nosas] fpl Leguminosen fpl
leguminoso, -a [leɣumi'noso, -a] adj Hülsen-
lehendakari [le(e)nda'kari] m (POL) v. **lendakari**
leíble [le'iβle] adj lesbar, leserlich
leída [le'iða] f Lesen nt; **se lo aprendió de una** ~ er/sie lernte es nach einmaligem Durchlesen; **dar una** ~ **a algo** etw überfliegen
leído, -a [le'iðo, -a] adj belesen, gebildet; **una revista muy leída** eine viel gelesene Zeitschrift
leísmo [le'ismo] m (LING) falsche Verwendung von 'le(s)' als Akkusativobjekt anstelle von 'lo(s)'
leísta [le'ista] **I.** adj (LING) 'le(s)' statt 'lo(s)' im Akkusativ verwendend
II. mf (LING) Person, die 'le(s)' statt 'lo(s)' im Akkusativ verwendet
leitmotiv [lei̯ᵈmo'tif] m (MÚS, LIT) Leitmotiv nt
lejanía [lexa'nia] f Ferne f
lejano, -a [le'xano, -a] adj fern (de von +dat); **en un futuro no muy** ~ in absehbarer Zeit; **parentesco** ~ entfernte Verwandtschaft
lejía [le'xia] f ❶ (QUÍM) Lauge f
❷ (para lavar) Waschlauge f; (para decolorar) Bleichlauge f
lejos [le'xos] **I.** adv weit (entfernt); **a lo** ~ in der Ferne; **de** ~ von weitem; **ir demasiado** ~ (fig) zu weit gehen; **llegar** ~ (fig) es weit [o zu etwas] bringen; **sin ir más** ~ (fig) (so) zum Beispiel
II. prep: ~ **de** weit (weg) von +dat, weit (entfernt) von +dat; **vivimos** ~

del pueblo wir wohnen ziemlich weit vom Dorf entfernt; **está muy** ~ **de mí hacer algo** (fig) es liegt mir fern etw zu tun
III. m inv (ARTE) Hintergrund m
lelo, -a ['lelo, -a] adj (fam) ❶ ser (tonto) doof, blöd
❷ estar (pasmado) verdutzt; (mareado) benommen
lema ['lema] m ❶ (tema) Grundgedanke m; (mote) Devise f; **bajo el** ~... unter dem Motto ...
❷ (contraseña) Kennwort nt, Losung f
❸ (MAT) Lemma nt, Hilfssatz m
❹ (LING) Lemma nt
lemario [le'marjo] m (LING) Gesamtheit f der Stichwörter eines Wörterbuches
lemming ['lemiŋ] m (ZOOL) Lemming m
lemniscata [lemnis'kata] f (MAT) Lemniskate f
lempira [lem'pira] f (FIN) Lempira f (Währungseinheit Honduras)
lémur ['lemur] m (ZOOL) Lemur(e) m
lencera [len'θera] f v. **lencero**
lencería [lenθe'ria] f ❶ (conjunto de telas) Stoffe mpl; (ropa de cama) Bettwäsche f
❷ (tienda de telas) Wäschegeschäft nt; (de ropa interior) Miederwarengeschäft nt; ~ **de un almacén** Wäscheabteilung eines Kaufhauses
❸ (depósito de ropa blanca) Wäschedepot nt; ~ **de un hospital** Krankenhauswäschelager nt
❹ (ropa interior femenina) Damen(unter)wäsche f, Dessous ntpl; (que sujeta) Miederwaren fpl
lencero, -a [len'θero, -a] m, f Wäschehändler(in) m(f)
lenco, -a ['leŋko, -a] adj (Hond: tartamudo) stotternd; **él es** ~ er ist Stotterer [o stottert]
lendakari [lenda'kari] m Ministerpräsident der baskischen Regionalregierung
lendrera [len'drera] f Läusekamm m
lendroso, -a [len'droso, -a] adj nissig
lengón, -ona [leŋ'gon, -ona] adj (Col: deslenguado) klatschhaft
lengua ['leŋgwa] f ❶ (órgano) Zunge f; ~ **bífida** Spaltzunge f; ~ **de buey** (BOT) Ochsenzunge f; ~ **de estropajo** [o **de trapo**] (fam) Stotterer m; ~**s de gato** (GASTR) Katzenzungen fpl; **atar la** ~ **a alguien** jdm den Mund verbieten; **darle a la** ~ (fam) quasseln; **es lo que dicen las malas** ~**s** das sagen böse Zungen; **lo tengo en la punta de la** ~ es liegt mir auf der Zunge; **morderse la** ~ sich dat auf die Zunge beißen; (fig) den Mund halten; **no tener pelos en la** ~ kein Blatt vor den Mund nehmen; **parecer que alguien ha comido** ~ viel reden; **sacar la** ~ **a alguien** jdm die Zunge herausstrecken; **se me trabó la** ~ ich habe mich verhaspelt; **tener la** ~ **demasiado larga** ein loses Mundwerk haben; **tener una** ~ **viperina** (fam) eine spitze Zunge haben; **tirar a alguien de la** ~ (fam fig) jdm die Würmer aus der Nase ziehen; **aquí alguien se ha ido de la** ~ da hat sich wohl jemand verplappert
❷ (LING) Sprache f; ~ **clásica** klassische Sprache; ~ **madre** Stammsprache f; ~ **materna** Muttersprache f; ~ **oficial** Amtssprache f; ~ **de oíl** Langue d'oil; ~ **de oc** Langue d'oc; ~ **viva/muerta** lebende/tote Sprache
❸ (forma) Zunge f; ~ **del agua** Uferstreifen m; ~ **de fuego** (REL) Feuerzunge f; ~ **de tierra** Landzunge f
❹ (de una campana) Glockenklöppel m
lenguadeta [leŋgwa'ðeta] f (GASTR, ZOOL) kleine Seezunge f
lenguado [leŋ'gwaðo] m (ZOOL) Seezunge f
lenguaje [leŋ'gwaxe] m Sprache f; ~ **artificial** künstliche Sprache; ~ **de comandos** (INFOR) Befehlssprache f; ~ **de computación** (INFOR) Maschinensprache f; ~ **culto** gehobene Sprache; ~ **documental** Urkundensprache f; **el** ~ **de las flores** die Blumensprache f; ~ **informático** Computersprache f; ~ **procesal** (JUR) Verfahrenssprache f; ~**s de programación** (INFOR) Programmiersprachen fpl; ~ **técnico** Fachsprache f
lenguaraz [leŋgwa'raθ] adj frech, unverschämt
lenguaz [leŋ'gwaθ] adj geschwätzig
lenguaza [leŋ'gwaθa] f (BOT) Ochsenzunge f
lengüeta [leŋ'gweta] f ❶ (del zapato) Lasche f
❷ (de la balanza) Zünglein nt
❸ (de la flauta) Zunge f
❹ (Chil: cuchillo) Papiermesser nt
❺ (epiglotis) Kehldeckel m
❻ (carpintería) Feder f
lengüetada [leŋgwe'taða] f Lecken nt; (perro) Schlabbern nt; **le dio tres** ~**s al helado** er/sie hat dreimal am Eis geleckt
lengüetazo [leŋgwe'taθo] m Zungenschlag m; (lamer) Lecken nt
lengüetear [leŋgwete'ar] vi (Am: fam) schwatzen
lengüetería [leŋgwete'ria] f (MÚS) Zungenpfeifen fpl einer Orgel
lengüicorto, -a [leŋgwi'korto, -a] adj (fam) zurückhaltend, wortkarg; **es muy** ~ er/sie redet nicht gern
lengüilargo, -a [leŋgwi'larɣo, -a] adj (fam) scharfzüngig
lengüón, -ona [leŋ'gwon, -ona] **I.** adj (Am: calumniador) gehässig,

(*chismoso*) klatschhaft
II. *m, f* (*Am: calumniador*) Verleumder(in) *m(f)*; (*chismoso*) Klatschmaul *nt fam*
lenidad [leni'ðað] *f sin pl* Nachsicht *f*, Milde *f*
lenificar [lenifi'kar] <c→qu> *vt* mildern, lindern
leninismo [leni'nismo] *m* (POL) Leninismus *m*
leninista [leni'nista] I. *adj* (POL) leninistisch
II. *mf* (POL) Leninist(in) *m(f)*
lenitivo[1] [leni'tiβo] *m* ❶ (*medicamento*) Linderungsmittel *nt*
❷ (*consuelo*) Trost *m*
lenitivo, -a[2] [leni'tiβo, -a] *adj* lindernd
lenocinio [leno'θinjo] *m* Kuppelei *f*; **casa de ~** Bordell *nt*
lente ['lente] *m o f* ❶ (*gafas*) Brille *f*; **el abuelo lleva ~s** der Großvater trägt eine Brille
❷ (*cristal, t.* FOTO) (Glas)linse *f*; **~ convergente/divergente** Sammel-/Zerstreuungslinse *f*; **~s de contacto** Kontaktlinsen *fpl*; **~s progresivas** Progressivgläser *ntpl*
lenteja [len'texa] *f* Linse *f*; **dar algo por un plato de ~s** (*fig*) etw für ein Linsengericht hergeben
lentejar [lente'xar] *m* (AGR) Linsenfeld *nt*, Linsenpflanzung *f*
lentejuela [lente'xwela] *f* ❶ *dim de* **lenteja**
❷ (*adorno*) Flitter *m*; **~s** Pailletten *fpl*
lenticular [lentiku'lar] *adj* linsenförmig; (*hueso*) lentikulär
lentificar [lentifi'kar] *vt* <c→qu> verlangsamen
lentilla [len'tiʎa] *f* Kontaktlinse *f*; **~ desechable** Einmalkontaktlinse *f*
lentisco [len'tisko] *m* (BOT) Mastixstrauch *m*
lentisquina [lentis'kina] *f* (BOT) Frucht *f* des Mastixstrauches
lentitud [lenti'tuð] *f* Langsamkeit *f*; (*fig*) Trägheit *f*; **~ en los pagos** Säumigkeit im Zahlen; **con ~** langsam
lento[1] ['lento] *m* (MÚS) Lento *nt*; **ahora la orquesta toca un ~** jetzt spielt das Orchester ein langsames Stück
lento, -a[2] ['lento, -a] *adj* langsam; (*fig*) träge; (*enfermedad, agonía*) schleichend; **a cámara lenta** in Zeitlupe; **a paso ~** langsamen Schrittes; **quemar a fuego ~** (*fig*) quälen; **ser ~ en resolverse** sich schwer entscheiden können
lentorro, -a [len'torro, -a] *adj* (*pey*) schwerfällig, lahm *fam*
leña ['leɲa] *f sin pl* ❶ (*madera*) (Brenn)holz *nt*; **~ de vaca/de oveja** (*Arg, Urug*) getrockneter Rinder-/Schafskot; **echar ~ al fuego** Holz auflegen; (*fig*) Öl ins Feuer gießen; **llevar ~ al monte** (*fig*) Eulen nach Athen tragen
❷ (*castigo*) Prügel *mpl*; **¡~ con él!** gib ihm Saures!; **dar ~** verprügeln; **recibir ~** Prügel einstecken
leñador(a) [leɲa'ðor(a)] *m(f)* Holzfäller(in) *m(f)*
leñazo [le'ɲaθo] *m* (*fam*) Schlag *m*; **¡qué ~ se pegó!** er/sie hat ganz schön was abgekriegt!; **pegarse** [*o* **darse**] **un ~ en la cabeza** sich *dat* den Kopf anschlagen
leñe ['leɲe] *interj* (*vulg*) verdammt noch mal
leñera [le'ɲera] *f* (*edificio*) Holzschuppen *m*; (*sitio*) Holzplatz *m*
leñero [le'ɲero] *m* ❶ (*vendedor*) Holzhändler *m*
❷ (*lugar*) Holzschuppen *m*
leño ['leɲo] *m* ❶ (*de árbol*) Kloben *m*, Holzklotz *m*
❷ (*tonto*) Dummkopf *m*
leñoso, -a [le'ɲoso, -a] *adj* holz(art)ig
Leo ['leo] *m* (ASTR) Löwe *m*
león [le'on] *m* ❶ (ZOOL) Löwe *m*; **~ marino** Seelöwe *m*; **diente de ~** (BOT) Löwenzahn *m*; **no es tan fiero el ~ como lo pintan** (*fam*) nichts ist so schlimm wie es aussieht
❷ (*Am: puma*) Puma *m*
León [le'on] *m* León *f*
leonado, -a [leo'naðo, -a] *adj* falb, fahlgelb
leonera [leo'nera] *f* ❶ (*jaula*) Löwenkäfig *m*
❷ (*timba*) Spielhölle *f*
❸ (*habitación desordenada*) Rumpelkammer *f*
leonero, -a [leo'nero, -a] *m, f* Löwenwärter(in) *m(f)*
leonés[1] [leo'nes] *m* in León gesprochener Dialekt
leonés, -esa[2] [leo'nes, -esa] I. *adj* aus León
II. *m, f* Einwohner(in) *m(f)* von León
leonesismo [leone'sismo] *m* (LING) ❶ (*en leonés*) in León gesprochenes Spanisch *nt*
❷ (*en otra lengua*) aus dem in León gesprochenen Spanisch übernommener Ausdruck
❸ (*afecto por lo leonés*) Liebe zu allem, was mit León zu tun hat
leonina [leo'nina] *f* (MED) Löwengesicht *nt*, Facies *f* leontina
leonino, -a [leo'nino, -a] *adj* ❶ (ZOOL) Löwen-
❷ (JUR) leoninisch; **contrato ~** leoninischer Vertrag
leontina [leon'tina] *f* Uhrkette *f*
leopardo [leo'parðo] *m* Leopard *m*
leotardo(s) [leo'tarðo(s)] *m(pl)* Strumpfhose *f*
Lepe ['lepe] *m*: **saber más que ~** sehr gescheit sein (*nach Bischof Don Pedro de Lepe, 17 Jh.*)
leperada [lepe'raða] *f* (*AmC, Méx*) ❶ (*canallada*) Gemeinheit *f*
❷ (*expresión burda*) ordinäres Gerede *nt*
lépero, -a ['lepero, -a] I. *adj* ❶ (*AmC, Méx: grosero, soez*) ordinär
❷ (*Cuba: perspicaz*) scharfsinnig, schlau
❸ (*Ecua: fam: arruinado*) abgebrannt
II. *m, f* (*AmC, Méx*) Schurke, -in *m, f*
lepidio [le'piðjo] *m* (BOT) (Mauer)kresse *f*
lepidóptero [lepi'ðoptero] *m* (ZOOL) Schuppenflügler *m*; **colección de ~s** Schmetterlingssammlung *f*
leporino, -a [lepo'rino, -a] *adj* (*como una liebre*) hasenartig, Hasen-; **labio ~** Hasenscharte *f*
lepra ['lepra] *f sin pl* Lepra *f*
leprosa [le'prosa] *adj o f v.* **leproso**
leprosario [lepro'sarjo] *m* (*Méx*) Leprosorium *nt*, Krankenhaus *nt* für Leprakranke
leprosería [leprose'ria] *f* Leprastation *f*
leproso, -a [le'proso, -a] I. *adj* leprös
II. *m, f* Leprakranke(r) *mf*
leptospirosis [leptospi'rosis] *f inv* (MED) Leptospirose *f*
lerdear [lerðe'ar] *vi* (*AmC, Arg*) ❶ (*hacer algo con pesadez*) träge sein, schwerfällig sein
❷ (*demorarse*) sich *dat* Zeit lassen; (*llegar tarde*) zu spät kommen
lerdo, -a ['lerðo, -a] *adj* schwerfällig
lerense [le'rense] I. *adj* ❶ (*pontevedrés*) aus Pontevedra
❷ (*del río Lérez*) den Fluss Lérez betreffend
II. *mf* (*pontevedrés*) Einwohner(in) *m(f)* von Pontevedra
Lérida ['leriða] *f* Lérida *nt*, Lleida *nt*
leridano, -a [leri'ðano, -a] I. *adj* aus Lérida
II. *m, f* Einwohner(in) *m(f)* von Lérida
les [les] *pron pers* ❶ *m pl* (*reg: objeto directo*) sie *pl*; (*forma cortés*) Sie *pl*; **no ~ veo** ich sehe sie nicht
❷ *mf pl* (*objeto indirecto*) ihnen; (*t. acusativo*) sie *pl*; (*forma cortés*) Ihnen *pl*; (*t. acusativo*) **yo ~ di ayer las llaves** ich habe ihnen gestern die Schlüssel gegeben; **¡da~ mañana los cuadernos!** gib ihnen morgen die Hefte!; **a ellos no ~ importa nada que...** +*subj* es ist ihnen egal, dass ...; **~ ocurrió lo siguiente...** Folgendes ist ihnen passiert ...; **~ he preguntado su nombre** ich habe sie nach ihrem Namen gefragt; **~ recuerdo que...** ich möchte Sie daran erinnern, dass ...
lesbiana [les'βjana] *f* Lesbierin *f*
lesbianismo [lesβja'nismo] *m sin pl* lesbische Liebe *f*
lésbico, -a ['lesβiko, -a] *adj* lesbisch
lesear [lese'ar] *vi* (*Chil*) herumalbern
lesera [le'sera] *f* (*Bol, Chil, Perú*) Dummheit *f*, Blödsinn *m*
lesión [le'sjon] *f* ❶ (*daño, t. fig*) Verletzung *f*; **~ de un bien jurídico** Rechtsgutsverletzung *f*; **~ cardiaca** Herzfehler *m*; **lesiones corporales** Körperverletzung *f*; **~ del deber de esmero** Sorgfaltspflichtverletzung *f*; **~ del derecho constitucional** Verfassungsrechtsverletzung *f*
❷ (JUR) Körperverletzung *f*; **~ culposa** fahrlässige Körperverletzung; **~ grave** gefährliche Körperverletzung; **~ mortal** Körperverletzung mit Todesfolge
lesionar [lesjo'nar] I. *vt* ❶ (*herir*) verletzen
❷ (*dañar*) schaden +*dat*
II. *vr:* **~se** sich verletzen
lesivo, -a [le'siβo, -a] *adj* schädlich, schädigend
lesnordeste [lesnor'ðeste] *m* ❶ (*punto geográfico*) Ostnordosten *m*
❷ (*viento*) Ostnordostwind *m*
leso, -a ['leso, -a] *adj* verletzt; **crimen de lesa majestad** Majestätsverbrechen *nt*
lesueste [le'sweste] *m* ❶ (*punto geográfico*) Ostsüdosten *m*
❷ (*viento*) Ostsüdostwind *m*
letal [le'tal] *adj* (*elev*) tödlich; (MED) letal
letalidad [letali'ðað] *f sin pl* tödliche Wirkung *f*; (*mortalidad*) Letalität *f*
letanía [leta'nia] *f* Litanei *f*; **¡ya está éste con su ~!** er besteht schon wieder dieselbe Litanei!, jetzt fängt der schon wieder mit der alten Leier an! *fam*
letárgico, -a [le'tarxiko, -a] *adj* lethargisch
letargo [le'taryo] *m* ❶ (MED) Lethargie *f*
❷ (*de un animal*) Winterschlaf *m*
letífero, -a [le'tifero, -a] *adj* todbringend, tödlich
letón[1] [le'ton] *m* (*lengua*) Lettisch(e) *nt*
letón, -ona[2] [le'ton, -ona] I. *adj* lettisch
II. *m, f* (*habitante*) Lette, -in *m, f*
Letonia [le'tonja] *f* Lettland *nt*
letra ['letra] *f* ❶ (*signo*) Buchstabe *m*; **~ de imprenta** Druckbuchstabe *m*; **~ de molde** Fettdruck *m*; **~ mayúscula/minúscula** Groß-/Kleinbuchstabe *m*; **con ~ mayúscula/minúscula** groß/kleingeschrieben; **al pie de la ~** wortwörtlich; **~ por ~** Wort für Wort; **poner cuatro ~s a alguien** jdm ein paar Zeilen schreiben; **hay que leer siempre la ~**

pequeña de un contrato man muss bei einem Vertrag immer das Kleingedruckte lesen
❷ (*escritura*) (Hand)schrift *f;* ~ **cursiva** Kursivschrift *f;* ~ **(semi)negrita** (halb)fette Schrift
❸ *pl* (*saber*) Wissen *nt;* (*ciencias*) Geisteswissenschaften *fpl;* (*bachiller*) humanistisches Gymnasium *nt;* **bellas ~s** Literatur *f;* **aprender las primeras ~s** (*fam fig*) sich *dat* die Grundkenntnisse aneignen; **es un monstruo de las ~s francesas** (*fig*) er ist ein großer französischer Literat; **ser hombre de ~s** ein gebildeter Mann sein
❹ (MÚS) Text *m*
❺ (COM, FIN) Wechsel *m;* ~ **bancaria** Bankanweisung *f,* Bankwechsel *m;* ~ **en blanco** Blankowechsel *m;* ~ **de cambio** Wechselbrief *m;* ~ **de cambio aceptada** Akzept *nt;* ~ **de cambio no aceptada** zurückgewiesener Wechsel; ~ **de cambio documentaria** Rembourstratte *f;* ~ **de cambio domiciliada** domizilierter Wechsel; ~ **de cambio de exportación** Exporttratte *f;* ~ **del comprador** Kundenakzept *nt;* ~ **de crédito circular** [*o* **turística**] Reisekreditbrief *m;* ~ **domiciliada** Domizilwechsel *m;* ~ **girada** gezogener Wechsel; ~ **girada a la propia orden** Solawechsel *m;* ~ **librada (por un banco)** Debitorenziehung *f;* ~ **a plazos** Teilzahlungswechsel *m;* ~ **al portador** Inhaberpapier *nt;* ~ **a la propia orden** Eigenorderwechsel *m;* ~ **a propio cargo** Solawechsel *m,* trockener Wechsel; ~ **prorrogable** Verlängerungswechsel *m;* ~ **de recambio** Rückwechsel *m;* ~ **del Tesoro** Schatzwechsel *m;* ~ **trayecticia** Distanzwechsel *m;* ~ **a la vista** Sichtwechsel *m;* **aceptar una** ~ einen Wechsel mit Akzept versehen; **girar** [*o* **librar**] **una** ~ **a cargo de alguien**/**algo** einen Wechsel auf jdn/etw ziehen [*o* ausstellen]; **una ~ vencedera el 23 de abril** ein am 23. April fälliger Wechsel; **descontar una** ~ einen Wechsel diskontieren

letrado, -a [le'traðo, -a] **I.** *adj* gelehrt, gebildet
II. *m, f* (JUR) Anwalt, -wältin *m, f;* (HIST) Rechtsgelehrte(r) *mf*
letrero [le'trero] *m* Schild *nt;* ~ **luminoso** Leuchtreklametafel *f*
letrilla [le'triʎa] *f* ≈Strophengedicht *nt*
letrina [le'trina] *f* Latrine *f*
letrista [le'trista] *mf* Textdichter(in) *m(f)*
leucemia [leu'θemja] *f sin pl* (MED) Leukämie *f*
leucémico, -a [leu'θemiko, -a] **I.** *adj* ❶ (*relativo a la leucemia*) leukämisch, Leukämie-
❷ (*enfermo*) leukämisch, an Leukämie leidend
II. *m, f* Leukämiekranke(r) *mf*
leucito [leu'θito] *m* (BOT) Plastide(n) *f(pl)*
leucoblasto [leuko'βlasto] *m* (MED) Leukoblast *m*
leucocitemia [leukoθi'temja] *f* (MED) *v.* **leucemia**
leucocito [leuko'θito] *m* (BIOL) Leukozyt *m*
leucocitosis [leukoθi'tosis] *f inv* (MED) Leukozytose *f*
leucoma [leu'koma] *f* (MED) Leukom *nt*
leucopenia [leuko'penja] *f* (MED) Leukopenie *f,* Verminderung *f* der weißen Blutkörperchen
leucoplaquia [leuko'plakja] *f* (MED) Weißschwielenkrankheit *f,* Leukoplakie *f*
leucoplasto [leuko'plasto] *m* (BOT) Leukoplast *m*
leucopoyesis [leukopo'jesis] *f inv* (MED) Leukozytenbildung *f,* Leukopoese *f*
leucorrea [leuko'rrea] *f* (MED) Leukorrh(o)e *f,* Weißfluss *m*
leva ['leβa] *f* ❶ (MIL) Einberufung *f*
❷ (*barco*) Ablegen *nt,* Lichten *nt* der Anker
levadizo, -a [leβa'ðiθo, -a] *adj* (ab)hebbar; **puente** ~ Zugbrücke *f*
levadura [leβa'ðura] *f* ❶ (*masa*) Hefe *f;* **polvo de** ~ Backpulver *nt;* ~ **de cerveza** Bierhefe *f*
❷ (*hongo*) Hefepilz *m*
levantada [leβan'taða] *f* Aufstehen *nt* nach der Genesung
levantador(a) [leβanta'ðor(a)] **I.** *adj* (hoch)hebend
II. *m(f):* ~ **de pesos** Gewichtheber *m*
levantamiento [leβanta'mjento] *m* ❶ (*amotinamiento*) Aufstand *m,* Meuterei *f*
❷ (*alzar*) Hochheben *nt;* ~ **del cadáver** (amtliche) Leichenschau *f*
levantar [leβan'tar] **I.** *vt* ❶ (*alzar*) (hoch)heben; (*del suelo*) aufheben; (*polvo*) aufwirbeln; (*telón*) heben; (*un cartel*) aufstellen; (*un campamento*) abbrechen; (*las anclas*) lichten; (*capital*) (FIN) Kapital aufbringen [*o* auftreiben]; **después del fracaso ya no levantó cabeza** nach dem Unglück hat er/sie sich nicht mehr erholt; **hay que ~ los postes tumbados por el aire** man muss die Pfähle wieder aufrichten, die vom Wind umgeworfen sind; **levanta el espejo un poco más** stell den Spiegel etwas höher; **levántala en alto para que todos la vean** heb sie hoch, damit alle sie sehen können; **levántalo del suelo** heb es vom Boden auf; **las perdices ~on el vuelo** die Rebhühner hoben zum Flug an
❷ (*despertar*) wecken
❸ (*construir*) bauen; (*monumento*) errichten; (*muro*) hochziehen
❹ (*suprimir*) beenden; (*embargo, sesión, veda*) aufheben

❺ (*mapa*) aufnehmen; ~ **acta** protokollieren; **~on acta de la sesión inaugural** sie nahmen die Eröffnungssitzung zu Protokoll; **no ~ás falso testimonio** du sollst kein falsches Zeugnis ablegen
❻ (*voz*) heben; **no le levantes la voz a tu madre** schrei deine Mutter nicht an
❼ (*mirada, mano*) (er)heben
❽ (*naipe*) stechen
❾ (*caza*) aufstöbern
II. *vr:* **~se** ❶ (*de la cama*) aufstehen (*de* aus +*dat*); **~se con el pie izquierdo** mit dem linken Fuß zuerst aufstehen
❷ (*sobresalir*) sich erheben; **la mezquita se levantaba ante nosotros** vor uns erhob sich die Mezquita
❸ (*sublevarse*) sich erheben (*contra* gegen +*akk*); **se ~on pocas voces críticas** es wurden nur wenige kritische Stimmen laut
❹ (*viento*) aufkommen
❺ (*robar*) sich auf und davon machen (*con* mit +*dat*)
❻ (*telón*) aufgehen
levante [le'βante] *m sin pl* Osten *m;* (*viento*) Ostwind *m*
Levante [le'βante] *m* Levante *m* (*Ostküste Spaniens bzw. die Regionen País Valenciano und Murcia*)
levantino, -a [leβan'tino, -a] **I.** *adj* levantinisch, auf den Levante bezogen
II. *m, f* Levantiner(in) *m(f)*
levantisco, -a [leβan'tisko, -a] *adj* unruhig
levar [le'βar] *vt* ❶ (NAUT) ~ **(las) anclas** die Anker lichten
❷ (GASTR) auftreiben, aufgehen lassen
leve ['leβe] *adj* (*enfermedad*) harmlos; (*peso*) leicht; (*sanción*) gnädig; **error** ~ leichter Fehler; **pecado** ~ lässliche Sünde; **su estado (de salud) es** ~ er/sie ist nicht ernsthaft krank
levedad [leβe'ðað] *f sin pl* Leichtigkeit *f*
levemente [leβe'mente] *adv* leicht, geringfügig; **ha resultado ~ herida** sie wurde nur leicht verletzt
leviatán [leβja'tan] *m* ❶ (*demonio*) Leviat(h)an *m*
❷ (*monstruo marino*) Meeresungeheuer *m*
levigar [leβi'ɣar] <g→gu> *vt* (QUÍM) schlämmen
levirato [leβi'rato] *m* (SOCIOL) Leviratsehe *f,* Levirat *nt*
levita¹ [le'βita] *f* Überrock *m,* Gehrock *m;* **tirar de la ~ a alguien** jdm schmeicheln
levita² [le'βita] *m* Levit *m*
levitación [leβita'θjon] *f* Levitation *f*
levitar [leβi'tar] *vi* in der Luft schweben
levítico, -a [le'βitiko, -a] *adj* ❶ (*de los levitas*) levitisch
❷ (*clerical*) klerikal, priesterlich
levulosa [leβu'losa] *f* (QUÍM) Fruchtzucker *m,* (linksdrehende Form der) Fructose *f*
lexema [leɣ'sema] *m* (LING) Lexem *nt*
lexicalización [leɣsikaliθa'θjon] *f* (LING) Lexikalisierung *f*
lexicalizar [leɣsikali'θar] <z→c> *vt* lexikalisieren
léxico¹ ['leɣsiko] *m* (LING) ❶ (*diccionario*) Wörterbuch *nt*
❷ (*vocabulario*) Wortschatz *m,* Lexik *f*
léxico, -a² ['leɣsiko, -a] *adj* ❶ (*relativo al vocabulario*) lexisch
❷ (*relativo al diccionario*) lexikalisch, lexisch
lexicógrafa [leɣsi'koɣrafa] *f v.* **lexicógrafo**
lexicografía [leɣsikoɣra'fia] *f* (LING) Lexikographie *f*
lexicográfico, -a [leɣsikoɣ'rafiko, -a] *adj* lexikographisch
lexicógrafo, -a [leɣsi'koɣrafo, -a] *m, f* (LING) Lexikograph(in) *m(f)*
lexicóloga [leɣsi'koloɣa] *f v.* **lexicólogo**
lexicología [leɣsikolo'xia] *f* (LING) Lexikologie *f,* Wortkunde *f*
lexicológico, -a [leɣsiko'loxiko, -a] *adj* (LING) lexikologisch; **las partículas ofrecen dificultades de clasificación desde el punto de vista ~** Partikel sind lexikologisch schwer zu klassifizieren
lexicólogo, -a [leɣsi'koloɣo, -a] *m, f* (LING) Lexikologe, -in *m, f*
lexicón [leɣsi'kon] *m* Wörterbuch *nt,* Lexikon *nt*
ley [lei] *f* ❶ (JUR, REL, FÍS) Gesetz *nt;* ~ **de la administración tributaria** Finanzverwaltungsgesetz *nt;* ~ **de aplicación del derecho** Rechtsanwendungsgesetz *nt;* ~ **de asesoramiento jurídico** Rechtsberatungsgesetz *nt;* ~ **de asistencia social** Betreuungsgesetz *nt;* ~ **de bolsa** Börsengesetz *nt;* **L~ de cierre de comercios** Ladenschlussgesetz *nt;* ~ **de cogestión** Mitbestimmungsgesetz *nt;* ~ **complementaria** Nachtragsgesetz *nt;* ~ **de compraventa** Kaufgesetz *nt;* ~ **de costas procesales** Gerichtskostengesetz *nt;* ~ **de delitos económicos** Wirtschaftsstrafgesetz *nt;* ~ **de descartelización** Dekartellierungsgesetz *nt;* ~ **de desconcentración de empresas** Entflechtungsgesetz *nt;* **la L~ de las Doce Tablas** das Zwölftafelgesetz; ~ **de documentación** Beurkundungsgesetz *nt;* ~ **del embudo** (*pey fam*) Willkür *f;* ~ **empresarial** Unternehmensgesetz *nt;* ~ **de extranjería** Ausländergesetz *nt;* ~ **de fomento de la vivienda** Wohnungsbaugesetz *nt;* **la ~ fundamental** das Grundgesetz; ~ **general tributaria** Abgabenordnung *f;* ~ **de indemnización** Entschädigungsgesetz *nt;* ~ **marcial** Standrecht *nt;* ~ **marco** Rahmenge-

leyenda 463 **libramiento**

setz *nt*; ~ **del mercado** Marktgesetz *nt*; **la ~ de Moisés** das Gesetz Mose; ~ **monetaria** Währungsgesetz *nt*; ~ **de ordenación territorial** Raumordnungsgesetz *nt*; ~ **parlamentaria** Abgeordnetengesetz *nt*; ~ **del patrimonio** Vermögensgesetz *nt*; ~ **postal** Postgesetz *nt*; ~ **de prescripción** Verjährungsgesetz *nt*; ~ **presupuestaria** Haushaltsgesetz *nt*; ~ **sobre previsiones pasivas** Beamtenversorgungsgesetz *nt*; ~ **sobre productos alimenticios** Lebensmittelgesetz *nt*; ~ **de protección de los consumidores** Konsumentenschutzgesetz *nt*, Verbraucherschutzgesetz *nt*; ~ **de protección del suelo** Bodenschutzgesetz *nt*; ~ **de reforma penal** Strafrechtsreformgesetz *nt*; ~ **reguladora de los precios** Preisgesetz *nt*; ~ **de residencia** Aufenthaltsgesetz *nt*; ~ **de responsabilidad civil** Haftpflichtgesetz *nt*; **la L~ sálica** das salische Gesetz; **la ~ seca** die Prohibition; ~ **de la selva** [*o* **de la jungla**] Recht des Stärkeren, Faustrecht *nt*; **L~ del Suelo** (JUR, POL) ≈Bundesbaugesetz *nt*; ~ **de transacciones internacionales** Außenwirtschaftsgesetz *nt*; ~ **transitoria** Überleitungsgesetz *nt*; ~ **sobre transporte de mercancías** Güterkraftverkehrsgesetz *nt*; ~ **de tratamiento de residuos** Abfallbeseitigungsgesetz *nt*; ~ **tributaria** Steuergesetz *nt*; ~ **de tributos locales** Kommunalabgabengesetz *nt*; **proyecto de ~** Gesetzentwurf *m*; **aprobar/originar una ~** ein Gesetz verabschieden/einbringen; **eludir** [*o* **burlar**] **una ~** ein Gesetz umgehen; **hacer algo con todas las de la ~** etw will, was dazu gehört, machen; **hay que respetar las ~es del juego** man muss die Spielregeln einhalten; **los mercados se rigen por la ~ de la oferta y la demanda** die Märkte richten sich nach dem Gesetz von Angebot und Nachfrage; **hecha la ~, hecha la trampa** für jedes Gesetz findet sich ein Hintertürchen; **regirse por la ~ del embudo** mit zweierlei Maß messen werden; **según la ~ vigente...** laut geltendem Recht ...; **se le aplicó la ~ de la fuga** er/sie wurde auf der Flucht erschossen; **ser de ~** (*fam*) recht und billig sein; **tiene ya fuerza de ~** das hat schon Gesetzeskraft

② *pl* (*estudio*) Jura *nt*

③ (*oro*) Feingehalt *m*; (*monedas*) Korn *nt*; **oro de ~** Feingold *nt*; **es de buena ~** (*fig*) er/sie ist zuverlässig

leyenda [le'ɟenda] *f* ① (LIT) Legende *f*; (*de un santo*) Heiligenlegende *f*; **la ~ negra** spanienfeindliche Darstellung der spanischen Kolonialgeschichte

② (*de un plano*) Legende *f*, Zeichenerklärung *f*

③ (*moneda*) Umschrift *f*

lezna ['leθna] *f* Ahle *f*, Schusterpfriem *m*
LIA ['lia] *f abr de* **Línea Internacional Aérea** Internationale Fluglinie *f*
liana [li'ana] *f* (BOT) Liane *f*
liar [li'ar] <*1. pres:* **lío**> I. *vt* ① (*fardo*) zusammenbinden; (*paquete*) einwickeln; **~ el petate** (*fam*) sein Bündel schnüren

② (*cigarrillo*) drehen

③ (*fam: engañar*) betrügen; **me lió y caí en la trampa** er/sie hat mich an der Nase herumgeführt, und ich bin darauf hineingefallen

④ (*loc, fam*): **¡ahora sí que la hemos liado!** jetzt haben wir es verbockt [*o* vermasselt]!

II. *vr:* **~se** ① (*fam: juntarse*) sich einlassen (*con* mit +*dat*)

② (*embarullarse*) durcheinander kommen, verwirrt sein; **~se la manta a la cabeza** eine voreilige Entscheidung treffen

③ (*ponerse a*) **~se a golpes con alguien** sich mit jdm prügeln
lías¹ ['lias] *fpl* (*del vino*) (Boden)satz *m*
lías² ['lias] *m sin pl* (GEO) Lias *m o f*
liásico¹ [li'asiko] *m sin pl* (GEO) Lias *m o f*
liásico, -a² [li'asiko, -a] *adj* (GEO) liassisch
libación [liβa'θjon] *f* Libation *f*, (Trank)opfer *nt*, Opfergabe *f*
libamen [li'βamen] *m* (REL) Opfergabe *f*
libamiento [liβa'mjento] *m* (REL) geopferter Gegenstand *m*
libanés, -esa [liβa'nes, -esa] I. *adj* libanesisch

II. *m, f* Libanese, -in *m, f*
Líbano ['liβano] *m*: **El ~** der Libanon
libar [li'βar] *vi* ① (*abeja*) saugen

② (*sacrificio*) Trankopfer darbringen
libelista [liβe'lista] *mf* Libellist(in) *m(f)*, Verfasser(in) *m(f)* einer Schmähschrift
libelo [li'βelo] *m* Pamphlet *nt*, Libell *nt*
libélula [li'βelula] *f* (ZOOL) Libelle *f*, Wasserjungfer *f*
liberación [liβera'θjon] *f* ① (*rescate*) Befreiung *f*; (*puesta en libertad*) Freilassung *f*; ~ **de acciones** (FIN) Volleinzahlung von Aktien; ~ **de capital** (FIN) Kapitalfreisetzung *f*; ~ **de pena** Straffreiheit *f*; **todos esperaban la ~ de París** alle warteten darauf, dass Paris befreit wurde

② (JUR: *de una deuda*) Schuldbefreiung *f*; ~ **de costas** Kostenbefreiung *f*

③ (*recibo*) Quittung *f*
liberado, -a [liβe'raðo, -a] *adj* ① (*rescatado*) befreit; (*suelto*) freigelassen

② (FfS) freigesetzt

③ (*cargas*) abgelöst
liberador(a) [liβera'ðor(a)] I. *adj* befreiend, erlösend

II. *m(f)* Befreier(in) *m(f)*, Erlöser(in) *m(f)*
liberal [liβe'ral] I. *adj* ① (*t.* POL) liberal, freiheitlich; **tiene unos padres muy ~es** er/sie hat sehr liberale Eltern

② (*generoso*) großzügig

③ (*profesión*) frei(beruflich); **profesión ~** freiberufliche Tätigkeit; **las profesiones ~es también sufrieron la crisis** auch die freien Berufe sind in die Krise geraten

II. *mf* Liberale(r) *mf*
liberalidad [liβerali'ðað] *f* ① (*generosidad*) Großzügigkeit *f*

② (JUR) Schenkung *f*
liberalismo [liβera'lismo] *m* (POL) Liberalismus *m*
liberalización [liβeraliθa'θjon] *f* Liberalisierung *f*; ~ **del comercio** Liberalisierung des Handels; ~ **de precios** Preisfreigabe *f*, Aufhebung der Preisbindung; ~ **de los recursos** Ressourcenfreisetzung *f*
liberalizar [liβerali'θar] <z→c> *vt* liberalisieren; ~ **el precio de los carburantes** die Kraftstoffpreise liberalisieren
liberar [liβe'rar] *vt* befreien (*de* von +*dat*); (*eximir*) freistellen (*de* von +*dat*); **~ una acción** eine Aktie bezahlen
liberatorio, -a [liβera'torjo, -a] *adj* Freiheits-, befreiend; **el veredicto ~** der Freispruch
liberiano, -a [liβe'rjano, -a] I. *adj* aus Liberia, liberianisch

II. *m, f* Liberianer(in) *m(f)*
líbero¹ ['liβero] *m* (DEP) Libero *m*
líbero, -a² ['liβero, -a] *adj* frei
libérrimo, -a [li'βerrimo, -a] *adj superl de* **libre**
libertad [liβer'tað] *f* ① (*libre arbitrio*) Freiheit *f*; ~ **de actividad económica** wirtschaftliche Freiheit; ~ **de actuación** Handlungsfreiheit *f*; ~ **artística** Kunstfreiheit *f*; ~ **de asociación** Vereinsfreiheit *f*; ~ **de circulación** Freizügigkeit *f*, freier Verkehr; ~ **de coalición** Koalitionsfreiheit *f*; ~ **de comercio** Handelsfreiheit *f*; ~ **de conciencia** Gewissensfreiheit *f*; ~ **condicional/provisional** bedingte/vorläufige Entlassung aus der Haft, Strafaussetzung zur Bewährung; ~ **contratual** [**o de contratación**] Vertragsfreiheit *f*, Anschlussfreiheit *f*; ~ **de culto** Glaubensfreiheit *f*; ~ **de decisión** Entscheidungsfreiheit *f*; ~ **discente** Elternrecht *nt*; ~ (**de ejercicio**) **de la profesión** Freiheit der Berufswahl; ~ **de elección** Wahlfreiheit *f*; ~ **de elección del puesto de trabajo** Arbeitsplatzwahlfreiheit *f*; ~ **de establecimiento** (POL) Niederlassungsfreiheit *f*; ~ **de forma** Formfreiheit *f*; ~ **ideológica** Weltanschauungsfreiheit *f*; ~ **de información** Informationsfreiheit *f*; ~ **de mercado** Marktfreiheit *f*; ~ **de opinión** Meinungsfreiheit *f*; ~ **de precios** Preisfreiheit *f*; ~ **de prensa** Pressefreiheit *f*; ~ **de prestación de servicios** Dienstleistungsfreiheit *f*; ~ **religiosa** Bekenntnisfreiheit *f*; ~ **de tráfico de mercancías** Güterverkehrsfreiheit *f*; ~ **de tránsito** Durchfuhrfreiheit *f*; **poner en ~ al delincuente** den Straftäter freilassen; **se tomó unas ~es que me molestaron** er/sie nahm sich *dat* für meinen Geschmack zu viel heraus; **tomarse la ~ de hacer algo** sich *dat* erlauben [*o* die Freiheit nehmen] etw zu tun

② (*naturalidad*) Unbefangenheit *f*
libertado, -a [liβer'taðo, -a] *adj* (*liberado*) befreit; **el único rehén ~** die einzige freigelassene Geisel
libertador(a) [liβerta'ðor(a)] I. *adj* befreiend, erlösend

II. *m(f)* Befreier(in) *m(f)*, Erlöser(in) *m(f)*
libertar [liβer'tar] *vt* befreien (*de* von +*dat*)
libertario, -a [liβer'tarjo, -a] I. *adj* anarchistisch

II. *m, f* Anarchist(in) *m(f)*
liberticida [liβerti'θiða] I. *adj* freiheitswidrig, die Freiheit beschneidend

II. *m(f)* Beschneider(in) *m(f)* von Freiheit; **los dictadores suelen ser unos ~s** Diktatoren unterbinden gemeinhin jegliche Art von Freiheit
libertina [liβer'tina] *adj v.* **libertino**
libertinaje [liβerti'naxe] *m* Zügellosigkeit *f*
libertino, -a [liβer'tino, -a] I. *adj* zügellos, ausschweifend

II. *m, f* zügelloser Mensch *m*, Libertin *m elev*
libia ['liβja] *adj v.* **libio**
Libia ['liβja] *f* Libyen *nt*
libidinoso, -a [liβiði'noso, -a] *adj* lüstern, wollüstig
libido [li'βiðo] *f sin pl* Trieb *m*; (PSICO) Libido *f*
libio, -a ['liβjo, -a] I. *adj* libysch

II. *m, f* Libyer(in) *m(f)*
libra ['liβra] *f* ① (*moneda, peso = 460gr*) Pfund *nt*; ~ **esterlina** Pfund Sterling; **una ~ de judías** ein Pfund Bohnen

② (*Cuba*) kubanischer Qualitätstabak *m*
Libra ['liβra] *f* (ASTR) Waage *f*
libraco [li'βrako] *m* (*pey*) schlechtes Buch *nt*; (*novela mala*) Schundroman *m*
librado, -a [li'βraðo, -a] I. *adj*: **salir bien ~** mit einem blauen Auge davonkommen *fam*; **salir mal ~** schlecht wegkommen *fam*

II. *m, f* (COM) Bezogene(r) *mf*, Trassat *m*
librador(a) [liβra'ðor(a)] *m(f)* (COM) Aussteller(in) *m(f)*, Trassant *m*
libramiento [liβra'mjento] *m* ① (COM) Zahlungsanweisung *f*; (*de un cheque*) Ausstellung *f*; ~ **de letras cruzadas** Wechselreiterei *f*

librancista 464 **lidia**

② (JUR) Ausfertigung *f;* ~ **ejecutable** vollstreckbare Ausfertigung
librancista [liβranˈθista] *mf* (COM: *giro*) Anweisungsempfänger(in) *m(f);* (*letra de cambio*) Wechselempfänger(in) *m(f)*
libranza [liˈβranθa] *f* (COM) *v.* **libramiento**
librar [liˈβrar] I. *vt* ❶ (*de un peligro*) befreien (*de* von +*dat*), retten (*de* aus +*dat*); **y líbranos del mal** und befreie uns von dem Bösen; **¡líbreme Dios!** Gott bewahre!
❷ (COM) ausstellen; (*letra de cambio*) ziehen; ~ **un documento/un acta** (JUR) eine Urkunde/ein Schriftstück ausfertigen; ~ **una letra a cargo de alguien/algo** einen Wechsel auf jdn/etw ziehen
❸ (*una batalla*) sich *dat* liefern
II. *vi* (*fam: tener libre*) frei haben
III. *vr:* ~**se** sich befreien (*de* von/aus +*dat*); **¡se libró de una buena!** das ging gerade noch gut!
librazo [liˈβraθo] *m* Schlag *m* mit einem Buch; **le dio un ~ en la cabeza** er/sie schlug ihm eins mit dem Buch über den Kopf
libre [ˈliβre] <libérrimo> *adj* ❶ (*persona, asiento, traducción*) frei; (*independiente*) unabhängig; **el ~ albedrío** der freie Wille; ~ **circulación de mercancías** (COM) freier Warenverkehr; ~ **circulación de personas** (COM) Freizügigkeit *f,* Reisefreiheit *f;* ~ **circulación de servicios** (COM) freier Dienstleistungsverkehr; ~ **competencia** freier Wettbewerb, Wettbewerbsfreiheit *f;* **la ~ empresa** das freie Unternehmertum; ~ **de franqueo** portofrei; ~ **de impuestos** steuerfrei; **el mercado ~** der freie Markt; **zona de ~ cambio** Freihandelszone *f;* **entrada ~** Eintritt frei; **dar vía ~** grünes Licht geben; ~ **a bordo** (COM) frei an Bord; **ella siempre va por ~** sie macht grundsätzlich, was sie will; **este vestido me deja los brazos ~s** in diesem Kleid kann ich die Arme frei bewegen; **estoy ~ de preocupaciones materiales** ich habe keine finanziellen Sorgen; **la imaginación es ~** Fantasie kennt keine Grenzen; **tú eres bien ~ de** [*o para*] **hacer lo que quieras** es steht dir frei zu tun, was dir beliebt; **el principio de ~ práctica** (COM) das Prinzip der freien Berufsausübung; **en la Europa comunitaria hay ~ circulación de capitales** in der Europäischen Gemeinschaft herrscht freier Kapitalverkehr; **es un defensor del ~ comercio** er ist ein Verfechter des freien Handels; **este producto está ~ de derechos de aduana** dieses Produkt ist zollfrei; **de venta ~ en farmacias** zum freien Verkauf in Apotheken; **soy traductor por ~** ich bin freier Übersetzer
❷ (*soltero*) ledig
❸ (*descarado*) frech
librea [liˈβrea] *f* ❶ (*traje*) Livree *f*
❷ (*pelaje*) Fell *nt*
librecambio [liβreˈkambjo] *m sin pl* Freihandel *m;* **zona de ~** Freihandelszone *f*
librecambismo [liβrekamˈβismo] *m sin pl* (ECON, POL) Freihandelspolitik *f*
librecambista [liβrekamˈbista] I. *adj* Freihandels-
II. *mf* Freihändler(in) *m(f)*
librepensador(a) [liβrepensaˈðor(a)] *m(f)* Freidenker(in) *m(f)*
librepensamiento [liβrepensaˈmjento] *m sin pl* Freidenkertum *nt*
librera [liˈβrera] *f v.* **librero²**
librería [liβreˈria] *f* ❶ (*tienda*) Buchhandlung *f;* (*papelería*) Schreibwarengeschäft *nt;* ~ **de depósito/especializada** Sortiments-/Fachbuchhandlung *f;* ~ **de grandes almacenes** Großbuchhandlung *f;* ~ **de ocasión** [*o* **de lance**] modernes Antiquariat; ~ **de venta por correos** Versandbuchhandel *m*
❷ (*biblioteca*) Bibliothek *f,* Bücherei *f*
❸ (*estantería*) Bücherregal *nt*
librero¹ [liˈβrero] *m* (*Méx*) (Bücher)regal *nt*
librero, -a² [liˈβrero, -a] *m, f* Buchhändler(in) *m(f)*
libresco, -a [liˈβresko, -a] *adj* trocken, lebensfremd
libreta [liˈβreta] *f* ❶ (*cuaderno*) Notizbuch *nt,* (Schreib)heft *nt*
❷ (*de ahorros*) Sparbuch *nt;* ~ **de depósitos** Depotbuch *nt*
❸ (*pan*) Brotlaib *m*
libretista [liβreˈtista] *mf* Librettist(in) *m(f)*
libreto [liˈβreto] *m* Libretto *nt,* Textbuch *nt*
librillo [liˈβriʎo] *m* ❶ (*de tabaco*) Päckchen *nt* Zigarettenpapier
❷ (ZOOL) Blättermagen *m*
libro [ˈliβro] *m* ❶ (*escrito*) Buch *nt;* (*volumen*) Band *m;* ~ **del accionista** (COM, FIN) Aktionärsbuch *nt;* ~ **auxiliar** (FIN, ECON) Nebenbuch *nt;* **L~ Blanco Delors** (UE) Delors-Weißbuch *nt;* ~ **de bolsillo** Taschenbuch *nt;* ~ **de caballerías** Ritterroman *m;* ~ **científico** Fachbuch *nt;* ~ **de cocina** Kochbuch *nt;* ~ **de compras** (Waren)einkaufsbuch *nt;* ~ **de contabilidad** Rechnungsbuch *nt;* ~**s de contabilidad** Geschäftsbücher *ntpl;* ~ **de cuentos** Märchenbuch *nt;* ~ **de defunciones** Sterbebuch *nt;* ~ **de deudas del Estado** Staatsschuldbuch *nt;* ~ **escolar** Schulbuch *nt;* ~ **de escolaridad** Zeugnisheft *nt;* ~ **de familia** Familienstammbuch *nt;* ~ **ilustrado** Bildband *m;* ~ **infantil** Kinderbuch *nt;* ~ **de lectura** Lesebuch *nt;* ~ **mayor** (FIN) Hauptbuch *nt;* ~ **de muestras** (COM) Musterbuch *nt;* ~ **de reclamaciones** Beschwerdebuch *nt;* ~ **de registro** Register-

buch *nt;* ~ **de texto** Lehrbuch *nt;* **los L~s Sagrados** die Heilige Schrift; ~ **de salarios** Lohnbuch *nt;* ~ **de ventas** (Waren)verkaufsbuch *nt;* **L~ Verde de la Energía** (UE) Grünbuch Energie; **el L~ Verde de la UE sobre…** (UE) das Grünbuch der EU über …; **ahorcar** [*o* **colgar**] **los ~s** das Studium an den Nagel hängen; **cantar a ~ abierto** vom Blatt singen; **hablar como un ~ abierto** reden wie ein Buch
❷ (ANAT) Blättermagen *m*
licántropo [liˈkantropo] *m* ❶ (PSICO) Wolfsmensch *m*
❷ (*de la mitología*) Werwolf *m*
licencia [liˈθenθja] *f* ❶ (*permiso*) Erlaubnis *f,* Genehmigung *f;* (*para un libro*) Druckerlaubnis *f;* (*Méx: de conducir*) Führerschein *m;* ~ **de distribución** Vertriebslizenz *f;* ~ **de explotación** Gebrauchslizenz *f;* ~ **de exportación** Ausfuhrbewilligung *f,* Exportlizenz *f;* ~ **de fabricación** Herstellungslizenz *f;* ~ **global** Pauschallizenz *f;* ~ **de importación** Importlizenz *f;* ~ **industrial** Gewerbeberechtigung *f;* ~ **de obras** [*o* **de construcción**] Baugenehmigung *f;* ~ **de pesca/de caza/de armas** Angel-/Jagd-/Waffenschein *m;* ~ **profesional** Gewerbezulassung *f;* **contrato de ~** Lizenzvertrag *m;* **obtener la ~ de importación/exportación de un producto** (COM) die Einfuhr-/Ausfuhrgenehmigung für ein Produkt erhalten; **otorgar una ~** eine Lizenz erteilen [*o* vergeben]
❷ (*soldado*) Ausgang *m;* **estuvo tres días de ~** er hatte drei Tage Ausgang
❸ (*libertad*) Freiheit *f;* ~ **poética** dichterische Freiheit
licenciado, -a [liθenˈθjaðo, -a] *m, f* ❶ (*estudiante*) ≈Akademiker(in) *m(f);* ~ **en economía** Diplomvolkswirt *m;* **soy ~ en etnografía** ich habe Völkerkunde studiert; **el ~ vidriera** (*elev*) übertrieben furchtsamer Mensch
❷ (*soldado*) Verabschiedete(r) *m*
licenciar [liθenˈθjar] I. *vt* (*despedir*) entlassen; (*soldado*) verabschieden
II. *vr:* ~**se** sein Examen machen [*o* ablegen]; **mi hijo ya se licenció** mein Sohn hat sein Studium schon abgeschlossen [*o* hat schon sein Examen gemacht]
licenciatura [liθenθjaˈtura] *f* Titel *m,* akademischer Grad *m;* **no quieren convalidarme mi ~** mein Abschluss wird nicht anerkannt
licencioso, -a [liθenˈθjoso, -a] *adj* (*persona*) ausschweifend; (*conducta*) anstößig; **mujer licenciosa** Prostituierte *f;* **vida licenciosa** ausschweifendes Leben
liceo [liˈθeo] *m* ❶ (FILOS) Lyzeum *nt*
❷ (*sociedad*) Klub *m;* **el L~** Opernhaus von Barcelona
❸ (*Am: colegio*) Gymnasium *nt*
lichi [ˈlitʃi] *m* Litschi *f*
licitación [liθitaˈθjon] *f* ❶ (*concurso*) (öffentliche) Ausschreibung *f*
❷ (*subasta*) Versteigerung *f*
licitador(a) [liθitaˈðor(a)] *m(f)* Bieter(in) *m(f)*
licitar [liθiˈtar] *vt* bieten
lícito, -a [ˈliθito, -a] *adj* ❶ (*permitido*) zulässig
❷ (*justo*) gerecht
licitud [liθiˈtuð] *f sin pl* ❶ (*admisibilidad*) Zulässigkeit *f*
❷ (JUR) Statthaftigkeit *f;* ~ **de un recurso legal** Statthaftigkeit eines Rechtsmittels
licnis [ˈliɣnis] *m inv* (BOT) Pechnelke *f*
licopodio [likoˈpoðjo] *m* (BOT) Bärlapp *m*
licor [liˈkor] *m* Likör *m*
licorera [likoˈrera] *f* ❶ (*botella*) Likörkaraffe *f*
❷ (*bandeja*) Likörtablett *nt*
licorería [likoreˈria] *f* ❶ (*fábrica*) Likörfabrik *f*
❷ (*tienda*) Likörladen *m,* Likörhandel *m*
licuable [liˈkwaβle] *adj* (FÍS) verflüssigbar
licuación [likwaˈθjon] *f* Verflüssigung *f*
licuadora [likwaˈðora] *f* Entsafter *m*
licuar [liˈkwar] <*1. pres:* licúo> *vt* ❶ (FÍS: *gas, sólido*) verflüssigen
❷ (*fruta*) auspressen, entsaften
❸ (MIN) schmelzen
lid [lið] *f* (*elev: combate*) Kampf *m;* **ganó en buena ~** er/sie gewann auf ehrliche Weise; **es experto en esas ~es** er kennt sich in diesen Dingen gut aus
líder [ˈliðer] *mf* Führer(in) *m(f);* (*empresa*) Marktführer(in) *m(f);* (*de una liga*) Tabellenführer *m;* **la empresa ~** das führende Unternehmen; **el ~ de la carrera** (DEP) der Führende im Gesamtklassement des Rennens; **es el ~ de los jóvenes** er ist ein Idol der Jugend
liderar [liðeˈrar] *vt* ❶ (*ser el primero*) anführen; **ese es el equipo que lidera la clasificación** diese Mannschaft ist der Tabellenführer
❷ (*dirigir*) leiten
liderato [liðeˈrato] *m sin pl,* **liderazgo** [liðeˈraθɣo] *m sin pl* Führung *f;* **la capacidad de ~ de este político es indiscutible** die Führungsqualitäten dieses Politikers sind unumstritten
lidia [ˈliðja] *f* ❶ (TAUR) Stierkampf *m*
❷ (*lucha*) Kampf *m*

lidiable [li'βjaβle] *adj* (TAUR) kampftauglich
lidiador(a) [lidja'ðor(a)] *m(f)* Stierkämpfer(in) *m(f)*
lidiar [li'ðjar] *vi, vt* kämpfen (mit +*dat*); **~ un toro** mit einem Stier kämpfen; **ahora tendremos que ~ con los niños** (*fig*) wir müssen uns jetzt mit den Kindern herumärgern
lido ['liðo] *m* (GEO) Lido *m*
liebre [lje'βre] *f* Hase *m*; **~ marina** Seehase *m*; **donde menos se piensa salta la ~** (*fig*) unverhofft kommt oft
liendre [ljendre] *f* (ZOOL) Nisse *f*
lientería [ljente'ria] *f* (MED) Durchfall *m* (*mit unverdauten Nahrungspartikeln*)
lienzo ['ljenθo] *m* ❶ (*tela*) Leinen *nt* ❷ (*tela para cuadros*) Leinwand *f*; (*óleo*) (Öl)gemälde *nt*
lifting ['liftin] *m* <liftings> Lifting *m*
liga ['liɣa] *f* ❶ (*alianza*) Bund *m*, Liga *f*; **la L~ Hanseática** die Hanse ❷ (*prenda*) Strumpfhalter *m* ❸ (DEP) Liga *f* ❹ (*aleación*) Legierung *f*
ligación [liɣa'θjon] *f* ❶ (*mezcla: efecto*) Mischung *f*; (*acción*) Mischen *nt* ❷ (*de metales: efecto*) Legierung *f*; (*acción*) Legieren *nt* ❸ (*de paquetes: acción*) Verschnürung *f*; (*acción*) Verschnüren *nt* ❹ (*unión: efecto*) (Ver)bindung *f*; (*acción*) (Ver)binden *nt*
ligado [li'ɣaðo] *m* (MÚS) Legato *nt*
ligadura [liɣa'ðura] *f* ❶ (MED) Ligatur *f*, Unterbindung *f*; **~ de trompas** Tubensterilisation *f* ❷ (MÚS) Ligatur *f* ❸ (*elev: lazos*) Fessel *f*
ligamento [liɣa'mento] *m* (ANAT) Band *nt*
ligar [li'ɣar] <g→gu> I. *vi* ❶ (*fam: tontear*) anbändeln (*con* mit +*dat*); **ayer intentamos ~ con tres chicos** wir haben gestern versucht, mit drei Jungs anzubändeln ❷ (*naipes*) kombinieren II. *vt* ❶ (*atar*) (fest)binden ❷ (*metal*) legieren ❸ (MÚS) binden III. *vr:* **~se** ❶ (*unirse*) sich binden ❷ (*fam: tontear*) anbändeln
ligazón [liɣa'θon] *f* ❶ (*unión*) Verbindung *f* ❷ (NÁUT) Auflanger *m* ❸ (LING) Bindung *f*
ligeramente [lixera'mente] *adv* ❶ (*en pequeño grado*) leicht, ein wenig; **bajará ~ el precio de la gasolina** der Benzinpreis wird leicht sinken ❷ (*sin profundizar*) oberflächlich; **se leyó el texto ~** er/sie hat den Text überflogen
ligerear [lixere'ar] *vi* (*Chil: apresurarse*) sich beeilen
ligereza [lixe'reθa] *f* ❶ (*rapidez*) Schnelligkeit *f* ❷ (*levedad*) Leichtigkeit *f* ❸ (*error*) Leichtfertigkeit *f*, Leichtsinn *m*
ligero, -a [li'xero, -a] *adj* ❶ (*sueño, comida, ropa, error, peso*) leicht; (*ruido*) leise; (*tierra*) locker ❷ (*ágil*) flink, schnell ❸ (*loc*): **es un poco ~ de cascos** (*fam*) er ist etwas oberflächlich; **iba muy ~ de ropa** er war sehr leicht gekleidet; **hacer algo a la ligera** etw tun ohne groß zu überlegen; **tomarse algo a la ligera** etw auf die leichte Schulter nehmen
lignificación [liɣnifika'θjon] *f* Verholzung *f*; **la ~ de una fibra** die Verholzung einer Faser
lignito [liɣ'nito] *m* (MIN) Braunkohle *f*, Lignit *m*
ligón, -ona [li'ɣon, -ona] *m, f* Anmacher(in) *m(f) pey*; **ser un ~** gerne flirten
ligoteo [liɣo'teo] *m* (*fam*) Anmache *f*, Aufreiße *f*; **salir de ~** auf Anmache gehen
liguano, -a [li'ɣwano, -a] *adj* (*Chil*) ❶ (*carnero*) einer amerikanischen Wollschafrasse ❷ (*lana*) aus der Wolle dieses Schafes
ligue [li'ɣe] *m* (*fam*) ❶ (*acción de ligar*) Liebesaffäre *f*, Flirt *m* ❷ (*persona*) Freund(in) *m(f)*, Lover *m*
liguero¹ [li'ɣero] *m* Strumpfhaltergürtel *m*
liguero, -a² [li'ɣero, -a] *adj* (DEP) Liga-, Ligen-, zur Liga gehörend; **competición liguera** Liga *f*
liguilla [li'ɣiʎa] *f* ❶ (*venda estrecha*) schmales Band *nt* ❷ (DEP) aus nur wenigen Mannschaften bestehende Liga *f*
ligustre [li'ɣustre] *m* (BOT) Ligusterblüte *f*
ligustro [li'ɣustro] *m* (BOT) Liguster *m*, Rainweide *f*
lija ['lixa] *f* ❶ (*papel*) Sandpapier *nt*, Glaspapier *nt*; (*piel*) Haifischhaut *f* ❷ (ZOOL) Katzenhai *m*
lijado [li'xaðo] *m* Schleifen *nt*; **el ~ de la mesa me llevó varios días** ich benötigte einige Tage für das (Ab)schleifen des Tisches
lijadora [lixa'ðora] *f* Schleifmaschine *f*
lijar [li'xar] *vt* (ab)schmirgeln, (ab)schleifen
lijoso, -a [li'xoso, -a] *adj* (*Cuba*) eitel
lila¹ ['lila] I. *adj* ❶ II. *f* (BOT) Flieder *m*
lila² ['lila] *m* (*color*) lila Farbe *f*, Lila *nt*
lile ['lile] *adj* (*Chil*) schwächlich, abgezehrt
liliáceo, -a [li'ljaθeo, -a] *adj* (BOT) lilienartig, Lilien-
liliputiense [liliput'jense] I. *adj* liliputanisch II. *mf* Liliputaner(in) *m(f)*
lima ['lima] *f* ❶ (*instrumento*) Feile *f*; **~ para las** [*o* **de**] **uñas** Nagelfeile *f*; **rebajar con la ~** abfeilen; **comer como una ~** (*fam*) essen wie ein Mähdrescher ❷ (BOT: *fruta*) Limette *f*, süße Zitrone *f*; (*árbol*) Limettenbaum *m* ❸ (ARQUIT): **~ tesa** (Dach)grat *m*
limaco [li'mako] *m* (ZOOL) Nacktschnecke *f*
limado [li'maðo] *m* Feilen *nt*; **el ~ de las uñas debe hacerse cuando se está relajado** man sollte die Fingernägel (nur) feilen, wenn man entspannt ist
limadora [lima'ðora] *f* (TÉC) Feilmaschine *f*
limadura [lima'ðura] *f* ❶ (*pulido*) (Zurecht)feilen *nt* ❷ *pl* (*partículas*) Feilspäne *mpl*, Feilstaub *m*
limar [li'mar] *vt* ❶ (*pulir*) (zurecht)feilen; (*fig*) ausfeilen, den letzten Schliff geben +*dat* ❷ (*consumir*) aufreiben
limaza [li'maθa] *f* (ZOOL) Nacktschnecke *f*
limazo [li'maθo] *m* Viskosität *f*, zäher Schleim *m*
limba ['limba] *f* Limba *nt*, afrikanisches (Furnier)holz *nt*
limbo ['limbo] *m* ❶ (REL) Limbus *m*, Vorhölle *f*; **estar en el ~** (*fam: distraído*) geistig abwesend sein; (*no enterado*) keine Ahnung haben ❷ (BOT) Limbus *m* ❸ (ASTR) Hof *m* ❹ (*de un vestido*) Rand *m*
limeño, -a [li'meɲo, -a] I. *adj* aus Lima II. *m, f* Bewohner(in) *m(f)* von Lima
limero¹ [li'mero] *m* (BOT) Limettenbaum *m*
limero, -a² [li'mero, -a] *m, f* Feilenhauer(in) *m(f)*
limitable [limi'taβle] *adj* einschränkbar; **el consumo de alcohol es ~** der Alkoholkonsum lässt sich einschränken
limitación [limita'θjon] *f* Beschränkung *f*; (*de una norma*) Einschränkung *f*; **~ de disposición** Verfügungsbeschränkung *f*; **~ del poder** Vollmachtsbeschränkung *f*; **~ de la propiedad** Eigentumsbeschränkung *f*; **~ de responsabilidad** Haftungsbeschränkung *f*, Haftungsbeschränkung *f*; **~ de riesgos** Risikobegrenzung *f*; **~ de venta** Verkaufsbeschränkung *f*; **~ de la velocidad** Geschwindigkeitsbeschränkung *f*; **imponer limitaciones a la importación de un producto** Einfuhrbeschränkungen für ein Produkt verhängen; **el plan tiene sus limitaciones pero ha sido eficaz** der Plan war im Großen und Ganzen erfolgreich; **sin limitaciones** unbeschränkt
limitado, -a [limi'taðo, -a] *adj* ❶ (*poco*) knapp; **vino sólo un número ~ de personas** es kam nur eine begrenzte Anzahl von Leuten; **nuestros ~s medios no nos permiten hacer más** mit unseren beschränkten Mitteln können wir leider nicht mehr tun ❷ (*tonto*) beschränkt
limitador¹ [limita'ðor] *m* (TÉC) Begrenzer *m*, Begrenzungsvorrichtung *f*; **~ de perturbaciones** Störbegrenzer *m*; **~ de ruido** Rausch-/Geräuschbegrenzer *m*; **~ de voz** (TEL) Sprachbeschneider *m*
limitador(a)² [limita'ðor(a)] *adj* begrenzend, Grenzen setzend
limitar [limi'tar] I. *vi* (an)grenzen (*con* an +*akk*); **España limita al Norte con Francia** Spanien grenzt im Norden an Frankreich II. *vt* begrenzen; (*libertad*) einschränken; **~ el crédito** den Kredit befristen [*o* limitieren]; **el gobierno se ha propuesto un presupuesto ~ el gasto** die Regierung hat für diesen Haushaltsplan vorgeschlagen, die Ausgaben einzuschränken; **hay que ~ sus competencias** man muss seine/ihre Kompetenzen genau festlegen III. *vr:* **~se** sich beschränken (*a* auf +*akk*); **~se a lo esencial** sich auf das Wesentliche beschränken
limitativo, -a [limita'tiβo, -a] *adj*, **limitatorio, -a** [limita'torjo, -a] *adj* beschränkend, einschränkend
límite ['limite] *m* (*frontera*) Grenze *f*; (*inconveniente*) Schranken *fpl*; **~ de cobertura** Deckungsgrenze *f*; **~ de crédito** Kreditlinie *f*; **~ de edad** Altersgrenze *f*; **~ a la exportación/importación** Ausfuhr-/Einfuhrgrenzung *f*; **~ fiscal máximo** Steuerhöchstgrenze *f*; **~ de responsabilidad** (JUR) Haftungsgrenze *f*; **~ superior** Obergrenze *f*; **situación ~** Grenzsituation *f*; **los ~s al crecimiento** die Grenzen des Wachstums; **lo caracterizaba una avaricia sin ~s** er war ein furchtbarer Geizhals; **la fecha ~ para entregarlo es el...** die letzte Abgabefrist ist der ...

limítrofe [li'mitrofe] adj angrenzend, Grenz-; **países ~s** Nachbarländer ntpl

limnología [limnolo'xia] f Seenkunde f, Limnologie f

limnólogo, -a [lim'noloɣo, -a] m, f (BIOL) Limnologe, -in m, f

limo ['limo] m Schlamm m

limón [li'mon] I. adj zitronengelb
II. m Zitrone f

limonada [limo'naða] f (Zitronen)limonade f; **~ de vino** Sangria f

limonado, -a [limo'naðo, -a] adj zitronengelb; **un refresco de color ~** ein zitronengelbes Erfrischungsgetränk

limonar [limo'nar] m ① (AGR) Zitronenpflanzung f, Zitronenplantage f
② (Guat: limonero) Zitronenbaum m

limonero [limo'nero] m Zitronenbaum m

limosidad [limosi'ðaº] f ① (calidad de limoso) Sumpfigkeit f, Schlammigkeit f; **la ~ del terreno desaconseja la construcción de una casa** da das Grundstück sumpfig ist, ist ein Hausbau dort nicht zu empfehlen
② (MED) Zahnstein m

limosna [li'mosna] f Almosen nt; **pedir ~** betteln

limosnear [limosne'ar] vi betteln

limosnera [limos'nera] f Klingelbeutel m

limosnero, -a [limos'nero, -a] I. adj wohltätig
II. m, f ① (caritativo) Wohltäter(in) m(f)
② (Am: pedigüeño) Bettler(in) m(f)

limoso, -a [li'moso, -a] adj schlammig

limousine [limu'sine] f (AUTO) v. **limusina**

limpia¹ ['limpja] f Reinigung f; (cereal) Reinigen nt

limpia² ['limpja] m (fam) abr de **limpiabotas** Schuhputzer m

limpiabarros [limpja'βarros] m inv Fußabtreter m

limpiabotas [limpja'βotas] mf inv Schuhputzer(in) m(f)

limpiachimeneas [limpjatʃime'neas] mf inv Schornsteinfeger(in) m(f)

limpiacristales¹ [limpjakris'tales] mf inv (persona) Fensterputzer(in) m(f)

limpiacristales² [limpjakris'tales] m inv (producto) Fensterputzmittel nt

limpiadientes [limpja'ðjentes] m inv Zahnstocher m

limpiador¹ [limpja'ðor] m Putzmittel nt

limpiador(a)² [limpja'ðor(a)] I. adj reinigend; **leche ~a** Reinigungsmilch f
II. m(f) Raumpfleger(in) m(f); (sólo mujer) Putzfrau f, Reinemachefrau f

limpiamente [limpja'mente] adv ① (hábilmente) säuberlich, sorgfältig; **el cirujano le extirpó el apéndice ~** der Chirurg hat ihm/ihr den Blinddarm sauber entfernt
② (sin trampas) sauber; **llegó a presidente del partido ~, sin corromperse** er/sie ist ganz ohne Machenschaften Parteivorsitzende(r) geworden
③ (con honradez) offen und ehrlich; **le conté lo que había ocurrido ~** ich habe ihm/ihr alles genau so erzählt, wie es war

limpiametales [limpjame'tales] m inv Metallputzmittel nt

limpiamuebles [limpja'mweβles] m inv Möbelpolitur f

limpiaparabrisas [limpjapara'βrisas] m inv Scheibenwischer m

limpiapeines [limpja'peines] m inv Kammputzer m

limpiapipas [limpja'pipas] m inv Pfeifenreiniger m

limpiar [lim'pjar] I. vt ① (la suciedad) sauber machen, reinigen; (zapatos, dientes, casa) putzen; (chimenea) fegen; **~ el polvo** Staub wischen; **~ suavemente** mild reinigen; **la casa está por ~** das Haus muss noch geputzt werden; **tengo que ~ el pescado** ich muss den Fisch ausnehmen
② (librar) säubern (de von +dat); **~ de culpas** von Schuld reinwaschen
③ (fam: robar) klauen
II. vi ① (quitar la suciedad) sauber machen, putzen
② (en el juego) Geld gewinnen
III. vr: **~se** sich reinigen; **¡límpiate los mocos!** putz dir die Nase!; **~se de fiebre** kein Fieber mehr haben

limpiauñas [limpja'uɲas] m inv Nagelreiniger m

limpidez [limpi'ðeθ] f sin pl (elev: limpieza) Reinheit f; (claridad) Klarheit f; **admiró la ~ del aire después de la tormenta** er/sie staunte, wie rein die Luft nach dem Gewitter war

límpido, -a ['limpiðo, -a] adj ① (elev: limpio) klar, durchsichtig
② (inmaculado) makellos

limpieza [lim'pjeθa] f ① (lavar) Putzen nt, Reinigung f; (fig) Säuberung f; **~ bucal** (MED) Mundpflege f; **~ de cutis** Gesichtsreinigung f; **a fondo** [o **general**] Großreinemachen nt, Großputz m; **~ en seco** Trockenreinigung f; **hacer la ~** sauber machen; **es la señora de la ~** das ist die Putzfrau
② (estado) Sauberkeit f; **la ~ de nuestras calles deja mucho que desear** die Sauberkeit unserer Straßen lässt einiges zu wünschen übrig
③ (eliminación) Säuberung f; **~ étnica** ethnische Säuberung
④ (habilidad) Geschicklichkeit f

limpio¹ ['limpjo] adv ① (sin trampas) sauber, ehrlich; **jugar ~** fair spielen
② (loc): **lo he escrito en ~** ich habe das ins Reine geschrieben; **¿qué has sacado en ~ de todo este asunto?** was hat dir diese Sache nun gebracht?; **saco en ~ unos 200 euros** ich bekomme 200 Euro netto

limpio, -a² ['limpjo, -a] adj (cocina, persona) sauber; (aire) rein; (agua) klar; (almendra) geschält; (fig) rein; **acabar a tortazo ~** (fam) in eine Schlägerei ausarten; **él está ~ de toda sospecha** er ist frei von jeglichem Verdacht; **lo dejaron ~ tras la última partida** (fam) nach dem letzten Spiel war er völlig blank

limpión [lim'pjon] m ① (lavado) flüchtige Reinigung f; **dar un ~** schnell und oberflächlich sauber machen
② (Am: trapo) Lappen m

limusina [limu'sina] f (AUTO) Limousine f

lináceo, -a [li'naθeo, -a] adj (BOT) leinartig, Lein-; **plantas lináceas** Leingewächse ntpl

linaje [li'naxe] m Abstammung f, Familie f; **de rancio ~** von altem Adelsgeschlecht

linajudo, -a [lina'xuðo, -a] adj (pey) altadlig, aristokratisch

lináloe [li'naloe] m (BOT) ein Aloegewächs

linar [li'nar] m (AGR) Flachsfeld nt

linaria [li'narja] f (BOT) Leinkraut nt

linaza [li'naθa] f Leinsamen m; **aceite de ~** Leinöl nt

lince ['linθe] m (ZOOL) Luchs m; **ser un ~** (fig) sehr klug sein, ein Fuchs sein; **tener ojos de ~** Augen wie ein Luchs haben

linchamiento [lintʃa'mjento] m Lynchjustiz f

linchar [lin'tʃar] vt lynchen

lindamente [linda'mente] adv (elev) ① (con primor) sorgfältig; **las niñas estaban ~ vestidas** die Mädchen waren adrett gekleidet
② (con facilidad) ohne Schwierigkeiten, mit Leichtigkeit

lindante [lin'dante] adj angrenzend

lindar [lin'dar] vi angrenzen (con an +akk)

linde ['linde] m o f (Grundstücks)grenze f; (camino) Grenzweg m

lindera [lin'dera] f Grenze f, Begrenzung f; **las ~s de la finca** die Grundstücksgrenzen

lindero¹ [lin'dero] m (Grundstücks)grenze f; (camino) Grenzweg m; (en el campo) Feldrain m

lindero, -a² [lin'dero, -a] adj angrenzend; **la casa parroquial es lindera con la iglesia del pueblo** das Pfarrhaus grenzt an die Dorfkirche

lindeza [lin'deθa] f ① (bonito) Niedlichkeit f
② (gracioso) Witzigkeit f
③ pl (irón: insulto) Schimpfworte ntpl; **me dijo esas y otras ~s parecidas** so und ähnlich hat er/sie mich bezeichnet

lindo, -a ['lindo, -a] adj ① hübsch, schön; (niño) niedlich, süß; **nos divertimos de lo ~** wir haben uns gut amüsiert

lindón [lin'don] m (AGR) Gemüsegestell nt

línea ['linea] f ① (MAT, MIL, ECON) Linie f; (raya) Strich m; **~ de código** (INFOR) Kodierzeile f; **~ de comando** (INFOR) Befehlszeile f; **~ de crédito** Kreditlinie f; **~ de flotación** Wasserlinie f; **~ de intersección** Schnittstelle f; **~ del frente** Frontlinie f; **~s por minuto** (INFOR) Zeilen pro Minute; **~ de montaje** (COM) Montagelinie f, Montagefließstraße f; **~s por segundo** (INFOR) Zeilen pro Sekunde; **trabajador de la ~ de montaje** (COM) Arbeiter an einer Montagefließstraße; **abrir una ~ de crédito** (FIN) eine Kreditlinie eröffnen [o gewähren]; **fracasar en toda la ~** auf der ganzen Linie versagen; **traza una ~ recta** zeichne eine Gerade
② (fila) Reihe f
③ (renglón) Zeile f; **~ en blanco** Leerzeile f; **leer entre ~s** zwischen den Zeilen lesen; **te pongo cuatro ~s para decirte que...** ich schreibe dir ein paar Zeilen um dir zu sagen, dass ...
④ (de transporte) Linie f, (trayecto) Strecke f; **~ aérea** Fluglinie f; **~ férrea** Bahnlinie f; **~ marítima** Schifffahrtslinie f; **coche de ~** Linienbus m; **el tendido de la ~ Berlín-Praga** die Einrichtung der Strecke Berlin-Prag
⑤ (TEL) Leitung f; **~ directa** [o **caliente**] Hotline f; **~ erótica** Sextelefon nt; **~ para el fax** Faxanschluss m; **la ~ está ocupada** die Leitung ist besetzt; **por la otra ~** auf der anderen Leitung
⑥ (pariente) (Verwandtschafts)linie f; **somos primos por ~ materna** wir sind Cousins mütterlicherseits
⑦ (DEP) Linie f; **~ de meta** (fútbol) Torlinie f; (atletismo) Ziellinie f
⑧ (tipo) Linie f, Figur f; **tienes que guardar la ~** du musst auf deine Figur achten
⑨ (directriz) Regel f, Leitlinie f; **en ~s generales se puede decir que...** im Allgemeinen kann man sagen, dass ...; **ha sido siempre fiel a la ~ del partido** er/sie ist immer der Parteilinie treu geblieben

lineal [line'al] adj ① (relativo a la línea) Linien-
② (como una línea) linienförmig, Linien-; (hoja) länglich; **la empresa tiene una estructura directiva ~** das Unternehmen hat eine lineare Leitungsstruktur
③ (proporcional, t. MAT, ARTE) linear; **dibujo ~** Linearzeichnen nt

lineómetro [line'ometro] m (TIPO) Zeilenzähler m

linfa ['liɱfa] *f* (BIOL) Lymphe *f*
linfangioma [liɱfaŋ'xjoma] *m* (MED) Lymphgefäßgeschwulst *f*, Lymphangiom *nt*
linfangitis [liɱfaŋ'xitis] *f inv* (MED) Lymphgefäßentzündung *f*, Lymphangitis *f*
linfático, -a [liɱ'fatiko, -a] *adj* (MED) lymphatisch; **gánglio** ~ Lymphknoten *m*
linfocito [liɱfo'θito] *m* (BIOL) Lymphozyt *m*
linfocitosis [liɱfoθi'tosis] *f inv* (MED) Lymphozytose *f*
linfogranuloma [liɱfoɣranu'loma] *m* (MED): ~ **inguinal** [*o* **venéreo**] Lymphogranuloma inguinale *nt*, Durant-Nicolas-Favre-Krankheit *f*; ~ **maligno** Hodgkin-Syndrom *nt*, malignes Granulom *nt*
linfoma [liɱ'foma] *m* (MED) malignes Lymphom *nt*
lingotazo [liŋɡo'taθo] *m* (*pey fam: trago*) Schluck *m*, Zug *m*; **¡menudo ~ le pegó a la botella!** der/die hat sich *dat* ganz schön einen hinter die Binde gegossen!
lingote [liŋ'ɡote] *m* (*de metal*) (Metall)barren *m*; (*de acero*) Block *m*; ~ **de oro** Goldbarren *m*
lingüista [liŋ'ɡwista] *mf* Linguist(in) *m(f)*, Sprachwissenschaftler(in) *m(f)*
lingüística [liŋ'ɡwistika] *f* Sprachwissenschaft *f*, Linguistik *f*
lingüístico, -a [liŋ'ɡwistiko, -a] *adj* linguistisch, sprachwissenschaftlich
linier [li'njer] *m* (DEP) Linienrichter *m*
linimento [lini'mento] *m* Einreibemittel *nt*; (MED) Liniment *nt*
lino ['lino] *m* ❶ (BOT) Flachs *m*
❷ (*tela*) Leinen *nt*
linografía [linoɣra'fia] *f* Druckverfahren *nt* auf Leinen
linóleo [li'noleo] *m* Linoleum *nt*
linón [li'non] *m* Linon *m*
linotipia® [lino'tipja] *f* (TIPO) Linotype® *f*
linotipista [linoti'pista] *mf* (TIPO) Linotypist(in) *m(f)*
linotipo® [lino'tipo] *m o f* Linotype® *f*
linterna [liɳ'terna] *f* ❶ (*de mano*) Taschenlampe *f*; ~ **mágica** Laterna *f* magica
❷ (*farol, torrecilla*) Laterne *f*
❸ (*faro*) Leuchtturm *m*
linternón [liɳter'non] *m* ❶ (ARQUIT) Laterne *f*
❷ (NÁUT) Seitenlaterne *f*
lío ['lio] *m* ❶ (*de ropa*) Bündel *nt*
❷ (*embrollo*) Durcheinander *nt*; **¡déjame de ~s!** damit will ich nichts zu tun haben!; **me hice** [*o* **armé**] **un ~ impresionante con sus explicaciones** seine/ihre Erklärungen haben mich völlig durcheinander gebracht; **¡me meto en cada ~!** ich gerate immer in die unmöglichsten Situationen; **no entiendo ese ~** das ist mir zu verworren
❸ (*fam: relación amorosa*) (Liebes)verhältnis *nt*; **sé que tiene un ~ por ahí** ich weiß, dass er/sie was mit jemandem hat; **siempre andaba en ~s con las mujeres** er war ständig in Weibergeschichten verwickelt
liofilización [ljofiliθa'θjon] *f* Gefriertrocknung *f*, Lyophilisation *f*
liofilizado, -a [ljofili'θaðo, -a] *adj* gefriergetrocknet
liofilizar [ljofili'θar] <z→c> *vt* gefriertrocknen
lionés, -esa [ljo'nes, -esa] I. *adj* aus Lyon
II. *m, f* Lyoner(in) *m(f)*
lionesa [ljo'nesa] *f* (GASTR) Gebäck mit Schokoladen- oder Sahnefüllung
lioso, -a [li'oso, -a] *adj* (*difícil*) unklar, verworren; **persona liosa** Intrigant(in) *m(f)*, Ränkeschmied(in) *m(f)*; **todo el asunto era bastante ~** die ganze Sache war ziemlich kompliziert
lipectomía [lipekto'mia] *f* (MED) operative Entfernung *f* von Fettgewebe, Lipektomie *f*
lipemanía [lipema'nia] *f* (PSICO) Melancholie *f*
lipemia [li'pemja] *f* (MED) Lipämie *f*
lipidia [li'piðja] *f* ❶ (*AmC: pobreza*) Armut *f*; (*miseria*) Elend *nt*
❷ (*Cuba, Méx: impertinencia*) Unverschämtheit *f*
lipidiar [lipi'ðjar] *vt* (*Cuba, Méx, PRico*) belästigen
lípido ['lipiðo] *m* (BIOL) Lipid *nt*
lipodistrofia [lipoðis'trofja] *f* (MED) Fettstoffwechselstörung *f*, Lipodystrophie *f*
liposoma [lipo'soma] *m* Liposom *nt*
lipotimia [lipo'timja] *f* (MED) Ohnmacht *f*; **le ha dado una ~** er/sie ist ohnmächtig geworden
liquelique [like'like] *m* (*Col, Ven*) typischer weißer Herrenanzug der karibischen Staaten
liquen ['liken] *m* (BOT) Flechte *f*
liquidable [liki'ðaβle] *adj* schmelzbar, flüssig zu machen; (ECON) liquidierbar
liquidación [likiða'θjon] *f* ❶ (*de una mercancía*) Ausverkauf *m*; ~ **de empresa** Unternehmensliquidation *f*; ~ **por fin de temporada** (*en el invierno*) Winterschlussverkauf *m*; (*en el verano*) Sommerschlussverkauf *m*; ~ **forzosa** Zwangsliquidation *f*; ~ **patrimonial** Vermögensauseinandersetzung *f*; ~ **total** Räumungsverkauf *m*, Totalausverkauf *m*

❷ (*de una empresa*) Auflösung *f*, Liquidation *f*; ~ **de activo** Abwicklung der Vermögenswerte; **la empresa está en ~** das Unternehmen wird aufgelöst
❸ (*de una factura*) Begleichung *f*; ~ **conjunta** Zusammenveranlagung *f*; ~ **de descuentos** Diskontabrechnung *f*; ~ **de la empresa** Betriebsabwicklung *f*; ~ **de gastos** Spesenabrechnung *f*; ~ **del impuesto de sucesiones** Erbschaftsteuerveranlagung *f*; ~ **del pasivo** [*o* **de las deudas**] Bereinigung der Passiva; ~ **patrimonial** Vermögensausgleich *m*; ~ **del patrimonio hereditario** Nachlassabwicklung *f*; ~ **del régimen de gananciales** Zugewinnausgleich *m*; ~ **del siniestro** Schadensabwicklung *f*, Schadensregulierung *f*; ~ **tributaria** Steuerfestsetzung *f*, Veranlagung *f*; **día de ~** (**en la bolsa**) Abrechnungstag *m* (an der Börse)
liquidador(a) [likiða'ðor(a)] *m(f)* Konkursverwalter(in) *m(f)*, Liquidator(in) *m(f)*
liquidar [liki'ðar] *vt* ❶ (*licuar*) flüssig machen, verflüssigen
❷ (*fam: acabar*) erledigen; (*matar*) töten; **nos liquidamos todas las galletas** wir haben alle Kekse verdrückt
❸ (*una mercancía*) ausverkaufen; **existencias** ausverkaufen; **esa tienda está liquidando sus existencias** dieses Geschäft räumt das Lager
❹ (*cerrar*) auflösen; (*una compañía*) auflösen, liquidieren
❺ (*una factura*) begleichen; (*una deuda*) begleichen, abtragen; (*una operación*) ausgleichen, abrechnen (über +*akk*); (*una partida*) abstoßen
liquidez [liki'ðeθ] *f* ❶ (*agua*) Flüssigkeit *f*
❷ (COM) Liquidität *f*; ~ **bancaria** Banklisquidität *f*; **coeficiente de ~** (FIN) Liquiditätsquote *f*; **la empresa se enfrenta a una crisis de ~ y no puede pagar sus deudas** das Unternehmen ist in eine Krise geraten und kann seine Schulden nicht mehr bezahlen
líquido[1] ['likiðo] *m* ❶ (*agua*) Flüssigkeit *f*; ~ **amniótico** (MED) Fruchtwasser *nt*; ~ **corrector** Korrekturflüssigkeit *f*; ~ **de frenos** (AUTO) Bremsflüssigkeit *f*
❷ (COM: *saldo*) (reiner) Überschuss *m*; ~ **imponible** zu versteuernder Betrag
líquido, -a[2] ['likiðo, -a] *adj* ❶ (*material, consonante*) flüssig
❷ (*dinero*) liquid, Netto-; **renta líquida** Nettoerlös *m*, Reinerlös *m*
lira ['lira] *f* ❶ (*moneda*) Lira *f*
❷ (*instrumento*) Lyra *f*, Leier *f*
lírica ['lirika] *f* Lyrik *f*
liricidad [liriθi'ðað] *f sin pl* (LIT) lyrischer Charakter *m*, lyrische Eigenschaft *f*
lírico, -a ['liriko, -a] I. *adj* ❶ (LIT) lyrisch
❷ (MÚS) Opern-
II. *m, f* Lyriker(in) *m(f)*
lirio ['lirjo] *m* (BOT) Lilie *f*; ~ **de los valles** Maiglöckchen *nt*
lirismo [li'rismo] *m sin pl* ❶ (LIT) Lyrik *f*
❷ (*sentimentalismo*) Schwärmerei *f*
lirón [li'ron] *m* (ZOOL) Siebenschläfer *m*; **dormir como un ~** schlafen wie ein Murmeltier
lirondo, -a [li'rondo, -a] *adj*: **mondo y ~** und sonst nichts; **recuperé la cartera pero monda y lironda** ich bekam meine Brieftasche wieder, aber leer
lis [lis] *f* Lilie *f*; **flor de ~** (*blasón*) Wappenlilie *f*
lisa ['lisa] *f* ❶ (ZOOL) der Schmerle ähnlicher Fisch, der in den Flüssen Zentralspaniens vorkommt
❷ (*mújol*) Meeräsche *f*
Lisboa [lis'βoa] *f* Lissabon *nt*
lisboeta [lisβo'eta] I. *adj* aus Lissabon
II. *mf* Lissaboner(in) *m(f)*
lisiado, -a [li'sjaðo, -a] I. *adj* verkrüppelt
II. *m, f* Krüppel *m*
lisiadura [lisja'ðura] *f* (*efecto*) Verkrüppelung *f*; (*acción*) Verkrüppeln *nt*
lisiar [li'sjar] I. *vt* (*lesionar*) verletzen, verwunden; (*mutilar*) verstümmeln
II. *vr*: **~se** sich verletzen
lisina [li'sina] *f* (BIOL, QUÍM) Lysin *nt*
liso, -a ['liso, -a] *adj* ❶ (*superficie, pelo*) glatt; **los 100 metros ~s** der 100-Meter-Lauf; **es un negocio ~ y llano** das ist ein sehr einfaches Geschäft
❷ (*tela*) einfarbig; (*vestido*) schlicht
lisol [li'sol] *m* (QUÍM) Lysol *nt*
lisonja [li'sonxa] *f* Schmeichelei *f*
lisonjeador(a) [lisonxea'ðor(a)] I. *adj* schmeichelnd, schmeichlerisch; **no seas tan ~ con tu jefe** umschmeichele deinen Chef nicht zu viel
II. *m(f)* Schmeichler(in) *m(f)*
lisonjear [lisonxe'ar] *vt* schmeicheln +*dat*
lisonjero, -a [lison'xero, -a] I. *adj* schmeichelnd, schmeichelhaft
II. *m, f* Schmeichler(in) *m(f)*
lista ['lista] *f* ❶ (*enumeración*) Liste *f*, Auflistung *f*; ~ **de bodas** Hoch-

listado zeitsliste f; ~ **de la compra** Einkaufszettel m; ~ **electoral** Wählerliste f; ~ **de precios** Preisliste f; ~ **de tarifas** Gebührenverzeichnis nt; ~ **única** Einheitsliste f; ~ **de ventas** Liste der Verkaufsschlager; **estoy en la ~ de espera** ich stehe auf der Warteliste; **los llamaron por orden de ~** sie wurden nach der Liste aufgerufen; **pasar ~** die Namen aufrufen, die Anwesenheit überprüfen; **esta profesora pasa ~** diese Lehrerin führt eine Anwesenheitsliste; **poner** [o **incluir**] **a alguien/algo en la ~ negra** jdn/etw auf die schwarze Liste setzen

② (tira) Streifen m; (de madera) Leiste f; **a ~s** gestreift

listado¹ [lis'taðo] m (INFOR) Auflistung f, Liste f; ~ **impreso** Druckerausgabe f; ~ **de programa** (INFOR) Programmliste f

listado, -a² [lis'taðo, -a] adj gestreift

listar [lis'tar] vt in die Liste eintragen

listeza [lis'teθa] f (sagacidad) Scharfsinn m; (perspicacia) Weitblick m; (entendimiento) schnelle Auffassungsgabe f

listillo, -a [lis'tiʎo, -a] m, f (pey) Klugscheißer(in) m(f)

listín [lis'tin] m (lista) kleine Liste f; ~ **de Bolsa** (FIN) Börsenzettel m

② (guía telefónica) Telefonbuch nt

listo, -a ['listo, -a] adj ① ser (inteligente) klug, aufgeweckt; (sagaz) gerissen; (hábil) geschickt; **se pasó de lista y así le va** sie ist zu weit gegangen, und das hat sie nun davon

② estar (preparado) fertig, bereit; ~ **para enviar** (INFOR) sendebereit; **estoy ~** ich bin fertig [o bereit]; ~ **para el envío/para el tiraje** versandfertig/druckreif; **el avión está ~ para despegar** das Flugzeug ist startklar; **lo quiero tener ~ para el jueves** ich will es bis Donnerstag fertig haben; **¡preparados, ~s, ya!** (DEP) auf die Plätze, fertig, los!; **pues va [o está] ~ si cree que será tan fácil** (fam) da kann er lange warten [o da hat er sich geschnitten], wenn er meint, dass es so einfach geht

listón [lis'ton] m (madero) Latte f; (DEP) Sprunglatte f; **Ud. ha puesto el ~ muy alto** (fig) Sie haben einen sehr hohen Maßstab angelegt

lisura [li'sura] f ① (llano) Glätte f

② (Am: frescura) Frechheit f

③ (fig: ingenuidad) Naivität f

Lit. ['lira ita'ljana] abr de **lira italiana** Lit

lite ['lite] f (JUR) Rechtsstreit m

litera [li'tera] f ① (FERRO) Liegewagenplatz m

② (NÁUT) Schlafkoje f

③ (cama) Etagenbett nt

④ (camilla) Tragbahre f

literal [lite'ral] I. adj wörtlich, buchstäblich; **esa es una traducción ~** das ist eine wörtliche Übersetzung

II. m (INFOR) Literal m

literalidad [literali'ðað] f sin pl Wörtlichkeit f; **la ~ es desaconsejable a la hora de traducir una poesía a otra lengua** es ist nicht ratsam, Gedichte wörtlich zu übersetzen

literalmente [literal'mente] adv ① (al pie de la letra) (wort)wörtlich; **traduce ~ de una lengua a otra** er übersetzt immer wörtlich

② (en sentido estricto) buchstäblich; **estoy ~ arruinado** ich bin im wahrsten Sinne des Wortes ruiniert

literario, -a [lite'rarjo, -a] adj literarisch; **género ~** literarische Gattung; **lenguaje ~** Schriftsprache f

literato, -a [lite'rato, -a] m, f Literat(in) m(f), Schriftsteller(in) m(f)

literatura [litera'tura] f ① (arte, obras) Literatur f; ~ **barata** Schundliteratur f; ~ **de entretenimiento** Unterhaltungsliteratur f; **¡eso es sólo hacer ~!** das ist bloß leeres Gerede!

② (bibliografía) Bibliografie f

litiasis [li'tjasis] f inv (MED) Lithiasis f, Steinleiden nt; ~ **biliar** Gallensteine mpl

lítico, -a ['litiko, -a] adj (relativo a la piedra) steinern, Stein-; **instrumentos ~s** steinerne Gerätschaften, Steinwerkzeuge

liticonsorcio [litikon'sorθjo] m Streitgenossenschaft f

litigación [litiɣa'θjon] f (JUR: acción) Rechtsstreit m; (resultado) Prozessführung f

litigante [liti'ɣante] I. adj streitend; (en un juicio) prozessführend; **las partes ~s** die streitenden Parteien

II. mf Prozessteilnehmer(in) m(f), Prozesspartei f

litigar [liti'ɣar] <g→gu> vt (disputar, t. JUR) streiten (sobre über +akk, por um +akk); **andan siempre litigando por naderías** sie streiten sich immer um Nichtigkeiten

② (llevar a juicio) prozessieren (con/contra gegen +akk), einen Prozess führen (con/contra gegen +akk), gerichtlich vorgehen (con/contra gegen +akk)

litigio [li'tixjo] m ① (disputa) Streit m; **en caso de ~** im Streitfall; **en ~** strittig

② (juicio) Prozess m; ~ **de derecho civil** Zivilrechtsstreit m

litigioso, -a [liti'xjoso, -a] adj ① (cosa) strittig

② (persona) streitsüchtig

litio ['litjo] m (QUÍM) Lithium nt

litis ['litis] f inv (JUR) Rechtsstreit m, Prozess m

litisconsorcio [litiskon'sorθjo] m (JUR) Streitgenossenschaft f

litisconsorte [litiskon'sorte] mf (JUR) Streitgenosse, -in m, f

litiscontestación [litiskonte̞sta'θjon] f (JUR) Klagebeantwortung f, Einlassung f

litispendencia [litispen'denθja] f (JUR) ① (estado del pleito antes de su terminación) Rechtshängigkeit f

② (excepción dilatoria) Streitbefangenheit f

litofanía [litofa'nia] f (en porcelana) Lithophanie f

litófito [li'tofito] m (BOT) Lithophyt m

litogénesis [lito'xenesis] f inv (GEO) Lithogenese f

litografía [litoɣra'fia] f ① (arte, grabado) Lithographie f

② (procedimiento) Steindruck m

litografiar [litoɣrafi'ar] < 1. pres: litografío> vt lithographieren

litología [litolo'xia] f (GEO) Gesteinskunde f, Lithologie f

litoral [lito'ral] I. adj Küsten-; (de la playa) Strand-

II. m (costa) Küste f, Küstengebiet nt; (playa) Strandzone f, Strand m

litosfera [litos'fera] f (GEO) Lithosphäre f

lítote ['litote] f (LIT) Litotes f

litotipografía [litotipoɣra'fia] f (TIPO) Lithotypographie f

litotomía [litoto'mia] f (MED) Lithotomie f

litotricia [lito'triθja] f (MED) Zertrümmerung f von Blasensteinen, Lithotripsie f

litri ['litri] adj (fam) affektiert; **¡qué chica más ~!** was für eine Zierpuppe!

litro ['litro] m Liter m o nt; **un ~ de leche** ein Liter Milch

litrona [li'trona] f (argot) 1-Liter-Flasche f Bier

lituana [li'twana] adj o f v. **lituano²**

Lituania [li'twanja] f Litauen nt

lituano¹ [li'twano] m (idioma) Litauisch(e) nt

lituano, -a² [li'twano, -a] I. adj litauisch

II. m, f (habitante) Litauer(in) m(f)

liturgia [li'turxja] f (REL) Liturgie f

litúrgico, -a [li'turxiko, -a] adj liturgisch; **ornamento ~** Kirchenschmuck m

liturgista [litur'xista] mf (REL) Liturgiker(in) m(f)

liviandad [liβjan'dað] f ① (frivolidad) Leichtfertigkeit f

② (lascivia) Lüsternheit f

liviano, -a [li'βjano, -a] adj ① (superficial) leichtfertig

② (lascivo) unanständig, lasziv

③ (ligero) leicht; (error) unbedeutend

livianos [li'βjanos] mpl (de cerdo, ternera) Lungen fpl

lividecer [liβiðe'θer] <irr como crecer> vi erbleichen, erblassen; **cuando se dio cuenta de lo que había hecho lividecio** ihm/ihr wurde ganz flau, als ihm/ihr bewußt wurde, was er/sie angerichtet hatte

lividez [liβi'ðeθ] f Blässe f; ~ **cadavérica** Leichenblässe f

lívido, -a ['liβiðo, -a] adj ① (amoratado) schwarzblau, dunkelviolett; ~ **de frío** blaugefroren

② (pálido) blass, fahl

living ['liβiŋ] m <livings> Wohnzimmer nt

living-comedor [liβiŋ kome'ðor] m Wohnküche f

liza ['liθa] f ① (lucha) Kampf m; **en este tema entran** [o **están**] **en ~ intereses contrapuestos** bei diesem Thema prallen entgegengesetzte Interessen aufeinander

② (campo) Kampfplatz m, Turnierplatz m; **entrar en ~** den Kampf antreten, in die Schranken treten elev

ll ['eʎe] f (LING) spanischer Buchstabe

llaca ['ʎaka] f (Chil: ZOOL) Zwergbeutelratte f

llaga ['ʎaɣa] f ① (herida) Wunde f; (úlcera) Geschwür nt, Knoten m; (ampolla) Blase f

② (estigma) Stigma nt

③ (pena) Schmerz m

llagar [ʎa'ɣar] <g→gu> I. vt (herir) verwunden, verletzen; (rozar) wund scheuern

II. vr: ~se ① (ulcerarse) eitern, schwären elev

② (herirse) sich wund reiben; **~se** (**los pies**) sich dat Blasen (an den Füßen) laufen

llalli ['ʎaʎi] f (Chil) Popcorn nt

llama ['ʎama] f ① (fuego) Flamme f; **la ~ de la pasión** das Feuer der Leidenschaft

② (ZOOL) Lama nt

llamada [ʎa'maða] f ① (voz) Ruf m; ~ **al orden** Ordnungsruf m; ~ **del programa** (INFOR) Programmaufruf m; ~ **de socorro** Hilferuf m

② (de teléfono) Anruf m; ~ **en espera** Anklopfen nt; ~ **urbana** Ortsgespräch nt

③ (gesto) Herbeiwinken nt

④ (a la puerta) Klopfen nt

⑤ (en un libro) Hinweis m

⑥ (para emigrantes) Einwanderungserlaubnis f (mit Schiffskarte, Flugschein)

llamado

❼ (MIL) Appell *m*

llamado¹ [ʎaˈmaðo] *m* (Am) ❶ (*llamada telefónica*) Anruf *m*

❷ (*llamamiento*) Aufruf *m*; **el presidente hizo un ~ a la solidaridad internacional** der Präsident rief zu internationaler Solidarität auf

llamado, -a² [ʎaˈmaðo, -a] *adj* ❶ (*conocido como*) sogenannte(r, s); **la llamada democracia del pueblo resultó ser una dictadura** die sogenannte Volksdemokratie enthüllte sich als Diktatur

❷ (*con vocación*) berufen; **estoy ~ a salvar la patria** ich habe die Aufgabe das Land zu retten; **muchos son los ~s y pocos los escogidos** viele sind berufen, aber nur wenige auserwählt

❸ (*citado*) gerufen

llamador [ʎamaˈðor] *m* (Tür)klopfer *m*, Klopfring *m*; (*botón*) (Klingel)knopf *m*

llamamiento [ʎamaˈmjento] *m* ❶ (*exhortación*) Aufruf *m*; (*soldado*) Appell *m*; **concluyo haciendo un ~ a la paz** ich schließe mit dem Aufruf zum Frieden; **hago un ~ a todos los ciudadanos** ich appelliere an alle Bürger

❷ (REL) Berufung *f*

❸ (MIL) Aufgebot *nt*; **~ a filas** Einberufung zum Wehrdienst

❹ (JUR: *citación*) Vorladung *f*; **~ para la vista oral** Termin [*o* Vorladung] zur mündlichen Verhandlung

llamar [ʎaˈmar] **I.** *vt* ❶ (*voz*) rufen; **~ a declarar a alguien** jdn zur Aussage vorladen; **~ a filas** (MIL) einberufen; **~ por teléfono a alguien** jdn anrufen; **~ un taxi** ein Taxi rufen; **¿quién lo llama?** wer ruft ihn?; (*por teléfono*) wer ruft ihn an?; **le llaman al teléfono** er wird am Telefon verlangt; **lo llamó idiota a la cara** er/sie sagte ihm ins Gesicht, dass er ein Idiot sei, er/sie schimpfte ihn einen Idioten; **¡llama al médico!** ruf [*o* hol] einen Arzt!; **~ a capítulo a alguien** jdn zur Rechenschaft ziehen; **llamó al perro con un silbido** er/sie pfiff nach dem Hund; **se presentó sin que nadie lo ~a** er erschien, ohne dass ihn jemand gerufen hätte

❷ (*denominar*) nennen; **¡llámelo equis** [*o* **como quiera**]! nennen Sie es, wie Sie wollen!; **nosotros lo llamamos así y vosotros de otra manera** wir nennen es so und ihr anders

❸ (*despertar*) (er)wecken; **él llamó la atención sobre el número de desaparecidos** er machte auf die Zahl der Verschwundenen aufmerksam; **nos llamó la atención porque estábamos haciendo mucho ruido** er/sie ermahnte uns, weil wir sehr laut waren; **nos llamó la atención su vestido** ihr Kleid fiel uns auf

II. *vi* ❶ (*a la puerta*) anklopfen; (*el timbre*) läuten, klingeln; **¿quién llama?** wer ist da?

❷ (*fam: gustar*) schmecken; **el chocolate no me llama nada** Schokolade ist nicht mein Ding

III. *vr*: **~se** heißen, sich nennen; **¿cómo te llamas?** wie heißt du?; **¡como me llamo… que lo harás!** du machst das, so wahr ich … heiße!; **¡eso es lo que se llama tener suerte!** das nennt man Glück!; **no nos llamemos a engaño: estamos en una situación crítica** wir sollten uns nichts vormachen, wir befinden uns in einer kritischen Lage

llamarada [ʎamaˈraða] *f* ❶ (*llama*) Flackerfeuer *nt*, Lohe *f*

❷ (*rubor*) Röte *f*

llamarón [ʎamaˈron] *m* (*Chil, Col, Ecua*) hell auflodernder Feuer *nt*

llamativo, -a [ʎamaˈtiβo, -a] *adj* (*traje*) auffällig; (*color*) grell; **me alegro de que todos se hayan vestido con colores tan ~s** ich freue mich, dass alle so bunt gekleidet sind

llameante [ʎameˈante] *adj* lodernd

llamear [ʎameˈar] *vi* lodern, flackern

llana [ˈʎana] *f* ❶ (*herramienta*) Kelle *f*; **dar de ~** Putz anwerfen

❷ (*llanura*) Flachland *nt*

❸ (*papel*) Blattseite *f*

llanada [ʎaˈnaða] *f* Flachland *nt*

llanamente [ʎanaˈmente] *adv* schlicht und einfach; **dile ~ lo que piensas de él** sag ihm ganz einfach, was du von ihm hältst

llanarca [ʎaˈnarka] *m* (*Arg*: ZOOL: *atajacaminos*) südamerikanische Nachtvogelart

llanca [ˈʎanka] *f* (*Chil*: MIN) blaugrünes Kupfermineral *nt*, Chrysokolla *f*

llande [ˈʎande] *f* (*bellota*) Eichel *f*

llanear [ʎaneˈar] *vi* dort entlanggehen, wo es flach ist

llanero, -a [ʎaˈnero, -a] *m, f* Bewohner(in) *m(f)* des Flachlandes

llaneza [ʎaˈneθa] *f sin pl* Offenherzigkeit *f*, Umgänglichkeit *f*

llanisto, -a [ʎaˈnisto, -a] **I.** *adj* (*Arg*) aus den Ebenen der Provinz La Rioja

II. *m, f* (*Arg*) Einwohner(in) *m* der Ebenen La Riojas

llanito, -a [ʎaˈnito, -a] *m, f* (*fam*) Einwohner(in) *m(f)* von Gibraltar

llano¹ [ˈʎano] *m* Ebene *f*, Flachland *nt*; **Los L~s** Flachland *nt* (*in Kolumbien und Venezuela*)

llano, -a² [ˈʎano, -a] *adj* ❶ (*liso*) flach, eben; **plato ~** flacher Teller

❷ (*campechano*) umgänglich; **el pueblo ~** das (einfache) Volk; **a la pata la llana** ohne Umstände

❸ (LING) auf der vorletzten Silbe betont

llanta [ˈʎanta] *f* ❶ (*rueda*) Felge *f*; **~ de aleación** Alufelge; **~ de goma** Gummireifen *m*

❷ (*siderurgia*) Bramme *f*

❸ (BOT) Blätterkohlsorte

llantera [ʎanˈtera] *f* Geheule *nt*, lautes Weinen *nt*

llantería [ʎanteˈria] *f sin pl* (*Am*) Weinen *nt*, Jammern *nt*

llanterío [ʎanteˈrio] *m* Weinen *nt* (*meist mehrerer Personen*); **el ~ de los niños** das ständige Geheule der Kinder

llantina [ʎanˈtina] *f* (*fam*) Geflenne *nt*, Geheule *nt*

llanto [ˈʎanto] *m* Weinen *nt*, Jammern *nt*; **anegarse en ~** in Tränen zerfließen

llanura [ʎaˈnura] *f* Ebene *f*, Flachland *nt*

llapa [ˈʎapa] *f* (*AmS*) Zugabe *f*

llapar [ʎaˈpar] *vt* (*AmS*: MIN) hinzugeben

llareta [ʎaˈreta] *f* (*Chil*: BOT) südamerikanisches Doldengewächs, Heilpflanze

llaullau [ʎauˈʎau] *m* (*Chil*: GASTR) essbare Baumpilzart

llave [ˈʎaβe] *f* ❶ (*instrumento, t. fig*) Schlüssel *m*; (*de la puerta*) (Tür)schlüssel *m*; (*reloj*) Uhrschlüssel *m*; **~ de contacto** (AUTO) Zündschlüssel *m*; **~ maestra** Hauptschlüssel *m*; **ama de ~s** Wirtschafterin *f*; **venta ~ en mano** schlüsselfertiger [*o* bezugsfertiger] Verkauf; **echar la ~** abschließen; **estar bajo ~** unter Verschluss sein; **la ~ no entra** der Schlüssel passt nicht; **la ~ para descubrir el secreto** der Schlüssel zum Geheimnis; **meter/sacar la ~** den Schlüssel hineinstecken/abziehen

❷ (MÚS) Klappe *f*, Ventil *nt*

❸ (*grifo*) Hahn *m*; **~ de paso** Absperrventil *nt*

❹ (*tuerca*) Schraubenschlüssel *m*; **~ inglesa** Engländer *m*

❺ (*interruptor*) Schalter *m*

❻ (TIPO) Klammer *f*

❼ (*yudo, kárate*) Griff *m*

llavero [ʎaˈβero] *m* ❶ (*utensilio*) Schlüsselring *m*

❷ (*persona*) Schlüsselwart *m*

llavín [ʎaˈβin] *m* kleiner Schlüssel *m*

llegada [ʎeˈɣaða] *f* ❶ (*de alguien*) Ankunft *f*, Eintreffen *nt*; (*de un tren, avión*) Ankunft *f*

❷ (DEP) Ziel *nt*

llegar [ʎeˈɣar] <g→gu> **I.** *vi* ❶ (*al destino: personas*) ankommen, eintreffen; (*tren*) ankommen; (*avión*) landen; (*barco*) einlaufen; (*correo*) eingehen; **~ a la meta** (DEP) ins Ziel kommen; **~ tarde/a tiempo** mit Verspätung/rechtzeitig ankommen; **está al ~** er/sie kommt jeden Augenblick (an); **¡has llegado ahí podíamos ~!** das fehlte gerade noch!; **llegamos a Madrid/a Suiza a las ocho** wir kamen um acht Uhr in Madrid/in der Schweiz an; **quería deciros que ~é tarde** ich wollte euch sagen, dass ich mich verspäten werde [*o* dass ich später komme]

❷ (*recibir*): **no me ha llegado el dinero** ich habe das Geld noch nicht erhalten

❸ (*durar hasta*) halten (bis +*akk*); **~ a viejo** alt werden; **llegó a los ochenta** er/sie hat die achtzig erreicht; **el enfermo no ~á hasta la primavera** der Kranke wird das Frühjahr nicht mehr erleben; **el gobierno no ~á hasta la primavera** die Regierung wird nicht bis zum Frühjahr halten

❹ (*ascender*) betragen, sich belaufen (*a* auf +*akk*); **la cinta no llega a tres metros** das Band ist keine drei Meter lang; **no llega a 2 euros** das kostet keine 2 Euro

❺ (*convertirse*) werden; (*lograr*) erreichen; **algunos creen que es ~ y besar el santo** manche glauben, das könnte man im Handumdrehen machen; **ese ~á lejos** der wird es weit bringen; **han llegado a ser muy ricos** sie sind steinreich geworden; **llegamos a recoger 8.000 firmas** es ist uns gelungen 8.000 Unterschriften zu sammeln; **mi hijo ha llegado a ministro** mein Sohn hat es zum Minister gebracht; **nunca ~é a entenderte** ich werde dich nie verstehen

❻ (*ser suficiente*) ausreichen; **la tela llega para dos cortinas** der Stoff reicht für zwei Gardinen

❼ (*tocar*) heranreichen (*a/hasta* an +*akk*), reichen (*a/hasta* bis zu +*dat*, bis *a* +*akk*); **el agua ya le llegaba al cuello** das Wasser reichte ihm/ihr schon bis zum Hals; **el niño no llega a los productos de limpieza** das Kind kommt nicht an die Putzmittel heran

❽ (*ser igual*) nicht nachstehen; **él no le llega ni a la suela de los zapatos** er kann ihm/ihr nicht das Wasser reichen

❾ (*ocurrir*) kommen; **llegado el caso no dudes en llamarme** wenn du mich brauchst, ruf mich an; **¡todo llega!** alles hat seine Zeit!; **¡ya ~á la primavera!** der Frühling wird schon kommen!

❿ (*loc*): **ha llegado a mi conocimiento** [*o* **a mis oídos**] **que…** ich habe erfahren, dass …; **las imágenes nos ~on al alma** die Bilder sind uns unter die Haut gegangen; **llegamos a la conclusión de que…** wir sind zu dem Schluss gekommen, dass …

II. *vr*: **~se** besuchen, vorbeikommen; **llégate hasta el estanco y tráeme una cajetilla** geh zum Tabakgeschäft und hol mir eine Schachtel Zigaretten; **se llegó por mi casa** er/sie kam bei mir vorbei

Lleida [ˈʎejða] f Lérida nt, Lleida nt
llenador(a) [ʎenaˈðor(a)] adj (Chil) (schnell) sättigend; **esta fruta es muy ~** dieses Obst macht schnell satt
llenar [ʎeˈnar] I. vt ① (atestar) füllen; (botella) abfüllen; **el público llenaba la sala** das Publikum füllte den Saal; **este producto llena un vacío en el mercado** dieses Produkt füllt eine [o stößt in eine] Marktlücke; **es necesario ~ esa laguna** (fig) diese Lücke muss geschlossen werden; **los niños ~ en el suelo de papeles** die Kinder ließen überall auf dem Boden Papier herumliegen; **se llenó los bolsillos de caramelos** er/sie stopfte sich dat die Taschen mit Bonbons voll
② (comida) satt machen, sättigen
③ (cumplimentar) ausfüllen
④ (colmar) ausfüllen; **eso no me llena** das genügt mir nicht, das füllt mich nicht aus
II. vr: ~**se** (fam) ① (comida) sich voll stopfen (de mit +dat)
② (irritarse) satt haben (de +akk), genug haben (de von +dat); **cuando me llené de oírlo llorar lo mandé a su habitación** als ich von seinem Geheule genug hatte, habe ich ihn in sein Zimmer geschickt
lleno[1] [ˈʎeno] m: **ese día en el teatro se logró el ~** an diesem Tag war das Theater ausverkauft
lleno, -a[2] [ˈʎeno, -a] adj (recipiente) voll; **~ de** voller +gen/dat, voll mit +dat; **luna llena** Vollmond m; **el jefe tiene hoy la agenda llena** der Chef hat heute einen vollen Terminkalender; **la olla está llena de comida** der Topf ist voller Essen, der Topf ist voll mit Essen; **a la planta le da el sol de ~** die Pflanze steht in der prallen Sonne; **el autobús iba ~** der Bus war voll; **estoy ~** (fam) ich bin satt
llenura [ʎeˈnura] f (abundancia) Fülle f; (plenitud) Erfüllung f; **la ~ del alma** geistige Erfüllung
llevadero, -a [ʎeβaˈðero, -a] adj erträglich; **es una molestia llevadera** das ist ein erträgliches Leiden
llevar [ʎeˈβar] I. vt ① (transportar) tragen, befördern; **él me llevó a Madrid (en su coche)** er hat mich (in seinem Auto) nach Madrid mitgenommen; **el viento lleva las hojas de un lado para otro** der Wind weht die Blätter hin und her; **este barco lleva madera** dieses Schiff transportiert Holz; **le llevé un paquete a tu hermano** ich habe deinem Bruder ein Paket gebracht
② (exigir) verlangen; **nos llevó 15 euros ir en taxi a la estación** das Taxi zum Bahnhof hat (uns) 15 Euro gekostet; **este trabajo lleva mucho tiempo** diese Arbeit ist sehr zeitaufwändig
③ (arrancar) abreißen
④ (conducir) führen; **~ de la mano** an der Hand führen; **lleva con facilidad el caballo** er/sie führt das Pferd mit Leichtigkeit; **¿a dónde lleva esta calle?** wohin führt diese Straße?; **esto no lleva a ninguna parte** das bringt nichts, das führt zu nichts
⑤ (ropa) tragen, anhaben; **~ luto** Trauer tragen; **lleva gafas y un pantalón negro** er/sie trägt eine Brille und eine schwarze Hose; **yo no llevaba (conmigo) ni una peseta** ich hatte keinen Pfennig dabei
⑥ (coche) fahren
⑦ (finca) pachten
⑧ (estar) sein; **lleva estudiando tres años** er/sie studiert seit drei Jahren; **llevo cuatro días aquí** ich bin seit vier Tagen hier
⑨ (gestionar) führen; **~ los libros/las cuentas** die Bücher führen/die Buchhaltung machen; **~ un negocio** ein Geschäft betreiben; **en esta familia es el padre quien lleva la casa** in dieser Familie führt der Vater den Haushalt
⑩ (inducir) bringen (zu +dat); **eso me lleva a pensar que no está contento** das lässt mich vermuten, dass er nicht zufrieden ist
⑪ (exceder) übertreffen; **le llevo dos años** ich bin zwei Jahre älter als er/sie; **mi hijo me lleva dos centímetros** mein Sohn ist zwei Zentimeter größer als ich
⑫ (loc): **~ a cabo** [o **a la práctica**] durchführen, verwirklichen; **~ consigo** [o **aparejado**] mit sich bringen; **~ el compás** den Takt schlagen; **~ idea de hacer algo** vorhaben etw zu tun; **~ la voz cantante** das Sagen haben; **a él le gusta ~ la contraria** er widerspricht immer; **dejarse ~ por la ira** in Wut geraten; **llevaba trazas** [o **camino**] **de no acabar nunca** es schien, als ob es kein Ende nehmen würde; **llévale la corriente y todo te irá bien** gib ihm/ihr nur immer Recht, dann wird alles gut laufen; **~ camino de hacer algo** auf dem (besten) Weg sein etw zu tun; **no te dejes ~ por tu hermano** hör nicht auf deinen Bruder; **tú llevas las de perder** du wirst den Kürzeren ziehen; **... y me llevo cuatro** (MAT) ... und behalte vier
II. vr: ~**se** ① (coger) mitnehmen; **lo que el viento se llevó** (CINE) vom Winde verweht; **la riada se llevó (por delante) el puente** der Sturzbach riss die Brücke mit sich dat; **¿se lo lleva Ud. todo?** nehmen Sie alles (mit)?; **¡menudo susto me llevé!** ich habe einen ganz schönen Schrecken bekommen!; **mi hermana y yo nos llevamos dos años** meine Schwester und ich sind zwei Jahre auseinander; **mi hermano es quien lleva la palma** mein Bruder hat den Vogel abgeschossen

② (ganar) gewinnen; **ella se llevó el segundo premio** sie gewann den zweiten Preis; **ellos se llevan la mayor parte** sie bekommen den Löwenanteil; **ellos se llevan la peor parte** sie haben den Kürzeren gezogen
③ (estar de moda) (in) Mode sein, in sein; **ya no se llevan los pelos cortos** kurze Haare sind nicht mehr in [o sind nicht mehr Mode]
④ (soportarse) sich vertragen; **¿cómo te llevas con tu jefa?** wie kommst du mit deiner Chefin zurecht?; **mi jefe y yo nos llevamos muy bien/muy mal** ich komme mit meinem Chef sehr gut/sehr schlecht aus
llicila [ˈʎiˈkʎa, Am: ˈjikʲja] f (Bol, Ecua, Perú) buntes Schultertuch der Indio-Frauen
llicta [ˈʎikta] f (Bol: GASTR) fester Brei aus gekochten Kartoffeln und der Asche einiger Pflanzen
lligues [ˈʎiɣes] mpl (Chil) gefärbte Bohnen, die als Spielsteine dienen
lloraduelos [ʎoraˈðwelos] mf inv Jammerlappen m fam pey
llorar [ʎoˈrar] I. vi ① (lágrimas) weinen, heulen; **desahogarse llorando** sich ausweinen; **la película te hacía ~** der Film rührte dich zu Tränen; **le lloran los ojos por el catarro** ihm/ihr tränen die Augen wegen des Schnupfens; **llorar de alegría** sie weinten vor Freude; **~ como una Magdalena, ~ a lágrima viva** [o **a moco tendido**] (fam) heulen wie ein Schlosshund; **quien no llora no mama** (fam) wer nicht schreit, geht leer aus
② (vid, árbol) bluten, tröpfeln
II. vt ① (lágrimas) weinen (por um +akk), trauern (por/a um +akk); **lloran la muerte de su amigo** sie beweinen ihren (verstorbenen) Freund; **lloran la pérdida de su libertad** sie beklagen den Verlust ihrer Freiheit
② (lamentar) bereuen; **ya ~ás tu negligencia** du wirst deine Nachlässigkeit noch bereuen
llorera [ʎoˈrera] f (fam) Geheule nt, Geflenne nt
llorica [ʎoˈrika] mf (fam) Heulpeter m, Heulsuse f
lloriquear [ʎorikeˈar] vi wimmern; **el niño no dejó de ~ en toda la noche** das Kind hat die ganze Nacht gewimmert
lloriqueo [ʎoriˈkeo] m Heulerei f, Gewimmer nt
lloro(s) [ˈʎoro(s)] m/pl Weinen nt; **con estos ~s no conseguirás nada** mit diesen Tränen erreichst du nichts
llorón, -ona [ʎoˈron, -ona] I. adj weinerlich; **sauce ~** (BOT) Trauerweide f
II. m, f Heulpeter m fam, Heulsuse f fam
lloroso, -a [ʎoˈroso, -a] adj weinerlich
llovedizo, -a [ʎoβeˈðiðo, -a] adj (techo) (wasser)dicht; **agua llovediza** Regenwasser nt
llover [ʎoˈβer] <o→ue> vi, vt, vimpers regnen; **está lloviendo** es regnet; **~ sobre mojado** Schlag auf Schlag kommen; **llueve a mares** [o **a cántaros**] es regnet in Strömen; **como llovido del cielo** wie aus heiterem Himmel; **llueven chuzos de punta** es gießt wie aus Kübeln; **llueven las malas noticias** es hagelt schlechte Nachrichten; **me escucha como quien oye ~** (fam) es interessiert ihn/sie nicht die Bohne, was ich erzähle; **ya ha llovido mucho desde aquella** (fig) seitdem ist schon viel Wasser den Rhein hinabgeflossen
llovida [ʎoˈβiða] f (Am) Regen m; **¡qué ~!** so ein Regen!
llovizna [ʎoˈβiθna] f Sprühregen m, Nieselregen m
lloviznar [ʎoβiθˈnar] vimpers nieseln; **está lloviznando** es nieselt
lluqui [ˈʎuki] adj (Ecua: zurdo) linkshändig
lluvia [ˈʎuβja] f ① (chubasco) Regen m; **~ ácida** saurer Regen; **~ de estrellas** (ASTR) Sternschnuppenschwarm m; **~ horizontal** Kondensregen m; **agua de ~** Regenwasser nt; **época de las ~s** Regenzeit f
② (cantidad) Unmenge f, Lawine f
③ (Chil, Arg, Nic: ducha) Dusche f
lluvioso, -a [ʎuˈβjoso, -a] adj regnerisch; **tiempo ~** Regenwetter nt
lo [lo] I. art det v. el, la, lo
II. pron pers m y nt sg ① (objeto directo: masculino) ihn; (neutro) es, das; **estoy viendo** ich sehe ihn gerade; **¡lláma~!** ruf ihn!; **¡si prometiste ir a verla, haz~!** wenn du versprochen hast, bei ihr vorbeizukommen, dann tu es!
② (con relativo: neutro) das(jenige), das ..., das, was ...; **~ cual** was; **~ que quiero decirte es que...** was ich dir sagen will ist, dass ...
loa [ˈloa] f ① (alabanza) Lob nt
② (TEAT) kurzes Theaterstück als Einleitung zum Hauptstück, in dem die Honoratioren der Stadt gerühmt werden
loable [loˈaβle] adj lobenswert, löblich
loador(a) [loaˈðor(a)] I. adj lobend, rühmend
II. m(f) Lobredner(in) m(f)
loanda [loˈanda] f (MED) Skorbut m
loar [loˈar] vt (elev) loben, rühmen
lob [loβ] m (DEP) Lob m
loba [ˈloβa] f v. lobo[2]
lobanillo [loβaˈniʎo] m (MED) Atherom nt, Grützbeutel m
lobato [loˈβato] m ① (lobo) junger Wolf m

❷ (*cachorro*) Welpe *m*
lobby ['loβi] *m* (POL) Lobby *f*
lobectomía [loβekto'mia] *f* (MED) Organlappen-Extirpation *f*; (*de un lóbulo pulmonar*) Lobektomie *f*
lobera [lo'βera] *f* (ZOOL) ❶ (*guarida*) Wolfshöhle *f*
❷ (*monte*) Wolfsversteck *nt*
lobezno [lo'βeθno] *m* junger Wolf *m*
lobina [lo'βina] *f* (ZOOL) Wolfsbarsch *m*
lobisón [loβi'son] *m* (Arg, Par, Urug) Mensch, dem die Fähigkeit nachgesagt wird, sich in Vollmondnächten in ein Tier zu verwandeln
lobo¹ [lo'βo] *m* ❶ (*hilandería*) Reißwolf *m*
❷ (ASTR) Wolf *m*
❸ (*pez*) Bartgrundel *f*, Schmerle *f*
lobo, -a² ['loβo, -a] *m, f* Wolf *m*, Wölfin *f*; ~ **cerval** Luchs *m*; ~ **de mar** (*fam fig*) alter Seebär; ~ **marino** Seehund *m*; **perro** ~ Wolfshund *m*; **encomendar las ovejas al** ~ *jdn in sein Verderben schicken*; **en esa ocasión le vimos las orejas al** ~ wir sind gerade noch einmal davongekommen; **hace una noche oscura como boca de** ~ es ist stockfinstere Nacht; **¡menuda loba está hecha ésa!** das ist eine ganz schöne Furie!; **meterse en la boca del** ~ sich in die Höhle des Löwen begeben; **ser un** ~ **con piel de oveja** ein Wolf im Schafspelz sein; **tener un hambre de** ~**s** hungrig wie ein Wolf sein, einen Bärenhunger haben
lóbrego, -a ['loβreɣo, -a] *adj* düster, finster
lobreguez [loβre'ɣeθ] *f* Dunkelheit *f*
lobulado, -a [loβu'laβo, -a] *adj* (*hoja*) gelappt
lóbulo ['loβulo] *m* ❶ (*del pulmón*) Lappen *m*, Flügel *m*; ~ **de la oreja** Ohrläppchen *nt*
❷ (*de una hoja*) Läppchen *nt*
lobuno, -a [lo'βuno, -a] *adj* wölfisch, Wolfs-
loca ['loka] *adj o f v.* **loco**
locación [loka'θjon] *f* (JUR: *arrendamiento*) Pacht *f*, Miete *f*; (*acción de arrendar*) Verpachtung *f*, Vermietung *f*; ~ **y conducción** Pachtvertrag *m*, Mietvertrag *m*; ~ **de obra** Werkvertrag *m*
local [lo'kal] I. *adj* örtlich, lokal, Lokal-; **anestesia** ~ Lokalanästhesie *f*; **las autoridades** ~**es** die örtlichen Behörden; **es un periódico** ~ es ist ein Lokalblatt
II. *m* Raum *m*; ~ **comercial** Büroraum *m*, Geschäftsraum *m*; ~ **industrial** gewerblicher Raum; (*edificio*) Wirtschaftsgebäude *nt*; ~ **público** Lokal *nt*; **hemos alquilado un** ~ **para poner una carnicería** wir haben einen Geschäftsraum gemietet um eine Metzgerei zu eröffnen
localidad [lokali'ðað] *f* ❶ (*municipio*) Ort *m*, Dorf *nt*, Stadt *f*
❷ (*entrada*) Eintrittskarte *f*; (*asiento*) Sitz(platz) *m*
localismo [loka'lismo] *m* ❶ (*pey: chovinismo*) Lokalpatriotismus *m*
❷ (LING) Regionalismus *m*
localista [loka'lista] I. *adj* lokalpatriotisch, die Heimat (übertrieben) liebend; **escritor** ~ Heimatschriftsteller *m*
II. *mf* Heimatkünstler(in) *m(f)*, Heimatschriftsteller(in) *m(f)*
localizable [lokali'θaβle] *adj* erreichbar; **tienes que estar siempre** ~ du musst immer erreichbar sein
localización [lokaliθa'θjon] *f* ❶ (*búsqueda*) Lokalisierung *f*; (AERO) Ortung *f*
❷ (*posición*) Standort *m*
localizador [lokaliθa'ðor] *m* (INFOR) URL *m*
localizar [lokali'θar] <z→c> *vt* ❶ (*limitar*) lokalisieren, eingrenzen; (AERO) orten; **han logrado** ~ **el fuego/la epidemia** es ist ihnen gelungen, das Feuer/die Seuche einzudämmen
❷ (*encontrar*) lokalisieren, finden; ~ **a alguien por teléfono** jdn telefonisch erreichen; ~ **un tumor** lokalisieren den Sitz eines Tumors feststellen; **todavía no hemos localizado al médico** wir haben den Arzt noch nicht gefunden
locamente [loka'mente] *adv* ungeheuer; **vivo** ~ **enamorada de este cantante** ich bin unsterblich in diesen Sänger verliebt
locatario, -a [loka'tarjo, -a] *m, f* (JUR: *arrendatario*) Pächter(in) *m(f)*
locatis [lo'katis] *mf inv* (*fam*) Verrückte(r) *mf*; **la** ~ **de tu hermana** deine verrückte Schwester
locativo¹ [loka'tiβo] *m* (LING) Lokativ *m*
locativo, -a² [loka'tiβo, -a] *adj* (LING) lokativ; **caso** ~ Lokativ *m*
locería [loθe'ria] *f* (Am) Töpferei *f*
loche ['lotʃe] *m* (Col: ZOOL) südamerikanische Hirschart
loción [lo'θjon] *f* ❶ (*líquido*) Flüssigkeit *f*, Lotion *f*; ~ **after-shave** [*o* **para después del afeitado**] Rasierwasser *nt*, Aftershave *nt*; ~ **capilar** Haarwasser *nt*; ~ **facial** Gesichtswasser *nt*; ~ **hidratante** Feuchtigkeitslotion *f*; ~ **tónica** Gesichtslotion *f*
❷ (*crema*) Lotion *f*, Emulsion *f*; ~ **bronceadora** Sonnenschutzlotion *f*; ~ **corporal** Körperlotion *f*
❸ (*fricción*) Einreibung *f*; **me aplicó una** ~ **en el cuero cabelludo** er/sie hat mir die Kopfhaut mit einer Lotion eingerieben
lockout [lo'kaɣð] *m* <lockouts> Aussperrung *f*
loco, -a ['loko, -a] I. *adj* ❶ (*chalado*) wahnsinnig, verrückt, töricht; **a lo** ~, **a tontas y a locas** ohne Sinn und Verstand; **ese está** ~ **de atar** er ist völlig verrückt; **está** ~ **por la música** er steht auf Musik, er begeistert sich für die Musik; **está loca con la bicicleta** sie fährt furchtbar gern Rad; **estar** ~ **de contento** sich freuen wie verrückt; **estar medio** ~ — eine Schraube locker haben *fam*, nicht alle Tassen im Schrank haben *fam*; **esto es para volverse** ~ das ist (ja) zum Verrücktwerden; **me vuelve loco** er/sie macht mich verrückt
❷ (*maravilloso*) wahnsinnig, toll; **tuvo una suerte loca** er/sie hatte unwahrscheinliches Glück
❸ (TÉC) lose; **polea loca** Losscheibe *f*
❹ (*planta*) zu üppig
II. *m, f* Verrückte(r) *mf*, Wahnsinnige(r) *mf*; **casa de** ~**s** (*t. fig*) Tollhaus *nt*; **cada** ~ **con su tema** jedem Tierchen sein Pläsierchen; **cuando le preguntas se hace el** ~ wenn man ihn fragt, reagiert er nicht; **hicieron el** ~ **toda la noche** sie haben die ganze Nacht über dummes Zeug gemacht; **la loca de la casa** (*elev fig*) die Fantasie; **tener una vena de** ~ nicht recht bei Trost sein
locomoción [lokomo'θjon] *f* Fortbewegung *f*; (ZOOL) Lokomotion *f*, Ortsveränderung *f*; **medio de** ~ Fortbewegungsmittel *nt*
locomotor(a) [lokomo'tor(a)] *adj* Bewegungs-; (BIOL) lokomotorisch; **aparato** ~ (BIOL) Muskulatur *f*
locomotora [lokomo'tora] *f* Lokomotive *f*, Lok *f fam*
locomotriz [lokomo'triθ] *adj* (an)treibend; **fuerza** ~ treibende Kraft
locrio ['lokrjo] *m* (RDom: GASTR) Gericht aus Reis und Fleisch
locro ['lokro] *m* (AmS) Gericht aus Mais, Kartoffeln und Fleisch
locuacidad [lokwaθi'ðað] *f* (*verbosidad*) Gesprächigkeit *f*; (*charlatanería*) Geschwätzigkeit *f*
locuaz [lo'kwaθ] *adj* (*parlanchín*) gesprächig; (*charlatán*) geschwätzig
locución [loku'θjon] *f* (LING) ❶ (*expresión*) Wendung *f*; ~ **prepositiva** Präpositionalergänzung *f*
❷ (*giro*) Redensart *f*, (*frase*) Redewendung *f*
❸ (*oración*) Satz *m*; ~ **adverbial/conjuntiva** Adverbial-/Konjunktionalsatz *m*
locuelo, -a [lo'kwelo, -a] I. *adj dim de* **loco**
II. *m, f* (*fam: atolondrado*) Spinner(in) *m(f)*, Narr *m*, Närrin *f*
locura [lo'kura] *f* ❶ Wahn(sinn) *m*; ~ **bovina** Rinderwahnsinn *m*; **le dio un ataque de** ~ er/sie hatte einen Anfall von Wahnsinn; **lo quiero con** ~ ich liebe ihn wahnsinnig; **tenía una casa de** ~ er/sie hatte eine Traumwohnung
❷ (*disparate*) Verrücktheit *f*, Unsinn *m*; **andan haciendo** ~**s** sie treiben Unfug
locutor(a) [loku'tor(a)] *m(f)* (RADIO, TV) Sprecher(in) *m(f)*
locutorio [loku'torjo] *m* ❶ (*claustro*) Sprechzimmer *nt*
❷ (TEL) Telefonzelle *f*, Fernsprechzelle *f*
lodazal [loða'θal] *m* Morast *m*, schlammiges Gelände *nt*
lodo ['loðo] *m* Schlamm *m*, Morast *m*; **me salpicó de** ~ er/sie hat mich mit Matsch bespritzt
lodón [lo'ðon] *m* (BOT: *almez*) Zürgelbaum *m*
lodoñero [loðo'ɲero] *m* (BOT) Guajakbaum *m*
lodoso, -a [lo'ðoso, -a] *adj* schlammig
lodra ['loðra] *f* (ZOOL) Nutria *f*
loess ['loes] *m sin pl* (GEO) Löss *m*
logarítmico, -a [loɣa'ritmiko, -a] *adj* logarithmisch, Logarithmen-; **tablas logarítmicas** Logarithmentafeln *fpl*
logaritmo [loɣa'ritmo] *m* (MAT) Logarithmus *m*; **tabla de** ~**s** Logarithmentafel *f*
logia ['loxja] *f* ❶ (ARQUIT) Loggia *f*
❷ (*reunión*) Loge *f*; ~ **masónica** Freimaurerloge *f*
lógica ['loxika] *f* Logik *f*; (*fig*) Denkweise *f*; ~ **física/simbólica** (INFOR) physikalische/symbolische Logik; **la** ~ **formal** (FILOS) die formale Logik; **con su** ~ **aplastante** mit seiner/ihrer zwingenden Logik; **esto no tiene** ~ **alguna** das ist gegen alle Logik
lógicamente [loxika'mente] *adv* logischerweise
lógico, -a ['loxiko, -a] I. *adj* logisch; (*normal*) natürlich; **es** ~ **que un joven trabaje más que un viejo** es ist selbstverständlich [*o* klar], dass ein junger Mensch mehr arbeiten muss als ein älterer
II. *m, f* Logiker(in) *m(f)*
logística [lo'xistika] *f* ❶ (MIL, ECON) Logistik *f*
❷ (FILOS) mathematische Logik *f*
logístico, -a [lo'xistiko, -a] *adj* logistisch, Logistik-; **material** ~ logistisches Material
logo ['loɣo] *m* Logo *nt*
logograma [loɣo'ɣrama] *m* (LING) Logogramm *nt*
logopeda [loɣo'peða] *mf* Logopäde, -in *m, f*
logopedia [loɣo'peðja] *f* Logopädie *f*
logorrea [loɣo'rrea] *f* (MED) Logorrhö(e) *f*, krankhafte Geschwätzigkeit *f*
logoterapia [loɣote'rapja] *f* (PSICO) Logotherapie *f*
logotipo [loɣo'tipo] *m* (*distintivo*) Emblem *nt*; (*de una empresa*) Firmenzeichen *nt*; (*para un producto*) Warenzeichen *nt*

logrado, -a [lo'ɣraðo, -a] *adj* gelungen; **le ha quedado muy ~ el cuadro** das Bild ist ihm/ihr sehr gut gelungen

lograr [lo'ɣrar] **I.** *vt* erreichen; *(premio)* gewinnen; **él logró que algunas cosas cambiaran** er hat bewirkt, dass einiges änderte; **lo logré a fuerza de insistir** durch meine Hartnäckigkeit habe ich es geschafft; **no/sí lo logró** es ist ihm/ihr misslungen/gelungen
II. *vr:* **~se** gelingen; **¡ojalá se lograse este intento de paz!** hoffentlich gelingt dieser Versuch, Frieden zu stiften!

logrero, -a [lo'ɣrero, -a] *m, f* Wucherer, -in *m, f*

logro ['loɣro] *m* Errungenschaft *f*, Erfolg *m*

logroñés, -esa [loɣro'ɲes, -esa] **I.** *adj (ciudad)* aus Logroño; *(región)* aus (La) Rioja
II. *m, f (ciudad)* Einwohner(in) *m(f)* von Logroño; *(región)* Einwohner(in) *m(f)* von (La) Rioja

loísmo [lo'ismo] *m falsche Verwendung von 'lo(s)' als Dativobjekt anstelle von 'le(s)'*

loísta [lo'ista] **I.** *adj* (LING) *'lo(s)' statt 'le(s)' im Dativ verwendend*
II. *mf* (LING) *Person, die 'lo(s)' statt 'le(s)' im Dativ verwendet*

loma ['loma] *f* Hügel *m*, Erhöhung *f*

lomada [lo'maða] *f (AmS)* Anhöhe *f*

lombarda [lom'barða] *f* Rotkohl *m*

lombriz [lom'briθ] *f* Wurm *m;* **~ intestinal** Spulwurm *m;* **~ de tierra** Regenwurm *m*

lomera [lo'mera] *f* ① (TIPO) (übergreifender) Buchrücken *m*
② *(del tejado)* Dachfirst *m*
③ *(de la caballería)* Rückenriemen *m*

lomo ['lomo] *m* ① *(espalda)* Rücken *m;* **agachar el ~** *(fam)* malochen; **sobarle el ~ a alguien** *(fam)* jdm um den Bart gehen
② *(solomillo)* Lenden *fpl*
③ *(de un libro)* Buchrücken *m*
④ *(de un cuchillo)* Rücken *m*
⑤ *(surco)* Furchenrücken *m*
⑥ *(loc, fam):* **es una mentirosa de tomo y ~** sie hat es faustdick hinter den Ohren

lona ['lona] *f* ① *(toldo)* Plane *f;* **para sujetar la carga del camión la cubrieron con una ~** um die Ware auf dem Lastwagen zu befestigen, wurde eine Plane darüber gespannt
② *(tela)* Leinwand *f*

loncha ['lontʃa] *f* Scheibe *f;* **quería tres ~s de jamón de York** er/sie wollte drei Scheiben gekochten Schinken

lonchería [lontʃe'ria] *f (AmC, Méx)* Schnellgaststätte *f*, Schnellimbiss *m*

londinense [londi'nense] **I.** *adj* aus London
II. *mf* Londoner(in) *m(f)*

Londres ['londres] *m* London *nt*

longanimidad [longanimi'ðað] *f sin pl* Geduld *f*, Langmut *f elev*

longánimo, -a [lon'ganimo, -a] *adj* geduldig, langmütig *elev*

longaniza [longa'niθa] *f* Bratwurst *f (aus Hackfleisch);* **allí tampoco atan los perros con ~s** dort geht es auch nicht so üppig zu, wie manche glauben

longevidad [lonxeβi'ðað] *f sin pl (duración)* Lebensdauer *f;* *(larga)* Langlebigkeit *f;* *(edad)* hohes Alter *nt*

longevo, -a [lon'xeβo, -a] *adj (que dura)* langlebig; *(elev: viejo)* betagt

longitud [lonxi'tuð] *f* (GEO, ASTR, MAT) Länge *f;* **~ de onda** (FÍS) Wellenlänge *f;* **cuatro metros de ~** vier Meter lang; **es el campeón mundial en salto de ~** er ist Weltmeister im Weitsprung; **estamos en la misma ~ de onda** *(fig)* wir liegen auf der gleichen Wellenlänge; **la isla está a cincuenta grados ~ este/oeste** die Insel liegt fünfzig Grad östlicher/westlicher Länge

longitudinal [lonxituði'nal] *adj* Längs-, Längen-, Longitudinal-; **hacer un corte ~** einen Längsschnitt machen

longitudinalmente [lonxituðinal'mente] *adv* der Länge nach

longobardo, -a [longo'βarðo, -a] **I.** *adj* (HIST) langobardisch
II. *m, f* (HIST) Langobarde, -in *m, f*

longorón [longo'ron] *m (Cuba:* ZOOL) essbare Bohrmuschelart

long play [lon plej] <long plays> *m* (MÚS) Langspielplatte *f*

longuetas [lon'getas] *fpl* (MED) Verbandstreifen *mpl*

longui(s) [lon'gi(s)] *mf inv:* **hacerse el ~** *(fam)* sich taub stellen

lonja ['lonxa] *f* ① (COM) Warenbörse *f;* **los pescadores venden el pescado en la ~** die Fischer verkaufen ihren Fang in der Auktionshalle
② *(loncha)* Scheibe *f*
③ (ARQUIT) Atrium *nt*

lonjear [lonxe'ar] *vt* ① *(Arg: cortar)* (Leder) in Streifen schneiden
② *(Arg: fam: azotar)* peitschen

lontananza [lonta'nanθa] *f sin pl* (ARTE) Ferne *f;* **se ve un barco en ~** man sieht ein Schiff in der Ferne

looping ['lupin] *m* <loopings> (AERO) Looping *m o nt*

loor [lo'or] *m (elev)* Lob *nt;* **en ~ de la Virgen María** zu Ehren der Jungfrau Maria

loquear [loke'ar] *vi (fam)* spinnen

loquera [lo'kera] *f* ① *(celda)* Irrenzelle *f*
② *(Am: locura)* Wahnsinn *m*

loquería [loke'ria] *f (fam)* Tollhaus *nt*

loquero [lo'kero] *m (fam)* Irrenaufseher *m*

loquios ['lokjos] *mpl* (MED) Wochenfluss *m*, Lochien *pl*

loran [lo'ran] *m inv* (AERO, NÁUT) *abr de* **Long Range Aid to Navigation** Loransystem *nt*

lorcha ['lortʃa] *f* (NÁUT) chinesisches Schnellboot

lord [lorð] <lores> *m* Lord *m;* **la Cámara de los Lores** (POL) das (britische) Oberhaus; **~ mayor** Oberbürgermeister *m (von London)*

lordosis [lor'ðosis] *f inv* (MED) Lordose *f*

Lorena [lo'rena] *f* Lothringen *nt;* **Alsacia y ~** Elsaß-Lothringen *nt*

lorenés, -esa [lore'nes, -esa] **I.** *adj* lothringisch
II. *m, f* Lothringer(in) *m(f)*

lorenzo [lo'renθo] *m (fam: sol)* Sonne *f*

lores ['lores] *pl de* **lord**

loriguillo [lori'ɣiʎo] *m* (BOT: *lauréola hembra*) Seidelbast *m*

loro ['loro] *m* ① (ZOOL) Papagei *m;* **repite como un ~ sin saber lo que dice** er/sie plappert alles nach ohne den Sinn zu verstehen
② *(fam pey: persona)* hässlicher Mensch *m*

lorquiano, -a [lor'kjano, -a] *adj* den Schriftsteller F. García Lorca betreffend

los [los] **I.** *art det v.* **el, la, lo**
II. *pron pers m y nt pl* ① *(objeto directo)* sie *pl;* **no ~ veo** ich sehe sie nicht; **¡llámalos~!** ruf sie!
② *(con relativo: masculino)* die(jenigen), die ...; **cuales** welche, die; **~ que no te conocen...** die(jenigen), die dich nicht kennen ...

losa ['losa] *f (piedra)* (Stein)platte *f;* *(lápida)* Grabstein *m;* *(baldosa)* Fliese *f*

losado [lo'saðo, -a] *m* Fliesenboden *m;* **el ~ del cuarto de baño** die Fliesen im Bad

losar [lo'sar] *vt* fliesen

loseta [lo'seta] *f dim de* **losa**

lota ['lota] *f* (ZOOL) Quappe *f*, Rutte *f*

lote ['lote] *m* ① *(parte)* Teil *m;* (COM) Posten *m;* **~ de acciones** (FIN) Aktienpaket *nt;* **~ de productos** Warenposten *m*
② (INFOR) Stapel *m*, Batch *m*
③ *(argot):* **darse el ~** knutschen

lotera [lo'tera] *f v.* **lotero**

lotería [lote'ria] *f* Lotterie *f;* **~ nacional** Lotterie *f;* **~ del Niño** ≈Weihnachtslotterie *f (mit Ziehung am 5. Januar);* **~ primitiva** Lotto *nt;* **administración de ~** Lottoannahmestelle *f;* **a Juan le tocó la ~** Juan hat in der Lotterie gewonnen; **comprar un décimo de la ~** ein (Lotterie)los kaufen; **¡con ese hijo te tocó la ~!** mit diesem Sohn hast du richtig Glück gehabt!; **jugar a la ~** in der Lotterie spielen; *(primitiva)* Lotto spielen

lotero, -a [lo'tero, -a] *m, f* Lotterielosverkäufer(in) *m(f)*

loto¹ ['loto] *m* ① *(planta)* Lotos *m*, Lotus *m*, Lotusblume *f*
② *(flor)* Lotusblüte *f*, Lotosblüte *f*

loto² ['loto] *f (fam)* Lotto *nt*

Lovaina [lo'βajna] *f* Leuven *nt;* **~ la nueva** Louvain-la-Neuve

low impact [lou 'impakt] *m sin pl* Low Impact *nt*

loxodromia [lokso'ðromja] *f* (AERO, NÁUT) Loxodrome *f*

loza [lo'θa] *f* Steingut *nt*, Keramik *f;* *(vajilla)* (weißes) Steingutgeschirr *nt*

lozanear [loθane'ar] *vi* ① *(persona)* vor Gesundheit strotzen
② *(planta)* wuchern

lozanía [loθa'nia] *f sin pl* ① *(vegetación)* Üppigkeit *f*
② *(persona: robustez)* Kraft *f;* *(salud)* Gesundheit *f*

lozano, -a [lo'θano, -a] *adj* ① üppig
② *(persona: robusta)* kraftvoll; *(saludable)* gesund

LSD [ele(e)se'ðe] *m* (QUÍM) *abr de* **Lysergsäurediäthylamid** LSD *nt*

ltda. [limi'taða] *adj abr de* **limitada** GmbH

lubina [lu'βina] *f* (ZOOL) Seebarsch *m*, Wolfsbarsch *m*

lubricación [luβrika'θjon] *f v.* **lubrificación**

lubricador¹ [luβrika'ðor] *m* Schmiermittel *nt*

lubricador(a)² [luβrika'ðor(a)] *adj* Schmier-; **grasa ~a** Schmierfett *nt*

lubricante [luβri'kante] *adj v.* **lubrificante**

lubricar [luβri'kar] <c→qu> *vt* (ein)schmieren

lubricativo, -a [luβrika'tiβo, -a] *adj* Schmier-, Gleit-; **sustancias lubricativas** Gleitmittel *ntpl*

lubricidad [luβriθi'ðað] *f sin pl* Rutschigkeit *f*, Schlüpfrigkeit *f*

lúbrico, -a ['luβriko, -a] *adj (obsceno)* schlüpfrig, lasziv, geil *fam*

lubrificación [luβrifika'θjon] *f* ① *(acción)* (Ein)schmieren *nt*
② *(efecto)* Schmiere *f*

lubrificante [luβrifi'kante] *adj* (Ein)schmier-; **aceite ~** Schmieröl *nt*

lubrificar [luβrifi'kar] <c→qu> *vt* (ein)schmieren

Lucayas [lu'kajas] *fpl:* **islas ~** Bahamas *pl*, Bahamainseln *fpl*

lucense [lu'θense] **I.** *adj* aus Lugo
II. *mf* Einwohner(in) *m(f)* von Lugo

lucera [lu'θera] f Dachfenster nt
lucerna [lu'θerna] f ❶ (*lámpara*) Kronleuchter m
❷ (*claraboya*) Dachluke f
Lucerna [lu'θerna] f Luzern nt
lucernario [luθer'narjo] m v. **lucerna**
lucérnula [lu'θernula] f (BOT) Kornrade f
lucero [lu'θero] m ❶ (*estrella*) Stern m; ~ del alba [*o* de la mañana] Morgenstern m; ~ de la tarde Abendstern m
❷ (*mancha*) Stern m, Blesse f
❸ (*fam: niño*) Schatz m
❹ pl (*elev: ojos*) Augen ntpl
lucha ['lutʃa] f Kampf m; (DEP) Ringen nt, Ringkampf m; ~s callejeras Straßenkämpfe mpl; ~ de clases (POL) Klassenkampf m; ~ cuerpo a cuerpo Kampf Mann gegen Mann; ~ despiadada por el poder erbitterter Kampf um die Macht; ~ contra la droga Drogenbekämpfung f; ~ contra el fraude fiscal Bekämpfung der Steuerhinterziehung; ~ grecorromana (DEP) griechisch-römischer Ringkampf; ~ libre (DEP) Freistilringen nt; ~ contra el paro Kampf gegen die Arbeitslosigkeit
luchador(a) [lutʃa'ðor(a)] m(f) Kämpfer(in) m(f); (DEP) Ringer(in) m(f), Ringkämpfer(in) m(f); ~ por la independencia Unabhängigkeitskämpfer m
luchar [lu'tʃar] vi kämpfen (*contra* gegen +akk, *por* um +akk), ringen (*contra* gegen +akk, *por* um +akk); con la muerte mit dem Tode ringen
luche ['lutʃe] m (*Chil*) ❶ (*juego*) Hüpfspiel nt
❷ (BOT, GASTR) essbare Algenart
luchón, -ona [lu'tʃon, -ona] adj (*Méx*) kämpferisch, voller Kampfgeist; es muy ~ er ist eine Kämpfernatur
lucidez [luθi'ðeθ] f sin pl ❶ (*estado*) Klarheit f
❷ (*clarividencia*) Hellsichtigkeit f; (*sagacidad*) Scharfsinn m; antes de morir tuvo todavía un momento de ~ bevor er/sie starb, hatte er/sie noch einen hellen Augenblick
lucido, -a [lu'θiðo, -a] adj ❶ (*brillante*) prächtig, großartig; (*escogida*) auserlesen; tuvo una actuación muy lucida en el concurso sein/ihr Auftritt beim Wettbewerb war fantastisch
❷ (*fam: gordo*) stattlich
❸ (*loc*): ¡estás ~ si crees que te va a pagar! du bist schön dumm, wenn du glaubst, dass er/sie zahlen wird!
lúcido, -a ['luθiðo, -a] adj ❶ (*clarividente*) hell(sichtig); (*sagaz*) scharfsinnig
❷ (*sobrio*) klar, hell; en un momento ~ el enfermo lo conoció in einem hellen Augenblick erkannte ihn der Kranke
luciérnaga [lu'θjernaɣa] f (ZOOL) Leuchtkäfer m, Glühwürmchen nt
Lucifer [luθi'fer] m (REL) Luzifer m, Teufel m
luciferino, -a [luθife'rino, -a] adj luziferisch, teuflisch
lucimiento [luθi'mjento] m: una ópera de gran ~ eine glanzvolle Opernaufführung
lucio ['luθjo] m ❶ (ZOOL) Hecht m
❷ (*laguna*) Schlammpfütze f
lución [lu'θjon] m (ZOOL) Blindschleiche f
lucir [lu'θir] irr I. vi ❶ (*brillar*) leuchten, scheinen; esa lámpara luce muy poco die Lampe gibt sehr wenig Licht; luce el sol die Sonne scheint
❷ (*compensar*) sich auszahlen; (*verse*) zur Geltung kommen; dicen que gasta muy poco en comer, ¡así le luce el pelo! angeblich gibt er/sie sehr wenig Geld für das Essen aus; kein Wunder, dass er/sie so mick(e)rig ist!; el vestido no le luce das Kleid sieht an ihr nicht gut aus; es un trabajo pesado y que no luce die Mühe zahlt sich nicht aus; ese collar luce mucho con el vestido rojo diese Kette kommt mit dem roten Kleid gut zur Geltung; este jersey hecho a mano no luce man sieht nicht, wie viel Mühe in diesem selbst gestrickten Pullover steckt; me he pasado la mañana recogiendo, pero no me luce ich habe den ganzen Morgen aufgeräumt, aber man sieht nicht viel davon; no le luce el dinero que tiene man sieht ihm/ihr nicht an, dass er/sie viel Geld hat
II. vt ❶ (*exhibir*) zur Schau stellen; luce con orgullo la condecoración stolz stellt er seine Auszeichnung zur Schau
❷ (*blanquear*) weißen, weiß tünchen
III. vr: ~se ❶ (*exhibirse*) sich zeigen; le gusta ~se del brazo de su novio sie zeigt sich gern an der Seite ihres Freundes
❷ (*destacarse*) sich auszeichnen; ¡ahora sí que nos hemos lucido! (*irón*) jetzt haben wir uns aber schön blamiert!
lucrarse [lu'krarse] vr Nutzen ziehen (*de* aus +dat), profitieren (*de* von +dat)
lucrativo, -a [lukra'tiβo, -a] adj einträglich, lukrativ; no ~ unentgeltlich; sin fines ~ gemeinnützig
lucro ['lukro] m Profit m, Gewinn m; ánimo de ~ Gewinnstreben nt; asociación sin ánimo de ~ gemeinnütziger Verein
lucroniense [lukro'njense] I. adj (*ciudad*) aus Logroño; (*región*)

(La) Rioja
II. mf (*ciudad*) Einwohner(in) m(f) von Logroño; (*región*) Einwohner(in) m(f) von (La) Rioja
luctuoso, -a [luktu'oso, -a] adj (*elev*) traurig, Trauer-; para ellos fue un día ~ das war für sie ein Trauertag
lucubración [lukuβra'θjon] f ❶ literarische, wissenschaftliche Arbeit, die nachts angefertigt wird; lucubraciones filosóficas philosophische Untersuchungen
❷ (*pey*) Hirngespinste ntpl
lucubrar [luku'βrar] vt (*elev*) in schlaflosen Nächten ausarbeiten
ludibrio [lu'ðiβrjo] m Spott m, Hohn m; hacer ~ de alguien jdn verspotten
lúdico, -a ['luðiko, -a] adj ❶ (*relativo al juego*) Spiel-, spielerisch
❷ (*no serio*) spielerisch; el aspecto ~ de la vida die angenehmen Seiten des Lebens
ludión [lu'ðjon] m (FÍS) kartesischer Taucher m
ludópata [lu'ðopata] mf Spielsüchtige(r) mf
ludopatía [luðopa'tia] f (MED) Spielsucht f
ludoteca [luðo'teka] f Spielraum m, Ludothek f
ludoterapia [luðote'rapja] f (MED) Spieltherapie f
luego ['lweɣo] I. adv ❶ (*después*) später, nachher; ¡hasta ~! bis nachher [*o* später]!, tschüs!
❷ (*entonces*) dann; primero ves unos árboles y ~ una casa zuerst siehst du einige Bäume und dann ein Haus
❸ (*por supuesto*): desde ~ natürlich, selbstverständlich; desde ~ que lo haré selbstverständlich werde ich das machen; ¡desde ~! aber klar!
II. conj ❶ (*así que*) das heißt, also, folglich; pienso, ~ existo ich denke, also bin ich; yo no estaba allí, ~ no pude oírlo ich war nicht dort, folglich konnte ich es auch nicht hören
❷ (*después de*): ~ que nachdem; ~ [*o* así] que cenaron se fueron a acostar sobald sie gegessen hatten, gingen sie ins Bett
luengo, -a ['lwengo, -a] adj (*elev*) lang; hace ~s años vor vielen, vielen Jahren
lúes ['lues] m inv (MED) Lues f, Syphilis f
lugano [lu'ɣano] m (ZOOL) Zeisig m
lugar [lu'ɣar] m ❶ (*sitio*) Ort m, Platz m; ~ de actuación Handlungsort m; ~ de autos (JUR) Tatort m; ~ de destino (COM) Bestimmungsort m; ~ de entrega (COM) Lieferort m, Erfüllungsort m; ~ de establecimiento Niederlassungsort m; ~ de jurisdicción Gerichtsstand m; ~ de pago Zahlungsort m; ~ de reunión Versammlungsort m; en algún ~ de la casa se encuentran las joyas irgendwo im Haus befindet sich der Schmuck; él ya tiene un ~ entre los grandes escritores er wird schon zu den großen Schriftstellern gerechnet; hacerse una composición de ~ das Für und Wider abwägen; su observación estaba fuera de ~ seine/ihre Bemerkung war nicht angebracht [*o* war fehl am Platze]; yo en ~ de Ud.... ich an Ihrer Stelle ...
❷ (*localidad*) Ortschaft f, Dorf nt; los Santos L~es die heiligen Stätten; ~ de nacimiento Geburtsort m
❸ (*motivo*): no des ~ a que te reprenda gib ihm/ihr keinen Anlass dich zu tadeln; no ha ~ (JUR) es gibt keinen Anspruch; su comportamiento dio ~ a un escándalo sein/ihr Verhalten verursachte einen Skandal
❹ (*loc*): tener ~ stattfinden; en primer/segundo ~ erstens/zweitens; 200 euros en ~ de 250 200 (an)statt 250 Euro; en ~ de mandar a tu hermana, podías haber venido tú (an)statt deine Schwester zu schicken hättest du selbst kommen können
lugareño, -a [luɣa'reɲo, -a] I. adj dörflich, kleinstädtisch
II. m, f Dorfbewohner(in) m(f); (*pueblerino*) Kleinstädter(in) m(f); nos encontramos con un ~ que nos indicó el camino wir trafen einen Einheimischen, der uns den Weg wies
lugartenencia [luɣarte'nenθja] f Statthalterschaft f; (*sustitución*) Stellvertretung f
lugarteniente [luɣarte'njente] m Statthalter m; (*substituto*) Stellvertreter m
luge [ludʒ] m ❶ (*trineo*) (Rodel)schlitten m
❷ (DEP) Rennrodeln nt
lugre ['luɣre] m (NÁUT) Logger m
lúgubre ['luɣuβre] adj ❶ (*sombrío*) düster; voces ~s Geisterstimmen fpl
❷ (*pesimista*) schwarzseherisch
lugués, -esa [lu'ɣes, -esa] I. adj aus Lugo
II. m, f Bewohner(in) m(f) von Lugo
luición [lwi'θjon] f (JUR) Erbzinsablösung f
luisa ['lwisa] f (BOT) Zitronenkraut nt
lujo ['luxo] m Luxus m, Pracht f; ~ asiático orientalischer Luxus; artículo de ~ Luxusartikel m; impuesto sobre los artículos de ~ Luxussteuer f; él puede permitirse el ~ de no ir a trabajar er kann es sich dat leisten [*o* er kann sich dat den Luxus leisten] nicht arbeiten zu gehen; nos lo contó con gran ~ de detalles er/sie hat es uns sehr ausführlich

erzählt
lujoso, -a [lu'xoso, -a] *adj* luxuriös, prächtig, aufwändig
lujuria [lu'xurja] *f* Wollust *f*, Lüsternheit *f*
lujuriar [luxu'rjar] *vi* ❶ (REL) sich der Wollust hingeben
❷ (*animales*) sich paaren
lujurioso, -a [luxu'rjoso, -a] I. *adj* lüstern, wollüstig
II. *m*, *f* Lüstling *m*, lüsterne Frau *f*
lulismo [lu'lismo] *m sin pl* (FILOS) Lullismus *m*, (philosophische) Lehre *f* des Raimundus Lullus
lulo ['lulo] *m* (*Chil: bulto cilíndrico*) (zylinderförmiges) Bündel *nt*
lulú [lu'lu] <lulús> *m* (*perro faldero*) Schoßhündchen *nt*; (*raza*) Spitz *m*
lumaquela [luma'kela] *f* (GEO) Lumachelle *f*, Schillkalk *m*
lumbago [lum'bayo] *m* Hexenschuss *m*; (MED) Lumbago *f*
lumbalgia [lum'balxja] *f* (MED) Lendenschmerz *m*, Lumbalgie *f*
lumbar [lum'bar] *adj* Lenden-, Lumbal-; **región ~** Lendengegend *f*
lumbre ['lumbre] *f sin pl* (*llamas*) Feuer *nt*; (*brasa*) Glut *f*; **piedra de ~** Feuerstein *m*; **encender/apagar/atizar la ~** das Feuer anmachen/ausmachen/schüren; **pedir ~** um Feuer bitten; **sentados al amor de la ~** in der Nähe des Kamins sitzend; **ponlo a la ~ para que se vaya calentando** stell es auf das Feuer, damit es warm wird
lumbrera [lum'brera] *f* ❶ (*claraboya*) Dachluke *f*, Dachfenster *nt*
❷ (*escotilla*) Bullauge *nt*
❸ (*talento*) Genie *nt*; **tiene una hija que es una ~** seine/ihre Tochter ist ein Genie
lumbrical [lumbri'kal] *adj* (ANAT): **músculo ~** (*de la mano*) Mittelhandmuskel *m*; (*de los pies*) Mittelfußmuskel *m*
luminancia [lumi'nanθja] *f* ❶ (FÍS, ELEC) Leuchtdichte *f*
❷ (TV) Luminanz *f*
luminaria [lumi'narja] *f* ❶ (REL: *velón*) ewiges Licht *nt*
❷ *pl* (*para fiestas*) Festbeleuchtung *f*, Illumination *f*
lumínico, -a [lu'miniko, -a] *adj* Licht-, Leucht-
luminiscencia [luminis'θenθja] *f* Lumineszenz *f*
luminiscente [luminis'θente] *adj* lumineszierend
luminosidad [luminosi'ðað] *f* Leuchten *nt*; (*astro, día*) Helligkeit *f*
luminoso, -a [lumi'noso, -a] *adj* ❶ (*brillante*) leuchtend, strahlend; (*día*) hell; **anuncio ~** Leuchtreklame *f*; **potencia luminosa** Lichtstärke *f*
❷ (*excelente*) blendend; **has tenido una idea luminosa** du hast eine blendende Idee gehabt
luminotecnia [lumino'teɣnja] *f* Beleuchtungstechnik *f*
luminotécnico, -a [lumino'tekniko, -a] I. *adj* Beleuchtungs-
II. *m*, *f* Beleuchtungsfachmann, -frau *m*, *f*
luna ['luna] *f* ❶ (ASTR) Mond *m*; (*luz*) Mondlicht *nt*; **creciente/menguante** zunehmender/abnehmender Mond; **~ llena/nueva** Voll-/Neumond *m*; **~ de miel** Flitterwochen *fpl*; **media ~** Halbmond *m*; (*islamismo*) Islam *m*; **a la luz de la ~** im Mondschein; **cuernos de la ~** Spitzen der Mondsichel; **estar en la ~** in den Wolken schweben; **ladrar a la ~** den Mond anbellen; **pedir la ~** nach den Sternen greifen; **quedarse a la ~ de Valencia** leer ausgehen, das Nachsehen haben; **tener ~s** (*fig*) launisch sein
❷ (*cristal*) Glas *nt*; (*espejo*) (Spiegel)glas *nt*; **armario de ~** Spiegelschrank *m*; **le rompieron las ~s del coche** man hat ihm/ihr die Autofenster eingeschlagen
lunación [luna'θjon] *f* (ASTR) Lunation *f*, Mondwechsel *m*
lunada [lu'naða] *f* (*Méx*) nächtliches Fest zur Zeit des Vollmondes
lunar [lu'nar] I. *adj* Mond-; **órbita ~** Mondumlaufbahn *f*; **paisaje ~** Mondlandschaft *f*
II. *m* ❶ (*en la piel*) Muttermal *nt*
❷ (*en una tela*) Tupfen *m*
❸ (*mancha*) Fleck *m*
lunarejo, -a [luna'rexo, -a] I. *adj* (*Am*) ❶ (*persona con lunares*) mit Muttermalen
❷ (*animal con lunares*) gefleckt
II. *m*, *f* (*Am: persona con lunares*) Person *f* mit vielen Muttermalen
lunario¹ [lu'narjo] *m* (Mond)kalender *m*
lunario, -a² [lu'narjo, -a] *adj* (ASTR) lunar, Mond-
lunático, -a [lu'natiko, -a] *adj* launisch
lunatismo [luna'tismo] *m sin pl* Lunatismus *m*, Mondsüchtigkeit *f*
lunch [lantʃ] *m* Lunch *m*
lunes ['lunes] *m inv* Montag *m*; **~ de carnaval** Rosenmontag *m*; **~ negro** schwarzer Montag; **~ de Pascua** Ostermontag *m*; **el ~** am Montag; **el ~ pasado** letzten Montag; **el ~ que viene** [*o* **próximo**] nächsten [*o* kommenden] Montag; **el ~ por la noche/al mediodía/por la mañana/por la tarde** Montagabend/-mittag/-morgen/-nachmittag *m*; **los ~ por la noche/al mediodía/por la mañana/por la tarde** montagabends/-mittags/-morgens/-nachmittags *m*; (**todos**) **los ~ va a la piscina** er/sie geht jeden Montag [*o* montags] schwimmen; **en la noche del ~ al martes** in der Nacht von Montag auf Dienstag; **el ~ entero** den ganzen Montag (über); **cada (dos) ~ (del mes)** jeden (zweiten) Montag (im Monat); **hoy es ~, once de marzo** heute ist Montag, der elfte März;

pasar de ir al trabajo el ~ einen blauen Montag machen
luneta [lu'neta] *f* ❶ (*adorno*) Halbmond *m*
❷ (ARQUIT, TÉC) Lünette *f*
❸ (*anteojo*) Glas *nt*
lunfa ['lumfa] *m* (*Arg*) ❶ (*ladrón*) Gauner(in) *m(f)*
❷ (LING) *v.* **lunfardo¹**
lunfardismo [lumfar'dismo] *m* (*Arg*) Ausdruck *m* aus dem Lunfardo
lunfardo¹ [lum'farðo] *m* (*Arg*) Lunfardo *m* (*Jargon der Gauner von Buenos Aires, der sich inzwischen zur Umgangssprache der Argentinier entwickelt hat*)
lunfardo, -a² [lum'farðo, -a] I. *adj* (*Arg*) den Lunfardo betreffend
II. *m*, *f* (*Arg*) Gauner(in) *m(f)*
lúnula ['lunula] *f* ❶ (ANAT) Lunula *f*, Nagelmöndchen *nt*
❷ (REL) Lunula *f*, Behälter *m* für die Hostie in der Monstranz
lupa ['lupa] *f* Lupe *f*; **observar** [*o* **mirar**] **algo con ~** etw unter die Lupe nehmen *fam*
lupanar [lupa'nar] *m* Bordell *nt*
lupicia [lu'piθja] *f* Haarausfall *m*
lupino¹ [lu'pino] *m* (BOT) Lupine *f*
lupino, -a² [lu'pino, -a] *adj* wölfisch, Wolf(s)-; **uva lupina** (BOT) Eisenhut *m*
lúpulo ['lupulo] *m* (BOT) Hopfen *m*
lupus ['lupus] *m sin pl* (MED) Lupus *m*
luso, -a ['luso, -a] I. *adj* portugiesisch
II. *m*, *f* Portugiese, -in *m*, *f*
lustrabotas [lustra'βotas] *mf inv* (*Am*) Schuhputzer(in) *m(f)*
lustración [lustra'θjon] *f* (HIST, REL) kultische Reinigung *f*, Lustration *f*
lustrado [lus'traðo] *m* Polieren *nt*
lustrador [lustra'ðor] *m* (*Arg, Nic*) Schuhputzer *m*
lustrar [lus'trar] *vt* ❶ (*dar brillo*) polieren; (*zapatos*) putzen; (*muebles*) polieren
❷ (REL: *purificar*) entsühnen
lustre ['lustre] *m* ❶ (*brillo*) Glanz *m*; **sacar ~ a los zapatos/a los muebles** die Schuhe blank putzen/die Möbel polieren; **tener ~** (*fig*) gut aussehen
❷ (*Am: betún*) Schuhcreme *f*
lustrín [lus'trin] *m* (*Chil*) Schuhputzer *m*
lustrina [lus'trina] *f* ❶ (*tejido*) Lüstrine *f*
❷ (*Chil: betún*) Schuhcreme *f*, Schuhwichse *f fam*
lustro ['lustro] *m* Jahrfünft *nt*; (REL) Lustrum *nt*; **en el último ~** in den letzten fünf Jahren
lustroso, -a [lus'troso, -a] *adj* glänzend; **estar ~** (*fig*) gut aussehen
lútea ['lutea] *f* (ZOOL) Pirol *m*
lutecio [lu'teθjo] *m* (QUÍM) Lutetium *nt*
luterana [lute'rana] *adj o v.* **luterano**
luteranismo [lutera'nismo] *m* (REL) Luthertum *nt*
luterano, -a [lute'rano, -a] I. *adj* (REL) luther(an)isch
II. *m*, *f* (REL) Lutheraner(in) *m(f)*
luto ['luto] *m* Trauer *f*; (*vestido*) Trauerkleid *nt*; **iba de ~ por su marido** sie trug Trauer, weil ihr Mann gestorben war; **toda la familia está de ~ por él** die ganze Familie trauert um ihn; **declarar día de ~ nacional** zum Staatstrauertag erklären
lutocar [luto'kar] *m* (*Chil*) Müllhandwagen *m*
luxación [luɣsa'θjon] *f* Verrenkung *f*; (MED) Luxation *f*
luxar [luɣ'sar] I. *vt* (MED) ausrenken
II. *vr*: **~se** sich *dat* verrenken; **~se el hombro** sich die Schulter verrenken
Luxemburgo [luɣsem'buryo] *m* Luxemburg *nt*; **el Gran Ducado de ~** das Großherzogtum Luxemburg
luxemburgués, -esa [luɣsembur'ɣes, -esa] I. *adj* luxemburgisch
II. *m*, *f* Luxemburger(in) *m(f)*
luz [luθ] *f* ❶ (*resplandor*) Licht *nt*; **~ artificial/eléctrica** künstliches/elektrisches Licht; **~ corta** [*o* **de cruce**] Abblendlicht *nt*; **~ larga** Fernlicht *nt*; **~ natural** Tageslicht *nt*; **rayo de ~** Lichtstrahl *m*; **traje de luces** Torerokostüm *nt*; **a la ~ del día** bei Tageslicht; **a media ~** im Zwielicht; **claro como la ~ del día** glasklar; **dar a ~** zur Welt bringen; **mi madre dio a ~ en casa** meine Mutter hat zu Hause entbunden; **Marx vio la ~ en Tréveris** (*elev*) Marx erblickte in Trier das Licht der Welt; **¡~ de mis ojos!** mein Schatz!; **dar ~ verde** grünes Licht geben; **sacar algo a la ~ pública** etw an die Öffentlichkeit bringen; **el escándalo salió a la ~ poco después** die Affäre ist kurz danach ans Licht gekommen; **los análisis médicos arrojarán ~ sobre el asesinato** die klinischen Analysen werden Licht in den Mordfall bringen; **a la ~ de los nuevos datos, no fue él el culpable** nach den neuen Erkenntnissen war er unschuldig
❷ (*energía*) Strom *m*; **¡da la ~!** mach das Licht an!; **ha llegado la cuenta de la ~** die Stromrechnung ist gekommen
❸ (*fuente de luz*) Lichtquelle *f*; (*lámpara*) Lampe *f*; **encender/apagar la ~** das Licht an-/ausmachen; **¡trae una ~!** bring eine Lampe!
❹ (ARQUIT) Fenster *nt*

⑤ *pl* (*claridad mental*) Verstand *m*; **el Siglo de las Luces** (HIST) die Aufklärung; **ser de pocas luces** nicht bis drei zählen können; **tiene tan pocas luces que lo hace todo al revés** er/sie ist so beschränkt, dass er/sie alles falsch macht; **lo que dijo es a todas luces cierto** was er/sie gesagt hat, ist zweifellos richtig

M

M, m ['eme] *f* M, m *nt;* ~ **de María** M wie Martha
Mª [ma'ria] *abr de* **María** Maria
Maastricht ['mastrixt]: **el Tratado de** ~ der Vertrag von Maastricht
mabinga [ma'βiŋga] *f* (*Cuba, Méx*) ❶ (*estiércol*) Dünger *m*
❷ (*fam: tabaco malo*) schlechter Tabak *m*
mabuya [ma'βu↓a] *f* (*Cuba*) Teufel *m*
maca ['maka] *f* ❶ (*objeto*) (kleiner) Fehler *m*
❷ (*en un mueble*) Schramme *f*
❸ (*fruta*) Druckstelle *f*
❹ (*del carácter*) Makel *m*
❺ (*fam: hamaca*) Hängematte *f*
❻ (*argot*) *v.* **macarra**
macá [ma'ka] *m* (*Arg:* ZOOL) Renntaucher *m*
macabeo [maka'βeo] *m* (AGR) weiße Rebsorte aus Katalonien, aus der ein Likörwein gleichen Namens hergestellt wird
macabí [maka'βi] *m* (*Cuba*) auf den Antillen vorkommende Fischart
macabro, -a [ma'kaβro, -a] *adj* makaber; **danza macabra** Totentanz *m*
macachín [maka'tʃin] *m* (*Arg, Urug:* BOT) Sauerkleegewächs mit essbarer Knolle
macaco, -a [ma'kako, -a] I. *adj* (*Cuba, Chil: feo*) hässlich
II. *m*, *f* ❶ (ZOOL) Makak *m*, Makakenweibchen *nt*; (*masculino y femenino*) Meerkatze *f*
❷ (*Am: pey*) Brasilianer(in) *m(f)*
macacoa [maka'koa] *f* ❶ (*PRico: mala suerte*) Pech *nt*
❷ (*Col, Ven: tristeza, desgana*) Trübsinn *m*
macagua [ma'kaywa] *f* ❶ (*AmS: ave*) falkenähnlicher Raubvogel *m*
❷ (*Ven: serpiente*) schwarze Giftschlange *f*
❸ (*Cuba*) Baumart, deren Früchte den Eicheln ähnlich sind, aber keine Schale haben
macagüita [maka'ɣwita] *f* (*Ven*) ❶ (*planta*) stachelige Palmenart mit dunklem, weißgeflecktem Stamm
❷ (*fruto*) kokosnussartige Frucht dieser Palme
macana [ma'kana] *f* ❶ (*Am: tontería*) Unsinn *m*
❷ (*mentira*) Lüge *f*, Schwindel *m*
❸ (ECON) Ladenhüter *m*
❹ (*Am: porra*) Knüppel *m*; (*arma de los indios norteamericanos*) Kriegsbeil *nt*
❺ (*Am: mantón de las mujeres mestizas*) Schultertuch *nt*
❻ (*Arg*) **¡qué** ~! so ein Mist!
macanazo [maka'naθo] *m* Schlag *m* mit dem Knüppel
macaneador(a) [makanea'ðor(a)] *m(f)* (*Arg*) Schwindler(in) *m(f)*
macanear [makane'ar] I. *vi* (*CSur: disparatar*) Unsinn reden; (*hacer tonterías*) Unsinn machen; (*mentir*) schwindeln, lügen
II. *vt* ❶ (*fam: chapucear*) verpfuschen
❷ (*AmC: golpear*): ~**on al hombre** sie schlugen mit dem Knüppel auf den Mann ein
macanudo, -a [maka'nuðo, -a] *adj* (*Am: fam*) toll, super
macaón [maka'on] *m* (ZOOL) Schwalbenschwanz *m*
macar [ma'kar] <c→qu> I. *vt* quetschen
II. *vr:* ~**se** anfaulen (*aufgrund von Druckstellen*)
macarra [ma'karra] *m* (*fam*) ❶ (*chorizo*) Gauner *m*
❷ (*chulo de putas*) Zuhälter *m*
macarrón [maka'rron] *m* ❶ *pl* (*pasta*) Makkaroni *pl*
❷ (*bollo*) Makrone *f*
❸ (ELEC) Kabelmantel *m*
macarrónico, -a [maka'rroniko, -a] *adj* ❶ (LIT) makkaronisch
❷ (*estilo*) fehlerhaft; **habla un castellano** ~ sein/ihr Spanisch ist eine Katastrophe; **latín** ~ Küchenlatein *nt*
macaurel [makaʊ'rel] *f* in Venezuela vorkommende Schlangenart
macedón, -ona [maθe'ðon, -ona] *adj o m, f v.* **macedonio**
macedonia [maθe'ðonja] *f* ❶ (*ensalada*): ~ (**de frutas**) Obstsalat *m*, Fruchtsalat *m*
❷ *v.* **macedonio**
Macedonia [maθe'ðonja] *f* Makedonien *nt*
macedónico, -a [maθe'ðoniko, -a] *adj* makedonisch
macedonio, -a [maθe'ðonjo, -a] I. *adj* makedonisch
II. *m*, *f* Einwohner(in) *m(f)* Makedoniens

maceración [maθera'θjon] *f* ❶ (GASTR) Einlegen *nt*; **dejar la carne en** ~ **durante unas horas** das Fleisch einige Stunden lang einlegen
❷ (QUÍM) Mazeration *f*
❸ (*mortificación*) (Selbst)kasteiung *f*
macerar [maθe'rar] I. *vt* ❶ (*con golpes*) weich klopfen
❷ (*con un líquido*) aufweichen; (*en un líquido*) einweichen, einlegen
❸ (QUÍM) mazerieren
❹ (*mortificar*) kasteien
II. *vr:* ~**se** sich kasteien
maceta [ma'θeta] *f* ❶ (*tiesto*) Blumentopf *m*
❷ (*pie*) Blumensäule *f*
❸ (*Chil: ramo*) Blumenstrauß *m*
❹ (BIOL) Dolde *f*
❺ (*mazo*) Holzhammer *m*
❻ (MIN) Fäustel *m*, Schlägel *m*
macetero [maθe'tero] *m* Blumenständer *m*; (*Am*) Blumenkasten *m*
mach [matʃ] *m inv* (AERO) Mach *m*
machacadora [matʃaka'ðora] *f* (TÉC) Steinbrecher *m*; ~ **de patatas** Kartoffelquetsche *f*
machacadura [matʃaka'ðura] *f* (*acción*) Zerstampfen *nt*, Zerdrücken *nt*; (*resultado*) Zerstampfte(s) *nt*, Zerdrückte(s) *nt*; **la** ~ **de tomate** die zerdrückte Tomate
machacar [matʃa'kar] <c→qu> I. *vt* ❶ (*triturar*) zerstampfen, zermalmen, zerdrücken
❷ (*insistir*) herumreiten (*auf* +*dat*) *fam*
❸ (*fam: estudiar*) durchackern
❹ (*fam: destruir*) kleinkriegen
II. *vi* (*insistir*) herumreiten (*sobre* +*dat*) *fam*
III. *vr:* ~**se** (*argot*) sich abrackern; **machacársela** (*vulg*) sich *dat* einen runterholen
machacón, -ona [matʃa'kon, -ona] *adj* (*pey*) beharrlich, verbissen; **¡no seas** ~! hör auf, ständig darauf rumzureiten!
machaconería [matʃakone'ria] *f* (*pey*) Beharrlichkeit *f*
machada [ma'tʃaða] *f* ❶ (AGR) Ziegenbockherde *f*
❷ (*fam irón: acción valiente*) (wahre) Heldentat *f*
❸ (*tontería*) Unsinn *m*
machadiano, -a [matʃa'ðjano, -a] *adj* (LIT) ❶ (*de Machado*) den Lyriker Antonio Machado betreffend; **selección de poemas** ~**s** eine Auswahl von Gedichten Machados
❷ (*influido por Machado*) von Antonio Machado beeinflusst
machado [ma'tʃaðo] *m* Axt *f*
machamartillo [matʃamar'tiʎo]: **a** ~ ganz und gar, durch und durch; **creer a** ~ **en algo** fest an etw glauben; **repetir algo a** ~ etw ununterbrochen wiederholen
machaqueo [matʃa'keo] *m* ❶ (*acción de machacar*) Zerstoßen *nt*, Zerstampfen *nt*; **después del** ~ **del mineral se obtiene un polvillo** wenn man das Mineral zerstampft, erhält man ein feines Pulver
❷ (*fam*) Durchackern *nt*, Pauken *nt*
machetazo [matʃe'taθo] *m* ❶ (*golpe*) (Säbel)hieb *m*; **recibir un** ~ einen Schlag mit dem Säbel bekommen
❷ *aum de* **machete**
machete [ma'tʃete] *m* ❶ (*arma*) Säbel *m*
❷ (*cuchillo*) Machete *f*, Buschmesser *nt*
❸ (*Arg: fam: chuleta*) Spickzettel *m*
machetear [matʃete'ar] I. *vt* ❶ (*Méx:* NÁUT) stampfen
II. *vt* ❶ (*dar machetazos*) mit der Machete schlagen [*o* verletzen]
❷ (*Arg: fam: copiar*) abschreiben; (*hacer una chuleta*) einen Spickzettel anfertigen (*von* +*dat*)
III. *vt:* ~**se** (*Méx: trabajar con ahínco*) hart arbeiten; (*fam: empollar*) büffeln, pauken; **tienes que** ~**te si quieres terminar tus estudios** du musst dich ganz schön reinhängen, wenn du dein Studium beenden willst
machetero, -a [matʃe'tero, -a] *m*, *f* ❶ Person, die mit der Machete den Weg durch das Gestrüpp frei schlägt
❷ (*que corta la caña de azúcar*) Zuckerrohrschneider(in) *m(f)*
❸ (*Arg: fam: copión*) Spicker(in) *m(f)*
❹ (*Méx: empollón*) Büffler(in) *m(f) fam*, Streber(in) *m(f) pey*
machihembrado [matʃiem'braðo] *m* (TÉC) (Ver)spundung *f*
machihembrar [matʃiem'brar] *vt* ❶ (TÉC: *caja y espiga*) (ver)spunden, vernuten
❷ (*ranura y lengüeta*) einfalzen, ausfalzen
machina [ma'tʃina] *f* ❶ (*grúa*) großer Ladekran *m*
❷ (*mazo*) Fallhammer *m*, Ramme *f*
machío, -a [ma'tʃio, -a] *adj* (BOT) nicht fruchtend
machismo [ma'tʃismo] *m* Männlichkeitswahn *m*, Machismo *m*
machista [ma'tʃista] *adj* Macho-, chauvinistisch
machito [ma'tʃito] *m* ❶ *dim de* **macho**
❷ (*loc, fam*): **apearse del** [*o* **de su**] ~ vom [*o* von seinem] hohen Ross herunterkommen

máchmetro ['matʃmetro] *m* (AERO) Machmeter *nt*
macho ['matʃo] **I.** *m* ❶ (ZOOL: *de sexo masculino*) Männchen *nt*; ~ **cabrío** Ziegenbock *m*
❷ (*fam: machote*) Kerl *m*
❸ (ZOOL: *mulo*) Maultier *m*
❹ (TÉC) Haken *m*; ~ **y hembra** Haken und Öse
❺ (ARQUIT) Pfeiler *m*
II. *adj* ❶ (*masculino*) männlich
❷ (*fuerte*) stark, kräftig
machona [ma'tʃona] *f* (*Am: fam*) Mannweib *nt*
machorra [ma'tʃorra] *f* ❶ (*pey: marimacho*) Mannweib *nt*
❷ (*argot: lesbiana*) Lesbe *f*
❸ (*hembra esteril*) unfruchtbares Weibchen *nt*
machorro, -a [ma'tʃorro, -a] *adj* unfruchtbar, steril
machota [ma'tʃota] *f* ❶ (*herramienta*) Vorschlaghammer *m*
❷ (*fam pey*) Mannweib *nt*
machote [ma'tʃote] **I.** *m* ❶ (*fam: hombre*) (ganzer) Kerl *m*
❷ (*mazo*) (Schmiede)hammer *m*
❸ (*Am: borrador*) Entwurf *m*; (*modelo*) Modell *nt*
II. *adj* (*argot*) ❶ (*viril*) männlich
❷ (*atractivo*) anziehend; **un hombre** ~ ein starker Typ
machucar [matʃu'kar] <c→qu> *vt* ❶ (*golpear*) einschlagen (auf +*akk*)
❷ (*destruir*) zertrümmern; (*aplastar*) zerquetschen
machucho, -a [ma'tʃutʃo, -a] *adj* ❶ *estar* (*pey: viejo*) nicht mehr ganz jung; **¡qué** ~**!** so ein alter Knacker!
❷ *ser* (*tranquilo*) besonnen, bedächtig
machucón [matʃu'kon, -ona] *m* (*fam*) Schlag *m*, Hieb *m*; **recibir un** ~ **en la cabeza** einen Schlag auf den Kopf abbekommen
macilento, -a [maθi'lento, -a] *adj* ❶ (*pálido*) bleich; (*cansado*) abgespannt
❷ (*flaco*) abgezehrt
❸ (*triste*) abgehärmt
macillo [ma'θiʎo] *m* (MÚS) Hammer *m*
macizo[1] [ma'θiθo] *m* ❶ (*masa*) Masse *f*; (*trozo*) Block *m*
❷ (GEO) (Gebirgs)massiv *nt*, Gebirgsstock *m*
❸ (*plantas*) Beet *nt*; ~ **de flores** Blumenbeet *nt*
❹ (*cebo*) Köder *m*
❺ (ARQUIT) Pfeiler *m*
❻ *pl* (GASTR) (im Fass) eingelegte Sardinen *fpl*
macizo, -a[2] [ma'θiθo, -a] *adj* ❶ (*oro, puerta*) massiv; **el candelabro era de plata maciza** der Leuchter war massiv silbern
❷ (*persona*) kräftig; *estar* ~ gut gebaut sein; **un tío** ~ ein knackiger Typ
❸ (*sólido*) solide, robust
maco, -a ['mako, -a] *adj* schurkisch, gaunerhaft
macón, -ona [ma'kon, -ona] *adj* (*Col: grandullón*) riesig; (*hombre*) hoch aufgeschossen
macondo [ma'kondo] *m* (*Col*: BOT) Wollbaumart
macramé [makra'me] *m* ❶ (*tejido*) Makrameearbeit *f*, Makramee *nt*; **hacer** ~ Makrameearbeiten knüpfen
❷ (*hilo*) (Makramee)faden *m*
macro ['makro] *m* (INFOR) Makro *nt*
macrobiótica [makro'βjotika] *f* Makrobiotik *f*
macrobiótico, -a [makro'βjotiko, -a] *adj* makrobiotisch
macrocefalia [makroθe'falja] *f* (MED) Makrozephalie *f*
macrociudad [makroθju'ðað] *f* (*argot*) Megastadt *f*
macrocomando [makroko'mando] *m* (INFOR) Makrobefehl *m*
macroconcierto [makrokon'θjerto] *m* (*argot*) Megakonzert *nt*
macrocosmo(s) [makro'kosmo(s)] *m sin pl* (FÍS, FILOS) Makrokosmos *m*, Makrokosmus *m*
macroeconomía [makroekono'mia] *f* (ECON) Makroökonomie *f*
macroeconómico, -a [makroeko'nomiko, -a] *adj* (ECON) makroökonomisch; **cuadro** ~ Volkswirtschaftsplan *m*
macroevento [makroe'βento] *m* Großereignis *nt*
macrofotografía [makrofotoɣra'fia] *f* (FOTO) Makrofotografie *f*
macroinstrucción [makroinˢtruˈθjon] *f* (INFOR) Makro *nt*
macroprogramación [makroproɣrama'θjon] *f* (INFOR) Makroprogrammierung *f*
macrotextual [makrotes'twal] *adj* (LING) makrotextuell
macrovisión [makroβi'sjon] *f* (CINE) Großaufnahme *f*
macubá [maku'βa] *f* ❶ (*tabaco*) aromatischer Tabak aus Martinique
❷ (ZOOL) Moschusbock *m*
mácula ['makula] *f* ❶ (*mancha*) Fleck *m*; (*fig*) Makel *m*; **sin** ~ (*fig*) makellos
❷ (*fam: engaño*) Schwindel *m*
❸ (ASTR) Sonnenfleck *m*
maculatura [makula'tura] *f* (TIPO) Makulatur *f*
maculís [maku'lis] *m* (BOT) amerikanische Eiche *f*, Ipé-Holz-Baum *m*
macuquero, -a [maku'kero, -a] *m, f* (MIN) illegal Metall aus stillgelegten Minen Abbauende(r) *mf*

macuto [ma'kuto] *m* ❶ (*mochila*) Rucksack *m*; (MIL) Tornister *m*
❷ (*argot: joroba*) Buckel *m*
❸ (*Ven: de los mendigos*) Bettelkorb *m*
Madagascar [maðaɣas'kar] *f* Madagaskar *nt*
madama [ma'ðama] *f* ❶ (*señora*) Madame *f*
❷ (*RíoPl: patrona de burdel*) Puffmutter *f fam*
made in [mei̯ð in] made in, hergestellt in
madeira [ma'ðei̯ra] *m* (GASTR) Madeira(wein) *m*
madeja [ma'ðexa] *f* ❶ (*de hilo*) Knäuel *nt o m*; ~ **de lana** Wollknäuel *o m*; ~ **sin cuenda** wirres Knäuel; (*fig*) verworrene Angelegenheit; **enredar la** ~ zusätzliche Verwirrung stiften, alles nur noch komplizierter machen; **la** ~ **se está enredando cada vez más** die Angelegenheit wird immer verzwickter
❷ (*cabello*) Mähne *f*
❸ (*pey: hombre dejado*) Schlamper *m*; (*perezoso*) Faulpelz *m*
madera [ma'ðera] *f* ❶ (*de los árboles*) Holz *nt*; ~ **de roble** Eichenholz *nt*; **muebles de** ~ (Massiv)holzmöbel *ntpl*; **de** ~ hölzern, aus Holz; **tocar** ~ auf Holz klopfen; **¡toca** ~**!** toi, toi, toi!; **ser de la misma** ~ aus dem gleichen Holz geschnitzt sein; **tiene** ~ **de pianista** er/sie hat das Zeug zu einem guten Pianisten/einer guten Pianistin; **tener** [*o* **ser de**] **buena/mala** ~ einen guten/schlechten Charakter haben; **este chico tiene buena** ~ in diesem Kerl steckt ein guter Kern
❷ (*fam: policía*) Polente *f*, Bullen *mpl*
maderable [maðe'raβle] *adj*: **este bosque/árbol es** ~ dieser Wald/Baum liefert Nutzholz
maderaje [maðe'raxe] *m*, **maderamen** [maðe'ramen] *m* (TÉC) Gebälk *nt*, Balkenwerk *nt*; ~ **de techo** Dachstuhl *m*
maderería [maðere'ria] *f* Holzhandel *m*, Holzhandlung *f*; (*almacén*) Holzlager *nt*
maderero, -a [maðe'rero, -a] **I.** *adj* Holz-, hölzern
II. *m, f* ❶ (*tratante*) Holzhändler(in) *m(f)*
❷ (*conductor de armadías*) Flößer(in) *m(f)*
madero [ma'ðero] *m* ❶ (*viga*) (Holz)balken *m*; (*tablón*) (Holz)planke *f*
❷ (*persona*) Tölpel *m*
❸ (*argot: policía*) Bulle *m*; **¡vámonos que vienen los** ~**s!** los, hauen wir ab, die Bullen kommen!
madi ['maði] *m* (*Chil*: BOT) Madi(e) *f*, Ölmadie *f*
madona [ma'ðona] *f* (*Virgen María*) Madonna *f*; (*imagen de la Virgen*) Madonnenbild *nt*, Madonna *f*
mador [ma'ðor] *m* (ANAT) leichte Hautausdünstung *f*
madrastra [ma'ðrastra] *f* ❶ (*pariente*) Stiefmutter *f*
❷ (*pey: mala madre*) Rabenmutter *f*
madraza [ma'ðraθa] *f* (*fam*): **es una verdadera** ~ sie ist mit Leib und Seele Mutter; **¡qué** ~ **tienes!** du hast eine tolle Mutter!
madre ['maðre] *f* ❶ (*de familia*) Mutter *f*; ~ **biológica** biologische Mutter; ~ **de leche** Amme *f*; ~ **política** Schwiegermutter *f*; ~ **que trabaja** erwerbstätige Mutter; ~ **(mía)!** (oh) mein Gott!, (ach) du meine Güte!; **¡**~ **de Dios!** um Gottes [*o* um Himmels] willen!; **como su** ~ **lo/la parió** (*fam*) (pudel)nackt; **¡la** ~ **que lo parió!** (*vulg*) dieser Scheißkerl!; **¡la** ~ **que te parió!** (*vulg*) verdammt noch mal! *fam*, du verdammter Idiot! *fam*; **¡viva la** ~ **que te parió!** (*fam*) bravo!; **¡tu** ~**!** (*fam*) das glaubst du doch selbst nicht!; **de puta** ~ (*vulg*) geil *fam*; **¡la comida está de puta** ~**!** (*vulg*) das Essen schmeckt echt toll! *fam*; **el ciento y la** [*o* **su**] ~ (*fam*) eine Menge Leute; **en la fiesta estaban invitados el ciento y la** ~ (*fam*) auf das Fest waren Gott und die Welt eingeladen
❷ (REL): **la** ~ **Teresa** Mutter Theresa; ~ **superior** Oberin *f*
❸ (*origen*) Mutter-; ~ **patria** Mutterland *nt*; **ahí está la** ~ **del cordero** (*fam*) da liegt der Hase im Pfeffer
❹ (GEO) Flussbett *nt*; **el río se salió de** ~ der Fluss trat über die Ufer
❺ (TÉC) (Haupt)träger *m*; ~ **del timón** (NÁUT) Ruderherz *nt*
❻ (GASTR) Bodensatz *m*
❼ (*loc*): **los alquileres se están saliendo de** ~ die Mieten geraten außer Kontrolle; **sacar a alguien de** ~ jdn aus der Fassung bringen
madrear [maðre'ar] *vt* ❶ (*Méx: romper a golpes*) zerhauen, kaputtschlagen *fam*
❷ (*Méx: vulg: pegar fuerte a alguien*) zu Hackfleisch machen *fam*
madrecilla [maðre'θiʎa] *f* (*Arg*) Eierstock *m* der Vögel
madrejón [maðre'xon] *m* (*Arg*) ausgetrocknetes Flussbett *nt*
madreperla [maðre'perla] *f* (ZOOL) Perlmuschel *f*
madrépora [ma'ðrepora] *f* (ZOOL) Steinkoralle *f*, Madreporarie *f*, Madrepore *f*
madrero, -a [ma'ðrero, -a] *adj* (*fam*) sehr an der Mutter hängend; (*mimado*) verhätschelt; **es muy** ~ denn er hängt sehr an der Mutter; **niño** ~ Muttersöhnchen *nt*
madreselva [maðre'selβa] *f* (BOT) Geißblatt *nt*, Jelängerjelieber *nt*
madridismo [maðri'ðismo] *m sin pl* (DEP) Real-Madrid-Fans *mpl*
madridista [maðri'ðista] **I.** *mf* Real-Madrid-Fan *m*
II. *adj*: **club** ~ Fußballklub *m* Real Madrid
madrigal [maðri'ɣal] *m* (MÚS, LIT) Madrigal *nt*

madriguera [maðri'ɣera] f ❶ (*guarida*) Bau m
❷ (*escondrijo*) Schlupfwinkel m
madrileño, -a [maðri'leɲo, -a] I. *adj* aus Madrid, Madrider; **las noches madrileñas** die Madrider Nächte
II. *m, f* Einwohner(in) *m(f)* von Madrid, Madrider(in) *m(f)*; **esta chica es madrileña** dieses Mädchen kommt aus Madrid
Madriles [ma'ðriles] *mpl* (*fam*): **los ~ Madrid** *nt*
madrina [ma'ðrina] f ❶ (*de bautismo*) (Tauf)patin f; **~ de guerra** ≈Kriegspatin f; **actuó como ~ en la botadura del nuevo yate** sie war Patin bei der Schiffstaufe der neuen Jacht
❷ (*de boda*): **~ de boda** Trauzeugin f
❸ (*de un artista, una asociación*) Förderin f
❹ (*yegua*) Leitstute f; (*Ven*) Leitherde f
❺ (*correa*) Koppel f
❻ (ARQUIT) (Strebe)balken m
madroncillo [maðron'θiʎo] m Erdbeere f
madroñal [maðro'ɲal] m (BOT) Erdbeerbaumpflanzung f
madroño [ma'ðroɲo] m ❶ (BOT: *arbusto*) Erdbeerbaum m
❷ (BOT: *fruta*) Erdbeere f, Meerkirsche f
❸ (*borla*) Troddel f, Bommel m o f reg
madrugada [maðru'ɣaða] f ❶ (*alba*) (Morgen)dämmerung f, Tagesanbruch m; **en la** [*o* **de**] ~ früh morgens, am frühen Morgen, in den frühen Morgenstunden; **salimos de viaje de ~** wir brachen bei Tagesanbruch auf; **se levanta cada día a las cinco de la ~** er/sie steht jeden Tag um fünf Uhr früh auf
❷ (*horas después de la media noche*): **llegó a casa a las tres de la ~** er/sie kam um drei Uhr nachts nach Hause
❸ (*madrugón*): **nos pegamos una ~ para coger el avión de las seis** wir sind heute früh aufgestanden, um das Flugzeug um sechs zu nehmen
madrugador(a) [maðruɣa'ðor(a)] I. *adj* ❶ (*que se levanta pronto*): **mi padre es muy ~** mein Vater steht sehr früh auf [*o* ist ein Frühaufsteher]
❷ (*fam: astuto*) aufgeweckt
II. *m(f)* Frühaufsteher(in) *m(f)*
madrugar [maðru'ɣar] <g→gu> *vi* (sehr) früh [*o* bei Tagesanbruch] aufstehen; **tienes que ~ más para ganarme** (*fam fig*) um mich auszustechen, musst du früher aufstehen; **a quien madruga, Dios le ayuda** (*prov*) Morgenstund hat Gold im Mund; **no por mucho ~ amanece más temprano** (*prov*) eile mit Weile
madrugón [maðru'ɣon] *m*: **se dio un ~ para revisar la lección** er/sie stand sehr früh auf, um die Lektion noch einmal zu wiederholen
maduración [maðura'θjon] f ❶ (*acción*) Reifung f, Reifungsprozess m
❷ (*efecto*) Reife f
madurar [maðu'rar] I. *vt* ❶ (*hacer maduro*) reifen, reif machen; **el sol madura los tomates** die Sonne reift die Tomaten
❷ (*reflexionar sobre*) durchdenken; **hay que ~ más ese plan** dieser Plan ist noch nicht gut durchdacht [*o* völlig ausgereift]
❸ (MED) (einen Abszess) lösen
II. *vi, vr*: **~se** ❶ (*volverse maduro*) reifen, reif(er) werden; **las fresas han madurado mucho con este tiempo** die Erdbeeren sind bei diesem Wetter schnell gereift; **desde su divorcio ha madurado mucho** er/sie ist seit seiner/ihrer Scheidung sehr viel reifer geworden
❷ (MED) (anfangen zu) eitern
madurez [maðu'reθ] f (*de una fruta, persona*) Reife f; (*de un plan*) Ausgereiftheit f; **estar en la ~** im reiferen Alter sein
maduro, -a [ma'ðuro, -a] *adj* (*fruta, persona*) reif, gereift; (*plan*) ausgereift, durchdacht; **una manzana demasiado madura** ein überreifer Apfel; **en la edad madura** im reiferen Alter; **un hombre ~/una mujer madura** ein Mann/eine Frau im reiferen Alter; **estar a las duras y a las maduras** auch die Nachteile in Kauf nehmen
maese [ma'ese] m Meister m; **nadie tocaba el órgano como ~ Pérez** keiner spielte die Orgel so wie Meister Pérez
maestoso [maes'toso] f (MÚS) Maestoso *nt*
maestra [ma'estra] f v. **maestro**
❷ (*profesora*) Lehrerin f; **ir a la ~ por algo** die Lehrerin wegen etw *gen/dat* aufsuchen
❸ (*mujer del maestro*) Lehrersfrau f
❹ (ARQUIT) Richtlatte f, Richtlatte *nt*
maestranza [maes'tranθa] f (MIL) Artilleriewerkstatt f; (*armería*) Waffenschmiede f
maestrazgo [maes'traɣyo] m ❶ (HIST: *dignidad de maestre*) Großmeisterwürde f
❷ (HIST: *territorio*) Ordensstaat m, (Ritter)ordensgebiet *nt*
maestre [ma'estre] m (HIST) Großmeister m; **~ de campo** Oberfeldmeister m; **Gran M~ de la Orden Teutónica** Deutschmeister m
maestrescuela [maestres'kwela] m ❶ (REL) Scholarch m, Scholasticus m
❷ (HIST) Schulmeister m
maestría [maes'tria] f ❶ (*habilidad*) Geschicklichkeit f, Können *nt*; **con ~** mit Bravour, meisterhaft; **juega al fútbol con gran ~** er/sie spielt meisterhaft Fußball
❷ (*título de maestro*) Meistertitel m
maestro, -a [ma'estro, -a] I. *adj* ❶ (*principal*) Haupt-; **llave maestra** Hauptschlüssel m
❷ (*que muestra gran conocimiento*) meisterlich, Meister-; **obra maestra** Meisterwerk *nt*
❸ (*animal*) Haus-; **gato ~** Hauskatze f
II. *m, f* ❶ (*profesor*) Lehrer(in) *m(f)*; (*de primera enseñanza*) Grundschullehrer(in) *m(f)*; **~ de armas** Fechtlehrer m
❷ (*persona de gran conocimiento*) Meister(in) *m(f)*; **Goya era un ~ en el arte de la pintura** Goya war ein Meister der Malerei
❸ (*de un taller*) Meister(in) f; (*capataz*) Vorarbeiter(in) *m(f)*; **~ albañil** Maurermeister m, Polier m; **~ carpintero** Schreinermeister m; **~ de cocina** Küchenchef m; **~ de obras** Bauleiter m; **nadie nace ~** (*prov*) es ist noch kein Meister vom Himmel gefallen
❹ (*lo que enseña*) Lehrmeister(in) *m(f)*; **la vida es la mejor maestra** das Leben ist die beste Schule
❺ (MÚS) Maestro m
❻ (TAUR) Matador(a) *m(f)*, Stierkämpfer(in) *m(f)*
mafia ['mafja] f Mafia f; **~ de la cocaína** Kokainmafia f
mafioso, -a [ma'fjoso, -a] I. *adj* Mafia-
II. *m, f* Mafioso, -a *m, f*, Angehörige(r) *mf* der Mafia
maga ['maɣa] f v. **mago**
magallánico, -a [maɣa'ʎaniko, -a] *adj* die Magellanstraße betreffend
maganzón, -ona [maɣan'θon, -ona] I. *adj* (*Col, CRi*) faul
II. *m, f* (*Col, CRi*) Faulenzer(in) *m(f)*
magarza [ma'ɣarθa] f (BOT) Stinkende Hundskamille f
magazine [maɣa'sin] m Illustrierte f
magdalena [maɣða'lena] f (*pastel*) ≈Biskuit m o *nt*; **estar como una M~** völlig aufgelöst sein; **llorar como una M~** wie ein Schlosshund weinen
magdaleniense [maɣðale'njense] *adj* (HIST): **período ~** Magdalénien *nt* (Stufe der jüngeren Altsteinzeit)
magenta [ma'xenta] I. *adj* magentarot
II. f (FOTO) Magenta *nt*
magia ['maxja] f ❶ (*arte*) Magie f, Zauberei f; **~ negra** schwarze Magie
❷ (*poder*) Zauberkraft f
❸ (*atractivo*) (magische) Anziehungskraft f, Zauber m; **este paisaje tiene una ~ especial** diese Landschaft ist besonders bezaubernd
magiar¹ [ma'xjar] I. *adj* madjarisch
II. *mf* Madjar(in) *m(f)*
magiar² [ma'xjar] m Madjarisch(e) *nt*
mágica ['maxika] f v. **magia**
mágico, -a ['maxiko, -a] I. *adj* ❶ (*misterioso*) magisch, Zauber-; **varita mágica** Zauberstab m
❷ (*maravilloso*) fantastisch
II. *m, f* (*mago*) Zauberer, -in *m, f*; (*hechicero*) Hexer m, Hexe f
magín [ma'xin] m (*fam*) Einbildungskraft f, Fantasie f
magíster [ma'xister] m (*Chil, Col: grado académico*) Magister m
magisterio [maxis'terjo] m ❶ (*labor*) Lehrtätigkeit f, Unterricht m; **se dedica al ~ desde hace más de veinte años** er/sie unterrichtet bereits seit über zwanzig Jahren
❷ (*profesión*) Lehramt *nt*, Lehr(er)beruf m; **estudiar ~** auf Lehramt studieren; **dedicarse al ~** im Lehramt tätig sein, den Lehr(er)beruf ausüben
❸ (*conjunto de maestros*) Lehrer *mpl*, Lehrerschaft f; **el ~ de Baden-Württemberg se opone al nuevo plan de enseñanza** die Lehrer in Baden-Württemberg sind gegen den neuen Lehrplan
magistrado, -a [maxis'traðo, -a] m, f ❶ (*funcionario superior*) hoher Beamter m, hohe Beamtin f
❷ (JUR: *juez*) Richter(in) *m(f)*; **~ unipersonal** Einzelrichter m
❸ (JUR: *funcionario*) Justizbeamte(r), -in *m, f*
❹ (JUR: *miembro de un tribunal*) Beisitzer(in) *m(f)*
magistral [maxis'tral] *adj* ❶ (*relativo al magisterio*) Unterrichts-; **su primera clase ~ fue un éxito** seine/ihre erste Unterrichtsstunde war ein voller Erfolg
❷ (*con maestría*) großartig, meisterhaft
❸ (*tono*) Lehrer-
magistralmente [maxistral'mente] *adv* meisterhaft; **el conferenciante se expresó ~** der Redner hat sich mit Bravour ausgedrückt
magistratura [maxistra'tura] f ❶ (*oficio*) Richteramt *nt*; (*dignidad*) Richterwürde f
❷ (*tiempo*) Amtszeit f
❸ (*conjunto de jueces*) Richter *mpl*, Richterschaft f; (*de funcionarios*) Justizbeamte *mpl*; (*de miembros de un tribunal*) Beisitzer *mpl*; **~ de trabajo** Arbeitsgericht *nt*
magma ['maɣma] m Magma *nt*
magmático, -a [maɣ'matiko, -a] *adj* Magma-; **roca magmática** Magmagestein *nt*
magmatismo [maɣma'tismo] m (GEO) Magmatismus m

magnanimidad [maɣnanimi'ðað] f ❶ (*generosidad*) Großzügigkeit f ❷ (*nobleza*) Edelmut m, Großmut f
magnánimo, -a [maɣ'nanimo, -a] adj ❶ (*generoso*) großzügig ❷ (*noble*) edelmütig, großmütig
magnate [maɣ'nate] m Magnat m; ~ **de las finanzas** Finanzmagnat m; ~ **industrial** Industriemagnat m, Großindustrielle(r) m
magnesia [maɣ'nesja] f (QUÍM) Magnesia f, Magnesiumoxid nt
magnesio [maɣ'nesjo] m (QUÍM) Magnesium nt
magnético, -a [maɣ'netiko, -a] adj magnetisch, Magnet-
magnetismo [maɣne'tismo] m Magnetismus m, Anziehungskraft f; ~ **terrestre** Erdmagnetismus m, Erdanziehungskraft f; ~ **animal** animalische Anziehung; **ejercer un intenso ~ sobre alguien** eine magnetische Anziehungskraft auf jdn ausüben
magnetita [maɣne'tita] f (MIN) Magnetit m, Magneteisenstein m
magnetizable [maɣneti'θaβle] adj magnetisierbar
magnetizar [maɣneti'θar] <z→c> vt ❶ (*un cuerpo*) magnetisieren ❷ (*hipnotizar*) hypnotisieren ❸ (*entusiasmar*) verzaubern; **el pianista magnetizó al público con su música** der Pianist fesselte das Publikum mit seiner Musik; **el partido magnetizó a todos** das Spiel begeisterte alle
magnetoeléctrico, -a [maɣnetoelek'troniko, -a] adj (FÍS) magnetoelektrisch
magnetofón [maɣneto'fon] m Tonbandgerät nt, Magnetophon® nt
magnetofónico, -a [maɣneto'foniko, -a] adj Tonband-, Magnetophon-; **cinta magnetofónica** Tonband nt, Magnetophonband nt; **grabación magnetofónica** Tonbandaufnahme f
magnetófono [maɣne'tofono] m Tonbandgerät nt, Magnetophon® nt
magnetohidrodinámica [maɣnetoiðroði'namika] f (FÍS) Magnetohydrodynamik f
magnetometría [maɣnetome'tria] f (FÍS, GEO) Messung f von Magnetfeldern
magnetómetro [maɣne'tometro] m (FÍS) Magnetometer nt
magnetoóptica [maɣneto'optika] f (FÍS) Magnetooptik f
magneto-óptico, -a [maɣneto 'optiko, -a] adj (INFOR): **lector ~** magnetooptisches Laufwerk nt
magnetopausa [maɣneto'paṷsa] f (FÍS, GEO) Magnetopause f
magnetoquímica [maɣneto'kimika] f (QUÍM) Magnetochemie f
magnetoscopio [maɣnetos'kopjo] m (TÉC) Magnetoskop nt
magnetosfera [maɣnetos'fera] f (FÍS, GEO) Magnetosphäre f
magnetostática [maɣnetos'tatika] f (FÍS) Magnetostatik f
magnetoterapia [maɣnetote'rapja] f (MED) Magnetfeldtherapie f
magnetrón [maɣne'tron] m (FÍS) Magnetron nt
magnicida [maɣni'θiða] mf Mörder(in) m(f) einer hochrangigen Person
magníficamente [maɣnifika'mente] adv prächtig, ausgezeichnet; **la velada transcurrió ~, según lo planeado** der Abend verlief wunderbar, ganz nach Plan
magnificar [maɣnifi'kar] <c→qu> I. vt (*glorificar*) verherrlichen; (*alabar*) preisen II. vr: **~se** (*parecer más grande*) größer wirken; (*hacerse más grande*) sich größer machen
magníficat [maɣ'nifikat] m inv (REL) Magnifikat nt, Lobgesang m
magnificencia [maɣnifi'θjenθja] f ❶ (*esplendor*) Pracht f ❷ (*liberalidad*) Großmut f
magnífico, -a [maɣ'nifiko, -a] adj ❶ (*lujoso*) prachtvoll; (*valioso*) wertvoll ❷ (*estupendo*) herrlich; **aquí hace un tiempo ~** wir haben hier herrliches Wetter ❸ (*excelente*) ausgezeichnet, großartig; **un ~ futbolista** ein großartiger [o ausgezeichneter] Fußballspieler ❹ (*liberal*) großmütig ❺ (*título*): **M~ Señor Rector,…** Eure Magnifizenz, …
magnitud [maɣni'tuð] f ❶ (*tamaño*) Größe f, Umfang m; **~ económica** wirtschaftliche Größe ❷ (FÍS) (physikalische) Größe f; **la velocidad es una ~ que se puede medir fácilmente** die Geschwindigkeit ist eine leicht messbare Größe ❸ (*importancia*) Ausmaß nt; **la ~ de este problema es alarmante** dieses Problem hat beängstigende Ausmaße angenommen
magno, -a ['maɣno, -a] adj groß(artig), bedeutend; **Alejandro M~** Alexander der Große; **aula magna** Audimax nt
magnolia [maɣ'nolja] f (BOT) Magnolienblüte f
magnolio [maɣ'noljo] m (BOT) Magnolie f
mago, -a ['maɣo, -a] m, f Zauberer, -in m, f, Magier(in) m(f); **los Reyes M~s** die Heiligen Drei Könige
magra ['maɣra] f Scheibe f Schinken
magrear [maɣre'ar] vt (vulg) betatschen fam, befummeln fam
magrebí [maɣre'βi] I. adj maghrebinisch II. mf Maghrebiner(in) m(f)
magreo [ma'ɣreo] m (vulg) Betatschen nt fam, Befummeln nt fam;

darse [o **pegarse**] **un ~ con alguien** sich gegenseitig tierisch befummeln
magrez [ma'ɣreθ] f Magerkeit f
magro¹ ['maɣro] m ❶ (*carne parecida al lomo*) (Schweine)filet nt ❷ (fam) (mageres) Fleisch nt
magro, -a² ['maɣro, -a] adj (*carne, tierra*) mager; (*cuerpo*) mager, hager
magrura [ma'ɣrura] f Magerkeit f
magua ['maɣwa] f (*Cuba, PRico, Ven: contrariedad*) Unannehmlichkeit f
maguey [ma'ɣei̯] m (Am) ❶ (BOT) Agave f ❷ (*pita*) Agavenflöte f
maguilla [ma'ɣiʎa] f (BOT) wilder Apfel m
maguillo [ma'ɣiʎo] m (BOT) wilder Apfelbaum m
magulladura [maɣuʎa'ðura] f, **magullamiento** [maɣuʎa'mjento] m (*en el cuerpo*) Quetschung f; (*en una fruta*) Druckstelle f
magullar [maɣu'ʎar] I. vt quetschen II. vr: **~se** sich quetschen
Maguncia [ma'ɣunθja] f Mainz nt
maguntino, -a [maɣun'tino, -a] I. adj Mainzer, mainzisch II. m, f Mainzer(in) m(f)
maharajá [ma(a)ra'xa] m Maharadscha m
mahatma [ma'xaðma] m (REL) Mahatma m
Mahoma [ma'oma] m Mohammed m
mahometano, -a [maome'tano, -a] I. adj mohammedanisch, moslemisch II. m, f Mohammedaner(in) m(f), Moslem m, Moslime f
mahometismo [maome'tismo] m Islam m, Mohammedanismus m
mahón [ma'on] m ❶ (*tela*) Nanking m ❷ (GASTR: *queso*) Käsesorte aus Mahón (Menorca)
mahonés, -esa [mao'nes, -esa] I. adj aus Mahón (Menorca) II. m, f Einwohner(in) m(f) von Mahón
mahonesa [mao'nesa] f Majonäse f
maicena® [mai̯'θena] f Maismehl nt
maicero, -a [mai̯'θero, -a] m, f Maisverkäufer(in) m(f)
maicillo [mai̯'θiʎo] m ❶ (*planta gramínea*) Hirse f ❷ (*Chil: arena gruesa*) grober Sand m, Kiessand m
maído [ma'iðo] m Miauen nt; **los ~s del gato no me dejaron dormir en toda la noche** das Katzengejammer ließ mich die ganze Nacht nicht schlafen
mailing ['mei̯liŋ] m Mailing nt
maillot [ma'ʎot] m ❶ (*bañador*) Badeanzug m ❷ (*camiseta*) Trikot nt
maimón [mai̯'mon] m ❶ (GASTR) andalusische Brotsuppe mit Öl ❷ (ZOOL) Affe m mit langem Schwanz
maimonismo [mai̯mo'nismo] m (FILOS) (philosophisches) System nt des Maimonides
maitencito [mai̯ten'θito] m (Chil) eine Art Blindekuhspiel
maitines [mai̯'tines] mpl (Früh)mette f
maître ['metre] m Oberkellner m
maíz [ma'iθ] m Mais m; **pan de ~** Maisbrot nt
maizal [mai̯'θal] m Maisfeld nt
maizena® [mai̯'θena] f Maismehl nt
majá [ma'xa] m (Cuba) ❶ (*culebra*) große, ungiftige Schlange f ❷ (*fam: holgazán*) Faulpelz m
majada [ma'xaða] f ❶ (*aprisco*) Pferch m ❷ (*estiércol*) Mist m
majadera [maxa'ðera] adj o f v. **majadero²**
majaderear [maxaðere'ar] vt (Am) ärgern; **~ a alguien** jdm auf die Nerven gehen fam
majadería [maxaðe'ria] f ❶ (*tontería*) Blödsinn m fam; **no hace más que ~s** er/sie macht nur Blödsinn; **¡no hagas caso a sus ~s!** hör nicht auf sein/ihr dummes Geschwätz! ❷ (*imprudencia*) Unverschämtheit f
majadero¹ [maxa'ðero] m Stößel m
majadero, -a² [maxa'ðero, -a] I. adj ❶ (*insensato*) dämlich, dumm ❷ (*porfiado*) lästig, hartnäckig ❸ (*imprudente*) unverschämt II. m, f ❶ (*imbécil*) Idiot(in) m(f) fam ❷ (*porfiador*) Nervensäge f fam
majado [ma'xaðo] m (Arg, Chil: GASTR) Mais- oder Weizenbrühe f
majagua [ma'xaɣwa] f (Cuba) ❶ (*árbol*) Mandeleibisch m ❷ (*chaqueta*) Jackett nt, Sakko m o nt
majamama [maxa'mama] f (Chil) Irreführung f, arglistige Täuschung f
majar [ma'xar] vt ❶ (*en un mortero*) zerstampfen, zermahlen ❷ (*en la era*) dreschen ❸ (*molestar*) auf die Nerven gehen +dat fam ❹ (*fam: azotar*) eindreschen (a auf +akk); **~ a alguien** jdn windelweich prügeln
majara [ma'xara] I. adj (fam) verrückt; **¡estás totalmente ~!** du bist ja

majardí [maxar'ði]: **ponerse de mala ~** (argot) stinksauer werden
majareta [maxa'reta] adj o mf v. **majara**
majarete [maxa'rete] m ❶ (Cuba: galanteador) Charmeur m, Galan m irón
❷ (PRico: confusión) Wirrwarr nt, Durcheinander nt
❸ (Ant, Ven: postre) Nachspeise mit Kokosmilch, Maismehl und Zucker
maje ['maxe] I. adj (Méx: fam) dumm, blöd
II. mf (Méx: fam) Dummkopf m, Blödmann m
majestad [maxes'tað] f ❶ (título) Majestät f, Hoheit f; **su ~ el rey asistió a la cena** seine Majestät der König nahm am Bankett teil; **Su ~, ...** Eure (Königliche) Hoheit, ..., Ihre Majestät, ...; **Su Divina M~** Gott (der Allmächtige)
❷ (majestuosidad) Würde f, Majestät f
majestuosidad [maxestwosi'ðað] f Würde f, Majestät f
majestuoso, -a [maxestu'oso, -a] adj majestätisch, würdevoll
majete, -a [ma'xete, -a] adj (fam) v. **majo**
majeza [ma'xeθa] f (fam) Großtuerei f; **va vestida con ~** sie läuft aufgemacht herum
majo, -a ['maxo, -a] adj ❶ (bonito) hübsch, süß; (fam: guapo) gut aussehend
❷ (agradable) nett, sympathisch; **es un chico muy ~** er ist ein sehr netter Kerl
❸ (ataviado) zurechtgemacht; **ponte maja para la fiesta** mach dich für das Fest hübsch
majorero, -a [maxo'rero, -a] I. adj aus Fuerteventura (kanarische Inseln); **la isla majorera** die Insel Fuerteventura
II. m, f Einwohner(in) m(f) Fuerteventuras
majorette [maʝo'ret] f Majorette f
majuela [ma'xwela] f ❶ (BOT) Hagedornfrucht f
❷ (de los zapatos) Schuhriemen m
majuelo [ma'xwelo] m ❶ (BOT) Hagedorn m
❷ (AGR) junger Weinstock m, junge Weinrebe f
makemono [make'mono] m (ARTE) Makimono nt
makí [ma'ki] m (ZOOL) Maki m, Lemure m
mal [mal] I. adj v. **malo**
II. m ❶ (daño) Schaden m; (injusticia) Unrecht nt; **la guerra causó mucho ~ a la gente** der Krieg fügte den Menschen viel Leid zu; **la caída del dólar le ha hecho mucho ~** der Kursverfall des Dollars hat ihm/ihr sehr geschadet
❷ (lo malo) Böse nt, Übel nt; **el bien y el ~** das Gute und das Böse; **el ~ menor** das kleinere Übel; **devolver ~ por ~** Böses mit Bösem vergelten; **está a ~ con su vecino** er/sie hat sich mit seinem/ihrem Nachbarn zerstritten; **tomarse algo a ~** etw übel nehmen; **se ha tomado a ~ mi consejo** er/sie hat meinen Ratschlag in den falschen Hals bekommen; **¡no te lo tomes tan a ~!** nimm es dir doch nicht so zu Herzen!; **menos ~ que hoy no está lloviendo** Gott sei Dank [o zum Glück] regnet es heute nicht
❸ (inconveniente) Nachteil m; **el ~ está en que la cosa va a resultar demasiado cara** das Üble [o Schlimme] daran ist, dass das Ganze zu teuer wird
❹ (enfermedad) Krankheit f; **~ de vientre** Bauchweh nt; **~ de montaña** Höhenkrankheit f
❺ (desgracia) Unglück nt; **no te preocupes, no hay ~ que por bien no venga** mach dir keine Sorgen, es kommen auch mal bessere Zeiten; **no hay ~ que por bien no venga** (prov) ≈Glück und Unglück liegen nah beieinander, es hat alles seine guten und seine schlechten Seiten; **bien vengas, ~, si vienes solo** (prov) ein Unglück kommt selten allein
III. adv ❶ (de ~a manera) schlecht, böse; **hablar [o decir] ~ de alguien** schlecht von jdm [o über jdn] reden; **dejar [o hacer quedar] ~ a alguien** jdn blamieren; **esto lo acabará ~ parará** es/sie wird noch böse enden; **si sigue así, va a acabar ~** wenn er/sie so weitermacht, wird es noch böse mit ihm/ihr enden; **este chico va de ~ en peor** mit diesem Jungen wird es immer schlimmer [o geht es bergab]; **aprobó los exámenes más ~ que bien** er/sie hat die Prüfungen mehr schlecht als recht bestanden; **la nueva compañera me cae ~** die neue Kollegin ist mir unsympathisch [o liegt mir nicht]; **~ que bien, el negocio sigue funcionando** trotz allem läuft das Geschäft noch; **~ que bien, tendré que ir al dentista este mes** ich muss wohl oder übel diesen Monat zum Zahnarzt; **me sentó ~ que te fueras sin despedirte** es hat mich gekränkt, dass du gegangen bist, ohne dich zu verabschieden
❷ (insuficientemente): **este niño come ~** dieses Kind isst wenig [o schlecht]; **con esta luz se ve muy ~** bei diesem Licht sieht man nur wenig [o schlecht]; **estar ~ de dinero** schlecht bei Kasse sein
❸ (equivocadamente) falsch; **te he entendido ~** ich habe dich falsch verstanden; **ha puesto ~ las baldosas** er/sie hat die Fliesen falsch verlegt
❹ (difícilmente): **~ podrás ganar con esta moto** mit diesem Motorrad wirst du wohl kaum siegen

malabarismo [malaβa'rismo] m ❶ (juegos malabares) Jonglieren nt
❷ (para sobrevivir en una situación): **hacer ~s para mantener su puesto de trabajo** (fig) Seiltänze vollführen, um seinen Arbeitsplatz zu sichern
❸ (para deslumbrar a alguien) Gauklerei f; **hacer ~s a alguien** jdm etwas vorgaukeln
❹ (habilidad) Geschicklichkeit f
malabarista [malaβa'rista] mf ❶ (artista) Jongleur(in) m(f)
❷ (persona hábil) geschickter Mensch m
❸ (embaucador) Gaukler(in) m(f)
❹ (Chil: ladrón) Dieb(in) m(f), Langfinger m fam
malacate [mala'kate] m Göpel m, Göpelwerk nt
malacia [ma'laθja] f (MED) ❶ (reblandecimiento anormal) (abnorme) Erweichung f, Malazie f
❷ (perversión del apetito) abnorme Essgelüste ntpl, Parorexie f
malacología [malakolo'xia] f (ZOOL) Malako(zoo)logie f, Weichtierkunde f
malaconsejado, -a [malakonse'xaðo, -a] adj schlecht beraten; **actuar ~** falsch handeln
malaconsejar [malakonse'xar] vt schlecht beraten
malacostumbrado, -a [malakostum'braðo, -a] adj: **estar ~** (mimado) verwöhnt sein; (sin modales) schlechte Manieren haben; (vicioso) einen schlechten Lebenswandel führen
malacostumbrar [malakostum'brar] I. vt ❶ (mimar) verwöhnen
❷ (educar mal) schlecht erziehen
❸ (viciar) negativ beeinflussen, einen schlechten Einfluss ausüben (a auf +akk)
II. vr: **~se** sich dat einen schlechten Lebenswandel angewöhnen
malacrianza [malakri'anθa] f Unerzogenheit f; **la ~ de los jóvenes de hoy en día** die Respektlosigkeit der heutigen Jugend
málaga ['malaɣa] m (GASTR) Malaga m
malagradecido, -a [malaɣraðe'θiðo, -a] adj undankbar; **no merece la pena dejarse la piel por él, es un ~** es lohnt sich nicht, sich für ihn aufzureiben, er weiß es doch nicht zu schätzen [o er wird es dir nicht danken]
malagueña [mala'ɣeɲa] f Malagueña f (südspanischer Tanz)
malagueño, -a [mala'ɣeɲo, -a] I. adj aus Malaga
II. m, f Einwohner(in) m(f) von Malaga; **es malagueña** sie kommt aus Malaga
malagueta [mala'ɣeta] f (BOT) Kräuterpflanze, die den Pfefferkörnern ähnliche Samen hat
malambo [ma'lambo] m (AmS: MÚS) Art Zapateado mit Gitarrenbegleitung
malamente [mala'mente] adv nur schlecht, kaum; **si no estudias, ~ vas a aprobar** wenn du nicht lernst, wirst du wohl kaum bestehen
malamistado, -a [malamis'taðo, -a] adj (Chil) ❶ (enemistado) verfeindet
❷ (amancebado) in wilder Ehe lebend
malamujer [malamu'xer] f (Méx: BOT) Art Brennnessel
malandante [malan'dante] adj vom Pech verfolgt, unglückselig; **persona ~** Unglücksrabe m fam, Pechvogel m fam
malandanza [malan'danθa] f Unglück nt, Schicksalsschlag m; **ha sido un año lleno de ~s** das war ein Jahr voller Schicksalsschläge [o unglücklicher Begebenheiten]
malandrín, -ina [malan'drin, -ina] I. adj übel, böse
II. m, f Übeltäter(in) m(f), Schurke, -in m, f, Bösewicht m irón
malanga [ma'laŋga] I. adj (Cuba) schüchtern, unbeholfen
II. f ❶ (sombrero de paja) Strohhut m
❷ (RDom): **pelar a alguien la ~** jdm die Haare kurz scheren
❸ (AmC, Méx: planta) Aronstabgewächs, dessen Knollen essbar sind
malapata [mala'pata] mf ❶ (patoso) Tollpatsch m, Tölpel m; **tener ~** (poca destreza) unbeholfen sein; (malas intenciones) gemein [o hinterlistig] sein
❷ (ceniza) Pechvogel m fam, Unglücksrabe m fam; **la cosa tiene ~** da stimmt was nicht
malaquita [mala'kita] f Malachit m
malar [ma'lar] I. adj (ANAT) Wangen-; **región ~** Wangenbereich m
II. m (ANAT) Backenknochen m
malaria [ma'larja] f Malaria f
Malasia [ma'lasja] f Malaysia nt
malasombra [mala'sombra] I. adj ❶ (desastrado) tollpatschig
❷ (malvado) gemein
II. mf ❶ (desastre) Tollpatsch m, Tölpel m
❷ (mala persona) gemeine Person f
malatía [mala'tia] f (MED) ❶ (lepra) Aussatz m, Lepra f
❷ (enfermedad) Krankheit f
malaúva[1] [mala'uβa] f (fam) schlechte Laune f; **hacer algo con ~** etw in böser Absicht tun; **tiene ~** er/sie ist schlecht drauf

malaúva² [malaˈuβa] *mf* (*fam*) mieser Typ *m*, miese Type *f*, Fiesling *m*
malavenido, -a [malaβeˈniðo, -a] *adj* (*disconforme*) unzufrieden; **son una pareja malavenida** die beiden verstehen sich schlecht
malaventura [malaβenˈtura] *f* ❶ (*desgracia*) Unglück *nt*, Schicksalsschlag *m*; **una vida llena de ~s** ein Leben voller Schicksalsschläge [*o* unglücklicher Begebenheiten]
❷ (*mala suerte*) Pech *nt*
malaventurado, -a [malaβentuˈraðo, -a] I. *adj* vom Pech verfolgt, unglückselig
II. *m, f* Pechvogel *m*, Unglücksrabe *m*
malaventuranza [malaβentuˈranθa] *f* (*mala suerte*) Pech *nt*; (*infortunio*) Unglück *nt*
malayo¹ [maˈlaʝo] *m* (*lengua*) Malaiisch(e) *nt*
malayo, -a² [maˈlaʝo, -a] I. *adj* ❶ (*de la cultura malaya*) malaiisch, Malaien-
❷ (*de la Federación de Malaysia*) malaysisch, Malaysia-
II. *m, f* ❶ (*perteneciente a la raza malaya*) Malaie, -in *m, f*
❷ (*habitante de la Federación de Malaysia*) Malaysier(in) *m(f)*
malbaratar [malβaraˈtar] *vt* ❶ (*vender barato*) verschleudern, zu Schleuderpreisen verkaufen *fam*
❷ (*malgastar*) verprassen, verschleudern; **malbarató toda la herencia en sólo un año** er/sie hat die gesamte Erbschaft in nur einem Jahr durchgebracht
malbaratillo [malβaraˈtiʎo] *m* (COM) Trödelladen *m*
malcarado, -a [malkaˈraðo, -a] *adj* ❶ (*repulsivo*) abstoßend
❷ (*enfadado*) eingeschnappt, schmollend; (*furioso*) zähneknirschend; (*malhumorado*) verdrießlich, säuerlich (dreinschauend)
malcasado, -a [malkaˈsaðo, -a] I. *adj* (*infeliz*) unglücklich verheiratet; **es ~** er ist unglücklich verheiratet
II. *m, f* (*esposo, -a infeliz*) unglücklicher Ehemann *m*, unglückliche Ehefrau *f*
malcomer [malkoˈmer] *vi* ❶ (*comer poco*) nur wenig essen; **el dinero sólo da para ~** das Geld reicht nur für das Nötigste an Essen
❷ (*comer sin ganas*) ohne Appetit essen
❸ (*comer cosas de mala calidad*) sich schlecht [*o* ungesund] ernähren
malcomido, -a [malkoˈmiðo, -a] *adj* schlecht ernährt
malcontento¹ [malkonˈtento] *m* schwarzer Peter *m*
malcontento, -a² [malkonˈtento, -a] *adj* ❶ (*descontento*) unzufrieden (*con/de* mit +*dat*)
❷ (*rebelde*) aufsässig, rebellisch
malcoraje [malkoˈraxe] *m* (BOT) Bingelkraut *nt*
malcriadez [malkriaˈðeθ] *f* (*AmC, AmS*) Unerzogenheit *f*, schlechtes Benehmen *nt*; (*descortesía*) Unhöflichkeit *f*
malcriado, -a [malkriˈaðo, -a] *adj* ❶ (*mal educado*) unerzogen; (*mimado*) verwöhnt
❷ (*descortés*) unhöflich; **¡qué niño más ~!** was für ein ungezogenes Kind!
malcriar [malkriˈar] <*I. pres:* malcrío> *vt* ❶ (*dar una mala educación*) verziehen, schlecht erziehen
❷ (*mimar*) verwöhnen
maldad [malˈdað] *f* Bosheit *f*, Boshaftigkeit *f*
maldecir [maldeˈθir] *irr* I. *vt* verfluchen; **¡te maldigo!** Fluch über dich!
II. *vi* ❶ (*jurar*) fluchen; (*expresar una maldición*) einen Fluch aussprechen [*o* ausstoßen] (*de* gegen +*akk*)
❷ (*hablar mal*) schlecht sprechen (*de* über +*akk*); (*difamar*) verleumden (*de* +*akk*)
❸ (*quejarse*) sich beklagen (*de* über +*akk*), bemängeln (*de* +*akk*)
maldiciente [maldiˈθjente] I. *adj* ❶ (*malhablado*): **es ~** er/sie ist ständig am Fluchen
❷ (*chismoso*) klatschsüchtig
❸ (*difamador*) verleumderisch; **es muy ~** er/sie hat ein böses Mundwerk
II. *mf* ❶ (*malhablado*): **no me extraña que hables así, no te juntas más que con ~s** kein Wunder, dass du so sprichst, du bewegst dich ja nur unter Leuten, die viel fluchen
❷ (*chismoso*) Klatschmaul *nt fam*
❸ (*detractor*) Verleumder(in) *m(f)*, verleumderische Person *f*
maldición [maldiˈθjon] *f* ❶ (*imprecación*) Fluch *m*, Verwünschung *f*; **parece que le ha caído una ~, parece que ha caído sobre él/ella una ~** sein/ihr Leben scheint wie verflucht, auf seinem/ihrem Leben scheint ein Fluch zu liegen; **en el mismo año le cayó la ~ del mago** noch im selben Jahr erfüllte sich der Fluch des Zauberers
❷ (*juramento*) Fluch *m*, Kraftausdruck *m*; **soltar una ~ contra alguien/algo** auf [*o* über] jdn/etw fluchen
maldispuesto, -a [maldisˈpwesto, -a] *adj* ❶ (*enfermo*) indisponiert; **estar ~** sich unwohl fühlen
❷ (*en mala disposición de ánimo*) in schlechter Stimmung; (*malhumorado*) schlecht gelaunt; **no me vengas hoy con tonterías, estoy ~** lass den Blödsinn, ich bin heute nicht in der Stimmung (dazu)

maldito¹ [malˈdito] *m* Teufel *m*, Leibhaftige(r) *m*
maldito, -a² [malˈdito, -a] I. *pp de* maldecir
II. *adj* ❶ (*endemoniado*) verflucht, verdammt; **¡maldita sea!** (*fam*) verdammt [*o* verflucht] noch mal!, so ein Mist!; **¡~ seas!** (*vulg*) so ein verfluchter Idiot! *fam*; **maldita la idea que tengo del tema** (*fam*) ich habe nicht die geringste Ahnung von dem Thema; **~ el caso que me hacen** (*fam*) kein Mensch achtet auf mich; **no vale la maldita pena arreglar el coche** (*fam*) es lohnt sich nicht im Geringsten [*o* ganz und gar nicht], das Auto zu reparieren; **¡maldita la gracia (que me hace)!** das ist ja eine schöne Bescherung!; **¡malditas las ganas (que tengo)!** ich habe nicht die geringste Lust!
❷ (*maligno*) bösartig, teuflisch; **¡vete, ~!** scher dich zum Teufel!; **soltar la maldita** in loses Mundwerk haben
maldivo, -a [malˈdiβo, -a] I. *adj* maledivisch, aus den Malediven
II. *m, f* Malediver(in) *m(f)*
maldormir [maldorˈmir] *irr como dormir vi* schlecht [*o* unruhig] schlafen
maldoso, -a [malˈdoso, -a] *adj* (*Méx*) boshaft, garstig
maleabilidad [maleaβiliˈðað] *f* ❶ (*de un metal*) Schmiedbarkeit *f*
❷ (*flexibilidad*) Biegsamkeit *f*, Geschmeidigkeit *f*
maleable [maleˈaβle] *adj* ❶ (*forjable*) schmiedbar
❷ (*flexible*) biegsam, geschmeidig
❸ (*dócil*) gefügig
maleante [maleˈante] I. *adj* ❶ (*delincuente*) verbrecherisch; **gente ~** liederliches Gesindel
❷ (*maligno*) boshaft, hämisch
II. *mf* ❶ (*delincuente*) Gauner(in) *m(f)*, Betrüger(in) *m(f)*; **~s** Gesindel *nt*
❷ (*persona maligna*) boshafter Mensch *m*, Schuft *m*
❸ (*burlador*) Verführer(in) *m(f)*
malear [maleˈar] I. *vt* ❶ (*pervertir*) verderben, (zum Bösen) verführen
❷ (*dañar*) Schaden zufügen +*dat*; (*perjudicar*) schaden +*dat*; **~ algo/a alguien** etw beschädigen/jdn schädigen, etw *dat*/jdm Schaden zufügen
II. *vr:* **~se** (moralisch) verkommen, herunterkommen *fam*
malecón [maleˈkon] *m* ❶ (*dique*) Damm *m*, Deich *m*
❷ (*rompeolas*) Kai *m*, (Hafen)mole *f*
❸ (*para las vías del tren*) Bahndamm *m*
maledicencia [maleðiˈθenθja] *f* üble Nachrede *f*, Gerede *nt*; (JUR) Verleumdung *f*
maleducado, -a [maleðuˈkaðo, -a] *adj* ❶ (*que no tiene modales*) ohne Manieren; **tu amigo es muy ~** dein Freund hat überhaupt keine Manieren; **un niño ~** ein unerzogenes Kind
❷ (*descortés*) unhöflich
❸ (*mimado*) verwöhnt
maleducar [maleðuˈkar] *vt* ❶ (*dar una mala educación*) verziehen, schlecht erziehen
❷ (*mimar*) verwöhnen
maléfica [maˈlefika] *adj o v.* **maléfico**
maleficiencia [malefiˈθjenθja] *f* Boshaftigkeit *f*, Böswilligkeit *f*
maleficio [maleˈfiθjo] *m* ❶ (*daño causado por hechicería*) Zauber(bann) *m*, Zauberwirkung *f*; **desligar [*o* deshacer] un ~** einen Zauber brechen
❷ (*hechizo*) Verzaubern *nt*, Hexerei *f*
❸ (*daño*) Schaden *m*, Leid *nt*
maléfico, -a [maˈlefiko, -a] I. *adj* ❶ (*perjudicial*) schädlich, negativ
❷ (*que hechiza*) Zauberei [*o* Hexerei] betreibend, Zauber-; **temía a la gitana maléfica** er/sie hatte Angst vor der Zigeunerin und ihrer Hexerei; **no creo en su poder ~** ich glaube nicht an seine/ihre Zauberkraft
II. *m, f* Zauberer, -in *m, f*, Magier(in) *m(f)*
malemplear [malempleˈar] I. *vt* (*desperdiciar*) vergeuden, verschwenden; (*no aprovechar*) nicht nutzen; **hay gente que malemplea su dinero y llega a dilapidar enormes fortunas** es gibt Leute, die ihr Geld zum Fenster hinauswerfen und dabei riesige Vermögen verschwenden
II. *vr:* **~se** vergeudet werden, zweckentfremdet werden; **no soporto que se malempleen fondos de beneficiencia** ich kann es nicht ertragen, wenn Benefiz-Fonds zweckentfremdet werden
malentender [malentenˈder] <e→ie> *vt* missverstehen; **malentendió mis palabras** er/sie hat meine Worte falsch verstanden
malentendido [malentenˈdiðo] *m* Missverständnis *nt*; **aclarar un ~** ein Missverständnis ausräumen [*o* beseitigen] [*o* aufklären]
maléolo [maˈleolo] *m* (ANAT) (Fuß)knöchel *m*; **~ externo** (*peroné*) Wadenbein *nt*; **~ interno** (*tibia*) Schienbein *nt*
malestar [malesˈtar] *m* ❶ (*físico*) Unwohlsein *nt*
❷ (*espiritual*) Unbehagen *nt*, Unruhe *f*
maleta¹ [maˈleta] *f* ❶ (*equipaje*) Koffer *m*; **hacer la ~** den Koffer packen
❷ (*Chil: fam*): **largar [*o* soltar] la ~** den Löffel abgeben
maleta² [maˈleta] *m* ❶ (TAUR) schlechter Stierkämpfer *m*

② (*quien practica mal su profesión*) Dilettant *m;* **este carpintero es un ~** dieser Schreiner hat zwei linke Hände [*o* arbeitet dilettantisch]
③ (DEP) Anfänger(in) *m(f)*
maletero¹ [male'tero] *m* Kofferraum *m*
maletero, -a² [male'tero, -a] *m, f* **①** (*fabricante de maletas*) Kofferfabrikant(in) *m(f);* (*vendedor de maletas*) Kofferhändler(in) *m(f)*
② (*Chil: ladrón*) (Taschen)dieb(in) *m(f)*, Langfinger *m fam*
③ (*en las estaciones*) Gepäckträger(in) *m(f)*
maletilla¹ [male'tiʎa] *mf* ≈Stierkampfanwärter(in) *m(f)*
maletilla² [male'tiʎa] *f dim de* **maleta¹**
maletín [male'tin] *m* (*maleta pequeña*) Handkoffer *m;* (*bolso de aseo*) Kosmetikkoffer *m;* (*para herramientas*) Werkzeugkoffer *m;* (*de un médico*) Arztkoffer *m;* (*en una bici*) Satteltasche *f;* ~ **de viaje** Handkoffer *m*, Reisekofferchen *nt*
maletón¹ [male'ton] *m aum de* **maleta¹**
maletón, -ona² [male'ton, -ona] *m, f* (*Col: jorobado*) Bucklige(r) *mf*
malevaje [male'βaxe] *m* (*Arg*) Gesindel *nt*, Gaunerbande *f*
malevolencia [maleβo'lenθja] *f* **①** (*malignidad*) Böswilligkeit *f*, böse Absicht *f*
② (*animosidad*) Missgunst *f*, Ablehnung *f*; **no me trates con ~** sei nicht so gemein zu mir
malevolente [maleβo'lente] *adj* böswillig, feindselig
malévolo, -a [ma'leβolo, -a] *adj* (*persona*) übel gesinnt, böswillig; (*palabras, hechos*) gemein, hämisch
maleza [ma'leθa] *f* **①** (*hierbas malas*) Unkraut *nt;* **el jardín se está llenando de ~** der Garten verwildert zunehmend
② (*matorral*) Gestrüpp *nt*, Dickicht *nt*
③ (*Arg, Chil: pus*) Eiter *m*
④ (*Nic: achaque*) Krankheit *f*, Leiden *nt*
malformación [malforma'θjon] *f* (*deformidad*) Missbildung *f;* ~ **cardíaca** Herzfehler *m*
malformado, -a [malfor'maðo, -a] *adj* missgebildet
malgache¹ [mal'ɣatʃe] I. *adj* madagassisch
II. *mf* Madagasse, -in *m, f*
malgache² [mal'ɣatʃe] *m* (*lengua*) Madagassisch(e) *nt*
malgastador(a) [malɣasta'ðor(a)] I. *adj* verschwenderisch
II. *m(f)* Verschwender(in) *m(f);* **ser un ~** nicht mit Geld umgehen können
malgastar [malɣas'tar] *vt* (*dinero*) verschwenden (*en* für +*akk*, bei +*dat*), verprassen (*en* für +*akk*, bei +*dat*); (*paciencia, tiempo*) vergeuden, verschwenden; **malgastó todo el dinero en tabaco** er/sie hat sein/ihr gesamtes Geld für Zigaretten ausgegeben; **no malgastes tanto dinero en el bingo** verspiel nicht so viel Geld beim Bingo; **con él no haces más que ~ tu paciencia** mit ihm verschwendest du nur deine Geduld; **estoy harta de ~ mi tiempo contigo** ich bin es leid, meine Zeit mit dir zu vergeuden; **~ el tiempo charlando** die Zeit verplaudern; **~ una oportunidad** eine Chance vertun
malhablado, -a [mala'βlaðo, -a] I. *adj* (*fresco*) frech, respektlos; **¡no seas tan ~!** fluch nicht so viel!; **ser ~** unanständig reden, viele Schimpfwörter gebrauchen
II. *m, f* (*descarado*) respektloser Mensch *m;* **en este bar sólo hay ~s en dieser Kneipe reden alle unanständig**
malhadado, -a [mala'ðaðo, -a] I. *adj* **①** (*desventurado*) unglücklich, unselig
② (*que trae mala suerte*) Unheil bringend; **es un anillo ~** dieser Ring bringt nur Unglück
II. *m, f* Unglücksrabe *m fam;* **ha sido toda su vida un ~** er war sein Leben lang vom Unglück verfolgt
malhaya [ma'laʝa] *interj* (*vulg*) er/sie sei verflucht
malhecho¹ [ma'letʃo] *m* Untat *f*
malhecho, -a² [ma'letʃo, -a] *adj* missgestaltet
malhechor(a) [male'tʃor(a)] I. *adj* verbrecherisch, kriminell
II. *m(f)* Verbrecher(in) *m(f)*, Kriminelle(r) *mf;* **banda de ~es** Verbrecherbande *f*
malherido, -a [male'riðo, -a] *adj* schwer verletzt, schwer verwundet
malherir [male'rir] *irr como* sentir *vt* schwer verletzen [*o* verwunden]; **fue malherido en la guerra** er wurde im Krieg schwer verletzt, er erlitt im Krieg schwere Verletzungen; **tras el accidente se encuentra malherido en el hospital** seit dem Unfall liegt er schwer verletzt [*o* mit schweren Verletzungen] im Krankenhaus
malhumor [malu'mor] *m* schlechte Laune *f;* **estar de ~** schlechte Laune haben, schlecht gelaunt sein; **tener ~** ein übellauniger Mensch sein
malhumorado, -a [malumo'raðo, -a] *adj* **①** *ser* übellaunig
② *estar* schlecht gelaunt; **hoy está ~** heute hat er schlechte Laune
malhumorar [malumo'rar] I. *vt* die Laune verderben *dat;* **le malhumoró su falta de interés** seine/ihre Interesselosigkeit hat ihm/ihr die Laune verdorben
II. *vr:* **~se** die gute Laune verlieren; **se malhumoró porque la rueda se**

le había pinchado otra vez ihm/ihr ist die Laune gänzlich vergangen, als er/sie schon wieder einen Platten hatte
malicia [ma'liθja] *f* **①** (*intención malévola*) Arglist *f;* **hace todo con ~** er/sie handelt stets arglistig
② (*maldad*) Boshaftigkeit *f*
③ (*picardía*) Verschlagenheit *f;* **tiene mucha ~** er/sie ist sehr verschlagen
④ (*interpretación maliciosa*) Argwohn *m*
⑤ (*fam: sospecha*) Zweifel *m;* **tener sus ~s** Zweifel hegen; **ser una persona sin ~**, **o tener ~** naiv sein
maliciar [mali'θjar] I. *vt* **①** (*sospechar*) argwöhnen; **no malicies de cualquiera** sei doch nicht allen gegenüber so argwöhnisch; **malicia de todo** er/sie wittert hinter allem etwas Schlechtes
② (*pervertir*) verderben, (zum Bösen) verführen
II. *vr:* **~se** (*sospechar*) misstrauisch werden
② (*malearse*) (moralisch) verkommen, herunterkommen *fam*
malicioso, -a [mali'θjoso, -a] I. *adj* **①** (*con intención malévola*) arglistig
② (*maligno*) boshaft
③ (*que sospecha malicia*) argwöhnisch, misstrauisch
II. *m, f* **①** (*persona maligna*) boshafter Mensch *m*
② (*persona astuta*) arglistiger Mensch *m*
③ (*persona recelosa*) argwöhnischer [*o* misstrauischer] Mensch *m*
malignidad [maliɣni'ðaθ] *f* Bösartigkeit *f*
malignizarse [maliɣni'θarse] <z→c> *vr* (MED) bösartig werden (*Tumor*)
maligno¹ [ma'liɣno] *m:* **el ~**, **el M~** der Teufel
maligno, -a² [ma'liɣno, -a] *adj* **①** (*pernicioso*) gefährlich, bedrohlich; (*persona*) gemein, boshaft; **nos saludó con una sonrisa maligna** er/sie begrüßte uns mit einem hämischen Grinsen
② (*enfermedad*) bösartig; **tumor ~** bösartiger Tumor, bösartiges Geschwür
malinche [ma'lintʃe] *f* (*Méx*) bunt geschmücktes Mädchen auf Volksfesten
malinchista [malin'tʃista] I. *adj* (*Méx*) alles Ausländische vorziehend
II. *mf* (*Méx*) Ausländerfreund(in) *m(f)*
malinformar [malimfor'mar] I. *vt* falsch informieren; **lo ~on a posta** sie lieferten ihm absichtlich falsche Informationen
II. *vr:* **~se** sich falsch informieren
malintencionado, -a [malintenθjo'naðo, -a] I. *adj* übel gesinnt, arglistig
II. *m, f* übel gesinnter [*o* arglistiger] Mensch *m*
malinterpretar [malinterpre'tar] *vt* missverstehen, falsch auslegen [*o* interpretieren]
malla ['maʎa] *f* **①** (*de un tejido*) Masche *f;* (*de un tejido de metal*) Kettenglied *nt;* **de ~(s) ancha(s)/estrecha(s)/fina(s)** weit-/eng-/feinmaschig; **alambre de ~** Maschendraht *m;* **caer en las ~s de alguien** in jds Fänge geraten
② (*tejido*) Netz *nt*, Netzstoff *m;* **cota de ~** Kettenhemd *nt*, Panzerhemd *nt*
③ (*vestido*) (Gymnastik)trikot *nt*
④ *pl* (*pantalón*) Leggings *pl*
⑤ (*Am: traje de baño*) Badeanzug *m*
⑥ (NÁUT) Knoten *m*
mallín [ma'ʎin] *m* (*Arg*) Sumpfgebiet *nt* in Patagonien
mallo ['maʎo] *m* **①** (*mazo*) (Vorschlag)hammer *m*
② (*juego*) Pallmall *nt* (*krocketähnliches Spiel*); (*terreno para este juego*) Pallmallspielbahn *f*
③ (*Chil: guiso de patatas*) Kartoffeleintopf *m*
mallorquín¹ [maʎor'kin] *m* (*lengua*) Mallorquinisch(e) *nt*
mallorquín, -ina² [maʎor'kin, -ina] I. *adj* mallorquinisch
II. *m, f* (*habitante*) Mallorquiner(in) *m(f)*
malmeter [malme'ter] *vt* **①** (*malgastar*) vergeuden
② (*pervertir*) verderben, (zum Bösen) verführen; **sus amigos lo malmetieron a robar** seine Freunde verführten ihn zum Diebstahl
③ (*malquistar*) entzweien; **la malmetieron con su jefe** sie haben sie und ihren Chef entzweit, sie provozierten einen Streit zwischen ihr und ihrem Chef; **~ a dos amigos** zwei Freunde entzweien
malmirado, -a [malmi'raðo, -a] *adj* **①** (*desacreditado*) schlecht angesehen, unbeliebt; **es muy ~ entre los vecinos** er genießt in der Nachbarschaft einen schlechten Ruf
② (*descortés*) unhöflich
malnacido, -a [malna'θiðo, -a] I. *adj* verabscheuenswert, gemein
II. *m, f* Schuft *m*
malnutrición [malnutri'θjon] *f sin pl* Unterernährung *f*
malnutrido, -a [malnu'triðo, -a] *adj* unterernährt
malo, -a ['malo, -a] I. *adj* <peor *fam:* más malo, pésimo *fam:* malísimo> *precediendo a un sustantivo masculino:* **mal ①** (*que no funciona*) schlecht, unzureichend; **mala gestión** Misswirtschaft *f;* **tener**

mala mano para algo ungeschickt in etw *dat* sein; **tener mala suerte** Pech haben, kein Glück haben; **tengo mala memoria** ich habe ein schlechtes Gedächtnis; **tengo mala cabeza para los números/nombres** ich kann mir Zahlen/Namen schlecht merken; **es ~ para madrugar** er steht nicht gerne früh auf; **~ sería si no llegáramos a una solución** es wäre ja gelacht, wenn wir zu keiner Lösung gelängen; **se casó sin decirnos ni una mala palabra** er/sie heiratete, ohne uns ein Sterbenswörtchen davon zu sagen; **hacer algo de mala gana** widerwillig etw tun; **me vino de mala gana** er/sie/es kam mir ungelegen; **hierba mala nunca muere** (*prov*) Unkraut vergeht nicht; **más vale ~ conocido que bueno por conocer** (*prov*) besser den Spatz in der Hand als die Taube auf dem Dach

❷ (*sin calidad*) schlecht, minderwertig; **la chapa de este coche es mala** dieses Auto ist aus billigem Blech; **hacer un trabajo de mala manera** eine Arbeit schlampig ausführen

❸ (*falso*) unecht; **este collar es de oro ~** diese Kette ist aus unechtem Gold

❹ (*inmoral*) schlecht, unmoralisch; **hace muy mala vida** er/sie führt einen schlechten Lebenswandel; **palabras malas** unanständige Worte; **siempre anda con malas mujeres** er verkehrt nur mit Flittchen

❺ (*malévolo*) böse, gemein; **lo hizo con mala intención** er/sie tat es in böser Absicht; **es una mala persona** er/sie ist ein schlechter Mensch; **ten cuidado que viene de malas** pass auf, er/sie hat böse Absichten

❻ (*enfermo*) krank; **caer** [*o* **ponerse**] **~** krank werden

❼ (*travieso*) ungezogen, unartig

❽ (*estropeado*) schlecht, verdorben; **la leche está mala** die Milch ist sauer; **esta chaqueta está bastante mala** diese Jacke ist ziemlich abgetragen

❾ (*perjudicial*) schädlich, schlecht; **fumar es ~ para la salud** Rauchen schadet der Gesundheit

❿ (*desagradable*) schlecht, unangenehm; **tengo que darte una mala noticia** ich habe eine schlechte Nachricht für dich; **hace un tiempo malísimo** das Wetter ist miserabel; **tener mal genio** leicht reizbar sein; **tiene mal gusto** er/sie hat einen schlechten Geschmack; **estar de mal humor** [*o* **genio**] schlecht gelaunt sein, schlechte Laune haben; **he pasado un mal rato por algo** etwas hat mir stark zugesetzt; **lo he pasado mal** es ging mir schlecht; **me has hecho pasar un mal rato** es ging mir deinetwegen schlecht; **llevas** [*o* **vas por**] **mal camino** mit dir wird es noch schlimm [*o* böse] enden

⓫ (*difícil*) mühsam, hart; **el trabajo en las minas es muy ~** die Arbeit im Bergwerk ist sehr hart; **eres ~ de entender** aus dir wird man nicht schlau

⓬ (*desfavorable*) ungünstig; **me gusta el piso, lo ~ es que es demasiado caro** mir gefällt die Wohnung, aber leider ist sie zu teuer

II. *adv* ❶ (*por las malas*): **si no pagas voluntariamente tendré que intentarlo por las malas** wenn du nicht freiwillig bezahlst, muss ich zu anderen Mitteln greifen; **hoy te llevo al dentista aunque sea por las malas** ich bring dich heute zum Zahnart und wenn es mit Gewalt sein muss; **podemos llegar a un acuerdo por las buenas o por las malas** wir können uns im Guten oder im Bösen einigen

❷ (*a malas*): **estoy a malas con mi jefe** ich stehe mit meinem Chef auf dem Kriegsfuß; **se pusieron a malas por una tontería** sie haben sich wegen einer Nichtigkeit zerstritten; **andan a malas** sie haben Krach (miteinander)

❸ (*de ~ s*): **han vuelto a fallar un penalti, hoy están de ~ s** sie haben schon wieder einen Elfmeter verschossen, das Glück steht heute nicht auf ihrer Seite

III. *m, f* böser Mensch *m*, Bösewicht *m*; **el ~** der Teufel; **siempre hace de ~ en las películas** er spielt in den Filmen immer den Bösen

maloca [ma'loka] *f* ❶ (*Arg, Chil, Urug: ataque inesperado de indios*) Indianerüberfall *m*, Überraschungsangriff *m* der Indianer
❷ (*Bol, Col: guarida de indios salvajes*) Unterschlupf *m* wilder Indianer
❸ (*AmS: invasión en tierras de indios*) Vernichtungsfeldzug *m* in Indianerland

malogrado, -a [malo'ɣraðo, -a] *adj* ❶ (*desaprovechado*) vergeudet
❷ (*frustrado*) gescheitert, misslungen
❸ (*estropeado*) ruiniert, verdorben
❹ (*mal desarrollado*) missraten
❺ (*fallecido joven*) früh gestorben; (*fallecido en un accidente*) verunglückt; **se celebró una misa para el ~ escritor** es wurde eine Messe für den früh verstorbenen Schriftsteller abgehalten

malogramiento [maloɣra'mjento] *m* Fehlschlag *m*, Misserfolg *m*; **el gobierno estudia las causas del ~ del plan de lucha contra el paro** die Regierung untersucht, warum der Plan gegen die Arbeitslosigkeit fehlgeschlagen ist

malograr [malo'ɣrar] I. *vt* ❶ (*desaprovechar*) vergeuden, verschwenden; **~ su vida** sein Leben vergeuden; **ha malogrado la ocasión** er/sie hat die Chance vertan

❷ (*frustrar*) scheitern lassen, zum Scheitern bringen; (JUR) vereiteln; **~ la ejecución forzosa** die Zwangsvollstreckung vereiteln; **los problemas financieros ~ on nuestro proyecto** finanzielle Probleme ließen unser Projekt scheitern [*o* brachten unser Projekt zum Scheitern]

❸ (*estropear*) verderben, ruinieren; **el granizo ha malogrado la cosecha** der Hagel hat die Ernte verdorben [*o* ruiniert]

II. *vr*: **~se** ❶ (*fallar*) scheitern, misslingen; **se han malogrado sus esfuerzos de llegar a una tregua** seine/ihre Versuche, zu einem Waffenstillstand zu kommen, sind gescheitert; **se han malogrado sus esperanzas** seine/ihre Hoffnungen wurden enttäuscht

❷ (*estropearse*) verderben
❸ (*desarrollarse mal*) missraten
❹ (*morir demasiado pronto*) (zu) früh sterben; (*morir en un accidente*) umkommen, verunglücken
❺ (*interrumpirse*) beendet werden; **con el accidente se malogró su carrera como ciclista** durch den Unfall wurde seine/ihre Karriere als Radrennfahrer/Radrennfahrerin jäh beendet

malogro [ma'loɣro] *m* (JUR) Vereitelung *f*; **~ de la pena** Strafvereitelung *f*

maloja [ma'loxa] *f* (*Col, Cuba*) Futtermais *m*

maloliente [malo'ljente] *adj* stinkend, übel riechend; **me molestan tus cigarros ~s** mich stört der Gestank deiner Zigarren

malón [ma'lon] *m* ❶ (*AmS: ataque*) plötzlicher Überfall *m* der Indianer
❷ (*AmS: alborotadores*) Horde *f* von Unruhestiftern
❸ (*Arg, Chil: fam: visita*) Überraschungsbesuch *m*
❹ (*mala jugada*) Verrat *m*

maloquear [maloke'ar] *vi* (*AmS*) (räuberisch) einfallen (in +*akk*)

maloquero, -a [malo'kero, -a] *adj* (*AmS*) Raubzügler(in) *m(f)*

malpaís [malpa'is] *m* (GEO) Lavafeld *nt*, mit Lavagestein übersätes Land *nt*

malparado, -a [malpa'raðo, -a] *adj* (*roto, herido*) übel zugerichtet; **salió ~ de la pelea** er wurde bei der Schlägerei übel zugerichtet; **salir ~ de un negocio/un asunto** bei einem Geschäft/einer Sache schlecht wegkommen

malparar [malpa'rar] *vt* (*persona*) übel mitspielen, misshandeln; (*cosa*) beschädigen, übel zurichten

malparido, -a [malpa'riðo, -a] I. *adj* (*vulg*) niederträchtig; **¡cómo puedes ser tan ~!** wie kannst du nur so hundsgemein sein!
II. *m, f* (*vulg*) Unhold *m*; **es un ~** er ist der Teufel in Person

malparir [malpa'rir] *vi* eine Fehlgeburt haben

malparto [mal'parto] *m* Fehlgeburt *f*

malpensado, -a [malpen'saðo, -a] I. *adj* misstrauisch, argwöhnisch; **no seas tan ~** denk doch nicht immer gleich an das Schlimmste
II. *m, f* misstrauischer [*o* argwöhnischer] Mensch *m*

malpensar [malpen'sar] <e➔ie> *vi* schlecht denken (*de* über +*akk*)

malqueda [mal'keða] *mf* (*fam: que falta a su deber*) unzuverlässiger Mensch *m*; (*que no cumple sus promesas*) wortbrüchiger Mensch *m*; **eres un ~** auf dich ist kein Verlass

malquerencia [malke'renθja] *f* ❶ (*antipatía*) Abneigung *f* (*hacia* gegen +*akk*), Antipathie *f* (*hacia* gegen +*akk*); **sentir mucha ~ hacia algo/alguien** eine starke Abneigung gegen etw/jdn verspüren
❷ (*mala voluntad*) Übelwollen *nt*; **siento ~ hacia mi enemigo** ich bin meinem Feind schlecht gesonnen
❸ (JUR): **~ de extraños** böswilliges Fremdverschulden *nt*

malquerer [malke'rer] *irr como querer* I. *vt* ❶ (*sentir antipatía*) nicht mögen
❷ (*tener mala voluntad*) übel wollen +*dat*, schlecht gesonnen sein +*dat*; **no sé por qué la malquieres tanto** ich weiß nicht, warum du ihr so schlecht gesonnen bist
II. *m v.* **malquerencia**

malquistar [malkis'tar] I. *vt* entzweien; **me has malquistado con mi familia** du hast deine Familie und mich entzweit, du hast einen Streit [*o* Bruch] zwischen deiner Familie und mir provoziert; **la lucha por la misma mujer malquistó a los dos amigos** der Kampf um dieselbe Frau entzweite die beiden Freunde
II. *vr*: **~se** sich entzweien, sich zerstreiten; **se malquistó con su mejor amigo** er/sie hat sich mit seinem/ihrem besten Freund überworfen

malquisto, -a [mal'kisto, -a] *adj* ❶ (*enemistado*) zerstritten, verfeindet
❷ (*malmirado*) ungeliebt, verhasst

malsano, -a [mal'sano, -a] *adj* ❶ (*insano*) ungesund, gesundheitsschädlich; **no le sintió bien el clima ~** das schlechte Klima schadete seiner/ihrer Gesundheit
❷ (*enfermizo*) kränklich
❸ (*moralmente dañino*) verderblich

malsonancia [malso'nanθja] *f* Missklang *m*; (*indecencia*) Anstößigkeit *f*, Unanständigkeit *f*; **el profesor destacó la ~ de las palabras utilizadas por el alumno** der Professor wies darauf hin, dass der Schüler mit seiner Wortwahl danebengegriffen hatte

malsonante [malso'nante] *adj* (*sonido*) unangenehm [*o* übel] klingend; (*palabra*) unanständig; (*doctrina*) anstößig; **ruidos** [*o* **sonidos**] **~s**

Missklänge *mpl*

malsufrido, -a [malsuˈfriðo, -a] *adj* ❶ (*impaciente*) ungeduldig ❷ (*con poco aguante*) weichlich; **es un ~** er hält nichts aus

malta [ˈmalta] *f* ❶ (*producto de cebada*) Malz *nt* ❷ (*sucedáneo del café*) Malzkaffee *m* ❸ (*Arg: cerveza*) Malzbier *nt*

Malta [ˈmalta] *f* Malta *nt*; **Orden de ~** Malteserorden *m*; **fiebre de ~, fiebres ~s** Maltafieber *nt*

maltaje [malˈtaxe] *m* Mälzen *nt*

malteado[1] [malteˈaðo] *m* Mälzen *nt*

malteado, -a[2] [malteˈaðo, -a] *adj* mit Malz gemischt [*o* versetzt], malzhaltig

maltería [malteˈria] *f* Mälzerei *f*

maltés[1] [malˈtes] *m* (*idioma*) Maltesisch(e) *nt*

maltés, -esa[2] [malˈtes, -esa] **I.** *adj* maltesisch **II.** *m, f* (*habitante*) Malteser(in) *m(f)*

maltón, -ona [malˈton, -ona] **I.** *adj* (*AmS*) frühreif **II.** *m, f* (*AmS*) Frühentwickelte(r) *mf*

maltosa [malˈtosa] *f* (BIOL) Maltose *f*

maltraer [maltraˈer] <irr como traer> *vt* tyrannisieren, quälen; **su madre lo ha maltrae** seine Mutter meckert immer an ihm herum

maltraído, -a [maltraˈiðo, -a] *adj* (*Bol, Chil, Perú*) schlecht gekleidet

maltratar [maltraˈtar] *vt* ❶ (*tratar mal*) schlecht behandeln ❷ (*causar daño físico o psíquico*) misshandeln; **~ de obra** körperlich misshandeln ❸ (*insultar*) beschimpfen; (*humillar*) erniedrigen; **~ de palabra** beschimpfen ❹ (*estropear*) beschädigen, übel zurichten; **los niños están maltratando el sofá con los zapatos** die Kinder machen mit ihren Schuhen die Couch kaputt

maltrato [malˈtrato] *m* ❶ (*físico o psíquico*) Misshandlung *f* ❷ (*insulto*) Beschimpfung *f*; (*humillación*) Erniedrigung *f* ❸ (*de una cosa*) Beschädigung *f*

maltrecho, -a [malˈtretʃo, -a] *adj* übel zugerichtet; (*deprimido*) am Boden zerstört

maltusianismo [maltusjaˈnismo] *m sin pl* (ECON) Malthusianismus *m*

malucho, -a [maˈlutʃo] *adj* (*fam*) leicht erkrankt

malura [maˈlura] *f* (*Chil*) Unwohlsein *nt*

malva[1] [ˈmalβa] **I.** *adj* (blass)lila, malvenfarbig, mauve **II.** *m* (Blass)lila *nt*, Mauve *nt*

malva[2] [ˈmalβa] *f* (BOT) Malve *f*; **estar criando ~s** (*fam fig*) sich *dat* die Radieschen von unten angucken, unter der Erde liegen; **ser (como) [*o* estar como] una ~** (*fam*) lammfromm sein

malvado, -a [malˈβaðo, -a] **I.** *adj* ruchlos, gemein; **una persona malvada** ein durch und durch schlechter Mensch **II.** *m, f* Unmensch *m*; **eres un ~** du bist ein wahrer Teufel

malvarrosa [malβaˈrrosa] *f* (BOT) Pelargonie *f*

malvasía [malβaˈsia] *f* (BOT) ❶ (*uva*) Malvasiertraube *f* ❷ (*vino*) Malvasier *m*

malvavisco [malβaˈβisko] *m* (BOT) Hibiskus *m*, Eibisch *m*

malvender [malβenˈder] *vt* unter Wert [*o* zu billig] verkaufen, verschleudern; **tuvieron que ~ su coche** sie mussten ihr Auto unter Wert verkaufen

malversación [malβersaˈθjon] *f* Veruntreuung *f*, Unterschlagung *f*; **~ de los caudales públicos** Veruntreuung öffentlicher Gelder; **~ de fondos/de fondos públicos/de activos** Unterschlagung von Geldern/öffentlicher Gelder/von Aktien; **~ de una herencia** Erbschleicherei *f*; **~ (de la hacienda pública)** Amtsunterschlagung *f*

malversador(a) [malβersaˈðor(a)] *m(f)* Veruntreuer(in) *m(f)*; **~ de una herencia** Erbschleicher *m*

malversar [malβerˈsar] *vt* veruntreuen, unterschlagen; **~ una herencia** sich der Erbschleicherei schuldig machen

Malvinas [malˈβinas] *fpl* Falklandinseln *fpl*

malvinero, -a [malβiˈnero, -a] **I.** *adj* von den Malwinen (*Falkland-Inseln*) **II.** *m, f* Bewohner(in) *m(f)* der Malwinen

malvís [malˈβis] *m inv* (ZOOL) Rotdrossel *f*

malvivir [malβiˈβir] *vi* ❶ (*vivir en malas condiciones*) in schlechten [*o* ärmlichen] Verhältnissen leben, (finanzielle) Not leiden; **su sueldo sólo le da para ~** ihr/sein Gehalt reicht gerade, um sich über Wasser zu halten ❷ (*llevar mala vida*) einen schlechten Lebenswandel führen [*o* haben]

malvón [malˈβon] *m* (*Arg, Méx, Par, Urug*: BOT) Geranie *f*

mama [ˈmama] *f* ❶ (*de una mujer*) Brust(drüse) *f*; (*de un animal*) Zitze *f*, Milchdrüse *f*; (*ubre*) Euter *nt* ❷ (*fam: mamá*) Mama *f*

mamá [maˈma] *f* (*fam*) Mutti *f*, Mama *f*

mamada [maˈmaða] *f* ❶ (*acción de mamar*) Trinken *nt* von Muttermilch, Saugen *nt*; **el bebé se queda dormido después de cada ~** nach dem Stillen schläft das Baby immer ein ❷ (*cantidad mamada por un bebé*) Brustmahlzeit *f* ❸ (*Am: ganga*) Schnäppchen *nt*; **¡vaya ~!** das ist ja geschenkt! ❹ (*Arg, Urug: vulg: borrachera*) Suff *m fam*; **coger una ~** sich voll laufen lassen *fam* ❺ (*loc, vulg*): **dar una ~ a alguien** jdm einen blasen

mamadera [mamaˈðera] *f* (*Am: biberón y tetilla*) Babyflasche *f*

mamado, -a [maˈmaðo, -a] *adj* ❶ (*vulg: borracho*) besoffen *fam*; **está completamente ~** er ist total blau [*o* sternhagelvoll] *fam* ❷ (*fam: fácil*) (kinder)leicht; **este trabajo está ~** diese Arbeit kann doch jedes Kind

mamaíta [mamaˈita] *f* (*fam*) *dim de* **mamá**

mamancona [mamaŋˈkona] *f* (*Chil*) dicke, alte Frau *f*, Matrone *f*

mamar [maˈmar] **I.** *vt* ❶ (*en el pecho*) trinken; **no le des de ~ tanto al niño** still das Kind nicht so oft ❷ (*adquirir desde pequeño*): **has mamado la pereza (con [*o* en] la leche)** du hast die Faulheit mit der Muttermilch eingesaugt ❸ (*fam: comer*) futtern; **¡no mames tanto!** futter nicht so viel! ❹ (*fam: obtener sin esfuerzo*): **(se) ha mamado este puesto** er hat diese Stelle geschenkt gekriegt ❺ (*loc*): **me lo he mamado** (*fam*) ich habe ihn (locker) in die Tasche gesteckt; **mamársela a alguien** (*vulg*) jdm einen blasen **II.** *vr*: **~se** (*vulg*) sich voll laufen lassen *fam*, sich besaufen *fam*

mamario, -a [maˈmarjo, -a] *adj* (*relativo a una persona*) Brust(drüsen)-; (*relativo a un animal*) Zitzen-; (*relativo a una ubre*) Euter-; **infección mamaria** Brust(drüsen)entzündung *f*

mamarrachada [mamarraˈtʃaða] *f* ❶ (*mamarracho*) Pfusch *m fam*; **esto no es arte, es una ~** das ist keine Kunst, sondern das reinste Geschmiere ❷ (*acción ridícula*) Quatsch *m fam*; **no hace más que ~s** er/sie benimmt sich unmöglich

mamarracho [mamaˈrratʃo] *m* ❶ (*persona que viste mal*) Vogelscheuche *f*; (*persona ridícula*) Witzfigur *f fam*, peinliche [*o* lächerliche] Person *f*; **con este sombrero pareces un ~** mit diesem Hut siehst du aus wie eine Vogelscheuche ❷ (*cosa mal hecha*) Pfusch *m fam*; (*cosa sin valor*) Kitsch *m*; **este jarrón es un ~** diese Vase ist ein Ungetüm [*o* ist grässlich] ❸ (*persona despreciable*) Nichtsnutz *m*, Flasche *f fam*

mambo [ˈmambo] *m* (MÚS) Mambo *m*

mameluco [mameˈluko] *m* ❶ (*soldado*) Mameluck *m* ❷ (*bobo*) Tölpel *m*, Dummkopf *m* ❸ (*Am: ropa de bebé*) Strampler *m*, Strampelanzug *m*

mamey [maˈmej] *m* ❶ (BOT: *árbol*) Mameibaum *m* ❷ (BOT: *fruta*) Mameiapfel *m*, Aprikose *f* von Santo Domingo

mameyero [mameˈjero] *m* (*Méx, PRico*: BOT: *Mammea*) Mammiapfel *m*; (*Pouteria*) Große Sapote *f*

mami [ˈmami] *f* (*fam*) Mutti *f*, Mami *f*

mamífero, -a [maˈmifero] **I.** *adj* Säuge-; **animal ~** Säugetier *nt* **II.** *m* ❶ (*animal*) Säugetier *nt*, Säuger *m* ❷ *pl* (*clase de animales*) Klasse *f* der Säugetiere, Mammalia *pl*

mamila [maˈmila] *f* ❶ (ANAT: *mujer*) Warzenhof *m* ❷ (ANAT: *hombre*) Brustwarze *f* ❸ (*Méx: biberón*) Babyflasche *f*

mamitis [maˈmitis] *f inv* (MED) Brustentzündung *f*

mamografía [mamoɣraˈfia] *f* (MED) Mammographie *f*

mamón[1] [maˈmon] *m* ❶ (BOT: *tallo inútil*) Wasserschössling *m*, Wassertrieb *m* ❷ (BOT: *árbol, fruta*) Papaya *f* ❸ (*diente de leche*) Milchzahn *m* ❹ (*Méx: especie de bizcocho*) ≈Biskuit *m o nt* ❺ (*Guat, Hond: garrote*) Knüppel *m*

mamón, -ona[2] [maˈmon, -ona] **I.** *adj* (*que todavía mama*) im Säuglingsalter; **niño ~** Säugling *m*, Baby *nt* (*das noch gestillt wird*); **tiene una niña muy mamona** ihr Baby muss oft gestillt werden; **animal ~** Jungtier, das noch gesäugt wird **II.** *m, f* ❶ (*niño*) Säugling *m* ❷ (*vulg: insulto*) Wichser *m*, Fotze *f* ❸ (*Am: fam: borracho*) Säufer(in) *m(f)*, Saufkopf *m*

mamonear [mamoneˈar] *vt* (*Guat, Hond*) ❶ (*golpear*) mit dem Knüppel schlagen ❷ (*retardar*) hinausschieben, verzögern ❸ (*pasar el tiempo con futilezas*) (die Zeit) vertrödeln

mamoplastia [mamoˈplastja] *f* (MED) plastische Brustoperation *f*, Mammoplastik *f*

mamotreto [mamoˈtreto] *m* ❶ (*pey: libro muy grande*) Schinken *m fig*, Wälzer *m* ❷ (*armatoste*) Gerümpel *nt*; **esta butaca es un ~** das ist ein Ungetüm von einem Sessel ❸ (*memorial*) Notizbuch *nt*

mampara [mam'para] *f* ❶ (*cancel*) Wandschirm *m* ❷ (*puerta de paño*) Falttür *f* ❸ (*Perú: puerta de vidrio*) Glastür *f*

mamparo [mam'paro] *m* (NÁUT) Schott *nt*

mamporro [mam'porro] *m* (*fam*) Schlag *m*, Hieb *m*; **dar un ~ a alguien** jdm einen Schlag [*o* Hieb] versetzen; **te voy a dar un par de ~s** ich verpasse dir gleich ein paar Hiebe [*o* Schläge]; **se dio un ~ contra la barandilla** er/sie stieß sich am Geländer; **con el hielo me pegué un ~ en medio de la calle** bei der Glätte hat es mich mitten auf der Straße hingeschlagen

mampostería [mamposte'ria] *f* ❶ (*obra*) (Bruchstein)mauerwerk *nt*; **~ de ladrillos en bruto** rohes Ziegelmauerwerk, Rohbau *m*; **~ de relleno** Füllmauerwerk *nt*; **~ revocada** verputztes Ziegelmauerwerk, Putzbau *m*; **~ en seco** Trockenmauerwerk *nt* ❷ (*oficio*) Maurerhandwerk *nt*

mampuesto [mam'pwesto] *m* ❶ (*piedra sin labrar*) Bruchstein; (*piedras pequeñas*) Füllsteine *mpl* ❷ (MIL) *parapeto*) Brustwehr *f* ❸ (*Am: para apoyar el arma*) Schießscharte *f* ❹ (*loc*): **tener algo de ~** etw in Vorrat haben

mamúa [ma'mua] *f* (*Arg, Urug: vulg: borrachera*) Besoffenheit *f*, Suff *m*

mamut [ma'muð] *m* <mamuts> Mammut *nt*

maná [ma'na] *m* ❶ (*enviado por Dios*) Manna(brot) *nt* ❷ (*de ciertas plantas*) Manna *nt*, Honigtau *m* ❸ (*regalo*) Geschenk *nt* (des Himmels)

manaca [ma'naka] *f* ❶ (*Cuba, Hond, Méx*) eine Palmenart ❷ (*Arg, Par*) violett und weiß blühende Gartenpflanze

manada [ma'naða] *f* ❶ (*rebaño*) Herde *f*; (*bandada*) Schar *f*, Schwarm *m*; (*de lobos, ciervos*) Rudel *nt*; **~ de ovejas** Schafherde *f*; **~ de gallinas** Schar Hühner, Hühnervolk *m*; **~ de peces** Fischschwarm *m*; **~ de gente** Menschenschar *f*, Schwarm Menschen *m*; **tras el accidente se formó una ~ de curiosos** nach dem Unfall bildete sich eine Gruppe [*o* ein Haufen] Neugieriger; **llegaron en [*o* a] ~s al concierto** die Leute kamen scharenweise zum Konzert; **pasamos la frontera en ~** wir überquerten geschlossen die Grenze ❷ (*cantidad pequeña*) Hand *f* voll (*de* +*gen/akk*); **cógete una ~ de cerezas** nimm dir doch eine Hand voll Kirschen

management [ma'nadʒemenˀ] *m sin pl* Management *nt*

manager ['manadʒer] *mf* <managers> Manager(in) *m(f)*

managing ['manadʒiŋ] *m sin pl* Management *nt*

managuaco, -a [mana'ɣwako, -a] *adj* (*Cuba*) ❶ (*persona*) tölpelhaft ❷ (*animal*) mit Blesse und weißen Fesseln

managüense [mana'ɣwense] **I.** *adj* aus Managua (*Nicaragua*) **II.** *mf* Einwohner(in) *m(f)* von Managua

manajú [mana'xu] *m* (*Cuba:* BOT) amerikanisches Hartheugewächs

manantial [manan'tjal] **I.** *adj* Quell-; **agua ~** Quellwasser *nt* **II.** *m* ❶ (*fuente natural*) Quelle *f*; **~ caliente** Thermalquelle *f*; **~ medicinal** Heilquelle *f* ❷ (*fuente artificial*) Brunnen *m* ❸ (*origen*) Ursprung *m*, Quelle *f*; **tu decisión fue el ~ de todas las quejas** deine Entscheidung war der Ursprung [*o* die Ursache] aller Beschwerden

manar [ma'nar] **I.** *vt* hervorbringen; **la fuente mana agua fría** aus dem Brunnen sprudelt eiskaltes Wasser; **la herida no paraba de ~ sangre** aus der Wunde quoll [*o* floss] ununterbrochen Blut **II.** *vi* ❶ (*surgir*) fließen, quellen; **el agua manaba sucia de la fuente** aus dem Brunnen sprudelte schmutziges Wasser; **ya no mana sangre de la herida** es fließt [*o* quillt] kein Blut mehr aus der Wunde ❷ (*fluir fácilmente*) strömen; **cuando perdió su timidez las palabras manaban de su boca** nachdem er/sie seine/ihre Schüchternheit überwunden hatte, sprudelten die Worte förmlich über seine/ihre Lippen ❸ (*abundar*) im Überfluss vorhanden sein; **en esta huerta manan los naranjos** dieser Garten ist reich an Orangenbäumen; **esta familia mana en [*o* de] dinero** diese Familie hat Geld im Überfluss [*o* schwimmt in Geld]

manatí [mana'ti] *m* ❶ (ZOOL) Seekuh *f*, Manati *m* ❷ (*látigo*) ≈Peitsche *f* aus Lamantinleder

manaza [ma'naθa] *f* große Hand *f*, Pranke *f fam*

manazas [ma'naθas] *mf inv* Tölpel *m*; **es un ~** er ist ein Tölpel; **es una ~** sie hat zwei linke Hände

manca [ma'ŋka] *adj o f v.* **manco²**

mancaperro [maŋka'perro] *m* (BOT) Igelginster *m*

mancar [maŋ'kar] <c→qu> *vt* ❶ (*lisiar*) verstümmeln ❷ (*lastimar*) verletzen

manceba [man'θeβa] *f* Geliebte *f*

mancebía [manθe'βia] *f* (*prostíbulo*) Freudenhaus *f*

mancebo¹ [man'θeβo] *m* ❶ (*asistente*) Gehilfe *m*; (*en una farmacia*) Apothekergehilfe *m*; (*en una tienda*) Ladengehilfe *m* ❷ (*oficial*) (Handwerks)geselle *m* ❸ (*mozo*) Bursche *m*, junger Mann *m* ❹ (*soltero*) Junggeselle *m*

mancebo, -a² [man'θeβo, -a] *adj* jung

mancha ['mantʃa] *f* ❶ (*mancha, piel*) Fleck *m*; (*de tinta*) Klecks *m*; (*salpicadura*) Sprenkel *m*; **~ pigmentaria** Pigmentfleck *m* ❷ (*toque de color*) (Farb)tupfer *m*, Tupfen *m*; **este perro es blanco con ~s negras** dieser Hund ist gescheckt [*o* scheckig]; **la corbata tiene ~s azules y blancas** die Krawatte ist blauweiß gesprenkelt ❸ (*en pintura, boceto*) Farbskizze *f* ❹ (ASTR) Sonnenfleck *m* ❺ (*deshonra*) Schandfleck *m*, Makel *m*; **sin ~** makellos ❻ (AGR) *de vegetación* Vegetationsboden *m*

Mancha ['mantʃa] *f*: **La ~** La Mancha (*spanische Landschaft in Estremadura*); **canal de la ~** Ärmelkanal *m*

manchadizo, -a [mantʃa'ðiθo, -a] *adj* fleckempfindlich, leicht schmutzend

manchado, -a [man'tʃaðo, -a] *adj* ❶ (*ropa, mantel*) beschmutzt, voller Flecken ❷ (*cara, fruta*) fleckig ❸ (*caballos, vacas*) gescheckt, scheckig; (*salpicado*) gesprenkelt

manchapapeles [mantʃapa'peles] *m inv* (*pey*) Schreiberling *m*

manchar [man'tʃar] *vt, vr: ~se* ❶ (*churretear*) (sich) beflecken; (*ensuciar*) (sich) schmutzig machen, (sich) beschmutzen ❷ (*desprestigiar*) (sich) besudeln, (sich) beflecken; **has manchado su memoria con esas palabras** mit diesen Worten hast du sein/ihr Andenken beschmutzt

manchego, -a [man'tʃeɣo, -a] **I.** *adj* aus der spanischen Region La Mancha; **queso ~** typischer Käse aus La Mancha **II.** *m, f* Bewohner(in) *m(f)* von La Mancha

manchón [man'tʃon] *m* ❶ (*mancha grande*) großer Fleck *m* ❷ (*de plantas*) dicht bewachsene Stelle *f* ❸ (*tierra de labor*) Ackerland, das ein Jahr lang als Weideland genutzt wird

manchú¹ [man'tʃu] **I.** *adj* mandschurisch **II.** *mf* Bewohner(in) *m(f)* der Mandschurei

manchú² [man'tʃu] *m* (*idioma*) Mandschurisch(e) *nt*

mancilla [man'θiʎa] *f* Makel *m*, (Schand)fleck *m*; **sin ~** unbefleckt, makellos; **tiene un pasado sin ~** er/sie hat eine tadellose Vergangenheit

mancillar [manθi'ʎar] *vt* (*fig*) beflecken, den Ruf schädigen +*gen*

mancilloso, -a [manθi'ʎoso, -a] *adj* ❶ (*lleno de mancilla*) voller Makel ❷ (*que provoca lástima*) Mitleid erregend

mancipación [manθipa'θjon] *f* ❶ (HIST) (öffentliche) Veräußerung *f* ❷ (*compra y venta*) An- und Verkauf *m*

manco¹ ['maŋko] *m* (*Chil: caballo*) lahmes Pferd *nt*, Mähre *f*, alter Klepper *m*

manco, -a² ['maŋko, -a] **I.** *adj* ❶ (*de un brazo*) einarmig; (*de una mano*) einhändig; **es ~ de la mano izquierda/derecha** (*le falta*) ihm fehlt die linke/rechte Hand; (*la tiene inutilizada*) seine linke/rechte Hand ist gelähmt; **no ser (cojo ni) ~** (*ser hábil*) sehr geschickt sein; (*ser largo de manos*) langfing(e)rig sein ❷ (*defectuoso*) fehlerhaft; (*incompleto*) unvollständig; **versos ~s** unvollständige Verse **II.** *m, f* (*con un brazo*) Einarmige(r) *mf*; (*con una mano*) Einhändige(r) *mf*; **el ~ de Lepanto** Cervantes

mancomún [maŋko'mun] *adv*: **de ~** gemeinschaftlich

mancomunado, -a [maŋkomu'naðo, -a] *adj* (JUR) gesamtschuldnerisch, gesamthänderisch; **obligación mancomunada** gesamtschuldnerische Verpflichtung

mancomunar [maŋkomu'nar] *vt, vr: ~se* ❶ (*unir*) (sich) zusammenschließen, (sich) zusammentun ❷ (JUR) (sich) gesamtschuldnerisch [*o* gemeinschaftlich] verpflichten

mancomunidad [maŋkomuni'ðað] *f* ❶ (*comunidad*) Gemeinschaft *f*; (*entidad*) Gemeindeverband *m*; **~ de acreedores** Gläubigergemeinschaft *f*; **~ Británica** (Britisches) Commonwealth *nt*; **~ de deudores** Gesamtschuldnerschaft *f*; **local ~** Zweckverband *m* ❷ (*obligación*) Gesamtschuld *f*

mancornar [maŋkor'nar] <o→ue> *vt* ❶ (*un novillo*) einen jungen Stier an den Hörnern packen und ihn zu Boden drücken ❷ (*reses*) an den Hörnern zusammenbinden ❸ (*fam: unir*) in Paaren zusammentun; (*atar*) in Paaren zusammenbinden

mancornas [maŋ'kornas] *fpl* (*Col, Chil*) Manschettenknöpfe *mpl*

mancuerda [maŋ'kwerða] *f* (HIST) Foltermethode, bei der die Fesseln durch Drehen eines Rades immer fester gespannt werden

mancuerna [maŋ'kwerna] *f* ❶ (*pareja*) zusammengebundenes Paar *f*; **~ de panochas** zusammengebundene Maiskolben; **~ de reses** an den Hörnern zusammengebundene Tiere ❷ (*correa*) Strick *m* (mit dem die Rinder an den Hörnern zusammenge-

❸ (*Col, Cuba, Chil: hojas de tabaco*) an den Stielen zusammengewachsene Tabakblätter *ntpl*
❹ (*Fili: pareja de presidiarios*) aneinander gekettete Sträflinge *mpl*
❺ *pl* (*Am*) Manschettenknöpfe *mpl*

mancuernillas [maŋkwerˈniʎas] *fpl* (*Méx*) Manschettenknöpfe *mpl*

manda [ˈmaṇda] *f* Vermächtnis *nt*, Legat *nt*

mandada [maṇˈdaðo] *adj o f v.* **mandado²**

mandadero, -a [maṇdaˈðero, -a] *m, f* Bote, -in *m, f*; ~ **de paz** (HIST) Friedensrichter *m*

mandado¹ [maṇˈdaðo] *m* (*encargo*) Auftrag *m*, Befehl *m*; (*compra*) Besorgung *f*; **hacer un** ~ Besorgungen machen; **a su** ~ (*Arg*) zu Ihren Diensten; **el chico de los ~s** (*Arg*) der Botenjunge; **comerle a alguien el** ~ (*Méx: fam*) eine Situation ausnutzen

mandado, -a² [maṇˈdaðo] I. *adj* gesteuert; ~ **a distancia** ferngesteuert II. *m, f* Befehlsempfänger(in) *m(f)*; **esta chica es una mandada** dieses Mädchen wird ständig herumkommandiert

mandamás [maṇdaˈmas] *mf* (*pey fam*) befehlshaberische Person *f*

mandamiento [maṇdaˈmjento] *m* ❶ (*orden*) Befehl *m*; ~ **de detención** Haftbefehl *m*; ~ **de ejecución** Vollstreckungsauftrag *m*; ~ **de embargo** Pfändungsauftrag *m*; ~ **judicial** gerichtliche Verfügung; ~ **de pago** Zahlungsbefehl *m*; ~ **de registro** Hausdurchsuchungsbefehl *m*; ~ **de supresión** Beseitigungsverfügung *f*
❷ (*precepto*) Gebot *nt*; **los ~s de la ley de Dios, los diez ~s** die Zehn Gebote
❸ *pl* (*dedos*) Finger *mpl*; **los cinco ~s** (*fam*) die fünf Finger der Hand; **comer con los cinco ~s** mit den Fingern [*o* ohne Besteck] essen

mandanga [maṇˈdaŋga] *f* (*fam*) ❶ (*pachorra*) Trägheit *f*, Gleichgültigkeit *f*
❷ *pl* (*tonterías*) Blödsinn *m*, Unsinn *m*; ¡**déjate de ~s y atiende de una vez!** hör auf mit dem Blödsinn und pass endlich auf!
❸ (*cocaína*) Kokain *nt*
❹ (*loc, fam*): **alguien/algo tiene** ~ jd/etw ist ein harter Brocken

mandante [maṇˈdaṇte] *mf* (*cliente*) Auftraggeber(in) *m(f)*; (JUR) Mandant(in) *m(f)*

mandar [maṇˈdar] I. *vt* ❶ (*ordenar*) befehlen, anordnen; (*prescribir*) vorschreiben; **le mandó que se lavara las manos** er/sie befahl ihm/ihr sich *dat* die Hände zu waschen; **la ley manda que...** das Gesetz schreibt vor, dass ...; **aquí mando yo** hier habe ich das Sagen; **lo que Ud. mande** zu Ihren Diensten
❷ (*dirigir*) leiten; (*gobernar*) regieren; **manda una empresa grande** er/sie leitet ein großes Unternehmen; **en este país manda la gente con dinero** dieses Land wird von den Reichen regiert
❸ (*encargar*) veranlassen; ~ **buscar/hacer/venir** holen/machen/kommen lassen; **he mandado que me suban el desayuno a la habitación** ich habe veranlasst, dass man mir das Frühstück aufs Zimmer bringt
❹ (*enviar*) schicken; **me mandó una carta certificada** er/sie hat mir ein Einschreiben geschickt; **mandan a los cascos azules a las zonas de emergencia** sie schicken die Blauhelme in die Notstandsgebiete; **si te portas mal, te mando a la cama** wenn du nicht artig bist, schicke ich dich ins Bett; ~ **a alguien al cuerno** [*o* **al diablo**] (*fam*) jdn zum Teufel schicken; ~ **a alguien a freír espárragos** (*fam*) jdn zum Kuckuck schicken
❺ (*legar*) vermachen
❻ (TÉC) steuern
II. *vr:* **~se** sich *dat* selbst helfen (können); **~se a mudar** (*reg: fam*) sich verdrücken

mandarín [maṇdaˈrin] *m* ❶ (HIST) Mandarin *m*
❷ (*fam: funcionario pedante y anticuado*) zopfiger Beamter *m*
❸ (*idioma*) Amtssprache *f* der Volksrepublik China

mandarina [maṇdaˈrina] *f* Mandarine *f*

mandarinero [maṇdariˈnero] *m* (BOT) Mandarinenbaum *m*

mandatar [maṇdaˈtar] *vt* (JUR) beauftragen, bevollmächtigen

mandatario, -a [maṇdaˈtarjo, -a] *m, f* ❶ (JUR) Beauftragte(r) *mf*, Bevollmächtigte(r) *mf*, Mandatar(in) *m(f)*; ~ **judicial** Prozessbevollmächtigte(r) *m*
❷ (POL) Präsident(in) *m(f)*, Machthaber(in) *m(f)*; **primer** ~ Staatschef *m*

mandato [maṇˈdato] *m* ❶ (*orden*) Befehl *m*; (*prescripción*) Vorschrift *f*; (*delegación*) Auftrag *m*; ~ **a comisión** Kommissionsauftrag *m*; ~ **exclusivo** Alleinauftrag *m*; ~ **de investigación** Forschungsauftrag *m*; ~ **judicial** gerichtliche Anweisung; ~ **legal** Gesetzesbefehl *m*; ~ **de pago** Mahnbescheid *m*; **por** ~ **de las leyes** auf Grund [*o* aufgrund] der gesetzlichen Bestimmungen
❷ (POL) Mandat *nt*; ~ **imperativo** imperatives Mandat, Zwangsmandat *nt*; ~ **internacional** völkerrechtliches Mandat; ~ **parlamentario** Abgeordnetensitz *m*
❸ (REL) Fußwaschung *f* (von zwölf Personen am Gründonnerstag)

mandeísmo [maṇdeˈismo] *m* (REL) Mandäismus *m*

manderecha [maṇdeˈretʃa] *f* rechte Hand *f*; **buena** ~ viel Glück

mandí [maṇˈdi] *m* (*Arg*: GASTR, ZOOL) Antennenwels *m*

mandíbula [maṇˈdiβula] *f* ❶ (ANAT) Kiefer *m*, Kinnbacke *f*; ~ **superior/inferior** Ober-/Unterkiefer *m*; **reír(se) a** ~ **batiente** sich ausschütten vor Lachen
❷ *pl* (ZOOL) Mandibeln *pl*
❸ (TÉC) Backe *f*; ~ **prensora/de sujeción** Klemm-/Greifbacke *f*

mandil [maṇˈdil] *m* ❶ (*delantal*) Schürze *f*; (*de cuero*) (Leder)schurz *m*
❷ (*emblema*) Freimaurerschurz *m*
❸ (*Am: de caballería*) Satteldecke *f*
❹ (*red*) feinmaschiges (Fischer)netz *nt*

mandilón [maṇdiˈlon] *m* (*fam*) Schlappschwanz *m*, Memme *f*

mandinga [maṇˈdiŋga] *f* ❶ (*Am: fam: diablo*) Teufel *m*
❷ (*Arg: fam: muchacho travieso*) Lausbub *m*
❸ (*Arg: encantamiento*) Zauberei *f*

mandioca [maṇˈdjoka] *f* ❶ (BOT) Maniok *m*
❷ (*tapioca*) Mandioka *f*

mandiocal [maṇdjoˈkal] *m* Maniokpflanzung *f*

mando [ˈmaṇdo] *m* ❶ (*poder*) Macht *f*, Herrschaft *f*; (MIL) (Befehls)gewalt *f*, Kommando *nt*; ~ **intermedio** (MIL) mittleres Offizierskorps *f*; ~**s intermedios de una empresa** mittleres Management eines Unternehmens; ~ **supremo** (MIL) Oberbefehl *m*; (*del presidente*) Präsidialgewalt *f*; ~**s superiores (de una empresa)** Betriebsleitung *f* (eines Unternehmens); **alto** ~ (MIL) Oberbefehlshaber *m*; **don de** ~ Führungsqualitäten *fpl*; **poder de** ~ Kommandogewalt *f*; **estar al** ~ **de** das Kommando haben über; **estar bajo el** ~ **de alguien** unter jds Befehl stehen; **tener el** ~ **y el palo** (*fam*) das (absolute) Sagen haben
❷ (TÉC) Steuerung *f*; ~ **automático** automatischer Antrieb; ~ **a distancia** Fernsteuerung *f*; ~ **manual** Handantrieb *m*; ~ **numérico** numerische Steuerung; **botón de** ~ Bedienungsknopf *m*; **panel de** ~ Steuertafel *f*; **pupitre de** ~ Steuerpult *nt*; **un vehículo de** ~ **fácil** ein wendiges Fahrzeug

mandoble [maṇˈdoβle] *m* ❶ (*golpe de espada*) Schwertstreich *m*
❷ (*fam: espada grande*) großes Schwert *nt*
❸ (*bofetada*) Ohrfeige *f*
❹ (*represión severa*) strenger Verweis *m*

mandolina [maṇdoˈlina] *f* Mandoline *f*

mandolinista [maṇdoliˈnista] *mf* (MÚS) Mandolinespieler(in) *m(f)*

mandón, -ona [maṇˈdon, -ona] I. *adj* herrschsüchtig, befehlshaberisch II. *m, f* befehlshaberische [*o* herrschsüchtige] Person *f*

mandorla [maṇˈdorla] *f* (ARTE, REL) Mandorla *f*, Mandelglorie *f*

mandrágora [maṇˈdraɣora] *f* (BOT) Mandragora *f*, Mandragore *f*, Alraunwurzel *f*

mandria [ˈmaṇdrja] *m* Nichtsnutz *m*, Schlappschwanz *m fam*, Waschlappen *m fam*

mandril [maṇˈdril] *m* ❶ (ZOOL: *mono*) Mandrill *m*
❷ (TÉC: *espiga*) (Richt)dorn *m*; (*plato de sujeción*) (Spann)futter *nt*; ~ **de taladrar** Bohrfutter *nt*

mandrilar [maṇdriˈlar] *vt* (TÉC: *ensanchar*) aufdornen, mit dem Dorn ausweiten; (*perforar*) ausbohren

mandrón [maṇˈdron] *m* ❶ (HIST) Kugel aus Stein oder Holz, die mit der Hand auf den Kriegsgegner geworfen wurde; **arrojar** ~ **a alguien** jdn beschimpfen
❷ (*catapulta*) Katapult *nt o m*, Steinschleuder *f*

manducar [maṇduˈkar] <c→qu> *vi, vt* (*fam*) futtern

manducatoria [maṇdukaˈtorja] *f* (*fam*) Essen *nt*

manea [maˈnea] *f* (Fuß)fessel *f*

manear [maneˈar] *vt* an den Vorderfüßen fesseln

manecilla [maneˈθiʎa] *f* ❶ (*aguja del reloj*) Zeiger *m*
❷ (*broche para cerrar libros*) Schließhaken *m*, Buchverschluss *m*
❸ (TÉC) Griff *m*, Handhebel *m*; ~ **de puerta** (AUTO) Türgriff *m*; ~ **de ventana** (AUTO) Fenstergriff *m*
❹ (*signo*) Hinweiszeichen *nt* in Handform

manejabilidad [manexaβiliˈðað] *f* ❶ (*de un objeto*) Handlichkeit *f*
❷ (*de una persona*) Fügsamkeit *f*, Lenkbarkeit *f*
❸ (AUTO) Wendigkeit *f*, gute Lenkbarkeit *f*

manejable [maneˈxaβle] *adj* ❶ (*objeto*) handlich, leicht zu handhaben
❷ (*persona*) leicht zu beeinflussen, fügsam, leicht lenkbar
❸ (AUTO) wendig, leicht lenkbar

manejado, -a [maneˈxaðo, -a] *adj* (ARTE): **bien/mal** ~ gut/schlecht gemalt

manejar [maneˈxar] I. *vt* ❶ (*usar*) handhaben, hantieren (mit +*dat*); (*utilizar*) umgehen (mit +*dat*); ~ **el cuchillo** mit dem Messer hantieren; ~ **una máquina** eine Maschine bedienen; **esta aspiradora es fácil de** ~ dieser Staubsauger ist leicht zu handhaben [*o* zu bedienen]; **maneja bien las cifras** er/sie kann gut mit Zahlen umgehen; **sabe** ~ **el dinero** er/sie kann gut mit Geld umgehen; '**¡manéjese con cuidado!**' 'Vorsicht! Zerbrechlich!'
❷ (INFOR) steuern

manejo ❸ (*dirigir*) leiten, führen; ~ **un negocio** ein Geschäft leiten; ~ **intereses** Interessen vertreten
❹ (*dominar a alguien*) manipulieren, lenken; **maneja al marido a su antojo** sie macht mit ihrem Mann, was sie will
❺ (*Am: conducir un coche*) lenken, steuern
II. *vr:* ~**se** zurechtkommen; **saber ~se en la vida** sich gut im Leben zurechtfinden; **manejárselas** (*fam*) sich *dat* zu helfen wissen

manejo [ma'nexo] *m* ❶ (*uso*) Handhabung *f* (*de*+*gen*), Umgang *m* (*de* mit +*dat*); (*utilización*) Bedienung *f*; ~ **del agua** Wasserbewirtschaftung *f*; ~ **de animales** (AGR) Umgang mit Tieren; ~ **a distancia** Fernbedienung *f*; ~ **inadecuado** unsachgemäße Behandlung
❷ (INFOR) Steuerung *f*; ~ **de errores** Fehlerbehandlung *f*; ~ **de la memoria** Speicherbenutzung *f*; ~ **de información** Informationsaufbereitung *f*
❸ (*trato*) Umgang *m*; **tiene mucho ~ con los clientes** er/sie hat viel Umgang mit den Kunden
❹ (*dirección de un negocio*) Management *nt*, Leitung *f*
❺ (*Am: conducción de un coche*) Steuerung *f*
❻ *pl* (*intriga*) Machenschaften *fpl*, Intrigen *fpl*

maneota [mane'ota] *f* (*Fuß*)fessel *f*

manera [ma'nera] *f* ❶ (*forma, modo*) Art *f*, Weise *f*, Art und Weise *f*; ~ **de decir** Redensart *f*; ~ **de obrar** [*o* **de actuar**] Verhalten *nt*, Verhaltensweise *f*; ~ **de pensar** Ansicht *f*, Meinung *f*; ~ **de proceder** Vorgehensweise *f*; ~ **de ser** Wesen *nt*; ~ **de ver las cosas** Einstellung *f*; **a la ~ de** in der Art von; **a la ~ de la casa** nach Art des Hauses; **a ~ de** wie, als; **era a ~ de un lagarto gigante** es sah aus [*o* es war so etwas wie] wie eine Rieseneidechse; **llevaba un jersey a ~ de bufanda** er/sie hatte sich *dat* einen Pullover wie Schal umgebunden; **lo hacemos a mi ~** wir machen es auf meine Art [*o* so, wie ich es will]; **a mi ~ de ver…** meiner Ansicht nach …; **lo puedes hacer de cualquier ~** du kannst es auf verschiedene Art und Weise machen; **de la ~ que sea** egal wie; **de cualquier ~** [*o* **de todas ~s**], **no pienso ir ahí** ich gehe jedenfalls nicht dorthin; **de esta ~** so, auf diese Weise; **de ~ que** so dass, also; **mañana tienes que madrugar, de ~ que es mejor que te acuestes pronto** morgen musst du früh aufstehen, also ist es besser, wenn du bald ins Bett gehst [*o* so dass du besser bald ins Bett gehen solltest]; **¿de ~ que sacaste mala nota?** du hast also eine schlechte Note bekommen?; **de ninguna ~** keinesfalls; **de tal ~ que** derart(ig), dass; **se echó a gritar de tal ~ que despertó a los vecinos** er/sie fing derartig an zu schreien, dass die Nachbarn aufgeweckt wurden; **de una ~ o de otra** so oder so, auf die eine oder andere Art und Weise; **en cierta ~** gewissermaßen, in gewisser Weise; **en gran ~** in hohem Maße, wesentlich; **no hay ~ de hacerle venir** es ist unmöglich, ihn zum Mitkommen zu bewegen; **¡qué ~ de llover!** so ein Regen!; **sobre ~** übermäßig (viel); **primero se lo dije de buena ~** [*o* **con buenas ~s**] erstmal habe ich ihn/sie höflich darauf hingewiesen; **le contestó de mala ~** er/sie gab ihm/ihr eine freche Antwort; **hacer las cosas de mala ~** pfuschen
❷ *pl* (*modales*) Manieren *fpl*, Umgangsformen *fpl*; **buenas/malas ~s** gute/schlechte Manieren; **¡estas no son ~s!** das ist keine Art!

maneta [ma'neta] *f* (TÉC) (Schalt)griff *m*

maneto, -a [ma'neto, -a] *adj* (*Hond: manos*) mit verkrüppelten Händen
❷ (*Guat, Ven: piernas*) krummbeinig

manezuela [mane'θwela] *f* ❶ (*broche para cerrar*) Schließhaken *m*
❷ (*manija*) Griff *m*
❸ *dim de* **manea**

manferidor(a) [mamferi'ðor(a)] *m(f)* Eicher(in) *m(f)*

manferir [mamfe'rir] <e→ie> *vt* eichen

manga ['maŋga] *f* ❶ (*del vestido*) Ärmel *m*; ~ **ra(n)glán** Raglanärmel *m*; ~ **a la sisa** ärmellos; **una camisa de ~s cortas/largas** ein kurzärm(e)liges/langärm(e)liges Hemd; **estar en ~s de camisa** formlos [*o* ohne Krawatte] gekleidet sein; **¡a buenas horas ~ verdes!** zu spät ist zu spät!; **hacer un corte de ~s** eine obszöne oder verächtliche Geste machen, bei der man einen Arm hochhebt und mit der anderen Hand auf den hochgehobenen Arm schlägt; **ir ~ por hombro** (*fam*) drunter und drüber gehen; **poner algo ~ por hombro** (*fam*) etw heillos durcheinander bringen; **sacarse algo de la ~** (*fig*) (sich *dat*) etw aus dem Ärmel schütteln; **guardar/tener algo en la ~** (*fig*) etw im Ärmel behalten/haben; **ser más corto que las ~s de un chaleco** (*fig*) extrem schüchtern sein
❷ (*tubo de caucho, cuero o lona*) Schlauch *m*; ~ **de enpalme** Verbindungsschlauch *m*; ~ **de riego** Sprengschlauch *m*
❸ (AERO): ~ **de aire** Windsack *m*
❹ (METEO): ~ **de viento/de agua** Wind-/Wasserhose *f*
❺ (NÁUT) größte Schiffsbreite *f*; ~ **en la cubierta** Breite über Deck; ~ **total** Breite über alles
❻ (GASTR) Spritzbeutel *m*, Dressiersack *m*
❼ (*para filtrar*) Filtrierbeutel *m*; **hacer ~s y capirotes** (*fam*) unbesonnen handeln; **tener (la)** [*o* **ser de**] ~ **ancha** (*fig*) übermäßig tolerant [*o* nachsichtig] sein, alles durchgehen lassen
❽ (*fam: borrachera*) Schwips *m*
❾ (*Arg: pey: grupo de personas*) Haufen *m* (Leute); **una ~ de inútiles** ein Haufen [*o* lauter] Nichtsnutze
❿ (*loc*): **tirar la ~** (*fam*) sich *dat* Geld pumpen
⓫ (BOT) eine Mangoart

mangada [maŋ'gaða] *f* (*reg: campo*) langer, schmaler Acker *m*; (*prado*) lange, schmale Wiese *f*

mangajo, -a [maŋ'gaxo, -a] *m, f* ❶ (*Ecua: persona despreciable*) verabscheuenswerte, unansehnliche Person *f*
❷ (*Ecua, Perú: persona sin voluntad*) willenlose Person *f*, Waschlappen *m fam pey*

mangajón, -ona [maŋga'xon, -ona] I. *adj* (*reg*) zerlumpt
II. *m, f* (*reg*) Person *f* in zerlumpter Kleidung

mangancia [maŋ'ganθja] *f* (*fam*) ❶ (*robo*) Gaunerei *f*
❷ (*holgazanería*) Faulenzerei *f*
❸ (*mendicidad*) Bettelei *f*

manganesa [maŋga'nesa] *f* (MIN) Braunstein *m*, Pyrolusit *m*, Polianit *m*

manganeso [maŋga'neso] *m* Mangan *nt*

manganeta [maŋga'neta] *f* (*Hond*) Trick *m*, Finte *f*

mangangá [maŋgaŋ'ga] *m* ❶ (*CSur: abejón zumbador*) ≈ Hummel *f*
❷ (*CSur, Bol: persona fastidiosa*) Nervensäge *f fam*

manganilla [maŋga'niʎa] *f* Taschenspielerkunststück *nt*

mangante [maŋ'gante] *mf* (*fam*) ❶ (*ladrón*) Gauner(in) *m(f)*
❷ (*holgazán*) Faulpelz *m*, Faulenzer(in) *m(f)*
❸ (*mendigo*) Bettler(in) *m(f)*

manganzón, -ona [maŋgan'θon, -ona] *m, f* (*Am*) Faulenzer(in) *m(f)*

mangar [maŋ'gar] <g→gu> *vt* (*fam*) klauen

manglar [maŋ'glar] *m* (BOT) Mangrovenwald *m*, Mangrove *f*

mangle ['maŋgle] *m* ❶ (*arbusto*) Mangrove(n)baum *m*
❷ (*Am: árbol*) Manglebaum *m*

mango ['maŋgo] *m* ❶ (*puño*) Griff *m*
❷ (*puño alargado*) Stiel *m*; **tener la sartén por el ~** (*fig*) das Heft fest in der Hand haben, Herr der Lage sein
❸ (*árbol*) Mangobaum *m*
❹ (*fruta*) Mango *f*

mangoneador(a) [maŋgonea'ðor(a)] *adj* ❶ (*entrometido*) zudringlich
❷ (*dominador*) herrschsüchtig
❸ (*vago*) faul, müßig

mangonear [maŋgone'ar] I. *vi* (*fam*) ❶ (*entrometerse*) sich einmischen (*en* in +*akk*)
❷ (*vaguear*) sich herumtreiben
II. *vt* (*fam*) bestimmen; ~ **a alguien** jdn bevormunden

mangoneo [maŋgo'neo] *m* (*fam*) ❶ (*entremetimiento*) Einmischung *f*
❷ (*vagancia*) Herumtreiberei *f*

mangosta [maŋ'gosta] *f* (ZOOL) Manguste *f*

mangosto [maŋ'gosto] *m* (BOT) Frucht *f* der Mangostane

manguala [maŋ'gwala] *f* (*Col: vulg*) subversives Komplott *nt*

manguear [maŋge'ar] *vt* ❶ (*Arg, Chil, Méx: el ganado*) in den Pferch treiben
❷ (*Arg: fam: dinero*) pumpen

manguera [maŋ'gera] *f* ❶ (*tubo*) Schlauch *m*
❷ (*tromba*) Wasserhose *f*
❸ (*RíoPl: corral*) Fangkoppel *f*

mangueta [maŋ'geta] *f* ❶ (*listón*) Leiste *f*
❷ (*palanca*) Hebel *m*
❸ (*retrete*) Ableitrohr *nt*
❹ (AUTO) Achsschenkel *m*

manguito [maŋ'gito] *m* ❶ (*mitón*) Muff *m*
❷ (*protección*) Ärmelschoner *m*
❸ (*cilindro hueco*) Muffe *f*, Manschette *f*
❹ (*anillo*) Schelle *f*

manguruyú [maŋguru'ɟu] *m* (*Arg, Par: ZOOL*) Stachelwels *m*

maní [ma'ni] *m* Erdnuss *f*

manía [ma'nia] *f* ❶ (*locura*) Wahn *m*; ~ **persecutoria/de grandeza** Verfolgungs-/Größenwahn *m*
❷ (*extravagancia*) Schrulle *f*, Marotte *f*
❸ (*obsesión*) fixe Idee *f*, Manie *f*; **tener ~ por la moda** ein Modenarr sein
❹ (*fam: aversión*) Abneigung *f*; **tener(le) ~ a alguien** jdn nicht leiden können; **cogerle** [*o* **tomarle**] ~ **a alguien** eine Abneigung gegen jdn entwickeln

maniaco, -a [ma'njako, -a], **maníaco, -a** [ma'niako, -a] I. *adj* manisch, wahnsinnig II. *m, f* Besessene(r) *mf*, Wahnsinnige(r) *mf*; ~ **sexual** Sexbesessene(r) *m*; (*delincuente*) Triebtäter *m*

maniacodepresivo, -a [manjakoðepre'siβo, -a] *adj* manisch-depressiv

maniatar [manja'tar] *vt* ❶ (*persona*) an den Händen fesseln; **lo ~on a**

maniático

la silla sie haben ihn mit den Händen an den Stuhl gebunden
② (*animal*) die Vorderbeine fesseln +*dat*
maniático, -a [ma'njatiko, -a] *I. adj* ① (*loco*) manisch
② (*extravagante*) seltsam
II. m, f ① (*loco*) Wahnsinnige(r) *mf*; **un ~ de fútbol** ein Fußballfreak; **ser un ~ del cine** ein großer Kinoliebhaber sein
② (*extravagante*) Sonderling *m*
manicomio [mani'komjo] *m* Irrenanstalt *f*
manicorto, -a [mani'korto, -a] *adj* (*fam*) knickerig
manicura [mani'kura] *f* Maniküre *f*
manicuro, -a [mani'kuro, -a] *m, f* Handpfleger(in) *m(f)*, Maniküre *f*
manido, -a [ma'niðo, -a] *adj* ① (*alimentos*) leicht verdorben; **carne manida** gut abgehangenes Fleisch; **fruta manida** überreifes Obst
② (*objetos*) (ab)gebraucht; **libro ~** abgegriffenes Buch; **ropa manida** abgetragene Kleider
③ (*trillado*) abgedroschen
④ (*oculto*) verborgen
manierismo [manje'rismo] *m* (ARTE) Manierismus *m*
manierista [manje'rista] *adj* manieristisch
manifestación [manifesta'θjon] *f* ① (*expresión*) Bekundung *f*, Äußerung *f*; **como ~ de cariño** als Ausdruck der Zuneigung
② (*reunión pública*) Demo(nstration) *f*, Kundgebung *f*; **~ multitudinaria** Massenkundgebung *f*, Demonstration *f*; **~ naval** Flottendemonstration *f*
manifestador¹ [manifesta'ðor] *m* (REL) Schrein mit Baldachin zum Tragen des Allerheiligsten
manifestador(a)² [manifesta'ðor(a)] *adj* äußernd, ausdrückend; **sus actos, ~es de una gran intolerancia** seine Taten, die von großer Intoleranz zeugten
manifestante [manifes'tante] *mf* Demonstrant(in) *m(f)*
manifestar [manifes'tar] <e→ie> *I. vt* ① (*declarar*) erklären, äußern
② (*mostrar*) zeigen
II. vr: **~se** ① (*declararse*) sich äußern; **~se a favor/en contra de algo** sich für/gegen etw aussprechen
② (*revelarse*) sichtbar werden (*en* in +*dat*), sich zeigen (*en* in +*dat*)
③ (*política*) demonstrieren
manifiestamente [manifjesta'mente] *adv* offensichtlich, eindeutig; **llegó ~ borracho** er war eindeutig betrunken, als er kam
manifiesto¹ [mani'fjesto] *m* Manifest *nt*; **~ del buque** Schiffsmanifest *nt*; **~ de carga** (COM) Ladeliste *f*, Ladungsmanifest *nt*
manifiesto, -a² [mani'fjesto, -a] *adj* ① (*declarado*) offenbar
② (*evidente*) eindeutig, klar
③ (*loc*): **poner de ~** offenbaren, zum Ausdruck bringen; **poner de ~ los autos** (JUR) die Akten zur Einsicht bereitlegen
manigordo [mani'γorðo] *m* (*CRi:* ZOOL) Ozelot *m*
manigua [ma'niγwa] *f* (*Cuba*) Gestrüpp *m*
manigueta [mani'γeta] *f* (NÁUT) Poller *m*
② (*mango*) Griff *m*; (*manivela*) Kurbel *f*
manija [ma'nixa] *f* ① (*abrazadera*) Halteschelle *f*
② (*traba*) Fußfessel *f*
③ (*puño*) Griff *m*
④ (*de la ventana, puerta*) Hebel *m*
⑤ (*palanca*) Kurbelgriff *m*
manila [ma'nila] *m* ① (*cigarro*) Manilazigarre *f*
② (*cáñamo*): **cáñamo de M~** Manilahanf *m*
manilargo, -a [mani'larγo, -a] *I. adj* ① (*hurtador*) langfing(e)rig
② (*dadivoso*) großzügig
II. m, f Langfinger *m*
manilla [ma'niʎa] *f* ① (*pulsera*) Armreif *m*
② *pl* (*para prisioneros*) Handschellen *fpl*
③ (*manija*) Kurbelgriff *m*
④ (*del reloj*) Uhrzeiger *m*
manillar [mani'ʎar] *m* Lenker *m* (*eines Zweirads*)
maniluvio [mani'luβjo] *m* (MED) medizinisches Handbad *nt*
maniobra [mani'oβra] *f* ① (*operación manual*) Handgriff *m*
② (*uso*) Bedienung *f*
③ (*ardid*) Intrige *f*, Machenschaften *fpl*; **~s fraudulentas** betrügerische Handlungen
④ (*ejercicio militar*) Manöver *nt*; **estar de ~s** im Manöver sein
⑤ (*coche*) Manöver *nt*
⑥ (*tren*) Rangieren *nt*; **~ de acoplamiento** Andockmanöver *nt*
⑦ (*vehículo*) Steuern *nt*
⑧ (FIN): **~ a la baja** Baissemanöver *nt*
maniobrabilidad [manjoβraβili'ðað] *f* (*vehículo*) Lenkbarkeit *f*
maniobrable [manjo'βraβle] *adj* lenkbar; **un vehículo fácilmente ~** ein wendiges Fahrzeug
maniobrar [manjo'βrar] *I. vi* (*adiestrar militarmente*) ein Manöver abhalten
II. vt ① (*manejar*) manövrieren, steuern

② (*manipular*) beeinflussen
manipulable [manipu'laβle] *adj* manipulierbar
manipulación [manipula'θjon] *f* ① (*empleo*) Handhabung *f*; **costes de ~** (COM) Bearbeitungskosten *pl*
② (*elaboración*) Verarbeitung *f*; **~ de documentos** (INFOR) Dokumentverarbeitung *f*; **~ de símbolos** (INFOR) Zeichenverarbeitung *f*
③ (*alteración*) Manipulation *f*; **~ genética** Genmanipulation *f*; **~ del mercado** Marktbeeinflussung *f*
manipulado, -a [manipu'laðo, -a] *adj* manipuliert
manipulador¹ [manipula'ðor] *m* (*morse*) Morsetaster *m*
② (TEL) Telegrafenschlüssel *m*
manipulador(a)² [manipula'ðor(a)] *adj* manipulierend
manipular [manipu'lar] *vt* ① (*maniobrar*) handhaben; (*máquina*) bedienen
② (*elaborar*) verarbeiten
③ (*alterar*) manipulieren; **~ a alguien** jdn beeinflussen
④ (*interferir*) eingreifen (in +*akk*)
⑤ (*manosear*) hantieren (mit +*dat*)
manipuleo [manipu'leo] *m* (*fam:* manoseo) Hantieren *nt*, Handhabung *f*; **se le da bien el ~ de aparatos eléctricos** er/sie ist geschickt im Umgang mit elektrischen Geräten
maniquea [mani'kea] *f v.* **maniqueo**
maniqueísmo [manike'ismo] *m sin pl* ① (REL) Manichäismus *m*
② (POL) Schwarzweißmalerei *f*
maniqueo, -a [mani'keo, -a] *m, f* Manichäer(in) *m(f)*
maniquí [mani'ki] <maniquíes> *m* ① (*modelo*) Mannequin *nt*
② (*muñeco*) Modellpuppe *f*, Schaufensterpuppe *f*
③ (*pelele*) Marionette *f*
manir [ma'nir] *irr como abolir vt* (*vino*) ablagern; (*frutas*) reifen lassen; (*carne*) abhängen lassen
manirroto, -a [mani'rroto, -a] *adj* verschwenderisch
manita [ma'nita] *f* ① (*maná*) Mannit *m*
② (*dim de mano*) Händchen *nt;* **hacer ~s** Händchen halten; **ser un ~s** handwerklich geschickt sein
③ (GASTR): **~s de cerdo** Spitzbeineintopf
manito [ma'nito] *m* (*Méx*) ≈Kumpel *m*
manitú [mani'tu] *m* Manitu *m*
manivacío, -a [maniβa'θio, -a] *adj* (*fam*) mit leeren Händen
manivela [mani'βela] *f* Kurbel *f*; **dar vueltas a la ~** die Kurbel drehen
manjar [maŋ'xar] *m* ① (*comestible*) Speise *f*
② (*exquisitez*) Delikatesse *f*
③ (GASTR: *plato*) verschiedene spanische Spezialitäten mit Milch und Eiern als Hauptzutaten
manjarete [maŋxa'rete] *m* (*Ven:* GASTR) in Zucker und Milch gekochte Süßspeise aus geriebenem Mais
mano¹ ['mano] *f* ① (*parte del cuerpo*) Hand *f*; **equipaje de ~** Handgepäck *nt*; **a ~ alzada** (*votación*) durch Handzeichen; **a ~ armada** bewaffnet; **a ~s de alguien** zu Händen [*o* z. Hd.] von jdm; **a ~s llenas** großzügig; **a ~ de Dios** dem Schicksal überlassen; **alzar la ~ contra alguien** gegen jdn die Hand erheben; **apretón de ~s** Handschlag *m*; **¡~s arriba!** Hände hoch!; **bajo ~** unter der Hand; **algo está de la ~ de alguien** jd ist für etw zuständig; **vender algo bajo ~** etw unter der Hand [*o* auf dem Schwarzmarkt] verkaufen; **cargar las ~s** übertreiben; **coger [*o* encontrar] a alguien con las ~s en la masa** jdn auf frischer Tat ertappen; **cogidos [*o* tomados] de las ~s** Hand in Hand; **comer de la ~ de alguien** (*fig*) jdm aus der Hand fressen; **con la ~ en el corazón** freimütig; **con ~ férrea** mit eiserner Hand; **dar de ~** (*al trabajo*) die Arbeit niederlegen, mit der Arbeit aufhören; **dar la ~ a alguien** jdn links liegen lassen; **dar [*o* tender] la ~ a alguien** jdm die Hand geben; (*fig*) jdm helfen; **dar [*o* echar] una ~ a alguien** jdm helfen; **de primera/segunda ~** aus erster/zweiter Hand; **dejar algo en ~s de alguien** jdm etw überlassen; **echar ~ de alguien** auf/auf jdn zurückgreifen; **echarse las ~s a la cabeza** (*fam*) die Hände über dem Kopf zusammenschlagen; **ser de ~ abierta/cerrada** großzügig/geizig sein; **estar al alcance de la ~** in Reichweite sein; **estar [*o* quedar] a ~** quitt sein; **estar en buenas ~s** (*fig*) in guten Händen sein; **estar sobre ~** (*fig*) die Hände in den Schoß legen; **hecho a ~** handgefertigt; **hizo todo lo que estuvo en su ~** er/sie tat alles, was in seinen/ihren Kräften stand; **irse a las ~s** handgreiflich werden; **su vida se le había ido de las ~s** er/sie hatte die Kontrolle über sein/ihr Leben verloren; **se le ha ido la ~** (*desmesura*) er/sie hat das Maß überschritten; (*violencia*) er/sie ist handgreiflich geworden; **lavarse las ~s como Pilatos** seine Hände in Unschuld waschen; **llevar a alguien de la ~** jdn an der Hand führen; (*fig*) Einfluss auf jdn ausüben; **~ a ~** (*fig*) Hand in Hand, gleichzeitig; **¡~s a la obra!** ans Werk!; **meter ~** sich einmischen; **meter ~ a alguien** (*fam*) jdn befingern; **pedir la ~ de alguien** um jds Hand anhalten; **poner las ~s en el fuego por alguien** für jdn die Hand ins Feuer legen; **si a ~ viene...** wenn es gelegen ist ...; **echar ~ de una oferta** ein Angebot in Anspruch nehmen; **tener [*o* traer] algo entre ~s** etw im Schilde führen;

tomarle la ~ a algo (*fam*) sich in etw einarbeiten; **untar la ~ a alguien** jdn bestechen; **muchas ~s en un plato hacen mucho garabato** (*prov*) viele Köche verderben den Brei
❷ (ZOOL) Vorderfuß *m*; (*de un perro*) Vorderpfote *f*; **~ de ave** Klaue *f*; **~ de elefante** Rüssel *m*
❸ (*reloj*) Zeiger *m*
❹ (*lado*) Seite *f*; **a [o de] [o por] la ~ derecha/izquierda** auf der rechten/linken Seite
❺ (*aplicación*) (Farb)auftrag *m*; (*capa*) (Farb)schicht *f*; **una ~ de pintura** ein Anstrich; **la pared necesita una ~ de pintura** die Wand muss noch einmal gestrichen werden; **dar la última ~ a algo** etw *dat* den letzten Schliff geben; **una ~ de azotes** eine Tracht Prügel
❻ (*trabajador*) Arbeiter(in) *m(f)*; **~ de obra** Arbeitskraft *f*; **~ de obra cualificada** [*o* **de obra especial**] Facharbeiter *mpl*, Fachpersonal *nt*; **~ de obra no cualificada** ungelernte Arbeitskräfte; **~ de obra barata** billige Arbeitskräfte; **~ de obra disponible** verfügbare Arbeitskräfte; **doctrina de la ~ invisible** die Doktrin von der unsichtbaren Hand
❼ (*habilidad*) Geschicklichkeit *f*; **tener buena ~ para coser** im Nähen geschickt sein; **tener ~s verdes** eine gute Hand für Pflanzen haben, einen grünen Daumen haben
❽ (*lance entero de naipes*) Runde *f*; (*primero en orden*) Vorhand *f*; **ser ~** herauskommen
❾ (*lance entero de ajedrez*) Partie *f*
mano, -a² ['mano, -a] *m, f* (*Méx: fam*) Kumpel *m*, Brüderchen *nt*, Schwesterchen *nt*
manojear [manoxe'ar] *vt* (*Cuba*) (Tabakblätter) bündeln
manojo [ma'noxo] *m* Hand *f* voll (*de +gen/akk*); **~ de llaves** Schlüsselbund *m o nt*; **ser un ~ de nervios** ein Nervenbündel sein
manola [ma'nola] *f* Pferdekutsche *f*
manolo, -a [ma'nolo, -a] *m, f* (*de Madrid*) Gassenjunge *m*, Gassenmädchen *nt*
manometría [manome'tria] *f* (FÍS) Druckmessung *f*
manómetro [ma'nometro] *m* (FÍS) Manometer *nt*
manopla [ma'nopla] *f* ❶ (*guante*) Fausthandschuh *m*, Fäustling *m*; (*para lavarse*) Waschlappen *m*; (HIST: *armadura*) Panzerhandschuh *m*
❷ (*látigo*) Peitsche *f*
manoseado, -a [manose'aðo, -a] *adj* ❶ (*sobado*) gebraucht
❷ (*trillado*) abgedroschen
manoseador(a) [manosea'ðor(a)] *adj* grapschend
manosear [manose'ar] *vt* ❶ (*palpar*) betasten
❷ (*fam pey: toquetear*) betatschen, begrapschen
manoseo [mano'seo] *m* ❶ (*fam: sobo*) Fummelei *f*
❷ (*toqueteo*) Belästigung *f*
manotada [mano'taða] *f* Schlag *m* (*mit der Hand*); **terminar un trabajo de cuatro ~s** eine Arbeit schnell [*o* im Handumdrehen] erledigen
manotazo [mano'taθo] *m* Schlag *m*; **dar ~** um sich schlagen
manoteador(a) [manotea'ðor(a)] **I.** *adj* (CSur: *caballo piafador*) tänzelnd
II. *m(f)* ❶ (*Arg, Méx: ratero*) Taschendieb(in) *m(f)*
❷ (*que mueve mucho las manos*) Person, die beim Sprechen mit den Händen gestikuliert
manotear [manote'ar] **I.** *vi* gestikulieren
II. *vt* mit der Hand schlagen
manoteo [mano'teo] *m* Herumfuchteln *nt*, Gestikulieren *nt*; **el ~ en el agua fue la señal que alertó al socorrista** durch das Herumzappeln im Wasser wurde der Bademeister aufmerksam
manotón [mano'ton] *m* Schlag *m* (*mit der Hand*)
manriqueño, -a [manrri'keɲo, -a] *adj* (LIT) ❶ (*de Jorge Manrique*) Jorge Manrique betreffend; **coplas manriqueñas** Gedichte Jorge Manriques
❷ (*influido por Manrique*) von Jorge Manrique beeinflusst
mansalva [man'salβa] *adv*: **a ~** (*sobre seguro*) sicher; (*traidoramente*) aus dem Hinterhalt; (*en gran cantidad*) massenweise
mansamente [mansa'mente] *adv* (*obedecer*) zahm, gefügig; (*correr*) still; (*soplar*) lau, lind
mansarda [man'sarða] *f* (*AmC, AmS*) Mansarde *f*
mansedumbre [manse'ðumbre] *f* ❶ (*suavidad*) Sanftmut *f*
❷ (*sumisión*) Gehorsam *m*
mansión [man'sjon] *f* ❶ (*casa suntuosa*) Villa *f*
❷ (*morada*) Wohnsitz *m*
❸ (*detención*) Rast *f*; **hacer ~** sich aufhalten
manso, -a ['manso] *adj* ❶ (*dócil*) sanft
❷ (*animales*) zahm
❸ (*aguas*) still
❹ (*viento*) lau
❺ (*clima*) mild
mansurrear [mansurre'ar] *vi* (TAUR) zu zahm sein
mansurrón, -ona [mansu'rron, -ona] *adj* (*del toro*) viel zu ruhig
manta¹ ['manta] *f* ❶ (*cobertor*) Decke *f*; **~ de cama** Tagesdecke *f*; **~ de**

viaje Reisedecke *f*; **a ~** massenhaft; **liarse la ~ a la cabeza** unbedacht handeln; (*aceptar un encargo*) sich *dat* etwas aufhalsen lassen; (*actuar con decisión*) Nägel mit Köpfen machen; **tirar de la ~** Machenschaften aufdecken
❷ (*zurra*) Tracht *f* Prügel
❸ (ZOOL: *pez*) Rochen *m*
manta² ['manta] *mf* (*persona torpe*) Tölpel *m*
mantalona [manta'lona] *f* (NÁUT) festes Segeltuch *nt*
mantancero, -a [mantan'θero, -a] *m, f* (*Méx*) Fleischer(in) *m(f)*, Metzger(in) *m(f)*
manteado [mante'aðo] *m* (*AmC*) Zelt *nt*
mantear [mante'ar] *vt* auf einer Decke mehrmals in die Luft werfen und wieder auffangen
manteca [man'teka] *f* ❶ (*grasa*) Fett *nt*; **~ de cerdo** Schweineschmalz *nt*; **~ vegetal** Pflanzenfett *nt*
❷ (*mantequilla*) Butter *f*; **~ de cacao** Kakaobutter *f*; **como ~** butterweich; **eso no se le ocurre ni al que asó la ~** um so etwas anzustellen, muss man schon ganz schön doof sein
mantecada [mante'kaða] *f* (*pan*) Butterbrot *nt* mit Zucker
❷ (*bollo*) Buttergebäck *nt*
mantecado [mante'kaðo] *m* ❶ (*bollo*) (weihnachtliches) Schmalzgebäck *nt*
❷ (*helado*) Milcheis *nt*
mantecosidad [mantekosi'ðað] *f sin pl* butterweiche Konsistenz *f*
mantecoso, -a [mante'koso, -a] *adj* ❶ (*de manteca*) Butter-; (*sabor*) butt(e)rig; **queso ~** Butterkäse *m*
❷ (*consistencia*) butterweich; **carne mantecosa** zartes Fleisch
mantel [man'tel] *m* Tischtuch *nt*, Tischdecke *f*; **levantar los ~es** nach dem Essen vom Tisch aufstehen; **comer a ~es** fein essen; **estar a mesa y ~** freie Verpflegung haben
mantelería [mantele'ria] *f* Tischwäsche *f*
mantellina [mante'ʎina] *f* Mantille *f*, Schleiertuch *nt*
mantelo [man'telo] *m* Schürze der Bäuerinnen im Norden Spaniens
mantenencia [mante'nenθja] *f* Unterhalt *m*; (*pago*) Unterhaltszahlung *f*
mantener [mante'ner] *irr como tener* **I.** *vt* ❶ (*conservar*) halten; **~ a punto** instand [*o* in Stand] halten; **~ el orden/las relaciones** die Ordnung/die Beziehungen aufrechterhalten; **~ la línea** fit bleiben; **~ su palabra** (sein) Wort halten
❷ (*perseverar*) beharren (auf +*dat*); **~ la calma** die Ruhe bewahren
❸ (*sustentar*) unterhalten; **~ correspondencia con alguien** mit jdm in Briefkontakt stehen
❹ (*sostener*) stützen, halten
❺ (*proseguir*) in Gang halten; **~ una conversación con alguien** mit jdm ein (langes) Gespräch führen
II. *vr*: **~se** (*sostenerse*) sich halten
❷ (*continuar*) bleiben; **~se tranquilo/en movimiento** ruhig/in Bewegung bleiben; **~se despierto** sich wach halten, wach bleiben; **las acciones se mantienen bien** (FIN) die Aktien halten sich gut; **la Bolsa se ha mantenido hoy en calma** die Börse hatte heute eine ruhigen Verlauf
❸ (*perseverar*) festhalten (an +*dat*); **~se en sus trece** (*fam*) auf seinem Standpunkt beharren
❹ (*sustentarse*) seinen Lebensunterhalt bestreiten (*gracias a* mit +*dat*)
mantenida [mante'niða] *f* ausgehaltene Geliebte *f*
mantenido, -a [mante'niðo, -a] *adj* konstant, anhaltend
mantenimiento [manteni'mjento] *m* ❶ (*alimentos*) Unterhalt *m*
❷ (TÉC) Wartung *f*, Instandhaltung *f*; **coste de ~ de una máquina** Wartungskosten einer Maschine; **de garantía** Garantiewartung *f*; **responsable de ~ de unas instalaciones** für die Wartung mehrerer Anlagen Verantwortlicher; **servicio de ~** Wartungsdienst *m*; **sin ~** wartungsfrei; **~ de datos** (INFOR) Datenpflege *f*
manteo [man'teo] *m* ❶ (*mantear*) Werfen und Wiederauffangen auf einer Decke
❷ (*capa*) Priestermantel *m*
mantequera [mante'kera] *f* ❶ (*elaboración manual*) Butterfass *nt*; (*elaboración mecánica*) Buttermaschine *f*
❷ (*para conservar*) Butterdose *f*; (*en frigorífico*) Butterfach *nt*
mantequería [manteke'ria] *f* ❶ (*lugar de elaboración*) Molkerei *f*
❷ (*lugar de venta*) Milchgeschäft *nt*
mantequilla [mante'kiʎa] *f* Butter *f*
mantequillera [manteki'ʎera] *f* (*Am*) Butterdose *f*
mantilla [man'tiʎa] *f* ❶ (*de mujer*) Mantille *f*
❷ (*de niño*) Wickeltuch *nt*
❸ (*de caballo*) Satteldecke *f*
❹ (*loc, fam*): **algo está en ~s** etw ist [*o* steckt] noch in den Windeln; **estar en ~s sobre algo** wenig Ahnung von etw *dat* haben
mantillo [man'tiʎo] *m* ❶ (*capa del suelo*) Humus *m*
❷ (*abono*) organischer Dünger *m*
mantillón¹ [manti'ʎon] *m* (*Am*) dicke (Pferde)decke *f*

mantillón, -ona² [maṇtiˈʎon(a)] **I.** *adj* ❶ (*desaliñado*) schlampig ❷ (*Méx: sinvergüenza*) unverschämt **II.** *m, f* (*pey: mujer*) Schlampe *f*; (*hombre*) Schmutzfink *m*
mantis [ˈmaṇtis] *f* (ZOOL) Gottesanbeterin *f*
mantisa [maṇˈtisa] *f* (MAT) Mantisse *f*
manto [ˈmaṇto] *m* ❶ (*prenda de vestir*) Umhang *m* ❷ (*capa*) Schicht *f*; **el ~ ácido de la piel** der Säureschutzmantel der Haut; **un ~ de nieve** eine Schneedecke ❸ (*velo*) Schleier *m*; **el ~ del olvido** ein Schleier des Vergessens ❹ (*talar*) Talar *m* ❺ (MIN) dünne Erdschicht *f* ❻ (GEO): **~ terrestre** Erdmantel *m* ❼ (GEO, BOT): **~ vegetal** Pflanzendecke *f*
mantón [maṇˈton] *m* Umschlagtuch *nt*; **~ de Manila** besticktes Umschlagtuch aus Seide
mantra [ˈmaṇtra] *m* Mantra *nt*
mantudo, -a [maṇˈtuðo, -a] **I.** *adj* (*ave*) mit hängenden Flügeln **II.** *m, f* (*AmC*) verkleideter Mensch *m*, Maske *f*
manuable [manuˈaβle] *adj* handlich
manual [manuˈal] **I.** *adj* ❶ (*con las manos*) Hand-; **trabajo ~** Handarbeit *f*; **abecedario ~** Fingeralphabet *nt* (*für Taubstumme*) ❷ (*manejable*) handlich **II.** *m* Handbuch *nt*; **~ de instrucciones** Bedienungsanleitung *f*; **~ de mantenimiento** Wartungshandbuch *nt*; **~ de referencia** Nachschlagewerk *nt*
manualidad [manwaliˈðað] *f* ❶ (*trabajo manual*) Handarbeit *f* ❷ (*pasatiempo*) Bastelarbeit *f*
manubrio [maˈnuβrjo] *m* ❶ (*puño*) Griff *m* ❷ (*manivela*) Kurbel *f*; **piano de ~** Drehorgel *f* ❸ (*Arg: manillar*) Lenker *m*
manuelino, -a [manweˈlino, -a] *adj* (ARQUIT): **de estilo ~** im Manuelstil [*o* Emanuelstil]
manuella [maˈnweʎa] *f* (NÁUT) Windenhebel *m*, Spillgriff *m*
manufactura [manufakˈtura] *f* ❶ (*fabricación*) Manufakturartikel *m* ❷ (*fábrica*) Manufaktur *f*
manufacturación [manufakturaˈθjon] *f* Herstellung *f*
manufacturado, -a [manufaktuˈraðo, -a] *adj* hergestellt; **artículos ~s** Manufakturartikel *mpl*; **~ en…** hergestellt in …
manufacturar [manufaktuˈrar] *vt* herstellen, fertigen
manufacturero, -a [manufaktuˈrero, -a] *adj* (ECON) verarbeitend; **el sector ~** die verarbeitende Industrie
manumisión [manumiˈsjon] *f* Freilassung *f* (*von Sklaven*)
manumiso, -a [manuˈmiso, -a] *adj* (JUR) freigelassen
manumitir [manumiˈtir] *vt* (HIST) freilassen
manuscribir [manuskriˈβir] *vt* handschriftlich anfertigen, mit der Hand schreiben
manuscrito¹ [manusˈkrito] *m* ❶ (*escrito a mano*) Handschrift *f* ❷ (*de un autor*) Manuskript *nt*
manuscrito, -a² [manusˈkrito, -a] *adj* handschriftlich, handgeschrieben
manutención [manuteṇˈθjon] *f* ❶ (*alimentos*) Unterhalt *m* ❷ (TÉC) Unterhaltung *f*, Instandhaltung *f*
manutisa [manuˈtisa] *f* (BOT) Bartnelke *f*
manzana [maṇˈθana] *f* ❶ (*fruta*) Apfel *m*; **la ~ de la discordia** der Zankapfel; **sano como una ~** kerngesund ❷ (*cuadra*) (Häuser)block *m*; **dar la vuelta a la ~** um den Block gehen
manzanal [maṇθaˈnal] *m* (BOT) ❶ (*terreno*) Apfelbaumplantage *f* ❷ (*árbol*) Apfelbaum *m*
manzanar [maṇθaˈnar] *m* Apfelgarten *m*
manzanero [maṇθaˈnero] *m* (*Ecua:* BOT) Apfelbaum *m*
manzanil [maṇθaˈnil] *adj* apfelähnlich
manzanilla [maṇθaˈniʎa] *f* ❶ (*planta*) Kamille *f*; **~ loca** Bertram *m* ❷ (*flor*) Kamillenblüte *f* ❸ (*infusión*) Kamillentee *m* ❹ (*vino*) Manzanilla(wein) *m* (*andalusische Weinspezialität*)
manzanillo¹ [maṇθaˈniʎo] *m* ❶ (*Arg, Méx, Urug, Ven: caballo*) Falbe *m* ❷ (BOT) Manzanillo-Baum *m* (*in den Antillen vorkommender Baum mit apfelähnlichen Früchten, die sehr giftig sind*)
manzanillo, -a² [maṇθaˈniʎo, -a] *adj* (BOT): **olivo ~** Olivenbaumsorte *mit kleinen Früchten*; **aceituna manzanilla** die Olive dieses Olivenbaumes
manzano [maṇˈθano] *m* Apfelbaum *m*
maña [ˈmaɲa] *f* ❶ *v.* **maño** ❷ (*habilidad*) Geschicklichkeit *f*; **darse** [*o* **tener**] **~ para** [*o* **con**] **algo etw geschickt angehen** ❸ (*astucia*) Schläue *f*; **más vale ~ que fuerza** List geht über Kraft ❹ *pl* (*caprichos*) Mucken *fpl*; **tener ~s** verwöhnt sein
mañana¹ [maˈɲana] **I.** *f* Morgen *m*, Vormittag *m*; **a las 5 de la ~** um 5 Uhr morgens; **de la noche a la ~** über Nacht; **de ~** frühmorgens; **por la ~** vormittags, im Laufe des Vormittags; **todas las ~s** jeden Morgen **II.** *adv* ❶ (*día*) morgen; **¡hasta ~!** bis morgen!; **~ por la ~** morgen früh [*o* Vormittag]; **pasado ~** übermorgen; **~ será otro día** morgen ist auch noch ein Tag; **no dejes para ~ lo que puedas hacer hoy** (*prov*) was du heute kannst besorgen, das verschiebe nicht auf morgen ❷ (*futuro*) in der Zukunft
mañana² [maˈɲana] *m* Morgen *nt*, Zukunft *f*; **el día de ~** in näherer Zukunft
mañanear [maɲaneˈar] *vi* früh aufstehen; **no soporto ~** morgens früh aufstehen finde ich schrecklich
mañanero, -a [maɲaˈnero, -a] **I.** *adj* ❶ (*madrugador*) Frühaufsteher- ❷ (*de la mañana*) Morgen- **II.** *m, f* Frühaufsteher(in) *m(f)*
mañanita [maɲaˈnita] *f* ❶ (*prenda*) Bettjacke *f* ❷ (*Méx: canción*) Morgenlied *nt*
mañería [maɲeˈria] *f* Unfruchtbarkeit *f*
maño, -a [ˈmaɲo, -a] **I.** *adj* aus Aragonien **II.** *m, f* Aragonier(in) *m(f)*
mañoco [maˈɲoko] *m* Tapioka *f*
mañosear [maɲoseˈar] *vi* (*Chil, Perú*) schlau vorgehen, sich geschickt anstellen
mañoso, -a [maˈɲoso, -a] *adj* ❶ (*hábil*) geschickt ❷ (*sagaz*) flink ❸ (*caprichoso*) verwöhnt ❹ (*terco*) störrisch
maoísmo [maoˈismo] *m* (POL) Maoismus *m*
maoísta [maoˈista] **I.** *adj* (POL) maoistisch **II.** *mf* (POL) Maoist(in) *m(f)*
maorí¹ [maoˈri] *m sin pl* (LING) Maori *m*
maorí² [maoˈri] **I.** *adj* maorisch; **sistema vocálico ~** maorische Vokalbildung; **artesanía ~** maorische Handwerkskunst **II.** *mf* Maori *mf*
mapa [ˈmapa] *m* (Land)karte *f*; **~ astronómico** [*o* **celeste**] Himmelskarte *f*; **~ de bits** (INFOR) Bitmap *f*; **~ de la memoria** (INFOR) Memory Map *f*, Speichertabelle *f*; **~ político** (POL) politische Karte; **(matar) desaparecer del ~** verschwinden; **no estar en el ~** außergewöhnlich sein
mapache [maˈpatʃe] *m* (ZOOL), **mapachín** [mapaˈtʃin] *m* (*AmC:* ZOOL) Waschbär *m*
mapachín [mapaˈtʃin] *m* (*AmC:* ZOOL) Waschbär *m*
mapamundi [mapaˈmuṇdi] *m* ❶ (*mapa*) Weltkarte *f* ❷ (*fam: trasero*) Hintern *m*
mapeo [maˈpeo] *m* Mapping *nt*; **~ digital** (INFOR) digitales Mapping
mapuche¹ [maˈputʃe] **I.** *adj* araukanisch **II.** *mf* Araukaner(in) *m(f)*
mapuche² [maˈputʃe] *m* (*idioma*) Araukanisch(e) *nt*
maqueta [maˈketa] *f* ❶ (ARQUIT: *miniatura*) Entwurfsmodell *nt* ❷ (*formato*) Lay-out *nt* ❸ (TIPO) Blindmuster *nt*
maquetación [maketaˈθjon] *f* (PREN) Layout *nt*
maquetar [makeˈtar] *vt* (TIPO) das Layout machen (von +*dat*), layouten
maqueto, -a [maˈketo, -a] *m, f* (*País Vasco*) Nichtbaske, -in *m, f*
maqui¹ [ˈmaki] *m* (BOT) Ölfruchtgewächs mit großen Blüten und runden, roten Früchten
maqui² [ˈmaki] *mf* (HIST) Maquis *m* (*französische Widerstandsorganisation im 2. Weltkrieg*); **pertenecer a los ~s** dem Maquis angehören
maquiavélico, -a [makjaˈβeliko, -a] *adj* ❶ (*maquiavelista*) machiavellistisch ❷ (*retorcido*) heimtückisch
maquiavelismo [makjaβeˈlismo] *m* ❶ (POL) Machiavellismus *m* ❷ (*comportamiento*) Falschheit *f*, Arglistigkeit *f*
maquillador(a) [makiʎaˈðor(a)] *m(f)* ❶ (*esteticista*) Kosmetiker(in) *m(f)* ❷ (*del teatro*) Maskenbildner(in) *m(f)*
maquillaje [makiˈʎaxe] *m* ❶ (*acción*) Schminken *nt* ❷ (*producto*) Make-up *nt*; (TEAT) Schminke *f*
maquillar [makiˈʎar] **I.** *vt* ❶ (*poner base de fondo*) Make-up auftragen (auf +*akk*); (*con pinturas*) schminken ❷ (*disimular*) beschönigen **II.** *vr*: **~se** (*con base de fondo*) Make-up auflegen; (*con pinturas*) sich schminken
máquina [ˈmakina] *f* ❶ (*artefacto*) Maschine *f*, Apparat *m*; **~ de afeitar** Rasierapparat *m*; **~ calculadora** Rechenmaschine *f*; **~ de composición** (TIPO) Setzmaschine *f*; **~ de coser/lavar** Näh-/Waschmaschine *f*; **~ destructora de documentos** Aktenvernichter *m*, Reißwolf *m fam*; **~ de escribir automática** elektronische Schreibmaschine; **~ fotográfica** Kamera *f*; **~ de imprimir** Druckmaschine *f*; **~ virtual** (INFOR) virtuelle Maschine; **encargado de una ~** Maschinenführer *m*; **pan hecho a ~** industriell hergestelltes Brot; **a toda ~** mit Volldampf *fam*; **escrito a ~**

maquinación

maschinengeschrieben; **hecho a ~** maschinell hergestellt; **ser un ~ en algo** (*fam*) in etw *dat* ein Ass sein
❷ (*aparato de monedas*) Automat *m;* **~ de bebidas** Getränkeautomat *m;* **~ de tabaco** Zigarettenautomat *m;* **~ tragamonedas** Spielautomat *m;* **~ tragaperras** (*fam*) Spielautomat *m*
❸ (*tren*) Lokomotive *f*
❹ (*tramoya*) Bühnenmaschinerie *f*
❺ (LIT: *ilusión*) Illusion *f*
maquinación [makina'θjon] *f* Intrige *f,* Ränke *mpl;* **maquinaciones ilícitas** unlautere Machenschaften
maquinador(a) [makina'ðor(a)] **I.** *adj* intrigant, intrigierend
II. *m(f)* Intrigant(in) *m(f),* Ränkeschmied(in) *m(f)*
máquina-herramienta ['makina erra'mjenta] *f* Werkzeugmaschine *f*
maquinal [maki'nal] *adj* ❶ (*de la máquina*) Maschinen-, maschinell
❷ (*fig*) mechanisch
maquinar [maki'nar] *vt* ❶ (*urdir*) aushecken
❷ (*trabajar a máquina*) maschinell bearbeiten
maquinaria [maki'narja] *f* ❶ (*máquinas*) Maschinenpark *m*
❷ (*mecanismo*) Maschinerie *f*
❸ (*industria*) Maschinenbauindustrie *f*
maquinilla [maki'niʎa] *f* (*rasuradora*) Rasierapparat *m*
maquinismo [maki'nismo] *m sin pl* (ECON) Einsatz *m* von Maschinen
maquinista [maki'nista] *mf* ❶ (*constructor*) Maschinenbauer(in) *m(f)*
❷ (*conductor*) Maschinenführer(in) *m(f);* **~ de trenes** Lokführer(in) *m(f)*
maquinización [makiniθa'θjon] *f* Automatisierung *f*
maquinizar [makini'θar] <z→c> *vt* mechanisieren
maquis ['makis] *m inv* ❶ (*guerrillero*) Widerstandskämpfer(in) *m(f)*
❷ (*organización guerrillera*) bewaffnete Widerstandsbewegung *f*
mar [mar] *m o f* ❶ (*masa de agua*) Meer *nt,* See *f;* **en alta ~** auf hoher See; **~ adentro** seewärts; **~ de fondo** Dünung *f;* (*fig*) unterschwellige Spannung; **por ~** auf dem Seeweg; **hacerse a la ~** in See stechen; **arar en el ~** (*fig*) Wasser in den Rhein tragen; **arrojarse a la ~** (*fig*) ins kalte Wasser springen; **quien no se aventura no pasa la ~** (*prov*) wer nicht wagt, der nicht gewinnt
❷ (GEO): **M~ Adriático** Adriatisches Meer; **M~ Antártico** Südliches Eismeer; **M~ de las Antillas** Karibisches Meer; **M~ Arábigo** Arabisches Meer; **M~ de Aral** Aralsee *m;* **M~ Ártico** Nordpolarmeer *nt;* **M~ Báltico** Ostsee *f;* **M~ Cantábrico** Kantabrisches Meer, Golf von Biscaya; **M~ Caspio** Kaspisches Meer; **M~ de la China Meridional/Oriental** Süd-/Ostchinesisches Meer; **M~ del Coral** Korallenmeer *nt;* **M~ Egeo** Ägäisches Meer; **M~ de Irlanda** Irische See; **M~ del Japón** Japanisches Meer; **M~ Ligur** Ligurisches Meer; **M~ Mediterráneo** Mittelmeer *nt;* **M~ Muerto** Totes Meer; **M~ Negro** Schwarzes Meer; **M~ del Norte** Nordsee *f;* **M~ Rojo** Rotes Meer; **M~ de Tasmania** Tasmansee *f;* **M~ Tirreno** Tyrrhenisches Meer
❸ (*fam: abundancia*) Unmenge *f;* **hay la ~ de...** es gibt ... in Hülle und Fülle; **llueve a ~es** es schüttet; **llorar a ~es** wie ein Schlosshund weinen, in Tränen aufgelöst sein; **sudar a ~es** sehr stark schwitzen; **ser la ~ de aburrido** entsetzlich langweilig sein; **ser la ~ de bonita** äußerst hübsch sein
marabú [mara'βu] *m* <marabúes> (ZOOL) Marabu *m*
marabunta [mara'βunta] *f* ❶ (*hormigas*) Raubzug *m* von Wanderameisen
❷ (*fam: muchedumbre*) Gedränge *nt*
maraca [ma'raka] *f* ❶ (*instrumento musical*) Rumbakugel *f*
❷ (*sonajero*) Kürbisrassel *f*
maracuyá [maraku'ɟa] *m* (BOT) Maracuja *f,* Passionsfrucht *f*
maragato, -a [mara'ɣato, -a] **I.** *adj* aus La Maragatería (*Bezirk der Provinz León*)
II. *m, f* Einwohner(in) *m(f)* von La Maragatería
maragota [mara'ɣota] *f* (GASTR) Gefleckter Lippfisch *m*
marajá [mara'xa] *m* Maharadscha *m*
maraña [ma'raɲa] *f* ❶ (*maleza*) Gestrüpp *nt*
❷ (*lío*) Wirrwarr *m;* **~ de cabello** zerzaustes Haar; **~ de hilo** unentwirrbarer Knäuel
❸ (*embuste*) List *f*
❹ (BOT: *coscoja*) Kermeseiche *f*
marañón [mara'ɲon] *m* ❶ (GEO: *río*) Amazonas *m*
❷ (BOT: *anacardo*) Cashewbaum *m*
marasmo [ma'rasmo] *m* ❶ (*debilitamiento*) Kräfteverfall *m;* (MED) Marasmus *m*
❷ (*inmovilidad*) Stillstand *m*
maratón [mara'ton] *m o f* ❶ (DEP) Marathon(lauf) *m*
❷ (*fig*) Marathon *m;* **~ contrarreloj** Wettlauf mit der Zeit; **la reunión fue verdaderamente un ~** es war wahrhaftig eine Marathonsitzung
maratoniano, -a [mara'njano, -a] *adj* Marathon-
maravedí [maraβe'ði] *m* (HIST) Maravedi *m* (*alte spanische Münze*); **algo no importa un ~** etw ist völlig unwichtig

marchador

maravilla [mara'βiʎa] *f* ❶ (*portento*) Wunder *nt;* **a las mil ~s, de ~** wunderbar; **hablar ~s de alguien** jdn in den Himmel heben; **hacer ~s** (*fig*) wahre Wunder vollbringen
❷ (*admiración*) Bewunderung *f*
❸ (*dondiego de noche*) Wunderblume *f;* (*caléndula*) Ringelblume *f;* (*enredadera*) Prunkwinde *f*
maravillar [maraβi'ʎar] **I.** *vt* in Bewunderung versetzen
II. *vr:* **~se** sich wundern (*de* über +*akk*), staunen (*de* über +*akk*)
maravilloso, -a [maraβi'ʎoso, -a] *adj* wunderbar
marbellense [marβe'ʎense] **I.** *adj* aus Marbella
II. *mf* Einwohner(in) *m(f)* von Marbella
marbellí [marβe'ʎi] *adj o mf v.* **marbellense**
marca ['marka] *f* ❶ (*distintivo*) Kennzeichen *nt,* Merkmal *nt;* **~ de agua** Wasserzeichen *nt;* **~ de ganado** Brandzeichen *nt;* **~ de procedencia** Herkunftszeichen *nt*
❷ (*de productos*) Marke *f;* **~ de calidad** Gütezeichen *nt;* **~ comercial** Warenzeichen *nt;* **~ de fábrica** Fabrikmarke *f;* **~ registrada** eingetragenes Warenzeichen; **artículo de ~** Markenartikel *m;* **Registro de M~s y Patentes** Marken- und Patenteintragung *f;* **ropa de ~** Designerkleider *ntpl;* **un producto de ~** ein Markenartikel; **un idiota de ~ mayor** ein Idiot ersten Ranges
❸ (*huella*) Spur *f*
❹ (DEP) Rekord *m;* **batir una ~** einen Rekord brechen
❺ (HIST: *frontera*) Mark *f*
❻ (*medida*) Standard *m*
❼ (*prostituta*) Nutte *f fam pey*
❽ (INFOR) Marke *f;* **~ de bloque** Blockmarke *f;* **~ de campo** Feldmarke *f;* **~ de datos** Datenmarke *f;* **~ de fichero** Dateimarke *f;* **~ de inserción** Einfügemodus *m;* **~ (de texto)** Lesezeichen *nt,* Bookmark *f o nt*
marcación [marka'θjon] *f* Anwählen *nt;* **~ automática** (INFOR) automatisches Anwählen
marcadamente [markaða'mente] *adv* ❶ (*claramente*) deutlich
❷ (*singularmente*) besonders, vor allem
❸ (*con énfasis*) nachdrücklich
marcado[1] [mar'kaðo] *m* (Ein)legen *nt* (*der Haare*)
marcado, -a[2] [mar'kaðo, -a] *adj* ❶ (*señalado*) markiert
❷ (*evidente*) deutlich
❸ (*singular*) sonderbar
❹ (*enfático*) nachdrücklich
marcador[1] [marka'ðor] *m* ❶ (DEP: *tablero*) Anzeigetafel *f;* **abrir el ~** die ersten Punkte erzielen; **cerraron el ~ con tres tantos** sie beendeten das Spiel mit drei Toren
❷ (COM: *de mercancías*) Abstempler *m*
❸ (TIPO) Anleger *m*
❹ (*Arg: rotulador*) Filzstift *m*
marcador(a)[2] [marka'ðor(a)] **I.** *adj* markierend
II. *m(f)* (*señalador*) Markierer(in) *m(f)*
marcaje [mar'kaxe] *m* (DEP) Deckung *f*
marcapaso(s) [marka'paso(s)] *m* (*inv*) (MED) (Herz)schrittmacher *m*
marcar [mar'kar] <c→qu> **I.** *vt* ❶ (*señalar*) markieren, kennzeichnen; **~ una época** eine Epoche prägen; **~ el compás** den Takt (an)geben [*o* schlagen]
❷ (*ganado*) mit Brandzeichen versehen
❸ (COM: *mercancías*) auszeichnen
❹ (*resaltar*) hervorheben
❺ (*teléfono*) wählen
❻ (*cabello*) (ein)legen
❼ (*naipes*) zinken
❽ (DEP): **~ un gol** ein Tor schießen; **~ un punto** einen Punkt erzielen
❾ (DEP: *a un jugador*) decken
II. *vr:* **~se** sich abzeichnen
marcha ['martʃa] *f* ❶ (*movimiento*) Gang *m;* **poner en ~** in Gang setzen; **poner en ~ la producción** die Produktion aufnehmen
❷ (*caminata*) Lauf *m*
❸ (*curso*) Verlauf *m;* **~ de los negocios** Geschäftsverlauf *m;* **informe sobre la ~ del trabajo** Bericht über den Stand der Arbeit; **la ~ de los acontecimientos** der Gang der Ereignisse; **sobre la ~** zum richtigen Zeitpunkt
❹ (*velocidad*) Gang *m;* **~ atrás** Rückwärtsgang *m;* **~ corta** (AUTO) kleiner Gang; **~ larga** (AUTO) großer Gang; **meter una ~** (AUTO) einen Gang einlegen; **a toda ~** mit voller Geschwindigkeit
❺ (*desplazamiento de personas, t.* MIL) Marsch *m;* **~ de protesta** Protestmarsch *m;* **~ silenciosa** Schweigemarsch *m*
❻ (*salida*) Abreise *f;* **¡en ~!** los geht's!
❼ (*argot: acción*) Stimmung *f;* **¡aquí hay mucha ~!** hier ist die Hölle los!; **ir de ~** ausgehen; **llevar** [*o* **tener**] **~** unternehmungslustig sein
❽ (MÚS) Marsch *m*
marchador(a) [martʃa'ðor] *m(f)* unermüdlicher Läufer *m,* unermüdliche Läuferin *f*

marchamo [mar'tʃamo] *m* ❶ (*aduanas*) Zollplombe *f*
❷ (*embutidos*) Gütesiegel *nt*
marchante [mar'tʃante] **I.** *adj* kommerziell
II. *mf* Händler(in) *m(f)*; ~ **de obras de arte** Kunsthändler(in) *m(f)*
marchantía [martʃan'tia] *f* (*AmC, PRico, Ven*) Kundschaft *f*, Kundenstamm *m*
marchar [mar'tʃar] **I.** *vi* ❶ (*ir*) gehen, laufen; **¡marchando!** los geht's!
❷ (*funcionar*) funktionieren, laufen; **el negocio marcha bien/mal** das Geschäft läuft (gut)/läuft nicht; ~ **sobre ruedas** (*fig*) wie geschmiert laufen
❸ (MIL) marschieren
II. *vr:* **-se** ❶ (*irse*) weggehen; **¿os marcháis?** geht ihr (schon)?
❷ (*huir*) ausreißen; **-se del país** das Land verlassen
marchitable [martʃi'taβle] *adj* leicht (ver)welkend; **hay flores especialmente ~s** es gibt Blumen, die besonders schnell welken
marchitamiento [martʃita'mjento] *m* (Ver)welken *nt*
marchitar [martʃi'tar] **I.** *vi* ❶ (*plantas*) welken
❷ (*personas*) dahinwelken, erschlaffen
II. *vr:* **-se** verwelken, welk werden
marchitez [martʃi'teθ] *f* Welken *nt*
marchito, -a [mar'tʃito, -a] *adj* welk
marchoso, -a [mar'tʃoso, -a] *adj* ❶ (*salidor*) unternehmungslustig
❷ (*elegante*) schick
marcial [mar'θjal] *adj* martialisch, kriegerisch; **artes ~es** Kampfsportarten *fpl*; **ley ~** Ausnahmezustand *m*
marcialidad [marθjali'ðað] *f sin pl* kriegerisches Wesen *nt*, martialisches Wesen *nt*; **la ~ del gesto con el que me saludó** der martialische Gesichtsausdruck, mit dem er mich begrüßte
marciana [mar'θjana] *adj o f v.* **marciano**
marcianitos [marθja'nitos] *mpl* (*fam*) Marsmenschen *mpl*, kleine grüne Männchen *ntpl*
marciano, -a [mar'θjano, -a] **I.** *adj* Mars-
II. *m, f* Marsbewohner(in) *m(f)*, Marsmensch *m*
marcionista [marθjo'nista] *mf* (REL) Markionit(in) *m(f)*
marco ['marko] *m* ❶ (*recuadro*) Rahmen *m*, (*armazón*) Gestell *nt*; ~ **financiero** finanzielle Plafondierung; ~ **institucional** institutioneller Rahmen; **el ~ legal** der rechtliche Rahmen
❷ (*ambiente*) Rahmen *m*, Atmosphäre *f*
❸ (*moneda*) Mark *f*; **~ alemán** Deutsche Mark; **el ~ oro** die Goldmark
márcola ['markola] *f* (AGR) Art Sichel zum Entfernen von Misteln aus Olivenbäumen
marea [ma'rea] *f* ❶ (*mar*) Ebbe und Flut *f*, Gezeiten *pl*; ~ **alta** Flut *f*; ~ **baja** Ebbe *f*; ~ **negra** Ölpest *f*; ~ **roja** Algenpest *f*; ~ **viva** Springflut *f*, **aprovechamiento de las ~s** Nutzung der Gezeiten; **contra viento y ~** komme, was da wolle
❷ (*multitud*) Menge *f*; **una ~ humana** eine Menschenflut
mareado, -a [mare'aðo, -a] *adj* ❶ (*indispuesto*) krank; (*en el mar*) seekrank; (*al viajar*) reisekrank; **estoy ~** mir ist übel [*o* schlecht]
❷ (*aturdido*) schwind(e)lig; **estoy ~** mir ist schwind(e)lig
❸ (*bebido*) beschwipst *fam*
mareante [mare'ante] *adj* ❶ (*que produce vértigo*) schwindelerregend; (*que produce náuseas*) Übelkeit erregend
❷ (*que causa molestia*) nervenaufreibend; **su llanto le resultaba ~** sein/ihr Weinen ging ihm/ihr auf die Nerven
marear [mare'ar] **I.** *vt* ❶ (*gobernar una embarcación*) (ein Schiff) steuern
❷ (*enfermar*) seekrank machen
❸ (*aturdir*) schwind(e)lig machen; (*fig*) überfordern
❹ (*fam: molestar*) auf die Nerven gehen +*dat*
II. *vr:* **-se** ❶ (*enfermarse*) krank werden; (*en el mar*) seekrank werden; (*al viajar*) reisekrank werden
❷ (*quedar aturdido*): **me mareo** mir wird schwind(e)lig
❸ (*emborracharse*) sich betrinken
marejada [mare'xaða] *f* ❶ (*oleaje*) hoher Seegang *m*
❷ (*excitación*) unterschwelliges Brodeln *nt*
marejadilla [marexa'ðiʎa] *f* leichter Seegang *m*
maremagno [mare'maɣno] *m*, **maremágnum** [mare'maɣnun] *m* ❶ (*multitud*) Unmenge *f* ❷ (*confusión*) Durcheinander *nt*
maremoto [mare'moto] *m* Seebeben *nt*
marengo [ma'reŋgo] **I.** *adj* dunkelgrau; **gris ~** graumeliert
II. *m* Marengo *m*, (graumelierter) Kammgarnstoff *m* (*für Mäntel und Kostüme*)
mareo [ma'reo] *m* ❶ (*malestar*) Übelkeit *f*; (*en el mar*) Seekrankheit *f*; (*al viajar*) Reisekrankheit *f*; **resistir el ~** seefest sein
❷ (*vértigo*) Schwindelanfall *m*; **¡qué ~ de hombre!** was für ein unausstehlicher Kerl!
mareógrafo [mare'oɣrafo] *m* (NÁUT) Gezeitenschreiber *m*, Mareograph *m*
marero [ma'rero] *adj* (NÁUT): **viento ~** Seewind *m*

marfil [mar'fil] *m* ❶ (*elefante*) Elfenbein *nt*; **Costa de M~** Elfenbeinküste *f*
❷ (*dentadura*) Zahnbein *nt*
marfileño, -a [marfi'leɲo, -a] **I.** *adj* ❶ (*nacionalidad*) von der Elfenbeinküste
❷ (*material*) elfenbeinern, aus Elfenbein
II. *m, f* Ivorer(in) *m(f)*
marfilero, -a [marfi'lero, -a] *m, f* Elfenbeinschnitzer(in) *m(f)*
marfilina [marfi'lina] *f* Elfenbeinimitat *nt*
marga ['marɣa] *f* (GEO) Mergel *m*
margal [mar'ɣal] *m* Mergelgrube *f*
margallón [marɣa'ʎon] *m* (BOT) Zwergpalme *f*
margarina [marɣa'rina] *f* Margarine *f*
margarita [marɣa'rita] *f* ❶ (BOT: *mayor*) Margerite *f*; (*menor*) Gänseblümchen *nt*; **deshojar ~s** 'er/sie liebt mich, er/sie liebt mich nicht' spielen
❷ (*bebida*) Margarita *f* (*Cocktail aus Tequila und Zitronensaft*)
❸ (ZOOL) Perlmuschel *f*
❹ (*perla*) Perle *f*; **echar ~s a puercos** Perlen vor die Säue werfen
❺ (*máquina de escribir*) Typenrad *nt*
margay [mar'ɣai] *m* (ZOOL) südamerikanische Wildkatze
margen ['marxen] *m o f* ❶ (*borde*) Rand *m*; **el ~ del río** das Flussufer; **al ~** abseits; **dejar al ~** ausschließen; **mantenerse al ~ de algo** sich aus etw *dat* heraushalten
❷ (*página*) (Seiten)rand *m*
❸ (*apostilla*) Randbemerkung *f*
❹ (*libertad*) Spielraum *m*; **dar ~** Gelegenheit geben
❺ (ECON: *ganancia*) Spanne *f*, Marge *f*; **~ de beneficios** Gewinnspanne *f*; **~ competitivo** Wettbewerbsspielraum *m*; **~ de crecimiento** Wachstumsspielraum *m*; **~ de crédito** Kreditspanne *f*; **~ de costos** Kostenrahmen *m*; **~ de fluctuación de una moneda** Schwankungsbreite einer Währung; **~ de pérdidas** Verlustspanne *f*; **~ de los réditos** Renditespanne *f*; **~ de seguridad** Sicherheitsmarge *f*; **~ de venta** Verkaufsspanne *f*; **ampliar los márgenes de los tipos de cambio** den Spielraum der Wechselkurse vergrößern
❻ (TIPO) Steg *m*
marginación [marxina'θjon] *f* ❶ (*exclusión*) Ausgrenzung *f*, Ausschließung *f*
❷ (POL) Diskriminierung *f*
marginado, -a [marxi'naðo, -a] **I.** *adj* ❶ (*excluido*) ausgegrenzt, diskriminiert
❷ (*aislado*) isoliert
❸ (BIOL) nebensächlich
II. *m, f* Außenseiter(in) *m(f)*
marginal [marxi'nal] *adj* ❶ (*al margen*) Rand-; **coste ~** Grenzkosten *pl*; **grupo ~** Randgruppe *f*; **tipo de impuesto ~** Grenzsteuersatz *m*
❷ (*secundario*) geringfügig
marginalidad [marxinali'ðað] *f* Marginalität *f*, soziales Abseits *nt*
marginamiento [marxina'mjento] *m v.* **marginación**
marginar [marxi'nar] *vt* ❶ (*ignorar algo*) beiseite lassen; (*ignorar a alguien*) ausschließen, ausgrenzen
❷ (*sociedad*) diskriminieren
❸ (*acotar al margen*) mit Randbemerkungen versehen
margoso, -a [mar'ɣoso, -a] *adj* (GEO) mergelhaltig
margrave [mar'ɣraβe] *m* (HIST) Markgraf *m*
maría [ma'ria] *f* ❶ (*nombre*) Maria *f*; **hacer algo al baño (de) M~** etw im Wasserbad kochen; **las tres M~s** die Gürtelsterne des Orion
❷ (*fam: ama de casa*) Heimchen *nt* am Herd
❸ (*argot*) Marihuana *f*
❹ *pl*® runde Butterkekse
mariachi [ma'rjatʃi] *m* (*Méx*) Mariachi *m*
marianismo [marja'nismo] *m* (REL) Marienkult *m*, Marienverehrung *f*
mariano, -a [ma'rjano, -a] *adj* marianisch, Marien-
marica [ma'rika] *m* ❶ (*vulg: hombre homosexual*) Schwule(r) *m fam*, Tunte *f fam pey*
❷ (*vulg pey: cobarde*) Hosenscheißer *m*; (*insulto grosero*) Arschloch *nt*
Maricastaña [marikas'taɲa] *f*: **tiempos de ~** (*fam*) Anno Tobak; **desde los tiempos de ~** seit ewigen Zeiten; **este chiste es de los tiempos de ~** dieser Witz ist doch schon uralt [*o* kalter Kaffee]
maricón [mari'kon] *m* (*vulg*) *v.* **marica**
mariconada [mariko'naða] *f* ❶ (*vulg pey: acción de un maricón*): **ser una ~** typisch für einen Schwulen sein *fam*
❷ (*vulg pey: acción malintencionada*) Schweinerei *f fam*; **le hizo una ~ a alguien** er hat jdn hereingelegt
❸ (*tontería*) Dummheit *f*
maricona [mariko'nera] *f* (*fam*) Herrentasche *f*
mariconería [marikone'ria] *f* (*vulg*) *v.* **mariconada**
maridaje [mari'ðaxe] *m* ❶ (*unión matrimonial*) eheliche Verbindung *f*
❷ (*de colores*) Harmonie *f*; (*de plantas*) Symbiose *f*; (*de empresas*) Ein-

maridar vernehmen *nt*
maridar [mari'ðar] I. *vi* ❶ (*casarse*) heiraten
❷ (*hacer vida maridable*) in ehelicher Gemeinschaft leben
II. *vt* vereinigen, verbinden
maridazo [mari'ðaθo] *m* (*fam*) verständnisvoller Ehemann *m;* **es que tienes un** ~ Du hast wirklich einen tollen Mann!
marido [ma'riðo] *m* Ehegatte *m;* **mi** ~ mein Mann
mariguana [mari'ɣwana] *f sin pl,* **marihuana** [mari'wana] *f sin pl* Marihuana *nt;* (*argot*) Gras *m*
marimacho [mari'matʃo] *m* (*fam*) Mannweib *nt*
marimandón, -ona [marimaɲ'don, -ona] *m, f* (*fam*) herrschsüchtige Person *f*
marimba [ma'rimba] *f* ❶ (MÚS: *de maderas*) Marimba *f*
❷ (MÚS: *tambor*) afrikanische Trommel *f*
❸ (*Arg: paliza*) Tracht *f* Prügel
marimoña [mari'moɲa] *f* (BOT) Ranunkel *f*
marimorena [marimo'rena] *f* (*fam*) Streit *m;* **armar la** ~ schweren Stunk anfangen; **se armó la** ~ ein wüster Streit brach los
marina [ma'rina] *f* ❶ (*flota*) Marine *f,* Flotte *f;* ~ **de guerra** (Kriegs)marine *f;* ~ **mercante** Handelsmarine *f*
❷ (ARTE: *pintura*) Seestück *nt*
❸ (GEO: *zona costera*) Küstengebiet *nt*
marinar [mari'nar] *vt* ❶ (*conservar*) einpökeln
❷ (*aderezar*) marinieren
marine [ma'rine] *m* (MIL) Marineinfanterist *m* (*der britischen und amerikanischen Streitkräfte*)
marinear [marine'ar] *vi* zur See fahren
marinera [mari'nera] *f* ❶ (*blusa*) Matrosenbluse *f*
❷ (*And: baile*) Marinera *f* (*regionaler Volkstanz*)
marinero[1] [mari'nero] *m* Seemann *m,* Matrose *m;* ~ **de agua dulce** (*irón*) Landratte *f*
marinero, -a[2] [mari'nero, -a] *adj* ❶ (*relativo al mar*) See-; **buque** ~ seetüchtiges Schiff; **pueblo** ~ Fischerdorf *nt;* **pescado a la marinera** Fischgericht mit Tomaten und Muscheln in Weinsoße
❷ (*relativo a la marina*) Marine-; (*relativo a los marineros*) Seemanns-; **nudo** ~ Seemannsknoten *m*
marino[1] [ma'rino] *m* ❶ (*navegante*) Seemann *m;* ~ **mercante** Handelsschiffer *m*
❷ *pl* (MIL) amerikanische Marineinfanteristen *mpl*
marino, -a[2] [ma'rino, -a] *adj* ❶ (*relativo al mar*) marin, Meeres-, See-
❷ (*relativo a la marina*) Marine-
mariología [marjolo'xia] *f* (REL) Mariologie *f*
marión [mari'rjon] *m* (ZOOL) Stör *m*
marioneta [marjo'neta] *f* ❶ (*títere*) Marionette *f*
❷ *pl* (*teatro*) Marionettentheater *nt*
marionetista [marjone'tista] *mf* Marionettenspieler(in) *m(f)*
mariposa [mari'posa] *f* ❶ (BIOL) Schmetterling *m,* Falter *m;* ~ **de la seda** Seidenfalter *m;* ~ **nocturna** Nachtfalter *m*
❷ (*lámpara*) Öllampe *f*
❸ (*natación*) Schmetterlingsstil *m*
❹ (*fam pey: afeminado*) Tunte *f*
mariposear [maripose'ar] *vi* ❶ (*ser inconstante*) flatterhaft sein
❷ (*flirtear*) herumflirten
❸ (*rondar insistentemente*) sich herumdrücken (*a* um +*akk*)
mariposista [maripo'sista] *mf* (DEP) Schmetterlingsschwimmer(in) *m(f)*
mariposón [maripo'son] *m* ❶ (*fam pey: afeminado*) Tunte *f*
❷ (*fam: galanteador*) Casanova *m*
mariquilla [mari'kiʎa] *m* (*pey*) Schwule(r) *m,* Schwuchtel *f*
mariquita[1] [mari'kita] *f* ❶ (*insecto*) Marienkäfer *m*
❷ (*perico*) Papagei *m*
mariquita[2] [mari'kita] *m* (*fam*) Schwule(r) *m*
marisabidilla [marisaβi'ðiʎa] *f* (*fam*) Besserwisserin *f*
mariscada [maris'kaða] *f* Gericht aus Meeresfrüchten
mariscador(a) [mariska'ðor(a)] *m(f)* ❶ (*recolector*) Sammler(in) *m(f)* von Meeresfrüchten
❷ (*cultivador de mariscos*) Züchter(in) *m(f)* von Meeresfrüchten
mariscal [maris'kal] *m* (MIL) Marschall *m;* ~ **de campo** Feldmarschall *m*
mariscalía [mariska'lia] *f* (MIL) Marschallsrang *m,* Dienstgrad *m* des Marschalls
mariscar [maris'kar] <c→qu> *vi* Meeresfrüchte fangen; **la playa está llena de gente que viene a** ~ der Strand ist voller Leute auf der Suche nach Meeresfrüchten
marisco [ma'risko] *m* Meeresfrucht *f*
marisma [ma'risma] *f* sumpfiges Küstenland *nt,* Marschland *nt*
marismo [ma'rismo] *m* (BOT) Meermelde *f*
marisqueo [maris'keo] *m* Meeresfrüchtefang *m,* Fang *m* von Meeresfrüchten
marisquera [maris'kera] *adj o f v.* **marisquero**

marisquería [mariske'ria] *f* ❶ (*tienda*) Fachgeschäft *nt* für Meeresfrüchte
❷ (*restaurante*) Spezialitätenrestaurant *nt* für Meeresfrüchte
marisquero, -a [maris'kero, -a] I. *adj* Meeresfrüchte-
II. *m, f* ❶ (*pescador*) Sammler(in) *m(f)* von Meeresfrüchten
❷ (*cultivador*) Züchter(in) *m(f)* von Meeresfrüchten
❸ (*vendedor*) Meeresfrüchtehändler(in) *m(f)*
marista [ma'rista] I. *adj* Maristen-
II. *m* Marist *m*
marital [mari'tal] *adj* ehelich; **vida** ~ Eheleben *nt;* **hacer vida** ~ ein Eheleben führen
maritatas [mari'tatas] *fpl* (*Guat, Hond*) Klatsch *m,* Gerede *nt*
marítimo, -a [ma'ritimo, -a] *adj* maritim, See-; **ciudad marítima** Küstenstadt *f;* **comercio** ~ Seehandel *m;* **seguro** ~ Schifffahrtsversicherung *f;* **transporte** ~ Seetransport *m,* Beförderung zur See
marjal [mar'xal] *m* (GEO) Moor *nt,* Sumpf *m*
marketing ['marketiŋ] *m* (COM) Marketing *nt;* **director de** ~ Marketing-Direktor *m,* Vertriebsleiter *m;* **plan de** ~ Vermarktungsplan *m,* Marketingplan *m;* **responsable de** ~ **de una empresa** für das Marketing Verantwortlicher eines Unternehmens
marlín [mar'lin] *m* (ZOOL) Schwarzer Marlin *m*
marmita [mar'mita] *f* Kochtopf *m*
mármol ['marmol] *m* Marmor *m;* **frío como el** ~ kalt wie Stein; **de** ~ marmorn
marmolado, -a [marmo'laðo, -a] *adj* mamoriert; **mesa marmolada** Tisch mit Marmorplatte
marmolista [marmo'lista] *mf* Marmorschleifer(in) *m(f)*
marmóreo, -a [mar'moreo, -a] *adj* marmorn, Marmor-
marmosa [mar'mosa] *f* (ZOOL) Aeneasbeutelratte *f,* Zwergbeutelratte *f*
marmota [mar'mota] *f* ❶ (ZOOL) Murmeltier *nt;* **dormir como una** ~ schlafen wie ein Murmeltier
❷ (*fam: dormilón*) Schlafmütze *f*
❸ (*fam pey: criada*) Trampel *m o nt*
maro ['maro] *m* (BOT) Amberkraut *nt,* Katzenkraut *nt*
marocha [ma'rotʃa] *f* (*Hond*) leichtlebiges [*o* leichtfertiges] Mädchen *nt*
maroma [ma'roma] *f* ❶ (*cuerda*) Tau *nt,* dickes Seil *nt*
❷ (*Am: pirueta*) Kunststück *nt*
❸ (*Am: fig: cambio de partido político*) plötzlicher Parteiwechsel *m;* (*cambio de opinión*) plötzliche Meinungsänderung *f*
maromear [marome'ar] *vi* (*Am*) ❶ (*bailar*) auf dem Seil tanzen, seiltanzen
❷ (*adherirse*) opportunistisch handeln, sein Fähnchen nach dem Wind hängen
maromo [ma'romo] *m* (*argot*) Kerl *m*
marota [ma'rota] *f* ❶ (*Méx: marimacho*) Mannweib *nt*
❷ (*Ven: manea*) (Fuß)fessel *f*
marqués, -esa [mar'kes, -esa] *m, f* Markgraf, -gräfin *m, f,* Marquis(e) *m(f)*
marquesado [marke'saðo] *m* ❶ (*dignidad de marqués*) Adelstitel *m* des Markgrafen, Marquisat *nt*
❷ (*territorio*) Markgrafschaft *f,* Marquisat *nt*
marquesina [marke'sina] *f* Markise *f*
marquesote [marke'sote] *m* (*Hond, Nic:* GASTR) rhombenförmige Torte aus Reis- oder Maismehl, Eiern, Zucker und anderen Zutaten
marqueta [mar'keta] *f* ❶ (*cera*) Rohwachsstück *nt*
❷ (*Guat: bloque*) (Eis)block *m*
marquetería [markete'ria] *f* Marketerie *f,* Intarsie *f*
marrajo[1] [ma'rraxo] *m* (ZOOL) Mako *m,* Makrelenhai *m*
marrajo, -a[2] [ma'rraxo, -a] *adj* verschlagen; **un toro** ~ ein bösartiger Stier
marrana [ma'rrana] *f* ❶ (*cerda*) Sau *f*
❷ (*fam pey: mujer sucia*) Schlampe *f*
❸ (*fam pey: mujer vil*) Miststück *nt*
❹ (ARQUIT: *albañilería*) Lehrgerüst *nt*
marranada [marra'naða] *f* (*fam*) Schweinerei *f;* **hacer una** ~ eine Schweinerei machen
marranería [marrane'ria] *f* (*fam*) Schweinerei *f;* **tu habitación está hecha una** ~ dein Zimmer sieht aus wie ein Schweinestall
marrano[1] [ma'rrano] *m* ❶ (*cerdo*) Schwein *nt,* Eber *m*
❷ (*fam pey: hombre sucio*) Schmutzfink *m*
❸ (*fam pey: hombre grosero*) ungehobelter Kerl *m*
❹ (*fam: hombre vil*) Schuft *m,* Schweinehund *m*
❺ (HIST: *hombre excomulgado*) Exkommunizierte(r) *m*
❻ (HIST: *convertido forzoso*) Marrane *m,* Scheinkonvertit *m*
❼ (*madero*) Schaufel *f* eines Wasserrades
marrano, -a[2] [ma'rrano, -a] *adj* ❶ (*cochino*) ungehobelt
❷ (*sucio*) dreckig
marraqueta [marra'keta] *f* (*Chil, Perú*) ❶ (*pan de varios panecillos*) ≈Brotrad *nt*

marrar [ma'rrar] *vi* ❶ (*errar*) danebenschießen; **~ el golpe** (*fig*) einen Bock schießen
❷ (*pan de afrecho*) Kleiebrot *nt*
❸ (*desviarse*) vom richtigen [*o* rechten] Weg abkommen
marras ['marras] *adv:* **la persona de ~** die besagte Person; **lo de ~** das bekannte Thema, die alte Geschichte; **tema de ~** Gemeinplatz *m*
marrasquino [marras'kino] *m* Maraschino *m*
marrón [ma'rron] **I.** *adj* (kastanien)braun
II. *m* ❶ (*color*) (Kastanien)braun *nt*
❷ (*Am: martillo*) Vorschlaghammer *m*
❸ (*loc, argot*): **tragarse un ~** eine Strafe aufgebrummt bekommen
marroquí [marro'ki] **I.** *adj* marokkanisch
II. *mf* Marokkaner(in) *m(f)*
marroquín[1] [marro'kin] *m* (*tafilete*) Maroquin *m o nt*, Saffianleder *nt*, feines, genarbtes Ziegenleder *nt*
marroquín, -ina[2] [marro'kin, -ina] **I.** *adj* marokkanisch
II. *m, f* Marokkaner(in) *m(f)*
marroquinería [marrokine'ria] *f* Lederwaren *fpl*; (*industria*) Lederwarenindustrie *f*
marroquinero, -a [marroki'nero, -a] *m, f* Maroquingerber(in) *m(f)*, Saffiangerber(in) *m(f)*
marrubio [ma'rruβjo] *m* (BOT) Andorn *m*
Marruecos [ma'rrwekos] *m* Marokko *nt*
marrullar [marru'ʎar] *vi* schnurren; **~ de gusto** genüsslich schnurren
marrullería [marruʎe'ria] *f v.* **marrullero**
marrullería [marruʎe'ria] *f* aufgesetzte Freundlichkeit *f*; **déjate de ~s** hör auf mit deinem Geschmeichel
marrullero, -a [marru'ʎero, -a] **I.** *adj* übertrieben freundlich, scheißfreundlich *fam*
II. *m, f* durchtriebener Schmeichler *m*, durchtriebene Schmeichlerin *f*
marsala [mar'sala] *m* (GASTR) Marsala *m*
Marsella [mar'seʎa] *f* Marseille *nt*
marsellés[1] [marse'ʎes] *m* (*chaqueta*) Matrosenjacke *f*
marsellés, -esa[2] [marse'ʎes, -esa] **I.** *adj* aus Marseille
II. *m, f* (*de Marsella*) Marseiller(in) *m(f)*
marsellesa [marse'ʎesa] *f* ❶ (*himno francés*) Marseillaise *f*
❷ *v.* **marsellés**[2]
marsopa [mar'sopa] *f* (ZOOL) Schweinswal *m*
marsupial [marsu'pjal] **I.** *adj* (ZOOL) Beuteltier-
II. *m* (ZOOL) Beuteltier *nt*
marsupio [mar'supjo] *m* (ZOOL) Brutbeutel *m* der Beuteltiere, Marsupium *nt*
marta ['marta] *f* (ZOOL) ❶ (*animal*) Marder *m;* **~ cebellina** Zobel *m;* **piel de ~ cebellina** Zobelpelz *m*
❷ (*piel*) Marderfell *nt*
martagón [marta'ɣon] *m* (BOT) Türkenbund *m*
martajar [marta'xar] *vt* ❶ (*un idioma*) radebrechen
❷ (*Méx: maíz*) zerkleinern
Marte ['marte] *m* (ASTR, HIST) Mars *m*
martes ['martes] *m inv* Dienstag *m;* **¡~ y trece!** ≈Freitag, der 13.; *v. t.* **lunes**
martillada [marti'ʎaða] *f* Schlag *m* mit dem Hammer; **me desperté con las ~s del vecino** ich bin von den Hammerschlägen des Nachbarn aufgewacht
martillar [marti'ʎar] *vt v.* **martill(e)ar**
martillazo [marti'ʎaθo] *m* Hammerschlag *m*
martilleante [martiʎe'ante] *adj* hämmernd
martill(e)ar [marti'ʎar/martiʎe'ar] *vt* ❶ (*golpear*) hämmern (auf +*akk*)
❷ (*atormentar por repetición*) martern
❸ (*repetir con insistencia*) ständig wiederholen
❹ (*subastar*) versteigern, auktionieren
martilleo [marti'ʎeo] *m* Gehämmer *nt*
martillero [marti'ʎero] *m* (Arg, Chil) Versteigerer *m*, Auktionator *m*
martillo [mar'tiʎo] *m* ❶ (*herramienta*) Hammer *m*; **creer algo a macha ~** etw felsenfest glauben
❷ (ZOOL): **pez ~** Hammerhai *m*
❸ (ANAT: *huesecillo de la oreja*) Hammer *m*
❹ (*subasta*) Auktionshaus *nt*
martín [mar'tin] *m:* **~ pescador** (ZOOL) Eisvogel *m;* **~ del río** (ZOOL) Nachtreiher *m*
martina [mar'tina] *f* (GASTR, ZOOL) Schlangenfisch *m*
martineta [marti'neta] *f* (Arg, Urug: ZOOL) Großtinamu *m*, Bergtao *m*
martinete [marti'nete] *m* ❶ (ZOOL: *martín del río*) Nachtreiher *m*
❷ (MÚS: *macillo*) (Klavier)hammer *m*
❸ (*mazo*) Pochhammer *m*, Fallhammer *m*
❹ (*para clavar estacas*) Pfahlramme *f*
❺ (*canto gitano*) Flamencogesang ohne instrumentale Begleitung
martingala [martiŋ'gala] *f* (*fam*) Trick *m*
mártir ['martir] *mf* Märtyrer(in) *m(f)*

martirio [mar'tirjo] *m* ❶ (*tormento*) Martyrium *nt*
❷ (*angustia*) Marter *f*, Qual *f*
martirizar [martiri'θar] <z→c> *vt* ❶ (*matar*) zu Tode martern
❷ (*fastidiar*) quälen, martern
martirologio [martiro'loxjo] *m* ❶ (REL) Martyrologium *nt*
❷ (*lista de víctimas*) Verzeichnis *nt* der Opfer, Opferliste *f*
maruca [ma'ruka] *f* (ZOOL) Leng *m*
maruga [ma'ruɣa] *f* (*Am*) als Musikinstrument verwendeter Kürbis
maruja [ma'ruxa] *f* (*fam*) ≈Klatschtante *f*
marxismo [mar'sismo] *m sin pl* Marxismus *m*
marxismoleninismo [marsismoleni'nismo] *m sin pl* (POL) Marxismus-Leninismus *m*
marxista [mar'sista] **I.** *adj* marxistisch
II. *mf* Marxist(in) *m(f)*
marzo ['marθo] *m* März *m*; **en ~** im März; **a principios/a mediados/a fin(al)es de ~** Anfang/Mitte/Ende März; **el 21 de ~** der 21. März; **el mes de ~ tiene 31 días** der März hat 31 Tage; **el pasado ~ fue muy frío** im vergangenen März war es sehr kalt
marzoleta [marθo'leta] *f* (BOT) Frucht *f* des Hagedorns [*o* Weißdorns]
marzoleto [marθo'leto] *m* (BOT) Hagedorn *m*, Weißdorn *m*
mas [mas] **I.** *m* Gehört *nt*
II. *conj* (LIT) aber, jedoch
más [mas] **I.** *adv* ❶ (*comparativo*) mehr (als); **~ grande/~ pequeño** größer/kleiner; **~ temprano/~ tarde** früher/später; **ahora corre ~** er/sie läuft jetzt schneller; **esto me gusta ~** das gefällt mir besser; **es ~ guapo que tú** er sieht besser aus als du; **mi vestido es ~ caro/~ barato que el tuyo** mein Kleid ist teurer/billiger als deins
❷ (*superlativo*) am meisten; **la ~ bella** die Schönste; **el ~ listo de la clase** der Beste der Klasse; **el modelo que ~ se lleva** das Modell, das am meisten getragen wird; **lo que ~ me gusta** was mir am besten gefällt; **lo que ~ quieras** was dir am liebsten ist
❸ (*con numerales o cantidad*) mehr (als), über; **~ de treinta** über dreißig; **son ~ de las diez** es ist 10 Uhr vorbei
❹ (*preferencia*) lieber; **~ quiero la muerte que la esclavitud** lieber möchte ich sterben, als in der Sklaverei zu leben
❺ (*exclamación: tan*) was für, wie; **¡está ~ guapa!** wie gut sie aussieht!; **¡qué tarde ~ apacible!** was für ein gemütlicher Nachmittag!
❻ (*después de un pronombre interrogativo o indefinido*) mehr, noch; **¿algo ~?** noch etwas?; **no, nada ~** nein, nichts mehr; **necesito ~ dinero** ich brauche mehr Geld
❼ (*en frases negativas*) nicht mehr; **no quiero/puedo ~** ich will/kann nicht mehr; **nunca ~ volveré a verte** ich werde dich nie(mals) wieder sehen
❽ (*adición*) und, plus; **tres ~ dos son** [*o igual a*] **cinco** drei plus [*o* und] zwei ist (gleich) fünf; **tengo tres libros, ~ los que he prestado** ich habe drei Bücher abgesehen von denen [*o* und hinzu kommen noch die], die ich verliehen habe
❾ (*loc*): **el ~ allá** das Jenseits; **a lo ~** höchstens; **a ~ no poder** bis zum Gehtnichtmehr *fam*; **a ~ tardar** spätestens; **a ~ y mejor** nur noch, im Übermaß; **llueve a ~ y mejor** es regnet und regnet; **nos divertimos a ~ y mejor** wir haben uns köstlich amüsiert; **cada día** [*o vez*] **~** immer mehr; **como el que ~** so wie jedermann; **cuanto ~ mejor** je mehr, je lieber; **de ~** zu viel; **hay comida de ~** es gibt reichlich zu essen; **me devolviste un euro de ~** du hast mir ein Euro zu viel herausgegeben; **estar de ~** überflüssig sein; **el que ~ y el que menos** jeder von uns; **es ~, ~ aún** mehr noch; **ayer lo vi; es ~: hablé con él** gestern habe ich ihn gesehen, ja, ich habe sogar mit ihm gesprochen; **de lo ~** äußerst, extrem; **es de lo ~ interesante** es ist außerordentlich interessant; **lo ~ posible** so sehr es nur geht; **lo ~ pronto/tarde posible** so früh/spät wie möglich; **~ acá** hierher; **~ adelante** (*local*) weiter vorn; (*temporal*) später; **~ allá de esto** darüber hinaus; **~ bien** eher, vielmehr; **no es muy delgado; es ~ bien gordo** er ist eher dick als dünn; **~ de la cuenta** viel zu viel; **~ o menos** mehr oder weniger; **¿cómo te ha ido? – ~ o menos** wie ist es dir ergangen? – so einigermaßen; **tenía ~ o menos cinco años** er/sie war ungefähr fünf Jahre alt; **le va ~ o menos** es geht ihm/ihr nicht so gut; **~ que nunca** wie nie zuvor; **ni ~ ni menos** genauso; **por ~ que** auch immer; **por ~ que lo intento, no consigo dormirme** so sehr ich mich auch bemühe, ich kann einfach nicht einschlafen; **¿qué ~ da?** was macht das schon?; **quien ~ y quien menos** jeder; **sin ~ acá ni ~ allá** (*fam*) mir nichts, dir nichts; **sin ~ ni ~** aus heiterem Himmel; **algo tiene sus ~ y sus menos** etw hat seine Vor- und Nachteile; **todo lo ~** höchstens; **debe haber 50 personas, todo lo ~ 60** es sind ungefähr 50 Leute, wenn's hoch kommt, 60; **el no va ~** das Höchste; **el no va ~ (de la moda)** der letzte Schrei (der Mode)
II. *m* (MAT) Plus(zeichen) *nt*
masa ['masa] *f* ❶ (*pasta*) Masse *f*, Mischung *f*; **coger** [*o* **pillar**] **alguien con las manos en la ~** jdn auf frischer Tat ertappen
❷ (*t.* ECON, FIN: *volumen*) Masse *f*, Umfang *m;* **~ de bienes** Vermögensmasse *f;* **~ monetaria** Geldmenge *f;* **~ de pasivo** Schuldenmasse *f;* **~ de**

masacrar

la quiebra Konkursmasse *f*; **producción en ~** Massenherstellung *f*, Massenproduktion *f*

❸ (*muchedumbre*) Masse *f*, Menge *f*; **medios de comunicación de ~s** Massenkommunikationsmittel *ntpl*, Massenmedien *ntpl*; **mercado de ~s** Markt für Massenartikel

❹ (*para hornear*) Teig *m*

❺ (ELEC: *tierra*) Erdung *f*

❻ (*mortero*) Mörtel *m*

masacrar [masa'krar] *vt* massakrieren

masacre [ma'sakre] *f* Massaker *nt*

masada [ma'saða] *f* (AGR) Gut *nt*, Gutshof *m*, Gehöft *nt*

masai [ma'sai̯] <masais> *mf* Massai *mf*

masaje [ma'saxe] *m* Massage *f*; **dar ~s** massieren; **darse ~s** sich massieren lassen

masajear [masaxe'ar] *vt* massieren

masajista [masa'xista] *mf* Masseur(in) *m(f)*

masato [ma'sato] *m* (*AmS*) ❶ (*mazamorra*) eine Art Bananen- oder Maisbrei der Indios

❷ (*bebida*) Getränk aus Mais oder Reis, Wasser und Zucker, manchmal mit Fruchtsaft gemischt

mascabado, -a [maska'βaðo, -a] *adj* (AGR): **azúcar ~** Rohrzucker zweiter Wahl

mascada [mas'kaða] *f* ❶ (*Am: tabaco*) Portion *f* Kautabak

❷ (*boxeo*) Kinnhaken *m*

❸ (*Col, Cuba, Chil: bocado*) Mund *m* voll

❹ (*Méx: pañuelo*) Seidentuch *nt*

mascado, -a [mas'kaðo, -a] *adj* (*fácil*) geschenkt; **lo quiere todo ~** er/sie will alles fertig ausgearbeitet haben

mascar [mas'kar] <c→qu> *vt* ❶ (*masticar*) kauen

❷ (*mascullar*) murmeln

❸ (*presentir*) vorausahnen

máscara ['maskara] *f* ❶ (*careta*) Maske *f*; **~ (para las pestañas)** Wimperntusche *f*, Mascara *nt*; **traje de ~** Verkleidung *f*; **quitar la ~ a alguien** (*fig*) jdm die Maske vom Gesicht reißen; **quitarse la ~** (*fig*) die Maske fallen lassen

❷ *pl* (*baile de ~s*) Maskenball *m*

❸ (*enmascarado*) Maskierte(r) *mf*; (*de Carnaval*) Narr *m*, Närrin *f*, Jeck *m*

mascarada [maska'raða] *f* ❶ (*baile de máscaras*) Maskenball *m*

❷ (*farsa*) Täuschung *f*

mascarilla [maska'riʎa] *f* ❶ (*máscara*) (Halb)maske *f*; **~ de oxígeno** Sauerstoffmaske *f*

❷ (*protección*) Mundschutz *m*

❸ (*cosmética*) Gesichtspackung *f*; **~ exfoliante** Peelingmaske *f*; **~ facial** Gesichtsmaske *f*

❹ (*molde*) Gesichtsabdruck *m*

mascarón [maska'ron] *m* (ARQUIT) Maskaron *m*; **~ de proa** Galionsfigur *f*

mascota [mas'kota] *f* Maskottchen *nt*; **~ virtual** virtuelles Haustier

masculinidad [maskulini'ðað] *f* Männlichkeit *f*

masculinización [maskuliniθa'θjon] *f* ❶ (BIOL) Vermännlichung *f*, Maskulinisierung *f*

❷ (LING) Annahme *f* der Maskulinform; **la ~ del sustantivo "puente" se produjo tardíamente** das Substantiv "puente" wurde erst spät zum Maskulinum

masculinizar [maskulini'θar] <z→c> *vt* maskulinisieren

masculino¹ [masku'lino] *m* (LING) Maskulinum *nt*

masculino, -a² [masku'lino, -a] *adj* ❶ (*de hombre*) männlich, maskulin

❷ (*para hombre*) Männer-; **moda masculina** Herrenmode *f*

❸ (LING): **género ~** maskuliner Genus *m*

mascullar [masku'ʎar] *vt* murmeln

masera [ma'sera] *f* ❶ (*recipiente*) Backtrog *m*

❷ (ZOOL) Seekuh *f*, Sirene *f*

masía [ma'sia] *f* (*katalanisches*) Gehöft *nt*

masificación [masifika'θjon] *f* ❶ (*uniformización*) Vermassung *f*, Uniformierung *f*

❷ (*intensificación*) Intensivierung *f*

❸ (*repleción*) Überfüllung *f*

masificado, -a [masifi'kaðo, -a] *adj* ❶ (*uniformado*) vermasst

❷ (*intensificado*) vermehrt, intensiviert

❸ (*repleto*) überfüllt

masificar [masifi'kar] <c→qu> *vt* ❶ (*hacer accesible a las masas*) für die breite Masse zugänglich machen; (*mercancías*) zur Massenware machen

❷ (*influir masivamente a favor de algo*) massiven Druck ausüben (auf +*akk*), sich massiv einsetzen (für +*akk*); **~ la ayuda a los inundados** alles Menschenmögliche unternehmen, um den Überschwemmungsopfern zu helfen; **~ la presencia de la policía** ein massives Polizeiaufgebot einsetzen

masilla [ma'siʎa] *f* Fensterkitt *m*

masita [ma'sita] *f* ❶ (MIL) Abzug *m* des Solds für Unterwäsche und Schuhe, Kleidergeld *nt*

❷ (*AmS*: GASTR) Plätzchen *nt*

masivamente [masiβa'mente] *adv* massiv; **la población acudió ~ a la manifestación** das Volk strömte in Massen zur Kundgebung

masivo, -a [ma'siβo, -a] *adj* ❶ (*grande*) massiv

❷ (*de masas*) Massen-

maslo ['maslo] *m* ❶ (BOT) Pflanzenstängel *m*

❷ (ZOOL: *tronco de la cola*) Schwanzstummel *m*

masón, -ona [ma'son, -ona] *m*, *f* Freimaurer(in) *m(f)*

masonería [masone'ria] *f* Freimaurerei *f*

masónico, -a [ma'soniko, -a] *adj* freimaurerisch, Freimaurer-

masoquismo [maso'kismo] *m* Masochismus *m*

masoquista [maso'kista] I. *adj* masochistisch
II. *mf* Masochist(in) *m(f)*

masora [ma'sora] *f* (REL) Massora *f*

masoterapia [masote'rapja] *f* Massagetherapie *f*; **la ~ me dejó la espalda como nueva** dank der Massage habe ich keine Rückenschmerzen mehr

masovero, -a [maso'βero, -a] *m*, *f* (AGR) Pächter(in) *m(f)* (*in Katalonien*)

mastaba [mas'taβa] *f* (ARQUIT, HIST) Mastaba *f*

mastalgia [mas'talxja] *f* (MED) Schmerz *m* in der (weiblichen) Brust, Mastalgie *f*

mastear [maste'ar] *vt* (NÁUT) bemasten, mit Masten versehen

mastectomía [mastekto'mia] *f* (MED) Brustamputation *f*

mastectomizar [mastektomi'θar] <z→c> *vi* die Brust amputieren

mastelero [maste'lero] *m* (NÁUT) Stenge *f*

máster ['master] *m* <másters> (UNIV) Master *m*

masticación [mastifika'θjon] *f* Kauen *nt*

masticar [masti'kar] <c→qu> *vt* ❶ (*mascar*) kauen

❷ (*meditar*) nachgrübeln (über +*akk*)

mástil ['mastil] *m* ❶ (NÁUT) Mast *m*

❷ (*poste*) Pfahl *m*, Pfosten *m*

❸ (MÚS: *de un violín*) Hals *m*

❹ (BOT: *planta*) verholzter Stiel *m*

mastín [mas'tin] *m* Mastiff *m*, Bulldogge *f*

mastitis [mas'titis] *f inv* (MED) Mastitis *f*

mastodonte [masto'ðonte] *m* Mastodon *nt*

mastodóntico, -a [masto'ðontiko, -a] *adj* (*fig*) alt und groß, vorsintflutlich; **aparato ~** großes, veraltetes Gerät

mastoides [mas'toi̯ðes] *adj inv* (MED, ANAT) mastoid

mastranzo [mas'tranθo] *m* (BOT) Rundblättrige Minze *f*

mastuerzo [mas'twerθo] *m* ❶ (BOT) Kresse *f*

❷ (*hombre*) Tölpel *m*

masturbación [masturβa'θjon] *f* Masturbation *f*

masturbarse [mastur'βarse] *vr* masturbieren

masvale [mas'βale] *m* (AGR) Malvasier *m*, Malvasier-Wein *m*

mata ['mata] *f* ❶ (*matorral*) Gestrüpp *nt*

❷ (*arbusto*) Strauch *m*, Busch *m*; **~ de la seda** Seidelbast *m*

❸ (*plantae*) Baumpflanzung *f*; **~ de olivos** Olivenhain *m*

❹ (*planta herbácea*) Staude *f*; **~ de tomate** Tomatenpflanze *f*

❺ (*ramita*) Stängel *m*

❻ *pl* (*fam: cabellera*) Lockenkopf *m*, Strubbelkopf *m*

❼ (*loc, fam*): **a salto de ~** (*repentinamente*) plötzlich; (*superficialmente*) irgendwie; **vivir a salto de ~** von der Hand in den Mund leben

matabuey [mata'βwei̯] *m* (BOT) Hasenohr *nt*

matacaballo [mataka'βaʎo] *adv*: **a ~** hastig

mataballos [mataka'βaʎos] *m inv* (BOT) Lobelie *f*

matacabras [mata'kaβras] *m inv* kalter, stürmischer Nordwind *m*

matacandiles [matakan'diles] *m inv* (BOT) Nickender Milchstern *m*

matadero [mata'ðero] *m* ❶ (*desolladero*) Schlachthof *m*; **ir al ~** sich in Lebensgefahr begeben; **llevar al ~** in den sicheren Tod schicken

❷ (*fatiga*) Plackerei *f*

matador(a) [mata'ðor(a)] I. *adj* ❶ (*que mata*) tödlich

❷ (*cansador*) erschöpfend

❸ (*fam: feo*) potthässlich

II. *m(f)* (*asesino*) Mörder(in) *m(f)*

❷ (TAUR) Matador *m*, *a f*, Stierkämpfer(in) *m(f)*

matadura [mata'ðura] *f* (*por arneses*) Geschirrdruck *m*; (*por la silla*) Satteldruck *m*; **dar a alguien en las ~s** Salz in jds Wunde streuen

matafuego [mata'fweɣo] *m* ❶ (*instrumento*) Feuerlöscher *m*

❷ (*persona*) Feuerwehrmann *m*

matagallegos [mataɣa'ʎeɣos] *m inv* (BOT) Rispige Flockenblume *f*

matahambre [mata'ambre] *m* (*Cuba*: GASTR) Art Marzipan aus Yuccamehl, Zucker und anderen Zutaten

matajudío [mataxu'ðio] *m* (ZOOL) Großkopf *m*, Gestreifte Meeräsche *f*
matalahúva [matala'uβa] *f* (BOT) Anis *m*
matamata [mata'mata] *f* (ZOOL) Fransenschildkröte *f*, Matamata *f*
matamoros [mata'moros] *mf inv* Angeber(in) *m(f)*
matamoscas [mata'moskas] **I.** *adj inv* Fliegen tötend; **spray** ~ Insektenspray *m o nt*
II. *m inv* ❶ (*insecticida para moscas*) Fliegengift *nt*
❷ (*objeto*) Fliegenklatsche *f*
❸ (*trampa*) Fliegenfalle *f*
matanga [ma'taŋga] *f* (*Méx*) Spiel, bei dem einer dem anderen durch Schlag auf die Hand etwas wegzunehmen versucht
matanza [ma'tanθa] *f* ❶ (*el matar*) Töten *nt*, Schlachten *nt*
❷ (*en batallas*) Gemetzel *nt*, Schlächterei *f*; **hacer una** ~ ein Gemetzel anrichten
❸ (*faena*) Schlachtung *f*; **hacer la** ~ das Schlachtfest feiern
❹ (*carne*) Schlachtplatte *f*
mataojo [mata'oxo] *m* (*Arg, Urug*: BOT) Sapotegewächs
matapalo [mata'palo] *m* (BOT) kautschukhaltige Ficusart
mataperros [mata'perros] *mf inv* (*fam*) Straßenjunge *m*, Straßenmädchen *nt*
matapolvo [mata'polβo] *m* (*fam*) Sprühregen *m*
matapulgas [mata'pulɣas] *f inv* (BOT) Rundblättrige Minze *f*
matar [ma'tar] **I.** *vt* ❶ (*quitar la vida*) töten, umbringen; ~ **a golpes** erschlagen, totschlagen; ~ **a palos** zu Tode prügeln; ~ **a puñaladas** erstechen; ~ **a tiros** [*o* **de un tiro**] erschießen; ~ **a traición** aus dem Hinterhalt umbringen
❷ (*carnear*) schlachten
❸ (*hambre, sed*) stillen
❹ (*luz, fuego*) löschen
❺ (*cal, yeso*) löschen
❻ (*sellos*) abstempeln
❼ (*aristas*) glatt schleifen, abrunden
❽ (*naipes*) stechen
❾ (*color, brillo*) mattieren
❿ (*acabar con alguien*) zugrunde [*o* zu Grunde] richten; ~ **a disgustos** zu Tode ärgern
⓫ (*aniquilar*) vernichten; ~ **el tiempo** die Zeit totschlagen; ~ **el aburrimiento/el nerviosismo** die Langeweile/die Unruhe überwinden; **que me maten si yo esperaba una cosa así** (*fam*) also so was habe ich im Traum [*o* beim besten Willen] nicht erwartet
⓬ (*molestar*) quälen, nerven *fam*; ~ **a preguntas a alguien** jdm ein Loch in den Bauch fragen *fam*
II. *vr:* ~**se** ❶ (*suicidarse*) Selbstmord begehen, sich *dat* das Leben nehmen
❷ (*aniquilarse*) sich gegenseitig umbringen
❸ (*trabajar sin descanso*) sich abrackern; ~**se por algo** für etw leben und sterben
matarife [mata'rife] *mf* Schlachter(in) *m(f)*, Fleischer(in) *m(f)*
matarratas [mata'rratas] *m inv* ❶ (*raticida*) Rattengift *nt*
❷ (*pey fam: aguardiente*) Rachenputzer *m*, Fusel *m*
matarrubia [mata'rruβja] *f* (BOT) Kermeseiche *f*
matasanos [mata'sanos] *mf inv* (*fam*) ❶ (*irón: médico*) Arzt *m*, Ärztin *f*
❷ (*pey: curandero*) Quacksalber(in) *m(f)*
matasarna [mata'sarna] *f* (BOT: *Ecua, Perú*) Korallenstrauch *m*
matasellar [matase'ʎar] *vt* (einen Brief) abstempeln
matasellos [mata'seʎos] *m inv* ❶ (*estampilla*) Poststempel *m*
❷ (*sello*) (Datums)stempel *m*
matasuegras [mata'sweɣras] *m inv* (*fam*) Luftrüssel *m*, Rollrtöte *f*
matazón [mata'θon] *f* (*Am: matanza*) Massaker *nt*
match [matʃ] *m* Spiel *nt*
mate ['mate] **I.** *adj* matt
II. *m* ❶ (*ajedrez*) Matt *nt;* **jaque** ~ Schachmatt *nt*
❷ (*AmS: planta*) Matestrauch *m;* (*bebida*) Mate(tee) *m;* ~ **de coca** (*Bol*) Kokatee *m*
❸ (*AmS: calabaza*) Kürbisgefäß *nt*, Mategefäß *nt*
❹ (*RíoPl: cabeza*) Kopf *m*
matemática [mate'matika] *adj o f v.* **matemático**
matemáticamente [matematika'mente] *adv* ❶ (*por procedimientos matemáticos*) mathematisch, rechnerisch
❷ (*con exactitud matemática*) mathematisch genau
matemáticas [mate'matikas] *fpl* Mathematik *f*
matemático, -a [mate'matiko, -a] **I.** *adj* ❶ (MAT) mathematisch
❷ (*exacto*) exakt, präzis
II. *m, f* Mathematiker(in) *m(f)*
matematismo [matema'tismo] *m sin pl* (FILOS) Mathematizismus *m*
matematización [matematiθa'θjon] *f sin pl* Mathematisierung *f*
matera [ma'tera] *adj o f v.* **matero**
materia [ma'terja] *f* ❶ (*substancia*) Materie *f;* ~ **gris** (*fig*) graue Substanz; ~ **prima** Rohstoff *m*
❷ (FÍS) Materie *f*, Masse *f*
❸ (*tema*) Materie *f*, Inhalt *m;* **adentrarse en la** ~ sich in den Stoff einarbeiten; **en** ~ **de** hinsichtlich +*gen*
❹ (ENS: *disciplina*) Sachgebiet *nt*, Fach *nt*
❺ (JUR): ~ **penal** Strafrecht *nt*
material [mate'rjal] **I.** *adj* ❶ (*real*) materiell; **daño** ~ Sachschaden *m;* **el autor** ~ **del hecho** der Hintermann
❷ (*tosco*) prosaisch
II. *m* (*t. fig*) Material *nt;* ~**es de construcción** Baustoffe *mpl;* ~ **difamatorio** Hetzmaterial *nt;* ~ **de enseñanza** Lehrmittel *ntpl;* ~ **móvil** [*o* **rodante**] rollendes Material; ~ **de oficina** Büroartikel *mpl*, Bürozubehör *nt;* ~ **probatorio** Beweismaterial *nt;* ~ **publicitario** Werbematerial *nt;* **aportar/sustraer/retener** ~ **probatorio** Beweismaterial beibringen/unterschlagen/zurückhalten
materialidad [materjali'ðað] *f* Gegenständlichkeit *f*
materialismo [materja'lismo] *m* Materialismus *m;* ~ **dialéctico** (FILOS) dialektischer Materialismus
materialista [materja'lista] **I.** *adj* materialistisch
II. *mf* Materialist(in) *m(f)*
materialización [materjaliθa'θjon] *f sin pl* Verwirklichung *f;* (*en parapsicología*) Materialisation *f;* **la no** ~ **de sus esfuerzos en una buena nota puede acabar con la motivación del alumno** wenn seine Bemühungen nicht zu einer guten Note führen, kann dies den Schüler demotivieren
materializar [materjali'θar] <z→c> **I.** *vt* ❶ (*hacer material*) materialisieren
❷ (*realizar*) verwirklichen
❸ (*hacer aparecer*) erscheinen lassen
II. *vr:* ~**se** ❶ (*tomar cuerpo*) Gestalt annehmen, sich verkörpern
❷ (*hacerse realidad*) sich verwirklichen
❸ (*aparecerse*) sich materialisieren; (*fantasmas*) erscheinen
materialmente [materjal'mente] *adv* tatsächlich; **ser** ~ **posible** durchaus möglich sein
maternal [mater'nal] *adj* mütterlich, Mutter-
maternidad [materni'ðað] *f* ❶ (*el ser madre*) Mutterschaft *f*
❷ (*hospital*) Entbindungsheim *nt;* (*en un hospital*) Entbindungsstation *f*
materno, -a [ma'terno, -a] *adj* mütterlich, Mutter-; **abuelo** ~ Großvater mütterlicherseits; **lengua materna** Muttersprache *f*
matero, -a [ma'tero, -a] **I.** *adj* (*AmS*) Mate-
II. *m, f* Mateliebhaber(in) *m(f)*, Matetrinker(in) *m(f)*
mático ['matiko] *m* (BOT) Pfeffergewächs, aus dessen Blättern ein balsamisches Öl gewonnen wird
matilla [ma'tiʎa] *f* (BOT) Strandsode *f*
matinal [mati'nal] *adj* morgendlich
matiné [mati'ne] *f* Matinee *f*
matiz [ma'tiθ] *m* ❶ (*gradación*) Nuance *f*, Abstufung *f*
❷ (*toque*) Touch *m fam*, Hauch *m*
❸ (*rasgo característico*) unverwechselbarer feiner Unterschied *m*
matización [matiθa'θjon] *f* Schattierung *f*, Abstufung *f*
matizar [mati'θar] <z→c> *vt* ❶ (*combinar colores o tonos*) schattieren, abtönen, nuancieren; ~ **de** [*o* **en**] [*o* **con**] **rojo** rot schattieren
❷ (*dotar de un sentido*) nuancieren (*de* mit +*dat*); ~ **una frase de significado irónico** einem Satz eine ironische Nuance geben
mato ['mato] *m* Dickicht *nt*, Gebüsch *nt*
matojo [ma'toxo] *m* (*pey: mata*) Gestrüpp *nt*
matón, -ona [ma'ton, -ona] *m, f* ❶ (*chulo*) Rowdy *m*, Raufbold *m*
❷ (*guardaespaldas*) Leibwächter(in) *m(f)*, Bodyguard *m*
❸ (*asesino*) Killer(in) *m(f)*
matorral [mato'rral] *m* ❶ (*campo inculto*) mit Gestrüpp überwuchertes Brachland
❷ (*maleza*) Gestrüpp *nt*, Dickicht *nt*
matraca [ma'traka] *f* ❶ (*carraca*) Ratsche *f*
❷ (*instrumento de percusión*) Klapper *f*
❸ (*loc*): **dar la** ~ quengeln; **ser** ~ aufdringlich [*o* lästig] sein
matraquear [matrake'ar] *vi* ❶ (*hacer sonar la matraca*) rasseln, klappern
❷ (*importunar*) quengeln
matraz [ma'traθ] *m* (QUÍM) Kolben *m;* ~ **de destilación** Destillierkolben *m*
matrerear [matrere'ar] *vi* (*Arg: vagabundear*) umherstreifen; (*fam: niños*) auf der Straße spielen
matrero, -a [ma'trero, -a] *adj* ❶ (*astuto*) schlau, gerissen
❷ (*receloso*) misstrauisch, argwöhnisch
❸ (*engañoso*) trügerisch
❹ (*AmS: fugitivo*) flüchtig (vor dem Gesetz)
matriarca [ma'trjarka] *f* Matriarchin *f*
matriarcado [matrjar'kaðo] *m* Matriarchat *nt*
matriarcal [matrjar'kal] *adj* matriarchalisch

matricida [matri'θiða] *mf* Muttermörder(in) *m(f)*
matricidio [matri'θiðjo] *m* Muttermord *m*
matriclán [matri'klan] *m* (SOCIOL) matrilinearer Klan *m*
matrícula [ma'trikula] *f* ❶ (*documento*) Anmeldebescheinigung *f*
❷ (*inscripción*) Anmeldung *f*; (*en la universidad*) Einschreibung *f*, Immatrikulation *f*
❸ (*del coche*) Nummernschild *nt*; ~ **de vehículo** Kraftfahrzeugkennzeichen *nt*, Autokennzeichen *nt*; **número de la** ~ Autonummer *f*
❹ (*lista*) Verzeichnis *nt*
❺ (*conjunto de alumnos*) Schülerzahl *f*
❻ (*loc*): **aprobar con** ~ **de honor** mit summa cum laude bestehen
matriculación [matrikula'θjon] *f* Anmeldung *f*; (*en la universidad*) Einschreibung *f*, Immatrikulation *f*
matriculado, -a [matriku'laðo, -a] *adj* angemeldet, eingetragen
matricular [matriku'lar] I. *vt* anmelden; (*en la universidad*) immatrikulieren; ~ **en el Registro Mercantil** ins Handelsregister eintragen
II. *vr*: **~se** sich einschreiben, sich immatrikulieren; **~se en la Universidad** sich an der Universität immatrikulieren [*o* einschreiben]; **~se de oyente** sich als Gasthörer(in) einschreiben
matrilineal [matriline'al] *adj* (SOCIOL) matrilinear
matrilocal [matrilo'kal] *adj* (SOCIOL) matrilokal (*am Wohnsitz der Familie der Frau befindlich*)
matrimonial [matrimo'njal] *adj* ehelich, Ehe-; **agencia** ~ Heiratsinstitut *nt*, Eheanbahnungsinstitut *nt*; **aptitud** ~ Ehefähigkeit *f*; **los deberes ~es** die ehelichen Pflichten; **préstamo** ~ Ehestandsdarlehen *nt*; **vida** ~ Eheleben *nt*
matrimonialista [matrimonja'lista] *adj*: **abogado** ~ Anwalt, der sich auf Eherecht spezialisiert hat
matrimonio [matri'monjo] *m* ❶ (*casamiento*) Heirat *f*, Eheschließung *f*; ~ **canónico** kirchliche Trauung; ~ **putativo** Scheinehe *f*; ~ **civil** standesamtliche Trauung; **consumar el** ~ die Ehe vollziehen; **contraer** ~ die Ehe schließen, heiraten
❷ (*marido y mujer*) Ehepaar *nt*; **cama de** ~ Ehebett *nt*
matrioska [ma'trjoska] *f* Matroschka *f*
matritense [matri'tense] *adj* (*de Madrid*) aus Madrid; (*en Madrid*) in Madrid; **la sucursal** ~ die Zweigstelle in Madrid
matriz [ma'triθ] I. *f* ❶ (*útero*) Gebärmutter *f*
❷ (*molde*) Gussform *f*, Gießform *f*
❸ (TIPO) Matrize *f*, Mater *f*
❹ (*de un talonario*) Verwendungsnachweis *m*
❺ (MAT) Matrix *f*, Matrize *f*
❻ (INFOR): ~ **de puntos** Punktraster *nt*
II. *adj* Stamm-; **casa** ~ Stammhaus *nt*; **Iglesia** ~ Mutterkirche *f*; **lengua** ~ Grundsprache *f*
matrona [ma'trona] *f* ❶ (*comadrona*) Hebamme *f*
❷ (*madre de familia*) Matrone *f*
❸ *Frau, die z.B. beim Zoll oder im Gefängnis Leibesvisitationen bei Frauen durchführt*
matronal [matro'nal] *adj* ❶ (*de comadrona*) Hebammen-; **actividad** ~ Hebammentätigkeit *f*
❷ (*madre de familia*) (als Mutter) angesehen; **experiencia** ~ Erfahrung einer gestandenen Ehefrau und Mutter
maturrango, -a [matu'rraŋgo, -a] I. *adj* ❶ (*AmS: mal jinete*) schlecht reitend
❷ (*Chil: tosco, pesado*) schwerfällig
II. *m, f* schlechter Reiter *m*, schlechte Reiterin *f*
Matusalén [matusa'len] *m*: **ser más viejo que** ~ so alt sein wie Methusalem
matute [ma'tute] *m* ❶ (*contrabando*) Schmuggel *m*; **de** ~ heimlich; **pasar algo de** ~ etw schmuggeln; **viajar de** ~ schwarzfahren
❷ (*género*) Schmuggelware *f*
❸ (*casa de juegos*) Spielhölle *f*
matutear [matute'ar] *vi* schmuggeln
matutino, -a [matu'tino, -a] *adj* Morgen-, Vormittags-; **periódico** ~ Morgenzeitung *f*; **sesión matutina** Vormittagsvorstellung *f*; **el despertar** ~ das morgendliche Aufstehen
maula¹ ['maula] *mf* (*fam*) ❶ (*tramposo*) Schwindler(in) *m(f)*, Betrüger(in) *m(f)*
❷ (*mal pagador*) schlechter Zahler *m*, schlechte Zahlerin *f*
❸ (*inútil*) Taugenichts *m*, Nichtsnutz *m*
maula² ['maula] *f* ❶ (*baratija*) Ramsch *m fam*, Trödel *m fam*; **este coche es una** ~ dieses Auto ist eine Schrottkarre *fam*
❷ (*engaño*) List *f*, Täuschung *f*
maulero, -a [mau'lero, -a] *m, f* ❶ (*vendedor de retales*) Person, die Stoffreste verkauft
❷ (*embustero*) Betrüger(in) *m(f)*
maullador(a) [mauʎa'ðor(a)] *adj* ständig miauend
maullar [mau'ʎar] *irr como aullar vi* miauen
maullido [mau'ʎiðo] *m* Miauen *nt*

maulón, -ona [mau'lon, -ona] I. *adj* (TAUR) wegen Feigheit kampfuntauglich
II. *m, f* ❶ (*persona tramposa*) Betrüger(in) *m(f)*
❷ (*persona holgazana*) Nichtsnutz *m*, Taugenichts *m*
mauritano, -a [mauri'tano, -a] I. *adj* mauretanisch
II. *m, f* Mauretanier(in) *m(f)*
máuser ['mauser] <máuser(e)s> *m* Mausergewehr *nt*
mausoleo [mauso'leo] *m* Mausoleum *nt*
maxilar [maksi'lar] I. *adj* Kiefer-; **hueso** ~ Kieferknochen *m*
II. *m* Kiefer *m*; ~ **inferior/superior** Unterkiefer *m*/Oberkiefer *m*
máxima ['maksima] *f* ❶ (*norma*) Grundsatz *m*, Maxime *f*, Lebensregel *f*; ~ **de instrucción** (JUR) Untersuchungsgrundsatz *m*
❷ *v.* **máximo**
maximalismo [maksima'lismo] *m* Extremismus *m*
maximalista [maksima'lista] I. *adj* extremistisch
II. *mf* Extremist(in) *m(f)*
máxime ['maksime] *adv* vor allem, besonders, insbesondere
maximización [maksimiθa'θjon] *f* Maximierung *f*; ~ **de beneficios**, ~ **de las ganancias** Gewinnmaximierung *f*
maximizar [maksimi'θar] <z→c> *vt* maximieren
máximo, -a ['maksimo, -a] I. *superl de* **grande**
II. *adj* maximal, Höchst-; **puntuación máxima** höchste [*o* maximale] Punktzahl; **rendimiento** ~ Höchstleistung *f*; **tipo** ~ (FIN) *interés*) Höchstsatz *m*; (*impuestos*) Spitzensatz *m*; **triunfo** ~ größter Erfolg; **pon la radio al máximo** lass das Radio ganz laut laufen
III. *m, f* Maximum *nt*, Höchstwert *m*; **como** ~ maximal, höchstens; **como ~, llegaremos a las diez** wir kommen spätestens um 10 Uhr an
máximum ['maksimun] *m* Maximum *nt*, Höchstwert *m*
maxisingle [maksi'siŋgel] *m* (MÚS) Maxisingle *f*
maxvelio [mas'βeljo] *m* (FÍS) Maxwell *m*
maya¹ ['maja] I. *adj* Maya-; **cultura** ~ Mayakultur *f*
II. *mf* Maya *mf*
maya² ['maja] *f* ❶ (*planta*) Maßliebchen *nt*, Gänseblümchen *nt*
❷ (*juego*) Versteckspiel *nt*
mayar [ma'jar] *vi* miauen
mayestático, -a [majes'tatiko, -a] *adj* majestätisch; **plural** ~ Pluralis majestatis *m*
mayéutica [ma'jeutika] *f* Mäeutik *f*, Maieutik *f*
mayido [ma'jiðo] *m* Miauen *nt*
mayo ['majo] *m* ❶ (*mes*) Mai *m*; *v. t.* **marzo**
❷ (*árbol*) Maibaum *m*
mayonesa [majo'nesa] *f* Majonäse *f*
mayor [ma'jor] I. *adj* ❶ *compar de* **grande**
❷ (*referente al tamaño*) größer; **mi barco es** ~ **que el tuyo** mein Schiff ist größer als deins; **el** ~ **barco** das größte Schiff; **su** ~ **enemigo** sein/ihr größter Feind; **mal** ~ Unannehmlichkeit *f*; **al por** ~ en gros, Engros-; **comercio al por** ~ Engroshandel *m*, Großhandel *m*; **se repartieron palos al por** ~ es wurden kräftig Schläge verteilt
❸ (*referente a la edad*) älter; **mi hermano** ~ mein älterer Bruder; **el** ~ **de mis hermanos** mein ältester Bruder; **ser** ~ alt sein; **ser** ~ **de edad** volljährig sein; **persona** ~ älterer Mensch; **los ~es** die Erwachsenen
❹ (MÚS) Dur *nt*; **tono** ~ Dur *nt*, Durtonart *f*; **tercera** ~ große Terz; **escala en do** ~ C-Dur-Tonleiter *f*
❺ (LIT): **arte** ~ Vers aus mehr als acht Silben
II. *m* ❶ (MIL) Major *m*
❷ (*superior*) Vorgesetzte(r) *m*
❸ *pl* (*antepasados*) Vorfahren *mpl*
mayoral [majo'ral] *m* ❶ (*pastor principal*) Oberhirt *m*
❷ (*capataz*) Vorarbeiter *m*
❸ (*cochero*) Postkutscher *m*
❹ (*recaudador*) Geldeintreiber *m*
mayorana [majo'rana] *f* (BOT) Majoran *m*
mayorazgo¹ [majo'raθɣo] *m* ❶ (*institución*) Majorat *nt*, Ältestenrecht *nt*
❷ (*patrimonio*) Majorat(sgut) *nt*
mayorazgo, -a² [majo'raθɣo, -a] *m, f* ❶ (*heredero*) Majoratsherr(in) *m(f)*
❷ (*primogénito*) Erstgeborene(r) *mf*
mayorcito, -a [major'θito, -a] *adj* (*fam*): **¡si ya eres ~!** du bist doch schon ein großer Junge!; **ya es** ~ er ist kein kleines Kind mehr
mayordomo¹ [major'ðomo] *m* (*administrador de una cofradía*) Verwalter einer Bruderschaft; (*miembro de una cofradía*) Mitglied einer Bruderschaft
mayordomo, -a² [major'ðomo, -a] *m, f* Hausverwalter(in) *m(f)*; (*de una mansión*) Gutsverwalter(in) *m(f)*; ~ **mayor** Hofmarschall *m*
mayoría [majo'ria] *f* Mehrheit *f*; ~ **absoluta** absolute Mehrheit; ~ **de edad** Volljährigkeit *f*; ~ **de edad matrimonial** Ehemündigkeit *f*; ~ **relativa** einfache Mehrheit; ~ **silenciosa** schweigende Mehrheit; ~ **de votos** Stimmenmehrheit *f*; **la** ~ **tiene un coche** die meisten besitzen ein

Auto
mayorista [maʝo'rista] **I.** *adj* Großhandels-; **comercio** ~ Großhandel *m* **II.** *mf* Großhändler(in) *m(f)*, Grossist(in) *m(f)*
mayoritariamente [maʝoritarja'mente] *adv* überwiegend
mayoritario, -a [maʝori'tarjo, -a] *adj* Mehrheits-; **tiene el apoyo** ~ er/sie wird von der Mehrheit unterstützt
mayorización [maʝoriθa'θjon] *f* (FIN) Konzertzeichnung *f*; **acordar mayorizaciones** Konzertzeichnungen arrangieren
mayormente [maʝor'mente] *adv* hauptsächlich, vor allem, insbesondere
mayuato [ma'ʝwato] *m* (*Arg*: ZOOL) *eine Art Nasenbär*
mayúscula [ma'ʝuskula] *f* Großbuchstabe *m*; **en ~s** in Großbuchstaben; **los nombres propios se escriben con** ~ Eigennamen werden großgeschrieben
mayúsculo, -a [ma'ʝuskulo, -a] *adj* ❶ (*fam: grande*) enorm, riesig ❷ (*loc*): **letra mayúscula** Großbuchstabe *m*
maza [maθa] *f* ❶ (*porra*) Keule *f* ❷ (*insignia*) Zeremonienstab *m* ❸ (*utensilio para machacar*) Stampfer *m*, Stößel *m* ❹ (*percusor*) Schlägel *m*, Klöppel *m* ❺ (*del taco de billar*) Griffteil *nt*
mazacote [maθa'kote] *m* ❶ (*hormigón*) Beton *m*; **esta esponja está hecha un** ~ dieser Schwamm ist ganz hart geworden ❷ (*cenizas de barrilla*) Salzkrautasche *f* ❸ (*Arg, Urug: pasta*) zäher und klebriger Brei ❹ (*obra de arte*) klobiges Kunstwerk *nt* ❺ (*fam: comida*) ≈Pampe *f* ❻ (*fam: persona pesada*) Nervensäge *f*
mazacotudo, -a [maθako'tudo, -a] *adj* (*Am*) plump
mazada [ma'θaða] *f v.* **mazazo**
mazamorra [maθa'morra] *f* ❶ (*Col, Perú: fig: revoltijo*) Durcheinander *nt*, Wirrwarr *nt* ❷ (*bizcocho*) zerbröckelter Zwieback *m* ❸ (*Perú, RíoPl*) Speise aus Maismehl und Zucker oder Honig
mazapán [maθa'pan] *m* Marzipan *nt*
mazar [ma'θar] <z→c> *vt* ❶ (*mecer*) buttern lassen; **mazo la leche** ich lasse die Milch buttern ❷ (*quebrantar*) zerschlagen; (*deformar*) verbiegen (durch Schläge)
mazas ['maθas] *m inv* (*fam*) Muskelprotz *m*
mazazo [ma'θaθo] *m* Keulenschlag *m*; **dar ~s a alguien** jdm schaden; **la muerte de su hijo fue un** ~ **para él** der Tod seines Sohnes war ein schwerer Schlag für ihn
mazdeísmo [maθðe'ismo] *m* (REL) Mazdaznan *m*
mazmorra [maθ'morra] *f* Verlies *nt*, Kerker *m*
mazo ['maθo] *m* ❶ (*martillo*) Holzhammer *m* ❷ (*maza pequeña*) Stößel *m* ❸ (*manojo*) Bündel *nt* ❹ (*persona pesada*) Nervensäge *f fam*
mazorca [ma'θorka] *f* ❶ (*husada*) gesponnene (Woll-/Leinen)faser *f* ❷ (*panoja*) Maiskolben *m* ❸ (*baya del cacao*) Kakaoschote *f* ❹ (*Chil: gobierno despótico*) ≈Diktatur *f*
mazurca [ma'θurka] *f* Mazurka *f*
Mb [meɣa'βit] *m* (INFOR) *abr de* **megabit** MBit *nt*
MB [meɣa'βajt] *m* (INFOR) *abr de* **megabyte** MB *nt*
mbaracayá [embaraka'ʝa] *m* (ZOOL) Geoffroys Katze *f*
Mbit [meɣa'βit] *m* (INFOR) *abr de* **megabit** MBit *nt*
Mb/sec [meɣa'βit por se'ɣundo] *m abr de* **megabit/segundo** MBit/s
Mbyte [meɣa'βajt] *m abr de* **megabyte** MByte *nt*
me [me] **I.** *pron pers* ❶ (*objeto directo*) mich; **¡míra~!** sieh mich an! ❷ (*objeto indirecto*) mir; **mi madre** ~ **lava la ropa** meine Mutter wäscht mir die Wäsche **II.** *pron refl*: ~ **lavo** ich wasche mich; ~ **voy** ich gehe; ~ **he comprado un piso** ich habe mir eine Wohnung gekauft; ~ **lavo el pelo** ich wasche mir die Haare
mea culpa ['mea 'kulpa] mea culpa, meine Schuld
meada [me'aða] *f* ❶ (*fam: orina*) Pisse *f*; **echar una** ~ pinkeln ❷ (*mancha de orina*) Urinlache *f*; **aquí hay una** ~ **de gato** eine Katze hat hierhin gepinkelt *fam*
meadero [mea'ðero] *m* (*vulg*) Pissbecken *nt*
meado [me'aðo] *m* (*fam*) Pisse *f*; **dejó su** ~ **en la puerta de los vecinos para fastidiarles** um die Nachbarn zu ärgern, pinkelte er/sie ihnen vor die Tür
meandro [me'andro] *m* ❶ (*curva*) Krümmung *f*, Kurve *f*, Biegung *f* ❷ (ARQUIT) Mäander *m*
mear [me'ar] *vi, vr*: ~**se** (*vulg*) pinkeln *fam*, pissen; **el niño se ha meado en el pantalón** das Kind hat in die Hose gemacht *fam*; ~**se de risa** sich totlachen [*o* kaputtlachen] *fam*
meato [me'ato] *m* (ANAT) Gang *m*; ~ **auditivo** Gehörgang *m*; ~ **urinario** Harnröhre *f*
meauca [me'auka] *f* (ZOOL) Sturmtaucher *m*
MEC [mek] *m abr de* **Ministerio de Educación y Ciencia** Ministerium *nt* für Erziehung und Wissenschaft
meca ['meka] *f* ❶ (*lugar*) Mekka *nt*; **andar de Ceca en M~** [*o* **de la Ceca a la ~**] von Pontius zu Pilatus laufen ❷ *v.* **meco**
mecachis [me'katʃis] *interj* (*fam*) ❶ (*enfado*) verflixt, verdammt ❷ (*sorpresa*) na so was, Donnerwetter
mecana [me'kana] *adj o f v.* **mecano²**
mecánica [me'kanika] *f* ❶ (*parte de la física*) Mechanik *f* ❷ *v.* **mecánico**
mecánicamente [me'kanikamente] *adv* ❶ (FÍS) mechanisch ❷ (*automáticamente*) automatisch; **todas las noches se cepilla** ~ **los dientes** ganz automatisch putzt er/sie sich jeden Abend die Zähne
mecanicismo [mekani'θismo] *m* ❶ (FILOS) mechanistische Weltanschauung *f* ❷ (*mecanización*) Mechanisierung *f*
mecanicista [mekani'θista] *mf* Anhänger(in) *m(f)* der mechanistischen Weltanschauung
mecánico, -a [me'kaniko, -a] **I.** *adj* mechanisch **II.** *m, f* Mechaniker(in) *m(f)*
mecanismo [meka'nismo] *m* ❶ (*dispositivo*) Mechanismus *m*; ~ **de accionamiento** (INFOR) Auslösevorrichtung *f*; ~ **de control** Kontrollvorrichtung *f*; ~ **de retraso** Verzögerungsmechanismus *m*; **el** ~ **de cambios del SME** (FIN) der Wechselkursmechanismus des IWS ❷ (*funcionamiento*) Verfahren *nt*
mecanización [mekaniθa'θjon] *f* Mechanisierung *f*; ~ **agrícola** Mechanisierung der Landwirtschaft
mecanizado¹ [mekani'θaðo] *m* Bearbeitung *f*; ~ **por haz láser** Laserbearbeitung *f*
mecanizado, -a² [mekani'θaðo, -a] *adj* maschinenbearbeitet
mecanizar [mekani'θar] <z→c> *vt* ❶ (*automatizar*) mechanisieren ❷ (*elaborar mecánicamente*) mechanisch bearbeiten
mecano¹ [me'kano] *m* Baukasten *m*
mecano, -a² [me'kano, -a] **I.** *adj* aus Mekka **II.** *m, f* Einwohner(in) *m(f)* von Mekka
mecanógrafa [meka'noɣrafa] *f v.* **mecanógrafo**
mecanografía [mekanoɣra'fia] *f* Maschineschreiben *nt*
mecanografiar [mekanoɣra'fjar] <*1. pres*: mecanografío> *vt* mit der Maschine schreiben, tippen
mecanógrafo, -a [meka'noɣrafo, -a] *m, f* Maschinenschreiber(in) *m(f)*, Schreibkraft *f*
mecanoterapia [mekanote'rapja] *f* (MED) Therapie *f* mit mechanischer Einwirkung auf den Körper, Mechanotherapie *f*
mecate [me'kate] *m* (*AmC, Méx, Ven*) (Hanf)kordel *f*
mecedor [meθe'ðor] *m* Schaukel *f*
mecedora [meθe'ðora] *f* Schaukelstuhl *m*
mecenas [me'θenas] *mf inv* Mäzen(in) *m(f)*
mecenazgo [meθe'naθɣo] *m* Mäzenatentum *nt*
mecer [me'θer] <c→z> **I.** *vt* ❶ (*menear*) schütteln ❷ (*balancear*) schaukeln, wiegen **II.** *vr*: ~**se** ❶ (*menearse*) sich schütteln ❷ (*balancearse*) sich schaukeln, sich wiegen
mecha ['metʃa] *f* ❶ (*pabilo*) Docht *m*; (*de explosivos*) Zündschnur *f*, Lunte *f* ❷ (*gasa*) (Verbands)mull *m* ❸ (*mechón*) (Haar)strähne *f* ❹ *pl* (mechones teñidos) gefärbte Haarsträhnen *fpl*; **hacerse ~s** sich *dat* Strähnchen (ins Haar) machen lassen ❺ (*tocino*) Speck(streifen) *m* zum Spicken ❻ (*loc*): **a toda** ~ wie der geölte Blitz; **aguantar** ~ alles über sich ergehen lassen
mechado [me'tʃaðo] *m* (GASTR) Spicken *nt*
mechar [me'tʃar] *vt* (GASTR) spicken; **he mechado el pavo para que esté más jugoso** damit er saftiger wird, habe ich den Puter gespickt
mechera [me'tʃera] *f* ❶ (*aguja*) Spicknadel *f* ❷ (*ladrona*) Ladendiebin *f*
mechero¹ [me'tʃero] *m* ❶ (*piquera*) Dochtkanal *m* ❷ (*quemador*) Brenner *m*; ~ **de gas** Gasbrenner *m*; ~ (**de**) **Bunsen** Bunsenbrenner *m* ❸ (*encendedor*) Feuerzeug *nt*
mechero, -a² *m, f* (*argot*) Ladendieb(in) *m(f)*
mechificar [metʃifi'kar] <c→qu> *vi* (*AmS*) spotten, sich lustig machen
mechón [me'tʃon] *m* Büschel *nt*; ~ **de pelo** Haarbüschel *nt*
mechudo, -a [me'tʃuðo, -a] *adj* (*Am*: desgreñado) zersaust, strubbelig
Mecklemburgo-Pomerania Occidental [meklem'burɣo pome'ranja oɣθiðen'tal] *m* Mecklenburg-Vorpommern *nt*
meco, -a ['meko, -a] **I.** *adj* ❶ (*Ant, Méx*: rubio) blond

❷ *(Méx: bermejo con negro)* rotschwarz; **toro** ~ Stier mit rotschwarzem Fell
II. *m, f* wilder Indianer *m,* wilde Indianerin *f;* *(fig)* unkultivierter Mensch *m*
meconio [me'konjo] *m* (MED) Kindspech *nt*
medalla [me'ðaʎa] *f* Medaille *f;* ~ **de oro** Goldmedaille *f;* ~ **militar** Orden *m*
medallero [meða'ʎero] *m* Medaillenrang *m*
medallista [meða'ʎista] *mf* ❶ *(grabador)* Medailleur(in) *m(f)*
❷ *(ganador)* Medaillengewinner(in) *m(f)*
medallón [meða'ʎon] *m* Medaillon *nt*
médano ['meðano] *m,* **medaño** [me'ðaɲo] *m* ❶ *(duna)* Düne *f*
❷ *(bajío)* Sandbank *f*
media ['meðja] *f* ❶ *(promedio)* Durchschnitt *m,* Mittel *nt;* ~ **anual** Jahresmittel *nt,* Jahresdurchschnitt *m;* ~ **aritmética** arithmetisches Mittel
❷ *(calceta)* Strumpf *m; (Am: calcetín)* Socke *f*
mediacaña [meðja'kaɲa] *f* Hohlkehle *f,* Kannele *f*
mediación [meðja'θjon] *f* Vermittlung *f,* Schlichtung *f;* **por** ~ **de** über +akk, durch Vermittlung +gen
mediado, -a [me'ðjaðo, -a] *adj* halb voll, halb leer; **a** ~**s de semana/ del mes** Mitte der Woche/des Monats
mediador(a) [meðja'ðor(a)] *m(f)* Vermittler(in) *m(f);* ~ **del capital** Kapitalvermittler *m*
medial [me'ðjal] *adj* (LING): **consonante** ~ in der Mitte des Wortes liegender Konsonant
medialuna [meðja'luna] *f* ❶ *(referente a la luna)* Halbmond *m*
❷ (TAUR) sichelförmiges Stierkampfinstrument
❸ *(fortificación)* halbkreisförmiges Bollwerk
❹ *(bollo)* Hörnchen *nt; (cruasán)* Croissant *nt*
mediana [me'ðjana] *f* ❶ *(taco de billar)* ein etwas längeres *(Billard)*queue
❷ *(correa)* Deichselriemen *m*
❸ *(en la autopista)* Mittelstreifen *m*
❹ (MAT) Seitenhalbierende *f*
❺ *(fam: cerveza)* 0,33-l-Bierflasche
medianamente [meðjana'mente] *adv (regular)* mittelmäßig; **me lo pasé** ~ **bien en la fiesta** ich fand das Fest ganz nett, aber nicht berauschend; **si fuera** ~ **inteligente no habría contestado de esa manera** wenn er/sie einigermaßen intelligent wäre, hätte er/sie so nicht geantwortet
medianejo, -a [meðja'nexo, -a] *adj (fam)* ziemlich klein; **se ha comprado un sofá de tamaño** ~ er/sie hat sich ein relativ kleines Sofa gekauft
medianera [meðja'nera] *adj o f v.* **medianero²**
medianería [meðjane'ria] *f* ❶ *(pared)* Trennmauer *f*
❷ *(seto)* Grundstückshecke *f*
medianero¹ [meðja'nero] *m* Eigentümer der Hälfte eines Hauses oder Grundstücks
medianero, -a² [meðja'nero, -a] I. *adj* Zwischen-; **pared medianera** Zwischenwand *f*
II. *m, f* ❶ *(intermediario)* Vermittler(in) *m(f)*
❷ *(propietario)* Besitzer(in) *m(f),* Eigentümer(in) *m(f)*
medianía [meðja'nia] *f* ❶ *(término medio)* Mittelmaß *nt*
❷ *(mediocridad)* Mittelmäßigkeit *f*
❸ *(referente a una persona)*: **es una** ~ er/sie ist nicht der/die Hellste
mediano, -a [me'ðjano, -a] *adj* ❶ *(referente a la calidad)* mittelmäßig
❷ *(referente al tamaño)* von mittlerer Größe; **talla mediana** Größe M
❸ (ECON) mittelständisch; **una mediana empresa** ein mittelständisches Unternehmen
medianoche [meðja'notʃe] *f* ❶ *(12 de la noche)* Mitternacht *f;* **a** ~ mitten in der Nacht
❷ *(panecillo)* ≈Milchbrötchen *nt*
mediante [me'ðjante] I. *adj:* **Dios** ~ so Gott will
II. *prep* mittels +gen; *(a través de)* durch +akk
mediapunta [meðja'punta] *m* (DEP) defensiver Mittelfeldspieler *m*
mediar [me'ðjar] *vi* ❶ *(intermediar)* vermitteln *(en* in +akk*, entre* zwischen +dat*)*
❷ *(intervenir)* sich verwenden *(por* für +akk*),* sich einsetzen *(por* für +akk*)*
❸ *(realizar hasta la mitad)* bis zur Hälfte schaffen; ~**on la botella entre los dos** sie haben zu zweit die Flasche halb leer getrunken
❹ *(interponerse)* behindern, dazwischenkommen; **mediaba su escasa preparación para este trabajo** seine/ihre mangelhafte Ausbildung wirkte sich auf die Arbeit hinderlich aus
❺ *(transcurrir)* vergehen
❻ *(existir)* dazwischen liegen; **entre tú y yo media un abismo** zwischen dir und mir liegen Welten
mediastino [meðjas'tino] *m* (ANAT) Mittelfell *nt,* Mediastinum *nt*
mediático, -a [me'ðjatiko, -a] *adj* Medien-; **sociedad mediática** Mediengesellschaft *f;* **los adversarios políticos y** ~**s** die Gegner aus der Politik und den Medien
mediatización [meðjatiθa'θjon] *f* ❶ (POL) Mediatisierung *f*
❷ *(coartación)* Einschränkung *f*
mediatizar [meðjati'θar] <z→c> *vt* ❶ (POL) mediatisieren
❷ *(coartar)* einschränken
mediato, -a [me'ðjato, -a] *adj* mittelbar
mediatriz [meðja'triθ] *f* (MAT) Mittelsenkrechte *f,* Mittellot *nt*
medible [me'ðiβle] *adj* messbar
médica ['meðika] *adj o f v.* **médico**
medicable [meði'kaβle] *adj* (MED) mit Medikamenten behandelbar; **se trata de una dolencia** ~ die Krankheit kann mit Medikamenten geheilt werden
medicación [meðika'θjon] *f* ❶ *(medicinamiento)* Medikation *f*
❷ *(conjunto de medicamentos)* ≈Medikamente *ntpl*
médicamente [meðika'mente] *adv* aus medizinischer Sicht, medizinisch gesehen
medicamento [meðika'mento] *m* Medikament *nt,* Arzneimittel *nt,* Arznei *f;* ~ **circulatorio** Kreislaufmittel *nt*
medicamentoso, -a [meðikamen'toso, -a] *adj* heilkräftig; **vino** ~ Medizinalwein *m*
medicar [meði'kar] <c→qu> I. *vt* Medikamente verabreichen +dat
II. *vr:* ~**se** Medikamente einnehmen
medicastro, -a [meði'kastro, -a] *m, f* Medikaster *m,* Quacksalber(in) *m(f),* Kurpfuscher(in) *m(f) fam*
medicina [meði'θina] *f* Medizin *f;* ~ **alternativa** alternative Medizin; ~ **intensiva** Intensivmedizin *f;* **la** ~ **naturista** die Naturheilkunde; **la** ~ **tradicional** die Schulmedizin
medicinal [meðiθi'nal] *adj* medizinisch, Medizin-; **balón** ~ Medizinball *m;* **hierba** ~ Arzneipflanze *f,* Heilpflanze *f*
medicinar [meðiθi'nar] *vt v.* **medicar**
medición [meði'θjon] *f* Messung *f;* ~ **de tiempos** Zeitnahme *f*
médico, -a ['meðiko, -a] I. *adj* ärztlich, Arzt-; **cuerpo** ~ Ärzteschaft *f*
II. *m, f* Arzt *m,* Ärztin *f;* **Colegio de M**~**s** Ärztekammer *f;* ~ **de cabecera** Hausarzt *m;* ~ **de empresa** Betriebsarzt *m;* ~ **de familia** Hausarzt *m;* ~ **forense** Gerichtsmediziner *m;* ~ **naturista** Naturheilkundler *m,* Naturheilpraktiker *m*
medicucho [meði'kutʃo] *m v.* **medicastro**
medida [me'ðiða] *f* ❶ *(medición)* Messung *f*
❷ *(dimensión)* Maß *nt;* ~ **de complejidad** (INFOR) Komplexitätsmaß *nt,* **a la** ~ maßgeschneidert; **traje a la** ~ Maßanzug *m;* **tomar la(s)** ~**(s)** Maß nehmen; **en** *[o* **hasta***]* **cierta** ~ in gewissem Maße; **en la** ~ **de lo posible** im Rahmen des Möglichen; **a** ~ **que** in dem Maße wie; **el hombre es la** ~ **de todas las cosas** der Mensch ist das Maß aller Dinge; **ignoro en qué** ~ **puede afectarnos** ich weiß nicht, in welchem Maße *[o* Ausmaß*]* es uns betreffen wird
❸ *(unidad de* ~*)* Maßeinheit *f*
❹ (LIT) Versmaß *nt*
❺ *(prudencia)* Vorsicht *f;* **actúa con** ~ er/sie geht behutsam vor
❻ *(moderación)* Maß *nt,* Mäßigung *f;* **sin** ~ maßlos
❼ *(acción)* Maßnahme *f;* ~**s de ajuste** (FIN) Regulierungsmaßnahme *f;* ~ **administrativa** Verwaltungsmaßnahme *f;* ~**s anticíclicas** antizyklische Maßnahmen *f;* ~ **cautelar** Vorsichtsmaßnahme *f;* ~ **compensatoria** Ausgleichsmaßnahme *f;* ~**s disciplinarias** Disziplinarmaßnahmen *fpl;* ~ **educativa** Erziehungsmaßregel *f;* ~**s fiscales** Steuermaßnahmen *fpl;* ~ **inmediata** Sofortmaßnahme *f;* ~ **de liberalización** (ECON) Liberalisierungsmaßnahme *f;* ~**s de política coyuntural** konjunkturpolitische Maßnahmen; ~**s político-financieras** finanzpolitische Maßnahmen; ~ **preventiva** Vorbeugungsmaßnahme *f;* ~**s de reactivación** Maßnahmen zur Wiederankurbelung; ~ **sancionadora** Sanktionsmittel *nt;* ~**s de seguridad** Sicherheitsmaßnahmen *fpl;* ~**s tarifarias** tarifliche Maßnahmen; ~**s de urgencia** Sofortmaßnahmen *f;* **tomar** ~ **ergreifen; el gobierno quiere introducir** ~**s para contener el gasto** die Regierung will Maßnahmen zur Ausgabendrosselung einführen
medidor¹ [meði'ðor] *m* ❶ *(instrumento de medición)* Messgerät *nt,* Messer *m*
❷ *(Am: contador)* Zähler *m (für Wasser, Strom, Gas)*
medidor(a)² [meði'ðor(a)] I. *adj* Mess-, messend; **reloj** ~ Messuhr *f*
II. *m(f)* Vermesser(in) *m(f)*
medieval [meðje'βal] *adj* mittelalterlich, mediäval
medievalista [meðjeβa'lista] *mf* Mediävist(in) *m(f)*
medievo [me'ðjeβo] *m* Mittelalter *nt;* **la sociedad del** ~ die mittelalterliche Gesellschaft
medio¹ ['meðjo] *m* ❶ *(mitad)* Mitte *f;* **en** ~ **de** inmitten +gen, zwischen +dat; **en** ~ **de todo** trotz allem; **meterse en** *[o* **de***] [o* **por***]* ~ dazwischenfunken *fam;* **quitar de en** ~ *(fam)* aus dem Weg schaffen
❷ *(instrumento)* Mittel *nt;* ~ **de actuación sobre la economía** Steuerinstrument der Wirtschaft; ~**s de almacenamiento** (INFOR) Speichermedien *ntpl;* ~ **de prueba** Beweismittel *nt;* ~**s publicitarios** Werbemittel,

ntpl; ~ **de sustento** Erwerbsmöglichkeit *f;* ~ **de transporte** Verkehrsmittel *nt;* **por** ~ **de** mittels +*gen,* über +*akk*
❸ (PREN, RADIO, TV) Medium *nt;* ~**s de comunicación** Kommunikationsmittel *ntpl,* Massenmedien *ntpl*
❹ (*entorno*) Milieu *nt;* ~ **ambiente** Umwelt *f*
❺ (DEP) Mittelfeldspieler *m*
❻ (*Cuba: moneda*) 5-Cent-Münze *f*
❼ (*Nic: unidad de medida*) Messeinheit für Körner
❽ *pl* (*fuentes*) Quellen *f;* ~**s financieros** Finanzmittel *ntpl;* ~**s bien informados** gut unterrichtete Quellen
❾ *pl* (*capital*) (finanzielle) Mittel *ntpl;* **estar corto de** ~**s** knapp bei Kasse sein *fam*
medio, -a² ['meðjo, -a] I. *adj* halb; **ciudadano** ~ Durchschnittsbürger *m;* **crecimiento** ~ **anual de la economía** durchschnittliches jährliches Wirtschaftswachstum; **a las cuatro y media** um halb fünf; **litro y** ~ anderthalb Liter; **mi media naranja** meine bessere Hälfte; **pertenece a la clase media** er/sie gehört zur Mittelschicht
II. *adv* halb; ~ **vestido** halb nackt; **a** ~ **asar** halb gegrillt; ~ **dormido, dormido a medias** halb eingeschlafen; **tomar algo a medias** etw teilen; **ir a medias** halb-halbe [*o* fifty-fifty] machen *fam;* **montar una empresa a medias con alguien** mit jdm in gemeinsamer Verantwortung ein Unternehmen aufbauen
medioambiental [meðjoambjen̦'tal] *adj* Umwelt-; **contaminación** ~ Umweltverschmutzung *f*
mediocre [me'ðjokre] *adj* mittelmäßig
mediocridad [meðjokri'ðað] *f* Mittelmäßigkeit *f*
mediodía [meðjo'dia] *m* ❶ (*hora del día*) Mittag *m;* **al** ~ mittags
❷ (*sur*) Süden *m*
mediofondista [meðjofon̦'dista] *mf* (DEP) Mittelstreckenläufer(in) *m(f)*
mediometraje [meðjome'traxe] *m mittellanger Film*
mediopensionista [meðjopensjo'nista] *mf Person, die in Halbpension lebt*
mediquillo, -a [meði'kiʎo, -a] *m, f* (*pey*) Quacksalber(in) *m(f),* Kurpfuscher(in) *m(f)*
medir [me'ðir] *irr como pedir* I. *vt* ❶ (*calcular*) messen; ~ **las costillas a alguien** jdn verprügeln
❷ (*sopesar*) abwägen; ~ **los riesgos** die Risiken abwägen
❸ (*moderar*) mäßigen
II. *vi* messen
III. *vr:* ~**se** sich messen (*con* mit +*dat, en* in +*dat*)
meditabundo, -a [meðita'βun̦do, -a] *adj* nachdenklich
meditación [meðita'θjon] *f* Meditation *f*
meditador(a) [meðita'ðor(a)] *adj* nachsinnend, meditierend; **pertenece a una congregación de frailes** ~**es** er/sie gehört einer Gemeinschaft von Meditationsmönchen an
meditar [meði'tar] *vt, vi* meditieren (*en/sobre* über +*akk*)
meditativo, -a [meðita'tiβo, -a] *adj* meditativ
mediterráneo, -a [meðite'rraneo, -a] *adj* mediterran, Mittelmeer-; **isla mediterránea** Mittelmeerinsel *f*
Mediterráneo [meðite'rraneo] *m* Mittelmeer *nt*
médium ['meðjun] *mf sin pl* Medium *nt*
medra ['meðra] *f* ❶ (*aumento*) Wachstum *nt*
❷ (*mejora*) Verbesserung *f*
❸ (*progreso*) Fortschritt *m*
medrar [me'ðrar] *vi* ❶ (*crecer*) gedeihen
❷ (*avanzar*) Erfolg haben, vorwärts kommen
medro ['meðro] *m* ❶ (*florecimiento*) Gedeihen *nt*
❷ (*crecimiento*) Wachstum *nt*
❸ (*mejora*) Verbesserung *f*
medrosamente [meðrosa'men̦te] *adv* ängstlich, furchtsam
medroso, -a [me'ðroso, -a] I. *adj* ❶ *estar* verängstigt, erschrocken
❷ *ser* ängstlich, furchtsam
II. *m, f* Feigling *m,* Angsthase *m fam*
medula [me'ðula] *f,* **médula** ['meðula] *f* ❶ (ANAT) Knochenmark *nt;* ~ **espinal** Rückenmark *nt* ❷ (BOT) Mark *nt* ❸ (*meollo*) Kern *m;* **hay que llegar a la** ~ **de las cosas** man muss bei den Sachen auf den Grund gehen; **estar hasta la** ~ **de algo/alguien** (*fam*) die Nase (gestrichen) voll von etw *dat*/jdm haben
medular [meðu'lar] *adj* ❶ (ANAT: *relativo al tuétano*) Knochenmark-; **trasplante** ~ Knochenmarktransplantation *f*
❷ (ANAT: *relativo a la médula espinal*) Rückenmark-; **inyección** ~ Rückenmarkspritze *f*
❸ (*esencial*) Kern-; **parte** ~ Kernstück *nt*
medulosuprarrenal [meðulosuprarre'nal] *f* (ANAT) Nebennierenmark *nt*
medusa [me'ðusa] *f* Qualle *f,* Meduse *f*
meeting ['mitiŋ] *m* (POL) *v.* **mitin**
mefistofélico, -a [mefisto'feliko, -a] *adj* mephistophelisch, diabolisch, teuflisch
mefítico, -a [me'fitiko, -a] *adj* ❶ (*dañino*) giftig, gesundheitsschädigend
❷ (*fétido*) mefitisch
mega ['meɣa] *m* (INFOR) Megabyte *nt*
megabit [meɣa'βit] *m* (INFOR) Megabit *nt;* ~/**segundo** Megabit/Sekunde
megabyte [meɣa'βai̯t] *m* (INFOR) Megabyte *nt;* ~/**segundo** Megabyte/Sekunde
megaciclo [meɣa'θiklo] *m* Megahertz *nt*
megacolon [meɣa'kolon] *m* (MED) Weitstellung *f* des Dickdarms, Megakolon *nt;* ~ **congénito** Hirschsprung-Krankheit *f,* Megacolon congenitum *nt*
megafonía [meɣafo'nia] *f* ❶ (*técnica*) Verstärkertechnik *f*
❷ (*conjunto de aparatos*) Verstärkeranlage *f*
megáfono [me'ɣafono] *m* Megaphon *nt*
megahertz [meɣa'erðs] *m,* **megahertzio** [meɣa'erðjo] *m* (INFOR) Megahertz *nt*
megalítico, -a [meɣa'litiko, -a] *adj* megalithisch, Megalith-
megalito [meɣa'lito] *m* Megalith *m*
megalocardia [meɣalo'karðja] *f* (MED) abnorme Größe *f* des Herzens
megalocefalia [meɣaloθe'falja] *f* (MED) Großköpfigkeit *f,* Megalozephalie *f*
megalomanía [meɣaloma'nia] *f* Megalomanie *f,* Größenwahn *m*
megalómano, -a [meɣa'lomano, -a] *adj* größenwahnsinnig
megalópolis [meɣa'lopolis] *f inv* Megalopolis *f,* Megalopole *f*
megastore [meɣas'tor] <megastores> *f* (COM) großes Warenhaus *nt*
megaterio [meɣa'terjo] *m* (ZOOL) Riesenfaultier *nt,* Megatherium *nt*
megatón [meɣa'ton] *m* Megatonne *f*
megavatio [meɣa'βatjo] *m* Megawatt *nt*
megavoltio [meɣa'βoltjo] *m* Megavolt *nt*
mehari [me'ari] *m* (ZOOL) schnelles Reitdromedar *nt,* Mehari *m*
meigo, -a ['mei̯ɣo, -a] *m, f* Zauberer, -in *m, f,* Hexenmeister *m,* Hexe *f*
mejana [me'xana] *f* (GEO) Flussinsel *f*
mejicanismo [mexika'nismo] *m* (LING) in Mexiko gebräuchlicher Ausdruck *m*
mejicano, -a [mexi'kano, -a] I. *adj* mexikanisch
II. *m, f* Mexikaner(in) *m(f)*
Méjico ['mexiko] *m* Mexiko *nt*
mejilla [me'xiʎa] *f* Wange *f,* Backe *f*
mejillón [mexi'ʎon] *m* Miesmuschel *f*
mejillonero, -a [mexiʎo'nero, -a] I. *adj* Miesmuschel-; **el mercado** ~ der Miesmuschelmarkt
II. *m, f* Miesmuschelzüchter(in) *m(f)*
mejor [me'xor] I. *adj compar de* **bueno** besser; ~ **postor** Meistbietende(r) *mf;* **el/la** ~ der/die Beste; **el** ~ **alumno** der beste Schüler; **la** ~ **nota** die beste Note; **lo** ~ das Beste; (**es**) ~ **que...** +*subj* es ist besser, wenn ...; **cambiar a** ~ sich verbessern, sich zum Besseren ändern; **el** ~ **día** eines schönen Tages; **pasar a** ~ **vida** hinscheiden
II. *adv compar de* **bien** besser; **a lo** ~ womöglich, unter Umständen; ~ **que** ~ [*o* **tanto** ~] um so besser; ~ **dicho** besser gesagt; **estar** ~ sich besser fühlen; ~ **quiero un coche viejo que una moto** ich hätte lieber ein altes Auto als ein Motorrad
mejora [me'xora] *f* ❶ (*mejoramiento*) Verbesserung *f;* (AGR) Melioration *f;* ~ **salarial** Gehaltsaufbesserung *f*
❷ (*puja*) höheres Gebot
❸ (JUR) Vermächtnis, das über den Pflichtteil hinausgeht
mejorable [mexo'raβle] *adj* verbesserungsfähig
mejoramiento [mexora'mjen̦to] *m* Verbesserung *f*
mejorana [mexo'rana] *f* (BOT) Majoran *m*
mejorar [mexo'rar] I. *vt* ❶ (*perfeccionar*) verbessern; (*enfermo*) bessern; ~ **la presentación del producto** die Produktpräsentation verbessern; ~ **las ventas de una empresa** den Umsatz eines Unternehmens steigern; **los baños** ~**án su salud** die Bäder werden seinen/ihren Gesundheitszustand bessern
❷ (*superar*) übertreffen; (*subasta*) überbieten
II. *vi, vr:* ~**se** ❶ (*enfermo*) genesen, gesund werden, sich erholen; **¡que se mejore!** gute Besserung!
❷ (*tiempo*) besser werden, sich bessern
mejoría [mexo'ria] *f* Besserung *f;* **la bolsa ha experimentado una ligera** ~ **en su sesión de hoy** an der Börse hat sich heute eine leichte Erholung gezeigt; **las ventas han registrado una** ~ **en el último trimestre** die Verkaufszahlen sind im letzten Vierteljahr angestiegen
mejunje [me'xuŋxe] *m* ❶ (*cosmético, medicamento*) Mixtur *f*
❷ (*pey: bebida*) Gesöff *nt*
melado¹ [me'laðo] *m* ❶ (*jarabe*) Zuckerrübensirup *m*
❷ (*torta*) ≈Honigkuchen *m*
melado, -a² [me'laðo, -a] *adj* honigfarben
meláfido [me'lafiðo] *m* (GEO) Melaphyr *m*

melancolía [melaŋko'lia] f Melancholie f
melancólico, -a [melaŋ'koliko, -a] I. adj melancholisch
II. m, f Melancholiker(in) m(f)
melancolizar [melaŋkoli'θar] <z→c> I. vt traurig machen
II. vr: ~**se** traurig werden, sich betrüben elev
melanesio¹ [mela'nesjo] m sin pl (LING) Melanesisch(e) nt
melanesio, -a² [mela'nesjo, -a] I. adj ❶ (LING) melanesisch; **dialectos ~s** melanesiche Dialekte
❷ (de Melanesia) aus Melanesien, melanesisch; **folclore ~** melanesische Folklore
II. m, f Melanesier(in) m(f)
melanina [mela'nina] f Melanin nt
melanogénesis [melano'xenesis] f inv (BIOL) Melaninbildung f
melanoma [mela'noma] m Melanom nt
melanosis [mela'nosis] f inv ❶ (AGR) Melanose f der Rebe
❷ (MED) Melanose f
melanuria [mela'nurja] f (MED) Ausscheidung f melaninhaltigen Harns, Melanurie f
melapia [me'lapja] f (AGR) süße Apfelsorte
melaza [me'laθa] f Melasse f
melé [me'le] f (DEP) Scrimmage nt
melena [me'lena] f ❶ (crin) Mähne f; (pelo) lange Haare ntpl; **soltarse la ~** die Haare offen tragen; (fig) sich dat einen Ruck geben
❷ (MED) Schwarzruhr f
melenudo, -a [mele'nuðo, -a] I. adj langhaarig; (pey) langmähnig
II. m, f Langhaarige(r) mf
melera [me'lera] f ❶ (AGR) durch Regen oder Hagel verursachte Melonenfäule
❷ (BOT) Ochsenzunge f
melgacho [mel'ɣatʃo] m (ZOOL) Katzenhai m
melifluidad [melifluwi'ðað] f (übertriebene) Zuvorkommenheit f, (übertriebene) Liebenswürdigkeit f
melifluo, -a [me'liflwo, -a] adj ❶ (como la miel) honigsüß
❷ (excesivamente amable) (übertrieben) zuvorkommend, (übertrieben) liebenswürdig
melillense [meli'ʎense] I. adj aus Melilla
II. mf Einwohner(in) m(f) Melillas
melindre [me'lindre] m ❶ (con miel y harina) ≈Honigpfannkuchen m; (con mazapán) ≈Marzipanschnecke f
❷ pl (delicadeza exagerada) Zimperlichkeit f
❸ pl (delicadeza afectada) Geziertheit f, Affektiertheit f; **andar con [o hacer] ~s** sich zieren, sich anstellen
melindrear [melindre'ar] vi sich zieren, sich anstellen
melindroso, -a [melin'droso, -a] I. adj ❶ (delicado) zimperlich
II. m, f ❶ (persona delicada) zimperliche Person f
❷ (persona afectada) affektierte Person f
melión [me'ljon] m (ZOOL) Seeadler m
melis ['melis] adj (BOT): (**pino**) ~ Schwarzkiefer f
melisa [me'lisa] f Melisse f
melisana [meli'sana] m (licor) Melissengeist m
melisma [me'lisma] m (MÚS) Melisma nt
melito [me'lito] m (MED) Honigsirup m
mella ['meʎa] f ❶ (hendidura) Scharte f
❷ (hueco) Lücke f; **tiene varias ~s en los dientes** er/sie hat mehrere Zahnlücken
❸ (merma) Schmälerung f
❹ (loc): **hacer ~** beeindrucken
mellado, -a [me'ʎaðo, -a] I. adj ❶ (con hendiduras) schartig
❷ (con huecos) lückig; (referente a los dientes) zahnlückig
II. m, f Person mit Zahnlücken
mellar [me'ʎar] I. vt ❶ (hacer mellas) schartig machen
❷ (disminuir) mindern, schmälern
II. vr: ~**se** ❶ (hacerse mellas) schartig werden
❷ (disminuir) geschmälert werden
melliza [me'ʎiθa] f (GASTR) mit Honig zubereitete Wurst
mellizo, -a [me'ʎiθo, -a] I. adj ❶ (gemelo) Zwillings- (bezogen auf zweieiige Zwillinge); **hermana melliza** Zwillingsschwester f
❷ (igual) gleich, identisch
II. m, f Zwilling m
melocotón [meloko'ton] m ❶ (fruto) Pfirsich m
❷ (fam: borrachera) Rausch m
melocotonar [melokoto'nar] m Pfirsichplantage f
melocotonero [melokoto'nero] m Pfirsichbaum m
melodía [melo'ðia] f ❶ (sucesión de sonidos) Melodie f
❷ (sonido agradable) Wohlklang m
❸ (teoría musical) Melodik f
melódico, -a [me'loðiko, -a] adj melodisch
melodioso, -a [melo'ðjoso, -a] adj melodiös, wohlklingend

melodrama [melo'ðrama] m Melodram(a) nt
melodramático, -a [meloðra'matiko, -a] adj melodramatisch
melojo [me'loxo] m (BOT) Steineiche f
melomanía [meloma'nia] f Musikbegeisterung f, Musikschwärmerei f; **la ~ de mi hermano es exagerada** mein Bruder ist ein fanatischer Musikfan
melómano, -a [me'lomano, -a] m, f (fanatischer) Musikliebhaber m, (fanatische) Musikliebhaberin f
melón¹ [me'lon] m ❶ (fruto) (Zucker)melone f; **~ de agua** Wassermelone f; **~ chino** [o **de la China**] Honigmelone f
❷ (fam: cabeza) Rübe f, Birne f
melón, -ona² [me'lon, -ona] m, f (fam) Dummkopf m, Schafskopf m
melonada [melo'naða] f (fam) Spinnerei f; **no empieces con tus ~s** fang nicht an herumzuspinnen
melonar [melo'nar] m Melonenfeld nt
meloncillo [melon'θiʎo] m (ZOOL) Ichneumon m, Afrikanischer Mungo m
melopea [melo'pea] f ❶ (canturreo) leises Singen nt
❷ (composición de melodías) Komponieren nt
❸ (entonación) Rezitativ nt
❹ (fam: borrachera) Rausch m
melosidad [melosi'ðað] f Lieblichkeit f
meloso, -a [me'loso, -a] adj lieblich
melva ['melβa] f (ZOOL) Fregattenmakrele f, Makrelenthunfisch m
mema ['mema] adj o f v. **memo**
membrana [mem'brana] f Membran(e) f, Häutchen nt; **~ caduca** Eihülle f, Embryonalhülle f; **~ celular** Zellmembran f; **~ interdigital** Schwimmhaut f; **~ mucosa** Schleimhaut f; **~ vitelina** Dotterhaut f
membranoso, -a [membra'noso, -a] adj häutig
membrete [mem'brete] m Briefkopf m
membrillar [membri'ʎar] m ❶ (terreno) Quittenplantage f
❷ (BOT: árbol) Quittenbaum m, Quitte f
membrillate [membri'ʎate] m (GASTR) Quittenbrot m; **al cura le gusta tomar ~ con queso de postre** der Pfarrer ist gerne Quittenbrot mit Käse zum Nachtisch
membrillo [mem'briʎo] m (árbol) Quittenbaum m; (fruto) Quitte f; **carne** [o **dulce**] **de ~** Quittenbrot nt
membrudo, -a [mem'bruðo, -a] adj stämmig
memela [me'mela] f (Méx: GASTR) großer, dicker Maisfladen mit Soße und Käse
memez [me'meθ] f Dummheit f
memo, -a ['memo, -a] I. adj dumm, einfältig
II. m, f Dummkopf m
memorable [memo'raβle] adj denkwürdig
memorándum [memo'randun] m <memorandos> Memorandum nt
memorar [memo'rar] vt (elev: evocar) gedenken, erinnern; **las Navidades nos hacían ~ los buenos tiempos que habíamos pasado juntos** die Weihnachtstage riefen in uns die schönen Zeiten wach, die wir miteinander verbracht hatten
memorativo, -a [memora'tiβo, -a] adj (elev) Gedenk-; **el festival en honor al alcalde asesinado** die Gedenkfeier zu Ehren des ermordeten Bürgermeister
memoria [me'morja] f ❶ (facultad) Gedächtnis nt, Erinnerungsvermögen nt; (recuerdo) Erinnerung f (de an +akk); **a largo plazo** (BIOL, PSICO) Langzeitgedächtnis nt; **a la** [o **en**] **~ de** im Gedenken an +akk; **de ~** auswendig; **flaco de ~** vergesslich; **hacer ~** das Gedächtnis anstrengen; **perder la ~** das Gedächtnis verlieren; **traer a la ~** ins Gedächtnis rufen; **venir a la ~** in den Sinn kommen, einfallen; **tienes una ~ de gallo** [o **grillo**] (fam) du hast ein Gedächtnis wie ein Sieb
❷ (informe) Bericht m; (ECON) Geschäftsbericht m; **~ y balance** Sozialbilanz f
❸ (memorándum) Denkschrift f, Memorandum nt
❹ (investigación) Abhandlung f
❺ (monumento) Denkmal nt
❻ (INFOR) Speicher m; **~ de acceso aleatorio** RAM-Speicher m; **~ alta** oberer Speicherbereich; **~ auxiliar** Hilfsspeicher m; **~ caché** Cachespeicher m; **~ central** Hauptspeicher m; **~ de disco** Plattenspeicher m; **~ expandida** erweiterter Speicher; **~ intermedia** Zwischenspeicher m; **~ magnética** Magnetspeicher m; **~ programable de sólo lectura** PROM m, programmierbarer Festspeicher; **~ RAM/ROM** RAM-/ROM-Speicher m; **~ de reserva** Reservespeicher m; **~ de sólo lectura** Nur-Lese-Speicher m; **~ virtual** virtueller Speicher; **~ volátil** flüchtiger Speicher
❼ pl (recuerdos) Memoiren pl
memorial [memo'rjal] m ❶ (petición) Bittschrift f
❷ (agenda) Notizbuch nt
❸ (boletín) Mitteilungsblatt nt
memorión [memo'rjon] m (fam) Mordsgedächtnis nt
memorioso, -a [memo'rjoso, -a] adj (elev) ein gutes Gedächtnis habend, mit gutem Gedächtnis; **es muy ~** er/sie hat ein sehr gutes

Gedächtnis
memorismo [memo'rismo] *m* Auswendiglernen *nt*
memorista [memo'rista] **I.** *adj* ❶ (*memorioso*) ein gutes Gedächtnis habend
❷ (*perteneciente al memorismo*) das Memoriersystem betreffend; **estudio ~** Auswendiglernen *nt*
II. *mf* ❶ (*memorioso*) Person *f* mit gutem Gedächtnis
❷ (*partidario del memorismo*) Befürworter(in) *m(f)* des Memoriersystems
memorización [memoriθa'θjon] *f* ❶ (*aprendizaje*) Auswendiglernen *nt*
❷ (INFOR) Speicherung *f*
memorizar [memori'θar] <z→c> *vt* ❶ (*aprender*) auswendig lernen
❷ (INFOR) speichern
mena ['mena] *f* ❶ (MIN) Erz *nt*
❷ (NÁUT) Umfang eines Taus
menaje [me'naxe] *m* Hausrat *m*; ~ **de cocina** Küchenutensilien *ntpl*
menarquía [menar'kia] *f* (ANAT) Menarche *f*, Zeitpunkt *m* des ersten Eintretens der Menstruation
mención [men'θjon] *f* Erwähnung *f*; **digno de ~** erwähnenswert; **hacer ~ de algo/alguien** etw/jdn erwähnen; **~ honorífica** ehrenvolle Erwähnung
mencionar [menθjo'nar] *vt* erwähnen
menda ['menda] **I.** *pron pers* (*fam*) ich; **aquí el** [*o* **este**] **~ no dijo nada** ich habe nichts gesagt; **mi ~ lerenda** meine Wenigkeit
II. *pron indef* (*fam*): **un ~** irgendjemand, irgendwer
mendacidad [mendaθi'ðað] *f* (*elev*) Verlogenheit *f*
mendaz [men'daθ] *adj* (*elev*) verlogen
mendelismo [mende'lismo] *m* (BIOL) Mendelismus *m*
mendicante¹ [mendi'kante] **I.** *adj* Bettel-; **orden ~** Bettelorden *m*
II. *mf* (*mendigo*) Bettler(in) *m(f)*
mendicante² [mendi'kante] *m* Bettelmönch *m*
mendicidad [mendiθi'ðað] *f* (*pordiosería*) Bettelei *f*; (*fenómeno social*) Bettlertum *nt*; **la ~** er/sie lebt vom Betteln; **en esta ciudad hay mucha ~** in dieser Stadt gibt es viele Bettler
mendiga [men'diya] *f v.* **mendigo**
mendigar [mendi'yar] <g→gu> *vi, vt* betteln (um +*akk*)
mendigo, -a [men'diyo, -a] *m, f* Bettler(in) *m(f)*
mendrugo [men'druyo] *m* ❶ (*trozo de pan*) Stück *nt* trockenes Brot
❷ (*fam: torpe*) Tölpel *m*, Trottel *m*
meneado, -a [mene'aðo, -a] *adj* (TAUR): **toro ~** Stier, der vor dem eigentlichen Kampf schon bei Volksfesten durch die Straßen getrieben wurde
menear [mene'ar] **I.** *vt* schwenken; **~ la cabeza** den Kopf schütteln; **~ la cola** mit dem Schwanz wedeln
II. *vr*: **~se** (*moverse*) sich rühren
❷ (*fam: apresurarse*) sich sputen, in die Gänge kommen
meneo [me'neo] *m* ❶ (*movimiento*) Schwenken *nt*
❷ (*fam: vapuleo*) Abreibung *f*; **dar un ~ a alguien** jdm eine Abreibung verpassen
menester [menes'ter] *m* ❶ (*necesidad*) Notwendigkeit *f*; **ser ~** nötig [*o* erforderlich] sein; **haber ~ de algo** etw *gen* bedürfen, etw brauchen
❷ *pl* (*tareas*) Obliegenheiten *fpl*, Pflichten *fpl*
❸ *pl* (*necesidades fisiológicas*) Bedürfnisse *ntpl*
menesteroso, -a [meneste'roso, -a] **I.** *adj* bedürftig, arm
II. *m, f* Bedürftige(r) *mf*, Arme(r) *mf*
menestra [me'nestra] *f* (Gemüse)eintopf *m*
menestral(a) [menes'tral(a)] *m(f)* Handwerker(in) *m(f)*
menestralía [menestra'lia] *f* ❶ (*cuerpo de menestrales*) Handwerkerinnung *f*
❷ (*conjunto de menestrales*) Handwerkerschaft *f*
mengano, -a [men'gano, -a] *m, f*: **fulano y ~** Herr X und Herr Y
mengua ['mengwa] *f* ❶ (*disminución*) Abnahme *f*, Rückgang *m*; **sin ~ de** ohne Beeinträchtigung +*gen*
❷ (*carencia*) Mangel *m*; **sin ~** vollständig, absolut, uneingeschränkt
❸ (*descrédito*) Misskredit *m*, Verruf *m*; **no quiero que vaya en ~ de tu prestigio** ich möchte nicht, dass dein Ansehen darunter leidet
menguado¹ [men'gwaðo] *m* abgenommene Masche *f*
menguado, -a² [men'gwaðo, -a] **I.** *adj* ❶ (*cobarde*) feige
❷ (*tonto*) einfältig
❸ (*miserable*) niederträchtig
II. *m, f* ❶ (*cobarde*) Feigling *m*
❷ (*tonto*) Einfaltspinsel *m fam*
❸ (*miserable*) niederträchtige Person *f*
menguamiento [mengwa'mjento] *m v.* **mengua**
menguante [men'gwante] **I.** *adj*: **luna** [*o* **cuarto**] **~** abnehmender Mond *m*
II. *f* ❶ (*marea baja*) Ebbe *f*; (*estiaje*) Niedrigwasser *nt*; **este río está en la ~** dieser Fluss führt zur Zeit wenig Wasser

❷ (*mengua*) Abnahme *f*, Rückgang *m*
menguar [men'gwar] <gu→gü> **I.** *vi* abnehmen, zurückgehen; (*luna*) abnehmen; (*en las labores de punto o ganchillo*) abnehmen
II. *vt* reduzieren, verringern; (*en las labores de punto o ganchillo*) abnehmen
menhir [me'nir] *m* Menhir *m*
menina [me'nina] *f* königliche Hofdame *f*
meninge [me'ninxe] *f* (ANAT) (Ge)hirnhaut *f*; **estrujarse las ~s** (*fam*) sich das Hirn zermartern
meningitis [menin'xitis] *f inv* (MED) (Ge)hirnhautentzündung *f*, Meningitis *f*
meningococo [meningo'koko] *m* (BIOL) Meningokokke *f*
menino, -a [me'nino, -a] *m, f* (HIST: *caballero*) Edelknabe *m*; (*dama*) Edelfräulein *nt*
meniscitis [menis'θitis] *f inv* (MED) Entzündung *f* des Meniskus
menisco [me'nisko] *m* ❶ (*vidrio*) Meniskus *m*, Meniskenglas *nt*
❷ (ANAT, FÍS) Meniskus *m*
menopausia [meno'pausja] *f* (*cesación de la menstruación*) Menopause *f*; (*época de vida*) Wechseljahre *ntpl*, Klimakterium *nt*
menopáusico, -a [meno'pausiko, -a] *adj* klimakterisch
menor¹ [me'nor] **I.** *compar de* **pequeño**
❷ (*referente al tamaño*) kleiner; **Asia M~** Kleinasien *nt*; **gastos ~es** Nebenkosten *pl*, Spesen *pl*; **al por ~** detailliert, haargenau; (COM) en détail; **comerciar al ~** (COM) Einzelhandel treiben; **venta al por ~** (COM) Einzelhandelsverkauf *m*; **a la ~** (*fam*) bei der kleinsten Gelegenheit; **el número de alumnos es ~ que el año pasado** die Schülerzahl ist niedriger als im Vorjahr; **no dar la ~ importancia a algo** etw *dat* nicht die geringste Bedeutung beimessen
❸ (*referente a la edad*) jünger; **~ de edad** minderjährig; **mi hija es ~ que la tuya** meine Tochter ist jünger als deine; **el ~ de mis hermanos** mein jüngster Bruder
❹ (MÚS) Moll; **tono ~** Moll *nt*, Molltonart *f*; **tercera ~** kleine Terz; **escala en mi ~** e-Moll-Tonleiter *f*
❺ (LIT): **verso de arte ~** Vers mit weniger als neun Silben
II. *mf* (**~ de edad**) Minderjährige(r) *mf*; **esta película no es apta para ~es** dieser Film ist nicht jugendfrei
menor² [me'nor] *m* Minorit *m*, Franziskaner *m*
menorista [meno'rista] **I.** *adj* (*Chil, Méx*) Einzelhandels-
II. *mf* (*Chil, Méx: minorista*) Einzelhändler(in) *m(f)*
menorquín, -ina [menor'kin, -ina] **I.** *adj* aus Menorca
II. *m, f* Einwohner(in) *m(f)* Menorcas
menorragia [meno'rraxja] *f* (MED) abnorm starke Monatsblutung *f*, Menorrhagie *f*
menos ['menos] **I.** *adv* ❶ (*contrario de más*) weniger; **a ~ que** es sei denn; **el/la ~** der/die am wenigsten; **el piso (el) ~ caro** die preiswerteste Wohnung; **eso es lo de ~** das ist nicht so wichtig; **lo ~** das Mindeste; **a lo** [*o* **al**] **~** zumindest, wenigstens; **aún ~** erst recht nicht; **más o ~** mehr oder weniger; **cuanto ~... (tanto) más** je weniger ... desto mehr; **de ~** zu wenig; **echar de ~** vermissen; **en ~ de nada** in Null Komma nichts; **ir a ~** herunterkommen; **~ de** [*o* **que**] weniger als; **~ mal** glücklicherweise, Gott sei Dank; **¡ni mucho ~!** auf keinen Fall!; **por lo ~** zumindest, wenigstens
❷ (MAT) minus
❸ (*excepto*) außer; **todo ~ eso** alles nur das nicht
II. *m* (MAT) Minuszeichen *nt*
menoscabar [menoska'βar] *vt* ❶ (*disminuir*) vermindern
❷ (*dañar*) beschädigen; **esas acusaciones menoscaban mi reputación** diese Anschuldigungen schaden meinem Ruf
❸ (*desacreditar*) diskreditieren, in Verruf [*o* Misskredit] bringen
menoscabo [menos'kaβo] *m* ❶ (*disminución*) Verminderung *f*; **la cantidad va en ~ de la calidad** die Quantität geht auf Kosten der Qualität
❷ (*daño*) Beschädigung *f*; **sufrir ~** Schaden nehmen; **sin ~ de** ohne Herabsetzung +*gen*
❸ (JUR) Beeinträchtigung *f*; **~ esencial de la competencia/de derechos** wesentliche Beeinträchtigung des Wettbewerbs/von Rechten
menospreciable [menospre'θjaβle] *adj* verachtenswert
menospreciar [menospre'θjar] *vt* ❶ (*despreciar*) verachten
❷ (*desdeñar*) gering schätzen
❸ (*subestimar*) unterschätzen
menospreciativo, -a [menospreθja'tiβo, -a] *adj* geringschätzig, verächtlich; **no mirarle a la cara cuando hablaba era un gesto ~** ihm/ihr nicht ins Gesicht zu schauen, während er/sie sprach, war eine Geste der Geringschätzung
menosprecio [menos'preθjo] *m* ❶ (*desprecio*) Verachtung *f*
❷ (*desdén*) Geringschätzung *f*
❸ (*subestimación*) Unterschätzung *f*
menostasia [menos'tasja] *f* (ANAT) Ausbleiben *nt* der Regelblutung, Menostase *f*

mensaje [menˈsaxe] *m* Botschaft *f*, Mitteilung *f*; ~ **de error** (INFOR) Fehlermeldung *f*; ~ (**de**) **radio** Funkspruch *m*; ~ **de socorro** Notruf *m*; **esto es un ~ inequívoco** das ist eine eindeutige Botschaft
mensajera [mensaˈxera] *adj o f v.* **mensajero**
mensajería [mensaxeˈria] *f* Kurierdienst *m*
mensajero, -a [mensaˈxero, -a] I. *adj* Boten-; **paloma mensajera** Brieftaube *f*; **servicio ~** Botendienst *m*
II. *m, f* Bote, -in *m, f*, Kurier(in) *m(f)*; ~ **de la paz** Friedensbote *m*; **las nubes, mensajeras de la lluvia** die Wolken, Vorboten des Regens
menso, -a [ˈmenso, -a] *adj* (*Méx: necio*) dumm, einfältig
menstruación [menˢtrwaˈθjon] *f* Menstruation *f*, Monatsblutung *f*
menstrual [menˢtruˈal] *adj* menstrual, menstruell; **flujo ~** Monatsfluss *m*; **tener dolores ~es** Menstruationsbeschwerden haben
menstruar [menˢtruˈar] <*1. pres:* menstrúo> *vi* menstruieren, die Menstruation haben
menstruo¹ [ˈmenˢtrwo] *m* ❶ (*menstruación*) Menstruation *f*, Monatsblutung *f*
❷ (QUÍM) Lösungsmittel *nt*
menstruo, -a² [ˈmenˢtrwo, -a] *adj*: **sangre menstrua** Monatsblut *nt*
mensú [menˈsu] *m* (*Arg*) Landarbeiter *m*
mensual [mensuˈal] *adj* ❶ (*cada mes*) monatlich, Monats-; **plazo ~** Monatsrate *f*; **revista ~** Monatszeitschrift *f*
❷ (*que dura un mes*) Monats-; **abono ~ para el metro** Monats(fahr)karte für die U-Bahn
mensualidad [menswaliˈðaðˠ] *f* ❶ (*sueldo*) Monatseinkommen *nt*
❷ (*paga mensual*) monatliche Zahlung *f*; (*compra aplazada*) Monatsrate *f*; (*cuota mensual*) Monatsbeitrag *m*; **me debes varias ~es del alquiler** du schuldest mir mehrere Monatsmieten
mensualmente [mensualˈmente] *adv* monatlich; **visita a su abuelo ~** er/sie besucht jeden Monat seinen/ihren Großvater
mensurabilidad [mensuraβiliˈðaðˠ] *f* Messbarkeit *f*
mensurable [mensuˈraβle] *adj* messbar
mensurar [mensuˈrar] *vt* messen
menta [ˈmenta] *f* ❶ (*planta*) Minze *f*
❷ (*infusión*) Pfefferminztee *m*
❸ (*extracto*) Pfefferminzöl *nt*; **caramelo de ~** Pfefferminzbonbon *nt*
mentado, -a [menˈtaðo, -a] *adj* berühmt
mental [menˈtal] *adj* geistig, mental; **cálculo ~** Kopfrechnen *nt*
mentalidad [mentaliˈðaðˠ] *f* Mentalität *f*
mentalismo [mentaˈlismo] *m* (FILOS, PSICO, LING) Mentalismus *m*
mentalización [mentaliθaˈθjon] *f* Vergegenwärtigung *f*
mentalizar [mentaliˈθar] <z→c> *vt, vr:* **-se** (sich *dat*) klar machen, (sich *dat*) vergegenwärtigen
mentalmente [mentalˈmente] *adv* in Gedanken, im Geist; **se comunicaba con él ~** in Gedanken unterhielt er/sie sich mit ihm
mentar [menˈtar] <e→ie> *vt* erwähnen; **~ la soga en casa del ahorcado** indiskret sein
mente [ˈmente] *f* ❶ (*pensamiento*) Denken *nt*; **tener algo en** (**la**) **~** etw vorhaben [*o* planen]; **no puedo quitarme esa idea de la ~** dieser Gedanke geht mir (einfach) nicht aus dem Kopf; **su nombre se me ha ido de la ~** sein/ihr Name ist mir entfallen; **tener la ~ en blanco** sich nicht erinnern (können); **traer a la ~** ins Gedächtnis rufen
❷ (*intelecto*) Verstand *m*; ~ **lúcida/analítica** klarer/analytischer Verstand
mentecata [menteˈkata] *adj o f v.* **mentecato**
mentecatada [menteˈkaða] *f* Unsinn *m*, Dummheit *f*
mentecatería [mentekateˈria] *f*, **mentecatez** [mentekaˈteθ] *f* Dummheit *f*, Torheit *f*
mentecato, -a [menteˈkato, -a] I. *adj* dumm, töricht
II. *m, f* Dummkopf *m*
mentidero [mentiˈðero] *m* (*fam*) ≈Plauderecke *f*
mentir [menˈtir] *irr como sentir* I. *vi* ❶ (*engañar*) lügen; **miente más que habla** er/sie lügt wie gedruckt; **¡miento!** falsch!, Irrtum!
❷ (*inducir a error*) trügen, täuschen
II. *vt* (*elev*) vortäuschen, vorspiegeln
mentira [menˈtira] *f* ❶ (*embuste*) Lüge *f*; ~ **piadosa** barmherzige Lüge; **¡parece ~!** unglaublich!
❷ (*en un manuscrito*) Druckfehler *m*
❸ (*fam: en las uñas*) weißer Fleck im Fingernagel
mentirijillas [mentiriˈxiʎas]: **de ~** zum Scherz
mentiroso, -a [mentiˈroso, -a] I. *adj* ❶ (*persona*) verlogen, lügenhaft
❷ (*texto*) fehlerhaft
II. *m, f* Lügner(in) *m(f)*
mentís [menˈtis] *m inv* Dementi *nt*; **dar un ~ a algo** etw dementieren
mentol [menˈtol] *m* Menthol *nt*
mentolado, -a [mentoˈlaðo, -a] *adj* mentholhaltig; **cigarrillo ~** Mentholzigarette *f*
mentón [menˈton] *m* Kinn *nt*
mentor [menˈtor] *m* Mentor *m*

menú [meˈnu] *m* <menús> ❶ (*comida*) Menü *nt*
❷ (*minuta*) Speisekarte *f*
❸ (INFOR) Menü *nt*; ~ **de ayuda** Hilfemenü *nt*; ~ **desplegable** [*o* **de aparición instantánea**] Aufklappmenü *nt*, Pull-down-Menü *nt*; ~ **principal** Hauptmenü *nt*
menudear [menuðeˈar] I. *vi* häufig auftreten; **menudean las noticias negativas** die schlechten Nachrichten häufen sich
II. *vt* häufig tun; **últimamente menudea sus visitas** er/sie kommt in letzter Zeit häufig zu Besuch
menudencia [menuˈðenθja] *f* ❶ (*de poco tamaño*) Kleinigkeit *f*
❷ (*nadería*) Bagatelle *f*, Nichtigkeit *f*
❸ (*meticulosidad*) Kleinlichkeit *f*, Pedanterie *f*
❹ *pl* (*despojos*) Schweinenereien *fpl*
menudeo [menuˈðeo] *m* ❶ (*repetición*) häufige Wiederholung *f*, Häufung *f*
❷ (*venta*) Einzelverkauf *m*
menudillo [menuˈðiʎo] *m* ❶ (*articulación*) Kötengelenk *nt*
❷ *pl* (*despojos*) Geflügelinnereien *fpl*
menudo, -a [meˈnuðo, -a] *adj* ❶ (*minúsculo*) winzig
❷ (*pequeño y delgado*) zierlich
❸ (*fútil*) nichtig, unbedeutend
❹ (*minucioso*) kleinlich, pedantisch; **relatar algo por ~** etw haarklein erzählen
❺ (*en frases exclamativas*) super!, toll!; **¡menuda película!** was für ein toller Film!; **¡~ lío has armado!** da hast du dir ja was Schönes eingebrockt!
❻ (COM) **por** [*o* **a**] **la menuda** en détail
❼ (*loc*): **a ~** häufig, oft
meñique [meˈɲike] I. *m* kleiner Finger *m*
II. *adj* (*fam*) winzig
meódromo [meˈoðromo] *m* (*argot*) Pissbecken *nt*
meollo [meˈoʎo] *m* ❶ (*sesos*) Hirn *nt*
❷ (*médula*) Mark *m*
❸ (*fundamento*) Kern *m*
meón, -ona [meˈon(a)] *adj* (*fam*): **ser un ~** eine Sextanerblase haben
mequetrefe [mekeˈtrefe] *m* (*fam*) Volltrottel *m*
meralgia [meˈralxja] *f* (MED) Oberschenkelschmerz *m*
meramente [meraˈmente] *adv* nur, bloß
merca [ˈmerka] *f* (*fam*) Kauf *m*; **la ~ de la casa** der Hauskauf
mercachifle [merkaˈtʃifle] *m* ❶ (*buhonero*) Hausierer *m*
❷ (*pey: mercader*) Halsabschneider *m*
mercadear [merkaðeˈar] *vi* handeln, Handel treiben
mercadeo [merkaˈðeo] *m* Handel *m*
mercader [merkaˈðer] *m* Händler *m*; ~ **de grueso** Großhändler *m*; **el ~ de Venecia** der Kaufmann von Venedig
mercadería [merkaðeˈria] *f* Ware *f*; ~ **a comisión** Kommissionsware *f*; **~s de reposición** Ersatzwaren *fpl*; ~ **en tránsito** Transitware *f*
mercaderil [merkaðeˈril] *adj* (COM) kaufmännisch; **talento ~** kaufmännisches Geschick
mercadillo [merkaˈðiʎo] *m* Flohmarkt *m*, Trödelmarkt *m*
mercado [merˈkaðo] *m* (*t. ECON*) Markt *m*; ~ **animado/desanimado** [*o* **flojo**] freundlicher/schwacher Markt; ~ **de bienes de inversión** Investitionsgütermarkt *m*; ~ **bursátil** Wertpapierbörse *f*, Effektenmarkt *m*; **los ~s cambiarios** die Devisenmärkte; ~ **de capitales** Kapitalmarkt *m*; ~ **al contado** Spotmarkt *m*; **M~ Común** Gemeinsamer Markt; ~ **de la construcción** Baumarkt *m*; ~ **al contado** (FIN) Kassenmarkt *m*; ~ **de crecimiento** Wachstumsmarkt *m*; ~ **crediticio** Kreditmarkt *m*; ~ **de divisas** Devisenbörse *f*; ~ **de divisas al contado** Devisenkassamarkt *m*; ~ **energético** Energiemarkt *m*; ~ **en expansión** expansiver Markt; ~ **exterior/interior** Auslands-/Binnenmarkt *m*; ~ **financiero/monetario** Finanz-/Geldmarkt *m*; ~ **de futuros** (FIN) Terminmarkt *m*; ~ **gris/de precios estables** grauer/preisstabiler Markt; ~ **interbancario** Bankenmarkt *m*; **M~ Interior Europeo** Europäischer Binnenmarkt; **M~ Interior Único** Europäischer Binnenmarkt *m*; ~ **laboral** Arbeitsmarkt *m*; ~ **libre** freier Markt, Freiverkehr *m*; ~ **libre regulado** geregelter Freiverkehr; **el ~ de Madrid** die Madrider Markthalle; ~ **de mercancías** Warenterminbörse *f*; ~ **monetario del euro** Euro-Währungsmarkt *m*; ~ **negro** Schwarzmarkt *m*; ~ **de productos derivados** (FIN) Folgeerzeugnismarkt *m*; ~ **de renta fija** Rentenmarkt *m*; ~ **de trabajo** Arbeitsmarkt *m*; **M~ único europeo** Europäischer Binnenmarkt; ~ **de valores** Wertpapierbörse *f*, Effektenmarkt *m*; ~ **volátil** (ECON) flexibler Markt; **análisis de ~** Marktanalyse *f*; **cuota de ~** Marktanteil *m*; **precio de ~** Marktpreis *m*; **prospección de ~s** Marktforschung *f*; **explorar el ~** den Markt abtasten; **el ~ se consolida** der Markt festigt sich; **me pagan según la tarifa del ~** ich werde nach Markttarif bezahlt; **estamos intentando penetrar en los ~s del este** wir beabsichtigen, uns in den Märkten in Osten Fuß zu fassen; **hay ~ los sábados** samstags ist Markttag; **hacer ~, abrir nuevos ~s** neue Märkte erschließen
mercadología [merkaðoloˈxia] *f sin pl* Marktforschung *f*

mercadotecnia [merkaðoteˈɲnja] f Marketing nt
mercadotécnico, -a [merkaðoˈteɣniko, -a] adj Marketing-
mercancía [merkanˈθia] f ① (*mercadería*) Ware f; ~ **almacenable** lagerfähige Ware; ~ **clandestina** Schleichware f; ~ **al contado** Kassaware f; ~**s devueltas** Rückwaren fpl; ~ **disponible/fungible** disponible/fungible Ware; ~ **de marca** Markenware f; **depósito de** ~**s** Warenlager nt, Warendepot nt; **tren de** ~**s** (FERRO) Güterzug m
② (*argot: droga*) Stoff m
mercante [merˈkante] I. adj Handels-; **marina** ~ Handelsmarine f
II. mf Händler(in) m(f)
mercantil [merkanˈtil] adj Handels-; **contabilidad** ~ kaufmännische Buchführung; **derecho** ~ Handelsrecht nt; **Registro M~** Handelsregister nt
mercantilismo [merkantiˈlismo] m ① (*sistema económico*) Merkantilismus m
② (*espíritu mercantil*) Geschäftemacherei f
mercantilista [merkantiˈlista] I. adj merkantilistisch; **la doctrina** ~ die merkantilistische Doktrin
II. mf (ECON) Handelsrechtler(in) m(f)
mercantilización [merkantiliθaˈθjon] f Kommerzialisierung f
mercantilizar [merkantiliˈθar] <z→c> vt kommerzialisieren
mercar [merˈkar] <c→qu> vt, vr: ~**se** (sich dat) kaufen, erwerben
merced [merˈθeð] f Güte f, Gunst f, Gnade f; ~ **a** dank +gen; **estar a** ~ **de alguien** jdm ausgeliefert sein; **Vuestra M**~ Euer Gnaden
mercedario, -a [merθeˈðarjo, -a] I. adj (REL) zum Bettelorden der Mercedarier gehörend, Mercedarier-
II. m, f (REL) Mercedarier(in) m(f)
mercenario, -a [merθeˈnarjo, -a] I. adj Söldner-; **tropas mercenarias** Söldnertruppen fpl
II. m, f Söldner(in) m(f); **ejército de** ~**s** Söldnerheer nt
mercera [merˈθera] f v. **mercero**
mercería [merθeˈria] f (*artículos*) Kurzwaren fpl; (*tienda*) Kurzwarenhandlung f
mercero, -a [merˈθero, -a] m, f Kurzwarenhändler(in) m(f)
Mercosur [morkoˈsur] m (POL) gemeinsamer Markt des südlichen Lateinamerika
mercurial [merkuˈrjal] I. adj ① (*referente al mercurio*) Quecksilber-
② (*referente al planeta*) vom Merkur
II. f (BOT) Meldenart
mercurialismo [merkurjaˈlismo] m (MED) Quecksilbervergiftung f, Merkurialismus m
mercurio [merˈkurjo] m (QUÍM) Quecksilber nt
Mercurio [merˈkurjo] m ① (*planeta*) Merkur m
② (*dios*) Merkur m, Hermes m
mercurocromo [merkuroˈkromo] m (MED) Merbromin nt, Mercurochrom nt
merdoso, -a [merˈðoso, -a] adj völlig verdreckt, dreckig; **tu cuarto está en un estado** ~ dein Zimmer ist ein Saustall
merdulería [merðuleˈria] f (argot) Scheiße f, Mist m
merecedor(a) [mereθeˈðor(a)] adj würdig; **hacerse** ~ **de algo** etw verdienen
merecer [mereˈθer] irr como crecer I. vt ① (*ser digno de*) verdienen; **merece que...** +subj er/sie verdient es, dass ...; **merece respeto de nuestra parte** ihr/ihm gebührt unser Respekt; **este libro merece mención** dieses Buch ist erwähnenswert
② (*valer*) wert sein; **no merece la pena** es lohnt sich nicht
II. vi: **bien de alguien/algo** sich verdient machen um jdn/etw
III. vr: ~**se** verdienen; **se merece una buena bofetada** er/sie verdient eine ordentliche Ohrfeige
merecidamente [mereθiðaˈmente] adv verdientermaßen, mit Fug und Recht; **obtuvo el ascenso** ~ er/sie hat die Beförderung wirklich verdient
merecido [mereˈθiðo] m verdiente Strafe f; **se llevó su** ~ es geschah ihm/ihr recht
merecimiento [mereθiˈmjento] m Verdienst nt
merendar [merenˈdar] <e→ie> I. vi, vt vespern
II. vr: ~**se** (fam) sich (gegenseitig) ausstechen
merendero [merenˈdero] m Ausflugslokal nt
merendola [merenˈdola] f, **merendona** [merenˈdona] f (fam) ausgiebige Vesper f
merengado, -a [merenˈgaðo, -a] adj (GASTR): **leche merengada** mit Zitrone oder Eiklar, Zimt und Zucker geschlagene Milch
merengue [meˈreŋge] m ① (*dulce*) Baiser nt, Meringe f; ~ **escalfado in** Milch oder Sirup pochierte Meringe
② (*persona débil*) Schwächling m
③ (*persona excesivamente amable*) Schleimer(in) m(f)
④ (*CSur: fam: lío*) Wirrwarr m, Chaos nt
⑤ (*RDom: danza*) Merengue m
⑥ pl (*club de fútbol*) Fußballklub m Real Madrid

meretriz [mereˈtriθ] f Dirne f, Prostituierte f
merey [meˈrej] m (BOT: *marañón*) Cashewbaum m, Acajubaum m
mergánsar [merˈɣansar] m (ZOOL) Gänsesäger m
mérgulo [ˈmerɣulo] m (ZOOL) Krabbentaucher m
merideño, -a [meriˈðeɲo, -a] I. adj aus Mérida
II. m, f Einwohner(in) m(f) von Mérida
meridiana [meriˈðjana] f Diwan m
meridiano¹ [meriˈðjano] m (ASTR, GEO) Meridian m, Mittagslinie f
meridiano, -a² [meriˈðjano, -a] adj ① (*referente al mediodía*) Mittags-; **línea meridiana** Mittagslinie f
② (*evidente*) klar, eindeutig
meridional [meriðjoˈnal] I. adj südlich, Süd-; **Andalucía está en la España** ~ Andalusien liegt in Südspanien [o im Süden Spaniens]
II. mf Südländer(in) m(f)
merienda [meˈrjenda] f ① (*comida por la tarde*) Vesper f, Vesperbrot nt
② (*picnic*) Picknick nt; **ir de** ~ picknicken
③ (*loc*): ~ **de negros** (fig) heilloses [o wüstes] Durcheinander
merino¹ [meˈrino] m Merino m
merino, -a² [meˈrino, -a] adj Merino-; **oveja merina** Merinoschaf nt; **lana merina** Merinowolle f
mérito [ˈmerito] m ① (*merecimiento*) Verdienst nt, (hervorragende) Leistung f; **quitar** ~ den Wert schmälern; **eso no le quita** ~ das schmälert nicht seinen/ihren Wert, sein/ihr Verdienst bleibt ungeschmälert; **hacer** ~**s** sich dienstbeflissen zeigen; **callarse sus** ~**s** sein Licht unter den Scheffel stellen
② (*valor*) Wert m, Bedeutung f; **una obra de** ~ ein beachtliches [o bemerkenswertes] Werk; **persona de** ~ verdienstvoller Mensch
③ (ADMIN: *mencionar*): **el nombre del que se ha hecho** ~ der oben erwähnte Name
meritoriamente [meritorjaˈmente] adv verdienterweise, verdientermaßen; **la dirección le concedió el ascenso** ~ der Vorstand hat ihm/ihr die Beförderung verdientermaßen zugestanden
meritorio, -a [meriˈtorjo, -a] I. adj beachtlich, hervorragend, lobenswert
II. m, f (*aprendiz*) Lehrling m, Lehrmädchen nt; (*empleado sin sueldo*) Volontär(in) m(f); (*durante poco tiempo*) Praktikant(in) m(f)
merjunje [merˈxunxe] m v. **mejunje**
merla [ˈmerla] f (ZOOL) Amsel f
merlán [merˈlan] m (GASTR, ZOOL) Merlan m, Wittling m
merlín [merˈlin] m (NÁUT) Marleine f
merlo [ˈmerlo] m ① (ZOOL) Lippfisch m
② (*Am: tonto*) Dummkopf m, Idiot(in) m(f) fam
merluza [merˈluθa] f ① (ZOOL) Seehecht m, Meerhecht m, Hechtdorsch m
② (*vulg: borrachera*) ordentlicher Schwips m fam; **coger una buena** ~ einen gewaltigen Schwips haben fam, einen sitzen haben fam; **estar (con la)** ~ beschwipst sein fam
merluzo, -a [merˈluθo, -a] adj (fam) dumm
merma [ˈmerma] f Abnahme f, Schwund m; ~ **de peso** Gewichtsverlust m; ~ **de paga** Lohnkürzung f; ~ **de valor** Wertschwund m
mermar [merˈmar] I. vi sich verringern, schwinden
II. vt abnehmen; ~ **peso** an Gewicht verlieren; ~ **la paga** den Lohn kürzen
III. vr: ~**se** sich verringern, sich vermindern
mermelada [mermeˈlaða] f Marmelade f; ~ **de moras** Brombeermarmelade f
mero¹ [ˈmero] I. adv ① (*AmC, Méx: pronto*) bald, in Kürze; **ya** ~ **termina** er/sie ist jeden Augenblick fertig
② (*Méx: muy*) sehr; (*precisamente*) genau; ~ **aquí** genau hier; **ahora** ~ genau jetzt; **ahora** ~ **terminó** er/sie wurde gerade jetzt fertig; **¡eso** ~**!** genau das!, exakt!
II. m ① (ZOOL) Riesenzackenbarsch m
② (*Méx: jefe*): **el** ~ **der Boss, der Chef**
mero, -a² [ˈmero, -a] adj ① (*sencillo*) rein, einfach; **por el** ~ **hecho de no ser importante** aus dem einfachen Grund, weil es nicht wichtig ist
② (*sin nada más*) bloß, rein; **la mera verdad** die reine Wahrheit
③ (*Méx: preciso*) genau, exakt; **a la mera hora** auf die Minute genau; **en el momento** ~ im richtigen Augenblick; **en lo que es el** ~ **casco antiguo** im eigentlichen Altstadtviertel; **en la mera calle** mitten auf der Straße
④ (*Méx: propio*) eigene(r, s); **tu mera madre** deine eigene Mutter; **tu** ~ **padre** dein eigener Vater
merodeador(a) [meroðeaˈðor(a)] I. adj plündernd umherziehend, marodierend
II. m(f) (MIL) Plünderer, -in m, f, Marodeur(in) m(f)
merodear [meroðeˈar] vi ① (*que se dedica al pillaje*) plündern, marodieren
② (*vagabundear*) herumstreichen, herumschleichen
merodeo [meroˈðeo] m Plündern nt, Marodieren nt

merolico, -a [meroˈliko, -a] *m*, *f* (*Méx*) ❶ (*vendedor charlatán*) Straßenverkäufer(in) *m(f)* (*der/die lautstark seine/ihre Waren anpreist*)
❷ (*persona charlatana*) Plappermaul *nt fam*, Plapperer, -in *m*, *f fam*
merovingio¹ [meroˈβiŋxjo] *m:* los M~s die Merowinger
merovingio, -a² [meroˈβiŋxjo, -a] *adj* merowingisch
mes [mes] *m* ❶ (*período*) Monat *m*; **a principios/a mediados/a fin(al)es de ~** Anfang/Mitte/Ende des Monats; **2000 euros al ~** monatlich [*o im Monat*] [*o pro Monat*] 2000 Euro; **todos los ~es** (all)monatlich; **el ~ corriente** der laufende Monat; **el ~ que viene** [*o próximo*] der kommende Monat [*o nächste*] Monat; **el ~ pasado** der letzte Monat; **el ~ de María** der Marienmonat; **hoy hace un ~ que se lo di** heute vor einem Monat habe ich es ihm/ihr gegeben
❷ (*sueldo*) Monatsgehalt *nt*; **el treceavo ~** das 13. Monatsgehalt; **me deben dos ~es de trabajo** sie schulden mir zwei Monatsgehälter; **con un ~ de anticipo** einen Monat [*o eine Monatszahlung*] im Voraus
❸ (*fam: menstruación*) Regel *f*, Monatsblutung *f*; **tener** [*o estar con*] **el ~ seine Tage haben**
❹ (ASTR): **~ sinódico** synodischer Monat
mesa [ˈmesa] *f* ❶ (*mueble*) Tisch *m*; **~ de alas abatibles** Ausziehtisch *m*; **~ andante** [*o parlante*] Tischrücken *nt*; **~ de billar** Billardtisch *m*; **~ camilla** Tisch mit darunter liegendem Kohlebecken und langer Tischdecke; **~ de despacho** Schreibtisch *m*; **~ de negociaciones** Verhandlungstisch *m*, Verhandlungsrunde *f*; **~ de operaciones** Operationstisch *m*; **~ plegable** Klapptisch *m*; **~ de tertulia** Stammtisch *m*; **~ de tijera** Campingtisch *m*, Klapptisch *m*; **~ de trabajo** Arbeitstisch *m*; **de ~** Tafel-; **aceite de ~** Tafelöl *nt*; **vino de ~** Tafelwein *m*; **poner/quitar la ~** den Tisch decken/abräumen; **en la ~** bei Tisch; **¡a la ~!** zu Tisch, bitte!; **levantarse de la ~** vom Tisch aufstehen; **sentarse a la ~** sich an den Tisch setzen, zu Tisch gehen; **sentar a alguien a su ~** jdn zum Essen einladen; **servir una ~** an einem Tisch bedienen; **bendecir la ~** das Tischgebet sprechen; **tener a alguien a ~ y a mantel** jdn sehr gut bewirten; **vivir** [*o estar*] **a ~ puesta** ohne Müh und Arbeit leben
❷ (POL): **que dirige una reunión**) Präsidium *nt*; **~ electoral** Wahlausschuss *m*; **~ redonda** Roundtablekonferenz *f*
❸ (GEO) Hochebene *f*, Plateau *nt*
❹ (INFOR): **~ digitalizadora** Mousepad *nt*, Digitalisierungsunterlage *f*
❺ (*pensión*) Kost *f*, Verpflegung *f*; **~ y cama** Kost und Logis
❻ (*descansillo*) Treppenabsatz *m*
mesar [meˈsar] I. *vt:* **mesó sus pelos** er/sie zog ihn/sie an den Haaren II. *vr:* **~se los pelos** sich *dat* die Haare raufen
mescal [mesˈkal] *m* (*Méx*: BOT) *v.* **mezcal**
mescalina [meskaˈlina] *f* (QUÍM) *v.* **mezcalina**
mescolanza [meskoˈlanθa] *f* (*fam*) *v.* **mezcolanza**
mesenterio [mesenˈterjo] *m* (ANAT) Gekröse *nt*, Mesenterium *nt*
mesero, -a [meˈsero, -a] *m*, *f* (*Méx: camarero*) Kellner(in) *m(f)*
meseta [meˈseta] *f* ❶ (GEO) Hochebene *f*, Plateau *nt*
❷ (*descansillo*) Treppenabsatz *m*
mesiánico, -a [meˈsjaniko, -a] *adj* messianisch, den Messias betreffend
Mesías [meˈsias] *m* Messias *m*, Erlöser *m*
mesilla [meˈsiʎa] *f* ❶ (*mesa pequeña*) Tischchen *nt*, (kleiner) Nebentisch *m*; **~ de noche** Nachttisch *m*; **~ de ruedas** Serviertischchen *nt* ❷ (*descansillo*) Treppenabsatz *m*
mesmerismo [mesmeˈrismo] *m* (MED) Mesmerismus *m*
mesnada [mesˈnaða] *f* ❶ (*tropas*) Gefolgsleute *pl*, Gefolgschaft *f*
❷ (*partidarios*) Anhängerschaft *f*
mesnadero¹ [mesnaˈðero] *m* (HIST) Gefolgsmann *m*
mesnadero, -a² [mesnaˈðero, -a] *adj* (HIST): **caballero ~** Gefolgsmann *m*
mesoamericano, -a [mesoameriˈkano, -a] I. *adj* (HIST) mesoamerikanisch; **altas culturas mesoamericanas** mesoamerikanische Hochkulturen
II. *m*, *f* (HIST) Mesoamerika *nt*
mesolítico¹ [mesoˈlitiko] *m* Mesolithikum *nt*
mesolítico, -a² [mesoˈlitiko, -a] *adj* mesolithisch
mesón [meˈson] *m* ❶ (*posada*) Wirtshaus *nt*, Gasthaus *nt*, (kleine) Pension *f*
❷ (*pequeño restaurante*) Gaststätte *f*, (kleines) Lokal *nt*
❸ (FÍS) Meson *nt*
mesonero, -a [mesoˈnero, -a] *m*, *f* ❶ (*propietario de la posada*) Pensionsbesitzer(in) *m(f)*, Gasthausbesitzer(in) *m(f)*; **nadie sería ~, si no fuera por el dinero** (*prov*) ≈niemand wäre Gastwirt, wenn es nicht Geld einbrächte
❷ (*propietario del restaurante*) Lokalbesitzer(in) *m(f)*, Gaststättenbesitzer(in) *m(f)*, Wirt(in) *m(f)*
mesopausa [mesoˈpau̯sa] *f* (GEO) Mesopause *f*
mesotrofia [mesoˈtrofja] *f* (ECOL) Mesotrophie *f*
mesta [ˈmesta] *f* ❶ (HIST) *Viehzüchtervereinigung in Kastilien von 1273 bis 1836*
❷ *pl* (GEO) Zusammenfluss *m* von Strömen

mester [mesˈter] *m* (LIT) Kunst *f*, Handwerk *nt*; **~ de clerecía** gelehrte mittelalterliche Dichtkunst; **~ de juglaría** mittelalterliche Spielmannsdichtung
mestiza [mesˈtiθa] *adj o f v.* **mestizo**
mestizaje [mestiˈθaxe] *m* ❶ (*entre blancos e indios*) Vermischung von Weißen und Indianern
❷ (*colectivo*) Mestizen *mpl*
❸ (*cruce*) Rassenmischung *f*
mestizar [mestiˈθar] <z→c> *vt* ❶ (*entre blancos e indios*) untereinander (*Weiße und Indianer*) vermischen
❷ (*cruzar*) mischen
mestizo, -a [mesˈtiθo, -a] I. *adj* ❶ (*entre blancos e indios*) mestizisch
❷ (*entre dos razas*) mischrassig
II. *m*, *f* ❶ (*entre blancos e indios*) Mestize, -in *m*, *f*
❷ (*entre dos razas*) Mischling *m*
mesto [ˈmesto] *m* (BOT) Korkeichenart
mesura [meˈsura] *f* ❶ (*moderación*) Maß *nt*
❷ (*cortesía*) Höflichkeit *f*, Umsicht *f*
❸ (*calma*) Beherrschung *f*, Zurückhaltung *f*
mesurado, -a [mesuˈraðo, -a] *adj* ❶ (*moderación*) maßvoll
❷ (*cortesía*) höflich, umsichtig
❸ (*calma*) beherrscht, zurückhaltend
mesurar [mesuˈrar] I. *vt* vorsichtig umgehen (mit +*dat*), maßvoll einsetzen
II. *vr:* **~se** sich beherrschen (*en* bei +*dat*), sich im Griff haben (*en* bei +*dat*)
meta¹ [ˈmeta] *f* ❶ (*en las carreras*) Ziel *nt*, Ziellinie *f*
❷ (*finalidad*) Zweck *m*; **la ~ de su vida** sein/ihr Lebensziel; **fijarse una ~** sich *dat* ein Ziel setzen
❸ (DEP: *portería*) Tor *nt*
meta² [ˈmeta] *mf* (DEP: *portero*) Torwart *m*, Torhüter(in) *m(f)*
metabólico, -a [metaˈβoliko, -a] *adj* (MED) metabolisch
metabolismo [metaβoˈlismo] *m* Metabolismus *m*, Stoffwechsel *m*
metabolizar [metaβoliˈθar] <z→c> *vt* ❶ (*alterar*) (im Stoffwechselprozess) umsetzen
❷ (*eliminar*) (im Stoffwechselprozess) abbauen
metacarpo [metaˈkarpo] *m* (ANAT) Mittelhand *f*
metacentro [metaˈθentro] *m* (NÁUT) Metazentrum *nt*
metacrilato [metakriˈlato] *m* (QUÍM) Metaakrylat *nt*
metadona [metaˈðona] *f* Methadon *nt*; **tratamiento con ~** Methadontherapie *f*
metafísica [metaˈfisika] *f* ❶ (*ciencia*) Metaphysik *f*
❷ (*pedantería*) Pedanterie *f*, Spitzfindigkeit *f*
metafísico, -a [metaˈfisiko, -a] I. *adj* ❶ (*relacionado con la metafísica*) metaphysisch
❷ (*difícil de comprender*) kompliziert, sehr vergeistigt
II. *m*, *f* Metaphysiker(in) *m(f)*
metafonía [metafoˈnia] *f* (LING) Umlaut *m*, Metaphonie *f*
metáfora [meˈtafora] *f* Metapher *f*
metafóricamente [metaforikaˈmente] *adv* metaphorisch, bildlich
metafórico, -a [metaˈforiko, -a] *adj* metaphorisch
metal [meˈtal] *m* ❶ (*material*) Metall *nt*; **~ blanco** Weißmetall *nt*; **~ en láminas** [*o laminado*] Blattmetall *nt*; **~ noble** Edelmetall *nt*; **~ pesado** Schwermetall *nt*
❷ (*timbre de voz*) Klang *m*, Klangfarbe *f*, Timbre *nt*
❸ (MÚS: *instrumento de latón*) Blechblasinstrument *nt*; (*parte musical*) Stück *nt* für Blechblasinstrumente
❹ (*dinero*): **el vil ~** das (leidige) Geld
metalenguaje [metalenˈgwaxe] *m* (INFOR) Metasprache *f*
metálico¹ [meˈtaliko] *m* (*monedas*) Münzgeld *nt*; **en ~** in bar; **prefiero que me paguen en ~** mir ist es lieber, dass sie mich (in) bar bezahlen; **premio en ~** Geldpreis *m*
metálico, -a² [meˈtaliko, -a] *adj* ❶ (*parecido al metal*) metallisch, Metall-; **voz metálica** metallische Stimme
❷ (*que contiene metal*) metallen, aus Metall; **tela metálica** Drahtgitter *nt*, Drahtnetz *nt*
metalífero, -a [metaˈlifero, -a] *adj* (QUÍM) metallhaltig
metalingüística [metalinˈgwistika] *f* (LING) Metalinguistik *f*
metalingüístico, -a [metalinˈgwistiko, -a] *adj* (LING) metalinguistisch
metalismo [metaˈlismo] *m* (ECON) Metallismus *m*
metalización [metaliθaˈθjon] *f* (TÉC) Metallisieren *nt*, Metallisierung *f*; **~ a pistola** Spritzmetallisierung *f*
metalizar [metaliˈθar] <z→c> I. *vt* metallisieren
II. *vr:* **~se** ❶ (*adquirir propiedades metálicas*) metallisieren
❷ (*interesarse demasiado por el dinero*) nur ans Geld denken, vom Geld besessen sein
metalocromía [metalokroˈmia] *f* (TÉC) galvanische Metallfärbung *f*, Metallochromie *f*
metaloide [metaˈloiðe] *m* Nichtmetall *nt*, Metalloid *nt*

metaloterapia [metalote'rapja] *f* (MED) therapeutische Behandlung *f* mit Metallen
metalurgia [meta'lurxja] *f sin pl* Metallurgie *f*, Hüttenkunde *f*
metalúrgico, -a [meta'lurxiko, -a] I. *adj* metallurgisch, Metall-; **industria metalúrgica** Metallindustrie *f*
II. *m, f* Metallarbeiter(in) *m(f)*
metamatemática [metamate'matika] *f* (MAT) Metamathematik *f*
metamórfico, -a [meta'morfiko, -a] *adj* (GEO) metamorph, metamorphisch
metamorfismo [metamor'fismo] *m* (GEO) Metamorphose *f*
metamorfosear [metamorfose'ar] I. *vt* metamorphosieren, verändern, umwandeln
II. *vr:* **-se** sich verwandeln, sich verändern
metamorfosis [metamor'fosis] *f inv* ❶ (ZOOL) Metamorphose *f*, Wandlung *f*
❷ (*en una persona*) (völlige) Veränderung *f*, Verwandlung *f*
❸ (GEO) Metamorphose *f*, Umwandlung *f*
metano [me'tano] *m* Methan *nt*, Methangas *nt*
metarchivo [metar'tʃiβo] *m* (INFOR) Metafile *f*
metástasis [me'tastasis] *f inv* (MED) Metastase *f*, Tochtergeschwulst *f*
metatarso [meta'tarso] *m* (ANAT) Mittelfuß *m*
metátesis [me'tatesis] *f inv* (LING) Metathese *f*, Lautumstellung *f*
metazoo [meta'θo(o)] *m* (BIOL) Metazoon *nt*, Vielzeller *m*
meteco, -a [me'teko, -a] *m, f* Fremdling *m*
metedor(a) [mete'ðor(a)] I. *adj* einführend
II. *m(f)* Schmuggler(in) *m(f)*
metedura [mete'ðura] *f* Einführung *f*; **¡vaya ~ de pata!** was für eine Blamage!
metedería [meteðu'ria] *f* Schmuggel *m*
metelón, -ona [mete'lon, -ona] *adj* (*Méx*) zudringlich, aufdringlich
metempsicosis [metensi'kosis] *f inv*, **metempsícosis** [meten'siko sis] *f inv* Metempsychose *f*, Seelenwanderung *f*
meteórico, -a [mete'oriko, -a] *adj* ❶ (METEO) meteorisch
❷ (*rápido*) kometenhaft
meteorismo [meteo'rismo] *m* (MED) Meteorismus *m*, Flatulenz *f*, Darmblähungen *fpl*
meteorítico, -a [meteo'ritiko, -a] *adj* (ASTR) meteoritisch, Meteoriten-; **velocidad meteorítica** Meteoritengeschwindigkeit *f*
meteorito [meteo'rito] *m* (GEO) Meteorit *m*, Meteorstein *m*
meteoro [mete'oro] *m* ❶ (METEO) Himmelserscheinung *f*, Lufterscheinung *f*
❷ (ASTR) Meteor *m*, Sternschnuppe *f*
meteoróloga [meteo'roloγa] *f v.* **meteorólogo**
meteorología [meteorolo'xia] *f sin pl* Meteorologie *f*, Wetterkunde *f*
meteorológico, -a [meteoro'loxiko, -a] *adj* meteorologisch, wetterkundlich; **informe ~** Wetterbericht *m;* **estación meteorológica** Wetterwarte *f*
meteorólogo, -a [meteo'roloγo, -a] *m, f* Meteorologe, -in *m, f*
metepatas [mete'patas] *m inv (fam)* Simpel *m;* **ser un ~** immer ins Fettnäpfchen treten; **mira que eres ~** da bist du aber ins Fettnäpfchen getreten
meter [me'ter] I. *vt* ❶ (*introducir*) (hinein)stecken (*en* in +*akk*); (*en una caja, una bolsa*) (hinein)legen (*en* in +*akk*); **¡mete eso en el cajón!** leg das in die Schublade!; **~ un clavo en la pared** einen Nagel in die Wand schlagen; **~ el coche en el garaje** das Auto in die Garage fahren
❷ (*a una persona*): **~ a alguien en la cárcel** jdn ins Gefängnis stecken
❸ (ECON: *invertir*) anlegen, investieren; (*depositar el banco*) auf die Bank bringen, (seinem Konto) gutschreiben
❹ (*en costura*) enger machen [*o* nähen], enger einfassen
❺ (*fam: con una herramienta*) (kräftig) loslegen (mit +*dat*); **~ las tijeras en el traje** sich mit der Schere über den Anzug hermachen; **a todo ~** (*argot*) ganz schnell, was das Zeug hält
❻ (*fam: en cocina*) hineintun, hineinmengen, hinzufügen, hinzugeben; **¡no le metas más sal!** mach kein Salz mehr rein!
❼ (DEP) punkten; **~ un gol** ein Tor schießen
❽ (*de contrabando*) (ein)schmuggeln
❾ (*argot: encascar*) einreden, aufschwatzen; **ayer me metiste dos plátanos podridos** gestern hast du mir zwei verdorbene Bananen untergejubelt [*o* verkauft]
❿ (*argot: enjaretar*) aufhalsen; **me has metido en un buen lío** du hast mich ganz schön hineingeritten, du hast mich in einen schönen Schlamassel gebracht; **nos metió una película aburridísima** wir mussten uns bei ihm/ihr einen besonders langweiligen Film ansehen; **le metieron tres meses de cárcel** sie haben ihm/ihr drei Monate Gefängnis aufgebrummt, sie haben ihm/ihr zu drei Monaten Gefängnis verdonnert
⓫ (*argot: pegar*) schlagen; **~ un puñetazo a alguien** jdm einen Fausthieb [*o* Faustschlag] geben
⓬ (*provocarle a alguien algo*) verursachen; **~ miedo a alguien** jdm Angst machen; **~ un susto a alguien** jdm einen Schrecken einjagen; **~ prisa a alguien** jdn zur Eile antreiben; **~ ruido** laut sein, Lärm machen
⓭ (*fam: tener un lapsus*): **~ la pata** ins Fettnäpfchen treten, sich blamieren
⓮ (*fam: ser impertinente*): **~ mano a alguien** jdn befummeln, jdn belästigen
II. *vt, vr:* **~se** ❶ (*fam: aceptar algo*): **¿cuándo se te -á esto en la cabeza?** wann wird dir das endlich in den Kopf gehen?, wann wirst du das je kapieren?
❷ (*hacer participar*) beteiligen; **~ a toda la familia en el asunto** die ganze Familie in die Angelegenheit verwickeln
❸ (*comenzar un oficio*) einstellen (*de* als +*akk*); **~ a alguien a fregar platos** jdn als Tellerwäscher einstellen; **~ a una chica de peluquera** ein Mädchen eine Lehre als Friseuse beginnen lassen
III. *vr:* **~se** ❶ (*introducirse*) hineinkommen; **se me ha metido una chinita en el zapato** mir ist ein kleiner Stein in den Schuh (hinein)gekommen; **~se el dedo en la nariz** in der Nase bohren; **~se algo en la cabeza** sich *dat* etw in den Kopf setzen
❷ (*entrar en un lugar*) verschwinden; **le vi ~se en un cine** ich sah ihn ins Kino hineingehen; **se metió entre la gente** er/sie ist in der Menschenmenge untergetaucht; **se metió en el armario** er/sie hat sich im Schrank versteckt; **¿dónde se habrá metido?** wo steckt er/sie bloß?; **~se para adentro** ins Haus gehen, hineingehen
❸ (*entrar indebidamente*) sich *dat* Eintritt verschaffen, eindringen; **nos metimos en la oficina** wir sind in das Büro eingedrungen
❹ (*inmiscuirse*) sich einmischen; **¡no te metas en mis asuntos!** misch dich nicht in meine Angelegenheiten (ein)!; **~se donde no lo/la llaman** [*o* **le importa**] sich in lo que ni le va ni le viene sich in etwas einmischen, das einen nichts angeht
❺ (*provocar*): **~se con alguien** jdn ärgern [*o* provozieren]
❻ (*argot: rechazo, desprecio*): **¡métetelo donde te quepa!** steck's dir sonst wohin!
❼ (*loc*): **~se en camisa de once varas** sich übernehmen
metereología [metereolo'xia] *f sin pl v.* **meteorología**
metereológico, -a [metereo'loxiko, -a] *adj v.* **meteorológico**
metiche [me'titʃe] *adj* (*Méx: entrometido*) naseweis
meticón, -ona [meti'kon, -ona] I. *adj* (*fam*) naseweis, neugierig; **mira que eres ~** du mischst dich aber auch in alles ein
II. *m, f* (*fam*) aufdringlicher Mensch *m*, Schnüffler(in) *m(f)*
meticulosa [metiku'losa] *adj o f v.* **meticuloso**
meticulosidad [metikulosi'ðað] *f* Kleinlichkeit *f*, peinliche Genauigkeit *f*
meticuloso, -a [metiku'loso, -a] I. *adj* kleinlich, peinlich genau
II. *m, f* Pedant(in) *m(f)*
metida [me'tiða] *f* (*fam: avance*): **dar una ~ a algo** sich mit etw *dat* gründlich befassen; **tengo que darle una buena ~ a los estudios** ich muss mich mal richtig (ins Lernen) hineinknien
metido[1] [me'tiðo] *m* (*fam: reprimenda*) Anpfiff *m;* **dar** [*o* **pegar**] **un ~ a alguien** jdn anpfeifen; **el coche ha dejado un buen ~ en la valla** das Auto hat eine ziemliche Delle im Zaun verursacht
metido, -a[2] [me'tiðo, -a] *adj* ❶ (*introvertido*): **en sí mismo** introvertiert, nach innen gekehrt
❷ (*envuelto*) verwickelt (*en* in +*akk*); **está muy ~ en el asunto** er steckt tief in der Sache drin, er ist sehr verwickelt in die Sache; **sigue estando muy ~ en el negocio a pesar de su edad** er ist immer noch voll im Geschäft, trotz seines Alters
❸ (*con abundantes…*) reichlich (*en* +*akk*); **un muchacho ~ en carnes** ein beleibter Junge; **una mujer metida en años** eine Frau im fortgeschrittenen Alter
❹ (*fam: estrecha relación*): **está muy ~ con esa chica** er hat eine enge Beziehung zu diesem Mädchen; **está muy ~ con la dirección de la empresa** er hat einen guten Draht zur Geschäftsleitung
❺ (*puesto*): **la llave está metida** der Schlüssel steckt
metilado, -a [meti'laðo, -a] *adj* (QUÍM) Methyl-; **alcohol ~** Methylalkohol *m*
metileno [meti'leno] *m* (QUÍM) Methylen *nt*
metilo [me'tilo] *m* (QUÍM) Methyl *nt*
metimiento [meti'mjento] *m* ❶ (*inserción*) Einführung *f*, (Hinein)stecken *nt*, (Hinein)legen *nt*
❷ (*influencia*) Einfluss *m* (*con* auf +*akk*)
metl [meᵈl] *m* (*Méx:* BOT) Agave *f*
metódico, -a [me'toðiko, -a] I. *adj* methodisch, durchdacht
II. *m, f* Methodiker(in) *m(f)*
metodismo [meto'ðismo] *m sin pl* Methodismus *m*
metodista [meto'ðista] I. *adj* methodistisch
II. *mf* Methodist(in) *m(f)*
método ['metoðo] *m* ❶ (*sistema*) Methode *f*, Verfahren *nt*; (*para enseñar*) Lehrmethode *f*; **~ de acceso** (INFOR) Zugriffsmethode *f*; **~ de acceso directo** (INFOR) Direktzugriffsmethode *f*; **~ de acceso secuen-**

metodología

cial (INFOR) sequenzielle Zugriffsmethode; **~s comerciales** Handelsmethoden *f*; **~ de fabricación** Fabrikationsverfahren *nt*; **~s numéricos** (INFOR) numerische Verfahren; **~ de trabajo** Arbeitsmethode *f*, Arbeitsverfahren *nt*; **~ de valoración** Bewertungsmethode *fpl*; **hay que proceder con ~** man muss systematisch vorgehen
❷ (*libro*) Schule *f*, Lehrbuch *nt*; **un ~ de guitarra** eine Gitarrenschule
metodología [metoðolo'xia] *f* ❶ (*ciencia*) Methodologie *f*, Methodenlehre *f*
❷ (*referente a la enseñanza*) Methodik *f*
metomentodo [metomeṇ'toðo] **I.** *adj inv* neugierig, naseweis; **esa chica no debería ser tan ~** dieses Mädchen sollte nicht so neugierig sein
II. *mf inv* (*fam*) neugieriger Mensch *m*, Person *f*, die ihre Nase überall hineinsteckt; **esta vecina es una ~** diese Nachbarin ist eine echte Hauspolizistin
metonimia [meto'nimja] *f* Metonymie *f*
metraje [me'traxe] *m* (CINE) Filmlänge *f*; **película de largo ~** Film in Langfassung; **película de corto ~** Kurzfilm *m*
metralla [me'traʎa] *f* ❶ (MIL: *munición*) Schrot *m o nt*, (Blei)kugeln *fpl*; **fuego de ~** Maschinengewehrfeuer *nt*
❷ (*trozos al estallar*) (Kugel)splitter *mpl*
metrallazo [metra'ʎaθo] *m* ❶ (*disparo*) Maschinengewehrschuss *m*, Maschinengewehrfeuer *nt*; **lo mató de un ~** er/sie hat ihn mit einer Maschinengewehrsalve umgebracht
❷ (*herida*) Schusswunde *f* durch ein Maschinengewehr
metralleta [metra'ʎeta] *f* Schnellfeuerwaffe *f*, Maschinengewehr *nt*, Maschinenpistole *f*
métrica ['metrika] *f* Metrik *f*
métrico, -a ['metriko, -a] *adj* metrisch; **sistema ~** metrisches Maßsystem
metrificación [metrifika'θjon] *f* (LIT) Verseschmieden *nt*, Versbildung *f*; **~ de un texto en prosa** Umwandlung eines Prosatextes in Versform
metritis [me'tritis] *f inv* (MED) Gebärmutterentzündung *f*
metro ['metro] *m* ❶ (*unidad de longitud*) Meter *m o nt*; **~ cuadrado** Quadratmeter *m o nt*; **~ cúbico** Kubikmeter *m o nt*; **no levanta un ~ del suelo** er/sie ist sehr klein
❷ (*para medir*) Metermaß *nt*; **~ de cinta** Maßband *nt*; **plegable** Zollstock *m*
❸ (FERRO) *abr de* (**ferrocarril**) **metropolitano** U-Bahn *f*, Untergrundbahn *f*
❹ (*poesía*) Metrum *nt*, Versmaß *nt*
❺ (MÚS) Metrum *nt*, Taktmaß *nt*
metrología [metrolo'xia] *f* Metrologie *f*
metrónomo [me'tronomo] *m* Metronom *nt*, Taktmesser *m*
metrópoli [me'tropoli] *f* ❶ (*capital*) Metropole *f*, Hauptstadt *f*
❷ (*urbe*) Weltstadt *f*
❸ (*de las colonias*) Mutterland *nt*
❹ (REL: *arzobispado*) Metropolitankirche *f*, Erzbischoftum *nt*
metropolitano¹ [metropoli'tano] *m* (FERRO) U-Bahn *f*, Untergrundbahn *f*
metropolitano, -a² [metropoli'tano, -a] *adj* ❶ (*referente a la capital*) Hauptstadt-, hauptstädtisch
❷ (*referente a la urbe*) Weltstadt-, weltstädtisch
❸ (REL: *referente al arzobispado*) Metropolitan-, erzbischöflich
metrorragia [metro'rraxja] *f* (MED) azyklische Blutung *f*, Metrorrhagie *f*
mexicano, -a [mexi'kano, -a] *adj o m, f v.* **mejicano**
México ['mexiko] *m* Mexiko *nt*
mezcal [meθ'kal] *m* (*Méx*: BOT) Peyotl *m*, Peyote *m*
mezcalina [meθka'lina] *f* (QUÍM) Meskalin *nt*
mezcla ['meθkla] *f* ❶ (*sustancia*) (Ver)mischung *f*, Gemenge *nt*; **~ de hierbas** Kräutermischung *f*; **~ de carburantes** Kraftstoffgemisch *nt*
❷ (*acto*) Mischen *nt*
❸ (*tela*) Mischgewebe *nt*, Mischfaser *f*; **sin ~** rein, pur
❹ (*argamasa*) Mörtel *m*
❺ (*artefacto*): **~ explosiva** explosives Gemisch *nt*; (*fig*) explosive [*o* unheilvolle] Mischung *f*
mezclable [meθ'klaβle] *adj* mischbar
mezclador(a) [meθkla'ðor(a)] *m(f)* ❶ (*máquina*) Mischgerät *nt*, Mischapparat *m*
❷ (*persona*) Mischer(in) *m(f)*
mezclar [meθ'klar] **I.** *vt* ❶ (*unir homogéneamente*) (ver)mischen, vermengen (*con* mit +*dat*); (*con claras de huevos*) unterrühren
❷ (*alternar*) zusammenkommen (*con* mit +*dat*)
❸ (*revolver*) durcheinander bringen; (*confundir*) verwechseln; **el viento ha mezclado todo el manuscrito** der Wind hat das ganze Manuskript durcheinander gebracht; **ya no sabía cual era mi libro porque los ~on todos** ich wusste nicht mehr welches mein Buch war, weil sie alle Bücher durcheinander gebracht hatten
❹ (*involucrar*) hineinziehen (*en* in +*akk*), verwickeln (*en* in +*akk*)

II. *vr*: **~se** ❶ (*inmiscuirse*) sich einmischen (*en* in +*akk*)
❷ (*en un grupo de personas*) sich mischen (*con* unter +*akk*); **se mezcló entre los espectadores** er/sie mischte sich unter die Zuschauer; **se mezcla con gente de mucho dinero** er/sie kommt mit sehr reichen Leuten zusammen
❸ (*desordenarse*) durcheinander geraten; **se ha mezclado la ropa sucia con la ropa limpia** die schmutzige Wäsche ist mit der sauberen durcheinander geraten
mezcolanza [meθko'lanθa] *f* (*fam*) Mischmasch *m*, Durcheinander *nt*
mezquina [meθ'kina] *adj o f v.* **mezquino**
mezquindad [meθkin'dað] *f* ❶ (*tacañería*) Geiz *m*
❷ (*acto vil*) Gemeinheit *f*
mezquino, -a [meθ'kino, -a] **I.** *adj* ❶ (*tacaño*) geizig
❷ (*innoble*) gemein
❸ (*insuficiente*) lächerlich, dürftig
❹ (*despreciable*) schäbig, ärmlich
II. *m, f* Geizhals *m*, Geizkragen *m*
mezquita [meθ'kita] *f* Moschee *f*
mezquite [meθ'kite] *m* (*Méx*: BOT) Mesquitebaum *m*
mezza voce [me'dsa 'βotʃe] (MÚS) mezza voce, mit verhaltener Stimme
mezzosoprano [me'dsoso'prano] *m* Mezzosopran *m*
Mflops ['emflopˢ] (INFOR) *abr de* **megaflops** MFLOPS
mi [mi] **I.** *adj pos* (*antepuesto*) mein(e); **~ amigo/amiga/casa** mein Freund/meine Freundin/mein Haus; **~s amigos/amigas** meine Freunde/Freundinnen
II. *m inv* (MÚS) *e nt*; **~ mayor** E-Dur *nt*; **~ menor** e-Moll *nt*
mí [mi] *pron pers* (*con preposición*) mich, mir; **para ~ un helado, ¡por favor!** für mich ein Eis, bitte!; **eso a ~ no me importa** das interessiert mich nicht; **¿y a ~ qué?** und was geht mich das an?, na und?; **para ~ (que)...** meiner Meinung nach ...; **por ~** von mir aus; **por ~ que no quede** an mir soll's nicht liegen; **por ~ mismo** allein, aus eigener Kraft; **¡a ~ con esas!** erzähl das deiner Großmutter; **¡a ~!** (*¡socorro!*) (zu) Hilfe!
miaja ['mjaxa] *f* Krümel *m*
mialgia [mj'alxja] *f* (MED) Muskelschmerz *m*, Myalgie *f*
miasma [mj'asma] *m* Miasma *nt*, (Seuchen verursachende) Bodenausdünstung *f*
miastenia [mjas'tenja] *f* (MED) Muskelschwäche *f*, Myasthenie *f*
miau [mjau] (*onomatopeya*) miau; **¡~, qué bonito!** Mensch [*o* hei], ist das schön!
mica ['mika] *f* ❶ *v.* **mico**
❷ (MIN) Mika *f*, Glimmer *m*; **~ amarilla** Katzengold *nt*; **~ argentina** Katzensilber *nt*; **~ blanca** Muskovit *m*, Kaliglimmer *m*
❸ (*And*: *orinal*) Nachttopf *m*
❹ (*AmC*: *fam*: *borrachera*) Vollrausch *m*; **ponerse una ~** sich *dat* einen Vollrausch antrinken
micacita [mika'θita] *f* (GEO) Glimmerschiefer *m*
micción [mik'θjon] *f* Wasserlassen *nt*, Urinieren *nt*
micelio [mi'θeljo] *m* (BOT) Myzel(ium) *nt*
micetología [miθetolo'xia] *f* Pilzkunde *f*, Mykologie *f*
miche ['mitʃe] *m* ❶ (*CRi*: *pendencia*) Zwist *m*, Streit *m*
❷ (*Chil*: *juego*) Spiel, bei dem man eine Münze mit Murmeln aus einem vorgezeichneten Kreis kicken muss
michelín [mitʃe'lin] *m* (*fam*) Rettungsring *m fig*, Fettwulst *m* um die Hüfte; **tengo que adelgazar para rebajar los michelines** ich muss abnehmen, um diese Rettungsringe loszuwerden
michino, -a [mi'tʃino, -a] *m, f* (*fam*) Kater *m*, Katze *f*
michirones [mitʃi'rones] *mpl* (*reg*: GASTR) würziges Bohnengericht (*Spezialität in Murcia*)
mico¹ [miko] *m* (*fam*) ❶ (*hombre lujurioso*) Wüstling *m*
❷ (*estafa*): **dar el ~ a alguien** jdn prellen, jdn betrügen
❸ (*plantón*): **dar** [*o* **hacer**] **~ a alguien** jdn versetzen
❹ (*avergonzamiento*): **quedarse hecho un ~** völlig dumm dastehen, völlig blamiert sein
❺ (*aturdirse*): **volverse ~** außer Fassung geraten
mico, -a² ['miko, -a] *m, f* ❶ (ZOOL) Affe *m*, Äffin *f*, Affenweibchen *nt*
❷ (*fam*: *persona fea*) hässlicher Kauz *m*
❸ (*fam*: *a un niño o una niña*) Äffchen *nt*
❹ (*fam*: *persona presumida*) koketter Mensch *m*
micóloga [mi'koloɣa] *f v.* **micólogo**
micología [mikolo'xia] *f sin pl* (MED) Mykologie *f*, Pilzkunde *f*
micológico, -a [miko'loxiko, -a] *adj* Pilz-, mykologisch; **cultivo ~** Pilzkultur *f*
micólogo, -a [mi'koloɣo, -a] *m, f* (MED) Mykologe, -in *m, f*
micosis [mi'kosis] *f inv* (MED) Mykose *f*, Pilzkrankheit *f*
micoterapia [mikote'rapja] *f* (MED) Behandlung von bakteriellen Infektionen mit bestimmten Pilzkulturen
micra ['mikra] *f* Mikrometer *nt*, Mikron *nt*
micro ['mikro] *m abr de* **micrófono** Mikro *nt*

microamperio [mikroam'perjo] *m* (ELEC) Mikroampere *nt*
microanálisis [mikroa'nalisis] *m inv* (QUÍM) Mikroanalyse *f*
microauricular [mikroauriku'lar] *m* (TÉC) Mini-Kopfhörer *m* mit Mikrofon
microbalanza [mikroβa'lanθa] *f* (TÉC) Feinwaage *f*, Mikrowaage *f*
microbiano, -a [mikro'βjano, -a] *adj* (BIOL) Mikroben-, mikrobiell
microbio [mi'kroβjo] *m* (BIOL) Mikrobe *f*, Mikroorganismus *m*
microbióloga [mikro'βjoloγa] *f v.* **microbiólogo**
microbiología [mikroβjolo'xia] *f sin pl* Mikrobiologie *f*
microbiológico, -a [mikroβjo'loxiko, -a] *adj* mikrobiologisch
microbiólogo, -a [mikro'βjoloγo, -a] *m*, *f* Mikrobiologe, -in *m*, *f*
microbús [mikro'βus] *m* Kleinbus *m*
microcalorimetría [mikrokalorime'tria] *f* (FÍS) Mikrokalorimetrie *f*
microcefalia [mikroθe'falja] *f* (BIOL, MED) Mikrozephalie *f*
microchip [mikro'tʃip] *m* (ELEC) Mikrochip *m*
microcircuito [mikroθirku'ito] *m* (ELEC) Mikroschaltung *f*, minimaler Schaltkreis *m*
microcirugía [mikroθiru'xia] *f sin pl* Mikrochirurgie *f*
microclima [mikro'klima] *m* (METEO) Mikroklima *nt*
microcódigo [mikro'koðiγo] *m* (INFOR) Mikrokode *m*
microcomputador [mikrokomputa'ðor] *m*, **microcomputadora** [mikrokomputa'ðora] *f* Mikrocomputer *m*
microcopia [mikro'kopja] *f* Mikrokopie *f*
microcosmo(s) [mikro'kosmo(s)] *m* (*inv*) Mikrokosmos *m*, Mikrokosmus *m*
microdisección [mikroðiseᵞ'θjon] *f* (BIOL) Mikrotomie *f*
microeconomía [mikroekono'mia] *f* Mikroökonomie *f*, Mikroökonomik *f*
microeconómico, -a [mikroeko'nomiko, -a] *adj* mikroökonomisch
microelectrónica [mikroelek'tronika] *f sin pl* Mikroelektronik *f*
microempresa [mikroem'presa] *f* (ECON) Kleinbetrieb *m* (*mit 1 bis 10 Beschäftigten*)
microestado [mikroes'taðo] *m* Kleinstaat *m*
microestructura [mikroestruk'tura] *f* Mikrostruktur *f*
microfalda [mikro'falda] *f* sehr kurzer Minirock *m*
microfibra [mikro'fiβra] *f* Mikrofaser *f*
microficha [mikro'fitʃa] *f* Mikrofiche *f*
microfilmadora [mikrofilma'ðora] *f* (FOTO) Mikrofilmaufnahmegerät *nt*
microfilmar [mikrofil'mar] *vt* auf Mikrofilm aufnehmen
microfilm(e) [mikro'film(e)] *m* <microfilm(e)s> Mikrofilm *m*
microfísica [mikro'fisika] *f* (FÍS) Mikrophysik *f*
microflora [mikro'flora] *f* (BOT) Mikroflora *f*
micrófono [mi'krofono] *m* Mikrofon *nt*
microfotográfico, -a [mikrofoto'γrafiko, -a] *adj* (FOTO) mikrofotografisch
microfundio [mikro'fundjo] *m* (ECON) landwirtschaftlicher Kleinstbetrieb *m*
micrograbadora [mikroγraβa'ðora] *f* Diktiergerät *nt*
microinstrucción [mikroinⁿstruᵞ'θjon] *f* (INFOR) Mikrobefehl *m*
microlito [mikro'lito] *m* (GEO, HIST) Mikrolith *m*
micromanipulador [mikromanipula'ðor] *m* (TÉC) Mikromanipulator *m*
micrometría [mikrome'tria] *f* (TÉC) Mikrometrie *f*, Feinmessung *f*
micrómetro [mi'krometro] *m* Mikrometer *nt*, Mikron *nt*
micromini [mikro'mini] *f* sehr kurzer Minirock *m*
micromotor [mikromo'tor] *m* Kleinstmotor *m*
micronesio, -a [mikro'nesjo, -a] I. *adj* aus Mikronesien II. *m*, *f* Mikronesier(in) *m(f)*
microonda [mikro'onda/mi'kronda] *f* (*cocina, t.* FÍS) Mikrowelle *f*; **horno** (**de**) **~s** Mikrowellengerät *nt*, Mikrowellenherd *m*
microordenador [mikro(o)rðena'ðor] *m* Mikrocomputer *m*
microorganismo [mikro(o)rγa'nismo] *m* Mikroorganismus *m*, Mikrobe *f*
microprocesador [mikroproθesa'ðor] *m* Mikroprozessor *m*
microprograma [mikropro'γrama] *m* (INFOR) Mikroprogramm *nt*
microprogramación [mikroproγrama'θjon] *f* (INFOR) Mikroprogrammierung *f*
micropsia [mi'kroβsja] *f* (MED) Mikropsie *f* (*Sehstörung*)
microscopía [mikrosko'pia] *f sin pl* Mikroskopie *f*
microscópico, -a [mikros'kopiko, -a] *adj* mikroskopisch; (*fam: minúsculo*) winzig (klein); **de tamaño ~** mikroskopisch klein
microscopio [mikros'kopjo] *m* Mikroskop *nt*; **~ de 60 aumentos** [*o* **con objetivo x 60**] Mikroskop mit 60facher Vergrößerung; **~ electrónico** Elektronenmikroskop *nt*
microsegundo [mikrose'γundo] *m* Mikrosekunde *f*
microsistema [mikrosis'tema] *m* Mikrosystem *nt*
microsociología [mikrosoθjolo'xia] *f* (SOCIOL) Mikrosoziologie *f*
microsoma [mikro'soma] *m* (BIOL) Mikrosom *nt*

microsurco [mikro'surko] *m* Mikrorille *f*; **disco** (**de**) **~** Mikrorillenschallplatte *f*, Langspielplatte *f*
microtecnia [mikro'teɣnja] *f* Mikrotechnik *f*
microtecnología [mikroteɣnolo'xia] *f* Mikrotechnologie *f*
microtenis [mikro'tenis] *m inv* (*Am*) Tischtennis *nt*
micrótomo [mi'krotomo] *m* Mikrotom *nt*
microvatio [mikro'βatjo] *m* (ELEC) Mikrowatt *nt*
microvoltio [mikro'βoltjo] *m* (ELEC) Mikrovolt *nt*
midriasis [mi'ðrjasis] *f inv* (MED) Mydriasis *f* (*abnorme Pupillenerweiterung*)
MIE ['mie] *m abr de* **Ministerio de Industria y Energía** ≈Industrie- und Energieministerium *nt*
miedica [mje'ðika] I. *adj* (*fam*) ängstlich II. *mf* (*fam*) Angsthase *m*
mieditis [mje'ðitis] *f inv* (*fam*) Bammel *m*, Muffensausen *nt*
miedo ['mjeðo] *m* ❶ (*angustia*) Angst *f* (*a/de* vor *+dat*), Furcht *f* (*a/de* vor *+dat*); **~ escénico** Lampenfieber *nt;* **a los perros** Angst vor Hunden; **~ de ponerse enfermo** Angst vor dem Krankwerden; **por ~ a** [*o* **de**] aus Angst vor; **por ~ de que... +***subj* aus Angst davor, dass ...; **tener ~** Angst haben, sich fürchten; **tener ~ de algo/alguien** vor etw *dat*/jdm Angst haben, sich vor etw *dat*/jdm fürchten; **temblar de ~** vor Angst zittern; **meter** [*o* **dar**] **~ a alguien** jdm Angst einjagen [*o* machen]; **me entró** [*o* **dio**] **~ al verte ahí** ich bekam Angst [*o* ich bekam es mit der Angst zu tun], als ich dich da sah; **morirse de ~** eine Sterbensangst haben, vor Angst sterben; **cagarse** [*o* **mearse**] **de ~** (*vulg*) sich *dat* vor Angst in die Hosen machen *fam*; **al que mal vive, el ~ le sigue** (*prov*) ≈wer unredlich lebt, den verfolgt die Angst; **a quien ~ han, lo suyo le dan** (*prov*) ≈wer geschickt wird, bekommt, was er will ❷ (*fam: maravilloso*): **de ~** sensationell, toll; **el concierto estuvo de ~** das Konzert war sagenhaft [*o* eins a] ❸ (*fam: terrible*): **de ~** schrecklich, unglaublich; **hace un frío de ~** es ist hundekalt
miedoso, -a [mje'ðoso, -a] I. *adj* ❶ ser (*temeroso*) ängstlich ❷ estar (*asustadizo*) schreckhaft II. *m*, *f* Feigling *m*
miel [mjel] *f* ❶ (*de abeja*) Honig *m;* **~ blanca** Bienenhonig *m;* **~ extraída** Schleuderhonig *m* ❷ (*melaza*) Melasse *f*; **~ de caña** [*o* **negra**] Melasse *f* ❸ (*loc*): **luna de ~** Flitterwochen *fpl*; **quedarse con la ~ en los labios** das Nachsehen haben, leer ausgehen; **si encima me pagan el viaje ¡~ sobre hojuelas!** wenn sie auch noch die Reisekosten übernehmen, um so besser!; **hacerse de ~** sich einschmeicheln, honigsüß tun; **hazte de ~ y te comerán las moscas** (*prov*) wer mit den Wölfen heult, wird von den Wölfen gefressen; **no hay ~ sin hiel** (*prov*) keine Rose ohne Dornen
mielga ['mjelγa] *f* (BOT) Luzerne *f*, Schneckenklee *m*
mielgo, -a ['mjelγo, -a] *adj* Zwillings-
mielitis [mje'litis] *f inv* (MED) Rückenmarksentzündung *f*, Myelitis *f*
mielografía [mjeloγra'fia] *f* Myelographie *f* (*Röntgenuntersuchung von Rückenmark und Wirbelkanal*)
mieloma [mje'loma] *m* (MED) Knochenmarkstumor *m*, Myelom *nt*
mielomalacia [mjeloma'laθja] *f* (MED) Rückenmarkserweichung *f*, Myelomalazie *f*
miembro ['mjembro] I. *m* ❶ *pl* (ANAT: *extremidades*) Glieder *ntpl*, Gliedmaßen *pl*, Extremitäten *fpl* ❷ (ANAT: *pene*): **~** (**viril**) (männliches) Glied *nt* ❸ (*socio*) Mitglied *nt;* **~ de la comisión** Kommissionsmitglied *nt;* **~ fundador** Gründungsmitglied *nt;* **~ honorario** Ehrenmitglied *nt;* **~ de pleno derecho** Vollmitglied *nt;* **no ~** Nichtmitglied *nt;* **hacerse ~ de** Mitglied werden in *+dat* ❹ (LING, MAT) Glied *nt* ❺ (*parte*) Teil *m* II. *adj:* **los estados ~s** die Mitglied(s)staaten
mientes ['mjentes] *fpl* Gedanken *mpl*; **caer en** (**las**) **~** plötzlich in den Sinn kommen; **parar** [*o* **poner**] **~ en algo** über etw nachdenken [*o* Überlegungen anstellen]; **traer a las ~** in Erinnerung rufen; **todo se le vino a las ~** er/sie erinnerte sich wieder an alles, in ihm/ihr kam alles wieder hoch; **¡ni por ~!** niemals!, nie im Leben!
mientras ['mjentras] I. *adv* währenddessen, derweil; **~ tanto** inzwischen, in der Zwischenzeit; **yo trabajo y, ~** (**tanto**), **él se divierte** ich arbeite, und in der Zwischenzeit amüsiert er sich II. *conj:* **~** (**que**) während; **~** (**que**) *+subj* solange; **~ estabas durmiendo, él te observaba** während du schliefst, hat er dich beobachtet; **lee el periódico ~ descansa** er/sie liest die Zeitung, während er/sie sich (gleichzeitig) ausruht; **tú lees ~ que yo escucho música** du liest, während ich Musik höre; **~ no vengan** solange sie nicht kommen; **~ se ríe no se llora** solange man lacht, weint man nicht; **~ más..., más...** je mehr ..., desto [*o* um so] mehr ...; **~ más le dan más pide el niño** je mehr das Kind bekommt, desto mehr will es
miércoles ['mjerkoles] *m inv* Mittwoch *m;* **~ de ceniza** [*o* **corvillo**]

Aschermittwoch m; ~ **santo** Mittwoch vor Gründonnerstag; v. t. **lunes**
mierda ['mjerða] f (vulg) ❶ (heces) Scheiße f
❷ (porquería) Dreck m fam, Mist m fam; **el maestro nuevo es una ~** der neue Lehrer ist eine Flasche fam; **esta película es una ~** dieser Film ist ein Scheiß; **¡100 euros, una ~!** 100 Euro, nie im Leben!; **es una ~ de coche** das ist ein Scheißauto; **marcó un gol de pura ~** das Tor, das er/sie geschossen hat, war ein Scheißglückstreffer; **cubrirse de ~** sich selbst in die Scheiße reiten; **enviar** [o **mandar**] **a la ~** zum Teufel jagen fam; **¡eso te importa una ~!** das geht dich einen Scheiß [o feuchten Kehricht fam] an!; **¡~!** Scheiße!, Mist! fam; **¡una ~!** ich glaub du spinnst wohl! fam; **¿qué ~ ocurre?** was zum Teufel ist los? fam; **¡(vete) a la ~!** verpiss dich doch! fam, hau doch ab! fam; **no valer una ~** zu nichts nütze sein, völlig wertlos sein; **no comerse ni (una) ~** nicht einen einzigen Treffer landen
❸ (borrachera) Vollrausch m; **¡vaya ~ que cogí ayer!** Mensch, war ich gestern voll! fam
mierdacruz [mjerða'kruθ] f (BOT) Seidelbastgewächs der Iberischen Halbinsel
mierdago [mjer'ðaɣo] m (BOT) mit wilden Erdbeeren bestandene Fläche f
mierdoso, -a [mjer'ðoso, -a] adj (vulg) Scheiß-, fies; **es un ~** er ist ein richtiger Scheißkerl
mies [mjes] f ❶ (cereal maduro) Korn nt, Weizen m
❷ (temporada) Ernte(zeit) f
❸ pl (campos) Saatfelder ntpl, Kornfelder ntpl
miga ['miɣa] f ❶ (migajón) das Weiche im Brot
❷ (esencia) Substanz f, Inhalt m; **esto tiene su ~** das ist komplizierter als man denkt
❸ (migaja) Krume f, Krümel m; (de pan) Brosame f, Brösel m; **~s de pan** Gericht, bei dem in Wasser eingelegtes Brot ausgedrückt, zerkrümelt und frittiert wird; **~s de harina** Gericht, bei dem Mehlteig zerkrümelt und frittiert wird; **hacer buenas/malas ~s con alguien** mit jdm gut/schlecht auskommen, jdn gut/schlecht leiden können; **hacer ~s a alguien** jdn fertig machen, jdm arg zusetzen; **estoy hecha ~s después del trabajo** ich bin völlig kaputt nach der Arbeit; **hacer ~s algo** etw in Stücke reißen, etw zerfetzen
migaja [mi'ɣaxa] f ❶ dim de **miga** Krümelchen nt, Krume f
❷ (trocito) Stückchen nt; **una ~ de algo** ein ganz klein wenig von etw +dat
❸ pl (sobras) Reste mpl, Überbleibsel ntpl; **solo quedaron las fotografías, como ~s de una vida** es blieben nur noch die Fotos, als Bruchstücke eines Lebens
migración [miɣra'θjon] f ❶ (emigración) Wanderungsbewegung f, Migration f
❷ (ZOOL) Migration f
migraña [mi'ɣraɲa] f Migräne f
migratorio, -a [miɣra'torjo, -a] adj Wanderungs-
mije ['mixe] m (BOT) Myrtengewächs mit essbaren, den Johannisbeeren ähnlichen Früchten
mijo ['mixo] m Hirse f
mil [mil] I. adj inv ❶ (número) tausend; **dos ~ millones** zwei Milliarden; v. t. **ocho**
❷ (cantidad indefinida) tausend; **ya se lo he dicho ~ veces** ich habe es ihm/ihr schon hundert [o tausend] Mal gesagt
II. m ❶ (número) Tausend nt; v. t. **ocho**
❷ (cantidad indefinida): **~es** Tausende ntpl, tausende; **a ~es** zu Tausenden [o tausenden]; **~es y ~es** Tausende [o tausende] und Abertausende [o abertausende]; **le costará varios ~es de dólares** es wird ihn einige Tausende [o tausende] Dollar kosten
❸ (loc): **a las ~ (y quinientas)** viel zu spät; **pasar las ~ y una** eine Schwierigkeit nach der anderen haben
milagrear [milaɣre'ar] vi (fam) Wunder wirken
milagrero, -a [mila'ɣrero, -a] I. adj ❶ (que cree en milagros) wundergläubig
❷ (milagroso) wundertätig
II. m, f ❶ (que cree en milagros) Person f, die an Wunder glaubt
❷ (milagroso) Wundertäter(in) m(f)
milagro [mi'laɣro] m Wunder nt; **hacer ~s** Wunder vollbringen; **fue un ~ que el accidente no hubiera sido más grave** es war ein Wunder, dass der Unfall nicht schlimmer war; **sería un ~ si aprobara este año** es wäre ein Wunder, wenn ich dieses Jahr versetzt werden sollte; **contar la vida y ~s de alguien** detailliert aus jds Leben erzählen; **salir** [o **escapar**] **de ~** gerade noch einmal Glück gehabt haben; **esta vez se escapó de ~** dieses Mal hat er/sie noch einmal Glück gehabt [o ist es noch glimpflich für ihn/sie ausgegangen]; **si sales de ésta, solo saldrás de ~** wenn du es dieses Mal schaffst, dann nur mit sehr viel Glück; **~ (sería) que...** +subj es wäre ein Wunder, wenn ...
milagroso, -a [mila'ɣroso, -a] adj ❶ (que hace milagros) wundertätig
❷ (ocurrido por milagro) wie durch ein Wunder geschehen, übernatür-
lich
❸ (maravilloso) wunderbar
Milán [mi'lan] m Mailand nt
milanés, -esa [mila'nes, -esa] I. adj mailändisch
II. m, f Mailänder(in) m(f)
milanesa [mila'nesa] f (GASTR) (Wiener) Schnitzel nt
milano [mi'lano] m (ZOOL) Milan m
mildeu [mil'deu] m, **mildíu** [mil'diu] m Mehltau(pilz) m
milenario¹ [mile'narjo] m (milésimo aniversario) Tausendjahrfeier f, tausendster Jahrestag m
milenario, -a² [mile'narjo, -a] adj ❶ (milenio) tausendjährig
❷ (REL) Millenium(s-)
milenarista [milena'rista] I. adj (REL) Millenium(s)-
II. mf (REL) Person f, die an das Millenium glaubt
milenio [mi'lenjo] m Jahrtausend nt; (REL) Millenium nt
milenrama [milen'rrama] f (BOT) Schafgarbe f
milésima [mi'lesima] f ❶ (partitivo) Tausendstel nt
❷ v. **milésimo**
milésimo, -a [mi'lesimo, -a] I. adj tausendste(r, s); v. t. **octavo²**
II. m, f (ordinal) Tausendste(r) m f o nt
mili ['mili] f (fam) abr de **servicio militar** Wehrdienst m; **ir a** [o **hacer**] **la ~** den Wehrdienst (ab)leisten; (en Alemania) zum Bund gehen; **¿ya hiciste la ~?** warst du schon beim Bund?; **tener mucha ~** (argot) kein unbeschriebenes Blatt mehr sein, viel Erfahrung haben
miliar [mi'ljar] adj ❶ (referente al mijo) Hirse-
❷ (para marcar millas): **poste** [o **piedra**] **~** Meilenstein m
milibar [mili'βar] m Millibar nt
milicia [mi'liθja] f ❶ (ejército) Miliz f, Truppe f
❷ (actividades militares) Manöver nt
❸ (soldado) Soldat m
❹ (conjunto no profesional): **~ nacional** Bürgerwehr f, Bürgergarde f; (reservistas) Landsturm m, Landwehr f
miliciano, -a [mili'θjano, -a] I. adj (referente a la milicia) Miliz-
II. m, f ❶ (miembro de una milicia) Milizionär(in) m(f)
❷ (soldado) Milizsoldat(in) m(f)
❸ (conscripto) Rekrut(in) m(f)
miligramo [mili'ɣramo] m Milligramm nt
mililitro [mili'litro] m Milliliter m
milimetrado, -a [milime'traðo, -a] adj Millimeter-; **papel ~** Millimeterpapier nt
milimétrico, -a [mili'metriko, -a] adj millimetergenau, auf den Millimeter gemessen
milímetro [mi'limetro] m Millimeter m o nt
milisegundo [milise'ɣundo] m Millisekunde f
militancia [mili'tanθja] f (POL) (aktive) Mitgliedschaft f, (aktive) Teilnahme f, Aktivismus m
militante [mili'tante] I. adj ❶ (que se entrega) kämpferisch, engagiert
❷ (en un partido) in einer Partei organisiert
II. mf (POL) (aktives) Mitglied nt
militar [mili'tar] I. vi ❶ (cumplir el servicio) seinen Dienst tun (en bei/in +dat)
❷ (POL: en un partido) ein aktives Mitglied sein (en bei/in +dat), angehören (en +dat)
❸ (loc): **~ en favor de/contra algo/alguien** für/gegen etw/jdn sprechen, sich für/gegen etw/jdn einsetzen
II. adj Militär-, Kriegsdienst-; **vehículo ~** Militärfahrzeug nt; **servicio ~** Kriegsdienst m, Wehrdienst m, Militärdienst m; **los altos mandos ~es** die Militärs
III. m Soldat m
militarismo [milita'rismo] m sin pl Militarismus m
militarista [milita'rista] I. adj militaristisch
II. mf Militarist(in) m(f)
militarizar [militari'θar] <z→c> vt militarisieren, militärisch organisieren
militronche [mili'tron̠tʃe] m (argot), **militroncho** [mili'tron̠tʃo] m (argot) Soldat bei der spanischen Armee
milla ['miʎa] f Meile f; **~ marina** Seemeile f
millar [mi'ʎar] m Tausend nt; **protestaron a ~es** sie protestierten zu Tausenden [o tausenden]
millo ['miʎo] m (AmC, Méx) eine Hirsesorte
millón [mi'ʎon] m ❶ (1.000.000) Million f; **mil millones** Milliarde f; **cuatro millones de habitantes** vier Millionen Einwohner; **debe tener millones** er/sie hat bestimmt einige Millionen
❷ (muchísimos): **un ~ de gracias** tausend Dank
millonada [miʎo'naða] f (fam) Million f; (muchísimo dinero) riesige Summe f
millonario, -a [miʎo'narjo, -a] m, f Millionär(in) m(f)
millonésima [miʎo'nesima] f (partitivo) Millionstel nt; v. t. **octavo²**
millonésimo, -a [miʎo'nesimo, -a] I. adj millionste(r, s)

milonga

II. *m, f* (*ordinal*) Millionste(r) *mf o nt; v. t.* octavo²
milonga [mi'loŋga] *f* ❶ (*baile*) Milonga *f* (*Name eines Volkstanzes und Gesanges in Lateinamerika*)
❷ (*And, CSur: fiesta*) Fest *m*
❸ (*And, CSur: argot: trola, mentira*) Schwindel *m*, Ente *f*
milpa ['milpa] *f* (*Am*) ❶ (*campo*) Maisfeld *nt*
❷ (*planta*) Mais *m*
milpiés [mil'pjes] *m inv* (ZOOL) Tausendfüß(l)er *m*
miltomate [milto'mate] *m* (*Méx:* BOT) grüne Tomate *f*
mimado, -a [mi'maðo, -a] *adj* (*consentido*) verwöhnt; (*consentido excesivamente*) verhätschelt, verzärtelt; **niño ~** Hätschelkind *nt*
mimador(a) [mima'ðor(a)] *adj* verwöhnend; **tiene un papá muy ~** sein/ihr Vater verwöhnt ihn/sie sehr
mimar [mi'mar] *vt* ❶ (*consentir*) verwöhnen; (*consentir excesivamente*) verhätscheln, verzärteln
❷ (*favorecer*) bevorzugen, vorziehen
mimbral [mim'bral] *m* mit Korbweiden bestandene Fläche *f*
mimbre ['mimbre] *m* ❶ (*material*) Korbgeflecht *nt;* **de ~** aus Korbgeflecht, geflochten; **silla de ~** Korbstuhl *m;* **muebles de ~** Rattanmöbel *ntpl*
❷ (*ramita*) Weidenrute *f*
❸ (*arbusto*) Korbweide *f*
mimbrera [mim'brera] *f* Korbweide *f*
mimbrero, -a [mim'brero, -a] *m, f* Korbflechter(in) *m(f)*
mimeografiar [mimeoɣrafi'ar] <*I. pres:* mimeografío> *vt* (*Am*) vervielfältigen
mimeógrafo [mime'oɣrafo] *m* (*Am*) Kopiergerät *nt*
mimesis [mi'mesis] *f inv,* **mímesis** ['mimesis] *f inv* Mimesis *f*
mimético, -a [mi'metiko, -a] *adj* mimetisch, nachahmend
mimetismo [mime'tismo] *m* ❶ (ZOOL) Mimes(i)e *f*, Mimikry *f*
❷ (*para agradar*) Schöntun *nt*, (*falsche*) Schmeichelei *f*
mímica ['mimika] *f* ❶ (*arte*) Mimik *f*, Mienenspiel *nt*, Gebärdenspiel *nt;* (*representación*) Mimikdarstellung *f*
❷ (*señas*) Gebärdensprache *f*, Zeichensprache *f*
❸ (*ademanes*) Gestik *f*
mímico, -a ['mimiko, -a] I. *adj* mimisch, schauspielerisch; **gran talento ~** großes schauspielerisches Talent
II. *m, f* Mimiker(in) *m(f)*
mimo ['mimo] *m* ❶ (*actor mímico*) Mime, -in *m, f*, Schauspieler(in) *m(f);* **hacer ~ de algo/alguien** jdn/etw mimen
❷ (*caricia*) Zärtlichkeit *f*, Streicheln *nt;* **necesita mucho ~** er/sie braucht viele Streicheleinheiten
❸ (*condescencia excesiva*) Verhätschelung *f*, Verzärtelung *f;* **le dan demasiado ~** er/sie wird zu sehr verhätschelt
❹ (*con cariño*): **realiza su trabajo con ~** er/sie führt seine/ihre Arbeit mit Liebe aus
mimodrama [mimo'ðrama] *m* (TEAT) Pantomime *f*
mimosa [mi'mosa] *f* (BIOL) Mimose *f*, Sinnpflanze *f*
mimoso, -a [mi'moso, -a] *adj* ❶ (*mimado*) verwöhnt, verhätschelt, verzärtelt
❷ *ser* (*le gusta recibir/dar mimos*) verschmust
❸ *estar* (*quiere recibir/dar mimos*) anhänglich, zärtlichkeitsbedürftig
mina ['mina] *f* ❶ (MIN) Mine *f*, Bergwerk *nt;* **~ de carbón** Kohlenbergwerk *nt;* **este negocio es una ~** dieses Geschäft ist eine (wahre) Goldgrube
❷ (*yacimientos*) Erzvorkommen *nt(pl)*, Metallvorkommen *nt(pl)*
❸ (*venero*) Ader *f;* **~ de oro** Goldader *f*
❹ (*pasillo subterráneo*) Stollen *m*, (*unterirdischer*) Gang *m*
❺ (MIL: *explosivo*) Mine *f;* **~ antipersonal** [*o* **antipersona**] Antipersonenmine *f;* **~ de mar** Seemine *f;* **~ de tierra** Landmine *f*
❻ (*lámina*): **~ de bolígrafo** Kugelschreibermine *f;* **~ de lapicero** Bleistiftmine *f*
minado¹ [mi'naðo] *m* Verminen *nt*, Minenlegen *nt*
minado, -a² [mi'naðo, -a] *adj* ❶ (MIL) vermint
❷ (*debilitado*) unterminiert
minador¹ [mina'ðor] *m* (*barco que coloca minas*) Minenleger *m*
minador(a)² [mina'ðor(a)] I. *adj* Minen-; **buque ~** Minenboot *nt*
II. *m(f)* (*que coloca minas*) Mineur *m*, Sprengmeister(in) *m(f)*
minar [mi'nar] I. *vt* ❶ (*excavar*) untergraben, unterhöhlen
❷ (*colocar minas*) verminen
❸ (*debilitar*) unterminieren, untergraben
II. *vr:* **~se** (*argot: hartarse*) sich *dat* den Bauch voll schlagen
minarete [mina'rete] *m* Minarett *nt*
mindel [min'del] *m* (GEO) Mindel-Eiszeit *f*, Mindel-Kaltzeit *f*
minera [mi'nera] *adj o f v.* **minero**
mineraje [mine'raxe] *m* (MIN) Arbeit *f* in einer Mine, Bergbau *m;* **se gana la vida con el ~** er verdient sich seinen Lebensunterhalt als Bergmann
mineral [mine'ral] I. *adj* mineralisch, Mineral-; **agua ~** Mineralwasser *nt*

ministerio

II. *m* ❶ (GEO) Mineral *nt*
❷ (MIN) Erz *nt;* **~ de hierro** Eisenerz *nt*
mineralización [mineraliθa'θjon] *f* (GEO) Mineralisation *f*, Mineralisierung *f*
mineralizar [minerali'θar] <z→c> I. *vt* mineralisieren, Mineralstoffe zusetzen *+dat*, mit Mineralstoffen anreichern
II. *vr:* **~se** Mineralien aufnehmen
mineralogénesis [mineralo'xenesis] *f inv* (GEO) Mineralienbildung *f*
mineralogía [mineralo'xia] *f sin pl* Mineralogie *f*
mineralógico, -a [minera'loxiko, -a] *adj* (GEO) mineralogisch
mineralogista [mineralo'xista] *mf* Mineraloge, -in *m, f*
minería [mine'ria] *f* ❶ (*en general*) Bergbau *m*, Bergwesen *nt*
❷ (*técnica*) Bergbautechnik *f*
❸ (*personal*) Bergbauarbeiterschaft *f*
minero, -a [mi'nero, -a] I. *adj* bergmännisch
II. *m, f* (*trabajador*) Bergarbeiter(in) *m(f)*, Bergmann *m*
❷ (*propietario*) Eigentümer(in) *m(f)* eines Bergwerks
minerografía [mineroɣra'fia] *f* (GEO) Mineralienkunde *f*
minerográfico, -a [minero'ɣrafiko, -a] *adj* (GEO) mineralienkundlich
minerólogo, -a [mine'roloɣo, -a] *m, f* (GEO) Mineraloge, -in *m, f*
mineromedicinal [mineromeðiθi'nal] *adj:* **agua ~** Heilwasser *nt*
minerva [mi'nerβa] *f* ❶ (MED) Minerva-Gips *m*, Thoraxhals-Gipsverband *m*
❷ (TIPO) Tiegeldruckpresse *f*
minestrone [mines'trone] *m* (GASTR) Minestrone *f*
minga ['miŋga] I. *interj* (RíoPl: *fam*) von wegen
II. *f* (*And*) freiwillige kommunale Arbeit der indianischen Völker
mingaco [miŋ'gako] *m* (*Chil*) Zusammenkunft von Freunden und Nachbarn zur gemeinsamen Durchführung einer Arbeit mit anschließendem Fest
mingón, -ona [miŋ'gon, -ona] *adj* (*Ven*) verhätschelt, verwöhnt
miniatura [minja'tura] *f* Miniatur *f;* **en ~** in Miniatur
miniaturista [minjatu'rista] *mf* Miniaturmaler(in) *m(f)*
miniaturización [minjaturiθa'θjon] *f* (TÉC) Miniaturisierung *f*
minibar [mini'βar] *m* Minibar *f*
minibús [mini'βus] *m* Kleinbus *m*
minicadena [minika'ðena] *f* Mini-Stereoanlage *f*, Minitower *m*
minicalculadora [minikalkula'ðora] *f* Taschenrechner *m*
miniclima [mini'klima] *m* (METEO) Kleinklima *nt*
minidisco [mini'ðisko] *m* (INFOR) Minidiskette *f*
minifalda [mini'falda] *f* Minirock *m*
minifundio [mini'fundjo] *m* landwirtschaftlicher Kleinbetrieb *m*
minifundismo [minifun'dismo] *m* (AGR, ECON) System *nt* der Aufteilung in landwirtschaftliche Kleinbetriebe
minifundista [minifun'dista] *mf* Kleinbauer, -bäuerin *m, f*
minigolf [mini'ɣolf] *m* Minigolf *nt*
mínima ['minima] *f* (METEO) Minimum *nt*, niedrigste Temperatur *f*
minimalista [minima'lista] I. *adj* minimalistisch, sehr vereinfacht
II. *mf* Minimalist(in) *m(f)*
minimizar [minimi'θar] <z→c> *vt* ❶ (*simplificar*) minimalisieren
❷ (*restar importancia a algo*) herunterspielen
mínimo¹ ['minimo] *m* Minimum *nt*, Mindeste(s) *nt;* **~ de presión** (METEO) Tiefdruckgebiet *nt;* **reducir el riesgo al ~** das Risiko minimieren; **el ~ de respeto que se le debe** das Mindeste an Achtung, das er/sie verdient hat; **como ~ podrías llamar por teléfono** du könntest wenigstens anrufen; **reducir al ~** auf das Mindestmaß reduzieren
mínimo, -a² ['minimo, -a] I. *superl de* **pequeño**
II. *adj* Mindest-; **las temperaturas mínimas** die Tiefstwerte; **cifra mínima** kleinste Zahl; **la mínima obligación posible** die geringstmögliche Verpflichtung; **sin el más ~ ruido** ohne den geringsten Laut; **no ayuda en lo más ~** er/sie hilft in keinster Weise [*o* kein bisschen]; **todos los socios deben aportar un capital ~** alle Gesellschafter müssen eine Mindesteinlage tätigen
❷ (*minucioso*) peinlich genau, minuziös
mínimum ['minimum] *m* <**mínimos**> Minimum *nt*
minina [mi'nina] *f* (*lenguaje infantil*) Pillermann *m*
minino, -a [mi'nino, -a] *m, f* (*fam*) Kater *m*, Katze *f*
minio ['minjo] *m* (QUÍM) Minium *nt*, Mennige *f*
miniordenador [minjorðena'ðor] *m* (INFOR) Kleincomputer *m*
miniprimer *m o f* (*fam*) Stabmixer *m*
minireunión [minireu'njon] *f* kleine Runde *f*
miniserie [mini'serje] *f* kurze Serie *f*
ministerial [ministe'rjal] *adj* ministeriell, Ministerial-
ministerialismo [ministerja'lismo] *m* (POL) ministerielle Tätigkeit *nt*
ministerio [minis'terjo] *m* ❶ (*cartera, edificio*) Ministerium *nt;* **M~ de Economía y Hacienda** Wirtschafts- und Finanzministerium *nt;* **M~ de Industria** Industrieministerium *nt*
❷ (*cargo*) Ministeramt *nt*

ministra [mi'nistra] *f v.* **ministro**

ministrable [minis'traβle] *mf* Ministerkandidat(in) *m(f)*

ministrar [minis'trar] *vi, vt* ein Amt ausüben [*o* innehaben]; **ministra en la delegación** er/sie hat ein Amt in der Delegation inne

ministril [minis'tril] *mf* Gerichtsdiener(in) *m(f)*

ministro, -a [mi'nistro, -a] *m,* ❶ (*de un gobierno*) Minister(in) *m(f)*; **primera ministra** Premierministerin *f,* Ministerpräsidentin *f*; **~ sin cartera** Minister ohne Geschäftsbereich; **M~ Federal del Interior/de Hacienda/de Economía** Bundesminister des Innern/der Finanzen/für Wirtschaft; **M~ Federal de Educación y Ciencia/de Cooperación Económica y Desarrollo** Bundesminister für Bildung und Wissenschaft/für wirtschaftliche Zusammenarbeit und Entwicklung
❷ (*en la justicia*) Gerichtsdiener(in) *m(f)*
❸ (*en la embajada*) Gesandte(r) *mf,* Diplomat(in) *m(f)*; **~ plenipotenciario** Gesandte(r) *m*; **~ residente** Resident *m*
❹ (*monaguillo*) Ministrant(in) *m(f),* Messdiener(in) *m(f)*; **~ del Señor** [*o* **de Dios**] [*o* **de la Iglesia**] Priester *m*

minivacaciones [miniβaka'θjones] *fpl* Kurzurlaub *m*

minivestido [miniβes'tiðo] *m* Minikleid *nt*

minnesang [mine'saŋ] *m sin pl* (LIT) Minnesang *m*

minnesänger [mine'seŋger] *m inv* (LIT) Minnesänger *m*

minoración [minora'θjon] *f* (*t.* JUR) Minderung *f*; **~ del daño** Schadensminderung *f*; **~ de la responsabilidad** Haftungsminderung *f*; **~ de valor** Wertminderung *f*

minoría [mino'ria] *f* ❶ (*parlamentaria, étnica*) Minorität *f,* Minderheit *f*; **~ de bloqueo** Sperrminorität *f*
❷ (*loc*): **~ de edad** Minderjährigkeit *f*

minoridad [minori'ðað] *f* Minderjährigkeit *f*

minorista [mino'rista] **I.** *adj* Einzelhandels-
II. *mf* Einzelhändler(in) *m(f)*; **comercio de ~** Kleinhandel *m,* Einzelhandelsgewerbe *nt*

minorita [mino'rita] *m* (REL) Franziskaner *m,* Minorit *m*

minoritario, -a [minori'tarjo, -a] *adj* Minderheits-, in der Minderheit

minucia [mi'nuθja] *f* ❶ (*de poca importancia*) Kleinigkeit *f,* Bagatelle *f*
❷ *pl* (*para decorar*) Nippes *m,* Nippsachen *fpl*

minuciosidad [minuθjosi'ðað] *f* peinliche Genauigkeit *f,* Kleinlichkeit *f*

minucioso, -a [minu'θjoso, -a] *adj* minuziös, peinlich genau

minué [mi'nwe] *m* (MÚS) Menuett *nt*

minuendo [mi'nwendo] *m* (MAT) Minuend *m*

minuete [mi'nwete] *m,* **minueto** [mi'nweto] *m* (MÚS) Menuett *nt*

minúscula [mi'nuskula] *f* (LING) Minuskel *f,* Kleinbuchstabe *m*; **en ~s** in Kleinbuchstaben; **esta palabra se escribe con ~** dieses Wort wird kleingeschrieben

minúsculo, -a [mi'nuskulo, -a] *adj* ❶ (*muy pequeño*) sehr klein, winzig
❷ (LING): **letra minúscula** Kleinbuchstabe *m*

minusvalía [minusβa'lia] *f* ❶ (*física*) (körperliche) Behinderung *f*
❷ (COM: *disminución de valor*) Wertverlust *m,* Wertminderung *f*

minusválida [minusβa'liða] *adj o v.* **minusválido**

minusvalidez [minusβali'ðeθ] *f* (körperliche) Behinderung *f*

minusválido, -a [minus'βaliðo, -a] **I.** *adj* körperbehindert
II. *m, f* Körperbehinderte(r) *mf*

minusvalorar [minusβalo'rar] *vt* unterbewerten

minuta [mi'nuta] *f* ❶ (JUR: *cuenta*) Honorarrechnung *f,* Kostennote *f*; **~ de abogado** (Rechts)anwaltsgebühren *fpl*
❷ (*borrador*) Konzept *nt*; (*copia*) Durchschlag *m,* Abschrift *f,* Zweitschrift *f*
❸ (*apunte*) Notiz *f*
❹ (*menú*) Menü *nt*

minutario [minu'tarjo] *m* (JUR: *registro*) Urkundenregister *nt,* Protokollbuch *nt* des Notars; (*cuaderno*) Notizbuch *nt* des Urkundsbeamten

minutero [minu'tero] *m* Minutenzeiger *m*

minutisa [minu'tisa] *f* (BOT) Bartnelke *f*

minuto [mi'nuto] *m* Minute *f*; **sin perder un ~** augenblicklich, ohne eine Minute zu verlieren; **vuelvo en un ~** ich bin gleich wieder da, ich komme sofort wieder

miñón [mi'ɲon] *adj* süß, herzig

miñosa [mi'ɲosa] *f* (ZOOL) Regenwurm *m*

mío, -a ['mio, -a] *pron poss* ❶ (*de mi propiedad*): **el libro es ~** das Buch gehört mir; **la botella/la casa es mía** das ist meine Flasche/mein Haus; **¡ya es ~!** geschafft!
❷ (*tras artículo*) der/die/das meinige [*o* Meinige], meine(r, s); **mi padre es rubio – el ~, también** mein Vater ist blond – meiner auch; **¿son estos los ~s?** sind das meine?; **los ~s de los Meinigen** [*o* meinigen]; (*parientes*) meine Angehörigen; **ésta es la mía** (*fam*) das ist die Gelegenheit für mich; **una de las mías** einer von meinen (wohlbekannten) Streichen; **¡esto sí que es lo ~!** (*lo conozco*) damit kenne ich mich wirklich aus!; (*me gusta*) das ist etwas, das ich wirklich mag!
❸ (*tras substantivo*) mein(e), von mir; **una amiga mía** eine Freundin von mir; **¡amor ~!** mein Liebes!; (**no**) **es culpa mía** es ist (nicht) meine Schuld

miocardio [mjo'karðjo] *m* (ANAT) Myokard *nt,* Herzmuskel *m*

miocarditis [mjokar'ðitis] *f inv* (MED) Herzmuskelentzündung *f,* Myokarditis *f*

mioceno [mjo'θeno] *m* (GEO) Miozän *nt*

miofibrilla [mjofi'βriʎa] *f* Myofibrille *f*

miografía [mjoɣra'fia] *f* (MED) Myographie *f*

miograma [mjo'ɣrama] *m* (MED) Myogramm *nt*

miolema [mjo'lema] *m* (ANAT) Myolemm *nt,* Sarkolemm *nt*

mioma [mi'oma] *m* (MED) Myom *nt,* Muskelgeschwulst *f*

miomectomía [mjomekto'mia] *f* (MED) operative Myomentfernung *f,* Myomektomie *f*

miopatía [mjopa'tia] *f* (MED) Erkrankung *f* der Muskulatur, Myopathie *f*

miope [mi'ope] **I.** *adj* (MED) myop(isch), kurzsichtig
❷ (*sin amplitud de miras*) kurzsichtig, nicht weitblickend
II. *mf* Kurzsichtige(r) *mf*

miopía [mjo'pia] *f* ❶ (MED) Myopie *f,* Kurzsichtigkeit *f*
❷ (*la falta de amplitud de miras*) Kurzsichtigkeit *f,* Mangel *m* an Weitblick

miorrelajante [mjorrela'xante] **I.** *adj* (MED) muskelerschlaffend
II. *m* (MED) muskelerschlaffendes Mittel *nt,* (Muskel)relaxans *nt*

miosis [mi'osis] *f inv* (MED) Miosis *f,* (krankhafte) Pupillenverengung *f*

miosota [mjo'sota] *f* (BOT) Vergissmeinnicht *nt*

miosotis [mjo'sotis] *f inv* (BOT) Vergissmeinnicht *nt*

mira ['mira] *f* ❶ (*para apuntar*) Visier *nt*
❷ (MIL) Wachtturm *m*; **estar a la ~ de alguien** nach jdm Ausschau halten
❸ (*mirada*) Blick *m*; **poner la ~ en alguien/algo** das Augenmerk auf jdn/etw richten; **con amplias ~s** mit Weitblick; **de ~s estrechas** engstirnig; **con ~s a** im Hinblick auf +*akk*
❹ (*pl*) (*intención*) Absicht(en) *f(pl)*; **fue con la(s) ~(s) de ofenderlo** er/sie tat es mit der Absicht, ihn zu kränken; **lo hizo con ~s desinteresadas** er/sie tat es in uneigennütziger Absicht

mirada [mi'raða] *f* (*vista*) Blick *m*; **~ de soslayo** schräger [*o* schiefer] Blick; **~ perdida** [*o* **vaga**] Blick ins Leere; **dirigió la ~ hacia ella** er/sie richtete den Blick auf sie; **devorar con la ~** mit Blicken [*o* mit den Augen] verschlingen; **echar una ~ a alguien/algo** einen (kurzen) Blick auf jdn/etw werfen; **levantar la ~** den Blick heben, nach oben sehen [*o* schauen]; **apartar la ~** den Blick abwenden, wegsehen, wegschauen; **sostener** [*o* **aguantar**] [*o* **resistir**] **la ~ de alguien** jds Blick standhalten; **ser el blanco de las ~s** alle Blicke auf sich ziehen; **con la ~ fija en alguien/algo** mit festem Blick auf jdn/etw; **con una ~ asesina** mit stechendem Blick; **con una ~ dulce** mit sanftem Blick; **si las ~s matasen...** wenn Blicke töten könnten ...

miradero [mira'ðero] *m* ❶ (*alguien/algo interesante*) Blickfang *m*
❷ *v.* **mirador**

mirado, -a [mi'raðo, -a] *adj* ❶ (*respetuoso*) rücksichtsvoll
❷ (*fam: delicado*) sehr ordentlich, sehr pingelig
❸ (*cuidadoso*) umsichtig, vorsichtig
❹ (*respetado*) angesehen; **está bien ~** er ist (wohl) angesehen; **él está mal ~** er ist nicht gern gesehen; **está mal ~ ir sin regalo** es wird nicht gern gesehen, wenn man ohne ein Geschenk kommt
❺ (*si bien se mira*): **bien ~,...** eigentlich ..., bei näherer Betrachtung ...

mirador [mira'ðor] *m* ❶ (*atalaya*) Aussichtspunkt *m*
❷ (ARQUIT: *balcón*) (verglaster) Balkon *m*; (*ventana*) Erkerfenster *nt*

miraguano [mira'ɣwano, -a] *m* (BOT) ❶ (*palmera*) Kapokpalme *f*
❷ (*fibra*) Kapok *m*

miramelindos [mirame'lindos] *m inv* (BOT) Springkraut *nt,* Balsamine *f*

miramiento [mira'mjento] *m* ❶ (*consideración*) Rücksicht(nahme) *f*; **tener ~ con alguien** auf jdn Rücksicht nehmen; **actuar sin ~** schonungslos [*o* rücksichtslos] handeln; **tratar a alguien sin ~s** ohne Rücksicht behandeln; **andar con ~s** auf alles und jeden Rücksicht nehmen; **sin ~s de** ungeachtet +*gen*
❷ (*cuidado*) Umsicht *f,* Vorsicht *f*; **actuar sin ~** unvorsichtig handeln
❸ (*timidez*) Scheu *f*
❹ *pl* (*cortesías*) Höflichkeiten *fpl,* Aufmerksamkeiten *fpl*

mirar [mi'rar] **I.** *vt* ❶ (*ver*) (an)sehen, (an)schauen, beobachten; **~ por la ventana** aus dem Fenster schauen; **~ por un agujero** durch ein Loch schauen; **~ atrás** zurückblicken, zurückschauen; **~ alrededor** um sich schauen [*o* blicken]; **~ fijamente a alguien** jdn anstarren; **~ algo por encima** einen flüchtigen Blick auf etw werfen; **~ de reojo** aus den Augenwinkeln beobachten
❷ (*buscar*) nachschauen, nachsehen
❸ (*prestar atención*) aufpassen, vorsichtig sein; **mira bien el dinero que te devuelven** pass mit dem Wechselgeld auf; **¡mira el bolso!** behalte die Tasche im Auge!
❹ (*meditar*) (gut) überdenken, (sehr genau) anschauen; **no lo miré**

mirasol

bien antes de hacerlo ich habe es nicht richtig überdacht, bevor ich es tat
❺ (*tener en cuenta*) sich richten (nach +*dat*), sich orientieren (an +*dat*), vor Augen haben; **siempre estás mirando tu porvenir** du denkst ständig an deine Zukunft; **~ el dinero** aufs Geld schauen; **siempre miramos por nuestros hijos** wir wollen immer nur das Beste für unsere Kinder
❻ (*tener una orientación*) liegen (*a* nach +*dat*); **la casa mira al este** das Haus liegt nach Osten; **la ventana mira al mar** das Fenster geht zum Meer hinaus
❼ (*estimar*): **~ bien** achten, schätzen; **~ mal** nicht gern sehen; **~ con buena/mala cara** angetan/abgeneigt sein
II. *vi* ❶ (*aviso*): **¡mira! ya llega** schau! da kommt er/sie schon
❷ (*amenaza*): **¡pero mira lo que estás haciendo!** Mensch, schau mal, was du da machst!
❸ (*tener en cuenta*): **mira, que no nos queda mucho tiempo** denk daran, wir haben nicht mehr viel Zeit; **mira que si se cae este jarrón** stell dir vor diese Vase fällt herunter
❹ (*estar sorprendido*): **quedarse mirando** ratlos (drein)schauen
❺ (*ir a ver*): **mira (a ver) si ha llegado ya** geh mal schauen, ob er/sie schon gekommen ist
❻ (*lo que concierne*): **por lo que mira a...** was +*akk* ... betrifft [*o* angeht]
❼ (*al fin y al cabo*): **si bien se mira, mirándolo bien, bien mirado** alles in allem, eigentlich
❽ (*loc*): **eres de mírame y no me toques** du bist aber sehr empfindlich; **mire, ya se lo he explicado tres veces** schauen Sie mal, ich habe es Ihnen schon dreimal erklärt; **¡pues, mira por donde...!** (*fam*) sieh mal einer an, (*mira*) ...; **mira, mira, con que tú también apareces por aquí** sieh mal einer an, du kommst also auch hier vorbei; **mira, mira, déjate de tonterías** ach, komm schon, hör mit dem Blödsinn auf; **mira que es tonta, ¿eh?** sie ist aber wirklich sehr doof; **se mire por donde se mire, se mire como se mire** wie man es auch dreht und wendet
III. *vr*: **~se** (*verse*) sich anschauen, sich betrachten; **~se a los ojos** sich *dat* in die Augen schauen; **~se en el espejo** sich im Spiegel betrachten [*o* anschauen]

mirasol [mira'sol] *m* Sonnenblume *f*
miríada [mi'riaða] *f* Myriade *f*; (*cantidad incontable*) Unzahl *f*; **una ~ de estrellas** eine Unzahl von Sternen
miriámetro [mi'rjametro] *m* Myriameter *m*
miriápodo [mi'rjapoðo] *m* (ZOOL) Myriapode *m*, Myriopode *m*, Tausendfüß(l)er *m*
mirífico, -a [mi'rifiko, -a] *adj* (*elev*) bewundernswert, beeindruckend
mirikiná [miriki'na] *m* (ZOOL) Nachtaffe *m*, Mirikina *m*
mirilla [mi'riʎa] *f* (*en la puerta*) Spion *m*; (*en la pared*) Guckloch *nt*; (FOTO) Sucher *m*
miriñaque [miri'ɲake] *m* ❶ (HIST: *crinolina*) Krinoline *f*, Reifrock *m*
❷ (*CSur*: FERRO) Kuhfänger *m*
mirista [mi'rista] *mf* (*And*) Anhänger(in) *m(f)* des Mir
mirística [mi'ristika] *f* (BOT) Muskatnussbaum *m*
mirla [mirla] *f* (ZOOL) *v.* **mirlo**
mirlo ['mirlo] *m* ❶ (ZOOL) Amsel *f*; **ser un ~ blanco** ein weißer Rabe sein, eine große Seltenheit sein
❷ (*argot: lengua*) Zunge *f*; **achantar el ~** keinen Pieps sagen
mirobálano [miro'βalano] *m* (BOT) Kirschpflaume *f*, Myrobalane *f*
mirobrigense [miroβri'xense] I. *adj* aus Ciudad Rodrigo (*ehemals Miróbriga*); **la catedral ~ está en obras** die Kathedrale von Ciudad Rodrigo befindet sich im Umbau
II. *mf* Einwohner(in) *m(f)* von Ciudad Rodrigo
mirón, -ona [mi'ron, -ona] I. *adj* neugierig, schaulustig
II. *m, f* ❶ (*espectador curioso*) Gaffer(in) *m(f)*, Schaulustige(r) *mf*, Sensationslustige(r) *mf*
❷ (*pey: de intimidades*) Voyeur(in) *m(f)*, Spanner(in) *m(f)*
❸ (INFOR) Lurker *m*
mironismo [miro'nismo] *m sin pl* Voyeurismus *m*
miroxilo [miro'ysilo] *m* (BOT) Perubalsambaum *m*
mirra ['mirra] *f* Myrrhe *f*
mirto ['mirto] *m* Myrte *f*
misa ['misa] *f* (REL: *ceremonia*) Gottesdienst *m*, Messe *f*; **~ del alba** Frühgottesdienst *m*, Frühmesse *f*; **~ de campaña** Feldgottesdienst *m*; **~ cantada** [*o* **mayor**] [*o* **solemne**] feierliches Hochamt; **~ de cuerpo presente** [*o* **de perdón**] [*o* **de réquiem**] (am Sarg gelesene) Totenmesse *f*, Seelenamt *nt*; **~ de difuntos** Totenmesse *f*; **~ del gallo** Christmette *f*; **~ rezada** stille Messe; **ir a ~** in den Gottesdienst [*o* die Kirche] [*o* zur Messe] gehen; **ayudar a ~** bei einer Gottesmesse dienen, ministrieren; **cantar ~** Primiz feiern; **decir ~** einen Gottesdienst halten; **eso va a ~** (*fam*) darauf kannst du Gift nehmen; **no saber de la ~ la media** (*fam*) keinen blassen Schimmer haben; **que digan ~** (*fam*) sie können von mir aus sagen, was sie wollen, mir ist das egal, was sie sagen oder denken

misal [mi'sal] *m* (REL) Messbuch *nt*, Missal(e) *nt*
misántropa [mi'santropa] *adj o f v.* **misántropo**
misantropía [misantro'pia] *f sin pl* Misanthropie *f*, Menschenfeindlichkeit *f*
misantrópico, -a [misan'tropiko, -a] *adj* misanthropisch, menschenfeindlich
misántropo, -a [mi'santropo, -a] I. *adj* misanthropisch, menschenfeindlich
II. *m, f* Misanthrop *m*, Menschenfeind *m*
misario [mi'sarjo] *m* Messdiener *m*
miscelánea [misθe'lanea] *f* ❶ (*revoltijo*) Vermischte(s) *nt*
❷ (*publicación*) Miszellen *fpl*, Miszellaneen *fpl*
❸ (*Méx*: COM) kleiner Laden *m*, Tante-Emma-Laden *m*
misceláneo, -a [misθe'laneo, -a] *adj* vermischt
miscible [mis'θiβle] *adj* mischbar; **el aceite no es ~ con el agua** Öl ist nicht in Wasser löslich
miserable [mise'raβle] I. *adj* ❶ (*pobre*) armselig, ärmlich; **una familia ~** eine ärmliche Familie
❷ (*lamentable*) miserabel, elend, jämmerlich; **llegamos en un estado ~** wir kamen in einem erbärmlichen Zustand an
❸ (*tacaño*) knauserig, geizig
❹ (*poco, mísero*) schäbig; **ropa ~** schäbige Kleidung; **un sueldo ~** ein Hungerlohn
❺ (*conducta*) niederträchtig, gemein
II. *mf* ❶ (*desdichado*) Unglückliche(r) *mf*, Pechvogel *m fam*; (*que da pena*) bedauernswerter [*o* bemitleidenswerter] Mensch *m*; **¡~ de mí!** ich Unglückliche(r)!
❷ (*canalla*) Canaille *f*, gemeiner [*o* niederträchtiger] Mensch *m*; **¡eres un ~!** du bist ein gemeiner Hund!
❸ (*novela de Victor Hugo*): **Los M~s** Die Elenden
miserere [mise'rere] *m* ❶ (REL) Miserere *nt*
❷ (MED): (*cólico*) ~ Miserere *nt*
miseria [mi'serja] *f* ❶ (*pobreza*) Armut *f*, Elend *nt*; **caer en la ~** in Not und Elend geraten; **vivir en la ~** in Armut leben
❷ (*poco dinero*) lächerliche Summe *f*; **me daban una ~ por ese trabajo** sie zahlten mir einen Hungerlohn für jene Arbeit
❸ (*tacañería*) Geiz *m*
❹ *pl* (*infortunios*) Schicksalsschläge *mpl*
❺ *pl* (*piojos*) Läuse *fpl*; **estar lleno de ~s** Läuse haben
misericordia [miseri'korðja] *f* ❶ (*compasión*) Erbarmen *nt*, Mitleid *nt*
❷ (*perdón*) Gnade *f*
misericordioso, -a [miserikor'ðjoso, -a] I. *adj* ❶ (*que siente compasión*) teilnahmsvoll
❷ (*que perdona*) gnädig (*con/para* (*con*) mit +*dat*), barmherzig (*con/para* (*con*) gegen +*akk*, mit +*dat*)
II. *m, f* ❶ (*el que siente compasión*) Teilnahmsvolle(r) *mf*
❷ (*el que perdona*) Barmherzige(r) *mf*
mísero, -a ['misero, -a] *adj v.* **miserable**
misérrimo, -a [mi'serrimo, -a] *adj* ärmlichst, bettelarm; **gana un salario ~** sein Verdienst ist mehr als erbärmlich
misia ['misja] *f* (*CSur, Ven*: *fam*: mi señora) ≈meine Gnädige
misil [mi'sil] *m*, **mísil** ['misil] *m* (MIL) Rakete *f*, Flugkörper *m*; **~ aire tierra** Luft-Boden-Rakete *f*; **~ de alcance medio** Mittelstreckenrakete *f*; **~ antiaéreo** Luftabwehrrakete *f*; **~ antibuques** Seezielflugkörper *m*; **~ antimisil** Flugabwehrrakete *f*; **~ de corto alcance** Kurzstreckenrakete *f*
misión [mi'sjon] *f* ❶ (*encomendada por un gobierno*) Mission *f*, (diplomatischer) Auftrag *m*
❷ (REL) Mission *f*
❸ (*acción benéfica*) Mission *f*
❹ (*lugar*) Mission *f*, Missionsort *m*
❺ (MIL) Mission *f*, Einsatz *m*; **~ de los cascos azules** Blauhelmmission *f*; **~ comercial** Handelsmission *f*; **~ de paz** Friedensmission *f*
misional [misjo'nal] *adj* Missions-; **pedagogía ~** Missionspädagogik *f*
misionar [misjo'nar] *vi* (REL) missionieren, bekehren
misionero, -a [misjo'nero, -a] *m, f* Missionar(in) *m(f)*
misiva [mi'siβa] *f* Schreiben *nt*, Brief *m*, (schriftliche) Mitteilung *f*
mismamente [misma'mente] *adv* ❶ (*sólo*) lediglich, nur; **hay que coser este botón** es muss lediglich dieser Knopf angenäht werden
❷ (*literalmente*) genauso, genau gleich; **se lo he dicho ~ a él** ich habe es ihm genauso gesagt
❸ (*hasta*) sogar, geradezu, direkt; **y ~ llegaron a decirme...** und sie sagten mir sogar ...; **da ~ escalofríos** da läuft es einem geradezu kalt den Rücken herunter
❹ (*en realidad*) eigentlich; **se ha roto, pero ~ puedo ir y comprar otro** es ist kaputtgegangen, aber eigentlich kann ich ja ein neues kaufen
❺ (*precisamente*) gerade; **ayer ~ estuvimos hablando de ello** gestern erst haben wir darüber geredet
mismas ['mismas] *fpl*: **quedar** [*o* **seguir**] **en las ~** keinen Fortschritt gemacht haben, keine (Ver)besserung erzielt haben

mismidad [mismi'ðað] *f* (FILOS) Ichsein *nt*, Selbstsein *nt*
mismo¹ ['mismo] *adv* ❶ (*incluso*) selbst, sogar; **me duele sentado ~** es schmerzt selbst beim Sitzen
❷ (*así justo*) genauso, geradeso; **así ~ me lo dijo** genauso sagte er/sie es mir
❸ (*justamente ahí*) genau da [*o* dort]; **ahí ~ me duele** genau da tut es weh; **está aquí ~** es ist gleich hier
❹ (*justamente entonces*): **ayer ~** gerade gestern
❺ (*por ejemplo*) zum Beispiel; **nos podemos ver el miércoles ~** wir können uns zum Beispiel am Mittwoch sehen
mismo, -a² ['mismo, -a] *adj* ❶ (*idéntico*): **el/lo ~** derselbe/dasselbe; **la misma** dieselbe; **es el ~ hombre** es ist derselbe Mann; **hemos apostado por el ~ número** wir haben auf dieselbe Zahl gesetzt; **al ~ tiempo** gleichzeitig, zur selben Zeit; **da lo ~** das läuft auf dasselbe hinaus, das ist egal; **por lo ~** aus demselben Grund; **lo ~ José como** [*o que*] **María** sowohl José als auch Maria; **lo ~ que coma o no coma, sigo engordando** ob ich nun esse oder nicht, ich nehme weiterhin zu; **lo ~ que voy en coche podría ir en bicicleta** ich könnte genauso gut mit dem Fahrrad wie mit dem Auto fahren; **lo ~ no vienen** es kann gut [*o* durchaus] sein, dass sie gar nicht kommen
❷ (*semejante*): **el/lo ~** der/das Gleiche; **la misma** die Gleiche; **llevamos la misma falda** wir tragen den gleichen Rock
❸ (*complemento reflexivo*) selbst; **él ~** er selbst; **te perjudicas a ti ~** du schadest dir selbst; **yo misma lo vi** ich habe es selbst gesehen; **lo hizo por sí misma** sie tat es für sich; **lo podemos hacer nosotros ~s** wir können es selbst machen
❹ (*precisamente*) genau dieser/diese/dieses; **este ~ perro fue el que me mordió** genau dieser Hund hat mich gebissen; **y en ese ~ día sucedió el accidente** und genau an jenem Tag ereignete sich der Unfall; **¡eso ~!** genau!, stimmt!
❺ (*hasta*) selbst; **mi misma familia me abandonó** meine eigene Familie ließ mich im Stich; **el ~ embajador asistió a la fiesta** der Botschafter selbst nahm an der Feier teil; **ella es la misma bondad** sie ist die Güte selbst [*o* in Person]
misogamia [miso'ɣamja] *f* (PSICO) Ehescheu *f*, Misogamie *f*
misógamo, -a [mi'soɣamo, -a] I. *adj* ehescheu, misogam
II. *m, f* Ehegegner(in) *m(f)*
misógina [mi'soxina] *adj o f v.* **misógino**
misoginia [miso'xinja] *f sin pl* Frauenhass *m*; (MED, PSICO) Misogynie *f*
misógino, -a [mi'soxino, -a] I. *adj* (MED, PSICO) misogyn
II. *m, f* Frauenhasser(in) *m(f)*; (MED, PSICO) Misogyn *m*
miss [mis] *f* Schönheitskönigin *f*; **~ Alemania** Miss *f* Germany
mistamente [mista'meṇte] *adv* (JUR) der weltlichen und geistlichen Gerichtsbarkeit unterliegend
mistela [mis'tela] *f* ❶ (*mosto de uva*) unvergorener Most aus Traubensaft
❷ (*bebida caliente*) Grog *m* (mit Zimt)
míster ['mister] *m* ❶ (*irón: británico*) Engländer *m*
❷ (DEP) Trainer *m*
mistérico, -a [mis'teriko, -a] *adj* geheimnisvoll, geheimumwittert, rätselhaft
misterio [mis'terjo] *m* ❶ (*enigma*) Geheimnis *nt*, Rätsel *nt*
❷ (*secreto*) Geheimnis *nt*; **obrar con ~** geheimnisvoll tun
❸ *pl* (REL: *ceremonias secretas*) Geheimkult *m*
❹ (*en la fe cristiana*) Geheimlehre *f*
misterioso, -a [miste'rjoso, -a] *adj* geheimnisvoll, geheimumwittert, rätselhaft
mística ['mistika] *f* ❶ *sin pl* (*experiencia, t.* REL) Mystik *f*
❷ *v.* **místico**
misticismo [misti'θismo] *m* Mystizismus *m*
místico¹ ['mistiko] *m* (NÁUT) dreimastiges Küstenboot *nt*
místico, -a² ['mistiko, -a] I. *adj* mystisch
II. *m, f* Mystiker(in) *m(f)*
mistificación [mistifika'θjon] *f* Täuschung *f*
mistificar [mistifi'kar] <c→qu> *vt* ❶ (*burlarse de alguien*) hereinlegen *fam*
❷ (*falsear algo no material*) fälschen
❸ (*fingir un secreto*) mystifizieren
mistol [mis'tol] *m* (*Arg, Par:* BOT) Jujube *f*
mistral [mis'tral] I. *adj* Mistral-
II. *m* ❶ (*viento mediterráneo hacia la península*) Nordwestwind, der vom Mittelmeer kommt
❷ (*en la costa de Francia*) Mistral *m*
mistura [mis'tura] *f v.* **mixtura**
mita ['mita] *f* (*Am:* HIST) Pflicht der Indios zur Fronarbeit
mitaca [mi'taka] *f* (*Bol:* AGR) Ernte *f*
mitad [mi'tað] *f* ❶ (*dos partes iguales de algo*) Hälfte *f*; **ya llevábamos la ~** die Hälfte hatten wir schon; **~ hombre ~ bestia** halb Mensch, halb Tier; **a ~ de precio** zum halben Preis; **cara ~** (*cónyuge*) bessere Hälfte *f*; **mezcla harina y agua, ~ y ~** vermische Mehl und Wasser im Verhältnis eins zu eins; **¿estás contenta? – ~ y ~** bist du zufrieden? – teils, teils
❷ (*medio*) Mitte *f*; **nos encontramos más o menos en la ~ del camino** wir trafen uns etwa in der Mitte des Weges; **hemos llegado hasta la ~** wir sind bis zur Mitte gekommen; **en ~ del bosque** mitten im Wald; **cortar por la ~** in der Mitte durchschneiden; **mentir por la ~ de la barba** unverfroren lügen; **plantar a alguien en ~ del arroyo** (*fig*) jdn auf die Straße setzen
❸ (DEP) Halbzeit *f*, Spielhälfte *f*; **la primera ~ del partido** die erste Halbzeit
mítico, -a ['mitiko, -a] *adj* mythisch, Sagen-
mitificación [mitifika'θjon] *f* Erhebung *f* zum Mythos, Mythologisierung *f*
mitificar [mitifi'kar] <c→qu> *vt* ❶ (*convertir un hecho en mito*) in einen Mythos verwandeln
❷ (*rodear de estima a algo/alguien*) zum Mythos erheben
mitigación [mitiɣa'θjon] *f* ❶ (*de dolores*) Linderung *f*, Milderung *f*
❷ (*del color, del calor, de la luz*) Abschwächung *f*
❸ (*de cólera, de ira, de inquietud*) Beschwichtigung *f*, Beruhigung *f*; (*del temperamento*) Zügelung *f*
mitigar [miti'ɣar] <g→gu> I. *vt* ❶ (*dolores*) lindern, mildern; **~ la cólera** [*o* **la ira**] den Zorn beschwichtigen; **~ el hambre/la sed** den Hunger/den Durst stillen; **~ la inquietud de alguien** jdn beruhigen; **~ el temperamento** das Temperament zügeln
❷ (*color, calor, luz*) abschwächen; **~ las olas** die Fluten dämmen
II. *vr:* **-se** ❶ (*dolores*) nachlassen
❷ (*color, calor, luz*) sich abschwächen, an Intensität verlieren
mitilicultura [mitiliku'ltura] *f* Miesmuschelzucht *f*
mitima [mi'tima] *f* (HIST) System *nt* der Massendeportation im Inkareich (*zur schnelleren Assimilierung der eroberten Gebiete*)
mitin ['mitin] *m* (POL) Meeting *nt*, Treffen *nt*, Zusammenkunft *f*
mitinear [mitine'ar] *vi* (POL) Versammlungen [*o* Treffen] abhalten, politische Veranstaltungen durchführen
mito ['mito] *m* Mythos *m*, Mythus *m*, Sage *f*
mitografía [mitoɣra'fia] *f* Mythographie *f*
mitógrafo, -a [mi'toɣrafo, -a] *m, f* Mythograph(in) *m(f)*
mitología [mitolo'xia] *f* Mythologie *f*
mitológico, -a [mito'loxiko, -a] *adj* mythologisch, Mythologie-
mitólogo, -a [mi'toloɣo, -a] *m, f* Mythologe, -in *m, f*
mitómana [mi'tomana] *f v.* **mitómano**
mitomanía [mitoma'nia] *f sin pl* manisches Lügen *nt*
mitómano, -a [mi'tomano, -a] *m, f* manischer Lügner *m*, manische Lügnerin *f*
mitón [mi'ton] *m* fingerloser Handschuh *m*
mitosis [mi'tosis] *f inv* (BIOL) Mitose *f*
mitote [mi'tote] *m* (*Méx*) ❶ (*jaleo*) Radau *m fam*; (*caos*) Durcheinander *nt*
❷ (*danza*) Tanz *m* der Azteken
mitra ['mitra] *f* ❶ (*tocado de los persas*) Mitra *f*
❷ (*de obispos*) Bischofsmütze *f*
mitral [mi'tral] *adj* (ANAT) mitral; **válvula ~** Mitralklappe *f*
mitridatismo [mitriða'tismo] *m* (MED) Mithridatismus *m*
mitterandismo [mitterraṇ'dismo] *m* (POL) Anhänger *mpl* von François Mitterrand
mitú [mi'tu] *m* (*AmS:* ZOOL) Mituhuhn *nt*
mítulo ['mitulo] *m* (ZOOL) Miesmuschel *f*
miura ['mjura] *m* (TAUR) starker Kampfstier der Züchterei Miura in Andalusien
mixedema [miᵞse'ðema] *m* (MED) Myxödem *nt*
mixoma [miᵞ'soma] *m* (MED) Myxom *nt*
mixomatosis [miᵞsoma'tosis] *f inv* (MED) Myxomatose *f*
mixteca [mis'teka] I. *adj* (HIST) mixtekisch
II. *mf* (HIST) Mixteke, -in *m, f*
mixtificación [mistifika'θjon] *f v.* **mistificación**
mixtificar [mistifi'kar] <c→qu> *vt v.* **mistificar**
mixto¹ ['misto] *m* ❶ (*fósforo*) Streichholz *nt*
❷ (FERRO) Personen- und Güterzug *m*
❸ (MIL) explosive Zusammensetzung *f*
mixto, -a² ['misto, -a] *adj* (*dos o más cosas diferentes*) Misch-, gemischt; **colegio ~** gemischte [*o* koedukative] Schule; **economía mixta** (ECON) Mischwirtschaft *f*; **ensalada mixta** gemischter Salat
mixtura [mis'tura] *f* Mixtur *f*, Mischung *f*, Gemisch *nt*
mízcalo ['miθkalo] *m* (BOT, GASTR) Edelreizker *m*, Milchpilz *m*
ml. [mili'litro] *abr de* **mililitro** ml
mnemotecnia [nemo'teɣnja] *f sin pl* Mnemotechnik *f*, Gedächtniskunst *f*
mnemotécnico, -a [nemo'teɣniko, -a] *adj* mnemotechnisch; **regla mnemotécnica** Eselsbrücke *f fam*
moai [mo'ai̯] *m* (*Chil*) Statue der Osterinsel

moaré [moa're] *m* Moiré *nt*
mobbing ['moβiŋ] *m sin pl* Mobbing *nt*
mobiliario¹ [moβi'ljarjo] *m* Mobiliar *nt*, Möbel *ntpl*
mobiliario, -a² [moβi'ljarjo, -a] *adj:* **valores ~s** Mobilien *pl*
moca ['moka] *m* ❶ (*café*) Mokka *m*
❷ (*Ecua: ciénaga*) Sumpf *m*, Morast *m*
❸ (GASTR): **crema de ~** Mokkacreme *f*
mocárabe [mo'karaβe] *m* (ARQUIT): **bóveda de ~s** Stalaktitengewölbe *nt*
mocarrera [moka'rrera] *f* (*fam*) laufende Nase *f*, Rotznase *f*
mocarro [mo'karro] *m* (*vulg*) Rotz *m*; **¡límpiate esos ~s de la nariz!** putz dir deine Rotznase!
mocasín [moka'sin] *m* (*indio*) Mokassin *m*; (*actual*) Mokassin *m*, Slipper *m*
mocedad [moθe'ðað] *f* Jugend(zeit) *f*
mocejón [moθe'xon] *m* (ZOOL) Miesmuschel *f*
moceril [moθe'ril] *adj* jugendlich; **alegría ~** jugendliche Fröhlichkeit
mocerío [moθe'rio] *m* Jugend *f*; **todo el ~ del pueblo acudió a la fiesta** die ganze Dorfjugend kam zum Fest
mocetón, -ona [moθe'ton, -ona] *m, f* (*chico*) strammer Bursche *m*; (*chica*) dralles Mädchen *nt*
mochales [mo'tʃales] *adj inv* (*fam*): **estar ~** bekloppt sein
mochar [mo'tʃar] *vt* ❶ (*toros, carneros*) mit den Hörnern stoßen (gegen/an +*akk*)
❷ (*Arg: hurtar*) stehlen
❸ (*Col, PRico: amputar*) amputieren
mocheta [mo'tʃeta] *f* ❶ (*de un hacha*) Axtrücken *m*
❷ (*de puerta, ventana*) Anschlag *m*
mochete [mo'tʃete] *m* (ZOOL) Turmfalke *m*
mochila [mo'tʃila] *f* Rucksack *m*; (*de un soldado*) Tornister *m*; (*de un estudiante*) Ranzen *m*; (*para bebés*) Babytrage *f*
mochilero, -a [motʃi'lero, -a] *m, f* (*Arg*) Rucksacktourist(in) *m(f)*; **ir de mochilera** mit dem Rucksack reisen, backpacken
mocho¹ ['motʃo] *m* ❶ (*de un fusil*) Gewehrkolben *m*
❷ (*fam: carga*) Bürde *f*, lästige Pflicht *f*
mocho, -a² ['motʃo, -a] *adj* ❶ (*cuerno*) stumpf; (*árbol*) gekappt; (*torre*) ohne Spitze
❷ (*cabeza*) kahl
❸ (*Am: mutilado*) verstümmelt
❹ (*Guat, Méx: conservador*) konservativ
❺ (*Méx: católico*) katholisch
mochuelo [mo'tʃwelo] *m* ❶ (ZOOL) Kauz *m*
❷ (*fam: carga*) Bürde *f*, lästige Pflicht *f*; **cargar a alguien con el ~** jdm eine Arbeit aufbürden; **siempre me toca cargar con el ~** immer bleibt es an mir hängen
moción [mo'θjon] *f* ❶ (*movimiento*) Bewegung *f*
❷ (POL) Antrag *m*; **presentar una ~ de censura** einen Misstrauensantrag einbringen
mocionar [moθjo'nar] *vt* (*Am*) ❶ (*petición*) ein Gesuch einreichen
❷ (*solicitud*) einen Antrag stellen
moco¹ ['moko] *m* ❶ (*de la nariz*) Nasenschleim *m*, Rotz *m fam*; **limpiarse los ~s** sich *dat* die Nase putzen; **a este niño le he quitado los ~s** (*fig*) dieses Kind habe ich aufgezogen; **llorar a ~ tendido** (*fam*) Rotz und Wasser heulen
❷ (*materia*) Schleim *m*
❸ (*del pavo*) Hautlappen *m*; **el sueldo que estás ganando no es ~ de pavo** (*fam*) du verdienst gar nicht schlecht
❹ (*de una mecha*) Dochtende *nt*
❺ (*de la vela*) Wachstropfen *mpl*; **a ~ de candil** bei Kerzenlicht, im Kerzenschein
moco, -a² ['moko, -a] *adj* (*fam*) sternhagelvoll; (*de drogas*) high
mococoa [moko'koa] *f* (*Col: murria*) Trübsinn *m*; (*mal humor*) schlechte Laune *f*
mocoso, -a [mo'koso, -a] I. *adj* rotzig *fam*
II. *m, f* (*pey: chico*) Rotzbengel *m*; (*chica*) Rotzgöre *f*
moda ['moða] *f* Mode *f*; **vestido/peinado de ~** modische Kleidung/Frisur; **tienda de ~** Modegeschäft *nt*; **diseñador de ~** Modedesigner *m*; **estar de ~** (in) Mode sein; **ponerse/pasar de ~** in Mode/aus der Mode kommen; **ir a la (última) ~** sich nach der neuesten Mode kleiden
modal [mo'ðal] I. *adj* modal
II. *mpl* Manieren *fpl*, Umgangsformen *fpl*; **~es de la mesa** Tischsitten *fpl*, Tischmanieren *fpl*; **¡qué son estos ~es!, ¡qué ~es son estos!** so was gehört sich nicht!; **¿has olvidado tus ~es?** wo bleiben denn deine Manieren?
modalidad [moðali'ðað] *f* Form *f*, Art (und Weise) *f*; **~ de acceso** (INFOR) Zugriffsmodus *m*; **~ deportiva** Sportart *f*; **~ de formato** (INFOR) Editiermodus *m*; **~ de pago** Zahlungsweise *f*, Zahlungsart *f*; **~es de un contrato** Vertragsbestimmungen *fpl*
modelable [moðe'laβle] *adj* modellierbar; **la plastilina es un material ~** Knete ist ein modellierbares Material
modelado¹ [moðe'laðo] *m* ❶ (*de una figura*) Formen *nt*, Modellieren *nt*; (INFOR: *de datos*) Modellieren *nt*; (*de piedras*) Bossieren *nt*; (*siguiendo un modelo*) Nachformen *nt*
❷ (*del carácter*) Formung *f*
modelado, -a² [moðe'laðo, -a] *adj* modelliert
modelador(a) [moðela'ðor(a)] *m(f)* ❶ (*de piedras*) Bossierer(in) *m(f)*
❷ (*que hace maquetas*) Modellbauer(in) *m(f)*; (*de madera*) Modelltischler(in) *m(f)*; (*artesanal*) Modellierer(in) *m(f)*
modelar [moðe'lar] *vt* ❶ (*una figura*) formen, modellieren; (*siguiendo un modelo*) nachformen
❷ (*el carácter*) formen
modélico, -a [mo'ðeliko, -a] *adj* beispielhaft, vorbildlich; **su comportamiento fue ~** sein/ihr Benehmen war tadellos
modelismo [moðe'lismo] *m* Modellbau *m*
modelista [moðe'lista] *mf* ❶ (*de maquetas*) Modellbauer(in) *m(f)*; (*de madera*) Modelltischler(in) *m(f)*
❷ (*de vestidos*) Schneider(in) *m(f)*
modelo¹ [mo'ðelo] *m* ❶ (*arquetipo*) Modell *nt*, Vorbild *nt*; **~ económico** Wirtschaftsmodell *nt*; **un político ~** ein vorbildlicher Politiker
❷ (*muestra*) Modell *nt*, Muster *nt*, Vorlage *f*; **~ de contrato** Vertragsmuster *nt*; **~ de datos** (INFOR) Datenmodell *nt*; **~ de utilidad** Gebrauchsmuster *nt*; **hacer algo según el ~** etw nach einem Muster [*o* einer Vorlage] anfertigen
❸ (*maqueta, de coche, t.* COM) Modell *nt*; **~ fuera de mercado** Auslaufmodell *nt*
❹ (*esquema*) Schema *nt*
❺ (*vestido*) Modell *nt*; **un ~ de Adolfo Domínguez** ein Modell von Adolfo Domínguez
modelo² [mo'ðelo] *mf* ❶ (*de modas: señora*) Model *nt*, Mannequin *nt*; (*señor*) Dressman *m*
❷ (ARTE, FOTO) Modell *nt*; **~ vivo** (ARTE) Aktmodell *nt*
módem ['moðen] *m* (INFOR) Modem *nt o m*; **~ externo** externes Modem
módem-fax ['moðen faʸs] *m inv* Faxmodem *nt*
moderación [moðera'θjon] *f* ❶ (*comedimiento*) Mäßigung *f*; **~ de la coyuntura** (ECON) Konjunkturdämpfung *f*; **comer con ~** sich beim Essen mäßigen; **el médico me ha recomendado ~ en** [*o* **con**] **la comida** der Arzt hat mir Mäßigkeit im Essen empfohlen; **la ~ salarial es importante para controlar la inflación** um die Inflation in den Griff zu bekommen, ist Lohnmäßigung [*o* sind mäßige Lohnabschlüsse] wichtig
❷ (TV, RADIO) Moderation *f*
❸ (*de un debate*) Leitung *f*
moderadamente [moðeraða'mente] *adv* mäßig, in Maßen; **beber vino ~ es saludable** mäßiger Weingenuß ist gesund
moderado, -a [moðe'raðo, -a] I. *adj* (*fuerza, alegría, propuesta*) gemäßigt; (*velocidad, vida*) mäßig; (*precio, petición*) maßvoll; (*castigo*) mild
II. *m, f* (POL) gemäßigter Politiker *m*, gemäßigte Politikerin *f*
moderador¹ [moðera'ðor] *m* (FÍS) Moderator *m*
moderador(a)² [moðera'ðor(a)] I. *adj* mäßigend
II. *m(f)* (TV, RADIO) Moderator(in) *m(f)*
❷ (*de un debate*) (Diskussions)leiter(in) *m(f)*
moderar [moðe'rar] I. *vt* ❶ (*velocidad, pasiones*) mäßigen
❷ (TV, RADIO) moderieren
❸ (*debate*) leiten
II. *vr:* **~se** sich mäßigen
modernidad [moðerni'ðað] *f* ❶ (*cualidad*) Modernität *f*
❷ (*espíritu*) Moderne *f*
modernismo [moðer'nismo] *m* ❶ (ARTE, LIT) Modernismus *m*
❷ (ARQUIT) Jugendstil *m*
modernista [moðer'nista] I. *adj* ❶ (*de moderno*) modernistisch
❷ (ARQUIT) Jugendstil-
II. *mf* Modernist(in) *m(f)*
modernización [moðerniθa'θjon] *f* Modernisierung *f*
modernizador(a) [moðerniθa'ðor(a)] *adj* modernisierend
modernizar [moðerni'θar] <z→c> I. *vt* modernisieren
II. *vr:* **~se** moderner werden; (*en forma de pensar*) moderner denken
moderno, -a [mo'ðerno, -a] *adj* (*edificio, teoría, literatura*) modern; **edad moderna** Neuzeit *f*; **historia moderna** neuere Geschichte, Geschichte der Neuzeit; **lengua moderna** moderne Sprache
modernos [mo'ðernos] *mpl* Menschen *mpl* der Gegenwart
modestia [mo'ðestja] *f* ❶ (*humildad*) Bescheidenheit *f*; **falsa ~** falsche Bescheidenheit; **~ aparte, pero...** ich will mich ja nicht rühmen, aber ...
❷ (*sencillez*) Anspruchslosigkeit *f*; **vestir con ~** sich schlicht kleiden
❸ (*conformidad*) Genügsamkeit *f*
❹ (*de una mujer*) Anstand *m*
modesto, -a [mo'ðesto, -a] *adj* ❶ (*humilde*) bescheiden
❷ (*sencillo*) anspruchslos, einfach; **ser de origen ~** aus einfachen Ver-

módicamente [moðikaˈmente] *adv* maßvoll, nicht übertrieben; **cobra la reparación** ~ für die Reparatur verlangt er/sie einen angemessenen Preis

módico, -a [ˈmoðiko, -a] *adj* (*cantidad*) gering, mäßig; (*precio*) angemessen

modificable [moðifiˈkaβle] *adj* ❶ (*general*) veränderbar, modifizierbar; (*plan*) abänderbar; (*espacio, conducta*) veränderbar
❷ (LING) modifizierbar

modificación [moðifikaˈθjon] *f* ❶ (*general*) Veränderung *f*, Modifizierung *f*; (JUR, POL) Novellierung *f*; (*de plan*) Abänderung *f*; (*conducta*) Veränderung *f*; ~ **contractual** Vertragsänderung *f*; ~ **de estatutos** Satzungsänderung *f*; ~ **jurisprudencial** Rechtsprechungsänderung *f*; ~ **posesoria** Besitzumschichtung *f*; ~ **del texto** Textänderung *f*
❷ (*de tema*) Abwandlung *f*, Variierung *f*
❸ (*de sistema, espacio*) Veränderung *f*, Umgestaltung *f*
❹ (LING) Modifizierung *f*, Modifikation *f*

modificar [moðifiˈkar] <c→qu> I. *vt* ❶ (*general*) verändern, modifizieren; (*plan*) abändern; (*espacio, conducta*) verändern; (*texto*) bearbeiten
❷ (*tema*) abwandeln, variieren
❸ (*sistema, espacio*) verändern, umgestalten
❹ (LING) modifizieren
II. *vr*: ~**se** sich verändern

modificativo, -a [moðifikaˈtiðo, -a] *adj* modifizierend, abändernd; **cláusula modificativa** Änderungsklausel *f*; **verbo** ~ modifizierendes Verb

modillón [moðiˈʎon] *m* (ARQUIT) Kragsims *m*, Kragträger *m*

modismo [moˈðismo] *m* (LIT) (Rede)wendung *f*

modista [moˈðista] *mf* Damenschneider(in) *m(f)*

modistilla [moðisˈtiʎa] *f* (*pey: modista de poca habilidad*) schlechte Schneiderin *f*

modisto [moˈðisto] *m* Modemacher *m*

modo [ˈmoðo] *m* ❶ (*manera*) Art *f*, Weise *f*, Art und Weise *f*; ~ **de andar** Gang *m*; ~ **de aplicación** (*de un medicamento*) Anwendungsform *f*; ~ **de hablar** Sprechweise *f*; ~ **de vida** Lebensart *f*, Lebensweise *f*; **hazlo a tu** ~ mach es auf deine Art; **hacer algo de cualquier** ~ etw oberflächlich machen; **a mi** ~ **de pensar** meiner Auffassung; **no me gusta su** ~ **de pensar** mir gefällt seine/ihre Denkweise [*o* Einstellung] nicht; **encontrar un** ~ **de resolver el problema** eine Lösung für das Problem finden; **de este** ~ **no lo logramos** so schaffen wir es nicht; **he encontrado el** ~ **de hacerlo** ich habe herausgefunden, wie man es machen kann; **ese es su** ~ **de expresar agradecimiento** das ist seine/ihre Art Dankbarkeit zu zeigen; **no es** ~ **de hablar a un superior** in einem solchen Ton spricht man nicht mit einem Vorgesetzten
❷ (LING, INFOR) Modus *m*; ~ **de acceso** (INFOR) Zugriffsmodus *m*; ~ **amplificado** erweiterter Modus; ~ **de borrador** (INFOR) Konzeptmodus *m*; ~ **de comando** (INFOR) Befehlsmodus *m*; ~ **gráfico** Grafikmodus *m*; ~ **de operación** Betriebsmodus *m*, Betriebsart *f*; ~ **de texto** (INFOR) Textmodus *m*
❸ *pl* (*comportamiento*) Benehmen *nt*; **tener buenos/malos** ~**s** gute/schlechte Manieren haben; **decir algo con buenos/malos** ~**s** sich höflich/unhöflich ausdrücken; **¿qué** ~**s son esos?** was ist denn das für eine Art?
❹ (*loc*): **de cualquier** ~ **no hubiera ido** ich wäre sowieso nicht hingegangen; **de** ~ **que lo has conseguido** du hast es also geschafft; **¿me dejas el coche? – de ningún** ~ leihst du mir dein Auto? – auf keinen Fall; **utilizar el paraguas a** ~ **de espada** den Regenschirm als Schwert benutzen; **en cierto** ~ **me obligaron a hacerlo** ich wurde gewissermaßen dazu gezwungen; **de todos** ~**s no hubo heridos** es gab immerhin keine Verletzten; **de todos** ~**s, lo volvería a intentar** ich würde es jedenfalls noch einmal versuchen; **de todos** ~**s es mejor que te vayas** auf alle Fälle ist es besser, wenn du jetzt gehst

modorra [moˈðorra] *f* ❶ (*somnolencia*) Schläfrigkeit *f*
❷ (*por la bebida*) Katzenjammer *m fam*

modorrilla [moðoˈrriʎa] *f* (MIL) dritte Nachtwache *f*

modorro, -a [moˈðorro, -a] *adj* ❶ (*somnoliento*) schläfrig
❷ (*torpe*) schwerfällig
❸ (*atontado*) benommen
❹ (*fruta*) faul

modosidad [moðosiˈðað] *f sin pl* Wohlerzogenheit *f*, Artigkeit *f*; **su** ~ **no es fingida, sino que es un rasgo intrínseco de su carácter** seine/ihre guten Manieren sind nicht gestellt, sondern Bestandteil seines/ihres Charakters

modoso, -a [moˈðoso, -a] *adj*: **ser** [*o* **estar**] ~ gute Manieren haben

modulación [moðulaˈθjon] *f* Modulation *f*; ~ **de amplitud** Amplitudenmodulation *f*; ~ **de frecuencia** Frequenzmodulation *f*; ~ **por impulsos codificados** Pulskodemodulation *f*

modulado, -a [moðuˈlaðo, -a] *adj*: **frecuencia modulada** (RADIO) Ultrakurzwelle *f*

modulador [moðulaˈðor] *m* (INFOR) Modulator *m*

modulador-demodulador [moðulaˈðor-ðemoðulaˈðor] *m* (INFOR) Modulator-Demodulator *m*

modular [moðuˈlar] I. *adj* modular
II. *vt, vi* modulieren

modularidad [moðulariˈðað] *f* modulare Gestaltung *f*

módulo [ˈmoðulo] *m* ❶ (ARQUIT, ELEC) Modul *m*; (*de una prisión*) Trakt *m*; **esta prisión se compone de tres** ~**s** dieses Gefängnis besteht aus drei Trakten
❸ (*de un mueble*) (Anbau)element *nt*
❹ (INFOR) Modul *nt*; ~ **de datos** Datenmodul *nt*; ~ **simple de memoria en línea** SIMM-Modul *nt*
❺ (ENS) Kurs *m*
❻ (MÚS) Modulation *f*
❼ (AERO): ~ **de mando** Raumkapsel *f*
❽ (*de una moneda*) Durchmesser *m*

modus operandi [ˈmoðus opeˈrandi] (*elev*) Vorgehensweise *f*, Modus operandi *m*; **el secretario no estaba de acuerdo con el** ~ **del director** der Sekretär war mit der Handlungsweise des Direktors nicht einverstanden

modus vivendi [ˈmoðus βiˈβendi] *m* Modus vivendi *m*, Lebensweise *f*

mofa [ˈmofa] *f* Hohn *m*, Spott *m*; **hacer** ~ **de algo/alguien** sich über etw/jdn lustig machen

mofar [moˈfar] *vi, vr*: ~**se** verspotten (*de* + akk), sich lustig machen (*de* über + akk)

mofeta [moˈfeta] *f* ❶ (ZOOL) Stinktier *nt*
❷ (MIN) Grubengas *nt*

moflete [moˈflete] *m* Pausbacke *f*

mofletudo, -a [mofleˈtuðo, -a] *adj* pausbäckig; **niño** ~ Pausback *m fam*

mogol¹ [moˈɣol] *m* Mogul *m*; **el gran** ~ der Großmogul

mogol(a)² [moˈɣol(a)] *adj o m(f) v.* **mongol²**

mogolla [moˈɣoʎa] *m* (*Col*: GASTR) dunkles Kleiebrot *nt*

mogollón [moɣoˈʎon] *m* ❶ (*vulg: gran cantidad*) Haufen *m*; **había** ~ **de gente en la fiesta** es waren unheimlich viele Leute auf dem Fest; **había** ~ **de público en el pabellón** die Halle war zum Bersten [*o* gerammelt *fam*] voll
❷ (*vulg: lío*) Streit *m*, Krach *m*
❸ (*vulg: entrometimiento*) Einmischung *f*
❹ (*loc*): **de** ~ gratis, kostenlos; **entramos al cine de** ~ wir kamen umsonst ins Kino

mogrebí [moɣreˈβi] I. *adj* maghrebinisch
II. *mf* Maghrebiner(in) *m(f)*

mohatra [moˈatra] *f* ❶ (COM) Wuchergeschäft *nt*
❷ (JUR) Betrug *m*, Scheinkaufvertrag *m*

moheda [moˈeða] *f* hoher mit Unkraut bewachsener Hügel *m*

mohicano, -a [moiˈkano, -a] *m, f* (HIST) Mohikaner(in) *m(f)*

mohín [moˈin] *m* Grimasse *f*; **hacer un** ~ **gracioso** das Gesicht zu einer lustigen Grimasse verziehen

mohína [moˈina] *f* ❶ (*enfado*) Ärger *m*
❷ (*tristeza*) Traurigkeit *f*
❸ (*mohín*) Grimasse *f*

mohíno, -a [moˈino, -a] *adj* ❶ *estar* (*enfadado*) verärgert, böse; (*de mal humor*) missmutig
❷ *estar* (*triste*) traurig
❸ *ser*: **esta mula es mohína** dieses Maultier ist eine Kreuzung zwischen einem Pferd und einer Eselin

moho [ˈmo(o)] *m* ❶ (BOT) Moder *m*; (*en la pared, alimentos*) Schimmel *m*; (*en líquidos*) Kahm *m*; **mancha de** ~ Schimmelfleck *m*; **no (dejar) criar** ~ (*alimentos*) schnell verzehren; (*un objeto*) ständig benutzen
❷ (*óxido*) Rost *m*
❸ (*desidia*) Arbeitsscheu *f*

mohosearse [mo(o)seˈarse] *vr* (*Col, Perú*) verschimmeln

mohoso, -a [moˈoso, -a] *adj* ❶ (*de moho*) mod(e)rig; (*pared, alimentos*) schimmelig, verschimmelt; (*líquido*) kahmig
❷ (*oxidado*) rostig

moisés [moiˈses] *m inv* tragbarer Babykorb *m*; **metió al recién nacido en un** ~ er/sie legte das Neugeborene in ein Körbchen

mojábana [moˈxaβana] *f* (GASTR) Käsekuchen *m*

mojado¹ [moˈxaðo] *m v.* **mojadura**

mojado, -a² [moˈxaðo, -a] *adj* ❶ (*no seco*) nass; (*algo pintado, hierba, labios*) feucht; (*galleta*) eingetaucht, eingeweicht; **esta ley es papel** ~ dieses Gesetz ist reine Makulatur
❷ (LING) mouilliert

mojadura [moxaˈðura] *f* (*humedecimiento*) Nassmachen *nt*; (*ligero*) Befeuchtung *f*, Anfeuchtung *f*; (*de la ropa*) Einsprengen *nt*

mojama [moˈxama] *f* (GASTR) getrockneter Thunfisch *m*
mojar [moˈxar] **I.** *vt* ❶ (*con un líquido*) nass machen; (*ligeramente*) befeuchten, anfeuchten; (*la ropa de planchar*) einsprengen
❷ (*el pan*) eintauchen, eintunken *reg*
❸ (*fam: celebrar*) begießen
❹ (*fam: orinar*) nass machen
❺ (LING) mouillieren
❻ (*fam: apuñalar*) abstechen
II. *vi* ❶ (*fam: en un asunto*) verwickelt sein (*en* in +*akk*)
❷ (DEP) einen Treffer erzielen
❸ (*vulg: copular*) ficken
III. *vr:* ~**se** ❶ (*con un líquido*) nass werden; ~**se los pies** nasse Füße bekommen
❷ (*fam: comprometerse*) Farbe bekennen
mojardón [moxarˈðon] *m* Mehlpilz *m*
mojarra [moˈxarra] *f* (*Arg*) ungenießbarer kleiner Süßwasserfisch
moje [ˈmoxe] *m* (GASTR) Soße *f;* **no metas el pan en el ~ de la ensalada** tunke das Brot nicht in die Salatsoße
mojera [moˈxera] *f* (BOT) Mehlbeere *f*
mojicón [moxiˈkon] *m* ❶ (GASTR) ≈Biskuit *m o nt*
❷ (*fam: puñetazo*) Schlag *m* ins Gesicht
mojiganga [moxiˈɣaŋga] *f* ❶ (*popular*) Mummenschanz *m*
❷ (*farsa*) Farce *f,* Posse *f*
mojigatería [moxiɣateˈria] *f* ❶ (*gazmoñería*) Duckmäuserei *f*
❷ (*hipocresía*) Heuchelei *f,* Scheinheiligkeit *f*
mojigato, -a [moxiˈɣato, -a] *adj* ❶ (*gazmoño*) duckmäuserisch
❷ (*hipócrita*) heuchlerisch, scheinheilig
mojo [ˈmoxo] *m* (*reg:* GASTR) Dressing (*aus Öl, Essig, Knoblauch, Salz und anderen Gewürzen*); ~ **de cilantro** Dressing mit Koriander; ~ **picón** Dressing mit Pepperoni
mojón [moˈxon] *m* ❶ (*hito*) Grenzstein *m;* ~ **kilométrico** Kilometerstein *m*
❷ (*poste*) Wegweiser *m*
mol [mol] *m* (FÍS) Mol *nt*
molar [moˈlar] **I.** *adj* ❶ (*de muela*): **diente ~** Backenzahn *m*
❷ (*de moler*) Mühl-
❸ (QUÍM) Mol-, molar
II. *m* Backenzahn *m;* (MED) Molar *m*
III. *vi* (*fam*) ❶ (*gustar*) gefallen +*dat;* **este libro me mola** dieses Buch finde ich gut; **me molan las rubias** ich stehe auf Blondinen; **me mola este tío** dieser Kerl ist genau mein Typ
❷ (*estar de moda*) in (Mode) sein; **ahora mola llevar pelo corto** kurze Haare sind jetzt in
IV. *vt* (*argot*) antörnen
molcajete [molkaˈxete] *m* (*Ecua, Méx*) Mörser *m* (*aus Stein oder Keramik*)
moldava [molˈdaβa] *adj o f v.* **moldavo**
Moldavia [molˈdaβja] *f* Moldawien *nt*
moldavo, -a [molˈdaβo] **I.** *adj* moldawisch
II. *m, f* Moldawier(in) *m(f)*
molde [ˈmolde] *m* ❶ (TÉC) (Guss)form *f,* (Hohl)form *f;* (GASTR) (Back)form *f;* (TIPO) Mater *f,* Matrize *f;* **pan de ~** Kastenbrot *nt;* **letras de ~** Druckbuchstaben *mpl*
❷ (*modelo*) Vorbild *nt*
❸ (*loc*): **este vestido te viene** [*o* **está como**] **de ~** dieses Kleid passt dir wie angegossen; **me vienes como de ~** du kommst mir wie gerufen; **este director de cine rompe ~s** das ist ein bahnbrechender Regisseur
moldeable [molˈdeaβle] *adj* formbar; **el carácter de un niño es fácilmente ~** der Charakter eines Kindes ist leicht formbar
moldeado [molˈdeaðo] *m* ❶ (*vaciado*) Abguss *m*
❷ (*de una figura*) Formen *nt*
❸ (*de cabello*) Lockenfrisur *f,* Formwelle *f*
❹ (TÉC) Formen *nt*
moldeador [moldeaˈðor] *m* ❶ (*para el cabello*) Lockenstab *m*
❷ (*permanente*) Dauerwelle *f*
❸ (TÉC) Former *m*
moldear [moldeˈar] *vt* ❶ (*vaciar*) (ab)gießen
❷ (*una figura*) formen, modellieren
❸ (*el carácter*) formen; **diversas circunstancias han moldeado su vida** verschiedene Begebenheiten haben sein/ihr Leben geprägt [*o* bestimmt]
moldeo [molˈdeo] *m* (TÉC) Formen *nt*
moldura [molˈdura] *f* ❶ (*listón*) Leiste *f*
❷ (ARQUIT) Gesims *nt,* Sims *m o nt*
molduraje [molduˈraxe] *m* Gesims *nt*
mole¹ [ˈmole] *f* ❶ (*masa*) Masse *f*
❷ (*persona*) massige Gestalt *f,* Schrank *m fam*
mole² [ˈmole] *m* (*Méx*) ❶ (GASTR: *salsa*) Chilisoße *f;* ~ **verde** Soße aus grünen Chilis und grünen Tomaten

❷ (GASTR: *guiso*) Chilieintopf *m*
molécula [moˈlekula] *f* Molekül *nt*
molecular [molekuˈlar] *adj* Molekular-, molekular; **biología ~** Molekularbiologie *f;* **electrónica ~** Molekularelektronik *f*
moledura [moleˈðura] *f* ❶ (*operación de moler*) Mahlen *nt;* **sin molinillo la ~ del café es una tarea muy ardua** ohne Kaffeemühle ist das Kaffeemahlen ziemlich mühsam
❷ (*fatiga, cansancio, fam*) langweilige [*o* einschläfernde] Angelegenheit *f;* **la reunión de padres del colegio ha sido una ~** die Elternversammlung war ganz schön ermüdend
moler [moˈler] <o→ue> *vt* ❶ (*café, trigo*) mahlen; (*aceitunas*) pressen; (*caña de azúcar*) auspressen
❷ (*fatigar*) erschöpfen; **estoy molido de la excursión** dieser Ausflug hat mich völlig geschafft
❸ (*pegar*): ~ **a alguien a palos** jdn windelweich prügeln
❹ (*molestar*) belästigen (*con* mit +*dat*)
❺ (*estropear*) beschädigen
molestar [molesˈtar] **I.** *vt* ❶ (*fastidiar*) stören, belästigen; (*persona, ruido*) belästigen; (*dolores*) plagen; **esta camisa me molesta** dieses Hemd ist mir zu eng; **¿le molesta que abra la ventana?** macht es Ihnen etwas aus, wenn ich das Fenster öffne?; **este dolor en la espalda me molesta** dieser Schmerz im Rücken macht mir zu schaffen
❷ (*enfadar*) ärgern
II. *vr:* ~**se** ❶ (*tomarse la molestia*) sich *dat* die Mühe machen; **ni siquiera se ha molestado en comprobarlo** er/sie hat es gar nicht erst überprüft; **no te molestes en ir allí** du brauchst nicht dorthin zu gehen; **no te molestes por mí** mach dir meinetwegen keine Umstände; **¡qué regalo más bonito! No tendrías que haberte molestado** das ist ja ein schönes Geschenk! das wäre wirklich nicht nötig gewesen
❷ (*ofenderse*) sich beleidigt fühlen; **se ha molestado por tu comentario** deine Bemerkung hat ihn/sie gekränkt
molestia [moˈlestja] *f* ❶ (*fastidio*) Belästigung *f;* (*por dolores*) Plage *f;* **ser una ~** lästig sein; **no es ninguna ~** das stört überhaupt nicht
❷ (*inconveniente*) Unannehmlichkeit *f,* Ärgernis *nt;* **no es ninguna ~ (para mí)** das macht mir keine Mühe [*o* Umstände]; **tomarse** [*o* **darse**] **la ~** sich *dat* die Mühe machen; **perdonen las ~s** bitte entschuldigen Sie die Störung
❸ (*enfado*) Ärger *m*
❹ (*dolor*) Beschwerde *f*
molesto, -a [moˈlesto, -a] *adj* ❶ *ser* (*fastidioso*) lästig, störend; **una persona molesta** eine unangenehme Person; **esta comida es molesta para el estómago** dieses Essen liegt schwer im Magen
❷ *estar* (*enfadado*) verärgert (*por* über +*akk*)
❸ *estar* (*ofendido*) beleidigt (*por* wegen +*gen/dat*)
❹ *estar* (*incómodo*) unbehaglich; **estoy ~ por el vendaje** der Verband stört mich
molibdeno [moliβˈðeno] *m* (QUÍM) Molybdän *nt*
molicie [moˈliθje] *f* ❶ (*elev: blandura*) Weichheit *f*
❷ (*comodidad*) **vivir en la ~** ein behagliches Leben führen
molido, -a [moˈliðo, -a] *adj* ❶ (*café*) gemahlen
❷ (*fam: cansado*): **estoy ~** ich bin fix und fertig; **el trabajo me ha dejado ~** die Arbeit hat mich völlig geschafft
❸ (*fam: maltrecho*): **fue ~ a palos** er wurde windelweich geprügelt
molienda [moˈljenda] *f* ❶ (*acción*) Mahlen *nt*
❷ (*porción*) Portion Getreide, die auf einmal gemahlen wird
❸ (*temporada*) Mahlsaison *f*
❹ (*molino*) Mühle *f*
❺ (*fatiga*) Plage *f*
molimiento [moliˈmjento] *m* ❶ (*operación de moler*) Mahlen *nt;* **no tiene instrumental para el ~ del café** er/sie hat keinen Apparat, mit dem er den Kaffee mahlen könnte
❷ (*fig: fatiga, cansancio*) ermüdende [*o* eintönige] Tätigkeit *f*
molinero, -a [moliˈnero, -a] **I.** *adj* Mühlen-
II. *m, f* Müller(in) *m(f)*
molinete [moliˈnete] *m* ❶ (*en una ventana*) Ventilator *m*
❷ (*juguete*) Windrad *nt*
❸ (DEP) Felge *f*
❹ (TAUR) Kreisbewegung des Stierkämpfers
molinillo [moliˈniʎo] *m* ❶ (*aparato*): ~ **de café** Kaffeemühle *f*
❷ (*juguete*) Windrad *nt*
❸ (*para batir*) Quirl *m*
molinismo [moliˈnismo] *m sin pl* (REL) Molinismus *m*
molino [moˈlino] *m* ❶ (*máquina*) Mühle *f;* ~ **de agua/de viento** Wasser-/Windmühle *f;* ~ **de papel** Windrad *nt;* **cada uno lleva el agua a su ~** jeder ist nur auf seinen eigenen Vorteil bedacht
❷ (*inquieto*) Nervenbündel *nt fam*
❸ (*pesado*) Nervensäge *f fam,* aufdringlicher Mensch *m*
molinosismo [molinoˈsismo] *m sin pl* (REL) Quietismus *m*
molitivo, -a [moliˈtiβo, -a] *adj* geschmeidig machend, erweichend; **el**

mollar [mo'ʎar] *adj* ❶ (*fruta*) weich; (*carne*) ohne Knochen
❷ (*persona*) leichtgläubig
❸ (*trabajo*) einträglich
molle ['moʎe] *m* (*AmS, AmC:* BOT) Peruanischer Pfefferbaum *m*
molledo [mo'ʎeðo] *m* ❶ (*parte carnosa del cuerpo*) fleischiger Teil *m* (*des Armes, der Wade, des Schenkels*)
❷ (*pan*) Brotkrume *f*
molleja [mo'ʎexa] *f* ❶ (*de las aves*) Kaumagen *m*
❷ *pl* (GASTR) (Kalbs)bries *nt*
mollera [mo'ʎera] *f* ❶ (*de la cabeza*) Schädeldecke *f*
❷ (*fam: seso*) Verstand *m*; **eso no me entra en la ~** das will mir nicht in den Kopf; **ser duro** [*o* **cerrado**] **de ~** schwer von Begriff sein; **tiene la ~ cerrada** (*fig*) er/sie ist vernünftig
❸ (*fontanela*) Fontanelle *f*; **la ~ se cierra** die Fontanelle schließt sich
mollero [mo'ʎero] *m* (*fam*) *v.* **molledo**
molleta [mo'ʎeta] *f* (GASTR) Milchbrot *nt*
molletas [mo'ʎetas] *fpl* Licht(putz)schere *f*, Dochtschere *f*
mollete [mo'ʎete] *m* ❶ (*pan*) längliches Weizenbrötchen *nt*, Wecken *m* (*moflete*) Pausbacke *f*
❸ (*Méx:* GASTR) Brotschnitte mit Butter, Bohnen und Käse
molo ['molo] *m* (*Chil: rompeolas*) Mole *f*; (*dique*) Damm *m*
molón, -ona [mo'lon, -ona] *adj* ❶ (*fam: bonito*) super, klasse
❷ (*persona*) angeberisch
❸ (*Guat, Ecua, Méx: fastidioso*) lästig
molondro [mo'londro] *mf* (*fam*) ❶ (*torpe*) Tölpel *m*
❷ (*perezoso*) Faulpelz *m*
molotov [molo'tof] *m*: **cóctel ~** Molotowcocktail *m*
molturar [moltu'rar] *vt* mahlen
molusco [mo'lusko] *m* (ZOOL) Weichtier *nt*, Molluske *f*
momentáneo, -a [momen'taneo, -a] *adj* ❶ (*instantáneo*) augenblicklich, momentan
❷ (*provisional*) provisorisch; **hacer un arreglo ~** notdürftig reparieren
❸ (*temporal*) vorübergehend, momentan
momento [mo'mento] *m* ❶ (*instante*) Augenblick *m*, Moment *m*; **¡espera un ~!** Augenblick!, Moment mal!; **de un ~ a otro** jeden Augenblick; **al ~** (so)gleich, sofort; **en cualquier ~** jeden Augenblick, jederzeit; **puede ocurrir en cualquier ~** es kann jederzeit losgehen; **estaré a su disposición en cualquier** [*o* **en todo**] **~** ich stehe Ihnen jederzeit zur Verfügung; **en el ~ adecuado** zum geeigneten Zeitpunkt; **en el ~ de la salida** beim Start; **en este ~ hay demasiados paro** heutzutage ist die Arbeitslosigkeit zu hoch; **en este ~ estaba pensando en ti** ich habe gerade an dich gedacht; **de ~, no te puedo decir nada** ich kann dir vorerst nichts sagen; **de ~ leeré el periódico y luego...** ich lese zunächst die Zeitung und dann ...; **de** [*o* **por el**] **~ no sé nada de él** ich weiß immer noch nichts von ihm; **en un ~ de flaqueza** in einem Anfall von Schwäche; **la tensión aumentaba por ~s** die Spannung stieg von Minute zu Minute; **apareció en el último ~** er/sie tauchte in letzter Minute auf; **en todo ~ mantuvo la calma** er/sie verlor nie die Ruhe; **no tengo un ~ libre** ich habe keinen Augenblick Ruhe; **hace un ~ que ha salido** er/sie ist gerade eben gegangen; **este estudiante me pregunta a cada ~** dieser Student stellt mir ununterbrochen Fragen; **desde el ~ en que te vi...** seit dem Augenblick, als ich dich zum ersten Mal sah, ...
❷ (*período*) Zeitraum *m*, Periode *f*; **atravieso un mal ~** ich mache gerade eine schwere Zeit durch
❸ (*actualidad*) Gegenwart *f*; **la música del ~** die Musik von heute
❹ (*situación*) Lage *f*; **el ~ político internacional** die internationale politische Lage
❺ (FÍS) Moment *nt*; **~ de inercia** Trägheitsmoment *nt*
momia ['momja] *f* ❶ (*egipcia*) Mumie *f*
❷ (*persona*) abgemagerter Mensch *m*; (*hombre*) Hering *m fam*
momificación [momifika'θjon] *f* Mumifizierung *f*
momificar [momifi'kar] <c→qu> *vt* mumifizieren
momio¹ ['momjo] *m* gutes Geschäft *nt*; **este trabajo es un ~** bei dieser Arbeit reißt man sich *dat* kein Bein aus *fam*; **este traje es un ~** dieser Anzug ist ein richtiges Schnäppchen *fam*; **de ~** kostenlos, umsonst
momio, -a² ['momjo, -a] *adj* mager
momórdiga [mo'morðiɣa] *f* (BOT) Balsamine *f*, Springkraut *nt*
mona ['mona] *f* ❶ (ZOOL) Äffin *f*
❷ (*fam: borrachera*) Rausch *m*, Affe *m*; **coger una ~** sich *dat* einen Rausch antrinken; **estar como una ~** einen Affen (sitzen) haben; **dormir la ~** seinen Rausch ausschlafen; **tener una ~** sternhagelvoll sein
❸ (*juego*) spanisches Kartenspiel
❹ (GASTR): **~ de Pascua** Osterkuchen *m*
❺ (*loc*): **estar hecho una ~** tief beschämt sein; **vete a freír ~s** scher dich zum Teufel; **algo funciona como la ~** (*Arg, Perú, Urug*) etwas läuft schief
monacal [mona'kal] *adj* ❶ (*del monje*) Mönchs-, mönchisch
❷ (*del convento*) Kloster-, klösterlich; **vida ~** Klosterleben *nt*; **llevar una vida ~** wie ein Mönch leben
monacato [mona'kato] *m* (REL) ❶ (*vocación religiosa*) Mönch(s)tum *nt*, Mönch(s)wesen *nt*; **siempre le atrajo el ~ como forma de vida** das Mönchstum als Lebensform hat ihn immer schon angezogen
❷ (*institución religiosa*) monastische Einrichtung *f*
Mónaco ['monako] *m* Monaco *nt*
monacordio [mona'korðjo] *m* (MÚS) Klavichord *nt*
monada [mo'naða] *f* ❶ (*de un mono*) affentypisches Verhalten *nt*
❷ (*zalamería*) Schmeichelei *f*
❸ (*gracia*) Drolligkeit *f*
❹ (*chiquillada*) Kinderei *f*
❺ (*tontería, amaneramiento*) affiges Gehabe *nt*
❻ (*algo bonito*): **es una ~ de chica** sie ist ein reizendes Mädchen; **¡qué ~ de vestido!** was für ein entzückendes Kleid!; **este bebé es una ~** dieses Baby ist niedlich [*o* goldig]
mónada ['monaða] *f* (FILOS) Monade *f*
monadología [monaðolo'xia] *f* (FILOS) Monadologie *f*
monaguillo, -a [mona'ɣiʎo, -a] *m, f* (REL) Ministrant(in) *m(f)*, Messdiener(in) *m(f)*
monarca [mo'narka] *mf* Monarch(in) *m(f)*
monarquía [monar'kia] *f* Monarchie *f*; **~ parlamentaria** parlamentarische Monarchie
monárquico, -a [mo'narkiko, -a] **I.** *adj* ❶ (*de la monarquía*) monarchisch
❷ (*partidario*) monarchistisch
II. *m, f* Monarchist(in) *m(f)*
monarquismo [monar'kismo] *m* (POL) Monarchismus *m*
monasterial [monaste'rjal] *adj* (REL) klösterlich; **el tesoro ~** der Klosterschatz
monasterio [monas'terjo] *m* Kloster *nt*
monásticamente [monastika'mente] *adv* ❶ (*desde el punto de vista monástico*) monastisch gesehen, aus klösterlicher Sicht; **~, el silencio es una manera de encuentro con Dios** für die Mönche ist die Stille eine Art der Begegnung mit Gott
❷ (*como un monje*) mönchisch, wie ein Mönch; **vive ~, nunca le ves por la calle** er lebt wie ein Mönch, man sieht ihn nie ausgehen
monástico, -a [mo'nastiko, -a] *adj* ❶ (*del monje*) Mönchs-, mönchisch, monastisch *elev*
❷ (*del convento*) klösterlich, monastisch *elev*; **votos ~s** Ordensgelübde *ntpl*; **lleva una vida monástica** er lebt wie ein Mönch
monda ['monda] *f* ❶ (*acción*) Schälen *nt*
❷ (*peladura*) Schale *f*
❸ (*poda*) Beschneiden *nt*
❹ (*loc, fam*): **los chistes que cuenta son la ~** seine/ihre Witze sind zum Schreien; **este pueblo es la ~, nadie sabe dónde está el cine** dieses Dorf ist ein Witz: keiner weiß, wo das Kino ist
mondadientes [monda'ðjentes] *m inv* Zahnstocher *m*
mondadura [monda'ðura] *f* ❶ (*acción*) Schälen *nt*
❷ *pl* (*peladuras*) Schalen *fpl*
mondaoídos [mondao'iðos] *m inv* Ohrlöffel *m* (*kleines Instrument, mit dem die Ohren ausgeputzt werden*)
mondapozos [monda'poθos] *mf inv* (*de hoyo*) Grubenreiniger(in) *m(f)*; (*de manatial*) Brunnenreiniger(in) *m(f)*
mondar [mon'dar] **I.** *vt* ❶ (*plátano, patata*) schälen; (*guisantes*) enthülsen; (*palo*) schälen; (*rama*) entrinden
❷ (*árbol*) beschneiden, stutzen
❸ (*río*) (das Flussbett) sauber machen
II. *vr*: **~se** sich schälen; **~se los dientes** sich *dat* in den Zähnen stochern; **~se de risa** (*fam*) sich totlachen, sich kaputtlachen
mondarajas [monda'raxas] *fpl* (*fam*) Obstschalen *fpl*, Schalenabfälle *mpl*
mondejo [mon'dexo] *m* Presswurst *f*, Presskopf *m*
mondo, -a ['mondo, -a] *adj* ❶ (*cabeza*) haarlos
❷ (*de dinero*): **me he quedado ~ después de pagar a Hacienda** nachdem ich meine Steuern gezahlt habe, bin ich völlig blank; **me he quedado ~ y lirondo** (*fam*) ich bin (völlig) abgebrannt
❸ (*sin nada más*): **vivo sólo de mi sueldo ~** ich lebe nur von meinem Gehalt; **para comer sólo tenemos un bocadillo ~** zum Essen haben wir nichts als ein Sandwich; **la verdad monda y lironda** (*fam*) die nackte Wahrheit
mondongo [mon'dongo] *m* ❶ (*de un animal*) Eingeweide *ntpl*
❷ (*fam: de una persona*) Eingeweide *ntpl*, Gedärme *ntpl*
monear [mone'ar] *vi* (*fam*) ❶ (*como un mono*) sich wie ein Affe benehmen
❷ (*hacer gracias*) lustig sein; (*niño*) drollig sein
❸ (*hacer tonterías*) herumalbern
moneda [mo'neða] *f* ❶ (*pieza*) Münze *f*; **~ de cinco marcos** Fünfmarkstück *nt*; **~ fraccionaria** Scheidemünze *f*; **~ suelta** Kleingeld *nt*; **casa de la M~** Münzstätte *f*, Münze *f*; **Fábrica Nacional de M~ y**

monedero Timbre Staatliche Münzanstalt; **papel ~** Papiergeld *nt;* **teléfono de ~s** Münzfernsprecher *m;* **acuñar** [*o* batir] **~s** Münzen prägen; **pagar a alguien con** [*o en*] **la misma** ~ es jdm in [*o mit*] gleicher Münze heimzahlen

②(*de un país*) Währung *f;* **~ base** Leitwährung *f;* **~ de compensación** [*o* **de liquidación**] Abrechnungswährung *f;* **~ común/en uso/de cambio** gemeinsame/gängige/notierte Währung; **~ convertible** konvertierbare Währung; **~ de curso legal** gesetzliches Zahlungsmittel; **~ europea** Eurowährung *f;* **~ extranjera** Devisen *fpl;* **fuerte/débil** harte/weiche Währung; **~ de los países participantes** Teilnehmerwährung *f;* **~ única** Gemeinschaftswährung *f;* **~ unitaria** Einheitswährung *f;* **cesta de ~s** Währungskorb *m;* **oficina de cambio de ~** (Geld)wechselstube *f;* Devisenstelle *f;* **pagar en la ~ del país** [*o* **nacional**] in der Landeswährung zahlen

③(*loc*)**: la otra cara de la ~** die Kehrseite der Medaille; **esto es ~ corriente** das ist nichts Ungewöhnliches; **si él me ofrece calidad, yo le pago en buena ~** wenn er mir Qualität bietet, werde ich seinen Forderungen entsprechen

monedero [mone'ðero] *m* ①(*bolsa*) Geldbeutel *m*, Portmonee *nt;* **~ electrónico** elektronischer Geldbeutel

②(*persona*)**: ~ falso** Falschmünzer *m*
monegasco, -a [mone'ɣasko, -a] I. *adj* monegassisch
II. *m, f* Monegasse, -in *m, f*
monema [mo'nema] *m* (LING) Monem *nt*
monería [mone'ria] *f* ①(*de un mono*) affentypisches Verhalten *nt*
②(*gracia*) Drolligkeit *f*
③(*tontería, amaneramiento*) affiges Gehabe *nt*
monesco, -a [mo'nesko, -a] *adj* Affen-, äffisch
monetario¹ [mone'tarjo] *m* ①(*colección*) Münzsammlung *f*
②(*armario*) Münzkabinett *nt*
monetario, -a² [mone'tarjo, -a] *adj* (ECON) Währungs-, Geld-, monetär; **acuerdo ~** Währungsabkommen *nt;* **estabilidad monetaria** Geldwertstabilität *f*, Währungsstabilität *f;* **el Fondo M~ Europeo** der Europäische Währungsfonds; **el Fondo M~ Internacional** der Internationale Währungsfonds; **institución monetaria** Geldinstitut *nt;* **mercado ~** Geldmarkt *m;* **patrón ~** Währungseinheit *f*, Münzstandard *m;* **reforma monetaria** Währungsreform *f;* **el Sistema M~ Europeo** das Europäische Währungssystem; **situación monetaria** Währungslage *f*, monetäre Situation; **tormentas monetarias** starke Währungsschwankungen; **unidad monetaria** Währungseinheit *f*
monetarismo [moneta'rismo] *m sin pl* Monetarismus *m*
monetarista [moneta'rista] I. *adj* (ECON) monetaristisch
II. *mf* (ECON) Monetarist(in) *m(f)*
monetización [monetiθa'θjon] *f* (ECON) Monetisierung *f*, Ausmünzung *f;* **~ de la deuda** Monetisierung der Schuld
monetizar [moneti'θar] <z→c> *vt* ①(*billetes*) in Umlauf bringen
②(*convertir en moneda*) monetisieren
mongol¹ [moŋ'gol] *m* (*lengua*) Mongolisch(e) *nt*
mongol(a)² [moŋ'gol(a)] I. *adj* mongolisch
II. *m(f)* Mongole, -in *m, f*
Mongolia [moŋ'golja] *f* Mongolei *f*
mongólico, -a [moŋ'goliko, -a] I. *adj* ①(*mongol*) mongolisch
②(MED) mongoloid
II. *m, f* ①(*mongol*) Mongolide *mf*
②(MED) Mongoloide *mf;* **ser un ~** am Downsyndrom leiden
mongolismo [moŋgo'lismo] *m sin pl* (MED) Mongolismus *m*, Mongoloidismus *m*
mongoloide [moŋgo'loiðe] *adj* mongoloid; **tiene rasgos ~s** er hat mongoloide Züge
moni ['moni] *m sin pl* (*fam*) Kohle *f*, Moneten *pl;* **no tengo ~ para pagarle al técnico** ich habe keine müde Mark, um den Techniker zu bezahlen
monicaco, -a [moni'kako, -a] *m, f* ①(*pey: hominicaco*) Trottel *m*
②(*Col: hipócrita*) Heuchler(in) *m(f)*
monigote [moni'ɣote] *m* ①(*dibujo mal hecho*) Gekritzel *nt*, Kritzelei *f;* (*figura*) (Strich)männchen *nt;* **hacer ~s** (*figuras humanas*) Männchen malen; (*borrones*) herumkritzeln
②(*muñeco*) Flickenpuppe *f*
③(*persona*) Marionette *f*, Hampelmann *m*
monismo [mo'nismo] *m sin pl* (FILOS) Monismus *m*
monista [mo'nista] I. *adj* monistisch
II. *mf* Monist(in) *m(f)*
monitor¹ [moni'tor] *m* (TÉC, TV, INFOR) Monitor *m*, Bildschirm *m;* **~ de baja radiación** strahlungsarmer Monitor; **~ de color** Farbbildschirm *m;* **~ de frecuencia fija** Monitor mit fester Frequenz; **~ monocromo** Monochrommonitor *m;* **~ de multifrecuencia** Multisync-Monitor *m;* **~ con tubo plano** Bildschirm mit Flachelektronenstrahlröhre
monitor(a)² [moni'tor(a)] *m(f)* (*de un deporte*) Übungsleiter(in) *m(f)*, Ausbilder(in) *m(f);* (*de un campamento*) (Gruppen)leiter(in) *m(f);* **~ de natación** Schwimmlehrer *m*
monitorio¹ [moni'torjo] *m* (REL) ①(*del Papa*) Mahnschreiben *nt* des Papstes, Monitorium *nt* des Papstes
②(*de excomunión*) Androhung *f* der Exkommunikation
monitorio, -a² [moni'torjo, -a] *adj* Mahn-, ermahnend; **carta monitoria** Mahnschreiben *nt*
monitorizar [monitori'θar] <z→c> *vt* ①(*instalar monitores*) mit Monitoren [*o* Überwachungskameras] ausstatten
②(*controlar mediante monitores*) mit Monitoren überwachen
monja ['monxa] *f* Nonne *f*
monje ['monxe] *m* Mönch *m*
monjerío [monxe'rio] *m* Gemeinschaft *f* von Nonnen; **todo el ~ se revolucionó cuando dieron a conocer que iba a venir el Papa** die gesamte Nonnenschaft geriet in Aufruhr, als bekannt wurde, dass der Papst kommen würde
monjil [mon'xil] I. *adj* Nonnen-; **lleva una vida ~** sie führt ein sehr bescheidenes Leben
II. *m* Nonnentracht *f*
monjita [mon'xita] *f* (*Arg:* ZOOL) Monjita *f*, Schneeflöckchen *nt*
mono¹ ['mono] *m* ①(ZOOL) Affe *m;* **estar de ~s** schmollen; **¿tengo ~s en la cara?** was starrst du mich so an?; **hacer ~s a alguien** jdm schöne Augen machen
②(*fantoche*) Hampelmann *m;* **en esta casa soy el último ~** in diesem Haus bin ich ein Niemand [*o* Nichts]
③(*traje*) Overall *m;* (*de mecánico*) Blaumann *m fam*
④(*argot: de drogas*) Turkey *m;* **tener el ~** auf Turkey sein; **le entra el ~** er bekommt Entzugserscheinungen
⑤(*persona fea*) Scheusal *nt*
⑥(*joven tonto*) Lackaffe *m fam*, Geck *m*
⑦(*dibujo*) (Strich)männchen *nt*
mono, -a² ['mono, -a] *adj* (*niño*) süß, niedlich, goldig; (*chica*) hübsch, reizend; (*vestido*) entzückend, reizend
monoblock [mono'βlok] *m* (*Am*) Einblockhaus *nt*
monocameralismo [monokamera'lismo] *m* (POL) Einkammersystem *nt*
monocarril [monoka'rril] *m* Einschienenbahn *f*
monociclo [mono'θiklo] *m* Einrad *nt*
monocolor [monoko'lor] *adj* einfarbig; (ARTE, FOTO) monochrom; **un gobierno ~** eine Regierungspartei mit absoluter Mehrheit
monocorde [mono'korðe] *adj* ①(MÚS)**: instrumento ~** Monochord *nt*
②(*monótono*) eintönig, monoton
monocordio [mono'korðjo] *m* (MÚS) Monochord *nt*
monocotiledón, -ona [monokotile'ðon, -ona] *adj* (BOT) einkeimblättrig
monocotiledónea [monokotile'ðonea] *f* (BOT) Monokotyledone *f*
monocotiledóneo, -a [monokotile'ðoneo, -a] *adj* (BOT) einkeimblättrig
monocromático, -a [monokro'matiko, -a] *adj* (INFOR, TV) Monochrom-; **pantalla monocromática** Monochrombildschirm *m*
monocromía [monokro'mia] *f* Einfarbigkeit *f;* (ARTE, FOTO) Monochromie *f*
monocromo, -a [mono'kromo, -a] *adj* einfarbig, (ARTE, FOTO) monochrom
monocular [monoku'lar] *adj* (ANAT) monokular, für ein Auge
monóculo¹ [mo'nokulo] *m* Monokel *nt*
monóculo, -a² [mo'nokulo, -a] *adj* einäugig
monocultivo [monokul'tiβo] *m* (AGR) Monokultur *f*
monodia [mo'noðja] *f* (MÚS) Monodie *f*
monofásico, -a [mono'fasiko, -a] *adj* einphasig
monofisismo [monofi'sismo] *m* (REL) Monophysitismus *m*
monofonía [monofo'nia] *f* (MÚS, RADIO) Monophonie *f*
monofónico, -a [mono'foniko, -a] *adj* (MÚS, RADIO) monophon
monogamia [mono'ɣamja] *f sin pl* Monogamie *f*
monogámico, -a [mono'ɣamiko, -a] *adj* monogam; **en algunas sociedades las prácticas monogámicas son las únicas permitidas** in einigen Gesellschaften ist nur die Monogamie erlaubt
monógamo, -a [mo'noɣamo, -a] *adj* monogam, monogamisch
monogenismo [monoxe'nismo] *m* Monogenismus *m*, Monophyletismus *m*
monografía [monoɣra'fia] *f* Monographie *f*
monográfico, -a [mono'ɣrafiko, -a] *adj* monographisch
monografista [monoɣra'fista] *mf* Verfasser(in) *m(f)* einer Monographie
monograma [mono'ɣrama] *m* Monogramm *nt*
monolingüe [mono'liŋgwe] *adj* einsprachig; (LING) monolingual
monolítico, -a [mono'litiko, -a] *adj* monolithisch
monolito [mono'lito] *m* Monolith *m*
monologar [monolo'ɣar] <g→gu> *vi* monologisieren
monólogo [mo'noloɣo] *m* Monolog *m*

monomanía [monoma'nia] *f* (PSICO) Monomanie *f*
monomaniaco, -a [monoma'njako, -a], **monomaníaco, -a** [monoma'niako, -a] I. *adj* (PSICO) monoman II. *m, f* (PSICO) Monomane, -in *m, f*
monometalismo [monometa'lismo] *m* (ECON) Monometallismus *m*
monometalista [monometa'lista] I. *adj* (ECON) monometallistisch
  II. *mf* (ECON) Anhänger(in) *m(f)* des Monometallismus
monomio [mo'nomjo] *m* (MAT) Monom *nt*
monomotor [monomo'tor] I. *adj* (AERO) einmotorig
  II. *m* (AERO) einmotoriges Flugzeug *nt*
monona [mo'nona] *adj* (*fam*) anmutig; **es una niña muy** ~ dieses Mädchen ist reizend
monoparental [monoparen'tal] *adj*: **familia** ~ Einelternfamilie *f*
monopartidismo [monoparti'ðismo] *m* (POL) Einpartei(en)system *nt*
monopatín [monopa'tin] *m* (DEP) Skateboard *nt*
monoplano [mono'plano] *m* (AERO) Eindecker *m*
monoplaza [mono'plaθa] *m* (AUTO) Einsitzer *m*; **los ~s están en la parrilla de salida** die Rennwagen befinden sich am Startplatz
monoplejía [monople'xia] *f* (MED) Lähmung *f* eines einzelnen Gliedes, Monoplegie *f*
monopolio [mono'poljo] *m* Monopol *nt*; ~ **administrativo** Verwaltungsmonopol *nt*; ~ **comercial** Handelsmonopol *nt*; ~ **del comercio exterior** Außenhandelsmonopol *nt*; ~ **de demanda** Nachfragemonopol *nt*; ~ **del Estado** Staatsmonopol *nt*; ~ **feudal** (JUR) Bannrecht *nt*; ~ **fiscal** [*o* **financiero**] Finanzmonopol *nt*; ~ **de importación** Einfuhrmonopol *nt*; ~ **interpretativo** Auslegungsmonopol *nt*; ~ **nacional** Inlandsmonopol *nt*; ~ **de oferta** Angebotsmonopol *nt*; ~ **de prestación de servicios** Dienstleistungsmonopol *nt*; ~ **de producción** Produktionsmonopol *nt*; ~ **de la red** (TEL) Netzmonopol *nt*; ~ **de transportes** Verkehrsmonopol *nt*; ~ **de ventas** Absatzmonopol *nt*; **el Estado tiene el ~ del tabaco** der Staat verfügt über das Tabakmonopol
monopolista [monopo'lista] *mf* (ECON) Monopolist(in) *m(f)*
monopolístico, -a [monopo'listiko, -a] *adj* monopolistisch, Monopol-
monopolización [monopoliθa'θjon] *f* Monopolisierung *f*
monopolizar [monopoli'θar] <z→c> *vt* (COM) monopolisieren; (*fig*) mit Beschlag belegen, in Beschlag nehmen; ~ **la atención de alguien** jds Aufmerksamkeit auf sich ziehen
monopoly® [mono'poli] *m* Monopoly *nt*
monoprogramación [monoproɣrama'θjon] *f* (INFOR) Einzelprogrammbetrieb *m*
monopsonio [monoβ'sonjo] *m* (ECON) Monopson *nt*, Nachfragemonopol *nt*
monóptero, -a [mo'noptero, -a] *adj* (ARQUIT) mit einer Säulenreihe; **templo** ~ runder Säulentempel *m*, Monopteros *m*
monoptongación [monoptoŋɡa'θjon] *f* (LING) Monophtongierung *f*
monoptongo [monp'toŋɡo] *m* (LING) Monophtong *m*
monorquidia [monor'kiðja] *f* (MED) Monorchie *f*, einseitige Anorchie *f*
monorraíl [monorra'il] I. *adj* (FERRO) mit einer Fahrschiene, Einschienen-
  II. *m* (FERRO) Einschienenbahn *f*
monorrimo, -a [mono'rrimo, -a] *adj* einreimig
monorrítmico, -a [mono'rriðmiko, -a] *adj* einrhythmisch
monosabio, -a [mono'saβjo, -a] *m, f* (TAUR) Assistent(in) *m(f)* eines Picadors
monosilábico, -a [monosi'laβiko, -a] *adj* einsilbig, (LING) monosyllabisch
monosílabo¹ [mono'silaβo] *m* einsilbiges Wort *nt*; (LING) Monosyllabum *nt*; **responder con ~s** einsilbig antworten
monosílabo, -a² [mono'silaβo, -a] *adj* einsilbig, (LING) monosyllabisch
monoteísmo [monote'ismo] *m* Monotheismus *m*
monoteísta [monote'ista] I. *adj* monotheistisch
  II. *mf* Monotheist(in) *m(f)*
monotelismo [monote'lismo] *m sin pl* (REL) Monotheletismus *m*
monotemático, -a [monote'matiko, -a] *adj* nur ein einziges Thema behandelnd; **hizo un discurso** ~ er/sie redete nur über ein einziges Thema
monotipia [mono'tipja] *f* (TIPO) ❶ (*aparato*) Monotype *f*
  ❷ (*técnica*) Monotypie *f*
monotipo [mono'tipo] *m v.* **monotipia**
monotonía [monoto'nia] *f* Eintönigkeit *f*, Monotonie *f*
monótono, -a [mo'notono, -a] *adj* eintönig, monoton; **poco a poco, el trabajo se iba haciendo** ~ die Arbeit wurde allmählich langweilig
monóxido [mo'noˠsiðo] *m* (QUÍM) Monoxid *nt*
monóxilo [mo'noˠsilo] *m* (NÁUT) Einbaum *m*
monseñor [monse'ɲor] *m* Monsignore *m*
monserga [mon'serɣa] *f* (*fam*) ❶ (*lengua*) dummes Geschwätz *nt*; **¡no me vengas con ~s!** hör auf mit dem Quatsch!
  ❷ (*lata*) Last *f*; **este trabajo es una ~** diese Arbeit geht mir auf die Nerven
monstruo ['monˢtrwo] *m* ❶ (*ser fantástico*) Monster *nt*, Ungeheuer *nt*
  ❷ (*feo*) Missgeburt *f*, Scheusal *nt*
  ❸ (*perverso*) Ungeheuer *nt*, Unmensch *m*
  ❹ (*artista*) Meister *m*
  ❺ (*loc*): **una actuación ~** eine Veranstaltung der Superlative
monstruosidad [monˢtrwosi'ðað] *f* ❶ (*cualidad*) Monstrosität *f*, Ungeheuerlichkeit *f*
  ❷ (*hecho*) Monstrosität *f*; **eso que dices es una ~** das, was du sagst, ist ja ungeheuerlich!
monstruoso, -a [monˢtru'oso, -a] *adj* ❶ (*desfigurado*) missgestaltet
  ❷ (*terrible*) abscheulich, grässlich
  ❸ (*enorme*) riesig
  ❹ (*loc*): **es ~ tener que estudiar durante el verano** es ist eine Zumutung, den Sommer über lernen zu müssen
monta ['monta] *f* ❶ (*de maquinaria*) Montage *f*; (*de joyas*) Einfassen *nt*
  ❷ (*de caballo*) Besteigen *nt*
  ❸ (*importe*) Endsumme *f*
  ❹ (*importancia*) Bedeutung *f*; **de poca ~** unbedeutend, unwichtig
montacargas [monta'karɣas] *m inv* (Lasten)aufzug *m*; (*en una obra*) Bauaufzug *m*; (*en una mina*) Förderkorb *m*
montadero [monta'ðero] *m* Stufe *f* zum Aufsteigen auf ein Pferd
montadito [monta'ðito] *m* (GASTR) eine kleine Brotschnitte mit Filet, Sardine oder anderem belegt
montado, -a [mon'taðo, -a] *adj* ❶ (*soldado*) beritten; **guardia montada** berittene Garde, Gardekavallerie *f*
  ❷ (*caballo*) gesattelt
montador¹ [monta'ðor] *m* (*equitación*) Stufe *f*, kleine Trittleiter *f* (*die das Aufsitzen erleichtert*)
montador(a)² [monta'ðor(a)] *m(f)* ❶ (TÉC: *de máquinas*) Monteur(in) *m(f)*; (*de grandes máquinas*) Maschinenschlosser(in) *m(f)*
  ❷ (CINE) Cutter(in) *m(f)*
montaje [mon'taxe] *m* ❶ (TÉC) Montage *f*, Zusammensetzung *f*; (*de una tribuna*) Aufbau *m*
  ❷ (CINE, FOTO) Montage *f*; ~ **fotográfico** Fotomontage *f*
  ❸ (TEAT) Inszenierung *f*
  ❹ (*engaño*) **todo esto es un ~**, **este asunto sólo es un ~** diese Sache ist ein abgekartetes Spiel; **este asunto es un ~ publicitario** diese Sache ist nur ein Propagandafeldzug
montánchez [mon'tantʃeθ] *m* (GASTR) Wein aus der Provinz Cáceres
montanera [monta'nera] *f* ❶ (*bellota*) Eichel- und Bucheckermast *f* der Schweine
  ❷ (*espacio temporal*) Zeit *f* der Eichel- und Bucheckermast
montanismo [monta'nismo] *m sin pl* (REL) Montanismus *m*
montante¹ [mon'tante] *m* ❶ (*importe*) Endsumme *f*; **~s monetarios compensadores** (ECON) Währungsausgleichsbeträge *mpl*
  ❷ (TÉC: *de máquina*) Ständer *m*; (*de escalera, ventana*) Pfosten *m*; (*de andamio*) Standleiter *f*
  ❸ (ARQUIT) Oberlicht *nt*
  ❹ (HIST: *espada*) (breites) Schwert *nt*
montante² [mon'tante] *f* Flut *f*
montaña [mon'taɲa] *f* ❶ (GEO: *monte*) Berg *m*; (*zona*) Gebirge *nt*; ~ **rusa** Achterbahn *f*; **alta ~** Hochgebirge *nt*; **media ~** Mittelgebirge *nt*; **prefiero la ~ al mar** ich ziehe die Berge [*o* das Gebirge] dem Meer vor; **la fe mueve ~s** der Glaube versetzt Berge
  ❷ (*de cosas*) Haufen *m*, Berg *m*; ~ **de deudas** Schuldenberg *m*
montañero, -a [monta'ɲero, -a] *m, f* Bergsteiger(in) *m(f)*
montañés, -esa [monta'ɲes, -esa] I. *adj* ❶ (*de la montaña*) Berg-, Gebirgs-
  ❷ (*de Santander*) aus Santander
  II. *m, f* Einwohner(in) *m(f)* Santanders
montañismo [monta'ɲismo] *m* Bergsteigen *nt*; **estas vacaciones hemos hecho mucho ~** in diesem Urlaub haben wir viel Zeit mit Bergsteigen verbracht
montañoso, -a [monta'ɲoso, -a] *adj* bergig, gebirgig
montaplatos [monta'platos] *m inv* Speiseaufzug *m*
montar [mon'tar] I. *vi* ❶ (*subir a una bici*) aufsteigen; (*a un caballo*) aufsitzen, aufsteigen; (*en un coche*) einsteigen (*en in +akk*)
  ❷ (*ir a caballo*) reiten; ~ **en bici** mit dem Fahrrad fahren, Rad fahren
  ❸ (FIN: *una cuenta*) sich belaufen (*a auf +akk*)
  ❹ (*dos cosas*) überlappen, übereinander liegen
  ❺ (*loc*): ~ **en cólera** in Zorn geraten; **tanto monta** [*o* **monta tanto**] **que vaya como que no** es ist einerlei [*o* egal], ob ich gehe oder nicht
  II. *vt* ❶ (*subir en un caballo*) besteigen, steigen (*auf +akk*); **no montes al niño en el alféizar** setz das Kind nicht auf's Fensterbrett; **no te montes ahí** steig [*o* klettere] da nicht hinauf
  ❷ (*ir a caballo*) reiten
  ❸ (*acaballar*) beschälen
  ❹ (TÉC: *máquina*) montieren, zusammenbauen, zusammensetzen; (*una tribuna*) aufbauen; (*tienda*) aufschlagen
  ❺ (*clara de huevo*) steif schlagen
  ❻ (*casa*) einrichten

montaraz ⑦ (*negocio*) eröffnen, errichten ⑧ (TEAT) inszenieren ⑨ (*diamante*) (ein)fassen ⑩ (*arma*) spannen ⑪ (CINE) cutten ⑫ (*fam: excursión*) aufziehen ⑬ (*guardia, ejército*) aufstellen ⑭ (*loc*): ~**la** Krach schlagen; ~ **un número** ein Riesentheater veranstalten III. *vr:* ~**se** ❶ (*solaparse*) sich überlappen ❷ (*fam: arreglárselas*): **¿cómo te lo montas con el trabajo?** wie kommst du mit der Arbeit zurecht?; **no nos lo montamos muy bien entre nosotros** wir kommen miteinander nicht klar; **me lo monto solo** ich komme alleine zurecht

montaraz [monta'raθ] *adj* ❶ (*salvaje*) wild ❷ (*resistente*) abgehärtet ❸ (*tosco*) ungehobelt ❹ (*arisco*) spröde, ungesellig

montazgo [mon'taθγo] *m* (HIST) Wegezoll *m* (*für den Zug des Viehs durch das Gebirge*)

monte ['monte] *m* ❶ (*montaña*) Berg *m;* **el ~ de los Olivos** der Ölberg ❷ (*bosque*) Wald *m;* ~ **alto** Hochwald *m;* ~ **bajo** Unterholz *nt;* **batir el** ~ (*cazar*) auf die Jagd gehen; (*buscar algo, a alguien*) den Wald durchforsten; **echarse al** ~ in den Untergrund gehen ❸ *pl* (*cordillera*) Gebirge *nt* ❹ (*loc*): ~ **de piedad** Pfandhaus *nt;* ~ **de Venus** Venusberg *m;* **no todo el** ~ **es orégano** (*prov*) ≈alles hat seine Tücken

montear [monte'ar] *vt* ❶ (*cazar*) jagen ❷ (ARQUIT) wölben

montefrío [monte'frio] *m* (GASTR) Roséwein aus der Provinz Guadalajara

monte-mesa [monte'mesa] *m* (GEO) Tafelberg *m*

montenegrino, -a [monteneˈɣrino, -a] I. *adj* montenegrinisch II. *m, f* Montenegriner(in) *m(f)*

Montenegro [monte'neɣro] *m* Montenegro *nt*

montepío [monte'pio] *m* ❶ (*caja para viudas*) Witwenkasse *f;* (*para huérfanos*) Waisenkasse *f* ❷ (*pensión de viuda*) Witwenrente *f;* (*de huérfano*) Waisengeld *nt,* Waisenrente *f*

montera [mon'tera] *f* ❶ *v.* **montero** ❷ (TAUR) Stierkämpferkappe *f;* **ponerse el mundo por** ~ auf die ganze Welt pfeifen ❸ (*de una galería*) Glasdach *nt*

montería [monte'ria] *f* (Treib)jagd *f*

montero, -a [mon'tero, -a] *m, f* Treiber(in) *m(f)*

montés, -esa [mon'tes, -esa] *adj* Wild-, wild; **gato** ~ Wildkatze *f;* **cabra montesa** iberischer Steinbock

montevideano, -a [monteβiðe'ano, -a] I. *adj* aus Montevideo II. *m, f* Einwohner(in) *m(f)* von Montevideo

montículo [mon'tikulo] *m* Hügel *m*

montilla [mon'tiʎa] *m* Montillawein *m*

monto ['monto] *m* Endsumme *f,* Gesamtbetrag *m*

montón [mon'ton] *m* Haufen *m;* **un ~ de ropa** ein Haufen [*o* Berg] Wäsche; **había un ~ de gente** es waren unheimlich viele Leute da; **tengo problemas a montones** ich habe Probleme ohne Ende; **tomo montones de pastillas** ich nehme Unmengen (von) Tabletten; **ser del** ~ ein Durchschnittsmensch sein; **tener una cara del** ~ ein Allerweltsgesicht haben; **la bomba atómica redujo Hiroshima a un ~ de escombros** die Atombombe legte Hiroshima in Schutt und Asche

montonera [monto'nera] *f* (*Am:* HIST) Freischar *f*

montonero, -a [monto'nero, -a] *m, f* (*Am:* HIST) Freischärler(in) *m(f),* Guerillero, -a *m, f*

montoneros [monto'neros] *mpl* (*Arg*): **los ~s** linke peronistische Guerilla

montura [mon'tura] *f* ❶ (*arnés*) Geschirr *nt;* (*silla*) Sattel *m;* **cabalgar sin** ~ ohne Sattel reiten ❷ (*animal*) Reittier *nt* ❸ (*de gafas*) Fassung *f,* Gestell *nt;* (*de una joya*) (Ein)fassung *f*

monumental [monumen'tal] *adj* ❶ (*grande*) enorm, kolossal *fam;* (*de importancia*) monumental; (*error*) gewaltig ❷ (*de monumento*): **el Madrid** ~ die Sehenswürdigkeiten Madrids

monumentalidad [monumentali'ðað] *f* Monumentalität *f*

monumentalizar [monumentali'θar] <z→c> *vt* monumentalisieren

monumento [monu'mento] *m* Denkmal *nt;* (*grande*) Monument *nt;* ~ **funerario** Grabmal *nt;* ~ **de la literatura** literarischer Meilenstein; **los ~s de una ciudad** die Sehenswürdigkeiten einer Stadt; **esta casa es un ~ nacional** dieses Haus steht unter Denkmalschutz; **esta chica es un ~** dieses Mädchen ist bildschön

monzón [mon'θon] *m o f* Monsun *m*

monzónico, -a [mon'θoniko, -a] *adj* Monsun-, monsunisch; **lluvia monzónica** Monsunregen *m*

moña ['mona] *f* ❶ (*lazo*) (Zier)schleife *f* ❷ (*fam: borrachera*) Rausch *m;* **estar ~** betrunken sein

moño ['mono] *m* ❶ (*pelo*) Haarknoten *m,* Dutt *m fam* ❷ (*lazo*) Schleife *f* ❸ (*plumas*) Federbusch *m* ❹ (*Col: capricho*) Marotte *f* ❺ (*Chil: pelo*) Haar *nt* ❻ (*Chil: copete*) Schopf *m* ❼ *pl* (*adornos*) Flitterkram *m* ❽ (*loc*): **quitar ~s a alguien** jdm einen Dämpfer versetzen; **ponerse ~s** prahlen, angeben; **estar hasta el ~ de algo** (*fam*) die Nase gestrichen voll von etw *dat* haben; **a Juan se le ha puesto en el ~ de pasar el invierno en Marruecos** Juan hat es sich *dat* in den Kopf gesetzt, den Winter in Marokko zu verbringen

mopa ['mopa] *f* Mopp *m*

MOPTMA ['moβðma] *m abr de* **Ministerio de Obras Públicas, Transportes y Medio Ambiente** Ministerium *nt* für Öffentliche Arbeiten, Transport und Umwelt

MOPU ['mopu] *m abr de* **Ministerio de Obras Públicas y Urbanismo** Bau- und Stadtplanungsministerium *nt*

moquear [moke'ar] *vi:* **estás moqueando** dir läuft die Nase

moqueo [mo'keo] *m* laufende Nase *f*

moquero [mo'kero] *m* Taschentuch *nt*

moqueta [mo'keta] *f* Teppichboden *m,* Auslegeware *f*

moquillo [mo'kiʎo] *m* (*de los perros*) Staupe *f;* (*de las aves de corral*) Pips *m*

mor [mor] *m:* **por ~ de algo** um etw *gen* willen

mora ['mora] *f* ❶ *v.* **moro** ❷ (BOT: *del moral*) Maulbeere *f;* (*de la zarzamora*) Brombeere *f* ❸ (JUR) Verzug *m;* ~ **del acreedor** [*o* **accipiendi**] Gläubigerverzug *m;* ~ **del deudor** Schuldnerverzug *m;* ~ **en la entrega** Lieferverzug *m;* **hacer incurrir a alguien en** ~ jdn in Verzug setzen

morada [mo'raða] *f* ❶ (*casa*) Wohnung *f* ❷ (*residencia*) Wohnsitz *m* ❸ (*estancia*) Aufenthalt *m;* **la eterna ~** das Jenseits

morado, -a [mo'raðo, -a] *adj* dunkelviolett; **poner un ojo ~ a alguien** jdm ein blaues Auge verpassen; **pasarlas moradas** Blut und Wasser schwitzen; **ponerse ~ (comiendo)** sich *dat* den Bauch voll schlagen *fam*

morador(a) [mora'ðor(a)] *m(f)* Bewohner(in) *m(f),* Einwohner(in) *m(f)*

moradura [mora'ðura] *f* blauer Fleck *m*

moral [mo'ral] I. *adj* ❶ (*ético*) moralisch, sittlich; **código ~** Moralkodex *m,* Sittenkodex *m;* **principio ~** Moralprinzip *nt;* **un espectáculo ~** eine Veranstaltung, die den sittlichen [*o* moralischen] Normen entspricht; **tengo la certidumbre ~** ich nehme mit Sicherheit an ❷ (*espiritual*) geistig
II. *f* ❶ (*ética*) Moral *f,* Sittlichkeit *f;* ~ **doble** Doppelmoral *f;* ~ **relajada** lockere Moralvorstellungen; **faltar a la ~** gegen die Moral verstoßen; **tú y yo no tenemos la misma ~** wir haben unterschiedliche Moralvorstellungen ❷ (*ciencia*) Moral *f,* Sittenlehre *f* ❸ (*ánimo*) Moral *f;* **la ~ del equipo** die Moral der Mannschaft; **comerle a alguien la ~** (*fam*) jdm den Mut nehmen; **levantar la ~ a alguien** jdn aufrichten; **hay que tener ~ para hacer eso** man muss echt viel Mut aufbringen, um das zu tun; **tener más ~ que el Alcoyano** sich nie geschlagen geben

moraleja [mora'lexa] *f* Moral *f,* lehrreiche Nutzanwendung *f*

moralidad [morali'ðað] *f* ❶ (*cualidad*) Moralität *f,* Sittlichkeit *f* ❷ (*moraleja*) Moral *f*

moralina [mora'lina] *f* Moralin *nt*

moralismo [mora'lismo] *m* Moralismus *m*

moralista [mora'lista] *mf* Moralist(in) *m(f)*

moralización [moraliθa'θjon] *f* Moralisierung *f,* Verbesserung *f* der Moral; ~ **de los paganos** Heidenbekehrung *f*

moralizador(a) [moraliθa'ðor(a)] I. *adj* moralisierend, erzieherisch; **un ejemplo ~** ein erzieherisches Beispiel
II. *m(f)* Moralprediger(in) *m(f) pey*

moralizante [morali'θante] *adj* moralisierend; **me soltó un discurso ~** er/sie hielt mir eine Moralpredigt

moralizar [morali'θar] <z→c> I. *vi* moralisieren
II. *vt* moralisch machen

morapio [mo'rapjo] *m* (*fam*) Rotwein *m*

morar [mo'rar] *vi* (*elev*) wohnen (*en* in +*dat*)

moratón [mora'ton] *m* blauer Fleck *m*

moratoria [mora'torja] *f* Aufschub *m,* Stundung *f,* Moratorium *nt elev;* (FIN) Zahlungsaufschub *m;* ~ **fiscal** Steuerstundung *f;* ~ **nuclear** Atomstopp *m;* **conceder una ~ a alguien** jdm Aufschub gewähren

moravo, -a [mo'raβo, -a] **I.** *adj* mährisch; **hermanos ~s** (REL) Mährische Brüder, Böhmische Brüder
II. *m, f* Mähre, -in *m, f*, Mährer(in) *m(f)*
morbidez [morβi'ðeθ] *f* Weichheit *f*, Zartheit *f*; (ARTE) Morbidezza *f*
morbididad [morβiði'ðað] *f sin pl* Erkrankungshäufigkeit *f*, Morbidität *f*
mórbido, -a ['morβiðo, -a] *adj* ① (*enfermo*) kränklich, morbid *elev*
② (*suave*) weich, zart; **colores ~s** morbide Farben
morbo ['morβo] *m* ① (*enfermedad*) Krankheit *f*
② (*interés malsano*) krankhaftes Interesse *nt*; **este partido de fútbol tiene mucho ~** dieses Fußballspiel erregt die Gemüter; **el color negro me da ~** die Farbe Schwarz turnt mich an *fam*
morbosidad [morβosi'ðað] *f* ① (*enfermedad*) Kränklichkeit *f*, Morbosität *f elev*
② (*de placer, imaginación*) Krankhaftigkeit *f*
morboso, -a [mor'βoso, -a] *adj* ① (*clima*) ungesund
② (*placer, imaginación*) krankhaft
morcajo [mor'kaxo] *m* (AGR) Mischkorn *nt*, Weizen- und Roggenmischung *f*
morcal [mor'kal] *m* ① (*tipo de embutido*) Wurst *f* im Naturdarm
② (*tripa para envolver embutido*) Naturdarm *m*
③ (*aceituna*) eine große Olivensorte
morciguillo [morθi'γiʎo] *m* (ZOOL) Fledermaus *f*
morcilla [mor'θiʎa] *f* ① (GASTR) Blutwurst *f*
② (TEAT) Extempore *nt*
③ (*Cuba: mentira*) Lüge *f*
④ (*loc*): **¡que te den ~!** (*vulg*) du kannst mich mal! *fam*
morcillo¹ [mor'θiʎo] *m* Haxe *f*
morcillo, -a² [mor'θiʎo, -a] *adj* (*caballo*) rotschwarz
morcillón [morθi'ʎon] *m* (GASTR) Riesenblutwurst *f* (*aus Schweinemagen*)
mordacidad [morðaθi'ðað] *f* ① (*de una palabra*) Bissigkeit *f*; (*de una crítica*) Schärfe *f*
② (*sabor*) Schärfe *f*
③ (*poder corrosivo*) Ätzkraft *f*
mordaga [mor'ðaγa] *f* Rausch *m*, Trunkenheit *f*
mordaz [mor'ðaθ] *adj* ① (*palabra*) bissig; (*crítica*) scharf
② (*sabor*) scharf
③ (*corrosivo*) ätzend
mordaza [mor'ðaθa] *f* ① (*en la boca*) Knebel *m*; **quieren ponerme una ~** man will mich mundtot machen
② (TÉC) (Spann)backe *f*, (Klemm)backe *f*
mordedor(a) [morðeðor(a)] *adj* bissig; **perro ladrador, poco ~** (*prov*) Hunde, die (viel) bellen, beißen nicht
mordedura [morðe'ðura] *f* ① (*acción*) Biss *m*
② (*herida*) Biss *m*, Bisswunde *f*
mordelón, -ona [morðe'lon, -ona] *m, f* (*Méx: fam*) bestechliche Verkehrspolizei *f*
mordente [mor'ðente] *m* ① (QUÍM) Beize *f*
② (MÚS) Mordent *m*
morder [mor'ðer] <o→ue> **I.** *vt* ① (*con los dientes*) beißen; **el perro me mordió el brazo** der Hund hat mir [*o* mich] in den Arm gebissen; **te voy a hacer ~ el polvo** ich mache dich fertig *fam*; **está que muerde** er/sie ist fuchsteufelswild
② (*algo una máquina*) einklemmen
③ (*una lima*) (ab)schleifen
④ (*el agua fuerte*) zersetzen
⑤ (*Am: estafar*) betrügen
II. *vr*: **~se** sich beißen; **~se las uñas** Nägel kauen; **~se la lengua** sich *dat* auf die Zunge beißen; **no ~se la lengua** kein Blatt vor den Mund nehmen
mordida [mor'ðiða] *f* ① (*Méx: fam: acción*) Bestechung *f*; (*dinero*) Bestechungsgeld *nt*
② (*Arg*) *v.* **mordisco**
mordido¹ [mor'ðiðo] *m* ① (*mordedura*) Biss *m*
② (*Am: dinero*) Bestechungsgeld *nt*
mordido, -a² [mor'ðiðo, -a] *adj* (*mueble*) abgestoßen
mordiente [mor'ðjente] *m* (*para textiles*) Beize *f*
② (*agua fuerte*) ätzende Substanz *f*
mordiscar [morðis'kar] <c→qu> *vt* knabbern (an +*dat*)
mordisco [mor'ðisko] *m* ① (*acción*) Biss *m*
② (*herida*) Bisswunde *f*
③ (*trozo*) Happen *m*, Bissen *m*
mordisquear [morðiske'ar] *vt* knabbern (an +*dat*)
morel [mo'rel] *m* (ARTE): **~ de sal** Karmesinrot *nt*
morena [mo'rena] *f* ① (ZOOL) Muräne *f*
② (*pan*) Schwarzbrot *nt*
③ (*de mieses*) Getreidehaufen *m*
④ (GEO) Moräne *f*
morenazo, -a [more'naθo, -a] **I.** *adj* (*fam*) attraktiv und braungebrannt

II. *m, f* (*fam*) braungebrannter, attraktiver Mensch *m*; **se ha ligado a una morenaza** er hat mit einer braunen Schönheit angebändelt
morenez [more'neθ] *f* Bräune *f* der Haut; (*bronceado*) (Sonnen)bräune *f*; **la ~ se consigue a base de horas de sol** man wird nur durch stundenlanges Sonnen braun
moreno¹ [mo'reno] *m* Bräune *f*
moreno, -a² [mo'reno, -a] **I.** *adj* dunkelfarbig; (*de piel*) dunkelhäutig, braun; (*de cabello*) dunkelhaarig; (*de ojos*) dunkeläugig; **ponerse ~** braun werden
II. *m, f* ① (*negro*) Farbige(r) *mf*
② (*Cuba: mulato*) Mulatte, -in *m, f*
morera [mo'rera] *f* (BOT) Maulbeerbaum *m*
moreral [more'ral] *m* (BOT) Maulbeerplantage *f*
morería [more'ria] *f* ① (*barrio*) Maurenviertel *nt*
② (*país*) maurisches Land *nt*
morete [mo'rete] *m* (*AmC*), **moretón** [more'ton] *m* (*fam*) blauer Fleck *m*
morfema [mor'fema] *m* (LING) Morphem *nt*
morfemático, -a [morfe'matiko, -a] *adj* (LING) morphematisch, morphemisch
morfina [mor'fina] *f* (QUÍM) Morphin *nt*, Morphium *nt*
morfinismo [morfi'nismo] *m* (MED) Morphinismus *m*, Morphin-Sucht *f*
morfinomanía [morfinoma'nia] *f* (MED) Morphin-Abhängigkeit *f*
morfinómano, -a [morfi'nomano, -a] **I.** *adj* morphiumsüchtig
II. *m, f* Morphinist(in) *m(f)*, Morphiumsüchtige(r) *mf*
morfogénesis [morfo'xenesis] *f inv* (ANAT) Morphogenese *f*, Morphogenie *f*
morfología [morfolo'xia] *f* (FILOS, BIOL, LING) Morphologie *f*
morfológico, -a [morfo'loxiko, -a] *adj* (FILOS, BIOL, LING) morphologisch
morfometría [morfome'tria] *f* (GEO) Morphometrie *f*
morfosicología [morfosikolo'xia] *f* (PSICO) Morphopsychologie *f*
morfosintaxis [morfosin'taxsis] *f inv* (LING) Morphosyntax *f*
morgue ['morɣe] *f* (*Am*) Leichenschauhaus *nt*
moribundo, -a [mori'βundo, -a] **I.** *adj* im Sterben liegend; (MED) moribund
II. *m, f* Sterbende(r) *mf*
moriche [mo'ritʃe] *m* ① (BOT) Mauritiuspalme *f*
② (ZOOL) Schwarzflügel-Trupial *m*
moridera [mori'ðera] *f* (PSICO) Todesahnung *f*
morigeración [morixera'θjon] *f* Mäßigung *f*
morigerado, -a [morixe'raðo, -a] *adj* ① (*moderado*) mäßig
② (*bien criado*) artig, wohlerzogen
③ (*de buenas costumbres*) anständig
morigerar [morixe'rar] *vt* mäßigen
morilla [mo'riʎa] *f* (BOT) Morchel *f*
morillo [mo'riʎo] *m* Feuerbock *m*
morir [mo'rir] *irr* **I.** *vi* ① (*perecer*) sterben (*de an* +*dat*); (*en catástrofe, guerra*) umkommen, ums Leben kommen, den Tod finden *elev*; (*en accidente*) tödlich verunglücken; **~ de hambre/de sed** verhungern/verdursten; **~ ahogado** (*en agua*) ertrinken; (*en humo*) ersticken; **~ de viejo** an Altersschwäche sterben; **en un incendio** in den Flammen umkommen; **ha muerto a causa de las graves heridas** er/sie ist seinen/ihren schweren Verletzungen erlegen; **~ al pie del cañón** bis zum letzten Atemzug arbeiten
② (*tarde*) zur Neige gehen; (*luz*) erlöschen; (*tradición*) aussterben; (*camino*) enden; (*río*) münden; (*sonido*) ersterben
II. *vr*: **~se** ① (*perecer*) sterben; **se le ha muerto su padre** sein/ihr Vater ist verstorben; **se ha muerto el gato/la planta** die Katze/die Pflanze ist eingegangen; **¡así te mueras!** hoffentlich krepierst du!
② (*con 'de'*): **~se de hambre/de sed** verhungern/verdursten; **~se de frío** erfrieren; **~se de vergüenza** sich zu Tode schämen; **~se de risa** sich totlachen; **~se de pena** vor Kummer sterben
③ (*con 'por'*): **me muero por conocer a tu nueva novia** ich brenne darauf, deine neue Freundin kennen zu lernen; **me muero (de ganas) por saber lo que te dijo** ich bin gespannt, was er/sie dir gesagt hat; **me muero por ella** ich bin total verrückt nach ihr
④ (*miembro del cuerpo*) einschlafen
morisco, -a [mo'risko, -a] **I.** *adj* Morisken-
II. *m, f* Moriske *mf*
morisqueta [moris'keta] *f* (*fam*) Streich *m*; (*con desprecio*) Verspottung *f*; **los huelguistas le hacían ~s a los policías desde su escondrijo** die Streikenden verspotteten die Polizisten von ihren Verstecken aus
morito [mo'rito] *m* (ZOOL) Braunsichler *m*
mormón, -ona [mor'mon, -ona] *m, f* Mormone, -in *m, f*
mormónico, -a [mor'moniko, -a] *adj* Mormonen-, mormonisch
mormonismo [mormo'nismo] *m sin pl* Mormonentum *nt*
moro, -a ['moro, -a] **I.** *adj* ① (*musulmán*) maurisch
② (*caballo*) mit einem weißen Fleck auf der Stirn

❸ (*fam: vino*) nicht verwässert
❹ (*fam: persona*) nicht getauft
II. *m, f* **❶** (*musulmán*) Maure, -in *m, f;* **ser un ~** (*fig fam*) sehr eifersüchtig sein; **¡hay ~s en la costa!** (*fig*) Vorsicht!; **¡no hay ~s en la costa!** (*fig*) die Luft ist rein!
❷ (*loc*): **bajar al ~** (*argot*) Stoff besorgen
morochas [mo'rotʃas] *fpl* (Ven) Zwillingsschwestern *fpl*
morocho, -a [mo'rotʃo, -a] *adj* (CSur: *trigueño*) brünett
morochos [mo'rotʃos] *mpl* (Ven) Zwillingsbrüder *mpl*
morona [mo'rona] *f* (Col) Brotkrume *f*, Krümel *m*
morondo, -a [mo'rondo, -a] *adj* (*sin pelos*) kahl; (*cabeza*) kahlköpfig; (*sin hojas*) kahl, nackt
moronía [moro'nia] *f* (GASTR) Eintopfgericht aus Auberginen, Tomaten, Zucchini und Paprika
morosa [mo'rosa] *adj o f v.* **moroso**
morosidad [morosi'ðað] *f* **❶** (*de deudor*) Säumigkeit *f*, Verzug *m*
❷ (*lentitud*) Langsamkeit *f*
moroso, -a [mo'roso, -a] I. *adj* **❶** (*deudor*) säumig
❷ (*elev: lento*) langsam; **un estilo ~** ein schwerfälliger Stil; **el río avanza de manera morosa** der Fluss fließt träge dahin
II. *m, f* säumiger Zahler *m*, säumige Zahlerin *f*
morquera [mor'kera] *f* (BOT) Bohnenkraut *nt*
morral [mo'rral] *m* **❶** (*de las caballerías*) Futtersack *m*, Futterbeutel *m*
❷ (*zurrón*) Rucksack *m*
❸ (Col: *grosero*) Grobian *m*
morralla [mo'rraʎa] *f* **❶** (*pescados menudos*) kleine Fische *mpl*
❷ (*gente*) Gesindel *nt*
❸ (*cosas*) Plunder *m*
❹ (*Méx: cambio*) Kleingeld *nt*
morrear(se) [morre'ar(se)] *vt, vr* (*vulg*) (sich) knutschen *fam*
morreo [mo'rreo] *m* (*vulg*) Knutschen *nt fam;* **darse un ~** (**con alguien**) (mit jdm) knutschen *fam*
morrilla [mo'rriʎa] *f* (BOT) wilde Artischocke *f*
morrillo [mo'rriʎo] *m* **❶** (*de res*) Fleischwulst *m*
❷ (*fam: de persona*) Stiernacken *m*
❸ (*canto rodado*) Kieselstein *m*
morriña [mo'rriɲa] *f sin pl* **❶** (*fam: nostalgia*) Heimweh *nt*
❷ (*de las ovejas*) Hydropsie *f*
morriñoso, -a [morri'ɲoso, -a] *adj* **❶** (*melancólico*) an Heimweh leidend, schwermütig; **se fue a su casa porque estaba morriñosa** sie kehrte nach Hause zurück weil sie Heimweh hatte
❷ (*enteco*) kränklich, schwächlich
morrión [mo'rrjon] *m* **❶** (*de armadura*) Sturmhaube *f*
❷ (MIL: *gorro*) ≈Tschako *m*
morro ['morro] *m* **❶** (*de un animal*) Maul *nt*, Schnauze *f*
❷ (*pey: de persona*) Maul *nt*, Schnauze *f;* **beber a ~** aus der Flasche trinken; **caer de ~s** (*fam*) auf die Schnauze fallen; **te voy a partir los ~s** (*fam*) ich poliere dir die Schnauze; **estar de ~(s)** schmollen; **poner** [*o* **torcer el**] **~** ein saures Gesicht machen; **tiene un ~ que se lo pisa** (*fam*) er/sie ist unglaublich unverschämt [*o frech*]; **lo hizo así, por el ~** (*fam*) er/sie hat das einfach aus Spaß so gemacht; **se quedó el dinero por** (**todo**) **el ~** er/sie hat das Geld einfach behalten
❸ (*de pistola*) Mündung *f;* (*de barco, avión, coche*) Nase *f*
❹ (*montículo*) Hügel *m*
❺ (*guijarro*) Kieselstein *m*
morrocotudo, -a [morroko'tuðo, -a] *adj* (*fam*) **❶** (*formidable*) spitze, klasse, irre
❷ (*susto, disgusto*) ungeheuer
morrón [mo'rron] I. *adj:* **pimiento ~** gebratene rote Paprika *f*
II. *m* (*fam: golpe*) Schlag *m*, Hieb *m*
morrudo, -a [mo'rruðo, -a] *adj:* **ser ~** wülstige Lippen haben
morsa ['morsa] *f* (ZOOL) Walross *nt*
morsana [mor'sana] *f* (BOT) Jochblatt *nt*
morse ['morse] *m* Morsealphabet *nt;* **aparato ~** Morseapparat *m;* **señal ~** Morsezeichen *nt*
mortadela [morta'ðela] *f* (GASTR) Mortadella *f*
mortaja [mor'taxa] *f* **❶** (*sábana*) Leichentuch *nt;* (*vestidura*) Totenhemd *nt*
❷ (TÉC) Zapfenloch *nt*
❸ (Am: *de cigarrillo*) Zigarettenpapier *nt*
mortal [mor'tal] I. *adj* **❶** (*sujeto a la muerte*) sterblich
❷ (*que la causa*) Tod-, tödlich; **peligro ~** Lebensgefahr *f;* **pecado ~** Todsünde *f;* **tener un odio ~ a alguien** jdn auf den Tod nicht leiden können; **dar un salto ~** einen Salto mortale machen
❸ (*pesado*) lästig; **el recorrido es ~** die Strecke ist tödlich; **esta película es ~** dieser Film ist todlangweilig
II. *mf* Sterbliche(r) *mf*
mortalidad [mortali'ðað] *f* **❶** (*cualidad*) Sterblichkeit *f*
❷ (*número*) Sterblichkeit(srate) *f,* Mortalität *f*

mortalmente [mortal'mente] *adv* **❶** (*de muerte*) tödlich; **la hirieron ~** sie wurde tödlich verwundet
❷ (*fam: totalmente*) total; **la película me aburrió ~** der Film hat mich tödlich gelangweilt
❸ (*fam: a muerte*) auf den Tod, wie die Pest; **le odio ~** ich hasse ihn wie die Pest
mortandad [mortan'dað] *f* Massensterben *nt;* **el virus ébola causó una ~ en Zaire** das Ebolavirus kostete in Zaire viele Menschenleben; **la ~ de la guerra en Ruanda** das Gemetzel in Ruanda
mortecino, -a [morte'θino, -a] *adj* (*luz*) trüb; (*color*) matt; (*fuego*) erlöschend
morterete [morte'rete] *m* Böller *m*
mortero [mor'tero] *m* **❶** (*cuenco*) Mörser *m*
❷ (MIL) Mörser *m,* Granatwerfer *m*
❸ (*cemento*) Mörtel *m*
morteruelo [morte'rwelo] *m* (GASTR) *ein Gericht aus zerkleinerter Schweineleber mit Semmelbröseln und Gewürzen*
mortífero, -a [mor'tifero, -a] *adj* tödlich, todbringend
mortificación [mortifika'θjon] *f* **❶** (MED) Absterben *nt*
❷ (*tormento*) Qual *f,* Plage *f*
❸ (REL) Kasteiung *f*
❹ (*humillación*) Demütigung *f*
mortificador(a) [mortifika'ðor(a)] *adj,* **mortificante** [mortifi'kante] *adj* **❶** (MED) absterbend **❷** (*que atormenta*) quälend, plagend
❸ (REL) kasteiend **❹** (*humillante*) demütigend
mortificar [mortifi'kar] <c→qu> I. *vt* **❶** (MED) absterben lassen
❷ (*atormentar*) quälen, plagen
❸ (REL) kasteien
❹ (*humillar*) demütigen
❺ (*carne,* GASTR) reifen lassen
II. *vr:* **~se ❶** (MED) absterben
❷ (*atormentarse*) sich grämen (*por* über +akk, wegen +gen/dat)
❸ (REL) sich kasteien
❹ (Méx: *avergonzarse*) sich schämen
mortinatalidad [mortinatali'ðað] *f* Säuglingssterblichkeit *f;* **la tasa de ~** die Säuglingssterblichkeitsrate
mortinato, -a [morti'nato, -a] I. *adj* tot geboren
II. *m, f* Totgeburt *f*
mortis causa ['mortis 'kaʊsa] (JUR) von Todes wegen
mortuorio, -a [mortu'orjo, -a] *adj* Sterbe-, Todes-; **esquela mortuoria** Todesanzeige *f*
morucho [mo'rutʃo] *m* **❶** (*tipo de toro salmantino*) halbwilder Stier aus Salamanca
❷ (TAUR: *toro negro*) schwarzer Stier *m*
morueco [mo'rweko] *m* (ZOOL) Schafbock *m;* (*destinado a la procreación*) Zuchtbock *m*
moruno, -a [mo'runo, -a] *adj* maurisch
mosaico¹ [mo'saiko] *m* Mosaik *nt;* **pavimento de ~** Mosaikfußboden *m;* **Europa es un ~ de lenguas** in Europa gibt es eine Vielfalt von Sprachen
mosaico, -a² [mo'saiko, -a] *adj* **❶** (*de Moisés*) Moses-, mosaisch
❷ (*de mosaico*) Mosaik-, mosaikartig
mosca ['moska] *f* **❶** (ZOOL) Fliege *f;* **por si las ~s** (*fam*) für alle Fälle; **estar con** [*o* **tener**] **la ~ en** [*o* **detrás de**] **la oreja** (*fam*) misstrauisch sein; **estar ~** (*fam: receloso*) misstrauisch sein; (*enfadado*) eingeschnappt sein; **no se oía el vuelo de una ~** man hätte eine Stecknadel fallen hören können; **papar ~s** (*fam*) Maulaffen feilhalten; **¿qué ~ te ha picado?** was ist denn in dich gefahren?; **andar cazando ~s** über den Wolken schweben
❷ (*barba*) Fliege *f*
❸ (*mancha*) kleiner schwarzer Fleck *m*
❹ (*persona*) Nervensäge *f fam*
❺ (*fam: dinero*) Kohle *f;* **aflojar** [*o* **soltar**] **la ~** blechen, Geld locker machen
❻ (*fam: chispa*) Funke *m*
moscada [mos'kaða] *adj:* **nuez ~** Muskatnuss *f*
moscarda [mos'karða] *f* (ZOOL) Schmeißfliege *f*
moscardón [moskar'ðon] *m* **❶** (*moscarda*) Schmeißfliege *f*
❷ (*tábano*) Bremse *f*
❸ (*avispón*) Hornisse *f*
❹ (*persona*) Nervensäge *f fam*
moscareta [moska'reta] *f* (ZOOL) Grauschnäpper *m*
moscarrón [moska'rron] *m* (*fam*) *v.* **moscardón**
moscatel [moska'tel] *m* **❶** (*vino*) Muskateller(wein) *m*
❷ (*uva*) Muskatelln *f,* Muskatellertraube *f*
moscón¹ [mos'kon] *m v.* **moscardón**
moscón, -ona² [mos'kon, -ona] *m, f* Nervensäge *f fam*
moscoso [mos'koso] *m* Sonderurlaubstag *m*
moscovita [mosko'βita] I. *adj* moskauisch; (HIST) moskowitisch

Moscú

II. *mf* Moskauer(in) *m(f)*; (HIST) Moskowiter(in) *m(f)*
Moscú [mos'ku] *m* Moskau *nt*
Mosela [mo'sela] *f* Mosel *f*
mosén [mo'sen] *m* (HIST) Pfarrer *m*
mosqueado, -a [moske'aðo, -a] *adj* ❶ (*fam: enfadado*) eingeschnappt; **estar ~ con alguien** auf jdn sauer sein
❷ (*moteado*) getüpfelt; (*vaca*) scheckig
mosqueador [moskea'ðor] *m* ❶ (*instrumento*) Fliegenwedel *m*
❷ (*fam: cola*) Schweif *m*
mosquear [moske'ar] I. *vt* verscheuchen
II. *vr:* **~se** (*fam: enfadarse*) einschnappen
mosqueo [mos'keo] *m* (*enfado*) Zorn *m*, Wut *f*; **cogió un ~ de aúpa** er/sie raste vor Wut
mosquerío [moske'rio] *m* (*fam*) Fliegenschwarm *m*
mosqueta [mos'keta] *f* (BOT) Goldröschen *nt*, Japanische Kerrie *f*
mosquete [mos'kete] *m* Muskete *f*
mosquetería [moskete'ria] *f* (MIL, TEAT) Musketiere *mpl*
mosquetero [moske'tero] *m* ❶ (*soldado*) Musketier *m*
❷ (*Arg, Bol: en una fiesta*) Zaungast *m*
mosquetón [moske'ton] *m* ❶ (*arma*) Karabiner *m*
❷ (*anilla*) Karabinerhaken *m*
mosquita [mos'kita] *f:* **~ muerta** Duckmäuser *m*; **se hace la ~ muerta** er/sie sieht aus, als ob er/sie keiner Fliege etwas zuleide tun könnte
mosquitera [moski'tera] *f*, **mosquitero** [moski'tero] *m* Moskitonetz *nt*
mosquito [mos'kito] *m* Stechmücke *f*; (*en zonas tropicales*) Moskito *m*
mostacera [mosta'θera] *f*, **mostacero** [mosta'θero] *m* Senftopf *m*
mostacho [mos'tatʃo] *m* ❶ (*bigote*) Schnurrbart *m*
❷ (*fam: mancha*) Gesichtsfleck *m*
mostachón [mosta'tʃon] *m* (GASTR) kleiner Mandelkuchen mit Zimt und anderen Gewürzen
mostaza [mos'taθa] *f* (*salsa, planta*) Senf *m*; (*semilla*) Senfsamen *m*; **~ blanca** weißer Senf; **~ negra** schwarzer Senf; **~ silvestre** (BOT) Ackersenf *m*; **gas ~** Senfgas *nt*; **(de) color ~** senffarben
mostela [mos'tela] *f* (AGR: *de mies*) Garbe *f*; (*de leña*) Bündel *nt*
mostellar [moste'ʎar] *m* (BOT) Mehlbeerbaum *m*
mostillo [mos'tiʎo] *m* (GASTR) ❶ (*masa*) Masse aus gekochtem Most mit Anis, Zimt und Nelke
❷ (*mosto*) junger Most *m*
❸ (*salsa*) Soße *f* aus Most und Senf
mosto ['mosto] *m* (Wein)most *m*; **~ de cerveza** Bierwürze *f*
mostrador [mostra'ðor] *m* ❶ (*tienda*) Ladentisch *m*, Verkaufstisch *m*; (*escaparate*) Schaufenster *nt*
❷ (*bar*) Theke *f*, Schanktisch *m*
❸ (*ventanilla*) Schalter *m*; **~ de facturación** Abfertigungsschalter *m*
mostrar [mos'trar] <o→ue> I. *vt* (*enseñar*) (vor)zeigen; **¡no muestres tu miedo!** lass dir deine Angst nicht anmerken!; **nos ~on su nueva casa** sie haben uns ihr neues Haus gezeigt; **tuvieron que ~ sus pasaportes** sie mussten ihre Pässe vorzeigen
II. *vr:* **~se** sich zeigen; **se mostró amigo** er zeigte sich freundlich
mostrenco, -a [mos'treŋko, -a] I. *adj* (*fam*) herrenlos; **bienes ~s** (JUR) herrenlose Güter
II. *m, f* (*pey*) dicker, schwerfälliger Mensch *m*
mota ['mota] *f* ❶ (*partícula*) Fremdkörper *m*; **se me ha metido una ~ (de polvo) en el ojo** ich habe ein Staubkorn ins Auge bekommen; **ve la ~ en el ojo ajeno, pero no quiere ver la viga en el propio** er/sie soll vor seiner/ihrer eigenen Tür kehren, bevor er/sie andere kritisiert
❷ (*mancha*) Fleck *m*; **tengo un vestido blanco a ~s verdes** ich habe ein Kleid mit großen grünen Punkten
❸ (*tejido*) Knötchen *nt*, Noppe *f*
❹ (*montaña*) einsamer Hügel *m*
motacilla [mota'θiʎa] *f* (ZOOL) Bachstelze *f*
mote ['mote] *m* ❶ (*apodo*) Spitzname *m*; **le pusieron un ~ cariñoso** sie haben ihm/ihr einen Kosenamen gegeben
❷ (*Arg, Chil, Perú: error*) Irrtum *m*
❸ (*frase en torneos*) Devise *f*
❹ (*Am: maíz*) gekochter Mais *m*
❺ (*Chil: guiso de trigo*) Weizenbrei *m*
moteado, -a [mote'aðo, -a] *adj* gefleckt, gesprenkelt
motear [mote'ar] *vt* tüpfeln
motejar [mote'xar] *vt* (*tildar*) bezeichnen (*de* als +*akk*); (*apodo*) einen Spitznamen geben +*dat*
motel [mo'tel] *m* Motel *m*
motero, -a [mo'tero, -a] *m, f* (*argot*) Biker(in) *m(f)*
motete [mo'tete] *m* ❶ (MÚS) Motette *f*
❷ (*AmS*) Tragekorb *m*
motilidad [motili'ðað] *f* Beweglichkeit *f*, Motilität *f*
motín [mo'tin] *m* Aufstand *m*, Meuterei *f*; **~ carcelario** Gefangenenmeuterei *f*

movedizo

motivación [motiβa'θjon] *f* ❶ (PSICO) Motivation *f*
❷ (*explicación*) Begründung *f*
motivador(a) [motiβa'ðor(a)] *adj* motivierend
motivar [moti'βar] *vt* ❶ (*incitar*) motivieren (*a* zu +*dat*); **los motivé y estudiaron con aplicación** ich habe sie motiviert, und sie haben fleißig gelernt
❷ (*explicar*) begründen (*con/en* mit +*dat*)
❸ (*provocar*) verursachen; **los puntos que motivan el presente contrato son...** (COM) die diesem Vertrag zugrunde [*o* zu Grunde] liegenden Punkte sind ...
motivo [mo'tiβo] *m* ❶ (*causa*) Grund *m*, Anlass *m*; (*crimen*) Motiv *nt*; **~s de apelación** (JUR) Berufungsgründe *mpl*; **~ de casación** (JUR) Revisionsgrund *m*; **~ de despido** [*o* **de baja**] Entlassungsgrund *m*; **~s de equidad** (JUR) Billigkeitsgründe *mpl*; **~s imperativos** zwingende Gründe; **~ principal** Hauptgrund *m*; **ello representó un ~ de alegría para todos** das war für alle ein Grund zur Freude; **con ~ de...** anlässlich +*gen*, wegen +*gen/dat*; **por este ~** deshalb; **carecer de ~ alguno** unbegründet sein; **él tendrá sus ~s para hacerlo así** er wird seine Gründe (dafür) haben, es so zu machen; **por este ~** aus diesem Grund; **por los ~s expuestos** (*formal*) aus den dargelegten Gründen
❷ (*composición, sello*) Motiv *nt*, Thema *nt*; (*tela*) Muster *m*
motmot [moðˈmoð] *m* (ZOOL) Diademsägeracke *f*, Motmot *m*
moto¹ ['moto] *f* (*fam*) Motorrad *nt*; **~ acuática** (DEP) Jet-Ski *m*; **ir en ~** Motorrad fahren; **iba como una ~** (*argot*) er war voll wie eine Haubitze
moto, -a² ['moto, -a] *adj* (*AmC: huérfano*) verwaist
motoball [moto'βal] *m* (DEP) Motoball *m*, Motorrad-Fußball *m*
motobomba [moto'βomba] *f* Motorpumpe *f*; **sacaron el agua del sótano inundado con una ~** sie schöpften das Wasser aus dem überfluteten Keller mit einer Motorpumpe
motocarro [moto'karro] *m* dreiräd(e)riger Lieferwagen *m*
motocicleta [motoθi'kleta] *f* Motorrad *nt*; (MIL) Kraftrad *nt*; **~ de carreras** Rennmotorrad *nt*; **~ con sidecar** Motorrad mit Beiwagen; **ir en ~** Motorrad fahren
motociclismo [motoθi'klismo] *m sin pl* Motorradsport *m*
motociclista [motoθi'klista] *mf* Motorradfahrer(in) *m(f)*
motociclo [moto'θiklo] *m* Kraftrad *nt*
motocross [moto'kros] *m sin pl* (DEP) Motocross *nt*
motocultivo [motokul'tiβo] *m* (AGR) maschinelle Bodenbearbeitung *f*
motocultor [motokul'tor] *m* (AGR) Zweirad-Einachstraktor *m*
motolita [moto'lita] *f* (ZOOL) Bachstelze *f*
motonáutica [moto'nautika] *f sin pl* (DEP) Motorbootsport *m*
motonave [moto'naβe] *f* Motorschiff *nt*
motoneta [moto'neta] *f* (*Am*) Motorroller *m*
motopesquero [motopes'kero] *m* (NÁUT) Motorfischerboot *nt*, motorbetriebenes Fischerboot *nt*
motopropulsión [motopropul'sjon] *f* (TÉC) Motorantrieb *m*
motopropulsor [motopropul'sor] *m* (TÉC) Triebwerk *nt*
motor¹ [mo'tor] *m* ❶ (TÉC: *t. fig*) Motor *m*; **~ de búsqueda** Suchmaschine *f*; **~ Diesel** Dieselmotor *m*; **~ de dos/cuatro tiempos** Zweitakt-/Viertaktmotor *m*; **~ de explosión** Verbrennungsmotor *m*; **~ fuera borda** Außenbordmotor *m*; **~ de gasolina** Benzinmotor *m*; **~ de popa** Heckmotor *m*; **~ de reacción** Düsentriebwerk *nt*; **vehículo de ~** Kraftfahrzeug *nt*; **encender** [*o* **poner en marcha**] **el ~** den Motor anlassen
❷ (*causa*) Beweggrund *m*; **el primer ~** (FILOS) der erste Beweger
motor(a)² [mo'tor(a)] *adj* ❶ (*causante*) bewegend, treibend
❷ (ANAT, PSICO): **nervio ~** Bewegungsnerv *m*
motora [mo'tora] *f* Motorboot *nt*
motorismo [moto'rismo] *m sin pl* (DEP) Motorsport *m*
motorista [moto'rista] *mf* ❶ (DEP) Motorradfahrer(in) *m(f)*
❷ (*chófer*) Kraftfahrer(in) *m(f)*
❸ (*policía*) Polizist(in) *m(f)* auf einem Motorrad
motorización [motoriθa'θjon] *f sin pl* Motorisierung *f*
motorizado, -a [motori'θaðo, -a] *adj* motorisiert
motorizar [motori'θar] <z→c> *vt* motorisieren
motorola® [moto'rola] *m* Handy *nt*
motorreactor [motorreak'tor] *m* (TÉC) Strahltriebwerk *nt*, Rückstoßtriebwerk *nt*
motosierra [moto'sjerra] *f* Motorsäge *f*
motriz [mo'triθ] *adj* antreibend, bewegend; **fuerza ~** Triebkraft *f*
motu propio ['motu 'propjo] aus freiem Willen, aus eigenem Antrieb; **ha recogido el cuarto ~** er hat freiwillig sein Zimmer aufgeräumt
mountain bike ['mountan βaik] *f inv* Mountainbike *nt*
mountain-biker ['mountan 'baiker] <mountain-bikers> *mf* Mountainbikefahrer(in) *m(f)*
mousse [mus] *m* Mousse *f*
movedizo, -a [moβe'ðiθo, -a] *adj* ❶ (*móvil*) beweglich; **arenas movedizas** Treibsand *m*
❷ (*inconstante*) wankelmütig

mover [mo'βer] <o→ue> **I.** *vt* ❶ (*desplazar*) bewegen; **el perro movía la cola** der Hund wedelte mit dem Schwanz; **movió la cabeza** er/sie schüttelte den Kopf
❷ (*ajedrez*) ziehen
❸ (*incitar*) bewegen; **el menguado sueldo le ~á a buscar otro trabajo** der miserable Lohn wird ihn/sie dazu bringen, sich *dat* eine andere Arbeit zu suchen
❹ (INFOR) verschieben; **~ archivo** eine Datei verschieben
❺ (*loc*): **~ a compasión** Mitleid erregen; **~ a lágrimas** zu Tränen rühren
II. *vr:* **~se** sich bewegen; **¿nos movemos o qué?** gehen wir nun oder nicht?; **¡venga, muévete!** los, nun mach schon!

movible [mo'βiβle] *adj* ❶ (*pieza*) beweglich
❷ (*carácter*) wankelmütig

movida [mo'βiða] *f* (*argot*) Szene *f*; **¡qué ~!** (*lío*) was für ein Durcheinander!; (*ambiente*) was für eine Bombenstimmung!

movido, -a [mo'βiðo, -a] *adj* ❶ (*foto*) verwackelt
❷ (*agitado*) bewegt; **la sesión ha sido muy movida** die Sitzung war sehr lebhaft; **he tenido un día muy ~** heute war bei mir viel los
❸ (MÚS) schnell
❹ (*Guat, Hond: raquítico*) verkümmert

móvil ['moβil] **I.** *adj* beweglich, mobil; **escala ~ de salarios** (ECON) gleitende Lohnskala; **mano de obra ~** (ECON) mobile Arbeitskräfte
II. *m* ❶ (FÍS) Körper *m* (*der sich bewegt*)
❷ (ARTE) Mobile *nt*
❸ (*crimen*) Motiv *nt*
❹ (*teléfono*) Handy *nt*

movilidad [moβili'ðað] *f sin pl* Beweglichkeit *f*, Mobilität *f*; **~ geográfica** geografische Mobilität; **la ~ es un factor muy importante de la economía** Mobilität ist ein wichtiger Faktor in der Wirtschaft

movilización [moβiliθa'θjon] *f* ❶ (*recursos, tropas*) Einsatz *m*, Mobilisierung *f*
❷ (*huelga*) Streik *m*
❸ (*dinero*) Flüssigmachen *nt*, Bereitstellung *f*

movilizar [moβili'θar] <z→c> *vt* ❶ (*ejército, recursos, fuerzas*) mobilisieren, einsetzen
❷ (*dinero*) bereitstellen, flüssig machen

movimiento [moβi'mjento] *m* ❶ (FÍS) Bewegung *f*; **~ ondulatorio** Wellenbewegung *f*; **~ rectilíneo** geradlinige Bewegung; **~ de rotación** Drehbewegung *f*, Rotationsbewegung *f*; **~ de traslación** (ASTR) Kreisbewegung *f* der Planeten auf ihrer Bahn; **~ vibratorio** Vibration *f*, Schwingbewegung *f*; **hacer ~s** (ARQUIT) sich setzen; **poner en ~** in Bewegung [*o* Gang] setzen; **había mucho ~ en las tiendas** in den Geschäften war viel Betrieb
❷ (*ajedrez*) Zug *m*
❸ (MÚS) Tempo *nt*; (*fragmento*) Satz *m*
❹ (HIST, LIT) Bewegung *f*; **el M~ (Nacional)** der Franco-Putsch; **~ migratorio** Wanderbewegung *f*; **~ obrero** Arbeiterbewegung *f*; **~ popular** Volksbewegung *f*
❺ (COM) Umsatz *m*; **~s bursátiles** Börsengeschäfte *ntpl*; **~ de caja** Kassenumsatz *m*; **~ de los cambios** [*o* **de las cotizaciones**] Kursverschiebung *f*; **~ de capitales** Kapitalverkehr *m*, Kapitalbewegungen *fpl*; **~ de cuenta** Kontobewegung *f*; **~ de mercancías** Warenumschlag *m*
❻ (*esgrima*) Stellungswechsel *m*

moviola® [mo'βjola] *f* Zeitdehner *m*; **ahora vemos la secuencia en ~** jetzt sehen wir die Szene in Zeitlupe

moya ['moja] *m* (*Chil*) Krethi und Plethi, Hinz und Kunz; **llama a tu hermano, a tu primo o a ~** ruf deinen Bruder, deinen Vetter oder sonst jemanden

moyo ['mojo] *m* Weinmaß: 258 Liter

moyuelo [mo'jwelo] *m* feinste Kleie *f*

moza ['moθa] *f* ❶ (*chica*) Mädchen *nt*; **¡está ya hecha una ~!** sie ist schon ein großes Mädchen!
❷ (*criada*) Magd *f*, Dienerin *f*; **~ de cámara** Dienstmädchen *nt*
❸ (*pala*) (Wäsche)bleuel *m*
❹ (*sartén*) Pfannenhalter *m*

mozalbete [moθal'βete] *m* junger Bursche *m*

Mozambique [moθam'bike] *m* Mozambique *nt*

mozambiqueño, -a [moθambi'keɲo, -a] **I.** *adj* aus Mozambique
II. *m, f* Bewohner(in) *m(f)* von Mozambique

mozárabe [mo'θaraβe] **I.** *adj* mozarabisch
II. *mf* Mozaraber(in) *m(f)* (*unter maurischer Herrschaft lebender Spanier*)

mozartiano, -a [moθar'tjano, -a] *adj* Mozart-

mozo¹ ['moθo] *m* ❶ (*criado*) Diener *m*, Knecht *m*; **~ de café** Kellner *m*; **~ de estación** Gepäckträger *m*
❷ (*soldado*) Wehrpflichtige(r) *m*

mozo, -a² ['moθo, -a] **I.** *adj* ❶ (*joven*) jung; **la gente moza de hoy en día no tiene miedo de nada** die Jugend von heute schreckt vor nichts zurück
❷ (*soltero*) ledig
II. *m, f* (*chico, -a*) Junge *m*, Mädchen *nt*; (*joven*) junger Mann *m*, junge Frau *f*; **¡pero si estás hecho un ~!** (*a un chico*) du bist ja schon ein richtiger junger Mann!; (*a un adulto*) du hast dich aber gut gehalten!

mozón, -ona [mo'θon, -ona] *adj* (*Perú*) Spaßmacher(in) *m(f)*, Witzbold *m*

mozonada [moθo'naða] *f* (*Perú*) Spaß *m*, Scherz *m*

mozonear [moθone'ar] *vi* (*Perú*) Spaß machen, scherzen

mozuelo, -a [mo'θwelo, -a] *m, f dim de* **mozo**²

mozzarella [moᵈsa'rela] *f* (GASTR) Mozzarella *m*

mu [mu] **I.** *interj* (*vaca*) muh
II. *m*: **no dijo ni ~** er/sie hat keinen Piep gesagt

muaré [mwa're] *m* Moiré *m o nt*

mucamo, -a [mu'kamo, -a] *m, f* (*Am*) Diener(in) *m(f)*; (*mujer*) Dienstmädchen *nt*

múcara ['mukara] *f* (NÁUT) Untiefen *fpl*

muceta [mu'θeta] *f* (*del doctor, juez*) Robe *f*; (*de prelados*) Mozzetta *f*

muchacha [mu'tʃatʃa] *f v.* **muchacho**

muchachada [mutʃa'tʃaða] *f* (*Am*) junge Leute *pl*

muchacho, -a [mu'tʃatʃo, -a] *m, f* ❶ (*mozo*) Junge *m*, junger Mann *m*; (*moza*) Mädchen *nt*, junge Frau *f*; **es una gran muchacha** sie ist ein sehr nettes Mädchen
❷ (*criado*) Diener *m*, Knecht *m*; (*criada*) Dienstmädchen *nt*; **muchacha para todo** Mädchen für alles

muchedumbre [mutʃe'ðumbre] *f* ❶ (*de cosas*) Menge *f*; **salió volando una ~ de pájaros** ein großer Vogelschwarm flog auf
❷ (*de personas*) Menschenmenge *f*, viele Leute *pl*

muchitanga [mutʃi'taŋga] *f* (*PRico: populacho*) Pöbel *m*, Mob *m*

mucho, -a ['mutʃo, -a] **I.** *adj* viel; **este plato lleno es ~ para ella** dieser volle Teller ist zu viel für sie; **hace ya ~ tiempo que no pasa por aquí** es ist schon lange her, dass er/sie vorbeigekommen ist; **muchas veces tiene razón** oft hat er/sie Recht; **en ~s casos se equivoca** in vielen Fällen irrt er/sie sich; **esto ya es ~ para mí** das ist schon zu viel für mich; **eso me parece ~ decir** das scheint mir etwas gewagt; **mal de ~s, consuelo de tontos** (*prov*) geteiltes Leid ist halbes Leid
II. *adv* sehr, viel; **a él le molestaba ~ su comportamiento** sein/ihr Verhalten störte ihn sehr; **en la fiesta bebimos ~** auf dem Fest haben wir viel getrunken; **resiste ~ bajo el agua** er/sie kann lange unter Wasser bleiben; **nos viene a ver ~** er/sie kommt oft zu uns zu Besuch; **no he ~ estuvo aquí** vor kurzem war er/sie hier; **es con ~ el más simpático** er ist mit Abstand [*o* bei weitem] der Netteste; **¡pero que muy ~!** aber hallo!; **lo tenemos en ~** wir schätzen ihn sehr; **por ~ que se esfuercen, no lo conseguirán** wie sehr sie sich auch anstrengen, sie werden es nicht schaffen; **lo sentimos ~** es tut uns leid sehr; **no era nuestra intención molestarle ni ~ menos** wir wollten Sie wirklich nicht stören; **tiene cincuenta años, como ~** er/sie ist höchstens fünfzig (Jahre alt)

mucilaginoso, -a [muθilaxi'noso, -a] *adj* schleimartig, schleimig

mucílago [muθi'layo] *m*, **mucílago** [mu'θilayo] *m* (*vegetal*) Pflanzenschleim *m*; (*solución*) schleimige Lösung *f*

mucina [mu'θina] *f* (BIOL, QUÍM) Schleimstoff *m*, Muzin *nt*

mucosa [mu'kosa] *f* (ANAT) Schleimhaut *f*; **~ estomacal** Magenschleimhaut *f*

mucosidad [mukosi'ðað] *f* ❶ (*moco*) Schleim *m*
❷ *pl* (*esputo*) Schleimauswurf *m*

mucoso, -a [mu'koso, -a] *adj* schleimig; **membrana mucosa** Schleimhaut *f*; **glándula mucosa** Schleimdrüse *f*

muda ['muða] *f* ❶ *v.* **mudo**
❷ (*ropa interior*) Unterwäsche *f* (*zum Wechseln*); (*cama*) (Bettwäsche)garnitur *f*, Bettwäsche *f*
❸ (*serpiente*) Häuten *n*
❹ (*pájaro*) Mauser *f*
❺ (*pelo*) Haarwechsel *m*
❻ (*voz*) Stimmbruch *m*; **estar de ~** im Stimmbruch sein

mudable [mu'ðaβle] *adj* veränderlich

mudada [mu'ðaða] *f* (*AmC, AmS: traslado*) Umzug *m*

mudadizo, -a [muða'ðiθo, -a] *adj* wankelmütig, wechselhaft; **tiene una palabra muy mudadiza** er/sie ändert seine/ihre Meinung ziemlich häufig

mudamente [muða'mente] *adv* stumm, ohne ein Wort zu sagen; **cuando le preguntaron que si se tenía familia asintió ~** als sie ihn fragten, ob er Familie hätte, nickte er stumm mit dem Kopf

mudanza [mu'ðanθa] *f* ❶ (*casa*) Umzug *m*; **camión de ~s** Möbelwagen *m*; **empresa de ~s** Transportunternehmen *nt*, Spedition *f*; **estamos de ~** wir ziehen um
❷ (*baile*) Tanzfigur *f*

mudar [mu'ðar] **I.** *vi, vt* ❶ (*cambiar*) ändern, wechseln (*de +akk*); (*pluma*) sich mausern; (*piel*) sich häuten; (*pelo*) das Haar wechseln;

mudéjar

(*voz*) mutieren; **~ de color** die Farbe (ver)ändern; **los años le han mudado el** [*o* **de**] **carácter** mit dem Alter hat sich sein/ihr Charakter verändert
❷ (*ropa*) umziehen; **muda al niño tres veces al día** er/sie zieht das Kind dreimal am Tag um
II. *vr:* **~se** ❶ (*casa*) umziehen; **nos mudamos (de aquí)** wir ziehen aus; **se mudan a Granada** sie ziehen nach Granada; **se mudan a una casa nueva** sie ziehen in ein neues Haus
❷ (*ropa*) sich umziehen; **se muda de ropa cada dos por tres** er/sie zieht sich ständig um

mudéjar [muˈðexar] I. *adj* Mudejar-; **estilo ~** Mudejarstil *m*
II. *m* Mudejar *m* (*unter christlicher Herrschaft lebender Maure, 12.–16.Jh.*)

mudez [muˈðeθ] *f sin pl* Stummheit *f*; (*silencio*) Schweigen *nt*

mudo, -a [ˈmuðo, -a] I. *adj* stumm; **letra muda** (LING) stummer Buchstabe; **es una famosa película del cine** ~ das ist ein berühmter Stummfilm; **ser ~ de nacimiento** von Geburt an stumm sein; **quedarse ~ de asombro** vor Staunen sprachlos werden
II. *m, f* Stumme(r) *mf*; **lenguaje para los ~s** Gebärdensprache *f*

mueble [ˈmweβle] *m* ❶ (*una pieza*) Möbelstück *nt*; **~ bar** Hausbar *f*; **~ biblioteca** Bücherwand *f*; **~ cama** Klappbett *nt*, Schrankbett *nt*; **~ zapatero** Schuhschrank *m*; **~ de cocina** Küchenschrank *m*
❷ *pl* Möbel *pl*; **~s de cocina** Einbauküche *f*; **~s de época** antike Möbel; **~s de estilo** Stilmöbel *pl*; **~s tapizados** Polstermöbel *pl*
II. *adj:* **bienes ~s** Mobiliar *pl*, bewegliche Güter *ntpl*

mueblería [mweβleˈria] *f* ❶ (*fábrica*) Möbelfabrik *f*; (*taller*) Möbelwerkstatt *f*
❷ (*comercio*) Möbelgeschäft *nt*; **el que nos atendió en la ~ me pareció muy agradable** ich fand die Bedienung im Möbelhaus sehr angenehm

mueblista [mweˈβlista] *mf* ❶ (*fabricante*) Möbelhersteller(in) *m(f)*
❷ (*vendedor*) Möbelhändler(in) *m(f)*

mueca [ˈmweka] *f* Grimasse *f*; **hacer ~s** Gesichter schneiden

muecín [mweˈθin] *m* (REL) Muezzin *m*

muégano [ˈmweɣano] *m* (*Méx:* GASTR) Maiskuchen mit Konfitüre

muela [ˈmwela] *f* ❶ (*diente*) Backenzahn *m*; **~ cariada** [*o* **picada**] kariöser Zahn; **no me han salido las ~s del juicio** meine Weisheitszähne sind noch nicht herausgekommen; **hoy me sacaron** [*o* **extrajeron**]/**empastaron dos ~s** heute habe ich zwei Backenzähne gezogen/plombiert bekommen
❷ (*molino*) Mühlstein *m*
❸ (*para afilar*) Schleifscheibe *f*
❹ (*cerro*) Hügel *m*

muellaje [mweˈʎaxe] *m* (NÁUT) Kaigebühren *fpl*

muelle [ˈmweʎe] I. *m* ❶ (*resorte*) Sprungfeder *f*; (*reloj*) Uhrfeder *f*; **~ de ballesta** Blattfeder *f*; **colchón de ~s** Sprungfedermatratze *f*
❷ (*puerto*) Mole *f*, Kai *m*; **~ flotante** Landungsbrücke *f*; **atracar en el ~** am Kai anlegen
❸ (*andén*) Rampe *f*
II. *adj* mollig, weich; **se dio a la vida ~** er/sie machte sich *dat* ein bequemes Leben

muelo [ˈmwelo] *m* (AGR) Haufen *m* gedroschenes Korn (*in der Tenne*)

muequear [mwekeˈar] *vi* Grimassen schneiden; **se pasa toda la clase muequeando** während des ganzen Unterrichts macht er/sie Fratzen

muérdago [ˈmwerðaɣo] *m* (BOT) Mistel *f*

muerdo [ˈmwerðo] *m* (*fam: mordisco*) Beißen *nt*, Biss *m*

muergo [ˈmwerɣo] *m* (ZOOL: *navaja*) Schwertmuschel *f*

muermera [mwerˈmera] *f* (BOT) eine Waldrebenart

muermo [ˈmwermo] *m* ❶ (*caballo*) Rotz *m*
❷ (*argot*): **¡qué ~!** wie öde!

muerta [ˈmwerta] *adj* *o* *f* *v.* **muerto**

muerte [ˈmwerte] *f* Tod *m*, Sterben *nt*; (*destrucción*) Vernichtung *f*; (*asesinato*) Mord *m*; **~ civil** bürgerlicher Tod; **~ forestal** Waldsterben *nt*; **~ a traición** Meuchelmord *m*, heimtückischer Mord; **~ violenta** gewaltsamer Tod; **pena de ~** Todesstrafe *f*; **morir de ~ natural** eines natürlichen Todes sterben; **a ~** erbarmungslos; **le tengo tipo lo odio a ~** ich hasse diesen Typen wie die Pest; **dar ~ a alguien** (*elev*) jdn töten; **de mala ~** elend, lausig; **era un pueblo de mala ~** es war ein elendes Dorf; **hasta la ~** bis zum Tod; **hasta que la ~ os separe** (*matrimonio*) bis dass der Tod euch scheidet; **en caso de ~** im Todesfalle; **estar entre la vida y la ~** zwischen Leben und Tod schweben; **luchar contra la ~** mit dem Tode ringen; **está enfermo de ~** er ist todkrank; **llevarse un susto de ~** zu Tode erschrecken; **lo condenaron a ~** sie haben ihn zum Tode verurteilt; **en el lecho de ~** am Sterbebett

muerto, -a [ˈmwerto, -a] I. *pp de* **morir**
II. *adj* tot; **cal muerta** gelöschter Kalk; **horas muertas** Mußestunden *fpl*; **naturaleza muerta** Stillleben *nt*; **estoy ~ (de cansancio)** ich bin totmüde; **estoy ~ de hambre/sed** ich sterbe fast vor Hunger/Durst; **algo está ~ de risa** (*fam*) etw ist völlig unnütz; **estar más ~ que vivo** mehr tot als lebendig sein; **para mí esa está muerta** für mich existiert sie nicht mehr; **no tener dónde caerse ~** (*fam pey*) bettelarm sein; **las manos muertas** (JUR) die tote Hand
III. *m, f* Tote(r) *mf*; (*difunto*) Verstorbene(r) *mf*; (*cadáver*) Leiche *f*; **están tocando a ~** sie läuten die Totenglocken; **ahora me cargan el ~ a mí** jetzt wollen sie mir den schwarzen Peter zuschieben; **hacerse el ~** den toten Mann spielen; **hacer el ~ (nadando)** den toten Mann machen; **ese es un ~ de hambre** das ist ein Hungerleider

muesca [ˈmweska] *f* Kerbe *f*, Einschnitt *m*; **~ de protección contra escritura** Schreibschutzkerbe *f*

muesli [ˈmwesli] *m* Müsli *nt*

muestra [ˈmwestra] *f* ❶ (*mercancía*) (Waren)muster *nt*, Modell *nt*; **~ gratuita** Gratisprobe *f*; **~ industrial** gewerbliches Muster; **feria de ~s** Messe *f*, Ausstellung *f*; **vender según ~** nach Muster verkaufen; **por la ~ se conoce el paño** (*prov*) der Apfel fällt nicht weit vom Stamm
❷ (*prueba*) Probe *f*; **~ hecha al azar** Stichprobe *f*; **sacar** [*o* **tomar**] **una ~** eine Probe entnehmen
❸ (*demostración*) Beweis *m*; **dar ~(s) de valor** seinen Mut beweisen; **de ~, un botón** ein Beispiel möge genügen
❹ (*de labores*) Muster *nt*; **~ de bordado/punto** Stick-/Strickmuster *nt*
❺ (*rótulo*) Schild *nt*

muestrario [mwesˈtrarjo] *m* Katalog *m*, Musterbuch *nt*

muestreo [mwesˈtreo] *m* Stichprobenentnahme *f*

muflón [muˈflon] *m* (ZOOL) Mufflon *m*

mugido [muˈxiðo] *m* ❶ (*vaca*) Gebrüll *nt*, Brüllen *nt*
❷ (*viento, mar*) Brausen *nt*, Tosen *nt*

múgil [ˈmuxil] *m* (ZOOL) Großkopf *m*, Gestreifte Meeräsche *f*

mugir [muˈxir] <g→j> *vi* ❶ (*vaca*) brüllen
❷ (*fig: viento*) heulen
❸ (*fig: agua*) brausen, tosen

mugre [ˈmuɣre] *f sin pl* (Woll)schmutz *m*

mugriento, -a [muˈɣrjento, -a] *adj* schmutzig, schmierig

mugrón [muˈɣron] *m* (BOT) Ableger *m*, Senker *m*

mugroso, -a [muˈɣroso, -a] *adj v.* **mugriento**

muguete [muˈɣete] *m* (BOT) Maiglöckchen *nt*

mujer [muˈxer] *f* Frau *f*; (*esposa*) Ehefrau *f*; **~ cañón** (*fam*) Superfrau *f*; **~ de edad** alte Frau; **~ fácil** leichtes Mädchen; **~ fatal** Femme fatale *f*; **~ de la limpieza** Putzfrau *f*; **~ pública** [*o* **de la calle**] Dirne *f*; **es una ~ de rompe y rasga** das ist eine Frau, die weiß, was sie will; **le presento a mi ~** ich möchte Ihnen meine Frau vorstellen; **es una ~ de su casa** sie ist eine gute Hausfrau; **tomar ~** heiraten; **está hecha toda una ~** sie ist schon eine richtige Frau; **esto es cosa de ~es** das ist Frauensache; **ya ser ~** die Menstruation schon bekommen

mujercilla [muxerˈθiʎa] *f* (*pey*) leichtes Mädchen *nt*; **el barrio chino está lleno de ~s** das Chinesenviertel ist voller zweifelhafter Damen

mujercita [muxerˈθita] *f dim de* **mujer**

mujerero, -a [muxeˈrero, -a] *adj* (*AmC, AmS*) *v.* **mujeriego²**

mujeriego¹ [muxeˈrjeɣo] *m* Frauenheld *m*

mujeriego, -a² [muxeˈrjeɣo, -a] *adj* Frauen-; **cabalgar a la mujeriega, montar a mujeriegas** im Damensattel reiten, nach Frauenart reiten

mujeril [muxeˈril] *adj* ❶ (*femenino*) weiblich
❷ (*afeminado*) verweiblicht

mujerío [muxeˈrio] *m* Frauen *fpl*

mujerona [muxeˈrona] *f* große, stattliche Frau *f*

mujerzuela [muxerˈθwela] *f* (*pey: prostituta*) Nutte *f*, Flittchen *nt*

mújol [ˈmuxol] *m* (ZOOL) gemeine Meeräsche *f*, Großkopf *m*

mula [ˈmula] *f* Maultier *nt*; **mozo de ~s** Stallknecht *m*

muladar [mulaˈðar] *m* (*basurero*) Mülldeponie *f*; (*estiércol*) Mistgrube *f*

muladí [mulaˈði] *mf* zu Zeiten der arabischen Herrschaft in Spanien: Christ, der den moslemischen Glauben annahm

mulata [muˈlata] *f* (ZOOL) Felsenkrabbe *f*

mulato, -a [muˈlato, -a] I. *adj* Mulatten-; (*color*) dunkelbraun
II. *m, f* Mulatte, -in *m, f*

mulero, -a [muˈlero, -a] *m, f* (*RíoPl*) ❶ (*fam: mentiroso*) Schwindler(in) *m(f)*
❷ (*fam: tramposo*) Schummler(in) *m(f)*

muleta [muˈleta] *f* ❶ *v.* **muleto**
❷ (*apoyo*) Krücke *f*; **andar con ~s** an Krücken gehen
❸ (TAUR) Muleta *f* (*rotes Tuch beim Stierkampf*); **pasar de ~ al toro** dem Stier die Muleta entgegenhalten

muletazo [muleˈtaθo] *m* (TAUR) Passage *f* mit der Muleta; **el público aplaudía los valientes ~s del torero** das Publikum war begeistert von den gewagten Passagen des Stierkämpfers mit der Muleta

muletear [muleteˈar] *vt* (TAUR) den Stier mit der Muleta reizen

muleteo [muleˈteo] *m* (TAUR) Stierkampf mit der Muleta

muletilla [muleˈtiʎa] *f* ❶ *dim de* **muleta**
❷ (*coletilla*) Flickwort *nt*

muleto, -a [muˈleto, -a] *m, f* junger Maulesel *m*

mulillas [muˈliʎas] *fpl* (TAUR) geschmückte Maultiere, die den getöteten

Stier aus der Arena ziehen
mullida [muˈʎiða] *f* Streu *f* (*für das Vieh*)
mullido¹ [muˈʎiðo] *m* Polstermaterial *nt*
mullido, -a² [muˈʎiðo, -a] *adj* weich
mullir [muˈʎir] <3. pret: mulló> *vt* ❶ (*cama*) aufschütteln
❷ (*tierra*) aufschütten; (*cepas*) häufeln
mullo [ˈmuʎo] *m* ❶ (ZOOL: *salmonete*) Meerbarbe *f*
❷ (*Ecua: abalorio*) Glasperle *f*
mulo, -a [ˈmulo, -a], *m, f* Maulesel *m*, Maultier *nt*
multa [ˈmulta] *f* Geldstrafe *f*, Geldbuße *f*; ~ **coercitiva** (JUR) Zwangsgeld *nt*; **imponer una** ~ ein Bußgeld verhängen; **poner una ~ a alguien** jdn mit einer Geldstrafe belegen
multar [mulˈtar] *vt* mit einer Geldstrafe belegen; **me han multado con 30 euros** ich muss 30 Euro Strafe zahlen
multicanal [multikaˈnal] *m* (INFOR) Mehrfachkanal *m*
multicine [multiˈθine] *m* Kino *nt* (*mit mehreren Sälen*)
multicolor [multikoˈlor] *adj* ❶ (*colorido*) bunt, vielfarbig
❷ (*TIPO*) Mehrfarben-, mehrfarbig
multicombinable [multikombiˈnaβle] *adj* vielfältig kombinierbar
multiconfesional [multikoɱfesjoˈnal] *adj* multikonfessionell
multicopiar [multikoˈpjar] *vt* vervielfältigen, kopieren; **hay que ~ los carteles y repartirlos por las tiendas** man muss die Plakate vervielfältigen und in den Geschäften verteilen
multicopista [multikoˈpista] *f* Kopiergerät *nt*
multicultural [multikultuˈral] *adj* multikulturell; **un encuentro/una sociedad ~** eine multikulturelle Begegnung/Gesellschaft
multiculturalidad [multikulturaliˈðað] *f* Multikulturalität *f*
multidimensional [multiðimensjoˈnal] *adj* mehrdimensional
multidisciplinario, -a [multiðisθipliˈnarjo, -a] *adj* multidisziplinär
multiforme [multiˈforme] *adj* vielgestaltig
multifuncional [multifunθjoˈnal] *adj* multifunktional
multigrado [multiˈɣraðo] **I.** *adj* (AUTO): **aceite ~** Mehrbereichsöl *nt* **II.** *m* (AUTO) Mehrbereichsöl *nt*
multilateral [multilateˈral] *adj* multilateral
multilátero, -a [multiˈlatero, -a] *adj* (MAT) vielseitig
multilingüe [multiˈlingwe] *adj* mehrsprachig
multimedia [multiˈmedja] *adj inv* Multimedia-, multimedial; **enciclopedia ~** Multimedia-Nachschlagewerk *nt*; **Ingeniería M~** *neues Studienfach, das die Bereiche Informatik, Telekommunikation und Elektrotechnik umfasst*; **ordenador ~** Multimedia-PC *m*; **programa ~ de computadora** Multimedia-Computerprogramm *nt*
multimediático, -a [multimeˈdjatiko, -a] *adj* (INFOR) Multimedia-
multimillonario, -a [multimiʎoˈnarjo, -a] *m, f* Multimillionär(in) *m(f)*
multinacional [multinaθjoˈnal] **I.** *adj* multinational **II.** *f* multinationaler Konzern *m*
multipartidismo [multipartiˈðismo] *m sin pl* Mehrparteiensystem *nt*
multipicadora [multipikaˈðora] *f* Multizerkleinerer *m*
múltipla [ˈmultipla] *adj o* v. **múltiplo**
múltiple [ˈmultiple] *adj* mehrfach; (*variado*) vielfältig; **te lo he dicho ya ~s veces** ich habe dir das schon mehrmals gesagt; **tengo ~s intereses** ich habe vielfältige Interessen
múltiplex [ˈmultipleʸs] **I.** *adj* (TEL) Multiplex-; **sistema ~** Multiplexsystem *nt* **II.** *m inv* (TEL) Multiplex *nt*
multiplexado [multipleʸˈsaðo] *m* (INFOR) Multiplexbetrieb *m*; **~ por división de frecuencias** Frequenzmultiplexbetrieb *m*; **~ por división de tiempos** Zeitmultiplexbetrieb *m*
multiplexar [multipleʸˈsar] *vt* multiplexen
multiplexor [multipleʸˈsor] *m* (INFOR) Multiplexer *m*
multiplicable [multipliˈkaβle] *adj* multiplizierbar; **los beneficios son aún ~s por diez** die Gewinne können noch um das Zehnfache gesteigert werden
multiplicación [multiplikaˈθjon] *f* ❶ (MAT) Multiplikation *f*
❷ (*reproducción*) Vermehrung *f*; **la ~ de los panes y los peces** (REL) die Vermehrung von Brot und Fisch
multiplicador [multiplikaˈðor] *m* (MAT) Multiplikator *m*
multiplicando [multipliˈkando] *m* (MAT) Multiplikand *m*
multiplicar [multipliˈkar] <c→qu> **I.** *vi, vt* ❶ (MAT) multiplizieren (*por* mit *+dat*); **la tabla de ~** das Einmaleins
❷ (*reproducir*) vermehren
❸ (*aumentar*) vervielfachen; **con el nuevo método he multiplicado mis ingresos** mit der neuen Methode konnte ich meine Einkünfte vervielfachen
II. *vr:* **~se** ❶ (*reproducirse*) sich vermehren; **¡creced y multiplicaos!** (REL) wachset und mehret euch!
❷ (*desvivirse*) sehr beschäftigt sein
multiplicidad [multipliθiˈðað] *f* Mannigfaltigkeit *f*; (*diversidad*) Vielfalt *f*
múltiplo, -a [ˈmultiplo, -a] **I.** *adj* vielfach

II. *m, f* Vielfache(s) *nt*
multiprocesador [multiproθesaˈðor] *m* (INFOR) Multiprozessor *m*
multiprocesamiento [multiproθesaˈmjento] *m* (INFOR) Multiprocessing *nt*; **~ simétrico/asimétrico** symmetrisches/asymmetrisches Multiprocessing
multiprogramación [multiproɣramaˈθjon] *f* (INFOR) Multiprogramming *nt*
multirracial [multirraˈθjal] *adj* multikulturell, Vielvölker-
multirregulable [multirreɣuˈlaβle] *adj* mehrfach verstellbar
multi-tarea [multitaˈrea], **multitarea** [multitaˈrea] **I.** *f* (INFOR) Multitasking *nt* **II.** *adj* (INFOR) Multitasking-; **sistema operativo ~** Multitaskingbetriebssystem *nt*
multitienda [multiˈtjenda] *f* (COM) Einkaufszentrum *nt*
multitud [multiˈtuð] *f* ❶ (*cantidad*) Menge *f*, große Anzahl *f*; **recogimos una ~ de flores** wir haben eine Menge Blumen gepflückt
❷ (*gente*) Volksmasse *f*; (*vulgo*) gemeines Volk *nt*
multitudinario, -a [multituðiˈnarjo, -a] *adj* Massen-
multiuso [multiˈuso] *adj inv* Mehrzweck-
multiusuario, -a [multiusuˈarjo, -a] *m, f* Multiuser(in) *m(f)*
multiventana [multiβenˈtana] *f* (INFOR) Multitasking *nt*
multivisión [multiβiˈsjon] *f* (TV) Multivision *f*
multivitamínico, -a [multiβitaˈminiko, -a] *adj* Multivitamin-
mundanal [mundaˈnal] *adj*, **mundano, -a** [munˈdano, -a] *adj* weltlich; (*terrenal*) irdisch; (*extravagante*) mondän; **alejados del ~ ruido** (*elev*) weitab vom Lärmen der Welt
mundial [munˈdjal] *adj* Welt-, weltweit; **campeonato ~ de fútbol** Fußballweltmeisterschaft *f*; **copa ~** (DEP) Weltcup *m*; **guerra ~** Weltkrieg *m*; **a nivel ~** weltweit; **es un problema ~** es ist ein weltweites Problem
mundificativo, -a [mundifikaˈtiβo, -a] *adj* (MED) abführend, purgativ
mundillo [munˈdiʎo] *m* ❶ *dim de* **mundo**
❷ (*ambiente*) Welt *f*; **el ~ de la música** die Welt der Musik; **ella se maneja bien en ese ~** in diesen Kreisen weiß sie sich zu benehmen
❸ (*encaje*) Klöppelkissen *nt*
❹ (BOT) Schneeball *m*
mundo [ˈmundo] *m* ❶ (*tierra, t. fig*) Welt *f*; (*planeta*) Erde *f*; (*globo*) Erdkugel *f*, Globus *m*; **el ~ antiguo** das Altertum, die Antike; **el ~ cristiano** die christliche Welt, die Christenheit; **el ~ de las finanzas** Finanzwelt; **~ profesional** Berufsleben *nt*; **el ~ del teatro** die Welt des Theaters; **el otro ~** das Jenseits; **el tercer ~** die Dritte Welt; **no sabemos si en los otros ~s hay vida** wir wissen nicht, ob es auf den anderen Planeten Leben gibt; **dar la vuelta al ~** eine Weltreise machen; **echar al ~** in die Welt setzen; **venir al ~** auf die Welt kommen; **irse de este ~** sterben; **se bañaban como Dios los/las trajo al ~** sie badeten wie Gott sie geschaffen hatte [*o* splitternackt]; **ver ~** sich in der Welt umsehen; **andar por esos ~s de Dios** (*fam:* estar de viaje) die Welt bereisen; (*estar perdido*) irgendwo stecken; **recorrer medio ~** in der Welt herumkommen; **con la mayor tranquilidad del ~** mit aller Seelenruhe; **rápidamente se le cae el ~ encima** ihm/ihr wird schnell alles zu viel; **vivir en otro ~** (*fig*) hinter dem Mond leben; **este ~ es un pañuelo** die Welt ist klein [*o* ist ein Dorf]; **desde que el ~ es ~** seit die Welt besteht; **ponerse el ~ por montera, reírse del ~** tun und lassen, was man will; **hacer un ~ de algo** aus etw *dat* ein Drama machen; **así va** [*o* **anda**] **el ~** das ist der Lauf der Welt [*o* der Dinge]; **¡deja el ~ correr!** lass es gut sein!; **no es nada del otro ~** das ist nichts Besonderes; **no haría eso por nada del ~** ich würde das um nichts auf der Welt machen
❷ (*humanidad*) Leute *pl*, Welt *f*; **a la vista de todo el ~** vor der ganzen Welt, vor allen Leuten; **todo el ~ sabe que...** die ganze Welt weiß, dass ..., jedermann weiß, dass ...; **lo sabe medio ~** die halbe Welt weiß es schon
❸ (*experiencia*) Weltkenntnis *f*; **ser de ~** weltgewandt sein; **Lola tiene mucho ~** Lola ist eine Frau von Welt
❹ (REL) Welt *f*; **dejó el ~ y se metió monja** sie entsagte der Welt und wurde Nonne
mundología [mundoloˈxia] *f sin pl* (*fam: experiencia*) Lebenserfahrung *f*
Munich [ˈmunitʃ] *m* München *nt*
munición [muniˈθjon] *f* ❶ (*armas*) Munition *f*; (*escopeta*) Schrot *m o nt*; **~ de guerra** scharfe Munition
❷ (*loc*): **de ~** vom Staat zur Verfügung gestellt; (*fig*) gepfuscht
municionamiento [muniθjonaˈmjento] *m* (MIL) Munitionierung *f*
municipal [muniθiˈpal] *adj* städtisch, Stadt-, Gemeinde-; **parque ~** Stadtpark *m*; **piscinas ~es** städtische Schwimmbäder; **término ~** Gemeindebezirk *m*
municipalidad [muniθipaliˈðað] *f* ❶ (*administración*) Gemeindeverwaltung *f*
❷ (*corporación*) Gemeinderat *m*
municipalización [muniθipaliaˈθjon] *f* Kommunalisierung *f*; **el pleno ha decidido la ~ del servicio de distribución de agua** in der

municipalizar Plenarsitzung wurde beschlossen, dass die Wasserversorgung in die Kompetenz der Gemeinde übergehen sollte

municipalizar [muniθipali'θar] <z→c> *vt* kommunalisieren; **han decidido ~ el servicio de distribución de agua** es wurde beschlossen, die Wasserversorgung der Gemeinde zu übertragen

municipio [muni'θipjo] *m* ❶ (*población*) Gemeinde *f*, Gemeindebezirk *m*
❷ (*ayuntamiento*) Rathaus *nt*
❸ (*concejo*) Gemeinderat *m*

munificencia [munifi'θenθja] *f sin pl* Großzügigkeit *f*, Freigebigkeit *f*

munificiente [munifi'θjente] *adj*, **munífico, -a** [mu'nifiko, -a] *adj* großzügig, freigebig

muniqués, -esa [muni'kes, -esa] I. *adj* münchnerisch
II. *m*, *f* Münchner(in) *m(f)*

munir [mu'nir] I. *vt* (*CSur*) versehen (*de* mit +*dat*); **ir munido de los documentos necesarios** die erforderlichen Papiere bei sich *dat* haben
II. *vr:* **~se** (*CSur*) sich versehen (*de* mit +*dat*); **~se del equipo necesario** sich ausrüsten; **~se de suficientes provisiones para un largo viaje** sich mit ausreichend Proviant für eine lange Reise eindecken

munitoria [muni'torja] *f* (MIL) Befestigungskunst *f*

muñeca [mu'neka] *f* ❶ (*brazo*) Handgelenk *nt*, Handwurzel *f*
❷ (*juguete*) Puppe *f*
❸ (*maniquí*) Schneiderpuppe *f*; ~ **hinchable** Dummy *m*
❹ (*fig: niña*) niedliches Mädchen *nt*

muñeco [mu'neko] *m* ❶ (*juguete*) Puppe *f*, Figur *f*; ~ **articulado** Gliederpuppe *f*; ~ **de nieve** Schneemann *m*
❷ (*pey: monigote*) Marionette *f*

muñeira [mu'ne̞ira] *f galizischer Volkstanz*

muñequera [mune'kera] *f* Armband *nt*

muño ['muɲo] *m* (*Chil:* GASTR) Gericht mit geröstetem und gesalzenem Mais- oder Weizenmehl als Grundlage

muñón [mu'ɲon] *m* Stumpf *m*, Stummel *m*

murajes [mu'raxes] *mpl* (BOT) Ackergauchheil *m*

mural [mu'ral] I. *adj* Wand-; **mapa ~** Wandkarte *f*
II. *m* Wandbild *nt*, Wandgemälde *nt*

muralismo [mura'lismo] *m* (ARTE) Wandmalerei *f*

muralista [mura'lista] *mf* Wandmaler(in) *m(f)*

muralla [mu'raʎa] *f* Mauer *f*, Stadtmauer *f*; **la Gran M~**, **la M~ China** die Große (o Chinesische) Mauer

murallón [mura'ʎon] *m* dicke (*o* starke) Mauer *f*

murcianismo [murθja'nismo] *m* ❶ (LING) in Murcia gebräuchlicher Ausdruck
❷ (*vinculación sentimental a Murcia*) Liebe *f* zu Murcia

murciano, -a [mur'θjano, -a] I. *adj* aus Murcia
II. *m*, *f* Einwohner(in) *m(f)* von Murcia

murciélago [mur'θjelaɣo] *m* (ZOOL) Fledermaus *f*

murcielaguina [murθjela'ɣina] *f* Fledermauskot *m*

murena [mu'rena] *f* (ZOOL) Muräne *f*

murga ['murɣa] *f* (*fam: banda de música*) schlechte Musikkapelle *f*; **dar la ~ a alguien** jdm auf den Wecker fallen (*o* gehen); **¡deja de darme la ~!** lass mich endlich in Ruhe!

murguista [mur'ɣista] *mf* (MÚS) Straßenmusikant(in) *m(f)*; **en Cádiz no hay nadie que en los Carnavales no actúe como ~ en alguna fiesta** zu Karneval wird in Cádiz jedermann zum Straßenmusikanten

murmullo [mur'muʎo] *m* ❶ (*voz*) Gemurmel *nt*, Geflüster *nt*
❷ (*hojas*) Säuseln *nt*
❸ (*agua*) Rauschen *nt*

murmuración [murmura'θjon] *f* üble Nachrede *f*; (*cotilleo*) Klatsch *m fam*

murmurador(a) [murmura'ðor(a)] *m(f)* Lästerzunge *f fam*; (*calumniador*) Verleumder(in) *m(f)*

murmurar [murmu'rar] *vi*, *vt* ❶ (*susurrar*) murmeln, murren; ~ **al oído** ins Ohr flüstern
❷ (*criticar*) verleumden; **andan murmurando del cura** sie ziehen über den Priester her
❸ (*agua, hojas*) rauschen, säuseln

muro ['muro] *m* Mauer *f*; (*pared*) Wand *f*; ~ **ciclópeo** Zyklopenmauer *f*; ~ **de contención** Schutzwall *m*; **M~ de las Lamentaciones** Klagemauer *f*; ~ **medianero** Zwischenwand *f*

murria ['murrja] *f sin pl* (*fam: tristeza*) Trübsinn *m*

murrio, -a ['murrjo, -a] *adj* trübsinnig

mus [mus] *m* ein Kartenspiel

musa ['musa] *f* Muse *f*; (*fig*) Inspiration *f*; **soplarle a alguien la ~ von der Muse geküsst werden**; (*en un juego*) Glück im Spiel haben; **la ~ de Virgilio** die Dichtkunst Vergils

musaraña [musa'raɲa] *f* ❶ (ZOOL) Spitzmaus *f*
❷ (*fig: bicho*) kleines Tier *nt*; (*insecto*) kleines Insekt *nt*; **pensar en las ~s** (*fig*) in Gedanken woanders sein
❸ (*nubecilla*) Flimmern *nt* (vor den Augen)

musculación [muskula'θjon] *f* (DEP) Bodybuilding *nt*

muscular [musku'lar] *adj* Muskel-; **fuerza ~** Muskelkraft *f*; **sistema ~** Muskelsystem *nt*

muscularse [musku'larse] *vr* die Muskeln trainieren; **va al gimnasio para ~** er/sie geht ins Fitness-Center, um Muskeln zu bekommen

musculatura [muskula'tura] *f* Muskulatur *f*

músculo ['muskulo] *m* Muskel *m*; ~ **deltoide** Schultermuskel *m*; **es ~ puro** er/sie besteht nur aus Muskeln

musculoso, -a [musku'loso, -a] *adj* muskulös; (*fuerte*) kräftig

museístico, -a [muse'istiko, -a] *adj* zum Museum gehörend, Museums-

muselina [muse'lina] *f* ❶ (*tela*) Musselin *m*
❷ (GASTR) Soße oder Füllung mit geschlagener Sahne als Basis

museo [mu'seo] *m* Museum *nt*; (*colección*) Kunstsammlung *f*, Kunsthalle *f*; ~ **de cera** Wachsmuseum *nt*; ~ **etnográfico** Völkerkundemuseum *nt*; **pieza de ~** Museumsstück *nt*

museógrafa [museo'ɣrafa] *f v.* **museógrafo**

museografía [museoɣra'fia] *f* Museumsverwaltung *f*

museográfico, -a [museo'ɣrafiko, -a] *adj* die Museumsverwaltung betreffend; (*técnicas museográficas*) Methoden der Museumsverwaltung

museógrafo, -a [museo'ɣrafo, -a] *m*, *f* Museumsverwalter(in) *m(f)*

museóloga [muse'oloɣa] *f v.* **museólogo**

museología [museolo'xia] *f sin pl* Museumskunde *f*

museológico, -a [museo'loxiko, -a] *adj* museumskundlich

museólogo, -a [muse'oloɣo, -a] *m*, *f* Person *f*, die Museumskunde betreibt

musgaño [mus'ɣaɲo] *m* (ZOOL) Hausspitzmaus *f*

musgo ['musɣo] *m* (BOT) Moos *nt*

musgoso, -a [mus'ɣoso, -a] *adj* moosartig; (*cubierto de musgo*) bemoost

música ['musika] *f* ❶ *v.* **músico**
❷ (*sonido*) Musik *f*; (*partituras*) Noten *fpl*; ~ **de baile** Tanzmusik *f*; ~ **clásica** klassische Musik; ~ **dodecafónica** Zwölftonmusik *f*; ~ **folclórica** (*o* **popular**) Volksmusik *f*; ~ **de fondo** Hintergrundmusik *f*; ~ **ligera** leichte Musik, Unterhaltungsmusik *f*; ~ **militar** Militärmusik *f*; ~ **ratonera** (*fam fig*) Katzenmusik *f*; ~ **sacra** Kirchenmusik *f*; **banda de ~** (Musik)kapelle *f*; **caja de ~** Spieldose *f*; **¡vete con la ~ a otra parte!** lass mich in Ruhe!; **sus palabras nos sonaron a ~ celestial** seine/ihre Worte waren Musik in unseren Ohren; **tiene talento para la ~** er/sie ist musikalisch
❸ (*orquesta*) (Musik)kapelle *f*

musical [musi'kal] I. *adj* musikalisch, Musik-; **composición ~** (Musik)stück *nt*; **frase ~** Tonsatz *m*
II. *m* Musical *nt*

musicalidad [musikali'ðað] *f sin pl* Musikalität *f*

musicalizar [musikali'θar] <z→c> *vt* (MÚS) vertonen; **musicalizó un texto en prosa de un famoso escritor** er/sie hat den Prosatext eines berühmten Schriftstellers in Musik gesetzt (*o* vertont)

musicalmente [musikal'mente] *adv* musikalisch; **la pieza, ~ hablando, no está bien construida** das Stück ist musikalisch nicht gut aufgebaut

musicastro, -a [musi'kastro, -a] *m*, *f* (*pey: músico*) schlechter Musiker *m*, schlechte Musikerin *f*

músico, -a ['musiko, -a] I. *adj* Musik-
II. *m*, *f* Musiker(in) *m(f)*; (*compositor*) Komponist(in) *m(f)*; ~ **ambulante** (Straßen)musikant *m*

musicófilo, -a [musi'kofilo, -a] *m*, *f* Musikliebhaber(in) *m(f)*

musicógrafa [musi'koɣrafa] *f v.* **musicógrafo**

musicografía [musikoɣra'fia] *f sin pl* Musikwissenschaft *f*

musicógrafo, -a [musi'koɣrafo, -a] *m*, *f* Musikschriftsteller(in) *m(f)*

musicóloga [musi'koloɣa] *f v.* **musicólogo**

musicología [musikolo'xia] *f sin pl* Musikwissenschaft *f*

musicólogo, -a [musi'koloɣo, -a] *m*, *f* Musikwissenschaftler(in) *m(f)*

musicómano, -a [musi'komano, -a] *m*, *f* Musikfan *m*, Musikbegeisterte(r) *mf*

musiquilla [musi'kiʎa] *f dim de* **música**

musitar [musi'tar] I. *vi* ❶ (*murmurar*) leise sprechen, flüstern
❷ (*hojas*) rauschen
II. *vt* flüstern; (*murmurar*) murmeln; ~ **a alguien algo al oído** jdm etw ins Ohr flüstern

muslamen [mus'lamen] <muslámenes> *m* (*fam*) (dicker) Oberschenkel *m*; **la minifalda dejaba todo el ~ al aire** der Minirock bedeckte gerade die Pobacken

muslim [mus'lin] *mf*, **muslime** [mus'lime] *mf* Moslem *m*, Moslime *f*, Muslim(e) *m(f)*

muslo ['muslo] *m* ❶ (*de una persona*) Oberschenkel *m*
❷ (*de un animal*) Keule *f*, Schlegel *m*

musmón [mus'mon] *m* (ZOOL) Mufflon *m o nt*

mustaco [mus'tako] *m* (GASTR) Kuchen aus Mehl mit Most und Schmalz und anderen Zutaten
mustela [mus'tela] *f* (ZOOL) Wiesel *nt*
mustio, -a ['mustjo, -a] *adj* ❶ (*flores*) welk
❷ (*triste*) bedrückt, traurig
musulmán, -ana [musul'man, -ana] **I.** *adj* moslemisch, muslimisch
II. *m, f* Muslim(e) *m(f)*, Moslem *m*, Moslime *f*
mutabilidad [mutaβili'ðaᵈ] *f sin pl* Veränderlichkeit *f*
mutable [mu'taβle] *adj* veränderlich
mutación [muta'θjon] *f* ❶ (*transformación*) (Ver)änderung *f*
❷ (*genes*) Mutation *f*
❸ (TEAT) Szenenwechsel *m*
❹ (METEO) Wetterumschwung *m*
❺ (LING) Lautverschiebung *f*
mutacionismo [mutaθjo'nismo] *m* (BIOL) Mutationstheorie *f*
mutante [mu'tante] *mf* Mutant(e) *m(f)*
mutar [mu'tar] *vt, vr;* **~se** (sich) ändern, wechseln
mutatis mutandis [mu'tatis mu'tandis] mutatis mutandis (*mit den nötigen Änderungen*)
mutilación [mutila'θjon] *f* Verstümmelung *f*
mutilado, -a [muti'laðo, -a] *m, f* Krüppel *m;* **~ de guerra** Kriegsversehrte(r) *m*
mutilador(a) [mutila'ðor(a)] *adj* verstümmelnd; **las minas antipersonas son armas ~as de niños desprevenidos** durch die Antipersonenminen werden unschuldig spielende Kinder verstümmelt
mutilar [muti'lar] *vt* ❶ (*cuerpo*) verstümmeln
❷ (*recortar*) verkürzen
mutis ['mutis] *m inv* ❶ (TEAT) Abgang *m;* **~ por el foro** Abgang *m;* **hacer ~** abgehen
❷ (*loc*): **¡~!** Ruhe!
mutismo [mu'tismo] *m* Schweigsamkeit *f;* **no hay manera de sacarlo de su ~** es ist unmöglich, ihn aus der Reserve zu locken
mutual [mutu'al] **I.** *adj* gegenseitig
II. *f* (CSur) Sozialversicherung *f*
mutualidad [mutwali'ðaᵈ] *f* ❶ (*reciprocidad*) Gegenseitigkeit *f*
❷ (*cooperativa*) ≈Verein *m* auf Gegenseitigkeit; **~ de accidentes de trabajo** Berufsgenossenschaft *f;* **~ obrera** Arbeiterhilfe *f;* **~ de seguros** Versicherungsverein auf Gegenseitigkeit
mutualismo [mutwa'lismo] *m* Genossenschaftswesen *nt*
mutualista [mutwa'lista] *mf* Genossenschaftler(in) *m(f)*
mutuamente [mutwa'mente] *adv* gegenseitig; **se gustaron ~ nada más verse** sie gefielen einander auf den ersten Blick
mutuo, -a ['mutwo, -a] *adj* gegenseitig; **disenso ~** (JUR) Anspruchsverzicht *m;* **sociedad de seguros ~s** Versicherungsgesellschaft auf Gegenseitigkeit
muy [mwi] *adv* sehr; **~ bien** sehr gut; **es ~ improbable que ocurra algo del género** es ist höchst unwahrscheinlich, dass so etwas passiert; **¡guárdate ~ mucho de irlo contando por ahí!** (*fam*) hüte dich bloß das überall zu erzählen!; **~ a pesar mío fue contándolo** zu meinem größten Bedauern hat er/sie es erzählt; **~ de tarde en tarde** sehr selten; **~ de mañana** sehr früh morgens; **¿y qué ha hecho el ~ tunante?** und was hat der Schelm gemacht?; **le saluda ~ atentamente,…** (*en cartas*) hochachtungsvoll, …; **¡dejarnos plantados: eso es ~ de María!** uns einfach sitzen zu lassen; das ist typisch Maria!; **es Ud. ~ libre de hacer lo que quiera** es steht Ihnen völlig frei, das zu tun, was Ihnen beliebt

N

N, n ['ene] *f* N, n *nt;* **~ de Navarra** N wie Nordpol
naba ['naβa] *f* Kohlrübe *f*, Steckrübe *f*
nabab [na'βaᵝ] *m* Nabob *m*
nabicol [naβi'kol] *m* (BOT) Kohlrübe *f*
nabina [na'βina] *f* (BOT) Rübsamen *m*
nabo ['naβo] *m* ❶ (BOT) weiße Rübe *f;* **~ gallego** Kohlrübe *f*, Steckrübe *f*
❷ (ARQUIT) Spindel *f*
❸ (*vulg: pene*) Schwanz *m*
nácar ['nakar] *m* Perlmutt *nt*, Perlmutter *f o nt;* **de ~** perlmuttern; **con incrustaciones de ~** mit Perlmutt(er) eingelegt
nacarado, -a [naka'raðo, -a] *adj:* **de color ~** perlmutterfarben, perlmuttern; **estuche ~** mit Perlmutt(er) besetztes Etui
nacarigüe [naka'riɣwe] *m* (*Hond:* GASTR) *ein Fleischeintopf mit geröstetem Mais*
nacarino, -a [naka'rino, -a] *adj* Perlmutt(er)-, pelmuttern
nacatamal [nakata'mal] *m* (*AmC, Méx:* GASTR) *eine mit Schweinefleisch gefüllte Maispastete*

nacedero [naθe'ðero] *m* (*Col:* BOT) *ein Akanthusgewächs*
nacer [na'θer] *irr como crecer* **I.** *vi* ❶ (*venir al mundo*) geboren werden, auf die Welt kommen; **nací el 29 de febrero** ich bin am 29. Februar geboren; **¿qué te crees? – no nací ayer** was glaubst du denn? – ich bin doch nicht von gestern *fam;* **~ de pies** [*o* **con estrella**] ein Sonntagskind sein; **~ de cabeza** [*o* **estrellado**] ein Pechvogel sein; **haber nacido para la música** der geborene Musiker sein; **nació para profesor** er ist zum Lehrer geboren; **nadie nace enseñado** (*prov*) es ist noch kein Meister vom Himmel gefallen; **no con quien naces, sino con quien paces** (*prov*) sage mir, mit wem du verkehrst, und ich sage dir, wer du bist
❷ (*salir del huevo*) schlüpfen
❸ (*germinar*) sprießen; **las flores nacen** die Blumen sprießen
❹ (*sol, luna*) aufgehen; (*día*) anbrechen; **al ~ el día** bei Tagesanbruch
❺ (*originarse*) seinen Ursprung haben (*de/en* in +*dat*); **el arroyo nace más arriba** die Quelle entspringt weiter oben; **el protestantismo nació en Alemania** der Protestantismus hat seinen Ursprung in Deutschland
❻ (*surgir*) entstehen (*de* aus +*dat*, *de* durch +*akk*); **la duda nace de la ignorancia** der Zweifel entsteht aus [*o* durch] Unwissenheit; **nació una duda en su mente** er/sie fing an zu zweifeln
❼ (*comenzar*) ansetzen
II. *vr:* **~se** keimen
nacido, -a [na'θiðo, -a] **I.** *adj* geboren; **bien ~** (*de familia ilustre*) aus guter Familie; (*de buen comportamiento*) wohlerzogen; **~ de padres ricos** aus wohlhabendem Hause
II. *m, f:* **recién ~** Neugeborene(s) *nt;* **los ~s el 2 de abril pertenecen al signo Aries** die am 2. April Geborenen gehören zum Sternzeichen Widder; **eres un mal ~** du bist ein Fiesling
naciente¹ [na'θjente] **I.** *adj* ❶ (*sol*) aufgehend; **el país del Sol ~** das Land der aufgehenden Sonne
❷ (QUÍM) naszierend
II. *m* (*oriente*) Orient *m;* (*este*) Osten *m*
naciente² [na'θjente] *f* (*Arg, Par*) Quelle *f*
nacimiento [naθi'mjento] *m* ❶ (*venida al mundo*) Geburt *f;* **de ~** von Geburt an
❷ (*linaje*) Herkunft *f*, Abstammung *f;* **es de humilde ~** er/sie stammt aus bescheidenen Verhältnissen; **es de noble ~** er/sie ist adliger Abstammung
❸ (*comienzo*) Anfang *m;* **~ del pelo** Haaransatz *m*
❹ (*belén*) Weihnachtskrippe *f*
nación [na'θjon] *f* (*país*) Nation *f;* (*pueblo*) Volk *nt;* **~ acreedora** Gläubigerstaat *m;* **~ deudora** Schuldnerland *nt;* **~ industrializada** Industriestaat *m;* **las Naciones Unidas** die Vereinten Nationen; **~ en vías de desarrollo** Entwicklungsland *nt*
nacional [naθjo'nal] *adj* ❶ (POL) national, National-; **fiesta ~** Nationalfeiertag *m;* **independencia ~** nationale Unabhängigkeit
❷ (ECON) inländisch, Inland(s)-; **contabilidad ~** volkswirtschaftliche Gesamtrechnung *f;* **mercado ~** Inlandsmarkt *m*, einheimischer Markt; **moneda ~** Landeswährung *f;* **producto ~** Nationalprodukt *nt*, Inlandsprodukt *nt;* **renta ~** Volkseinkommen *nt;* **volumen de ventas ~es** Inlandsabsatzvolumen *nt*
❸ (*instituciones*) Staats-; **biblioteca ~** Staatsbibliothek *f*
❹ (AUTO): **carretera ~** (*en Alemania*) Bundesstraße *f;* (*en España*) Nationalstraße *f*
nacionalcatolicismo [naθjonalkatoli'θismo] *m* (POL) Nationalkatholizismus *m*
nacionalidad [naθjonali'ðaᵈ] *f* (*ciudadanía*) Staatsangehörigkeit *f*, Nationalität *f elev;* **es de ~ española** er/sie besitzt die spanische Staatsangehörigkeit; **he adoptado la ~ alemana** ich habe die deutsche Staatsangehörigkeit angenommen
nacionalismo [naθjona'lismo] *m sin pl* Nationalismus *m*
nacionalista [naθjona'lista] **I.** *adj* nationalistisch
II. *mf* Nationalist(in) *m(f)*
nacionalización [naθjonaliθa'θjon] *f* ❶ (*ente*) Verstaatlichung *f*
❷ (*persona*) Einbürgerung *f*
nacionalizar [naθjonali'θar] <z→c> **I.** *vt* ❶ (*ente*) verstaatlichen
❷ (*persona*) einbürgern
II. *vr:* **~se alemán** die deutsche Staatsangehörigkeit annehmen
nacionalmente [naθjonal'mente] *adv* national; **una decisión ~ aplaudida** eine auf nationaler Ebene vielbegrüßte Entscheidung
nacionalsindicalismo [naθjonalsindika'lismo] *m* (POL, SOCIOL) Nationalsyndikalismus *m* (*Bewegung der spanischen Falange*)
nacionalsocialismo [naθjonalsoθja'lismo] *m sin pl* (HIST) Nationalsozialismus *m*
nacionalsocialista [naθjonalsoθja'lista] **I.** *adj* (HIST) nationalsozialistisch
II. *mf* (HIST) Nationalsozialist(in) *m(f)*
naco ['nako] *m* ❶ (*AmC: cobarde*) Feigling *m;* (*marica*) Schwule(r) *m*
❷ (*Arg: miedo*) Angst *f;* (*susto*) Schreck *m*
❸ (*Col: puré de patata*) Kartoffelpüree *nt*

nada

④ (*Méx: guerrero*) Indianer *m;* (*ignorante*) Tölpel *m*

nada ['naða] **I.** *pron indef* nichts; **no tengo ~** ich habe nichts; **no decir ~** nichts [*o* kein Wort] sagen; **o todo, o ~** alles oder nichts; **¡gracias! –¡de ~!** danke! –bitte sehr! [*o* keine Ursache!]; **¡pues ~!** also gut!, na dann!; **por ~** wegen nichts; **por ~ en el mundo** um nichts in der Welt; **no es ~, no me pasa ~** (keine Sorge), es geht mir gut; **por ~ se queja** er/sie beschwert sich wegen jeder Kleinigkeit; **como si ~** als wäre nichts dabei; **le costó ~ más y ~ menos que...** es kostete ihn/sie die stolze Summe von ...; **vino a verme ~ menos que el director** der Direktor höchstpersönlich kam zu mir
II. *adv* nichts; **~ más** (*solamente*) nur; (*no más*) nichts mehr; **¡~ más!** das wär's!; **~ de ~** überhaupt nichts; **no es ~ difícil** es ist überhaupt [*o* gar] nicht schwierig; **¡~ de eso!** nichts da! *fam;* **¡casi ~!** unglaublich!; **antes de ~** (*sobre todo*) vor allem, insbesondere; (*primero*) zuallererst; **para ~** umsonst, vergeblich; (*argot*) überhaupt nicht; **no servir para ~** zu nichts taugen [*o* nütze sein]; **a cada ~** (*Am*) dauernd
III. *f* Nichts *nt;* **Dios hizo el mundo de la ~** Gott schuf die Welt aus dem Nichts; **venir como de la ~** wie aus dem Nichts auftauchen

nadadera [naða'ðera] *f* Schwimmgürtel *m*

nadador(a) [naða'ðor(a)] *m(f)* Schwimmer(in) *m(f)*

nadar [na'ðar] *vi* schwimmen; **~ en dinero** in Geld schwimmen; **~ en deudas** sich vor Schulden nicht mehr retten können; **nada en sus pantalones** (*fam*) die Hose ist ihm/ihr viel zu weit

nadería [naðe'ria] *f* Nichtigkeit *f,* Lappalie *f*

nadie ['naðje] *pron indef* niemand; **no había ~** es war niemand [*o* kein Mensch] da; **~ preguntó** keiner [*o* niemand] fragte mich; **tú no eres ~ para...** du hast kein Recht zu ...; **¡no es ~ tu hermano para estas cosas!** bei solchen Sachen muss man mit deinem Bruder aufpassen; **es un don ~** er ist ein Niemand

nadir [na'ðir] *m* (ASTR) Nadir *m*

nadita [na'ðita] **I.** *f* (*Ecua, Méx*) **en ~ estuvo que lo mataran** er ist knapp dem Tod entronnen
II. *adv* (*Méx*) keineswegs, auf (gar) keinen Fall

nado ['naðo] *adv:* **a ~** schwimmend; **cruzar el río a ~** den Fluss schwimmend durchqueren

nafta ['nafta] *f* ① (QUÍM) Naphtha *f o nt*
② (*Arg, Par, Urug:* gasolina) Benzin *m*

naftalina [nafta'lina] *f* (QUÍM) Naphthalin *nt*

naftol [naf'tol] *m* (QUÍM) Naphthol *nt*

nagua ['naɣwa] **I.** *adj* (*CRi*) **~s** feige
II. *f* (*Am*) Unterrock *m,* Petticoat *m*

nagual¹ [na'ɣwal] **I.** *adj* wild, brutal
II. *m* ① (*AmC, Méx:* hechicero) Medizinmann *m,* Zauberer *m*
② (*Guat, Hond:* animal) treuer Gefährte *m*

nagual² [na'ɣwal] *f* (*Méx*) Lüge *f*

nagualear [naɣwale'ar] *vi* (*Méx:* mentir) lügen; (*robar*) klauen

náhuatl ['nawaðl] *m* Nahuatl *nt* (*Sprache der mexikanischen Indios*)

naif [na'if] *adj* naiv; **arte ~** naive Kunst

nailon ['naiˌlon] *m* Nylon® *nt*

naipe ['naipe] *m* ① (*carta*) (Spiel)karte *f;* **juego de ~s** Kartenspiel *nt*
② *pl* (*baraja*) Kartenspiel *nt*

naitica [nai'tika] *f* (*Ven*) Nichtigkeit *f,* Lappalie *f*

naja ['naxa] *f* Brillenschlange *f*

najarse [na'xarse] *vr* (*fam*) abhauen, verduften

nalga ['nalɣa] *f* ① (*asentadera*) Gesäßhälfte *f,* (Hinter)backe *f fam*
② *pl* Gesäß *nt*

nalgudo, -a [nal'ɣuðo, -a] *adj:* **es muy ~** er hat einen dicken Hintern *fam*

namibio, -a [na'miβjo, -a] **I.** *adj* namibisch
II. *m, f* Namibier(in) *m(f)*

nana ['nana] *f* ① (*canción*) Wiegenlied *nt*
② (*fam: abuela*) Oma *f;* **ser del año de la ~** uralt [*o* kalter Kaffee] sein
③ (*niñera*) Kindermädchen *nt*
④ (*CSur: de los niños*) Wehweh *nt;* **las ~s** (*de los abuelos*) die Wehwehchen

nanacate [nana'kate] *m* (*Méx*) Pilz *m*

nanay [na'nai] *interj* (*fam*) kommt nicht in die Tüte

nanismo [na'nismo] *m* (MED) Zwergwuchs *m,* Nanismus *m,* Nanosomie *f*

nano, -a ['nano, -a] *adj* (*fam*) **¡que ~ (que) es!** so ein Zwerg!

nanómetro [na'nometro] *m* Nanometer *m nt,* milliardstel Meter *m*

nanosomía [nanoso'mia] *f* (MED) *v.* **nanismo**

nanoya [na'noɟa] *f* (*Guat*) Großmutter *f,* Oma *f fam*

nao ['nao] *f* (*elev*) Schiff *nt*

napa ['napa] *f* ① (*piel*) Nappa(leder) *nt*
② (*fibras*) Vlies *nt*

napalm® [na'palm] *m sin pl* Napalm® *nt*

nape ['nape] *m* (*Chil:* ZOOL) als Köder verwendete Krebsart

napelo [na'pelo] *m* (BOT) Eisenhut *m*

napia(s) ['napja(s)] *f(pl)* (*fam*) Zinken *m;* **¡vaya ~ que tiene!** der/die hat aber einen Zinken!

napoleón [napole'on] *m* (*Chil*) (Greif)zange *f;* **~ universal** Kombizange *f*

napoleónico, -a [napole'oniko, -a] *adj* napoleonisch

Nápoles ['napoles] *m* Neapel *nt*

napolitana [napoli'tana] *f* mit Schokolade gefüllte Tasche aus Blätterteig

napolitano, -a [napoli'tano, -a] **I.** *adj* neapolitanisch
II. *m, f* Neapolitaner(in) *m(f)*

naque ['nake] *m* (TEAT, HIST) Zwei-Mann-Komödiantentruppe *f*

naranja [na'ranxa] **I.** *f* Orange *f,* Apfelsine *f;* **~ china** Kumquat *f;* **~ nável** Navelorange *f;* **~ sanguina** [*o* **de sangre**] Blutorange *f;* **tu media ~** deine bessere Hälfte; **¡~s!** (so ein) Quatsch!
II. *adj* orange(n)farben, orange(n)farbig; **un vestido (de color) ~** ein orange(n)farbenes [*o* orange(ne)s] Kleid

naranjada [naraŋ'xaða] *f* Orangeade *f,* Orangenlimonade *f*

naranjado, -a [naraŋ'xaðo, -a] *adj* orange(n), orange(n)farben, orange(n)farbig

naranjal [naraŋ'xal] *m* Orangenhain *m,* Apfelsinenhain *m*

naranjo [na'raŋxo] *m* Orangenbaum *m,* Apfelsinenbaum *m*

narceína [narθe'ina] *f* (QUÍM) Narcein *nt,* Narzein *nt*

narcisismo [narθi'sismo] *m sin pl* Narzissmus *m*

narcisista [narθi'sista] **I.** *adj* narzisstisch
II. *mf* ① (*en la mitología*) Narziss *m*
② (*erótico*) Narzisst *m*

narciso [nar'θiso] *m* ① (*persona*) Narziss *m*
② (BOT) Narzisse *f*

narco ['narko] *m* (*argot*) Dealer *m*

narcoanálisis [narkoa'nalisis] *m inv* (PSICO) Narkoanalyse *f,* Narkopsychoanalyse *f*

narcocontrabando [narkokoɲtra'βaɲdo] *m* Drogenschmuggel *m;* **los capos del ~ controlan todo el país** die Drogenschmuggler haben das ganze Land unter Kontrolle

narcolepsia [narko'leβsja] *f* (MED) Narkolepsie *f,* plötzlicher Schlafanfall *m*

narcomanía [narkoma'nia] *f* (MED) Narkomanie *f*

narcosis [nar'kosis] *f inv* (MED) Narkose *f*

narcoterapia [narkote'rapja] *f* (MED) Narkosetherapie *f,* Behandlung *f* durch Narkose

narcoterrorismo [narkoterro'rismo] *m sin pl* Drogenterrorismus *m*

narcoterrorista [narkoterro'rista] *mf* Drogenterrorist(in) *m(f)*

narcótico¹ [nar'kotiko] *m* Betäubungsmittel *nt;* (MED) Narkotikum *nt*

narcótico, -a² [nar'kotiko, -a] *adj* betäubend; (MED) narkotisch

narcotina [narko'tina] *f* (QUÍM) Narkotin *nt*

narcotización [narkotiθa'θjon] *f* Narkotisierung *f*

narcotizador(a) [narkotiθa'ðor(a)] *adj* narkotisch, narkotisierend; **un aroma ~** ein narkotischer Duft

narcotizante [narkoti'θaɲte] **I.** *adj* narkotisierend; **le administraron una sustancia ~** sie gaben ihm/ihr ein Narkotikum
II. *m* Narkotikum *nt*

narcotizar [narkoti'θar] <z→c> *vt* betäuben; (MED) narkotisieren

narcotraficante [narkotrafi'kaɲte] *mf* Drogenhändler(in) *m(f),* Rauschgifthändler(in) *m(f)*

narcotráfico [narko'trafiko] *m* Drogenhandel *m,* Rauschgifthandel *m*

nardo ['nardo] *m* (BOT) Narde *f*

narigada [nari'ɣaða] *f* (*Ecua*) Prise *f* Schnupftabak

narigón¹ [nari'ɣon] *m* ① (*nariz*) große Nase *f,* Zinken *m fam*
② (*agujero*) Nasenloch *nt*
③ (*argolla*) Nasenring *m*

narigón, -ona² [nari'ɣon, -ona] *adj* mit einer großen Nase; **ser ~** eine große Nase haben

narigudo, -a [nari'ɣuðo, -a] *adj* ① (*narigón*) mit einer großen Nase; **ser ~** eine große Nase haben
② (*referente a la forma*) nasenförmig

nariguera [nari'ɣera] *f* Nasenring *m*

nariz [na'riθ] *f* ① (*órgano olfatorio*) Nase *f;* **~ aguileña** Adlernase *f;* **~ chata** platte Nase, Stumpfnase *f;* **~ ganchuda** Hakennase *f;* **~ respingona** Himmelfahrtsnase *f;* (*pequeña*) Stupsnase *f;* **hablar por la ~** durch die Nase sprechen, näseln; **estoy hasta las narices de tus tonterías** (*fam*) ich habe die Schnauze [*o* Nase] voll von deinen Dummheiten; **tú sigue así hasta que se me hinchen las narices** (*fam*) wenn du so weitermachst, platzt mir der Kragen; **darse de narices con alguien** (*fam*) jdm (geradewegs) in die Arme laufen; **tienes que hacerlo por narices** (*fam*) du musst es auf jeden Fall machen; **hace lo que le sale de [*o* por] las narices** (*fam*) er/sie macht, was er/sie will; **siempre mete la ~ donde nadie lo llama** er steckt die Nase immer in Angelegenheiten, die ihn nichts angehen; **te voy a romper las narices** (*fam pey*) ich werde dir die Visage [*o* Schnauze] polieren; **¡narices!** das wär ja noch schöner!,

nie im Leben!; **no pienso ser su criado ¡qué narices!** (*fam*) ich werde nicht seinen/ihren Laufburschen spielen, das wär ja noch schöner!; **no ver más allá de sus narices** (*fam*) nicht über den Tellerrand hinausgucken (können); **quedarse con un palmo de narices** (*fam*) in die Röhre schauen; **yo trabajo como un burro y él se toca las narices** ich arbeite wie ein Pferd und er hat die Hände in der Tasche
② (*intuición*) Riecher *m fam*, (Spür)nase *f*; **me da en la ~ que…** ich habe das Gefühl, dass …

narizón [nari'θon, -ona] *adj* mit einer großen Nase; **según nos dice Quevedo, Góngora era un** ~ laut Quevedo hatte Góngora eine große Nase

narizota [nari'θota] *f* große Nase *f*, Zinken *m fam*
narizudo, -a [nari'θuðo, -a] *adj* (*Méx*) *v.* **narigudo**
narración [narra'θjon] *f* Erzählung *f*
narrador(a) [narra'ðor(a)] *m(f)* Erzähler(in) *m(f)*
narrar [na'rrar] *vt* ① (*contar*) erzählen
② (*informar*) berichten
narrativa [narra'tiβa] *f* Prosa *f*; ~ **contemporánea** zeitgenössische Prosa
narrativo, -a [narra'tiβo, -a] *adj* erzählend; (LIT) narrativ
narval [nar'βal] *m* (ZOOL) Narwal *m*, Einhornwal *m*
NASA ['nasa] *f abr de* **National Aeronautics and Space Administration** NASA *f*
nasa ['nasa] *f* ① (*para peces*) (Fisch)reuse *f*, Fischkorb *m*
② (*para alimentos*) Vorratsbehälter *m*
nasal [na'sal] **I.** *adj* ① (*de la nariz*) Nasen-; **fosas ~es** Nasenlöcher *ntpl*
② (LING) nasal, Nasal-; **sonido** ~ Nasallaut *m*
II. *m* (LING) Nasal(laut) *m*
nasalidad [nasali'ðað] *f* (LING) Nasalität *f*
nasalización [nasaliθa'θjon] *f* (LING) Nasalierung *f*
nasalizar [nasali'θar] <z→c> *vt* (LING) nasalieren
nasofaringe [nasofa'rinxe] *f* (ANAT) Nasenrachenraum *m*, Nasopharynx *m*
nastuerzo [nas'twerθo] *m* (BOT) Gartenkresse *f*
nata ['nata] *f* ① (*producto*) Sahne *f*, Rahm *m*; ~ **montada** Schlagsahne *f*
② (*sobre un líquido*) Haut *f*; **criar** ~ Rahm bilden
③ (*lo más selecto*) Erlesenste(s) *nt*; **la crema y ~ de la sociedad** die Crème de la crème der Gesellschaft
natación [nata'θjon] *f* Schwimmen *nt*; ~ **sincronizada** Synchronschwimmen *nt*
natal [na'tal] *adj* Geburts-; **ciudad** ~ Geburtsstadt *f*, Heimatstadt *f*
natalicio[1] [nata'liθjo] *m* (*elev*) Geburtstag *m*, Wiegenfest *nt*
natalicio, -a[2] [nata'liθjo, -a] *adj* Geburtstags-; **fiesta natalicia** (*elev*) Geburtstagsfeier *f*
natalidad [natali'ðað] *f* Geburtenrate *f*, Geburtenzahl *f*; (*en estadística*) Natalität *f*; **tasa de** ~ Geburtenrate *f*; **año de fuerte/baja** ~ geburtenstarker/geburtenschwacher Jahrgang
natatorio, -a [nata'torjo, -a] *adj* Schwimm-; **aleta natatoria** Schwimmflügel *m*
natillas [na'tiʎas] *fpl* ≈Cremespeise *f*
Natividad [natiβi'ðað] *f* ① (*navidades*) Weihnachten *nt*
② (REL) *Fest der Geburt Jesu, der Jungfrau Maria oder Johannes' des Täufers*
nativo, -a [na'tiβo, -a] **I.** *adj* ① (*natal*) Heimat-
② (*metal*) rein
③ (*Am: persona*) einheimisch
II. *m, f* (*Am*) Einheimische(r) *mf*
nato, -a ['nato, -a] **I.** *pp de* **nacer**
II. *adj* geboren
natrón [na'tron] *m* Natron *nt*
natura [na'tura] *f* (*elev*) Mutter *f* Natur
natural [natu'ral] **I.** *adj* ① (*no artificial*) natürlich; (*elaboración*) roh; (*alimentos*) unbehandelt; (*temperatura*) nicht gekühlt; **al** ~ (*comportamiento*) nicht gekünstelt; **esto es lo más ~ del mundo** (*normal*) das ist doch völlig natürlich [*o* normal]; (*lógico*) das versteht sich doch von selbst, das ist doch selbstverständlich
② (*sencillo*) natürlich, einfach
③ (*nacido*) gebürtig (*de* aus +*dat*); **es ~ de Alemania** er/sie ist gebürtiger Deutscher/gebürtige Deutsche
II. *m* Naturell *nt*
naturaleza [natura'leθa] *f* ① (*campo*) Natur *f*; ~ **muerta** Stillleben *nt*; **en plena** ~ in der freien Natur
② (*manera*) Natur *f*, Wesen *nt*
③ (*índole*) Beschaffenheit *f*; **de ~ pública** öffentlich-rechtlich
④ (*derecho de ciudadano*) Bürgerrecht *nt*
naturalidad [naturali'ðað] *f sin pl* Natürlichkeit *f*
naturalismo [natura'lismo] *m sin pl* (ARTE, FILOS, LIT) Naturalismus *m*
naturalista [natura'lista] **I.** *adj* (ARTE, FILOS, LIT) naturalistisch
II. *mf* (ARTE, FILOS, LIT) Naturalist(in) *m(f)*

naturalización [naturaliθa'θjon] *f* ① (*nacionalización*) Einbürgerung *f*; (JUR) Naturalisation *f*
② (*habituación*) Eingewöhnung *f*, Naturalisierung *f*
naturalizar [naturali'θar] <z→c> **I.** *vt* ① (*nacionalizar*) einbürgern, (JUR) naturalisieren
② (*aclimatar*) einbürgern, heimisch machen; ~ **costumbres** Bräuche annehmen; ~ **un animal** ein Tier heimisch machen
II. *vr*: ~**se** ① (*nacionalizarse*) die Bürgerrechte erwerben
② (*habituarse*) sich eingewöhnen, sich einleben
naturalmente [natural'mente] *adv* natürlich, selbstverständlich
naturismo [natu'rismo] *m sin pl* ① (*naturopatía*) Naturheilkunde *f*
② (*nudismo*) Naturismus *m*, Freikörperkultur *f*
naturista [natu'rista] **I.** *adj* ① (*naturópata*) naturheilkundlich
② (*nudista*) naturistisch
II. *mf* ① (*naturópata*) Naturheilpraktiker(in) *m(f)*, Naturheilkundige(r) *mf*
② (*nudista*) Naturist(in) *m(f)*
naturópata [natu'ropata] *mf* (*que entiende*) Naturheilkundige(r) *mf*; (*que practica*) Heilpraktiker(in) *m(f)*
naturopatía [naturopa'tia] *f* (MED) Naturheilkunde *f*
naufragar [nauɸra'ɣar] <g→gu> *vi* ① (*hundirse*) Schiffbruch erleiden
② (*fracasar*) scheitern, misslingen; **mis esfuerzos ~on** meine Bemühungen schlugen fehl
naufragio [nau'ɸraxjo] *m* ① (*accidente*) Schiffbruch *m*
② (*fracaso*) Fehlschlag *m*, Misserfolg *m*; (*de negociaciones*) Scheitern *nt*
náufrago, -a ['nauɸraɣo, -a] **I.** *adj* schiffbrüchig
II. *m, f* Schiffbrüchige(r) *mf*
náusea ['nausea] *f* Übelkeit *f*; **el pavo relleno me da ~s** gefüllten Puter finde ich ekelhaft
nauseabundo, -a [nausea'βundo, -a] *adj* Ekel erregend, ekelhaft; **¡que olor ~!** was für ein widerlicher Gestank!
náuseas ['nauseas] *fpl* Übelkeit *f*; (MED) Nausea *f*; **tengo** ~ mir ist übel [*o* schlecht]; **su comportamiento me da** ~ sein/ihr Benehmen ekelt mich an [*o* ist widerlich]
náutica ['nautika] *f sin pl* Nautik *f*, Schifffahrtskunde *f*
náutico, -a ['nautiko, -a] *adj* nautisch, Schifffahrts-
nautilo [nau'tilo] *m* (ZOOL) Nautilus *m*
nauyaca [nau'jaka] *f* (*Méx*: ZOOL) *eine große Giftschlange*
nava ['naβa] *f* (GEO) Senke *f*
navaja [na'βaxa] *f* ① (*cuchillo*) Taschenmesser *nt*; ~ **de afeitar** Rasiermesser *nt*; ~ **automática** Springmesser *nt*; **corte (de pelo) a ~** Messer(form)schnitt *m*
② (ZOOL) Schwertmuschel *f*
③ (*colmillo*) Eckzahn *m*; (*del jabalí*) Hauer *m*; (*de elefantes, morsas*) Stoßzahn *m*
navajada [naβa'xaða] *f*, **navajazo** [naβa'xaθo] *m* ① (*golpe*) Messerstich *m* ② (*herida*) Stichwunde *f*
navajero[1] [naβa'xero] *m* Rasierklingenetui *nt*
navajero, -a[2] [naβa'xero, -a] *m, f* (*delincuente*) Messerstecher(in) *m(f)*
naval [na'βal] *adj* ① (*marítimo*) See-; **combate** ~ Seeschlacht *f*
② (*referente a barcos*) Schiffs-; **accidente** ~ Schiffsunglück *nt*, Havarie *f*
③ (*náutico*) Marine-; **Escuela** ~ Marineschule *f*
navanco [na'βanko] *m* (ZOOL) Wildente *f*
Navarra [na'βarra] *f* Navarra *nt*
navarro, -a [na'βarro, -a] **I.** *adj* aus Navarra
II. *m, f* Einwohner(in) *m(f)* von Navarra
nave ['naβe] *f* ① (*barco*) Schiff *nt*; (*velero*) Segelschiff *nt*; ~ **de carga** Frachtschiff *nt*, Frachter *m*; ~ **espacial** Raumschiff *nt*; **quemar las ~s** (*fig*) alle Brücken hinter sich abbrechen
② (*en una iglesia*) (Kirchen)schiff *nt*; ~ **central** Mittelschiff *nt*; ~ **lateral** Seitenschiff *nt*
③ (*almacén*) (Lager)halle *f*
navegabilidad [naβeɣaβili'ðað] *f sin pl* ① (*barco*) Seetüchtigkeit *f*
② (*aguas*) Schiffbarkeit *f*
navegable [naβe'ɣaβle] *adj* schiffbar; **rutas ~s** Schifffahrtsstraßen *fpl*, Schifffahrtswege *mpl*
navegación [naβeɣa'θjon] *f* Schifffahrt *f*; ~ **aérea** Luftschifffahrt *f*; ~ **de altura** [*o* **de alta mar**] Hochseeschifffahrt *f*; ~ **de cabotaje** [*o* **costera**] Küstenschifffahrt *f*; ~ **fluvial** Flussschifffahrt *f*; ~ **interior** Binnenschifffahrt *f*; ~ **por automóvil** Autonavigationssystem *nt*
navegador[1] [naβeɣa'ðor] *m* (INFOR) Browser *m*
navegador(a)[2] [naβeɣa'ðor(a)] *adj o m(f) v.* **navegante**
navegante [naβe'ɣante] **I.** *adj* seefahrend
II. *mf* ① (*por mar*) Seefahrer(in) *m(f)*
② (INFOR) Surfer(in) *m(f)*; ~ **de** [*o* **por**] **Internet** Internetsurfer *m*
navegar [naβe'ɣar] <g→gu> **I.** *vi*, *vt* (mit einem Schiff) fahren; ~ **al Polo (en barco) por el mar Atlántico** (mit dem Schiff) über den Atlantik zum Pol fahren; ~ **ocho millas por hora** acht Meilen pro Stunde

naveta

zurücklegen
II. *vi* ① (*andar vagando*) herumziehen
② (INFOR) surfen; **~ en** [*o* **por**] **la Web/internet/red** im Web/Internet/Netz surfen
naveta [na'βeta] *f* ① (*para el incienso*) Weihrauchbehälter *m*
② (*cajón*) Schublade *f*
Navidad [naβi'ðað] *f* Weihnachten *nt;* **¡feliz ~!** fröhliche [*o* frohe] Weihnachten!
navideño, -a [naβi'ðeno, -a] *adj* weihnachtlich, Weihnachts-
naviera [na'βjera] *f* Reederei *f*
naviero, -a [na'βjero, -a] I. *m, f* Reeder(in) *m(f),* Schiffseigentümer(in) *m(f)*
II. *adj* Schifffahrts-
navío [na'βio] *m* Schiff *nt*
náyade ['naɟaðe] *f* Najade *f*
nayuribe [naɟu'riβe] *f* (BOT) ein Fuchsschwanzgewächs
nazarenas [naθa'renas] *fpl* (*Arg*) Sporen *fpl* der Gauchos
nazareno[1] [naθa'reno] *m* ① *pl* (*cristianos*) Nazaräer *mpl*
② (*de Jesucristo*): **el N~** der Nazaräer, der Nazarener
nazareno, -a[2] [naθa'reno, -a] I. *adj* aus Nazareth
II. *m, f* ① (*de Nazaret*) Nazarener(in) *m(f)*
② (*penitente*) Büßer(in) *m(f)*
nazarí [naθa'ri] I. *adj* (HIST) die Nasriden betreffend; **la dinastía ~** die Dynastie der Nasriden (*letzte spanisch-arabische Dynastie in Granada*)
II. *mf* (HIST) Nasride, -in *m, f*
nazi ['naθi] I. *adj* (HIST) nazistisch, Nazi-
II. *m* (HIST) Nazi *m*
nazismo [na'θismo] *m sin pl* Nazismus *m;* **la persecución de los judíos durante el ~** die Judenverfolgung während der Nazizeit; **la derrota del ~** die Niederlage der nationalsozialistischen Kräfte
N.B. ['nota 'βene] *adj abr de* **nota bene** NB
N. de la R. ['nota ðe la rreðaɣ'θjon] *abr de* **Nota de la Redacción** Anm. d. Red.
N. de la T. ['nota ðe la traðuk'tora] *abr de* **Nota de la Traductora** Anm. der Übersetzerin
N. del T. ['nota ðel traðuk'tor] *abr de* **Nota del Traductor** Anm. des Übersetzers
NE [nor'ðeste] *abr de* **Nordeste** NO
neandertal [neander'tal] *m:* **hombre de ~** Neandertaler *m*
nébeda ['neβeða] *f* (BOT) Steinquendel *m*
nebí [ne'βi] *m* (ZOOL) Falke *m*
neblina [ne'βlina] *f* Bodennebel *m*
neblinoso, -a [neβli'noso, -a] *adj* (*nebuloso*) neb(e)lig; (*brumoso*) dunstig, diesig
nébula ['neβula] *f* (MED) leichte Hornhauttrübung *f*
nebular [neβu'lar] *adj* (ASTR) Nebel-; **anillo ~** Nebelring *m*
nebulizador [neβuliθa'ðor] *m* Zerstäuber *m*
nebulosa [neβu'losa] *f* (ASTR) Nebelfleck *m,* Nebel *m*
nebulosidad [neβulosi'ðað] *f* ① (*niebla*) Nebelbildung *f*
② (*nubes*) Bewölkung *f*
③ (*oscuridad*) Düsterkeit *f;* (*sombra*) Schatten *m*
nebuloso, -a [neβu'loso, -a] *adj* ① (*brumoso*) neb(e)lig
② (*nuboso*) bewölkt
③ (*vago*) nebulös
④ (*oscuro*) düster
necedad [neθe'ðað] *f* Dummheit *f,* Torheit *f;* **no dice más que ~es** er/sie redet nur dummes Zeug
necesariamente [neθesarja'mente] *adv* zwangsläufig
necesario, -a [neθe'sarjo, -a] *adj* notwendig, erforderlich; **condición necesaria** notwendige Voraussetzung; **es ~ que... +***subj* es ist notwendig [*o* erforderlich], dass ...; **la lluvia hizo ~ quedarse en casa** wegen des Regens mussten wir zu Hause bleiben; **considerar ~** für angebracht halten
neceser [neθe'ser] *m* ① (*de aseo*) Kulturbeutel *m*
② (*de costura*) Necessaire *nt*
necesidad [neθesi'ðað] *f* ① (*ser preciso*) Notwendigkeit *f;* **de toda ~** dringend; **de primera ~** lebensnotwendig; **productos de primera ~** Artikel des täglichen Bedarfs; **las ~es presupuestarias** der Haushaltsbedarf; **no tiene ~ de trabajar** er/sie braucht nicht zu arbeiten
② (*demanda*) Bedarf *m;* **~ del arrendador** Eigenbedarf des Vermieters; **~ de viviendas** Wohnungsbedarf *m*
③ (*requerimiento*) Bedürfnis *nt;* **tener ~ de afecto** der Zuneigung bedürfen, liebebedürftig sein; **cubrir ~es** (ECON) Bedürfnisse decken
④ (*apuro*) Not(lage) *f;* **la ~ carece de ley** Not kennt kein Gebot
⑤ *pl* (*evacuación corporal*) Notdurft *f;* **hacer sus ~es** seine Notdurft verrichten
necesitado, -a [neθesi'taðo, -a] I. *adj* (*pobre*) bedürftig; **estar ~ de amor** der Liebe bedürfen, liebebedürftig sein
II. *m, f* Notleidende(r) *mf,* Bedürftige(r) *mf*

negar

necesitar [neθesi'tar] I. *vt* ① (*precisar*) benötigen, brauchen; **se necesita piso** Wohnung gesucht
② *+inf* (*tener que*) müssen; **necesitas comer algo** du musst etwas essen
II. *vi* (*precisar*): **~ de algo** etw brauchen; **necesito de ti** ich brauche dich
necio, -a ['neθjo, -a] I. *adj* dumm, töricht; **a palabras necias, oídos sordos** (*prov*) eine dumme Frage verdient eine dumme Antwort
II. *m, f* Dummkopf *m,* Narr *m,* Närrin *f*
nécora ['nekora] *f* Krabbe *f*
necrobiosis [nekro'βjosis] *f inv* (MED) Nekrobiose *f*
necrofagia [nekro'faxja] *f* Nekrophagie *f,* Verzehren *nt* von toten Organismen
necrófago, -a [ne'krofaɣo, -a] I. *adj* Aas fressend
II. *m, f* (ZOOL) Aasfresser *m*
necrofilia [nekro'filja] *f* Nekrophilie *f,* Leichenschändung *f*
necrófilo, -a [ne'krofilo, -a] I. *adj* nekrophil
II. *m, f* Nekrophile(r) *mf*
necrofobia [nekro'foβja] *f* (PSICO) Nekrophobie *f;* (*temor a los muertos*) krankhafte Furcht *f* vor Toten; (*temor a la muerte*) krankhafte Furcht *f* vor dem Tod
necrolatría [nekrola'tria] *f* (REL) Totenverehrung *f*
necrología [nekrolo'xia] *f* ① (*biografía*) Nachruf *m*
② (*nota*) Todesanzeige *f*
necrológico, -a [nekro'loxiko, -a] *adj* Todes-; **nota necrológica** Todesanzeige *f*
necrologio [nekro'loxjo] *m* Nekrologium *nt,* Nekrolog *m*
necromancia [nekro'manɟja] *f,* **necromancía** [nekroman'θia] *f* Nekromantie *f,* Totenbeschwörung *f*
necrópolis [ne'kropolis] *f inv* Nekropolis *f,* Totenstadt *f*
necropsia [ne'kroβsja] *f* (MED) Nekropsie *f,* Obduktion *f,* Leichenschau *f*
necrosar [nekro'sar] *vt* (MED) absterben, nekrotisieren; **se le necrosó parte de la pierna y tuvieron que amputársela** ein Teil seines/ihres Beines war abgestorben und musste amputiert werden
necrosis [ne'krosis] *f inv* (MED) Nekrose *f*
néctar ['nektar] *m* ① (*t.* BOT) Nektar *m*
② (*licor*) (milder) Likör *m*
nectarina [nekta'rina] *f* Nektarine *f*
nectarino, -a [nekta'rino, -a] *adj* ① (*con néctar*) nektarhaltig
② (*que sabe a néctar*) nach Nektar schmeckend
neerlandés, -esa [ne(e)rlan'des, -esa] I. *adj* niederländisch
II. *m, f* Niederländer(in) *m(f)*
nefando, -a [ne'fando, -a] *adj* schändlich, niederträchtig
nefario, -a [ne'farjo, -a] *adj* ruchlos, verrucht
nefasto, -a [ne'fasto, -a] *adj* unheilvoll, Unheil bringend; **he tenido un día ~** heute hatte ich einen schwarzen Tag; **tener consecuencias nefastas sobre algo** unheilvolle Auswirkungen auf etw haben; **ser un deportista ~** ein miserabler Sportler sein
nefelio [ne'feljo] *m* (MED) leichte Hornhauttrübung *f,* Nephelopsie *f*
nefrítico, -a [ne'fritiko, -a] *adj* (MED) Nieren-; **cólico ~** Nierenkolik *f*
nefritis [ne'fritis] *f inv* (MED) Nierenentzündung *f,* Nephritis *f*
nefrología [nefrolo'xia] *f* (MED) Nephrologie *f,* Lehre *f* von den Nieren und ihren Erkrankungen
nefrólogo, -a [ne'froloɣo, -a] *m, f* (MED) Nierenfacharzt, -ärztin *m, f,* Nierenspezialist(in) *m(f)*
nefrón [ne'fron] *m* (MED) Nephron *nt*
nefropatía [nefropa'tia] *f* (MED) Nierenleiden *nt,* Nierenkrankheit *f,* Nephropathie *f*
nefrosclerosis [nefroskle'rosis] *f inv* (MED) Nierenschrumpfung *f,* Nephrosklerose *f*
nefrosis [ne'frosis] *f inv* (MED) Nephrose *f*
nefrostomía [nefrosto'mia] *f* (MED) Nierenfistel *f* (*operativ angelegt*), Nephrostomie *f*
negable [ne'ɣaβle] *adj* verneinbar; **que ahora es de día no es una aserción ~** dass es jetzt Tag ist, lässt sich nicht verneinen
negación [neɣa'θjon] *f* ① (*desmentir*) Leugnen *nt,* Abstreiten *nt*
② (*denegar*) Verweigerung *f*
③ (*renegar*) Verleugnen *nt*
④ (LING) Verneinung *f,* Verneinungswort *nt,* Negation *f*
negado, -a [ne'ɣaðo, -a] I. *adj* ungeeignet (*para* für +*akk*); **soy un ~ para las labores de la casa** ich habe im Haushalt zwei linke Hände
II. *m, f:* **es un ~/una ~ de** [*o* **para**] **las matemáticas** er/sie ist schlecht in Mathematik
negar [ne'ɣar] *irr como fregar* I. *vt* ① (*decir que no*) verneinen; (*desmentir*) abstreiten, leugnen
② (*rehusar*) verweigern; (*rechazar*) abschlagen; **me han negado el crédito** man hat mir den Kredit verweigert
③ (*renegar*) verleugnen
II. *vr:* **~se** sich weigern (*a* zu +*inf*)

negativa [neɣa'tiβa] *f* (*negación*) verneinende Antwort *f*; Nein *nt*; (*rehusamiento*) Weigerung *f*; (*rechazo*) Absage *f*; ~ **a contestar** (JUR) Aussageverweigerung *f*

negatividad [neɣatiβi'ðað] *f* (ELEC) Negativität *f*

negativismo [neɣati'βismo] *m* ❶ (*calidad*) Negativität *f*
❷ (*doctrina*) Negativismus *m*

negativo¹ [neɣa'tiβo] *m* (FOTO) Negativ *nt*

negativo, -a² [neɣa'tiβo, -a] *adj* (*t.* MAT, FOTO) negativ; **su respuesta fue negativa** er/sie hat Nein gesagt

negatorio, -a [neɣa'torjo, -a] *adj* (JUR) negatorisch; **demanda negatoria** negatorische Klage; **protección negatoria** negatorischer Schutz

negligencia [neɣli'xenθja] *f* ❶ (*descuido*) Nachlässigkeit *f*
❷ (*jur*) Fahrlässigkeit *f*; (*falta de diligencia*) Sorgfaltswidrigkeit *f*; ~ **culpable/punible** schuldhafte/strafbare Fahrlässigkeit; ~ **leve/grave** leichte/grobe Fahrlässigkeit

negligente [neɣli'xente] I. *adj* (*descuido*) nachlässig; (JUR) fahrlässig; **es** ~ **en** [*o* **para**] **su trabajo** er/sie arbeitet nachlässig
II. *mf* (JUR) fahrlässig Handelnde(r) *mf*

negociabilidad [neɣoθjaβili'ðað] *f sin pl* Verhandelbarkeit *f*

negociable [neɣo'θjaβle] *adj* verhandelbar; (*valores*) übertragbar; ~ **en bolsa** börsengängig, börsenfähig; **título (no)** ~ (FIN) (nicht) verkehrsfähiges Wertpapier; **el precio es** ~ Preis nach Vereinbarung

negociación [neɣoθja'θjon] *f* ❶ (*convenio*) Verhandlung *f*; **negociaciones de adhesión** Beitrittsverhandlungen *fpl*; ~ **colectiva** Tarifverhandlung *f*; ~ **de un crédito** Kreditverhandlung *f*; ~ **salarial** Lohnrunde *f*; ~ **de valores** (FIN) Effektenhandel *m*; **anunciar una** ~ **salarial** eine Lohnrunde einläuten; **las negociaciones arancelarias en el GATT** die Zoll(tarif)verhandlungen im Rahmen des GATT; **entrar en negociaciones con alguien** mit jdm Verhandlungen aufnehmen
❷ (FIN) Umsatz *m*
❸ *pl* (COM) Handelsgeschäft *nt*

negociado [neɣo'θjaðo] *m* ❶ (*dependencia*) Geschäftsstelle *f*; (ADMIN) Amt *nt*, Behörde *f*; ~ **de patentes** Patentamt *nt*; ~ **de aduanas** Zollbehörde *f*; ~ **de cultura** Kulturreferat *nt*
❷ (*Arg, Chil, Ecua, Perú: negocio*) Klüngelei *f* pey

negociador(a) [neɣoθja'ðor(a)] I. *adj* Verhandlungs-
II. *m(f)* ❶ (*comerciante*) Händler(in) *m(f)*
❷ (*mediador*) Vermittler(in) *m(f)*, Unterhändler(in) *m(f)*; ~ **de rehenes** Unterhändler bei einer Geiselnahme

negociante [neɣo'θjante] *mf* Händler(in) *m(f)*, Kaufmann, -frau *m, f*

negociar [neɣo'θjar] I. *vi* handeln (*en/con* mit +*dat*), Handel treiben (*en/con* mit +*dat*)
II. *vi, vt* verhandeln
III. *vt* ❶ (FIN): ~ **una letra** einen Wechsel ziehen
❷ (*concertar*) aushandeln; ~ **un contrato** einen Vertrag aushandeln; ~ **un préstamo** ein Darlehen aushandeln

negocio [ne'ɣoθjo] *m* ❶ (*comercio*) Geschäft *nt*; ~ **al alza** Haussegeschäft *nt*; ~ **de comisiones** Kommissionsgeschäft *nt*; ~ **de cuenta común** Partizipationsgeschäft *nt*; ~ **por cuenta propia** Nostrogeschäft *nt*; ~ **al detalle** Einzelhandel *m*; ~ **de divisas a plazo** Devisentermingeschäft *m*; ~ **especulativo** Spekulationsgeschäft *nt*; ~ **familiar** Familienbetrieb *m*; ~ **ficticio** Scheingeschäft *nt*; ~ **fiduciario** Treuhandgeschäft *nt*; ~ **jurídico** Rechtsgeschäft *nt*; ~ **de licencia** Lizenzgeschäft *nt*; ~ **lucrativo** Erwerbsgeschäft *nt*; ~ **obligacional** Verpflichtungsgeschäft *nt*; ~ **redondo** (*fam*) Bombengeschäft *nt*; ~**s sucios** dunkle Geschäfte; ~ **testaférreo** Strohmanngeschäft *nt*; **hombre de** ~**s** Geschäftsmann *m*; **mujer de** ~**s** Geschäftsfrau *f*; **viaje de** ~**s** Geschäftsreise *f*; **volumen de** ~**s** Geschäftsumfang *m*; **este** ~ **rinde mucho** dieses Geschäft bringt viel ein [*o* wirft viel ab]; **montar un** ~ **con alguien** mit jdm ein Geschäft aufziehen; **concertar un** ~ **con alguien** mit jdm ein Geschäft abschließen; **hacer un buen/mal** ~ ein gutes/schlechtes Geschäft machen; (*fig*) gut/schlecht wegkommen
❷ (*asunto*) Angelegenheit *f*, Sache *f*; **esto es** ~ **suyo** das ist seine/ihre Sache

negra ['neɣra] *f* (MÚS) Viertelnote *f*

negrada [ne'ɣraða] *f* (*Cuba:* HIST) Negersklavenschar *f*

negrear [neɣre'ar] *vi* schwarz werden

negrería [neɣre'ria] *f* (HIST) Gruppe *f* Schwarzer (*insbesondere schwarze Landarbeiter auf einer Hacienda*)

negrero, -a [ne'ɣrero, -a] I. *adj* Sklaven-
II. *m, f* ❶ Sklavenhändler(in) *m(f)*
❷ (*tirano*) Tyrann(in) *m(f)*
❸ (*Arg, Par, Urug: aprovechado*) Ausbeuter(in) *m(f)*

negrilla [ne'ɣriʎa] *f* (TIPO) halbfette Schrift *f*

negrillo [ne'ɣriʎo] *m* (BOT) Ulme *f*

negrita [ne'ɣrita] *f* (TIPO) *v.* **negrilla**

negritud [neɣri'tuð] *f* ❶ (*negrura*) Schwärze *f*
❷ (*sociología*) kulturelle und soziale Eigenschaften der Schwarzen

negro¹ ['neɣro] *m* (*color*) Schwarz *nt*

negro, -a² ['neɣro, -a] I. *adj* schwarz; **pan** ~ Schwarzbrot *nt*; **película/novela negra** Krimi *m*; **estar/ponerse** ~ (*fam*) wütend sein/werden; **se vio** ~ **para arreglar el grifo** (*fam*) er hatte große Mühe den Wasserhahn zu reparieren; **se vio** ~ [*o* **las pasó negras**] **para encontrar la casa** (*fam*) er fand das Haus nur mit Mühe; **trabajar como un** ~ (*fam*) schuften; **estar** ~ **del sol** sonnengebräunt sein; **cuando se quedó sin trabajo las pasó negras** (*fam*) als er/sie arbeitslos wurde, ging es ihm/ihr ziemlich dreckig; **tener la negra** (*fam*) eine Pechsträhne haben
II. *m, f* ❶ (*persona*) Schwarze(r) *mf*, Farbige(r) *mf*
❷ (*escritor*) Ghostwriter(in) *m(f)*
❸ (*Arg: fam: cariño*) Liebling *m*, Schatz *m*

negrófilo, -a [ne'ɣrofilo, -a] *m, f* (SOCIOL) Sklavereigegner(in) *m(f)*, Schwarzenfreund(in) *m(f)*

negroide [ne'ɣrojðe] *adj* negroid

negror [ne'ɣror] *m* Schwärze *f*; (*oscuridad*) Dunkelheit *f*; **pude distinguir la silueta de una persona en el** ~ **de la sala** ich konnte die Silhouette einer Person in der Dunkelheit des Saales ausmachen

negrura [ne'ɣrura] *f* Schwärze *f*

negruzco, -a [ne'ɣruθko, -a] *adj* schwärzlich

neguijón [neɣi'xon] *m* (MED) Zahnfäule *f*

neguilla, neguillón [neɣi'ʎa], [neɣi'ʎon] *m* (BOT) Kornrade *f*

neis [nejs] *m inv* (GEO) Gneis *m*

neja ['nexa] *f* (*Méx:* GASTR) aschfarbener Fladen aus gekochtem Mais

nelumbio [ne'lumbjo] *m*, **nelumbo** [ne'lumbo] *m* (BOT) Lotosblume *f*

neme ['neme] *m* (*Col*) Bitumen *nt*, Asphalt *m*

nemónico, -a [ne'moniko, -a] *adj* mnemonisch, mnemotechnisch

nemotecnia [nemo'teɣnja] *f*, **nemotécnica** [nemo'teɣnika] *f* Mnemotechnik *f*, Gedächtniskunst *f*; **regla de** ~ Eselsbrücke *f*

nemotécnico, -a [nemo'teɣniko, -a] *adj* mnemotechnisch

nene, -a ['nene, -a] *m, f* (*fam: niño*) kleiner Junge *m*, kleines Mädchen *nt*; (*expresión de cariño*) Kleine(r) *mf*, Kind *nt*

neneque [ne'neke] *m* (*Hond*) Schwächling *m*, schwacher, unselbstständiger Mensch *m*

nenia ['nenja] *f* (LIT) Nänie *f*, Totenklage *f*

nenúfar [ne'nufar] *m* (BOT) Seerose *f*

neo, -a ['neo, -a] *adj* (REL) neokatholisch

neobarroco [neoβa'rroko] *m* (ARTE) Neubarock *m*

neocaledonio, -a [neokale'ðonjo, -a] I. *adj* neukaledonisch
II. *m, f* Neukaledonier(in) *m(f)*

neocapitalismo [neokapita'lismo] *m sin pl* (ECON) Neokapitalismus *m*

neocapitalista [neokapita'lista] *mf* (ECON, POL) Neokapitalist(in) *m(f)*

neocatolicismo [neokatoli'θismo] *m* (POL, REL) Neokatholizismus *m*

neocatólico, -a [neoka'toliko, -a] I. *adj* neokatholisch
II. *m, f* Neokatholik(in) *m(f)*

neocelandés, -esa [neoθelan'des, -esa] *adj o m, f v.* **neozelandés**

neoclasicismo [neoklasi'θismo] *m sin pl* (ARTE, LIT) Klassizismus *m*; (ARQUIT) Neoklassizismus *m*

neoclásico, -a [neo'klasiko, -a] I. *adj* (ARTE, LIT) klassizistisch; (ARQUIT) neoklassizistisch
II. *m, f* (ARTE, LIT) Vertreter(in) *m(f)* des Klassizismus; (ARQUIT) Anhänger(in) *m(f)* des Neoklassizismus

neocolonialismo [neokolonja'lismo] *m* (ECON, POL) Neokolonialismus *m*

neocriticismo [neokriti'θismo] *m* (FILOS) Neukantianismus *m*

neoescolástica [neoesko'lastika] *f*, **neoescolasticismo** [neoeskolasti'θismo] *m* (FILOS) Neuscholastik *f*

neofascismo [neofas'θismo] *m sin pl* Neofaschismus *m*

neofascista [neofas'θista] I. *adj* neofaschistisch
II. *mf* Neofaschist(in) *m(f)*

neófito, -a [ne'ofito, -a] *m, f* ❶ (*bautizado*) Neugetaufte(r) *mf*
❷ (*iniciado*) Neuling *m*, Anfänger(in) *m(f)*

neofobia [neo'foβja] *f* (PSICO) krankhafte Angst *f* vor Veränderungen

neófobo, -a [ne'ofoβo, -a] *adj* (PSICO) neuerungsfeindlich, Angst vor Veränderungen habend

neoformación [neoforma'θjon] *f* (BIOL, MED) abnorme Gewebsneubildung *f*, Neoplasie *f*

neógeno¹ [ne'oxeno] *m* Jungtertiär *nt*, Neogen *nt*

neógeno, -a² [ne'oxeno, -a] *adj* (GEO) neogen; **período** ~ Jungtertiär *nt*, Neogen *nt*

neogótico¹ [neo'ɣotiko] *m* (ARQUIT) Neugotik *f*

neogótico, -a² [neo'ɣotiko, -a] *adj* (ARQUIT) neugotisch

neogramática [neoɣra'matika] *f* (LING) Junggrammatik *f*

neogramático, -a [neoɣra'matiko, -a] *adj* (LING) junggrammatisch

neogranadino, -a [neoɣrana'ðino, -a] I. *adj* (HIST) aus Neugranada (*heute Kolumbien*)
II. *m, f* (HIST) Einwohner(in) *m(f)* von Neugranada

neoguineano, -a [neoɣine'ano, -a] I. *adj* aus Neuguinea, neuguineisch
II. *m, f* Neuguineer(in) *m(f)*

neohegelianismo [neoxeɣelja'nismo] *m* (FILOS) Neuhegelianismus *m*

neoimperialismo [neoimperja'lismo] *m* (POL) Neoimperialismus *m*
neoimperialista [neoimperja'lista] *adj* (POL) neoimperialistisch
neoimpresionismo [neoimpresjo'nismo] *m* (ARTE) Neoimpressionismus *m*
neokantismo [neokan'tismo] *m* (FILOS) Neukantianismus *m*
neolatino, -a [neola'tino, -a] *adj* (LING) neulateinisch
neolector(a) [neolek'tor(a)] *m(f)* gerade alphabetisierte Person *f*, Neualphabetisierte(r) *mf*
neoliberal [neoliβe'ral] *mf* (ECON, POL) Neoliberale(r) *mf*
neoliberalismo [neoliβera'lismo] *m sin pl* (ECON) Neoliberalismus *m*
neolítico[1] [neo'litiko] *m* (GEO) Jungsteinzeit *f*, Neolithikum *nt*
neolítico, -a[2] [neo'litiko, -a] *adj* (GEO) neolithisch
neologismo [neolo'xismo] *m* (LING) Neologismus *m*
neologista [neolo'xista] *mf* (LING), **neólogo, -a** [ne'oloɣo, -a] *m*, *f* (LING) Spracherneuerer, -in *m*, *f*, Neologe, -in *m*, *f*
neomalthusianismo [neomaltusja'nismo] *m*, **neomaltusianismo** [neomaltusja'nismo] *m* Neomalthusianismus *m*
neomicina [neomi'θina] *f* (MED) Neomyzin *nt*
neón [ne'on] *m* (QUÍM) Neon *nt*
neonatal [neona'tal] *adj* (MED) das Neugeborene betreffend, neonatal
neonato, -a [neo'nato, -a] I. *adj* neugeboren
II. *m*, *f* Neugeborene(s) *nt*
neonatólogo, -a [neona'toloɣo, -a] *m*, *f* (*elev*) Neonatologe, -in *m*, *f*
neonazi [neo'naθi] *mf* Neonazi *mf*
neonazismo [neona'θismo] *m* (POL) Neonazismus *m*
neoplasia [neo'plasja] *f* (MED) Neoplasie *f*, abnorme Gewebsneubildung *f*
neoplasma [neo'plasma] *m* (MED) Geschwulst *f*, Neoplasma *nt*
neoplatonicismo [neoplatoni'θismo] *m* (FILOS) *v.* **neoplatonismo**
neoplatónico, -a [neopla'toniko, -a] I. *adj* (FILOS) neuplatonisch
II. *m*, *f* (FILOS) Neuplatoniker(in) *m(f)*
neoplatonismo [neoplato'nismo] *m sin pl* (FILOS) Neuplatonismus *m*
neopositivismo [neopositi'βismo] *m* (FILOS) Neopositivismus *m*
neopreno® [neo'preno] *m* Neopren® *m*
neorrealismo [neorrea'lismo] *m* (ARTE, CINE) Neorealismus *m*
neorrealista [neorrea'lista] *mf* (ARTE, CINE) Neorealist(in) *m(f)*
neorrománico, -a [neorro'maniko, -a] *adj* (ARQUIT, ARTE) neuromanisch; **estilo** ~ Neuromanik *f*
neorromanticismo [neorromanti'θismo] *m* (LIT) Neuromantik *f*
neorromántico, -a [neorro'mantiko, -a] *adj* (LIT) neuromantisch
neotomismo [neoto'mismo] *m* (FILOS) Neuthomismus *m*
neoyorquino, -a [neoʝor'kino, -a] I. *adj* aus New York
II. *m*, *f* New Yorker(in) *m(f)*
neozelandés, -esa [neoθelan'des, -esa] I. *adj* neuseeländisch
II. *m*, *f* Neuseeländer(in) *m(f)*
neozoico, -a [neo'θoiko, -a] *adj* (GEO) neozoisch, känozoisch; **período** ~ Neozoikum *nt*, Känozoikum *nt*
nepalés, -esa [nepa'les, -esa] I. *adj* nepalesisch
II. *m*, *f* Nepalese, -in *m*, *f*
néper ['neper] *m* (FÍS) Neper *nt*
neperiano, -a [nepe'rjano, -a] *adj* (MAT) den Mathematiker J. Napier betreffend; **tablillas neperianas** Napier-Logarithmen *mpl*
neperio [ne'perjo] *m* (FÍS) *v.* **néper**
nepotismo [nepo'tismo] *m sin pl* Vetternwirtschaft *f*, Nepotismus *m* *elev*
neptunio [nep'tunjo] *m* (QUÍM) Neptunium *nt*
neptunismo [neptu'nismo] *m* (GEO) Neptunismus *m*
nereis [ne'reis] *m inv* (ZOOL) Seeringelwurm *m*
nerita [ne'rita] *f* (ZOOL) eine Art Meeresschnecke
nervadura [nerβa'ðura] *f* ❶ (ARQUIT) Rippe *f*
❷ (BOT) Äderung *f*
nérveo, -a ['nerβeo, -a] *adj* ❶ (*perteneciente o relativo a los nervios*) die Nerven betreffend, Nerven-
❷ (*semejante a los nervios*) nervenähnlich
nervio ['nerβjo] *m* ❶ (*conductor de impulsos nerviosos*) Nerv *m*; ~ **vago** Vagus *m*; **crispar** [*o* **alterar**] **los** ~**s a alguien, perder los** ~**s** die Nerven verlieren; **poner a alguien los** ~**s de punta** (*enfadar, fam*) jdn auf hundert bringen; (*poner nervioso*) jdn nervös machen; **estar atacado de los** ~**s** nervlich sehr angespannt sein; **tener un ataque de** ~**s** einen Nervenzusammenbruch haben [*o* erleiden]; **es un puro** ~ (*fam*) er/sie ist das reinste Nervenbündel
❷ (*tendón*) Sehne *f*
❸ (BOT) Rippe *f*, Ader *f*
❹ (*libro*) Heftschnur *f*
❺ (*ímpetu*) Energie *f*, Elan *m*
❻ (*alma*) Triebfeder *f*, Seele *f*
❼ (ARQUIT) Rippe *f*
nerviosidad [nerβjosi'ðað] *f* ❶ (*tensión*) Nervenanspannung *f*; **se encuentra en un estado de gran** ~ er/sie ist nervlich sehr angespannt

❷ (*nerviosismo*) Nervosität *f*; **su** ~ **crecía** seine/ihre Nervosität steigerte sich
nerviosismo [nerβjo'sismo] *m* Nervosität *f*
nervioso, -a [ner'βjoso, -a] *adj* ❶ (ANAT) Nerven-
❷ (*intranquilo*) nervös, unruhig
nervoso, -a [ner'βoso, -a] *adj* sehnig
nervudo, -a [ner'βuðo, -a] *adj* ❶ (*fisionomía*) sehnig
❷ (*fuerte*) kraftvoll
nervura [ner'βura] *f* (TIPO: *nervadura*) Bünde *mpl* eines Buches
nesga ['nesɣa] *f* Zwickel *m*
nesgado, -a [nes'ɣaðo, -a] *adj* mit Zwickel
nesgar [nes'ɣar] <g→gu> *vt* ❶ (*poner nesgas*) Zwickel einsetzen (in + *akk*)
❷ (*cortar*) schräg zum Fadenverlauf schneiden
néspera ['nespera] *f* (BOT) Mispel *f*
nestorianismo [nestorja'nismo] *m* (REL) Nestorianismus *m*
netamente [neta'mente] *adv* klar, eindeutig
netiqueta [neti'keta] *f* (INFOR, TEL) Netikette *f* (*im Internet*)
neto[1] ['neto] *m* (JUR): ~ **patrimonial** Eigenmittel *ntpl*
neto, -a[2] ['neto, -a] I. *adj* ❶ (*claro*) klar
❷ (*no bruto*) netto, Netto-; **beneficio** ~ Nettoertrag *m*, Reingewinn *m*; **ingresos** ~**s** Nettoeinnahmen *fpl*, Nettoeinkommen *nt*; **inversión neta** Nettoinvestition *f*
II. *m*, *f* (ARQUIT) Säulenfuß *m*
neuma ['neuma] *m* (MÚS) Neume *f*
neumática [neu'matika] *f* (FÍS) Pneumatik *f*
neumático[1] [neu'matiko] *m* Reifen *m*; ~ **sin cámara** schlauchloser Reifen
neumático, -a[2] [neu'matiko, -a] *adj* (TÉC) pneumatisch
neumatocele [neumato'θele] *m* (MED) Pneumatozele *f*
neumatosis [neuma'tosis] *f inv* (MED) Pneumatose *f*, Luftansammlung *f* in Geweben oder Körperteilen
neumococia [neumo'koθja] *f* (MED) durch Pneumokokken verursachte Krankheit *f*
neumoconiosis [neumoko'njosis] *f inv* (MED) Pneumokoniose *f*, Staublunge *f*
neumología [neumolo'xia] *f* (MED) Lungenheilkunde *f*, Pneumologie *f*
neumólogo, -a [neu'moloɣo, -a] *m*, *f* (MED) Lungenfacharzt, -ärztin *m*, *f*, Pneumologe(in) *m(f)*
neumonía [neumo'nia] *f* (MED) Lungenentzündung *f*, Pneumonie *f*
neumonitis [neumo'nitis] *f inv* (MED) Lungenentzündung *f*, Pneumonitis *f*
neumopatía [neumopa'tia] *f* (MED) Lungenerkrankung *f*, Pneumopathie *f*
neumotórax [neumo'toraɣs] *m inv* (MED) Pneumothorax *m*
neura[1] ['neura] I. *adj* (*fam*: *neurasténico*) neurasthenisch
II. *mf* (*fam*: *neurasténico*) Neurastheniker(in) *m(f)*
neura[2] ['neura] *f* (*fam*: *neurastenia*) Neurasthenie *f*; **estar de** [*o* **tener la**] ~ **total** genervt sein
neural [neu'ral] *adj* (ANAT) Nerven-; **impulso** ~ Nervenimpuls *m*
neuralgia [neu'ralxja] *f* (MED) Nervenschmerzen *mpl*, Neuralgie *f*
neurálgico, -a [neu'ralxiko, -a] *adj* (*t.* MED) neuralgisch
neurastenia [neuras'tenja] *f* (MED) Neurasthenie *f*
neurasténico, -a [neuras'teniko, -a] I. *adj* (MED) neurasthenisch
II. *m*, *f* (MED) Neurastheniker(in) *m(f)*
neurinoma [neuri'noma] *m* (MED) Nervenfasergeschwulst *f*, Neurinom *nt*, Lemmoblastom *nt*
neurisma [neu'risma] *f* (MED) Aneurysma *nt*
neuritis [neu'ritis] *f inv* (MED) Nervenentzündung *f*, Neuritis *f*
neurobiología [neuroβjolo'xia] *f sin pl* Neurobiologie *f*
neurocirugía [neuroθiru'xia] *f* (MED) Neurochirurgie *f*
neurocirujano, -a [neuroθiru'xano, -a] *m*, *f* (MED) Neurochirurg(in) *m(f)*
neurodermitis [neuroðer'mitis] *f inv* (MED) Neurodermitis *f*
neuroendocrinología [neuroendokrinolo'xia] *f* (MED) Neuroendokrinologie *f*
neurofibromatosis [neurofiβroma'tosis] *f inv* (MED) Neurofibromatose *f*, Recklinghausen-Krankheit *f*
neurofisiología [neurofisjolo'xia] *f* (MED) Neurophysiologie *f*
neuroléptico, -a [neuro'leptiko, -a] *adj* (MED) neuroleptisch; **medicamentos** ~**s** Neuroleptika *ntpl*
neurología [neurolo'xia] *f sin pl* (MED) Neurologie *f*
neurólogo, -a [neu'roloɣo, -a] *m*, *f* (MED) Neurologe, -in *m*, *f*
neuroma [neu'roma] *m* (MED) Neurom *nt*, Neuroblastom *nt*
neuromuscular [neuromusku'lar] *adj* (BIOL) Nerven und Muskeln betreffend, neuromuskulär
neurona [neu'rona] *f* (ANAT) Neuron *nt*; **le patinan las** ~**s** (*fam*) seine Schaltkreise spielen verrückt
neurópata [neu'ropata] *mf* an Neuropathie leidende Person *f*

neuropatía [neu̯ro'patia] *f* (MED) Nervenkrankheit *f*, Neuropathie *f*
neuropatología [neu̯ropatolo'xia] *f* (MED) Neuropathologie *f*
neuropléjico, -a [neu̯ro'plexiko, -a] *adj* (MED) neuroleptisch; **medicamento** ~ Neuroleptikum *nt*
neuropsicología [neu̯rosikolo'xia] *f sin pl* Neuropsychologie *f*
neuropsicólogo, -a [neu̯rosi'koloɣo, -a] *m, f* (MED) Neuropsychologe, -in *m, f*
neuropsiquiatra [neu̯rosi'kjatra] *mf* (MED) Neuropsychiater(in) *m(f)*
neuropsiquiatría [neu̯rosikja'tria] *f* (MED) Neuropsychiatrie *f*
neurorretinitis [neu̯rorre'nitis] *f inv* (MED) Neuroretinitis *f*, Entzündung *f* der Sehnerven und der Netzhaut
neurosis [neu̯'rosis] *f inv* (MED, PSICO: *neurópata*) Neuropathie *f*; (*neurótico*) Neurose *f*
neurótico, -a [neu̯'rotiko, -a] I. *adj* (MED, PSICO) neurotisch
II. *m, f* (MED, PSICO) Neurotiker(in) *m(f)*
neurotizar [neu̯roti'θar] <z→c> *vt* (*fam*) nerven; **me estás neurotizando** du gehst mir auf den Keks [*o* auf die Nerven]
neurotomía [neu̯roto'mia] *f* (MED) Neurotomie *f*, operative Nervendurchtrennung *f*
neurótomo [neu̯'rotomo] *m* (MED) Neurotom *nt*
neurotoxina [neu̯rotoɣ'sina] *f* (MED) Neurotoxin *nt*, Nervengift *nt*
neurotransmisor [neu̯rotraⁿsmi'sor] *m* (BIOL, QUÍM) Neurotransmitter *m*
neurovegetativo, -a [neu̯roneɣa'tiβo, -a] *adj* (ANAT): **sistema** ~ vegetatives Nervensystem
neutonio [neu̯'tonjo] *m* (FÍS) Newton *nt*
neutral [neu̯'tral] I. *adj* ❶ (*imparcial*) neutral, unparteiisch
❷ (*sin partido*) parteilos
II. *mf* ❶ (*persona imparcial*) Unparteiische(r) *mf*
❷ (*persona*) Parteilose(r) *mf*; **los** ~**es** (*naciones*) die neutralen Staaten
neutralidad [neu̯trali'ðað] *f* Neutralität *f*; ~ **concurrencial** (ECON) Wettbewerbsneutralität *f*; ~ **presupuestaria** (ECON) Haushaltsneutralität *f*
neutralismo [neu̯tra'lismo] *m sin pl* (POL) Neutralismus *m*
neutralista [neu̯tra'lista] I. *adj* (POL) neutralistisch
II. *mf* (POL) Neutralist(in) *m(f)*
neutralizable [neu̯trali'θaβle] *adj* neutralisierbar
neutralización [neu̯traliθa'θjon] *f* Neutralisierung *f*
neutralizador(a) [neu̯traliθa'ðor(a)] *adj* neutralisierend
neutralizante [neu̯trali'θante] I. *adj* neutralisierend, Neutralisierungs-; **sustancia** ~ (QUÍM) Neutralisierungsmittel *nt*
II. *m* (QUÍM) Neutralisierungsmittel *nt*
neutralizar [neu̯trali'θar] <z→c> I. *vt* neutralisieren
II. *vr*: ~**se** sich neutralisieren
neutro, -a ['neu̯tro, -a] *adj* ❶ (*t.* QUÍM) neutral
❷ (ZOOL) geschlecht(s)los
❸ (LING) sächlich; **género** ~ Neutrum *nt*
❹ (POL) gleichgültig, verdrossen
neutrón [neu̯'tron] *m* (FÍS) Neutron *nt*
nevada [ne'βaða] *f* ❶ (*caída de nieve*) Schneefall *m*
❷ (*nieve caída*) Schnee *m*
nevadilla [neβa'ðiʎa] *f* (BOT) Mauermiere *f*
nevadito [neβa'ðito] *m* (GASTR) *kleines kegelförmiges Gebäck, mit Puderzucker bestreut*
nevado¹ [ne'βaðo] *m* (TAUR) weißgefleckter Stier *m*
nevado, -a² [ne'βaðo, -a] *adj* ❶ (*cubierto de nieve*) verschneit
❷ (*blanco*) schneeweiß, blütenweiß
nevar [ne'βar] <e→ie> *vi, vimpers* schneien
nevasca [ne'βaska] *f* (*nevada*) Schneefall *m*; (*ventisca*) Schneetreiben *nt*
nevatilla [neβa'tiʎa] *f* (ZOOL) Bachstelze *f*
nevazón [neβa'θon] *f* (*Arg, Chil, Ecua*: METEO) Schneesturm *m*
nevera [ne'βera] *f* ❶ (*frigorífico*) Kühlschrank *m*, Eisschrank *m*; **esto parece una** ~ hier ist es eiskalt
❷ (*depósito*) Kühlraum *m*
nevereta [neβe'reta] *f* (ZOOL) *v.* **nevatilla**
nevería [neβe'ria] *f* (*Méx*) Eisdiele *f*
nevero [ne'βero] *m* ❶ (*lugar*) Schneegebirge *nt*
❷ (*nieve*) ewiger Schnee *m* (*des Hochgebirges*)
nevisca [ne'βiska] *f* leichter Schneefall *m*
neviscar [neβis'kar] <c→qu> *vi, vimpers* leicht schneien
neviza [ne'βiθa] *f* (GEO) Firn *m*
nevoso, -a [ne'βoso, -a] *adj* schneeig, verschneit; **tiempo** ~ Schneewetter *nt*
nevus ['neβus] *m inv* (MED) Naevus *m*, Muttermal *nt*
new age [nju ei̯dʒ] *m* (MÚS) Newagemusik *f*
new look [nju luk] *m* New Look *m*
nexo ['neɣso] *m* Verbindung *f*, Nexus *m*; ~ **causal** (*t.* JUR) Kausalzusammenhang *m*

ni [ni] *conj*: ~... ~ weder ... noch ...; **no fumo** ~ **bebo** ich rauche und trinke nicht; **no quiero** ~ (**siquiera**) **verlo** ich möchte ihn nicht einmal sehen; **¡**~ **lo pienses** [*o* **sueñes**]**!** auf gar keinen Fall!, vergiss es!; **sin más** ~ **más** mir nichts, dir nichts, plötzlich; **¡**~ **que fuera tonto!** er ist doch nicht dumm!; ~ **bien...** (*Arg*) sobald (als) ...
niara ['njara] *f* (AGR) Strohmiete *f*, Strohfeime *f*
nibelungo, -a [niβe'luŋgo, -a] *adj* Nibelungen-; **canción nibelunga** Nibelungenlied *nt*
nica ['nika] *adj* (*Nic*: *fam*) nicaraguanisch
nicanor [nika'nor] *m*: ~ **de Boñar** (GASTR) *kleine Blätterteigringe*
nicaragua [nika'raɣwa] *f* (BOT) Balsamine *f*, Springkraut *nt*
Nicaragua [nika'raɣwa] *f* Nicaragua *nt*
nicaragüense [nikara'ɣwense] I. *adj* nicaraguanisch
II. *mf* Nicaraguaner(in) *m(f)*
nicaragüeñismo [nikaraɣwe'ɲismo] *m* (LING) in Nicaragua gebräuchlicher Ausdruck *m*
nicaragüeño, -a [nikara'ɣweɲo, -a] *adj o m, f v.* **nicaragüense**
nicho ['nitʃo] *m* ❶ (*cavidad*) Nische *f*; ~ **de mercado** (COM) Marktlücke *f*, Marktnische *f*
❷ (*sepultura*) Grabnische *f*
nicociana [niko'θjana] *f* (BOT) Tabakpflanze *f*, Tabak *m*
nicótico, -a [ni'kotiko, -a] *adj* die Nikotinvergiftung betreffend, Nikotinismus-
nicotina [niko'tina] *f* Nikotin *nt*
nicotinismo [nikoti'nismo] *m*, **nicotismo** [niko'tismo] *f* (MED) Nikotinvergiftung *f*, Nikotinismus *m*
nictalopía [niktalo'pia] *f* (BIOL, MED) Tagblindheit *f*, Nyktalopie *f*
nictemeral [nikteme'ral] *adj* Tag-und-Nacht-, 24-Stunden-; **ritmo** ~ 24-Stunden-Rhythmus *m*
nicturia [nik'turja] *f* (MED) verstärkter nächtlicher Harndrang *m*, Nykturie *f*
nidada [ni'ðaða] *f* ❶ (*huevos*) Gelege *nt*
❷ (*polluelos*) Brut *f*
nidal [ni'ðal] *m* ❶ (*lugar*) Nistplatz *m*, Nest *nt*
❷ (*huevo*) Nestei *nt*
nidificación [niðifika'θjon] *f* (ZOOL) Nestbau *m*, Nisten *nt*
nidificar [niðifi'kar] <c→qu> *vi* nisten
nido ['niðo] *m* ❶ (*lecho*) Nest *nt*; ~ **de amor** Liebesnest *nt*; ~ **de ladrones** Räuberhöhle *f*; ~ **de discordias** Unruheherd *m*; **caerse del** ~ naiv sein
❷ (*nidada*) Gelege *nt*
❸ (*nidal*) Nistplatz *m*
niebla ['njeβla] *f* ❶ (*bruma*) Nebel *m*; ~ **meona** Nebelregen *m*; **hace** (**mucha**) ~ es ist (sehr) neb(e)lig
❷ (MED) Hornhauttrübung *f*
❸ (*añublo*) Getreidebrand *m*
❹ (*confusión*) Verwirrung *f*
niel [njel] *m* (ARTE) Niello *nt*
nielado, -a [nje'laðo] I. *adj* (ARTE) nielliert
II. *m* (ARTE: *acción*) Niellieren *nt*; (*obra*) Nielloarbeit *f*
nielar [nje'lar] *vt* (ARTE) niellieren
niéspera ['njespera] *f* (BOT) *v.* **níspola**
nietastro, -a [nje'tastro, -a] *m, f* Stiefenkel(in) *m(f)*
nieto, -a ['njeto, -a] *m, f* Enkel(in) *m(f)*; ~**s** Enkelkinder *ntpl*, Enkel *mpl*; ~ **segundo** Urenkel *m*
nieve ['njeβe] *f* ❶ (*precipitación*) Schnee *m*; ~ **carbónica** Trockeneis *nt*
❷ *pl* Schneefall *m*
❸ (*elev*: *blancura*) Weiß *nt*
❹ (*argot*: *cocaína*) Schnee *m*, Koks *m*; (*argot*: *heroína*) H *nt* (*englisch ausgesprochen*)
❺ (*Méx, Cuba, PRico*: *helado*) (Frucht)eis *nt*
NIF [nif] *m abr de* **Número de identificación fiscal** Steuernummer *f*
nigeriano, -a [nixe'rjano, -a] I. *adj* nigerianisch
II. *m, f* Nigerianer(in) *m(f)*
nigerio, -a [ni'xerjo, -a] I. *adj* nigrisch, aus Niger
II. *m, f* Nigrer(in) *m(f)*
night-club [nai̯t kluβ] *m* Nightclub *m*
nigromancia [niɣro'manθja] *f*, **nigromancía** [niɣroman'θia] *f* ❶ (*necromancia*) Totenbeschwörung *f* ❷ (*fam*: *magia negra*) schwarze Magie *f*
nigromante [niɣro'mante] *mf* Totenbeschwörer(in) *m(f)*
nigromántico, -a [niɣro'mantiko, -a] *adj* die Totenbeschwörung betreffend, nekromantisch
nigua ['niɣwa] *f* (AmC: ZOOL) Sandfloh *m*
nihilidad [ni(i)li'ðað] *f* Nichtigkeit *f*
nihilismo [ni(i)'lismo] *m sin pl* (FILOS) Nihilismus *m*
nihilista [ni(i)'lista] I. *adj* (FILOS) nihilistisch
II. *mf* (FILOS) Nihilist(in) *m(f)*
nikkei ['nikei̯] *m* (ECON) Nikkei-Index *m* (*japanischer Börsenkursindex*)

Nilo ['nilo] *m* Nil *m*
nilón [ni'lon] *m* Nylon® *nt*
nimbado, -a [nim'baðo, -a] *adj* (ASTR, REL) mit einer Aureole umgeben, mit Heiligenschein
nimbo ['nimbo] *m* ❶ (*aureola*) Heiligenschein *m*, Nimbus *m elev*
❷ (METEO) Nimbostratus *m*
nimboestrato [nimboes'trato] *m*, **nimbostratus** [nimbos'tratus] *m* (METEO) Nimbostratus *m*
nimiedad [nimje'ðað] *f* ❶ (*insignificancia*) Kleinigkeit *f*, Nichtigkeit *f*
❷ (*minuciosidad*) Pedanterie *f*, Kleinlichkeit *f*
nimio, -a ['nimjo, -a] *adj* ❶ (*sin importancia*) unwichtig, unbedeutend
❷ (*minucioso*) minuziös, pedantisch; **es ~ en los detalles** er nimmt es mit den Details sehr genau
ninfa ['ninfa] *f* ❶ (*en la mitología*) Nymphe *f*
❷ (*joven hermosa*) Grazie *f*
❸ (ZOOL) Puppe *f*
❹ *pl* (ANAT) Nymphen *fpl*, Nymphae *fpl*
ninfea [nim'fea] *m* (BOT) Seerose *f*
ninfo ['nimfo] *m* Laffe *m*, Geck *m*
ninfómana [nimˈfomana] *f* (MED, PSICO) Nymphomanin *f*
ninfomanía [nimfoma'nia] *f sin pl* (MED, PSICO) Nymphomanie *f*
ningún [niŋ'gun] *adj indef v.* **ninguno**
ningunear [niŋgune'ar] *vt* ❶ (*no tomar en consideración*) übergehen
❷ (*menospreciar*) verachten
ninguneo [niŋgu'neo] *m* Verachtung *f*
ninguno, -a [niŋ'guno, -a] I. *adj indef* (*delante de un substantivo masculino:* **ningún**) keine(r, s); **por** [*o* **en**] **ningún lado** nirgends; **de ninguna manera** [*o* **ningún modo**] keinesfalls; **ninguna vez** kein einziges Mal, nie; **en sitio ~** nirgendwo; **no obtuve respuesta ninguna** ich bekam keine Antwort
II. *pron indef* keine(r, s); (*personas*) niemand; **no quiso venir ~** keiner [*o* niemand] wollte kommen; **no me queda ~** ich habe keins mehr; **no conozco a ~** ich kenne keinen [*o* niemand(en)]
niña ['niɲa] *f* ❶ (*chica*) Mädchen *nt*; **ser una ~ bien** eine höhere Tochter sein
❷ (*persona no adulta*) Kind *nt; v. t.* **niño**
❸ (ANAT) Pupille *f*; **eres como las ~s de mis ojos** du bist mein Augenstern
❹ (*reg: Fräulein*): **¿qué hay ~?** wie geht's denn, Mädel?
niñada [ni'naða] *f* Kinderei *f*
niñato, -a [ni'nato, -a] *m, f* (*fam*) Rotznase *f*, Rotzbengel *m*, Rotzgöre *f*
niñear [niɲe'ar] *vi* herumalbern
niñera [ni'ɲera] *f* Kindermädchen *nt*
niñería [niɲe'ria] *f* ❶ (*niñada*) Kinderei *f*
❷ (*fam: pequeñez*) Kinkerlitzchen *nt*
niñero, -a [ni'ɲero, -a] I. *adj* kinderlieb
II. *m, f* Babysitter *m*; **estar de ~** babysitten
niñez [ni'neθ] *f* Kindheit *f*
niño ['niɲo] *m* ❶ (*chico*) Junge *m; ~* **bonito** Schönling *m*
❷ (*persona no adulta*) Kind *nt; ~* **de la bola** Glückspilz *m; ~* **envuelto** (*Arg, Par, Urug:* GASTR) Roulade *f; ~* **mimado** verwöhntes Kind; **su ~ mimado** sein/ihr Liebling; **~ de pecho** [*o* **de teta**] Säugling *m; ~* **probeta** Retortenbaby *nt; ~* **prodigio** Wunderkind *nt;* **¡no seas ~!** sei nicht kindisch!
❸ (*reg: hombre joven*) junger Mann *m*
nipón, -ona [ni'pon, -ona] I. *adj* japanisch
II. *m, f* Japaner(in) *m(f)*
níquel ['nikel] *m* (MIN) Nickel *nt*
niquelado [nike'laðo] *m* Vernick(e)lung *f*
niquelar [nike'lar] *vt* vernickeln
niqui ['niki] *m* ❶ (*camiseta*) T-Shirt *nt*
❷ (*jersey de cuello vuelto*) Rolli *m*
niquitoso, -a [niki'toso, -a] *adj* (*Arg: dengoso*) geziert; (*minucioso*) peinlich genau
nirvana [nir'βana] *f* (REL) Nirwana *nt*
níscalo [ˈniskalo] *m* (BOT, GASTR) Edelreizker *m*, Milchpilz *m*
níspero ['nispero] *m* ❶ (BOT: *arbusto y fruto*) Mispel *f*
❷ (*Am:* BOT) Kumquat *f*
níspola ['nispola] *f* Mispel *f*
nistagmo [nis'taɣmo] *m* (MED) Augenzittern *nt*, Nystagmus *m*
niste ['niste] *adj* (*Nic*) ❶ (*gris*) aschgrau
❷ (*pálido*) blass
nitidez [niti'ðeθ] *f* ❶ (*pureza*) Klarheit *f*, Reinheit *f*
❷ (FOTO) Schärfe *f*
nítido, -a ['nitiðo, -a] *adj* ❶ (*puro*) klar, rein
❷ (FOTO) scharf
nito ['nito] *m* (BOT) Kletterfarn *m*
nitrato [ni'trato] *m* (QUÍM) Nitrat *nt; ~* **de Chile** Chilesalpeter *m*
nítrico, -a ['nitriko, -a] *adj* (QUÍM) salpetersauer; **ácido ~** Salpetersäure *f*

nitrito [ni'trito] *m* (QUÍM) Nitrit *nt*
nitro ['nitro] *m* (QUÍM) Salpeter *m*
nitrobenceno [nitroβenˈθeno] *m* (QUÍM) Nitrobenzol *nt*
nitrogelatina [nitroxela'tina] *f* (QUÍM) Nitrogelatine *f*, Sprenggelatine *f*
nitrogenado, -a [nitroxe'naðo, -a] *adj* (QUÍM) stickstoffhaltig
nitrógeno [ni'troxeno] *m* (QUÍM) Stickstoff *m*, Nitrogen *nt*
nitroglicerina [nitroɣliθe'rina] *f* (QUÍM) Nitroglyzerin *f*
nitrón [ni'tron] *m* (QUÍM) Nitron *nt*
nitropastilla [nitropas'tiʎa] *f* (MED) Nitrotablette *f*
nitroso, -a [ni'troso, -a] *adj* (QUÍM) salpet(e)rig; **ácido ~** salpet(e)rige Säure
nitruro [ni'truro] *m* (QUÍM) Nitrid *nt*
nivación [niβa'θjon] *f* (GEO) Nivation *f*, nivale Erosion *f*
nivel [ni'βel] *m* ❶ (*instrumento*) Wasserwaage *f; ~* **de aire** Wasserwaage *f*
❷ (*horizontalidad*) Ebene *f*, Horizontale *f; ~* **de partido** Parteiebene *f; ~ estilístico* (LING) Stilebene *f;* **es una decisión a tomar a ~ de junta directiva** das ist eine Entscheidung, die auf Vorstandsebene getroffen werden sollte
❸ (*cota*) Pegel *m*, Spiegel *m; ~* **de la riada** Hochwasserpegel *m;* **a mil metros sobre el ~ del mar** tausend Meter über dem Meer(esspiegel); **a ~ auf gleicher Höhe**
❹ (*estándar*) Niveau *nt; ~* **de desarrollo** Entwicklungsstand *m; ~* **de empleo** (ECON) Beschäftigungsgrad *m; ~* **de salarios** [*o* **salarial**] Lohnniveau *nt;* **alto/bajo ~ de productividad** hohes/niedriges Produktivitätsniveau; **elevar el ~ de vida** den Lebensstandard erhöhen; **estar al ~ de algo/alguien** mit etw/jdm mithalten können; **estar al ~ de lo exigido** den Anforderungen entsprechen
❺ (INFOR) Ebene *f; ~* **de usuario** Benutzerebene *f*
nivelación [niβela'θjon] *f* Nivellierung *f;* (*t. fig*) Ausgleich *m; ~* **de cargas** (FIN) Lastenausgleich *m; ~* **de datos** Datenabgleich *m; ~* **del presupuesto** Haushaltsausgleich *m; ~* **salarial** Lohnnivellierung *f*
nivelado, -a [niβe'laðo, -a] *adj* ❶ (*horizontal*) waag(e)recht, horizontal
❷ (*plano*) eben; (TÉC) plan
nivelador¹ [niβela'ðor] *m* (TÉC) Nivellierinstrument *nt*, Nivelliergerät *nt*
nivelador(a)² [niβela'ðor(a)] *adj* nivellierend, Nivellier-
niveladora [niβela'ðora] *f* Planierraupe *f*
nivelar [niβe'lar] I. *vt* ❶ (*poner a igual nivel*) ausgleichen
❷ (*poner horizontal*) (ein)ebnen; **~ una parcela** ein Grundstück planieren
❸ (GEO, TÉC) nivellieren
II. *vr:* **~se** sich ausgleichen; **~se con alguien** jds Niveau erreichen
níveo, -a ['niβeo, -a] *adj* schneeweiß, blütenweiß
nivómetro [ni'βometro] *m* Schneemesser *m*, Nivometer *nt*
nixtamal [nista'mal] *m* (*Méx*) Maisbrei *m* (*für die Zubereitung von Tortillas*)
nixte ['niste] *adj* (*Hond*) *v.* **niste**
no [no] *adv* ❶ (*respuesta negativa*) nein
❷ (*empleado con un verbo o adjetivo*) nicht; **~ graso** nicht fettend; **~ protegido** ungeschützt; **~ residente** gebietsfremd; **~ disponible de momento** (ECON) zur Zeit nicht lieferbar; **hoy ~ hay clase** heute ist vorlesungsfrei
❸ (*prefijo negativo*) Nicht-; **~ electores** Nichtwähler *mpl; ~* **observancia** Nichtbeachtung *f*
❹ (*fórmula retórica*) oder nicht?, nicht wahr?
❺ (*loc*): **¡a que ~!** wetten, dass nicht!; **¿cómo ~?** aber klar doch!, natürlich!; **~ sea que...** sonst ...; **a ~ ser que...** es sei denn, dass ...; **tiene dos ~ más, no tiene sino dos** er/sie hat lediglich zwei; **a ~** (*Col*) sobald (als) ...; **~... nada** nichts; **~... nadie** niemand; **~... nunca** niemals; **~ bien...** *+subj* sobald ...; **o, si ~** anderenfalls; **~ tal** gar nicht; **~ ya** nicht nur; **ya ~** nicht mehr; **¡que ~!** nein, und nochmals nein!; **~ tiene más que un abrigo** er/sie hat nur einen Mantel; **~ quedan más que dos botellas** es sind nur noch zwei Flaschen da; **~ quiero tener más hijos** ich möchte keine Kinder mehr (haben); **~ quiero hablar más de este asunto** ich will darüber nicht mehr sprechen; **tiene un ~ sé que** er/sie hat das gewisse Etwas
nº ['numero] *abr de* **número** Nr.
NO [noro'este] *abr de* **Noroeste** NW
nobelio [no'βeljo] *m* (QUÍM) Nobelium *nt*
nobiliario¹ [noβi'ljarjo] *m* Adelsbuch *nt*, Adelsregister *nt*
nobiliario, -a² [noβi'ljarjo, -a] *adj* Adels-
nobilísimo [noβi'lisimo, -a] *adj superl de* **noble**
noble ['noβle] I. *adj* <nobilísimo> ❶ (*aristócrata*) ad(e)lig
❷ (*t. cual*); **metal ~** Edelmetall *nt*
❸ (*bueno*) gutmütig
❹ (*obediente*) gehorsam
II. *mf* Adlige(r) *mf*
nobleza [no'βleθa] *f* ❶ (*linaje*) Adel *m*, Adelsstand *m*
❷ (*hidalguía*) Edelmut *m*

❸ (*bondad*) Gutmütigkeit *f*
❹ (*obediencia*) Gehorsamkeit *f*
noblote, -a [no'βlote, -a] *adj* (*fam*) gutherzig, edel gesinnt
noca ['noka] *f* (GASTR, ZOOL) Taschenkrebs *m*
nocautear [nokaute'ar] *vt* (DEP) *v.* **noquear**
noche ['notʃe] *f* ❶ (*~ tardía*) Nacht *f;* **cerrada** stockfinstere Nacht; **N~ Vieja** Silvester *m o nt;* **media ~** Mitternacht *f;* **pasar una ~ toledana** [*o* **en blanco**] eine schlaflose Nacht verbringen; **¡buenas ~s, que duermas bien!** gute Nacht und schlaf gut!; **a media ~** mitten in der Nacht; **por la ~** nachts; **ayer** (**por la**) **~** gestern Nacht; **en la ~ del domingo al lunes** in der Nacht von Sonntag auf Montag; **hacerse de ~** Nacht werden; **hacer ~ en** übernachten in; **ser como la ~ y el día** wie Tag und Nacht sein; **de la ~ a la mañana** von heute auf morgen
❷ (*~ temprana*) Abend *m;* **N~ Buena** Heiligabend *m;* **¡buenas ~s, una mesa para dos!** guten Abend, einen Tisch für zwei!; **por la ~** abends
❸ (*oscuridad*) Dunkelheit *f;* **es de ~** es ist dunkel
Nochebuena [notʃe'βwena] *f* Heiligabend *m;* **en ~** an Heiligabend
nochebueno [notʃe'βweno] *m* (GASTR) *eine große Weihnachtstorte mit Öl, Mandeln, Pinienkernen und anderen Zutaten*
nochecita [notʃe'θita] *f* (*Am*) Abenddämmerung *f*
nocherniego, -a [notʃer'njeɣo, -a] *adj o m, f v.* **noctámbulo**
nochero [no'tʃero] *m* ❶ (*CSur: vigilante*) Nachtwächter *m*
❷ (*Col: mesilla*) Nachttisch *m*
Nochevieja [notʃe'βjexa] *f* Silvester *m o nt;* **esta ~** dieses Jahr an Silvester
nocilla® [no'θiʎa] *f* ≈Nutella® *f*
noción [no'θjon] *f* ❶ (*idea*) Vorstellung *f;* **no tengo ~ de la hora que es** ich habe keine Ahnung, wie spät es ist; **ha perdido la ~ de las cosas** er/sie hat den Überblick verloren
❷ *pl* Grundkenntnisse *fpl;* (*fundamentos*) Grundwissen *nt;* **nociones de contabilidad** Grundkenntnisse in allgemeiner Buchführung
nocional [noθjo'nal] *adj:* **conocimiento ~** Grundkenntnisse *fpl,* Grundwissen *nt*
nocividad [noθiβi'ðað] *f* Schädlichkeit *f*
nocivo, -a [no'θiβo, -a] *adj* schädlich; **~ para la salud** gesundheitsschädlich; **el tabaco es ~ para la salud** Rauchen gefährdet die Gesundheit
noctambular [noktambu'lar] *vi* ❶ (*soñar*) schlafwandeln
❷ (*trasnochar*) die Nacht zum Tage machen
noctambulismo [noktambu'lismo] *m sin pl* ❶ (*sueño*) Schlafwandeln *nt*
❷ (*diversión*): **en este barrio hay mucho ~** in diesem Viertel sind viele Nachtschwärmer unterwegs
noctámbulo, -a [nok'tambulo, -a] I. *adj* ❶ (*sonámbulo*) schlafwandelnd
❷ (*trasnochador*) nachts aktiv; **ser ~** ein Nachtmensch sein, die Nacht zum Tage machen; (*salir*) ein Nachtschwärmer sein
II. *m, f* ❶ (*sonámbulo*) Schlafwandler(in) *m(f)*
❷ (*trasnochador*) Nachtmensch *m,* Nachteule *f fam;* (*que sale*) Nachtschwärmer(in) *m(f)*
noctiluca [nokti'luka] *f* (ZOOL) ❶ (*protozoo*) phosphoreszierendes Plankton
❷ (*luciérnaga*) Glühwürmchen *nt*
nóctulo ['noktulo] *m* (ZOOL) Großer Abendsegler *m*
nocturnear [nokturne'ar] *vi v.* **noctambular**
nocturno¹ [nok'turno] *m* (MÚS) Nachtstück *nt,* Notturno *nt*
nocturno, -a² [nok'turno, -a] *adj* ❶ (*de noche*) Nacht-
❷ (BOT, ZOOL) nachtaktiv
nodación [noða'θjon] *f* (MED) Knotenbildung *f*
nodo ['noðo] *m* ❶ (MED) Knoten *m*
❷ (ASTR, FÍS, INFOR) Knoten(punkt) *m;* **~ externo** (INFOR) externer Knoten; **~ terminal** (INFOR) Endknoten *m*
No-do ['noðo] *m abr de* **noticiarios y documentales** Wochenschau *f*
nodriza [no'ðriθa] *f* ❶ (*ama*) Amme *f*
❷ (*transporte*): **buque ~** Mutterschiff *nt;* **avión ~** Tankflugzeug *nt*
nódulo ['noðulo] *m* ❶ (MED) Knoten *m;* (*pequeño*) Knötchen *nt*
❷ (MIN) Knolle *f*
noema [no'ema] *m* (FILOS) Noema *nt*
noesis [no'esis] *f inv* (FILOS) Noesis *f*
nogada [no'ɣaða] *f* (GASTR) *Soße aus Walnüssen und Gewürzen, in der Fisch gekocht wird*
nogal [no'ɣal] *m* (Wal)nussbaum *m*
nogalina [noɣa'lina] *f* (QUÍM) Nussbaumbeize *f*
noguera [no'ɣera] *f v.* **nogal**
noguerela [noɣe'rwela] *f* (BOT) *ein in der Medizin verwendetes Wolfsmilchgewächs*
nolí [no'li] *m* (*Col:* BOT) Ölpalme *f*
nolición [noli'θjon] *f* (FILOS) Nichtwollen *nt*
noluntad [nolun'tað] *f* (FILOS) *v.* **nolición**

noma ['noma] *f* (MED) Noma *f o nt,* Wangenbrand *m,* Wasserkrebs *m*
nómada ['nomaða] I. *adj* Nomaden-, nomadisch; **pueblo ~** Nomadenvolk *nt*
II. *mf* Nomade, -in *m, f*
nomadismo [noma'ðismo] *m sin pl* Nomadenleben *nt,* Nomadendasein *nt*
nomás [no'mas] *adv* ❶ (*Arg, Méx, Ven: solamente*) nur, lediglich; **estoy ~ estudiando** ich lerne nur noch
❷ (*Arg, Ven: apenas*) kaum, gerade (erst); **~ entrar, empezó a discutir** kaum hereingekommen, fing er/sie schon an zu streiten
❸ (*Méx: tan pronto como*) sobald; **~ que** +*subj* sobald
❹ (*Arg, Bol, Méx, Ven*): **¡pase ~!** kommen Sie nur herein!
nombradía [nombra'ðia] *f* ❶ (*fama*) Berühmtheit *f;* **de gran ~** berühmt; **adquirir ~ mundial** Weltruhm erlangen
❷ (*reputación*) Ruf *m*
nombrado, -a [nom'braðo, -a] *adj* namhaft, berühmt
nombramiento [nombra'mjento] *m* ❶ (*designación*) Ernennung *f,* Nominierung *f;* **el ~ de un tutor** (JUR) die Bestellung eines Vormunds
❷ (*documento*) Ernennungsurkunde *f*
nombrar [nom'brar] *vt* ❶ (*citar*) nennen, angeben; (*mencionar*) erwähnen; **~ los ríos principales de España** die wichtigsten Flüsse Spaniens nennen
❷ (*llamar*) benennen; **~ una planta** eine Pflanze benennen
❸ (*designar*) ernennen, bestellen; **~ a alguien ministro** jdn zum Minister ernennen; **~ un abogado** einen Anwalt bestellen; **~ funcionario público** verbeamten
nombre ['nombre] *m* ❶ (*designación*) Name *m;* **~ y apellido** Vor- und Zuname; **~ comercial** Handelsname *m;* **~ de familia** Familienname *m,* Nachname *m;* **~ ficticio** Pseudonym *nt;* **~ de guerra** (*fam*) Künstlername *m;* **~ de pila** Taufname *m,* Vorname *m;* **~ del producto** Produktbezeichnung *f;* **~ de soltero** Geburtsname *m;* **~ de usuario** Benutzername *m;* **primer ~** Vorname *m;* **sin ~** namenlos; **el ~ de soltera de María es...** Marias Mädchenname ist ...; **girado a ~ del consignatario** auf den Namen des Empfängers ausgestellt; **a su propio ~** unter eigenem Namen; **conocer a alguien de ~** jdn dem Namen nach kennen; **dar su ~** seinen Namen nennen; **poner un ~ a alguien** jdm einen Namen geben; **el perro responde al ~ de Lassie** der Hund hört auf den Namen Lassie; **en ~ de alguien** in jds Namen; **¡en ~ de la autoridad!** im Namen des Gesetzes!; **llamar a las cosas por su ~** die Dinge beim Namen nennen; **su conducta no tiene ~** sein/ihr Verhalten ist unbeschreiblich [*o* unerhört]; **reservar a ~ de X** auf den Namen X reservieren
❷ (*reputación*) Ruf *m;* **buen ~** guter Ruf; **es un abogado de ~** er ist ein angesehener Anwalt
❸ (LING) Nomen *nt,* Substantiv *nt;* **~ abstracto** Begriffsname *m;* **~ colectivo** Kollektivname *m,* Sammelname *m;* **~ común** Gattungsname *m;* **~ concreto** Konkretum *nt;* **~ propio** Eigenname *m;* **~ substantivo** Substantiv *nt*
nomenclátor [nomeŋ'klator] *m* (Namen)verzeichnis *nt;* **~ oficial** amtliches Verzeichnis
nomenclatura [nomeŋkla'tura] *f* Nomenklatur *f;* **~ arancelaria de Bruselas** (UE) Brüsseler Zollnomenklatur
nomenclatural [nomeŋklatu'ral] *adj* nomenklatorisch
nomeolvides [nomeol'βiðes] *f inv* (BOT) Vergissmeinnicht *nt*
nómico, -a ['nomiko, -a] *adj* gnomisch; **poesía nómica** Spruchdichtung *f,* gnomische Dichtung *f*
nómina ['nomina] *f* ❶ (*lista*) (Namen)verzeichnis *nt,* (Namen)liste *f;* **~ de electores** Wählerliste *f;* **~ de empresas** Firmenverzeichnis *nt;* **esta empresa tiene 500 trabajadores en ~** diese Firma hat 500 Mitarbeiter auf der Gehaltsliste [*o* eine Belegschaft von 500 Mitarbeitern]
❷ (*de sueldos*) Gehaltsliste *f*
❸ (*haberes*) Gehalt *nt,* Auszahlung *f;* **cobrar la ~** das Gehalt beziehen
nominación [nomina'θjon] *f* Ernennung *f,* Nominierung *f*
nominador(a) [nomina'ðor(a)] I. *adj* Ernennungs-; **junta nominadora** Ernennungsausschuss *m*
II. *m(f)* Ernennungsberechtigte(r) *mf*
nominal [nomi'nal] *adj* ❶ (*relacionado con el nombre*) Namen(s)-; **citación ~** namentliche Nennung; **documento ~** Namenspapier *nt;* **relación ~** Namenverzeichnis *nt;* **votación por llamamiento ~** namentliche Abstimmung
❷ (*sólo de nombre*) nominal, nominell, Nominal-, Nenn-; **coste ~** Nominalwert *m,* Nennwert *m;* **sueldo ~** Nominaleinkommen *nt;* **valor ~** Nennwert *m,* Nominalwert *m*
❸ (LING) nominal
nominalismo [nomina'lismo] *m sin pl* (FILOS) Nominalismus *m*
nominalización [nominaliθa'θjon] *f* (LING) Nominalisierung *f*
nominalizar [nominali'θar] <z→c> *vt* (LING) nominalisieren; **~ una oración** einen Satz nominalisieren [*o* in eine Nominalphrase verwandeln]

nominalmente [nominal'mente] *adv* namentlich, nach Namen
nominar [nomi'nar] *vt* ernennen, nominieren
nominativo¹ [nomina'tiβo] *m* (LING) Nominativ *m*
nominativo, -a² [nomina'tiβo, -a] *adj* Namens-; **acción nominativa** Namensaktie *f*, Nominativaktie *f*; **cheque** ~ Namensscheck *m*
nominilla [nomi'niʎa] *f* (ECON) Auszahlungsschein *m*, Berechtigungsschein *m*
nómino ['nomino] *m* (POL) Ernannte(r) *mf*
nomo ['nomo] *m* Gnom *m*
nomografía [nomoɣra'fia] *f* (MAT) Nomographie *f*
nomograma [nomo'ɣrama] *m* (MAT) Nomogramm *nt*
nomon ['nomon] *m* (*reloj de sol*) Gnomon *m*, Schattenstab *m*
nomónica [no'monika] *f* Gnomonik *f*
nomparell [nompa'reʎ] *m* (TIPO) Nonpareille *f*
non [non] **I.** *adj* ungerade; **número** ~ ungerade Zahl
II. *m* **①** (*número impar*) ungerade Zahl *f*; **de** ~ ungerade; **estar de** ~ (*fam*) ohne Partner sein, allein sein; **quedar de** ~ (*fam*) übrig bleiben
② *pl* (*loc*): **decir** [*o* **contestar**] **(que)** ~**es** nein sagen
nona ['nona] *f* (REL) None *f*
nonada [no'naða] *f* (*de poca importancia*) Lappalie *f*, Bagatelle *f*; (*pequeñez*) Kleinigkeit *f*
nonagenario, -a [nonaxe'narjo, -a] **I.** *adj* neunzigjährig, in den Neunzigern
II. *m, f* Neunzigjährige(r) *mf*
nonagésimo, -a [nona'xesimo, -a] **I.** *adj* (*parte*) neunzigstel; (*numeración*) neunzigste(r, s)
II. *m, f* Neunzigstel *nt; v. t.* **octogésimo**
nonágono¹ [no'naɣono] *m* Neuneck *nt*
nonágono, -a² [no'naɣono, -a] *adj* (MAT) neuneckig
nonato, -a [no'nato, -a] *adj* **①** (*nacimiento*) durch Kaiserschnitt zur Welt gebracht
② (*aún no existente*) (noch) nicht vorhanden; (*aún no acaecido*) (noch) nicht geschehen
noningentésimo, -a [noniŋxen'tesimo, -a] **I.** *adj* (*parte*) neunhundertstel; (*numeración*) neunhundertste(r)
II. *m, f* Neunhundertstel *nt*
nono, -a ['nono, -a] *adj* neunte(r, s); *v. t.* **octavo**
non plus ultra [non plus 'ultra] *m* Nonplusultra *nt;* **este coche es el** ~ dieses Auto ist das Nonplusultra [*o* absolut Beste]
non sancta [non 'sanṭa] verdorben; **casa** ~ Bordell *nt;* **gente** ~ Gesindel *nt*
non stop [nons'top] *adv* nonstop; **vuelo** ~ Nonstopflug *m*
nónuplo¹ ['nonuplo] *m* Neunfache(s) *nt*
nónuplo, -a² ['nonuplo, -a] *adj* neunfach
noología [no(o)lo'xia] *f* (FILOS) Noologie *f*
nopal [no'pal] *m* (BOT) Nopal *m*, Feigenkaktus *m*
nopalito [nopa'lito] *m* (*Méx: BOT, GASTR*) gekochte zarte Nopalblätter
noquear [noke'ar] *vt* k.o. schlagen
noratlántico, -a [noraðˈlanṭiko, -a] *adj* (POL) nordatlantisch
noray [no'raị] *m* (NÁUT) Poller *m*
norcoreano, -a [norkore'ano, -a] **I.** *adj* nordkoreanisch
II. *m, f* Nordkoreaner(in) *m(f)*
nordestada [norðes'taða] *f* (METEO) *v.* **norestada**
nordestal [norðes'tal] *adj v.* **norestal**
nordeste [nor'ðeste] *m* **①** (*dirección*) Nordosten *m*; (NÁUT, METEO) Nordost *m*
② (*viento*) Nordostwind *m*
nórdico, -a ['norðiko, -a] *adj* nordisch
nordista [nor'ðista] *mf* (HIST) Nordstaatler(in) *m(f)*
norestada [nores'taða] *f* (METEO) starker Nordostwind *m*
norestal [nores'tal] *adj* **①** (*que está en el Nordeste*) in nordöstlicher Richtung, im Nordosten liegend
② (*que viene del Nordeste*) aus nordöstlicher Richtung kommend, aus dem Nordosten
noria ['norja] *f* **①** (*para agua*) Schöpfrad *nt*, Wasserrad *nt*
② (*fam: trabajo*) Tretmühle *f*
③ (*columpio*) Riesenrad *m*
norirlandés, -esa [norirlaṇ'des, -esa] *adj* nordirisch
II. *m, f* Nordire, -in *m, f*
norma ['norma] *f* **①** (*precepto*) Richtlinie *f*, Norm *f*; ~ **alemana** Deutsche Industrienorm *f*; ~ **de conducta** Verhaltens(maß)regel *f*; ~ **DIN** DIN-Norm *f*; ~**s ejecutivas** Durchführungsvorschriften *fpl*; ~ **jurídica** Rechtsnorm *f*; ~ **laboral** Arbeitsnorm *f*; ~ **procesal** Verfahrensnorm *f*; ~ **de protección** Schutzvorschrift *f*; ~ **técnica** technische Vorschrift, Standard *m*; ~**s de tráfico** [*o* **de circulación**] (Straßen)verkehrsregeln *fpl*; ~ **de tramitación** Verfahrensvorschrift *f*; **confeccionar una** ~ einen Standard erarbeiten; **observar la** ~ die Norm erfüllen
② (*fig: regla*) Richtschnur *f*; **servir como** ~ als Richtschnur dienen; **como** ~ (**general**) in der Regel

③ (*escuadra*) Winkelmaß *nt*
normal [nor'mal] **I.** *adj* **①** (*habitual*) normal; **tamaño** ~ Einheitsgröße *f*; **¡esto no es** ~**!** das gibt's nicht!, es ist (einfach) unglaublich!
② (*según la norma*) regelrecht, vorschriftsmäßig
II. *f* **①** (*Escuela Normal de Magisterio*) ≈Pädagogische Hochschule *f*
② (MAT) Normale *f*
normalidad [normali'ðað] *f* Regelmäßigkeit *f*, Normalität *f*; **volver a la** ~ (*algo*) sich normalisieren; (*alguien*) zur Normalität zurückkehren
normalillo [norma'liʎo] *adj* (*pey*) durchschnittlich
normalista [norma'lista] *mf* Student(in) *m(f)* an der Escuela Normal de Magisterio (*entspricht in Deutschland etwa der Pädagogischen Hochschule*)
normalito [norma'lito] *adj* (*pey*) durchschnittlich
normalización [normaliθa'θjon] *f* **①** (*regularización*) Normalisierung *f*
② (*reglamentación*) Normung *f*, Standardisierung *f*; ~ **elemental** Grundnormung *f*
normalizado, -a [normali'θaðo, -a] *adj* **①** (*arreglado*) normalisiert
② (*regulado*) genormt, standardisiert
normalizar [normali'θar] <z→c> *vt* **①** (*volver normal*) normalisieren
② (*reglar*) normen, normieren
normalmente [normal'mente] *adv* normal(erweise)
normando, -a [nor'maṇdo, -a] **I.** *adj* normannisch
II. *m, f* Normanne, -in *m, f*
normativa [norma'tiβa] *f* (gesetzliche) Regelungen *fpl*; ~ **comunitaria** (UE) Gemeinschaftsrecht *nt*, Bestimmungen *fpl*; ~ **sobre multas** Bußgeldvorschriften *fpl*; **según la** ~ **vigente...** nach den geltenden gesetzlichen Regelungen [*o* Vorschriften] ...
normatividad [normatiβi'ðað] *f* (*t. JUR*) Maßgeblichkeit *f*; ~ **del derecho extranjero** Maßgeblichkeit ausländischen Rechts
normativización [normatiβiθa'θjon] *f* Normierung *f*, Normsetzung *f*
normativo, -a [norma'tiβo, -a] *adj* normativ, maßgebend
nornordeste [nornoro'este] *m*, **nornoreste** [norno'reste] *m* **①** (*punto cardinal*) Nordnordost(en) *m* **②** (*viento*) Nordnordostwind *m*
nornoroeste [nornoro'este] *m*, **nornorueste** [norno'rweste] *m* **①** (*punto cardinal*) Nordnordwest(en) *m* **②** (*viento*) Nordnordwestwind *m*
noroccidental [noroɣθiðen'tal] *adj* nordwestlich
noroeste [noro'este] *m* **①** (*dirección*) Nordwesten *m*; (NÁUT, METEO) Nordwest *m*
② (*viento*) Nordwestwind *m*
nororiental [nororjen'tal] *adj* nordöstlich
nortada [nor'taða] *f* (METEO) anhaltender, frischer Nordwind *m*
norte ['norte] *m* **①** (*punto cardinal*) Norden *m*; (METEO, NÁUT) Nord *m*; **el** ~ **de España** Nordspanien *nt*; **al** ~ **de** nördlich von +*dat*; **el viento viene del** ~ der Wind kommt von [*o* aus] Nord(en)
② (*viento*) Nordwind *m*
③ (*polo ártico*) Nordpol *m*
④ (*guía*) Wegweiser *m*, Richtschnur *f*
⑤ (*objetivo*) Ziel *nt*; **apoyar a los demás es nuestro** ~ unser Ziel ist es, andere zu unterstützen
⑥ (*orientación*) Orientierung *f*; **perder el** ~ (*fig*) das Ziel vor den Augen verlieren
norteado, -a [norte'aðo, -a] *adj* (*Méx: vulg*) desorientiert, orientierungslos
norteafricano, -a [norteafri'kano, -a] **I.** *adj* nordafrikanisch
II. *m, f* Nordafrikaner(in) *m(f)*
norteamericano, -a [norteameri'kano, -a] **I.** *adj* nordamerikanisch
II. *m, f* Nordamerikaner(in) *m(f)*
nortear [norte'ar] **I.** *vt* (NÁUT) nach Norden richten
II. *vi* **①** (NÁUT) gen Norden fahren
② (*viento*) auf Nord drehen
III. *vr*: ~**se** (*Méx*) die Orientierung verlieren; **al dar la vuelta nos norteamos** als wir umgekehrt sind, wussten wir nicht mehr, wo wir waren
norteño, -a [nor'teɲo, -a] **I.** *adj* nordisch, nordländisch
II. *m, f* Nordländer(in) *m(f)*
nortino, -a [nor'tino, -a] *adj o m, f* (*Chil, Perú*) *v.* **norteño**
noruega [no'rweɣa] *f* (NÁUT) rundliches Schiff mit hohem Bug
Noruega [no'rweɣa] *f* Norwegen *nt*
noruego¹ [no'rweɣo] *m* (*lengua*) Norwegisch(e) *nt*
noruego, -a² [no'rweɣo, -a] **I.** *adj* norwegisch
II. *m, f* Norweger(in) *m(f)*
norueste [no'rweste] *m v.* **noroeste**
norvietnamita [norβjeᵝna'mita] **I.** *adj* nordvietnamesisch
II. *m, f* Nordvietnamese, -in *m, f*
nos [nos] **I.** *pron pers* **①** (*objeto directo e indirecto*) uns; ~ **miró** er/sie hat uns angesehen; **¡dí-** ~ **tu nombre!** sag uns deinen Namen!
② (*mayestático*) wir
II. *pron refl*: ~ **afeitamos** wir rasieren uns; ~ **acostamos** wir gehen

schlafen; ~ **compramos un coche** wir kaufen uns ein Auto; ~ **cortamos el pelo** wir lassen uns die Haare schneiden
noseología [noseolo'xia] *f* (FILOS) Gnoseologie *f*
no-ser [no ser] *m* Nichtsein *nt*
nosia ['nosia] *f* (MED) Wahrnehmungsfähigkeit *f*
nosis ['nosis] *f inv* (FILOS) Gnosis *f*
nosocomio [noso'komjo] *m* (*Am: hospital*) Krankenhaus *nt*
nosofobia [noso'foβja] *f* (PSICO) (übertriebene) Angst *f* vor Krankheiten, Nosophobie *f*
nosogenia [noso'xenja] *f* (MED) ❶ (*patogenia*) Pathogenie *f*, Besiedlung *f* eines Lebewesens durch krankheitserregende Mikroorganismen
❷ (*patogénesis*) Pathogenese *f*, Gesamtheit *f* der zur Erkrankung führenden Faktoren
nosología [nosolo'xia] *f* (MED) Nosologie *f*, Krankheitslehre *f*
nosomanía [nosoma'nia] *f* (PSICO) wahnhafte Einbildung *f*, an einer Krankheit zu leiden, Nosomanie *f*
nosotros, -as [no'sotros, -as] *pron pers 1. pl* ❶ (*sujeto*) wir
❷ (*tras preposición*) uns; **está hablando de** ~ er/sie spricht von uns; **haz algo por** ~ tu etwas für uns
nostalgia [nos'talxja] *f* ❶ (*de lugar*) Heimweh *nt*
❷ (*de personas*) Sehnsucht *f* (*de* nach +*dat*)
❸ (*del pasado*) Nostalgie *f*
nostálgico, -a [nos'talxiko, -a] *adj* (*de alguien*) sehnsuchtsvoll, sehnsüchtig; (*del pasado*) nostalgisch; **saludos** ~**s** sehnsuchtsvolle Grüße; **sentimiento** ~ Heimweh *nt*; **estar** ~ Heimweh haben
nosticismo [nosti'θismo] *m* (FILOS) Gnostizismus *m*
nóstico, -a ['nostiko, -a] *adj* (FILOS) gnostisch
nostras ['nostras] *adj* (MED) in Europa vorkommend, europäisch; **cólera** ~ Cholera nostras *f*, europäische Cholera
nota ['nota] *f* ❶ (*anotación*) Vermerk *m*, Anmerkung *f*; (*advertencia*) Hinweis *m*; ~ **de cancelación** Löschungsvermerk *m*; ~ **de confirmación** Bestätigungsvermerk *m*; ~ **de franco transporte** (COM) Frankovermerk *m*; ~ **marginal** Randvermerk *m*; ~ **al pie de la página** Fußnote *f*; ~ **preliminar** Vorbemerkung *f*; ~ **del traductor** Anmerkung des Übersetzers
❷ (*apunte*) Notiz *f*; **tomar** ~ sich Notizen [*o* Aufzeichnungen] machen; **hemos tomado buena** ~ **del contenido de su carta** den Inhalt Ihres Schreibens haben wir zur Kenntnis genommen; **lo escribió en una** ~ er/sie hat es auf einen Zettel geschrieben
❸ (*aviso*) Mitteilung *f*; ~ **breve** Kurzmitteilung *f*; ~ **circular** Rundschreiben *nt*; ~ **diplomática** diplomatische Note; ~ **oficial** amtliche Mitteilung; ~ **de prensa** Pressenotiz *f*; **te han dejado una** ~ **para que sepas dónde están** sie haben dir eine Nachricht hinterlassen, damit du weißt, wo sie sind
❹ (*calificación*) Note *f*; **sacar malas** ~**s** schlechte Noten bekommen
❺ (*factura*) Schein *m*; ~ **de caja** Kassenzettel *m*; ~ **de entrega** Lieferschein *m*; ~ **de pedidos** Bestellschein *m*, Kauforder *f*
❻ (*cuenta*) Rechnung *f*; ~ **de gastos** Spesenrechnung *f*; **¡la** ~ **por favor!** die Rechnung, bitte!
❼ (*detalle*) Eigenschaft *f*, Merkmal *nt*; **una** ~ **individual** eine individuelle Note
❽ (MÚS) Note *f*; **una** ~ **falsa** eine falsche Note
❾ (*crédito*) Ansehen *nt*; **mujeres de mala** ~ Lebedamen *fpl*; **de** ~ wichtig; **de mucha** ~ sehr berühmt; **un escritor de** ~ ein bekannter Schriftsteller
❿ (*fam: loc*): **dar la** ~ unangenehm auffallen; **dejar mala** ~ einen schlechten Eindruck hinterlassen; **forzar la** ~ übertreiben
nota bene ['nota 'βene] Notabene *nt*
notabilidad [notaβili'ðað] *f* ❶ (*importancia*) Wichtigkeit *f*, Bedeutsamkeit *f*
❷ (*personalidad*) (wichtige) Persönlichkeit *f*; **una** ~ **mundial** eine weltbekannte Persönlichkeit; **es una** ~ **en su género** er/sie ist eine Koryphäe auf seinem/ihrem Gebiet
notable [no'taβle] I. *adj* bemerkenswert, beachtlich; **has hecho adelantos** ~**s** du hast beträchtliche Fortschritte gemacht; **el pianista ha tenido un éxito** ~ der Pianist hat einen beachtlichen Erfolg erzielt; **una suma** ~ ein ansehnlicher Betrag
II. *m* ❶ (*calificación*) Note *f* 'gut'; **he sacado cuatro** ~**s este curso** dieses Jahr habe ich viermal die Note 'gut' bekommen
❷ *pl* Honoratioren *pl*
notablemente [notaβle'mente] *adv* merklich, beachtlich; **ha mejorado** ~ er/sie hat sich merklich verbessert
notación [nota'θjon] *f* ❶ (*signo*) Bezeichnung(sweise) *f*, Symbol *nt*; ~ **binaria** (INFOR) binäre Schreibweise; ~ **decimal** (INFOR) Dezimalschreibweise *f*; ~ **fonética** phonetische Umschrift; ~ **musical** Notenschrift *f*
❷ (*sistema*) Zeichensystem *nt*
❸ (MAT, QUÍM) Formel *f*; ~ **matemática** mathematische Formel
❹ (*anotación*) Notierung *f*, Aufzeichnung *f*
notalgia [no'talxja] *f* (MED) Rückenschmerz *m*, Notalgie *f*

notar [no'tar] *vt* ❶ (*percibir*) (be)merken, wahrnehmen; **hacer** ~ hinweisen auf +*akk*; **hacerse** ~ (*algo*) sich bemerkbar machen; (*alguien*) auffallen, sich hervortun; **se nota que tiene talento** man merkt, dass er/sie begabt ist; **¿no notas el calor?** spürst du die Hitze nicht?; **no se le nota nada** man merkt ihm/ihr nichts an; **nótese que...** man beachte, dass ...
❷ (*apuntar*) notieren, aufzeichnen; ~ **marginalmente** am Rand vermerken
notaría [nota'ria] *f* Notariat *nt*
notariado¹ [nota'rjaðo] *m* ❶ (*profesión*) Amt *nt* eines Notars, Notariat *nt*
❷ (*colectividad*) Notarenkollegium *nt*
notariado, -a² [nota'rjaðo, -a] *adj* (JUR) notariell beglaubigt
notarial [nota'rjal] *adj* (JUR) notariell, Notariats-; **legalización** ~ notarielle Beglaubigung; **derechos** ~**es** Notariatsrechte *ntpl*
notariato [nota'rjato] *m* (JUR) Notariat *nt*, Amt *nt* eines Notars
notario, -a [no'tarjo, -a] *m, f* Notar(in) *m(f)*
noticia [no'tiθja] *f* Nachricht *f*; ~ **del día** Tagesnachricht *f*; ~ **falsa** Falschmeldung *f*; ~ **de prensa** Pressemeldung *f*, Zeitungsnachricht *f*; **malas** ~**s** schlechte Nachrichten; **no tener** ~ **de alguien** lange nichts von jdm gehört haben; **tener** ~ **de algo** Kenntnis von etw haben; **andar atrasado de** ~**s** schlecht informiert sein
noticiable [noti'θjaβle] *adj* berichtenswert
noticiar [noti'θjar] *vt* benachrichtigen, informieren
noticiario [noti'θjarjo] *m* (RADIO, TV) Nachrichten *fpl*; ~ **deportivo** Sportnachrichten *fpl*
noticiero¹ [noti'θjero] *m* ❶ (*periódico*) Zeitung *f*
❷ (RADIO, TV) Nachrichten *fpl*
noticiero, -a² [noti'θjero, -a] *m, f* (Zeitungs)berichterstatter(in) *m(f)*
notición [noti'θjon] I. *aum de* **noticia**
II. *m* große Neuigkeit *f*; **¡vaya** ~**!** das ist ein Knüller!
noticioso, -a [noti'θjoso, -a] *adj* unterrichtet (*de* über +*akk*, *de* von +*dat*), in Kenntnis gesetzt (*de* von +*dat*)
notificación [notifika'θjon] *f* ❶ (*aviso*) Bekanntmachung *f*, Mitteilung *f*; ~ **de abono** (FIN) Gutschriftanzeige *f*; ~ **de accidentes** Unfallmeldung *f*; ~ **de adeudo** (FIN) Lastschriftanzeige *f*; ~ **de cese** Ausscheidungsanmeldung *f*; ~ **por escrito** schriftlicher Bescheid; ~ **de multa** Bußgeldbescheid *m*; ~ **oficial** amtliche Mitteilung; ~ **pública** öffentliche Bekanntmachung; ~ **de recursos** Rechtsmittelbelehrung *f*; ~ **de la sentencia** Urteilsverkündung *f*
❷ (JUR) Zustellung *f*; ~ **de abogado** Anwaltszustellung *f*; ~ **de citación** Ladungszustellung *f*; ~ **por vía oficial** Zustellung von Amts wegen; ~ **de la sentencia** Urteilszustellung *f*
notificado, -a [notifi'kaðo, -a] *m, f* Zustellungsempfänger(in) *m(f)*
notificador [notifika'ðor] *adj* (FIN) avisierend
notificar [notifi'kar] <c→qu> *vt* bekannt geben, mitteilen; **hacer** ~ bekannt machen
noto¹ ['noto] *m* (METEO) Südwind *m*
noto, -a² ['noto, -a] *adj* ❶ (*notorio*) allgemein bekannt, notorisch
❷ (*bastardo, ilegítimo*) unehelich; **hijo** ~ uneheliches Kind
notoriedad [notorje'ðað] *f* ❶ (*nombradía*) Berühmtheit *f*, Popularität *f*; **afán de** ~ Ruhmsucht *f*, Profilierungssucht *f*; **adquirir** ~ berühmt werden
❷ (*evidencia*) Offenkundigkeit *f*
notorio, -a [no'torjo, -a] *adj* ❶ (*conocido*) allgemein [*o* öffentlich] bekannt
❷ (*evidente*) offenkundig
noúmeno [no'umeno] *m* (FILOS) Noumenon *nt*
nova ['noβa] *f* (ASTR) Nova *f*
novación [noβa'θjon] *f* (FIN) Neuerung *f*, Schuldumwandlung *f*
novador(a) [noβa'ðor(a)] I. *adj* innovationsfreudig, innovativ
II. *m(f)* Neuerer, -in *m, f*
noval [no'βal] *m* (AGR) Neubruch *m*, Neuland *nt*
novar [no'βar] <o→ue> *vt* (JUR) neu abschließen
novatada [noβa'taða] *f* ❶ (*broma*) Streich *m* (*der einem Neuling gespielt wird*); **gastar la** ~ **a alguien** jdm einen Anfängerstreich spielen
❷ (*fam: complicación*) Ungeschick *nt*; **pagué la** ~ **el primer día** schon am ersten Tag bin ich ins Fettnäpfchen getreten
novato, -a [no'βato, -a] *m, f* Neuling *m*, Anfänger(in) *m(f)*; (INFOR) Newbie *m*, Neuling *m* im Internet
novecentismo [noβeθen'tismo] *m* (ARQUIT, ARTE) Novecento *nt*
novecentista [noβeθen'tista] *mf* (ARQUIT, ARTE) Künstler(in) *m(f)* des Novecento
novecientos, -as [noβe'θjentos, -as] *adj* neunhundert; *v. t.* **ochocientos**
novedad [noβe'ðað] *f* ❶ (*acontecimiento*) Neuigkeit *f*; **¡hay alguna** ~**?** gibt es (et)was Neues?; **has escuchado las últimas** ~**es** weißt du schon das Neueste?; **el enfermo sigue sin** ~**es** der Zustand des Kranken ist unverändert; **llegué a España sin** ~**es** ich bin wohlbehalten in Spanien

novedoso

angekommen; **¡sin ~ en el frente!** keine Vorkommnisse!
❷ (*cosa*) Neuheit *f*; (*libro*) Neuerscheinung *f*; **~ técnica** technische Neuheit; **artículos de última ~** neueste Modeartikel
❸ *pl* (*de moda*) Modewaren *fpl*

novedoso, -a [noβe'ðoso, -a] *adj* (*Am*) neuartig

novel [no'βel] **I.** *adj* angehend, unerfahren; **una escritora ~** eine angehende Schriftstellerin
II. *mf* Anfänger(in) *m(f)*, Neuling *m*

novela [no'βela] *f* Roman *m*; **~ de amor** Liebesroman *m*; **~ de aventuras** Abenteuerroman *m*; **~ de ciencia ficción** Sciencefictionroman *m*; **~ contemporánea** zeitgenössischer Roman; **~ corta** [*o* **breve**] Novelle *f*; **~ por entregas** Fortsetzungsroman *m*; **~ policíaca** Krimi(nalroman) *m*; **héroe de ~** Romanheld *m*; **¡déjate de ~s!** erzähl doch keine Märchen!

novelable [noβe'laβle] *adj* ❶ (*contando*) in Romanform erzählbar
❷ (*escribiendo*) als Roman verfassbar

novelado, -a [noβe'laðo, -a] *adj* in Romanform gebracht

novelador(a) [noβela'ðor(a)] *m(f)* v. **novelista**

novelar [noβe'lar] **I.** *vi* Romane schreiben
II. *vt* in Romanform erzählen

novelería [noβele'ria] *f* ❶ (*de novedades*) Neugierde *f*, Lust *f* auf Neuigkeiten
❷ (*de novelas: escribirlas*) Hang *m* zum Romaneschreiben; (*leerlas*) Hang *m* zum Romanelesen
❸ (*cuentos o novedades fútiles*) Belanglosigkeiten *fpl*

novelero, -a [noβe'lero, -a] **I.** *adj* ❶ (*de novelas*): **un chico ~** ein Junge, der gerne liest, eine Leseratte *fam*
❷ (*de novedades*) sehr neugierig
❸ (*inconstante*) wankelmütig
II. *m, f* ❶ (*de novelas*) begeisterter Romanleser *m*, begeisterte Romanleserin *f*
❷ (*de novedades*) Neuigkeitskrämer(in) *m(f)*; (*chismoso*) Klatschmaul *nt fam*

novelesco, -a [noβe'lesko, -a] *adj* romanhaft, Roman-; (*fig*) fantastisch

novelista [noβe'lista] *mf* Romanautor(in) *m(f)*, Romanschriftsteller(in) *m(f)*

novelística [noβe'listika] *f sin pl* Romanliteratur *f*, Romankunst *f*; **la ~ moderna** die moderne Romankunst

novelístico, -a [noβe'listiko, -a] *adj* (*relativo a la novela*) den Roman betreffend; (*a la novelística*) die Romanliteratur betreffend

novelón [noβe'lon] *m* Schinken *m fam*

novena [no'βena] *f* Novene *f*

novenario [noβe'narjo] *m* (REL) Novene *f*

noveno, -a [no'βeno, -a] **I.** *adj* (*parte*) neuntel; (*numeración*) neunte(r, s)
II. *m, f* Neuntel *nt*
III. *adv*: **en ~ lugar** neuntens, an neunter Stelle; *v. t.* **octavo**

noventa [no'βenta] *adj* neunzig; *v. t.* **ochenta**

noventayochista [noβentaʝo'tʃista] *mf* (LIT) Schriftsteller(in) *m(f)* der "Generation von 98"

noventón, -ona [noβen'ton, -ona] **I.** *adj* in den Neunzigern
II. *m, f* Neunzigjährige(r) *mf*

noviar [no'βjar] *vi* (*CSur*) eine Braut/einen Bräutigam haben; **~ con alguien** mit jdm gehen *fam*

noviazgo [no'βjaθɣo] *m* Brautzeit *f*; (*fam*) Beziehung *f*

noviciado [noβi'θjaðo] *m* ❶ (REL) Noviziat *nt*
❷ (*aprendizaje*) Probezeit *f*, Einarbeitungszeit *f*

novicio, -a [no'βiθjo, -a] **I.** *adj* unerfahren
II. *m, f* ❶ (REL) Novize, -in *m, f*
❷ (*principiante*) Anfänger(in) *m(f)*

noviembre [no'βjembre] *m* November *m*; *v. t.* **marzo**

novillada [noβi'ʎaða] *f* ❶ (*animales*) Jungstierherde *f*
❷ (*corrida*) Stierkampf *m* (*mit Jungstieren*)

novillear [noβiʎe'ar] *vt* (TAUR) mit Jungstieren kämpfen

novillero, -a [noβi'ʎero, -a] *m, f* ❶ (*torero*) angehender Stierkämpfer(in) *m(f)* (*der mit Jungstieren kämpft*)
❷ (*que cuida*) Hirte, -in *m, f* (*von jungen Rindern*)

novillo, -a [no'βiʎo, -a] *m, f* ❶ (*animal*) Jungstier *m*, Jungkuh *f*, Färse *f*
❷ (*fam: loc*): **hacer ~s** (die Schule) schwänzen, blaumachen

novilunio [noβi'lunjo] *m* Novilunium *nt*

novio, -a ['noβjo, -a] *m, f* ❶ (*para casarse*) Bräutigam *m*, Braut *f*; **traje de novia** Brautkleid *nt*
❷ *pl* (*recién casados*) Brautpaar *nt*; **viaje de ~s** Hochzeitsreise *f*; **¡vivan los ~s!** es lebe das Brautpaar!
❸ (*en relación amorosa*) Freund(in) *m(f)*; (*pretendiente*) Verehrer(in) *m(f)*; **echarse novia** sich eine Freundin zulegen; **tontear con el ~** flirten; **esa chica tiene sólo quince años y ya tiene ~** dieses Mädchen ist erst fünfzehn und hat schon einen Freund; **a esa no le faltará ~** die wird schon bald einen Verehrer finden

novísimo[1] [no'βisimo] *m* (REL) *die vier letzten Dinge des Menschen*

novísimo, -a[2] [no'βisimo, -a] *adj* brandneu; **noticias novísimas** brandaktuelle Nachrichten

novohispano, -a [noβois'pano, -a] **I.** *adj* (*Méx:* HIST) aus Neu-Spanien (*heute Mexiko*)
II. *m, f* (*Méx:* HIST) Einwohner(in) *m(f)* von Neu-Spanien

noyó [no'ʝo] <noyoes> *m* (GASTR) Likör aus Schnaps, Zucker und bitteren Mandeln

n/ref ['nwestra rrefe'renθja] *abr de* **nuestra referencia** unser Zeichen

N.T. ['nweβo testa'mento] *m abr de* **Nuevo Testamento** Neues Testament *nt*

nubada [nu'βaða] *f* (METEO) Wolkenbruch *m*, Platzregen *m*

nubarrón [nuβa'rron] *m* Gewitterwolke *f*

nube ['nuβe] *f* ❶ (*en el cielo*) Wolke *f*; **~ de humo y gases** Smog *m*; **~ de mosquitos** Mückenschwarm *m*; **una ~ en el ojo** ein Fleck auf der Hornhaut; **una ~ de parientes** ein Schwarm lästiger Verwandter; **~ de polvo** Staubwolke *f*; **~ tóxica** (ECOL) Giftwolke *f*; **~ de verano** (METEO) Platzregen *m*; **descargar una ~** regnen; **ya pasó la ~** (*fam*) das Gewitter ist vorüber, die Luft ist wieder rein
❷ (*enfado*) vorübergehende Verstimmung; (*pequeñez*) Bagatelle *f*
❸ (GASTR) Marshmallow *m*; **~s de algodón** Zuckerwatte *f*
❹ (*loc*): **todo está por las ~s** alles ist unerschwinglich teuer; **los alquileres se han puesto por las ~s** die Mieten sind heutzutage fast unbezahlbar; **se puso por las ~s** er/sie ging in die Luft; **andar por** [*o* **estar en**] **las ~s** geistesabwesend sein; **vivir en las ~s** über [*o* in] den Wolken schweben, völlig realitätsfern sein; **bajar de las ~s** auf den Boden der Tatsachen zurückkehren; **acordarse de alguien como de las ~s** jdn vollkommen vergessen haben; **poner a alguien por las ~s** jdn in den Himmel heben, jdn mit Lob überschütten; **ese hombre es como una ~** dieser Mann ist furchtbar unsympathisch

núbil ['nuβil] *adj* heiratsfähig

nubilidad [nuβili'ðað] *f* heiratsfähiges Alter *nt*

nublado[1] [nu'βlaðo] *m* Gewölk *nt*; (*peligro*) drohende Gefahr *f*

nublado, -a[2] [nu'βlaðo, -a] *adj* bewölkt

nublar [nu'βlar] **I.** *vt* ❶ (*nubes*) bewölken
❷ (*mente, ojos*) umnebeln, trüben
II. *vr*: **~se** ❶ (*nubes*) sich bewölken
❷ (*mente, ojos*) sich trüben; **se me nubla la vista** mir wird schwarz vor Augen

nubloso, -a [nu'βloso, -a] *adj* ❶ (*cubierto de nubes*) wolkig, bewölkt
❷ (*fig: desgraciado*) düster, niedergeschlagen

nubosidad [nuβosi'ðað] *f* Bewölkung *f*

nuboso [nu'βoso, -a] *adj* bewölkt

nuca ['nuka] *f* Genick *nt*, Nacken *m*

nucleación [nuklea'θjon] *f* (FÍS, QUÍM) Kristallisationskeimbildung *f*, Nukleation *f*

nuclear [nukle'ar] *adj* (FÍS) Kern-, nuklear; **energía ~** Kernenergie *f*; **radiación ~** Kernstrahlung *f*

nuclearización [nukleariθa'θjon] *f* ❶ (*de un lugar*) Umstellung *f* auf Kernenergie
❷ (*de un ejército*) Aufrüstung *f* mit Kernwaffen

nuclearizar [nukleari'θar] <z→c> *vt* ❶ (*un lugar*) auf Kernenergie umstellen
❷ (*un ejército*) mit Kernwaffen aufrüsten

núcleo ['nukleo] *m* ❶ (*centro*) Kern *m*, Zentrum *nt*; **~ atómico** Atomkern *m*; **~ celular** (BIOL) Zellkern *m*; **~ de la fruta** Obstkern *m*, Fruchtkern *m*; **~ de una idea** Kerngedanke *m*; **~ de memoria** (INFOR) Speicherkern *m*; **~ de obreros** Arbeiterstamm *m*; **~ de población** Siedlung *f*; **~ productivo** Produktionszentrum *nt*; **~ urbano** Stadtkern *m*, Stadtzentrum *nt*; **países que forman parte del ~ duro** (UE) Länder, die zu den europäischen Kernstaaten zählen

nuco ['nuko] *m* (*Chil.* ZOOL) Zwerghoreule *f*

nudillo [nu'ðiʎo] *m* ❶ (*de los dedos*) (Finger)knöchel *m*
❷ (*de madera*) Holzdübel *m*

nudismo [nu'ðismo] *m* Nudismus *m*, Freikörperkultur *f*

nudista [nu'ðista] *mf* Nudist(in) *m(f)*

nudo ['nuðo] *m* ❶ (*atadura*) Knoten *m*; (*mota*) Noppe *f*; **~ de la corbata** Krawattenknoten *m*; **~ corredizo** (zuziehbare) Schlinge *f*, Laufknoten *m*; **~ marino** Schifferknoten *m*; **~ tejedor** Weberknoten *m*; **deshacer el ~** den Knoten lösen; **la emoción le hace** [*o* **pone**] **un ~ en la garganta** die Aufregung schnürt ihm/ihr die Kehle zu
❷ (*madera*) Knorren *m*; **~ de rama** Astloch *nt*; **sin ~s** astfrei, knorrenlos
❸ (MED, NÁUT) Knoten *m*; **~ intestinal** Darmverschlingung *f*
❹ (*punto de reunión*) Knotenpunkt *m*; (*de las montañas*) Gebirgsknoten *m*; **~ articulado** Gelenkknotenpunkt *m*; **~ de comunicaciones** Verkehrsknotenpunkt *m*
❺ (*cosa que une*): **el ~ de la amistad** die Freundschaftsbande
❻ (*dificultad*) Verwicklung *f*, Schwierigkeit *f*; **el ~ del problema es...** das Verzwickte an dem Problem ist ...; **cortar el ~ gordiano** den gordi-

schen Knoten durchhauen
nudosidad [nuðosi'ðað] *f* (MED) Knotigkeit *f*
nudoso [nu'ðoso, -a] *adj* knotig; (*madera*) knorrig
nuégado ['nweɣaðo] *m* ❶ (GASTR) Gebäck aus Mehl, Honig und Nüssen
❷ (*hormigón*) Beton *m*
nuera ['nwera] *f* Schwiegertochter *f*
nuestro, -a ['nwestro, -a] I. *adj pos* (*antepuesto*) unser(e, s); ~ **perro/gato** unser Hund/unsere Katze; **~s nietos** unsere Enkel; **por nuestra parte** unsererseits; **¡eso es lo ~!** das ist genau das Richtige für uns!; **ahora que no está mamá, hacemos de las nuestras** jetzt, da Mama nicht da ist, können wir was anstellen
II. *pron pos* ❶ (*de nuestra propiedad*): **la casa es nuestra** das ist unser Haus, das Haus gehört uns; **¡ya es ~!** wir haben es geschafft!
❷ (*tras artículo*) der/die/das unsere, unsere(r, s); **si tu coche no funciona, vamos en el ~** wenn dein Auto nicht geht, fahren wir mit unserem; **¿son estos los ~s?** sind das unsere?; **los ~s** unsere Angehörigen; **ésta es la nuestra** (*fam*) das ist die Gelegenheit für uns
❸ (*tras substantivo*) unser(e), von uns; **una amiga nuestra** eine Freundin von uns; (**no**) **es culpa nuestra** es ist (nicht) unsere Schuld
nueva ['nweβa] *f* Neuigkeit *f*, Nachricht *f*; **buena ~** gute Neuigkeit; (REL) Frohe Botschaft; **esto me coge de ~** darauf war ich nicht gefasst; **no te hagas de ~s** tu doch nicht so, als ob du nichts wüsstest!; **las malas ~s casi siempre son ciertas** schlechte Neuigkeiten sind fast immer wahr
nuevamente [nweβa'mente] *adv* ❶ (*otra vez*) nochmals, von neuem
❷ (*últimamente*) neuerdings
nueve ['nweβe] *adj inv* neun; *v. t.* **ocho**
nuevecito, -a [nweβe'θito, -a] *adj* nagelneu
nuevo, -a ['nweβo, -a] I. *adj* neu; **este vestido es ~** dieses Kleid ist neu; **los zapatos están como ~s** diese Schuhe sind wie neu [*o* kaum getragen]; **de ~** von neuem; **tienes que hacerlo de ~** das musst du noch einmal [*o* wieder] machen; **me siento** [*o* **he quedado**] **como ~** ich fühle mich wie neugeboren; **¿qué hay de ~?** was gibt's Neues?; **hasta ~ aviso** bis auf weitere Mitteilung; **¡feliz Año N~!** frohes neues Jahr!; **ponerle a alguien la cara nueva** jdn kräftig verprügeln
II. *m, f* Neue *mf*, Anfänger(in) *m(f)*; **la nueva es muy simpática** die Neue ist sehr nett
nuez [nweθ] *f* ❶ (BOT) Walnuss *f*; ~ **de anacardo** Cashewnuss *f*; ~ **del Brasil** [*o* **de Marañón**] Paranuss *f*; ~ **de coco** Kokosnuss *f*; ~ **moscada** Muskatnuss *f*; ~ **de peka** Pekanuss *f*; **cáscara de ~** Nussschale *f*; **cascar nueces** Nüsse knacken; **mucho ruido y pocas nueces** (*prov*) viel Lärm um nichts
❷ (ANAT) Adamsapfel *m*; **apretar la ~ a alguien** (*fam*) jdn (er)würgen
❸ *pl* (*contenido*) Inhalt *m*, Substanz *f*
nueza ['nweθa] *f* (BOT) Zaunrübe *f*, Heckenrübe *f*, Teufelskirsche *f*; ~ **blanca** Weiße [*o* Schwarzbeerige] Zaunrübe *f*; ~ **negra** Rote [*o* Zweihäusige] Zaunrübe
nulamente [nula'mente] *adv* ungültig, nichtig
nulidad [nuli'ðað] *f* ❶ (*no válido*) Nichtigkeit *f*, Ungültigkeit *f*; ~ **del balance** Bilanznichtigkeit *f*; ~ **de un contrato** Vertragsungültigkeit *f*; ~ **matrimonial** Ehenichtigkeit *f*; **la ~ de un negocio** die Ungültigkeit eines Geschäftes; **declarar la ~ de algo** etw für ungültig erklären [*o* annullieren]
❷ (*sin valor*) Wertlosigkeit *f*
❸ (*persona*) Versager(in) *m(f)*, Niete *f*; **ser una ~** eine Null sein
nulípara [nu'lipara] *f* Nullipara *f*, Frau *f*, die noch nicht geboren hat
nulo, -a ['nulo, -a] *adj* ❶ (*inválido*) nichtig, ungültig; **declarar ~** für nichtig erklären; **quedar ~** ungültig werden, die Gültigkeit verlieren
❷ (*incapaz*) untauglich, unfähig; **soy ~ para las matemáticas** in Mathematik bin ich eine Niete
núm. ['numero] *m abr de* **número** Nr.
numantino, -a [numan'tino, -a] I. *adj* (HIST) numantisch
II. *m, f* (HIST) Numantiner(in) *m(f)*
numbat [num'bat] *m* (ZOOL) Numbat *m*, Ameisenbeutler *m*
numen ['numen] *m* ❶ (REL) Numen *nt*
❷ (*del artista*) Inspiration *f*, Begabung *f*
numerable [nume'raβle] *adj* ❶ (*con números*) numerierbar, bezifferbar
❷ (*contable*) zählbar
numeración [numera'θjon] *f* ❶ (*sistema*) Nummerierung *f*, Bezifferung *f*; ~ **arábiga** arabisches Zahlensystem; ~ **binaria** Binärsystem *nt*; ~ **correlativa** fortlaufende Nummerierung; ~ **decimal** Dezimalsystem *nt*; ~ **de página** Seitennummerierung *f*
❷ (*acción*) Zählung *f*; ~ **del tráfico** Verkehrszählung *f*
numerador [numera'ðor] *m* ❶ (MAT) Zähler *m*
❷ (*aparato*) Zähler *m*; (TIPO) Nummerierwerk *nt*; (*sello*) Nummernstempel *m*
numeradora [numera'ðora] *m* Numeriermaschine *f*
numeral [nume'ral] I. *adj* Zahl(en)-
II. *m* (LING) Zahlwort *nt*, Numerale *nt*

numerar [nume'rar] *vt* ❶ (*poner números*) nummerieren, beziffern; ~ **correlativamente** durchnummerieren
❷ (*contar*) zählen
numerario¹ [nume'rarjo] *m* Bargeld *nt*
numerario, -a² [nume'rarjo, -a] *adj* ❶ (*de números*) Zahlen-, Zähl-
❷ (*fijo*) ordentlich; **catedrático ~** ordentlicher Professor; **miembro ~** ordentliches Mitglied
numéricamente [numerika'mente] *adv* numerisch, der Zahl nach
numérico, -a [nu'meriko, -a] *adj* numerisch, zahlenmäßig, Zahlen-; **valor ~** Zahlenwert *m*; **cerradura de combinación numérica** Zahlenschloss *nt*
numerito [nume'rito] *m* (*fam*): **eres un ~** (**de circo**) du bist ja ein tolles Früchtchen!; **¡me vas a hacer el ~ de no venir?** du wirst mich doch wohl nicht im Stich lassen wollen?; **me hizo un ~** er/sie machte mir eine Szene
número ['numero] *m* ❶ (MAT) Zahl *f*; ~ **binario** Binärzahl *f*; ~ **cardinal** Kardinalzahl *f*, Grundzahl *f*; ~ **decimal** Dezimalzahl *f*; ~ **hexadecimal** Hexadezimalzahl *f*; ~ **octal** Oktalzahl *f*; ~ **primo** Primzahl *f*; ~ **quebrado** Bruchzahl *f*; ~ **de varias cifras** mehrstellige Zahl; **en ~s redondos** aufgerundet; **aprender de ~s** (*fam*) Rechnen lernen; **hacer ~s** Berechnungen anstellen; **tengo que hacer ~s para ver si nos sobra dinero** ich muss erst noch durchrechnen [*o* ausrechnen], ob uns Geld übrig bleibt; **estar en ~s rojos** in den roten Zahlen sein
❷ (*cantidad*) (An)zahl *f*; ~ **de habitantes** Einwohnerzahl *f*; ~ **de revoluciones** Drehzahl *f*; **sin ~** unzählig; **un ~ determinado de...** eine bestimmte Anzahl von ...; **ha aumentado el ~ de muertos** die Zahl der Toten ist gestiegen
❸ (*cifra*) Nummer *f*; (*en la lotería*) Losnummer *f*; ~ **de matrícula** Kfz-Kennzeichen *nt*; ~ **de pedido** Auftragsnummer *f*; ~ **de teléfono** Telefonnummer *f*, Rufnummer *f*; ~ **de zapatos** Schuhgröße *f*; **es el ~ uno de la clase** er/sie ist Klassenbester/Klassenbeste
❹ (*edición*) Nummer *f*, Ausgabe *f*; ~ **suelto** Einzelheft *nt*; **el ~ 1000 de esta revista** die tausendste Ausgabe dieser Zeitschrift
❺ (LING) Numerus *m*
numeroso, -a [nume'roso, -a] *adj* zahlreich
numerus clausus ['numerus 'klausus] *m* Numerus *m* clausus
numisma [nu'misma] *f* geprägte Münze *f*
numismática [numis'matika] *f sin pl* Numismatik *f*
numismático, -a [numis'matiko, -a] *m, f* Numismatiker(in) *m(f)*; (*coleccionista*) Münzsammler(in) *m(f)*
numulita [numu'lita] *f*, **numulites** [numu'lites] *m inv* (ZOOL) Nummulit *m*
nunca ['nuŋka] *adv* nie; ~ **jamás** niemals, nie und nimmer; **más que ~** mehr denn je
nunciatura [nunθja'tura] *f* Nuntiatur *f*
nuncio [ˈnunθjo] *m* ❶ (REL) Nuntius *m*
❷ (*que anuncia*) Vorbote *m*; **las golondrinas, ~s de la primavera** die Schwalben, Vorboten des Frühlings
nuncupativo, -a [nuŋkupa'tiβo, -a] *adj* (JUR) mündlich; **testamento ~** mündliches Testament
nupcial [nuβ'θjal] *adj* Hochzeits-, Braut-; **corona ~** Brautkranz *m*; **marcha ~** Hochzeitsmarsch *m*; **tarta ~** Hochzeitstorte *f*
nupcialidad [nuβθjali'ðað] *f* Eheschließungshäufigkeit *f*
nupcias ['nuβθjas] *f inv* Hochzeit *f*, Eheschließung *f*; **segundas ~** zweite Ehe; **posteriores ~** Wiederheirat *f*
nurse ['nurse] *f* (Am) ❶ (*niñera*) Kindermädchen *nt*
❷ (*enfermera*) Krankenschwester *f*
nursery ['nurseri] *f* (Arg) Geburtsstation *f*
nutación [nuta'θjon] *f* (ASTR, BOT, FÍS, MED) Nutation *f*
nutra ['nutra] *f* (ZOOL) *v.* **nutria**
nutria ['nutrja] *f* Nutria *f*, Fischotter *m*
nutricio, -a [nu'triθjo, -a] *adj* ❶ (*nutritivo*) nahrhaft
❷ (*loc*): **madre nutricia** Pflegemutter *f*; **padre ~** Pflegevater *m*
nutrición [nutri'θjon] *f* Ernährung *f*; ~ **artificial** künstliche Ernährung
nutricional [nutriθjo'nal] *adj* Ernährungs-; **tabla ~** Ernährungstabelle *f*
nutricionista [nutriθjo'nista] *mf* (MED) Ernährungswissenschaftler(in) *m(f) nt*
nutrido, -a [nu'triðo, -a] *adj* ❶ (*alimentado*) genährt; **bien ~** wohlgenährt
❷ (*numeroso*) zahlreich; **una nutrida biblioteca** eine gut ausgestattete Bibliothek
nutriente [nu'trjente] I. *adj* nahrhaft
II. *m* Nahrungsmittel *nt*
nutrir [nu'trir] I. *vt* ❶ (*alimentar*) (er)nähren; ~ **la piel** die Haut nähren
❷ (*fortalecer*) stärken, kräftigen; **el calcio nutre los huesos** Kalzium stärkt die Knochen
II. *vr*: **~se** sich ernähren (*con/de* von +*dat*)
nutritivo, -a [nutri'tiβo, -a] *adj* nahrhaft
nutual [nutu'al] *adj* (REL) widerruflich (*Amt*)

ny [ni] *m* (LING: *letra griega*) Ny *nt*
nylon® ['nailon] *m* Nylon® *nt*

ñu [ɲu] *m* (ZOOL) Gnu *nt*
ñudo ['ɲuðo] *m* Knoten *m;* **al ~** (*Am: fam*) vergebens
ñuto, -a ['ɲuto, -a] *adj* (*AmS, Arg, Perú: ablandado*) weichgeklopft

Ñ

Ñ, ñ ['eɲe] *f* Ñ, ñ *nt, fünfzehnter Buchstabe des spanischen Alphabets*
ña [ɲa] *f* (*AmC, AmS: fam: señora*) Frau (*als Anrede*)
ñacaniná [ɲakani'na] *f* (*Arg:* ZOOL) Hühneresser *m* (*Giftschlange*)
ñácara [ˈɲakara] *f* (*Chil*) Geschwür *nt*
ñachi ['ɲatʃi] *m* (*Chil*) ❶ (GASTR) Gericht mit Hammelblut und Gewürzen
❷ (*fam: sangre*) Blut *nt*
ñacurutú [ɲakuru'tu] *m* (*AmC, AmS:* ZOOL) *eine zähmbare Uhuart*
ñagaza [ɲa'ɣaθa] *f* Lockvogel *m*
ñame ['ɲame] *m* (BOT) Jamswurzel *f*
ñamera [ɲa'mera] *f* Jamspflanze *f*
ñam-ñam [ɲam ɲam] *interj* (*fam*) hm!, lecker!
ñanco ['ɲaŋko] *m* (*Chil:* ZOOL) Weihe *f*
ñandú [ɲan'du] *m* (ZOOL) Nandu *m*
ñandubay [ɲandu'βai] *m* (BOT) *ein Mimosengewächs*
ñandutí [ɲandu'ti] *m* (*CSur*) ≈Klöppelspitze *f* (*traditionelle Handarbeit aus Paraguay*)
ñangotado, -a [ɲaŋgo'taðo, -a] *adj* (*PRico*) ❶ (*servil*) dienstbeflissen
❷ (*alicaído*) energielos, kraftlos
ñangotarse [ɲaŋgo'tarse] *vr* ❶ (*PRico, RDom: ponerse en cuclillas*) sich hinhocken, sich niederhocken
❷ (*PRico: someterse*) sich beugen *dat*
❸ (*PRico: perder el ánimo*) den Mut verlieren
ñaña ['ɲaɲa] *f* (*Chil*) Amme *f*
ñañaras [ɲa'ɲaras] *fpl* (*Méx: fam*) Angstschauder *m*
ñaño¹ ['ɲaɲo] *m* (*Chil: hermano mayor*) großer Bruder *m*
ñaño, -a² ['ɲaɲo, -a] I. *adj* ❶ (*Col, Pan: mimado*) verwöhnt
❷ (*Ecua, Perú: unido por amistad íntima*) eng befreundet
II. *m, f* (*Perú*) Kind *nt*
ñapa ['ɲapa] *f* (*AmC, AmS: añadidura*) Zugabe *f;* (*propina*) Trinkgeld *nt*
ñapango, -a [ɲa'paŋgo, -a] *adj* (*Col*) mestizisch
ñaque ['ɲake] *m* Gerümpel *nt*
ñaruso, -a [ɲa'ruso, -a] *adj* (*Ecua*) pockennarbig
ñata ['ɲata] *f* (*Am: fam*) Nase *f*
ñato, -a ['ɲato, -a] I. *adj* ❶ (*CSur: de nariz achatada*) stumpfnasig
❷ (*Col: gangoso*) nasal
II. *m, f* (*Am*) Liebling *m*
ñeco ['ɲeko] *m* (*Ecua: puñetazo*) Faustschlag *m*
ñeque ['ɲeke] I. *adj* (*AmC*) stark, kraftvoll
II. *m* ❶ (*Chil, Ecua, Perú: fuerza*) Kraft *f;* (*energía*) Tatkraft *f,* Energie *f*
❷ (*Perú: valor, coraje*) Mut *m*
ñipe ['ɲipe] *m* (*Chil:* BOT) *Myrtengewächs, aus dessen Zweigen ein Farbstoff gewonnen wird*
ñiquiñaque [niki'ɲake] *m* (*fam: cosa*) Schnickschnack *m;* (*persona*) Dummkopf *m*
ñire ['ɲire] *m* (*Chil:* BOT) Südbuche *f,* Scheinbuche *f*
ñisñil [nis'nil] *m* (BOT: *espadaña*) Rohrkolben *m*
ño [ɲo] *m* (*AmC, AmS: fam: señor*) Herr *m* (*als Anrede*)
ñocha ['ɲotʃa] *f* (*Chil:* BOT) *ein Ananasgewächs, aus dessen Blättern Körbe, Hüte und Matten geflochten werden*
ñoclo ['ɲoklo] *m* (GASTR) *ein Zuckergebäck mit Wein und Anis*
ñoco, -a ['ɲoko, -a] *adj* (*AmS: sin dedo*) mit fehlendem Finger; (*sin mano*) mit fehlender Hand, einhändig
ñonga ['ɲoŋga] *f* (*Méx: vulg*) Penis *m,* Schwanz *m*
ñoña ['ɲoɲa] *f* (*Chil*) (menschlicher) Kot *m*
ñoñería [ɲoɲe'ria] *f* ❶ (*simpleza*) Blödheit *f*
❷ (*dengues*) Zimperlichkeit *f*
ñoñez [ɲo'neθ] <ñoñeces> *f* (*fam*) ❶ (*de corto ingenio*) Einfältigkeit *f*
❷ (*chochez*) Trotteligkeit *f*
❸ (*cursilada*) Getue *nt*
❹ (*dicho ñoño*) dummes Geschwätz *nt*
ñoño, -a ['ɲoɲo, -a] I. *adj* (*fam*) ❶ (*soso*) fade, blöd
❷ (*aburrido*) langweilig
II. *m, f* (*fam*) ❶ (*dengoso*) Zimperliese *f*
❷ (*tonto*) Dummkopf *m*
❸ (*aburrido*) Langweiler(in) *m(f)*
ñoqui ['ɲoki] *m* (*CSur:* GASTR) Kartoffelnockerl *ntpl;* **~ a la romana** Grießnockerl *ntpl*
ñora ['ɲora] *f* kleine, getrocknete, scharfe Paprikaschote
ñorbo ['ɲorβo] *m* (*Ecua, Perú:* BOT) Blaue Passionsblume *f*

O

O, o [o] *f* O, o *nt;* **~ de Oviedo** O wie Otto; **no saber ni hacer la ~ con un canuto** (*fam*) strohdumm sein
o, ó [o] *conj* (*entre números:* 'o') oder; **ahora ~ nunca** jetzt oder nie; **~ me lo das, ~ te lo quito** entweder du gibst es mir, oder ich nehme es dir weg; **~ sea** mit anderen Worten, das heißt, also; **~ bien** oder auch; **10 ó 20** 10 oder 20
O [oˈsixeno/o'este] ❶ (QUÍM) *abr de* **oxígeno** O
❷ (*punto cardinal*) *abr de* **oeste** W
oasis [o'asis] *m inv* Oase *f;* **un ~ de tranquilidad** eine Oase der Ruhe
obcecación [oβθeka'θjon] *f* Verblendung *f,* Blindheit *f*
obcecado, -a [oβθe'kaðo, -a] *adj* verblendet, blind
obcecar [oβθe'kar] <c→qu> I. *vt* (ver)blenden
II. *vr:* **~se** verblendet sein [*o* werden]
obedecer [oβeðe'θer] *irr como* **crecer** *vt* ❶ (*a los padres*) gehorchen (*a* +*dat*), folgen (*a* +*dat*); **hacerse ~** sich *dat* Gehorsam verschaffen
❷ (*las instrucciones*) befolgen; **~ una orden** einem Befehl Folge leisten
❸ (*someterse*) sich fügen (*a* +*dat*); **los cuerpos obedecen a la gravedad** die Körper unterliegen dem Gesetz der Schwerkraft
❹ (*responder*) ansprechen (*a* auf +*akk*); **la enfermedad no obedece a ningún tratamiento** die Krankheit spricht auf keinerlei Behandlung an
❺ (*tener por causa*) zurückzuführen sein (*a* auf +*akk*); **la obesidad obedece a una mala alimentación** Fettleibigkeit ist auf eine falsche Ernährungsweise zurückzuführen; **¿a qué obedece esta tardanza?** wie erklärt sich diese Verzögerung?
obedecible [oβeðe'θiβle] *adj* befolgbar
obedecimiento [oβeðeθi'mjento] *m* Befolgung *f;* **el ~ de las normas es imprescindible** die Regeln müssen unter allen Umständen befolgt werden
obediencia [oβe'ðjenθja] *f* Gehorsam *m;* **~ ciega** blinder Gehorsam, Kadavergehorsam *m pey;* **~ eclesiástica** Obedienz *f*
obediente [oβe'ðjente] *adj* gehorsam, folgsam
obelisco [oβe'lisko] *m* Obelisk *m*
obenque [o'βeŋke] *m* (NÁUT) Want *f o nt*
obertura [oβer'tura] *f* (MÚS) Ouvertüre *f*
obesidad [oβesi'ðað] *f* Fettleibigkeit *f*
obeso, -a [o'βeso, -a] *adj* fett(leibig)
óbice ['oβiθe] *m* (*elev*) Hindernis *nt,* Hemmnis *nt;* **no es ~ para que... +***subj* dessen ungeachtet...
obispado [oβis'paðo] *m* ❶ (*cargo*) Bischofsamt *nt*
❷ (*diócesis*) Bistum *nt*
obispal [oβis'pal] *adj* (REL: *episcopal*) bischöflich, Bischofs-
obispalía [oβispa'lia] *f* (REL) ❶ (*palacio del obispo*) bischöflicher Palast *m*
❷ (*obispado*) Bistum *nt*
obispillo [oβis'piʎo] *m* ❶ (GASTR) Riesenblutwurst *f*
❷ (ZOOL: *de las aves*) Bürzel *m*
obispo [o'βispo] *m* ❶ (REL) Bischof *m;* **~ de anillo** Titularbischof *m;* **auxiliar** Weihbischof *m;* **trabajar para el ~** (*fig*) ohne Entgelt arbeiten; **cada muerte de un ~** (*fig*) alle Jubeljahre
❷ (*reg:* GASTR) große Blutwurst *f*
óbito ['oβito] *m* (*elev*) Tod *m,* Ableben *nt*
obituario [oβi'twarjo] *m* ❶ (*libro parroquial*) Totenregister *nt*
❷ (*Am: defunción*) Sterbefall *m*
❸ (*Am: columna del periódico*) Todesanzeigen *fpl*
objeción [oβxe'θjon] *f* Einwand *m,* Einwendung *f;* (JUR) Einspruch *m;* **~ de conciencia** Kriegsdienstverweigerung aus Gewissensgründen; **hacer una ~ a algo** Einwand erheben gegen etw
objetable [oβxe'taβle] *adj* einwendbar
objetante [oβxe'tante] I. *adj* einwendend
II. *mf v.* **objetor**
objetar [oβxe'tar] *vt* einwenden; (JUR) Einspruch erheben (gegen +*akk*); **tengo algo que ~** ich habe etwas dagegen (einzuwenden)
objetivación [oβxetiβa'θjon] *f* Objektivierung *f*
objetivar [oβxeti'βar] *vt* objektivieren, versachlichen
objetividad [oβxetiβi'ðað] *f* Objektivität *f,* Sachlichkeit *f*
objetivismo [oβxeti'βismo] *m* (FILOS) Objektivismus *m*
objetivizar [oβxetiβi'θar] <z→c> *vt v.* **objetivar**
objetivo¹ [oβxe'tiβo] *m* ❶ (*finalidad*) Ziel *nt,* Zweck *m;* **alcanzar un ~** ein Ziel erreichen; **fijar un ~** ein Ziel setzen; **tener como ~** zum Ziel

objetivo haben, bezwecken ❷ (FOTO) Objektiv *nt* ❸ (*blanco, t.* MIL) Ziel *nt*; ~ **fijo/en movimiento** feststehendes/bewegliches Ziel; **bombardear un** ~ ein Ziel unter Beschuss nehmen

objetivo, -a² [oβxe'tiβo, -a] *adj* objektiv, sachlich

objeto [oβ'xeto] *m* ❶ (*cosa*) Gegenstand *m*, Ding *nt*; ~ **del arrendamiento** Mietobjekt *nt*; ~ **de compraventa** Kaufgegenstand *m*; ~ **de conexión** Anknüpfungsgegenstand *m*; ~ **de contrato** Vertragsobjekt *nt*; ~ **de derecho** Rechtsobjekt *nt*; ~ **de enseñanza** Lehrmittel *nt*; ~ **de experimentación** Versuchsobjekt *nt*; ~ **de lujo** Luxusartikel *m*; ~**s de necesidad** Bedarfsgegenstände *mpl*; ~ **perdido** Fundsache *f*; ~ **del proceso** (JUR) Prozessgegenstand *m*; ~ **de seguro** Versicherungsgegenstand *m*; ~ **de valor** Wertgegenstand *m*; ~ **de valoración** Bewertungsobjekt *nt*; ~ **de vuelo no identificado** unbekanntes Flugobjekt; **no tener** ~ gegenstandslos sein; **la empresa no se hace responsable de los** ~**s depositados en el interior de los vagones** das Unternehmen haftet nicht für in den Waggons aufbewahrte Gegenstände ❷ (*motivo*) Zweck *m*, Anlass *m*; ~ **de contrato** Vertragsgegenstand *m*; ~ **de la demanda** Klagegegenstand *m*; ~ **del negocio** Geschäftszweck *m*; **el** ~ **de la presente es...** Anlass dieses Schreibens ist ...; **después de lograr su** ~ **desapareció** als er sein/sie ihr Ziel erreicht hatte, verschwand er/sie; **tomaremos el avión con (el)** [*o* **al**] ~ **de llegar cuanto antes** wir nehmen das Flugzeug, um möglichst früh anzukommen; **eso no tiene** ~ das ist zwecklos [*o* sinnlos]; **tener por** ~ bezwecken

objetor(a) [oβxe'tor(a)] *m(f)* Einspruchserhebende(r) *mf*; ~ **de conciencia** Kriegsdienstverweigerer aus Gewissensgründen

oblación [oβla'θjon] *f* (REL) Darbringung *f*

oblada [o'βlaða] *f* (REL) Totenopfer *nt*

oblata [o'βlata] *f* (REL) ❶ (*persona*) v. **oblato** ❷ (*hostia*) Oblate *f*

oblato, -a [o'βlato, -a] *m*, *f* (REL) Oblate *mf*

oblea [o'βlea] *f* ❶ (*hostia*) Oblate *f*; **estar hecho una** ~ (*fam*) klapperdürr [*o* spindeldürr] sein ❷ (*sello*) Siegelmarke *f*

oblicuángulo [oβliku'aŋgulo] *adj* (MAT) schiefwink(e)lig

oblicuar [oβli'kwar] *vt* schräg stellen

oblicuidad [oβlikwi'ðað] *f* Schräge *f*, Schiefe *f*

oblicuo, -a [o'βlikwo, -a] *adj* schräg, schief

obligación [oβliɣa'θjon] *f* ❶ (*deber*) Verpflichtung *f*; ~ **accesoria** Zusatzverpflichtung *f*; ~ **adicional** Zusatzverpflichtung *f*; ~ **alimenticia** Unterhaltspflicht *f*; ~ **de amortización** Tilgungsverpflichtung *f*; ~ **de comunicación** Mitteilungspflicht *f*; ~ **contractual** Vertragsverpflichtung *f*; ~ **del contratista** Bauherrenverpflichtung *f*; ~ **de denuncia** Anzeigepflicht *f*; ~ **de guardar secreto** Geheimhaltungspflicht *f*; ~ **de haberes pasivos** Pensionsverpflichtung *f*; ~ **de información** Informationspflicht *f*; ~ **de inscripción** Eintragungspflicht *f*; ~ **de pago** Zahlungsverpflichtung *f*; ~ **de saneamiento** Gewährleistungsverpflichtung *f*; ~ **de secreto** Schweigepflicht *f*; ~ **vinculante** bindende Verpflichtung; **atender sus obligaciones** seinen Verpflichtungen nachkommen; **contraer una** ~ eine Verpflichtung eingehen; **cumplir con una** ~ eine Verpflichtung erfüllen; **incumplir una** ~ einer Verpflichtung nicht nachkommen; **dedicarse a sus obligaciones** seinen Pflichten nachgehen; **faltar a sus obligaciones** seine Pflichten vernachlässigen; **tener la** ~ **de algo** zu etw *dat* verpflichtet sein; **antes es la** ~ **que la devoción** (*prov*) erst die Arbeit, dann das Spiel ❷ (*deuda*) Schuld *f*; (*documento*) Schuldschein *m*, Schuldverschreibung *f*; ~ **cambiaria** Wechselschuld *f*; ~ **específica** Stückschuld *f*; ~ **del Estado** Staatsschuld *f*; ~ **industrial** Industrieschuldverschreibung *f*; ~ **nominal** Namensschuldverschreibung *f*; ~ **pecuniaria** Geldschuld *f*; ~ **solidaria** Gesamtschuld *f*; ~ **de tracto sucesivo** Dauerschulden *fpl* ❸ (*título amortizable*) Obligation *f*; ~ **amortizable** Tilgungsschuldverschreibung *f*; ~ **convertible (en acción)** Wandelobligation *f*; ~ **a corto plazo** kurzfristige Verbindlichkeit; ~ **de descuento** Diskontverbindlichkeit *f*; **obligaciones en divisas** Devisenverbindlichkeiten *fpl*; ~ **documentaria** Remboursverbindlichkeit *f*; ~ **del estado** Staatsschuldverschreibung *f*; ~ **de ferrocarriles** Eisenbahnobligation *f*; ~ **en letras de cambio** Wechselobligo *nt*; ~ **a plazos** Teilzahlungsverpflichtung *f*; ~ **al portador** Inhaberschuldverschreibung *f*; ~ **de prima** Prämienbond *m*; **obligaciones públicas** Staatsobligation *f*; **obligaciones solidarias** Gesamtverbindlichkeiten *fpl*; **tenedor de obligaciones** Inhaber von Schuldverschreibungen, Obligationsinhaber *m*; **emitir obligaciones** Obligationen ausgeben; **revocar/extinguir/enajenar obligaciones** Obligationen aufrufen/tilgen/veräußern

obligacionista [oβliɣaθjo'nista] *mf* Inhaber(in) *m(f)* von Obligationen

obligado, -a [oβli'ɣaðo, -a] *adj* ❶ **estar** (*forzado*) gezwungen (*a* zu +*dat*), verpflichtet (*a* zu +*dat*); ~ **a las instrucciones** weisungsgebunden; **verse** ~ **a hacer algo** sich gezwungen sehen etw zu tun ❷ **ser** (*imprescindible*) notwendig, Pflicht-; **es** ~**...** es gehört sich ..., es ist ein Muss ...; **es** ~ **hacerle una visita** wir sollten ihm/ihr einen Besuch abstatten; **eso es tema** ~ das ist ein Pflichtthema ❸ **estar** (*agradecido*) zu Dank verpflichtet (*a* +*dat*); **le estoy muy** ~ bin Ihnen sehr verbunden [*o* sehr zu Dank verpflichtet]

obligar [oβli'ɣar] <g→gu> I. *vt* (*imponer*) zwingen (*a* zu +*dat*), verpflichten (*a* zu +*dat*); **me obligó a quedarme en casa** er/sie zwang mich zu Hause zu bleiben; ~ **a alguien con dádivas** jdn durch Geschenke verpflichten; ~ **a guardar sigilo** zum Schweigen verpflichten ❷ (*Chil, Arg*) zum Trinken einladen II. *vr*: ~**se** sich verpflichten (*a* zu +*dat*); ~**se por contrato** sich vertraglich verpflichten

obligativo, -a [oβliɣa'tiβo, -a] *adj v.* **obligatorio**

obligatoriedad [oβliɣatorje'ðað] *f* Zwang *m*; (JUR) Verbindlichkeit *f*; **de** ~ **general** allgemein verbindlich; ~ **de la enseñanza general básica** Grundschulpflicht *f*; ~ **de forma** Formzwang *m*; ~ **general** Allgemeinverbindlichkeit *f*; ~ **jurídica** Rechtsverbindlichkeit *f*; ~ **de vacunación** Impfzwang *m*; ~ **de visado** Visumspflicht *f*; ~ **del voto** Wahlpflicht *f*

obligatorio, -a [oβliɣa'torjo, -a] *adj* verpflichtend, obligatorisch; **asignatura obligatoria** Pflichtfach *nt*; **compromiso** ~ bindende Abmachung; **no** ~ nicht zwingend (vorgeschrieben); (*oferta*) unverbindlich; **es** ~ **llevar puesto el casco de motorista** das Tragen eines Motorradhelmes ist Pflicht

obliterar [oβlite'rar] *vt* ❶ (*anular*) löschen, ungültig machen; (ECON) tilgen; ~ **un sello** eine Briefmarke entwerten ❷ (MED) verstopfen

oblongo, -a [o'βloŋgo, -a] *adj* länglich

obnubilación [oβnuβila'θjon] *f* ❶ (*trastorno*) Benommenheit *f*, Bewusstseinstrübung *f* ❷ (*ofuscación*) Verblendung *f* ❸ (*oscurecimiento*) Verdunkelung *f*

obnubilado, -a [oβnuβi'laðo, -a] *adj* ❶ (*trastornado*) benommen, benebelt ❷ (*ofuscado*) verblendet ❸ (*oscurecido*) verdunkelt

obnubilar [oβnuβi'lar] *vt* ❶ (*trastornar*) benebeln ❷ (*ofuscar*) (ver)blenden ❸ (*oscurecer*) verdunkeln

oboe [o'βoe] *m* ❶ (*instrumento*) Oboe *f* ❷ (*músico*) Oboist *m*

oboísta [oβo'ista] *mf* Oboist(in) *m(f)*

óbolo [o'βolo] *m* (HIST) Obolus *m*; (*fig*) milde Gabe *f*

obra ['oβra] *f* ❶ (*creación o labor*) Werk *nt*; ~ **de arte** Kunstwerk *nt*; ~ **benéfica** Wohltätigkeit *f*; ~ **completa** Gesamtausgabe *f*; ~**s completas** gesammelte Werke; ~ **de consulta** Nachschlagewerk *nt*; ~**s escogidas** ausgewählte Schriften; ~ **de homenaje** Festschrift *f*; ~ **maestra** Meisterwerk *nt*; ~ **meritoria** verdienstvolle Tat; **una** ~ **de misericordia** [*o* **de caridad**] ein Werk der Nächstenliebe; ~**s póstumas** nachgelassene Werke; ~ **de teatro** Theaterstück *nt*; **¡este desastre es** ~ **tuya!** dieses Chaos ist dein Werk!; **esto ha ocurrido por** ~ **(y gracia) de tus descuidos** das ist alles deiner Unvorsichtigkeit zu verdanken ❷ (*institución*): ~ **benéfica** Hilfswerk *nt*, Wohlfahrtseinrichtung *f*; ~ **pía** karitative [*o* wohltätige] Stiftung ❸ (*construcción*) Baustelle *f*, Bau *m*; (*edificio*) Bauwerk *nt*; ~ **de caminos, canales y puertos** Tiefbau *m*; ~ **de conservación** Erhaltungsarbeiten *fpl*; ~**s de construcción** Bauarbeiten *fpl*; ~ **peligrosa** baufälliges Bauwerk; ~**s públicas** öffentliche Bauten; ~ **de reforma** Umbau *m*; ~ **de romanos** [*o* **de moros**] [*o* **de chinos**] (*fig*) gewaltiges Bauwerk, ungeheure Leistung; ~ **vieja** Altbau *m*; **mano de** ~ Arbeitskraft *f*, **estamos de** ~**s** wir bauen um; **hacer** ~**s** ausbauen, umbauen; **¡manos a la** ~**!** Hand ans Werk!; **¡(ya) es** ~**!** das ist keine Lappalie!; ~**s son amores, que no buenas razones** (*prov*) nicht reden, handeln!; ~ **empezada, medio acabada** (*prov*) frisch gewagt ist halb gewonnen

obrada [o'βraða] *f* (AGR) Tagewerk *nt*

obradera [oβra'ðera] *f* (*Col, Guat, Pan: diarrea*) Durchfall *m*

obrador¹ [oβra'ðor] *m* ❶ (*en general*) Arbeitsraum *m*, Werkstatt *f* ❷ (*de confitería*) Konditorei *f*

obrador(a)² [oβra'ðor(a)] I. *adj* arbeitend II. *m(f)* ❶ (*Am*) Arbeiter(in) *m(f)* ❷ (*confitero*) Konditor *m*, Konditormeister(in) *m(f)*

obraje [o'βraxe] *m* ❶ (*CSur*) forstwirtschaftlicher Betrieb *m* ❷ (*Méx*) Metzgerei *f* (*hauptsächlich für Schweinefleisch*)

obrajero, -a [oβra'xero, -a] *m*, *f* ❶ (*Am: propietario de un obraje*) Inhaber(in) *m(f)* eines forstwirtschaftlichen Betriebes ❷ (*Arg, Par: peón de un obraje*) Arbeiter(in) *m(f)* in einem forstwirtschaftlichen Betrieb ❸ (*Am: artesano*) Handwerker *m(f)* ❹ (*Méx: carnicero*) Metzger *m(f)*

obrar [o'βrar] I. *vi* ❶ (*actuar*) tun, handeln; **manera de** ~ Handlungsweise *f*; ~ **de buena fe** gutgläubig handeln; ~ **contra las buenas cos-**

obrepción

tumbres gegen die guten Sitten verstoßen; ~ **a tontas y a locas** (*fam*) unbedacht vorgehen; **hay que pensar antes de** ~ erst denken, dann handeln

② (*fam: defecar*) Stuhlgang haben

③ (*encontrarse*) sich befinden; **su carta obra en mis manos** Ihr Schreiben befindet sich in meinen Händen

II. *vi, vt* ① (*hacer efecto*) wirken; ~ **buen efecto** eine gute Wirkung haben; ~ **sobre alguien/algo** auf jdn/etw einwirken; ~ **milagros** Wunder wirken

② (*construir*) bauen

③ (*hacer*) herstellen; (*trabajar*) bearbeiten; **sin** ~ unbearbeitet

obrepción [oβreβ'θjon] *f* (JUR) Erschleichung *f* (*einer Stellung oder Würde*); ~ **de sentencia** Urteilserschleichung *f*

obrepticio, -a [oβrep'tiθjo, -a] *adj* (JUR) erschlichen

obrera [o'βrera] *adj o f v.* **obrero**

obrería [oβre'ria] *f* ① (*cargo de obrero*) Arbeiter *mpl*

② (REL) Kirchengeld *nt* (*zur Instandhaltung der Kirche*)

obrerismo [oβre'rismo] *m* ① (POL) Arbeiterbewegung *f*

② (*conjunto*) Arbeiterschaft *f*

obrerista [oβre'rista] I. *adj* (POL) Arbeiter-

II. *mf* (POL) Anhänger(in) *m(f)* der Arbeiterbewegung

obrero, -a [o'βrero, -a] I. *adj* (*relativo al trabajo*) Arbeits-; (*relativo al obrero*) Arbeiter-; **abeja obrera** Arbeitsbiene *f*; **clase obrera** Arbeiterklasse *f*

II. *m, f* Arbeiter(in) *m(f)*, Arbeitnehmer(in) *m(f)*; ~ **agrícola** [*o* **rural**] Landarbeiter *m*; ~ **asalariado** Lohnarbeiter *m*; ~ **auxiliar** Hilfsarbeiter *m*; ~ **de construcción** Bauarbeiter *m*; ~ **desocupado** Arbeitslose(r) *m*; ~ **a destajo** Akkordarbeiter *m*; ~ **especializado** Facharbeiter *m*; ~ **extranjero** ausländischer Arbeitnehmer, Gastarbeiter *m*; ~ **fijo** feste Arbeitskraft; ~ **semicualificado** angelernter Arbeitnehmer; ~ **sindicado** organisierter Arbeitnehmer; ~ **temporal** Gelegenheitsarbeiter *m*; ~ **de turno** Schichtarbeiter *m*; **ser alguien** ~ **de su propia ruina** sich selbst ins Unglück stürzen

obscenidad [o(β)sθeni'ðað] *f* Obszönität *f*, Unanständigkeit *f*

obsceno, -a [o(β)s'θeno, -a] *adj* obszön, unanständig

o(b)scurantismo [o(β)skuran'tismo] *m* Obskurantismus *m*

o(b)scurantista [o(β)skuran'tista] *mf* Obskurant(in) *m(f)*, Dunkelmann *m*

o(b)scurecer [o(β)skure'θer] *irr como crecer vt v.* **oscurecer**

o(b)scuridad [o(β)skuri'ðað] *f v.* **oscuridad**

o(b)scuro, -a [o(β)s'kuro, -a] *adj v.* **oscuro**

obsequiador(a) [oβsekja'ðor(a)] *adj* ① (*servil*) gefällig, dienstbeflissen

② (*que regala*) großzügig

obsequiar [oβse'kjar] *vt* ① (*con atenciones*) (be)ehren; (*con bebidas, comida*) bewirten; (*festejar*) feiern; (*agasajar*) aufmerksam [*o* zuvorkommend] behandeln; (*galantear*) umwerben; ~ **con su presencia** mit seiner Anwesenheit beehren; ~ **a alguien con un banquete** zu jds Ehren ein Bankett geben

② (*con regalos*) beschenken; **lo ~on con juguetes** sie haben ihn mit Spielzeugen beschenkt

③ (*Am: regalar*) schenken; **le obsequié un libro** ich habe ihm/ihr ein Buch geschenkt

obsequio [oβ'sekjo] *m* ① (*agasajo*) Gefälligkeit *f*; **¡hágame Ud. este ~!** tun Sie mir den Gefallen!; **contamos con el** ~ **de su asistencia** wir rechnen mit der Ehre Ihrer Anwesenheit; **en** ~ **de alguien** zu jds Ehren

② (*regalo*) Geschenk *nt*

obsequiosamente [oβsekjosa'mente] *adv* ① (*con reverencia*) ehrerbietig

② (*con deferencia*) zuvorkommend

obsequiosidad [oβsekjosi'ðað] *f* Dienstbeflissenheit *f*

obsequioso, -a [oβse'kjoso, -a] *adj* ① (*cortés*) zuvorkommend, aufmerksam

② (*Méx: dadivoso*) freigebig

observable [oβser'βaβle] *adj* wahrnehmbar, bemerkbar

observación [oβserβa'θjon] *f* ① (*contemplación*) Beobachtung *f*; (*vigilancia*) Überwachung *f*; ~ **meteorológica** Wetterbeobachtung *f*; **puesto de** ~ Beobachtungsposten *m*; **sentido de** ~ Beobachtungsgabe *f*

② (*comentario*) Bemerkung *f*; **hacer una** ~ **marginal** eine Randbemerkung machen; **no admito observaciones de ninguna clase** ich verbitte mir jegliche Bemerkung

③ (*observancia*) Beachtung *f*, Befolgung *f*; ~ **de las leyes** Beachtung der Gesetze; ~ **de los plazos** Einhaltung der Fristen; **no** ~ **de un plazo** Fristversäumnis *f*

observador(a) [oβserβa'ðor(a)] I. *adj* beobachtend

II. *m(f)* Beobachter(in) *m(f)*; ~ **del mercado** (ECON) Marktbeobachter *m*

observancia [oβser'βanθja] *f* ① (*cumplimiento*) Einhaltung *f*, Beachtung *f*; ~ **de una orden** Befolgung eines Befehls; ~ **de las reglas/de los plazos** Einhaltung der Regeln/der Fristen

② (REL) Observanz *f*

observante [oβser'βante] I. *adj* ① (*observador*) beachtend

② (*orden*) streng

II. *m* (REL) Observant *m*

observar [oβser'βar] *vt* ① (*contemplar*) beobachten; ~ **las estrellas** die Sterne beobachten

② (*cumplir*) beachten, befolgen; ~ **las normas/los plazos** die Vorschriften/Fristen einhalten

③ (*notar*) bemerken; **hacer** ~ **algo a alguien** jdn auf etw aufmerksam machen

④ (*poner reparos*) kritisch bemerken

observatorio [oβserβa'torjo] *m* Observatorium *nt*; ~ **astronómico** Sternwarte *f*; ~ **meteorológico** Wetterwarte *f*

obsesa [oβ'sesa] *adj o f v.* **obseso**

obsesión [oβse'sjon] *f* (*preocupación*) Besessenheit *f*; (*idea*) fixe Idee *f*; (*pasión*) Leidenschaft *f*; (PSICO) Zwangsvorstellung *f*

obsesionado, -a [oβsesjo'naðo, -a] *adj* besessen; **está** ~ **con ella** er ist verrückt nach ihr

obsesionante [oβsesjo'nante] *adj* ständig quälend; **una idea** ~ eine quälende Vorstellung

obsesionar [oβsesjo'nar] I. *vt* ① (*tormentar*) ständig plagen; (*fig*) verfolgen; **le obsesiona el miedo a estar enfermo** die Angst, krank zu sein, verfolgt ihn wie ein Gespenst

② (*atraer*) in seinen Bann schlagen, verhexen; **el fútbol le obsesiona** er ist ein Fußballfanatiker

II. *vr:* ~**se** besessen sein (*con* von +*dat*); ~**se con una idea** von einer Idee besessen sein; **se obsesionó con ser actor** er war völlig vom Wunsch besessen, Schauspieler zu werden

obsesivo, -a [oβse'siβo, -a] *adj* Zwangs-; (PSICO) obsessiv; **idea obsesiva** Zwangsvorstellung *f*

obseso, -a [oβ'seso, -a] I. *adj* besessen

II. *m, f* Besessene(r) *mf*

obsidiana [oβsi'ðjana] *f* (GEO) Obsidian *m*

obsolescencia [oβsoles'θenθja] *f* Überalterung *f*

obsolescente [oβsoles'θente] *adj:* **es una expresión** ~ dieser Ausdruck wird immer weniger gebraucht [*o* ist im Aussterben begriffen]

obsoleto, -a [oβso'leto, -a] *adj* veraltet, überholt

obstaculización [oβstakuliθa'θjon] *f* Behinderung *f*; ~ **a la comercialización** (ECON) Absatzbehinderung *f*; ~ **de la competencia** (ECON) Behinderung des Wettbewerbs; ~ **de las comunicaciones** (AUTO) Verkehrsstörung *f*; ~ **del derecho** (JUR) Rechtsvereitelung *f*; ~ **del servicio** Dienstverhinderung *f*

obstaculizar [o(β)stakuli'θar] <z→c> *vt* behindern; ~ **a alguien** jdn behindern; ~ **la circulación** den Verkehr behindern; ~ **la carretera** die Straße mit Hindernissen blockieren; ~ **el progreso** dem Fortschritt im Wege stehen

obstáculo [o(β)s'takulo] *m* Hindernis *nt*; **carrera de ~s** Hindernisrennen *nt*; **salvar un** ~ ein Hindernis nehmen; **triunfar ante todos los ~s** sämtliche Hindernisse überwinden; **poner ~s a alguien** jdm Hindernisse in den Weg legen

obstante [o(β)s'tante] *adv:* **no** ~ trotzdem, dessen ungeachtet

obstar [o(β)s'tar] I. *vi* hinderlich sein

II. *vimpers* entgegenstehen +*dat*; **eso no obsta para que...** ... steht nichts entgegen

obstetra [o(β)s'tetra] *mf* (MED) Geburtshelfer(in) *m(f)*

obstetricia [o(β)s'te'triθja] *f* (MED) Geburtshilfe *f*

obstétrico, -a [o(β)s'tetriko, -a] *adj* (MED) obstetrisch; **prestar asistencia obstétrica** Geburtshilfe leisten

obstinación [o(β)stina'θjon] *f* Hartnäckigkeit *f*, Halsstarrigkeit *f*

obstinado, -a [o(β)sti'naðo, -a] *adj* hartnäckig, starrköpfig

obstinarse [o(β)sti'narse] *vr* hartnäckig bestehen (*en* auf +*dat*), sich versteifen (*en* auf +*akk*); ~ **en su silencio** sich durch nichts zum Reden bringen lassen; ~ **contra algo/alguien** etw *dat*/jdm die Stirn bieten

obstrucción [o(β)struk'θjon] *f* ① (*cierre*) Versperrung *f*, Blockierung *f*; ~ **de la justicia** (*fig*) Missachtung des Gerichts

② (MED) Verstopfung *f*

③ (POL) Obstruktion *f*; **hacer** ~ sabotieren

④ (AUTO) (Verkehrs)stauung *f*

obstruccionismo [o(β)struγθjo'nismo] *m* (POL) Verschleppungstaktik *f*, Verzögerungstaktik *f*

obstruccionista [o(β)struγθjo'nista] *mf* (POL) Verzögerungstaktiker(in) *m(f)*

obstructor(a) [o(β)struk'tor(a)] *adj* hemmend, obstruktiv

obstruir [o(β)stru'ir] *irr como huir* I. *vt* ① (*el paso*) versperren

② (*una tubería*) verstopfen

③ (*una acción*) blockieren, behindern

II. *vr:* ~**se** sich verstopfen

obtención [oβten'θjon] *f* Erlangung *f*; (AGR, QUÍM, MIN) Gewinnung *f*; ~ **de alimentos** Nahrungsmittelerzeugung *f*; ~ **de beneficios** Gewinnerzielung *f*; ~ **de datos** Datengewinnung *f*, Datenerhebung *f*; ~ **de fondos**

obtener Mittelbeschaffung *f;* ~ **de un grado científico** Erlangung eines wissenschaftlichen Grades; ~ **de la velocidad máxima** Erreichen der Höchstgeschwindigkeit

obtener [oβte'ner] *irr como* **tener** *vt* erlangen, erhalten; (QUÍM) gewinnen; ~ **un pedido** einen Auftrag erhalten; ~ **buenos resultados/ventajas** gute Ergebnisse/Vorteile erzielen; ~ **una ganancia** einen Gewinn erwirtschaften; **difícil de** ~ schwer zu bekommen

obtenible [oβte'niβle] *adj* erhältlich

obturación [oβtura'θjon] *f* (*cierre*) Verschließung *f;* (*bloqueo*) Verstopfung *f;* (*de dientes*) Füllung *f,* Plombierung *f*

obturador¹ [oβtura'ðor] *m* **1** (FOTO) (Kamera)verschluss *m,* Blende *f* **2** (ANAT): (*músculo*) ~ Schließmuskel *m*

obturador(a)² [oβtura'ðor(a)] *adj* verschließend, verstopfend; **músculo** ~ Schließmuskel *m*

obturar [oβtu'rar] *vt* **1** (*tapar*) abdichten; (*bloquear*) verstopfen; (*cerrar*) verschließen; (*los dientes*) plombieren **2** (FOTO) abblenden

obtusángulo [oβtu'saŋgulo] *adj* (MAT) stumpfwink(e)lig

obtuso, -a [oβ'tuso, -a] *adj* **1** (*cosa*) stumpf **2** (*persona*) schwer von Begriff *fam,* begriffsstutzig

obús [o'βus] *m* **1** (*artillería*) Haubitze *f,* Granatwerfer *m* **2** (*proyectil*) (Mörser)granate *f;* ~ **explosivo** Sprenggranate *f*

obvención [oββen'θjon] *f* (JUR) Nebenverdienst *m*

obviamente [oββja'mente] *adv* offensichtlich

obviar [oβ'βjar] **I.** *vi* (*obstar*) hinderlich sein +*dat* **II.** *vt* (*evitar*) abwenden; (*remover*) aus dem Weg räumen; ~ **un problema** ein Problem lösen

obviedad [oββje'ðað] *f* Offensichtlichkeit *f,* Eindeutigkeit *f*

obvio, -a ['oββjo, -a] *adj* offensichtlich, klar; **es** ~ das liegt auf der Hand; **lo** ~ **del mensaje** die Eindeutigkeit der Botschaft

oc¹ [ok] (*del francés*): **la lengua de** ~ das Altprovenzialisch(e)

oc² ['ondas 'kortas] *abr de* **ondas cortas** KW

oca ['oka] *f* **1** (ZOOL) Gans *f;* **¡es la** ~**!** das ist die Höhe!; **paso de la** ~ (MIL) Stechschritt *m* **2** (*juego*) spanisches Brettspiel

ocapi [o'kapi] *m* (ZOOL) Okapi *nt*

ocarina [oka'rina] *f* (MÚS) Okarina *f*

ocarinista [okari'nista] *mf* (MÚS) Okarinaspieler(in) *m(f)*

ocasión [oka'sjon] *f* Gelegenheit *f;* **una** ~ **bienvenida** eine willkommene Gelegenheit, ein willkommener Anlass; **coche de** ~ Gebrauchtwagen *m;* **compra de** ~ Gelegenheitskauf *m;* **aprovechar/desperdiciar la** ~ die Gelegenheit nutzen/versäumen; **en esta** ~ **le comunicamos ...** bei dieser Gelegenheit teilen wir Ihnen mit, ...; **llegada la** ~ gegebenenfalls; **contadas ocasiones** seltene Gelegenheiten; **en ocasiones** gelegentlich; **en la primera** ~ bei nächster Gelegenheit; **con** ~ **de** anlässlich +*gen;* **dar a alguien** ~ **para quejarse** jdm Anlass geben sich zu beschweren; **la** ~ **la pintan calva** man muss die Gelegenheit beim Schopf(e) fassen; **aprovechar la** ~ die Gelegenheit beim Schopf(e) packen; **la** ~ **hace al ladrón** (*prov*) Gelegenheit macht Diebe

ocasionadamente [okasjonaða'mente] *adv* aus diesem Grunde [*o* Anlass]

ocasionador(a) [okasjona'ðor(a)] **I.** *adj* verursachend **II.** *m(f)* Verursacher(in) *f*

ocasional [okasjo'nal] *adj* **1** (*no habitual*) gelegentlich, Gelegenheits-; **trabajo** ~ Gelegenheitsarbeit *f* **2** (*casual*) zufällig; **un encuentro** ~ eine zufällige Begegnung **3** (*destinado a determinada ocasión*) Gelegenheits-; **poema** ~ Gelegenheitsgedicht *nt* **4** (*causante*) verursachend; **enfermedad** ~ (MED) Grundleiden *nt*

ocasionalismo [okasjona'lismo] *m* (FILOS) Okkasionalismus *m*

ocasionalmente [okasjonal'mente] *adv* gelegentlich

ocasionar [okasjo'nar] *vt* verursachen, hervorrufen; ~ **dolores de cabeza a alguien** jdm Kopfschmerzen bereiten [*o* machen]

ocaso [o'kaso] *m* **1** (ASTR) Untergang *m;* (*del sol*) Sonnenuntergang *m;* (*fig*) Abend *m* **2** (*decadencia*) Niedergang *m,* Verfall *m;* **el** ~ **de los dioses** die Götterdämmerung; **el** ~ **del Imperio Romano** der Niedergang des Römischen Reiches

occidental [oɣθiðen'tal] **I.** *adj* westlich; (HIST) abendländisch; **costa** ~ Westküste *f;* **potencias** ~**es** Westmächte *fpl* **II.** *mf* Abendländer(in) *m(f)*

occidentalización [oɣθiðentaliθa'θjon] *f* Verwestlichung *f*

occidentalizado, -a [oɣθiðentali'θaðo, -a] *adj* verwestlicht

occidentalizar [oɣθiðentali'θar] *vt* verwestlichen <z→c>

occidente [oɣθi'ðente] *m* Westen *m;* (HIST) Abendland *nt*

occipital [oɣθipi'tal] *adj* (ANAT) Hinterhaupt-; **hueso** ~ Hinterhauptbein *nt*

occipucio [oɣθi'puθjo] *m* (ANAT) Hinterkopf *m,* Hinterhaupt *nt*

occiso, -a [oɣ'θiso, -a] *adj* ermordet, gewaltsam getötet

OCDE [oθeðe'e] *f abr de* **Organización para la Cooperación y el Desarrollo Económicos** OECD *f*

Oceanía [oθea'nia] *f* Ozeanien *nt*

oceánico, -a [oθe'aniko, -a] *adj* ozeanisch

océano [o'θeano] *m* **1** (*mar grande*) Ozean *m,* Weltmeer *nt;* **Atlántico** Atlantischer Ozean, Atlantik *m;* ~ **Austral** Südsee *f;* ~ **Boreal** Nordsee *f;* ~ **Glacial** Eismeer *nt;* ~ **Pacífico** Pazifischer Ozean, Pazifik *m* **2** (*cantidad*) Unmenge *f;* ~ **de gente** Menschenmasse *f;* **derramar un** ~ **de sangre** Ströme von Blut vergießen; **un** ~ **de gente salía del concierto** eine Flut von Menschen strömte aus dem Konzertsaal

oceanografía [oθeanoɣra'fia] *f* Meereskunde *f,* Ozeanographie *f*

oceanográfico, -a [oθeano'ɣrafiko, -a] *adj* meereskundlich, ozeanographisch

oceanógrafo, -a [oθea'noɣrafo, -a] *m, f* Ozeanograph(in) *m(f),* Meereskundler(in) *m(f)*

oceanología [oθeanolo'xia] *f* Ozeanologie *f*

oceanológico, -a [oθeano'loxiko, -a] *adj* ozeanologisch

oceanólogo, -a [oθea'noloɣo, -a] *m, f* Ozeanologe, -in *m, f,* Meereskundler(in) *m(f)*

ocelote [oθe'lote] *m* Ozelot *m*

ochava [o'tʃaβa] *f* (*Am: chaflán*) abgeschrägte Straßenecke *f;* (*de un edificio*) Hausecke *f*

ochavo [o'tʃaβo] *m* alte Kupfermünze; **no tener un** ~ keinen (roten) Heller haben

ochenta [o'tʃenta] **I.** *adj inv* achtzig; **el** ~ **por ciento de la población** achtzig Prozent der Bevölkerung; **los años** ~ die Achtzigerjahre; **un hombre de alrededor de** ~ **años** ein Mann um die achtzig; **una mujer en sus** ~ eine Frau in den Achtzigern; **la vuelta al mundo en** ~ **días** in achtzig Tagen um die Welt **II.** *m* Achtzig *f*

ochentavo, -a [otʃen'taβo, -a] **I.** *adj* achtzigstel; **a mí solo me pertenece la ochentava parte de la ganancia** mir steht nur der achtzigste Teil [*o* ein Achtzigstel] des Gewinnes zu **II.** *m, f* Achtzigstel *nt*

ochentón, -ona [otʃen'ton, -ona] **I.** *adj* in den Achtzigern **II.** *m, f* Achtziger(in) *m(f);* **un hombre** ~ ein Mann in den Achtzigern

ocho ['otʃo] **I.** *adj inv* acht; **jornada de** ~ **horas** Achtstundentag *m;* **tengo** ~ **años** ich bin acht Jahre alt; ~ **veces mayor/menor que ...** achtmal so groß wie .../kleiner als ...; **a las** ~ um acht Uhr; **son las** ~ **y media de la mañana/tarde** es ist halb neun (Uhr) morgens/abends; **las** ~ **y cuarto/menos cuarto** viertel nach acht/vor acht; **las** ~ **en punto** Punkt acht Uhr; **el** ~ **de agosto** der achte August; **dentro de** ~ **días** in acht Tagen, innerhalb einer Woche; **de aquí a** ~ **días** heute in acht Tagen; **echar a alguien con los** ~**s y los nueves** jdm gehörig die Meinung sagen; **ser más chulo que un** ~ ein aufgeblasener Gockel sein **II.** *m* Acht *f;* **pintar un** ~ eine Acht malen

ochocientos, -as [otʃo'θjentos, -as] *adj* achthundert; **esta basílica fue construida hace** ~ **años** diese Basilika wurde vor achthundert Jahren erbaut; **vinieron más de ochocientas personas** es kamen über achthundert Menschen

ocio ['oθjo] *m* Muße *f,* Nichtstun *nt;* ~ **anual** Jahresurlaub *m;* **horas de** ~ Freizeit *f;* **entregarse al** ~ nichts tun, müßig sein

ociosamente [oθjosa'mente] *adv* unnötigerweise; **vivir** ~ eine nutzloses Leben führen

ociosear [oθjose'ar] *vi* (AmS) herumlungern *fam*

ociosidad [oθjosi'ðað] *f* Müßiggang *m,* Untätigkeit *f;* ~ **de máquinas** Maschinenstilllegung *f;* **la** ~ **es madre de todos los vicios** (*prov*) Müßiggang ist aller Laster Anfang

ocioso, -a [o'θjoso, -a] *adj* **1** **estar** (*inactivo*) untätig, müßig **2** **ser** (*inútil*) unnütz, überflüssig; **palabras ociosas** leeres Gerede

ocluir [oklu'ir] *irr como* **huir** *vt* (*t.* MED) verschließen, okkludieren

oclusión [oklu'sjon] *f* Verschluss *m;* (MED) Okklusion *f;* ~ **intestinal** Darmverschluss *m*

oclusivo, -a [oklu'siβo, -a] *adj* **1** Verschluss-, verschließend; (MED) okklusiv **2** (LING) Okklusiv-; **consonante oclusiva** Okklusiv(laut) *m*

ocomistle [oko'mistle] *m* (*Méx:* ZOOL) sehr aggressive Eichhörnchenart in den Okotefichtenwäldern

ocotal [oko'tal] *m* (*Guat, Méx: bosque*) Okotefichtenwald *m;* (*plantación*) Okotefichtenplantage *f*

ocote [o'kote] *m* (*Méx:* BOT) Okotefichte *f*

ocre ['okre] **I.** *adj* ocker(farben) **II.** *m* Ocker *m o nt*

octaédrico, -a [okta'eðriko, -a] *adj* (MAT) achtflächig, oktaedrisch

octaedro [okta'eðro] *m* (MAT) Oktaeder *nt,* Achtflächner *m*

octagonal [oktaɣo'nal] *adj* achteckig, oktogonal

octágono [ok'taɣono] *m* Achteck *nt,* Oktogon *nt*

octano [ok'tano] *m* (QUÍM) Oktan *nt*

octante [ok'tante] *m* (ASTR, MAT, NÁUT) Oktant *m*

octava [okˈtaβa] *f* ❶ *v.* **octavo²**
❷ (LIT, MÚS) Oktave *f*; **~ real** (LIT) Stanze *f*
❸ (REL: *fiesta*) (achttägige) Festwoche *f*
❹ (REL) *último día*) achter Tag *m* (*einer Festwoche*)

octavilla [oktaˈβiʎa] *f* ❶ (*volante*) Flugblatt *nt*; **~ difamatoria** Schmähschrift *f*
❷ (TIPO) Achtelblatt *nt*
❸ (LIT) achtzeilige Strophe *f*

octavín [oktaˈβin] *m* (MÚS) Pikkoloflöte *f*

octavo¹ [okˈtaβo] *m* (TIPO) Oktavformat *nt*; **~ mayor** Großoktav *nt*; **~ menor** Kleinoktav *nt*; **en ~** im Oktavformat

octavo, -a² [okˈtaβo, -a] I. *adj* achte(r, s); **en ~ lugar** achtens, an achter Stelle; **agosto es el ~ mes del año** der August ist der achte Monat des Jahres; **estoy en ~ curso** ich bin in der achten Klasse; **la octava parte de ochenta es diez** der achte Teil [*o* ein Achtel] von achtzig ist zehn
II. *m, f* Achtel *nt*

octeto [okˈteto] *m* ❶ (MÚS, FÍS) Oktett *nt*
❷ (INFOR) 8-Bit-Byte *nt*

octingentésimo, -a [oktiŋxenˈtesimo, -a] I. *adj* achthundertstel; (*numeración*) achthundertste(r, s); **la octingentésima parte de...** ein Achthundertstel von ...
II. *m, f* Achthundertstel *nt*

octli [ˈoktli] *m* (*Méx*) fermentierter Agavensaft

octogenario, -a [oktoxeˈnarjo, -a] I. *adj* in den Achtzigern
II. *m, f* Achtziger(in) *m(f)*

octogésimo, -a [oktoˈxesimo, -a] I. *adj* (*parte*) achtzigstel; (*numeración*) achtzigste(r, s); **la octogésima parte de...** ein Achtzigstel von ...; **mañana se publicará la octogésima edición de su libro** morgen wird die achtzigste Auflage seines/ihres Buches erscheinen
II. *m, f* Achtzigstel *nt*

octogonal [oktoɣoˈnal] *adj* (MAT) achteckig, oktogonal

octógono [okˈtoɣono] *m* Achteck *nt*, Oktogon *nt*

octosilábico, -a [oktosiˈlaβiko, -a] *adj* achtsilbig

octosílabo, -a [oktoˈsilaβo, -a] *adj* (LING, LIT) achtsilbig

octubre [okˈtuβre] *m* Oktober *m*; *v. t.* **marzo**

óctuple [ˈoktuple] *adj* achtfach

octuplicar [oktupliˈkar] <c→qu> *vt, vr:* **~se** (sich) verachtfachen; **durante los últimos seis años se han octuplicado los gastos** im Laufe der letzten sechs Jahre haben sich die Kosten verachtfacht

óctuplo, -a [ˈoktuplo, -a] *adj* achtfach; **he comprado la óctupla cantidad** ich habe die achtfache Menge gekauft

ocular [okuˈlar] I. *adj* Augen-; (ANAT) okular; **examen ~** Sehtest *m*; **testigo ~** Augenzeuge *m*
II. *m* (*óptica*) Okular *nt*; **~ telescópico** ausziehbares Okular

oculista [okuˈlista] *mf* Augenarzt, -ärztin *m, f*

óculo [ˈokulo] *m* (ARQUIT) kleines Rundfenster *nt*

ocultación [okultaˈθjon] *f* ❶ (*encubrimiento*) Verbergen *nt*, Verheimlichung *f*; **~ documental** Urkundenunterdrückung *f*; **~ fiscal** Steuerhinterziehung *f*; **~ patrimonial** Vermögensverschleierung *f*; **~ de valores patrimoniales** Unterdrückung von Vermögenswerten
❷ (ASTR) Bedeckung *f*

ocultador [okultaˈðor] *m* (FOTO) Abdeckvorrichtung *f*, Maske *f*

ocultamiento [okultaˈmjento] *m v.* **ocultación**

ocultar [okulˈtar] I. *vt* ❶ (*esconder*) verbergen (*de* vor +*dat*); **~ la cara entre** [*o* **con**] **las manos** das Gesicht hintern den Händen verbergen
❷ (*callar*) verschweigen (*de* (vor) +*dat*); (*disimular*) verheimlichen (*de* (vor) +*dat*)
II. *vr:* **~se** sich verstecken, sich verborgen halten

ocultismo [okulˈtismo] *m* Okkultismus *m*

ocultista [okulˈtista] *mf* Okkultist(in) *m(f)*

oculto, -a [oˈkulto, -a] *adj* ❶ (*escondido*) verborgen
❷ (*secreto*) geheim; **de ~** inkognito; **en ~** insgeheim; **traerse algo ~** etw im Schilde führen
❸ (*del más allá*) übersinnlich

ocupa [oˈkupa] *mf* (*argot*) Hausbesetzer(in) *m(f)*

ocupación [okupaˈθjon] *f* ❶ (*trabajo y quehacer*) Beschäftigung *f*; **~ accesoria** Nebenbeschäftigung *f*; **~ lucrativa** Erwerbstätigkeit *f*; **~ del ocio** Freizeitbeschäftigung *f*; **~ temporal** befristetes Beschäftigungsverhältnis; **ocupaciones de urgencia** dringende Geschäfte; **índice de ~** Beschäftigungsindex *m*, Beschäftigungsquote *f*; **sin ~** arbeitslos
❷ (*apoderamiento*) Besetzung *f*, Besitzergreifung *f*; **~ hotelera** Hotelbelegung *f*; **primera ~ de un apartamento** Erstbezug einer Wohnung
❸ (MIL) Besetzung *f*, Okkupation *f*; **~ bélica** kriegerische Besetzung; **fuerza de ~** Besatzungsmacht *f*; **zona de ~** besetztes Gebiet
❹ (TÉC) Auslastung *f*

ocupacional [okupaθjoˈnal] *adj* Berufs-; **enfermedad ~** Berufskrankheit *f*

ocupado, -a [okuˈpaðo, -a] *adj* ❶ (*con mucho trabajo*) beschäftigt; **no me molestes: estoy muy ~** stör mich nicht, ich habe viel zu tun
❷ (*teléfono, aseo*) besetzt
❸ (*mujer*) schwanger

ocupante¹ [okuˈpante] I. *adj* besetzend
II. *mf* ❶ (*de un vehículo*) (Fahrzeug)insasse, -in *m, f*; (*de un tren, autobús*) Fahrgast *m*; (*de un avión, barco*) Passagier(in) *m(f)*
❷ (*de un edificio*) Bewohner(in) *m(f)*

ocupante² [okuˈpante] *m* (MIL: *tropas*) Besatzung *f*; (*soldado*) Besatzungssoldat *m*; **~s** (*tropas*) Besatzung *f*; (*Estado*) Besatzungsmacht *f*

ocupar [okuˈpar] I. *vt* ❶ (*sitio*) einnehmen, ausfüllen; **el armario ocupa toda la pared** der Schrank nimmt die ganze Wand ein
❷ (*un cargo*) bekleiden, innehaben; **~ un puesto importante** einen wichtigen Posten innehaben [*o* bekleiden]
❸ (*un asiento o línea de teléfono*) belegen
❹ (*una vivienda*) bewohnen
❺ (MIL) besetzen
❻ (*a una persona*) beschäftigen; **esta fábrica ocupa a miles de obreros** diese Fabrik beschäftigt Tausende [*o* tausende] Arbeitnehmer
❼ (*tiempo*) in Anspruch nehmen, beanspruchen
II. *vr:* **~se** sich beschäftigen (*con/en/de* mit +*dat*), sich befassen (*con/en/de* mit +*dat*); **ella se ocupa de sus hijos** sie kümmert sich um ihre Kinder; **ella se ocupa de que todo esté arreglado**

ocurrencia [okuˈrrenθja] *f* ❶ (*idea*) Einfall *m*, Idee *f*; **¡qué ~! pensaba que nunca llegaríamos a solucionar el problema** was für ein guter Einfall! ich dachte, wir würden das Problem nie lösen können; **¿estás loco? ¡qué ~! pensar que es mi culpa!** spinnst du? wie kommst du denn darauf, es sei meine Schuld?; **dijo que podía comerse 20 panecillos, ¡qué ~!** er/sie hat behauptet 20 Brötchen essen zu können – so ein Quatsch!; **se bañó en el mar en pleno invierno, ¡qué ~!** er/sie badete mitten im Winter im Meer – so eine Schnapsidee!; **tener la ~ de hacer algo** auf die Idee kommen, etw zu tun
❷ (*acontecimiento*) Vorfall *m*

ocurrente [okuˈrrente] *adj* einfallsreich

ocurrir [okuˈrrir] I. *vi* geschehen, sich ereignen; **¿qué ocurre?** was ist los?; **¿qué te ocurre?** was fehlt dir?, was hast du?; **lo que ocurre es que...** die Sache ist so: ...; **cuida de que no vuelva a ~ algo semejante** sorge dafür, dass so etwas nie wieder vorkommt
II. *vr:* **~se** einfallen +*dat*; **no se me ocurre nada** mir fällt nichts ein; **no se le ocurre más que decir tonterías** er kommt nur auf Dummheiten; **¿cómo se te ocurrió esto/esa tontería?** wie bist du denn auf die Idee/Schnapsidee gekommen?; **nunca se me hubiese ocurrido pensar que...** ich wäre nie auf die Idee [*o* darauf] gekommen, dass ...

oda [ˈoða] *f* Ode *f* (*a* an +*akk*)

odalisca [oðaˈliska] *f* Odaliske *f*

odeón [oðeˈon] *m* Odeon *nt*

odiar [oˈðjar] *vt* hassen; **~ a alguien/algo a muerte** jdn/etw auf den Tod hassen

odio [ˈoðjo] *m* Hass *m*; **~ mortal** tödlicher Hass; **hacer algo por ~ a alguien** jdm etw aus Hass antun

odiosidad [oðjosiˈðað] *f* ❶ (*carácter*) Gehässigkeit *f*
❷ (*aversión*) heftige Abneigung *f*
❸ (*Am: molestia*) Belästigung *f*, Unannehmlichkeit *f*

odioso, -a [oˈðjoso, -a] *adj* ❶ (*hostil*) gehässig
❷ (*repugnante*) verhasst, widerlich
❸ (*Am*) lästig, unangenehm

odisea [oðiˈsea] *f* Odyssee *f*; (*fig*) Irrfahrt *f*

odómetro [oˈðometro] *m* (TÉC) Weg(strecken)messer *m*

odontalgia [oðonˈtalxja] *f* (MED) Zahnschmerz *m*

odontálgico, -a [oðonˈtalxiko, -a] *adj* (MED) Zahnschmerz-; **remedio ~** Mittel gegen Zahnschmerzen

odontóloga [oðonˈtoloɣa] *f v.* **odontólogo**

odontología [oðontoloˈxia] *f* Zahnheilkunde *f*, Zahnmedizin *f*; (MED) Odontologie *f*

odontológico, -a [oðontoˈloxiko, -a] *adj* (MED) odontologisch, die Zahnheilkunde betreffend

odontólogo, -a [oðonˈtoloɣo, -a] *m, f* Zahnarzt, -ärztin *m, f*

odontorragia [oðontoˈrraxja] *f* (MED) Zahnfleischbluten *nt*

odorante [oðoˈrante] I. *adj* wohlriechend
II. *m* Duftmittel *nt*

odorífero, -a [oðoˈrifero, -a] *adj*, **odorífico, -a** [oðoˈrifiko, -a] *adj* (*elev*) wohlriechend, duftend

odre [ˈoðre] *m* ❶ (*cuero*) (Wein)schlauch *m*
❷ (*fam: borracho*) Trunkenbold *m*

OEA [oeˈa] *f abr de* **Organización de los Estados Americanos** OAS *f*

OECE [oeθeˈe] *f abr de* **Organización Europea de Cooperación Económica** OECD *f*

oersted [oeesˈteð] *m*, **oerstedio** [oeesˈteðjo] *m* (FÍS) Oersted *nt*

oesnoroeste [oesnoˈroeste] *m*, **oesnorueste** [oesnoˈrweste] *m* Westnordwest(en) *m*

oeste [oˈeste] *m* ❶ (*punto cardinal*) Westen *m*; **el lejano ~** der Wilde

oesudoeste Westen; **película del ~** Western *m;* **hacia el ~** westwärts; **al ~ de...** westlich von ...
② (*viento*) Westwind *m*

oesudoeste [oesuðo'este] *m,* **oesudueste** [oesu'ðweste] *m* Westsüdwest(en) *m*

ofendedor(a) [ofeṇde'ðor(a)] *m(f) v.* ofensor

ofender [ofeṇ'der] **I.** *vt* ❶ (*humillar*) beleidigen; **este cuadro ofende la vista** dieses Bild ist eine Beleidigung für das Auge; **~ a Dios** sündigen
② (*herir*) verletzen
II. *vr:* **~se** beleidigt sein, gekränkt sein, einschnappen *fam;* **¡no te ofendas conmigo!** sei mir nicht böse!; **se ofende por el más mínimo motivo** er/sie ist wegen jeder Kleinigkeit beleidigt

ofendido, -a [ofeṇ'diðo, -a] **I.** *adj* beleidigt, gekränkt
II. *m, f* Beleidigte(r) *mf;* (JUR) Geschädigte(r) *mf;* **hacerse el ~** schmollen, die beleidigte Leberwurst spielen *fam*

ofensa [o'fensa] *f* Beleidigung *f;* **dicho sea sin ~ de nadie** mit dem Gesagten möchte ich niemandem zu nahe treten

ofensiva [ofen'siβa] *f* Offensive *f,* Angriff *m;* **tomar la ~** zum Angriff übergehen, die Offensive ergreifen

ofensivo, -a [ofen'siβo, -a] *adj* ❶ (*hiriente*) beleidigend; **palabras ofensivas** beleidigende Worte
② (*dañino*) schädlich; **~ para el medio ambiente** umweltschädlich
③ (*que ataca*) Angriffs-; **guerra ofensiva** Angriffskrieg *m*

ofensor(a) [ofen'sor(a)] **I.** *adj* beleidigend
II. *m(f)* Beleidiger(in) *m(f)*

oferta [o'ferta] *f* Angebot *nt;* **~ bajista** [*o* **regresiva**] rückläufiges Angebot; **~ de empleo** [*o* **de trabajo**] Stellenangebot *nt;* **~ especial** [*o* **excepcional**] Sonderangebot *nt;* **~ en firme** Festangebot *nt;* **~ global** [*o* **a tanto alzado**] Pauschalangebot *nt;* **~ de indemnización** Entschädigungsangebot *nt;* **~ inicial/final** Eröffnungsgebot/Letztangebot *nt;* **~ de licitación** Ausschreibungsangebot *nt;* **~ pública de adquisición de acciones** (FIN) öffentliches Übernahmeangebot; **~ (pública) de venta** (öffentliches) Verkaufsangebot *nt;* **~ variada** reichliches Angebot; **~ vinculante/sin compromiso** bindendes/frei bleibendes Angebot; **hacer una ~ oral/por escrito/vinculante** ein mündliches/schriftliches/verbindliches Angebot machen; **una ~ sin compromiso/ventajosa** ein unverbindliches/günstiges Angebot; **~ y demanda** Angebot und Nachfrage; **este supermercado tiene muchas ~s** in diesem Supermarkt sind viele Waren im Angebot; **aceptar/rechazar** [*o* **declinar**] **una ~** ein Angebot annehmen/ablehnen; **hacer mayor ~** überbieten; **echar mano de una ~** ein Angebot in Anspruch nehmen; **hacer uso de una ~** auf ein Angebot eingehen; **solicitar/retirar una ~** ein Angebot einholen/widerrufen; **en esta tienda tienen ordenadores en ~** in diesem Laden gibt es Computer im Angebot [*o* verbilligte Computer]

ofertante [ofer'taṇte] *mf* (An)bieter(in) *m(f)*

ofertar [ofer'tar] *vt* (an)bieten; **invitar a alguien a ~** jdn zu einem Angebot auffordern

ofertorio [ofer'torjo] *m* (REL) Offertorium *nt*

off [of] *adv* (CINE, TV, TEAT) off; **voz en ~** Offstimme *f* (*Stimme eines Sprechers außerhalb der Kameraeinstellung oder hinter der Bühne*)

office ['ofis] *m* Anrichte *f,* Anrichteraum *m*

offset ['ofsetˢ] *m sin pl* (TIPO) Offset(druck) *m;* **máquina ~** Offsetdruckmaschine *f*

offshore [of'ʃor] *adj* (TÉC) Offshore-; **sondeo ~** Offshorebohrung *f*

offside ['ofsaið] *m* (DEP) Abseits *nt;* **estar ~** sich im Abseits befinden

oficial [ofi'θjal] *adj* amtlich, offiziell; **boletín ~** Amtsblatt *nt;* **custodia ~** amtliche Verwahrung; **documentos ~es** amtliche Urkunden; **publicación ~** amtliche Bekanntmachung; **tarifa ~** offizieller Tarif; **tipo ~ de cambio** amtlicher Wechselkurs

oficial(a) [ofi'θjal(a)] *m(f)* ❶ (*en un oficio: manual*) Geselle, -in *m, f,* Handwerker(in) *m(f);* (*administrativo*) Büroangestellte(r) *mf,* kaufmännischer Angestellter *m,* kaufmännische Angestellte *f;* **~ de albañil** Maurerpolier *m;* **~ de carpintero** Zimmermanngeselle *m;* **~ cervecero** Braugehilfe *m;* **~ de obra** Bauhandwerker *m;* **~a de peluquería** Friseurgesellin *f;* **~a (de secretaría)** Sekretärin *f*
② (MIL) Offizier *m;* **~ de complemento** Reserveoffizier *m;* **~ de Estado Mayor** Generalstabsoffizier *m;* **~ marinero** [*o* **navegante**] Schiffsoffizier *m;* **cargo de ~** Offiziersrang *m*
③ (*funcionario*) Beamte(r), -in *m, f;* **administrativo** Verwaltungsbeamte(r) *m;* **~ de aduanas** Zollbeamte(r) *m;* **~ de justicia** Justizbeamte(r) *m;* **~ del juzgado** Gerichtsschreiber *m;* **~ de pluma** Dienststellenleiter *m;* **~ del registro civil** Standesbeamte(r) *m;* **~ del registro de la propiedad** Grundbuchbeamte(r) *mf*

oficialía [ofiθja'lia] *f* ❶ (*en el oficio*) Gesellenstand *m*
② (*en el ejército*) Stellung *f* als Offizier
③ (*empleo como funcionario*) Beamtenstelle *f*

oficialidad [ofiθjali'ðað] *f* ❶ (*de carácter oficial*) Amtlichkeit *f,* offizieller Charakter *m*
② (MIL) Offizierskorps *nt;* **~ naval** (*Arg*) Offizierskorps der Kriegsmarine

oficialismo [ofiθja'lismo] *m* ❶ (*Arg: burocracia*) Bürokratie *f*
② (*Am: del gobierno*) Regierungsapparat *m*

oficialista [ofiθja'lista] **I.** *adj* ❶ (*Am: burocrático*) bürokratisch
② (*Am: del gobierno*) regierungsnah
II. *mf* (*Am*) Regierungsanhänger(in) *m(f)*

oficializar [ofiθjali'θar] <z→c> *vt* amtlich bestätigen, amtlichen Charakter verleihen +*dat*

oficialmente [ofiθjal'meṇte] *adv* amtlich, von Amts wegen; **fue invitada ~** sie wurde offiziell eingeladen

oficiante [ofi'θjaṇte] **I.** *adj* (REL) zelebrierend
II. *m* (REL) Zelebrant *m*

oficiar [ofi'θjar] **I.** *vt* (REL) zelebrieren
② (*comunicar*) amtlich mitteilen
II. *vi* (*fam: obrar*) fungieren (*de* als +*nom*); **~ de intérprete** dolmetschen, als Dolmetscher fungieren

oficina [ofi'θina] *f* Büro *nt,* Geschäftszimmer *nt;* **~ de asistencia social** Sozialamt *nt;* **~ de clearing** Clearingstelle *f;* **~ colectiva** Großraumbüro *nt;* **~ de correos** Postamt *nt;* **~ de cuenta** Rechnungshof *m;* **~ de empadronamiento** Meldestelle *f;* **~ de empleo** Arbeitsamt *nt;* **~ de información matrimonial** Eheberatungsstelle *f;* **~ de ingeniería** Konstruktionsbüro *nt;* **O~ Internacional de Trabajo** Internationales Arbeitsamt; **~ de maquinaria** Maschinenwerkstatt *f;* **~ de matrícula** Zulassungsstelle *f;* **~ de objetos perdidos** Fundbüro *nt;* **~ de origen** (*correos*) Abgangsamt *nt;* **~ de pasaportes** Passbehörde *f;* **~ de reclamaciones** Beschwerdestelle *f;* **~ de registro** Anmeldestelle *f;* **artículos de ~** Büroartikel *mpl;* **edificio de ~s** Bürogebäude *nt*

oficinesco, -a [ofiθi'nesko, -a] *adj* Büro-, bürokratisch; **trabajos ~s** Büroarbeiten *fpl*

oficinista [ofiθi'nista] *mf* Büroangestellte(r) *mf*

oficio [o'fiθjo] *m* ❶ (*profesión*) (handwerklicher) Beruf *m,* Handwerk *nt;* **~ de ebanista** Tischlerhandwerk *nt;* **~ especializado** ≈ anerkannter Lehrberuf; **aprender un ~** ein Handwerk erlernen; **ejercer un ~** einem (handwerklichen) Beruf nachgehen; **sin ~ ni beneficio** ungelernt; **tomar algo por ~** (*fam*) etw gewohnheitsmäßig tun; **ser del ~** (*fam*) auf den Strich gehen; **quien tiene ~ tiene beneficio** (*prov*) Handwerk hat goldenen Boden
② (*función*) Amt *nt,* Funktion *f;* **~ estatal** Staatsamt *nt;* **~ público** öffentliches Amt; **abogado de ~** beigeordneter Anwalt, Armenanwalt *m;* **defensor de ~** Pflichtverteidiger *m;* **de ~** von Amts wegen; **ofrecer sus buenos ~s** seine guten Dienste anbieten
③ (*escrito*) amtliches Schreiben *nt;* **~ rogatorio** Amtshilfeersuchen *nt*
④ (REL) Gottesdienst *m;* **~ de difuntos** Totenmesse *f,* Seelenmesse *f;* **~ divino** Brevier(gebet) *nt;* **Santo O~** Inquisition *f*

oficiosamente [ofiθjosa'meṇte] *adv* ❶ (*sin carácter oficial*) halbamtlich
② (*laboriosamente*) eifrig

oficiosidad [ofiθjosi'ðað] *f* ❶ (*actividad*) Geschäftigkeit *f*
② (*atención*) Dienstbeflissenheit *f*

oficioso, -a [ofi'θjoso, -a] *adj* ❶ (*activo*) geschäftig, fleißig
② (*servicial, diligente*) dienstbeflissen
③ (*extraoficial*) halbamtlich, offiziös; **mentira oficiosa** Notlüge *f*

ofidiasis [ofi'ðjasis] *f inv* (MED) Vergiftung *f* durch Schlangenbiss

ofidios [o'fiðjos] *mpl* (ZOOL) Schlangen *fpl*

ofidismo *m* (MED) *v.* **ofidiasis**

ofimática [ofi'matika] *f* (*t.* INFOR) Bürotechnik *f*

ofiolatría [ofjola'tria] *f* Schlangenanbetung *f,* Ophiolatrie *f*

ofiología [ofjolo'xia] *f* (ZOOL) Schlangenkunde *f*

ofrecedor(a) [ofreθe'ðor(a)] **I.** *adj* anbietend
II. *m(f)* Anbieter(in) *m(f)*

ofrecer [ofre'θer] *irr como* **crecer I.** *vt* (an)bieten; (REL) darbringen; **~ sus buenos oficios** seine guten Dienste anbieten; **~ garantías** Garantien bieten; **~ un banquete** ein Festessen geben; **la producción de este libro ofrece grandes dificultades** die Herstellung dieses Buches bringt große Schwierigkeiten mit sich; **nos ofreció su casa** er/sie bot uns an, in seinem/ihrem Haus zu wohnen; **~ un sacrificio** ein Opfer bringen; **vamos a ~** (*fig fam*) wir gehen etwas trinken
II. *vr:* **~se** ❶ (*brindarse*) sich anbieten; **~se en sacrificio** sich opfern; **¿se le ofrece algo?** was darf es sein?; **¿qué se le ofrece?** Sie wünschen?, womit kann ich (Ihnen) dienen?; **se le ofrece la posibilidad** es bietet sich ihm die Gelegenheit
② (*ocurrirse*) einfallen, in den Sinn kommen

ofrecido, -a [ofre'θiðo, -a] *adj* (*Méx*) gefällig

ofrecimiento [ofreθi'mjeṇto] *m* ❶ (*oferta*) Angebot *nt*
② (REL) Darbringung *f*

ofrenda [o'freṇda] *f* (*milde*) Gabe *f;* (*sacrificio*) Opfergabe *f*

ofrendar [ofreṇ'dar] *vt* spenden; (*sacrificar*) opfern

oftalmia [of'talmja] *f,* **oftalmía** [oftal'mia] *f* (MED) Augenentzündung *f*

oftálmico, -a [of'talmiko, -a] *adj* (MED) Augen-

oftalmitis [oftal'mitis] *f inv* (MED) Augenentzündung *f*
oftalmóloga [oftal'moloɣa] *f v.* **oftalmólogo**
oftalmología [oftalmolo'xia] *f* Augenheilkunde *f*; (MED) Ophthalmologie *f*
oftalmológico, -a [oftalmo'loxiko, -a] *adj* (MED) die Augenheilkunde betreffend, ophthalmologisch
oftalmólogo, -a [oftal'moloɣo, -a] *m, f* (MED) Augenarzt, -ärztin *m, f*, Ophthalmologe, -in *m, f*
oftalmoscopia [oftalmos'kopja] *f* (MED) Augenspiegelung *f*, Ophthalmoskopie *f*
oftalmoterapia [oftalmote'rapja] *f* (MED) Augenbehandlung *f*
ofuscación [ofuska'θjon] *f*, **ofuscamiento** [ofuska'mjento] *m* ❶ (*de la vista*) Blendung *f*, Trübung *f* des Sehvermögens ❷ (*de la mente*) Verblendung *f*, Trübung *f* der Vernunft
ofuscar [ofus'kar] <c→qu> I. *vt* ❶ (*cegar*) blenden
❷ (*la mente*) verblenden; ~ (**la mente**) **a alguien** jdm den Verstand trüben, jdn verblenden
II. *vr*: ~**se** hartnäckig bestehen [*o* beharren] (*en* auf +*dat*); ~**se con una idea** von einer Idee besessen sein
ogino [o'xino] *m* (MED) Knaus-Ogino-Methode *f*
ogro ['oɣro] *m* ❶ (*de la mitología*) Menschen fressender Riese *m*
❷ (*persona*) Scheusal *nt*
oh [o] *interj* oh, ach
ohm [om] *m*, **ohmio** ['omjo] *m* (FÍS) Ohm *nt*
oíble [o'iβle] *adj* hörbar
oída [o'iða] *f* Hören *nt*; **conocer/saber algo de ~s** etw vom Hörensagen kennen/wissen
oído [o'iðo] *m* ❶ (*sentido*) Gehör *nt*, Gehörsinn *m*; **tener buen ~** ein gutes Gehör haben; **aprender algo de ~** etw nach Gehör lernen; **ser un regalo para el ~** ein Ohrenschmaus sein; **aguzar el ~** [*o* **los ~s**] die Ohren spitzen; **aplicar el ~** aufmerksam zuhören
❷ (ANAT) (inneres) Ohr *nt*; **interno** Innenohr *nt*; **~ medio** Mittelohr *nt*; **cera de ~s** Ohrenschmalz *nt*; **zumbido de ~s** Ohrensausen *nt*; **zumbarle/silbarle a alguien los ~s** jdm klingen die Ohren; **cerrar los ~s a los lamentos de alguien** vor jds Klagen seine Ohren verschließen; **contar/hablar al ~** ins Ohr flüstern; **duro de ~** schwerhörig; **dar** [*o* **prestar**] **~s a alguien** (*escuchar*) jdm sein Ohr leihen; (*creer*) jdm glauben; **le entra por un ~ y le sale por el otro** das geht ihm/ihr zum einen Ohr hinein und zum anderen wieder heraus; **hacer alguien ~s de mercader** sich taub stellen; **ladrar a alguien al ~** jdm in den Ohren liegen; **llegar algo a ~s de alguien** jdm zu Ohren kommen; **¡~ al parche!** aufgepasst!; **pegarse al ~** ein Ohrwurm sein; **regalar a alguien el ~** [*o* **los ~s**] jdm schmeicheln; **ser todo ~s** ganz Ohr sein; **a palabras necias ~s sordos** (*prov*) eine dumme Frage verdient eine dumme Antwort
oir [o'ir], **oír** [o'ir] *irr vt* hören, anhören (*a* +*akk*); **¡oye!** na hör mal!; **¡oye, ven aquí!** du, komm mal her!; **¿oyes?** hast du verstanden?, hast du gehört?; **¡oiga!** hallo!, hören Sie!; **~ como quien oye llover** nur mit halbem Ohr hinhören; **¡Dios te oiga!** dein Wort in Gottes Ohr!; **he oído decir que está enfermo** ich habe gehört, dass er krank ist; **parece que no has oído bien** du hast dich wohl verhört; **ya me ~á** der/die hört noch von mir!, den/die nehme ich mir noch vor!; **no se oye el vuelo de una mosca** es ist so still, dass man eine Stecknadel fallen hören könnte; **no hay peor sordo que el que no quiere ~** Eigensinn macht taub; **después de haber sido oído** (JUR) nach Anhörung
OIT [oi'te] *f abr de* **Organización Internacional del Trabajo** IAO *f*
ojal [o'xal] *m* ❶ (*para botones*) Knopfloch *nt*
❷ (*ojete*) Öse *f*; **~ de alambre** Drahtöse *f*
ojalá [oxa'la] *interj* hoffentlich!; **¡~ tuvieras razón!** wenn du nur Recht hättest!
ojanco [o'xaŋko] *m* ❶ (*cíclope*) Zyklop *m*
❷ (*Cuba*: ZOOL) rosafarbener Fisch mit sehr großen Augen
ojazos [o'xaθos] *mpl* (*fam*) Wahnsinnsaugen *ntpl*; **¡qué ~ tiene esta mujer!** was für Augen diese Frau hat!
ojeada [oxe'aða] *f* flüchtiger Blick *m*; **echar** [*o* **dar**] **una ~ a algo** einen Blick auf etw werfen; **¿puedes echar una ~ a mi maleta?** kannst du bitte meinen Koffer im Auge behalten?
ojeador(a) [oxea'ðor(a)] *m(f)* (*en la caza*) Treiber(in) *m(f)*
ojear [oxe'ar] *vt* ❶ (*mirar con atención*) beäugen, genau betrachten
❷ (*pasar la vista*) durchsehen
❸ (*espantar la caza*) aufscheuchen
ojén [o'xen] *m* süßer Anisschnaps *m*
ojeo [o'xeo] *m* Treibjagd *f*; **irse a ~** (*fig*) auf der Jagd sein
ojera [o'xera] *f* kleine Schale *f* zur Augenspülung
ojeras [o'xeras] *fpl* Augenringe *mpl*, Augenschatten *mpl*; **tener ~ Ringe unter den Augen haben**
ojeriza [oxe'riθa] *f* Abneigung *f*; **tener ~ a alguien** jdn nicht ausstehen können
ojeroso, -a [oxe'roso, -a] *adj* mit Ringen unter den Augen

ojetada [oxe'taða] *f* (*Méx: vulg*) Gemeinheit *f fam*; **fue una ~ que te burlaras de él** es war fies von dir, dich über ihn lustig zu machen *fam*
ojete [o'xete] *m* ❶ (*ojal*) Öse *f*
❷ (*vulg: ano*) Arschloch *nt*
❸ (*Arg: vagina*) Vagina *f*
ojillo [o'xiʎo] *m* Äuglein *nt*
ojímetro [o'ximetro] *m* (*fam*) Augenmaß *nt*; **a ~** aufs Geratewohl
ojito [o'xito] *m* Äuglein *nt*
ojituerto, -a [oxi'twerto, -a] *adj* schielend
ojiva [o'xiβa] *f* ❶ (*arco*) Spitzbogen *m*
❷ (*del proyectil*) Kopf *m*; **~ nuclear** Atomsprengkopf *m*
ojival [oxi'βal] *adj* spitzbogig; (ARTE) ogival
ojo ['oxo] *m* ❶ (ANAT) Auge *nt*; **~ de águila** (*fig*) Adleraugen *ntpl*; **~s blandos** [*o* **tiernos**] Triefaugen *ntpl*; **~ de buey** (NÁUT) Bullauge *nt*; **~ del caldo** Fettauge *nt* (*auf der Suppe*); **~ de cristal** Glasauge *nt*; **~ de gallo** [*o* **pollo**] (*fig*) Hühnerauge *nt*; **~s hundidos** tief liegende Augen; **~s de lince** (*fig*) Luchsaugen *ntpl*; **~s llorosos** verweinte Augen; **~s rasgados** Schlitzaugen *ntpl*; **~s saltones** [*o* **de rana**] Glupschaugen *ntpl*; **a ~** nach Augenmaß; **hacer algo a ~s cerrados** etw ohne nachzudenken tun; **a ~s vistas** augenscheinlich, offensichtlich; **abrir los ~s** (*fig*) die Augen offen halten; **abrir los ~ a alguien** (*fig*) jdm die Augen öffnen; **aguzar los ~s** die Augen zusammenkneifen; **andar con cien ~s** sehr vorsichtig sein; **cerrar los ~s a algo** (*fig*) die Augen vor etw *dat* verschließen; **clavar los ~s en algo** die Augen [*o* den Blick] auf etw heften; **comerse algo/a alguien con los ~s** jdn mit den Augen verschlingen; **hacer algo con los ~s cerrados** (*fig*) etw in blindem Vertrauen/Gehorsam tun; **costar** [*o* **valer**] **un ~ de la cara** ein Heidengeld [*o* Vermögen] kosten; **cuatro ~s ven más que dos** vier Augen sehen mehr als zwei; **echar el ~ a algo/alguien** (*querer*) ein Auge auf etw/jdn werfen; (*vigilar*) etw/jdn im Auge behalten; **en un abrir y cerrar de ~s** im Nu; **estar entrampado hasta los ~s** bis über die Ohren verschuldet sein; **está con el agua hasta los ~s** das Wasser steht ihm/ihr bis zum Halse; **hacer del ~** sich *dat* zublinzeln; **los niños llenan antes los ~ que la barriga** [*o* **tripa**] bei Kindern sind meist die Augen größer als der Magen; **meter algo a alguien por los ~s** jdm etw aufdrängen; **mirar algo/a alguien con buenos/malos ~s** etw/jdn gern haben/nicht ausstehen können; **mirar con otros ~s** (*fig*) mit anderen Augen sehen; **¡mis ~s!**, **¡~s míos!** (*fig*) mein Schatz!, mein Herzblatt!; **no se parecen ni en el blanco de los ~s** sie sehen sich *dat* kein bisschen ähnlich; **no pegar ~** kein Auge zutun, nicht schlafen können; **no saber dónde poner los ~** niemanden haben, an den man sich wenden kann; **no tener ~s más que para algo/alguien** nur noch Augen haben für etw/jdn; **no tener ~s en la cara** (*fig*) keine Augen im Kopf haben, Tomaten auf den Augen haben; **tener ~** (*cuidado*) vorsichtig sein; **¡~!** Achtung!, Vorsicht!; **¡~ al dinero que es el amor verdadero!** man kann nicht von Luft und Liebe leben!; **~ con esto** *foto*! nimm dich vor diesem Kerl in Acht!; **pasar los ~s por algo** etw überfliegen, etw flüchtig lesen; **poner algo delante de los ~ de alguien** (*fig*) jdm etw vor Augen führen; **poner los ~ en blanco** die Augen verdrehen; **¡qué ~ tiene!** ihm/ihr entgeht aber auch nichts!; **sacarle los ~s a alguien** jdm die Augen auskratzen; **ser el ~ derecho de alguien** jds rechte Hand sein; **ser todo ~s** aufmerksam zusehen; **tener a alguien entre ~s** (*estar enfadado*) auf jdn schlecht zu sprechen sein; (*tener manía*) jdm grollen; **tener ~ a algo** etw im Auge behalten; **tener ~ clínico** gut diagnostizieren können; (*fig*) ein scharfer Beobachter sein; **tener mucho ~** gut Acht geben; **tiene mucho ~ con los turistas** er/sie versteht es, mit Touristen umzugehen; **~ por ~ y diente por diente** (*prov*) Auge um Auge, Zahn um Zahn; **~s que no ven, corazón que no siente** (*prov*) aus den Augen, aus dem Sinn
❷ (*agujero*) Loch *nt*, Öffnung *f*; **~ de aguja** Nadelöhr *nt*; **~ de cerradura** Schlüsselloch *nt*; **~ del culo** (*vulg*) Arschloch *nt*; **~ de patio** Lichthof *m*; **~ de un puente** Brückenbogen *m*; **los ~s del queso** die Löcher im Käse; **meterse por el ~ de una aguja** pfiffig sein
❸ (TIPO) *relieve de los tipos*) Schriftbild *nt*
❹ (*loc*): **dar un ~ a la ropa/las manos** die Wäsche/Hände einseifen
ojoso, -a [o'xoso, -a] *adj* löcherig; **queso ~** Löcherkäse *m*
ojota [o'xota] *f* (Am) ❶ (*sandalia*) Sandale *f*
❷ (*chancla*) Latschen *m*
ojuelos [o'xwelos] *mpl* ❶ (*sonrientes*) lächelnde Augen *ntpl*
❷ (*reg: gafas*) Lesebrille *f*
ok [o'kei] *interj* o.k.
okapi [o'kapi] *m*, **okapi** [oka'pi] *m* Okapi *nt*
okey [o'kei] I. *adv* okay, gut
II. *m* (*Am*) Okay *nt*, Einverständnis *nt*; **dar el ~** sein Okay [*o* grünes Licht] geben
III. *adv* okay, abgemacht
okupa [o'kupa] *mf* (*argot*) Hausbesetzer(in) *m(f)*
okupación [okupa'θjon] *f* (*argot*) Hausbesetzung *f*
ola ['ola] *f* Welle *f*, Woge *f*; **~ de calor/frío** Hitze-/Kältewelle *f*; **~ de gripe** (*fig*) Grippewelle *f*; **las rocas rompen las ~s** die Felsen brechen

die Wellen
olé [o'le] *interj* bravo, weiter so; (TAUR) olé
ole ['ole] *m* (MÚS) andalusischer Volkstanz
oleáceo, -a [ole'aθeo, -a] *adj* (BOT) Öl-; **planta oleácea** Ölpflanze *f*
oleada [ole'aða] *f* ❶ (*golpe de una ola*) Sturzsee *f*, Brecher *m*
❷ (*cantidad*) Menge *f*, Flut *f*; ~ **de gente** Menschenmenge *f*; **derramar ~s de tinta** (*fig*) sich *dat* die Finger wund schreiben
oleaginosidad [oleaxinosi'ðað] *f* Öligkeit *f*
oleaginoso, -a [oleaxi'noso, -a] *adj* (*con aceite*) ölhaltig; (*como aceite*) ölartig
oleaje [ole'axe] *m* Wellengang *m*, Seegang *m*
olear [ole'ar] *vt* (REL) die Letzte Ölung geben +*dat*
oleario, -a [ole'arjo, -a] *adj* ölig
olécrano [o'lekrano] *m*, **olécranon** [o'lekranon] *m* (ANAT) Ellbogen *m*, Olecranon *nt*
oleícola [ole'ikola] *adj* (AGR: *plantas oleáceas en general*) den Ölanbau betreffend; (*olivas*) den Olivenanbau betreffend
oleicultor(a) [oleɪkul'tor(a)] *m(f)* (AGR) Olivenpflanzer(in) *m(f)*
oleicultura [oleɪkul'tura] *f* (AGR) Ölanbau *m*
oleína [ole'ina] *f* (QUÍM) Olein *nt*
óleo ['oleo] *m* ❶ (*aceite*) Olivenöl *nt*
❷ (ARTE) Ölfarbe *f*; **cuadro al ~** Ölbild *nt*; **pintar al ~** in Öl malen
❸ (REL): **Santo ~** Salböl *nt*; **administrar los ~s** die Letzte Ölung geben
oleoducto [oleo'ðukto] *m* Erdölleitung *f*, Pipeline *f*
oleografía [oleoɣra'fia] *f* (ARTE) Öldruck *m*
oleómetro [ole'ometro] *m* (FÍS) Oleometer *nt*, Ölwaage *f*
oleosidad [oleosi'ðað] *f* Öligkeit *f*
oleoso, -a [ole'oso, -a] *adj* ölig
oler [o'ler] *irr* I. *vi* riechen (*a* nach +*dat*); ~ **bien** gut riechen, duften; ~ **mal** nicht gut riechen; (*alimentos*) schlecht riechen; **huele a pescado** es riecht nach Fisch; **huele a espliego** es duftet nach Lavendel; **esto (me) huele a engaño** (*fig*) das riecht (mir aber sehr) nach Verrat, das stinkt nach Verrat
II. *vt* riechen; **huele la flor** er/sie riecht an der Blume; **ha olido el peligro** (*fig*) er/sie hat die Gefahr gewittert
olfa ['olfa] *mf* (RíoPl) ❶ (*fam: chupamedias*) Streber(in) *m(f)*
❷ (*fam: persona servil*) Schmeichler(in) *m(f)*, Arschkriecher(in) *m(f)* pey
olfatear [olfate'ar] I. *vt* ❶ (*oliscar*) beschnuppern
❷ (*husmear*) wittern
II. *vi* ❶ (*oliscar*) schnuppern, schnüffeln
❷ (*curiosear*) herumschnüffeln (*en* in +*dat*) *fam*
olfateo [olfa'teo] *m* Wittern *nt*
olfativo, -a [olfa'tiβo, -a] *adj* (ANAT) Geruchs-, Riech-; **nervio ~** Geruchsnerv *m*
olfato [ol'fato] *m* Geruchssinn *m*; **tener (buen) ~ para algo** (*fig*) den richtigen Riecher [*o* einen guten Riecher] für etw haben
olfatorio, -a [olfa'torjo, -a] *adj* Geruchs-, Riech-
oliente [o'ljente] *adj* riechend
oligarca [oli'ɣarka] *mf* (POL) Oligarch(in) *m(f)*
oligarquía [oliɣar'kia] *f* (POL) Oligarchie *f*
oligárquico, -a [oli'ɣarkiko, -a] *adj* (POL) oligarchisch
oligoceno, -a [oliɣo'θeno, -a] *adj* (GEO) oligozän
oligoelemento [oliɣoele'mento] *m* (BIOL) Spurenelement *nt*
oligofrenia [oliɣo'frenja] *f* Schwachsinn *m*; (MED) Oligophrenie *f*
oligofrénico, -a [oliɣo'freniko, -a] I. *adj* schwachsinnig; (MED) an Oligophrenie leidend
II. *m*, *f* Schwachsinnige(r) *mf*
oligopolio [oliɣo'poljo] *m* (ECON) Oligopol *nt*
oligopsonio [oliɣoβ'sonjo] *m* (ECON) Oligopson *nt*, Nachfrage-Oligopol *nt*
oligotrofia [oliɣo'trofja] *f* (ECOL) Nährstoffmangel *m*, Oligotrophie *f*
oligotrófico, -a [oliɣo'trofiko, -a] *adj* (ECOL) nährstoffarm, oligotroph
olimpiada [olim'pjaða] *f*, **olimpíada** [olim'piaða] *f* Olympiade *f*
olímpicamente [olimpika'mente] *adv* (*fam*) mit Abstand, überragend; **vencer al contrario ~** den Gegner haushoch schlagen
olímpico, -a [o'limpiko, -a] *adj* olympisch; **Juegos O~s** Olympische Spiele; **un gesto ~** eine olympische [*o* erhabene] Geste
olimpiónico, -a [olim'pjoniko, -a] *m*, *f* (DEP) Olympionike, -in *m*, *f*
olimpo [o'limpo] *m* Olymp *m*
olingo [o'liŋgo] *m* (*Hond:* ZOOL) Brüllaffe *m*
olisca [o'liska] *f* Geruchssinn *m*
oliscar [olis'kar] <c→qu> *vi* ❶ (*oler*) anfangen zu stinken
❷ (*olfatear*) schnuppern, schnüffeln
❸ (*curiosear*) herumschnüffeln (*en* in +*dat*) *fam*
olisco, -a [o'lisko, -a] *adj* ❶ (*que huele mal*) übel riechend
❷ (*husmeador*) herumschnüffelnd
olisquear [oliske'ar] I. *vt* (*olfatear*) beschnuppern, beschnüffeln
II. *vi* ❶ (*olfatear*) schnuppern, schnüffeln
❷ (*curiosear*) herumschnüffeln (*en* in +*dat*) *fam*
oliva [o'liβa] I. *adj* oliv(grün), oliv(en)farbig, oliv(en)farben; **verde ~** olivgrün
II. *f* ❶ (BOT) Olive *f*
❷ (*color*) Oliv *nt*
❸ (*paz*) Frieden *m*
oliváceo, -a [oli'βaθeo, -a] *adj* olivfarben
olivar [oli'βar] *m* Ölbaumpflanzung *f*
olivarda [oli'βarða] *f* ❶ (BOT) Alant *m*
❷ (ZOOL) Edelfalke *m*
olivarero, -a [oliβa'rero, -a] I. *adj* Oliven-; **región olivarera** Olivenanbaugebiet *nt*
II. *m*, *f* Olivenbauer(in) *m(f)*
olivero, -a [oli'βero, -a] *adj* Oliven-; **cultivo ~** Olivenanbau *m*
olivícola [oli'βikola] *adj* (AGR) den Olivenanbau betreffend
olivicultor(a) [oliβikul'tor(a)] *m(f)* (AGR) Olivenpflanzer(in) *m(f)*
olivillo [oli'βiʎo] *m* (BOT) Steinlinde *f*
olivo [o'liβo] *m* Olivenbaum *m*, Ölbaum *m*; **el Monte de los ~s** (REL) der Ölberg; **tomar el ~** (*fam*) verduften
olla ['oʎa] *f* ❶ (*para cocinar*) Kochtopf *m*; ~ **exprés** Dampfkochtopf *m*, Schnellkochtopf *m*; ~ **de grillos** (*fam*) Tohuwabohu *nt*; **tengo la cabeza como una ~ de grillos** mir schwirrt der Kopf
❷ (GASTR) Eintopf *m*; ~ **podrida** spanisches Gericht mit viel Fleisch, Schinken und Wurst; **ser el garbanzo negro de la ~** (*fam*) das schwarze Schaf sein; **por un garbanzo no se descompone la ~** (*prov*) niemand ist unersetzlich
ollar [o'ʎar] I. *adj*: **piedra ~** Topfstein *m*
II. *m* (*del caballo*) Nüster *f*
ollería [oʎe'ria] *f* ❶ (*fábrica*) Töpferei *f*
❷ (*tienda, mercado*) Topfmarkt *m*
ollucos [o'ʎukos] *mpl* (*Perú*) kleine Kartoffelart
olm [olm] <olms> *m* (ZOOL) Olm *m*
olmeca [ol'meka] *m* Ureinwohner Mexikos; Vorgänger der klassischen mexikanischen Zivilisationen
olmeda [ol'meða] *f*, **olmedo** [ol'meðo] *m* (BOT) Ulmenwald *m*
olmo ['olmo] *m* (BOT) Ulme *f*; **pedir peras al ~** etwas Unmögliches verlangen
ológrafo, -a [o'loɣrafo, -a] *adj* (JUR, LIT) eigenhändig geschrieben, holographisch; **testamento ~** holographisches Testament
olor [o'lor] *m* Geruch *m*; ~ **corporal** Körpergeruch *m*; **buen ~** Wohlgeruch *m*, Duft *m*; **mal ~** unangenehmer Geruch, Gestank *m*; **venir al ~ de una buena comida** von einem guten Essen angezogen werden; **viene al ~ de tu dinero** er/sie wittert dein Geld; **vivir en ~ de santidad** wie ein Heiliger verehrt werden
olores [o'lores] *mpl* (*Chil: especias*) Gewürze *ntpl*
oloroso[1] [olo'roso] *m* würziger Sherry
oloroso, -a[2] [olo'roso, -a] *adj* wohlriechend, duftend
olote [o'lote] *m* (*Méx*) entkörnter Maiskolben
OLP [oele'pe] *f abr de* **Organización para la Liberación de Palestina** PLO *f*
olvidadizo, -a [olβiða'ðiθo, -a] *adj* vergesslich
olvidado[1] [olβi'ðaðo] *m* (TIPO) Auslassung *f*, Leiche *f*
olvidado, -a[2] [olβi'ðaðo, -a] *adj* ❶ (*dejado*) vergessen; ~ **del deber** pflichtvergessen; **un hecho ~ de puro sabido** eine nur allzu bekannte Tatsache
❷ (*olvidadizo*) vergesslich
❸ (*desagradecido*) undankbar
olvidar(se) [olβi'ðar] *vt*, *vr* vergessen; ~ **un idioma** eine Sprache verlernen; **~se de cerrar las ventanas** vergessen die Fenster zu schließen; **no olvides que...** bedenke, dass ...; **he dejado olvidado mi paraguas** ich habe meinen Schirm liegen lassen; **se me ha olvidado** [*o* **me he olvidado de**] [*o* **he olvidado**] **tu nombre** ich habe deinen Namen vergessen
olvido [ol'βiðo] *m* ❶ (*falta de memoria*) Vergesslichkeit *f*
❷ (*omisión*) Vergessen *nt*, Vergessenheit *f*; ~ **de sí mismo** Selbstvergessenheit *f*; **caer en (el) ~** in Vergessenheit geraten; **enterrar en el ~** für immer vergessen
Omán [o'man] *m* Oman *nt*
omaní [oma'ni] I. *adj* omanisch
II. *mf* Omaner(in) *m(f)*
omaso [o'maso] *m* (ZOOL) Blättermagen *m*, Omasus *m*
ombligo [om'bliɣo] *m* ❶ (ANAT) (Bauch)nabel *m*; **se le encoge** [*o* **arruga**] **el ~** ihm/ihr wird angst und bange
❷ (*centro*) Mittelpunkt *m*; **el ~ del mundo** der Nabel der Welt
ombliguero [ombli'ɣero] *m* Nabelbinde *f*
ombú [om'bu] *m* (*Arg*) charakteristischer Baum der Pampa
ombudsman [ombuðs'man] <ombudsmen> *m* Ombudsmann *m*
OMC [oeme'θe] *f abr de* **Organización Mundial del Comercio** WHO *f*, WTO *f*

omega [o'meɣa] *f* ❶ (*letra griega*) Omega *nt*
❷ (*fig: final*) Ende *nt*
ómicron ['omikron] *f* Omikron *nt*
ominoso, -a [omi'noso, -a] *adj* ominös, Unheil verkündend
omisible [omi'siβle] *adj* auslassbar
omisión [omi'sjon] *f* ❶ (*supresión*) Auslassung *f*
❷ (*negligencia*) Unterlassung *f*; **~ de auxilio** [*o* **de socorro**] (JUR) unterlassene Hilfeleistung
❸ (TIPO) Leiche *f*
omiso, -a [o'miso, -a] *adj* (*negligente*) nachlässig; **hacer caso ~ de algo** etw nicht beachten
omitir [omi'tir] *vt* ❶ (*dejar de hacer*) unterlassen; **no ~ esfuerzos para conseguir algo** keine Mühen scheuen [*o* nichts unversucht lassen], um etw zu erreichen
❷ (*pasar por alto*) auslassen; **~ una coma** ein Komma weglassen
ómnibus ['omniβus] *m* ❶ (AUTO) (Omni)bus *m*
❷ (FERRO) Personenzug *m*
omnidireccional [omniđireɣ̞θjo'nal] *adj* in alle Richtungen gehend; (RADIO) ungerichtet, rundstrahlend
omnímodo, -a [om'nimođo, -a] *adj* unumschränkt, absolut; **poder ~** unumschränkte Vollmacht
omnipotencia [omnipo'teɲθja] *f* Allmacht *f*
omnipotente [omnipo'teɲte] *adj* allmächtig
omnipresencia [omnipre'seɲθja] *f* Allgegenwart *f*
omnipresente [omnipre'seɲte] *adj* allgegenwärtig
omnisapiente [omnisa'pjeɲte] *adj* allwissend
omnisciencia [omnis'θjeɲθja] *f* Allwissenheit *f*
omnisciente [omnis'θjeɲte] *adj* allwissend
omniscio, -a [om'nisθjo, -a] *adj* allwissend
omnívoro, -a [om'niβoro, -a] **I.** *adj* alles fressend
II. *m, f* Allesfresser *m*; (ZOOL) Omnivore *m*
omoplato [omo'plato] *m*, **omóplato** [o'moplato] *m* (ANAT) Schulterblatt *nt*
omoto [o'moto] *m* (*Ecua*) Zwerg *m*
OMS [oms] *f abr de* **Organización Mundial de la Salud** WHO *f*
ona ['ona] *m* (*Arg, Chil*) Ureinwohner Feuerlands
onagra [o'naɣra] *f* (BOT) Nachtkerzengewächs *nt*
onagro [o'naɣro] *m* (MIL, ZOOL) Onager *m*
onanismo [ona'nismo] *m* Onanie *f*
onanista [ona'nista] *mf* Onanist(in) *m(f)*
once ['onθe] *adj inv* elf; **estar a las ~** (*fam: ropa*) schlecht sitzen; **estar a las ~ y cuarto** (*fig fam*) nicht richtig ticken; **tomar las ~** (gegen elf) eine Frühstückspause machen; *v. t.* **ocho**
ONCE ['onθe] *f abr de* **Organización Nacional de Ciegos Españoles** Nationale Blindenorganisation *f* Spaniens (*Lotterie zugunsten der Sehbehinderten Spaniens*)
onceavo, -a [onθe'aβo, -a] *adj* elftel; *v. t.* **octavo**¹
onceno, -a [on'θeno, -a] *adj* elfte(r, s); **el ~, no estorbar** (*fam*) das elfte Gebot: du sollst nicht stören; *v. t.* **octavo**¹
oncogénesis [oŋko'xenesis] *f inv* (MED) Onkogenese *f*
oncogénico, -a [oŋko'xeniko, -a] *adj* (MED) onkogen, geschwulsterzeugend
oncógeno, -a [oŋ'koxeno, -a] *adj* (MED) onkogen, geschwulsterzeugend
oncólogo [oŋ'koloɣa] *f v.* **oncólogo**
oncología [oŋkolo'xia] *f* (MED) Onkologie *f*
oncológico, -a [oŋko'loxiko, -a] *adj* (MED) onkologisch
oncólogo, -a [oŋ'koloɣo, -a] *m, f* (MED) Onkologe, -in *m, f*
oncótico, -a [oŋ'kotiko, -a] *adj* (MED) onkotisch
onda ['onda] *f* ❶ (*ondulación*, t. FÍS, RADIO) Welle *f*; **~ de corriente** Stromwelle *f*; **~ corta/media/larga** Kurz-/Mittel-/Langwelle *f*; **~ de emisión** Sendewelle *f*; **~ errática** (INFOR) erratische Welle; **~ explosiva** Druckwelle *f*; **~s del pelo** Wellen im Haar; **~ sísmica** Erdbebenwelle *f*; **~ sonora** Schallwelle *f*; **~ verde** (AUTO) grüne Welle; **sistema de ~ portadora** (INFOR) Trägerwellensystem *nt*; **estar en la ~ de algo** (*fam: comprender algo*) über etw Bescheid wissen; (*seguir*) bei etw dat mitmachen
❷ (*Am: loc*) **¡qué buena ~!** klasse!, ist doch Klasse!; **tener ~ con alguien** scharf sein auf jdn *fam*
ondámetro [on'dametro] *m* (ELEC) Wellenmesser *m*
ondeado, -a [onde'ađo, -a] *adj* wellenförmig
ondear [onde'ar] *vi* (*formar ondas*) sich wellen; (*moverse*) wogen; **la bandera ondea en el mástil** die Fahne flattert am Mast
ondina [on'dina] *f* Undine *f*
ondómetro [on'dometro] *m* (ELEC) *v.* **ondámetro**
ondulación [ondula'θjon] *f* ❶ (*movimiento*) Wellenbewegung *f*
❷ (*formación*) Wellenform *f*
❸ (*del pelo*) Ondulieren *nt*; **~ permanente** Dauerwelle *f*
ondulado, -a [ondu'lađo, -a] *adj* gewellt, wellig; **cartón ~** Wellpappe *f*; **chapa ondulada** Wellblech *nt*; **pelo ~** in Wellen gelegtes [*o* ondulliertes] Haar
ondulante [ondu'lante] *adj* Wellen formend, wellend
ondular [ondu'lar] **I.** *vi* (*formar ondas*) sich wellen; (*moverse*) wogen; (*bandera*) flattern; (*culebra*) sich winden
II. *vt* (*el pelo*) ondulieren, in Wellen legen
ondulatorio, -a [ondula'torjo, -a] *adj* wellenförmig, Wellen-; **movimiento ~** Wellenbewegung *f*
oneroso, -a [one'roso, -a] *adj* ❶ (*molesto*) lästig; (*gravoso*) belastend
❷ (*costoso*) kostspielig
❸ (*remunerable*) entgeltlich
ONG [oene'xe] *f abr de* **Organización No Gubernamental** NGO
ónice ['oniθe] *m* Onyx *m*
onicofagia [oniko'faxja] *f* (PSICO) Nägelkauen *nt*, Onychophagie *f*
onírico, -a [o'niriko, -a] *adj* Traum-
oniromancía [oniroman'θia] *f*, **oniromancia** [oniro'manθja] *f* Traumdeutung *f*
ónix ['oniɣs] *m* Onyx *m*
onixis [o'niɣsis] *f inv* (MED) Nagelbettentzündung *f*
on-line ['onlajn] *adj* (INFOR) Online-; **servicios ~** Onlinedienste *mpl*
onomasiología [onomasjolo'xia] *f* (LING) Bezeichnungslehre *f*, Onomasiologie *f*
onomasiológico, -a [onomasjo'loxiko, -a] *adj* (LING) onomasiologisch
onomástica [ono'mastika] *f* ❶ (*materia*) Onomastik *f*, Namenkunde *f*
❷ (*día*) Namenstag *m*; **hoy es mi ~** ich habe heute Namenstag
onomástico, -a [ono'mastiko, -a] *adj* Namen(s)-; **fiesta onomástica** Namenstagsfest *nt*; **índice ~** Namenverzeichnis *nt*
onomatopeya [onomato'peʝa] *f* (LING) ❶ (*palabra*) Onomatopoetikum *nt*, Onomatopoetikon *nt*
❷ (*figura*) Onomatopöie *f*, Lautmalerei *f*
onomatopéyico, -a [onomato'peʝiko, -a] *adj* (LING) lautmalend, onomatopoetisch
onosma [o'nosma] *f* (BOT) Lotwurz *f*, Onosma *f*
óntico, -a [o'ntiko, -a] *adj* (FILOS) dem Sein nach betrachtet, ontisch
ontogénesis [onto'xenesis] *f*, **ontogenia** [onto'xenja] *f inv* (BIOL) Ontogenese *f*, Ontogenese *f*
ontogénico, -a [onto'xeniko, -a] *adj* (BIOL) ontogenetisch
ontología [ontolo'xia] *f* (FILOS) Ontologie *f*
ontológico, -a [onto'loxiko, -a] *adj* (FILOS) ontologisch
ONU ['onu] *f abr de* **Organización de las Naciones Unidas** UNO *f*
onubense [onu'bense] **I.** *adj* aus Huelva (stammend)
II. *mf* Einwohner(in) *m(f)* von Huelva
onza ['onθa] *f* Unze *f*; **~ de oro** Goldunze *f*
onzavo¹ [on'θaβo] *m* Elftel *nt*
onzavo, -a² [on'θaβo, -a] *adj* (*parte*) elftel; (*numeración*) elfte(r, s); **en ~ lugar** elftens, an elfter Stelle; *v. t.* **octavo**
oocito [o(o)'θito] *m* (BIOL) v. **ovocito**
oolito [o(o)'lito] *m* (GEO) Oolith *m*; **~ de hierro** Eisenoolith *m*
opa ['opa] *mf* (*CSur*) ❶ (*retrasado mental*) geistig Zurückgebliebene(r) *mf*
❷ (*simple*) Dummkopf *m*
OPA ['opa] *f abr de* **Oferta Pública de Adquisición (de Acciones)** öffentliches Kaufangebot *nt* (von Aktien)
opacar [opa'kar] <c→qu> *vt* ❶ (*Am: hacer opaco*) lichtundurchlässig machen
❷ (*Méx: superar*) übertreffen; **su belleza opaca a las de las demás** ihre Schönheit stellt die der anderen in den Hintergrund
opacidad [opaθi'đađ] *f* Undurchsichtigkeit *f*, Lichtundurchlässigkeit *f*, Opazität *f*
opaco, -a [o'pako, -a] *adj* ❶ (*no transparente*) lichtundurchlässig, undurchsichtig; (TÉC) opak
❷ (*sin brillo*) matt; (*oscuro*) trist, düster; **tener la voz opaca** eine belegte Stimme haben
❸ (*persona*) unscheinbar, farblos
opalescente [opales'θente] *adj* opalisierend, opalen; (*brillante*) schillernd
opalino¹ [opa'lino] *m* Opalglas *nt*
opalino, -a² [opa'lino, -a] *adj* ❶ (*relativo al ópalo*) Opal-
❷ (*color*) opalen; (*como el ópalo*) opalartig
ópalo ['opalo] *m* Opal *m*
opción [oβ'θjon] *f* ❶ (*elección*) Wahl(möglichkeit) *f*; **~ de compra/de venta** Kauf-/Verkaufsoption *f*; **~ del menú** (INFOR) Menüoption *f*; **operaciones de ~** (FIN) Termingeschäfte *ntpl*; **a ~** nach Wahl; **tener la ~** die Wahl haben; **tienes tres opciones** du hast drei Möglichkeiten
❷ (*derecho*) Anrecht *nt* (*a* auf +*akk*); (FIN) Aktienbezugsrecht *nt*; **al cambio** Umtauschrecht *nt*; **~ de compra de divisas** Devisen-Kaufoption *f*; **doble ~** (FIN) Stellage *f*
❸ (JUR, POL) Option *f*; **~ de nacionalidad** Option für eine Staatsangehörigkeit
opcional [oβθjo'nal] *adj* nach Wahl, Wahl-; (INFOR) optional

open ['open] *m* ❶ (DEP) Open *nt*
❷ (AERO) offener Rückflug *m*
OPEP [o'pep] *f abr de* **Organización de Países Exportadores de Petróleo** OPEC *f*
ópera ['opera] *f* ❶ (*obra*) Oper *f*
❷ (*lugar*) Opernhaus *nt,* Oper *f*
operabilidad [operaβili'ðað] *f* ❶ (*calidad de realizable*) Durchführbarkeit *f*
❷ (MED) Operierbarkeit *f*
operable [ope'raβle] *adj* ❶ (*realizable*) durchführbar
❷ (MED) operabel, operierbar
operación [opera'θjon] *f* ❶ (MAT, MED, MIL) Operation *f;* ~ **cesárea** Kaiserschnitt *m;* ~ **militar** militärische Operation [*o* Aktion]; ~ **quirúrgica** chirurgischer Eingriff; **las cuatro operaciones fundamentales de aritmética** die vier Grundrechenarten
❷ (INFOR) Operation *f;* ~ **de ascenso** Aufwärtsoperation *f;* ~ **auxiliar** Hilfsoperation *f;* ~ **continua** Dauerbetrieb *m;* ~ **en/fuera de línea** Online-/Offlinebetrieb *m;* ~ **de registro** Speicheroperation *f;* ~ **por impulsos** Impulsoperation *m;* ~ **por teclado** tastaturgesteuerte Operation
❸ (*actividad y negocio*) Geschäft *nt,* Tätigkeit *f;* ~ **por acciones** Aktiengeschäft *nt;* ~ **de activo** Aktivgeschäft *nt;* ~ **aplazada** Reportgeschäft *nt;* ~ **bancaria** Bankgeschäft *nt;* ~ **bilateral** Gegenseitigkeitsgeschäft *nt;* ~ **bursátil** Börsengeschäft *nt,* Börsenoperation *f;* ~ **bursátil a plazo** Börsentermingeschäft *nt;* ~ **de cambios** Kursgeschäft *nt;* ~ **comercial** Verkehrsgeschäft *nt;* ~ **de compraventa** Kaufgeschäft *nt;* ~ **concatenada** [*o* **acoplada**] Koppelungsgeschäft *nt;* ~ **al contado** Cashgeschäft *nt;* **operaciones corrientes** Leistungsverkehr *m;* ~ **de crédito** Kreditgeschäft *nt;* ~ **de créditos documentarios** Remboursgeschäft *nt;* ~ **a distancia** Distanzgeschäft *nt;* ~ **contra entrega** (COM) Zug-um-Zug-Geschäft *nt;* ~ **financiera a plazo fijo** Finanztermingeschäft *nt;* ~ **fiscal** Regierungsgeschäft *nt;* ~ **de leasing** Leasinggeschäft *nt;* ~ **mercantil** [*o* **comercial**] Handelsgeschäft *nt;* ~ **oficial** Amtshandlung *f;* ~ **de pasivo** Passivgeschäft *nt;* ~ **a plazo** Differenzgeschäft *nt;* ~ **en plaza** (ECON) Locogeschäft *nt;* ~ **de préstamo** Darlehensgeschäft *nt;* ~ **de prolongación** [*o* **de reporte**] Prolongationsgeschäft *nt;* **operaciones realizadas** abgewickelte Geschäftsvorgänge; ~ **de reporte** Pensionsgeschäft *nt;* ~ **de riesgo** Risikogeschäft *nt;* ~ **de saneamiento** Sanierungsmaßnahme *f;* ~ **a tanto alzado** (FIN) Forfaitierungsgeschäft *nt;* ~ **de transporte** Frachtgeschäft *nt;* ~ **de valores** Wertpapiergeschäft *nt;* **concertar operaciones bursátiles** Börsengeschäfte tätigen
❹ (*procedimiento*) Arbeitsgang *m;* (*contabilidad*) Vorfall *m;* ~ **comercial** Geschäftsvorfall *m;* ~ **contable** Buchung *f;* **en una sola** ~ in einem einzigen Arbeitsgang
operacional [operaθjo'nal] *adj* operational; (MIL, MED) Operations-; **investigación** ~ Unternehmensforschung *f*
operado, -a [ope'raðo, -a] I. *adj* ❶ (TÉC) bedient, betätigt; ~ **a mano** manuell [*o* von Hand] gesteuert; ~ **por teclado** (INFOR) tastaturgesteuert
❷ (MED) operiert
II. *m, f* Operierte(r) *mf*
operador¹ [opera'ðor] *m* (INFOR) Operator *m;* ~ **booleano** Boolscher Operator; ~ **lógico** logischer Operator; ~ **relacional** Vergleichsoperator *m*
operador(a)² [opera'ðor(a)] *m(f)* ❶ (CINE) Filmvorführer(in) *m(f);* ~ **de cámara** Kameramann *m*
❷ (INFOR) Operator(in) *m(f);* ~ **de máquina** Operator *m*
❸ (AERO) Fluglotse, -in *m, f*
❹ (RADIO) Funker(in) *m(f)*
❺ (MED) Chirurg(in) *m(f)*
operadores [opera'ðores] *mpl* (TÉC) Bedienungspersonal *nt*
operando [ope'raɲdo] *m* (MAT) Rechengröße *f*
operante [ope'raɲte] *adj* wirkend, wirkungsvoll
opera prima ['opera 'prima] *f* (ARTE) Erstlingswerk *nt*
operar [ope'rar] I. *vi* ❶ (*actuar*) vorgehen; (MIL) operieren; ~ **con mucho cuidado** vorsichtig vorgehen
❷ (COM) spekulieren; ~ **con bancos** Bankgeschäfte tätigen
❸ (MED) wirken; **la medicina empieza a** ~ die Medizin beginnt zu wirken
II. *vt* ❶ (MED) operieren
❷ (*producir un efecto*) bewirken; **este procedimiento opera verdaderos milagros** dieses Verfahren vollbringt wahre Wunder; **el medicamento opera un cambio favorable en el curso de la enfermedad** das Medikament beeinflusst den Verlauf der Krankheit günstig
III. *vr:* **~se** sich operieren lassen; **me he operado de anginas** ich habe mir die Mandeln herausnehmen lassen
operario, -a [ope'rarjo, -a] *m, f* Arbeiter(in) *m(f);* ~ **sin cualificar** ungelernter Arbeiter; ~ **de grúa** Kranführer *m;* ~ **de jornal semanal** Arbeiter, der wöchentlich entlohnt wird
operatividad [operatiβi'ðað] *f* Betriebsfähigkeit *f;* ~ **de las decisiones** Entscheidungsfähigkeit *f*

operativizar [operatiβi'θar] <z→c> *vt* betriebsfähig machen
operativo¹ [opera'tiβo] *m* Einsatzdienst *m;* (MIL) Einsatzkommando *nt;* **~s policiales** polizeiliche Einsatzkommandos
operativo, -a² [opera'tiβo, -a] *adj* ❶ (*operacional*) operational, operationell
❷ (*estratégico*) operativ
❸ (*efectivo*) wirksam, operativ
❹ (*en funcionamiento*) in Betrieb, in Funktion
❺ (MIL) einsatzbereit, einsatzfähig
❻ (INFOR): **sistema** ~ Betriebssystem *nt*
operatorio, -a [opera'torjo, -a] *adj* (MED) operativ; **intervención operatoria** operativer Eingriff
opérculo [o'perkulo] *m* ❶ (ZOOL) Kiemendeckel *m*
❷ (BOT) Kapseldeckel *m*
opereta [ope'reta] *f* Operette *f*
operista [ope'rista] *mf* (MÚS) Opernsänger(in) *m(f)*
operístico, -a [ope'ristiko, -a] *adj* Opern-; **temporada operística** Opernsaison *f*
opiáceo, -a [o'pjaθeo, -a] *adj* ❶ (*con opio*) opiumhaltig
❷ (*del opio*) Opium-
opiado, -a [o'pjaðo, -a] *adj* opiumhaltig
opiata [o'pjata] *f* Opiat *nt*
opilación [opila'θjon] *f* (MED) Verstopfung *f*
opinable [opi'naβle] *adj* nicht unumstritten; (*discutible*) diskutabel; (*controvertido*) strittig
opinante [opi'naɲte] *adj* die Meinung äußernd, meinend
opinar [opi'nar] *vi, vt* ❶ (*pensar*) meinen, denken; (*creer*) glauben; ~ **bien/mal de algo/alguien** über etw/von jdm eine gute/schlechte Meinung haben; **¿tú qué opinas (de** [*o* **sobre**] **esto?** was meinst du (dazu)?, was hältst du davon?; **¿qué opinas del nuevo jefe?** was hältst du vom neuen Chef?; **opino que deberíamos intentarlo** ich bin der Meinung [*o* ich glaube], wir sollten es versuchen
❷ (*expresar*) sich äußern (*sobre/en/de* über +*akk*), Stellung nehmen (*sobre/en/de* zu +*dat*); **en este tema prefiero no** ~ zu diesem Thema möchte ich mich lieber nicht äußern; **¿puedo ~?** darf ich meine Meinung dazu äußern?
opinión [opi'njon] *f* Meinung *f,* Ansicht *f;* (*postura*) Stellungnahme *f;* (*punto de vista*) Anschauung *f;* **opiniones de expertos** Expertenmeinungen *fpl;* ~ **pública** öffentliche Meinung; **en mi** ~ meiner Meinung nach; **cambiar de** ~ seine Meinung ändern; **dar** [*o* **decir**] **su** ~ (**sobre algo**) seine Meinung (zu etw *dat*) sagen; **formarse una** ~ **sobre algo/alguien** sich *dat* über etw/jdn eine Meinung bilden; **soy de otra/la misma** ~ ich bin anderer/der gleichen Meinung; **soy de la** ~ **que...** ich bin der Meinung, dass ...; **tener buena/mala** ~ **de algo/alguien** über etw/von jdm eine gute/schlechte Meinung haben
opio ['opjo] *m* Opium *nt*
opiómano, -a [o'pjomano, -a] I. *adj* opiumsüchtig
II. *m, f* Opiumsüchtige(r) *mf*
opíparo, -a [o'piparo, -a] *adj* opulent, üppig; **una comida opípara** ein opulentes Mahl
oploteca [oplo'teka] *f* Waffenmuseum *nt*
oponente [opo'neɲte] *mf* Gegner(in) *m(f);* (*en una discusión*) Opponent(in) *m(f)*
oponer [opo'ner] *irr como poner* I. *vt* ❶ (*enfrentar*) entgegensetzen (*a* +*dat*); (*confrontar*) gegenüberstellen (*a* +*dat*)
❷ (*objetar*) einwenden (*a/contra* gegen +*akk*), dagegensetzen, dagegenhalten; ~ **reparos** Einwände erheben, etwas einzuwenden haben; (JUR) Einwendungen erheben; ~ **resistencia** Widerstand leisten
II. *vr:* **~se** ❶ (*rechazar*) dagegen sein; **¡me opongo!** ich bin dagegen!; **no me opongo a tu propuesta** ich habe nichts gegen deinen Vorschlag
❷ (*enfrentarse*) sich dagegenstellen, opponieren (*a* gegen +*akk*) *elev;* (*resistirse*) sich widersetzen (*a* +*dat*), (JUR) Einspruch erheben (*a* gegen +*akk*)
❸ (*obstaculizar*) behindern
❹ (*ser contrario*) völlig unterschiedlich [*o* entgegengesetzt] sein
❺ (*estar enfrente*) gegenüberliegen
oponible [opo'niβle] *adj* gegenüberstellbar (*a* +*dat*)
opopónaco [opo'ponako] *m* (BOT) Opoponax *m*
oporto [o'porto] *m* Portwein *m*
oportunamente [oportuna'meɲte] *adv* zu gelegener Zeit, bei passender Gelegenheit
oportunidad [oportuni'ðað] *f* ❶ (*cualidad*) Opportunität *f,* Schicklichkeit *f;* (*temporal*) Rechtzeitigkeit *f;* (*adecuación*) Zweckmäßigkeit *f*
❷ (*posibilidad*) Gelegenheit *f;* (*ocasión*) Chance *f;* **igualdad de ~es** Chancengleichheit *f;* **a la primera** ~ bei der ersten Gelegenheit; **una segunda** ~ eine zweite Chance; **aprovechar la** ~ die Gelegenheit nutzen; **(no) tener** ~ **de...** (keine) Gelegenheit haben zu ...
❸ *pl* (*remanente*) Restposten *mpl;* (*ofertas*) Sonderangebote *ntpl*
oportunismo [oportu'nismo] *m* Opportunismus *m*

oportunista [oportu'nista] I. *adj* opportunistisch
II. *mf* Opportunist(in) *m(f)*
oportuno, -a [opor'tuno, -a] *adj* angebracht, opportun; (*propicio*) günstig, vorteilhaft; (*adecuado*) zweckmäßig, sachdienlich; (*apropiado*) geeignet, passend; (ADMIN, JUR: *al caso*) zutreffend; (ADMIN, JUR: *permisible*) zulässig; **es muy ~** das kommt sehr gelegen; **tu observación no fue muy oportuna** deine Bemerkung war etwas fehl am Platz; **siempre da la respuesta oportuna** er/sie antwortet immer schlagfertig; **en el momento ~** im rechten Augenblick; (ADMIN, JUR) zu gegebener Zeit; **estimar ~ hacer algo** es für angebracht halten, etw zu tun; **las medidas que se estimen oportunas** (ADMIN, JUR) die opportun erscheinenden Maßnahmen
oposición [oposi'θjon] *f* ❶ (*resistencia*) Widerstand *m*; **encontrar ~** auf Widerstand stoßen; **presentar ~** Widerstand leisten, Opposition betreiben *elev*
❷ (POL) Opposition *f*
❸ (*objeción*) Einwendung *f*; (JUR) Einspruch *m*; **~ en apelación** Gegenberufung *f*; **~ a la ejecución** Vollstreckungsabwehr *f*; **estimar/desestimar la ~** einem Einspruch stattgeben/nicht stattgeben; **formular ~ en apelación** Gegenberufung einlegen
❹ (*contraposición*) Gegensatz *m*
❺ (*pl*) (*examen*) Auswahlprüfung *f* für den öffentlichen Dienst; **por ~** durch [*o* per] Auswahlverfahren; **hacer** [*o* **presentarse**] **a unas oposiciones** an Auswahlprüfungen für den öffentlichen Dienst teilnehmen; **aprobar unas oposiciones** die Auswahlprüfungen für den öffentlichen Dienst bestehen
oposicionista [oposiθjo'nista] I. *adj* (*t.* POL) Oppositions-, oppositionell
II. *mf* (POL) Mitglied *nt* einer Oppositionspartei
opositar [oposi'tar] *vi* sich bewerben (*a* um *+akk*), an den Auswahlprüfungen für den öffentlichen Dienst teilnehmen
opositor(a) [oposi'tor(a)] I. *adj* oppositionell, Oppositions-; **partido ~** Oppositionspartei *f*
II. *m(f)* ❶ (*oponente*) Gegner(in) *m(f)*, Opponent(in) *m(f)*; (POL) Mitglied *nt* der Opposition; **grupos de ~es** Gruppen von Oppositionellen
❷ (*candidato*) Bewerber(in) *m(f)* (*um eine Stelle im öffentlichen Dienst, der/die an einer staatlichen Auswahlprüfung teilnimmt*)
oposum [o'posun] *m* (ZOOL) Opossum *nt*
opresión [opre'sjon] *f* ❶ (*angustia*) Beklemmung *f*; (*agobio*) Beklemmenheit *f*; (MED) Oppression *f*
❷ (*represión*) Unterdrückung *f*
❸ (*presión*) Druck *m*; (*compresión*) Einengung *f*
opresivo, -a [opre'siβo, -a] *adj* ❶ (*agobiante*) bedrückend, beklemmend
❷ (*represivo*) unterdrückend; (*constringente*) beengend
❸ (*apresionante*) drückend; (*comprimente*) einengend
opresor(a) [opre'sor(a)] I. *adj* unterdrückend
II. *m(f)* Unterdrücker(in) *m(f)*, Tyrann(in) *m(f)*
oprimente [opri'mente] *adj v.* **opresivo**
oprimir [opri'mir] *vt* ❶ (*presionar*) drücken; (*comprimir*) einengen
❷ (*agobiar*) bedrücken, beklemmen
❸ (*reprimir*) unterdrücken; (*constreñir*) beengen
oprobiar [opro'βjar] *vt* (*vilipendiar*) verleumden, verunglimpfen; (*infamar*) schänden (*Ansehen oder Ruf*)
oprobio [o'proβjo] *m* Schmach *f*, Schande *f*
oprobioso, -a [opro'βjoso, -a] *adj* schmachvoll, schändlich
optación [opta'θjon] *f* (*retórico*) heftiges Wünschen *nt*
optar [op'tar] *vi* ❶ (*escoger*) wählen (*por +akk*), eine Wahl treffen; (*decidirse*) sich entscheiden (*por* für *+akk*); (ECON, POL) optieren (*por* für *+akk*)
❷ (*aspirar*) (für sich) beanspruchen (*a +akk*); (*solicitar*) sich bewerben (*a* um *+akk*); (JUR) optieren (*a* (auf) *+akk*); **~ a un cargo** ein Amt anstreben
❸ (*tener acceso*) Anspruch haben (*a* auf *+akk*)
optativo, -a [opta'tiβo, -a] *adj* fakultativ; (UNIV) wahlfrei; (**asignatura**) **optativa** Wahl(pflicht)fach *nt*
óptica ['optika] *f* ❶ (*ciencia*) Optik *f*; **~ electrónica** Optoelektronik *f*, Optronik *f*
❷ (*establecimiento*) Optikergeschäft *nt*
❸ (*punto de vista*) Sichtweise *f*; **bajo** [*o* **desde**] **esta ~** aus dieser Sicht [*o* diesem Blickwinkel] betrachtet
óptico, -a ['optiko, -a] I. *adj* optisch, Seh-; **ilusión óptica** optische Täuschung; **nervio ~** Sehnerv *m*
II. *m, f* Optiker(in) *m(f)*
optimación [optima'θjon] *f* Optimierung *f*
optimar [opti'mar] *vt* optimieren
optimismo [opti'mismo] *m* Optimismus *m*; **el ~ del mercado** Marktoptimismus *m*; **con moderado ~** mit gedämpftem Optimismus
optimista [opti'mista] I. *adj* optimistisch
II. *mf* Optimist(in) *m(f)*

optimización [optimiθa'θjon] *f* Optimierung *f*
optimizar [optimi'θar] <z→c> *vt* optimieren
óptimo¹ ['optimo] *m* Optimum *nt*; (*valor*) Bestwert *m*
óptimo, -a² ['optimo, -a] I. *superl de* **bueno¹**
II. *adj* optimal, bestmöglich; (*excelente*) ausgezeichnet, vortrefflich
optoelectrónica [optoelek'tronika] *f* (FÍS) Optoelektronik *f*
optometría [optome'tria] *f* (FÍS, MED) Optometrie *f*
opuesto¹ [o'pwesto] *m* Gegenteil *nt*, Gegensatz *m*; **los ~s se atraen** Gegensätze ziehen sich an
opuesto, -a² [o'pwesto, -a] I. *pp de* **oponer**
II. *adj* ❶ (*enfrente*) gegenüberliegend; **al lado ~** auf der Gegenseite; **en dirección opuesta, en sentido ~** in der Gegenrichtung
❷ (*diverso*) gegenteilig; (*contrario*) gegensätzlich; (*enfrentado*) entgegengesetzt; **polo ~** (*t. fig*) Gegenpol *m*; **el sexo ~** das andere Geschlecht
❸ (*enemigo*) gegnerisch
opugnar [opuɣ'nar] *vt* ❶ (*oponerse*) sich widersetzen *+dat*, sich stemmen (gegen *+akk*); (*combatir*) bekämpfen
❷ (MIL) bestürmen, angreifen
opulencia [opu'lenθja] *f* ❶ (*abundancia*) Opulenz *f*, Überfluss *m*; (*exuberancia*) Üppigkeit *f*
❷ (*riqueza*) Reichtum *m*; **vivir en la ~** üppig leben
opulento, -a [opu'lento, -a] *adj* ❶ (*abundante*) opulent, üppig; (*rico*) reichlich; (*lujoso*) luxuriös
❷ (*rico*) sehr reich
opuncia [o'punθja] *f* (BOT) Opuntie *f*
opus ['opus] *m inv* (MÚS) Opus *nt*
opúsculo [o'puskulo] *m* Opuskulum *nt*, kleinformatiges Opus *nt*
Opus Dei ['opus ðei̯] *m* strengkatholische Laienorganisation nach der Lehre des Kardinals Escrivá de Balaguer
OPV [ope'uβe] *f abr de* **Oferta Pública de Venta** öffentliches Verkaufsangebot *nt*
oquedad [oke'ðað] *f* ❶ (*concavidad*) Höhlung *f*, Vertiefung *f*
❷ (*abertura*) Öffnung *f*
❸ (*vacío*) Hohlraum *m*
oquedal [oke'ðal] *m* Hochwald *m*
ORA ['ora] *f abr de* **Operación de Regulación de Aparcamientos** Parkregelung im Stadtzentrum
ora ['ora] *conj* (*elev*): **~..., ~...** bald ..., bald ...
oración [ora'θjon] *f* ❶ (REL) Gebet *nt*; **decir una ~** ein Gebet sprechen; **estar en ~** beim Gebet sein
❷ (LING: *frase*) Satz *m*; (*discurso*) Rede *f*; **~ compuesta** zusammengesetzter Satz; **~ condicional** Konditionalsatz *m*, Bedingungssatz *m*; **~ coordinada** beigeordneter Satz; **~ principal** Hauptsatz *m*; **~ relativa** Relativsatz *m*; **~ subordinada** Nebensatz *m*; **parte de la ~** Satzteil *m*
oracional [oraθjo'nal] I. *adj* (LING) Satz-; **complemento ~** Satzergänzung *f*
II. *m* (REL) Gebetbuch *nt*
oráculo [o'rakulo] *m* ❶ (*lugar*) Orakel *nt*, Orakelstätte *f*
❷ (*predicción*) Orakelspruch *m*
orador(a) [ora'ðor(a)] *m(f)* Redner(in) *m(f)*; (*portavoz*) Sprecher(in) *m(f)*; **~ precedente** Vorredner *m*
oraje [o'raxe] *m* (METEO) ❶ (*estado del tiempo*) Wetterlage *f*
❷ (*borrasca*) Unwetter *nt*
oral [o'ral] *adj* mündlich; **examen ~** mündliche Prüfung; **sexo ~** Oralverkehr *m*; **vista ~** (JUR) Verhör *nt*; **por vía ~** (MED) zum Einnehmen
órale ['orale] *interj* (*Méx*) los!
orangután [oraŋgu'tan] *m* Orang-Utan *m*
orante [o'rante] I. *adj* betend; **en actitud ~** in Gebetshaltung
II. *mf* Beter(in) *m(f)*; (ARTE) Orant(e) *m(f)*
orar [o'rar] *vi* (*elev*) beten (*por* für *+akk*); (*rogar*) flehen (*por* um *+akk*)
orate [o'rate] *mf* (*loco*) Narr *m*, Närrin *f*; (*necio*) Tor(in) *m(f)*; **casa de ~s** (*enfermos*) Irrenanstalt *f*; (*caóticos*) Taubenschlag *m fam*
oratoria [ora'torja] *f* ❶ (*retórica*) Redekunst *f*
❷ (*elocuencia*) Beredsamkeit *f*, Redegewandtheit *f*
oratorio¹ [ora'torjo] *m* ❶ (REL) (Haus)kapelle *f*
❷ (MÚS) Oratorium *nt*
oratorio, -a² [ora'torjo, -a] *adj* oratorisch, rednerisch; **las artes oratorias** die Redekunst
orbe ['orβe] *m* ❶ (*círculo*) Kreis *m*, Orbis *m elev*; (*esfera*) Sphäre *f*; (*terráqueo*) Erdkugel *f*
❷ (*mundo*) Welt *f*; **en todo el ~** auf Erden
orbicular [orβiku'lar] *adj* (ANAT) orbikular, ringförmig; **músculo ~** Ringmuskel *m*
órbita ['orβita] *f* ❶ (ASTR, FÍS) Orbit *m*, Umlaufbahn *f*; **~ del electrón** (Elektronen)schale *f*; **~ lunar** Mondbahn *f*; **~ planetaria** Planetenbahn *f*; **~ terrestre** Erdumlaufbahn *f*; **poner en ~** auf eine Umlaufbahn bringen; **estar en ~** (*fig*) auf dem Laufenden sein; **estar fuera de ~** (*fig*) hinter dem Mond leben
❷ (*ámbito*) Bereich *m*; (*de influencia*) Einflussbereich *m*

❸ (ANAT) Augenhöhle f; (MED) Orbita f; **se le salían los ojos de las ~s** (fig) ihm/ihr fielen fast die Augen aus dem Kopf

orbital [orβi'tal] adj ❶ (ASTR) orbital, Umlaufbahn-; **cohete ~** Orbitalrakete f

❷ (ANAT, MED) orbital

orbitar [orβi'tar] I. vi (ASTR, TÉC) umlaufen, sich auf einer Umlaufbahn bewegen

II. vt (ASTR, TÉC) in eine Umlaufbahn bringen

orca ['orka] f (ZOOL) Schwertwal m

Orcadas [or'kaðas] fpl: **las (Islas) ~** die Orkneyinseln fpl

orcaneta [orka'neta] f (BOT) Alkannawurzel f

orco ['orko] m (HIST) Unterwelt f, Orkus m

órdago ['orðaɣo] m (envite) Einsatz im Mus-Kartenspiel; **de ~** großartig, enorm; (pey) fürchterlich

ordalía [orða'lia] f (HIST) Gottesurteil nt, Ordal nt

orden¹ ['orðen] <órdenes> m ❶ (colocación, organización) Ordnung f; **~ de batalla/de marcha** (MIL) Schlacht-/Marschordnung f; **~ del día** Tagesordnung f; **~ lineal** (INFOR) lineare Ordnung; **~ público** öffentliche Ordnung; **fuerzas del ~** Ordnungskräfte fpl; **en ~** in Ordnung, ordentlich; (ADMIN, JUR) Ordnungsgemäß; **incluir en el ~ del día** auf die Tagesordnung setzen; **figurar en el ~ del día** auf der Tagesordnung stehen; **retirar del ~ del día** von der Tagesordnung absetzen; **alterar el ~** die Ordnung stören; **llamar al ~** zur Ordnung rufen; **mantener el ~** Ordnung halten; **poner en ~** in Ordnung bringen; **ser persona de ~** ein ordentlicher Mensch sein; (fig) ein rechtschaffener Mensch sein; **sin ~ ni concierto** planlos

❷ (sucesión) Reihenfolge f; **~ alfabético/cronológico** alphabetische/chronologische Reihenfolge; **~ de prioridad** Prioritätsfolge f; **en [o por] su (debido) ~** wie es sich gehört; **por ~** der Reihe nach; **por ~ de antigüedad** nach dem Dienstalter

❸ (categoría) Rang m, Rangordnung f; **de primer/segundo ~** ersten/zweiten Ranges, erst-/zweitrangig; **un fracaso de primer ~** (fig) ein Misserfolg erster Ordnung; **asistieron al acto del ~ de 300 personas** die Veranstaltung wurde von etwa 300 Personen besucht

❹ (ADMIN, JUR: derecho) Recht nt; (ordenamiento) Ordnung f; **~ constitucional/jurídico** Verfassungs-/Rechtsordnung f

❺ (sistema) System nt; **~ de cosas** Stand der Dinge; **~ establecido** Establishment nt; **~ político** politisches System

❻ (grupo) Komplex m; (ámbito) Bereich m; **de ~ jurídico** rechtlich; **en el ~ civil/penal** (JUR) in Zivil-/Strafsachen; **en otro ~ de cosas** in einem anderen Bereich; **en todos los órdenes** auf der ganzen Linie

❼ (BIOL) Ordnung f

❽ (ARQUIT) Säulenordnung f; **~ corintio/dórico/jónico** korinthische/dorische/ionische Säulenordnung

❾ (REL) Weihe f; **el ~ sacerdotal** die Priesterweihe

orden² ['orðen] <órdenes> f ❶ (mandato) Befehl m; (disposición) Verfügung f; (ordenamiento) Verordnung f; **~ de arresto** [o **de captura**] Haftbefehl m; **~ de cierre** Schließungsanordnung f; **~ de desahucio** Räumungsbefehl m; **~ de ejecución** Vollstreckungsanweisung f; **~ de entrega** Lieferanweisung f; **~ de expedición** Verladeauftrag m; **~ de expulsión** Abschiebungsanordnung f; **~ ministerial** Ministerialerlass m; **~ monitoria** Mahnbescheid m; **~ de multa** Bußgeldandrohung f; **~ penal** Strafbefehl m; **~ de prisión** Haftanordnung f; **~ de registro** Durchsuchungsbefehl m; **~ de transferencia** (INFOR) Übertragungsbefehl m; **órdenes de arriba** Befehl von oben; **órdenes son órdenes** Befehl ist Befehl; **¡a la ~!, a sus órdenes!** (t. fig) zu Befehl!; **contrario a las órdenes** befehlswidrig; **dar/recibir una ~** einen Befehl erteilen/erhalten; **cumplir una ~** einen Befehl ausführen; **¡es una ~!** das ist ein Befehl!; **estar a las órdenes de alguien** unter jds Befehl stehen; **hasta nueva ~** bis auf Widerruf; **real ~** königlicher Erlass; **tus deseos son órdenes para mí** (irón) dein Wunsch sei mir Befehl; **estar a la ~ del día** (fig) an der Tagesordnung sein

❷ (COM, FIN) Bestellung f, Order f, Auftrag m; **~ de bolsa** [o **bursátil**] Börsenauftrag m, Börsenorder f; **~ de compra** Kauforder f; **~ de entrega** Lieferschein m; **~ de giro** [o **de transferencia**] Überweisungsauftrag m; **~ de (no) pago** (Nicht)zahlungsanweisung f; **~ permanente** Dauerauftrag m; **~ de venta** Verkaufsorder f, Verkaufsauftrag m; **por ~** im Auftrag; **a la ~ de** an die [o für] Order von; **anular una ~** eine Order zurückziehen [o stornieren]; **por ~ de** im Auftrag von

❸ (REL: comunidad) Orden m; **~ de los Dominicos/Franciscanos** Dominikaner-/Franziskanerorden m; **entrar en una ~** einem Orden beitreten

❹ (condecoración) Orden m; **conceder/recibir una ~** einen Orden verleihen/erhalten

❺ (HIST) Orden m; **~ de caballería** Ritterorden m; **O~ Teutónica** Deutschritterorden m

❻ pl (REL: sacramento) Weihen fpl; **las órdenes mayores/menores** die höheren/niederen Weihen

ordenación [orðena'θjon] f ❶ (disposición) (An)ordnung f; **~ por intercalación** (INFOR) Mischsortieren nt; **~ en secuencia** (INFOR) sequenzielles Anordnen

❷ (ordenanza) (An)ordnung f; (regulación) Regelung f; (estatutos) Verfassung f; **~ del derecho de superficie** Erbbaurechtsverordnung f; **~ de embalajes** Verpackungsverordnung f; **~ jurídica** [o **legal**] Rechtsordnung f; **~ del seguro obligatorio** Pflichtversicherungsverordnung f; **~ territorial** Raumordnung f

❸ (REL) Ordination f, Priesterweihe f

ordenada [orðe'naða] f (MAT) Ordinate f; **eje de ~s** Ordinatenachse f

ordenado, -a [orðe'naðo, -a] I. adj ❶ estar (en orden) geordnet, ordentlich

❷ estar (encaminado) ausgerichtet (a auf +akk)

❸ ser (persona) ordentlich, ordnungsliebend

II. m, f (REL) Ordinierte(r) mf

ordenador [orðena'ðor] m Computer m, Rechner m; **~ base** Hauptrechner m; **~ de bolsillo** Taschencomputer m; **~ de a bordo** (AUTO) Bordcomputer m; **~ central** Host m; **~ de escritorio** Desktop nt; **~ personal** Personalcomputer m, PC m; **~ portátil** Notebook nt; **~ de puesto de trabajo** Arbeitsplatzrechner m; **~ de sobremesa** Desktopcomputer m; **~ de tipo cuaderno** Notebook nt; **enseñanza asistida por ~** computergestützter Unterricht

ordenamiento [orðena'mjento] m (ordenación) (An)ordnung f; (regulación) Regelung f; (legislación) Gesetzgebung f; **~ constitucional/jurídico** Verfassungs-/Rechtsordnung f; **~ fiscal** Steuerrechtsordnung f; **~ del mercado** Marktordnung f; **~ procesal** Verfahrensordnung f; **~ procesal civil** Zivilprozessordnung f; **~ regulador de las divisas** Devisenregelung f

ordenancista [orðenan'θista] adj obrigkeitshörig

ordenante [orðe'nante] mf ❶ (FIN) Akkreditivauftraggeber(in) m(f)

❷ (ordenando) zu ordinierender Geistlicher m, zu ordinierende Geistliche f

ordenanza¹ [orðe'nanθa] f ❶ (ADMIN, JUR, MIL: ordenación) (An)ordnung f; (disposición) Bestimmung f; (medida) Verordnung f; (norma) Anweisung f; **~ hipotecaria** Grundbuchordnung f

❷ pl (ADMIN, MIL) Dienstordnung f

❸ (JUR) Gesetzessammlung f

ordenanza² [orðe'nanθa] m ❶ (MIL) Ordonnanz f; (oficial) Ordonnanzoffizier m

❷ (botones) Bote m

ordenar [orðe'nar] I. vi Ordnung machen [o schaffen], aufräumen

II. vt ❶ (arreglar) ordnen, aufräumen; (colocar) anordnen (en in +akk); (clasificar) ordnen (por nach +dat); (INFOR) sortieren

❷ (mandar) befehlen, anordnen; **ordeno y mando** (MIL) hiermit wird angeordnet

❸ (REL) ordinieren, zum Kleriker weihen

III. vr: **~se** (REL) ordiniert werden, die Priesterweihe empfangen

ordeña [or'ðeɲa] f (Méx) Melken nt

ordeñadero [orðeɲa'ðero] m Melkeimer m

ordeñador(a) [orðeɲa'ðor(a)] m(f) Melker(in) m(f)

ordeñadora [orðeɲa'ðora] f Melkmaschine f

ordeñar [orðe'ɲar] vt melken

ordeñe [or'ðeɲe] m (Arg) Melken nt

ordeño [or'ðeɲo] m Melken nt; **~ mecánico** maschinelles Melken

ordinal [orði'nal] I. adj Ordnungs-; **número ~** Ordinalzahl f, Ordnungszahl f

II. m Ordinalzahl f, Ordnungszahl f

ordinariamente [orðinarja'mente] adv ❶ (acostumbradamente) gewöhnlich, üblicherweise

❷ (de modo grosero) ordinär

ordinariez [orðina'rjeθ] f Grobheit f; (procacidad) Unflätigkeit f; (vulgaridad) Vulgarität f; (obscenidad) Obszönität f

ordinario, -a [orði'narjo, -a] adj ❶ (t. JUR: regular) ordentlich

❷ (habitual) gewöhnlich; **de ~** üblicherweise

❸ (grosero) ordinär; (basto) grob; (procaz) unflätig; (vulgar) vulgär; (obsceno) obszön

ordinativo, -a [orðina'tiβo, -a] adj die Ordnung betreffend

ordovícico¹ [orðo'βiθiko] m (GEO) Ordovizium nt

ordovícico, -a² [orðo'βiθiko, -a] adj, **ordoviciense** [orðoβi'θjense] adj (GEO): **formación ordovícica** ordovizische Formation; **periodo ~** Ordovizium nt

orear [ore'ar] I. vt ❶ (airear) (aus)lüften

❷ (secar) trocknen; (carne) an der Luft trocknen

II. vr: **~se** (fam) frische Luft schnappen

orégano [o'reɣano] m (especia) Origano m, Oregano m; (planta) Dost m; **(no) todo el monte es ~** (fig) (nicht) alles läuft wie am Schnürchen fam

oreja [o'rexa] f ❶ (ANAT) (äußeres) Ohr nt, Ohrmuschel f; (sentido) Gehör nt; **cortar una ~** (TAUR) mit einem Ohr des Stiers ausgezeichnet werden; **te voy a cortar una ~** ich werde dir noch eins hinter die Ohren

orejano

geben; **aguzar las ~s** die Ohren spitzen; **con las ~s gachas** (*fig*) mit hängendem Kopf, niedergeschlagen; **agachar** [*o* **bajar**] **las ~s** klein beigeben; **¡no agaches las ~s!** halt die Ohren steif!; **calentar las ~s a alguien** jdm die Ohren lang ziehen; **enseñar la ~** sein wahres Gesicht zeigen; **tirar de las ~s a alguien** jdn an den Ohren ziehen; **ver las ~s al lobo** (*fig*) in Teufelsküche geraten; **haber visto las ~s al lobo** nochmal mit einem blauen Auge davongekommen sein; **ser todo ~s** ganz Ohr sein
❷ (*lateral*) Seitenteil *nt o m*; (*lengüeta*) Zunge *f*; (*del zapato*) Lasche *f*; **sillón de ~s** Ohrensessel *m*
orejano, -a [ore'xano, -a] *adj* (*res*) ohne Brandzeichen (*im Ohr*)
orejear [orexe'ar] *vi* ❶ (*animal*) die Ohren bewegen
❷ (*fig: persona*) sich sträuben
orejera [ore'xera] *f* Ohrenklappe *f*; **~s** Ohrenschützer *mpl*
orejero, -a [ore'xero, -a] *m, f* (*Chil: pey*) Petze *f*
orejón[1] [ore'xon] *m* ❶ (*fam: oreja*) Segelohr *nt*
❷ (*albaricoque*) getrocknete Aprikose *f*
orejón, -ona[2] [ore'xon, -ona] *adj* mit großen Ohren; (*de orejas largas*) langohrig; **ser ~** große Ohren haben
orejudo, -a [ore'xon] *adj v.* **orejón**[2]
orejuela [ore'xwela] *f* ❶ *dim de* **oreja**
❷ (*de recipientes*) Henkel *m*
orensano, -a [oren'sano, -a] I. *adj* aus Orense
II. *m, f* Einwohner(in) *m(f)* von Orense
oreo [o'reo] *m* (Aus)lüften *nt*; (*de carne*) Trocknung *f* an der Luft
oreoselino [oreose'lino] *m* (BOT) Bergpetersilie *f*
orfanato [orfa'nato] *m* Waisenhaus *nt*
orfanatorio [orfana'torjo] *m* (*Méx*) Waisenhaus *nt*
orfandad [orfanˈdaᵈ] *f* Verwaisung *f*; (*pensión*) Waisenrente *f*
orfebre [or'feβre] *mf* Kunstschmied(in) *m(f)*; (*orífice*) Goldschmied(in) *m(f)*; (*platero*) Silberschmied(in) *m(f)*
orfebrería [orfeβre'ria] *f* ❶ (*arte*) Schmiedearbeit *f*; (*en oro*) Goldschmiedearbeit *f*
❷ (*obra*) Schmiedekunst *f*; (*en oro*) Goldschmiedekunst *f*
orfelinato [orfeli'nato] *m* Waisenhaus *nt*
orfeón [orfe'on] *m* (*asociación*) Gesangverein *m*; (*coro*) Chor *m*
orfeonista [orfeo'nista] *mf* (MÚS) Mitglied *nt* eines Gesangvereins
órfico, -a ['orfiko, -a] *adj* orphisch
orfismo [or'fismo] *m* (ARTE, FILOS, REL) Orphismus *m*, Orphik *f*
orfo ['orfo] *m* (ZOOL) Orfe *f* (*Karpfenfisch*)
organdí [organˈdi] *m* Organdy *m*
organicismo [organi'θismo] *m* (FILOS, MED, SOCIOL) Organizismus *m*
orgánico, -a [or'γaniko, -a] *adj* ❶ (BIOL, QUÍM) organisch; (*t.* ADMIN, JUR: *de un órgano*) Organ-; **Ley Orgánica del Estado** Grundgesetz *nt* (*Gesetz auf Verfassungsebene*)
❷ (*unitario*) organisch, einheitlich; **un todo ~** eine organische Einheit
organigrama [organi'γrama] *m* Organigramm *nt*, Organisationsschaubild *nt*; (*de una red*) Netzplan *m*; **~ del programa** (INFOR) Programmablaufplan *m*
organillero, -a [organi'ʎero, -a] *m, f* Drehorgelspieler(in) *m(f)*, Leierkastenmann *m fam*
organillo [orγa'niʎo] *m* Drehorgel *f*, Leierkasten *m fam*
organismo [orγa'nismo] *m* ❶ (BIOL, ANAT) Organismus *m*
❷ (*institución*) Einrichtung *f*; (*organización*) Organisation *f*; (*corporación*) Körperschaft *f*; **~ arbitral** Schiedsstelle *f*; **~ de intervención** Interventionsstelle *f*; **~ oficial** Behörde *f*, Amtsstelle *f*; **~ tutelar sucesorio** Nachlasspflegschaft *f*
organista [orγa'nista] *mf* Organist(in) *m(f)*, Orgelspieler(in) *m(f)*
organización [organiθa'θjon] *f* ❶ (*ordenación*) Organisierung *f*, Organisation *f*; (*estructuración*) Gestaltung *f*; **~ del mercado** Marktorganisation *f*; **~ del mercado agrario** Agrarmarktordnung *f*
❷ (*agrupación*) Organisation *f*; (*organismo*) Einrichtung *f*; (*corporación*) Körperschaft *f*; (*asociación*) Vereinigung *f*; (*liga*) Verband *m*; **~ central** Dachverband *m*; **O~ para la Cooperación y el Desarrollo Económico** Organisation für wirtschaftliche Zusammenarbeit und Entwicklung; **O~ de Estados Americanos** Organisation Amerikanischer Staaten; **O~ Internacional de Trabajo** Internationale Arbeitsorganisation; **O~ Mundial del Comercio** Welthandelsorganisation *f*; **O~ Mundial de la Salud** Weltgesundheitsorganisation *f*; **O~ Nacional de Ciegos de España** Nationaler Blindenverband Spaniens; **O~ de las Naciones Unidas** Organisation der Vereinten Nationen; **~ no gubernamental** nichtstaatliche Organisation, NGO; **O~ de Países Exportadores de Petróleo** Organisation der Erdöl exportierenden Länder; **~ sindical** Gewerkschaftsorganisation *f*; **~ tribunalicia** Gerichtsorganisation *f*; **O~ del Tratado del Atlántico Norte** Nordatlantikpakt *m*
organizado, -a [organi'θaðo, -a] *adj* ❶ *estar* organisiert
❷ *ser* ordentlich; (*sistemático*) systematisch
organizador(a) [organiθa'ðor(a)] I. *adj* organisierend, organisatorisch; **comité ~** Organisationsausschuss *m*

oriente

II. *m(f)* (*de un evento*) Veranstalter(in) *m(f)*, Organisator(in) *m(f)*; **~ de despacho** Bürobutler *m*
organizar [organi'θar] <z→c> I. *vt* ❶ (*preparar*) organisieren; (*disponer*) einrichten
❷ (*crear*) aufbauen; (*estructurar*) gestalten, planen
❸ (*ordenar*) ordnen; (*distribuir*) gliedern
❹ (*realizar*) durchführen; (*celebrar*) veranstalten
II. *vr:* **~se** ❶ (*asociarse*) sich zusammenschließen
❷ (*surgir*) zustande [*o* zu Stande] kommen; (*fam: ocurrir*) passieren; **¡menuda se organizó!** da war der Teufel los!; **se organizó una pelea** es kam zur Schlägerei
❸ (*estructurarse*) sich gliedern
❹ (*ordenar*) haushalten (mit +*dat*); **~se el tiempo** sich *dat* die Zeit einteilen
organizativo, -a [organiθa'tiβo, -a] *adj* organisatorisch, Organisations-
órgano ['orγano] *m* ❶ (ANAT) Organ *nt*; **~s del habla** Sprechorgane *ntpl*; **~s de los sentidos** Sinnesorgane *ntpl*; **~s sexuales** Geschlechtsorgane *ntpl*
❷ (*organismo*) Organ *nt*, Behörde *f*; **~ administrativo** Verwaltungsorgan *nt*; **~ de arbitraje** Schlichtungsstelle *f*; **~ directivo** Steuerorgan *nt*; **~ constitucional** Verfassungsorgan *nt*; **~ ejecutivo** Exekutivorgan *nt*, Vollstreckungsorgan *nt*; **~ del Estado** Staatsorgan *nt*; **~ de gobierno** Regierungsstelle *f*; **~ judicial** Gerichtsbehörde *f*; **~ jurisdiccional** Rechtsprechungsorgan *nt*; **~ legislativo** Gesetzgebungsorgan *nt*; **~ social** Gesellschaftsorgan *nt*
❸ (MÚS) Orgel *f*; **~ automático** Musikautomat *nt*; **~ electrónico** Elektronenorgel *f*, E-Orgel *f*
organogenia [organo'xenja] *f* (BOT, ZOOL) Lehre *f* vom Aufbau und der Entwicklung der Organe
organografía [organoγra'fia] *f* (BOT, ZOOL) Organographie *f*
organología [organolo'xia] *f* (BOT, MÚS, ZOOL) Organologie *f*
organoterapia [organote'rapja] *f* (MED) Organ(o)therapie *f*
orgasmo [or'γasmo] *m* Orgasmus *m*
orgía [or'xia] *f* Orgie *f*; (*crápula*) Trinkgelage *nt*; (*exceso*) Ausschweifung *f*; (*desenfreno*) Zügellosigkeit *f*
orgiástico, -a [or'xjastiko, -a] *adj* orgiastisch; (*desenfrenado*) zügellos
orgullo [or'γuʎo] *m* ❶ (*satisfacción*) Stolz *m* (*por/de* auf +*akk*); **~ profesional** Berufsehre *f*; **sentir ~ por alguien/algo** stolz auf jdn/etw sein; **sentirse herido en su ~** sich in seinem Stolz gekränkt fühlen; **tiene el ~ de haber ganado** [*o* **de que haya ganado**] **el premio** er/sie ist stolz darauf, den Preis gewonnen zu haben [*o* dass er/sie den Preis gewonnen hat]
❷ (*soberbia*) Hochmut *m*; (*pey: arrogancia*) Arroganz *f*
orgulloso, -a [orγu'ʎoso, -a] *adj* ❶ *estar* (*satisfecho*) stolz (*con/de* auf +*akk*); **se siente ~ de haber** [*o* **de que haya**] **aprobado el examen** er ist stolz darauf, die Prüfung bestanden zu haben [*o* dass er die Prüfung bestanden hat]
❷ *ser* stolz; (*soberbio*) hochmütig; (*pey*) arrogant
orientable [orjen'taβle] *adj* drehbar; (*ajustable*) einstellbar, verstellbar
orientación [orjenta'θjon] *f* ❶ (*situación*) Orientierung *f*; (*dirección*) Lenkung *f*; (*ajuste*) Einstellung *f*; **sentido de la ~** Orientierungssinn *m*
❷ (*asesoramiento*) Beratung *f*; (*dirección*) Orientierung *f*, Lenkung *f*; **~ escolar/profesional** Schul-/Berufsberatung *f*
❸ (*tendencia*) Tendenz *f*; **~ política/religiosa** politische/religiöse Einstellung
orientador(a) [orjenta'ðor(a)] *adj* orientierend, richtungsweisend
oriental [orjen'tal] I. *adj* ❶ (*del Este*) östlich, Ost-; **Alemania O~** Ostdeutschland *nt*; **Europa O~** Osteuropa *nt*; **frontera ~** Ostgrenze *f*
❷ (*de Oriente Medio y Próximo*) orientalisch, Orient-; **alfombra ~** Orientteppich *m*
❸ (*de Extremo Oriente*) fernöstlich; (*asiático*) asiatisch
II. *mf* ❶ (*de Oriente Medio y Próximo*) Orientale, -in *m, f*
❷ (*de Extremo Oriente*) Asiate, -in *m, f*
orientalismo [orjenta'lismo] *m* ❶ (*estudio, disciplina*) Orientalistik *f*
❷ (*carácter oriental*) orientalische Wesensart *f*
orientalista [orjenta'lista] *mf* Orientalist(in) *m(f)*
orientar [orjen'tar] I. *vt* ❶ (*dirigir*) ausrichten (*a/hacia* auf +*akk*); **orientado a la práctica** praxisorientiert; **orientado a caractéres/al objeto** (INFOR) zeichen-/objektorientiert
❷ (*ajustar*) einstellen
❸ (*asesorar*) beraten; (*dirigir*) lenken
II. *vr:* **~se** ❶ (*dirigirse*) sich ausrichten; (*fig*) sich orientieren; **se orienta muy bien** er/sie hat eine sehr gute Orientierung; **se orientó muy bien en el trabajo** er/sie fand sich sehr gut in die Arbeit hinein
❷ (*tender*) tendieren (*a/hacia* zu +*dat*)
orientativo, -a [orjenta'tiβo, -a] *adj* Orientierungs-; **programa ~** Orientierungsprogramm *nt*
oriente [o'rjente] *m* ❶ (GEO) Osten *m*; (*países*) Orient *m*; **el O~ Próximo, el Cercano O~** der Nahe Osten; **el O~ Medio** der Mittlere

orificar

Osten; **el Extremo** [o **Lejano**] **O~** der Ferne Osten
② (*viento*) Ostwind *m*
orificar [orifi'kar] <c→qu> *vt* (MED) mit Gold füllen
orifice [o'rifiθe] *m* Goldschmied(in) *m(f)*
orificio [ori'fiθjo] *m* (*agujero*) Loch *nt*; (*abertura*) Öffnung *f*; **~ de acceso** (TÉC) Mannloch *nt*; **~ de salida** Mündung *f*
origen [o'rixen] *m* ❶ (*principio*) Ursprung *m*; (*nacimiento*) Entstehung *f*; **~ de coordenadas** (MAT) Koordinatennullpunkt *m*; **tener su ~ en algo** [o **en etw** *dat*] seinen Ursprung haben
❷ (*causa*) Ursache *f*; **dar ~ a** [o **ser ~ de**] **algo** etw verursachen; **tener su ~ en algo** von etw *dat* herrühren
❸ (*ascendencia*) Abstammung *f*; **de ~ humilde/noble** einfacher/ad(e)liger Abstammung
❹ (*procedencia*) Herkunft *f*; **certificado de ~** (COM) Ursprungszeugnis *nt*, Herkunftsbescheinigung *f*; **lugar de ~** Herkunftsort *m*; **país de ~** (COM) Ursprungsland *nt*, Herkunftsstaat *m*; **de ~ español** aus Spanien; (**él/ella**) **es de ~ español** er/sie ist gebürtiger Spanier/gebürtige Spanierin
origenismo [orixe'nismo] *m* (REL) Lehre *f* des Origenes
original [orixi'nal] **I.** *adj* ❶ (*auténtico*) original; (*documento*) urschriftlich, Original-; **versión ~** (CINE) Originalfassung *f*
❷ (*primigenio*) ursprünglich; (*natural*) urig, urwüchsig; (*virgen*) urtümlich; **el pecado ~** die Erbsünde
❸ (*originario*) stammend (*de* aus +*dat*)
❹ (*creativo*) originell, original
❺ (*singular*) eigenartig, eigentümlich; (*desacostumbrado*) sonderbar; (*raro*) kauzig; **un tipo ~** ein Sonderling, ein sonderbarer Kauz
II. *m* Original *nt*; (*texto*) Urschrift *f*; **fiel al ~** originalgetreu
originalidad [orixinali'ðað] *f* ❶ (*autenticidad*) Originalität *f*, Echtheit *f*
❷ (*del origen*) Ursprünglichkeit *f*; (*carácter primigenio*) Ur(wüchs)igkeit *f*, Urtümlichkeit *f*
❸ (*creatividad*) Originalität *f*
❹ (*singularidad*) Eigenart *f*, Eigentümlichkeit *f*; (*rareza*) Kauzigkeit *f*
originalmente [orixinal'mente] *adv* ❶ (*por su principio*) ursprünglich
❷ (*con originalidad*) originell
originar [orixi'nar] **I.** *vt* (*causar*) verursachen; (*producir*) herbeiführen; (*provocar*) hervorrufen
II. *vr*: **~se** entspringen (*en* in +*dat*); (*surgir*) entstehen; (*proceder*) herrühren (*en* von +*dat*), hervorgehen (*en* aus +*dat*)
originariamente [orixinarja'mente] *adv* ursprünglich
originario, -a [orixi'narjo, -a] *adj* ❶ (*original*) ursprünglich; (*innato*) angeboren
❷ (*oriundo*) stammend (*de* aus +*dat*), gebürtig (*de* aus +*dat*); **es ~ de Chile** er ist gebürtiger Chilene, er stammt aus Chile
❸ (*de origen*) Herkunfts-; **país ~** Herkunftsland *nt*
orilla [o'riʎa] *f* ❶ (*borde*) Kante *f*, Rand *m*; **~ del tejido** Webkante *f*; (*ribera*) Gestade *nt*, Ufer *nt*; **a la ~ del mar** am Meer(esufer); **a ~s del Rhin** am Rhein(ufer); **~ de** (*fam*) bei, in der Nähe von
❸ *pl* (*Am*: *arrabales*) Stadtrand *m*
orillar [ori'ʎar] *vt* ❶ (*poner orilla*) säumen; (*papel*) mit einem Rand versehen; (*adornar*) (mit einem Rand) verzieren, verbrämen
❷ (*resolver*) erledigen
❸ (*sortear*) umgehen; (*evitar*) vermeiden
❹ (*eliminar*) beseitigen
orillero, -a [ori'ʎero, -a] **I.** *adj* (*Am*: *pey*) ❶ (*arrabalero*) vorstädtisch
❷ (*grosero*) ungehobelt
II. *m*, *f* (*Am*: *pey*) ❶ (*arrabalero*) Vorstädter(in) *m(f)*
❷ (*grosero*) Rohling *m*
orillo [o'riʎo] *m* Webkante *f*, Webrand *m*
orín [o'rin] *m* ❶ (*pl*) (*orina*) Urin *m*, Harn *m*
❷ (*óxido*) Rost *m*; **cubierto de ~** rostig
orina [o'rina] *f* <orines> Harn *m*, Urin *m*
orinal [ori'nal] *m* Nachttopf *m*; (*de niño*) Töpfchen *nt*
orinar [ori'nar] **I.** *vi*, *vt* urinieren, Harn lassen; **~ sangre** Blut im Urin haben; **ir a ~** (*fam*) aufs Klo gehen
II. *vr*: **~se** unkontrolliert Harn lassen; (MED, PSICO) einnässen; **~se en la cama** das Bett nässen, ins Bett machen *fam*; **estoy orinándome** (*fam*) ich muss ganz schnell für kleine Jungs/Mädchen
orines [o'rines] *pl de* **orín, orina**
orinque [o'riŋke] *m* (NÁUT) Bojenreep *nt*
oriónidas [o'rjoniðas] *fpl* (ASTR) Orioniden *fpl*
oriundo, -a [o'rjundo, -a] *adj* stammend (*de* aus +*dat*), gebürtig (*de* aus +*dat*); **es ~ de Méjico** er ist gebürtiger Mexikaner
orla [o'rla] *f* ❶ (*borde*) Saum *m*; (*cinta*) Borte *f*; **~ de luto** Trauerrand *m*
❷ (UNIV) Gruppenbild von Studienabgängern
orlar [o'rlar] *vt* (*adornar*) (mit einem Rand) verzieren, verbrämen; (*también rodear*) säumen
orlo [o'rlo] *m* ❶ (MÚS) Alphorn *m*
❷ (ARQUIT) Säulensockel *m*, Plinthe *f*

ornamentación [ornamenta'θjon] *f* Verzierung *f*
ornamental [ornamen'tal] *adj* ornamental, verzierend
ornamentar [ornamen'tar] *vt* verzieren
ornamento [orna'mento] *m* ❶ (*adorno*) Ornament *nt*, Verzierung *f*
❷ *pl* (REL: *en el culto*) Parament *nt*; (*vestiduras*) Ornat *m*
ornar [or'nar] *vt* schmücken (*con/de* mit +*dat*), ornieren *elev*
ornato [or'nato] *m* Zier(de) *f*
ornitóloga [orni'toloɣa] *f* *v*. **ornitólogo**
ornitología [ornitolo'xia] *f* Ornithologie *f*, Vogelkunde *f*
ornitológico, -a [ornito'loxiko, -a] *adj* ornithologisch, vogelkundlich
ornitólogo, -a [orni'toloɣo, -a] *m*, *f* Ornithologe, -in *m*, *f*, Vogelkundler(in) *m(f)*; (*criador*) Vogelzüchter(in) *m(f)*
ornitomancia [ornitoman'θia] *f*, **ornitomancía** [ornito'manθja] *f* Wahrsagerei *f* aus dem Flug der Vögel
ornitóptero [orni'toptero] *m* (AERO) Schwingenflugzeug *nt*
ornitorrinco [ornito'rriŋko] *m* (ZOOL) Schnabeltier *nt*
ornitosis [orni'tosis] *f inv* (MED) Ornithose *f*
oro ['oro] *m* ❶ (*metal*) Gold *nt*; **~ en barras** [o **en lingotes**] Barrengold *nt*; **~ fino** Feingold *nt*, Münzgold *nt*; **~ de ley** Feingold *nt*; **~ negro** schwarzes Gold; **papel** Papiergold *nt*; **~ puro** reines Gold; **el ~ del Rhin** das Rheingold; **reserva de ~** Goldreserve *f*, Goldbestand *m*; **bañado en ~** vergoldet; **de ~** golden, Gold-; **color ~** (*viejo*) (alt)goldfarben; **como los chorros del ~** (*fam*) wie geleckt; **guardar como ~ en paño** wie seinen Augapfel hüten; **pagar a peso de ~** mit Gold aufwiegen; **prometer a alguien el ~ y el moro** (*fam*) jdm das Blaue vom Himmel versprechen; **su palabra es ~** auf sein/ihr Wort ist Verlass; **tener un corazón de ~** ein goldenes Herz haben; **valer su peso en ~** nicht mit Gold aufzuwiegen sein; **no es ~ todo lo que reluce** (*prov*) es ist nicht alles Gold, was glänzt
❷ (*dinero*) Gold(geld) *nt*; **una pieza de ~** ein Goldstück; **hacerse de ~** steinreich werden; **nadar en ~** Geld wie Heu haben *fam*, im Geld schwimmen *fam*; **el tiempo es ~** (*prov*) Zeit ist Geld
❸ *pl* (*naipes*) Farbe im spanischen Kartenspiel
orobanca [oro'βaŋka] *f* Sommerwurz *m*, Orobanche *f*
orogénesis [oro'xenesis] *f sin pl* (GEO) Orogenese *f*, Gebirgsbildung *f*
orogenia [oro'xenja] *f* (GEO) Orogenie *f*
orogénico, -a [oro'xeniko, -a] *adj* (GEO) orogen(etisch), gebirgsbildend
orografía [oroɣra'fia] *f* (GEO) Orographie *f*
orográfico, -a [oro'ɣrafiko, -a] *adj* (GEO) orographisch
orometría [orome'tria] *f* (GEO) vergleichende Gebirgsmessung *f*, Orometrie *f*
orondo, -a [o'rondo, -a] *adj* ❶ (*recipiente*) (dick)bauchig
❷ (*gordo*) dickbäuchig
❸ (*satisfecho*) zufrieden
❹ (*engreído*) aufgeblasen
oronja [o'roŋxa] *f* (BOT) Kaiserling *m*; **~ falsa** Fliegenpilz *m*
oropel [oro'pel] *m* ❶ (*latón*) Flittergold *nt*
❷ (*adorno*, *t. pey*) Flitter *m*
oropéndola [oro'pendola] *f* (ZOOL) Pirol *m*
orozuz [oro'θuθ] *m* (BOT) Süßholzstrauch *m*
orquesta [or'kesta] *f* ❶ (*músicos*) Orchester *nt*; **~ de cámara/sinfónica** Kammer-/Sinfonieorchester *nt*
❷ (*orquestra*) Orchestra *f*; **~ de baile** Tanzorchester *nt*, Tanzkapelle *f*
orquestación [orkesta'θjon] *f* (MÚS) Orchestrierung *f*, Orchestration *f*
orquestal [orkes'tal] *adj* (MÚS) orchestral, Orchester-; **pieza ~** Orchesterstück *nt*
orquestar [orkes'tar] *vt* ❶ (MÚS) orchestrieren
❷ (*pey*: *organizar*) inszenieren, einfädeln
orquestina [orkes'tina] *f* Ensemble *nt*; (*de baile*) Tanzorchester *nt*
orquídea [or'kiðea] *f* Orchidee *f*
orquitis [or'kitis] *f inv* (MED) Hodenentzündung *f*, Orchitis *f*
orsay ['orsai/or'sai] *m* (DEP) Abseits *nt*
ortega [or'teɣa] *f* (ZOOL) Sandflughuhn *nt*
orteguismo [orte'ɣismo] *m* (FILOS) Lehre des spanischen Philosophen Ortega y Gasset
ortiga [or'tiɣa] *f* Brennnessel *f*
ortigal [orti'ɣal] *m* (BOT) Brennnesselfeld *nt*
orto ['orto] *m* ❶ (ASTR) Sonnenaufgang *m*
❷ (CSur: *vulg: culo*) Arsch *m*; (*ano*) Arschloch *nt*
ortocentro [orto'θentro] *m* (MAT) Orthozentrum *nt*
ortodoncia [orto'ðonθja] *f* (MED) Kieferorthopädie *f*, Orthodontie *f*
ortodoxa [orto'ðoksa] *adj o f v.* **ortodoxo**
ortodoxia [orto'ðoksja] *f* Orthodoxie *f*; (REL) Rechtgläubigkeit *f*
ortodoxo, -a [orto'ðokso, -a] **I.** *adj* orthodox; (REL) rechtgläubig, strenggläubig; **ser católico ~** ein strenger Katholik sein; **la Iglesia Ortodoxa** die orthodoxe Kirche
II. *m*, *f* (REL) Orthodoxe(r) *mf*
ortodromia [orto'ðromja] *f* (NÁUT, AERO, MAT) Orthodrome *f*
ortoepía [ortoe'pia] *f* (LING) Orthoepie *f*, Orthoepik *f*

ortofonía [ortofo'nia] *f* (LING) Orthophonie *f*
ortogénesis [orto'xenesis] *f inv* (BIOL) Orthogenese *f*
ortogonal [ortoɣo'nal] *adj* rechtwinklig; (MAT) orthogonal
ortogonio [orto'ɣonjo] *m* (MAT) Rechteck *nt*, Orthogon *nt*
ortografía [ortoɣra'fia] *f* Orthographie *f*, Rechtschreibung *f*; **falta de ~** Rechtschreibfehler *m*
ortográfico, -a [orto'ɣrafiko, -a] *adj* orthographisch; **reglas ortográficas** Rechtschreibung *f*; **reforma ortográfica** Rechtschreibreform *f*
ortopeda [orto'peða] *mf* Orthopädist(in) *m(f)*; (*traumatólogo*) Orthopäde, -in *m, f*
ortopedia [orto'peðja] *f* Orthopädie *f*
ortopédico, -a [orto'peðiko, -a] I. *adj* orthopädisch; **pierna ortopédica** Beinprothese *f*
II. *m, f v.* **ortopeda**
ortopedista [ortope'ðista] *mf* Orthopädist(in) *m(f)*; (*traumatólogo*) Orthopäde, -in *m, f*
ortópteros [or'topteros] *mpl* (ZOOL) Geradflügler *mpl*, Orthopteren *fpl*
ortoscópico, -a [ortos'kopiko, -a] *adj* (FOTO) verzerrungsfrei, orthoskopisch
ortostático, -a [ortos'tatiko, -a] *adj* (MED) bei aufrechter Körperhaltung, orthostatisch
oruga [o'ruɣa] *f* ❶ (ZOOL) Raupe *f*
❷ (TÉC) Raupenkette *f*
orujo [o'ruxo] *m* ❶ (*residuo*) Treber *mpl*, Trester *mpl*
❷ (*aguardiente*) Trester(schnaps) *m*
orvallo [or'βaʎo] *m* (*reg*) Nieselregen *m*
orza [ˈorθa] *f* ❶ (*tinaja*) (großer) Tonkrug *m*
❷ (NÁUT: *quilla*) Schwert *nt*; **a ~ luvwärts**; **ir de ~** (an)luven
orzaga [or'θaɣa] *f* (BOT) Meermelde *f*
orzar [or'θar] <z→c> *vi* (NÁUT) (an)luven, (das Schiff) luvwärts drehen
orzuelo [or'θwelo] *m* (MED) Gerstenkorn *nt*
os [os] I. *pron pers* (*objeto directo e indirecto*) euch; **~ miré** ich sah euch an; **~ he preguntado** ich habe euch gefragt
II. *pron refl:* **~ preparáis** ihr macht euch bereit; **¿~ marcháis?** geht ihr?; **¿~ lo habéis pensado bien?** habt ihr es euch gut überlegt?; **¿~ vais a divorciar?** lasst ihr euch scheiden?
osa ['osa] *f* Bärin *f*; **¡anda la ~!** ach, du liebe Zeit!; **la O~ Mayor/Menor** (ASTR) der Große/Kleine Bär [*o* Wagen]
osadía [osa'dia] *f* ❶ (*audacia*) Wagemut *m*; (*temeridad*) Kühnheit *f*
❷ (*atrevimiento*) Verwegenheit *f*; (*descaro*) Dreistigkeit *f*
osado, -a [o'saðo, -a] *adj* ❶ (*audaz*) wagemutig; (*temerario*) kühn
❷ (*atrevido*) verwegen; (*palabra, acto*) gewagt; (*descarado*) dreist
osamenta [osa'menta] *f* (*esqueleto*) Gerippe *nt*; (*restos mortales*) Gebein *nt*
osar [o'sar] *vi* wagen; **~ hacer algo** es wagen, etw zu tun; **¿cómo osas decir esto?** wie kannst du es nur wagen, das zu sagen?, wie kannst du nur so etwas sagen?; **osó venir** er/sie wagte sich heran
osario [o'sarjo] *m* Ossarium *nt*, Beinhaus *nt*; (ARTE) Karner *m*
óscar ['oskar] *m inv* Oscar *m*; **conceder/ganar un ~** einen Oscar verleihen/erhalten; **la entrega de los ~** die Oscarverleihung; **galardonada con dos ~** zweifache Oscarpreisträgerin
oscarizado, -a [oskari'θaðo, -a] *adj* mit einem Oscar ausgezeichnet; **la oscarizada actriz** die Oscarpreisträgerin
oscense [os'θense] I. *adj* aus Huesca
II. *mf* Einwohner(in) *m(f)* von Huesca
oscilación [osθila'θjon] *f* ❶ (*de péndulo*) Oszillation *f*, Pendelschwingung *f*
❷ (*vaivén*) Schwingung *f*; (FÍS) Oszillation *f*; **~ coyuntural** [*o* **de la coyuntura**] Konjunkturschwankung *f*; **oscilaciones de divisas** Währungsschwankungen *fpl*; **~ de los precios** Preisschwankung *f*
❸ (*fluctuación*) Schwankung *f*; (*cambio*) Abwechslung *f*
❹ (*indecisión*) Unschlüssigkeit *f*
oscilador [osθila'ðor] *m* (ELEC, TÉC) Oszillator *m*, Schwingungserzeuger *m*
oscilante [osθi'lante] *adj* ❶ (*en vaivén*) schwingend; (FÍS) oszillierend
❷ (*fluctuante*) schwankend
❸ (*indeciso*) unschlüssig, schwankend
oscilar [osθi'lar] *vi* ❶ (*péndulo*) oszillieren, pendeln
❷ (*en vaivén*) schwingen; (FÍS) oszillieren
❸ (*t. fig: fluctuar*) schwanken (*entre* zwischen *+dat*)
❹ (*tambalearse*) taumeln
oscilatorio, -a [osθila'torjo, -a] *adj* (FÍS) oszillatorisch; **movimiento ~** Schwingbewegung *f*
oscilógrafo [osθi'loɣrafo] *m* (FÍS) Oszillograph *m*, Schwingungsmesser *m*
oscilograma [osθilo'ɣrama] *m* (FÍS) Oszillogramm *nt*
oscilómetro [osθi'lometro] *m* (MED) Blutdruckmesser *m*
osciloscopio [osθilos'kopjo] *m* (MED) Oszilloskop *nt*
osculador, -a [oskula'ðor, -a], **osculatriz** [oskula'triθ] *adj* (MAT) oskulierend

ósculo ['oskulo] *m* (*elev*) Kuss *m*
oscurantismo [oskuran'tismo] *m* Obskurantismus *m*
oscurantista [oskuran'tista] *mf* Obskurant(in) *m(f)*, Dunkelmann *m*
oscurecer [oskure'θer] *irr como crecer* I. *vimpers* dunkel werden, dämmern; **en invierno oscurece muy pronto** im Winter wird es sehr schnell dunkel
II. *vt* ❶ (*privar de luz, t. fig*) verfinstern, verdunkeln; (*ensombrecer*) verdüstern
❷ (*confundir*) verwirren
III. *vr:* **~se** ❶ (*volverse oscuro, t. fig*) sich verfinstern, sich verdunkeln; (*ensombrecerse*) sich verdüstern; (*cielo*) sich bewölken
❷ (*debilitarse, t. fig*) verblassen
IV. *m* Abenddämmerung *f*; **al ~** in der Abenddämmerung
oscurecimiento [oskureθi'mjento] *m* (*t. fig*) Verfinsterung *f*, Verdunk(e)lung *f*; (*del cielo*) Bewölkung *f*; (*anochecer*) Dunkelwerden *nt*
oscuridad [oskuri'ðað] *f* ❶ (*falta de luz*) Dunkelheit *f*, Finsternis *f*; **en la ~** im Dunkeln, bei Dunkelheit
❷ (*falta de claridad*) Unklarheit *f*; **en la ~** im Unklaren, im Dunkeln
oscuro, -a [os'kuro, -a] *adj* (*t. fig*) dunkel; (*sombrío*) düster; **azul ~** dunkelblau; **a oscuras** im Dunkeln; **de ~ origen** von zweifelhafter Herkunft
osear [ose'ar] *vt v.* **oxear**
óseo, -a ['oseo, -a] *adj* knöchern, Knochen-; **tejido ~** (MED) Knochengewebe *nt*; **restos ~s** Knochen *mpl*, Knochenfunde *mpl*
osera [o'sera] *f* Bärenhöhle *f*
osero [o'sero] *m* Beinhaus *nt*, Ossarium *nt*
osezno, -a [o'seθno, -a] *m, f* Bärenjunge(s) *nt*, kleiner Bär *m*, kleine Bärin *f*
osificación [osifika'θjon] *f* Verknöcherung *f*; (MED) Ossifizierung *f*
osificarse [osifi'karse] <c→qu> *vr* verknöchern; (MED) ossifizieren
osmio ['osmjo] *m* Osmium *nt*
osmosis [os'mosis] *f inv*, **ósmosis** ['osmosis] *f inv* ❶ (QUÍM, BOT) Osmose *f* ❷ (*influencia*) Beeinflussung *f*
osmótico, -a [os'motiko, -a] *adj* (FÍS) osmotisch
oso ['oso] *m* Bär *m*; **~ blanco** [*o* **polar**] Eisbär *m*; **~ de felpa** [*o* **de peluche**] Teddy(bär) *m*; **~ hormiguero** Ameisenbär *m*; **~ panda** Pandabär *m*; **~ pardo** [*o* **común**] Braunbär *m*; **fuerte como un ~** bärenstark; **hacer el ~** den Tanzbär machen
ossobuco [oso'βuko] *m* (GASTR) Ossobuco *m*
oste ['oste] *interj v.* **oxte**
ostealgia [oste'alxja] *f* (MED) Knochenschmerz *m*, Ostealgie *f*
osteítis [oste'itis] *f inv* (MED) Knochenentzündung *f*
ostensible [osten'siβle] *adj* auffällig, ostensibel *elev*; (*patente*) offenkundig; **un engaño ~** ein klarer Fall von Betrug; **hacer ~** offenbaren
ostensivo, -a [osten'siβo, -a] *adj* ❶ (*manifiesto*) offensichtlich, ostensiv *elev*
❷ (*ostentoso*) ostentativ
ostensorio [osten'sorjo] *m* (REL) Ostensorium *nt*
ostentación [ostenta'θjon] *f* Zurschaustellen *nt*, Ostentation *f elev*; (*jactancia*) Prahlerei *f*; **hacer ~ de algo** mit etw *dat* prahlen; (*lucir*) mit etw *dat* prunken
ostentador(a) [ostenta'ðor(a)] I. *adj* prahlerisch
II. *m(f)* Prahler(in) *m(f)*, Großtuer(in) *m(f)*
ostentar [osten'tar] *vt* ❶ (*mostrar*) zur Schau stellen; (*jactarse*) prahlen (mit *+dat*); (*lucir*) prunken (mit *+dat*)
❷ (*poseer*) aufweisen, vorweisen; (*puesto, poder*) innehaben; (*título*) führen
ostentativo, -a [ostenta'tiβo, -a] *adj v.* **ostensivo**
ostento [os'tento] *m* (Natur)wunder *nt*
ostentoso, -a [osten'toso, -a] *adj* ❶ (*jactancioso*) prahlerisch, ostentiös *elev*
❷ (*llamativo*) auffallend; (*provocativo*) ostentativ
osteoblasto [osteo'βlasto] *m* (BIOL) Knochenbildungszelle *f*, Osteoblast *m*
osteoclasia [osteo'klasja] *f* (MED) Osteoklasie *f*
osteoclasto [osteo'klasto] *m* (BIOL) Osteoklast *m*
osteocondritis [osteokon'dritis] *f inv* (MED) Osteochondrose *f*
osteogénesis [osteo'xenesis] *f* Knochenbildung *f*, Osteogenese *f*
osteólisis [oste'olisis] *f inv* (MED) Osteolyse *f*
osteolito [osteo'lito] *m* (GEO) fossiler Knochen *m*
osteología [osteolo'xia] *f* (MED) Knochenlehre *f*, Osteologie *f*
osteoma [oste'oma] *m* (MED) gutartige Knochengeschwulst *f*, Osteom *nt*
osteomalacia [osteoma'laθja] *f* (MED) Knochenerweichung *f*, Osteomalazie *f*
osteometría [osteome'tria] *f* Knochenmessung *f*
osteomielitis [osteomje'litis] *f inv* (MED) Osteomyelitis *f*, Knochenmarkentzündung *f*
osteopatía [osteopa'tia] *f* (MED) Osteopathie *f*; (*patología*) Knochenerkrankung *f*

osteoplastia [osteo'plastja] *f* (MED) Osteoplastik *f*
osteoporosis [osteopo'rosis] *f inv* (MED) Osteoporose *f*
osteosíntesis [osteo'sintesis] *f inv* (MED) Osteosynthese *f*
ostión [os'tjon] *m* (ZOOL) *v.* **ostrón**
ostionería [ostjone'ria] *f* (*Méx*) *v.* **ostrería**
ostra ['ostra] *f* Auster *f*; **aburrirse como una ~** sich zu Tode langweilen; **¡~s!** herrje!
ostracismo [ostra'θismo] *m* ❶ (HIST) Ostrazismus *m*, Scherbengericht *nt*
❷ (*exilio*) Verbannung *f*; (*proscripción*) Verfemung *f*
❸ (*de la vida pública*) Ächtung *f*; **condenar al ~** (*fig*) ächten
ostral [os'tral] *m* Austernbank *f*
ostrería [ostre'ria] *f* Spezialitätenrestaurant *nt* für Austern
ostrero¹ [os'trero] *m* (*ostral*) Austernbank *f*
ostrero, -a² [os'trero, -a] I. *adj* Austern-; **cultivo ~** Austernzucht *f*
II. *m, f* (*vendedor de ostras*) Austernhändler(in) *m(f)*
ostrícola [os'trikola] *adj* die Austernzucht betreffend
ostricultura [ostrikul'tura] *f* Austernzucht *f*
ostrífero, -a [os'trifero, -a] *adj* reich an Austern
ostro ['ostro] *m* ❶ (ZOOL) Purpurschnecke *f*
❷ (*fig: tinte de púrpura*) Purpur *m*
ostrogodo, -a [ostro'ɣoðo, -a] I. *adj* (HIST) ostgotisch
II. *m, f* (HIST) Ostgote, -in *m, f*
ostrón [os'tron] *m* (ZOOL) große Auster *f*
osudo, -a [o'suðo, -a] *adj* ❶ (*persona*) knochig
❷ (*carne*) mit vielen Knochen
osuno, -a [o'suno, -a] *adj* bärenhaft
otacústico, -a [ota'kustiko, -a] *adj* gehörausbildend
otalgia [o'talxja] *f* (MED) Otalgie *f*, Ohrenschmerzen *mpl*
OTAN [o'tan] *f abr de* **Organización del Tratado del Atlántico Norte** NATO *f*
otario, -a [o'tarjo, -a] I. *adj* (*CSur*) dumm
II. *m, f* (*CSur*) Dummkopf *m*
otate [o'tate] *m* (*Méx*) Weidengerte *f*
otear [ote'ar] I. *vt* (*alcanzar a ver*) erspähen; (*escudriñar*) absuchen; (*observar*) beobachten
II. *vi* spähen; (*desde un alto*) hinabspähen
otero [o'tero] *m* Anhöhe *f* (*mitten auf einer Ebene*)
OTI ['oti] *f abr de* **Organización de la Televisión Iberoamericana** Organisation *f* des lateinamerikanischen Fernsehens; **festival de la ~** OTI-Schlagerfestival *nt*
otitis [o'titis] *f inv* (MED) Otitis *f*, Ohrenentzündung *f*; **~ media** Mittelohrentzündung *f*
otoba [o'toβa] *f* (BOT) dem Muskatnussbaum ähnlicher Baum
otología [otolo'xia] *f* (MED) Ohrenheilkunde *f*, Otologie *f*
otológico, -a [oto'loxiko, -a] *adj* (MED) die Ohrenheilkunde betreffend, otologisch
otólogo, -a [oto'loɣo, -a] *m, f* Ohrenarzt, -ärztin *m, f*; (MED) Otologe, -in *m, f*
otomán [oto'man] *m* (*tejido*) Ottoman *m*
otomana [oto'mana] *f* Ottomane *f*
otomano, -a [oto'mano, -a] I. *adj* (HIST) osmanisch; **el imperio ~** das Osmanische Reich
II. *m, f* (HIST) Ottomane, -in *m, f*, Osmane, -in *m, f*
otomí [oto'mi] *m* (*Am*) Ureinwohner Mexikos
otoñada [oto'naða] *f* ❶ (*otoño*) Herbstzeit *f*
❷ (*pasto de otoño*) Herbsternte *f*; **con estas lluvias tendremos buena ~** mit diesem Regen werden wir im Herbst eine gute Ernte haben
otoñal [oto'nal] *adj* ❶ (*lugar, tiempo*) herbstlich
❷ (*persona*) älter; **un caballero ~** ein (rüstiger) älterer Herr; **un amor ~** eine späte Liebe
otoñar [oto'nar] *vi* ❶ (*pasar el otoño*) den Herbst verbringen (*en* in +*dat*)
❷ (*brotar en otoño*) im Herbst wachsen (*Gräser*)
otoño [o'tono] *m* ❶ (*estación*) Herbst *m*; **a fin(al)es de ~** im Spätherbst; **el ~ (de la vida)** der Herbst des Lebens
❷ (*decadencia*) Verfall *m*
otorgador(a) [otorɣa'ðor(a)] *m(f) v.* **otorgante**
otorgamiento [otorɣa'mjento] *m* ❶ (JUR) Verleihung *f*; (*concesión*) Erteilung *f*, Gewährung *f*; (*de un documento*) Ausstellung *f*, Ausfertigung *f*; (*de un contrato*) Abschluss *m*; (*de licencia*) Vergabe *f*; **~ de licencia** Lizenzerteilung *f*; **~ de poder** Vollmachterteilung *f*; **~ de testamento** Testamentserrichtung *f*
❷ (ECON: *de un pedido*) Erteilung *f*
❸ (*consentimiento*) Bewilligung *f*, Zustimmung *f*
otorgante [otor'ɣante] *mf* Verleiher(in) *m(f)*; (*de poder*) Vollmachtgeber(in) *m(f)*; (*de un documento, cheque*) Aussteller(in) *m(f)*; (*ante un notario*) Beurkundende(r) *mf*
otorgar [otor'ɣar] <g→gu> *vt* ❶ (JUR: *conferir*) verleihen; (*conceder*) erteilen; (*ayudas*) gewähren; (*expedir*) ausstellen; **~ escritura pública** eine öffentliche Urkunde ausfertigen; **~ licencia** eine Lizenz vergeben; **~ un plazo** eine Frist einräumen; **~ poderes** die Vollmacht erteilen; **~ testamento** ein Testament errichten
❷ (*acceder*) bewilligen; **~ su consentimiento** seine Zustimmung geben
otorgo [o'torɣo] *m* (JUR) Ehevertrag *m*
otorragia [oto'rraxja] *f* (MED) Blutung *f* aus dem Gehörgang
otorrea [oto'rrea] *f* (MED) Ohrfluss *m*
otorrino, -a [oto'rrino, -a] *m, f* (*fam*) *v.* **otorrinolaringólogo**
otorrinolaringóloga [otorrinolariŋ'goloɣa] *f v.* **otorrinolaringólogo**
otorrinolaringología [otorrinolariŋgolo'xia] *f* (MED) Otorhinolaryngologie *f*, Hals-Nasen-Ohren-Heilkunde *f*
otorrinolaringólogo, -a [otorrinolariŋ'goloɣo, -a] *m, f* Hals-Nasen-Ohren-Arzt, -Ärztin *m, f*, HNO-Arzt, -Ärztin *m, f*; (MED) Otorhinolaryngologe, -in *m, f*
otosclerosis [otoskle'rosis] *f inv* (MED) Otosklerose *f*
otoscopia [otos'kopja] *f* (MED) Ohrenspiegelung *f*, Otoskopie *f*
otoscopio [otos'kopjo] *m* (MED) Ohrenspiegel *m*, Otoskop *nt*
otramente [otra'mente] *adv* andernfalls
otraño [o'traɲo] *adv* in einem anderen Jahr
otro, -a ['otro, -a] *adj o pron indef* ❶ (*distinto*) ein anderer, eine andere; **~s** andere; **el ~/la otra** der/die andere; **lo ~** das andere; **el uno y el ~** der eine und der andere; **otra persona, ~** jemand anders; **ninguna otra persona, ningún ~** niemand anders, kein anderer; **~ tanto** noch einmal so viel; **el ~ día** am Tag darauf; **el ~ día** vor ein paar Tagen, neulich; **en otra ocasión** ein anderes Mal; **en ~ sitio** [*o lugar*] anderswo, woanders; **de un sitio a ~** hin und her; **la otra semana** vorige Woche; **otra cosa** etwas anderes; **¡otra vez será!** ein anderes Mal!, ein andermal!; **eso ya es otra cosa** das ist schon besser [*o* was anderes]; **otra vez** noch (ein)mal; **por ~s motivos** aus anderen Gründen; **se ha comprado ~ coche** er/sie hat sich *dat* ein anderes [*o* neues] Auto gekauft; **pareces ~ con ese pelo** mit diesem Haarschnitt siehst du völlig verändert aus; **lo dijo no ~ que el ministro** das sagte kein anderer als der Minister; **ésa es otra** (*cosa distinta*) das ist noch einmal etwas anderes; (*irón: aún peor*) das ist ja noch schöner!; **¡a otra cosa mariposa!** Schluss jetzt!; **¡hasta otra (vez)!** bis zum nächsten Mal!, man sieht sich!
❷ (*uno más*) noch eine(r, s), ein(e) zweite(r, s); **¿quieres ~ café?** magst du noch einen Kaffee?; **vinieron otras tres personas** da kamen noch drei (weitere) Personen mit; **¡otra, otra!** Zugabe!; **tengo un piso en Quito y ~ en Lima** ich habe eine Wohnung in Quito und noch eine in Lima; **es ~ Mozart** er ist ein zweiter Mozart
otrora [o'trora] *adv* damals, ehemals
otrosí [otro'si] I. *adv* überdies; (*t.* JUR) ferner; **~ digo** ich beantrage ferner
II. *m* (JUR) weiterer (Klage)antrag *m*
OUA [ou'a] *f abr de* **Organización para la Unidad Africana** OAU *f*
out [aut] *m* (DEP) Out *nt*
output ['aut'put] *m* ❶ (INFOR) Output *m*, Ausgabe *f*
❷ (ECON) Output *m o nt*
outsider [aut'saiðer] *m* Outsider *m*
ovación [oβa'θjon] *f* Beifall *m*, Ovation *f elev*; **dar** [*o* **dedicar**] **una ~ a alguien** jdm Beifall klatschen [*o* spenden], jdm Ovationen bereiten *elev*; **recibir una ~** Beifall bekommen [*o* ernten]
ovacionar [oβaθjo'nar] *vt* Beifall klatschen [*o* spenden] +*dat*, Ovationen bereiten +*dat elev*
ovado, -a [o'βaðo, -a] *adj* ❶ (*aves*) befruchtet
❷ (*de forma oval*) eiförmig, oval
oval [o'βal], **ovalado, -a** [oβa'laðo, -a] *adj* oval
ovalar [oβa'lar] *vt* oval machen
óvalo ['oβalo] *m* ❶ (*forma*) Oval *nt*
❷ (*Am: diafragma*) Pessar *nt*
ovar [o'βar] *vi* Eier legen
ovárico, -a [o'βariko, -a] *adj* (ANAT, BOT) ovarial
ovariectomía [oβarjekto'mia] *f* (MED) (operative) Eierstockentfernung *f*, Ovariektomie *f*
ovario [o'βarjo] *m* ❶ (ANAT, ZOOL) Eierstock *m*; (MED) Ovar(ium) *nt*
❷ (BOT) Fruchtknoten *m*
ovariotomía [oβarjoto'mia] *f* (MED) *v.* **ovariectomía**
ovaritis [oβa'ritis] *f inv* (MED) Eierstockentzündung *f*
ovas ['oβas] *fpl* (GASTR, ZOOL) Fischrogen *m*
oveja [o'βexa] *f* Schaf *nt*; (*hembra*) Mutterschaf *nt*; **leche de ~** Schaf(s)milch *f*; **queso de ~** Schafskäse *m*; **la ~ negra** (*fig*) das schwarze Schaf; **cada ~ con su pareja** (*prov*) Gleich und Gleich gesellt sich gern
ovejero, -a [oβe'xero, -a] I. *adj* Hirten-, Schäfer-; **perro ~** Schäferhund *m*
II. *m, f* (*ganadero*) Schäfer(in) *m(f)*; (*pastor*) Schafhirt(in) *m(f)*
❷ (*Am: perro*) Schäferhund *m*
ovejuno, -a [oβe'xuno, -a] *adj* (*relativo a las ovejas*) Schafs-; (*como una oveja*) schafartig; **cara ovejuna** Schafsgesicht *nt*

overbooking [oβer'bukiŋ] *m* (ECON) Überbelegung *f*
overol [oβe'rol] *m* (*Am*) Overall *m*
ovetense [oβe'tense] **I.** *adj* aus Oviedo
II. *m* Einwohner(in) *m(f)* von Oviedo
oviducto [oβi'ðukto] *m* (BIOL, MED) Eileiter *m*
oviforme [oβi'forme] *adj* eiförmig
ovilladora [oβiʎa'ðora] *f* (TÉC) Knäuel(wickel)maschine *f*
ovillar [oβi'ʎar] **I.** *vt* zu einem Knäuel wickeln; (*enrollar*) aufwickeln
II. *vr:* ~**se** sich zusammenrollen, sich ganz klein machen
ovillejo [oβi'ʎexo] *m* (*elev*) Strophe mit zehn Versen, bestehend aus drei Paarreimen und vier Zeilen mit Doppelreim
ovillo [o'βiʎo] *m* Knäuel *m o nt*; (*fig: enredo*) Wirrwarr *m;* **hacerse un** ~ (*enredarse*) sich verwickeln, sich verheddern *fam*; (*encogerse*) sich zusammenrollen, sich ganz klein machen; (*al hablar*) sich verhaspeln, sich verheddern *fam*
ovino, -a [o'βino, -a] **I.** *adj* Schaf-; **cabaña ovina** Schafbestand *m;* **ganado** ~ Schafe *ntpl*, Wollvieh *nt*
II. *m, f* Schaf *nt;* **carne de** ~ Schaffleisch *nt*
ovíparo, -a [o'βiparo, -a] *adj* Eier legend; (BIOL) ovipar
ovni ['oβni] *m* UFO *nt*
ovocito [oβo'θito] *m* (BIOL) unreife Eizelle *f,* Oozyte *f*
ovoide [o'βoiðe] **I.** *adj* eiförmig
II. *m* ❶ (MAT) Ovoid *nt*
❷ (*Am: pelota*) Rugbyball *m*
ovulación [oβula'θjon] *f* Eisprung *m;* (MED, BIOL) Ovulation *f*
ovular [oβu'lar] *vi* einen Eisprung haben; (MED, BIOL) ovulieren
óvulo ['oβulo] *m* ❶ (*célula*) Eizelle *f,* Ei *nt;* (BIOL, MED) Ov(ul)um *nt*
❷ (*supositorio*) Ovulum *nt,* (Scheiden)zäpfchen *nt;* (*anticonceptivo*) Schaumovulum *nt*
❸ (BOT) Samenanlage *f*
oxear [okse'ar] *vt* (Geflügel oder Wild) aufscheuchen
oxidable [oksi'ðaβle] *adj* ❶ (*metal*) leicht rostend
❷ (QUÍM) oxidierbar
oxidación [oksiða'θjon] *f* (QUÍM) Oxidierung *f,* Oxidation *f*
❷ (*metal*) (Ver)rosten *nt,* Rostbildung *f*
oxidante [oksi'ðante] **I.** *adj* (QUÍM) oxidierend
II. *m* Oxidationsmittel *nt*
oxidar [oksi'ðar] **I.** *vt* (QUÍM) oxidieren
❶ (*metal*) zum Rosten bringen; **un hierro oxidado** ein Stück rostiges Eisen
II. *vr:* ~**se** ❶ (*metal*) (ver)rosten, einrosten; ~**se la mente** verkalken; ~**se de no moverse** einrosten
❷ (QUÍM) oxidieren
óxido ['oksiðo] *m* ❶ (QUÍM) Oxid *nt;* (*compuesto*) Sauerstoffverbindung *f;* ~ **de cobre** Kupferoxid *nt;* ~ **metálico** Metalloxid *nt*
❷ (*orín*) Rost(ansatz) *m*
oxigenación [oksixena'θjon] *f* Versetzung *f* mit Sauerstoff, Oxidierung *f*
oxigenar [oksixe'nar] **I.** *vt* ❶ (*cabello*) mit Wasserstoffperoxid blondieren; **cabello oxigenado** wasserstoffblondes Haar; **rubio oxigenado** wasserstoffblond
❷ (QUÍM) mit Sauerstoff versetzen; **agua oxigenada** Wasserstoffperoxid *nt*
❸ (aus)lüften
II. *vr:* ~**se** (*fam*) frische Luft schnappen; **voy a ~me un poco** ich gehe ein bisschen an die frische Luft
oxígeno [ok'sixeno] *m* Sauerstoff *m;* ~ **líquido** Flüssigsauerstoff *m*
oxigenoterapia [oksixenote'rapja] *f* (MED) Sauerstofftherapie *f*
oxímoron [ok'simoron] *m* (LIT) Oxymoron *nt*
oxipétalo [oksi'petalo] *m* (BOT) brasilianische Kletterpflanze
oxitocina [oksito'θina] *f* (BIOL) Oxytocin *nt,* Ocytocin *nt*
oxítono, -a [ok'sitono, -a] *adj* (LING) endbetont, auf der letzten Silbe betont
oxiuro [ok'sjuro] *m* (ZOOL) Madenwurm *m*
oxoniense [okso'njense] **I.** *adj* aus Oxford
II. *mf* Einwohner(in) *m(f)* von Oxford
oxte ['oste] *interj* weg da!, fort von hier!; **sin decir ~ ni moxte** ohne zu mucksen
oyente [o'ʝente] *mf* ❶ (*general*) Zuhörer(in) *m(f)*; (*radio*) Hörer(in) *m(f)*
❷ (UNIV) Gasthörer(in) *m(f);* **estar de ~ libre** Gasthörer sein
ozonizar [oθoni'θar] <z→c> *vt* (QUÍM) ozonisieren
ozono [o'θono] *m* Ozon *m o nt;* **la capa de** ~ die Ozonschicht; **el agujero en la capa de** ~ (ECOL) das Ozonloch
ozonómetro [oθo'nometro] *m* (QUÍM) Ozonmesser *m*
ozonosfera [oθonos'fera] *f* (METEO) Ozonosphäre *f*
ozonoterapia [oθonote'rapja] *f* (MED) Ozontherapie *f*

P

P, p [pe] *f* P, p *nt;* ~ **de París** P wie Paula
P.A. [pe'a] *abr de* **por autorización** i.A.
pabellón [paβe'ʎon] *m* ❶ (*tienda*) Zelt *nt*
❷ (*bandera*) Flagge *f;* **navegar bajo ~ sueco/bajo otro ~** unter schwedischer Flagge/unter falscher Flagge segeln
❸ (ARQUIT) Pavillon *m;* (*dependencia aislada*) Seitengebäude *nt;* (*dependencia inmediata*) Flügel *m*
❹ (*en un jardín*) Gartenhaus *nt*
❺ (*de una feria*) Halle *f;* **en el ~ de la feria** in der Messehalle
❻ (*protección*) Schutz *m*
❼ (ANAT: *de la oreja*) Ohrmuschel *f*
❽ (MÚS) (Schall)trichter *m*
pabilo [pa'βilo] *m,* **pábilo** ['paβilo] *m* ❶ (*mecha*) Docht *m* ❷ (*mecha quemada*) verkohltes Dochtende *f,* Schnuppe *f reg*
pábulo ['paβulo] *m* ❶ (*alimento*) Nahrung *f*
❷ (*fig: fomento*) Nährboden *m;* **esto dará ~ a rumores** dies wird Gerüchte hervorrufen
PAC [pak] *f abr de* **Política Agrícola Común** GAP *f*
paca[1] ['paka] *f* (ZOOL) Paka *f*
paca[2] ['paka] *f* (*fardo*) Packen *m;* (*de paja*) Ballen *m*
pacana [pa'kana] *f* (BOT) Pekannussbaum *m*
pacato, -a [pa'kato, -a] *adj* ❶ (*mojigato*) bigott
❷ (*apacible*) ruhig, friedfertig
❸ (*tímido*) furchtsam
pacaya [pa'kaʝa] *f* ❶ (CRi, Guat, Hond: BOT) Palmenart mit essbarem Herz
❷ (*Guat: disgusto oculto*) versteckter Ärger *m*
pacedero, -a [paθe'ðero, -a] *adj* Weide-; **terreno ~** Weideland *nt*
pacense [pa'θense] **I.** *adj* ❶ aus Badajoz
❷ aus Beja
II. *m, f* ❶ Einwohner(in) *m(f)* von Badajoz
❷ Einwohner(in) *m(f)* von Beja
paceño, -a [pa'θeɲo, -a] **I.** *adj* aus La Paz
II. *m, f* Einwohner(in) *m(f)* von La Paz
pacer [pa'θer] *irr como crecer* **I.** *vi* grasen, weiden
II. *vt* abgrasen, abweiden; ~ **la hierba** das Gras abfressen
pachá [pa't͡ʃa] *m* Pascha *m;* **vivir como un ~** leben wie Gott in Frankreich
pacha ['pat͡ʃa] *f* ❶ (Nic, Méx: *botella*) Flachmann *m fam*
❷ (Nic: *biberón*) Saugflasche *f*
pachacho, -a [pa't͡ʃat͡ʃo, -a] *adj* (Chil) untersetzt
pachaco, -a [pa't͡ʃako, -a] *adj* ❶ (AmC: *aplastado*) zerquetscht, zusammengedrückt
❷ (CRi: *inútil, enclenque*) mickerig *fam pey*
pachamama [pat͡ʃa'mana] *f* (And: *Madre Tierra*) Mutter *f* Erde (*indianische Göttin*)
pachamanca [pat͡ʃa'maŋka] *f* (And) ❶ (*plato*) auf heißen Steinen gegrilltes Fleisch
❷ (*horno*) Grube, die zum Garen von Speisen mit heißen Steinen gefüllt und mit Erde bedeckt wird
pachanga [pa't͡ʃaŋga] *f* ❶ (*danza*) kubanischer Tanz
❷ (Am: *fam: fiesta*) Fest *nt*
❸ (DEP) Fußball/Korbball mit nur einem Tor/einem Korb
pachanguero, -a [pat͡ʃaŋ'gero, -a] *adj:* **una fiesta pachanguera** ein lautes Fest
pacharán [pat͡ʃa'ran] *m* mit in Anisbranntwein eingelegten Schlehen hergestellter Likör
pacheco [pa't͡ʃeko] *m* (Ecua, Ven) eisige Kälte *f*
pacho, -a [pa't͡ʃo, -a] *adj* ❶ (*indolente*) träge, phlegmatisch
❷ (Nic: *flaco*) mager
pachocha [pa't͡ʃot͡ʃa] *f* ❶ (GASTR) eine Art Gazpacho mit Brot, Essig, Öl und Salz
❷ (*pachorra*) Trägheit *f*
pachón, -ona [pa't͡ʃon, -ona] **I.** *adj* ❶ (*perro*) Dachs-; **perro ~** Dachshund *m,* Dackel *m*
❷ (Am: *peludo*) zott(el)ig, strubb(e)lig, zerzaust
II. *m, f* ❶ (ZOOL) Dackel *m,* Teckel *m reg*
❷ (*fam: persona*) Faulpelz *m*
pachorra [pa't͡ʃorra] *f* (*fam*) Trägheit *f*
pachorriento, -a [pat͡ʃo'rrjento, -a] *adj* (AmS) phlegmatisch, langsam
pachuca [pa't͡ʃuka] *f v.* **pachuco**[2]
pachucho, -a [pa't͡ʃut͡ʃo, -a] *adj* ❶ (*fam: persona*) schlapp, schlaff
❷ (*fruta*) überreif
pachuco[1] [pa't͡ʃuko] *m* ❶ (Méx: *dialecto*) Dialekt der in den Südstaaten der USA lebenden Mexikaner
❷ (*persona*) Geck *m*

pachuco, -a² [pa'tʃuko, -a] *m, f* (*Méx*) in den Südstaaten der USA lebende(r) Mexikaner(in)
pachulí [patʃu'li] *m* ❶ (BOT) Patschulipflanze *f*
❷ (*perfume*) Patschuli *nt*
paciencia [pa'θjenθja] *f* ❶ (*espera*) Geduld *f*, Ausdauer *f*; **armarse de ~** sich mit Geduld wappnen; **tentar la ~ de alguien** jds Geduld auf die Probe stellen; **se me acabó la ~** meine Geduld ist am Ende; **la ~ es la madre de la ciencia** Geduld ist die Schwester der Weisheit
❷ (*tolerancia*) Langmut *f elev*
❸ (*bollo*) ≈Baiser *nt*
paciente [pa'θjente] I. *adj* geduldig (*con* mit +*dat*); **la madre es ~ con el niño** die Mutter hat mit dem Kind viel [*o* große] Geduld
II. *mf* Patient(in) *m(f)*, Kranke(r) *f(m)*
pacienzudo, -a [paθjen'θuðo, -a] *adj* sehr geduldig
pacificación [paθifika'θjon] *f* ❶ (*establecer paz*) Befriedung *f*; (*reconciliación*) Aussöhnung *f*
❷ (*subyugación*) Unterwerfung *f*
❸ (POL: *convenio entre Estados*) Friedensabkommen *nt*
pacificador(a) [paθifika'ðor(a)] I. *adj* Frieden stiftend
II. *m(f)* Frieden(s)stifter(in) *m(f)*
pacíficamente [paθifika'mente] *adv* friedlich; **resolver un desacuerdo ~** eine Unstimmigkeit auf friedlichem Wege lösen
pacificar [paθifi'kar] <c→qu> I. *vi* den Frieden wiederherstellen
II. *vt* ❶ (*apaciguar*) befrieden; **~ un país** ein Land befrieden
❷ (*reconciliar*) aussöhnen; **~ a las partes interesadas** die Beteiligten versöhnen
III. *vr:* **~se** sich beruhigen, ruhig werden; (*viento*) nachlassen, sich legen
Pacífico [pa'θifiko] *m* Pazifik *m*, Pazifischer Ozean *m*
pacífico, -a [pa'θifiko, -a] *adj* ❶ (*de ánimo tranquilo*) friedlich, friedfertig; **carácter ~** Friedfertigkeit *f*; **un hombre ~** ein friedfertiger Mann; **ser una persona pacífica** niemandem ein Haar krümmen können
❷ (*en estado tranquilo*) ruhig, sanft
pacifismo [paθi'fismo] *m* (POL) Pazifismus *m*
pacifista [paθi'fista] I. *adj* pazifistisch
II. *mf* Pazifist(in) *m(f)*
pack [pakˣ] <packs> *m* ❶ (*hielo*) Packeis *nt*
❷ (*envase*) Pack *m*; **un ~ de tres yogures** ein Dreierpack Joghurt
paco¹ ['pako] *m* ❶ (*Am: color*) rötliche Farbe
❷ (*fam: francotirador*) Heckenschütze *m*
❸ (ZOOL) Alpaka *nt*
paco, -a² ['pako, -a] *adj* (*Am*) rötlich
pacota [pa'kota] *f* (*Méx*) v. **pacotilla**
pacotilla [pako'tiʎa] *f* ❶ (*calidad inferior*) Schund *m*, Ramsch *m fam*; **tienda de ~s** Kramladen *m*; **de ~** (*mercancía*) minderwertig; (*restaurante*) zweitklassig; **ser de ~** nichts wert sein; **hacer su ~** zu Geld kommen
❷ (NÁUT: *género*) Freigepäck *nt*
❸ (*Am: chusma*) Gesindel *nt*, Pöbel *m*
pacotillero, -a [pakoti'ʎero, -a] I. *adj* Kram-; **tienda pacotillera** Kramladen *m*
II. *m, f* ❶ (*negociante sedentario*) Ramschverkäufer(in) *m(f)*
❷ (*Am: negociante que viaja*) Hausierer(in) *m(f)*
pactable [pak'taβle] *adj* vereinbar; **no ser ~** unvereinbar sein; **la paz entre los contendientes no era ~** die Gegner konnten keinen Frieden schließen
pactar [pak'tar] I. *vi* sich fügen; **¡hay que ~ para sobrevivir!** im Leben muss man Kompromisse machen!
II. *vt* einen Pakt schließen (*con* mit +*dat*), paktieren (*con* mit +*dat*); **~ con el enemigo** mit dem Feind einen Pakt schließen
pactista [pak'tista] I. *adj* kompromissbereit
II. *mf* Paktierer(in) *m(f)*
pacto ['pakto] *m* Pakt *m*, Vertrag *m*; **~ adicional** Zusatzabkommen *nt*; **P~ Andino** Andenpakt *m*; **~ de arrendamiento** Pachtabkommen *nt*; **~ comisorio** Rücktrittsklausel *f*; **~ de compensación** Verrechnungsvertrag *m*; **~ contractual** Vertragsvereinbarung *f*; **~ de derecho aplicable** Rechtswahlvertrag *m*; **~ de disolución** Auflösungsvertrag *m*; **~ de estabilidad y crecimiento (económicos)** Stabilitäts- und Wachstumspakt *m*; **~ de honorarios** Honorarvertrag *m*; **~ de indemnización por despido** Abfindungsvertrag *m*; **~ de modificación** Änderungsvertrag *m*; **~ de precio cerrado** Festpreisabrede *f*; **~ de prorrateo** Aufteilungsvertrag *m*; **~ de retro** Rückkaufsvertrag *m*; **~ de retroventa** (ECON) Rückkaufrecht *nt*; **~ de servicio público** Dienstvereinbarung *f*; **~ de sumisión jurisdiccional** Gerichtsstandvereinbarung *f*, Zuständigkeitsvereinbarung *f*; **~ sucesorio** Erbvertrag *m*; **~ de transacción** Abfindungsvertrag *m*
pacú [pa'ku] *m* (*Arg*; ZOOL) *großer, sehr schmackhafter Flussfisch*
pácul ['pakul] *m* (*Fili*) wilde Banane *f* (*aus der eine Textilfaser gewonnen wird*)
padecer [paðe'θer] *irr como crecer* I. *vi* leiden

II. *vt* (*enfermedad*) leiden (an +*dat*, unter +*dat*), erleiden; (*insulto*) ertragen; **~ una enfermedad** krank sein, an einer Krankheit leiden; **~ un error** einem Irrtum unterliegen; **~ insomnio** unter Schlaflosigkeit leiden; **~ un jefe severo durante muchos años** einen strengen Chef viele Jahre lang ertragen
padecimiento [paðeθi'mjento] *m* ❶ (*sufrimiento*) Leiden *nt*
❷ (*enfermedad*) Krankheit *f*
padrastro [pa'ðrastro] *m* ❶ (*marido de madre*) Stiefvater *m*
❷ (*mal padre*) Rabenvater *m*
❸ (*impedimento*) Hindernis *nt*
❹ (*pellejo*) Niednagel *m*, Neidnagel *m*
padrazo [pa'ðraθo] *m:* **es un ~** er ist ein toller Vater
padre ['paðre] I. *m* ❶ (*respecto de los hijos*) Vater *m*; **~ adoptivo** Adoptivvater *m*; **~ de familia** Familienvater *m*; **tal ~, tal hijo** der Apfel fällt nicht weit vom Stamm
❷ (REL) Vater *m*, Pater *m*; **~ espiritual** Seelsorger *m*; **santos ~s** Kirchenväter *mpl*; **el Santo P~, el P~ Santo** der Heilige Vater; **¡P~, he pecado!** Vater, ich habe gesündigt
❸ (*autor*) Autor *m*, Urheber *m*
❹ *pl* (*antepasados*) Vorfahren *mpl*, Ahnen *mpl*; **dormir con sus ~s** gestorben [*o* tot] sein
❺ *pl* (*padre y madre*) Eltern *pl*
❻ (*fam*): **¡tu ~!** verdammt noch mal!, Scheiße!
II. *adj* (*fam*) riesengroß; **un escándalo ~** ein Riesenskandal; **recibió una paliza de ~ y muy señor mío** er/sie wurde windelweich geprügelt
padrear [paðre'ar] *vi* ❶ (*parecerse*) dem Vater ähneln
❷ (AGR: *engendrar*) für die Zucht sein
❸ (*fig: vida licenciosa*) ein Lotterleben führen
padrenuestro [paðre'nwestro] *m* Vaterunser *nt*
padrillo [pa'ðriʎo] *m* (*CSur*) Deckhengst *m*
padrinazgo [paðri'naθɣo] *m* ❶ (*título*) Patenschaft *f*
❷ (*protección*) Schutz *m*
padrino [pa'ðrino] *m* ❶ (REL) Pate *m*, Patenonkel *m*, Taufpate *m*; **~ de boda** Trauzeuge *m*
❷ (*loc*): **~ de duelo** Sekundant *m*; **tener buenos ~s** gute Beziehungen haben
padrón [pa'ðron] *m* ❶ (*nómina*) Einwohnerverzeichnis *nt*, Einwohnerliste *f*
❷ (*modelo*) Muster *nt*
❸ (*columna*) Gedenksäule *f*
❹ (*irón: infamia*) Schandfleck *m*
❺ (*Am: caballo*) Zuchthengst *m*
padrote [pa'ðrote] *m* (*AmC*, *Méx*) ❶ (*equino*) Deckhengst *m*; (*bovino*) Zuchtbulle *m*
❷ (*fam: alcahuete*) Zuhälter *m*
paella [pa'eʎa] *f* ❶ (*comida*) Paella *f*
❷ (*utensilio*) Paellapfanne *f*
paellada [pae'ʎaða] *f* ≈Paellaessen *nt*
paellera [pae'ʎera] *f* (*utensilio*) Paellapfanne *f*
paf [paf] *interj* bums!, puff!, patsch!
pág. ['paxina] *abr de* **página** S.
paga ['paɣa] *f* ❶ (*sueldo*) Lohn *m*, Gehalt *nt*; (NÁUT) Heuer *f*; **~ mensual** Monatsgehalt *nt*
❷ (*pago*) (Be)zahlung *f*; **~ extra(ordinaria)** Sonderzulage *f*
❸ (*represalia*) Vergeltung *f*; **fue la ~ por sus pecados** das war die Strafe für seine/ihre Sünden
pagable [pa'ɣaβle] *adj* zahlbar
pagadero, -a [paɣa'ðero, -a] *adj* ❶ (*a pagar*) fällig
❷ (ECON: *pagable*) zahlbar; **~ a 30 días fecha** Zahlungsziel: 30 Tage; **~ a la entrega** zahlbar bei Lieferung; **~ a la orden de...** zahlbar an Order von ...; **en plazos mensuales** zahlbar in Monatsraten; **~ a la vista** zahlbar bei Sicht; **talón ~ al portador** auf den Überbringer lautender Scheck; **transporte y seguro ~ hasta...** Transport und Versicherung frei bis ...
pagado, -a [pa'ɣaðo, -a] *adj* bezahlt; (*en aduana*) verzollt; **~ de sí mismo** selbstgefällig; **portes ~** portofrei
pagador(a) [paɣa'ðor(a)] *m(f)* ❶ (*que paga*) Zahler(in) *m(f)*, Zahlungspflichtige(r) *mf*; **~ de impuestos** Steuerzahler *m*; **ser buen/mal ~** ein pünktlicher/säumiger Zahler sein
❷ (*cajero*) Kassenführer(in) *m(f)*; **~ habilitado** Zahlmeister *m*
pagaduría [paɣaðu'ria] *f* Zahlstelle *f*
págalo ['paɣalo] *m* (ZOOL) Schwimmvogel aus der Arktis, der sich von der Beute anderer Vögel ernährt
pagana [pa'ɣana] *adj o v.* **pagano**
paganismo [paɣa'nismo] *m sin pl* Heidentum *nt*
paganizar [paɣani'θar] <z→c> I. *vi* Heide werden
II. *vt* zum Heidentum bekehren
pagano, -a [pa'ɣano, -a] I. *adj* heidnisch
II. *m, f* ❶ (*infiel*) Heide, -in *m, f*

pagar

② (*fam: pagador*) Zahler(in) *m(f)*; **hacer de ~** immer für die anderen zahlen

pagar [pa'ɣar] <g→gu> I. *vt* ❶ (*saldar*) (be)zahlen, auszahlen; **cuentas a ~** ausstehende Rechnungen; **una cuenta sin ~** eine unbezahlte Rechnung; **~ aduana** verzollen; **~ aduana sobre algo** Zoll auf etw entrichten; **~ un anticipo** eine Anzahlung leisten, anzahlen; **~ al contado/por adelantado** bar/im Voraus bezahlen; **~ una deuda/impuestos** eine Schuld begleichen/Steuern entrichten [*o* zahlen]; **~ una deuda a plazos** eine Schuld abzahlen; **~ (una deuda) trabajando** (eine Schuld) abarbeiten; **~ contra factura** gegen Rechnung bezahlen; **~ un sueldo** ein Gehalt auszahlen; **eso no se paga con todo el oro del mundo** (*fig*) das ist nicht mit Gold aufzuwiegen; **~ con un talón** mit einem Scheck bezahlen; **este banco me paga un 7% de interés** bei dieser Bank bekomme ich 7% Zinsen; **la empresa donde trabajo paga unos sueldos de miseria** die Firma, bei der ich arbeite, zahlt Hungerlöhne; **ahora tiene que ~ el pato** (*fig*) jetzt muss er/sie es ausbaden

❷ (*fig: expiar*) büßen, sühnen; **~ una condena** eine Strafe verbüßen; **¡me las ~ás!** das wirst du mir büßen; **quien las hace las paga** man muss für seine (eigenen) Dummheiten geradestehen

❸ (*recompensar*) ausgleichen, vergelten; **jamás podré ~te todos los favores que me has hecho** für alles, was du für mich getan hast, stehe ich für immer in deiner Schuld; **¡Dios se lo pague!** vergelt's Gott!; **~ una visita** einen Besuch erwidern

II. *vr:* **~se** ❶ (*aficionarse*) eingenommen sein (*de/con* von +*dat*); **~se de algo** mit etw *dat* angeben

❷ (*contentarse*) sich abspeisen lassen (*de/con* mit +*dat*); **no me pago de bellas palabras** ich lasse mich nicht mit schönen Worten abspeisen

pagaré [paɣa're] *m* Schuldschein *m*, Schuldverschreibung *f*; (FIN) Solawechsel *m*; **~ de empresa** Obligation *f*; **~ a la orden** Orderschuldverschreibung *f*; **P~s del Tesoro** staatliche Schuldverschreibungen

pagaya [pa'ɣaʝa] *f* (NÁUT) kurzes philippinisches Ruder

pagel [pa'xel] *m* (ZOOL) Rotbrasse *f*

página ['paxina] *f* ❶ (*hoja*) Seite *f*; **~s amarillas** Gelbe Seiten *pl*; **~ de código** (INFOR) Zeichensatztabelle *f*; **~ de cubierta** Umschlagseite *f*; **~ principal, ~ inicial** (INFOR) Homepage *f*; **~ web** Web-Seite *f*; **ajustar las ~s** (TIPO) die Seiten umbrechen; **pasar la ~ (adelante)** (INFOR) (vor)blättern

❷ (*fig: episodio*) Kapitel *nt*, Ereignis *nt*; **una triste ~ de su vida** ein trauriges [*o* dunkles] Kapitel in seinem/ihrem Leben; **una ~ gloriosa** eine ruhmreiche Tat

paginación [paxina'θjon] *f* Seitennummerierung *f*, Paginierung *f*

paginar [paxi'nar] *vt* paginieren, mit Seitenzahlen versehen

pago¹ ['paɣo] *m* ❶ (*reintegro*) (Aus)zahlung *f*, Bezahlung *f*; (*salario*) Lohn *m*; (*fig*) Vergeltung *f*; **~ abierto** Barscheck *m*; **~ adicional** Nachzahlung *f*; **~ anticipado** [*o por adelantado*] Vorauszahlung *f*, Vorschuss *m*; **~ atrasado** Zahlungsrückstand *m*; **~ de buena voluntad** Kulanzzahlung *f*; **~ mediante cheque** Zahlung per Scheck; **~ compensatorio** (UE) Ausgleichszahlung *f*; **~ compensatorio de salario** Lohnausgleich *m*; **~ de compromisos** Begleichung von Zahlungsverpflichtungen; **~ al contado** Barzahlung *f*; **~ a cuenta** Abschlagszahlung *f*; **~ de la cuenta** Rechnungsbegleichung *f*; **~ contra cuenta corriente** Bezahlung gegen offene Rechnung; **~ de los derechos de aduana** Zollentrichtung *f*; **~ de deuda** Schuldenbegleichung *f*; **~ en especies** Naturalvergütung *f*; **~ extraordinario** Zulage *f*, Zuschlag *m*; **~ por hora** Stundenlohn *m*; **~ de impuestos atrasados** Steuernachzahlung *f*; **~ por incapacidad** Krankengeld *nt*; **~ de indemnización por despido** Abfindungszahlung *f*; **~ inicial** Anzahlung *f*; **~ íntegro** [*o total*] Gesamtvergütung *f*; **~ en metálico** Barzahlung *f*; **~ en movimiento de numerario** unbarer Zahlungsverkehr; **~ a plazos** Teilzahlung *f*, Ratenzahlung *f*; **~ subsidiario** Ausfallzahlung *f*; **~ por traspaso** Abstandszahlung *f*; **~ total de una deuda** Gesamttilgung [*o* vollständige Begleichung] einer Schuld; **condiciones de ~** Zahlungsbedingungen *fpl*; **día de ~** Zahltag *m*, Zahlungstermin *m*; **facilidades de ~** Zahlungserleichterungen *fpl*; **forma de ~** Zahlungsweise *f*; **requerimiento de ~** Zahlungsaufforderung *f*; **anticipar el ~** vorauszahlen; **conceder un plazo para el ~** eine Zahlungsfrist gewähren; **efectuar un ~** eine Zahlung leisten; **hacemos un descuento por pronto ~** wir gewähren einen Barzahlungsrabatt; **el ~ vence** die Zahlung ist fällig; **sujeto a ~** zahlungspflichtig; **sujeto al ~ de derechos de aduana** zollpflichtig; **tomar en ~** in Zahlung nehmen; **¿éste es el ~ que me das?** so dankst du es mir?

❷ (*heredad*) Gut *nt*

❸ (*Arg, Perú: lugar de nacimiento*) Heimatort *m*

pago, -a² ['paɣo] *pp de* **pagar**

pagoda [pa'ɣoða] *f* Pagode *f*

pagro [pa'ɣro] *m* (ZOOL) Pagrus *m*

paico ['paiko] *m* (*Chil*: BOT) einjährige, sehr aromatische Kräuterpflanze, die auch als Heilpflanze verwendet wird

paidología [paiðolo'xia] *f* (PSICO) Pädologie *f*

paidológico, -a [paiðo'loxiko, -a] *adj* (PSICO) pädologisch

paidólogo, -a [pai'ðoloɣo, -a] *m, f* (PSICO) Pädologe, -in *m, f*

paila ['paila] *f* ❶ (*vasija*) große, runde Metallschale

❷ (*Am: sartén*) Pfanne *f*

❸ (*Chil: fam: oreja*) Ohr *nt*

❹ (*Nic: machete*) Machete *f* (*zum Schneiden von Zuckerrohr*)

pailón¹ [pai'lon] *m* (*Bol, Ecua*: GEO) runde Niederung *f*

pailón, -ona² [pai'lon, -ona] *adj* (*Chil*) ❶ (*larguirucho*) schlaksig, hoch aufgeschossen

❷ (*fam: orejudo*) mit großen Ohren

❸ (*torpe*) ungeschickt

paipai [pai'pai] *m* Fächer *m*, Palmwedel *m*

pairar [pai'rar] *vi* (NÁUT) beiliegen

pairo ['pairo] *m* (NÁUT) Beiliegen *nt*; **estar al ~** (*nave*) beiliegen; (*persona*) eine abwartende Haltung einnehmen

país [pa'is] *m* ❶ (*nación*) Land *nt*; **~ ACP** AKP-Staat *m*; **~ acreedor** Gläubigerland *nt*; **~ comunitario** EU-Land *nt*; **~ deudor** Schuldnerland *nt*; **~ emergente** Schwellenland *nt*; **~ de envío** Lieferland *nt*; **~ euro** Euroland *nt*; **~ industrializado** Industrienation *f*; **~ limítrofe** Nachbarland *nt*; **~ sin litoral** Binnenstaat *m*; **~ miembro** Mitgliedsland *nt*; **~ miembro de la UEME** EWWU-Teilnehmerland *nt*; **~ con moneda débil** devisenschwaches Land; **~ nativo** [*o natal*] Geburtsland *nt*; **~ de origen** [*o de procedencia*] Herkunftsland *nt*; **~ prestatario** Schuldnerland *nt*; **~ de reciente industrialización** Land auf dem Weg zur Industrialisierung; **~ subdesarrollado** Entwicklungsland *nt*; **~ tercero** Drittland *nt*; **~es de ultramar** überseeische Länder; **en vías de desarrollo** Entwicklungsland *nt*; **~ en vías de industrialización** Schwellenland *nt*; **vino del ~** Landwein *m*; **productos del ~** Landesprodukte *ntpl*

❷ (*en pintura*) Landschaftsbild *nt*

❸ (*del abanico*) Fächerfeld *nt*

paisa ['paisa] *m* (*AmC, Méx, Ven*) *v.* **paisano**

paisaje [pai'saxe] *m* (*t.* ARTE) Landschaft *f*; **~ esculpido por obras artificiales** Kulturlandschaft *f*

paisajismo [paisa'xismo] *m* (ARTE) Landschaftsmalerei *f*

paisajista [paisa'xista] *mf* Landschaftsmaler(in) *m(f)*

paisajístico, -a [paisa'xistiko, -a] *adj* Landschafts-

paisana [pai'sana] *f* ❶ *v.* **paisano**

❷ (MÚS) Bauerntanz *m*

paisanada [paisa'naða] *f* (*CSur*) Landvolk *nt*

paisanaje [paisa'naxe] *m* ❶ (*campesinos*) Bauernschaft *f*

❷ (*no militares*) Zivilisten *mpl*

paisano, -a [pai'sano, -a] *m, f* ❶ (*no militar*) Zivilist(in) *m(f)*; **ir de ~** in Zivil gehen

❷ (*compatriota*) Landsmann, -männin *m, f*

❸ (*campesino*) Bauer *m*, Bäuerin *f*

Países Bajos [pa'ises 'βaxos] *mpl* Niederlande *pl*

paja ['paxa] *f* Stroh *nt*; (*pajilla*) Strohhalm *m*; **~ cortada** Häcksel *m o nt*; **cama de ~** Streu *f*; **apartar el grano de la ~** (*t. fig*) die Spreu vom Weizen trennen; **ver la ~ en el ojo ajeno y no la viga en el propio** den Splitter im fremden Auge, aber den Balken im eigenen nicht sehen; **yo no hablo a humo de ~s** ich rede nicht einfach irgendetwas daher; **no pesar una ~** völlig unbedeutend sein; **no dormirse en las ~s** keine Gelegenheit versäumen; **hacerse una ~** (*vulg*) sich *dat* einen runterholen

pajado, -a [pa'xaðo, -a] *adj* strohgelb, strohfarben

pajar [pa'xar] *m* (Heu)schober *m*, Scheune *f*; **buscar una aguja en un ~** (*fig*) eine Stecknadel im Heuhaufen suchen

pájara ['paxara] *f* ❶ (*ave pequeña*) kleiner Vogel *m*

❷ (*cometa*) Drachen *m*

❸ (*pajarita de papel*) gefalteter Papiervogel *m*

❹ (*pey: mujer*) gerissenes Frauenzimmer *nt*

❺ (*loc*): **entrarle a alguien la ~** sich auf einmal hundeelend fühlen

pajarear [paxare'ar] *vi* ❶ (*cazar pájaros*) Vögel fangen

❷ (*andar vagando*) ein Vagabundenleben führen

pajarera [paxa'rera] *f* ❶ (*jaula*) Voliere *f*

❷ *v.* **pajarero**

pajarería [paxare'ria] *f* ❶ (*multitud de pájaros*) Vogelschar *f*, Vogelschwarm *m*

❷ (*comercio*) Tierhandlung *f*

pajarero, -a [paxa'rero, -a] I. *adj* ❶ (*de pájaros*) Vogel-; **redes pajareras** Vogelnetze *ntpl*

❷ (*persona*) lustig, witzig

❸ (*telas*) bunt(scheckig)

❹ (*Am: caballos*) leicht scheuend

II. *m, f* (*cazador de pájaros*) Vogelfänger(in) *m(f)*; (*criador de pájaros*) Vogelzüchter(in) *m(f)*; (*vendedor de pájaros*) Vogelhändler(in) *m(f)*

pajarete [paxa'rete] *m* sehr feiner Likörwein aus Jerez de la Frontera

pajarilla [paxa'riʎa] *f* ❶ (BOT) Akelei *f*

❷ (*bazo del cerdo*) Schweinemilz *f*

❸ (*mariposa nocturna*) Nachtfalter *m*

pajarita [paxa'rita] *f* ❶ (*de origami*) gefalteter Papiervogel *m*; (*cometa*) Papierdrache *m*
❷ (*tipo de corbata*) Fliege *f*
❸ (ZOOL): **~ de las nieves** Bachstelze *f*
pajarito [paxa'rito] *m dim de* **pájaro** Vögelchen *nt*; **quedarse** (**muerto**) **como un ~** friedlich sterben
pájaro ['paxaro] *m* Vogel *m*; **~ bitango** Papierdrache *m*; **~ bobo** (Riesen)pinguin *m*; **~ carpintero** Specht *m*; **~ de cuenta** (*fig fam*) schräger Vogel; **~ gordo** (*fig*) hohes Tier; **~ mosca** Kolibri *m*; **tener la cabeza llena de ~s** ein Luftikus sein; **matar dos ~s de un tiro** zwei Fliegen mit einer Klappe schlagen; **más vale ~ en mano que ciento volando** besser einen Spatz in der Hand als eine Taube auf dem Dach; **voló el ~** (*fig fam*) der Vogel ist ausgeflogen
pajarón, -ona [paxa'ron, -ona] *adj* (*Arg, Chil: fam*) zerstreut, unaufmerksam
pajarraco [paxa'rrako] *m* ❶ (*pájaro grande y feo*) großer, hässlicher Vogel *m*; **~ de mal agüero** Unglücksvogel *m*
❷ (*fam: pillo*) Gauner(in) *m(f)*
paje ['paxe] *m* ❶ (*criado joven*) Page *m*
❷ (NÁUT) Schiffsjunge *m*
❸ (*mueble*) Toilettentisch *m*
pajear [paxe'ar] *vi* ❶ (*caballos*) viel Stroh fressen
❷ (*fam: portarse*) sich betragen, sich benehmen; **cada uno tiene su forma de ~** jeder benimmt sich auf seine Art
pajero¹ [pa'xero] *m* (*CSur: vulg*) Wichser *m*
pajero, -a² [pa'xero, -a] *m, f* ❶ (*vendedor de paja*) Strohhändler(in) *m(f)*
❷ (*Nic: fontanero*) Klempner(in) *m(f)*
pajilla [pa'xiʎa] *f* (*cigarrillo*) Zigarette *f* aus Maisblättern
❷ (*pajita*) Strohhalm *m*
pajita [pa'xita] *f* Strohhalm *m*
pajizo, -a [pa'xiθo, -a] *adj* ❶ (*hecho o cubierto de paja*) Stroh-; **techo ~** Strohdach *nt*
❷ (*color*) strohgelb, strohfarben
❸ (*cabello*) strohig
pajo ['paxo] *m* (*Fili*: GASTR) kleine Mango, die eingelegt gegessen wird
pajolero, -a [paxo'lero, -a] *adj* (*fam*) verdammt, verflucht; **toda tu pajolera vida...** dein ganzes verflixtes Leben ...
pajón [pa'xon] *m* Stoppelhalm *m*
pajonal [paxo'nal] *m* (*Am*) Gestrüpp *nt*
pajoso, -a [pa'xoso, -a] *adj* Stroh-, strohig; **estera pajosa** Strohmatte *f*
pajote [pa'xote] *m* (AGR) Strohmatte *f* (*zum Abdecken von Anpflanzungen*)
pajuela [pa'xwela] *f* ❶ (*para encender*) Schwefelfaden *m*
❷ (*Bol: cerilla*) Zündholz *nt*
❸ (*Bol, Col: mondadientes*) Zahnstocher *m*
pajuerano, -a [paxwe'rano, -a] *m, f* (*Arg, Bol, Urug: pey: paleto*) Provinzler(in) *m(f)*
Pakistán [pakis'tan] *m* Pakistan *nt*
pakistaní [pakista'ni] I. *adj* pakistanisch
II. *mf* Pakistaner(in) *m(f)*, Pakistani *m*
PAL [pal] (TV) *abr de* **Phase Alternating Line** PAL
pala ['pala] *f* ❶ (*para cavar*) Schaufel *f*; (*cuadrada*) Spaten *m*; **~ para carbón** Kohlenschaufel *f*; **~ mecánica** Löffelbagger *m*; (*Am*) **Bulldozer** *m*
❷ (AERO) Propellerblatt *nt*; (NÁUT) Schraubenblatt *nt*; **~ del timón** (NÁUT) Ruderblatt *nt*
❸ (*raqueta*) Schläger *m*; (*bate*) Schlagholz *nt*
❹ (*hombrera del uniforme*) Schulterstück *nt*
❺ (*del calzado*) Oberleder *nt*
❻ (*fam: artificio*) Trick *m*, Kniff *m*
palabra [pa'laβra] *f* Wort *nt*; **~ clave** Kodewort *nt*; (*t.* INFOR) Passwort *nt*, Kennwort *nt*; (*en una conversación*) Stichwort *nt*; **~ de control** (INFOR) Steuerwort *nt*; **~s cruzadas** Kreuzworträtsel *nt*; **~ de Dios** [*o* **Divina**] Evangelium *nt*, Wort Gottes; **~ extranjera** Fremdwort *nt*; **~ de honor** Ehrenwort *nt*; **~ de instrucción** (INFOR) Befehlswort *nt*; **~s insultantes** Schmähworte *ntpl*; **~ de matrimonio** Eheversprechen *nt*; **~s mayores** Schimpfwörter *ntpl*; **~ de memoria** (INFOR) Speicherwort *nt*; **~ numérica** (INFOR) numerisches Wort; **~ técnica** Fachausdruck *m*; **~ variable** (INFOR) variabellanges Speicherwort; **libertad de ~** Redefreiheit *f*; **bajo ~** auf Ehrenwort; **buenas ~s** schöne [*o* leere] Worte; **de ~** (*oral*) mündlich; (*que cumple sus promesas*) zuverlässig; **de pocas ~s** wortkarg; **ahorrar ~s** nicht viele Worte machen; **aprender las ~s** Vokabeln lernen; **beber las ~s a alguien** jdm ganz aufmerksam zuhören; **coger a alguien la ~** jdn beim Wort nehmen; **comerse las ~** überstürzt reden und dabei Worte verschlucken; **cumplir la ~** sein Wort halten; **dejar a alguien con la ~ en la boca** jdn nicht ausreden lassen; **dirigir la ~ a alguien** das Wort an jdn richten; **faltar a la ~** sein Wort nicht halten; **hablar a medias ~s** nur Andeutungen machen; **llevar la ~** das Wort führen; **medir las ~s** seine Worte genau abwägen; **me faltan** [*o* **no tengo**] **~s para...** mir fehlen die Worte, um ...; **no entender ~** kein Wort verstehen; **no son más que ~s** das sind nichts als leere Worte; **quitar a alguien la ~ de la boca** jdm das Wort aus dem Munde nehmen; **se me escapó la ~** das Wort ist mir so rausgerutscht; **siempre ha de tener la última ~** er/sie muss immer das letzte Wort haben; **tener el don de ~** wortgewandt sein; **tomar la ~** das Wort ergreifen; **voy a ponerle dos ~s** ich will ihm/ihr ein paar Zeilen schreiben
palabreja [pala'βrexa] *f* Zungenbrecher *m*
palabreo [pala'βreo] *m* leeres Gerede *nt*; **¡déjate de tanto ~!** hör auf mit diesem Geschwätz!
palabrera [pala'βrera] *adj o f v.* **palabrero**
palabrería [palaβre'ria] *f* Wortschwall *m*, leeres Gerede *nt*
palabrero, -a [pala'βrero, -a] I. *adj* schwatzhaft, geschwätzig
II. *m, f* Schwätzer(in) *m(f)*
palabrita [pala'βrita] *f dim de* **palabra** (*fam*) Wörtchen *nt*; **tendré que decirle cuatro ~s** ich habe noch ein Wörtchen mit ihm/ihr zu reden; **~s mansas** (*fig*) scheinheilige Person
palabro [pa'laβro] *m* (*fam*) ❶ (*palabra estrambótica*) skurriles Wort *nt*
❷ (*palabrota*) Schimpfwort *nt*
palabrota [pala'βrota] *f* Schimpfwort *nt*
palacete [pala'θete] *m* Palais *nt*
palacial [pala'θjal] *adj* Palast-; **de forma ~** palastartig
palaciego, -a [pala'θjeɣo, -a] I. *adj* höfisch, Hof-
II. *m, f* Höfling *m*, Hofdame *f*
palacio [pa'laθjo] *m* Palast *m*; **P~ de las Cortes** Parlamentsgebäude *nt*; **P~ de Justicia** Gerichtsgebäude *nt*; **~ municipal** Rathaus *nt*; **~ real** Königspalast *m*
palada [pa'laða] *f* ❶ (*de la pala*): **una ~** eine Schaufel voll
❷ (*de hélice*) Umdrehung *f*
❸ (*de remo*) Ruderschlag *m*
paladar [pala'ðar] *m* (ANAT) Gaumen *m*; **~ blando** (ANAT) Gaumensegel *nt*; **tener buen ~** ein Feinschmecker sein
paladear [palaðe'ar] I. *vi* (*el recién nacido*) saugen wollen
II. *vt* ❶ (*degustar*) schmecken
❷ (*saborear*) auskosten, genießen; **~ un dulce** eine Süßigkeit im Munde zergehen lassen
paladeo [pala'ðeo] *m* Schmecken *nt*
paladial [pala'ðjal] *adj* (ANAT, LING) palatal, Gaumen-; **sonido ~** Palatal(laut) *m*
paladín [pala'ðin] *m* ❶ (*caballero valeroso*) Ritter *m*
❷ (*defensor*) Paladin *m*, treuer Gefolgsmann *m*
paladino, -a [pala'ðino, -a] *adj* (*manifiesto*) offenkundig; (*público*) öffentlich; **en lenguaje ~** klar und deutlich gesprochen
palafrén [pala'fren] *m* (*caballo*) Zelter *m*
palafrenero [palafre'nero] *m* Reitknecht *m*
palamenta [pala'menta] *f* (NÁUT) Ruderwerk *nt*; **estar debajo de la ~ de alguien** unter jds Fuchtel stehen
palanca [pa'laŋka] *f* ❶ (*pértiga*) Hebel *m*; (*palanqueta*) Brechstange *f*; **~ de embrague/del freno de mano** (AUTO) Kupplungs-/Handbremshebel *m*; **~ interlineadora de la máquina de escribir** Zeileneinstellhebel der Schreibmaschine; **~ de juegos** (INFOR) Joystick *m*; **~ de mando** (AERO) Steuerknüppel *m*; (INFOR) Joystick *m*
❷ (*influencia*) Einfluss *m*; **tiene mucha ~** er/sie ist sehr einflussreich
❸ (*en las piscinas*) Sprungbrett *nt*
palangana¹ [palaŋ'gana] *f* ❶ (*jofaina*) (Wasch)becken *nt*
❷ (*AmC, Col: plato grande*) Schüssel *f*
palangana² [palaŋ'gana] *mf* (*Chil, Perú: fam*) ❶ (*hablador*) Schwätzer(in) *m(f)*
❷ (*vanidoso*) Lackaffe *m*, eingebildete Person *f*
palanganear [palaŋgane'ar] *vi* (*Am: fam*) angeben, prahlen
palanganero [palaŋga'nero] *m* Waschtisch *m*
palangre [pa'laŋgre] *m* Angelseil *nt*, Legeangel *f*
palanquear [palaŋke'ar] *vt* (*Am*) ❶ (*apalancar*) mit Hebeln bewegen
❷ (*influenciar*) verschiedene Hebel in Bewegung setzen (*bei +dat*)
palanqueta [palaŋ'keta] *f* Brecheisen *nt*, Brechstange *f*
palanquín [palaŋ'kin] *m* ❶ (*litera*) Palankin *m*, Sänfte *f*
❷ (*ganapán*) Lastträger *m*
❸ (NÁUT) Geitau *nt*
palapa [pa'lapa] *f* (*Méx*) offene Holzhütte mit Palmdach
palatal [pala'tal] I. *adj* Gaumen-, palatal; **sonido ~** (LING) Gaumenlaut *m*
II. *f* (LING) Palatal *m*, Gaumenlaut *m*
palatalización [palataliθa'θjon] *f* (LING) Palatalisierung *f*
palatalizar [palatali'θar] <z→c> *vt* (LING) palatalisieren
palatina [pala'tina] *adj o f v.* **palatino**
Palatinado [palati'naðo] *m* Pfalz *f*
palatino, -a [pala'tino, -a] I. *adj* ❶ (ANAT) Gaumen-; **bóveda palatina** Gaumenbogen *m*; **hueso ~** Gaumenbein *nt*
❷ (*del palacio*) Palast-, Hof-; **vida palatina** Hofleben *nt*

palazo

③ (*del Palatinado*) Pfalz-, pfälzisch; **conde** ~ Pfalzgraf *m*
II. *m, f* (*habitante del Palatinado*) Pfälzer(in) *m(f)*
② (*conde*) Pfalzgraf, -gräfin *m, f*, Palatin *m*
palazo [pa'laθo] *m* Schlag *m* mit einer Schaufel
palazón [pala'θon] *f* Pfahlwerk *nt*
palco ['palko] *m* ① (*Am: tribuna*) Tribüne *f*
② (TEAT) Loge *f*; ~ **escénico** Bühnenloge *f*; ~ **de platea** Parterreloge *f*
palear [pale'ar] *vt* schaufeln
palenque [pa'leŋke] *m* ① (*estacada*) Umzäunung *f*, Einzäunung *f*
② (*palestra*) Kampfplatz *m*, Turnierplatz *m*
③ (*RíoPl: para atar animales*) Pfosten *m* (*zum Anbinden von Tieren*)
palenquear [paleŋke'ar] *vt* (*Arg, Urug*) (Tiere) an den Pfosten binden
palentino, -a [palen'tino, -a] I. *adj* aus Palencia
II. *m, f* Einwohner(in) *m(f)* von Palencia
paleoantropología [paleoantropolo'xia] *f* Paläoanthropologie *f*
paleobiología [paleoβjolo'xia] *f* Paläobiologie *f*
paleobotánica [paleoβo'tanika] *f* Paläobotanik *f*
paleoceno¹ [paleo'θeno] *m* (GEO) Paläozän *nt*
paleoceno, -a² [paleo'θeno, -a] *adj* (GEO) paläozän; **época paleocena** Paläozen *nt*
paleógeno¹ [pale'oxeno] *m* (GEO) Paläogen *nt*
paleógeno, -a² [pale'oxeno, -a] *adj* (GEO) paläogen; **época paleógena** Paläogen *nt*
paleógrafa [pale'oɣrafa] *f v.* **paleógrafo**
paleografía [paleoɣra'fia] *f sin pl* Paläographie *f*
paleográfico, -a [paleo'ɣrafiko, -a] *adj* (LING) paläographisch
paleógrafo, -a [pale'oɣrafo, -a] *m, f* Paläograph(in) *m(f)*
paleolítico¹ [paleo'litiko] *m sin pl* Paläolithikum *nt*, Altsteinzeit *f*
paleolítico, -a² [paleo'litiko, -a] *adj* paläolithisch, altsteinzeitlich
paleología [paleolo'xia] *f* (LING) Lehre *f* der alten Sprachen
paleomagnetismo [paleomaɣne'tismo] *m* (GEO) Paläomagnetismus *m*
paleontóloga [paleon'toloɣa] *f v.* **paleontólogo**
paleontología [paleontolo'xia] *f sin pl* Paläontologie *f*
paleontológico, -a [paleonto'loxiko, -a] *adj* paläontologisch
paleontólogo, -a [paleon'toloɣo, -a] *m, f* Paläontologe, -in *m, f*
paleosuelo [paleo'swelo] *m* (GEO) fossiler Boden *m*
paleozoico¹ [paleo'θoiko] *m* (GEO) Paläozoikum *nt*
paleozoico, -a² [paleo'θoiko, -a] *adj* (GEO) paläozoisch
paleozoología [paleoθo(o)lo'xia] *f* Paläozoologie *f*
palestino, -a [pales'tino, -a] I. *adj* palästinensisch
II. *m, f* Palästinenser(in) *m(f)*
palestra [pa'lestra] *f* ① (HIST) Palästra *f*, Kampfplatz *m*
② (*competición*) Kampf *m*
palet [pa'let] *m* Palette *f*
paleta [pa'leta] *f* ① *v.* **paleto²**
② (*pala pequeña*) kleine Schaufel *f*
③ (*del albañil*) Maurerkelle *f*; (*espátula*) Spachtel *m o f*
④ (*del pintor*) Palette *f*, Farbenbrett *nt*; ~ **de herramientas** (INFOR) Werkzeugkasten *m*
⑤ (*de turbinas*) Schaufel *f*; ~ **de la rueda hidráulica** Radschaufel *f*
⑥ (*de la hélice*) Blatt *nt*; ~ **del ventilador** Ventilatorflügel *m*
⑦ (*para el transporte*) Palette *f*
⑧ (*de cocina*) Bratenwender *m*
⑨ (*omóplato*) Schulterblatt *nt*
⑩ (*AmC, Méx: helado con palito*) Eis *nt* am Stiel
⑪ (*Chil: paletón de llave*) Schlüsselbart *m*
paletada [pale'taða] *f* eine Kelle *f* voll
paletazo [pale'taθo] *m* (TAUR) Seitenstoß *m* des Stieres
paletear [palete'ar] *vi* (NÁUT) ohne Rhythmus paddeln
paletilla [pale'tiʎa] *f* ① (*omóplato*) Schulterblatt *nt*
② (*candelero*) Kerzenleuchter *m*
③ (*ternilla del esternón*) Knorpel *m* am Brustbein (*in der Höhe des Mageneingangs*)
paletizar [paleti'θar] <z→c> *vt* palettieren, palettisieren
paleto¹ [pa'leto] *m* Damhirsch *m*
paleto, -a² [pa'leto, -a] I. *adj* provinziell
II. *m, f* Provinzler(in) *m(f) fam*, Landpomeranze *f fam*
palhuén [pal'wen] *m* (*Chil:* BOT) stachelige Staude
paliacate [palja'kate] *m* (*Méx*) großes, buntes Kopf- oder Halstuch
paliar [pa'ljar] <1. pres: palío, palio> *vt* ① (*delito*) vertuschen, verschleiern; (*encubrir*) bemänteln
② (*enfermedad*) lindern
③ (*restar importancia*) verharmlosen, beschönigen
paliativo¹ [palja'tiβo] *m* Schmerzmittel *nt*; (MED) Palliativ *nt*
paliativo, -a² [palja'tiβo, -a] *adj* ① (*de una enfermedad*) (schmerz)lindernd; (MED) palliativ; **remedio** ~ Schmerzmittel *nt*
② (*paliatorio*) beschönigend, verharmlosend
paliatorio, -a [palja'torjo, -a] *adj* beschönigend, verdeckend
palidecer [paliðe'θer] *irr como crecer vi* ① (*persona*) erblassen

② (*cosa*) verblassen; **mis palabras palidecen junto a las suyas** meine Worte verlieren neben den seinen/den ihren ihre Kraft
palidez [pali'ðeθ] *f* Blässe *f*
pálido, -a ['paliðo, -a] *adj* blass, bleich; **colores** ~s blasse Farben; **un luz muy pálida** ein fahles Licht; **un estilo** ~ ein ausdrucksloser Stil
paliducho, -a [pali'ðutʃo, -a] *adj* (*fam*) blässlich
palier [pa'ljer] *m* (AUTO) Halbachse *f*, Achsschenkel *m*
palillero¹ [pali'ʎero] *m* ① (*para palillos de dientes*) Zahnstocherbehälter *m*
② (*portaplumas*) Federhalter *m*
palillero, -a² [pali'ʎero, -a] *m, f* Zahnstocherverkäufer(in) *m(f)*
palillo [pa'liʎo] *m* ① (*palo pequeño*) Stöckchen *nt*; **tener las piernas como** ~s Storchenbeine haben
② (*para los dientes*) Zahnstocher *m*
③ (*para tocar el tambor*) Trommelschlägel *m*; **tocar todos los** ~s (*fig*) alle Hebel in Bewegung setzen
④ (*bolillo de hacer encaje*) Spitzenklöppel *m*
⑤ (*de la hoja de tabaco*) Tabakrippe *f*
⑥ *pl* (*reg: fam: castañuelas*) Kastagnetten *fpl*
palíndromo [pa'lindromo] *m* Palindrom *nt*
palingenesia [paliŋxe'nesja] *f*, **palingénesis** [paliŋ'xenesis] *f inv* (FILOS) Wiedergeburt *f*, Palingenese *f*
palinodia [pali'noðja] *f* Palinodie *f*; **cantar la** ~ Widerruf leisten
palio ['paljo] *m* ① (HIST, REL) Pallium *nt*
② (*baldaquín*) Baldachin *m*; **recibir a alguien con** [*o* **bajo**] ~ jdn besonders freudig empfangen
palique [pa'like] *m* (*fam*) Geplauder *nt*; **estar de** ~ **con alguien** (*fam*) ein Schwätzchen mit jdm halten
palisandro [pali'sandro] *m* Palisander *m*, Palisanderholz *nt*
palista [pa'lista] *mf* (DEP) Schlagballspieler(in) *m(f)*
palitroque [pali'troke] *m* ① (TAUR) Banderilla *f*
② (*palo*) kleiner, unförmiger Stock *m*
③ (*loc*): **estar de** ~ belangloses Zeug reden
paliza [pa'liθa] *f* (*zurra*) (Tracht *f*) Prügel *mpl*; (*esfuerzo*) Anstrengung *f*; **le han dado una buena** ~ sie haben ihm/ihr eine ordentliche Tracht Prügel verpasst; **les dieron una buena** ~ **en el partido** sie wurden beim Spiel ganz schön abgefertigt; **¡qué** ~ **me he pegado subiendo la montaña!** war das vielleicht anstrengend, den Berg zu besteigen!; **¡no me des la** ~**!** geh mir nicht auf die Nerven!
palizada [pali'θaða] *f* Palisade *f*, Pfahlwerk *nt*; (*cercado*) Umzäunung *f*
pallar [pa'ʎar] *vt* (MIN) (den reichsten Erzteil) absondern
pallaza [pa'ʎaθa] *f v.* **palloza**
pallium ['paʎun] *m* (ANAT) Pallium *nt*
palloza [pa'ʎoθa] *f* (*reg*) Hütte *f* mit Strohdach
palma ['palma] *f* ① (*palmera*) Palme *f*; (*datilera*) Dattelpalme *f*; (*hoja de palmera*) Palm(en)blatt *nt*; ~ **real** Königspalme *f*
② (*triunfo*) Sieg *m*, Siegespalme *f*; **llevarse la** ~ (*fig*) den Sieg davontragen
③ (*de la mano*) Handfläche *f*; **este terreno es como la** ~ **de la mano** dieses Gelände ist sehr eben und leicht zugänglich; **conozco el barrio como la** ~ **de mi mano** ich kenne das Viertel wie meine Westentasche; **llevar a alguien en** ~s jdn auf Händen tragen
④ *pl* (*aplauso*) Händeklatschen *nt*, Beifall *m*; **tocar** [*o* **dar**] **las** ~s in die Hände klatschen; (*aplaudir*) Beifall klatschen
palmada [pal'maða] *f* ① (*golpe*) Schlag *m* mit der Handfläche, Klaps *m fam*
② *pl* (*ruido*) Händeklatschen *nt*; ~s **de aplauso** Beifallklatschen *nt*; **dar** ~s **para llamar al camarero** in die Hände klatschen, um den Kellner zu rufen
palmar [pal'mar] I. *adj* ① (*de la mano*) zur Handfläche gehörend, Hand-; (*del palmo*) (Hand)spannen-
② (*de la palmera*) Palmen-
③ (*palmario*) offensichtlich
II. *m* Palmenwald *m*; **ser más viejo que un** ~ uralt sein
III. *vi* (*fam: morirse*) sterben; ~**la** abkratzen
IV. *vt* (*medir con palmo*) mit der Handspanne messen
palmarés [palma'res] *m* (DEP) Siegerliste *f*
palmario, -a [pal'marjo, -a] *adj* offenkundig; **la diferencia es palmaria** der Unterschied liegt auf der Hand
palmatoria [palma'torja] *f* ① (*candelero*) (Hand)leuchter *m*
② (*para pegar*) Rute *f*, Rohrstok *m*
palmeado, -a [palme'aðo, -a] *adj* ① (*de figura de palma*) palmenförmig
② (ZOOL) mit Schwimmhäuten; **pata palmeada** Schwimmfuß *m*
palmear [palme'ar] I. *vi* (*aplaudir*) klatschen
II. *vt* (TIPO) mit dem Klopfholz ebnen
palmejar [palme'xar] *m* (NÁUT) Bodenplanke *f*, Bugband *nt*
palmense [pal'mense] I. *adj* aus Las Palmas de Gran Canaria
II. *mf* Einwohner(in) *m(f)* von Las Palmas de Gran Canaria

palmeo [pal'meo] *m* ❶ (*aplauso*) Klatschen *nt* ❷ (*medición por palmos*) Messen *nt* nach der Spanne

palmera [pal'mera] *f* ❶ (*árbol*) Palme *f*; ~ **datilera** Dattelpalme *f* ❷ *v.* palmero

palmeral [palme'ral] *m* Palmenwald *m*, Palmenpflanzung *f*

palmero, -a [pal'mero, -a] I. *adj* aus Santa Cruz de la Palma II. *m, f* (*de la Palma*) Einwohner(in) *m/f* von Santa Cruz de la Palma ❷ (*peregrino*) Palmzweigträger(in) *m/f* (*Pilger, der aus Jerusalem einen Palmzweig mitbringt*)

palmesano, -a [palme'sano, -a] I. *adj* aus Palma de Mallorca II. *m, f* Einwohner(in) *m/f* von Palma de Mallorca

palmeta [pal'meta] *f* ❶ (*para pegar*) Rute *f*, Rohrstock *m* ❷ (*golpe*) Schlag *m* mit dem Rohrstock (*auf die Hand*) ❸ (*palmatoria*) (Hand)leuchter *m*

palmetazo [palme'taθo] *m* Schlag *m* mit dem Rohrstock (*auf die Hand*)

palmiche¹ [pal'mitʃe] *m* (BOT: *árbol*) Königspalme *f*; (*fruta*) Frucht *f* der Königspalme

palmiche² [pal'mitʃe] *f* (*Cuba*) leichter schwarzer Anzugstoff

palmilla [pal'miʎa] *f* ❶ (*plantilla*) Einlegesohle *f*, Brandsohle *f* ❷ (*fig*): **llevar a alguien en ~s** jdn auf Händen tragen

palmípedas [pal'mipeðas] *fpl* (ZOOL) Schwimmvögel *mpl*

palmípedo, -a [pal'mipeðo, -a] *adj* (*Vögel*) mit Schwimmhäuten

palmiste [pal'miste] *m* (BOT) Nuss verschiedener Palmenarten

palmita [pal'mita] *f* (*fig*): **llevar** [*o* **traer**] **a alguien en ~s** jdn auf Händen tragen

palmito [pal'mito] *m* ❶ (*palma*) Zwergpalme *f*; (*tallo blanco, comestible*) Palmherz *nt* ❷ (*fam: cara bonita*) hübsches Gesicht *nt*; **esta mujer tiene buen ~** diese Frau hat ein hübsches Gesicht

palmo ['palmo] *m* Spanne *f* (*ca. 21 cm*), Handbreit *f*; **a ~** Schritt für Schritt; **conoce esta ciudad ~ a ~** er/sie kennt jeden Winkel dieser Stadt; **dejar a alguien con un ~ de narices** (*fam*) jdm eine lange Nase machen; **con un ~ de la lengua fuera** (*fam*) ächzend

palmotear [palmote'ar] *vi* heftig (in die Hände) klatschen

palmoteo [palmo'teo] *m* ❶ (*aplauso*) Beifallklatschen *nt* ❷ (*con la palmeta*) Schlag *m* mit dem Rohrstock (*auf die Hände*)

palo ['palo] *m* ❶ (*bastón*) Stock *m*; (*vara*) Stab *m*; (*garrote*) Knüppel *m*; (*estaca*) Pfahl *m*; (NÁUT) Mast *m*; (*de las letras: alto*) Oberlänge *f* der Buchstaben; (*bajo*) Unterlänge *f* der Buchstaben; **~ de agua** (*AmC, Col, Ecua, Ven*) Regenguss *m*; **~ de barco** Schiffsmast *m*; **~ de la escoba** Besenstiel *m*; **~ de hockey** Hockeyschläger *m*; **~ de mando** (AERO, NÁUT) Steuerknüppel *m*; **~ mayor** (NÁUT) Hauptmast *m*; **~ de la portería** Torpfosten *m*; **~ de tienda** Zeltstange *f*; **poner a alguien en un ~** jdn an den Galgen hängen [*o* an den Pranger stellen]; **ser un ~** (*Am*) eine wichtige Persönlichkeit sein; **cada ~ aguanta su vela** (*prov*) jeder muss für seine eigenen Taten geradestehen ❷ (*madera*) Holz *nt*; **~ Brasil/dulce/santo** Brasil(ien)-/Süß-/Palisanderholz *nt*; **cuchara de ~** Holzlöffel *m*; **pata de ~** Holzbein *nt*; **de tal ~, tal astilla** (*prov*) der Apfel fällt nicht weit vom Stamm ❸ (*paliza*) (Stock)schlag *m*, (Tracht *f*) Prügel *mpl*; **andar a ~s** ständig streiten, verkracht sein; **dar ~s de ciego** blind um sich schlagen; (*fig*) unüberlegt handeln; **dar un ~ a alguien** jdn fertig machen; **echar a alguien a ~s** jdn gewaltsam rausschmeißen; **liarse a ~s con alguien** sich in eine Schlägerei mit jdm einlassen; **moler a alguien a ~s** jdn windelweich prügeln

paloma [pa'loma] *f* ❶ (*ave*) Taube *f*; **~ buchona** Kropftaube *f*; **~ mensajera** Brieftaube *f*; **~ de la paz** Friedenstaube *f*; **ser una ~ sin hiel** (*fig*) keiner Fliege etwas antun können ❷ (*argot: sábana*) Bettlaken *nt* ❸ (*fam: de la camisa*) Stehkragen *m* ❹ (*fam: bebida*) Anisschnaps mit Selters ❺ *pl* (NÁUT) Wellen *fpl* mit Schaumkamm (*die auf hoher See bei Wind entstehen*)

palomar [palo'mar] *m* Taubenschlag *m*

palometa [palo'meta] *f* (ZOOL) essbarer Fisch, ein wenig größer als die Makrele

palomilla [palo'miʎa] *f* ❶ (*mariposa nocturna*) (Korn)motte *f*; **~ de la ropa** (*Méx*) Kleidermotte *f* ❷ (*mariposa pequeña*) kleiner Schmetterling *m* ❸ (BOT: *fumaria*) Erdrauch *m* ❹ (BOT: *onoquiles*) Alkannawurzel *f* ❺ (TÉC: *chumacera*) Zapfenlager *nt*

palomina [palo'mina] *f* ❶ (*excrementos de la paloma*) Taubenkot *m* ❷ (*uva negra*) blaue Weintraubenart

palomino [palo'mino] *m* ❶ (*cría de paloma*) junge Taube *f* ❷ (*fam: mancha*) Kotfleck in der Unterwäsche, Bremsspur *f reg*

palomita [palo'mita] *f* ❶ (*de maíz*) Popcorn *nt*, Puffmais *m* ❷ (*bebida*) Erfrischungsgetränk, bestehend aus Wasser mit einem Schuss Anis

palomo [pa'lomo] *m* Täuberich *m*, Tauber *m*; **Juan P~** selbstsüchtiger Taugenichts

palotada [palo'taða] *f* Schlag *m* mit einem (kurzen) Stock; **no dar ~** nichts richtig machen

palotazo [palo'taθo] *m* (TAUR) Seitenstoß *m* des Stieres

palote [pa'lote] *m* ❶ (*palillo*) kurzer Stock *m* ❷ (*ejercicio*) Schreibübung *f* (*der Schulanfänger*)

palotear [palote'ar] *vi* ❶ (*con los palotes*) Stöcke gegeneinander schlagen ❷ (*fam: discutir*) herumdiskutieren

paloteo [palo'teo] *m* Streit *m*; (*en que hay golpes*) Schlägerei *f*

palpable [pal'paβle] *adj* ❶ (*tangible*) ertastbar ❷ (*evidente*) klar, einleuchtend

palpablemente [palpaβle'mente] *adv* eindeutig

palpación [palpa'θjon] *f*, **palpamiento** [palpa'mjento] *m* (MED) Abtasten *nt*, Palpation *f*

palpar [pal'par] *vt* ❶ (*tocar*) abtasten, abfühlen; (*fam: magrear*) betatschen ❷ (*percibir claramente*) offensichtlich sein, auf der Hand liegen; **se palpaba el entusiasmo** die Begeisterung war deutlich spürbar ❸ (*andar a tientas*) tappen

palpebral [palpe'βral] *adj* (ANAT) Lid-, palpebral

palpitación [palpita'θjon] *f* ❶ (*estremecimiento*) Zuckung *f* ❷ (*del pulso*) Pulsschlag *m*; (*del corazón*) Herzschlag *m*; **el paciente tiene 120 palpitaciones al minuto** der Patient hat 120 Pulsschläge pro Minute ❸ *pl* (*por estar excitado*) Herzklopfen *nt*

palpitante [palpi'tante] *adj* ❶ (*convulsivo*) zuckend; (*del corazón*) klopfend ❷ (*fig: emocionante*) ergreifend; **de ~ interés** von brennendem Interesse; **un problema de ~ actualidad** ein akutes Problem

palpitar [palpi'tar] *vi* zucken; (*corazón, pulso*) schlagen, pochen; **en sus palabras palpita la dulzura** aus seinen/ihren Worten spricht die Zärtlichkeit

pálpito ['palpito] *m* Vorahnung *f*, Eingebung *f*

palquista [pal'kista] *mf* Dieb, *der durch Fenster oder über Balkone eindringt*

palta ['palta] *f* (*CSur*) Avocado *f*; **~ a la reyna** Avocado mit Huhn

palto ['palto] *m* (*CSur*) Avocadobaum *m*

palúdico, -a [pa'luðiko, -a] I. *adj* sumpfig, Sumpf-; **fiebre palúdica** Sumpffieber *nt* II. *m, f* Sumpffieberkranke(r) *mf*

paludismo [palu'ðismo] *m* ❶ (*enfermedad*) Sumpffieber *nt*, Malaria *f* ❷ (*argot: miedo*) Bammel *m*; **tener ~** Manschetten haben

palurdo, -a [pa'lurðo, -a] I. *adj* ungeschliffen, tölpelhaft II. *m, f* Tölpel *m*

palustre [pa'lustre] I. *adj* sumpfig, Sumpf-; **planta ~** Sumpfpflanze *f* II. *m* Maurerkelle *f*

pambazo [pam'baθo] *m* (*Urug*) fladenähnliches Brot

pambil [pam'bil] *m* (*Ecua: BOT*) kleinere Art der Königspalme

pamela [pa'mela] *f* breiter Damenstrohhut *m*, Florentiner *m*

pamema [pa'mema] *f* (*fam*) ❶ (*tontería*) Unsinn *m*, dummes Zeug *nt* ❷ (*melindre*) Zimperlichkeit *f*, Ziererei *f*

pampa ['pampa] *f* (*CSur*) Pampa *f*; **~ salitrera** (*Chil*) chilenische Salpeterwüste

pámpana ['pampana] *f* Weinblatt *nt*; **zurrar la ~ a alguien** (*fam*) jdm eine Tracht Prügel geben

pámpano ['pampano] *m* (Wein)ranke *f*; (*hoja de la vid*) Weinblatt *nt*; **echar ~s** sich ranken

pampeano, -a [pampe'ano, -a] I. *adj* aus der Pampa II. *m, f* Pampabewohner(in) *m/f*

pampear [pampe'ar] *vi* (*CSur*) die Pampa durchstreifen

pampero¹ [pam'pero] *m* (*RíoPl: viento*) Pampawind *m*

pampero, -a² [pam'pero, -a] I. *adj* aus der Pampa II. *m, f* Pampabewohner(in) *m/f*

pampino, -a [pam'pino, -a] I. *adj* (*Chil*) aus der Pampa II. *m, f* (*Chil*) Bewohner(in) *m/f* der chilenischen Salpeterwüste

pampirolada [pampiro'laða] *f* ❶ (GASTR) Soße aus Knoblauch und Brot, im Mörser bereitet ❷ (*fam: necedad*) dummes Zeug *nt*

pamplina [pam'plina] *f* ❶ (BOT) Vogelmiere *f* ❷ (*fam: pamema*) dummes Zeug *nt*, Unsinn *m*; **¡no me vengas con ~s!** verschon mich mit dem Blödsinn!

pamplinada [pampli'naða] *f*, **pamplinería** [pampline'ria] *f* dummes Zeug *nt*, Unsinn *m*

pamplinero, -a [pampli'nero, -a] *adj* zu belanglosem Geschwätz neigend, schwätzerisch *pey*

pamplonés, -esa [pamplo'nes, -esa] I. *adj* aus Pamplona

II. *m, f* Einwohner(in) *m(f)* von Pamplona
pamplonica [pamplo'nika] *adj o mf* (*fam*) v. **pamplonés**
pamporcino [pampor'θino] *m* (BOT) Alpenveilchen *nt*
pan [pan] *m* (*t. fig*) Brot *nt*; (*trigo*) Getreide *nt*, Weizen *m*; (*AmS*) Brötchen *nt*; ~ **ázimo** [*o* **ácimo**] ungesäuertes Brot; ~ **de azúcar** Zuckerhut *m*; ~ **blanco** Weißbrot *nt*; ~ **candeal** Weizenbrot *nt*; ~ **de centeno** Roggenbrot *nt*; ~ **dulce** (*Méx*) süßes Brot; ~ **de higos** Feigenbrot *nt*; ~ **integral** Vollkornbrot *nt*; **un** ~ **de jabón** ein Stück Seife; ~ **con mantequilla** Butterbrot *nt*; ~ **de molde** Kastenbrot *nt*; ~ **de muerto** (*Méx*) Totenbrot *nt*; ~ **de munición** Kommissbrot *nt*; ~ **negro de Westfalia** Pumpernickel *m*; ~ **de oro/de plata** Gold-/Silberplättchen *nt*; ~ **rallado** Paniermehl *nt*, Semmelbrösel *mpl*; ~ **de yema** (*AmS*) Briochebrötchen *nt*; **cortar el** ~ **en rebanadas** das Brot in Scheiben schneiden; **¡el** ~ **de cada día!** (*fig*) immer die gleiche Leier!; **el** ~ **nuestro de cada día dánosle hoy** (REL) unser täglich Brot gib uns heute; **estar a** ~ **y agua** bei Wasser und Brot sitzen; **este año hay mucho** ~ dieses Jahr fällt die Ernte gut aus; **tierra de** ~ anbaufähiges Land; (**llamar**) **al** ~, ~ **y al vino, vino** die Dinge beim Namen nennen; **comer el** ~ **de alguien** (*fig*) jdm auf der Tasche liegen; **comer** ~ **con corteza** (*fig: ser independiente*) selb(st)ständig sein; (*fig: recuperar la salud*) wieder gesund sein; **con su** ~ **se lo coma** er/sie muss selbst wissen, was er/sie tut; **no cocérsele a alguien el** ~ sehr ungeduldig sein; **ser** ~ **comido** kinderleicht sein; **ser más bueno que el** ~, **ser un pedazo de** ~ herzensgut sein
pana ['pana] *f* ❶ (*tejido*) Kordsamt *m*, Panne(samt) *m*
❷ (NÁUT) Korkboje *f*
panacea [pana'θea] *f* Panazee *f*, Allheilmittel *nt*
panaché [pana'tʃe] *m* ❶ (*mezcla de frutas*) Kompott *nt*
❷ (POL) Panaschiersystem *nt*
panadera [pana'dera] *f v.* **panadero**
panadería [panaðe'ria] *f* Bäckerei *f*
panadero, -a [pana'ðero, -a] *m, f* Bäcker(in) *m(f)*
panafricanismo [panafrika'nismo] *m* (POL) Panafrikanismus *m*
panafricano, -a [panafri'kano, -a] I. *adj* (POL) panafrikanisch
II. *m, f* (POL) Anhänger(in) *m(f)* des Panafrikanismus
panal [pa'nal] *m* Wabe *f*; ~ **de abejas/de miel** Bienen-/Honigwabe *f*
panamá [pana'ma] *m* Panamahut *m*
Panamá [pana'ma] *m* Panama *nt*; **Canal de** ~ Panamakanal *m*
panameñismo [paname'ɲismo] *m* (LING) panamesische Redeweise *f*
panameño, -a [pana'meɲo, -a] I. *adj* aus Panama
II. *m, f* Panamaer(in) *m(f)*
panamericanismo [panamerika'nismo] *m* (POL) Panamerikanismus *m*
panamericanista [panamerika'nista] *mf* (POL) Anhänger(in) *m(f)* des Panamerikanismus
panamericano, -a [paname'rikano, -a] *adj* panamerikanisch
panarabismo [panara'βismo] *m* (POL) Panarabismus *m*
panarabista [panara'βista] *mf* (POL) Anhänger(in) *m(f)* des Panarabismus
panarra [pa'narra] *m* ❶ (*fam pey: hombre simple, tonto*) Einfaltspinsel *m*
❷ (*murciélago*) Fledermaus *f*
panatela [pana'tela] *f* großer, dünner Zwieback
pan bimbo® [pam'bimβo] *m* Toastbrot *nt*
pancarpia [paŋ'karpja] *f* Blumenkranz *m*
pancarta [paŋ'karta] *f* Spruchband *nt*, Plakat *nt*
panceta [pan'θeta] *f* (GASTR) durchwachsenes Schweinespeckstück
pancho, -a ['pantʃo, -a] *adj* ❶ (*tranquilo*) ruhig, gelassen; **se quedó tan** ~ er ließ sich nicht aus der Ruhe bringen
❷ (*Chil: marrón*) braun
pancismo [pan'θismo] *m* (*pey*) Opportunismus *m*
pancista [pan'θista] *mf* Opportunist(in) *m(f)*
pancita [pan'θita] *f* (*Méx: GASTR*) Gericht mit Rindermagen in Brühe
pancrático, -a [paŋ'kratiko, -a] *adj* (ANAT) v. **pancreático**
páncreas ['paŋkreas] *m inv* (ANAT) Bauchspeicheldrüse *f*, Pankreas *nt*
pancreático, -a [paŋkre'atiko, -a] *adj* (ANAT) Bauchspeicheldrüsen-; **jugos ~s** Bauchspeichel *m*
pancreatitis [paŋkrea'titis] *f inv* (MED) Entzündung *f* der Bauchspeicheldrüse, Pankreatitis *f*
pancutras [paŋ'krutas] *fpl* (*Chil: GASTR*) Gericht mit in Brühe gekochten Teigstreifen
panda¹ ['panda] *m* (ZOOL) Panda *m*; **oso** ~, ~ **gigante** Panda(bär) *m*, ›Bambusbär *m*; ~ **menor** Katzenbär *m*
panda² ['panda] *f* ❶ (*en un claustro*) Galerie *f* eines Kreuzgangs
❷ (*pandilla*) Bande *f*, Clique *f*
pandear [pande'ar] *vi, vr:* ~**se** (*pared o viga*) sich durchbiegen
pandemonio [pande'monjo] *m*, **pandemónium** [pande'monjun] *m* Pandämonium *nt*; (*fig fam*) lauter, tumultuöser Schauplatz
pandeo [pan'deo] *m* Durchbiegen *nt*
pandera [pan'dera] *f* (MÚS) Tamburin *nt*, Schellentrommel *f*
panderada [pande'raða] *f* ❶ (*conjunto de panderas*) mehrere Tamburins

❷ (*fam: necedad*) Unsinn *m*
pandereta [pande'reta] *f* Tamburin *nt*, Schellentrommel *f*
panderetear [panderete'ar] *vi* das Tamburin schlagen
panderetero, -a [pandere'tero, -a] *m, f* ❶ (*músico*) Tamburinschläger(in) *m(f)*
❷ (*comerciante*) Tamburinhändler(in) *m(f)*
pandero [pan'dero] *m* ❶ (*pandereta grande*) Tamburin *nt*, Schellentrommel *f*
❷ (*cometa*) Papierdrache *m*
❸ (*vulg: culo*) Arsch *m*
pandilla [pan'diʎa] *f* Bande *f*, Clique *f*; ~ **de ladrones** Räuberbande *f*, Verbrecherbande *f*
pandillero, -a [pandi'ʎero, -a] *m, f* Bandenmitglied *nt*
pando, -a ['pando, -a] *adj* ❶ (*curvado*) krumm, gebogen
❷ (*casi llano*) fast eben
❸ (*poco profundo*) seicht
❹ (*flemático*) träge
Pandora [pan'dora] *f* (*de la mitología griega*) Pandora *f*; **la caja de** ~ die Büchse der Pandora
pandorga [pan'dorɣa] *f* ❶ (*cometa*) Papierdrache *m*
❷ (*fam: mujer gorda*) fette, plumpe Frau *f*
❸ (*barriga*) Wanst *m*
❹ (*Col: chanza, diablura*) Streich *m*
pandorguear [pandorɣe'ar] *vt* (*Col*) böse Streiche spielen (*a + dat*)
panecillo [pane'θiʎo] *m* Brötchen *nt*, Semmel *f reg*
panegírico¹ [pane'xiriko] *m* Panegyrikus *m*, Lobrede *f*
panegírico, -a² [pane'xiriko, -a] *adj* panegyrisch, rühmend
panegirizar [panexiri'θar] *<z→c> vt* eine Lobrede halten (*a* auf *+ akk*)
panel [pa'nel] *m* ❶ (*carpintería*) Paneel *nt*
❷ (TÉC) Feld *nt*, Tafel *f*; ~ **de baterías solares** Sonnenbatterieplatte *f*; ~ **de conexiones** Schalttafel *f*; ~ **de control** Steuerpult *nt*
❸ (*encuesta*) Panel *nt*
❹ (*Cuba, PRico: lista de jurados*) Geschworenenliste *f*
❺ (*personas que discuten en público*) Diskussionsrunde *f*; ~ **de expertos** Expertenrunde *f*
panela [pa'nela] *f* ❶ (*bizcocho*) zwiebackartiges Gebäck
❷ (*Col, CRi, Hond: azúcar*) raffinierter Zucker *m*
panenteísmo [panente'ismo] *m* (FILOS) Panentheismus *m*
panera [pa'nera] *f* ❶ (*lugar*) Brotkammer *f*; (*para guardar trigo*) Getreidekammer *f*
❷ (*cesto*) Brotkorb *m*
panero [pa'nero] *m* ❶ (*canasta*) Tragekorb *m* für Brot
❷ (*estera*) runde Matte *f*
paneslavismo [panesla'βismo] *m* (POL) Panslawismus *m*
paneslavista [panesla'βista] I. *adj* (POL) panslawistisch
II. *mf* (POL) Panslawist(in) *m(f)*
paneuropeísmo [paneurope'ismo] *m* (POL) Paneuropa-Bewegung *f*
paneuropeísta [paneurope'ista] I. *adj* (POL) die Paneuropa-Bewegung betreffend
II. *mf* (POL) Anhänger(in) *m(f)* der Paneuropa-Bewegung
paneuropeo, -a [paneuro'peo, -a] *adj* paneuropäisch, gesamteuropäisch
pánfilo, -a ['pamfilo, -a] *adj* ❶ (*fácil de engañar*) gutgläubig
❷ (*lento*) schwerfällig, träge
panfletario, -a [pamfle'tarjo, -a] *adj* Schmäh-; **artículo** ~ Schmähschrift *f*
panfletista [pamfle'tista] *mf* Pamphletist(in) *m(f)*
panfleto [pam'fleto] *m* Pamphlet *nt*, Schmähschrift *f*
pangermanismo [paŋxerma'nismo] *m* (POL) Pangermanismus *m*
pangolín [paŋgo'lin] *m* (ZOOL) Schuppentier *nt*
pangue ['paŋge] *m* (*Chil, Perú: BOT*) Pflanzenart mit essbaren Blättern
panhelenismo [panele'nismo] *m* (POL) Panhellenismus *m*
paniaguado, -a [panja'ɣwaðo, -a] *m, f* ❶ (*criado*) Hausangestellte(r) *mf* (*der/die zusätzlich zum Lohn freie Kost und Logis hat*)
❷ (*favorecido*) Günstling *m*
pánico¹ [pa'niko] *m* Panik *f*; **entrar en** ~ in Panik geraten; **le tengo** ~ **al examen** ich habe panische Angst vor der Prüfung
pánico, -a² ['paniko, -a] *adj* panisch
paniego, -a [pa'njeɣo, -a] *adj* ❶ (*que come mucho pan*) viel Brot essend; **ser** ~ viel Brot essen
❷ (*de trigo*) Weizen-; **tierra paniega** Weizenfeld *nt*
panificable [panifi'kaβle] *adj* zur Brotbereitung geeignet
panificación [panifika'θjon] *f* Brotherstellung *f*
panificadora [panifika'ðora] *f* Brotfabrik *f*
panificar [panifi'kar] *<c→qu> vt* zu Brot verarbeiten
panique [pa'nike] *m* (*Fili: ZOOL*) Fledermausart mit essbarem Fleisch und nutzbarem Fell
panislámico, -a [panis'lamiko, -a] *adj* (POL) panislamisch

panislamismo [panisla'mismo] *m* (POL) Panislamismus *m*
panislamista [panisla'mista] *mf* (POL) Anhänger(in) *m(f)* des Panislamismus
panizo [pa'niθo] *m* ❶ (BOT) Hirse *f*
❷ (*Chil: de minerales*) Erzlager *nt*
panlogismo [panlo'xismo] *m* (FILOS) Panlogismus *m*
panocha [pa'notʃa] *f*, **panoja** [pa'noxa] *f* ❶ (*de maíz*) Maiskolben *m*
❷ (*espiga*) Ähre *f*; (*racimo*) Rispe *f* ❸ (*Méx: azúcar*) brauner Zucker *m*
panoli [pa'noli] I. *adj* (*fam*) einfältig
II. *mf* (*fam*) Simpel *m*, Einfaltspinsel *m*
panoplia [pa'noplja] *f* ❶ (*armadura completa*) (vollständige) Ausrüstung *f* eines Kriegers
❷ (*colección de armas*) Waffensammlung *f*
❸ (*en arqueología*) Waffenkunde *f*
panorama [pano'rama] *m* (*vista*) Panorama *nt*, Rundblick *m*; (*aspecto global*) Überblick *m*; **el ~ de cráteres en la luna** die Kraterlandschaft auf dem Mond
panorámica [pano'ramika] *f* (Aus)blick *m*; (CINE, FOTO, TV) Gesamtaufnahme *f*
panorámico, -a [pano'ramiko, -a] *adj* Panorama-; **toma panorámica** (FOTO, CINE) Kameraschwenk *m*; **vista panorámica** Rundblick *m*, Gesamtansicht *f*
pan(p)siquismo [pan(β)si'kismo] *m* (FILOS) Panpsychismus *m*
panqué [paŋ'ke] *m* (*Cuba, Méx*), **panqueque** [paŋ'keke] *m* (*AmS*: GASTR) Pfannkuchen *m*
pantagruélico, -a [paṇtaɣwreliko, -a] *adj* (*comidas*) üppig; **banquete ~** Festmahl *nt*
pantalán [paṇta'lan] *m* Kai *m* (*aus Holz oder Rohr*)
pantaleta(s) [paṇta'leta(s)] *f(pl)* (*Méx, Ven: bragas*) Schlüpfer *m*
pantalla [paṇ'taʎa] *f* ❶ (*de la lámpara*) Lampenschirm *m*
❷ (*t. fig: protección*) Abschirmung *f*; **~ aislante** Isolierschirm *m*; **~ antirruido** Lärmschutzwand *f*; **servir de ~** als Strohmann fungieren; **servirse de alguien como ~** hinter jds Rücken Schutz suchen
❸ (INFOR, TV) Bildschirm *m*; **~ de alta resolución** Bildschirm mit hoher Auflösung; **~ completa** Gesamtanzeige *f*; **~ cromática** Farbbildschirm *m*; **~ dividida** geteilte Anzeige; **~ monocromática** Monochrombildschirm *m*; **~ plana** Flachbildschirm *m*; **~ de proyección** Projektionsbildschirm *m*; **~ táctil** (INFOR) Kontaktbildschirm *m*, Touch-Screen *m*; **~ virtual** (INFOR) virtueller Bildschirm
❹ (CINE) Leinwand *f*; **~ panorámica** Breitwand *f*; **astro** [*o* **estrella**] **de la ~** Filmstar *m*; **~ pequeña** ~ (*fam*) Fernsehen *nt*; **salir en la ~** als Schauspieler im Film mitspielen
pantalón [paṇta'lon] *m* Hose *f*; **~ bombacho** Knickerbocker *pl*; **~ corto** Kniehose *f*; **~ de pana** Kordhose *f*; **~ de pinzas** Bundfaltenhose *f*; **~ pitillo** Röhrenhose *f*; **~ tejano** [*o* **vaquero**] Jeans(hose) *f*; **llevar los pantalones** (*fig*) die Hosen anhaben
pantalonero, -a [paṇtalo'nero, -a] *m, f* Hosenschneider(in) *m(f)*
pantana [paṇ'tana] *f* (*reg*) Zucchiniart der kanarischen Inseln
pantanal [paṇta'nal] *m* Sumpfgebiet *nt*, Sumpfland *nt*
pantano [paṇ'tano] *m* ❶ (*terreno*) Moor *nt*; (*laguna, t. fig*) Sumpf *m*
❷ (*embalse*) Stausee *m*
pantanoso, -a [paṇta'noso, -a] *adj* sumpfig, Sumpf-
panteísmo [paṇte'ismo] *m* (REL, FILOS) Pantheismus *m*
panteísta [paṇte'ista] I. *adj* (REL, FILOS) pantheistisch
II. *mf* (REL, FILOS) Pantheist(in) *m(f)*
panteístico, -a [paṇte'istiko, -a] *adj* (REL, FILOS) pantheistisch
panteón [paṇte'on] *m* ❶ (*en la antigüedad*) Pantheon *nt*
❷ (*sepultura*) Grabstätte *f* für mehrere Personen; **~ de familia** [*o* **familiar**] Familiengrab *nt*
❸ (*Am: cementerio*) Friedhof *m*
panteonero, -a [paṇteo'nero, -a] *m, f* (*Am*) Totengräber(in) *m(f)*
pantera [paṇ'tera] *f* (ZOOL) Panther *m*, Leopard *m*; **la ~ rosa** (TV, CINE) der rosarote Panther
pantimedia(s) [paṇti'medja(s)] *f(pl)* (*Méx*) Strumpfhose *f*
pantis ['paṇtis] *mpl* (*fam*) Nylonstrumpfhose *f*
pantógrafo [paṇ'toɣrafo] *m* (TÉC, ARTE) Pantograph *m*, Storchschnabel *m*
pantomima [paṇto'mima] *f* Pantomime *f*
pantomímico, -a [paṇto'mimiko, -a] *adj* pantomimisch
pantomimo [paṇto'mimo] *m* Pantomime *m*
pantoque [paṇ'toke] *m* (NÁUT) Kielraum *m*
pantorrilla [paṇto'riʎa] *f* Wade *f*
pantufla [paṇ'tufla] *f*, **pantuflo** [paṇ'tuflo] *m* Pantoffel *m*, Hausschuh *m*
panty ['paṇti] *m v.* **pantis**
panucho [pa'nutʃo] *m* (*Méx*: GASTR) mit Bohnen und Fleisch gefüllter Maisfladen
panuela [pa'nwela] *f* (*Col, Hond*: GASTR) geröstete Mais- oder Weizenpaste mit Honig auf Brot

panza ['paṇθa] *f* ❶ (*barriga*) Bauch *m*, Wanst *m fam*; **la ~ de una jarra** der Bauch eines Kruges; **llenarse la ~** sich *dat* den Wanst voll schlagen; **¡qué ~ tiene este hombre!** der Mann hat aber eine Wampe!
❷ (ZOOL) Pansen *m*
❸ (*fam: cielo gris*) grauer Himmel *m*
panzada [paṇ'θaða] *f* ❶ (*golpe*) Stoß *m* mit dem Bauch
❷ (*hartazgo*) Übersättigung *f*; **darse una ~** sich *dat* den Bauch voll schlagen
panzón¹ [paṇ'θon] *m* (*fam*) Schmerbauch *m pey*, Fettwanst *m pey*
panzón, -ona² [paṇ'θon, -ona] *adj* (*persona*) dickbäuchig; (*cosa*) dickbauchig; **una botella panzona** eine dickbauchige Flasche
panzudo, -a [paṇ'θuðo, -a] *adj v.* **panzón²**
pañal [pa'ɲal] *m* Windel *f*; **cambiar los ~es al niño** dem Kind die Windeln wechseln, das Kind frisch wickeln; **dejar en ~es a alguien** (*fig*) jdn weit hinter sich *dat* lassen; **estar aún en ~es** (*fig*) noch in den Windeln [*o* Kinderschuhen] stecken; **en física estoy en ~es** von Physik habe ich keine Ahnung; **sacar a alguien de ~es** (*fig fam*) jdn aus dem Elend erretten
pañera [pa'ɲera] *adj o f v.* **pañero**
pañería [paɲe'ria] *f* Tuchhandel *m*; (*tienda*) Tuchhandlung *f*
pañero, -a [pa'ɲero, -a] I. *adj* Tuch-
II. *m, f* Tuchhändler(in) *m(f)*
pañete [pa'ɲete] *m* ❶ (*paño de menor calidad*) minderwertiges, dünnes Tuch *n*
❷ (ARQUIT: *enlucido*) Verputz *m*
pañito [pa'ɲito] *m* Spitzendeckchen *nt*
paño ['paɲo] *m* ❶ (*tejido*) Tuch *nt*, Stoff *m*; (*compresa*) Binde *f*; (*ancho de una tela*) Stoffbahn *f*; **~ asargado** Tweed *m*; **~ de cocina** Küchenhandtuch *nt*; **~ de fieltro** Filztuch *nt*; **~ higiénico** Damenbinde *f*, Monatsbinde *f*; **~s menores** Unterwäsche *f*; **~ tirolés** Loden *m*; **aplicar ~s calientes** heiße Umschläge machen; **¡no me vengas con ~s calientes!** (*fig*) komm mir nicht mit nutzlosen Ratschlägen!; **¡conozco el ~!** (*fig*) ich weiß Bescheid!; **haber ~ que cortar** (*fig*) genug von allem da sein; **ser el ~ de lágrimas de alguien** (*fig*) jds Tröster sein
❷ (*mancha en el rostro*) Leberfleck *m*
❸ (*turbación*) Beschlag *m*, Trübung *f*; **este espejo tiene un ~** dieser Spiegel ist beschlagen
❹ (*en construcción*) Füllung *f*
pañol [pa'ɲol] *m* (NÁUT) Hellegatt *nt*, Vorratskammer *f*
pañolero¹ [paɲo'lero] *m* (NÁUT) für die Hellegatts zuständiger Matrose *m*
pañolero, -a² [paɲo'lero, -a] *m, f* Taschentuchverkäufer(in) *m(f)*
pañoleta [paɲo'leta] *f* (*para mujeres*) (dreieckiges) Halstuch *nt*
pañolón [paɲo'lon] *m* Umhängetuch *nt*
pañosa [pa'ɲosa] *f* ❶ (*fam: capa de paño*) Cape *nt*
❷ (TAUR) Capa *f*
pañuelo [pa'ɲwelo] *m* ❶ (*moquero*) Taschentuch *nt*; **el mundo es un ~** die Welt ist ein Dorf, die Welt ist klein
❷ (*pañoleta*) Halstuch *nt*; (*de cabeza*) Kopftuch *nt*
papa¹ ['papa] *m* Papst *m*
papa² ['papa] *f* ❶ (*reg, Am: patata*) Kartoffel *f*; **~ dulce** Süßkartoffel *f*; **~ a la Huancaina** (*AmS*) gekochte, kalte Kartoffel mit einer scharfen Sauce; **no saber/no entender ni ~** überhaupt nichts wissen/verstehen
❷ (*fam*) *v.* **paparrucha**
❸ *pl* (*comida*) (Kinder)brei *m*
papá [pa'pa] *m* (*fam*) ❶ (*padre*) Papa *m*, Vati *m*; **P~ Noel** Weihnachtsmann *m*; **(no) creer en el P~ Noel** (nicht) an den Weihnachtsmann glauben
❷ *pl:* **los ~s** die Eltern
papachar [papa'tʃar] *vt* (*Méx: mimar*) liebkosen
papachos [pa'patʃos] *mpl* (*Méx*) Streicheleinheiten *fpl*; **hacer ~** streicheln
papada [pa'paða] *f* (*de la persona*) Doppelkinn *nt*; (*del animal*) Wamme *f*
papadilla [papa'ðiʎa] *f* Doppelkinn *nt*
papado [pa'paðo] *m* Papsttum *nt*
papafigo [papa'fiɣo] *m* ❶ (ZOOL) Feigendrossel *f*
❷ (NÁUT) *v.* **papahígo**
papagayo [papa'ɣaʝo] *m* ❶ (*loro*) Papagei *m*
❷ (*hablador*) Schwätzer *m*; **hablar como un ~** unaufhörlich quasseln
❸ (*pez*) Papageifisch *m*
❹ (*Arg*: MED) Urinal *nt*
papahígo [papa'iɣo] *m* (NÁUT) Großsegel *nt*
papal [pa'pal] I. *adj* päpstlich
II. *m* (*Am*) Kartoffelfeld *nt*
papalina [papa'lina] *f* ❶ (*gorra*) Ohrenmütze *f*; (*cofia para mujeres*) Haube *f*
❷ (*fam: borrachera*) Rausch *m*
papalote [papa'lote] *m* (*Ant, Méx*) Papierdrache *m*

papamoscas [papa'moskas] *m inv* ❶ (ZOOL) Fliegenschnäpper *m* ❷ (*fam: papanatas*) Trottel *m*
papamóvil [papa'moβil] *m* Papstmobil *nt*
papanatas [papa'natas] *m inv* (*fam*) Trottel *m*
papanatería [papanate'ria] *f*, **papanatismo** [papana'tismo] *m* Trotteligkeit *f*
papar [pa'par] *vt* essen (*ohne zu kauen*); ~ **moscas** (*fam*) Maulaffen feilhalten; **¡pápate esa!** (*fam*) schreib dir das hinter die Ohren!
paparote, -a [papa'rote, -a] *m, f* (*fam*) Trottel *m*
paparrucha [papa'rrutʃa] *f* (*fam*), **paparruchada** [paparru'tʃaða] *f* (*fam*) ❶ (*noticia falsa*) (Zeitungs)ente *f*, Falschmeldung *f*; (*patraña*) Schwindel *m*, Bluff *m* ❷ (*obra sin valor*) Schund *m*; **ese libro es una ~** dieses Buch ist der reinste Schund
papaya [pa'paʝa] *f* (*fruta*) Papaya *f*
papayo [pa'paʝo] *m* (BOT) Papaya *f*, Melonenbaum *m*
papear [pape'ar] *vi* lallen, stammeln
papel [pa'pel] *m* ❶ (*material, para escribir*) Papier *nt*; (*escritura*) Schriftstück *nt*; ~ **de aluminio** [*o* **de plata**] Aluminiumfolie *f*; ~ **de barba** Büttenpapier *nt*; ~ **biblia** Dünndruckpapier *nt*; ~ **brillante** Glanzpapier *nt*; ~ **de calcar** Pauspapier *nt*; ~ **carbón** Kohlepapier *nt*; ~ **carta** Einzelblattpapier *nt*; ~ **cebolla** Durchschlagpapier *nt*; ~ **celofán** Cellophanpapier *nt*; ~ **continuo** Endlospapier *nt*; ~ **cuadriculado** kariertes Papier; ~ **cuché** Kunstdruckpapier *nt*; ~ **de embalaje** Packpapier *nt*; ~ **de envolver** Einschlagpapier *nt*; ~ **del Estado** Staatspapier *nt*; ~ **de estaño** Stanniolpapier *nt*; ~ **de estraza** ungeleimtes Papier, Packpapier *nt*; ~ **de filtro** Filterpapier *nt*; ~ **de fumar** Zigarettenpapier *nt*; ~ **de goma** gummiertes Papier; ~ **grueso para imprimir** Dickdruckpapier *nt*; ~ **higiénico** Toilettenpapier *nt*; ~ **de hilo** Leinenpapier *nt*; ~ **de lija** Schmirgelpapier *nt*; ~ **maché** Pappmaschee *nt*; ~ **milimetrado** Millimeterpapier *nt*; ~ **mojado** (*fig*) wertloses Schriftstück [*o* Papier]; ~ **moneda** Papiergeld *nt*; ~ **de música** Notenpapier *nt*; ~ **pautado** Linienpapier *nt*; ~ **pergamino** Pergamentpapier *nt*; ~ **para periódicos** Zeitungspapier *nt*; ~ **pintado** Tapete *f*; ~ **rayado** liniertes Papier; ~ **reciclado** Umweltschutzpapier *nt*; ~ **de regalo** Geschenkpapier *nt*; ~ **en rollo** Rollenpapier *nt*; ~ **secante** Löschpapier *nt*; ~ **sellado** Stempelpapier *nt*; ~ **de tornasol** Lackmuspapier *nt*; **bolsa de ~** Papiertüte *f*; **tus palabras fueron ~ mojado** deine Worte waren nichts als leere Versprechungen; **ponerse más blanco que el ~** kreideweiß werden; **tener el escritorio lleno de ~es** Berge von Papier auf dem Schreibtisch haben
❷ (*rol*) Rolle *f*; ~ **protagónico** Hauptrolle *f*; ~ **secundario** Nebenrolle *f*; **hacer su ~** sich bewähren; **hacer un ~ ridículo** sich lächerlich aufführen; **hacer buen/mal ~** beeindruckend/lächerlich wirken; **hacer el ~ de malo en la película** im Film den Bösen spielen; **repartir los ~es** die Rollen besetzen; **la industria juega un ~ muy importante en este país** die Industrie spielt in diesem Land eine sehr wichtige Rolle
❸ *pl* (*documentos*) Dokumente *ntpl*, (Ausweis)papiere *ntpl*; **~es bursátiles** Börsenwertpapiere *ntpl*; **~es de despido** Entlassungspapiere *ntpl*; **~es del Estado** Staatspapiere *ntpl*; **sus ~es no están en regla** Ihre Papiere sind nicht in Ordnung
papela [pa'pela] *f* (*fam*) Ausweispapiere *ntpl*
papelear [papele'ar] *vi* ❶ (*revolver papeles*) Papiere durchsehen ❷ (*fam: presumir*) sich aufspielen
papeleo [pape'leo] *m* ❶ (*trámites*) Papierkram *m fam*; ~ **burocrático** Papierkrieg *m fam pey* ❷ (*revolver papeles*) Durchsehen *nt* von Papieren
papelera [pape'lera] *f* ❶ (*cesto*) Papierkorb *m* ❷ (*fábrica*) Papierfabrik *f* ❸ (*mueble*) Aktenschrank *m* ❹ *v.* **papelero**
papelería [papele'ria] *f* Schreibwarengeschäft *nt*, Papierwarenhandlung *f*
papelerío [papele'rio] *m* (*Am*) Papierkram *m*
papelero, -a [pape'lero, -a] **I.** *adj* Papier-; **fábrica papelera** Papiermühle *f*, Papierfabrik *f* **II.** *m, f* ❶ (*fabricante*) Papierfabrikant(in) *m(f)*; (*vendedor*) Papierhändler(in) *m(f)*, Schreibwarenhändler(in) *m(f)* ❷ (*presumido*) Wichtigtuer(in) *m(f)*
papeleta [pape'leta] *f* (*cédula*) Zettel *m*, Schein *m*; (*en el examen*) ausgeloste Prüfungsfrage *f*; ~ **electoral** Wahlzettel *m*; ~ **del monte de piedad** Pfandschein *m*; ~ **de propaganda** Flugblatt *nt*; ~ **de votación** Stimmzettel *m*; **menuda ~ le ha tocado** er steht vor einer ganz schön schwierigen Aufgabe
papeletear [papelete'ar] *vi* Karteikarten anlegen
papeleteo [papele'teo] *m* Anlage *f* von Karteikarten
papeletizar [papeleti'θar] <z→c> *vi v.* **papeletear**
papelillo [pape'liʎo] *m* ❶ (*en la farmacia*) (Pulver)päckchen *nt* ❷ (*cigarrillo*) selbst gedrehte Zigarette *f* ❸ (*confeti*) Konfetti *nt* ❹ (*PRico: papillote*) Haarwickel *m*, Papillote *f*

papelina [pape'lina] *f* ❶ (*tela*) Popelin *m*, Popeline *m o f* ❷ (HIST) Trinkgefäß *nt*
papelista [pape'lista] *mf* ❶ (*comerciante*) Papierhändler(in) *m(f)* ❷ (*fabricante*) Papierhersteller(in) *m(f)* ❸ (*empapelador*) Tapezierer(in) *m(f)*
papelito [pape'lito] *m v.* **papelillo**
papelón [pape'lon] *m* ❶ (*pey: papel inútil*) wertloses Schriftstück *nt*, Wisch *m fam* ❷ (*fam: actuación deslucida*) Blamage *f*; **¡qué ~!** wie peinlich!; **pasar** [*o* **hacer**] **un ~** sich blamieren ❸ (*cartón delgado*) dünner Karton *m* ❹ (*Ven: azúcar*) brauner Zucker *m*
papelorio [pape'lorjo] *m* (*pey*) wirrer Papierhaufen *m*
papelote [pape'lote] *m*, **papelucho** [pape'lutʃo] *m* ❶ (*pey: papel inútil*) Wisch *m fam* ❷ (*papel reciclable*) Altpapier *nt*
papeo [pa'peo] *m* (*fam*) Essen *nt*
papera [pa'pera] *f* ❶ (*bocio*) Kropf *m* ❷ *pl* (*enfermedad*) Mumps *m*, Ziegenpeter *m fam*
papero [pa'pero] *m* Breitopf *m*
papi [pa'pi] *m* (*fam*) Papi *m*, Vati *m*
papiamiento [papja'mjento] *m* (*Am*) Papiamento *nt* (*Mischsprache der niederländischen Antillen*)
papila [pa'pila] *f* (ANAT) Papille *f*
papilitis [papi'litis] *f inv* (MED) Entzündung *f* einer Papille
papilla [pa'piʎa] *f* (Baby)brei *m*; **dar ~ a alguien** (*fig*) jdm etwas vormachen; **echar la primera ~** sich heftig übergeben; **hacer ~ a alguien** (*fig*) jdn fertig machen; **estar hecho ~** völlig fertig sein
papillote [papi'ʎote] *m* Lockenwickler *m*, Papillote *f*; **a la ~** (GASTR) *mit* Butter und Öl zum Grillen in Papier eingewickelt
papiloma [papi'loma] *m* (MED) Papillom *nt*
papín [pa'pin] *m* (GASTR) Süßspeise *nach Hausmacherart*
papión [pa'pjon] *m* (ZOOL) Pavian *m*
papiro [pa'piro] *m* Papyrus *m*
papiroflexia [papiro'fleksja] *f* Origami *nt*, Kunst *f* des Papierfaltens
papirola [papi'rola] *f* Figur *f* aus gefaltetem Papier, Origami-Figur *f*
papirología [papirolo'xia] *f* Papyrologie *f*, Papyruskunde *f*
papirotazo [papiro'taθo] *m*, **papirote** [papi'rote] *m* (*fam*) Kopfnuss *f*
papismo [pa'pismo] *m* Papismus *m pey*
papista [pa'pista] **I.** *adj* papistisch *pey*; **ser más ~ que el papa** päpstlicher sein als der Papst **II.** *mf* Papist(in) *m(f) pey*
papo ['papo] *m* ❶ (*buche*) Kropf *m* der Vögel; (*fam: bocio*) Kropf *m* ❷ (*papada*) Wamme *f* ❸ (BOT) Pappus *m* ❹ (*Guat: bobo*) Dummkopf *m*
paporrear [paporre'ar] *vt* ❶ (*vapulear*) prügeln ❷ (*hablar sin fundamento*) schwätzen
paporretear [paporrete'ar] *vt* (*Chil: pey*) auswendig dahersagen, ohne es zu verstehen
páprika ['paprika] *f* (GASTR) Paprika *f*
papú(a)[1] [pa'pu(a)] **I.** *adj* papuanisch **II.** *mf* (*lengua*) Papuasprache *f*
papú(a)[2] [pa'pu(a)] *mf* (*individuos*) Papua *mf*
papudo, -a [pa'puðo, -a] *adj* (*aves*) dickkröpfig, mit großem Kropf
pápula ['papula] *f* (MED) (Haut)knötchen *nt*, Papel *f*
paquebote [pake'βote] *m* Passagierschiff *nt*; (HIST) Paketboot *nt*
paquete[1] [pa'kete] *m* ❶ (*atado, fardo, t. fig*) Paket *nt*; ~ **de acciones/de créditos** Aktien-/Kreditpaket *nt*; ~ **de acuerdos/de medidas** (POL) Abkommens-/Maßnahmenpaket *nt*; ~ **dual en línea** (INFOR) DIP-Gehäuse *nt*; ~ **educativo** Ausbildungspaket *nt*; ~ **integrado de software** (INFOR) integriertes Softwarepaket *nt*; ~ **legislativo** Gesetzespaket *nt*; ~ **de medidas** Maßnahmenbündel *nt*; ~ **de negociación** Verhandlungspaket *nt*; ~ **postal** Postpaket *nt*; ~ **de programas** (INFOR) Programmpaket *nt*; ~ **de servicios** Dienstleistungsbündel *nt*; **las acciones se venden en ~s de 100** die Aktien werden in Paketen zu 100 Stück veräußert; **meter un ~ a alguien** (MIL) jdn zusammenstauchen [*o* bestrafen] ❷ (HIST) Passagierschiff *nt*, Paketboot *nt* ❸ (*fam: hombre acicalado*) modebewusster Mann *m*; **ayer ibas hecho un ~** gestern warst du aber herausgeputzt ❹ (*argot: engaño*) Beschiss *m*
paquete, -a[2] [pa'kete, -a] *adj* (*Arg*) schick
paquetear [pakete'ar] *vi* (*Arg, Urug*) sich herausputzen
paquete-bomba [pa'kete-'βomba] *m* <paquetes-bomba> Briefbombe *f*
paquetería [pakete'ria] *f* ❶ (*paquete*) Paketgut *nt* ❷ (*Arg*) Eitelkeit *f*
paquetero, -a [pake'tero, -a] *m, f* ❶ (*que hace paquetes*) Paketmacher(in) *m(f)*

②(*repartidor de periódicos*) Zeitungsverteiler(in) *m(f)*
③(*reg: contrabandista*) kleiner Schmuggler *m*, kleine Schmugglerin *f*
paquidérmico, **-a** [paki'ðermiko, -a] *adj* (ZOOL) Dickhäuter-; **tener andares ~s** einen Elefantengang haben
paquidermo [paki'ðermo] **I.** *adj* (ZOOL) dickhäutig
II. *m* (ZOOL) Dickhäuter *m*
paquistaní [pakista'ni] *adj o mf v.* **pakistaní**
par [par] **I.** *adj* ❶(*número*) gerade; **números ~es e impares** gerade und ungerade Zahlen
❷(*igual*) gleich
❸(*loc*): **a la ~** gleichzeitig; (COM) zu pari, zum Nennwert; **acciones a la ~** Aktien zum Nennwert; **valor a la ~** Nominalwert *m*; **esta película entretiene a la ~ que instruye** dieser Film ist unterhaltsam und bildend zugleich; **las acciones están por encima de la ~** (COM) die Aktien stehen über pari; **abrir una ventana de ~ en ~** ein Fenster sperrangelweit öffnen; **sin ~** unvergleichlich
II. *m* ❶(*dos cosas iguales*) Paar *nt;* **un ~ de zapatos** ein Paar Schuhe; **un ~ de pantalones/de tijeras** eine Hose/eine Schere; **esto tarda todavía un ~ de minutos** das dauert noch ein paar [*o* einige] Minuten
❷(FÍS) Kräftepaar *nt*, Moment *nt;* **~ de giro** Drehmoment *nt;* **motor ~** Antriebsdrehmoment *nt*, Motordrehmoment *nt*
❸(*título de dignidad*) Pair *m*
para ['para] **I.** *prep* ❶(*destino*) für *+akk;* **asilo ~ ancianos** Altenheim *nt;* **un regalo ~ el niño** ein Geschenk für das Kind
❷(*finalidad*) für *+akk*, zu *+dat;* **gafas ~ bucear** Taucherbrille *f;* **servir ~ algo** zu etw *dat* nützlich sein; **las frutas son buenas ~ guardar la línea** Obst ist gut für die schlanke Linie; **¿~ qué has venido?** wozu bist du gekommen?; **¿~ qué es esto?** wozu ist das gut?
❸(*dirección*) nach *+dat;* **voy ~ Madrid** ich fahre nach Madrid; **mira ~ acá** schau hierher
❹(*duración*) für *+akk;* (*plazo*) an *+dat*, zu *+dat;* **~ siempre** für immer; **con esto tenemos ~ rato** damit kommen wir eine Zeit lang [*o* für eine Weile] aus; **vendrá ~ Navidad/finales de marzo** er/sie kommt zu Weihnachten/gegen Ende März; **estará listo ~ el viernes** am [*o* bis] Freitag ist es fertig; **diez minutos ~ las once** (*Am*) zehn (Minuten) vor elf
❺(*disposición*) bereit zu; (*a punto de*) im Begriff zu; **no estoy ~ bromas** ich bin nicht zu Späßen aufgelegt; **está ~ llover** es fängt gleich an zu regnen; **está ~ llegar** er/sie muss jeden Augenblick hier sein
❻(*contraposición*) dafür, für *+akk;* **es muy activo ~ la edad que tiene** für sein Alter ist er noch sehr aktiv
❼(*frente a*) zu *+dat;* **~ (con)** gegenüber *+dat;* **es muy amable ~ con nosotros** er/sie ist sehr freundlich zu uns, er/sie benimmt sich uns gegenüber sehr zuvorkommend
❽(*referencia*) für *+akk;* **quiere estar ~ sí** er/sie möchte für sich [*o* allein] sein; **~ mí, esto no es lo mismo** das ist für mich [*o* meiner Ansicht nach] nicht dasselbe; **~ mí que va a llover** ich glaube, dass es gleich regnet
II. *conj* ❶*+inf* um ... zu; **he venido ~ darte las gracias** ich bin gekommen, um dir zu danken
❷*+subj* damit; **te mando al colegio ~ que aprendas algo** ich schicke dich zur Schule, damit du etwas lernst
paraavalanchas [paraβa'lantʃas] *m inv* Lawinenverbauung *f*
paraba [pa'raβa] *f* (*Bol:* ZOOL) Papagei *m*
parabién [para'βjen] *m* Glückwunsch *m;* **dar el ~ a alguien** jdn beglückwünschen
parábola [pa'raβola] *f* ❶(*alegoría*) Gleichnis *nt*, Parabel *f*
❷(MAT) Parabel *f*
parabólica [para'βolika] *f* (TÉC) Parabolantenne *f*
parabólico, **-a** [para'βoliko, -a] *adj* ❶(*alegórico*) gleichnishaft, parabolisch; **expresarse en sentido ~** in Gleichnissen reden
❷(MAT) parabolisch
❸(TÉC) Parabol-; **antena parabólica** Parabolantenne *f;* **espejo ~** Parabolspiegel *m*
paraboloide [paraβo'loiðe] *m* (MAT) Paraboloid *nt;* **~ de revolución** Umdrehungsparaboloid *nt*
parabrisas [para'βrisas] *m inv* Windschutzscheibe *f*
paraca [pa'raka] *f* (*Am*) sehr starker Pazifikwind
paracaídas [paraka'iðas] *m inv* ❶(DEP, MIL) Fallschirm *m*
❷(TÉC) Fangvorrichtung *f;* **los ascensores tienen un ~ de freno** Aufzüge verfügen über eine Bremsfangvorrichtung
paracaidismo [parakai'ðismo] *m sin pl* Fallschirmspringen *nt*
paracaidista [parakai'ðista] *mf* (DEP) Fallschirmspringer(in) *m(f);* (MIL) Fallschirmjäger(in) *m(f)*
paracentesis [para'θentesis] *f inv* (MED) Parazentese *f*
paracetamol® [paraθeta'mol] *m* (MED) Paracetamol *nt*
parachispas [para'tʃispas] *m inv* Funkenschutz *m*
parachoques [para'tʃokes] *m inv* (AUTO) Stoßstange *f*
parada [pa'raða] *f* ❶(*de un autobús, tranvía*) Haltestelle; **~ de autobús** Bushaltestelle *f;* **~ discrecional** Bedarfshaltestelle *f;* **~ de taxis** Taxistand *m*
❷(*acción de parar*) Anhalten *nt*, Stehenbleiben *nt;* **~ de una fábrica** Produktionsstopp *m;* **~ en seco** abruptes Anhalten; **estoy ~, tenemos que hacer una ~** ich bin müde, wir müssen eine Rast einlegen
❸(DEP, MIL) Parade *f;* **~ militar** Militärparade *f;* **paso de ~** Stechschritt *m;* **salirle a alguien a la ~** jdm in die Parade fahren, jdm zuvorkommen
❹(*en un juego*) (Spiel)einsatz *m;* **doblar la ~** den Einsatz verdoppeln
❺(AGR) Koppel *f*
❻(*presa*) Staudamm *m*
paradeportivo, **-a** [paraðepor'tiβo, -a] *adj* das Fallschirmspringen betreffend; **participar en un curso ~** an einem Fallschirmspringerkurs teilnehmen; **una maniobra paradeportiva** (MIL) ein Manöver der Fallschirmjäger
paradero [para'ðero] *m* ❶(*en una autopista*) Rastplatz *m*
❷(*de una persona*) Aufenthaltsort *m;* (*de una cosa*) Verbleib *m;* **está en ~ desconocido** sein/ihr Aufenthaltsort ist unbekannt; **no logramos descubrir el ~ del paquete** es gelang uns nicht herauszufinden, wo das Paket (gelandet) ist; **si sigues así tendrás mal ~** wenn du so weiter machst, wird es noch böse mit dir enden
paradigma [para'ðiɣma] *m* ❶(*ejemplo*) Modell *nt*, Paradigma *nt*
❷(LING) Paradigma *nt*
paradigmático, **-a** [paraðiɣ'matiko, -a] *adj* ❶(*ejemplar*) paradigmatisch, modellhaft; **un caso ~** ein beispielhafter Fall
❷(LING) paradigmatisch
paradisiaco, **-a** [paraði'sjako, -a] *adj*, **paradisíaco**, **-a** [paraði'siako, -a] *adj* paradiesisch; **un placer ~** ein himmlisches Vergnügen
parado, **-a** [pa'raðo, -a] *adj* ❶(*que no se mueve*) stillstehend; **estar ~** stillstehen; **quedarse ~** stehen bleiben; (*fig*) verblüfft [*o* überrascht] sein; **me quedé tan ~ que no pude decir nada** ich war völlig sprachlos; **me has dejado ~** du hast mich überrascht [*o* verblüfft]; **una fábrica parada** eine stillgelegte Fabrik
❷(*sin empleo*) arbeitslos
❸(*remiso*) träge, langsam
❹(*tímido*) scheu, zurückhaltend
❺(*loc*): **salir mal/bien ~ de un asunto** bei einer Sache schlecht/gut wegkommen; **fui la peor parada en este negocio** ich bin bei diesem Geschäft am schlechtesten weggekommen, ich habe bei diesem Geschäft den Kürzeren gezogen
II. *m, f* Arbeitslose(r) *mf;* **~ de larga duración** Langzeitarbeitslose(r) *m*
paradoja [para'ðoxa] *f* ❶(*absurdidad*) Paradoxie *f;* **esto es una ~** das ist doch widersinnig
❷(*contradicción*) Widerspruch *m*, Paradox *nt*
❸(LING) Paradoxon *nt*
paradójicamente [paraðoxika'mente] *adv* paradoxerweise
paradójico, **-a** [para'ðoxiko, -a] *adj* paradox, (scheinbar) widersinnig
parador [para'ðor] *m* (*mesón*) Gasthaus *nt*, Hotel *nt;* **~ (nacional) de turismo** Parador *m o nt* (*staatliches spanisches Touristenhotel, meist an einem kulturhistorisch bedeutenden Ort*)
paraestatal [paraesta'tal] *adj* halbstaatlich; **empresa ~** halbstaatliches Unternehmen
parafasia [para'fasja] *f* (PSICO) Paraphasie *f*
parafernal [parafer'nal] *adj:* **los bienes ~es** (JUR) das Vorbehaltsgut (der Ehefrau)
parafernalia [parafer'nalja] *f* Begleitumstände *mpl;* **la ~ de la guerra** das ganze Drumherum des Krieges
parafina [para'fina] *f* Paraffin *nt*
parafinado, **-a** [parafi'naðo, -a] *adj* (QUÍM) paraffiniert
parafiscal [parafis'kal] *adj* (ECON) steuerähnlich, parafiskalisch
parafiscalidad [parafiskali'ðað] *f* (ECON) zweckgebundene Abgabenwirtschaft *f*
parafrasear [parafrase'ar] *vt* paraphrasieren; **~ un término** einen Begriff umschreiben
paráfrasis [pa'rafrasis] *f inv* Paraphrase *f*
parafrástico, **-a** [para'frastiko, -a] *adj* paraphrastisch
paragoge [para'ɣoxe] *f* (LING) Paragoge *f*
paragolpes [para'ɣolpes] *m inv* (*Am*) Stoßstange *f*
parágrafo [pa'raɣrafo] *m* ❶(*de un texto*) Abschnitt *m*, Absatz *m*, Paragraph *m;* **..., ~ aparte ...,** neuer Absatz; (*fam fig*) **...,** soweit zu diesem Thema
❷(*signo ortográfico*) Paragraphzeichen *nt*, Paragraph *m*
❸(*fam: charla*) Schwätzchen *nt;* **echar un ~** ein Schwätzchen halten; **echar ~s** viel reden
paragranizo [paraɣra'niθo] *m* (AGR) Hagelschutz *m*, Hagelschutzvorrichtung *f*
paraguas [pa'raɣwas] *m inv* Regenschirm *m;* **~ plegable** Taschenschirm *m*
Paraguay [para'ɣwai̯] *m* Paraguay *nt*
paraguay [para'ɣwai̯] <paraguayes> *m* (ZOOL) *Papageienart aus Para-*

guay

paraguaya [para'ɣwaɟa] *f* (BOT) *pfirsichähnliche Frucht*

paraguayismo [paraɣwa'ɟismo] *m* (LING) Paraguayismus *m*, paraguayische Redeweise *f*

paraguayo, -a [para'ɣwaɟo, -a] I. *adj* aus Paraguay II. *m, f* Paraguayer(in) *m(f)*

paraguazo [para'ɣwaθo] *m* Schlag *m* mit dem Regenschirm

paragüería [paraɣwe'ria] *f* Regenschirmgeschäft *nt*

paragüero¹ [para'ɣwero] *m* Schirmständer *m*

paragüero, -a² [para'ɣwero, -a] *m, f* (*productor*) Schirmmacher(in) *m(f)*; (*vendedor*) Schirmhändler(in) *m(f)*

paraíso [para'iso] *m* ❶ (*en el cielo*) Paradies *nt*; ~ **fiscal** Steuerparadies *nt*; **el ~ terrenal** der Himmel auf Erden; **Hawai es un verdadero ~ de los aficionados al surf** Hawaii ist ein echtes Surferparadies; **entrar en el ~** ins Paradies eingehen, in den Himmel kommen

❷ (*en un teatro*) Galerie *f*; (*irón*) Olymp *m*

❸ (*Méx: gallinero*) Hühnerstall *m*

paraje [pa'raxe] *m* ❶ (*lugar*) Ort *m*; (*punto*) Stelle *f*; (*paisaje*) Gegend *f*

❷ (*estado*) Zustand *m*; **esta casa se encuentra en mal ~** dieses Haus ist in einem schlechten Zustand

paral [pa'ral] *m* ❶ (*madero*) Stützbalken *m*

❷ (NÁUT) Ablaufbahn *f*

paraláctico, -a [para'laktiko, -a] *adj* (ASTR) parallaktisch

paralaje [para'laxe] *m* (ASTR) Parallaxe *f*; ~ **horizontal** Horizontal-Parallaxe *f*

paralalia [para'lalja] *f* (PSICO) Wortverwechslung *f*, Paralalie *f*

paralela [para'lela] *f* ❶ (MAT) Parallele *f*

❷ *pl* (DEP) Barren *m*; **~s asimétricas** Stufenbarren *m*

paralelamente [paralela'mente] *adv* (*en la misma dirección*) parallel (*a zu +dat*); (*al mismo tiempo*) gleichzeitig; **desarrollarse ~** sich ähnlich [*o* parallel] entwickeln

paralelepípedo [paralele'pipeðo] *m* (MAT) Parallelepiped(on) *nt*, Parallelflach *nt*

paralelismo [parale'lismo] *m* (*semejanza*) Parallelismus *m*, Übereinstimmung *f*; (LING) Parallelismus *m*; (MAT) Parallelität *f*

paralelo¹ [para'lelo] *m* ❶ (*comparación*) Vergleich *m*, Parallele *f*; **establecer un ~ entre dos cosas** zwei Dinge miteinander vergleichen; **estos libros no admiten ~** diese Bücher kann man nicht (miteinander) vergleichen [*o* weisen keine Parallelen auf]

❷ (GEO) Breitenkreis *m*

❸ (MAT) Parallele *f*

❹ (*loc*): **conexión en ~** (ELEC) Parallelschaltung *f*; **operación en ~** (INFOR) Parallelbetrieb *m*; **transmisión en ~** (INFOR) Parallelübertragung *f*; **conectado en ~** parallel geschaltet

paralelo, -a² [para'lelo, -a] *adj* (MAT) parallel; (*semejante*) parallel (*a zu +dat*), vergleichbar (*a mit +dat*); (*al mismo tiempo*) parallel (*a zu +dat*), gleichzeitig; **líneas paralelas** Parallelen *fpl*; **transmisión paralela de caracteres** (INFOR) parallele Datenübertragung; **las calles son paralelas** die Straßen verlaufen parallel zueinander; **seguir caminos ~s** sich ähnlich [*o* in dieselbe Richtung] entwickeln

paralelogramo [paralelo'ɣramo] *m* (MAT) Parallelogramm *nt*

paralexia [para'leʏsja] *f* (PSICO) Verwechslung *f* beim Lesen, Paralexie *f*

paralipsis [para'liβsis] *f inv* (LING) Paralipse *f*

parálisis [pa'ralisis] *f inv* (*t. fig*) Lähmung *f*; (MED) Paralyse *f*; ~ **espinal** Rückenmarklähmung *f*; ~ **infantil** Kinderlähmung *f*; **sufre ~ de las piernas** seine/ihre Beine sind gelähmt

paralítico, -a [para'litiko, -a] I. *adj* ❶ (*persona*) gelähmt; **quedarse ~** gelähmt sein

❷ (MED) paralytisch

II. *m, f* Gelähmte(r) *mf*

paralización [paraliθa'θjon] *f* ❶ (*del cuerpo*) Lähmung *f*

❷ (*de un proyecto*) Abbrechen *nt*; (*de un proceso*) Behinderung *f*, Stocken *nt*; ~ **de los negocios** Geschäftsstockung *f*; ~ **de una obra** Baustopp *m*; **la huelga tiene por objeto la ~ de la producción** durch den Streik soll die Produktion lahm gelegt werden

❸ (ECON) Konjunkturtief *nt*

paralizador(a) [paraliθa'ðor(a)] *adj* lähmend, paralysierend

paralizar [parali'θar] <z→c> I. *vt* ❶ (*persona*) lähmen; **el frío/el miedo la paralizó** sie erstarrte [*o* war starr] vor Kälte/vor Angst

❷ (*cosa*) lahm legen, zum Erliegen bringen; **la huelga paralizó la producción** der Streik legte die Produktion lahm; **~ un transporte** einen Transport blockieren

II. *vr*: **~se** ❶ (*persona*) erstarren; **~se de miedo/de frío** vor Angst/vor Kälte erstarren

❷ (*cosa*) zum Erliegen kommen

paralogismo [paralo'xismo] *m* Fehlschluss *m*, Paralogismus *m*

paramagnetismo [paramaɣne'tismo] *m* (FÍS) Paramagnetismus *m*

paramecio [para'meθjo] *m* (ZOOL) Pantoffeltierchen *nt*

paramédico, -a [para'meðiko, -a] I. *adj* Rettungs-; **servicio ~** Rettungsdienst *m*

II. *m, f* Sanitäter(in) *m(f)*

paramentar [paramen'tar] *vt* (mit Paramenten) schmücken, verzieren

paramento [para'mento] *m* ❶ (*adorno*) Schmuck *m*, Putz *m*; (*ornamento*) Verzierung *f*, Ornament *nt*; (*vestidura*) Umhang *m*, Gewand *nt*

❷ (REL) Parament *nt*; (*del altar*) Altarschmuck *m*; **~s sacerdotales** Paramente *ntpl*, Priestergewänder *ntpl*

❸ (*para un caballo*) Satteldecke *f*, Schabracke *f*

❹ (ARQUIT) Mauerseite *f*, Wandfläche *f*; **~ exterior** Außenwand *f*

paramera [para'mera] *f* Öde *f*, Ödland *nt*

parámetro [pa'rametro] *m* (MAT) Parameter *m*

paramilitar [paramili'tar] *adj* paramilitärisch; **fuerzas ~es** paramilitärische Einheiten

paramnesia [param'nesja] *f* (PSICO) Erinnerungstäuschung *f*, Paramnesie *f*

páramo ['paramo] *m* ❶ (*terreno desierto*) Öde *f*; (*landa*) Heide *f*; (*terreno infértil*) unfruchtbares [*o* karges] Land *nt*; (*yermo*) Brachfeld *nt*, Brache *f*; (*altiplano*) Hochebene *f*

❷ (*lugar desamparado*) Einöde *f*

parangón [paraŋ'gon] *m* (*comparación*) Vergleich *m*; (*semejanza*) Entsprechung *f*; **sin ~** unvergleichlich

parangonable [paraŋgo'naβle] *adj* vergleichbar, ähnlich

parangonar [paraŋgo'nar] *vt* ❶ (*comparar*) vergleichen (*con mit +dat*)

❷ (TIPO) justieren

paraninfo [para'ninfo] *m* ❶ (*salón*) Aula *f*, Festsaal *m*

❷ (*elev: padrino de bodas*) Trauzeuge *m*

paranoia [para'noja] *f* (MED) Paranoia *f*

paranoico, -a [para'noi̯ko, -a] I. *adj* (MED) ❶ (*loco*) an Paranoia [*o* Wahnvorstellungen] leidend

❷ (*relativo a la paranoia*) paranoisch

II. *m, f* (MED) Paranoiker(in) *m(f)*

paranoide [para'noi̯ðe] *adj* (MED) paranoid, wahnhaft

paranomasia [parano'masja] *f* (LING) Paronomasie *f*

paranormal [paranor'mal] *adj* (PSICO) paranormal, übersinnlich

parao [pa'rao] *m* (Filip: NÁUT) kleines, einmastiges Boot *nt*

paraolímpico, -a [parao'limpiko, -a] *adj* (DEP) paraolympisch

parapente [para'pente] *m* Paragliding *nt*

parapetarse [parape'tarse] *vr* sich verschanzen ((*de*)*trás de* hinter *+dat*, *en* in *+dat*), sich schützen (*con* mit *+dat*); **~ tras una excusa** (*fig*) eine Entschuldigung vorschieben; **se parapetó en el hecho de que no tenía dinero** unter dem Vorwand, kein Geld zu haben, drückte er/sie sich

parapeto [para'peto] *m* ❶ (MIL) Brustwehr *f*, Schutzwall *m*; (*barricada*) Barrikade *f*

❷ (*baranda*) Brüstung *f*

paraplejia [para'plexja] *f*, **paraplejía** [paraple'xia] *f* (MED) Querschnittslähmung *f*

parapléjico, -a [para'plexiko, -a] I. *adj* (MED) ❶ (*relativo a la paraplejia*) die Querschnittslähmung betreffend

❷ (*padeciendo paraplejia*) querschnittsgelähmt

II. *m, f* (MED) Querschnittsgelähmte(r) *mf*

para(p)sicóloga [para(β)si'koloɣa] *f v.* **para(p)sicólogo**

para(p)sicología [para(β)sikolo'xia] *f* Parapsychologie *f*

para(p)sicológico, -a [para(β)siko'loxiko, -a] *adj* parapsychologisch

para(p)sicólogo, -a [para(β)si'koloɣo, -a] *m, f* Parapsychologe, -in *m, f*

parar ['parar] I. *vi* ❶ (*detenerse*) anhalten; (*en un discurso*) innehalten; **habla sin ~** er/sie spricht pausenlos; **¿para el tren en este pueblo?** hält der Zug in diesem Dorf?; **nunca para en casa** er/sie ist nie zu Hause; **a la vuelta paramos en casa de mi tía** auf dem Rückweg besuchten wir meine Tante; **la máquina funciona sin ~** die Maschine läuft nonstop [*o* rund um die Uhr]; **mis hijos no me dejan ~** meine Kinder gönnen mir keine Minute Ruhe [*o* lassen mich nicht zur Ruhe kommen]; **mis remordimientos de conciencia no me dejan ~** mein schlechtes Gewissen lässt mir keine Ruhe

❷ (*terminar*) aufhören; **ha parado de llover** es hat aufgehört zu regnen; **no para de quejarse** er/sie klagt unablässig; **no para (de trabajar/de moverse)** er/sie ist ständig auf Trab [*o* kommt nie zur Ruhe]

❸ (*acabar*) enden; **si sigues así irás a ~ a la cárcel/~ás mal** wenn du so weitermachst, endest du noch im Gefängnis/wird es mit dir noch böse enden; **la maleta fue a ~ a Bilbao** der Koffer landete schließlich in Bilbao; **por fin, el paquete fue a ~ a tus manos** das Paket gelangte schließlich doch zu dir; **¿dónde iremos a ~?** wo soll das noch enden?; **¿en qué irá a ~ esto?** wohin soll das führen?; **salimos bien/mal parados del asunto** wir sind bei der Sache gut/schlecht weggekommen, die Sache ist für uns gut/schlecht ausgegangen; **¿dónde quieres ir a ~ con esto?** worauf willst du damit hinaus?; **siempre venimos a ~ al mismo tema** wir kommen immer wieder auf dasselbe Thema zu sprechen

④ (*vivir*) sich aufhalten; **no sé dónde para** ich weiß nicht, wo er/sie sich gerade aufhält; **siempre para en el mismo hotel** er/sie übernachtet immer im selben Hotel; **¿paras mucho en este bar?** (*fam*) bist du oft in dieser Kneipe?
⑤ (*convertirse*): **la tienda paró en un restaurante** aus dem Laden wurde ein Restaurant
II. *vt* **①** (*detener*) anhalten, stoppen; (*un golpe*) abwehren, parieren; (*un gol*) halten, abwehren; (*la caza*) stellen; **nos ~on en la frontera** wir wurden an der Grenze angehalten [*o* gestoppt]; **~ el motor** den Motor abstellen; **cuando se enfada no hay quien lo/la pare** wenn er/sie wütend ist, ist er/sie nicht zu bremsen; **~ un golpe con la espada** einen Stoß abfangen; **~ el coche de golpe** abrupt abbremsen
② (*en el juego*) setzen
III. *vr*: **~se ①** (*detenerse*) anhalten; **el reloj se ha parado** die Uhr ist stehen geblieben; **~se a pensar** gründlich nachdenken [*o* überlegen]; **~se a descansar** eine (Ruhe)pause einlegen
② (*Am: levantarse*) aufstehen
pararrayos [para'rrа̞ʝos] *m inv* Blitzableiter *m*
parasimpático¹ [parasim'patiko] *m* (ANAT) Parasympathikus *m*
parasimpático, -a² [parasim'patiko, -a] *adj* (ANAT) parasympathisch
parasíquico, -a [para'sikiko, -a] *adj* metapsychisch
parásita [pa'rasita] *adj o f v.* **parásito**
parasitar [parasi'tar] *vt* (BIOL) schmarotzen, parasitieren
parasitario, -a [parasi'tarjo, -a] *adj* parasitär; **una enfermedad parasitaria** eine durch Parasiten übertragene Krankheit
parasiticida [parasiti'θiða] *m* Mittel *nt* gegen Parasiten
parasitismo [parasi'tismo] *m sin pl* (BIOL) Parasitentum *nt*, Schmarotzertum *nt*
parásito, -a [pa'rasito, -a] I. *adj* **①** (BIOL) parasitär; **animal ~** Schmarotzertier *nt*; **planta parásita** Schmarotzerpflanze *f*
② (*persona*) schmarotzerhaft, parasitär *elev*
II. *m, f* **①** (BIOL) Parasit *m*, Schmarotzer *m*
② (*persona*) Schmarotzer(in) *m(f)*
parasitología [parasitoloˈxia] *f sin pl* (BIOL) Parasitologie *f*
parasitos [para'sitos] *mpl* Störgeräusche *ntpl*
parasol [para'sol] *m* **①** (*quitasol*) Sonnenschirm *m*
② (*umbela*) Markise *f*, Sonnenblende *f*
③ (*en el coche*) Sonnenblende *f*
④ (BOT) Parasol(pilz) *m*
parataxis [para'taʝsis] *f inv* (LING) Parataxe *f*
paratífico, -a [para'tifiko, -a] I. *adj* (MED) den Paratyphus betreffend; (*enfermo*) an Paratyphus erkrankt
II. *m, f* Paratyphus-Kranke(r) *mf*
paratifoidea [paratifoiˈðea] *f sin pl* (MED) Paratyphus *m*
paratiroides [parati'roiðes] *f inv* (ANAT) Nebenschilddrüse *f*
paraulata [parauˈlata] *f* (*Ven:* ZOOL) graue, der Drossel ähnliche Vogelart
paravientos [para'βjentos] *m inv* Windverstrebung *f*
parca ['parka] *f* **①** (*deidad*) Parze *f*
② (*muerte*) Tod *m*
parcamente [parka'mente] *adv* (*escasamente*) spärlich; (*sobriamente*) einfach, nüchtern; (*económicamente*) sparsam
parcela [par'θela] *f* **①** (*terreno*) Parzelle *f*, Grundstück *nt*; **~ de cultivo** Feld *nt*, (Stück) Ackerland *nt*; **~ edificable** Baugrundstück *nt*; **división en ~s** Parzellierung *f*
② (*parte*) (Bruch)teil *m*
parcelable [parθe'laβle] *adj* parzellierbar
parcelación [parθela'θjon] *f* Parzellierung *f*
parcelar [parθe'lar] *vt* (*dividir*) parzellieren, aufteilen; (*medir*) vermessen
parcelario, -a [parθe'larjo, -a] *adj* Parzellen-, Grundstücks-; **distribución parcelaria** Parzellenverteilung *f*
parcelero [parθe'lero] *m* (JUR) Teilpächter *m*
parcha ['partʃa] *f* (*Am:* BOT) Gattungsname verschiedener Passionsblumengewächse; **~ granadilla** Riesengranadilla *f*
parchar [par'tʃar] *vt* (*Méx*) flicken
parchazo [par'tʃaθo] *m* **①** (NÁUT) Killen *nt*
② (*broma*) Streich *m*; **pegar un ~ a alguien** jdn reinlegen
parche ['partʃe] *m* **①** (*pegote*) Flicken *m*; (*para una herida*) Pflaster *nt*; **bolsillo de ~** aufgesetzte Tasche; **~ para el ojo** Augenklappe *f*; **poner un ~** flicken
② (*retoque*) (notdürftige) Ausbesserung *f*; (*de pintura*) (Farb)klecks *m*; **poner ~s** notdürftig ausbessern; (*fig*) sich mit Notlösungen behelfen; **en este muro se ven los ~s** bei dieser Mauer sieht man die übermalten Stellen
③ (*piel del tambor*) Trommelfell *nt*
④ (*tambor*) Trommel *f*
⑤ (*loc*): **pegar un ~ a alguien** jdn über den Tisch ziehen

parchear [partʃe'ar] *vt* **①** (*poner parches*) flicken, (notdürftig) ausbessern
② (*manosear*) betasten, befummeln *fam*, betatschen *fam*
parchís [par'tʃis] *m* (*juego*) Mensch-ärgere-dich-nicht *nt*; **¿jugamos al ~?** spielen wir Mensch-ärgere-dich-nicht?
parcial [par'θjal] I. *adj* **①** (*de una parte*) partiell, teilweise; **pago ~** Teilzahlung *f*; **vista ~** Teilansicht *f*; **eclipse lunar/solar ~** partielle Mond-/Sonnenfinsternis; **la venta ~ del terreno** der Verkauf eines Teils des Grundstücks
② (*incompleto*) unvollständig; **trabajar a tiempo ~** teilzeitbeschäftigt sein, eine Teilzeitbeschäftigung ausüben
③ (*partidario: árbitro*) parteiisch; (*crítico*) voreingenommen; (*juez*) befangen
④ (*partidario*): **ser ~ de una teoría** eine Theorie vertreten [*o* unterstützen]
II. *mf* Anhänger(in) *m(f)*
parcialidad [parθjali'ðað] *f* **①** (*preferencia*) Parteilichkeit *f*, Voreingenommenheit *f* (*en contra de/contra* gegen +*akk*, *a/en favor de* für +*akk*)
② (JUR) Befangenheit *f*; **sospecha de ~** Besorgnis der Befangenheit
③ (*bando*) Fraktion *f*, Splittergruppe *f*; (*seguidores*) Anhängerschaft *f*, Anhänger *mpl*; **la ~ carlista** die Karlisten
④ (*familiaridad*) Vertrautheit *f*; **me di cuenta de la ~ entre ellos** mir fiel ihr vertrauter Umgang miteinander auf
⑤ (*de un pueblo*) Stamm *m*
parcialmente [parθjal'mente] *adv* **①** (*en parte*) teilweise
② (*con parcialidad*) voreingenommen
③ (*familiarmente*) vertraulich
parco, -a ['parko, -a] *adj* **①** (*moderado*) bescheiden, gemäßigt; (*sobrio*) nüchtern, einfach
② (*escaso*) knapp, spärlich; **ser ~ en palabras** wortkarg sein; **ser ~ en conceder favores** mit Gefälligkeiten geizen
parda ['parða] *adj o f v.* **pardo²**
pardal [par'ðal] I. *adj* (*pey*) bauernhaft, bäu(e)risch
II. *m* **①** (*gorrión*) Spatz *m*
② (*leopardo*) Leopard *m*
③ (*jirafa*) Giraffe *f*
④ (*pardillo*) Rotkehlchen *nt*
⑤ (*fam: hombre bellaco*) Haudegen *m*
pardear [parðe'ar] *vi* (*tomar el color pardo*) braun werden; (*distinguirse el color pardo*) braun sein
pardiez [par'ðjeθ] *interj* (*fam*) mein Gott, Donnerwetter
pardillo¹ [par'ðiʎo] *m* Rotkehlchen *nt*
pardillo, -a² [par'ðiʎo, -a] I. *adj* **①** (*palurdo*) bauernhaft, tölpelhaft
② (*principiante*) unerfahren, naiv; **paño ~** Sackleinen *nt*; **vino ~** einfacher Roséwein
II. *m, f* **①** (*palurdo*) Tölpel *m*
② (*principiante*) Anfänger(in) *m(f)*
pardo¹ ['parðo] *m* **①** (*color*) (stumpfes) Braun *nt*
② (ZOOL) Leopard *m*
pardo, -a² ['parðo, -a] I. *adj* **①** (*color*) (grau)braun; (*terroso*) erdfarben; **oso ~** Braunbär *m*; **de ojos ~s** braunäugig
② (*oscuro*) düster, trübe; **nubes pardas** graue Wolken
③ (*voz*) klanglos
II. *m, f* (*Am*) Mulatte, -in *m, f*
pardusco, -a [par'ðusko, -a] *adj* bräunlich
pareado¹ [pare'aðo] *m* Paarreim *m*
pareado, -a² [pare'aðo, -a] *adj* paarweise gereimt; **versos ~s** Paarreim *m*
parear [pare'ar] *vt* **①** (*formar parejas*) paarweise zusammentun; (*atar*) paarweise bündeln; (*ropa*) paarweise zusammenlegen
② (BIOL) paaren
③ (*igualar*) aufeinander abstimmen
④ (TAUR) Banderillas setzen +*dat*
parecer [pare'θer] I. *vi irr como crecer* **①** (*tener cierto aspecto*) aussehen; (*aparentar*) scheinen, wirken; **a lo que parece** anscheinend, allem Anschein nach; **tu idea me parece bien** ich bin mit deiner Idee einverstanden; **parece mayor de lo que es** er/sie sieht älter aus als er/sie ist; **parece mentira que...** +*subj* (es ist) kaum zu glauben, dass ...; **aunque parezca mentira** so unglaublich es auch ist [*o* sein mag]; **me parece que no tienes ganas** ich glaube, du hast keine Lust; **parece que va a llover** es sieht so aus, als würde es bald anfangen zu regnen; **¿qué te parece?** was hältst du davon?; **¿qué te parece el piso?** gefällt dir die Wohnung?, wie findest du die Wohnung?; **si te parece bien,...** wenn du einverstanden bist, ...; **parecen hermanos** sie sehen aus wie Geschwister, man könnte sie für Geschwister halten
② (*aparecer*) erscheinen, auftauchen; **quien no parece, perece** (*prov*) wer nicht will, der hat schon

parecido 568 **parlamentarismo**

II. *vr irr como crecer:* ~**se** sich *dat* ähneln; **se parece a una estrella de cine** er/sie sieht aus wie ein bekannter Filmstar; **te pareces mucho a tu madre** du ähnelst deiner Mutter sehr, du siehst deiner Mutter sehr ähnlich; **¡esto se te parece!** das sieht dir (wieder einmal) ähnlich!
III. **m** ❶ (*opinión*) Meinung *f*, Ansicht *f*; (*juicio*) Urteil *nt*, Beurteilung *f*; **a mi ~** meiner Meinung nach; **arrimarse al ~ de la mayoría** sich der Mehrheit anschließen; **cambiar de ~** seine Meinung ändern; **casarse con su ~** (*fam*) auf seiner Meinung beharren; **dar su ~** seine Meinung [*o* Ansicht] äußern; **esto es cuestión de ~es** das ist (reine) Ansichtssache; **toma mi ~** hör auf mich, nimm meinen Rat an
❷ (*aspecto*) Aussehen *nt*, Erscheinung *f*; (*apariencia*) Anschein *m*; **ser de buen ~** gut aussehen; **es de agradable ~** er/sie ist eine angenehme Erscheinung; **al ~** anscheinend, allem Anschein nach; **por el bien ~** um den äußeren Schein aufrechtzuerhalten

parecido¹ [pare'θiðo] *m* Ähnlichkeit *f* (*con* mit +*dat*); **tienes un gran ~ con tu hermana** du siehst deiner Schwester sehr ähnlich, du ähnelst deiner Schwester sehr

parecido, -a² [pare'θiðo, -a] *adj* ❶ (*semejante*) ähnlich; **ser ~** ähnlich sein, sich *dat* ähneln; **los dibujos son ~s** die Muster ähneln sich
❷ (*loc*): **ser bien/mal ~** (*persona*) gut/schlecht aussehen; (*cosa*) schicklich/unschicklich sein; **esto no es bien ~** das schickt sich nicht

pared [pa'reð] *f* ❶ (*tabique*) Wand *f*; (*muro*) Mauer *f*; (*de una montaña*) (Berg)wand *f*, (Fels)wand *f*; (*separación*) (Trenn)wand *f*; (*superficie lateral*) (Seiten)wand *f*, Seite *f*; **~ abdominal** Bauchdecke *f*; **~ cortafuego** Brandmauer *f*, Feuermauer *f*; **~ divisoria** [*o* **medianera**] Trennwand *f*; **~ maestra** tragende Wand; **calendario de ~** Wandkalender *m*; **darse contra la ~** gegen eine Wand laufen; **dejar a alguien pegado a la ~** jdn in die Enge treiben; **quedarse pegado a la ~** sich in die Enge getrieben fühlen; **entre cuatro ~es** von der Außenwelt abgeschnitten; **estar blanco como la ~** kreidebleich [*o* weiß wie die Wand] sein; **estar entre la espada y la ~** mit dem Rücken zur Wand stehen; **hablar a la ~** in den Wind reden; **¡cuidado, que estas ~es oyen!** Vorsicht, diese Wände haben Ohren!; **subirse por las ~es** (*fig*) die Wände hochgehen, in die Luft gehen; **se subía por las ~es al oír la noticia** die Nachricht brachte ihn/sie auf die Palme; **vivimos ~ por** [*o* **en**] **medio** wir leben Tür an Tür
❷ (*conjunto de personas*) Mauer *f*; (*conjunto de cosas*) Berg *m*, Stapel *m*; **los manifestantes formaron una ~ contra la policía** die Demonstranten bildeten eine Mauer gegen die Polizei

paredón [pare'ðon] *m* ❶ (*muro*) Mauer *f*; **llevar** [*o* **mandar**] **a alguien al ~** jdn an die Wand stellen, jdn (standrechtlich) erschießen
❷ (*en una ruina*) Mauerrest *m*
❸ (*protección*) Schutzmauer *f*

paregórico, -a [pare'ɣoriko, -a] *adj* (MED) **elixir ~** Linderungselixier *nt*

pareja [pa'rexa] *f* ❶ (*par*) Paar *nt*; (*de novios*) Brautpaar *nt*; (*de la guardia civil*) Streife *f* der Guardia civil; **~ de hecho** Ehe ohne Trauschein; **hacen buena ~** sie passen gut zusammen; **¿dónde está la ~ de este guante?** wo ist das Gegenstück zu diesem Handschuh?
❷ (*compañero*) Partner(in) *m(f)*; (*en un baile*) Tanzpartner(in) *m(f)*
❸ *pl* (*en los dados*) Pasch *m*; (*en los naipes*) Pärchen *nt*
❹ (*carrera*) paarweises Rennen *nt*; **su bondad y su modestia corrían ~s** er/sie war ebenso gütig wie bescheiden; **no correr ~s** nicht miteinander einhergehen, nicht vereinbar sein
❺ (DEP): **~s mixtas** gemischtes Doppel *nt*

parejo, -a [pa'rexo, -a] *adj* ❶ (*igual*) gleich; (*semejante*) (sehr) ähnlich; **por** (**un**) **~** gleich; **los caballos iban ~s** die Pferde lagen Kopf an Kopf
❷ (*llano*) eben

paremia [pa'remja] *f* Sprichwort *nt*, Parömie *f*
paremiología [paremjolo'xia] *f* Sprichwortkunde *f*, Parömologie *f*
paremiológico, -a [paremjo'loxiko, -a] *adj* die Sprichwortkunde betreffend
paremiólogo, -a [pare'mjoloɣo, -a] *m, f* Sprichwortexperte, -in *m, f*
parénesis [pa'renesis] *f inv* (*elev*) ermahnende Rede *f*, Paränese *f*
parental [paren'tal] **I.** *adj* verwandtschaftlich
II. *m* (BIOL) Parentalgeneration *f*
parentela [paren'tela] *f* Verwandtschaft *f*
parenteral [parente'ral] *adj* (MED) parenteral
parentesco [paren'tesko] *m* (*entre familiares*) Verwandtschaft *f*; (*entre dos cosas*) Bindung *f*; **~ por consanguinidad** Blutsverwandtschaft *f*; **~ en línea directa/colateral** (*t.* JUR) Verwandtschaft in gerader Linie/in Seitenlinie; **relación de ~** Verwandtschaftsverhältnis *nt*
paréntesis [pa'rentesis] *m inv* ❶ (*signo ortográfico*) Klammer *f*; **poner algo entre ~** etw in Klammern setzen; **entre ~,...** (*fig*) nebenbei bemerkt ..., übrigens ...; **abrir/cerrar el ~** Klammer auf/zu; (*fig*) etw unterbrechen/wieder aufnehmen
❷ (*oración*) Einschub *m*, Parenthese *f*
❸ (*interrupción*) Unterbrechung *f*; **hicimos un ~ para almorzar** wir legten eine Frühstückspause ein

pareo [pa'reo] *m* ❶ (*vestido*) großes Tuch, das um den Körper geschlungen und von Frauen z. B. am Strand getragen wird
❷ (*acción de unir*) (paarweises) Zusammenfügen *nt*; (*acción de igualar*) Abstimmen *nt*
❸ (BIOL) Paaren *nt*, Paarung *f*

pares ['pares] *fpl* (ANAT) Plazenta *f*
paresia [pa'resja] *f* (MED) motorische Schwäche *f*, Parese *f*
parhelia [pa'relja] *f*, **parhelio** [pa'reljo] *m* (ASTR) Nebensonne *f*
paria ['parja] *mf* ❶ (*en la India*) Paria *m* (*Angehörige(r) der untersten Kaste in Indien*)
❷ (*marginado*) Ausgestoßene(r) *mf*, Geächtete(r) *mf*, Paria *m elev*
pariambo [pa'rjambo] *m* (LIT) Pariambus *m*
parición [pari'θjon] *f* ❶ (*tiempo de parir el ganado*) Dauer *f* des Geburtsvorganges beim Vieh
❷ (*Am: parto*) Geburt *f*
parida [pa'riða] *f* ❶ (*animal*) Weibchen, das gerade geworfen hat
❷ (*fam: tontería*) Blödsinn *m*, Schwachsinn *m*; **soltar una parida** Schwachsinn von sich geben, dummes Zeug labern
paridad [pari'ðað] *f* ❶ (*comparación*) Gleichsetzung *f*, Parität *f elev*
❷ (FIN, ECON) Parität *f*; **~ adquisitiva** Kaufkraftparität *f*; **~ (de cambio)** (Währungs)parität *f*, (Kurs)parität *f*; **~ oro** Goldparität *f*
❸ (*igualdad*) Gleichheit *f*, Parität *f elev*; (*semejanza*) (große) Ähnlichkeit *f*; **~ de fuerzas** Kräftegleichgewicht *nt*; **~ de votos** Stimmengleichheit *f*; **competir a ~ de medios** unter denselben Bedingungen [*o* Voraussetzungen] (miteinander) konkurrieren
paridera [pari'ðera] *adj* (ZOOL) gebärfähig
pariente, -a [pa'rjente, -a] **I.** *adj* ❶ (*parecido*) ähnlich
❷ (*de la misma familia*) verwandt
II. *m, f* ❶ (*familiar*) Verwandte(r) *mf*; **los ~s** die Angehörigen, die Verwandtschaft; **~ mayor** Urahne *m*
❷ (*fam: marido, mujer*) Mann *m*, Frau *f*; **mi ~** (*irón*) mein Angetrauter
parietal [parje'tal] **I.** *adj* (ANAT, BIOL) parietal; **hueso ~** Scheitelbein *nt*
II. *m* (ANAT, BIOL) Scheitelbein *nt*
parietaria [parje'tarja] *f* (BOT) Glaskraut *nt*
parihuela(s) [pari'wela(s)] *f(pl)* (Trag)bahre *f*, Trage *f*
parima [pa'rima] *f* (*Arg:* ZOOL) violettfarbene Reiherart
parina [pa'rina] *f* (*AmS:* ZOOL) kleine Flamingoart
paripé [pari'pe] *m* Theater *nt*, Show *f*; **hacer el ~** eine Show abziehen *fam*; (*presumir*) sich aufspielen; (*fingir*) falsche Tatsachen vortäuschen; (*fingir cariño*) heucheln
parir [pa'rir] **I.** *vt* ❶ (*dar a luz*) gebären; (*animal*) werfen; **~ un hijo** ein Kind auf die Welt bringen [*o* gebären]
❷ (*producir*) hervorbringen; (*causar*) verursachen; **~ a medias** gemeinsam bewältigen
II. *vi* ❶ (*descubrirse*) ans Licht kommen
❷ (*expresarse*) sich verständlich machen; **pare sin dificultad** er/sie kann seine/ihre Gedanken gut in Worte fassen
París [pa'ris] *m* Paris *nt*
parisién [pari'sjen] *adj sin pl v.* **parisiense**
parisiense [pari'sjense] **I.** *adj* pariserisch, aus Paris, Pariser
II. *mf* Pariser(in) *m(f)*
parisilábico, -a [parisi'laβiko, -a] *adj*, **parisílabo, -a** [pari'silaβo, -a] *adj* (LIT) gleichsilbig
parisino, -a [pari'sino, -a] *adj v.* **parisiense**
paritario, -a [pari'tarjo, -a] *adj* paritätisch; **comité ~** paritätischer [*o* paritätisch besetzter] Ausschuss
paritorio [pari'torjo] *m* ❶ (*sala*) Kreißsaal *m*
❷ (*AmC: parto*) Entbindung *f*, Geburt *f*
parka ['parka] *f* Parka *f*
parking ['parkiŋ] *m* <parkings> (*cubierto*) Parkhaus *nt*; (*abierto*) Parkplatz *m*
párkinson ['parkinson] *m* (MED) Parkinsonkrankheit *f*
parkinsoniano, -a [parkinso'njano, -a] **I.** *adj* die Parkinsonkrankheit betreffend
II. *m, f* Parkinsonkranke(r) *mf*
parla ['parla] *f* ❶ (*labia*) Redegewandtheit *f*, Beredsamkeit *f*
❷ (*hablar mucho*) Gesprächigkeit *f*, Geschwätzigkeit *f pey*
❸ (*parloteo*) Geschwätz *nt fam*; **esto no es más que ~** das ist doch nur leeres [*o* hohles] Geschwätz
parlador(a) [parla'ðor(a)] **I.** *adj* schwatzhaft, geschwätzig
II. *m(f)* Schwätzer(in) *m(f)*
parladuría [parlaðu'ria] *f* unangebrachte Bemerkung *f*
parlamentar [parlamen'tar] *vi* ❶ (*hablar*) sich unterhalten (*con* mit +*dat*), reden (*con* mit +*dat*)
❷ (*negociar*) verhandeln; (POL: *en conflictos militares*) unterhandeln (*con* mit +*dat*)
parlamentario, -a [parlamen'tarjo, -a] **I.** *adj* parlamentarisch; **debate ~** Parlamentsdebatte *f*
II. *m, f* ❶ (*diputado*) Parlamentarier(in) *m(f)*
❷ (MIL, POL) Unterhändler(in) *m(f)*, Parlamentär(in) *m(f)*
parlamentarismo [parlamenta'rismo] *m* (POL) Parlamentarismus *m*

parlamento [parla'mento] *m* ❶ (*cámara*) Parlament *nt*, Abgeordnetenkammer *f*; **P~ Europeo** Europäisches Parlament
❷ (*discurso*) Rede *f*, Vortrag *m*; (TEAT) (langer) Monolog *m*
❸ (*negociaciones*) Verhandlungen *fpl*, Gespräche *fpl*; (MIL, POL) Unterhandlung *f*, Unterhandeln *nt*
parlanchín, -ina [parlan'tʃin, -ina] **I.** *adj* (*fam*) geschwätzig
II. *m, f* (*fam: persona cotorra*) Quasselstrippe *f*; (*fam: persona indiscreta*) Klatschmaul *nt*
parlante [par'lante] *adj* ❶ (*elocuente*) redegewandt, beredt; **un ave ~** ein sprechender Vogel
❷ (*cotorro*) geschwätzig, schwatzhaft
parlar [par'lar] **I.** *vi* ❶ (*hablar*) sprechen, reden
❷ (*fam: cotorrear*) plappern, schwätzen, ein Schwätzchen halten
II. *vt* (*revelar*) ausplaudern
parlería [parle'ria] *f* ❶ (*verbosidad*) Geschwätzigkeit *f*
❷ (*chisme, hablilla*) Gerede *nt*
parlero, -a [par'lero, -a] *adj* ❶ (*cotorro*) redselig; (*pey*) geschwätzig
❷ (*chismoso*) schwatzhaft
❸ (*expresivo*) ausdrucksvoll; **ojos ~s** ausdrucksvolle Augen
❹ (*pájaros*) zwitschernd; **ave parlera** Singvogel *m*
❺ (*arroyo*) murmelnd, plätschernd
parleta [par'leta] *f* (*fam*) (gehaltloses) Geplauder *nt*
parlotear [parlote'ar] *vi v.* **parlar**
parloteo [parlo'teo] *m* ❶ (*charla*) Schwätzen *nt*, Plappern *nt*
❷ (*conversación*) Schwätzchen *nt*; (*pey*) Geschwätz *nt*
parmesano¹ [parme'sano] *m* (*queso*) Parmesan(käse) *m*
parmesano, -a² [parme'sano, -a] **I.** *adj* parmaisch, parmesanisch
II. *m, f* Parmaer(in) *m(f)*, Parmesaner(in) *m(f)*
parnasianismo [parnasja'nismo] *m* (LIT) Parnassiens *pl*
parnasiano, -a [parna'sjano, -a] *adj* (LIT) parnassisch
parnaso [par'naso] *m* (GEO, LIT) Parnass(os) *m*
parné [par'ne] *m* (*fam: dinero*) Kohle *f*, Knete *f*
paro [ˈparo] *m* ❶ (*suspensión de una actividad*) Stillstand *m*; (*de una máquina*) Abstellen *nt*, Anhalten *nt*; (*de una fábrica*) Stilllegung *f*; (*del trabajo*) Arbeitsunterbrechung *f*; **~ cardíaco** (MED) Herzstillstand *m*
❷ (*huelga*) Streik *m*; **~ laboral** Streik *m*, Arbeitsniederlegung *f*; **~ general** Generalstreik *m*
❸ (*por parte de los empresarios*) Aussperrung *f*
❹ (*desempleo*) Arbeitslosigkeit *f*; **~ estacional** saisonell bedingte [*o* saisonbedingte] Arbeitslosigkeit; **~ forzoso** Arbeitslosigkeit *f*; **~ masivo** Massenarbeitslosigkeit *f*; **~ técnico** technisch bedingte Arbeitslosigkeit, Arbeitslosigkeit infolge von Rationalisierung; **oficina del ~** (*fam*) Arbeitsamt *nt*; **subsidio de ~** Arbeitslosenunterstützung *f*; **tasa de ~** Arbeitslosenquote *f*; **estar en ~** arbeitslos sein
❺ (ZOOL) Meise *f*; **~ carbonero** Kohlmeise *f*
parodia [pa'roðja] *f* Parodie *f* (*de* auf +*akk*); **hacer una ~ de algo** etw parodieren
parodiador(a) [paroðja'ðor(a)] **I.** *adj* parodierend
II. *m(f)* Parodist(in) *m(f)*
parodiar [paro'ðjar] *vt* parodieren
paródico, -a [pa'roðiko, -a] *adj* parodistisch
parodista [paro'ðista] *mf* Parodist(in) *m(f)*, Verfasser(in) *m(f)* einer Parodie
parodontosis [paroðon'tosis] *f inv* (MED) Parodontose *f*
parola¹ [pa'rola] *f* ❶ (*locuacidad*) Redegewandtheit *f*, Beredsamkeit *f*
❷ (*charla*) ausgiebiges Schwätzchen *nt*
parola² [pa'rola] *m* (Chil) Schwätzer *m*, Angeber *m*
pároli ['paroli] *m* (*en juegos*) Paroli *nt*
parón [pa'ron] *m* (*paro brusco*) plötzliches Anhalten *nt*; (*paro prolongado*) langandauernder Stillstand *m*
paronimia [paro'nimja] *f* (LING) Paronymie *f*
paronímico, -a [paro'nimiko, -a] *adj* (LING) paronymisch
parónimo¹ [pa'ronimo] *m* (LING) Paronym *nt*
parónimo, -a² [pa'ronimo, -a] *adj* (LING) paronymisch
paronomasia [parono'masja] *f* (LING) Paronomasie *f*
paronomástico, -a [parono'mastiko, -a] *adj* (LING) paronomastisch
parótida [pa'rotiða] *f* (ANAT) Ohrspeicheldrüse *f*, Parotis *f*
parotiditis [paroti'ðitis] *f inv* (MED) Entzündung *f* der Ohrspeicheldrüse, Parotitis *f*
paroxismal [paroksis'mal] *adj* (MED) anfallsweise auftretend, paroxysmal
paroxismo [parok'sismo] *m* ❶ (MED: *de una enfermedad*) Paroxysmus *m*
❷ (MED: *accidente*) schwerer Unfall *m*; (*síncope*) schwerer Anfall *m*
❸ (*de un sentimiento*) Anfall *m*, Ausbruch *m*; **lo mató en un ~ de celos** er/sie ermordete ihn in einem Anfall von Eifersucht
paroxítono¹ [parok'sitono] *m* (LING) Paroxytonon *nt*
paroxítono, -a² [parok'sitono, -a] *adj* (LING) auf der vorletzten Silbe betont
parpadeante [parpaðe'ante] *adj* flackernd, flimmernd

parpadear [parpaðe'ar] *vi* ❶ (*ojos*) blinzeln, zwinkern; **sin ~** ohne mit der Wimper zu zucken
❷ (*luz*) flimmern; (*llama*) flackern
parpadeo [parpa'ðeo] *m* ❶ (*de los ojos*) Lidschlag *m*, Blinzeln *nt*
❷ (*de una luz*) Flimmern *nt*; (*de una llama*) Flackern *nt*
párpado ['parpaðo] *m* (Augen)lid *nt*
parpar [par'par] *vi* (*pato*) schnattern
parque [ˈparke] *m* ❶ (*jardín*) Park *m*, Parkanlage *f*; **~ de atracciones** Vergnügungspark *m*; **~ nacional** Nationalpark *m*; **P~ Natural** Naturschutzgebiet *nt*; **~ zoológico** Zoo *m*
❷ (*depósito*) Lager *nt*; **~ de bomberos** Feuerwehrhaus *nt*; **~ militar** (Militär)arsenal *nt*
❸ (*conjunto*) Bestand *m*; **~ eólico** Windpark *m*; **~ industrial** (ECON) Gewerbepark *m*; **~ de maquinaria** Maschinenpark *m*; **~ móvil** öffentlicher Fuhrpark; **~ de vehículos** Fahrzeugpark *m*, Fuhrpark *m*
❹ (*parking*) Parkplatz *m*
❺ (*para niños*) Laufstall *m*
parqué [par'ke] *m* ❶ (*suelo*) Parkett *nt*, Parkettfußboden *m*
❷ (*en la Bolsa*) Börsensaal *m*
parqueadero [parkea'ðero] *m* (Am) Parkplatz *m*
parquear [parke'ar] *vt* (Am) parken
parquedad [parke'ðað] *f* ❶ (*en el gasto*) Sparsamkeit *f*; (*en el uso*) Genügsamkeit *f*, Bescheidenheit *f*
❷ (*parsimonia*) Zurückhaltung *f*, Mäßigung *f*; **habla con ~** er/sie ist wortkarg
parquet [par'ke⁽ᵗ⁾] *m v.* **parqué**
parquímetro [par'kimetro] *m* Parkuhr *f*
parra ['parra] *f* ❶ (*vid*) Weinstock *m*, Weinrebe *f*; **subirse a la ~** (*enfadarse*) (die Wände) hochgehen, in die Luft gehen; (*darse importancia*) sich *dat* zu viel einbilden, abheben; (*fam: atreverse*) übermütig werden
❷ (*envase*) ≈Amphore *f*
parrafada [parra'faða] *f* ❶ (*conversación detenida*) eingehendes Gespräch *nt*; (*conversación confidencial*) vertrauliches Gespräch *nt*, Gespräch *nt* unter vier Augen; **echar una ~** ein Gespräch unter vier Augen führen, sich eingehend miteinander unterhalten
❷ (*monólogo*) Wortschwall *m*, Monolog *m*; (*irón*) Predigt *f*
parrafear [parrafe'ar] *vi* ❶ (*echar parrafadas*) sich eingehend miteinander unterhalten
❷ (*hablar en exceso*) einen Monolog halten
párrafo ['parrafo] *m* ❶ (*de un texto*) Abschnitt *m*, Absatz *m*, Paragraph *m*; **..., aparte ...**; neuer Absatz; (*fam fig*) ..., soweit zu diesem Thema
❷ (*signo*) Paragraphzeichen *nt*, Paragraph *m*
❸ (*fam: charla*) Schwätzchen *nt*; **echar un ~** ein Schwätzchen halten; **echar ~s** viel reden
parral [pa'rral] *m* ❶ (*parras atadas*) Spalier *nt*; (*techo*) Weinlaube *f*
❷ (*envase*) ≈Amphore *f*
❸ (*viña*) Weinberg *m*
❹ (*viña sin podar*) unbeschnittener Weinberg *m*
parrampán [parram'pan] *m* (Pan) Angeber *m*
parranda [pa'rranda] *f* ❶ (*juerga*) Trubel *m*; (*de bar en bar*) Kneipentour *f*, Zechtour *f*; **ir** [*o* **andar**] **de ~** um die Häuser ziehen
❷ (*músico*) Musikkapelle *f* (*die nachts durch die Straßen zieht*)
parrandear [parrande'ar] *vi* (*fam*) durch die Kneipen ziehen
parrandeo [parran'deo] *m* Kneipentour *f*
parrandero, -a [parran'dero, -a] *m, f* Kneipenbummler(in) *m(f)*
parrandista [parran'dista] *mf* Zechkumpan(in) *m(f)*
parrar [pa'rrar] *vi* (BOT) die Äste ausbreiten
parricida [parri'θiða] *mf* (*padre*) Vatermörder(in) *m(f)*; (*madre*) Muttermörder(in) *m(f)*; (*hijo*) Kindsmörder(in) *m(f)*
parricidio [parri'θiðjo] *m* (*padre*) Vatermord *m*; (*madre*) Muttermord *m*; (*hijo*) Kindsmord *m*
parrilla [pa'rriʎa] *f* ❶ (*para la brasa*) (Grill)rost *m*; (*de un horno*) (Ofen)rost *m*
❷ (*establecimiento*) (Grill)restaurant *nt*
❸ (*en una carrera*): **~ (de salida)** Startplatz *m*
❹ (*jarra*) tönerne Karaffe *f*
❺ (Am: AUTO) Dachgepäckträger *m*
parrillada [parri'ʎaða] *f* Grillplatte *f*; **~ de pescado/de carne** gegrillte Fisch-/Fleischspezialitäten
parrocha [pa'rrotʃa] *f* (ZOOL) kleine Sardine *f*
párroco ['parroko] **I.** *adj* Pfarr-, Gemeinde-; **cura ~** Gemeindepfarrer *m*
II. *m* Pfarrer *m*
parroquia [pa'rrokja] *f* ❶ (*territorio*) (Kirchen)gemeinde *f*, Pfarrbezirk *m*, Pfarrei *f*; **ayuda de ~** Pfarrhelfer(in) *m(f)*
❷ (*fieles*) Gemeinde *f*, Gemeindemitglieder *ntpl*
❸ (*iglesia*) (Pfarr)kirche *f*
❹ (*clero*) Priesterschaft *f* (einer Gemeinde), Gemeindepriester *mpl*
❺ (*clientela*) (Stamm)kundschaft *f*
parroquial [parro'kjal] *adj* Gemeinde-, pfarrlich; **iglesia ~** Pfarrkirche *f*;

parroquiano

terreno ~ Gemeindeland *nt*
parroquiano, -a [parro'kjano, -a] I. *adj* Gemeinde-, pfarrlich II. *m, f* ❶ (*feligrés*) Gemeindemitglied *nt*
❷ (*cliente*) Stammkunde, -in *m, f*
parsec [par'seɣ] *m* (ASTR) Parsec *nt o f*
parsimonia [parsi'monja] *f* ❶ (*calma*) Ruhe *f*, Bedächtigkeit *f*; (*lentitud*) Trägheit *f*; **barajó las cartas con** ~ er/sie mischte in aller Ruhe die Karten
❷ (*en los gastos*) Sparsamkeit *f*, Genügsamkeit *f*
❸ (*prudencia*) Rücksicht *f*; (*moderación*) Zurückhaltung *f*
parsimonioso, -a [parsimo'njoso, -a] *adj* ❶ (*tranquilo*) ruhig, bedächtig; (*flemático*) träge, schwerfällig
❷ (*ahorrador*) sparsam, genügsam
❸ (*prudente*) rücksichtsvoll; (*moderado*) zurückhaltend
parsismo [par'sismo] *m* (REL) Parsismus *m*
parte¹ ['parte] *f* ❶ (*porción*) Teil *m*; (*elemento*) (Bestand)teil *m*; (*de repuesto*) Ersatzteil *nt*; ~ **alicuota** Bruchteil *m*; ~ **constitutiva** Bestandteil *m*; ~ **esencial** wesentlicher Bestandteil; ~ **del león** Löwenanteil *m*; ~ **del mundo** Erdteil *m*, Kontinent *m*; ~ **de la oración** Satzteil *m*; **una cuarta** ~ ein Viertel *+gen*; **de varias** ~**s** mehrteilig; **en** ~ zum Teil, teilweise; **en gran** ~ zu einem großen Teil; **en mayor** ~ größtenteils; **por** ~ Stück für Stück; **por** ~**s** der Reihe nach, ein(e)s nach dem ander(e)n; **tomar** ~ **en algo** an etw *dat* teilnehmen; **tener** ~ **en algo** an etw *dat* teilhabe [o beteiligt sein]
❷ (*repartición*) Anteil *m* (*de* an *+dat*), Teil *m* (*de +gen*); ~ **hereditaria** Erbteil *nt*; **me dió mi** ~ **de la ganancia** er/sie gab mir meinen Anteil am Gewinn [o meinen Teil des Gewinnes]; **dar** ~ **a alguien en algo** jdn an etw *dat* beteiligen; **llevarse la peor** ~ den Kürzeren ziehen, am schlechtesten abschneiden; **llevarse la mejor** ~ am besten abschneiden
❸ (*lugar*) Ort *m*; **¿a qué** ~**?** wohin?; **a ninguna** ~ nirgendwohin; **en ninguna** ~ nirgends; **en cualquier** ~ irgendwo; **por todas (las)** ~**s** überall; **en otra** ~ woanders, anderswo; **¿de qué** ~ **de España es tu familia?** aus welcher Gegend Spaniens stammt deine Familie?; **no para en ninguna** ~ es hält ihn/sie nirgends besonders lang; **no ir** [o **no llevar**] **a ninguna** ~ (*fig*) zu nichts führen, keinen Sinn haben; **en todas** ~**s (se) cuecen habas** (*prov*) das passiert woanders auch; **que no te dé vergüenza, ¡en todas** ~**s (se) cuecen habas!** schäm dich nicht, das kommt in den besten Familien vor!
❹ (*bando*) Partei *f*, Seite *f*; (*en un negocio*) Teilhaber(in) *m(f)*; (*en una discusión*) Gesprächspartner(in) *m(f)*, Gesprächsteilnehmer(in) *m(f)*; (JUR) Partei *f*; ~ **actora** [o **demandante**] Klagepartei *f*; ~ **beneficiada** Begünstigte(r) *mf*; ~ **contraria** [o **adversaria**] [o **contendiente**] Gegenpartei *f*, gegnerische Partei; ~ **contratante** Vertragspartner *m*; ~ **firmante** Vertragspartei *f*; ~ **laboral** Arbeitnehmerseite *f*; ~**s litigantes** [o **contendientes**] Streitparteien *fpl*; ~ **procesal** Prozesspartei *f*; ~ **pública** Staatsanwalt *m*; **entrar** [o **ir**] **a** ~ an etw *dat* beteiligt sein an; **la empresa es** ~ **en este acuerdo** die Firma ist an diesem Vertrag beteiligt
❺ (*lado*) Seite *f*; ~ **de delante/de atrás** [o **delantera/trasera**] Vorder-/Rückseite *f*; **de mi/de tu** ~ von mir/von dir; **dale recuerdos de mi** ~ **grüß ihn/sie von mir**; **somos primos por [o de]** ~ **de mi padre/de mi madre** wir sind Cousins väterlicherseits/mütterlicherseits; **por mi/por tu** ~ von mir/von dir aus; **por mi** ~ **puedes hacer lo que quieras** was mich angeht [o anbetrifft], kannst du tun, was du willst; **estar de** ~ **de alguien** auf jds Seite sein; **ponerse de** ~ **de alguien** sich auf jds Seite stellen, jds Partei ergreifen; **saber de buena** ~ aus zuverlässiger [o sicherer] Quelle wissen; **me tienes de tu** ~ ich bin [o stehe] auf deiner Seite, ich halte zu dir; **de** ~ **a** ~ (*de un lado a otro*) von rechts nach links; (*de arriba a abajo*) von oben nach unten; **por otra** ~ and(e)rerseits; (*además*) außerdem
❻ (*sección*) Teil *m*; (*tomo*) Band *m*; (*capítulo*) Kapitel *nt*
❼ (TEAT, MÚS: *papel*) Part *m*, Rolle *f*; (*actor*) Schauspieler(in) *m(f)*; (*cantante*) Sänger(in) *m(f)*
❽ *pl* (*genitales*) Geschlechtsteile *ntpl*
❾ (*loc*): **no lo tomes** [o **eches**] **a mala** ~ versteh mich nicht falsch; **de primeros de mes a esta** ~ seit Beginn dieses Monats; **de unos cuantos días a esta** ~ seit einigen Tagen; **me dió una patada en salva sea la** ~ er/sie trat mich in den Allerwertesten
parte² ['parte] *m* ❶ (*comunicado*) Bericht *m*; (*nota urgente*) Depesche *f*; (*telegráfico*) Telegramm *nt*; (*por radio*) Funkmeldung *f*; ~ **de daños** Schadensmeldung *f*; ~ **médico** ärztliches Kommuniqué *m*; ~ **de siniestro** Schadensanzeige *f*; **dar** ~ Bericht erstatten; **tienes que dar** ~ **del robo a la policía** du musst den Diebstahl der Polizei melden
❷ (RADIO, TV) Nachrichten *fpl*, Nachrichtensendung *f*; ~ **meteorológico** Wetterbericht *m*
❸ (MIL) Meldung *f*; (*de guerra*) Kriegsbericht *m*; **dar** ~ Meldung machen [o erstatten]
parteluz [parte'luθ] *m* (ARQUIT) Fenstermittelpfosten *m*
partenaire [parte'ner] *mf* Partner(in) *m(f)*; ~ **de baile** Tanzpartner(in) *m(f)*; ~ **de tenis** Tennispartner(in) *m(f)*

particularidad

partenogénesis [parteno'xenesis] *f inv* (BIOL) Parthenogenese *f*, Jungfernzeugung *f*
partero, -a [par'tero, -a] *m, f* Geburtshelfer(in) *m(f)*
parterre [par'terre] *m* ❶ (*arriate*) Blumenbeet *nt*
❷ (*jardín*) Gartenanlage *f*, Park *m*
partible [par'tiβle] *adj* teilbar
partición [parti'θjon] *f* ❶ (*acción de partir*) Aufteilung *f*, Verteilung *f* (*entre* unter *+dat*); ~ **de herencia** [o **hereditaria**] Nachlassspaltung *f*
❷ (MAT) Division *f*, Teilung *f*
❸ (INFOR) Partionierung *f*
participación [partiθipa'θjon] *f* ❶ (*intervención*) Teilnahme *f* (*en* an *+dat*), Beteiligung *f* (*en* an *+dat*); (*en un negocio*) Beteiligung *f* (*en* an *+dat*), Teilhaberschaft *f* (*en* an *+dat*); (*en una decisión*) Mitbestimmung *f*; ~ **de beneficios**, ~ **en los beneficios** Gewinnbeteiligung *f*; ~ **en costos** Kostenbeteiligung *f*; ~ **extranjera** Auslandsbeteiligung *f*; **mayoritaria** Mehrheitsbeteiligung *f*; ~ **en el mercado** (COM) Marktanteil *m*; ~ **minoritaria** Minderheitsbeteiligung *f*; ~ **nacional** Inlandsbeteiligung *f*; ~ **en los riesgos** Risikobeteiligung *f*; **disolver/extinguir una** ~ eine Teilhaberschaft auflösen/eingehen; **tener participaciones en una empresa** (Geschäfts)anteile an einem Unternehmen haben; **este grupo tiene la** ~ **mayoritaria en las acciones** diese Gruppe hat die Majoritätsbeteiligung an den Aktien; **la** ~ **de los trabajadores en las decisiones de la empresa** die Mitwirkung der Arbeitnehmer an den Unternehmensentscheidungen
❷ (*parte*) Anteil *m* (*en* an *+dat*); ~ **de capital** Kapitalanteil *m*; ~ **social** Gesellschaftsanteil *m*
❸ (*billete*) (Lotterie)los *nt*; (*parte que se juega*) (anteiliger) Lotterieeinsatz *m*
❹ (*anuncio*) Anzeige *f*; (*aviso*) Mitteilung *f*, Benachrichtigung *f*
participante [partiθi'pante] I. *adj* teilnehmend, beteiligt; **los países** ~**s** die Teilnehmerländer
II. *mf* (*en una acción*) Teilnehmer(in) *m(f)*; (*en una empresa*) Teilhaber(in) *m(f)*; ~ **en un concurso** Wettbewerbsteilnehmer(in) *m(f)*
participar [partiθi'par] I. *vi* ❶ (*tomar parte*) teilnehmen (*en* an *+dat*); ~ **en un juego** mitspielen; **participo en tu alegría** ich freue mich mit dir
❷ (*tener parte*) teilhaben (*en* an *+dat*), beteiligt sein (*en* an *+dat*); ~ **en las ganancias** am Gewinn beteiligt sein; ~ **en una herencia** Miterbe sein, erben; **se decidió por** ~ **en mi empresa** er/sie entschloss sich zu einer Beteiligung an meinem Unternehmen, er/sie beschloss sich an meinem Unternehmen zu beteiligen
II. *vt* ❶ (*comunicar*) mitteilen
❷ (*tener en común*) teilen; **participamos de la misma opinión** wir sind derselben Meinung
partícipe [par'tiθipe] I. *adj* beteiligt
II. *mf* Beteiligte(r) *mf*; (*en una empresa*) Teilhaber(in) *m(f)*; (*de una inversión, un fondo*) Anteilseigner(in) *m(f)*; **los** ~**s del proyecto** die am Projekt Beteiligten; **hacer a alguien** ~ **de algo** (*compartir*) etw mit jdm teilen, jdn an etw *dat* teilhaben lassen; (*informar*) jdm etw mitteilen
participial [partiθi'pjal] *adj* (LING) partizipial, Partizipial-
participio [parti'θipjo] *m* (LING) Partizip *nt*; ~ **de presente** [o **activo**] Partizip Präsens; ~ **de pretérito** [o **pasivo**] Partizip Perfekt
partícula [par'tikula] *f* ❶ (*t. FÍS, QUÍM*) Teilchen *nt*, Partikel *nt o f*; ~ **alfa** Alphateilchen *nt*; ~ **elemental** Elementarteilchen *nt*; ~**s de polvo** Staubpartikel *ntpl o fpl*; ~**s radiactivas** radioaktive Partikel
❷ (LING) Partikel *f*; ~ **prepositiva** Präfix *nt*
particular¹ [partiku'lar] I. *adj* ❶ (*propio*) eigen; (*individual*) individuell; (*típico*) typisch, charakteristisch; (*personal*) persönlich; **el sabor** ~ **del azafrán** der typische [o unverwechselbare] Safrangeschmack
❷ (*raro*) eigen(artig), ungewöhnlich, seltsam; **tienes un gusto** ~ du hast einen komischen Geschmack
❸ (*extraordinario*) besonders, außergewöhnlich; **caso** ~ Sonderfall *m*, Ausnahmefall *m*; **en** ~ besonders, vor allem; **sin señas** ~**es** ohne besondere Kennzeichen; **posee un talento** ~ **para dibujar** er/sie kann außergewöhnlich gut zeichnen
❹ (*privado*) privat; **clases** ~**es** Privatunterricht *m*; **correspondencia** ~ Privatbrief *m*; **inversor** ~ privater Anleger; **los desplazamientos los hago con coche** ~ ich fahre im Privatwagen zur Arbeit; **envíamelo a mi domicilio** ~ schick es mir an meine Privatadresse
❺ (*determinado*) bestimmt; **el aborto es legal en algunos casos** ~**es** eine Abtreibung ist in bestimmten Fällen legal; **tenemos que concentrarnos en este problema** ~ wir müssen uns auf dieses eine Problem konzentrieren
II. *mf* Privatperson *f*
particular² [partiku'lar] *m* Angelegenheit *f*, Sache *f*
particularidad [partikulari'ðað] *f* ❶ (*especialidad*) Besonderheit *f*; (*singularidad*) Einzigartigkeit *f*; (*peculiaridad*) Außergewöhnliche(s) *nt*; **la** ~ **de este método estriba en que...** das Besondere an diesem Verfahren ist, dass ...

particularismo

② (*rareza*) Eigenart *f*, Eigentümlichkeit *f*, Macke *f fam*
③ (*detalle*) Detail *nt*; (*circunstancia*) Umstand *m*; **las ~es del crimen** die näheren Umstände des Verbrechens
④ (*en el trato*) Zuwendung *f*, Vertraulichkeit *f*

particularismo [partikula'rismo] *m* ① (*preferencia del interés propio*) Voranstellen *nt* persönlicher Interessen
② (*individualismo*) Individualismus *m*
③ (POL) Partikularismus *m*

particularista [partikula'rista] *mf* Partikularist(in) *m(f)*

particularización [partikulariθa'θjon] *f* ① (*relato detallado*) detailgenaue Beschreibung *f*
② (*referencia*) direkte Bezugnahme (auf +*akk*)
③ (*distinción*) Hervorhebung *f*

particularizar [partikulari'θar] <z→c> I. *vt* ① (*explicar*) (detailliert) erläutern
② (*mostrar preferencia*) bevorzugen, bevorzugt behandeln
③ (*personalizar*) sich konkret beziehen (*en* auf +*akk*), direkt Bezug nehmen (*en* auf +*akk*)
④ (*distinguir*) charakterisieren, ausmachen; **sus saques particularizan su estilo de jugar** das Besondere an seinem Spiel [*o* was sein Spiel ausmacht,] ist sein Aufschlag
II. *vi* (*explicar*) ins Detail gehen, alle Details aufzählen
III. *vr*: **~se** sich hervortun, besonders auffallen; **~se por su estilo atrevido** sich durch seinen gewagten Stil (von anderen) unterscheiden

particularmente [partikular'mente] *adv* besonders, insbesondere, vor allem

partida [par'tiða] *f* ① (*salida*) Abfahrt *f*
② (*envío*) Sendung *f*, (Versand)posten *m*
③ (FIN: *de una cuenta*) (Rechnungs)posten *m*; (*en la contabilidad*) (Buchungs)posten *m*; (*de un presupuesto*) Posten *m*, Betrag *m*; **~s de un balance** Bilanzposten *mpl*; **~ compensatoria** Ausgleichsposten *m*; **~ compensatoria del balance** Bilanzausgleichsposten *m*; **~ deducible** Abzugsposten *m*; **~ doble** doppelte Buchführung; **~s extraordinarias** außerordentliche Positionen; **contabilidad por ~ simple** [*o* **única**] einfache Buchführung; **anular una ~ contable** einen Buchungsposten vollständig abschreiben
④ (JUR: *anotación*) (Register)eintrag *m*, Registrierung *f*; (*certificado*) Urkunde *f*; **~ de defunción** Sterbeurkunde *f*; **~ de nacimiento** Geburtsurkunde *f*
⑤ (*juego*) Partie *f*; **jugar una ~ de ajedrez** eine Partie Schach spielen; **jugar una mala ~ a alguien** jdm übel mitspielen
⑥ (*grupo*) Gruppe *f*; (MIL) (Truppen)verband *m*, Truppe *f*; (*de amigos*) Clique *f*; (*en un juego*) Mannschaft *f*, Team *nt*; (*excursión*) Partie *f*; **~ de campo** Landpartie *f*, Ausflug aufs Land; **~ de caza** Jagd(partie) *f*
⑦ (*muerte*) Tod *m*, Ableben *nt*
⑧ (*lugar*) Bezirk *m*

partidario, -a [parti'ðarjo, -a] I. *adj* ① (*seguidor*) treu; (*afiliado*) zugehörig; (*de una idea*) befürwortend, verfechtend
② (*parcial*) voreingenommen, parteiisch; (*juez*) befangen
③ (MED): **médico ~** Bezirksarzt, -ärztin *m*, *f*
II. *m*, *f* (*seguidor*) Anhänger(in) *m(f)*; (*afiliado*) Mitglied *nt*; (*de un proyecto, una idea*) Befürworter(in) *m(f)*, Verfechter(in) *m(f)*; **ser ~ de algo** etw befürworten
③ (*guerrillero*) Partisan(in) *m(f)*

partidismo [parti'ðismo] *m* ① (*parcialdad*) Parteilichkeit *f*; (*de un juez*) Befangenheit *f*; (*a favor de un partido*) politische Neigung *f*
② (POL) Parteitreue *f*

partidista [parti'ðista] I. *adj* ① (*parcial*) parteiisch; (*juez*) befangen
② (*sometido a la ideología de un partido*) parteitreu; **ser ~** sich an die Parteilinie halten
③ (*relativo a un partido*) parteilich, Partei-
II. *mf* Parteianhänger(in) *m(f)*

partido¹ [par'tiðo] *m* ① (POL) Partei *f*; **~ de clase media** Mittelstandspartei *f*; **~ de derecha(s)/de izquierda(s)** Rechts-/Linkspartei *f*; **gubernamental** Regierungspartei *f*; **~ obrero** [*o* **laboral**] Arbeiterpartei *f*; **~ pequeño** Splitterpartei *f*; **~ popular** [*o* **de masa(s)**] Volkspartei *f*; **~ único** Einheitspartei *f*
② (*grupo*) (Interessen)gruppe *f*; **formar ~** sich zusammenschließen; **esta idea tiene mucho ~** diese Idee hat viele Befürworter [*o* wird von vielen befürwortet]; **el candidato tenía cada vez menos ~** der Kandidat hatte immer weniger Anhänger; **la película tuvo mucho ~ en el extranjero** der Film war im Ausland sehr erfolgreich
③ (DEP: *juego*) Spiel *nt*; **~ amistoso** Freundschaftsspiel *nt*; **~ de fútbol** Fußballspiel *nt*; **~ de vuelta** Rückspiel *nt*
④ (*equipo*) Mannschaft *f*, Team *nt*
⑤ (*para casarse*) Partie *f*; **ser un buen ~** eine gute Partie sein; **encontrar un buen ~** eine gute Partie machen
⑥ (ADMIN) Bezirk *m*; **~ judicial** Gerichtsbezirk *m*; **cabeza de ~** Bezirkshauptstadt *f*

pasa

⑦ (*de un médico*) Amtsbezirk *m*
⑧ (*determinación*) Stellungnahme *f*; **tomar ~** (*a favor de una de dos partes*) Partei ergreifen (*a favor de* für +*akk*); (*adoptar una opinión*) Stellung beziehen; (*decidirse*) sich entscheiden; (MIL) sich freiwillig melden
⑨ (*provecho*) Nutzen *m*; **de esto aún se puede sacar ~** daraus lässt sich noch was machen, das kann man noch (anderweitig) verwenden; **no sacarás ~ de él** er ist ein hoffnungsloser Fall; **saqué ~ del asunto** ich habe von der Sache (letztendlich) profitiert, ich habe aus der Sache meinen Nutzen gezogen
⑩ (*Am: del pelo*) Scheitel *m*

partido, -a² [par'tiðo, -a] *adj* ① (*liberal*) freigebig
② (*dividido*) geteilt; (*en dos partes iguales*) spiegelbildlich

partidocracia [partiðo'kraθja] *f o f* (POL) Parteiherrschaft *f*

partidor [parti'ðor] *m* Verteiler *m*

partiquino, -a [parti'kino, -a] *m*, *f* (MÚS, TEAT) Opernsänger(in) *m(f)* in einer Nebenrolle

partir [par'tir] I. *vt* ① (*dividir*) teilen (*en* in +*akk*), zerteilen (*en* in +*akk*); (MAT) dividieren (*en* durch +*akk*), teilen (*en* durch +*akk*); **~ por la mitad** halbieren
② (*romper*) zerbrechen; (*en muchas piezas*) zertrümmern, zerschmettern; (*madera*) (zer)hacken; (*una nuez*) knacken; **~ el pan** (REL) das Brot brechen; **~ la cabeza a alguien** jdm den Schädel einschlagen
③ (TÉC) spalten, aufspalten
④ (*repartir*) verteilen, aufteilen; (*clasificar*) klassifizieren, in Klassen [*o* Gruppen] einteilen
⑤ (*compartir*) teilen (*con* mit +*dat*)
⑥ (*una baraja*) abheben
II. *vi* ① (*tomar como base*) ausgehen (*de* von +*dat*); **~ de un supuesto falso** von einer falschen Annahme ausgehen, sich auf eine falsche Annahme stützen; **a ~ de** (*desde...*) ab ..., von ... an; **a ~ de ahora** von nun an; **a ~ de mañana** ab morgen; **a ~ de las seis** ab sechs Uhr; **a ~ de entonces** seit damals, von da an
② (*salir de viaje*) abreisen; (*ponerse en marcha*) losfahren, (*a pie*) losgehen (*para* nach +*dat*); **partimos de Heidelberg a las cinco** wir sind um fünf in Heidelberg losgefahren/losgegangen
III. *vr*: **~se** (*rajarse*) zerbrechen; (*cristal*) zersplittern; **~se de risa** sich vor Lachen biegen

partisano, -a [parti'sano, -a] *m*, *f* Partisan(in) *m(f)*

partitivo¹ [parti'tiβo] *m* (LING) Partitiv *m*

partitivo, -a² [parti'tiβo, -a] *adj* (LING) partitiv
② (*que se puede partir*) teilbar; (*que se puede romper*) zerbrechlich

partitocracia [partito'kraθja] *f* (POL) *v.* **partidocracia**

partitura [parti'tura] *f* (MÚS) Partitur *f*; **~ de piano** Klavierauszug *m*

parto ['parto] *m* (*alumbramiento*) Geburt *f*, Entbindung *f*; (*de un animal*) Werfen *nt*; **~ prematuro** Frühgeburt *f*; **~ subacuático** Unterwassergeburt *f*; **dolores de ~** Wehen *fpl*; **estar de ~** in den Wehen liegen; **esto ha sido un ~ difícil** (*t. fig*) das war eine schwere Geburt [*o* ein schweres Stück Arbeit]; **esto es el ~ de los montes** der Berg kreißte und gebar eine Maus

parturienta [partu'rjenta] *f* ① (*que está de parto*) Gebärende *f*
② (*que acaba de parir*) Wöchnerin *f*

party ['parti] *f* Party *f*

párulis ['parulis] *m inv* (MED) entzündliche Schwellung *f* im Kieferbereich, Parulis *f*

parva ['parβa] *f* ① (AGR) Dreschgut *nt*
② (*desayuno*) Frühstück *nt*
③ (*montón*) Haufen *m*, Menge *f*; (*de chiquillos*) Kinderschar *f*

parvada [par'βaða] *f* ① (AGR) Dreschgut *nt*
② (*pollos*) ausgeschlüpftes Gelege *nt*
③ (*multitud*) Menge *f*, Haufen *m*
④ (*Am: bandada*) (Vogel)schwarm *m*

parvedad [parβe'ðað] *f* ① (*escasez*) Spärlichkeit *f*; (*pequeñez*) Winzigkeit *f*; (*poquedad*) Kleinigkeit *f*
② (*para comer*) Happen *m*

parvo, -a ['parβo, -a] *adj* ① (*pequeño*) klein; (*escaso*) spärlich

párvula [par'βula] *f o v.* **párvulo**

parvulario [parβu'larjo] *m* Kindergarten *m*; (*educación preescolar*) Vorschule *f*

parvulista [parβu'lista] *adj* Vorschul-, Kleinkind-

párvulo, -a ['parβulo, -a] I. *adj* ① (*pequeño*) klein, gering
② (*niño*) klein, im Vorschulalter
③ (*inocente*) naiv, einfältig
④ (*humilde*) schlicht, einfach
II. *m*, *f* Kind *nt* im Vorschulalter; **escuela de ~s** Vorschule *f*; **clase de ~s** Vorschulklasse *f*

pasa ['pasa] *f* ① (*uva seca*) Rosine *f*; **~ de Corinto** Korinthe *f*; **chocolate de ron y ~s** Trauben-Nuss-Schokolade *f*; **estar hecho una ~** (*fam*) verrunzelt sein
② (NÁUT) Fahrrinne *f*

pasable

❸ (*del cabello*) Kräusel *f*
pasable [pa'saβle] *adj* (*aceptable*) passabel, annehmbar; (*mediano*) mittelmäßig
pasabocas [pasa'βokas] *m inv* (*Col: tapas*) Häppchen *nt*
pasacalle [pasa'kaʎe] *m* (MÚS) Marsch *m*
pasada [pa'saða] *f* ❶ (*paso*) Vorbeigehen *nt*, Vorübergehen *nt*; (*de un lado a otro*) Durchqueren *nt*, Überqueren *nt*; **de ~** im Vorbeigehen [*o* Vorübergehen], nebenbei; (*fig*) flüchtig, oberflächlich; **dar ~ a algo** etw durchgehen lassen, etw erlauben; **hacer varias ~s** mehrmals vorbeigehen; (*de un lado a otro*) mehrmals überqueren
❷ (*mano*) Durchgang *m*; (*pintura*) Anstrich *m*; (*en la limpieza*) Wischvorgang *m*; **dar una ~ a algo** etw *dat* den letzten Schliff geben, etw überarbeiten; **dar otra ~ con agua limpia** nochmals mit klarem Wasser drüberwischen
❸ (*fam: mal comportamiento*) Gemeinheit *f*; ¡**vaya** (**mala**) **~**! so eine Gemeinheit!; **hacer una mala ~ a alguien** jdm übel mitspielen, jdm einen üblen Streich spielen
❹ (*fam: exageración*) Übertreibung *f*
❺ (*puntada*) (Heft)stich *m*; (*costura*) (Heft)naht *f*; **dar unas ~s** heften, provisorisch nähen
❻ (*con la plancha*): **sólo le voy a dar una ~** ich bügle nur leicht drüber
❼ (*en un juego*) Durchgang *m*
❽ (*ingresos*) bescheidenes Auskommen *nt*
❾ (*paso geométrico*) 1,393 Meter
pasadera [pasa'ðera] *f* ❶ (*piedra*) (Tritt)stein *m*
❷ (*paso*) Steg *m*
pasadero[1] [pasa'ðero] *m v.* **pasadera**
pasadero, -a[2] [pasa'ðero, -a] *adj* ❶ (*aceptable*) annehmbar, passabel; (*mediano*) mittelmäßig; (*tolerable*) erträglich
❷ (*transitable*) überquerbar
pasadizo [pasa'ðiθo] *m* ❶ (*pasillo*) (Durch)gang *m*; (*entre dos calles*) Passage *f*; **~ secreto** Geheimgang *m*
❷ (*pasadera*) Steg *m*
pasado[1] [pa'saðo] *m* ❶ (*tiempo*) Vergangenheit *f*; **en el ~** früher; **son cosas del ~** das ist Schnee von gestern
❷ (*vida anterior*) Vorleben *nt*, Vergangenheit *f*
❸ (LING) Präteritum *nt*, Vergangenheit *f*
❹ (MIL) Überläufer *m*
❺ *pl* (*antepasados*) Vorfahren *mpl*; (*mayores*) Ahnen *mpl*
pasado, -a[2] [pa'saðo, -a] *adj* ❶ (*de atrás*) vergangen, vorig; **el año ~** letztes [*o* vergangenes] Jahr; **la conferencia del año ~** die letztjährige Konferenz; **~ mañana** übermorgen; **~s dos meses** nach zwei Monaten; **~ de moda** veraltet; (*vestido*) altmodisch
❷ (*estropeado*) kaputt; (*fruta*) faul; (*alimentos*) verdorben, schlecht; (*leche*) sauer; (*mantequilla*) ranzig; (*ropa*) abgetragen; (*flores*) welk, verwelkt
❸ (*comida*) übergar; (*verdura*) zerkocht; ¿**quieres el filete muy ~?** möchtest du das Steak sehr durchgebraten?; **un huevo ~ por agua** ein weichgekochtes Ei; **el yogur está ~ de fecha** das Verfallsdatum des Joghurts ist überschritten
pasador[1] [pasa'ðor] *m* ❶ (*alfiler*) (Steck)nadel *f*; (*imperdible*) Sicherheitsnadel *f*; (*broche*) Ansteckknadel *f*
❷ (*para el cabello*) Haarspange *f*
❸ (*de corbata*) Krawattennadel *f*; (*para sujetarlo a la camisa*) Krawattenhalter *m*
❹ (*cerrojo*) (Tür)riegel *m*, Schieber *m*
❺ (*colador*) Sieb *nt*
❻ (TÉC) Splint *m*, Stift *m*; **~ transversal** Querbolzen *m*
pasador(a)[2] [pasa'ðor(a)] I. *adj* ❶ (*que pasa de un lado a otro*) überquerend, Quer-
❷ (MIL) übergelaufen
❸ (*contrabandista*) Schmuggler-
II. *m(f)* ❶ (MIL) Überläufer(in) *m(f)*
❷ (*contrabandista*) Schmuggler(in) *m(f)*; **~ de cheques** Scheckbetrüger *m*
pasadores [pasa'ðores] *mpl* ❶ (*botón*) Manschettenknöpfe *mpl*
❷ (*Perú: cordones*) Schnürsenkel *mpl*
pasaje [pa'saxe] *m* ❶ (*paso*) Passieren *nt*; (*de una calle, un río*) Überquerung *f*, Überqueren *nt*; (*de un territorio*) Durchquerung *f*, Durchqueren *nt*
❷ (*derecho que se paga*) Wegegeld *nt*
❸ (*viaje en barco*) (Schiffs)passage *f*, Überfahrt *f*
❹ (*billete de avión*) Flugticket *nt*; (*de barco*) Schiffsticket *nt*; (*precio del billete*) Tarif *m*; **~ de ida y vuelta** Hin- und Rückflugticket *nt*
❺ (*pasajeros*) Passagiere *mpl*
❻ (*pasillo*) (Durch)gang *m*; (*entre dos calles*) Passage *f*; (*callejuela*) Gasse *f*; **~ subterráneo** Unterführung *f*
❼ (*estrecho*) Meerenge *f*
❽ (*fragmento*) Passage *f*, Passus *m*

pasar

❾ (MÚS) Passage *f*
pasajero, -a [pasa'xero, -a] I. *adj* ❶ (*transitorio*) vorübergehend; (*breve*) kurz(lebig); (*fugaz*) flüchtig; (*perecedero*) vergänglich; **ave pasajera** Zugvogel *m*
❷ (*calle, plaza*) belebt
II. *m, f* ❶ (*viajero*) Reisende(r) *mf*
❷ (*que viaja en barco*) Passagier(in) *m(f)*; (*en tren, coche*) Fahrgast *m*; (*en avión*) Passagier(in) *m(f)*, Fluggast *m*; **avión de ~s** Passagierflugzeug *nt*; **terminal de ~s** Abfertigungsgebäude für Passagiere; **tren de ~s** Personenzug *m*
pasamanar [pasama'nar] *vt* mit Borten besetzen
pasamanera [pasama'nera] *f v.* **pasamanero**
pasamanería [pasamane'ria] *f* ❶ (*obra de pasamanos*) Posamentierarbeit *f*
❷ (*taller, tienda de pasamanos*) Posamenterie *f*
❸ (*oficio*) Posamentierhandwerk *nt*, Posamentieren *nt*
pasamanero, -a [pasama'nero, -a] *m, f* Posamenter(in) *m(f)*
pasamano(s) [pasa'mano(s)] *m(pl)* ❶ (*barandal*) Handlauf *m*
❷ (*barandilla*) Geländer *nt*
❸ (NÁUT) Reling *f*
❹ (*adorno*) Posament *nt*, Besatz *m*
❺ (*Chil: correa*) Halteriemen *m*
pasamontañas [pasamon'taɲas] *m inv* Kopfschützer *m*
pasante [pa'sante] I. *adj* vorbeigehend, vorübergehend; (*viajante*) auf der Durchreise; **un ave ~** ein vorbeiziehender Vogel
II. *mf* ❶ (*auxiliar*) Assistent(in) *m(f)*, Praktikant(in) *m(f)*; (*de un abogado*) Referendar(in) *m(f)*; **~ de abogado** Rechtsreferendar(in) *m(f)*; **~ de pluma** Schreiber(in) *m(f)*; **~ de tribunales** Gerichtsreferendar *m*
❷ (*profesor*) Repetitor(in) *m(f)*
pasantía [pasan'tia] *f* Assistentenzeit *f*, Praktikantenzeit *f*; (*de un abogado*) Referendariat *nt*
pasapalos [pasa'palos] *m inv* (*Méx, Ven: tapas*) Häppchen *nt*
pasapasa [pasa'pasa] *m*: **juego de ~** Taschenspielertrick *m*
pasaperro [pasa'perro] *m* (TIPO): **coser a ~** (Pergamentbände) mit einem Riemen heften
pasaportar [pasapor'tar] *vt* ❶ (*expedir pasaporte*) einen Pass ausstellen (*a + dat*)
❷ (*fam: echar*) hinausschmeißen
pasaporte [pasa'porte] *m* ❶ (*para viajar*) (Reise)pass *m*; **~ colectivo** Sammelpass *m*; **~ diplomático** Diplomatenpass *m*
❷ (MIL) Passierschein *m*
❸ (*permiso*) Freibrief *m*, Erlaubnis *f*
❹ (*loc*): **dar ~ a alguien** (*despedirlo*) jdm den Laufpass geben *fam*; (*matarlo*) jdn umlegen *fam*
pasapuré(s) [pasapu're(s)] *m (inv)* Passiersieb *nt*, Passiermaschine *f*
pasar [pa'sar] I. *vi* ❶ (*por delante*) vorbeigehen, vorübergehen; (*en coche*) vorbeifahren; **~ corriendo** vorbeilaufen; **~ desapercibido** unbemerkt bleiben; **~ de largo** (*no detenerse*) nicht anhalten; (*no entrar*) nicht hereinkommen; **pásate un momento por mi casa** komm doch auf einen Sprung zu mir; **dejar ~** vorbeilassen, durchlassen; **no dejes ~ la oportunidad** (*fig*) lass die Gelegenheit nicht ungenutzt; **el avión pasó por encima del Teide** das Flugzeug flog über den Teide
❷ (*por un hueco*) durchgehen; (*en coche*) durchfahren; (*fig: situación*) durchleben; **el sofa no pasa por la puerta** das Sofa passt nicht durch die Tür; **el Ebro pasa por Zaragoza** der Ebro fließt durch Zaragoza; **~ por una crisis** eine Krise durchleben
❸ (*trasladarse*) hinübergehen, sich (hinüber)begeben; (*entrar*) hereinkommen; ¡**pasa!** komm doch herein!; **me hizo ~** er/sie bat mich herein; **pasemos al comedor** lass uns doch ins Esszimmer gehen
❹ (*acaecer*) passieren; ¿**qué pasa?** was ist los?; ¿**qué te pasa?** was hast du?; **pase lo que pase** auf jeden Fall, egal, was passiert; **dejar ~ algo** etw zulassen, etw geschehen lassen; **lo que pasa es que,... es ist** Folgendes: ...
❺ (*acabar*) vorübergehen, aufhören; **ya ha pasado la tormenta** das Gewitter ist vorbei; **cuando pasen las vacaciones...** nach den Ferien ...
❻ (*el tiempo*) vergehen, vorbeigehen; **han pasado dos semanas sin llover** es hat schon seit zwei Wochen nicht mehr geregnet; **los días ~on volando** die Tage vergingen wie im Fluge; ¡**cómo pasa el tiempo!** wie die Zeit vergeht!; **lo pasado, pisado** Schwamm drüber
❼ (*ser transferido*) übergehen, übertragen werden; **la casa pasó a sus hijos** das Haus ging auf seine/ihre Kinder über; **la enfermedad pasó de la madre al niño** die Krankheit übertrug sich von der Mutter auf das Kind
❽ (*poder existir*) auskommen; **paso con poco** ich komme mit wenig aus, ich brauche nur wenig; **con esta helada, tendrás que ~ sin coche** bei dem Glatteis wirst du wohl ohne Auto auskommen müssen; **yo sigo pasando sin ordenador** ich komme auch weiterhin ohne

Computer aus; **vamos pasando** es geht uns (einigermaßen) gut; **no poder ~ sin alguien** nicht ohne jdn auskommen können

❾ (*aparentar*) gelten, durchgehen (*por* als +*nom*); **pasa por nuevo** alle glauben, es sei neu; **podrías ~ por alemana** man könnte dich glatt für eine Deutsche halten; **pasa por 18 años** er/sie geht glatt für 18 durch; **se hace ~ por médico** er/sie gibt sich als Arzt/Ärztin aus

❿ (*cambiar*) wechseln, übergehen (*a* zu +*dat*); **paso a explicarte porqué** ich erzähle dir jetzt, warum; **~ al próximo tema** zum nächsten Thema übergehen; **~ a mayores** sich verschlimmern, schlimmer werden; **~ a mejor vida** (*elev*) dahinscheiden

⓫ (*ser admisible*) durchgehen; **arreglándolo aún puede ~** wenn du es reparierst, ist es noch brauchbar; **~ por un control** einer Prüfung standhalten

⓬ (*no jugar*) passen, aussetzen

⓭ (*hacer demasiados puntos*) zu hoch gehen

⓮ (*fam: no necesitar*) verzichten (können) (*de* auf +*akk*), kein Interesse haben (*de* an +*dat*); **yo paso de salir** ich möchte nicht ausgehen; **paso de esta película** dieser Film interessiert mich nicht; **pasa de todo** ihm/ihr ist alles egal

⓯ (*loc*): **~ en blanco** [*o* **claro**], **~ por alto** auslassen, übergehen; **~ por encima de** (*un obstáculo*) überwinden; (*una persona*) übergehen, ignorieren

II. *vt* ❶ (*atravesar*) überqueren; (*un territorio*) durchqueren; **~ el semáforo en rojo** (*a pie*) über eine rote Ampel laufen; (*en coche*) über eine rote Ampel fahren; **el puente** über die Brücke gehen

❷ (*por un hueco*) durchführen; **~ el hilo por el agujero de una aguja** den Faden durch das Nadelöhr führen, den Faden einfädeln; **~ la tarjeta por la ranura** die Karte durch den Schlitz ziehen; **~ algo por debajo de la puerta** etw unter der Tür durchführen [*o* durchschieben]

❸ (*trasladar*) verlegen; **~ la oficina a otro piso** das Büro in ein anderes Stockwerk verlegen; **lo ~on a otra prisión** sie verlegten ihn in ein anderes Gefängnis; **~ a limpio** ins Reine schreiben

❹ (*dar*) reichen, (über)geben; **pásame la mantequilla** reich mir die Butter

❺ (*una temporada*) verbringen, verleben; **~ la noche en un hotel** die Nacht in einem Hotel verbringen, in einem Hotel übernachten; **~ las navidades con la familia** die Weihnachtsfeiertage mit der Familie verbringen; **~ el invierno en Mallorca** auf Mallorca überwintern; **~lo bien** sich amüsieren; **~lo en grande** [*o* **bomba**] einen Riesenspaß haben; **~lo mal** eine schlechte Zeit durchleben; **¡que lo paséis bien!** viel Spaß!

❻ (*sufrir*) leiden; **~ hambre** hungern, Hunger leiden; **~ frío** frieren; **ha pasado mucho** er/sie hat viel durchgemacht; **pasé un mal rato** es ging mir schlecht

❼ (*transmitir*) übertragen; (*una película*) vorführen; (*una noticia*) weiterleiten; **~ un recado** etwas ausrichten; **~ a cuenta nueva** auf neue Rechnung vortragen; **~ factura** die Rechnung aushändigen; **me has pasado el resfriado** du hast mich mit deiner Erkältung angesteckt; **~ dinero a otra cuenta** Geld auf ein anderes Konto überweisen; **le paso a la Sra. Ortega** ich verbinde Sie mit Fr. Ortega

❽ (*sobrepasar*) übertreffen; (*cierta edad*) überschreiten; **he pasado los treinta** ich bin schon über dreißig; **te paso en altura** ich bin größer als du

❾ (*hacer deslizar*) darüber fahren, darüber streichen; **~ la mano por la mesa** mit der Hand über den Tisch streichen [*o* fahren]; **~ la aspiradora** Staub saugen

❿ (*tolerar*) durchgehen lassen, tolerieren; **no le dejes ~ todo** lass ihm/ihr doch nicht alles durchgehen, sieh ihm/ihr doch nicht alles nach

⓫ (*aprobar*) bestehen

⓬ (*omitir*) auslassen, überspringen; **~ algo por alto** (*omitir voluntariamente*) etw (absichtlich) übersehen; (*no querer ver, tolerar*) über etw hinwegsehen

⓭ (*leer sin atención*) überfliegen; (*recitar sin atención*) herunterleiern, herunterbeten

⓮ (*repasar*) wiederholen; (*estudiar*) durcharbeiten, durchgehen, durchlesen

⓯ (*tragar*) (hinunter)schlucken; **no puedo ~me la pastilla** ich krieg die Tablette nicht runter

⓰ (*colar*) passieren

⓱ (*la pelota*) zuspielen, passen; **tienes que ~ la pelota más a menudo** du musst den Ball öfter abspielen

⓲ (*las hojas de un libro*) umblättern

⓳ (*géneros prohibidos*) schmuggeln

III. *vr*: **~se** ❶ (*acabarse*) verstreichen; **se ha pasado el plazo** die Frist ist verstrichen; **~se de fecha** das Verfallsdatum überschreiten; **¿se te ha pasado el dolor de cabeza?** haben deine Kopfschmerzen aufgehört [*o* nachgelassen]?; **se me han pasado las ganas** ich habe keine Lust mehr; **ya se le ~á el enfado** sein/ihr Ärger wird schon verfliegen

❷ (*exagerar*) übertreiben; **no te pases** übertreib es bloß nicht, halt dich zurück; **~se de la raya** über die Stränge schlagen; **~se de listo** besonders schlau sein wollen; **te has pasado de listo** da hast du dich selbst überlistet [*o* dir selbst ein Bein gestellt]; **te has pasado un poco con la sal** du hast etwas zu viel Salz genommen

❸ (*por un sitio*) vorbeigehen, vorübergehen; **me pasé un rato por casa de mi tía** ich habe kurz [*o* auf einen Sprung] bei meiner Tante vorbeigeschaut; **me pasó por la cabeza que...** es ging mir durch den Kopf, dass..., ich spielte mit dem Gedanken, dass...; **no se te ~á ni por la imaginación** du wirst ja wohl nicht im Traum daran denken; **~se la mano por el pelo** sich *dat* mit der Hand durch die Haare fahren

❹ (*cambiar*) wechseln; (MIL) überlaufen; **~se al enemigo** zum Feind überlaufen, die Fronten wechseln; **~se a la oposición** zur Opposition wechseln; **se ha pasado de trabajadora a perezosa** sie ist jetzt nicht mehr fleißig, sondern faul

❺ (*olvidarse*) entfallen; **se me pasó tu cumpleaños** ich habe deinen Geburtstag vergessen

❻ (*estropearse*) verderben; (*fruta*) faul werden, verfaulen; (*alimentos*) schlecht werden, verderben; (*leche*) sauer werden; (*mantequilla*) ranzig werden; (*flores*) welken; **se ha pasado el arroz** (*fig*) der Reis ist zerkocht; **se ha pasado la lumbre** (*fig*) das Feuer ist schon (fast) verglüht

❼ (*escaparse*) entgehen; **se me pasó la oportunidad** ich verpasste die Chance; **se me pasó el turno** ich merkte nicht, dass ich an der Reihe war; **no se le pasa ni un detalle** ihm/ihr entgeht kein Detail

❽ (*loc*): **~se de moda** aus der Mode kommen

pasarela [pasaˈrela] *f* ❶ (*para desfiles*) Laufsteg *m*
❷ (*de un barco*) Gangway *f*, Landungsbrücke *f*
❸ (*puente provisional*) Steg *m*
❹ (*puente para peatones*) Fußgängerbrücke *f*, Fußgängerübergang *m*

pasarrato [pasaˈrrato] *m* (*Méx, PRico*), **pasatiempo** [pasaˈtjempo] *m* (*diversión*) Zeitvertreib *m*; (*hobby*) Freizeitbeschäftigung *f*; **los ~s del periódico** die Rätselecke in der Zeitung

pasavante [pasaˈβante] *m* (MIL, NÁUT) Passierschein *m*

pascal [pasˈkal] *m* (FÍS, INFOR) Pascal *nt*

pascalio [pasˈkaljo] *m* (FÍS) Pascal *nt*

pascana [pasˈkana] *f* ❶ (*AmS: etapa de un viaje*) Reiseaufenthalt *m*
❷ (*Arg, Bol, Perú: posada*) Raststätte *f*

Pascua [ˈpaskwa] *f* ❶ (*de resurrección*) Ostern *nt*, Osterfest *nt*; **~ de flores** [*o* **florida**] Ostersonntag *m*; **domingo de ~** Ostersonntag *m*; **mona de ~** ≈Osterkuchen *m*; **de ~s a Ramos** sehr selten, kaum
❷ (*fiesta judía*) Passah(fest) *nt*
❸ *pl* (*navidad*) Weihnachten *nt*, Weihnachtsfest *nt* (*Zeit von Heiligabend bis Heilige Drei Könige*); **¡felices ~s y un próspero año nuevo!** frohe [*o* fröhliche] Weihnachten und ein gutes neues Jahr!; **dar las ~s** frohe Weihnachten wünschen
❹ *pl* (*pentecostés*) Pfingsten *nt*, Pfingstfest *nt*
❺ (*loc*): **¡y santas ~s!** und damit basta!; **santas ~s** wenn es denn sein muss; **estar como una ~** [*o* **unas ~s**] sich freuen wie ein Schneekönig; **tener cara de ~** [*o* **de ~s**] (*fam*) strahlen wie ein Honigkuchenpferd; **hacer la ~ a alguien** jdn schikanieren, jdm das Leben schwer machen

pascual [pasˈkwal] *adj* ❶ (*relativo a la pascua cristiana*) Oster-, österlich; **cordero ~** Osterlamm *nt*
❷ (*relativo a la pascua judía*) Passah-
❸ (*navideño*) Weihnachts-, weihnachtlich
❹ (*de pentecostés*) Pfingst-, pfingstlich

pascuala [pasˈkwala] *f* ❶ (*Hond: la muerte*): **la ~** der Tod
❷ (*Méx: masturbación*) Masturbation *f*

pase [ˈpase] *m* ❶ (*desfile*) Modenschau *f*
❷ (DEP) Pass *m*, Zuspiel *nt*
❸ (CINE) (Film)vorführung *f*
❹ (*en los naipes*) Passen *nt*
❺ (*permiso*) Erlaubnis *f*; (*licencia*) Lizenz *f*; (MIL) Passierschein *m*; (*para entrar gratis*) Freikarte *f*; (*para viajar en tren*) Freifahrkarte *f*; (*durante un largo periodo*) Dauerkarte *f*; **~ de aduana** Zollfreischein *m*; **~ de pernocta** (MIL) Urlaubsschein *m*; **~ de transporte** Transporterlaubnis *f*
❻ (TAUR) Finte *f* (*Vorbeilassen des Stiers*)
❼ (*hipnotismo*) (hypnotische) Handbewegung *f*
❽ (*esgrima*) Finte *f*
❾ (*Am: pasaporte*) (Reise)pass *m*

paseador(a) [paseaˈðor(a)] *adj*: **mi amiga es muy ~a** meine Freundin liebt Spaziergänge

paseandero, -a [paseanˈdero, -a] *adj* (*CSur*) unternehmungslustig; **mi madre es a pesar de sus años muy paseandera** trotz ihres Alters ist meine Mutter viel unterwegs

paseante [paseˈante] *mf* Spaziergänger(in) *m(f)*; **~ en corte** (*fam*) Müßiggänger *m*, Herumtreiber *m*

pasear [paseˈar] **I.** *vt* ❶ (*en coche*) spazieren fahren; (*a pie*) spazieren führen; **~ al perro** den Hund spazieren führen, mit dem Hund Gassi

paseíllo

gehen *fam;* **a un caballo** einem Pferd Auslauf verschaffen
❷ (*llevar a todas las partes*) (überall) herumzeigen
II. *vi, vr:* **~se** ❶ (*a pie*) spazieren gehen; (*en coche*) spazieren fahren; (*a caballo*) spazieren reiten, ausreiten (*por* in +*dat*)
❷ (*caballo*) traben
III. *vr:* **~se** ❶ (*discurrir*): **se me pasean miles de ideas por la cabeza** mir schwirren [*o* schießen] tausend Ideen durch den Kopf
❷ (*estar ocioso*) herumbummeln, herumhängen, rumhängen *fam*

paseíllo [pase'iʎo] *m* ❶ (TAUR) Einzug *m* der Stierkämpfer in die Arena; **hacer el ~** in die Arena einziehen
❷ (*Guerra Civil*): **dar el ~ a alguien** jdn abführen und (außerhalb des Dorfes) erschießen

paseo [pa'seo] *m* ❶ (*a pie*) Spaziergang *m;* (*en coche, barco*) Spazierfahrt *f;* (*en caballo*) Ausritt *m;* **dar un ~** einen Spaziergang machen, spazieren gehen; **¡vete** [*o* **anda**] **a ~!** hau ab!, scher dich zum Teufel!; **mandar** [*o* **enviar**] [*o* **echar**] **a alguien a ~** jdn zum Teufel schicken [*o* jagen]
❷ (TAUR) Einzug *m* (*der Stierkämpfer in die Arena*)
❸ (*lugar para pasear*) Promenade *f,* Spazierweg *m;* **~ marítimo** Uferpromenade *f,* Strandpromenade *f*
❹ (*distancia corta*) Katzensprung *m;* **de aquí al colegio sólo hay un ~** von hier bis zur Schule ist es nur ein Katzensprung
❺ (*Guerra Civil*): **dar el ~ a alguien** jdn abführen und (außerhalb des Dorfes) erschießen

pasibilidad [pasiβili'ðað] *f* Empfindsamkeit *f*
pasible [pa'siβle] *adj* empfindsam
pasificación [pasifika'θjon] *f* (*de uvas*) Lufttrocknung *f* der Weintrauben
pasillo [pa'siʎo] *m* ❶ (*corredor*) Korridor *m,* (Durch)gang *m;* (*entre habitaciones*) Flur *m,* Gang *m,* Diele *f;* (*entre pisos*) (Haus)flur *m,* Hausgang *m;* **~** (*aéreo*) Luftstraße *f,* Luftkorridor *m;* **~ rodante** (*en aeropuertos*) Fahrband *nt*
❷ (TEAT) kurzes Theaterstück *nt*
❸ (*puntada*) Zickzackstich *m*
❹ (REL) Karwochenantiphon *f*
❺ (*Am: danza*) volkstümlicher Tanz

pasión [pa'sjon] *f* ❶ (*ardor*) Leidenschaft *f;* **~ de ánimo** Sehnsucht *f;* **con ~** leidenschaftlich; **sin ~** nüchtern; **dominado por la ~** blind vor Leidenschaft
❷ (*afecto*) Liebe *f,* Passion *f;* (*preferencia*) Vorliebe *f;* **siente ~ por el fútbol** er/sie ist passionierter Fußballfan
❸ (*padecimiento*) Leiden *nt*
❹ (*de Jesucristo*) Passion *f,* Leidensweg *m,* Leiden *ntpl*
❺ (*sermón*) Passionsgebet *nt*
❻ (*de los evangelios*) Passion(sgeschichte) *f,* Leidensgeschichte *f*

pasional [pasjo'nal] *adj* ❶ (*ardiente*) leidenschaftlich; **crimen ~** Verbrechen aus Leidenschaft
❷ (REL) Passions-
pasionaria [pasjo'narja] *f* ❶ (BOT) Passionsblume *f*
❷ (*flor*) Passionsblüte *f*
❸ (*fruto*) Passionsfrucht *f*
pasionario [pasjo'narjo] *m* (REL) Passionsbuch *nt*
pasito [pa'sito] *adv* ❶ (*sin prisa*) gemächlich, langsam; (*con tiento*) behutsam, sachte
❷ (*en voz baja*) leise
pasiva [pa'siβa] *adj o v.* **pasivo²**
pasividad [pasiβi'ðað] *f* Passivität *f;* (*indiferencia*) Teilnahmslosigkeit *f,* Gleichgültigkeit *f;* (*inmovilidad*) Untätigkeit *f*
pasivo¹ [pa'siβo] *m* ❶ (*deuda*) Passiva *pl,* Verbindlichkeiten *fpl;* **~ circulante** offene Verbindlichkeiten *fpl;* **~ a nuestro cargo** Nostroverbindlichkeiten *fpl;* **~ de la empresa** Unternehmensverbindlichkeit *f;* **~ exigible** Fremdkapital *nt,* Verbindlichkeiten *fpl;* **~ no exigible** Eigenmittel *ntpl;* **~ a largo plazo** langfristige Passiva [*o* Verbindlichkeiten]
❷ (*en el balance*) Passivseite *f,* Soll *nt*
❸ (LING) Passiv *nt*
❹ (*pensión*) Rente *f,* Pension *f*
pasivo, -a² [pa'siβo, -a] **I.** *adj* ❶ (*que es objeto*) passiv
❷ (*inactivo*) passiv, untätig
❸ (*indiferente*) passiv, gleichgültig, teilnahmslos
❹ (LING) passivisch; **verbo ~** Verb im Passiv; **voz pasiva** Passiv *nt*
❺ (ECON) Rentner-, Ruhestands-; **haber ~** Rente *f;* **las clases ~s** die Rentenempfänger
❻ (JUR) Pensions-
II. *m, f* Rentenempfänger(in) *m(f)*
pasma ['pasma] *f* (*fam*) Polente *f,* Bullen *mpl*
pasmado, -a [pas'maðo, -a] **I.** *adj* ❶ (*sorprendido*) verblüfft, verdattert *fam;* **no te quedes ~** schau nicht so dumm aus der Wäsche
❷ (*distraído*) geistesabwesend
❸ (*torpe*) tölpelhaft
II. *m, f* Tölpel *m,* Schussel *m fam*

pasmar [pas'mar] **I.** *vt* ❶ (*enfriar*) erstarren lassen, gefrieren lassen; **la helada ha pasmado las lechugas** die Salatköpfe sind im Frost eingegangen
❷ (*asombrar*) verblüffen; **me has dejado pasmado** ich bin sprachlos, ich bin platt *fam*
❸ (*enajenar*) begeistern
❹ (*aturdir*) betäuben
II. *vr:* **~se** ❶ (*helarse*) gefrieren, (vor Kälte) erstarren; (*planta*) im Frost eingehen
❷ (*asombrarse*) verblüfft sein, sprachlos sein
❸ (*quedar fascinado*) hingerissen sein (*ante* von +*dat*), begeistert sein (*ante* von +*dat*); **me quedé pasmado** ich war hin und weg *fam*
pasmarota [pasma'rota] *f* (*fam*) geheuchelte Verwunderung *f*
pasmarote [pasma'rote] *m* (*fam*) Trottel *m*
pasmo ['pasmo] *m* ❶ (*asombro*) Verwunderung *f;* (*admiración*) Bewunderung *f*
❷ (*objeto*) Erstaunliche(s) *nt,* Außergewöhnliche(s) *nt;* **ser el ~ de alguien** (*fam: asombrar*) jdn verblüffen, jdn umhauen; (*enajenar*) jdn begeistern, jdn hinreißen
❸ (*resfriado*) Erkältung *f,* Grippe *f*
❹ (*tétano*) Tetanus *m*
❺ (*muscular*) (Muskel)krampf *m*
pasmón, -ona [pas'mon, -ona] *m, f* (*fam*) Trottel *m*
pasmoso, -a [pas'moso, -a] *adj* unglaublich; (*asombroso*) verblüffend, erstaunlich; (*maravilloso*) bewundernswert, ausgezeichnet
pasmuno, -a [pas'muno, -a] *adj* (PRico) chronisch; **tiene una llaga pasmuna** er/sie hat eine schwer heilende (Schürf)wunde

paso ['paso] **I.** *m* ❶ (*acción de pasar*) Vorbeiziehen *nt;* (*a pie*) Vorbeischreiten *nt;* (*en coche*) Vorbeifahren *nt;* **al ~** im Vorübergehen; **me salió** [*o* **me cogió**] **al ~ en el pasillo** er/sie hielt mich auf dem Gang an; **ceder el ~** (*a una persona*) vorlassen; (*en el tráfico*) Vorfahrt gewähren +*dat;* **estar de ~** auf der Durchreise sein; **al ~ que** in dem Maße, wie; **al ~ que come ve la tele** er/sie isst und sieht gleichzeitig fern, er/sie sieht während des Essens fern; **de ~** wenn es bei der Gelegenheit; **que vas al centro, puedes llevarme a la estación** wenn du in die Stadt fährst, kannst du mich bei der Gelegenheit am Bahnhof absetzen; **nadie salió al ~ de sus mentiras** keiner gebot seinen/ihren Lügen Einhalt
❷ (*movimiento*) (*al andar*) Schritt *m;* (*al bailar*) Tanz(schritt *m;* (*progreso*) (Fort)schritt *m;* **~ de ganso** (MIL) Stechschritt *m;* **~ de vals** Walzerschritt *m;* **bailar a ~ de vals** einen Walzer tanzen; **caminar con ~ rápido** einen guten Schritt am Leib haben, schnell voranschreiten; **ir al ~** im Schritt gehen; **llevar el ~ al ritmo de una melodía** im Rhythmus einer Melodie marschieren; **marcar el ~** auf der Stelle marschieren; **a cada ~** ständig; **a ~ llano** problemlos; **contar los ~s a alguien** jdn auf Schritt und Tritt beobachten; **dar un ~ adelante/atrás** einen Schritt nach vorne/nach hinten machen; **dar un ~ en falso** [*o* **un mal ~**] mit dem Fuß umknicken; (*fig*) einen falschen Schritt machen; **ha dado un enorme ~ en sus investigaciones** er/sie ist in seinen/ihren Forschungen einen enormen Schritt vorangekommen; **dar el primer ~** den ersten Schritt machen
❸ (*velocidad*) Tempo *nt;* **a ~s agigantados** im Eilschritt, (*fig*) rapide; **a buen ~** schnell, zügig; **a ~ de tortuga** [*o* **de buey**] im Schneckentempo; **~ a ~, ~ ante ~** Schritt für Schritt, allmählich; **a este ~ no llegarás** bei diesem Tempo kommst du nie an; **a este ~ no conseguirás nada** (*fig*) auf diese Art (und Weise) erreichst du nichts
❹ (*sonido*) Schritt *m;* (*de un caballo*) Hufschlag *m*
❺ (*manera de andar*) Gang *m;* **apretar** [*o* **alargar**] **el ~** den Gang beschleunigen; **salir de su ~** neue Wege beschreiten, seine Gewohnheiten ändern
❻ (*pisada*) Fußabdruck *m;* (*de un animal*) Spur *f;* **seguir los ~s de alguien** jdn auf Schritt und Tritt verfolgen; (*fig*) in jds Fußstapfen treten; **volver sobre sus ~s** umkehren
❼ (*distancia*) Schritt *m,* Schrittlänge *f;* **el pasillo tiene cinco ~s de ancho** der Gang ist fünf Schritt breit; **vive a dos** [*o* **cuatro**] **~s de mi casa** er/sie wohnt gleich bei mir um die Ecke, von ihm/ihr zu mir ist es nur ein Katzensprung
❽ (*pasillo*) Durchgang *m;* (*en el mar*) Meerenge *f,* Straße *f;* (*entre montañas*) (Berg)pass *m;* **~ subterráneo** Unterführung *f;* **abrirse ~** (*quitando los obstáculos*) sich *dat* Durchgang verschaffen, sich *dat* einen Weg bahnen; (*tener éxito en la vida*) seinen Weg machen; (*triunfar*) sich durchsetzen; **cerrar el ~** den Durchgang [*o* Weg] versperren; **esta puerta da ~ al jardín** diese Tür führt in den Garten; **¡prohibido el ~!** Durchgang verboten!, kein Zutritt!; **andar en malos ~s** auf Abwege geraten; **con este dinero puedo salir del ~** dieses Geld hilft mir aus der Klemme; **sólo lo has dicho para salir del ~** das hast du nur gesagt, um dich aus der Affäre zu ziehen
❾ (*para atravesar algo*) Übergang *m;* **~ cebra** Zebrastreifen *m;* **~ fronterizo** Grenzübergang *m;* **~ a nivel** (Eisen)bahnübergang *m;* **~ de peatones** Fußgängerüberweg *m;* **¡~!** aus dem Weg!, Platz da!

pasodoble

⑩ (*medida*) Schritt *m*, Maßnahme *f;* **dar todos los ~s necesarios** die erforderlichen Schritte unternehmen; **no dar** ~ nichts unternehmen; **dar un ~ en falso** einen Fauxpas begehen
⑪ (*puntada*) (Stopf)stich *m*
⑫ (*de las aves*) Zug *m*, Wanderung *f*
⑬ (*de un contador*) Zählereinheit *f;* **marcar los ~s** die Einheiten zählen
⑭ (*de un escrito*) Passus *m*, Passage *f*
⑮ (TEAT) kurzes Theaterstück *nt*
⑯ (REL): *suceso de la pasión de Cristo*) ≈Station *f* (der Passionsgeschichte); (*imagen*) Prozessionsmotiv *nt*
II. *adv* leise, sanft

pasodoble [paso'ðoβle] *m* Paso doble *m*
pasota [pa'sota] I. *adj* anarchistisch; (*fig*) cool
II. *mf* (gesellschaftlicher) Außenseiter *m*, (gesellschaftliche) Außenseiterin *f*, Freak *m;* **ser un** ~ (*fig*) über den Dingen stehen, den coolen Typen heraushängen *fam*
pasotismo [paso'tismo] *m* ❶ (*movimiento*) No-Future-Bewegung *f*
❷ (*forma de pensar*) Null-Bock-Mentalität *f*
paspadura [paspa'ðura] *f* (*AmS*) Hautabschürfung *f*
paspartú [paspar'tu] <paspartúes> *m* Passepartout *nt*
pasquín [pas'kin] *m* Schmähschrift *f*, Spottschrift *f*
password ['paswor⁸] <passwords> *m* (INFOR) Passwort *nt*
pasta ['pasta] *f* ❶ (*masa*) Paste *f*, Brei *m;* (*para un pastel*) Teig *m;* (*para paredes*) Spachtelmasse *f;* (*para madera*) (Holz)kitt *m;* (*para ventanas*) (Fenster)kitt *m;* (*para hacer papel*) Papierbrei *m;* ~ **de dientes** Zahnpasta *f;* ~ **de hojaldre** Blätterteig *m*
❷ (*fideos*) Teigwaren *fpl*, Nudeln *fpl;* (*comida italiana*) Nudelgericht *nt*
❸ (*pastelería*) Kleingebäck *nt*, Kaffeegebäck *nt*
❹ (*cartón*) Pappe *f*
❺ (*encuadernación*) Bucheinband *m;* ~ **española, media** ~ Ledereinband *m;* ~ **italiana** Pergamenteinband *m*
❻ (*fam: dinero*) Knete *f*, Kohle *f*
❼ (*madera*) Holz *nt;* **tener ~ para algo** das Zeug zu etw *dat* haben; **tiene ~ para ser ministro** er ist aus dem Holz, aus dem man Minister macht; **tener buena** ~ ein gutmütiges Wesen haben, gutmütig sein
pastadero [pasta'ðero] *m* Weideland *nt*
pastaflora [pasta'flora] *f* (GASTR) sehr feiner, leichter Teig aus Mehl, Zucker und Eiern; **ser de** ~ (*fam*) ein Weichling sein
pastar [pas'tar] I. *vt* auf die Weide treiben, weiden lassen
II. *vi* weiden, grasen
paste ['paste] *m* (BOT) ❶ (*AmC: planta cucurbitácea*) Schwammkürbis *m*
❷ (*Hond: planta parásita*) eine Art Schmarotzerpflanze
pastear [paste'ar] I. *vt* ❶ (*pastar*) auf die Weide treiben, weiden lassen
❷ (*Perú: espiar*) nachspionieren (*a+dat*), nachschnüffeln (*a+dat*) *fam*
II. *vi* weiden, grasen
pastel [pas'tel] *m* ❶ (*torta*) Torte *f*, Kuchen *m;* (*bollo*) Gebäckstück *nt*, Teilchen *nt* reg; (*de carne, pescado*) Pastete *f;* ~ **de manzanas** Apfelkuchen *m*
❷ (*lápiz*) Buntstift *m;* (*para dibujar pasteles*) Pastellstift *m*
❸ (*pintura*) Pastell *nt*, Pastellmalerei *f*
❹ (BOT) Färberwaid *m*
❺ (*chapucería*) Pfusch *m fam,* Pfuscharbeit *f fam*
❻ (*convenio secreto*) Komplott *nt*, Verschwörung *f;* **descubrir el ~** Lunte riechen; **vámonos antes de que se descubra el ~** lass uns abhauen, bevor alles ans Licht kommt [*o* auffliegt]
❼ (*en el juego*) Trick *m* beim Kartenmischen
pastelear [pastele'ar] *vi* ❶ (*contemporizar*) sich einschmeicheln, sich lieb Kind machen
❷ (*chanchullear*) mauscheln
pasteleo [paste'leo] *m* (*fam*) Schmeichelei *f*
pastelera [paste'lera] *f v.* **pastelero**
pastelería [pastele'ria] *f* ❶ (*comercio*) Konditorei *f*
❷ (*arte*) Konditorei *f*, Konditorhandwerk *nt*
❸ (*conjunto de pasteles*) (Fein)backwaren *fpl*, Torten *fpl*
pastelero, -a [paste'lero, -a] *m, f* ❶ (*repostero*) Konditor(in) *m(f)*
❷ (*contemporizador*) Wendehals *m;* **ser un** ~ sein Fähnchen nach dem Wind drehen; (*transigir fácilmente*) kein Rückgrat haben
pastelillo [paste'liλo] *m* ❶ (*dulce*) Gebäckstück *nt*, Teilchen *nt* reg
❷ (*de carne, pescado*) Pastetchen *nt*
pastelista [paste'lista] *mf* (ARTE) Pastellmaler(in) *m(f)*
pastelón [paste'lon] *m* ❶ (GASTR) große Pastete mit Hackfleisch, Huhn, Hühnerklein etc.
❷ (*Am: loseta para pavimentar*) Pflasterstein *m*
paste(u)rización [paste(u)riθa'θjon] *f* Pasteurisation *f*, Pasteurisieren *nt*
paste(u)rizado, -a [paste(u)ri'θaðo, -a] *adj* pasteurisiert
paste(u)rizar [paste(u)ri'θar] <z→c> *vt* pasteurisieren
pastiche [pas'titʃe] *m* Plagiat *nt*

pastilla [pas'tiλa] *f* ❶ (*medicinal*) Pastille *f*, Tablette *f*, Pille *f;* ~ **de amoníaco** Salmiakpastille *f;* ~ **de carbono** Kohletablette *f;* ~ **contra el dolor** Schmerztablette *f;* ~ **para la garganta** Lutschpastille *f*, Lutschtablette *f;* ~ **para la tos** Hustenbonbon *nt*
❷ (*dulce*) Bonbon *nt*, Pastille *f;* ~ **de café con leche** Mokkabonbon *nt;* ~ **de menta** Pfefferminzbonbon *nt*
❸ (*trozo*) Stück *nt;* ~ **de caldo** Brühwürfel *m;* ~ **de chocolate** Tafel Schokolade, Schokoladentafel *f;* ~ **de jabón** Stück Seife
❹ (*loc*): **a toda ~** (*fam*) volle Pulle, mit einem Affenzahn; **ir a toda ~** (*fam*) einen Affenzahn draufhaben, volle Pulle fahren
pastillero [pasti'λero] *m* Pillendöschen *nt*, Pillenschachtel *f*
pastinaca [pasti'naka] *f* ❶ (BOT) Pastinak *m*, Pastinake *f*
❷ (ZOOL) Stechrochen *m*
pastizal [pasti'θal] *m* Weideland *nt*, Weide *f*, Weideplatz *m*
pasto ['pasto] *m* ❶ (*pastura*) Weiden *nt*, Grasen *nt*
❷ (*pastizal*) Weide *f*, Weideland *nt*, Weideplatz *m*
❸ (*hierba*) Weidegras *nt;* ~ **seco** Heu *nt*
❹ (*alimento*) Futter(mittel) *nt;* ~ **seco** Trockenfutter *nt;* ~ **verde** Grünfutter *nt*
❺ (*que alimenta un fuego, rumores*) Nahrung *f;* **ser ~ de las llamas** den Flammen zum Opfer fallen; **ser ~ de la murmuración** ein gefundenes Fressen für böse Zungen sein; **dar ~** nähren
❻ (REL) (geistige) Lehre *f*
❼ (*loc*): **a todo ~** im Überfluss; **pudimos beber y comer a ~** wir konnten nach Herzenslust essen und trinken; **de ~** für den täglichen Gebrauch; **vino de ~** Tafelwein *m*
pastón [pas'ton] *m* ❶ *aum de pasta* (*fam*): **un ~** ein Haufen Geld
❷ (*tierra*) (unfruchtbares) Weideland *nt*
pastor¹ [pas'tor] *m* ❶ (REL) Pastor *m*, Seelsorger *m;* **el Buen P~** der Gute Hirte
❷ (*obispo*) Bischof *m*
❸ (*perro*): ~ **alemán** Schäferhund *m;* **perro ~** Hirtenhund *m*
pastor(a)² [pas'tor(a)] *m(f)* (*de ganado*) (Vieh)hirt(in) *m(f);* (*de ovejas*) Schäfer(in) *m(f)*
pastoral [pasto'ral] I. *adj* ❶ (*relativo a los prelados*) Bischofs-; **carta ~** Hirtenbrief *m*
❷ (*idílico*) pastoral, ländlich, Hirten-; **poesía ~** Hirtendichtung *f*
II. *m* (MÚS, LIT) Pastorale *nt o f*
pastorear [pastore'ar] *vt* ❶ (*cuidar el ganado*) hüten; (*llevarlo a los pastos*) auf die Weide treiben
❷ (REL) (be)hüten
❸ (*AmC: mimar*) verwöhnen, verhätscheln
❹ (*Am: atisbar*) beäugen, (aufmerksam) beobachten
❺ (*Arg, Urug: cortejar*) umwerben
pastorela [pasto'rela] *f* ❶ (MÚS) Pastorale *nt*
❷ (LIT) Pasto(u)relle *f*
pastoreo [pasto'reo] *m* (*acción de cuidar*) Weiden *nt*, (Vieh)hüten *nt;* (*acción de llevar a los pastos*) Weidegang *m*
pastoril [pasto'ril] *adj* ❶ (*de los pastores*) Hirten-, Schäfer-, ländlich
❷ (LIT) pastoral; **novela ~** Schäferroman *m*, Pastorale *nt o f*
pastosidad [pastosi'ðað] *f* ❶ (*viscosidad*) Geschmeidigkeit *f*
❷ (*pegajosidad*) Klebrigkeit *f;* (*espesura*) Zähflüssigkeit *f*
❸ (*voz*) voller Klang *m*
pastoso, -a [pas'toso, -a] *adj* ❶ (*blando*) geschmeidig, weich
❷ (*pegajoso*) klebrig; (*espeso*) zäh(flüssig), breiig; **lengua pastosa** belegte Zunge
❸ (*voz*) voll(tönend), sonor
❹ (*pintura*) pastos, dick aufgetragen
❺ (*Am: región*) reich an Weidefläche; **terreno ~** Weideland *nt*
pastura [pas'tura] *f* ❶ (*porción*) Futterration *f*
❷ (*lugar*) Weide *f*, Weideplatz *m*
❸ (*hierba*) Weidegras *nt*
pasturaje [pastu'raxe] *m* ❶ (*lugar*) öffentliches Weideland *nt*
❷ (*derecho*) Weiderecht *f*
❸ (*dinero*) Nutzungszins *m*
pasudo, -a [pa'suðo, -a] I. *adj* (*Col, Ven*) kraushaarig
II. *m, f* (*Col, Ven*) Krauskopf *m*
pata ['pata] *f* ❶ (*fam: de una persona, un animal*) Bein *nt;* (*de un animal t.*) Fuß *m;* (*de un perro*) Pfote *f;* (*de un gato*) Tatze *f;* (*de una silla*) Stuhlbein *nt;* (*de una mesa*) Tischbein *nt;* ~ **de gallo** (BOT) Hahnenfuß *m;* (*dibujo de tela*) Hahnentritt *m*, Hahnentrittmuster *m;* ~**s de gallo** (*en el rostro*) Krähenfüße *mpl;* ~ **de palo** Holzbein *nt;* ~ **de perro** (*Am: fam: vagabundo*) Herumtreiber *m;* ~ **trasera** Hinterbein *nt;* ~**s arriba** durcheinander, drunter und drüber, auf den Kopf gestellt; **mala ~** (*fam*) Pech *nt;* **estirar la ~** (*fam*) den Löffel abgeben; **ir a ~** (*fam*) zu Fuß gehen; **meter la ~** (*cometer una indiscreción*) ins Fettnäpfchen treten; (*intervenir*) dazwischenpfuschen; **he metido la ~** ich habe es verdorben [*o* verpfuscht]; **la habitación está ~s arriba** im Zimmer herrscht ein wüstes Durcheinander; **poner todo ~s arriba** alles auf den Kopf stellen [*o*

pataca

durcheinander bringen]; **a la ~ coja** auf einem Bein; **a (la) ~ llana** ungekünstelt, ungezwungen; **a cuatro ~s** auf allen Vieren; **poner a alguien de ~s en la calle** jdn an die (frische) Luft setzen

❷ (ZOOL) Ente *f*

❸ (*fam: cojo*) Hinkebein *nt*, Hinkefuß *m*

❹ (*en la ropa*) Patte *f*, Taschenklappe *f*

❺ (*en un juego*) Patt *nt*, Unentschieden *nt*; **estamos** [*o* **hemos quedado**] **~** wir sind quitt (miteinander)

❻ (AERO) Fahrwerkbein *nt*

❼ (*fam: persona sin gracia*) Trampel *m o nt*

pataca [pa'taka] *f* (BOT) Topinambur *m o f*

patada [pa'taða] *f* ❶ (*golpe contra algo*) Tritt *m*; (*con el pie*) Fußtritt *m*; (*en el suelo*) (Auf)stampfen *nt*; **dar una ~ contra la pared** gegen die Wand treten; **dar ~s en el suelo** auf den Boden stampfen; **romper una puerta a ~s** eine Tür eintreten; **dar la ~ a alguien** jdm den Laufpass geben; **me da cien ~s** er/sie/es geht mir gegen den Strich; **echar a alguien a ~s** jdn hochkant [*o* in hohem Bogen] hinauswerfen; **tratar a alguien a ~s** jdn mit Füßen treten; **a ~s** in rauen Mengen, in Hülle und Fülle

❷ (*fam: paso*) Schritt *m*; (*de un caballo*) Hufschlag *m*; **esto me ha costado muchas ~s** (*fig*) ich habe mich dafür ganz schön abstrampeln müssen

❸ (*huella de un pie*) Fußabdruck *m*; (*de una pata*) Spur *f*

patadión [pata'ðjon] *m* (*Fili*) breites, buntes Stofftuch, das um den Körper gewickelt als Rock getragen wird

patagón, -ona [pata'ɣon, -ona] I. *adj* aus Patagonien

II. *m, f* Einwohner(in) *m(f)* Patagoniens

patagónico, -a [pata'ɣoniko, -a] *adj* patagonisch

patagorrilla [pataɣo'rriʎa] *f*, **patagorrillo** [pataɣo'rriʎo] *m* (GASTR) Schmorgericht aus gehacktem Schweinefleisch

patagua [pa'taɣwa] *f* (*Chil*: BOT) großer Baum mit weißen Blüten, dessen Holz verarbeitet wird

patalear [patale'ar] *vi* strampeln, um sich treten; (*en el suelo*) trampeln, auf(stampfen); **~ de rabia** vor Wut wild auf den Boden stampfen; **está que patalea** er/sie ist außer sich *dat*

pataleo [pata'leo] *m* ❶ (*acción de patalear*) Strampeln *nt*; (*en el suelo*) Trampeln *nt*, (Auf)stampfen *nt*

❷ (*ruido*) Getrappel *nt*

❸ (*queja*) Protest *m*; **derecho al ~** Recht auf Widerrede

pataleta [pata'leta] *f* (*fam*) Wutanfall *m*

patán [pa'tan] I. *adj* bauernhaft, ungehobelt; **ser ~** keine Manieren haben

II. *m* ❶ (*gañán*) Bauer *m*

❷ (*hombre grosero*) ungehobelter Mensch *m*, Bauer *m fam*

patanería [patane'ria] *f* Ungeschliffenheit *f*, Derbheit *f*

patao [pa'tao] *m* (*Cuba*: ZOOL) silberfarbener, essbarer Fisch

pataplum [pata'plun] *interj* plumps!, klatsch!

patarata [pata'rata] *f* ❶ (*tontería*) Unsinn *m*, Schwachsinn *m*

❷ (*ridiculez*) Albernheit *f*; (*comportamiento afectado*) (affektiertes) Getue *nt*

pataratero, -a [patara'tero, -a] I. *adj* albern, affektiert; **ser ~** (*decir tonterías*) albernes Zeug reden; (*ser demasiado cortés*) sich in Höflichkeitsfloskeln ergehen

II. *m, f* (*que dice tonterías*) Schwätzer(in) *m(f)*; (*persona afectada*) affektierter Mensch *m*

patas ['patas] *m inv* (*fam*) Teufel *m*

patasca [pa'taska] *f* (*Am*) ❶ (*Arg*: GASTR) Gericht aus gekochtem Schweinefleisch mit Mais

❷ (*Pan: disputa*) Streit *m*

patata [pa'tata] *f* Kartoffel *f*; **~s fritas** Pommes frites *pl*; **una bolsa de ~s fritas** eine Tüte (Kartoffel)chips; **~ de siembra** Saatkartoffeln *fpl*; **puré de ~** Kartoffelpüree *nt*; **no entender ni ~** (*fam: no entender palabra*) kein Wort verstehen; (*ser tonto*) strohdumm sein

patatal [pata'tal] *m* Kartoffelacker *m*

patatero¹ [pata'tero] *m* (MIL) Offizier, der sich hochgearbeitet hat

patatero, -a² [pata'tero, -a] I. *adj* (*relativo a la patata*) Kartoffel-

❷ (*que le gustan las patatas*): **ser ~** sehr gerne Kartoffeln essen

II. *m, f* (*cultivador*) Kartoffelbauer, -bäuerin *m, f*; (*comerciante*) Kartoffelhändler(in) *m(f)*

patatín [pata'tin]: **que (si) ~, que (si) patatán, no llegaron a ningún acuerdo**; nach langem Hin und Her kamen sie doch zu keinem Entschluss; **que (si) ~, que (si) patatán, no contestó mi pregunta** nach langem Drumherumreden beantwortete er/sie meine Frage doch nicht; **que (si) ~, que (si) patatán, no vimos el programa** vor lauter Plaudern verpassten wir die Sendung

patatús [pata'tus] *m inv* (*fam*) ❶ (*desmayo*) Ohnmachtsanfall *m*; **le dio un ~** er/sie wurde ohmächtig

❷ (*síncope*) Zusammenbruch *m*; **me ha dado un ~** ich bin zusammengeklappt

patchwork [patʃ'worʳ] *m* Patchwork *nt*

paté [pa'te] *m* (GASTR) Leberpastete *f*

pateadura [patea'ðura] *f*, **pateamiento** [patea'mjento] *m* ❶ (*golpe*) Tritt *m* ❷ (*pisoteo*) Zertrampeln *nt* ❸ (*en el suelo*) Getrampel *nt*, Stampfen *nt*; (*fig: de rabia*) Toben *nt* ❹ (*recorrido*) Ablaufen *nt*; (*fig*) Abstrampeln *nt* ❺ (*abucheo*) Ausbuhen *nt*, Buhrufe *mpl*

patear [pate'ar] I. *vt* (*dar golpes con los pies*) treten; **~ el estómago a alguien** jdm [*o* jdn] in den Magen treten

❷ (*pisotear*) zertrampeln

❸ (*tratar rudamente*) mit Füßen treten

❹ (*recorrer*) ablaufen; **~ todo el edificio** überall im Gebäude herumlaufen, alle Räume des Gebäudes ablaufen

❺ (*abuchear*) ausbuhen

II. *vi* ❶ (*en el suelo*) trampeln, auf den Boden stampfen; (*estar enfadado*) (vor Wut) außer sich *dat* sein

❷ (*abuchear*) buhen

❸ (*andar mucho*) viel herumlaufen; **estar pateando todo el día** den ganzen Tag auf Achse sein; **tuve que ~ para tener este éxito** für diesen Erfolg habe ich mich abstrampeln müssen

patena [pa'tena] *f* ❶ (REL) Patene *f*; **estar limpio como** [*o* **más limpio que**] **una ~** blitzsauber sein, vor Sauberkeit blitzen

❷ (*medalla*) Medaillon *nt*

patentabilidad [patentaβili'ðað] *f* (JUR) Patentfähigkeit *f*, Patentierbarkeit *f*

patentable [paten'taβle] *adj* (JUR) patentfähig

patentado, -a [paten'taðo, -a] *adj* (JUR) patentiert, zum Patent angemeldet

patentar [paten'tar] *vt* ❶ (JUR) patentieren (lassen), zum Patent anmelden

❷ (*expedir patentes*) bescheinigen, beurkunden; (*conceder patentes*) erlauben, genehmigen

patente [pa'tente] I. *adj* ❶ (*visible*) sichtbar, merklich

❷ (*evidente*) offenkundig, offensichtlich, eindeutig; **una prueba ~ de su culpa** ein eindeutiger Beweis für seine/ihre Schuld; **hacer ~** offen legen, (auf)zeigen; (*comprobar*) beweisen, unterstreichen; (*revelar*) ans Licht bringen

II. *f* ❶ (*documento*) Bescheinigung *f*, Ausweis *m*; (*permiso*) Erlaubnis *f*, Genehmigung *f*; **~ de comercio** Gewerbeschein *m*; **~ de invención** Erfindungspatent *nt*; **~ de navegación** Schiffszertifikat *nt*; **~ de sanidad** Gesundheitspass *m*; **agente de ~s y marcas** Patentanwalt *m*; **oficina de ~s y marcas** Patent- und Markenamt *nt*; **obtener una ~** ein Patent erwerben; **sacar una ~** ein Patent anmelden; **violar una ~** ein Patent verletzen

❷ (*título*) Patent *nt*, Diplom *nt*; **~ de oficial** Offizierspatent *nt*; **~ de piloto** Pilotenschein *m*

❸ (*jur*) Patent *nt*; **~ base** Basispatent *nt*; **~ combinada** Bündelpatent *nt*; **~ comunitaria** Gemeinschaftspatent *nt*; **~ de exclusividad** Ausschließlichkeitspatent *nt*; **~ industrial** gewerbliches Patent; **~ mundial** Weltpatent *nt*; **~ nacional** Inlandspatent *nt*; **~ no explotada** Vorratspatent *nt*; **~ de obstrucción** Sperrpatent *nt*; **~ pendiente** [*o* **solicitada**] zum Patent angemeldet; **~ principal** Hauptpatent *nt*; **~ de privilegio** Erfindungspatent *nt*; **~ secreta** Geheimpatent *nt*; **derecho de ~** Patentrecht *nt*; **oficina de ~** Patentamt *nt*; **otorgar la ~** das Patent erteilen; **solicitar la ~** zum Patent anmelden

❹ (*fama*) Ruf *m*; **tener ~ de valiente** als tapfer gelten; **ganarse la ~ de trabajador** sich *dat* den Ruf erwerben, fleißig zu sein

❺ (*en un nuevo empleo*) Einstand *m*

❻ (*Arg: número de vehículo*) Kraftfahrzeugkennzeichen *nt*; (*impuesto automotriz*) Kraftfahrzeugsteuer *f*

patentizar [patenti'θar] <z→c> *vt* offen legen, (auf)zeigen; (*comprobar*) beweisen, unterstreichen; (*revelar*) ans Licht bringen, aufdecken

pateo [pa'teo] *m* ❶ (*en el suelo*) Getrampel *nt*, Stampfen *nt*; (*de rabia*) Toben *nt*

❷ (*abucheo*) Ausbuhen *nt*, Buhrufe *mpl*

patera [pa'tera] *f* kleines Holzboot *nt*

paternal [pater'nal] *adj* väterlich, Vater-; **amor ~** Vaterliebe *f*

paternalismo [paterna'lismo] *m* ❶ (*carácter paternal*) Väterlichkeit *f*

❷ (*actitud protectora*) Bevormundung *f*

❸ (POL) Paternalismus *m*

paternalista [paterna'lista] *adj* paternalistisch, bevormundend

paternalmente [paternal'mente] *adv* väterlich

paternidad [paterni'ðað] *f* ❶ (*relación*) Vaterschaft *f*

❷ (*calidad*) Väterlichkeit *f*

❸ (*creación, t.* JUR) Urheberschaft *f*

❹ (REL): **Vuestra P~** Euer [*o* Eure] Hochwürden

paterno, -a [pa'terno, -a] *adj* väterlich, Vater- *f*; **casa paterna** Elternhaus *nt*; **mi abuelo ~** mein Großvater väterlicherseits

paternóster [pater'noster] *m* (REL) Vaterunser *nt*

patero, -a [pa'tero, -a] I. *adj* (*Chil*) kriecherisch *pey*

patético

II. *m, f* (*Chil*) Kriecher(in) *m(f) pey*
patético, -a [pa'tetiko, -a] *adj* ❶ (*conmovedor*) bewegend, ergreifend; (*tierno*) rührend, gefühlvoll; (*manifestando dolor*) schmerzvoll, leidend
❷ (*pey: exageradamente sentimental*) pathetisch
patetismo [pate'tismo] *m sin pl* ❶ (*que conmueve*) Bewegende(s) *nt*, Ergreifende(s) *nt*, Tragik *f*
❷ (*pey: sentimentalidad exagerada*) Pathetik *f*, Pathos *nt*
patí [pa'ti] *m* (*Arg: ZOOL*) sehr schmackhafter, schuppenloser blaugrauer Flussfisch, der bis zu 7 kg schwer wird
patibulario, -a [patiβu'larjo, -a] *adj* ❶ (*relativo al patíbulo*) Hinrichtungs-; **horca patibularia** Galgen *m*
❷ (*terrible*) Furcht erregend, schaurig; **novela patibularia** Schauerroman *m*, Gruselroman *m*
patíbulo [pa'tiβulo] *m* Hinrichtungsstätte *f*, Schafott *nt*; (*horca*) Galgen *m*
paticojo, -a [pati'koxo, -a] I. *adj* (*fam*) hinkend, lahm
II. *m, f* (*fam*) Hinkebein *nt*, Hinkefuß *m*
patidifuso, -a [patiði'fuso, -a] *adj* verblüfft, verdutzt; (*de horror*) entsetzt; **me quedé ~** ich war sprachlos [*o* platt]
patilla [pa'tiʎa] *f* ❶ (*conexión*) Verbindungsstück *nt*; (*de unas gafas*) Bügel *m*; (*de un madero*) Stift *m*
❷ (*en la ropa*) Patte *f*, Taschenklappe *f*
❸ (NÁUT) Kompass *m*
❹ *pl* (*pelo*) Koteletten *pl*
❺ *pl* (*diablo*) Teufel *m*
patilludo, -a [pati'ʎuðo, -a] *adj* mit auffälligen Koteletten
patín [pa'tin] *m* ❶ (*de hielo*) Schlittschuh *m*; (*de ruedas*) Rollschuh *m*; **patines en línea** Inlineskates *mpl*
❷ (*patinete*) Roller *m*
❸ (NÁUT) Doppelrumpfboot *nt*; (*de vela*) Katamaran *m*; (*de pedales*) Tretboot *nt*
❹ (TÉC) Kufe *f*, Gleitblock *m*
pátina ['patina] *f sin pl* Patina *f*
patinadero [patina'ðero] *m* Rollschuhbahn *f*; (*de hielo*) Eisbahn *f*
patinador(a) [patina'ðor(a)] I. *adj* (*sobre cuchillas*) gleitend; (*sobre ruedas*) rollend
II. *m(f)* (*de hielo*) Schlittschuhläufer(in) *m(f)*; (*sobre ruedas*) Rollschuhläufer(in) *m(f)*; (*artístico sobre hielo*) Eiskunstläufer(in) *m(f)*; (*artístico sobre ruedas*) Rollkunstläufer(in) *m(f)*; (*de velocidad*) Eisschnellläufer(in) *m(f)*
patinaje [pati'naxe] *m* ❶ (*sobre hielo*) Schlittschuhlaufen *nt*, Eislauf *m*; (*sobre ruedas*) Rollschuhlaufen *nt*; **~ artístico** (*sobre hielo*) Eiskunstlauf *m*; (*sobre ruedas*) Rollkunstlauf *m*; **~ de carreras** [*o* **de velocidad**] Eisschnelllauf *m*, Eisschnelllaufen *nt*
❷ (*deslizamiento*) (Aus)rutschen *nt*; (*de un vehículo*) Schleudern *nt*
patinar [pati'nar] I. *vi* ❶ (*sobre patines de hielo*) Eis laufen, Schlittschuh laufen; (*sobre patines de ruedas*) Rollschuh laufen
❷ (*deslizarse*) ausrutschen, schlittern; (*un vehículo*) ins Schleudern geraten, wegrutschen
❸ (*fig: equivocarse, cometer una indiscreción*) sich *dat* einen Ausrutscher leisten
II. *vt* patinieren
patinazo [pati'naθo] *m* ❶ (*deslizamiento*) (Aus)rutschen *nt*, Schlittern *nt*; (*de un vehículo*) Schleudern *nt*
❷ (*equivocación, indiscreción*) Ausrutscher *m*
patinete [pati'nete] *m* Roller *m*
patio ['patjo] *m* ❶ (*espacio sin techar*) Hof *m*; (*interior*) Innenhof *m*; (*entre dos casas*) Hinterhof *m*; **~ de luz** Lichthof *m*; **~ de recreo** Schulhof *m*, Pausenhof *m*
❷ (TEAT) Parkett *nt*
❸ (*Col, PRico: establo*) Stall *m*
patiperrear [patiperre'ar] *vi* (*Chil*) umherstreichen, herumlaufen
patitas [pa'titas] *fpl:* **poner a alguien de ~ en la calle** jdn an die (frische) Luft setzen [*o* befördern]
patitieso, -a [pati'tjeso, -a] *adj* ❶ (*paralizado*) steif; (*de frío*) starr; **quedarse ~ de frío** vor Kälte erstarren
❷ (*sorprendido*) verdutzt, verblüfft; **quedarse ~** platt [*o* sprachlos] sein
❸ (*presumido*) hochnäsig
patito, -a [pa'tito, -a] *adj* (*Am*) (zitronen)gelb
patituerto, -a [pati'twerto, -a] *adj* ❶ (*con las patas torcidas*) krummbeinig; (*persona*) krummbeinig, O-beinig *fam;* **ser ~** O-Beine haben
❷ (*torcido*) krumm, verbogen
patizambo, -a [pati'θambo, -a] *adj* krummbeinig, X-beinig *fam;* **ser ~** X-Beine haben
pato[1] [pa'to] *m* ❶ (*Cuba, PRico, Ven: hombre afeminado*) Tunte *f fam*
❷ (*Cuba: para orinar*) Urinal *nt*, Urinflasche *f*
❸ (*Arg, Méx: juego de jinete*) Reiterspiel *nt*
pato, -a[2] ['pato, -a] *m, f* ❶ (ZOOL) Ente *f*; (*macho*) Erpel *m*, Enterich *m*; **~ de flojel** Eiderente *f*; **~ mandarín** Mandarinente *f*; **pagar el ~** der/die

patrocinio

Leidtragende sein, es ausbaden müssen; **estar hecho un ~** (**de agua**) klatschnass [*o* pitschnass] sein
❷ (*fam: persona sin gracia*) Trampel *m o nt*
patochada [pato'tʃaða] *f* (*tontería*) Unsinn *m*, Quatsch *m*; (*grosería*) Peinlichkeit *f*, Fauxpas *m*; **decir ~s** albernes Zeug reden
patogenia [pato'xenja] *f* (MED) Pathogenese *f*
patogénico, -a [pato'xeniko, -a] *adj* (MED) pathogenisch
patógeno, -a [pa'toxeno, -a] *adj* (MED) krankheitserregend, pathogen; **gérmen ~** Krankheitserreger *m*
patografía [patoɣra'fia] *f* (MED) Krankheitsbeschreibung *f*
patojo, -a [pa'toxo, -a] I. *adj* krummbeinig
II. *m, f* (*Col, Guat*) Kind *nt*
patóloga [pa'toloɣa] *f v.* **patólogo**
patología [patolo'xia] *f* (MED) Pathologie *f*
patológico, -a [pato'loxiko, -a] *adj* ❶ (MED) pathologisch
❷ (*que constituye enfermedad*) krankhaft, pathologisch *elev*
patólogo, -a [pa'toloɣo, -a] *m, f* (MED) Pathologe, -in *m, f*
patoso, -a [pa'toso, -a] *adj* ❶ (*soso*) witzlos, albern
❷ (*torpe*) tölpelhaft, ungeschickt
patota [pa'tota] *f* (*AmS, Arg*) Rüpelbande *f*; **en ~** (*Arg: fam*) mit Freunden zusammen
patraña [pa'traɲa] *f* Lüge *f*, Märchen *nt*
patrañero, -a [patra'ɲero, -a] I. *adj* bluffend
II. *m, f* Bluffer(in) *m(f)*
patria [pa'trja] *f* (*patrja, lugar*) Heimat *f*; (*país*) Vaterland *nt*, Heimatland *nt*; **~ adoptiva** Wahlheimat *f*; **~ celestial** Himmel *m*; **~ chica** Heimatort *m*; **madre ~** Mutterland *nt*; (*Am*) Spanien *nt*; **merecerse bien de la ~** sich um sein (Vater)land verdient machen; **Andalucía es la ~ del flamenco** Andalusien ist die Wiege [*o* das Herkunftsland] des Flamenco
patriada [pa'trjaða] *f* (*CSur*) revolutionäre Bewegung *f* (*meist zur Rettung des Vaterlandes*)
patriarca [pa'trjarka] *m* (REL) Patriarch *m*
patriarcado [patrjar'kaðo] *m* (SOCIOL, REL) Patriarchat *nt*
patriarcal [patrjar'kal] I. *adj* (*t.* REL) patriarchalisch
II. *f* (REL) ❶ (*iglesia*) Patriarchalkirche *f*
❷ (*patriarcado*) Patriarchat *nt*
patricio, -a [pa'triθjo, -a] I. *adj* patrizisch
II. *m, f* ❶ (*noble romano*) Patrizier(in) *m(f)*
❷ (*notable*) renommierter Bürger *m*, renommierte Bürgerin *f*, Patrizier(in) *m(f) elev*
patricios [pa'triθjos] *mpl* Patriziat *nt*
patrimonial [patrimo'njal] *adj* ❶ (*de herencia*) Erb-; **bien ~** Erbe *nt*
❷ (*de bienes*) Vermögens-; **prestaciones ~es** vermögenswirksame Leistungen
patrimonio [patri'monjo] *m* ❶ (*herencia*) Erbe *nt*; **~ artístico** Kulturgut *nt*; **~ cultural** (*tradición*) Kulturerbe *nt*, Kulturgut *nt*; (*monumento*) Kulturdenkmal *nt*, Kulturgut *nt*; **~ familiar** Stammgut *nt*; **~ hereditario vacante/sobreendeudado** erbloser/überschuldeter Nachlass; **~ histórico** historisches Erbe
❷ (*riqueza*) Vermögen *nt*, Besitz *m*; **~ empresarial** Betriebsvermögen *nt*; **~ fideicomisario** Treuhandvermögen *nt*; **~ fundacional** Stiftungsvermögen *nt*; **~ global** Gesamtvermögen *nt*; **~ hereditario** Erbvermögen *nt*; **~ inicial** Anfangsvermögen *nt*; **~ inmobiliario** Grundvermögen *nt*; **~ imponible** steuerpflichtiges Vermögen; **~ mancomunado** Gesamthandsvermögen *nt*; **~ mobiliario** Mobiliarvermögen *nt*; **~ nacional** Staatsvermögen *nt*, Volksvermögen *nt*; **~ neto** Reinvermögen *nt*; **~ particular** (ECON) Hausvermögen *nt*; **~ real** Krongüter *ntpl*; **~ social** Gesellschaftsvermögen *nt*; **impuesto sobre el ~** Vermögenssteuer *f*
patrio, -a [pa'trjo, -a] *adj* ❶ (*relativo a la patria*) Heimat-, vaterländisch
❷ (*relativo al padre*) väterlich
patriota [pa'trjota] I. *adj* patriotisch, vaterlandsliebend
II. *mf* ❶ (*que ama a su patria*) Patriot(in) *m(f)*
❷ (*compatriota*) Landsmann, -männin *m, f*
patriotera [patrjo'tera] *adj o f v.* **patriotero**
patriotería [patrjote'ria] *f*, **patriotismo** [patrjote'rismo] *m* Chauvinismus *m*, Nationalismus *m*
patriotero, -a [patrjo'tero, -a] I. *adj* chauvinistisch, nationalistisch
II. *m, f* Chauvinist(in) *m(f)*, Nationalist(in) *m(f)*
patriótico, -a [pa'trjotiko, -a] *adj* patriotisch, vaterlandsliebend
patriotismo [patrjo'tismo] *m* ❶ (*del patriota*) Patriotismus *m*, Vaterlandsliebe *f*
❷ (*del patriotero*) Chauvinismus *m*, Nationalismus *m*
patrística [pa'tristika] *f* (FILOS, HIST, REL) Patristik *f*
patrocinador(a) [patroθina'ðor(a)] I. *adj* fördernd, unterstützend
II. *m(f)* Schirmherr(in) *m(f)* (DEP) Sponsor(in) *m(f)*
patrocinar [patroθi'nar] *vt* fördern, unterstützen, die Schirmherrschaft übernehmen +*gen*; (DEP) sponsern
patrocinio [patro'θinjo] *m* ❶ (*protección*) Schirmherrschaft *f*, Förderung *f*

patrología

② (DEP) Sponsoring *nt*
③ (REL) Patrozinium *nt*, Patronatsfest *nt*
patrología [patrolo'xia] *f* (FILOS, HIST, REL) Patrologie *f*
patrón¹ [pa'tron] *m* ❶ (*modelo*) Muster *nt*, Modell *nt*; (*de costura*) Schnittmuster *nt*
② (BOT: *puntal*) Pfahl *m*; (*planta injertada*) Musterpflanze *f*
③ (FIN): ~ **monetario** Ankerwährung *f*; ~ **oro** Goldwährung *f*
patrón, -ona² [pa'tron, -ona] *m, f* ❶ (*que protege*) Beschützer(in) *m(f)*, Schutzherr(in) *m(f)*
② (*jefe*) Chef(in) *m(f)*, Arbeitgeber(in) *m(f)*
③ (*de una casa*) Hausherr(in) *m(f)*; (*de una pensión*) Hauswirt(in) *m(f)*
④ (*santo*) Schutzheilige(r) *mf*, Schutzpatron(in) *m(f)*
⑤ (*de barco pequeño*) Schiffsführer(in) *m(f)*
⑥ (*de un esclavo*) Herr(in) *m(f)*
patrona [pa'trona] *f v.* **patrón²**, **patrono**
patronal [patro'nal] **I.** *adj* (*empresarios*) Arbeitgeber-; **cierre** ~ Aussperrung *f*; **organización** ~ Arbeitgeberverband *m*
② (*relativo al patronato*) Schutz-
③ (*relativo a una fundación*) Stiftungs-
④ (REL) Patronats-; **fiesta** ~ Patronatsfest *nt*
II. *f* Arbeitgeberverband *m*
patronato [patro'nato] *m*, **patronazgo** [patro'naθγo] *m* ❶ (*protección*) Schirmherrschaft *f* ② (COM) Arbeitgeberverband *m* ③ (*fundación*) Wohlfahrtsverband *m* ④ (*junta directiva*) Vorstand *m*
patronear [patrone'ar] *vt* (ein Schiff) kommandieren [*o* führen]
patronímico¹ [patro'nimiko] *m* Patronymikon *nt*, Patronymikum *nt*
patronímico, -a² [patro'nimiko, -a] *adj* patronymisch
patronista [patro'nista] *adj* arbeitgeberfreundlich
patrono, -a [pa'trono, -a] *m, f* ❶ (*jefe*) Arbeitgeber(in) *m(f)*; ~**s y obreros** Arbeitgeber und Arbeitnehmer, Tarifpartner *mpl*
② (*de un feudo*) Gutsherr(in) *m(f)*
③ (*miembro del patronato*) Vorstandsmitglied *nt*
④ (REL: *protector*) Schutzheilige(r) *mf*, Schutzpatron(in) *m(f)*
patrulla [pa'truʎa] *f* ❶ (MIL) Patrouille *f*; (*de policía*) (Polizei)streife *f*; **estoy de** ~ ich bin im Streifendienst; **la policía está de** ~ die Polizei geht auf Streife
patrullaje [patru'ʎaxe] *m* Patrouille *f*, Kontrollgang *m*
patrullar [patru'ʎar] *vi, vt* patrouillieren
patrullera [patru'ʎera] *f* (MIL) Patrouillenboot *nt*
patrullero¹ [patru'ʎero] *m* ❶ (MIL: *buque*) Patrouillenboot *nt*; (*avión*) Flugzeug *nt* für Erkundungsflüge
② (*de policía*) Polizeistreife *f*
patrullero, -a² [patru'ʎero, -a] *adj* (MIL) Erkundungs-; **vuelo** ~ Erkundungsflug *m*
② (*de policía*) Streifen-
patucos [pa'tukos] *mpl* (*para bebés*) Babyschühchen *ntpl*; (*para personas mayores*) Bettschuhe *mpl*
patudo, -a [pa'tuðo, -a] *adj* (*fam*) großfüßig
patulea [patu'lea] *f* (*fam*) Pöbel *m*, Gesindel *nt*
patuleco, -a [patu'leko, -a] *adj* (AmC, AmS: *de pies*) mit missgestalteten Füßen; (*de piernas*) mit missgestalteten Beinen
paturro, -a [pa'turro, -a] *adj* (Col) pummelig, rundlich
paular [pau'lar] *m* ❶ (*pantano*) Sumpf *m*, Morast *m*
② (*atolladero*) Pfütze *f*, (Wasser)lache *f*
paulatinamente [pauʎatina'mente] *adv* nach und nach, allmählich, mit der Zeit; **recuperarse** ~ **de algo** sich allmählich von etw *dat* erholen
paulatino, -a [pauʎa'tino, -a] *adj* (sehr) langsam, stufenweise
paulilla [pau'liʎa] *f* (ZOOL) Nachtfalter *m*
paulino, -a [pau'lino, -a] *adj* (REL) paulinisch
pauperismo [paupe'rismo] *m* (ECON, SOCIOL) Massenarmut *f*, Pauperismus *m*
pauperización [pauperiθa'θjon] *f* (ECON, SOCIOL) Verarmung *f* (einer Bevölkerungsschicht)
pauperizar [pauperi'θar] <z→c> *vt* (ECON, SOCIOL) verarmen lassen
paupérrimo, -a [pau'perrimo, -a] *adj superl de* **pobre**
pausa ['pausa] *f* ❶ (*interrupción*) Pause *f*; **hacer una** ~ eine Pause machen [*o* einlegen]
② (*despacio*) Langsamkeit *f*; (*con deliberación*) Bedächtigkeit *f*; **trabaja con** ~**s** er/sie kommt mit seiner/ihrer Arbeit nur langsam voran
③ (MÚS) Pause *f*
pausado, -a [pau'saðo, -a] *adj* langsam, bedächtig, ruhig
pausar [pau'sar] *vi* pausieren
pauta ['pauta] *f* ❶ (*modelo*) Muster *nt*, Vorbild *nt*; ~ **económica** wirtschaftliche Richtschnur; **servir de** ~ als Vorbild dienen
② (*normas*) Grundsatz *m*, Richtschnur *f*; **marcar la** ~ einen Grundsatz festlegen, eine Regel aufstellen
③ (*falsilla*) Linien *fpl* (*zum Schreiben*)
④ (*regla*) Lineal *nt*
pautado, -a [pau'taðo, -a] *adj* liniert; **papel** ~ liniertes Papier, Linienpapier *nt*
pautar [pau'tar] *vt* ❶ (*rayar el papel*) linieren
② (*dar reglas*) vorschreiben
pava ['paβa] *f* ❶ (ZOOL) *v.* **pavo²**
② (*fam*): **pelar la** ~ (*los enamorados*) turteln
③ (Am: *olla*) Kessel *m*; (*tetera*) Teekanne *f*
④ (Am: *sombrero*) (breitkrempiger) Strohhut *m*
⑤ (Am, AmC: *flecos*) Fransen *pl*
⑥ (CSur, Méx: *orinal*) Nachttopf *m*
⑦ (And, AmC: *colilla*) Zigarettenkippe *f*
pavada [pa'βaða] *f* ❶ (*manada de pavos*) Schar *f* Truthühner
② (*fam: sosería*) Geschmacklosigkeit *f*, Fadheit *f*
③ (*juego infantil*) ein Kinderspiel
④ (CSur: *disparate*) Blödsinn *m*, Dummheit *f*
⑤ (CSur: *poquísimo*) lächerlicher Betrag *m*
⑥ (CSur: *mala suerte*) Pech *nt*
pavana [pa'βana] *f* (MÚS) Pavane *f*
pavear [paβe'ar] **I.** *vi* ❶ (CSur: *hacer el tonto*) den dummen August spielen
② (CSur: *pelar la pava*) turteln
③ (And: *hacer novillos*) (die Schule) schwänzen
II. *vt* ❶ (And, CSur: *bromear*) verschaukeln, auf den Arm nehmen
② (And: *asesinar*) hinterhältig umbringen
pavero [pa'βero] *m* breitkrempiger Hut aus Andalusien
pavés [pa'βes] *m* fast mannshoher Schild *m*; **alzar a alguien sobre el** ~ (*fig*) jdn in den Himmel heben
pavesa [pa'βesa] *f* Fünkchen *nt*; (*ya ceniza*) Flugasche *f*; **estar hecho una** ~ (*fam*) völlig ausgelaugt sein
pavezno [pa'βeθno] *m* (ZOOL) Putenküken *nt*
pavía [pa'βia] *f* (BOT) eine Art Nektarine
pávido, -a ['paβiðo, -a] *adj* (*elev*) ❶ (*medroso*) furchtsam
② (*tímido*) schüchtern
pavimentación [paβimenta'θjon] *f* ❶ (*con adoquín*) Pflastern *nt*; (*con asfalto*) Asphaltieren *nt*
② (*con losas*) Fliesen *nt*
pavimentar [paβimen'tar] *vt* ❶ (*con adoquín*) pflastern; (*con asfalto*) asphaltieren
② (*con losas*) fliesen; (*con baldosas*) mit Platten belegen [*o* auslegen]
③ (*con madera*) dielen
pavimento [paβi'mento] *m* ❶ (*recubrimiento en una casa*) Estrich *m*; (*en la carretera*) Unterbau *m*
② (*referido al material: con adoquín*) Straßenpflaster *nt*; (*con asfalto*) Asphalt *m*; (*con losas*) Fliesen *fpl*; (*con madera*) Parkett *nt*, Dielen *fpl*
pavipollo [paβi'poʎo] *m* ❶ (ZOOL) junger Puter *m*, junge Pute *f*
② (*fam: imbécil*) Dummkopf *m*, Idiot(in) *m(f)*
pavisoso, -a [paβi'soso, -a] *adj* fad, langweilig
pavito, -a [pa'βito, -a] *m, f* (Ven) Halbstarke(r) *mf*
pavitonto, -a [paβi'tonto, -a] *adj* strohdumm, strohdoof *fam*
pavo¹ ['paβo] *m* (*argot: un duro*) Fünfpesetenstück *nt*; **¡dame diez** ~**s!** gib mir 50 Peseten!; **soltar el** ~ zahlen
pavo, -a² ['paβo, -a] **I.** *m, f* ❶ (ZOOL) Puter *m*, Pute *f*, Truthahn, -henne *m, f*; ~ **real** Pfau *m*; **estar en la edad del** ~ in den Flegeljahren sein; **comer** ~ (*fig fam*) (beim Tanz) ein Mauerblümchen sein; **no es moco de** ~ das ist kein Kinkerlitzchen; **subírsele a alguien el** ~ (*fam*) puterrot [*o* krebsrot] werden
② (*una persona*) Trampel *m*, Tölpel *m*, Einfaltspinsel *m*; (*argot: persona estafada*) Dummkopf *m*, Idiot(in) *m(f)*
③ (Am): **ir de** ~ schwarzfahren
II. *adj* tölpelhaft, einfältig, dumm
pavón [pa'βon] *m* ❶ (ZOOL) Pfau *m*
② (TÉC: *barniz*) Brünierung *f*
pavonada [paβo'naða] *f* (*fam*) Unternehmung *f*; **darse una** ~ etwas unternehmen
pavonado, -a [paβo'naðo, -a] *adj* dunkelblau; (*acero*) blau angelaufen
pavonearse [paβone'arse] *vr* sich aufspielen (*de* mit +*dat*), sich aufplustern (*de* mit +*dat*) *fam*
pavoneo [paβo'neo] *m* Wichtigtuerei *f fam*
pavor [pa'βor] *m* Entsetzen *nt*, Grau(s)en *nt*
pavorido, -a [paβo'riðo, -a] *adj* sehr verängstigt
pavoroso, -a [paβo'roso, -a] *adj* entsetzlich, Grauen erregend
pavura [pa'βura] *f* (Am) Zukunftsangst *f*
paya ['paʝa] *adj o v.* **payo**
payada [pa'ʝaða] *f* (CSur: MÚS) Lied *nt* der Gauchosänger
payador [paʝa'ðor] *m* (CSur) Gauchosänger *m* mit Gitarre
payana [pa'ʝana] *f* (Arg) Spiel, bei dem kleine Steine oder Kerne in die Luft geworfen und wieder aufgefangen werden
payasa [pa'ʝasa] *f v.* **payaso**
payasada [paʝa'saða] *f* Clownerie *f*; (*pey*) Blödsinn *m*, Albernheit *f*
payasear [paʝase'ar] *vi* herumalbern, Späße machen

payaso, -a [pa'ʝaso, -a] *m, f* ❶ (*del circo*) Clown *m*
❷ (*que hace el tonto*) Spaßvogel *m*, Kasper *m fam*; **¡pero qué ~ eres!** du bist mir aber ein Spaßvogel!; **¡deja de hacer el ~!** hör auf den Kasper zu spielen!

payé [pa'ʝe] *m* (*CSur*) ❶ (*brujo*) ≈Medizinmann *m*
❷ (*brujería*) Hexerei *f*
❸ (*amuleto*) Amulett *nt*
❹ (*poderes sobrenaturales*) übernatürliche Kräfte *fpl*
❺ (*hechizo*) Zauberspruch *m*

payés, -esa [pa'ʝes, -esa] *m, f* (*reg*) Landwirt(in) *m(f)*, Bauer *m*, Bäuerin *f*

payo, -a ['paʝo, -a] **I.** *adj* hinterwäldlerisch, weltfremd
II. *m, f* ❶ (*campesino ignorante*) Hinterwäldler(in) *m(f)*
❷ (*no gitano*) Nichtzigeuner(in) *m(f)*

paz [paθ] *f* ❶ (*situación social*) Frieden *m*; (*tratado*) Friedensvertrag *m*; **hacer las paces** Frieden schließen, sich (wieder) versöhnen; **misión de ~** Friedensmission *f*
❷ (*concordia*) Frieden *m*, Eintracht *f*; **no dar ~** keine Ruhe [*o* keinen Frieden] geben; **no dar ~ a la lengua** eine Quasselstrippe sein, ohne Punkt und Komma reden; **dejar en ~** in Ruhe [*o* Frieden] lassen; **estar en ~ con alguien** mit jdm quitt sein; **mantener la ~** den Frieden wahren; **¡a la ~ de Dios!** Friede sei mit dir!; **¡... y en ~!** ... und Schluss!, ... und jetzt ist Ruhe!; **¡que en ~ descanse!** er/sie möge in Frieden ruhen; **a mi abuelo, que en ~ descanse, le gustaba mucho** (*esto*) meinem Großvater, Gott hab ihn selig, gefiel das sehr; **poco, y en ~, mucho se me haz** (*prov*) ≈mit wenig und in Frieden bin ich schon sehr zufrieden

pazguata [paθ'ɣwata] *adj o f v.* **pazguato**
pazguatería [paθɣwate'ria] *f* Dummheit *f*, Einfältigkeit *f*
pazguato, -a [paθ'ɣwato, -a] **I.** *adj* ❶ (*necio*) dumm, einfältig
❷ (*torpe*) ungeschickt, tölpelhaft
II. *m, f* Dummkopf *m*, Tölpel *m*

pazo ['paθo] *m* Herrensitz *m*, Gutsbesitz *m* (in Galicien)

pazote [pa'θote] *m* (*Méx: BOT*) wohlriechende Gewürzpflanze

PC [pe'θe] *m* (*INFOR*) *abr de* **personal computer** PC *m*; **~ multimedia** Multimedia-PC *m*

P.C. [pe'θe] *m abr de* **Partido Comunista** KP *f*

pche [ptʃe] *interj* pah!

P.D. [pos'data] *abr de* posdata PS

pe [pe] *f* P *nt*; **~ de París** P wie Paula; **de ~ a pa** von A bis Z

peaje [pe'axe] *m* ❶ (*de tránsito*) Transitgebühr *f*; (*de carretera*) Autobahngebühr *f*, Mautgebühr *f Austr*
❷ (*taquilla*) Maut *f*, Mautstelle *f Austr*

peal [pe'al] *m* ❶ (*de la media*) Fußteil *m* am Strumpf
❷ (*media sin pie*) Strumpf *m* ohne Fußteil, Gamasche *f*
❸ (*paño con que se cubre el pie*) Fußlappen *m*
❹ (*fam: persona inútil*) Nichtsnutz *m*
❺ (*Am: cuerda para amarrar las patas*) Fußfessel *f* (für Tiere)

peana [pe'ana] *f* ❶ (*pedestal*) Sockel *m*, Fuß *m*
❷ (*de un altar*) Altarstufe *f*
❸ (*de una ventana*) Fenstersims *m o nt*

peanuts ['pinats] *pl* Peanuts *pl*

peatón, -ona [pea'ton, -ona] *m, f* Fußgänger(in) *m(f)*
peatonal [peato'nal] *adj* Fußgänger-; **zona ~** Fußgängerzone *f*
peatonalización [peatonaliθa'θjon] *f* Schaffung von autofreien Zonen
peatonalizar [peatonali'θar] <z→c> *vt* zur Fußgängerzone machen

pebete¹ [pe'βete] *m* ❶ (*varillas ambientadoras*) Räucherstäbchen *nt*
❷ (*mecha*) Zündschnur *f* (an Feuerwerkskörpern)
❸ (*cosa fétida*) Gestank *m*

pebete, -a² [pe'βete, -a] *m, f* (*fam*) Knirps *m*

pebetero [peβe'tero] *m* Duftlampe *f*, Aromalampe *f*

pebrada [pe'βraða] *f* (*GASTR*) Pfeffersoße *f* (*meist mit Petersilie, Knoblauch und Essig*)

pebre ['peβre] *m o f* (*GASTR*) Soße aus Pfeffer, Petersilie, Knoblauch und Essig

peca ['peka] *f* Sommersprosse *f*

pecado [pe'kaðo] *m* ❶ (*REL*) Sünde *f*, Verfehlung *f*; **~ capital** [*o* **mortal**] Todsünde *f*; **~ contra natura** Sodomie *f*; **~ original** Erbsünde *f*; **~ venial** lässliche Sünde; **sin ~** frei von Sünde, makellos; **cometer un ~** eine Sünde begehen; **pagar sus ~s** seine Fehler teuer bezahlen; **a ~ nuevo, penitencia nueva** (*prov*) auf neue Sünde folgt neue Reue
❷ (*despilfarro*) Sünde *f*, Fehler *m*; **sería un ~ rechazarlos** es wäre eine Sünde, sie nicht anzunehmen
❸ (*culpa*) Unrecht *nt*, Schuld *f*
❹ (*el demonio*) Teufel *m*, Leibhaftige(r) *m*; **¡estos niños de mis ~s!** (*irón fam*) was soll ich mit diesen Kindern nur machen?; **¡ay, José de mis ~s!** (*irón fam*) ach, mein über alles geliebter José!

pecador(a) [peka'ðor(a)] **I.** *adj* sündig
II. *m(f)* Sünder(in) *m(f)*

pecaminosidad [pekaminosi'ðað] *f* Sünde *f*, Sündhaftigkeit *f*

pecaminoso, -a [pekami'noso, -a] *adj* sündhaft, sündig
pecante [pe'kante] **I.** *adj* sündig, sündhaft
II. *mf* Sünder(in) *m(f)*

pecar [pe'kar] <c→qu> *vi* ❶ (*REL*) sündigen
❷ (*errar*) einen Fehler machen
❸ (*por exceso*): **~ por exceso** es übertreiben; **peca por exceso de confianza** er/sie ist zu vertrauensselig; **éste no peca de hablador** der redet ja nicht gerade viel
❹ (*fig: propender*) sündigen, nicht widerstehen können; **estoy haciendo un régimen, pero ayer pequé** ich mache zur Zeit eine Diät, aber gestern habe ich gesündigt

pecarí [peka'ri] *m* (*Am: ZOOL*) Pekari *nt*

peccata minuta [pe'kata mi'nuta] *f* (*fam*) Geringfügigkeit *f*; **¡bah, eso fue una ~!** ach, das war nicht der Rede wert!; **¡olvidemos esa ~!** Schwamm drüber!

pecera [pe'θera] *f* Fischglas *nt*

pechada [pe'tʃaða] *f* ❶ (*empujón*) Stoß *m*
❷ (*Arg: fam: sablazo*) Anpumpen *nt*, Schnorren *nt*

pechador(a) [petʃa'ðor(a)] *m(f)* (*Arg: fam*) Schnorrer(in) *m(f)*

pechar [pe'tʃar] *vt* ❶ (*pagar tributos, multas*) zahlen
❷ (*empujar*) stoßen
❸ (*Arg: fam*) schnorren; **~ a alguien** bei jdm schnorren, jdn anpumpen

pechazo [pe'tʃaθo] *m* (*AmS: fam*) Säbelhieb *m*

peche [pe'tʃe] **I.** *adj* (*ElSal*) kränklich, schwächlich
II. *mf* (*ElSal*) kränkliche Person *f*

pechera [pe'tʃera] *f* ❶ (*de la camisa*) Hemdbrust *f* (des Frackhemdes); (*del delantal*) Brustlatz *f*
❷ (*fam: pecho femenino*) (großer) Busen *m*

pechero, -a [pe'tʃero, -a] **I.** *adj* ❶ (*tributario*) steuerpflichtig
❷ (*HIST*) plebejisch
II. *m, f* ❶ (*tributario*) Steuerpflichtige(r) *mf*
❷ (*HIST*) Plebejer(in) *m(f)*

pechina [pe'tʃina] *f* ❶ (*concha*) (leere) Muschel *f*
❷ (*ARQUIT*) (Bogen)zwickel *m*

pecho ['petʃo] *m* ❶ (*ANAT*) Brust *f*, Brustkorb *m*, Brustkasten *m*; **a ~ descubierto** (*sin armas*) unbewaffnet; (*fig*) (ganz) offen, ohne Umschweife; **dar el ~ a alguien** jdm die Stirn bieten, sich jdm stellen; **estar de ~s en la ventana** sich zum Fenster hinauslehnen; **gritar a todo ~** aus vollem Halse schreien; **partirse el ~ por algo/por alguien** sich für etw/für jdn ein Bein ausreißen
❷ (*seno*) Busen *m*; **echarse algo entre ~ y espalda** etw zur Brust nehmen; **sacar el ~** die Brust herausstrecken; (*fig*) protzen
❸ (*teta, t. MED*) Brust *f*; **dar el ~ al bebé** das Baby stillen, dem Baby die Brust geben; **el bebé toma el ~** das Baby wird gestillt
❹ (*pulmones*) Lunge *f*
❺ (*en la costura*) Oberweite *f*
❻ (*conciencia*) Herz *nt*; **en mi ~** in meinem Innersten, (tief) in meinem Herzen; **abrir su ~ a alguien** jdm sein Herz ausschütten; **no caberle a alguien algo en el ~** etw unbedingt erzählen müssen; **tomarse algo muy a ~** sich *dat* etw sehr zu Herzen nehmen
❼ (*coraje*) Mut *m*; **¡~ al agua!** nur Mut!; **a lo hecho ~** man muss zu seinen Taten stehen
❽ (*HIST: tributo*) Tribut *m*, Steuer *f*

pechuga [pe'tʃuɣa] *f* ❶ (*pecho de ave*) Geflügelbrust *f*; **~ de pollo** Hähnchenbrust *f*; **dame la ~, por favor** gib mir doch bitte das Bruststück
❷ (*fam: de mujer*) Dekolletee *nt*
❸ (*pendiente*) (Ab)hang *m*
❹ (*Am: pey: caradura*) Frechheit *f*, Unverschämtheit *f*

pechugón¹ [petʃu'ɣon] *m* ❶ (*golpe*) Fausthieb *m* in die Brust
❷ (*caída*) Sturz *m*, Bauchlandung *f fam*; (*choque*) Zusammenstoß *m*

pechugón, -ona² [petʃu'ɣon, -ona] **I.** *adj* ❶ (*de mucho pecho*) vollbusig
❷ (*Am: descarado*) unverschämt, frech
❸ (*Am: franco*) offen, geradeheraus
❹ (*resuelto*) willensstark
II. *m, f* (*Am: descarado*) freche [*o* unverschämte] Person *f*

pecina [pe'θina] *f* ❶ (*estanque de peces*) Fischteich *m*, Fischbecken *nt*
❷ (*cieno*) Schlamm *m* (der sich in Pfützen bildet)

pecio [pe'θjo] *m* (*NÁUT*) Wrackteil *m*

peciolo [pe'θjolo] *m*, **pecíolo** [pe'θiolo] *m* (*BOT*) Blattstiel *m*

pécora ['pekora] *f* ❶ (*res*) Schaf *nt*; (*cabeza*) Kopf *m* des Schafes
❷ (*fam: prostituta*) Hure *f*, Dirne *f*; **ser una mala ~** (*hombre*) ein durchtriebener Kerl sein; (*mujer*) ein durchtriebenes Weibsbild sein

pecoso, -a [pe'koso, -a] *adj* sommersprossig

pectina [pek'tina] *f* Pektin *nt*

pectoral [pekto'ral] **I.** *adj* ❶ (*ANAT*) pektoral, Brust-; **cavidad ~** Brusthöhle *f*
❷ (*contra la tos*) hustenlindernd

pecuario

II. *m* ❶ (REL: *cruz*) Pektorale *nt*
❷ (MED: *contra la tos*) Hustenmittel *nt*
pecuario, -a [pe'kwarjo, -a] *adj* Vieh-
pecueca [pe'kweka] *f* (*Col, Ecua, Ven*) ❶ (*pezuña*) Huf *m*
❷ (*olor*) Fußgeruch *m*
peculado [peku'laðo] *m* (JUR) Unterschlagung *f* öffentlicher Gelder
peculiar [peku'ljar] *adj* ❶ (*especial*) besonders, eigen
❷ (*raro*) sonderbar, eigentümlich, eigenartig
peculiaridad [pekuljari'ðað] *f* ❶ (*singularidad*) Besonderheit *f*
❷ (*distintivo*) Eigentümlichkeit *f*, Eigenartigkeit *f*
peculiarmente [pekuljar'mente] *adv* eigentümlicherweise
peculio [pe'kuljo] *m* Ersparte(s) *nt*, Vermögen *nt*; **pagar de su ~** aus eigener Tasche bezahlen
pecunia [pe'kunja] *f* (*fam*) Münze *f*, Geld *nt*
pecuniariamente [pekunjarja'mente] *adv* geldlich, finanziell; **esto te convendría ~** das würde dir in finanzieller Hinsicht nutzen
pecuniario, -a [peku'njarjo, -a] *adj* pekuniär, finanziell (*das Bargeld betreffend*); **mi situación pecuniaria no es buena** ich bin im Moment etwas knapp bei Kasse
pedagoga [peða'yoɣa] *f v.* **pedagogo**
pedagogía [peðaɣo'xia] *f sin pl* Pädagogik *f*, Erziehungswissenschaft *f*
pedagógico, -a [peða'ɣoxiko, -a] *adj* pädagogisch, erzieherisch
pedagogo, -a [peða'ɣoɣo, -a] *m, f* ❶ (*en la enseñanza*) Pädagoge, -in *m, f*, Lehrer(in) *m(f)*
❷ (*experto*) Erziehungswissenschaftler(in) *m(f)*
pedal [pe'ðal] *m* ❶ (*de coche, de bicicleta*) Pedal *nt*; **~ de freno** Bremspedal *nt*; **apretar** [*o* **pisar**] **el ~** Gas geben
❷ (MÚS: *de órgano, de piano*) Pedal *nt*
❸ (*argot: borrachera*) Rausch *m*; **coger** [*o* **tener**] **un ~** einen in der Krone haben
pedalada [peða'laða] *f* Tritt *m* in die Pedale
pedalear [peðale'ar] *vi* (in die Pedale) treten, Rad fahren; **~ en agua** im Tretboot fahren
pedaleo [peða'leo] *m* Radfahren *nt*
pedalero [peða'lero] *m* (MÚS) Pedalklaviatur *f*
pedante [pe'ðante] I. *adj* besserwisserisch
II. *mf* Besserwisser(in) *m(f)*
pedantear [peðante'ar] *vi* schulmeistern
pedantería [peðante'ria] *f* Besserwisserei *f*
pedantesco, -a [peðan'tesko, -a] *adj* besserwisserisch
pedazo [pe'ðaθo] *m* ❶ (*parte*) Stück *nt*; **a** [*o* **en**] **~s** in Stücken, zerstückelt, gestückelt; **~ de papel** Papierfetzen *m*; **caerse a ~s** kaputtgehen, zu Bruch gehen; **estoy que me caigo a ~s** (*fam*) ich bin völlig kaputt; **hacerse ~s** in Stücke gehen [*o* springen]; **hacer ~s** kaputtmachen; (*furioso*) in Stücke schlagen [*o* hauen]; (*t. madera*) in Stücke hacken; (*un pastel*) in Stücke teilen; (*papel*) in Stücke reißen; (*con tijeras*) in Stücke schneiden
❷ (*dirigido a alguien*): **~ de mi alma** [*o* **de mi corazón**] [*o* **de mis entrañas**] mein Herz [*o* Schatz]; **ser un ~ de pan** ein weiches Herz haben, sehr gutmütig sein; **¡~ de animal!** (*fam*) du Idiot!; **¡~ de bruto!** (*fam*) du Trampel(tier)!; **¡~ de alcornoque!** (*fam*) du Holzkopf!
pederasta [peðe'rasta] *m* Päderast *m*
pederastia [peðe'rastja] *f sin pl* Päderastie *f*
pedernal [peðer'nal] *m* (*piedra de chispa*) Feuerstein *m*; **corazón de ~** Herz aus Stein
pederse [pe'ðerse] *vr* (*vulg*) furzen
pedestal [peðes'tal] *m* ❶ (*cimiento*) Fuß *m*, Ständer *m*, Sockel *m*; **~ de cámara** Dolly *m*, fahrbares Stativ; **tener** [*o* **poner**] **a alguien en un ~** jdn sehr hoch schätzen
❷ (*apoyo*) Grundlage *f*; **sobre este ~ apoyó todo su trabajo científico** auf diese Grundlage stützte er/sie seine/ihre gesamte wissenschaftliche Arbeit
pedestre [pe'ðestre] *adj* ❶ (*a pie*) zu Fuß (gehend); **carrera ~** Wettgehen *nt*
❷ (*chabacano*) plump, gemein, grob
pedestrismo [peðes'trismo] *m* ❶ (*andando*) Walking *nt*, Schnellgehen *nt*
❷ (*corriendo*) Dauerlauf *m*, Jogging *nt*
pediatra [pe'ðjatra] *mf* Kinderarzt, -ärztin *m, f*
pediatría [peðja'tria] *f sin pl* Pädiatrie *f*, Kinderheilkunde *f*
pediátrico, -a [pe'ðjatriko, -a] *adj* pädiatrisch; **clínica pediátrica** Kinderklinik *f*
pedículo [pe'ðikulo] *m* ❶ (ANAT, BIOL, BOT) Stiel *m*; **~ pulmonar** (ANAT) Lungenstiel *m*, Lungenwurzel *f*; **~ ventral** (ANAT) Bauchstiel *m*
❷ (*piojo*) Laus *f*
pediculosis [peðiku'losis] *f inv* (MED) Läusebefall *m*, Pedikulose *f*
pedicura [peði'kura] *f* Fußpflege *f*, Pediküre *f*; **hacerse la ~** zur Pediküre [*o* Fußpflege] gehen
pedicurista [peðiku'rista] *mf* (*Méx*) *v.* **pedicuro**

pedicuro, -a [peði'kuro, -a] *m, f* Fußpfleger(in) *m(f)*, Pediküre *f*
pedida [pe'ðiða] *f*: **~ de mano** Heiratsantrag *m*
pedido¹ [pe'ðiðo] *m* (COM) Auftrag *m*, Bestellung *f*; **~ atrasado** fälliger Auftrag; **~ consecutivo** Folgeauftrag *m*; **~ en firme** Festauftrag *m*; **~ inicial** Erstauftrag *m*; **~ del mercado interior** Inlandsorder *m*; **~ nacional** Innenauftrag *m*; **~ pendiente** unerledigter Auftrag; **~ contra reembolso** Remboursauftrag *m*; **~ de repetición** Wiederholungsauftrag *m*; **~ suplementario** Nachbestellung *f*; **~ urgente** Eilauftrag *m*; **cartera de ~s** Auftragsbestand *m*; **despacho de ~s** Auftragsbearbeitung *f*; **atender un ~** eine Bestellung ausführen; **colocar un ~** ein Auftrag vergeben; **hacer** [*o* **cursar**] **un ~** einen Auftrag erteilen; **enviar sobre ~** auf Bestellung liefern; **a ~** auf Bestellung; **a ~ de** im Auftrag von
pedido, -a² [pe'ðiðo, -a] *adj* ❶ (*solicitado*) vorgemerkt, vergeben; **este anillo ya lo tiene ~ mi nieta** dieser Ring ist schon für meine Enkelin vorgemerkt
❷ (*encargado*) bestellt, in Auftrag gegeben; **el armario ya está ~** der Schrank ist schon in Auftrag gegeben
pedigree [peði'ɣri], **pedigrí** [peði'ɣri] *m* Stammbaum *m*
pedigüeño, -a [peði'ɣweɲo, -a] I. *adj* quengelig
II. *m, f* Quengler(in) *m(f)*
pedilón, -ona [peði'lon, -ona] *adj* (*Méx, Perú, RDom, Ven*) quengelig
pediluvio [peði'luβjo] *m* (MED) medizinisches Fußbad *nt*
pedimento [peði'mento] *m* ❶ (*petición*) Antrag *m*
❷ (JUR) Klageantrag *m*, Eingabe *f*
❸ (*Méx: permiso*) Bewilligung *f*, Erlaubnis *f*
pedinche [pe'ðintʃe] *mf* (*Méx*) *v.* **pedigüeño**
pedir [pe'ðir] *irr vt* ❶ (*rogar*) bitten; **~ algo a alguien** jdn um etw bitten; **os pido que hagáis menos ruido** ich bitte euch etwas leiser zu sein; **¡pon una vela y pide por tu padre!** zünd eine Kerze an und bitte für deinen Vater!; **al agradecido, más de lo pedido** (*prov*) dem Dankbaren gebührt mehr als er erbittet
❷ (*poner precio*) verlangen; **piden 2000 euros por el alquiler** sie verlangen 2000 Euro für die Miete
❸ (COM: *encargar*) bestellen; **he pedido 20 kilos de chuletas para la fiesta** ich habe 20 Kilo Koteletts für die Feier bestellt
❹ (*exigir*) brauchen, benötigen; **las plantas piden sol** die Pflanzen brauchen Sonne; **~ a gritos algo** (*fig*) förmlich nach etw *dat* schreien, ganz dringend etw brauchen; **una paella que no hay más que ~** eine sagenhafte Paella, eine Paella, die einen umhaut *fam*
❺ (*para casarse*): **la mano de alguien** um jds Hand anhalten; **~ en matrimonio a alguien** jdm einen Heiratsantrag machen
❻ (JUR: *demandar*) (vor Gericht) fordern [*o* einklagen]
❼ (JUR: *solicitar la pena*) plädieren (*por* für +*akk*), beantragen
❽ (*mendigar*) betteln; **~ limosna** um eine milde Gabe bitten; **están pidiendo para la Cruz Roja** sie sammeln fürs Rote Kreuz; **ni sirvas a quien sirvió, ni pidas a quien pidió** (*prov*) diene keinem, der gedient hat, und bettle bei keinem, der gebettelt hat
pedo ['peðo] *m* (*vulg*) ❶ (*ventosidad*) Furz *m*, Pups(er) *m fam*; **soltar** [*o* **tirarse**] **un ~** einen fahren lassen *fam*, furzen
❷ (*borrachera*) Suff *m fam*; **estar** [*o* **andar**] **en ~** voll wie eine Haubitze sein *fam*; **ponerse en ~** sich voll laufen lassen *fam*, sich besaufen *fam*; **tener un ~** sternhagelvoll sein *fam*
pedofilia [peðo'filja] *f sin pl* Pädophilie *f*
pedófilo, -a [pe'ðofilo, -a] *adj* (PSICO) pädophil
pedología [peðolo'xia] *f* (GEO) Bodenkunde *f*, Pedologie *f*
pedorrear [peðorre'ar] *vi* (*vulg*) herumfurzen *fam*
pedorreo [peðor'reo] *m* (*vulg*) Furzerei *f fam*
pedorrera [peðor'rera] *f* (*vulg*) ❶ (*persona*) *v.* **pedorrero**
❷ (*el pedorrear*) Furzerei *f fam*
pedorrero, -a [peðor'rero, -a] *m, f* (*vulg*) Furzer(in) *m(f) fam*
pedorreta [peðor'reta] *f* Geräusch mit dem Mund, das den Furz nachahmt
pedorro, -a [pe'ðorro, -a] *m, f* (*vulg*) Furzer(in) *m(f) fam*
pedrada [pe'ðraða] *f* ❶ (*lanzar*) Steinwurf *m*; **matar a alguien a ~s** jdn steinigen; **pegar una ~ a alguien** jdn mit einem Stein bewerfen
❷ (*fig: ofensa*) spitze Bemerkung *f*, Schlag *m* unter die Gürtellinie; **la noticia le sentó como una ~** die Nachricht traf ihn wie ein Schlag; **me sienta como una ~ no habérselo dicho** es erdrückt mich geradezu [*o* es ist mir sehr unangenehm], dass ich es ihm/ihr nicht gesagt habe; **venir como ~ en ojo de boticario** gerade recht [*o* sehr gelegen] [*o* wie gerufen] kommen
pedrea [pe'ðrea] *f* ❶ (*lanzar pedradas*) Steinigung *f*
❷ (METEO) Hagelsturm *m*
❸ (*lotería*) Kleinstlotteriegewinn *m*
pedregal [peðre'ɣal] *m* Schotterplatz *m*, Kiesgelände *nt*
pedregoso, -a [peðre'ɣoso, -a] *adj* steinig, mit Schotter [*o* Kies] bedeckt
pedregullo [peðre'ɣuʎo] *m* (*CSur*) Kies *m*
pedrera [pe'ðrera] *f* ❶ (*cantera*) Steinbruch *m*
❷ *v.* **pedrero²**

pedrería [peðre'ria] *f* Edelsteine *mpl*, Juwelen *ntpl*
pedrero¹ [pe'ðrero] *m* (*Am*) *v.* **pedregal**
pedrero, -a² [pe'ðrero, -a] **I.** *adj* Stein-
II. *m, f* (*cantero*) Steinmetz(in) *m(f)*
pedrisca [pe'ðriska] *f* (METEO) Hagel *m*
pedrisco [pe'ðrisko] *m* ❶ (METEO: *granizo*) Hagel *m* (*mit sehr großen Hagelkörnern*)
❷ (*montón*) Haufen *m* Steine
pedrizo, -a [pe'ðriθo, -a] *adj* steinig
pedrusco [pe'ðrusko] *m* ❶ (*piedra no labrada*) Steinblock *m;* (*pedazo enorme*) Felsblock *m*, Gesteinsbrocken *m*
❷ (*Am*) *v.* **pedregal**
pedúnculo [pe'ðuŋkulo] *m* (BOT: *peciolo*) Stiel *m*
peeling ['piliŋ] *m* Peeling *nt*
peer [pe'er] *vi, vr:* **~se** (*vulg*) furzen *fam*
pega ['peɣa] *f* ❶ (*acción*) (Be)kleben *nt*
❷ (*con pez*) Pichen *nt*
❸ (*broma*) Scherz *m*, Spaß *m;* (*truco*) Trick *m*
❹ (*fam: dificultades*) Tücke *f*, Haken *m;* **la cosa tiene demasiadas ~s para poder ser realizada** die Sache hat zu viele Haken, als dass sie umgesetzt werden könnte; **poner ~s a algo/a alguien** etw/jdn kritisieren
❺ (*pregunta*) Fangfrage *f*
❻ (*paliza*) Tracht *f* Prügel
❼ (*falso*) **de ~** falsch, nachgeahmt
❽ (*CSur, Méx, argot: trabajo*) Job *m*
pegada [pe'ɣaða] *f* (*CSur*) ❶ (*mentira*) Lüge *f*
❷ (*suerte*) Glückspilz *m*
❸ (*argot: atractivo*): **tener la ~** das gewisse Etwas haben
pegadizo, -a [peɣa'ðiθo, -a] **I.** *adj* ❶ (*pegajoso*) klebrig; (*enfermedad*) ansteckend; **melodía pegadiza** Ohrwurm *m fam*
❷ (*postizo*) künstlich, Kunst-
❸ (*gorrón*) schmarotzend, schnorrend
II. *m, f* Schmarotzer(in) *m(f)*, Nassauer(in) *m(f) fam*
pegado¹ [pe'ɣaðo] *m* (MED) (Heft)pflaster *nt*
pegado, -a² [pe'ɣaðo, -a] *adj* ❶ (*cariñoso*) anhänglich; (*pegajoso*) aufdringlich; **siempre anda ~ a mí** er klebt förmlich an mir, er hängt wie eine Klette an mir
❷ (*argot: asombrado*): **dejar a alguien ~** jdn schockieren; **quedarse ~** ratlos [*o* sprachlos] sein, keine Worte finden
❸ (*argot: sin idea*): **estar ~** auf dem Schlauch stehen, es nicht schnallen
❹ (*junto a*): **~ a esta carta** beiliegend, anbei
pegadura [peɣa'ðura] *f* ❶ (*acción*) (Ver)kleben *nt*
❷ (*unión de dos cosas*) Verklebung *f*
pegajoso, -a [peɣa'xoso, -a] *adj* ❶ (*adhesivo*) klebrig
❷ (*pesado*) aufdringlich
❸ (MED: *contagioso*) ansteckend
pegamento [peɣa'mento] *m* Kleber *m*, Klebstoff *m;* **líquido** Flüssigkleber *m*
pegamoscas [peɣa'moskas] *f inv* (BOT) Fleisch fressende Pflanze *f*
pegar [pe'ɣar] <g→gu> **I.** *vt* ❶ (*aglutinar*) (an)kleben; (*madera*) leimen; **~ un sello** eine Briefmarke aufkleben; **no he pegado ni ojo en toda la noche** ich habe die ganze Nacht kein Auge zugetan [*o* zugemacht]
❷ (*con hilo, grapa*) (zusammen)heften, anheften, befestigen
❸ (*muebles*) nahe aneinander stellen; **~ la mesilla a la cama** den Nachttisch nahe an das Bett rücken [*o* stellen]
❹ (*contagiar*) anstecken
❺ (*prender fuego*): **~ fuego** Feuer legen
❻ (*golpear a alguien*) schlagen, (ver)prügeln; **~ una paliza a alguien** jdn grün und blau schlagen
❼ (*acciones bruscas*): **~ un grito** einen Schrei loslassen; **~ una patada** [*o* **un puntapié**] **a alguien** jdm einen (Fuß)tritt verpassen; **~ un salto** einen Satz machen, aufspringen; **~ un susto a alguien** jdm einen Schrecken einjagen; **~ un tiro** einen Schuss abfeuern; **~ un tortazo a alguien** jdm eine Ohrfeige geben
❽ (*Am: argot: tener suerte*): **~la** Glück [*o* Schwein] haben, einen Volltreffer landen
❾ (*Méx: atar*) festmachen, festbinden
II. *vi* ❶ (*hacer juego*) (gut) zusammenpassen, sich gut ergänzen; **te pegan bien los zapatos con el bolso** diese Schuhe passen sehr gut zur Tasche; **esto no pega ni con cola** das passt überhaupt nicht zusammen
❷ (*rozar*) streifen, sehr nahe herankommen; **la puerta pega en el sofá, por ello no se abre** die Tür geht nicht auf, weil sie an das Sofa stößt
❸ (*golpear contra algo*) schlagen (*en* gegen +*akk*); **~ en la puerta** gegen die Türe schlagen; **las ramas pegan a causa del viento en la ventana** durch den Wind schlagen die Äste gegen das Fenster
❹ (*argot: currar*) schuften, malochen; **el único que está pegando aquí soy yo** der einzige, der hier malocht, bin ich

❺ (BOT: *agarrar*) (Wurzeln) fassen
❻ (*loc*): **¡cómo pega el sol hoy!** heute ist es ganz schön heiß in der Sonne!
III. *vr:* **~se** ❶ (*darse con algo*) sich stoßen (*con* an +*dat*); (*darse con alguien*) sich schlagen [*o* prügeln] (*con* mit +*dat*); **me he pegado con el esquinazo** ich habe mich an der Ecke gestoßen; **se pegó un tortazo con el coche** (*fam*) er/sie hat einen Unfall mit dem Auto gebaut
❷ (*quemarse*) anbrennen; **¡que se pegan las lentejas!** der Linseneintopf brennt an!
❸ (*entrometerse*) sich einmischen (*a* in +*akk*)
❹ (*aficionarse*) sich begeistern (*a* für +*akk*)
❺ (*acompañar siempre*) sich hängen (*a* an +*akk*); **~ a alguien** (*perseguir*) sich jds Fersen heften; **~ a alguien como una lapa** sich wie eine Klette an jdn hängen
❻ (*contagiarse*) (eine Krankheit) bekommen; **finalmente se me pegó el sarampión** schließlich bekam auch ich die Masern
❼ (*fam: loc*): **pegársela a alguien** jdm einen Streich spielen, jdn auf den Arm nehmen; **pegársela al marido/a la mujer** den Ehemann/die Ehefrau betrügen [*o* hintergehen]; **~ un tiro** sich erschießen; **~ un tiro en la cabeza** sich *dat* eine Kugel durch den Kopf jagen
pegatina [peɣa'tina] *f* Aufkleber *m*
pego ['peɣo] *m* Betrug *m*, Täuschung *f;* **esta pistola de plástico da el ~** diese Plastikpistole sieht täuschend echt aus; **finge saber hablar el italiano y da el ~ a cualquiera** er/sie tut so, als ob er/sie Italienisch sprechen könnte, und jeder nimmt es ihm/ihr ab [*o* fällt darauf herein]
pegón, -ona [pe'ɣon, -ona] *m, f* (*fam*) Schlägertyp *m*
pegote [pe'ɣote] *m* ❶ (*de pez*) Pechüberzug *m*
❷ (MED: *emplasto*) Heftpflaster *nt;* (*cataplasma*) Umschlag *m*, Wickel *m*
❸ (*pey fam: guisote*) Fraß *m*, Mansch *m*
❹ (*persona*) Schmarotzer *m*, Schnorrer *m*
❺ (*fam: chapuza*) Schlamperei *f*
❻ (*fam*): **esa corbata es un ~** diese Krawatte ist völlig daneben
❼ (*argot: exagerar*): **tirarse ~s** prahlen, aufschneiden
pegotear [peɣote'ar] **I.** *vi, vr:* **~se** sich selbst einladen
II. *vt* unsauber kleben
pegujal [peɣu'xal] *m* ❶ (*bienes*) Vermögen *nt*
❷ (AGR: *pequeña finca*) kleines Bauerngut *nt*, kleiner Bauernhof *m*
pegujalero, -a [peɣuxa'lero, -a] *m, f* Kleinbauer, -bäuerin *m, f*
pegujón [peɣu'xon] *m* Haarknäuel *nt*
pehuén [pe'wen] *m* (*Chil*: BOT) Araukarie *f*
peina ['peina] *f* Zierkamm *m*
peinada [pei'naða] *f* Kämmen *nt;* **darse una ~** sich *dat* kurz mit dem Kamm durch die Haare fahren
peinado¹ [pei'naðo] *m* Frisur *f;* **hacerse un ~** sich frisieren
peinado, -a² [pei'naðo, -a] *adj* ❶ (*pelo*) gekämmt; (*arreglado*) gestylt, zurechtgemacht
❷ (*relamido*) herausgeputzt, geschniegelt und gestriegelt
peinador¹ [peina'ðor] *m* ❶ (*para peinar*) Frisierumhang *m;* (*para afeitar*) Rasierumhang *m*
❷ (*tocador*) Frisiertisch *m*
peinador(a)² [peina'ðor(a)] **I.** *adj* Kamm-
II. *m(f)* Friseur, -euse *m, f*, Haarstylist(in) *m(f)*
peinadora [peina'ðora] *f* ❶ (TÉC) Kämmmaschine *f*
❷ *v.* **peinador²**
peinar [pei'nar] **I.** *vt* ❶ (*desenredar*) (durch)kämmen; (*alisar*) glatt kämmen
❷ (*acicalar*) frisieren
❸ (*crinar*) kämmen, krempeln
❹ (*rastrear*) durchkämmen
❺ (*rozar en carpintería*) streifen
II. *vr:* **~se** sich kämmen
peinazo [pei'naθo] *m* (*de puerta*) Türquerleiste *f;* (*de ventana*) Fensterquerleiste *f*
peine ['peine] *m* ❶ (*para peinarse*) Kamm *m;* **¡te vas a enterar de lo que vale un ~!** (*fig*) du wirst deine gerechte Strafe schon noch bekommen!; **¡ya apareció el ~!** (*fig*) jetzt [*o* endlich] hab ich's!
❷ (*para la lana*) Karde *f*, Krempel *m*
❸ (*en el telar*) Riet(kamm) *m*, Weberkamm *m*
❹ (MIL: *en un fusil*) Ladestreifen *m*
peinecillo [peine'θiʎo] *m* kleiner Zierkamm *m*
peineta [pei'neta] *f* Zierkamm *m;* **~ de teja** sehr hoher Zierkamm (*heute nur noch bei feierlichen Anlässen, evtl. mit der Mantille zusammen getragen*)
peinilla [pei'niʎa] *f* ❶ (*Col, Ecua: peine*) Kamm *m*
❷ (*Col, Ecua, Pan, Ven: especie de machete*) eine Art Machete
p.ej. [por e'xemplo] *abr de* **por ejemplo** z. B.
peje ['pexe] *m* ❶ (*pez*) Fisch *m*
❷ (*astuto*) gewitzter Bursche *m*, Schlauberger *m fam*
pejegallo [pexe'ɣaʎo] *m* (*Chil:* ZOOL) schuppenloser Fisch mit fleischi-

pejepalo [pexe'palo] *m* (GASTR) geräucherter Stockfisch *m*
pejerrey [pexe'rei] *m* (ZOOL) Ährenfisch *m*
pejiguera [pexi'γera] *f* (*argot*) Unannehmlichkeiten *fpl*, Schereien *fpl*
pekinés¹ [peki'nes] *m* (*perro*) Pekinese *m*
pekinés, -esa² [peki'nes, -esa] I. *adj* Pekinger
II. *m, f* Einwohner(in) *m(f)* Pekings
pela ['pela] *f* ❶ (*argot: dinero*) Mäuse *fpl*, Knete *f*; **me debes 1000 ~s** du schuldest mir 1000 Mäuse; **no me queda ni una sola ~** ich habe nicht einen müden Groschen mehr; **no me quedan más ~s** ich habe keine Knete mehr; **~ larga** Geld wie Heu
❷ (*estar pelando*) Schälen *nt*
❸ (*Am: zurra*) Tracht *f* Prügel, Schläge *mpl*
❹ (*Méx: trabajo pesado*) Knochenarbeit *f*
❺ (*vulg*): **cambiar la ~** kotzen
pelada [pe'laða] *f* ❶ (*rapada*) (sehr kurzer) Haarschnitt *m*
❷ (*CSur: calva*) Glatze *f*
❸ (*Am: error*) Irrtum *m*
❹ (*Am: muerte*): **la P~** der Tod
peladez [pela'deθ] *f* (*Méx*) Ungehobeltheit *m*
peladilla [pela'ðiʎa] *f* ❶ (*almendra*) Mandel mit Zuckerglasur
❷ (*guijarro*) Kieselstein *m*
peladillo [pela'ðiʎo] *m* (BOT) eine Pfirsichart
pelado¹ [pe'laðo] *m* ❶ (*corte de pelo*) Haarschnitt *m*; **¡vaya ~ que te han dejado!** Mensch, was für einen Haarschnitt haben sie dir denn verpasst?
❷ (*calva*) Glatze *f*
❸ (*piel de res*) Balg *m*
❹ (*fam: pobretón*) armer Schlucker *m*
pelado, -a² [pe'laðo, -a] *adj* ❶ (*rapado*) (kahl) geschoren; (*naranja*) geschält; (*pollo*) gerupft
❷ (*escueto*) einfach, schlicht
❸ (*despojado*) kahl, baumlos; **una montaña pelada** ein kahler Berg
❹ (*fam: números*) glatt; **esto vale las 5000 peladas** das kostet glatte 5000
❺ (*Am: fam: sin dinero*) knapp bei Kasse; **lo dejaron ~** sie haben ihm nichts gelassen
❻ (*Méx: grosero*) derb, grob
pelador(a) [pela'ðor(a)] *adj* Schäl-; **cuchillo ~** Schälmesser *nt*
peladura [pela'ðura] *f* ❶ (*del pelo*) Schneiden *nt*; (*de frutas*) Schälen *nt*
❷ (*zona pelada*) kahle Stelle *f*
❸ *pl* (*cáscaras*) Schalen *fpl*
pelafustán, -ana [pelafus'tan, -ana] *m, f* Nichtsnutz *m*, Taugenichts *m*
pelagallos [pela'γaʎos] *m inv*, **pelagatos** [pela'γatos] *m inv* (*fam*) armer Teufel *m*
pelagianismo [pelaxja'nismo] *m* (REL) Pelagianismus *m*
pelágico, -a [pe'laxiko, -a] *adj* (GEO) pelagisch; **depósitos ~s** pelagische Sedimente; **zona pelágica** Tiefseebereich *m*
pelagoscopio [pelaγos'kopjo] *m* (FÍS, TÉC) Apparat *m* zur Erkundung der Tiefsee
pelagra [pe'laγra] *f* (MED) Pellagra *f*
pelaje [pe'laxe] *m* ❶ (*piel*) Fell *nt*; (*características*) Fellbeschaffenheit *f*
❷ (*pey: pinta*) Art *f*; **no me gustó el ~ de ese hombre** mir hat die Art dieses Mannes nicht gefallen
pelambrar [pelam'brar] *vt* äschern
pelambre [pe'lambre] *m o f* ❶ (*de animales*) Fell *nt*
❷ (*de personas*) zerzaustes Haar *nt*, Strubbelkopf *m fam*
❸ (*en el cuerpo*) Haare *ntpl*, Haarbüschel *f*
❹ (*zona calva*) kahle Stelle *f*
❺ (*Am: habladurías*) Gerede *nt*
❻ (*en tenería*) Äscher *m*
pelambrera [pelam'brera] *f* ❶ (*de personas*) zerzaustes Haar *nt*, Strubbelkopf *m fam*
❷ (*donde se apelambran las pieles*) Ort, an dem Tierfelle enthaart werden
❸ (*calvicie*) Kahlköpfigkeit *f*
pelanas [pe'lanas] *m inv* (*fam*) armer Schlucker *m*, armer Teufel *m*
pelandusca [pelan'duska] *f* (*argot*) Flittchen *nt*, Nutte *f*
pelantrín [pelan'trin] *m* Kleinbauer *m*
pelapatatas [pelapa'tatas] *m inv* Kartoffelschäler *m*
pelar [pe'lar] I. *vt* ❶ (*pelo*) schneiden, scheren; (*plumas*) rupfen; (*frutas, verduras*) schälen; (*patatas*) schälen, pellen *reg*; (*animales*) häuten, pelzen
❷ (*murmurar*) lästern (*a* über *+akk*), herziehen (*a* über *+akk*)
❸ (*robar*) bestehlen, berauben
❹ (*vulg: matar*) umnieten *fam*, umlegen *fam*
❺ (*ganarle a alguien*) (wie eine Weihnachtsgans) ausnehmen
❻ (*difícil*): **duro de ~** eine harte Nuss, ein harter Brocken

❼ (*Am: argot: dar una paliza*) verprügeln
❽ (*And: argot*): **~la** (*morir*) ins Gras beißen
II. *vi* (*fam*): **hace un frío que pela** es ist saukalt [*o* hundekalt]
III. *vr*: **~se** ❶ (*el pelo*) sich *dat* die Haare schneiden lassen; **ir a ~se** zum Friseur gehen
❷ (*la piel*) sich schälen, sich pellen *reg*; **mi espalda se está pelando después de la quemadura de sol** mein Rücken schält sich nach dem Sonnenbrand
❸ (*fam: como loco*): **corre que se las pela** er/sie rennt wie der Teufel; **pelárselas por algo** (*ansiar*) nach etw *dat* verrückt sein, auf etw ganz versessen sein; **pelárselas por hacer algo** alles daransetzen, um etw tun zu können
❹ (*vulg: masturbarse*): **pelársela** sich *dat* einen runterholen, wichsen
pelaverduras [pelaβer'ðuras] *m inv* Gemüseschäler *m*
peldaño [pel'daɲo] *m* (Treppen)stufe *f*; (*escalera portátil*) Sprosse *f*
pelea [pe'lea] *f* ❶ (*en general*) Streit *m*, Streitigkeiten *fpl*
❷ (*lucha*) Schlägerei *f*, Rauferei *f*; **armar una ~** ein Handgemenge provozieren
❸ (*disputa verbal*) Auseinandersetzung *f*, Wortwechsel *m*; (*en matrimonio*) Ehekrach *m*
❹ (*apuestas*): **~ de gallos** Hahnenkampf *m*; **perro de ~** Kampfhund *m*
peleador(a) [pelea'ðor(a)] I. *adj* ❶ (*relativo a pelea*) Kampf-
❷ (*meterse con todos*) streitlustig
II. *m(f)* ❶ (*que lucha*) Kämpfer(in) *m(f)*
❷ (*pendenciero*) Raufbold *m*
pelear [pele'ar] I. *vi* ❶ (*luchar*) kämpfen, raufen
❷ (*discutir*) streiten
❸ (*sufrir*) erdulden; **esa mujer tuvo que ~ mucho por ser ilegítimo su hijo** diese Frau musste viel erdulden wegen ihres unehelichen Kindes
❹ (*trabajar por algo*) sich sehr einsetzen (*por für +akk*), alles geben (*por für +akk*); **esa mujer peleó para darle unos estudios a su hija** diese Frau gab alles, damit ihre Tochter eine Schulausbildung bekam
❺ (*afanarse*) sich bemühen (*con* um *+akk*); **mi profesor pelea mucho con nosotros para que estudiemos** mein Lehrer bemüht sich sehr um uns, damit wir lernen
II. *vr*: **~se** ❶ (*en general*) sich streiten (*por* um *+akk*); **Pedro se peleó con Paco por el libro** Pedro hat sich mit Paco um das Buch gestritten
❷ (*reñir con violencia*) sich schlagen, sich prügeln
❸ (*enemistarse*) sich verfeinden, sich zerstreiten; **hace una semana que nos hemos peleado** seit einer Woche sind wir zerstritten
pelechar [pele'tʃar] *vi* ❶ (*echar pelo*) haaren; (*echar plumas*) sich mausern
❷ (*fam: recobrar salud, fortuna*) wieder auf die Beine [*o* zu Kräften] kommen, sich aufrappeln
pelecho [pe'letʃo] *m* (*pelos*) Haaren *nt*; (*plumas*) Mauser *f*
pelele [pe'lele] *m* ❶ (*muñeco*) (Stroh)puppe *f*
❷ (*de bebés*) Strampelanzug *m*
❸ (*fam: que se deja manejar*) Hampelmann *m*
peleón¹ [pele'on] *m* (*fam*) (billiger) Fusel *m*
peleón, -ona² [pele'on, -ona] *adj* kampflustig
peleona [pele'ona] *f* Schlägerei *f*, Rauferei *f*
peleonero, -a [peleo'nero, -a] *adj* (*Méx*) *v*. **peleón²**
peletera [pele'tera] *adj o f v*. **peletero²**
peletería [pelete'ria] *f* ❶ (*costura*) Kürschnerei *f*, Pelzverarbeitung *f*; (*venta*) Pelz(fach)geschäft *nt*
❷ (*AmC: zapatería*) Schuhgeschäft *nt*
peletero¹ [pele'tero] *m* (ZOOL) Pelzkäfer *m*
peletero, -a² [pele'tero, -a] I. *adj* Pelz-, Kürschner-; **industria peletera** Pelzindustrie *f*
II. *m, f* Kürschner(in) *m(f)*
peliagudo, -a [pelja'γuðo, -a] *adj* ❶ (*animal*) langhaarig
❷ (*persona*) stark behaart, haarig
❸ (*complicado*) haarig, verzwickt; (*situación*) schwierig, verworren, vertrackt *fam*
peliblanco, -a [peli'βlaŋko, -a] *adj* weißhaarig
pelicano¹ [peli'kano] *m*, **pelícano** [pe'likano] *m* Pelikan *m*
pelicano, -a² [peli'kano, -a] *adj* grauhaarig
pelicorto, -a [peli'korto, -a] *adj* kurzhaarig
película [pe'likula] *f* ❶ (*piel*) Häutchen *nt*, Film *m*
❷ (CINE, FOTO: *cinta*) (Zelluloid)film *m*, Filmrolle *f*
❸ (CINE: *film*) Film *m*; **~ en blanco y negro** Schwarzweißfilm *m*; **~ en color** Farbfilm *m*; **~ de dibujos** (*animados*) Zeichentrickfilm *m*; **~ muda** Stummfilm *m*; **actor de ~** Filmschauspieler *m*; **como de ~** wie im Film [*o* im Märchen]; **de ~** außergewöhnlich, unglaublich; **un matrimonio como de ~** eine Bilderbuchehe *f*; **poner en ~** auf die Leinwand bringen, verfilmen; **rodar una ~** einen Film drehen; **¡allá ~s!** mach, was du willst!, ist mir doch egal!
peliculero, -a [peliku'lero, -a] I. *adj* ❶ (*referente a películas*) Film-; (*referente al cine*) Kino-

② (*fam: comediante*) komödiantisch
❸ (*que ve muchas películas*) ganz verrückt auf Filme
II. *m, f* **❶** (*productor*) Produzent(in) *m(f)*
② (*guionista*) Drehbuchautor(in) *m(f)*
❸ (*actor*) Filmschauspieler(in) *m(f)*

peliculón [peliku'lon] *m* (*fam: película buena*) sehr guter Film *m;* (*larga y aburrida*) Schinken *m fig;* (*sentimental*) Schnulze *f*

peligrar [peli'ɣrar] *vi* in Gefahr sein; ~ **de hacer algo** Gefahr laufen etw zu tun; **hacer** ~ gefährden, in Gefahr bringen

peligro [pe'liɣro] *m* Gefahr *f*, Risiko *nt;* ~ **de encubrimiento** (JUR) Verdunk(e)lungsgefahr *f;* ~ **de fuga** Fluchtgefahr *f;* ~ **de incendio** Brandgefahr *f;* **conjurar un** ~ eine Gefahr bannen [*o* abwenden]; **correr** (**un gran**) ~ in (großer) Gefahr sein; **correr** ~ **de hacer algo** Gefahr laufen etw zu tun; **estar en** ~ **de muerte** in Lebensgefahr sein; **fuera de** ~ außer Gefahr; **ofrecer** ~ eine Gefahr darstellen [*o* sein]; **poner en** ~ in Gefahr bringen, gefährden; **salvó al bebé poniendo en ~ su propia vida** er/sie rettete das Baby unter Einsatz des eigenen Lebens; **puesta en** ~ Gefährdung *f;* **el delincuente es un ~ para la sociedad** der Täter ist eine Gefahr für die Gesellschaft

peligrosidad [peliɣrosi'ðað] *f* Gefährlichkeit *f;* **de alta** ~ hochgefährlich

peligroso, -a [peli'ɣroso, -a] *adj* (*situación*) gefährlich, bedenklich; (*arriesgado*) riskant, gewagt; **mercancías peligrosas** (ECON) Gefahrengut *nt;* **trabajo** ~ gefährliche Arbeit; **prima por trabajo** ~ Gefahrenzulage *f*

pelilargo, -a [peli'larɣo, -a] *adj* langhaarig

pelillo [pe'liʎo] *m* **❶** (*pelito*) Härchen *nt*
② (*fam: pequeñez*) Bagatelle *f;* **echar ~s a la mar** das Kriegsbeil begraben, sich wieder (miteinander) vertragen; **¡~s a la mar!** lasst uns die Vergangenheit endlich begraben!, Schwamm drüber!; **no se para en ~s** er/sie hält sich nicht mit Kleinigkeiten auf

pelirrojo, -a [peli'rroxo, -a] *adj* rothaarig

pelitre [pe'litre] *m* (BOT) Römischer Bertram *m*, Pyrethrum *m*

pella ['peʎa] *f* **❶** (*masa consistente*) Klumpen *m;* ~ **de algodón** Wattebausch *m*
② (*de coliflor*) Blumenkohlkopf *m*
❸ (*de cerdo*) Schweinefettklumpen *m*
④ (*fam: de dinero*) Batzen *m* Geld
❺ (*de metal*) Rohmetallblock *m*

pellada [pe'ʎaða] *f* Hand *f* voll Gips

pelleja [pe'ʎexa] *f* **❶** (*de animal*) Fell *nt*
② (*fam: persona muy delgada*) Bohnenstange *f;* **ser una** ~ nur Haut und Knochen sein
❸ (*vulg: prostituta*) Nutte *f fam* pey, Hure *f* pey
④ (*fam: vida*): **para esto yo no daría mi** ~ dafür würde ich meinen Kopf nicht hinhalten [*o* meine Haut nicht zu Markte tragen]; **salvar(se) la** ~ mit heiler Haut davonkommen; **dejar(se) la** ~ ins Gras beißen, den Löffel abgeben

pellejería [peʎexe'ria] *f* **❶** (*taller, oficio*) Gerberei *f*
② (*pieles*) Felle *ntpl* und Häute *fpl*

pellejerías [peʎexe'rias] *fpl* (*Chil*) Missstand *m* (durch Armut)

pellejo [pe'ʎexo] *m* **❶** (*de animal*) Fell *nt*, Balg *m*
② (*de persona*) Haut *f;* **arriesgarse** [*o* **jugarse**] **el** ~ Kopf und Kragen aufs Spiel setzen; **para esto yo no daría mi** ~ dafür würde ich meinen Kopf nicht hinhalten [*o* meine Haut nicht zu Markte tragen]; **yo si estuviera en tu ~…** ich an deiner Stelle …; **no caber en su** ~ vor Stolz und Zufriedenheit platzen; **pagar con el** ~ mit dem Leben bezahlen; **quitar el** ~ **a alguien** über jdn lästern [*o* herziehen]; **salvar(se) el** ~ mit heiler Haut davonkommen; **no tener más que el** ~ nur (noch) Haut und Knochen sein
❸ (*odre*) Weinschlauch *m*
④ (*fruta*) Haut *f;* (*salchicha*) Pelle *f*
❺ (*de las uñas*) Nagelhaut *f*, Nagelhäutchen *nt*
❻ (*fam: ebrio*) Trinker *m*, Trunkenbold *m*, Säufer *m*
❼ (*fam: vida*): **perder el** ~ ins Gras beißen, den Löffel abgeben

pellejudo, -a [peʎe'xuðo, -a] *adj* (*animal*) mit zu großem Fell; (*hombre*) mit schlaffer Haut

pellica [pe'ʎika] *f* **❶** (*cubierta*) Bettdecke *f* aus Pelzen
② (*pellico*) Pelzkleidung *f*
❸ (*piel*) kleines gegerbtes Fell *nt*

pellico [pe'ʎiko] *m* **❶** (*zamarra de pastor*) Hirtenweste *f* aus Schaffell
② (*vestido de pieles*) Pelzkleidung *f*

pellín [pe'ʎin] *m* (*Chil*) **❶** (BOT) der Buche ähnlicher Baum mit sehr resistentem Holz
② (*fig: persona fuerte*) baumstarke Person *f*

pelliza [pe'ʎiθa] *f* Pelzjacke *f*

pellizcar [peʎiθ'kar] <c→qu> **I.** *vt* **❶** (*repizcar*) kneifen; **estos pantalones estrechos me pellizcan aquí** diese engen Hosen kneifen hier
② (*fam: pizcar algo*) abzwacken, abluchsen; (*comida*) naschen

II. *vr:* **~se** sich *dat* einklemmen; **me he pellizcado el dedo entre las dos sillas** ich habe mir den Finger zwischen den beiden Stühlen eingeklemmt

pellizco [pe'ʎiθko] *m* **❶** (*pizco*) Kneifen *nt;* **dar un** ~ **a alguien** jdn kneifen
② (*poquito*) Stückchen *nt;* (*de sal*) Prise *f;* (*de tu bocadillo*) Bissen *m*

pello ['peʎo] *m* Kleidungsstück *nt* aus feinem Pelz

pelma ['pelma] *m* **❶** (*muy denso*) Klumpen *m;* (*comida*) Stein *m;* **tengo un** ~ **en el estómago** das Essen liegt mir schwer im Magen
② (*fam: persona pesada*) Nervensäge *f*, Quälgeist *m*

pelmacería [pelmaθe'ria] *f* Trägheit *f*, Schwerfälligkeit *f*

pelmazo [pel'maθo] *m* (*fig fam: pesado*) Nervensäge *f*, Quälgeist *m;* **dar el ~ a alguien** jdm auf die Nerven [*o auf den Geist*] gehen

pelo ['pelo] *m* **❶** (*cabello*) Haar *nt;* (*de animal*) Fell *nt;* (*de ave*) Flaum *m;* (*de barba*) Stoppel(n) *f(pl);* **encontré un ~ rubio** ich habe ein blondes Haar gefunden; **el chico es de** [*o* **tiene el**] ~ **rubio** der Junge hat blondes Haar; **cortarse el** ~ sich *dat* die Haare schneiden (lassen); **tirar el** ~ (*perro*) haaren; **por un ~ te caes, faltó un ~ para que te cayeras** (*fig*) um ein Haar [*o* fast] wärst du heruntergefallen; **escaparse por un ~** haarscharf [*o* gerade noch] entkommen; **pasar los exámenes por los ~s** die Prüfungen gerade noch [*o* ganz knapp] bestehen; **agarrarse a un** ~ sich an jedem Strohhalm festklammern [*o* fest halten]; **colgado de un** ~ am seidenen Faden hängend; **contar algo con ~s y señales** etw haargenau [*o* haarklein] erzählen; **cortar un** ~ **en el aire** (*cuchillo*) sehr scharf sein; (*listo*) sehr scharfsinnig sein; **estar hasta los ~s** die Nase gestrichen voll haben; **no tener ~s en la lengua** geradeheraus sein, nicht auf den Mund gefallen sein, kein Blatt vor den Mund nehmen; **no tocar un ~ (de la ropa) a alguien** jdm kein Haar krümmen; **poner(se) los ~s de punta a alguien** jdm stehen die Haare zu Berge, jdm sträuben sich die Haare; **se les va a caer el** ~ werden sie ganz schön gucken, sie werden ihr blaues Wunder erleben; **soltarse el** ~ die Haare offen tragen; (*fig*) sagen, was Sache ist, geradeheraus reden, Farbe bekennen; **tirarse de los ~s** (*fig*) sich *dat* die Haare raufen; **tomarle el** ~ **a alguien** jdn an der Nase herumführen, jdn auf den Arm nehmen; (**ni**) **un** ~ nicht ein [*o* kein] bisschen, nicht die Spur; **no tener (un)** ~ **de tonto** kein bisschen blöd sein
② (*vello*) Härchen *ntpl;* (*del bebé*) Flaum *m;* (*de melocotón*) Flaum *m*, samtige [*o* pelzige] Haut *f;* (*de alfombra*) Flor *m;* **una manta de ~ de camello** eine Kamelhaardecke
❸ (*pelusa*) Härchen *ntpl;* (*de tela, plantas*) Flaum *m*, feine Fasern *fpl*
④ (TÉC: *sierra fina*) Laubsäge *f*
❺ (*grieta en cristal*) Glassprung *m*
❻ (*loc*): **a** ~ (*la cabeza descubierta*) ohne Kopfbedeckung; (*sin prepararse*) unvorbereitet; **cabalgar a** ~ ohne Sattel reiten; **al** ~ genau, exakt; **todo irá al** ~ es wird alles glattgehen; **el traje ha quedado al** ~ der Anzug sitzt wie angegossen; **venir al** ~ gerade richtig [*o* sehr gelegen] kommen; **sin venir al** ~ völlig unangebracht [*o* ungünstig]; **a contra** ~ gegen den Strich, ungelegen; **de** ~ (*fam*) betucht; **la gente de medio poco** ~ (*fam*) die kleinen Leute; **de ~ en pecho** mannhaft, mutig; **luce buen** ~ (*fam*) ihm/ihr geht es gut; **pasarse un** ~ sich danebenbenehmen, den Bogen überspannen; **no se mueve ni un ~ de aire** es geht kein bisschen Wind; **no se te ve el ~, ¿por dónde andas?** du lässt dich ja gar nicht mehr blicken, wo steckst du denn?

pelón¹ [pe'lon] *m* **❶** (*Am: bebé*) Baby *nt*, Säugling *m*
② (*CSur: melocotón*) Pfirsich *m*

pelón, -ona² [pe'lon, -ona] **I.** *adj* **❶** (*calvo*) glatzköpfig
② (*rapado*) kurz geschoren
II. *m, f* **❶** (*calvo*) Glatzköpfige(r) *mf*
② (*rapado*) Kurzgeschorene(r) *mf*
❸ (*fam: pobre*) armer Schlucker *m*

pelona [pe'lona] *f* **❶** (*AmC, Col, Méx*): **la** ~ der Tod
② *v.* **pelón²**

peloponense [pelopo'nense] **I.** *adj* peloponnesisch
II. *mf* Einwohner(in) *m(f)* des Peloponnes

pelota¹ [pe'lota] *f* **❶** (DEP: *balón*) Ball *m;* ~ **de cuero** Lederball *m;* ~ **de goma** Gummiball *m;* ~ **vasca** Ball für das Pelotaspiel; **jugar a la** ~ Ball spielen; **echar la ~ a alguien** (*fig*) jdm den schwarzen Peter zuspielen
② (*esfera*) Kugel *f;* (*de madera*) Holzkugel *f;* (*de cristal*) Glaskugel *f*
❸ (*proyectil*) Kugel *f;* **devolver la ~ a alguien** (*argumentar*) den Spieß umdrehen, mit den gleichen Argumenten kontern; (*vengarse*) es jdm mit gleicher Münze heimzahlen [*o* vergelten]; **la ~ sigue en el tejado** (*fig*) die Sache ist immer noch ungeklärt, es ist weit und breit keine Lösung in Sicht
④ (*juego*) Pelota *f* (*Ballspiel in Spanien und Lateinamerika*)
❺ *pl* (*vulg: testículos*) Eier *ntpl;* **y esto lo hago así porque me sale de las ~s** und das mache ich so, weil es mir passt *fam;* **¡fíjate, que tiene ~s!** Mensch, der/die hat aber Mumm [*o* Mut]! *fam;* **tocar las ~s** auf die Eier gehen
❻ (*argot: loc*): **de ~s** geil, stark; **en ~s** splitter(faser)nackt, im Adams-/

pelota

Eva(s)kostüm; **dejar a alguien en ~s** (*juego*) jdn völlig ausnehmen; (*ropa*) jdn völlig ausziehen; **pillar** [*o* **coger**] **a alguien en ~s** jdn unvorbereitet antreffen; **hacer la ~ a alguien** bei jdm schleimen, vor jdm kriechen; **¡y esto es así, por ~s!** und das ist und bleibt so, basta!, und das ist so, weil es so sein muss!

pelota² [pe'lota] *m* (*argot*): **ser un ~** ein Kriecher sein

pelotari [pelo'tari] *mf* Pelotaspieler(in) *m(f)*

pelotazo [pelo'taθo] *m* ❶ (*con el pie*) fester Stoß *m*; (*tirando*) Wurf *m*; (*con la raqueta*) Schlag *m* ❷ (*argot: bebida*) Supermischung *f*, harte Mischung *f*; **meterse un ~** sich *dat* einen hinter die Binde gießen, sich besaufen ❸ (*argot: drogas*) Kick *m*

pelotear [pelote'ar] I. *vi* ❶ (DEP) sich einspielen ❷ (*de un sitio al otro*) hin- und herwerfen (*con* +*akk*) ❸ (*discutir*) (sich) streiten, (sich) zanken II. *vt* ❶ (*cuentas*) (Posten und Belege) vergleichen ❷ (*And: un asunto*) im Kopf herumgehen [*o* herumschwirren] (*a* +*dat*)

peloteo [pelo'teo] *m* (DEP) Einspielen *nt*

pelotera [pelo'tera] *f* (*fam*) Auseinandersetzung *f*, Knatsch *m*

pelotero, -a [pelo'tero, -a] I. *adj*: **escarabajo ~** (ZOOL) Pillendreher *m* II. *m, f* ❶ (*que recoge las pelotas: chico*) Balljunge *m*; (*chica*) Ballmädchen *nt* ❷ (*Am: jugador de pelota*) Ballspieler(in) *m(f)*

pelotilla [pelo'tiʎa] *f* (*fam*): **hacer la ~ a alguien** sich bei jdm einschmeicheln, vor jdm kriechen; **hacer ~s** popeln

pelotillero, -a [peloti'ʎero, -a] I. *adj* (*fam*) kriecherisch, schleimig II. *m, f* (*fam*) Kriecher(in) *m(f)*, Schleimer(in) *m(f)*

pelotón [pelo'ton] *m* ❶ (*pelota grande*) Riesenball *m* ❷ (*enredo*) Wirrwarr *m*, Durcheinander *nt* ❸ (*de gente*) Ansammlung *f* ❹ (DEP: *en carreras*) Feld *nt*; **dejar atrás el ~** das Feld hinter sich *dat* lassen, sich vom Feld lösen ❺ (MIL: *unidad*) Trupp *m*; **~ de fusilamiento** Exekutionskommando *nt*

pelotudo, -a [pelo'tuðo, -a] I. *adj* (*CSur: vulg*) saublöd *fam* II. *m, f* (*CSur: vulg*) Vollidiot(in) *m(f) fam*

peluca [pe'luka] *f* Perücke *f*, Haarersatz *m*; **usar ~** eine Perücke tragen

peluche [pe'lutʃe] *m* ❶ (*tejido*) Plüsch *m* ❷ (*juguete*) Plüschtier *nt*; **oso ~** Teddybär *m*

pelucón¹ [pelu'kon] *m* (*And: fam*) hohes Tier *nt*

pelucón, -ona² [pelu'kon, -ona] *adj* (*And: fam*) langhaarig

peludear [peluðe'ar] *vi* (*Arg: fam*) eine schwierige Aufgabe in Angriff nehmen

peludo¹ [pe'luðo] *m* ❶ (*estera*) (Fuß)matte *f* ❷ (*CSur:* ZOOL: *armadillo*) Gürteltier *nt* ❸ (*CSur: borrachera*): **agarrarse un ~** sich *dat* einen Rausch antrinken, sich betrinken

peludo, -a² [pe'luðo, -a] *adj* ❶ (*peliagudo*) stark behaart, haarig; (*con una barba*) bärtig ❷ (*AmC: fam: difícil*) haarig

peluquear [peluke'ar] I. *vt* (*AmS, CRi, Méx: cortar el pelo*) die Haare schneiden (*a* +*dat*); (*arreglar el pelo*) frisieren II. *vr*: **~se** sich *dat* die Haare machen lassen

peluquera [peluke'ria] *f v.* **peluquero**

peluquería [peluke'ria] *f* Friseursalon *m*; **~ de señoras** Damensalon *m*; **~ de señores** Herrensalon *m*; **ir a la ~** zum Friseur gehen

peluquero, -a [pelu'kero, -a] *m, f* Friseur, -euse *m, f*

peluquín [pelu'kin] *m* (*peluca pequeña*) Toupet *nt*, Haarersatz *m*; **¡ni hablar del ~!** das kommt gar nicht in Frage [*o* infrage]!

pelusa [pe'lusa] *f*, **pelusilla** [pelu'siʎa] *f* ❶ (*vello*) Flaum *m*; (*tejido*) Flor *m* ❷ (*de polvo*) Staubfussel *f* ❸ (*fam: celos entre niños*) Eifersucht *f*, Eifersüchtelei *f*; **sentir ~** Eifersucht empfinden, eifersüchtig sein ❹ (*envidia*) Neid *m*; **sentir ~** Neid empfinden, neidisch sein

pelviano, -a [pel'βjano, -a] *adj*, **pélvico, -a** ['pelβiko, -a] *adj* (ANAT) Becken-; **hueso ~** Beckenknochen *m*

pelvis ['pelβis] *f inv* (ANAT) Becken *nt*; **~ renal** Nierenbecken *nt*

pena ['pena] *f* ❶ (*tristeza*) Trauer *f*, Traurigkeit *f*; **ahogar las ~s** seinen Kummer ertränken; **morir de ~** vor Kummer sterben ❷ (*lástima*): **dar** [*o* **ser una**] **~** schade sein; **¡qué ~!** schade!; **me da mucha ~ el gato** die Katze tut mir unwahrscheinlich leid; **me da mucha ~ el tener que verlo así** es tut mir in der Seele weh [*o* es schmerzt mich zutiefst], ihn so sehen zu müssen ❸ (JUR: *sanción*) Strafe *f*, Bestrafung *f*; **~ aislada** Einzelstrafe *f*; **~ de cadena perpetua** lebenslange Haftstrafe *f*; **~ contractual** Vertragsstrafe *f*; **~ convencional** Konventionalstrafe *f*; **~ correccional de menores** Jugendstrafe *f*; **~ de muerte** [*o* **capital**] Todesstrafe *f*; **~ de multa** Geldbuße *f*, Geldstrafe *f*; **~ pecuniaria** Geldstrafe *f*; **~ reglamentaria** Ordnungsstrafe *f*; **abolir la ~ de muerte** die Todesstrafe abschaffen; **cumplir una ~ de prisión** eine Haftstrafe verbüßen; **hacer abstracción de la ~** von der Strafe absehen; **no pegar carteles bajo ~ de multa** Plakate aufkleben verboten. Zuwiderhandlungen führen zu Geldstrafe ❹ (*dificultad*) Schwierigkeit *f*, Mühsal *f*, Qual *f*; **las ~s eternas** die ewige Pein; **pasar las ~s del purgatorio** die Hölle auf Erden durchmachen; **a duras ~s** mit Mühe und Not, (nur) unter größten Schwierigkeiten; (*apenas*) kaum, fast nicht; **sin ~ ni gloria** mittelmäßig, ohne Höhen und Tiefen; **esto vale** [*o* **merece**] **la ~** das ist der [*o* die] Mühe wert, das lohnt sich; **vale** [*o* **merece**] **la ~...** es lohnt sich ..., es ist der [*o* die] Mühe wert ...; **¡allá ~s!** das geht mich nichts an!, ist mir doch egal! ❺ (*gasa negra*) Trauerflor *m*, Trauerschleier *m* ❻ (*loc*): **so ~ que...** +*subj* es sei denn, ..., außer wenn ..., (nur) unter dem Vorbehalt, dass ... ❼ (*Am: vergüenza*) Scham *f*; **tener** [*o* **sentir**] **~** sich schämen

penable [pe'naβle] *adj* strafbar

penachera [pena'tʃera] *f v.* **penacho**

penacho [pe'natʃo] *m* ❶ (*adorno, t. de aves*) Federbusch *m*; (*en cascos*) Helmbusch *m* ❷ (*fam: vanidad*) Hochmut *m*, Arroganz *f*

penachudo, -a [pena'tʃuðo, -a] *adj* mit Federbusch; (*en cascos*) mit Helmbusch

penado, -a [pe'naðo, -a] I. *adj* ❶ (*triste*) betrübt, leidend ❷ (*difícil*) mühselig, mühsam ❸ (*Am: tímido*) schüchtern, verschämt II. *m, f* Sträfling *m*

penal [pe'nal] I. *adj* (JUR) Straf-; **antecedentes ~es** Vorstrafen *fpl*; **código ~** Strafgesetzbuch *nt* II. *m* ❶ (*prisión*) Strafanstalt *f*, Haftanstalt *f*, Gefängnis *nt* ❷ (*Am:* DEP: *falta*) Foul *nt* (im Strafraum) ❸ (DEP: *penalti*) Elfmeter *m*, Strafstoß *m*; (*en baloncesto*) Freiwurf *m*

penalidad [penali'ðað] *f* ❶ (*molestia*) Mühe *f*, Strapaze *f* ❷ (JUR: *sanción*) Strafe *f* (von Rechts wegen), Strafbarkeit *f* (einer Handlung)

penalista [pena'lista] I. *adj* Strafrechts- II. *mf* Strafrechtler(in) *m(f)*

penalización [penaliθa'θjon] *f* Ahndung *f*, Bestrafung *f*

penalizar [penali'θar] <z→c> *vt* bestrafen, ahnden

penalti [pe'nalti] *m* (DEP) ❶ (*falta*) Foul *nt* (im Strafraum); **área de ~s** Strafraum *m* ❷ (*sanción*) Elfmeter *m*, Strafstoß *m*; (*en baloncesto*) Freiwurf *m* ❸ (*fam*): **casarse de ~** heiraten müssen, weil die Frau schwanger ist

penar [pe'nar] I. *vt* ❶ (*castigar*) bestrafen, ahnden ❷ (*previsto en la ley*) (von Rechts wegen) unter Strafe stellen, strafrechtlich verfolgen II. *vi* ❶ (*agonizar*) lange mit dem Tode ringen ❷ (*padecer*) leiden; **~ de amores** Liebeskummer haben ❸ (*ansiar*) sich sehnen (*por* nach +*dat*)

penca [peŋka] *f* ❶ (BOT: *hoja*) fleischiges Blatt *nt*; (*hortalizas*) fleischiger Blattstiel *m*; (*Am*) Palmenblatt *nt*; (*Méx*) Agavenblatt *nt* ❷ (*Am: borrachera*): **agarrarse una ~** sich *dat* einen Rausch antrinken, sich betrinken ❸ (*azote*) Peitsche *f* ❹ (*And: atractivo*): **una ~ de hombre/de mujer** ein Bild von einem Mann/von einer Frau; **una ~ de casa** ein wunderschönes Haus

pencar [peŋ'kar] <c→qu> I. *vi* (*fam*) schuften, arbeiten wie ein Pferd II. *vt* geißeln

pencazo [peŋ'kaθo] *m* Peitschenhieb *m*

penco ['peŋko] *m* ❶ (*jamelgo*) Klepper *m*, Schindmähre *f* ❷ (*And: fam: atractivo*): **un ~ de hombre/de mujer** ein Bild von einem Mann/von einer Frau ❸ (*fam: holgazán*) Faulpelz *m* ❹ (*fam: inútil*) Nichtsnutz *m*, Taugenichts *m* ❺ (*fam: torpe*) Tollpatsch *m*

pendeja [peŋ'dexa] *adj o f v.* **pendejo²**

pendejada [peŋde'xaða] *f* ❶ (*Am: fam*) ❶ (*disparate*) etwas Verrücktes *nt*, etwas Albernes *nt*; **¿cómo se te pudo ocurrir tal ~?** wie konnte dir nur so etwas Verrücktes einfallen? ❷ (*estupidez*) Dummheit *f* ❸ (*acto cobarde*) memmenhaftes [*o* feiges] Verhalten *nt* ❹ (*cualidad de cobarde*) Feigheit *f*, Furchtsamkeit *f*

pendejear [peŋdexe'ar] *vi* (*Col: fam*) herumalbern

pendejo¹ [peŋ'dexo] *m* (*fam*) ❶ (*del pubis*) Schamhaar *nt* ❷ (*cobarde*) Angsthase *m* ❸ (*CSur: rapaz*) Bengel *m*, Lausbub *m* ❹ (*imbécil*) Idiot *m*, Dummkopf *m*

pendejo, -a² [peŋ'dexo, -a] I. *adj* (*fam*) ❶ (*Am: necio*) dumm, einfältig ❷ (*cobarde*) feige ❸ (*And: listo*) schlau, gewitzt II. *m, f* (*sabelotodo*) Besserwisser(in) *m(f)*, Neunmalkluge(r) *mf*

pendencia [peŋ'denθja] *f* ❶ (*disputa*) Streit *m*, Auseinandersetzung *f*; **armar ~** Streit anfangen

pendenciero

② (JUR) Anhängigkeit *f*; **~ de un proceso penal** Anhängigkeit eines Strafverfahrens

pendenciero, -a [peṇdeṇ'θjero, -a] **I.** *adj* streitsüchtig **II.** *m, f* Streitsüchtige(r) *mf,* Rowdy *m* pey

pender [peṇ'der] *vi* **①** (*colgar*) (herunter-, herab)hängen (*de/en* an +*dat*); (*cernerse*) schweben (*sobre* über +*dat*); **el péndulo pende de la cuerda** das Pendel hängt an der Schnur; **la espada de Damocles pende sobre sus cabezas** das Damoklesschwert hängt [*o* schwebt] über ihren Köpfen

② (JUR: *solución, pleito, asunto*) abhängen (*ante* von +*dat*)

pendiente¹ [peṇ'djeṇte] **I.** *adj* **①** (*colgado*) herunterhängend, herabhängend

② (*empinado hacia arriba*) steigend; (*hacia abajo*) fallend

③ (*problema, asunto*) offen, ungelöst; (*trabajo*) unerledigt; (*cuenta*) offen, ausstehend; **una cuenta ~ de pago** eine fällige Rechnung; **deuda ~** ausstehende Forderung; **un pedido ~** ein unerledigter Auftrag; **quedar ~ una asignatura** ein Fach nicht bestehen [*o* wiederholen müssen]

④ (JUR) schwebend

⑤ (*fam: ocuparse*): **estar ~ de algo** auf etw aufpassen, sich um etw kümmern; **voy a salir un momento, mientras, estate ~ del arroz** ich gehe mal kurz hinaus, pass solange auf den Reis auf; **¡tú estate ~ de lo tuyo!** kümmere du dich um deine Angelegenheiten!; **estar ~ de los labios de alguien** (*estar atento*) an jds Lippen hängen; **de momento, sólo estoy ~ de si me conceden la beca o no** im Augenblick beschäftigt mich nur, ob ich das Stipendium bekomme oder nicht

⑥ (*depender*): **estamos ~s de lo que digan nuestros padres** wir müssen erst abwarten, wie unsere Eltern entscheiden

II. *m* (*de oreja*) Ohrring *m*; (*de nariz*) Nasenring *m*

pendiente² [peṇ'djeṇte] *f* **①** (*en general*) schiefe Ebene *f;* (GEO: *cuesta*) Steigung *f;* (*hacia abajo*) Abhang *m;* **de mucha ~** sehr steil; (*hacia abajo*) sehr abschüssig

② (ARQUIT: *del tejado*) Neigung *f*

péndola ['peṇdola] *f* **①** (*de reloj*) (Uhr)pendel *nt*

② (*reloj*) Penduluhr *f*

③ (ARQUIT: *puente colgante*) Hängekabel *nt*, Hänger *m;* (*edificio*) Hängesäule *f*

④ (*pluma*) Gänsekiel *m*, (Schreib)feder *f*

pendolaje [peṇdo'laxe] *m* (NÁUT) Deckgutprisenrecht *nt*

pendolista [peṇdo'lista] *mf* Kalligraph(in) *m(f)*

pendón [peṇ'don] *m* **①** (*estandarte*) Banner *nt*

② (BOT: *vástago*) Trieb am Hauptstamm

③ (*fam: persona alta y desaliñada*) Bohnenstange *f*, lange Latte *f*

pendona [peṇ'dona] *f* (*fam*) **①** (*mujer holgazana*) faule [*o* bequeme] Frau *f*

② (*marrana*) Schlampe *f*

③ (*prostituta*) Dirne *f*, Strichmädchen *nt*

pendonear [peṇdone'ar] *vi* (*holgazanear*) (herum)streunen

pendoneo [peṇdo'neo] *m* Herumstreunerei *f*

pendular [peṇdu'lar] *adj* Pendel-; **movimiento ~** Pendelbewegung *f*

péndulo [peṇdulo] *m* Pendel *nt*

pene ['pene] *m* (ANAT) Penis *m*

penede [pene'ðe] *mf* (ENS) *abr de* **personal no docente** nicht wissenschaftlicher Mitarbeiter *m*, nichtwissenschaftliche Mitarbeiterin *f*

penne¹ [pe'nene] *m* (ECON) *abr de* **producto nacional neto** Nettoinlandsprodukt *nt*

penene² [pe'nene] *mf* (ENS) *abr de* **profesor(a) no numerario, -a** Professor(in) *m(f)* ohne Lehrstuhl

penetrabilidad [penetraβili'ðað] *f* Durchdringungsvermögen *nt*

penetrable [pene'traβle] *adj* durchdringbar

penetración [penetra'θjon] *f* **①** (*acción*) Penetration *f,* Durchdringung *f;* **la ~ en el mercado** die Durchdringung des Marktes

② (*comprensión*) Auffassungsvermögen *nt,* Auffassungsgabe *f;* (*inteligencia*) Scharfsinn *m,* Kombinationsgabe *f*

penetrador(a) [penetra'ðor(a)] *adj* scharfsinnig

penetrante [pene'traṇte] *adj* **①** (*profundo*) tief gehend, stark eindringend; **dolor ~** starker Schmerz; **herida ~** tief gehende Verletzung

② (*luz, sonido*) durchdringend; (*frío*) schneidend, beißend; (*hedor*) penetrant; (*mirada*) durchbohrend

penetrar [pene'trar] **I.** *vi* eindringen, hineingelangen (*en/entre/por* in +*akk*); **el agua penetra en la esponja** das Wasser dringt in den Schwamm ein; **la tinta penetró entre el tejido** die Tinte drang in das Gewebe ein [*o* durchsetzte das Gewebe]; **aun no habíamos penetrado mucho por el valle** wir waren noch nicht sehr tief ins Tal hineingekommen [*o* hineingelangt]; **~on en la casa con violencia** sie drangen gewaltsam in das Haus ein

II. *vt* **①** (*luz, sonido, proyectil*) durchdringen; (*mirada*) durchbohren; **la música me penetró por completo** die Musik erfüllte mich durch und durch [*o* ging mir durch Mark und Bein]

② (*entender un problema*) geistig durchdringen [*o* verarbeiten]; **~ un misterio** hinter ein Geheimnis kommen, ein Geheimnis lüften; **~ una intención** eine Absicht erkennen; **~ los pensamientos de alguien** jds Gedanken lesen

III. *vr:* **~se** sich *dat* bewusst werden (*de* über +*akk*); **en el Tibet se penetró del verdadero sentido de su vida** im Tibet wurde er/sie sich über den wirklichen Sinn seines/ihres Lebens klar

penetrativo, -a [penetra'tiβo, -a] *adj* durchdringungsfähig

peneuvista [peneu'βista] **I.** *adj* die baskische Nationalpartei (*PNV*) betreffend; **el portavoz ~** der parteipolitische Sprecher der PNV **II.** *mf* Anhänger(in) oder Mitglied der baskischen Nationalpartei (*PNV*)

pénfigo ['pemfiɣo] *m* (MED) Blasenausschlag *m,* Pemphigus *m*

penibético, -a [peni'βetiko, -a] *adj* die spanische Gebirgskette Cordillera Penibética betreffend

penicilina [peniθi'lina] *f* (MED) Penizillin *nt*

península [pe'ninsula] *f* Halbinsel *f*

peninsular [peninsu'lar] *adj* Halbinsel-, peninsularisch; **las costas ~es** die Küsten der Halbinsel

penique [pe'nike] *m* Penny *m*

penitencia [peni'teṇθja] *f* **①** (*pena*) Sühne *f*, Buße *f;* **imponer una ~ a alguien** jdm eine Strafe auferlegen

② (REL: *sacramento*) Bußsakrament *nt*, Beichte *f;* **hacer ~** Buße tun

③ (*arrepentimiento*) Reue *f;* **a pecado nuevo, ~ nueva** (*prov*) ≈auf neue Sünde neue Reue

penitenciado, -a [peniteṇ'θjaðo, -a] **I.** *adj* (HIST) von der Inquisition bestraft

II. *m, f* **①** (HIST) von der Inquisition Bestrafte(r) *mf*

② (*Am: preso*) Strafgefangene(r) *mf*

penitencial [peniteṇ'θjal] *adj* (REL) Buß-; **salmos ~es** Bußpsalme *mpl*

penitenciar [peniteṇ'θjar] *vt* (REL) eine Buße auferlegen (*a* +*dat*)

penitenciaría [peniteṇθja'ria] *f* (*correccional*) Haftanstalt *f,* Strafanstalt *f*

penitenciario¹ [peniteṇ'θjarjo] *m* **①** (*prisión*) Haftanstalt *f,* Strafanstalt *f*

② (REL: *canónigo*) Beichtvater *m*

penitenciario, -a² [peniteṇ'θjarjo, -a] *adj* **①** (*relativo a la penitenciaría*) Haft-, Strafanstalts-; **edificio ~** Haftanstaltsgebäude *nt*

② (*relativo a la penitencia*) Straf-; **sistema ~** Strafsystem *nt*

penitente [peni'teṇte] **I.** *adj* reuevoll, reuig; **nieves ~s** Büßerschnee *m* **II.** *mf* (REL) **①** (*que se confiesa*) Beichtende(r) *mf*

② (*en procesiones*) Büßende(r) *mf,* Büßer(in) *m(f)*

penol [pe'nol] *m* (NÁUT) Segelstangenspitze *f*

penología [penolo'xia] *f* (JUR) Strafrechtslehre *f*

penoso, -a [pe'noso, -a] *adj* **①** (*arduo*) heikel, schwierig

② (*dificultoso*) mühselig, strapaziös

③ (*con pena*) traurig, schmerzvoll

④ (*Am: vergonzoso*) scheu, schüchtern

pensado, -a [pen'saðo, -a] *adj* **①** (*reflexionado*) überdacht, überlegt; **bien/mal/suficientemente ~** gut/schlecht/ausreichend überdacht; **esto está poco ~** das ist nicht wohl überlegt; **lo tengo bien ~** ich habe mir das genau überlegt; **tener ~ hacer algo** vorhaben etw zu tun, sich *dat* etw vorgenommen haben; **el día/momento menos ~ volverá** wenn man es am wenigsten erwartet, wird er/sie zurückkommen

② (*referido a personas*): **él es un mal ~** er vermutet [*o* denkt] immer gleich das Schlimmste

pensador(a) [pensa'ðor(a)] **I.** *adj* denkend, überlegend **II.** *m(f)* Denker(in) *m(f)*

pensamiento [pensa'mjeṇto] *m* **①** (*acción*) (Nach)denken *nt,* Überlegen *nt;* **le dedica muchas horas al ~** er/sie widmet dem Nachdenken viel Zeit

② (*idea*) Idee *f;* (*proyecto*) Plan *m,* Vorhaben *nt;* (*intención*) Absicht *f*

③ (*objeto*) Gedanke *m;* **ya el ~ solo me da risa** schon beim bloßen Gedanken daran muss ich lachen; **mudado el tiempo, mudado el ~** (*prov*) ≈ändern sich die Zeiten, ändert sich das Denken

④ (*mente*) Sinn *m,* Verstand *m;* **tengo un problema en el ~** ein Gedanke beschäftigt mich [*o* lässt mir keine Ruhe]; **¿cuándo te vino esa idea al ~?** wann fiel dir das ein?, wann kam dir das in den Sinn?; **se me vino una idea al ~ de lo que podía haber en el paquete** ich ahne (vage), was in dem Päckchen sein könnte; **ni por ~** nicht (einmal) im Traum

⑤ (*apotegma*) Ausspruch *m,* Maxime *f*

⑥ (*contenido principal*) Thema *nt,* (Leit)motiv *nt*

⑦ (BOT) Stiefmütterchen *nt*

pensante [pen'sante] **I.** *adj* denkend **II.** *mf* Denker(in) *m(f)*

pensar [pen'sar] <e→ie> **I.** *vi, vt* **①** (*proyectar algo en la mente*) denken (*en* an +*akk*); **no hago más que ~ en ti** ich denke ständig nur an dich; **todo pasa cuando menos se piensa** (*en ello*) alles geschieht, wenn man am wenigsten damit rechnet [*o* wenn man es am wenigsten erwartet]; **¡ni ~lo!** nicht im Traum!, daran ist gar nicht zu denken!; **¡no**

pensativo quiero ni ~lo! nicht auszudenken [o auszumalen]!; **él se separó de ella sin ~ que lo pasaría tan mal** er trennte sich von ihr, ohne zu bedenken, dass es ihm so schlecht gehen könnte
② (*reflexionar*) nachdenken (*sobre* über +*akk*), überdenken (*sobre* +*akk*); **primero tengo que ~ sobre este caso** erst muss ich über diesen Fall nachdenken; **nos dio mucho que ~ que no hubiera regresado aún** es gab uns zu denken [o es beunruhigte uns], dass er/sie noch nicht zurück war; **esto es algo para ~lo bien** das ist etwas, was gut überdacht sein muss; **lo hicimos sin ~lo** wir taten es, ohne zu überlegen [o darüber nachzudenken]; **sin ~lo me dió una bofetada** und plötzlich gab er/sie mir eine Ohrfeige; **pensándolo bien** bei genauerer Betrachtung
③ (*concluir*) zu einem Schluss kommen [o gelangen], beschließen; **habíamos pensado que lo mejor sería irnos** wir dachten, dass es besser sei, zu gehen
II. *vi* ① (*opinar*) denken, glauben; **pienso que deberíamos decírselo** meiner Meinung nach sollten wir [o ich denke, wir sollten] es ihm/ihr sagen
② (*suponer*) annehmen, ausgehen (von +*dat*); **pienso que no has venido únicamente para decirme esto** ich nehme an, du bist nicht nur gekommen, um mir das zu sagen
③ (*imaginarse*) sich *dat* denken [o vorstellen] können; **ella piensa muy mal/bien de él** sie hat eine sehr schlechte/gute Meinung über ihn, sie denkt sehr schlecht/gut über ihn; **pienso que el surfing tiene que ser muy bonito** ich kann mir denken, dass Surfen sehr schön sein muss; **de repente le dió por ~ que no le queríamos** plötzlich dachte [o glaubte] er/sie im Ernst, dass wir ihn/sie nicht lieb hätten; **y pensé para mí que de esta forma no llegaría muy lejos** und ich dachte (stillschweigend), dass er/sie so nicht sehr weit kommen würde
III. *vt* ① (*intención*) vorhaben; **pensábamos venir este fin de semana** wir wollten dieses Wochenende kommen; **lo pensó mejor y no lo hizo** er/sie besann sich eines Besseren und tat es nicht
② (*inventar*) sich *dat* ausdenken, ausdenken; **quien haya pensado este sistema fue un genio** wer dieses System erfunden hat, war ein Genie
③ (*tramar*) aushecken, sich *dat* ausdenken; **siempre está pensando nuevas travesuras** er/sie heckt ständig neue Streiche aus
pensativo, -a [pensa'tiβo, -a] *adj* nachdenklich; **¿por qué pones esa cara pensativa?** warum machst du so ein ernstes Gesicht?
pénsil ['pensil], **pensil** [pen'sil] I. *adj* (in der Luft) hängend, schwebend II. *m* Lustgarten *m*
pensión [pen'sjon] *f* ① (*paga*) (Alters)rente *f*, (Alters)ruhegeld *nt*; (*de los funcionarios (en Alemania*)) Pension *f*; **~ alimenticia** Unterhaltsrente *f*; **~ de invalidez** Invalidenrente *f*; **~ de orfandad** Waisenrente *f*; **~ parcial** Teilrente *f*; **~ recibida de la empresa** Betriebsrente *f*; **~ de supervivencia** Hinterbliebenenrente *f*; **~ de retiro** Ruhegehalt *nt*; **pensiones suplementarias** Zusatzrenten *fpl*; **~ de viudez** Witwenrente *f*; **fondo de pensiones** Pensionsfonds *m*; **suscribir un plan de pensiones** einen Pensionsplan zeichnen; **aún no cobra la ~** (*no recibe la paga*) er/sie bekommt noch keine Rente bezahlt; (*aún no tiene la edad*) er/sie ist noch nicht in Rente
② (*para huéspedes*) Pension *f*
③ (*cantidad pagada*) Kostgeld *nt*; **~ completa** Vollpension *f*; **media ~** Halbpension *f*
④ (*beca*) Stipendium *nt*
pensionado¹ [pensjo'naðo] *m* Internat *nt*
pensionado, -a² [pensjo'naðo, -a] I. *adj* pensioniert, in den Ruhestand versetzt
II. *m, f* ① (*jubilado*) Ruheständler(in) *m(f)*; (*funcionario jubilado*) Pensionär(in) *m(f)*
② (*becario*) Stipendiat(in) *m(f)*
pensionar [pensjo'nar] *vt* pensionieren, in den Ruhestand versetzen
pensionista [pensjo'nista] *mf* ① (*jubilado*) Rentner(in) *m(f)*, Rentenempfänger(in) *m(f)*; (*funcionario jubilado*) Pensionär(in) *m(f)*
② (*becario*) Stipendiat(in) *m(f)*
③ (*huésped*) Pensionsgast *m*
④ (*alumno*) Internatsschüler(in) *m(f)*
pentacordio [penta'korðjo] *m* (MÚS, HIST) Pentachord *nt* (*altertümliche Harfe mit fünf Saiten*)
pentadáctilo, -a [penta'ðaktilo, -a] *adj* (ANAT, ZOOL) fünffing(e)rig
pentadecágono¹ [pentaðe'kayono] *m* (MAT) Fünfzehneck *nt*
pentadecágono, -a² [pentaðe'kayono, -a] *adj* (MAT) fünfzehneckig
pentaedro [penta'eðro] *m* (MAT) Fünfflächner *m*, Pentaeder *nt*
pentagonal [pentayo'nal] *adj* pentagonal, fünfeckig
pentágono [pen'tayono] *m* (*polígono*) Pentagon *nt*, Fünfeck *nt*
② (*en Estados Unidos*): **el P~** das Pentagon
pentagrama [penta'yrama] *m* (MÚS) Notenlinien *fpl*, Notenliniensystem *nt*
pentámetro [pen'tametro] *m* (LIT) Pentameter *m*
pentarquía [pentar'kia] *f* (POL) Herrschaft *f* von fünf Mächten, Pentar-

chie *f*
pentasílabo, -a [penta'silaβo, -a] *adj* (LING) fünfsilbig
pentatlón [penta^{d'}lon] *m* (DEP) Fünfkampf *m*
pentavalente [pentaβa'lente] *adj* (QUÍM) mit fünf Werten, fünfwertig
Pentecostés [pentekos'tes] *m* (REL) ① (*festividad cristiana*) Pfingsten *nt*, Pfingstfest *nt*; **Pascua de ~** Pfingstsonntag *m*
② (*festividad judía*) Passah(fest) *nt*
pentedecágono¹ [penteðe'kayono] *m* (MAT) Fünfzehneck *nt*
pentedecágono, -a² [penteðe'kayono, -a] *adj* (MAT) fünfzehneckig
Pentium® ['pentjun] *m* (INFOR) Pentiumprozessor *m*, Pentium® *m*
penúltima [pe'nultima] *f* (LING) vorletzte Silbe *f*
penúltimo, -a [pe'nultimo, -a] I. *adj* vorletzte(r, s)
II. *m, f* Vorletzte(r) *mf*
penumbra [pe'numbra] *f* ① (*poca luz*) Halbdunkel *nt*, Dämmerlicht *nt*
② (ASTR) Halbschatten *m*
penumbroso, -a [penum'broso, -a] *adj* halbdunkel
penuria [pe'nurja] *f* ① (*escasez*) Mangel *m*, Knappheit *f*; (*referido al dinero*) Geldmangel *m*, Geldnot *f*; **~ económica** wirtschaftlicher Engpass; **pasar muchas ~s** viel durchmachen, eine schwere Zeit durchmachen müssen
② (*pobreza*) Bedürftigkeit *f*, Armut *f*
peña ['pena] *f* ① (GEO: *roca*) Fels(en) *m*
② (*cerro*) felsiger Steilhang *m*; (*risco*) Klippe *f*, Felsküste *f*
③ (*de literatura*) Literaturzirkel *m*; (DEP) (Sport)verein *m*, Sportklub *m*; (*de aficionados*) Fanklub *m*; (*tertulia*) Stammtisch *m*; (*de jóvenes*) Clique *f*; **~ motorisca** Motorradclub *m*
peñascal [penas'kal] *m* felsiges Gelände *nt*, felsiger Hügel *m*
peñascazo [penas'kaθo] *m* (*Chil, Nic*) v. **pedrada**
peñasco [pe'nasko] *m* ① (*peña grande*) großer Felsen *m*, Felsblock *m*
② (*pico*) Felsenspitze *f*
③ (ANAT) Felsenbein *nt*
peñascoso, -a [penas'koso, -a] *adj* felsig
peñola [pe'nola] *f* Schreibfeder *f*, Federkiel *m* (*zum Schreiben*)
peñón [pe'non] *m* ① (*peñasco grande*) großer Felsen *m*, großer Felsblock *m*, Felswand *f*; **el P~** Gibraltar *nt*
② (*monte*) Felsengebirge *nt*
peón [pe'on] *m* ① (*sin oficio determinado*) Hilfsarbeiter *m*, ungelernte Arbeitskraft *f*, Handlanger *m*; (AGR: *jornalero*) Tagelöhner *m*, Landarbeiter *m*
② (*Méx: aprendiz*) Lehrling *m*
③ (*en juegos*) Stein *m*; **~ de ajedrez** Bauer *m*; **~ de damas** Stein *m* (*des Damespiels*)
④ (*peatón*) Fußgänger *m*
⑤ (MIL: *infante*) Infanterist *m*
⑥ (*peonza con púa*) Brummkreisel *m*
⑦ (TAUR: *ayudante*) Gehilfe des Stierkämpfers
peonada [peo'naða] *f* (AGR) ① (*jornal*) Tagewerk *nt*, Tagesarbeit *f*; (*paga*) Tagelohn *m*, Arbeitslohn *m*
② (*colectivo*) Arbeiterschaft *f*
③ (*medida*) altes Feldmaß (*ca. 39 Ar*)
peonaje [peo'naxe] *m* ① (MIL) Infanterie *f*
② (*colectivo*) Arbeiterschaft *f*
peonía [peo'nia] *f* ① (BOT) Pfingstrose *f*, Päonie *f*
② (*jornal*) Tagewerk *nt*
peonza [pe'onθa] *f* ① (*peón sin púa*) Kreisel *m*; **jugar a la ~** kreiseln
② (*persona*) kleine quirlige Person
③ (*argot: andando*): **ir a ~** per pedes unterwegs sein
peor [pe'or] I. *compar de* **malo**
II. *adv o adj* schlechter, schlimmer; **en matemáticas soy ~ que tú** in Mathematik bin ich schlechter als du; **el ~ de la clase** der Schlechteste in der Klasse; **el pequeño es el ~ de los dos** der Kleine ist der Schlimmere von beiden; **y verás, será ~ aún** und du wirst sehen, es kommt noch schlimmer (ö ärger); **el ~ día, verás como te hablará** wenn du es am wenigsten erwartest [o eh du dich versiehst], wird er/sie dich ansprechen; **en el ~ de los casos** schlimmstenfalls; **es lo ~ que me podía pasar** das ist das Schlimmste, was mir passieren konnte; **pero lo ~ de todo fue...** aber das Allerschlimmste war ...; **~ que** schlimmer als schlimm, schlechter als schlecht; **va de mal en ~** es wird immer schlimmer mit ihm/mit ihr; **~ es nada** besser als gar nichts
pepa ['pepa] *f* ① (*Am*: BOT: *pepita*) Kern *m*; (*Méx: semilla*) Kürbissamen *m*
② (*And: mentira*) Lügengeschichte *f*, Flunkerei *f*
Pepa ['pepa] *f* (*fam*) *Kurzform von* Josefa; **¡viva la ~!** (*indiferencia*) mir ist das piepegal; (*regocijo*) (ein dreifaches) Hurra!
Pepe ['pepe] *m* (*fam*) *Kurzform von* José; **ponerse como un ~** (*argot*) es sich *dat* supergut gehen lassen; **puntual como un ~** (*argot*) überpünktlich; **ver menos que ~ Leches** (*argot*) blind wie ein Maulwurf sein
pepena [pe'pena] *f* ① (*Col: abanico*) Strohfächer *m*

pepenado ① (*Méx: lo recogido*) Ausbeute *f*; (*vísceras*) Innereien *pl*
pepenado, -a [pepe'naðo, -a] *m, f* (*Guat, Méx*) ① (*hijo adoptivo*) Adoptivkind *nt*
② (*expósito*) ausgesetztes Kind *nt*
pepenador(a) [pepena'ðor(a)] *m(f)* (*AmC, Méx: fam*) Person, die vom Müll lebt
pepenar [pepe'nar] *vt* ① (*AmC, Méx: fam: recoger del suelo*) auflesen; (*revolver*) durchwühlen
② (*Méx: adoptar*) adoptieren
③ (*Méx: golpear*) verprügeln; (*hurtar*) stehlen
pepenche [pe'pentʃe] *m* (*Méx*) ① (*agregado*) Hausgast *m*
② (*mantenido*) Schmarotzer *m*
pepermín [peper'min] *m sin pl* (*Am*) Pfefferminz
pepinar [pepi'nar] *m* Gurkenfeld *nt*
pepinillo [pepi'niʎo] *m* saure Gurke *f*, Essiggurke *f*
pepino [pe'pino] *m* (BOT) ① (*para ensaladas*) Gurke *f*; **eso me importa un ~** (*argot*) das ist mir total schnuppe [*o* egal]
② (*melón*) unreife Honigmelone *f*
pepita [pe'pita] *f* ① (BOT) Kern *m*
② (*de gallinas*) Pips *m* (*krankhafter Belag auf der Zunge*); **no tener ~s en la lengua** ohne Umschweife reden, geradeheraus sein
pepito [pe'pito] *m* (GASTR) Schnitzelbrötchen *nt*
pepitoria [pepi'torja] *f* ① (GASTR): **pollo/gallina en ~** Hähnchen/Huhn in Eigelbsoße
② (*mezcla*) Mischmasch *m*, Allerlei *nt*
pepona [pe'pona] *f* ① (*muñeca*) Puppe aus Pappe
② (*decoración*) große Dekorationspuppe in ausladendem Kleid, die auf das Bett gesetzt wird
③ (*pey: mujer robusta y fuerte*) Mannweib *nt*; (*muy pintorrojeada*) Tuschkasten *m fig*
peppermint [peper'min] *m* Pfefferminzlikör *m*
pepsina [peβ'sina] *f* (BIOL, MED) Pepsin *nt*
péptico, -a ['peptiko, -a] *adj* peptisch, verdauungsfördernd
peque ['peke] *mf* (*fam*) Kind *nt*; **los ~s** die lieben Kleinen
pequén [pe'ken] *m* (*Chil*) ① (*lechuza*) kleine, tagaktive Eule; **ser como el ~** (*tímido*) schüchtern sein; (*cobarde*) feige sein; **hacer ~ a alguien** jdn hereinlegen
② (*empanada*) Teigtasche *f*
pequeña [pe'keɲa] *adj o v.* **pequeño**
pequeñajo, -a [peke'naxo, -a] **I.** *adj* (*fam*) (ziemlich) klein, winzig **II.** *m, f* (*fam*) Kleine(r) *mf*, Knirps *m*
pequeñez [peke'neθ] *f* ① (*tamaño*) Kleinheit *f*, kleiner Wuchs *m*
② (*minucia*) Kleinigkeit *f*, Bagatelle *f*
pequeño, -a [pe'keɲo, -a] <menor *fam:* más pequeño, mínimo *fam:* pequeñísimo> **I.** *adj* ① (*tamaño*) klein; **~ comercio** Kleinhandel *m*; **~ editor** Kleinverlag *m*; **pequeña empresa** Kleinbetrieb *m*; **la pequeña y media empresa** (ECON) der Mittelstand; **~ empresario** (ECON) Kleinunternehmer *m*; **en ~** in Miniatur; **es la misma casa, sólo que en pequeña** das ist das gleiche Haus, nur kleiner; **el ~ mal espanta, el grande amansa** (*prov*) ≈kleines Unglück schreckt, großes macht gelassen
② (*insignificante*) klein, geringfügig
③ (*cifra*) klein, niedrig
④ (*niño*) klein; **ya desde ~ solía venir a este sitio** schon als ich klein war [*o* in meiner Kindheit], kam ich hierher
⑤ (*cuento, falda*) kurz, klein
II. *m, f* Kleine(r) *mf*, Kind *nt*
pequeñoburgués, -esa [pekeɲoβur'ɣes, -esa] **I.** *adj* kleinbürgerlich, spießig
II. *m, f* Kleinbürger(in) *m(f)*, Spießer(in) *m(f)*
pequinés¹ [peki'nes] *m* (*perro*) Pekinese *m*
pequinés, -esa² [peki'nes, -esa] **I.** *adj* Pekinger
II. *m, f* Einwohner(in) *m(f)* Pekings
PER [per] *m abr de* **Plan de Empleo Rural** landwirtschaftliche Arbeitsbeschaffungsmaßnahme *f*
pera ['pera] **I.** *adj* schick, elegant; **restaurante ~** Nobelrestaurant *nt*; **niño ~** Kind aus einer besseren Familie
II. *f* ① (*fruto*) Birne *f*; **esperar a ver de qué lado caen las ~s** sich abwartend verhalten; **pedir ~s al olmo** das Unmögliche verlangen; **eso es la ~** das ist der Gipfel; **partir ~s con alguien** sich mit jdm sehr gut verstehen, mit jdm Pferde stehlen können; **poner a alguien las ~s a cuarto** jdn (scharf) zurechtweisen, jdn rügen [*o* tadeln]
② (*barba*) Ziegenbart *m*, Spitzbart *m*
③ (*bombilla*) Glühbirne *f*
④ (TÉC): **~ de goma** Handblasebalg *m*; (AUTO: *bocina antigua*) Hupe *f*
⑤ (*vulg: pene*) Schwanz *m fam*, Pimmel *m fam*; **hacerse la** [*o* **una**] **~** sich *dat* einen runterholen; **tocarse la ~** Däumchen drehen *fam*
⑥ (*argot: que compra cosas robadas*) Hehler *m*
peral [pe'ral] *m* Birnbaum *m*

peraleda [pera'leða] *f* Birnbaumplantage *f*
peraltado, -a [peral'taðo, -a] *adj* (ARQUIT) überhöht; **arco ~** gestelzter [*o* überhöhter] Bogen
peraltar [peral'tar] *vt* ① (ARQUIT: *arco, bóveda*) stelzen
② (TÉC: *carreteras, vías*) überhöhen
peralte [pe'ralte] *m* (TÉC) Überhöhung *f*
peralto [pe'ralto] *m* (MAT) Tiefe *f*
perborato [perβo'rato] *m* (QUÍM) Perborat *nt*
perca ['perka] *f* (ZOOL) Barsch *m*
percal [per'kal] *m* ① (*tejido*) Perkal *m*; **conozco ese ~** ich weiß Bescheid, ich bin unterrichtet
② (*argot: dinero*) Zaster *m*, Knete *f*
percalina [perka'lina] *f* (*tejido*) Perkalin *nt*
percance [per'kanθe] *m* ① (*contratiempo*) Zwischenfall *m*, widriger Umstand *m*; (*por culpa propia*) Missgeschick *nt*; (*de plan, proyecto*) (Rück)schlag *m*; **tener** [*o* **sufrir**] **un ~** einen Rückschlag erleiden
② (FIN) Einnahmen zusätzlich zum Lohn bzw. Gehalt
per cápita [per 'kapita] *adv* pro Kopf; **consumo ~** Pro-Kopf-Verbrauch *m*; **renta media ~** durchschnittliches Pro-Kopf-Einkommen
percatación [perkata'θjon] *f* Bewusstwerdung *f*
percatarse [perka'tarse] *vr* (*darse cuenta*) sich *dat* bewusst werden (*de* über +*akk*), sich *dat* bewusst machen (*de* +*akk*); (*comprender*) sich *dat* klar machen (*de* +*akk*), verstehen (*de* +*akk*)
percebe [per'θeβe] *m* ① (ZOOL: *crustáceo*) essbare Entenmuschel
② (*fam: tonto*) Dummkopf *m*, Einfaltspinsel *m*
percepción [perθeβ'θjon] *f* ① (*acción*) Wahrnehmung *f*; **~ extrasensoria** übersinnliche Wahrnehmung
② (*idea*) Gedanke *m*, Begriff *m*; (*impresión*) Eindruck *m*; **yo no tengo la ~ de que no funcione** ich habe nicht den Eindruck, dass es nicht funktioniert
③ (ECON: *de impuestos*) Erhebung *f*, Einnahme *f*; **~ de un salario** Bezug eines Lohnes [*o* Gehaltes]
④ (FILOS, PSICO, MED) Perzeption *f*
perceptibilidad [perθeptiβili'ðað] *f* ① (*cualidad*) Wahrnehmbarkeit *f*, Fassbarkeit *f*
② (*capacidad*) Wahrnehmungsfähigkeit *f*
perceptible [perθep'tiβle] *adj* ① (*que puede comprenderse*) wahrnehmbar, fassbar; (FILOS, PSICO) perzeptibel
② (ECON, FIN) einziehbar
perceptivo, -a [perθep'tiβo, -a] *adj* perzeptiv, perzeptorisch, Wahrnehmungs-
perceptor(a) [perθep'tor(a)] *m(f)* Bezieher(in) *m(f)*, Empfänger(in) *m(f)*; **~ de la compensación** Ausgleichsempfänger *m*; **~ de la prestación** Leistungsempfänger *m*; **~ de la prestación por desempleo** Empfänger von Arbeitslosengeld
percha ['pertʃa] *f* ① (*en el armario*) Kleiderbügel *m*; **vestido de ~** Kleid von der Stange, Konfektionskleid *nt*
② (*para abrigos, sombreros*) Garderobenständer *m*; (*en la tienda*) Kleiderständer *m*, Stange *f*
③ (*And: ostentación*) Auffälligkeit *f*; (*ropa*) gut aussehende Kleidung *f*; **tener ~** gut aussehen
④ (*AmC: chaqueta*) Sakko *nt*; (*traje*) Anzug *m*
⑤ (*CSur: montón*) Haufen *m*
⑥ (*Méx: grupo*) Clique *f*, Gang *f*
⑦ (*argot: tipo*) Körperbau *m*; (*de mujer*) Figur *f*
perchero [per'tʃero] *m* Garderobe *f*; **~ de pared** Garderobenhaken *m*; **~ de pie** Garderobenständer *m*
percherón, -ona [pertʃe'ron, -ona] *m, f* kräftiger Hengst *m*, kräftige Stute *f*; **~ de tracción** Zugpferd *nt*
percibir [perθi'βir] *vt* ① (*notar*) wahrnehmen
② (*darse cuenta*) (be)merken, sehen; **se puede ~ que...** man sieht, dass ..., es lässt sich beobachten, dass ...
③ (*comprender*) sich *dat* bewusst werden (über +*akk*), sich *dat* bewusst machen, verstehen
④ (*cobrar*) empfangen, erhalten, beziehen; **~ una pensión** eine Rente beziehen; **~ un salario** ein Gehalt [*o* einen Lohn] beziehen
perclorato [perklo'rato] *m* (QUÍM) Perchlorat *nt*
percocho [per'kotʃo] *m* (*Hond*) schmutziger (Anzug)stoff *m*
percudir [perku'ðir] *vt* ① (*desgastar*) abnutzen, verschleißen; (*espejo*) blind werden lassen, anlaufen lassen; (*tez*) strapazieren
② (*mancharse*) verschmutzen, verdrecken
percusión [perku'sjon] *f* ① (*golpeo*) Erschütterung *f*
② (TÉC) Schlag *m*, Stoß *m*; **barra de ~** Brecheisen *nt*; **perforadora de ~** Schlagbohrmaschine *f*
③ (MED: *al examinar*) Perkussion *f*, Abklopfen *nt*
④ (MÚS) Percussion *f*; **instrumento de ~** Schlaginstrument *nt*; (*bongos, congas*) Perkussionsinstrument *nt*; (*batería*) Schlagzeug *nt*
percusionista [perkusjo'nista] *mf* (*de bongos, congas*) Perkussionist(in) *m(f)*; (*de batería*) Schlagzeuger(in) *m(f)*

percusor¹ [perku'sor] *m* Schlagbolzen *m*, (Schlag)hammer *m*
percusor(a)² [perku'sor(a)] *adj* (TÉC) Schlag-; **barrena ~a** Schlagbohrer *m*; **taladradora ~a** Schlagbohrmaschine *f*
percutáneo, -a [perku'taneo, -a] *adj* durch die Haut wirkend, perkutan
percutir [perku'tir] *vt* ❶ (TÉC) schlagen, stoßen
❷ (MED: *examinar*) perkutieren, abklopfen
percutor [perku'tor] *m v.* **percusor**¹
perdedor(a) [perðeðor(a)] I. *adj* Verlierer-; **equipo ~** Verlierermannschaft *f*
II. *m(f)* Verlierer(in) *m(f)*
perder [per'ðer] <e→ie> I. *vt* ❶ (*ser privado*) verlieren; **~ el control** die Kontrolle verlieren; **~ la cuenta** sich verrechnen [*o* verzählen]; **ayúdame a buscar mis gafas, que las he perdido** hilf mir suchen, ich habe die Brille verlegt; **bien perdido, conocido** (*prov*) ≈erst wenn das Gut verloren ist, lernt man es schätzen
❷ (*malgastar*) verlieren, vergeuden; **no debemos ~ tiempo** wir dürfen keine Zeit verlieren [*o* verschwenden]; **perdió toda su juventud con ese hombre** sie vergeudete ihre ganze Jugend mit diesem Mann
❸ (*no aprovechar*) verlieren; **si llego tarde al espectáculo pierdo la entrada** wenn ich zu spät zur Veranstaltung komme, wird meine Eintrittskarte ungültig
❹ (*dinero*) verlieren; **con este cambio he perdido dinero** durch diesen Kurswechsel habe ich Geld verloren
❺ (*peso*) abnehmen, verlieren; (*costumbre*) sich *dat* abgewöhnen, ablegen; **he perdido la costumbre de andar siempre con miramientos** ich habe die Gewohnheit abgelegt [*o* ich habe es mir abgewöhnt], ständig Rücksicht zu nehmen
❻ (*oportunidad, tren*) verpassen, versäumen; (*esperanza, optimismo*) aufgeben, verlieren; **el motor pierde aceite** der Motor verliert Öl; **no tengo nada que ~** ich habe nichts zu verlieren; **~ terreno** zurückfallen, den Anschluss verlieren
❼ (JUR: *proceso*) verlieren
❽ (*ocasionar daños*) zerstören, ruinieren; **la sequía perdió sus campos** die Trockenheit war der Untergang für seine/ihre Felder; **el fuego perdió todo el edificio** das Feuer legte das ganze Gebäude in Schutt und Asche; **esa equivocación nos perdió** dieser Fehler wurde uns zum Verhängnis; **el juego le ~á** das Spiel wird ihn noch ins Unglück stürzen; **el régimen lo llevo muy bien, lo que me pierde** es ver comer a los demás die Diät halte ich sehr gut ein, ich werde nur schwach, wenn ich andere essen sehe; **perdido es quien tras perdido anda** (*prov*) verloren ist der, der Verlorenem hinterherrennt
❾ (ENS: *suspender*) durchfallen; **~ el curso** das Schuljahr wiederholen müssen
II. *vi* ❶ (*empeorar una situación*) benachteiligt werden, den Kürzeren ziehen, verlieren; **vas a salir perdiendo** du wirst am Ende den Kürzeren ziehen
❷ (*fama, crédito, estimación, salud, belleza*) einbüßen (*en* +*akk*), verlieren (*en* an +*dat*); **por su profesión ha perdido mucho en salud** durch seinen/ihren Beruf hat er/sie seine/ihre Gesundheit vernachlässigt
❸ (*desteñir*) (ab)färben; **este vestido no pierde ni lavándolo a 60 grados** dieses Kleid färbt nicht einmal bei 60° ab
❹ (DEP: *en los juegos*) verlieren ((*por*) mit +*dat*), unterliegen ((*por*) mit +*dat*); **Portugal perdió por 1 a 2 frente a Italia** Portugal verlor [*o* unterlag mit] 1 zu 2 gegen Italien; **hay que saber ~** man muss auch verlieren können; **tener buen ~** ein guter Verlierer sein; **tener todas las de ~** keine guten Karten haben, keine Chancen haben; **lo echó todo a ~** er/sie ruinierte [*o* verlor] alles; **la comida se quemó y todo se echó a ~** das Essen verbrannte, und es war nichts mehr zu retten; **cómete esos plátanos que sino se echan a ~** iss diese Bananen, sonst werden sie schlecht [*o* sonst verderben sie]
III. *vr:* **~se** ❶ (*extraviarse*) abhanden kommen, verloren gehen; **se me ha perdido el monedero** mir ist der Geldbeutel abhanden gekommen; **¿qué se le habrá perdido por allí?** (*fig*) was hat er/sie dort bloß verloren?
❷ (*por el camino*) sich verlaufen [*o* verirren] (*en/por* in +*dat*); **nos hemos perdido** wir haben uns verlaufen
❸ (*bailando*) aus dem Takt kommen; (*leyendo*) in den Zeilen verrutschen; **~se en palabrerías complicadas** (*hablando*) sich in wilden Verstrickungen verlieren
❹ (*desaparecer*) verschwinden; **los cohetes se perdieron en el cielo oscuro** das Feuerwerk verschwand am dunklen Himmel; **¡piérdete!** (*fam*) hau ab!, verschwinde!
❺ (*arruinarse*) sich ruinieren, sich zugrunde [*o* zu Grunde] richten
❻ (*desperdiciarse*) verschwendet werden, verloren gehen; **se pierde mucha agua por falta de conciencia ecológica** aus mangelndem Umweltbewusstsein wird viel Wasser verschwendet
❼ (*ocasión*) verpassen, versäumen; **si no te vienes, tú te lo pierdes** wenn du nicht mitkommst, bist du selbst schuld [*o* hast du Pech gehabt];

¡no te lo pierdas! verpass [*o* versäum] es ja nicht!
❽ (*extinguirse*) aussterben; **esta raza se está perdiendo** diese Art stirbt langsam aus; **poco a poco la minifalda se va perdiendo** der Minirock wird immer weniger getragen
❾ (*exceso*) (ganz) verrückt sein (*por* nach +*dat*), ganz wild sein (*por* auf +*akk*)
perdición [perði'θjon] *f* ❶ (*acción*) Verlieren *nt*
❷ (*daño*) Verlust *m*
❸ (*con matiz moral*) Verderben *nt*, Ruin *m*, Untergang *m*; **esta es mi ~** das ist mein Ruin
❹ (REL: *condenación eterna*) ewige Verdammnis *f*
perdida [per'ðiða] *adj o f v.* **perdido**
pérdida ['perðiða] *f* ❶ (*acción*) Verlorengehen *nt*, Verlust *m*; **~ de cabellos** Haarausfall *m*; **~ de conciencia** Bewusstsein *f*; **~ de energía** Energieverlust *m*; **~ por fricción** Reibungsverlust *m*; **~ de valor** Werteinbuße *f*; **esto es una ~ de tiempo** das ist Zeitvergeudung; **es fácil de encontrar, no tiene ~** es ist leicht zu finden, man kann es gar nicht verfehlen
❷ (*de una persona*) (menschlicher) Verlust *m*; **la ~ de su hermano le afectó mucho** der Verlust seines/ihres Bruders trat ihn/sie sehr schwer
❸ (*pl*) (*daños materiales*) materielle Verluste *mpl*, Schäden *mpl*; (*daño financiero*) finanzieller Verlust *m*, finanzielle Einbuße *f*; **el edificio ha sufrido ~s enormes después del incendio** das Gebäude hat nach dem Brand erhebliche Schäden erlitten; **al final la casa se vendió con ~** schließlich wurde das Haus mit Verlust verkauft; **los mercados han experimentado hoy ~s moderadas** die Märkte haben heute leichte Verluste verzeichnet; **la empresa ha tenido ~s en el último año** der Betrieb hat im letzten Jahr Verluste gemacht
❹ (*de fluidos*) Verlust *m*; **el coche tiene una leve ~ de aceite** der Öltank des Autos leckt leicht
perdidamente [perðiða'mente] *adv* ❶ (*inútilmente*) vergebens, umsonst; **invertiste ~ tus energías** du hast dich umsonst [*o* vergebens] eingesetzt
❷ (*con exceso*) **estar ~ enamorado** bis über beide Ohren verliebt sein
perdidizo, -a [perði'ðiθo, -a] *adj* unauffindbar; **hacer algo ~** (*fam*) etw versteckt halten; **hacerse el ~** sich davonstehlen
perdido, -a [per'ðiðo, -a] I. *adj* ❶ (*que no se encuentra*) verloren; **dar a alguien por ~** jdn für vermisst erklären; **dar algo por ~** die Suche nach etw *dat* aufgeben; (*fig*) etw für verloren geben; **estar ~** verloren sein, in einer ausweglosen Lage sein
❷ (*vicioso, excesivo*) unverbesserlich, hoffnungslos; **es un borracho ~** er ist ein hoffnungsloser Trinker
❸ (*sin salida*) hoffnungslos, ausweglos, aussichtslos; **es un caso ~** das ist ein aussichtsloser Fall; **estás loco ~** (*fam*) du bist vollkommen verrückt
❹ (*fam: manchar*): **poner algo ~** etw einsauen, etw ganz dreckig machen; **ponerse ~ de pintura** sich mit Farbe voll schmieren [*o* dreckig machen]
II. *m, f* ❶ (*fam: vago*) Taugenichts *m*; (*pobre*) armer Hund *m*
❷ (*libertino*) Libertin *m*, Windhund *m*, Bruder Leichtfuß *m*; (*prostituta*) Prostituierte *f*
❸ (*fam*): **hacerse el ~** sich rar machen, verduften
perdigar [perði'ɣar] <g→gu> *vt* (GASTR) kurz anbraten
perdigón¹ [perði'ɣon] *m* ❶ (*proyectil de plomo*) Schrotkorn *nt*
❷ (*perdiz macho*) Feldhuhnmännchen *nt*, Rebhuhnmännchen *nt* (als Lockvogel)
❸ (*pollo de perdiz*) Feldhuhnküken *nt*, Rebhuhnküken *nt*
❹ (*derrochador*) Verschwender *m*
❺ *pl* (*munición*) Schrot *m o nt*
perdigón, -ona² [perði'ɣon, -ona] *m, f* (*fam*) Verlierer(in) *m(f)*
perdigonada [perðiɣo'naða] *f* ❶ (*tiro*) Schrotschuss *m*
❷ (*herida*) Schrotschusswunde *f*
perdiguero, -a [perði'ɣero, -a] I. *adj* (*relativo a la perdiz*) Feldhuhn-, Rebhuhn-; **perro ~** Jagdhund für die Rebhuhnjagd
II. *m, f* ❶ (*perro*) Jagdhund *m* für die Rebhuhnjagd
❷ (*que revende la caza*) Rebhuhnverkäufer(in) *m(f)*
perdiz [per'ðiθ] *f* Feldhuhn *nt*, Rebhuhn *nt*; **~ nival** [*o* **blanca**] Alpenschneehuhn *nt*; **~ pardilla** Rebhuhn *nt*; **ni todos los días ~, ni todos los días Beatriz** nur nicht übertreiben, nur nicht zu viel des Guten; **... y fueron felices y comieron perdices** ... und wenn sie nicht gestorben sind, dann leben sie noch heute
perdón [per'ðon] *m* ❶ (*absolución*) Verzeihung *f*; **el ~ de los pecados** (REL) die Vergebung der Sünden
❷ (*indulto*) Begnadigung *f*, Straferlass *m*; (*gracia*) Gnade *f*
❸ (*disculpa*): **¡~!** Entschuldigung!, Verzeihung!; **¿~?** (wie) bitte?, Verzeihung?; **¡con ~!** Verzeihung, darf ich?; **no cabe ~** es ist unentschuldbar; **pedir ~ a alguien** jdn um Verzeihung [*o* Entschuldigung] bitten; **y tengo que decir, con ~ de la mesa, que esto es una porquería** und ich muss euch sagen, bitte verzeiht mir den Ausdruck bei Tisch, dass das

hier eine Schweinerei ist
perdonable [perðo'naβle] *adj* verzeihlich, entschuldbar
perdonador(a) [perðona'ðor(a)] *m(f)* Verzeihende(r) *mf*
perdonar [perðo'nar] *vt* ① (*pecado, culpa*) verzeihen, vergeben; (*pena, deuda*) erlassen; **no te perdono** ich verzeihe [*o* vergebe] dir nicht; **perdona que te interrumpa** entschuldige, dass ich dich unterbreche; **perdona, ¿puedo pasar?** Entschuldigung [*o* Verzeihung], darf ich durch?; **perdona pero estás equivocado** es tut mir leid, aber ich glaube, du irrst dich
② (*obligación*) befreien (von +*dat*); **te perdono tus obligaciones** ich erlasse dir deine Verpflichtungen; **te perdono los 10 euros** ich schenke dir die 10 Euro; **les he perdonado la tarde a mis empleados** ich habe meinen Angestellten den Nachmittag freigegeben
③ (*loc*): **no perdono ningún esfuerzo** ich scheue keine Mühe; **no perdono ningún medio** ich lasse kein Mittel unversucht; **la guerra no perdona a nadie** der Krieg verschont niemanden
perdonavidas [perðona'βiðas] *mf inv* Maulheld(in) *m(f)*, Großmaul *nt*
perdulario, -a [perðu'larjo, -a] I. *adj* ① (*descuidado*) schlampig
② (*vicioso*) lasterhaft
II. *m, f* Taugenichts *m*
perdurabilidad [perðuraβili'ðað] *f* ① (*durabilidad*) Dauerhaftigkeit *f*
② (*eternidad*) Ewigkeit *f*
perdurable [perðu'raβle] *adj* ① (*duradero*) dauerhaft
② (*eterno*) ewig; **la vida ~** das ewige Leben; **las ~s obras de reparación del puente** die unendlich langen Reparaturarbeiten an der Brücke
perdurar [perðu'rar] *vi* ① (*durar todavía*) andauern, anhalten; **perduran las precipitaciones** die Niederschläge halten an
② (*durar indefinidamente*) Bestand haben; **su recuerdo ~á para siempre entre nosotros** er/sie wird uns noch lange in Erinnerung bleiben
perecedero, -a [pereθe'ðero, -a] *adj* ① (*pasajero*) vergänglich
② (*alimento*) leicht verderblich
perecederos [pereθe'ðeros] *mpl* leicht verderbliche Waren *fpl*
perecer [pere'θer] *irr como* crecer I. *vi* ① (*morir*) sterben; (*en accidente, guerra*) umkommen, ums Leben kommen; **~ de sed** verdursten
② (*espiritualmente*) moralisch verkommen
③ (*daño, sufrimiento*) leiden
II. *vr:* **~se** sich sehnen (*por* nach +*dat*); **~se por hacer un viaje** sich danach sehnen, zu verreisen
peregrina [pere'yrina] *adj o f v.* **peregrino**
peregrinación [pereyrina'θjon] *f* ① (*a un santuario*) Wallfahrt *f*, Pilgerfahrt *f;* **ir en ~** wallfahren, pilgern
② (*viaje: a pie*) Wanderung *f* ins Ausland; (*con vehículo*) Auslandsreise *f;* **la ~ de turistas alemanes a España** der Strom deutscher Touristen, die es nach Spanien zieht
peregrinaje [pereyri'naxe] *m v.* **peregrinación**
peregrinamente [pereyrina'mente] *adv* ① (*de modo raro*) seltsam
② (*con primor*) sorgfältig
peregrinar [pereyri'nar] *vi* ① (*a un santuario*) wallfahren, pilgern
② (*viajar: a pie*) (herum)wandern; (*con vehículo*) (herum)reisen; **para matricularme tuve que ~ por ciento de oficinas** für meine Immatrikultion musste ich einen Marsch durch hunderte [*o* Hunderte] von Büros auf mich nehmen
peregrino, -a [pere'yrino, -a] I. *adj* ① (*extraño*) fremd
② (*insensato, disparatado*) unsinnig; **una idea peregrina** eine komische [*o* eigenartige] Idee; **una historia peregrina** eine seltsame Geschichte
③ (*extraordinario*) außerordentlich
II. *m, f* Wallfahrer(in) *m(f)*, Pilger(in) *m(f)*
perejil [pere'xil] *m* ① (BOT) Petersilie *f*
② *pl* (*adornos*) Flitter *m*
perejila [pere'xila] *f* ein Kartenspiel
perención [peren'θjon] *f* (JUR) Verjährung *f*, Perem(p)tion *f*
perendengue [peren'deŋge] *m* ① (*pendiente*) Ohrring *m*
② (*adorno*) Flitter *m*
perengano, -a [peren'gano, -a] *m, f* Herr Soundso *m,* Frau Soundso *f;* **fulano, mengano, zulano y ~** Hinz und Kunz
perenne [pe'reⁿne] *adj* ① (*perpetuo*) ewig, immerwährend; (*hoja, planta*) immergrün
② (*constante*) dauernd, ständig; **ser de ~ buen humor** immer gut gelaunt sein
perennidad [pereⁿni'ðað] *f* ① (*perpetuidad*) Ewigkeit *f*, Unvergänglichkeit *f*
② (*constancia*) Beständigkeit *f*
perennifolio, -a [pereⁿni'foljo, -a] *adj* (BOT) mit immergrünen Blättern
perennizar [pereⁿni'θar] <z→c> *vt* verewigen, fortdauern lassen
perentoriedad [perentorje'ðað] *f* ① (*urgencia*) Dringlichkeit *f*
② (*de decisión*) Beständigkeit *f*
perentorio, -a [peren'torjo, -a] *adj* ① (*urgente*) dringlich
② (*pago*) fällig

③ (*decisión, fallo*) endgültig, perem(p)torisch; **excepción perentoria** (JUR) peremptorische Einrede; **plazo ~** Ausschlussfrist *f*
perestroika [peres'trojka] *f sin pl* (POL) Perestroika *f*
pereza [pe'reθa] *f* ① (*gandulería*) Faulheit *f*
② (*de movimientos*) Trägheit *f*, Schwerfälligkeit *f;* **sacudir la ~** die Trägheit abschütteln; **me dio ~ ir y me quedé en casa** ich hatte keine Lust zu gehen und blieb zu Hause
perezosa [pere'θosa] *f* (*Arg, Perú, Urug*) Liegestuhl *m*
perezoso, -a [pere'θoso, -a] *adj* ① (*gandul*) faul
② (*movimiento*) träge, schwerfällig
③ (*loc*): **y ni corto ni ~ me soltó un sopapo** und ohne lange darüber nachzudenken, verpasste er/sie mir eine Ohrfeige
perfección [perfek'θjon] *f* ① Vollkommenheit *f*, Perfektion *f;* **estilo de gran ~** vollendeter Stil; **hacer algo a la ~** etw perfekt tun
perfeccionador(a) [perfekθjona'ðor(a)] *adj* verbessernd
perfeccionamiento [perfekθjona'mjento] *m* Vervollkommnung *f;* (*de técnica, sistema*) Perfektionierung *f elev;* (*profesional*) Fortbildung *f*
perfeccionar [perfekθjo'nar] *vt* vervollkommnen, (*de técnica, sistema*) perfektionieren
perfeccionismo [perfekθjo'nismo] *m sin pl* Perfektionismus *m*
perfeccionista [perfekθjo'nista] I. *adj* perfektionistisch
II. *mf* Perfektionist(in) *m(f)*
perfectamente [perfekta'mente] *adv:* **sabes ~ que...** du weißt ganz genau, dass ...; **te entiendo ~** ich verstehe dich voll und ganz; **es ~ comprensible** es ist völlig verständlich; **¡~!** in Ordnung!
perfectibilidad [perfektiβili'ðað] *f* Vervollkommnungsfähigkeit *f*, Perfektibilität *f elev*
perfectible [perfek'tiβle] *adj* vervollkommnungsfähig, perfektibel *elev*
perfectivo, -a [perfek'tiβo, -a] *adj* (LING) perfektiv
perfecto¹ [per'fekto] *m* (LING) Perfekt *nt*
perfecto, -a² [per'fekto, -a] *adj* ① (*obra, belleza, harmonía*) vollkommen, vollendet; (*plan, invitado, máquina*) perfekt; **nadie es ~** nobody is perfect; **habla un alemán ~** er/sie spricht perfekt Deutsch; **es un ~ caballero** er ist ein vollendeter Kavalier; **eres un ~ idiota** du bist ein Vollidiot; **el momento/el tiempo es ~ para...** der Augenblick/das Wetter ist ideal für ...; **¡~!, eso era lo que esperaba!** toll [*o* perfekt], genau darauf habe ich gewartet!
② *estar* (*sin deterioro*) einwandfrei
③ (LING): **pretérito ~** Perfekt *nt*
perfidia [per'fiðja] *f* ① (*deslealtad*) Treulosigkeit *f*
② (*traición*) Verrat *m*
pérfido, -a ['perfiðo, -a] *adj* ① (*desleal*) treulos
② (*traidor*) verräterisch
perfil [per'fil] *m* ① (*de cara, t.* TÉC) Profil *nt;* **~ genético** genetisches Profil; **de ~** im Profil; **dibujo de ~** Profilzeichnung *f;* **foto de ~** Profilaufnahme *f*
② (*contorno*) Umriss *m*
③ (*de personalidad, doctrina*) Grundzug *m;* **~ del consumidor** Verbraucherprofil *nt;* **~ de ventas** Umsatzprofil *nt;* **el ~ del candidato** das Anforderungsprofil des Bewerbers; **este candidato se adapta al ~ que requiere la empresa** dieser Bewerber entspricht dem Anforderungsprofil des Betriebs
perfilado, -a [perfi'laðo, -a] *adj* ① (*cara*) markant
② (*persona*) profiliert, markant
③ (*plan*) ausgefeilt
④ (TÉC) Profil-
perfilador [perfila'ðor] *m:* **~ de cejas** Augenbrauenstift *m;* **~ de labios** Lippenkonturenstift *m;* **~ de ojos** Eyeliner *m*
perfilar [perfi'lar] I. *vt* ① (*retocar*) abrunden
② (*sacar perfil*) die Umrisse skizzieren +*gen;* (TÉC) profilieren
II. *vr:* **~se** ① (*ponerse de perfil*) sich im Profil zeigen
② (*distinguirse*) sich abzeichnen; **sus intenciones se van perfilando** seine/ihre Ziele treten allmählich in Erscheinung
③ (*fam: aderezarse*) sich herausputzen
perfoliada [perfo'ljaða] *f,* **perfoliata** [perfo'ljata] *f* (BOT) Durchwachs *m*, Durchwachskraut *nt*
perforable [perfo'raβle] *adj* perforierbar
perforación [perfora'θjon] *f* ① (*con máquina*) (Durch)bohrung *nt*
② (*de oreja*) Durchstechen *nt;* (*de otras partes del cuerpo*) Piercing *nt;* (*de papel*) Lochung *f;* (*con muchos agujeros*) Durchlöcherung *f*
③ (*de carrete, t.* MED) Perforation *f*
④ (MIN) Abteufung *f*
⑤ (INFOR) Lochung *f*
perforador(a) [perfora'ðor(a)] *adj* Bohr-; **ingeniero ~** Bohringenieur *m;* **máquina ~a** Perforiermaschine *f*, Perforator *m*
perforadora [perfora'ðora] *f* ① (*taladradora*) Bohrer *m;* **~ de cinta** (INFOR) Streifenlocher *m;* **~ de fichas** [*o* **de tarjetas**] (INFOR) Kartenlocher *m;* **~ de percusión** Bohrhammer *m*
② (*de oficina*) Locher *m*

perforar [perfo'rar] vt ❶ (con máquina) (durch)bohren ❷ (oreja) durchstechen; (papel) lochen; (con muchos agujeros) durchlöchern; (para decorar, para arrancar) perforieren ❸ (MED) perforieren ❹ (MIN) abteufen

performativo, -a [performa'tiβo, -a] adj (LING) performativ, performatorisch

perfumadero [perfuma'ðero] m ❶ (perfumador) Parfümzerstäuber m ❷ (vaso para quemar perfumes) Räuchergefäß nt

perfumado, -a [perfu'maðo, -a] adj parfümiert

perfumador¹ [perfuma'ðor] m Parfümzerstäuber m

perfumador(a)² [perfuma'ðor(a)] m(f) Parfümeur(in) m(f)

perfumar [perfu'mar] I. vt parfümieren; **las flores perfuman la habitación** der Blumenduft erfüllt das Zimmer II. vi duften

perfume [per'fume] m ❶ (sustancia) Parfüm nt ❷ (olor) Duft m

perfumear [perfume'ar] vt parfümieren

perfumería [perfume'ria] f ❶ (fábrica, tienda) Parfümerie f ❷ (productos) Parfümartikel mpl

perfumista [perfu'mista] mf ❶ (fabricante) Parfümeur(in) m(f) ❷ (vendedor) Parfümhändler(in) m(f)

perfusión [perfu'sjon] f (MED) Perfusion f

pergamino [perɣa'mino] m Pergament nt; **libro (con encuadernación) en ~** Pergamentband m; **familia de ~s** Familie adliger Herkunft

pergenio [per'xenjo] m ❶ (Chil: entrometido) zudringlicher Mensch m ❷ (Chil: fam: persona de mala traza) Jammergestalt f ❸ (pergeño) Aussehen nt, Erscheinungsbild nt

pergeñar [perxe'ɲar] vt (fam) skizzieren

pergeño [per'xeɲo] m Aussehen nt, Erscheinungsbild nt

pérgola ['perɣola] f Pergola f, Laubengang m

periambo [pe'rjambo] m (LIT) Pariambus m

periartritis [perjar'tritis] f inv (MED) Periarthritis f

periastro [pe'rjastro] m (ASTR) Periastron nt

pericardio [peri'karðjo] m (ANAT) Herzbeutel m, Perikard nt

pericarditis [perikar'ðitis] f inv (MED) Herzbeutelentzündung f, Perikarditis f

pericarpio [peri'karpjo] m (BOT) Fruchtgehäuse nt, Perikarp nt

pericia [pe'riθja] f ❶ (habilidad) Geschicklichkeit f, Geschick nt ❷ (práctica) Erfahrung f

pericial [peri'θjal] adj sachkundig, sachverständig; **informe ~** Sachverständigengutachten nt; **testigo ~** sachverständiger Zeuge

periclitado, -a [perikli'taðo, -a] adj (teoría) überholt; (sistema, método) veraltet

periclitar [perikli'tar] vi ❶ (peligrar) in Gefahr sein ❷ (teoría) überholt sein; (sistema, método) veraltet sein

Perico [pe'riko] m ≈Peter; **llama a tu hermano, a tu primo o a ~ (el) de los palotes** ruf deinen Bruder, deinen Vetter oder sonst jemanden

perico [pe'riko] m ❶ (loro) Sittich m ❷ (orinal) Nachttopf m ❸ (espárrago) (großer) Spargel m ❹ (argot) Koks m

pericote [peri'kote] m (Am) kleine nachtaktive Rattenart

peridural [periðu'ral] adj (ANAT): **anestesia ~** Periduralanästhesie f

periferia [peri'ferja] f Peripherie f; (de ciudad) Stadtrand m, Randgebiet nt; **la ~ de Madrid** das Umland von Madrid

periférico¹ [peri'feriko] m (INFOR) Peripheriegerät nt

periférico, -a² [peri'feriko, -a] adj peripher(isch); **barrio ~** Stadtrandviertel m; **dispositivo ~** (INFOR) Peripheriegerät nt; **unidad de control ~** (INFOR) Ein-Ausgabe-Steuerwerk nt; **unidad periférica** (INFOR) Peripheriegerät nt

perifollo [peri'foʎo] m ❶ (BOT) Kerbel m ❷ (fam: adornos) Flitter m

periforme [peri'forme] adj (elev) birnenförmig

perífrasis [pe'rifrasis] f inv Umschreibung f; (LING) Periphrase f

perifrástico, -a [peri'frastiko, -a] adj umschreibend; (LING) periphrastisch

perigallo [peri'ɣaʎo] m ❶ (de la barbilla) Doppelkinn nt ❷ (fam: persona alta y delgada) Bohnenstange f

perigeo [peri'xeo] m (ASTR) Erdnähe f, Perigäum nt

perihelio [peri'eljo] m (ASTR) Sonnennähe f, Perihel(ium) nt

perilla [pe'riʎa] f ❶ (barba) Kinnbart m; (en punta) Spitzbart m ❷ (adorno) birnenförmige Verzierung f ❸ (del puro) Zigarrenende nt ❹ (loc): **~ de la oreja** Ohrläppchen nt; **esto viene de ~s** das kommt wie gerufen

perillán, -ana [peri'ʎan, -ana] m, f ❶ (niño) Frechdachs m ❷ (adulto) Schlitzohr nt

perillo [pe'riʎo] m (GASTR) kleines, süßes Brötchen

perimétrico, -a [peri'metriko, -a] adj Umfangs-; **medidas perimétricas** Umfangsmaße ntpl

perímetro [pe'rimetro] m Umfang m; **los ~s de Berlín** das Umland von Berlin

perinatal [perina'tal] adj (BIOL) perinatal; **medicina ~** perinatale Medizin

periné [peri'ne] m (ANAT) v. perineo

perineal [perine'al] adj (ANAT) perineal, Damm-; **desgarro ~** Dammriss m

perineo [peri'neo] m (ANAT) Perineum nt, Damm m

perinola [peri'nola] f ❶ (peonza) Kreisel m ❷ (fam: mujer) Wirbelwind m fig

periodicidad [perjoðiθi'ðað] f Regelmäßigkeit f, Periodizität f elev

periódico¹ [pe'rjoðiko] m ❶ (diario) Zeitung f ❷ (no diario) Periodikum nt

periódico, -a² [pe'rjoðiko, -a] adj periodisch, regelmäßig; **sistema ~** (QUÍM) Periodensystem nt

periodismo [perjo'ðismo] m ❶ (profesión) Journalismus m ❷ (estudios) Journalistik f

periodista [perjo'ðista] mf Journalist(in) m(f)

periodístico, -a [perjo'ðistiko, -a] adj ❶ (de los periodistas) journalistisch ❷ (de los periódicos) Zeitungs-; **reportaje ~** Zeitungsbericht m

periodización [perjoðiθa'θjon] f Periodisierung f

periodizar [perjoði'θar] <z→c> vt periodisieren

periodo [pe'rjoðo] m, **período** [pe'rioðo] m ❶ (tiempo) Zeitraum m, Zeitabschnitt m, Periode f elev; **~ de armotización** Tilgungszeitraum m, Abschreibungsperiode f; **~ de cobertura de un seguro** Leistungszeitraum einer Versicherung; **~ de cotización** Dauer der Beitragszahlung; **~ de decrecimiento** (ECON) Abschwungphase f; **~ de despegue** Anlaufzeit f; **~ de doble circulación** Doppelwährungsphase f; **~ de estancamiento** [o **de paralización**] Stagnationsperiode f; **~ impositivo** Ermittlungszeitraum m, Steuerperiode f; **~ de inacción** Stillstandsperiode f, Stillstandszeit f; **~ legislativo** Legislaturperiode f; **~ de liquidación** Abrechnungsperiode f; **~ medio de pago** durchschnittliche Zahlungsfrist; **~ de pendencia** (JUR) Schwebezeit f; **~ productivo** Lebensarbeitszeit f; **~ de prueba** Probezeit f; **~ de referencia** Berichtsperiode f, Berichtszeitraum m; **~ de tasación** Veranlagungszeitraum m; **~ transitorio** [o **de transición**] Übergangszeit f, Übergangsphase f; **~ de vigencia del seguro** Versicherungsperiode f ❷ (época) Zeit f; **~ glacial/de lluvias** Eis-/Regenzeit f; **el ~ álgido del impresionismo** die Blütezeit [o der Höhepunkt] des Impressionismus ❸ (menstruación, t. MAT, FÍS, GEO) Periode f

periodonto [perjo'ðonto] m (ANAT) Zahnwurzelhaut f, Periodontium nt

periostio [pe'rjostjo] m (ANAT) Knochenhaut f, Periost nt

peripatético, -a [peripa'tetiko, -a] I. adj (FILOS) peripatetisch II. m, f (FILOS) Peripatetiker(in) m(f)

peripecia [peri'peθja] f ❶ (incidente) Zwischenfall m; **me ocurrieron todo tipo de ~s en el viaje** auf meiner Reise ereigneten sich allerlei Zwischenfälle; **ha pasado por muchas ~s en esta vida** er/sie hat in seinem/ihrem Leben schon viele Auf und Abs durchlebt ❷ (TEAT) Peripetie f

periplo [pe'riplo] m ❶ (en barco) Umschiffung f; (en barco de vela) Umsegelung f ❷ (viaje) Rundreise f

peripuesto, -a [peri'pwesto, -a] adj (fam) geschniegelt

periquete [peri'kete] m: **esto lo hago yo en un ~** das erledige ich im Handumdrehen; **estoy lista en un ~** ich bin gleich fertig

periquillo [peri'kiʎo] m (GASTR) eine Art Zuckerkonfekt

periquito [peri'kito] m ❶ (ZOOL) Wellensittich m ❷ (DEP) Anhänger m des Fußballvereins R.C.D. Español

periscopio [peris'kopjo] m Periskop nt, Fernrohr nt

perisología [perisolo'xia] f (LING) Pleonasmus m

perista [pe'rista] mf Hehler(in) m(f)

peristáltico, -a [peris'taltiko, -a] adj (MED) peristaltisch; **movimiento ~** Peristaltik f

perístasis [pe'ristasis] f inv (LING) Inhalt m einer Rede

peristilo [peris'tilo] m Peristyl(ium) nt

perita [pe'rita] adj o f v. perito

peritación [perita'θjon] f Begutachtung f; **~ del siniestro** Schadensfeststellung f

peritaje [peri'taxe] m ❶ (informe) Gutachten nt; **~ de credibilidad** Glaubwürdigkeitsgutachten nt; **~ de filiación** Abstammungsgutachten nt ❷ (UNIV) Ingenieurstudium nt

peritar [peri'tar] vt begutachten

perito, -a [pe'rito, -a] I. adj sachkundig, sachverständig II. m, f ❶ (experto) Gutachter(in) m(f), Sachverständige(r) mf; **~ calígrafo** Schriftsachverständige(r) mf; **~ nombrado oficialmente** öffentlich

bestellter Sachverständiger
❷ (UNIV) Diplomingenieur(in) *m(f)*; ~ **agrónomo** Diplomlandwirt *m*; ~ **mercantil** Handelsschulabsolvent *m*; **Escuela de P~s** ≈ Fachhochschule *f*

peritoneo [perito'neo] *m* (ANAT) Peritoneum *nt*, Bauchfell *nt*

peritonitis [perito'nitis] *f inv* (MED) Peritonitis *f*, Bauchfellentzündung *f*

perjudicado, -a [perxuði'kaðo, -a] *m, f* (JUR) Geschädigte(r) *m(f)*

perjudicador(a) [perxuðika'ðor(a)] I. *adj* beeinträchtigend, schädigend
II. *m(f)* Schädiger(in) *m(f)*

perjudicar [perxuði'kar] <c→qu> I. *vt* ❶ (*salud, imagen*) schädigen; (*objeto*) beschädigen; (*naturaleza*) zerstören; **fumar perjudica la salud** Rauchen gefährdet die Gesundheit
❷ (*proceso, desarrollo*) beeinträchtigen; (*organización*) durcheinander bringen; **ese escándalo perjudica mi carrera** dieser Skandal schadet meiner Karriere
❸ (*ley, situación*) benachteiligen, Nachteile bringen +*dat*
II. *vr:* **-se** sich *dat* (selbst) schaden, sich *dat* (selbst) Schaden zufügen

perjudicial [perxuði'ðjal] *adj* ❶ (*que causa daño*) schädlich (*a/para* für +*akk*); **sustancia ~ para la salud** gesundheitsschädlicher Stoff
❷ (*desventajoso*) nachteilig (*a/para* für +*akk*)

perjuicio [per'xwiθjo] *m* ❶ (*daño*) Schaden *m* (*a* an +*dat*); (*de imagen*) Schädigung *f*; (*de objeto*) Beschädigung *f*; (*de naturaleza*) Zerstörung *f*; (*de libertad*) Beeinträchtigung *f*; (*de organización*) Durcheinanderbringen *nt*; **causar ~s** Schaden zufügen +*dat*; **sin ~ de que...** +*subj* unbeschadet [*o* ungeachtet] der Tatsache, dass ...
❷ (FIN, JUR) Schaden *m*; ~ **comercial** Handelsbeeinträchtigung *f*; ~ **por demora** Verzögerungsschaden *m*; ~ **fiscal** Steuerbenachteiligung *f*; ~ **patrimonial** Vermögensschaden *m*; ~**s profesionales** Berufsschäden *mpl*
❸ (*detrimento*) Nachteil *m*; **algo redunda** [*o va*] **en ~ de alguien** etw gereicht jdm zum Nachteil, etw wirkt sich schädlich für jdn aus

perjura [per'xura] *adj o f v.* **perjuro**

perjurador(a) [perxura'ðor(a)] *adj* meineidig; **testigo ~** meineidiger Zeuge

perjurar [perxu'rar] *vi* ❶ (*jurar en falso*) einen Meineid leisten
❷ (*faltar al juramento*) seinen Eid brechen

perjurio [per'xurjo] *m* ❶ (*jurar en falso*) Meineid *m*
❷ (*faltar al juramento*) Eidbruch *m*

perjuro, -a [per'xuro, -a] I. *adj* ❶ (*que jura en falso*) meineidig
❷ (*que falta al juramento*) eidbrüchig
II. *m, f* Person *f*, die einen Meineid leistet

perla ['perla] *f* ❶ (*joya*) Perle *f*; ~ **cultivada** Zuchtperle *f*; **Dubrovnik, la ~ del Adriático** Dubrovnik, die Perle der Adria
❷ (*persona*) Perle *f*, Juwel *nt*
❸ (*loc*): **eso viene de ~s** das kommt wie gerufen

perlado, -a [per'laðo, -a] *adj* ❶ (*color*) perlenfarben, perlweiß
❷ (*forma*) perlig, perlenförmig; **dientes ~s** Zähne wie Perlen
❸ (*lleno de gotas*) perlend; **tenía la frente perlada de sudor** Schweißtropfen perlten ihm/ihr auf der Stirn

perlé [per'le] *m* Perlgarn *nt*

perleche [per'letʃe] *m* (MED) Faulecke *f*, Perlèche *f*

perlesía [perle'sia] *f* ❶ (*enfermedad*) Lähmung *f*
❷ (*debilidad*) Gebrechlichkeit *f*

perlicultura [perliku'tura] *f* Perlenzucht *f*

perlífero, -a [per'lifero, -a] *adj* Perlen-

perlino, -a [per'lino, -a] *adj* perlenfarbig

perlongar [perloŋ'gar] <g→gu> *vi* (NÁUT) ❶ (*navegar a lo largo de la costa*) an der Küste entlangfahren
❷ (*extender un cabo*) ein Tau strecken

permafrost [perma'frost] *m* (GEO) Dauerfrostboden *m*, Permafrost *m*

permaná [perma'na] *m* (Bol: GASTR) hochwertiger Maiswein *m*

permanecer [permane'θer] *irr como crecer vi* ❶ (*estar*) bleiben, verbleiben *elev*; verweilen *elev*; ~ **quieto** stehen bleiben; ~ **invariable** [*o* **igual**] gleichbleiben; ~ **una semana en un lugar** sich eine Woche an einem Ort aufhalten
❷ (*quedarse, seguir*): **permanecí dormida** ich schlief weiter; **permanecí sentada** ich blieb sitzen

permanencia [perma'nenθja] *f* ❶ (*estancia*) Aufenthalt *m*, Verbleiben *nt*
❷ (*duración*) Dauerhaftigkeit *f*, Permanenz *f elev*; (*en hospital*) (Krankenhaus)aufenthalt *m*
❸ (*persistencia*) Beständigkeit *f*
❹ (*continuación*) Fortdauer *f*; **este año lucharemos para lograr la ~ en primera** (DEP) dieses Jahr werden wir kämpfen, um nicht in die zweite Liga abzusteigen

permanente [perma'nente] I. *adj* ständig, permanent; (*residencia*) dauernd, permanent; (*relación*) dauerhaft; (*lluvia*) anhaltend; (*ejército*) stehend; **comisión ~** ständiger Ausschuss; **estado ~** Dauerzustand *m*; **servicio ~** Bereitschaftsdienst *m*
II. *f* Dauerwelle *f*

permanganato [permaŋga'nato] *m* (QUÍM) Permanganat *nt*

permeabilidad [permeaβili'ðað] *f* Durchlässigkeit *f*, Permeabilität *f elev*

permeable [perme'aβle] *adj* durchlässig, permeabel *elev*; (*no hermético*) undicht; ~ **al agua** wasserdurchlässig

pérmico[1] ['permiko] *m* (GEO) Perm *nt*

pérmico, -a[2] ['permiko, -a] *adj* (GEO) permisch

permisible [permi'siβle] *adj* erlaubt, zulässig

permisión [permi'sjon] *f* Erlaubnis *f*

permisionario, -a [permisjo'narjo, -a] *m, f* (Am) Konzessionär(in) *m(f)*

permisividad [permisiβi'ðað] *f* Nachgiebigkeit *f*, Permissivität *f elev*; (*en lo moral*) Freizügigkeit *f*

permisivo, -a [permi'siβo, -a] *adj* nachgiebig, permissiv; (*en lo moral*) freizügig

permiso [per'miso] *m* ❶ (*aprobación*) Erlaubnis *f*; **con** (**su**) ~ mit Ihrer Erlaubnis, wenn Sie gestatten; **me dio ~ para hacerlo** er/sie erlaubte mir es zu tun; **pedir ~ a alguien** jdn um Erlaubnis bitten
❷ (*licencia*) Erlaubnis *f*, Genehmigung *f*; ~ **de caza** [*o* **para cazar**] Jagdschein *m*; ~ **de conducir** Führerschein *m*; ~ **especial** Sondergenehmigung *f*; ~ **de establecimiento público** Gaststättenerlaubnis *f*; ~ **de exportación/importación** Ausfuhr-/Einfuhrgenehmigung *f*; ~ **de imprimir** (TIPO) Imprimatur *f*; ~ **de pesca** [*o* **para pescar**] Angelschein *m*; ~ **de residencia** Aufenthaltserlaubnis *f*; ~ **de trabajo definido/indefinido** befristete/unbefristete Arbeitserlaubnis; ~ **para ver los archivos de la Stasi** Bewilligung zur Einsicht in die Stasiakten; **solicitar un ~ de trabajo** eine Arbeitserlaubnis beantragen
❸ (*vacaciones, t. MIL*) Urlaub *m*; **pedir ~** (MIL) Urlaub beantragen; **estar de ~** (MIL) auf Urlaub sein
❹ (*de las monedas*) Passiergewicht *nt*

permitir [permi'tir] I. *vt* ❶ (*consentir*) erlauben, gestatten; **¿me permite pasar/entrar/salir?** darf ich bitte durch/hinein/hinaus?; **si el tiempo lo permite** wenn das Wetter es erlaubt; **no está permitido fumar** Rauchen ist verboten [*o* nicht gestattet]; **si me permite la expresión** wenn ich mir den Ausdruck erlauben darf
❷ (*autorizar*) zulassen, genehmigen
❸ (*hacer posible*) ermöglichen; **si la salud lo permite** wenn die Gesundheit es gestattet [*o* zulässt]; **esta máquina permite trabajar el doble** mit dieser Maschine kann die doppelte Arbeitsleistung erbracht werden
❹ (*tolerar*) dulden, tolerieren; **no permito que me levantes la voz** diesen Ton lasse ich mir nicht gefallen
II. *vr:* **-se** ❶ (*atreverse*) sich *dat* erlauben; **me permito recordarle que...** ich erlaube mir Sie daran zu erinnern, dass ...
❷ (*lujo*) sich *dat* leisten, sich *dat* erlauben

permuta [per'muta] *f* (Aus)tausch *m*

permutabilidad [permutaβili'ðað] *f* Austauschbarkeit *f*

permutable [permu'taβle] *adj* austauschbar, permutabel *elev*

permutación [permuta'θjon] *f* (Aus)tausch *m*; (MAT) Permutation *f*

permutar [permu'tar] *vt* (aus)tauschen; (MAT) permutieren; (INFOR) auslagern

perna ['perna] *f* (ZOOL) Schinkenmuschel *f*

pernada [per'naða] *f* ❶ (*golpe*) Fußtritt *m*
❷ (HIST): **derecho de ~** Recht *nt* der ersten Nacht

pernear [perne'ar] *vi* ❶ (*piernas*) strampeln
❷ (*fam: moverse*) sich *dat* die Beine wund laufen
❸ (*fam: rabiar*) toben

pernera [per'nera] *f* Hosenbein *nt*

perneta [per'neta] *f*: **en ~s** mit nackten Beinen

pernicioso, -a [perni'θjoso, -a] *adj* schädlich (*para* für +*akk*); (MED) bösartig, perniziös *elev*

pernil [per'nil] *m* ❶ (*del pantalón*) Hosenbein *nt*
❷ (*del cerdo*) Keule *f*

pernio ['pernjo] *m* Angel *f*

perniosis [per'njosis] *f inv* (MED) Auftreten *nt* von Frostbeulen, Perniosis *f*

perniquebrar [pernike'βrar] <e→ie> I. *vt* die Beine brechen (*a* +*dat*)
II. *vr:* **-se** sich *dat* die Beine brechen

pernituerto, -a [perni'twerto, -a] *adj* krummbeinig

perno ['perno] *m* (TÉC: *con cabeza*) Bolzen *m*; (*sin cabeza*) Stift *m*; ~ **enroscado** Schraubenbolzen *m*

pernocta [per'nokta] *f* (MIL): **pase de ~** Ausgang *m* (um zu Hause zu übernachten)

pernoctación [pernokta'θjon] *f* Übernachtung *f*

pernoctar [pernok'tar] *vi* übernachten (*en* in +*dat*); ~ **bajo un puente** unter einer Brücke nächtigen

pero[1] ['pero] *conj* aber; (*sin embargo*) jedoch, trotzdem; **tenía que lle-**

pero gar antes ~ no encontré el camino ich hätte früher kommen sollen, aber ich fand den Weg nicht; ¡~ si todavía es una niña! sie ist doch noch ein Kind!; ¡~ si ya le conoces! du kennst ihn ja bereits!; ¿~ qué es lo que quieres? was willst du eigentlich?

pero² ['pero] *m* ❶ (*objeción*) Aber *nt;* **el proyecto tiene sus ~s** das Projekt hat so seine Tücken; **sin un ~** ohne Wenn und Aber; **poner ~s a algo** an etw *dat* etwas auszusetzen haben; **me fastidia que pongas ~s a todo** es ärgert mich, dass du an allem etwas auszusetzen hast; **¡no hay ~ que valga!** keine Widerrede!
❷ (*árbol*) Birnenapfelbaum *m*
❸ (*fruto*) Birnenapfel *m*

perogrullada [peroɣru'ʎaða] *f* Binsenweisheit *f*

perogrullesco, -a [peroɣru'ʎesko, -a] *adj*: **eso que dices es ~** das, was du sagst, ist eine Binsenweisheit

Perogrullo [pero'ɣruʎo] *m:* **verdad de ~** Binsenweisheit *f*

perol [pe'rol] *m* Kessel *m*

perola [pe'rola] *f* großer Kessel *m*

peroné [pero'ne] *m* (ANAT) Wadenbein *nt*

peronismo [pero'nismo] *m sin pl* (POL) Peronismus *m*

peronista [pero'nista] **I.** *adj* peronistisch
II. *mf* Peronist(in) *m(f)*

peroración [perora'θjon] *f* ❶ (*discurso*) Rede *f*
❷ (LIT) Peroration *f*

perorar [pero'rar] *vi* ❶ (*dar discurso*) eine Rede halten; (*pey*) salbadern
❷ (*fam: hablar*) palavern
❸ (*pedir*) inständig bitten

perorata [pero'rata] *f* (*pey*) Tirade *f*

peroxidación [peroɣsiða'θjon] *f* (QUÍM) Verbindung *f* mit Sauerstoff

peroxidar [peroɣsi'ðar] *vt* (QUÍM) mit Sauerstoff verbinden

peróxido [pe'roɣsiðo] *m* Peroxid *nt*

perpendicular [perpendiku'lar] **I.** *adj* senkrecht; (*pared*) lotrecht; (ARQUIT) perpendikular, perpendikulär
II. *f* Senkrechte *f*

perpendicularidad [perpendikulari'ðað] *f* senkrechte Lage *f*, Senkrechtstellung *f*

perpetración [perpetra'θjon] *f* Begehen *nt*, Begehung *f*, Verüben *nt*

perpetrador(a) [perpetra'ðor(a)] *m(f)* Täter(in) *m(f)*

perpetrar [perpe'trar] *vt* begehen; (*crimen*) verüben, begehen

perpetua [per'petwa] *f* (BOT) Immortelle *f*

perpetuación [perpetwa'θjon] *f* ❶ (*de recuerdo, memoria*) Wachhalten *nt*, Bewahrung *f*
❷ (*de situación*) Verewigung *f*
❸ (*de error, mentira*) Aufrechterhaltung *f*, Perpetuierung *f elev*
❹ (*de especie*) Fortleben *nt*

perpetuar [perpetu'ar] <1. pres: perpetúo> *vt* ❶ (*recuerdo, memoria*) wachhalten, bewahren
❷ (*situación*) verewigen
❸ (*error, mentira*) aufrechterhalten, perpetuieren *elev*
II. *vr:* **-se** fortleben; **este escritor se perpetúa en sus obras** dieser Schriftsteller lebt in seinen Werken fort

perpetuidad [perpetwi'ðað] *f* ❶ (*continuidad*) Beständigkeit *f*
❷ (*eternidad*) Ewigkeit *f;* **a ~** auf ewig; **condenar a ~** zu lebenslänglicher Freiheitsstrafe verurteilen
❸ (*de crédito*) Unkündbarkeit *f*

perpetuo, -a [per'petwo, -a] *adj* ❶ (*incesante*) fortwährend, beständig; **nieves perpetuas** ewiger Schnee
❷ (*vitalicio*) lebenslänglich; (*renta*) auf Lebenszeit; **cadena perpetua** lebenslängliche Freiheitsstrafe
❸ (*crédito*) unkündbar

perplejidad [perplexi'ðað] *f* Verwirrung *f*, Perplexität *f;* **~ legal** (JUR) Rechtsbetroffenheit *f*

perplejo, -a [per'plexo, -a] *adj* verwirrt, perplex *fam;* **me quedé ~ cuando me lo dijo** ich war wie vor den Kopf geschlagen, als er/sie mir es sagte

perra ['perra] *f* ❶ (ZOOL) Hündin *f*
❷ (*obstinación*) Fimmel *m fam*, Spleen *m*
❸ (*fam: rabieta*) Zornausbruch *m*, Koller *m;* **cogió una ~** ihn/sie packte die Wut
❹ (*fam: modorra*) Schläfrigkeit *f;* (*pereza*) Faulheit *f*
❺ (*puta*) Hure *f*
❻ (*fam: dinero*) Kohle *f;* **~ chica** Fünfcéntimomünze *f;* **~ gorda** Zehncéntimomünze *f;* **no tener una ~** völlig abgebrannt sein
❼ (*fam: borrachera*) Rausch *m*

perrada [pe'rraða] *f v.* **perrería**

perramente [perra'mente] *adv* (*fam*) miserabel; **lo está pasando ~ desde que le dejó la mujer** er leidet furchtbar, seitdem seine Frau ihn verlassen hat

perramus [pe'rramus] *m inv* (Arg, Bol, Urug: *impermeable*) Regenmantel *m*

perrera [pe'rrera] *f* ❶ (*casa del perro*) Hundehütte *f*
❷ (*edificio*) Hundezwinger *m*
❸ (*lacera*) Hundefängerin *f;* (*vehículo*) Wagen *m* des Hundefängers
❹ (*rabieta*) Zornausbruch *m*, Koller *m*
❺ (*trabajo*) Plackerei *f fam*, Schufterei *f fam*

perrería [perre'ria] *f* ❶ (*de perros*) (Hunde)meute *f*
❷ (*vileza*) (Hunds)gemeinheit *f*

perrero, -a [pe'rrero, -a] *m, f* Hundefänger(in) *m(f)*

perrilla [pe'rriʎa] *f* (Méx: *orzuelo*) Gerstenkorn *nt*

perrillo [pe'rriʎo] *m* ❶ (*de las armas de fuego*) Hahn *m*
❷ (*loc*): **~ de falda** Schoßhündchen *nt;* **es un ~ de todas bodas** (*fam*) er/sie tanzt auf allen Hochzeiten

perrito [pe'rrito] *m:* **~ caliente** Hotdog *m o nt*

perro¹ ['perro] *m* ❶ (ZOOL) Hund *m;* **~ de aguas** [*o* **de lanas**] Pudel *m;* **~ callejero** Promenadenmischung *f;* **~ faldero** Schoßhund *m;* **~ lazarillo** Blindenhund *m;* **~ pastor** Schäferhund *m;* **~ sarnoso** räudiger Hund; **¡cuidado con el ~!** Vorsicht, bissiger Hund!; **sacar al ~** mit dem Hund Gassi gehen *fam;* **echar** [*o* **soltar**] **los ~s a alguien** jdn fertig machen; **se llevan como el ~ y el gato** sie sind wie Hund und Katze; **¡venga ya, a otro ~ con ese hueso!** das kannst du deiner Großmutter erzählen!; **ser ~ un ~ fiel** (*fig*) sehr treu sein, eine treue Seele sein; **ser ~ viejo** ein alter Hase sein; **atar los ~s con longanizas** im Schlaraffenland leben; **ser como el ~ del hortelano** ein Spielverderber sein; **a ~ flaco todo son pulgas** (*prov*) ein Unglück kommt selten allein; **~ ladrador, poco mordedor**, **~ que ladra, no muerde** (*prov*) Hunde, die bellen, beißen nicht
❷ (*pey: persona*) Hund *m*, Schuft *m*
❸ (*pey: judío*) Jude *m;* (*moro*) Maure *m*
❹ (*loc*): **humor de ~s** Hundslaune *f;* **tiempo de ~s** Hundewetter *nt;* **morir como un ~** gottverlassen sterben

perro, -a² ['perro, -a] *adj* gemein; **no seas tan ~** sei nicht so gemein; **llevar una vida perra** ein Hundeleben führen

perruno, -a [pe'rruno, -a] *adj* Hunde-; **tengo el olfato ~** ich habe ein sehr feines Gespür

persa ['persa] **I.** *adj* persisch; **alfombra ~** Perserteppich *m*
II. *mf* Perser(in) *m(f)*

persecución [perseku'θjon] *f* ❶ (*de alguien*) Verfolgung *f;* **~ en coche** Autoverfolgungsjagd *f;* **~ jurídico-penal** (JUR) strafrechtliche Verfolgung; **~ penal** (JUR) Strafverfolgung *f*
❷ (*de fama, objetivo*) Streben *nt* (*de* nach +*dat*)
❸ (DEP): **carrera de ~** Verfolgungsrennen *nt*

persecutor(a) [perseku'tor(a)] *adj* verfolgend

persecutorio, -a [perseku'torjo, -a] *adj* Verfolgungs-; **tener manía persecutoria** an Verfolgungswahn leiden

perseguible [perse'ɣiβle] *adj* (JUR) strafrechtlich verfolgbar

perseguido, -a [perse'ɣiðo, -a] *m, f* Verfolgte(r) *mf*

perseguidor(a) [perseɣi'ðor(a)] **I.** *adj* verfolgend
II. *m(f)* Verfolger(in) *m(f)*

perseguimiento [perseɣi'mjento] *m v.* **persecución**

perseguir [perse'ɣir] *irr como* **seguir** *vt* ❶ (*a alguien*) verfolgen; **la policía persigue al fugitivo** die Polizei ist hinter dem Ausbrecher her; **me persigue la mala suerte** ich bin vom Pech verfolgt; **me persiguen los remordimientos** mich plagen Gewissensbisse
❷ (*contrato, chica*) hinterherlaufen, nachlaufen *fam;* **el jefe me persigue todo el día** mein Chef sitzt mir den ganzen Tag im Nacken
❸ (*fama, objetivo*) verfolgen, anstreben; **¿qué persigues con esto?** was willst du damit erreichen?

perseveración [perseβera'θjon] *f* (PSICO) Perseveration *f*

perseverancia [perseβe'ranθja] *f* ❶ (*insistencia*) Beharrlichkeit *f* (*en* bei +*dat*)
❷ (*en trabajo, actividad*) Ausdauer *f* (*en* bei +*dat*)
❸ (*firmeza*) Standhaftigkeit *f*

perseverante [perseβe'rante] *adj* ❶ (*insistente*) beharrlich
❷ (*constante*) ausdauernd
❸ (*firme*) standhaft

perseverar [perseβe'rar] *vi* ❶ (*insistir*) beharren (*en* auf +*dat*)
❷ (*mantener*) durchhalten; **~ en algo** bei etw *dat* nicht aufgeben

Persia ['persja] *f* Persien *nt*

persiana [per'sjana] *f* (*enrollable*) Rollo *nt*, Rouleau *nt;* (*plegable*) Jalousie *f*, Rollladen *m;* **enrollarse como una ~** (*fam*) ohne Ende plappern

pérsico¹ ['persiko] *m* (BOT: *árbol*) Pfirsichbaum *m;* (*fruto*) Pfirsich *m*

pérsico, -a² ['persiko, -a] *adj* persisch; **el golfo ~** der Persische Golf

persignarse [persiɣ'narse] *vr* sich bekreuzigen

pérsigo ['persiɣo] *m* (BOT) *v.* **pérsico¹**

persistencia [persis'tenθja] *f* ❶ (*insistencia*) Beharrlichkeit *f*, Hartnäckigkeit *f*
❷ (*perduración*) Anhalten *nt*, Fortdauern *nt*
❸ (*en trabajo, actividad*) Ausdauer *f*

persistente [persis'tente] *adj* ❶ (*persona*) beharrlich, hartnäckig

② (*acción*) anhaltend, fortdauernd; (*lluvia*) anhaltend; (*recuerdo, imagen*) bleibend

persistir [persis'tir] *vi* **①** (*insistir*) beharren (*en* auf +*dat*), bestehen (*en* auf +*dat*); **persistieron hasta conseguirlo** sie ließen nicht locker, bis sie es geschafft hatten

② (*perdurar*) anhalten, fortdauern; **las precipitaciones persisten** die Niederschläge dauern an

persona [per'sona] *f* Person *f*; ~ **de confianza** Vertrauensperson *f*; ~ **de contacto** Ansprechpartner *m*; ~ **divina** göttliche Person; ~ **natural** [*o* **física**] (JUR) natürliche Person; ~ **jurídica** (JUR) juristische Person; **primera** ~ erste Person; **en** ~ in Person, persönlich; ~ **con bajos ingresos** Einkommensschwache(r) *mf*; ~ (**non**) **grata** Persona (non) grata; **ser buena/mala** ~ ein guter/böser Mensch sein; **había muchas** ~**s** es waren viele Leute da; **no había ninguna** ~ **allí** kein Mensch war da, es war niemand da; **para entregar en** ~ zur persönlichen Zustellung; **se apareció en la** ~ **de...** er/sie erschien in der Gestalt von ...; **ese/esa es una** ~ **de cuidado** bei ihm/ihr ist Vorsicht geboten; **personación** [persona'θjon] *f* (JUR) persönliches Erscheinen *nt*

personaje [perso'naxe] *m* **①** (*personalidad*) Persönlichkeit *f*; ~ **de culto** Kultfigur *f*

② (TEAT, LIT) Figur *f*, Person *f*, Gestalt *f*

personajillo [persona'xiʎo] *m* unbedeutender Mensch *m*

personal¹ [perso'nal] I. *adj* (*característica, impresión, estilo, pregunta*) persönlich; (*dificultades*) personell; (*señas, datos*) Personen-; **bienes** ~**es** persönliches Vermögen; **datos** ~**es** Personalien *fpl*; **pronombre** ~ (LING) Personalpronomen *nt*, persönliches Fürwort; **recibir una llamada** ~ einen persönlichen Anruf erhalten

II. *m* **①** (*plantilla*) Personal *nt*; (*en empresa*) Belegschaft *f*; ~ **administrativo** Verwaltungsangestellte *pl*; ~ **de a bordo** (AERO) Flugzeugbesatzung *f*; ~ **docente** (ENS) Lehrkräfte *fpl*; ~ **eventual** Aushilfspersonal *nt*; ~ **fijo** Stammpersonal *nt*; ~ **de nuevo cuño** Nachwuchskräfte *fpl*; ~ **de tierra** (AERO) Bodenpersonal *nt*; **departamento de** ~ Personalabteilung *f*; **director de** ~ Personalchef *m*; **jefe de** ~ Personalleiter *m*; **la empresa quiere hacer reducción de** ~ der Betrieb will Personal abbauen

② (*fam: gente*) Leute *pl*

personal² [perso'nal] *f* (DEP) Foul *nt*

personalidad [personali'ðað] *f* **①** (*carácter*) Persönlichkeit *f*, Personalität *f elev*; **desarrollo de la** ~ Persönlichkeitsentwicklung *f*

② (*V.I.P.*) Persönlichkeit *f*

personalismo [persona'lismo] *m* **①** (POL) Personenkult *m*

② (FILOS) Personalismus *m*

③ (*alusión*) persönliche Anspielung *f*; **no tenemos que actuar con** ~**s** es gibt keinen Grund persönlich zu werden

personalista [persona'lista] I. *adj* (FILOS, PSICO) personalistisch

II. *mf* (FILOS, PSICO) Personalist(in) *m(f)*

personalización [personaliθa'θjon] *f* Personalisierung *f*

personalizar [personali'θar] <z→c> *vt* **①** (*aludir*) namentlich nennen

② (*hacer personal*) persönlich gestalten

personalmente [personal'mente] *adv* persönlich; **entregar** ~ persönlich [*o* eigenhändig] abgeben

personamiento [persona'mjento] *m* (JUR) *v.* **personación**

personarse [perso'narse] *vr* persönlich erscheinen (*en* bei +*dat*), vorsprechen (*en* bei +*dat*); ~ **en juicio** vor Gericht erscheinen; **persónese ante el director** melden Sie sich beim Chef; **el lunes tengo que personarme en el INEM** am Montag bin ich beim Arbeitsamt vorgeladen

personero, -a [perso'nero, -a] *m, f* (Am) Vertreter(in) *m(f)*; ~ **oficial** Regierungsvertreter *m*

personificación [personifika'θjon] *f* Verkörperung *f*, Personifizierung *f*; (*de cualidades*) Personifizierung *f*

personificar [personifi'kar] <c→qu> *vt* verkörpern, personifizieren; (*cualidades*) personifizieren; **personifica la maldad** er/sie ist die Bosheit in Person

personilla [perso'niʎa] *f dim de* **persona** (*fam*) Persönchen *nt*

perspectiva [perspek'tiβa] *f* **①** (*general*) Perspektive *f*; **desde esta** ~ **política** aus diesem politischen Blickwinkel

② (*vista*) Anblick *m*, Ansicht *f*, Perspektive *f*

③ *pl* (*posibilidad*) Aussichten *fpl*, Perspektiven *fpl*; ~**s de trabajo** Arbeitsaussichten *fpl*; **este producto tiene buenas** ~**s de mercado** dieses Produkt hat gute Marktchancen

④ (*distancia*): **aún no disponemos de la** ~ **adecuada para valorar este periodo** wir haben noch nicht die nötige Distanz, um diese Periode zu beurteilen

perspectivismo [perspekti'βismo] *m* (FILOS) Perspektivismus *m*

perspicacia [perspi'kaθja] *f* Scharfsinn *m*, Scharfsichtigkeit *f*

perspicaz [perspi'kaθ] *adj* **①** (*vista*) gut, scharf

② (*persona*) scharfsinnig

perspicuidad [perspikwi'ðað] *f* **①** (*transparencia*) Durchsichtigkeit *f*

② (*de estilo*) Deutlichkeit *f*, Klarheit *f*

perspicuo, -a [pers'pikwo, -a] *adj* **①** (*transparente*) durchsichtig

② (*estilo*) deutlich, klar; **una persona perspicua** ein Mensch, der sich deutlich [*o* klar] ausdrückt

persuadir [perswa'ðir] I. *vt* **①** (*inducir*) überreden; ~ **a alguien para que haga algo** jdn dazu bewegen, etw zu tun; **le** ~**é para que no haga el viaje** ich werde ihm die Reise ausreden

② (*convencer*) überzeugen

II. *vr*: ~**se** sich überzeugen (*de* von +*dat*)

persuasible [perswa'siβle] *adj* glaubhaft

persuasión [perswa'sjon] *f* **①** (*acto*) Überredung *f*; **empleó todo su poder de** ~ er/sie bot seine/ihre ganze Überredungskunst auf

② (*convencimiento*) Überzeugung *f*; **tener la** ~ **de que...** davon überzeugt sein, dass ...

persuasiva [perswa'siβa] *f* Überredungskunst *f*

persuasivo, -a [perswa'siβo, -a] *adj* überzeugend

persuasorio, -a [perswa'sorjo, -a] *adj v.* **persuasivo**

pertenecer [pertene'θer] *irr como crecer vi* **①** (*ser de*) gehören (*a* +*dat*); **esta casa me pertenece** dieses Haus gehört mir; **este terreno pertenece a la ciudad** dieses Grundstück gehört der Stadt; **esta cita pertenece a Hamlet** dieses Zitat stammt aus Hamlet

② (*tener obligación*): **a mí no me pertenece limpiar el baño** es ist nicht meine Aufgabe, das Bad sauber zu machen; **a ti te pertenece barrer** du bist für das Fegen zuständig, du bist mit Fegen dran

perteneciente [pertene'θjente] *adj* (da)zugehörig; **los países** ~**s a la ONU** die Mitglied(s)staaten der UNO; **todo lo** ~ **al caso** alles, was mit dem Fall zu tun hat; **un cuadro** ~ **a la colección de Thyssen** ein Gemälde aus der Thyssen-Sammlung

pertenencia [perte'nenθja] *f* **①** (*acción*) Zugehörigkeit *f*

② *pl* (*bienes*) Eigentum *nt*

③ *pl* (*accesorios*) Zubehör *nt*

pértica ['pertika] *f* (AGR) Längenmaß (*etwa 2,70 m*)

pértiga ['pertiγa] *f* **①** (*vara*) lange Stange *f*

② (DEP) Stabhochsprungstab *m*; **salto de** ~ Stabhochsprung *m*; **saltar con** ~ Stabhochsprung machen

③ (*de circo*) Perche *f*; **el número de la** ~ der Percheakt

④ (*de pesca*) Stake *f*

⑤ (TÉC): **la** ~ **del trole** der Stromabnehmer

pertiguista [perti'γista] *mf* (DEP) Stabhochspringer(in) *m(f)*

pertinacia [perti'naθja] *f* **①** (*de lluvia*) Andauern *nt*

② (*de persona*) Hartnäckigkeit *f*, Halsstarrigkeit *f*

pertinaz [perti'naθ] *adj* **①** (*lluvia, tos*) anhaltend

② (*persona*) hartnäckig, halsstarrig

pertinencia [perti'nenθja] *f* **①** (*oportuno*) Angemessenheit *f*, Opportunität *f*

② (*de datos*) Sachdienlichkeit *f*; (*de pregunta*) Sachbezogenheit *f*

pertinente [perti'nente] *adj* **①** (*oportuno*) angemessen, opportun

② (*datos, indicación*) sachdienlich; (*pregunta, comentario*) sachbezogen

③ (*relativo*): **en lo** ~ **a...** was ... betrifft [*o* anbelangt]

pertrechar [pertre'tʃar] I. *vt* ausrüsten

II. *vr*: ~**se** (*de alimentos*) sich versehen (*de/con* mit +*dat*), sich versorgen (*de/con* mit +*dat*); (*de equipamiento, t.* MIL) sich ausrüsten (*de/con* mit +*dat*)

pertrechos [per'tretʃos] *mpl* Ausrüstung *f*; ~ **de guerra** Kriegsausrüstung *f*

perturbable [pertur'βaβle] *adj* leicht aus der Ruhe [*o* aus dem Gleichgewicht] zu bringen

perturbación [perturβa'θjon] *f* **①** (*social*) Unruhe *f*

② (MED, METEO) Störung *f*; ~ **mental** Geistesstörung *f*

③ (TÉC) (technische) Störung *f*

perturbado, -a [pertur'βaðo, -a] I. *adj* geistesgestört

II. *m, f*: ~ (**mental**) Geistesgestörte(r) *m*

perturbador(a) [perturβa'ðor(a)] I. *adj* **①** (*noticia*) beunruhigend

② (*ruido*) (ruhe)störend

II. *m(f)* **①** (*por hacer ruido*) Ruhestörer(in) *m(f)*

② (*por alborotar*) Unruhestifter(in) *m(f)*

perturbar [pertur'βar] *vt* **①** (*a alguien: confundir*) verwirren; (*alterar*) aus der Ruhe bringen, aufregen; ~ **mentalmente a alguien** jdn geistig verwirren; **el ruido de la calle perturbaba al orador** der Lärm auf der Straße störte den Redner

② (*algo*) stören; **la declaración del ministro ha perturbado la Bolsa** die Erklärung des Ministers hat zu Irritationen an der Börse geführt

Perú [pe'ru] *m* Peru *nt*; **esta casa vale un** ~ dieses Haus ist sehr wertvoll

peruanismo [perwa'nismo] *m* (LING) Peruanismus *m*, peruanische Redeweise *f*

peruano, -a [pe'rwano, -a] I. *adj* peruanisch

II. *m, f* Peruaner(in) *m(f)*

peruétano [pe'rwetano, -a] *m* **①** (BOT) Holzbirne *f*

② (*parte saliente de algo*) Vorsprung *m*

perversidad [perβersi'ðað] f ❶ (*maldad*) Bösartigkeit f
❷ (*sexual*) Perversität f
perversión [perβer'sjon] f ❶ (*acción*) Pervertierung f; ~ **de las costumbres** Sittenverfall m; ~ **de menores** Verführung von Minderjährigen
❷ (*estado, cualidad*) Perversion f, Verdorbenheit f
perverso, -a [per'βerso, -a] adj ❶ (*malo*) böse, ruchlos
❷ (*moral*) verkommen
❸ (*sexual*) pervers, abartig
pervertido, -a [perβer'tiðo, -a] I. adj verdorben, abartig, pervers
II. m, f Perverse(r) mf
pervertidor(a) [perβerti'ðor(a)] m(f) Verführer(in) m(f)
pervertimiento [perβerti'mjento] m Pervertierung f; (*de menores*) Verführung f; (*de costumbres*) Verfall m
pervertir [perβer'tir] irr como sentir I. vt ❶ (*costumbres*) verderben
❷ (*a alguien*) verführen
❸ (*corromper*) pervertieren
II. vr: ~se ❶ (*en costumbres, ideología*) pervertieren
❷ (*depravarse*) verkommen, unter die Räder kommen fam
❸ (*corromperse*) korrupt werden
pervigilio [perβi'xiljo] m ständige Schlaflosigkeit f
pervinca [per'βiŋka] f (BOT) Kleines Immergrün nt
pervivencia [perβi'βenθja] f Weiterleben nt
pervivir [perβi'βir] vi weiterleben, am Leben bleiben
pesa ['pesa] f ❶ (*peso*) Gewicht nt; ~ **del reloj** Uhrgewicht nt
❷ (DEP) Hantel f; **hacer (entrenamiento de)** ~**s** Krafttraining machen; **levantamiento de** ~**s** Gewichtheben nt
pesabebés [pesaβe'βes] m inv Babywaage f
pesacartas [pesa'kartas] m inv Briefwaage f
pesada [pe'saða] f ❶ (*acción de pesar*) Wiegen nt
❷ (*cantidad que se pesa*) Wiegemenge f
pesadez [pesa'ðeθ] f ❶ (*de objeto*) Schwere f
❷ (*de movimiento*) Schwerfälligkeit f
❸ (*de sueño*) Tiefe f
❹ (*de tarea*) Lästigkeit f
❺ (*de persona*) Aufdringlichkeit f
❻ (*de viaje*) Mühsamkeit f
❼ (*de lectura*) Langatmigkeit f
❽ (*de dibujo*) Überladung f
pesadilla [pesa'ðiʎa] f Alptraum m
pesado, -a [pe'saðo, -a] adj ❶ (*objeto*) schwer
❷ (*movimiento*) schwerfällig
❸ (*sueño*) bleiern; **tengo la cabeza pesada** ich habe einen schweren Kopf; **tengo el estómago** ~ das Essen liegt mir schwer im Magen
❹ (*tarea, moscas*) lästig; **hacer un diccionario es** ~ ein Wörterbuch zu schreiben ist eine langwierige Angelegenheit
❺ (*persona: insistente*) aufdringlich, lästig, (*aburrido*) langweilig
❻ (*tiempo*) schwül, drückend
❼ (*viaje*) mühsam, lang
❽ (*lectura*) langatmig
❾ (*dibujo*) schnörkelig
pesadumbre [pesa'ðumbre] f Kummer m, Leid nt
pesaje [pe'saxe] m Wiegen nt
pésame ['pesame] m Beileid nt; **dar el** ~ das Beileid aussprechen; **reciba mi más sincero** ~ **por la muerte de su hermana** zum Tod Ihrer Schwester möchte ich Ihnen mein aufrichtiges Beileid [*o* meine aufrichtige Anteilnahme] aussprechen
pesantez [pesan'teθ] f Schwere f
pesar [pe'sar] I. vi ❶ (*tener peso*) wiegen; **esta caja pesa mucho** diese Kiste ist sehr schwer; **pon encima lo que no pese** stell die leichten Sachen oben drauf
❷ (*cargo, responsabilidad*) (schwer) lasten (auf +*dat*); **le pesan los problemas** die Probleme belasten ihn/sie sehr
❸ (*hipoteca*) lasten (*sobre* auf +*dat*)
II. vt ❶ (*objeto*) wiegen; (*cantidad concreta*) auswiegen; **hoy me he pesado** ich habe mich heute gewogen; **¿me puede** ~ **la fruta?** können Sie mir das Obst bitte auswiegen?
❷ (*ventajas*) abwägen
❸ (*disgustar*) bereuen; **me pesa haberte mentido** ich bedaure es, dich belogen zu haben; **mal que te pese...** ob es dir nun gefällt oder nicht, ...; **pese a quien pese** egal, was es kostet; **pese a que...** obwohl ...
III. m ❶ (*pena*) Kummer m; **muy a** ~ **mío** zu meinem großen Bedauern
❷ (*remordimiento*) Gewissensbisse mpl
❸ (*loc*): **a** ~ **de...** trotz +*gen*; **a** ~ **de ella** trotz ihrer; **a** ~ **de todo lo quiere intentar** er/sie will es trotzdem [*o* trotz allem] versuchen
pesario[1] [pe'sarjo] m (MED) Pessar nt, Mutterring m; ~ **anticonceptivo** Pessar zur Empfängnisverhütung
pesaroso, -a [pesa'roso, -a] adj ❶ (*afligido*) traurig, bekümmert; **está** ~ **por haberlo dicho** er bedauert (es) sehr, es gesagt zu haben

❷ (*disgustado*) verärgert
❸ (*preocupado*) besorgt
PESC [pesk] f (UE) abr de **Política Exterior y de Seguridad Común** Gemeinsame Außen- und Sicherheitspolitik f
pesca ['peska] f ❶ (*acción*) Fischfang m; **ir de** ~ auf Fischfang gehen; **vivir de la** ~ vom Fischfang leben
❷ (*oficio, industria*) Fischerei f; ~ **de altura** Hochseefischerei f; ~ **de bajura** Küstenfischerei f
❸ (*captura*) Fang m
pescadera [peska'ðera] f v. **pescadero**
pescadería [peskaðe'ria] f ❶ (*tienda*) Fischgeschäft nt
❷ (*mercado*) Fischmarkt m
pescadero, -a [peska'ðero, -a] m, f Fischhändler(in) m(f)
pescadilla [peska'ðiʎa] f (ZOOL) junger Seehecht m
pescado [pes'kaðo] m Fisch m
pescador(a) [peska'ðor(a)] m(f) ❶ (*de caña*) Angler(in) m(f)
❷ (*de mar*) Fischer(in) m(f)
pescadora [peska'ðora] f ❶ (*persona*) v. **pescador**
❷ (*camisa*) Hemd mit geschnürtem Ausschnitt
pescante [pes'kante] m ❶ (NÁUT) Davit m
❷ (*de carruaje*) Kutschbock m, Kutschersitz m
❸ (TEAT) Bühnenmaschine f
❹ (*de grúa*) Ausleger m
pescar [pes'kar] <c→qu> vt ❶ (*con caña*) angeln, fischen; (*en barco*) fischen; **ir a** ~ **sardinas** auf Sardinenfang gehen
❷ (*resfriado*) sich *dat* zuziehen [*o* holen]
❸ (*fam: novio*) sich *dat* angeln
❹ (*fam: entender*) kapieren
❺ (*loc*): **¡te he pescado!** ich habe dich erwischt!
pescozón [pesko'θon] m Schlag m ins Genick
pescozudo, -a [pesko'θuðo, -a] adj stiernackig
pescuezo [pes'kweθo] m Nacken m, Genick nt; **retorcer el** ~ **a alguien** jdm den Hals umdrehen; **sacar el** ~ hochnäsig sein; **salvar el** ~ den Hals aus der Schlinge ziehen
pese ['pese] adv: ~ **a** trotz +*gen*
pesebre [pe'seβre] m ❶ (*para animales*) Krippe f
❷ (*de Navidad*) Weihnachtskrippe f
pesero [pe'sero] m (*Méx*) kollektives Taxi nt (*mit fester Fahrstrecke und dem Einheitstarif von einem Peso*)
peseta [pe'seta] f Peseta f, Pesete f; **cambiar la** ~ (*fam*) kotzen
pesetero, -a [pese'tero, -a] m, f Raffke m fam; **este comerciante es un** ~ dieser Kaufmann denkt nur ans Geld
pesillo [pe'siʎo] m Goldwaage f
pesimismo [pesi'mismo] m sin pl Pessimismus m; **en el mercado reina un gran** ~ auf dem Markt herrscht großer Pessimismus
pesimista [pesi'mista] I. adj pessimistisch
II. mf Pessimist(in) m(f)
pésimo, -a ['pesimo, -a] I. superl de **malo**
II. adj sehr [*o* äußerst] schlecht
peso ['peso] m ❶ (*de objeto*) Gewicht nt; ~ **neto/bruto** Netto-/Bruttogewicht nt; ~ **atómico/molecular** Atom-/Molekulargewicht nt; **he cogido/perdido** ~ ich habe zugenommen/abgenommen; **¿qué** ~ **tiene?** wie schwer ist es?, wie viel wiegt es?; **vender a** ~ nach Gewicht verkaufen; **comprar a** ~ **de oro** zu einem überhöhten Preis kaufen; **eso cae de** [*o* **por**] **su propio** ~ das liegt auf der Hand
❷ (*pesadez*) Schwere f; **tener** ~ **en las piernas** schwere Beine haben
❸ (*importancia*) Gewicht nt, Bedeutung f; **es un gran** ~ **dentro de la empresa** er/sie ist in der Firma ein großes Tier; **este país adquiere cada vez más** ~ dieses Land gewinnt zunehmend an Bedeutung; **tener una razón de** ~ einen gewichtigen Grund haben
❹ (*carga*) Last f; **llevar el** ~ **de algo** die Verantwortung für etw tragen; **me saco un** ~ **de encima** mir fällt ein Stein vom Herzen
❺ (DEP: *bola*) Kugel f; **lanzamiento de** ~ Kugelstoßen nt; **lanzador de** ~ Kugelstoßer m
❻ (DEP: *boxeo*): ~ **gallo/ligero/mosca/pluma/medio/pesado** Bantam-/Leicht-/Fliegen-/Feder-/Mittel-/Schwergewicht nt
❼ (*moneda*) Peso m
pespuntar [pespun'tar] vt (ab)steppen
pespunte [pes'punte] m ❶ (*acción*) Steppen nt
❷ (*costura*) Steppnaht f
❸ (*puntada*) Steppstich m
pespunt(e)ar [pespun'tar/pespunte'ar] vt (ab)steppen
pesquería [peske'ria] f ❶ (*acción*) Fischen nt
❷ (*industria*) Fischereiwesen nt
❸ (*lugar*) Fischgrund m
pesquero[1] [pes'kero] m Fischdampfer m
pesquero, -a[2] [pes'kero, -a] adj Fischer-; **barco** ~ Fischerboot nt
pesquis ['peskis] m sin pl (*fam*) Grips m
pesquisa[1] [pes'kisa] f Nachforschung f; (*de la policía*) Ermittlung f;

pesquisa hacer ~s Nachforschungen anstellen
pesquisa² [pes'kisa] *m* (*Arg, Ecua, Par*) Geheimpolizist *m*
pesquisar [peski'sar] *vt* ermitteln (in +*dat*)
pesquisidor(a) [peskisi'ðor(a)] *m(f)* Ermittlungsbeamte(r), -in *m, f*
pestaña [pes'taɲa] *f* ❶ (ANAT) Wimper *f*; ~ **postiza** künstliche Wimper; **quemarse las ~s** (*fig*) die ganze Nacht büffeln [*o* pauken]
❷ (*de costura*) Franse *f*
❸ (TÉC) Spurkranz *m*
pestañ(e)ar [pesta'ɲar/pestaɲe'ar] *vi* blinzeln; **escuchó la sentencia sin ~** er/sie zuckte nicht einmal mit der Wimper, als er/sie das Urteil hörte
pestañeo [pesta'ɲeo] *m* Blinzeln *nt*
pestañí [pesta'ɲi] *f* (*argot*) Schmiere *f*, Polente *f*
pestazo [pes'taθo] *m* (*fam*) Pestgeruch *m*
peste ['peste] *f* ❶ (*enfermedad*) Pest *f*; ~ **bubónica** Beulenpest *f*; ~ **porcina** Schweinepest *f*
❷ (*olor*) Pestgeruch *m*; **aquí hay una ~ increíble** hier stinkt es wie die Pest
❸ (*plaga*) Plage *f*; ~ **de mosquitos** Mückenplage *f*
❹ (*loc*): **echar ~s de alguien** jdn schlecht machen
pesticida [pesti'θiða] *m* Schädlingsbekämpfungsmittel *nt*, Pestizid *nt*
pestífero, -a [pes'tifero, -a] *adj* ❶ (*contagioso*) pesterregend
❷ (*fétido*) übel riechend
❸ (*pernicioso*) schädlich
pestilencia [pesti'lenθja] *f* ❶ (*enfermedad*) Pest *f*
❷ (*mal olor*) Gestank *m*
pestilencioso, -a [pestilen'θjoso, -a] *adj* pestartig, pestilenzialisch *fam*
pestilente [pesti'lente] *adj v.* **pestífero**
pestillo [pes'tiʎo] *m* ❶ (*de puerta*) Türriegel *m*; (*ventana*) Fensterriegel *m*; **echar el ~** verriegeln
❷ (*de la cerradura*) Falle *f*; ~ **de golpe** Schnappschloss *nt*
pestiño [pes'tiɲo] *m* (GASTR) ≈Krepp *f* mit Honig
pesto ['pesto] *m* (*CSur*) ❶ (GASTR) Basilikumsoße mit Knoblauch und Walnüssen
❷ (*fam: paliza*) Tracht *f* Prügel; **dar un ~ a alguien** (*naipes*) jdn völlig abzocken
pestorejo [pesto'rexo] *m* dicker Nacken *m*, Stiernacken *m*
petaca [pe'taka] *f* ❶ (*para cigarros*) Zigarrenetui *nt*; (*para tabaco*) Tabakbeutel *m*
❷ (*Am: caja*) Lederkoffer *m*; (*baúl*) Schrankkoffer *m*; (*cesto*) (Weiden)korb *m*
❸ (*AmC: joroba*) Buckel *m*
❹ (*loc*): **hacer la ~** einen Scherz machen, der darin besteht, die Bettlaken und -decken des Betts so zu falten, dass man sich nicht ausstrecken kann
petacón, -ona [peta'kon, -ona] *adj* ❶ (*CSur, Méx, Perú: rechoncho*) pummelig
❷ (*Col: remolón*) schwerfällig
❸ (*Méx: nalgudo*) mit einem dicken Gesäß
pétalo ['petalo] *m* (BOT) Blütenblatt *nt*
petanca [pe'taŋka] *f* Boccia *f o nt*
petaquear [petake'ar] I. *vi, vr:* **~se** (*Col: desmayar*) ohnmächtig werden; (*aflojar*) nachlassen
II. *vt* ❶ (*Col: embrollar*) verwickeln
❷ (*Méx: embalar en petacas*) in Koffer packen
petar [pe'tar] *vi* (*argot*) gefallen
petardazo [petar'ðaθo] *m* (großer) Knall *m*
petardear [petarðe'ar] *vt* ❶ (*tirar petardos*) (auf)sprengen
❷ (*dinero*) sich *dat* borgen (*mit dem Vorsatz, es nicht zurückzugeben*)
petardo [pe'tarðo] *m* ❶ (*cohete*) Sprengkörper *m*; (*de fiesta*) Böller *m*; **tirar ~s** böllern
❷ (*estafa*) Schwindel *m*, Betrug *m*; **pegar un ~ a alguien** jdn übers Ohr hauen
❸ (*loc*): **alguien es un ~** jd ist hässlich wie die Nacht; **algo es un ~** etw ist stinklangweilig
petate [pe'tate] *m* ❶ (*de soldado*) Gepäck *nt*; (*de marinero*) Seesack *m*; **ha liado el ~** er/sie hat sein/ihr Bündel geschnürt
❷ (*estera*) Schlafmatte *f*
❸ (*insignificante*) armer Kerl *m*
❹ (*fam: despreciable*) Schuft *m*, Schurke *m*
❺ (*fam: embustero*) Betrüger *m*, Schwindler *m*
petateada [petate'aða] *f* ❶ (*Hond: insulto*) Beleidigung *f*
❷ (*Méx: muerte*) Tod *m*
petatearse [petate'arse] *vr* (*Méx: morirse*) sterben
petenera [pete'nera] *f*: **salirse por ~s** abschweifen
petequia [pe'tekja] *f* (MED) Kapillarblutung *f*
peteribí [peteri'βi] *m* (*CSur*) südamerikanischer Baum, der hochwertiges Holz für die Möbelherstellung liefert
petición [peti'θjon] *f* ❶ (*ruego*) Bitte *f*; (*formal*) Ersuchen *nt*; ~ **de asilo** Asylbegehren *nt*; ~ **de informes** Anfrage *f*; ~ **de patente** (ECON, JUR) Patentantrag *m*; ~ **de quiebra** (ECON, JUR) Antrag auf Eröffnung des Konkursverfahrens; **a ~ de...** auf Ersuchen von ...; **¿has hecho ya la ~ de mano?** hast du schon um die Hand deiner Freundin angehalten?
❷ (*escrito*) Gesuch *nt*, Petition *f*; (*a alta instancia*) Bittgesuch *nt*; ~ **de recusación** (JUR) Ablehnungsgesuch *nt*
❸ (*solicitud*) Antrag *m*; (JUR) Klageantrag *m*; ~ **de apertura de la vista oral** Antrag auf Eröffnung des Hauptverfahrens; ~ **de liberación de orden penal** Antrag auf Erlass eines Strafbefehls; ~ **de sobreseimiento** Antrag auf Verfahrenseinstellung; ~ **de reanudación del procedimiento** Antrag auf Wiederaufnahme des Verfahrens
peticionar [petiθjo'nar] *vt* (*Am*) einen Antrag stellen (auf), ein Gesuch einreichen (für)
peticionario, -a [petiθjo'narjo, -a] I. *adj* antragstellend
II. *m, f* ❶ (*solicitante*) Antragsteller(in) *m(f)*; ~ **de asilo** Asylbewerber *m*
❷ (*que pide*) Bittsteller(in) *m(f)*
petimetre [peti'metre] *m* Geck *m*, Stutzer *m*
petirrojo [peti'rroxo] *m* (ZOOL) Rotkehlchen *nt*
petiso¹ [pe'tiso] *m* (*Arg, Urug*) kleines Pferd *nt*, Pony *nt*
petiso, -a² [pe'tiso, -a] I. *adj* (*Arg, Urug*) ❶ (*pequeño*) klein; (*muy pequeño*) winzig
❷ (*enano*) kleinwüchsig
II. *m, f* kleinwüchsige Person *f*
petisú [peti'su] *m* <petisú(e)s> *m* Gebäckstück mit Sahnefüllung
petitorio, -a [peti'torjo, -a] *adj* Bitt-; **carta petitoria** Bittbrief *m*
petitum [pe'titun] *m* (JUR) Klag(e)erhebung *f*
petizo, -a [pe'tiθo, -a] *adj o m, f v.* **petiso²**
peto ['peto] *m* ❶ (*de armadura*) Brustpanzer *m*
❷ (*de bebé*) Latz *m*, Lätzchen *nt*
❸ (DEP) Brustschutz *m*
❹ (*de delantal*) Latz *m*
❺ (ZOOL) Bauchpanzer *m*
petral [pe'tral] *m* Brustriemen *m*
petrarquismo [petrar'kismo] *m* (LIT) Petrarkismus *m*
petrel [pe'trel] *m* (ZOOL) Sturmvogel *m*
pétreo, -a ['petreo, -a] *adj* ❶ (*como piedra*) steinartig
❷ (*pedregoso*) steinig
❸ (*duro*) steinhart
petrificación [petrifika'θjon] *f* Versteinerung *f*
petrificado, -a [petrifi'kaðo, -a] *adj* versteinert, petrifiziert *elev*; **me quedé ~** ich war wie versteinert
petrificar [petrifi'kar] <c→qu> I. *vt* ❶ (*convertir en piedra*) versteinern, petrifizieren *elev*
❷ (*a alguien*) erstarren lassen
II. *vr:* **~se** zu Stein werden
petrodólar [petro'ðolar] *m* Petrodollar *m*
petrogénesis [petro'xenesis] *f inv* (GEO) Gesteinsbildung *f*, Petrogenese *f*
petrografía [petroɣra'fia] *f* (GEO) beschreibende Gesteinskunde *f*, Petrographie *f*
petrolear [petrole'ar] I. *vi* (*buque*) auftanken
II. *vt* (*pulverizar*) mit Petroleum besprühen; (*bañar*) in Petroleum tränken
petróleo [pe'troleo] *m* ❶ (*carburante*) (Erd)öl *nt*; **derivados del ~** Erdölderivate *ntpl*; **país exportador de ~** (Erd)öl exportierendes Land; **pozo de ~** Ölfeld *nt*; **precio del ~** (Erd)ölpreis *m*
❷ (*de lámpara*) Petroleum *nt*; **lámpara de ~** Petroleumlampe *f*
petroleoquímico, -a [petroleo'kimiko, -a] *adj* petrolchemisch
petrolero¹ [petro'lero] *m* (*barco*) (Erdöl)tanker *m*
petrolero, -a² [petro'lero, -a] I. *adj* ❶ (*del carburante*) (Erd)öl-
❷ (*de la lámpara*) Petroleum-
II. *m, f* (*persona*) Brandstifter(in) *m(f)*
petrolífero, -a [petro'lifero, -a] *adj* ölhaltig; **campo ~** (Erd)ölfeld *nt*; **industria petrolífera** (Erd)ölindustrie *f*; **plataforma petrolífera** Ölplattform *f*; **yacimiento ~** Erdölvorkommen *nt*
petrología [petrolo'xia] *f* (GEO) Gesteinskunde *f*, Petrologie *f*
petroquímica [petro'kimika] *f sin pl* Petrolchemie *f*, Erdölchemie *f*
petroquímico, -a [petro'kimiko, -a] *adj* petrolchemisch, Öl verarbeitend
petulancia [petu'lanθja] *f* ❶ (*arrogancia*) Anmaßung *f*, Arroganz *f*, Selbstgefälligkeit *f*
❷ (*insolencia*) Unverschämtheit *f*, Zumutung *f*
petulante [petu'lante] *adj* ❶ (*arrogante*) anmaßend, arrogant; (*creído*) selbstgefällig, eingebildet
❷ (*insolente*) unverschämt
petunia [pe'tunja] *f* (BOT) Petunie *f*
peúco [pe'uko] *m* Babyschuh *m*
peuco ['peuko] *m* (*Chil:* ZOOL) eine Art Sperber, der sich von kleinen

Vögeln und Eidechsen ernährt
peumo ['peumo] *m* (*Chil:* BOT) Lorbeergewächs mit essbarer Frucht
peyorativo, -a [peʝora'tiβo, -a] *adj* pejorativ, abwertend
peyote [pe'ʝote] *m* (*Am*) Peyote *m*
pez¹ [peθ] *m* (ZOOL) Fisch *m;* ~ **espada/martillo** Schwert-/Hammerfisch *m;* ~ **gordo** (*fig*) dicker Fisch; **estar como el ~ en el agua** sich fühlen wie ein Fisch im Wasser, sich pudelwohl fühlen; **estar ~ en español** kein Wort Spanisch sprechen; **ese es un buen ~** der ist ein gerissener Bursche
pez² [peθ] *f* ❶ (*betún*) Pech *nt*, Baumharz *nt;* **dar la ~** (*fam*) ein Hammer sein
❷ (*excremento*) Kindspech *nt*
pezón [pe'θon] *m* ❶ (BOT) Stiel *m*
❷ (*de mujer*) Brustwarze *f*
❸ (*de animal*) Zitze *f*
pezuña [pe'θuɲa] *f* ❶ (*de león, águila*) Klaue *f;* (*de caballo, asno*) Huf *m*
❷ *pl* (*fam: de persona*) Quanten *pl*
PHN [plan iðro'loxiko naθjo'nal] *abr de* **Plan Hidrológico Nacional** staatlicher Plan *m* zur Wasserversorgung
pi [pi] *f* (MAT) Pi *nt*
piada ['pjaða] *f* ❶ (*de piar*) Piepen *nt*
❷ (*fam: expresión*) übernommener Ausdruck *m;* **tiene muchas ~s de su maestro** er/sie hat viele Ausdrücke von seinem/ihrem Lehrmeister übernommen
piadoso, -a [pja'ðoso, -a] *adj* ❶ (*misericordioso*) barmherzig; (*bondadoso*) gutherzig
❷ (*devoto*) fromm
piafar [pja'far] *vi* (*equitación*) piaffieren
pialar [pja'lar] *vt* (*Am*) (an den Beinen) mit dem Lasso einfangen
pianísimo [pja'nisimo] *adv* (MÚS) pianissimo
pianista [pja'nista] *mf* Klavierspieler(in) *m(f);* (*profesional*) Pianist(in) *m(f)*
pianístico, -a [pja'nistiko, -a] *adj* ❶ (*técnico*) pianistisch
❷ (*recital, velada*) Klavier-; **composición pianística** Klavierkomposition *f*
piano [pi'ano] I. *m* Klavier *nt;* ~ **de cola** Flügel *m;* **concierto de ~** Klavierkonzert *nt*
II. *adv* (MÚS) piano
pianoforte [piano'forte] *m* (MÚS) Klavier *nt*
pianola [pja'nola] *f* (MÚS) Pianola *nt*
piante [pi'ante] *adj:* **ni ~ ni mamante** (*fam*) kein lebendes Wesen
piar [pi'ar] < *1. pres:* pío > *vi* ❶ (*pollo*) piep(s)en
❷ (*clamar*): **~ por algo** sich *dat* etw brennend wünschen
piara [pi'ara] *f* Schweineherde *f*
piastra [pi'astra] *f* Piaster *m*
PIB [pei'βe] *m abr de* **Producto Interior Bruto** BIP *nt*
pibe, -a ['piβe, -a] *m, f* (*Arg: chico*) Junge *m;* (*chica*) Mädchen *nt*
piberío [piβe'rio] *m* (*Arg*) Gruppe *f* Jungen
pibil [pi'βil] *m* (*Méx*) Erdofen *m*
pica ['pika] *f* ❶ (*lanza*) Spieß *m*, Lanze *f;* (HIST) Pike *f;* (TAUR) Lanze *f*
❷ (*soldado*) Pikenier *m*
❸ (*de cartas*) Pik *nt*
❹ (MED) Parorexie *f*
❺ (*loc*): **si consigue lo que se ha propuesto, ha puesto una** (**buena**) **~ en Flandes** wenn er/sie erreicht, was er/sie sich *dat* vorgenommen hat, hat er/sie Beachtliches geleistet
picabueyes [pikaˈβueʝes] *m inv* (ZOOL) Vogelart, die auf Büffeln sitzt und sich von deren Parasiten ernährt
picacho [pi'katʃo] *m* Bergspitze *f*
picada [pi'kaða] *f* ❶ (*de avispa*) Stich *m;* (*de serpiente*) Biss *m;* (*de pez*) Anbiss *m*
❷ (*CSur: tapas*) Häppchen *nt*
picadero [pika'ðero] *m* ❶ (*para caballos*) Reitbahn *f*, Reithalle *f;* (*escuela*) Reitschule *f*
❷ (NÁUT) Stapel *m*
❸ (*de soltero*) Junggesellenbude *f*
❹ (*fam: habitación para tener relaciones sexuales*) heimliches Liebesnest *nt*
picadillo [pika'ðiʎo] *m* ❶ (GASTR) Haschee *nt;* **hacer ~ a alguien** (*fam*) aus jdm Hackfleisch machen
❷ (*para embutido*) Wurstfüllung *f;* (*para salchichas*) Brät *nt*
❸ (*carne*) Hackfleisch *nt*
picado¹ [pi'kaðo] *m* ❶ (*picadillo*) Haschee *nt*
❷ (*de avión*) Sturzflug *m;* **las acciones cayeron en ~** die Aktien fielen ins Bodenlose; **su fama ha caído en ~** sein/ihr Stern ist rapide gesunken
❸ (MÚS) Stakkato *nt*
picado, -a² [pi'kaðo, -a] *adj* ❶ (*con picaduras: abrigo*) mottenzerfressen, durchlöchert; (*fruta*) angefressen, angenagt; (*muela*) faul; (*cara*) pockennarbig; **carne picada** Hackfleisch *nt;* **tabaco ~** Grobschnitt *m;* **el vino está ~** der Wein hat einen Stich
❷ (*con agujeros*) durchlöchert
❸ (*mar*) kabbelig
❹ (*fam: enfadado*) pikiert
picador [pika'ðor] *m* ❶ (*adiestrador*) Zureiter(in) *m(f)*
❷ (TAUR) Pikador *m*
❸ (MIN) Hauer *m*
picadora [pika'ðora] *f* Fleischwolf *m*
picadura [pika'ðura] *f* ❶ (*con punzón*) Stechen *nt;* (*con pico*) Picken *nt*
❷ (*de avispa*) Stich *m;* (*de serpiente*) Biss *m*
❸ (*en ropa*) Mottenloch *nt;* (*en metal*) angefressene Stelle *f*
❹ (*tabaco*) Grobschnitt *m*
❺ (*caries*) Karies *f*
picaflor [pika'flor] *m* ❶ (ZOOL) Kolibri *m*
❷ (*Am: tenorio*) Don Juan *m*
picajoso, -a [pika'xoso, -a] *adj* empfindlich
picamaderos [pikama'ðeros] *m inv* (ZOOL) Specht *m*
picana [pi'kana] *f* ❶ (*AmS: garrocha*) Lanze *f*, Spieß *m*
❷ (*AmS: porra*) elektrischer Knüppel *m*
❸ (*Chil: vaca*) Rindfleisch *nt* aus der Keule
picanear [pikane'ar] *vt* (*AmS*) ❶ (*pinchar*) stacheln
❷ (*torturar*) foltern (*mit einem elektrischen Knüppel*)
picante [pi'kante] I. *adj* ❶ scharf, pikant
❷ (*chiste, historia*) pikant, schlüpfrig
II. *m* ❶ (GASTR) scharf gewürztes Gericht *nt*
❷ (*de comida*) Schärfe *f*
❸ (*de expresión*) Pikanterie *f*
picantemente [pikante'mente] *adv* verletzend
picantería [pikante'ria] *f* (*And: restaurante modesto*) einfaches Restaurant *nt*
picapedrero¹ [pikape'ðrero] *m* Steinbrucharbeiter *m*
picapedrero, -a² [pikape'ðrero, -a] *m, f* Steinmetz(in) *m(f)*
picapica [pika'pika] *f:* **polvos de ~** Juckpulver *nt*
picapleitos [pika'pleitos] *m inv* Winkeladvokat *m*
picaporte [pika'porte] *m* ❶ (*aldaba*) Türklopfer *m*
❷ (*tirador*) Türklinke *f*
❸ (*pestillo*) Riegel *m*
picar [pi'kar] <c→qu> I. *vi* ❶ (*sol, ojos*) brennen; **el humo me pica en los ojos** der Rauch brennt mir in den Augen
❷ (*chile, pimienta*) brennen, scharf sein
❸ (*pez*) anbeißen *fam;* (*clientes*) anbeißen *fam;* **la gente no pica tan fácilmente** die Leute beißen nicht so einfach an
❹ (*de la comida*) kleine Mengen essen
❺ (*tener picazón*) jucken; **me pica la espalda** es juckt mich am Rücken
❻ (*avión*) einen Sturzflug machen
❼ (*loc*): **~ muy alto** hoch hinaus wollen; **su actitud pica en valiente** sein/ihr Verhalten kann man als mutig bezeichnen
II. *vt* ❶ (*con punzón*) stechen; **~ una oliva de la lata** eine Olive aus der Dose picken
❷ (*insecto*) stechen; (*serpiente*) beißen
❸ (*ave, con pico*) picken
❹ (*carne*) zerhacken, zerkleinern; **carne picada** Hackfleisch *nt;* **tabaco picado** Grobschnitt *m*
❺ (*billar*) Effet geben +*dat*, mit Effet schlagen
❻ (*caballo*) die Sporen geben +*dat*
❼ (*puerta*) klopfen (*a an* +*akk*)
❽ (*orgullo*) treffen; **le has picado el amor propio** du hast seinen/ihren Stolz verletzt
❾ (*papel, tela*) durchstechen
❿ (*billete*) lochen, entwerten
⓫ (MIL) unaufhörlich angreifen
⓬ (*ofender*) kränken, verletzen; **estar picado con alguien** mit jdm beleidigt sein; **¿qué mosca te ha picado?** welche Laus ist dir über die Leber gelaufen?
⓭ (*incitar*) anspornen
⓮ (MÚS) stakkato spielen
⓯ (*pintura*) tupfen
⓰ (TIPO) eintippen
III. *vr:* **~se** ❶ (*metal*) angefressen werden; (*muela*) faul werden; (*ropa*) (von Motten) zerfressen sein; (*vino*) einen Stich bekommen; (*semillas*) unbrauchbar werden
❷ (*mar*) kabbelig werden
❸ (*ofenderse*) gekränkt [*o* beleidigt] sein; (*mosquearse*) sich ärgern; **se pica por nada** er/sie braust leicht auf, er/sie ist schnell beleidigt; **siempre se pica cuando juega** er/sie kann nicht verlieren
❹ (*jactarse*) prahlen (*de mit* +*dat*)
❺ (*fam: drogarse*) fixen

pícara ⑥ (*Am: embriagarse*) sich betrinken
pícara ['pikara] *adj o f v.* **pícaro**
picardear [pikarðe'ar] **I.** *vi* Unfug treiben **II.** *vr:* **-se** üble Gewohnheiten annehmen
picardía¹ [pikar'ðia] *m* Nachthemd *nt*
picardía² [pikar'ðia] *f* ❶ (*malicia*) Verschmitztheit *f;* **lo dijo con ~** er/sie hat *dat* seinen/ihren Teil dabei gedacht, als er/sie das sagte ❷ (*travesura*) Streich *m* ❸ (*broma*) Spaß *m*, Scherz *m* ❹ (*bellaquería*) Gaunerstreich *m*
picaresca [pika'reska] *f* ❶ (LIT) Schelmenliteratur *f* ❷ (*hampa*) Gaunertum *nt*
picaresco, -a [pika'resko, -a] *adj* ❶ (LIT) schelmenhaft, pikaresk; **novela picaresca** Schelmenroman *m* ❷ (*hampesco*) gaunerisch ❸ (*astuto*) schelmisch, verschmitzt ❹ (*comentario*) frech
pícaro, -a ['pikaro, -a] **I.** *adj* ❶ (*hampesco*) gaunerisch ❷ (*granuja*) verbrecherisch, betrügerisch ❸ (*astuto*) schelmisch, verschmitzt ❹ (*comentario*) frech **II.** *m, f* ❶ (LIT) Schelm *m* ❷ (*granuja, pillo*) Gauner(in) *m(f)*, Schlawiner(in) *m(f) fam*
picarón [pika'ron] *m* (*Am: buñuelo*) ≈Krapfen *m*
picassiano, -a [pika'sjano, -a] *adj* (ARTE) den Maler Pablo Picasso betreffend
picatoste [pika'toste] *m* (GASTR) geröstetes Brot *nt*
picaza [pi'kaθa] *f* (ZOOL) Elster *f*
picazo [pi'kaθo] *m* ❶ (*picotazo*) Schnabelhieb *m* ❷ (*golpe con la pica*) Lanzenhieb *m*
picazón [pika'θon] *f* ❶ (*comezón*) Jucken *nt* ❷ (*disgusto*) Ärger *m*, Verdruss *m*
picea [pi'θea] *f* (BOT) Fichte *f*
picha ['pitʃa] *f* (*vulg: pene*) Schwanz *m fam*
pichanga [pi'tʃaŋga] *f* (*Arg: vino*) junger Wein *m*
pichi [pi'tʃi] *m* ❶ (*prenda de vestir*) Trägerrock *m* ❷ (*CSur: fam: pipí*) Pipi *nt;* **hacer ~** Pipi machen
pichicata [pitʃi'kata] *f* (*Arg*) ❶ (*inyección*) Spritze *f* ❷ (*medicina*) Medikament *nt* ❸ (*droga*) Droge *f*
pichicato, -a [pitʃi'kato, -a] **I.** *adj* (*AmC*) knauserig **II.** *m, f* (*AmC*) Egoist(in) *m(f)*
pichichi [pi'tʃitʃi] *m* (DEP) Torschützenkönig *m*
pichín [pi'tʃin] *m* (*CSur: fam: pipí*) Pipi *nt*
pichincha [pi'tʃintʃa] *f* (*Arg*) Schnäppchen *nt*
pichinchero, -a [pitʃin'tʃero, -a] *m, f* (*Arg*) Schnäppchenjäger(in) *m(f)*
pichiruche [pitʃi'rutʃe] *m* (*Chil, Perú: persona*) Niemand *m*
pichón¹ [pi'tʃon] *m* (ZOOL) junge Taube *f*
pichón, -ona² [pi'tʃon, -ona] *m, f* (*querido*) Liebling *m*, Schatz *m*
pichoso, -a [pi'tʃoso, -a] *adj* ❶ (*Col: de ojos llorosos*) mit tränenden Augen ❷ (*Ven: sucio*) dreckig
pichula [pi'tʃula] *f* (*Chil: fam: pene*) Pimmel *m*
pichulear [pitʃule'ar] *vt* ❶ (*Chil: engañar*) betrügen ❷ (*CSur: negociar*) verschachern
pichulero, -a [pitʃu'lero, -a] *m, f* (*Arg, Urug*) kleiner Betrüger *m*, kleine Betrügerin *f*
Picio ['piθjo] *m* (*fam*): **más feo que ~** hässlich wie die Nacht
picnic ['piɣniɣ] *m* Picknick *nt*
pícnico, -a ['piɣniko, -a] *adj* zur Fettleibigkeit neigend, pyknisch
pico ['piko] *m* ❶ (*pájaro*) Specht *m;* **verde** Grünspecht *m* ❷ (*del pájaro*) Schnabel *m* ❸ (*fig: boca*) Mund *m*, Schnabel *m fam;* **~ de oro** ausgezeichneter Redner; **tener un buen ~** ein flinkes Mundwerk haben; **él de ~ todo lo que quieras!** versprechen tut er viel!; **no abrió el ~ en toda la noche** er/sie hat die ganze Nacht keinen Ton von sich *dat* gegeben; **alguien se fue del ~** jd hat sich verplappert; **¡esa no perderá por su ~!** die versucht immer sich selbst zu beweihräuchern; **¡ese se perderá por el ~!** der wird sich noch um Kopf und Kragen reden!; **su hijo en vez de estudiar anda por ahí de ~s pardos** statt zu lernen, treibt sich sein/ihr Sohn in schlechter Gesellschaft herum ❹ (BOT): **~ de cigüeña** Storchschnabel *m* ❺ (*herramienta*) Spitzhacke *f* ❻ (*montaña*) Spitze *f;* **cortado a ~** steil ❼ (*jarra*) Tülle *f* ❽ (*argot: heroína*) Schuss *m* ❾ (*Fili*) Maßeinheit von 63,262 kg ❿ (*Col: fam: beso*) Kuss *m* ⓫ (*PRico: fam*): **limpiarle a alguien el ~** jdn kaltmachen ⓬ (*loc*): **llegó a las cuatro y ~** er/sie kam um kurz nach vier; **tiene bien cuarenta y ~ de años** er/sie ist längst in den Vierzigern; **se repartieron las ganancias y obtuvo un buen ~** der Gewinn wurde aufgeteilt und er/sie bekam ein gutes Stück vom Kuchen

picofeo [piko'feo] *m* (*Col*) Tukan *m*
picola [pi'kola] *f* ein Art Spitzhacke des Steinmetzes
picón¹ [pi'kon] *m* ❶ (*burla*) Neckerei *f* ❷ (*carbón*) Holzkohle *f* ❸ (*arroz*) Bruchreis *m*
picón, -ona² [pi'kon, -ona] *adj* (*caballo*) mit überlangen Schneidezähnen
piconero, -a [piko'nero, -a] *m, f* (TAUR) Picador(in) *m(f)*
picor [pi'kor] *m* (*en alguna parte del cuerpo*) Jucken *nt;* (*en la boca*) Brennen *nt*
picota [pi'kota] *f* ❶ (*tortura*) Pranger *m;* **poner en la ~ a alguien** jdn an den Pranger stellen ❷ (*montaña, iglesia*) Spitze *f*
picotada [piko'taða] *f v.* **picotazo**
picotazo [piko'taθo] *m* (*ave*) Schnabelhieb *m;* (*insecto*) Stich *m;* **me pegó un ~ en el estómago** es hat mich in den Bauch gestochen; **le arrancaron los ojos a ~s** sie hackten ihm/ihr die Augen aus
picoteado, -a [pikote'aðo, -a] *adj* angepickt
picotear [pikote'ar] **I.** *vi* ❶ (*caballos*) mit den Köpfen nicken ❷ (*comer*) kleine Mengen von verschiedenen Speisen probieren ❸ (*hablar*) schwatzen **II.** *vt* (an)picken **III.** *vr:* **~se** ❶ (*personas*) sich zanken ❷ (*pájaros*) schnäbeln
picoteo [piko'teo] *m* ❶ (*de aves*) Schnäbeln *nt* ❷ (*parloteo*) Schwatz *m*, Schwatzen *nt* ❸ (*comida*) Probieren kleinerer Mengen von verschiedenen Speisen
picotero, -a [piko'tero, -a] *adj*, *m, f* Schwätzer(in) *m(f)*
pictografía [piktoɣra'fia] *f* (LING) Bilderschrift *f*, Piktographie *f*
pictográfico, -a [piktoɣ'rafiko, -a] *adj* (LING) in Bilderschrift, piktographisch
pictograma [piktoɣ'rama] *m* Piktogramm *nt*
pictórico, -a [pik'toriko, -a] *adj* malerisch, Malerei-; **técnica pictórica** Maltechnik *f*
picudilla [piku'ðiʎa] *f* (ZOOL) ❶ (*ave*) eine Art Watvogel ❷ (*Cuba, PRico, Ven: pez*) eine Art Knochenfisch mit sehr schmackhaftem Fleisch
picudo, -a [pi'kuðo, -a] *adj* ❶ (*puntiagudo*) spitz; (*anguloso*) kantig ❷ (*charlatán*) schwatzhaft
picuré [piku're] *m* (*Ven:* ZOOL) Goldhase *m*, Aguti *m*
pidgin ['piðdʒin] *m* (LING) Pidgin *m*
pídola ['piðola] *f* (*juego de muchachos*) Bocksprung *m*
pidón, -ona [pi'ðon, -ona] **I.** *adj* (*fam*) quengelig **II.** *m, f* (*fam*) Quengler(in) *m(f)*
piduye [pi'ðuje] *m* (*Chil:* ZOOL) Spulwurm *m;* **estar con ~s** sehr nervös sein
pie [pje] *m* ❶ (*extremidad, medida*) Fuß *m;* **~s planos** Plattfüße *mpl;* **¿qué ~ calza Ud.?** was für eine Schuhgröße haben Sie?; **al ~ de la montaña** am Fuß des Berges; **al ~ del árbol** am Baumstamm; **al ~ de la carta** am Ende des Briefes; **a(l) ~ de (la) obra** auf der Baustelle; **vino a ~** er/sie kam zu Fuß; **a ~ firme** ohne sich von der Stelle zu rühren; **no se quede de ~, siéntese** bleiben Sie doch nicht stehen, setzen Sie sich; **la torre fue lo único que quedó en ~** der Turm war das Einzige, was stehen geblieben ist; **estar de ~ las ocho horas es muy duro** acht Stunden zu stehen ist sehr anstrengend; **¡póngase de ~!** stehen Sie auf!; **estar al ~ del cañón** Gewehr bei Fuß stehen; (*fig*) allzeit bereit sein; **siguió al ~ de la letra su consejo** er/sie hat seinem/ihrem Rat aufs Wort gefolgt; **buscarle tres** [*o* **cinco**] **~s al gato** (*provocar daño*) ein Unglück heraufbeschwören; (*buscar complicaciones*) eine Sache schwieriger machen, als sie ist; **caer de ~s** auf die Füße fallen, heil davonkommen; **ya sabemos de qué ~ cojea** (*fig*) wir kennen seine/ihre Schwächen schon; **con buen ~** fröhlich; **levantarse con el ~ derecho** mit dem rechten Fuß aufstehen; **este informe está hecho con los ~s** dieser Bericht ist sehr schlecht gemacht; **hay que andarse con ~s de plomo** man muss sehr vorsichtig sein; **ya tiene un ~ en el hoyo** [*o* **en el otro mundo**] er/sie steht schon mit einem Bein im Grab; **nos miró de (los) ~s a (la) cabeza** er/sie schaute uns von oben bis unten an; **echó ~ a tierra y se inclinó** er/sie stieg aus und beugte sich vor; **¿está el abuelo ya en ~?** ist Opa schon aufgestanden?; **estar en ~ de guerra con algo/con alguien** mit jdm auf (dem) Kriegsfuß stehen; **yo en este lado de la piscina no hago ~** auf dieser Seite des (Schwimm)beckens kann ich nicht stehen; **perder ~** den Boden unter den Füßen verlieren; **se marchó del hospital por su propio ~** er/sie konnte laufen, als er/sie das Krankenhaus verließ; **lo importante es meter el ~, lo demás ya llegará** wenn man erst einmal einen Fuß in

piedad der Tür hat, kommt man auch hinein; **este nació de ~** der ist unter einem günstigen Stern geboren; **hoy no doy ~ con bola** (*fam*) heute schieße [*o* treffe] ich immer daneben; hunde kriege ich nichts geregelt; **el texto no tenía ~s ni cabeza** der Text hatte weder Hand noch Fuß; **no podía tenerse en ~** er/sie konnte sich nicht mehr aufrecht halten; **estoy cansada: no me tengo en ~** ich bin ganz erschöpft: ich kann nicht mehr stehen; **hemos tenido que pararle los ~s** wir mussten ihn/sie zur Räson bringen; **~s, ¿para qué os quiero?** nichts wie weg hier!; **poner ~s en polvorosa** sich aus dem Staub machen; **lo sacaron con los ~s por delante** man hat ihn zu Grabe getragen; **hay que tener los ~s en la tierra** man muss mit beiden Füßen auf der Erde [*o* im Leben] stehen; **no le des ~ para que se queje de ti** liefere ihm/ihr keinen Anlass sich über dich zu beschweren

② (TIPO): **~ de imprenta** Druckvermerk *m*, Impressum *nt*; **~ de página** Fußzeile *f*
③ (*planta*) Stängel *m*, Staude *f*; (*tronco*) Stamm *m*; **~ de vid** Rebstock *m*
④ (*métrica*) Versfuß *m*, Versmaß *nt*
⑤ (TEAT) Stichwort *nt*
⑥ (*trípode*) Stativ *nt*
⑦ (*Am*): **~ de fuerza** Streitkräfte *fpl*
⑧ (*Chil: prenda*) Anzahlung *f*
⑨ (*loc*): **~ de banco** (*fam*) Schnapsidee *f*; **en ~ de igualdad** gleichberechtigt; **creer a ~ juntillas** ganz fest glauben; **de a ~** normal; **el ciudadano de a ~** der kleine Mann auf der Straße

piedad [pje'ðað] *f sin pl* ① (REL) Frömmigkeit *f*; (*compasión*) Mitleid *nt*, Erbarmen *nt*; **¡ten ~ de nosotros!** erbarme dich unser!; **¡~!** Erbarmen!
② (ARTE) Pietà *f*
③ (*loc*): **monte de ~** Leihhaus *nt*

piedemonte [pjeðe'monte] *m*, **pie de monte** [pjeðe'monte] *m* (GEO) Piedmontfläche *f*

piedra ['pjeðra] *f* ① (GEO) Stein *m*; **~ de afilar** Schleifstein *m*; **~ angular** (*fig*) Eckstein *m*; **~ filosofal** Stein der Weisen; **~ miliar** Meilenstein *m*; **~ pómez** Bimsstein *m*; **~ preciosa/semipreciosa** Edel-/Halbedelstein *m*; **~ de toque** (*fig*) Prüfstein *m*; **carbón de ~** Steinkohle *f*; **cartón ~** Pappmaschee *nt*; **edad de ~** Steinzeit *f*; **no te quejes, ¡que menos da una ~!** (*fig*) beklag dich nicht, es hätte auch noch schlimmer kommen können!; **no dejará ~ por mover hasta que lo consiga** (*fig*) er/sie wird alle Hebel in Bewegung setzen, um es zu schaffen; **poner** [*o* **colocar**] **la primera ~** den Grundstein legen; **no quedó ~ sobre ~** kein Stein blieb auf dem anderen; **cuando lo supimos no quedamos de ~** als wir es erfuhren, waren wir wie versteinert; **tirar la ~ y esconder la mano** nicht für seine Taten einstehen; **con esas declaraciones se tira ~s a su propio tejado** mit solchen Äußerungen schneidet er/sie sich *dat*/*akk* ins eigene Fleisch; **quien esté libre de pecado que tire la primera ~** (*prov*) wer ohne Sünde ist, der werfe den ersten Stein
② (*granizo*) Hagel *m*
③ (*mechero*) Feuerstein *m*
④ (MED) Stein *m*; **~ del riñón** Nierenstein *m*; **~ de la vesícula** Gallenstein *m*
⑤ (*inclusa*) Findelhaus *nt*

piejo ['pjexo] *m* (*vulg*) Laus *f*

piel [pjel] *f* ① (*de persona*) Haut *f*; **~ de naranja** Orangenhaut *f*; **~ roja** Rothaut *f*, Indianer *m*; **se me puso la ~ de gallina oyendo su historia** ich bekam eine Gänsehaut, als ich seine/ihre Geschichte hörte; **estos niños son de la ~ del diablo** diese Kinder sind richtige Rabauken; **sacar a alguien la ~ a tiras** (*fig*) jdn auseinander nehmen *fam*, jdn scharf kritisieren; **en esa empresa se dejó la ~** (*fig*) er/sie hat sich in außerordentlichem Maße in dieses Unternehmen eingebracht
② (*de animal*) Pelz *m*, Fell *nt*; (*cuero*) Leder *nt*; **~ de cocodrilo** Krokodilsleder *nt*; **abrigo de ~(es)** Pelzmantel *m*
③ (*de fruta*) Schale *f*

piélago ['pjelaɣo] *m sin pl* (*elev*) ① (*mar*) Meer *nt*
② (*montón*) Unmenge *f* (*de* an/von +*dat*)

pielero, -a [pje'lero, -a] *m, f* Fellhändler(in) *m(f)*

pielgo ['pjelɣo] *m v.* **piezgo**

pielitis [pje'litis] *f inv* (MED) Nierenbeckenentzündung *f*, Pyelitis *f*

pienso ['pjenso] *m* (*ganado*) Futter *nt*; **~ completo** Fertigfutter *nt*

pier ['pjer] *m* (*Am*: NÁUT) Pier *m o f*

piérides ['pjeriðes] *fpl* (*elev*) Musen *fpl*

pierna ['pjerna] *f* ① (*extremidad*) Bein *nt*; (*entre la rodilla y el pie*) Unterschenkel *m*; (*ternera*) Keule *f*; **~ ortopédica** Beinprothese *f*; **estirar las ~s** sich *dat* die Beine vertreten; **con las ~s cruzadas** mit übergeschlagenen Beinen; **dormir a ~ suelta** fest schlafen
② (*compás*) Schenkel *m*
③ (*letra*) Grundstrich *m*
④ (*Arg: persona lista*) schlauer Mensch *m*; **hacer ~** mithelfen

pierrot [pje'rro(t)] *m* Pierrot *m*

pietismo [pje'tismo] *m* (REL) Pietismus *m*

pietista [pje'tista] I. *adj* pietistisch
II. *mf* Pietist(in) *m(f)*

pieza ['pjeθa] *f* ① (*pedazo*) Stück *nt*; (*parte*) Teil *nt*, Bestandteil *m*; (*reproducción*) Exemplar *nt*; **~ de artillería** Geschütz *nt*; **~ de recambio** [*o* **de repuesto**] Ersatzteil *nt*; **~ suelta** Einzelteil *nt*; **esta vajilla tiene 40 ~s** das Geschirr hat 40 Teile; **un traje de dos ~s** ein zweiteiliges Kostüm; **~ por ~** Stück für Stück; **vender a** [*o* **por**] **~s** nach Stück verkaufen; **me pagan por ~** ich werde nach Stückzahl [*o* Leistung] bezahlt; **los aguacates se venden a 40 céntimos la ~** die Avocados werden zu 40 Cent das Stück verkauft; **¡menuda ~ está hecho ese!** das ist mir ein sauberer Vogel!; **se quedó de una ~ al oírlo** als er/sie es hörte, verschlug es ihm/ihr die Sprache
② (*caza*) Stück *nt* Wild; (*pesca*) Fisch *m*
③ (MÚS, TEAT) Stück *nt*
④ (*damas*) Stein *m*; (*ajedrez*) Figur *f*
⑤ (*Am: habitación*) Zimmer *nt*
⑥ (*moneda*) Geldstück *nt*, Münze *f*

piezgo ['pjeθɣo] *m* ① (*parte del cuero*) Lederteil *nt*, aus dem Schläuche gefertigt werden
② (*cuero para transportar líquidos*) Schlauch *m*

piezoelectricidad [pjeθoelektriθi'ðað] *f* (FÍS, ELEC) Piezoelektrizität *f*

piezometría [pjeθome'tria] *f* (FÍS, GEO) Messung *f* der Kompressibilität von Flüssigkeiten, Piezometrie *f*

pífano ['pifano] *m* ① (*instrumento*) Pikkoloflöte *f*
② (*músico*) Pikkolospieler *m*

pifia ['pifja] *f* ① (*billar*) Fehlstoß *m*
② (*error*) Fauxpas *m*, Blamage *f*
③ (*And: escarnio*) Hohn *m*

pifiar [pi'fjar] I. *vi* (*flauta*) unsauber anblasen
② (*billar*) einen Fehlstoß machen
II. *vt* (*Arg, And*) verhöhnen

pigargo [pi'ɣarɣo] *m* (ZOOL) Seeadler *m*

pigmea [piɣ'mea] *f v.* **pigmeo**

pigmentación [piɣmenta'θjon] *f* Pigmentierung *f*

pigmentar [piɣmen'tar] *vt* pigmentieren

pigmentario, -a [piɣmen'tarjo, -a] *adj* das Pigment betreffend, Pigment-; **colorante ~** Pigmentfarbstoff *m*

pigmento [piɣ'mento] *m* (BIOL) Pigment *nt*; (*pintura*) Farbstoff *m*; **~ colorante** Farbpigment *nt*

pigmeo, -a [piɣ'meo, -a] *m, f* Pygmäe, -in *m, f*; (*enano*) Zwerg(in) *m(f)*; (*pey*) Knirps *m*

pignorable [piɣno'raβle] *adj* (FIN) verpfändbar, lombardfähig

pignoración [piɣnora'θjon] *f* Verpfändung *f*

pignorar [piɣno'rar] *vt* verpfänden; (FIN) lombardieren; **~ acciones** Aktien beleihen

pignoraticio, -a [piɣnora'tiθjo, -a] *adj* (FIN) Pfand-; **deuda pignoraticia** Pfandschuld *f*

pigre ['piɣre] *adj* faul, träge

piído [pi'iðo] *m* Piepen *nt*

pija ['pixa] *f* ① (*Am: vulg: pene*) Schwanz *m fam*
② (*argot*) Yuppie *m*

pijada [pi'xaða] *f* (*vulg*) Sauerei *f fam*; **¡eso son ~s!** das ist doch ausgemachter Blödsinn! *fam*

pijama [pi'xama] *m* Schlafanzug *m*, Pyjama *m*

pije ['pixe] *m* (*Chil: fam: fanfarrón*) Angeber *m*

pijerío [pixe'rio] *m* (*fam*) Yuppietum *nt*

pijo¹ ['pixo] *m* (*vulg*) ① (*pene*) Schwanz *m fam*
② (*nadería*) Blödsinn *m fam*; **¡un ~!** verdammte Scheiße!

pijo, -a² ['pixo, -a] *m, f* (*argot*) Yuppie *m*

pijotada [pixo'taða] *f* (*vulg*), **pijotería** [pixote'ria] *f* (*vulg*) *v.* **pijada**

pijotero, -a [pixo'tero, -a] *adj* ① (*pey: fastidioso*) lästig, aufdringlich
② (*Am: tacaño*) knickerig; **es tan pijotera, que a veces hasta me avergüenzo de ella** sie feilscht immer so sehr, dass es mir manchmal schon peinlich ist

pila ['pila] *f* ① (*lavadero*) (Spül)becken *nt*; (*fuente*) Brunnenbecken *nt*; (*abrevadero*) Wassertrog *m*; **~ de agua bendita** Weihwasserbecken *nt*; **~ bautismal** Taufbecken *nt*; **nombre de ~** Taufname *m*; **sacar de** [*o* **tener en la**] **~ a alguien** jds Taufpate sein
② (FÍS) Batterie *f*; **~ reversible** [*o* **recargable**] Akku(mulator)batterie *f*, aufladbare Batterie; **~ seca** Trockenbatterie *f*; **cargar las ~s** die Batterien (auf)laden; (*fig fam*) mächtig in Schwung kommen
③ (*montón*) Stapel *m*, Haufen *m*; **una ~ de libros** ein Stapel Bücher
④ (ARQUIT) Brückenpfeiler *m*
⑤ (INFOR): **~ de discos** (Magnetplatten)laufwerk *nt*

pila-botón ['pila-βo'ton] *f* <pilas-botón> (*batería*) Babyzelle *f*

pilada [pi'laða] *f* Haufen *m*

pilar [pi'lar] *m* ① (*camino*) Meilenstein *m*
② (*columna*) Stützpfeiler *m*, Säule *f*
③ (*fuente*) Brunnenbecken *nt*
④ (*apoyo*) Stütze *f*

pilastra ⑤ (*loc*): **Nuestra Señora del P~** Schutzpatronin von Zaragoza

pilastra [pi'lastra] *f* (ARQUIT) Pilaster *m*

pilca ['pilka] *f* (*AmS*) Steinmauer *f*

pilcha ['piltʃa] *f* (*CSur: fam: prendas*) Klamotten *pl*

pilche ['piltʃe] *m* (*And*) Holzschüssel *f*

píldora ['pildora] *f* Pille *f*; **la ~** (**anticonceptiva**) die (Antibaby)pille; **~ abortiva** Abtreibungspille *f*; **dorar la ~ a alguien** jdm die bittere Pille versüßen; **tragar la ~** auf den Leim gehen; **tragarse la ~** hereinfallen

pildorero [pildo'rero] *m* Pillendrehapparat *m*

pileta [pi'leta] *f* ① (*RíoPl: de cocina*) Spülbecken *nt*
② (*RíoPl: piscina*) Schwimmbad *nt*
③ (*RíoPl: abrevadero*) Tränke *f*
④ (*Arg*): **tirarse a la ~** aufs Ganze gehen

pilila [pi'lila] *f* (*fam*) Pimmel *m*

pililo, -a [pi'lilo, -a] *m, f* (*CSur*) zerlumpte Gestalt *f*

pilingui [pi'liŋgwi] *f* (*argot*) Nutte *f*

pilla ['piʎa] *adj o f v.* **pillo**

pillada [pi'ʎaða] *f* Schurkenstreich *m*, dummer Streich *m*

pillador(a) [piʎa'ðor(a)] **I.** *adj* stehlend
II. *m(f)* Dieb(in) *m(f)*

pillaje [pi'ʎaxe] *m* Plünderung *f*

pillán [pi'ʎan] *m* (*Chil*) ① (*demonio*) Teufel *m*
② (*trueno*) Donner *m*
③ (*rayo*) Blitz *m*

pillar [pi'ʎar] **I.** *vt* ① (*encontrar*) antreffen, erwischen *fam*; (*en flagrante*) ertappen; **me pillas de buen humor** du erwischst mich einmal gut gelaunt; **la noche nos pilló en el monte** die Nacht überraschte uns auf dem Berg; **eso no me pilla de sorpresa** das ist für mich keine Überraschung; **aquí te pillo, aquí te mato** (*fig*) das ist die Gelegenheit, jetzt oder nie; **tu casa nos pilla de camino** dein Haus liegt für uns auf dem Weg; **Correos no nos pilla cerca** die Post ist nicht gerade nah für uns
② (*atropellar*) überfahren
③ (*entender*) verstehen
④ (*robar*) rauben
II. *vi* (*Arg: orinar*) pinkeln *fam*

pillastre [pi'ʎastre] *m* (*fam*) Gauner *m*, Lausbub *m*

pillear [piʎe'ar] *vi* (*fam*) herumgaunern

pillería [piʎe'ria] *f* Schurkenstreich *m*

pillín, -ina [pi'ʎin, -ina] *adj* schlau

pillo, -a ['piʎo, -a] **I.** *adj* (*fam*) schlau
II. *m, f* (*fam*) Gauner(in) *m(f)*, Lausbub *m*

pilluelo, -a [pi'ʎwelo, -a] *adj* (*fam*) schlau

pilmama [pil'mana] *f* (*Méx*) Kindermädchen *nt*

pilme ['pilme] *m* (*Chil: ZOOL*) schädlicher Käfer

pilón [pi'lon] *m* ① (*azúcar*) Zuckerhut *m*
② (*mortero*) Mörser *m*
③ (*pesa*) Läufer *m*
④ (ARQUIT) Pylon *m*, Pylone *f*

piloncillo [pilon'θiʎo] *m* (*Méx*) dunkler Zucker in Kegelform

pilonga [pi'loŋga] *f* (GASTR) geröstete Kastanie *f*

píloro ['piloro] *m* (ANAT) Magenpförtner *m*

pilosidad [pilosi'ðað] *f* Behaarung *f*

piloso, -a [pi'loso, -a] *adj* behaart, Haar-, haarig; **bulbo ~** (ANAT) Haarzwiebel *f*

pilotaje [pilo'taxe] *m* ① (*dirigir*) Steuern *nt*, Steuerung *f*
② (*ciencia*) Lotsenkunde *f*
③ (*tasa*) Lotsengeld *nt*
④ (ARQUIT) Pfahlwerk *nt*

pilotar [pilo'tar] *vt* (*barco*) lotsen; (*coche, avión*) steuern, führen

pilote [pi'lote] *m* Pfahl *m*

pilotear [pilote'ar] *vt* (*Am*) ① (*ayudar*) begleiten
② (*patrocinar*) fördern
③ (*Chil: explotar*) ausnutzen, ausnützen *reg*

piloto¹ [pi'loto] **I.** *mf* ① (NÁUT) Steuermann *m*, zweiter Offizier *m*; (*práctico*) Lotse, -in *m, f*
② (*avión*) Pilot(in) *m(f)*, Flugzeugführer(in) *m(f)*; **poner el ~ automático** den Autopiloten einschalten
③ (AUTO) Fahrer(in) *m(f)*; **~ de carreras** Rennfahrer(in) *m(f)*
II. *adj* Versuchs-, Muster-; **experiencia ~** Pilotversuch *m*; **piso ~** Musterwohnung *f*; **proyecto ~** Pilotprojekt *nt*

piloto² [pi'loto] *m* (TÉC) Steuergerät *nt*; (*lámpara*) Warnlampe *f*

pil-pil [pil'pil] *m*: **bacalao al ~** Stockfisch auf baskische Art

piltra ['piltra] *f* Bett *nt*

piltrafa [pil'trafa] *f* ① (*carne*) schlechtes Fleisch *nt*
② (*persona*) Wrack *nt*

pilucho, -a [pi'lutʃo, -a] *adj* (*Chil*) nackt

pimental [pimen'tal] *m* (AGR) Paprikafeld *nt*

pimentero [pimen'tero] *m* ① (BOT) Pfefferstrauch *m*
② (*vasija*) Pfefferstreuer *m*

pimentón [pimen'ton] *m* Paprika *m* (*gemahlen*)

pimienta [pi'mjenta] *f* Pfeffer *m*; **~ negra/blanca/molida** schwarzer/weißer/gemahlener Pfeffer

pimiento [pi'mjento] *m* ① (*hortaliza*) Paprika *m*, (Paprika)schote *f*; **~ encarnado/verde** roter/grüner Paprika; **me importa un ~ lo que él diga** es ist mir vollkommen wurscht, was er sagt; **no vale un ~** (*fam*) er/sie ist eine absolute Null
② (*pimentón*) Pfeffer *m*; (*arbusto*) Pfefferstrauch *m*

pimpampum [pimpam'pun] *m* (*juego*) Schießbude *f*

pimpante [pim'pante] *adj* elegant; (*lozano*) stramm

pimpido [pim'piðo] *m* (ZOOL) dem Dornhai ähnlicher Fisch, jedoch mit schmackhafterem Fleisch

pimpina [pim'pina] *f* (*Ven*) Tonkrug *m* (in dem Wasser kalt gehalten wird)

pimpinela [pimpi'nela] *f* (BOT) Pimpinelle *f*

pimplar [pim'plar] *vt* (*fam*) saufen

pimpollar [pimpo'ʎar] *m* (BOT) Baumschule *f*

pimpollo [pim'poʎo] *m* ① (*capullo*) Rosenknospe *f*
② (*monada*) hübsches Kind *nt*; **estás hecho un ~** du bist wie der junge Frühling
③ (*brote*) Schössling *m*, Trieb *m*

pimpón [pim'pon] *m* (DEP) Tischtennis *nt*

pin [pin] *m inv* Stift *m*

PIN [pei'ene] *m* (ECON) *abr de* **Producto Interior Neto** NIP *nt*

pinabete [pina'βete] *m* (BOT) Tanne *f*; **~ común/blanco** Edel-/Weißtanne *f*

pinacate [pina'kate] *m* (*Méx: ZOOL*) stinkender schwarzer Käfer

pináceas [pi'naθeas] *fpl* (BOT) Kieferngewächse *ntpl*

pináceo, -a [pi'naθeo, -a] *adj* (BOT) Kiefern-, kiefernartig

pinacoteca [pinako'teka] *f* Pinakothek *f*

pináculo [pi'nakulo] *m* (ARQUIT) Giebel *m*, Zinne *f*

pinado, -a [pi'naðo, -a] *adj* (BOT) gefiedert

pinar [pi'nar] *m* Kiefernwald *m*

pinastro [pi'nastro] *m* (BOT) Strandkiefer *f*, Pinaster *m*

pinaza [pi'naθa] *f* (NÁUT) Pinasse *f*

pincel [pin'θel] *m* Pinsel *m*; **~ fotosensible** Lichtstift *m*

pincelada [pinθe'laða] *f* Pinselstrich *m*; **dar las últimas ~s a algo** etw *dat* den letzten Schliff geben

pincelar [pinθe'lar] *vt* (be)malen; (*retratar*) porträtieren

pincelero, -a [pinθe'lero, -a] *m, f* ① (*que vende pinceles*) Pinselhändler(in) *m(f)*
② (*que hace pinceles*) Pinselhersteller(in) *m(f)*
③ (*brucero*) Bürstenmacher(in) *m(f)*

pincha¹ ['pintʃa] *f* ① (*mujer*) Küchenhilfe *f*
② (*espina*) Stachel *m*

pincha² ['pintʃa] *mf abr de* **pinchadiscos** DJ *m*

pinchadiscos [pintʃa'ðiskos] *mf inv* Diskjockey *m*

pinchadura [pintʃa'ðura] *f v.* **pinchazo**

pinchante [pin'tʃante] *adj* stechend

pinchar [pin'tʃar] **I.** *vi* ① (*rueda*) einen Platten haben
② (*fracasar*) versagen; **ese aquí ni pincha ni corta** der hat hier gar nichts zu melden
II. *vt* ① (*alfiler*) stechen
② (*estimular*) aufreizen; (*mortificar*) kränken
③ (*inyección*) eine Spritze geben (*a +dat*); **tengo que ir al médico para que me pinche** ich muss zum Arzt und mir eine Spritze geben lassen
④ (*teléfono*) anzapfen
⑤ (INFOR) anklicken
III. *vr*: **~se** ① (*alfiler*) sich stechen
② (*rueda*) **se nos ha pinchado una rueda** wir haben einen Platten
③ (*insulina*) sich *dat* spritzen
④ (*argot: drogarse*) sich *dat* einen Schuss setzen

pinchaúvas [pintʃa'uβas] *m inv* (*fam*) Lump *m*

pinchazo [pin'tʃaθo] *m* ① (*espina*) Stich *m*; **me dieron unos ~s insoportables en el estómago** ich spürte heftige Stiche im Magen
② (*neumático*) Reifenpanne *f*; **tuvimos un ~ tras la curva** nach der Kurve hatten wir einen Platten [*o* eine Reifenpanne]
③ (*fracaso*) Versagen *nt*
④ (*del teléfono*) Abhören *nt*

pinche ['pintʃe] **I.** *mf* (*cocina*) Küchenhilfe *f*
II. *adj* (*Méx: pey*) wertlos, verachtenswert

pinchito [pin'tʃito] *m* (GASTR) Spießchen *nt*

pincho [pin'tʃo] *m* ① (*avispa*) Stachel *m*; (*rosa*) Dorn *m*
② (GASTR) Snack *m*; **~ moruno** Fleischspieß *m*
③ (*aduanero*) Stab der Zollbeamten zur Überprüfung der Waren

pinchudo, -a [pin'tʃuðo, -a] *adj* stachelig

pinciano, -a [pin'θjano, -a] **I.** *adj* aus Valladolid
II. *m, f* Einwohner(in) *m(f)* von Valladolid

pindárico, -a [piɲ'dariko, -a] *adj* (LIT) pindarisch
pindonga [piɲ'doŋga] *f* (*fam*) Herumtreiberin *f*
pindonguear [piɲdoŋge'ar] *vi* (*fam*) sich herumtreiben
pinedo [pi'neðo] *m* (*AmC*) Kiefernwald *m*
pinga ['piŋga] *f* (*Col, Méx, Perú: vulg: pene*) Schwanz *m fam*
pingajo [piŋ'gaxo] *m* (*fam*) Fetzen *m*
pinganitos [piŋga'nitos] (*fam*): **poner a alguien en** ~ jdm zu Wohlstand und Ansehen verhelfen
pingar [piŋ'gar] <g→gu> *vi* ❶ (*pender, colgar*) herabhängen, herunterhängen
❷ (*gotear*) (ab)tropfen
pingo ['piŋgo] *m* ❶ (*fam: harapo*) Fetzen *m*
❷ (*fam pey: mujer despreciable*) Schlampe *f*
❸ (*CSur: caballo*) Pferd *nt*
❹ (*fam*): **ir de ~** die Zeit vertrödeln; **lo puso hecho un ~** er/sie putzte ihn ordentlich herunter
pingonear [piŋgone'ar] *vi* (*fam*) die Zeit vertrödeln
pingoneo [piŋgo'neo] *m sin pl* (*argot*) Herumtreiben *nt;* **ir de ~** die Zeit vertrödeln
pingorota [piŋgo'rota] *f* Spitze *f*, höchste Stelle *f*
ping-pong [piŋ'poŋ] *m sin pl* (DEP) Tischtennis *nt*
pingucho¹ [piŋ'gutʃo] *m* (*Chil: fam: almuerzo ligero*) leichtes Mittagessen *nt*
pingucho, -a² [piŋ'gutʃo, -a] **I.** *adj* (*Chil*) erbärmlich
II. *m, f* (*Chil*) armer Teufel *m*
pingue ['piŋge] *m* (NÁUT) Lastschiff *nt*
pingüe ['piŋgwe] *adj* einträglich, ergiebig; **~s beneficios** hohe Gewinne
pingüinera [piŋgwi'nera] *f* (*Arg*) Nistplatz *m* der Pinguine
pingüino [piŋ'gwino] *m* (ZOOL) Pinguin *m*
pinillo [pi'niʎo] *m* (BOT) Zypressenkraut *nt*
pinitos [pi'nitos] *mpl* erste Schritte *mpl*; **sus primeros ~ en el teatro los hizo en León** in León betrat er/sie zum ersten Mal eine Bühne
pinjante [piɲ'xante] *m* (*joya*) Anhänger *m*
pinnado, -a [pinˈnaðo, -a] *adj* (BOT) gefiedert
pinnípedo, -a [pinˈnipeðo, -a] *adj* (ZOOL) zur Familie der Robben [*o* Flossenfüß(l)er] gehörend
pinnípedos [pinˈnipeðos] *mpl* (ZOOL) Robben *fpl*, Flossenfüß(l)er *mpl*
pino¹ ['pino] *m* ❶ (*árbol, madera*) Kiefer *f*; **~ albar** Weißföhre *f*; **~ canadiense** kanadische Fichte; **~ marítimo** Strandkiefer *f*; **~ piñonero** Pinie *f*
❷ (*loc*): **hacer el ~** (DEP) einen Handstand machen; **vive en el quinto ~** er/sie wohnt sehr weit weg
pino, -a² ['pino] *adj* sehr steil
pinocha [pi'notʃa] *f* ❶ (*panoja*) Maiskolben *m*
❷ (*pino*) Kiefernnadel *f*
pinol(e) [pi'nol(e)] *m* (*AmC*) angebratenes Maismehl
pinolillo [pino'liʎo] *m* ❶ (*Hond: bebida*) Getränk aus angebratenem Maismehl, Wasser und Zucker
❷ (*Méx:* ZOOL) milbenartiges, rotes Insekt, dessen Stiche großen Juckreiz verursachen
pinoso, -a [pi'noso, -a] *adj* kiefernreich
pinreles [pin'rreles] *mpl* (*fam*) Füße *mpl*
pinsapo [pin'sapo] *m* (BOT) spanische Tannenart
pinta¹ ['pinta] *f* ❶ (*mancha*) Flecken *m*; (*animal*) Tüpfel *m o nt;* **a ~s getupft**
❷ (*fam: aspecto*) Aussehen *nt;* **ese hombre tenía una ~ rara** dieser Mann sah merkwürdig aus; **la tarta tiene una ~ muy buena** der Kuchen sieht sehr lecker aus; **descubrir** [*o* **sacar**] **por la ~** am Aussehen erkennen
❸ (*naipe*) Erkennungszeichen *nt*
❹ (*antigua medida para líquidos*) Pinte *f*
pinta² ['pinta] *m* Gauner *m*, frecher Kerl *m*
pintada [pin'taða] *f* ❶ (ZOOL) Perlhuhn *nt*
❷ (*pared*) Wandkritzelei *f*
pintado¹ [pin'taðo] *m* Anstrich *m*, Bemalung *f*
pintado, -a² [pin'taðo, -a] *adj* bemalt, angestrichen; (*animal*) gesprenkelt; **papel ~** Tapete *f*; **¡recién ~!** frisch gestrichen!; **~ de rojo** rot angemalt; **eso viene como ~** das kommt wie gerufen; **el traje te sienta que ni ~** das Kostüm steht dir ausgezeichnet; **no lo puedo ver ni ~** ich kann ihn nicht ausstehen
pintalabios [pinta'laβjos] *m inv* Lippenstift *m*
pintamonas [pinta'monas] *mf inv* schlechter Maler *m*, schlechte Malerin *f*
pintar [pin'tar] **I.** *vi* ❶ (*fruto*) sich färben, reifen
❷ (*bolígrafo*) schreiben
II. *vt* ❶ (*cuadro*) malen; (*pared*) anstreichen; **~ de azul** blau anstreichen; **pintó al rey a caballo** er/sie malte den König hoch zu Ross; **la niña pintó toda la pared** das Mädchen hat die ganze Wand bemalt;

¿qué pinta ese aquí? was hat der denn hier zu suchen?; **no ~ nada** (*fig: persona*) nichts zu sagen haben; (*asunto*) nicht von Bedeutung sein
❷ (*describir*) schildern
III. *vr:* **~se** sich schminken
pintarrajar [pintarra'xar] *vi, vt* (*fam*) *v.* **pintarrajear**
pintarrajear [pintarraxe'ar] **I.** *vi* (*fam*) klecksen
II. *vt* (*fam*) beklecksen
pintarrajo [pinta'rraxo] *m* (*fam*) Kleckserei *f*
pintarroja [pinta'rroxa] *f* (ZOOL) Katzenhai *m*
pintear [pinte'ar] *impers* nieseln
pintiparado, -a [pintipa'raðo, -a] *adj* ❶ (*adecuado*) sehr gelegen; **eso viene ~** das kommt wie gerufen
❷ (*parecido*) äußerst ähnlich
pintiparar [pintipa'rar] *vt* vergleichen
pinto, -a ['pinto, -a] *adj* gesprenkelt
Pinto ['pinto] (*fam*): **estar entre ~ y Valdemoro** (*estar medio borracho*) beschwipst sein; (*estar indeciso*) unentschlossen sein
pintor(a) [pin'tor(a)] *m(f)* Maler(in) *m(f)*; **~ de brocha gorda** Anstreicher *m*, Maler *m*
pintoresco, -a [pinto'resko, -a] *adj* malerisch, pittoresk
pintura [pin'tura] *f* ❶ (*arte*) Malerei *f*; **~ a la aguada** Aquarellmalerei *f*; **~ al fresco** Freskomalerei *f*; **~ al óleo** Ölmalerei *f*; **~ al pastel** Pastellmalerei *f*; **~ rupestre** Höhlenmalerei *f*; **~ al temple** Temperamalerei *f*; **voy a clases de ~** ich habe Malunterricht
❷ (*cuadro*) Gemälde *nt*, Bild *nt;* **galería de ~s** Gemäldegalerie *f*; **no lo puedo ver ni en ~** ich kann ihn nicht ausstehen
❸ (*color*) (Wasser)farbe *f*; (*barniz*) Lack *m*; **caja de ~s** Malkasten *m*; **dar una capa de ~ a algo** etw (über)streichen
pinturero, -a [pintu'rero, -a] **I.** *adj* eingebildet
II. *m, f* eingebildeter Mensch *m*
pin-up [pi'naᵖ] *f* Pin-up-Girl *nt*
pinza(s) ['pinθa(s)] *f(pl)* ❶ (*tenacilla*) Klemme *f*, Zange *f*; (*ropa*) Wäscheklammer *f*
❷ (*costura*) Abnäher *m*
❸ (*cangrejo*) Schere *f*
❹ (*depilar*) Pinzette *f*
❺ (*del teléfono*) Abhören *nt*
pinzamiento [pinθa'mjento] *m* (MED) Klammern *nt*
pinzar [pin'θar] <z→c> *vt* mit der Klemme [*o* Zange] nehmen
pinzón [pin'θon] *m* (ZOOL) Fink *m*; **~ común** Buchfink *m*; **~ real** Bergfink *m*
piña ['piɲa] *f* ❶ (*pino*) Kiefernzapfen *m;* **~ de ciprés** Zypressenapfel *m*
❷ (*fruta*) Ananas *f*
piñal [pi'ɲal] *m* Ananasplantage *f*
piñata [pi'ɲata] *f* ❶ (*olla*) Kochtopf *m*
❷ (*en una fiesta*) geschmücktes Tongefäß mit Süßigkeiten für Kinder, das zerschlagen wird
piñón [pi'ɲon] *m* ❶ (*pino*) Pinienkern *m;* **estar a partir un ~ con alguien** (*fam*) mit jdm dick befreundet sein
❷ (TÉC) Zahnrad *m*
piñonata [piɲo'nata] *f* (GASTR) eine Art Gebäck aus geraspelten Mandeln und Zucker
piñonate [piɲo'nate] *m* (GASTR) eine Art Gebäck aus Pinienkernen und Zucker
piñonear [piɲone'ar] *vi* (*fam irón*) ❶ (*niño*) pubertieren
❷ (*hombre*) sich Frauen gegenüber wie ein Pubertierender aufführen
piñonero [piɲo'nero] *adj:* **pino ~** Pinie *f*
piños ['piɲos] *mpl* (*fam*) Zähne *mpl*
piñuela [pi'ɲwela] *f* (BOT) Fruchtzapfen *m* der Zypresse
pío¹ [pio] *m* Piepen *nt;* **no dijo ni ~** (*fam*) er/sie hat keinen Piep gesagt; **¡~, ~, ~!** put, put, put!
pío, -a² [pio, -a] *adj* ❶ (*piadoso*) fromm; (*bondadoso*) gutherzig; **monte ~** berufsgenossenschaftliche Kasse; **obra pía** fromme Stiftung
❷ (*caballo*) scheckig
piocha ['pjotʃa] *adj* (*Méx: fam: magnífico*) super, toll
piogenia [pjo'xenja] *f* (MED) Eiterbildung *f*
piógeno, -a [pi'oxeno, -a] *adj* (MED) Eiterungen verursachend, pyogen
piojento, -a [pjo'xento, -a] *adj* ❶ (*relativo a los piojos*) die Läuse betreffend, Läuse-
❷ (*que tiene piojos*) verlaust
piojera [pjo'xera] **I.** *adj:* **hierba ~** Läusekraut *nt*
II. *f sin pl* Elend *nt*
piojería [pjoxe'ria] *f sin pl* (*fam fig*) Elend *nt*
piojillo [pjo'xiʎo] *m* (ZOOL) Vogellaus *f*
piojo ['pjoxo] *m* Laus *f;* **~ de las aves** Vogellaus *f;* **estar como ~s en costura** eingepfercht sein
piojoso, -a [pjo'xoso, -a] **I.** *adj* verlaust; (*miserable*) lumpig, zerlumpt
II. *m, f* (*pey*) Bösewicht *m*
piojuelo [pjo'xwelo] *m v.* **piojo**

piola ['pjola] *f* ❶ (NÁUT) Leine *f*
❷ (*AmS: cuerda*) Schnur *f*
piolar [pjo'lar] *vi* (ZOOL) piepsen
piolet [pjo'leᵗ] *m* (DEP) Eispickel *m*
piolín [pjo'lin] *m* (*AmS*) Schnur *f*
pión, -ona [pi'on, -ona] *adj* ständig piepsend
pionero, -a [pjo'nero, -a] *m*, *f* Pionier(in) *m(f)*, Vorreiter(in) *m(f)*
pionono [pjo'nono] *m* (GASTR) eine Art Biskuitrolle
piorno ['pjorno] *m* (BOT) spanische Ginsterart
piorrea [pjo'rrea] *f* (MED) eitriger Ausfluss *m*, Pyorrhö(e) *f*
pipa ['pipa] *f* ❶ (*fumador*) Pfeife *f*; ~ **de la paz** Friedenspfeife *f*; **fumador de** ~ Pfeifenraucher *m*; **tabaco de** ~ Pfeifentabak *m*; **preparar** [*o* llenar] **la** ~ die Pfeife stopfen
❷ (*tonel*) Weinfässchen *nt*
❸ (*fruta*) Kern *m*
❹ (*CRi: fam: cabeza*) Rübe *f*, Birne *f*
❺ (*argot: pistola*) Ballermann *m*
❻ *pl* (*pepita*) (geröstete) Sonnenblumenkerne *mpl*
❼ (*fam*): **lo pasamos** ~ wir haben uns sehr gut amüsiert
pipar [pi'par] *vi* Pfeife rauchen
pipe ['pipe] *m* (*AmC: camarada*) Kumpel *m*
pipeline [paiβ'lain] *m*, **pipe-line** [paiβ'lain] *m* Pipeline *f*
pipera [pi'pera] *f v.* **pipero**
pipería [pipe'ria] *f sin pl* (*toneles*) Fässer *ntpl*
pipero, -a [pi'pero] *m*, *f* Süßigkeitenverkäufer(in) *m(f)* (auf der Straße)
pipeta [pi'peta] *f* (QUÍM) Pipette *f*, Saugröhrchen *nt*; ~ **de calibrado** Kalibrierpipette *f*; ~ **de medida** Messpipette *f*
pipí [pi'pi] *m* (*fam*) Pipi *nt*
pipián [pi'pjan] *m* (*Méx*) ❶ (*semilla*) Kürbiskern *m*
❷ (GASTR) gekochte Soße mit Kürbissamen und Chili
pipiar [pipi'ar] *<1. pres: pipío> vi* piep(s)en
pipil [pi'pil] *adj* (*AmC*) zur präkolumbischen Urbevölkerung gehörend
pípila [pi'pila] *f* (*Méx: prostituta*) Prostituierte *f*
pipiol [pi'pjol] *m* (*Méx: GASTR*) Mehlgebäck in Blätterform
pipiolo, -a [pi'pjolo, -a] *m*, *f* ❶ (*irón: novato*) Anfänger(in) *m(f)*, Neuling *m*
❷ (*Méx: niño*) Kind *nt*
pipirigallo [pipiri'ɣaʎo] *m* (BOT) Esparsette *f*
pipiripao [pipiri'pao] *m* (*fam*) Gelage *nt*
pipón, -ona [pi'pon, -ona] I. *adj* (*Ant, Arg, Ecua: fam: barrigón*) dickbäuchig; (*harto*) pappsatt
II. *m*, *f* (*PRico: fam: niño*) Knirps *m*; (*niña*) Göre *f*
pipote [pi'pote] *m* kleines Fässchen *nt*
pip(p)ermín [piper'min] *m* Pfefferminzlikör *m*
pique ['pike] *m* ❶ (*rivalidad*) Groll *m*; **menudo** ~ **se traían entre ellos sie waren ziemlich wütend aufeinander**
❷ (*Arg, Par, Nic*) Schneise *f*
❸ (NÁUT) Steilküste *f*
❹ (*loc*): **el barco se fue a** ~ das Schiff ist gesunken; **nuestros planes se fueron a** ~ unsere Pläne scheiterten
piquera [pi'kera] *f* (*colmena*) Flugloch *nt*; (*tonel*) Spundloch *nt*; (*alto horno*) Abstichloch *nt*
piquero [pi'kero] *m* (*carterista*) Taschendieb *m*
piqueta [pi'keta] *f* Keilhaue *f*, Spitzhacke *f*
piquete [pi'kete] *m* ❶ (*huelga*) Streikposten *m*
❷ (MIL) Pikett *nt*; ~ **de ejecución** Exekutionskommando *nt*
❸ (*jalón*) Pflock *m*; (*de camping*) Hering *m*
piquetilla [pike'tiʎa] *f* kleine Hacke *f* (um Löcher in dünne Wände zu hauen)
piquillín [piki'ʎin] *m* (*Arg: BOT*) zu den Kreuzdorngewächsen gehörende Baumart, aus deren Beeren Schnaps gewonnen wird
piquituerto [piki'twerto] *m* (ZOOL) Kreuzschnabel *m*
pira ['pira] *f* (*hoguera*) Lagerfeuer *nt*; ~ **funeraria** Scheiterhaufen *m*
pirado, -a [pi'raðo, -a] I. *adj* (*argot*) bekloppt, bescheuert
II. *m*, *f* (*argot*) Irre(r) *mf*
piragua [pi'raɣwa] *f* ❶ (DEP) Kanu *nt*, Paddelboot *nt*
❷ (*de los indios*) Einbaum *m*
piragüero, -a [pira'ɣwero] *m*, *f* (*PRico*) Eisverkäufer(in) *m(f)*
piragüismo [pira'ɣwismo] *m* (DEP) Kanusport *m*
piragüista [pira'ɣwista] *mf* (DEP) Kanufahrer(in) *m(f)*, Kanute *m*
piral [pi'ral] *m* (ZOOL) Zünsler *m*
piramidal [pirami'ðal] *adj* pyramidenförmig, Pyramiden-
pirámide [pi'ramiðe] *f* (ARQUIT, MAT) Pyramide *f*; **la** ~ **de la población se ensancha en su base** die Bevölkerungspyramide wird unten immer breiter
piraña [pi'raɲa] *f* (ZOOL) Piranha *m*
pirarse [pi'rarse] *vr* (*argot*) verschwinden, abhauen; **me las piro** ich haue jetzt ab; **se piró de la clase** er/sie hat den Unterricht geschwänzt
pirata [pi'rata] I. *mf* Pirat(in) *m(f)*, Seeräuber *m*; ~ **del aire** Luft-
pirat(in) *m(f)*; ~ **informático** Hacker *m*
II. *adj* Raub-, Piraten-; **copia** ~ Raubkopie *f*; **emisora** ~ Piratensender *m*; **hacer una edición** ~ **de un libro** von einem Buch einen Raubdruck herstellen
piratear [pirate'ar] *vi* Seeraub begehen; (*copiar*) Raubdrucke herstellen
piratería [pirate'ria] *f* Piraterie *f*, Seeräuberei *f*; ~ **informática** (INFOR) Computerpiraterie *f*; ~ **de marcas** Markenpiraterie *f*; ~ **de programas** (INFOR) Programmpiraterie *f*
pirca ['pirka] *f* (*AmC*) Steinmauer *f*
pirco ['pirko] *m* (*Chil: GASTR*) Gericht aus Bohnen, Mais und Kürbis
pirenaico, -a [pire'naiko, -a] *adj* Pyrenäen-; **el Aneto es el pico** ~ **más elevado** der (Pico de) Aneto ist der höchste Gipfel der Pyrenäen
pirético, -a [pi'retiko, -a] *adj* (MED) fieberhaft, fiebrig
piretógeno, -a [pire'toxeno, -a] *adj* (MED) Fieber erzeugend
piretología [piretolo'xia] *f* (MED) Fieberlehre *f*
piretoterapia [piretote'rapja] *f* (MED) Fiebertherapie *f*
pirexia [pi'reʏsja] *f* (MED) Fieber *nt*, Pyrexie *f*
pirgüín [pir'ɣwin] *m* (*Chil: ZOOL, MED*) eine Art Blutegel, der beim Vieh eine tödliche Krankheit mit dem gleichen Namen verursacht
pírico, -a ['piriko, -a] *adj* Feuerwerks-
piriforme [piri'forme] *adj* birnenförmig
pirineo, -a [piri'neo, -a] *adj* pyrenäisch
Pirineos [piri'neos] *mpl* (GEO) Pyrenäen *pl*
piripi [pi'ripi] *adj* (*fam*) leicht beschwipst
pirita [pi'rita] *f* (GEO) Pyrit *m*, Schwefelkies *m*; ~ **de hierro/de cobre** Eisen-/Kupferkies *m*
pirla ['pirla] *f* Kreisel *m*
piro ['piro] *m* (*argot*): **darse el** ~ abhauen
pirobalística [piroβa'listika] *f* (MIL) Lehre *f* von der Reichweite der Geschosse
pirobolista [piroβo'lista] *mf* (MIL) Sachverständige(r) *mf* für die Herstellung von Minen
piroelectricidad [piroelektri θi'ðaᵈ] *f* (FÍS) Pyroelektrizität *f*
pirófita [pi'rofita] *f* (BOT) feuerresistente Pflanze *f*, Pyrophyte *f*
pirógeno, -a [pi'roxeno, -a] *adj* (MED) Fieber erzeugend
pirograbado [piroɣra'βaðo] *m* Brandmalerei *f*
pirograbador(a) [piroɣraβa'ðor(a)] *m(f)* Künstler(in) *m(f)* der Brandmalerei
pirograbar [piroɣra'βar] *vt* mit Brandmalereien verzieren
pirografía [piroɣra'fia] *f v.* **pirograbado**
pirógrafo, -a [pi'roɣrafo, -a] *m*, *f v.* **pirograbador**
pirolatría [pirola'tria] *f* Feueranbetung *f*
pirólisis [pi'rolisis] *f inv* (QUÍM) Pyrolyse *f*
pirología [pirolo'xia] *f* Lehre *f* vom Feuer
pirómana [pi'romana] *f v.* **pirómano**
piromancia [piro'manθja] *f* Pyromantie *f*
piromanía [piroma'nia] *f* (MED, PSICO) Pyromanie *f*
pirómano, -a [pi'romano, -a] *m*, *f* (MED, PSICO) Pyromane, -in *m*, *f*
pirometría [pirome'tria] *f* (FÍS) Messung *f* hoher Temperaturen, Pyrometrie *f*
pirómetro [pi'rometro] *m* (QUÍM) Pyrometer *nt*; ~ **de radiación** Strahlungspyrometer *nt*
piropear [pirope'ar] *vt* (*fam*) Komplimente machen +*dat*, schmeicheln +*dat*
piropeo [piro'peo] *m* Komplimentemacherei *f*
piropo [pi'ropo] *m* ❶ (*fam: lisonja*) Schmeichelei *f*, Kompliment *nt*; **echar** ~**s** Komplimente machen
❷ (*granate*) Pyrop *m*
piróscafo [pi'roskafo] *m* (NÁUT) Dampfschiff *nt*
piroscopio [piros'kopjo] *m* (FÍS) Pyroskop *nt*
pirosfera [piros'fera] *f* (GEO) glühender Erdkern *m*, Pyrosphäre *f*
pirosis [pi'rosis] *f inv* (MED) Sodbrennen *nt*
pirotecnia [piro'teɣnja] *f sin pl* Feuerwerkerei *f*, Pyrotechnik *f*
pirotécnico, -a [piro'teɣniko, -a] I. *adj* pyrotechnisch
II. *m*, *f* Pyrotechniker(in) *m(f)*, Feuerwerker(in) *m(f)*
pirquén [pir'ken] *m* (*Chil*): **trabajar al** ~ im Bergbau ohne Bedingungen oder System, sondern genau nach direkter Anweisung arbeiten
pirquinero, -a [pirki'nero, -a] *m*, *f* (*Chil*) Bergarbeiter, der nach direkten Anweisungen arbeitet
pirrarse [pi'rrarse] *vr* (*argot*) verrückt sein (*por* nach +*dat*), schwärmen (*por* für +*akk*)
pírrico, -a ['pirriko, -a] *adj* Pyrrhus-; **victoria pírrica** Pyrrhussieg *m*
pirueta [pi'rweta] *f* Pirouette *f*
piruja [pi'ruxa] *f* (*Méx*) Prostituierte *f*
piruleta [piru'leta] *f* Lutscher *m*
pirulí [piru'li] *m* <pirulís> Lutscher *m*; **el P~** Fernsehturm in Madrid
piruli [pi'ruli] (*fam*): **chachi** ~ echt geil
pis [pis] *m* (*fam*) Pipi *nt*
pisa ['pisa] *f* ❶ (*acción de pisar*) Treten *nt*

pisada

② (*aceitunas, uvas*) bestimmte Menge von Weintrauben oder Oliven, die auf einmal gepresst werden
③ (*fam: paliza*) Tracht *f* Prügel
pisada [pi'saða] *f* ① (*acción*) Tritt *m*
② (*huella*) Spur *f*, Fuß(s)tapfen *m*; **seguir las ~s de alguien** in jds Fuß(s)tapfen treten; **me dejó la alfombra nueva llena de ~s** er/sie hinterließ lauter Fußspuren auf meinem neuen Teppich
③ (*patada*) Fußtritt *m*
pisador(a) [pisa'ðor(a)] *m(f)* (AGR) Kelterer, -in *m, f*
pisadora [pisa'ðora] *f* (AGR) Keltermaschine *f*
pisapapeles [pisapa'peles] *m inv* Briefbeschwerer *m*
pisar [pi'sar] *vt* ① (*poner el pie*) treten; **¡no pises las flores!** tritt nicht auf die Blumen!; **me han pisado en el bus** jemand ist mir im Bus auf den Fuß getreten; **ir pisando huevos** wie auf Eiern gehen; **~ los talones a alguien** jdm auf den Fersen folgen; **~ bien** (*bonito*) einen schönen Gang haben; (*seguro de sí mismo*) selbstsicher erscheinen; **~ fuerte** selbstbewusst auftreten
② (*entrar*) betreten; **no he pisado un hospital desde hace un año** ich habe seit einem Jahr kein Krankenhaus mehr betreten
③ (*uvas, aceitunas*) keltern, pressen; (*tierra*) stampfen
④ (*teclas, cuerdas*) kräftig anschlagen
⑤ (*aves*) begatten
⑥ (*humillar*) erniedrigen, schlecht behandeln; **¡no te dejes ~ por nadie!** lass dich von niemandem demütigen [*o* schikanieren]!
⑦ (*fam: planes*) vereiteln; **con su proyecto me pisan el terreno** mit ihrem Vorhaben kommen sie mir ins Gehege; **me han pisado el tema** sie sind mir mit dem Thema zuvorgekommen
pisaverde [pisa'βerðe] *m* (*fam*) Fatzke *m*
piscícola [pis'θikola] *adj* die Fischzucht betreffend, Fisch-; **mortandad ~** Fischsterben *nt*
piscicultor(a) [pisθikul'tor(a)] *m(f)* Fischzüchter(in) *m(f)*
piscicultura [pisθikul'tura] *f* Fischzucht *f*
piscifactoría [pisθifakto'ria] *f* Fischzucht *f*, Fischzuchtbetrieb *m*; **~ de truchas** Forellenzucht *f*
pisciforme [pisθi'forme] *adj* fischförmig
piscina [pis'θina] *f* Schwimmbad *nt*, Badeanstalt *f*; **~ cubierta** Hallenbad *nt*
Piscis ['pisθis] *m* (ASTR) Fische *mpl*
piscívoro, -a [pis'θiβoro, -a] *adj* (ZOOL) Fisch fressend
pisco ['pisko] *m* ① (*aguardiente*) Pico *m* (*Art Grappa aus Pisco in Peru*); **~ sour** Cocktail aus Pisco, Limonensaft, Zucker und geschlagenem Eiweiß
② (*Col, Ven: pavo*) Truthahn *m*
③ (*Col: pey: hombre*) Kerl *m*
piscolabis [pisko'laβis] *m inv* (*fam*) Imbiss *m*, Happen *m*
piso ['piso] *m* ① (*pavimento*) (Fuß)boden *m*; (*calle*) Pflaster *nt*; **con ~ de parqué** mit Parkett(fuß)boden
② (*planta*) Stock *m*, Stockwerk *nt*, Etage *f*; **han construido una casa de dos ~s** sie haben ein zweistöckiges Haus gebaut; **la consulta está en el segundo ~** die Praxis ist im zweiten Stock
③ (*zapato, t. MIN*) Sohle *f*
④ (*vivienda*) Wohnung *f*; **~ piloto** Musterwohnung *f*; **bloque de ~s** Hochhaus *nt*; **tengo un ~ en propiedad** ich habe eine Eigentumswohnung
pisón [pi'son] *m* Ramme *f*
pisonear [pisone'ar] *vt* walzen
pisotear [pisote'ar] *vt* niedertreten; (*fig: violar*) mit Füßen treten
pisoteo [piso'teo] *m* Niedertreten *nt*; (*fig*) Niedermachen *nt*
pisotón [piso'ton] *m* Tritt *m*; **dar** [*o* **pegar**] **un ~ a alguien** jdm auf den Fuß treten
pispajo [pis'paxo] *m* ① (*trapajo*) Fetzen *m*
② (*baratija*) Schund *m*
③ (*pey: persona desmedrada*) Trottel *m*
pispar [pis'par] I. *vi* (*fam: embriagarse*) sich betrinken
II. *vt* ① (*fam: birlar*) wegschnappen
② (*Arg: oír*) belauern; (*observar*) beobachten
pispear [pispe'ar] *vt* (*Arg: birlar*) wegschnappen
pista ['pista] *f* ① (*huella, indicio*) Spur *f*; **estar sobre la buena ~** auf der richtigen Fährte [*o* Spur] sein; **seguirle la ~ a alguien/algo** jdn/etw verfolgen; **nuestra ~ nos lleva hasta Moscú** die Spur führt uns nach Moskau
② (*circo*) Piste *f*, Reitbahn *f*
③ (*baile*) Tanzfläche *f*
④ (AERO, DEP) Piste *f*, Bahn *f*; **~ de aterrizaje/de despegue** Lande-/Startbahn *f*; **~ de carreras** Rennbahn *f*; **~ de esquí** Skipiste *f*; **~ de esquí de fondo** Loipe *f*
⑤ (*camino*) Rollbahn *f*
⑥ (INFOR) Trackball *m*; **~ magnética** Magnetspur *f*; **~s por pulgada** Spuren pro Zoll; **distancia entre ~s** Spurabstand *m*

pistache [pis'tatʃe] *m* ① (GASTR: *helado*) Pistazieneis *nt*; (*dulce*) Pistazienkonfekt *nt*
② (*Méx: pistacho*) Pistazie *f*
pistachero [pista'tʃero] *m* (BOT) Pistazienbaum *m*
pistacho [pis'tatʃo] *m* Pistazie *f*
pistero¹ [pis'tero] *m* Schnabeltasse *f*
pistero, -a² [pis'tero] *m, f* (AmC) Pfennigfuchser(in) *m(f) fam*
pistilo [pis'tilo] *m* ① (BOT) Stempel *m*
② (*mortero*) Pistill *nt*
pisto ['pisto] *m* ① (GASTR: *caldo*) Hühnerbrühe *f*
② (GASTR: *fritada*) Eintopf aus gerösteten Tomaten, Paprika, Zwiebeln usw.
③ (*mezcla*) Mischmasch *m*
④ (AmC: *dinero*) Geld *nt*
⑤ (*loc*): **él se da mucho ~** er ist ein alter Angeber
pistola [pis'tola] *f* ① (*arma*) Pistole *f*; **~ de aire comprimido** Luftpistole *f*; **~ de reglamento** Dienstpistole *f*
② (*del pintor*) Spritzpistole *f*
③ (*Arg: vulg: pene*) Schwanz *m fam*
pistolera [pisto'lera] *f* Pistolentasche *f*; **~s** (*de la piel*) Zellulitis *f*
pistolero, -a [pisto'lero, -a] *m, f* Bandit(in) *m(f)*
pistoletazo [pistole'taθo] *m* Pistolenschuss *m*
pistolete [pisto'lete] *m* kurze Pistole *f*
pistón [pis'ton] *m* ① (*émbolo*) Kolben *m*
② (*arma*) Sprengkapsel *f*
③ (MÚS) Klappe *f*, Ventil *nt*
pistonudo, -a [pisto'nuðo, -a] *adj* (*argot*) stark, geil
pita ['pita] *f* ① (BOT) Agave *f*
② (*cáñamo*) Pitahanf *m*
③ (*fam: gallina*) Henne *f*; **¡~, ~, ~!** put, put, put!
pitada [pi'taða] *f* (*fig: extravagancia*) unangebrachte Bemerkung *f*; **dar una ~** sich im Ton vergreifen
Pitágoras [pi'tayoras] *m* Pythagoras *m*; **teorema de ~** (MAT) Satz des Pythagoras, pythagoreischer Lehrsatz
pitagórico, -a [pita'yoriko, -a] I. *adj* pythagoreisch
II. *m, f* (FILOS) Pythagoreer(in) *m(f)*
pitagorismo [pitayo'rismo] *m* (FILOS) Lehre *f* des Pythagoras
pitahaya [pita'ʎa/pita'aʎa] *f* (Ant) Kakteenfrucht *f*
pitanza [pi'tanθa] *f* ① (*ración*) Armenspeisung *f*
② (*alimentos*) Gericht *nt*
③ (*precio*) Entgelt *nt*
pitar [pi'tar] I. *vi* ① (*tocar*) pfeifen; **me pitan los oídos** ich habe Ohrensausen
② (*fam: funcionar*) gut laufen
③ (AmS: *fumar*) rauchen
④ (*loc*): **salir pitando** eilig davonlaufen; **¡con la mitad vas que pitas!** mit der Hälfte hast du mehr als genug!
II. *vt* ① (*tocar*) pfeifen; **el árbitro pitó la falta** der Schiedsrichter pfiff das Foul
② (*pagar*) zahlen
③ (*Chil: engañar*) betrügen
pitarroso, -a [pita'rroso, -a] *adj* triefäugig
pitecántropo [pite'kantropo] *m*, **pitecantropo** [pitekan'tropo] *m* Frühmensch *m*, Pithekanthropus *m*
pitezna [pi'teθna] *f* Fallenklinke *f*
pitido [pi'tiðo] *m* Pfiff *m*
pitihué [piti'we] *m* (Chil. ZOOL) zu den Spechten gehörende Vogelart
pitillera [piti'ʎera] *f* ① (*estuche*) Zigarettenetui *nt*
② (*trabajadora*) Arbeiterin in einer Zigarettenfabrik
pitillo [pi'tiʎo] *m* Zigarette *f*
pítima ['pitima] *f* ① (MED) Herzkataplasma *nt*
② (*fam: borrachera*) Rausch *m*
pitiminí [pitimi'ni] *m*: **de ~** unwichtig; **rosa de ~** (BOT) Kletterrose *f*
pitipié [piti'pje] *m* (*de un mapa o plano*) Maßstab *m*
pitiriasis [piti'rjasis] *f inv* (MED) Kleiengrind *m*, Ptyriasis *f*
pitiyanqui [piti'ʝaŋki] *m* (PRico) Möchtegernyankee *m*
pito¹ ['pito] *m* ① (*silbato*) Pfeife *f*; (*claxon*) Hupe *f*; **hacer ~s** (mit den Fingern) schnipsen [*o* schnippen]; **por ~s o por flautas no puede ayudarme** (*fam*) er/sie hat immer einen Grund, weshalb er/sie mir nicht helfen kann; **tomar a alguien por el ~ del sereno** (*fam*) jdn nicht ernst nehmen; **no me importa un ~** (*fam*) das ist mir schnuppe; **no valer un ~** (*fam*) keinen Pfifferling wert sein
② (*canica*) Murmel *f*, Klicker *m*; **jugar a los ~s** mit Murmeln spielen
③ (*cigarro*) Zigarette *f*
④ (*fam: pene*) Pimmel *m*
pito, -a² ['pito, -a] *adj* (*fam*) elegant; **iba todo ~** er sah aus wie geleckt
pitón [pi'ton] *m* ① (ZOOL) Pythonschlange *f*
② (*cuerno*) Hornspitze *f*; (*toro*) Horn *nt*
③ (*pitorro*) Schnabel *m*

pitonisa [pito'nisa] *f* Wahrsagerin *f*
pitora [pi'tora] *f* (*Col:* ZOOL) sehr giftige Schlangenart
pitorrearse [pitorre'arse] *vr* (*fam*) sich lustig machen (*de* über +*akk*), durch den Kakao ziehen (*de* +*akk*)
pitorreo [pito'rreo] *m* (*fam*) Spott *m;* **¡esto es un ~!** das ist ja der reine Hohn!
pitorro [pi'torro] *m* (*fam*) Schnabel *m*
pitote [pi'tote] *m* Durcheinander *nt,* Chaos *nt;* **me importa un ~** (*fam*) das ist mir (völlig) schnuppe
pitpit [piᵈ'piᵈ] <pitpites> *m* (ZOOL) Pieper *m*
pituco, -a [pi'tuko, -a] **I.** *adj* (*CSur*) ❶ (*cursi*) kitschig
❷ (*muy acicalado*) geschniegelt *fam*
❸ (*nuevo rico*) neureich
II. *m, f* (*CSur*) ❶ (*cursi*) Geck *m,* Lackaffe *m fam,* Modepuppe *f fam*
❷ (*nuevo rico*) Neureiche(r) *mf*
pitufo, -a [pi'tufo] *m* (*fam*) Schlumpf *m*
pituita [pi'twita] *f* (MED) Schleim *m*
pituitario, -a [pitwi'tarjo, -a] *adj* schleimig; **membrana pituitaria** (ANAT) Nasenschleimhaut *f;* **glándula pituitaria** (ANAT) Hypophyse *f*
pituso, -a [pi'tuso, -a] *adj* klein, niedlich
piular [pju'lar] *vi* piepsen
piuquén [pju'ken] *m* (*Chil:* ZOOL) eine Art Trappe, deren Fleisch schmackhafter ist als das des Puters
piure ['pjure] *m* (*Chil:* ZOOL) Manteltierart mit sehr schmackhaftem Fleisch
piuria [pju'rja] *f* (MED) Eiter *m* im Urin
pívot ['piβot] *mf* (DEP) mittlerer Angriffsspieler *m,* mittlere Angriffsspielerin *f*
pivotar [piβo'tar] *vi:* ~ **en torno a un asunto** sich um ein Thema drehen
pivote¹ [pi'βote] *mf* (DEP) *v.* **pívot**
pivote² [pi'βote] *m* (TÉC) Zapfen *m*
pixel ['piˣsel] *m* (TV, INFOR) Pixel *m*
píxide ['piˣsiðe] *f* Hostienbehälter *m,* Pyxis *f*
piyama [pi'jama] *m* (*Am*) Schlafanzug *m*
pizarra [pi'θarra] *f* ❶ (*roca*) Schiefer *m;* ~ **bituminosa** Ölschiefer *m;* **techo de** ~ Schieferdach *nt*
❷ (*encerado*) (Schiefer)tafel *f*
pizarral [piθa'rral] *m* (GEO) Schieferbruch *m*
pizarrero, -a [piθa'rrero, -a] *m, f* Schieferdecker(in) *m(f)*
pizarrín [piθa'rrin] *m* Griffel *m*
pizarrón [piθa'rron] *m* (*Am: encerado*) (Wand)tafel *f*
pizarroso, -a [piθa'rroso, -a] *adj* schief(e)rig, schieferartig
pizca ['piθka] *f* ❶ (*fam: poco*) kleines Stück *nt;* **una ~** ein bisschen; **no tienes ni ~ de vergüenza** du schämst dich wohl überhaupt nicht; **una ~ de sal** eine Prise Salz
❷ (*Méx: de maíz, café*) Ernte *f*
pizcar [piθ'kar] <c→qu> *vt* (*Méx*) ernten, pflücken
pizco ['piθko] *m* ❶ (*poco*) kleines Stück *nt;* **un** ~ ein bisschen
❷ (*fam: pellizco*) Kneifen *nt*
pizpireta [piθpi'reta] *adj* (*mujer*) lebhaft, geistreich
pizza ['pitsa] *f* (GASTR) Pizza *f*
pizzería [pitse'ria] *f* Pizzeria *f*
pizzero, -a [pit'sero, -a] *m, f* Pizzabäcker(in) *m(f)*
pizzicato [piθθi'kato] *m* (MÚS) Pizzikato *nt*
placa ['plaka] *f* ❶ (*lámina*) Platte *f,* Plakette *f;* ~ **giratoria** Drehscheibe *f*
❷ (*insignia*) Ordensstern *m*
❸ (*cartel*) Schild *nt;* ~ **conmemorativa** Gedenktafel *f;* ~ **metálica** Metallschild *nt*
❹ (*plancha, t.* FOTO, INFOR) Scheibe *f,* Platte *f;* ~ **gráfica 16 colores** Grafikkarte 16-farbig; ~ **solar fotovoltaica** Sonnenkollektor *m*
❺ (AUTO) Nummernschild *nt*
❻ (MED): ~ **dental** Zahnbelag *m*
placar [pla'kar] *m,* **placard** [pla'kar] *m* (*Arg, Urug: armario empotrado*) Einbauschrank *m*
placeado, -a [plaθe'aðo, -a] *adj* (TAUR): **toro** ~ Stier, der bereits in anderen Arenen gekämpft hat
placebo [pla'θeβo] *m* (MED) Placebo *nt*
pláceme ['plaθeme] *m* Glückwunsch *m,* Gratulation *f*
placenta [pla'θenta] *f* (ANAT) Mutterkuchen *m,* Plazenta *f*
placentación [plaθenta'θjon] *f* ❶ (ANAT) Bildung *f* der Plazenta
❷ (BOT) Samenanlage *f*
placentario, -a [plaθen'tarjo, -a] *adj* (MED) plazentar; **animales ~s** (ZOOL) Plazentatiere *ntpl*
placentero, -a [plaθen'tero, -a] *adj* angenehm
placentino, -a [plaθen'tino, -a] **I.** *adj* aus Plasencia
II. *m, f* Einwohner(in) *m(f)* von Plasencia
placer [pla'θer] **I.** *m* ❶ (*goce*) Freude *f,* Vergnügen *nt;* **los pequeños ~es de la vida** die kleinen Freuden des Lebens; **con sumo** ~ mit großem Vergnügen; **de** ~ vor Freude
❷ (*sexual*) Lust *f;* **casa de** ~ Bordell *nt*
❸ (*arena*) Sandbank *f*
II. *vi irr como crecer* gefallen; **¡haré lo que me plazca!** ich werde das tun, wozu ich Lust habe!
placero, -a [pla'θero, -a] *m, f* (*Am: vendedor callejero*) Straßenverkäufer(in) *m(f)*
plácet ['plaθet] *m* (*formal*) Zustimmung *f,* Plazet *nt;* (*diplomático*) Agrément *nt;* **dar el** ~ **a algo** sein Plazet zu etw *dat* geben
placeta [pla'θeta] *f dim de* **plaza**
placible [pla'θiβle] *adj* angenehm
placidez [plaθi'ðeθ] *f* Sanftmut *f,* Gelassenheit *f,* Ruhe *f*
plácido, -a [pla'θiðo, -a] *adj* ❶ (*cosas*) ruhig, angenehm
❷ (*persona*) sanft, gelassen
placiente [pla'θjente] *adj* angenehm, ansprechend
plácito ['plaθito] *m* Meinung *f,* Ansicht *f*
plafón [pla'fon] *m* ❶ (*lámpara*) Deckenleuchte *f*
❷ (FIN): ~ **de crédito** Kreditplafond *m*
plaga ['playa] *f* ❶ (AGR) Plage *f;* **una ~ de langostas asoló la región** die Gegend wurde von einer Heuschreckenplage heimgesucht
❷ (*calamidades*) Mühsal *f,* Leid *nt;* (*lacra*) Geißel *f*
❸ (*abundancia*) Überfluss *m;* **este año hemos tenido una ~ de cerezas** dieses Jahr hatten wir eine Kirschenschwemme [*o* üppige Kirschenernte]
plagado, -a [pla'yaðo -a] *adj* voll (*de* mit +*dat*); **el texto estaba ~ de faltas** der Text wimmelte von Fehlern; **la casa está plagada de cucarachas** das Haus ist voller Kakerlaken
plagar [pla'yar] <g→gu> **I.** *vt* voll stopfen (*de* mit +*dat*); **~on la ciudad de carteles** die Stadt wurde vollkommen zuplakatiert
II. *vr:* **~se** heimgesucht werden (*de* von +*dat*); **el pueblo se plagó de ratas** das Dorf wurde von einer Rattenplage heimgesucht
plagiar [pla'xjar] *vt* ❶ (*copiar*) abschreiben, plagiieren
❷ (*Am: secuestrar*) entführen
plagiario, -a [pla'xjarjo, -a] *adj* plagiatorisch, Plagiat-
plagio ['plaxjo] *m* ❶ (*copia*) Plagiat *nt*
❷ (*Am: secuestro*) Entführung *f*
plaguicida [playi'θiða] *m* (AGR) Pflanzenschutzmittel *nt*
plan [plan] *m* ❶ (*proyecto*) Plan *m,* Entwurf *m;* ~ **de ahorro** (FIN) Sparplan *m;* ~ **de amortización** (FIN) Tilgungsplan *m;* ~ **cuatrienal** (ECON) Vierjahresplan *m;* ~ **de cuentas** (FIN) Kontenplan *m;* ~ **de desarrollo** (*t.* ECON) Entwicklungsplan *m;* ~ **de distribución** Aufteilungsplan *m;* ~ **económico** Wirtschaftsplan *m;* ~ **de emergencia** Notstandsplan *m;* ~ **estratégico** Strategieplanung *f;* ~ **de estudios** Studienplan *m;* ~ **de expansión** (COM) Erweiterungsplan *m;* ~ **financiero** Finanzkonzept *nt;* ~ **general de obras** Bauleitplan *m;* ~ **de inversiones** Investitionsplan *m;* ~ **Marshall** Marshallplan *m;* ~ **de ordenación de espacios** Raumordnungsplan *m;* ~ **de pensiones** (FIN) Rentenplan *m;* ~ **quinquenal** (ECON) Fünfjahresplan *m;* ~ **de saneamiento** Sanierungsplan *m;* ~ **sinóptico** Übersichtsplan *m;* ~ **urbanístico** städtebaulicher Plan; ~ **de urbanización** Bebauungsplan *m;* **si no tienes ~ para esta noche paso a buscarte** wenn du nichts Abend noch nichts vorhast, hole ich dich ab
❷ (*argot: ligue*) (Liebes)bekanntschaft *f*
❸ (INFOR): ~ **de la red** Netzplan *m*
❹ (*loc*): **esto no es ~** (*argot*) so geht es nicht (weiter); **en ~ de...** als ...; **está en un ~ que no lo soporto** (*argot*) so, wie er zur Zeit drauf ist, ertrage ich ihn nicht
plana ['plana] *f* ❶ (*folio*) Seite *f;* **a toda** ~ ganzseitig; **un artículo en primera** ~ ein Artikel auf der ersten Seite
❷ (*caligrafía*) Schreibübung *f*
❸ (*planicie*) Ebene *f,* ebene Fläche *f*
❹ (*loc*): **la ~ mayor** (MIL) der Regimentsstab; **la ~ mayor del partido** die Parteispitze; **enmendar la ~ a alguien** (*criticar a alguien*) jdn kritisieren; (*superar a alguien*) jdn übertreffen
planada [pla'naða] *f* (GEO) (weite) Ebene *f*
plancha ['plantʃa] *f* ❶ (*lámina*) Platte *f,* Blech *nt*
❷ (*ropa*) Bügeleisen *nt;* ~ **de vapor** Dampfbügeleisen *nt*
❸ (TIPO) Druckplatte *f*
❹ (NÁUT) Laufplanke *f*
❺ (*fam: desacierto*) Blamage *f;* **hacer** [*o* **tirarse**] **una** ~ sich blamieren
❻ (GASTR): **a la** ~ in der Pfanne gebraten
planchada [plan'tʃaða] *f* (NÁUT) hölzerner Pier *m*
planchado¹ [plan'tʃaðo] *m* Bügeln *nt;* (*ropa*) Bügelwäsche *f*
planchado, -a² [plan'tʃaðo, -a] *adj* ❶ (*AmC: acicalado*) geschniegelt *fam*
❷ (*loc*): **lo dejé** ~ (*fig fam*) er war platt (nach dem, was ich sagte)
planchador(a) [plantʃa'ðor] *m(f)* Bügler(in) *m(f)*
planchadora [plantʃa'ðora] *f* Büglerin *f;* (*máquina*) Bügelmaschine *f*
planchar [plan'tʃar] *vt* bügeln, plätten
planchazo [plan'tʃaθo] *m* ❶ (*ropa*) kurzes Bügeln *nt*

plancton

②(*desacierto*) Blamage *f*
plancton ['plaⁿkton] *m sin pl* Plankton *nt*
planeador [planea'ðor] *m* (AERO) Segelflugzeug *nt;* ~ **espacial** Raumgleiter *m*
planeadora [planea'ðora] *f* (*embarcación*) schnelles Boot mit Außenbordmotor
planeamiento [planea'mjento] *m* Planung *f;* ~ **preliminar** Vorplanung *f*
planear [plane'ar] I. *vi* (*ave*) schweben; (AERO) im Gleitflug niedergehen II. *vt* planen, organisieren
planeo [pla'neo] *m* (AERO) Gleitflug *m*
planeta [pla'neta] *m* ① (ASTR) Planet *m*
②(*REL*: *casulla*) kurze Kasel *f*
planetario¹ [plane'tarjo] *m* Planetarium *nt*
planetario, -a² [plane'tarjo, -a] *adj* Planeten-; **sistema** ~ Planetensystem *nt*
planetoide [plane'toiðe] *m* (ASTR) kleiner Planet *m*, Planetoid *m*
planicie [pla'niθie] *f* (GEO) Ebene *f*
planificación [planifika'θjon] *f* Planung *f;* ~ **a corto/largo plazo** kurzfristige/langfristige Planung; ~ **detallada** Feinplanung *f;* ~ **económica** Wirtschaftsplanung *f;* ~ **empresarial** Unternehmensplanung *f;* ~ **familiar** Familienplanung *f;* ~ **de la gestión de desperdicios** Abfallwirtschaftsplanung *f;* ~ **de liquidez** Liquiditätsplanung *f;* ~ **regional** Raumplanung *f*
planificador(a) [planifika'ðor(a)] *m(f)* Planer(in) *m(f);* ~ **económico** Wirtschaftsplaner *m*
planificar [planifi'kar] <c→qu> *vt* planen; ~ **las inversiones** die Investitionen planen
planilla [pla'niʎa] *f* ① (ECON: *personal*) Belegschaft *f*
②(*impreso*) Formular *nt;* ~ **de cálculo** (INFOR) Tabellenkalkulationsprogramm *nt*
③(*Am: liquidación*) Abrechnung *f*
planimetría [planime'tria] *f* (MAT) Planimetrie *f*
planímetro [pla'nimetro] *m* (GEO) Flächenmesser *m*, Planimeter *nt*
planisferio [planis'ferjo] *m* (ASTR) Sternkarte *f*
planning ['planiŋ] *m* Arbeitsplan *m*
plano¹ ['plano] *m* ① (MAT) Ebene *f;* ~ **inclinado** schiefe Ebene
②(*mapa*) Plan *m*, Zeichnung *f;* ~ **de la ciudad** Stadtplan *m;* **levantar un** ~ einen Plan entwerfen
③(CINE): **primer** ~ Großaufnahme *f;* **en primer** ~ im Vordergrund
④(*loc*): **de** ~ durchaus; **aceptó de** ~ **nuestra propuesta** er/sie nahm unseren Vorschlag ohne Einschränkungen an
plano, -a² ['plano, -a] *adj* flach, eben; **geometría plana** (MAT) Planimetrie *f;* **superficie plana** Ebene *f*, ebene Fläche
planta ['planta] *f* ① (BOT) Pflanze *f;* ~ **anual** einjährige Pflanze; ~ **bulbosa** Zwiebelgewächs *nt;* ~ **de interior** Zimmerpflanze *f;* ~ **medicinal** Arzneipflanze *f*, Heilpflanze *f;* ~ **vivaz** Staude *f*
②(*pie*) Fußsohle *f*
③(*fábrica*) Anlage *f*, Werk *nt;* ~ **de abastecimientos de agua** Wasserwerk *nt;* ~ **de biogás** Biogasanlage *f;* ~ **de compost** Kompostieranlage *f;* ~ **depuradora** Kläranlage *f;* ~ **desalinizadora** Entsalzungsanlage *f;* ~ **de ensayos** Versuchsanlage *f;* ~ **incineradora** Müllverbrennungsanlage *f;* ~ **industrial** Industrieanlage *f;* ~ **de montaje** Montagewerk *nt;* ~ **de producción** Fertigungsbetrieb *m;* ~ **de reciclaje de basuras** Müllaufbereitungsanlage *f;* ~ **siderúrgica** Stahlwerk *nt*, Eisenhüttenwerk *nt;* ~ **de tratamiento de residuos** Abfallentsorgungsbetrieb *m;* **instalar una** ~ eine Betriebsanlage errichten
④(*Am: central de energía*) Kraftwerk *nt;* ~ **de energía atómica** Atomkraftwerk *nt;* ~ **de energía hidráulica** Wasserkraftwerk *nt*
⑤(*piso*) Stockwerk *nt*, Geschoss *nt;* ~ **alta/baja** Ober-/Erdgeschoss *nt*
⑥(ARQUIT) Grundriss *m;* (*proyecto*) Bauplan *m*
⑦(*loc*): **tener buena** ~ gut aussehen
plantación [planta'θjon] *f* (AGR) Pflanzung *f;* (*finca*) Plantage *f*
plantado, -a [plan'taðo, -a] *adj* (*fam: garboso*) rüstig; **bien** ~ stramm, gut aussehend
plantador¹ [planta'ðor] *m* (*apero*) Pflanzholz *nt*
plantador(a)² [planta'ðor(a)] *m(f)* Pflanzer(in) *m(f)*
plantar [plan'tar] I. *vt* ① (*bulbo*) pflanzen; **han plantado el monte** der Berg ist aufgeforstet worden
②(*clavar*) befestigen; ~ **una tienda de campaña** ein Zelt aufschlagen
③(*fam: tortazo*) versetzen
④(*fam: cita*) versetzen, einen Korb geben +*dat;* **desapareció y me dejó plantado** er/sie verschwand und ließ mich einfach stehen; **dejó plantada a su novia** er/sie ließ seine Freundin sitzen
⑤(*abandonar*) aufgeben
⑥(*despedir*): **lo** ~**on en la calle** man hat ihn entlassen
II. *vr:* ~**se** ① (*resistirse*) sich entgegensetzen (*ante* +*dat*); **se plantó ante los proyectos de sus padres** er/sie widersetzte sich den elterlichen Plänen

plástico

②(*asno, perro*) nicht von der Stelle wollen, störrisch sein
③(*aparecer*) auftauchen; **se plantaron en su casa en un periquete** sie waren blitzschnell bei ihm/ihr
④(*negarse categóricamente*) sich hartnäckig weigern
⑤(*no aceptar más naipes*) passen; **aquí me planto** ich passe
plante ['plante] *m* Streik *m*, Arbeitsniederlegung *f;* **dar** ~ **a alguien** jdn sitzen lassen
planteamiento [plantea'mjento] *m* ① (*idea*) Gesichtspunkt *m;* **tu** ~ **de la cuestión no me parece el adecuado** dein Ansatz scheint mir nicht der richtige zu sein
②(MAT) Ansatz *m*
plantear [plante'ar] I. *vt* ① (*asunto, problema*) angehen; **este problema está mal planteado** dieses Problem ist falsch angegangen worden
②(*causar*) verursachen; **tú fuiste el que planteó la discusión** du hast die Diskussion ausgelöst
II. *vr:* ~**se** ① (*reflexionar*) überdenken; **tengo que** ~**me este problema** dieses Problem muss ich genau überdenken
②(*cuestión*) aufwerfen; **ahora me planteo la pregunta si...** für mich wirft sich jetzt die Frage auf, ob ...
plantel [plan'tel] *m* ① (*vivero*) Baumschule *f*
②(*conjunto*) Gruppe *f*
③(*Arg: plantilla*) Belegschaft *f*
planteo [plan'teo] *m* (*Arg*) Protest *m*
plantificación [plantifika'θjon] *f* (*implantación*) Aufstellung *f*, Errichtung *f;* **la** ~ **de nuevos modelos de educación** die Einführung neuer Erziehungsmodelle
plantificar [plantifi'kar] <c→qu> I. *vt* (*golpe*) versetzen
II. *vr:* ~**se** auftauchen; **se plantificó allí al poco tiempo** er/sie war in kürzester Zeit da
plantígrados [plan'tiɣraðos] *mpl* (ZOOL) Sohlengänger *mpl*
plantilla [plan'tiʎa] *f* ① (*empleados*) Belegschaft *f;* ~ **de profesores** Lehrerschaft *f;* **personal de** ~ Stammpersonal *nt;* **estar en** ~ fest angestellt sein
②(*zapato*) Einlegesohle *f;* ~ **ortopédica** orthopädische Einlage
③(*zapatero*) Brandsohle *f*
④(*patrón*) Schablone *f;* ~ **para símbolos** (INFOR) Zeichenschablone *f;* ~ **de teclado** (INFOR) Tastaturschablone *f*
⑤(*equipo*) Mannschaft *f*
plantío [plan'tio] *m* ① (*plantación*) Pflanzung *f*
②(*terreno: huerto*) Garten *m;* (*plantación*) Plantage *f*
③(*lo plantado*) Bepflanzung *f*
plantón [plan'ton] *m* ① (AGR) Setzling *m*
②(MIL) Wach(t)posten *m*
③(*loc*): **quedamos a las cuatro y me ha dado un** ~ ich war um vier mit ihm/ihr verabredet, und er/sie hat mich versetzt; **y ahora estoy de** ~ jetzt muss ich hier stehen und warten
planudo, -a [pla'nuðo, -a] *adj* (NÁUT) für niedriges Gewässer geeignet (*Schiff*)
plañidera [plaɲi'ðera] *f* Klageweib *nt*
plañidero, -a [plaɲi'ðero, -a] *adj* (*lloroso*) weinerlich; (*lastimero*) erbärmlich
plañido [pla'ɲiðo] *m* Wehklagen *nt*
plañir [pla'ɲir] <3. *pret:* plañó> *vi* weinen, jammern
plaqué [pla'ke] *m* (*de oro*) Goldüberzug *m;* (*de plata*) Silberüberzug *m*
plaqueta [pla'keta] *f* (BIOL, MED) Blutplättchen *nt*, Thrombozyt *m*
plasma ['plasma] *m* (BIOL, FÍS, MED) Plasma *nt;* ~ **sanguíneo** Blutplasma *nt*
plasmación [plasma'θjon] *f* Gestaltung *f;* (*representación*) Darstellung *f*
plasmador [plasma'ðor] *m* (*Dios*) Schöpfer *m*
plasmar [plas'mar] *vt* ① (*moldear, t. fig*) gestalten
②(*representar*) darstellen, widerspiegeln; **en esta obra se ve plasmado el espíritu de la época** dieses Werk spiegelt den Zeitgeist der Epoche deutlich wider
plasmocito [plasmo'θito] *m* (ANAT) Plasmazelle *f*
plasmodio [plas'moðjo] *m* (BIOL) Plasmodium *nt*
plasta¹ ['plasta] *mf* (*pey*) Nervensäge *f*
plasta² ['plasta] *f* ≈Pfusch *m;* **el discurso fue una** ~ die Rede war eine Katastrophe
plaste ['plaste] *m* Gipsmasse *f*
plastecer [plaste'θer] *irr como crecer vt* vergipsen
plástica ['plastika] *f* (ARTE) Plastik *f*, Bildhauerkunst *f*
plasticidad [plastiθi'ðað] *f* Plastizität *f;* (*claridad*) Anschaulichkeit *f*
plástico¹ ['plastiko] *m* Kunststoff *m*, Plastik *nt*
plástico, -a² ['plastiko, -a] *adj* ① (*materia*) Plastik-, Kunststoff-; **papel** ~ Plastikfolie *f*, Kunststofffolie *f*
②(*modelable*) plastisch, leicht formbar; **las artes plásticas** die bildenden Künste
③(*expresivo*) plastisch, ausdrucksvoll

plastificación [plastifika'θjon] *f* ❶ (*revestimiento*) Einschweißen *nt* in Plastik
❷ (*con plastificante*) Weichmachen *nt*, Plastifizieren *nt*
plastificado [plastifi'kaðo] *m* Plastifizieren *nt*
plastificar [plastifi'kar] <c→qu> *vt* (in Plastik) einschweißen, laminieren
plastilina® [plasti'lina] *f* Plastilin® *nt*, Knetmasse *f*
plastrón [plas'tron] *m* ❶ (*pechera*) Plastron *m o nt*, Vorhemd *nt*
❷ (ZOOL) Bauchpanzer *m*
plasturgia [plas'turxja] *f* Technik *f* der Umwandlung von Kunststoffen
plata ['plata] *f* ❶ (*metal*) Silber *nt;* ~ **labrada** Silber(geschirr) *nt;* **bodas de** ~ Silberhochzeit *f,* silberne Hochzeit; **medalla de** ~ (DEP) Silbermedaille *f*; **papel de** ~ Silberfolie *f*
❷ (*moneda*) Silbergeld *nt;* ~ **de ley** Feinsilber *nt*
❸ (*Am: dinero*) Geld *nt;* **¡adiós mi ~!** (*CSur: fam*) jetzt ist alles verloren!
❹ (*loc*): **hablar en** ~ Klartext reden
plataforma [plata'forma] *f* ❶ (*estrado*) Podium *nt*
❷ (*tranvía*) Plattform *f*; (*vagón*) Plattformwagen *m;* ~ **de elevación** Hebebühne *f;* **giratoria** Drehscheibe *f*
❸ (POL) Plattform *f*, Forum *nt;* ~ **de transferencia tecnológica/de tráfico de drogas** Drehscheibe des Technologietranfers/des Drogenhandels
❹ (GEO): ~ **continental** Kontinentalsockel *m*, Schelf *m o nt*
platal [pla'tal] *m* (*Am: dineral*) viel Geld *nt;* (*fig*) Vermögen *nt*
platanal [plata'nal] *m*, **platanar** [plata'nar] *m* Bananenpflanzung *f*
platanero¹ [plata'nero] *m* (*árbol*) Banane(nstaude) *f*
platanero, -a² [plata'nero, -a] I. *m*, *f* (*comerciante*) Bananenhändler(in) *m(f)*
II. *adj* (*PRico, Cuba: viento*) heftig
plátano ['platano] *m* ❶ (*árbol frondoso*) Platane *f*
❷ (*árbol frutal tropical*) Banane(nstaude) *f*; (*fruta*) Banane *f;* ~ **guineo** Kochbanane *f*
platea [pla'tea] *f* (TEAT) Parkett *nt*, Parterre *nt;* **palco de** ~ Parterreloge *f*
plateado¹ [plate'aðo] *m* Versilbern *nt*, Versilberung *f*
plateado, -a² [plate'aðo, -a] *adj* versilbert, Silber-; (*color*) silberfarben, silbern; **tengo un bolso** ~ **que irá bien con esa falda** ich habe eine silberne Tasche, die gut zu diesem Rock passen wird
platear [plate'ar] *vt* versilbern
platelminto [platel'minto] *m* (ZOOL: *tenia*) Plattwurm *m*
platense [pla'tense] *adj* ❶ (*de La Plata*) aus La Plata
❷ (*de Río de La Plata*) aus den Río-de-la-Plata-Ländern
platera [pla'tera] *f v.* **platero**²
plateresco¹ [plate'resko] *m* (ARQUIT) Plateresk *nt*
plateresco, -a² [plate'resko, -a] *adj* plateresk
platería [plate'ria] *f* ❶ (*tienda*) Juweliergeschäft *nt*
❷ (*taller*) Silberschmiede *f*
❸ (*vajilla*) Silbergeschirr *nt*
platero¹ [pla'tero] *m* (*reg*) silbergrauer Esel *m* (*aus 'Platero y yo' von Juan Ramón Jiménez*)
platero, -a² [pla'tero, -a] *m*, *f* Silberschmied(in) *m(f);* (*joyero*) Juwelier(in) *m(f)*
plática ['platika] *f* ❶ (*conversación*) Unterhaltung *f;* **estar de** ~ plaudern
❷ (*sermón*) Kurzpredigt *f*
platicador(a) [platika'ðor(a)] *m(f)* Plauderer, -in *m*, *f*
platicar [plati'kar] <c→qu> *vi* (*fam*) sich unterhalten (*sobre* über +*akk*), plaudern (*sobre* über +*akk*)
platija [pla'tixa] *f* (ZOOL) Flunder *f*
platillero, -a [plati'ʎero, -a] *m*, *f* (MÚS) Beckenschläger(in) *m(f)*
platillo [pla'tiʎo] *m* ❶ (*de una taza*) Untertasse *f;* ~ **volante** fliegende Untertasse, Ufo *nt*
❷ (*balanza*) Waagschale *f*
❸ (MÚS) Becken *nt*
platina [pla'tina] *f* ❶ (*microscopio*) Objekttisch *m*
❷ (TIPO) Tiegel *m*
❸ (INFOR) Platine *f*
platinar [plati'nar] *vt* platinieren, mit Platin überziehen
platino [pla'tino] *m* ❶ (QUÍM) Platin *nt*
❷ *pl* (AUTO) Unterbrecher *mpl*
platinotipia [platino'tipja] *f* (FOTO) Platindruck *m*, Platinotypie *f*
platirrinos [plati'rrinos] *mpl* (ZOOL) Breitnasenaffen *mpl*
plato ['plato] *m* ❶ (*vajilla*) Teller *m;* (*para taza*) Untertasse *f;* ~ **hondo** [*o* **sopero**] Suppenteller *m*, tiefer Teller; ~ **llano** flacher Teller; **tiro al** ~ (DEP) Tontaubenschießen *nt;* **ahora tengo que pagar los ~s rotos** (*fig*) nun muss ich die Sache auch ausbaden; **tiene cara de no haber roto un** ~ **en la vida** er/sie sieht aus, als ob er/sie keiner Fliege etwas zuleide [*o* zu Leide] tun könnte; **comer en un mismo** ~ (*fig*) wie Pech und Schwefel zusammenhalten
❷ (*comida*) Gericht *nt;* ~ **combinado** ein einziger Teller mit verschiedenen Gerichten; ~ **del día** Tagesgericht *nt;* ~ **principal** [*o* **fuerte**] Hauptgericht *nt;* (*fig*) Hauptthema *nt;* ~ **único** Essen, *das nur aus einem Gang besteht*; **nos sirvieron tres ~s y postre** uns wurden drei Gänge und Nachtisch serviert; **esto no es un ~ de gusto para nadie** das ist für niemanden ein Honigschlecken
❸ (*balanza*) Waagschale *f*
plató [pla'to] *m* (CINE) Kulisse *f*
platón [pla'ton] *m* (*Am*) Schüssel *f*
platónico, -a [pla'toniko, -a] I. *adj* platonisch; **amor** ~ platonische Liebe
II. *m*, *f* (FILOS) Platoniker(in) *m(f)*
platonismo [plato'nismo] *m sin pl* (FILOS) Platonismus *m*
platudo, -a [pla'tuðo, -a] *adj* (*Am*) steinreich
plausibilidad [plausiβili'ðað] *f* Plausibilität *f*
plausible [plau'siβle] *adj* ❶ (*loable*) lobenswert
❷ (*admisible*) plausibel, annehmbar
playa ['plaja] *f* ❶ (*mar*) (Meeres)strand *m;* ~ **fluvial** mit Sand künstlich angelegtes Flussufer; ~ **naturista** FKK-Strand *m*
❷ (*Am: espacio*) Gelände *nt;* ~ **de estacionamiento** Parkplatz *m*
play-back ['pleiβak] *m* <play-backs> Play-back *nt*
play-boy [plei'βoi] *m* <play-boys> Playboy *m*
playera [pla'jera] *f* (*Guat, Méx: camiseta*) T-Shirt *nt*
playeras [pla'jeras] *fpl* ❶ (*zapatilla*) leichte Sommerschuhe mit Gummisohle *f*
❷ (MÚS) andalusische Volksweise
playero, -a [pla'jero, -a] *adj* Strand-; **he comprado una falda playera** ich habe einen Strandrock gekauft
play-girl [plai'gerl] *f* <play-girls> Playgirl *nt*
playo, -a ['plajo, -a] *adj* (*CSur*) flach; **plato** ~ flacher Teller
play off [plei'of] *m inv* (DEP) Play-off *nt*
plaza ['plaθa] *f* ❶ (*de pueblo, ciudad*) Platz *m;* ~ **mayor** Hauptplatz *m*
❷ (*de mercado*) Markt *m;* ~ **de abastos** Markt *m;* **fuimos a la ~ a comprar** wir sind auf den Markt einkaufen gegangen
❸ (*de toros*) Arena *f*
❹ (*asiento*) Sitzplatz *m*
❺ (*para el coche*) Stellplatz *m;* **el aparcamiento tiene 300 ~s** der Parkplatz hat 300 Stellplätze
❻ (*empleo*) Stelle *f;* **a este catedrático le han ofrecido una ~ en Madrid** dieser Professor hat einen Ruf nach Madrid bekommen; **en este colegio ya no quedan ~s** in dieser Schule gibt es keine Plätze mehr
❼ (COM) Platz *m;* **Francfort es una ~ financiera** Frankfurt ist ein Finanzplatz
❽ (MIL) Festung *f*, Heereslager *nt*
❾ (*Arg: parque*) Spielplatz *m*
plazo ['plaθo] *m* ❶ (*vencimiento*) Frist *f*, Laufzeit *f;* ~ **de amortización de un préstamo** (FIN) Tilgungsrate eines Darlehens; ~ **de carencia** Karenzzeit *f;* ~ **de citación** (JUR) Ladungsfrist *f;* ~ **de contestación** (JUR) Einlassungsfrist *f;* ~ **de cortesía** Nachfrist *f;* ~ **de distribución** (COM, JUR) Verteilungstermin *m;* ~ **de entrega** Lieferzeit *f;* ~ **de espera para la entrega de un artículo** Wartezeit für die (Aus)lieferung eines Artikels; ~ **de exclusión** Ausschlussfrist *f;* ~ **de impugnación** (JUR) Anfechtungsfrist *f;* ~ **de información** Berichtstermin *m;* ~ **legal/judicial** gesetzliche/richterliche Frist; ~ **de licitación** Ausschreibungsfrist *f;* ~ **de liquidación** Abrechnungstermin *m;* ~ **de pago** Zahlungsfrist *f;* ~ **de preaviso** Kündigungsfrist *f;* ~ **de prescripción** Verjährungsfrist *f;* ~ **de reclamación** Reklamationsfrist *f;* ~ **de reembolso** Einlösungsfrist *f;* ~ **semanal** Wochenfrist *f;* ~ **depósito a** ~ (FIN) Festgeld *nt;* ~ **de recaudación** (FIN) Steuererhebungsfrist *f;* ~ **de vigencia** [*o* **de validez**] Gültigkeitsdauer *f;* **a corto/largo** ~ kurz-/langfristig; **fuera del** ~ nicht fristgemäß; **en el** ~ **de un mes el trabajo tiene que estar hecho** innerhalb eines Monats muss die Arbeit fertig sein; **en el banco tengo dos millones a** ~ **fijo** ich habe auf der Bank zwei Millionen festgelegt; **saltarse un** ~ eine Frist nicht einhalten; **¿cuándo vence [*o* se cumple] el** ~ **para la presentación de solicitudes?** wann läuft die Bewerbungsfrist ab?
❷ (*cantidad*) Rate *f*; **retrasarse en los ~s** mit den Raten im Rückstand sein; **he comprado un televisor a** ~ (FIN) ich habe einen Fernseher auf Raten gekauft; **pagadero a ~s** in Raten zahlbar
plazoleta [plaθo'leta] *f*, **plazuela** [pla'θwela] *f dim de* **plaza**
ple [ple] *m* (DEP) Ballspiel *nt* (gegen eine Wand)
pleamar [plea'mar] *f* (NÁUT) Hochwasser *nt*, Flut *f*
plebe ['pleβe] *f sin pl* ❶ (HIST) Plebs *f;* **tribuno de la** ~ Volkstribun *m*
❷ (*pey: chusma*) Plebs *m*, Gesindel *nt*, Pack *nt*
plebeya [ple'βeja] *adj o f v.* **plebeyo**
plebeyez [pleβe'jeθ] *f* Primitivität *f*
plebeyo, -a [ple'βejo, -a] I. *adj* ❶ (*t.* HIST) plebejisch
❷ (*sin linaje*) bürgerlich
❸ (*inculto*) ungebildet; (*grosero*) ungehobelt
II. *m*, *f* (*t.* HIST) Plebejer(in) *m(f)*
❷ (*sin linaje*) Bürgerliche(r) *mf*

plebiscitar

③ (*grosero*) Grobian *m*
plebiscitar [pleβisθi'tar] *vt* (POL) durch Volksentscheid abstimmen (über +*akk*)
plebiscitario, -a [pleβisθi'tarjo, -a] *adj* (POL) plebiszitär
plebiscito [pleβis'θito] *m* (POL) Plebiszit *nt*, Volksbefragung *f*
pleca ['pleka] *f* (TIPO) Strich am Ende eines Kapitels oder zwischen zwei Artikeln
plegable [ple'γaβle] *adj* (*papel*) faltbar; (*mueble*) (zusammen)klappbar, Klapp-; *callejero* ~ faltbarer Stadtplan, Faltkarte *f*; *silla* ~ Klappstuhl *m*
plegadera [pleγa'ðera] *f* Falzbein *nt*; (*carta*) Brieföffner *m*
plegadizo, -a [pleγa'ðiθo, -a] *adj* (*mueble*) (zusammen)klappbar; (*papel*) faltbar; *silla plegadiza* Klappstuhl *m*
plegador [pleγa'ðor] *m* ① (*imprenta*) Falzbein *nt*, Falzmesser *nt*
② (*tejido*) Kettbaum *m*
plegamiento [pleγa'mjento] *m* (GEO) Falte *f*
plegar [ple'γar] *irr como fregar* I. *vt* ① (*doblar*) zusammenfalten, zusammenlegen; *pliega las sillas* klapp die Stühle zusammen
② (*imprenta*) falzen
③ (*textil*) rollen
II. *vr:* ~**se** sich fügen; *se plegó a sus deseos* er/sie beugte sich seinen/ihren Wünschen
plegaria [ple'γarja] *f* (REL) Gebet *nt*, Bitte *f*
pleguería [pleγe'ria] *f* Faltwerk *nt*, Falten *fpl*
pleguete [ple'γete] *m* (BOT) Ranke *f*
pleistoceno [pleisto'θeno] *m* (GEO) Pleistozän *nt*
pleiteador(a) [pleite̞a'ðor(a)] *m(f)* Querulant(in) *m(f)*
pleitear [pleite'ar] *vt* einen Prozess führen (*contra* gegen +*akk*), prozessieren (*contra* gegen +*akk*); (*pey*) nörgeln (über +*akk*)
pleitesía [pleite'sia] *f* Huldigung *f*, Verehrung *f*; *rendir* ~ *a alguien* jdm seine Huldigung darbringen
pleitista [plei'tista] *mf* Querulant(in) *m(f)*
pleito ['pleito] *m* ① (JUR) Prozess *m*, Rechtsstreit *m*; *andar en* ~**s** *con alguien* gegen jdn einen Prozess führen; *ganar* [*o salir con*]/*perder el* ~ den Prozess gewinnen/verlieren
② (*disputa*) Streit *m*
plena ['plena] *f* (PRico: MÚS) Volkstanz mit Gesang
plenariamente [plenarja'mente] *adv* (JUR) förmlich (im ordentlichen Verfahren)
plenario¹ [ple'narjo] *m* ① (JUR) Hauptverfahren *nt*
② (*pleno*) Plenum *nt*
plenario, -a² [ple'narjo, -a] *adj* Voll-, Plenar-; *asamblea plenaria* Vollversammlung *f*; *celebramos una sesión plenaria al mes* einmal im Monat halten wir eine Plenarsitzung ab
plenilunio [pleni'lunjo] *m sin pl* Vollmond *m*
plenipotencia [plenipo'tenθja] *f* (POL) (uneingeschränkte) Vollmacht *f*
plenipotenciario, -a [plenipoten'θjarjo, -a] I. *adj* bevollmächtigt
II. *m, f* Bevollmächtigte(r) *mf*
plenitud [pleni'tuð] *f* ① (*totalidad*) Fülle *f*; *sensación de* ~ vollkommene Zufriedenheit
② (*apogeo*) Höhepunkt *m*; *en la* ~ *de sus facultades físicas* auf der Höhe seiner/ihrer körperlichen Fähigkeiten
pleno¹ ['pleno] *m* Plenum *nt*, Plenarsitzung *f*; *el ayuntamiento en* ~ *apoyó su candidatura* die gesamte Stadtverwaltung unterstützte seine/ihre Kandidatur
pleno, -a² ['pleno, -a] *adj* voll, Voll-; ~ *empleo* Vollbeschäftigung *f*; *en el* ~ *uso de sus facultades mentales* unter Einsatz all seiner/ihrer geistigen Fähigkeiten; *le robaron a plena luz del día* er wurde am helllichten Tag beraubt; *en* ~ *verano* im Hochsommer; *trabajar a* ~ *rendimiento* voll ausgelastet arbeiten
pleonasmo [pleo'nasmo] *m* ① (LING) Pleonasmus *m*
② (*redundancia*) Verwendung *f* überflüssiger Wörter, Redundanz *f*
pleonástico, -a [pleo'nastiko, -a] *adj* (LING) pleonastisch
plerema [ple'rema] *m* (LING) Plerem *nt*
plesiosauro [plesjo'sauro] *m* (ZOOL) Plesiosaurier *m*
pletina [ple'tina] *f* ① (ELEC) Platine *f*
② (*magnetófono*) Kassettendeck *nt*; ~ *doble* Doppelkassettendeck *nt*
plétora ['pletora] *f* (*elev*) Überfluss *m*
pletórico, -a [ple'toriko, -a] *adj* strotzend (*de* von/vor +*dat*); ~ *de salud* kerngesund
pleura ['pleu̯ra] *f* (ANAT) Pleura *f*, Brustfell *nt*
pleuresía [pleu̯re'sia] *f* (MED) Rippenfellentzündung *f*, Pleuritis *f*
pleurítico, -a [pleu̯'ritiko, -a] *adj* ① (ANAT: *perteneciente a la pleura*) zum Rippenfell gehörend; (*relativo a la pleura*) das Rippenfell betreffend
② (MED) an Rippenfellentzündung erkrankt
pleuritis [pleu̯'ritis] *f inv v.* **pleuresía**
pleurodinia [pleu̯ro'ðinja] *f* (MED) Pleurodynie *f*
pleuroneumonía [pleu̯roneu̯mo'nia] *f* (MED) Rippenfell- und Lungenentzündung *f*, Pleuropneumonie *f*
plexiglás® [plexsi'γlas] *m sin pl* Plexiglas® *nt*

plexo ['plexso] *m* (ANAT) Plexus *m*; ~ *solar* Solarplexus *m*, Sonnengeflecht *nt*
pléyade ['pleɟaðe] *f* ① (LIT) Pléiade *f*
② (*multitud*): *había una* ~ *de candidatos* es gab eine Menge Bewerber
plica ['plika] *f* versiegelter Umschlag *m*
pliego ['pljeγo] *m* ① (*hoja*) Bogen *m* Papier; ~ *cosido* gehefteter Bogen; ~ *doblado* gefalzter Bogen; ~ *sin encuadernar* Rohbogen *m*; ~ *de imprenta* Druckbogen *m*
② (JUR) Schrift *f*; ~ *de cargos* Anschuldigungsschrift *f*; ~ *de condiciones* Ausschreibungsbedingungen *fpl*
③ (*libro*) Heft *nt*
④ (*comunicación*) Postsendung *f*
pliegue ['pljeγe] *m* ① (*doblez, t.* GEO) Falte *f*; *el mantel cae hasta el suelo haciendo* ~**s** die Tischdecke fällt in Falten bis auf den Boden
② (TIPO) Falzung *f*
plieguecillo [pljeγe'θiʎo] *m* (TIPO) Halbbogen *m*
plinto ['plinto] *m* ① (ARQUIT) Plinthe *f*
② (DEP) Bock *m*
plioceno [pljo'θeno] *m* (GEO) Pliozän *nt*
plis [plis] *m* Haarfestiger *m*
plisado [pli'saðo] *m* Plissee *nt*
plisar [pli'sar] *vt* plissieren, fälteln
plomada [plo'maða] *f* ① (*albañilería*) Lot *nt*; *echar la* ~ ausloten
② (*barrita*) Reißstift *m*
③ (*red*) Senkblei *nt*
plomar [plo'mar] *vt* plombieren, verplomben
plomazo [plo'maθo] *m* ① (*fam: pesado*) Nervensäge *f*
② (*perdigón*) Schusswunde *f*
plomería [plome'ria] *f* ① (*cubierta*) Bleidach *nt*
② (*fontanería*) Klempnerei *f*
plomero [plo'mero] *m* ① (*trabajador*) Bleiarbeiter *m*; (*comerciante*) Bleiwarenhändler *m*
② (*reg: fontanero*) Klempner *m*
plomizo, -a [plo'miθo, -a] *adj* (*color*) bleigrau, bleifarben; (*material*) bleiern
plomo ['plomo] *m* ① (*metal*) Blei *nt*; *gasolina sin* ~ bleifreies Benzin; *soldadito de* ~ Bleisoldat *m*; *andarse con pies de* ~ (*fig*) sehr vorsichtig sein; *cayó a* ~ er/sie fiel der Länge nach hin; *es un* ~ er/sie ist sehr lästig
② (*plomada*) Bleilot *nt*
③ (*fig: bala*) Kugel *f*
④ *pl* (ELEC) Sicherung *f*
plotter ['ploter] *m* (INFOR) Plotter *m*
plug-in *m* (INFOR) Plug-In *m*
pluma ['pluma] *f* ① (*ave*) Feder *f*; *peso* ~ (DEP) Federgewicht *nt*; *cambiar la* ~ sich mausern; *quedarse cacareando y sin* ~**s** trotz eines Misserfolgs noch frohlocken; *vestirse de* ~**s** *ajenas* sich mit fremden Federn schmücken
② (*escribir*) Feder *f*; ~ *estilográfica* Füllfederhalter *m*
③ (*fig: escritor*) Schriftsteller *m*; (*estilo*) Stil *m*; *escribir/componer a vuela* ~ mit fliegender Feder schreiben/dichten
plumada [plu'maða] *f* Federstrich *m*
plumado, -a [plu'maðo, -a] *adj* gefiedert
plumaje [plu'maxe] *m* ① (*ave*) Gefieder *nt*
② (*adorno*) Federbusch *m*
plumario, -a [plu'marjo, -a] *m, f* (AmC, Méx: pey: *periodista*) Schreiberling *m*
plumazo [plu'maθo] *m* ① (*trazo*) Federstrich *m*; *suprimieron de un* ~ *las subvenciones* alle Subventionen wurden auf einmal gestrichen
② (*almohada*) Kissen *nt*; (*colchón*) Federbett *nt*
③ (*loc*): *se le nota un* ~ (*pey*) der ist wohl vom anderen Ufer
plúmbeo, -a ['plumbeo, -a] *adj* bleiern; (*pesado*) bleischwer
plúmbico, -a ['plumbiko, -a] *adj* Blei-, bleihaltig
plumeado [plume'aðo] *m* (ARTE) Schraffur *f*
plumear [plume'ar] *vt* (AmC, Méx: *escribir*) schreiben
plumería [plume'ria] *f*, **plumerío** [plume'rio] *m* Gefieder *nt*
plumero [plu'mero] *m* ① (*limpieza*) Staubwedel *m*
② (*plumier*) Griffelkasten *m*
③ (*adorno*) Federbusch *m*
④ (*loc*): *a ése se le ve el* ~ der ist leicht zu durchschauen
plumier [plu'mjer] *m* (*caja*) Griffelkasten *m*, Etui *nt*; (*estuche*) Federmäppchen *nt*
plumífero¹ [plu'mifero] *m* Daunenjacke *f*
plumífero, -a² [plu'mifero, -a] *m, f* (*pey*) Schreiberling *m*
plumilla [plu'miʎa] *f* Feder *f* (*eines Federhalters*), Tuschfeder *f*
plumín [plu'min] *m* Feder *f* (*eines Füllfederhalters*)
plumón [plu'mon] *m* ① (*ave*) Flaumfeder *f*, Daune *f*
② (*cama*) Federbett *nt*
plumoso, -a [plu'moso, -a] *adj* voller Federn

plural [plu'ral] I. *adj* vielfältig; **número ~** Plural *m* II. *m* (LING) Plural *m*, Mehrzahl *f*; **~ mayestático** Pluralis majestatis *m*
pluralidad [plurali'ðað] *f* Vielfältigkeit *f*; **~ de actos** (JUR) Tatmehrheit *f*; **~ de herederos** Erbenmehrheit *f*; **a ~ de votos** mehrheitlich
pluralismo [plura'lismo] *m sin pl* ① (FILOS) Pluralismus *m* ② (*multiplicidad*) Vielzahl *f*
pluralista [plura'lista] *adj* pluralistisch
pluralización [pluraliθa'θjon] *f* (LING) Pluralisierung *f*
pluralizar [plurali'θar] <z→c> *vt* ① (*generalizar*) verallgemeinern; **tú cuenta lo que te pasó a ti y no pluralices** erzähl, was dir passiert ist, und sprich nicht im Plural ② (LING) die Pluralform bilden (*von Wörtern, die gewöhnlich nur im Singular stehen*)
plurianual [plurianu'al] *adj* mehrjährig
pluricelular [pluriθelu'lar] *adj* (BIOL) mehrzellig
pluricultural [plurikultu'ral] *adj* multikulturell
pluridisciplinar [pluriðisθipli'nar] *adj* interdisziplinär
pluriempleado, -a [pluriemple'aðo, -a] *m, f* Person, die mehrere Arbeitsplätze gleichzeitig hat
pluriempleo [pluriem'pleo] *m* Mehrfachbeschäftigung *f*; **practicar el ~** mehreren Erwerbstätigkeiten nachgehen
plurifamiliar [plurifami'ljar] *adj* Mehrfamilien-; **casa ~** Mehrfamilienhaus *nt*
plurilateral [plurilate'ral] *adj* mehrseitig, multilateral
plurilingüe [pluri'liŋgwe] *adj* (*políglota*) polyglott, mehrsprachig
pluripartidismo [pluriparti'ðismo] *m* (POL) Mehrparteiensystem *nt*
pluripartidista [pluriparti'ðista] *adj* Mehrparteien-; **gobierno ~** Regierungskoalition *f*
plurivalente [pluriβa'lente] *adj* polivalent, mehrwertig
plus [plus] *m* Zulage *f*; (*ventaja*) Vorteil *m*; **~ de carestía** Teuerungszulage *f*; **~ familiar** Familienzulage *f*, Kinderzulage *f*; **~ de peligrosidad** Gefahrenzulage *f*; **de ~** als Zuschlag, zusätzlich; **~ por trabajar en días festivos** Feiertagszulage *f*
pluscuamperfecto [pluskwamper'fekto] *m* (LING) Plusquamperfekt *nt*, vollendete Vergangenheit *f*
plusmarca [plus'marka] *f* (DEP) Rekord *m*; **ha batido ya varias ~s en este campeonato** bei diesem Wettbewerb hat er/sie schon mehrere Rekorde gebrochen
plusmarquista [plusmar'kista] *mf* Rekordinhaber(in) *m(f)*, Rekordhalter(in) *m(f)*; **él es el ~ mundial de lanzamiento de jabalina** er hält den Weltrekord im Speerwerfen
pluspetición [pluspeti'θjon] *f* (JUR) Klageantrag *m* über den berechtigten Anspruch hinaus
plusvalía [plusβa'lia] *f sin pl* Mehrwert *m*, Wertsteigerung *f*, Wertzuwachs *m*
plutocracia [pluto'kraθja] *f* ① (*régimen*) Plutokratie *f*, Geldherrschaft *f* ② (*clase*) Reiche(n) *mpl*
plutócrata [plu'tokrata] *mf* (POL) Plutokrat(in) *m(f)*
plutocrático, -a [pluto'kratiko, -a] *adj* plutokratisch
plutón [plu'ton] *m* (GEO) Pluton *m*
plutonio [plu'tonjo] *m* (QUÍM) Plutonium *nt*
plutonismo [pluto'nismo] *m* (GEO) Plutonismus *m*
pluvial [plu'βjal] *adj* Regen-; **agua ~** Regenwasser *nt*; **capa ~** (REL) Pluviale *nt*
pluvímetro [plu'βimetro] *m* (METEO) Pluviograph *m*, Regenmesser *m*
pluviometría [pluβjome'tria] *f* (METEO) Niederschlagsmessung *f*
pluviómetro [plu'βjometro] *m* (METEO) *v.* **pluvímetro**
pluviosidad [pluβjosi'ðað] *f* Niederschlagsmenge *f*
pluvioso¹ [plu'βjoso] *m* Pluviose *m* (*fünfter Monat nach der Zeitrechnung der französischen Revolution*)
pluvioso, -a² [plu'βjoso, -a] *adj* regnerisch
p.m. [pe'eme] *abr de* **post meridiem** p.m.
P.M. [pe'eme] *f abr de* **policía militar** Militärpolizei *f*
PMG [pe(e)me'xe] *m* (FIN) *abr de* **Período Medio de Pago** durchschnittliche Zahlungsfrist *f*
PN [pe'ene] *neto] m abr de* **peso neto** Nettogewicht *nt*
PNB [pe(e)ne'be] *m abr de* **producto nacional bruto** BSP *nt*
PNN [pe'nene] *m* (ECON) *abr de* **Producto Nacional Neto** NSP *nt*
PNV [pene'uβe] *m abr de* **Partido Nacionalista Vasco** Baskische Nationalistische Partei
p.o. [por 'orðen] *abr de* **por orden** i.A.
poa ['poa] *f* ① (NÁUT) Spriet *nt* ② (BOT) Rispengras *nt*
poblacho [po'βlatʃo] *m* (*pey*) Kaff *nt*
población [poβla'θjon] *f* ① (*habitantes*) Bevölkerung *f*; **~ activa** (ECON) erwerbstätige Bevölkerung; **~ civil** Zivilbevölkerung *f*; **~ flotante** nicht ständige Bevölkerung; **densidad de ~** Bevölkerungsdichte *f* ② (*localidad*) Ort *m*, Ortschaft *f* ③ (BIOL) Population *f*; **la ~ de peces ha disminuido drásticamente** der Fischbestand hat sich drastisch vermindert
poblacional [poβlaθjo'nal] *adj* Bevölkerungs-; **disminución ~** Bevölkerungsrückgang *m*
poblado¹ [po'βlaðo] *m* Dorf *nt*; (*colonia*) Ansiedlung *f*; **en la isla los indígenas vivían en ~s** die Ureinwohner der Insel wohnten in Siedlungen [*o* Dörfern]
poblado, -a² [po'βlaðo, -a] *adj* bewohnt; **altamente ~** dicht besiedelt; **sus pobladas cejas nos inspiraban miedo** seine/ihre buschigen Augenbrauen flößten uns Angst ein
poblador(a) [poβla'ðor(a)] *m(f)* Bewohner(in) *m(f)*; **los primeros ~es se establecieron hacia el s. III a.C.** die ersten Siedler ließen sich etwa im 3. Jh. v.Chr. nieder
poblamiento [poβla'mjento] *m* ① (*acción*) Bevölkern *nt* ② (*asentamiento*) (An)siedlung *f*; **~ urbano** Stadtsiedlung *f*
poblano, -a [po'βlano, -a] I. *adj* (Am) ländlich, vom Lande II. *m, f* Dorfbewohner(in) *m(f)*; (*campesino*) Bauer *m*, Bäuerin *f*
poblar [po'βlar] <o→ue> I. *vi, vt* ① (*colonizar*) besiedeln, bevölkern; **han poblado el monte de pinos** der Berg ist mit Pinien aufgeforstet worden ② (*habitar*) bewohnen; **distintas especies pueblan el fondo del mar** verschiedene Arten leben auf dem Meeresgrund II. *vr*: **~se** sich füllen; **la costa se pobló rápidamente** die Küste war bald voller Menschen
pobo ['poβo] *m* (BOT) Silberpappel *f*
pobre ['poβre] I. *adj* <paupérrimo> arm, bedürftig; (*desgraciado*) unglücklich; (*humilde*) elend; **es un ~ diablo** er ist ein armer Teufel; **¡~ mujer!** arme Frau!; **era una familia muy ~** es war eine bettelarme Familie; **¡~ de ti si dices mentiras!** wehe dir, wenn du lügst!; **es una lengua ~ de expresiones** in dieser Sprache gibt es kaum Redewendungen; **¡~cito!** du armes Kind! II. *mf* Arme(r) *mf*; (*mendigo*) Bettler(in) *m(f)*; **un ~ de solemnidad** ein bettelarmer Mensch; **los ~s y los ricos** die Armen und die Reichen; **los ~s de espíritu** (REL) die Kleinmütigen
pobremente [poβre'mente] *adv* ärmlich; **la habitación estaba ~ amueblada** das Zimmer war sehr spärlich möbliert
pobrete, -a [po'βrete, -a] *m, f* (*fam*) armer Tropf *m*
pobretería [poβrete'ria] *f* ① (*tacañería*) Knauserei *f* ② (*pobreza*) Armut *f*, Not *f*; **la ~** die Armen
pobretón, -ona [poβre'ton, -ona] *m, f* armer Schlucker *m fam*
pobreza [po'βreθa] *f* ① (*necesidad*) Armut *f*, Not *f* ② (*pusilanimidad*) Kleinmütigkeit *f*
pocero, -a [po'θero, -a] *m, f* ① (*constructor*) Brunnenbauer(in) *m(f)* ② (*limpiador*) Brunnenreiniger(in) *m(f)*
pocha ['potʃa] *f* (*reg*) weiße Bohne *f*
pochismo [po'tʃismo] *m* (*Méx*) ① (*fam: angloamericanismo*) Amerikanismus *m* ② (*fam: característica de los pochos*) Gesamtheit der Besonderheiten der amerikanisierten Mexikaner
pocho, -a ['potʃo, -a] *adj* ① (*fruta*) verdorben ② (*persona*) matt, zerschlagen
pochoclo [po'tʃoklo] *m* (*Arg*) Popcorn *m*
pocholo, -a [po'tʃolo, -a] *m, f* (*fam*) Kleine(r) *mf*
pocilga [po'θilga] *f* (*t. fig*) Schweinestall *m*
pocillo [po'θiλo] *m* ① (*vasija*) in die Erde eingelassenes Vorratsgefäß ② (*bol*) Trinkschale *f*; **el ribeiro se bebe en ~s de porcelana blanca** den Ribeiro trinkt man aus weißen Porzellanschalen
pócima ['poθima] *f*, **poción** [po'θjon] *f* Arznei *f*; (*pey: brebaje*) Gesöff *nt*; **la ~ mágica** der Zaubertrank
poco¹ ['poko] I. *m* ① (*cantidad*): **un ~ de azúcar** ein bisschen [*o* etwas] Zucker; **acepta el ~ de dinero que te puedo dar** nimm das wenige Geld, das ich dir geben kann; **espera un ~** warte ein wenig ② *pl* wenige; **los ~s que nos reconocieron no se lo creían** die wenigen, die uns erkannten, konnten es nicht glauben; **es un envidioso como hay ~s** er ist ein Neidhammel wie sonst keiner
II. *adv* wenig; **escribe ~** er/sie schreibt wenig; **es ~ simpático** er ist nicht sehr sympathisch; **nos da ~ más o menos lo mismo** es ist uns relativ egal; **~ a ~** Schritt für Schritt, nach und nach; **~ a ~ dejamos de creerle** allmählich haben wir aufgehört ihm zu glauben; **a ~ de llegar él empezó la fiesta** kurz nachdem er gekommen war, fing das Fest an; **~ después** bald darauf; **dentro de ~** bald, in Kürze; **desde hace ~** seit kurzem; **hace ~** vor kurzem; **a [*o* con] [*o* por] ~ que se esfuerce lo conseguirá** wenn er/sie sich nur ein wenig anstrengt, wird es ihm/ihr gelingen; **por ~ me estrello, a ~ más me estrello** beinahe hätte ich einen Unfall gehabt; **tener en ~ a alguien** nicht viel von jdm halten; **y por si fuera ~...** und obendrein...
poco, -a² ['poko, -a] <poquísimo> *adj* wenig, gering; **~s de los presentes lo sabían** nur wenige der Anwesenden wussten es; **aquí hay poca comida para dos personas** das ist zu wenig Essen für zwei Personen; **hay pocas colecciones mejores que ésta** es gibt kaum eine

poda ['poða] *f* Beschneiden *nt* (*von Pflanzen*); **~ de árboles frutales** Obstbaumschnitt *m*

podadera [poða'ðera] *f* (*tijeras*) Baumschere *f*; (*navaja*) Gartenmesser *nt*

podador(a) [poða'ðor(a)] *m(f)* Person, die Pflanzen beschneidet

podadora [poða'ðora] *f* (*Méx*) Rasenmäher *m*

podagra [po'ðaɣra] *f* (MED) Fußgicht *f*, Podagra *nt*

podar [po'ðar] *vt* (*plantas*) beschneiden

podazón [poða'θon] *f* (BOT) Zeit *f* zum Beschneiden

podenco [po'ðeŋko] *adj:* **perro ~** spanischer Jagdhund; **¡guarda, que es ~!** (*fam*) Holzauge, sei wachsam!

poder [po'ðer] I. *vi irr* können; **puedes contar cuántos libros hay** du kannst zählen, wie viele Bücher dort stehen; **si puedo esta tarde te haré una visita** wenn ich kann, komme ich dich heute Nachmittag besuchen; **yo puedo nadar cuatro kilómetros** ich kann vier Kilometer weit schwimmen; **no puedo más** ich bin am Ende meiner Kraft, ich kann nicht mehr; **no podía más de hambre** er/sie hatte schrecklichen Hunger; **yo a ti te puedo** (*fam*) ich bin stärker als du; **no podía con el alma** er/sie war hundemüde; **no puedes cogerlo sin permiso** du darfst das nicht unerlaubt nehmen; **no podemos abandonarlo** wir können ihn nicht einfach im Stich lassen; **bien podría** [*o* **podía**] [*o* **habría podido**] **habérmelo dicho** er/sie hätte mir das sehr wohl sagen können; **bien puede haber aquí un millón de abejas** es ist gut möglich, dass es hier eine Million Bienen gibt; **no puedo verlo todo el día sin hacer nada** ich halte es nicht aus, ihn den ganzen Tag so untätig zu sehen; **no puedo con mi madre** ich komme mit meiner Mutter nicht klar; **no puedo verla ni pintada** ich kann sie nicht ertragen; **la sala se llenó a más no ~** der Saal war zum Bersten voll; **de ~ ser, no dudes que lo hará** wenn er/sie kann, wird er/sie es zweifellos tun; **no pude menos que preguntarle qué hacía por allí** ich konnte nicht umhin ihn/sie zu fragen, was er/sie dort tat
II. *vimpers irr:* **puede ser que después vuelva** vielleicht komme ich später zurück, es kann sein, dass ich später wiederkomme; **¡puede!** kann sein!; **¿se puede?** darf man (hereinkommen)?
III. *m* ❶ (*autoridad, t.* POL) Macht *f*; **~ absoluto** unumschränkte Macht; **~ ejecutivo** vollziehende Gewalt, Exekutive *f*; **los ~es fácticos** die tatsächliche Macht; **~ judicial** richterliche Gewalt, Judikative *f*; **~ legislativo** gesetzgebende Gewalt, Legislative *f*; **~ monopolista** Monopolmacht *f*; **~ público** Staatsgewalt *f*; **los ~es públicos** die Behörden; **~ de refrendo** Volksbegehren *nt*; **la división de ~es** die Gewaltenteilung; **resistencia al ~** Widerstand gegen die Staatsgewalt; **sed de ~** Machthunger *m*; **el partido en el ~** die Regierungspartei; **subir al ~** die Macht übernehmen; **los documentos están en ~ del juez** die Dokumente sind in der Gewalt des Richters; **haré todo lo que esté en mi ~** ich werde alles tun, was in meiner Macht steht
❷ (*autorización*) Vollmacht *f*, Ermächtigung *f*, Prokura *f*; **~ administrativo** (JUR) Hausrecht *nt*; **~ colectivo** Gesamtprokura *f*, Kollektivprokura *f*; **~ constituyente** Gründungsvollmacht *f*; **~ para contratar** Abschlussvollmacht *f*; **~ de decisión** Entscheidungsbefugnis *f*; **~ especial** Spezialvollmacht *f*, Einzelprokura *f*; **~es especiales** (POL) Sondervollmachten *fpl*; **~ para firmar** Zeichnungsvollmacht *f*; **~ notarial** notarielle Vollmacht; **~ procesal** Prozessvollmacht *f*; **~ de representación** Vertretungsvollmacht *f*; **casarse por ~** [*o* **~es**] sich durch einen Bevollmächtigten trauen lassen; **otorgar un ~ a favor de alguien** jdm eine Vollmacht erteilen; **dotado de todos los ~es** mit allen Vollmachten ausgestattet; **por ~** per Prokura
❸ (*fuerza*) Kraft *f*; **el ~ adquisitivo** (ECON) die Kaufkraft; **su ~ de convicción arrastra a las masas** seine/ihre Überzeugungskraft reißt die Massen mit

poderdante [poðer'ðante] *mf* (JUR) Vollmachtgeber(in) *m(f)*

poderhabiente [poðera'βjente] *mf* (JUR) Bevollmächtigte(r) *mf*

poderío [poðe'rio] *m* Macht *f*; (*riqueza*) Reichtum *m*; (*fuerza*) Kraft *f*

poderosamente [poðerosa'mente] *adv* gewaltig

poderoso, -a [poðe'roso, -a] *adj* ❶ (*influyente*) mächtig; (*rico*) reich; **los emperadores romanos eran hombres muy ~s** die römischen Herrscher waren sehr mächtige Männer
❷ (*eficaz*) wirkungsvoll; **es un remedio ~** das ist ein wirksames (Gegen)mittel
❸ (*motivo*) bedeutend; **tiene poderosas razones para no venir** er/sie hat wichtige Gründe, weshalb er/sie nicht kommen kann

podio ['poðjo] *m*, **pódium** ['podjun] *m* ❶ (*tarima*) Podium *nt*; **subió al ~ y recibió la medalla** er/sie stieg auf das Podest und nahm die Medaille entgegen ❷ (ARQUIT) Sockel *m*

podología [poðolo'xia] *f* (MED) Teilbereich, der sich mit Fußdeformitäten beschäftigt

podólogo, -a [po'ðoloɣo, -a] *m, f* Facharzt, -ärztin *m, f* für Fußleiden

podometría [poðome'tria] *f* Messung *f* nach Schritten

podómetro [po'ðometro] *m* Podometer *nt*, Schrittzähler *m*

podre ['poðre] *f* ❶ (*putrefacción*) Fäulnis *f*
❷ (*pus*) Eiter *m*

podredumbre [poðre'ðumbre] *f* ❶ (*putrefacción*) Fäulnis *f*, Fäule *f*
❷ (*depravación*) Verkommenheit *f*

podredura [poðre'ðura] *f* Verfaulen *nt*

podrido, -a [po'ðriðo, -a] *adj* verfault; (*t. fig*) verdorben; **olla podrida** (GASTR) gehaltvoller Eintopf; **está ~ de dinero** er ist stinkreich; **huele a huevos ~s** es riecht nach faulen Eiern

podrimiento [poðri'mjento] *m* (Ver)faulen *nt*

podrir [po'ðrir] *irr* I. *vt* ❶ (*descomponer*) zum Faulen bringen, zersetzen
❷ (*molestar*) belästigen
II. *vr:* **~se** ❶ (*descomponerse*) faulen, verrotten
❷ (*enfadarse*) sich ärgern

poema [po'ema] *m* Gedicht *nt*; **~ épico** Heldengedicht *nt*, Epos *nt*; **~ en prosa** lyrische Prosa; **~ sinfónico** (MÚS) sinfonische Dichtung; **recitó un ~** er/sie hat ein Gedicht rezitiert; **¡fue todo un ~!** das war vielleicht lustig!

poemario [poe'marjo] *m* (LIT) Gedichtesammlung *f*

poemático, -a [poe'matiko, -a] *adj* Gedicht-

poesía [poe'sia] *f* ❶ (*género*) Poesie *f*, Dichtkunst *f*; **historia de la ~ francesa** Geschichte der französischen Poesie
❷ (*poema*) Gedicht *nt*, Dichtung *f*; **~ épica/lírica/dramática** episches/lyrisches/dramatisches Gedicht; **léeme una ~** lies mir ein Gedicht vor; **me he comprado un libro de ~(s)** ich habe mir einen Gedichtband gekauft

poeta, -isa [po'eta, poe'tisa] *m, f* Dichter(in) *m(f)*, Poet(in) *m(f)*, Lyriker(in) *m(f)*

poetastro [poe'tastro] *m* (*pey*) Dichterling *m*, Poetaster *m*

poética [po'etika] *f* Poetik *f*, Dichtkunst *f*

poético, -a [po'etiko, -a] *adj* dichterisch; (*t. fig*) poetisch; **arte poética** Poetik *f*; **licencia poética** dichterische Freiheit; **vena poética** poetische Ader

poetisa [poe'tisa] *f v.* **poeta**

poetización [poetiθa'θjon] *f* Poetisierung *f*

poetizar [poeti'θar] <z→c> *vt* poetisieren, poetisch gestalten

pogromo [po'ɣromo] *m* Pogrom *m o nt*

pointer ['pojnter] *m* (ZOOL) Pointer *m*

poiquilotermo, -a [pojkilo'termo, -a] *adj* (ZOOL) wechselwarm, poikilotherm

póker ['poker] *m sin pl* Poker *nt o m*; **poner cara de ~** ein Pokerface aufsetzen

polaco, -a [po'lako, -a] I. *adj* polnisch
II. *m, f* Pole, -in *m, f*

polacra [po'lakra] *f* (NÁUT) Polacker *m* (*dreimastiges Segelschiff*)

polaina [po'lajna] *f* Gamasche *f*

polar [po'lar] I. *adj* polar, Polar-; **Círculo P~ Ártico/Antártico** (GEO) nördlicher/südlicher Polarkreis; **Estrella P~** (ASTR) Polarstern *m*; **frente ~** (METEO) Polarfront *f*; **noche ~** Polarnacht *f*
II. *f* ❶ (ASTR) Polarstern *m*
❷ (MAT) Polare *f*

polaridad [polari'ðað] *f* (FÍS) Polarität *f*; (*fig*) Gegensätzlichkeit *f*

polarimetría [polarime'tria] *f* (FÍS) Polarimetrie *f*

polarímetro [pola'rimetro] *m* (FÍS) Polarimeter *nt*

polariscopio [polaris'kopjo] *m* (FÍS) Polariskop *nt*, Polarisationsapparat *m*

polarización [polariθa'θjon] *f* (FÍS: *t. fig*) Polarisierung *f*

polarizar [polari'θar] <z→c> I. *vt* (FÍS) polarisieren; (*fig*) anziehen; **el espectáculo polarizó la atención de los visitantes** das Stück zog die Zuschauer in seinen Bann
II. *vr:* **~se** sich polarisieren

polaroid® [pola'rojð] *f* (FOTO) Polaroidkamera® *f*

polca ['polka] *f* (MÚS) Polka *f*

pólder ['polder] *m* Polder *m*, Koog *m reg*

polea [po'lea] *f* Rolle *f*, Riemenscheibe *f*; (*roldana*) Seilrolle *f*; (NÁUT) Block *m*; **~ loca/fija** Los-/Festscheibe *f*; **sistema de ~s** Flaschenzug *m*

poleadas [pole'aðas] *fpl* (GASTR) Mehl-Honig-Brei *m*

polémica [po'lemika] *f* Polemik *f*

polémico, -a [po'lemiko, -a] *adj* strittig; **sobre ese punto ~ los ánimos andan divididos** in dieser strittigen Frage scheiden sich die Geister

polemista [pole'mista] *mf* Polemiker(in) *m(f)*

polemizar [polemi'θar] <z→c> *vi* polemisieren (*con/contra* gegen +*akk*)

polemología [polemolo'xia] *f* (SOCIOL) Konfliktforschung *f*, Polemologie *f*

polen ['polen] *m* (BOT) Pollen *m*, Blütenstaub *m*; **tengo alergia al ~** ich habe eine Pollenallergie

polenta [po'lenta] *f* (GASTR) Polenta *f*

poleo [po'leo] *m* (BOT) Polei *m*, Flohkraut *nt*; **menta ~** Poleiminze *f*
polera [po'lera] *f* ❶ (*Chil: camiseta*) T-Shirt *nt*
❷ (*Arg: camiseta de cuello alto*) Rollkragenpulli *m*, Rolli *m*
poli ['poli] *f* (*fam*) *abr de* **policía** Polente *f*
poliamida [polja'miða] *f* (QUÍM) Polyamid *nt*
poliandria [poli'andria] *f sin pl* Polyandrie *f*, Vielmännerei *f*
poliarquía [poljar'kia] *f* (POL) Vielherrschaft *f*, Polyarchie *f*
poliartritis [poljar'tritis] *f inv* (MED) Polyarthritis *f*
polichinela [politʃi'nela] *m* (TEAT) Pulcinella *m*
policía[1] [poli'θia] *f* Polizei *f*; **~ antidisturbios** Antiterrorpolizei *f*; **~ antimonopolio** Kartellpolizei *f*; **~ autónoma** *Polizei der spanischen Autonomien*; **~ secreta** Geheimpolizei *f*; **~ de tráfico** Verkehrspolizei *f*; **agente de ~** Polizist(in) *m(f)*; **coche de ~** Streifenwagen *m*; **comisaría de ~** Polizeiwache *f*; **jefatura de ~** Polizeipräsidium *nt*
policía[2] [poli'θia] *mf* Polizist(in) *m(f)*, Polizeibeamte(r), -in *m, f*; **perro ~** Polizeihund *m*; **nos dio el alto un ~ de tráfico** ein Verkehrspolizist stoppte uns
policíaco, -a [poli'θiako, -a] *adj*, **policiaco, -a** [poli'θjako, -a] *adj* Polizei-, polizeilich; **los estados ~s son dictaduras** Polizeistaaten sind Diktaturen; **película/novela policíaca** Kriminalfilm/-roman *m*
policial [poli'θjal] *adj v.* **policíaco**
policitación [poliθita'θjon] *f* (JUR) *gleichzeitige Ladung mehrerer Personen*
policlínica [poli'klinika] *f*, **policlínico** [poli'kliniko] *m* Poliklinik *f*
policopista [poliko'pista] *m* (*Bol*) Kopiergerät *m*
policromado, -a [poliкro'maðo, -a] *adj* vielfarbig; **se conservan varias esculturas policromadas** einige mehrfarbige Skulpturen sind erhalten
policromar [polikro'mar] *vt* (*Wände, Skulpturen*) mit mehreren Farben versehen
policromía [polikro'mia] *f* ❶ (ARTE) Polychromie *f*
❷ (TIPO) Mehrfarbendruck *m*
policromo, -a [poli'kromo, -a] *adj*, **polícromo, -a** [po'likromo, -a] *adj* polychrom, vielfarbig, mehrfarbig
policultivo [poliku'ltiβo] *m* (AGR) gleichzeitiger Anbau *m* mehrerer Pflanzenarten
polidactilia [poliðak'tilja] *f* (MED) Polydaktilie *f*
polideportivo [poliðepor'tiβo] *m* (DEP) Sportzentrum *nt*
polidipsia [poli'ðiβsja] *f* (MED) übermäßiges Durstgefühl *nt*, Polydipsie *f*
poliedro [poli'eðro] *m* (MAT) Polyeder *nt*, Vielflächner *m*
poliéster [po'ljester] *m* (QUÍM) Polyester *m*
poliestireno [poljesti'reno] *m* Polystyren *nt*, Polystyrol *m*
polietileno [poljeti'leno] *m* (QUÍM) Polyäthylen *nt*
polifacético, -a [polifa'θetiko, -a] *adj* vielseitig; **es una persona muy polifacética** er/sie ist ein sehr vielseitiger Mensch
polifagia [poli'faxja] *f* (MED) krankhafte Gefräßigkeit *f*, Polyphagie *f*
polifásico, -a [poli'fasiko, -a] *adj* mehrphasig
polifonía [polifo'nia] *f sin pl* (MÚS) Polyphonie *f*
polifónico, -a [poli'foniko, -a] *adj* (MÚS) polyphon
polígala [po'liɣala] *f* (BOT) Kreuzblume *f*, Polygala *f*
poligamia [poli'ɣamja] *f sin pl* Polygamie *f*
poligámico, -a [poli'ɣamiko, -a] *adj* (SOCIOL) die Polygamie betreffend
polígamo, -a [po'liɣamo, -a] *adj* polygam
poligenismo [polixe'nismo] *m* (BIOL) Polygenese *f*
poliginia [poli'xinja] *f* (SOCIOL) Vielweiberei *f*, Polygynie *f*
políglota[1] [po'liɣlota] *mf* Polyglotte(r) *mf*
políglota[2] [po'liɣlota] *f* Polyglotte *f*
poliglotía [poliɣlo'tia] *f*, **poliglotismo** [poliɣlo'tismo] *m* Mehrsprachigkeit *f*
poligloto, -a [poli'ɣloto, -a] *adj*, **polígloto, -a** [po'liɣloto, -a] *adj* polyglott, mehrsprachig
poligonal [poliɣo'nal] *adj* vieleckig, polygonal
polígono [po'liɣono] *m* ❶ (MAT) Polygon *nt*, Vieleck *nt*
❷ (*loc*): **~ de descongestión** industrielles Entballungsgebiet *nt*; **~ industrial** Industriegebiet *nt*, Gewerbegebiet *nt*; **~ de tiro** (MIL) Schießplatz *m*
poligrafía [poliɣra'fia] *f* Polygraphie *f*
polilla [po'liʎa] *f* (ZOOL) (Kleider)motte *f*; **la manta está comida de la ~** die Decke ist von den Motten zerfressen; **no tener ~ en la lengua** kein Blatt vor den Mund nehmen
polimerización [polimeriθa'θjon] *f* (QUÍM) Polymerisation *f*; **~ por suspensión** Suspensionspolymerisation *f*
polímero [po'limero] *m* (QUÍM) Polymer *nt*
polimetría [polime'tria] *f* (LIT, MUS) Polymetrie *f*
polimétrico, -a [poli'metriko, -a] *adj* (LIT, MUS) polymetrisch
polimorfismo [polimor'fismo] *m sin pl* (QUÍM, ZOOL) Polymorphie *f*, Polymorphismus *m*
polimorfo, -a [poli'morfo, -a] *adj* polymorph, vielgestaltig
polinesio, -a [poli'nesjo, -a] **I.** *adj* polynesisch

II. *m, f* Polynesier(in) *m(f)*
polineuritis [polineu'ritis] *f inv* (MED) Polyneuritis *f*
polinización [poliniθa'θjon] *f* (BOT) Bestäubung *f*
polinizar [polini'θar] <z→c> *vt* (BOT) bestäuben (*con* mit +*dat*)
polinómico, -a [poli'nomiko, -a] *adj* (MAT) polynomisch
polinomio [poli'nomjo] *m* (MAT) Polynom *nt*
polinosis [poli'nosis] *f inv* (MED) Pollenallergie *f*
polio ['poljo] *f* (*fam*), **poliomielitis** [poljome'litis] *f inv* (MED) Kinderlähmung *f*, Poliomyelitis *f*
pólipo ['polipo] *m* (MED, ZOOL) Polyp *m*; **los ~s viven en el agua** die Polypen leben im Wasser
polipodio [poli'poðjo] *m* (BOT) Tüpfelfarn *m*, Polypodium *nt*
políptico [po'liptiko] *m* (ARTE) Polyptychon *nt*
polisarcia [poli'sarθja] *f* (MED) Fettleibigkeit *f*
polisemia [poli'semja] *f sin pl* (LING) Polysemie *f*, Mehrdeutigkeit *f*
polisémico, -a [poli'semiko, -a] *adj* (LING) mehrdeutig, polysem
polisílabo[1] [poli'silaβo] *m* mehrsilbiges Wort *nt*
polisílabo, -a[2] [poli'silaβo, -a] *adj* mehrsilbig
polisíndeton [poli'sindeton] *m* (LIT) Polysyndeton *nt*
polisíntesis [poli'sintesis] *f inv* (LING) Polysynthetismus *m*
polisintético, -a [polisin'tetiko, -a] *adj* (LING) polysynthetisch; **lenguas polisintéticas** polysynthetische Sprachen
polisón [poli'son] *m* Turnüre *f*
polista [po'lista] *mf* (DEP) Polospieler(in) *m(f)*
polistilo, -a [polis'tilo, -a] *adj* ❶ (ARQUIT) vielsäulig
❷ (BOT) mit mehreren Griffeln
politburó [poli'tβu'ro] *m* (POL) Politbüro *nt*
politécnico, -a [poli'tekniko, -a] *adj* polytechnisch; **escuela politécnica** polytechnische Schule
politeísmo [polite'ismo] *m sin pl* (REL) Polytheismus *m*, Vielgötterei *f*
politeísta [polite'ista] *adj* polytheistisch
política [po'litika] *f* ❶ (*persona*) Politikerin *f*
❷ (*ciencia, actividad*) Politik *f*; **P~ Agraria Común** (UE) Gemeinsame Agrarpolitik; **~ arancelaria** Zoll(tarif)politik *f*; **~ cambiaria** Wechselkurspolitik *f*; **~ comercial** Handelspolitik *f*; **~ de la compañía** Geschäftspolitik *f*; **~ de desarrollo** Entwicklungspolitik *f*; **~ económica** Wirtschaftspolitik *f*; **~ energética** Energiepolitik *f*; **~ fiscal** Steuerpolitik *f*; **~ de gastos** Ausgabenpolitik *f*; **~ de intereses mínimos** Niedrigzinspolitik *f*; **~ interior/exterior** Innen-/Außenpolitik *f*; **~ de mercado** Marktpolitik *f*; **~ del mercado monetario** Geldmarktpolitik *f*; **~ monetaria** Währungspolitik *f*; **~ de personal** Personalpolitik *f*; **~ pesquera** Fischereipolitik *f*; **~ de relanzamiento** [*o* **de fomento**] Ankurbelungspolitik *f*; **~ de rentas/precios/transportes** Tarif-/Preis-/Verkehrspolitik *f*; **~ salarial** Lohnpolitik *f*, Tarifpolitik *f*
politicastro [politi'kastro] *m* (*pey*) unfähiger Politiker *m*
político, -a [po'litiko, -a] **I.** *adj* ❶ (POL) politisch; **ciencias políticas** Politikwissenschaften *fpl*; **economía política** Volkswirtschaft(slehre) *f*; **la situación política es bastante tensa** die politische Lage ist recht angespannt
❷ (*parentesco*) Schwieger-; **hermana política** Schwägerin *f*; **padre ~** Schwiegervater *m*

II. *m, f* Politiker(in) *m(f)*
político-monetario, -a [po'litiko mone'tarjo, -a] *adj* währungspolitisch
politicón, -ona [politi'kon, -ona] *adj* ❶ (*con exagerada cortesía*) überhöflich
❷ (*que habla sobre política*): **un hombre ~** ein Mann, der gerne politisiert
político-salarial [po'litiko sala'rjal] *adj* lohnpolitisch
político-tributario, -a [po'litiko triβu'tarjo, -a] *adj* steuerpolitisch
politiquear [politike'ar] *vi* (*pey*) ❶ (*actuar*) in der Politik intrigieren, klüngeln *fam*
❷ (*hablar*) politisieren
politiqueo [politi'keo] *m* (*pey*) Politisieren *nt*
politiquero, -a [polti'kero, -a] *m, f* (*pey*) Politikaster *m*
politización [politiθa'θjon] *f* Politisierung *f*
politizar [politi'θar] <z→c> **I.** *vt* politisieren, politische Bedeutung verleihen +*dat*

II. *vr*: **-se** an politischer Bedeutung gewinnen
politóloga [poli'toloɣa] *f v.* **politólogo**
politología [politolo'xia] *f sin pl* Politologie *f*
politólogo, -a [poli'toloɣo, -a] *m, f* Politologe, -in *m, f*
politonalidad [politonali'ðað] *f* (MÚS) Polytonalität *f*
poliuretano [poljure'tano] *m* (QUÍM) Polyurethan *nt*
poliuria [po'ljurja] *f* (MED) Harnfluss *f*, Polyurie *f*
polivalencia [poliβa'lenθja] *f* Mehrwertigkeit *f*
polivalente [poliβa'lente] *adj* polyvalent, mehrwertig
polivinilcloruro [poliβinilklo'ruro] *m* (QUÍM) Polyvinylchlorid *nt*
póliza ['poliθa] *f* ❶ (*seguro, etc.*) Police *f*; **~ de abono** (FIN) Abschreibe-

polizón police *f*; ~ **de accidentes** Unfallpolice *f*; ~ **de crédito** (FIN) Kreditvertrag *m*; ~ **a la orden** Orderpolice *f*; ~ **al portador** Inhaberpolice *f*; ~ **de seguros** Versicherungspolice *f*; ~ **a todo riesgo** Omniumversicherung *f*; **me he hecho una** ~ **de seguros** ich habe eine Versicherungspolice abgeschlossen
❷ (*sello*) Stempelmarke *f*
polizón [poli'θon] *mf* blinder Passagier *m*
polizonte [poli'θonte] *m* (*pey*) Bulle *m fam*
polka ['polka] *f* (MÚS) *v.* **polca**
polla ['poʎa] *f* ❶ (*gallina*) Junghenne *f*; ~ **de agua** (ZOOL) Blesshuhn *nt*
❷ (*chica*) junges Mädchen *nt*
❸ (*vulg: pene*) Schwanz *m fam*
❹ (*Am: carrera de caballos*) Pferderennen *nt*
pollada [po'ʎaða] *f* Brut *f*
pollear [poʎe'ar] *vi* (*fam*) in die Pubertät kommen
pollera [po'ʎera] *f* ❶ *v.* **pollero**
❷ (*gallinero*) Hühnerstall *m*; (*para pollos*) Kükenstall *m*
❸ (*cesto*) Hühnerkorb *m*
❹ (*andador*) Laufgitter *nt*
❺ (*Am: falda*) Rock *m*
pollería [poʎe'ria] *f* Geflügelhandlung *f*
pollero, -a [po'ʎero, -a] *m, f* ❶ (*criador*) Geflügelzüchter(in) *m(f)*
❷ (*vendedor*) Geflügelhändler(in) *m(f)*
pollerudo [poʎe'ruðo] I. *adj* (*CSur*) ❶ (*chismoso*) klatschhaft
❷ (*blando*) weichlich; **niño** ~ Mamasöhnchen *nt*; **hombre** ~ Memme *f*
II. *m* (*CSur: pey: clérigo*) Priester *m*
pollina [po'ʎina] *f* (*PRico, Ven: del pelo*) Pony *m*
pollino, -a [po'ʎino, -a] *m, f* ❶ (*borrico*) junger Esel *m*, junge Eselin *f*
❷ (*fig*) Dummkopf *m*
pollito, -a [po'ʎito, -a] *m, f* (*t. fig*) Küken *nt*; ~ **de primera edad** frisch geschlüpftes Küken
pollo ['poʎo] *m* ❶ (GASTR) Hähnchen *nt*; ~ **asado** Brathähnchen *nt*
❷ (ZOOL) junges Huhn *nt*; (*cría*) (Vogel)junge(s) *nt*; **sacar** ~**s** Hühner züchten; **voló el** ~ (*fig*) die Hoffnung ist dahin
❸ (*fig: joven*) junger Bursche *m*
polluela [po'ʎwela] *f* (ZOOL) eine Art Sumpfhuhn
polluelo [po'ʎwelo] *m* Küken *nt*
polo ['polo] *m* ❶ (GEO, FÍS, ASTR) Pol *m*; ~ **norte** [*o* **ártico**] Nordpol *m*; ~ **de promoción** noch unerschlossene Entwicklungsregion; ~ **sur** [*o* **antártico**] [*o* **austral**] Südpol *m*; ~ **industrial** [*o* **de desarrollo**] (ECON) Entwicklungsregion *f*; ~ **positivo/negativo** (ELEC) positiver/negativer Pol
❷ (DEP) Polo *nt*; **jugador de** ~ Polospieler *m*
❸ (*camiseta*) Polohemd *nt*
❹ (*helado*) Eis *nt* am Stiel
polola [po'lola] *f v.* **pololo**
pololear [polole'ar] *vi* (*AmS*) gehen (*con* mit +*dat*)
pololeo [polo'leo] *m* (*Chil*) ❶ (*noviazgo*) Verlobungszeit *f*
❷ (*trabajito*) Nebenverdienst *m*
pololito [polo'lito] *m* (*Chil: fam*) Nebenverdienst *m*
pololo, -a [po'lolo, -a] *m, f* (*And*) Bräutigam *m*, Braut *f*
polonés, -esa [polo'nes, -esa] I. *adj* polnisch
II. *m, f* Pole, -in *m, f*
polonesa [polo'nesa] *f* (MÚS) Polonäse *f*
Polonia [po'lonja] *f* Polen *nt*
polonio [po'lonjo] *m* (QUÍM) Polonium *nt*
poltergeist ['polterɣaɪsᵗ] *m* Poltergeist *m*, Klopfgeist *m*
poltrón, -ona [pol'tron, -ona] *adj* faul, träge
poltrona [pol'trona] *f* Lehnstuhl *m*
polución [polu'θjon] *f* ❶ (*contaminación*) Verschmutzung *f*; ~ **del agua** Wasserverschmutzung *f*; ~ **ambiental** Umweltverschmutzung *f*
❷ (*semen*) Pollution *f*, Samenerguss *m*
❸ (*acto sexual*) Beischlaf *m*
❹ (*profanación*) Schändung *f*
polucionar [poluθjo'nar] *vt* (ECOL) verschmutzen
poluto, -a [po'luto, -a] *adj* (*elev*) verschmutzt
polvareda [polβa'reða] *f* Staubwolke *f*; **el coche al pasar armó** [*o* **levantó**] **una gran** ~ als das Auto vorbeifuhr, wirbelte es eine riesige Staubwolke auf; **la noticia armó** [*o* **levantó**] **una buena** ~ diese Neuigkeit hat viel Staub aufgewirbelt
polvera [pol'βera] *f* Puderdose *f*
polvo ['polβo] *m* ❶ (*limpieza*) Staub *m*; **al barrer se levanta** ~ beim Fegen wird Staub aufgewirbelt; **quitar el** ~ abstauben; **hacer** ~ (*fam*) kaputtmachen; **que oscurezca tan temprano me hace** ~ (*fam*) es macht mich fertig, dass es so früh dunkel wird; **estoy hecho** ~ (*fam*) ich bin fix und fertig; **hacer morder el** ~ **a alguien** jdn ins Gras beißen lassen; **sacudir a alguien el** ~ (*fig*) jdn verprügeln
❷ (*sustancia*) Pulver *nt*; ~ **de arroz** Reispulver *nt*; ~ **de encendido** Zündpulver *nt*; **levadura en** ~ Backpulver *nt*; **este hombre tiene un** ~ (*fam*) dieser Mann hat das gewisse Etwas
❸ (*vulg: masturbación*) Wichsen *nt*; **echar un** ~ vögeln
❹ *pl* (*cosmética*) Puder *m*; ~**s de talco** Talkpuder *m*
pólvora ['polβora] *f* (Schieß)pulver *nt*; **no haber inventado la** ~ das Pulver auch nicht (gerade) erfunden haben
polvoraduque [polβora'ðuke] *f* (GASTR) Soße aus Nelken, Ingwer, Zucker und Zimt
polvorear [polβore'ar] *vt* bestäuben
polvoriento, -a [polβo'rjento, -a] *adj* staubig
polvorilla [polβo'riʎa] *mf* (*fam*) Choleriker(in) *m(f)*
polvorín [polβo'rin] *m* Pulverkammer *f*, Munitionsraum *m*; **estamos sentados sobre un** ~ (*fig*) wir sitzen auf einem Pulverfass
polvorón [polβo'ron] *m* (GASTR) kleiner bröckeliger Kuchen aus Mehl, Schmalz und Zucker
polvorosa [polβo'rosa] *f*: **poner pies en** ~ (*fam*) sich aus dem Staub machen
polvoroso, -a [polβo'roso, -a] *adj v.* **polvoriento**
polvoso, -a [pol'βoso, -a] *adj* (*Am*) staubig
poma ['poma] *f* ❶ (*manzana*) Apfel *m*
❷ (*perfume*) Duftlampe *f*
❸ (*bola*) Duftkugel *f*
pomada [po'maða] *f* Pomade *f*, (Fett)salbe *f*; ~ **de ictiol** Ichthyolsalbe *f*; ~ **contra mosquitos** Mückenschutzsalbe *f*; ~ **para la nariz/para los ojos** Nasen-/Augensalbe *f*; ~ **de parafina** Paraffinsalbe *f*
pomar [po'mar] *m* Apfelgarten *m*; (*por extensión*) Obstgarten *m*
pomarrosa [poma'rrosa] *f* (*Cuba*: BOT) Frucht *f* des Jambusenbaumes
pomelo [po'melo] *m* (BOT) Grapefruit *f*, Pampelmuse *f*
Pomerania [pome'ranja] *f* Pommern *nt*
pómez [po'meθ] *f* Bimsstein *m*
pomo ['pomo] *m* ❶ (*puerta*) Türknauf *m*
❷ (*poma*) Duftkugel *f*; (*frasco*) Flakon *m*
❸ (BOT) Kernfrucht *f*, Sammelbalgfrucht *f*
❹ (*espada*) Knauf *m*
pomología [pomolo'xia] *f* (AGR) Obstbaukunde *f*, Pomologie *f*
pompa ['pompa] *f* ❶ (*burbuja*) (Wasser)blase *f*; ~**s de jabón** Seifenblasen *fpl*
❷ (*esplendor*) Pracht *f*, Prunk *m*; **celebraron la boda con gran** ~ die Hochzeit wurde mit großem Pomp gefeiert; ~**s fúnebres** Bestattungsinstitut *nt*
❸ (*bomba de agua*) Wasserpumpe *f*
❹ (*pavo*) Rad *m*
pompeyano, -a [pompe'jano, -a] *adj* (ARTE, HIST) pompejisch
pompis ['pompis] *m inv* (*fam*) Po(po) *m*
pompo, -a ['pompo, -a] *adj* (*Col, Ecua: sin filo*) stumpf
pompón [pom'pon] *m* Pompon *m*
pomposidad [pomposi'ðaᵈ] *f* Prunk *m*, Pracht *f*
pomposo, -a [pom'poso, -a] *adj* pompös, prunkvoll; (*grandilocuente*) hochtrabend; **la boda fue muy pomposa** die Hochzeit war sehr prunkvoll; **no soporto su estilo** ~ ich ertrage seinen/ihren geschwollenen Stil nicht
pómulo ['pomulo] *m* (ANAT) Backenknochen *m*
ponchada [pon'tʃaða] *f* (*CSur: fam*): **una** ~ **de** eine Menge +*gen*, ein Haufen +*gen*
ponchar [pon'tʃar] I. *vt* (*perforar*) löchern; (*pinchar*) stechen; ~ **el billete** die Fahrkarte knipsen
II. *vr*: ~**se** (*pincharse*) sich stechen; **se nos ponchó la llanta del coche** wir hatten einen Platten
ponchazo [pon'tʃaðo] *m* (*Arg*): **a los** ~**s** so gut es irgendwie geht
ponche ['pontʃe] *m* Punsch *m*
ponchera [pon'tʃera] *f* Punschkaraffe *f*
poncho¹ ['pontʃo] *m* Poncho *m*
poncho, -a² [pon'tʃo, -a] *adj* (*Am*) faul, träge
poncí [pon'θi] *m*, **poncidre** [pon'θiðre] *m*, **poncil** [pon'θil] *m* eine Art Zitrone mit sehr dicker Schale
ponderable [ponde'raβle] *adj* wägbar, abschätzbar
ponderación [pondera'θjon] *f* ❶ (*elogio*) Lob *nt*
❷ (*el sopesar*) Abwägen *nt*; **sistema de** ~ **del voto** (UE) System der Stimmengewichtung; **con** ~ vorsichtig
❸ (*el pesar*) Abwiegen *nt*
❹ (*exageración*) Übertreibung *f*
ponderado, -a [ponde'raðo, -a] *adj* gewichtet; **media ponderada** gewogenes Mittel
ponderador(a) [pondera'ðor(a)] *adj* ❶ (*que pesa o examina*) abwägend, bedenkend
❷ (*que exagera*) übertreibend
ponderar [ponde'rar] *vt* ❶ (*sopesar*) abwägen, prüfen
❷ (*encomiar*) preisen, rühmen
ponderativo, -a [pondera'tiβo, -a] *adj* ❶ (*cauteloso*) vorsichtig

❷ (*que alaba*) rühmend
pondo ['pondo] *m* (*Ecua*) Tonkrug *m*
ponedero [pone'ðero] *m* (AGR) Legenest *nt*
ponedora [pone'ðora] *f* (AGR): *gallina* ~ Legehenne *f*
ponencia [po'nenθja] *f* Referat *nt*, Vortrag *m*; (*informe*) Bericht *m*
ponente [po'nente] *mf* Referent(in) *m(f)*, Vortragende(r) *mf*; (*informador*) Berichterstatter(in) *m(f)*
poner [po'ner] *irr* **I.** *vt* ❶ (*colocar*) stellen, legen; (*huevos*) legen; (*inyección*) geben; (*sellos, etiqueta*) aufkleben; (*tirita*) aufkleben; **pon el libro sobre la mesa** leg das Buch auf den Tisch; **pon el espejo mirando hacia mí** dreh den Spiegel zu mir hin; **pon la ropa en el tendedero** häng die Wäsche auf den Ständer; **~ delante/detrás/encima/debajo de algo** vor/hinter/auf/unter etw stellen/legen; **¿dónde habré puesto...?** wo habe ich nur ... gelassen?; **lo pongo en tus manos** (*fig*) ich lege es in deine Hände; **eso es querer ~ barreras al campo** (*prov*) das ist eine Zumutung
❷ (*disponer*) bereiten, herrichten; **~ la mesa** den Tisch decken; **~ algo a disposición de alguien** jdm etw zur Verfügung stellen; **han puesto a nuestra disposición una sala de conferencias** man hat uns einen Konferenzsaal zur Verfügung gestellt
❸ (*encender*) anschalten; **pon la radio** mach das Radio an; **pon el despertador para las cuatro/en hora** stell den Wecker auf vier Uhr/richtig; **no soy capaz de ~ en marcha el motor** ich schaffe es nicht, den Motor in Gang zu bringen
❹ (*convertir*) machen; **~ de buen/mal humor a alguien** jdn in gute/schlechte Stimmung bringen; **la noticia me puso de buen humor** die Nachricht versetzte mich in gute Laune; **~ colorado a alguien** jdn verlegen machen; **el sol te pondrá moreno** in der Sonne wirst du braun werden; **lo puso furioso** er/sie machte ihn wütend
❺ (*suponer*) vermuten; **pon que no viene** stell dir mal vor, er/sie kommt nicht; **pongamos que resolvemos el problema en dos días, entonces...** nehmen wir mal an, wir lösen dieses Problem in zwei Tagen, dann ...; **pongamos por** [*o* **el**] **caso que no llegue a tiempo** gesetzt den Fall, er/sie kommt nicht rechtzeitig
❻ (*exponer*) stellen; **~ a** aussetzen +*dat*; **puso la ropa a secar al sol** er/sie breitete die Wäsche zum Trocknen in der Sonne aus; **pon la leche al fuego** stell die Milch auf den Herd; **se puso en peligro la libertad de expresión** die Meinungsfreiheit wurde aufs Spiel gesetzt; **yo no quiero ~ en juego nuestro matrimonio** ich möchte unsere Ehe nicht gefährden [*o* aufs Spiel setzen]
❼ (*contribuir*) als Beitrag leisten; (*juego*) setzen; **¿cuánto has puesto tú en el fondo común?** wie viel hast du in die Kasse gezahlt?; **pusimos todo de nuestra parte pero fue inútil** wir haben von uns aus alles getan, aber es war zwecklos
❽ (*adoptar una expresión*) machen; **~ mala/buena cara** gute/böse Miene machen; **ha puesto cara de pocos amigos** er/sie hat ein griesgrämiges Gesicht aufgesetzt
❾ (*tratar*) behandeln; **~ a alguien a parir** [*o* **a bajar de un burro**] jdn übel beschimpfen; **~ a alguien por las nubes** jdn in den Himmel heben; **lo puso de idiota** (*pey*) er/sie behandelte ihn wie einen Trottel
❿ (*denominar*) geben; **le pusieron el gafe porque cosa que tocaba, cosa que rompía** man gab ihm/ihr den Beinamen 'der Unglücksrabe', denn alles, was er/sie anfasste, ging kaputt; **le pusieron por** [*o* **de**] **nombre Manolo** sie haben ihn Manolo genannt; **¿qué nombre le van a ~?** welchen Namen soll er/sie bekommen?
⓫ (*espectáculo*) zeigen; **~ una película** einen Film vorführen; **ponen una obra de Valle-Inclán** sie zeigen ein Werk von Valle-Inclán; **~ en escena** inszenieren; **es fácil ~ en escena una obra de Beckett** es ist einfach, ein Stück von Beckett zu inszenieren
⓬ (*imponer*) auferlegen; **hoy nos han puesto muchos deberes** heute haben wir viele Hausaufgaben aufbekommen; **hemos puesto una multa a las empresas responsables** wir haben den verantwortlichen Firmen eine Strafe auferlegt; **pusieron condiciones para la capitulación** sie stellten Bedingungen für die Kapitulation
⓭ (*instalar*) einrichten; **su padre le puso una floristería** sein/ihr Vater hat ihm/ihr einen Blumenladen eingerichtet
⓮ (*disponer*) bewegen; **tendré que ~ a mis hijos a trabajar** ich werde meinen Kindern eine Arbeit suchen müssen; **puse a mi hijo de aprendiz de panadero** ich habe meinem Sohn eine Lehrstelle als Bäcker gesucht
⓯ (*decir*) bedeuten; **yo no entiendo lo que pone aquí** ich verstehe nicht, was hier steht
⓰ (*añadir*) hinzufügen; **~ algo de su propia cosecha** (*fig*) etw aus seinem eigenen Erfahrungsschatz vermitteln
⓱ (*escribir*) schreiben; **~ en limpio** ins Reine schreiben; **~ entre comillas** in Anführungszeichen setzen; **~ la firma** unterschreiben; **~ un anuncio** eine Anzeige schalten, inserieren; **~ un telegrama** ein Telegramm aufgeben; **~ por escrito la propuesta** den Vorschlag schwarz auf weiß niederschreiben; **te pongo cuatro letras para decirte que...** ich schreibe dir ein paar Zeilen, um dir zu sagen, dass ...
⓲ (*vestido*) anziehen; (*anillo*) anstecken; **~se el abrigo/los zapatos** den Mantel/die Schuhe anziehen; **los zapatos que le puso al niño le quedaban grandes** die Schuhe, die sie dem Kind anzog, waren ihm zu groß; **ponle las gafas a la abuela, que no ve bien** setz der Oma die Brille auf, sie sieht nicht gut; **le puso el collar al cuello** er/sie legte ihm/ihr die Kette um
⓳ (*teléfono*) verbinden; **póngame con el encargado de recursos humanos, por favor** verbinden Sie mich bitte mit dem Personalleiter; **me puse al habla con mi amigo** ich setzte mich mit meinem Freund in Verbindung
⓴ (*loc*): **~ aparte** beiseite legen; **~ atención** Acht geben; **pon toda la atención del mundo cuando hagas las cuentas** pass gut auf, wenn du die Abrechnung machst; **~ en la calle** (*fig*) auf die Straße setzen; **pusieron a diez trabajadores en la calle** zehn Arbeiter sind entlassen worden; **~ (en) claro** klarstellen; **~ algo en conocimiento de alguien** jdn von etw *dat* in Kenntnis setzen; **~ a alguien al corriente de algo** jdn über etw informieren; **~ por delante** vorschieben; **~ al día** auf den neuesten Stand bringen; **~ los datos al día** die Daten aktualisieren; **~ por encima** bevorzugen; **~ en evidencia** beweisen; **~ el grito en el cielo** sich empören; **~ en movimiento** in Bewegung setzen; **~ peros a algo** Bedenken gegen etw haben; **~ algo en práctica** etw in die Tat umsetzen; **ahora hay que ~ en práctica sus consejos** jetzt müssen seine/ihre Ratschläge in die Tat umgesetzt werden; **~ algo/a alguien en tela de juicio** an etw *dat*/jdm zweifeln; **yo no pongo en tela de juicio la fiabilidad de los datos** ich stelle die Glaubwürdigkeit der Angaben nicht in Frage [*o* infrage]; **~ a la venta** verkaufen
II. *vr*: **~se** ❶ (*vestido*) sich anziehen; **ponte guapo** mach dich hübsch; **se pusieron de invierno** sie haben sich winterlich gekleidet; **nos pusimos de luto para el funeral** wir kleideten uns in Schwarz [*o* legten Trauerkleidung an] für die Beerdigung; **se puso de tiros largos para la fiesta** er/sie machte sich sehr schick für das Fest; **~se de largo** sich festlich kleiden
❷ (ASTR) untergehen; **el sol se pone por el oeste** die Sonne geht im Westen unter
❸ (*mancharse*) sich beschmutzen; **se pusieron perdidos de barro** sie waren von oben bis unten voller Matsch
❹ (*con 'a'*): **~se a...** +*inf* (*comenzar*) beginnen zu ... +*inf*; (*dedicarse*) sich widmen ... +*dat*; **por la tarde se puso a llover** nachmittags begann es zu regnen; **ponte a limpiar en cuanto llegues** fang an zu putzen, wenn du kommst
❺ (*con adjetivo*) werden; **se puso moreno/bueno/malo/flaco** er ist braun/gesund/krank/mager geworden; **se puso colorado** [*o* **hecho un tomate**] **al oír la expresión** er wurde rot, als er den Ausdruck hörte; **se puso chulo y no nos dejó entrar** er wollte sich aufspielen und ließ uns nicht hinein; **estás en tu casa, ponte cómodo** fühl dich wie zu Hause, mach es dir bequem
❻ (*loc*): **~se en evidencia** sich blamieren; **¡no te pongas así que no es para tanto!** stell dich doch nicht so an!; **dile que se ponga al teléfono** sag ihm/ihr, er soll ans Telefon kommen; **en la boda se pusieron las botas** (*fig*) auf der Hochzeit aßen sie bis zum Umfallen; **nos pusimos de acuerdo para comprarle un regalo** wir haben uns darauf geeinigt, ein gemeinsames Geschenk zu kaufen; **¡póngase en mi lugar!** versetzen Sie sich in meine Lage!
póney ['poni] *m* (ZOOL) Pony *nt*
pongo ['pongo] **I.** *m* ❶ (ZOOL) Orang-Utan *m*
II. *m* ❶ *1. pres de* **poner**
❷ (*Am*: *criado*) indianischer Diener *m*
❸ (*Ecua, Perú*) Engpass *m*
poni ['poni] *m* Pony *nt*
ponientada [ponjen'taða] *f* (METEO) dauerhafter Westwind *m*
poniente [po'njente] *m* ❶ (*oeste*) Westen *m*
❷ (*viento*) Westwind *m*
pontear [ponte'ar] *vt* eine Brücke bauen (über +*akk*)
pontevedrés, -esa [ponteße'ðres, -esa] **I.** *adj* aus Pontevedra
II. *m, f* Einwohner(in) *m(f)* von Pontevedra
pontificado [pontifi'kaðo] *m* (REL) Pontifikat *nt*
pontifical [pontifi'kal] *adj* (REL) bischöflich, pontifikal
pontificar [pontifi'kar] <c→qu> *vi* (*fig*) dozieren, predigen
pontifice [pon'tifiθe] *m* (HIST) Pontifex *m*; **Sumo** [*o* **Romano**] **P~** (REL) Pontifex maximus *m*
pontificio, -a [ponti'fiθjo, -a] *adj* päpstlich; **curia pontificia** Römische Kurie; **Estados P~s** (HIST) Kirchenstaat *m*
pontón [pon'ton] *m* ❶ (*barco*) Ponton *m*, Brückenkahn *m*
❷ (*puente*) Pontonbrücke *f*, Schiffsbrücke *f*
ponzoña [pon'θoɲa] *f* Gift *nt*
ponzoñoso, -a [ponθo'ɲoso, -a] *adj* giftig; (*fig*) schädlich, verderblich

pool [pul] <pools> *m* (ECON) Pool *m*
pop [pop] **I.** *adj inv* Pop-; **cantante ~** Popsänger(in) *m(f)* **II.** *m inv* Popmusik *f*; **es una figura del ~** das ist ein Popmusiker/eine Popmusikerin
popa ['popa] *f* ❶ *(barco)* Heck *nt*, Achterschiff *nt*; **viento en ~** Rückenwind *m*; **a ~** achtern
❷ *(fam: trasero)* Hintern *m*
pope ['pope] *m* (REL) Pope *m*
popelín [pope'lin] *m*, **popelina** [pope'lina] *f (tejido)* Popelin *m*, Popeline *m o f*
popero [po'pero] *m (fam)* Popfan *m*
popocho, -a [po'potʃo, -a] *adj (Col)* übersatt
popoff [po'pof] *adj inv (Méx: fam)* vornehm
popote [po'pote] *m (Méx: paja)* Strohhalm *m*
pop-rock ['popˈrɔk] *m* Poprock *m*
populachería [populatʃe'ria] *f (pey)* leicht erworbene Popularität *f*
populachero, -a [popula'tʃero, -a] *adj* primitiv, populistisch; **es un político ~ que persigue su propio beneficio** das ist ein skrupelloser Politiker, der nur seine eigenen Interessen verfolgt
populacho [popu'latʃo] *m* Pöbel *m*, Mob *m*
popular [popu'lar] *adj* ❶ *(del pueblo)* Volks-, volkstümlich; **aire ~** Volkslied *nt*; **son costumbres en las que no participa la burguesía** das sind Volksbräuche, an denen die Bourgeoisie keinen Anteil hat
❷ *(conocido)* populär; *(admirado)* beliebt; **precios ~es** volkstümliche Preise; **es un actor muy ~** das ist ein sehr beliebter Schauspieler; **ir de camping se ha hecho ~ entre los jóvenes** Zelten ist bei jungen Leuten sehr beliebt geworden
popularidad [populari'ðað] *f* Popularität *f*, Beliebtheit *f*
popularismo [popula'rismo] *m* Hang *m* zur Volkstümlichkeit
popularización [populariθa'θjon] *f* Popularisierung *f*
popularizar [populari'θar] <z→c> **I.** *vt* popularisieren, populär machen; *(extender)* verbreiten
II. *vr*: **-se** populär werden
popularmente [popular'mente] *adv* volkstümlich, populär; **actuar ~** populär handeln; **~ reconocido** von der breiten Masse anerkannt
populeón [popule'on] *m* (MED) Pappelsalbe *f (Heilsalbe aus Schweineschmalz, Mohn, Tollkirsche und Extrakten aus der Pappel)*
populismo [popu'lismo] *m sin pl* (POL) Populismus *m*
populista [popu'lista] *adj* ❶ *(relativo al pueblo)* Volks-; **partido ~** Volkspartei *f*
❷ *(relativo al populismo)* populistisch; **son medidas ~s que no resuelven el problema a largo plazo** das sind populistische Maßnahmen, die den Problem langfristig nicht lösen
II. *mf* Populist(in) *m(f)*
populoso, -a [popu'loso, -a] *adj* dicht bevölkert; **la enfermedad se cebó en los barrios ~s** in den dicht besiedelten Wohnvierteln griff die Krankheit am stärksten um sich
popurrí [popu'rri] *m (fig t. MÚS)* Potpourri *nt*
popusa [po'pusa] *f (Bol, Guat: GASTR)* mit Käse oder Fleischstückchen gefüllter Maisfladen
poquedad [poke'ðað] *f* ❶ *(escasez)* Knappheit *f*
❷ *(pusilanimidad)* Kleinmut *m*
❸ *(insignificancia)* Kleinigkeit *f*
póquer ['poker] *m* Poker *m o nt*; **jugar al ~** Poker spielen
poquil [po'kil] *m (Chil: BOT)* Pflanzenart, aus der die gelbe Farbe gewonnen wird
poquísimo, -a [po'kisimo, -a] *adj superl de* **poco²**
poquito [po'kito] *adv* wenig; **bébelo ~ a poco, bébelo a ~** trink es Schluck für Schluck
por [por] *prep* ❶ *(lugar: a través de)* durch +*akk*; *(vía)* über +*akk*; *(en)* in +*dat*; **~ aquí** hier entlang; **limpia la botella ~ dentro/fuera** spül die Flasche von innen/außen; **fuimos a Ginebra ~ Lyon** wir sind über Lyon nach Genf gefahren; **pasó ~ Madrid hace poco** er/sie war vor kurzem in Madrid; **lo adelantó ~ la izquierda** er/sie hat ihn links überholt; **volamos ~ encima de los Alpes** wir sind über die Alpen geflogen; **ese pueblo está ~ Castilla** das Dorf liegt irgendwo in Kastilien; **la cogió ~ la cintura** er/sie fasste sie um die Taille; **se escaparon ~ el agujero** sie sind durch das Loch entkommen
❷ *(tiempo)* für +*akk*, um +*akk*; **~ la(s) mañana(s)** morgens; **mañana ~ la mañana** morgen früh; **suele llegar ~ la tarde** er kommt gewöhnlich nachmittags; **me marché ayer ~ la noche** ich bin gestern Abend gefahren; **~ noviembre florecen los crisantemos** im November blühen die Chrysanthemen; **tengo un contrato ~ tres años** ich habe einen Vertrag für [*o auf*] drei Jahre; **~ fin** endlich
❸ *(a cambio de)* für +*akk*, gegen +*akk*; *(en lugar de)* statt +*gen*, anstelle [*o an Stelle*] +*gen*; **~ poco** fast; **la compré ~ poco dinero** ich habe sie für wenig Geld gekauft; **poco se ahoga** er/sie wäre beinahe ertrunken; **vino ~ su hermano** er/sie kam anstelle [*o an Stelle*] seines/ihres Bruders; **le cambié el libro ~ el álbum** ich habe das Buch gegen das Album getauscht
❹ *(agente)* von +*dat*; **el cuadro fue pintado ~ Goya** das Bild wurde von Goya gemalt
❺ (MAT: *multiplicación*) mal; **cuatro ~ tres** vier mal drei
❻ *(reparto)* pro, je; **toca a cuatro ~ cabeza** jeder von uns bekommt vier, es gibt vier pro Kopf; **nos pagan a doce marcos ~ hora** wir bekommen zwölf Mark pro Stunde; **el ocho ~ ciento** acht Prozent
❼ *(finalidad)* für +*akk*, um ... +*gen* willen; **lo hacemos ~ el bien de la familia** wir tun das um der Familie willen [*o für die Familie*]
❽ *(causa)* wegen +*gen/dat*; *(en relación a)* von ... aus; **cerrado ~ vacaciones** geschlossen wegen Urlaub; **lo merece ~ los esfuerzos que ha hecho** er/sie hat es verdient, weil er/sie sich so bemüht hat; **lo hago ~ ti** ich tue es für dich [*o dir zuliebe*]; **lo hago ~ desesperación** ich tue es aus Verzweiflung; **~ consiguiente** folglich, demzufolge; **~ eso deshalb**; **lo que a eso se refiere** was das anbetrifft; **~ mí que se vaya cuanto antes** meinetwegen [*o von mir aus*] kann er/sie so früh wie möglich gehen; **no te preocupes ~ hacer muchas fotocopias** mach dir keine Sorgen wegen der vielen Fotokopien
❾ *(preferencia)* für +*akk*; **me inclino ~ la segunda posibilidad** ich bin eher für die zweite Möglichkeit; **estoy ~ dejarlo plantado** ich bin kurz davor, ihn sitzen zu lassen; **está loco ~ la música/Marisa** er ist verrückt nach [*o auf*] Musik/Marisa
❿ *(dirección)*: **voy (a) ~ platos/tabaco** ich gehe Teller/Zigaretten holen
⓫ *(pendiente)*: **este pantalón está ~ lavar** diese Hose muss gewaschen werden
⓬ *(aunque)* trotz +*gen*; **~ muy cansado que esté no lo dejará a medias** trotz seiner Müdigkeit wird er es fertig stellen
⓭ *(medio)* durch +*akk*, per +*akk*; **lo envié ~ correo** ich habe es mit der Post geschickt; **lo consiguió ~ su padre** er/sie hat es durch seinen/ihren Vater bekommen; **lo puso ~ escrito** er/sie schrieb es auf; **compran la mercancía al ~ mayor** sie kaufen die Ware en gros
⓮ *(interrogativo)*: **¿~ qué?** warum?; **¿~ qué (no) quieres comprarlo?** warum willst du es denn (nicht) kaufen?; **no entiendo ~ qué quieres comprarlo** ich verstehe nicht, warum du es kaufen willst; **¿~ ~?** *(fam)* wieso?, warum?
⓯ *(final)*: **~ que** +*subj* damit; **hizo todo ~ que no viniera** er/sie tat alles, damit er/sie nicht käme; **lo hago ~ si acaso** ich mache es vorsichtshalber
porcada [por'kaða] *f (fig: marranada)* Schweinerei *f*
porcelana [porθe'lana] *f* Porzellan *nt*; **~ china** chinesisches Porzellan; **~ de Sajonia** Meißner Porzellan
porcentaje [porθen'taxe] *m* Prozentsatz *m*; **~ amortizable** Abschreibungsprozentsatz *m*; **~ de aumento** Zuwachsrate *f*; **~ de derechos del autor** Absatzhonorar *nt*, Tantiemen *fpl*; **~ fijo** fester Anteil; **para este trabajo cobro un precio fijo más un ~** für diese Arbeit bekomme ich einen Festpreis und zusätzlich eine Provision
porcentual [porθentu'al] *adj* prozentual; **la distribución ~ por regiones del paro está mal calculada** die prozentuale Verteilung des Arbeitslosengeldes nach Regionen ist falsch berechnet
porche ['portʃe] *m* ❶ *(pórtico)* Vorhalle *f*
❷ *(cobertizo)* Veranda *f*
porcicultor(a) [porθikul'tor(a)] *m(f)* Schweinezüchter(in) *m(f)*
porcicultura [porθikul'tura] *f* Schweinezucht *f*
porcino¹ [por'θino] *m* Ferkel *nt*
porcino, -a² [por'θino, -a] *adj* Schweine-; **peste porcina** Schweinepest *f*
porción [por'θjon] *f* Teil *m*, Portion *f*; **~ legítima** (JUR) Pflichtteil *m*; **le cedí la ~ que me correspondía** ich überließ ihm/ihr meinen Anteil
pordiosear [porðjose'ar] *vi* betteln
pordioseo [porðjo'seo] *m*, **pordiosería** [porðjose'ria] *f* Bettelei *f*
pordiosero, -a [porðjo'sero, -a] *m, f* Bettler(in) *m(f)*
porfía [por'fia] *f* Hartnäckigkeit *f*; **a ~** mit großem Eifer
porfiado, -a [por'fjaðo, -a] **I.** *adj* starrköpfig
II. *m, f* Starrkopf *m*
porfiador(a) [porfja'ðor(a)] **I.** *adj* streitsüchtig
II. *m(f)* Starrkopf *m*
porfiar [porfi'ar] <1. *pres*: porfío> *vi* ❶ *(insistir)* beharren *(en auf* +*dat)*; **porfió en cerrar la puerta pero no lo consiguió** er/sie wollte unbedingt die Tür schließen, aber es gelang ihm/ihr nicht
❷ *(disputar)* streiten
porfiria [por'firja] *f* (MED) Porphyrie *f*
pormenor [porme'nor] *m* Einzelheit *f*, Detail *nt*; **me callo los ~es del asunto** die Einzelheiten dieser Angelegenheit behalte ich für mich
pormenorizado, -a [pormenori'θaðo, -a] *adj* detailliert
pormenorizar [pormenori'θar] <z→c> *vt* genau beschreiben, in allen Einzelheiten erzählen
porno ['porno] **I.** *adj inv (fam)* pornografisch, Porno-; **los kioscos están**

pornografía cubiertos de revistas ~ die Kioske sind voller Pornozeitschriften
II. m (fam) Porno m
pornografía [pornoɣra'fia] f Pornografie f; ~ **infantil** Kinderpornografie f
pornográfico, -a [porno'ɣrafiko, -a] adj Porno-, pornografisch
poro ['poro] m Pore f; **con el vapor se abren los ~s de la piel** durch den Dampf öffnen sich die Hautporen
porongo [po'roŋgo] m (CSur: calabaza para el mate) Mategefäß nt
poronguero, -a [poroŋ'gero, -a] m, f (Perú) Milchverkäufer(in) m(f)
pororó [poro'ro] m (CSur: palomitas de maíz) Popcorn nt
porosidad [porosi'ðað] f Porosität f, Durchlässigkeit f
poroso, -a [po'roso, -a] adj porös, durchlässig; **el suelo está revestido de un material ~** der Boden ist mit einem durchlässigen Material verkleidet
poroto [po'roto] m (AmS) Bohne f; (guiso) Bohnengericht nt; **apuntarse un ~** (AmS: fig) sich bei einem Spiel seine Punkte aufschreiben
porque ['porke] conj ❶ (causal) weil, da; **lo hizo ~ sí** er/sie tat es aus Eigensinn
❷ +subj (final) damit; **recemos ~ llueva** lasst uns um Regen beten
porqué [por'ke] m Grund m
porquera [por'kera] f v. **porquero**
porquería [porke'ria] f (fam) Schweinerei f; (comida) Schweinefraß m; (cacharro) Mistding nt
porqueriza [porke'riθa] f Schweinestall m
porquero, -a [por'kero, -a] m, f Schweinehirt(in) m(f), Schweinepfleger(in) m(f)
porra ['porra] f ❶ (bastón) Schlagstock m, Knüppel m
❷ (martillo) Zuschlaghammer m
❸ (churro) Ölgebäck
❹ (fam): **¡vete a la ~!** scher dich zum Teufel!; **¡~(s)!** verdammt!
porrada [po'rraða] f (montón) Menge f, Unmenge f; **dijo una ~ de disparates** er/sie redete nur Unsinn
porral [po'rral] m (AGR) Lauchfeld nt
porrazo [po'rraθo] m (con porra) Knüppelschlag m; (con mano) Schlag m, Stoß m
porrero, -a [po'rrero, -a] m, f (argot) Kiffer(in) m(f)
porreta [po'rreta] f grüne Blätter von Lauch und Zwiebel; **en ~(s)** splitternackt
porrillo [po'rriʎo] m: **a ~** in Hülle und Fülle; **tiene admiradores a ~** sie hat jede Menge Verehrer
porrina [po'rrina] f (AGR) ❶ (sembrados pequeños) junge Saat f
❷ (hojas verdes del puerro) grüne Lauchblätter mpl
porrista [po'rrista] mf (Méx) Fan m
porro ['porro] m ❶ (argot) Joint m; **se liaron un ~ nada más llegar a la discoteca** kaum dass sie in der Diskothek angekommen waren, drehten sie sich dat einen Joint
❷ (puerro) Lauch m
❸ (fam: torpe) Trampel m o nt
porrón [po'rron] m Wasserkrug m; (reg) Trinkgefäß für Wein mit langer Tülle
porrudo, -a [po'rruðo, -a] adj (Arg) mit zerzaustem Haar
porta ['porta] I. adj (ANAT): **vena ~** Pfortader f
II. f (NÁUT) Luke f
portaaeronaves [porta(a)ero'naβes] m inv (MIL) Flugzeugträger m
portaautomóviles [porta(a)uto'moβiles] m inv Autotransporter m
portaaviones [porta(a)βi'ones] m inv (MIL) Flugzeugträger m
portabebés [portaβe'βes] m inv (pectoral) Babytragegurt m; (tipo mochila) Babytragegestell nt
portabicicletas [portaβiθi'kletas] m inv (AUTO) Fahrradträger m
portabusto(s) [porta'βusto(s)] m (inv) (Méx: sostén) Büstenhalter m
portacartas [porta'kartas] m inv Brieftägertasche f
portacasco [porta'kasko] m (AUTO) Vorrichtung f für den Helm
portacontenedores [portakontene'ðores] m inv Containerschiff nt
portada [por'taða] f ❶ (fachada) Portal nt; **en la ~ de la catedral se refugian las palomas** im Portal der Kathedrale suchen die Tauben Unterschlupf
❷ (TIPO) Titelblatt nt; **las fotos que aparecieron en la ~ causaron gran revuelo** die Fotos, die auf der Titelseite erschienen, erregten großes Aufsehen
portadilla [porta'ðiʎa] f (TIPO) Schmutztitel m
portado, -a [por'taðo, -a] adj: **bien/mal ~** gepflegt/ungepflegt
portador[1] [porta'ðor] m ❶ Träger m; **~ de cargas** (TÉC) Ladungsträger m
❷ (bandeja) Tablett mit Griff
portador(a)[2] [porta'ðor(a)] m(f) ❶ (gérmenes) Träger(in) m(f)
❷ (COM) Inhaber(in) m(f); **cheque al ~** Inhaberscheck m, Überbringerscheck m
portaequipaje(s) [portaeki'paxe(s)] m (inv) ❶ (coche) Kofferraum m
❷ (baca, bicicleta) Gepäckträger m
❸ (tren) Gepäcknetz nt
portaestandarte [portaestan'darte] m (MIL) Fahnenträger m
portafolios [porta'foljos] m inv Aktentasche f
portafusil [portafu'sil] m Gewehrriemen m
portahelicópteros [portaeli'kopteros] m inv (MIL) Hubschrauberträger m
portal [por'tal] m ❶ (de un edificio) Eingangsbereich m; (soportal) Vorhalle f; **dejaron la publicidad en el ~ sin meterla en los buzones** sie haben die Werbung einfach ins Haus gelegt und nicht in die Briefkästen geworfen; **~ de Belén** (REL) Krippe f
❷ (INFOR) Homepage f
portalada [porta'laða] f großes Portal mit mehreren Türen
portalámpara(s) [porta'lampara(s)] m (inv) Fassung f
portalibros [porta'liβros] m inv Bücherriemen m
portaligas [porta'liɣas] m inv (Am: liguero) Strumpfhalter m
portallaves [porta'ʎaβes] m inv (Ven) Schlüsselanhänger m
portalón [porta'lon] m ❶ (ARQUIT) Tor nt
❷ (NÁUT) Fallreeptür f
portamaletas [porta'maletas] m inv (AUTO) Kofferraum m
portaminas [porta'minas] m inv Druckbleistift m, Drehbleistift m
portamisiles [portami'siles] m inv Raketenträger m
portamonedas [portamo'neðas] m inv Geldbörse f, Portmonee nt
portante [por'tante] m (Pass)gang m; **tomar el ~** (fam) sich davonmachen, verduften; **dar el ~ a alguien** jdn entlassen
portaobjetivo [portaoβxe'tiβo] m (FOTO) Objektivträger m
portaobjeto(s) [portaoβ'xeto(s)] m (inv) (del microscopio) Objektträger m
portapapeles [portapa'peles] m inv (INFOR) Zwischenablage f
portar [por'tar] I. vt (perro) apportieren
II. vr: **~se** sich benehmen, sich betragen; **~se bien** sich gut benehmen; **~se bien con alguien** jdm gegenüber zuvorkommend sein; **~se mal** nicht nett sein, unhöflich sein; **el niño se porta bien/mal** das Kind ist artig/unartig; **~se como un hombre** tapfer sein; **nuestro equipo se ha portado** unsere Mannschaft hat sich glänzend geschlagen
portarretrato(s) [portarre'trato(s)] m (inv) Fotorahmen m
portarrollos [porta'rroʎos] m inv Halter m; **~ de papel higiénico** Toilettenpapierhalter m
portátil [por'tatil] adj tragbar; **máquina de escribir ~** Reiseschreibmaschine f; **ordenador ~** Laptop m, Notebook nt
portatrajes [porta'traxes] m inv Herrendiener m
portaviento [porta'βjento] m ❶ (MÚS) lederner Sack m des Dudelsacks
❷ (TÉC: alto horno) Windstock m
portavoz[1] [porta'βoθ] mf (persona) Sprecher(in) m(f), Wortführer(in) m(f); **el ~ del gobierno** der Regierungssprecher; **el ~ castrense** der Militärsprecher
portavoz[2] [porta'βoθ] m ❶ (periódico) Mitgliederzeitschrift f; **el ~ del sindicato sale semanalmente** das Organ der Gewerkschaft erscheint wöchentlich
❷ (bocina) (Trichter)sprachrohr nt
portazgo [por'taθɣo] m Wegezoll m
portazo [por'taθo] m Zuschlagen nt (einer Tür); **dar un ~** die Tür heftig zuschlagen; **despedirse con un ~** die Tür hinter sich dat zuschlagen; **darle a alguien un ~ en las narices** (fam) jdm die Tür vor der Nase zuschlagen
porte ['porte] m ❶ (transporte) Beförderung f; **~ aéreo** Luftfracht f; **~ debido/pagado** unfrankiert/franko; **~s a cargo del comprador** Portokosten zu Lasten [o zulasten] des Käufers; **gastos de ~** Frachtspesen pl; **a ~ debido** Fracht zahlt Empfänger
❷ (gastos de transporte) Fracht(gebühr) f
❸ (correo) Porto nt; **~ por expreso** Eilzustellgebühr f; **~ de un paquete** Paketgebühr f; **~ suplementario** Nachporto nt
❹ (buque) Ladefähigkeit f (des Schiffes); **buque de gran ~** Seeschiff nt, Groß(tonnage)schiff nt
❺ (aspecto) Auftreten nt, Haltung f; **es un hombre de ~ distinguido** er ist eine vornehme Erscheinung; **mostrar un ~ severo** streng wirken
porteador(a) [portea'ðor(a)] m(f) Frachtführer(in) m(f); **~ marítimo** Verfrachter m; **~ naviero** Reeder m; **~ público** Spediteur m
portear [porte'ar] I. vi (ventanas) Fenster zuschlagen; (puertas) Tür(en) zuschlagen
II. vt befördern; (carga) transportieren
III. vr: **~se** (aves migratorias) von einem Ort zum anderen ziehen
portento [por'tento] m Wunder(werk) nt; **niño ~** Wunderkind nt; **un ~ de energía** ein Energiebündel; **admirar un ~** nicht schlecht staunen; **este hombre es un ~ de capacidad para el trabajo** dieser Mann ist ein Wunder an Schaffenskraft
portentoso, -a [porten'toso, -a] adj wunderbar, eindrucksvoll
porteño, -a [por'teɲo, -a] m, f ❶ (Arg) Einwohner(in) m(f) von Buenos Aires
❷ (Chil) Einwohner(in) m(f) von Valparaiso

porteo

③ (*Col*) Einwohner(in) *m(f)* von Puerto Carreño
④ (*Guat*) Einwohner(in) *m(f)* von Puerto Barrios
⑤ (*Hond*) Einwohner(in) *m(f)* von Cortés
porteo [por'teo] *m* Beförderung *f*
portera [por'tera] *f v.* **portero**
portería [porte'ria] *f* **❶** (*lugar de trabajo*) Pförtnerloge *f*; (*casa del portero*) Pförtnerhaus *nt*; (*empleo del portero*) Pförtnerstelle *f*
❷ (*fútbol*) Tor *nt*
❸ (NÁUT) *sämtliche Pforten eines Schiffes*
portero, -a [por'tero, -a] *m, f* **❶** (*que vigila la casa*) Pförtner(in) *m(f)*; ~ **electrónico** [*o* **automático**] (Gegen)sprechanlage *f*; ~ **de estrados** Gerichtsdiener *m*, Gerichtswachtmeister *m*
❷ (*Arg: administrador*) Verwalter(in) *m(f)* (*von Wohnungseigentum*)
❸ (*fútbol*) Torwart, -frau *m, f*
❹ (*Bol*) Zustellungsbeamte(r), -in *m, f*
portezuela [porte'θwela] *f* **❶** *dim de* **puerta**
❷ (*del coche*) Wagentür *f*; (*del tren*) Abteiltür *f*; (*del horno*) Ofentür *f*
portezuelo [porte'θwelo] *m* (*Arg, Chil: paso de montaña*) Pass *m*
porticado, -a [porti'kaðo, -a] *adj* (ARQUIT) mit Säulengang
pórtico ['portiko] *m* **❶** (*porche*) Portikus *m*, Säulenhalle *f*
❷ (*galería*) Säulengang *m*
❸ (INFOR) Schnittstelle *f*
portier [por'tje] *m* schwerer Türvorhang *m*
portilla [por'tiʎa] *f* (NÁUT) Bullauge *nt*
portillo [por'tiʎo] *m* **❶** (*abertura en murallas*) Maueröffnung *f*; (*en paredes*) Spalte *f* in der Wand, Durchschlupf *m*
❷ (*postigo en una puerta mayor*) Pförtchen *nt*, kleine Nebentür *f*
❸ (*camino angosto*) Engpass *m* (*im Bergland*)
❹ (*desportilladura*) ausgebrochene Ecke *f*; **el ~ de un plato** die ausgebrochene Kante eines Tellers
❺ (*punto débil*) Schwachstelle *f*
portland ['porˡlan] *m sin pl* Portlandzement *m*
portón [por'ton] *m aum de* **puerta** großes Tor *nt*; ~ **corredizo** Schiebetor *nt*
portorriqueño, -a [portorri'keɲo, -a] I. *adj* puertoricanisch
II. *m, f* Puertoricaner(in) *m(f)*
portuario, -a [por'twarjo, -a] I. *adj* Hafen-; **autoridades portuarias** Hafenbehörde *f*; **obras portuarias** Hafenbauarbeiten *fpl*; **trabajador ~** Hafenarbeiter *m*
II. *m, f* Hafenarbeiter(in) *m(f)*
portuense [por'twense] *mf Einwohner(in) einer Stadt mit dem Namen Puerto*
Portugal [portu'ɣal] *m* Portugal *nt*
portugués, -esa [portu'ɣes, -esa] I. *adj* portugiesisch
II. *m, f* Portugiese, -in *m, f*
portuguesismo [portuɣe'sismo] *m* (LING) portugiesische Redensart *f*
portulano [portu'lano] *m* Schifferhandbuch *nt*; (HIST) Portolan *m*, Portulan *m*
porvenir [porβe'nir] *m* Zukunft *f*; **en el ~ lejano** in ferner Zukunft; **lleno de ~** zukunftsträchtig; **tener el ~ asegurado** eine gesicherte Zukunft haben; **un joven de ~** ein junger Mann, der eine viel versprechende Zukunft vor sich *dat* hat
pos [pos] I. *adv*: **ir en ~ de algo** hinter etw *dat* hergehen; **ir en ~ de alguien** jdm nachgehen; **van en ~ del éxito** sie laufen dem Erfolg hinterher
II. *conj* (*Méx: fam*) *v.* **pues**
III. *m* Nachtisch *m*
posa ['posa] *f* (REL) Totengeläut(e) *nt*
posada [po'saða] *f* **❶** (*parador*) Raststätte *f*; (*fonda*) Gasthof *m*; (*pensión*) Pension *f*
❷ (*hospedaje*) Beherbergung *f*; **dar ~ a alguien** jdn beherbergen; **hacer ~** einkehren; **pedir ~** um Unterkunft bitten
❸ (*apartamento*) Wohnung *f*
❹ (*estuche de cubiertos para el viaje*) Reisebesteck *nt*
❺ (*Méx: nacimiento*) Weihnachtsspiel *nt*
posadera [posa'ðera] *f v.* **posadero**
posaderas [posa'ðeras] *fpl* (*fam*) Hintern *m*, Allerwerteste(r) *m*
posadero, -a [posa'ðero, -a] *m, f* Gastwirt(in) *m(f)*
posar [po'sar] I. *vi* **❶** (*reposar*) rasten, ausruhen
❷ (*modelo*) Modell stehen [*o* sitzen], posieren
❸ (*hospedarse*) logieren
II. *vt* **❶** (*poner suavemente*) leicht auflegen, berühren; **posó la mano sobre la cabeza del niño** er/sie legte seine/ihre Hand sanft auf den Kopf des Kindes
❷ (*carga*) absetzen
❸ (*mirada*) richten; **la mirada sobre alguien** den Blick auf jdn richten
III. *vr*: **~se** sich setzen; **el café se posó** der Kaffee hat sich (ab)gesetzt [*o* einen Bodensatz gebildet]; **el sol se posaba en el mar** die Sonne ging über dem Meer unter; **la golondrina se posó en el árbol** die Schwalbe landete auf dem Baum
posavasos [posa'βasos] *m inv* Untersetzer *m* (*für Gläser*)
posbélico, -a [pos'βeliko, -a] *adj* Nachkriegs-; **período ~** Nachkriegszeit *f*
poscomunismo [poskomu'nismo] *m sin pl* Postkommunismus *m*
posdata [pos'ðata] *f* Nachschrift *f*, Postskriptum *nt*
posdoctoral [posðokto'ral] *adj* Postdoktoranden-
pose ['pose] *f* **❶** (*postura*) Pose *f*
❷ (FOTO) Zeitaufnahme *f*
poseedor(a) [pose(e)'ðor(a)] *m(f)* Besitzer(in) *f*, Inhaber(in) *m(f)*; ~ **hereditario** (JUR) Erbschaftsbesitzer *m*
poseer [po'ser/pose'er] *irr como leer* I. *vt* besitzen; ~ **bien un idioma** eine Sprache gut beherrschen; **posee una importante posición social** er/sie nimmt eine bedeutende gesellschaftliche Stellung ein; ~ **a alguien a la fuerza** jdn vergewaltigen
II. *vr*: **~se** sich beherrschen
poseído, -a [pose'iðo, -a] I. *adj* besessen (*de* von +*dat*); **una persona poseída de odio** ein hasserfüllter Mensch; ~ **de un miedo cerval** von panischer Angst besessen; ~ **por el demonio** vom Teufel besessen; **una chica poseída de su belleza** ein Mädchen, das sich *dat* auf seine Schönheit viel einbildet
II. *m, f* Besessene(r) *mf*; Wahnsinnige(r) *mf*; **gritar como un ~** wie ein Wahnsinniger schreien
posesa [po'sesa] *adj o f v.* **poseso**
posesión [pose'sjon] *f* **❶** (*propiedad*) Besitz *m*, Eigentum *nt*; **las posesiones inglesas en África** die englischen Kolonien in Afrika; **la toma de ~** die Besitzergreifung; **la toma de ~ de un cargo** der Amtsantritt; **estoy en ~ de su atenta carta...** ich habe Ihr freundliches Schreiben erhalten ...; **está en ~ de una imaginación extraordinaria** er/sie besitzt eine außerordentliche Einbildungskraft [*o* Fantasie]
❷ (*obsesión*) Besessenheit *f*
posesionar [posesjo'nar] I. *vt*: ~ **a alguien de algo** jdm etw überlassen, jdn in Besitz von etw bringen
II. *vr*: **~se** Besitz ergreifen (*de* von +*dat*); **~se de un nuevo cargo** ein neues Amt antreten
posesividad [posesiβi'ðað] *f* Besitzgier *f*
posesivo, -a [pose'siβo, -a] *adj* **❶** (*persona*) Besitz ergreifend, possessiv
❷ (LING) Besitz anzeigend, possessiv; **pronombre ~** Possessivpronomen *nt*
poseso, -a [po'seso, -a] I. *adj* besessen
II. *m, f* Besessene(r) *mf*
posesor(a) [pose'sor(a)] *m(f)* Besitzer(in) *m(f)*, Inhaber(in) *m(f)*
posfijo [pos'fixo] *m* (LING) Suffix *nt*
posfranquismo [posfraŋ'kismo] *m* Zeit nach Franco
posglacial [posɣla'θjal] *adj* (GEO) nacheiszeitlich, postglazial
posgrado [pos'ɣraðo] *m*: **de ~** Postgraduierten-
posgraduado, -a [posɣraˈðwaðo, -a] *adj* postgraduiert
posguerra [pos'ɣerra] *f* Nachkriegszeit *f*
posibilidad [posiβili'ðað] *f* **❶** (*lo posible*) Möglichkeit *f*; **~es de abastecimiento** Bezugsmöglichkeiten *fpl*; **~ de aplazamiento** Stundungsmöglichkeit *f*; **~ de disposición** Verfügungsmöglichkeit *f*; **~ de subsanación** (JUR) Heilungsmöglichkeit *f*; **contar con esta ~** mit dieser Möglichkeit rechnen; **tenemos grandes ~es de éxito** wir haben gute Aussichten auf Erfolg
❷ (*aptitud*) Eignung *f*; **tienes ~es de llegar a ser un buen actor** du hast das Zeug zu einem guten Schauspieler
❸ (*facultad*) Fähigkeit *f*; **esto está por encima de mis ~es** das übersteigt meine Kräfte
❹ *pl* (*medios económicos*) Vermögen *nt*; **estás viviendo por encima de tus ~es** du lebst über deine Verhältnisse
posibilismo [posiβi'lismo] *m* (HIST, POL) Possibilismus *m*
posibilitar [posiβili'tar] *vt* ermöglichen
posible [po'siβle] I. *adj* möglich; ~ **cliente/mercado** potentieller Kunde/Markt; **en lo ~** nach Möglichkeit, wenn möglich, möglichst; **lo antes ~** möglichst bald; **no lo veo ~** ich sehe keine Möglichkeit; **hacer ~** ermöglichen; **hacer lo ~ para que...** +*subj* sich anstrengen, um zu... +*inf*; **hacer todo lo ~** sein Möglichstes tun; **hacer todo lo humanamente ~** das Menschenmögliche tun; **es ~ que...** +*subj* vielleicht ...; **es muy ~ que...** +*subj* es ist sehr wahrscheinlich, dass ...; **¡no es ~!** das kann nicht wahr sein!; **¿será ~?** soll man es für möglich halten?; **si es ~** wenn möglich
II. *m* **❶** (*lo probable*) Mögliche(s) *nt*
❷ *pl* (*recursos*) Mittel *ntpl*, Vermögen *nt*; **mis ~s no alcanzan para esto** dafür reichen meine Mittel nicht aus
posiblemente [posiβle'mente] *adv* möglicherweise, vielleicht
posición [posi'θjon] *f* **❶** (*colocación o postura*) Stellung *f*, Position *f*, Lage *f*; ~ **abierta** (FIN) offener Posten; ~ **cero** Nullstellung *f*; **clave**

Schlüsselposition *f*; ~ **del cuerpo** Körperhaltung *f*; ~ **del cursor** (INFOR) Cursorposition *f*; ~ **de descanso** [*o* **de reposo**] Ruhestellung *f*, Ruhelage *f*; **la ~ económica** die wirtschaftlichen Verhältnisse; ~ **de empleado** Angestelltenverhältnis *nt*; **la ~ geográfica** die geographische Lage; ~ **jurídica** Rechtsstellung *f*; ~ **de memoria** (INFOR) Speicherstelle *f*; ~ **en el mercado** (ECON) Marktstellung *f*; ~ **en moneda extranjera** (FIN) Devisenposition *f*; ~ **monopolista** (ECON) Monopolstellung *f*, marktbeherrschende Stellung; ~ **social** gesellschaftliche Stellung; **una letra en ~ inicial** ein Buchstabe im Anlaut; **llegar a una alta ~** sich emporarbeiten; **en buena ~** wirtschaftlich gut gestellt; **de ~** hoch gestellt, von Rang; **mi ~ ante este asunto...** meine Einstellung zu dieser Frage ...

❷ (MIL) Stellung *f*; **guerra de posiciones** Stellungskrieg *m*; **desalojar al enemigo de una ~** den Feind von einer Stellung vertreiben; **tomar ~** Stellung beziehen

❸ (JUR) Behauptung *f*; (*pregunta*) Beweisfrage *f*

❹ (MAT) Lehrsatz *m*

posicionado, -a [posiθjo'naðo, -a] *adj* gestellt, positioniert

posicional [posiθjo'nal] *adj* positionell; **notación ~** (INFOR) Stellenschreibweise *f*

posicionamiento [posiθjona'mjento] *m* Positionierung *f*

posicionar [posiθjo'nar] I. *vi* Stellung beziehen
II. *vt* positionieren, in eine bestimmte Stellung bringen

posimperial [posimpe'rjal] *adj* nachkaiserlich, nach der Kaiserzeit

posimpresionismo [posimpresjo'nismo] *m sin pl* Postimpressionismus *m*

posindustrial [posindus'trjal] *adj* postindustriell

positivado [positi'βaðo] *m* (FOTO) Herstellung *f* eines Positivs (aus dem Negativ)

positivadora [positiβa'ðora] *f* (FOTO) Maschine *f* zur Herstellung von Positiven

positivamente [positiβa'mente] *adv* positiv, bestimmt, gewiss; **saber algo ~** etw absolut sicher wissen

positivar [positi'βar] *vt* (FOTO) positivieren

positividad [positiβi'ðað] *f* ❶ (*carácter*) positive Eigenschaft *f*

❷ (ELEC) positive Ladung *f*

positivismo [positi'βismo] *m sin pl* Positivismus *m*

positivista [positi'βista] I. *adj* positivistisch
II. *mf* Positivist(in) *m(f)*

positivo¹ [posi'tiβo] *m* ❶ (LING) Positiv *m*

❷ (FOTO) Positiv *nt*

positivo, -a² [posi'tiβo, -a] *adj* ❶ (*afirmativo*) positiv, zustimmend, bejahend

❷ (*cierto*) tatsächlich, real

❸ (*seguro*) sicher, fest(stehend)

❹ (*favorable*) positiv, günstig

❺ (*práctico*) praktisch

❻ (*optimista*) zuversichtlich, optimistisch; **un hombre ~** ein Optimist

❼ (MAT, FÍS) positiv; **ión ~** positives Ion; **número ~** positive Zahl

pósito ['posito] *m* ❶ (*institución*) Institution, die auf kommunaler Ebene Lebensmittelvorräte verwaltet; (*edificio*) (öffentlicher) Getreidespeicher *m*

❷ (*asociación*) Genossenschaftshilfe *f*

positrón [posi'tron] *m* (FÍS) Positron *nt*

positura [posi'tura] *f* Lage *f*, Zustand *m*

posma ['posma] *f* (*fam*) ❶ (*pesadez*) Schwerfälligkeit *f*, Trägheit *f*

❷ (*persona*) Tranfunzel *f*

posmodernidad [posmoðerni'ðað] *f sin pl* Postmoderne *f*

posmodernismo [posmoðer'nismo] *m sin pl* Postmodernismus *m*

posmoderno, -a [posmo'ðerno, -a] *adj* postmodern

posnatal [posna'tal] *adj* (MED) postnatal, nachgeburtlich

posó [po'so] *m* (*Fili*) eine Art Haarschmuck

poso ['poso] *m* ❶ (*sedimento*) (Boden)satz *m*; ~ **de vino** Weinhefe *f*; **hasta los ~s** (*fig*) bis zur Neige

❷ (*descanso*) Ruhe *f*, Rast *f*

❸ (*huella en el espíritu*) seelische Verletzung *f*, Narbe *f*; **la muerte de su hijo dejó un ~ de tristeza en su alma** der Tod seines/ihres Kindes hat seine/ihre Seele getrübt

posología [posolo'xia] *f* (MED) Dosierung *f*

posoperatorio, -a [posopera'torjo, -a] *adj* (MED) postoperativ

posparto [pos'parto] *adj* (MED) post partum, nach der Entbindung (auftretend)

posponer [pospo'ner] *irr como poner vt* ❶ (*postergar*) zurückstellen, hintanstellen *elev*

❷ (*aplazar*) verschieben, verlegen; **~ una reunión** eine Sitzung verschieben

posposición [pospos'θjon] *f* ❶ (*postergación*) Zurückstellung *f*, Hintanstellung *f elev*

❷ (*aplazamiento*) Verschiebung *f*, Verlegung *f*

❸ (LING) Postposition *f*

pospositivo, -a [pospos'tiβo, -a] *adj* (LING) nachstehend, postpositiv; **preposición pospositiva** nachgestellte Präposition

posta ['posta] *f* ❶ (*caballería*) Postpferde *ntpl*; (*lugar*) Poststation *f*; **casa de ~s** Posthalterei *f*; **maestro de ~s** Posthalter *m*; **silla de ~** Postkutsche *f*

❷ (*distancia*) Entfernung zwischen zwei Poststationen

❸ (*munición pequeña*) kleinkalibrige Gewehrkugel *f*

❹ (*tajada o pedazo de carne*) Fleischstück *nt*

❺ (*en juegos*) Einsatz *m*

❻ (*letrero conmemorativo*) Gedenktafel *f*

❼ (*loc*): **a ~** absichtlich; **por la ~** in größter Eile, eiligst

postal [pos'tal] I. *adj* postalisch, Post-; **una fotografía tamaño ~** ein Foto im Postkartenformat; **gastos ~es** Postgebühren *fpl*; **giro ~** Postscheck *m*
II. *f* Postkarte *f*

postcapitalista [poskapita'lista] *adj* postkapitalistisch

postdata [pos'data] *f* Nachschrift *f*, Postskriptum *nt*

pos(t)diluviano, -a [posðilu'βjano, -a] *adj* nachsündflutlich

poste ['poste] *m* ❶ (*pilar*) Pfosten *m*, Pfahl *m*; ~ **de distribución** Verteilungsmast *m*; ~ **indicador** Wegweiser *m*; ~ **kilométrico** Kilometerstein *m*; ~ **telegráfico** Telegrafenmast *m*; **dar ~ a alguien** jdn lange warten lassen; **estar hecho un ~** untätig herumstehen; **más serio que un ~** todernst; **no contestar más un ~** überhaupt keine Antwort geben; **oler el ~** Lunte riechen; **ser un ~** sehr träge sein; (*fam: sordo*) stocktaub sein

❷ (*castigo para colegiales*) Strafestehen *nt*; **dar ~ a alguien** jdn in die Ecke stellen

postelectoral [poselekto'ral] *adj* nach den Wahlen

postema [pos'tema] *f* (*Méx: pus*) Eiter *m*

póster ['poster] *m* Poster *nt o m*

postergación [posterɣa'θjon] *f* ❶ (*aplazamiento*) Verschiebung *f*, Aufschub *m*

❷ (*posposición injusta*) Schlechterstellung *f*, Zurücksetzung *f*, Übergehung *f* (*bei der Beförderung*)

postergar [poster'ɣar] <g→gu> *vt* ❶ (*aplazar*) verschieben, aufschieben; **~ la fecha** zurückdatieren

❷ (*posponer injustamente*) zurückstellen, übergehen; **~ al saber** das Wissen nicht gebührend würdigen; **sentirse postergado** sich zurückgesetzt fühlen; **~ el ascenso de alguien** jdn bei der Beförderung übergehen

posteridad [posteri'ðað] *f* ❶ (*descendencia*) Nachkommenschaft *f*

❷ (*generaciones venideras*) Nachwelt *f*; **transmitir algo a la ~** etw der Nachwelt überliefern

❸ (*futuro*) Zukunft *f*

❹ (*fama póstuma*) Nachruhm *m*; **pasar a la ~** berühmt werden

posterior [poste'rjor] *adj* ❶ (*de tiempo*) spätere(r, s), später (*a* als), nachfolgende(r, s), nachfolgend (*a + dat*); **fecha ~** späteres Datum

❷ (*de lugar*) Hinter-, hintere(r, s); **~ a alguien** hinter jdm; **la parte ~ de la cabeza** der Hinterkopf; **en la parte ~ del coche está el maletero** im hinteren Teil des Autos befindet sich der Kofferraum

posterioridad [posterjori'ðað] *f* spätere Zeit *f*; **~ de fecha** späteres Datum; **con ~** nachträglich

posteriormente [posterjor'mente] *adv* nachher, nachträglich

posteta [pos'teta] *f* (TIPO) Anzahl der Bogen, die auf einmal gefalzt werden können

pos(t)fijo [pos'fixo] *m* (LING) Suffix *nt*

pos(t)glacial [posɣla'θjal] *adj* (GEO) nacheiszeitlich, postglazial

postgrado [pos'ɣraðo] *m*: **de ~** Postgraduierten-

postguerra [pos'ɣerra] *f* Nachkriegszeit *f*

postigo [pos'tiɣo] *m* ❶ (*puerta falsa*) Blendtür *f*

❷ (*portillo*) Pförtchen *nt*; (*puerta pequeña en otra mayor*) kleine Nebentür *f*

❸ (*contraventana*) (Fenster)laden *m*

postilla [pos'tiʎa] *f* (MED) Schorf *m*, Grind *m*

postillón [posti'ʎon] *m* (HIST) Postillion *m*

postilloso, -a [posti'ʎoso, -a] *adj* (MED) schorfig, grindig

postín [pos'tin] *m* ❶ (*lujo*) Luxus *m*, Prunk *m*; **de ~** luxuriös, teuer; **un traje de ~** ein piekfeiner Anzug

❷ (*presunción*) Wichtigtuerei *f*, Aufgeblasenheit *f*; **darse mucho ~** (sich) wichtig tun, sich aufspielen

postinear [postine'ar] *vi* angeben, sich aufspielen

postinero, -a [posti'nero, -a] *adj* (*fam*) angeberisch, aufgeblasen

postiza [pos'tiθa] *f* kleine Kastagnette *f*

postizo¹ [pos'tiθo] *m* Haarteil *nt*, Toupet *nt*

postizo, -a² [pos'tiθo, -a] *adj* künstlich, unecht; **comportamiento ~** künstliches Benehmen; **cuello ~** Stehkragen *m*; **dentadura postiza** (falsches) Gebiss; **nombre ~** Spitzname *m*; **ojo ~** Glasauge *nt*; **pelo [*o* cabello] ~** Perücke *f*

pos(t)meridiano, -a [posmeri'ðjano, -a] *adj* nachmittäglich, Nachmit-

post meridiem [posmeˈriðjen] post meridiem, nach Mittag
postmodernidad [posmoðerniˈðað] *f sin pl* Postmoderne *f*
postnominal [posnomiˈnal] *adj* (LING) postnominal
postónico, -a [posˈtoniko, -a] *adj* (LING) der betonten Silbe nachgestellt
postoperatorio, -a [posoperaˈtorjo, -a] *adj* (MED) postoperativ; **asistencia postoperatoria del paciente** postoperative Versorgung des Patienten
postor(a) [posˈtor(a)] *m(f)* Bieter(in) *m(f)*; **mejor** [*o* **mayor**] **~** Meistbietende(r) *m* (*bei einer Auktion*)
postparto [posˈparto] *adj* post partum, nach der Entbindung (auftretend)
postración [postraˈθjon] *f* ❶ (*humillación*) Kniefall *m*, Niederwerfung *f*
❷ (*abatimiento por enfermedad*) Entkräftung *f*; (*por aflicción*) Niedergeschlagenheit *f*; **~ nerviosa** Nervenzusammenbruch *m*
postrado, -a [posˈtraðo, -a] *adj* ❶ (*arrodillado*) auf der Erde kniend
❷ (*humillado*) erniedrigt
❸ (*abatido*) matt, kraftlos, entkräftet; **~ de dolor** schmerzgebeugt; **~ en cama** bettlägerig; **quedar ~ por una enfermedad** daniederliegen
❹ (*desanimado*) niedergeschlagen
postrador [postraˈðor] *m* Knieschemel *m* (in der Kirche)
postrar [posˈtrar] **I.** *vt* ❶ (*derribar*) niederwerfen
❷ (*humillar*) demütigen
❸ (*debilitar*) entkräften, schwächen
II. *vr:* **-se** ❶ (*arrodillarse*) (sich) niederknien (*ante* vor *+dat*)
❷ (*perder las fuerzas*) die Kräfte verlieren, zusammenbrechen
postre [ˈpostre] *m* Nachtisch *m*; **servir los ~s** den Nachtisch auftragen; **a** (**la**) **~** (*fig*) letztendlich; **llegar a los ~s** (*fig*) zu spät kommen
postrer [posˈtrer] *adj*, **postrero, -a** [posˈtrero, -a] *adj* letzte(r, s), hinterste(r, s); **el ~** der Allerletzte
postrimería [postrimeˈria] *f* ❶ (*personas*) Lebensabend *m*, letzte Lebensjahre *ntpl*; **estar en sus ~s** mit dem Tode ringen
❷ (*tiempo*) letzter Abschnitt *m*; **en las ~s del siglo pasado** gegen Ende des letzten Jahrhunderts
post scriptum [posˈkriptun] *m* Postskript(um) *nt*
postulación [postulaˈθjon] *f* ❶ (*petición*) Gesuch *nt*, Bitte *f*
❷ (*colecta*) Geldsammlung *f*
postulado [postuˈlaðo] *m* Postulat *nt*, Forderung *f*; **~ jurídico** gesetzliche Forderung
postulante, -a [postuˈlante, -a] **I.** *adj* bittend, fordernd
II. *m*, *f* ❶ (*solicitante*) Bewerber(in) *m(f)*
❷ (REL) Postulant(in) *m(f)*
❸ (*colecta*) Sammler(in) *m(f)* von Geldspenden
postular [postuˈlar] *vt* ❶ (*solicitar*) sich bewerben (um *+akk*), nachsuchen (um *+akk*), bitten (um *+akk*)
❷ (*pedir para una obra*) (Geld) sammeln
póstumo, -a [ˈpostumo, -a] **I.** *adj* ❶ (*obras o propiedades*) nachgelassen, post(h)um; **fama póstuma** Nachruhm *m*
❷ (*hijo*) nachgeboren, post(h)um; **hijo ~** nachgeborenes Kind
II. *m*, *f* Nachgeborene(r) *mf*
postura [posˈtura] *f* ❶ (*colocación*) (Körper)haltung *f*, Stellung *f*, Lage *f*; **una ~ incómoda** eine unbequeme Stellung [*o* Lage]
❷ (*actitud*) Einstellung *f*
❸ (*subasta*) Gebot *nt*, Angebot *nt*; **~ mayor** Meistgebot *nt*; **hacer ~** bieten
❹ (*cantidad que se apuesta*) Einsatz *m*
❺ (*convenio*) Abkommen *nt*
❻ (*de las aves*) Gelege *nt*; (*poner huevos*) Eierlegen *nt*
❼ (*planta tierna que se trasplanta*) Setzling *m*
❽ (*loc*): **~ del sol** Sonnenuntergang *m*
post-venta [posˈβenta] **I.** *adj:* **servicio ~** Kundendienst *m*
II. *f* Garantiezeit *f*
postverbal [posβerˈβal] *adj* (LING) postverbal; **posventa** [posˈβenta] *adj o v.* **post-venta**
pota [ˈpota] *f* (ZOOL) Tintenfisch *m*
potabilidad [potaβiliˈðað] *f* Trinkbarkeit *f*
potabilizadora [potaβiliθaˈðora] *f* Aufbereitungsanlage *f* für Trinkwasser
potabilizar [potaβiliˈθar] <z→c> *vt* trinkbar machen, zu Trinkwasser aufbereiten
potable [poˈtaβle] *adj* ❶ (*bebible*) trinkbar; **agua ~** Trinkwasser *nt*
❷ (*fam: aceptable*) annehmbar, erträglich; **Juan es una persona ~** Juan ist ganz nett
potaje [poˈtaxe] *m* ❶ (*sopa*) (Gemüse)suppe *f*
❷ (*guiso*) (Gemüse)eintopf *m*
❸ (*legumbres secas*) Dörrgemüse *nt*, getrocknete Hülsenfrüchte *fpl*
❹ (*brebaje*) Gebräu *nt*, Trank *m*
❺ (*fam: mezcla de cosas inútiles*) Mischmasch *m*

potala [poˈtala] *f* (NÁUT) Stein, der als Anker verwendet wird
potamología [potamoloˈxia] *f* (GEO) Flusskunde *f*, Potamologie *f*
potasa [poˈtasa] *f* (QUÍM) Pottasche *f*, Kaliumkarbonat *nt*; **~ purificada** Perlasche *f*; **lejía de ~** (**cáustica**) (Ätz)kalilauge *f*
potásico, -a [poˈtasiko, -a] *adj* (QUÍM) kalihaltig, Kalium-
potasio [poˈtasjo] *m* (QUÍM) Kalium *nt*
pote [ˈpote] *m* ❶ (*de barro*) irdenes Gefäß *nt*; (*de metal*) Blechtopf *m*, Blechbüchse *f*
❷ (*para cocinar*) Kochtopf *m*; **~ gallego** (GASTR) galizischer Eintopf
❸ (*para plantas*) Blumentopf *m*
❹ (*loc*): **a ~** in Hülle und Fülle; **darse ~** sich wichtig machen
potencia [poˈtenθja] *f* ❶ (*fuerza*) Kraft *f*, Leistung(sfähigkeit) *f*; **~ adquisitiva** (ECON) Kaufkraft *f*; **~ de carga** Belastbarkeit *f*, Tragkraft *f*; **~ explosiva** Sprengkraft *f*; **~ del motor** Motorleistung *f*; **~ motriz** Antriebsleistung *f*
❷ (*capacidad*) Vermögen *nt*, Fähigkeit *f*; **~ expresiva** Ausdruckskraft *f*, Ausdrucksvermögen *nt*; **~ generativa** Zeugungsfähigkeit *f*, Potenz *f*; **~ imaginativa** Einbildungskraft *f*; **~ intelectual** intellektuelles [*o* geistiges] Leistungsvermögen; **~ mágica** Zauberkraft *f*; **~ visual** Sehvermögen *nt*
❸ (*poder*) Macht *f*; **~ marítima** Seemacht *f*; **~ militar** Militärmacht *f*; **~ mundial** Weltmacht *f*; **~ ocupante** Besatzungsmacht *f*; **gran ~** Großmacht *f*; **super~** Supermacht *f*
❹ (INFOR): **~ de entrada/de salida** Eingangs-/Ausgangsleistung *f*; **~ nominal** Nennleistung *f*
❺ (FILOS) Möglichkeit *f*, Potenzialität *f*; **en ~** potenziell
❻ (MAT) Potenz *f*; **elevar a ~s** potenzieren
potenciación [potenθjaˈθjon] *f* ❶ (*incrementación*) Verstärkung *f*, Steigerung *f*
❷ (MAT) Potenzierung *f*
potenciador(a) [potenθjaˈðor(a)] *adj* steigernd, verstärkend
potencial [potenˈθjal] **I.** *adj* ❶ (*que tiene potencia*) leistungsstark
❷ (*productivo*) ergiebig, ertragreich
❸ (*posible*) potenziell, möglich; **cliente ~** potenzieller Kunde
❹ (LING): **el modo ~** der Konditional
II. *m* ❶ (*poder, capacidad*) Potenzial *nt*, Möglichkeiten *fpl*; **~ bélico** Kriegspotenzial *nt*; **~ de beneficio** Gewinnmöglichkeit *f*; **~ de desarrollo** Entwicklungspotenzial *nt*; **~ financiero** Finanzkraft *f*; **~ inflacionario** Inflationsmöglichkeiten *fpl*; **~ de mano de obra** Arbeitskräftepotenzial *nt*; **~ en el mercado** Marktpotenzial *nt*; **~ nuclear** Kernpotenzial *nt*; **~ productivo** Produktionskraft *f*, Produktionspotenzial *nt*
❷ (FÍS) Potenzial *nt*
❸ (ELEC) Spannung *f*; **~ eléctrico** elektrische Spannung; **~ redox** Redoxpotenzial *nt*; **~ de reposo** Ruhepotenzial *nt*
❹ (LING) Konditional *m*; **~ simple/compuesto** einfacher/zusammengesetzter Konditional
potencialidad [potenθjaliˈðað] *f* ❶ (*posibilidad*) Möglichkeit *f*
❷ (*máquinas*) Leistungsfähigkeit *f*; **~ de cómputo** (INFOR) Rechenleistung *f*
potencialización [potenθjaliθaˈθjon] *f* gesteigerte Wirkung einiger Medikamente bei gleichzeitiger Einnahme anderer Medikamente
potencialmente [potenθjalˈmente] *adv* potenziell
potenciar [potenˈθjar] *vt* (ver)stärken, ausbauen, verbessern
potenciómetro [potenˈθjometro] *m* (ELEC, TÉC) Potentiometer *nt*
potentado, -a [potenˈtaðo, -a] *m*, *f* Potentat(in) *m(f)*
potente [poˈtente] *adj* ❶ (*poderoso*) mächtig, einflussreich
❷ (*eficiente*) leistungsfähig, stark, wirksam
❸ (*sexualidad del hombre*) potent, zeugungsfähig
poterna [poˈterna] *f* Ausfalltor *nt* (einer Festung)
potestad [potesˈtað] *f* (Amts)gewalt *f*, Befugnis *f*, Macht *f*; **~ decisoria** Entscheidungsgewalt *f*; **~ disciplinaria** Disziplinargewalt *f*; **~ dispositiva** Verfügungsmacht *f*; **~ ejecutiva** Durchführungsbefugnis *f*; **~ electoral** Wahlberechtigung *f*; **~ de enjuiciamiento** (JUR) Beurteilungsermessen *nt*; **~ estimativa** (JUR) Abwägungsermessen *nt*; **~ jurisdiccional** Gerichtshoheit *f*; **~ legislativa** gesetzgebende Gewalt, Legislative *f*; **~ de prevención** (JUR) Abwendungsbefugnis *f*; **~ recaudatoria** Steuerertragshoheit *f*; **~ reglamentaria** Verordnungsgewalt *f*; **~ patria** Sorgerecht *nt*; **la patria ~ corresponde al padre** das Sorgerecht fällt dem Vater zu; **conferir la ~** die Befugnis übertragen; **estar bajo patria ~** unter elterlicher Sorge stehen
potestativo, -a [potestaˈtiβo, -a] *adj* fakultativ, Wahl-; **materia potestativa** (ENS) Wahlfach *nt*
potingue [poˈtinge] *m* ❶ (*pey: bebida de farmacia*) (bittere) Arznei *f*, Gebräu *nt*; (*bebida desagradable*) Gesöff *nt fam*; **esta enfermedad no se cura con ~s** diese Krankheit lässt sich nicht mit Hausmittelchen heilen; **¡qué asco de ~!** schmeckt das Zeug ekelhaft!; **hacer ~s** (*fam*) panschen, (ein Getränk) zusammenbrauen
❷ (*fam pey: producto cosmético*) Schminke *f*; **darse ~s** sich anmalen
potito [poˈtito] *m* Babynahrung *f* im Glas
poto [ˈpoto] *m* ❶ (*Perú: vaso*) Gläschen *nt*

potosí

② (*And: trasero*) Hintern *m fam*
potosí [poto'si] *m* ❶ (MIN) *Silberbergwerk in Bolivien*
② (*riqueza*) großer Reichtum *m*; **valer un ~** Gold wert sein, mit Geld nicht zu bezahlen sein
potpourrí [popu'rri] *m* Potpurri *nt*
potra ['potra] *f* ❶ (*yegua joven*) Stut(en)fohlen *nt* (*bis viereinhalb Jahre*), junge Stute *f*
② (MED: *hernia*) Bruch *m*, Hernie *f*
❸ (*fam*): **tener ~** Glück [*o* Schwein] haben
potrada [po'traða] *f* Fohlenherde *f*
potranco, -a [po'traŋko, -a] *m, f* Fohlen *nt* (*bis 3 Jahre*)
potrear [potre'ar] I. *vt* ❶ (*fam: incomodar*) plagen, triezen
② (*Am: domar*) zureiten
❸ (*Guat, Perú: pegar*) züchtigen, prügeln
II. *vi* (*actuar como joven y no serlo*) auf jung machen
potrerear [potrere'ar] *vi* (*Arg: fam: Kinder*) auf freiem Feld spielen (*Kinder*)
potrero [po'trero] *m* ❶ (*que cuida los potros*) Fohlenhirt *m*, Fohlenpfleger *m*
② (*para caballos*) Pferdekoppel *f*
❸ (*Am: hacienda*) Pferdehof *m*
❹ (*Arg, Perú: terreno*) unbebautes Gelände, auf dem Kinder toben oder Fußball spielen
❺ (*fam: médico*) Arzt, der Herniotomien durchführt
potrillo [po'triʎo] *m* Jungpferd *nt* (bis 3 Jahre)
potro ['potro] *m* ❶ (*caballo joven*) Fohlen *nt* (*bis viereinhalb Jahre*); **~ macho** Hengstfohlen *nt*; **~ aún no montado** noch nicht zugerittenes Fohlen
② (DEP) (Turn)bock *m*
❸ (*aparato de tortura*) Folterbank *f*; **tener a alguien en el ~** (*fig*) jdn auf die Folter spannen
❹ (*de herrar*) Notstall *m*, Zwangsstand *m*
❺ (*lo que atormenta*) Qual *f*, Pein *f*
potroso, -a [po'troso, -a] *adj* ❶ (*con hernia*) an einem Bruch leidend
② (*fam: afortunado*) vom Glück begünstigt
poyo ['pojo] *m* ❶ (*banco*) Steinbank *f* (*am Hauseingang*)
② (JUR, HIST) Gerichtsgebühr *f*
poza ['poθa] *f* ❶ (*charca*) Pfütze *f*, Lache *f*
② (*para remojar el lino o cáñamo*) Wassergrube *f* (*zum Flachs weichen*)
❸ (*del río*) tiefste Stelle *f*
❹ (*fam*): **lamer la ~ a alguien** jdn nach und nach unauffällig schröpfen
pozal [po'θal] *m* ❶ (*cubo*) Schöpfeimer *m*
② (*borde del pozo*) Brunnenrand *m*
pozo ['poθo] *m* ❶ (*manantial*) Brunnen *m*; **~ de garrucha** Ziehbrunnen *m*
② (*hoyo profundo*) Schacht *m*, tiefe Grube *f*; **~ de abono líquido** Jauchegrube *f*; **~ de aire** Luftschacht *m*; **~ airón** tiefe Grube, Abgrund *m*; **~ artesiano** artesischer Brunnen, Überlaufbrunnen *m*; **~ colector** Sammelbrunnen *m*; **~ de extracción** Förderschacht *m*; **~ de galería** Stollenschacht *m*; **~ de lobos** Fallgrube *f*; **~ de mina** Bergwerksschacht *m*; **~ negro** Fäkaliengrube *f*; **~ petrolífero** [*o* **de petróleo**] Ölquelle *f*; **~ de retrete** Abortgrube *f*, Latrine *f*; **~ séptico** biologische Klärgrube *f*; **~ de túnel** Tunnelschacht *m*; **caer en un ~** (*fig*) in Vergessenheit geraten; **ser un ~ sin fondo** (*fig*) ein Fass ohne Boden sein; **ser un ~ de ciencia** (*fig*) hochgelehrt sein, ein unerschöpfliches Wissen haben
❸ (*del río*) tiefste Stelle *f*
❹ (NÁUT: *distancia entre la borda y la cubierta*) Seitentiefe *f* des Schiffes
❺ (NÁUT: *pesca*) Fischbehälter *m*
❻ (CSur: AUTO) Schlagloch *nt*
❼ (Col: *playa*) Badestelle *f* am Fluss
pozol [po'θol] *m* ❶ (Guat: *maíz pulverizado*) gemahlener Mais *m*
② (CRi: *plato*) Maisgericht mit Fleisch
❸ (Méx: *bebida*) Maisgetränk
pozole [po'θole] *m* (*Méx: guiso*) Maiseintopf mit Chilipfeffer
p.p. [por po'ðer] *abr de* **por poder** pp.
PP [pe'pe] ❶ *abr de* **Partido Popular** *regierende Partei in Spanien*
② *abr de* **polipropileno** Polypropylen *nt*
PPC [pepe'θe] *f abr de* **Política Pesquera Común** Gemeinsame Fischereipolitik *f*
ppm [pepe'eme] (INFOR) *abr de* **páginas por minuto** S/min
ppp [pepe'pe] (INFOR) *abr de* **puntos por pulgada** dpi
práctica ['praktika] *f* ❶ (*persona*) Praktikerin *f*
② (*experiencia*) Übung *f*, Erfahrung *f*, Praxis *f*; **~ administrativa** Verwaltungspraxis *f*, Verwaltungsübung *f*; **~ en la conducción** Fahrpraxis *f*; **~ en la profesión** Berufspraxis *f*; **una ~ de muchos años** langjährige Erfahrung *f*; **adquirir ~** Erfahrung sammeln; **perder la ~** aus der Übung kommen; **tener ~ en algo** Übung [*o* Praxis] in etw *dat* haben; **la ~ hace al maestro** (*prov*) Übung macht den Meister

precalentamiento

❸ (*ejercitación*) Übung *f*; **~s de tiro** Schießübungen *fpl*
❹ (*ejercicio de algo*) Ausübung *f*; **~ profesional** Berufsausübung *f*; **~ de la religión** Religionsausübung *f*
❺ (*cursillo*) Praktikum *nt*; **~ agrícola** Landwirtschaftspraktikum *nt*; **~ preprofesional** Berufspraktikum *nt*
❻ (*realización*) Ausführung *f*; **~s comerciales** Geschäftsgebaren *nt*; **~s desleales** unlautere Praktiken; **~s industriales** industrielle Verfahren(sweisen); **en la ~** in Wirklichkeit, in der Praxis; **llevar a la ~** in die Praxis umsetzen, ausführen; **poner en ~** durchführen, realisieren, verwirklichen; **poner en ~ una posibilidad** von einer Möglichkeit Gebrauch machen
❼ (*costumbre*) Brauch *m*, Gewohnheit *f*; **~ judicial** Rechtspflege *f*; **la ~ del lugar** der Ortsbrauch; **la ~ de los negocios** die Geschäftsgepflogenheiten
❽ (*modo, método*) Methode *f*, Art und Weise *f*; **la ~ comercial** die Geschäftsmethoden; **la ~ comercial desleal** das unlautere Geschäftsgebaren; **la ~ de la pesca** die Fischfangmethoden
practicable [prakti'kaβle] *adj* ❶ (*realizable*) durchführbar, realisierbar
② (*camino*) begehbar; (*calle*) befahrbar
❸ (TEAT: *puerta, ventana*) benutzbar, praktikabel
prácticamente [praktika'mente] *adv* praktisch, so gut wie
practicante [prakti'kante] I. *adj* praktizierend; **un católico ~** ein praktizierender Katholik
II. *mf* ❶ (*que practica*) Praktikant(in) *m(f)*
② (*que tiene título para curar sin ser médico*) Heilpraktiker(in) *m(f)*
❸ (*farmacia*) Apothekengehilfe, -helferin *m, f*
practicar [prakti'kar] <c→qu> I. *vi* ein Praktikum absolvieren
II. *vt* ausüben, ausführen, betreiben, praktizieren; **~ deporte** Sport treiben; **estudió medicina, pero no practica** er/sie hat Medizin studiert, übt aber den Beruf nicht aus; **~ el español** die spanische Sprache sprechen; **~ una operación** eine Operation durchführen
practicidad [praktiθi'ðað] *f* Zweckmäßigkeit *f*, Nützlichkeit *f*
practicismo [prakti'θismo] *m* Praktizismus *m*
práctico¹ ['praktiko] *m* Lotse *m*; **~ de aeropuerto** Fluglotse *m*; **~ de costa** Küstenlotse *m*; **~ de puerto** Hafenlotse *m*
práctico, -a² ['praktiko, -a] I. *adj* ❶ (*no teórico*) praktisch, anwendbar
② (*aprovechable*) praktisch, brauchbar
❸ (*cómodo*) praktisch, bequem
❹ (*experimentado*) erfahren, bewandert; **es muy ~ en poner inyecciones** er ist im Injizieren sehr erfahren
II. *m, f* Praktiker(in) *m(f)*
practicón, -ona [prakti'kon, -ona] *m, f* (*fam*) Praktiker(in) *m(f)*
pradera [pra'ðera] *f* große Wiese *f*, Grasland *nt*
pradería [praðe'ria] *f* Weideland *nt*
prado ['praðo] *m* ❶ (*para ganado*) Weide *f*
② (*para pasear*) Wiese *f*
Praga ['praɣa] *f* Prag *nt*
pragmática [praɣ'matika] *f* ❶ (JUR) Verordnung *f*, Gesetzesdekret *nt*; **las ~s (de Cataluña)** *die königlichen Erlasse von 1214 – 1555*
② (LING) Pragmatik *f*
pragmático, -a [praɣ'matiko, -a] I. *adj* pragmatisch; **la pragmática Sanción** (HIST) die Pragmatische Sanktion (*1713*)
II. *m, f* Pragmatiker(in) *m(f)*
pragmatismo [praɣma'tismo] *m* Pragmatismus *m*
praguense [pra'ɣense] I. *adj* aus Prag (stammend), Prager
II. *mf* Prager(in) *m(f)*
praliné [prali'ne] *m* (GASTR) *eine Art Mandelkonfekt mit Karamel*
prandial [pran'djal] *adj* (MED) die Nahrungsaufnahme betreffend
prángana ['praŋgana] *f* (*Méx, PRico*) bittere Armut *f*; **estar en la ~** keinen Pfennig mehr besitzen
praticultura [pratikul'tura] *f* (AGR) Wiesenbau *m*
praviana [pra'βjana] *f* (MÚS) asturianisches Volkslied
praxis ['praˠsis] *f inv* Praxis *f*
preacordar [preakor'ðar] <o→ue> *vt* vorvereinbaren
preacuerdo [prea'kwerðo] *m* Vorvereinbarung *f*
preámbulo [pre'ambulo] *m* Präambel *f*, Eingangsformel *f*, Vorrede *f*; **sin ~s** ohne Umschweife; **no andarse con ~s** mit der Tür ins Haus fallen; **¡déjese de ~s!** kommen Sie zur Sache!
preaviso [prea'βiso] *m* Voranmeldung *f*, Voranzeige *f*
prebélico, -a [pre'βeliko, -a] *adj* Vorkriegs-; **generación prebélica** Vorkriegsgeneration *f*
prebenda [pre'βenda] *f* ❶ (*derecho canónico*) Pfründe *f*, Sinekure *f*
② (*fam: trabajo*) ruhiger Posten *m*
❸ (*dote*) Mitgift *f*, Aussteuer *f*
❹ (*beca*) Stipendium *nt*
preboste [pre'βoste] *m* Vogt *m*; (REL) Propst *m*; (MIL) Profos *m*
precalculado, -a [prekalku'laðo, -a] *adj* vorausberechnet
precalentamiento [prekalenta'mjento] *m* Vorwärmung *f*, (DEP) Aufwärmen *nt*, Aufwärmtraining *nt*

precalentar [prekaleṇ'tar] <e→ie> I. vt vorwärmen
II. vr: ~**se** (DEP) sich aufwärmen
precámbrico, -a [pre'kambriko, -a] adj (GEO) präkambrisch
precampaña [prekam'paɲa] f Vorkampagne f, Vorfeld nt
precandidato, -a [prekaṇdi'ðato, -a] m, f Vorkandidat(in) m(f)
precandidatura [prekaṇdiða'tura] f Vorkandidatur f
precariedad [prekarje'ðaᵈ] f Unsicherheit f, Ungewissheit f
precario, -a [pre'karjo, -a] adj ❶ (de poca estabilidad) prekär, ungewiss, heikel; **situación precaria** Notlage f; **trabajo** ~ befristetes Arbeitsverhältnis
❷ (JUR) jederzeit kündbar, widerruflich
precarista [preka'rista] mf (JUR) Prekarist(in) m(f)
precarización [prekariθa'θjon] f (irritación) Verunsicherung f; (empeoramiento) Verschlechterung f; **la** ~ **económica** die Verschlimmerung der wirtschaftlichen Lage
precaución [prekau'θjon] f Vorsicht f; **medida de** ~ Vorsichtsmaßnahme f; **tomar precauciones** Vorkehrungen treffen
precautorio, -a [prekau'torjo, -a] adj Vorsichts-, Sicherungs-; **medida precautoria** Sicherungsmaßnahme f
precaver [preka'βer] I. vt vorbeugen +dat, verhüten; ~ **una catástrofe** eine Katastrophe verhindern
II. vr: ~**se** sich schützen (de vor +dat, contra gegen +akk); ~**se contra el mal** sich gegen das Böse schützen; ~**se del frío** sich vor der Kälte schützen; **hay que** ~**se de todas las eventualidades** man muss auf alles gefasst sein
precavido, -a [preka'βiðo, -a] adj vorsichtig
precedencia [preθe'ðeṇθja] f ❶ (prioridad) Vorrang m, Vorzug m; **dar** ~ **a alguien** jdm den Vortritt lassen
❷ (superioridad) Überlegenheit f
precedente [preθe'ðeṇte] I. adj vorhergehend
II. m Präzedenzfall m; **alegar un** ~ einen Präzedenzfall anführen; **sentar un** ~ einen Präzedenzfall schaffen; **que no ha de sentar** ~**s** unmaßgeblich; **sin** ~**s** beispiellos, nie da gewesen
preceder [preθe'ðer] vt ❶ (anteceder) vorangehen +dat, vorhergehen +dat; **un banquete precedido de varios discursos** ein Festessen, dem mehrere Reden vorausgehen
❷ (tener primacía) Vorrang haben (a vor +dat); ~ **en categoría** den höheren Rang haben, höher gestellt sein
preceptista [preθep'tista] I. adj lehrmeisterhaft
II. mf ❶ (que da preceptos) Lehrmeister(in) m(f)
❷ (LIT) Theoretiker(in) m(f)
preceptiva [preθep'tiβa] f Grundregeln fpl; **literaria** Grundregeln der Poetik und Rhetorik
preceptivo, -a [preθep'tiβo, -a] adj Vorschrifts-, vorschriftsmäßig
precepto [pre'θepto] m ❶ (mandamiento) Verfügung f, Befehl m, Gebot nt; **los** ~**s del Decálogo** die zehn Gebote; ~ **de estimación** (JUR) Abwägungsgebot nt, Berücksichtigungsgebot nt; ~ **de homogeneidad** (JUR, POL) Homogenitätsgebot nt; ~ **de igualdad** Gleichheitsgebot nt; ~ **de buena fe** Fairnessgebot nt
❷ (norma) Vorschrift f, Anweisung f; ~ **básico** [o **fundamental**] Grundsatz m; ~ **de conducta** Verhaltensregel f; ~ **jurídico** [o **legal**] Rechtssatz m; ~ **de ley** gesetzliche Vorschrift [o Bestimmung] f; **infringir un** ~ gegen eine Vorschrift verstoßen, eine Vorschrift verletzen
preceptor(a) [preθep'tor(a)] m(f) Lehrer(in) m(f); (que viene a casa) Hauslehrer(in) m(f)
preceptuar [preθeptu'ar] <1. pres: preceptúo> vt vorschreiben
preces ['preθes] fpl ❶ (oraciones) (Kirchen)gebet nt
❷ (súplicas) Bitte f
precesión [preθe'sjon] f (ASTR, FÍS) Präzession f
preciado, -a [pre'θjaðo, -a] adj (estimado) geschätzt
❷ (jactancioso) prahlerisch, angeberisch; ~ **de sí mismo** eingebildet
preciarse [pre'θjarse] vr sich rühmen (de mit +dat), sich brüsten (de mit +dat)
precinta [pre'θiṇta] f ❶ (en los cajones) Lederriemen m (zur Verstärkung der Ecken)
❷ (en aduanas) Banderole f
precintado¹ [preθiṇ'taðo] m Plombierung f; (aduana) zollamtliche Verplombung f
precintado, -a² [preθiṇ'taðo, -a] adj versiegelt; (aduana) verplombt, plombiert
precintar [preθiṇ'tar] vt ❶ (aduana) plombieren, zollamtlich versiegeln
❷ (cigarrillos) banderolieren, mit einer Banderole versehen
precinto [pre'θiṇto] m Verschluss m; ~ **de aduana** Zollverschluss m, Zollplombe f; ~ **de garantía** Garantiesiegel nt; **bajo** ~ **aduanero** unter Zollverschluss; **poner un** ~ ein Siegel anbringen
precio ['preθjo] m Preis m; ~ **abordable** erschwinglicher Preis; ~ **acordado** [o **convenido**] vereinbarter Preis; ~ **de adquisición** Einkaufspreis m, Anschaffungskosten pl; ~ **alzado** Pauschalbetrag m; ~ **de amortización** Einlösungskurs m; ~ **del arrendamiento** Pachtzins m; ~ **astronómico** [o **exorbitante**] Wucherpreis m, gepfefferter Preis fam; ~ **base** Grundpreis m; ~ **bruto** Bruttopreis m; ~ **de catálogo** Katalogpreis m; ~ **competitivo** wettbewerbsfähiger Preis; ~ **de compra** Einkaufspreis m, Kaufpreis m; ~ **al consumidor** Verbraucherpreis m; ~ **al contado** Nettopreis m, Barzahlungspreis m; ~ **a convenir** Preis nach Vereinbarung; ~ **de conversión** Konversionskurse mpl; **el** ~ **de conversión del euro y las respectivas monedas nacionales** die Konversionskurse zwischen dem Euro und den nationalen Währungseinheiten; ~ **de coste** Selbstkostenpreis m; ~ **de desencadenamiento** (UE) Auslösungspreis m; ~ **al detalle** Einzelhandelspreis m; ~ **a discutir** Preis nach Vereinbarung; ~ **de enajenación** Veräußerungspreis m; ~ **escalonado** Staffelpreis m; ~ **de esclusa** (UE) Einschleusungspreis m; ~ **especial** Sonderpreis m; ~ **de estimación** Schätzpreis m; ~ **de fábrica** Herstellerpreis m, Erzeugerpreis m; ~ **fijo** Festpreis m, gebundener Preis; ~ **indicativo** (UE) Richtpreis m; ~ **de intervención** (UE) Interventionspreis m; ~ **irrisorio** Schleuderpreis m; ~ **de liquidación** Räumungspreis m; ~ **máximo** [o **techo**] Höchstpreis m; ~ **al por mayor** Mengenpreis m; ~ **del mercado** Marktpreis m; ~ **del mercado internacional** Weltmarktpreis m; ~ **mínimo** Mindestpreis m; ~ **neto** Nettopreis m; ~ **objetivo** (UE) Zielpreis m; ~ **de ocasión** Gelegenheitspreis m; ~ **de orientación** (UE) unverbindlicher Richtpreis; ~ **preferente** [o **de preferencia**] Vorzugspreis m; ~ **de presentación** Einführungspreis m; ~ **al productor** Erzeugerpreis m; ~ **prohibitivo** unerschwinglicher Preis; ~ **razonable** angemessener Preis; ~ **recomendado** Preisempfehlung f; ~ **de referencia** (UE) Referenzpreis m; ~ **de rescate** Lösegeld nt; ~ **de salvación** Bergelohn m; ~ **solicitado** Preis auf Anfrage; ~ **del suelo** Flächenpreis m; ~ **del suministro** Lieferpreis m; ~ **de suscripción** Subskriptionspreis m; ~ **de tarifa** Listenpreis m; ~ **de temporada** saisonbedingter Preis; ~ **todo incluido** Pauschalpreis m; ~ **umbral** (UE) Schwellenpreis m; ~**s únicos** Einheitspreise mpl; ~ **unitario** [o **por unidad**] Stückpreis m, Einzelpreis m; ~ **de venta** Verkaufspreis m, Ladenpreis m; ~ **vigente** geltender Preis; **etiqueta del** ~ Preisschild nt; **oscilación de** ~**s** Preisschwankung f; **a buen** ~ günstig; **a** ~ **controlado** preisgebunden; **a mitad de** ~ zum halben Preis; **a poco** ~ billig; **a** ~ **de oro** sehr teuer; **aumentar** [o **subir**] **el** ~ den Preis erhöhen; **fijar un** ~ einen Preis festsetzen; **mantener el** ~ den Preis halten; **poner el** ~ den Preis angeben, mit einer Preisangabe versehen; **el** ~ **de las acciones al cierre era de...** der Aktienpreis lag bei Börsenschluss bei ...; **los** ~**s se mantienen estables** die Preise bleiben stabil; **pedir** ~**s para la reparación de la cocina** Preise für die Instandsetzung der Küche einholen; **¿qué** ~ **tiene el libro?** wie viel kostet das Buch?; **no tener** ~ unbezahlbar sein; **de todos los** ~**s en allen** Preislagen; **al** ~ **de la salud** auf Kosten der Gesundheit; **querer conseguir algo a cualquier** ~ etw um jeden Preis erreichen wollen; **poner** ~ **a la cabeza de alguien** einen Preis auf jds Kopf aussetzen
precio-guía ['preθjo-'γia] m <precios-guía> Richtpreis m
preciosamente [preθjosa'meṇte] adv herrlich, wunderbar; **tenía el jardín** ~ **florecido** sein/ihr Garten stand in voller Blüte
preciosidad [preθjosi'ðaᵈ] f Kostbarkeit f; **este cuadro es una** ~ dieses Bild ist sehr kostbar; (fig) dieses Bild ist eine Augenweide; **esta chica es una** ~ dieses Mädchen ist wunderschön [o entzückend]
preciosismo [preθjo'sismo] m preziöser Stil m
preciosista [preθjo'sista] I. adj preziös, geziert, gekünstelt
II. mf ❶ Vertreter(in) m(f) eines preziösen Stils
❷ pl (HIST) Précieuses pl
precioso, -a [pre'θjoso, -a] adj ❶ (de mucho valor) wertvoll, kostbar
❷ (hermoso) reizend, entzückend
preciosura [preθjo'sura] f (fam) entzückendes Wesen nt
precipicio [preθi'piθjo] m Abgrund m; **estar al borde del** ~ (fig) am Rande des Abgrunds stehen, dem Untergang nahe sein
precipitación [preθipita'θjon] f ❶ (prisa extremada) Hast f, Überstürzung f; **con** ~ übereilt
❷ (METEO) Niederschlag m
❸ (QUÍM) Ausfällung f
precipitadamente [preθipitaða'meṇte] adv überstürzt, Hals über Kopf fam
precipitado¹ [preθipi'taðo] m (QUÍM) Präzipitat nt
precipitado, -a² [preθipi'taðo, -a] adj ❶ (apresurado) hastig, übereilt vorschnell; ~ **en el hablar** vorlaut
❷ (QUÍM) gefällt
precipitar [preθipi'tar] I. vt ❶ (arrojar) (hinab)stürzen, in den Abgrund werfen; **lo** ~**on por la ventana** sie stürzten ihn aus dem Fenster
❷ (apresurar) übereilen, beschleunigen; **¡no se precipite!** nur keine Hast!; **esta huelga precipitó su dimisión** dieser Streik hat seine Kündigung beschleunigt
❸ (QUÍM) (aus)fällen, niederschlagen; ~ **mediante sales** aussalzen
II. vr: ~**se** ❶ (arrojarse) sich (hinab)stürzen (a in +akk, por/desde vor +dat); **se precipitó al abismo** er/sie stürzte sich in den Abgrund
❷ (atacar) sich stürzen (sobre auf +akk); **se precipitó sobre ellos** er/sie stürzte sich auf sie

③ (*acontecimientos*) sich überstürzen; (*personas*) überstürzt [*o* voreilig] handeln
precisado, -a [preθi'saðo, -a] *adj* ❶ (*detallado*) detailliert [*o* genau] angegeben
❷ (*necesitado*) benötigt
❸ (*obligado*) gezwungen (*a* zu +*dat*), genötigt (*a* zu +*dat*); **verse ~ a hacer/decir algo** sich gezwungen sehen etw zu tun/zu sagen
precisamente [preθisa'mente] *adv* genau; **¿tiene que ser ~ hoy?** muss es ausgerechnet heute sein?; **~ por eso** eben deshalb
precisar [preθi'sar] I. *vi* unbedingt nötig sein
II. *vt* ❶ (*determinar*) präzisieren, genau angeben
❷ (*necesitar*) benötigen; **preciso tu ayuda para aprobar el examen** ich brauche unbedingt deine Hilfe, wenn ich die Prüfung bestehen möchte
❸ (*obligar*) zwingen
precisión [preθi'sjon] *f* ❶ (*exactitud*) Genauigkeit *f;* **aparato de ~** Präzisionsgerät *nt;* **~ de funcionamiento** Betriebszuverlässigkeit *f;* **~ de tiro** Treffsicherheit *f;* **hablar con ~** deutlich sprechen
❷ (*determinación*) Bestimmtheit *f*
❸ (*necesidad*) Notwendigkeit *f;* **tener ~ de hacer algo** etw tun müssen, gezwungen sein etw zu tun
preciso, -a [pre'θiso, -a] *adj* ❶ (*necesario*) notwendig; **es ~ que ~ +*subj*** es ist notwendig, dass ...; **es ~ que nos veamos** wir müssen uns unbedingt sehen; **si es ~...** falls erforderlich ...
❷ (*exacto*) genau; **un estilo ~** ein klarer [*o* deutlicher] Stil; **a la hora precisa** pünktlich
precitado, -a [preθi'taðo, -a] *adj* oben erwähnt, vorher genannt
preclaro, -a [pre'klaro, -a] *adj* berühmt, bewundernswert
preclásico, -a [pre'klasiko, -a] *adj* (ARTE, LIT) vorklassisch
preclusión [preklu'sjon] *f* (JUR) Ausschließung *f* (von einem Recht), Präklusion *f*
preclusivo, -a [preklu'siβo, -a] *adj* (JUR) mit Ausschlusswirkung
precocidad [prekoθi'ðað] *f* ❶ (*del niño*) Frühreife *f;* **el niño dice ~es das Kind redet altklug
❷ (*de tiempo*) Frühzeitigkeit *f;* **la ~ de unas canas** vorzeitig ergraute Haare
precocinado, -a [prekoθi'naðo, -a] *adj* vorgekocht; **plato ~** Fertiggericht *nt*
precognición [prekoɣni'θjon] *f* (PSICO) Vorkenntnis *f,* Präkognition *f*
precolombino, -a [prekolom'bino, -a] *adj* präkolumbisch
precombustión [prekombus'tjon] *f* (AUTO) Vorverbrennung *f*
preconcebido, -a [prekonθe'βiðo, -a] *adj* vorbedacht; **un plan ~** ein vorgefasster Plan; **tener ideas preconcebidas** Vorurteile haben
preconcebir [prekonθe'βir] *irr como pedir vt* bedenken, im Voraus erwägen
precondición [prekondi'θjon] *f* Vorbedingung *f*
preconizable [prekoni'θaβle] *adj* anerkennenswert
preconización [prekoniθa'θjon] *f* (REL) Präkonisation *f,* Bestätigung *f* eines Bischofs
❷ (*elogio*) Lobeserhebung *f*
preconizar [prekoni'θar] <z→c> *vt* ❶ (*recomendar*) befürworten
❷ (*encomiar*) lobpreisen
❸ (REL) präkonisieren
precontrato [prekon'trato] *m* Vorvertrag *m*
precordial [prekor'ðjal] *adj* (ANAT) vor dem Herzen, präkardial
precordillera [prekorði'ʎera] *f* (*Arg*) Vorgebirge *nt* der Anden
precoz [pre'koθ] *adj* frühreif, frühentwickelt
precursor(a) [prekur'sor(a)] I. *adj* bahnbrechend
II. *m(f)* Vorläufer(in) *m(f);* **ser ~ de una mala noticia** (*fig*) Vorbote einer schlechten Nachricht sein
predador(a) [preða'ðor(a)] *m(f)* ❶ Plünderer, -in *m, f*
❷ (*animal*) Raubtier *nt*
predatorio, -a [preða'torjo, -a] *adj* räuberisch; **el instinto ~ de la araña** der räuberische Instinkt der Spinne; **expediciones predatorias de los guerrilleros** Raubzüge [*o* Beutezüge] der Guerrilleros
predecesor(a) [preðeθe'sor(a)] *m(f)* ❶ (*en el cargo*) Vorgänger(in) *m(f)*
❷ (*antepasados*) Vorfahr(in) *m(f)*, Vorfahre *m*
predecible [preðe'θiβle] *adj* voraussagbar
predecir [preðe'θir] *irr como decir vt* voraussagen, vorhersagen
predefinir [preðefi'nir] *vt* (REL) vorbestimmen
predemocrático, -a [preðemo'kratiko, -a] *adj* vordemokratisch
predestinación [preðestina'θjon] *f* Vorbestimmung *f*
predestinado, -a [preðesti'naðo, -a] *adj* ❶ (*elegido*) auserkoren
❷ (*destino*) vorherbestimmt; **estar ~ al crimen** zum Verbrecher prädestiniert sein
❸ (*fam*): **marido ~** gehörnter Ehemann
predestinar [preðesti'nar] *vt* vorherbestimmen, prädestinieren
predeterminación [preðetermina'θjon] *f* Vorausbestimmung *f*

predeterminar [preðetermi'nar] *vt* vorausbestimmen, vorher festlegen
predial [pre'ðjal] *adj* (JUR) Grundstücks-; **servidumbre ~** Grunddienstbarkeit *f*
prédica ['preðika] *f* Predigt *f;* (*discurso*) Rede *f*
predicable [preði'kaβle] *m* (FILOS) Prädikatsbegriff *m;* **los ~s** die Prädikabilien
predicación [preðika'θjon] *f* ❶ (*sermonear*) Predigen *nt*
❷ (*sermón*) Predigt *f*
predicado [preði'kaðo] *m* (LING) (Satz)aussage *f,* Prädikat *nt*
predicador(a) [preðika'ðor(a)] I. *adj* predigend
II. *m(f)* Prediger(in) *m(f);* **el orden de los ~es** der Dominikanerorden
predicamento [preðika'mento] *m* ❶ (FILOS) Kategorie *f,* Begriffsfach *nt*
❷ (*reputación*) Ruf *m;* **buen ~** Beliebtheit *f;* **estar en gran ~** einen guten Ruf haben
predicante [preði'kante] *mf* Prediger(in) *m(f)*
predicar [preði'kar] <c→qu> *vt* ❶ (*sermonear*) predigen; **~ en desierto** tauben Ohren predigen, (ein) Rufer in der Wüste sein; **hay que ~ con el ejemplo** man muss mit gutem Beispiel vorangehen; **una cosa es ~ y otra dar trigo** (*prov*) ≈Reden und Handeln ist zweierlei; **no se puede ~ y andar en la procesión** (*prov*) man kann nicht auf zwei Hochzeiten tanzen
❷ (*publicar*) verkünden
❸ (*elogiar con exceso*) überschwänglich loben, lobpreisen
❹ (*amonestar*) die Leviten lesen +*dat fam*
❺ (LING, FILOS) prädizieren
predicativo, -a [preðika'tiβo, -a] *adj* (LING) prädikativ
predicción [preðiɣ'θjon] *f* Vorhersage *f,* Prognose *f;* **~ económica** Wirtschaftsprognose *f*
predigerido, -a [preðixe'riðo, -a] *adj* vorverdaut
predilección [preðileɣ'θjon] *f* Vorliebe *f*
predilecto, -a [preði'lekto, -a] *adj* Lieblings-, bevorzugt; **hijo ~** Lieblingskind *nt;* **su plato ~** sein/ihr Lieblingsgericht [*o* Leibgericht]
predio ['preðjo] *m* ❶ (JUR) Grundstück *nt;* **~ familiar** Familienbesitz *m;* **~ grande** Großbesitz *m;* **~ municipal** kommunales Grundstück; **~ rural** [*o* **rústico**] ländliches Grundstück
❷ (*finca*) Gut *nt,* Bauernhof *m;* **~ familiar** Familienbetrieb *m;* **~ pequeño** bäuerlicher Kleinbetrieb
predisponer [preðispo'ner] *irr como poner* I. *vt* ❶ (*fijar por anticipado*) im Voraus festlegen, prädisponieren; **predispongamos ya la fecha de nuestra próxima reunión** lass uns jetzt schon den Termin unserer nächsten Sitzung festlegen; **venía predispuesto a pelearse** er war auf Streit aus, als er kam
❷ (*influir*) beeinflussen; **~ a alguien a favor/en contra de alguien** jdn für/gegen jdn einnehmen
❸ (*inclinar*) empfänglich machen (*a* für +*akk*), anfällig machen (*a* für +*akk*); **el clima húmedo predispone al hombre a enfermedades catarrales** das feuchte Klima macht den Menschen anfällig für Erkältungskrankheiten
II. *vr:* **~se** ❶ (*prepararse*) sich einstimmen (*a* auf +*akk*), sich gefasst machen (*a* auf +*akk*)
❷ (*tomar partido*) sich *dat* vorschnell ein Urteil bilden (*respecto a/de* über +*akk*); **~se a favor/en contra de alguien** jdm gegenüber positiv/negativ eingestellt sein
predisposición [preðisposi'θjon] *f* Veranlagung *f,* Neigung *f;* (MED) Prädisposition *f;* **~ a accidentes** Unfallanfälligkeit *f;* **~ al crimen** kriminelle Veranlagung *f;* **tiene ~ a engordar** er/sie neigt zum Dickwerden
predispuesto, -a [preðis'pwesto, -a] I. *pp de* **predisponer**
II. *adj* ❶ *ser* (*sensible*) empfänglich, anfällig; **ser ~ a coger todos los virus** für jegliche Art von Viren empfänglich sein
❷ *estar* (*prevenido*) voreingenommen; **estar (mal) ~ contra alguien** jdm gegenüber voreingenommen sein
predocumento [preðoku'mento] *m* Vordokument *nt*
predominación [preðomina'θjon] *f* Vorherrschen *nt,* Prädomination *f elev*
predominancia [preðomi'nanθja] *f* Vorherrschen *nt*
predominante [preðomi'nante] *adj* vorherrschend
predominar [preðomi'nar] *vi, vt* ❶ (*prevalecer*) vorherrschen, überwiegen; **aquí predomina el compañerismo** bei uns wird Kameradschaft groß geschrieben; **en este parque las palomas predominan en número sobre los gorriones** in diesem Park sind die Tauben den Spatzen zahlenmäßig weit überlegen
❷ (*sobresalir*) überragen, höher sein (*a* als +*nom*)
predominio [preðo'minjo] *m* ❶ (*poder*) Vorherrschaft *f* (*en* in +*dat*)
❷ (*preponderancia*) Übergewicht *nt* (*en* in +*dat*)
❸ (*superioridad*) Vorrang *m* (*sobre* vor +*dat*)
predorso [pre'ðorso] *m* (ANAT) vorderer Zungenrücken *m*
preelectoral [pre(e)lekto'ral] *adj* Vorwahl-; **el período ~** die Zeit vor den Wahlen
preelegir [pre(e)le'xir] *irr como elegir vt* vorwählen

preeminencia [pre(e)mi'neɳθja] f Vorrang m, Vorrecht nt
preeminente [pre(e)mi'neɳte] adj herausragend, vorrangig
preescolar [pre(e)sko'lar] adj vorschulisch; **edad ~** Vorschulalter nt
preestablecer [pre(e)staβle'θer] irr como crecer vt im Voraus festlegen, vorher bestimmen
preestablecido, -a [pre(e)staβle'θiðo, -a] adj bereits festgelegt, im Voraus festgelegt
preestreno [pre(e)s'treno] m Voraufführung f
preexistencia [pre(e)ᵞsis'teɳθja] f vorheriges Vorhandensein nt; (FILOS) Präexistenz f
preexistente [pre(e)ᵞsis'tente] adj vorher bestehend; (FILOS) präexistent f
preexistir [pre(e)ᵞsis'tir] vi vorher bestehen, vorher exisitieren; (FILOS) präexistieren
prefabricación [prefaβrika'θjon] f Vorfertigung f
prefabricado, -a [prefaβri'kaðo, -a] adj vorgefertigt, Fertig-; **casa prefabricada** Fertighaus nt
prefabricar [prefaβri'kar] <c→qu> vt vorfertigen
prefacio [pre'faθjo] m (libro) Vorwort nt, Geleitwort nt; (discurso) Vorrede f
prefecto [pre'fekto] m Präfekt m, Vorsteher m; **~ de la policía** Polizeipräfekt m
prefectura [prefek'tura] f Präfektur f; **~ de policía** Polizeidirektion f, Polizeipräfektur f; **~ de puerto** Hafenbehörde f
preferencia [prefe'reɳθja] f ❶ (predilección) Vorliebe f (por für +akk); **tener [o sentir] ~ por alguien** eine Vorliebe für jdn haben
❷ (prioridad) Vorrang m, Vorzug m; **~ aduanera** Zollbegünstigung f; **~ de paso** Vorfahrt f; **~ personal** individuelle Bevorzugung f; **precio de ~** Vorzugspreis m; **sitio [o asiento] de ~** Ranglage f, Sperrsitz m; **tener ~ ante alguien** den Vortritt vor jdm haben; **dar ~ a algo/alguien, mostrar ~ por algo/alguien** (t. fig) jdn/etw bevorzugen, jdm/etw dat den Vorzug geben; **de ~** vorzugsweise, vornehmlich
preferencial [prefereɳ'θjal] adj bevorrechtigt, Präferenz-; **tener un trato ~** bevorzugt behandelt werden
preferente [prefe'reɳte] adj vorrangig, Vorzugs-; (urgente) vordringlich; **acciones ~s** (FIN) Vorzugsaktien fpl; **clase ~** erste Klasse
preferentemente [prefereɳte'mente] adv hauptsächlich, in erster Linie
preferible [prefe'riβle] adj vorzuziehen; **sería ~ que lo hicieras** du solltest es besser tun
preferiblemente [preferiβle'mente] adv besser
preferido, -a [prefe'riðo, -a] adj bevorzugt, Lieblings-; **su ocupación preferida** seine/ihre Lieblingsbeschäftigung
preferir [prefe'rir] irr como sentir I. vt vorziehen, bevorzugen, lieber mögen; **prefiero que... +subj** es ist mir lieber, wenn [o dass] ...; **prefiero ir a pie** ich gehe lieber zu Fuß; **prefiero el mar a la montaña** ich ziehe das Meer den Bergen vor
II. vr: **~se** sich brüsten, sich rühmen
prefiguración [prefiyura'θjon] f Vorgestaltung f; (arquetipo) Urbild nt
prefigurar [prefiyu'rar] I. vt eine erste Vorstellung geben (von +dat)
II. vr: **~se** dat im Voraus denken [o ausmalen]
prefijación [prefixa'θjon] f (LING) Präfigierung nt
prefijal [prefi'xal] adj (LING) Präfix-
prefijar [prefi'xar] vt ❶ (determinar con anterioridad) im Voraus festsetzen, vorbestimmen
❷ (LING) mit Vorsilbe(n) versehen, präfigieren
prefijo¹ [pre'fixo] m ❶ (LING) Präfix nt
❷ (teléfono) Vorwahl(nummer) f
prefijo, -a² [pre'fixo] adj festgesetzt, vorgeschrieben
prefilatelia [prefila'telja] f Briefmarkenkunde, die sich mit noch ungestempelten Briefmarken befasst
prefinanciación [prefinaɳθja'θjon] f Vorfinanzierung f
preglacial [preyla'θjal] adj, **preglaciar** [preyla'θjar] adj (GEO) voreiszeitlich, präglazial
pregón [pre'yon] m ❶ (anuncio público) öffentlicher Ausruf m; **con/sin ~** mit (großem)/ohne (jegliches) Aufsehen
❷ (reg: amonestaciones) Aufgebot nt
pregonar [preyo'nar] vt ❶ (divulgar en público) öffentlich ausrufen; **~ una mercancía** eine Ware zum Verkauf ausrufen; **el sereno pregona las horas** der Nachtwächter ruft die Nachtstunden aus; **tener la cabeza pregonada** von der Justiz gesucht werden
❷ (publicar lo que estaba oculto) ausplaudern, ausposaunen fam; **~ a los cuatro vientos** (fam) an die große Glocke hängen; **~ a tambor batiente** ausplaudern
❸ (alabar en público) öffentlich loben
pregonero, -a [preyo'nero, -a] m, f ❶ (en general) öffentlicher Ausrufer m, öffentliche Ausruferin f; (en el mercado) Marktschreier(in) m(f); **sin dar un cuarto al ~** sang- und klanglos; **ser el ~ de los éxitos de alguien** jds Lobredner sein

❷ (fam: chismoso) Klatschmaul nt; **dar tres cuartos al ~** an die große Glocke hängen
pregrabado, -a [preyra'βaðo, -a] adj (cinta) bespielt
preguerra [pre'yerra] f Vorkriegszeit f
pregunta [pre'yuɳta] f ❶ (demanda) Frage f; **~ capciosa** Fangfrage f; **~ sugestiva** Suggestivfrage f; **hacer ~s capciosas a alguien** jdn aufs Glatteis führen fam; **estar a la cuarta ~** schlecht bei Kasse [o abgebrannt] [o pleite] sein fam; **estrechar a ~s a alguien** jdm Löcher in den Bauch fragen fam; **a tal ~ tal respuesta** auf dumme Fragen bekommt man dumme Antworten
❷ (de datos) Abfrage f; **~ a distancia** Fernabfrage f
preguntadera [preyuɳta'ðera] f (Col) Kreuzverhör nt
preguntar [preyuɳ'tar] I. vt fragen; **~ la lección** abfragen; **~ a un sospecho** einen Verdächtigen verhören; **~ por alguien** nach jdm fragen, sich nach jdm erkundigen; **¡eso no se pregunta!** danach fragt man nicht!; **quien pregunta no yerra** (prov) mit Fragen kommt man durch die Welt
II. vr: **~se** sich fragen; **me pregunto si está diciendo la verdad** ich frage mich, ob er/sie die Wahrheit sagt
preguntón, -ona [preyuɳ'ton, -ona] I. adj hartnäckig fragend
II. m, f lästiger Frager m, lästige Fragerin f
pregustación [preyusta'θjon] f Vorkosten nt
prehelénico, -a [pre(e)'leniko, -a] adj (HIST) vorhellenisch
prehispánico, -a [preis'paniko, -a] adj (HIST) vor der Entdeckung Amerikas, präkolumbisch
prehistoria [preis'torja] f Vorgeschichte f, Prähistorie f
prehistórico, -a [preis'toriko, -a] adj vorgeschichtlich, prähistorisch
preindustrial [preiɳdus'trjal] adj vorindustriell
preinscribir [preiⁿs'kriβir] vt, vr: **~se** (sich) voreintragen, (sich) voranmelden
preinscripción [preiⁿs'kriβ'θjon] f Voreintragung f, Voranmeldung f
preislámico, -a [preis'lamiko, -a] adj vorislamisch
prejubilación [prexuβila'θjon] f Vorruhestand m
prejubilado, -a [prexuβi'laðo, -a] I. adj im Vorruhestand
II. m, f Vorruheständler(in) m(f)
prejudicial [prexuði'θjal] adj (JUR) vorentscheidungsbedürftig
prejuicio [pre'xwiθjo] m Vorurteil nt, vorgefasste Meinung f; **~ racial** Rassenvorurteil m
prejuzgar [prexuθ'yar] <g→gu> vt vorschnell beurteilen, (JUR) präjudizieren
prelacía [prela'θia] f (REL) Prälatur f
prelación [prela'θjon] f Vorrang m, Priorität f; **según la ~** nach der Rangfolge
prelado [pre'laðo] m Prälat m
prelatura [prela'tura] f (REL) v. prelacía
prelavado [prela'βaðo] m Vorwäsche f
prelegado [prele'yaðo] m (JUR) Vorausvermächtnis nt
preliminar [prelimi'nar] adj ❶ (inicial) einleitend, Vor-
❷ (preparatorio) vorbereitend; **proyecto ~** Vorentwurf m
preliminares [prelimi'nares] mpl Vorverhandlungen fpl
preludiar [prelu'ðjar] I. vi (MÚS) präludieren
II. vt einleiten
preludio [pre'luðjo] m ❶ (principio) Einleitung f, Beginn m
❷ (MÚS: ensayo) Vorspiel nt
❸ (MÚS: composición) Präludium nt
premamá [prema'ma] adj inv Umstands-, für werdende Mütter; **vestido ~** Umstandskleid nt
prematrimonial [prematrimo'njal] adj vorehelich
prematuridad [prematuri'ðað] f (nacimiento prematuro) Frühgeburt f
prematuro, -a [prema'turo, -a] adj ❶ (persona) frühreif, Früh-
❷ (situación, cosa) vorzeitig, frühzeitig, Früh-; **detección prematura del cáncer** Krebsfrüherkennung f; **nacimiento ~** Frühgeburt f; **vejez prematura** vorzeitiges Altern
❸ (asunto) verfrüht, übereilt
premeditación [premeðita'θjon] f Vorbedacht m, Vorsatz m; **con ~** vorsätzlich
premeditadamente [premeðitaða'mente] adv vorsätzlich
premeditado, -a [premeði'taðo, -a] adj wissentlich, wohl bedacht
premeditar [premeði'tar] vt (sich dat) vorher überlegen, (JUR) vorsätzlich planen
premenstrual [premenstru'al] adj (MED) vor der Menstruation, prämenstruell
premiación [premja'θjon] f (And) Preisverleihung f
premiado, -a [pre'mjaðo, -a] I. adj preisgekrönt; **obra premiada** preisgekröntes Werk
II. m, f Preisträger(in) m(f)
premiador(a) [premja'ðor(a)] m(f) Preisverleiher(in) m(f)
premiar [pre'mjar] vt ❶ (recompensar) belohnen
❷ (dar un premio) prämiieren, mit einem Preis auszeichnen

premier [preˈmjer] *mf* Premierminister(in) *m(f)*
première [preˈmjere] *f* (CINE, TEAT) Premiere *f*
premio [ˈpremjo] *m* ❶ (*galardón*) Preis *m;* ~ **de consolación** Trostpreis *m;* ~ **Nobel** (**de literatura**) Nobelpreis *m* (für Literatur); **conceder un** ~ einen Preis verleihen
❷ (*recompensa*) Belohnung *f;* ~ **por hallazgo** Finderlohn *m*
❸ (*remuneración*) Prämie *f*, Aufgeld *nt;* ~ **al ahorro** Sparprämie *f;* ~ **de antigüedad** Dienstalterszulage *f;* ~ **de constancia** Treueprämie *f;* ~ **de natalidad** Mutterschaftsgeld *nt;* ~ **por el salvamento** Bergegeld *nt;* ~ **de seguro** Versicherungsprämie *f*
❹ (*lotería*) Lotteriegewinn *m;* **el** ~ **gordo** der Haupttreffer, das große Los
❺ (*ganador*) Preisträger(in) *m(f);* **García Márquez es** ~ **Nobel de literatura** García Márquez ist der Literaturnobelpreisträger
premioso, -a [preˈmjoso, -a] *adj* ❶ (*ajustado*) eingeengt
❷ (*molesto*) lästig
❸ (*estrecho*) eng, knapp
❹ (*torpe*) schwerfällig
❺ (*estricto*) streng, starr, steif
premisa [preˈmisa] *f* ❶ (FILOS) Prämisse *f*, Vordersatz *m*
❷ (*condición previa*) Voraussetzung *f*, Vorbedingung *f*, Prämisse *f;* ~ **básica** Grundvoraussetzung *f;* ~ **procesal** Prozessvoraussetzung *f*
❸ (*indicio*) Kennzeichen *nt*, Merkmal *nt*
premiso, -a [preˈmiso, -a] *adj* vorausgesandt; **premisa la venia necesaria** (JUR) im Voraus die erforderliche Bewilligung
premolar [premoˈlar] *m* vorderer Backenzahn *m*, Prämolar *m*
premonición [premoniˈθjon] *f* ❶ (*presentimiento*) Vorahnung *f*, Vorgefühl *nt*
❷ (MED) Anzeichen *ntpl* (*einer Krankheit*)
premonitor(a) [premoniˈtor(a)] *adj* voraussagend
premonitorio, -a [premoniˈtorjo, -a] *adj* vorwarnend; (MED) prämonitorisch
premoriencia [premoˈrjenθja] *f* (JUR) Vorversterben *nt*
premoriente [premoˈrjente] *adj* (JUR) zuerst Versterbende(r) *mf*
premunir [premuˈnir] I. *vt* (*Am*) versorgen (*de* mit +*dat*)
II. *vr:* ~**se** (*Am*) sich eindecken (*de* mit +*dat*)
premura [preˈmura] *f* ❶ (*apuro*) Bedrängnis *f;* (*urgencia*) Dringlichkeit *f*
❷ (*prisa*) Eile *f*, Hast *f*
❸ (*falta de algo*) Mangel *m* (*de* an +*dat*); **la** ~ **de tiempo me impidió hacerlo mejor** durch den Zeitdruck habe ich es nicht besser hinbekommen; **no publicamos su artículo por** ~ **de espacio** wegen Platzmangel haben wir seinen/ihren Artikel nicht veröffentlicht
prenatal [prenaˈtal] *adj* vorgeburtlich, pränatal
prenavideño, -a [prenaβiˈðeɲo, -a] *adj* vorweihnachtlich
prenda [ˈprenda] *f* ❶ (*fianza*) Pfand *nt;* **juego de** ~**s** Pfänderspiel *nt;* **en** ~ **als Pfand; en** ~**s** als Beweis, als Zeichen; **hacer** ~ als Pfand einbehalten; **sacar** ~**s** pfänden; **soltar** ~ sich verpflichten; **no soltar** ~ (*fam*) nichts herausrücken; **a mí no me duelen** ~**s** es macht mir gar nichts aus; **no le dolían** ~**s con tal de obtener lo que quería** er/sie bot alles auf, um zu bekommen, was er/sie wollte
❷ (*pieza*) Kleidungsstück *nt;* ~**s interiores** Unterwäsche *f;* ~ **protectora** Schutzkleidung *f*
❸ (*lo que se ama*) geliebtes Wesen *nt;* **la** ~ **de mi corazón** mein Herzallerliebster/meine Herzallerliebste
❹ (*apelativo cariñoso*) Liebling *m*, Schatz *m*
❺ (*buenas cualidades*) Gabe *f*, gute Eigenschaften *fpl;* ~**s del espíritu** Geistesgaben *fpl;* **un hombre de** ~**s** ein begabter Mensch
prendar [prenˈdar] I. *vt* ❶ (*tomar como prenda*) pfänden
❷ (*ganar el afecto*) für sich gewinnen
II. *vr:* ~**se** sich verlieben (*de* in +*akk*)
prendario, -a [prenˈdarjo, -a] *adj* (FIN) Pfändungs-; **contrato** ~ Pfandvertrag *m*
prendedor¹ [prendeˈðor] *m* ❶ (*broche*) Brosche *f*
❷ (*de falda*) Rocknadel *f;* (*de corbata*) Krawattennadel *f*
prendedor(a)² [prendeˈðor(a)] I. *adj* verhaftend, ergreifend
II. *m(f)* verhaftender Beamter *m*, verhaftende Beamtin *f*, Verhaftende(r) *mf*, Ergreifer(in) *m(f)*
prender [prenˈder] I. *vi* ❶ (*planta*) Wurzeln schlagen, anwachsen; (*medicamentos*) anschlagen, wirken; (*ideas*) sich verbreiten; **sus ideas prendieron fácilmente en la juventud** seine/ihre Ideen fanden bei der Jugend sofort Anklang
❷ (*fuego*) Feuer fangen, (an)brennen; **el coche prendió fuego** das Auto fing Feuer
II. *vt* ❶ (*sujetar*) befestigen, festmachen; (*con alfileres*) feststecken; (*con cola*) festkleben; (*con hilo o alambre*) heften, (fest)binden; (*en un gancho*) aufhängen; (*el pelo*) hochstecken, aufstecken; (*juntar el pelo*) zusammenbinden; ~ **un babero a un niño** einem Kind ein Lätzchen umbinden; ~ **un alfiler de corbata** eine Krawattennadel anstecken [*o* anlegen]
❷ (*detener*) festnehmen, verhaften
❸ (*Am: fuego*) anzünden; ~ **un cigarrillo** eine Zigarette anstecken
❹ (*Am: luz*) einschalten, anzünden; **¡prende la luz!** mach das Licht an!
III. *vr:* ~**se** ❶ (*mujeres*) sich herausputzen; ~**se una flor en el ojal** sich *dat* eine Blume ins Knopfloch stecken
❷ (*PRico: emborracharse*) sich betrinken
prendería [prendeˈria] *f* Trödelladen *m*
prendido [prenˈdiðo] *m* (Kopf)putz *m*
prendimiento [prendiˈmjento] *m* ❶ (*captura*) Verhaftung *f*, Festnahme *f*
❷ (*Chil: opresión*) Beklemmung *f*, Druck *m*
❸ (*Col, Ven: irritación*) Erregung *f*
prenoción [prenoˈθjon] *f* (FILOS) Vorbegriff *m*
prenotación [prenotaˈθjon] *f* (JUR) Vormerkung *f;* **hacer una** ~ **en el registro de la propiedad** eine Vormerkung in das Grundbuch eintragen
prensa [ˈprensa] *f* ❶ (*máquina*) Presse *f;* ~ **de aceite** Ölpresse *f;* ~ **de imprimir** Druckmaschine *f*, Druckpresse *f;* ~ **de mano** Handpresse *f;* ~ **de uvas** Weinpresse *f*, Weinkelter *f*
❷ (*imprenta*) Druckerei *f;* **dar a la** ~ in Druck geben, drucken lassen; **estar en** ~ sich im Druck befinden
❸ (*periodismo*) Zeitungswesen *nt*, Pressewesen *nt;* (*publicaciones informativas*) Presse *f;* ~ **amarilla** Sensationspresse *f;* ~ **asociada** Pressezusammenschluss *m;* ~ **diaria** Tagespresse *f;* ~ **difamatoria** Hetzblatt *nt;* ~ **especializada** Fachpresse *f;* **la** ~ **de un partido** die Parteipresse *f;* **agencia de** ~ Presseagentur *f;* **campaña de** ~ Pressefeldzug *m;* **conferencia de** ~ Pressekonferenz *f;* **delito de** ~ Pressevergehen *nt;* **libertad de** ~ Pressefreiheit *f;* **secretario de** ~ Pressesprecher *m;* **P**~ **y Relaciones Públicas** Presse- und Öffentlichkeitsarbeit *f;* **tener buena/mala** ~ (*fig*) einen guten/schlechten Ruf haben
prensado¹ [prenˈsaðo] *m* (*prensar*) Pressen *nt;* (*de uvas*) Keltern *nt*
❷ (*lustre en tejidos prensados*) Pressglanz *m*
prensado, -a² [prenˈsaðo, -a] *adj* gepresst; ~ **en caliente** warmgepresst; ~ **en frío** kaltgepresst
prensador(a) [prensaˈðor(a)] *adj* pressend, Press-
prensar [prenˈsar] *vt* pressen; (*uvas*) keltern
prensil [prenˈsil] I. *adj* zum Greifen dienend; **cola** ~ (ZOOL) Greifschwanz *m;* **pie** ~ (ZOOL) Greiffuß *m*
II. *m* Kluppe *f*
prensista [prenˈsista] *mf* (TIPO) Druckereigehilfe, -in *m, f*
prensora [prenˈsora] *f* (ZOOL) Papageienvogel *m*
prenupcial [prenupˈθjal] *adj* vorehelich
preñada [preˈɲaða] *adj* (*mujer*) schwanger
preñado¹ [preˈɲaðo] *m* ❶ *v.* **preñez**
❷ (*feto*) Leibesfrucht *f*
preñado, -a² [preˈɲaðo, -a] *adj* ❶ (*animal*) trächtig, tragend
❷ (*lleno*) voll (*de* von +*dat*); **una nube preñada de agua** eine regenschwere Wolke; **una palabra preñada** ein tiefsinniges Wort; ~ **de dificultades** voller Schwierigkeiten; ~ **de emoción** gefühlvoll
preñar [preˈɲar] *vt* ❶ (*mujer*) schwängern
❷ (*animal*) decken
❸ (*llenar*) füllen
preñez [preˈɲeθ] *f* ❶ (*de la mujer*) Schwangerschaft *f*
❷ (*del animal*) Trächtigkeit *f*
❸ (*incertidumbre*) Ungewissheit *f;* (*dificultad*) Schwierigkeit *f*
preocupación [preokupaˈθjon] *f* ❶ (*desvelo*) Sorge *f* (*por* um +*akk*, wegen +*gen/dat*), Besorgnis *f;* **¡déjate de preocupaciones!** mach dir nicht so viele Gedanken!; **sin preocupaciones** sorglos
❷ (*pesadumbre*) Kummer *m;* **causar preocupaciones a alguien** jdm das Herz schwer machen, jdm Kummer bereiten
❸ (*obsesión*) fixe Idee *f;* **su única** ~ **es el dinero** er/sie denkt nur ans Geld, sein/ihr einziger Gedanke ist das Geld
❹ (*prejuicio*) Vorurteil *nt*, Voreingenommenheit *f;* (JUR) Befangenheit *f*
preocupado, -a [preokuˈpaðo, -a] *adj* (*inquieto*) besorgt (*por* wegen +*gen/dat*, über +*akk*); **mi padre anda bastante** ~ mein Vater macht sich *dat* ziemlich große Sorgen; **tener el espíritu** ~ **por un asunto** völlig mit einer Sache beschäftigt sein
preocupante [preokuˈpante] *adj* Besorgnis erregend
preocupar [preokuˈpar] I. *vt* ❶ (*inquietar*) beunruhigen, Sorgen machen +*dat;* **¿por qué preocupas tanto a tus padres?** warum bereitest du deinen Eltern solche Sorgen?
❷ (*ocupar antes*) vorher in Besitz nehmen
❸ (*prevenir*) einnehmen (*por* für +*akk*, *contra* gegen +*akk*)
II. *vr:* ~**se** ❶ (*inquietarse*) sich *dat* Sorgen machen (*por* um +*akk*, wegen +*gen/dat*); **¡no se preocupe!** seien Sie unbesorgt!; **¡no te preocupes tanto!** mach dir nicht so viele Gedanken!
❷ (*encargarse*) sich kümmern (*de* um +*akk*); **preocúpate tú del asunto** kümmere du dich darum; **no se preocupa de arreglar el asunto** er/sie hält es nicht für nötig, die Sache in Ordnung zu bringen
❸ (*tener prejuicios*) voreingenommen sein

preolímpico, -a [preo'limpiko, -a] *adj* vorolympisch
preordinación [preorðina'θjon] *f* (REL) Vorausbestimmung *f*
preordinar [preorði'nar] *vt* (REL) vorausbestimmen
prepa ['prepa] *f* (*Méx*) v. **preparatoria**
preparación [prepara'θjon] *f* ① (*de un asunto*) Vorbereitung *f*; **el libro está en ~** das Buch ist in Vorbereitung
② (*de la comida*) Zubereitung *f*
③ (*de materias primas*) Aufbereitung *f*; **~ del agua potable** Trinkwasseraufbereitung *f*; **~ de combustibles** Brennstoffaufbereitung *f*; **~ de datos** (INFOR) Datenaufbereitung *f*
④ (*formación*) Ausbildung *f*, Vorbildung *f*; **~ académica** Hochschulausbildung *f*; **~ especializada** Fachausbildung *f*; **~ profesional** Berufsausbildung *f*; **sin ~** ohne Vorbildung
⑤ (*farmacéutica*) Präparat *nt*
⑥ (QUÍM) Ansatz *m*, Darstellung *f*; **~ en estado puro** Reindarstellung *f*
preparado¹ [prepa'raðo] *m* Präparat *nt*, Mittel *nt*; **~ antilimaza** Schneckenvertilgungsmittel *nt*; **~ experimental** Versuchspräparat *nt*; **~ listo** Fertigpräparat *nt*; **~ retardador** Retardpräparat *nt*; **~ para vaciar** Leerpräparat *nt*; **~ vitamínico** Vitaminpräparat *nt*
preparado, -a² [prepa'raðo, -a] *adj* vorbereitet; (INFOR) betriebsbereit; **tener ~** bereithalten; **~ para recepción** empfangsbereit
preparador(a) [prepara'ðor(a)] *m(f)* Vorbereiter(in) *m(f)*; (*profesión*) Präparator(in) *m(f)*
preparar [prepa'rar] I. *vt* ① (*disponer*) vorbereiten; **en esta escuela profesional te preparan bien** auf dieser Berufsschule erhältst du eine gute Ausbildung; **en inglés me prepara una profesora nativa** ich werde von einer Engländerin in Englisch unterrichtet; **~ el agua** das Wasser aufbereiten; **~ un buque para zarpar** (NÁUT) ein Schiff klarmachen zum Auslaufen; **~ el camino** den Weg bahnen; **~ una casa para vivir en ella** ein Haus herrichten; **~ la comida** das Essen (zu)bereiten; **~ un discurso** eine Rede ausarbeiten; **~ las maletas** die Koffer packen; **ya puedes ~ la maleta** (*fam*) es kann jederzeit losgehen; **~ las materias primas** Rohstoffe aufbereiten; **~ un recurso** (JUR) Rechtsmittel einlegen; **~ la tierra** den Boden bearbeiten
② (QUÍM) ansetzen
③ (INFOR: *datos*) aufbereiten; (*programa*) erstellen
④ (ANAT) präparieren
II. *vr:* **~se** sich vorbereiten (*para/a* auf/für *+akk*); **~se para un examen** sich auf [*o* für] ein Examen vorbereiten; **me preparaba a salir, cuando empezó a llover** ich wollte mich gerade zum Gehen fertigmachen, da fing es an zu regnen; **lleva el paraguas porque se prepara una tormenta** nimm den Schirm mit, denn es braut sich ein Unwetter zusammen; **~se para cualquier eventualidad** sich auf alles gefasst machen
preparativo¹ [prepara'tiβo] *m* Vorbereitung *f*; **~s de viaje** Reisevorbereitungen *fpl*
preparativo, -a² [prepara'tiβo, -a] *adj* vorbereitend
preparatoria [prepara'torja] *f* (*Méx*) Vorbereitungskurs zur Zulassung zum Hochschulstudium
preparatorio, -a [prepara'torjo, -a] *adj* vorbereitend, Vorbereitungs-; **curso ~** Vorbereitungskurs *m*; **trabajos ~s** Vorarbeiten *fpl*
prepo ['prepo] (*Arg*) **de ~** mit Gewalt
preponderancia [preponde'ranθja] *f* Vorherrschaft *f*, Übergewicht *nt*
preponderante [preponde'rante] *adj* (*opinión, tendencia*) vorherrschend, überwiegend; (*tema, idea*) vorherrschend
preponderar [preponde'rar] *vi* überwiegen, vorherrschen; **pondera la opinión de que...** es überwiegt die Meinung, dass ..., die vorherrschende Meinung ist, dass ...; **preponderan los temas eróticos en su obra** in seinem/ihrem Werk dominieren erotische Themen
preponer [prepo'ner] *irr como poner vt* vorziehen
preposición [preposi'θjon] *f* (LING) Präposition *f*
preposicional [preposiθjo'nal] *adj* (LING) präpositional
prepositivo, -a [preposi'tiβo, -a] *adj* (LING) im Präpositiv; **partícula prepositiva** Präfix *nt*
prepósito [pre'posito] *m* (REL) Präpositus *m*, Propst *m*
preposterar [preposte'rar] *vt* die Reihenfolge durcheinander bringen (+*gen*)
prepotencia [prepo'tenθja] *f* ① (*superioridad*) Übermächtigkeit *f*
② (*arrogancia*) Arroganz *f*, Überheblichkeit *f*
prepotente [prepo'tente] *adj* ① (*superior*) übermächtig
② (*arrogante*) arrogant, überheblich; **lo dijo con un tono ~** er/sie sagte es in einem anmaßenden Ton
preprocesador [preproθesa'ðor] *m* (INFOR) Präprozessor *m*
prepucio [pre'puθjo] *m* (ANAT) Vorhaut *f*, Präputium *nt*
prerrafaelismo [prerrafae'lismo] *m* (ARTE) Präraffaelismus *m*
prerrequisito [prerreki'sito] *m* Vorbedingung *f*, Voraussetzung *f*
prerrogativa [prerroɣa'tiβa] *f* ① (*privilegio*) Vorrecht *nt*, Privileg *nt*; **gozar de ~s** Vorrechte genießen
② (*dignidad*) große Ehre *f*
prerrománico, -a [prerro'maniko, -a] *adj* präromanisch

prerromántico, -a [prerro'mantiko, -a] *adj* präromantisch
presa ['presa] *f* ① v. **preso**
② (*acción*) (Ein)fangen *nt*; **ser ~ del terror** von Panik ergriffen [*o* erfasst] werden; **las llamas hicieron ~ en la casa** die Flammen bemächtigten sich des Hauses
③ (*de caza, objeto*) Beute *f*; (NÁUT) Prise *f*; **hacer una ~** Beute machen; (*un ave de presa*) Beute schlagen
④ (ZOOL): **animal de ~** Raubtier *nt*; **ave de ~** Raubvogel *m*
⑤ (*dique: en valle*) Talsperre *f*; (*en río*) (Stau)wehr *nt*, Staudamm *m*
⑥ (*colmillo*) Fangzahn *m*, Fang *m*
⑦ (*uña*) Kralle *f*, Fang *m*
⑧ (*acequia*) Bewässerungskanal *m*
⑨ (*de comida*) Stück *nt*, Portion *f*
⑩ (DEP) Griff *m*; **~ de brazo** (*judo*) Armhebel *m*
presagiar [presa'xjar] *vt* voraussagen, vorhersagen; **estas nubes presagian tormenta** diese Wolken sehen nach Gewitter aus
presagio [pre'saxjo] *m* ① (*señal*) Vorzeichen *nt*, Omen *nt*; **ser un buen/mal ~** ein gutes/schlechtes Omen sein
② (*presentimiento*) Vorahnung *f*
presbicia [pres'βiθja] *f* (MED) Weitsichtigkeit *f*
présbita ['presβita] I. *adj* weitsichtig
II. *mf* weitsichtiger Mensch *m*
presbiterianismo [presβiterja'nismo] *m* (REL) Presbyterianismus *m*
presbiteriano, -a [presβite'rjano, -a] I. *adj* presbyterianisch
II. *m, f* Presbyterianer(in) *m(f)*
presbiterio [presβi'terjo] *m* Altarraum *m*
presbítero [pres'βitero] *m* (REL) Priester *m*
presciencia [presθjen'θja] *f* Zukunftswissen *nt*
prescindible [presθin'diβle] *adj* entbehrlich
prescindir [presθin'dir] *vi* ① (*renunciar a*) verzichten (*de* auf *+akk*); **tenemos que ~ del coche** wir müssen ohne Auto auskommen; **no podemos ~ de él** wir kommen ohne ihn nicht zurecht; **el club quiere ~ de los servicios del jugador** der Verein will den Spieler entlassen
② (*no perseguir*) absehen (*de* von); **~ de la persecución penal** von der Strafverfolgung absehen
③ (*pasar por alto*) übersehen (*de +akk*)
④ (*no contar*) nicht rechnen (*de* mit *+dat*); **han prescindido de mí al formar el equipo** ich wurde bei der Mannschaftsaufstellung übergangen; **han prescindido de mi opinión** sie haben meine Meinung ignoriert
prescribir [preskri'βir] *irr como escribir* I. *vi* ① (JUR: *delito*) verjähren
② (JUR) verjähren
II. *vt* ① (*indicar*) vorschreiben; **prescrito por la ley** gesetzlich vorgeschrieben
② (*recetar*) verordnen; (MED) verschreiben
③ (JUR: *adquirir*) ersitzen
prescripción [preskrip'θjon] *f* ① (*indicación*) Vorschrift *f*; **~ administrativa** Verwaltungsvorschrift *f*; **~ comercial** Handelsvorschrift *f*; **~ disciplinaria** Disziplinarvorschrift *f*; **~ facultativa** Kann-Vorschrift *f*; **~ no imperativa** Soll-Vorschrift *f*; **~ de multas** Bußgeldvorschrift *f*; **~ tipo** Rahmenvorschrift *f*
② (*receta*) Verordnung *f*; (MED) Rezept *nt*
③ (JUR: *de delito*) Verjährung *f*; **~ de la acción penal** Verfolgungsverjährung *f*; (*de la demanda*) Klageverjährung *f*; **~ adquisitiva** Verjährung mit Rechtserwerb; **~ de derechos** Verjährung von Ansprüchen; **~ del hecho** Verjährung der Tat; **~ del pago** Zahlungsverjährung *f*; **~ de la pena** Vollstreckungsverjährung *f*
④ (JUR: *usucapión*) Ersitzung *f*
prescriptible [preskrip'tiβle] *adj* ① (*indicable*) vorschreibbar
② (*delito*) verjährbar
③ (JUR: *posesión, derecho*) ersitzbar
prescriptivo, -a [preskrip'tiβo, -a] *adj* ① (*indicable*) vorschreibend
② (*decretable*) verordnend
③ (*delito*) Verjährungs-; **plazo ~** Verjährungsfrist *f*
prescrito, -a [pres'krito, -a] *adj* ① (*ordenado*) vorgeschrieben; **por la ley** gesetzlich vorgeschrieben
② (*extinguido*) verjährt
presea [pre'sea] *f* (*elev*) Juwel *nt*, Schmuckstück *nt*
preselección [preseleɣ'θjon] *f* Vorauswahl *f*; **hacer una ~ de candidatos** eine Kandidatenvorauswahl treffen
preseleccionado, -a [preseleɣθjo'naðo, -a] *m, f* (DEP) Auswahlspieler(in) *m(f)*
preseleccionar [preseleɣθjo'nar] *vt* vorher auswählen; (DEP) (eine Auswahlmannschaft) aufstellen
preselector [preselek'tor] *m* (TÉC) Vorwähler *m*
presencia [pre'senθja] *f* ① (*asistencia*) Anwesenheit *f*, Gegenwart *f*, Präsenz *f* elev; **lo dijo en mi ~** er/sie sagte es in meiner Gegenwart [*o* meinem Beisein]; **sin la ~ del ministro** ohne Beisein des Ministers
② (*aspecto*) Aussehen *nt*, Erscheinungsbild *nt*; **buena ~** gepflegtes

presencial

Äußeres; **tener buena ~** gut aussehen

❸ (*existencia*): **estamos en ~ del aeropuerto más grande de Europa** wir haben den größten Flughafen Europas vor uns; **los vecinos están asustados por la ~ de ladrones** die Nachbarn haben Angst vor den Dieben; **la constante ~ de ese recuerdo no le dejaba dormir** die ständige Erinnerung daran brachte ihn um den Schlaf

presencial [presen'θjal] *adj*: **testigo ~** Augenzeuge, -in *m, f*

presenciar [presen'θjar] *vt* ❶ (*asistir*) beiwohnen +*dat*, dabei sein (bei +*dat*); **10.000 personas ~on el concierto** 10.000 Leute besuchten das Konzert

❷ (*ver*) sehen

presenil [prese'nil] *adj* (MED) vorzeitig gealtert; **demencia ~** vorzeitige Altersdemenz

presentable [presen'taβle] *adj*: **este trabajo está ~** diese Arbeit ist akzeptabel; **este trabajo es ~** diese Arbeit kann man vorzeigen; **ponerse ~** sich zurechtmachen; **vestido así no estás ~** in diesem Aufzug kannst du dich nicht sehen lassen

presentación [presenta'θjon] *f* ❶ (*acción, de una novela*) Vorstellung *f*, Präsentation *f*; (*de una máquina, número artístico*) Vorführung *f*

❷ (TV, RADIO) Präsentation *f*; (TEAT) Inszenierung *f*

❸ (*de instancia, dimisión, trabajo*) Einreichen *nt*; **del balance** Bilanzvorlage *f*; **el plazo de ~ de solicitudes finaliza hoy** die Frist für die Antragstellung läuft heute ab

❹ (*de argumentos*) Vorbringen *nt*; (*de pruebas*) Beibringen *nt*; (*propuesta*) Unterbreitung *f*; **~ de una declaración jurada** Abgabe einer eidesstattlichen Versicherung; **~ de una declaración de voluntad** Abgabe einer Willenserklärung

❺ (*de pasaporte, documento*) Vorzeigen *nt*, Vorlegen *nt*; **a su ~** (**de la letra**) bei Vorlage (des Wechsels)

❻ (*aspecto*) Aussehen *nt*; (*de un libro*) Aufmachung *f*

❼ (MED) (Kinds)lage *f*

❽ (*Am: súplica*) Gesuch *nt*

presentador(a) [presenta'ðor(a)] *m(f)* ❶ (*de programa*) Moderator(in) *m(f)*

❷ (*de telediario*) Nachrichtensprecher(in) *m(f)*

presentar [presen'tar] *vt* ❶ (*mostrar*) zeigen, vorstellen; **el autor presentó su último libro** der Autor stellte sein jüngstes Buch vor; **Toni Miró presenta sus nuevos modelos** Toni Miró führt seine neuen Modelle vor

❷ (*ofrecer*) bieten, aufweisen; **el viaje presenta dificultades** die Reise birgt Schwierigkeiten in sich; **la ciudad presenta un aspecto de gala** die Stadt zeigt sich in vollem Glanz; **este informe presenta los sucesos de una manera clara** dieser Bericht legt die Geschichte deutlich dar

❸ (TV, RADIO) präsentieren; (TEAT) aufführen, inszenieren; **el programa está presentado por...** das Programm wird von ... moderiert

❹ (*instancia, dimisión, trabajo, factura*) einreichen; (*informe*) vorlegen

❺ (*argumentos*) vorbringen; (*pruebas*) beibringen, präsentieren; (*propuesta*) unterbreiten

❻ (*pasaporte, documento*) vorzeigen, vorlegen; **el ministro presentó el presupuesto** der Minister legte den Haushaltsplan vor

❼ (*persona*) vorstellen; **te presento a mi marido** darf ich dir meinen Mann vorstellen?

❽ (*candidato*) vorschlagen

❾ (*mano*) ausstrecken, anbieten

presente¹ [pre'sente] I. *adj* ❶ (*que está*) anwesend; **¡~!** hier!; **estar ~** dabei sein

❷ (*actual*) gegenwärtig, derzeitig; **en las circunstancias ~s** unter den gegenwärtigen [*o gegebenen*] Umständen

❸ (*este*) diese(r, s); **la ~ edición** diese Ausgabe; **la ~ tesina** die vorliegende Diplomarbeit

❹ (*loc*): **hay que tener ~ las circunstancias** man muss sich *dat* die Umstände vor Augen führen, man muss dabei die Umstände berücksichtigen; **por la ~ deseo comunicarle que...** (*en una carta*) hiermit möchte ich Ihnen mitteilen, dass ...; **ten ~ lo que te he dicho** denk daran, was ich dir gesagt habe

II. *mf* (*asistente*) Anwesende(r) *mf*

presente² [pre'sente] *m* ❶ (*actualidad*) Gegenwart *f*; **hasta el ~** bis jetzt, bislang; **por el ~** augenblicklich

❷ (LING) Gegenwart *f*, Präsens *nt*

❸ (*regalo*) Geschenk *nt*

presentimiento [presenti'mjento] *m* Vorahnung *f*, (Vor)gefühl *nt*; **tengo el ~ de que...** ich habe das Gefühl, dass ...

presentir [presen'tir] *irr como sentir vt* vorahnen, vorausahnen; **presiento que mañana lloverá** ich habe das Gefühl [*o glaube*], dass es morgen regnen wird

preservación [preserβa'θjon] *f* ❶ (*de enfermedad*) Schutz *m*, Bewahrung *f*

❷ (*de peligro*) Schutz *m*, Behütung *f*

❸ (*de naturaleza*) Schutz *m*; **~ del medio ambiente** Umweltschutz *m*

preservador¹ [preserβa'ðor] *m* (INFOR): **~ de pantalla** Bildschirmschoner *m*

preservador(a)² [preserβa'ðor(a)] *adj* schützend (*de/contra* vor +*dat*)

preservar [preser'βar] *vt, vr*: **~se** (sich) schützen (*de/contra* vor +*dat*); **nos preservamos de la lluvia bajo un portal** ein Eingang bot uns Schutz vor dem Regen

preservativo¹ [preserβa'tiβo] *m* Präservativ *nt*

preservativo, -a² [preserβa'tiβo, -a] *adj* schützend (*de/contra* vor +*dat*)

presidencia [presi'ðenθja] *f* ❶ (*cargo, mandato*) Präsidentschaft *f*; (*cargo*) Präsidentenamt *nt*; **asumir la ~** das Präsidentenamt antreten; **esta orden viene de ~** dieser Befehl kommt vom Präsidenten/von der Präsidentin selbst

❷ (*edificio*) Amtssitz *m* des Präsidenten

❸ (*de organización, asamblea: conjunto*) Präsidium *nt*; (*individuo*) Vorsitzende(r) *mf*; **asumir la ~** den Vorsitz übernehmen; **bajo la ~ de** unter dem Vorsitz von

presidenciable [presiðen'θjaβle] *mf* Präsidentschaftskandidat(in) *m(f)*

presidencial [presiðen'θjal] *adj* ❶ (POL) präsidial, Präsidenten-

❷ (*de asamblea*) Vorstands-; **mesa ~** Vorstandstisch *m*

presidencialismo [presiðenθja'lismo] *m sin pl* (POL) Präsidialsystem *nt*

presidencialista [presiðenθja'lista] *adj* Präsidial-; **democracia ~** Präsidialdemokratie *f*; **sistema ~** Präsidialsystem *nt*

presidente, -a [presi'ðente, -a] *m, f* ❶ (POL) Präsident(in) *m(f)*; **~ en funciones** amtierender Präsident; **~ honorario** [*o* **de honor**] Ehrenpräsident *m*; **el ~ alemán Herzog** der Bundespräsident Herzog; **el ~ del gobierno Aznar** der Ministerpräsident [*o Regierungschef*] Aznar; **el ~ de Baden-Württemberg** der Ministerpräsident von Baden-Württemberg

❷ (*de empresa, partido, club*) Vorsitzende(r) *mf*; **~ del consejo de administración** Verwaltungsratsvorsitzende(r) *m*; **~ de la junta directiva** Vorstandsvorsitzende(r) *m*

❸ (*de asociación, jurado*) Obmann *m*, Obmännin *f*, Vorsitzende(r) *mf*

presidiario, -a [presi'ðjarjo, -a] *m, f* (Straf)gefangene(r) *mf*, Häftling *m*

presidio [pre'siðjo] *m* Gefängnis *nt*, Strafanstalt *f*; **condenar a 20 años de ~** zu 20 Jahren Gefängnis verurteilen

presidir [presi'ðir] *vt* ❶ (*ocupar presidencia*) den Vorsitz (inne)haben (in +*dat*); **~ una reunión** eine Sitzung leiten; **España preside este semestre la UE** in diesem Halbjahr hat Spanien den Vorsitz in der EU

❷ (*mandar*) leiten

❸ (*dominar*) dominieren, beherrschen

presidium [pre'siðjun] *m* (POL) Präsidium *nt*

presilla [pre'siʎa] *f* ❶ (*para abrochar*) Schlaufenverschluss *m*

❷ (*del pantalón*) Schlaufe *f*

presión [pre'sjon] *f* ❶ (*fuerza, t.* FÍS, METEO) Druck *m*; **~ arterial** [*o* **sanguínea**] Blutdruck *m*; **~ capilar** Kapillardruck *m*; **zona de altas presiones** (METEO) Hochdruckgebiet *nt*; **cerrar a ~** unter Druck verschließen; **¿a qué ~ llevas las ruedas?** mit welchem Reifendruck fährst du?

❷ (*acción*) Druck *m*, Zwang *m*; **~ competitiva** Konkurrenzdruck *m*; **~ fiscal** Steuerbelastung *f*; **~ social** sozialer Zwang; **grupo de ~** Lobby *f*; **estar bajo ~** unter Druck stehen; **hacer ~ sobre alguien** jdn unter Druck setzen, jdm Dampf machen *fam*; **no acepto presiones de nadie** ich lasse mich nicht unter Druck setzen; **Arantxa se ha sabido sacar muy bien la ~ de encima con este golpe** Arantxa hat sich mit diesem Schlag aus der Bedrängnis befreit

presionar [presjo'nar] *vt* ❶ (*apretar*) drücken; **~ una tecla** eine Taste drücken

❷ (*coaccionar*) Druck ausüben (auf +*akk*), unter Druck setzen; **el jefe me presiona mucho** der Chef setzt mir ganz schön zu [*o mich ganz schön unter Druck*]

preso, -a ['preso, -a] *m, f* (Straf)gefangene(r) *mf*, Häftling *m*; **~ político** politischer Häftling [*o Gefangener*]

pressing ['presiŋ] *m* (*t.* DEP) Pressing *nt*

prestación [presta'θjon] *f* ❶ (*de ayuda, servicio*) Leistung *f*; **~ accesoria** Nebenleistung *f*; **~ adicional** Mehrleistung *f*, Zusatzleistung *f*; **~ asistencial** Betreuungsleistung *f*; **~ compensatoria** Ausgleichsleistung *f*; **~ contra entrega** (COM) Zug-um-Zug-Leistung *f*; **~ por desempleo** Arbeitslosengeld *nt*; **~ especial** Sonderleistung *f*; **~ en especie** Sachleistung *f*; **~ de fianza** Bürgschaftserklärung *f*; **~ de juramento** Eidesleistung *f*; **~ parcial** Teilleistung *f*; **~ de servicios** Dienstleistung *f*; **~ social** Sozialleistung *f*; **P~ Social Sustitutoria** Zivildienst *m*; **las prestaciones de mi seguro son muy amplias** die Leistungen meiner Versicherung sind sehr umfangreich

❷ *pl* (*de coche*) Extras *ntpl*; **un coche con todas las prestaciones**

prestado

técnicas ein Auto mit allen technischen Finessen
prestado, -a [pres'taðo, -a] *adj* geliehen, geborgt; **voy de ~, el traje me lo han dejado** der Anzug gehört mir nicht, ich habe ihn mir nur geliehen; **vive de ~ en casa de una amiga** er/sie wohnt umsonst [*o* mietfrei] bei einer Freundin

prestamista [presta'mista] *mf* (Geld)verleiher(in) *m(f)*; (*de créditos*) Kreditvermittler(in) *m(f)*; (*en banco*) Darlehensgeber(in) *m(f)*; (*en Alemania, profesional*) Pfandleiher(in) *m(f)*

préstamo ['prestamo] *m* ❶ (*acción*) (Aus)leihen *nt*, Borgen *nt*
❷ (*lo prestado*) Darlehen *nt*; (*para exposición*) Leihgabe *f*; **~ de adquisición** Anschaffungsdarlehen *nt*; **~ bancario** Bankdarlehen *nt*; **~ financiero** Geldanleihe *f*; **~ con garantía** Darlehen gegen Sicherheit; **~ hipotecario** Bauspardarlehen *nt*; **~ interbancario** Bank-an-Bank-Kredit *m*; **~ a interés fijo/variable** Darlehen mit festen/variablen Zinssätzen; **~ mercantil** (JUR) handelsrechtliches Darlehen; **~ para obras** Baudarlehen *nt*; **~ de socio** Gesellschafterdarlehen *nt*; **~ sustitutivo de capital** kapitalersetzendes Darlehen; **~ sobre valores bursátiles** Wertpapierdarlehen *nt*; **la duración de un ~** die Laufzeit eines Darlehens; **conceder un ~** ein Darlehen gewähren; **solicitar un ~** ein Darlehen beantragen; **tomar un ~** ein Darlehen in Anspruch nehmen, einen Kredit aufnehmen
❸ (LING) Entlehnung *f*, Lehnwort *nt*

prestancia [pres'tanθja] *f* ❶ (*excelencia*) Vorzüglichkeit *f*
❷ (*distinción*) Vornehmheit *f*

prestar [pres'tar] **I.** *vt* ❶ (*dinero, coche*) (aus)leihen, borgen; (*pagando a cambio*) (ver)leihen; **¿me prestas la bici, por favor?** kannst du mir bitte dein Fahrrad (aus)leihen?; **el banco me ha prestado el dinero** die Bank hat mir das Geld geliehen
❷ (*dedicar*): **~ ayuda/servicios** Hilfe/Dienste leisten; **~ colaboración** mithelfen, kooperieren; **~ apoyo** Unterstützung zusagen; **~ trabajo** Arbeit leisten
❸ (*declaración*) abgeben; (*juramento*) leisten, ablegen
❹ (*silencio*) bewahren; (*paciencia*) aufbringen; (*atención*) schenken; **~ oídos** Aufmerksamkeit schenken
II. *vi* (*dar de sí*): **los zapatos son pequeños pero ya ~án** die Schuhe sind klein, aber sie werden sich schon weiten; **este pantalón presta mucho** diese Hose dehnt sich sehr; **esta cuerda no presta** dieses Seil reicht nicht
❷ (*ser útil*) taugen
III. *vr*: **~se** ❶ (*ofrecerse*) sich anbieten (*para* für +*akk*); **se prestó a ayudarme en la mudanza** er/sie bot mir seine/ihre Hilfe beim Umzug an
❷ (*avenirse*) sich bequemen (*a* zu +*dat*)
❸ (*dar motivo*) verursachen, bewirken; **tus palabras se prestan a confusión** deine Worte stiften Verwirrung

prestatario, -a [presta'tarjo, -a] *m, f* Darlehensnehmer(in) *m(f)*, Kreditnehmer(in) *m(f)*

preste ['preste] *m* (REL) Priester *m*

presteza [pres'teθa] *f* ❶ (*celeridad*) Schnelligkeit *f*
❷ (*de ejecución*) Promptheit *f*, Eilfertigkeit *f*

prestidigitación [prestiðixita'θjon] *f* Taschenspielerei *f*; **un número de ~** in Taschenspielerkunststück

prestidigitador(a) [prestiðixita'ðor(a)] *m(f)* Taschenspieler(in) *m(f)*

prestigiador(a) [prestixja'ðor(a)] *adj* Ruhm erzeugend

prestigiar [presti'xjar] *vt* Ansehen *m* [*o* Prestige] verleihen +*dat*

prestigio [pres'tixjo] *m* Ansehen *nt*, Prestige *nt elev*; **una cuestión de ~** eine Prestigesache; **hoy viene un conferenciante de ~** der heutige Redner gilt als Autorität [*o* Kapazität] auf seinem Gebiet

prestigioso, -a [presti'xjoso, -a] *adj* angesehen, von Prestige; **muy ~** hoch angesehen

presto¹ ['presto] *adv* (*rápidamente*) schnell, rasch
❷ (*al instante*) sofort, auf der Stelle
❸ (MÚS) presto

presto, -a² ['presto, -a] *adj* ❶ (*listo*) bereit, fertig
❷ (*rápido*) prompt, schnell

presumible [presu'miβle] *adj* vermutlich; **el ~ delincuente** der mutmaßliche Täter; **es ~ que...** +*subj* es ist anzunehmen, dass ...

presumido, -a [presu'miðo, -a] *adj* ❶ (*arrogante*) anmaßend, arrogant
❷ (*vanidoso*) eitel

presumir [presu'mir] **I.** *vi* ❶ (*vanagloriarse*) prahlen (*de* mit +*dat*), angeben (*de* mit +*dat*), protzen (*de* mit +*dat*) *fam*; **no se puede hablar con él, sólo presume** man kann nicht mit ihm reden, der zieht immer gleich eine Schau ab
❷ (*cuidarse*) sich herausputzen; **presume más que una mona** (*fam*) er/sie ist ein Lackaffe/ein Modepüppchen
II. *vt* vermuten, annehmen, mutmaßen; **como era de ~...** wie anzunehmen war ...

presunción [presun'θjon] *f* ❶ (*sospecha*) Vermutung *f*, Annahme *f*, Mutmaßung *f*; **~ de causación** Verursachungsvermutung *f*; **~ de inocencia** Unschuldsvermutung *f*; **jurídica** [*o* **legal**] Rechtsvermutung *f*;

pretensión

~ legal gesetzliche Vermutung; **~ de monopolio** Monopolvermutung *f*; **~ de oligopolio** Oligopolvermutung *f*; **~ de paternidad** Vaterschaftsvermutung *f*; **~ de prueba** Beweisvermutung *f*
❷ (*petulancia*) Angeberei *f*, Protzigkeit *f fam*
❸ (*vanidad*) Einbildung *f*

presunto, -a [pre'sunto, -a] *adj* ❶ (*supuesto*) vermutlich; **el ~ asesino** der mutmaßliche Mörder
❷ (*equivocamente supuesto*) vermeintlich, angeblich

presuntuosidad [presuntwosi'ðað] *f* ❶ (*petulancia*) Angeberei *f*, Protzigkeit *f fam*
❷ (*vanidad*) Einbildung *f*

presuntuoso, -a [presuntu'oso, -a] *adj* eitel

presuponer [presupo'ner] *irr como poner vt* ❶ (*suponer*) voraussetzen
❷ (*calcular*) veranschlagen

presuposición [presuposi'θjon] *f* Voraussetzung *f*

presupuestar [presupwes'tar] *vt* ❶ (POL, ECON) den Haushaltsplan aufstellen (für +*akk*)
❷ (*calcular gastos*) veranschlagen; **~ los gastos en tres millones** die Kosten mit drei Millionen veranschlagen

presupuestario, -a [presupwes'tarjo, -a] *adj* (*proyecto*) Budget-, Etat-; (*política, déficit*) Haushalts-; (*razón*) budgetär; **control ~** Haushaltskontrolle *f*; **Oficina Presupuestaria** Haushaltsreferat *nt*; **política presupuestaria** Haushaltspolitik *f*

presupuesto [presu'pwesto] *m* ❶ (POL, ECON) Haushalt(splan) *m*, Budget *nt*, Etat *m*; **~ anual** Jahresetat *m*; **~ de explotación** Wirtschaftsplan *m*; **~ federal** Bundeshaushalt *m*; **~ de los gastos** Kostenbudget *nt*; **P~ General del Estado** Staatshaushalt *m*; **~ militar** Militäretat *m*; **~ municipal** Gemeindehaushalt *m*; **~ de publicidad** Werbeetat *m*; **~ doble** Doppelhaushalt *m*; **la confección del ~** die Aufstellung des Haushaltsplanes, die Etataufstellung; **equilibrar el ~** den Haushalt ausgleichen
❷ (*cálculo*) (Kosten)voranschlag *m*; **pedir un ~** einen Kostenvoranschlag anfordern
❸ (*suposición*) Voraussetzung *f*

presura [pre'sura] *f* ❶ (*opresión*) Bedrängnis *f*
❷ (*prisa*) Eile *f*
❸ (*ahínco*) Eifer *m*

presurización [presuriθa'θjon] *f* (FÍS) Erzeugung *f* von Druckausgleich

presurizado, -a [presuri'θaðo, -a] *adj*: **cabina presurizada** Druckkabine *f*

presurizar [presuri'θar] <z→c> *vt* (FÍS) Druckausgleich erzeugen (ir +*dat*)

presuroso, -a [presu'roso, -a] *adj* eilig, hastig; **iba ~ por la calle** er eilte durch die Straße

pret-a-porter [pretapor'te] *m inv* Prêt-à-porter *nt*

pretecnología [preteɣnolo'xia] *f* (ENS) Werkunterricht *m*

pretemporada [pretempo'raða] *f* ❶ (*turística*) Vorsaison *f*
❷ (DEP) Vorbereitungszeit *f* vor der Saison

pretencioso, -a [preten'θjoso, -a] *adj* eitel

pretender [preten'der] *vt* ❶ (*aspirar a*) streben (nach +*dat*), erstreben; **~ subir de categoría** eine Beförderung anstreben
❷ (*pedir*) beanspruchen; **¿qué pretendes que haga?** was soll ich tun?; **no puedes ~ que te traten con corrección si...** du kannst nicht verlangen, dass die Leute höflich zu dir sind, wenn ...
❸ (*tener intención*) vorhaben, beabsichtigen; **no pretendía molestar** ich wollte nicht stören
❹ (*intentar*) versuchen
❺ (*afirmar*) behaupten
❻ (*puesto*) sich bewerben (um +*akk*)
❼ (*cortejar*) werben (um +*akk*), umwerben

pretendido, -a [preten'diðo, -a] *adj* angeblich

pretendiente [preten'djente] *m* ❶ (*de mujer, trabajo*) Bewerber *m*
❷ (*a la corona*) Thronanwärter *m*, Prätendent *m elev*

pretensión [preten'sjon] *f* ❶ (*derecho*) Anspruch *m*, Forderung *f*; **~ de alimentos** Unterhaltsanspruch *m*; **~ de aprovechamiento** [*o* **de explotación**] Nutzungsanspruch *m*; **~ de compensación** Ausgleichsanspruch *m*; **~ de contraria** Gegenanspruch *m*; **~ de la demanda** Klageanspruch *m*; **~ económica** Gehaltsforderung *f*; (*aspiración*) Gehaltsvorstellung *f*; **~ de pago** Zahlungsanspruch *m*; **~ subsidiaria** Hilfsanspruch *m*; **~ de restitución** [*o* **de revisión**] (JUR) Restitutionsanspruch *m*; **~ de validez** Geltungsanspruch *m*; **presentar/interponer una ~** einen Anspruch anmelden/geltend machen; **ceder/desestimar una ~** einen Anspruch abtreten/zurückweisen
❷ (*ambición*) Ehrgeiz *m*
❸ (*aspiración*) Streben *nt*, Aspiration *f elev*; **es una persona con muchas pretensiones** er/sie will hoch hinaus; **es una persona con pocas pretensiones** er/sie gibt sich mit wenig zufrieden; **tener muchas pretensiones laborales** beruflich hoch hinaus wollen, Karriere machen wollen; **tiene la ~ de que vaya con él** er/sie erwartet

pretensor
dass ich mit ihm gehe
④ *pl* (*vanidad*): **tiene pretensiones de actor** er spielt sich als Schauspieler auf
⑤ (*solicitud*) Bewerbung *f*

pretensor [preten'sor] *m*: ~ **de(l) cinturón (de seguridad)** (AUTO) Gurtspanner *m*, Gurtstraffer *m*

preterición [preteri'θjon] *f* ❶ (*omisión*) Übergehung *f*
❷ (JUR) Ausschließung *f* von der Erbfolge
❸ (LIT: *de retórica*) scheinbare Übergehung *f*, Präteritio(n) *f*

preterintencional [preterinten̦θjo'nal] *adj* (JUR) über die Absichten hinausgehend

preterir [prete'rir] *vt* (JUR) von der Erbfolge ausschließen

pretérito¹ [pre'terito] *m* (LING) Präteritum *nt*

pretérito, -a² [pre'terito, -a] *adj* vergangen; **en tiempos ~s** in vergangenen [*o* früheren] Zeiten

preternatural [preternatu'ral] *adj* übernatürlich

pretextar [pretes'tar] *vt* vorgeben, vorschieben; **pretextó que estaba enfermo** er gab vor krank zu sein, er schob eine Krankheit vor; **siempre pretexta algo** er/sie findet immer einen Vorwand

pretexto [pre'testo] *m* Vorwand *m*, Ausrede *f*; **a ~ de...** unter dem Vorwand ...

pretil [pre'til] *m* ❶ (*de puente*) Brüstung *f*
❷ (*Am: atrio*) Vorhalle *f*, Atrium *nt*; (*de una casa*) Vorraum *m*

pretina [pre'tina] *f* ❶ (*cinta*) (Hosen)schnalle *f*
❷ (*de calzoncillos*) Gummizug *m*
❸ (*de prenda*) Gürtel *m*
④ (*cintura*) Taille *f*

pretónico, -a [pre'toniko, -a] *adj* (LING) der betonten Silbe vorgestellt

pretor [pre'tor] *m* (HIST) Prätor *m*

preuniversitario, -a [preunißersi'tarjo, -a] *adj*: **curso ~** ≈letztes Schuljahr *nt* (vor dem Abitur)

prevalecer [preβale'θer] *irr como crecer vi* ❶ (*imponerse*) sich durchsetzen (*entre/sobre* gegenüber +*dat*); **la verdad prevaleció sobre la mentira** die Wahrheit siegte über die Lüge
❷ (*predominar*) (vor)herrschen, überwiegen; **en esta ciudad prevalecen los de derechas sobre los de izquierdas** in dieser Stadt gibt es mehr Rechte als Linke
❸ (*triunfar*) siegen
④ (BOT) Wurzeln schlagen
⑤ (*prosperar*) gedeihen

prevaleciente [preβale'θjente] *adj* (vor)herrschend, überwiegend; (*moda*) herrschend, aktuell; (*costumbre*) weit verbreitet

prevalerse [preβa'lerse] *irr como valer vr* ❶ (*de alguien*) ausnutzen (*de* +*akk*)
❷ (*de algo*) sich bedienen (*de* +*gen*), sich *dat* zunutze [*o* zu Nutze] machen (*de* +*akk*); **se prevalió de mi estado de ánimo para justificar mi despido** er/sie rechtfertigte meine Entlassung mit meinem schlechten Gemütszustand

prevaricación [preβarika'θjon] *f* ❶ (*del deber*) Pflichtverletzung *f*
❷ (JUR) Rechtsbeugung *f*

prevaricador(a) [preβarika'ðor(a)] I. *adj* ❶ (*que falta al deber*) die Pflicht verletzend
❷ (JUR) das Recht beugend
II. *m(f)* ❶ (*que falta al deber*) Pflichtverletzer(in) *m(f)*
❷ (JUR) Rechtsbeuger(in) *m(f)*

prevaricar [preβari'kar] <c→qu> *vi* ❶ (*faltar al deber*) die Pflicht verletzen
❷ (JUR) das Recht beugen
❸ (*fam: desvariar*) spinnen

prevaricato [preβari'kato] *m* (JUR) *v.* **prevaricación**

prevención [preβen̦'θjon] *f* ❶ (*preparativo*) Vorbereitung *f*
❷ (*precaución*) Vorkehrung *f*; **~ de accidentes** Unfallverhütung *f*; **~ de siniestros** Schadensvorbeugung *f*
❸ (MED) Vorbeugung *f*, Verhütung *f*, Prävention *f*; **~ del cáncer** Krebsvorsorge *f*

prevenido, -a [preβe'niðo, -a] *adj* ❶ *estar*: **estar ~** auf der Hut sein
❷ *ser* (*previsor*) vorsichtig; **hombre ~ vale por dos** (*prov*) Vorsicht ist besser als Nachsicht

prevenir [preβe'nir] *irr como venir* I. *vt* ❶ (*preparar*) vorbereiten; **las armas** zum Kampf rüsten
❷ (*proveer*) versorgen (*de* mit +*dat*), versehen (*de* mit +*dat*)
❸ (*precaver*) verhüten; (*desavenencia*) vorbeugen +*dat*; **~ un peligro** einer Gefahr vorbeugen; **~ una catástrofe** eine Katastrophe verhindern; **más vale ~ que curar** (*prov*) vorbeugen ist besser als heilen
④ (*advertir*) warnen
⑤ (*predisponer*): **~ a alguien a favor/en contra de alguien** jdn für/gegen jdn einnehmen
⑥ (*evitar*) vermeiden
II. *vr*: **~se** ❶ (*proveerse*) sich versorgen (*de* mit +*dat*), sich versehen (*de* mit +*dat*)
❷ (*tomar precauciones*) Vorkehrungen treffen
❸ (*contra alguien*) feindlich eingestellt sein (*contra* gegenüber +*dat*)

preventivo, -a [preβen̦'tiβo, -a] *adj* (*medio, acción, medicina*) vorbeugend, präventiv *elev*; **guerra preventiva** Präventivkrieg *m*; **medida preventiva** Vorbeugungsmaßnahme *f*, Präventivmaßnahme *f*; **prisión preventiva** Untersuchungshaft *f*

preventorio [preβen̦'torjo] *m* (MED) Sanatorium *nt*; (*para tuberculosos*) Heilanstalt *f* für Tuberkulosekranke; **~ infantil** Kindersanatorium *nt*

prever [pre'βer] *irr como ver vt* vorhersehen, voraussehen

previdencia [preβi'ðen̦θja] *f* Vorhersehen *nt*; (*visión de futuro*) Weitblick *m*

previdente [preβi'ðen̦te] *adj* weitblickend

previo¹ ['preβjo] *m* (TV, CINE) Play-back *nt*

previo, -a² ['preβjo, -a] *adj* vorherige(r, s); **(sin) ~ aviso** (ohne) Vorankündigung; **previa presentación del D.N.I.** bei Vorlage des Personalausweises; **~ pago de la matrícula** gegen eine Einschreibegebühr; **tuve una entrevista previa con él** ich hatte zuvor eine Besprechung mit ihm

previsibilidad [preβisiβili'ðað] *f* (*t.* JUR) Voraussehbarkeit *f*

previsible [preβi'siβle] *adj* ❶ (*probable*) voraussichtlich
❷ (*que se puede prever*) voraussehbar; **dentro de un futuro ~** in absehbarer Zeit; **era ~** das war vorauszusehen

previsión [preβi'sjon] *f* ❶ (*de prever*) Vorhersage *f*; **~ del tiempo** Wettervorhersage *f*; **esto supera todas las previsiones** das übertrifft alle Erwartungen; **en ~ de...** im Falle, dass ..., falls ...
❷ (ECON) Prognose *f*; **~ de beneficios** Ertragsprognose *f*, Gewinnerwartung *f*; **~ económica** Wirtschaftsprognose *f*; **~ de ventas** Absatzprognose *f*; **las previsiones económicas** die Wirtschaftsprognosen
❸ (*precaución*) Vorsorge *f*; **~ adicional** Zusatzversorgung *f*; **~ de asistencia social** Daseinsfürsorge *f*, Daseinsvorsorge *f*; **~ de rendimiento** Leistungsvorgabe *f*; **~ de los supérstites** Hinterbliebenenversorgung *f*; **hay que tener ~ de futuro** man muss für die Zukunft vorsorgen
④ (*cálculo*) Voranschlag *m*

previsor(a) [preβi'sor(a)] *adj* ❶ (*con visión*) vorausschauend; (*política*) weit blickend
❷ (*precavido*) vorsorglich

previsto, -a [pre'βisto, -a] *adj* vorausgesehen; **el éxito estaba ~** der Erfolg war zu erwarten; **todo lo necesario está ~** es ist für alles Notwendige gesorgt

prez [preθ] *m o f* (*elev*) ❶ (*honor*) Ehre *f*
❷ (*gloria*) Ruhm *m*

PRI [pe(e)rre'i] *m abr de* **Partido Revolucionario Institucional** PRI *f* (*mexikanische Partei*)

priapismo [pria'pismo] *m* (MED) Priapismus *m*

prietamente [prjeta'men̦te] *adv* (*ropa*) eng; (*personas*) dicht gedrängt

prieto, -a ['prjeto, -a] *adj* ❶ (*apretado*) eng
❷ (*negro*) schwarz; (*negruzco*) schwärzlich
❸ (*tacaño*) geizig, knauserig

priísta [pri'ista] *mf* (*Méx*) Anhänger(in) *m(f)* der PRI

prima ['prima] *f* ❶ (*pariente*) Kusine *f*; **~ hermana/segunda** Kusine ersten/zweiten Grades
❷ (FIN) Prämie *f*; **~ de ahorro-vivienda** Bausparprämie *f*; **~ de aplazamiento** Deportkurs *m*; **~ de emisión** Emissionsprämie *f*; **~ sobre el empréstito** Anleiheagio *nt*; **~ fija** feste Prämie; **~ de indemnización** Entschädigungsprämie *f*; **~ a la inversión** Investitionsprämie *f*; **~ de opción a vender** Rückprämie *f*; **~ de riesgo** Risikoprämie *f*; **~ de seguro** Versicherungsprämie *f*; **acción con ~** über pari ausgegebene Aktie
❸ (*paga*) Zulage *f*, Zuschlag *m*; **~ de antigüedad** (Dienst)alterszulage *f*; **~ de inversión** Investitionszulage *f*; **~ de productividad** Produktivitätsprämie *f*; **cada jugador recibe una ~ de 50.000 euros** jeder Spieler bekommt eine Prämie von 50.000 Euro
④ (MÚS) oberste Saite *f*
⑤ (REL) Prim *f*

primacía [prima'θia] *f* ❶ (*supremacía*) Vorrangstellung *f*; (*militar, política*) Vormachtstellung *f*; **la ~ de Agassi en el tenis mundial** Agassis Vormachtstellung im Welttennis
❷ (*prioridad*) Vorrang *m*
❸ (REL) Primas *m*

primada [pri'maða] *f* (*fam*) Dummheit *f*; **no hagas la ~ de comprarte este traje** sei nicht so dumm dir den Anzug zu kaufen; **me han hecho una ~** man hat mich übers Ohr gehauen

primado [pri'maðo] *m* ❶ (REL) Primas *m*
❷ (*prioridad*) Vorrang *m*

prima donna ['prima 'ðona] *f* (MÚS) Primadonna *f*

primar [pri'mar] I. *vi* vorherrschen; **en esta escuela prima el orden** in dieser Schule ist Ordnung das Wichtigste; **aquí priman los enchufes sobre la capacidad personal** hier sind Beziehungen wichtiger als persönliche Fähigkeiten

primario

II. *vt* eine Zulage [*o* einen Zuschlag] geben +*dat*
primario, -a [pri'marjo, -a] *adj* ❶ (*principal*) wesentlich, vorrangig, primär; **corriente primaria** (ELEC) Primärstrom *m*; **necesidades primarias** Grundbedürfnisse *ntpl*; **sector ~** (ECON) primärer Sektor
❷ (*persona*) simpel
❸ (*loc*): **enseñanza primaria** (ENS) Grund- und Hauptschule *f*; **era primaria** (GEO) Paläozoikum *nt*
primate [pri'mate] *m* Primat *m*
primavera [prima'βera] I. *adj* simpel
II. *f* ❶ (*estación*) Frühling *m*; **estar en la ~ de la vida** im Frühling des Lebens stehen
❷ (BOT) Primel *f*
❸ *pl* (*años*) Lenze *mpl*
primaveral [primaβe'ral] *adj* Frühlings-; **tiempo ~** Frühlingswetter *nt*
primer [pri'mer] *adj v.* **primero, -a²**
primera [pri'mera] *f* ❶ (*persona*) Erste *f*
❷ (AUTO) erster Gang *m*; **ir en ~** im ersten Gang fahren
❸ (FERRO, AERO): **viajar en ~** erster Klasse reisen
❹ (*loc*): **de ~** erstklassig, ausgezeichnet; **a las ~s de cambio** plötzlich; **fue eliminado a las ~s de cambio** er schied bereits nach ein paar Runden aus; **lo hice a la ~** ich habe es auf Anhieb geschafft
primeriza [prime'riθa] *f* (*parturienta*) Erstgebärende *f*
primerizo, -a [prime'riθo, -a] *m*, *f* (*novato*) Neuling *m*
primero¹ [pri'mero] *adv* ❶ (*en primer lugar*) zuerst, zunächst; **~..., segundo...** erstens ..., zweitens ...; **~ dice una cosa, luego otra** er/sie sagt einmal hü und einmal hott *fam*
❷ (*antes*) lieber
primero, -a² [pri'mero, -a] I. *adj* (*ante sustantivo masculino: primer*) erste(r, s); **primera calidad** Topqualität *f*; **primera edición** Erstausgabe *f*; **el Primer Ministro** der Premierminister; **el primer programa** das erste Programm; **primera representación** Uraufführung *f*; **la primera vez** das erste Mal; **por primera vez** zum ersten Mal; **estado ~** ursprünglicher Zustand; **a primera hora (de la mañana)** früh morgens; **a ~s de mes** am Monatsanfang; **de primera calidad** erstklassig; **desde un primer momento** von Anfang an; **en primer lugar** zuerst, als Erstes; **ocupar una de las primeras posiciones** einen der vorderen Plätze belegen; **lo ~ es lo ~** immer der Reihe nach; **para mí tú eres lo ~** du kommst für mich an erster Stelle; **lo ~ es ahora la familia** die Familie hat jetzt Vorrang
II. *m*, *f* Erste(r) *mf*; **el ~ de la carrera** der Erstplatzierte im Rennen; **el ~ de la clase** der Klassenbeste; **estar entre los ~s** unter den Ersten sein; **eres el ~ en llegar** du bist als Erster angekommen
prime time [praɪm taɪm] *m* (TV) Sendezeit *f* mit der höchsten Zuschauerrate, Primetime *f*
primicia [pri'miθja] *f* ❶ (*lo primero*) Erstling *m*
❷ (PREN, TV, RADIO) Exklusivmeldung *f*
❸ *pl* (*frutos*): **las ~s** die ersten Früchte
primigenio, -a [primi'xenjo, -a] *adj v.* **primitivo**
primípara [pri'mipara] *f v.* **primeriza**
primitivamente [primitiβa'mente] *adv* ❶ (*originariamente*) ursprünglich
❷ (*de manera primitiva*) primitiv; **comportarse ~** sich ungehobelt benehmen
primitivismo [primiti'βismo] *m* ❶ (*actitud*) primitives Verhalten *nt*
❷ (ARTE) Primitivismus *m*
primitivo, -a [primi'tiβo, -a] *adj* ❶ (*cultura, pueblo*) primitiv; (*murallas*) ursprünglich; **los habitantes ~s** die Ureinwohner
❷ (*rústico*) simpel, primitiv
❸ (LING): **palabra primitiva** Stammwort *nt*, Primitivum *nt*
❹ (*loc*): **lotería primitiva** (*spanisches*) Lotto
primo¹ ['primo] *m* ❶ (*pariente*) Cousin *m*, Vetter *m*; **~ hermano/segundo** Vetter ersten/zweiten Grades
❷ (*fam: ingenuo*) Einfaltspinsel *m*; **hacer el ~:** hereinfallen, den Dummen spielen; **he hecho el ~: he pagado 20 euros por esto** man hat mich übers Ohr gehauen: ich habe dafür 20 Euro bezahlt; **¡no seas ~!** sei doch kein Dummkopf!
primo, -a² ['primo, -a] *adj* ❶ (*primero*): **materia prima** Rohstoff *m*
❷ (*primoroso*) geschickt
❸ (*excelente*) vortrefflich
❹ (MAT): **número ~** Primzahl *f*
primogénito, -a [primo'xenito, -a] I. *adj* erstgeboren
II. *m*, *f* Erstgeborene(r) *mf*
primogenitor(a) [primoxeni'tor(a)] *m(f)* Erzeuger(in) *m(f)*, Vater *m*, Mutter *f*; **los ~es** die Vorfahren
primogenitura [primoxeni'tura] *f* ❶ (*cualidad*) Erstgeburt *f*
❷ (*derecho*) Erstgeburtsrecht *nt*, Erstgeburt *f*
primor [pri'mor] *m* ❶ (*habilidad*) Geschicklichkeit *f*
❷ (*esmero*) Sorgfältigkeit *f*; **hacer algo con ~** etw sorgfältig machen
❸ (*cosa*) Meisterwerk *nt*; **este traje es un ~** dieser Anzug ist ein Meis-

terstück [*o* Prachtstück]
❹ (*loc*): **llueve que es un ~** es regnet in Strömen
primordial [primor'ðjal] *adj* ❶ (*más importante*) vorrangig; **este asunto es de interés ~** diese Angelegenheit hat Vorrang
❷ (*fundamental*) wesentlich; **para vivir en Alemania es ~ hablar alemán** um in Deutschland zu leben, muss man unbedingt Deutsch sprechen
primoroso, -a [primo'roso, -a] *adj* ❶ (*hábil*) geschickt
❷ (*con esmero*) sorgfältig; **es un bordado ~** das ist eine sauber gearbeitete Stickerei
❸ (*excelente*) vortrefflich; **labios ~s** sehr schöne Lippen
prímula ['primula] *f* (BOT) Primel *f*
princesa [prin'θesa] *f v.* **príncipe²**
principado [prinθi'paðo] *m* ❶ (*título*) Fürstenstand *m*
❷ (*territorio*) Fürstentum *nt*
❸ (GEO): **el P~ de Asturien** *nt*; **el P~ de Andorra** Andorra *nt*
principal¹ [prinθi'pal] I. *adj* (*más importante*) Haupt-, hauptsächlich; **oficina ~** Hauptgeschäftsstelle *f*, Zentrale *f*; **el problema ~** das Hauptproblem; **socio ~** Hauptteilhaber *m*; **su carrera profesional era lo ~ para él** seine Karriere war für ihn das Wichtigste
❷ (*esencial*) wesentlich; **concentrarse en lo ~** sich auf das Wesentliche konzentrieren
II. *mf* (*de negocio*) Geschäftsinhaber(in) *m(f)*
principal² [prinθi'pal] *m* ❶ (*piso*) erster Stock *m*
❷ (*edición*) Erstausgabe *f*
principalmente [prinθipal'mente] *adv* hauptsächlich, im Wesentlichen; **se trataba ~ de...** hauptsächlich [*o* in erster Linie] ging es darum, ...; **él ha sido ~ el que ha hecho el trabajo** im Wesentlichen hat er die Arbeit erledigt; **esta política beneficia ~ a los más necesitados** diese Politik kommt vor allem [*o* insbeond(e)re] den Bedürftigen zugute
príncipe¹ ['prinθipe] *adj*: **edición ~** Erstausgabe *f*
príncipe² ['prinθipe] *m*, **princesa** [prin'θesa] *f* ❶ (*soberano*) Fürst(in) *m(f)*
❷ (*hijo del rey*) Prinz *m*, Prinzessin *f*; **~ heredero** Kronprinz *m*; **el P~ de Asturias** der spanische Kronprinz
❸ (*en cuento*) Prinz *m*, Prinzessin *f*, Königssohn, -tochter *m*, *f*; **el ~ azul** der Märchenprinz
principesco, -a [prinθi'pesko, -a] *adj* fürstlich
principianta [prinθi'pjanta] *f* ❶ (*principiante*) Anfängerin
❷ (*aprendiza*) Lehrling *m*
principiante [prinθi'pjante] *mf* Anfänger(in) *m(f)*
principiar [prinθi'pjar] *vi*, *vt* beginnen, anfangen; **está principiando a nevar** es fängt an zu schneien
principio [prin'θipjo] *m* ❶ (*comienzo*) Anfang *m*, Beginn *m*; **acuerdo de ~** Rahmenabkommen *nt*; **al ~** am Anfang, anfangs; **ya desde el ~** bereits [*o* schon] am Anfang; **desde un ~** von Anfang an; **a ~s de diciembre** Anfang Dezember; **dar a algo un ~** mit etw *dat* anfangen
❷ (*causa*) Ursache *f*; **el ~ de la discusión** der Auslöser der Diskussion
❸ (*origen*) Ursprung *m*
❹ (*fundamento*) Prinzip *nt*, Grundsatz *m*; **~ de buena fe** (JUR) Prinzip von Treu und Glauben; **~ constitucional** Verfassungsgrundsatz *m*; **~ de culpabilidad** (JUR) Verschuldensprinzip *nt*, Schuldprinzip *nt*; **~ del derecho** Rechtsgrundsatz *m*; **~ del derecho electoral** Wahlrechtsgrundsatz *m*; **~ del derecho universal** Weltrechtsgrundsatz *m*; **~ del estado constitucional** Rechtsstaatsprinzip *nt*; **~ impositivo** Besteuerungsgrundsatz *m*, Steuergrundlage *f*; **~s de interpretación** Auslegungsgrundsätze *mpl*; **~ de lealtad** Lauterkeitsprinzip *nt*; **~ de legalidad** Legalitätsprinzip *nt*; **~ del litigio** (JUR) Verhandlungsgrundsatz *m*; **~ de territorialidad** Territorialitätsprinzip *nt*; **~ de unanimidad** Einstimmigkeitsprinzip *nt*; **~ de valoración** Bewertungsgrundlage *f*; **cuestión de ~s** Prinzipienfrage *f*, Grundsatzfrage *f*; **no tiene ~s** er/sie hat keine Prinzipien; **en ~** in Prinzip, im Grunde genommen
❺ (FÍS) Prinzip *nt*
❻ (QUÍM) Element *nt*, Grundstoff *m*
❼ *pl* (*de ciencia*) Abriss *m*
pringada [prin'gaða] *f* (GASTR) Schmalzbrot *nt*
pringado, -a [prin'gaðo, -a] *m*, *f*: **¡calla, ~!** (*pey*) halt die Klappe, Trottel!; **siempre soy yo el ~** (*fam: el que sobra*) immer bin ich das fünfte Rad am Wagen; (*la víctima*) immer bin ich der Gelackmeierte
pringar [prin'gar] <g→gu> I. *vt* ❶ (*manchar*) beschmieren (*de/con* mit +*dat*)
❷ (*mojar en salsa*) eintauchen (*en* in +*akk*)
❸ (HIST) mit heißem Fett übergießen
❹ (*fam: herir*) verwunden
❺ (*fam: desacreditar*) runtermachen
II. *vi* ❶ (*fam: en negocio*) beteiligt sein (*en an* +*dat*); **el ministro está pringado en este asunto** der Minister ist in diese Sache verwickelt
❷ (*fam: trabajar*) schuften
❸ (*Am: lloviznar*) nieseln

pringón ❹ (*fam: morir*) abkratzen
III. *vr:* ~**se** ❶ (*mancharse*) sich beschmieren (*de/con* mit +*dat*)
❷ (*en negocio*) beteiligt sein (*en* an +*dat*)
❸ (*loc*): **se ha pringado en 200 marcos** er/sie hat 200 Mark mitgehen lassen
pringón¹ [priŋ'gon] *m* ❶ (*acción*) Sichbeschmieren *nt*
❷ (*mancha*) Fettfleck *m*
pringón, -ona² [priŋ'gon, -ona] *adj* (*fam*) dreckig
pringoso, -a [priŋ'goso, -a] *adj* schmierig
pringote [priŋ'gote] *m* (GASTR) Gemisch aus Fleisch, Speck und Chorizo
pringue ['priŋge] *m* ❶ (*grasa*) Fett *nt*
❷ (*suciedad*) Schmutz *m*, Dreck *m*
❸ (*castigo*) Strafe *f*; **¿que tienes que repetir el trabajo? ¡vaya – tío!** (*fam*) was, du musst die Arbeit nochmals machen? so eine Schweinerei!
prior(a) [pri'or(a)] *m(f)* (REL) Prior(in) *m(f)*
priorato [prjo'rato] *m* ❶ (GASTR) Prioratswein *m*
❷ (REL) Priorat *nt*
priori [pri'ori] *adv:* **a** ~ a priori, von vornherein
prioridad [prjori'ðaθ] *f* ❶ (*anterioridad*) Vorzeitigkeit *f*, Priorität *f elev*
❷ (*urgencia*) Priorität *f*, Vorrang *m*; **de máxima** ~ von allerhöchster Dringlichkeit; **lista de** ~**es** Prioritätenliste *f*; **dar** ~ **a un asunto** eine Angelegenheit vorrangig behandeln, einer Angelegenheit Priorität einräumen *elev*
❸ (AUTO) Vorfahrt *f*
prioritario, -a [prjori'tarjo, -a] *adj* vorrangig; **este plan es** ~ dieser Plan hat Vorrang
priorizar [prjori'θar] <z→c> I. *vi* Prioritäten setzen [*o* festlegen]
II. *vt* Priorität einräumen +*dat*
prisa ['prisa] *f* Eile *f*; **a toda** ~ in aller Eile; **de** ~ schnell; **hacer algo de** ~ etw eilends tun; **de** ~ **y corriendo** (*con demasiada prisa*) hastig; (*rápidamente*) schleunigst; **no corre** ~ es hat Zeit; **¡date** ~! beeil dich!, Beeilung!; **el jefe me mete** ~ der Chef drängt mich zur Eile; **tengo** ~ ich habe es eilig, ich bin in Eile; **no tengas** ~ lass dir Zeit; **a esta hora hay mucha(s)** ~**(s) en la calle** um diese Zeit herrscht auf der Straße ein geschäftiges Treiben
priscal [pris'kal] *m* Pferch *m*
priscilianismo [prisθilja'nismo] *m* (HIST, REL) Priscillianismus *m*
prisco ['prisko] *m* (BOT: *albérchigo*) Pfirsichart mit weißem Fleisch
prisión [pri'sjon] *f* ❶ (*reclusión*) Haft *f*; (*de guerra*) Gefangenschaft *f*; ~ **celular** Einzelhaft *f*; ~ **mayor** Gefängnisstrafe zwischen sechs und zwölf Jahren; ~ **menor** Gefängnisstrafe zwischen sechs Monaten und sechs Jahren; ~ **preventiva** Untersuchungshaft *f*; ~ **subsidiaria** Ersatzfreiheitsstrafe *f*
❷ (*edificio*) Gefängnis *nt*; ~ **de alta seguridad** Hochsicherheitsgefängnis *nt*; **estar en** ~ im Gefängnis sitzen [*o* sein]
prisionero, -a [prisjo'nero, -a] *m, f* Gefangene(r) *mf*; (*convicto*) Häftling *m*, Sträfling *m*; ~ **de guerra** Kriegsgefangene(r) *m*; **hacer** ~ **a alguien** jdn gefangen nehmen
prisma ['prisma] *m* ❶ (*figura*) Prisma *nt*
❷ (*punto de vista*) Gesichtspunkt *m*, Blickwinkel *m*
prismático, -a [pris'matiko, -a] *adj* prismatisch, prismenförmig
prismáticos [pris'matikos] *mpl* Fernglas *nt*, Feldstecher *m*
prístino, -a ['pristino, -a] *adj* ❶ (*primitivo*) ursprünglich, primitiv
❷ (*puro*) rein
priva ['priβa] *f* (*argot*) Suff *m*
privacidad [priβaθi'ðaθ] *f* Privatsphäre *f*
privación [priβa'θjon] *f* ❶ (*desposesión*) Entzug *m*, Entziehung *f*; ~ **del cargo** Amtsentfernung *f*; ~ **de libertad** (JUR) Freiheitsberaubung *f*; (*cárcel*) Freiheitsentzug *m*; ~ **del permiso de conducir** Führerscheinentzug *m*; ~ **de la posesión** Besitzentziehung *f*
❷ (*carencia*) Entbehrung *f*, Einschränkung *f*
privado¹ [pri'βaðo] *m* (*de rey*) Günstling *m*; (*de ministro*) Protegé *m*
privado, -a² [pri'βaðo, -a] *adj* ❶ (*reunión, fiesta*) privat, im privaten Kreis; (*sesión*) nicht öffentlich
❷ (*personal*) Privat-, privat; (*confidencial*) privat, vertraulich; (*documentación*) privat, persönlich; **propiedad privada** Privateigentum *nt*; **seguro de enfermedad** ~ private Krankenversicherung *f*; **vida privada** Privatleben *nt*; **en el trabajo es insoportable, pero en** ~**...** bei der Arbeit ist er/sie unerträglich, aber privat ...; **quisiera hablar en** ~ **contigo** ich möchte mit dir unter vier Augen sprechen
❸ (*falto*): ~ **de...** ohne ...; ~ **de flexibilidad** (*cosa*) ungeschmeidig; (*persona*) unflexibel; ~ **de inteligencia** beschränkt; ~ **de la libertad** inhaftiert; ~ **de medios** mittellos
privanza [pri'βanθa] *f* ❶ (*de príncipe*) Gunst *f*
❷ (*de ministro*) Protektion *f*
privar [pri'βar] I. *vt* ❶ (*desposeer*) entziehen, wegnehmen; ~ **a alguien del permiso de conducir** jdm die Fahrerlaubnis entziehen; ~ **a alguien de libertad** jdn seiner Freiheit berauben; ~ **a alguien de un derecho** jdm ein Recht aberkennen; ~ **a alguien de un cargo** jdn eines Amtes entheben
❷ (*prohibir*) verbieten; **no me prives de visitarte** erlaub mir bitte dich zu besuchen
❸ (*gustar*) schwärmen (für +*akk*); **está privado por esa chica** er hat an diesem Mädchen einen Narren gefressen
II. *vi* ❶ (*estar de moda*) in Mode sein, in sein *fam*
❷ (*influir*) in Gunst stehen (*con* bei +*dat*)
III. *vr:* ~**se** verzichten (*de* auf +*akk*); **no se privan de nada** es fehlt ihnen an nichts
privatista [priβa'tista] *mf* (JUR) Privatrechtler(in) *m(f)*
privativo, -a [priβa'tiβo, -a] *adj* ❶ (*que priva*) entziehend; **pena privativa de libertad** (JUR) Freiheitsstrafe *f*
❷ (*propio*) eigen; **esta facultad es privativa del presidente** dazu ist ausschließlich der Präsident befugt
❸ (LING) privativ
privatización [priβatiθa'θjon] *f* Privatisierung *f*
privatizar [priβati'θar] <z→c> *vt* privatisieren
privilegiado, -a [priβile'xjaðo, -a] I. *adj* privilegiert; **tiene una memoria privilegiada** er/sie hat ein hervorragendes Gedächtnis
II. *m, f* Privilegierte(r) *mf*
privilegiar [priβile'xjar] *vt* privilegieren
privilegio [priβi'lexjo] *m* ❶ (*prerrogativa*) Sonderrecht *nt*, Privileg *nt*; ~ **fiscal** Steuererleichterung *f*
❷ (*beneficio*) Vorrecht *nt*, Privileg *nt elev*; ~ **de mercado** Marktprivileg *nt*
pro¹ [pro] *m o f* ❶ (*provecho*) Pro *nt*; **valorar los** ~**s y los contras** das Pro und das Kontra bedenken, Pro und Kontra abwägen; **en** ~ **de** zugunsten [*o* zu Gunsten] +*gen*; **campaña en** ~ **de la erradicación de las pruebas nucleares** Kampagne gegen Atomversuche [*o* Atomtests]
❷ (*loc*): **un hombre de** ~ ein rechtschaffener Mann
pro² [pro] *prep* für +*akk*, pro +*akk*
proa ['proa] *f* (NÁUT) Bug *m*; **poner la** ~ **en un asunto** eine Sache energisch anpacken; **poner la** ~ **a algo/alguien** sich gegen etw/jdn stellen, etw *dat*/jdm die Stirn bieten
pro-amnistía [proamnis'tia] *f* Kampagne Ende der 70er-Jahre für eine Amnestierung politischer Gefangener unter Franco
probabilidad [proβaβili'ðaθ] *f* ❶ (*verosimilitud*) Wahrscheinlichkeit *f*; **con toda** ~ aller Wahrscheinlichkeit nach
❷ (*posibilidad*) Aussicht *f*, Chance *f*; **hay** ~**es de rescatar los rehenes** es besteht Aussicht auf Befreiung der Geiseln
probabilismo [proβaβi'lismo] *m sin pl* (FILOS) Probabilismus *m*
probabilista [proβaβi'lista] *mf* (FILOS) Probabilist(in) *m(f)*
probable [pro'βaβle] *adj* ❶ (*verosímil*) wahrscheinlich; **un resultado** ~ ein mögliches Ergebnis; **el** ~ **campeón** der voraussichtliche Sieger
❷ (*que se puede probar*) nachweisbar, beweisbar
probablemente [proβaβle'mente] *adv* wahrscheinlich, vermutlich, voraussichtlich
probación [proβa'θjon] *f* (REL) Probezeit *f*
probado, -a [pro'βaðo, -a] *adj* ❶ (*cosa, cualidad, método*) erprobt; (*trabajador*) bewährt, erprobt
❷ (*demostrado*) bewiesen; **hechos** ~**s** bewiesene Tatsachen
probador [proβa'ðor] *m* Ankleidekabine *f*, Umkleidekabine *f*
probadura [proβa'ðura] *f* (GASTR) Kosten *nt*, Probieren *nt*
probanza [pro'βanθa] *f* (JUR) ❶ (*averiguación*) Beweisführung *f*
❷ (*cosa*) Beweis *m*
probar [pro'βar] <o→ue> I. *vt* ❶ (*demostrar*) beweisen, nachweisen; **esto prueba que...** das ist ein Beweis dafür, dass ...; **todavía no está probado que sea culpable** seine/ihre Schuld ist noch nicht erwiesen
❷ (*cosa*) probieren, versuchen; (*medida*) (aus)probieren, erproben; **déjame** ~ lass mich mal probieren
❸ (*a alguien*) auf die Probe stellen
❹ (*material*) ausprobieren; (*detergente*) (aus)probieren, testen; (*aparato*) (aus)testen
❺ (*vestido*) anprobieren
❻ (GASTR) probieren, kosten; **no he probado nunca una paella** ich habe noch nie Paella gegessen
II. *vi* ❶ (*intentar*) versuchen; ~ **a hacer algo** etw zu tun versuchen
❷ (*ser conveniente*): ~ **bien/mal** gut/schlecht tun [*o* bekommen]
probatoria [proβa'torja] *f* (JUR) Beweisstation *f*
probatorio, -a [proβa'torjo, -a] *adj* (*t. JUR*) Beweis-, beweisend; **documento** ~ Beweisstück *nt*; **fuerza probatoria** Beweiskraft *f*; **medio** ~ Beweismittel *nt*
probatura [proβa'tura] *f* (*fam*) Versuch *m*; (TEAT, CINE) Probe *f*
probeta [pro'βeta] *f* ❶ (*tubo*) Reagenzglas *nt*; ~ **graduada** Messglas *nt*
❷ (FOTO) (Entwickler)schale *f*
probidad [proβi'ðaθ] *f* ❶ (*honradez*) Redlichkeit *f*, Rechtschaffenheit *f*
❷ (*integridad*) Integrität *f*
problema [pro'βlema] *m* ❶ (*cuestión*) Frage *f*; **el** ~ **del medio ambiente** die Umweltfrage

❷ (*dificultad*) Problem *nt,* Schwierigkeit *f;* **~s de adaptación** Anpassungsschwierigkeiten *fpl;* **~ de liquidez** Liquiditätsengpass *m;* **~ marginal** Randproblem *nt;* **el planteamiento del ~** die Problemstellung
❸ (*ejercicio*) Aufgabe *f*
problemática [proβle'matika] *f* Problematik *f*
problemático, -a [proβle'matiko, -a] *adj* problematisch; (*familia, niño, caso*) Problem-
problematizar [proβlemati'θar] <z→c> *vt* problematisieren
probo, -a ['proβo, -a] *adj* ❶ (*honrado*) redlich, rechtschaffen
❷ (*íntegro*) integer
probóscide [pro'βosθiðe] *f* (ZOOL) Rüssel *m*
procacidad [prokaθi'ðað] *f* ❶ (*insolencia*) Unverschämtheit *f,* Frechheit *f*
❷ (*grosería*) Grobheit *f*
procaz [pro'kaθ] *adj* ❶ (*insolente*) unverschämt, frech
❷ (*grosero*) grob
procedencia [proθe'ðenθja] *f* ❶ (*origen*) Herkunft *f,* Ursprung *m;* (*de persona*) Herkunft *f;* **anunciar la ~ del tren** ankündigen, woher der Zug kommt
❷ (JUR) Zulässigkeit *f*
procedente [proθe'ðente] *adj* ❶ (*oportuno*) angebracht
❷ (*que viene de*) aus; **tren ~ de Hamburgo con destino a Múnich** der Zug von Hamburg nach München
❸ (JUR) berechtigt, statthaft
proceder [proθe'ðer] I. *m* ❶ (*comportamiento*) Verhalten *nt*
❷ (*actuación*) Vorgehen *nt,* Vorgehensweise *f*
II. *vi* ❶ (*familia*) abstammen (*de* von +*dat*); (*de un lugar*) kommen (*de* aus +*dat*), stammen (*de* aus +*dat*); (*idea*) entstehen (*de* aus +*dat*), den Ursprung haben (*de* in +*dat*); (*pasión*) herrühren (*de* von +*dat*); **estos tomates proceden de España** diese Tomaten kommen aus Spanien
❷ (*actuar*) vorgehen, verfahren
❸ (*ser oportuno*) angebracht sein; **no ~** unangebracht sein; **ahora procede guardar silencio** wir sollten jetzt ganz ruhig [*o* still] sein; **táchese lo que no proceda** Unzutreffendes bitte streichen
❹ (*pasar a*) schreiten (*a* zu +*dat*)
❺ (JUR: *iniciar un proceso*) ein Verfahren einleiten (*contra* gegen +*akk*); (*procesar*) prozessieren (*contra* gegen +*akk, por* wegen +*gen*)
procedimiento [proθeði'mjento] *m* ❶ (*actuación*) Vorgehen *nt,* Vorgehensweise *f;* **~ disciplinario** Disziplinarverfahren *nt;* **¿qué ~ se puede seguir aquí?** wie kann man hier vorgehen?
❷ (*método*) Verfahren *nt,* Methode *f;* **~ de abandono** (INFOR) Beenden *nt;* **~ de admisión** Zulassungsverfahren *nt;* **~ concursal** Konkursablauf *m;* **~ de constitución** Gründungsvorgang *m;* **~ de contabilidad** Buchführungsverfahren *nt;* **~ de disgregación** (QUÍM) Aufschlussverfahren *nt;* **~ industrial** industrielles Verfahren, Herstellungsweise *f;* **~ de liquidación** Abrechnungsverfahren *nt;* **~ de reserva** (INFOR) Buchungsverfahren *nt;* **~ tipográfico** (TIPO) Druckverfahren *nt;* **su ~ no me convence** sein Verfahren überzeugt mich nicht
❸ (JUR) Gerichtsverfahren *nt,* Prozess *m;* **~ de acción legal** Rechtsbehelfsverfahren *nt;* **~ administrativo** Verwaltungsverfahren *nt;* **~ de alimentos** Unterhaltsverfahren *nt;* **~ de arbitraje** [*o* **de conciliación**] Schiedsgerichtsverfahren *nt;* **~ arbitral** Schiedsverfahren *nt;* **~ de asilo** Asylverfahren *nt;* **~ de audiencia** Anhörungsverfahren *nt;* **~ de conciliación** Güteverfahren *nt,* Vergleichsverfahren *nt;* **~ contencioso administrativo** Verwaltungsgerichtsverfahren *nt;* **~ declarativo** Offenbarungsverfahren *nt;* **~ por delito fiscal** Steuerstrafverfahren *nt;* **~ de desahucio** [*o* **de lanzamiento**] Räumungsverfahren *nt;* **~ de divorcio** Scheidungsverfahren *nt;* **~ edictal** Aufgebotsverfahren *nt;* **~ ejecutivo** [*o* **de ejecución**] Vollstreckungsverfahren *nt;* **~ ejecutivo de embargo** Zwangsvollstreckungsverfahren *nt;* **~ de insolvencia** Insolvenzverfahren *nt;* **~ monitorio** Mahnverfahren *nt;* **~ de moratoria** Stundungsverfahren *nt;* **~ plenario** Hauptverfahren *nt;* **~ prejudicial** Vorabentscheidungsverfahren *nt;* **~ probatorio** Beweisverfahren *nt;* **~ en rebeldía** Versäumnisverfahren *nt;* **~ de recurso administrativo** Rechtsbehelfsverfahren *nt;* **~ de revisión** Prüfverfahren *nt;* **~ tributario** Besteuerungsverfahren *nt;* **~ de urgencia** Eilverfahren *nt;* **~ en vía de recurso** Rechtsmittelverfahren *nt*
proceloso, -a [proθe'loso, -a] *adj* (*elev*) stürmisch
prócer ['proθer] I. *adj* bedeutend, herausragend
II. *m* bedeutende [*o* herausragende] Persönlichkeit *f*
procesado, -a [proθe'saðo, -a] *m, f* (JUR) Angeklagte(r) *mf*
procesador [proθesa'ðor] *m* (INFOR) Prozessor *m;* **~ central** Zentralprozessor *m;* **~ de comandos** Befehlsprozessor *m;* **~ de datos** Datenverarbeitungssystem *nt;* **~ de texto** Textverarbeitungssystem *nt*
procesal [proθe'sal] *adj* (*costos, actuación*) Prozess-; (*regla*) Verfahrens-; **derecho ~** Verfahrensrecht *nt,* Prozessrecht *nt*
procesamiento [proθesa'mjento] *m* ❶ (JUR) Prozessführung *f*
❷ (INFOR): **~ de datos** Datenverarbeitung *f;* **~ de imágenes** Bildverarbeitung *f;* **~ de la información** Informationsverarbeitung *f;* **~ en línea**

Onlineverarbeitung *f;* **~ por lotes** Stapelbetrieb *m,* Stapelverarbeitung *f;* **~ de textos** Textverarbeitung *f;* **~ de voz** Verarbeitung gesprochener Sprache
procesar [proθe'sar] *vt* ❶ (JUR) gerichtlich vorgehen (*a* gegen +*akk*), prozessieren (*a* gegen +*akk*); **le procesan por violación** er steht wegen Vergewaltigung vor Gericht
❷ (TÉC) verarbeiten
procesión [proθe'sjon] *f* ❶ (*marcha*) Marsch *m;* (REL) Prozession *f*
❷ (*hilera*) Reihe *f;* (*de personas*) Schlange *f*
❸ (*loc*): **permaneció tranquilo aunque la ~ iba por dentro** er blieb ruhig, obwohl es in seinem Innern ganz anders aussah
procesional [proθesjo'nal] *adj* prozessionsartig
procesionaria [proθesjo'narja] *f* (ZOOL) Prozessionsspinner *m*
procesionario [proθesjo'narjo] *adj* (REL): **libro ~** Prozessionsbuch *n*
proceso [pro'θeso] *m* ❶ (*desarrollo*) Prozess *m,* Vorgang *m;* **~ de cambio para las transacciones en efectivo** Bargeldumstellung *f;* **~ de una enfermedad** Krankheitsentwicklung *f;* **~ en el fondo** (INFOR) Hintergrundprozess *m;* **~ de imágenes** (INFOR) Bildverarbeitung *f;* **~ en línea** (INFOR) Onlineverarbeitung *f;* **~ por lotes** (INFOR) Stapelverarbeitung *f* Batchverarbeitung *f;* **~ de paz** Friedensprozess *m;* **~ productivo** Produktionsprozess *m;* **~ de putrefacción** Fäulnisprozess *m,* Faulung *f;* **unidad de ~** (INFOR) Verarbeiter *m*
❷ (*procedimiento*) Verfahren *nt;* **~ redox** (QUÍM) Redoxverfahren *nt;* **~ de dos tiempos** Zweistufenverfahren *nt*
❸ (JUR: *causa*) Prozess *m,* Verfahren *nt;* (*escritos*) Prozessakten *fpl;* **~ de apelación** Anrufungsverfahren *nt;* **~ por calumnias** Verleumdungsprozess *m;* **~ de casación** Revisionsverfahren *nt;* **~ juvenil** Jugendverfahren *nt;* **~ matrimonial** Eheprozess *m;* **~ penal** Strafverfahren *nt;* **~ penal juvenil** Jugendstrafverfahren *nt;* **~ plenario** Hauptprozess *m;* **~ sumario** summarisches Verfahren, Schnellverfahren *nt;* **promover un ~ contra alguien** gegen jdn einen Prozess anstrengen
❹ (*intervalo*): **en el ~ de un mes** innerhalb eines Monats; **en el ~ de esta semana lo solucionaremos** wir werden es im Laufe der Woche lösen
procidencia [proθi'ðenθja] *f* (MED) Vorfall *m*
proclama [pro'klama] *f* ❶ (*matrimonial*) Aufgebot *nt*
❷ (*política*) Aufruf *m,* Appell *m*
proclamación [proklama'θjon] *f* Verkündigung *f,* Proklamation *f elev*
proclamar [prokla'mar] I. *vt* ❶ (*hacer público*) verkünden, proklamieren *elev;* **~ la República** die Republik ausrufen
❷ (*aclamar*) zujubeln +*dat*
❸ (*sentimiento*) offenbaren, verraten
❹ (*ganador*) ausrufen; **fue proclamado Premio Nobel** er wurde mit dem Nobelpreis ausgezeichnet
II. *vr:* **~se presidente** sich zum Präsidenten erklären [*o* ernennen]; **~se ganador** gewinnen
proclisis [pro'klisis] *f inv* (LING) Proklise *f,* Proklisis *f*
proclítico, -a [pro'klitiko, -a] *adj* (LING) proklitisch; **palabra proclítica** Proklitikon *nt*
proclive [pro'kliβe] *adj* geneigt (*a* zu +*dat*)
proclividad [prokliβi'ðað] *f* Neigung *f*
procónsul [pro'konsul] *m* Prokonsul *m*
procreación [prokrea'θjon] *f* ❶ (*engendramiento*) Zeugung *f*
❷ (*reproducción*) Fortpflanzung *f*
procreador(a) [prokrea'ðor(a)] I. *adj* erzeugend
II. *m(f)* Erzeuger(in) *m(f)*
procrear [prokre'ar] *vt* ❶ (*engendrar*) zeugen
❷ (*reproducirse*) sich fortpflanzen
proctalgia [prok'talxja] *f* (MED) Proktalgie *f*
proctología [proktolo'xia] *f* (MED) Proktologie *f*
proctoscopia [proktos'kopja] *f* (MED) Mastdarmspiegelung *f,* Proktoskopie *f*
procura [pro'kura] *f* ❶ (JUR) Prokura *f,* Vollmacht *f*
❷ (*Méx*): **en ~** auf der Suche
procuración [prokura'θjon] *f* ❶ (*procura*) Prokura *f,* Vollmacht *f*
❷ (*procuración*) Prokuration *f,* Geschäftsführung *f*
procurador(a) [prokura'ðor(a)] *m(f)* ❶ (*en negocios*) Bevollmächtigte(r) *mf,* Prokurist(in) *m(f)*
❷ (*en tribunal*) Klagevertreter(in) *m(f)*
❸ (HIST): **~ en** [*o* **a**] **Cortes** Parlamentsabgeordnete(r) *m*
procuraduría [prokuraðu'ria] *f* ❶ (*cargo*) Stellvertreteramt *nt*
❷ (*despacho*) Büro *m* eines Prokuristen/einer Prokuristin
❸ (JUR) (Prozess)vertretung *f*
procurar [proku'rar] I. *vt* ❶ (*intentar*) versuchen; **procura hacerlo mejor que puedas** versuch dein Bestes zu tun [*o* zu geben]; **procura que no te vean más por aquí** lass dich hier nicht mehr blicken; **procura que no te oigan** pass auf, dass dich niemand hört
❷ (*proporcionar*) besorgen, beschaffen
II. *vr:* **~se** sich *dat* beschaffen, sich *dat* besorgen

procurrente [proku'rrente] *m* (GEO) längliche Halbinsel *f*
prodigalidad [proðiɣali'ðað] *f* ❶ (*despilfarro*) Verschwendung *f*
❷ (*abundancia*) Überfluss *m*, Fülle *f*
prodigar [proði'ɣar] <g→gu> I. *vt* ❶ (*malgastar*) verschwenden
(*dar*) überhäufen (*de* mit +*dat*), überschütten (*de* mit +*dat*)
II. *vr:* **se prodigó en toda clase de atenciones con nosotros** er/sie erwies uns allerlei Gefälligkeiten; **se prodigó en elogios hacia él** er/sie lobte ihn überschwänglich; **se prodiga tanto en las explicaciones que nadie la entiende** ihre Erklärungen sind so umständlich, dass niemand sie versteht
prodigio [pro'ðixjo] *m* Wunder *nt;* **niño ~** Wunderkind *nt;* **~ de la naturaleza** Naturwunder *nt*
prodigiosidad [proðixjosi'ðað] *f* (*extraordinario*) Außergewöhnlichkeit *f;* (*maravilloso*) Wunderbare(s) *nt*
prodigioso, -a [proði'xjoso, -a] *adj* ❶ (*extraordinario*) außerordentlich, hervorragend
❷ (*maravilloso*) wunderbar
pródigo, -a ['proðiɣo, -a] *adj* ❶ (*malgastador*) verschwenderisch; **el hijo ~** der verlorene Sohn
❷ (*generoso*) großzügig ((*para*) *con* gegenüber +*dat*); **la pródiga naturaleza** die reiche Natur
prodrómico, -a [pro'ðromiko, -a] *adj* (MED) Prodromal-; **síntoma ~** Prodromalerscheinung *f*
pródromo ['proðromo] *m* (MED) Prodrom *nt*, Prodromalsymptom *nt*
producción [proðuɣ'θjon] *f* ❶ (*de frutos*) Hervorbringung *f*, Bildung *f;* (*de cereales*) Produktion *f*, Erzeugung *f*
❷ (TÉC) Herstellung *f*, Produktion *f;* **~ en cadena** Fließbandfertigung *f;* **~ por encargo** Auftragsfertigung *f;* **~ industrial** industrielle Fertigung, Industrieproduktion *f;* **~ en masa** [*o* **en gran escala**] Massenproduktion *f;* **~ a medida** Fertigung nach Maß; **~ en serie** Serienproduktion *f;* **~ transfronteriza/a la baja** grenzüberschreitende/sinkende Produktion; **coste de ~** Produktionskosten *pl*
❸ (*cuadro*) Anfertigung *f;* (*libro*) Herstellung *f*
❹ (CINE) Produktion *f*
❺ (JUR: *de pruebas*) Erbringung *f;* (*de documentos*) Beibringung *f*
producibilidad [proðuθiβili'ðað] *f* Herstellbarkeit *f*
producible [proðu'θiβle] *adj* herstellbar
producir [proðu'θir] *irr como* traducir I. *vt* ❶ (*frutos*) tragen, hervorbringen
❷ (*coches*) herstellen, produzieren; (*energía*) erzeugen; **~ en serie** in Serie produzieren
❸ (*beneficios*) (ein)bringen, abwerfen; (*intereses*) tragen
❹ (*alegría*) bereiten; (*aburrimiento*) hervorrufen; (*miedo*) auslösen, hervorrufen; (*daño*) zufügen; (*impresión*) machen; **~ tristeza** traurig stimmen
❺ (*cuadro*) anfertigen
❻ (CINE) produzieren
❼ (JUR: *pruebas*) erbringen; (*documentos*) beibringen
II. *vr:* **~se** ❶ (*fabricarse*) produziert [*o* hergestellt] werden
❷ (*tener lugar*) geschehen, sich ereignen; **se produjo una crisis** es kam zu einer Krise; **se ha producido una mejora** es ist eine Besserung eingetreten
❸ (*ocurrir*) vorkommen, sich ergeben; **cuando se produzca el caso…** wenn der Fall eintritt …
productibilidad [proðuktiβili'ðað] *f* Herstellbarkeit *f*
productible [proðuk'tiβle] *adj* herstellbar
productividad [proðuktiβi'ðað] *f* ❶ (*general*) Produktivität *f;* (*de máquina*) Leistungsfähigkeit *f;* (*de persona*) Produktivität *f*, Leistungsfähigkeit *f;* **~ de la mano de obra** Einbringung der Arbeitskraft; **impulso a la ~** Produktivitätsanreiz *m;* **prima de ~** Produktivitätsprämie *f*
❷ (*de mina*) Ergiebigkeit *f*
❸ (*de negocio*) Einträglichkeit *f*, Rentabilität *f*
❹ (*de tierra*) Fruchtbarkeit *f*
productivo, -a [proðuk'tiβo, -a] *adj* ❶ (*general*) produktiv
❷ (*máquina*) leistungsfähig
❸ (*persona*) produktiv, leistungsfähig; **capacidad productiva** Leistungsfähigkeit *f*
❹ (*mina*) ertragreich
❺ (*negocio*) einträglich, rentabel
❻ (*inversión, colaboración*) nutzbringend; **capital ~** Produktivkapital *nt*
❼ (*tierra*) fruchtbar, ertragreich
producto [pro'ðukto] *m* ❶ (*objeto*) Produkt *nt*, Erzeugnis *nt;* **~ abastecido** (COM) Zulieferprodukt *nt;* **~ acabado** Fertigprodukt *nt;* **~ agrícola** Agrarprodukt *nt;* **~ alimenticio** Nahrungsmittel *nt;* **~s alimenticios** Lebensmittel *ntpl;* **~ de belleza** Kosmetikartikel *m;* **~ combinado** Verbundprodukt *nt;* **~ comunitario** Gemeinschaftsprodukt *nt;* **~ derivado** Folgeerzeugnis *nt;* **~ estancado** Monopolware *f;* **~s a granel** Massengüter *ntpl;* **~ intermedio** Zwischenprodukt *nt;* **~ de línea blanca** No-Name-Produkt *nt;* **~ de marca** Markenartikel *m;* **~ de petróleo y derivados** Öl- und Mineralölerzeugnis *nt;* **~ de primera necesidad** Gegenstand des täglichen Bedarfs; **~ originario** Ursprungserzeugnis *nt;* **~ (semi)manufacturado** [*o* **(semi)elaborado**] (Halb)fabrikat *nt*, (Halb)fertigware *f;* **~ sucedáneo** Ersatzerzeugnis *nt;* **~ terminado** Fertigware *f*, Fertigprodukt *nt;* **gama** [*o* **línea**] **de ~s** Produktpalette *f*
❷ (*de un negocio*) Ertrag *m;* (*de una venta*) Erlös *m;* **~ de la enajenación** Veräußerungserlös *m;* **~ de la indemnización por despido** Abfindungsgewinn *m;* **P~ Interior Bruto** Bruttoinlandsprodukt *nt;* **P~ Nacional Bruto** Bruttosozialprodukt *nt*
❸ (QUÍM, MAT) Produkt *nt;* **~s químicos** Chemikalien *fpl;* **~ de reacción** Reaktionsprodukt *nt*
productor(a) [proðuk'tor(a)] I. *adj* Produktions-, produzierend
II. *m(f)* ❶ (ECON) Produzent(in) *m(f)*, Hersteller(in) *m(f)*
❷ (CINE) (Film)produzent(in) *m(f)*
productora [proðuk'tora] *f* (CINE) Produktionsfirma *f*
proejar [proe'xar] *vi* (NÁUT: *contra el viento*) gegen den Wind rudern; (*contra la corriente*) gegen den Strom rudern
proemio [pro'emjo] *m* Vorwort *nt*
proeza [pro'eθa] *f* Heldentat *f*, Großtat *f*
profanación [profana'θjon] *f* ❶ (*de templo*) Entweihung *f*, Schändung *f*
❷ (*de memoria, nombre*) Beschmutzung *f*
profanador(a) [profana'ðor(a)] I. *adj* schändend
II. *m(f)* Schänder(in) *m(f)*
profanamiento [profana'mjento] *m v.* **profanación**
profanar [profa'nar] *vt* ❶ (*templo, cementerio*) entweihen, schänden
❷ (*memoria, nombre*) beschmutzen
profanidad [profani'ðað] *f* ❶ (*secular*) Weltlichkeit *f*, Profanität *f* *elev*
❷ (*irreverente*) Respektlosigkeit *f*
❸ (*ignorante*) Unwissenheit *f*
profano, -a [pro'fano, -a] *adj* ❶ (*secular*) weltlich, profan
❷ (*irreverente*) respektlos
❸ (*ignorante*) unwissend, unerfahren; **soy ~ en esta materia** ich habe von diesem Thema keine Ahnung
profecía [profe'θia] *f* Prophezeiung *f*, Weissagung *f*
proferir [profe'rir] *irr como* sentir *vt* ❶ (*palabra, sonido*) von sich *dat* geben, hervorbringen
❷ (*insulto, grito*) ausstoßen
❸ (*queja*) äußern
profesar [profe'sar] I. *vt* ❶ (*oficio*) ausüben
❷ (*admiración*) bekunden
❸ (*religión, doctrina*) sich bekennen (zu +*dat*)
❹ (ENS) lehren
II. *vr:* **~se** die Ordensgelübde ablegen
profesión [profe'sjon] *f* ❶ (*empleo*) Beruf *m;* **la ~ más antigua del mundo** das älteste Gewerbe der Welt; **trabajar en una ~ liberal** freiberuflich arbeiten
❷ (*de admiración*) Bekundung *f*
❸ (*de religión, doctrina*) Bekenntnis *nt* (*de* zu +*dat*); **~ de fe** Glaubensbekenntnis *nt*
❹ (*loc*): **hacer ~ de algo** mit etw *dat* prahlen
profesional [profesjo'nal] I. *adj* ❶ (*obligación, actividad, formación*) Berufs-, beruflich; **ética ~** Berufsethos *nt;* **secreto ~** Schweigepflicht *f;* **servicio de orientación ~** Berufsberatungsstelle *f*
❷ (*no aficionado*) professionell; **código de ética ~** Ehrenkodex eines Berufsstandes; **deportista ~** Profi *m;* **una tenista ~** eine professionelle Tennisspielerin
❸ (*académico*) akademisch
❹ (*de profesión liberal*) freiberuflich
II. *mf* ❶ (*experto, no aficionado*) Profi *m*
❷ (*académico*) Akademiker(in) *m(f)*
❸ (*de profesión liberal*) Freiberufler(in) *m(f)*
profesionalidad [profesjonali'ðað] *f* ❶ (*competencia*) Professionalität *f*
❷ (*de funcionarios*) Berufsbeamtentum *nt*
profesionalismo [prfesjona'lismo] *m sin pl* ❶ (*cualidad*) Professionalismus *m*
❷ (*de un trabajo*) Professionalität *f*
profesionalización [profesjonaliθa'θjon] *f* Berufsfortbildung *f*
profesionalizar [profesjonali'θar] <z→c> *vt* professionalisieren
profesionista [profesjo'nista] *mf* (*Méx*) Akademiker(in) *m(f)*
profeso, -a [pro'feso, -a] I. *adj* (REL) ❶ (*que ha profesado*) die Ordensgelübde abgelegt habend
❷ (*de los profesos*): **casa profesa** Ordenshaus *nt*
II. *m, f* Profess *m*, Professe *mf*
profesor(a) [profe'sor(a)] *m(f)* ❶ (*no universitario*) Lehrer(in) *m(f)*
❷ (*universitario*) Dozent(in) *m(f);* **~ agregado** [*o* **no numerario**] außerordentlicher Professor; **~ numerario** ordentlicher Professor

profesorado [profeso'raðo] *m* ❶ (*cargo no universitario*) Lehramt *nt*
❷ (*conjunto*) Lehrkörper *m;* (*en la escuela*) Lehrerschaft *f*
profesoral [profeso'ral] *adj* (*de un no universitario*) Lehrer-; (*de un universitario*) Dozenten-; **hablar en tono** ~ dozieren
profeta, -isa [pro'feta, profe'tisa] *m, f* Prophet(in) *m(f);* **nadie es ~ en su tierra** der Prophet gilt nichts in seinem Vaterland(e) [*o* im eigenen Land(e)]
profético, -a [pro'fetiko, -a] *adj* prophetisch
profetisa [profe'tisa] *f v.* **profeta**
profetismo [profe'tismo] *m* Prophetenlehre *f*
profetizador(a) [profetiθa'ðor(a)] I. *adj* weissagend
II. *m(f)* Weissager(in) *m(f)*
profetizar [profeti'θar] <z→c> *vt* prophezeien
profiláctico[1] [profi'laktiko] *m* Präservativ *nt*
profiláctico, -a[2] [profi'laktiko, -a] *adj* (MED) prophylaktisch, vorbeugend
profilaxis [profi'laʸsis] *f inv* Prophylaxe *f*
pro forma [pro'forma] (COM) pro forma; **liquidación ~** Pro-Forma-Rechnung *f*
prófugo[1] ['profuɣo] *m* (MIL) Fahnenflüchtige(r) *m*
prófugo, -a[2] ['profuɣo, -a] *m, f* Flüchtige(r) *mf,* flüchtige Person *f*
profundamente [profuɳda'mente] *adv* tief; **~ ofendido** zutiefst beleidigt, zutiefst gekränkt; **~ sentido** tief empfunden; **una persona ~ moral** ein äußerst moralischer Mensch
profundidad [profuɳdi'ðað] *f* Tiefe *f;* **~ de campo** (FOTO) Tiefenschärfe *f;* **las ~es del mar** die Tiefen des Meeres; **analizar en ~** ergründen; **tener mucha/poca ~** sehr tief/nicht sehr tief sein; **una cueva de cinco metros de ~** eine fünf Meter tiefe Höhle
profundímetro [profun'dimetro] *m* Tiefenmesser *m*
profundización [profuɳdiθa'θjon] *f* Vertiefung *f*
profundizar [profuɳdi'θar] <z→c> I. *vt* vertiefen
II. *vi:* **~ en algo** etw vertiefen
profundo[1] [pro'fuɳdo] *m* ❶ (*profundidad*) Tiefe *f;* **en lo más ~ de mi corazón** tief in meinem Herzen, im Innersten meines Herzens
❷ (*elev: mar*) See *f*
❸ (*elev: infierno*) Hölle *f*
profundo, -a[2] [pro'fuɳdo, -a] *adj* tief; (*capa, estrato*) tief liegend; (*observación*) tiefsinnig, tiefgründig; (*pena*) tief empfunden; (*dificultad*) tief greifend, profund *elev;* **la parte profunda de la piscina** der tiefe Teil des Schwimmbeckens; **psicología profunda** Tiefenpsychologie *f*
profusión [profu'sjon] *f* Fülle *f,* Überfluss *m;* **~ de ideas** Ideenreichtum *m;* **~ de trabajo** Übermaß an Arbeit; **una explicación con ~ de detalles** eine detaillierte Erklärung; **hay gran ~ de noticias** es gibt viele Neuigkeiten
profuso, -a [pro'fuso, -a] *adj* übermäßig (viel)
progenie [pro'xenje] *f* ❶ (*casta*) Geschlecht *nt*
❷ (*clan*) Sippe *f*
progenitor(a) [proxeni'tor(a)] *m(f)* ❶ (*antepasado*) direkter Vorfahr(e) *m,* direkte Vorfahrin *f*
❷ (*mayor*) Vater *m,* Mutter *f,* Erzeuger(in) *m(f);* **los ~es** die Eltern
progenitura [proxeni'tura] *f* ❶ (*progenie*) Geschlecht *nt*
❷ (*primogenitura*) Erstgeburt *f*
progesterona [proxeste'rona] *f* (MED) Gelbkörperhormon *nt,* Progesteron *nt*
prognosis [proɣ'nosis] *f inv* Prognose *f*
programa [pro'ɣrama] *m* ❶ (*t.* POL: *plan*) Programm *nt;* **~ de apoyo coyuntural** Konjunkturförderungsprogramm *nt;* **~ coyuntural** Konjunkturprogramm *nt;* **~ de las clases** (de la Universidad) Vorlesungsverzeichnis *nt;* **~ de la editorial** Verlagsprogramm *nt;* **~ de estudios** Lehrplan *m;* **~ de fiestas** Festprogramm *nt;* **~ de formación** Ausbildungsprogramm *nt;* **~ de inversiones** (FIN) Investitionsprogramm *nt;* **~ de investigación** Forschungsprogramm *nt;* **~ piloto** Pilotprogramm *nt;* **~ de reanimación coyuntural** Konjunkturbelebungsprogramm *nt;* **~ de trabajo** Arbeitsplan *m*
❷ (INFOR) Programm *nt;* **~ antivirus** [*o* **antiviral**] Antivirenprogramm *nt;* **~ aplicativo** [*o* **de aplicación**] Anwendungsprogramm *nt;* **cazavirus** Antivirenprogramm *nt;* **~ contaminado** virusverseuchte Software; **~ de demostración** Demosoftware *f;* **~ de dibujo** Zeichenprogramm *nt;* **~ de división de palabras** Silbentrennungsprogramm *nt;* **~ de entrada de datos** Eingabeprogramm *nt;* **~ de gráficas** Grafikprogramm *nt;* **~ de instalación** Installationsprogramm *nt;* **~ multimedial de computador** Multimediacomputerprogramm *nt;* **~ de ordenación** Sortierprogramm *nt;* **~ de ordenador** Computerprogramm *nt;* **~ de soporte** Supportprogramm *nt;* **~ de traducción** Übersetzungsprogramm *nt;* **~ de tratamiento de textos** Textverarbeitungsprogramm *nt;* **~s utilitarios** Dienstprogramme *ntpl,* Utilities *pl;* **generador de ~s** Programmgenerator *m;* **interrupción de ~** Programmunterbrechung *f;* **instalar un ~** ein Programm installieren
programable [proɣra'maβle] *adj* programmierbar

programación [proɣrama'θjon] *f* ❶ (*acción, t.* POL, INFOR) Programmierung *f;* **~ convencional** (INFOR) konventionelle Programmierung; **~ económica** (ECON) Wirtschaftsplanung *f;* **~ estructurada** (INFOR) strukturierte Programmierung; **~ modular** (INFOR) modulare Programmierung; **~ sectorial** (ECON) Planung nach Wirtschaftssektoren; **~ de sistemas** (INFOR) Systemprogrammierung *f;* **~ visual** (INFOR) visuelles Programmieren
❷ (TV, RADIO) Programm *nt,* Programmgestaltung *f*
programador(a) [proɣrama'ðor(a)] *m(f)* Programmierer(in) *m(f);* **~ de sistemas** (INFOR) Systemprogrammierer *m*
programar [proɣra'mar] *vt* programmieren; **la conferencia está programada para el domingo** der Vortrag steht für Sonntag auf dem Programm [*o* ist für Sonntag vorgesehen]; **¿qué tienes programado para esta tarde?** was hast du heute Nachmittag vor?
programático, -a [proɣra'matiko, -a] *adj* programmatisch
progre ['proɣre] I. *adj* (*fam*) fortschrittlich; (POL) linksorientiert; **sus ideas son ~s** er/sie ist links eingestellt
II. *mf* Progressist(in) *m(f);* (POL) Linke(r) *mf*
progresar [proɣre'sar] *vi* Fortschritte machen (*en* in +*dat,* bei +*dat*), vorankommen (*en* mit +*dat*); (*enfermedad*) fortschreiten; (*ciencia*) sich weiterentwickeln; **~ profesionalmente** beruflich vorwärts kommen
progresión [proɣre'sjon] *f* ❶ (*avance*) Fortschreiten *nt,* Progression *elev*
❷ (MAT) Reihe *f;* **~ aritmética/geométrica** arithmetische/geometrische Reihe
❸ (MÚS) Sequenz *f*
progresismo [proɣre'sismo] *m sin pl* Progressismus *m elev*
progresista [proɣre'sista] I. *adj* fortschrittlich, progressiv
II. *mf* Progressist(in) *m(f)*
progresivamente [proɣresiβa'mente] *adv* zunehmend; **recuperarse ~** sich nach und nach erholen
progresivo, -a [proɣre'siβo, -a] *adj* ❶ (*que progresa*) progressiv, fortschreitend
❷ (*que aumenta*) zunehmend, progressiv; **impuesto ~** (FIN) progressive Steuer; **tributación progresiva** (FIN) progressives Steuersystem
❸ (LING): **aspecto ~** Verlaufsform *f*
progreso [pro'ɣreso] *m* Fortschritt *m,* Progress *m elev*
progubernamental [proɣuβernamen'tal] *adj* (*periódico*) regierungsfreundlich; (*tropas*) regierungstreu
prohibición [proiβi'θjon] *f* Verbot *nt;* **~ de boicot** Boykottverbot *nt;* **~ de cárteles** (ECON) Kartellverbot *nt;* **~ comercial** Gewerbeverbot *nt;* **~ de comercialización de carne de vacuno** (COM) Vermarktungsverbot für Rindfleisch; **~ de competencia** Konkurrenzverbot *nt,* Wettbewerbsverbot *nt;* **~ de discriminación** Benachteiligungsverbot *nt,* Diskriminierungsverbot *nt;* **~ de distribución** Vertriebsverbot *nt;* **~ de edificación** Bauverbot *nt;* **~ de enmascaramiento** Vermummungsverbot *nt;* **~ de escucha** Abhörverbot *nt;* **~ de exportación** Ausfuhrverbot *nt,* Exportverbot *nt;* **~ de expulsión** Abschiebungsverbot *nt;* **~ de importar/exportar** (COM) Einfuhr-/Ausfuhrsperre *f;* **~ legal** gesetzliches Verbot; **~ de partido** Parteiverbot *nt;* **~ de publicidad** Werbeverbot *nt;* **~ de reunión** Versammlungsverbot *nt;* **~ de tránsito** Durchfuhrverbot *nt* **eludir una ~** ein Verbot umgehen
prohibicionismo [proiβiθjo'nismo] *m* (ECON, POL) Prohibitionspolitik *f*
prohibicionista [proiβiθjo'nista] *mf* (ECON, POL) Prohibitionist(in) *m(f)*
prohibido, -a [proi'βiðo, -a] *adj:* **~ fumar** Rauchen verboten; **fruto ~ fruta prohibida** verbotene Früchte
prohibir [proi'βir] *irr vt* verbieten, untersagen; **en los hospitales prohiben fumar** in Krankenhäusern herrscht Rauchverbot
prohibitivo, -a [proi'βitiβo, -a] *adj* Verbots-; **a precio ~** unerschwinglich; **derecho ~** (ECON) Prohibitivzoll *m*
prohibitorio, -a [proi'βi'torjo, -a] *adj v.* **prohibitivo**
prohijación [proixa'θjon] *f,* **prohijamiento** [proixa'mjeɳto] *m* (JUR) Adoption *f*
prohijar [proi'xar] *irr como airar vt* ❶ (*a alguien*) adoptieren
❷ (*doctrina*) übernehmen
prohombre [pro'ombre] *m* angesehener Mann *m*
proindivisión [proiɳdiβi'sjon] *f* (JUR): **en ~** ungeteilt
pro indiviso [pro iɳdi'βiso] (JUR) *v.* **proindiviso**
proindiviso, -a [proiɳdi'βiso, -a] *adj* ungeteilt; **beneficiario ~** alleiniger Nutznießer
proís [pro'is] <proíses> *m* (NÁUT) Befestigungspfosten *m,* Poller *m*
prójima ['proxima] *f* (*fam pey*) Dirne *f,* Prostituierte *f*
prójimo ['proximo] *m* ❶ (*semejante*) Mitmensch *m;* **amor al ~** Nächstenliebe *f;* **no le importa el ~** er/sie nimmt keine Rücksicht auf seine/ihre Mitmenschen, die anderen kümmern ihn/sie nicht
❷ (*pey: sujeto*) Typ *m;* **¡menudo ~ tenemos de vecino!** da haben wir ja einen schönen Nachbarn!
prolapso [pro'laβso] *m* (MED) Vorfall *m,* Prolaps(us) *m;* **~ del recto**

Mastdarmvorfall *m*
prole ['prole] *f* Kinder *ntpl*; **padre con numerosa ~** Vater einer kinderreichen Familie
prolegómeno [prole'ɣomeno] *m* **①** (*a un escrito*) Vorbemerkung *f*, Prolegomenon *nt elev*
② (*al hablar*) Vorrede *f*; **déjate de ~s y ve al grano** (*fam*) spar dir deine (langen) Vorreden und komm zur Sache
prolepsis [pro'leβsis] *f inv* **①** (FILOS, LIT) Prolepse *f*, Prolepsis *f*
② (BIOL) Prolepsis *f*
proletariado [proleta'rjaðo] *m* Proletariat *nt*
proletario, -a [prole'tarjo, -a] *adj* proletarisch; **barrio ~** Arbeiterviertel *nt*
II. *m, f* Proletarier(in) *m(f)*; **tiene modales de ~** er benimmt sich wie ein Prolet
proletarización [proletariθa'θjon] *f* (POL, SOCIOL) Proletarisierung *f*
proletarizar [proletari'θar] <z→c> *vt* proletarisieren
proliferación [prolifera'θjon] *f* **①** (*en cantidad*) Vermehrung *f*, Zunahme *f*
② (*incontrolada, t.* MED) Wuchern *nt*
❸ (*de armas*) Verbreitung *f*, Weitergabe *f*; **tratado de no ~ de armas nucleares** Atom(waffen)sperrvertrag *m*
proliferar [prolife'rar] *vi* **①** (*en cantidad*) sich vermehren, zunehmen
② (*incontroladamente, t.* MED) wuchern
❸ (*epidemia, rumor*) um sich greifen, sich ausbreiten
prolífero, -a [pro'lifero, -a] *adj*, **prolífico, -a** [pro'lifiko, -a] *adj* fruchtbar; (*escritor*) äußerst produktiv
prolijidad [prolixi'ðað] *f* **①** (*de un relato*) Weitschweifigkeit *f*
② (*esmero*) Minuziösität *f*
❸ (*pesadez*) Umständlichkeit *f*
prolijo, -a [pro'lixo, -a] *adj* **①** (*extenso*) weitschweifig
② (*esmerado*) minuziös
❸ (*cargante*) umständlich
prologar [prolo'ɣar] <g→gu> *vt* ein Vorwort schreiben (*zu* +*dat*); **edición prologada por...** Ausgabe mit einem Vorwort von ...
prólogo ['proloɣo] *m* **①** (*de libro*) Vorwort *nt*
② (TEAT, DEP) Prolog *m*
prolongable [prolon'gaβle] *adj* verlängerbar; (ECON) prolongierbar
prolongación [prolonga'θjon] *f* **①** (*de carretera, reunión*) Verlängerung *f*
② (*de decisión*) Hinauszögerung *f*
❸ (ECON) Prolongation *f*; **~ de un crédito** Kreditverlängerung *f*
prolongado, -a [prolon'gaðo, -a] *adj* länglich; **un sobre ~** ein Umschlag im Querformat
prolongador(a) [prolonga'ðor(a)] *adj* verlängernd; **cable ~** Verlängerungskabel *nt*
prolongar [prolon'gar] <g→gu> I. *vt* **①** (*carretera, plazo*) verlängern
② (*decisión*) hinauszögern; (*un estado*) hin(aus)ziehen, in die Länge ziehen
❸ (ECON) prolongieren
II. *vr: ~se* **①** (*alargarse*) sich verlängern; (*un estado*) sich hin(aus)ziehen, sich in die Länge ziehen
② (*reunión*) länger dauern; **la fiesta se prolongó hasta bien entrada la noche** das Fest dauerte bis tief in die Nacht; **las negociaciones se están prolongando demasiado** die Verhandlungen ziehen sich zu sehr in die Länge
promanar [proma'nar] *vi* herrühren (*de* von +*dat*)
promediar [prome'ðjar] I. *vt* **①** (*repartir*) halbieren
② (*sacar promedio*) den Durchschnitt ermitteln +*gen*
II. *vi* **①** (*mediar*) vermitteln
② (*temporal*): **antes de ~ el año** in der ersten Jahreshälfte; **promediaba el mes cuando...** es war Mitte des Monats, als ...
promedio [pro'meðjo] *m* Durchschnitt *m*; (MAT) Durchschnitt *m*, Mittelwert *m*; **veo la tele un ~ de dos horas al día** ich sehe jeden Tag durchschnittlich zwei Stunden fern
promesa [pro'mesa] *f* **①** (*compromiso*) Versprechen *nt*; **~ de matrimonio** Verlobung *f*; **~ de pago** (FIN) Zahlungsversprechen *nt*; **(pública) de recompensa** Auslobung *f*; **~ de venta** (COM) Absatzbindung *f*; **este gobierno no ha cumplido sus ~s** diese Regierung hat ihre Versprechungen nicht erfüllt; **el director me ha dado su ~ de que...** der Direktor hat mir zugesagt, dass ...
② (REL) Gelübde *nt*
prometedor(a) [promete'ðor(a)] *adj* viel versprechend
prometer [prome'ter] I. *vt* **①** (*obligarse*) versprechen; **le prometí pagar hoy** ich habe ihm/ihr versprochen heute zu zahlen; **te prometo que lo haré** du kannst dich darauf verlassen, dass ich es tue; **te prometo por mis muertos que...** ich gebe dir mein Ehrenwort, dass ...; **~ el oro y el moro** das Blaue vom Himmel versprechen
② (REL) geloben; **la Tierra Prometida** das Gelobte Land
II. *vi* viel versprechend sein; **este negocio promete** das ist ein viel versprechendes Geschäft
III. *vr: ~se* **①** (*novios*) sich verloben (*con* mit +*dat*)
② (*esperar*) sich *dat* versprechen, sich *dat* erhoffen; **prometérselas muy felices** sich *dat* viel versprechen
prometido¹ [prome'tiðo] *m* Versprechen *nt*; **lo ~ es deuda** was man verspricht, muss man auch halten
prometido, -a² [prome'tiðo, -a] *m, f* Verlobte(r) *mf*
prominencia [promi'nenθja] *f* **①** (*abultamiento*) hervortretende Stelle *f*
② (*del terreno*) Erhebung *f*, Anhöhe *f*
❸ (MED) Auswuchs *m*
prominente [promi'nente] *adj* **①** (*pómulo*) vorstehend, hervortretend; (*nariz*) vorspringend
② (*persona*) hervorragend
promiscuar [promis'kwar] *vi* **①** (REL) an Fastentagen Fisch und Fleisch essen
② (*participar en cosas heterogéneas*) keine klare Linie einhalten
promiscuidad [promiskwi'ðað] *f* **①** (*mezcla*) Mischung *f*
② (*de sexos*): **aboga a favor de la ~ de sexos en las escuelas** er/sie ist für gemischte Schulen
❸ (*sexual*) Promiskuität *f*
promiscuo, -a [pro'miskwo, -a] *adj* **①** (*pey: mezclado*) gemischt
② (*ambiguo*) zweideutig
❸ (*sexualmente*) promiskuitiv
promisión [promi'sjon] *f*: **la Tierra de P~** (REL) das Gelobte Land
promisorio, -a [promi'sorjo, -a] *adj* versprechend; (JUR) promissorisch; **juramento ~** (JUR) promissorischer Eid
promoción [promo'θjon] *f* **①** (*de empresa, de alguien*) Förderung *f*; **~ industrial** Industrieförderung *f*
② (*de categoría*) Beförderung *f*
❸ (*de producto, película, t.* DEP) Promotion *f*; **~ en la calle** Straßenwerbung *f*; **~ por correo** Postwerbung *f*; **~ de ventas** Verkaufsförderung *f*; **el artículo está de ~** der Artikel ist im Angebot
❹ (*de licenciados*) Jahrgang *m*
promocionar [promoθjo'nar] I. *vt* **①** (*a empresa, a alguien*) fördern
② (*de categoría*) befördern
❸ (*producto, película*) promoten, werben (für +*akk*); **está promocionando su nueva película** er/sie ist auf Promotiontour für seinen/ihren neuen Film
II. *vi* (DEP) um den Aufstieg spielen
promontorio [promon'torjo] *m* **①** (*terreno*) Erhebung *f*, Anhöhe *f*; (GEO) Vorgebirge *nt*
② (*de papeles, libros*) Stapel *m*
promotor¹ [promo'tor] *m* Trägerschaft *f*; **~ privado** private Trägerschaft; **~ público** öffentliche Trägerschaft
promotor(a)² [promo'tor(a)] *m(f)* **①** (*de altercado*) Anstifter(in) *m(f)*, Rädelsführer(in) *m(f)*
② (*patrocinador*) Förderer, -in *m, f*; (*deportivo, artístico*) Promoter(in) *m(f)*; (*de espectáculo*) Veranstalter(in) *m(f)*
❸ (ECON): **~ de ventas** Salespromoter *m*
promovedor(a) [promoβe'ðor] *m(f)* **①** (*de altercado*) Anstifter(in) *m(f)*, Rädelsführer(in) *m(f)*
② (*patrocinador*) Förderer, -in *m, f*
promover [promo'βer] <o→ue> *vt* **①** (*querella*) erheben; (*proceso*) anstrengen; (*recurso*) einlegen
② (*en el cargo*) befördern
❸ (*escándalo, aplausos*) auslösen; (*altercado*) anfangen, vom Zaun brechen
promulgación [promulɣa'θjon] *f* **①** (*de ley*) Verkündung *f*, Erlassung *f*
② (*de noticia*) Verkündung *f*; (*por la prensa*) Verbreitung *f*
promulgador(a) [promulɣa'ðor(a)] I. *adj* verkündend
II. *m(f)* Verkünder(in) *m(f)*
promulgar [promul'ɣar] <g→gu> *vt* **①** (*ley*) verkünden, erlassen
② (*noticia*) verkünden; (*por la prensa*) verbreiten
pronador(a) [prona'ðor(a)] *adj* (ANAT) einwärtsdrehend; **músculo ~** Beugemuskel *m*
pronombre [pro'nombre] *m* (LING) Pronomen *nt*, Fürwort *nt*
pronominal [pronomi'nal] *adj* (LING) pronominal, Pronominal-; **verbo ~** reflexives Verb
pronosticación [pronostika'θjon] *f* Vorhersage *f*, Prognostizierung *f*
pronosticador(a) [pronosti'kar] *m(f)* Prognostiker(in) *m(f) elev*; **~ económico** Wirtschaftsprognostiker *m*; **según los ~es** den Prognosen zufolge, nach den Vorhersagen
pronosticar [pronosti'kar] <c→qu> *vt* vorhersagen, prognostizieren; **estos datos económicos no pronostican nada bueno** die wirtschaftlichen Daten lassen nichts Gutes erkennen
pronóstico [pro'nostiko] *m* **①** (*predicción*) Prognose *f*, Voraussage *f*; **~ del tiempo** (METEO) Wettervorhersage *f*; **~ de ventas** Absatzprognose *f*
② (MED) Prognose *f*; **lesiones de ~ reservado** ziemlich schwere Verlet-

zungen
- ❸ (DEP) Tipp *m*

prontitud [pronti'tuð] *f* ❶ (*celeridad*) Schnelligkeit *f*; (*de ejecución*) Promptheit *f*
- ❷ (*de ingenio*) Scharfsinn *m*, Scharfsinnigkeit *f*

pronto¹ ['pronto] I. *m* Anwandlung *f*; **~ de cólera** Zornausbruch *m*, Koller *m fam*; **tener ~s** sonderbare Anwandlungen haben
II. *adv* ❶ (*rápido*) prompt, schnell
- ❷ (*enseguida*) bald; (*inmediatamente*) gleich
- ❸ (*temprano*) früh; **levantarse/acostarse ~** früh aufstehen/ins Bett gehen
- ❹ (*loc*): **al ~** sofort; **de ~** auf einmal, plötzlich; **¡hasta ~!** bis bald!; **por de** [*o* **lo**] **~** fürs erste, zunächst (ein)mal
III. *conj*: **tan ~ como** sobald; (*si expresa futuro*: + *subj*); **tan ~ como llegaron/lleguen** sobald sie ankamen/ankommen

pronto, -a² ['pronto, -a] *adj* ❶ (*rápido*) schnell, prompt; (*despierto*) flink, behänd; **pronta entrega** prompte Lieferung; **~ pago** baldige Zahlung; **inteligencia pronta** wache Intelligenz
- ❷ (*dispuesto*) bereit, willig; **estar ~** (*CSur*) fertig sein

prontuario [pron'twarjo] *m* ❶ (*resumen*) Abriss *m*, (knappe) Zusammenfassung *f*
- ❷ (*manual*) Handbuch *nt*

pronunciable [pronun'θjaβle] *adj* aussprechbar

pronunciación [pronunθja'θjon] *f* ❶ (LING: *articulación*) Aussprache *f*; **~ figurada** Aussprachebezeichnung *f*; **diccionario de ~** Aussprachewörterbuch *nt*
- ❷ (JUR) Verlesung *f*, Verkündung *f*

pronunciado, -a [pronun'θjaðo, -a] *adj* ausgesprochen; (*marcado*) ausgeprägt; **arrugas pronunciadas** tiefe Falten; **una curva pronunciada** eine scharfe Kurve; **rasgos ~s** markante (Gesichts)züge

pronunciamiento [pronunθja'mjento] *m* ❶ (*alzamiento*) Putsch *m*; **~ militar** Militärputsch *m*
- ❷ (JUR) Fällung *f*; **~ sobre costas** Kostenentscheidung *f*; **~ judicial** [*o* **del juez**] Richterspruch *m*; **~ de sentencia** Urteilsverkündung *f*

pronunciar [pronun'θjar] I. *vt* ❶ (*articular*) aussprechen; **~ un brindis por algo/alguien** auf etw/jdn einen Trinkspruch ausbringen [*o* halten]; **~ un discurso** eine Rede halten; **~ unas palabras** ein paar Worte sprechen; **~ sentencia** (JUR) das Urteil erlassen [*o* verkünden]
- ❷ (*resaltar*) betonen
II. *vr*: **~se** ❶ (MIL: *levantarse*) putschen
- ❷ (*apoyar*) sich aussprechen (*a favor de/contra* für/gegen +*akk*), Stellung nehmen (*a favor de* für +*akk*, *contra* gegen +*akk*)
- ❸ (*opinar*) Stellung nehmen (*sobre* zu +*dat*)
- ❹ (*acentuarse*) ausgeprägter werden, sich verschärfen

propagación [propaγa'θjon] *f* ❶ (*multiplicación*) Vermehrung *f*; (*reproducción*) Fortpflanzung *f*
- ❷ (*extensión*) Verbreitung *f*, Ausbreitung *f*
- ❸ (*transmisión*) Ausbreitung *f*; **~ de las ondas** (FÍS) Wellenausbreitung *f*; (GEO) Stoßstrahl *m*

propagador(a) [propaγa'ðor(a)] I. *adj* verbreitend
II. *m(f)* Verbreiter(in) *m(f)*; (*de rumores*) Gerüchtemacher(in) *m(f)*

propaganda [propa'γanda] *f* ❶ (MIL, POL) Propaganda *f*
- ❷ (*publicidad*) Werbung *f*, Reklame *f*; (*promoción*) Publicity *f*

propagandista [propaγan'dista] *mf* Propagandist(in) *m(f)*

propagandístico, -a [propaγan'distiko, -a] *adj* propagandistisch, Propaganda-; **campaña propagandística** Propagandafeldzug *m*; **escrito ~** Propagandaschrift *f*

propagar [propa'γar] <g→gu> I. *vt* ❶ (*multiplicar*) vermehren; (*reproducir*) fortpflanzen
- ❷ (*extender*) verbreiten; (*divulgar*) ans Licht bringen; (*una epidemia*) verbreiten, verschleppen; **~ un rumor** ein Gerücht in die Welt setzen
II. *vr*: **~se** ❶ (*multiplicarse*) sich vermehren, (*reproducirse*) sich fortpflanzen
- ❷ (*extenderse*) sich verbreiten; (*incendio, enfermedad*) sich ausbreiten, um sich greifen; (*epidemia*) grassieren
- ❸ (*divulgarse*) sich verbreiten; (*propalarse*) ruchbar werden
- ❹ (*transmitirse*) sich übertragen

propalador(a) [propala'ðor(a)] *m(f)* Verbreiter(in) *m(f)*; (*de rumores*) Gerüchtemacher(in) *m(f)*

propalar [propa'lar] I. *vt* verbreiten, in Umlauf bringen; (*calumnia, rumor*) ausstreuen
II. *vr*: **~se** ruchbar werden

propano [pro'pano] *m* Propan(gas) *nt*

proparoxítono, -a [proparoⱽ'sitono, -a] *adj* (LING) auf der drittletzten Silbe betont

propasar [propa'sar] I. *vt* überschreiten
II. *vr*: **~se** (*extralimitarse*) zu weit gehen, über das Erträgliche hinausgehen; (*excederse*) über das Ziel hinausschießen (*en* bei +*dat*); **~se con alguien** jdm an die Wäsche wollen

propedéutica [prope'ðeutika] *f* Propädeutik *f*; (*estudios*) Propädeutikum *nt*

propedéutico, -a [prope'ðeutiko, -a] *adj* propädeutisch

propender [propen'der] *vi* (hin)neigen (*a* zu +*dat*); (*t.* MED) anfällig sein (*a* für +*akk*)

propensión [propen'sjon] *f* Neigung *f* (*a* zu +*dat*); (*inclinación*) Veranlagung *f* (*a* für +*akk*); (*t.* MED) Anfälligkeit *f* (*a* für +*akk*); **~ al ahorro** (ECON) Sparneigung *f*; **~ al consumo** (ECON) Konsumbereitschaft *f*; **~ a la inversión** (ECON) Investitionsneigung *f*; **tiene gran ~ a resfriarse** er/sie ist sehr anfällig für Erkältungen, er/sie erkältet sich sehr leicht

propenso, -a [pro'penso, -a] *adj* geneigt; (*con tendencias*) veranlagt; (*a enfermedades*) anfällig; (*dispuesto*) bereit(willig); **ser ~ a algo** zu etw *dat* neigen

propiamente [propja'mente] *adv* eigentlich; (*realmente*) wirklich; (*exactamente*) genau; **~ dicho** im engeren Sinne, genau genommen

propiciación [propiθja'θjon] *f* ❶ (*reconciliación*) Versöhnung *f*; (REL) Sühnen *nt*, Sühnung *f*
- ❷ (*fomento*) Begünstigung *f*, Förderung *f*

propiciador(a) [propiθja'ðor(a)] *m(f)* (*Am*: *patrocinador*) Sponsor(in) *m(f)*

propiciar [propi'θjar] *vt* ❶ (*aplacar*) versöhnen
- ❷ (*favorecer*) begünstigen; (*posibilitar*) ermöglichen; **el viento propició la extensión de las llamas** durch den Wind griff der Brand um sich
- ❸ (*conseguir*) gewinnen; **con sus palabras se propició el respeto de todos** seine Worte verschafften ihm/ihr bei allen Respekt

propiciatorio, -a [propiθja'torjo, -a] *adj* Sühn(e)-, Versöhnungs-; **víctima propiciatoria** Sühn(e)opfer *nt*; (*fig*) Sündenbock *m*

propicio, -a [pro'piθjo, -a] *adj* ❶ (*favorable*) günstig, vorteilhaft; **en el momento ~** im günstigsten Moment
- ❷ (*persona*) geneigt; (*dispuesto*) bereit(willig); **mostrarse (poco) ~ a/ para...** sich (wenig) geneigt zeigen zu ... +*dat*

propiedad [propje'ðað] *f* ❶ (*pertenencia*) Eigentum *nt*; (*inmuebles*) Besitz *m*; (*derechos*) Urheberrecht *nt*; **~ colectiva/privada** Kollektiv-/Privateigentum *nt*; **~ exclusiva** Alleinbesitz *m*; **~ fiduciaria** Sicherungseigentum *nt*; **~ horizontal** Wohnungseigentum *nt*; **~ industrial/intelectual** gewerbliches/geistiges Eigentum *nt*; **~ (in)mobiliaria** [*o* **(in)mueble**] (Im)mobilien *pl*, Grundstückseigentum *nt*; **~ mancomunada** gemeinschaftliches Eigentum, Gesamthandseigentum *nt*; **~ parcial** Teileigentum *nt*; **~ raíz** Immobilien *fpl*, Grundeigentum *nt*; **~ reservada** Vorbehaltseigentum *nt*; **~ rústica** landwirtschaftlicher Grundbesitz *m*; **un piso de mi ~** eine Eigentumswohnung; **escritura de ~** Eigentumsurkunde *f*; **impuesto sobre la ~** Vermögenssteuer *f*; **Registro de la P~** Grundbuchamt *nt*, Patentrolle *f*; **en ~** ordentlich gehörend, Eigentums-; **ser ~ de alguien** jdm gehören
- ❷ (*cualidad, t.* FÍS) Eigenschaft *f*; **-es** Beschaffenheit *f*
- ❸ (*corrección*) Richtigkeit *f*; (*exactitud*) Genauigkeit *f*; **expresarse con ~** sich treffend ausdrücken, die richtigen Worte finden

propietario, -a [propje'tarjo, -a] I. *adj* besitzend; **la empresa propietaria** die besitzende Firma
II. *m, f* Eigentümer(in) *m(f)*, Besitzer(in) *m(f)*; (*terrateniente*) Grundbesitzer(in) *m(f)*; (*casero*) Vermieter(in) *m(f)*; **~ mancomunado** Gesamthandseigentümer *m*; **~ solidario** Gesamteigentümer *m*

propina [pro'pina] *f* Trinkgeld *nt*; **dar (una) ~** Trinkgeld geben; **de ~** (*fig*) obendrein

propinar [propi'nar] *vt* (*golpes*) versetzen, verpassen *fam*; **~ un golpe/una paliza a alguien** jdm einen Schlag/eine Tracht Prügel versetzen

propio, -a ['propjo, -a] *adj* ❶ (*de uno mismo*) eigen(r, s); (*perteneciente*) zugehörig; **a expensas propias** auf eigene Kosten; **con la propia mano** eigenhändig; **con sus propias manos** mit eigenen Händen; **entregar en propia mano** persönlich zu übergeben; **en defensa propia** in Notwehr; **es su propia culpa** er/sie ist selbst schuld; **lo he visto con mis ~s ojos** ich habe es mit eigenen Augen gesehen; **mató a su padre** er/sie brachte seinen/ihren eigenen Vater um; **por cuenta propia** auf eigene Rechnung; **son tus propias palabras** es sind deine eigenen Worte; **tengo piso ~** ich habe eine Eigentumswohnung
- ❷ (*mismo*) selber, selbst; **lo ~** dasselbe; **el ~ interesado** der Interessent selbst; **al ~ tiempo** zur gleichen Zeit; **nombre ~** (LING) Eigenname *m*
- ❸ (*característico*) (eigen)tümlich; **los productos ~s del país** die heimischen Produkte des Landes; **eso (no) es ~ de ti** das passt (nicht) zu dir
- ❹ (*apropiado*) angemessen, treffend

proponente [propo'nente] I. *adj* (JUR) federführend
II. *mf* (*solicitante*) Antragsteller(in) *m(f)*

proponer [propo'ner] *irr como poner* I. *vt* ❶ (*sugerir*) vorschlagen; **~ un brindis por algo/alguien** auf etw/jdn einen Hoch [*o* einen Trinkspruch] ausbringen; **propongo que este año vayamos todos juntos de vacaciones** ich schlage vor, dass wir dieses Jahr alle gemeinsam in Urlaub fahren
- ❷ (*presentar*) vorschlagen (*como* als +*akk*, *para* für +*akk*)
- ❸ (*plantear*) stellen; **~ un acertijo** ein Rätsel aufgeben; **~ una cuestión**

eine Frage aufwerfen
4 (*solicitar*) beantragen
II. *vr:* **-se** sich *dat* vornehmen; (*tener intención*) beabsichtigen, vorhaben; **¿qué te propones?** was hast du eigentlich vor?

proporción [propor'θjon] *f* **1** (*relación*) Proportion *f*, Verhältnis *nt*; (*cualidad*) Proportionierung *f*; (MAT) Verhältnisgleichung *f*; **~ inversa/directa** umgekehrtes/direktes Verhältnis; (**no**) **guardar ~ con algo** in (keinem) Verhältnis zu etw *dat* stehen; **una ~ de 4 a 1** ein Verhältnis von vier zu eins
2 (*porcentaje*) Anteil *m*
3 *pl* (*dimensión*) Ausmaß *nt;* **un accidente de enormes proporciones** ein Unfall größten Ausmaßes, ein sehr schwerer Unfall

proporcionado, -a [proporθjo'naðo, -a] *adj* proportioniert

proporcional [proporθjo'nal] *adj* (*t.* MAT: *procentual*) verhältnisgleich, proportional; (*relativo*) verhältnismäßig, anteilig; **inversamente/directamente ~** umgekehrt/direkt proportional; **reparto ~** proportionale Verteilung; **sistema ~** (POL) Proportionalwahlsystem *nt*, Verhältniswahlsystem *nt*

proporcionalidad [proporθjonali'ðað] *f* (*t.* MAT) Proportionalität *f*, Verhältnismäßigkeit *f*

proporcionar [proporθjo'nar] *vt* **1** (*dar proporción*) proportionieren; (*adecuar*) anpassen (*a* an *+akk*)
2 (*repartir*) proportional aufteilen
3 (*facilitar*) beschaffen; (*conseguir*) besorgen; (*procurar*) verschaffen; (*proveer*) versorgen (mit *+dat*); (*crear*) schaffen; (*producir*) bringen; **~ beneficios** (ECON) Gewinne erwirtschaften; **~ víveres a alguien** jdn mit Lebensmitteln versorgen
4 (*ocasionar*) bewirken, sorgen (für *+akk*); **~ disgustos a alguien** jdm Sorgen bereiten

proposición [proposi'θjon] *f* **1** (*t.* POL, JUR: *propuesta*) Vorschlag *m*; (*solicitud*) Antrag *m*; (*oferta*) Angebot *nt;* **~ deshonesta** unsittlicher Antrag; **~ de ley** Gesetzesvorlage *f*; **~ no de ley** Entschließungsantrag *m;* **~ de matrimonio** Heiratsantrag *m;* **~ de prueba** (JUR) Beweisantrag *m*
2 (*oración*) Satz *m*; (FILOS) Propositio *f*

propósito [pro'posito] I. *m* **1** (*intención*) Absicht *f;* (*plan*) Plan *m*, Vorhaben *nt;* **buenos ~s** gute Vorsätze; **tener el ~ de...** vorhaben zu ...
2 (*objetivo*) Ziel *nt*, Zweck *m;* **~ final** Endziel *nt*
3 (*loc*): **a ~** (*adrede*) absichtlich; (*adecuado*) angemessen; (*por cierto*) übrigens; **lo has hecho a ~** du hast es absichtlich gemacht; **un comentario muy a ~** ein sehr angebrachter Kommentar; **una solución a ~** eine zweckmäßige Lösung; **fuera de ~** unangebracht; **¡a ~! tu hermana viene mañana** apropos, deine Schwester kommt morgen
II. *prep:* **a ~ de** über *+akk;* **discutir a ~ de los precios** über die Preise diskutieren

propuesta [pro'pwesta] *f* (*t.* POL, JUR: *proposición*) Vorschlag *m;* (*solicitud*) Antrag *m*; (*oferta*) Angebot *nt*; (*recomendación*) Empfehlung *f*; (*presentación*) Aufstellung *f;* **~ de decisión** [*o* **de recomendación**] Entscheidungsvorschlag *m;* **~ de enmienda** Abänderungsantrag *m;* **~ global** Verhandlungspaket *nt;* **~ salarial** Lohnvorschlag *m;* **a ~ de alguien** auf jds Antrag [*o* Vorschlag] hin; **formular una ~** einen Antrag stellen

propugnación [propuɣna'θjon] *f* Verfechtung *f*; (*promoción*) Förderung *f*

propugnador(a) [propuɣna'ðor(a)] *m(f)* Verfechter(in) *m(f)*; (*promotor*) Förderer, -in *m, f*

propugnar [propuɣ'nar] *vt* verfechten; (*apoyar*) eintreten (für *+akk*); (*promover*) fördern

propulsar [propul'sar] *vt* **1** (TÉC: *impulsar*) antreiben
2 (*fomentar*) fördern

propulsión [propul'sjon] *f* **1** (TÉC) Antrieb *m;* **~ atómica** [*o* **nuclear**] Atomantrieb *m*, Nuklearantrieb *m;* **~ por cadena** Kettenantrieb *m;* **~ a chorro** Strahlantrieb *m;* **~ delantera/trasera** (AUTO) Vorderrad-/Hinterradantrieb *m;* **~ diesel-eléctrica** dieselelektrischer Antrieb *m;* **~ a hélice** Propellerantrieb *m;* **~ por reacción** Düsenantrieb *m;* **~ total** (AUTO) Allradantrieb *m*, Vierradantrieb *m*
2 (MED) Propulsion *f*

propulsor¹ [propul'sor] *m* (TÉC) **1** (*combustible*) Treibstoff *m*
2 (*motor*) Triebwerk *nt;* **~ de hélice** Propellertriebwerk *nt*

propulsor(a)² [propul'sor(a)] I. *adj* Treib-, Antriebs-; (MED) propulsiv; **fuerza ~a** treibende Kraft
II. *m(f)* Förderer, -in *m, f*

prorrata [pro'rrata] *f* (ECON, FIN) verhältnismäßiger Anteil *m*; (*cuota*) Rate *f;* **~ salarial** Lohnanteil *m*

prorratear [prorrate'ar] *vt* (ECON, FIN) nach Verhältnis teilen, anteilig verrechnen; **pago prorrateado** anteilige Zahlung

prorrateo [prorra'teo] *m* (ECON, FIN) anteilige Verrechnung *f;* **a ~** pro rata

prórroga ['prorroɣa] *f* **1** (*prolongación*) Verlängerung *f*
2 (*dilatoria*) Aufschub *m;* (*retraso*) Verschiebung *f*; (*aplazamiento*) Verlegung *f*; (*cambio de fecha*) Vertagung *f*
3 (ECON) Prolongation *f*, Stundung *f;* **~ de crédito** Kredit-Prolongation *f;* **~ de pago** Zahlungsaufschub *m*
4 (DEP) Spielverlängerung *f*

prorrogable [prorro'ɣaβle] *adj* **1** (*ampliable*) verlängerungsfähig
2 (*aplazable*) verlegbar

prorrogación [prorroɣa'θjon] *f* Verlängerung *f*; (ECON, JUR) Prolongation *f*

prorrogar [prorro'ɣar] <g→gu> *vt* **1** (*prolongar*) verlängern; (*dilatar*) aufschieben; (ECON) prolongieren, stunden
2 (*retrasar*) verschieben; (*aplazar*) verlegen; (*cambio de fecha*) vertagen; (JUR) prorogieren

prorrumpir [prorrum'pir] *vi* **1** (*salir*) hervorbrechen
2 (*estallar*) ausbrechen; **~ en carcajadas/en llanto** in Gelächter/in Tränen ausbrechen

prosa ['prosa] *f* Prosa *f*; (*fig fam: palabrería*) Geschwafel *nt;* **texto en ~** Prosatext *m*

prosado, -a [pro'saðo, -a] *adj* in Prosa geschrieben

prosaico, -a [pro'sajko, -a] *adj* **1** (LIT: *en prosa*) prosaisch, Prosa-
2 (*sobrio*) nüchtern
3 (*poco romántico*) prosa(ist)isch
II. *m, f* Prosaiker(in) *m(f)*

prosaísmo [prosa'ismo] *m* (übertriebene) Nüchternheit *f*

prosapia [pro'sapja] *f* hohe Abstammung *f;* **de mucha ~** ad(e)lig, von hoher Abkunft

proscenio [pros'θenjo] *m* **1** (ARQUIT) Proszenium *nt*
2 (TEAT) Proszenium *nt*, Vorbühne *f*

proscribir [proskri'βir] *irr como escribir vt* proskribieren; (*t. fig*) ächten, verfemen

proscripción [proskriβ'θjon] *f* Proskription *f*; (*t. fig*) Ächtung *f*, Verfemung *f*

proscrito, -a [pros'krito, -a] I. *pp de* **proscribir**
II. *m, f* (*t. fig*) Geächtete(r) *mf*, Verfemte(r) *mf*

prosecución [proseku'θjon] *f* **1** (*continuación*) Fortsetzung *f*, Weiterführung *f*
2 (*de un fin*) Verfolgung *f*
3 (JUR) Prosekution *f*, Verfolgung *f;* **~ criminal/legal** Straf-/Rechtsverfolgung *f*

prosecutor(a) [proseku'tor(a)] *m(f)* (JUR) Prosekutor(in) *m(f)*, öffentlicher Ankläger *m*, öffentliche Anklägerin *f*

proseguir [prose'ɣir] *irr como seguir* I. *vi* fortführen (*con/en +akk*), fortsetzen (*con/en +akk*)
II. *vt* **1** (*continuar*) fortsetzen, weiter betreiben
2 (*un fin*) verfolgen
3 (JUR) verfolgen; **~ diligencias** das Strafmaß ermitteln

prosélita [pro'selita] *f v.* **prosélito**

proselitismo [proseli'tismo] *m* Sendungsbewusstsein *nt*, Proselytenmacherei *f* pey

proselitista [proseli'tista] I. *adj* sendungsbewusst, proselytenmacherisch pey
II. *mf* Proselytenmacher(in) *m(f)* pey

prosélito, -a [pro'selito, -a] *m, f* Proselyt(in) *m(f);* **hacer ~s** Proselyten machen

prosificación [prosifika'θjon] *f* (LING, LIT) Metaphrase *f*, Prosaübertragung *f*

prosificar [prosifi'kar] <c→qu> *vt* in Prosa übertragen

prosista [pro'sista] *mf* Prosaist(in) *m(f)*, Prosaschriftsteller(in) *m(f)*

prosístico, -a [pro'sistiko, -a] *adj* (*relativo a*) die Prosa betreffend; (*perteneciente a*) zur Prosa gehörend, Prosa-; **texto ~** Prosatext *m*

prosodia [pro'soðja] *f* (LING, MÚS) Prosodie *f*

prosódico, -a [pro'soðiko, -a] *adj* (LING, MÚS) prosodisch; **acento ~** prosodischer Akzent

prosopografía [prosopoɣra'fia] *f* Beschreibung einer Person oder eines Tieres

prosopopeya [prosopo'peja] *f* **1** (LING, LIT: *personificación*) Personifikation *f*, Prosopopöie *f*
2 (*fam: afectación*) Aufgeblasenheit *f*, Wichtigtuerei *f*

prosoviético, -a [proso'βjetiko, -a] *adj* prosowjetisch, sowjetfreundlich

prospección [prospeɣ'θjon] *f* **1** (MIN) Prospektion *f*; (*actividad*) Prospektierung *f*, Schürfen *nt;* **~ petrolífera** Erdölsuche *f;* **~ de mercado** (ECON) Marktforschung *f*

prospectar [prospek'tar] *vt* (MIN) prospektieren, schürfen

prospectiva [prospek'tiβa] *f* prospektive Studie *f*

prospectivo, -a [prospek'tiβo, -a] *adj* prospektiv; **análisis ~** prospektive Studie

prospecto [pros'pekto] *m* **1** (*folleto*) Prospekt *m o nt*; (*hoja*) Faltblatt *nt;* **~ publicitario** Werbeprospekt *m o nt*
2 (*de instrucciones*) Bedienungsanleitung *f*; (*informativo*) Broschüre *f*;

prospector (*de un medicamento*) Packungsbeilage *f*
prospector(a) [prospek'tor(a)] *m(f)* Prospektor(in) *m(f)*; ~ **de mercado** (ECON) Marktforscher *m*
prosperar [prospe'rar] *vi* ❶ (*crecer*) gedeihen; (*avanzar*) gut vorankommen; (*enriquecerse*) prosperieren; (*florecer*) blühen, florieren; (*tener éxito*) Erfolg haben
❷ (*imponerse*) sich einbürgern
prosperidad [prosperi'ðað] *f* Prosperität *f*, Gedeihen *nt*; (*bienestar*) Wohlstand *m*; (*florecimiento*) Blüte(zeit) *f*; (ECON) Hochkonjunktur *f*; ~ **económica** Wirtschaftsaufschwung *m*
próspero, -a ['prospero, -a] *adj* ❶ (*feliz*) glücklich, fröhlich; ¡**P~ Año Nuevo!** frohes neues Jahr!; (*brindis*) prosit Neujahr!
❷ (*fructífero*) gedeihlich; (*floreciente*) blühend, florierend
❸ (*rico*) wohlhabend; **un ~ comerciante** ein erfolgreicher Händler
próstata ['prostata] *f* (ANAT) Prostata *f*, Vorsteherdrüse *f*; **cáncer de ~** Prostatakrebs *m*; **enfermo de ~** Prostatiker *m*
prostatectomía [prostatekto'mia] *f* (MED) operative Prostataentfernung *f*, Prostatektomie *f*
prostático, -a [pros'tatiko, -a] *adj* (MED) Prostata-
prostatitis [prosta'titis] *f inv* (MED) Prostataentzündung *f*, Prostatitis *f*
prosternación [prosterna'θjon] *f* Kniefall *m*
prosternarse [proster'narse] *vr* sich niederwerfen, sich zu Boden werfen; (REL) prosternieren (*ante* vor +*dat*)
prostíbulo [pros'tiβulo] *m* Freudenhaus *nt*, Bordell *nt*
prostitución [prostitu'θjon] *f* Prostitution *f*; **ejercer la ~** der Prostitution nachgehen, sich prostituieren
prostituir [prostitu'ir] *irr como huir* I. *vt* auf den Strich schicken; (*t. fig*) prostituieren
II. *vr*: **~se** auf den Strich gehen; (*t. fig*) sich prostituieren; (*denigrarse*) sich erniedrigen, sich entehren
prostituto, -a [prosti'tuto, -a] *m, f* Prostituierte(r) *mf*
prosudo, -a [pro'suðo, -a] I. *adj* (*Chil, Ecua, Perú*) aufschneiderisch
II. *m, f* (*Chil, Ecua, Perú*) Aufschneider(in) *m(f)*
protagonismo [protaɣo'nismo] *m* Geltung *f*; **afán de ~** Geltungssucht *f*
protagonista [protaɣo'nista] I. *adj*: **la actriz ~** die Hauptdarstellerin; **el papel ~** die Hauptrolle
II. *mf* Hauptfigur *f*, Hauptperson *f*; (CINE, TEAT) Protagonist(in) *m(f)*, Hauptdarsteller(in) *m(f)*; (*héroe*) Held(in) *m(f)*; (LIT) (Roman)held(in) *m(f)*
protagonizar [protaɣoni'θar] <z→c> *vt* (die Hauptrolle) spielen; **protagoniza el papel del amante** er spielt die Rolle des Liebhabers; **un gran actor protagoniza esta película** in diesem Film spielt ein namhafter Schauspieler die Hauptrolle
prótasis ['protasis] *f inv* ❶ (LIT) Exposition *f*
❷ (LING) Einleitung *f*, Vordersatz *m*
protección [protek'θjon] *f* Schutz *m*; (*recubrimiento*) Abdeckung *f*; (*apoyo*) Unterstützung *f*; (*mecenazgo*) Gönnerschaft *f*; (MIL) Deckung *f*; (POL) Protektion *f*; (*patrocinio*) Schirmherrschaft *f*; ~ **acústica** Lärmschutz *m*; ~ **aduanera** Zollschutz *m*; ~ **antiaérea** Luftschutz *m*; ~ **anticopia** (INFOR) Kopierschutz *m*; ~ **(anti)térmica** Wärmeschutz *m*; ~ **del arrendatario** Mieterschutz *m*; ~ **civil** Zivilschutz *m*; ~ **de la clientela** Kundenschutz *m*; ~ **de la constitución** Verfassungsschutz *m*; ~ **del consumidor** Verbraucherschutz *m*; ~ **de contraseña** Kennwortschutz *m*; ~ **de datos** Datenschutz *m*; ~ **de edificios/de monumentos** Gebäude-/Denkmalschutz *m*; ~ **de espacios naturales** Landschaftsschutz *m*; ~ **de estancia** [*o* **de permanencia**] Bleibeschutz *m*; ~ **contra incendios** Brandschutz *m*, Feuerschutz *m*; ~ **contra la inflación** Inflationsschutz *m*; ~ **de intereses** Interessenschutz *m*; ~ **jurídica** Rechtsschutz *m*; ~ **de marcas** Markenschutz *m*; ~ **de marcas comerciales** Warenzeichenschutz *m*; ~ **a la maternidad** Mutterschutz *m*; ~ **de memoria** (INFOR) Speicherschutz *m*; ~ **de menores** Jugendschutz *m*; ~ **a las minorías** Minderheitenschutz *m*; ~ **de la naturaleza/del medio ambiente** Natur-/Umweltschutz *m*; ~ **del nombre comercial** Firmenschutz *m*; ~ **policial** Polizeischutz *m*; ~ **contra la radiación** Strahlenschutzmittel *nt*; ~ **sanitaria** Gesundheitsschutz *m*; ~ **del sistema** (INFOR) Systemsicherheit *f*; ~ **territorial** (POL) Gebietsschutz *m*; ~ **de testigos** Zeugenschutz *m*; ~ **de los trabajadores** Arbeitnehmerschutz *m*; **ser de alta ~** (*crema*) einen hohen Schutzfaktor haben; **conceder/retirar la ~ a alguien** die schützende Hand über jdn halten/von jdm abziehen; **poner algo/a alguien bajo ~** etw/jdn unter Schutz stellen; **tomar algo/a alguien bajo su ~** etw/jdn in Schutz nehmen
proteccionismo [protekθjo'nismo] *m* (ECON) Protektionismus *m*; ~ **arancelario** Zollprotektionismus *m*; ~ **económico** Wirtschaftsprotektionismus *m*
proteccionista [protekθjo'nista] I. *adj* protektionistisch; **política ~** Schutzzollpolitik *f*
II. *mf* Protektionist(in) *m(f)*
protector¹ [protek'tor] *m* Schutz *m*; ~ **labial** Lippen(schutz)pomade *f*;

~ **solar** Sonnen(schutz)creme *f*
protector(a)² [protek'tor(a)] I. *adj* schützend, Schutz-; **casco ~** Schutzhelm *m*; **sociedad ~a de animales** Tierschutzverein *m*
II. *m(f)* (*persona*) Beschützer(in) *m(f)*; (*mecenas*) Gönner(in) *m(f)*; (*proxeneta*) Zuhälter *m*; (POL) Protektor(in) *m(f)*; (*patrocinador*) Schirmherr(in) *m(f)*
protectorado [protekto'raðo] *m* (POL) ❶ (*soberanía*) Protektorat *nt*
❷ (*estado*) Protektorat(sgebiet) *nt*
protegedientes [protexe'ðjentes] *m inv* (DEP) Mundschutz *m*
proteger [prote'xer] <g→j> I. *vt* ❶ (*resguardar*) (be)schützen (*de/contra* vor +*dat*), in Schutz nehmen (*de/contra* vor +*dat*); ~ **contra las agresiones medioambientales** vor schädlichen Umwelteinflüssen schützen; **¡que Dios te proteja!** Gott beschütze dich!
❷ (*asegurar*) (ab)sichern
❸ (ECOL) unter Naturschutz stellen; (*como mecenas*) fördern
❹ (POL) protegieren
II. *vr*: **~se** sich schützen (*de/contra* vor +*dat*); **~se la cabeza/los ojos** seinen Kopf/seine Augen schützen
protegido, -a [prote'xiðo, -a] I. *adj* geschützt; **~ contra escritura** (INFOR) schreibgeschützt; **~ contra el uso indebido** missbrauchgeschützt; **~ por patente** patentgeschützt; **especies protegidas** (ECOL) geschützte Arten
II. *m, f* Günstling *m*, Protegé *m*; (*pupilo*) Mündel *nt*
proteico, -a [pro'teiko, -a] *adj* ❶ (*camaleónico*) wandelbar, proteisch
❷ (QUÍM: *proteínico*) Protein-, Eiweiß-
proteína [prote'ina] *f* (QUÍM) Protein *nt*, Eiweißstoff *m*; (*nutrición*) Eiweiß *nt*
proteínico, -a [prote'iniko, -a] *adj* Protein-, Eiweiß-; **contenido ~** Eiweißgehalt *m*
proterrorista [proterro'rista] *adj* proterroristisch
protésico, -a [pro'tesiko, -a] I. *adj* prothetisch
II. *m, f* Zahntechniker(in) *m(f)*
prótesis ['protesis] *f inv* (MED, LING) Prothese *f*; ~ **auditiva** Hörgerät *nt*; ~ **dental** Zahnprothese *f*
protesta [pro'testa] *f* ❶ (*queja*) Protest *m*; **acto de ~** Protestaktion *f*; **oleada de ~s** Protestwelle *f*
❷ (JUR) Einspruch *m*
❸ (COM, FIN) (Wechsel)protest *m*
❹ (*aseveración*) Beteuerung *f*
protestable [protes'taβle] *adj* (JUR) protestierbar
protestación [protesta'θjon] *f* (REL) (öffentliches) Glaubensbekenntnis *nt*
protestante [protes'tante] I. *adj* ❶ (REL) protestantisch
II. *mf* ❶ (REL) Protestant(in) *m(f)*
❷ (*pey: pleitador*) streitsüchtig, querulatorisch *elev*
❷ (*pey: pleitador*) Querulant(in) *m(f)*; (*contestatario*) Protestler(in) *m(f)*
protestantismo [protestan'tismo] *m sin pl* ❶ (REL) Protestantismus *m*; **convertir al ~** zum Protestantismus bekehren
❷ (*pey: inconformismo*) Querulantentum *nt*
protestar [protes'tar] I. *vi* ❶ (*oponerse*) protestieren (*contra* gegen +*akk*, *de* wegen +*gen/dat*); (*quejarse*) sich beschweren, (*pey*) querulieren
❷ (*aseverar*) beteuern (*de* +*akk*)
❸ (JUR) Einspruch erheben, Verwahrung einlegen
❹ (COM, FIN) den Protest auf den Wechsel setzen; ~ **una letra** (FIN) einen Wechsel zu Protest gehen lassen
II. *vt* ❶ (*confesar*) bekennen; **su fe** seinen Glauben bekennen
❷ (JUR) anfechten, Einspruch erheben (gegen +*akk*); ~ **un nombramiento** eine Ernennung anfechten
❸ (ECON, FIN) protestieren, zu Protest gehen lassen
protesto [pro'testo] *m* (COM, FIN) (Wechsel)protest *m*; ~ **por falta de pago** Protest mangels Zahlung; **documento de ~** Protesturkunde *f*; **bajo ~** unter Protest [*o* Vorbehalt]
protestón, -ona [protes'ton, -ona] I. *adj* (*fam*) nörglerisch
II. *m, f* (*fam*) Meckerfritze, -liese *m, f*
protocolar [protoko'lar] I. *vt v.* **protocolizar**
II. *adj* protokollarisch
protocolario, -a [protoko'larjo, -a] *adj* protokollarisch
protocolizar [protokoli'θar] <z→c> *vt* protokollieren, zu Protokoll nehmen; (*documentos*) notariell beurkunden
protocolo [proto'kolo] *m* ❶ (*actas*) Protokoll *nt*; ~ **de comunicaciones** (INFOR) Kommunikationsprotokoll *nt*; ~ **de enlace de datos** (INFOR) Datenübertragungsprotokoll *nt*; ~ **de errores** (INFOR) Fehlerprotokoll *nt*; ~ **de transporte** (INFOR) Transportprotokoll *nt*
❷ (*ceremonial*) Protokoll *nt*; **sin ~** ohne Protokoll
❸ (JUR) Protokoll(buch) *nt*; (*escrituras*) Urkundenrolle *f*
protoestrella [protoes'treʎa] *f* (ASTR) Protostern *m*
protohistoria [protois'torja] *f* Urgeschichte *f*; (*t. fig*) Frühgeschichte *f*

protohistórico la ~ **del comunismo** die Frühgeschichte des Kommunismus

protohistórico, -a [protois'toriko, -a] *adj* urgeschichtlich; (*t. fig*) frühgeschichtlich

protoindustrial [protoindus'trjal] *adj* frühindustriell

protomártir [proto'martir] *mf* (REL, POL) (Ur)märtyrer(in) *m(f)*

protón [pro'ton] *m* (FÍS) Proton *nt*

protoplasma [proto'plasma] *m* (BIOL) Protoplasma *nt*

prototípico, -a [proto'tipiko, -a] *adj* prototypisch

prototipo [proto'tipo] *m* ❶ (*modelo, t.* TÉC) Prototyp *m*, Erstausführung *f*; (DEP) Prototyp *m*; ~ **de pruebas** Erprobungsmuster *nt*
❷ (*ejemplo*) Inbegriff *m*, Prototyp *m*

protozoo [proto'θoo] *m* (BIOL) Protozoon *nt*, Urtierchen *nt*

protráctil [pro'taktil] *adj* (ZOOL) vorschnellbar; **lengua** ~ Schleuderzunge *f*

protuberancia [protuβe'ranθja] *f* Höcker *m*; (*bulto*) Wulst *m o f*; (*excrecencia*) Auswuchs *m*; (ASTR, MED) Protuberanz *f*

protuberante [protuβe'rante] *adj* hervortretend, vorgewölbt

protutor(a) [protu'tor(a)] *m(f)* (JUR) Gegenvormund *m*

provecho [pro'βetʃo] *m* ❶ (*aprovechamiento*) Nutzen *m*; (*ventaja*) Vorteil *m*; (*producto*) Ertrag *m*; (*beneficio*) Gewinn *m*, Profit *m*; **propio** ~ Eigennutz *m*; **de** ~ von Nutzen; **hacerse** [*o* **volverse**] **de** ~ es zu etwas bringen; **nada de** ~ nichts Brauchbares; **en** ~ **de algo/alguien** zu etw *gen*/jds Wohl(e); **sacar** ~ **de algo** aus etw *dat* Nutzen ziehen; **sacar** ~ **de alguien** jdn ausnutzen
❷ (*progreso*) Fortschritt *m*; (*mejora*) Besserung *f*
❸ (*de alimentos*) Bekömmlichkeit *f*; **¡buen ~!** guten Appetit!; **hacer (buen)** ~ wohl [*o* gut] bekommen

provechoso, -a [proβe'tʃoso, -a] *adj* einträglich; (*productivo*) ertragreich, nutzbringend; (*útil*) nützlich; (*ventajoso*) vorteilhaft; (*saludable*) gesund; (*digestivo*) bekömmlich

provecto, -a [pro'βekto] *adj* betagt; **de edad provecta** in vorgerücktem Alter

proveedor¹ [proβe(e)'ðor] *m* (INFOR) Anbieter *m*, Provider *m*

proveedor(a)² [proβe(e)'ðor(a)] I. *adj* Liefer-; **empresa ~a** Lieferfirma *f*, Lieferbetrieb *m*
II. *m(f)* Lieferant(in) *m(f)*

proveer [pro'βer/proβe'er] *irr* I. *vi* sorgen (*a* für +*akk*); ~ **a las necesidades de algo/alguien** etw/jdn versorgen; **¡Dios ~á!** der Herrgott wird's schon richten!
II. *vt* ❶ (*abastecer*) versorgen (*de* mit +*dat*); (*equipar*) ausstatten (*de* mit +*dat*); (*dotar*) versehen (*de* mit +*dat*); (*proporcionar*) verschaffen
❷ (*suministrar*) beliefern (*de* mit +*dat*)
❸ (*un puesto*) besetzen; (*conceder*) vergeben
❹ (JUR) gerichtlich verfügen, entscheiden (*sobre* über +*akk*)
III. *vr*: **~se** sich eindecken (*de* mit +*dat*), sich versehen (*de* mit +*dat*)

proveimiento [proβei'mjento] *m* ❶ (*provisión*) Versorgung *f*
❷ (JUR) richterliche Verfügung *f*, richterlicher Bescheid *m*

proveniencia [proβe'njenθja] *f* Herkunft *f*, Ursprung *m*

proveniente [proβe'njente] *adj* herkommend (*de* von +*dat*), herrührend (*de* von +*dat*); **el tren ~ de Madrid** der Zug aus Madrid

provenir [proβe'nir] *irr como venir vi* herkommen (*de* von +*dat*), (*proceder*) herrühren (*de* von +*dat*); (*ser originario*) stammen (*de* aus +*dat*)

Provenza [pro'βenθa] *f* Provence *f*

provenzal [proβen'θal] *adj* provenzalisch

proverbial [proβer'βjal] *adj* sprichwörtlich; (*sabido*) allgemein bekannt

proverbio [pro'βerβjo] *m* Sprichwort *nt*; (*pensamiento*) (Denk)spruch *m*; **(el Libro de) los P~s** die Sprüche Salomos

providencia [proβi'ðenθja] *f* ❶ (*prevención*) Vorsehung *f*, Providenz *f elev*; (*medida*) Vorsorge *f*; **la (divina) P~** (REL) die göttliche Vorsehung
❷ (JUR) Verfügung *f*; (*disposición*) Entscheidung *f*; ~ **ejecutoria** Vollstreckungsbescheid *m*; ~ **de embargo** Pfändungsverfügung *f*; ~ **judicial** Gerichtsbescheid *m*; **dictar una ~** eine Verfügung [*o* einen Bescheid] erlassen

providencial [proβiðen'θjal] *adj* ❶ (*de la providencia*) von der Vorsehung bestimmt, providenziell *elev*
❷ (*oportuno*) angebracht, geschickt; **su intervención resultó ~** sein/ihr Eingreifen war ausschlaggebend

providencialismo [proβiðenθja'lismo] *m sin pl* Glaubenslehre *f* der vollkommenen göttlichen Vorsehung

providenciar [proβiðen'θjar] *vt* ❶ (*tomar medidas*) Vorkehrungen treffen (*für +akk*)
❷ (JUR) verfügen, anordnen

providente [proβi'ðente] *adj* ❶ (*prudente*) vorsichtig
❷ (*próvido*) sorgsam, sorgfältig; (*previsor*) vorausschauend

próvido, -a [pro'βiðo, -a] *adj* ❶ (*previsor*) sorgfältig, sorgsam; (*precavido*) vorausschauend
❷ (*propicio*) günstig; (*productivo*) ertragreich, (*provechoso*) nutzbringend

provincia [pro'βinθja] *f* Provinz *f*; (*Arg: estado*) Gliedstaat *m*; **ciudad de ~s** Provinzstadt *f*, Kleinstadt *f*

provincial [proβin'θjal] I. *adj* Provinz(ial)-; **capital ~** Provinzhauptstadt *f*; **delegación ~** Provinzialbehörde *f*
II. *m* (REL) Provinzial *m*

provinciala [proβin'θjala] *f* (REL) Priorin *f*, Äbtissin *f*

provincialismo [proβinθja'lismo] *m* ❶ (*apego*) Lokalpatriotismus *m*; (*pey*) Provinzlertum *m*
❷ (LING) Provinzialismus *m*

provinciana [proβin'θjana] *adj o f v.* **provinciano**

provincianismo [proβinθja'nismo] *m sin pl* (*pey*) Provinzialität *f*, provinzielle Beschränktheit *f*

provinciano, -a [proβin'θjano, -a] I. *adj* provinziell; (*pey*) provinzlerisch
II. *m, f* Provinzbewohner(in) *m(f)*; (*pey*) Provinzler(in) *m(f)*

provisión [proβi'sjon] *f* ❶ (*reserva*) Vorrat *m*, Reserve *f*; **provisiones** Proviant *m*, Mundvorrat *m*
❷ (ADMIN) Gestellung *f*; (*suministro*) Versorgung *f*
❸ (ECON: *cobertura*) Deckung *f*; (*reserva*) Rücklage *f*; ~ **para créditos de cobro dudoso** Wertberichtigung zu dubiosen Forderungen; ~ **de inversión** Investitionsrücklage *f*; **provisiones para riesgos y gastos** Rücklagen für Risiken und Ausgaben
❹ (ECON: *comisión*) Provision *f*
❺ (*medida*) Vorsichtsmaßnahme *f*
❻ (*de un cargo*) Besetzung *f*
❼ (JUR) Anordnung *f*

provisional [proβisjo'nal] *adj* provisorisch; (*temporal*) einstweilig, vorläufig; **acuerdo ~** Interimsabkommen *nt*; **factura ~** vorläufige Rechnung; **gobierno ~** Interimsregierung *f*; **medida ~** Provisorium *nt*, Übergangslösung *f*

provisionalidad [proβisjonali'ðað] *f* Vorläufigkeit *f*

provisorio, -a [proβi'sorjo, -a] *adj v.* **provisional**

provisto, -a [pro'βisto, -a] I. *pp de* **proveer**
II. *adj* ausgestattet (*de* mit +*dat*), versehen (*de* mit +*dat*); (COM) assortiert (*de* mit +*dat*); ~ **al efecto** dafür vorgesehen

provitamina [proβita'mina] *f* (BIOL, QUÍM) Provitamin *nt*

provocación [proβoka'θjon] *f* ❶ (*ataque*) Provokation *f*, Herausforderung *f*; (*instigación*) Anstiftung *f*; (POL: *agitación*) Aufwiegelung *f*
❷ (*causa*) Hervorrufung *f*; (MED) Auslösen *nt*; ~ **de daños** (JUR) Schadensverursachung *f*; ~ **de un delito** Herbeiführen einer Straftat

provocador¹ [proβoka'ðor] *m* Auslöser *m*; (MED) Erreger *m*

provocador(a)² [proβoka'ðor(a)] I. *adj* provokant, provokatorisch, herausfordernd; (*excitante*) aufreizend; (MED) auslösend; **agente ~** Agent *m* provocateur
II. *m(f)* (POL) Provokateur(in) *m(f)*

provocante [proβo'kante] *adj* provozierend

provocar [proβo'kar] <c→qu> I. *vt* ❶ (*incitar*) provozieren, herausfordern; (*irritar*) aufregen; (*excitar*) aufreizen; (*instigar*) anstiften; (POL) aufwiegeln; **¡no me provoques!** geh mir nicht auf die Nerven!; (*advertencia*) ich warne dich!
❷ (*causar*) provozieren, hervorrufen; (MED) auslösen; (*artificialmente*) einleiten; ~ **lástima/risa** zum Mitleid/Lachen bewegen; ~ **un cambio/una guerra** zu einer Wende/einem Krieg führen; ~ **una escena** eine Szene machen; ~ **un incendio** einen Brand verursachen
❸ (*Am: apetecer*) (no) **me provoca** ich habe (keine) Lust
II. *vi* (*vomitar*) erbrechen

provocativo, -a [proβoka'tiβo, -a] *adj* provozierend, provokativ; (*excitante*) aufreizend

proxeneta [proⱼse'neta] *mf* (*t.* JUR) Zuhälter *m*; (*alcahuete*) Kuppler(in) *m(f)*

proxenetismo [proⱼsene'tismo] *m sin pl* (*t.* JUR) Zuhälterei *f*; (*alcahueteo*) Kuppelei *f*

proximal [proⱼsi'mal] *adj* (ANAT) am nächsten gelegen, proximal

próximamente [proⱼsima'mente] *adv* demnächst, nächstens

proximidad [proⱼsimi'ðað] *f* ❶ (*cercanía*) Nähe *f*; ~**es** Nachbarschaft *f*; **en las ~es** in der Nähe
❷ (*parentesco*) Verwandtschaftsgrad *m*

próximo, -a ['proⱼsimo, -a] *adj* ❶ (*cercano*) nahe (*a* bei/zu +*dat*); (*local*) nahe gelegen; (*temporal*) nahe bevorstehend; **en fecha próxima** demnächst; **estar ~ a** drauf und dran sein zu, kurz davor sein zu
❷ (*siguiente*) nächste(r, s); **el ~ año** nächstes Jahr; **el ~ viernes** am nächsten Freitag; **el ~ 3 de octubre** am 3. Oktober diesen Jahres; **la próxima vez** nächstes Mal; **¡hasta la próxima!** bis zum nächsten Mal!, bis bald!

proyección [proʝeⱼ'θjon] *f* ❶ (FÍS, FOTO, CINE) Projektion *f*, Projizierung *f*; (*sesión*) Vorführung *f*; (*lanzamiento*) Werfen *nt*; (*impulso*) Schleudern *nt*; ~ **en cinemascope** Breitwandprojektion *f*; ~ **de sombras** Schattenwurf *m*
❷ (GEO: *cartografía*) Projektion *f*; ~ **cilíndrica** Zylinderprojektion *f*; ~ **cónica** Kegelprojektion *f*; ~ **esférica** Kugelprojektion *f*; ~ **en pers-**

pectiva perspektivische Projektion
❸ (ARQUIT, MAT) Grundriss *m;* ~ **longitudinal/vertical** Seiten-/Aufriss *m*
❹ (*influencia*) Einfluss *m;* (*orientación*) Orientierung *f;* **una empresa de ~ internacional** eine weltweit orientierte Firma
❺ (*proyecto*) Planung *f,* Entwerfen *nt*
proyectable [proʝek'taβle] *adj* (AERO): **asiento ~** Schleudersitz *m*
proyectante [proʝek'tante] I. *adj* projizierend
II. *f* (MAT) Projektionslinie *f*
proyectar [proʝek'tar] I. *vt* ❶ (FÍS, FOTO, CINE) projizieren; (*lanzar*) werfen (*hacia* auf +*akk*); (*impulsar*) schleudern (*hacia* gegen +*akk*); ~ **luz/sombra** Licht/Schatten werfen
❷ (*idear*) projektieren; (*planear*) planen; (*diseñar*) entwerfen; (TÉC) auslegen, konstruieren; **~ anticipadamente** vorsehen; (JUR) disponieren
❸ (*proponerse*) beabsichtigen, vorhaben
II. *vr:* **~se** ❶ (*luz, sombra*) fallen (*sobre* auf +*akk*)
❷ (PSICO) sich projizieren (*en* auf +*akk*)
❸ (*orientarse*) sich orientieren
proyectil [proʝek'til] *m* Projektil *nt,* Geschoss *nt;* ~ **anticarro** [*o* **antitanque**] Panzerabwehrgeschoss *nt;* ~ **blindado** Panzergeschoss *nt;* ~ **incendiario/rompedor** Brand-/Sprenggeschoss *nt*
proyectista [proʝek'tista] *mf* Projektant(in) *m(f),* Projektingenieur(in) *m(f);* (*diseñador*) Konstrukteur(in) *m(f);* (CINE: *operador*) Vorführer(in) *m(f)*
proyectivo, -a [proʝek'tiβo, -a] *adj* projektiv; **geometría proyectiva** (MAT) darstellende Geometrie; **técnica proyectiva** (PSICO) projektives Verfahren; **test ~** (PSICO) Projektionstest *m*
proyecto¹ [pro'ʝekto] *m* ❶ (*plan*) Projekt *nt,* Plan *m;* (*proyección*) Planung *f;* (*borrador*) Entwurf *m;* (*pormenorizado*) Ausarbeitung *f;* (POL: *propuesta*) Vorschlag *m;* ~ **de contrato** Vertragsentwurf *m;* ~ **de cooperación** Kooperationsprojekt *nt;* ~ **fin de carrera** (UNIV) Diplomarbeit *f;* (*en Letras*) Magisterarbeit *f;* ~ **de gobierno** Kabinettsentwurf *m;* ~ **gubernamental** Regierungsentwurf *m;* ~ **de ley** Gesetz(es)entwurf *m;* ~ **piloto** Pilotprojekt *nt;* ~ **de presupuesto** Haushaltsvorlage *f,* Haushaltsplanentwurf *m;* ~ **de reforma** (*constitucional*) (Verfassungs)änderungsentwurf *m;* **presentar/aportar un ~ de ley** einen Gesetzesentwurf vorlegen/einbringen
❷ (*propósito*) Projekt *nt,* Vorhaben *nt;* ~ **de construcción** Bauvorhaben *nt;* ~ **de inversiones** Investitionsvorhaben *nt;* **en ~** geplant; **tener ~s** Pläne haben; **tener algo en ~** etw vorhaben
proyecto, -a² [pro'ʝekto] *adj* (MAT) projiziert
proyector [proʝek'tor] *m* (FOTO, CINE) Projektor *m,* Bildwerfer *m;* (*lanzador*) Werfer *m;* ~ **de agua** Wasserwerfer *m;* ~ **de cine** Filmprojektor *m,* Kinoprojektor *m;* ~ **de diapositivas** Diaprojektor *m;* ~ **de luz** Scheinwerfer *m;* ~ **de luz diurna** Tageslichtprojektor *m*
prudencia [pru'ðenθja] *f* ❶ (*precaución*) Vorsicht *f;* (*previsión*) Bedachtsamkeit *f;* (*cautela*) Behutsamkeit *f*
❷ (*cordura*) Vernunft *f;* (*astucia*) Klugheit *f*
❸ (*moderación*) Mäßigkeit *f*
prudencial [pruðen'θjal] *adj* (*razonable*) vernünftig, (*adecuado*) angebracht; (*previsor*) bedachtsam; **una cantidad ~** eine angemessene Menge
prudenciarse [pruðen'θjarse] *vr* (*AmC, Col, Méx*) ❶ (*ser prudente*) vorsichtig sein
❷ (*moderarse*) sich mäßigen
❸ (*conservar la calma*) Ruhe bewahren
prudente [pru'ðente] *adj* ❶ (*precavido*) vorsichtig, (*previsor*) bedacht; (*cauteloso*) behutsam
❷ (*razonable*) vernünftig; (*avisado*) klug
❸ (*adecuado*) angemessen
prueba ['prweβa] *f* ❶ (*examen*) Prüfung *f,* Test *m;* (*experimento*) Versuch *m;* (REL) Prüfung *f;* (*comprobación*) Probe *f;* (*ensayo*) Erprobung *f;* (DEP: *competición*) Wettkampf *m;* (*de ropa*) Anprobe *f;* (TIPO: *de impresión*) Andruck *m,* Probeabzug *m;* (TÉC) Probelauf *m;* ~ **de acceso** Aufnahmeprüfung *f;* ~ **de aceptación** (INFOR) Abnahmeprüfung *f;* ~ **de alcoholemia** (Blut)alkoholtest *m;* ~ **alfa/beta** (INFOR) Alfa-/Betatest *m;* ~ **de aptitud** Eignungstest *m;* ~ **al azar** Stichprobe *f;* ~ **de azúcar en la orina/en la sangre** Harnzucker-/Blutzuckertest *m;* ~ **clasificatoria/eliminatoria** Qualifizierungs-/Ausscheidungsspiel *nt;* ~ **de degustación** Kostprobe *f;* (*cata*) Weinprobe *f;* ~ **de embarazo** Schwangerschaftstest *m;* ~ **de filiación** Abstammungsnachweis *m;* ~ **de fondo** (DEP) Leistungsprüfung *f;* ~ **de fuego** (*fig*) Feuerprobe *f;* ~ **de galeradas** (TIPO) Abzug in Fahnen; ~ **de identidad** Identitätsnachweis *m;* ~ **de imprenta** (TIPO) Druckfahne *f;* **~s nucleares** Atomversuche *mpl;* ~ **de resistencia** Ausdauerprüfung *f;* ~ **de testigos** Zeugenbeweis *m;* **período de ~** Probezeit *f;* **poner a ~** auf die Probe stellen; **someter a ~** einer Prüfung unterziehen; **sufrir una dura ~** eine schwere Prüfung durchmachen; **a ~ de agua** wasserdicht, wasserfest; **a ~ de balas** kugelsicher; **a ~ de bombas** (*t. fig*) bombensicher; **a ~ de robo** diebstahlsicher; **a título de ~** zur Probe; **a toda ~** voll erprobt; (*fig*) mit allen Wassern gewaschen
❷ (*t.* JUR: *testimonio*) Beweis *m;* (*verificación*) Nachweis *m;* ~ **de cargo/descargo** Entlastungs-/Belastungsnachweis *m;* ~ **circunstancial** Indizienbeweis *m;* ~ **documental** Urkundenbeweis *m;* ~ **evidencial** Augenscheinsbeweis *m;* ~ **fáctica** Tatsachenbeweis *m;* ~ **por indicios** Indizienbeweis *m;* ~ **de paternidad** Vaterschaftsnachweis *m;* ~ **de testigos** Zeugenbeweis *m;* **dar ~s de afecto** Zuneigung beweisen; **en ~ de nuestro reconocimiento** als Zeichen unserer Anerkennung; **presentar la ~** den Nachweis erbringen; **ser ~ de algo** ein Beweis für etw sein; **suministrar ~s** Nachweise einreichen; **tener ~s de que...** beweisen können, dass ...
pruna ['pruna] *f* (*reg:* BOT) Pflaume *f*
pruno ['pruno] *m* (*reg:* BOT) Pflaumenbaum *m*
pruriginoso, -a [prurixi'noso, -a] *adj* (MED) Juckreiz erzeugend, pruriginös
prurigo [pru'riɣo] *m* (MED) Juckknötchen *nt,* Prurigo *f*
prurito [pru'rito] *m* ❶ (*picor*) Juckreiz *m;* (MED) Pruritus *m*
❷ (*afán de perfección*) innerer Ansporn *m*
Prusia ['prusja] *f* Preußen *nt;* ~ **Occidental/Oriental** West-/Ostpreußen *nt*
prusiano, -a [pru'sjano, -a] I. *adj* preußisch
II. *m, f* Preuße, -in *m, f*
P.S. [pos es'kriptum] *abr de* **post scriptum** PS
(p)seudo- ['seuðo] Pseudo-, pseudo-
(p)seudoinstrucción [seuðoinˢtruɣ'θjon] *f* (INFOR) Pseudobefehl *m*
(p)seudología [seuðolo'xia] *f* (PSICO) krankhaftes Lügen *nt,* Pseudologie *f*
(p)seudónimo [seu'ðonimo] *m* Pseudonym *nt*
(p)sicastenia [sikas'tenja] *f* (PSICO) Psychasthenie *f*
(p)sico- ['siko] Psycho-, psycho-
(p)sicoanálisis [sikoa'nalisis] *m sin pl* (MED) Psychoanalyse *f*
(p)sicoanalista [sikoana'lista] *mf* (MED) Psychoanalytiker(in) *m(f)*
(p)sicoanalítico, -a [sikoana'litiko, -a] *adj* (MED) psychoanalytisch
(p)sicoanalizar [sikoanali'θar] <z→c> *vt* (MED) psychoanalysieren
(p)sicodélico, -a [siko'ðeliko, -a] *adj* psychedelisch; **droga (p)sicodélica** psychedelische Droge
(p)sicodrama [siko'ðrama] *m* (LIT, PSICO) Psychodrama *nt*
(p)sicofármaco [siko'farmako, -a] *m* (MED) Psychopharmakon *nt*
(p)sicofarmacología [sikofarmakolo'xia] *f* (MED) Psychopharmakologie *f*
(p)sicofísica [siko'fisika] *f* (PSICO) Psychophysik *f*
(p)sicofisiología [sikofisjolo'xia] *f* (PSICO) Psychophysik *f*
(p)sicogénesis [siko'xenesis] *f inv* (PSICO) Psychogenese *f*
(p)sicógeno, -a [si'koxeno, -a] *adj* (MED) psychogen, seelisch bedingt
(p)sicokinesia [sikoki'nesja] *f* Psychokinese *f*
(p)sicolingüista [sikoliŋ'gwista] *mf* (LING) Psycholinguist(in) *m(f)*
(p)sicolingüística [sikoliŋ'gwistika] *f sin pl* (LING) Psycholinguistik *f*
(p)sicóloga [si'koloɣa] *f v.* **(p)sicólogo**
(p)sicología [sikolo'xia] *f sin pl* ❶ (*ciencia*) Psychologie *f;* ~ **criminal** Kriminalpsychologie *f;* ~ **de empresa** Betriebspsychologie *f;* ~ **infantil** Kinderpsychologie *f;* ~ **de masas** Massenpsychologie *f;* ~ **de mercado** Marktpsychologie *f;* ~ **social** Sozialpsychologie *f*
❷ (*vida anímica*) Psychologie *f,* Psyche *f;* (*mentalidad*) Weltanschauung *f*
(p)sicológico, -a [siko'loxiko, -a] *adj* seelisch; (PSICO) psychologisch; **guerra (p)sicológica** Psychokrieg *m;* **terror ~** Psychoterror *m*
(p)sicologismo [sikolo'xismo] *m* (FILOS) Psychologismus *m*
(p)sicólogo, -a [si'koloɣo, -a, *m, f* (PSICO) Psychologe, -in *m, f;* **es muy/poco ~** (*fam*) er ist sehr/wenig einfühlsam
(p)sicometría [sikome'tria] *f* (PSICO) Psychometrie *f*
(p)sicomotor, -motriz [sikomo'tor, sikomo'triθ] *adj* (MED, PSICO) psychomotorisch
(p)sicomotricidad [sikomotriθi'ðað] *f sin pl* (MED, PSICO) Psychomotorik *f*
(p)sicomotriz [sikomo'triθ] *adj v.* **(p)sicomotor**
(p)siconeurosis [sikoneu'rosis] *f inv* Psychoneurose *f*
(p)sicópata [si'kopata] *mf* (MED) Psychopath(in) *m(f);* ~ **sexual** Triebtäter *m*
(p)sicopatía [sikopa'tia] *f sin pl* (MED) Psychopathie *f*
(p)sicopático, -a [siko'patiko, -a] *adj* (MED) psychopathisch
(p)sicopatología [sikopatolo'xia] *f* (MED) Psychopathologie *f*
(p)sicopedagogía [sikopeðaɣo'xia] *f* (PSICO) wissenschaftliche Pädagogik *f*
(p)sicoquinesia [sikoki'nesja] *f* Psychokinese *f*
(p)sicoquinesis [sikoki'nesis] *f inv* Psychokinese *f*
(p)sicoquinético, -a [sikoki'netiko,-a] *adj* psychokinetisch
(p)sicosis [si'kosis] *f inv* Psychose *f,* Geisteskrankheit *f;* ~ **carcelaria** Haftpsychose *f;* ~ **colectiva** Massenpsychose *f;* ~ **de guerra** Kriegspsychose *f;* ~ **temporal** vorübergehende Psychose

(p)sicosocial [sikoso'θjal] *adj* psychosozial
(p)sicosociología [sikosoθjolo'xia] *f* (PSICO) Psychosoziologie *f*
(p)sicosomático, -a [sikoso'matiko, -a] *adj* (MED) psychosomatisch
(p)sicotecnia [siko'teɣnja] *f* (PSICO) Psychotechnik *f*
(p)sicotécnico, -a [siko'tekniko, -a] *adj* psychotechnisch; **test** ~ psychologischer Test
(p)sicoterapeuta [sikotera'peu̯ta] *mf* (MED, PSICO) Psychotherapeut(in) *m(f)*
(p)sicoterapéutico, -a [sikotera'peu̯tiko, -a] *adj* (PSICO) psychotherapeutisch
(p)sicoterapia [sikote'rapja] *f* (MED, PSICO) Psychotherapie *f*; (*aplicación*) Psychotherapeutik *f*
(p)sicótico, -a [si'kotiko, -a] *adj* (MED) psychotisch, geisteskrank
(p)sicotrópico, -a [siko'tropiko, -a] *adj* (MED) psychotrop
(p)sicrometría [sikome'tria] *f* (FÍS) Messung *f* der Luftfeuchtigkeit, Psychrometrie *f*
(p)sique ['sike] *f* (PSICO, MED) Psyche *f*
(p)siquiatra [si'kjatra] *mf*, **(p)siquíatra** [si-] *mf* (MED) Psychiater(in) *m(f)*
(p)siquiatría [sikja'tria] *f* (MED) Psychiatrie *f*; ~ **forense** (JUR) Gerichtspsychiatrie *f*
(p)siquiátrico, -a [si'kjatriko, -a] *adj* (MED) psychiatrisch; (**hospital**) ~ psychiatrisches Krankenhaus, Psychiatrie *f*
(p)síquico, -a ['sikiko, -a] *adj* seelisch; (PSICO) psychisch
(p)siquis ['sikis] *f inv* (PSICO, MED) Psyche *f*
(p)siquismo [si'kismo] *m* (PSICO) Psychismus *m*
PSOE [pe'soe] *m abr de* **Partido Socialista Obrero Español** sozialistische spanische Arbeiterpartei
(p)soriasis [so'rjasis] *f inv* (MED) Schuppenflechte *f*, Psoriasis *f*
pta. [pe'seta] *f* <pt(a)s.> *abr de* **peseta** Pesete *f*
pterodáctilo [tero'ðaktilo] *m* (ZOOL) Pterodactylus *m*
pterosaurio [tero'sau̯rjo] *m* (ZOOL) Pterosaurier *m*, Flugsaurier *m*
(p)tialismo [tja'lismo] *m* (MED) übermäßige Speichelbildung *f*, Ptyalismus *m*
ptolemaico, -a [tole'mai̯ko, -a] *adj* (ASTR) ptolemäisch; **el sistema** ~ das ptolemäische Weltsystem
pu [pu] *interj* (*de repugnancia*) bah!, bäh!, igitt!
púa ['pua] *f* ❶ (*espina*) Stachel *m*
❷ (*de un objeto*) Zinke *f*; (*pico*) Zacken *m*
❸ (MÚS: *plectro*) Plektron *nt*, Plektrum *nt*
puado [pu'aðo] *m* (*del peine*) Kammzähne *mpl*
puaj [pwax] *interj* igitt, pfui
pub [paᵝ] <pubs> *m* Pub *m o nt*, Kneipe *f*
púber ['puβer] *adj* geschlechtsreif; (*núbil*) mannbar
pubertad [puβer'taᵈ] *f* Pubertät(szeit) *f*
pubescencia [puβes'θenθja] *f* ❶ (*pubertad*) Pubertät *f*; (MED) Pubeszenz *f*
❷ (BOT) Flaum *m*
púbico, -a ['puβiko, -a] *adj* Scham-; (MED) pubisch; **vello** ~ Schamhaar *nt*; **zona púbica** Schamgegend *f*
pubis ['puβis] *m inv* (*zona*) Scham(gegend) *f*; (*hueso*) Schambein *nt*; (*monte de Venus*) Schamhügel *m*
publicable [puβli'kaβle] *adj* druckfähig; (*de calidad*) druckreif, publikationsreif
publicación [puβlika'θjon] *f* ❶ (*general*) Veröffentlichung *f*; (*anuncio*) Bekanntmachung *f*; (*divulgación*) Verlautbarung *f*; (*proclamación*) Verkünd(ig)ung *f*; ~ **previa** Vorveröffentlichung *f*
❷ (JUR) Offenlegung *f*; ~ **parcial** teilweise Offenlegung
❸ (TIPO: *edición*) Publikation *f*; (*impreso*) Druckwerk *nt*; ~ **electronica** (*resultado*) elektronische Publikation; (*proceso*) elektronisches Publizieren; ~ **oficial** amtliche Druckschrift; ~ **quincenal/mensual** Halbmonats-/Monatsbroschüre *f*; ~ **reciente** Novität *f*; **publicaciones universitarias** Hochschulschrift *f*
publicador(a) [puβlika'ðor(a)] I. *adj* veröffentlichend; (*libros, revistas*) herausgebend; **el diario ~ de este anuncio** die Zeitung, die diese Anzeige veröffentlicht
II. *m(f)* Veröffentlicher(in) *m(f)*; (*de libros, revistas*) Herausgeber(in) *m(f)*
publicar [puβli'kar] <c→qu> I. *vt* ❶ (*difundir*) veröffentlichen; (*anunciar*) bekannt machen, bekannt geben; (*divulgar*) verlautbaren; (JUR) offen legen; (*proclamar*) verkünd(ig)en
❷ (*editar*) veröffentlichen, publizieren
II. *vr:* ~**se** erscheinen, herauskommen
publicidad [puβliθi'ðaᵈ] *f* ❶ (*carácter público*) Öffentlichkeit *f*, Publizität *f*; **dar** ~ **an** die Öffentlichkeit bringen; (*difundir*) ruchbar machen; **este programa le ha dado mucha** ~ durch diese Sendung ist er/sie sehr bekannt geworden
❷ (*propaganda*) Werbung *f*, Reklame *f*; (*promoción*) Publicity *f*; ~ **aerostática** Ballonwerbung *f*; ~ **colectiva** Gemeinschaftswerbung *f*; ~ **comparativa/despreciativa** vergleichende/herabsetzende Werbung; ~ **por correo** Postwerbung *f*; ~ **disimulada** Schleichwerbung *f*; ~ **engañosa** irreführende Werbung; ~ **indirecta** Andeutungswerbung *f*; ~ **sobreimpresa** Werbeeinblendung *f*; ~ **subliminal/fraudulenta** unterschwellige/irreführende Werbung; ~ **en TV** Fernsehwerbung *f*; ~ **en vallas** Plakatwerbung *f*; **agencia de** ~ Werbeagentur *f*; **jefe de** ~ Werbeleiter *m*; **hacer** ~ **de algo** für etw werben, für etw Reklame machen
publicista [puβli'θista] *mf* Publizist(in) *m(f)*
publicitario, -a [puβliθi'tarjo, -a] *adj* Werbe-, Werbungs-; **agencia publicitaria** Werbeagentur *f*; **cartel** ~ Werbeplakat *nt*; **espacio** ~ Anzeigenraum *m*; **experto** ~ Werbefachmann *m*; **lenguaje** ~ Werbesprache *f*; **tarifa publicitaria** Anzeigenpreis *m*; **valla publicitaria** Reklamewand *f*
público¹ ['puβliko] *m* ❶ (*colectividad*) Allgemeinheit *f*, Öffentlichkeit *f*; **en** ~ in aller Öffentlichkeit; **aparecer en** ~ öffentlich auftreten; **el gran** ~ die breite Masse
❷ (*asistente*) Publikum *nt*; **para todos los** ~**s** für jeden Geschmack; (CINE) freigegeben ab 6 Jahren; **abierto/cerrado al** ~ für den Publikumsverkehr geöffnet/geschlossen; **hoy hay poco** ~ heute ist wenig Betrieb
público, -a² ['puβliko, -a] *adj* ❶ (*no privado*) öffentlich; (*estatal*) staatlich, Staats-; **colegio** ~ staatliche Schule; **departamento de relaciones públicas** Abteilung für Öffentlichkeitsarbeit; **deuda pública** öffentliche Anleihe; **finanzas públicas** öffentliche Finanzen, Staatsfinanzen *pl*; **relaciones públicas** Publicrelations *pl*, Öffentlichkeitsarbeit *f*; **el sector** ~ die öffentliche Hand; **teléfono** ~ öffentlicher Fernsprecher; **transporte** ~ öffentliche Verkehrsmittel
❷ (*común*) allgemein; **de utilidad pública** gemeinnützig
❸ (*conocido*) allgemein bekannt; **escándalo** ~ öffentlicher Skandal; **hacer** ~ an die Öffentlichkeit bringen; (*descubrir*) publik machen; **hacerse** ~ bekannt werden; (*divulgarse*) ruchbar werden; **ser del dominio** ~ allgemein bekannt sein
publirreportaje [puβlirrepor'taxe] *m* Werbefilm *m*, Werbereportage *f*
pucará [puka'ra] *f* (*CSur: HIST: fortaleza indígena*) indianische Festung *f*
pucha ['putʃa] *interj* (*CSur: caramba*): **¡la ~!** Donnerwetter!; **¡~, qué frío que hace!** verdammt, ist es kalt!
puchera [pu'tʃera] *f* (GASTR) spanisches Eintopfgericht *nt*
pucherazo [putʃe'raθo] *m* ❶ (*golpe*) Schlag *m* mit einem Kochtopf
❷ (*trampa electoral*) Wahlbetrug *m*
puchero [pu'tʃero] *m* ❶ (*olla*) Kochtopf *m*
❷ (GASTR: *cocido*) ≈Eintopf *m*
❸ (*fam: alimento*) das tägliche Brot *nt*; **hay que ganarse el** ~ man muss ja seine Brötchen verdienen
❹ (*llanto*) Wimmern *nt*; **hacer** ~**s** eine Schnute ziehen
puches ['putʃes] *mpl o fpl* ❶ (*gachas*) ≈Mehlbrei *m*
❷ (*lodo*) Schlamm *m*, Dreck *m*
pucho ['putʃo] *m* ❶ (*Am: resto*) Rest *m*; (*colilla*) Zigarettenstummel *m*; **un** ~ (*fam*) ein bisschen
❷ (*Chil: vulg: pene*) Schwanz *m fam*
pudding ['puðiŋ] *m* (GASTR) Pudding *m*
pudendo, -a [pu'ðendo, -a] *adj* Scham erregend; (*púbico*) Scham-; **las partes pudendas** die Schamgegend
pudibundez [puðiβun'deθ] *f* (*pey*) Prüderie *f*
pudibundo, -a [puði'βundo, -a] *adj* (*pey*) prüde
púdico, -a ['puðiko, -a] *adj v.* **pudoroso**
pudiente [pu'ðjente] *adj* bemittelt, wohlhabend; **las clases menos** ~**s** die wenig bemittelten Bevölkerungsschichten
pudin ['puðin] *m*, **pudín** [pu'ðin] *m* Pudding *m*
pudor [pu'ðor] *m* ❶ (*recato*) Sittsamkeit *f*; (*decencia*) Züchtigkeit *f*; (*vergüenza*) Schamhaftigkeit *f*
❷ (*modestia*) Bescheidenheit *f*
pudoroso, -a [puðo'roso, -a] *adj* (*recatado*) sittsam; (*vergonzoso*) schamhaft; (*decente*) züchtig
❷ (*modesto*) bescheiden
pudrición [puðri'θjon] *f* Fäule *f*, Fäulnis *f*
pudridero [puðri'ðero, -a] *m* (*estercolero*) Misthaufen *m*; (*muladar*) Mistgrube *f*; (*de cadáveres*) Leichenkammer *f*
pudrimiento [puðri'mjento] *m* (Ver)faulen *nt*
pudrir [pu'ðrir] *irr* I. *vt* ❶ (*descomponer*) zum Faulen bringen; (*fig*) verderben
❷ (*fam: molestar*) stinken + *dat*; **me pudre que nunca me hagas caso** es stinkt mir, dass du nie auf mich hörst; **estar podrido de dinero** (*vulg*) vor Geld stinken *fam*
II. *vr:* ~**se** (ver)faulen, (ver)modern; (*descomponerse*) verrotten; (*estropearse*) vergammeln; (*t. fig*) verderben; ~**se en la cárcel** (*argot*) im Knast verschimmeln; **¡ahí te pudras!** (*vulg*) von mir aus kannst du verrecken! *fam*
pudú [pu'ðu] *m* (*Arg, Chil: ZOOL*) kleiner, in den Anden vorkommender Hirsch
puebla ['pweβla] *f* (AGR) Aussaat *f*
pueblada [pwe'βlaða] *f* (*AmS: revuelta popular*) Volksaufstand *m*

pueble ['pweβle] *m* (MIN) Bergarbeiterschaft *f*
pueblerino, -a [pweβle'rino, -a] I. *adj* dörflich; (*pey*) bäurisch
 II. *m, f* Dorfbewohner(in) *m(f)*; (*pey*) Bauerntölpel *m*, Bauerntrampel *m*
pueblo ['pweβlo] *m* ❶ (*nación*) Volk *nt*, Nation *f*; (*tribu*) Völkerschaft *f*, Volksstamm *m*; **el ~ bajo** das gemeine Volk; **el ~ elegido** das auserwählte Volk; **un hombre del ~** ein Mann aus dem Volke; **la voz del ~** des Volkes Stimme
 ❷ (*población*) Dorf *nt*, Ortschaft *f*; (*aldea*) Weiler *m*; **~ costero** Küstenort *m*; **~ de mala muerte** (*fam*) trostloses Kaff; **~ vecino** Nachbardorf *nt*; **~ joven** (*Am*) Slums *pl*; **de ~** Land-, Bauern-; (*pey*) bäurisch
puelche ['pweltʃe] *mf* (*Arg, Chil*) Ureinwohner(in) Argentiniens
puente ['pwente] *m* ❶ (*construcción*) Brücke *f*; (*de las gafas*) Brillensteg *m*; (MÚS: *de un instrumento*) Steg *m*; **~ aéreo** (MIL, HIST) Luftbrücke *f*; (AERO) Luftpendelverkehr *m*; **~ anfibio** (MIL) Schwimmbrücke *f*; **~ de [o en] arco** Bogenbrücke *f*; **~ basculante** Hubbrücke *f*; **~ de cables inclinados** Schrägseilbrücke *f*; **~ colgante** Hängebrücke *f*; **~ dental** (MED) Zahnbrücke *f*; **~ ferroviario** Eisenbahnbrücke *f*; **~ grúa** Laufkran *m*; **~ levadizo** Fallbrücke *f*; (HIST) Zugbrücke *f*; **~ peatonal** Fußgängerbrücke *f*; **~ de pontones** Pontonbrücke *f*; **~ de señales** (FERRO) Signalbrücke *f*; **echar** [*o* **tender**] **un ~** (*fig*) eine Brücke schlagen
 ❷ (NÁUT) Brückendeck *nt*; **~ de mando** Kommandobrücke *f*; **~ de maniobras/de paseo** Arbeits-/Promenadendeck *nt*
 ❸ (ELEC: *conexión*) Überbrückung *f*; **hacer un ~ a un coche** ein Auto kurzschließen
 ❹ (*loc*): **hacer/tener ~** einen Brückentag machen/haben
puentear [pwente'ar] *vt* (ELEC) überbrücken
puentecilla [pwente'θiʎa] *f* (MÚS) Steg *m*
puenting ['pwentiŋ] *m* (DEP) Bunjeejumping *nt*
puerco, -a ['pwerko, -a] I. *adj* ❶ *estar* (*fam: sucio*) saudreckig
 ❷ *ser* (*indecente*) schweinisch *fam*
 II. *m, f* ❶ (*cerdo*) Schwein *nt*; (*macho*) Eber *m*; (*hembra*) Sau *f*; **~ espín** Stachelschwein *nt*
 ❷ (*fam: persona sucia*) Schlamper *m*, Schlampe *f*; (*obsceno*) Schweinigel *m*
 ❸ (*fam: canalla*) Schweinehund *m*
puericia [pwe'riθja] *f* Kindheit *f*, Kindesalter *nt*
puericultor(a) [pwerikul'tor(a)] *m(f)* Kinderkrankenpfleger, -schwester *m, f*; (*en la guardería*) Kindergärtner(in) *m(f)*
puericultura [pwerikul'tura] *f sin pl* Kinderkrankenpflege *f*
pueril [pwe'ril] *adj* ❶ (*infantil*) kindlich, Kindes-; **edad ~** Kindesalter *nt*
 ❷ (*inmaduro*) kindisch; (*bobo*) albern; (*pey*) läppisch
puerilidad [pwerili'ðað] *f* Kinderei *f*; (*tontería*) Albernheit *f*
puérpera ['pwerpera] *f* Wöchnerin *f*
puerperal [pwerpe'ral] *adj* Wochenbett-; **fiebre ~** Wochenbettfieber *nt*
puerperio [pwer'perjo] *m* Wochenbett *nt*
puerro ['pwerro] *m* Lauch *m*, Porree *m*
puerta ['pwerta] *f* ❶ (*abertura*) Tür *f*; (*portal*) Pforte *f*; (*portalón*) Tor *nt*; (*acceso*) Zugang *m*; **~ basculante** Schwingtür *f*; **~ blindada** Panzertür *f*; **~ de la calle** Haustür *f*; **~ corredera** Schiebetür *f*; **~ cortafuego** Brandschutztür *f*; **~ delantera/trasera** Vorder-/Hintertür *f*; **~ de entrada** Eingangstür *f*; **~ falsa** Tapetentür *f*; **~ giratoria** Drehtür *f*; **~ lateral** Seitentür *f*; **~ del maletero** (AUTO) Kofferraumklappe *f*; **~ plegable** Falttür *f*; **~ de servicio** Lieferanteneingang *m*; **~ de socorro** Notausgang *m*; **~ de vaivén** Pendeltür *f*; **~ ventana** Fenstertür *f*; **día de ~s abiertas** Tag der offenen Tür; **la P~ del Sol** Platz im Zentrum von Madrid; **quinta ~** (AUTO) Heckklappe *f*; **a la ~ de casa** vor der Haustür; **a ~ abierta** (*t.* JUR) öffentlich; **a ~ cerrada** (*t.* JUR) nicht öffentlich; **a las ~s de la muerte** an der Schwelle des Todes; **enseñar la ~ a alguien** jdm die Tür weisen; **estar a las** [*o* **en**] **~s** (*fig*) vor der Tür stehen; **dar a alguien con la ~ en las narices** jdm die Tür vor der Nase zuschlagen; **de ~s adentro** (*fig*) intern; **ir de ~ en ~** von Tür zu Tür [*o* von Haus zu Haus] gehen; **cerrar las ~s a alguien** jdm den Weg versperren; **poner a alguien en la ~** (**de la calle**) jdn vor die Tür setzen; **por la ~ grande** (TAUR: *t. fig*) mit Glanz und Gloria; **tiene todas las ~s abiertas** ihm/ihr stehen alle Türen offen
 ❷ (DEP: *portería*) Tor *nt*; **disparo a ~** Torschuss *m*
puerto ['pwerto] *m* ❶ (NÁUT) Hafen *m*; (*ciudad*) Hafenstadt *f*; **~ aduanero** Zollhafen *m*; **~ comercial** Handelshafen *m*; **~ deportivo** Sporthafen *m*, Jachthafen *m*; **~ fluvial** Flusshafen *m*; **~ franco** Freihafen *m*; **~ interior** Binnenhafen *m*; **~ marítimo** Seehafen *m*; **~ de matrícula** Heimathafen *m*; **~ pesquero** Fischer(ei)hafen *m*; **tocar** [*o* **tomar**] **~** den Hafen anlaufen
 ❷ (*de montaña*) Bergpass *m*
 ❸ (INFOR) (Computer)schnittstelle *f*, Anschluss *m*; **~ para juegos** Gameport *m*; **~ para modem** Modemanschluss *m*; **~ de ratón** Mausport *m*; **~ serie** serielle Schnittstelle *f*; **~ de transmisión en paralelo/en serie** Parallel-/Serienschnittstelle *f*
 ❹ (*refugio*) Zuflucht *f*
puertorriqueñismo [pwertorrike'ɲismo] *m* (LING) puertoricanische Redeweise *f*
puertorriqueño, -a [pwertorri'keɲo, -a] I. *adj* puertoricanisch
 II. *m, f* Puertoricaner(in) *m(f)*
pues [pwes] I. *adv* ❶ (*consecutivo*) dann, also; **no me gusta – ~** (**entonces**) **no te lo compres** ich mag es nicht – dann kauf's dir (eben) nicht; **Ana quiere conocerte – ~ que venga** Ana möchte dich kennen lernen – dann soll sie kommen; **he vuelto a suspender – ~ estudia más** ich bin schon wieder durchgefallen – dann musst du eben mehr lernen; **~ entonces, nada** dann eben nichts
 ❷ (*ilativo*) also; **~ bien** also gut; **la consecuencia es, ~,...** daraus folgt also ...; **déjémoslo, ~** lassen wir es also lieber sein
 ❸ (*causal*) nämlich; **estudio alemán – ¡ah, ~ yo también!** ich lerne Deutsch – ach, ich auch!; **yo soy de Salamanca – ~ yo, de Soria** ich komme aus Salamanca – und ich aus Soria; **¿quién es? – ~ no sé, no lo conozco** wer ist es? – ich weiß es nicht, es ist jemand Unbekanntes
 ❹ (*expletivo*) doch; **¿estuvisteis por fin en Toledo? – ~ sí/no** wart ihr schließlich in Toledo? – ja, doch/nein, doch nicht; **¡qué frío! – ¡~ esto no es nada!** ach, ist es kalt! – das ist noch gar nichts!; **estoy muy cansado – ~ aún queda mucho camino** ich bin sehr müde – wir haben aber noch eine ziemlich lange Strecke vor uns; **¡qué caro! – ¿sí? – a mí me parece barato** wie teuer! – findest du? ich finde es eher billig
 ❺ (*exclamativo*): **está lloviendo – ¡~ vaya lata!** es regnet – so ein Mist!; **¡~ no faltaría más!** das wäre ja noch schöner!
 ❻ (*interrogativo*): **no voy a salir – ¿~ cómo es eso?** ich gehe nicht aus. – wieso das denn?; **¿~ qué quieres?** was willst du denn?; **quería hablar contigo – ¿~?** ich möchte mit dir sprechen – ja, und?; **me he peleado con Luis – ¿~ qué ha pasado?** ich habe mich mit Luis gestritten – was ist denn passiert?
 ❼ (*atenuación*) tja; **¿por qué no viniste a la fiesta? – ~ es que tenía mucho que hacer** warum bist du nicht zur Party gekommen? – tja, ich hatte viel zu tun; **¿nos vemos mañana? – ~ no sé todavía** sehen wir uns morgen? – tja, ich weiß noch nicht
 ❽ (*insistencia*) halt, ja, aber; **así es** so ist es halt; **claro ~** aber klar; **¡vamos ~!** na, los!; **¡~ entonces!** na, dann!
 II. *conj* ❶ (*causal*) denn, da; **no me queda otro remedio, venderé el coche** da mir nichts anderes übrig bleibt, werde ich das Auto verkaufen; **no voy de viaje, ~ no tengo dinero** ich mache keine Reise, denn ich habe kein Geld
 ❷ (*elev*): **~ que** da
puesta ['pwesta] *f* ❶ (*general*) Setzen *nt*, Stellung *f*; **~ a cero** Nullstellung *f*; (*de aparatos*) Eichung *f*; **~ en circulación** Inumlaufsetzen *nt*; **~ en común** Diskussion *f*; **~ en conocimiento** Inkenntnissetzung *f*; **~ al día** Aktualisierung *f*; **~ en escena** (TEAT) Inszenierung *f*; **~ a flote** (NÁUT) Flottmachen *nt*; **~ en función** Betätigung *f*; **~ en funcionamiento** Inbetriebnahme *f*; **~ en hora** Zeiteinstellung *f*; **~ en libertad** Haftentlassung *f*; **~ en marcha** Inbetriebnahme *f*; (AUTO) Anlassen *nt*; **~ en práctica** praktische Durchführung, Verwirklichung *f*; **~ a punto** Generalrevision *f*; (AUTO) (Urlaubs)check *m*; **~ a la** [*o* **en**] **venta** Feilbietung *f*; **~ en vigencia** [*o* **en vigor**] Inkraftsetzen *nt*
 ❷ (*de aves*) Gelege *nt*
 ❸ (*de sol*) Sonnenuntergang *m*
 ❹ (*en el juego*) Einsatz *m*
puestero, -a [pwes'tero, -a] *m, f* Standverkäufer(in) *m(f)*; (*en el mercado*) Markthändler(in) *m(f)*
puesto¹ ['pwesto] I. *m* ❶ (*lugar*) Platz *m*, Stelle *f*; (*posición*) Stellung *f*; **~ de control** Leitstelle *f*; (POL) Schaltstelle *f*; (TÉC) Schalttafel *f*; **~ de honor** Ehrenplatz *m*; **~ de información** Auskunftsstelle *f*; **~ de observación** (ASTR) Beobachtungsstation *f*; (MED) Wachstation *f*; **ceder/mantener el ~** (DEP) den Listenplatz verlieren/halten
 ❷ (*empleo*) Arbeitsplatz *m*, (Arbeits)stelle *f*; (*cargo*) Amt *nt*, Dienststelle *f*; (*posición*) Position *f*, Stellung *f*; **~ de confianza** Vertrauensstellung *f*; **~ congelado** gesperrte Stelle; **~ directivo** leitende Position; **~ fijo** feste Anstellung; **~ público** öffentliches Amt; **~ vacante** freie Stelle
 ❸ (*tenderete*) (Markt)bude *f*, (Markt)stand *m*; (*feria de muestras*) Messestand *m*; (*chiringuito*) Imbissstand *m*; **~ de periódicos** Zeitungskiosk *m*
 ❹ (MIL) Posten *m*; **~ de escucha** Horchposten *m*; **~ fronterizo** Grenzposten *m*; **~ de guardia** Wach(t)posten *m*; **~ de mando** Befehlsstelle *f*; **~ de observación** Beobachtungspunkt *m*
 ❺ (*guardia*) Wache *f*; **~ de policía** Polizeistelle *f*; **~ de socorro** Erste-Hilfe-Station *f*, Rettungswache *f*
 ❻ (*caza*) Ansitz *m*, Hochsitz *m*
 II. *conj*: **~ que** da
puesto, -a² ['pwesto, -a] I. *pp de* **poner**
 II. *adj* ❶ (COM) (frei) ab; **~ en ésta** frei ab hier; **~ de estación** ab Bahnhof; **~ en fábrica** ab Fabrik [*o* Werk]
 ❷ (*infor*): **~ en cifra** [*o* **en clave**] verschlüsselt; **~ a punto** aktualisiert
 ❸ (*loc*): **~ al día** auf dem neuesten Stand; **ir muy bien ~** (*fam*) schick angezogen sein; **tienen el piso muy bien ~** (*fam*) sie haben die Woh

puf [puf] I. *interj* ächz
II. *m* (*asiento*) Puff *m*
pufo ['pufo] *m* (*fam*) Prellerei *f*; **dar el ~ a alguien** jdn prellen
púgil ['puxil] *m* (DEP) Faustkämpfer *m*, Boxer *m*
pugilato [puxi'lato] *m* (DEP) Faustkampf *m*, Boxkampf *m*
pugilismo [puxi'lismo] *m* (DEP) Boxen *nt*, Faustkampf *m*
pugilista [puxi'lista] *m v.* **púgil**
pugilístico, -a [puxi'listiko, -a] *adj* (DEP) boxerisch, Box-
pugna ['puɣna] *f* (*lucha*) Kampf *m*, Streit *m*; (*conflicto*) Widerstreit *m*; **~ electoral** Wahlkampf *m*; **estar en ~ con algo/alguien** mit etw *dat*/jdm hadern
pugnacidad [puɣnaθi'ðað] *f* Kampf(es)lust *f*
pugnante [puɣ'nante] *adj* feindlich, gegnerisch
pugnar [puɣ'nar] *vi* ❶ (*pelear*) streiten (*con* mit +*dat*); (*fig*) hadern (*con* mit +*dat*)
❷ (*esforzarse*) ringen (*con* mit +*dat*)
❸ (*intentar*) kämpfen (*por* um +*akk*); **el llanto pugnaba por salir** das Weinen wollte hervorbrechen
pugnaz [puɣ'naθ] *adj* kampflustig
puja ['puxa] *f* ❶ (*esfuerzo*) Anstrengung *f*
❷ (*en una subasta*) höheres Gebot *nt*; **~ mínima** Mindestgebot *nt*
pujador(a) [puxa'ðor(a)] *m(f)* Überbieter(in) *m(f)*
pujante [pu'xante] *adj* stoßkräftig, (*fig*) aufstrebend
pujanza [pu'xanθa] *f* (*ímpetu*) Stoßkraft *f*; (*fuerza*) Kraft *f*, Wucht *f*; (*impulso*) Schwung *m*; (*brío*) Elan *m*
pujar [pu'xar] *vi* ❶ (*esforzarse*) sich anstrengen; **~ por** sich bemühen zu
❷ (*en una subasta*) höher bieten, das Gebot erhöhen
pujo ['puxo] *m* ❶ (MED: *de orinar*) Harndrang *m*; (*de defecar*) Stuhldrang *m*
❷ (*deseo*) Drang *m*; **sentí ~s de gritar** ich spürte den Drang zu schreien
❸ (*conato*) Fehlschlag *m*
pularda [pu'larða] *f* (GASTR) Poularde *f*
pulcritud [pulkri'tuð] *f* ❶ (*elev: belleza*) Schönheit *f*
❷ (*aseo*) Reinlichkeit *f*
❸ (*cuidado*) Sorgfalt *f*; (*finura*) Feinheit *f*
❹ (FOTO: *nitidez*) Schärfe *f*
pulcro, -a ['pulkro, -a] <pulquérrimo> *adj* ❶ (*elev: bello*) schön
❷ (*aseado*) reinlich
❸ (*cuidadoso*) sorgfältig; (*fino*) fein
❹ (FOTO: *nítido*) scharf
pulga ['pulɣa] *f* Floh *m*; (INFOR) (Programm)fehler *m*; **tener malas ~s** (*fam*) schnell aus der Haut fahren, ungeduldig sein; **buscar las ~s a alguien** (*fam*) jdn auf die Palme bringen
pulgada [pul'ɣaða] *f* (*medida*) Zoll *m*; (*fam: aproximada*) Daumenbreite *f*
pulgar [pul'ɣar] I. *adj*: **dedo ~** Daumen *m*
II. *m* Daumen *m*
Pulgarcito [pulɣar'θito] *m* Däumling *m*
pulgón [pul'ɣon] *m* Blattlaus *f*
pulgoso, -a [pul'ɣoso, -a] *adj* voller Flöhe
pulguera [pul'ɣera] *f* ❶ (*lugar con muchas pulgas*) Stelle *f* voller Flöhe
❷ (BOT: *zaragatona*) Flohkraut *nt*
❸ (*empulguera*) Daumenschraube *f*
pulguiento, -a [pul'ɣjento, -a] *adj* (*Am*) *v.* **pulgoso**
pulido¹ [pu'liðo] *m* Polieren *nt*, Polierung *f*; (*abrillantado*) Glätten *nt*; (*esmerilado*) Schliff *m*; (*de suelos*) Bohnern *nt*
pulido, -a² [pu'liðo, -a] *adj* ❶ (*brillante*) blank
❷ (*fino*) fein; **estilo ~** gefeilter Stil; **modales ~s** geschliffene Manieren
pulidor¹ [puli'ðor] *m* (TÉC) Poliermaschine *f*; (*de suelos*) Bohnermaschine *f*; (*esmeriladora*) Schleifmaschine *f*
pulidor(a)² [puli'ðor(a)] I. *adj* (TÉC) Polier-; **sustancia ~a** Poliermittel *nt*
II. *m(f)* Polierer(in) *m(f)*; (*esmerilador*) Schleifer(in) *m(f)*
pulidora [puli'ðora] *f* (TÉC) Poliermaschine *f*
pulimentar [pulimen'tar] *vt* polieren; (*alisar*) glätten; (*esmerilar*) schleifen
pulimento [puli'mento] *m* ❶ (*pulido*) Polierung *f*, Schliff *m*
❷ (*sustancia*) Politur *f*
pulir [pu'lir] I. *vt* ❶ (*abrillantar*) polieren; (*suavizar*) glätten; (*esmerilar*) schleifen; (*con fieltro*) pliesten; (*con pómez*) abbimsen; (*suelos*) bohnern
❷ (*perfeccionar*) den letzten Schliff geben +*dat*; (*refinar*) Schliff verpassen +*dat*
II. *vr*: **~se** ❶ (*refinarse*) Schliff bekommen
❷ (*derrochar*) verschwenden

pulla ['puʎa] *f* Stichelei *f*
pullman ['pulman] *m* (*Am: coche cama*) Schlafwagen *m*
pu(l)lóver [pu'loβer] *m* (*Am: jersey*) Pullover *m*
pulmón [pul'mon] *m* (ANAT) Lunge *f*; **~ de acero** (MED) eiserne Lunge; **~ acuático** Unterwasseratemgerät *nt*; **~ verde** (ECOL) grüne Lunge; **a pleno ~** aus voller Lunge; **enfermo de ~** lungenkrank; **padecer de los pulmones** es auf der Lunge haben; **tener buenos pulmones** (*fig*) eine gute Lunge haben
pulmonar [pulmo'nar] *adj* (MED) Lungen-; **afección ~** Lungenkrankheit *f*; **Lungenleiden** *nt*
pulmonaria [pulmo'narja] *f* (BOT) Lungenkraut *nt*
pulmonía [pulmo'nia] *f* (MED) Lungenentzündung *f*
pulóver [pu'loβer] *m* (*Am: jersey*) Pullover *m*
pulpa ['pulpa] *f* ❶ (ANAT) Mark *nt*; **~ cerebral** (MED) Gehirnmasse *f*; **~ dental** (MED) Pulpa *f*, Zahnmark *nt*
❷ (*de la fruta*) Mark *nt*, Fruchtfleisch *nt*; (*para mermelada*) Pulp *m*, Pulpe *f*, Pülpe *f*; **~ de tamarindo** (*Méx*) Fruchtpaste aus Tamarinde
❸ (*de árboles*) Mark *nt*; **~ de madera** Holzmasse *f*
pulpejo [pul'pexo] *m* (ANAT) Daumenballen *m*; (*yema*) Fingerkuppe *f*
pulpera [pul'pera] *f v.* **pulpero**
pulpería [pulpe'ria] *f* (*Am: tienda y bar*) Kolonialwarenladen mit Ausschank
pulpero, -a [pul'pero, -a] *m, f* (*Am*) Inhaber(in) einer '*pulpería*'
púlpito ['pulpito] *m* (*en la iglesia*) Kanzel *f*
pulpo ['pulpo] *m* ❶ (*cefalópodo*) Krake *m*; **como un ~ en un garaje** (*fam*) wie im falschen Film, fehl am Platze
❷ (*sujeción*) Gepäckspinne *f*
pulposo, -a [pul'poso, -a] *adj* markig; (*carnoso*) fleischig; (MED) pulpös
pulque ['pulke] *m* Pulque *m* (*fermentierter Agavensaft*)
pulquería [pulke'ria] *f* (*AmC*, *Méx*) *v.* **pulpería**
pulquero, -a [pul'kero, -a] *m, f* (*AmS*, *Méx*) *v.* **pulpero**
pulquérrimo, -a [pul'kerrimo, -a] *adj superl de* **pulcro**
pulsación [pulsa'θjon] *f* ❶ (ANAT: *latido*) Pulsschlag *m*; (MED) Pulsation *f*
❷ (*de una tecla*) Tastendruck *m*; (*mecanografía*) Anschlag *m*; **~ doble** (INFOR) Überschreiben *nt*
❸ (FÍS) Schwebung *f*
pulsador [pulsa'ðor] *m* (TÉC) Taster *m*; (*botón*) Druckknopf *m*, Drucktaste *f*; (*conmutador*) Schalter *m*
púlsar ['pulsar] *m* (ASTR) Pulsar *m*
pulsar [pul'sar] I. *vi* (*latir*) pulsieren, schlagen
II. *vt* ❶ (*oprimir*) drücken; (*teclado*) anschlagen; **~ una tecla** eine Taste drücken; **~ el timbre** klingeln
❷ (*tomar el pulso*) pulsen; (*t. fig*) den Puls fühlen +*dat*; **~ la opinión pública** die öffentliche Meinung sondieren
pulsátil [pul'satil] *adj* pulsierend, klopfend
pulsatila [pulsa'tila] *f* (BOT) Kuhschelle *f*, Pulsatilla *f*
pulsear [pulse'ar] *vi* (*echar un pulso*) Arm drücken
pulsera [pul'sera] *f* Armband *nt*; **reloj de ~** Armbanduhr *f*
pulsímetro [pul'simetro] *m* (MED) Blutdruckmessgerät *nt*
pulso ['pulso] *m* Puls *m*; (*fig: tiento*) Behutsamkeit *f*; **a ~** (*sin apoyarse*) freihändig; (*por su propio esfuerzo*) auf eigene Faust; **con ~** [*o* **firme**] eine ruhige Hand haben; **echar un ~ a alguien** mit jdm Arm drücken; **tener buen ~** [*o* **firme**] eine ruhige Hand haben; **tomar el ~ a alguien** (*t. fig*) jdm den Puls fühlen
pulular [pulu'lar] *vi* ❶ (*brotar*) sprießen, (aus)treiben
❷ (*multiplicarse*) wuchern
❸ (*bullir*) wimmeln; **los turistas pululaban por la plaza** der Platz wimmelte von Touristen
pulverizable [pulβeriθa'βle] *adj* zerstäubbar, pulverisierbar
pulverización [pulβeriθa'θjon] *f* ❶ (*en polvo*) Pulverisierung *f*, Zermahlung *f*
❷ (*atomizado*) Zerstäubung *f*; (AGR) Verneblung *f*; **~ por pistola** (TÉC) Spritzverfahren *nt*
pulverizador [pulβeriθa'ðor] *m* (*aparato*) Sprühgerät *nt*; (*botella*) Sprühflasche *f*; (*atomizador*) Zerstäuber *m*; (*spray*) Sprühdose *f*; **~ de mano/de mochila** Hand-/Rückenspritze *f*
pulverizar [pulβeriθ'ar] <z→c> I. *vt* ❶ (*reducir a polvo*) pulverisieren; (*rallar*) zerreiben; (*moler*) zermahlen
❷ (*atomizar*) zerstäuben; (AGR) vernebeln
❸ (*fig: aniquilar*) zerreiben; (*argumento*) entkräften
II. *vr*: **~se** zu Staub werden
pum [pun] *interj* bums; (*explosión*) peng; **ni ~** (*fam*) nicht die Bohne
puma ['puma] *m* Puma *m*
pumba ['pumba] *interj* bums!, pum!
pumita [pu'mita] *f* Bims(stein) *m*
puna ['puna] *f* (*AmS*) ❶ (*altiplano*) Puna *f* (*Hochebene in den Anden*)
❷ (*malestar*) Höhenkrankheit *f*
punch [puntʃ] *m* (DEP: *boxeo*) Punch *m*

punching-ball [ˈpuntʃiŋ-βal] m (DEP) Punchingball m
punchuncay [puntʃunˈkai] m (Ecua: hijo) Nachkömmling m, Nachzügler m
punción [punˈθjon] f Einstich m; (MED) Punktion f
puncionar [punθjoˈnar] vt (MED) punktieren
pundonor [pundoˈnor] m ❶ (honorabilidad) Grundanständigkeit f
❷ (obsesión por la buena fama) Ehrliebe f
pundonoroso, -a [pundonoˈroso, -a] adj ❶ (honorable) grundanständig, grundehrlich
❷ (obsesionado por su fama) ehrliebend
pungir [punˈxir] <g→j> vt ❶ (punzar) stechen
❷ (hacer padecer) quälen
punibilidad [puniβiliˈðað] f (JUR) Strafbarkeit f
punible [puˈniβle] adj (JUR) strafbar; **acto ~** strafbare Handlung; **no ~** straflos, straffrei
punición [puniˈθjon] f (JUR) Strafe f, Bestrafung f; (sanción) Ahndung f
púnico, -a [ˈpuniko, -a] adj (HIST) punisch, karthagisch
punir [puˈnir] vt (JUR) (be)strafen; (sancionar) ahnden
punitivo, -a [puniˈtiβo, -a] adj (JUR) Straf-, strafend
punk [punᵏ] I. adj: **música ~** Punk(rock) m
II. mf Punk m, Punker(in) m(f)
punki [ˈpunki] I. adj punkig
II. mf Punk(er) m, Punkerin f
punta [ˈpunta] f Spitze f; (pico) Zacken m; (extremo) Ende nt; (de tierra) Landzunge f; (de grabar) Radiernadel f; (un poco) Körnchen nt, Fünkchen nt; **~ del dedo/de la nariz** Finger-/Nasenspitze f; **~ de diamante** Glaserdiamant m; **~ de la flecha** (INFOR) Pfeilzeiger m; **la ~ del iceberg** (fig) die Spitze des Eisbergs; **~ de París** (TÉC) Drahtstift m; (clavo) kopfloser Nagel; **a ~ de día** bei Tagesanbruch; **a ~ de navaja** mit gezücktem Messer; **~ de pistola** mit gezogener Pistole; **acabar en ~** sich verjüngen, spitz zulaufen; **estar de ~ con alguien** mit jdm zerstritten sein; **de ~ a ~** [o **a cabo**] restlos; **de ~ en blanco** (fam) herausgeputzt, in Schale; **hora(s) ~** Stoßzeit f; **ponerse de ~ con alguien** sich mit jdm anlegen; **se me pusieron los pelos** [o **cabellos**] **de ~** die Haare standen mir zu Berge; **sacar ~** (afilar) anspitzen; (fig) wunde Punkte suchen; **lo tenía en la ~ de la lengua** es lag mir auf der Zunge
puntada [punˈtaða] f Nahtstich m; (pinchazo) Nadelstich m; (fig) Stichelei f
puntaje [punˈtaxe] m (Am) v. **puntuación**
puntal [punˈtal] m ❶ (madero de apoyo) Strebe f, Strebebalken m; (viga) Stützbalken m; (fig: apoyo) Stütze f
❷ (Am: refrigerio) Häppchen nt
❸ (NÁUT) Schiffshöhe f
puntapié [puntaˈpje] m Fußtritt m; **a ~s** mit Fußtritten; **pegar un ~ a alguien** jdm einen Tritt versetzen; **tratar a alguien a ~s** (fig) jdn mit Füßen treten
puntar [punˈtar] vt (LING, MÚS) punktieren
puntazo [punˈtaθo] m ❶ (pinchazo) Stich m; (TAUR) Hornstoß m
❷ (pulla) Stichelei f
❸ (argot: muy bien): **¡es un ~!** das ist eine Wucht!; **¡eres un ~!** du bist echt eine Wucht!
punteado [punteˈaðo] m ❶ (marca) Punktierung f; (moteado) Tüpfelung f
❷ (MÚS: acción de puntear) Zupfen nt; (efecto) Pizzikato nt
puntear [punteˈar] vt ❶ (marcar con puntos) punktieren; (motear) tüpfeln
❷ (t. COM: señalar, tachar) abhaken
❸ (dar puntadas) sticheln
❹ (MÚS) zupfen
punteo [punˈteo] m (MÚS) ❶ (acción de puntear) Zupfen nt
❷ (efecto) Pizzikato nt
puntera [punˈtera] f ❶ (en el zapato) Schuhspitze f; (media) Zehenspitze f; **~ reforzada** verstärkte Spitze
❷ (líder) Spitzenreiterin f
puntería [punteˈria] f ❶ (apuntar) Richten nt, Zielen nt; (con mira) Visieren nt
❷ (MIL: posición) Anschlag m; (caza) Zielverfahren nt; **rectificar la ~** die Schussrichtung korrigieren
❸ (destreza) Treffsicherheit f; **tener buena/mala ~** ein guter/schlechter Schütze sein
puntero¹ [punˈtero] m ❶ (para señalar: vara) Zeigestock m; (INFOR) Zeiger m; (aparato) Zeigegerät nt
❷ (punzón) Durchschläger m
❸ (cincel) Spitzmeißel m
puntero, -a² [punˈtero, -a] I. adj ❶ (con puntería) treffsicher
❷ (sobresaliente) **empresa puntera** führende Firma; **el equipo ~** (DEP) die Spitzenmannschaft
II. m, f Spitzenreiter(in) m(f)
puntiagudo, -a [puntjaˈɣuðo, -a] adj spitz

puntilla [punˈtiʎa] f ❶ (encaje) Spitzenbordüre f
❷ (marcador) (Schreib)griffel m
❸ (t. TAUR: descabello) Genickfänger m
❹ (t. TAUR: golpe de gracia) Genickfang m; (t. fig) Gnadenstoß m; **dar la ~ a algo/alguien** (fig) etw dat/jdm den Rest geben [o den Gnadenstoß versetzen]
❺ (loc): **de ~s** auf Zehenspitzen; **andar** [o **ir**] **de ~s** auf Zehenspitzen gehen; **ponerse de ~s** sich auf die Zehenspitzen stellen
puntillero, -a [puntiˈʎero, -a] m, f (TAUR) Stierkämpfer, der dem Stier den Gnadenstoß versetzt
puntillismo [puntiˈʎismo] m sin pl (ARTE) Pointillismus m
puntillo [punˈtiʎo] m ❶ (amor propio) Ehrpusseligkeit f
❷ (MÚS) Verlängerungspunkt m
puntilloso, -a [puntiˈʎoso, -a] adj ehrpusselig; (criticón) kritt(e)lig; (descontentadizo) heikel
puntizón [puntiˈθon] m (TIPO) horizontale Wasserlinie f (im Papier)
punto [ˈpunto] m ❶ (general) Punkt m; **~ álgido** [o **culminante**] Höhepunkt m, Gipfelpunkt m; **~ y aparte** (LING) neuer Absatz; **~ de apoyo** (TÉC) Drehpunkt m; (MIL) Stützpunkt m; (fig) Anhaltspunkt m; **~ de arranque** [o **de partida**] Ausgangspunkt m; **~ base** (INFOR) Radixpunkt m; **~ binario** (INFOR) Binärkomma nt; **¡~ en boca!** Mund zu!; **~ cardinal** Himmelsrichtung f; **~ central** [o **principal**] Hauptpunkt m; **~ cero** (MAT, FÍS) Nullpunkt m; **~ clave** Angelpunkt m; **~ y coma** (LING) Strichpunkt m, Semikolon nt; **sin ~ de comparación** ohne möglichen Vergleich; **~ de congelación** (FÍS) Gefrierpunkt m; **~ de contacto** Berührungspunkt m; **~ de controversia** [o **de litigio**] Streitpunkt m; **~ crítico** kritischer Punkt; **~ débil** [o **flaco**] Schwachpunkt m; **~ delicado** heikler Punkt; **~ de derecho** [o **legal**] (JUR) Rechtsfrage f; **~ de destino** Bestimmungsort m; **~ de ebullición** (FÍS) Kochpunkt m, Siedepunkt m; **~ de encendido** (TÉC) Zündzeitpunkt m; **~ de encuentro** Treffpunkt m; **~ de enlace** (FERRO) Knotenpunkt m; **~ de enlace a la red** (INFOR) Einwahlknoten m; **~ de entrada/salida** (INFOR) Einsprung-/Aussprungstelle f; **~ esencial** Schwerpunkt m; **~ final** (t. fig) Schlusspunkt m; **~ fronterizo** Grenzübergangspunkt m; **~ fuerte** starke Seite, Stärke f; **~ de hecho** (JUR) Tatfrage f; **~s por hijo** Kindergeld nt; **~ de inserción** (INFOR) Einfügemarke f; **~ de intersección** Schnittpunkt m; **~ máximo** Höhepunkt m; **~ de mira** (Visier)korn nt; **~ muerto** (TÉC) Totpunkt m; (AUTO) Leerlauf m; (fig) toter Punkt; **~ neurálgico** (MED) neuralgischer Punkt; (fig) Nervenknotenpunkt m; **~s por pulgada** (INFOR) Punkte pro Zoll; **~ por ~** Punkt für Punkt; **~ de referencia** Anhaltspunkt m, Bezugspunkt m; **~ seguido** (LING) Punkt m (ohne neuen Absatz); **~s suspensivos** Auslassungspunkte mpl; **~ a tratar** Top m, Tagesordnungspunkt m; **~ de venta** Verkaufsstelle f; **~ de vista** Gesichtspunkt m, Standpunkt m; **dos ~s** (LING) Doppelpunkt m; **transmisión ~ a ~** (INFOR) Punkt-zu-Punkt-Übertragung f; **los catorce ~s** (HIST) Wilsons Vierzehn Punkte; **mis acciones han ganado dos ~s en la jornada de hoy** meine Aktien haben am heutigen Börsentag zwei Punkte zugelegt; **coger el ~ a algo/alguien** etw dat/jdm zu Rande [o zurande] kommen; **dar el ~** den letzten Schliff verleihen +dat; **derrotar/ganar por ~s** (DEP) nach Punkten schlagen/gewinnen; **poner ~ final a algo** den Schlussstrich unter etw ziehen; **poner a ~** (TÉC) checken; (ajustar) justieren; **poner los ~s sobre las íes** Klartext sprechen; **tiene un ~ de loco** er ist eine Spur verrückt; **tener a ~** bereithalten; **tocar el ~ sensible a alguien** jdn an seinem wunden Punkt treffen; **eso es un ~ a tu favor** das ist ein Plus für dich; **al ~** sofort; **a ~ hasta**] **tal ~ que…** dermaßen, dass …; **con ~s y comas** haarklein, haargenau; **de todo ~** durchaus, in jeder Hinsicht; **desde el ~ de vista legal** juristisch gesehen, vom juristischen Standpunkt aus; **en ~** (genau) pünktlich; **la una en ~** Punkt [o Schlag] ein Uhr; **en ~ a** bezüglich +gen; **hasta cierto ~** gewissermaßen; **¿hasta qué ~?** inwiefern?; **¡y ~!** und damit basta!; **¡vamos por ~s!** jetzt aber langsam!
❷ (TÉC: punzón) Körner m
❸ (calceta) Stricken nt; (labor) Strickarbeit f, (Ge)strick nt; **~ de aguja** [o **de media**] Stricken nt; **de ~ gestrickt; chaqueta de ~** Strickjacke f; **géneros de ~** Strickwaren fpl; **hacer ~** stricken
❹ (puntada, t. MED) Stich m; **~ de cruz** Kreuzstich m; **~ de escapulario** Hexenstich m; **~ de sutura** (MED) Stich m; **la herida necesitó diez ~s** die Wunde wurde mit zehn Stichen genäht
❺ (pey: tipo) Individuum nt, Subjekt nt; **es un ~ filipino** er/sie ist eine miese Kanaille
❻ (loc): **a ~ (preparado)** bereit; (GASTR) gar; **a ~ de** kurz davor zu; **a ~ fijo** bestimmt; **a ~ de nieve** (GASTR) steif geschlagen; **en su ~** (GASTR) gar; (fig) genau richtig
puntuable [puntuˈaβle] adj (DEP) punktrelevant, punktentscheidend; **~ para el campeonato** für die Meisterschaft relevant
puntuación [puntwaˈθjon] f ❶ (LING) Interpunktion f, Zeichensetzung f; **signo de ~** Satzzeichen nt
❷ (calificación) Bewertung f; (escuela) Benotung f; (DEP) Punktzahl f; **sistema de ~** Punktsystem nt
puntual [punˈtwal] adj ❶ (concreto) punktuell

② *(exacto)* genau
③ *(sin retraso)* pünktlich
puntualidad [pun̩twali'ðað] *f* Pünktlichkeit *f;* **falta de ~** Unpünktlichkeit *f*
puntualización [pun̩twaliθa'θjon] *f (detalle)* Einzelangabe *f; (precisión)* Präzisierung *f; (aclaración)* Klarstellung *f*
puntualizar [pun̩twali'θar] <z→c> *vt (especificar)* im Einzelnen anführen; *(precisar)* präzisieren; *(aclarar)* klarstellen
puntuar [pun̩tu'ar] <*1. pres:* puntúo> **I.** *vt* ① *(un escrito)* interpunktieren, Satzzeichen setzen (in +*dat*)
② *(calificar)* benoten; (DEP) punkten, mit Punkten bewerten
II. *vi* (DEP: *conseguir puntos*) punkten, Punkte sammeln
puntura [pun̩'tura] *f (herida)* Stichwunde *f*
punzada [pun̩'θaða] *f (pinchazo)* Stich *m; (t. fig: dolor)* stechender Schmerz *m; (en los costados)* Seitenstechen *nt*
punzador(a) [pun̩θa'ðor(a)] *adj* stechend
punzante [pun̩'θan̩te] *adj* ① *(dolor)* stechend; *(fig)* bohrend
② *(puntiagudo)* spitz
③ *(hiriente)* bissig
punzar [pun̩'θar] <z→c> **I.** *vt (pinchar)* stechen; *(agujerear)* lochen; *(grabar)* stanzen; *(marcar)* ankörnen
II. *vi (doler)* stechen; *(conciencia)* nagen (an +*dat*)
punzó [pun̩'θo] *adj (CSur, Col):* **rojo ~** intensives Rot *nt*
punzón [pun̩'θon] *m* Ahle *f,* Pfriem *m; (de marcar)* Körner *m; (sello)* Punze *f,* Stempel *m; (de impresor)* Patrize *f; (cincel)* Grabstichel *m; (taladro)* Bohrmeißel *m; (de bordado)* Lochstecher *m; (buril)* Griffel *m,* Ritzer *m*
punzonadora [pun̩θona'ðora] *f* (Lehren)bohrwerk *nt;* (INFOR) Locher *m;* (TÉC) Lochstanze *f*
puñado [pu'ɲaðo] *m* Hand *f* voll; **a ~s** *(mucho)* haufenweise; **un ~** *(argot)* jede Menge
puñal [pu'ɲal] *m* Dolch *m;* **poner a alguien el ~ al pecho** jdm das Messer an die Kehle setzen
puñalada [puɲa'laða] *f* Dolchstoß *m; (herida)* Dolchstich *m; (fig)* Stoß *m* (ins Herz); **coser a ~s** mit Stichen durchlöchern; **dar una ~ trapera a alguien** *(fig)* jdm in den Rücken fallen
puñeta [pu'ɲeta] *f (vulg)* ① *(molestia):* **¡(qué) ~(s)!** so ein Scheiß!; **hacer la ~ a alguien** jdm eine schöne Suppe einbrocken *fam; (adrede)* jdn schikanieren *fam*
② *(bobada)* Scheiß *m,* dummes Zeug *nt fam;* **¡déjate de ~s!** hör mit dem Scheiß auf!; **¿qué ~s estás diciendo?** was redest du da für einen Scheiß?; **en la quinta ~** am Arsch der Welt
③ *(Am: masturbación)* Wichsen *m;* **enviar** [*o* **mandar] a alguien a hacer ~s** jdn zum Teufel schicken *fam;* **¡vete a hacer ~s!** scher dich zum Teufel! *fam*
puñetazo [puɲe'taθo] *m* Faustschlag *m;* **andar a ~s con algo/alguien** *(fam)* sich mit etw *dat*/jdm herumschlagen; **tratar a ~s algo/a alguien** *(fam)* auf etw *dat*/jdm herumtrampeln
puñetería [puɲete'ria] *f (fam)* Schikane *f,* Hundsgemeinheit *f*
puñetero, -a [puɲe'tero, -a] *adj (fam)* verdammt; **el muy ~ no me ayudó** der Scheißkerl hat mir nicht geholfen
puño ['puɲo] *m* ① *(mano cerrada)* Faust *f;* **~ cerrado** geballte Faust; **apretar los ~s** *(fig)* die Zähne zusammenbeißen; **comerse los ~s** *(fig)* einen Bärenhunger haben; **como un ~** faustgroß; **con el ~ en alto mit erhobener Faust; verdades como ~s** die reine Wahrheit; **de su ~ y letra** eigenhändig; **meter a alguien en un ~** jdn in die Enge treiben; **tener a alguien en un ~** jdn unter der Fuchtel haben
② *(puñado)* Hand *f* voll
③ *(mango)* Griff *m; (pomo)* Knauf *m*
④ *(de la ropa)* Manschette *f; (de punto)* Armbund *m; (adorno)* Ärmelbesatz *m;* **~ vuelto** Ärmelaufschlag *m*
pupa ['pupa] *f* ① *(ampolla)* Lippenbläschen *nt; (heridilla)* kleine Wunde *f*
② *(fam: dolor)* Wehweh(chen) *nt;* **¡~!** aua!
③ (ZOOL) Puppe *f*
pupas ['pupas] *mf inv:* **ser un ~** ein Pechvogel [*o* Unglücksrabe] sein
pupila [pu'pila] *f* ① (ANAT) Pupille *f,* Sehloch *nt;* **tener ~** *(fam)* ausgefuchst sein
② *(argot: prostituta)* Bordellnutte *f*
③ *v.* **pupilo**
pupilaje [pupi'laxe] *m* ① *(estado)* Mündelstatus *m*
② *(tutela)* Vormundschaft *f,* Pflegschaft *f;* **~ oficial** Amtspflegschaft *f;* **~ permanente** Dauerpflegschaft *f*
pupilar [pupi'lar] *adj* ① (ANAT) Pupillen-; **dilatación ~** Pupillenerweiterung *f*
② *(de un pupilo)* Mündel-; **capital ~** Mündelgeld *nt*
pupilo, -a [pu'pilo, -a] *m, f* Mündel *nt*
pupitre [pu'pitre] *m* ① *(escritorio)* (Schreib)pult *nt; (en la escuela)* Schulbank *f*

② (TÉC) Pult *nt;* **~ de control** [*o* **de mandos**] Schaltpult *nt,* Steuerpult *nt;* **~ de control de sonido** Tonregiepult *nt;* **~ de mezclas** Mischpult *nt*
③ (INFOR: *consola*) Konsole *f*
pupo ['pupo] *m (Arg, Bol, Chil)* Nabel *m*
puquio ['pukjo] *m (AmS)* (Wasser)quelle *f*
puramente [pura'men̩te] *adv* ① *(con pureza)* rein
② *(meramente)* lediglich, bloß; **simple y ~ no es posible** es geht schlicht und einfach nicht
③ (JUR: *sin condiciones*) bedingungslos; *(sin plazo)* fristlos
purasangre [pura'saŋgre] **I.** *adj* Vollblut-; **actor ~** Vollblutschauspieler *m;* **caballo ~** Vollblutpferd *m*
II. *m* Vollblut(pferd) *nt,* Vollblüter *m*
puré [pu're] *m* Brei *m,* Püree *nt;* **~ de patata(s)** Kartoffelbrei *m,* Kartoffelpüree *nt;* **hacer ~** pürieren; *(fig)* zerstampfen; **estar hecho ~** *(fig fam)* fix und fertig sein
pureza [pu'reθa] *f* ① *(limpieza)* Reinheit *f; (integridad)* Lauterkeit *f*
② *(castidad)* Keuschheit *f; (virginidad)* Jungfräulichkeit *f; (moralidad)* Sittlichkeit *f*
③ *(lenguaje)* (Sprach)reinheit *f; (de estilo)* Stilreinheit *f*
purga ['purɣa] *f* ① (MED: *purgación*) Abführen *nt,* Purgieren *nt*
② (TÉC: *evacuar*) Ablassen *nt; (de vapor)* Abblasen *nt;* **~ de aire** Entlüftung *f*
③ *(purgante, t.* MED) Abführmittel *nt*
④ *(depuración)* Säuberung *f;* (JUR) Verbüßung *f;* (POL) Säuberung *f,* Säuberungsaktion *f*
⑤ (REL: *penitencia*) Buße *f*
purgación [purɣa'θjon] *f* ① *(purga)* Abführen *nt*
② (TÉC) Ablassen *nt; (vapor)* Abblasen *nt*
③ *pl (fam: blenorragia)* Tripper *m*
④ *(menstruación)* Regelblutung *f*
purgador [purɣa'ðor] *m* Ablasshahn *m*
purgante [pur'ɣan̩te] **I.** *adj* ① (MED) abführend, purgativ
② (TÉC) reinigend
II. *m* ① (MED) Purgativ(um) *nt,* Abführmittel *nt*
② (TÉC) Reinigungsmittel *nt*
purgar [pur'ɣar] <g→gu> **I.** *vt* ① *(limpiar)* säubern; *(t. fig)* reinigen
② (MED: *poner una purga*) purgieren
③ (TÉC) klären; *(evacuar)* ablassen; *(vapor)* abblasen
④ *(expiar)* büßen; (JUR) verbüßen
II. *vr:* **~se** ① *(limpiarse, t. fig)* sich reinigen *(de* von +*dat*)
② *(tomar una purga)* ein Abführmittel einnehmen
purgativo, -a [purɣa'tiβo, -a] *adj* abführend; (MED) purgativ
purgatorio [purɣa'torjo] *m (t. fig)* Fegefeuer *nt,* Purgatorium *nt*
puridad [puri'ðað] *f (elev)* ① *(pureza)* Reinheit *f*
② *(secreto)* Geheimnis *nt*
③ *(loc):* **en ~** klar und deutlich, ohne Umschweife
purificación [purifika'θjon] *f* Läuterung *f; (limpieza)* Reinigung *f;* (TÉC) Klärung *f;* (REL) Purifikation *f;* **la P~** Lichtmess
purificador[1] [purifika'ðor] *m* Reiniger *m;* **~ de aire** Luftreiniger *m;* **~ de humos** Rauchfilter *m*
purificador(a)[2] [purifika'ðor(a)] *adj* läuternd, reinigend; (TÉC) Klär-; **planta ~a** Kläranlage *f*
purificante [purifi'kan̩te] *adj* reinigend, läuternd; **mascarilla ~** *(cosmética)* klärende Gesichtsmaske
purificar [purifi'kar] <c→qu> **I.** *vt* ① *(limpiar)* läutern, reinigen; *(fig)* befreien *(de* von +*dat*)
② (REL) purifizieren
II. *vr:* **~se** sich läutern, sich reinigen; *(fig)* sich befreien *(de* von +*dat*)
purín [pu'rin] *m* (AGR) Jauche *f*
Purísima [pu'risima] *f:* **la ~ (Virgen)** die Heilige Jungfrau
purismo [pu'rismo] *m sin pl* (LING) Purismus *m*
purista [pu'rista] **I.** *adj* (LING) puristisch
II. *mf* (LING) Purist(in) *m(f)*
puritana [puri'tana] *adj o f v.* **puritano**
puritanismo [purita'nismo] *m sin pl* (REL) Puritanismus *m; (fig)* Puritanertum *nt,* Sittenstrenge *f*
puritano, -a [puri'tano, -a] **I.** *adj* puritanisch, sittenstreng
II. *m, f* Puritaner(in) *m(f)*
puro[1] ['puro] *m* Zigarre *f;* **~ habano** Havannazigarre *f*
puro, -a[2] ['puro, -a] *adj* ① *(limpio)* rein, sauber; *(inmaculado)* makellos; *(auténtico)* echt; *(sin mezcla)* pur; *(mero)* allein, bloß; **por pura cortesía** aus reiner Höflichkeit; **por ~ egoísmo** aus reinem [*o* purem] Egoismus; **pura lana** reine Schurwolle; **la pura verdad** die reine Wahrheit; **pura casualidad** reiner [*o* purer] Zufall; **de ~ miedo** vor lauter Angst
② *(casto)* keusch, rein
③ *(íntegro)* lauter
④ (LING) rein
⑤ *(loc):* **se cae de ~ bueno/tonto** er ist einfach zu gut/blöd

púrpura ['purpura] I. *adj* purpurfarben, purpurn; (*violáceo*) purpurrot II. *f* ❶ (*color*) Purpur *m*, Purpurröte *f* ❷ (*molusco*) Purpurschnecke *f* ❸ (*tinte*) Purpur *m* ❹ (*dignidad*) Purpur *m*; **vestir la ~ (cardenalicia)** den Purpur tragen

purpurado [purpu'raðo] *m* (REL) Kardinal *m*

purpúreo, -a [pur'pureo, -a] *adj* ❶ (*de púrpura*) Purpur- ❷ (*color*) purpurfarben; (*violáceo*) purpurrot

purpurina [purpu'rina] *f* ❶ (*colorante rojo*) Purpurin *nt* ❷ (*polvo de metal*) Glitzerstaub *m*

purrela [pu'rrela] *f* ❶ (*aguapié*) Tresterwein *m* ❷ (*pacotilla*) Plunder *m* fam; (*géneros*) Schundware *f*

purrete, -a [pu'rrete, -a] *m, f* (*RíoPl: argot: chiquillo*) Strolch *m*

purria ['purrja] *f*, **purriela** [pu'rrjela] *f* (*fam pey*) *v.* **purrela**

purulencia [puru'lenθja] *f* Eiterung *f*

purulento, -a [puru'lento, -a] *adj* eiternd, eitrig

pus [pus] *m sin pl* Eiter *m*

pusilánime [pusi'lanime] *adj* kleinmütig, zaghaft

pusilanimidad [pusilanimi'ðað] *f* Kleinmut *m*, Zaghaftigkeit *f*

pústula ['pustula] *f* Eiterbläschen *nt*; (MED) Pustel *f*

pustuloso, -a [pustu'loso, -a] *adj* pustulös, Pusteln aufweisend

puta ['puta] *f* (*vulg*) Nutte *f* fam; **casa de ~s** Puff *m* fam; (*fig*) Sauladen *m* fam; **¡la muy ~!** so 'ne Hure!; **hijo de ~** Hurensohn *m*; **ir de ~s** (herum)huren fam

putada [pu'taða] *f* (*vulg*) Schweinerei *f* fam, Sauerei *f* fam, Hundsgemeinheit *f* fam; **¡qué ~!** so 'ne Sauerei!; **hacer una ~ a alguien** jdm übel mitspielen fam

putañear [putaɲe'ar] *vi* (*fam*) (herum)huren

putañero, -a [puta'ɲero, -a] *m, f* (*vulg*) *v.* **putero**

putativo, -a [puta'tiβo, -a] *adj* vermeintlich; (JUR) putativ

puteada [pute'aða] *f* (*CSur: vulg*) Fluch *m*; **dar ~s** fluchen

putear [pute'ar] I. *vi* (*fam: ir de putas*) (herum)huren II. *vt* (*vulg: fastidiar*) schikanieren, schinden; **me putea tanta gilipollez** der ganze Scheiß geht mir auf den Sack; **estoy puteado** ich bin völlig am Arsch; **¡te han puteado bien!** die haben dich ganz schön angeschmiert!

puteo [pu'teo] *m* (*ir de putas*) Hurerei *f*

putería [pute'ria] *f* (*argot*) ❶ (*prostitución*) Hurenleben *nt* ❷ (*burdel*) Hurenwirtschaft *f* ❸ (*arrumaco*) (Rum)gefummel *nt*; (*manejo*) Schlitzohrigkeit *f*

putero [pu'tero] *m* (*vulg*) Hurenbock *m*

puticlub [puti'kluβ] *m* (*argot: bar de alterne*) Bumslokal *nt*

putiza [pu'tiθa] *f* (*Méx: vulg: paliza*) Prügel *pl*

puto[1] ['puto] *m* Stricher *m*, Strichjunge *m*

puto, -a[2] ['puto, -a] *adj* (*vulg*) verdammt, Scheiß-; **¡de puta madre!** geil!; **¡qué puta suerte!** so ein Schweineglück!; **el ~ coche no arranca** das Scheißauto springt nicht an; **ni puta idea** keinen blassen Schimmer; **las estoy pasando putas** es geht mir völlig dreckig, es geht mir einfach Scheiße

putón [pu'ton] *m aum de* **puta**: **~ (verbenero)** Flittchen *nt*

putrefacción [putrefaɣ'θjon] *f* Verfaulung *f*, Verrottung *f*

putrefacto, -a [putre'fakto, -a] *adj* faul(ig), verrottet

putrescencia [putres'θenθja] *f* Verwesung *f*

putridez [putri'ðeθ] *f* Fäulnis *f*

pútrido, -a ['putriðo, -a] *adj* faul(ig), moderig

putsch [putʃ] *m* (POL) Putsch *m*

pututo [pu'tuto] *m* (*Bol, Perú*) Ochsenhorn, *das als Musikinstrument benutzt wird*

puya ['puɟa] *f* ❶ (*punta*) (eiserne) Spitze *f*; (TAUR) Lanzenspitze *f* ❷ (GASTR) Spieß *m*; **asar algo en ~** etw am Spieß braten ❸ (*injuria*) Stichelei *f*; **echar [*o* tirar] una ~ a alguien** gegen jdn sticheln

puyo, -a ['puɟo, -a] *adj* (*Arg*) **poncho ~** kurzer Poncho *m*

puzzle ['puðle] *m* Puzzle(spiel) *nt*; (*rompecabezas*) Geduld(s)spiel *nt*; **hacer un ~** puzzeln

PVC [peuβe'θe] *m abr de* **polivinilcloruro** PVC *nt*

PVP ['preθjo ðe 'βenta (a)l 'puβliko] *m abr de* **Precio de Venta al Público** Verbraucherpreis *m*, Ladenverkaufspreis *m*

PYME ['pime] *fpl abr de* **Pequeñas y Medianas Empresas** Klein- und Mittelbetriebe *mpl*

Q

Q, q [ku] *f* Q, q *nt*; **~ de Quebec** Q wie Quelle

Qatar [ka'tar] *m* Katar *nt*

Q.H. [ku'atʃe] *abr de* **quiniela hípica** Totalisator *m*

qm [kin'tal 'metriko] *abr de* **quintal métrico** 100 Kilo, q *Austr, Suiza*

quantum ['kwantun] *m* <quanta> (FÍS) Quantum *nt*

quark [kwarᵏ] *m* (FÍS) Quark *nt*

quásar ['kwasar] *m* (ASTR) Quasar *m*

quattrocento [kwatro'tʃento] *m* (ARTE) Quattrocento *nt*

que [ke] I. *pron rel* ❶ (*con antecedente*) der/die/das; **la pelota ~ está pinchada debe arreglarse** der Ball, der kaputt ist, muss repariert werden; **la pelota ~ te compraste ayer** der Ball, den du dir gestern gekauft hast; **el rey al ~ sirvo** der König, dem ich diene; **la historia de ~ te hablé** die Geschichte, von der ich dir erzählt habe; **son reacciones a las ~ estamos acostumbrados** das sind Reaktionen, an die wir gewöhnt sind; **el proyecto en el ~ trabajo** das Projekt, an dem ich arbeite; **la empresa para la ~ trabajo** die Firma, für die ich arbeite ❷ (*sin antecedente*) der/die/das(jenige), der/die/das ...; **los ~ hayan terminado pueden irse** diejenigen, die fertig sind, können gehen; **el ~ quiera, ~ se marche** wer will kann gehen; **es de los ~...** er gehört zu denen, die ...; **el ~ más y el ~ menos** jeder; **ese es otro ~ tal** der ist vom gleichen Schlag ❸ (*neutro*) **es todo lo ~ sé** das ist alles, was ich weiß; **lo ~ haces** das, was du machst; **no sabes lo difícil ~ es** du weißt nicht, wie schwer das ist ❹ (*con preposición*) **no entiendo de lo ~ habláis** ich weiß nicht, wovon ihr sprecht II. *conj* ❶ (*completivo*) dass; **me pidió ~ le ayudara** er/sie bat mich um Hilfe; **sé ~ es tarde** ich weiß, dass es spät ist ❷ (*estilo indirecto*) **ha dicho ~ estaba escribiendo un libro** er/sie hat gesagt, dass er/sie gerade ein Buch schreibt ❸ (*comparativo*) als; **es más alto ~ yo** er ist größer als ich; **gana lo mismo ~ tú** er/sie verdient genauso viel wie du ❹ (*porque*) denn; **le ayudaré, seguro, ~ se lo he prometido** ich helfe ihm/ihr bestimmt, ich habe es ihm/ihr doch versprochen ❺ (*para que*) **dio órdenes a los trabajadores ~ trabajaran más rápido** er/sie befahl den Arbeitern schneller zu arbeiten ❻ (*sin que*) **no voy de vacaciones, ~ no me roben** im Urlaub werde ich immer bestohlen ❼ (*de manera que*) **corre ~ vuela** er/sie ist äußerst schnell; **canta ~ es un primor** er/sie hat eine fantastische Stimme ❽ (*o, ya*) **~ paguen, ~ no paguen, eso ya se verá** ob sie zahlen oder nicht, werden wir ja schon sehen ❾ (*y*) **lo hizo él, ~ no yo** er hat es getan, nicht ich ❿ (*frecuentativo*) **y él dale ~ dale con la guitarra** und er spielte die ganze Zeit Gitarre ⓫ (*explicativo*) **hoy no vendré, es ~ estoy cansado** ich komme heute nicht, ich bin nämlich müde; **no es ~ no pueda, es ~ no quiero** nicht, dass ich nicht könnte, aber ich will einfach nicht; **¿es ~ no lo puedes decir más alto?** kannst du das etwa nicht lauter sagen? ⓬ (*enfático*) **¡~ sí/no!** aber ja doch/nein, gar nicht!; **sí ~ lo haré** ja, ich tue es ganz bestimmt ⓭ (*de duda*) **¿~ no está en casa?** er/sie soll nicht zu Hause sein? ⓮ (*exclamativo*) **¡~ me canso!** ich kann nicht mehr!; **¡~ sea yo el que tenga que hacerlo!** ausgerechnet ich soll es tun!; **¡~ Dios se apiade de nosotros!** der Herr erbarme sich unser! ⓯ (*con verbo*) **hay ~ trabajar más** man muss mehr arbeiten; **tener ~ hacer algo** etw tun müssen; **dar ~ hablar** Anlass zum Gerede geben ⓰ (*loc*) **antes ~ +subj** bevor; **por mucho ~ tú digas...** was du auch sagst ...; **luego ~ hayamos hecho el diseño...** nachdem wir den Entwurf angefertigt haben ...; **a menos ~ decidamos lo contrario** es sei denn, wir entscheiden uns für das Gegenteil; **lo haré, con tal (de) ~... +subj** ich werde es tun, vorausgesetzt dass ...; **a la ~ llegue** wenn er/sie kommt; **el ~ más y el ~ menos** jeder; **tiene un genio ~ para qué** er/sie braust sehr leicht auf; **yo ~ tú no lo haría** ich an deiner Stelle würde es nicht tun, wenn ich du wäre, würde ich das nicht tun

qué [ke] *adj y pron inter* ❶ (*general*) was; (*cuál*) welche(r, s); (*qué clase de*) was für eine(r, s); **¿por ~?** warum?; **¿en ~ piensas?** woran denkst du?; **¿para ~?** wozu?, wofür?; **¿de ~ hablas?** wovon redest du?; **¿a ~ esperas?** worauf wartest du?; **¿~ día llega?** an welchem Tag kommt er/sie?; **¿~ cerveza tomas?** was für ein Bier trinkst du?; **¿a ~ vienes?** was suchst du hier?; **¿~ edad tiene?** wie alt ist er/sie?; **según ~ gente no la soporto** bestimmte Leute ertrage ich nicht ❷ (*exclamativo*) **¡~ alegría!** das freut mich sehr!; **¡pero ~ gente!** was sind das nur für Leute!; **¡~ gracia!** wie witzig!; **¡~ suerte!** was für ein Glück!, welch ein Glück! ❸ (*cuán*) **¡~ magnífica vista!** so ein schöner Blick!; **¡mira ~ contento está!** sieh wie glücklich er ist! ❹ (*cuánto*) **¡~ de gente!** wie viele Leute! ❺ (*loc*) **¿~?** wie bitte?, was? fam; **¿~ tal?** wie geht's?; **¿~ tal si...?** wie wär's mit ...?, wie wär's, wenn ...?; **¿y ~?** na [*o* ja] und?; **¿y a mí ~?** was geht mich das an?; **~, ¿vienes o no?** was ist nun, kommst du oder nicht?, kommst du nun oder nicht?

quebracho [keˈβratʃo] *m* (BOT) Quebrachobaum *m*
quebrada [keˈβraða] *f* ❶ (*paso*) Pass *m*
❷ (*hendidura*) Schlucht *f*
❸ (*Am: arroyo*) Bach *m*
quebradero [keβraˈðero] *m*: **producir ~(s) de cabeza a alguien** jdm Kopfzerbrechen bereiten; **la situación económica de la empresa me produce ~s de cabeza** die wirtschaftliche Lage der Firma bereitet mir Kopfzerbrechen, ich mache mir Kopfzerbrechen über die wirtschaftliche Lage der Firma
quebradizo, -a [keβraˈðiθo, -a] *adj* ❶ (*objeto*) zerbrechlich
❷ (*de salud*) kränklich; (*persona mayor*) gebrechlich
❸ (*de ánimo*) schwach
❹ (*voz*) brüchig, rau
quebrado[1] [keˈβraðo] *m* ❶ (MAT) Bruch *m*
❷ (ECON) Gemeinschuldner *m*; **~ rehabilitado** rehabilitierter [*o* entlasteter] Gemeinschuldner
quebrado, -a[2] [keˈβraðo, -a] *adj* ❶ (*empresa*) bankrott
❷ (*herniado*) an einem Leistenbruch leidend
❸ (*terreno*) holp(e)rig
❹ (*camino*) im Zickzack verlaufend; **línea quebrada** Zickzacklinie *f*
❺ (*número, color*) gebrochen
❻ (*rostro*) blass
quebradura [keβraˈðura] *f* ❶ (*en una taza*) Sprung *m*; (*en la pared*) Riss *m*; (*más grande*) Spalte *f*
❷ (MED) Bruch *m*, Hernie *f*
❸ (GEO) Pass *m*
quebraja [keˈβraxa] *f* (*en una taza*) Sprung *m*; (*en la pared*) Riss *m*; (*más grande*) Spalte *f*
quebrajar [keβraˈxar] I. *vt* spalten
II. *vr*: **~se** sich spalten, Risse bekommen
quebrajoso, -a [keβraˈxoso, -a] *adj* ❶ (*frágil*) zerbrechlich
❷ (*resquebrajado*) rissig
quebrantable [keβranˈtaβle] *adj* zerbrechlich
quebrantado, -a [keβranˈtaðo, -a] *adj* ❶ (*quebrajoso*) rissig
❷ (*dolorido*) schmerzerfüllt; **tengo las espaldas quebrantadas** mir tut der Rücken weh; **la operación me ha dejado muy ~** die Operation hat mich körperlich sehr mitgenommen
quebrantahuesos [keβrantaˈwesos] *m inv* ❶ (BOT) Bartgeier *m*
❷ (*fam: persona pesada*) Nervensäge *f*, lästiger Mensch *m*
quebrantamiento [keβrantaˈmjento] *m* ❶ (*al romper*) Zerbrechen *nt*
❷ (*al cascar*) Aufknacken *nt*
❸ (*al machacar*) Zermahlen *nt*
❹ (JUR: *de la ley*) Übertretung *f*, Verstoß *m*; (*del orden*) Störung *f*; (*de un secreto*) Preisgeben *nt*; **~ contractual** Vertragsverletzung *f*; **~ de forma** Formverletzung *f*, Formverstoß *m*; **~ de marca comercial** Warenzeichenverletzung *f*
quebrantaolas [keβrantaˈolas] *m inv* als Wellenbrecher dienendes Schiffswrack
quebrantar [keβranˈtar] I. *vt* ❶ (*romper*) (zer)brechen
❷ (*cascar*) (auf)knacken
❸ (*machacar*) zermalmen
❹ (*lugar sagrado*) entweihen
❺ (*coto*) unbefugt betreten
❻ (*ley*) brechen, verstoßen (*gegen* +*akk*); (*obligación*) nicht nachkommen +*dat*; (*secreto*) preisgeben; **la prisión** aus dem Gefängnis ausbrechen
❼ (*cimientos*) angreifen; (*furia*) schwächen; (*autoridad*) unterminieren; (*salud*) zerrütten
❽ (*sello*) aufbrechen
❾ (*testamento*) aufheben
II. *vr*: **~se** (*estado de salud*) zerrüttet sein; (*fuerza*) abnehmen, schwinden *elev*
quebranto [keˈβranto] *m* ❶ (*de romper*) Zerbrechen *nt*
❷ (*de cascar*) (Auf)knacken *nt*
❸ (*de machacar*) Zermalmen *nt*
❹ (*de la salud*) Zerrüttung *f*; (*económico*) Zusammenbruch *m*
❺ (*moral*) Niedergeschlagenheit *f*; (*físico*) Erschöpfung *f*
❻ (*pena*) Kummer *m*
quebrar [keˈβrar] <e→ie> I. *vt* ❶ (*romper*) zerbrechen
❷ (*interrumpir*) unterbrechen
❸ (*el cuerpo*) beugen, krümmen
❹ (*rostro*) blass werden lassen, erbleichen lassen
❺ (*ley*) brechen
❻ (*suavizar*) abschwächen
II. *vi* ❶ (*con alguien*) Schluss machen (*con* mit +*dat*)
❷ (*ceder*) nachlassen
❸ (COM) in Konkurs gehen, Konkurs machen
❹ (*intento*) scheitern
❺ (*Méx: darse por vencido*) sich geschlagen geben

III. *vr*: **~se** ❶ (MED) sich *dat* einen Bruch heben
❷ (GEO) eine Schlucht bilden
❸ (*la voz*) sich überschlagen
❹ (*rostro*) erblassen
❺ (*cuerpo*) sich beugen, sich krümmen; **~se de dolor** sich vor Schmerzen krümmen
quebrazón [keβraˈθon] *m* (*Am*) ❶ (*resultado*) Zerspringen *nt*
❷ (*acción*) Zerschlagen *nt*
queche [ˈketʃe] *m* (NÁUT) Ketsch *f*
quechemarín [ketʃemaˈrin] *m* (NÁUT) kleines zweimastiges Segelschiff *nt*
quechua[1] [ˈketʃwa] I. *adj* Quechua-
II. *mf* (*persona*) Quechua *mf*
quechua[2] [ˈketʃwa] *m* (*lengua*) Quechua *nt*
quechuismo [keˈtʃwismo] *m* (LING) aus dem Quechua entnommene Redeweise *f*
queco [ˈkeko] *m* (*Arg: fam: hazmerreír*) Hanswurst *m*
queda [ˈkeða] *f* Abendglocke *f*; **toque de ~** (MIL) Zapfenstreich *m*
quedada [keˈðaða] *f* ❶ (*fam: burla*) Spott *m*, Fopperei *f*; **lo de largarse en medio de la reunión fue sólo una ~** als er/sie mitten in der Sitzung abgehauen ist, war das nur geblufft
❷ (*Méx: pey: solterona*) alte Jungfer *f*
quedado, -a [keˈðaðo, -a] *adj* (*Arg, Chil*) träge, lustlos
quedar [keˈðar] I. *vi* ❶ (*permanecer*) bleiben, verbleiben *elev*; **los problemas quedan atrás** die Probleme sind gelöst; **poco a poco fue quedando atrás** allmählich blieb er/sie zurück; **¿cuánta gente queda?** wie viele Leute sind noch da?
❷ (*sobrar*) übrig bleiben; **no nos queda otro remedio que...** uns bleibt nichts anderes übrig als ...; **no queda pan** es gibt kein Brot mehr, das Brot ist alle; **no queda ningún ejemplar de este libro** das Buch ist vergriffen; **si le quitas los gastos sólo quedan mil marcos** wenn du die Unkosten abziehst, bleiben nur noch tausend Mark übrig
❸ (*resultar*): **~ en ridículo** sich lächerlich machen; **~ cojo** hinken; **todo quedó en una simple discusión** am Ende wurde (über alles) nur noch gestritten
❹ (*más participio*): **~ acordado/decidido** vereinbart/beschlossen werden; **~ abierto** aufbleiben, offen bleiben; **sus palabras me ~on grabadas** seine/ihre Worte blieben mir im Gedächtnis haften; **ha quedado lucido con su pregunta** (*irón*) er hat sich mit seiner Frage ganz schön blamiert
❺ (*pasar a un estado*): **~ sin terminar** unvollendet bleiben; **~ en la miseria** ins Elend geraten; **~ a deber algo** etw schulden; **ha quedado eliminado** er ist ausgeschieden; **~ fuera de servicio** (ECON) den Betrieb einstellen
❻ (*acordar*) vereinbaren, ausmachen; **~ en algo** etw ausmachen [*o* vereinbaren]; **¿en qué habéis quedado?** wie seid ihr verblieben?
❼ (*convenir*) sich verabreden; **quedamos a las 10** wir haben uns um 10 Uhr verabredet; **¿quedamos a las 10?** wollen wir uns um 10 Uhr treffen?
❽ (*estar situado*) liegen; **el pueblo queda por** [*o* hacia] **el norte** das Dorf liegt im Norden; **la universidad queda lejos del centro** die Universität befindet sich weit weg [*o* ist weit entfernt] von der Innenstadt
❾ (*faltar*): **quedan aún 100 km para llegar a casa** es sind immer noch 100 km bis nach Hause; **aún queda mucho por hacer** es gibt noch viel zu tun
❿ (*con 'bien', 'mal'*): **~ bien/mal** einen guten/schlechten Eindruck hinterlassen; **~ bien con la cena** ein gelungenes Abendessen veranstalten; **~ mal en un examen** bei einer Prüfung schlecht abschneiden; **~ mal con un amigo** sich mit einem Freund entzweien; **~ como un señor** einen guten Eindruck hinterlassen; **quedó como un idiota** er stand als völliger Idiot da
⓫ (*terminar*) beenden; **el cantante se fue del escenario y ahí quedó el concierto** der Sänger verließ die Bühne und das war das Ende des Konzerts
⓬ (*en una subasta*): **el cuadro queda por un millón de marcos** das Gebot von einer Million Mark erhält den Zuschlag
⓭ (*seguido de 'por'*): **quedó por cobarde** er/sie wurde für einen Feigling gehalten
⓮ (*loc*): **primero dices una cosa y luego otra, ¿en qué quedamos?** zuerst behauptest du das eine, dann das andere – was ist nun?; **por mí que no quede** an mir soll es nicht liegen
II. *vr*: **~se** ❶ (*permanecer*) bleiben; **~se atrás** zurückbleiben; **~se en blanco** [*o* in albis] ein(en) Black-out haben; **durante la tormenta nos quedamos a oscuras** während des Gewitters fiel der Strom aus; **cuando me dijo me quedé muda** als er/sie es mir sagte, verschlug es mir die Sprache; **me quedé de piedra cuando me lo dijo** als er/sie es mir sagte, erstarrte ich vor Schreck
❷ (*en una situación*): **~se ciego** blind werden; **~se viudo** verwitwen; **al freír la carne se ha quedado en nada** nach dem Braten war das

quedito *adv* sehr leise

quedo, -a ['keðo, -a] **I.** *adj* ❶ (*quieto*) ruhig, still ❷ (*voz*) leise, zart; (*paso*) leise **II.** *adv* leise

quedón, -ona [ke'ðon, -ona] *m, f* (*fam*) Großmaul *nt*

quehacer [kea'θer] *m* Aufgabe *f*; **los ~es de la casa** die Hausarbeit; **estar agobiado de ~** mit Arbeit überlastet sein; **dar ~ a alguien** jdm Mühe bereiten

queilitis [kei'litis] *f inv* (MED) Lippenentzündung *f*

queimada [kei'maða] *f* (GASTR) flambierter Trester(schnaps) *m*

queja ['kexa] *f* ❶ (*de lamento, de dolor*) Klage *f*; **no tengo ~ de él** ich kann mich über ihn nicht beklagen ❷ (JUR) Beschwerde *f*; **~ de regreso legal directo** Sprungrechtsbeschwerde *f*; **~ de sobreseimiento** Einstellungsbeschwerde *f*

quejarse [ke'xarse] *vr* ❶ (*formular queja*) sich beklagen, sich beschweren (*de* über +*akk*); **se queja del frío** er/sie jammert über die Kälte; **¿qué tal te va el negocio? – bien, gracias, no puedo quejarme** wie läuft dein Geschäft? – danke, ich kann nicht klagen ❷ (JUR) Beschwerde einlegen ❸ (*gemir*) stöhnen, jammern (*de* über +*akk*)

quejica [ke'xika] **I.** *adj* (*por dolor*) wehleidig; (*por manera de ser*) nörg(e)lig; **¡no seas ~, hombre!** hör auf zu meckern! **II.** *mf* Jammerlappen *m*; (*criticón*) Nörgler(in) *m(f)*, Meckerer *m fam*, Meckerfritze *m fam*, Meckerziege *f fam*

quejicón, -ona [kexi'kon, -ona] *m, f v.* **quejica**

quejicoso, -a [kexi'koso, -a] *adj v.* **quejica**

quejido [ke'xiðo] *m* Jammern *nt*; (*constante*) Gejammer *nt*; **dar ~s** jammern; **~ de dolor** Schmerzensschrei *m*

quejigo [ke'xiɣo] *m* (BOT) Bergeiche *f*

quejigueta [kexi'ɣeta] *f* (BOT) ein Buchengewächs

quejoso, -a [ke'xoso, -a] *adj*: **estar ~ de alguien** sich über jdn beklagen [*o* beschweren]

quejumbrar [kexum'brar] *vi* grundlos klagen, jammern

quejumbre [ke'xumbre] *f* Gejammer *nt*

quejumbroso, -a [kexum'broso, -a] *adj* (*voz*) kläglich, weinerlich; (*por dolor*) wehleidig

quelite [ke'lite] *m* (*Méx*) Gemüse *nt*

quelmahue [kel'mawe] *m* (*Chil*: GASTR, ZOOL) kleine, schwarze Miesmuschel

quelonio [ke'lonjo] *m* (ZOOL) Schildkröte *f*

queltehue [kel'tewe] *m* (*Chil*: ZOOL) Stelzvogelart, als Nutztier zur Insektenbekämpfung eingesetzt

queltro [ke'ltro] *m* (*Chil*: AGR) saatfertiger Boden *m*, zur Aussaat vorbereiteter Boden *m*

quema ['kema] *f* ❶ (*acción*) Verbrennen *nt*; (*completa*) Abbrennen *nt*, Niederbrennen *nt*; **~ de brujas** (HIST) Hexenverbrennung *f* ❷ (*incendio*) Brand *m* ❸ (*fuego*) Feuer *nt*; **huir de la ~** (*fig*) die Gefahr meiden

quemada [ke'maða] *f* ❶ (*Méx: parte del monte quemado*) abgebranntes Waldstück *nt* ❷ (*Arg, Méx: acción que pone en ridículo*) Blamage *f* ❸ (*Méx: quemadura*) Verbrennung *f*

quemadero [kema'ðero] *m* ❶ (*de basuras*) Verbrennungsanlage *f* ❷ (HIST: *hoguera*) Scheiterhaufen *m*

quemado¹ [ke'maðo] *m* verbrannter Wald *m*

quemado, -a² [ke'maðo, -a] *adj* **saber a ~** verbrannt [*o* angebrannt] schmecken; **oler a ~** verbrannt riechen; **este político está ~** (*fam*) dieser Politiker ist völlig ausgebrannt; **estar ~ con alguien** (*fam*) mit jdm böse sein

quemador¹ [kema'ðor] *m* ❶ (TÉC) Brenner *m* ❷ (*Am: encendedor*) Feuerzeug *nt*

quemador(a)² [kema'ðor(a)] *m(f)* Brandstifter(in) *m(f)*

quemadura [kema'ðura] *f* Brandwunde *f*; (*grave*) Verbrennung *f*; **~ de primer grado** Verbrennung ersten Grades

quemar [ke'mar] **I.** *vi* brennen; **cuidado, esta sopa quema** Vorsicht, diese Suppe ist heiß **II.** *vt* ❶ (*objeto*) verbrennen; (*casa: completamente*) abbrennen, niederbrennen; **~ un bosque** einen Wald in Brand stecken; **~ vivo a alguien** jdn bei lebendigem Leibe verbrennen ❷ (*comida*) anbrennen lassen ❸ (*aguardiente*) brennen ❹ (*sol*) verbrennen ❺ (*licor, pimienta*) brennen; **este chili quema la garganta/la lengua** dieser Chili brennt im Hals/auf der Zunge ❻ (*lejía*) ätzen ❼ (*planta: calor*) versengen, ausdörren; (*planta: frío*) erfrieren lassen ❽ (*fortuna*) vergeuden ❾ (*fastidiar*) ärgern ❿ (*AmC: denunciar*) anzeigen **III.** *vr*: **~se** ❶ (*arder*) (ver)brennen; **el bosque se quema** der Wald brennt (ab); **me he quemado la mano con la sartén** ich habe mir die Hand an der Pfanne verbrannt; **me he quemado los cabellos** ich habe mir die Haare versengt ❷ (*comida*) verbrennen; (*ligeramente*) anbrennen ❸ (*tener calor*): **me estoy quemando** mir ist sehr heiß ❹ (*por una pasión*): **~se de amor** vor Liebe vergehen ❺ (*acertar*): **¡que te quemas!** (ganz) heiß! ❻ (*persona*) ausgebrannt sein

quemarropa [kema'rropa] *adv*: **disparar a ~** aus kürzester Entfernung schießen; **hacer preguntas a ~** rundheraus fragen

quemazón [kema'θon] *f* ❶ (*quema*) (Ver)brennen *nt* ❷ (*calor*) große Hitze *f* ❸ (*ardor*): **siento una ~ en el estómago** ich verspüre ein Brennen im Magen ❹ (*dicho*) spitze Bemerkung *f*

quemo ['kemo] *m* (*Arg*) Blamage *f*

quemón [ke'mon] *m* (*Méx*) Blamage *f*

quena ['kena] *f* indianische Flöte

quenopodio [keno'poðjo] *m* (BOT) Gänsefuß *m*

quepi(s) ['kepi(s)] *m* (*inv*) (*Am: gorro militar*) Käppi *nt*

quepo ['kepo] *1. pres de* **caber**

queque ['keke] *m* (*Chil, Perú: bollo*) Rührkuchen *m*

querandí [keran'di] *mf* (*Am*) als Nomade lebender Ureinwohner des Gebiets um den Río de la Plata

queratina [kera'tina] *f* (ANAT) Keratin *nt*

queratitis [kera'titis] *f inv* (MED) Hornhautentzündung *f* des Auges, Keratitis *f*

queratoma [kera'toma] *m* (MED) Keratom *nt*

queratoplastia [kerato'plastja] *f* (MED) Keratoplastik *f*

querella [ke'reʎa] *f* ❶ (JUR) Klage *f*, Strafantrag *m*; **~ criminal** Anklage *f*; **~ presidencial** Präsidentenanklage *f*; **poner una ~ contra alguien** gegen jdn klagen; **presentar una ~** einen Strafantrag stellen ❷ (*discordia*) Streit *m*; **~ matrimonial** Ehestreit *m*

querellado, -a [kere'ʎaðo, -a] **I.** *adj* (JUR) beklagt **II.** *m, f* (JUR) Beklagte(r) *mf*

querellador(a) [kereʎa'ðor(a)] **I.** *adj* nörglerisch **II.** *m(f)* Nörgler(in) *m(f)*

querellante [kere'ʎante] **I.** *adj* klagend **II.** *mf* Kläger(in) *m(f)*

querellarse [kere'ʎarse] *vr* ❶ (*quejarse*) sich beklagen (*de/por* über +*akk*), sich beschweren (*de/por* über +*akk*) ❷ (JUR) klagen

querelloso, -a [kere'ʎoso, -a] **I.** *adj* ❶ (*quejicoso*) nörglerisch ❷ (JUR) klagend **II.** *m, f* ❶ (JUR) Kläger(in) *m(f)* ❷ (*quejica*) Nörgler(in) *m(f)*

querencia [ke'renθja] *f* ❶ (*en general*) Anhänglichkeit *f* ❷ (*hacia alguien concreto*) Zuneigung *f* ❸ (*hacia algo*) Vorliebe *f*; **tomar ~ a algo/alguien** etw/jdn lieb gewinnen

querendón, -ona [keren'don, -ona] *adj* (*Am*) liebevoll, zärtlich

querer [ke'rer] *irr* **I.** *vt* ❶ (*desear*) wollen; (*más suave*) mögen; **¿qué quieres comer?** was willst du essen?; (*más suave*) was möchtest du essen?; **como tú quieras** wie du willst [*o* möchtest]; **¿qué más quieres?** was willst du noch?; **has ganado – ¿qué más quieres?** du hast gewonnen – was willst du mehr?; **hacer algo queriendo/sin ~** etw mit Absicht/unbeabsichtigt tun; **quieras que no, es el jefe** ob es dir nun gefällt oder nicht, er ist der Boss; **~ es poder** wer will, der kann ❷ (*amar*) gern haben, mögen; (*más fuerte*) lieben; **te quiero con locura** ich bin ganz verrückt nach dir; **le gusta hacerse ~** er/sie macht sich gerne (bei Leuten) beliebt ❸ (*tener ganas*) mögen; **quisiera tener vacaciones** ich hätte gerne Urlaub; **quisiera tener 20 años menos** ich wäre gern 20 Jahre jünger ❹ (*pedir*) wollen; **¿cuánto quiere por la casa?** wie viel wollen [*o* verlangen] Sie für das Haus? ❺ (*requerir*): **estas plantas quieren mucha agua** diese Pflanzen brauchen viel Wasser

⑥ (*con verbo*): **'thank you' en inglés quiere decir gracias** 'thank you' ist der englische Ausdruck für Dankeschön; **eso es lo que quería decir** genau das meinte ich; **quiero que sepáis que...** ihr sollt wissen, dass ...
⑦ (*loc*): **como quiera que sabes la solución...** da du schon die Lösung kennst ...; **como quiera que lo necesites...** wann immer du es brauchst ...; **donde quiera que esté lo encontraré** wo immer er auch sein mag, ich werde ihn finden; **y yo, ¡qué quieres que le haga!** was soll ich denn tun!; **¡por lo que más quieras, deja ese tema!** ich bitte dich [*o* um Himmels willen], lass das Thema!; **levantó la caja como quien no quiere la cosa** er/sie hob mir nichts, dir nichts den Kasten hoch; **como quiera que sea, lo que hizo no estuvo bien** in jedem Fall war das, was er/sie getan hat, nicht in Ordnung
II. *vimpers*: **parece que quiere llover** es sieht (ganz) nach Regen aus
III. *m* Liebe *f*

querido, -a [ke'riðo, -a] I. *adj* lieb, geliebt; **mi amigo más ~** mein liebster Freund; **Q~ amigo:...** Lieber Freund, ...
II. *m, f* (*amante*) Geliebte(r) *mf*, Liebhaber(in) *m(f)*; (*como vocativo*) Liebling *m*, Schatz *m*

quermes ['kermes] *m inv* (ZOOL) Kermes *m*, Kermesschildlaus *f*
quermese [ker'mese] *f* Kirmes *f*
querocha [ke'rotʃa] *f* ① (*huevos*) (Insekten)eier *ntpl*
② (*gusano*) Made *f*
querochar [kero'tʃar] *vi* (*Insekten*, ZOOL) Eier legen
queroseno [kero'seno] *m* Kerosin *nt*
querubín [keru'βin] *m* ① (REL) Cherub *m*
② (*niño*) Engelknabe *m*
quesadilla [kesa'ðiʎa] *f* ① (*pastel*) Käsekuchen *m*
② (*pastelillo*) mit Sirup gefülltes Gebäck
③ (*Am: tortilla*) gefüllter Maisfladen *m*
quesear [kese'ar] *vi* Käse herstellen, käsen
quesera [ke'sera] *f* ① (*plato*) Käseglocke *f*
② (*mujer*) Käserin *f*
③ (*fábrica*) Käserei *f*
quesería [kese'ria] *f* ① (*fábrica*) Käserei *f*
② (*tienda*) Käseladen *m*
quesero¹ [ke'sero] *m* ① (*fabricante*) Käser *m*
② (*vendedor*) Käsehändler *m*
quesero, -a² [ke'sero, -a] *adj* Käse-; **industria quesera** Käseindustrie *f*
quesillo [ke'siʎo] *m*: **pan y ~** (BOT) Hirtentäschelkraut *nt*
quesito [ke'sito] *m* ① *dim de* **queso**
② (*unidad*) Käseecke *f*
queso ['keso] *m* ① (GASTR) Käse *m*; **~ de bola** Edamer Käse *m*; **~ fresco** Frischkäse *m*; **~ en porciones** Schmelzkäseecken *fpl*; **~ rallado** Reibkäse *m*; **~ de tuna** (*Méx*) süße Fruchtpaste aus Kaktusfrüchten; **dársela con ~ a alguien** jdn reinlegen
② (*fam: pie*) Fuß *m*; **te huelen los ~s** du hast Käsefüße
quetro ['ketro] *m* (*Chil:* ZOOL) große flugunfähige Ente mit federlosen Flügen
quetzal [keθ'θal] *m* (ZOOL) Quetzal *m*
quevedesco, -a [keβe'ðesko, -a] *adj* ① (*propio de*) von Quevedo
② (*parecido a*) den Werken [*o* dem Stil] Quevedos ähnelnd
③ (*característico de*) charakteristisch für Quevedo
quevedos [ke'βeðos] *mpl* Kneifer *m*
quia [kja] *interj* (*fam: negación*) auf keinen Fall; (*incredulidad*) ehrlich?, echt?
quiaca ['kjaka] *f* (*Chil:* BOT) Strauchpflanze mit kleinen weißen Blüten
quianti ['kjanti] *m* (GASTR) Chianti *m*
quiasma ['kjasma] *m* (BIOL) Chiasma *nt*; **~ óptico** Chiasma opticum *nt*, Sehnervenkreuzung *f*
quiasmo ['kjasmo] *m* (LIT) Chiasmus *m*
quichua ['kitʃwa] *adj* Quechua-
quicio ['kiθjo] *m* ① (*de puerta*) Türangel *f*; (*de ventana*) Fensterangel *f*
② (*loc*): **sacar de ~** auf die Palme [*o* aus dem Häuschen] bringen; **me saca de ~ ver maltratar a un niño** wenn jemand ein Kind misshandelt, sehe ich einfach rot; **me saca de ~ verla llorar** es macht mich wahnsinnig, sie weinen zu sehen; **no saques las cosas de ~** übertreibe nicht; **en esta casa todo está fuera de ~** in diesem Haus ist alles aus den Fugen geraten
quico ['kiko] *m* (*fam*) geröstetes Maiskorn
quid [kið] *m*: **ese es el ~ de la cuestión** das ist der springende Punkt; **dar en el ~** den Nagel auf den Kopf treffen
quídam ['kiðan] *m* ① (*fam: cualquiera*) irgendein Mensch *m*
② (*pey: insignificante*): **ser un ~** ein Niemand sein
quiebra ['kjeβra] *f* ① (COM) Konkurs *m*, Bankrott *m*; **~ culpable** schuldhafter [*o* einfacher] Bankrott [*o* Konkurs]; **~ fortuita** unverschuldeter Bankrott [*o* Konkurs]; **~ fraudulenta** betrügerischer Bankrott; **~ monetaria** Währungszusammenbruch *m*; **~ de la sociedad** Gesellschaftskonkurs *m*; **rehabilitación de ~** Rehabilitation des Konkurses; **dar en ~** Konkurs machen; **declarar la ~ judicial** das gerichtliche Konkursverfahren eröffnen; **declararse en ~** Konkurs anmelden
② (*hendidura*) Spalte *f*
③ (*rotura*) Riss *m*
④ (*fracaso*) Scheitern *nt*; (*pérdida*) Verlust *m*, Einbuße *f*; **la ~ de los valores** der Verfall der Werte; **este asunto no tiene ~** diese Sache kann nicht schief gehen

quiebro ['kjeβro] *m* ① (*movimiento*) Ausweichen *nt*; **Maradona le hizo un ~ al defensa** Maradona wich dem Verteidiger aus
② (*gorgorito*) Trillern *nt*
quien [kjen] *pron rel* der/die/das, welche(r, s); **es el chico de ~ te he hablado** das ist der Junge, von dem ich dir erzählt habe; **las chicas con ~es has estado** die Mädchen, mit denen du zusammen warst; **no hay ~ le aguante** es ist nicht auszuhalten mit ihm; **hay ~ dice que...** manche sagen, dass ...; **~ opine eso es un estúpido** derjenige, der das meint, ist ein Idiot; **~ más, ~ menos, todos tenemos problemas** jeder hat Probleme, der eine mehr, der andere weniger
quién [kjen] *pron inter* wer; **¿~ es?** wer ist da?; **¿~ es Pedro?** wer ist Pedro?; **¿~ es ~?** wer ist wer?; **¿~es son tus padres?** wer sind deine Eltern?; **¿a ~ has llamado?** wen hast du gerufen?; (*por teléfono*) wen hast du angerufen?; **¿a ~ se lo has dado?** wem hast du es gegeben?; **¿~ eres tú para decirme esto?** mit welchem Recht sagst du mir das?; **¿por ~ me tomas?** für wen hälst du mich?; **¡~ tuviera 20 años!** wäre ich doch wieder 20!
quienesquiera [kjenes'kjera] *pron indef pl de* **quienquiera**
quienquiera [kjen'kjera] *pron indef* <quienesquiera> (irgend)wer; **~ que sea que pase** wer auch immer da ist, er/sie soll eintreten
quiescencia [kjes'θenθja] *f* Ruhestellung *f*
quietismo [kje'tismo] *m sin pl* ① (*quietud*) Stille *f*, Ruhe *f*
② (*doctrina*) Quietismus *m*
quieto, -a [kjeto, -a] *adj* ① (*tranquilo*) still, ruhig; **¡~s!** seid mal ruhig!; **no puede estar nunca ~, nunca puede estar ~** er ist eine unruhige Seele; (*niño*) er kann nie still sitzen [*o* still halten]
② (*parado*) stillstehend; **quedarse ~** stillstehen, sich nicht bewegen; **el asunto está ~** die Sache geht nicht voran
quietud [kje'tuð] *f* ① (*calma*) Stille *f*, Ruhe *f*
② (*inmovilidad*) Unbeweglichkeit *f*
quif [kif] *m* Haschisch *nt*
quijada [ki'xaða] *f* Kinnbacken *m*, Kiefer *m*
quijal [ki'xal] *m* (ANAT) Kieferknochen *m*
quijongo [ki'xoŋgo] *m* (*Col:* MÚS) Saiteninstrument der Indios
quijotada [kixo'taða] *f* Donquichotterie *f*
quijote [ki'xote] *m* ① (*idealista*) Don Quichotte *m*
② (*puntilloso*) hochtrabender Mensch *m*
quijotería [kixote'ria] *f v.* **quijotada**
quijotesco, -a [kixo'tesko, -a] *adj* ① (*referido a*) Don Quichotte betreffend
② (*idealista*) weltfremd
quijotismo [kixo'tismo] *m* Donquichotterie *f*
quila ['kila] *f* (*AmS:* BOT) bambusähnliche Pflanze
quilate [ki'late] *m* Karat *nt*; **por ~s** sehr spärlich; **de muchos ~s** (*t. fig*) hochkarätig
quilco ['kilko] *m* (*Chil*) großer Korb *m*
quiliárea [ki'ljarea] *f* 10 ha
quilico [ki'liko] *m* (*Ecua:* ZOOL) Raubvogel mit rötlichem Gefieder
quilificar [kilifi'kar] <c→qu> *vt* (BIOL) in Chylus umwandeln
quilla ['kiʎa] *f* ① (NÁUT) Kiel *m*
② (ZOOL) Brustbein *nt*
quillango [ki'ʎaŋgo] *m* (*CSur: manta de pieles*) Decke *f* aus Pelz
quillay [ki'ʎai̯] *m* (*Arg, Chil:* BOT) Chilenischer Seifenbaum *m*
quilmay [kil'mai̯] *m* (*Chil:* BOT) Kletterpflanze mit prächtigen weißen Blüten
quilo ['kilo] *m* ① (*peso*) Kilo *nt*
② (ANAT) Chylus *m*
③ (*loc*): **me ha tocado un ~ en la lotería** (*fam*) ich habe eine Million Peseten im Lotto gewonnen; **sudar el ~ con un trabajo** sich bei einer Arbeit abrackern
quilociclo [kilo'θiklo] *m* (FÍS) Kilohertz *nt*
quilográmetro [kiloˈɣrametro] *m* (FÍS) Meterkilogramm *nt*
quilogramo [kilo'ɣramo] *m* Kilogramm *nt*
quilolitro [kilo'litro] *m* Kiloliter *m*
quilombo [ki'lombo] *m* ① (*Chil: burdel*) Puff *m o nt fam*
② (*Ven: choza*) Hütte *f*
③ (*Arg: jaleo*) Durcheinander *nt*; **¡qué ~!** was für ein Chaos!
④ *pl* (*Ven: andurriales*) abgelegener Ort *m*
quilometraje [kilome'traxe] *m* ① (AUTO) Kilometerstand *m*
② (*distancia*) Entfernung *f*
quilométrico, -a [kilo'metriko, -a] *adj* kilometrisch
quiltro ['kiʎtro] *m* (*Chil: pey*) Köter *m*

quimba ['kimba] *f* ❶ (*Am: garbo*) Anmut *f*, Grazie *f*
❷ (*Am: sandalia*) Sandale *f*
❸ (*Col: conflicto*) Auseinandersetzung *f*
quimbambas [kim'bambas] *fpl*: estar en las ~ völlig zerstreut sein; me iría a las ~ para no verte más ich würde weiß Gott wohin gehen, um dich nicht mehr sehen zu müssen
quimbo ['kimbo] *m* (*Cuba*) Machete *f*
quimbombó [kimbom'bo] *m* (*Am:* BOT) Okra *f*
quimera [ki'mera] *f* ❶ (*ilusión*) Trugbild *nt*, Hirngespinst *nt*
❷ (*aprensión*): **tiene la ~ de que va a tener un accidente** er/sie hat die fixe Idee, dass ihm/ihr ein Unfall zustoßen wird
❸ (BIOL) Chimäre *f*
quimérico, -a [ki'meriko, -a] *adj* chimärisch; (*fantástico*) fantastisch
quimerista [kime'rista] *mf* ❶ (*iluso*) Träumer(in) *m(f)*
❷ (*pendenciero*) Rowdy *m*
quimerizar [kimeri'θar] <z→c> *vi* fantasieren
química ['kimika] *f* Chemie *f*; ~ (**in**)**orgánica** (an)organische Chemie
químico, -a ['kimiko, -a] I. *adj* chemisch; **productos ~s** Chemikalien *fpl*
II. *m, f* Chemiker(in) *m(f)*
quimificar [kimifi'kar] <c→qu> *vt* (BIOL) in Speisebrei [*o* Chymus] umwandeln
quimioterapia [kimjote'rapja] *f* (MED) Chemotherapie *f*
quimiotropismo [kimjotro'pismo] *m* (BIOL) Chemotropismus *m*
quimo ['kimo] *m* (MED) Chymus *m*
quimono [ki'mono] *m* Kimono *m*
quina ['kina] *f* Chinarinde *f*; **ser más malo que la ~** ein übler Bursche sein; **tragar** ~ (*fig*) die (bittere) Pille schlucken
quinaquina [kina'kina] *f* (BOT) Rinde *f* des Chinarindenbaums
quincalla [kiŋ'kaʎa] *f* ❶ (*objetos*) Eisenwaren *pl*
❷ (*adornos*) Flitterkram *m*
quincallería [kiŋkaʎe'ria] *f* ❶ (*tienda*) Eisenwarenhandlung *f*
❷ (*objetos*) Eisenwaren *pl*
❸ (*adornos*) Flitterkram *m*
quincallero, -a [kiŋka'ʎero, -a] *m, f* ❶ (*fabricante*) Eisenwarenhersteller(in) *m(f)*
❷ (*vendedor*) Eisenwarenhändler(in) *m(f)*
quince ['kinθe] I. *adj* fünfzehn; **dentro de ~ días** in vierzehn Tagen
II. *m* Fünfzehn *f; v. t.* **ocho**
quinceañero, -a [kinθea'ɲero, -a] I. *adj* fünfzehnjährig
II. *m, f* Fünfzehnjährige(r) *mf*
quinceavo, -a [kinθe'aβo, -a] *adj* fünfzehntel; *v. t.* **octavo**
quincena [kin'θena] *f* ❶ (*días*) vierzehn Tage *mpl*, zwei Wochen *fpl*
❷ (*paga*) Halbmonatslohn *m*
❸ (*prisión*) 15-tägige Haft *f*
quincenal [kinθe'nal] *adj* vierzehntägig; **revista ~** Halbmonatsschrift *f*
quincenario, -a [kinθe'narjo, -a] I. *adj* vierzehntägig
II. *m, f* Häftling *m* für vierzehn Tage
quincha ['kintʃa] *f* (And) Baumaterial aus Schilfrohr und Lehm
quinchamalí [kintʃama'li] *m* (Chil: BOT) einjährige Heilpflanze
quinchar [kin'tʃar] *vt* (AmC) mit "quinchas" versehen
quincho [kintʃo] *m* (Arg) Pavillon mit Holzpfeilern und Strohdach
quincuagena [kiŋkwa'xena] *f* Einheit aus fünfzig Teilen
quincuagenario, -a [kiŋkwaxe'narjo, -a] I. *adj* ❶ (*de 50 partes*) fünfzigteilig
❷ (*de 50 años*) fünfzigjährig, in den Fünfzigern
II. *m, f* Fünfzigjährige(r) *mf*
quincuagésimo, -a [kiŋkwa'xesimo, -a] I. *adj* (*parte*) fünfzigstel; (*numeración*) fünfzigste(r, s); **la quincuagésima parte de...** ein Fünfzigstel von ...
II. *m* Fünfzigstel *nt; v. t.* **octogésimo**
quinde ['kinde] *m* (Col, Ecua, Perú: ZOOL) Kolibri *m*
quindécimo, -a [kin'deθimo, -a] *adj v.* **quinzavo**
quindenial [kinde'njal] *adj* (*suceso*) alle fünfzehn Jahre auftretend; (*duración*) fünfzehn Jahre dauernd
quindenio [kin'denjo] *m* Zeitraum *m* von fünfzehn Jahren
quinesiología [kinesjolo'xia] *f sin pl* (MED) Kinesiologie *f*
quinesiólogo, -a [kine'sjoloɣo, -a] *m, f* Bewegungstherapeut(in) *m(f)*
quinesi(o)terapia [kinesite'rapja/kinesjote'rapja] *f* Bewegungstherapie *f*, Kinesiotherapie *f*
quingentésimo, -a [kiŋxen'tesimo, -a] I. *adj* (*parte*) fünfhundertstel; (*numeración*) fünfhundertste(r, s)
II. *m, f* Fünfhundertstel *nt; v. t.* **octingentésimo**
quingos ['kiŋgos] *m inv* (Am) Zickzack *m*
quiniela [ki'njela] *f* ❶ (*juego*) (Fußball)toto *nt*; **jugar a las ~s** im Toto tippen [*o* spielen]
❷ (*boleto*) Totoschein *m*
❸ (*Arg, Par, Urug: lotería*) Lotterie *f*
quinielista [kinje'lista] *mf* Totospieler(in) *m(f)*

quinielístico, -a [kinje'listiko, -a] *adj* Toto-
quinientos, -as [ki'njentos, -as] *adj* fünfhundert; *v. t.* **ochocientos**
quinina [ki'nina] *f* Chinin *nt*
quininismo [kini'nismo] *m* (MED) Chininvergiftung *f*
quino ['kino] *m* (Am: BOT) Chinarindenbaum *m*
quínoa ['kinoa] *f* (Arg, Bol, Perú: BOT) Garten-Melde *f*, Spanischer Spinat *m*
quinqué [kiŋ'ke] *m* Petroleumlampe *f*, Petroleumlicht *nt*
quinquelingüe [kiŋke'liŋgwe] *adj* (*que habla cinco lenguas*) fünf Sprachen sprechend; (*escrito en cinco lenguas*) in fünf Sprachen geschrieben
quinquenal [kiŋke'nal] *adj* fünfjährig; **plan ~** Fünfjahresplan *m*
quinquenio [kiŋ'kenjo] *m* Jahrfünft *nt*
quinqui ['kiŋki] *mf* (*fam*) Verbrecher(in) *m(f)*
quinta ['kinta] *f* ❶ (*reemplazo*) Wehrersatz *m*; **entrar en ~s** einberufen werden; **ese es de mi ~** er gehört zu meinem Jahrgang
❷ (*casa*) Landhaus *nt*
❸ (MÚS) Quinte *f*
quintacolumnista [kintakolum'nista] *mf* Angehörige(r) *mf* der fünften Kolonne
quintada [kin'tada] *f* Streich *m*, Jux *m* (*der einem Neuling im Militärdienst gespielt wird*)
quintaesencia [kintae'senθja] *f* Quintessenz *f*, Inbegriff *m*
quintaesenciar [kintaesen'θjar] *vt* ❶ (*refinar*) die Quintessenz ziehen (*de* aus *+dat*)
❷ (*planear en detalle*) ausklügeln
quintal [kin'tal] *m* Zentner *m*, Quintal *m* Austr, Suiza; **~ métrico** hundert Kilo, zwei Zentner; **pesar un ~** zentnerschwer sein
quintar [kin'tar] *vt* (MIL) einberufen
quintería [kinte'ria] *f* Bauernhaus *nt*
quintero, -a [kin'tero, -a] *m, f* ❶ (*arrendador*) Landpächter(in) *m(f)*
❷ (*jornalero*) Landarbeiter(in) *m(f)*
quinteto [kin'teto] *m* (MÚS) Quintett *nt*
quintilla [kin'tiʎa] *f* (LIT) Achtsilber *m*
quintillizo, -a [kinti'ʎiθo, -a] *m, f* Fünfling *m*
quintillón [kinti'ʎon] *m* Quintillion *f*
Quintín [kin'tin] *m*: **se armó la de San ~** (*fam*) es gab einen Mordskrach
quinto¹ ['kinto] *m* Wehrpflichtiger *m*, Rekrut *m*
quinto, -a² ['kinto, -a] I. *adj* (*parte*) fünftel; (*numeración*) fünfte(r, s)
II. *m, f* Fünftel *nt*
III. *adv* **en ~ lugar** fünftens, an fünfter Stelle; *v. t.* **octavo**
quintral [kin'tral] *m* (Arg, Chil: BOT: *muérdago*) Mistel *f*
quintril [kin'tril] *m* (Chil: BOT: *fruto del algarrobo*) Johannisbrot *nt*
quíntuple ['kintuple] *adj v.* **quíntuplo**
quintuplicar [kintupli'kar] <c→qu> *vt* verfünffachen
quíntuplo, -a ['kintuplo, -a] *adj* fünffach; *v. t.* **óctuplo**
quinua¹ [ki'nwa] *f* (BOT) *v.* **quínoa**
quinua² [ki'nwa] *m* Gänsefußgewächs *nt* (*amarantähnliche Getreidesorte aus den Anden*)
quinzavo [kin'θaβo, -a] *adj* fünfzehntel; *v. t.* **octavo**
quiñar [ki'ɲar] *vt* ❶ (*Am: con trompo*) den Kreisel tanzen lassen
❷ (*Am: empujar*) stoßen, schubsen
quiñazo [ki'ɲaθo] *m* ❶ (*Am: encontronazo*) Zusammenstoß *m*
❷ (*Am: cachada*) Schlag *m* auf den Kreisel
quiñón [ki'ɲon] *m* ❶ (*parte*) Gewinnanteil *m*
❷ (*tierra*) Ackerland *nt*, Parzelle *f*
quiosco ['kjosko] *m* ❶ (*de jardín*) Pavillon *m*
❷ (*de periódicos*) Kiosk *m*
quiosquero, -a [kjos'kero, -a] *m, f* Kioskbesitzer(in) *m(f)*, Zeitungsverkäufer(in) *m(f)*
quiote ['kjote] *m* (Méx) Agavenblütenstamm *m*
quipo(s) ['kipo(s)] *m(pl)*, **quipu(s)** ['kipu(s)] *m(pl)* (Am: HIST) Quipu *nt* (*Schnur der Knotenschrift der Inkas*)
quique ['kike] *m* (AmS: ZOOL) *eine Art Wiesel*; **ser como un ~** (Chil) flink wie ein Wiesel sein
quiqui ['kiki] *m*: **hacer un ~** die Haare zu einem Büschel kämmen
quiquiriquí [kikiri'ki] *m* ❶ (*onomatopeya*) Kikeriki *nt*
❷ (*persona*) Großmaul *m*
quiragra [ki'raɣra] *f* (MED) Chiragra *f*
quirinal [kiri'nal] *m* Quirinal(spalast) *m*
quirma [ki'rma] *f* (Am) Sarg *m*
quirófano [ki'rofano] *m* Operationssaal *m*; **pasar por el ~** operiert werden
quirografario, -a [kiroɣra'farjo, -a] *adj* (JUR) privatschriftlich; **crédito ~** Personalkredit *m*
quirógrafo, -a [ki'roɣrafo, -a] *adj* (JUR: *documento*) eigenhändig unterschrieben (*ohne notarielle Beglaubigung*); (*crédito*) ungesichert
quiromancia [kiro'manθja] *f*, **quiromancía** [kiroman'θia] *f* Handlesekunst *f*, Chiromantie *f*

quiromántico, -a [kiro'mantiko, -a] I. *adj* chiromantisch II. *m, f* Chiromant(in) *m(f)*
quiromasaje [kiroma'saxe] *m* Chiromassage *f*
quiromasajista [kiromasa'xista] *mf* Chiromasseur(in) *m(f)*
quiropráctica [kiro'praktika] *f* Chiropraktik *f*
quiropráctico, -a [kiro'praktiko, -a] *m, f* Chiropraktiker(in) *m(f)*
quiropraxia [kiro'praʏsja] *f* (MED) *v.* **quiropráctica**
quirque ['kirke] *m* (*Chil:* ZOOL) Eidechse *f*
quirquincho [kir'kintʃo] *m* (*CSur*) ❶ (ZOOL: *armadillo*) Gürteltier *nt* ❷ (*guitarra*) kleine Gitarre *f* (*mit dem Panzer des Gürteltiers als Resonanzkörper*)
quirúrgicamente [kirurxika'mente] *adv* chirurgisch; **intervenir ~ a alguien** jdn operieren
quirúrgico, -a [ki'rurxiko, -a] *adj* chirurgisch; **intervención quirúrgica** chirurgischer Eingriff, Operation *f*
quirurgo, -a [ki'ruryo, -a] *m, f* Chirurg(in) *m(f)*
quisa ['kisa] *f* (*Bol:* GASTR) reife, gebratene Banane *f*
quisca ['kiska] *f* (*Chil*) ❶ (*espina*) Kaktusstachel *m* ❷ (BOT) *v.* **quisco**
quisco ['kisko] *m* (*Chil:* BOT) eine Kakteenpflanze
quisicosa [kisi'kosa] *f* (*fam*) Rätsel *nt*
quiso ['kiso] 3. *pret de* **querer**
quisque ['kiske] *pron indef* (*fam*): **cada ~** jeder; **todo ~** alle (Welt); **se lo dijo a todo ~** er/sie hing es an die große Glocke
quisqueyano, -a [kiske'ɟano, -a] I. *adj* (*RDom*) aus der Dominikanischen Republik II. *m, f* Einwohner(in) *m(f)* der Dominikanischen Republik
quisqui ['kiski] *pron indef* (*vulg*) *v.* **quisque**
quisquilla [kis'kiʎa] *f* ❶ (*pequeñez*) Kleinigkeit *f*, Bagatelle *f* ❷ (ZOOL) Garnele *f*
quisquilloso, -a [kiski'ʎoso, -a] *adj* ❶ (*susceptible*) überempfindlich ❷ (*meticuloso*) pingelig
quiste ['kiste] *m* (MED) Zyste *f*
quistectomía [kistekto'mia] *f* (MED) operative Entfernung *f* einer Zyste
quisto, -a ['kisto, -a] *adj:* **bien/mal ~** beliebt/unbeliebt
quita ['kita] *f* (JUR) Schulderlass *m*
quitaesmalte [kitaes'malte] *m* Nagellackentferner *m*
quitagusto [kita'ɣusto] *m* (*Ecua, Perú: intruso*) Eindringling *m*
quita(i)pón [kita'pon/kitai'pon] *m:* **ser de ~** abnehmbar sein; (*fig*) pflegeleicht sein
quitamanchas [kita'mantʃas] *m inv* Fleck(en)entferner *m*
quitamiedos [kita'mjeðos] *m inv* (*en carretera*) Leitplanke *f*; (*en montaña*) Halteseil *nt*
quitanieves [kita'njeβes] *f inv* Schneepflug *m*
quitapenas [kita'penas] *m inv* (*fam*) Alkohol *m*
quitapintura [kitapin'tura] *m* Abbeizmittel *nt*
quitapón [kita'pon] *m v.* **quitaipón**
quitar [ki'tar] I. *vt* ❶ (*separar: piel, funda*) abziehen; (*sombrero, tapa*) abnehmen; (*cartel, suciedad*) entfernen; (*jersey, zapato*) ausziehen; (*botón*) abtrennen; **~ la mesa** den Tisch abdecken; **el barbero me ha quitado mucho pelo** der Friseur hat viel abgeschnitten ❷ (*robar*) stehlen, wegnehmen; **me quiere ~ el sitio** er/sie will mir den Platz wegnehmen; **esta empresa nos está quitando clientela** diese Firma macht uns die Kunden abspenstig ❸ (*hacer desaparecer: mancha*) entfernen, beseitigen; (*dolor*) abklingen lassen; (*obstáculo*) wegnehmen, beseitigen; (*vida*) nehmen; **quita esa palabra de la frase** streiche das Wort aus dem Satz; **me ha quitado las ganas de ir** er/sie hat mir die Lust genommen hinzugehen; **el café me quita el sueño** wenn ich Kaffee trinke, kann ich nicht schlafen; **ese asunto me quita el sueño** diese Sache raubt mir den Schlaf ❹ (*de plan, horario*) streichen ❺ (*regla, ley*) abschaffen, aufheben ❻ (*apartar*) wegnehmen, wegtun; **¡quita!** (*¡no me molestes!*) geh mir aus dem Weg!; (*¡deja eso!*) lass das!; (*¡déjate de tonterías!*) hör auf!; **quita ese mueble de en medio** stell dieses Möbelstück von hier weg ❼ (MAT) abziehen ❽ (*impedir*): **eso no quita que tú no lo hagas** das bedeutet nicht, dass du es nicht tun sollst; **el médico me ha quitado de fumar** der Arzt hat mir das Rauchen verboten ❾ (*loc*): **una capucha de quita y pon** eine abnehmbare Kapuze; **ese ni quita ni pone en la empresa** der hat in der Firma nicht viel zu sagen; **esa mujer le quita el hipo a uno** diese Frau ist umwerfend; **quitando dos todos querían ir** bis auf zwei Leute wollten alle hingehen; **me lo has quitado de la boca** du hast mir das Wort aus dem Munde genommen; **por un quítame de allí esas pajas…** wegen einer Kleinigkeit … II. *vr:* **-se** ❶ (*separarse: anillo*) abziehen; (*barba*) abnehmen; (*sombrero*) abnehmen; (*jersey, zapatos*) ausziehen; (*gafas*) abnehmen; (*vida*) sich nehmen; **-se de la bebida** sich *dat* das Trinken abgewöhnen ❷ (*loc*): **-se de encima algo/a alguien** sich etw/jdn vom Halse schaffen; **Induráin se ha quitado de encima a sus perseguidores** Induráin hat seine Verfolger abgeschüttelt; **quítate de mi vista** geh mir aus dem Weg; **-se años (de encima)** sich jünger machen
quitasol [kita'sol] *m* Sonnenschirm *m*
quitasolillo [kitaso'liʎo] *m* (*Cuba:* BOT) Kassave *f*, Maniok *m*
quitasueño [kita'sweɲo] *m* (*fam*) Sorge *f* (*die einem den Schlaf raubt*)
quite ['kite] *m* ❶ (*en esgrima*) Parade *f* ❷ (TAUR) Manöver eines Toreros, um den Stier von einem verletzten Torero abzulenken ❸ (*loc*): **estar al ~** bereit sein jdm zu helfen
quiteño, -a [ki'teɲo, -a] I. *adj* aus Quito II. *m, f* Einwohner(in) *m(f)* Quitos
quitina [ki'tina] *f* Chitin *nt*
quiulla ['kjuʎa] *f* (*Chil:* ZOOL) Bergmöwe *f*
quizá(s) [ki'θa(s)] *adv* vielleicht; **~ venga mañana** vielleicht kommt er/sie morgen; **~ tengas razón** mag sein, dass du Recht hast; **~ y sin ~** ganz bestimmt, auf jeden Fall
quizarrá [kiθa'rra] *f* (*CRi:* BOT) *ein Lorbeergewächs*
quórum ['kworun] *m sin pl* Quorum *nt*

R

R, r ['erre] *f* R, r *nt;* **~ de Ramón** R wie Richard
rabadán [rraβa'ðan] *m* oberster Schäfer *m*
rabadilla [rraβa'ðiʎa] *f* ❶ (ANAT: *cóccix*) Steißbein *nt* ❷ (*en aves*) Bürzel *m*
rabanal [rraβa'nal] *m* (AGR) Rettichfeld *nt*
rabanero, -a [rraβa'nero, -a] *adj* (*pey*) rüde, rüpelhaft
rabanillo [rraβa'niʎo] *m* ❶ (BOT) Ackerrettich *m*, Hederich *m* ❷ (*fam: deseo vehemente*): **le entró el ~ de aprender a tocar la guitarra** er/sie hat *dat* in den Kopf gesetzt, Gitarre spielen zu lernen
rabanito [rraβa'nito] *m* Radieschen *nt*
rábano ['rraβano] *m* Rettich *m;* **~ picante** Meerrettich *m;* **déjame tu coche – ¡y un ~!** (*fam*) leih mir dein Auto – nichts da!; **tu hermano es más listo que tú – ¡y un ~!** (*fam*) dein Bruder ist schlauer als du – von wegen!; **me importa un ~** (*fam*) das ist mit piepegal; **tomar el ~ por las hojas** (*fam fig: equivocarse en la interpretación*) es völlig missverstehen; (*equivocarse en la ejecución*) das Pferd am Schwanz aufzäumen
rabdomancía [rraβðoman'θja] *f*, **rabdomancia** [rraβðo'manθja] *f* Rhabdomantie *f*
rabear [rraβe'ar] *vi* ❶ (*animal*) mit dem Schwanz wedeln ❷ (*buque*) schwanken
rabel [rra'βel] *m* (MÚS) ❶ (*instrumento medieval*) dreisaitige Hirtengeige *f* ❷ (*instrumento infantil*) Sackgeige *f*
rabí [rra'βi] *m* <rabíes> Rabbi *m*
rabia ['rraβja] *f* ❶ (*hidrofobia*) Tollwut *f;* **contraer la ~** (*animal*) von Tollwut befallen werden; (*persona*) an Tollwut erkranken ❷ (*furia*) Wut *f*, Raserei *f;* **¡qué ~!** wie ärgerlich!; **tener/tomar ~ a alguien** (*enfado*) auf jdn wütend sein/werden; (*manía*) jdn nicht ausstehen können; **me da ~ sólo pensarlo** schon der Gedanke daran macht mich wütend ❸ (*fam*): **con ~** (*mucho*) maßlos
rabiar [rra'βjar] *vi* ❶ (*padecer rabia: animal*) tollwütig sein; (*persona*) an Tollwut erkrankt sein ❷ (*enfadarse*) wüten, vor Wut rasen [*o* schäumen]; **hacer ~ a alguien** jdn aufs Blut reizen ❸ (*sufrir*) rasen (*de* vor +*dat*) ❹ (*ansiar*) brennen (*por* auf +*akk*); **rabia por conocerte** er/sie brennt darauf, dich kennen zu lernen ❺ (*desear*) erpicht sein (*por* auf +*akk*) ❻ (*loc*): **a ~** (*mucho*) wahnsinnig; **está que rabia** (*fam: picante*) es ist höllisch scharf
rabiazorras [rraβja'θorras] *m inv* (METEO: *fam*) Ostwind *m*
rábico, -a ['rraβiko, -a] *adj* (MED) die Tollwut betreffend, Tollwut-
rabieta [rra'βjeta] *f* Wutanfall *m*, Wutausbruch *m*
rabietas [rra'βjetas] *mf inv* (*fam*) leicht aufbrausender Mensch *m*
rabihorcado [rraβjor'kaðo] *m* ❶ (ZOOL) Fregattvogel *m* ❷ (*Col:* BOT) *der Banane ähnliche Pflanze, deren Blätter zum Abdecken der Hütten verwendet werden*
rabilargo[1] [rraβi'laryo] *m* (ZOOL) Elster *f*
rabilargo, -a[2] [rraβi'laryo, -a] *adj* langschwänzig
rabillo [rra'βiʎo] *m* ❶ (*pedúnculo*) Stängel *m;* (*tallo*) Stiel *m* ❷ (*extremo*) Ende *nt* ❸ (*del ojo*) Augenwinkel *m;* **mirar con [*o* por] el ~ del ojo** (*con di-*

simulo) aus den Augenwinkeln betrachten; (*con recelo*) misstrauisch beäugen; (*con desprecio*) schief ansehen
❹ (BOT) Taumellolch *m*
❺ (*trabilla*) Riemen *m*
rabimocho, -a [rraβi'motʃo, -a] *adj* (*Am: rabón*) kurzschwänzig
rabínico, -a [rra'βiniko, -a] *adj* (REL) rabbinisch
rabinismo [rraβi'nismo] *m* (LIT, REL) Lehre *f* der Rabbiner
rabino [rra'βino] *m* (REL) Rabbiner *m*
rabiosamente [rraβjosa'mente] *adv* (*fam*) ❶ (*con ira, rabia*) rabiat, voller Zorn; **me gritó ~** er/sie schrie mich zornig an
❷ (*intensamente*) wahnsinnig, furchtbar; **es ~ guapa** sie ist wahnsinnig hübsch
rabioso, -a [rra'βjoso, -a] *adj* ❶ (*hidrofóbico*) tollwütig
❷ (*furioso*) wütend; (*desconsiderado*) rabiat
❸ (*fam: picante*) höllisch scharf
❹ (*fig: vehemente*) brennend; **un tema de rabiosa actualidad** ein hochaktuelles [*o* äußerst brisantes] Thema
rabo ['rraβo] *m* ❶ (*cola*) Schwanz *m*; (*del zorro*) Lunte *f*; **~ de buey** (*t.* GASTR) Ochsenschwanz *m*; **salir con el ~ entre las piernas** (*fam fig*) den Schwanz einziehen; **aún queda el ~ por desollar** (*fam fig*) das dicke Ende kommt noch
❷ (*extremo*) Ende *nt*
❸ (*tallo*) Stängel *m*
❹ (*vulg: pene*) Schwanz *m*
rabón, -ona [rra'βon, -ona] *adj* ❶ (*sin rabo*) schwanzlos; (*rabicorto*) kurzschwänzig
❷ (*CSur: desnudo*) nackt
❸ (*Ant, Cuba, CSur: mellado*) schartig
❹ (*desdichado*) jämmerlich
rabona [rra'βona] *f* (*CSur: fam: falta a la escuela*) Schwänzen *nt*; **hacer(se) la ~** die Schule schwänzen, blaumachen
rabonero, -a [rraβo'nero, -a] *m, f* (*CSur: fam*) Schwänzer(in) *m(f)*
rabotada [rraβo'taða] *f* ❶ (*con el rabo*) Schlag *m* mit dem Schwanz
❷ (*fam: expresión*) Patzigkeit *f*
rabudo, -a [rra'βuðo, -a] *adj* langschwänzig
racanear [rrakane'ar] I. *vi* (*fam*) knausern (*con* mit +*dat*)
II. *vt* (*fam*) knausern; **~ algo a alguien** mit etw jdm gegenüber knausern; **~ dinero a alguien** jdn kurz halten
racaneo [rraka'neo] *m* (*fam*), **racanería** [rrakane'ria] *f* (*fam: acto*) Knauserei *f*, Knickerei *f*; (*carácter*) Knauserigkeit *f*, Knickerigkeit *f*
racanería [rrakane'ria] *f* (*pey*) Knauserei *f*
rácano, -a ['rrakano, -a] *adj* ❶ (*fam: tacaño*) knauserig, knickerig
❷ (*reg: enclenque*) mick(e)rig, schwächlich
❸ (*fam: gandul*) arbeitsscheu
RACE ['rraθe] *f abr de* **Real Automóvil Club de España** Spanischer Automobilclub *m* (*entspricht dem ADAC*)
racel [rra'θel] *m* (NÁUT) *v.* **rasel**
racha ['rratʃa] *f* ❶ (*de aire*) Windstoß *m*; (NÁUT) Bö(e) *f*
❷ (*fig: fase*) Phase *f*; **a** [*o* **por**] **~s** phasenweise; **tener buena/mala ~** eine Glücks-/Pechsträhne haben
❸ (*loc*): **arrancar un coche a ~s, dar una ~ a un coche** ein Auto anschieben
racheado, -a [rratʃe'aðo, -a] *adj* stoßartig, böig; **viento ~** (NÁUT) Bö(e) *f*
racial [rra'θjal] *adj* ❶ (*étnico*) rassisch, Rassen-; **disturbios ~es** Rassenunruhen *fpl*; **odio ~** Rassenhass *m*
❷ (*temperamental*) rassig
racima [rra'θima] *f* (AGR) Spätfrucht *f* (*an der Rebe verbliebene Weintrauben*)
racimado, -a [rraθi'maðo, -a] *adj* in Trauben, traubig
racimo [rra'θimo] *m* Traube *f*; (*de frutos*) Fruchttraube *f*; (*de flores*) Blütentraube *f*; (*fig: grupo*) Traube *f*, Schwarm *m*; **~ de uvas** Traube *f* Weinbeeren
raciocinar [rraθjoθi'nar] *vi* (*razonar*) rational denken; (*deducir*) schlussfolgern
raciocinio [rraθjo'θinjo] *m* (*facultad*) rationales Denken *nt*, Urteilsvermögen *nt*; (*razón*) Vernunft *f*; (*proceso mental*) Gedankenfolge *f*
ración [rra'θjon] *f* ❶ (*tapa*) Portion *f*; **una ~ de calamares/de patatas fritas** eine Portion Tintenfischringe/Pommes (frites); **una ~ de jamón/queso** ein Käse-/Schinkenteller
❷ (MIL) Ration *f*; **poner a alguien a media ~** (*fig*) jdn auf halbe Ration setzen
❸ (*asignación*) Zuteilung *f*
racionabilidad [rraθjonaβili'ðað] *f* (FILOS, PSICO) Urteilskraft *f*
racional [rraθjo'nal] *adj* ❶ (FILOS, PSICO: *de la razón*) rational; **animal ~** (*humano*) denkendes Wesen
❷ (*lógico*) rational; **número ~** (MAT) rationale Zahl
racionalidad [rraθjonali'ðað] *f sin pl* ❶ (FILOS, PSICO, MAT) Rationalität *f*
❷ (*lógica*) Rationalität *f*; (*adecuación*) Zweckmäßigkeit *f*
racionalismo [rraθjona'lismo] *m sin pl* (FILOS) Rationalismus *m*

racionalista [rraθjona'lista] I. *adj* (FILOS) rationalistisch
II. *mf* (FILOS) Rationalist(in) *m(f)*
racionalización [rraθjonaliθa'θjon] *f* (ECON, PSICO) Rationalisierung *f*; **~ administrativa** Rationalisierung der Verwaltung; **~ industrial** industrielle Rationalisierung; **medida de ~** Rationalisierungsmaßnahme *f*
racionalizar [rraθjonali'θar] <z→c> *vt* (ECON, PSICO) rationalisieren; **producción racionalizada** rationalisierte Produktion
racionamiento [rraθjona'mjento] *m* Rationierung *f*
racionar [rraθjo'nar] *vt* ❶ (*repartir*) in Rationen aufteilen
❷ (*limitar*) rationieren
racismo [rra'θismo] *m sin pl* Rassismus *m*
racista [rra'θista] I. *adj* rassistisch
II. *mf* Rassist(in) *m(f)*
racor ['rrakor/rra'kor] *m* (TÉC) Nippel *m*
rad [rrað] *m* (FÍS) Rad *nt*
rada ['rraða] *f* (NÁUT) Reede *f*
radar [rra'ðar] *m*, **rádar** ['rraðar] *m* (TÉC) Radar *m o nt*; (*antena*) Radarantenne *f*; **por ~** über Radar
radiación [rraðja'θjon] *f* (*t.* FÍS) Strahlung *f*; (*irradiación*) Ausstrahlung *f*; (*tratamiento*) Bestrahlung *f*; **~ alfa/beta/gamma** Alpha-/Beta-/Gammastrahlung *f*; **~ solar** Sonnen(ein)strahlung *f*; **de baja ~** (INFOR) strahlungsarm
radiactividad [rraðjaktiβi'ðað] *f* (FÍS) Radioaktivität *f*
radiactivo, -a [rraðjak'tiβo, -a] *adj* (FÍS) radioaktiv
radiado, -a [rra'ðjaðo, -a] *adj* ❶ (*en forma de radios*) strahlenförmig
❷ (RADIO, TEL) Rundfunk-; **concierto ~** Rundfunkkonzert *nt*
radiador [rraðja'ðor] *m* ❶ (*calefacción*) Radiator *m*, Heiz(ungs)körper *m*
❷ (AUTO) Kühler *m*; **~ del aceite/del agua** Öl-/Wasserkühler *m*
❸ (FÍS) Strahler *m*
radial [rra'ðjal] *adj* ❶ (*en forma de rayos*) strahl(enförm)ig; (TÉC) radial; (BIOL, MAT) radiär; **músculo ~** (ANAT) Speichenmuskel *m*
❷ (*Am: radiofónico*) Rundfunk-
radián [rra'ðjan] *m* (MAT) Radiant *m*
radiante [rra'ðjante] *adj* strahlend; (*brillante*) glänzend; **~ de alegría/felicidad** strahlend vor Freude/Glück, freude-/glückstrahlend; **estás ~ con ese vestido** in diesem Kleid siehst du glänzend aus; **está ~ con su nuevo trabajo** er/sie strahlt vor Glück über seine/ihre neue Stelle
radiar [rra'ðjar] I. *vi* ❶ (*irradiar*) strahlen
❷ (*emitir*) funken
II. *vt* ❶ (FÍS: *irradiar*) abstrahlen, ausstrahlen
❷ (RADIO, TEL) ausstrahlen, senden; **un debate radiado** eine im Rundfunk übertragene Diskussion
❸ (MED) bestrahlen
❹ (*Am: eliminar*) (aus)streichen
radicación [rraðika'θjon] *f* ❶ (BOT) Wurzelbildung *f*
❷ (*enraizamiento*) Verwurzelung *f*
❸ (MAT) Radizieren *nt*, Wurzelziehen *nt*
radical [rraði'kal] I. *adj* ❶ (*extremado*) radikal
❷ (*t.* BOT: *de la raíz*) Wurzel-
❸ (*radial*) radikal
❹ (*fundamental*) gründlich, von Grund auf
II. *m* ❶ (LING) Stamm *m*, Wurzel *f*
❷ (MAT, QUÍM, PSICO) Radikal *nt*
❸ (MAT: *signo*) Wurzelzeichen *nt*
III. *mf* (POL) Radikale(r) *mf*; **~ de derecha/de izquierda** Rechts-/Linksradikale(r) *mf*
radicalidad [rraðikali'ðað] *f* Radikalität *f*, radikale Art *f*
radicalismo [rraðika'lismo] *m sin pl* Radikalismus *m*
radicalista [rraðika'lista] *mf* Radikalist(in) *m(f)*
radicalización [rraðikaliθa'θjon] *f* Radikalisierung *f*
radicalizar [rraðikali'θar] <z→c> I. *vt* radikalisieren
II. *vr*: **~se** ❶ (*extremar las posturas*) sich radikalisieren
❷ (*agudizarse*) sich verschärfen
radicando [rraði'kando] *m* (MAT) Radikand *m*
radicar [rraði'kar] <c→qu> I. *vi* ❶ (*t.* BOT: *arraigar*) Wurzeln schlagen; (*fig*) wurzeln (*en* in +*dat*)
❷ (*estar asentado*) ansässig sein (*en* in +*dat*)
❸ (*basarse*) beruhen (*en* auf +*dat*); (*consistir*) bestehen (*en* in +*dat*); **el problema radica en su comportamiento** das Problem liegt in seinem/ihrem Verhalten
II. *vr*: **~se** (*establecerse*) sich niederlassen (*en* in +*dat*)
radicheta [rraði'tʃeta] *f* (*Arg, Urug: achicoria*) Zichorie *f*
radícula [rra'ðikula] *f* (BOT) Radikula *f*, Keimwurzel *f*
radiestesia [rraðjes'tesja] *f* (PSICO) Radiästhesie *f*
radiestesista [rraðjeste'sista] *mf* (PSICO) (Wünschel)rutengänger(in) *m(f)*
radio¹ [rra'ðjo] *f* (RADIO, TEL) ❶ (*radiodifusión*) Hörfunk *m*, Rundfunk *m*; **hablar en** [*o* **por**] **la ~** im Radio sprechen; **retransmitir por ~** im Rund-

funk übertragen

❷ (*receptor*) Radio(gerät) *nt*; (*radiotelefonía*) Funk(sprech)gerät *nt*; (*instalación*) Radioanlage *f*; ~ **del coche** Autoradio *nt*; **dirigido por** ~ funkgesteuert

❸ (*emisora*) (Radio)sender *m*; ~ **pirata** Schwarzsender *m*, Piratensender *m*

radio² ['rraðjo] *m* ❶ (MAT) Halbmesser *m*, Radius *m*

❷ (*en la rueda*) (Rad)speiche *f*

❸ (ANAT) Speiche *f*

❹ (QUÍM) Radium *nt*

❺ (*ámbito*) Bereich *m*; (*esfera*) Kreis *m*; ~ **de acción** (AERO) Aktionsradius *m*; (*t. fig*) Wirkungsbereich *m*; ~ **de alcance** Reichweite *f*; ~ **de atracción** Einzugsgebiet *nt*; ~ **de giro** [*o* **viraje**] Schwenkradius *m*; ~ **visual** Sichtfeld *nt*; **se escuchó la explosión en un** ~ **de varios kilómetros** man konnte die Explosion im Umkreis von mehreren Kilometern hören

radioactividad [rraðjoaktiβi'ðað] *f v.* **radiactividad**
radioactivo, -a [rraðjoak'tiβo, -a] *adj v.* **radiactivo**
radioaficionado, -a [rraðjoafiθjo'naðo, -a] *m*, *f* (RADIO) Amateurfunker(in) *m(f)*
radioastronomía [rraðjoastrono'mia] *f sin pl* (ASTR) Radioastronomie *f*
radiobaliza [rraðjoβa'liθa] *f v.* **radiofaro**
radiobiología [rraðjoβjolo'xia] *f sin pl* (BIOL) Radiobiologie *f*
radiobrújula [rraðjo'βruxula] *f* ❶ (AERO) Radiokompass *m*
❷ (NÁUT) Peiler *m*
radiocasete [rraðjoka'sete] *m o f* Radiorekorder *m*
radiocompás [rraðjokom'pas] *m v.* **radiobrújula**
radiocomunicación [rraðjokomunika'θjon] *f* (RADIO, TEL) ❶ (*radioenlace*) Funk(sprech)verbindung *f*, Radioverbindung *f*
❷ (*radioconferencia*) Funkgespräch *nt*
radioconducción [rraðjokonduk'θjon] *f* Funksteuerung *f*
radiodespertador [rraðjoðesperta'ðor] *m* Radiowecker *m*
radiodetección [rraðjoðetek'θjon] *f* Funkortung *f*, Funkpeilung *f*
radiodiagnóstico [rraðjoðjaɣ'nostiko] *m* (MED) Röntgendiagnostik *f*
radiodifundir [rraðjoðifun'dir] *vt* (RADIO) durch Rundfunk übertragen
radiodifusión [rraðjoðifu'sjon] *f* (RADIO, TEL) Rundfunk *m*, Rundfunkwesen *nt*; (*radiotransmisión*) Rundfunkübertragung *f*
radiodifusora [rraðjoðifu'sora] *f* (*Am:* RADIO, TEL) Rundfunksender *m*
radiodirigir [rraðjoðiri'xir] <g→j> *vt* durch Funk steuern
radioelectricidad [rraðjoelektriθi'ðað] *f* (ELEC, FÍS) Radioelektrizität *f*
radioelemento [rraðjoele'mento] *m* (QUÍM) Radioelement *nt*
radioemisión [rraðjoemi'sjon] *f* ❶ (TEL) Funkübertragung *f*
❷ (RADIO) Rundfunkübertragung *f*
❸ (FÍS) Strahlenemission *f*
radioemisora [rraðjoemi'sora] *f* (RADIO) (Rund)funksender *m*; (*estación*) Rundfunkstation *f*
radioescucha [rraðjoes'kutʃa] *mf v.* **radioyente**
radiofaro [rraðjo'faro] *m* (AERO, NÁUT) Funkbake *f*, Funkfeuer *nt*
radiofonía [rraðjofo'nia] *f* (RADIO, TEL) ❶ (*radiodifusión*) Rundfunk *m*, Hörfunk *m*
❷ (*radiotelefonía*) Sprechfunk *m*, Radiophonie *f*
radiofónico, -a [rraðjo'foniko, -a] *adj* (RADIO, TEL) Radio-, Rundfunk-; **guión** ~ Hörspiel *nt*; **mensaje** ~ Radiodurchsage *f*, Radiomeldung *f*; **programa** ~ (*programación*) Radioprogramm *nt*; (*emisión*) Rundfunkprogramm *m*
radiofrecuencia [rraðjofre'kwenθja] *f* (FÍS, TEL) Radiofrequenz *f*, Funkfrequenz *f*
radiofuente [rraðjo'fwente] *f* (ASTR) Radioquelle *f*
radiogoniometría [rraðjoɣonjome'tria] *f* (RADIO, TÉC) Radiogoniometrie *f*
radiogoniómetro [rraðjoɣo'njometro] *m* (RADIO, TÉC) Radiogoniometer *nt*
radiografía [rraðjoɣra'fia] *f* ❶ (MED: *técnica*) Radiografie *f*
❷ (MED: *placa*) Röntgenaufnahme *f*, Röntgenbild *nt*
radiografiar [rraðjoɣra'fi'ar] <*1. pres:* radiografío> *vt* ❶ (RADIO, TEL) funken
❷ (MED) röntgen, Röntgenaufnahmen machen (von +*dat*)
radiográfico, -a [rraðjo'ɣrafiko, -a] *adj* (MED) röntgenographisch
radiograma [rraðjo'ɣrama] *m* (*t.* TEL) Radiogramm *nt*
radioisótopo [rraðjoi'sotopo] *m* (QUÍM) Radioisotop *nt*
radiolesión [rraðjole'sjon] *f* (MED) Strahlenschädigung *f*
radiolocalización [rraðjolokaliθa'θjon] *f* (RADIO, TÉC) Funkortung *f*, Radioortung *f*
radiología [rraðjolo'xia] *f* (MED) ❶ (*ciencia*) Radiologie *f*
❷ (*aplicación*) Röntgenologie *f*; **servicio de** ~ Röntgenabteilung *f*
radiológico, -a [rraðjo'loxiko, -a] *adj* (MED) radiologisch
radiólogo, -a [rra'ðjoloɣo, -a] *m*, *f* (MED) Radiologe, -in *m*, *f*, Röntgenologe, -in *m*, *f*
radiomensaje [rraðjomen'saxe] *m* (RADIO, TEL) Radiodurchsage *f*,

Radiomeldung *f*
radiometría [rraðjome'tria] *f* ❶ (FÍS) Radiometrie *f*
❷ (RADIO, TÉC) Funkmesstechnik *f*, Funkmessverfahren *nt*
radiómetro [rra'ðjometro] *m* ❶ (FÍS) Radiometer *nt*
❷ (RADIO, TÉC) Funkmessgerät *nt*, Funktelemeter *nt*
radionavegación [rraðjonaβeɣa'θjon] *f* (AERO, NÁUT: *dirigir*) Funknavigation *f*; (*detectar*) Funkpeilung *f*
radionecrosis [rraðjone'krosis] *f inv* (MED) Gewebstod *m* durch Strahlung
radionovela [rraðjono'βela] *f* Radioserie *f*
radioonda [rraðjo'onda] *f* (FÍS) Radiowelle *f*
radiooperador(a) [rraðjo(o)pera'ðor(a)] *m(f)* (RADIO, TEL) Funker(in) *m(f)*
radiopatrulla [rraðjopa'truʎa] *f* Funkstreife *f*; **coche** ~ Funkstreifenwagen *m*
radioquímica [rraðjo'kimika] *f* (QUÍM) Radiochemie *f*
radiorreceptor [rraðjorreθep'tor] *m* (RADIO, TEL) Radioempfänger *m*
radiorresistencia [rraðjorresis'tenθja] *f* (MED) Strahlenfestigkeit *f*, Strahlenresistenz *f*
radioscopia [rraðjos'kopja] *f* (MED) Radioskopie *f*, Röntgendurchleuchtung *f*
radioscópico, -a [rraðjos'kopiko, -a] *adj* (MED) Röntgen-, radioskopisch
radiosensibilidad [rraðjosensiβili'ðað] *f* (MED) Strahlungsempfindlichkeit *f*
radioso, -a [rra'ðjoso, -a] *adj* (*Am*) *v.* **radiante**
radiosonda [rraðjo'sonda] *f* (METEO, TÉC) Radiosonde *f*
radiotaxi [rraðjo'taxsi] *m* Funktaxi *nt*
radioteatro [rraðjote'atro] *m* (*Arg*) Seifenoper *f* im Rundfunk
radiotecnia [rraðjo'teknja] *f*, **radiotécnica** [rraðjo'teknika] *f* (RADIO, TEL) Radiotechnik *f*, (Rund)funktechnik *f*
radiotelecomunicación [rraðjotelekomunika'θjon] *f* (RADIO, TEL) Funkwesen *nt*
radiotelefonía [rraðjotelefo'nia] *f sin pl* (RADIO, TEL) Radiotelefonie *f*, Sprechfunk *m*
radioteléfono [rraðjote'lefono] *m* (RADIO, TEL) Funktelefon *nt*, Funksprechgerät *nt*
radiotelegrafía [rraðjoteleɣra'fia] *f sin pl* (RADIO, TEL) Funktelegrafie *f*, Radiotelegrafie *f*
radiotelegrafiar [rraðjoteleɣrafi'ar] <*1. pres:* radiotelegrafío> *vt* (RADIO, TEL) funken
radiotelegráfico, -a [rraðjotele'ɣrafiko, -a] *adj* (RADIO, TEL) funktelegrafisch
radiotelegrafista [rraðjoteleɣra'fista] *mf* (RADIO, TEL) Funktelegrafist(in) *m(f)*
radiotelégrafo [rraðjote'leɣrafo] *m* (TEL) Funktelegraf *m*, Radiotelegraf *m*
radiotelegrama [rraðjotele'ɣrama] *m* (TEL) Funktelegramm *nt*
radiotelescopio [rraðjoteles'kopjo] *m* (ASTR, FÍS) Radioteleskop *nt*
radiotelevisado, -a [rraðjoteleβi'saðo, -a] *adj* (RADIO, TV) gleichzeitig im Radio und im Fernsehen übertragen
radiotelevisión [rraðjoteleβi'sjon] *f* (RADIO, TEL) Fernsehfunk *m*
radioterapeuta [rraðjotera'peuta] *mf* (MED) Radiotherapeut(in) *m(f)*
radioterapéutico, -a [rraðjotera'peutiko, -a] *adj* (MED) die Radiotherapie betreffend
radioterapia [rraðjote'rapja] *f* (MED) Radiotherapie *f*; (*radiación*) Bestrahlung *f*; (*con rayos X*) Röntgenbehandlung *f*
radioterápico, -a [rraðjote'rapiko, -a] *adj* (MED) *v.* **radioterapéutico**
radiotransmisión [rraðjotransmi'sjon] *f* (RADIO, TEL) ❶ (*transmisión*) Funkübertragung *f*
❷ *pl* Funkwesen *nt*
radiotransmisor [rraðjotransmi'sor] *m* (RADIO, TEL) Funksender *m*
radiotransmitir [rraðjotransmi'tir] *vt* per Funk übertragen
radioyente [rraðjo'jente] *mf* (RADIO) (Rundfunk)hörer(in) *m(f)*; ~ **clandestino** Schwarzhörer *m*
radón [rra'ðon] *m* (QUÍM) Radon *nt*
R.A.E. ['rrae] *f abr de* **Real Academia Española de la Lengua** Spanische Sprachakademie
raedera [rrae'ðera] *f* Schaber *m*, Schabwerkzeug *nt*; (*de carpintero*) Schabmesser *nt*; (ARTE) Schabeisen *nt*
raedura [rrae'ðura] *f* ❶ (*rascado*) Schabsel *nt*
❷ (MED) Ausschaben *nt*
❸ (*brizna*) Schäbe *f*
raer [rra'er] *irr vt* ❶ (*raspar*) (ab)schaben; (MED) ausschaben
❷ (*desgastar*) abscheuern; (*deslucir*) abwetzen
rafaelesco, -a [rrafae'lesko, -a] *adj* (ARTE) raffaelitisch, raffaelisch
ráfaga ['rrafaɣa] *f* ❶ (*de aire*) Windstoß *m*
❷ (*de lluvia*) (Regen)schauer *m*
❸ (*de luz*) Lichtblitz *m*

rafia

④ (*inspiración*) Erleuchtung *f*
⑤ (*de disparos*) Geschossgarbe *f*; ~ **de ametralladora** Maschinengewehrsalve *f*
⑥ (*And, CSur: racha*) Phase *f*; **estar de buena/mala** ~ eine Glücks-/Pechsträhne haben

rafia ['rrafja] *f* ① (BOT) Raphia(palme) *f*
② (*fibra*) Raphiabast *m*

rafting ['rraftiŋ] *m* (DEP) Rafting *nt*

raglán [rra'ɣlan] I. *adj inv* (*Am*): **manga** ~ Raglanärmel *m*
II. *m* (*Am: sobretodo*) Raglan *m*

ragtime [rraɣ'taim] *m* (MÚS) Ragtime *m*

ragú [rra'ɣu] <ragús> *m* (GASTR) Ragout *nt*

raicilla [rrai'θiʎa] *f* (BOT) Faserwurzel *f*

raid [rraid] *m* (AERO, MIL) Überraschungsangriff *m*, Raid *m*

raído, -a [rra'iðo, -a] *adj* abgeschabt; (*deslucido*) schäbig; (*gastado*) abgetragen; (*rozado*) abgewetzt

raigambre [rrai'ɣambre] *f* ① (BOT: *raíces*) Wurzelwerk *nt*, Wurzelgestrüpp *nt*
② (*fig: tradición*) Verwurzelung *f*; **sin** ~ traditionslos; **tener** ~ verwurzelt sein; **su familia es de** ~ **conservadora** seine/ihre Familie ist von jeher konservativ gewesen

rail [rrail] *m*, **raíl** [rra'il] *m* Schiene *f*; (*riel*) Laufschiene *f*

raíz [rra'iθ] *f* ① (ANAT, BOT: *t. fig*) Wurzel *f*; ~ **del diente** Zahnwurzel *f*; ~ **del pelo** Haarwurzel *f*; ~ **de la uña** Nagelwurzel *f*; **de** ~ (*t. fig*) von der Wurzel her; **arrancar de** ~ (*fig*) mit Stumpf und Stiel ausrotten; **atajar** [*o* **cortar**] **de** ~ (*fig*) im Keim ersticken; **echar raíces** (*fig*) Wurzeln schlagen; **como si hubiera echado raíces** (*fig*) wie angewurzelt; **tener sus raíces en un lugar** (*fig*) an einem Ort fest verwurzelt sein
② (*causa*) Ursache *f*, Wurzel *f*; (*origen*) Ursprung *m*; **a** ~ **de** als Folge von; **tener su** ~ **en algo** in etw begründet liegen
③ (LING) Wurzel *f*, Stamm *m*
④ (MAT) Wurzel *f*; ~ **cuadrada/cúbica** Quadrat-/Kubikwurzel *f*; **extraer la** ~ die Wurzel ziehen
⑤ (JUR): **bienes raíces** Liegenschaften *fpl*

raizal [rrai'θal] *adj* (Col) heimatverbunden

raizalismo [rraiθa'lismo] *m sin pl* (Col) Heimatliebe *f*, Heimatverbundenheit *f*

raja ['rraxa] *f* ① (*grieta*) Riss *m*; (*resquebrajadura*) Sprung *m*; (*hendedura*) Spalt *m*, Spalte *f*
② (*abertura*) Schlitz *m*; (*separación*) Ritze *f*; (*vulg: vulva*) Möse *f*; (*vulg:* ~ **del culo**) Arschritze *f*; **una falda con** ~ **atrás** ein Rock mit einem Schlitz hinten
③ (*rodaja*) Scheibe *f*; **una** ~ **de sandía** ein Stück Wassermelone
④ (*Méx: tira*) Streifen *m*

rajá [rra'xa] <rajaes> *m* Radscha *m*

rajada [rra'xaða] *f* (*fam*) ① (*Arg: fuga*) Flucht *f*
② (*Méx: cobardía*) Rückzieher *m*

rajadiablo(s) [rraxa'ðjaβlos] *m* (*inv*) (*Chil*) Lausbub *m*

rajadillo [rraxa'ðiʎo] *m* (GASTR) Konfitüre aus geraspelten Mandeln in Zuckersirup

rajadizo, -a [rraxa'ðiθo, -a] *adj* rissig, spleißig

rajado, -a [rra'xaðo, -a] *m, f* (*argot*) jemand, der einen Rückzieher macht oder häufig absagt; **ser un** ~ kneifen, einen Rückzieher machen

rajamacana [rraxama'kana] *f* (*Ven*) ① (*trabajo, cosa*) schwierige Aufgabe *f*
② (*persona*) schwieriger Mensch *m*; **a** ~ (*a toda costa*) koste es, was es wolle

rajante [rra'xante] *adj* (*Arg: definitivo*) ultimativ

rajar [rra'xar] I. *vi* ① (*pey: hablar mal*) tratschen (*de* über +*akk*)
② (*fam: charlar*) quatschen, schwatzen
II. *vt* ① (*cortar*) schneiden (in +*akk*); (*abrir*) (auf)schlitzen, (auf)schneiden; (*hender*) aufspalten; (*quitar*) abschneiden; (*partir*) zerlegen; (*en rajas*) in Scheiben schneiden
② (*fam: apuñalar*) einstechen (auf +*akk*)
III. *vr:* ~**se** ① (*abrirse*) aufplatzen, aufreißen; (*agrietarse*) aufspringen
② (*argot: echarse atrás*) kneifen, einen Rückzieher machen
③ (*argot: disculparse*) absagen
④ (*cortarse*) sich schneiden (in +*akk*); ~**se el dedo** sich am Finger schneiden [*o* verletzen]

rajatabla [rraxa'taβla]: **a** ~ (*estrictamente*) sehr streng; (*exactamente*) haargenau; (*a toda costa*) um jeden Preis

raje ['rraxe] *m* (*Arg*) ① (*fam: huída*) Flucht *f*; **al** ~ Hals über Kopf; **tomar(se) el** ~ die Flucht ergreifen
② (*fam: el despedir*) Hinauswurf *m*; **dar el** ~ **a alguien** jdn hinauswerfen

rajo ['rraxo] *m* ① (*AmC: desgarrón*) Riss *m*; (*rotura*) Bruch *m*
② (*Chil: barranco*) Schlucht *f* (*in einer Salpetergrube*)

rajón, -ona [rra'xon, -ona] *adj* ① (*AmC, Méx: fanfarrón*) angeberisch
② (*AmC: ostentoso*) prahlerisch

③ (*Cuba, Méx: cobarde*) feige
④ (*Méx: poco fiable*) unzuverlässig

ralea [rra'lea] *f* (*pey*) Gesindel *nt*, Brut *f*; **son todos de la misma** ~ das ist alles die gleiche Sippschaft

ralear [rrale'ar] *vi* sich lichten, ausfallen

ralentí [rralen'ti] *m sin pl* ① (CINE) Zeitlupe *f*; **al** ~ (*t. irón*) im Zeitlupentempo
② (AUTO) Leerlauf *m*; **en** ~ im Leerlauf

ralentización [rralentiθa'θjon] *f* Verlangsamung *f*, (ECON) rückläufige Tendenz *f*, Abschwächung *f*; ~ **coyuntural** Konjunkturberuhigung *f*; ~ **del movimiento alcista de los precios** Dämpfung des Preisauftriebs

ralentizar [rralenti'θar] <z→c> I. *vt* verlangsamen, (ECON) abschwächen
II. *vr:* ~**se** sich verlangsamen, langsamer werden

raleza [rra'leθa] *f* Dürftigkeit *f*, Spärlichkeit *f*

rallador [rraʎa'ðor] *m* Raspel *f*, Reibeisen *nt*

ralladura [rraʎa'ðura] *f* Raspel *m*, Reiber *m reg*

rallar [rra'ʎar] *vt* reiben, raspeln; **almendras ralladas** geraspelte Mandeln; **pan rallado** Semmelbrösel *pl*, Paniermehl *nt*; **queso rallado** geriebener Käse

rally(e) ['rrali] <rallys> *m* (DEP) Rallye *f*, Schweiz: *nt*

ralo, -a ['rralo, -a] *adj* ① spärlich; (*árboles, pelo*) licht, schütter; (*tejido*) fadenscheinig
② (*CSur: insustancial*) fadenscheinig

RAM [rram] *f* (INFOR) *abr de* Random Access Memory RAM *nt*; ~ **de vídeo** Video-RAM *nt*; **memoria** ~ RAM-Speicher *m*

rama ['rrama] *f* ① (BOT, MAT: *de árbol*) Ast *m*; (*ramo*) Zweig *m*; (*de coral*) Stock *m*; ~ **florida** Blütenzweig *m*; ~**s secas** Reisig *nt*; **algodón en** ~ Rohbaumwolle *f*; (*preparado*) Watte *f*; **canela en** ~ Zimtstangen *fpl*; **andarse por las** ~**s** um den heißen Brei herumreden; **irse** [*o* **andarse por las** ~**s**] abschweifen
② (*ámbito*) Zweig *m*, Fach *nt*; (*sector*) Gebiet *nt*; (ECON) Gewerbe *nt*, Branche *f*
③ (*derivación*) Abzweigung *f*
④ (*parentesco*) Linie *f*; **en** [*o* **por**] **la** ~ **materna/paterna** mütterlicher-/väterlicherseits
⑤ (TIPO) Rohbogen *m*; **en** ~ ungebunden

ramada [rra'maða] *f* (*Chil: puesto de feria*) Marktstand *m*

ramadán [rrama'ðan] *m* (REL) Ramadan *m*

ramaje [rra'maxe] *m* Astwerk *nt*, Geäst *nt*; (*follaje*) Gezweig *nt*

ramal [rra'mal] *m* ① (*cabo*) Strang *m*
② (*ronzal*) Zügelriemen *m*
③ (*ramificación*) Abzweigung *f*, Abzweig *m*; (*de un río*) Seitenarm *m*; (FERRO) Nebenbahn *f*, Zweiglinie *f*

ramalazo [rrama'laθo] *m* ① (*trallazo*) Hieb *m*; (*marca*) Striemen *m*; (*fig: de dolor*) Stechen *nt*
② (*fam: parecido*) Hauch *m*; **tiene un** [*o* **le da**] ~ **a su padre** er/sie hat etwas von seinem/ihrem Vater; **tener un** ~ **de loco** er/sie hat etwas Verrücktes an sich
③ (*aire de homosexual*): **tener** ~ tuntig sein

rambla ['rrambla] *f* ① (*paseo*) Allee *f*
② (*cauce*) Abflussgraben *m*

ramera [rra'mera] *f* Hure *f*

ramificación [rramifika'θjon] *f* Verästelung *f*, Verzweigung *f*

ramificar [rramifi'kar] <c→qu> *vr:* ~**se** sich verästeln, sich verzweigen

ramillete [rrami'ʎete] *m* Sträußchen *nt*; (*para la mesa*) Blumengesteck *nt*

ramillón [rrami'ʎon] *m* (*Col, Ven*) ① (*vasija*) Schüssel mit langem Stiel, hergestellt aus der Schale einer Kokosnuss oder eines Kürbisses
② (*cucharón*) Schöpfkelle *f* aus Holz

ramio ['rramjo] *m* (BOT) Ramie *f*, Chinagras *nt*

ramo ['rramo] *m* ① (*de flores*) Strauß *m*; ~ **de novia** Brautstrauß *m*
② (*de árbol*) Zweig *m*
③ (*ámbito*) Zweig *m*, Fach *nt*; (*sector*) Gebiet *nt*; (ECON) Gewerbe *nt*, Branche *f*; ~ **de la alimentación** Ernährungswirtschaft *f*; ~ **asegurador** Versicherungsbranche *f*; ~ **de la construcción** Baugewerbe *nt*; ~ **de transportes** Speditionsgewerbe *nt*; **del** ~ vom Fach; **las industrias del** ~ der Industriezweig

ramojo [rra'moxo] *m* Reisig *nt*

ramoso, -a [rra'moso, -a] *adj* verästelt, verzweigt

rampa ['rrampa] *f* ① (*inclinación*) Rampe *f*; (*natural*) Abhang *m*; (*de acceso*) Zufahrtsrampe *f*; (*de ascenso*) Auffahrtsrampe *f*; (*en carretera*) Auffahrt *f*; ~ **de carga** Laderampe *f*; ~ **de lanzamiento** Abschussrampe *f*, Startrampe *f*; **en** ~ am Hang
② (*fam: contracción*) Krampf *m*

rampa-balsa ['rrampa 'βalsa] <rampas-balsa> *f* (AERO) Notrutsche *f*

rampante [rram'pante] *adj* (*heráldica*) aufgerichtet

rampla ['rrampla] *f* (*Chil: remolque*) Anhänger *m*

ramplón, -ona [rram'plon, -ona] *adj* ① (*basto*) grob; (*chapucero*) pfu-

ramplonería

scherhaft
② (*vulgar*) derb; (*chabacano*) geschmacklos
③ (*simplón*) platt, fad

ramplonería [rramplone'ria] *f* ① (*bastedad*) Grobheit *f*; (*chapucería*) Pfuscherei *f*; (*chapuza*) Pfusch *m*
② (*vulgaridad*) Derbheit *f*; (*chabacanería*) Geschmacklosigkeit *f*
③ (*simplonería*) Plattheit *f*, Fadheit *f*

rampollo [rram'poʎo] *m* (AGR) Steckling *m* (*vom Baum*)

ramram [rram'rran] *m* (*Perú:* BOT) ein Birkengewächs

rana ['rrana] *f* ① (ZOOL) Frosch *m*; ~ **bocacha** Breitmaulfrosch *m*; ~ **de San Antonio** [*o* **de zarzal**] Laubfrosch *m*; **hombre** ~ Taucher *m*, Froschmann *m*; **el príncipe** ~ der Froschkönig; **tener ojos de** ~ Glupschaugen haben; **salir** ~ **a alguien** (*fam*) jdn schwer enttäuschen; **cuando las ~s críen pelo** am Sankt-Nimmerleins-Tag
② (*juego*) Wurfspiel, bei dem Münzen in das Maul eines künstlichen Frosches geworfen werden
③ (TÉC: *mordaza*) Froschklemme *f*

ranchera [rran'tʃera] *f* (*Am*) ① (*canción*) südamerikanisches Volkslied
② (*furgoneta*) Kombiwagen *m*

ranchería [rrantʃe'ria] *f* (*Méx*) kleines Dorf *nt*

ranchero, -a [rran'tʃero, -a] *m, f* ① (MIL) Feldkoch, -köchin *m, f*
② (*granjero*) Rancher(in) *m(f)*; (*pey*) Bauerntölpel *m*
③ (*colono*) Siedler(in) *m(f)*

ranchito [rran'tʃito] *m* (*Ven*) Armenhütte *f* am Stadtrand

rancho [rran'tʃo] *m* ① (*t.* MIL: *comida*) Verpflegung; (*pey: de mala calidad*) Fraß *m*; **hacer el** ~ kochen; **hacer** ~ **aparte** (*fig*) sein eigenes Süppchen kochen
② (*granja*) Ranch *f*

ranciar [rran'θjar] *vr*: -**se** ranzig werden

ranciedad [rranθje'ðað] *f* ① (*calidad de rancio*) Ranzigkeit *f*
② (*cosa anticuada*) Antiquiertheit *f*

rancio, -a ['rranθjo, -a] *adj* ① (*antiguo*) uralt; **de rancia estirpe** altadelig
② (*grasas*) ranzig; **ponerse** ~ ranzig werden
③ (*pey: anticuado*) altbacken

rancotán [rraŋko'tan] *adv* (*Col, Pan, PRico, Ven: al contado*) (in) bar

randa ['rranda] *f* ① (*fam: ratero, granuja*) Gauner *m*
② (*encaje*) Spitzenbesatz *m*

ranger ['rranʃer] *m* (MIL) Ranger *m*

rango ['rraŋgo] *m* (*categoría*) Rang *m*; (*puesto*) Rang *m*, Rangstufe *f*; (*ordenación*) Rangordnung *f*; **de primer/segundo** ~ erst-/zweitrangig; **según el** ~ rangabhängig; **de** (**alto**) ~ hochrangig

rangoso, -a [rraŋ'goso, -a] *adj* (*AmC*) ① (*generoso*) großzügig
② (*ostentoso*) prahlerisch

ranita [rra'nita] *f dim de* **rana** (ZOOL): ~ **de san Antón** Laubfrosch *m*

ranking ['rraŋkin] <rankings> *m* ① (*clasificación*) Rangliste *f*, Ranking *nt*
② (*puesto*) Stelle *f* in der Rangordnung

ranúnculo [rra'nuŋkulo] *m* Ranunkel *f*

ranura [rra'nura] *f* Schlitz *m*; (*muesca*) Nut *f*; (*junta*) Fuge *f*; (*fisura*) Ritze *f*; ~ **guía** Führungsnut *f*; ~ **de expansión** (INFOR) Erweiterungsslot *m*, Erweiterungssteckplatz *m*

raño ['rraɲo] *m* (ZOOL) barschartiger Fisch

rap [rrap] *m* (MÚS) Rap *m*

rapa ['rrapa] *f* (BOT) Blüte *f* des Olivenbaumes

rapacería [rrapaθe'ria] *f* ① (*rapacidad*) Raffgier *f*
② (*hurto*) Raub *m*
③ (*niñería*) Lausbubenstreich *m*

rapacidad [rrapaθi'ðað] *f* Raffgier *f*

rapadura [rrapa'ðura] *f* (*Am*) hausgemachte Konfitüre *f*

rapaída [rrapa'iða] *f* (*Perú: prostituta*) Hure *f*

rapapolvo [rrapa'polβo] *m* (*fam*) Abkanzelung *f*, Rüffel *m*; **echar un** ~ **a alguien** jdn abkanzeln

rapar [rra'par] *vt* ① (*pelo*) stutzen
② (*fam: mangar*) klauen

rapaz¹ [rra'paθ] I. *adj* ① (*ávido*) raffgierig; (*expoliador*) räuberisch; **ave** ~ Greifvogel *m*
II. *f* Greifvogel *m*; **rapaces diurnas/nocturnas** Tag-/Nachtgreifvögel *mpl*

rapaz(a)² [rra'paθ(a)] *m(f)* (kleines) Kind *nt*; (*muchacho*) (kleiner) Junge *m*; (*niña*) (kleines) Mädchen *nt*

rapazada [rrapa'θaða] *f* Lausbubenstreich *m*

rape ['rrape] *m* ① (*pescado*) Seeteufel *m*
② (*fam: corte*) Blitzrasur *f*; **al** ~ kahl geschoren; (*fig*) haarscharf geschnitten

rapé [rra'pe] *m* Schnupftabak *m*; **polvos de** ~ Schnupftabak *m*

rapear [rrape'ar] *vi* (MÚS) rappen

rapidez [rrapi'ðeθ] *f* Schnelligkeit *f*; ~ **en reaccionar** Reaktionsschnelligkeit *f*; ~ **de reflejos** gute Reflexe; **con** (**gran**) ~ rasend schnell

rápido¹ ['rrapiðo] I. *m* ① (*tren*) Eilzug *m*
② *pl* (*de un río*) Stromschnelle *f*
II. *adv* (MÚS) presto

rápido, -a² ['rrapiðo, -a] *adj* ① (*veloz*) schnell, rasch
② (*breve*) flüchtig
③ (*corriente*) reißend

rapingacho [rrapiŋ'gatʃo] *m* (*Perú:* GASTR) Rührei *nt* mit Käse

rapiña [rra'piɲa] *f* Raub *m*; (*saqueo*) Plünderung *f*; **animal de** ~ Raubtier *nt*; **ave de** ~ Raubvogel *m*

rapiñar [rrapi'ɲar] *vt* rauben; (*saquear*) plündern

rapónchigo [rra'pontʃiyo] *m* (BOT) Rapunzel *f*, Teufelskralle *f*

raposear [rrapose'ar] *vi* listig vorgehen

raposeo [rrapo'seo] *m* List *f*, Listigkeit *f*

raposera [rrapo'sera] *f* Fuchsbau *m*

raposería [rrapose'ria] *f* Listigkeit *f*, Pfiffigkeit *f*

raposo, -a [rra'poso, -a] *m, f* ① (*zorro*) Fuchs *m*, Füchsin *f*
② (*astuto*) Schlitzohr *nt*

rapport [rra'por] *m* Rapport *m*

rapsoda [rraβ'soða] *m* ① (HIST, LIT) Rhapsode *m*
② (*elev: poeta*) Poet(in) *m(f)*

rapsodia [rraβ'soðja] *f* (LIT, MÚS) Rhapsodie *f*

raptar [rrap'tar] *vt* entführen, rauben

rapto ['rrapto] *m* ① (*secuestro*) Entführung *f*, Raub *m*; ~ **de un niño** Kindesraub *m*
② (*arrebato*) Anfall *m*; **en un** ~ **de locura/celos** in einem Anfall von Wahnsinn/Eifersucht; **en un** ~ **de generosidad** in einer Anwandlung von Großzügigkeit
③ (MED: *ataque*) Raptus *m*

raptor(a) [rrap'tor(a)] *m(f)* Entführer(in) *m(f)*; ~ **de niños** Kindesentführer(in) *m(f)*

raque ['rrake] *adj* (*Ven*) dürr

raqueta [rra'keta] *f* ① (DEP: *pala*) Schläger *m*, Racket *nt*
② (DEP: *tenista*) Tennisspieler(in) *m(f)*
③ (*para nieve*) Schneeschuh *m*
④ (*del croupier*) Rateau *nt*

raquetazo [rrake'taθo] *m* Schlag *m* mit einem Tennisschläger

raquialgia [rra'kjalxja] *f* (MED) Schmerz *m* entlang der Wirbelsäule

raquídeo, -a [rra'kiðeo, -a] *adj* (ANAT) Spinal-; **bulbo** ~ verlängertes Rückenmark; (MED) Medulla *f* oblongata

raquis ['rrakis] *m inv* ① (ANAT) Rückgrat *nt*
② (BOT) Spindel *f*

raquítico, -a [rra'kitiko, -a] *adj* ① (MED) rachitisch
② (*fam: enclenque*) mick(e)rig
③ (*débil*) schwächlich

raquitismo [rraki'tismo] *m sin pl* (MED) Rachitis *f*

raquitomía [rrakito'mia] *f* (MED) Rückgratschnitt *m*

raramente [rrara'mente] *adv* ① (*casi nunca*) selten
② (*extrañamente*) seltsamerweise, sonderbarerweise

rarefacción [rrarefa'θjon] *f* ① (FÍS, QUÍM) (Luft)verdünnung *f*
② (MED) Rarefikation *f*, Gewebsschwund *m*

rareza [rra'reθa] *f* ① (*escasez*) Seltenheit *f*
② (*cualidad*) Seltsamkeit *f*
③ (*curiosidad*) Rarität *f*
④ (*peculiaridad*) Eigenartigkeit *f*; (*extravagancia*) Absonderlichkeit *f*; (*manía*) Marotte *f*; **tener sus ~s** seine Launen haben

rarificar [rrarifi'kar] <c→qu> *vt* ① (FÍS, QUÍM) verdünnen
② (MED) rarefizieren, schwinden

rarífico, -a [rra'rifiko, -a] *adj* (*Chil*) außergewöhnlich

raro, -a ['rraro, -a] *adj* ① (*extraño*) komisch, seltsam; (*singular*) eigenartig; (*curioso*) merkwürdig; **¡qué cosa más rara!** (wie komisch!)
② (*inusual*) selten; **rara vez** selten; **raras personas** (nur) wenige Menschen; **no es que...** + *subj* es kommt nicht selten vor, dass ...
③ (*escaso*) rar; **rara avis** (*fig*) seltener Vogel
④ (*inesperado*) sonderbar
⑤ (FÍS, QUÍM) dünn; **gases ~s** Edelgase *ntpl*

ras [rras] *m* Höhengleichheit *f*; **a**(**l**) ~ **de** auf der Höhe von; **a** ~ **de agua** auf Wasserhöhe; **a** ~ **de tierra** ebenerdig; **la golondrina vuela a** ~ **de suelo** die Schwalbe fliegt dicht am Boden (entlang); **al** ~ gestrichen voll

rasa ['rrasa] *f* ① (*en telas*) dünne Stelle *f* im Tuch
② (*en el bosque*) Lichtung *f*

rasamente [rrasa'mente] *adv* klar und offen

rasante [rra'sante] I. *adj* rasant
II. *f* Gefälle *nt*; (ARQUIT) Straßenniveaulinie *f*; **cambio de** ~ Höhenwechsel *m* (auf der Autobahn)

rasar [rra'sar] I. *vt* ① (*igualar*) abstreichen
② (*rozar*) (entlang)streifen
③ (*arrasar*) dem Erdboden gleichmachen
II. *vr*: -**se** (*cielo*) aufklaren

rasca ['rraska] *f* ① (*fam: frío*) Schweinekälte *f*; **¡vaya** ~ **que hace!** es ist

rascacielos

lausig kalt!
② (*Am: mona*) Schwips *m*
rascacielos [rraska'θjelos] *m inv* Wolkenkratzer *m*
rascadera [rraska'ðera] *f* ① (*para rascar objetos*) Schabeisen *nt*
② (*para caballos*) (Pferde)kamm *m*
rascador [rraska'ðor] *m* ① (TÉC) Schaber *m*, Kratzeisen *nt*; (*de desbastar*) Zugmesser *nt*; (*del carnicero*) Schabglocke *f*
② (*de cerillas*) Reibfläche *f*
③ (*de grano*) Entkörner *m*
④ (*de la cabeza*) Haarnadel *f*
rascadura [rraska'ðura] *f* Kratzen *nt*
rascar [rras'kar] <c→qu> I. *vt* ① (*arrascar*) kratzen
② (*raspar*) abkratzen, wegkratzen; (*con espátula*) abschaben
③ (TÉC) aufrauen
④ (*fam irón: instrumento*) herumhauen (auf +*dat*); ~ **la guitarra** auf der Gitarre herumklimpern; ~ **el violín** auf der Geige kratzen
II. *vr*: ~**se** ① (*arrascarse*) sich kratzen; ~**se la barriga** (*reg: fam fig*) sich auf die faule Haut legen; ~**se la faltriquera** (*fam*) das Portmonee zücken; **no tener tiempo ni para** ~**se** (*fam fig*) keine freie Minute haben, total unter Zeitdruck stehen
② (*AmS: achisparse*) sich +*dat* einen (Schwips) antrinken
rascatripas [rraska'tripas] *mf inv* (*fam pey*) schlechter Geigenspieler *m*, schlechte Geigenspielerin *f*, Fiedler(in) *m(f)*
rascazón [rraska'θon] *f* (*Ven: orgía*) Orgie *f*
rasco, -a ['rrasko, -a] *adj* (*Chil: fam: de mala calidad*) billig; (*ordinario*) derb
rascón, -ona [rras'kon, -ona] *adj* (*Méx: pendenciero*) streitsüchtig
rascoso, -a [rras'koso, -a] *m, f* (*Ven: borracho*) Trinker(in) *m(f)*
rascuache [rras'kwatʃe] *adj* (*Méx: fam*) ① (*miserable, pobre*) ärmlich
② (*de baja calidad*) minderwertig
rascuñar [rrasku'ɲar] *vt* kratzen
rasel [rra'sel] *m* (NÁUT) Piek *f*; ~ **de popa** Achterpiek *f*; ~ **de proa** Vorderpiek *f*
rasera [rra'sera] *f* (*espumadera*) Schaumlöffel *m*
rasero [rra'sero] *m* Abstreifer *m* (für ein Maß); **medirlo todo con** [*o* **por**] **el mismo** ~ alles über einen Kamm scheren
rasgador(a) [rrasɣa'ðor(a)] *adj* zerreißend
rasgadura [rrasɣa'ðura] *f* Riss *m* (im Stoff)
rasgar [rras'ɣar] <g→gu> I. *vt* ① (*desgarrar*) (ein)reißen; (*en dos*) durchreißen; (*en pedazos*) zerreißen, zerfetzen; **ojos rasgados** Schlitzaugen *ntpl*
② (*cortar*) aufschlitzen
II. *vr*: ~**se** ① (*desgarrarse*) reißen
② (*Am: vulg: diñarla*) abkratzen
rasgo ['rrasɣo] *m* ① (*del rostro*) Gesichtszug *m*; (*del carácter*) Charakterzug *m*
② (*acción*) Handlung *f*, Tat *f*; **un** ~ **de generosidad** eine großzügige Geste
③ (*trazo*) Linienführung *f*, Duktus *m*; **a grandes** ~**s** in großen Zügen
rasgón [rras'ɣon] *m* v. **rasgadura**
rasgueado [rrasɣe'aðo] *m* Anschlagen *nt* (*der Saiten*)
rasguear [rrasɣe'ar] I. *vi* (*en la escritura*) (Feder)striche ziehen
II. *vt* (MÚS) anschlagen; (*en arpegios*) arpeggieren; ~ **la guitarra** die Gitarre anschlagen
rasgueo [rras'ɣeo] *m* (MÚS) Anschlagen *nt* (der Saiten); (*arpegio*) Arpeggieren *nt*
rasguñar [rrasɣu'ɲar] I. *vt* ① (*arañar*) (zer)kratzen; (*herir*) aufkratzen; (*cortar*) aufritzen; (ARTE) skizzieren
II. *vr*: ~**se** (*arañarse*) sich kratzen; (*herirse*) sich aufkratzen; (*cortarse*) sich aufritzen; (*rasparse*) sich aufschrammen; (*excoriarse*) sich aufschürfen (*con* an +*dat*)
rasguño [rras'ɣuɲo] *m* ① (*arañazo*) Kratzer *m*; (*rasponazo*) Schramme *f*; (*excoriación*) (Ab)schürfung *f*; (*de bala*) Streifschuss *m*; **sin un** ~ (*fig*) völlig unversehrt
② (ARTE) Skizze *f*
rasilla [rra'siʎa] *f* ① (*ladrillo*) flacher Hohlziegel *m*
② (*teja*) Ziegel *m*, Backstein *m*
raso[1] ['rraso] *m* Satin *m*
raso, -a[2] ['rraso, -a] *adj* ① (*liso*) glatt; (*llano*) flach
② (*cielo*) wolkenlos, klar
③ (*al borde*) randvoll
④ (*al ras*) gestrichen voll; **una cucharada rasa** ein gestrichener Esslöffel
⑤ (MIL): **soldado** ~ Gemeiner *m*
⑥ (*descubierto*): **al** ~ im Freien, unter freiem Himmel
raspa ['rraspa] *f* ① (*del pescado*) Gräte *f*
② (*del cereal*) Granne *f*
③ (*cascarilla*) Kornhäutchen *nt*
④ (*baile*) Raspa *f*

rastrillo

⑤ (*Am: ramera*) Straßenhure *f*
⑥ (*fam fig: delgado*) dünner Hering *m*
raspada [rras'paða] *f* (*Méx, PRico: reprimenda*) Rüffel *m*
raspado [rras'paðo] *m* ① (TÉC) (Ab)schaben *nt*; (*limado*) Raspeln *nt*
② (MED) Ausschabung *f*, Kürettage *f*
③ (*Méx: hielo*) (vom Eisblock) geraspeltes Eis *nt*
raspador [rraspa'ðor] *m* ① (*rascador*) Kratzer *m*, Schaber *m*; (*raedera*) Schabeisen *nt*; (*lima*) Raspel *f*
② (MED) Kürette *f*
③ (*de fósforos*) Reibfläche *f*
raspadura [rraspa'ðura] *f* ① (*raspado*) Abschaben *nt*, Abkratzen *nt*
② (*brizna*) Abrieb *m*, Späne *mpl*
raspaje [rras'paxe] *m* (*Arg:* MED) Ausschabung *f*
raspajo [rras'paxo] *m* (Trauben)kamm *m*
raspante [rras'pante] *adj* (*vino*) prickelnd
raspar [rras'par] I. *vi* ① (*ser rasposo*) kratzen
② (*en sorteos*) rubbeln
③ (*Ven: fam: largarse*) abhauen
II. *vt* ① (*t.* TÉC: *rascar*) (ab)kratzen, abschaben; (*limar*) raspeln
② (MED) ausschaben, kürettieren
③ (*rozar*) streifen
④ (*Am: fam: mangar*) klauen, mitgehen lassen
⑤ (*AmS: fam: abroncar*) anschnauzen
⑥ (*grabar*) radieren
III. *vr*: ~**se** sich aufschrammen; (*arañarse*) sich aufkratzen; (*excoriarse*) sich aufschürfen (*con* an +*dat*)
raspear [rraspe'ar] I. *vi* (*pluma*) kratzen
II. *vt* (*reprender*) schelten
raspilla [rras'piʎa] *f* (BOT) ein Borretschgewächs
raspón [rras'pon] *m* ① (*arañazo*) Schramme *f*; (*excoriación*) (Ab)schürfung *f*; (*rasguño*) Kratzer *m*; (*de bala*) Streifschuss *m*
② (*Col: sombrero*) Strohhut *m* der Bauern
rasponazo [rraspo'naθo] *m* (*arañazo*) Schramme *f*; (*excoriación*) (Ab)schürfung *f*
rasposo, -a [rras'poso, -a] *adj* kratzig
rasqueta [rras'keta] *f* Schaber *m*; (*en serigrafía*) Rakel *f*
rasquetear [rraskete'ar] *vt* ① (*Am: almohazar*) striegeln
② (*Arg: raer*) abschaben
③ (*AmS: caballo*) striegeln
rasquiña [rras'kiɲa] *f* ① (*Am: comezón*) Juckreiz *m*
② (*Ecua, PRico: sarna humana*) Krätze *f*; (*sarna animal*) Räude *f*
rastacuero, -a [rrasta'kwero, -a] I. *adj* neureich
II. *m, f* Neureiche(r) *mf*
rastra ['rrastra] *f* ① (*rastrillo*) Harke *f*
② (*rastro*) Spur *f*
③ (*remolque*) Lastkarren *m*
④ (*sarta*) Dörrobstkranz *m*
⑤ (*loc*): **a** ~**s** widerwillig; **ir a** ~**s** (*fam*) sich dahinschleppen; **llevar a** ~**s** mitschleifen, mitschleppen
rastrallar [rrastra'ʎar] *vt* (*con el látigo*) knallen lassen
rastreador(a) [rrastrea'ðor(a)] I. *adj* Spuren suchend; **perro** ~ Spürhund *m*
II. *m(f)* Fährtensucher(in) *m(f)*, Spurensucher(in) *m(f)*
rastrear [rrastre'ar] I. *vt* ① (*seguir*) nachspüren +*dat*, nachschleichen +*dat*
② (*investigar*) nachforschen +*dat*
③ (*llevar arrastrando*) schleppen
④ (*registrar*) durchkämmen
⑤ (MIL: *minas*) suchen
II. *vi* ① (*investigar*) nachforschen
② (*dragar*) den Grund absuchen; (*pescar*) Grundnetz schleppen
③ (*rastrillar*) harken
④ (*volar a ras*) dicht am Boden fliegen
rastreo [rras'treo] *m* ① (*persecución*) Nachspüren *nt*
② (*pesquisa*) Nachforschung *f*
③ (*pesca*) Grundnetzfang *m*
rastrero, -a [rras'trero, -a] *adj* ① (*tendido por el suelo*) kriechend; **planta rastrera** Kriechpflanze *f*
② (*rastreador*) Spuren suchend; **perro** ~ Spürhund *m*
③ (*pey: servil*) kriecherisch, unterwürfig
④ (*pey: despreciable*) verachtenswert; (*canallesco*) niederträchtig
rastrillada [rrastri'ʎaða] *f* ① (*lo que se recoge con la rastrilla*) Aufgeharkte(s) *nt*
② (*Arg, Urug: surco que dejan las manadas en el pasto*) Trampelpfad *m*
rastrillado [rrastri'ʎaðo] *m*, **rastrillaje** [rrastri'ʎaxe] *m* (*Arg*) Hecheln *nt*
rastrillar [rrastri'ʎar] *vt* harken; (*fibras*) hecheln
rastrillo [rras'triʎo] *m* ① (AGR: *herramienta*) Rechen *m*, Harke *f*; (*para fibras*) Hechel *f*

❷ (*mercadillo*) Flohmarkt *m*, Trödelmarkt *m*
❸ (ARQUIT: *en el castillo*) Fallgatter *nt*
rastro ['rrastro] *m* ❶ (*indicio, pista*) Spur *f*, Fährte *f*; **ni ~** keine Spur; **sin dejar (ni) ~** spurlos; **seguir el ~ a** [*o* **de**] **algo/alguien** etw/jdm nachspüren
❷ (*mercadillo*) Flohmarkt *m*, Trödelmarkt *m;* **el R~** berühmter sonntäglicher Flohmarkt in der Madrider Altstadt
❸ (*rastrillo*) Rechen *m*, Harke *f*
rastrojar [rrastro'xar] *vt* (AGR) (*das Stoppelfeld*) von Stoppeln befreien
rastrojear [rrastroxe'ar] *vi* (*ganado*) im Stoppelfeld weiden
rastrojera [rrastro'xera] *f* (AGR) Stoppelfeld *nt*
rastrojo [rras'troxo] *m* (AGR) ❶ (*residuo*) Stoppel *f*
❷ (*rastrojal*) Stoppelfeld *nt*, Stoppelacker *m*
rasura [rra'sura] *f* Rasur *f*
rasurar [rrasu'rar] **I.** *vt* rasieren
II. *vr:* **~se** sich rasieren
rata¹ ['rrata] *f* (ZOOL) Ratte *f*; **~ de agua** Wasserratte *f*; **~ de alcantarilla** [*o* **cloaca**] Kanalratte *f*, Stadtratte *f*; **~ de biblioteca** (*fig*) Leseratte *f*, Bücherwurm *m*; **~ de iglesia** [*o* **sacristía**] (*fig*) Betschwester *f*; **más pobre que las ~s** arm wie eine Kirchenmaus; **escabullirse como una ~** sich davonstehlen
rata² ['rrata] *mf* ❶ (*descuidero*) (Gelegenheits)dieb(in) *m(f)*
❷ (*rácano*) Geizkragen *m*
ratafía [rrata'fia] *f* (GASTR) Likör aus Schnaps, Zimt, Zucker und Fruchtsaft
ratania [rra'tanja] *f* (AmS: BOT) Rathaniawurzel *f*
rataplán [rrata'plan] *m* Trommeln *nt*
ratear [rrate'ar] **I.** *vi* (*gatear*) krabbeln
II. *vt* ❶ (*fam: mangar*) stibitzen, mitgehen lassen
❷ (*fam: racanear*) knausern (mit +*dat*)
❸ (FIN: *prorratear*) verhältnismäßig aufteilen
ratel [rra'tel] *m* (ZOOL) Ratel *m*
ratería [rrate'ria] *f* ❶ (*hurto*) kleiner Diebstahl *m*
❷ (*racanería*) Knauserei *f*
ratero, -a [rra'tero, -a] *m, f* (*carterista*) Taschendieb(in) *m(f)*; (*descuidero*) Gelegenheitsdieb(in) *m(f)*
raticida [rrati'θiða] *m* Rattengift *nt*
ratificación [rratifika'θjon] *f* ❶ (JUR, POL) Ratifikation *f*, Ratifizierung *f*
❷ (*confirmación*) Bestätigung *f*
ratificador(a) [rratifika'ðor(a)] **I.** *adj* ratifizierend
II. *m(f)* Ratifizierende(r) *mf*
ratificar [rratifi'kar] <c→qu> **I.** *vt* ❶ (JUR, POL) ratifizieren, in Kraft setzen
❷ (*confirmar*) bestätigen, gutheißen
II. *vr:* **~se** ❶ (JUR, POL) in Kraft treten
❷ (*reafirmarse*) beharren (en auf +*dat*)
ratificatorio, -a [rratifika'torjo, -a] *adj* ratifizierend
ratihabición [rratjaβi'θjon] *f* (JUR) Genehmigung *f* der Handlung eines Mandatars
ratinadora [rratina'ðora] *f* (*industria textil*) Ratiniermaschine *f*
ratio ['rratjo] *m* Quote *f*, Rate *f*; **~ de tesorería** (FIN) Liquiditätsgrad *m*
Ratisbona [rratis'βona] *f* Regensburg *nt*
rato ['rrato] *m* Weile *f*; (*momento*) Augenblick *m*; **a ~** von Zeit zu Zeit, bisweilen; **a cada ~** immer wieder; **al (poco) ~** (kurz) darauf; **de ~ en ~** ab und zu, hin und wieder; **todo el ~** eine ganze Zeit; **un buen ~** eine ganze Weile; **en un ~ perdido** in einer Mußestunde; **pasar un buen/mal ~** eine gute/schlechte Zeit verbringen; **pasar el ~** (sich) die Zeit vertreiben; **tener para ~** noch viel vor sich haben; **aún hay para ~** das wird noch dauern; **¡hasta otro ~!** bis zum nächsten Mal!; **un (largo)** (*fam fig*) jede Menge; **me gusta un ~** (*fam*) es gefällt mir unheimlich gut; **es un tonto** (*fam*) er ist so was von blöd
ratón [rra'ton] *m* (*t.* INFOR) Maus *f*; **~ (electrónico)** (INFOR) Maus *f*; **~ de biblioteca** (*fig*) Bücherwurm *m*, Leseratte *f*; **~ del bus** (INFOR) Busmaus *f*; **tecla del ~** (INFOR) Maustaste *f*
ratonar [rrato'nar] *vt* (ZOOL) anfressen, annagen
ratonera [rrato'nera] *f* ❶ (*trampa*) Mausefalle *f*; (*fig: trampa*) Falle *f*; **estar en una ~** (*fig*) in der Falle sitzen; **caer en la ~** (*fig*) in die Falle tappen
❷ (*agujero*) Mauseloch *nt*
ratonero¹ [rrato'nero] *m* (Mäuse)bussard *m*
ratonero, -a² [rrato'nero, -a] *adj* Mäuse-; **águila ratonera** (ZOOL) Mäusebussard *m*; **música ratonera** (*pey*) Katzenmusik *f*
ratonil [rrato'nil] *adj* Mause-, Mäuse-; **una risa ~** ein piepsiges Lachen
raudal [rraṷ'ðal] *m* (*corriente*) Strom *m*, Flut *f*; (*de luz*) Flut *f*; **~ de palabras** Redeschwall *m*; **a ~es** (*fig*) in Hülle und Fülle; **por la ventana entra la luz a ~es** das Licht flutet durchs Fenster
raudo, -a ['rraṷðo, -a] *adj* rasch; (*veloz*) geschwind; (*pronto*) flink
raulí [rraṷ'li] *m* (*Arg, Chil:* BOT) Rauli *m* (*Scheinbuchenart*)
rave ['rreɪf] *m* (MÚS) Rave *m*

ravioles [rra'βjoles] *mpl*, **raviolis** [rra'βjolis] *mpl* (GASTR) Ravioli *pl*
raya ['rraɟa] *f* ❶ (*línea*) Strich *m*, Linie *f*; (*sobre la calzada*) Fahrbahnbegrenzung *f*; (*guión*) Gedankenstrich *m*; (MAT: *de quebrado*) Bruchstrich *m*; **las tres en ~** ≈das Mühlespiel; **a ~s** strichweise; **pasar(se) de la ~** (*fig*) zu weit gehen; über die Stränge schlagen; **¡esto pasa de la ~!** (*fig*) das geht zu weit!; **tener a alguien a ~** jdn im Zaume halten
❷ (*franja*) Streifen *m*; (*cortafuegos*) Waldschneise *f*; **a ~s** (*estampado*) gestreift
❸ (*del pelo*) Scheitel *m*; **~ al lado/en medio** Seiten-/Mittelscheitel *m*; **hacer la ~** das Haar scheiteln
❹ (ZOOL) Rochen *m*
❺ (*doblez*) (Bügel)falte *f*; **~ de los pantalones** Hosenfalte *f*
❻ (*argot: de cocaína*): **ponerse unas ~s** ein paar Linien [*o* Lines] einstreichen
rayado, -a [rra'ɟaðo, -a] *m* ❶ (*líneas*) Linierung *f*; (*plumeado*) Schraffur *f*; (*rayajo*) Gekritzel *nt*
❷ (*en un arma*) Drall *m*
❸ (*tejido*) Rayé *m*
rayador [rraɟa'ðor] *m* (*Am:* ZOOL) eine Art Seeschwalbe
rayano, -a [rra'ɟano, -a] *adj* angrenzend (*en* an +*akk*)
rayar [rra'ɟar] **I.** *vi* ❶ (*limitar, lindar*) (an)grenzen (*con* an +*akk*); **los costes de inversión rayan en los 2 millones de euros** die Investitionskosten belaufen sich auf knapp 2 Millionen Euro
❷ (*asemejarse, acercarse*) grenzen (*en* an +*akk*)
❸ (*amanecer*): **~ el alba** dämmern; **al ~ el alba/día** bei Morgendämmerung/Tagesanbruch
II. *vt* ❶ (*marcar con rayas*) linieren; (*plumear*) schraffieren
❷ (*tachar*) (durch)streichen
❸ (*arañar*) verkratzen; (*grabar*) ritzen
III. *vr:* **~se** einen Kratzer abbekommen
rayo ['rraɟo] *m* ❶ (*de luz*) Strahl *m*; **~ de luna** Mondschein *m;* **~ de luz** Lichtstrahl *m;* **~ de sol** Sonnenstrahl *m*
❷ (*t.* FÍS: *radiación*): **~s alfa** Alphastrahlen *mpl;* **~s beta** Betastrahlen *mpl;* **~s catódicos** Kathodenstrahlen *mpl;* **~s gamma** Gammastrahlen *mpl;* **~s infrarrojos** Infrarotstrahlen *mpl;* **~s ultravioleta** [*o* **UVA**] ultraviolette Strahlen, UV-Strahlen *mpl;* **~s X** Röntgenstrahlen *mpl;* **emitir ~s** strahlen
❸ (*relámpago*) Blitz *m*; (*trueno*) Donnerschlag *m;* **¡~s (y centellas)!** (Himmel)donnerwetter!; **ha caído un ~ en la torre** ein Blitz [*o* es] hat in den Turm eingeschlagen; **como un ~** (*fig*) blitzschnell; **como tocado por el ~** (*fig*) wie vom Blitz getroffen; **echar ~s y centellas** (*fig*) Funken sprühen, Gift und Galle speien; **¡mal ~ te parta!** (*fam*) der Teufel soll dich holen!; **que un ~ me parta si no es verdad** (*fam*) mich soll der Schlag treffen, wenn es nicht stimmt
❹ (*infortunio*) (Schicksals)schlag *m*
❺ (*radio*) Speiche *f*
rayón [rra'ɟon] *m* ❶ (*rayajo*) Gekritzel *nt*
❷ (*jabato*) Frischling *m*
❸ (*tejido*) Reyon *m o nt*, Viskose *f*
rayonismo [rraɟo'nismo] *m* (ARTE) Rayonismus *m*
rayuela [rra'ɟwela] *f* ❶ (*sacar rayita*) Himmel und Hölle *nt*
❷ (*tirar monedas*) Münzwurfspiel *nt*
raza ['rraθa] *f* ❶ (*casta*) Rasse *f*; (*estirpe*) Stamm *m*, Geschlecht *nt*; (*pueblo*) Volk *nt;* **la ~ humana** das Menschengeschlecht; **de ~** reinrassig; **de ~ blanca/negra** heller/dunkler Hautfarbe
❷ (*temperamento*) Rassigkeit *f;* **de (pura) ~** rassig
razia ['rraθja] *f* Razzia *f*
razón [rra'θon] **I.** *f* ❶ (*discernimiento*) Vernunft *f*, Ratio *f* *elev*; (*entendimiento*) Verstand *m*; **entrar en ~** zur Vernunft [*o* Einsicht] kommen; **meter** [*o* **poner**] **en ~** zur Vernunft bringen; **hacer perder la ~ a alguien** jdn um den Verstand bringen; **perder la ~** den Verstand verlieren; **privar de la ~ a alguien** jdn der Sinne berauben
❷ (*argumento*) Begründung *f*; (*razonamiento*) Argumentation *f*; **(no) atender a razones** (*nicht*) überzeugen lassen; **ponerse a razones con alguien** sich mit jdm auseinander setzen; **venirse a razones con alguien** mit jdm übereinkommen
❸ (*motivo*) Grund *m*, Beweggrund *m*; (*justificación*) Berechtigung *f*; **~ de Estado** Staatsräson *f*; **~ de ser** Daseinsberechtigung *f*; **~ de más para... +***inf,* **~ de más para que... +***subj* ein Grund mehr zu ... +*inf*, ein Grund mehr, dass ...; **la ~ por la que...** der Grund, aus dem [*o* warum] ...; **fuera de ~** grundlos; **por ~ de** auf Grund *o* aufgrund] von; **por razones de seguridad** aus Sicherheitsgründen; **por una u otra ~** aus dem einen oder anderen Grund; **no sin ~** nicht ohne Grund; **sin exponer ~** ohne Angabe von Gründen; **tener razones para... +***inf* Grund haben zu ... +*inf*
❹ (*acierto*) Recht *nt*; **~ de la fuerza** das Recht des Stärkeren; **¡con (mucha) ~!** (völlig) zu Recht!; **sin ~** zu Unrecht; **cargarse de ~** sich völlig im Recht fühlen; **dar la ~ a alguien** jdm Recht geben; **llevar la ~** das Recht auf seiner Seite haben; **tener (mucha) ~** (vollkommen) Recht

haben; **en eso (no) tienes ~** da hast du (Un)recht; **me asiste la ~** ich habe das Recht auf meiner Seite; **perder la ~** (*fig*) den Ton verfehlen

❺ (*información*) Auskunft *f*; (*recado*) Nachricht *f*; **~ aquí/en portería** Näheres hier/beim Pförtner; **dar ~ de algo/alguien** Auskunft über etw/jdn erteilen; **dar ~ de sí** von sich (*dat*) hören lassen; (*fig*) seinen Mann stehen; **mandar ~ a alguien de algo** jdm etw ausrichten lassen; **pedir ~ de algo/alguien** sich nach etw/jdm erkundigen

❻ (MAT: *proporción*) Verhältnis *nt*, Proportion *f*; **a ~ de tres por persona** drei pro Kopf; **a ~ del 10%** zu 10%; **a ~ de 2 euros el kilo** zu 2 Euro je [*o pro*] Kilo; **este coche consume a ~ de seis litros por 100 kilómetros** dieses Auto verbraucht sechs Liter auf 100 Kilometer

❼ (JUR): **~ social** Firma *f*

II. *prep*: **en ~ de** hinsichtlich +*gen*; (*a causa de*) aufgrund, auf Grund +*gen*

razonable [rraθo'naβle] *adj* ❶ (*sensato*) vernünftig

❷ (*justo*) angemessen; (*adecuado*) angebracht; **sus exigencias no son ~s** seine/ihre Forderungen sind eine Zumutung

razonablemente [rraθonaβle'mente] *adv* angemessen; **te has conducido ~** du hast dich den Umständen entsprechend verhalten

razonado, -a [rraθo'nado, -a] *adj* fundiert, begründet; **análisis ~** fundierte Analyse

razonador(a) [rraθona'dor(a)] I. *adj* denkend

II. *m(f)* Denker(in) *m(f)*

razonamiento [rraθona'mjento] *m* ❶ (*pensamientos*) Gedankengang *m*; (*reflexión*) Überlegung *f*

❷ (*argumentación*) Argumentation *f*; (*exposición*) Erörterung *f*; **tus ~s no son convincentes** deine Ausführungen sind nicht stichhaltig

❸ (*conversación*) Diskussion *f*

❹ (*fundamentación*) Begründung *f*

razonar [rraθo'nar] I. *vi* ❶ (*pensar*) (nach)denken; (*juzgar*) urteilen; (*reflexionar*) überlegen; (*deducir*) Schlüsse ziehen

❷ (*argumentar*) argumentieren

❸ (*conversar*) diskutieren

❹ (*corresponder*) eingehen (*con* auf +*akk*); **es inútil tratar de ~ con él** es bringt nichts, sich mit ihm auseinander zu setzen

II. *vt* ❶ (*exponer*) darlegen, ausführen

❷ (*fundamentar*) begründen

razzia ['rraθja] *f* Razzia *f*

razziar [rra'θjar] *vt* (MIL: *destruir*) verwüsten; (*saquear*) plündern

RDA [erreðe'a] *f abr de* **República Democrática Alemana** DDR *f*

RDSI [erreðe(e)se'i] *f* (INFOR, TEL) *abr de* **Red Digital de Servicios Integrados** ISDN *nt*

re [rre] *m* (MÚS) d, D *nt*; **~ bemol** Des *nt*

reabastecer [rreaβaste'θer] *irr como* **crecer** I. *vt* auffüllen (*de* mit +*dat*); (MIL) mit Nachschub versorgen (*de* an +*dat*)

II. *vr*: **~se** sich neu verproviantieren (*de* mit +*dat*), sich neu eindecken (*de* mit +*dat*)

reabastecimiento [rreaβasteθi'mjento] *m* Auffüllung *f* (*de* mit +*dat*), Neueindecken *nt* (*de* mit +*dat*); (MIL) Nachschub *m* (*de* an +*dat*)

reabrir [rrea'βrir] *irr como* **abrir** *vt* wieder eröffnen; (JUR) wieder aufnehmen

reabsorber [rreaβsor'βer] *vt* wieder aufsaugen; (MED) resorbieren

reabsorción [rreaβsor'θjon] *f* Wiederaufsaugung *f*; (MED) Resorption *f*

reacción [rreaɣ'θjon] *f* ❶ (*t.* FÍS, QUÍM, POL) Reaktion *f*, Gegenwirkung *f*; **~ en cadena** Kettenreaktion *f*; **~ de descomposición** Abbaureaktion *f*; **~ excesiva** Überreaktion *f*; **~ parcial** Teilreaktion *f*; **~ secundaria** Nebenreaktion *f*; **producir** [*o* **provocar**] **una ~** eine Reaktion hervorrufen

❷ (*t.* MED: *consecuencia*) Rückwirkung *f*

❸ (TÉC) Düsenantrieb *m*, Strahlantrieb *m*; **avión a ~** Düsenflugzeug *nt*

reaccionar [rreaɣθjo'nar] *vi* reagieren (*a/ante* auf +*akk*, *contra* gegen +*akk*); (*positivamente a un estímulo*) ansprechen (*a* auf +*akk*); (*responder*) antworten (*a* auf +*akk*); (*repercutir*) sich auswirken (*en/sobre* auf +*akk*); (*sobreponerse*) überwinden (*a* +*akk*); (*entrar en calor*) sich aufwärmen; **el cuerpo no reacciona a las pastillas** der Körper spricht nicht auf die Tabletten an

reaccionario, -a [rreaɣθjo'narjo, -a] I. *adj* reaktionär

II. *m, f* Reaktionär(in) *m(f)*

reacio, -a [rre'aθjo, -a] *adj* abgeneigt (*a* +*dat*); **el pintor era ~ a mostrarse en público** der Maler zeigte sich ungern in der Öffentlichkeit; **es ~ a las fiestas** er geht nur ungern auf Feste

reacondicionamiento [rreakondiθjona'mjento] *m* Neueinrichtung *f*; (*reconstrucción*) Wiederherstellung *f*; (*reestructuración*) Umstrukturierung *f*

reacondicionar [rreakondiθjo'nar] *vt* neu einrichten; (*reconstruir*) wiederherstellen; (*reestructurar*) umstrukturieren

reactancia [rreak'tanθja] *f* (ELEC, TÉC) Reaktanz *f*; **~ (inductiva)** Blindwiderstand *m*

reactivación [rreaktiβa'θjon] *f* (*t.* TÉC, MED) Reaktivierung *f*

❷ (ECON) Wiederaufschwung *m*; **~ económica** Ankurbelung der Wirtschaft; **~ del mercado** Wiederbelebung des Marktes

reactivar [rreakti'βar] *vt* ❶ (*t.* TÉC, MED) reaktivieren

❷ (ECON) ankurbeln, wieder in Schwung bringen; **~ la economía/producción** die Wirtschaft/Produktion ankurbeln

reactividad [rreaktiβi'ðað] *f* (BIOL, QUÍM) Reaktionsfähigkeit *f*, Reaktivität *f*

reactivo[1] [rreak'tiβo] *m* ❶ (QUÍM) Reagens *nt*, Reagenz *nt*; (*indicador*) Indikator *m*

❷ (*fig: revulsivo*) Reagens *nt*, Auslöser *m*

reactivo, -a[2] [rreak'tiβo, -a] *adj* reagierend, Reaktions-; **capacidad reactiva** Reaktionsfähigkeit *f*

reactor [rreak'tor] *m* ❶ (TÉC: *motor*) Reaktor *m*; **~ atómico** [*o* **nuclear**] Atomreaktor *m*, Kernreaktor *m*

❷ (TÉC: *propulsor*) Düsentriebwerk *nt*, Strahltriebwerk *nt*

❸ (AERO: *avión*) Düsenflugzeug *nt*

reactualización [rreaktwaliθa'θjon] *f* (INFOR) Updaten *nt*, Aktualisierung *f*

reactualizar [rreaktwali'θar] <z→c> *vt* (INFOR) updaten, aktualisieren

reacuñación [rreakuɲa'θjon] *f* Nachprägung *f*

readaptación [rreaðapta'θjon] *f* Wiederanpassung *f* (*a* an +*akk*); (*reintegración*) Wiedereingliederung *f* (*a* in +*akk*), Resozialisierung *f*; **~ laboral** [*o* **profesional**] Umschulung *f*

readaptar [rreaðap'tar] I. *vt* wieder anpassen (*a* an +*akk*); (*reintegrar*) wieder eingliedern (*a* in +*akk*), resozialisieren; (*profesión*) umschulen

II. *vr*: **~se** sich wieder anpassen (*a* an +*akk*); (*reintegrarse*) sich wieder eingliedern (*a* in +*akk*)

readmisión [rreaðmi'sjon] *f* Wiederzulassung *f*; (*de despedidos*) Wiedereinstellung *f*

readmitir [rreaðmi'tir] *vt* wieder zulassen; (*despedidos*) wieder einstellen; **la empresa no permitió que los huelguistas fueran readmitidos** der Betrieb weigerte sich, die Streikenden wieder zu beschäftigen

readquirir [rreaðki'rir] *irr como* **adquirir** *vt* wiedererwerben

readquisición [rreaðkisi'θjon] *f* Wiederkauf *m*; **~ de acciones** Aktienrückkauf *m*

reafirmación [rreafirma'θjon] *f* erneute Bekräftigung *f*

reafirmar [rreafir'mar] I. *vt* ❶ (*apoyar*) bekräftigen, unterstützen

❷ (*poner firme*) stärken, kräftigen; **~ la piel** die Haut straffen

❸ (*insistir*) beharren auf (+*dat*)

II. *vr*: **~se** ❶ (*confirmarse*) sich erneut behaupten (*como* als +*nom*)

❷ (*insistir*) beharren (*en* auf +*dat*), bestehen (*en* auf +*dat*)

reagravar [rreaɣra'βar] *vr*: **~se** sich verschlimmern; (*situación, conflicto*) sich verschärfen

reagrupación [rreaɣrupa'θjon] *f*, **reagrupamiento** [rreaɣrupa'mjento] *m* Neugruppierung *f*, Umgruppierung *f*; (*redistribución*) Neueinteilung *f*

reagrupar [rreaɣru'par] I. *vt* neu gruppieren, umgruppieren; (*redistribuir*) neu einteilen

II. *vr*: **~se** sich neu gruppieren, sich neu ordnen

reagudizar [rreaɣuði'θar] <z→c> *vr*: **~se** (*t.* MED) sich zuspitzen

reajustar [rreaxus'tar] *vt* ❶ (*adaptar*) neu anpassen; (*reestructurar*) umgestalten; (*reorganizar*) neu gestalten

❷ (TÉC) nachjustieren, nacheinstellen

❸ (ECON) angleichen; **~ los precios** die Preise anpassen; **~ los salarios según la evolución de la inflación** die Löhne an die Inflationsentwicklung angleichen

reajuste [rrea'xuste] *m* ❶ (*adaptación*) Neuanpassung *f*; (*reestructuración*) Umgestaltung *f*; (*reorganización*) Neugestaltung *f*

❷ (TÉC) Nachjustierung *f*, Nacheinstellung *f*

❸ (ECON) Angleichung *f*; **~ cambiario** Angleichung der Wechselkurse *f*; **~ de la cotización** Kursanpassung *f*; **~ de precios** Preisangleichung *f*; **~ salarial** Lohnausgleich *m*

real [rre'al] I. *adj* ❶ (*verdadero*) wirklich, tatsächlich; (*t.* MAT) reell; (*auténtico*) echt

❷ (*del rey*) königlich, Königs-; **Alteza ~** Königliche Hoheit; **palacio ~** Königspalast *m*

❸ (FILOS) real

❹ (ECON) Real-; **salario ~** Reallohn *m*, Effektivlohn *m*; **en términos ~s he perdido poder adquisitivo real** habe ich an Kaufkraft verloren

❺ (JUR) dinglich

❻ (*espléndido*) herrlich, prächtig; **una ~ moza** ein prachtvolles Mädchen

II. *m* ❶ (HIST: *cuarto*) Real *m*

❷ (*dinero*) Real *m*; **estoy sin un ~** (*fam*) ich habe keinen roten Heller mehr

❸ (HIST, MIL) Feldlager *nt*; **alzar los ~es** (*fig*) die Zelte abbrechen; **sentar sus ~es** (*fig*) die Zelte aufschlagen

❹ (*de la feria*) Messplatz *m*; (*prado*) Festwiese *f*

❺ *pl* (FILOS) Realien *pl*

reala [rre'ala] *f* Sammelschafherde *f*, Herde *f* von Schaffen verschiedener Besitzer

realce [rre'alθe] *m* ❶ (*t.* TÉC: *relieve*) Reliefarbeit *f*
❷ (ARTE: *parte iluminada*) Glanzlicht *nt*
❸ (*fig: esplendor*) Glanz *m*; (*acento*) Betonung *f*; **dar ~** betonen, unterstreichen

realejo [rrea'lexo] *m* ❶ (MIL) Heerlager *nt*
❷ (MÚS) Drehorgel *f*

realengo, -a [rrea'leŋgo, -a] *adj* ❶ (HIST) der Krone gehörend
❷ (*Am: sin amo*) herrenlos; (*vagabundo*) streunend

realengo [rrea'leŋgo] *m* (HIST) Domäne *f*, königlicher Landbesitz *m*; **bienes de ~** der Krone zinspflichtige Güter

realeza [rrea'leθa] *f* ❶ (*dignidad*) Königswürde *f*
❷ (*grandeza*) Herrlichkeit *f*; (*boato*) Pracht *f*

realidad [rreali'ðað] *f* Wirklichkeit *f*, Realität *f*; (*verdad*) Wahrheit *f*; **~ virtual** virtuelle Realität; **ajeno a la ~** wirklichkeitsfremd, realitätsfern; **en ~** in Wirklichkeit, eigentlich; **hacer ~** verwirklichen; **hacerse [*o* tornarse] ~** sich verwirklichen; (*cumplirse*) sich erfüllen

realimentación [rrealimenta'θjon] *f* ❶ (TÉC, INFOR) Rückkopp(e)lung *f*, Feed-back *nt*; **~ de la información** (INFOR) Datensicherungssystem mit Rückübertragung
❷ (AERO: *de combustible*) Auftanken *nt*

realineamiento [rrealinea'mjento] *m* ❶ (MIL) Wiederaufstellung *f*
❷ (POL) Neuformierung *f*; (*reagrupamiento*) Umgruppierung *f*
❸ (ECON, FIN) Realignment *nt*; (*de cambios*) Wechselkursanpassung *f*

realinear [rrealine'ar] I. *vt* ❶ (MIL) wieder aufstellen
❷ (ECON) angleichen; (*reajustar*) anpassen
II. *vr:* **~se** ❶ (MIL) sich wieder aufstellen
❷ (POL) sich neu formieren; (*reagruparse*) sich umgruppieren

realismo [rrea'lismo] *m sin pl* ❶ (ARTE, LIT, FILOS, CINE) Realismus *m*; **~ mágico** (LIT) magischer Realismus
❷ (*ideología*) Realistik *f*
❸ (POL) Royalismus *m*

realista [rrea'lista] I. *adj* ❶ (ARTE, LIT, FILOS, CINE) realistisch, Realismus-
❷ (POL) royalistisch, königstreu
II. *mf* ❶ (ARTE, LIT, FILOS, CINE) Realist(in) *m(f)*
❷ (POL) Royalist(in) *m(f)*

reality show [rre'aliti ʃoʊ] <reality shows> *m* Realityshow *f*

realizable [rreali'θaβle] *adj* ❶ (*practicable*) realisierbar, durchführbar; (*factible*) machbar
❷ (COM, ECON, FIN) verwertbar; **bienes ~s** Vermögensgegenstände *mpl*

realización [rrealiθa'θjon] *f* ❶ (*materialización*) Verwirklichung *f*; (*cumplimiento*) Erfüllung *f*
❷ (*ejecución*) Ausführung *f*, Durchführung *f*
❸ (*organización*) Gestaltung *f*
❹ (COM, ECON, FIN) Realisierung *f*; **~ de beneficios** Gewinnrealisierung *f*, Gewinnmitnahme *f*; **~ del pago** Zahlungsabwicklung *f*; **~ de un pedido** Auftragsabwicklung *f*; **~ de pérdidas** Verlustrealisierung *f*; **~ de plusvalías** Gewinnrealisierung *f*, Gewinnmitnahme *f*; **~ de la prenda** Pfandverwertung *f*
❺ (CINE) Realisation *f*
❻ (LING) Realisierung *f*, Realisation *f*
❼ (PSICO) Realisierung *f*; (*desarrollo*) Selbstverwirklichung *f*

realizador(a) [rrealiθa'ðor(a)] *m(f)* (CINE, TV) Realisator(in) *m(f)*, Regisseur(in) *m(f)*

realizar [rreali'θar] <z→c> I. *vt* ❶ (*hacer realidad*) verwirklichen; (*sueños*) erfüllen
❷ (*efectuar*) ausführen, durchführen; **~ esfuerzos/un intento/un viaje** Anstrengungen/einen Versuch/eine Reise unternehmen
❸ (COM, ECON, FIN) realisieren; (*ganancia*) einbringen; **~ aportaciones** Anteile einbringen
❹ (CINE, TV) realisieren, Regie führen (bei +*dat*)
❺ (LING, PSICO) realisieren
❻ (*Am: notar*) (be)merken
II. *vr:* **~se** ❶ (*t.* PSICO: *desarrollarse*) sich selbst verwirklichen
❷ (*materializarse*) sich verwirklichen; (*hacerse realidad*) Wirklichkeit werden; (*cumplirse*) in Erfüllung gehen

realmente [rreal'mente] *adv* ❶ (*en efecto*) wirklich; (*verdaderamente*) wahrhaftig; (*auténticamente*) echt; (*de hecho*) in der Tat, tatsächlich

realquilado, -a [rrealki'laðo, -a] *adj* weitervermietet

realquilar [rrealki'lar] *vt* untervermieten; **vivir en una vivienda realquilada** zur Untermiete wohnen

realzar [rreal'θar] <z→c> *vt* ❶ (*t.* TÉC: *labrar*) herauswölben
❷ (ARTE: *una pintura*) Glanzlichter aufsetzen +*dat*
❸ (*fig: acentuar*) betonen; (*subrayar*) unterstreichen

reamargo, -a [rrea'marɣo, -a] *adj* (*Am*) sehr bitter

reamigo, -a [rrea'miɣo, -a] *m, f* (*Am*) sehr guter Freund *m*, sehr gute Freundin *f*; **éste es un ~ mío** das ist ein sehr guter Freund von mir; **ellas son reamigas del director** sie sind sehr gut mit dem Direktor befreundet

reanimación [rreanima'θjon] *f* Wiederbelebung *f*; (MED) Reanimation *f*

reanimar [rreani'mar] I. *vt* ❶ (*revivir*) wieder beleben; (MED) reanimieren; **medidas para ~ la economía** Mittel zur Ankurbelung der Wirtschaft
❷ (*reactivar*) reaktivieren
❸ (*animar*) ermutigen, neuen Mut geben +*dat*
II. *vr:* **~se** ❶ (*recuperar el conocimiento*) wieder zu sich kommen
❷ (*restablecerse*) wieder aufleben; (*animarse*) neuen Mut schöpfen

reanudación [rreanuða'θjon] *f* Wiederaufnahme *f*; **~ de la instancia** (JUR) Aufnahme des Verfahrens

reanudar [rreanu'ðar] *vt* wieder aufnehmen; **~ las conversaciones/negociaciones** die Gespräche/Verhandlungen wieder aufnehmen

reaparecer [rreapare'θer] *irr como crecer vi* wieder erscheinen; (CINE, TEAT) wieder auftreten, ein Come-back feiern

reaparición [rreapari'θjon] *f* Wiedererscheinen *nt*; (CINE, TEAT) Come-back *nt*

reapertura [rreaper'tura] *f* Wiedereröffnung *f*; (JUR) Wiederaufnahme *f*; **~ de cuenta** Kontoneueröffnung *f*

reaprovisionamiento [rreaproβisjona'mjento] *m* Nachschub *m*; (*de combustible*) Auftanken *nt*

reaprovisionar [rreaproβisjo'nar] I. *vt* (*suministrar*) neu versorgen (*de* mit +*dat*); (*llenar*) wieder auffüllen (*de* mit +*dat*)
II. *vr:* **~se** (*suministrarse*) sich neu eindecken (*de* mit +*dat*); (*de combustible*) auftanken

rearar [rrea'rar] *vt* (AGR) erneut pflügen

rearguïr [rrear'ɣwir] *irr como huir vi* entgegnen

rearmar [rrear'mar] *vt* wieder bewaffnen, wieder aufrüsten (*con* mit +*dat*)

rearme [rre'arme] *m* Wiederbewaffnung *f*, Wiederaufrüstung *f*

rearranque [rrea'rraŋke] *m* Wiederanlauf *m*

rearriendo [rrea'rrjendo] *m* Rückverpachtung *f*

reasegurar [rreaseɣu'rar] *vt* (COM, FIN) rückversichern

reaseguro [rrease'ɣuro] *m* (COM, FIN) Rückversicherung *f*, Reassekuranz *f*; **póliza de ~** Rückversicherungspolice *f*

reasumir [rreasu'mir] *vt* ❶ (JUR: *retomar*) wieder aufnehmen; (*instancia superior*) (erneut) übernehmen
❷ (*continuar*) fortsetzen

reata [rre'ata] *f* ❶ (*correa*) Riemen *m*, Koppel *f*
❷ (*de animales*) Lasttierzug *m*; **una ~ de mulos** eine Koppel Maultiere; **de ~** (*sucesivamente*) der Reihe nach; (*en hilera*) in Reihen
❸ (*Am: de flores*) Blumenbeet *nt*
❹ (*Méx: vulg: pene*) Schwanz *m*; **echar ~** ficken

reatar [rrea'tar] *vt* ❶ (*volver a atar*) wieder verknoten
❷ (*atar apretadamente*) fest verknoten

reato [rre'ato] *m* (REL) Bußverpflichtung *f*

reavivación [rreaβiβa'θjon] *f*, **reavivamiento** [rreaβiβa'mjento] *m* Wiederaufleben *nt*

reavivar [rreaβi'βar] I. *vt* wieder beleben
II. *vr:* **~se** wieder aufleben

rebaba [rre'βaβa] *f* Grat *m*; (*reborde*) Gussnaht *f*

rebaja [rre'βaxa] *f* ❶ (*oferta*) Sonderangebot *nt*; **~s de verano** [*o* **agosto**]/**de invierno** [*o* **enero**] Sommer-/Winterschlussverkauf *m*; **estar de ~s** heruntergesetzte Waren haben; **comprar algo en las ~s** etw im Schlussverkauf erwerben
❷ (*descuento*) Rabatt *m*, Ermäßigung *f*; (*reducción*) Preisnachlass *m*, Preissenkung *f*; **~ especial** Sondernachlass *m*; **~ de precios** Preisermäßigung *f*; **una ~ del 10%** 10% Rabatt; **aplicar una ~** einen Nachlass [*o* Rabatt] gewähren; **ya vendrá el tío Paco con la ~** (*fam fig*) irgendeinen Haken wird die Sache schon haben
❸ (JUR) Minderung *f*

rebajado, -a [rreβa'xaðo, -a] *adj* ❶ (COM): **precios ~s** herabgesetzte Preise
❷ (MIL): **soldado ~** vom Dienst entbundener Soldat

rebajamiento [rreβaxa'mjento] *m* ❶ (*condescendencia*) Herablassung *f*
❷ (*humillación*) Herabwürdigung *f*, Demütigung *f*

rebajar [rreβa'xar] I. *vt* ❶ (COM: *abaratar*) herabsetzen, ermäßigen, reduzieren; **artículos rebajados** heruntergesetzte Waren
❷ (*humillar*) herabwürdigen, demütigen
❸ (*mitigar*) dämpfen; (*t.* FOTO: *debilitar*) abschwächen; (*disminuir*) mindern
❹ (*una bebida*) verdünnen
❺ (MIL: *dispensar*) vom Dienst freistellen
❻ (*limar*) abfeilen; (*pulir*) abschleifen; (*acepillar*) abhobeln
❼ (ARQUIT) flach wölben
II. *vr:* **~se** ❶ (*humillarse*) sich herabwürdigen, sich demütigen
❷ (*condescender*) sich herablassen (*a* zu +*dat*)
❸ (MIL: *dispensarse*) sich vom Dienst freistellen lassen

rebalaje [rreβa'laxe] *m* Stromschnelle *f*
rebalsa [rre'βalsa] *f* gestautes Wasser *nt*
rebalsar [rreβal'sar] *vt* ❶ (*retener líquidos*) stauen
❷ (*CSur*) *v.* **rebasar**
rebanada [rreβa'naða] *f* Scheibe *f*, Schnitte *f*; ~ **de pan** Brotscheibe *f*, Stück *nt* Brot
rebanar [rreβa'nar] *vt* ❶ (*hacer rebanadas*) in Scheiben schneiden
❷ (*partir*) abschneiden; **¡te voy a ~ el pescuezo!** ich schneide dir noch mal die Gurgel [*o* Kehle] durch!
rebañaduras [rreβaɲa'ðuras] *fpl* Reste *mpl*; **no dejaron ni las ~** sie aßen den Teller ratzeputz leer
rebañar [rreβa'ɲar] *vt* ❶ (*apurar*) ausschlecken, auskratzen; (*con pan*) austunken
❷ (*pey: recoger*) raffen, horten
rebaño [rre'βaɲo] *m* Herde *f*; (*fig*) Horde *f*
rebasadero [rreβasa'ðero] *m* (NÁUT) Stelle, um Hindernisse zu umschiffen
rebasar [rreβa'sar] *vt* ❶ (*sobrepasar*) überschreiten; (MIL) stürmen; **~ el límite** (*fig*) über das Ziel hinausschießen; **esto rebasa los límites de mi paciencia** ich bin mit meiner Geduld am Ende
❷ (*exceder*) übertreffen (*en* um +*akk*)
rebatible [rreβa'tiβle] *adj* ❶ (*refutable*) anfechtbar, widerlegbar
❷ (*Am: abatible*) klappbar
rebatinga [rreβa'tiŋga] *f* (*Méx: arrebatiña*) Wegschnappen *nt fam*
rebatiña [rreβa'tiɲa] *f* (*fam*) Gerangel *nt*; **andar a la ~ por algo** (*fig*) sich um etw weißen
rebatir [rreβa'tir] *vt* ❶ (*discutir*) bestreiten; (*refutar*) widerlegen; (*rechazar*) zurückweisen; **~ una acusación** eine Anschuldigung zurückweisen; **~ una afirmación** eine Behauptung widerlegen; **una sospecha** einen Verdacht abweisen
❷ (*repeler*) zurückschlagen
❸ (*batir*) klopfen
❹ (*abatir*) zusammenklappen
rebato [rre'βato] *m* ❶ (*llamamiento*) Sturmläuten *nt*; **tocar a ~** die Sturmglocke läuten; (*fig*) Alarm schlagen
❷ (MIL: *ataque*) Überraschungsangriff *m*
rebautizar [rreβauti'θar] <z→c> *vt* (*t.* REL) umtaufen
rebeca [rre'βeka] *f* (Damen)strickjacke *f*
rebeco [rre'βeko] *m* Gämse *f*
rebelar [rreβe'lar] *vr*: **~se** rebellieren, sich empören; (*oponerse*) sich auflehnen, aufbegehren *elev*
rebelde [rre'βelde] I. *adj* ❶ (*indócil*) rebellisch; (*t. fig*) widerspenstig; (*levantisco*) aufsässig
❷ (*insurrecto*) aufständisch, aufrührerisch
❸ (*persistente*) hartnäckig; **mancha/tos ~** hartnäckiger Fleck/Husten
❹ (*difícil*) verzwickt
❺ (JUR) säumig
II. *mf* ❶ (*indócil*) Rebell(in) *m(f)*
❷ (*insurrecto*) Rebell(in) *m(f)*, Aufständische(r) *mf*; (*revoltoso*) Aufrührer(in) *m(f)*; (*amotinado*) Meuterer *m*
❸ (JUR) Säumige(r) *mf*
rebeldía [rreβel'dia] *f* ❶ (*cualidad*) Widerspenstigkeit *f*, Aufsässigkeit *f*
❷ (*oposición*) Widerstand *m*
❸ (*insubordinación*) Aufsässigkeit *f*; (MIL) Gehorsamsverweigerung *f*
❹ (JUR) (Vers)äumnis *nt*, Nichterscheinen *nt*; **declarar en ~** für säumig erklären; **juzgar en ~** in Abwesenheit verurteilen
rebelión [rreβe'ljon] *f* Rebellion *f*, Auflehnung *f*; (*levantamiento*) Aufstand *m*; (*revuelta*) Aufruhr *m*; (*motín*) Meuterei *f*
rebencazo [rreβeŋ'kaθo] *m* (AmS) Schlag *m* mit der Reitgerte
rebenque [rre'βeŋke] *m* (CSur) kurze Reitgerte der Gauchos
rebinar [rreβi'nar] *vt* (AGR) noch einmal hacken
reblandecer [rreβlande'θer] *irr como crecer* I. *vt* erweichen, weich machen
II. *vr*: **~se** erweichen, weich werden
reblandecimiento [rreβlandeθi'mjento] *m* Erweichung *f*; **~ cerebral/óseo** (MED) Gehirn-/Knochenerweichung *f*
rebobinado [rreβoβi'naðo] *m*, **rebobinaje** [rreβoβi'naxe] *m* ❶ (*hilo, cinta*) Umwicklung *f*; (*retroceso*) (Zu)rückspulen *nt* ❷ (ELEC) Neuwickeln *nt* (INFOR) Rücklauf *m*
rebobinar [rreβoβi'nar] *vt* ❶ (*hilo, cinta*) umspulen, umwickeln; (*retroceder*) zurückspulen
❷ (ELEC) neu wickeln
reborde [rre'βorðe] *m* ❶ (*acanaladura*) Sicke *f*
❷ (*rebordeado*) Schüttrand *m*, Randverstärkung *f*
❸ (*rebaba*) Gussnaht *f*
rebordear [rreβorðe'ar] *vt* (um)bördeln, umranden, umfassen
reborujar [rreβoru'xar] *vt* (*Méx*) in Unordnung bringen
rebosadero [rreβosa'ðero] *m* Überlauf *m*; (*en presas*) Überfall *m*; (*metalurgia*) Steigtrichter *m*

rebosante [rreβo'sante] *adj* überfüllt, übervoll; (*fig*) überquellend (*de* vor +*dat*); **~ de salud** vor Gesundheit strotzend; **un vaso ~** ein randvolles Glas
rebosar [rreβo'sar] *vi* ❶ (*desbordar*) überlaufen; (*fig*) überquellen (*de* vor +*dat*), übersprudeln (*de* vor +*dat*); **le rebosa el dinero/la soberbia** er/sie strotzt vor Geld/Hochmut; **la gota que hizo ~ el vaso** der Tropfen, der das Fass zum Überlaufen brachte
❷ (*estar lleno*) wimmeln (*de* vor +*dat*); (**lleno**) **a ~** brechend voll
❸ (*abundar*) schwimmen; **~ en dinero** in Geld schwimmen
rebotar [rreβo'tar] I. *vi* ❶ (*botar*) abprallen, zurückprallen; (*repetidamente*) hüpfen
❷ (*chocar*) prallen (*contra/en* gegen/auf +*akk*); **salir rebotado** zurückprallen; (*fig*) hochkant rausfliegen
II. *vt* ❶ (*botar*) prellen
❷ (*fam: enfadar*) verprellen
III. *vr*: **~se** ❶ (*vino*) umschlagen
❷ (*fam: enfadarse*) sauer werden
rebote [rre'βote] *m* ❶ (*bote*) Abprall *m*; (DEP) Abpraller *m*; (*golpe*) Prellen *nt*; **de ~** (*como resultado*) als indirekte Folge; (*sentimiento*) wieder aufflackernd
❷ (*argot: enfado*) Rage *f*; **pillarse un ~** in Rage geraten, sauer werden
rebotica [rreβo'tika] *f* Hinterzimmer *nt* (einer Apotheke)
rebozado [rreβo'θaðo] *m* (GASTR) Panade *f*; (*acción*) Panieren *nt*
rebozar [rreβo'θar] <z→c> I. *vt* ❶ (*envolver*) verhüllen, vermummen
❷ (GASTR) panieren
II. *vr*: **~se** sich verhüllen, sich vermummen
rebozo [rre'βoθo] *m* ❶ (*velo*) Verhüllung *f*
❷ (*pretexto*) Vorwand *m*; **sin ~** aufrichtig
rebramar [rreβra'mar] *vi* ständig brüllen; (*responder a un bramido con otro*) zurückbrüllen
rebrotar [rreβro'tar] *vi* ❶ (BOT) Knospen treiben; **el arbusto ha rebrotado a pesar del frío invierno** der Strauch hat trotz des kalten Winters (wieder) Knospen getrieben
❷ (*agitaciones*) wieder aufflammen
rebrote [rre'βrote] *m* ❶ (BOT: *tallo*) Schössling *m*
❷ (*de agitaciones*) Wiederaufflammen *nt*
rebudiar [rreβu'ðjar] *vi* (ZOOL) grunzen (*Wildschwein*)
rebufar [rreβu'far] *vi* heftig schnauben
rebujal [rreβu'xal] *m* (AGR) minderwertiger Boden *m*
rebujar [rreβu'xar] *vt* zusammenknüllen
rebujo [rre'βuxo] *m* ❶ (*trapos, papel*) Bündel *nt*; (*hilo, cinta*) Knäuel *m o nt*; **hizo un ~ con la ropa y lo metió en el armario** er/sie knüllte die Wäsche zu einem Bündel zusammen und stopfte sie in den Schrank
❷ (*velo*) Verhüllung *f*, Verschleierung *f*
rebullicio [rreβu'ʎiθjo] *m* großer Lärm *m*, Getöse *nt*
rebullir [rreβu'ʎir] <3. *pret*: rebulló> *vi*, *vr*: **~se** sich bewegen; **sin ~se** ganz ruhig
rebullón [rreβu'ʎon] *m* (*Ven*) Fabelvogel, der Unglück bringt
rebumbio [rre'βumbjo] *m* (*Méx: alboroto*) Radau *m*
rebusca [rre'βuska] *f* ❶ (*cosecha*) Nachlese *f*
❷ (*desecho*) Abfall *m*
rebuscado, -a [rreβus'kaðo, -a] *adj* gekünstelt, gesucht; **utilizó unas palabras rebuscadas que pocos entendieron** er/sie benutzte ein gespreiztes Vokabular, das kaum jemand verstand
rebuscar [rreβus'kar] <c→qu> I. *vi* herumsuchen
II. *vt* ❶ (*buscar*) durchsuchen; **~on todo el edificio, pero no encontraron la bomba** sie durchsuchten das ganze Gebäude, aber die Bombe fanden sie nicht
❷ (*viña*) nachlesen
III. *vr*: **rebuscárselas** (*Arg, Chil, Par: defenderse*) sich durchschlagen
rebusque [rre'βuske] *m* (*Arg, Par: trabajo*) Nebenverdienst *m*
rebuznar [rreβuθ'nar] *vi* (*burro*) iahen, schreien
rebuzno [rre'βuθno] *m* Eselsschrei *m*
recabar [rreka'βar] *vt* ❶ (*obtener*) erhalten (*de* bei/von +*dat*); **~ datos** Daten erheben
❷ (*pedir*) sich bemühen (um +*akk*), ersuchen (um +*akk*) *elev*
recadero, -a [rreka'ðero, -a] *m*, *f* Bote, -in *m, f*, Botengänger(in) *m(f)*
recado [rre'kaðo] *m* ❶ (*mensaje*) Nachricht *f*; **dar el ~ a alguien** jdm Bescheid geben; **déjame un ~ en el contestador** hinterlass mir eine Nachricht auf dem Anrufbeantworter; **¿puedes darle el siguiente ~?** kannst du ihm/ihr Folgendes ausrichten?
❷ (*encargo*) Besorgung *f*; **tengo que hacer varios ~s antes de las cinco** ich muss vor fünf noch ein paar Besorgungen machen
❸ (TIPO) Stehsatz *m*
❹ (*Nic*) Füllung *f* (*für Empanadas*)
recaer [rreka'er] *irr como caer* *vi* ❶ (*culpa, herencia*) fallen (*en/sobre* auf +*akk*); **recayó sobre él la responsabilidad** die Verantwortung fiel auf ihn
❷ (*enfermedad*) einen Rückfall erleiden

recaída

③ (*delito*) rückfällig werden; **recayó en el mismo error una y otra vez** er/sie verfiel immer wieder in den gleichen Fehler; **no se puede excluir que recaiga en la bebida** es ist nicht auszuschließen, dass er/sie wieder zu trinken anfängt

recaída [rreka'iða] *f* Rückfall *m*; **ha sufrido una ~ fuerte pero ya está mejor** er/sie hat einen schweren Rückfall erlitten, aber es geht ihm/ihr schon besser

recalada [rreka'laða] *f* (NÁUT) Ansteuern *nt*, Anlaufen *nt*

recalar [rreka'lar] I. *vi* ① (NÁUT) anlaufen (*en* + *akk*), ansteuern (*en* + *akk*)
② (*persona*) erscheinen (*en* bei/in + *dat*)
II. *vt* durchtränken
III. *vr*: **-se** durchtränkt werden

recalcar [rrekal'kar] <c→qu> I. *vt* ① (*palabras*) betonen, unterstreichen
② (*apretar*) zusammenpressen
③ (*llenar*) voll stopfen; **recalcamos la cuba con mosto** wir füllten das Fass mit Most
II. *vi* (NÁUT) krängen

recalcificación [rrekalθifika'θjon] *f* (MED) Verkalkung *f*

recalcitrante [rrekalθi'trante] *adj* hartnäckig, störrisch

recalentado [rrekalen'taðo] *m* (*Méx: fam*) aufgewärmtes Essen *nt* vom Vortag

recalentamiento [rrekalenta'mjento] *m* Überhitzung *f*; **~ económico** (ECON) Konjunkturüberhitzung *f*; **el ~ de la atmósfera es preocupante** die starke Erwärmung der Atmosphäre ist Besorgnis erregend

recalentar [rrekalen'tar] <e→ie> I. *vt* ① (*comida*) aufwärmen
② (*aparato*) überhitzen; **el motor se había recalentado y el coche echaba humo** der Motor war heißgelaufen, und der Wagen stieß Rauch aus
II. *vr*: **-se** (*aceitunas, etc.*) (in der Hitze) verderben

recalentón [rrekalen'ton] *m* schnelles Aufheizen *nt*

recalificación [rrekalifika'θjon] *f* Neuqualifizierung *f* (*z. B. von Ackerland zu Bauland*)

recalificar [rrekalifi'kar] <c→qu> *vt* neu qualifizieren

recalmón [rrekal'mon] *m* (NÁUT) plötzliche Windstille *f*

recalzar [rrekal'θar] <z→c> *vt* ① (AGR) Erde anhäufeln (um + *akk*)
② (ARQUIT) untermauern

recamado [rreka'maðo] *m* (*bordado*) Reliefstickerei *f*

recamar [rreka'mar] *vt* relieffartig besticken (*con/de* mit + *dat*)

recámara [rre'kamara] *f* ① (*para ropa*) Kleiderkammer *f*
② (MIN) Sprengstoffkammer *f* im Bergwerk
③ (*arma*) Ladungsraum *m*, Patronenlager *nt*
④ (*Col, Méx, Pan: dormitorio*) Schlafzimmer *nt*

recamarero, -a [rrekama'rero, -a] *m*, *f* (*Méx*) Hausangestellte(r) *mf*

recambiar [rrekambi'ar] *vt* ① (*intercambiar*) wieder umtauschen
② (*sustituir*) auswechseln

recambio [rre'kambjo] *m* ① (*repuesto*) Ersatz *m*; (*envase*) Nachfüllpackung *f*; (*tubo*) Nachfülltube *f*; **pieza de ~** Ersatzteil *nt*
② (*reg: cuaderno*) Schreibheft *nt*

recapacitar [rrekapaθi'tar] I. *vt* überdenken
II. *vi* nachdenken (*sobre* über + *akk*)

recapitalización [rrekapitaliθa'θjon] *f* (ECON) Rekapitalisierung *f*

recapitulación [rrekapitula'θjon] *f* Zusammenfassung *f*, Rekapitulation *f* elev

recapitular [rrekapitu'lar] *vt* zusammenfassen, rekapitulieren elev

recarga [rre'karɣa] *f* Nachfüllung *f*, Nachladung *f*

recargable [rrekar'ɣaβle] *adj* (*pila*) aufladbar; (*pluma, envase*) nachfüllbar

recargado, -a [rrekar'ɣaðo, -a] *adj* (*exagerado*) übertrieben; **un lenguaje muy ~** eine gekünstelte [*o* gespreizte] Ausdrucksweise

recargamiento [rrekarɣa'mjento] *m* (LIT) Überladung *f*

recargar [rrekar'ɣar] <g→gu> I. *vt* ① (*pila*) aufladen
② (*impuesto*) heraufsetzen
③ (*decorar*) übertrieben schmücken, überladen; **el vestido recargado de lazos y botones no se vendió** das Kleid mit den vielen Schleifen und Knöpfen wurde nicht gekauft
④ (*carga*) überladen; **lo recargó de trabajo** er/sie hat ihn mit Arbeit überhäuft
II. *vi* (*fiebre*) stärker werden

recargo [rre'karɣo] *m* ① (*tasas*) Zuschlag *m*; (*sobreprecio*) Aufschlag *m*; **~ de apremio** Säumniszinsen *mpl*; **~ de demora** Säumniszuschlag *m*, Verspätungszuschlag *m*; **~ fiscal** Steuerzuschlag *m*; **~ de solidaridad** Solidaritätszuschlag *m*; **llamada sin ~** gebührenfreier Anruf *m*; **por pagar tarde la factura nos cobraron un ~** da wir die Rechnung zu spät gezahlt haben, mussten wir einen Aufschlag zahlen
② (*fiebre*) starker Fieberanfall *m*

recatado, -a [rreka'taðo, -a] *adj* ① (*decoroso*) sittsam, züchtig; (*modesto*) bescheiden
② (*cauto*) zurückhaltend

recatar [rreka'tar] *vt* verheimlichen

recatear [rrekate'ar] *vt* ① (*regatear*) aushandeln
② (*revender al por menor*) im Kleinhandel weiterverkaufen
③ (*rehusar la ejecución de algo*) nicht ausführen [*o* erledigen] wollen; (*cumplirla con defecto*) nicht richtig ausführen [*o* erledigen]

recato [rre'kato] *m* ① (*decoro*) Sittsamkeit *f*
② (*cautela*) Zurückgezogenheit *f*; (*pudor*) Scheu *f*; **habló sin ~ alguno de sus relaciones amorosas** er/sie sprach ganz ohne Scheu von seinen/ihren Liebesbeziehungen

recauchutado [rrekautʃu'taðo] *m* Runderneuerung *f*; **ha pasado por el taller de ~s** (*pey, irón*) er/sie hat sich liften lassen

recauchutar [rrekautʃu'tar] *vt* (*llanta*) runderneuern

recaudación [rrekauða'θjon] *f* ① (*cobro*) Einnahmen *nt*; (*cantidad*) Einnahmen *fpl*; **~ diaria** Tageseinnahmen *fpl*
② (*de impuestos*) Steuererhebung *f*; (*cantidad*) Steuerbetrag *m*; **oficina de ~** Finanzamt *nt*, Steueramt *nt*
③ (*entidad*) Vollstreckungsbehörde *f*

recaudador(a) [rrekauða'ðor(a)] *m(f)* Steuereinnehmer(in) *m(f)*, Steuereinzieher(in) *m(f)*

recaudamiento [rrekauða'mjento] *m* (ECON) ① *v.* **recaudación**
② (*cargo del recaudador*) Amt *nt* des Steuereinnehmers
③ (*territorio del recaudador*) Einzugsgebiet *nt* des Steuereinnehmers

recaudar [rrekau'ðar] *vt* (*impuestos*) erheben; (*dinero*) einziehen

recaudería [rrekauðe'ria] *f* (*Méx: especiería*) Gewürzladen *m*

recaudo [rre'kauðo] *m* ① (*ganancia*) Einnahmen *nt*
② (JUR) Kaution *f*
③ (*loc*): **poner algo a buen ~** etw in Sicherheit bringen

recavar [rreka'βar] *vt* nochmals umgraben

rección [rreɣ'θjon] *f* (LING) Rektion *f*

recebar [rreθe'βar] *vt* mit Steinkies bedecken

recebo [rre'θeβo] *m* (*gravilla*) feiner Steinkies *m*

recechar [rreθe'tʃar] *vt* belauern

recelar [rreθe'lar] I. *vt* ① (*temer*) argwöhnen
② (*yegua*): **~ la yegua** den Zuchthengst zur Stute bringen
II. *vi*, *vr*: **-se** misstrauen (*de* + *dat*), skeptisch gegenüberstehen (*de* + *dat*); (*me*) **recelo de mi secretaria pero quizás esté equivocada** ich traue meiner Sekretärin nicht ganz, aber vielleicht ist das unberechtigt

recelo [rre'θelo] *m* Argwohn *m*, Misstrauen *nt*; **mirar a alguien con ~** jdn voller Argwohn [*o* argwöhnisch] betrachten

receloso, -a [rreθe'loso, -a] *adj* argwöhnisch, misstrauisch; **estar ~ de alguien** jdm misstrauen; **ponerse ~** Argwohn schöpfen; **poner ~ a alguien** jds Argwohn erregen

recensión [rreθen'sjon] *f* (LIT) Rezension *f*

recensor(a) [rreθen'sor(a)] *m(f)* Rezensent(in) *m(f)*

recepción [rreθep'θjon] *f* ① (*hotel*) Rezeption *f*, Empfang *m*
② (*recibimiento*) Empfang *m*, Erhalten *nt*; **~ de la herencia** (JUR) Annahme der Erbschaft; **~ de mercancías** (ECON) Warenannahme *f*; **oficina de ~** (ECON) (Waren)annahmestelle *f*
③ (*audiencia*) Audienz *f*; (*ceremonia*) Empfang *m*; **sala de recepciones** Empfangszimmer *nt*; **tras la ceremonia religiosa organizaron una ~ en el hotel** nach dem Gottesdienst gab es einen Empfang im Hotel
④ (TEL, COM) Empfang *m*
⑤ (*admisión*) Zulassung *f* (*a* zu + *dat*), Aufnahme *f* (*a* in + *akk*)
⑥ (JUR) Zeugenverhör *nt*

recepcionista [rreθepθjo'nista] *mf* Empfangschef, -dame *m*, *f*

receptación [rreθepta'θjon] *f* Hehlerei *f*

receptáculo [rreθep'takulo] *m* ① (*cavidad*) Behälter *m*
② (BOT) Blütenboden *m*

receptador(a) [rreθepta'ðor(a)] *m(f)* Hehler(in) *m(f)*

receptar [rreθep'tar] *vt* (JUR) hehlen

receptividad [rreθeptiβi'ðað] *f* Aufnahmefähigkeit *f*; (MED) Anfälligkeit *f*, Empfänglichkeit *f*

receptivo, -a [rreθep'tiβo, -a] *adj* ① (*curioso*) aufmerksam, aufnahmefähig
② (MED) anfällig
③ (COM, JUR) empfangsbedürftig; **negocio ~** empfangsbedürftiges Geschäft

receptor[1] [rreθep'tor] *m* (TEL: *radio*) Empfänger *m*, Radio *nt*; (*teléfono*) Hörer *m*, Hörmuschel *f*

receptor(a)[2] [rreθep'tor(a)] *m(f)* ① (*recipiente*) Empfänger(in) *m(f)*
② (JUR) Gerichtsvollzieher(in) *m(f)*

recercar [rreθer'kar] <c→qu> *vt* ① (*poner cerca*) einzäunen, einfrieden
② (*volver a cercar*) neu einzäunen

recesar [rreθe'sar] *vi* ① (*Bol, Cuba, Méx, Nic, Perú: Körperschaft*) die Aktivität vorübergehend stilllegen
② (*Perú: Universität, Parlament*) schließen

recesión [rreθe'sjon] *f* (ECON) Rezession *f*, Konjunkturrückgang *m*; ~ **mundial** [*o* **internacional**] weltweite Rezession; **combatir/controlar la** ~ die Rezession bekämpfen/in den Griff bekommen; **en tiempos de** ~ in Zeiten der Rezession

recesivo, -a [rreθe'siβo, -a] *adj* (BIOL: *caracteres*) rezessiv

receso [rre'θeso] *m* ❶ (*desviación*) Zurückweichen *nt*, Rückgang *m*; ~ **económico** (ECON) Wirtschaftskrise *f*
❷ (*Am: vacaciones*) Urlaub *m* (in der Verwaltung)

receta [rre'θeta] *f* ❶ (*médica*) Rezept *nt*; (*fórmula*) Rezeptformel *f*; **con** ~ **médica** auf Rezept; **venta con** ~ rezeptpflichtig
❷ (GASTR: *t. fig*) Rezept *nt*; **tengo una** ~ **deliciosa de tarta de manzana** ich habe ein sehr leckeres Rezept für einen Apfelkuchen; **nadie tiene la** ~ **para acabar con el paro** niemand hat ein Rezept gegen die Arbeitslosigkeit

recetar [rreθe'tar] *vt* ❶ (MED) verschreiben, verordnen
❷ (*fam fig: pedir*) bestellen; ~ **largo** viele Wünsche haben

recetario [rreθe'tarjo] *m* ❶ (GASTR) Kochbuch *nt*
❷ (MED: *libro*) Arzneibuch *nt*; (*talonario*) Rezeptblock *m*; (*de un enfermo*) Krankenblatt *nt*

rechazamiento [rretʃaθa'mjento] *m v.* **rechazo**

rechazar [rretʃa'θar] <z→c> *vt* ❶ (*negar*) von sich weisen; **rechazó de plano las acusaciones** er/sie wies die Anschuldigungen weit von sich
❷ (*denegar*) ablehnen, abstreiten; **rechazó la invitación** er/sie lehnte die Einladung ab; **rechazó el regalo** er/sie nahm das Geschenk nicht an
❸ (*enemigo*) abwehren, zurückweisen
❹ (BIOL: *órgano*) abstoßen
❺ (*no tolerar*) ablehnen; **muchas veces la sociedad rechaza lo que no conoce** die Gesellschaft lehnt oft das ab, was ihr fremd ist

rechazo [rre'tʃaθo] *m* ❶ (*negativa*) Zurückweisung *f*, Ablehnung *f*
❷ (BIOL: *órgano*) Abstoßen *nt*

rechifla [rre'tʃifla] *f* (*fam*) Spott *m*

rechiflar [rretʃi'flar] I. *vt* auspfeifen
II. *vr:* **-se** verhöhnen (*de* +*akk*), sich lustig machen (*de* über +*akk*)

rechinamiento [rretʃina'mjento] *m* Knarren *nt*; ~ **de dientes** Zähneknirschen *nt*

rechinar [rretʃi'nar] *vi* knirschen, knarren; ~ **los dientes** mit den Zähnen knirschen

rechistar [rretʃis'tar] *vi* (sich) mucksen; **lo hizo sin** ~ er/sie tat es ohne Protest

rechoncho, -a [rre'tʃontʃo, -a] *adj* (*fam*) pummelig, rundlich

rechupete [rretʃu'pete]: **de** ~ ausgezeichnet; **la tarta estaba de** ~ der Kuchen war sehr lecker

recial [rre'θjal] *m* Stromschnelle *f*

reciamente [rreθja'mente] *adv* heftig, stark

recibí [rreθi'βi] *m* Empfangsbestätigung *f*, Empfangsvermerk *m*; ~ (*en una factura*) (dankend) erhalten

recibidor [rreθiβi'ðor] *m* Eingangsbereich *m*, Vorzimmer *nt*

recibimiento [rreθiβi'mjento] *m* ❶ (*acogida*) Empfang *m*; **le dispensaron un** ~ **multitudinario** sie empfingen ihn/sie mit großer Begeisterung, ihm/ihr wurde ein begeisterter Empfang zuteil
❷ (*recibidor*) Vorzimmer *nt*
❸ (REL) Altar, der für Prozessionen an der Straße aufgebaut wird

recibir [rreθi'βir] I. *vt* ❶ (*tomar*) bekommen, erhalten; **recibimos una carta suya hace poco** vor kurzem haben wir einen Brief von ihm/ihr empfangen [*o* erhalten]; **habiendo recibido los santos sacramentos** (REL) mit den Sterbesakramenten versehen
❷ (*personas*) empfangen, in Empfang nehmen; **nos recibió con los brazos abiertos** er/sie empfing uns mit offenen Armen; **los mineros quieren ser recibidos por el ministro** die Bergleute wollen vom Minister empfangen werden
❸ (*aceptar*) aufnehmen; **esta opinión fue mal recibida** diese Meinung wurde schlecht aufgenommen
II. *vi* (*médico*) Sprechstunde haben; (*ministro*) Besucher empfangen
III. *vr:* **-se** die Staatsprüfung [*o* das Staatsexamen] bestehen; (*médico, farmacéutico*) die Approbation erlangen; **mi hijo se recibió de abogado** mein Sohn wurde als Anwalt zugelassen

recibo [rre'θiβo] *m* ❶ (*luz, agua*) Rechnung *f*, Quittung *f*; ~ **de entrega** Lieferschein *m*; **no te lo cambiarán si no presentas el** ~ ohne (Vorlage der) Quittung wird man es dir nicht umtauschen
❷ (*carta*) Empfang *m*; ~ **de aduana** Zollquittung *f*; ~ **de opción** (ECON) Optionsschein *m*; ~ **con validez jurídica** rechtsgültige Quittung; **acuse de** ~ Empfangsbestätigung *f*; **libro de** ~**s** Quittungsbuch *nt*; **al** ~ **de la presente** bei Empfang dieses Schreibens; **acusar** ~ den Eingang bestätigen
❸ (*recibidor*) Vorzimmer *nt*
❹ (*loc*): **ser de** ~ annehmbar sein; **si llaman, abre tú porque yo no estoy de** ~ wenn sie klingeln, mach du auf; ich bin noch nicht fertig

reciclable [rreθi'klaβle] *adj* wieder verwertbar

reciclado¹ [rreθi'klaðo] *m* Recycling *nt*, Wiederverwertung *f*

reciclado, -a² [rreθi'klaðo, -a] *adj* recycled, wieder verwertet; **papel** ~ Recyclingpapier *nt*

reciclaje [rreθi'klaxe] *m* Recycling *nt*, Wiederverwertung *f*; ~ **profesional** (*fig*) Umschulung *f*

reciclar [rreθi'klar] *vt* wieder verwerten, aufbereiten

recidiva [rreθi'ðiβa] *f* (MED) Rückfall *m*, Rezidiv *nt*

reciedumbre [rreθje'ðumbre] *f* Kraft *f*, Stärke *f*

recién [rre'θjen] *adv* ❶ (*acabado de*) soeben, neu, frisch; ~ **cocido** frisch gebacken; **los** ~ **casados** die Jungvermählten; **el** ~ **nacido** das Neugeborene; **¡**~ **pintado!** frisch gestrichen!
❷ (*Am: apenas, en cuanto*) sobald; ~ **cuando estuve dentro, me di cuenta** erst als ich drin war, habe ich es gemerkt

reciente [rre'θjente] *adj* ❶ (*nuevo*) neu; (*fresco*) frisch
❷ (*que acaba de suceder*) jüngst, vor kurzem geschehen; **en el pasado** ~ in der jüngsten Vergangenheit; **a causa de una enfermedad** ~ **no puede moverse** wegen einer Krankheit, die ihn vor kurzem befallen hat, kann er sich nicht bewegen; **nos habló de un libro de** ~ **publicación** er/sie hat uns von einem gerade erschienenen Buch erzählt

recientemente [rreθjente'mente] *adv* vor kurzem, neulich, unlängst; ~ **celebraron su boda de plata** kürzlich haben sie ihre Silberhochzeit gefeiert

recinto [rre'θinto] *m* Gelände *nt*; ~ **ferial** [*o* **de la feria**] Ausstellungsgelände *nt*, Messegelände *nt*; ~ **fortificado** [*o* **amurallado**] Festung *f*; ~ **universitario** Campus *m*

recio, -a ['rreθjo, -a] I. *adj* ❶ (*fuerte*) stark, kräftig; **soplaba un viento** ~ es blies ein heftiger Wind
❷ (*rígido*) hart, schwer; **en lo más** ~ **del invierno** mitten im strengsten Winter
❸ (*raudo*) schnell
II. *adv* heftig; **hablar** ~ laut sprechen

recipiendario, -a [rreθipjen'darjo, -a] *m, f* neues Mitglied *nt*

recipiente [rreθi'pjente] *m* (*t.* QUÍM) Behälter *m*, Gefäß *nt*; ~ **de dosificación** Dosiergefäß *nt*; ~ **de electrodiálisis** Elektrolysegefäß *nt*; ~ **de evacuación** Ablassbehälter *m*

reciprocidad [rreθiproθi'ðað] *f* Gegenseitigkeit *f*, Wechselseitigkeit *f*

recíproco, -a [rre'θiproko, -a] *adj* gegenseitig, wechselseitig, Gegen-; **acuerdo** ~ gegenseitiges Einverständnis; **comercio** ~ wechselseitiger Handel; **verbo** ~ reziprokes Verb; **tú irás cuando yo no pueda y a la recíproca** wenn ich nicht kann, gehst du und umgekehrt

recitación [rreθita'θjon] *f* Rezitation *f*, Deklamation *f*

recitado [rreθi'taðo] *m* (MÚS) Rezitativ *nt*, Sprechgesang *m*

recitador(a) [rreθita'ðor(a)] I. *adj* rezitatorisch
II. *m(f)* Rezitator(in) *m(f)*

recital [rreθi'tal] *m* (*con un instrumento*) (Solo)konzert *nt*; (*poeta*) Dichterlesung *f*; (*cantautor*) Konzert *nt*

recitante, -a [rreθi'tante] *m, f* (TEAT) Komödiant(in) *m(f)*

recitar [rreθi'tar] *vt* vortragen, rezitieren; **sabe** ~ **poemas con maestría** er/sie kann hervorragend Gedichte aufsagen; **nos recitó maquinalmente el menú y no entendimos nada** er/sie rasselte den Speiseplan herunter und wir verstanden gar nichts

recitativo¹ [rreθita'tiβo] *m* (MÚS) Rezitativ *nt*

recitativo, -a² [rreθita'tiβo, -a] *adj* (MÚS) rezitativisch

reclamación [rreklama'θjon] *f* (*recurso*) Einspruch *m*; (*queja*) Beschwerde *f*, Beanstandung *f*, Reklamation *f*; (JUR) Anspruch *m*, Forderung *f*, Klage *f*; (*de deuda*) Mahnung *f*; ~ **administrativa** Verwaltungsklage *f*; ~ **de costas** Kostenbeschwerde *f*; ~ **económico-administrativa** Widerspruch im Steuerverfahren; ~ **extrajudicial** außergerichtliche Geltendmachung eines Anspruchs; ~ **de indemnización por daños personales** Schmerzensgeldanspruch *m*; ~ **de indemnización por despido** Abfindungsanspruch *m*; ~ **de préstamo** Darlehensforderung *f*; ~ **principal** Hauptantrag *m*, Hauptforderung *f*; ~ **por vicios** (JUR) Mängelanspruch *m*, Mängelrüge *f*; **carta de** ~ (*queja*) Beschwerdebrief *m*; (*deuda*) Mahnschreiben *nt*; **libro de reclamaciones** Beschwerdebuch *nt*; **formular** [*o* **presentar**] **una** ~ einen Anspruch erheben [*o* geltend machen]; **hacer una** ~ eine Beschwerde einreichen [*o* einlegen]; **presentar/entablar una** ~ eine Forderung anmelden/einklagen; **regular/desestimar una** ~ eine Forderung regulieren/zurückweisen; **no se admiten reclamaciones** Beanstandungen werden nicht berücksichtigt

reclamante [rrekla'mante] *mf* Reklamant(in) *m(f)*, Beschwerdeführer(in) *m(f)*

reclamar [rrekla'mar] I. *vi* (*protestar*) Einspruch erheben (*contra* gegen +*akk*); (*quejarse*) sich beschweren (*por* über +*akk*, *a* bei +*dat*), reklamieren (*ante* bei +*dat*)
II. *vt* ❶ (*pedir*) verlangen, fordern; (*una deuda*) anmahnen; ~ **la atención** Aufmerksamkeit fordern; ~ **capital** Kapital einfordern; **nos reclama el dinero que nos prestó hace un mes** er/sie verlangt das Geld zurück, das er/sie uns vor einem Monat geliehen hat; **el terrorista es reclamado por la justicia sueca a Italia** die schwedische Justiz verlangt von Italien die Auslieferung des Terroristen; **España reclama**

reclame [rre'klame] *m* (*Arg, Urug*) Reklame *f*, Werbung *f*
reclamo [rre'klamo] *m* ① (*caza*) Lockvogel *m*; (*utensilio*) Lockpfeife *f*; (*grito*) Lockruf *m*; **acudir al** ~ in die Falle gehen
② (COM) Reklame *f*; **artículo de** ~ Reklameartikel *m*, Lock(vogel)artikel *m*
reclasificación [rreklasifika'θjon] *f* (*puesto*) Umgruppierung *f*; (*persona*) Wiedereingliederung *f*
reclasificar [rreklasifi'kar] <c→qu> *vt* neu einteilen; ~ **un puesto de trabajo** eine Arbeitsstelle neu einstufen
reclinable [rrekli'naβle] *adj* verstellbar; **asiento** [*o* **butaca**] ~ Liegesitz *m*
reclinar [rrekli'nar] **I.** *vt* anlehnen; (*hacia atrás*) zurücklehnen; **reclinó su cabeza contra** [*o* **en**] [*o* **sobre**] **mis hombros** er/sie lehnte seinen/ihren Kopf an meine Schulter
II. *vr*: ~**se** (*inclinarse*) sich (an)lehnen (*contra/en/sobre* an/gegen +*akk*); (*apoyarse*) sich (auf)stützen (*en/sobre* auf +*akk*)
reclinatorio [rreklina'torjo] *m* Betstuhl *m*
recluir [rreklu'ir] *irr como huir* **I.** *vt* einsperren, einschließen
II. *vr*: ~**se** sich zurückziehen, sich abkapseln
reclusión [rreklu'sjon] *f* ① (JUR) Haft *f*
② (*aislamiento*) Zurückgezogenheit *f*, Einsamkeit *f*
recluso, -a [rre'kluso, -a] **I.** *adj* (*preso*) inhaftiert; **la población reclusa vive en condiciones inhumanas** Häftlinge leben unter unmenschlichen Bedingungen
II. *m, f* Häftling *m*, Gefangene(r) *mf*
recluta [rre'kluta] *mf* Rekrut(in) *m(f)*
reclutar(a) [rrekluta'ðor(a)] *m(f)* Rekrutenausheber(in) *m(f)*
reclutamiento [rrekluta'mjento] *m* (MIL: *t. fig*) Rekrutierung *f*, Einberufung *f*
reclutar [rreklu'tar] *vt* (MIL: *t. fig*) rekrutieren; ~ **personal** Arbeitskräfte anwerben
recobrar [rreko'βrar] **I.** *vt* wiederbekommen, zurückbekommen; ~ **las fuerzas** wieder zu Kräften kommen; ~ **las pérdidas** den Verlust wettmachen; ~ **el sentido** wieder zu sich kommen; ~ **la vista** das Sehvermögen wiedererlangen; ~ **las ganas de vivir** neuen Lebensmut schöpfen
II. *vr*: ~**se** sich erholen (*de* von +*dat*)
recocer [rreko'θer] *irr como cocer* **I.** *vt* ① (*comida*) lange kochen; (*demasiado*) verkochen
② (*metal*) ausglühen
II. *vr*: ~**se** (*concomerse*) sich (ab)quälen
recochinearse [rrekotʃine'arse] *vr* (*fam*) sich lustig machen (*de* über +*akk*), spotten (*de* über +*akk*)
recochineo [rrekotʃi'neo] *m* (*fam pey: burla*) Spott *m*; **sin** ~ Spaß beiseite; **me lo echó en cara ayer y encima me viene con** ~ er/sie hat es mir gestern ins Gesicht gesagt und sich obendrein noch über mich lustig gemacht
recocido, -a [rreko'θiðo, -a] *adj* ① (*muy experimentado*) sehr erfahren, bewandert
② (*de recocer*) ausgekocht
recodo [rre'koðo] *m* (*río*) Krümmung *f*, Biegung *f*; (*camino*) Kehre *f*
recogecable [rrekoxe'kaβle] *m* (TÉC) Kabelaufwickler *m*
recogedor¹ [rrekoxe'ðor] *m* Kehrschaufel *f*
recogedor(a)² [rrekoxe'ðor(a)] *adj* Sammel-, Auffang-
recogemigas [rrekoxe'miɣas] *m inv* Tischfeger *m*
recogepelotas [rrekoxepe'lotas] *mf inv* (DEP: *chico*) Balljunge *m*; (*chica*) Ballmädchen *nt*
recoger [rreko'xer] <g→j> **I.** *vt* ① (*buscar*) abholen; **te voy a** ~ **a la estación** ich hole dich vom Bahnhof ab; **recogen las cartas a las ocho** die Briefkästen werden um acht geleert
② (*coger*) einsammeln; (*ordenar*) aufräumen; (*guardar*) einräumen, wegräumen; **hazme el favor de** ~ **todas tus cosas** tu mir den Gefallen und räume alle deine Sachen weg; **recogió la ropa que el viento había extendido** er/sie sammelte die Wäsche ein, die der Wind verstreut hatte; **lo recogió del suelo** er/sie hob es vom Boden auf; **el profesor nos recogió las redacciones** der Lehrer sammelte unsere Aufsätze ein; **¡es hora de** ~**!** Feierabend!, Schluss für heute!
③ (*juntar*) sammeln; **recogen firmas para obtener una subvención** sie sammeln Unterschriften, um eine Unterstützung zu bekommen; **en la regadera recojo el agua de lluvia** in der Gießkanne sammle ich das Regenwasser
④ (*cosecha*) pflücken, ernten; **ya es hora de que recoja el fruto de su trabajo** es wird Zeit, dass er/sie die Früchte seiner/ihrer Arbeit erntet; **quien siembra vientos, recoge tempestades** (*prov*) wer Wind sät, wird Sturm ernten
⑤ (*acoger*) aufnehmen; **recogió a un niño huérfano** er/sie nahm ein Waisenkind auf

⑥ (*arremangar: vestido*) raffen; (*pantalón*) hochziehen
⑦ (*cabello*) hochstecken
⑧ (*enrollar, plegar: velas*) einholen; (*cortinas*) zusammenraffen
II. *vr*: ~**se** (*a casa*) nach Hause gehen; (*a la cama*) ins Bett gehen
⑨ (REL) sich sammeln
recogida [rreko'xiða] *f* Einsammeln *nt*, Abholen *nt*; ~ **de basuras** [*o* **de residuos**] Abfallbeseitigung *f*, Abfallentsorgung *f*; ~ **de beneficios** (FIN) Gewinnmitnahme *f*; ~ **del correo** Briefkastenleerung *f*; ~ **de equipajes** (AERO) Gepäckausgabe *f*; ~ **selectiva de residuos** getrennte Abfallentsorgung; **la** ~ **de firmas sirvió de poco** das Unterschriftensammeln hat wenig genutzt
recogido¹ [rreko'xiðo] *m* ① (*pelo*) hochgestecktes Haar *nt*
② (*tela*) Hand *f* voll Stoffreste
recogido, -a² [rreko'xiðo, -a] *adj* ① (*acogedor*) gemütlich, heimelig
② (*retirado*) zurückgezogen
recogimiento [rrekoxi'mjento] *m* (*devoción*) Andacht *f*, innere Sammlung *f*; (*retraimiento*) Zurückgezogenheit *f*; **oímos la misa con** ~ wir haben andächtig die Messe gehört
recolar [rreko'lar] <o→ue> *vt* nochmals filtern
recolección [rrekolek'θjon] *f* Ernte *f*; (*periodo*) Erntezeit *f*
recolectar [rrekolek'tar] *vt* ① (*cosas*) sammeln
② (*frutos*) ernten
recolector(a) [rrekolek'tor(a)] **I.** *adj* ① (*de dinero*) (ein)sammelnd
② (*de cosecha*) Ernte-, erntend
II. *m(f)* ① (*de dinero*) Sammler(in) *m(f)*, Einnehmer(in) *m(f)*
② (*cosechador*) Pflücker(in) *m(f)*
recoleto¹ [rreko'leto] *m* (in Klausur lebender) Mönch *m*
recoleto, -a² [rreko'leto, -a] *adj* zurückgezogen, einsam
recomendable [rrekomen'daβle] *adj* empfehlenswert, ratsam; **sería** ~ **que se leyeran una guía antes del viaje** es wäre ratsam, vor der Reise noch einen Reiseführer zu lesen
recomendación [rrekomenda'θjon] *f* ① (*consejo*) Empfehlung *f*, Rat(schlag) *m*
② (*enchufe*) Empfehlung *f*; **carta de** ~ Empfehlungsschreiben *nt*, Empfehlungsbrief *m*; **con la ayuda de su** ~ auf seine/ihre Empfehlungen hin; **por** ~ **de su médico** auf Empfehlung seines/ihres Arztes; **al ser hijo del alcalde tiene muchas recomendaciones** als Sohn des Bürgermeisters hat er gute Beziehungen
recomendado, -a [rrekomen'daðo, -a] **I.** *adj* empfohlen; (*precio*) unverbindlich; **precio de venta al público** ~ (COM) unverbindliche Preisempfehlung, unverbindlicher Richtpreis
II. *m, f* (*enchufado*) Protegé *m*, Schützling *m*
recomendar [rrekomen'dar] <e→ie> *vt* empfehlen; **nos recomendó no salir de casa** er/sie riet uns, nicht aus dem Haus zu gehen
recomendatorio, -a [rrekomenda'torjo, -a] *adj* Empfehlungs-
recomenzar [rrekomen'θar] *irr como empezar* *vt* nochmals anfangen (*a* zu +*inf*)
recomerse [rreko'merse] *vr* sich innerlich verzehren; ~**se de envidia** vor Neid platzen; **se recome porque no lo invitaron** er kann es nicht verwinden, dass er nicht eingeladen worden ist
recompensa [rrekom'pensa] *f* Belohnung *f*; **se busca...** : ~ **2000 dólares** gesucht ...: 2000 Dollar Belohnung; **ofrecer una** ~ **de 100 marcos por algo** eine Belohnung von 100 Mark für etw aussetzen; **¿es ésta la** ~ **a todos mis esfuerzos?** ist das der Dank für (all) meine Mühe?; **en** ~ **nos invitó al cine** als Belohnung [*o* Dank] lud er/sie uns ins Kino ein
recompensable [rrekompen'saβle] *adj* ausgleichbar, rekompensierbar; **lo que has hecho por nosotros es dificilmente** ~ was du für uns getan hast, ist kaum angemessen zu belohnen
recompensación [rrekompensa'θjon] *f v.* **recompensa**
recompensar [rrekompen'sar] *vt* ① (*a alguien*) (be)lohnen (*de/por* für +*akk*); ~ **de un daño** entschädigen; **fue recompensado por sus gastos** ihm wurden seine Auslagen vergütet
② (*un servicio*) vergüten
recomponer [rrekompo'ner] *irr como poner* *vt* reparieren, (wieder) instand [*o* in Stand] setzen
recomposición [rrekomposi'θjon] *f* (TIPO) Neusatz *m*
recompra [rre'kompra] *f* (COM) Wiederkauf *m*, Rückkauf *m*
reconcentración [rrekonθentra'θjon] *f* Rückverflechtung *f*
reconcentrar [rrekonθen'trar] **I.** *vt* konzentrieren (*en* auf +*akk*)
II. *vr*: ~**se** sich in Gedanken vertiefen; ~**se en algo** sich auf etw konzentrieren, sich in etw vertiefen
reconciliable [rrekonθi'ljaβle] *adj* versöhnbar
reconciliación [rrekonθilja'θjon] *f* Versöhnung *f*, Aussöhnung *f*; **se dieron la mano en señal de** ~ sie reichten sich die Hand zur Versöhnung
reconciliador(a) [rrekonθilja'ðor(a)] *adj* versöhnend, versöhnlich
reconciliar [rrekonθi'ljar] **I.** *vt* versöhnen, aussöhnen
II. *vr*: ~**se** sich versöhnen (*con* mit +*dat*)

reconcomerse [rrekoŋko'merse] *vr* (*fig: consumirse*) sich innerlich verzehren (*de* vor +*dat*)

reconcomio [rrekoŋ'komjo] *m sin pl* (*rencor*) Groll *m;* (*pena*) Gram *m*

recondenar [rrekonde'nar] *vt* erneut verurteilen

recóndito, -a [rre'kondito, -a] *adj* geheim, verborgen; **la casa está en lo más ~ del bosque** das Haus ist tief im Wald verborgen; **en lo más ~ de su corazón** im Innersten seines/ihres Herzens

reconducción [rrekondukˈθjon] *f* ❶ (*dirigir*) Zurückführen *nt*
❷ (JUR) Verlängerung *f;* **~ de un contrato** Vertragsverlängerung *f*

reconducir [rrekondu'θir] *irr como traducir vt* ❶ (*dirigir*) zurückführen
❷ (JUR: *un contrato*) verlängern

reconfortante [rrekomforˈtaɲte] *adj* Trost bringend, tröstend

reconfortar [rrekomforˈtar] *vt* trösten, neuen Mut geben [*o* schenken] +*dat*

reconocer [rrekono'θer] *irr como crecer* I. *vt* ❶ (*identificar*) erkennen; **lo reconocí sin necesidad de que me dijera quién era** ich erkannte ihn, ohne dass er mir sagen musste, wer er war; **la reconocí por la voz** ich habe sie an der Stimme erkannt; **el pintor reconoció el cuadro como suyo** der Maler hat das Bild als seins erkannt
❷ (*admitir*) zugestehen, einräumen; **reconoció su error** er/sie gab seinen/ihren Fehler zu; **lo reconoció como [o por] hijo suyo** er hat ihn als seinen Sohn anerkannt
❸ (*examinar*) überprüfen; (MED) untersuchen
❹ (POL) anerkennen
❺ (MIL) aufklären
❻ (*advertir*) erkennen; **reconociendo que...** in der Erkenntnis, dass ...
II. *vr:* **~se** ❶ (*declararse*) sich bekennen; **se reconoció culpable** er/sie bekannte sich schuldig
❷ (*loc*): **no se reconoció a sí misma** sie kannte sich selbst nicht mehr; **no se reconoció en la novela** er/sie hat sich in dem Roman nicht wieder erkannt

reconocible [rrekono'θiβle] *adj* erkennbar

reconocido, -a [rrekono'θiðo, -a] *adj* ❶ (POL) anerkannt
❷ (*agradecido*) dankbar; **estoy muy ~ a esa fundación** ich bin dieser Stiftung sehr dankbar

reconocimiento [rrekonoθiˈmjento] *m* ❶ (POL) Anerkennung *f;* **~ de la paternidad** Vaterschaftsanerkennung *f,* Anerkennung der Vaterschaft; **el no ~ de Bosnia-Herzegovina** die Nichtanerkennung von Bosnien-Herzegowina
❷ (*exploración*) Erkundung *f,* **~ médico** ärztliche Untersuchung, ~ **precoz** (MED) Früherkennung *f;* **~ vuelo de ~** Aufklärungsflug *m*
❸ (*gratitud*) Dankbarkeit *f;* **en ~ de mi labor** als Dank für meine Leistungen
❹ (INFOR): **~ de errores** Fehlererkennung *f;* **~ óptico de caracteres** optische Zeichenerkennung; **~ de voz** Spracherkennung *f*

reconquista [rrekoŋˈkista] *f* Wiedereroberung *f;* **la R~** (HIST) die Reconquista (*Rückeroberung Spaniens aus der Maurenherrschaft, 718–1492*)

reconquistar [rrekoŋkisˈtar] *vt* (*t. fig*) zurückerobern, wiedergewinnen

reconsiderar [rrekonsiðeˈrar] *vt* nachdenken (über +*akk*)

reconstitución [rrekonstituˈθjon] *f* Wiederherstellung *f*

reconstituir [rrekonstitu'ir/rrekonˈstitwir] *irr como huir* I. *vt* ❶ (*restablecer*) neu gründen, wiederherstellen
❷ (*rehacer*) rekonstruieren, nachbilden; **el juez reconstituyó la escena** der Richter rekonstruierte die Szene; **~ una escena histórica** eine Szene historisch getreu nachbilden
❸ (MED) kräftigen
II. *vr:* **~se** (*tejidos*) sich neu bilden

reconstituyente [rrekonstituˈtʃente] *m* (MED) Kräftigungsmittel *nt*

reconstrucción [rrekonstrukˈθjon] *f* ❶ (*país*) Wiederaufbau *m*
❷ (JUR) Rekonstruktion *f;* **~ de un [o del] crimen** Rekonstruktion des Tathergangs

reconstruir [rrekonˈstruir/rrekonˈstrwir] *irr como huir vt* ❶ (*reedificar*) wieder aufbauen, umbauen
❷ (JUR) rekonstruieren; **se reconstruyó el hecho en presencia del juez** der Fall wurde in Gegenwart des Richters rekonstruiert
❸ (*completar*) zusammenfügen; **reconstruyó el esqueleto a partir de un hueso** anhand eines Knochens bildete er/sie das ganze Skelett nach

recontar [rrekonˈtar] <o→ue> *vt* ❶ (*cantidad*) nachzählen; (*votos*) zählen
❷ (*cuento*) nacherzählen

recontra [rreˈkontra] (*Am: fam*): **¡idiota! ¡que te ~!** Blödmann! selber Blödmann!

recontrabueno, -a [rrekontraˈβweno, -a] *adj* (*Am: fam*) echt gut

recontracaro, -a [rrekontraˈkaro, -a] *adj* (*Am: fam*) total überteuert

reconvención [rrekombenˈθjon] *f* ❶ (*censura*) Vorwurf *m*
❷ (JUR) Widerklage *f;* **formular ~** Widerklage erheben; **presentar una ~** eine Widerklage einreichen

reconvenir [rrekombeˈnir] *irr como venir vt* ❶ (*reprender*) tadeln (*por* wegen +*gen*); **~ a alguien por algo** jdm Vorwürfe wegen etw machen
❷ (JUR) Gegenklage [*o* Widerklage] erheben (*contra* gegen +*akk*)

reconversión [rrekomberˈsjon] *f* (*cambio*) Umstellung *f;* (*adaptación*) Anpassung *f;* **~ industrial** Umstrukturierung *f* der Industrie; **~ profesional** Umschulung *f;* **~ de la producción** Produktionsumstellung *f*

reconvertir [rrekomberˈtir] *irr como sentir vt* umstellen, umstrukturieren

Recopa [rreˈkopa] *f* (DEP: *copa*) Pokal *m* der Pokalsieger; (*competición*) Pokalsiegerwettbewerb *m*

recopilación [rrekopilaˈθjon] *f* Zusammenstellung *f,* Sammlung *f;* **la R~** (HIST) Sammlung von spanischen Gesetzen aus dem Jahre 1567; **~ legislativa** Gesetzessammlung *f;* **ese disco es una ~ de grandes éxitos de Dylan** diese Platte ist ein Album mit den [*o* eine Zusammenstellung der] größten Hits von Bob Dylan

recopilar [rrekopi'lar] *vt* zusammenstellen, sammeln

recórcholis [rreˈkortʃolis] *interj* (*fam*) du meine Güte!, Donnerwetter noch einmal!

récord ['rrekor⁽ᵈ⁾] <récords> *m* (DEP: *t. fig*) Rekord *m;* **~ mundial** Weltrekord *m;* **~ de pérdidas/ganancias** Rekordverluste/-gewinne *mpl;* **batir el ~ de velocidad** den Geschwindigkeitsrekord brechen [*o* schlagen]; **establecer [*o* marcar] un ~** einen Rekord aufstellen; **ha sido un año ~ en lo que a ventas se refiere** dies war ein Rekordjahr im Verkaufsbereich; **superar un ~ en un minuto** einen Rekord um eine Minute verbessern [*o* überbieten]

recordable [rrekorˈðaβle] *adj* (*que se puede recordar*) erinnerlich; (*digno de recordación*) erinnerungswert, erinnerungswürdig

recordar [rrekorˈðar] <o→ue> I. *vi, vt* ❶ (*acordarse*) sich erinnern (an +*akk*)
❷ (*traer a la memoria*) erinnern (an +*akk*), in Erinnerung bringen; (*semejar*) erinnern (*a* an +*akk*); **recuérdale a mamá que me traiga el libro** erinnere Mama daran, dass sie mir das Buch mitbringen soll; **este paisaje me recuerda (a) la Toscana** diese Landschaft erinnert mich an die Toskana; **si mal no recuerdo** wenn ich mich recht erinnere
II. *vi, vr:* **~se** (*Arg, Méx: despertarse*) aufwachen
III. *vr:* **~se** (*acordarse*) sich erinnern

recordatorio [rrekorðaˈtorjo] *m* ❶ (*comunión*) Erinnerungskarte *f* zur Kommunion; (*fallecimiento*) Todesanzeige *f*
❷ (*advertencia*) Mahnung *f* (*de* an +*akk*)

recordman [rreˈkorman] <recordmen> *m* (DEP) Rekordler *m*

recordwoman [rrekorˈwoman] <recordwomen> *f* (DEP) Rekordlerin *f*

recorrer [rrekoˈrrer] *vt* ❶ (*atravesar*) durchqueren; (*viajar por*) bereisen; **ha recorrido Europa en bicicleta** er/sie hat Europa mit dem Fahrrad durchreist
❷ (*trayecto*) zurücklegen; **la máquina de vapor recorrió diez kilómetros** die Dampfmaschine legte zehn Kilometer zurück; **recorrimos tres kilómetros a pie** wir sind drei Kilometer zu Fuß gelaufen
❸ (*registrar*) überprüfen, durchsehen; **recorrió en vano el jardín de cabo a rabo** er/sie suchte vergeblich den ganzen Garten ab
❹ (*texto*) überlesen, durchblättern; **~ con la vista** überfliegen

recorrida [rrekoˈrriða] *f* (*Arg*), **recorrido** [rrekoˈrriðo] *m* ❶ (*trayecto, itinerario*) Strecke *f;* (*a pie*) Wegstrecke *f;* (*en coche*) Fahrstrecke *f;* (*en tren*) Bahnstrecke *f;* **vuelo de corto/largo ~** Kurz-/Langstreckenflug *m;* **tren de largo ~** Fernzug *m* ❷ (*vuelta*) Tour *f;* **su ~ por la biblioteca le fue muy útil** sein/ihr Gang durch die Bibliothek war sehr ergiebig

recortable [rrekorˈtaβle] I. *adj* zum Ausschneiden; **muñeca ~** Anziehpuppe *f*
II. *m* (*dibujo*) Bild *nt* zum Ausschneiden; (*figura*) Figur *f* zum Ausschneiden; (*cartulina*) Bogen *m* zum Ausschneiden

recortado, -a [rrekorˈtaðo, -a] *adj* ausgeschnitten; (*hoja*) ausgezackt; (*costa*) gezackt

recortar [rrekorˈtar] I. *vt* ❶ (*figuras*) ausschneiden; (*barba, uñas*) schneiden; **recorta lo que sobre por los bordes** schneide ab, was übersteht
❷ (*fig: disminuir*) kürzen; **~ el dividendo de las acciones** (FIN) die Aktiendividende kürzen; **~ gastos** (ECON) Kosten abbauen, Ausgaben kürzen
II. *vr:* **~se** sich abzeichnen; **el perfil de las montañas se recorta sobre el horizonte** die Silhouette der Berge zeichnet sich am Horizont ab

recorte [rreˈkorte] *m* ❶ (*periódico*) Ausschnitt *m*
❷ (*rebajamiento*) Kürzung *f;* **~ de (los) gastos** (ECON) Kostenabbau *m;* **~ de las prestaciones sociales** Kürzung der Sozialleistungen, Sozialabbau *m;* **~ salarial** Lohnkürzung *f*
❸ *pl* Abfall *m;* **~s de papel** Papierschnitzel *mpl o ntpl;* **~s de tela** Stoffreste *mpl*

recoser [rrekoˈser] *vt* nachnähen; (*zurcir*) flicken, ausbessern

recosido [rrekoˈsiðo] *m* (*remiendo*) Flicken *m*

recostar [rrekosˈtar] <o→ue> I. *vt* (*apoyar*) (auf)stützen (*en/sobre* auf +*akk*); (*inclinar*) (an)lehnen (*contra/en* an/gegen +*akk*); **recostó la espalda contra la columna** er/sie lehnte sich mit dem Rücken gegen

recova [rre'koβa] *f* ❶ (*CSur: arcadas*) Bogengang *m*
❷ (*And, Urug: mercado*) Lebensmittelmarkt *m*

recoveco [rreko'βeko] *m* ❶ (*escondrijo*) Schlupfwinkel *m*, Versteck *nt*
❷ (*falta de claridad*) Undurchschaubarkeit *f*; **sin ~** ehrlich; **persona con ~** undurchsichtige Person
❸ (*vuelta*) Biegung *f*

recreación [rrekrea'θjon] *f* ❶ (*reproducción*) Nachahmung *f*
❷ (*diversión*) Zerstreuung *f*, Zeitvertreib *m*

recrear [rrekre'ar] I. *vt* ❶ (*reproducir*) nachahmen; **quería ~ en su película esa época** er/sie wollte in seinem/ihrem Film diese Zeit nachstellen
❷ (*divertir*) amüsieren, unterhalten
II. *vr*: **~se** sich zerstreuen, sich amüsieren; **en su soledad se recreaba con los recuerdos de la juventud** in seiner/ihrer Einsamkeit vertrieb er/sie sich die Zeit mit Erinnerungen an seine/ihre Jugend; **se recrea contemplando cuadros** er/sie schaut gern Bilder an

recreativo, -a [rrekrea'tiβo, -a] *adj* unterhaltsam, entspannend; (**salón de juegos**) **~s** Spielhölle *f*

recrecer [rrekre'θer] *irr como crecer* I. *vt* vergrößern
II. *vi* ❶ (*aumentar*) sich vergrößern
❷ (*ocurrir de nuevo*) wieder geschehen
III. *vr*: **~se** (*cobrar bríos*) wieder aufleben

recremento [rrekre'mento] *m* (BIOL) Sekret *nt*, das wieder absorbiert wird

recreo [rre'kreo] *m* (Schul)pause *f*; **de ~** Freizeit-; **casa de ~** Wochenendhaus *nt*; **puerto de ~** Jachthafen *m*, Yachthafen *m*; **los niños salen al patio durante el ~** in der Pause gehen die Kinder auf den (Schul)hof

recriar [rrekri'ar] <*I. pres*: recrío> *vt* (Tiere) mästen

recriminación [rrekrimina'θjon] *f* ❶ (*reproche*) Vorwurf *m*
❷ (*acusación*) Beschuldigung *f*, Verdächtigung *f*

recriminador(a) [rrekrimina'ðor(a)] *m(f)* Beschuldiger(in) *m(f)*

recriminar [rrekrimi'nar] *vt* ❶ (*reprochar*) Vorwürfe machen +*dat*
❷ (*acusar*) beschuldigen

recriminatorio, -a [rrekrimina'torjo, -a] *adj* (*con reproches*) vorwurfsvoll; (*acusando*) beschuldigend

recristalización [rrekristaliθa'θjon] *f* ❶ (GEO) Neukristallisation *f*, Rekristallisation *f*
❷ (QUÍM) Kristallerholung *f*

recrudecer [rrekruðe'θer] *irr como crecer vi*, *vr*: **~se** sich verschärfen, sich verschlimmern

recrudecimiento [rrekruðeθi'mjento] *m* Verschlimmerung *f*; (*combate*) Verschärfung *f*

recta ['rrekta] *f* Gerade *f*, gerade Linie *f*; **traza una ~ con la regla** zieh eine Linie mit dem Lineal; **entrar en la ~ final** (DEP: *t. fig*) in die Zielgerade einlaufen

rectal [rrek'tal] *adj* (ANAT) rektal

rectamente [rekta'mente] *adv* (*honradamente*) redlich

rectangular [rektaŋgu'lar] *adj* rechteckig

rectángulo¹ [rek'taŋgulo] *m* (MAT) Rechteck *nt*

rectángulo, -a² [rek'taŋgulo, -a] *adj* rechtwinklig; **un triángulo ~** ein rechtwinkliges Dreieck

rectificable [rrektifi'kaβle] *adj* ❶ (*corregible*) korrigierbar
❷ (MAT, QUÍM) rektifizierbar

rectificación [rektifika'θjon] *f* ❶ (*corrección*) Berichtigung *f*, Verbesserung *f*; **~ del balance** Bilanzberichtigung *f*; **~ de un valor parcial** Teilwertberichtigung *f*
❷ (*pieza*) Schleifen *nt*
❸ (MAT, QUÍM) Rektifikation *f*
❹ (*corriente*) Gleichrichtung *f*

rectificado [rrektifi'kaðo] *m* ❶ (TÉC) Schleifen *nt*
❷ (AUTO) Ausrichtung *f*

rectificador¹ [rrektifika'ðor] *m* Gleichrichter *m*

rectificador(a)² [rrektifika'ðor(a)] *adj* berichtigend

rectificadora [rrektifika'ðora] *f* Schleifmaschine *f*

rectificar [rektifi'kar] <c→qu> *vt* ❶ (*corregir*) berichtigen, verbessern; **lo interrumpió para ~lo** er/sie unterbrach ihn, um ihn zu verbessern; **rectificó a tiempo** er/sie hat sich noch rechtzeitig besonnen
❷ (*carretera*) begradigen
❸ (*pieza*) (fein) schleifen
❹ (MAT, QUÍM) rektifizieren
❺ (*corriente*) gleichrichten

rectilíneo, -a [rrekti'lineo, -a] *adj* ❶ (*forma*) geradlinig
❷ (*persona*) streng

rectitis [rrek'titis] *f inv* (MED) Mastdarmentzündung *f*

rectitud [rekti'tuð] *f* (*honradez*) Aufrichtigkeit *f*, Rechtschaffenheit *f*

recto¹ ['rekto] *m* (ANAT) Mastdarm *m*

recto, -a² ['rekto, -a] *adj* ❶ (*t. MAT: forma*) gerade; **ángulo ~** rechter Winkel; **intestino ~** (ANAT) Mastdarm *m*; **línea recta** gerade Linie, Gerade *f*; **la silla tiene el respaldo ~** der Stuhl hat eine gerade Lehne; **poner ~ a algo** (*fig*) etw flott machen
❷ (*sin desviarse*) geradewegs; (*dirección*) geradeaus; **la flecha fue recta a clavarse en el blanco** der Pfeil flog genau ins Weiße; **siga todo ~** gehen Sie geradeaus weiter
❸ (*honrado*) rechtschaffen

rector(a) [rek'tor(a)] I. *adj* leitend
II. *m(f)* Rektor(in) *m(f)*

rectorado [rekto'raðo] *m* Rektorat *nt*

rectoral [rekto'ral] *adj* Rektor-; **sala ~** Rektorzimmer *nt*

rectorar [rekto'rar] *vt* leiten

rectoría [rekto'ria] *f* ❶ (*rectorado*) Rektorat *nt*
❷ (REL) Pfarrhaus *nt*

rectoscopia [rektos'kopja] *f* (MED) Rektoskopie *f*

recua ['rrekwa] *f* Herde *f* (*von Lasttieren*); **con él llegó toda su ~ de amigos** (*fam*) mit ihm kam seine ganze Horde von Freunden

recuadro [rre'kwaðro] *m* (*casilla*) (Schrift)feld *nt*, Kästchen *nt*; (TIPO) Linienumrandung *f*

recuarta [rre'kwarta] *f* (MÚS) vierte Gitarrensaite *f*

recubierto [rreku'βjerto] *pp de* **recubrir**

recubrimiento [rrekuβri'mjento] *m* Beschichtung *f*

recubrir [rreku'βrir] *irr como abrir vt* überziehen, überdecken; (*alambre*) umspinnen; **el óxido recubre la hoja del cuchillo** die Messerklinge ist mit Rost überzogen

recuelo [rre'kwelo] *m* Kaffee *m* aus bereits gebrühtem Kaffeesatz

recuento [rre'kwento] *m* Nachzählung *f*; **~ de votos** Stimmenauszählung *f*

recuerdo [rre'kwerðo] *m* ❶ (*evocación*) Erinnerung *f*; **en [o como] ~ de nuestro encuentro** zum Andenken an unsere Begegnung; **traer al ~** in Erinnerung bringen, ins Gedächtnis rufen; **tener un buen ~ de algo** etw in guter Erinnerung haben
❷ (*de un viaje*) Souvenir *nt*, Reiseandenken *nt*; **~ de Madrid** Souvenir aus Madrid
❸ *pl* (*saludos*) Grüße *mpl*; **dale muchos ~s de mi parte** sag [*o* bestell] ihm/ihr viele Grüße von mir; **María te manda muchos ~s** Maria lässt dich herzlich grüßen

recuestar [rrekwes'tar] *vt* fordern

recular [rreku'lar] *vi* ❶ (*retroceder*) zurückweichen; (*automóvil*) rückwärts fahren; (*para aparcar*) (rückwärts) einparken
❷ (*fam: ceder*) nachgeben, klein beigeben

reculón, -ona [rreku'lon, -ona] *adj* (TAUR) Stier, *der bei Herausforderung des Stierkämpfers zurückweicht*; **a reculones** (*fam*) rückwärts hüpfend

reculones [rreku'lones]: **a ~** (*fam*) rückwärts, im Krebsgang

recuperable [rrekupe'raβle] *adj* (zu)rückgewinnbar; (*material*) wieder verwertbar; **no ~** (*estado*) nicht wiederherstellbar; (*material*) nicht wieder verwertbar

recuperación [rrekupera'θjon] *f* ❶ (*recobrar*) Wiedergewinnung *f*, Wiederbeschaffung *f*; **~ de datos** (INFOR) Datenwiederherstellung *f*; **~ de errores** (INFOR) Fehlerbeseitigung *f*; **~ de (la) información** (INFOR) Informationsgewinnung *f*
❷ (ECON) Aufschwung *m*, Aufwärtstrend *m*; **~ de las cotizaciones** Kurserholung *f*; **~ coyuntural** Konjunkturerholung *f*; **la ~ de los precios** das Wiederanziehen der Preise; **la ~ económica se hace esperar** der wirtschaftliche Aufschwung lässt auf sich warten
❸ (*enfermo*) Erholung *f*, Genesung *f*
❹ (*materiales*) Rückgewinnung *f*, Recycling *nt*; **~ de grasas** (QUÍM) Fettrückgewinnung *f*
❺ (*asignatura*) Bestehen *nt*; **examen de ~** Wiederholungsklausur *f*
❻ (*rescate*) Bergung *f*

recuperar [rrekupe'rar] I. *vt* ❶ (*recobrar*) wiedererlangen, zurückgewinnen; (MIL) zurückerobern; **~ la rentabilidad** (ECON) die Rentabilität wiedererlangen
❷ (*tiempo*) nachholen, einholen
❸ (*papel, hierro*) wieder verwerten
❹ (*rescatar*) bergen, ausgraben
❺ (*asignatura*) (im zweiten Anlauf) bestehen; **mi hijo no recuperó la física en el examen de septiembre** mein Sohn ist bei der Physikprüfung auch im zweiten Anlauf im September durchgefallen
II. *vr*: **~se** sich erholen; **el mercado se recupera** der Markt erholt sich

recurrencia [rreku'rrenθja] *f* (MAT) Rekursion *f*

recurrente [rreku'rrente] I. *adj* ❶ (*trayectoria*) rückläufig
❷ (*enfermedad*) rückfällig; **fiebre ~** Rückfallfieber *nt*
II. *mf* Antragsteller(in) *m(f)*; (JUR) Rechtsmittelkläger(in) *m(f)*, Beschwerdeführer(in) *m(f)*; **~ en casación** (JUR) Revisionskläger *m*

recurrible [rreku'rriβle] *adj* (JUR) anfechtbar, rechtsmittelfähig

recurrido, -a [rreku'rriðo, -a] *m, f* (JUR) Beschwerdegegner(in) *m(f)*
recurrir [rreku'rrir] *vi* ❶ (JUR) Beschwerde [*o* Rechtsmittel] einlegen (*contra* gegen +*akk*)
❷ (*dirigirse*) sich wenden (*a* an +*akk*); (*acudir*) zurückgreifen (*a* auf +*akk*); ~ **a la justicia** den Rechtsweg beschreiten; ~ **a todos los medios** alle Hebel in Bewegung setzen; **no tener a quien** ~ niemanden haben, an den man sich wenden kann; **si no me paga ~é a un abogado** wenn er/sie nicht zahlt, werde ich einen Anwalt einschalten
recursivo, -a [rrekur'siβo, -a] *adj* (INFOR, LING) rekursiv
recurso [rre'kurso] *m* ❶ (JUR) Berufung *f,* Rekurs *m;* ~ **de amparo** Verfassungsbeschwerde *f;* ~ **de apelación** Berufung *f,* Berufungsverfahren *nt;* ~ **de casación** Kassationsklage *f,* Revisionsbeschwerde *f;* ~ **contra el auto de prisión** Haftbeschwerde *f;* ~ **contencioso administrativo** verwaltungsgerichtliche Klage; ~ **en la forma** Verfahrensrüge *f;* ~ **de inconstitucionalidad** Verfassungsbeschwerde *f;* ~ **de infracción de ley** Rechtsklage *f;* ~ **legal** Rechtsmittel *nt;* ~ **de nulidad** Nichtigkeitsklage *f;* ~ **principal** Hauptbeschwerde *f;* ~ **de principio** Grundsatzberufung *f;* ~ **de queja** Beschwerde *f;* ~ **de reforma** Abänderungsklage *f;* ~ **de revisión** Wiederaufnahmeverfahren *nt;* ~ **de reposición** Widerspruch im Steuerverfahren; **interponer** ~ **legal** ein Rechtsmittel einlegen; **interponer un** ~ **contra la sentencia** gegen das Urteil Einspruch erheben; **presentar** ~ Beschwerde einlegen
❷ (*remedio*) Hilfe *f;* (*expediente*) Zuflucht *f;* **no me queda otro** ~ **que...** es bleibt mir nichts anderes übrig als ...
❸ *pl* (*bienes*) Mittel *ntpl;* ~**s ajenos** Fremdmittel *ntpl;* ~**s crediticios** (FIN) Kreditmittel *ntpl;* ~**s económicos** finanzielle Mittel; ~**s propios** Eigenkapital *nt,* eigene Mittel; ~**s públicos** (FIN) öffentliche Gelder *pl,* Mittel der öffentlichen Hand; **las familias sin** ~**s serán ayudadas** den mittellosen Familien soll geholfen werden; **sus** ~**s son escasos** seine/ihre Mittel sind beschränkt
❹ *pl* (*reservas*) Vorräte *mpl,* Ressourcen *fpl;* ~**s naturales** natürliche Ressourcen; ~**s hídricos/petrolíferos** Wasser-/Ölvorräte *mpl;* **el país cuenta con abundantes** ~**s minerales** das Land ist reich an Bodenschätzen
❺ (INFOR): ~ **de sistema** Systemressource *f*
❻ (*loc*): **ser una persona de** ~**s** ein findiger Kopf sein
recusable [rreku'saβle] *adj* ablehnbar; (*reprochable*) verwerflich
recusación [rrekusa'θjon] *f* (*t.* JUR) Ablehnung *f,* Zurückweisung *f;* ~ **de un testigo/de un perito por parcialidad** Ablehnung eines Zeugen/eines Sachverständigen wegen Befangenheit
recusar [rreku'sar] *vt* zurückweisen; (*t.* JUR) ablehnen
red [rreð] *f* ❶ (*malla*) Netz *nt;* (*para pescar*) Fischernetz *nt;* (*para pájaros*) Vogelnetz *nt;* (*para mariposas*) Schmetterlingsnetz *nt;* ~ **de arrastre** Schleppnetz *nt;* **echar las** ~**es** die Netze auswerfen
❷ (*t.* ELEC, INFOR: *sistema*) Netz *nt;* (ECON) Netzwerk *nt;* ~ **C** (TEL) C-Netz *nt;* ~ **de área local** (INFOR) lokales Netzwerk; ~ **comercial** Vertriebsnetz *nt;* ~ **de datos** Datennetz *nt;* **R**~ **Digital de Servicios Integrados** (TEL) ISDN-Netz *nt;* ~ **de distribución** Verteilernetz *nt;* ~ **local** lokales Netzwerk; ~ **de ordenadores** (INFOR) Computernetz *nt;* ~ **telefónica** Telefonnetz *nt;* ~ **vial** [*o* **de carreteras**] Straßennetz *nt;* **han desarticulado una** ~ **de carteristas** sie haben einen Ring von Taschendieben zerschlagen
❸ (*ardid*) Falle *f,* Schlinge *f;* **caer en la** ~ in die Falle gehen
redacción [rreðak'θjon] *f* ❶ (ENS) Aufsatz *m*
❷ (PREN) Redaktion *f;* **consejo de** ~ Schriftleitung *f;* **jefe de** ~ Redaktionsleiter *m,* Chefredakteur *m*
❸ (*enunciado*) Abfassung *f,* Wortlaut *m*
redactar [rreðak'tar] *vt* verfassen; (PREN) redigieren; (*carta, documento*) aufsetzen; ~ **actas** Urkunden aufsetzen [*o* ausfertigen]; ~ **una carta/una obra/un artículo** einen Brief/ein Werk/einen Artikel verfassen; ~ **un testamento** ein Testament abfassen; ~ **un contrato** einen Vertrag aufsetzen
redactor(a) [rreðak'tor(a)] *m(f)* Verfasser(in) *m(f);* (PREN) Redakteur(in) *m(f);* ~ **jefe** Chefredakteur *m*
redada [rre'ðaða] *f* ❶ (*de la policía*) Razzia *f*
❷ (*pescado, t. fig*) Fischzug *m*
redaño [rre'ðaɲo] *m* ❶ (ANAT) Gekröse *nt*
❷ (*loc*): **tener muchos** ~**s** Mut haben
redargüir [rreðar'ɣwir] *irr como huir vt* widerlegen; (JUR) anfechten, zurückweisen
redecilla [rreðe'θiʎa] *f* ❶ *dim de* **red**
❷ (*pelo*) Haarnetz *nt*
❸ (*equipaje*) Gepäcknetz *nt*
❹ (ZOOL) Netzmagen *m*
redecir [rreðe'θir] *irr como decir vt* mit Nachdruck wiederholen; **te lo digo y te lo redigo: te equivocas** und ich sage es dir noch einmal: Du irrst dich
rededor [rreðe'ðor] *m:* **al** [*o* **en**] ~ ringsherum; **al** ~ **de la casa** rings um das Haus, um das Haus herum

redefinir [rreðefi'nir] *vt* neu definieren, neu bestimmen
redemocratización [rreðemokratiθa'θjon] *f* Wiederherstellung *f* der Demokratie
redención [rreðen'θjon] *f* ❶ (REL) Erlösung *f*
❷ (*cautivo*) Loskauf *m,* Befreiung *f*
❸ (*finca*) Ablösung *f*
redentor(a) [rreðen'tor(a)] *m(f)* Erlöser(in) *m(f),* Retter(in) *m(f);* **El R**~ (REL) der Erlöser
redescontar [rreðeskon'tar] <o→ue> *vt* (ECON) rediskontieren
redescubrir [rreðesku'βrir] *vt* wieder entdecken, neu entdecken
redescuento [rreðes'kwento] *m* (ECON) nachträglicher Preisnachlass *m,* Rediskont *m*
redhibir [rreði'βir] *vt* (JUR) wegen Mängel den Kauf rückgängig machen
redhibitorio, -a [rreðiβi'torjo, -a] *adj* (JUR) zur Wandlung berechtigend; **vicio** ~ (verborgener) Sachmangel *m*
redicho, -a [rre'ðitʃo, -a] *adj* (*fam*) affektiert, gekünstelt
rediez [rre'ðjeθ] *interj* (*fam*) v. **rediós**
redil [rre'ðil] *m* Pferch *m;* **volver al** ~ (*fig*) wieder auf den rechten Weg kommen
redimensionar [rreðimensjo'nar] *vt* anpassen
redimible [rreði'miβle] *adj* ❶ (REL) erlösbar
❷ (*finca*) ablösbar
redimir [rreði'mir] I. *vt* ❶ (REL) erlösen
❷ (*esclavo*) befreien, loskaufen
❸ (*finca*) ablösen; ~ **una hipoteca** (FIN) eine Hypothek zurückzahlen
II. *vr:* ~**se** sich befreien
rediós [rre'ðjos] *interj* (*fam*) oh Gott!, meine Güte!
redistribución [rreðistriβu'θjon] *f* (ECON) Umverteilung *f;* ~ **de la renta** Einkommensumverteilung *f;* ~ **del capital** Kapitalumverteilung *f*
redistribuir [rreðistri'βwir] *irr como huir vt* umverteilen; ~ **la riqueza** den Wohlstand umverteilen
rédito ['rreðito] *m* (ECON) Zinsen *mpl,* Rendite *f,* Kapitalertrag *m;* **esa cantidad nos da 30 euros de** ~**s** dieser Betrag bringt uns 30 Euro Zinsen
redituable [rreðitu'aβle] *adj* (ECON) nutzbringend, ertragreich
reditual [rreðitu'al] *adj* (ECON) regelmäßig Nutzen abwerfend [*o* bringend]
redituar [rreðitu'ar] <3. *pres:* reditúa> *vt* bringen, abwerfen
redivivo, -a [rreði'βiβo, -a] *adj:* **este niño es su padre** ~ dieses Kind ist seinem (verstorbenen) Vater wie aus dem Gesicht geschnitten
redoblado, -a [rreðo'βlaðo, -a] *adj* (*doble*) verdoppelt; (*robusto*) verstärkt
redoblante¹ [rreðo'βlante] *m* (*tambor*) Trommel *f*
redoblante² [rreðo'βlante] *mf* (*músico*) Trommler(in) *m(f)*
redoblar [rreðo'βlar] I. *vt* ❶ (*aumentar*) verdoppeln
❷ (*clavo*) umbiegen
II. *vi* (*tambor*) einen Trommelwirbel schlagen; (*tormenta, t. fig*) heftiger werden
redoble [rre'ðoβle] *m* (MÚS) (Trommel)wirbel *m*
redoblegar [rreðoβle'ɣar] <g→gu> *vt* (*doblegar*) biegen; (*redoblar*) verdoppeln
redoma [rre'ðoma] *f* Phiole *f*
redomado, -a [rreðo'maðo, -a] *adj* äußerst schlau, gerissen; **es una mentirosa redomada** sie ist eine durchtriebene Lügnerin
redomón [rreðo'mon] *adj* (*AmS*) nicht ganz gezähmt (*Pferd*)
redonda [rre'ðonda] *f* ❶ (*dehesa*) Aue *f;* **no hay casas en tres kilómetros a la** ~ im Umkreis von drei Kilometern gibt es keine Häuser
❷ (MÚS) ganze Note *f*
redondamente [rreðonda'mente] *adv* ❶ (*alrededor*) rundherum
❷ (*categóricamente*) rundheraus
redondear [rreðonde'ar] *vt* (ab)runden; ~ **por defecto/por exceso** ab-/aufrunden
redondel [rreðon'del] *m* Kreis *m,* Kringel *m;* **dibujaron un** ~ **en la arena** sie zeichneten einen Kreis in den Sand
redondela [rreðon'dela] *f* ❶ (*Arg, Chil: objeto circular*) kreisförmiges Objekt *m*
❷ (*Chil: fam: círculo*) Kreis *m*
redondez [rreðon'deθ] *f* Rundung *f;* **en toda la** ~ **de la Tierra** auf dem ganzen Erdenrund
redondilla [rreðon'diʎa] *f* ❶ (LIT) vierzeilige Strophe mit Doppelreim
❷ (TIPO) runde Schrift *f*
redondo¹ [rre'ðondo] *m* ❶ (*carne*) Frikandeau *nt*
❷ *pl* (*acero*) Rundstahl *m*
redondo, -a² [rre'ðondo, -a] *adj* (*circular*) rund; (*redondeado*) abgerundet; **letra redonda** runde Schrift; **en números** ~ in runden Zahlen; **me miró con unos ojos** ~**s como platos** er/sie starrte mich (mit offenem Mund) an; **hacer un negocio** ~ ein gutes Geschäft machen; **se cayó** ~ (*derrumbarse*) er/sie ist der Länge nach hingefallen; (*quedarse mudo*) ihm/ihr blieb die Sprache weg; **se ha negado en** ~ er/sie hat

redopelo sich rundheraus geweigert
redopelo [rreðo'pelo] *m* ❶ (*tela*) Gegenstrich *m;* **a(l)** ~ gegen den Strich
❷ (*pelea*) Streit *m* (*unter Jugendlichen*)
redor [rre'ðor] *m:* **todas las casas en** ~ alle Häuser ringsherum
redrojo [rre'ðroxo] *m* ❶ (*racimos*) Spätfrucht *f* (*an der Rebe verbliebene kleine Weintrauben*)
❷ (*fruto tardío*) späte Frucht *f*
❸ (*fam: muchacho que medra poco*) Schwächling *m*
reducción [rreðuɣ'θjon] *f* ❶ (*disminución, t.* HIST, QUÍM) Reduktion *f;* (*precios*) Senkung *f;* (*rebaja*) Rabatt *m;* ~ **de gastos** Kosteneinsparung *f,* Kostensenkung *f;* ~ **de la jornada laboral** Arbeitszeitverkürzung *f;* ~ **de pérdidas** Verlustminderung *f;* ~ **de personal** Personalabbau *m;* ~ **de tropas** Truppenabbau *m*
❷ (ECON) Kürzung *f;* (JUR) Minderung *f;* ~ **de la base imponible** Senkung der Steuerbemessungsgrundlage; ~ **de capital** Kapitalherabsetzung *f,* Kapitalschnitt *m;* ~ **de la carga impositiva** Minderung der Steuerlast; ~ **de los complementos salariales** Kürzung der Gehaltszulagen; ~ **de las cotizaciones** Kursherabsetzung *f;* ~ **de la cuota tributaria** Steuerbetragsermäßigung *f;* ~ **de la demanda** Nachfrageschwächung *f;* ~ **del derecho fundamental** Grundrechtseinschränkung *f;* ~ **de las existencias** Lagerabbau *m;* ~ **del gasto público** Kürzung der öffentlichen Ausgaben; ~ **del interés básico** Leitzinssenkung *f;* ~ **salarial** Lohnkürzung *f;* ~ **de un tipo impositivo** Steuersenkung *f*
❸ (*fotografía, dibujo*) Verkleinerung *f*
❹ (FÍS, MAT) Reduktion *f,* Umrechnung *f;* ~ **de quebrados** Bruchkürzung *f;* **tabla de** ~ Umrechnungstabelle *f*
❺ (*hernia, fractura*) Einrenken *nt*
reduccionismo [rreðuɣθjo'nismo] *m sin pl* Reduktionismus *m*
reduccionista [rreðuɣθjo'nista] *adj* reduktionistisch
reducible [rreðu'θiβle] *adj* reduzierbar, (MAT) reduzibel, zerlegbar
reducido, -a [rreðu'θiðo, -a] *adj* klein; (*estrecho*) eng; (*precio*) ermäßigt, niedrig; **a precios** ~**s** zu herabgesetzten Preisen; **a escala reducida** in verkleinertem Maßstab
reducidor(a) [rreðuθi'ðor(a)] *m(f) (AmS: perista)* Hehler(in) *m(f)*
reducir [rreðu'θir] *irr como traducir* I. *vt* ❶ (*disminuir*) reduzieren, verringern; (*personal*) abbauen; (*gastos*) senken; (*precios*) ermäßigen; ~ **a la mitad** auf die Hälfte zurückschrauben; ~ **el paro** die Arbeitslosigkeit abbauen; ~ **el plazo de un crédito** die Laufzeit eines Kredites verringern; ~ **la plantilla** (ECON) die Belegschaft abbauen; **las prestaciones sociales** die Sozialleistungen kürzen, Sozialabbau betreiben
❷ (*foto, dibujo*) verkleinern; ~ **de escala** in einem kleineren Maßstab wiedergeben
❸ (*someter*) unterwerfen; **la policía redujo al agresor** die Polizei überwältigte den Täter
❹ (*convertir*) verwandeln (*a* in +*akk*); **el fuego redujo la casa a cenizas** bei dem Feuer verbrannte das Haus völlig, ~/**quedar reducido a escombros** in Schutt und Asche legen/liegen; ~ **al absurdo algo** etw ad absurdum führen
❺ (*limitar*) beschränken (*a* auf +*akk*); **redujo su intervención a la lectura de un texto** er/sie beschränkte seinen/ihren Beitrag darauf, einen Text vorzulesen
❻ (*resumir*) zusammenfassen; **redujeron el artículo por motivos de espacio** der Artikel wurde aus Platzgründen gekürzt
❼ (*salsa*) einkochen lassen
❽ (MED: *hueso*) einrenken
❾ (MAT) umrechnen; ~ **al común denominador** (*t. fig*) auf einen gemeinsamen Nenner bringen
❿ (QUÍM) reduzieren
II. *vi* (AUTO) zurückschalten; **al llegar a la curva reduces** in der Kurve schaltest du zurück
III. *vr:* ~ **se** sich beschränken (*a* auf +*akk*); **en su explicación se redujo a darnos una visión general** in seiner/ihrer Ausführung hat er/sie sich darauf beschränkt, uns einen allgemeinen Eindruck zu vermitteln
reductible [rreðuk'tiβle] *adj v.* **reducible**
reducto [rre'ðukto] *m* Bollwerk *nt*
reductor[1] [rreðuk'tor] *m* (QUÍM) Reduktionsmittel *nt*
reductor(a)[2] [rreðuk'tor(a)] *adj* reduzierend, (QUÍM) reduktiv, Reduktions-
redundancia [rreðun'danθja] *f* Redundanz *f*
redundante [rreðun'dante] *adj* überflüssig, redundant
redundar [rreðun'dar] *vi:* **eso redunda en beneficio** [*o* **provecho**] **nuestro** das liegt in unserem eigenen Interesse; **eso redunda en beneficio de todos** das wirkt sich vorteilhaft für alle aus; **eso** ~**á en perjuicio vuestro** das wird unangenehme [*o* schlimme] Folgen für euch haben
reduplicación [rreðuplika'θjon] *f* Verdopp(e)lung *f,* (LING) Reduplikation *f*
reduplicar [rreðupli'kar] <c→qu> *vt* verdoppeln; (LING) reduplizieren

reduvio [rre'ðuβjo] *m* (ZOOL) Staubwanze *f,* Kotwanze *f*
reedición [rre(e)ði'θjon] *f* Neuauflage *f,* Neuausgabe *f*
reedificación [rre(e)ðifika'θjon] *f* Wiederaufbau *m*
reedificador(a) [rre(e)ðifika'ðor(a)] I. *adj* wieder aufbauend
II. *m(f)* Wiederaufbauer(in) *m(f)*
reedificar [rre(e)ðifi'kar] <c→qu> *vt* wieder aufbauen
reeditar [rre(e)ði'tar] *vt* neu herausgeben, neu auflegen
reeducación [rre(e)ðuka'θjon] *f* (MED: *rehabilitación*) Krankengymnastik *f,* Heilgymnastik *f*
reeducar [rre(e)ðu'kar] <c→qu> *vt* heilgymnastisch behandeln
reelaboración [rre(e)laβora'θjon] *f* Wiederverarbeitung *f*
reelaborar [rre(e)laβo'rar] *vt* wieder verarbeiten
reelección [rre(e)leɣ'θjon] *f* (POL) Wiederwahl *f*
reelecto, -a [rre(e)'lekto, -a] *adj* wieder gewählt
reelegible [rre(e)le'xiβle] *adj* wieder wählbar
reelegir [rre(e)le'xir] *irr como elegir vt* (POL) wieder wählen
reembarcar [rre(e)mbar'kar] <c→qu> *vt* wieder verschiffen
reembarque [rre(e)m'barke] *m* Wiederverschiffung *f*
reembolsable [rre(e)mbol'saβle] *adj* (FIN) rückzahlbar, tilgbar; **depósito** ~ rückzahlbare Einlage; **préstamo** ~ ablösbarer Kredit
reembolsar [rre(e)mbol'sar] *vt* zurückzahlen, zurückerstatten; ~ **una deuda** eine Schuld tilgen; **me** ~**on los gastos de viaje** man hat mir die Reisekosten zurückerstattet
reembolso [rre(e)m'bolso] *m* (*devolución*) Rückerstattung *f,* Rückzahlung *f;* ~ **de capital** Kapitalrückzahlung *f;* ~ **de gastos** Auslagenerstattung *f,* Unkostenvergütung *f;* ~**s fiscales** Steuerrückerstattungen *fpl;* ~ **del precio de compraventa** Kaufpreisrückzahlung *f;* **cláusula de** ~ Rückzahlungsklausel *f;* **me enviarán el paquete contra** ~ ich bekomme das Paket per Nachnahme geschickt
reemisor [rre(e)mi'sor] *m* (ELEC) Relaisstation *f*
reemplazable [rre(e)mpla'θaβle] *adj* ersetzbar
reemplazante [rre(e)mpla'θante] *mf* (*Méx*) Stellvertreter(in) *m(f)*
reemplazar [rre(e)mpla'θar] <z→c> *vt* ersetzen; (*representar*) vertreten; **hay que** ~ **esta pieza por esta otra** man muss dieses Teil durch dieses andere ersetzen
reemplazo [rre(e)m'plaθo] *m* (*sustitución*) Ersatz *m,* Austausch *m;* (DEP) Auswechseln *nt;* (MIL: *acción*) regelmäßiges Austauschen der Soldaten einer Armee; (*tropas*) Reserve *f;* **ser del mismo** ~ demselben Jahrgang angehören
reemprender [rre(e)mpren'der] *vt* wieder aufnehmen
reencarnación [rre(e)ŋkarna'θjon] *f* (REL) Reinkarnation *f*
reencarnar [rre(e)ŋkar'nar] *vi, vr:* ~**se** wieder geboren werden
reencauchar [rre(e)ŋkau̯'tʃar] *vt* (*Col, Perú:* AUTO) aufvulkanisieren, runderneuern
reencontrar [rre(e)ŋkon'trar] <o→ue> *vt, vr:* ~**se** (sich) wieder treffen; **nos reencontramos diez años después** wir haben uns zehn Jahre danach wieder getroffen
reencuadernar [rre(e)ŋkwaðer'nar] *vt* (TIPO) neu einbinden
reencuentro [rre(e)ŋ'kwentro] *m* ❶ (*encuentro*) Wiederbegegnung *f,* erneutes Zusammentreffen *nt;* **un** ~ **largamente esperado** ein lang ersehntes Wiedersehen
❷ (*choque*) Zusammenstoß *m*
❸ (MIL) Gefecht *nt*
reenganchar [rre(e)ŋgan'tʃar] I. *vt* wieder anwerben
II. *vr:* ~**se** ❶ (MIL) sich weiter verpflichten
❷ (*fig: droga*) wieder süchtig werden
reensayar [rre(e)nsa'ɟar] *vt* nochmals einüben [*o* proben]
reensayo [rre(e)n'saɟo] *m* zweite Probe *f*
reenviar [rre(e)mbi'ar] <1. *pres:* reenvío> *vt* (*al remitente*) zurückschicken (*a* an +*akk*); (*a un nuevo destinatario*) weitersenden (*a* an +*akk*), weiterbefördern (*a* an +*akk*)
reenvidar [rre(e)mbi'dar] *vt* (beim Spiel) überbieten
reenvío [rre(e)m'bio] *m* (*al remitente*) Rücksendung *f* (*a* an +*akk*); (*a un nuevo destinatario*) Weitersendung *f* (*a* an +*akk*)
reenvite [rre(e)m'bite] *m* (*en juegos*) Überbieten *nt*
reestrenar [rre(e)stre'nar] *vt* wieder aufführen
reestreno [rre(e)s'treno] *m* Wiederaufführung *f*
reestructuración [rre(e)struktura'θjon] *f* (ECON) Umstrukturierung *f;* ~ **del capital** Kapitalumschichtung *f;* ~ **financiera** finanzielle Umstrukturierung
reestructurar [rre(e)struktu'rar] *vt* umstrukturieren
reevaluación [rre(e)βalwa'θjon] *f* Neubewertung *f*
reevaluar [rre(e)βa'lwar] <1. *pres:* reevalúo> *vt* neu bewerten
reexaminación [rre(e)ɣsamina'θjon] *f* Wiederholungsprüfung *f*
reexaminar [rre(e)ɣsami'nar] *vt* überprüfen
reexpedición [rre(e)spedi'θjon] *f* (*al remitente*) Rücksendung *f* (*a* an +*akk*); (*a un nuevo destinatario*) Weiterbeförderung *f* (*a* an +*akk*)
reexpedir [rre(e)spe'ðir] *irr como pedir vt* (*al remitente*) zurückschicken (*a* an +*akk*); (*a un nuevo destinatario*) weitersenden (*a* an +*akk*);

¡reexpídase a manos del destinatario! bitte nachsenden!
reexportación [rre(e)esporta'θjon] *f* (COM) Wiederausfuhr *f*, Reexport *m*
reexportar [rre(e)espor'tar] *vt* wieder ausführen (*a nach* +*dat*), reexportieren (*a nach* +*dat*)
ref [rref] *f abr de* **referencia** Ref
refacción [rrefaɣ'θjon] *f* Imbiss *m*, Stärkung *f*
refaccionar [rrefaɣθjo'nar] *vt* (*Am: edificios*) renovieren, restaurieren
refaccionaria [rrefaɣθjo'narja] *f* (*Méx:* COM) Ersatzteilladen *m*
refajo [rre'faxo] *m* (*de tela gruesa*) Flanellrock *m*; (*combinación*) Unterrock *m*
refectorio [rrefek'torjo] *m* Refektorium *nt*, Speisesaal *m*
referencia [rrefe'renθja] *f* ❶ (*alusión*) Anspielung *f* (*a auf* +*akk*), Hinweis *m* (*a auf* +*akk*); **punto de ~** Anhaltspunkt *m*; (PSICO) Bezugspunkt *m*; **pedir ~s** Referenzen verlangen; **dar el nombre de alguien como ~** jdn als Referenz angeben; **con ~ a su petición** mit Bezug [*o* Bezug nehmend] auf seine/ihre Bitte; **hacer una pequeña ~ a algo/alguien** etw/jdn am Rande erwähnen
❷ *pl* (*informes*) Referenzen *fpl*, Empfehlungen *fpl*; **presentar** [*o* **dar**] **~s** Referenzen angeben
❸ (*nota*) (Akten)zeichen *nt*; **nuestra/su ~** (*en un escrito*) unser/Ihr Zeichen
❹ (*relato*) Erzählung *f*
referencial [rreferen'θjal] *m* (FÍS, MAT) Bezugssystem *nt*
referendo [rrefe'rendo] *m*, **referéndum** [rrefe'rendun] <referéndums> *m* Referendum *nt*, Volksabstimmung *f*, Volksentscheid *m*; **el sindicato convocó un ~ tras un mes de huelga** die Gewerkschaft führte nach einem Monat Streik eine Urabstimmung durch
referente [rrefe'rente] *adj* bezüglich (*a* +*gen*), in Bezug (*a auf* +*akk*); **(en lo) ~ a su queja** mit Bezug auf Ihre Klage; **~ al procedimiento** (INFOR) prozedural
referí [rrefe'ri] *m* (*Am:* DEP) Schiedsrichter *m*
referible [rrefe'riβle] *adj* relevant, erwähnenswert; **su trabajo en esta oficina es verdaderamente ~** er/sie kann sich auf seine/ihre Tätigkeit in diesem Büro als Referenz berufen
referir [rrefe'rir] *irr como sentir* I. *vt* berichten, erzählen
II. *vr:* **~se** sich beziehen (*a auf* +*akk*); **en** [*o* **por**] **lo que se refiere a nuestras relaciones** was unsere Beziehungen (an)betrifft; **no me estaba refiriendo a Usted** damit habe ich Sie nicht gemeint
refilar [rrefi'lar] *vi* (*Chil*) streifen; **~ la pared** an der Wand entlangstreifen
refilón [rrefi'lon]: **mirar de ~** schräg ansehen; **el sol da en mi ventana de ~** die Sonne scheint nicht direkt in mein Zimmer
refinación [rrefina'θjon] *f* Verfeinerung *f*; (*metales*) Veredelung *f*; (*azúcar*) Raffination *f*
refinado¹ [rrefi'naðo] *m* ❶ (*producto*) Raffinade *f*
❷ (*acción*) Raffination *f*
refinado, -a² [rrefi'naðo, -a] *adj* ❶ (*delicado*) raffiniert, elegant
❷ (*audaz*) schlau, listig; **utilizan las técnicas más refinadas** sie haben ganz ausgeklügelte Methoden
refinamiento [rrefina'mjento] *m* (*astucia, esmero*) Raffinesse *f*
refinanciación [rrefinanθja'θjon] *f* (FIN) Refinanzierung *f*, Gegenfinanzierung *f*; (*de créditos*) Umschuldung *f*; **posibilidad de ~** Refinanzierungsmöglichkeit *f*
refinanciar [rrefinan'θjar] *vt* (FIN) refinanzieren; (*créditos*) umschulden; **~ la deuda** die Schulden refinanzieren [*o* umschulden]
refinar [rrefi'nar] I. *vt* (*petróleo, azúcar*) raffinieren; (*grasas*) verfeinern; (*metal*) veredeln
II. *vr:* **~se** sich *dat* bessere Manieren angewöhnen
refinería [rrefine'ria] *f* Raffinerie *f*
refino¹ [rre'fino] *m* ❶ (*refinación*) Raffinieren *nt*
❷ (*azúcar*) Raffinade *f*
refino, -a² [rre'fino, -a] *adj* hochfein
refirmar [rrefir'mar] *vt* ❶ (*estribar*) aufstützen (*auf* +*akk*)
❷ (*confirmar, ratificar*) bestätigen
refitolear [rrefitole'ar] *vi* (*fam*) herumschnüffeln; **no tiene otra cosa que hacer que andar refitoleando** er/sie hat nichts anderes zu tun, als seine/ihre Nase in alles zu stecken
reflación [rrefla'θjon] *f* (ECON) Reflation *f*
reflectante [rreflek'tante] *adj* (FÍS) reflektierend
reflectar [rreflek'tar] *vi* (FÍS) reflektieren, zurückstrahlen
reflector¹ [rreflek'tor] *m* (*foco*) Reflektor *m*, Rückstrahler *m*
reflector(a)² [rreflek'tor(a)] *adj* reflektierend
reflejar [rrefle'xar] I. *vi, vt* reflektieren, zurückstrahlen, widerspiegeln; **sus palabras reflejan miedo** seine/ihre Worte verraten Angst
II. *vr:* **~se** (*t. fig*) sich (wider)spiegeln; **la habitación se refleja en la ventana** das Zimmer spiegelt sich im Fenster
reflejo¹ [rre'flexo] *m* ❶ (FÍS) Reflex *m*, (Wider)spiegelung *f*; **las esmeraldas despiden unos preciosos ~s verdes** Smaragde haben einen wunderschönen grünen Glanz; **su comportamiento es un fiel ~ de su estado de ánimo** sein/ihr Verhalten spiegelt seinen/ihren Gemütszustand genau wider
❷ (MED, PSICO) Reflex *m*; **~ condicionado** bedingter Reflex; **para ello hay que ser rápido de ~s** dafür braucht man sehr gute Reflexe
reflejo, -a² [rre'flexo, -a] *adj* reflektiert, Reflex-; **dolor ~** ausstrahlender Schmerz; **luz refleja** Reflexlicht *nt*; **movimiento ~** Reflexbewegung *f*
reflejoterapia [rreflexote'rapja] *f* (MED) Reflextherapie *f*
réflex ['rrefleɣs] *f inv* (FOTO) Reflexkamera *f*
reflexión [rrefleɣ'sjon] *f* ❶ (*consideraciones*) Überlegung *f*, Reflexion *f*; **sus reflexiones se encuentran recogidas en este libro** seine/ihre Gedanken sind in diesem Buch festgehalten
❷ (*rayos*) Reflexion *f*; **~ de la luz** Lichtreflexion *f*
reflexionar [rrefleɣsjo'nar] *vi, vt* nachsinnen (*sobre/en* über +*akk*), nachdenken (*sobre/en* über +*akk*); **reflexiona bien antes de dar ese paso** überleg es dir gut, bevor du diesen Schritt unternimmst
reflexividad [rrefleɣsiβi'ðað] *f* (FILOS) Reflexivität *f*
reflexivo, -a [rrefleɣ'siβo, -a] *adj* ❶ (*sensato*) besonnen; (*reflectante*) nachdenklich
❷ (LING) reflexiv
reflexología [rrefleɣsolo'xia] *f* (MED) Reflexologie *f*, Reflexpsychologie *f*
reflorecer [rreflore'θer] *irr como crecer vi* (*t.* BOT) wieder aufblühen
reflotar [rreflo'tar] *vt* (*t.* NÁUT) wieder flottmachen; **reflotó la empresa en poco tiempo** er/sie hat die Firma in kurzer Zeit wieder auf die Beine gestellt
refluir [rreflu'ir] *irr como huir vi* zurückfließen
reflujo [rre'fluxo] *m* Ebbe *f*; **la marea se compone del flujo y el ~ de las aguas** Ebbe und Flut bilden die Gezeiten
refocilarse [rrefoθi'larse] *vt, vr* (*pey: regodearse*) sich weiden (*con/en* an +*dat*)
reforestación [rreforesta'θjon] *f* (Wieder)aufforstung *f*
reforestar [rrefores'tar] *vt* (wieder) aufforsten
reforma [rre'forma] *f* ❶ (*mejora*) Verbesserung *f*; (*modificación*) Reform *f*; **~ agraria** Agrarreform *f*; **~ constitucional** Verfassungsänderung *f*; **~ económica** Wirtschaftsreform *f*; **~ educativa** Schulreform *f*; **~ fiscal** Steuerreform *f*; **~ monetaria** Währungsreform *f*, Währungsumstellung *f*; **~ parlamentaria** Parlamentsreform *f*; **~ del sistema tributario** Steuerreform *f*
❷ (ARQUIT: *reestructuración*) Umbau *m*; (*renovación*) Renovierung *f*; **han hecho una ~ en el cuarto de baño** sie haben das Badezimmer renoviert
❸ (REL): **R~ Protestante** Reformation *f*
❹ (*reparación*) Wiederherstellung *f*
reformable [rrefor'maβle] *adj* verbesserungsfähig, reformierbar
reformación [rreforma'θjon] *f* ❶ (*mejora*) Verbesserung *f*; (*del comportamiento*) Besserung *f*
❷ (*modificación*) Reform *f*
reformado, -a [rrefor'maðo, -a] I. *adj* ❶ (*iglesia*) reformiert
❷ (*protestante*) protestantisch; **religión reformada** Protestantismus *m*
II. *m, f* (*protestante*) Protestant(in) *m(f)*
❷ (*orden*) reformierter Orden *m*
❸ (*miembro de una orden*) Angehörige(r) *mf* eines reformierten Ordens
reformador(a) [rreforma'ðor(a)] I. *adj* ❶ (*que mejora*) verbessernd; (*que modifica*) reformerisch, reformatorisch; (*partidario de reformas*) reformfreudig; **propuesta ~a** Verbesserungsvorschlag *m*; (ECON, ENS, JUR, POL) Reformvorschlag *m*; **política ~a** Reformpolitik *f*
❷ (REL) Reformations-
II. *m(f)* ❶ (*ejecutor, partidario de reformas*) Reformer(in) *m(f)*
❷ (REL) Reformator(in) *m(f)*
reformar [rrefor'mar] I. *vt* ❶ (*mejorar*) verbessern; (*modificar*) reformieren; **~ su conducta** sich besser benehmen, sein Benehmen bessern
❷ (*a alguien*) umerziehen, läutern
❸ (ARQUIT: *reestructurar*) umbauen; (*renovar*) renovieren
❹ (REL) reformieren
❺ (*rehacer*) wiederherstellen
❻ (*deshacer*) auflösen
II. *vr:* **~se** sich bessern, sich läutern; **~se en el vestir** sich besser kleiden
reformativo, -a [rreforma'tiβo, -a] *adj* reformerisch, Reform-
reformatorio¹ [rreforma'torjo] *m* Erziehungsanstalt *f*; **~ para delincuentes juveniles** Jugendvollzugsanstalt *f*
reformatorio, -a² [rreforma'torjo, -a] *adj* ❶ (*que mejora*) verbessernd; (*que modifica*) reformerisch, reformatorisch
reformismo [rrefor'mismo] *m sin pl* Reformismus *m*
reformista [rrefor'mista] I. *adj* ❶ (*que reforma*) Reform-; (*partidario de reformas*) reformfreudig; **política ~** Reformpolitik *f*; **tendencias ~s** Reformbestrebungen *fpl*; **ser ~** (*ejecutar reformas*) Reformen durchführen; (*ser partidario*) sich für Reformen einsetzen
❷ (*relativo al/partidario del reformismo*) reformistisch
II. *mf* ❶ (*ejecutor/partidario de reformas*) Reformer(in) *m(f)*

reforzado

❷ (*partidario del reformismo*) Reformist(in) *m(f)*
reforzado, -a [rreforˈθaðo, -a] *adj* verstärkt
reforzador¹ [rreforˈθaðor] *m* (*t.* FOTO) Verstärker *m*
reforzador(a)² [rreforˈθaðor(a)] *adj* verstärkend
reforzamiento [rreforθaˈmjento] *m* ❶ (*de algo*) Verstärkung *f;* (*con vigas*) Verstrebung *f*
❷ (*de alguien*) Ermutigung *f*
reforzar [rreforˈθar] *irr como forzar* I. *vt* ❶ (*fortalecer*) verstärken; (*con vigas*) verstreben; **~ un departamento en una empresa** eine Abteilung in einem Unternehmen stärken
❷ (*animar*) ermutigen
II. *vr:* **~se** Mut fassen
refracción [rrefraɣˈθjon] *f* (FÍS) (Licht)brechung *f*, Refraktion *f*
refractar [rrefrakˈtar] I. *vt* (FÍS) brechen
II. *vr:* **~se** (FÍS) sich brechen
refractario¹ [rrefrakˈtarjo] *m* (*material*) feuerfester Stoff *m;* (*producto*) feuerfestes Erzeugnis *nt*
refractario, -a² [rrefrakˈtarjo, -a] *adj* ❶ (*rebelde*) störrisch, eigensinnig; **ser ~ a algo** etw ablehnen
❷ (*inmune*) immun (*a* gegen *+akk*); (MED) refraktär
❸ (QUÍM, FÍS) feuerfest, feuerbeständig
refractor [rrefrakˈtor] *m* (ASTR) Refraktor *m*
refrán [rreˈfran] *m* Sprichwort *nt;* **tener refranes para todo** [*o* **muchos refranes**] (*fig*) auf alles eine Antwort haben, um keine Antwort verlegen sein
refranero [rrefraˈnero] *m* Sprichwörtersammlung *f*
refregar [rrefreˈɣar] *irr como fregar* I. *vt* ❶ (*frotar*) abreiben; **~ con un estropajo** [*o* **cepillo**] scheuern, (ab)schrubben; **~ la cacerola con un estropajo, ~ un estropajo por la cacerola** den Topf (mit einem Putzschwamm) blank scheuern; **me refregué la manga contra la puerta recién pintada** ich habe mit dem Ärmel die frisch gestrichene Tür gestreift
❷ (*fam: reprochar*) vorhalten; **~ algo a alguien** (**por las narices**) jdm etw unter die Nase reiben
II. *vr:* **~se** sich (ab)reiben; **~se los ojos** sich *dat* die Augen reiben
refregón [rrefreˈɣon] *m* ❶ (*frote*) Abreiben *nt;* (*con un estropajo, cepillo*) Scheuern *nt*, (Ab)schrubben *nt;* **hay que darle un ~ al suelo** der Boden muss mal wieder geschrubbt werden
❷ (*viento*) (Wind)bö(e) *f*
refreír [rrefreˈir] *irr como freír vt* ❶ (*recalentar*) aufwärmen
❷ (*freír demasiado*) zu stark anbraten
refrenable [rrefreˈnaβle] *adj* kontrollierbar, beherrschbar
refrenar [rrefreˈnar] I. *vt* zügeln
II. *vr:* **~se** sich zügeln
refrendación [rrefrendaˈθjon] *f* Gegenzeichnung *f;* **~ de leyes** Gegenzeichnung von Gesetzen
refrendar [rrefrenˈdar] *vt* ❶ (*autorizar*) gegenzeichnen
❷ (*un pasaporte*) mit Sichtvermerk versehen, visieren
❸ (*aceptar*) zustimmen *+dat;* **el pueblo tiene que ~ la nueva constitución a través de un plebiscito** das Volk muss der neuen Verfassung in einer Volksabstimmung zustimmen
refrendario, -a [rrefrenˈdarjo, -a] *m, f* Gegenzeichner(in) *m(f)*, Gegenzeichnende(r) *m(f)*
refrendata [rrefrenˈdata] *f* Gegenzeichnung *f*
refrendo [rreˈfrendo] *m* ❶ (*de un documento*) Gegenzeichnung *f*
❷ (*de un pasaporte*) Visieren *nt*
❸ (*aprobación*) Zustimmung *f* (*de* zu *+dat*)
❹ (*firma*) Gegenunterschrift *f*
❺ (*visado*) Visum *nt*, Sichtvermerk *m*
refrescante [rrefresˈkante] *adj* (*que refresca*) kühl; (*a alguien*) erfrischend
refrescar [rrefresˈkar] <c→q> I. *vt* ❶ (*a algo*) abkühlen; (*a alguien*) erfrischen; **el baño me ha refrescado** das Bad war sehr erfrischend
❷ (*cosas olvidadas*) auffrischen; (*sentimiento*) neu aufleben lassen; **~ la memoria** dem Gedächtnis nachhelfen; **tengo que ~ mis conocimientos de inglés** ich muss meine Englischkenntnisse auffrischen
II. *vi* (*aire*) abkühlen; **por la tarde refresca** abends wird es kühler [*o* kühlt es ab]
❷ (*dar fresco*) erfrischen; **esta bebida refresca mucho** das ist ein sehr erfrischendes Getränk
❸ (*beber*) eine Erfrischung zu sich *dat* nehmen
❹ (*reponerse*) sich ausruhen
❺ (*viento*) auffrischen
III. *vr:* **~se** ❶ (*aire, cosa*) (sich) abkühlen; **el día se ha refrescado** es ist kühler geworden
❷ (*persona: mojarse*) sich abkühlen, sich erfrischen; (*beber*) eine Erfrischung zu sich *dat* nehmen; **voy a ducharme para ~me** ich geh mich mal unter der Dusche abkühlen; **~se con una cerveza** sich mit einem Bier erfrischen

regadera

❸ (*reponerse*) sich ausruhen
❹ (*tomar el fresco*) an die frische Luft gehen
❺ (*viento*) auffrischen
refresco [rreˈfresko] *m* ❶ (*bebida*) Erfrischung *f;* (*gaseosa, naranjada*) Erfrischungsgetränk *nt;* (*Méx: agua mineral*) Mineralwasser *nt*
❷ (*refrigerio*) Snack *m*, Zwischenmahlzeit *f*
❸ (*comidas y bebidas*) Imbiss *m*
❹ (DEP): **jugador de ~** Ersatzspieler *m*
refriega [rreˈfrjeɣa] *f* ❶ (MIL) Scharmützel *nt*
❷ (*fam: pelea*) (heftiger) Streit *m;* (*violenta*) Schlägerei *f*
refrigeración [rrefrixeraˈθjon] *f* Kühlung *f;* (*de una habitación*) Klimatisierung *f;* **~ por aire/agua** Luft-/Wasserkühlung *f;* **~ por circulación** Umlaufkühlung *f*
refrigerador¹ [rrefrixeraˈðor] *m* ❶ (*nevera*) Kühlschrank *m;* (*cámara*) Kühlkammer *f*
❷ (*instalación*) Kühlanlage *f*
❸ (*de un automóvil*) Kühler *m;* **~ de agua** Wasserkühler *m*
refrigerador(a)² [rrefrixeraˈðor(a)] *adj* kühlend; **aparato ~** (*para comestibles*) Kühlanlage *f;* (*para habitaciones*) Klimaanlage *f*
refrigeradora [rrefrixeraˈðora] *f* (*Perú: nevera*) Kühlschrank *m*
refrigerante [rrefrixeˈrante] I. *adj* kühlend, Kühl-
II. *m* Kühlmittel *nt*
refrigerar [rrefrixeˈrar] I. *vt* (*enfriar*) kühlen; (*una habitación*) klimatisieren
II. *vr:* **~se** ❶ (*enfriarse*) (sich) abkühlen
❷ (*reponer fuerzas*) sich stärken
refrigerio [rrefriˈxerjo] *m* Imbiss *m*, Zwischenmahlzeit *f*
refringente [rrefrinˈxente] *adj* (FÍS) (licht)brechend; **medio ~** (*óptica*) brechendes Medium
refringir [rrefrinˈxir] <g→j> I. *vt* (FÍS) brechen
II. *vr:* **~se** (FÍS) sich brechen
refrito [rreˈfrito] I. *pp de* **refreír**
II. *m* ❶ (GASTR) in Öl angebratene Zwiebeln mit Knoblauch
❷ (*pey: de una obra*) Aufguss *m*
refucilar [rrefuθiˈlar] *vi* (*Am: relampaguear*) blitzen
refucilo [rrefuˈθilo] *m* (*Arg, Ecua*) Blitz *m*
refuerzo [rreˈfwerθo] *m* ❶ (*reforzamiento*) Verstärkung *f;* (*viga(s)*) Verstrebung *f;* (*parche*) Flicken *m*
❷ (*ayuda*) Unterstützung *f;* (*complemento*) Nachschub *m*
❸ *pl* (MIL) Verstärkung *f*
refugiado, -a [rrefuˈxjaðo, -a] *m, f* Flüchtling *m*
refugiarse [rrefuˈxjarse] *vr* (*en un lugar*) Zuflucht suchen (*en* in *+dat*), sich in Sicherheit bringen (*de* vor *+dat, en* in *+dat*); **~ en una mentira** zu einer Lüge greifen; **se refugió en mis brazos** er/sie suchte in meinen Armen Trost
refugio [rreˈfuxjo] *m* ❶ (*protección, consuelo*) Zuflucht *f* (*de* vor *+dat*)
❷ (*lugar*) Zufluchtsort *m;* (*construcción*) Schutzhütte *f;* **~ (montañero)** Berghütte *f*
❸ (MIL) Bunker *m*, Schutzraum *m;* **~ atómico** Atombunker *m*
❹ (*para mendigos*) Obdachlosenasyl *nt*
❺ (*persona*) Stütze *f*
❻ (*tráfico*) Verkehrsinsel *f*
refulgencia [rrefulˈxenθja] *f* Leuchten *nt*
refulgente [rrefulˈxente] *adj* leuchtend, strahlend
refulgir [rrefulˈxir] <g→j> *vi* leuchten
refundición [rrefundiˈθjon] *f* ❶ (*fundición*) Einschmelzung *f;* (*modificación*) Umschmelzung *f*
❷ (*revisión*) Überarbeitung *f;* (*de un libro*) Neubearbeitung *f*
❸ (*reunión*) Verschmelzung *f*
refundidor(a) [rrefundiˈðor(a)] *m(f)* Bearbeiter(in) *m(f)*
refundir [rrefunˈdir] I. *vt* ❶ (*metal: fundir*) einschmelzen; (*modificar*) umschmelzen
❷ (*revisar*) überarbeiten; (*libro*) neu bearbeiten
❸ (*reunir*) (miteinander) verschmelzen
❹ (*perder*) verlieren
II. *vr:* **~se** ❶ (*reunirse*) verschmelzen, fusionieren; **~ dos empresas en una** zwei Firmen zusammenschließen
❷ (*AmC: perderse*) abhanden kommen
refunfuñador(a) [rrefumfuɲaˈðor(a)] I. *adj* (*fam*) brummend
II. *m(f)* (*fam*) Brummbär *m*, Brummbart *m*
refunfuñar [rrefumfuˈɲar] *vi* murren
refunfuño [rrefumˈfuɲo] *m* (*fam*) Brummen *nt*, Murren *nt*
refunfuñón, -ona [rrefumfuˈɲon, -ona] I. *adj* mürrisch, brummig
II. *m, f* Brummbär *m*, Brummbart *m*
refutable [rrefuˈtaβle] *adj* widerlegbar
refutación [rrefutaˈθjon] *f* ❶ (*acción, palabras*) Widerlegung *f*
❷ (*argumento*) (Gegen)argument *nt;* (*prueba*) (Gegen)beweis *m*
refutar [rrefuˈtar] *vt* widerlegen, bestreiten
regadera [rreɣaˈðera] *f* ❶ (*recipiente*) Gießkanne *f*

regaderazo 666 **región**

② (*reguera*) Bewässerungsgraben *m*
③ (*Col, Méx: ducha*) Dusche *f*
④ (*loc*): **estar como una ~** (*fam*) spinnen, nicht ganz dicht sein
regaderazo [rreɣaðe'raθo] *m* (*Méx*) (kurzes) Abbrausen *nt*, (kurzes) Abduschen *nt*
regadío [rreɣa'ðio, -a] I. *adj v.* regadizo
II. *m* Bewässerungsgelände *nt*; **estos campos son de ~** diese Felder werden (künstlich) bewässert
regadizo, -a [rreɣa'ðiθo, -a] *adj* ① (*de riego*) bewässert
② (*que se puede regar*) bewässerbar
regaifa [rre'ɣaifa] *f* (GASTR) Torte *f*
regalado, -a [rreɣa'laðo, -a] *adj* ① (*cómodo*) angenehm; **llevar una vida regalada** ein sorgloses Leben führen
② (*barato*) spottbillig; **vender algo a precio ~** etw zu Schleuderpreisen verkaufen; **a este precio el vestido es ~** zu diesem Preis ist das Kleid (fast) geschenkt
③ (*delicado*) verweichlicht
④ (*deleitoso*) entzückend; (*sabroso*) köstlich
regalar [rreɣa'lar] I. *vt* ① (*obsequiar*) schenken; **en esta tienda regalan la fruta** (*fig*) in diesem Laden ist Obst spottbillig
② (*mimar*) verwöhnen
③ (*deleitar*) ergötzen
④ (*acariciar*) liebkosen
II. *vr:* **~se** ① (*llevar buena vida*) es sich *dat* gut gehen lassen; **~se la buena vida** ein sorgloses Leben führen
② (*proporcionarse*) sich *dat* gönnen (*con* +*akk*)
③ (*deleitarse*) sich ergötzen (*con* an +*dat*)
regalía [rreɣa'lia] *f* ① (*privilegio*) Privileg *nt*; (*del estado, la corona*) Regal *nt*, Hoheitsrecht *nt*; **~ monetaria** Münzregal *nt*
② (*pago*) Gehaltszuschlag *m*
③ (*tasa*) Lizenzgebühr *f*
regalismo [rreɣa'lismo] *m* (HIST) Monarchie *f*
regaliz [rreɣa'liθ] *m* ① (*golosina*) Lakritze *f*
② (BOT) Süßholzstrauch *m*
regalo [rre'ɣalo] *m* ① (*obsequio*) Geschenk *nt*; **~ de Navidad** Weihnachtsgeschenk *nt*; **a este precio el coche es un ~** zu diesem Preis ist der Wagen (halb) geschenkt
② (*gusto*) Genuss *m*; **~ para la vista** Augenschmaus *m*
③ (*comodidad*) Komfort *m*
regalón, -ona [rreɣa'lon, -ona] *adj* (*fam*) verwöhnt
regalonear [rreɣalone'ar] I. *vi* (*Chil: fam: dejarse mimar*) sich verwöhnen lassen
II. *vt* (*Arg, Chil: fam: mimar*) verwöhnen
regañadientes [rreɣaɲa'ðjentes]: **a ~** zähneknirschend
regañado, -a [rreɣa'ɲaðo, -a] *adj* (*boca*) schief; (*ojo*) nicht schließend
regañar [rreɣa'ɲar] I. *vt* (*fam*) schimpfen (*a* mit +*dat*), ausschimpfen (*a* +*akk*)
II. *vi* ① (*reñir*) (sich) streiten; (*dejar de tener trato*) sich zerstreiten; **ha regañado con su novio** (*reñir*) sie hat sich mit ihrem Freund gestritten; (*separarse*) sie hat sich von ihrem Freund getrennt; **estoy regañado con mis vecinos** meine Nachbarn und ich sind zerstritten
② (*refunfuñar*) murren
③ (*perro*) knurren
④ (*corteza*) aufspringen
regañina [rreɣa'ɲina] *f* ① (*represión*) Schelte *f*; **echar una ~ a alguien** mit jdm schimpfen
② (*riña*) Reiberei *f*; **tener una ~ por algo** sich streiten [*o* Zoff haben] wegen etw
regañir [rreɣa'ɲir] *vi* (ZOOL) ständig heulen
regaño [rre'ɣaɲo] *m* ① (*fam: represión*) Schelte *f*; **echar un ~ a alguien** mit jdm schimpfen
② (*gesto*) saure Miene *f*
③ (*fam: del pan*) aufgeplatzte Kruste *f*
regañón¹ [rreɣa'ɲon] *m* (METEO: *fam*) Nordostwind *m*
regañón, -ona² [rreɣa'ɲon, -ona] I. *adj* ① (*pendenciero*) zänkisch, streitsüchtig
② (*refunfuñón*) mürrisch
II. *m, f* ① (*persona pendenciera*) Zänker(in) *m(f)*, Streithahn *m fam*
② (*refunfuñón*) Brummbär *m*
regar [rre'ɣar] *irr como fregar vt* ① (*con agua: una planta, el jardín*) gießen; (*las calles, el césped*) sprengen; (AGR) bewässern
② (*con un líquido*) voll spritzen, nass machen; (*con algo menudo*) bestreuen; **el suelo con arena** Sand auf den Boden streuen; **regó la alfombra con pintura** er/sie verschüttete Farbe auf dem Teppich; **~ algo con lágrimas** etw mit Tränen benetzen
③ (*atravesar*) durchfließen
regata [rre'ɣata] *f* ① (DEP) Regatta *f*
② (*reguera*) (kleiner) Bewässerungsgraben *m*
regate [rre'ɣate] *m* Ausweichmanöver *nt*

regatear [rreɣate'ar] I. *vi* ① (*mercadear*) handeln, feilschen
② (*hacer regates*) ausweichen
③ (*hacer regatas*) an Regatten teilnehmen
II. *vt* ① (*debatir*) aushandeln
② (*escasear*) geizen (mit +*dat*); **no ~ esfuerzos** keine Mühen scheuen
③ (*vender*) (wieder)verkaufen
regateo [rreɣa'teo] *m sin pl* Handeln *nt*, Feilschen *nt*
regatería [rreɣate'ria] *f* (COM) Kleinhandel *m*
regatista [rreɣa'tista] *mf* Regattateilnehmer(in) *m(f)*
regato [rre'ɣato] *m* Rinnsal *nt*
regatón¹ [rreɣa'ton] *m* ① (*contera*) Zwinge *f*
② (*gancho*) Haken *m*
regatón, -ona² [rreɣa'ton, -ona] I. *adj:* **ser ~** gerne feilschen
II. *m, f* Schacherer, -in *m, f*
regazo [rre'ɣaθo] *m* Schoß *m*
regencia [rre'xenθja] *f* ① (*gobierno*) Regentschaft *f*
② (*dirección*) Leitung *f*; (*de un negocio*) Geschäftsführung *f*
regeneración [rrexenera'θjon] *f* ① (*t.* BIOL) Regenerierung *f*, Regeneration *f*; **~ de las células** Zellerneuerung *f*
② (ELEC) Rückkopplung *f*
regenerado¹ [rrexene'raðo] *m* (*productos industriales*) Regenerat *nt*
regenerado, -a² [rrexene'raðo, -a] *adj* (*productos industriales*) durch Regeneration gewonnen, wieder aufbereitet
regenerador¹ [rrexene'raðor] *m* ① (*agente*) Regenerierungsmittel *nt*; **~ del cabello** Haarwuchsmittel *nt*
② (TÉC) Regenerator *m*
regenerador(a)² [rrexene'raðor(a)] *adj* regenerierend
regenerar [rrexene'rar] I. *vt* ① (*algo*) regenerieren, erneuern
② (*a alguien*) bessern
③ (ELEC) rückkoppeln
II. *vr:* **~se** ① (*renovarse*) sich regenerieren, sich erneuern; (*cabello*) nachwachsen
② (*reformarse*) sich bessern
regenta [rre'xenta] *f* ① (*mujer del regente*) Regentin *f*
② (*profesora*) Lehrerin *f*
regentar [rrexen'tar] *vt* ① (*dirigir*) leiten
② (*ejercer*) innehaben
regente [rre'xente] *mf* ① (*que gobierna*) Herrscher(in) *m(f)*, Regent(in) *m(f)*
② (*que dirige*) Leiter(in) *m(f)*; (*un negocio*) Geschäftsführer(in) *m(f)*
③ (*Méx: alcalde*) Bürgermeister(in) *m(f)*
reggae ['rreɣe] *m* (MÚS) Reggae *m*
regicida [rrexi'θiða] *mf* Königsmörder(in) *m(f)*
regicidio [rrexi'θiðjo] *m* Königsmord *m*
regidor(a) [rrexi'ðor(a)] I. *adj* (*que gobierna*) herrschend, regierend; (*que dirige*) leitend
II. *m(f)* ① (*concejal*) Gemeinderat, -rätin *m, f*, Stadtrat, -rätin *m, f*
② (TEAT) Inspizient(in) *m(f)*
régimen ['rreximen] *m* <regímenes> ① (*sistema*) System *nt*, Ordnung *f*, Regelung *f*; **~ abierto** (*en una prisión*) Freigang *m*; **~ aduanero** Zollverfahren *nt*; **~ de bienes en el matrimonio** (JUR) Ehegüterrecht *nt*; **~ comunitario de carteles** (UE) Gemeinschafts-Kartellrecht *nt*; **~ del derecho de propiedad** (JUR) Eigentumsregelung *f*; **~ económico (legal)** (JUR) (gesetzlicher) Güterstand *m*; **~ electoral** Wahlsystem *nt*; **~ fiscal de las empresas** Unternehmenssteuerrecht *nt*; **~ jurídico de la empresa** Betriebsverfassungsrecht *nt*; **~ laboral** Arbeitsordnung *f*; **~ legal de la seguridad social para jubilación e invalidez** gesetzliche Rentenversicherung *f*; **~ del mercado interno** Binnenmarktrecht *nt*; **~ monitorio** (JUR) Mahnwesen *nt*; **~ de negociación colectiva** Tarifvertragssystem *nt*; **~ de patentes** Patentwesen *nt*; **~ penitenciario** Strafvollzugsrecht *nt*; **~ penitenciario juvenil** Jugendstrafvollzug *m*; **~ presupuestario** Haushaltswirtschaft *f*; **~ de protección de datos** Datenschutzrecht *nt*; **estar en ~ de franquicia** Zollfreiheit genießen
② (POL) Regierungssystem *nt*, Regime *nt pey*; **~ parlamentario/presidencial** parlamentarische/präsidiale Regierungsform
③ (*dieta*) Diät *f*; **~ de adelgazamiento** Schlankheitsdiät *f*; **estar a ~** Diät essen; **poner a ~** auf Diät setzen
④ (*manera de vivir*) Lebensweise *f*; **lleva un ~ de austeridad** er/sie lebt enthaltsam
⑤ (TÉC: *estado*) (Betriebs)zustand *m*
⑥ (TÉC: *velocidad*) Lauf *m*; **~ de vueltas** Drehzahl *f*
⑦ (LING) Rektion *f*
regimental [rreximen'tal] *adj* ① (MIL) Regiments-
② (*de la penitenciaría*) zum Vollzugssystem gehörig
regimentar [rreximen'tar] *vt* (MIL) in Regimente einteilen
regimiento [rrexi'mjento] *m* Regiment *nt*
regio, -a ['rrexjo, -a] *adj* ① (*real*) königlich
② (*magnífico*) prächtig
región [rre'xjon] *f* ① (*territorio*) Gegend *f*, Gebiet *nt*; (*t.* ADMIN) Region *f*

regional

②(*espacio*) Bereich *m*; (*del cuerpo*) Region *f*; ~ **abdominal** Bauchgegend *f*
③(MIL) Wehrbereich *m*
regional [rrexjo'nal] *adj* regional
regionalismo [rrexjona'lismo] *m sin pl* (*t*. POL, LIT, LING) Regionalismus *m*
regionalista [rrexjona'lista] I. *adj* regionalistisch
II. *mf* (POL) Regionalist(in) *m(f)*; (LIT) Heimatdichter(in) *m(f)*
regionalización [rrexjonaliθa'θjon] *f* (POL) Regionalisierung *f*
regionalizar [rrexjonali'θar] <z→c> *vt* (POL) regionalisieren
regir [rre'xir] *irr como elegir* I. *vt* ①(*gobernar*) regieren; (*dirigir*) leiten
②(*guiar*) lenken, bestimmen; (*ley*) regeln
③(LING) regieren
II. *vi* ①(*tener validez*) gelten; **los precios que rigen** die gültigen Preise
②(*funcionar*) funktionieren
③(*fam: estar cuerdo*) bei Verstand sein; **¡tú no riges!** du tickst wohl nicht richtig!
III. *vr:* ~**se** sich richten (*por* nach +*dat*)
registrado, -a [rrexis'traðo, -a] *adj* verzeichnet, eingetragen
registrador(a) [rrexistra'ðor(a)] I. *adj* Registrier-; **caja ~a** Registrierkasse *f*
II. *m(f)* ①(*funcionario*) (Registrier)beamter, -in *m, f*; ~ **de la propiedad** Grundbuchführer(in) *m(f)*
②(TÉC) Schreiber *m*; ~ **de sonidos** (Ton)aufnahmegerät *nt*
③(INFOR) Aufzeichnungsgerät *nt*; ~ **de macros** (INFOR) Makroaufzeichner *m*
registrar [rrexis'trar] I. *vt* ①(*examinar*) durchsuchen; **¡a mí que me registren!** (*fig*) ich habe damit nichts zu tun!
②(*inscribir*) registrieren, eintragen; **marca registrada** (eingetragene) Schutzmarke; ~ **una empresa/una patente** ein Gewerbe/ein Patent anmelden
③(*incluir*) aufnehmen
④(*señalar*) registrieren, anzeigen
⑤(*grabar*) aufzeichnen, aufnehmen
⑥(*pérdidas*) ausweisen; (*ventas*) verzeichnen; **el mercado registra una mejoría** der Markt hat sich erholt
II. *vr:* ~**se** ①(*inscribirse*) sich einschreiben
②(*observarse*) zu verzeichnen sein
registro [rre'xistro] *m* ①(*examinación*) Durchsuchung *f*; ~ **de la casa** Haus(durch)suchung *f*; **orden de** ~ Durchsuchungsbefehl *m*
②(*con un instrumento*) Anzeige *f*, Registrierung *f*
③(*grabación*) Aufzeichnung *f*, Aufnahme *f*
④(*inscripción*) Registrierung *f*, Eintragung *f*; (*inclusión*) Aufnahme *f*, Erfassung *f*; (*de una empresa, una patente*) Anmeldung *f*; ~ **de acumulación** (INFOR) Additionsregister *nt*; ~ **de control** (INFOR) Steuerregister *nt*; ~ **de datos** Datenerfassung *f*; ~ **de imágenes** (INFOR) Bildaufzeichnung *f*; ~ **maestro** (INFOR) Stammsatz *m*; ~ **de referencias** (INFOR) Zuordnungstabelle *f*
⑤(*nota*) (Register)eintrag *m*; (*protocolo*) Protokoll *nt*; ~ **de entrada/de salida** Eingangs-/Ausgangsvermerk *m*; ~ **de inventario** Inventurliste *f*
⑥(*libro*) Register *nt*, Verzeichnis *nt*; ~ **de acciones** Aktienbuch *nt*; ~ **de autores** Autorenkatalog *m*; ~ **comercial** [*o* **mercantil**] Handelsregister *nt*; ~ **de efectos** (FIN) Wechselbuch *nt*; ~ **electoral** Wählerverzeichnis *nt*; ~ **de entradas/salidas** Eingangs-/Ausgangsbuch *nt*; ~ **de inscripciones** Melderegister *nt*; ~ **matrimonial** Heiratsbuch *nt*; ~ **de nacimientos** Geburtenbuch *nt*; ~ **de la propiedad** Grundbuch *nt*; ~ **de sociedades** Gesellschaftsregister *nt*
⑦(*oficina*) Amt *nt*; (*archivo*) Registratur *f*; ~ **central de tráfico** Verkehrszentralregister *nt*; ~ **civil** Standesamt *nt*; **R~ de Marcas** Markenregister *nt*; **R~ de Patentes** Patentregister *nt*; ~ **de la propiedad** Grundbuchamt *nt*; ~ **de la propiedad industrial** Patentamt *nt*
⑧(*abertura*) Schieber *m*
⑨(*de un mecanismo*) Regler *m*
⑩(*de un libro*) Register *nt*
⑪(MÚS) Register *nt*; **tiene un** ~ **muy amplio** er/sie hat einen großen Stimmumfang; **tocar todos los** ~**s** (*fig*) alle Register ziehen
⑫(INFOR) (Daten)satz *m*; ~ **disponible** verfügbarer Satz; ~ **(en base de datos relacionales)** Tupel *nt*
regla ['rreɣla] *f* ①(*instrumento*) Lineal *nt*; ~ **de cálculo** Rechenschieber *m*
②(*principio, convención, precepto*) Regel *f*; (REL) Ordensregel *f*; ~**s de la competencia** Wettbewerbsregeln *fpl*; ~**s de exportación** Ausfuhrbestimmungen *fpl*; ~**s del juego** Spielregeln *fpl*; ~**s de lealtad** (JUR) Lauterkeitsregeln *fpl*; ~ **de tres** (MAT) Dreisatz *m*; **las cuatro** ~**s** die vier Grundrechenarten; **por** ~ **general** in der Regel, im Allgemeinen; **estar en** ~ (in Ordnung sein; **poner en** ~ regeln; **salir de la** ~ zu weit gehen; **ser la** ~ üblich sein; **la** ~ **es que...** +*subj* es ist üblich, dass ...; **por qué** ~ **de tres...** warum in aller Welt ...; **la excepción confirma la** ~ (*prov*) Ausnahmen bestätigen die Regel
③(*moderación*) Maß *nt*; **beber con** ~ in Maßen trinken
④(*menstruación*) Regel *f*; **tiene/le viene la** ~ sie hat/bekommt ihre Regel [*o* Tage]
reglable [rre'ɣlaβle] *adj* regelbar, regulierbar
reglado, -a [rre'ɣlaðo, -a] *adj* ①(*sujeto a reglas*) geregelt, (durch Regeln) bestimmt [*o* festgesetzt]
②(*moderado en comer*) gemäßigt
reglaje [rre'ɣlaxe] *m* ①(*de un mecanismo*) Regelung *f*, Regulierung *f*
②(*del papel*) Linierung *f*
reglamentación [rreɣlamenta'θjon] *f* ①(*acción*) Regelung *f*; (*pey*) Reglementierung *f*
②(*reglas*) Vorschrift(en) *f(pl)*, (Ver)ordnung *f*; ~ **del colegio** Schulordnung *f*; ~ **industrial** Gewerbeordnung *f*
reglamentar [rreɣlamen'tar] *vt* regeln; (*con leyes*) gesetzlich regeln; (*pey*) reglementieren
reglamentariamente [rreɣlamentarja'mente] *adv* durch Vorschriften; (JUR) im Verordnungswege
reglamentario, -a [rreɣlamen'tarjo, -a] *adj* ①(*relativo al reglamento*) Ordnungs-, Satzungs-
②(*conforme al reglamento*) vorgeschrieben; (*acto, comportamiento*) vorschriftsgemäß, vorschriftsmäßig; **periodo** ~ **de prueba** vorgeschriebene Probezeit
reglamento [rreɣla'mento] *m* Vorschrift(en) *f(pl)*, Bestimmung(en) *f(pl)*; (JUR, ADMIN) Verfügung *f*; (DEP) Reglement *nt*; (*de una organización*) Statut *nt*; (*del legislador*) Verordnung *f*; (*de una empresa*) Betriebsordnung *f*; ~ **administrativo** Verwaltungsverordnung *f*; ~ **anticartel** [*o* **de defensa de la competencia**] Kartellverordnung *f*; ~ **de comercio** Handelsordnung *f*; ~ **de costas** Kostenverordnung *f*; ~**s ejecutivos** Ausführungsverordnungen *fpl*; ~ **electoral** Wahlordnung *f*; ~ **de emolumentos** Besoldungsordnung *f*; ~ **europeo** EU-Verordnung *f*; ~ **de examen** Prüfungsordnung *f*; ~ **de formación profesional** Ausbildungsordnung *f*; ~ **(de funcionarios)** Dienstordnung *f*; (**interno**) Geschäftsordnung *f*; ~ **jurídico** Rechtsverordnung *f*; ~ **mercantil** Handelsregel *f*; ~ **del registro mercantil** Handelsregisterverfügung *f*; ~ **de tráfico** Straßenverkehrsordnung *f*; ~ **transitorio** Überbrückungsregelung *f*
reglar [rre'ɣlar] I. *adj* Ordens-
II. *vt* ①(*reglamentar*) regeln
②(*con líneas*) linieren
③(TÉC) normen
III. *vr:* ~**se** ①(*sujetarse*) sich richten (*por* nach +*dat*), sich halten (*por* an +*akk*)
②(*moderarse*) sich beschränken (*a* auf +*akk*)
regleta [rre'ɣleta] *f* (TIPO) Reglette *f*
regleteado, -a [rreɣlete'aðo, -a] *adj* (TIPO) mit Zeilendurchschuss
regletear [rreɣlete'ar] *vt* (TIPO) durchschießen
reglón [rre'ɣlon] *m* Messlatte *f*
regocijado, -a [rreɣoθi'xaðo, -a] *adj* fröhlich, vergnügt
regocijador(a) [rreɣoθixa'ðor(a)] *adj*, **regocijante** [rreɣoθi'xante] *adj* erfreulich, erquicklich
regocijar [rreɣoθi'xar] I. *vr:* ~**se** ①(*alegrarse*) sich freuen (*con* über +*akk*)
②(*divertirse*) Spaß [*o* Freude] haben (*con* an +*dat*)
II. *vt* erfreuen
regocijo [rreɣo'θixo] *m* ①(*alegría*) Freude *f*; (*diversión*) Spaß *m*; **esperar algo con** ~ sich auf etw freuen
②(*júbilo*) Jubel *m*; ~**s públicos** Feierlichkeiten *fpl*
regodearse [rreɣoðe'arse] *vr* ①(*gozar*) genießen (*con/en* +*akk*), Vergnügen finden (*con/en* +*dat*); **se regodea viéndome sufrir** es macht ihm/ihr Spaß [*o* bereitet ihm/ihr Vergnügen], mich leiden zu sehen; **se regodea cada vez que alguien suspende el examen** er/sie freut sich jedesmal (hämisch), wenn jemand durch die Prüfung fällt
②(*fam: chacotear*) spaßen
regodeo [rreɣo'ðeo] *m* ①(*placer*) Genuss *m*, Vergnügen *nt*
②(*fam: chacoteo*) Spaßen *nt*; (*burla*) Spaß *m*
③(*fam: fiesta*) Fest *nt*, Fete *f*
regodeón, -ona [rreɣoðe'on] *adj* (*Chil, Col: fam*) nie zufrieden zu stellen
regoldar [rreɣol'dar] *vi* rülpsen *fam*
regordete, -a [rreɣor'ðete, -a] *adj* mollig, pummelig
regresar [rreɣre'sar] I. *vi* ①(*volver*) zurückkehren
②(JUR: *derecho, beneficio*) wiedererlangen
II. *vt* (*Méx*) zurückgeben
III. *vr:* ~**se** (*Am*) zurückkehren
regresión [rreɣre'sjon] *f* Rückgang *m*; (ECON, MAT) Regression *f*; ~ **impositiva** Steuerregression *f*; ~ **de las inversiones** Investitionsrückgang *m*; ~ **de los negocios** Geschäftsrückgang *m*
regresividad [rreɣresiβi'ðað] *f* (ECON, FIN) Degression *f*; ~ **fiscal** Steuerdegression *f*

regresivo, -a [rreɣre'siβo, -a] *adj* rückläufig, regressiv; **impuesto ~** (FIN) degressive Steuer

regreso [rre'ɣreso] *m* ❶ (*vuelta*) Rückkehr *f*; (**viaje de**) **~** Rückreise *f*; **estar de ~** zurück sein
❷ (JUR) Regress *m*, Rückgriff *m*

regüeldo [rre'ɣweldo] *m* (*acción*) Rülpsen *nt fam*; (*efecto*) Rülpser *m fam*

reguera [rre'ɣera] *f* Bewässerungsgraben *m*

reguero [rre'ɣero] *m* ❶ *v.* **reguera**
❷ (*chorro*) Rinnsal *nt*
❸ (*señal*) Spur *f*; **expandirse como un ~ de pólvora** (*fig*) sich wie ein Lauffeuer verbreiten

regulable [rreɣu'laβle] *adj* regulierbar, regelbar, einstellbar; **~ en altura** höhenverstellbar

regulación [rreɣula'θjon] *f* ❶ (*reglamentación*) Regelung *f*; **~ administrativa** Verwaltungserlass *m*; **~ de competencias** Zuständigkeitsregelung *f*; **~ de divisas** Devisenreglementierung *f*
❷ (*t.* TÉC, JUR, COM: *organización, ajustación*) Regulierung *f*, Regelung *f*; (*de un río*) Begradigung *f*; **de ~ automática** selbst regulierend; **~ de conflictos** Konfliktregulierung *f*; **~ de los cambios** [*o* **de las cotizaciones**] Kursregulierung *f*; **~ de costas** Kostenregelung *f*; **~ de la exposición** (FOTO) Belichtungseinstellung *f*; **~ de la demanda** Nachfragesteuerung *f*; **~ de las importaciones** Einfuhrregelung *f*; **~ de precios** Preisregelung *f*; **~ transitoria** Übergangsregelung *f*

regulado, -a [rreɣu'laðo, -a] *adj* (*reglamentario*) vorschriftsgemäß, vorschriftsmäßig

regulador [rreɣula'ðor] *m* Regler *m*, Regulator *m*; **~ de brillo/de contraste** Helligkeits-/Kontrastregler *m*; **~ de corriente** Stromregler *m*; **~ de impresora** (INFOR) Druckersteuerung *f*

regular [rreɣu'lar] I. *vt* ❶ (*t.* TÉC: *organizar, ajustar*) regulieren, regeln; **~ el volumen** die Lautstärke einstellen
❷ (*reglamentar*) regeln
❸ (*poner en orden*) in Ordnung bringen
II. *adj* ❶ (*conforme a una regla*) regulär, ordnungsgemäß; **verbos ~es** regelmäßige Verben; **vuelo ~** (AERO) planmäßiger Flug; **por lo ~** gewöhnlich; **tu comportamiento no me parece ni medio ~** (*fam*) ich finde dein Verhalten überhaupt nicht in Ordnung [*o* völlig daneben]
❷ (*reglamentado, ordenado*) geregelt
❸ (*estable*) konstant
❹ (*uniforme*) gleichmäßig
❺ (*mediano*) durchschnittlich; (*mediocre*) mittelmäßig; **de tamaño ~** mittelgroß; (*nota*) befriedigend
❻ (REL) Ordens-
III. *mf* (REL) Ordensangehörige(r) *mf*
IV. *adv* mittelmäßig

regularidad [rreɣulari'ðað] *f* ❶ (*conformidad*) Ordnungsmäßigkeit *f*
❷ (*periodicidad*) Regelmäßigkeit *f*; **con ~** regelmäßig
❸ (*uniformidad*) Gleichmäßigkeit *f*, Regelmäßigkeit *f*
❹ (*estabilidad*) Konstanz *f*
❺ (*medianía*) Durchschnittlichkeit *f*; (*mediocridad*) Mittelmäßigkeit *f*
❻ (*puntualidad*) Pünktlichkeit *f*
❼ (REL) Befolgung *f* der Regeln

regularización [rreɣulariθa'θjon] *f* ❶ (*normalización*) Normalisierung *f*
❷ (ECON) Saldenbereinigung *f*

regularizador(a) [rreɣulariθa'ðor] *adj* normalisierend, regelnd

regularizar [rreɣulari'θar] <z→c> I. *vt* (*poner en orden*) in Ordnung bringen, regeln; (*normalizar*) normalisieren
II. *vr:* **~se** (*regularse*) in Ordnung kommen; (*normalizarse*) sich normalisieren

regularmente [rreɣular'mente] *adv* (*ordinariamente*) normalerweise, (für) gewöhnlich

regulativo, -a [rreɣula'tiβo, -a] *adj* regelnd, regulierend

régulo ['rreɣulo] *m* Duodezfürst *m*

regurgitación [rreɣurxita'θjon] *f* Aufstoßen *nt*, Rülpsen *nt fam*

regurgitar [rreɣurxi'tar] *vi, vt* erbrechen

regusto [rre'ɣusto] *m* ❶ (*sabor, impresión que queda*) Nachgeschmack *m*
❷ (*sabor secundario*) Beigeschmack *m*
❸ (*semejanza*) Ähnlichkeit *f*; **el cuadro tiene un cierto ~ surrealista** das Bild erinnert an surrealistische Werke

rehabilitación [rreaβilita'θjon] *f* ❶ (*t.* JUR, MED: *de alguien*) Rehabilitierung *f*, Rehabilitation *f*; (*restitución*) Wiedereinsetzung *f*
❷ (*de una cosa*) Wiederherstellung *f*; (*de un edificio*) Wiederaufbau *m*

rehabilitar [rreaβili'tar] I. *vt* ❶ (*t.* JUR, MED: *a alguien*) rehabilitieren; (*restituir*) wieder einsetzen; **~ la memoria de alguien** jdn rehabilitieren; **~ a un quebrado** (ECON) einen Gemeinschuldner rehabilitieren
❷ (*una cosa*) wiederherstellen; (*un edificio*) wieder aufbauen; **~ la buena fama de alguien** jdn rehabilitieren
II. *vr:* **~se** sich rehabilitieren

rehacer [rrea'θer] *irr como* **hacer** I. *vt* ❶ (*volver a hacer*) noch einmal machen; **~ una carta** einen Brief neu schreiben
❷ (*reconstruir*) wiederherstellen; (*reparar*) reparieren; (*un edifico*) wieder aufbauen; **~ su vida con alguien** einen neuen Anfang mit jdm wagen
II. *vr:* **~se** (*recuperar las fuerzas*) wieder zu Kräften kommen; (*la salud*) gesund werden; (*la tranquilidad*) die Fassung wiedergewinnen; **~se de una desgracia** sich von einem Schicksalsschlag erholen

rehala [rre'ala] *f* Sammelschafherde *f*, Herde *f* von Schafen verschiedener Besitzer

rehecho, -a [rre'etʃo, -a] I. *pp de* **rehacer**
II. *adj* (*robusto*) gedrungen

rehén [rre'en] *m* (*persona*) Geisel *f*; **toma de rehenes** Geiselnahme *f*; **tomar a alguien como ~** jdn als [*o* zur] Geisel nehmen
❷ (*cosa*) Unterpfand *nt*

rehenchir [rre(e)n'tʃir] *irr como* **pedir** *vt* ausstopfen; (*un mueble*) polstern

reherir [rre(e)'rir] *irr como* **sentir** *vt* zurückweisen

rehervir [rre(e)r'βir] *irr como* **sentir** I. *vt* nochmals (auf)kochen
II. *vi* ❶ (*hervir*) nochmals (auf)kochen
❷ (*excitarse*) in Wallung geraten
III. *vr:* **~se** schlecht werden

rehilandera [rreilan'dera] *f* (*juguete*) Windrädchen *nt*

rehilar [rrei'lar] *irr como* **airar** I. *vt* überdrehen
II. *vi* ❶ (*persona*) zittern; (*bandera*) flattern
❷ (*flecha*) schwirren, sausen

rehilete [rrei'lete] *m* ❶ (*flecha*) (Wurf)pfeil *m*
❷ (TAUR) Banderilla *f*
❸ (*volante*) Federball *m*

rehiletero, -a [rreile'tero, -a] *m, f* (TAUR) Banderillero *m*

rehogar [rreo'ɣar] <g→gu> *vt* (*en aceite*) anbraten; (*en vapor*) andünsten

rehostia [rre'ostja] *f* (*vulg*): **ser la ~** das Letzte vom Letzten sein

rehuir [rreu'ir] *irr como* **huir** *vt* ❶ (*eludir*) (ver)meiden, umgehen; **~ a alguien** jdn meiden, jdm aus dem Weg gehen; **~ una obligación** sich einer Verpflichtung entziehen; **rehuye fregar los platos** er/sie drückt sich vor dem Spülen
❷ (*rechazar*) verweigern; **rehuye decir la verdad** er/sie weigert sich die Wahrheit zu sagen

rehumedecer [rreumeðe'θer] *irr como* **crecer** *vt* (gut) durchfeuchten

rehundir [rreun'dir] *vt* ❶ (*sumergir*) versenken; (*introducir*) einsenken; **~ una estaca en la tierra** einen Pfahl tief in die Erde einlassen
❷ (*hacer más hondo*) vertiefen
❸ (*gastar*) verschwenden
❹ (*fundir*) einschmelzen

rehusamiento [rreusa'mjento] *m* (*t.* JUR) Verweigerung *f*; **~ de la aceptación/de la protección jurídica** Verweigerung der Annahme/des Rechtsschutzes

rehusar [rreu'sar] *vt* ablehnen; **¡rehusado!** Annahme verweigert!; **~ una propuesta** einen Vorschlag verwerfen; **~ el pago** die Zahlung verweigern; **~ una reclamación** eine Beschwerde abweisen; **rehusa verme** er/sie weigert sich mich zu sehen

reidor(a) [rrei'ðor(a)] *adj* fröhlich; **es ~** er lacht viel

reimplantación [rreimplanta'θjon] *f* ❶ (*de doctrinas, leyes*) Wiedereinführung *f*; (*de costumbres*) Wiedereinbürgerung *f*
❷ (MED) Wiedereinpflanzung *f*, Reimplantation *f*

reimplantar [rreimplan'tar] *vt* ❶ (*introducir*) wieder einführen
❷ (MED) wieder einpflanzen, reimplantieren

reimplante [rreim'plante] *m v.* **reimplantación**

reimponer [rreimpo'ner] *irr como* **poner** *vt* (*un impuesto*) erneut erheben; (*una sanción*) erneut auferlegen

reimportación [rreimporta'θjon] *f* Wiedereinfuhr *f*; (ECON) Reimport *m*

reimportar [rreimpor'tar] *vt* wieder einführen; (ECON) reimportieren

reimpresión [rreimpre'sjon] *f* Nachdruck *m*, Neuauflage *f*, Reprint *m*; **~ pirata** Raubdruck *m*

reimprimir [rreimpri'mir] *irr como* **imprimir** *vt* nachdrucken, neu auflegen

reina ['rreina] *f* ❶ (*soberana, la mejor*) Königin *f*; **~ de belleza** Schönheitskönigin *f*; **~ madre** Königinmutter *f*
❷ (ZOOL) Königin *f*; **~ abeja** (Bienen)königin *f*
❸ (*fam: cariño*) Schatz *m*
❹ (*dama*) Dame *f*
❺ (BOT): **~ luisa** Melisse *f*
❻ (*loc*): **~ mora** Himmel und Hölle *nt*

reinado [rrei'naðo] *m* ❶ (*gobierno*) Herrschaft *f*; (*tiempo*) Regierung(szeit) *f*; **bajo el ~ de los Austrias** unter der Herrschaft [*o* der Regierung] der Habsburger

reinante adj herrschend
reinar [rrei'nar] vi ❶ (*gobernar*) regieren, herrschen
❷ (*dominar*) vorherrschen
❸ (*existir*) herrschen; **en la selva tropical reina un calor húmedo** im tropischen Regenwald ist es feuchtwarm [*o* herrscht ein feuchtwarmes Klima]; **entre la población reina la resignación** in der Bevölkerung hat sich Resignation breit gemacht [*o* herrscht eine resignierte Stimmung]
reinaugurar [rreinauɣu'rar] vt wieder eröffnen
reincidencia [rreinθi'ðenθja] f (*t.* JUR) Rückfall m
reincidente [rreinθi'ðente] I. adj rückfällig
II. mf Rückfalltäter(in) m(f)
reincidir [rreinθi'ðir] vi ❶ (*error*) erneut begehen (*en* +*akk*); ~ **en un delito** rückfällig werden; **siempre reincide en el mismo error** er/sie verfällt immer wieder in den alten Fehler
❷ (MED) einen Rückfall erleiden
reincorporación [rreinkorpora'θjon] f Wiedereingliederung f; ~ (**al trabajo**) Wiedereinstellung f
reincorporar [rreinkorpo'rar] I. vt wieder eingliedern (*a* in +*akk*); ~ **a alguien a un puesto** jdn wieder einstellen; **lo -on al servicio** er/sie wurde wieder in den Dienst aufgenommen
II. vr: ~**se** (*a un territorio, una corporación*) wieder beitreten (*a* +*dat*); (*a un servicio, un empleo*) wieder aufnehmen (*a* +*akk*); ~**se al trabajo** wieder arbeiten (gehen)
reindustrialización [rreindustrjaliθa'θjon] f Wiederansiedlung f von Industrien
reineta [rrei'neta] f (BOT: *manzana*) Renette f, Reinette f
reingresar [rreingre'sar] vt wieder eintreten (*en* in +*akk*), wieder beitreten (*en* +*dat*)
reingreso [rrein'greso] m Wiedereintritt m
reinicialización [rreiniθjaliθa'θjon] f (INFOR) Neustart m, Wiederanlauf m
reiniciar [rreini'θjar] vi (noch einmal) von vorn beginnen
reinicio [rrei'niθjo] m Neubeginn m
reino [rrei'no] m Reich nt; (*de un monarca*) (König)reich nt; ~ **animal** Tierreich nt; ~ **de los Cielos** Himmelreich nt; **R~ de Dios** Reich Gottes; **R~ Unido** Vereinigtes Königreich; **mi ~ por una silla** ein Himmelreich für einen Stuhl
reinserción [rreinser'θjon] f soziale Wiedereingliederung f; (*de un criminal*) Resozialisierung f
reinsertar [rreinser'tar] vt wieder in die Gesellschaft eingliedern; (*a un criminal*) resozialisieren
reinstalar [rreinˢta'lar] vt ❶ (TÉC, INFOR) neu installieren
❷ (*en un cargo*) wieder einsetzen (*en* in +*akk*); (*Méx: en el trabajo*) wieder einstellen
reinstaurar [rreinstau'rar] vt (*imperio, sistema, orden*) neu begründen; (*democracia, dictadura, costumbres*) wieder einführen; (*plan, normas*) wieder aufstellen
reintegrable [rreinte'ɣraβle] adj ❶ (*que se debe reintegrar*) zurückzuzahlen, zur Rückzahlung fällig
❷ (*que se puede reintegrar*) tilgbar, rückzahlbar
reintegración [rreinteɣra'θjon] f ❶ (*reincorporación*) Wiedereingliederung f; (*en un cargo*) Wiedereinsetzung f
❷ (*de gastos*) Rückzahlung f, (Rück)erstattung f; ~ **de los daños** Schaden(s)ersatz m; ~ **de impuestos** Steuererstattung f
reintegrar [rreinte'ɣrar] I. vt ❶ (*reincorporar*) wieder aufnehmen; (*en un cargo*) wieder einsetzen; ~ **a alguien a su puesto de trabajo** jdn wieder einstellen; ~ **a alguien en sus bienes** (JUR) jdn in den Besitz seiner Güter wieder einsetzen
❷ (*devolver*) zurückgeben; (*dinero*) (zurück)erstatten, zurückbezahlen; ~ **los desembolsos** die Auslagen ersetzen
❸ (*sellar*) mit einer Gebührenmarke versehen
❹ (*restablecer*) wiederherstellen
II. vr: ~**se** (*reincorporarse*) sich wieder eingliedern; (*a una organización*) wieder eintreten; ~**se al trabajo** wieder arbeiten (gehen)
❷ (*recobrar*) zurückerhalten (*de* +*akk*)
❸ (*retornar*) zurückkehren; ~**se a su patria** in sein Heimatland zurückkehren
reintegro [rrein'teɣro] m ❶ (*reintegración*) Wiedereingliederung f; (*en un cargo*) Wiedereinsetzung f
❷ (*vuelta*) Rückkehr f
❸ (*póliza*) Gebührenmarke f
❹ (*premio*) Gewinn der Einsatzsumme; **me tocó un ~** ich habe die Einsatzsumme zurückgewonnen
❺ (FIN: *pago*) Auszahlung f; (*de la cuenta*) Abhebung f
reinterpretar [rreinterpre'tar] vt ❶ (*texto*) neu interpretieren, neu auslegen

❷ (CINE, TEAT) nochmals darstellen; ~ **el papel de Romeo** die Rolle des Romeo erneut spielen
reinversión [rreimber'sjon] f (FIN) Reinvestition f
reinvertir [rreimber'tir] irr como sentir vi (FIN) wieder einlegen
reír [rre'ir] irr I. vi ❶ (*desternillarse*) lachen; **echarse a ~** auflachen; **no me hagas ~** mach dich nicht lächerlich; **el que ríe último ríe mejor** (*prov*) **al freír será el ~** (y al pagar será el llorar) (*prov*) wer zuletzt lacht, lacht am besten
❷ (*sonreír*) lächeln
❸ (*hacer un ruido*) glucksen
II. vr: ~**se** ❶ (*desternillarse*) lachen (*de* über +*akk*); ~**se a carcajadas** aus vollem Hals lachen; ~**se en las barbas de alguien** jdm ins Gesicht lachen; **se ríe hasta de su sombra** er/sie lacht über jede Kleinigkeit; **me río de tu dinero** (*fam fig*) dein Geld lässt mich kalt, ich pfeife auf dein Geld
❷ (*sonreír*) lächeln
❸ (*burlarse*) sich lustig machen (*de* über +*akk*); (*no tomar en serio*) lachen (*de* über +*akk*); **se reían de él porque no sabía nadar** sie lachten ihn aus, weil er nicht schwimmen konnte
❹ (*fam: romperse*) kaputtgehen
III. vt belachen, lachen (über +*akk*); ~ **las bromas de alguien** über jds Scherze lachen
reiteración [rreitera'θjon] f ❶ (*repetición*) Wiederholung f
❷ (JUR) Rückfall m
reiteradamente [rreiteraða'mente] adv (*otra vez*) nochmals, wiederholt; (*repetidas veces*) mehrmals, wiederholt
reiterar [rreite'rar] I. vt wiederholen; **te reitero las gracias** ich möchte dir nochmals danken; **reiteró su intención de ayudarme** er/sie betonte immer wieder, dass er/sie mir helfen wolle
II. vr: ~**se** (sich) wiederholen; **se reiteró en su decisión de dejar de fumar** er/sie betonte immer wieder, dass er/sie das Rauchen aufgeben wolle
reiterativo, -a [rreitera'tiβo, -a] adj ❶ (*repetitivo*) sich wiederholend
❷ (LING) iterativ; **verbo ~** Iterativ(um) nt
reivindicable [rreiβindi'kaβle] adj rückforderbar
reivindicación [rreiβindika'θjon] f Forderung f (*de* nach +*dat*), Anspruch m (*de* auf +*akk*); ~ **laboral** (ECON, JUR) arbeitsrechtlicher Anspruch; ~ **salarial** Lohnforderung f; ~ **territorial** Gebietsforderung f; **presentar/satisfacer una ~** einen Anspruch erheben/befriedigen
reivindicar [rreiβindi'kar] <c→qu> vt ❶ (*pedir*) fordern, Anspruch erheben (*auf* +*akk*); (*exigir*) verlangen
❷ (*recobrar*) zurückgewinnen, zurückerhalten
❸ (*una acción*) sich bekennen; ~ **un atentado** sich zu einem Attentat bekennen
❹ (*rehabilitar*) rehabilitieren; ~ **la memoria de alguien** jdn rehabilitieren
reivindicativo, -a [rreiβindika'tiβo, -a] adj Rückforderungs-, zurückfordernd
reja ['rrexa] f ❶ (*barras*) Gitter nt; **estar entre ~s** (*fam fig*) hinter Gittern sein, im Knast sitzen
❷ (*del arado*) Pflugschar f
❸ (*labor*) Umpflügen nt
rejacar [rrexa'kar] <c→qu> vt (AGR) tief pflügen, rigolen
rejego [rre'xeɣo] adj (AmC, Méx) ❶ (*indomable*) unbändig; (*alzado*) verwildert
❷ (*intratable*) ungenießbar; (*enojadizo*) jähzornig
rejilla [rre'xiʎa] f ❶ (*enrejado*) Gitter nt; (RADIO) Steuergitter nt
❷ (*para equipaje*) Gepäcknetz nt
❸ (*parrilla*) Rost m
❹ (*tejido*) Geflecht nt
❺ (*brasero*) (Fuß)ofen m
rejiñol [rrexi'ɲol] m Tonpfeife in Form eines Vogels, die das Zwitschern nachahmt
rejo ['rrexo] m ❶ (*punta*) Stachel m
❷ (BOT) Wurzelkeim m
❸ (*Am: látigo*) Peitsche f
❹ (*herrón*) Wurfring m
❺ (*Ecua: ordeño*) Melken nt
❻ (*Ecua: vacas*) Milchkühe fpl
rejón [rre'xon] m ❶ (*barra*) Lanze f
❷ (*del peón*) (Kreisel)spitze f
❸ (*puñal*) Dolch m
❹ (TAUR) Lanze f (beim Stierkampf zu Pferde)
rejonazo [rrexo'naθo] m (TAUR) Hieb m mit der Lanze (beim Stierkampf zu Pferde)
rejoneador(a) [rrexonea'ðor(a)] m(f) Stierkämpfer(in) m(f) zu Pferde
rejonear [rrexone'ar] vt (TAUR) ❶ (*herir*): ~ **el toro** dem Stier einen Lanzenstoß versetzen
❷ (*torear*) zu Pferde bezwingen

rejoneo [rrexo'neo] *m* (HIST, TAUR) Stierkampf *m* zu Pferde
rejuntar [rrexuɲ'tar] *vt* verfugen
rejuvenecedor(a) [rrexuβeneθe'ðor(a)] *adj* verjüngend; **esta crema de noche tiene un efecto ~ sobre la piel** diese Nachtcreme lässt die Haut jünger aussehen
rejuvenecer [rrexuβene'θer] *irr como crecer* **I.** *vt* ❶ (*hacer más joven*) verjüngen; **este peinado te rejuvenece** diese Frisur macht dich jünger ❷ (*modernizar*) modernisieren
II. *vr*: **~se** jünger aussehen, sich verjüngen
rejuvenecimiento [rrexuβeneθi'mjento] *m* ❶ (*de alguien, un colectivo*) Verjüngung *f* ❷ (*modernización*) Modernisierung *f*
relabrar [rrela'βrar] *vt* (*piedras*) nochmals behauen; (*madera*) nochmals bearbeiten
relación [rrela'θjon] *f* ❶ (*entre cosas, hechos*) Zusammenhang *m*; **~ entre la causa y el efecto** Kausalzusammenhang *m*; **hacer ~ a** sich beziehen auf; **con ~** [*o* **en ~ a**] **a su escrito** bezüglich Ihres Schreibens; **los gastos no guardan** [*o* **no están en**] **~ con el presupuesto** die Ausgaben stehen in keinem Verhältnis zum Kostenvoranschlag ❷ (*entre dos magnitudes*) Verhältnis *nt*; **~ calidad-precio** Preis-Leistungs-Verhältnis *nt*; **~ cotización-beneficio** Kurs-Gewinn-Verhältnis *nt*; **~ precio-ganancias** (ECON) Preis-Ertrags-Verhältnis *nt* ❸ (*entre personas*) Beziehung *f*; **~ arrendaticia** Pachtverhältnis *nt*; (*alquiler*) Mietverhältnis *nt*; **~ comercial** Handelsbeziehung *f*; **~ contractual** vertragliche Verbindung; **relaciones económicas** Wirtschaftsbeziehungen *fpl*; **~ jurídica** Rechtsverhältnis *nt*; **relaciones públicas** Publicrelations *fpl*; **~ de servicio** Dienstverhältnis *nt*; **tener relaciones con alguien** Kontakt zu jdm haben; **tener muchas relaciones** (*amigos*) einen großen Bekanntenkreis haben; (*influyentes*) gute Beziehungen haben; **tienen buenas/malas relaciones** sie haben ein gutes/schlechtes Verhältnis (zueinander) ❹ *pl* (*noviazgo*) Verlobung *f*; **han roto sus relaciones** sie haben sich entlobt [*o* ihre Verlobung gelöst] ❺ *pl* (*amoría*) Verhältnis *nt*; **mantienen relaciones** sie haben ein Verhältnis miteinander; **mantener relaciones sexuales** [*o* **íntimas**] **con alguien** Geschlechtsverkehr mit jdm haben ❻ (*relato*) Schilderung *f*, (*informe*) Bericht *m*; (JUR) (Prozess)bericht *m*; **hacer una ~ de algo** etw schildern; **hacer una ~ detallada de...** ausführlich berichten über..., einen ausführlichen Bericht über... erstatten ❼ (*lista*) Verzeichnis *nt*, Aufstellung *f*
relacionar [rrelaθjo'nar] **I.** *vt* ❶ (*poner en relación*) in Zusammenhang bringen (*con* mit *+dat*), in Verbindung bringen (*con* mit *+dat*) ❷ (*relatar*) schildern, berichten
II. *vr*: **~se** ❶ (*estar relacionado*) zusammenhängen, zueinander in Beziehung stehen ❷ (*iniciar relaciones*) in Beziehung treten (*con* zu *+dat*); (*mantener relaciones*) Umgang pflegen (*con* mit *+dat*), Kontakt haben (*con* zu *+dat*); **~se mucho** (*tener amigos*) einen großen Bekanntenkreis haben; (*influyentes*) gute Beziehungen haben
relacionista [rrelaθjo'nista] *mf* (*fam*) PR-Mann *m*, PR-Frau *f*
relajación [rrelaxa'θjon] *f* ❶ (*distensión*) Entspannung *f*, Lockerung *f*; (MED, PSICO) Relaxation *f* ❷ (*distracción*) Entspannung *f* ❸ (*malas costumbres*) Zügellosigkeit *f* ❹ (*debilitación*) Erschlaffung *f* ❺ (*atenuación*) Lockerung *f*; **~ de la pena** (JUR) Strafmilderung *f* ❻ (MED) Verstauchung *f*; (*de la hernia*) Leistenbruch *m*
relajado, -a [rrela'xaðo, -a] *adj* ❶ (*débil*) schlaff ❷ (*vicioso*) zügellos
relajadura [rrelaxa'ðura] *f* (*Méx: hernia*) Leistenbruch *m*
relajante [rrela'xante] **I.** *adj* entspannend, Entspannungs-
II. *m* (MED) Relaxans *nt*
relajar [rrela'xar] **I.** *vt* ❶ (*distender*) lockern, entspannen ❷ (*distraer*) entspannen ❸ (*suavizar*) lockern; (*la pena*) mildern
II. *vr*: **~se** ❶ (*distenderse*) sich entspannen, locker werden; **~se leyendo** beim Lesen Entspannung finden ❷ (*debilitarse*) erschlaffen ❸ (*descansar*) sich entspannen, relaxen ❹ (*suavizarse*) lockerer werden ❺ (*viciarse*) in schlechte Gewohnheiten verfallen ❻ (*lesionarse*) sich *dat* verstauchen; (*herniarse*) sich *dat* einen Leistenbruch zuziehen
relajo [rre'laxo] *m* ❶ (*barullo*) Tohuwabohu *nt* ❷ (*laxitud*) Laxheit *f* ❸ (*de las costumbres*) Sittenverfall *m*
relamer [rrela'mer] **I.** *vt* ablecken
II. *vr*: **~se** ❶ (*los labios*) sich *dat* die Lippen lecken ❷ (*gozar*) genießen (*con +akk*); **~se con un manjar** eine Speise für sein Leben gern essen ❸ (*gloriarse*) prahlen (*de* mit *+dat*) ❹ (*arreglarse*) sich herausputzen ❺ (*animal*) sich putzen
relamido, -a [rrela'miðo, -a] *adj* ❶ (*arreglado*) geleckt ❷ (*afectado*) affektiert
relámpago [rre'lampaɣo] *m* Blitz *m*; **~ de luz** Lichtblitz *m*; **guerra ~** Blitzkrieg *m*; **ser (veloz como) un ~** schnell wie der Blitz sein
relampagueante [rrelampaɣe'ante] *adj* blitzend, glitzernd
relampaguear [rrelampaɣe'ar] *vi*, *vimpers* blitzen
relampagueo [rrelampa'ɣeo] *m* Blitzen *nt*
relance [rre'lanθe] *m* ❶ (*Chil: piropo*) Kompliment *nt* ❷ (*Col*): **de ~** (*al contado*) in bar
relanzamiento [rrelanθa'mjento] *m* ❶ (*reactivación*) Wiederbelebung *f*, Ankurbelung *f*; **medidas de ~** (ECON) konjunkturbelebende Maßnahmen ❷ (*rechazo*) Abstoßen *nt* ❸ (*venta*) erneuter Vertrieb *m* ❹ (*expulsión*) Zurückschleudern *nt* ❺ (*de una cédula*) erneutes Einwerfen *nt*
relanzar [rrelan'θar] <z→c> *vt* ❶ (*reactivar*) wieder beleben; **~ la economía** die Wirtschaft ankurbeln ❷ (*rehusar*) ablehnen ❸ (*vender*) wieder auf den Markt bringen ❹ (*arrojar*) zurückschleudern ❺ (*una cédula*) erneut einwerfen
relapso, -a [rre'lapso, -a] **I.** *adj* (REL) wieder abtrünnig, rückfällig
II. *m, f* Rückfällige(r) *mf*
relatador(a) [rrelata'ðor(a)] **I.** *adj* berichtend; (*narrando*) erzählend
II. *m(f)* Berichtende(r) *mf*; (*narrando*) Erzähler(in) *m(f)*
relatar [rrela'tar] *vt* (*contar*) schildern, berichten; (JUR) Bericht erstatten (über *+akk*)
relativa [rrela'tiβa] *f* (LING) Relativsatz *m*
relativamente [rrelatiβa'mente] *adv* relativ, verhältnismäßig
relatividad [rrelatiβi'ðað] *f sin pl* Relativität *f*; **teoría de la ~** (FÍS) Relativitätstheorie *f*
relativismo [rrelati'βismo] *m sin pl* (FILOS) Relativismus *m*
relativista [rrelati'βista] **I.** *adj* (FÍS, FILOS) relativistisch
II. *mf* ❶ (FILOS) Relativist(in) *m(f)*
❷ (FÍS) Vertreter(in) *m(f)* der Relativitätstheorie
relativización [rrelatiβiθa'θjon] *f* Relativierung *f*
relativizar [rrelatiβi'θar] <z→c> *vt* relativieren
relativo¹ [rrela'tiβo] *m* (LING: *pronombre*) Relativpronomen *nt*; (*adverbio*) Relativadverb *nt*; **oración de ~** Relativsatz *m*
relativo, -a² [rrela'tiβo, -a] *adj* ❶ (*referente*) betreffend; **un artículo ~ a** ein Artikel über ❷ (*dependiente*) relativ; **pronombre ~** Relativpronomen *nt*; **ser ~ a** abhängig sein von ❸ (*poco*) gering, beschränkt
relato [rre'lato] *m* Schilderung *f*, Bericht *m*; (JUR) (Prozess)bericht *m*; (LIT) Erzählung *f*; **~ corto** Kurzgeschichte *f*
relator(a) [rrela'tor(a)] **I.** *adj* berichtend; (*narrando*) erzählend
II. *m(f)* Berichtende(r) *mf*; (*narrando*) Erzähler(in) *m(f)*; (*en congreso, asamblea*) Berichterstatter(in) *m(f)*; (JUR) Gerichtsschreiber(in) *m(f)*
relavar [rrela'βar] *vt* nachwaschen
relax [rre'laʏs] *m inv* Entspannung *f*; (MED, PSICO) Relaxation *f*
relé [rre'le] *m* (TÉC) Relais *nt*
releche [rre'letʃe] *f*: **eres la ~** (*fam*) du bist absolut unmöglich
releer [rrele'er/rre'ler] *irr como leer* *vt* nochmals [*o* wieder] lesen
relegación [rreleɣa'θjon] *f* ❶ (*apartamiento*) Verbannung *f*, Verweisung *f*; (*de un país*) Landesverweisung *f* ❷ (*desprecio*) Übergehung *f*, Missachtung *f*
relegar [rrele'ɣar] <g→gu> *vt* ❶ (*apartar*) verbannen, verweisen; (*desterrar*) des Landes verweisen; **~ algo a un plano secundario** etw in den Hintergrund drängen; **ser relegado al olvido** in Vergessenheit geraten ❷ (*dejar de lado*) übergehen, missachten
relente [rre'lente] *f* (*Nacht*)tau *m*
relevación [rreleβa'θjon] *f* ❶ (*acentuación*) Hervorhebung *f* ❷ (*liberación*) Befreiung *f*; (*de deudas*) Erlass *m*; (*de una culpa*) Vergebung *f* ❸ (*destitución*) Entlassung *f* ❹ (MIL) Ablösung *f*
relevancia [rrele'βanθja] *f* Wichtigkeit *f*, Bedeutung *f*, Relevanz *f elev*
relevante [rrele'βante] *adj* ❶ (*importante*) wichtig, bedeutend, relevant ❷ (*sobresaliente*) herausragend, ausgezeichnet
relevar [rrele'βar] **I.** *vt* ❶ (*acentuar*) hervorheben ❷ (*liberar*) befreien; **~ a alguien de su juramento** jdn von seinem Eid entbinden; **~ a alguien de sus deudas** jdm seine Schulden erlassen; **~ a**

alguien de sus culpas jdm seine Sünden vergeben
❸ (JUR: *destituir*) entheben; **~ a alguien de un cargo** jdn eines Amtes entheben
❹ (*reemplazar*) ersetzen; (MIL, DEP) ablösen
II. *vi* (ARTE) (plastisch) hervortreten
III. *vr:* **-se** sich ablösen, sich abwechseln

relevista [rrele'βista] **I.** *adj* Staffel-
II. *mf* Staffelläufer(in) *m(f)*

relevo [rre'leβo] *m* ❶ (*reemplazo*) Ablösung *f*, Wechsel *m*; **~ de la guardia** Wachablösung *f*
❷ (*pl*) (*competición*) Staffel *f*; **carrera de ~s** Staffellauf *m*

relicario [rreli'karjo] *m* ❶ (*para reliquias*) Reliquiar *nt*
❷ (*Am: medallón*) Medaillon *nt*

relicto[1] [rre'likto] *m* (BIOL, ECOL) Relikt *nt*

relicto, -a[2] [rre'likto, -a] *adj* (JUR): **bienes ~s, caudal ~** Hinterlassenschaft *f*, Nachlass *m*

relieve [rre'ljeβe] *m* ❶ (ARTE, GEO) Relief *nt*; **en bajo ~** vertieft
❷ (*renombre*) Ansehen *nt*; **de ~** bedeutend, angesehen
❸ *pl* (*restos*) Essensreste *mpl*
❹ (*loc*): **poner de ~** hervorheben, an den Tag legen

religión [rreli'xjon] *f* ❶ (*creencia, doctrina*) Religion *f*, Konfession *f*; **~ reformada** Protestantismus *m*; **sin ~** konfessionslos; **tener (clases de) ~ a las diez** um zehn Religion(sunterricht) haben
❷ (*virtud*) Frömmigkeit *f*
❸ (*orden*) Orden *m*; **entrar en ~** ins Kloster gehen
❹ (*deber*) (moralische) Pflicht *f*

religiosamente [rrelixjosa'mente] *adv* pünktlich und genau; **pagó ~** er/sie hat pünktlichst gezahlt

religiosidad [rrelixjosi'ðað] *f* ❶ (*observancia*) Religiosität *f*
❷ (*piedad*) Frömmigkeit *f*
❸ (*puntualidad*) Pünktlichkeit *f*; (*exactitud*) Gewissenhaftigkeit *f*

religioso, -a [rreli'xjoso, -a] **I.** *adj* ❶ (*relativo a una doctrina*) religiös
❷ (*que cree*) gläubig, religiös
❸ (*pío*) fromm
❹ (*puntual*) pünktlich; (*exacto*) gewissenhaft
❺ (*relativo a una orden*) Ordens-
II. *m, f* Mönch *m*, Nonne *f*

relimar [rreli'mar] *vt* erneut feilen

relimpiar [rrelim'pjar] *vt* (*volver a limpiar*) nochmals putzen; (*limpiar mucho*) ständig putzen

relimpio, -a [rre'limpjo, -a] *adj* (*fam*) makellos (sauber); (*que brilla*) blitzblank

relinchar [rrelin'tʃar] *vi* wiehern

relincho [rre'lintʃo] *m* ❶ (*de un caballo*) Wiehern *nt*
❷ (*de alguien*) Jauchzer *m*

reliquia [rre'likja] *f* ❶ (*resto*) Relikt *nt*
❷ (REL) Reliquie *f*
❸ (*achaque*) Beschwerden *fpl*

rellamada [rreʎa'maða] *f* (TEL) Wahlwiederholung *f*

rellano [rre'ʎano] *m* ❶ (*de una escalera*) (Treppen)absatz *m*
❷ (*de una pendiente*) Terrasse *f*, Absatz *m*

rellena [rre'ʎena] *f* (*Col, Méx: morcilla*) Wurst *f*

rellenable [rreʎe'naβle] *adj* nachfüllbar

rellenar [rreʎe'nar] **I.** *vt* ❶ (*t. GASTR: llenar*) füllen; (*una almohada*) ausstopfen; (*un sillón*) polstern; (*un hueco*) ausfüllen, auffüllen; **los pimientos de** [*o* **con**] **carne picada** die Paprika mit Hackfleisch füllen; **~ los agujeros de yeso** die Löcher vergipsen
❷ (*llenar por completo*) ganz voll machen; (*demasiado*) voll stopfen
❸ (*volver a llenar*) nachfüllen, auffüllen
❹ (*completar*) ausfüllen
❺ (*fam: dar de comer*) (mit Essen) voll stopfen
II. *vi* (*llenarse*) sich (an)füllen (*de* mit +*dat*)
❷ (*fam: comer*) sich voll stopfen (*de* mit +*dat*)

relleno[1] [rre'ʎeno] *m* ❶ (*acción de rellenar*) Füllen *nt*; (*un envase*) Nachfüllen *nt*, Auffüllen *nt*; (*un hueco*) Ausfüllen *nt*, Auffüllen *nt*; (*una almohada, un sofá*) Ausstopfen *nt*; (*un documento*) Ausfüllen *nt*; (*llenar, comer demasiado*) Vollstopfen *nt*
❷ (*t. GASTR: material*) Füllung *f*
❸ (*superfluidad*) Füllsel *nt*; **palabra de ~** Füllwort *nt*

relleno, -a[2] [rre'ʎeno, -a] *adj* ❶ (*lleno*) gefüllt; **pimientos ~s** gefüllte Paprika
❷ (*demasiado lleno*) voll gestopft
❸ (*fam: gordo*) pummelig

reloj [rre'lox] *m* Uhr *f*; **~ de arena** Sanduhr *f*; **~ despertador** Wecker *m*; **~ para fichar** Stechuhr *f*; **~ de pulsera** Armbanduhr *f*; **~ de tiempo real** (INFOR) Taktgeber *m*; **etapa** [*o* **carrera**] **contra ~** Zeitfahren *nt*; **trabajar contra ~** gegen die Zeit arbeiten; **ser (como) un ~** (*mecanismo*) wie am Schnürchen laufen; (*persona*) auf die Minute pünktlich sein; **el ~ marca las 12** die Uhr zeigt zwölf (Uhr); **adelantar/atrasar el ~** die Uhr vorstellen/zurückstellen; **el ~ adelanta/atrasa** die Uhr geht vor/geht nach

relojear [rreloxe'ar] *vt* (*Arg*) ❶ (*tomar el tiempo*) stoppen
❷ (*fam: controlar, espiar*) schnüffeln; **~ a alguien de arriba abajo** jdn von Kopf bis Fuß mustern

relojera [rrelo'xera] *f* (*bolsa*) Uhrtasche *f*; (*caja*) Uhretui *nt*

relojería [rreloxe'ria] *f* Uhrmacherei *f*

relojero, -a [rrelo'xero, -a] *m, f* Uhrmacher(in) *m(f)*

reluciente [rrelu'θjente] *adj* (*que despide luz*) strahlend, leuchtend; (*que refleja luz*) glänzend, schimmernd; **~ de limpio** blitzblank

relucir [rrelu'θir] *irr como* **lucir** *vi* ❶ (*despedir luz*) leuchten; (*reflejar luz*) glänzen
❷ (*sobresalir*) glänzen, sich hervortun
❸ (*loc*): **sacar/salir a ~** zur Sprache bringen/kommen

reluctante [rreluk'tante] *adj* widerstrebend

relumbrante [rrelum'brante] *adj* (*que emite luz*) leuchtend, strahlend; (*que refleja luz*) glänzend

relumbrar [rrelum'brar] *vi* ❶ (*emitir luz*) leuchten, strahlen; (*reflejar luz*) glänzen
❷ (*sobresalir*) glänzen

relumbrón [rrelum'bron] *m* ❶ (*destello*) Aufleuchten *nt*, Aufblitzen *nt*
❷ (*oropel*) Talmi *nt*
❸ (*loc*): **de ~** (*cosa*) nicht wirklich wertvoll; (*cargo*) nicht wirklich einflussreich

REM [rrem] *f* (FÍS) *abr de* **Roentgen Equivalent Man** REM *m*

remachado[1] [rrema'tʃaðo] *m* ❶ (*de dos piezas*) Vernietung *f*
❷ (*cabeza*) Ende *nt*
❸ (*acción de golpear*) Einschlagen *nt*; (*de doblar*) Umschlagen *nt*; (*de aplastar*) Breitschlagen *nt*

remachado, -a[2] [rrema'tʃaðo, -a] *adj* ❶ (*nariz*) platt
❷ (*Col: callado*) wortkarg, schweigsam

remachador(a) [rrematʃa'ðor(a)] *adj* (Ver)niet-

remachadora [rrematʃa'ðora] *f* Nietmaschine *f*

remachar [rrema'tʃar] **I.** *vt* ❶ (*golpear*) einschlagen, einhämmern
❷ (*doblar*) umschlagen; (*aplastar*) breit schlagen
❸ (*sujetar*) (ver)nieten
❹ (*subrayar*) nochmals betonen, mit Nachdruck wiederholen; **~ algo a alguien** jdm etw einhämmern
II. *vr:* **-se** (*Col*) schweigen

remache [rre'matʃe] *m* ❶ *v.* **remachado**[1]
❷ (*clavo*) Niete *f*, Niet *m o nt*
❸ (*Col: tenacidad*) Hartnäckigkeit *f*

remador(a) [rrema'ðor(a)] *m(f)* Ruderer, -in *m, f*

remake [rri'meik] *m* (CINE, MÚS, TV) Remake *nt*

remanente [rrema'nente] **I.** *adj* restlich, übrig (geblieben)
II. *m* Rest *m*; (*de una mercancía*) Restbestand *m*; **~ de beneficios** Gewinnvortrag *m*

remangado, -a [rreman'gaðo, -a] *adj* aufgekrempelt, hochgekrempelt

remangar [rreman'gar] <g→gu> **I.** *vt* hochkrempeln
II. *vr:* **-se** (*las mangas*) sich *dat* die Ärmel hochkrempeln
❷ (*fam: decidirse*) sich aufraffen

remansarse [rreman'sarse] *vr* sich stauen

remanso [rre'manso] *m* (*represa*) angestautes Wasser *nt*; (*agua muerta*) stehendes Gewässer *nt*; **~ de paz** friedlicher Ort *m*

remar [rre'mar] *vi* ❶ (*bogar*) rudern
❷ (*esforzarse*) sich abmühen

remarcable [rremar'kaβle] *adj* bemerkenswert, beachtlich

remarcar [rremar'kar] <c→qu> *vt* ❶ (*volver a marcar: un objeto*) nochmals kennzeichnen; (*un número*) nochmals wählen
❷ (*hacer notar*) hervorheben, betonen
❸ (*notar*) bemerken

rematadamente [rrematada'mente] *adv* ausgesprochen

rematado, -a [rrema'taðo, -a] *adj* vollkommen; **ser un loco ~** komplett [*o* total] verrückt sein; **ser un tonto ~** ein ausgesprochener Dummkopf sein

rematador(a) [rremata'ðor(a)] *m(f)* Versteigerer, -in *m, f*, Auktionator(in) *m(f)*

rematar [rrema'tar] **I.** *vt* ❶ (*concluir*) beenden, abschließen; (*terminar de hacer*) fertig stellen; **nunca remata lo que ha empezado** er/sie bringt das, was er/sie anfängt, nie zu Ende
❷ (*matar: de un tiro*) den Gnadenschuss geben +*dat*; (*de una puñalada*) den Gnadenstoß versetzen +*dat*; **~ a un toro** einem Stier den Gnadenstoß versetzen
❸ (*una costura*) vernähen
❹ (*gastar*) aufbrauchen
❺ (DEP) aufs Tor schießen
❻ (*adjudicar*) zuschlagen
❼ (*vender*) ausverkaufen
II. *vi* ❶ (DEP) aufs Tor schießen

② (*terminar*) enden (*en* in +*dat*); **la torre remata en punta** der Turm läuft nach oben spitz zu
remate [rre'mate] *m* ❶ (*conclusión*) Beendigung *f*, Abschluss *m*; (*de un producto*) Fertigstellung *f*; **dar ~ a un edificio** ein Gebäude fertig stellen
② (*final, extremo*) Abschluss *m*, Ende *nt*; **poner ~ a un mueble** bei einem Möbelstück eine Abschlussverzierung anbringen
③ (*puñalada*) Gnadenstoß *m*; (*tiro*) Gnadenschuss *m*
④ (*adjudicación*) Zuschlag *m*
⑤ (*oferta*) Höchstgebot *nt*
⑥ (DEP) Abschluss *m*, Torschuss *m*
⑦ (*consumo*) Verbrauch *m*; **dar ~** aufbrauchen
⑧ (*venta*) Ausverkauf *m*
⑨ (*loc*): **estar loco de ~** vollkommen verrückt sein; **ser tonto de ~** ausgesprochen dumm sein; **para ~** zu allem Unglück; **por ~** am Ende
remecedor(a) [rremeθe'ðor(a)] *m(f)* (AGR) Olivenabschlager(in) *m(f)*
remecer [rreme'θer] *irr como crecer vt, vr;* **-se** (*Am: sacudir(se)*) rütteln
remedar [rreme'ðar] *vt* (*imitar*) nachahmen; (*parodiar*) parodieren
remediable [rreme'ðjaβle] *adj* ❶ (*reparable*) behebbar
② (*evitable*) vermeidbar
③ (*corregible*) verbesserbar
remediar [rreme'ðjar] *vt* ❶ (*evitar*) vermeiden; (*un perjuicio*) verhindern; **no me cae bien, no puedo ~lo** ich kann mir nicht helfen, er/sie ist mir nicht sympathisch
② (*acabar con*) beheben; **~ un abuso** einem Missstand abhelfen [*o* ein Ende machen]
③ (*reparar*) beheben, in Ordnung bringen; (*compensar*) wieder gutmachen; **llorando no remedias nada** davon, dass du weinst, wird es auch nicht besser; **más vale prevenir que tener que ~** (*prov*) Vorsicht ist besser als Nachsicht
④ (*corregir*) (ver)bessern
⑤ (*ayudar*) helfen; **no puedo ~te** ich kann dir nicht helfen
remedio [rre'meðjo] *m* ❶ (*arreglo*) Behebung *f*, Abhilfe *f*; (*compensación*) Wiedergutmachung *f*; (*corrección*) (Ver)besserung *f*; **sin ~** hoffnungslos; **poner ~ a un mal** einem Übel abhelfen; **no hay ~** da ist nichts zu machen; **no llores, ya no tiene ~** weine nicht, da ist nichts mehr zu machen; **eso tiene fácil ~** dem ist leicht abzuhelfen; **tu problema no tiene ~** dein Problem ist nicht zu lösen; **mi hermano no tiene ~** bei meinem Bruder ist alle Mühe umsonst; **es un idealista sin ~** er ist ein unverbesserlicher Idealist
② (*evitación*) Vermeidung *f*; (*de un perjuicio*) Verhinderung *f*; **sin ~** unvermeidlich; **la crisis no tiene ~** die Krise ist nicht zu vermeiden
③ (*ayuda*) Hilfe *f*; **buscó ~ en sus amigos** er/sie suchte bei seinen/ihren Freunden Trost; **buscó ~ en la bebida** er/sie nahm Zuflucht zum Alkohol
④ (*medio*) Mittel *nt*; (MED) (Heil)mittel *nt*; **~ antipalúdico** Malariamittel *nt*; **~ casero** Hausmittel *nt*; **~ heroico** drastisches Mittel; **~ jurídico** (JUR) Rechtsbehelf *m*; **~ naturalista** Naturheilmittel *nt*; **~ preventivo** Präventivmittel *nt*; **no hay/no tenemos más ~ que...** es gibt/uns bleibt keine andere Wahl als ...
remedir [rreme'ðir] *irr como pedir vt* nachmessen
remedo [rre'meðo] *m* ❶ (*imitación*) Nachahmung *f*; (*mal hecha*) Abklatsch *m*
② (*parodia*) Parodie *f*
remejer [rreme'xer] *vt* durchmischen
remembranza [rremem'branθa] *f* Erinnerung *f* (*de* an +*akk*)
rememoración [rrememora'θjon] *f* Erinnerung *f* (*de* an +*akk*)
rememorar [rrememo'rar] *vt* sich erinnern (an +*akk*)
remendado, -a [rremen'daðo, -a] *adj* (*con pintas*) gefleckt, gescheckt
remendar [rremen'dar] <e→ie> *vt* ❶ (*reparar*) ausbessern; (*con parches*) flicken; (*zurcir*) stopfen
② (*corregir*) verbessern
③ (*añadir*) hinzufügen; **~ la salsa con vinagre** der Soße Essig zufügen
remendón, -ona [rremen'don, -ona] I. *adj* Flick-
II. *m, f* Flicker(in) *m(f)*; (*zapatero*) Flickschuster(in) *m(f)*; (*sastre*) Flickschneider(in) *m(f)*
remera [rre'mera] *f* ❶ (ZOOL) Schwungfeder *f*
② (*Arg: camiseta*) T-Shirt *nt*
remero, -a [rre'mero, -a] *m, f* Ruderer, -in *m, f*
remesa [rre'mesa] *f* Sendung *f*; (*de dinero*) Überweisung *f*; **~ de artículos** Warensendung *f*; **~ de cartas** Briefsendung *f*; **~ de pedidos** (COM) Übersendung von Bestellungen
remesar [rreme'sar] I. *vt* ❶ (*enviar*) versenden, verschicken
② (*el cabello*) raufen dat
II. *vr:* **-se** sich *dat* raufen
remeter [rreme'ter] *vt* ❶ (*meter de nuevo*) wieder hineinstecken
② (*meter más adentro*) weiter hineinstecken; **~ un clavo en la pared** einen Nagel tiefer in die Wand hauen
③ (*empujar*) hineinstopfen; (*una sábana*) (hin)einstecken

remezón [rreme'θon] *m* (*Am: sacudida*) Ruck *m*
remiendo [rre'mjendo] *m* ❶ (*reparación*) Ausbesserungsarbeit *f*, (notdürftige) Reparatur *f*; (*con parches*) Flickarbeit *f*; (*zurcidura*) Stopfarbeit *f*
② (*corrección*) (Ver)besserung *f*
③ (*extra*) Zusatz *m*
④ (*parche*) Flicken *m*
⑤ (*mancha*) Fleck *m*
remilgado, -a [rremil'ɣaðo, -a] *adj* geziert
remilgarse [rremil'ɣarse] <g→gu> *vr* sich geziert benehmen [*o* geben]
remilgo [rre'milɣo] *m* Gehabe *nt*, Geziere *nt*; **sin ~s** ohne sich zu zieren; **hacer ~s** sich zieren
remilitarización [rremilitariθa'θjon] *f* (MIL) Remilitarisierung *f*
reminiscencia [rreminis'θenθja] *f* ❶ (*recuerdo*) (vage) Erinnerung *f* (*de* an +*akk*); **me quedan ~s de mi primera comunión** ich erinnere mich noch vage an meine erste Kommunion
② (*en una obra*) Anklang *m* (*de* an +*akk*), Reminiszenz *f* (*de* an +*akk*) *elev*; **la ópera tiene ~s wagnerianas** die Oper enthält Anklänge an Wagner
③ (*lo que sobrevive*) Überbleibsel *nt* (*de* aus +*dat*)
remirado, -a [rremi'raðo, -a] *adj* ❶ (*prudente*) umsichtig
② (*remilgado*) geziert
remirar [rremi'rar] I. *vt* (*volver a mirar*) nochmals betrachten; (*mirar intensamente*) eingehend betrachten; **por más que miro y remiro no encuentro tu libro** so sehr ich auch suche, ich finde dein Buch nicht
II. *vr:* **-se** ❶ (*poner cuidado*) umsichtig vorgehen
② (*mirar*) mit Genugtuung betrachten
remise [rre'mise] *m* (Arg) Leihlimousine *f*
remisible [rremi'siβle] *adj* (*deuda, pena*) erlässlich; (*pecado*) verzeihlich
remisión [rremi'sjon] *f* ❶ (*de una obligación*) Befreiung *f*; (*de los pecados*) Vergebung *f*; (*de una deuda, una pena*) Erlass *m*; **sin ~** rettungslos
② (*referencia*) Verweis *m* (*a* auf +*akk*)
③ (*atenuación*) Rückgang *m*
④ (*envío*) (Ver)sendung *f*; (*a alguien*) Zusendung *f*
⑤ (*loc*): **sin ~** unrettbar
remiso, -a [rre'miso, -a] *adj* (*reacio*) unwillig, (*irresoluto*) zögerlich, (*lento*) träge; **mostrarse ~ a hacer algo** keine(rlei) Anstalten machen etw zu tun
remisoria [rremi'sorja] *f* (JUR) Verweisungsbeschluss *m*
remite [rre'mite] *m* Absender *m*
remitente [rremi'tente] *mf* Absender(in) *m(f)*; **'devolver al ~'** 'zurück an Absender'
remitido [rremi'tiðo] *m* (Zeitungs)anzeige *f*
remitir [rremi'tir] I. *vt* ❶ (*enviar*) (ab)senden, (ver)schicken; (*dinero*) überweisen; **~ algo a alguien** jdm etw (zu)schicken [*o* (zu)senden]; **~ un cheque al librador** (FIN) einen Scheck an den Aussteller überweisen
② (*referirse*) verweisen (*a* auf +*akk*)
③ (*de una obligación*) befreien; **~ a alguien de una pena/deuda** jdm eine Strafe/Schuld erlassen; **~ a alguien de sus pecados** jdm seine Sünden vergeben
④ (*aplazar*) verschieben; (*un juicio*) vertagen
⑤ (*confiar*) überlassen
⑥ (*ceder*) einstellen
II. *vi* (*calmarse*) nachlassen
② (*calmarse*) nachlassen
③ (*confiarse*) sich anvertrauen; **-se al juez** sich der Entscheidung des Richters unterwerfen
III. *vr:* **-se** ❶ (*referirse*) sich beziehen (*a* auf +*akk*)
remo ['rremo] *m* ❶ (*pala*) Ruder *nt*; **tomar el ~** (*fig fam*) die Führung übernehmen
② (DEP) Rudern *nt*; **a(l) ~** rudernd; (*fig*) mit Mühe; **a ~ y vela** (*fam*) ruck, zuck
③ (*castigo*) Galeerenstrafe *f*; **andar al ~** (*fam*) schuften
④ (*brazo*) Arm *m*; (*pierna, pata*) Bein *nt*
⑤ (*ala*) Flügel *m*
remoción [rremo'θjon] *f* ❶ (*eliminación*) Entfernung *f*, Beseitigung *f*; (*de un obstáculo*) Wegräumen *nt*
② (*agitación*) Aufwühlen *nt*; (*dando vueltas*) Umrühren *nt*
③ (*de un asunto*) Aufrühren *nt*, Aufwärmen *nt fam*
④ (*de un cargo*) Absetzung *f*, Amtsenthebung *f*
⑤ (*investigación*) Herumwühlen *nt* (*en* in +*dat*)
remodelación [rremoðela'θjon] *f* Umgestaltung *f*; (ECON) Umstrukturierung *f*; **~ del gabinete** Kabinettsumbildung *f*
remodelar [rremoðe'lar] *vt* umgestalten; **~ el gobierno** die Regierung umbilden
remojar [rremo'xar] I. *vt* ❶ (*mojar*) nass machen; (*humedecer*) anfeuchten; (*empapar*) durchnässen; (*sumergir*) eintauchen; (*ablandar*) einweichen
② (*celebrar*) begießen

II. *vr:* **~se** (*mojarse*) nass werden; (*bañarse*) (sich) baden
remojo [rre'moxo] *m* ❶ (*empapamiento*) Durchnässen *nt;* (*sumersión*) Eintauchen *nt;* (*baño*) Bad *nt;* **poner en** ~ einweichen
❷ (*celebración*) Umtrunk *m*
remojón [rremo'xon] *m* (*empapamiento*) Durchnässen *nt;* (*sumersión*) Eintauchen *nt;* (*baño*) Bad *nt;* **como no llevaba paraguas me di un** ~ weil ich keinen Schirm dabeihatte, wurde ich bis auf die Haut nass; **darse un** ~ **en la piscina** im Pool baden
remolacha [rremo'latʃa] *f* Rübe *f;* ~ **azucarera** Zuckerrübe *f;* ~ **forrajera** Futterrübe *f;* ~ (**roja**) [*o* (**colorada**)] rote B(e)ete
remolcador[1] [rremolka'ðor] *m* Schleppschiff *nt,* Schlepper *m*
remolcador(a)[2] [rremolka'ðor(a)] *adj* (Ab)schlepp-; **buque** ~ Schleppschiff *nt;* **grúa** ~**a** Abschleppwagen *m*
remolcar [rremol'kar] <c→qu> *vt* ❶ (*t. NÁUT: arrastrar*) schleppen; (*un vehículo averiado*) abschleppen
❷ (*convencer*) überreden; **me** ~**on a participar** sie bewegten mich zur Teilnahme
remoler [rremo'ler] <o→ue> **I.** *vt* ❶ (*moler*) (fein) zermahlen
❷ (*Perú: fastidiar*) nerven; ~ **la paciencia de alguien** jds Geduld überstrapazieren
II. *vi* (*Chil, Perú*) ausgehen, bummeln gehen
remolienda [rremo'ljenda] *f* (*Arg, Urug: fam: juerga*) Gaudi *f*
remolinar(se) [rremoli'narse] *vi, vr* ❶ (*viento, polvo*) wirbeln; (*agua*) strudeln
❷ (*gente*) zusammenströmen
remolino [rremo'lino] *m* ❶ (*movimiento*) Wirbel *m;* (*de agua*) Strudel *m;* ~ **de polvo** Staubwirbel *m;* ~ **de viento** Wirbelwind *m*
❷ (*pelo*) (Haar)wirbel *m*
❸ (*gente*) Gewimmel *nt*
❹ (*confusión*) Trubel *m*
❺ (*fam: persona*) Wirbelwind *m*
remolón[1] [rremo'lon] *m* (*de un jabalí*) Hauer *m*
remolón, -ona[2] [rremo'lon, -ona] **I.** *adj* faul
II. *m, f* (*vago*) Faulenzer(in) *m(f),* Faulpelz *m fam;* (*que evita algo*) Drückeberger(in) *m(f);* **hacerse el** ~ faulenzen; **siempre se hace el** ~ **a la hora de fregar** er drückt sich immer vor dem Abwasch
remolonear(se) [rremolone'ar(se)] *vi, vr* (*vaguear*) faulenzen; (*evitar*) sich drücken
remolque [rre'molke] *m* ❶ (*arrastre*) Schleppen *nt;* (*de un vehículo averiado*) Abschleppen *nt*
❷ (*vehículo*) Anhänger *m*
❸ (*cuerda*) Seil *nt;* (*para averías*) Abschleppseil *nt;* **llevar a** ~ schleppen, im Schlepptau haben; (*un coche averiado*) abschleppen; **hacer algo a** ~ etw nur widerwillig tun
remonta [rre'monta] *f* ❶ (*del calzado*) Besohlen *nt;* (*de una silla*) Aufpolstern *nt*
❷ (*de un pantalón*) Flicken *nt*
❸ (MIL: *cría, adquisición*) Remonte *f*
❹ (MIL: *caballos*) Pferdebestand *m*
❺ (MIL: *establecimiento*) (Remonte)gestüt *nt*
remontar [rremon'tar] **I.** *vt* ❶ (*superar*) überwinden
❷ (*subir*) hinaufgehen; (*en coche, barco*) hinauffahren; ~ **un río** (*navegar*) flussaufwärts fahren; (*nadar*) flussaufwärts schwimmen
❸ (*elevar*) aufsteigen lassen
❹ (*sobrepasar*) aufholen
❺ (*la caza*) verscheuchen
❻ (MIL) remontieren
❼ (*el calzado*) besohlen; (*un pantalón*) flicken; (*una silla*) aufpolstern
II. *vr:* **~se** ❶ (*volar*) aufsteigen, in die Höhe steigen; (*ave*) sich in die Lüfte erheben
❷ (*gastos*) sich belaufen (*a* auf +*akk*), betragen (*a* +*akk*)
❸ (*pertenecer*) zurückgehen; **la construcción de la iglesia se remonta al siglo pasado** der Bau der Kirche geht ins letzte Jahrhundert zurück
❹ (*retroceder*) zurückgehen; **el historiador se remonta hasta la edad media** der Historiker geht bis ins Mittelalter zurück; **el discurso se remonta a los orígenes del automóvil** die Rede geht bis zu den Ursprüngen des Automobils zurück
remonte [rre'monte] *m* ❶ (*vuelo*) Aufsteigen *nt;* (*de un ave*) Emporschwingen *nt*
❷ (*telesilla*) (Ski)lift *m*
❸ (*pelota*) (Variante der) Pelota *f*
❹ (*cesta*) (kurzer, flacher) Pelotaschläger *m*
remoquete [rremo'kete] *m* ❶ (*fam: apodo*) Spitzname *m*
❷ (*golpe*) Faustschlag *m*
❸ (*pulla*) spitze Bemerkung *f,* Stichelei *f*
❹ (*fam: galanteo*) Flirten *nt*
rémora ['rremora] *f* ❶ (ZOOL) Schiffshalter *m*
❷ (*obstáculo*) Hindernis *nt*

remorder [rremor'ðer] <o→ue> **I.** *vt* ❶ (*atormentar*) quälen; **me remuerde** (**la conciencia**) **no haber ayudado** ich habe ein schlechtes Gewissen, weil ich nicht geholfen habe
❷ (*morder*) erneut beißen
II. *vr:* **~se** sich quälen
remordimiento [rremorði'mjento] *m* Gewissensbiss *m;* **tener ~s** (**de conciencia**) **por algo** Gewissensbisse wegen etw haben [*o* empfinden], sich Gewissensbisse über etw machen; **el** ~ **no lo deja dormir** sein schlechtes Gewissen plagt ihn
remotamente [rremota'mente] *adv* ❶ (*vagamente*) vage
❷ (*lejos*) weit weg; (*apartadamente*) abgelegen; (*hace tiempo*) vor langer Zeit
❸ (*loc*): **ni** ~ nicht im Entferntesten
remoto, -a [rre'moto, -a] *adj* ❶ (*lejano*) fern; **control** ~ Fernsteuerung *f;* **hechos ~s** weit zurückliegende Ereignisse; **en tiempos ~s** in ferner Vergangenheit
❷ (*improbable*) unwahrscheinlich; **no existe ni la más remota posiblidad** es besteht nicht die geringste Chance; **no tener ni la más remota idea** nicht die blasseste Ahnung haben; **ni por lo más** ~ nicht im Entferntesten
remover [rremo'βer] <o→ue> **I.** *vt* ❶ (*eliminar*) entfernen, beseitigen; (*apartar*) wegräumen; ~ **dificultades** Schwierigkeiten aus dem Weg räumen
❷ (*agitar*) aufwühlen; (*dar vueltas*) umrühren
❸ (*activar*) aufrühren
❹ (*destituir*) absetzen; ~ **a alguien** (**de un cargo**) jdn eines Amtes entheben
II. *vi* herumwühlen (*en* in +*dat*)
III. *vr:* **~se** (*moverse*) sich wälzen
❷ (*aguas*) in Wallung kommen
❸ (*asunto*) wieder aufwärmen
remozamiento [rremoθa'mjento] *m* ❶ (*de algo*) Modernisierung *f*
❷ (*de alguien*) Verjüngung *f*
remozar [rremo'θar] <z→c> *vt* ❶ (*algo*) modernisieren
❷ (*a alguien*) verjüngen
remuda [rre'muða] *f* ❶ (*reemplazo*) Auswechslung *f;* (MIL) Ablösung *f*
❷ (*trasplantación*) Umpflanzung *f,* Umsetzen *nt*
❸ (*ropa*) (Wäsche)garnitur *f*
remudar [rremu'ðar] **I.** *vt* ❶ (*reemplazar*) auswechseln; (MIL) ablösen
❷ (*trasplantar*) umpflanzen
II. *vr:* **~se** die Unterwäsche wechseln
remugar [rremu'ɣar] <g→gu> *vt v.* **rumiar**
remunerable [rremune'raβle] *adj* entgeltlich
remuneración [rremunera'θjon] *f* ❶ (*acción: pago*) Bezahlung *f,* Vergütung *f;* (*sueldo*) Lohn *m;* ~ **extraordinaria** Sonderentgelt *nt;* ~ **por fidelidad** Treuevergütung *f;* ~ **de funcionarios** Beamtenbesoldung *f*
❷ (*recompensa*) Belohnung *f*
❸ (*rendimiento*) Gewinn *m*
❹ *pl* Bezüge *pl*
remunerador(a) [rremunera'ðor(a)] *adj* einträglich, Gewinn bringend
remunerar [rremune'rar] *vt* ❶ (*pagar*) bezahlen; ~ **un trabajo** eine Arbeit vergüten; ~ **a alguien por un servicio** jdn für eine Dienstleistung entlohnen
❷ (*recompensar*) belohnen
❸ (*rendir*) Gewinn bringen; **este negocio no te va a** ~ das wird kein Gewinn bringendes Geschäft für dich
remunerativo, -a [rremunera'tiβo, -a] *adj* einträglich, Gewinn bringend; **plan** ~ vergüteter Entwurf
remuneratorio, -a [rremunera'torjo, -a] *adj* entgeltlich; (JUR) remuneratorisch; **donación remuneratoria** remuneratorische Schenkung
renacentista [rrenaθen'tista] *adj* Renaissance-; **pintor** ~ Renaissancemaler *m*
renacer [rrena'θer] *irr como* **crecer** *vi* ❶ (*volver a nacer*) wieder geboren werden
❷ (*regenerarse*) aufleben; **sentirse** ~ sich wie neugeboren fühlen
renacimiento [rrenaθi'mjento] *m* ❶ (ARTE, LIT) Renaissance *f*
❷ (FILOS, REL) Wiedergeburt *f*
❸ (*regeneración*) Aufleben *nt*
renacuajo[1] [rrena'kwaxo] *m* (ZOOL) Kaulquappe *f*
renacuajo, -a[2] [rrena'kwaxo, -a] *m, f* (*pey: chico*) Knirps *m,* mick(e)riger Junge *m;* (*chica*) mick(e)riges Mädchen *nt*
renal [rre'nal] *adj* Nieren-; (MED) renal
Renania [rre'nanja] *f* Rheinland *nt*
Renania-Palatinado [rre'nanja-palati'naðo] *m* Rheinland-Pfalz *nt*
Renania-Westfalia [rre'nanja-βes'falja] *f* Nordrhein-Westfalen *nt*
renano, -a [rre'nano, -a] **I.** *adj* ❶ (*del Rin*) rheinisch; **provincia renana** Rheinprovinz *f*
❷ (*de Renania*) rheinländisch
II. *m, f* Rheinländer(in) *m(f)*

rencilla [rreɲ'θiʎa] *f* Streit *m*
rencilloso, -a [rreɲθi'ʎoso, -a] *adj* streitsüchtig, zänkisch
rencor [rreŋ'kor] *m* Groll *m;* **guardar ~ a alguien** einen Groll gegen jdn hegen, (mit) jdm böse sein
rencoroso, -a [rreŋko'roso, -a] *adj* ❶ (*vengativo*) nachtragend ❷ (*resentido*) verärgert
rendibú [rreɲdi'βu] *m* (*fam*) Schmeichelei *f*
rendición [rreɲdi'θjon] *f* ❶ (*capitulación*) Ergebung *f;* (MIL) Kapitulation *f*
❷ (*entrega*) Übergabe *f;* **~ de cuentas** Rechnungslegung *f*
❸ (*sumisión*) Hingabe *f*
❹ (*utilidad*) Ertrag *m*
❺ (*fatiga*) Erschöpfung *f*
❻ (*conquista*) Eroberung *f*
rendidamente [rreɲdiða'mente] *adv* hingebungsvoll, ergeben; **estar ~ enamorado** hoffnungslos verliebt sein, unsterblich [*o* bis über beide Ohren] verliebt sein
rendido, -a [rreɲ'diðo, -a] *adj* ❶ (*cansado*) todmüde, erschlagen *fam*, abgeschlagen *reg*
❷ (*sumiso*) ergeben; **cayó ~ ante su belleza** er erlag ihrer Schönheit
rendidor(a) [rreɲdi'ðor(a)] *adj* leistungsstark
rendija [rreɲ'dixa] *f* Spalte *f*, Ritze *f*
rendimiento [rreɲdi'mjento] *m* ❶ (*t.* ECON: *productividad*) Leistung(sfähigkeit) *f;* (ECON: *máximo*) Kapazität *f;* **~ específico** (INFOR) Durchsatz *m;* **~ óptimo** Bestleistung *f;* **a pleno ~** voll ausgelastet
❷ (*beneficio*) Ertrag *m;* **~ bruto/neto** Brutto-/Nettoerlös *m*, Brutto-/Nettoleistung *f;* **~ de la inversión** Kapitalertrag *m*, Anlagenrendite *f;* **acción de alto ~** leistungsstarke Aktie; **imposición con un ~ del 5%** Geldeinlage mit einer Verzinsung von 5%; **de gran ~** sehr ertragreich
❸ (*cansancio*) Erschöpfung *f*
❹ *pl* (ECON: *ingresos*) Einkünfte *fpl;* **~s de las actividades profesionales y artísticas** Einkünfte aus selbst(st)ändiger und künstlerischer Arbeit; **~s por beneficios** Gewinneinkünfte *fpl;* **~s del capital inmobiliario** Einkünfte aus Vermietung und Verpachtung; **~s del capital mobiliario** Einkünfte aus beweglichem Vermögen; **~s del trabajo** Einkünfte aus nicht selbst(st)ändiger Arbeit
❺ (*humildad*) Unterwürfigkeit *f*
❻ (*obsequiosidad*) Zuvorkommenheit *f*
rendir [rreɲ'dir] *irr como pedir* I. *vt* ❶ (*rentar*) einbringen, abwerfen; **~ fruto** Früchte tragen; **~ utilidad** Gewinn bringen; **esta hacienda rinde muy poco** dieses Gut wirft wenig Gewinn ab; **la inversión ha rendido mucho** die Investition hat sich bezahlt gemacht [*o* rentiert]
❷ (*trabajar*) leisten; **~ un trabajo** eine Arbeit leisten; **estas máquinas rinden mucho** diese Maschinen sind sehr leistungsfähig
❸ (*tributar*) erweisen, bezeigen; **~ homenaje a alguien** jdm huldigen, jdm Achtung zollen; **~ culto al arte** ein Kunstliebhaber sein; **~ favores a alguien** jdm Gefälligkeiten erweisen; **~ las gracias a alguien** jdm Dank abstatten; **~ importancia a algo** etw Bedeutung beimessen
❹ (*entregar*) abgeben; **~ cuentas** abrechnen, Rechnung (ab)legen; (*fig*) Rechenschaft ablegen; **~ un informe** Bericht erstatten; **~ pruebas** Beweise erbringen; **~ una confesión** ein Geständnis ablegen; **~ obsequios a alguien** jdn beschenken; **~ el alma (a Dios)** die Seele aushauchen, den Geist aufgeben; **~ la comida** das Essen erbrechen
❺ (*vencer*) besiegen, bezwingen
❻ (*capitular*): **~ las armas** die Waffen strecken, kapitulieren
❼ (*cansar*) ermüden, erschöpfen; **~ un caballo** ein Pferd zu Tode [*o* zuschanden] reiten; **me rindió el sueño** der Schlaf übermannte mich
❽ (*substituir*) ablösen; **~ la guardia** die Wache ablösen
❾ (NÁUT): **~ la bandera** die Flagge senken [*o* dippen]
❿ (NÁUT: *viaje*) beenden
II. *vr:* **~se** ❶ (*entregarse*) sich ergeben; **~se al enemigo** vor dem Feind kapitulieren; **~se a la evidencia de algo** etw einsehen; **~se a las razones de alguien** sich von jds Argumenten überzeugen lassen
❷ (*cansarse*): **~se de cansancio** vor Müdigkeit umfallen; **~se de fatiga** von Strapazen überwältigt werden
renegado¹ [rrene'ɣaðo] *m* (*juego de naipes*) Lomber *nt*
renegado, -a² [rrene'ɣaðo, -a] I. *adj* ❶ (*religión*) abtrünnig
❷ (*fam: carácter*) schroff, übellaunig
II. *m, f* ❶ (*religión*) Abtrünnige(r) *mf*, Renegat(in) *m(f)*
❷ (*fam: carácter*) Miesepeter *m*
renegar [rrene'ɣar] *irr como fregar* I. *vi* ❶ (*protestar*) fluchen (*de* über +*akk*); **~ de la mala suerte** sein Pech verwünschen; **reniega hasta de su sombra** [*o* **de la madre que le parió**] (*fam*) er verflucht alles in Grund und Boden
❷ (*renunciar*) abtrünnig werden (*de* +*gen*), sich lossagen (*de* von +*dat*); **~ de la fe** vom Glauben abfallen; **ha renegado del partido** er/sie ist aus der Partei ausgetreten
II. *vt* ❶ (*negar mucho*) (wiederholt) ableugnen, verleugnen
❷ (*detestar*) verabscheuen
renegociación [rreneɣoθja'θjon] *f* erneute Verhandlung *f*, Neuverhandlung *f;* **~ de la deuda** [*o* **de créditos**] Umschuldung *f*
renegociar [rreneɣo'θjar] *vt* neu aushandeln, die Verhandlung wieder aufnehmen (über +*akk*)
renegrido, -a [rrene'ɣriðo, -a] *adj* schwärzlich
RENFE ['rremfe] *f abr de* **Red Nacional de Ferrocarriles Españoles** spanische Eisenbahngesellschaft
renglón [rreŋ'glon] *m* ❶ (*línea*) Zeile *f;* **a ~ seguido** sofort; **escribir unos renglones a alguien** ein paar Zeilen an jdn schreiben; **leer entre renglones** zwischen den Zeilen lesen
❷ (*partida*) Posten *m;* **~ de ganancia** Gewinnposten *m;* **~ de factura** Rechnungsposten *m*
rengo, -a ['rreŋgo, -a] *adj* (CSur: *cojo*) hinkend
renguear [rreŋge'ar] *vi* (CSur: *cojear*) hinken
renguera [rreŋ'gera] *f* (CSur) Hinken *nt*
reniego [rre'njeɣo] *m* ❶ (*blasfemia*) Gotteslästerung *f*, Blasphemie *f*
❷ (*taco*) Fluch *m*
❸ (*denegación*) Verleugnung *f*
reno ['rreno] *m* Ren(tier) *nt*
renombrado, -a [rrenom'braðo, -a] *adj* renommiert, angesehen
renombrar [rrenom'brar] *vt* (*t.* INFOR) umbenennen
renombre [rre'nombre] *m* (guter) Ruf *m*, Renommee *nt;* **una empresa de gran ~** ein namhaftes Unternehmen; **una persona de ~** eine angesehene Person; **adquirir ~** Ruhm erwerben [*o* erlangen]; **gozar de ~** Ruhm genießen
renovable [rreno'βaβle] *adj* erneuerungsfähig
renovación [rrenoβa'θjon] *f* Erneuerung *f;* (*de un contrato*) Vertragsneuerung *f;* (*del pasaporte*) Passverlängerung *f;* (*de un edificio*) Renovierung *f;* (*de una empresa*) Verjüngungskur *f;* **~ de existencias** (ECON) Lagerbestandsauffüllung *f;* **~ de una letra** (FIN) Wechselprolongation *f;* **prima de ~** (FIN) Folgeprämie *f*
renovador¹ [rrenoβa'ðor] *m:* **~ de aire** Luftverbesserer *m*
renovador(a)² [rrenoβa'ðor(a)] I. *adj* erneuernd, Reform-
II. *m/f* Erneuerer, -in *m, f*
renoval [rreno'βal] *m* (ECOL) mit Schösslingen bepflanztes Feld *f*
renovar [rreno'βar] <o→ue> *vt* erneuern; **~ una casa** ein Haus renovieren; **~ un contrato** einen Vertrag erneuern; **~ un país** ein Land reformieren; **~ una letra de cambio** (FIN) einen Wechsel prolongieren; **~ el pasaporte** den Pass verlängern; **~ un pedido** nachbestellen; **~ la pintura** den Anstrich erneuern; **~ una póliza de seguros** (FIN) eine Versicherungspolice erneuern; **~ una amistad** eine Freundschaft wieder aufleben lassen; **~ un aviso** eine Mitteilung wiederholen; **~ una herida** eine (kaum verheilte) Wunde wieder aufreißen; **~ la memoria** das Gedächtnis auffrischen
renquear [rreŋke'ar] *vi* (*persona*) hinken; (*animal*) lahmen
renta ['rrenta] *f* ❶ (*beneficio*) Ertrag *m*, Einkommen *nt;* **~ anual** (*persona*) Jahreseinkommen *nt;* (*empresa*) Jahresertrag *m;* **~ per cápita** Pro-Kopf-Einkommen *nt;* **~ del capital** Kapitalertrag *m*, Kapitalzins *m;* **~ disponible** verfügbares Einkommen; **~s fiscales** Staatseinkünfte *pl;* **~ media** [*o* **promedio**] Durchschnittseinkommen *nt;* **~ nacional** Volkseinkommen *nt;* **~s patrimoniales** Vermögenseinkünfte *fpl;* **~s públicas** Staatseinkünfte *fpl;* **~ real** Realeinkommen *nt;* **~ salarial** Lohneinkünfte *fpl;* **~ de la tierra** Bodenrente *f;* **~ del trabajo** Arbeitseinkommen *nt*, Einkommen aus unselbst(st)ändiger Arbeit; **declaración de la ~** Einkommenssteuererklärung *f;* **impuesto sobre la ~** Einkommenssteuer *f*
❷ (*pensión*) Rente *f;* **~ compensatoria** Ausgleichsrente *f;* **~ por incapacidad laboral** Erwerbsunfähigkeitsrente *f;* **~ pecuniaria** Geldrente *f;* **~ vitalicia** Leibrente *f*, Rente auf Lebenszeit; **~ de viudez** Witwenrente *f*
❸ (*alquiler*) Miete *f*, Pacht *f;* **~ del apartamento** Wohnungsmiete; **~ base** Grundmiete *f;* **~ gradual** Staffelmiete *f;* **~ de transacción** Vergleichsmiete *f;* **en ~** zur Miete; **tomar a ~ un negocio** ein Geschäft pachten
rentabilidad [rrentaβili'ðað] *f* Wirtschaftlichkeit *f*, Rentabilität *f;* **~ competitiva** Wettbewerbsfähigkeit *f;* **~ del dividendo** Dividendenrendite *f;* **tasa de ~** Rentabilitätsrate *f;* **umbral de ~** Rentabilitätsschwelle *f;* **dar una ~ de...** einen Gewinn von ... abwerfen
rentabilizar [rrentaβili'θar] <z→c> *vt* Gewinn bringend [*o* rentabel] bewirtschaften; **~ una finca** ein Gut rentabel bewirtschaften
rentable [rren'taβle] *adj* rentabel, lohnend; **no ~** unwirtschaftlich, unrentabel
rentar [rren'tar] I. *vt* ❶ (*rendir beneficio*) einbringen, abwerfen; **~ bien** sich rentieren
❷ (Am: *alquilar*) mieten
II. *vi* Gewinn bringen
rentero, -a [rren'tero, -a] *m, f* ❶ (*arrendatario*) Pächter(in) *m(f)*
❷ (Arg: *contribuyente*) Steuerzahler(in) *m(f)*
rentista [rren'tista] *mf* ❶ (*pensionista*) Rentner(in) *m(f)*, Rentenempfänger(in) *m(f)*

② (*hacendista*) Finanzfachmann, -frau *m, f*
rentístico, -a [rren̪'tistiko, -a] *adj* (*de la pensión*) Renten-; (*del beneficio*) Ertrags-; **reforma rentística** Rentenreform *f*
renuencia [rre'nwen̪θja] *f* Widerspenstigkeit *f*
renuente [rre'nwen̪te] *adj* widerspenstig, widerborstig
renuevo [rre'nweβo] *m* ❶ (*tallo*) Trieb *m*, Schössling *m;* **los ~s brotan** die Triebe sprießen
② (*renovación*) Erneuerung *f*
renuncia [rre'nun̪θja] *f* ❶ (*abandono*) Verzicht *m* (*a / de* auf *+ akk*), Aufgabe *f* (*a / de + gen*); **~ de bienes** Güterabtretung *f;* **~ del cargo** Amtsniederlegung *f;* **~ al contrato** Rücktritt vom Vertrag; **~ al derecho de alimentos** Unterhaltsverzicht *m;* **~ al derecho fundamental** Grundrechtsverzicht *m;* **~ a la herencia** Erbverzicht *m;* **~ de inmunidad** Immunitätsaufhebung *f;* **~ al recurso** (JUR) Rechtsmittelverzicht *m;* **~ a la violencia** Gewaltverzicht *m;* **bajo ~ a** unter Verzichtleistung auf *+ akk;* **presentar su ~** kündigen, abdanken
② (*escrito*) Entlassungsurkunde *f*
renunciable [rrenun̪'θjaβle] *adj* verzichtbar
renunciación [rrenun̪θja'θjon] *f* (JUR) Verzicht *m*, Entsagung *f*
renunciante [rrenun̪'θjan̪te] *mf* Verzichtende(r) *mf*, Verzichtleistende(r) *mf*
renunciar [rrenun̪'θjar] I. *vt* ❶ (*desistir*) verzichten (*a* auf *+ akk*), aufgeben (*a + akk*); **~ a un cargo** ein Amt niederlegen; **~ a una herencia** ein Erbe ausschlagen; **~ al trono** abdanken; **~ a favor de alguien** zugunsten [*o* zu Gunsten] jds Verzicht leisten
② (*rechazar*) abweisen (*a + akk*), verschmähen (*a + akk*); **renunció a su ofrecimiento** er/sie hat sein/ihr Angebot ausgeschlagen
II. *vr:* **~se** der Welt entsagen
renunciatario, -a [rrenun̪θja'tarjo] *m, f* (JUR) Person *f*, zu deren Gunsten verzichtet wird
renuncio [rre'nun̪θjo] *m* (*juego de naipes*) Fehlfarbe *f*, Renonce *f;* **coger a alguien en un ~** (*fam*) jdn Lügen strafen
reñidero [rreɲi'ðero] *m* (*de gallos*) Hahnenkampfplatz *m*
reñido, -a [rre'ɲiðo, -a] *adj* ❶ (*enojado*) uneins, zerstritten; **estamos ~s** wir haben uns verzankt; **estoy ~ con él** ich bin böse auf ihn; **la injusticia está reñida con las ideas democráticas** die Ungerechtigkeit ist mit den demokratischen Prinzipien unvereinbar
② (*encarnizado*) heftig, erbittert; **una lucha reñida** ein erbitterter Kampf; **discutir reñidamente** hartnäckig diskutieren
reñidor(a) [rreɲi'ðor(a)] *adj* streitsüchtig
reñir [rre'ɲir] *irr como ceñir* I. *vi* zanken, streiten; **¿has reñido con tu novio?** hast du dich mit deinem Freund gestritten?
II. *vt* schelten; **~ a un niño** ein Kind schelten, mit einem Kind schimpfen
reo, -a ['rreo, -a] I. *adj* schuldig
II. *m, f* Angeklagte(r) *mf*, Täter(in) *m(f);* **~ de asesinato** Mörder *m;* **~ habitual** Gewohnheitsverbrecher *m;* **~ preventivo** Untersuchungshäftling *m*
reoca [rre'oka] *f:* **ser la ~** (*fam*) spitzenklasse sein, astrein rein
reojo [rre'oxo] *m:* **mirar a alguien de ~** (*con hostilidad*) jdn schief ansehen; (*con disimulo*) jdn verstohlen ansehen
reología [rreolo'xia] *f* (FÍS) Rheologie *f*
reometría [rreome'tria] *f* (FÍS) Rheometrie *f*
reordenación [rreorðena'θjon] *f* Neuordnung *f*, Umordnung *f*
reordenar [rreorðe'nar] *vt* neu ordnen, umgestalten
reorganización [rreorɣaniθa'θjon] *f* Neugestaltung *f*, Reorganisation *f*, Neufestsetzung *f;* **~ del capital** Kapitalumstellung *f;* **~ de una empresa** Umgestaltung [*o* Sanierung] einer Firma; **~ del gobierno** Regierungsumbildung *f;* **~ del mercado** Neuordnung des Marktes
reorganizador(a) [rreorɣaniθa'ðor(a)] I. *adj* reorganisierend, neu gestaltend
II. *m(f)* Reorganisator(in) *m(f)*, Neugestalter(in) *m(f)*
reorganizar [rreorɣani'θar] <z→c> *vt* neu gestalten, reorganisieren, umbilden
reorientación [rreorjen̪ta'θjon] *f* Neuorientierung *f;* **~ política** (politischer) Kurswechsel *m*
reorientar [rreorjen̪'tar] *vt* neu orientieren
reóstato [rre'ostato] *m* (ELEC) Rheostat *m*, Regelwiderstand *m*
repajolero, -a [rrepaxo'lero, -a] *adj* (*fam*) verdammt, verflucht; **toda tu repajolera vida...** dein ganzes verflixtes Leben ...
repanchigarse [rrepan̪tʃi'ɣarse] <g→gu> *vr* sich rekeln
repanocha [rrepa'notʃa] *f:* **ser la ~** (*fam*) absolut unglaublich sein
repantigarse [rrepan̪ti'ɣarse] <g→gu> *vr v.* **repanchigarse**
reparable [rrepa'raβle] *adj* (*arreglable*) ausbesserungsfähig, reparabel; (*indemnizable*) ersetzbar; **un daño ~** ein wieder gutzumachender Schaden
reparación [rrepara'θjon] *f* ❶ (*arreglo*) Reparatur *f*, Ausbesserung *f;* **~ de avería** Störungsbeseitigung *f*
② (*indemnización*) Entschädigung *f*, Wiedergutmachung *f;* **~ de perjuicios** Schaden(s)ersatz *m;* **~ del honor** Wiederherstellung der Ehre

reparado, -a [rrepa'raðo, -a] *adj* ❶ (*reforzado*) verstärkt
② (*bizco*) schielend
reparador¹ [rrepa'raðor] *m* (*taller*) Reparaturwerkstatt *f*
reparador(a)² [rrepa'raðor(a)] I. *adj* kräftigend, erquickend; **un sueño ~** ein erquickender Schlaf
II. *m(f)* ❶ (*que repara*) Reparateur, -euse *m, f*
② (*que critica*) Nörgler(in) *m(f)*
reparar [rrepa'rar] I. *vt* ❶ (*arreglar*) reparieren, ausbessern; **~ el daño** den Schaden beheben
② (*indemnizar*) ersetzen, wieder gutmachen
③ (*advertir*) wahrnehmen (*en + akk*), merken (*en + akk*), achten (*en* auf *+ akk*); **¿reparaste en que la casa estaba sin techo?** hast du gemerkt, dass das Haus kein Dach hatte?; **sin ~ en gastos** ohne Rücksicht auf die Kosten; **no ~ en sacrificios / en gastos** kein Opfer/keine Kosten scheuen
④ (*fuerzas*) wiederherstellen; **~ fuerzas** wieder zu Kräften kommen; **con la siesta reparo fuerzas** der Mittagsschlaf gibt mir neue Kraft
II. *vr:* **~se** sich beherrschen
reparo [rre'paro] *m* ❶ (*arreglo*) Ausbesserung *f*, Wiederherstellung *f*
② (*inconveniente*) Bedenken *nt*, Hemmung *f;* **sin ~ alguno** ganz ungeniert; **me da ~ decírselo** ich scheue mich davor, es ihm/ihr zu sagen
③ (*objeción*) Einwand *m* (*a* gegen *+ akk*), Bedenken *ntpl;* **sin ~** anstandslos, bedenkenlos; **no admitir ~s** sich *dat* keine Kritik gefallen lassen; **no andar con ~s** sich *dat* seiner Sache sicher sein; **poner ~s a algo** etw kritisieren, Einwände gegen etw haben
reparón, -ona [rrepa'ron, -ona] *m, f* (*fam*) Nörgler(in) *m(f)*, Kleinigkeitskrämer(in) *m(f);* **tu padre es muy ~** dein Vater hat an allem etwas auszusetzen
repartición [rreparti'θjon] *f* ❶ (*distribución*) Verteilung *f*, Aufteilung *f;* **~ por fracciones de tiempo** (INFOR) Zeitscheibenverfahren *nt*
② (*Am: oficina*) Behörde *f*, Amt *nt*
repartidor(a) [rreparti'ðor(a)] *m(f)* ❶ (*recadero*) Zusteller(in) *m(f)*, Bote, -in *m, f;* **~ de periódicos** Zeitungsausträger(in) *m(f)*
② (*en tribunales*) (Geschäfts)verteiler(in) *m(f)*
repartija [rrepar'tixa] *f* (*RíoPl: irón*) Verteilung *f;* **la ~ de cargos gubernamentales después de las elecciones** das Feilschen um die Posten nach den Wahlen
repartimiento [rreparti'mjen̪to] *m* ❶ (*división*) Aufteilung *f*, Einteilung *f*
② (*escritura*) Teilungsurkunde *f*
③ (*en tribunales*) Geschäftsverteilung *f*
repartir [rrepar'tir] I. *vt* verteilen, austeilen; (*correos*) zustellen, austragen; **~ acciones** (ECON) Aktien zuteilen; **~ beneficios** (ECON) Gewinne ausschütten; **~ leña** (*fig*) Prügel austeilen
II. *vr:* **~se** (*colocarse*) sich verteilen
② (*dividir*) aufteilen; **~se el mercado** den Markt unter sich aufteilen
reparto [rre'parto] *m* ❶ (*repartimiento*) Verteilung *f;* **~ de beneficios** Gewinnverteilung *f;* **~ de contribuciones** Steuerveranlagung *f;* **~ de costes** Kostenumlage *f;* **~ domiciliario** Lieferung ins Haus, Hauszustellung *f;* **~ de equipajes** Gepäckausgabe *f;* **~ de pérdidas** Verlustumlage *f;* **~ de peso** Gewichtsverteilung *f;* **~ postal** Postzustellung *f;* **~ de la renta** Einkommensverteilung *f;* **~ de tareas** Aufgabenverteilung *f*
② (*relación*) Verhältnis *nt;* **~ de poderes** (ECON) Machtverhältnisse *ntpl*
repasador [rrepasa'ðor] *m* (*Arg, Urug: paño de cocina*) Geschirrtuch *nt*
repasar [rrepa'sar] *vt* ❶ (*la ropa*) ausbessern, flicken
② (*un texto, la lección*) noch einmal durchgehen, überarbeiten; **segunda edición repasada y corregida** zweite neu bearbeitete Auflage; **el profesor repasó la lección de ayer con nosotros** der Lehrer ging den Unterrichtsstoff von gestern noch einmal mit uns durch
③ (*la cuenta*) nachprüfen, überprüfen
④ (TÉC: *un coche*) überholen
⑤ (*una carta*) überfliegen
repaso [rre'paso] *m* ❶ (*revisión*) Überarbeitung *f*
② (*inspección*) (Über)prüfung *f;* (TÉC: *un coche*) Überholung *f;* **~ general de un coche** Generalüberholung eines Autos
repatear [rrepate'ar] I. *vi* (*fam*) nerven; **me repatean sus críticas** sein/ihr Meckern geht mir auf den Geist
II. *vt* (*fam*) ärgern, belästigen
repatriación [rrepatrja'θjon] *f* Rückführung *f;* (JUR, POL) Repatriierung *f;* **~ de divisas** Devisenrückführung *f*
repatriado, -a [rrepa'trjaðo, -a] *m, f* Heimkehrer(in) *m(f);* (JUR, POL) Repatriierte(r) *mf*
repatriar [rrepa'trjar] *vt* in die Heimat zurücksenden; (JUR, POL) repatriieren
repe ['rrepe] *m* (*Ecua*) Gericht aus grünen Bananen und Käse, in Milch gekocht
repechar [rrepe'tʃar] *vi* (*Arg, Urug*) langsam genesen, sich langsam erholen (*von einer Krankheit*)

repecho [rre'petʃo] *m* Böschung *f*, kurzer Steilhang *m*

repeinado, -a [rrepei̯'naðo, -a] *adj* sorgfältig gekämmt; (*pey*) geschniegelt

repeinar [rrepei̯'nar] **I.** *vt* sorgfältig kämmen; (*pey*) schniegeln **II.** *vr:* ~**se** sich sorgfältig kämmen; (*pey*) sich schniegeln

repelar [rrepe'lar] *vt* ❶ (*tirar del pelo*) an den Haaren ziehen, zausen ❷ (*presupuesto*) beschneiden, beschränken ❸ (*hierba*) mähen ❹ (*pelar*) (kahl) scheren

repelencia [rrepe'lenθja] *f* ❶ (*rechazo*) Abscheu *f* ❷ (*repugnancia*) Ekel *m*

repelente¹ [rrepe'lente] **I.** *adj* ❶ (*rechazador*) abweisend; ~ **al agua** Wasser abstoßend; ~ **a la grasa** Fett abweisend ❷ (*repugnante*) widerwärtig, abstoßend ❸ (*redicho*) affektiert, besserwisserisch **II.** *m* (*sustancia*) Insektenschutzmittel *nt*

repelente² [rrepe'lente] *mf* (*sabelotodo*) Besserwisser(in) *m(f)*

repeler [rrepe'ler] *vt* ❶ (*rechazar*) abstoßen, abweisen; ~ **el agua** Wasser abstoßen; ~ **un ataque** einen Angriff abwehren; ~ **una demanda** eine Klage abweisen; **los imanes se repelen mutuamente** Magnete stoßen sich gegenseitig ab ❷ (*repugnar*) anekeln; **me repelen las cucarachas** Kakerlaken widern mich an [*o* finde ich widerlich]

repelo [rre'pelo] *m* ❶ (*pelo*) Gegenstrich *m*; **a** ~ gegen den Strich; ~ **de la uña** Niednagel *m*; **madera de** ~ krummfaseriges Holz ❷ (*repugnancia*) Widerwille *m*

repelón [rrepe'lon] *m* (*del pelo*) Ziehen *nt* an den Haaren; **mi hermano me da tales repelones que se me saltan las lágrimas** mein Bruder zieht mir derart an den Haaren, dass mir die Tränen kommen; **a repelones** (*con dificultad*) mit Mühe und Not; (*con resistencia*) widerwillig; **de** ~ (*fig*) flüchtig; **ser más viejo que el** ~ abgedroschen sein

repelús [rrepe'lus] *m sin pl* (*repugnancia*) Ekelgefühl *nt*; (*aversión*) Widerwille *m*, Aversion *f*; **me entra el** ~ Ekel packt mich [*o* steigt in mir hoch]

repeluzno [rrepe'luθno] *m* ❶ (*escalofrío leve*) Schauder *m*; **me da un** ~ ein Schauder befällt [*o* ergreift] [*o* erfüllt] mich ❷ (*repelús*) Ekelgefühl *nt*; (*aversión*) Widerwille *m*, Abneigung *f*

repensado, -a [rrepen'saðo, -a] *adj* durchdacht, überlegt

repensar [rrepen'sar] <e→ie> *vt* durchdenken, reflektieren

repente [rre'pente] *m* plötzliche Bewegung *f*; **de** ~ plötzlich; **hablar de** ~ aus dem Stegreif reden; **tocar de** ~ vom Blatt spielen

repentino, -a [rrepen'tino, -a] *adj* plötzlich, unerwartet

repentización [rrepentiθa'θjon] *f* Improvisation *f*

repentizar [rrepenti'θar] <z→c> *vi, vt* (*música*) improvisieren, vom Blatt spielen; (*versos*) aus dem Stegreif vortragen

repercusión [rreperku'sjon] *f* ❶ (Aus)wirkung *f*, (Rück)wirkung *f*, (Nach)wirkung *f*; **su obra ha tenido gran** ~ **en los ambientes intelectuales** sein Werk hat in intelektuellen Kreisen großen Anklang gefunden ❷ (*del choque*) Rückprall *m*, Rückstoß *m* ❸ (ECON, JUR) Überwälzung *f*; ~ **de impuestos** Überwälzung von Steuern; ~ **del riesgo** Risikoüberwälzung *f*

repercutir [rreperku'tir] *vi* ❶ (*efecto*) rückwirken (*en* auf +*akk*), sich auswirken (*en* auf +*akk*); **en el precio** sich im Preis niederschlagen; **el abuso del alcohol repercute en la salud** Alkoholmissbrauch ist gesundheitsschädlich ❷ (*del choque*) zurückprallen ❸ (*eco*) widerhallen

repertorio [rreper'torjo] *m* ❶ (*lista*) Verzeichnis *nt*, (Sach)register *nt*; ~ **de equipos** Ausrüstungsliste *f*; ~ **legislativo** Gesetzessammlung *f* ❷ (TEAT) Repertoire *nt*, Spielplan *m*; **tiene un** ~ **de chistes inacabable** sein/ihr Repertoire an Witzen ist unerschöpflich

repesar [rrepe'sar] *vt* nachwiegen

repesca [rre'peska] *f* (*fam*) Wiederholungsprüfung *f*

repescar [rrepes'kar] <c→qu> *vt* (*fam*) erneut zulassen (*nach einer nicht bestandenen Prüfung oder einem verlorenen Wettbewerb*)

repetición [rrepeti'θjon] *f* Wiederholung *f*; ~ **de orden** Nachbestellung *f*; **fusil de** ~ Repetitionsgewehr *nt*, Mehrlader *m*; **instrucción de** ~ (INFOR) Wiederholungsbefehl *m*; **sistema de** ~ **de respuesta** (INFOR) Antwortwiederholungssystem *nt*; **en caso de** ~ im Wiederholungsfall

repetidamente [rrepetiða'mente] *adv* häufig, wiederholt

repetido, -a [rrepe'tiðo, -a] *adj* wiederholt, mehrmalig; **repetidas veces** mehrmals; **tengo muchos sellos ~s** ich habe viele Briefmarken doppelt

repetidor¹ [rrepeti'ðor] *m* (RADIO, TEL, TV) Verstärker *m*

repetidor(a)² [rrepeti'ðor(a)] **I.** *adj* wiederholend **II.** *m(f)* ❶ (*estudiante*) Wiederholer(in) *m(f)*, Sitzenbleiber(in) *m(f) fam pey* ❷ (*profesor*) Repetitor(in) *m(f)*, Nachhilfelehrer(in) *m(f)*

repetir [rrepe'tir] *irr como pedir* **I.** *vi* aufstoßen; **los ajos repiten mucho** Knoblauch stößt einem immer wieder auf **II.** *vt* ❶ (*reiterar*) wiederholen; **curso** sitzen bleiben; ~ **un pedido de mercancía** Ware nachbestellen; ~ **de un plato de comida** noch eine Portion essen ❷ (*recitar*) aufsagen ❸ (JUR) klagen (*contra* gegen +*akk*) **III.** *vr:* ~**se** sich wiederholen; **este hombre se repite constantemente** dieser Mann ergeht sich in endlosen Wiederholungen

repetitividad [rrepetitiβi'ðað] *f* Wiederholbarkeit *f*

repetitivo, -a [rrepeti'tiβo, -a] *adj* wiederholbar; (INFOR) rekursiv

repicado, -a [rrepi'kaðo, -a] *adj* klein gehackt

repicar [rrepi'kar] <c→qu> **I.** *vi* (*campanas*) (festlich) läuten; (*castañuelas*) klappern **II.** *vt* ❶ (*campanas*) läuten; (*instrumento de música*) anschlagen; ~ **las castañuelas** Kastagnetten spielen; **no se puede estar en misa y** ~ man kann nicht auf zwei Hochzeiten gleichzeitig tanzen; **ponerse el traje de cuando repican gordo** sich in Schale werfen ❷ (*despedazar*) klein hacken, zerstücken **III.** *vr:* ~**se** sich brüsten (*de* mit +*dat*)

repinaldo [rrepi'naldo] *m* (BOT) eine Apfelsorte

repintar [rrepin'tar] **I.** *vt* übermalen; (*paredes*) nachstreichen **II.** *vr:* ~**se** ❶ (*maquillarse mucho*) sich stark schminken, sich anmalen *fam* ❷ (TIPO) abschmieren

repipi [rre'pipi] *adj* etepetete, zimperlich

repique [rre'pike] *m* ❶ (*de las campanas*) Läuten *nt* ❷ (*fam: riña ligera*) kleine Streiterei *f*

repiquete [rrepi'kete] *m* ❶ (*campana*) Geläute *nt* ❷ (*lance*) Gefecht *nt*, Scharmützel *nt*

repiquetear [rrepikete'ar] *vi, vt* (anhaltend) läuten; (*castañuelas*) schlagen

repiqueteo [rrepike'teo] *m* Geläute *nt*; (*castañuelas*) Klappern *nt*

repisa [rre'pisa] *f* Konsole *f*; (ARQUIT) Kragstein *m*; ~ **de chimenea** Kaminsims *m*; ~ **de ventana** Fensterbrett *nt*, Fensterbank *f*

repisar [rrepi'sar] *vt* ❶ (*apisonar*) feststampfen, festtreten ❷ (*pisar insistentemente*) (immer wieder) treten (auf +*akk*) ❸ (*fijar en la memoria*) sich merken, im Gedächtnis verankern

replantación [rrepланta'θjon] *f* ❶ (*plantar algo nuevo*) Neubepflanzung *f* ❷ (*trasplantación*) Umpflanzung *f*

replantar [rreplan'tar] *vt* ❶ (*volver a plantar*) nachpflanzen, wieder bepflanzen ❷ (*trasplantar*) umpflanzen

replanteamiento [rreplantea'mjento] *m* (*de un asunto*) Wiederaufwerfen *nt*

replantear [rreplante'ar] *vt* ❶ (*asunto*) wieder aufwerfen; (*plan*) nochmals entwerfen, neu konzipieren ❷ (ARQUIT) trassieren, abstecken

repleción [rreple'θjon] *f* (MED) (Über)füllung *f*; ~ **gástrica** Übersättigung *f*

replegar [rreple'γar] *irr como fregar* **I.** *vt* ❶ (*doblar*) mehrmals falten ❷ (*para atrás*) zurückklappen **II.** *vt* (MIL) sich geordnet zurückziehen

repletar [rreple'tar] **I.** *vt* voll füllen, voll stopfen *fam* **II.** *vr:* ~**se** sich voll essen (*de* mit +*dat*)

repleto, -a [rre'pleto, -a] *adj* prall gefüllt (*de* mit +*dat*), voll gestopft (*de* mit +*dat*); **tener una cartera repleta de billetes** voller Geldscheine haben; **el tren está** ~ der Zug ist total überfüllt; **estoy** ~ ich bin vollkommen satt; **está repleta de energía** sie sprüht vor Energie

réplica ['rreplika] *f* ❶ (*objeción*) (schlagfertige) Erwiderung *f*, Widerrede *f* ❷ (JUR) Gegenerklärung *f*, Gegenrede *f* ❸ (ARTE) Replik *f*, Nachbildung *f*

replicar [rrepli'kar] <c→qu> **I.** *vt* erwidern, entgegnen **II.** *vi* ❶ (*replicar*) antworten ❷ (*contradecir*) widersprechen; **obedecer sin** ~ ohne Widerspruch [*o* Protest] gehorchen ❸ (JUR) eine Klage beantworten, replizieren

replicato [rrepli'kato] *m* Gegenerklärung *f*; (JUR) Replik *f*

replicón, -ona [rrepli'kon, -ona] **I.** *adj* (*fam*) frech, schnippisch **II.** *m, f* (*fam*) Frechdachs *m*, Frechling *m*

repliegue [rre'pljeγe] *m* ❶ (*dobladura*) Falte *f*, Knick *m* ❷ (MIL) geordneter Rückzug *m*

repoblación [rrepoβla'θjon] *f* Wiederbevölkerung *f*; ~ **forestal** (Wieder)aufforstung *f*

repoblar [rrepo'βlar] <o→ue> *vt* wieder bevölkern; (*de árboles*) wieder aufforsten

repollo [rre'poʎo] *m* (Weiß)kohl *m*, Kohl(kopf) *m*

repolludo, -a [rrepoˈʎuðo, -a] *adj* ❶ (*planta*) kohlförmig ❷ (*persona*) untersetzt, gedrungen

reponer [rrepoˈner] *irr como poner* I. *vt* ❶ (*volver a poner*) wieder hinstellen, zurückstellen; (*teléfono*) auflegen; (*máquina*) wieder in Betrieb setzen; (*en su cargo*) wieder einsetzen ❷ (*reemplazar*) ersetzen; **me pidió que repusiera la silla rota** er/sie bat mich den beschädigten [*o* kaputten] Stuhl zu ersetzen ❸ (*completar*) auffüllen; **~ las existencias** die Lagerbestände auffüllen ❹ (*replicar*) erwidern ❺ (CINE, TEAT) wieder aufführen II. *vr:* **~se** sich erholen; **tardó en ~se de aquella enfermedad** es dauerte lange, bis er/sie sich von dieser Krankheit erholt hatte; **poco a poco, el mercado se va reponiendo** der Markt belebt sich langsam wieder

reportaje [rreporˈtaxe] *m* Reportage *f*, Bericht *m*, Berichterstattung *f*; **~ gráfico** Bildbericht *m*; **~ periodístico** Zeitungsbericht *m*; **~ radiofónico** Rundfunkbericht *m*

reportar [rreporˈtar] I. *vt* ❶ (*refrenar*) zurückhalten, zügeln ❷ (*proporcionar*) (ein)bringen, mit sich bringen, ergeben; **esta amistad no le ha reportado más que decepciones** diese Freundschaft hat ihm/ihr nichts als Enttäuschungen gebracht; **este negocio reporta un beneficio considerable** dieses Geschäft bringt einen beträchtlichen Gewinn ein ❸ (*Am: informar*) berichten, melden ❹ (TIPO) umdrucken II. *vr:* **~se** sich zügeln, sich mäßigen; **haga el favor de ~se** reißen Sie sich bitte zusammen

reporte [rreˈporte] *m* ❶ (*noticia*) Nachricht *f*; **~ de enfermedad** Krankenakte *f* ❷ (*Méx: reportaje*) Bericht *m* ❸ (*chisme*) Klatsch *m*, Gerede *nt*

reportear [rreporteˈar] *vt* ❶ (*Am: entrevistar*) interviewen ❷ (*Am: tomar fotografías*) für einen Bildbericht fotografieren

repórter [rreˈporter] *m* (*Am*) Reporter *m*

reportero, -a [rreporˈtero, -a] *m*, *f* Reporter(in) *m(f)*, Berichterstatter(in) *m(f)*

reposabrazos [rreposaˈβraθos] *m inv* Armlehne *f*

reposacabezas [rreposakaˈβeθas] *m inv* Kopfstütze *f*

reposado, -a [rrepoˈsaðo, -a] *adj* ruhig, gesetzt; **un trabajo ~** eine ruhige Arbeit, ein ruhiger Job *fam*; **agua reposada** abgestandenes Wasser

reposapiés [rreposaˈpjes] *m inv* Fußstütze *f*

reposar [rrepoˈsar] I. *vi* (aus)ruhen; **aquí reposan los restos mortales de...** hier ruht in Frieden ... II. *vt* zur Ruhe bringen; **~ la comida** Mittagsruhe halten III. *vr:* **~se** (*líquidos*) sich (ab)setzen; **el vino se reposa** der Wein lagert ab

reposera [rrepoˈsera] *f* (*Am: tumbona*) Liegestuhl *m*

reposición [rreposiˈθjon] *f* ❶ (*t*. ECON: *de un objeto*) Ersetzung *f*, Ersatzbeschaffung *f*, Wiederbeschaffung *f*; **~ de existencias** Lageraufüllung *f*, Lagerergänzung *f*; **~ de gastos** Auslagenerstattung *f*; **~ de maquinaria** Maschinenerneuerung *f*; **coste de ~** Wiederbeschaffungskosten *pl* ❷ (*de lugar*) Rückstellung *f*; **~ al cero** Nullstellung *f* ❸ (*del mercado*) Wiederbelebung *f* ❹ (*de una persona*) Erholung *f* ❺ (*de una situación*) Beruhigung *f* ❻ (TEAT) Neuinszenierung *f*, Reprise *f* ❼ (JUR) Einspruch *m*; **~ de mero trámite** Einspruch gegen prozessleitende Verfügung

reposo [rreˈposo] *m* Ruhe *f*, Erholung *f*; **~ en cama** Bettruhe *f*; **¡buen ~!** gute Erholung!; **una máquina en ~** eine Maschine im Stillstand

repostada [rrepoˈstaða] *f* (*AmC: contestación fuerte*) Retourkutsche *f*

repostaje [rrepoˈstaxe] *m* (AUTO) Auftanken *nt*

repostar [rrepoˈstar] *vt*, *vr:* **~se** ❶ (*provisiones*) (sich) neu versorgen (mit *+dat*); **~ provisiones** neue Vorräte aufnehmen ❷ (*combustible*) auftanken

repostería [rreposteˈria] *f* ❶ (*pastelería y oficio*) Konditorei *f* ❷ (*productos de pastelería*) Feingebäck *nt*, Konditor(ei)waren *fpl* ❸ (*para guardar el servicio de mesa*) Anrichte *f* ❹ (NÁUT) Pantry *f*

repostero[1] [rrepoˈstero] *m* (*tapiz*) Balkonbehang *m*

repostero, -a[2] [rrepoˈstero, -a] *m*, *f* (*pastelero*) Konditor(in) *m(f)*

repregunta [rrepreˈɣunta] *f* (JUR) Befragung *f* eines Zeugen durch die Gegenpartei, Gegenfrage *f* (*an den Zeugen*)

repreguntar [rrepreɣunˈtar] *vt* (JUR) ins Kreuzverhör nehmen

reprendedor(a) [rreprendeˈðor(a)] *adj o m(f) v.* **reprensor**

reprender [rreprenˈder] *vt* tadeln, zurechtweisen; **~le algo a alguien** jdm etw vorwerfen

reprensible [rreprenˈsiβle] *adj* tadelnswert

reprensión [rreprenˈsjon] *f* Tadel *m*, Verweis *m*; (JUR) Verwarnung *f*; **~ pecuniaria** Verwarnungsgeld *nt*; **~ con reserva penal** Verwarnung mit Strafvorbehalt

reprensor(a) [rreprenˈsor(a)] I. *adj* verweisend, tadelnd II. *m(f)* Tadler(in) *m(f)*

represa [rreˈpresa] *f* ❶ (*estancamiento*) Stauung *f* ❷ (*construcción*) Staudamm *m*, Stauwerk *nt*

represalia [rrepreˈsalja] *f* Repressalie *f*, Vergeltungsmaßnahme *f*; **~s comerciales** handelspolitische Repressalien; **en ~ por...** als Vergeltung für ...

represaliar [rrepresaˈljar] *vt* Repressalien ergreifen (gegen *+akk*), sanktionieren

represar [rrepreˈsar] I. *vt* ❶ (*agua*) stauen ❷ (*fig*) hemmen, unterdrücken II. *vr:* **~se** sich stauen

representable [rrepresenˈtaβle] *adj* darstellbar

representación [rrepresentaˈθjon] *f* ❶ (*substitución, delegación*) (Stell)vertretung *f*, Repräsentation *f*; **~ colectiva** Gesamtvertretung *f*; **~ comarcal** Bezirksvertretung *f*; **~ diplomática** diplomatische Vertretung; **~ exclusiva** Alleinvertretung *f*; **~ de intereses** Interessenvertretung *f*; **~ mayoritaria** Mehrheitswahl *f*; **~ procesal** (JUR) Prozessvertretung *f*; **~ proporcional** Verhältniswahl *f*; **contrato de ~** (ECON, JUR) Vertretervertrag *m*; **por** [*o* **en**] **~** in Vertretung, stellvertretend; **tener ~ comercial en el extranjero** eine Handelsvertretung im Ausland haben ❷ (TEAT) Aufführung *f*, Vorstellung *f* ❸ (*reproducción*) Abbildung *f*, Darstellung *f*; **~ de caracteres** (INFOR) Zeichendarstellung *f*; **~ digital** Digitalanzeige *f*; **~ gráfica** grafische Darstellung; **este libro contiene numerosas representaciones** dieses Buch enthält zahlreiche Abbildungen ❹ (*idea*) Begriff *m*, Vorstellung *f* ❺ (*autoridad importante*) Ansehen *nt*; (*dignidad*) würdevolles Auftreten *nt*; **ser hombre de ~** eine angesehene Persönlichkeit sein ❻ (*petición*) (begründete) Eingabe *f*, Gesuch *nt*; **hacer representaciones a alguien** bei jdm vorstellig werden

representador(a) [rrepresentaˈðor(a)] I. *adj* vertretend II. *m(f)* (TEAT) Darsteller(in) *m(f)*

representante [rrepresenˈtante] *mf* ❶ (*delegado*) Abgeordnete(r) *mf*, Beauftragte(r) *mf*; (*suplente*) (Stell)vertreter(in) *m(f)*; **~ bursátil** Börsenvertreter *m*; **~ comercial** Handelsvertreter *m*; **~ editorial** Verlagsvertreter *m*; **~ especial** Sonderbeauftragter *m*; **~ general** Hauptvertreter *m*; **~ legal** Rechtsvertreter *m*, gesetzlicher Vertreter; **~ nacional** Inlandsvertreter *m*; **~ notorio** (JUR) Anscheinsvertreter *m*; **~ permanente** ständiger Vertreter *m*; **~ sindical** (ECON) Gewerkschaftsvertreter *m*; **~ único** Alleinvertreter *m*; **trabajar como ~ a comisión** (ECON) als Provisionsvertreter arbeiten; **acreditar** [*o* **designar**] [*o* **nombrar**] **un ~** einen Vertreter benennen ❷ (*actor*) Schauspieler(in) *m(f)*, Darsteller(in) *m(f)*

representar [rrepresenˈtar] I. *vt* ❶ (*sustituir*) vertreten; **~ a alguien** jdn vertreten, an die Stelle von jdm treten ❷ (*actuar*) darstellen, spielen; (*presentar una obra*) aufführen; **~ el papel de amante** den Liebhaber spielen [*o* darstellen]; **~ una obra de teatro en público** ein Theaterstück öffentlich aufführen ❸ (*significar*) bedeuten; **esta mujer ya no representa nada para él** diese Frau bedeutet ihm gar nichts mehr ❹ (*encarnar*) darstellen; **la paloma representa la paz** die Taube verkörpert [*o* symbolisiert] den Frieden ❺ (*ilustrar*) abbilden; **~ visualmente** (INFOR) auf dem Bildschirm anzeigen [*o* darstellen]; **este cuadro representa escenas bíblicas** dieses Bild stellt biblische Szenen dar ❻ (*aparentar*) aussehen; **representa ser más joven** er/sie sieht jünger aus, als er/sie ist ❼ (*evocar*) schildern, vor Augen führen; **le representé las consecuencias terribles de una guerra atómica** ich führte ihm/ihr die furchtbaren Folgen eines Atomkrieges vor Augen II. *vr:* **~se** sich *dat* vorstellen; **no consigo representármelo** ich kann es mir nicht richtig vorstellen

representatividad [rrepresentatiβiˈðað] *f* ❶ (*carácter*) repräsentativer Charakter *m* ❷ (*significado*) Aussagekraft *f*; **una obra de gran ~** ein Werk von hoher Aussagekraft ❸ (JUR) Vertretungsbefugnis *f*

representativo, -a [rrepresentaˈtiβo, -a] *adj* repräsentativ; **gobierno ~** parlamentarische Regierung

represión [rrepreˈsjon] *f* Unterdrückung *f*, Beschränkung *f*; **~ del comercio** Handelsbeschränkung *f*; **~ de crímenes** Verbrechensbekämpfung *f*; **~ social** soziale Unterdrückung

represivo, -a [rrepreˈsiβo, -a] *adj* repressiv, unterdrückend

represor(a) [rrepreˈsor(a)] I. *adj* unterdrückend II. *m(f)* Unterdrücker(in) *m(f)*

reprimenda [rrepriˈmenda] f Verweis m, Rüge f
reprimido, -a [rrepriˈmendo] adj ❶ (*contenido*) unterdrückt ❷ (*cohibido*) gehemmt, verkrampft
reprimir [rrepriˈmir] I. vt unterdrücken; ~ **un bostezo** ein Gähnen unterdrücken
II. vr: **~se** ❶ (*contenerse*) sich beherrschen, sich zurückhalten; **~se de hablar** sich mit Worten zurückhalten
❷ (*cohibirse*) sich verkrampfen
reprise [rreˈpris] m ❶ (TEAT) Reprise f, Wiederaufführung f
❷ (*motor*) schnelle Beschleunigung f
reprivatización [rrepriβatiθaˈθjon] f (ECON, POL) Reprivatisierung f
reprivatizar [rrepriβatiˈθar] <z→c> vt (ECON, POL) reprivatisieren
reprobable [rreproˈβaβle] adj verwerflich
reprobación [rreproβaˈθjon] f (*condenación*) Missbilligung f; (*rechazamiento*) Verwerfung f; ~ **por parcialidad** (JUR) Befangenheitsrüge f
reprobado, -a [rreproˈβaðo, -a] adj ❶ (*condenado*) verdammt
❷ (*t. Am: suspenso en un examen*) nicht bestanden
reprobador(a) [rreproβaˈðor(a)] adj tadelnd; **una mirada ~a** ein missbilligender Blick
reprobar [rreproˈβar] <o→ue> vt verwerfen, missbilligen
reprobatorio, -a [rreproβaˈtorjo, -a] adj tadelnd, missbilligend
réprobo, -a [ˈrreproβo, -a] I. adj verdammt
II. m, f Verdammte(r) mf
reprocesar [rreproθeˈsar] vt weiterverarbeiten
reprochable [rreproˈtʃaβle] adj tadelnswert
reprochar [rreproˈtʃar] vt vorwerfen, vorhalten
reproche [rreˈprotʃe] m Vorwurf m; **decir algo en son de ~** etw in vorwurfsvollem Ton sagen; **hacer ~s a alguien por algo** jdm Vorwürfe wegen etw machen
reproducción [rreproðuˈβθjon] f ❶ (*procreación*) Fortpflanzung f; ~ **bovina** Rinderzucht f
❷ (*repetición*) Reproduktion f; (*copia*) Vervielfältigung f; (*publicación*) Abdruck m; **~ fraudulenta** [o **no autorizada**] Raubdruck m; **~ ilegal/ilegítima** ungesetzlicher/unerlaubter Nachdruck m; **~ de un libro** Nachdruck m; **se prohíbe la ~** Nachdruck verboten; **~ de un discurso** Wiederholung eines Vortrags
❸ (*representación*) Wiedergabe f; **~ magnetofónica** Bandaufnahme f; **~ radiofónica** Rundfunkübertragung f
reproducibilidad [rreproðuθiβiliˈðað] f Reproduzierbarkeit f
reproducible [rreproðuˈθiβle] adj reproduzierbar
reproducir [rreproðuˈθir] irr como traducir I. vt ❶ (*procrear*) fortpflanzen
❷ (*repetir*) reproduzieren; (*copiar*) vervielfältigen; **~ un libro** ein Buch nachdrucken
❸ (*representar*) wiedergeben, nachahmen; **~ un cuento** ein Märchen nacherzählen
II. vr: **~se** sich fortpflanzen, sich vermehren
reproductivo, -a [rreproðukˈtiβo, -a] adj reproduktiv
reproductor¹ [rreproðukˈtor] m (*aparato*) Wiedergabegerät nt; **~ de cinta** (INFOR) Lochstreifenstanzer m; **~ de discos compactos** CD-Player m
reproductor(a)² [rreproðukˈtor(a)] I. adj fortpflanzend, Fortpflanzungs-; **perforadora ~a** (INFOR) Kartenduplizierer m
II. m(f) (*animal*) Zuchttier nt
reprografía [rreproɣraˈfia] f Reprographie f
reprogramar [rreproɣraˈmar] vt neu programmieren
reprueba [rreˈprweβa] f erneuter Beweis m
reptante [repˈtante] I. adj kriechend
II. mf Kriechtier nt
reptar [repˈtar] vi robben, kriechen
reptil [repˈtil] m Reptil nt, Kriechtier nt; **fondo de ~es** (FIN) Reptilienfonds m
república [rreˈpuβlika] f Republik f; **~ coronada** konstitutionelle Monarchie; **~ Federal de Alemania** Bundesrepublik Deutschland; **~ miembro** Mitgliedsstaat m; **constituirse en ~** eine republikanische Verfassung erhalten
republicanismo [rrepuβlikaˈnismo] m sin pl Republikanismus m
republicano, -a [rrepuβliˈkano, -a] I. adj republikanisch
II. m, f Republikaner(in) m(f)
repudiable [rrepuˈðjaβle] adj verwerflich
repudiación [rrepuðjaˈθjon] f Ablehnung f
repudiar [rrepuˈðjar] vt ❶ (*rechazar*) ablehnen, ausschlagen; **~ una herencia** ein Erbe ablehnen
❷ (*parientes*) verstoßen
repudio [rreˈpuðjo] m ❶ (*rechazo*) Ablehnung f; **~ de la herencia** Erbschaftsausschlagung f; **~ del testamento** Testamentsausschlagung f
❷ (*de parientes*) Verstoßung f
repudrir [rrepuˈðrir] irr como podrir, pudrir I. vt stark faulen
II. vr: **~se** sich grämen; **~ por dentro** sich vor Gram verzehren

repuesto¹ [rreˈpwesto] m ❶ (*pieza*) Ersatzteil nt
❷ (*de alimentos*) Vorrat m (*de* an +dat), Reserve f (*de* an +dat)
repuesto, -a² [rreˈpwesto, -a] I. pp de **reponer**
II. adj ❶ (*remoto*) entfernt
❷ (*recogido*) zurückgezogen
repugnancia [rrepuɣˈnanθja] f ❶ (*repulsión*) Abneigung f (*a* gegen +akk); **tener ~ al pescado** Ekel vor Fisch empfinden, sich vor Fisch ekeln
❷ (*resistencia*) Widerwille m; **hacer algo con ~** etw widerwillig tun
repugnante [rrepuɣˈnante] adj ekelhaft
repugnar [rrepuɣˈnar] I. vi (*asquear*) anekeln, abstoßen; **me repugna la carne grasosa** fettes Fleisch finde ich ekelhaft
II. vt ❶ (*resistirse a*) widerstreben; **le repugna pedir perdón** es widerstrebt ihm/ihr, sich zu entschuldigen
❷ (*rehusar*) abstoßend finden, ablehnen; **repugnamos la violencia** wir sind gegen jegliche Gewalt
III. vr: **~se** sich (gegenseitig) abstoßen
repujado¹ [rrepuˈxaðo] m getriebene Arbeit f, Reliefarbeit f
repujado, -a² [rrepuˈxaðo, -a] adj getrieben, gehämmert; **cuero ~** gepunztes Leder; **plata repujada** getriebenes Silber
repujar [rrepuˈxar] vt treiben, punzen
repulgado, -a [rrepulˈɣaðo, -a] adj (*afectado*) geziert, gekünstelt
repulgar [rrepulˈɣar] <g→gu> vt den Rand umschlagen
repulgo [rreˈpulɣo] m ❶ (*en la tela*) Doppelnaht f, Saum m
❷ (*de pastel*) Kuchenrand m; **~s de empanada** (*fig*) Lappalien fpl; **no andar con ~s** (*fig*) keine Umstände machen
❸ (*escrúpulos*) übertriebene Bedenken ntpl
repulido, -a [rrepuˈliðo, -a] adj (*peripuesto*) geschniegelt, geleckt
repulir [rrepuˈlir] vt nachglätten, nachpolieren
repullo [rreˈpuʎo] m Aufschrecken nt
repulsa [rreˈpulsa] f Weigerung f, Ablehnung f
repulsar [rrepulˈsar] vt (*persona*) zurückweisen; (*deseo*) abschlagen
repulsión [rrepulˈsjon] f ❶ (*asco*) Abneigung f; (*más fuerte*) Ekel m, Abscheu m o f
❷ (Fís) Abstoßung f; (*de imanes*) Rückstoß m
repulsivo, -a [rrepulˈsiβo, -a] adj ❶ (*repugnante*) ekelhaft, widerlich
❷ (*que rechaza*) abstoßend; **cara repulsiva** (*fig*) unsympathisches Gesicht
repunta [rreˈpunta] f ❶ (*cabo*) Landspitze f, Kap nt
❷ (*indicio de algo*) erstes Anzeichen nt
❸ (*riña*) Zwist m
repuntar [rrepunˈtar] I. vi ❶ (*AmS: reaparecer*) unverhofft erscheinen, wieder auftauchen
❷ (*CSur: río*) wieder ansteigen
❸ (*Cuba, Chil, Méx, Urug: una dolencia*) sich bemerkbar machen
II. vt ❶ (*RíoPl: el liderazgo*) wieder aufnehmen
❷ (*CSur: animales*) zusammentreiben
repunte [rreˈpunte] m (*RíoPl: alza*) Steigerung f, Steigen nt; **el ~ del dólar causó sensación hoy en la bolsa** die Erstarkung des Dollars sorgte heute in der Börse für Aufregung
repuntero [rrepunˈtero] m (AmS) Viehtreiber m
repurgar [rrepurˈɣar] <g→gu> vt erneut reinigen
reputación [rreputaˈθjon] f Ruf m, Ansehen nt; **mujer de mala ~** Prostituierte f; **de ~ mundial** von Weltruf; **gozar de buena ~** einen guten Ruf genießen, sich eines guten Rufs erfreuen; **tener muy buena / mala ~** höchst/sehr schlecht angesehen sein; **un local con mala ~** ein berüchtigtes Lokal
reputado, -a [rrepuˈtaðo, -a] adj angesehen
reputar [rrepuˈtar] vt ❶ (*considerar*) (ein)schätzen (*por* als +akk), erachten (*por* als +akk); **lo reputaban de inteligente** sie hielten ihn für intelligent
❷ (*apreciar*) schätzen
requebrar [rrekeˈβrar] <e→ie> vt ❶ (*en trozos pequeños*) zerdrücken, zerkleinern, in kleine Stücke brechen
❷ (*a una mujer*) Komplimente machen dat, den Hof machen dat
requemado, -a [rrekeˈmaðo, -a] adj ❶ (*color*) schwärzlich; (*piel*) stark verbrannt
❷ (*persona*) (innerlich) verwirrt
requemar [rrekeˈmar] I. vt ❶ (*asar bien*) durchbraten; (*tostar demasiado*) anbrennen lassen; (*plantas*) ausdörren
❷ (*arder en la garganta*) brennen (in +dat)
II. vr: **~se** ❶ (*tostarse demasiado*) anbrennen
❷ (*enfadarse*) sich grämen; (*de un sentimiento*) sich verzehren (*de* vor +dat); **~se de impaciencia** vor Ungeduld brennen
❸ (*plantas*) verdorren
requenete [rrekeˈnete] adj (Ven: rechoncho) pummelig
requerimiento [rrekeriˈmjento] m ❶ (*requisitoria*) Ersuchen nt (*de* um +akk), Antrag m (*de* auf +akk); **~ de los autos** (JUR) Aktenbeiziehung f; **~ de información** Anfrage f; **a ~ de** auf Verlangen von, auf Ersu-

requerir chen von; **hacer el ~ para la publicación de las proclamas** [o **de edictos**] das Aufgebot bestellen
② (*exigencia*) Anforderung *f*; ~ **social** gesellschaftliche Anforderung
③ (*aviso*) Mahnung *f* (*de* zu +*dat*), Aufforderung *f* (*de* zu +*dat*); **~ judicial** gerichtliche Aufforderung; **~ de pago** Zahlungsaufforderung *f*

requerir [rreke'rir] *irr como sentir vt* ① (*necesitar*) erfordern, beanspruchen; **esto requiere toda la atención** hier ist höchste Aufmerksamkeit [o Konzentration] geboten; **este asunto requiere mucho tiempo** diese Angelegenheit ist sehr zeitraubend
② (*solicitar amorosamente*) den Hof machen +*dat*; **~ de amores** Liebeserklärungen machen
③ (*intimar*) ersuchen, auffordern; **el juzgado le requirió para que abandonara el piso** das Gericht forderte ihn/sie dazu auf, die Wohnung zu verlassen

requesón [rreke'son] *m* Quark *m*, Weißkäse *m reg*
requeté [rreke'te] *m* Requeté *m*
requetebién [rrekete'βjen] *adv* (*fam*) super(gut), klasse
requetebueno, -a [rrekete'βweno, -a] *adj* (*Am: fam*) echt gut
requetecaro, -a [rrekete'karo, -a] *adj* (*Am: fam*) übermäßig teuer
requiebro [rre'kjeβro] *m* Kompliment *nt*, Schmeichelei *f*; **hacer ~s** Komplimente machen
réquiem ['rrekjen] *m* Requiem *nt*
requilorio [rreki'lorjo] *m* (*fam*) ① (*palabras*) Umschweife *mpl*, Umstände *mpl*; **no andarse con ~s** mit der Tür ins Haus fallen
② (*adornos*) Flitter *m*
requirente [rreki'rente] *mf* (JUR) Antragsteller(in) *m(f)*
requisa [rre'kisa] *f* ① (*inspección*) Inspektion *f*
② (MIL) Requisition *f*, Beschlagnahme *f*
requisar [rreki'sar] *vt* beschlagnahmen; (MIL) requirieren
requisito [rreki'sito] *m* (*condición*) Voraussetzung *f*, Erfordernis *nt*; (*requerimiento*) Anforderung *f*; **~ de admisión** (ADMIN, JUR) Zulassungserfordernis *nt*; **~ de forma escrita** (ADMIN, JUR) Schriftformerfordernis *nt*; **~ previo** Vorbedingung *f*; **cumplir un ~** eine Formalität erfüllen; **cumplir con** [o **satisfacer los**] **~s** Forderungen erfüllen; **exigir ciertos ~s** gewisse Anforderungen stellen; **con todos los ~s** (*fam fig*) mit allem Drum und Dran
requisitoria [rrekisi'torja] *f* ① (JUR) Ersuchen *nt* (*de* nach +*dat*); **~ de busca y captura** Steckbrief *m*
② (*Arg*) Haftbefehl *m*
requisitorio, -a [rrekisi'torjo, -a] *adj* (JUR) ersuchend
res [rres] *f* ① (*animal*) Vieh *nt*; **~es de matadero** Schlachtvieh *nt*; **criar ~es** Vieh züchten
② (*Am: vaca*) Rind *nt*
resaber [rresa'βer] *irr como saber vt* sehr gut wissen
resabiado, -a [rresa'βjaðo, -a] *adj* ① (*caballo*) störrisch
② (*persona*) misstrauisch
resabiarse [rresa'βjarse] *vr* ① (*disgustarse*) grollen, sich ärgern
② (*deleitarse*) sich laben (*en* an +*dat*)
resabido, -a [rresa'βiðo, -a] *adj* ① (*cosa*) wohl bekannt, bestens bekannt; **es un cuento ~ (por nosotros)** die Geschichte kennen wir schon in- und auswendig
② (*persona*) überklug; (*niño*) altklug
resabio [rre'saβjo] *m* ① (*sabor*) (schlechter) Nachgeschmack *m*
② (*costumbre*) schlechte Angewohnheit *f*, Laster *nt*
resaca [rre'saka] *f* ① (*fam: malestar por exceso de alcohol*) Kater *m*; **coger** [o **enganchar**] **una ~** einen Kater haben
② (*olas*) Brandung *f*
③ (COM) Rückwechsel *m*; **cuenta de ~** Rückrechnung *f*
resalado, -a [rresa'laðo, -a] *adj* anmutig
resaltador [rresalta'ðor] *m* (*Arg*) Textmarker *m*
resaltar [rresal'tar] *vi* ① (*rebotar*) zurückprallen
② (*sobresalir*) (her)vorragen, vorspringen
③ (*desprenderse barniz o pintura*) abspringen
④ (*distinguirse*) ins Auge springen, sich abheben; **hacer ~** betonen, hervorheben
resalte [rre'salte] *m* ① (*saliente*) Absatz *m*, Vorsprung *m*
② (*señalamiento*) Hervorhebung *f*
resalto [rre'salto] *m* ① (*rebote*) Rückprall *m*
② (*resalte*) Absatz *m*, Vorsprung *m*; **~ de muro** Mauerabsatz *m*
resaludar [rresalu'ðar] *vt*: **~ a alguien** jds Gruß erwidern
resanar [rresa'nar] *vt* ausbessern; (*con oro*) neu vergolden
resarcible [rresar'θiβle] *adj* ersetzbar
resarcimiento [rresarθi'mjento] *m* Entschädigung *f*; **~ de daños** Schaden(s)ersatz *m*; **~ de los gastos** Aufwendungsersatz *m*
resarcir [rresar'θir] <c→z> I. *vt* ① (*compensar*) entschädigen (*de* für +*akk*)
② (*reparar*) ausbessern
II. *vr*: **~se** ① (*de un daño*) sich schadlos halten (*de* für +*akk*, *de* an +*dat*)
② (*de las fatigas*) sich erholen (*de* von +*dat*)

resbalada [rresβa'laða] *f* (*Am: fam*) 2m
resbaladilla [rresβala'ðiʎa] *f* (*Méx*) kleine Rutschbahn *f*
resbaladizo, -a [rresβala'ðiθo, -a] *adj* rutschig, schlüpfrig
resbaladura [rresβala'ðura] *f* Rutschspur *f*
resbalamiento [rresβala'mjento] *m* Gleiten *nt*, Rutschen *nt*; **superficie de ~** Gleitbahn *f*
resbalar [rresβa'lar] *vi* rutschen, gleiten; (*sin querer*) ausrutschen, ausgleiten; **~ sobre el hielo** auf dem Eis schlittern; **¡cuidado con no ~!** Vorsicht Glatteis!; **mis palabras le resbalan** meine Worte lassen ihn/sie kalt
resbalín [rresβa'lin] *m* (*Chil*) kleine Rutschbahn *f*
resbalón [rresβa'lon] *m* Ausrutscher *m*; **dar un ~** ausrutschen
resbaloso, -a [rresβa'loso, -a] *adj* rutschig, schlüpfrig
rescatado [rreska'taðo, -a] *m* (*juego*) ≈Räuber und Gendarm-Spiel *nt*
rescatar [rreska'tar] *vt* ① (*a un prisionero*) befreien; (*con dinero*) auslösen; **una compañía de la quiebra** einen Betrieb vor dem Bankrott bewahren; **una propiedad hipotecada** ein mit einer Hypothek belastetes Grundstück ablösen
② (*a un náufrago*) retten
③ (*algo perdido*) wieder finden
④ (*una deuda*) begleichen
⑤ (*tiempo*) zurückgewinnen; **quisiera ~ mi juventud** ich wäre gerne wieder jung
⑥ (*culpas viejas*) wieder gutmachen
⑦ (*Am: mercancías*) Tauschhandel betreiben (mit +*dat*)
rescate [rres'kate] *m* ① (*de un prisionero*) Befreiung *f*; (*con dinero*) Auslösung *f*
② (*de un náufrago*) Rettung *f*
③ (*de una deuda*) (Pfand)einlösung *f*
④ (*recuperación*) Rückkauf *m*; **con facultad de ~** mit Rückkaufrecht
⑤ (*dinero para rescatar*) Lösegeld *nt*; **su familia ha pagado un ~** seine/ihre Familie hat ihn/sie losgekauft
rescindible [rresθin'diβle] *adj* aufhebbar, kündbar
rescindir [rresθin'dir] *vt* aufheben, ungültig machen, kündigen; **~ un contrato** einen Vertrag lösen; **~ un crédito** ein Kredit aufkündigen
rescisión [rresθi'sjon] *f* Kündigung *f*, Auflösung *f*; (JUR) Ungültigkeitserklärung *f*; **~ del contrato** Vertragsaufhebung *f*; **~ del contrato de sociedad** Kündigung des Gesellschaftsvertrages; **~ de una deuda** Erlöschen einer Schuld; **~ conforme a los plazos** fristgemäße Kündigung; **cláusula de ~** Aufhebungsklausel *f*
rescisorio, -a [rresθi'sorjo, -a] *adj* aufhebend
rescoldar [rreskol'dar] *vt* anfachen (*Glut*)
rescoldo [rres'koldo] *m* ① (*borrajo*) glimmende Asche *f*; **donde candelita hubo, siempre ~ quedó** (*prov*) alte Liebe rostet nicht
② (*escrúpulos*) Gewissensbisse *mpl*
rescontrar [rreskon'trar] <o→ue> *vt* (COM) (gegeneinander) aufrechnen
rescuentro [rres'kwentro] *m* (COM) Aufrechnung *f*
resecación [rreseka'θjon] *f* Austrocknung *f*
resecar [rrese'kar] <c→qu> *vt* ① (*secar mucho*) austrocknen; **~ la piel** die Haut austrocknen
② (MED) resezieren
resección [rreseɣ'θjon] *f* (MED) Resektion *f*
reseco[1] [rre'seko] *m* ① (*del árbol*) dürres Gehölz *nt*
② (*sabor*) übler Geschmack *m*
reseco, -a[2] [rre'seko, -a] *adj* ① (*muy seco*) sehr trocken, ausgedörrt, dürr
② (*flaco*) (spindel)dürr, abgemagert
reseda [rre'seða] *f* (BOT) Reseda *f*, Wau *m*
resellar [rrese'ʎar] I. *vt* (*monedas*) nachprägen
II. *vr*: **~se** (*cambiar de ideología*) die Partei wechseln
resembrar [rresem'brar] <e→ie> *vt* (AGR) neu bebauen
resentido, -a [rresen'tiðo, -a] *adj* ① *estar* (*ofendido*) beleidigt; (*débil*) angeschlagen; **el brazo aún está ~** der Arm ist noch angeschlagen [o geschwächt]
② *ser* nachtragend
resentimiento [rresenti'mjento] *m* Unwille *m*, Groll *m*, Ressentiment *nt*
resentirse [rresen'tirse] *irr como sentir vr* ① (*ofenderse*) sich ärgern (*por/de* über +*akk*), beleidigt sein (*por/de* wegen +*gen*), böse sein (*contra* wegen +*gen*)
② (*sentir dolor*) leiden (*de/con* unter +*dat*); **~ del costado** Seitenstechen haben; **todavía se resiente de las heridas del accidente** die Unfallverletzungen machen ihm/ihr immer noch zu schaffen; **estas plantas se resienten con el** [o **del**] **calor** diese Pflanzen leiden unter der Hitze
③ (*debilitarse*) nachgeben; (*muros*) bersten; **los edificios se resintieron cuando abrieron el túnel del metro** als der Schacht für die U-Bahn gebaut wurde, bekamen die Gebäude Risse

reseña [rre'seɲa] *f* ❶ (*de un libro*) Rezension *f*, (kritische) Besprechung *f*
❷ (*de una persona*) (Personen)beschreibung *f*
❸ (*narración breve*) Bericht *m*, Zusammenfassung *f;* ~ **de mercado** Marktbericht *m*
❹ (MIL) Musterung *f*

reseñar [rrese'ɲar] *vt* ❶ (*un libro*) rezensieren, besprechen
❷ (*una persona*) beschreiben
❸ (*resumir*) (zusammenfassend) berichten
❹ (MIL) besichtigen, mustern

resero, -a [rre'sero, -a] *m, f* (*CSur: arreador*) Viehtreiber(in) *m(f)*

reserva [rre'serβa] *f* ❶ (*previsión*) Reserve *f*, Vorrat *m*, Rücklage *f;* ~ **de agua** Wasservorrat *m;* ~ **de alimentos** Nahrungsmittelvorrat *m;* ~ **bancaria** Bankreserve *f;* ~ **de los beneficios** Gewinnrücklage *f;* ~ **de bienes de consumo** Bedarfsreserve *f;* ~ **de caja** Kassenrücklage *f;* ~ **de capital** Kapitalrücklage *f;* ~**s en caso de pérdida de valor** Rücklagen für Wertminderung; ~**s de dinero** Geldreserven *fpl;* ~ **de divisas** Währungsreserven *fpl;* ~ **de emisión** Emissionsreserve *f;* ~ **de equipajes** (*Am*) Gepäckaufbewahrung(sstelle) *f;* ~**s estatuarias** satzungsgemäße [*o* in der Satzung festgelegte] Rücklagen; ~ **de excedentes** Überschussreserve *f;* **la R**~ **Federal** der Bundesreserve *f;* **fiscal** Steuerrückstellung *f;* ~ **legal** gesetzliche Rücklage; ~ **metálica** [*o* **en oro**] Goldbestand *m;* ~**s monetarias** Geldbestand *m;* ~**s netas** Deckungsrücklage *f*, Deckungsrückstellung *f;* ~ **de previsión** Versorgungsrücklage *f*, Risikorücklage *f;* ~ **de reinversión** Reinvestitionsrücklage *f;* ~ **de reposición** Wiederbeschaffungsrücklage *f;* ~ **revalorizada** Neubewertungsrücklage *f;* ~ **de saneamiento** Sanierungsrücklage *f;* ~**s voluntarias** freie Rücklagen; **fondo de** ~ Reservefonds *m;* **fortalecer las** ~**s** die Rücklagen stärken; **tener algo en** ~ etw vorrätig haben
❷ (*de plazas*) Reservierung *f;* ~ **de habitación** Zimmer(vor)bestellung *f*
❸ (*biológica*) Reservat *nt*, Naturschutzgebiet *nt*
❹ (MIL) Reserve *f;* ~**s generales** Heeresreserve *f;* ~ **territorial** Landsturm *m;* **oficial de** ~ Reserveoffizier *m;* **pasar a la** ~ zur Reserve abgestellt werden
❺ (*discreción*) Zurückhaltung *f*, Reserve *f;* **guardar la** ~ Verschwiegenheit bewahren; **con la mayor** ~ mit größter Zurückhaltung [*o* Vorsicht]
❻ (*circunspección, t.* JUR) Vorbehalt *m;* ~ **comisoria** Rücktrittsvorbehalt *m;* ~ **contractual** Vertragsvorbehalt *m;* ~ **de dominio** [*o* **de propiedad**] Eigentumsvorbehalt *m;* ~ **de ley** Gesetzesvorbehalt *m;* ~ **mental** stillschweigender Vorbehalt; ~ **de modificación** Änderungsvorbehalt *m;* ~ **penal** Strafvorbehalt *m;* ~ **de precio** Preisvorbehalt *m;* ~ **de responsabilidad** Haftungsvorbehalt *m;* **a** ~ **de que**... +*subj* vorausgesetzt, dass ...; **bajo la** ~ **de costumbre** unter den üblichen Vorbehalt; **sin la menor** ~ ohne jeden Vorbehalt, vorbehaltslos

reservable [rreser'βaβle] *adj* reservierbar; **bienes** ~**s** (JUR) Gut, das der überlebende Ehegatte im Falle einer Wiederheirat für Kinder aus der früheren Ehe reservieren muss

reservación [rreserβa'θjon] *f* ❶ (*de hotel*) (Hotel)reservierung *f*, Buchung *f;* ~ **anticipada** Vorbestellung *f*
❷ (*guarda*) Aufbewahrung *f*
❸ (*secreto*) Verheimlichung *f*

reservadamente [rreserβaða'mente] *adv* im Vertrauen

reservado¹ [rreser'βaðo] *m* ❶ (*en el tren*) Sonderabteil *nt*
❷ (*habitación*) Nebenzimmer *nt*
❸ (*en un bar*) Nebenraum *m*, Séparée *nt*
❹ (*campo*) Schonung *f*

reservado, -a² [rreser'βaðo, -a] *adj* ❶ (*plaza*) reserviert
❷ (*derecho*) vorbehalten; **quedan** ~**s todos los derechos** alle Rechte vorbehalten
❸ (*callado*) zurückhaltend, reserviert
❹ (*confidencial*) vertraulich
❺ (*cauteloso*) behutsam, vorsichtig

reservar [rreser'βar] I. *vt* ❶ (*retener plaza*) reservieren; ~ **una habitación en un hotel** ein Zimmer vorbestellen, ein Hotelzimmer buchen; ~ **un asiento** (*ocupar*) einen Sitzplatz belegen; (*para un viaje*) einen Sitzplatz reservieren; ~ **una mesa** einen Tisch bestellen
❷ (*guardar*) zurückbehalten, aufbewahren; ~ **un poco de dinero** etwas Geld zurücklegen
❸ (*ocultar*) verheimlichen (*de* vor +*dat*), für sich behalten
II. *vr:* ~**se** ❶ (*conservarse*) sich [*o* seine Kräfte] schonen
❷ (*cautelarse*) sich zurückhalten

reservista [rreser'βista] I. *adj* (MIL) Reserve-
II. *mf* (MIL) Reservist(in) *m(f)*

reservón, -ona [rreser'βon, -ona] *adj* (*fam*) sehr zurückhaltend; **toro** ~ (TAUR) kampfunwilliger Stier

reseteo [rrese'teo] *m* (INFOR) Reset *nt*, Zurücksetzen *nt*

resfriado¹ [rresfri'aðo] *m* Erkältung *f*, Schnupfen *m;* **coger** [*o* **pillar**] **un** ~ sich eine Erkältung holen

resfriado, -a² [rresfri'aðo, -a] *adj* erkältet

resfriadura [rresfrja'ðura] *f* Erkältung *f*

resfriar [rresfri'ar] <*3. pres:* resfría> I. *vi, vt* abkühlen
II. *vr:* ~**se** ❶ (*enfriarse*) abkühlen; **se resfrió la pasión por ella** seine Leidenschaft für sie kühlte ab
❷ (MED) sich erkälten

resfrío [rres'frio] *m* (*Am*) *v.* **resfriado¹**

resguardar [rresɣwar'ðar] I. *vt* ❶ (*proteger*) (be)schützen (*de* vor +*dat*), bewahren (*de* vor +*dat*)
❷ (*poner en seguridad*) sicherstellen, verwahren; ~ **los derechos** Rechte vorbehalten
II. *vr:* ~**se** sich schützen (*de* vor +*dat*); ~**se con un muro** hinter einer Mauer Schutz suchen

resguardo [rres'ɣwarðo] *m* ❶ (*protección*) Schutz *m;* **pedir/dar** ~ um Schutz bitten/Schutz geben; ~ **de máquina** Maschinenschutz *m*
❷ (*guardia*) Sicherstellung *f*, Verwahrung *f;* ~ **de la legalidad** Wahrung der Gesetzlichkeit
❸ (*recibo*) Beleg *m*, Quittung *f;* ~ **de aduanas** Zollquittung *f;* ~ **de almacén/de entrega** Lager-/Lieferschein *m;* ~ **de depósito** Hinterlegungsschein *m;* ~ **provisional** Zeichnungsschein *m*, Zwischenschein *m;* ~ **de recepción** Empfangsbestätigung *f;* ~ **de transferencia** Überweisungsbeleg *m*

residencia [rresi'ðenθja] *f* ❶ (*domicilio*) Wohnsitz *m*, Aufenthaltsort *m;* ~ **habitual** ständiger Wohnsitz; **segunda** ~, ~ **eventual** zweiter Wohnsitz; **no tener** ~ **fija** keinen festen Wohnsitz haben; ~ **oficial** Dienstwohnung *f;* **cambiar de** ~ den Wohnort wechseln
❷ (*estancia*) Aufenthalt *m;* ~ **en el extranjero** Auslandsaufenthalt *m;* **permiso de** ~ Aufenthaltsgenehmigung *f*
❸ (*casa lujosa*) Residenz *f*, Sitz *m;* ~ **real** Königspalast *m;* ~ **señorial** Herrenhaus *nt;* **la** ~ **del embajador de España** die Residenz des spanischen Botschafters
❹ (*internado*) Heim *nt;* (*colegio*) Internat *nt;* ~ **de ancianos** Alten(wohn)heim *nt*, Altersheim *f;* ~ **de estudiantes** Studentenwohnheim *nt;* ~ **de huérfanos** Waisenhaus *nt*
❺ (*hostal*) Pension *f*, Gästehaus *nt*

residencial [rresiðen'θjal] I. *adj* Wohn-, Aufenthalts-; **barrio** ~ Wohnviertel *nt*
II. *m* ❶ (*urbanización*) Wohnanlage *f*
❷ (*Arg, Chil, Perú: hostal*) Hotel *nt* garni

residenciar [rresiðen'θjar] *vt* zur Rechenschaft ziehen (*a* +*akk*); (JUR) Rechnungslegung verlangen (*a* von +*dat*)

residente [rresi'ðente] I. *adj* ❶ (*persona*) wohnhaft; (*por mucho tiempo*) ansässig; ~ **en el lugar** ortsansässig
❷ (INFOR) resident; ~ **en memoria** speicherresident; ~ **de RAM** RAM-resident
II. *mf* Ansässige(r) *mf;* ~ **protegido** Schutzbürger *m*

residir [rresi'ðir] *vi* ❶ (*habitar*) wohnen, ansässig sein
❷ (*radicar*) innewohnen; **aquí reside la dificultad** hier liegt das Problem

residual [rresiðu'al] *adj* Rest-, Abfall-; **aguas** ~**es** Abwässer *ntpl;* **valor** ~ Rest(nutzungs)wert *m*, Schrottwert *m*

residuo [rre'siðwo] *m* ❶ (*resto*) Rückstand *m*, Rest *m;* (MAT) Rest(trag) *m;* ~ **de filtración** (QUÍM) Filterrückstand *m*
❷ *pl* (*basura*) Abfall *m;* (*géneros defectuosos*) Ausschuss *m;* ~**s alimenticios** Nahrungsmittelabfälle *mpl;* ~**s de las fábricas** Fabrikabfälle *mpl;* ~**s industriales** Industrieabfälle *mpl;* ~**s radiactivos** Atommüll *m;* ~**s tóxicos** Giftmüll *m;* ~**s urbanos** Siedlungsmüll *m*

resiembra [rre'sjembra] *f* (AGR) Nachsaat *f*, zweite Saat *f*

resignación [rresiɣna'θjon] *f* Resignation *f*, Aufgabe *f;* (*renuncia*) Verzicht *m*, Verzichtleistung *f*

resignado, -a [rresiɣ'naðo, -a] *adj* resigniert

resignar [rresiɣ'nar] I. *vt* abtreten (*von* +*dat*), niederlegen; ~ **un puesto** sein Amt niederlegen
II. *vr:* ~**se** resignieren, sich fügen; ~**se con su sino** sich in sein Schicksal ergeben; **no** ~**se en la adversidad** im Unglück nicht verzagen; **ya se ha resignado** er/sie hat sich schon damit abgefunden

resina [rre'sina] *f* Harz *nt;* ~ **de abeto** Tannenharz *nt;* ~ **bruta** Rohharz *nt;* ~**s de dispersión** Dispersionsharze *ntpl*

resinar [rresi'nar] *vt* harzen

resinoso, -a [rresi'noso, -a] *adj* harzig

resistencia [rresis'tenθja] *f* ❶ (*oposición*) Widerstand *m* (*a* gegen +*akk*); (BIOL, MED) Resistenz *f* (*a* gegen +*akk*); ~ **al agua/al calor/al frío** Wasser-/Hitze-/Kältebeständigkeit *f;* ~ **del aire** Luftwiderstand *m;* ~ **anódica** (FÍS) Anodenwiderstand *m;* ~ **armada** bewaffneter Widerstand; ~ **a la autoridad** Widerstand gegen die Staatsgewalt; ~ **al choque** Stoßfestigkeit *f;* ~ **contra los mohos** Schimmelbeständigkeit *f;* ~ **al pago** Zahlungsverweigerung *f;* ~ **a la publicidad** Werbefeindlichkeit *f;* ~ **a la rotura** Bruchfestigkeit *f;* **capacidad de** ~ Widerstandsfähigkeit *f;* **carrera de** ~ Dauerlauf *m;* **plato de** ~ Hauptgericht *nt;* **oponer** ~ sich sträuben, Widerstand leisten
❷ (*movimiento*) Widerstand *m*, Widerstandsbewegung *f;* **formar parte**

de la ~ im Widerstand sein; **la ~ alemana** die deutschen Widerstandskämpfer

resistente [rresis'tente] **I.** *adj* widerstandsfähig (*a* gegen +*akk*); **~ al frío/calor** kälte-/hitzebeständig; **~ a la intemperie** wetterfest; **~ a la lavadora** waschmaschinenfest; **~ a la luz** lichtecht; **~ a la rotura** bruchsicher **II.** *mf* Widerstandskämpfer(in) *m(f)*

resistible [rresis'tiβle] *adj* erträglich

resistir [rresis'tir] **I.** *vi, vt* standhalten *dat*, aushalten; **~ a una tentación** einer Versuchung widerstehen; **~ al enemigo** dem Feind Widerstand leisten; **la puerta no resistió el golpe** die Tür konnte dem Anprall nicht standhalten; **resistió la enfermedad** er/sie hat die Krankheit überstanden; **¡no resisto más!** ich halte das nicht länger aus!; **no resisto la comida pesada** ich kann schweres Essen nicht vertragen; **no puedo ~ a esta persona** ich kann diese Person nicht ausstehen **II.** *vr:* **~se** sich widersetzen; **el niño se resiste a obedecer** das Kind verweigert den Gehorsam

resistividad [rresistiβi'ðað] *f* (ELEC) Widerstandsfähigkeit *f*

resma ['rresma] *f* (*papel*) Ries *nt*

resmilla [rres'miʎa] *f* (TIPO) Paket *nt* Briefpapier (*20 Bogen*)

resobado, -a [rreso'βaðo, -a] *adj* abgegriffen

resol [rre'sol] *m* (*reflejo por el calor del sol*) Abstrahlung *f* der Sonnenhitze; (*vislumbre*) Abglanz *m*

resolana [rreso'lana] *f* (*Am*) ❶ (*calor reflejado*) reflektierte Sonnenenergie *f* ❷ (*lugar a pleno sol*) der prallen Sonne ausgesetzte Fläche *f* ❸ (*resplandor*) Schimmer *m*

resolano [rreso'lano] *m* geschützter Ort *m* für Sonnenbäder

resollar [rreso'ʎar] *vi* ❶ (*aspirar*) schnaufen, keuchen; **~ comiendo** schlürfen; **beber algo sin ~** (*fig*) etw in einem Zug austrinken; **trabajar horas y horas sin ~** (*fig*) pausenlos arbeiten ❷ (*fam: dar noticia de sí*) von sich hören lassen, ein Lebenszeichen von sich geben

resoluble [rreso'luβle] *adj* (auf)lösbar

resolución [rresolu'θjon] *f* ❶ (*firmeza*) Entschlossenheit *f*, Tatkraft *f* ❷ (*decisión*) Entschluss *m*, Beschluss *m*; (POL) Resolution *f*; **~ administrativa** Bescheid *m*; **~ arbitral** Schiedsspruch *m*; **~ de autorización** Bewilligungsbescheid *m*; **~ sobre costas** Kostenbescheid *m*; **~ desestimatoria** Abweisungsbescheid *m*; **~ de exención** Freistellungsbescheid *m*; **~ judicial** Gerichtsentscheidung *f*, Richterspruch *m*, Gerichtsbeschluss *m*; **~ precedente** Präzedenzentscheidung *f*; **~ previa** Vorabentscheidung *f*; **~ del recurso de alzada** Beschwerdebescheid *m*; **llegar a una ~** zu einem Entschluss kommen, sich entschließen; **tomar una ~** eine Entscheidung treffen, einen Beschluss fassen ❸ (*solución*) (Auf)lösung *f*; **~ de contrato** Vertragsaufhebung *f*, Vertragsauflösung *f*; **~ de frecuencia** Frequenzauflösung *f*; **~ gráfica** grafische Auflösung *f*, *a* (INFOR) hohe Auflösung; **período de ~ de una enfermedad** (MED) Lösungsstadium einer Krankheit

resolutivo¹ [rresolu'tiβo] *m* (MED) Auflösungsmittel *nt*

resolutivo, -a² [rresolu'tiβo, -a] *adj* ❶ (*decisivo*) Entscheidungs- ❷ (MED) auflösend, zerteilend

resoluto, -a [rreso'luto, -a] *adj* resolut, entschlossen

resolutorio, -a [rresolu'torjo, -a] *adj* aufhebend, auflösend; **cláusula** [*o* **condición**] **resolutoria** (JUR) auflösende Bedingung

resolver [rresol'βer] *irr como volver* **I.** *vt* ❶ (*acordar*) beschließen ❷ (*solucionar*) lösen, klären; **~ un problema** ein Problem lösen; **una ecuación** eine Gleichung auflösen; **~ las dudas** seine Zweifel beseitigen ❸ (*decidir*) entscheiden; **resolvió cambiar de domicilio** er/sie entschloss sich zu einem Wohnungswechsel, er/sie beschloss umzuziehen ❹ (*disolver*) auflösen **II.** *vr:* **~se** ❶ (*solucionarse*) sich lösen, sich klären ❷ (*decidirse*) sich entscheiden, sich entschließen; **~se por el mal menor** sich für das kleinere Übel entscheiden ❸ (*disolverse*) sich auflösen

resonador¹ [rresona'ðor] *m* Resonator *m*, Schallverstärker *m*

resonador(a)² [rresona'ðor(a)] *adj* widerhallend

resonancia [rreso'nanθja] *f* Resonanz *f*; **caja de ~** Resonanzboden *m*; **un asunto de ~ universal** eine weltbewegende Angelegenheit; **este libro no tiene ~** dieses Buch findet keinen Anklang [*o* keine Resonanz]

resonante [rreso'nante] *adj* ❶ (*que resuena*) nachhallend, nachklingend ❷ (*importante*) nachhaltig, bedeutend; **con éxito ~** mit glänzendem Erfolg; **una victoria ~** ein bedeutender Sieg

resonar [rreso'nar] <o→ue> *vi* ertönen, nachklingen; **sus pasos resonaban en el silencio de la noche** seine Schritte hallten in der Stille der Nacht wider; **los gritos de angustia resuenan todavía en mis oídos** ich höre immer noch die Angstschreie in meinen Ohren; **su éxito ha resonado fuera de las fronteras** sein/ihr Erfolg wurde über die Grenzen bekannt

resoplar [rreso'plar] *vi* schnauben; **~ de rabia** vor Wut schnauben

resoplido [rreso'pliðo] *m* Schnauben *nt*

resorber [rresor'βer] *vt* resorbieren

resorcina [rresor'θina] *f* (QUÍM) Resorcin *nt*

resorción [rresor'θjon] *f* Resorption *f*

resorte [rre'sorte] *m* Feder *f*; **~ de acero** Stahlfeder *f*; **~ amortiguador** Pufferfeder *f*, Dämpfungsfeder *f*; **~ de cuerda del reloj** Aufzugsfeder der Uhr; **armar el ~** die Feder spannen; **los ~s de una acción** (*fig*) die Triebfedern einer Handlung; **tocar todos los ~s** (*fig*) alle Hebel in Bewegung setzen

resortera [rresor'tera] *f* (*Méx*) (Stein)schleuder *f*

respaldar [rrespal'dar] **I.** *vt* ❶ (*apoyar*) unterstützen ❷ (*guardar las espaldas*) decken, Rückendeckung geben *dat* ❸ (*anotar atrás*) indossieren, auf der Rückseite vermerken **II.** *vr:* **~se** ❶ (*apoyarse*) sich anlehnen, sich zurücklehnen; **~se contra la pared** sich an die Wand lehnen; **~se en el sillón** sich im Sessel zurücklehnen ❷ (*ampararse*) sich *dat* Rückendeckung verschaffen **III.** *m* Rück(en)lehne *f*

respaldo [rres'paldo] *m* ❶ (*respaldar*) Rück(en)lehne *f* ❷ (*reverso*) Rückseite *f*; **en el ~ de un documento** auf der Rückseite eines Schriftstückes ❸ (*apoyo*) Unterstützung *f*; (*protección*) Rückendeckung *f*; **~ financiero** Finanzdeckung *f*

respe ['rrespe] *m* (ZOOL) ❶ (*lengua de la culebra*) Schlangenzunge *f* ❷ (*aguijón de la abeja*) Bienenstachel *m*; (*de avispa*) Wespenstachel *m*

respectar [rrespek'tar] *vi* (*verbo defectivo*) betreffen, angehen; **por** [*o* **en**] **lo que respecta a él…** was ihn angeht [*o* betrifft] …

respectivamente [rrespektiβa'mente] *adv*: **le hemos regalado ~ un coche** wir haben jedem/jeder ein Auto geschenkt; **Anne y Maite compran la fruta y el pan, respectivamente** Anne und Maite kaufen ein, die eine das Obst und die andere das Brot

respectivo, -a [rrespek'tiβo, -a] *adj* betreffend, bezüglich

respecto [rres'pekto] *m* Beziehung *f*, Hinsicht *f*; (con) **~ a** bezüglich *gen*, hinsichtlich *gen*; **con ~ a eso**, **al ~** diesbezüglich; **a este ~** in dieser Hinsicht; **al ~ de** im Verhältnis zu

résped(e) ['rrespeð/'rrespeðe] *m* (ZOOL) *v.* **respe**

respetabilidad [rrespetaβili'ðað] *f* Achtbarkeit *f*

respetable [rrespe'taβle] *adj* ❶ (*digno de respeto*) achtbar, ehrwürdig; **persona ~** Respektperson *f* ❷ (*notable*) ansehnlich, beachtlich; **una suma ~** eine ansehnliche [*o* beachtliche] Summe

respetador(a) [rrespeta'ðor(a)] *adj* respektierend

respetar [rrespe'tar] *vt* ❶ (*honrar*) respektieren, achten; **hacerse ~** sich *dat* Respekt verschaffen; **hay que ~ la debilidad de un enfermo** man muss auf die Schwäche eines Kranken Rücksicht nehmen; **no respetó a nadie** er/sie hat niemanden geschont ❷ (*cumplir*) beachten, einhalten; **hay que ~ las leyes** man muss die Gesetze beachten

respeto [rres'peto] *m* ❶ (*veneración*) Respekt *m*, Hochachtung *f*, Ehrfurcht *f*; **~ a las leyes** Achtung vor dem Gesetz; **~ a la naturaleza** Ehrfurcht vor der Natur; **~ de un plazo** Einhaltung einer Frist; **falta de ~** Respektlosigkeit *f*; **una persona de ~** eine angesehene Person; **faltar al ~ a alguien** jdm keinen Respekt entgegenbringen; **ofrecer los ~s a alguien** jdm seine Aufwartung machen; **¡mis ~s a su señora!** meine Empfehlungen an Ihre Frau Gemahlin!; **me faltó al ~** er/sie hat mich beleidigt; **le tengo mucho ~ a las tormentas** vor Gewitter habe ich große Angst; **campar por sus ~s** auf seinen eigenen Nutzen bedacht sein ❷ (*loc*): **de ~** Ersatz-, Not-; **ancla de ~** Notanker *m*

respetuosamente [rrespetwosa'mente] *adv* höflich, hochachtungsvoll

respetuosidad [rrespetwosi'ðað] *f* Ehrerbietigkeit *f*, Höflichkeit *f*

respetuoso, -a [rrespetu'oso, -a] *adj* ehrfurchtsvoll, respektvoll, taktvoll; **~s saludos** ergebene Grüße; **es ~ con las leyes** er beachtet die Gesetze

réspice ['rrespiθe] *m* (*fam*) ❶ (*respuesta*) schroffe Antwort *f* ❷ (*reprensión*) kurze, harte Zurechtweisung *f*

respingar [rrespiŋ'gar] <g→gu> *vi* ❶ (*refunfuñar*) grummeln ❷ (*animal*) sich sträuben, bocken ❸ (*falda*) abstehen, nicht anliegen

respingo [rres'piŋgo] *m* ❶ (*refunfuño*) Grummeln *nt*, Murmeln *nt* ❷ (*movimiento*) Ruck *m*, Auffahren *nt*; (*animal*) Bocken *nt*, Aufbäumen *nt*; **dar un ~** erschreckt in die Höhe fahren

respingón, -ona [rrespiŋ'gon, -ona] *adj* ❶ (*animal*) bockig, störrisch ❷ (*levantado*) abstehend, hochstehend; **nariz respingona** Stupsnase *f*

respirable [rrespi'raβle] *adj* atembar; **aire ~** atembare Luft

respiración [rrespira'θjon] *f* Atem *m*, Atmung *f*; **~ artificial** künstliche Beatmung; **~ boca a boca** Mund-zu-Mund-Beatmung *f*; **dificultad de ~** Atemnot *f*; **contener la ~** den Atem anhalten; **hacer la ~ boca a boca a**

alguien jdn Mund-zu-Mund beatmen; **la mala noticia le cortó la ~** die schlechte Nachricht verschlug ihm/ihr den Atem
respiradero [rrespira'ðero] *m* ❶ (*abertura*) Luftloch *nt*
❷ (*descanso*) Atempause *f*
❸ (*fam: órganos de respiración*) Atmungsorgane *ntpl*
respirador[1] [rrespira'ðor] *m* Beatmungsgerät *nt*
respirador(a)[2] [rrespira'ðor(a)] *adj* atmend, Atmungs-; **músculo ~** Atmungsmuskel *m*
respirar [rrespi'rar] *vi* atmen; **~ aliviado** erleichtert aufatmen; **~ trabajosamente** nach Luft schnappen, schwer atmen; **sin ~** (*fig*) pausenlos, unermüdlich; **le escucharon sin ~** (*fig*) sie hörten ihm/ihr gespannt zu; **¡déjame que respire!** lass mich doch mal verschnaufen!; **no me atrevo a ~ delante de él** in seiner Gegenwart wage ich kaum zu atmen; **ahora sé por donde respira** jetzt weiß ich, wo es bei ihm/ihr langgeht
respiratorio, -a [rrespira'torjo, -a] *adj*; **aparato ~** Atmungsgerät *nt*; **órganos ~s** Atmungsorgane *ntpl*; **vías respiratorias** Luftwege *mpl*
respiro [rres'piro] *m* ❶ (*respiración*) Atmen *nt*
❷ (*pausa*) Atempause *f*
❸ (*de alivio*) (Erleichterungs)seufzer *m*
❹ (*prórroga*) Verlängerung *f* einer Frist
resplandecer [rresplande'θer] *irr como crecer vi* funkeln, leuchten; **su rostro resplandece de alegría** er/sie strahlt vor Glück; **este hombre resplandece por su inteligencia** dieser Mann sticht durch seine Intelligenz hervor
resplandeciente [rresplande'θjente] *adj* glänzend, leuchtend; **estar ~ de limpio** blitzblank [*o* blitzsauber] sein
resplandecimiento [rresplandeθi'mjento] *m* ❶ (*de un cuerpo*) Funkeln *nt*, Glänzen *nt*
❷ (*fig: gloria, lustre*) Glanz *m*
resplandor [rresplan'dor] *m* Glanz *m*, Schimmer *m*
responder [rrespon'der] *vi* ❶ (*contestar*) antworten, erwidern; **el perro responde por el nombre de…** der Hund hört auf den Namen …
❷ (*contradecir*) widersprechen; **los niños no deben ~ a sus padres** Kinder sollen ihren Eltern nicht widersprechen
❸ (*corresponder*) entsprechen; **~ a las esperanzas de alguien** jds Erwartungen erfüllen; **este edificio no responde al gusto moderno** dieses Gebäude entspricht nicht dem modernen Geschmack; **no responde a las exigencias que tiene que satisfacer** er/sie erfüllt nicht die Anforderungen, die an ihn/sie gestellt werden; **estas mercancías responden a nuestras necesidades** diese Waren entsprechen unseren Anforderungen
❹ (*garantizar*) haften (*de/por/con* für +*akk*), einstehen (*de/por/con* für +*akk*); **~ de una deuda** für eine Schuld aufkommen; **~ de las consecuencias de una medida tomada** für die Folgen einer getroffenen Maßnahme einstehen; **tu respondes por tu hijo** du bist für dein Kind verantwortlich; **responde con toda su fortuna** er/sie haftet mit seinem/ihrem ganzen Vermögen
respondón, -ona [rrespon'don, -ona] I. *adj* frech, schnippisch
II. *m, f* frecher Mensch *m*, Frechling *m elev*, Frechdachs *m fam*
responsabilidad [rresponsaβili'ðað] *f* ❶ (*por un niño*) Verantwortung *f* (*de/por* für +*akk*), Verantwortlichkeit *f* (*de/por* für +*akk*); **~ propia** Eigenverantwortung *f*; **asumir la ~** die Verantwortung übernehmen; **exigir ~** zur Verantwortung ziehen; **sustraerse de la ~** sich der Verantwortung entziehen
❷ (*por un daño, t.* JUR) Haftung *f* (*de/por* für +*akk*); **~ accidental** Zufallshaftung *f*; **~ por accidente** Unfallhaftpflicht *f*; **~ ajena** Fremdhaftung *f*; **~ civil** Haftpflicht *f*; **~ civil administrativa** Amtshaftung *f*; **~ contractual** Vertragshaftung *f*; **~ del daño** Schaden(s)ersatzpflicht *f*; **~ por daños y perjuicios** Schadenshaftung *f*; **~ empresarial** Unternehmenshaftung *f*; **~ por evicción** Rechtsmängelhaftung *f*; **~ extracontractual** außervertragliche Haftung *f*; **~ del fabricante** Herstellerhaftung *f*; **~ fiscal** Steuerverbindlichkeit *f*; **~ de los fundadores** (COM) Gründerhaftung *f*; **~ ilimitada** Vollhaftung *f*; **~ material** (*o objetiva*) Sachhaftung *f*; **~ parcial** Teilhaftung *f*; **~ profesional** Berufshaftung *f*; **~ de saneamiento** Gewährleistungshaftung *f*; **~ solidaria** gesamtschuldnerische Haftung *f*; **~ subsidiaria** Ausfallhaftung *f*; **~ por vicios** Mängelhaftung *f*; **comisión de ~es** Untersuchungsausschuss *m*; **sociedad de ~ limitada** Gesellschaft mit beschränkter Haftung; **incurrir en ~** haftbar gemacht werden; **no acepto la ~** ich komme nicht dafür auf
responsabilizar [rresponsaβili'θar] <z→c> I. *vt* verantwortlich machen (*de* für +*akk*)
II. *vr*: **~se** einstehen (*de* für +*akk*), verantwortlich sein (*de* für +*akk*); (JUR) die Haftung übernehmen (*de* für +*akk*)
responsable [rrespon'saβle] I. *adj* verantwortlich (*de* für +*akk*); **ser ~ civilmente** persönlich haften
II. *mf* Verantwortliche(r) *mf*, Haftende(r) *mf*; **~ de compras/ventas** (ECON) Verantwortliche(r) für den Einkauf/Verkauf
responsar [rrespon'sar] *vt* beten (für +*akk*)

responso [rres'ponso] *m* ❶ (*por los difuntos*) Responsorium *nt*
❷ (*fam: regaño*) Tadel *m*
responsorio [rrespon'sorjo] *m* Responsorium *nt*
respuesta [rres'pwesta] *f* Antwort *f* (*a* auf +*akk*), Erwiderung *f* (*a* auf +*akk*); **~ auditiva** (INFOR) Sprachausgabe *f*; **~ automática** (INFOR) automatische Antwort; **~ evasiva/negativa** ausweichende/ablehnende [*o* abschlägige] Antwort; **~ en frecuencia** (TÉC) Frequenzgang *m*; **~ de voz** (INFOR) Sprachausgabe *f*; **esperamos con impaciencia su pronta ~** wir freuen uns auf ihre baldige Antwort; **en ~ a su carta del…** in Beantwortung Ihres Schreibens vom …; **dar la callada por ~** überhaupt nicht antworten; **por toda ~ se encogió de hombros** seine/ihre einzige Antwort war ein Achselzucken
resquebrajadizo, -a [rreskeβraxa'ðiθo, -a] *adj* rissig, spröde
resquebrajadura [rreskeβraxa'ðura] *f* Riss *m*, Sprung *m*
resquebrajar [rreskeβra'xar] I. *vt* spalten, ritzen
II. *vr*: **~se** Risse bekommen, sich spalten, spröde werden
resquebrajoso, -a [rreskeβra'xoso, -a] *adj v.* resquebrajadizo
resquebrar [rreske'βrar] <e→ie> *vi* einen Sprung bekommen
resquemar [rreske'mar] I. *vi, vt* prickeln, brennen
II. *vr*: **~se** sich (sehr) ärgern
resquemazón [rreskema'θon] *f*, **resquemo** [rres'kemo] *m* Brennen *nt*, Prickeln *nt*
resquemor [rreske'mor] *m* ❶ (*escozor*) Prickeln *nt*, Brennen *nt*
❷ (*resentimiento*) Ressentiment *nt*, Groll *m*
resquicio [rres'kiθjo] *m* ❶ (*abertura*) Ritze *f*, Spalt *m*
❷ (*ocasión*) Ausweg *m*; **~ de esperanza** Hoffnungsschimmer *m*
resta [rresta] *f* Subtraktion *f*, Subtrahieren *nt*
restablecer [rrestaβle'θer] *irr como crecer* I. *vt* wiederherstellen
II. *vr*: **~se** genesen, sich erholen; **~se del susto** sich vom Schreck erholen
restablecimiento [rrestaβleθi'mjento] *m* ❶ (*recuperación*) Wiederherstellung *f*
❷ (*cura*) Genesung *f*, Erholung *f*
restallar [rresta'ʎar] *vi* knallen; **hacer ~ el látigo** mit der Peitsche knallen
restallido [rresta'ʎiðo] *m* (Peitschen)knall *m*
restante [rres'tante] I. *adj* restlich, Rest-; **cantidad ~** Restbetrag *m*
II. *m* Rest *m*
restañadero [rrestaɲa'ðero] *m* (GEO) trichterförmige Flussmündung *f*
restañar [rresta'ɲar] *vt* (*con estaño*) neu verzinnen
❷ (*la sangre*) stillen; **~ las heridas** (*fig*) dem Ärger [*o* Verdruss] Einhalt gebieten
restaño [rres'taɲo] *m* ❶ (*de sangre*) Blutstillung *f*
❷ (*remanso*) angestautes Wasser *nt*
restar [rres'tar] I. *vi* übrig bleiben; **no nos resta más que marcharnos** uns bleibt nichts anderes übrig als zu gehen; **aún restan algunos días para finalizar el año** bis zum Jahresende fehlen noch einige Tage
II. *vt* abziehen; **~ una cantidad** einen Betrag substrahieren; **~ energías a alguien** jdm Kräfte entziehen; **~ la pelota** den Ball zurückschlagen; **estos reparos no restan un ápice del mérito de este libro** diese Beanstandungen schmälern nicht im geringsten den Erfolg dieses Buches; **~se años** sich für jünger ausgeben, als man ist
restauración [rrestaura'θjon] *f* Restauration *f*, Wiederherstellung *f*; **~ de la monarquía** Wiedereinführung der Monarchie; **~ de montes** Wiederaufforstung *f*
restaurador(a) [rrestaura'ðor(a)] I. *adj* wiederherstellend
II. *m(f)* ❶ (*que restaura*) Wiederhersteller(in) *m(f)*; (ARTE) Restaurator(in) *m(f)*
❷ (*propietario de restaurante*) Restaurantbesitzer(in) *m(f)*, Gastwirt(in) *m(f)*
restaurante [rrestau'rante] *m* Restaurant *nt*
restaurar [rrestau'rar] *vt* wiederherstellen; (INFOR) zurückschreiben; **~ un cuadro** ein Gemälde restaurieren; **~ la monarquía** die Monarchie wiederherstellen
restinga [rres'tinga] *f* (GEO) Sandbank *f*, Untiefe *f*; (*de piedra*) Riff *nt*
restitución [rrestitu'θjon] *f* ❶ (*devolución*) Rückgabe *f*, Rückerstattung *f*; **~ de costos** Kostenerstattung *f*; **~ en especie** (JUR) Naturalrestitution *f*; **~ a la exportación** (UE) Exportvergütung *f*
❷ (*reposición*) Wiederherstellung *f*
restituible [rrestitu'iβle] *adj* ersetzbar
restituir [rrestitu'ir] *irr como huir* I. *vt* ❶ (*devolver*) zurückerstatten
❷ (*restablecer*) wiederherstellen
II. *vr*: **~se** zurückkehren; **~se a su puesto de trabajo** an seinen Arbeitsplatz zurückkehren
restitutorio, -a [rrestitu'torjo, -a] *adj* (JUR) Rückerstattungs-
resto ['rresto] *m* ❶ (*lo que sobra*) Rest *m*; **~s de un buque** Schiffswrack *nt*; **~s de comida** Essensreste *mpl*; **~ de edición** Restauflage *f*; **~ edición a precio de coste** Ramsch *m*; **los ~s mortales** die sterblichen Überreste; **~ de tirada** (TIPO) Auflagenrest *m*; **lo recordaré el ~ de mis**

restorán días ich werde es mein Lebtag nicht vergessen ❷ (*juego de pelota*) Rückschlagen *nt*; (*jugador*) Rückschlagspieler *m* ❸ (*juego de cartas*) Gesamteinsatz *m*; ~ **abierto** unbegrenzter Einsatz; **a ~ abierto** (*fig*) unbeschränkt; **echar el ~** (*fig*) alles aufbieten

restorán [rresto'ran] *m* Restaurant *m*

restregadura [rrestreɣa'ðura] *f* ❶ (*acción*) Reiben *nt*, Scheuern *nt* ❷ (*señal que queda*) Scheuermal *nt*; (*herida*) Scheuerwunde *f*

restregar [rrestre'ɣar] *irr como fregar* I. *vt* (ab)reiben, scheuern II. *vr:* ~**se** (sich) (ab)reiben; ~**se los ojos** sich *dat* die Augen reiben; ~**le a alguien algo por las narices** (*fig*) jdm etw unter die Nase reiben

restregón [rrestre'ɣon] *m* Abreibung *f*, (Ab)reiben *nt*

restricción [rrestriɣ'θjon] *f* (*limitación*) Einschränkung *f*, Beschränkung *f*; (*recorte*) Kürzung *f*; ~ **a la comercialización** (COM) Absatzbeschränkung *f*; ~ **al comercio exterior** (COM) Außenhandelsbeschränkungen *fpl*; ~ **de la competencia** Wettbewerbsbeschränkung *f*; **restricciones de crédito** Kreditbeschränkungen *fpl*; ~ **cuantitativa** (COM) Mengenbeschränkung *f*; ~ **de estupefacientes** Behörde zur Rauschgiftbekämpfung *f*; ~ **de la natalidad** Geburtenregelung *f*; ~ **mental** stiller Vorbehalt *m*, (JUR) Mentalreservation *f*; ~ **publicitaria** Werbebeschränkung *f*; ~ **del suministro** Lieferungsbeschränkung *f*; ~ **de uso** Nutzungsbeschränkung *f*; ~ **de las ventas** Abgabebeschränkung *f*; **sin restricciones** unbeschränkt; **imponer restricciones** Einschränkungen auferlegen; **imponer restricciones a las importaciones** (COM) Einfuhrbeschränkungen verhängen

restrictivo, -a [rrestrik'tiβo, -a] *adj* einschränkend, hemmend; ~ **de la competencia** wettbewerbsbehindernd, wettbewerbsbeschränkend; **medidas restrictivas** einschränkende Maßnahmen

restringa [rres'triŋga] *f v.* **restinga**

restringente [rrestriŋ'xente] *m* Hemmstoff *m*; ~ **de ovulación** Ovulationshemmer *m*

restringible [rrestriŋ'xiβle] *adj* einschränkbar, begrenzbar

restringido, -a [rrestriŋ'xiðo, -a] *adj* eingeschränkt, begrenzt; (JUR) nur für den Dienstgebrauch

restringir [rrestriŋ'xir] <g→j> *vt* einschränken (*a* auf +*akk*), begrenzen (*a* auf +*akk*); ~ **la autoridad** die Befehlsgewalt einschränken

restriñir [rrestri'ɲir] *irr como ceñir vt* zusammenziehen

resucitación [rresuθita'θjon] *f* (MED) Wiederbelebung *f*

resucitar [rresuθi'tar] I. *vi* auferstehen (*von den Toten*) II. *vt* ❶ (*de la muerte*) vom Tode erwecken, auferwecken ❷ (*un estilo, una moda*) neu beleben, wieder ins Leben rufen

resudación [rresuða'θjon] *f* leichtes Schwitzen *nt*

resudar [rresu'ðar] *vi* (leicht) schwitzen; (*rezumarse*) ausschwitzen

resuello [rre'sweʎo] *m* Keuchen *nt*, Schnauben *nt*; **sin ~** außer Atem, außer Puste *fam*; **meterle a alguien el ~ en el cuerpo** jdn einschüchtern

resueltamente [rreswelta'mente] *adv* energisch

resuelto, -a [rre'swelto, -a] I. *pp de* **resolver** II. *adj* entschlossen, resolut

resulta [rre'sulta] *f* ❶ (*resultado*) (End)ergebnis *nt* ❷ (*consecuencia*) Folge *f*; **de ~s de** infolge von

resultado [rresul'taðo] *m* Ergebnis *nt*, Resultat *nt*; ~ **bruto** (ECON) Bruttoergebnis *nt*; ~ **clave** entscheidendes Ergebnis; ~ **de la explotación** (ECON) Betriebsergebnis *nt*; ~ **extraordinario** (ECON) außerordentlicher Ertrag; ~**s financieros** (FIN) Finanzergebnisse *ntpl*; ~ **de las instrucciones** Ermittlungsergebnis *nt*; ~ **de investigaciones** Untersuchungsbefund *m*; ~ **del reconocimiento** (*médico*) Befund *m*; **cuenta de ~s** (ECON) Erfolgsrechnung *f*, Gewinn- und Verlustrechnung *f*; **sin ~** erfolglos, zwecklos; **dar buen/mal ~** gelingen/misslingen; **tener por ~** zur Folge haben

resultando [rresul'tando] *m* (JUR) Tatbestand *m*, Sachverhalt *m*; ~**s de la culpabilidad** Schuldtatbestand *m*; ~**s del hecho de abuso** Missbrauchstatbestand *m*; ~**s de la sentencia** Tatbestand des Urteils

resultante [rresul'tante] I. *adj* (FÍS) resultierend; **fuerza ~** resultierende Kraft II. *f* (FÍS) Resultante *f*, Resultierende *f*

resultar [rresul'tar] *vi* ❶ (*deducirse*) sich ergeben (*de* aus +*dat*), resultieren (*de* aus +*dat*) ❷ (*surtir*) sein; ~ **muerto en un accidente** tödlich verunglücken; **el negocio resultó** das Geschäft war erfolgreich ❸ (*comprobarse*) sich erweisen (als +*nom*) ❹ (*loc*): ~ **en beneficio de alguien** zu jds Gunsten verlaufen

resultón, -ona [rresul'ton, -ona] *adj* (*fam*) gut aussehend

resumen [rre'sumen] *m* ❶ (*sumario*) Zusammenfassung *f*, Resümee *nt*; **en ~** kurz gesagt, kurz und gut ❷ (*extracto*) Auszug *m*

resumidero [rresumi'ðero] *m* (Am) ❶ (*alcantarilla*) Abwasserkanal *m* ❷ (*pozo ciego*) Fäkaliengrube *f*

resumir [rresu'mir] I. *vt* zusammenfassen II. *vr:* ~**se** sich beschränken (*en* auf +*akk*)

resurgimiento [rresurxi'mjento] *m* Wiederaufleben *nt*

resurgir [rresur'xir] <g→j> *vi* ❶ (*reaparecer*) wieder erscheinen ❷ (*renacer*) auferstehen ❸ (*revivir*) wieder aufleben

resurrección [rresurreɣ'θjon] *f* ❶ (REL) Auferstehung *f*; ~ **de la carne** Auferstehung der Toten am Jüngsten Tag; **Pascua de R~** Ostern *nt* ❷ (*restablecimiento*) Wiederbelebung *f*

retablo [rre'taβlo] *m* ❶ (*obra arquitectónica*) Retabel *nt*, Altaraufsatz *m* ❷ (*pintura*) Gemäldegruppe mit biblischen Motiven; **ser un ~ de dolores** vom Schicksal geschlagen sein ❸ (*drama*) Theaterstück über ein biblisches Thema

retacar [rreta'kar] <c→qu> *vt* (TÉC) (ver)stemmen

retaco, -a [rre'tako, -a] I. *adj* untersetzt, rundlich II. *m, f* kleine, untersetzte Person *f*

retacón, -ona [rreta'kon, -ona] *adj* (CSur) untersetzt

retador(a) [rreta'ðor(a)] I. *adj* herausfordernd II. *m(f)* Herausforderer, -in *m, f*

retaguardia [rreta'ɣwarðja] *f* ❶ (*ejército*) Nachhut *f*; **a** [*o* **en**] ~ (*tarde*) verspätet; **a ~ de** (*detrás de*) hinter; **estar a la ~ de algo** (*fig*) auf etw lauern; **quedarse en la ~** (*fig*) im Hintergrund bleiben; **los víveres se almacenan en la ~** die Lebensmittel werden in der Etappe gelagert ❷ (*argot: culo*) Hintern *m*

retahíla [rreta'ila] *f* Reihe *f*; **soltar la ~** eine Liste runterbeten

retajar [rreta'xar] *vt* ❶ (*en redondo*) rund schneiden ❷ (*alrededor*) ausschneiden ❸ (*circuncidar*) beschneiden

retajo [rre'taxo] *m* kleines Stückchen *nt* (*Fleisch, Papier etc.*), Abschnitzel *nt reg*

retal [rre'tal] *m* (Papier)rest *m*, (Stoff)rest *m*

retama [rre'tama] *f* (BOT) Ginster *m*

retamal [rreta'mal] *m* (BOT) Ginsterfeld *nt*

retar [rre'tar] *vt* herausfordern (*a zu* +*dat*)

retardación [rretarða'θjon] *f* Verzögerung *f*

retardado, -a [rretar'ðaðo, -a] *adj* verzögert; **movimiento uniformemente ~** (TÉC) gleichmäßig verzögerte Bewegung

retardador [rretarða'ðor(a)] *m* ❶ (QUÍM) negativer Katalysator *m* ❷ (CINE) Zeitlupe *f*

retardar [rretar'ðar] I. *vt* verzögern II. *vr:* ~**se** sich verzögern; **la inauguración no puede ~se** die Eröffnung muss pünktlich anfangen; **me he retardado** ich bin in Verzug geraten [*o* gekommen]

retardo [rre'tarðo] *m* Verzögerung *f*; ~ **procesal** (JUR) Prozessverschleppung *f*; **línea de ~** (INFOR) Verzögerungsleitung *f*; **sufrir un ~** sich verzögern; **tener ~ con algo** mit etw in Verzug sein

retasar [rreta'sar] *vt* neu (ab)schätzen

retazar [rreta'θar] <z→c> *vt* zerteilen

retazo [rre'taθo] *m* ❶ (*retal*) Stoffrest *m* ❷ (*fragmento*) Fragment *nt*; **sólo oí algunos ~s de la conversación** ich habe nur Bruchstücke von der Unterhaltung mitbekommen

rete ['rrete] *adj* (Méx: *muy*) sehr; **su hija es ~ alta** seine/ihre Tochter ist sehr groß

retejar [rrete'xar] *vt* ausbessern (*Dach*)

retel [rre'tel] *m* Fischernetz *nt* (*zum Fischen von Krabben und Krebsen*)

retemblar [rretem'blar] <e→ie> *vi* beben; **hacer ~** erbeben lassen

retén [rre'ten] *m* (*t.* MIL) Reserve *f*

retención [rreten'θjon] *f* ❶ (FIN: *custodia*) Einbehaltung *f*, Abzug *m*; ~ **fiscal** Steuerabzug *m*; ~ **en la fuente** Vorsteuerabzug *m*; ~ **de impuestos** Einbehaltung von Steuern; **certificado de retenciones** Bescheinigung über einbehaltene Abzüge ❷ (*memorizar*) Behalten *nt* ❸ (*moderación y entorpecimiento*) Zurückhaltung *f* ❹ (*tráfico*) Stau *m* ❺ (MED) Retention *f*, Verhaltung *f*

retener [rrete'ner] *irr como tener* I. *vt* ❶ (*conservar*) zurückhalten; ~ **el pasaporte** den Pass einbehalten; ~ **la respiración** den Atem anhalten ❷ (*recordar, detener*) behalten ❸ (JUR: *competencia*) sich *dat* vorbehalten II. *vr:* ~**se** sich zurückhalten

retentiva [rreten'tiβa] *f* Gedächtnis *nt*, Erinnerungsvermögen *nt*

retentivo¹ [rreten'tiβo] *m* (MED) Verhaltungsmittel *nt*

retentivo, -a² [rreten'tiβo, -a] *adj* zurückhaltend

reteñir [rrete'ɲir] *irr como ceñir* I. *vt* auffärben, nachfärben; (*de otro color*) neu färben II. *vi* nachklingen

reticencia [rreti'θenθja] *f* ❶ (*indirecta*) Anspielung *f*, Andeutung *f*; **andar con ~s** (nur) Andeutungen machen ❷ (*renuncia*) Widerwille *m* ❸ (*reserva*) Vorbehalt *m* (*ante* gegen +*akk*) ❹ (LING) Aposiopese *f*

⑤ (JUR) Verschweigen *nt;* ~ **dolosa** arglistiges Verschweigen von Tatsachen
reticente [rreti'θente] *adj* zögerlich, zurückhaltend
rético¹ ['rretiko] *m* (LING) Rätoromanisch(e) *nt*
rético, -a² ['rretiko, -a] *adj* rätisch
retícula [rre'tikula] *f* ① (*red*) Netz *nt*
② (TIPO) Raster *m*
reticulación [rretikula'θjon] *f* (TIPO) Rasterung *f*
reticular [rretiku'lar] *adj* netzartig, Netz-; **bóveda** ~ Netzgewölbe *nt*
retículo [rre'tikulo] *m* ① (*red*) Netz *nt*
② (ZOOL) Retikulum *nt*, Netzmagen *m*
retina [rre'tina] *f* (ANAT) Retina *f*, Netzhaut *f*
retinitis [rreti'nitis] *f inv* (MED) Netzhautentzündung *f*, Retinitis *f*
retintín [rretin'tin] *m* ① (*son*) Nachklang *m*
② (*tonillo*) (ironischer) Unterton *m*
retinto, -a [rre'tinto, -a] *adj* schwarzbraun
retiñir [rreti'ɲir] <3. *pret:* retiñó> *vi* nachklingen
retiración [rretira'θjon] *f* (TIPO) Gegendruck *m*
retirada [rreti'raða] *f* ① (*abandono*) Rücktritt *m*
② (*retreta*) Zapfenstreich *m*
③ (MIL) Rückzug *m;* **cortar la** ~ den Rückweg abschneiden
④ (*terreno*) ausgetrocknetes Flussbett *nt*
⑤ (*eliminación*) Beseitigung *f*
⑥ (*privación*) Entziehung *f*, Entzug *m;* ~ (**provisional**) **del permiso de conducir** (vorläufige) Entziehung der Fahrerlaubnis
retiradamente [rretiraða'mente] *adv* insgeheim
retirado, -a [rreti'raðo, -a] I. *adj* ① (*lejos*) abgelegen
② (*jubilado*) pensioniert
II. *m, f* Pensionär(in) *m(f)*
retirar [rreti'rar] I. *vt* ① (*apartar*) weglegen; (*tropas*) abziehen; (*dinero*) abheben
② (*echar*) verweisen; ~**on de la sala a los manifestantes** die Demonstranten wurden des Saales verwiesen
③ (*recoger*) abholen
④ (*quitar*) entziehen
⑤ (*desdecirse*) zurücknehmen; ~ **un crédito** (FIN) einen Kredit kündigen; ~ **una oferta** ein Angebot zurückziehen
⑥ (*negar*) verweigern
⑦ (*jubilar*) in den Ruhestand versetzen
⑧ (TIPO) umschlagen
II. *vr:* ~**se** ① (*t.* MIL: *abandonar*) sich zurückziehen; ~**se de la política** sich aus der Politik zurückziehen
② (*retroceder*) zurücktreten (*de* von +*dat*)
③ (*jubilarse*) in den Ruhestand treten
retiro [rre'tiro] *m* ① (*pensión*) Pension *f*; **pensión de** ~ Altersruhegeld *nt*, Altersrente *f*
② (*refugio*) abgelegener Ort *m*
③ (*retraimiento*) Zurückgezogenheit *f*
reto ['rreto] *m* Herausforderung *f*
retobado, -a [rreto'βaðo, -a] *adj* ① (AmC, Méx, Ecua: *respondón*) frech, schnippisch
② (AmC, Cuba, Ecua: *indómito*) unbeugsam
③ (Arg, Méx, Urug: *enconado*) gereizt
retobar [rreto'βar] I. *vt* (CSur: *forrar*) (mit Leder) überziehen
II. *vi* (Méx: *rezogar*) aufmucken *fam*
retocado [rreto'kaðo] *m* ① (*última mano*) Überarbeitung *f*
② (*retoque*) Ausbesserung *f*
③ (FOTO) Retusche *f*
retocar [rreto'kar] <c→qu> *vt* ① (*repasar*) überarbeiten
② (*perfeccionar*) ausbessern
③ (FOTO) retuschieren
retomar [rreto'mar] *vt* wieder aufnehmen
retoñar [rreto'ɲar] *vi* ① (*rebrotar*) wieder sprießen
② (*renovarse*) wieder auftreten
retoño [rre'toɲo] *m* ① (*vástago*) Spross *m*
② (*persona*) Sprössling *m*
retoque [rre'toke] *m* ① (*corrección*) Ausbesserung *f*; (FOTO) Retusche *f*
② (FIN) Bereinigung *f*; ~ **del balance** Bilanzberichtigung *f*
retorcer [rretor'θer] *irr como cocer* I. *vt* ① (*torcer*) verdrehen
② (*enroscar*) winden
II. *vr:* ~**se** ① (*enroscarse*) sich verdrehen
② (*de dolor*) sich winden (*de* vor +*dat*)
retorcido, -a [rretor'θiðo, -a] *adj* ① (*conceptuoso*) geschraubt
② (*maligno*) falsch; **pensar de manera retorcida** um zwei Ecken denken; **¡qué** ~! das ist doppelt gemoppelt!
retorcijón [rretorθi'xon] *m v.* **retortijón**
retorcimiento [rretorθi'mjento] *m* ① (*torcedura*) Verdrehung *f*
② (*vuelta*) Windung *f*
③ (*encorvadura*) Verkrümmung *f*

retórica [rre'torika] *f* Rhetorik *f*
retórico, -a [rre'toriko, -a] I. *adj* rhetorisch
II. *m, f* Rhetoriker(in) *m(f)*
retornable [rretor'naβle] *adj:* **botella** ~ Mehrwegflasche *f*; **botella no** ~ Einwegflasche *f*
retornar [rretor'nar] I. *vi* zurückkehren
II. *vt* ① (*devolver*) zurückgeben
② (*retroceder*) umwenden, umdrehen
retornelo [rretor'nelo] *m* (MUS) Ritornell *nt*
retorno [rre'torno] *m* ① (*regreso*) Rückkehr *f*
② (*devolución*) Rückgabe *f*
③ (INFOR) Rücksprung *m;* ~ **del carro** Wagenrücklauf *m*; ~ **duro** fester Zeilenumbruch; **dirección de** ~ Rückkehradresse *f*
retorrománico, -a [rretorro'maniko, -a] *adj* (LING) rätoromanisch
retorromano¹ [rretorro'mano] *m* (*lengua*) Rätoromanisch(e) *nt*
retorromano, -a² [rretorro'mano, -a] I. *adj* rätoromanisch
II. *m, f* (*individuo*) Rätoromane, -in *m, f*
retorsión [rretor'sjon] *f* (*t. fig*) Verdrehung *f*; (JUR) Vergeltung *f*; ~ **de derecho** Retorsion *f*
retorta [rre'torta] *f* (QUÍM) Retorte *f*
retortero [rretor'tero] *m: traer a alguien al* ~ (*fam*) jdn an der Nase herumführen
retortijón [rretorti'xon] *m* ① (*ensortijamiento*) Verkrümmung *f*
② (*dolor*) Stechen *nt;* **tengo un** ~ **de estómago** ich habe Magenkrämpfe
retostar [rretos'tar] <o→ue> *vt* noch einmal rösten
retozar [rreto'θar] <z→c> *vi* ① (*brincar*) tollen
② (*coquetear*) turteln
retozo [rre'toθo] *m* Tollerei *f fam*
retozón, -ona [rreto'θon, -ona] *adj* verspielt
retracción [rretrak'θjon] *f* ① (JUR) Zurücknahme *f*; ~ **de la demanda** Rücknahme der Klage; ~ **de la propuesta de penalidad** Rücknahme des Strafantrags
② (*retroceso*) Rückkehr *f*
③ (*impedimento*) Verhinderung *f*
④ (*retiro*) Rücktritt *m*
⑤ (MED) Retraktion *f*, Schrumpfung *f*
retractable [rretrak'taβle] *adj* widerrufbar
retractación [rretrakta'θjon] *f* Widerruf *m*
retractar [rretrak'tar] I. *vt* ① (*desdecirse*) zurücknehmen (*de* +*akk*)
② (JUR) widerrufen (*de* +*akk*)
II. *vr:* ~**se** widerrufen (*de* +*akk*)
retráctil [rre'traktil] *adj* einziehbar
retracto [rre'trakto] *m* (JUR) Rücklauf *m;* ~ **convencional** Vorverkaufsrecht *nt*, Wiederverkaufsrecht *nt;* ~ **legal** gesetzliches Vorverkaufsrecht
retraer [rretra'er] *irr como traer* I. *vt* ① (*volver a traer*) wiederbringen
② (JUR) zurücknehmen
③ (*impedir*) hindern (*de* an +*dat*)
④ (*encoger*) einziehen
II. *vr:* ~**se** ① (*retirarse*) zurücktreten (*de* von +*dat*)
② (*aislarse*) sich zurückziehen (*a/en* in +*akk*)
③ (*retroceder*) sich zurückversetzen (*a* in +*akk*)
retraído, -a [rretra'iðo, -a] *adj* zurückhaltend
retraimiento [rretrai'mjento] *m* Zurückhaltung *f*
retranquear [rretranke'ar] *vt* (ARQUIT) zurücksetzen
retransmisión [rretransmi'sjon] *f* Übertragung *f*; ~ **deportiva** Sportberichterstattung *f*; ~ **en directo** Liveübertragung *f*, Direktübertragung *f*; ~ **por televisión** Fernsehübertragung *f*
retransmisor [rretransmi'sor] *m* (TEL) Nebensender *m*
retransmitir [rretransmi'tir] *vt* übertragen
retrasado, -a [rretra'saðo, -a] *adj* ① (*atrasado*) verspätet; **pagos** ~**s** (FIN) rückständige Zahlungen
② (*anticuado*) rückständig; ~ **en tecnología** technologisch rückständig
③ (*no actual*) alt
④ (*subdesarrollado*) zurückgeblieben; (PSICO) retardiert; ~ **mental** geistig zurückgeblieben
retrasar [rretra'sar] I. *vt* ① (*demorar*) verzögern
② (*referente al reloj*) zurückstellen
II. *vi* ① (*referente al reloj*) nachgehen
② (*no estar al día*) zurückbleiben
III. *vr:* ~**se** sich verspäten; ~**se en el pago** mit der Zahlung im Rückstand sein
retraso [rre'traso] *m* ① (*demora*) Verspätung *f*
② (*referente al desarrollo*) Rückständigkeit *f*
③ (*referente a la deuda*) Verzug *m;* **tener** ~ **en los pagos** mit den Zahlungen im Verzug sein
retratar [rretra'tar] *vt* porträtieren
retratista [rretra'tista] *mf* ① (*artista*) Porträtist(in) *m(f)*
② (*dibujante*) Porträtmaler(in) *m(f)*

retrato ❸ (*fotógrafo*) Porträtfotograf(in) *m(f)*
retrato [rre'trato] *m* ❶ (*pintura, escultura o descripción*) Porträt *nt*; **~ robot** Phantombild *nt*
❷ (*fotografía*) Porträtaufnahme *f*
❸ (*parecido*) Ebenbild *nt*; **es el vivo ~ de su padre** er/sie ist seinem/ihrem Vater zum Verwechseln ähnlich
retrato-robot [rre'trato-rro'βot] <retratos-robot> *m* Phantombild *nt*
retrayente [rretra'ʝente] *mf* (JUR) Wiederkaufsberechtigte(r) *mf*
retrechero, -a [rretre'tʃero, -a] I. *adj* (*fam*) ❶ (*granuja*) schlitzohrig
❷ (*atractivo*) attraktiv
II. *m, f* (*fam*) ❶ (*granuja*) Schlitzohr *nt*
❷ (*atractivo*) attraktive Person *f*
retreparse [rretre'parse] *vr* ❶ (*referente al cuerpo*) sich zurückbeugen
❷ (*recostarse*) sich zurücklehnen
retreta [rre'treta] *f* (MIL) Zapfenstreich *m*
retrete [rre'trete] *m* Toilette *f*
retribución [rretriβu'θjon] *f* Vergütung *f*, Entgelt *nt*; (*sueldo*) Gehalt *nt*; **una ~ altamente competitiva** ein überdurchschnittliches Gehalt; **retribuciones dinerarias** Geldbezüge *pl*; **retribuciones en especie** Sachbezüge *pl*; **~ extraordinaria** Sondervergütung *f*; **~ porcentual de beneficios** Tantiemevergütung *f*
retribuir [rretriβu'ir] *irr como huir vt* ❶ (*remunerar*) vergüten
❷ (*Am: compensar*) sich erkenntlich zeigen (für +*akk*)
retributivo, -a [rretriβu'tiβo, -a] *adj* einträglich, lohnend
retriever [rretrje'βer] *m* (ZOOL) Retriever *m*
retro ['rretro] *m*: **pacto de ~** Rückkaufsvertrag *m*
retroacción [rretroak'θjon] *f* Rückwirkung *f*; (BIOL, ELEC, FÍS) Rückkopp(e)lung *f*
retroactividad [rretroaktiβi'ðað] *f* (JUR) Rückwirkung *f*; **~ de los contratos** Rückwirkung von Verträgen
retroactivo, -a [rretroak'tiβo, -a] *adj* rückwirkend; **el acuerdo es ~ al 1 de junio** die Vereinbarung gilt rückwirkend ab 1.Juni
retroalimentación [rretroalimenta'θjon] *f* Rückkopplung *f*
retrocarga [rretro'karɣa] *adj*: **de ~** mit Hinterladervorrichtung; **arma de fuego de ~** Hinterlader *m*
retroceder [rretroθe'ðer] *vi* ❶ (*regresar*) zurückgehen; (INFOR: *una página*) zurückblättern
❷ (*desistir*) zurückweichen
retrocesión [rretroθe'sjon] *f* (JUR) Rückübertragung *f*, Wiederabtretung *f*; (*reaseguro*) Folgerückversicherung *f*, Retrozession *f*
retroceso [rretro'θeso] *m* ❶ (*regresión*) Rückgang *m*; **~ en las negociaciones** Rückschlag bei den Verhandlungen; **~ de las ventas** Umsatzrückgang *m*
❷ (MED) Rückfall *m*
❸ (*en el billar*) Rückläufer *m*
❹ (INFOR) Rücksetzen *nt*; **~ de cinta** (INFOR) Bandrücksetzen *nt*
retrocohete [rretroko'ete] *m* Bremsrakete *f*
retrocuenta [rretro'kwenta] *f* Rückwärtszählen *nt*
retrogradación [rretroɣraða'θjon] *f* (ASTR) scheinbar rückläufige Bewegung *f* eines Planeten
retrógrado, -a [rre'troɣraðo, -a] I. *adj* ❶ (*que retrocede*) retrograd
❷ (*pey: reaccionario*) reaktionär
II. *m, f* Reaktionär(in) *m(f)*
retronar [rretro'nar] <o→ue> *vi* donnern
retropié [rretro'pje] *m* (ANAT) Hinterfuß *m*
retropropulsión [rretropropul'sjon] *f* (TÉC) Rückstoßantrieb *m*
retroproyector [rretroproʝek'tor] *m* Tageslichtprojektor *m*, Overheadprojektor *m*
retrospección [rretrospek'θjon] *f* Überprüfung *f*
retrospectiva [rretrospek'tiβa] *f* Rückblick *m*, Retrospektive *f*
retrospectivo, -a [rretrospek'tiβo, -a] *adj* retrospektiv, zurückschauend
retrotracción [rretrotrak'θjon] *f* (JUR) Rückbeziehen *nt*
retrotraer [rretrotra'er] *irr como traer* I. *vt* ❶ (*antedatar*) (zu)rückdatieren
❷ (*retroceder*) zurückversetzen (*a* in +*akk*)
II. *vr*: **~se** sich zurückversetzen (*a* in +*akk*)
retrovender [rretroβen'der] *vt* (JUR) rückverkaufen, wiederverkaufen
retroventa [rretro'βenta] *f* (JUR) Wiederverkauf *m*
retroversión [rretroβer'sjon] *f* (MED) (Organ)knickung *f*
retrovisor [rretroβi'sor] *m* (AUTO) Rückspiegel *m*; **~ exterior** Außenspiegel *m*; **mirar por el espejo ~** in den Rückspiegel schauen
retrucar [rretru'kar] <c→qu> *vi* kontern
retruécano [rre'trwekano] *m* (LING) Antimetabole *f*
retruque [rre'truke] *m* Konter *m*
retumbante [rretum'bante] *adj* dröhnend
retumbar [rretum'bar] *vi* dröhnen
retumbo [rre'tumbo] *m* Widerhall *m*
reucliniano, -a [rreukli'njano, -a] *adj* (LING) reuchlinisch, nach dem Humanisten J. Reuchlin
reuma ['rreuma] *m o f*, **reúma** [rre'uma] *m o f* Rheuma *nt*
reumático, -a [rreu'matiko, -a] *adj* rheumatisch; **dolores ~s** rheumatische Beschwerden
reumátide [rreu'matiðe] *f* (MED) rheumatische Hautkrankheit *f*
reumatismo [rreuma'tismo] *m sin pl* (MED) Rheumatismus *m*
reumatología [rreumatolo'xia] *f* (MED) Rheumatologie *f*
reumatológico, -a [rreumato'loxiko, -a] *adj* (MED) rheumatologisch
reumatólogo, -a [rreuma'toloɣo, -a] *m, f* (MED) Rheumatologe, -in *m, f*
reunificación [rreunifika'θjon] *f* Wiedervereinigung *f*; **la ~ alemana** die deutsche Wiedervereinigung
reunificar [rreunifi'kar] <c→qu> *vt* wieder vereinigen
reunión [rreu'njon] *f* ❶ (*encuentro, asamblea*) Versammlung *f*; **~ pública/a puerta cerrada** öffentliche/nichtöffentliche Versammlung; **~ de los trabajadores** Betriebsversammlung *f*; **acta de la ~** Sitzungsniederschrift *f*; **presidir una ~** eine Sitzung leiten
❷ (*conferencia*) Besprechung *f*, Sitzung *f*; **~ de la junta directiva** Vorstandsbesprechung *f*; **estar en (una) ~** in einer Besprechung sein; **celebrar/convocar/aplazar una ~** eine Besprechung abhalten/einberufen/vertagen
❸ (*el juntar*) Sammlung *f*
❹ (*grupo, invitados*) Gesellschaft *f*
reunir [rreu'nir] *irr* I. *vt* ❶ (*congregar*) versammeln
❷ (*unir*) vereinigen
❸ (*juntar*) sammeln
II. *vr*: **~se** ❶ (*congregarse*) sich versammeln
❷ (*unir*) sich vereinigen
❸ (*juntarse*) sich sammeln
reutilizable [rreutili'θaβle] *adj* wieder verwertbar
reutilización [rreutiliθa'θjon] *f* Wiederverwertung *f*
reutilizar [rreutili'θar] <z→c> *vt* wieder verwerten
revacunación [rreβakuna'θjon] *f* (MED) Nachimpfung *f*
revacunar [rreβaku'nar] *vt* (MED) nachimpfen
reválida [rre'βaliða] *f* ❶ (*confirmación*) Bestätigung *f*
❷ (*examen*) Abschlussprüfung *f*
revalidación [rreβaliða'θjon] *f* Bestätigung *f*, Anerkennung *f*; (JUR) Gültigkeitsvermerk *m*
revalidar [rreβali'ðar] I. *vt* bestätigen
II. *vr*: **~se** anerkannt werden
revaloración [rreβalora'θjon] *f* Neubewertung *f*; (ECON) Wertberichtigung *f*
revalorización [rreβaloriθa'θjon] *f* Aufwertung *f*
revalorizar [rreβalori'θar] <z→c> *vt* aufwerten
revaluación [rreβalwa'θjon] *f* Neubewertung *f*; (*elevamiento*) Aufwertung *f*
revaluar [rreβalu'ar] <1. pres: revalúo> *vt* ❶ (*volver a evaluar*) neu bewerten
❷ (*subir el valor*) aufwerten
revancha [rre'βantʃa] *f* ❶ (*desquite*) Revanche *f*; **tomarse la ~ por algo** sich für etw revanchieren
❷ (*venganza*) Vergeltung *f*; **tomarse la ~** sich rächen
revanchismo [rreβan'tʃismo] *m sin pl* Rachedurst *m*
revanchista [rreβan'tʃista] *mf* Revanchist(in) *m(f)*
revejido, -a [rreβe'xiðo, -a] *adj* vorzeitig gealtert
revejirse [rreβe'xirse] *vr* (*Col: avejentarse*) altern
revelación [rreβela'θjon] *f* ❶ (*descubrimiento*) Enthüllung *f*
❷ (REL) Offenbarung *f*
revelado [rreβe'laðo] *m* (FOTO) Entwicklung *f*
revelador[1] [rreβela'ðor] *m* (FOTO) Entwickler *m*
revelador(a)[2] [rreβela'ðor(a)] *adj* aufschlussreich
revelar [rreβe'lar] *vt* ❶ (*dar a conocer*) enthüllen; **~ un secreto** ein Geheimnis preisgeben
❷ (FOTO) entwickeln
❸ (REL) offenbaren
revellín [rreβe'ʎin] *m* ❶ (*Cuba: dificultad*) Schwierigkeit *f*
❷ (*loc*): **echar ~** vor Wut schäumen
revenar [rreβe'nar] *vi* (BOT) wieder ausschlagen (*Bäume*)
revendedor(a) [rreβende'ðor(a)] *m(f)* Wiederverkäufer(in) *m(f)*
revender [rreβen'der] *vt* wiederverkaufen, weiterverkaufen
revenir [rreβe'nir] *irr como venir vi, vr*: **~se** ❶ (*encoger*) (ein)schrumpfen
❷ (*agriarse*) sauer werden
❸ (*desprender humedad*) austrocknen, seine Feuchtigkeit verlieren
reventa [rre'βenta] *f* Wiederverkauf *m*, Weiterverkauf *m*
reventadero [rreβenta'ðero] *m* ❶ (*Col, Méx: hervidero*) heiße Quelle *f*
❷ (*Chil: rompiente*) Brandung *f*
reventado, -a [rreβen'taðo, -a] *adj* ❶ (*fam: hecho polvo*) kaputt
❷ (*Arg: sinuoso*) heimtückisch
reventador(a) [rreβenta'ðor(a)] *m(f)* (*fam*) Krawallmacher(in) *m(f)*

reventar [rreβen̦'tar] <e→ie> I. vi ❶ (*romperse*) platzen (*de/por* vor +*dat*); **lleno hasta ~** zum Bersten voll; **¡que reviente!** soll er doch von mir aus verrecken!; **la agonía del pobre, ~ por que no sobre** (*prov*) lieber den Magen verrenkt, als dem Wirt was geschenkt
❷ (*fam: morir*) sterben
II. vt ❶ (*romper*) (auf)platzen
❷ (*fam: molestar*) nerven; **este tipo me revienta** ich kann diesen Typ nicht leiden [*o* ausstehen]
III. vr: **~se** ❶ (*romperse*) (auf)platzen
❷ (*fam: morirse*) verrecken, krepieren
reventón [rreβen̦'ton] m ❶ (*el reventar*) Aufplatzen nt
❷ (AUTO: *eines Reifens*) Platzen nt; **tengo un ~** ich habe einen Platten
❸ (*fam: esfuerzo intenso*) übermäßige Anstrengung f, (völlige) Verausgabung f; **se dio un ~ trabajando** er/sie hat sich bei der Arbeit völlig verausgabt
rever [rre'βer] *irr como ver* vt ❶ (*volver a ver*) wieder sehen
❷ (*examinar*) durchsehen
❸ (JUR) erneut verhandeln
reverberación [rreβerβera'θjon] f ❶ (*referente a la luz*) Zurückstrahlung f
❷ (*referente al sonido*) Nachhall m
❸ (*im Flammofen*, TÉC) Kalzinierung f
reverberar [rreβerβe'rar] vi reflektiert werden; **el eco se produce al ~ el sonido contra una pared** das Echo entsteht bei Reflexion des Schalles an einer Wand
reverbero [rreβer'βero] m ❶ (*reflejo*) v. **reverberación**
❷ (*farol*) (Straßen)laterne f; (AUTO) Scheinwerfer m
❸ (*Am: hornillo*) Spirituskocher m
reverdecer [rreβerðe'θer] *irr como crecer* vi ❶ (*verdear*) wieder ergrünen
❷ (*vigorizar*) erstarken
reverencia [rreβe'ren̦θja] f ❶ (*veneración*) Hochachtung f; **Su R~** Euer Hochwürden
❷ (*inclinación*) Verbeugung f
reverencial [rreβeren̦'θjal] adj ehrerbietig
reverenciar [rreβeren̦'θjar] vt ehren
reverendas [rreβe'ren̦das] fpl (REL) Dimissorialien fpl, Dimissorien fpl
reverendísimo [rreβeren̦'disimo, -a] adj hochwürdig; **Su R~** Euer Hochwürden
reverendo, -a [rreβe'ren̦do, -a] I. adj ehrwürdig
II. m, f Pfarrer(in) m(f)
reverente [rreβe'ren̦te] adj ehrerbietig
reversa [rre'βersa] f (*Chil, Col, Méx*: AUTO) Rückwärtsgang m
reversibilidad [rreβersiβili'ðað] f Umkehrbarkeit f, Reversibilität f
reversible [rreβer'siβle] adj umkehrbar, reversibel; (*prenda de vestir*) Wende-; **chaqueta ~** Wendejacke f
reversión [rreβer'sjon] f Umkehrung f, Reversion f; (JUR) Heimfall m; (FIN) Rückübertragung f; **~ al Estado** Heimfall an den Staat; **~ de valores patrimoniales** Rückübertragung von Vermögenswerten
reverso [rre'βerso] m ❶ (*dorso*) Rückseite f; **el ~ de la medalla** (*fig*) die Kehrseite der Medaille
❷ (*Col*: AUTO) Rückwärtsgang m
revertir [rreβer'tir] *irr como sentir* vi zurückfallen (*a* an +*akk*); **revirtió en su beneficio** es verlief zu seinen/ihren Gunsten
revés [rre'βes] m ❶ (*reverso*) Rückseite f; **al [*o* del] ~** umgekehrt; **te has puesto el jersey del ~** du hast deinen Pullover linksherum angezogen; **poner a alguien del ~** (*confundir*) jdn durcheinander bringen; (*poner a caldo*) jdm die Meinung ins Gesicht sagen
❷ (*golpe*) Schlag m mit dem Handrücken
❸ (DEP) Rückhand f, Rückhandschlag m
❹ (*infortunio*) Rückschlag m; **~ de fortuna** Schicksalsschlag m
revesa [rre'βesa] f (NÁUT) Rückströmung f
revesado, -a [rreβe'saðo, -a] adj ❶ (*complicado*) verzwickt
❷ (*rebelde*) störrisch
revestimiento [rreβesti'mjen̦to] m Verkleidung f (*con/de* mit +*dat*)
revestir [rreβes'tir] *irr como pedir* I. vt ❶ (*recubrir*) verkleiden (*con/de* mit +*dat*); **~ de cinc** verzinken
❷ (*tener*): **~ importancia** bedeutungsvoll sein
II. vr: **~se** ❶ (*aparentar*) sich wappnen (*con/de* mit +*dat*); **~se de paciencia** sich mit Geduld wappnen
❷ (*loc*): **~se con** [*o de*] **una dignidad** ein Amt antreten
reviejo¹ [rre'βjexo] m überalterter Ast
reviejo, -a² [rre'βjexo, -a] adj uralt
reviernes [rre'βjernes] m inv (REL) jeder der sieben Freitage nach Ostern
revirado, -a [rreβi'raðo, -a] adj ❶ (*Arg, Urug: fam: loco*) ausgeflippt
❷ (BOT) drehwüchsig
revirar [rreβi'rar] vt wenden
revire [rre'βire] m (*Arg, Urug: fam*) Ausflippen nt

revisable [rreβi'saβle] adj überprüfbar
revisada [rreβi'saða] f (*Am*) v. **revisión**
revisar [rreβi'sar] vt überprüfen; (*aparatos técnicos*) überholen; (*textos*) bearbeiten, überarbeiten; **revisado por...** (*edición*) neu bearbeitet von ...; **~ los salarios** (ECON) die Löhne angleichen; **~ las previsiones económicas** die wirtschaftlichen Prognosen korrigieren
revisión [rreβi'sjon] f Überprüfung f; (TÉC) Überholung f; (JUR, TIPO) Revision f; (MED) Untersuchung f; **~ de los cambios** [*o* **de la paridad monetaria**] (FIN) Neufestsetzung der Währungsparitäten; **~ del contrato** Vertragsrevision f; **~ del encarcelamiento** (JUR) Haftprüfung f; **~ financiera** Finanzprüfung f; **~ de precios** (COM) Preisangleichung f; **~ del procedimiento** Verfahrensrevision f; **~ de salarios** (ECON) Lohnanglei- chung f; **~ de los tipos de cambio** Neufestsetzung der Währungskurse
revisionismo [rreβisjo'nismo] m sin pl Revisionismus m
revisionista [rreβisjo'nista] I. adj revisionistisch
II. mf Revisionist(in) m(f)
revisor(a) [rreβi'sor(a)] m(f) ❶ (*controlador*) Prüfer(in) m(f); **~ de cuentas** Buchprüfer m
❷ (FERRO) Schaffner(in) m(f)
revista [rre'βista] f ❶ (PREN) Zeitschrift f; **~ científica** wissenschaftliche Fachzeitschrift; **las ~s del corazón** die Regenbogenpresse; **~ electrónica** elektronische Zeitschrift; **~ especializada** Fachzeitschrift f; **~ ilustrada** Illustrierte f; **~ para la juventud** Jugendzeitschrift f; **~ pornográfica** Pornoheft nt
❷ (*inspección*) Überprüfung f
❸ (MIL) Truppenbesichtigung f; **pasar ~ a las tropas** die Truppe besichtigen
❹ (*espectáculo*) Revue f
❺ (*segunda vista*) zweite Überprüfung f
❻ (JUR) erneute Verhandlung f, Revision f
revistar [rreβis'tar] vt (MIL) besichtigen
revistero¹ [rreβis'tero] m (*utensilio*) Zeitschriftenständer m
revistero, -a² [rreβis'tero, -a] m, f ❶ (PREN) Zeitschriftenredakteur(in) m(f), Mitarbeiter(in) m(f) bei einer Zeitschrift
❷ (*reseñador*) Rezensent(in) m(f)
revitalización [rreβitaliθa'θjon] f (MED) Revitalisierung f
revitalizante [rreβitali'θan̦te] m Stärkungsmittel nt
revitalizar [rreβitali'θar] <z→c> vt stärken, kräftigen; (MED) revitalisieren; **con el descenso de los precios se ~á el turismo** die sinkenden Preise werden den Tourismus beleben
revival [rri'βaiβal] m Revival nt
revivificar [rreβiβifi'kar] <c→qu> vt beleben, aufleben lassen
revivir [rreβi'βir] I. vi wieder aufleben, zu neuem Leben erwachen
II. vt zu neuem Leben erwecken
revocabilidad [rreβokaβili'ðað] f Widerrufbarkeit f
revocable [rreβo'kaβle] adj widerrufbar
revocación [rreβoka'θjon] f ❶ (*anulación*) Widerruf m, Aufhebung f; **~ de un crédito** (FIN) Kreditentziehung f; **~ de la donación** (JUR) Schenkungswiderruf m; **~ de una orden** (ECON) Widerruf einer Bestellung; **~ parcial** Teilaufhebung f
❷ (*apartamiento*) Abberufung f; **~ provisional** vorläufige Abberufung
revocar [rreβo'kar] <c→qu> I. vt ❶ (*anular*) widerrufen, aufheben; **~ una decisión** eine Entscheidung widerrufen; **~ una orden** (ECON) einen Auftrag stornieren
❷ (*apartar*) abberufen
❸ (*hacer retroceder*) zurückdrängen
❹ (*enlucir*) tünchen, kalken
II. vi (*humo*) abziehen
revolar [rreβo'lar] <o→ue> vi (ZOOL) herumflattern
revolcado [rreβol'kaðo] m (*Guat*: GASTR) Gericht aus geröstetem Brot, Chili, Tomaten und verschiedenen Gewürzen
revolcar [rreβol'kar] *irr como volcar* I. vt ❶ (*derribar*) zu Boden werfen
❷ (*fam: vencer*) in den Sack stecken
❸ (*fam: suspender*) durchfallen lassen
II. vr: **~se** ❶ (*restregarse*) sich wälzen (*en* in +*dat*, *por* auf +*dat*); (*caza*) sich suhlen (*en* in +*dat*, *por* auf +*dat*)
❷ (*obstinarse*) sich versteifen (*en* auf +*akk*)
revolcón [rreβol'kon] m: **dar un ~ a alguien** (*fig*) jdm einen schweren Schlag versetzen
revolear [rreβole'ar] vt (*Méx, CSur*) in der Luft herumwirbeln; **~ la carterita** (*fig*) auf den Strich gehen
revolotear [rreβolote'ar] I. vi flattern
II. vt flattern lassen
revoloteo [rreβolo'teo] m Flattern nt
revoltijo [rreβol'tixo] m, **revoltillo** [rreβol'tiʎo] m ❶ (*embrollo*) Durcheinander nt ❷ (*tripas*) Eingeweide ntpl
revoltoso, -a [rreβol'toso, -a] I. adj ❶ (*travieso*) unbändig, ungestüm
❷ (*rebelde*) aufsässig, rebellisch
❸ (*intrincado*) verworren

revoltura

II. *m, f* Störenfried *m*, Unruhestifter(in) *m(f)*
revoltura [rreβol'tura] *f* (*Méx*) Durcheinander *nt*
revolución [rreβolu'θjon] *f* ❶ (*t.* POL: *cambio*) Revolution *f;* **la ~ industrial** die industrielle Revolution
❷ (*inquietud*) Aufruhr *m*
❸ (*rotación*) Umdrehung *f;* **número de revoluciones** Drehzahl *f*
❹ (ASTR) Umlauf *m*
revolucionar [rreβoluθjo'nar] *vt* ❶ (*amotinar*) aufwiegeln
❷ (*transformar*) grundlegend umgestalten, revolutionieren
❸ (*excitar*) in Aufregung versetzen
❹ (TÉC) die Drehzahl ändern +*gen;* **cuanto más aceleras el coche, más revolucionas el motor** je mehr du den Wagen beschleunigst, desto höher wird die Motordrehzahl
revolucionario, -a [rreβoluθjo'narjo, -a] I. *adj* revolutionär
II. *m, f* Revolutionär(in) *m(f)*
revoluta [rreβo'luta] *f* (*AmC*) *v.* **revolución**
revolvedora [rreβolβe'ðora] *f* (*Arg, Méx: de cemento*) Mischmaschine *f*
revolver [rreβol'βer] *irr como* **volver** I. *vt* ❶ (*mezclar*) umrühren
❷ (*desordenar*) durcheinander bringen
❸ (*solivantar*) aufwühlen; **se me revuelve el estómago** da dreht sich mir der Magen um
❹ (*investigar*) durchforsten
II. *vr:* **~se** ❶ (*moverse*) sich wälzen
❷ (*enfrentarse*) sich widersetzen (*contra* +*dat*), sich auflehnen (*contra* gegen +*akk*)
❸ (*referente al tiempo*) umschlagen
revólver [rre'βolβer] *m* Revolver *m*
revoque [rre'βoke] *m* ❶ (*acción*) Tünchen *nt*
❷ (*material*) Tünche *f*
revuelco [rre'βwelko] *m* ❶ (*golpe*) Schlag *m*
❷ (*restregadura*) Wälzen *nt*, Suhlen *nt*
revuelo [rre'βwelo] *m* ❶ (*segundo vuelo*) Rückflug *m;* **de ~** (*fig*) wie im Fluge
❷ (*turbación*) Aufruhr *m;* **producir** [*o* **causar**] **~** für Aufruhr sorgen
revuelta [rre'βwelta] *f* ❶ (*tumulto*) Tumult *m*, Krawall *m*
❷ (*rebelión*) Revolte *f*
❸ (*encorvadura*) Krümmung *f;* **carretera con muchas ~s** kurvenreiche Straße
❹ (*cambio*) Umschwung *m*
revuelto, -a [rre'βwelto, -a] I. *pp de* **revolver**
II. *adj* ❶ (*enturbiado, agitado*) aufgewühlt
❷ (*desordenado*) durcheinander
❸ (*referente al tiempo*) wechselhaft
❹ (*irritado*) aufgebracht
❺ (*intrincado*) verworren
revulsar [rreβul'sar] *vt, vi* (*Méx: vomitar*) sich übergeben, brechen
revulsión [rreβul'sjon] *f* (MED) Hyperämie *f* (zu Heilzwecken)
revulsivo, -a [rreβul'siβo, -a] *adj* (MED) hyperämisierend
rey [rrei̯] *m* König *m;* **los R~es Magos** die Heiligen Drei Könige; **el día de ~es** am Dreikönigsfest; **servir al ~** dienen; **¡viva el ~!** es lebe der König!; **en tiempo del ~ Perico** anno dazumal; **ni quitar ni poner ~** (*fig*) sich raushalten; **ni ~ ni roque** überhaupt niemand; **no temer ~ ni roque** weder Tod noch Teufel fürchten; **vivir a cuerpo de ~** leben wie Gott in Frankreich
reyerta [rre'ɟerta] *f* heftige Auseinandersetzung *f*
reyezuelo [rreɟe'θwelo] *m* ❶ (*rey*) unbedeutender König *m*
❷ (ZOOL) Zaunkönig *m*
rezado [rre'θaðo] *m* (REL) Breviergebet *nt*
rezador(a) [rreθa'ðor(a)] *m(f)* Betbruder, -schwester *m, f pey*
rezaga [rre'θaɣa] *f* (MIL) Nachhut *f*
rezagado, -a [rreθa'ɣaðo, -a] *m, f* Nachzügler(in) *m(f)*
rezagar [rreθa'ɣar] <g→gu> I. *vt* ❶ (*dejar atrás*) zurücklassen
❷ (*suspender*) aufschieben
II. *vr:* **~se** zurückbleiben
rezar [rre'θar] <z→c> I. *vt* beten (*a* zu +*dat, por* für +*akk*); **~ una oración** ein Gebet sprechen; **~ el padrenuestro** das Vaterunser beten
II. *vi* ❶ (*decir*) lauten
❷ (*corresponder*) passen (*con* zu +*dat*)
rezno ['rreθno] *m* ❶ (ZOOL: *garrapata*) Zecke *f*
❷ (BOT: *ricino*) Rizinus *m*
rezo ['rreθo] *m* ❶ (*el rezar*) Beten *nt*
❷ (*oración*) Gebet *nt*
rezongar [rreθoŋ'gar] <g→gu> *vi* murren, murmeln
rezongón, -ona [rreθoŋ'gon, -ona] I. *adj* (*fam*) brummig, mürrisch
II. *m, f* (*fam*) Brummbär *m*
rezumar [rreθu'mar] I. *vi* ❶ (*filtrarse*) (durch)sickern (*por* durch +*akk*); **el sudor le rezumaba por la frente** der Schweiß stand ihm/ihr auf der Stirn

❷ (*rebosar*) strotzen (vor +*dat*)
II. *vt* ausschwitzen
III. *vr:* **~se** ❶ (*sudar*) schwitzen
❷ (*filtrarse, traslucirse*) (durch)sickern (*por* durch +*akk*)
rezurcir [rreθur'θir] <c→z> *vt* (*volver a zurcir*) erneut ausbessern
RFA [erre(e)fe'a] *f v.* **República Federal de Alemania** BRD *f*
ría ['rria] *f* ❶ (GEO) Ria *f*
❷ (DEP) Wassergraben *m*
riachuelo [rrja'tʃwelo] *m* Bach *m*
riada [rri'aða] *f* Hochwasser *nt*
ribazo [rri'βaθo] *m* Böschung *f*
ribeiro [rri'βei̯ro] *m* (GASTR) spanischer Weißwein aus Orense
ribera [rri'βera] *f* ❶ (*orilla*) Ufer *nt*
❷ (*tierra*) Uferlandschaft *f;* (*vega*) Aue *f*
ribereño, -a [rriβe'reɲo, -a] I. *adj* Ufer-; **carretera ribereña** Uferstraße *f*
II. *m, f* Uferbewohner(in) *m(f)*
ribete [rri'βete] *m* ❶ (*galón*) Besatz *m*
❷ (*adorno*) Verzierung *f;* (*de una narración*) Ausschmückung *f*
❸ *pl* (*indicios*) Züge *mpl*
ribeteado, -a [rriβete'aðo, -a] *adj* ❶ (*con ribetes*) eingesäumt, eingefasst
❷ (*ojos*) entzündet
ribetear [rriβete'ar] *vt* einfassen, umranden
ribosoma [rriβo'soma] *m* (BIOL) Ribosom *nt*
ricachón, -ona [rrika'tʃon, -ona] *adj* (*pey*) stinkreich
ricamente [rrika'mente] *adv* ❶ (*con abundancia*) reichlich
❷ (*con placer*) genüsslich
ricino [rri'θino] *m* Rizinus *m*
rico, -a ['rriko, -a] I. *adj* ❶ (*acaudalado*) reich; **es muy ~** er ist steinreich
❷ (*sabroso*) lecker; **la comida está muy rica** das Essen schmeckt sehr gut
❸ (*abundante*) reich (*en* an +*dat*)
❹ (*fructífero*) fruchtbar
❺ (*excelente*) prächtig
❻ (*simpático*) reizend
II. *m, f* ❶ (*persona rica*) Reiche(r) *mf;* **nuevo ~** Neureicher *m*
❷ (*apelativo*) Schatz *m*, Herzblatt *nt*
ricota [rri'kota] *f* (*Arg:* GASTR) Quark *m*
rictus ['rriktus] *m sin pl* Anflug *m*, Spur *f*
ricura [rri'kura] *f* (*fam*): **ser una ~** eine Wucht sein; **¡anda, ~!** auf geht's, mein Schatz!
ridiculez [rriðiku'leθ] *f* ❶ (*lo ridículo, nimiedad*) Lächerlichkeit *f;* **no te enfades por esta ~** reg dich doch wegen solchen Bagatellen [*o* Kleinigkeiten] nicht auf; **le pagan la ~ de dos marcos** sie zahlen ihm/ihr lausige zwei Mark
❷ (*tontería*) Unsinn *m*
ridiculizar [rriðikuli'θar] <z→c> *vt* lächerlich machen
ridículo, -a [rri'ðikulo, -a] *adj* ❶ (*risorio*) lächerlich; **poner(se) en ~** (sich) lächerlich machen, (sich) blamieren
❷ (*tacaño*) geizig, knauserig; **es muy ~** er ist ein Geizhals
riego ['rrjeɣo] *m* Bewässerung *f;* **~ agrícola** landwirtschaftliche Bewässerung; **~ sanguíneo** Durchblutung *f*
riel [rrjel] *m* Schiene *f*
rielar [rrje'lar] *vi* (*elev*) glitzern
rienda ['rrjenda] *f* ❶ (*correa*) Zügel *m;* **a ~ suelta** zügellos; **aflojar las ~s** (*fig*) die Zügel lockern; **dar ~ suelta** (*fig*) die Zügel schießen lassen; **llevar** [*o* **tener**] **las ~s** (*fig*) die Zügel in der Hand haben; **tirar de la ~** (*fig*) die Zügel (straffer) anziehen; **tener las ~s del poder** (*fig*) an den Schalthebeln der Macht sitzen
❷ *pl* (*gobierno*) Führung *f*
riente ['rrjente] *adj* fröhlich, vergnügt
riesgo ['rrjesɣo] *m* Risiko *nt;* **~ ajeno** Fremdgefährdung *f;* **cambiario** Wechselkurs-Risiko *nt;* **~ de cambio**, **~ monetario** Währungsrisiko *nt;* **~ de cobro** Ausfallrisiko *nt;* **~ del cocontratista** Mitunternehmerrisiko *nt;* **~ del contratista** Bauherrenrisiko *nt;* **~ de empresa** Betriebsrisiko *nt;* **~ de empresario** Unternehmerrisiko *nt;* **~ de explotación** Betriebsrisiko *nt;* **~ financiero** finanzielles Risiko *nt;* **~ de fraude** Täuschungsgefahr *f;* **~ de insolvencia** Insolvenzrisiko *nt;* **~ laboral** [*o* **profesional**] Berufsrisiko *nt;* **~ de responsabilidad** Haftungsrisiko *nt;* **~ de saneamiento** Gewährleistungsrisiko *nt;* **~ capital** Risikokapital *nt;* **a ~ de que...** +*subj* auf die Gefahr hin, dass ...; **a ~ y ventura de...** auf Risiko von ...; **por cuenta y ~ propios** auf eigene Gefahr; **asumir un ~** ein Risiko eingehen; **correr el ~ de...** Gefahr laufen zu ...; **estar asegurado a todo ~** (AUTO) vollkaskoversichert sein; **exponer a un ~** in Gefahr bringen; **exponerse a un ~** sich in Gefahr begeben
riesgoso, -a [rrjes'ɣoso, -a] *adj* (*Am*) ❶ (*arriesgado*) risikofreudig, gewagt
❷ (*peligroso*) gefährlich

rifa ['rrifa] *f* ❶ (*sorteo*) Verlosung *f*
❷ (*riña*) Streitigkeit *f*
rifador(a) [rrifa'ðor(a)] *m(f)* ❶ (*que rifa*) Verloser(in) *m(f)*
❷ (*que riñe*) Streithammel *m fam*
rifadura [rrifa'ðura] *f* (NÁUT) Segelriss *m*
rifar [rri'far] I. *vt* verlosen
II. *vi* (sich) streiten
III. *vr*: **~se** ❶ (NÁUT) reißen
❷ (*fam: contender*) sich reißen (um +*akk*)
rifeño, -a [rri'feɲo, -a] I. *adj* des Rifs
II. *m, f* Rifbewohner(in) *m(f)*
rifirrafe [rrifi'rrafe] *m* (*fam*) kleine Auseinandersetzung *f*
rifle ['rrifle] *m* Gewehr *nt*
rift [rrift] <rifts> *m* (GEO) Rift *m*
rigidez [rrixi'deθ] *f* ❶ (*inflexibilidad*) Starrheit *f*; **~ de la demanda** Nachfrageinelastizität *f*
❷ (*severidad*) Strenge *f*, Unerbittlichkeit *f*
rígido, -a ['rrixiðo, -a] *adj* ❶ (*inflexible*) starr
❷ (*severo*) streng, unerbittlich
rigodón [rriɣo'ðon] *m* (MÚS) provenzalischer Tanz
rigor [rri'ɣor] *m* ❶ (*severidad*) Strenge *f*, Härte *f*
❷ (*exactitud*) Genauigkeit *f*; **en ~** genau genommen, streng genommen
❸ (*referente al tiempo*): **~ del invierno** Strenge des Winters; **~ del verano** (extreme) Hitze des Sommers
❹ (*loc*): **de ~** unerlässlich
rigorismo [rriɣo'rismo] *m sin pl* Unerbittlichkeit *f*; (*en materias morales*) Rigorismus *m*
rigorista [rriɣo'rista] *adj* unerbittlich streng; (*en materias morales*) rigoristisch *elev*
rigüe ['rriɣwe] *m* (Hond: GASTR) Maistortilla *f*
rigurosidad [rriɣurosi'ðað] *f* Rigorosität *f*, Unerbittlichkeit *f*
riguroso, -a [rriɣu'roso, -a] *adj* ❶ (*severo*) rigoros, streng
❷ (*exacto*) genau, präzise
❸ (*referente al tiempo*) extrem
rija ['rrixa] *f* ❶ (*riña*) Streit *m*
❷ (MED) Tränenfistel *f*
rijosidad [rrixosi'ðað] *f* ❶ (*agresividad*) Streitlust *f*
❷ (*lujuria*) Lüsternheit *f*
rijoso, -a [rri'xoso, -a] *adj* ❶ (*pendenciero*) streitlustig
❷ (*lujurioso*) lüstern; (*animal*) brünstig
rilar [rri'lar] *vi* zittern
rima ['rrima] *f* ❶ (LIT) Reim *m*; **~ asonante** [*o* **imperfecta**] Assonanz *f*; **~ consonante** Vollreim *m*; **tener ~** sich reimen
❷ (*montón*) Stapel *m*, Stoß *m*
rimador(a) [rrima'ðor(a)] I. *adj* reimend, Verse schmiedend
II. *m(f)* (*irón*) Versemacher(in) *m(f)*, Reimer(in) *m(f)*
rimar [rri'mar] I. *vi* (*versificar*) reimen
❷ (*tener rima*) sich reimen (*con* auf +*akk*)
II. *vt* reimen (*con* auf +*akk*, *con* mit +*dat*)
rimbombancia [rrimbom'banθja] *f* Pomp *m*
rimbombante [rrimbom'bante] *adj* bombastisch, pompös
rimbombar [rrimbom'bar] *vi* schallen
rímel ['rrimel] *m* Wimperntusche *f*, Mascara *f*
rin [rrin] *m* ❶ (*Ven: llanta*) Felge *f*
❷ (*Perú: ficha telefónica*) Telefonmünze *f*
Rin [rrin] *m* Rhein *m*
rincón [rriŋ'kon] *m* ❶ (*esquina*) Ecke *f*; **por todos los rincones** überall, an allen Ecken und Enden *fam*
❷ (*escondrijo*) Winkel *m*
❸ (*tranquilo*) stiller Winkel *m*; (*oculto*) versteckter Platz *m*
❹ (*fam: habitación*) Bude *f*
❺ (*residuo*) versteckter Rest *m*
rinconada [rriŋko'naða] *f* Ecke *f*
rinconera [rriŋko'nera] *f* (*armario*) Eckschrank *m*; (*mesa*) Ecktisch *m*
rinde ['rrinde] *m* (*Arg*) Ertrag *m*, Nutzen *m*
ring [rriŋ] *m* (DEP) (Box)ring *m*
ringla ['rriŋgla] *f* (*fam*), **ringle** ['rriŋgle] *m* (*fam*), **ringlera** [rriŋ'glera] *f* Reihe *f*
ringlero [rriŋ'glero] *m* (Schreib)linie *f*
ringletear [rriŋglete'ar] *vi* (*Chil*) herumbummeln
ringorrango [rriŋgo'rraŋgo] *m* (*fam pey*) Schnörkel *m*
rinitis [rri'nitis] *f inv* (MED) Schnupfen *m*, Rhinitis *f*
rinoceronte [rrinoθe'ronte] *m* Nashorn *nt*, Rhinozeros *nt*
rinología [rrinolo'xia] *f sin pl* (MED) Nasenheilkunde *f*, Rhinologie *f*
rinólogo, -a [rri'noloɣo, -a] *m, f* (MED) Rhinologe, -in *m, f*
rinoplastia [rrino'plastja] *f sin pl* (MED) Nasenplastik *f*, Rhinoplastik *f*
rinoscopia [rrinos'kopja] *f* (MED) Nasenspiegelung *f*, Rhinoskopie *f*
riña ['rriɲa] *f* Zank *m*, Streit *m*; **~ de gallos** Hahnenkampf *m*
riñón [rri'ɲon] *m* ❶ (*órgano*) Niere *f*; **tener piedras en el** [*o* **cálculos de**] **~** Nierensteine haben; **costar un ~** eine (schöne) Stange Geld kosten, ein Heidengeld kosten; **tener riñones** (*fig*) Schneid haben; **tener el ~ bien cubierto** (*fig*) gut betucht sein
❷ *pl* (*parte de la espalda*) Kreuz *nt*
❸ (*centro*) Kern *m*
riñonada [rriɲo'naða] *f* ❶ (*tejido*) Nierenfett *nt*
❷ (*parte de la espalda*) Nierengegend *f*
❸ (*guisado*) Nierenschmorgericht *nt*
riñonera [rriɲo'nera] *f* ❶ (*faja*) Nierengurt *m*
❷ (*cinturón con bolsa*) Gürteltasche *f*
río ['rrio] *m* Fluss *m*, Strom *m*; **~ abajo** flussabwärts; **~ arriba** flussaufwärts; **~ navegable** schiffbarer Fluss; **pescar en ~ revuelto** (*fig*) im Trüben fischen; **tener un ~ de oro** einen Goldesel haben; **no hay río pásame el ~** daran kommt man nicht vorbei; **no llegará el agua al ~** (*fig*) so weit wird es nicht kommen
rioja [rri'oxa] *m* Rioja(wein) *m*
riojano, -a [rrjo'xano, -a] I. *adj* aus Rioja
II. *m, f* Einwohner(in) *m(f)* Riojas
rioplatense [rriopla'tense] I. *adj* vom Rio de la Plata
II. *mf* Person *f* vom Rio de la Plata
riostra [rri'ostra] *f* (ARQUIT) Strebe *f*, Verstrebung *f*
ripio ['rripjo] *m* ❶ (*cascajo*) Bauschutt *m*; **no valer un ~** (*sin valor*) nicht viel wert sein; (*feo*) eher hässlich sein
❷ (*palabra inútil*) Füllwort *nt*; **meter ~** Füllwörter verwenden; **no perder ~** sich nichts entgehen lassen
ripioso, -a [rri'pjoso, -a] *adj* ❶ (*superfluo*) voller Füllwörter
❷ (*sin valor*) schäbig
❸ (*feo*) hässlich
riqueza [rri'keθa] *f* Reichtum *m*
risa [rri'sa] *f* Lachen *nt*; (*muy alta*) Gelächter *nt*; **~ forzada** verstelltes Lachen; **digno de ~** lächerlich; **caerse** [*o* **mondarse**] [*o* **morirse**] **de ~** sich kaputtlachen, sich totlachen; **llorar de ~** Tränen lachen; **tener un ataque de ~** einen Lachkrampf haben; **tomar algo a ~** etw nicht ernst nehmen; **no quiero oír ~s a mis espaldas** ich möchte nicht, dass hinter meinem Rücken gelacht wird; **¡qué ~!** (wie) köstlich!; **no estoy para ~s** mir ist nicht zum Lachen zumute
riscal [rris'kal] *m* (GEO) Gegend *f* mit steilen Felsen
risco ['rrisko] *m* steiler Felsen *m*
riscoso, -a [rris'koso, -a] *adj* felsig
risibilidad [rrisiβili'ðað] *f* Lachvermögen *nt*
risible [rri'siβle] *adj* lustig, komisch
risilla [rri'siʎa] *f*, **risita** [rri'sita] *f* Kichern *nt*; **me dirigió una ~ de desprecio** er/sie grinste mich verächtlich an
risorio, -a [rri'sorjo, -a] *adj* (ANAT): **músculo ~** Lachmuskel *m*
risotada [rriso'taða] *f* Gelächter *nt*; **soltar una gran ~** in schallendes Gelächter ausbrechen
risoteo [rriso'teo] *m* Gelächter *nt*
ríspido, -a ['rrispiðo, -a] *adj* (*Am: rudo*) grob, rau
ristra ['rristra] *f* ❶ (*trenza*) Zopf *m* (*aus Knoblauch, Zwiebeln o. ä.*)
❷ (*fam: sarta*) Reihe *f*
ristre ['rristre] *m* Lanzenschuh *m*; **en ~** in Kampfbereitschaft
ristrel [rris'trel] *m* (ARQUIT) dicke Holzleiste *f*
risueño, -a [rri'sweɲo, -a] *adj* ❶ (*alegre*) vergnügt, heiter
❷ (*placentero*) behaglich, gemütlich
❸ (*próspero*) verheißungsvoll
ritardando [rritar'ðando] *adv* (MÚS) ritardando, langsamer werdend
ritmar [rriθ'mar] *vt* rhythmisieren
rítmica ['rriðmika] *f* (LIT) Rhythmik *f*
rítmico, -a ['rriðmiko, -a] *adj* rhythmisch
ritmo ['rriðmo] *m* Rhythmus *m*; **~ de crecimiento** (ECON) Wachstumsrhythmus *m*
rito ['rrito] *m* ❶ (*t. REL: ritual*) Ritus *m*, Ritual *nt*
❷ (*ceremonia*) Ritual *nt*, Zeremoniell *nt*
ritornelo [rritor'nelo] *m* (MÚS) Ritornell *nt*
ritual [rritu'al] I. *adj* rituell
II. *m* (*t. REL*) Ritual *nt*
ritualidad [rritwali'ðað] *f* Ritualhandlung *f*; (*formalidad*) Förmlichkeit *f*
ritualismo [rritwa'lismo] *m sin pl* ❶ (REL) Ritualismus *m*
❷ (*formalismo*) Formalismus *m*, Paragraphenreiterei *f pey*
ritualista [rritwa'lista] *mf* ❶ (REL) Ritualist(in) *m(f)*
❷ (*formalista*) Formalist(in) *m(f)*, Paragraphenreiter(in) *m(f) pey*
ritualizar [rritwali'θar] <z→c> *vt* ritualisieren, zum Ritual werden lassen
rival [rri'βal] I. *adj* rivalisierend
II. *mf* Rivale, -in *m, f*
rivalidad [rriβali'ðað] *f* Rivalität *f*
rivalizar [rriβali'θar] <z→c> *vi* rivalisieren (*con* mit +*dat*, *por* um +*akk*)
rivera [rri'βera] *f* kleiner Bach *m*

riza ['rriθa] *f* Verheerung *f*; Verwüstung *f*; **hacer ~** große Verheerungen anrichten

rizado¹ [rri'θaðo] *m* ① (*encrespamiento*) Kräuselung *f*
② (*plegamiento*) Fälteln *nt*

rizado, -a² [rri'θaðo, -a] *adj* lockig, gelockt

rizador [rriθa'ðor] *m* Brennschere *f*; (*bigudí*) Lockenwickler *m*; **~ de pestañas** Wimpernzange *f*

rizar [rri'θar] <z→c> I. *vt* ① (*encrespar*) kräuseln
② (*plegar*) fälteln
II. *vr:* **~se** sich kräuseln

rizo¹ ['rriθo] *m* ① (*mechón de pelo*) Locke *f*; **rizar el ~** (*imponerse*) sich durchboxen; (*complicar*) die Sache unnötig komplizieren; **¡eso son ganas de rizar el ~!** das ist ja nur doppelt gemoppelt!
② (*terciopelo*) Plüsch *m*
③ (AERO) Looping *m o nt*; **hacer** [*o* **rizar**] **el ~** einen Looping drehen
④ (NÁUT) Reff *nt*; **tomar ~s** (die Segel) reffen

rizo, -a² ['rriθo, -a] *adj* kraus

rizófago, -a [rri'θofaɣo, -a] I. *adj* (ZOOL) Wurzeln fressend
II. *m, f* Wurzeln fressendes Tier *nt*

rizoma [rri'θoma] *m* (BOT) Wurzelstock *m*, Rhizom *nt*

RNE ['rraðjo naθjo'nal de (e)s'paɲa] *f abr de* **Radio Nacional de España** Staatlicher Spanischer Rundfunk *m*

roast-beef [rros'βif] *m* (GASTR) Roastbeef *nt*

robalo [rro'βalo] *m*, **róbalo** ['rroβalo] *m* Wolfsbarsch *m*

robar [rro'βar] *vt* ① (*hurtar*) rauben, stehlen; **me ~on en París** ich wurde in Paris bestohlen; **~ el corazón** das Herz rauben [*o* stehlen]; **me robó la novia** (*fam*) er hat mir die Freundin ausgespannt; **esto roba mucho tiempo** das ist sehr zeitaufwändig [*o* zeitraubend]
② (*quitar*) fortspülen
③ (*estafar*) übervorteilen
④ (*en juegos*) ziehen

robellón [rroβe'ʎon] *m* (BOT) Steinpilz *m*; **~ de abedul** Birkenmilchling *m*

robín [rro'βin] *m* Rost *m*

robinsón [rroβin'son] *m* Robinson *m*

roble ['rroβle] *m* Eiche *f*; **estar como** [*o* **ser**] **un ~** (sehr) robust sein

robledal [rroβle'ðal] *m* Eichenwald *m*

robledo [rro'βleðo] *m* (BOT) Eichenwald *m*; (*pequeño*) Eichenhain *m*

roblón [rro'βlon] *m* Niet *m o nt*, Niete *f*

roblonar [rroβlo'nar] *vt* (ver)nieten

robo ['rroβo] *m* ① (*hurto*) Raub *m*; **~ en cuadrilla** Bandenraub *m*; **~ cualificado** schwerer Raub; **~ con escalamiento** Einbruchsdiebstahl *m*; **~ con fuerza en las cosas** Nachschlüsseldiebstahl *m*; **~ con homicidio** Raubmord *m*; **~ latrocinante** räuberischer Diebstahl; **~ a mano armada** bewaffneter Raubüberfall; **~ profesional** gewerbsmäßiger Diebstahl
② (*presa*) Beute *f*
③ (*estafa*) Übervorteilung *f*
④ (*carta*) gezogene Karte *f*; (*ficha*) aufgenommener Stein *m*

robot [rro'βot] <robots> *m* Roboter *m*; **~ de cocina** Küchenmaschine *f*

robótica [rro'βotika] *f* Robotertechnik *f*, Robotik *f*

robótico, -a [rro'βotiko, -a] *adj* (TÉC) roboterhaft

robotizar [rroβoti'θar] <z→c> *vt* ① (*automatizar*) automatisieren
② (*convertir en autómata*) zum Roboter machen

robustecer [rroβuste'θer] *irr como crecer* I. *vt* stärken, kräftigen
II. *vr:* **~se** sich stärken, sich kräftigen

robustecimiento [rroβusteθi'mjento] *m* Kräftigung *f*, Stärkung *f*

robustez [rroβus'teθ] *f* Robustheit *f*

robusto, -a [rro'βusto, -a] *adj* robust

roca ['rroka] *f* ① (GEO) Gestein *nt*; **~s magmáticas** Eruptivgestein *nt*; **~s metamórficas** metamorphes Gestein; **~s sedimentarias** Sedimentgestein *nt*; **el cemento es como ~** Zement ist hart wie Stein; **ese hombre es una ~** dieser Mann hat ein Herz aus Stein
② (*peña*) Felsen *m*

rocalla [rro'kaʎa] *f* (kleinere) Gesteinsbrocken *mpl*

rocalloso, -a [rroka'ʎoso, -a] *adj* voll Geröll

rocambola [rrokam'bola] *f* (BOT) Perlzwiebel *f*, Rokambole *f*

rocambolesco, -a [rrokambo'lesko, -a] *adj* unglaublich

roce ['rroθe] *m* ① (*fricción*) Reibung *f*
② (*huella*) Streifen *m*
③ (*contacto*) Umgang *m*; **tener mucho ~ con algo/alguien** mit etw/jdm gut bekannt sein
④ (*pelea*) Reiberei *f*

rocha ['rrotʃa] *f* (AGR) Rodung *f*

rochabús [rrotʃa'βus] *m* (*Perú: fam: camión blindado con cañón de agua*) Wasserwerfer *m*

rochar [rro'tʃar] *vt* ① (AGR) roden
② (*Chil: sorprender*) ertappen

rochela [rro'tʃela] *f* (*Col, PRico, Ven*) Radau *m*

rociada [rro'θjaða] *f* ① (*riego*) Besprühen *nt*
② (*lanzamiento de objetos*) Bestreuen *nt* (*de/con* mit +*dat*)
③ (*murmuración*) (abfälliges) Gerede *nt*
④ (*rocío*) Tau *m*

rociado, -a [rro'θjaðo, -a] *adj* mit Tau bedeckt

rociar [rro'θjar] <3. pres: rocía> I. *vimpers* tauen
II. *vt* ① (*regar*) besprühen
② (*esparcir*) bestreuen (*de/con* mit +*dat*)

rocín [rro'θin] *m* ① (*jamelgo*) Klepper *m pey*; **ir** [*o* **venir**] **de ~ a ruin** vom Regen in die Traufe kommen
② (*caballo de trabajo*) Arbeitspferd *nt*
③ (*fam: hombre tosco*) Tölpel *m*

rocinante [rroθi'nante] *m* Rosinante *f*, ausgemergeltes Pferd *nt*

rocío [rro'θio] *m* ① (*relente*) Tau *m*; **cae ~** es taut
② (*lluvia*) Sprühregen *m*, Nieselregen *m*
③ (*rociada*) Berieselung *f*

rock [rrok] I. *adj* Rock-; **música ~** Rockmusik *f*; **grupo de música ~** Rockgruppe *f*, Rockband *f*
II. *m* (MÚS) Rock *m*

rocker ['rroker] <rockers> *mf* (MÚS, SOCIOL) Rocker(in) *m(f)*

rockero, -a [rro'kero, -a] I. *adj* rockig
II. *m, f* Rocker *m*, Rockerbraut *f*

rococó [rroko'ko] *m sin pl* Rokoko *nt*

rocoso, -a [rro'koso, -a] *adj* felsig; **Montañas Rocosas** Rocky Mountains

rocote [rro'kote] *m*, **rocoto** [rro'koto] *m* (*Bol, Ecua, Perú: pimiento*) große, scharfe Paprikaschote

roda ['rroða] *f* (NÁUT) Vor(der)steven *m*

rodaballo [rroða'βaʎo] *m* ① (*pez*) Steinbutt *m*
② (*fam: persona astuta*) Schlitzohr *nt*

rodada [rro'ðaða] *f* Reifenspur *f*

rodado, -a [rro'ðaðo, -a] *adj* ① (*discurriendo con suavidad*) eingespielt; **venir ~** (*sin dificultades*) wie geschmiert [*o* am Schnürchen] laufen; (*de perlas*) wie gerufen kommen
② (*tránsito de vehículos*): **tráfico ~** Straßenverkehr *m*
③ (*caballo*) gescheckt, scheckig

rodadura [rroða'ðura] *f* ① (*dar vueltas*) Rollen *nt*
② (*girar*) Rotieren *nt*
③ (*película*) Drehen *nt*
④ (*coche*) Einfahren *nt*

rodaja [rro'ðaxa] *f* Scheibe *f*; **~ de piña** Ananasscheibe *f*

rodaje [rro'ðaxe] *m* ① (*filmación*) Dreharbeiten *fpl*
② (*rodar un vehículo*) Einfahren *nt*
③ (*impuesto*) Kraftfahrzeugsteuer *f*
④ (*conjunto de ruedas*) Räderwerk *nt*

rodal [rro'ðal] *m* (Baum)bestand *m*, (Wald)bestand *m*

rodamiento [rroða'mjento] *m* (TÉC) Lager *nt*

rodamina [rroða'mina] *f* (QUIM) Rhodamin *nt*

Ródano ['rroðano] *m* Rhone *f*

rodapié [rroða'pje] *m* Sockel *m*

rodar [rro'ðar] <o→ue> I. *vi* ① (*dar vueltas, moverse sobre ruedas*) rollen; **~ por el suelo** über den Boden rollen; **echarlo todo a ~** (*fig*) alles über Bord werfen
② (*girar sobre el eje*) rotieren, sich drehen
③ (*deslizarse*) (herunter)rollen
④ (*abundar*) in großer Menge vorhanden sein; **antes rodaban más las enfermedades infecciosas** früher traten Infektionskrankheiten häufiger auf
⑤ (*ir de un sitio a otro*) umherlaufen; **he rodado de tienda en tienda** ich bin von Geschäft zu Geschäft gelaufen
⑥ (*seguir*) folgen
II. *vt* ① (*hacer dar vueltas*) rollen
② (*película*) drehen
③ (*coche*) einfahren

rodear [rroðe'ar] I. *vi* ① (*circunvalar*) einen Umweg machen
② (*divagar*) Umschweife machen
II. *vt* ① (*cercar*) umgeben (*de* mit +*dat*)
② (*hacer dar vueltas*) drehen
③ (*un tema*) herumreden (*um* +*akk*)
III. *vr:* **~se** sich umgeben (*de* mit +*dat*)

rodela [rro'ðela] *f* Rundschild *m*

rodenal [rroðe'nal] *m* (BOT) Rotfichtenwald *m*

rodeno, -a [rro'ðeno, -a] *adj* rötlich; **pino ~** (BOT) Rotfichte *f*; **tierra rodena** rote Erde

rodeo [rro'ðeo] *m* ① (*desvío*) Umweg *m*; **dar un ~** einen Umweg machen; **conseguir algo con ~s** etw auf Umwegen erreichen
② (*evasiva*) Ausflucht *f*; **sin ~s** ohne Umschweife; **andarse con ~s** um den heißen Brei herumreden; **dejarse de ~s** Klartext reden
③ (DEP) Rodeo *m o nt*

rodera [rroˈðera] f Radspur f
Rodesia [rroˈðesja] f Rhodesien nt
rodete [rroˈðete] m ❶ (*peinado*) (Haar)schnecke f
❷ (*para llevar un peso*) Tragpolster nt (für Kopflasten)
❸ (*de una cerradura*) Schließzylinder m
rodilla [rroˈðiʎa] f ❶ (ANAT) Knie nt; **de ~s** kniend; **ponerse de ~s** sich hinknien, niederknien
❷ (*paño*) Scheuerlappen m
❸ (*rodete*) Tragpolster nt (*für Kopflasten*)
rodillazo [rroðiˈʎaθo] m ❶ (*dado con la rodilla*) Stoß m mit dem Knie
❷ (*dado en la rodilla*) Tritt m ins Knie
rodillera [rroðiˈʎera] f ❶ (*protección*) Knieschützer m, Knieschoner m
❷ (*deformación*) ausgebeulte Kniepartie an einer Hose; **para que no salgan ~s al pantalón** damit sich die Hose am Knie nicht ausbeult
rodillo [rroˈðiʎo] m ❶ (TÉC) Walze f, Rolle f; **~ alimentador** (INFOR) Einzugsrolle f; **~ dador** (**de tinta**) (TIPO) (Farb)auftragswalze f
❷ (*de cocina*) Nudelholz nt
❸ (*fam: de un partido político*) Machtapparat m
rodillo-guía [rroˈðiʎo ˈɣia] m <rodillos-guía> Leitrolle f
rodio¹ [ˈrroðjo] m (QUÍM) Rhodium nt
rodio, -a² [ˈrroðjo, -a] I. adj aus Rhodos
II. m, f Einwohner(in) m(f) von Rhodos
rododendro [rroðoˈðendro] m (BOT) Rhododendron m o nt
rodrigón [rroðriˈɣon] m ❶ (*para plantas*) Rebpfahl m; **~ de lúpulo** Hopfenstange f
❷ (*fam: acompañante*) Anstandswauwau m
Rodríguez [rroˈðriɣeθ] *spanischer Familienname;* **estar de ~** Strohwitwer sein
roedor¹ [rroeˈðor] m (ZOOL) Nagetier nt
roedor(a)² [rroeˈðor(a)] adj nagend
roedura [rroeˈðura] f ❶ (*acción*) Nagen nt
❷ (*marca*) Nagespur f
❸ (*porción que se corta royendo*) Abgenagte(s) nt
roentgen [rroenˈxen] m, **roentgenio** [rroenˈxenjo] m (FÍS) Roentgen nt
roer [rroˈer] vt irr nagen (*a* an +*dat*), abnagen; **los ratones royeron mi libro** die Mäuse haben mein Buch zerfressen; **~se las uñas** an den Nägeln kauen; **las preocupaciones le roen el alma** die Sorgen nagen an ihm/ihr; **eso le roe las entrañas** das grämt [*o* wurmt] ihn/sie
rogación [rroɣaˈθjon] f Bitte f; (REL) Fürbitte f, Rogation f
rogado, -a [rroˈɣaðo, -a] adj sich bitten lassend
rogador(a) [rroɣaˈðor(a)] I. adj flehend, bittend
II. m(f) Bittende(r) mf; (JUR) Einbringer(in) m(f) (*eines Gesetzes*)
rogar [rroˈɣar] irr como colgar vt (an)flehen, bitten; (JUR) beantragen; **rogamos nos contesten inmediatamente nuestra carta** wir bitten um [*o* erbitten] sofortige Beantwortung unseres Schreibens; **¡te ruego que me escuches!** hör mir doch bitte zu!; **le gusta hacerse de ~** er/sie lässt sich gerne bitten; **¡rogad por nos!** (REL) bitte für uns!
rogativa [rroɣaˈtiβa] f ❶ (*oración*) Bittgebet nt
❷ pl (*procesión*) Bittprozession f
rogatorio, -a [rroɣaˈtorjo, -a] adj bittend, Bitt-; **comisión rogatoria** (JUR) Rechtshilfeersuchen nt
roído, -a [rroˈiðo, -a] adj ❶ (*carcomido*) zerfressen
❷ (*fig: cosas*) kärglich
❸ (*fig: personas*) knauserig
rojear [rroxeˈar] vi ❶ (*tirar a rojo*) ins Rötliche übergehen
❷ (*mostrar el color*) rötlich schimmern
rojez [rroˈxeθ] f Röte f; (*en la piel*) Rötung f
rojiblanco, -a [rroxiˈβlaŋko, -a] adj rotweiß
rojigualdo, -a [rroxiˈɣwaldo, -a] adj rotgelb
rojillo, -a [rroˈxiʎo, -a] adj leicht rötlich
rojizo, -a [rroˈxiθo, -a] adj rötlich
rojo¹ [ˈrroxo] m (*color*) Rot nt; **~ blanco** Weißglut f; **~ para labios** Lippenstift m
rojo, -a² [ˈrroxo, -a] I. adj (t. POL) rot; (*pelo*) rotblond; (*persona*) rothaarig; **~ claro/oscuro/chillón/vivo/subido/burdeos** hellrot/dunkelrot/knallrot/feuerrot/tiefrot/weinrot; **al ~** (**vivo**) rot glühend; (*fig*) außer sich vor Wut; **poner ~ a alguien** jdn in Verlegenheit bringen; **ponerse ~** erröten
II. m, f (POL) Rote(r) mf
rol [rrol] m ❶ (*lista*) Verzeichnis nt; **~ de pago** Gehaltsstreifen m
❷ (NÁUT) Mannschaftsrolle f, Musterrolle f
❸ (*fig: papel de una persona*) Rolle f, Stellung f; **desempeñar un ~** eine Rolle spielen
rolar [rroˈlar] vi (NÁUT) ❶ (*embarcación*) kreisen, im Kreis segeln
❷ (*viento*) die Richtung ändern
roldana [rrolˈdana] f Laufrolle f; (*polipasto*) Flaschenzug m
rollazo [rroˈʎaθo] m (*fam*): **eres un ~** du bist eine richtige Nervensäge
rollista [rroˈʎista] I. adj (*pey fam*) lästig, nervtötend
II. mf (*pey fam*) Langweiler(in) m(f), Sprücheklopfer(in) m(f)
rollito m dim de **rollo**: **~ de primavera** (GASTR) Frühlingsrolle f
rollizo¹ [rroˈʎiθo] m Rundholz nt
rollizo, -a² [rroˈʎiθo, -a] adj ❶ (*robusto*) stramm, stämmig
❷ (*cilíndrico*) walzenförmig
rollo [ˈrroʎo] m ❶ (*de papel, alambre*) Rolle f; (FOTO) Rollfilm m; **hacer un ~ de algo** etw zusammenrollen
❷ (*fig fam: cosa aburrida*) langweilige [*o* ermüdende] Sache f; **¡qué ~ de película!** so ein langweiliger [*o* blöder] Film!, so ein Schinken!; **soltar siempre el mismo ~** immer wieder die alte Platte laufen lassen [*o* der gleichen Schmarren erzählen]
❸ (*fig argot: tipo de vida*) Lebensweise f; (*asunto*) Geschichte f; **montarse el ~** sich dat sein Leben gestalten; **ir a su rollo** nur an sich selbst denken; **tener mucho ~** viel reden; **traerse un mal ~** auf die schiefe Bahn geraten sein; **acaba con el ~, muchacho** mach Schluss damit Junge; **corta el ~** (*palabrería*) hör auf (mit dem Gequatsche), leg 'ne andere Platte auf; (*mentiras*) erzähl das deiner Großmutter; **¿de qué va el ~?** worum geht es?
❹ (*grasa alrededor del cuerpo*) Rettungsring(e) m(pl) fam
❺ (*bollo o pan*) Kringel m; **este niño está hecho un ~ de manteca** dieses Kind ist gut beisammen
ROM [rrom] f (INFOR) abr de **Read Only Memory** (INFOR) ROM nt; **~ de arranque** Boot-ROM nt
Roma [ˈrroma] f Rom nt; **revolver ~ con Santiago para conseguir algo** alle Hebel in Bewegung setzen, um etw zu erreichen; **hablando de ~ por la puerta** [*o* **el burro se**] **asoma** (*prov*) wenn man vom Teufel spricht, kommt er; **todos los caminos llevan a ~** (*prov*) alle Wege führen nach Rom
romaico¹ [rroˈmaiko] m modernes Griechisch nt
romaico, -a² [rroˈmaiko, -a] adj griechisch
romana [rroˈmana] f Schnellwaage f, Laufgewichtswaage f
romance [rroˈmanθe] I. adj romanisch
II. m ❶ (*aventura, t.* LIT) Romanze f; **~ de ciego** Bänkelsängerlied nt; **tiene un ~ con la vecina** er hat eine Affäre mit der Nachbarin
❷ (HIST: *idioma español*) spanische Sprache f, Spanisch(e) nt; **hablar en ~** (*fig*) klar und verständlich sprechen
❸ pl (*monsergas*) Geschwätz nt, leeres Gerede nt; **sólo son ~s** (*excusas*) das sind pure Ausflüchte!
romancero¹ [rromanˈθero] m Romanzensammlung f; (*de romances españoles*) Romanzero m
romancero, -a² [rromanˈθero, -a] m, f (*que hace romances*) Romanzendichter(in) m(f); (*que canta romances*) Romanzensänger(in) m(f)
romancillo [rromanˈθiʎo] m (LIT) kurze Romanze f
romancista [rromanˈθista] mf Romanschriftsteller(in) m(f), Romancier m
románico, -a [rroˈmaniko, -a] adj romanisch
romanina [rromaˈnina] f (*juego*) eine Art Tisch-Kegelspiel nt
romanista [rromaˈnista] mf ❶ (LING, LIT) Romanist(in) m(f)
❷ (JUR) Römischrechtler(in) m(f)
romanística [rromaˈnistika] f ❶ (LING, LIT) Romanistik f
❷ (JUR) Römisches Recht nt
romanización [rromaniθaˈθjon] f (HIST) Romanisierung f
romanizar [rromaniˈθar] <z→c> vt, vi romanisieren
romano¹ [rroˈmano] m (*lengua latina*) Latein nt
romano, -a² [rroˈmano, -a] I. adj ❶ (*de Roma*) römisch
❷ (REL) römisch-katholisch
❸ (*latín*) lateinisch
II. m, f (*de Roma*) Römer(in) m(f)
romanticismo [rromantiˈθismo] m sin pl Romantik f
romántico, -a [rroˈmantiko, -a] I. adj romantisch
II. m, f Romantiker(in) m(f)
romanza [rroˈmanθa] f (MÚS) Romanze f
romaza [rroˈmaθa] f (BOT) Ampfer m
rombal [rromˈbal] adj rautenförmig
rómbico, -a [ˈrrombiko, -a] adj rautenförmig, rhombisch
rombo [ˈrrombo] m Raute f; (MAT) Rhombus m
romboedro [rromboˈeðro] m (MAT) Rhomboeder nt
romboidal [rromboiˈðal] adj (MAT) rhomboid, einem Rhombus ähnlich
romboide [rromˈboiðe] m (MAT) Rhomboid nt
romera [rroˈmera] f (MÚS) eine Art Flamencogesang m
romería [rromeˈria] f ❶ (*peregrinaje*) Pilgerfahrt f, Wallfahrt f
❷ (*fiesta popular*) Volksfest nt
❸ (*fig: muchedumbre*) Menschenmenge f
romerito [rromeˈrito] m (*Méx*) Gemüse nt
romero¹ [rroˈmero] m (BOT) Rosmarin m
romero, -a² [rroˈmero, -a] I. adj pilgernd, Pilger-
II. m, f Pilger(in) m(f), Wallfahrer(in) m(f)
romo, -a [ˈrromo, -a] adj ❶ (*sin punta*) stumpf
❷ (*de nariz pequeña*) stumpfnasig

③ (*tosco*) plump, ungehobelt
rompecabezas [rrompeka'βeθas] *m inv* ① (*juego*) Puzzle *nt*; (*acertijo difícil*) schwieriges Rätsel *nt*
② (*arma*) Totschläger *m*
rompecorazones [rrompekora'θones] *mf inv* (*fam*) Herzensbrecher(in) *m(f)*
rompedizo, -a [rrompe'ðiθo, -a] *adj* zerbrechlich
rompedor(a) [rrompe'ðor(a)] **I.** *adj* brechend; (*armas*) brisant; **fuerza ~a** Brisanz *f*
II. *m(f)* (*fam*) Person, die ihre Kleidung schnell abnutzt
rompehielos [rrompe'jelos] *m inv* (NÁUT) Eisbrecher *m*
rompehuelgas [rrempe'welɣas] *mf inv* Streikbrecher(in) *m(f)*
rompenueces [rrompe'nweθes] *m inv* Nussknacker *m*
rompeolas [rrompe'olas] *m inv* Wellenbrecher *m*
romper [rrom'per] **I.** *vi* ① (*las olas*) brechen
② (*empezar bruscamente*) anfangen (*a* zu +*inf*), loslegen; **~ a llorar** in Tränen ausbrechen; **el niño rompe a gritar** das Kind fängt plötzlich an zu schreien
③ (*el día*) anbrechen; **al ~ el día** bei Tagesanbruch
④ (*separarse*) sich trennen; **hemos roto** wir haben Schluss gemacht *fam*
⑤ (*abrirse las flores*) aufbrechen
II. *vt* ① (*quebrar*) zerbrechen; (*un cristal*) einschlagen; (*un plato*) zerschlagen; (*un juguete*) kaputtmachen; (*papel, tela*) zerreißen; (*el pan*) brechen; (*los zapatos*) durchlaufen; (*t.* AGR: *un terreno*) roden, urbar machen; **~ a martillazos/a golpes** zerhämmern/zerschlagen; **~ doblando** abknicken; **~ una ventana a pedradas** ein Fenster einwerfen; **~ la cara a alguien** (*fam*) jdm den Schädel einschlagen
② (*interrumpir, cortar*) (ab)brechen, (unter)brechen; **~ un contrato/una promesa** einen Vertrag/ein Versprechen brechen; **~ el silencio/el encanto** das Schweigen brechen/den Zauber lösen; **~ el hilo del discurso** das Gespräch unterbrechen; **~ las negociaciones** die Verhandlungen abbrechen; **~ las relaciones con alguien** die Beziehungen zu jdm abbrechen; **~ las relaciones comerciales** die geschäftlichen Beziehungen abbrechen; **~ (las) filas** die Reihen auflösen; (MIL) wegtreten; **~ la espesura del bosque** sich *dat* einen Weg durch das Dickicht bahnen
③ (*iniciar*): **~ el fuego** (MIL) das Feuer eröffnen; **los pájaros rompen vuelo** die Vögel fliegen auf; **una persona de rompe y rasga** ein Draufgänger
III. *vr*: **-se** ① (*hacerse pedazos*) zerbrechen, entzweigehen; **se rompió el vaso** das Glas ist kaputtgegangen [*o* zerbrochen]
② (*fracturarse*) sich *dat* brechen; **~se el brazo/las costillas** sich *dat* den Arm/die Rippen brechen; **~se la cabeza** (*fig*) sich *dat* den Kopf zerbrechen; **¿qué tripa se te ha roto?** (*fam fig*) warum bist du so schlecht drauf?
rompetechos [rrompe'tetʃos] *m inv* (*pey*) Trampel *m o nt*
rompible [rrom'piβle] *adj* zerbrechlich
rompiente [rrom'pjente] *m* natürlicher Wellenbrecher *m* (*Riff oder Klippe*)
rompimiento [rrompi'mjento] *m* ① (*rotura*) Bruch *m*, Abbruch *m*
② (*en la pintura*) Durchblick *m*; (TEAT) Vorhang *m* mit Durchblick
rompope [rrom'pope] *m* (AmC, Ecua, Méx: GASTR) Getränk aus Schnaps, Milch, Eiern, Zucker und Zimt
ron [rron] *m* Rum *m*
ronca ['rronka] *f* ① (ZOOL) Röhren *nt* (*des Damhirsches*)
② (*trepe*) Rüge *f*
roncador(a) [rronka'ðor(a)] *m(f)* Schnarcher(in) *m(f)*
roncal [rron'kal] *m* ① (ZOOL) Nachtigall *f*
② (GASTR) Schafskäse aus Navarra
roncamente [rronka'mente] *adv* rüde, barsch, rau; **responder ~** barsch antworten
roncar [rron'kar] <c→qu> *vt* (*persona*) schnarchen; (*gamo*) röhren; (*viento*) heulen; (*olas*) brausen; (*suelo*) knarren
roncear [ronθe'ar] *vt* (Arg, Chil, Méx) hin- und herbewegen
roncha ['rrontʃa] *f* ① (*hinchazón*) Beule *f*, Schwellung *f*; (*cardenal*) blauer Fleck *m*; (*picadura*) Quaddel *f*
② (*loncha*) dünne Scheibe *f*; **una ~ de chorizo** eine dünne Scheibe Paprikawurst
③ (*fam: timo*) Prellerei *f*
ronchar [rron'tʃar] **I.** *vi* ① (*crujir*) knacken, krachen
② (*producir ronchas*) Beulen verursachen
II. *vt* knuspern, knabbern
ronchón [rron'tʃon] *m* kleine Geschwulst *f* beim Tier
ronco, -a ['rronko, -a] *adj* (*afónico*) heiser; (*áspero*) rau
roncón, -ona [rron'kon, -ona] *m, f* (Col, Ven) Aufschneider(in) *m(f)*
ronda ['rronda] *f* ① (*de vigilancia*) Streife *f*, Patrouille *f*; **hacer una ~ de inspección por la fábrica** einen Rundgang durch die Fabrik machen; **hacer la ~** (MIL) die Posten abgehen
② (*de copas*) Runde *f*; **pagar una ~ de vino** eine Runde Wein ausgeben

③ (POL) Runde *f*; **~ de negociaciones** Verhandlungsrunde *f*; **~ de la ONU** UNO-Runde *f*
④ (*grupo de jóvenes que cantan serenatas*) Rondasänger *mpl*; (*serenata*) nächtliches Ständchen *nt*, Rundgesang *m*; **andar de ~** (*tocar música*) nächtliche Ständchen bringen; (*buscar aventura*) auf Liebesabenteuer aus sein
⑤ (*avenida de circunvalación*) Ringstraße *f*, Ring *m*
rondador(a) [rronda'ðor(a)] *m(f)* ① (*que trasnocha*) Nachtschwärmer(in) *m(f)*
② (*fam: pretendiente*) Verehrer(in) *m(f)*
rondalla [rron'daʎa] *f* ① (*música*) Straßenmusik *f* (*mit Gitarre oder Mandoline und Gesang*)
② (*conjunto musical*) Straßenmusikanten *mpl*
③ (*cuento*) Lügengeschichte *f*, Märchen *nt*
rondar [rron'dar] **I.** *vi* ① (*vigilar*) die Runde machen
② (*andar paseando de noche*) nachts umherstreifen
II. *vt* ① (*a las mujeres*) den Hof machen +*dat*, umwerben
② (*rodear*) umkreisen; **las mariposas nocturnas rondan la luz** die Nachtfalter umschwärmen das Licht; **lo ronda a todas horas para conseguir el empleo** er/sie ist ständig hinter ihm her, um den Job zu bekommen; **esta mujer anda rondando los setenta años** diese Frau ist um die siebzig
rondel [rron'del] *m* (LIT) Rondo *nt*
rondeña [rron'deɲa] *f* (MÚS) eine Art Flamencogesang
rondeño, -a [rron'deɲo, -a] **I.** *adj* aus Ronda
II. *m, f* Einwohner(in) *m(f)* von Ronda
rondín [rron'din] *m* ① (Bol, Ecua, Perú: *armónica*) Mundharmonika *f*
② (Bol, Chil: *vigilante*) Nachtwächter *m*
rondó [rron'do] <rondós> *m* (MÚS) Rondo *nt*
rondón [rron'don]: **entrar de ~** hereinschneien, unvermutet eintreten
ronquear [rronke'ar] **I.** *vi* heiser sein
II. *vt* großartig drohen
ronquera [rron'kera] *f* Heiserkeit *f*
ronquido [rron'kiðo] *m* (*de una persona*) Schnarchen *nt*; (*del viento*) Heulen *nt*; (*del mar*) Brausen *nt*; (*de la sierra*) Kreischen *nt*; (*del suelo*) Knarren *nt*; (*del gamo*) Röhren *nt*
ronroneante [rronrrone'ante] *adj* schnurrend
ronronear [rronrrone'ar] *vi* (*gato*) schnurren
ronroneo [rronrrone'o] *m* (*gato*) Schnurren *nt*
ronza ['rronθa] (NÁUT) **a la ~** im Lee
ronzal [rron'θal] *m* ① (*cabestro*) Halfterstrick *m*
② (NÁUT) Spiere *f*
ronzar [rron'θar] <z→c> **I.** *vi* knacken, krachen
II. *vt* ① (*ronchar*) knuspern, knabbern
② (NÁUT) hebeln
roña ['rroɲa] *f* ① (*sarna de carneros*) Schafräude *f*
② (*mugre*) Schmutzkruste *f*, Schmutz *m*
③ (*mezquindad*) Armseligkeit *f*, Schäbigkeit *f*; (*tacañería*) Knauserigkeit *f*
④ (*corteza del pino*) Kiefernrinde *f*
⑤ (BOT: *enfermedad de plantas*) Schorf *m*
⑥ (*orín*) Rost *m* (*am Eisen*)
roñería [rroɲe'ria] *f* (*mezquindad*) Schäbigkeit *f*; (*tacañería*) Knauserei *f*
roñica [rro'ɲika] *mf* (*fam*) Geizkragen *m*, Geizhals *m*
roñoso, -a [rro'ɲoso, -a] *adj* ① (*sarnoso*) räudig
② (*sucio*) schmutzig, dreckig
③ (*oxidado*) verrostet
④ (*tacaño*) geizig, knauserig
ropa ['rropa] *f* ① (*géneros de tela*) Wäsche *f*; **~ blanca** Kochwäsche *f*; (*ropa interior*) (Baumwoll)unterwäsche *f*; **~ de cama** Bettwäsche *f*; **~ de color** Buntwäsche *f*; **~ delicada** Feinwäsche *f*; **~ interior** Unterwäsche *f*; **cambiar la ~ de cama** das Bett frisch beziehen; **torcer la ~** die Wäsche auswringen; **¡cuidado que hay ~ tendida!** (*fig*) Achtung: Feind hört mit!
② (*vestidos, traje*) Kleidung *f*; **~s hechas** Konfektionskleidung *f*; **~ protectora** Schutzkleidung *f*; **~ de trabajo** Arbeitskleidung *f*, Berufskleidung *f*; **cambiar(se)** [*o* **mudar(se)**] **la ~** (sich) umziehen; **estar en ~s menores** in Unterwäsche dastehen; **poner(se) la ~** (sich) anziehen; **ponerse ~ de abrigo** sich warm anziehen; **ligero de ~** leicht gekleidet; **a quema ~** unvermittelt; **disparar a quema ~** aus unmittelbarer Nähe schießen; **de buena ~** aus gutem Hause; **de poca ~** armselig; **no tocarle la ~ a alguien** jdm nicht zu nahe treten
ropaje [rro'paxe] *m* ① (*ropas*) Kleidung *f*
② (*ropa elegante*) Robe *f*
③ (*modo de expresión*) Ausdrucksweise *f*; **un libro en ~ español** eine spanische Ausgabe
ropero¹ [rro'pero] *m* ① (*armario*) Kleiderschrank *m*
② (*asociación benéfica*) Kleidersammelstelle *f*
ropero, -a² [rro'pero] *m, f* (*comerciante*) Kleiderhändler(in) *m(f)*

ropón [rro'pon] *m* Überkleid *nt*, Überrock *m*

roque ['rroke] *m* ❶ (*ajedrez*) Turm *m*; **lo mismo le da rey que ~** (*fig*) es ist ihm/ihr vollkommen schnuppe
❷ (*loc*): **quedarse ~** fest einschlafen

roquedal [rroke'ðal] *m* felsiger Ort *m*

roquefort [rroke'for] <**roqueforts**> *m* Roquefort *m*

roqueño, -a [rro'keɲo, -a] *adj* ❶ (*rocoso*) felsig
❷ (*duro*) steinhart

roquero, -a [rro'kero, -a] I. *adj* ❶ (*de rocas*) Felsen-; **castillo ~** Ritterburg *f*
❷ (*rockero*) Rock-; **cantante ~** Rocksänger *m*
II. *m, f* Rocker(in) *m(f)*

rorcual [rror'kwal] *m* (ZOOL) Finnwal *m*

rorro ['rroro] *m* (*fam*) Baby *nt*

ros [rros] *m* (MIL) eine Art Käppi mit Schirm

rosa¹ ['rrosa] I. *adj* rosa(farben); **~ pálido/oscuro/antiguo/fucsia** hellrosa/dunkelrosa/altrosa/pink
II. *f* ❶ (BOT) Rose *f*; **~ de azafrán** Safranblüte *f*; **~ náutica** [*o* **de los vientos**] Windrose *f*; **color de ~** Rosa *nt*; (*como adjetivo*) rosafarben; **esencia de ~s** Rosenöl *nt*; **tener la piel como una ~** eine Pfirsichhaut haben; **encontrarse como las propias ~s** sich pudelwohl fühlen; **verlo todo color de ~** alles durch die rosarote Brille sehen; **su vida no ha sido ningún camino de ~s** er/sie war nicht auf Rosen gebettet; **no hay ~ sin espinas** (*prov*) keine Rose ohne Dornen
❷ (*diamante*) Rosette *f*
❸ (*mancha en la piel*) Hautröte *f*

rosa² ['rrosa] *m* (*color*) Rosa *nt*

rosáceas [rro'saθeas] *fpl* Rosengewächse *ntpl*

rosáceo, -a [rro'saθeo, -a] *adj* rosig, rosarot

rosacruz [rrosa'kruθ] *mf* (REL) Rosenkreuzer *mf*

rosada [rro'saða] *f* Raureif *m*

rosado, -a [rro'saðo, -a] *adj* ❶ (*color*) rosa, rosé; **vino ~** Rosé(wein) *m*
❷ (*de la rosa*) Rosen-; **miel rosada** Rosenhonig *m*

rosal [rro'sal] *m* Rosenstrauch *m*, Rosenstock *m*

rosaleda [rrosa'leða] *f* Rosengarten *m*

rosario [rro'sarjo] *m* ❶ (REL) Rosenkranz *m*; (*fig*) Reihe *f*, Serie *f*; **rezar el ~** den Rosenkranz beten; **un ~ de coches/de injurias** eine Autoschlange/eine Flut von Schimpfworten; **tener el ~ al cuello y el diablo en el cuerpo** scheinheilig sein; **acabar como el ~ de la aurora** ein böses Ende nehmen
❷ (TÉC) Paternoster *m*; **~ hidráulico** Schöpfwerk *nt*

rosbif [rros'βif] <**rosbifs**> *m* Roastbeef *nt*

rosca ['rroska] *f* ❶ (TÉC) Gewinde *nt*; **~ de tornillo** Schraubengewinde *nt*; **~ transportadora** Förderschnecke *f*; **el tornillo se pasó de ~** das Schraubengewinde ist ausgeleiert; **pasarse alguien de ~** (*fig*) zu weit gehen, es zu weit treiben
❷ (*forma de espiral*) Windung *f*; **hecho una ~** zusammengerollt; **hacerse ~** (*gato, serpiente*) sich zusammenrollen
❸ (*bollo*) Kringel *m*, Kranz *m*; **~ de Reyes** (*Méx*) Dreikönigskuchen *m*; **no comerse una ~** (*fig*) keinen Erfolg bei Männern/Frauen haben
❹ (*loc*): **hacer la ~ a alguien** jdm schmeicheln; **tirarse una ~** bei der Prüfung durchrasseln

roscado¹ [rros'kaðo] *m* (TÉC) Gewindeschneiden *nt*

roscado, -a² [rros'kaðo, -a] *adj* gewunden, schraubenförmig

rosco ['rrosko] *m* (*bollo*) Kringel *m*; **~ de viento** ≈Spritzkuchen *m*

roscón [rros'kon] *m* Kranzkuchen *m*; **~ de Reyes** Dreikönigskuchen *m* (*mit eingebackener Überraschung*)

rosedal [rrose'ðal] *m* (*Arg, Urug*: BOT) Rosenbeet *nt*

rosela [rro'sela] *f* (BOT) Sonnenkraut *nt*

roseta [rro'seta] *f* ❶ (*rosa pequeña*) Röschen *nt*
❷ (*parecida a la rosa*) Rosette *f*
❸ *pl* (*palomitas*) Puffmais *m*, Popcorn *nt*
❹ (*de la regadera*) (Gießkannen)brause *f*
❺ (*chapeta*) Wangenröte *f*

rosetón [rrose'ton] *m* (ARQUIT) Rosette *f*; (*en iglesias*) Fensterrose *f*; **~ de muro/de techo** Mauer-/Deckenrosette *f*

roso¹ ['rroso] *adj* abgewetzt, abgeschabt; (*sin pelos*) haarlos; **a ~ y velloso** voll und ganz, ohne Ausnahme

roso, -a² ['rroso, -a] *adj* (*rusiente*) rot glühend

rosolí [rroso'li] *m*, **rosoli** [rro'soli] *m* (GASTR) Likör aus Schnaps, Zimt, Zucker, Anis und aromatischen Gewürzen

rosquete [rros'kete] I. *adj* (*Perú: vulg*) schwul
II. *m* (*Perú: vulg*) Schwuler *m*

rosquetón, -ona [rroske'ton, -ona] *adj* (*Perú: fam: afeminado*) weibisch

rosquilla [rros'kiʎa] *f* Kringel *m*; **~ lista** stark gezuckerter Kringel; **~ tonta** wenig gezuckerter, nach Anis schmeckender Kringel; **no saber/saber a ~s** (*fam*) sehr unerfreulich/erfreulich sein; **venderse como ~s** (*fig*) weggehen wie warme Semmeln

rosticería [rrosti θe'ria] *f* (*Chil, Méx*) Hähnchenrösterei *f*

rostizado, -a [rrosti'θaðo, -a] *adj* (*Méx*) gegrillt

rostro ['rrostro] *m* ❶ (*cara*) Gesicht *nt*, Antlitz *nt*; **torcer el ~** das Gesicht verziehen; **echar en ~ algo a alguien** (*fig*) jdm etw vorhalten; **hacer ~ al enemigo** dem Feind die Stirn bieten; **tener mucho ~** sehr dreist sein
❷ (*pico*) Schnabel *m*

rota ['rrota] *f* (BOT) Rotan(g) *m*, Peddigrohr *nt*

rotación [rrota'θjon] *f* (Um)drehung *f*, Kreisbewegung *f*; (*t. fís*) Rotation *f*; **~ del capital** (ECON) Kapitalumsatz *m*; **~ de cultivos** (AGR) Rotation *f*, Fruchtfolge *f*; **~ de una grúa** Schwenkung eines Krans; **~ de mercancías** Warenumschlag *m*; **~ de personal** (ECON) Personalfluktuation *f*; **~ de stocks** (ECON) Lagerumschlag *m*, Warenumschlag *m*; **~ de la tierra** (ASTR) Erdumdrehung *f*

rotacismo [rrota'θismo] *m* (LING) Rhotazismus *m*

rotar [rro'tar] *vi* rotieren, sich drehen

rotativa [rrota'tiβa] *f* (TIPO) Rotations(druck)maschine *f*

rotativo¹ [rrota'tiβo] *m* Zeitung *f*

rotativo, -a² [rrota'tiβo, -a] *adj* rotierend, Rotations-; **impresión rotativa** (TIPO) Rotationsdruck *m*

rotatorio, -a [rrota'torjo, -a] *adj* umlaufend, rotierend

rotería [rrote'ria] *f* (*Chil*) ❶ (*acción*) Pöbelei *f*
❷ (*plebe*) Pöbel *m*, Plebs *m*

rotorío [rrote'rio] *m* (*Chil: plebe*) Pöbel *m*, Plebs *m*

roterodamense [rroteroða'mense] I. *adj* aus Rotterdam
II. *mf* Einwohner(in) *m(f)* von Rotterdam

rotisería [rroti θe'ria] *f* (*Arg, Chil: fiambrería*) Delikatessenladen *m*

rotisería [rrotise'ria] *f* (*Arg, Chil*) Hähnchenrösterei *f*

roto¹ ['rroto] *m* (*desgarrón en la ropa*) Riss *m*; (*agujero*) Loch *nt*

roto, -a² ['rroto, -a] I. *pp de* **romper**
II. *adj* ❶ (*despedazado*) kaputt; **un vestido/un florero/un cristal ~** ein zerrissenes Kleid/eine zerbrochene Vase/eine eingeschlagene Scheibe; **no cayó en saco ~** (*fig*) die Mühe war nicht umsonst
❷ (*andrajoso*) zerlumpt, abgerissen
❸ (*licencioso*) ausschweifend, liederlich
❹ (*fig: destrozado*) zerstört, kaputt; **una vida rota** ein zerstörtes Leben
III. *m, f* ❶ (*Chil: de la clase inferior*) Proletarier(in) *m(f)*
❷ (*Arg, Perú: fam pey: chileno*) Chilene, -in *m, f*
❸ (*Méx: fam: presumido*) Möchtegern *m*

rotonda [rro'tonda] *f* (ARQUIT) Rotunde *f*, Rundbau *m*

rotor [rro'tor] *m* (TÉC) Rotor *m*

rotoso, -a [rro'toso, -a] I. *adj* (*Am*) lausig, schäbig
II. *m* *f* zerlumpter Mensch *m*

rótula ['rrotula] *f* ❶ (ANAT) Kniescheibe *f*
❷ (TÉC) Kugelgelenk *nt*

rotulación [rrotula'θjon] *f*, **rotulado** [rrotu'laðo] *m* (*de letreros*) Beschriftung *f*; (*de mercancías*) Etikettierung *f*; (CINE) Einkopieren von Untertiteln

rotulador [rrotula'ðor] *m* Filzstift *m*, Faserstift *m*

rotuladora [rrotula'ðora] *f* Etikettiermaschine *f*

rotular [rrotu'lar] *vt* (*letreros*) beschriften; (*mercancías*) etikettieren; (CINE) mit Untertiteln versehen

rotulista [rrotu'lista] *mf* Schildermaler(in) *m(f)*

rótulo ['rrotulo] *m* Aufschrift *f*; (*encabezamiento*) Überschrift *f*; (*etiqueta*) Etikett *nt*; (*letrero*) (Firmen)schild *nt*; (*anuncio público*) Anschlag *m*; (CINE) Untertitel *m*; **~ de aviso** Warnschild *nt*; **~ del establecimiento** Geschäftsabzeichen *nt*; **~ luminoso** Leuchtschild *nt*; **~ de población** Ortsschild *nt*; **~ publicitario** Werbeschild *nt*

rotundamente [rrotunda'mente] *adv* ❶ (*sin rodeos*) ohne Umschweife, rundheraus
❷ (*terminantemente*) rundweg, entschieden; **negar ~** strikt ablehnen

rotundidad [rrotundi'ðað] *f* ❶ (*redondez*) Rundung *f*, Rundheit *f*
❷ (*determinación*) Bestimmtheit *f*

rotundo, -a [rro'tundo, -a] *adj* ❶ (*terminante*) entschieden, kategorisch; **un éxito ~** ein durchschlagender Erfolg; **una negativa rotunda** eine glatte Absage
❷ (*lleno y sonoro*) voll tönend; **palabras rotundas** gehaltvolle Worte
❸ (*redondo*) rund

rotura [rro'tura] *f* ❶ (*ruptura*) Bruch *m*; **~ de una amistad** Bruch einer Freundschaft; **~ de contrato** Vertragsbruch *m*
❷ (*rotura*) Bruch *m*; **~ de sello** Entsiegelung *f*; **~ de la tubería** Rohrbruch *m*
❸ (MED): **~ del folículo** Follikelsprung *m*

roturación [rrotura'θjon] *f* (AGR) Rodung *f*, Urbarmachung *f*

roturar [rrotu'rar] *vt* (AGR) roden

rouge [rruʃ] *m* (*Arg, Chil: colorete*) Rouge *nt*

roulotte [rru'lot] *f* (AUTO) Wohnwagen *m*

round [rraunᵈ] <**rounds**> *m* (DEP: *del inglés*) Runde *f*

roya ['rroɟa] *f* (BOT) Rost(pilz) *m*; (*del tronco del árbol*) Rotfäule *f*

royalty [ro'ɟ̞alti] <royalties> m (ECON, FIN) Lizenzgebühr f, Tantieme f
roza ['rroθa] f, **rozado** [rro'θaðo] m (Arg) ❶ (AGR) Rodung f ❷ (minería) Schram m
rozadura [rroθa'ðura] f (MED) Schürfwunde f, Hautabschürfung f; (en coches, t. personas) Schramme f, Kratzer m
rozagante [rroθa'ɣante] adj (elev) ❶ (vistoso) ansehnlich, prächtig ❷ (satisfecho, ufano) stolz
rozamiento [rroθa'mjento] m ❶ (fricción) Reibung f, Scheuern nt; **resistencia al ~** (TÉC) Reibfestigkeit f, Scheuerfestigkeit f
❷ (roce) leichte Berührung f, Streifen nt
❸ (desavenencias) Reibereien fpl
rozar [rro'θar] <z→c> I. vi streifen; roza (por) los cincuenta er/sie ist um die fünfzig
II. vt ❶ (t. fig: tocar ligeramente) leicht berühren, streifen; **~ brevemente un tema** ein Thema kurz ansprechen [o streifen]
❷ (frotar) reiben, scheuern
❸ (minería) schrämen
❹ (AGR) roden; (animales) abgrasen, abfressen
III. vr: **~se** ❶ (restregarse) sich dat durchscheuern [o durchwetzen]; **~se la chaqueta por el codo** sich dat die Jacke am Ellbogen durchwetzen
❷ (tropezarse) stolpern, straucheln
❸ (trabarse la lengua) stammeln, stottern
❹ (relacionarse) Umgang haben (con mit +dat)
rozo ['rroθo] m (AGR) gerodetes Feld nt; **ser de buen ~** (fam) ein guter Esser sein
rpm [erre'peˈeme] (AUTO, TÉC) abr de **revoluciones por minuto** U/min
rte. [rremi'tente] abr de **remitente** Abs.
RTVE [erreteuβe'e] f abr de **Radio Televisión Española** Spanische Rundfunk- und Fernsehanstalt f
rúa ['rrua] f (Dorf)straße f, Gasse f
ruaco, -a ['rrwako, -a] adj (Ven: albino) albinotisch
ruana ['rrwana] f (AmS: poncho) Poncho m
ruano, -a ['rrwano, -a] adj: **caballo ~** Graufuchs m
rubato [rru'βato] adv (MÚS) rubato
rubefacción [rruβefaɣ'θjon] f ❶ (MED) Rötung f der Haut
❷ (GEO) Rotfärbung f der Erde (durch Oxydablagerungen)
rubeola [rruβe'ola] f sin pl, **rubéola** [rru'βeola] f sin pl (MED) Röteln pl
rubí [rru'βi] m Rubin m
rubia ['rruβja] f ❶ (mujer) Blondine f
❷ (automóvil) Auto nt mit Holzkarosserie
❸ (BOT) Krapp m, Färberröte f
rubiales [rru'βjales] mf inv (fam) Blonde(r) mf; (mujer) Blondine f; **le gusta esa ~** diese Blondine gefällt ihm
rubicundo, -a [rruβi'kundo, -a] adj ❶ (pelo) rotblond
❷ (rostro) rotwangig, mit gerötetem Gesicht
rubio, -a [rru'βjo, -a] I. adj blond
II. m, f Blonde(r) mf; (mujer) Blondine f
rublo ['rruβlo] m Rubel m
rubor [rru'βor] m ❶ (color) Röte f; (de vergüenza) Schamröte f
❷ (vergüenza) Schamhaftigkeit f, Schamgefühl nt; **lo confieso con el ~ de mi cara** ich gestehe es zu meiner eigenen Schande; **el ~ le quema la cara** sein/ihr Gesicht ist schamrot [o feuerrot]
ruborizado, -a [rruβori'θaðo, -a] adj schamrot
ruborizar [rruβori'θar] <z→c> I. vt zum Erröten bringen
II. vr: **~se** erröten, schamrot werden
ruboroso, -a [rruβo'roso, -a] adj (vergonzoso) schamhaft
❷ (ruborizado) schamrot
rúbrica ['rruβrika] f ❶ (firma) Namenszeichen nt, Handzeichen nt; (después del nombre) (Unterschrifts)schnörkel m; **~ certificada** beglaubigtes Handzeichen
❷ (epígrafe) Überschrift f
❸ (REL) rituelle Vorschrift f; **ser de ~** üblich [o vorschriftsmäßig] sein; **cumplir con las formalidades de ~** die üblichen Formalitäten erfüllen
❹ (diplomática) Paraphierung f
rubricar [rruβri'kar] <c→qu> vt ❶ (firmar) mit dem Namenszeichen versehen; (ratificar) unterzeichnen; (en diplomacia) paraphieren
❷ (sellar) besiegeln; **~ con su sangre** mit seinem Blut besiegeln
rubro [rruβro] m (Am) ❶ (título) Überschrift f, Titel m
❷ (COM: asiento, partida) Posten m
ruca ['rruka] f (Arg, Chil: choza) Hütte f
rucio, -a ['rruθjo, -a] adj (animales) grau; (cabello) grau meliert; **caballo ~** Grauschimmel m
ruco, -a ['rruko, -a] adj ❶ (AmC: caballo) ausgedient, alt
❷ (Méx: fam: persona) uralt, greisenhaft
rudamente [rruða'mente] adv grob, roh
rudeza [rru'ðeθa] f ❶ (brusquedad) Grobheit f, Schroffheit f
❷ (tosquedad) Plumpheit f
❸ (torpeza) Ungeschicklichkeit f

rudimentario, -a [rruðimen'tarjo, -a] adj rudimentär
rudimento [rruði'mento] m ❶ (BIOL: germen) Ansatz m, Keim m
❷ (BIOL: órgano no desarrollado) Rudiment nt
❸ pl Grundbegriffe mpl; **los ~s de la gramática** die Grundsätze der Grammatik
rudo, -a ['rruðo, -a] adj ❶ (material) rau; (sin trabajar) roh, unbearbeitet
❷ (persona tosca) plump; (brusca) grob, rüde; (torpe) ungeschickt; (poco inteligente) ungebildet
❸ (penoso) schwer, schroff; **fue un invierno muy ~** es war ein harter Winter; **la derrota fue un ~ golpe para mí** die Niederlage war ein schwerer Schlag für mich
rueca ['rrweka] f Spinnrocken m
rueda ['rrweða] f ❶ (que gira) Rad nt; **~ de aspas** Windrad nt; **~ catalina (del reloj)** Sperrrad nt; **~ delantera/trasera** Vorder-/Hinterrad nt; **~ dentada** Zahnrad nt; **~ elevadora** Schöpfrad nt; **~ de la fortuna** Glücksrad nt; **~ hidráulica** Wasserrad nt; **~ de paletas** Schaufelrad nt; **~ de repuesto** Ersatzrad nt, Ersatzreifen m; **vapor de ~s** Raddampfer m; **comulgar con ~s de molino** sich einen Bären aufbinden lassen, Unmögliches glauben; **todo marcha sobre ~s** (fig) alles läuft wie am Schnürchen [o wie geschmiert]; **el pavo hace la ~** der Pfau schlägt ein Rad; **hacer la ~** (fig) sich brüsten, sich aufplustern; **hacer la ~ a una mujer** einer Frau den Hof machen
❷ (círculo de personas) Kreis m, Runde f; **~ de prensa** Pressekonferenz f
❸ (rodaja) Scheibe f; **una ~ de salami** eine Scheibe Salami
❹ (orden sucesivo) Reihenfolge f
ruedecilla [rrweðe'θiʎa] f Rädchen nt
ruedo ['rrweðo] m ❶ (contorno) Umkreis m
❷ (borde) Rand m; (del vestido) Saum m
❸ (de la plaza de toros) Arena f; **echarse al ~** (fig) sich ins Abenteuer stürzen
❹ (estera redonda) runde Matte f
ruego ['rrweɣo] m Bitte f, Gesuch nt; **~s y preguntas** (POL) Anfragen im Parlament; **no valen ~s ni súplicas** da hilft kein Bitten und Flehen
rufián [rru'fjan] m ❶ (chulo) Zuhälter m
❷ (granuja) Gauner m
rufianesco, -a [rrufja'nesko, -a] adj ❶ (de chulos) Zuhälter-
❷ (de granujas) Gauner-
rufo, -a ['rrufo, -a] adj ❶ (de pelo ensortijado) krausköpfig
❷ (pelirrojo) rothaarig
❸ (tieso, robusto) stramm
❹ (vistoso) ansehnlich
❺ (fanfarrón) eingebildet, prahlerisch
rugby ['rruɣβi] m sin pl (DEP: del inglés) Rugby nt
rugido [rru'xiðo] m (del león) Brüllen nt; (del viento) Brausen nt, Toben nt; (de las tripas) Knurren nt
rugir [rru'xir] <g→j> I. vi (el león) brüllen; (el viento) brausen, toben; (el estómago) knurren; **sus tripas rugen** sein/ihr Magen knurrt; **este hombre está que ruge** dieser Mann tobt vor Wut
II. vimpers ruchbar werden
rugosidad [rruɣosi'ðað] f ❶ Runz(e)ligkeit f; (arruga) Runzel f; (TÉC) Rauheit f
rugoso, -a [rru'ɣoso, -a] adj ❶ (arrugado) runz(e)lig, schrump(e)lig
❷ (áspero) rau
❸ (ondulado) uneben
ruibarbo [rrwi'βarβo] m (BOT) Rhabarber m
ruido ['rrwiðo] m ❶ (sonido) Geräusch nt; (ELEC) Rauschen nt; **~ de fondo** Geräuschkulisse f, Hintergrundgeräusch nt; **~s parásitos** Nebengeräusche ntpl
❷ (estrépito) Lärm m; **~ callejero** Straßenlärm m; **~ ensordecedor** ohrenbetäubender Lärm; **nivel de ~** Lärmpegel m; **mucho ~ y pocas nueces** (fig) viel Lärm um nichts; **hacer [o meter] ~** (fig) Aufsehen erregen; **querer ~** (fig) auf Streit aus sein; **quitarse de ~s** (fig) sich aus gefährlichen Angelegenheiten heraushalten
ruidoso, -a [rrwi'ðoso, -a] adj ❶ laut, geräuschvoll; (fig) Aufsehen erregend; **una carcajada ruidosa** ein schallendes Gelächter; **ha tenido un éxito ~** er/sie hatte einen durchschlagenden Erfolg
ruin [rrwin] adj ❶ (malvado) niederträchtig; (vil) gemein; **es un caballo ~** das ist ein tückisches Pferd
❷ (tacaño) knauserig, geizig
❸ (enclenque) mick(e)rig, schwächlich
ruina ['rrwina] f ❶ (destrucción) Einsturz m; (edificio) Ruine f; **las ~s de un castillo** die Burgruine; **este hombre está hecho una ~** dieser Mann ist nur noch ein Wrack
❷ pl (escombros) Trümmer pl, Ruinen fpl; **las ~s de Roma** die Ruinen des alten Rom; **convertir una ciudad en ~s** eine Stadt in Schutt und Asche legen; **declarar una casa en ~s** ein Haus für baufällig erklären
❸ (perdición) Ruin m, Verderben nt; **~ económica** wirtschaftlicher Zusammenbruch; **~ inversionista** (ECON) Investruine f; **causar la ~ de**

alguien jdn zugrunde [*o* zu Grunde] richten; **estar en la** ~ ruiniert sein; **salvar a alguien de la** ~ jdn vor dem Untergang bewahren
ruindad [rrwiŋ'daᵈ] *f* ❶ (*maldad*) Gemeinheit *f*, Niederträchtigkeit *f*
❷ (*tacañería*) Knauserigkeit *f*
ruinoso, -a [rrwi'noso, -a] *adj* ❶ (*edificios*) baufällig
❷ (*perjudicial*) verderblich, schädlich
❸ (ECON) ruinös
ruiseñor [rrwise'ɲor] *m* Nachtigall *f*; **el canto del** ~ der Nachtigallschlag
rulenco, -a [rru'leŋko, -a] *adj* (*Chil*) dürr; (*raquítico*) rachitisch
rulero [rru'lero] *m* (*AmS*) Lockenwickler *m*
ruleta [rru'leta] *f* ❶ (*juego*) Roulette(spiel) *nt;* ~ **rusa** russisches Roulette
❷ (TÉC) Rändelrad *nt*
ruletear [rrulete'ar] *vi* (*AmC*, *Méx: conducir un taxi*) Taxi fahren
ruleteo [rrule'teo] *m* (*AmC*, *Méx: el conducir taxis*) Taxifahren *nt*
ruletero, -a [rrule'tero, -a] *m*, *f* (*AmC*, *Méx: conductor*) Taxifahrer(in) *m(f)*
rulo ['rrulo] *m* ❶ (*del cabello*) Locke *f*
❷ (*rizador*) Lockenwickler *m*
❸ (TÉC) Walze *f*
ruma ['rruma] *f* (*AmS: montón*): **una** ~ **de...** ein Haufen ... +*gen*; **~s de...** Berge von ... +*dat*
Rumania [rru'manja] *f*, **Rumanía** [rruma'nia] *f* Rumänien *nt*
rumano¹ [rru'mano] *m* (*lengua*) Rumänisch(e) *nt*
rumano, -a² [rru'mano, -a] I. *adj* rumänisch
II. *m*, *f* Rumäne, -in *m*, *f*
rumazón [rruma'θon] *f* (NÁUT) Gewölk *nt*, Wolkenmasse *f*
rumba ['rrumba] *f* Rumba *f*
rumbear [rrumbe'ar] *vi* ❶ (*tomar un rumbo*) (eine bestimmte) Richtung einschlagen; (AERO, NÁUT) auf Kurs gehen, Kurs nehmen (*a* auf +*akk*), ansteuern (*a* +*akk*)
❷ (*bailar la rumba*) Rumba tanzen
rumbero, -a [rrum'bero, -a] I. *adj* Rumba-
II. *m*, *f* Rumbatänzer(in) *m(f)*
rumbo ['rrumbo] *m* ❶ (*dirección*) (Fahrt)richtung *f*; (AERO, NÁUT: *t. fig*) Kurs *m*; ~ **de la aguja** (NÁUT) Kompasskurs *m*; ~ **del viento** (NÁUT) Windstrich *m*; **tomar** [*o* **poner**] [*o* **hacer**] ~ **a un puerto** einen Hafen ansteuern; **desviarse del** ~ vom Kurs abkommen; **dar otro** ~ **a la conversación** dem Gespräch eine neue Wendung geben; **no tengo** ~ **fijo** ich habe kein bestimmtes Ziel; **la negociación está tomando un** ~ **favorable** das Geschäft lässt sich gut an; **tomar otro** ~ (POL) einen anderen Kurs einschlagen
❷ (*pompa*) Pracht *f*, Prunk *m*; **de** ~ prächtig, prunkvoll; **una fiesta con mucho** ~ ein pompöses Fest
rumboso, -a [rrum'boso, -a] *adj* ❶ (*generoso*) freigebig, großzügig
❷ (*pomposo*) prunkvoll, prächtig
rumiante [rru'mjante] I. *adj* wiederkäuend
II. *m* Wiederkäuer *m*
rumiar [rru'mjar] *vt* ❶ (*vacas*) wiederkäuen
❷ (*fam: cavilar*) nachgrübeln (über +*akk*)
❸ (*fam: refunfuñar*) murren
rumión, -ona [rru'mjon, -ona] *adj* (*fam*) ❶ (*que cavila*) grüblerisch
❷ (*refunfuñón*) mürrisch
rumor [rru'mor] *m* ❶ (*chisme*) Gerücht *nt*; **a título de** ~ gerüchteweise; **poner un** ~ **en circulación** ein Gerücht in die Welt [*o* in Umlauf] setzen; **corren** ~**es de que...** es geht das Gerücht, dass ...
❷ (*ruido*) Geräusch *nt*; (*de las olas*) Brausen *nt*; (*del viento*) Säuseln *nt*; (*del bosque*) Rauschen *nt*; ~ **de voces** Stimmengewirr *nt*
rumorearse [rrumore'arse] *vr:* **se rumorea que...** es geht das Gerücht um, dass ..., man munkelt, dass ...
rumorología [rrumorolo'xia] *f* (*fam*) Gerüchteküche *f*
rumoroso, -a [rrumo'roso, -a] *adj* geräuschvoll; (*olas*) brausend; (*viento*) säuselnd; (*bosque*) rauschend
runa ['rruna] *f* Rune *f*
runcho ['rruntʃo] *m* (*Col:* ZOOL) eine Art Opossum
rundún [rruŋ'dun] *m* (*Arg*) ❶ (*pájaro mosca*) Kolibri *m*
❷ (*juguete parecido a la bramadera*) ≈Kinderschnarre *f*
runfla ['rrumfla] *f* ❶ (*juego de naipes*) Kartenspiel
❷ (*muchedumbre*) Menge *f*, (ganze) Reihe *f*; **una** ~ **de abrigos/gente** ein Haufen Mäntel/Leute
rúnico, -a ['rruniko, -a] *adj* Runen-; **alfabeto** ~ Runenalphabet *nt*
runrún [rruŋ'rrun] *m* (*fam*) ❶ (*ruido*) Geräusch *nt*; (*murmullo*) Gemurmel *nt*, Geflüster *nt*
❷ (*chisme*) Gerede *nt*, Gerücht *nt*
runrunear [rrunrrune'ar] I. *vi* (*gato*) schnurren
II. *vr:* **-se** (gerüchteweise) verlauten
runruneo [rrunrru'neo] *m* Gerücht *nt*
rupestre [rru'pestre] *adj* Felsen-; **pintura** ~ Felsenmalerei *f*, Höhlenmalerei *f*
rupia ['rrupja] *f* ❶ (*moneda de Indonesia*) Rupiah *f*; (*de la India y otros*) Rupie *f*
❷ (MED) Hautpustel *f*, Schmutzflechte *f*
rupicapra [rrupi'kapra] *f*, **rupricabra** [rrupri'kaβra] *f* (ZOOL: *gamuza*) Gämse *f*
ruptor [rrup'tor] *m* (ELEC) Unterbrecher *m*; (AUTO) Zündunterbrecher *m*
ruptura [rrup'tura] *f* ❶ (*rotura*) Bruch *m*; (*de relaciones*) Abbruch *m*; ~ **de la paz** Friedensbruch *m*; ~ **de la paz pública** Landfriedensbruch *m*; ~ **de una relación amorosa** Trennung *f*; ~ **de las relaciones diplomáticas** Abbruch der diplomatischen Beziehungen
❷ (GEO, MED) Ruptur *f*
rural [rru'ral] I. *adj* ländlich; (AGR) landwirtschaftlich; **vida** ~ Landleben *nt*
II. *m* ❶ (*Am: t. pey: rústico*) Bauer *m*
❷ *pl* (*Méx: policía*) Landpolizei *f*
ruralismo [rrura'lismo] *m sin pl* Bauerntum *nt*, ländliches Wesen *nt*
rusco ['rrusko] *m* (BOT) Mäusedorn *m*
Rusia ['rrusja] *f* Russland *nt*
rusificar [rrusifi'kar] <c→qu> I. *vt* russifizieren
II. *vr:* **-se** russische Gewohnheiten annehmen
ruso, -a ['rruso, -a] I. *adj* russisch; **ensaladilla rusa** ≈Kartoffelsalat *m*
II. *m*, *f* Russe, -in *m*, *f*
rusófilo, -a [rru'sofilo, -a] I. *adj* russlandfreundlich, russenfreundlich
II. *m*, *f* Russlandfreund(in) *m(f)*, Russenfreund(in) *m(f)*
rusticación [rrustika'θjon] *f* Leben *nt* auf dem Lande
rusticidad [rrustiθi'ðaᵈ] *f* ländliche Einfachheit *f*, Rustikalität *f*; (*pey*) Ungeschliffenheit *f*, Derbheit *f*
rústico, -a ['rrustiko, -a] I. *adj* ❶ (*campestre*) rustikal, ländlich schlicht; **estilo** ~ rustikaler Stil; **finca rústica** Bauernhof *m*
❷ (*tosco*) ungeschliffen, grob; **en rústica** (TIPO) ungebunden, broschiert
II. *m*, *f* Bauer *m*, Bäuerin *f*
rustiquez [rrusti'keθ] *f v.* **rusticidad**
ruta ['rruta] *f* Weg *m*, Route *f*; ~ **aérea** Luftweg *m*; ~ **federal** (*Am*) Bundesstraße *f*; ~ **de itinerario** Reiseroute *f*; ~ **de vuelo** Flugstrecke *f*; **apartarse de la** ~ vom Weg abkommen; **tienes que cambiar de** ~ **para aprobar el examen** um die Prüfung zu bestehen, musst du einen anderen Weg einschlagen
rutabaga [rruta'βaɣa] *f* (BOT) eine Art Kohl, der als Viehfutter verwendet wird
ruteno, -a [rru'teno, -a] I. *adj* ruthenisch; **iglesia rutena** (REL) ruthenische Kirche
II. *m*, *f* Ruthene, -in *m*, *f*
ruteo [rru'teo] *m* (INFOR) Baumsuche *f*
rutido [rru'tiðo] *m* (*Méx*) fernes Rauschen *nt* (*Wasser*)
rutilante [rruti'lante] *adj* glänzend, schimmernd
rutilar [rruti'lar] *vi* (LIT) golden schimmern, glänzen
rutina [rru'tina] *f* (*costumbre*) Routine *f*; ~ **cotidiana** Alltag *m*
❷ (INFOR) Programm *nt*; ~ **de autocarga** selbst ladende Routine; ~ **de errores** Fehlerroutine *f*; ~ **de iniciación** Bootroutine *f*; ~ **maestra** Stammroutine *f*; ~ **traductora** Übersetzungsprogramm *nt*
❸ (QUÍM) Rutin(osid) *nt*
rutinario, -a [rruti'narjo, -a] *adj* routinemäßig, gewohnheitsmäßig; **un hombre** ~ ein Gewohnheitsmensch; **trabajo** ~ Routinearbeit *f*

S

S, s ['ese] *f* S, s *nt*; ~ **de Soria** S wie Siegfried [*o* Samuel]
S. [san] *m abr de* **San** St.
S.A. [ese'a] *f* ❶ *abr de* **Sociedad Anónima** AG *f*
❷ *abr de* **Su Alteza** I.H., S.H.
sabadellense [saβaðe'ʎense] I. *adj* aus Sabadell (*Katalonien*)
II. *mf* Einwohner(in) *m(f)* von Sabadell
sabadiego [saβa'ðjeɣo] *m* (GASTR) asturischer „chorizo"
sábado ['saβaðo] *m* ❶ (*día*) Samstag *m*, Sonnabend *m*; ~ **de Gloria Santo** [*o* **de Cuaresma**] Karsamstag *m*; *v. t.* **lunes**
❷ (*judaísmo*) Sabbat *m*
sabaleta [saβa'leta] *f* (*Bol*, *Col:* ZOOL) der Alse ähnlicher, aber etwas kleinerer Fisch
sábalo ['saβalo] *m* (ZOOL) Alse *f*, Finte *f*
sabana [sa'βana] *f* Savanne *f*, Grassteppe *f*; **estar en la** ~ (*Ven: fam*) leben wie Gott in Frankreich
sábana ['saβana] *f* Bettuch *nt*, (Bett)laken *nt*; ~ **ajustable** Spannbetttuch *nt*; ~**s limpias** saubere Bettwäsche; **se me han pegado las** ~ (*fam*) ich habe verschlafen

sabandija [saβanˈdixa] *f* ❶ (*insecto*) Ungeziefer *nt* ❷ (*pey: persona despreciable*) Schurke, -in *m, f*; **¡qué ~s!** was für ein Gesindel!

sabanear [saβaneˈar] *vi* (*Am*) die Savanne (mit dem Vieh) durchstreifen

sabanero[1] [saβaˈnero] *m* (ZOOL) dem Star ähnlicher Vogel der Savanne mit schmackhaftem Fleisch

sabanero, -a[2] [saβaˈnero, -a] *m, f* (*habitante*) Savannenbewohner(in) *m(f)*

sabañón [saβaˈɲon] *m* Frostbeule *f*; **comer como un ~** (*fam pey*) wie ein Scheunendrescher essen

sabatario, -a [saβaˈtarjo, -a] *m, f* (HIST) Sabbatarier(in) *m(f)*, Sabbatist(in) *m(f)*

sabático, -a [saˈβatiko, -a] *adj* ❶ (*judaísmo*) Sabbat- ❷ (*universidad*): **un año ~** ≈ein Forschungsjahr; **el catedrático se tomó un año ~** der Professor nahm zwei Forschungssemester in Anspruch

sabatina [saβaˈtina] *f* (*Chil: paliza*) Tracht *f* Prügel

sabatino, -a [saβaˈtino, -a] *adj* Samstag(s)-; (*judaísmo*) Sabbat-

sabatismo [saβaˈtismo] *m* Sabbatruhe *f*, Sabbatstille *f*

sabatizar [saβatiˈθar] <z→c> *vi* (REL) den Sabbat feiern, die Sabbatruhe einhalten

sabayón [saβaˈʝon] *m* (GASTR) Zabaione *f*

sabbat [ˈsaβat] *m* Sabbat *m*, Schabbes *m*

sabedor(a) [saβeˈðor(a)] *adj* (*informado*) unterrichtet (*de* über +*akk*); **el general era ~ de esos manejos** der General war über diese Intrigen informiert

sabeísmo [saβeˈismo] *m* (REL) Sabäismus *m*

sabelianismo [saβeljaˈnismo] *m* (REL) Sabellianismus *m*

sabelotodo [saβeloˈtoðo] *mf inv* (*fam*) Besserwisser(in) *m(f)*, Neunmalkluge(r) *mf*

saber [saˈβer] *irr* **I.** *vt* ❶ (*estar informado*) wissen; **¿sabes...?** weißt du ...?; **¡qué sé yo!** was weiß ich!; **a ~** und zwar, nämlich; **¡véte tu** [*o* **vaya Usted**]**) a ~ (si es cierto)!** wer weiß, (ob das stimmt)!; **(al menos) que yo sepa** soweit [*o* soviel] ich weiß; **¡para que lo sepas** [*o* **te enteres**]**!** dass du es nur weißt!; **sé que me has engañado** ich weiß, dass du mich betrogen hast; **~ más que Lepe** [*o* **la zorra**] [*o* **Merlín**] (*fam*) ein schlauer Fuchs sein; **¿se puede ~ si...?** darf ich (*o* man) fragen, ob ...?; **no ~ ni jota** [*o* **de la misa la media**] (*fam*) keine Ahnung haben; **sin ~lo yo** ohne mein Wissen; **¡va a ~ quién soy yo!** ich werde ihm/ihr schon zeigen, mit wem er/sie es zu tun hat!, er/sie wird mich noch kennen lernen!; **no ~ dónde meterse** nicht mehr wissen wohin; **¡no sabe ni por dónde anda!** (*fam*) er/sie weiß nicht, wo ihm/ihr der Kopf steht!; **¡pues no sé qué te diga!** ich weiß nicht so recht; **tiene (un) no sé qué de raro** er/sie hat irgendetwas Seltsames; **sabe lo que es bueno** er/sie weiß, was gut ist ❷ (*habilidad para hacer algo*) können; **él sabe (hablar) ruso** er kann Russisch (sprechen); **ella sabe hacer punto** sie kann stricken; **no (se) sabía la poesía** er/sie konnte das Gedicht nicht (auswendig) ❸ (*nombre*) kennen; **¿sabes mi nombre?** weißt du, wie ich heiße? ❹ (*conocer un arte*) sich auskennen ((*de*) mit/in +*dat*); **ella sabe mucha** [*o* **mucho de**] **literatura** sie kennt sich in der Literatur gut aus ❺ (*noticia*) erfahren (*por* durch +*akk*, *aus* +*dat*); **lo supe por mi hermano/por el periódico/por casualidad** ich habe es von meinem Bruder/aus der Zeitung/durch Zufall erfahren; **la prensa lo hizo ~ anoche** die Presse gab es gestern Abend bekannt

II. *vi* ❶ (*tener sabor*) schmecken (*a* nach +*dat*); **(me) supo a quemado** es schmeckte verbrannt; **la conferencia me supo a poco** ich hätte mehr von der Konferenz erwartet; **sabe a traición** es riecht nach Verrat; **me supo mal aquella respuesta** die Antwort hat mich geärgert [*o* hat mir nicht gefallen] ❷ (*tener noticia*) unterrichtet sein (*de* über +*akk*); **no sé nada de mi hermano** ich habe nichts von meinem Bruder gehört ❸ (*tener la habilidad*) fähig sein; **él no sabe resolver ni los ejercicios más fáciles** er ist nicht einmal fähig die einfachsten Aufgaben zu lösen **III.** *vr*: **ésa se las sabe todas** (*fam*) der kann keiner etwas vormachen **IV.** *vimpers*: **se sabe que...** es ist bekannt, dass ..., bekanntlich ... **V.** *m sin pl* Wissen *nt*; **el ~ no ocupa lugar** Wissen schadet nie

sabichoso, -a [saβiˈtʃoso, -a] *adj* (*Cuba, PRico*) klug; (*sabiondo*) besserwisserisch

sabicú [saβiˈku] *m* (*Cuba:* BOT) eine Art Akazie

sabidillo, -a [saβiˈðiʎo, -a] *m, f* (*fam*) Besserwisser(in) *m(f)*, Schlauberger(in) *m(f)*; (*niño*) Naseweis *m*; **dárselas de ~** (*pey*) sich für besonders schlau halten

sabido, -a [saˈβiðo, -a] *adj* ❶ (*conocido*) bekannt; **es ~ que...** es ist bekannt, dass ...; **es cosa sabida** das ist eine altbekannte Tatsache; **la profesora dio por ~ el primer capítulo** die Lehrerin setzte das erste Kapitel als bekannt voraus ❷ (*leído*) gebildet ❸ (*sabidillo, t. irón*): **ser un ~** ein ganz Schlauer sein

sabiduría [saβiðuˈria] *f* ❶ (*conjunto de conocimientos*) Wissen *nt*; (*ciencia*) Wissenschaft *f* ❷ (*sensatez*) Weisheit *f*, Klugheit *f*; **~ popular** Volksweisheit *f* ❸ (*erudición*) Gelehrsamkeit *f*

sabiendas [saˈβjendas]: **a ~** absichtlich, bewusst; **lo hizo a ~ de que me molestaba** er/sie störte mich mit Absicht

sabiente [saˈβjente] *adj* wissend

sabi(h)ondo, -a [saˈβjondo, -a] *m, f* Besserwisser(in) *m(f)*; (*niño*) Naseweis *m*

sabina [saˈβina] *f* (BOT) Sadebaum *m*; **~ rastrera** Stinkwacholder *m*

sabio, -a [ˈsaβjo, -a] **I.** *adj* (*culto*) weise, klug; **los ancianos dan ~s consejos** alte Menschen geben weise Ratschläge **II.** *m, f* Weise(r) *mf*, Gelehrte(r) *mf*; **Alfonso X el S~** Alfons der Weise (*kastilischer König, 1252–1284*); **errar es de ~s** (*prov*) Irren ist menschlich

sablazo [saˈβlaθo] *m* ❶ (*golpe*) Säbelhieb *m* ❷ (*fam: de dinero*) Anpumpen *nt*; **pegar** [*o* **dar**] **a alguien un ~** jdn um Geld anpumpen

sable [ˈsaβle] *m* Säbel *m*

sablear [saβleˈar] *vi* (*fam*) schnorren

sablero, -a [saˈβlero, -a] *m, f* (*Chil: fam*) *v.* **sablista**

sablista [saˈβlista] *mf* (*fam*) Nassauer *m*, Schmarotzer(in) *m(f)*

saboneta [saβoˈneta] *f* Taschenuhr *f* (mit Sprungdeckel)

sabor [saˈβor] *m* Geschmack *m*; **tiene (un) ~ a naranja** das schmeckt nach Orangen; **un poema de ~ romántico** ein Gedicht, das romantische Züge aufweist [*o* mit romantischen Zügen]; **sus palabras dejaron un mal ~ de boca** seine Worte hinterließen einen üblen Nachgeschmack

saborear [saβoreˈar] **I.** *vt* (*gozar*) auskosten, genießen **II.** *vr*: **~se** (*recrearse*) Vergnügen finden (*con* an +*dat*)

saborizante [saβoriˈθante] *m* Geschmacksverstärker *m*

sabotaje [saβoˈtaxe] *m* Sabotage *f*; **~ de ordenador** Computersabotage *f*

saboteador(a) [saβoteaˈðor(a)] **I.** *adj* Sabotage- **II.** *m(f)* Saboteur(in) *m(f)*

sabotear [saβoteˈar] *vt* sabotieren; (*plan, acción*) vereiteln; **le ~on sus planes** seine/ihre Pläne wurden vereitelt

sabroso, -a [saˈβroso, -a] *adj* ❶ (*sazonado*) schmackhaft, wohlschmeckend ❷ (*gracioso*) würzig; **el libro estaba plagado de sabrosas anécdotas** das Buch war gespickt mit würzigen Anekdoten ❸ (*ligeramente salado*) salzig

sabueso, -a [saˈβweso, -a] *m, f* ❶ (*caza*) Schweißhund *m* ❷ (*fisgón*) Schnüffler(in) *m(f)*

saburra [saˈβurra] *f* (MED) ❶ (*de la lengua*) Zungenbelag *m* ❷ (*del estómago*) Magenverschleimung *f*

saca [ˈsaka] *f* ❶ (*saco*) großer Sack *m*; **~ de la correspondencia** [*o* **de Correos**] Postsack *m* ❷ (*extracción*) Entnahme *f* ❸ (*exportación*) (Waren)ausfuhr *f* ❹ (*copia notarial*) Abschrift *f*

sacabocados [sakaβoˈkaðos] *m inv* (TÉC) Lochzange *f*, Locheisen *nt*

sacabuche [sakaˈβutʃe] *m* ❶ (MÚS) ≈Posaune *f* ❷ (NÁUT) Handpumpe *f* ❸ (*Méx: navaja*) spitzes Messer *nt* ❹ (*fam: renacuajo*) Knirps *m*

sacaclavos [sakaˈklaβos] *m inv* Nagelzieher *m*, Kistenöffner *m*

sacacorchos [sakaˈkortʃos] *m inv* Korkenzieher *m*; **tener que sacar las cosas a alguien con ~** jdm die Worte aus der Nase ziehen müssen

sacacuartos [sakaˈkwartos] *mf inv v.* **sacadineros**[1]

sacadineros[1] [sakaðiˈneros] *mf inv* (*fam: estafador*) Bauernfänger(in) *m(f)*

sacadineros[2] [sakaðiˈneros] *m inv* (*fam: espectáculo, objeto*) Nepp *m*, Betrug *m*

sacador [sakaˈðor] *m* (TIPO) Ausleger *m*

sacaleches [sakaˈletʃes] *m inv* (MED) Milchpumpe *f*

sacamanchas [sakaˈmantʃas] *m inv* Fleck(en)entferner *m*, Fleckenreiniger *m*

sacamantecas [sakamanˈtekas] *m inv* (*fam*) Verbrecher, der seinen Opfern den Bauch aufschlitzt

sacamuelas [sakaˈmwelas] *mf inv* (*pey*) Zahnklempner(in) *m(f)*; (*fig*) Plappermaul *nt*

sacapliegos [sakaˈpljeɣos] *m inv* (TIPO) Blattabheber *m*, Bogenausleger *m*

sacapuntas [sakaˈpuntas] *m inv* (Bleistift)spitzer *m*

sacar [saˈkar] <c→qu> **I.** *vt* ❶ (*de un sitio*) (heraus)nehmen; (*agua*) schöpfen; (*diente*) ziehen, ausreißen; (*espada*) ziehen; **~ a bailar** zum Tanz auffordern; **~ a alguien de la cama** (*fig*) jdn aus dem Bett jagen; **~ a alguien de la cárcel** jdn aus dem Gefängnis holen; **~ a alguien de**

sus casillas [*o* **de quicio**] (*fig*) jdn aus dem Häuschen bringen; **~ de paseo** [*o* **a pasear**] **al perro** den Hund spazieren führen; **¡saca la mano del bolsillo!** nimm die Hand aus der Tasche!; **ella sacó el clavo de la pared** sie zog den Nagel aus der Wand; **¡sácalo del garage!** hol es aus der Garage!; **¡sacas las plantas al balcón!** bring die Pflanzen hinaus auf den Balkon!; **¿de dónde lo has sacado?** wo hast du es her?; **recién sacado del atolladero** frisch gebacken; **¡te voy a ~ los ojos!** (*fig*) dir werde ich es noch zeigen!
② (*de una situación*) retten (*de* aus +*dat*); **~ adelante** (*persona, negocio*) vorwärts bringen; (*niño*) großziehen; (*con esfuerzo*) durchbringen; **me sacó del atolladero** er/sie hat mir aus der Klemme geholfen; **me sacó de la pobreza** er/sie hat mir aus der Not geholfen
③ (*solucionar*) herausbekommen, lösen; **por fin saqué el crucigrama** endlich habe ich das Kreuzworträtsel gelöst
④ (*reconocer*) erkennen; **lo saqué por sus gafas** ich habe ihn an seiner Brille erkannt
⑤ (*entrada*) lösen
⑥ (*obtener*) erreichen; **~ una ganancia bruta del 5 %** (ECON) einen Bruttogewinn von 5 % erzielen; **así no se saca nada** so erreicht man gar nichts; **le sacó 10 euros** er/sie hat ihn/sie um 10 euro angepumpt *fam*
⑦ (MIN) gewinnen, fördern
⑧ (*aceite*) auspressen; (*vino*) abziehen
⑨ (*premio*) gewinnen; (*votos*) bekommen; (*información*) entlocken; **~ en claro** [*o* **en limpio**] [*o* **en conclusión**] ins Reine bringen; **~ las consecuencias** Schlussfolgerungen ziehen; **~ provecho de** Nutzen ziehen aus +*dat*; **sacó el gordo** er/sie hat das große Los gezogen; **se lo vas a tener que ~ con sacacorchos** du musst es ihm/ihr aus der Nase ziehen; **no saca ni para vivir** er/sie verdient kaum genug zum Leben
⑩ (*parte del cuerpo*) herausstrecken
⑪ (*costura*) einziehen
⑫ (*foto*) machen; (*pintando*) treffen; **¡sácame una foto!** fotografier mich mal!; **el pintor te sacó muy bien** der Maler hat dich gut getroffen; **sacó la greca a pulso** er/sie hat das Muster freihändig gezeichnet
⑬ (*mancha*) entfernen
⑭ (*producto*) herausbringen, auf den Markt bringen; (*moda*) einführen, herausgeben; (*libro*) herausgeben; **le ~on un apodo** sie haben sich einen Spitznamen für ihn/sie ausgedacht
⑮ (*mostrar*) zeigen; (*desenterrar*) ausgraben; **lo ~on en la tele** man hat ihn im Fernsehen gezeigt; **todavía no ha sacado sus habilidades** er/sie hat noch nicht sein/ihr Können gezeigt; **~ en hombros** auf die Schultern nehmen; **~ a relucir** (*pey*) wieder aufwärmen [*o* ans Licht zerren]
⑯ (*ventaja*) Vorsprung haben; **mi hermana me sacó dos minutos** meine Schwester war zwei Minuten schneller als ich
⑰ (DEP) ausspielen
II. *vr:* **~se los zapatos** sich die Schuhe ausziehen; **se sacó una pestaña del ojo** er/sie wischte sich eine Wimper aus dem Auge; **~se una espina** (*fig*) Verlust wettmachen; (*desfogarse*) sich aussprechen
sacárido [sa'kariðo] *m* (QUÍM) Saccharid *nt*
sacarimetría [sakarime'tria] *f* (QUÍM) Zuckergehaltsmessung *f*, Saccharimetrie *f*
sacarina [saka'rina] *f sin pl* Saccharin *nt*, Süßstoff *m*
sacarosa [saka'rosa] *f* (QUÍM) Saccharose *f*
sacatinta [saka'tinta] *m* (*Am:* BOT) Strauch, aus dessen Blättern ein blauvioletter Farbstoff gewonnen wird
sacavueltas [saka'βweltas] *m inv* (*Chil: fam pey*) Drückeberger *m*
sacerdocio [saθer'ðoθjo] *m sin pl* ① (*ministerio*) Priesteramt *nt*
② (*estado*) Priesterstand *m*
③ (*órdenes*) Priesterweihe *f*
④ (*consagración*) Hingabe *f;* **él se toma la medicina como un ~** er hat sich ganz der Medizin verschrieben
sacerdotal [saθerðo'tal] *adj* priesterlich, Priester-
sacerdote [saθer'ðote] *m* Priester *m;* **sumo ~** Hohepriester *m*
sacerdotisa [saθerðo'tisa] *f* Priesterin *f*
sachaguasca [satʃa'ɣwaska] *f* (*Arg:* BOT) eine Rankpflanze aus der Familie der Trompetenblütler
sachar [sa'tʃar] *vt* (AGR) jäten
sacho ['satʃo] *m* ① (*para sachar*) Jäthacke *f*
② (*Chil:* ancla) Vorrichtung aus Holz, die bei kleineren Schiffen als Anker verwendet wird
saciable [sa'θjaβle] *adj* (*hambre*) stillbar, zu sättigen; (*deseos, ansias*) erfüllbar, stillbar; **sus deseos son fácilmente ~s** seine/ihre Wünsche sind leicht zu erfüllen
saciado, -a [sa'θjaðo, -a] *adj* satt; (*t. QUÍM*) gesättigt; **estoy ~** ich bin satt
saciar [sa'θjar] I. *vt* (*hambre, curiosidad*) stillen, sättigen; (*instintos sexuales*) befriedigen; **su curiosidad no se saciaba nunca** seine Neugierde war nicht zu stillen
II. *vr:* **~se** (*llenarse, t. fig*) satt werden; **me sacié de salchichas** ich habe mich an Würstchen satt gegessen

saciedad [saθje'ðað] *f sin pl* Sattheit *f*, Sättigung *f;* **lo he repetido hasta la ~** ich habe es bis zum Überdruss wiederholt
saco ['sako] *m* ① (*bolsa*) Sack *m;* **~ de arena** Sandsack *m;* **~ de dormir** Schlafsack *m;* **~ polínico** (BOT) Pollensack *m;* **~ de trigo** Sack Weizen; **el hombre del ~** der Buhmann; **eso es un ~ de mentiras** das ist ein Haufen Lügen; **echar en ~ roto** (*fig fam*) in den Wind schlagen; **tu consejo no cayó en ~ roto** dein Ratschlag hat gewirkt; **meter en el mismo ~** (*fig*) alles in einen Topf werfen
② (*prenda*) Sakko *m o nt*, weite Jacke *f*
③ (*bahía*) Einbuchtung *f*
④ (*saqueo*) Plünderung *f;* **meter** [*o* **entrar**] [*o* **poner**] **a ~** (aus)plündern
sacón, -ona [sa'kon, -ona] *m, f* (*Méx: fam*) Angsthase *m*
sacralización [sakraliθa'θjon] *f* Konsekration *f*, ≈Verleihung *f* eines sakralen Charakters; (*persona*) ≈Verehrung *f* als Heilige(r)
sacralizar [sakrali'θar] <z→c> *vt* konsekrieren, ≈einen sakralen Charakter verleihen; (*persona*) ≈als heilig verehren
sacramentación [sakramenta'θjon] *f* (REL) ① (*eucaristía*) Konsekration *f*
② (*a un enfermo*) Spenden *nt* der Sakramente
sacramentado, -a [sakramen'taðo, -a] *adj* (REL) geweiht
sacramental [sakramen'tal] I. *adj* ① (REL) sakramental, Sakraments-; **auto ~** Sakramentsspiel *nt* (*christliches Theaterstück*)
② (*palabra*) herkömmlich, geläufig
II. *f* (*reg: cofradía*) ≈Begräbnisbruderschaft *f*
sacramentar [sakramen'tar] *vt* ① (*eucaristía*) konsekrieren
② (*enfermo*) die Sakramente spenden +*dat*
sacramentario, -a [sakramen'tarjo, -a] *m, f* (REL) Sakramentarier(in) *m(f)*
sacramente [sakra'mente] *adv* heilig
sacramento [sakra'mento] *m* Sakrament *nt;* **el ~ de la Eucaristía** das heilige Abendmahl; **administrar a alguien los ~s** jdm die Sterbesakramente reichen; **con todos los ~s** (*fig*) in aller Form
sacre ['sakre] *m* (ZOOL): **halcón ~** Würgfalke *m*, Sakerfalke *m*
sacrificado, -a [sakrifi'kaðo, -a] *adj* opferwillig, selbstlos
sacrificador(a) [sakrifika'ðor(a)] I. *adj* opfernd
II. *m(f)* (HIST) Opferpriester(in) *m(f)*
sacrificar [sakrifi'kar] <c→qu> I. *vt* ① (*ofrecer*) opfern; (*t. fig*) widmen (*a* +*dat*)
② (*animal*) schlachten
II. *vr:* **~se** (*t. fig*) sich (auf)opfern (*por* für +*akk*)
sacrificio [sakri'fiθjo] *m* ① (*ofrenda*) Opfer *nt;* **el Santo S~** die heilige Messe
② (*entrega*) Hingebung *f;* **está dispuesto a hacer todos los ~s necesarios** er ist zu jedem Opfer bereit
sacrilegio [sakri'lexjo] *m* (*profanación*) Schändung *f;* (*de un cementerio*) Friedhofsschändung *f;* (*t. fig*) Sakrileg *nt*
sacrílego, -a [sa'krileɣo, -a] I. *adj* (*impío*) gotteslästerlich, frevelhaft; **acción sacrílega** Freveltat *f*
II. *m, f* (*de iglesias*) Kirchenschänder(in) *m(f);* (*persona impía*) Frevler(in) *m(f)*
sacristán [sakris'tan] *m* Sakristan *m*, Küster *m;* **ése es un buen ~!** (*fam*) das ist ein gerissener Kerl!; **los dineros del ~ cantando se vienen y cantando se van** (*prov*) wie gewonnen, so zerronnen
sacristía [sakris'tia] *f* ① (*lugar*) Sakristei *f*
② (*ministerio*) Küsteramt *nt*
sacro, -a ['sakro, -a] *adj* ① (*sagrado*) heilig; **le he comprado un libro de arte ~** ich habe ihm/ihr ein Buch über religiöse Kunst gekauft
② (ANAT) sakral; **hueso ~** Kreuzbein *nt*
sacrosanto, -a [sakro'santo, -a] *adj* (*t. fig*) hochheilig, unantastbar
sacudida [saku'ðiða] *f* Erschütterung *f;* **~ eléctrica** elektrischer Schlag; **~ sísmica** Erdstoß *m;* **el coche pegaba ~s** das Auto wackelte (hin und her); **¡dale una ~ a la alfombra!** klopf den Teppich aus!
sacudido, -a [saku'ðiðo, -a] *adj* ① (*intratable*) störrisch, unzugänglich
② (*atrevido*) kühn
sacudidor [sakuði'ðor] *m* Teppichklopfer *m*
sacudimiento [sakuði'mjento] *m v.* **sacudida**
sacudir [saku'ðir] I. *vt* rütteln, schütteln; (*noticia, terremoto*) erschüttern; (*pegar*) verprügeln; **~ las alfombras** die Teppiche ausklopfen; **~ el polvo** abstauben; **~ el rabo mit dem Schwanz wedeln; **~ a alguien por los hombros** jdn an den Schultern packen und schütteln; **un estremecimiento le sacudió todo el cuerpo** ein Schauder fuhr ihm/ihr durch den Körper; **lo sacudió para que se despertara** er/sie rüttelte ihn wach
II. *vr:* **~se** sich schütteln; **se sacudió la duda** er/sie wies jeden Zweifel von sich; **~se el yugo** das Joch abschütteln; **¡por fin me lo sacudí de encima!** endlich bin ich ihn losgeworden [*o* habe ich ihn abgeschüttelt]
sádico, -a ['saðiko, -a] I. *adj* sadistisch
II. *m, f* Sadist(in) *m(f)*
sadismo [sa'ðismo] *m sin pl* Sadismus *m*

sadomasoquismo [saðomaso'kismo] *m sin pl* Sadomasochismus *m*
sadomasoquista [saðomaso'kista] *mf* Sadomasochist(in) *m(f)*
saduceísmo [saðuθe'ismo] *m* (HIST, POL, REL) Lehre *f* der Saddüzäer
saduceo, -a [saðu'θeo, -a] *m, f* (HIST, POL, REL) Saddüzäer(in) *m(f)*
saeta [sa'eta] *f* ❶ (*flecha*) Pfeil *m*
❷ (*reloj*) (Uhr)zeiger *m*; (*brújula*) Magnetnadel *f*
❸ (*en Andalucía*) Saeta *f* (*Lied bei Prozessionen während der Karwoche*)
saetera [sae'tera] *f* Schießscharte *f*; (*fig*) Lichtscharte *f*
saetilla [sae'tiʎa] *f* ❶ (*saeta*) Magnetnadel *f*
❷ (*del reloj*) Uhrzeiger *m*
❸ (BOT: *sagitaria*) Pfeilkraut *nt*
safari [sa'fari] *m* Safari *f*; ~ **fotográfico** Fotosafari *f*
sáfico, -a ['safiko, -a] *adj* (LIT) sapphisch
safio ['safjo] *m* (*Cuba:* ZOOL) *eine Art Meeraal*
saga ['saya] *f* ❶ (LIT) Saga *f*
❷ (*bruja*) Hexe *f*; (*adivina*) Weissagerin *f*
sagacidad [sayaθi'ðað] *f sin pl* ❶ (*lucidez*) Scharfsinn *m*
❷ (*animal*) Spürsinn *m*
sagaz [sa'yaθ] *adj* scharfsinnig, schlau
sagita [sa'xita] *f* (MAT) Bogenhöhe *f*, Sehnenhöhe *f*
sagitaria [saxi'tarja] *f* (BOT) Pfeilkraut *nt*
sagitario [saxi'tarjo] *mf* Schütze *m*; **conozco a pocas (mujeres)** ~ **ich kenne wenige Frauen, die Schütze sind** [*o deren Sternzeichen Schütze ist*]
sagrado¹ [sa'yraðo] *m* Weihestätte *f*; (*refugio*) Zufluchtsort *m*, Freistätte *f*; **acogerse a(l)** ~ **an einem geschützten Ort Zuflucht suchen**
sagrado, -a² [sa'yraðo, -a] <sacratísimo> *adj* heilig; (*venerable*) ehrwürdig; **las Sagradas Escrituras** die Heilige Schrift; **la Historia Sagrada** die biblische Geschichte; **la Sagrada Forma** die Hostie
sagrario [sa'yrarjo] *m* ❶ (*para las hostias*) Tabernakel *m*
❷ (*parte del templo*) Sanktuar(ium) *nt*
sagú [sa'yu] *m* (AmC) ❶ (*planta*) Sagopalme *f*
❷ (*harina*) Sago *m*
saguaipé [saywai̯'pe] *m* (ZOOL) ❶ (*Arg: sanguijuela*) Blutegel *m*
❷ (*CSur: duela del hígado*) Leberwurm *m*, Schafwurm *m*
Sahara [sa'ara] *m*, **Sáhara** ['saxara] *m*: **el** ~ die Sahara; **el** ~ **español** (HIST) die Spanische Sahara (*seit 1976: Westsahara*)
saharaui [saxa'rawi] *adj v.* **sahariano**
sahariana [saxa'rjana] *f* leichte Tropenjacke *f* (mit Gürtel)
sahariano, -a [saxa'rjano, -a] I. *adj* saharauisch, der Westsahara II. *m, f* Saharaui *mf*, Einwohner(in) *m(f)* der Westsahara
sahel [sa'el] *m* (GEO) Sahel *m*
sahumador [sauma'ðor] *m* Räuchergefäß *nt*
sahumar [sau'mar] *vt* (aus)räuchern
sahumerio [sau'merjo] *m* Räuchern *nt*, Räucherwerk *nt*
saín [sa'in] *m* ❶ (*de animales*) tierisches Fett *nt*
❷ (*en paños, sombreros*) Fettrand *m*
sainete [sai̯'nete] *m* ❶ (TEAT) Schwank *m*
❷ (*golosina*) Leckerbissen *m*
sainetero, -a [sai̯ne'tero, -a] *m, f*, **sainetista** [sai̯ne'tista] *mf* (LIT) Schwankdichter(in) *m(f)*
saíno [sa'ino] *m* (AmC, Col, Méx: *jabalí americano*) Pekari *m*
sajar [sa'xar] *vt* (MED: *cortar*) einschneiden
sajón¹ [sa'xon] *m* (*dialecto*) Sächsisch(e) *nt*
sajón, -ona² [sa'xon, -ona] I. *adj* sächsisch II. *m, f* Sachse *m*, Sächsin *f*
Sajonia [sa'xonja] *f* Sachsen *nt*; **Alta/Baja** ~ Ober-/Niedersachsen *nt*
Sajonia-Anhalt [sa'xonja 'aŋxal't] *f* Sachsen-Anhalt *nt*
sajuriana [saxu'rjana] *f* (*Chil, Perú:* MÚS) *alter Stepptanz*
sake ['sake] *m* Sake *m*
sal [sal] *f* ❶ (*condimento*) Salz *nt*; ~ **común** [*o* **de cocina**] Kochsalz *nt*, Speisesalz *nt*; ~ **gema** Steinsalz *nt*; ~ **marina** Meersalz *nt*; ~ **de plomo** Bleisalz *nt*; **mina de** ~ Salzbergwerk *nt*; **a la** ~ (GASTR) in einer Salzkruste; **poner demasiada** ~ **a algo** etw versalzen; **tener poca** ~ **en la mollera** (*fig fam*) wenig Grütze im Kopf haben
❷ *pl* (*perfume*) Riechsalz *nt*; ~**es de baño** Badesalz *nt*
❸ (*agudeza*) (Mutter)witz *m*; (*viveza*) Lebendigkeit *f*; **eso es la** ~ **de la vida** das ist die Würze des Lebens
❹ (Am: *mala suerte*) Pech *nt*
sala ['sala] *f* ❶ (*habitación*) Saal *m*, Raum *m*; ~ **de batalla** (*fam*) Briefverteilanlage *f*; ~ **de espera** Wartezimmer *nt*, Warteraum *m*; ~ **de estar** Wohnzimmer *nt*; ~ **de fiestas** Tanzlokal *nt*; ~ **de juntas** [*o* **sesiones**] Sitzungssaal *m*; ~ **de máquinas** Maschinenraum *m*; ~ **de profesores** Lehrerzimmer *nt*
❷ (JUR) Senat *m*, Kammer *f*; ~ **de apelación** Beschwerdesenat *m*; **S~ de lo Civil** Zivilkammer *f*; **S~ de lo Contencioso administrativo** Verwaltungsgerichtskammer *f*; **S~ de lo Criminal** Strafkammer *f*; **S~ de lo Penal/de lo Social** Straf-/Sozialkammer *f*

salabardo [sala'βarðo] *m eine Art Fischernetz aus Sackstoff*
salacidad [salaθi'ðað] *f* (*elev*) Lüsternheit *f*
salacot [sala'ko] <salacots> *m* Tropenhelm *m*
saladamente [salaða'mente] *adv* (*fam: con agudeza*) gewitzt
saladar [sala'ðar] *m* Salzgarten *m*
saladilla [sala'ðiʎa] *f* (BOT) Salzmelde *f*
saladillo, -a [sala'ðiʎo, -a] *adj* (*cacahuetes*) gesalzen
salado, -a [sa'laðo, -a] *adj* ❶ (*comida*) salzig; (*agua, terreno*) salzhaltig
❷ (*gracioso*) witzig
❸ (Am: *infortunado*) unglücklich
❹ (*Arg, Chil, Urug: caro*) teuer
saladura [sala'ðura] *f* (Ein)salzen *nt*, Pökeln *nt*
salamanca [sala'maŋka] *f* (*Arg:* ZOOL) *eine Art Salamander*
❷ (*CSur: cueva natural*) natürliche Grotte *f*
salamandra [sala'mandra] *f* ❶ (ZOOL: *t. en la mitología*) Salamander *m*; ~ **acuática** Molch *m*
❷ (*calefacción*) Dauerbrandofen *m*
salamanquesa [salamaŋ'kesa] *f* (ZOOL) Gecko *m*; ~ **de agua** (Wasser)molch *m*
salame [sa'lame] *m* (*CSur*) ❶ (*salami*) Salami *f*
❷ (*papanatas*) Dummerling *m*
salami [sa'lami] *m* Salami *f*
salamín [sala'min] *m* (*CSur:* GASTR) *eine Art Salami*
salangana [salaŋ'gana] *f* (ZOOL) Salangane *f*
salar [sa'lar] *vt* ❶ (*condimentar*) salzen; ~ **demasiado** versalzen
❷ (*para conservar*) (ein)pökeln, einsalzen
❸ (Am: *echar a perder*) verderben
❹ (*CRi: dar mala suerte*) Unglück bringen
salariado [sala'rjaðo] *m* (*proletariado*) Proletariat *nt*
salarial [sala'rjal] *adj* Lohn-; **ajuste** ~ Lohnanpassung *f*; **aumento** ~ Lohnerhöhung *f*; **grupo** ~ Lohngruppe *f*; **negociaciones** ~**es** Lohnverhandlungen *fpl*; **los sindicatos plantearon una subida** ~ die Gewerkschaften fordern eine Lohnerhöhung
salario [sa'larjo] *m* Lohn *m*; ~ **base** Grundlohn *m*; ~ **a destajo** Akkordlohn *m*; ~ **en especie** Naturallohn *m*; ~ **mínimo interprofesional** Mindestlohn *m*; ~ **neto** Nettolohn *m*; ~ **nominal** Nominallohn *m*; ~ **por unidad producida** Stücklohn *m*; **congelación de** ~**s** Lohnstopp *m*; **escala de** ~**s** Lohngruppe *f*, Lohntarif *m*; **hoja de** ~ Lohnstreifen *m*, Lohnzettel *m*; **me dan un** ~ **de miseria** sie zahlen mir einen Hungerlohn
salazón [sala'θon] *m* ❶ (*saladura*) Einsalzen *nt*, Pökeln *nt*
❷ (*industria*) Pökelindustrie *f*
❸ *pl* (*carne*) Salzfleisch *nt*, Pökelfleisch *nt*; (*pescado*) Salzfische *mpl*
salchicha [sal'tʃitʃa] *f* Wurst *f*, Würstchen *nt*; ~ **asada** Bratwurst *f*; ~ **de Francfort** Frankfurter Würstchen *nt*; **perro** ~ (*fam*) Dackel *m*
salchichería [saltʃitʃe'ria] *f* Wurstwarengeschäft *nt*
salchichón [saltʃi'tʃon] *m* Dauerwurst *f*, Hartwurst *f*
salcochar [salko'tʃar] *vt* in Salzwasser kochen
saldar [sal'dar] *vt* ❶ (COM: *liquidar*) saldieren; (*cuenta*) begleichen; ~ **una cuenta bancaria** ein (Bank)konto ausgleichen; ~ **una deuda** eine Schuld tilgen [*o* begleichen]; **todavía no hemos saldado nuestras diferencias** wir haben unsere Unstimmigkeiten noch nicht beigelegt
❷ (*mercancía*) ausverkaufen; **la tienda salda** das Geschäft macht Räumungsverkauf
saldo ['saldo] *m* ❶ (COM) Saldo *m*; (*pago*) Zahlung *f*, Ausgleich *m*; ~ **acreedor** Guthaben *nt*; ~ **arrastrado** Saldovortrag *m*; ~ **de caja** Kassenbestand *m*; ~ **compensatorio** Verrechnungsspitze *f*; ~ **de cuenta** Kontostand *m*; ~ **deudor** [*o* **en contra**] Sollsaldo *m*, Schuldsaldo *m*; ~ **disponible** verfügbarer Saldo; ~ **final** Abschlusssaldo *m*; ~ **de liquidez** Liquiditätssaldo *m*; ~ **a nuestro favor** Nostroguthaben *nt*; ~ **pasivo** [*o* **deficitario**] Passivsaldo *m*, Verlustsaldo *m*; **precio de** ~ Ausverkaufspreis *m*; **traspasar el** ~ den Saldo vortragen; **con un** ~ **a su favor de...** (*formal*) mit einem Saldo von ... zu Ihren Gunsten; **la cuenta tiene un** ~ **positivo** das Konto weist einen positiven Saldo aus
❷ *pl* (*rebajas*) Räumungsverkauf *m*, Ausverkauf *m*
saledizo¹ [sale'ðiθo] *m* (ARQUIT) Stirnbrett *nt*, Traufbrett *nt*
saledizo, -a² [sale'ðiθo, -a] *adj* vorspringend
salero [sa'lero] *m* ❶ (*objeto*) Salzstreuer *m*
❷ (*almacén*) Salzlager *nt*
❸ (*gracia*) Anmut *f*; **esa bailaora tiene mucho** ~ diese Flamencotänzerin ist sehr anmutig
saleroso, -a [sale'roso, -a] *adj* (*fam: garboso*) anmutig; (*ingenioso*) witzig; (*seductor*) verführerisch
salesa [sa'lesa] *f* (REL) Salesianernonne *f*
salesiano, -a [sale'sjano, -a] *m, f* (REL) Salesianer(in) *m(f)*
salicaria [sali'karja] *f* (BOT) Blut-Weiderich *m*
salicílico [sali'θiliko] *adj o m* (MED, QUÍM): (**ácido**) ~ Salizylsäure *f*
salicina [sali'θina] *f* (MED, QUÍM) Salizin *nt*
sálico, -a ['saliko, -a] *adj* (HIST) salisch; **ley sálica** Salisches Gesetz

salicor [sali'kor] *m* (BOT) Sodakraut *nt*
salicultura [salikul'tura] *f* Salzgewinnung *f*
salida [sa'liða] *f* ❶ (*puerta*) Ausgang *m*; ~ **para coches** Ausfahrt *f*; ~ **de emergencia** Notausgang *m*; **a la ~ del teatro** nach der Vorstellung; **encontrarse en un callejón sin ~** sich in einer Sackgasse befinden
❷ (*de un tren, de un coche*) Abfahrt *f*; (*de un avión*) Start *m*; (*de un barco*) Auslaufen *nt*; **puerto de ~** Abgangshafen *m*
❸ (*astro*) Aufgang *m*
❹ (DEP) Start *m*; **dar la ~** das Startzeichen geben
❺ (COM) Absatz *m*; (*partida*) Ausgabe *f*; (FIN: *de capital*) Abfluss *m*; **~ de recursos** Mittelabfluss *m*; **dar ~ al género** die Ware absetzen; **este producto no tiene ~** dieses Produkt ist unverkäuflich
❻ (*ajedrez*) Anzug *m*
❼ (*fam: ocurrencia*) Einfall *m*; **~ de tono** unangebrachte Bemerkung; **¡menuda ~!** was für eine Schnapsidee!
❽ (*pretexto*) Ausrede *f*
❾ (*solución*) Ausweg *m*; **en este asunto no hay ~** diese Sache ist ausweglos
❿ (INFOR): **~ de programa** Programmausdruck *m*; **~ de sistema** Verlassen des Systems
⓫ *pl* (*carrera*) gute Chancen auf dem Arbeitsmarkt
salido, -a [sa'liðo, -a] *adj* ❶ (*que sobresale*) vorspringend
❷ (*animal en celo*) brünstig; (*perra*) läufig
❸ (*vulg: sexual*) geil
salidor(a) [sali'ðor(a)] *adj* (*Am*) ausgehfreudig
saliente [sa'ljente] **I.** *adj* ❶ (*trabajo*) hervorragend, ausgezeichnet
❷ (*ojos*) hervorstehend
❸ (MAT) vorspringend
❹ (ARQUIT) ausladend, auskragend
❺ (*ministro*) ausscheidend
II. *m* ❶ (ARQUIT) Auskragung *f*; **formar ~** auskragen
❷ (*elev: Oriente*) Ost(en) *m*
salificación [salifika'θjon] *f* (QUÍM) Salzbildung *f*
salina [sa'lina] *f* (*instalación*) Saline *f*, Salzwerk *nt*; (*mina*) Salzgrube *f*
salinero, -a [sali'nero, -a] **I.** *adj* (*referente a las salinas*) Salz-, Salinen-; **compañía salinera** Salzwerk *nt*
II. *m*, *f* (*persona*) Salzwerker(in) *m(f)*
salinidad [salini'ðað] *f sin pl* (*proporción de sal*) Salzgehalt *m*
❷ (GEO) Salinität *f*
salinización [saliniθa'θjon] *f* Versalzung *f*; **~ de las aguas subterráneas** Grundwasserversalzung *f*
salinizarse [salini'θarse] *vr* versalzen
salino, -a [sa'lino, -a] *adj* (*salobre*) Salz-, salzhaltig, salzig; **sabor ~** Salzgeschmack *m*
❷ (*ganado vacuno*) weiß gesprenkelt
salipirina [salipi'rina] *f* (MED) Salipyrin *nt*
salir [sa'lir] *irr* **I.** *vi* ❶ (*de viaje*) abfahren, abreisen; (*avión*) starten; **~ adelante** (irgendwie) weiterkommen; **~ con alguien** (*fam*) mit jdm gehen; **~ de caza** auf die Jagd gehen; **a dar una vuelta** spazieren gehen; **~ en estampida** (*fam*) losbrausen; **~ del huevo** (aus dem Ei) schlüpfen; **~ mal con alguien** sich mit jdm entzweien; **~ pitando** (*fam*) davoneilen; **~ del sistema** (INFOR) das System verlassen; **¿cómo te salió el examen?** wie ist die Prüfung gelaufen?; **para ~ de dudas le pregunté directamente** um mir Klarheit zu verschaffen, habe ich ihn/sie direkt gefragt; **~ por peteneras** (*fam*) vom Thema abschweifen
❷ (*aparecer*) erscheinen; (*sol*) aufgehen; (*fuente*) entspringen; (*flores*) sprießen; **~ a la luz** ans Licht kommen; **~ en la tele** ins Fernsehen kommen; **~ de la situación de pérdidas** (FIN) aus den roten Zahlen herauskommen
❸ (*convertirse*) werden; **salió un buen artista** aus ihm ist ein guter Künstler geworden
❹ (*parecerse*) ähneln (*a* +*dat*); **este niño ha salido a su padre** der Junge kommt ganz nach seinem Vater
❺ (INFOR) verlassen
❻ (DEP) starten
❼ (*costar*) kosten (*a* +*akk*); **nos sale a 3 euros el metro** es kostet uns 3 Euro pro Meter
II. *vr:* **~se** ❶ (*derramarse*) verlassen, heraustreten; (*líquido*) überlaufen; (*leche*) überkochen; (*vasija*) undicht sein; **se salió de la Iglesia/de la asociación** er/sie ist aus der Kirche/aus dem Verein ausgetreten; **el río se salió (de madre)** der Fluss ist über die Ufer getreten
❷ (*loc*); **~se con la suya** seinen/ihren Kopf durchsetzen
salita [sa'lita] *f dim de* **sala**
salitre [sa'litre] *m* Salpeter *m*
salitroso, -a [sali'troso, -a] *adj* salpeterhaltig, salpetrig
saliva [sa'liβa] *f* Speichel *m*; **gastar ~ en balde** (*fig fam*) sich den Mund fusselig reden; **tragar ~** (*fig fam*) seinen Ärger hinunterschlucken
salivación [saliβa'θjon] *f sin pl* Speichelbildung *f*; (*secreción excesiva*) Speichelfluss *m*

salivadera [saliβa'ðera] *f* (*Arg, Urug: escupidera*) Spucknapf *m*
salival [sali'βal] *adj* Speichel-; **glándula ~** Speicheldrüse *f*
salivar [sali'βar] *vi* Speichel bilden
salivazo [sali'βaθo] *m* Spucke *f*
salmantino, -a [salman'tino, -a] **I.** *adj* aus Salamanca, salmantinisch
II. *m*, *f* Salmantiner(in) *m(f)*
salmista [sal'mista] *mf* Psalmist(in) *m(f)*, Psalmendichter(in) *m(f)*; (*cantante*) Psalmensänger(in) *m(f)*; **el S~** König David
salmo ['salmo] *m* Psalm *m*; **cantarle a alguien el ~** (*fig fam*) jdm die Leviten lesen
salmodia [sal'moðja] *f* Psalmengesang *m*; (*letanía*) Litanei *f*
salmodiar [salmo'ðjar] **I.** *vi* Psalmen singen
II. *vt* (*pey*) (herunter)leiern
salmón [sal'mon] **I.** *adj* lachsfarben; **me gusta tu falda/abrigo ~** dein lachsfarbener Rock/Mantel gefällt mir
II. *m* (ZOOL) Lachs *m*
salmonado, -a [salmo'naðo, -a] *adj* ❶ (*semejante al salmón*) lachsartig
❷ (*de color del salmón*) lachsfarben
salmonela [salmo'nela] *f* (BIOL) Salmonelle *f*
salmonelosis [salmone'losis] *f inv* Salmonellenvergiftung *f*; (MED) Salmonellose *f*; **pilló una ~** (*fam*) er/sie hat sich eine Salmonellenvergiftung zugezogen
salmonero [salmo'nero] *m* Lachsnetz *nt*
salmonete [salmo'nete] *m* (ZOOL) Meerbarbe *f*
salmonicultura [salmoniku̇l'tura] *f* Lachszucht *f*
salmorejo [salmo'rexo] *m* (GASTR): **conejo en ~** Hase in einer pikanten Soße aus Essig, Öl, Salz, Pfeffer und Wasser
salmuera [sal'mwera] *f* Lake *f*, Salzbrühe *f*, Sole *f*; **anchoas en ~** Salzsardellen *fpl*
salobre [sa'loβre] *adj* salzig, brackig; **agua ~** Brackwasser *nt*
saloma [sa'loma] *f* Matrosengesang *m*
salomón [salo'mon] *m* sehr weiser Mann *m*; **sello de ~** (BOT) Salomon(s)siegel *nt*
salomónico, -a [salo'moniko, -a] *adj* ❶ (*sabio*) salomonisch
❷ (ARQUIT: *columna*) gewunden
salón [sa'lon] *m* ❶ Salon *m*, Empfangssaal *m*; **~ de belleza** Schönheitssalon *m*; **~ VIP** VIP-Lounge *f*; **es un comunista de ~** (*irón*) er ist ein Salonkommunist
❷ (*muebles*) Wohnzimmermöbel *pl*
❸ (*feria*) Ausstellung *f*; **~ del automóvil** Automobilausstellung *f*; **~ del mueble** Möbelmesse *f*; **~ náutico** Bootsausstellung *f*
salpa ['salpa] *f* (ZOOL) Salpe *f*
salpicada [salpi'kaða] *f* (*Méx*) *v*. **salpicadura**
salpicadera [salpika'ðera] *f* (*Méx: guardabarro*) Kotflügel *m*
salpicadero [salpika'ðero] *m* (AUTO) Armaturenbrett *nt*
salpicadura [salpika'ðura] *f* (*mancha*) (Spritz)fleck *m*; (*salpicón*) (Be)spritzen *nt*
salpicar [salpi'kar] <c→qu> *vt, vr:* **~se** ❶ (*rociar*) bespritzen (*con/de* mit +*dat*); **la mesa de flores** den Tisch mit Blumen schmücken; **~ la tela con pintura** die Leinwand mit Farbe besprenkeln
❷ (*manchar*) beflecken, beschmutzen (*con/de* mit +*dat*); **me he salpicado de barro** ich habe mich mit Lehm bespritzt
❸ (*con chistes*) würzen
salpicón [salpi'kon] *m* ❶ (GASTR) Fleisch-, Fisch- oder Meeresfrüchtesalat; (*Col, Ecua*) Fruchtsaftkaltgetränk
❷ (*salpicadura*) (Be)spritzen *nt*
salpimentar [salpimen'tar] <e→ie> *vt* mit Salz und Pfeffer würzen (*fig*) würzen (*con/de* mit +*dat*)
salpimienta [salpi'mjenta] *f* (GASTR) Salz- und Pfeffermischung *f*
salpingitis [salpiŋ'xitis] *f inv* (MED) Eileiterentzündung *f*, Salpingitis *f*
salpresar [salpre'sar] *vt* (GASTR) einsalzen
salsa ['salsa] *f* ❶ (GASTR) Soße *f*, Tunke *f reg*; (*caldo*) Brühe *f*; **~ blanca** weiße Soße; **~ clara/espesa** dünne/dicke Soße; **~ golf** Tomaten-Majonäse-Soße *f*; **~ mayonesa** [*o* **mahonesa**] Majonäse *f*; **~ verde** Petersiliensoße *f*; **~ vinagreta** Essigsoße *f*; **la ~ de San Bernardo** (*fig fam*) Bärenhunger *m*; **estaba en su propia ~** (*fig fam*) er/sie war in seinem/ihren Element
❷ (*gracia*) Reiz *m*; **este libro tiene mucha ~** dieses Buch ist sehr spannend; **esa es la ~ de la vida** (*fam*) das macht das Leben lebenswert
❸ (MÚS) Salsa *f*
salsamentaría [salsamenta'ria] *f* (*Col*: COM) Fleischerladen *m*
salsear [salse'ar] *vt* (GASTR) mit Soße begießen
salsera [sal'sera] *f* Soßenschüssel *f*, Sauciere *f*
salsero, -a [sal'sero, -a] **I.** *adj* (*fam: entrometido*) vorwitzig, naseweis
II. *m*, *f* (*pey*) Soßenspezialist(in) *m(f)*
salsifí [salsi'fi] <salsifíes> *m* (BOT) Bocksbart *m*, Haferwurzel *f*; **~ negro** Schwarzwurzel *f*
saltado, -a [sal'taðo, -a] *adj* ❶ (*desprendido*) herausgefallen; **el brazo**

saltador

lete tiene algunas piedras saltadas aus dem Armband sind einige Steine herausgefallen

❷ (*saltón*) hervorspringend; **ojos ~s** Glotzaugen *ntpl*

saltador¹ [salta'ðor] *m* (*comba*) Springseil *nt*

saltador(a)² [salta'ðor(a)] I. *adj* springend

II. *m(f)* ❶ (*atleta*) Springer(in) *m(f);* **~ de altura** Hochspringer *m;* **~ de longitud** Weitspringer *m;* **~ de pértiga** Stabhochspringer *m;* **~ de triple** Dreispringer *m*

❷ (*saltimbanqui*) Seiltänzer(in) *m(f)*

saltadura [salta'ðura] *f* (*piedra, plato*) abgeschlagene Stelle *f*

saltagatos [salta'ɣatos] *m inv* (*Col: ZOOL*) v. **saltamontes**

saltamontes [salta'montes] *m inv* (ZOOL) Heuschrecke *f*

saltaojos [salta'oxos] *m inv* (BOT) Pfingstrose *f*, Päonie *f*

saltaperico [saltape'riko] *m* (*Cuba:* BOT) *ein Akanthusgewächs*

saltar [sal'tar] I. *vi* ❶ (*botar*) springen; (*chispas*) sprühen; **~ por los aires** explodieren; (*fig*) schief gehen; **~ de alegría** vor Freude in die Luft springen; **~ a la cuerda** seilspringen; **~ en pedazos** in Stücke zerspringen; **los jugadores ~on al terreno de juego** die Spieler liefen auf das Spielfeld

❷ (*lanzarse*) springen; **~ al agua/a la calle** ins Wasser/auf die Straße springen; **con paracaídas** fallschirmspringen; **saltó por la ventana** er/sie ist aus dem Fenster gesprungen

❸ (*explotar*) platzen; (*bomba*) explodieren; (*costura*) reißen

❹ (*atención*) auffallen; **eso salta a la vista** das ist offensichtlich

❺ (*picarse*) (zornig) auffahren

❻ (*irrumpir*) herausplatzen (*con* mit +*dat*); **y luego saltó él diciendo que...** und dann platzte er plötzlich damit heraus, dass …

❼ (*trabajo*) eine steile Karriere machen; (*ser destituido*) abgesetzt werden

❽ (*desprenderse*) abspringen, abfallen; **ha saltado la pintura del coche** die Farbe am Auto ist abgesprungen

II. *vt* ❶ (*movimiento*) springen (über +*akk*); **~ un obstáculo** über eine Hürde springen; **andar a la que salta** auf jede günstige Gelegenheit lauern

❷ (*animal*) decken

III. *vr:* **~se** ❶ (*ley, norma*) missachten

❷ (*línea, párrafo*) überspringen

❸ (*desprenderse*) abspringen; **se me saltó un botón** ich habe einen Knopf verloren; **se le ~on las lágrimas** ihm/ihr kamen die Tränen

saltarín, -ina [salta'rin, -ina] I. *adj* springend, tanzend

II. *m, f* Tänzer(in) *m(f);* (*fig: zarandillo*) Luftikus *m*

salteador(a) [saltea'ðor(a)] *m(f)* Straßenräuber(in) *m(f)*

saltear [salte'ar] *vt* ❶ (*asaltar*) überfallen

❷ (*hacer sin orden*) mit Unterbrechungen und unvollständig tun

❸ (GASTR) sautieren, dünsten

salterio [sal'terjo] *m* ❶ (*libro, instrumento*) Psalter *m*, Psalterium *nt*

❷ (*coro*) Choralbuch *m*, Psalmbuch *nt*

saltimbanqui [saltim'banki] *m* Gaukler(in) *m(f)*, Jahrmarktskünstler(in) *m(f);* (*fam: persona bullidora*) Sausewind *m*

salto ['salto] *m* ❶ (*en general*) Sprung *m*, Satz *m;* **~ de agua** Wasserfall *m;* (*presa*) Talsperre *f;* **~ de caballo** (*crucigrama, ajedrez*) Rösselsprung *m;* **de** [*o* **en**] **un ~** schnell, rasch; **apartarse de un ~** wegspringen, beiseite springen; **dar un ~** aufspringen; (*fig*) rasch vorwärtskommen; **dar ~s de alegría** vor Freude an die Decke springen; **dar un ~ atrás** zurückspringen; **me pegó un ~ el corazón** mein Herz tat einen Sprung; **moverse a ~s** sich sprunghaft bewegen; **vivir a ~ de mata** (*fig*) mehr schlecht als recht leben

❷ (INFOR) **~ hacia atrás** Rücksprung *m;* **~ de página** Seitenumbruch *m;* **~ de papel** schneller Papiervorschub *m;* **~ vertical** Seitenvorschub *m;* **inicio de ~** Sprungstart *m*

❸ (DEP) Sprung *m;* **~ de altura** Hochsprung *m;* **~ elástico** (SPORT) Bungeespringen *nt;* **~ de longitud** Weitsprung *m;* **~ con pértiga** Stabhochsprung *m;* **~ del potro** Bockspringen *nt;* **~ en paracaídas** Fallschirmabsprung *m;* **~ de trampolín** Kunstspringen *nt;* **~ de triple** Dreisprung *m*

❹ (*trabajo*) Beförderung *f*

❺ (*bata de mujer*): **~ de cama** Morgenrock *m*

saltón¹ [sal'ton] *m* (ZOOL: *gusano*) Speckmade *f;* (*saltamontes*) junge Heuschrecke *f*

saltón, -ona² [sal'ton, -ona] *adj* ❶ (*saltarín*) springend

❷ (*sobresaliente*) hervorspringend; **ojos saltones** Glotzaugen *ntpl*

❸ (*Col: alimento*) halb roh

salubre [sa'luβre] *adj* <salubérrimo> (*saludable*) gesund; (*curativo*) heilsam

salubridad [saluβri'ðað] *f sin pl* Zuträglichkeit *f;* (*Am*) Hygiene *f*, hygienische Bedingungen *fpl;* **~ ocupacional** Arbeitshygiene *f*

salud [sa'luð] *f sin pl* ❶ (*estado físico*) (*bienestar*) Wohlsein *nt;* **¡~!** (*al estornudar*) Gesundheit!; (*saludo*) grüß Gott!; **~ del alma** Seelenheil *nt;* **~ mental** (MED, PSICO) geistige Gesundheit; **¡a su ~!** auf Ihr Wohl!; **a la ~ de...** auf das Wohl von ...; **rebosante de ~** kerngesund; **¡~, dinero y amor!** (*fam*) prost!; **curarse en ~** (*fig*) es nicht darauf ankommen lassen; **gastar ~** sich wohl fühlen; **vender** [*o* **verter**] **~** vor Gesundheit strotzen; **lo juro por la ~ de mis hijos** ich schwöre es bei meiner Seele; **¿qué tal marcha** [*o* **va**] **su ~?** was macht die Gesundheit?; **el tabaco es perjudicial para la ~** Rauchen gefährdet die Gesundheit

❷ *pl* (*Am: saludos*) Grüße *mpl*

saluda [sa'luða] *m offizielle Grußkarte einer hochrangigen Person ohne Unterschrift*

saludable [salu'ðaβle] *adj* ❶ (*sano*) gesund

❷ (*provechoso*) nützlich

saludador [saluða'ðor] *m* ≈Gesundbeter *m*

saludar [salu'ðar] *vt* ❶ (*al encontrar*) (be)grüßen; (*mandar saludos*) einen Gruß bestellen, grüßen lassen; (*elev*) willkommen heißen; **le saluda afectuosamente su...** (*formal*) es grüßt Sie herzlich Ihr …; **he ido a ~ a mis padres** ich bin kurz bei meinen Eltern vorbeigegangen; **estos ya ni se saludan** die reden kein Wort mehr miteinander

❷ (MIL) grüßen, salutieren; (*con artillería*) eine Salve abgeben

❸ (NÁUT) die Flagge dippen

saludo [sa'luðo] *m* Gruß *m;* (*palabras de bienvenida*) Begrüßung *f;* (*salva*) Salvengruß *m;* (*carta*) Abschiedsformel *f;* **con un cordial ~** (*formal*) mit herzlichen Grüßen; **¡déle ~s de mi parte!** grüßen Sie ihn/sie von mir!; **tu madre te manda ~s** deine Mutter lässt dich grüßen; **¡muchos ~s... de mi parte!** viele Grüße an … +*akk* von mir!, grüße … +*akk* von mir!

salutación [saluta'θjon] *f* ❶ (*saludo*) Begrüßung *f*, Gruß *m;* **~ del Ángel** [*o* **angélica**] **a la Virgen** Englischer Gruß

❷ (*oración*) Avemaria *nt*

salva ['salβa] *f* (Geschütz)salve *f*, (Salven)gruß *m;* **~ de aplausos** Beifallssturm *m*

salvabarros [salβa'βarros] *m inv* (AUTO) Schutzblech *nt*

salvable [sal'βaβle] *adj* (noch) zu retten; **la situación ya no es ~** die Lage ist nicht mehr zu retten

salvación [salβa'θjon] *f* ❶ (*salvamento*) Rettung *f;* (*redención*) Erlösung *f;* **áncora de ~** Rettungsanker *m;* **Ejército de S~** Heilsarmee *f;* **la ~ eterna** die ewige Seligkeit

salvado [sal'βaðo] *m* Kleie *f*

salvador(a) [salβa'ðor(a)] I. *adj* rettend, erlösend; (*curativo*) heilend

II. *m(f)* Retter(in) *m(f)*, Befreier(in) *m(f)*

Salvador [salβa'ðor] *m* ❶ (GEO) **El ~** El Salvador *nt*

❷ (*Jesucristo*): **El ~** der Erlöser

salvadoreñismo [salβaðore'ɲismo] *m* (LING) typische Redeweise *f* in El Salvador

salvadoreño, -a [salβaðo'reɲo, -a] I. *adj* aus El Salvador, salvadorianisch

II. *m, f* Salvadorianer(in) *m(f)*

salvaguardar [salβaɣwar'ðar] *vt* (*elev: proteger*) (be)wahren; **~ un derecho/los intereses de alguien** ein Recht/die Interessen jds [*o* von jdm] wahren

salvaguardia [salβa'ɣwarðja] *f* ❶ (*protección*) Schutz *m;* **cláusula de ~** Schutzklausel *f*, Sicherheitsklausel *f;* **la ~ de nuestros intereses** die Wahrung unserer Interessen; **~ de las ventajas fiscales** Steuervorteilswahrung *f*

❷ (MIL) Geleit *nt*

❸ (*salvoconducto*) Geleitbrief *m*

salvajada [salβa'xaða] *f* Gräueltat *f;* **esos gamberros atemorizan con sus ~s** diese Halbstarken jagen mit ihrer Randale allen Angst ein

salvaje [sal'βaxe] I. *adj* (*planta, animal*) wild; (*persona*) unzivilisiert, ungesellig; (*acto*) grausam, barbarisch

II. *mf* Wilde(r) *mf;* (*persona ruda*) Barbar(in) *m(f)*, Rohling *m*

salvajismo [salβa'xismo] *m sin pl* (*animal*) Wildheit *f;* (*gamberrismo*) Vandalismus *m;* (*crueldad*) Grausamkeit *f*

salvamanteles [salβaman'teles] *m inv* Untersetzer *m*

salvamente [salβa'mente] *adv* gefahrlos

salvamento [salβa'mento] *m* Rettung *f;* (*accidente, naufragio*) Bergung *f;* **bote de ~** Rettungsboot *nt;* **equipo de ~** Rettungsmannschaft *f*

salvar [sal'βar] I. *vt* ❶ (*peligro*) retten; (REL) erlösen; **lo salvó del peligro** er/sie hat ihn aus der Gefahr gerettet

❷ (*foso*) überspringen; (*distancia*) zurücklegen; (*obstáculo*) überwinden; **~ las apariencias** den Schein wahren

II. *vr:* **~se** sich retten (*de* vor +*dat*); (REL) erlöst werden; **se salvó por los pelos** er/sie ist nur knapp entkommen; **¡sálvese quien pueda!** rette sich wer kann!

salva-slip [salβas'lip] <salva-slips> *m* Slip-Einlage *f*

salvavidas [salβa'βiðas] *m inv* Rettungsring *m;* **bote ~** Rettungsboot *nt;* **chaleco ~** Schwimmweste *f*

salve ['salβe] I. *interj* (*elev*) sei gegrüßt

II. *f* (REL) Salve-(Regina) *nt*

salvedad [salβe'ðað] *f* Ausnahme *f*, Vorbehalt *m;* **~ de la ley** Vorbehalt

salvia ['salβja] f (BOT) Salbei m o f
salvilla [sal'βiʎa] f (Chil) Essig- und Ölständer m, Menage f
salvilora [salβi'lora] f (Arg: BOT) im trockenen Osten Argentiniens heimische Strauchpflanze
salvo[1] ['salβo] prep außer +dat; ~ que [o si]... +subj es sei denn, dass ...; **todos ~ mi hermano** alle außer meinem Bruder; **~ error u omisión** (formal) Irrtum bzw. Auslassung vorbehalten; **~ aviso en contrario** (formal) vorbehaltlich anders lautender Mitteilungen
salvo, -a[2] ['salβo, -a] adj heil; (objeto) unbeschädigt; **poner a alguien/algo a ~** jdn/etw in Sicherheit bringen
salvoconducto [salβokon'dukto] m Passierschein m, Geleitbrief m
samán [sa'man] m (Am: BOT) robustes Mimosengewächs des tropischen Amerika
samarilla [sama'riʎa] f (BOT) Feldthymian m, Quendel m
samaritano, -a [samari'tano, -a] I. adj (GEO, REL) samarit(an)isch, aus Samaria
 II. m, f Samarit(an)er(in) m(f); **el buen ~** der barmherzige Samariter
samba ['samba] f (MÚS) Samba m o f
sambenito [sambe'nito] m Büßerhemd nt; **colgar [o poner] el ~ a alguien** jdn abstempeln
sambo ['sambo] m (Ecua) eine Kürbisart
sambumbia [sam'bumbja] f ❶ (Col: cosa desmoronada): **volver algo ~** etw kurz und klein schlagen
 ❷ (Cuba: GASTR) Getränk aus Rohrhonig, Zucker und Paprika
 ❸ (Méx: GASTR) Getränk aus Ananas, Zucker und Wasser
samovar [samo'βar] m Samowar m
samoyedo[1] [samo'ɟeðo] m (lengua) Samojedisch(e) nt
samoyedo, -a[2] [samo'ɟeðo, -a] I. adj samojedisch
 II. m, f Samojede, -in m, f
sampa ['sampa] f (Arg: BOT) in salpeterhaltigen Zonen wachsende Staude
sampán [sam'pan] m (NÁUT) Sampan m
samurai [samu'rai̯] m, **samuray** [samu'rai̯] m Samurai m
san [san] adj v. **santo**
sanable [sa'naβle] adj heilbar
sanador(a) [sana'ðor(a)] I. adj heilend
 II. m(f) Heiler(in) m(f)
sanalotodo [sanalo'toðo] m inv Allheilmittel nt, Wundermittel nt
sanar [sa'nar] I. vi (persona) gesund werden (de von +dat), genesen (de von +dat)
 II. vt (dolencia, herida) heilen
sanatorio [sana'torjo] m Sanatorium nt
sanción [san'θjon] f ❶ (multa) Strafe f, Sanktion f; **sanciones por cartelización** (ECON) Kartellbußen fpl; **~ correccional** Strafmaßnahme f; **~ de demora** Verzugsstrafe f; **sanciones económicas** Wirtschaftssanktionen fpl; **sanciones jurídico-penales** strafrechtliche Sanktionen; **~ privada** Privatstrafe f; **~ provisoria** (JUR) einstweilige Maßregel; **~ tributaria** (ADMIN, ECON) Steuerstrafe f; **imponer una ~** eine Sanktion verhängen
 ❷ (JUR) Gesetz nt, Bestimmung f
 ❸ (autorización) Genehmigung f
sancionable [sanθjo'naβle] adj strafbar
sancionar [sanθjo'nar] vt ❶ (aplicar sanciones) Sanktionen verhängen (a gegen +akk)
 ❷ (ley, acto) sanktionieren elev, billigen, gutheißen
sanco ['sanko] m ❶ (Chil: GASTR) Brei m aus geröstetem Mehl
 ❷ (Arg: GASTR) Gericht aus Maismehl mit Zwiebeln und Knoblauch
 ❸ (Chil: barro espeso) zäher, dicker Schlamm m
sancochar [sanko'tʃar] vt (Am: GASTR: rehogar) anbraten
sancocho [san'kotʃo] m ❶ (AmC, PRico, Ven: lío) Durcheinander m
 ❷ (And, Ven) ≈Eintopf m
 ❸ (Arg, Cuba: guiso incomible) Fraß m
 ❹ (Cuba) Essensreste mpl (für die Schweine)
 ❺ (reg: GASTR) kanarische Spezialität: gesalzener Fisch mit Kartoffeln
sancta ['santa]: **non ~** non ~ verdorben; **una casa non ~** ein verruchtes Haus; **gente non ~** verruchte Leute
sanctasantórum [santasan'torun] m inv (REL: t. fig) Allerheiligste nt
sandalia [san'dalja] f Sandale f
sándalo ['sandalo] m (árbol) Sandel(holzbaum) m; (madera) Sandelholz nt
sandez [san'deθ] f Dummheit f, Unsinn m; **no dijeron más que sandeces** sie haben nur Unsinn geredet
sandía [san'dia] f Wassermelone f
sandiego [san'djeɣo] m (Cuba: BOT) ein Fuchsschwanzgewächs mit blauen und weißen Blüten
sandinismo [sandi'nismo] m (POL) Sandinismus m

sandinista [sandi'nista] I. adj sandinistisch
 II. mf Sandinist(in) m(f) (Mitglied der Frente Sandinista de Liberación Nacional, Nicaragua)
sandio, -a ['sandjo, -a] adj einfältig, dumm
sandunga [san'dunga] f (fam) ❶ (gracia) Anmut f
 ❷ (Col, Chil, PRico) ≈Gaudi f o nt
 ❸ (Méx: chispa) Pep m
sandunguero, -a [sandun'gero, -a] adj (elegante) graziös, anmutig; (chistoso) witzig
sándwich ['sangwitʃ] m Sandwich m o nt; **hombre ~** Plakatträger m; **día ~** (Arg: fam) Brückentag m (Arbeitstag zwischen zwei Feiertagen)
sandwichera [sangwi'tʃera] f Sandwichmaker m
saneado, -a [sane'aðo, -a] adj ❶ (ECON: renta, haber) lastenfrei
 ❷ (edificio) saniert, renoviert; (economía) gesund
saneamiento [sanea'mjento] m ❶ (edificio, t. fig) Sanierung f; (economía) Gesundung f; **~ de activos** (FIN) Sanierung der Aktiva; **~ de las finanzas** (FIN) Sanierung der Finanzen
 ❷ (AGR: terreno) Melioration f
 ❸ (JUR) Mängelhaftung f; **~ en caso de evicción** Eviktionshaftung f
sanear [sane'ar] vt ❶ (edificio, banco, t. fig) sanieren
 ❷ (AGR: terreno) meliorieren
 ❸ (JUR) haften (für +akk); **~ un vicio** einen Mangel beheben
Sanfermines [samfer'mines] mpl San-Fermín-Fest nt (Volksfest in Pamplona am 7. Juli)
sangradera [sangra'ðera] f ❶ (MED) Schnäpper m
 ❷ (recipiente) Gefäß nt zum Auffangen von Blut
 ❸ (Am: sangría) Aderlass m
 ❹ (compuerta) Abzugsgraben m
sangrado [san'graðo] m (TIPO) Einzug m
sangradura [san'gra'ðura] f ❶ (brazo) Armbeuge f
 ❷ (sangría) Aderlass m
 ❸ (agua) Abfluss m
sangrante [san'grante] adj blutend; **una injusticia ~** eine schreiende Ungerechtigkeit
sangrar [san'grar] I. vi (t. fig) bluten; **está sangrando por la nariz, le sangra la nariz** er/sie hat Nasenbluten; **estar sangrando** (fig) ganz frisch sein
 II. vt ❶ (MED) zur Ader lassen; (cerdo) abstechen; (dinero) schröpfen
 ❷ (agua, resina) abzapfen
 ❸ (TIPO, INFOR) einrücken
sangre ['sangre] f Blut nt; (linaje) Abstammung f; (carácter) Gemüt nt; **~ venosa** Venenblut nt; **a ~ fría** kaltblütig; **de ~ azul** adlig, blaublütig; **animales de ~ caliente/fría** Warm-/Kaltblüter mpl; **(caballo de) pura ~** Vollblut(pferd) nt; **derramamiento de ~** Blutvergießen nt; **la fuerza de la ~** die Stimme des Blutes; **chupar la ~ (de las venas) a alguien** (fam) jdn ausnutzen; **conservar la ~ fría** die Beherrschung nicht verlieren, ruhig Blut bewahren; **dar la ~ de sus venas** zu jedem Opfer bereit sein; **hacerse mala ~** sich dat graue Haare wachsen lassen; **le hierve la ~** er/sie kocht vor Wut; **no llegar la ~ al río** (fam) Pack schlägt sich, Pack verträgt sich; **llevar algo en la ~** etw im Blut haben; **se le sube la ~ a la cabeza** ihm/ihr steigt das Blut in den Kopf; (encolarizarse) er/sie ist rot vor Wut; **sudar ~** Blut schwitzen; **tener mala ~** (fam) hundsgemein sein; **no tener ~ en las venas** (fam) Fischblut in den Adern haben; **la ~ se me heló en las venas** mir erstarrte das Blut in den Adern
sangría [san'gria] f ❶ (MED) Aderlass m f; Schröpfen nt; **una ~ de votos** ein hoher Stimmenverlust; **lo mismo son ~s que ventosas** (fig, fam) da hilft weder das eine noch das andere
 ❷ (brazo) Armbeuge f
 ❸ (aguas) Abzapfung f
 ❹ (metal) Abstich m
 ❺ (TIPO, INFOR) Einrücken nt
 ❻ (bebida) Sangria f (spanische Rotweinbowle)
sangriento, -a [san'grjento, -a] adj blutig; (manchado) blutbefleckt, blutbeschmiert; (injusticia) grausam; **choque ~** blutiger Zusammenstoß; **hecho ~** Bluttat f
sangriligero, -a [sangrili'xero, -a] adj (AmC) nett, sympathisch
sangripesado, -a [sangripe'saðo, -a] adj (AmC) unsympathisch
sangrón, -ona [san'gron, -ona] adj (Méx: fam) unsympathisch; **su novio es un ~, no lo soporto** ihr Freund ist ekelhaft, ich kann ihn nicht ausstehen
sanguaraña [sangwa'raɲa] f ❶ (Ecua, Perú: circunloquio) Umschweife mpl
 ❷ (Perú: baile popular) ein Volkstanz
sanguijuela [sangi'xwela] f (ZOOL) Blutegel m; (pey: persona) Blutsauger m, skrupelloser Ausbeuter m, skrupellose Ausbeuterin f
sanguina [san'gina] f (lápiz) Rotstift m; (dibujo) Rotstiftzeichnung f, Rötelzeichnung f
sanguinaria [sangi'narja] f ❶ (GEO) Blutstein m, Hämatit m
 ❷ (BOT) Blutwurz m, Sanguinaria f

sanguinario, -a [saŋgi'narjo, -a] *adj* (*persona, animal*) blutrünstig; (*hecho*) grausam
sanguíneo, -a [saŋ'gineo, -a] *adj* ① (MED) Blut-; **grupo ~** Blutgruppe *f*; **rojo ~** blutrot; **vasos ~s** Blutgefäße *ntpl*
② (*temperamento*) sanguinisch
sanguino, -a [saŋ'gino, -a] *adj* Blut-; **naranja sanguina** (BOT) Blutorange *f*
sanguinolento, -a [saŋgino'lento, -a] *adj* blutend, blutig; (*color*) blutrot; **ojos ~s** blutunterlaufene Augen; **una camisa sanguinolenta** ein blutverschmiertes [*o* blutbeflecktes] Hemd
sanguis ['saŋgis] *m inv* (REL) *das Blut Christi im Wein des Abendmahls*
sanguisorba [saŋgi'sorβa] *f* (BOT) Bibernelle *f*
sanícula [sa'nikula] *f* (BOT) Sanikel *m*
sanidad [sani'ðað] *f sin pl* Gesundheit *f*; (*servicio*) Gesundheitswesen *nt*; **~ privada** (MED) private Gesundheitsvorsorge; **~ pública** (öffentliches) Gesundheitswesen; **certificado de ~** Gesundheitszeugnis *nt*
sanitario¹ [sani'tarjo] *m* Toilette *f*
sanitario, -a² [sani'tarjo, -a] **I.** *adj* gesundheitlich, Gesundheits-; **aparatos ~s** sanitäre Anlagen; **medidas sanitarias** sanitäre Maßnahmen
II. *m, f* Sanitäter(in) *m(f)*
sanjacobo [saŋxa'koβo] *m* (GASTR) ≈Cordon bleu *nt*
sanjuanada [saŋxwa'naða] *f* Johannisfest *nt*
sanjuanero, -a [saŋxwa'nero, -a] *adj*: **escarabajo ~** Johanniskäfer *m*, Glühwürmchen *nt*; **fruta sanjuanera** Frucht, die um den Johannistag reif wird
sanjuanista [saŋxwa'nista] *mf* Johanniter(in) *m(f)*
sanmartín [samˡmar'tin/samˡmar'tin] *m* Sankt-Martins-Fest *nt* (bei dem ein Schwein geschlachtet wird); **a alguien le llega su ~** (*fam*) jds Stunde hat geschlagen
sanmigueleño, -a [samˡmiɣe'leɲo, -a/samˡmiɣe'leɲo, -a] *adj*: **fruta sanmigueleña** Frucht, die um den Michaelistag reif wird
sano, -a ['sano, -a] *adj* ① (*de buena salud*) gesund; (*taza*) heil, nicht beschädigt; **~ de juicio** zurechnungsfähig; **ideología sana** heilsame Ideologie; **hacer deporte es muy ~** Sport treiben ist gesund; **cortar por lo ~** das Übel an der Wurzel packen; **estar más ~ que una manzana** kerngesund sein; **salir ~ y salvo** mit heiler Haut davonkommen
② (*sincero*) ehrlich; **Juan es una persona muy sana** Juan ist grundehrlicher Mensch
sanroqueño, -a [sanro'keɲo, -a] *adj*: **fruta sanroqueña** Frucht, die um den Rochustag reif wird
sanscritismo [sanskri'tismo] *m* (LING) Sanskritistik *f*
sánscrito ['sanskrito] *m sin pl* Sanskrit *nt*
sanseacabó [sanseaka'βo] *interj* (*fam*) Schluss (jetzt), basta; **lo haces así porque te lo digo yo, (y) ~ du** machst es so, weil ich es dir sage, und damit basta!
sansimonismo [sansimo'nismo] *m* (POL) Saint-Simonismus *m*
sansón [san'son] *m* (*fig*) bärenstarker Mann *m*
santabárbara [santa'βarβara] *f* (NÁUT, HIST) Pulverkammer *f*
santacrucero, -a [santakru'θero, -a] **I.** *adj* aus Santa Cruz de Tenerife
II. *m, f* Einwohner(in) *m(f)* von Santa Cruz de Tenerife
santamente [santa'mente] *adv* ① (*con santidad*) fromm, heilig
② (*sencillamente*) schlicht und einfach
santanderino, -a [santande'rino, -a] **I.** *adj* aus Santander
II. *m, f* Einwohner(in) *m(f)* von Santander
santería [sante'ria] *f* (*Am*) *Geschäft, in dem Andachtsgegenstände verkauft werden*
santero, -a [san'tero, -a] **I.** *adj* (*pey: beato*) frömmelnd; **ese es muy ~** das ist ein Betbruder
II. *m, f* ① (*pey: beato*) Betbruder, -schwester *m, f*
② (*guardián*) ≈Kirchendiener(in) *m(f)*
③ (*vendedor*) Verkäufer(in) *m(f)* von Heiligenbildern
④ (*Cuba: vulg*) Diebeshelfer(in) *m(f)*
Santiago [san'tjaɣo] *m* (*apóstol*) Jakob(us) *m* (Schutzpatron Spaniens); **Orden Militar de ~** Orden der Sankt-Jakobs-Ritter; **Camino de ~** Jakobsweg *m*
santiagués, -esa [santja'ɣes, -esa] **I.** *adj* aus Santiago de Compostela
II. *m, f* Einwohner(in) *m(f)* von Santiago de Compostela
santiaguino, -a [santja'ɣino, -a] **I.** *adj* aus Santiago de Chile
II. *m, f* Einwohner(in) *m(f)* von Santiago de Chile
santiaguista [santja'ɣista] *m* Sankt-Jakobs-Ritter *m*
santiamén [santja'men] *m*: **en un ~** im Nu, in null Komma nichts
santidad [santi'ðað] *f* Heiligkeit *f*; **Su S~** Seine Heiligkeit
santificación [santifika'θjon] *f* ① (*consagración*) Heiligung *f*, Weihung *f*
② (*canonización*) Heiligsprechung *f*
santificar [santifi'kar] <c→qu> *vt* ① (*consagrar*) heiligen, weihen
② (*canonizar*) heilig sprechen
③ (*respetar*) heilig halten; **~ las fiestas** die Festtage heilig halten
santiguar [santi'ɣwar] <gu→gü> **I.** *vt* ① (*signarse*) ein Kreuz schlagen (über +*dat*), segnen
② (*fam: maltratar*) misshandeln, schlagen
II. *vr*: **~se** (*t. fig*) sich bekreuzigen
santimonia [santi'monja] *f* (BOT) Goldblume *f*
santísimo, -a [san'tisimo, -a] *adj superl de* **santo**: **el S~ Padre** der Heilige Vater
Santísimo [san'tisimo] *m* (REL) Sanktissimum *nt*, Allerheiligste(s) *nt*
santo, -a ['santo, -a] **I.** *adj* (*vor männlichen Namen, die nicht mit 'Do' oder 'To' anfangen: san*) heilig; (*piadoso*) fromm; (*planta*) heilsam; (*inviolable*) unantastbar; **el S~ Padre** der Heilige Vater; **la Santa Sede** der Heilige Stuhl; **Santa Bárbara** Heilige Barbara; **S~ Tomás** Heiliger Thomas; **campo ~** Friedhof *m*; **Jueves S~** Gründonnerstag *m*; **Sábado S~** Karsamstag *m*; **la Sábana Santa** das Turiner Leichentuch; **Semana Santa** Karwoche *f*; **Viernes S~** Karfreitag *m*; **¿qué haces en Semana Santa?** was machst du zu Ostern?; **se pasó todo el ~ día haciendo…** den lieben langen Tag machte er/sie …
II. *m, f* ① Heilige(r) *mf*; **fiesta** [*o día*] **de Todos los S~s** Allerheiligen *nt*; **se me ha ido el ~ al cielo** ich habe den Faden verloren; **no sé a qué me dijo eso** ich weiß beim besten Willen nicht, warum er/sie mir das gesagt hat; **¡ésta se come los ~s!** (*fig fam*) das ist eine Betschwester!; **hoy tengo el ~ de cara/espalda** heute habe ich richtig Glück/Pech; **encomendarse a buen ~** (*fam*) sich Gott anvertrauen; **yo creía que era llegar y besar el ~** (*fig*) ich habe mir das einfacher vorgestellt; **ése no es ~ de mi devoción** er ist nicht gerade mein Fall; **se durmió como un ~** (*bendito*) (*fam*) er/sie ist sofort (fest) eingeschlafen [*o* war sofort weg]; **ése hace perder la paciencia a un ~** er ist eine richtige Nervensäge; **alzarse con el ~ y la limosna** (*fig fam*) sich die Rosinen herauspicken; **quedarse para vestir ~s** (*fam: una mujer*) keinen Mann finden; **ser mano de ~** (*fam*) ein wunderbares Mittel sein
② (*fiesta*) Namenstag *m*; **el día de su ~** an seinem/ihrem Namenstag
③ (*imagen*) (Heiligen)bild *nt*; **ver los ~s de un libro** sich *dat* die Bilder in einem Buch anschauen
santón [san'ton] *m* ① (*anacoreta*) Einsiedler nichtchristlichen Glaubens
② (*hipócrita*) Heuchler *m*
③ (*jefe*) Guru *m*
santónico [san'toniko, -a] *m* (BOT) Wurmsamen *m*, Zitwer *m*
santoral [santo'ral] *m* ① (*hagiografía*) Heiligenlegende *f*, Sammlung *f* von Heiligenlegenden
② (*calendario*) Verzeichnis *nt* von Heiligennamen
③ (MÚS) Chorbuch *nt*
santuario [santu'arjo] *m* ① (*templo*) Sanktuar(ium) *nt*, Tempel *m*; (*capilla*) Kapelle *f*
② (*judaísmo*) Altarraum *m*
③ (*Col: tesoro*) Schatz *m*
santurrón, -ona [santu'rron, -ona] **I.** *adj* (*mojigato*) frömmelnd; (*hipócrita*) bigott, scheinheilig
II. *m, f* Frömmler(in) *m(f)*; (*pey*) Scheinheilige(r) *mf*
saña ['saɲa] *f* ① (*ira*) Wut *f*
② (*rencor*) Hass *m*, Groll *m*; **lo hizo con toda la mala ~** er/sie tat es auf eine ganz gehässige Art
sañudo, -a [sa'ɲuðo, -a] *adj* (*irritado*) wütend; (*despiadado*) erbarmungslos; (*rencoroso*) nachtragend
sapaneco, -a [sapa'neko, -a] *adj* (*Hond*) pummelig, rundlich
sapenco [sa'peŋko] *m* (ZOOL) eine Schneckenart
sapiencia [sa'pjenθja] *f sin pl* ① (*conjunto de conocimientos*) Wissen *nt*
② (*sensatez*) Weisheit *f*, Klugheit *f*; **Libro de la S~** Buch Salomo
sapo ['sapo] *m* ① (ZOOL) Kröte *f*, Unke *f*; **~ partero** Geburtshelferkröte *f*; **pisar el ~** (*fam*) kalt aufstehen; **echar por la boca ~s y culebras** (*fam*) Gift und Galle spucken; **tragarse el ~** (*Arg*) sich mit einer unangenehmen Situation abfinden müssen
② (*persona*) schwerfällige Person *f*
③ (*fam: bicho*) Ungeziefer *nt*
saponificar [saponifi'kar] <c→qu> *vt* (QUÍM) verseifen
saponina [sapo'nina] *f* (QUÍM) Saponin *nt*
saprófago¹ [sa'profaɣo] *m* (BIOL, ZOOL) Saprophage *m*
saprófago, -a² [sa'profaɣo, -a] *adj* (BIOL, ZOOL) sich von faulenden Stoffen ernährend
saprófito [sa'profito] *m* Saprophyt *m*
saque ['sake] *m* ① (DEP) Abstoß *m*; (*fútbol*) Anstoß *m*, Anspiel *nt*; (*tenis*) Aufschlag *m*; **~ de esquina** Eckstoß *m*
② (*jugador*) Spieler, der den Ball ausspielt
③ (*loc*): **tener buen ~** (*fam*) einen guten Appetit haben
saqueador(a) [sakea'ðor(a)] *m(f)* (*ladrón*) Plünderer, -in *m, f*, Bandit(in) *m(f)*
saquear [sake'ar] *vt* (aus)plündern
saqueo [sa'keo] *m* (Aus)plünderung *f*; **~ de técnicos** Abwerbung von Fachkräften, Braindrain *m*

sarampión [saram'pjon] *m sin pl* (MED) Masern *pl*; **el ~ puede ser una enfermedad mortal** Masern können zum Tod führen
sarao [sa'rao] *m* (*fiesta*) Tanzabend *m*; **¡menudo ~ se armó allí!** da war was los!
sarape [sa'rape] *m* (*Méx*) Poncho *m*
sarasa [sa'rasa] *m* (*pey*) Tunte *f*
sarazo, -a [sa'raθo, -a] *adj* (*Col, Cuba, Méx, Ven: Mais*) reifend
sarcasmo [sar'kasmo] *m sin pl* Sarkasmus *m*
sarcástico, -a [sar'kastiko, -a] *adj* sarkastisch, bissig
sarcocele [sarko'θele] *m* (MED) Hodenverhärtung *f*
sarcófago [sar'kofaɣo] *m* Sarkophag *m*, Prunksarg *m*; (*sepulcro*) Steinsarg *m*
sarcoide [sar'koiðe] *m* (MED) gutartige Hautgeschwulst *f*
sarcoma [sar'koma] *m* (MED: *tumor*) Sarkom *nt*
sardana [sar'ðana] *f* Sardana *f* (*katalanischer Volkstanz*)
sardina [sar'ðina] *f* (ZOOL) Sardine *f*; **~s en aceite** Ölsardinen *fpl*; **entierro de la ~** ≈Aschermittwochstreffen *nt*; **arrimar el ascua a su ~** seine Schäfchen ins Trockene bringen; **en el tranvía iban (apretados) como ~s (en la lata)** in der Straßenbahn standen sie zusammengedrängt wie die Sardinen (in der Büchse)
sardinero, -a [sarði'nero, -a] I. *adj* Sardinen(fang)-
II. *m, f* Sardinenhändler(in) *m(f)*; **El S~** Seestrand bei Santander
sardo[1] ['sarðo] *m* (*lengua*) Sardisch(e) *nt*
sardo, -a[2] ['sarðo, -a] I. *adj* aus Sardinien, sardi(ni)sch
II. *m, f* Sarde, -in *m, f*, Sardinier(in) *m(f)*
sardonia [sar'ðonja] *f* (BOT) Ranunkel *f*
sardónico, -a [sar'ðoniko, -a] *adj* (MED) sardonisch; (*movimiento*) krampfhaft; (*rostro*) verzerrt; **risa sardónica** sardonisches [*o* hämisches] Lachen
sardón [sari'rjon] *m* (BOT) Knabenkraut *nt*
sarga ['sarɣa] *f* ❶ (*tejido*) Serge *f*, Köpergewebe *nt*; **~ de lana** Wollserge *f*, Drap *m*; **~ de urdimbre** Kettköper *m*
❷ (BOT) ein Weidengewächs
sargadilla [sarɣa'ðiʎa] *f* (BOT) ein Gänsefußgewächs
sargazo [sar'ɣaθo] *m* (BOT) Beerentang *m*; **el Mar de los S~s** Sargassosee *f*
sargenta [sar'xenta] *f* ❶ (*sergenta*) Laienschwester *f* vom Jakobsorden
❷ (*mujer del sargento*) Frau *f* des Feldwebels
❸ (*mujer corpulenta*) Mannsweib *nt*
sargentear [sarxente'ar] *vt* ❶ (*mandar como sargento*) als Feldwebel kommandieren
❷ (*fam: mandar*) herumkommandieren
sargento [sar'xento] *m* (MIL) Unteroffizier *m*, Feldwebel *m*; **~ mayor** (Ober)wachtmeister *m*; (MIL) (Ober)feldwebel *m*
sargentona [sarxen'tona] *f* (*fam pey*) ❶ (*mujer hombruna*) Mannsweib *nt*
❷ (*mujer autoritaria*) Drachen *m*
sargo ['sarɣo] *m* (ZOOL) Weißbrasse *f*, große Geißbrasse *f*
sarí [sa'ri] *m* Sari *m*
sariama [sa'rjama] *f* (*Arg:* ZOOL) ein roter, langhalsiger Stelzvogel
sarmentar [sarmen'tar] *vi* (AGR) die geschnittenen Reben lesen
sarmentoso, -a [sarmen'toso, -a] *adj* rankend; (*extremidades*) knochig
sarmiento [sar'mjento] *m* Weinrebe *f*, Ranke *f*; (*leña*) Rebholz *nt*
sarna ['sarna] *f sin pl* Krätze *f*; (*de los animales*) Räude *f*; **arador de la ~** (ZOOL) Krätzmilbe *f*; **el perro cogió la ~** der Hund ist räudig geworden; **ser más viejo que la ~** (*fam*) steinalt sein; **~ con gusto no pica(, pero mortifica)** (*prov*) was nicht tötet härtet ab
sarnoso, -a [sar'noso, -a] *adj* (*persona*) krätzig, (*animal*) räudig
sarpullido [sarpu'ʎiðo] *m* ❶ (*irritación*) Hautausschlag *m*
❷ (*picadura*) Flohstich *m*
sarraceno, -a [sarra'θeno, -a] I. *adj* sarazenisch, maurisch
II. *m, f* Sarazene, -in *m, f*
sarracina [sarra'θina] *f* Schlägerei *f*, Rauferei *f*
Sarre ['sarre] *m* ❶ (*estado federado*) Saarland *nt*
❷ (*río*) Saar *f*
sarrillo [sa'rriʎo] *m* (Todes)röcheln *nt*
sarro ['sarro] *m* ❶ (MED: *de los dientes*) Zahnstein *m*; (*en la lengua*) Belag *m*
❷ (*poso*) Bodensatz *m*, Niederschlag *m*
sarroso, -a [sa'rroso, -a] *adj* (*diente*) mit Zahnstein; (*lengua*) belegt
sarta ['sarta] *f* ❶ (*hilo*) Schnur *f*, Reihe *f*; **se ha roto la ~ de perlas** die Perlenkette [*o* Perlenschnur] ist gerissen
❷ (*serie*) Reihe *f*, Serie *f*; **dijo una ~ de tonterías** er/sie sagte eine Dummheit nach der anderen
sartén [sar'ten] *f* Pfanne *f*; **ella es la que tiene la ~ por el mango** (*fam*) sie hat das Heft in der Hand; **saltar de la ~ y dar en las brasas** (*fam*) aus dem [*o* vom] Regen in die Traufe kommen
sartenada [sarte'naða] *f*: **una ~ de arroz** eine Pfanne (voll) Reis
sartenazo [sarte'naθo] *m*: **le dio un ~** er/sie schlug ihn/sie mit der Pfanne, er/sie gab ihm/ihr mit der Pfanne eins über den Kopf
sasafrás [sasa'fras] *m inv* (*Am:* BOT) Sassafras(baum) *m*
sastre, -a ['sastre, -a] *m, f* Schneider(in) *m(f)*; **cajón de ~** Schneiderkästchen *nt*; **traje ~** Kostüm *nt*; **de eso, será lo que tase un ~** (*fam*) das werden wir schon sehen
sastrería [sastre'ria] *f* Schneiderei *f*
Satán [sa'tan] *m*, **Satanás** [sata'nas] *m* Satan *m*, Teufel *m*
satánico, -a [sa'taniko, -a] *adj* teuflisch, satanisch
satanismo [sata'nismo] *m* Satanismus *m*, Teufelsverehrung *f*
satanista [sata'nista] *adj* den Satanismus betreffend, Satans-; **culto ~** Satanskult *m*
satélite [sa'telite] *m* ❶ (ASTR) Trabant *m*; (*t. artificial*) Satellit *m*; **~ de comunicaciones** Nachrichtensatellit *m*; **ciudad ~** Trabantenstadt *f*, Satellitenstadt *f*; **la Luna es el ~ de la Tierra** der Mond ist ein Satellit der Erde; **los países ~(s) de Rusia** die Satellitenstaaten Russlands
❷ (TÉC) Planetenrad *nt*; **~ del diferencial** Ausgleichskegelrad *nt*
satelizar [sateli'θar] <z→c> *vt* auf eine Erdumlaufbahn [*o* Satellitenbahn] bringen, satellisieren
satén [sa'ten] *m* Satin *m*
satín [sa'tin] *m* Satinholz *nt*
satinado, -a [sati'naðo, -a] *adj* satiniert; **papel ~** Glanzpapier *nt*, Satinpapier *nt*
satinar [sati'nar] *vt* (*papel*) glätten, satinieren
sátira ['satira] *f* Satire *f*; (*poesía*) Spottgedicht *nt*; (*escrito*) Spottschrift *f*
satiriasis [sati'rjasis] *f inv* (PSICO) Satyriasis *f*
satírico, -a [sa'tiriko, -a] I. *adj* satirisch, spöttisch
II. *m, f* Satiriker(in) *m(f)*
satirión [sati'rjon] *m* (BOT) Knabenkraut *nt*
satirizante [satiri'θante] *adj* spöttisch
satirizar [satiri'θar] <z→c> *vt* spötteln (über +*akk*)
sátiro ['satiro] *m* ❶ (*hombre lascivo*) Lustmolch *m*
❷ (*mitología*) Satyr *m*
satisfacción [satisfaɣ'θjon] *f* ❶ (*pago*) Bezahlung *f*
❷ (REL) Buße *f*
❸ (*alegría*) Befriedigung *f*, Freude *f*; **~ del cliente** Zufriedenstellung des Kunden; **~ del consumidor** (ECON) Verbraucherzufriedenheit *f*; **~ sexual** sexuelle Befriedigung; **a mi entera ~** zu meiner vollen Zufriedenheit; **es para nosotros motivo de ~** das gibt uns Anlass zur Freude
satisfacer [satisfa'θer] *irr como hacer* I. *vt* ❶ (*pagar*) (be)zahlen; **~ la penitencia por sus pecados** für seine Sünden büßen
❷ (*deseo, curiosidad*) befriedigen; (*hambre, curiosidad*) stillen; (*sed*) löschen; **~ a un cliente** einen Kunden zufrieden stellen; **~ la demanda** die Nachfrage decken; **~ todos los caprichos de sus hijos** seinen Kindern jeden Wunsch erfüllen
❸ (*requisitos*) entsprechen
❹ (*agravio*) wieder gutmachen
❺ (*deber*) lösen
II. *vr*: **~se** ❶ (*contentarse*) zufrieden sein (*con* mit +*dat*)
❷ (*agravio*) sich rächen, sich *dat* Genugtuung verschaffen
satisfactorio, -a [satisfak'torjo, -a] *adj* (*solución*) befriedigend, zufrieden stellend; **el estado del enfermo es ~** der Zustand des Kranken ist zufrieden stellend; **sus excusas no son satisfactorias** seine/ihre Entschuldigungen sind unbefriedigend; **resulta ~ comprobar que...** es ist erfreulich festzustellen, dass ...
satisfecho, -a [satis'fetʃo, -a] I. *pp de* **satisfacer**
II. *adj* (*contento*) zufrieden; (*exigencias, deseo sexual*) befriedigt; **~ de sí mismo** selbstzufrieden; **estoy ~** (*contento*) ich bin zufrieden; (*harto*) ich bin satt; **se dio por ~ con el resultado** er/sie gab sich mit dem Ergebnis zufrieden
sato ['sato] *m* (*Cuba, PRico*): (*perro*) **~** Straßenköter *m*
sátrapa ['satrapa] *m* ❶ (HIST: *gobernador*) Satrap *m*; (*elev: tirano*) Tyrann *m*
❷ (*fam: astuto*) Schlauberger *m*
saturación [satura'θjon] *f* (QUÍM) Sättigung *f*, Saturierung *f*; **~ del mercado** (ECON) Marktsättigung *f*
saturado, -a [satu'raðo, -a] *adj* (QUÍM, ECON) gesättigt; **un mercado ~** ein gesättigter Markt; **no ~** ungesättigt
saturar [satu'rar] *vt, vr*: **~se** (QUÍM, ECON) sättigen; (*con líquidos*) durchtränken; **~ la centralita** (TEL) die Telefonzentrale überlasten; **~ un mercado** einen Markt sättigen
saturnal [satur'nal] I. *adj* Saturn-, saturnisch
II. *f* ❶ (*orgía*) Orgie *f*; **los días de carnaval son verdaderas ~es a**l Karneval ist alles erlaubt (, was sonst verboten ist)
❷ *pl* (*fiestas romanas*) Saturnalien *fpl*
saturnino, -a [satur'nino, -a] *adj* ❶ (QUÍM, MED) Blei-; **cólico ~** (MED) Bleivergiftung *f*, Bleikrankheit *f*
❷ (*persona*) mürrisch
saturnismo [satur'nismo] *m* (MED) Bleivergiftung *f*, Saturnismus *m*
Saturno [sa'turno] *m* (ASTR) Saturn *m*

sauce ['sauθe] *m* (BOT) Weide *f*; ~ **blanco** Silberweide *f*; ~ **cabruno** Salweide *f*; ~ **llorón** Trauerweide *f*
saúco [sa'uko] *m* (BOT) Holunder *m*
saudade [sau'ðaðe] *f* Sehnsucht *f*; (*de la patria*) Heimweh *nt*
saudí [sau'ði] <saudíes> *v.* **saudita**
saudita [sau'ðita] **I.** *adj* saudiarabisch; **Arabia S~** Saudiarabien *nt* **II.** *mf* Saudiaraber(in) *m(f)*, Saudi *mf*
sauna ['sauna] *f* Sauna *f*
saurio ['saurjo] *m* Schuppenkriechtier *nt*; **los ~s** (*categoría*) die Echsen; (*extinguidos*) die Saurier
sauzgatillo [sauɣa'tiʎo] *m* (BOT) Mönchspfeffer *m*
savia ['saβja] *f* ❶ (BOT: *de planta*) Pflanzensaft *m*; (*de árbol*) Baumsaft *m* ❷ (*energía*) Kraft *f*, Lebenssaft *m* elev
savoir-faire [sa'βwar fer] *m* Savoir-faire *nt*, Geschicklichkeit *f*
saxafrax [saɣsa'fraɣs] *f*, **saxífraga** [saɣ'sifraɣa] *f*, **saxifragia** [saɣsi'fraxja] *f* (BOT) Steinbrech *m*, Saxifraga *f*
saxo ['saɣso] *m* (*fam*) *v.* **saxofón**
saxofón [saɣso'fon] *m* Saxophon *nt*
saxofonista [saɣsofo'nista] *mf* Saxophonist(in) *m(f)*
saxófono [saɣ'sofono] *m* Saxophon *nt*
saya ['saja] *f* (*de mujer*) Unterrock *m*; (*de hombre*) Leibrock *m*
sayal [sa'jal] *m* ❶ (*tejido*) grobes Tuch *nt* ❷ (*prenda*) Kittel *m*
sayo ['sajo] *m* langer Leibrock *m*; (*fam: vestido*) Kleid *nt*; **cortar a alguien un ~** (*fig fam*) über jdn herziehen
sayón [sa'jon] *m* ❶ (*en procesiones*) Büßer *m* ❷ (HIST: *verdugo*) Henker *m* ❸ (*hombre brutal*) Raufbold *m*
sazón [sa'θon] *f* ❶ (*condimento*) Würze *f* ❷ (*elev: madurez*) Reife *f*; **estas ciruelas están en ~** diese Pflaumen sind reif ❸ (*loc*): **a la ~** damals, seinerzeit; **en ~** zur rechten Zeit; **fuera de ~** zu einem ungünstigen Zeitpunkt
sazonado, -a [saθo'naðo, -a] *adj* ❶ (*comida*) schmackhaft ❷ (*fruta*) reif ❸ (*frase*) witzig
sazonar [saθo'nar] *vt* ❶ (*comida*) würzen ❷ (*madurar*) reifen lassen
scad [es'kaᵈ] *m sin pl* (DEP) *abr de* **Suspended Catch Air Device** Scad-Diving *nt*
scalextric® [eska'leɣstriᵏ] *m* Carrera-Bahn® *f*
scanner [es'kaner] *m* (*t.* INFOR) Scanner *m*
Schengen ['ʃeŋgen]: **convenio de ~** Schengener Abkommen *nt*
scherzo [es'kerᵈso] *m* (MÚS) Scherzo *nt*
scooter [es'kuter] *m* Motorroller *m*
scotch [es'kotʃ] <scotchs> *m* (GASTR) Scotch *m*
scout [es'kaut] <scouts> *m* Pfadfinder *m*
script [es'kripᵗ] <scripts> *m* (CINE) Drehbuch *nt*, Skript *nt*
scull [es'kul] <sculls> *m* (NÁUT) Skull *m*
se [se] *pron pers* ❶ (*forma reflexiva*) sich; ~ **peina, péina~** (*elev*) er/sie kämmt sich ❷ (*statt le(s) vor: lo, la, los, las*): **mi hermana ~ lo prestó a su amiga** meine Schwester hat es ihrer Freundin geliehen ❸ (*oración impers*) man; ~ **habla de 100 muertos** man spricht von 100 Toten; **¡ya ~ sabe!** das kennt man schon! ❹ (*oración pasiva*): ~ **confirmó la sentencia por el Tribunal Supremo** das Urteil wurde vom Obersten Gericht bestätigt; ~ **ruega no fumar** bitte nicht rauchen
sé [se] *1. pres de* **saber**
SEAT ['seat] *f abr de* **Sociedad Española de Automóviles de Turismo** SEAT
sebáceo, -a [se'βaθeo, -a] *adj* Talg-, talgartig; **glándula sebácea** (MED) Talgdrüse *f*; **quiste ~** (MED) Talggeschwulst *f*
SEBC [ese(e)βe'θe] *m* (FIN) *abr de* **Sistema Europeo de Bancos Centrales** Europäisches System der Zentralbanken
sebear [seβe'ar] *vi* (*Ven: hacer el amor*) miteinander schlafen
sebo ['seβo] *m* Talg *m*, Fett *nt*; **untar con ~** mit Fett einschmieren; **hacer ~** (*Arg: fam*) (faul) herumlungern
seborrea [seβo'rrea] *f* (MED) Seborrhö *f*, Schmerfluss *m*
seboso, -a [se'βoso, -a] *adj* talgig, fett(ig)
seca ['seka] *f* ❶ (*sequía*) Dürre *f*; (*Am: temporada*) Trockenzeit *f* ❷ (*banco de arena*) Sandbank *f*
secadero [seka'ðero, -a] *m* (*tabaco*) Trockenraum *m*, Trockenplatz *m*
secadillo [seka'ðiʎo] *m* (GASTR) Süßigkeit aus gemahlenen Mandeln, Zitronenschale, Zucker und Eiweiß
secado [se'kaðo, -a] *m* (*escurrir*) Trocknen *nt*; **el ~ en esta máquina dura diez minutos** bei dieser Maschine dauert das Trocknen zehn Minuten
secador [seka'ðor] *m* ❶ (*para la ropa*) Wäscheständer *m*; (*para las manos*) Trockner *m*; (*para el pelo*) Trockenhaube *f*; ~ **de mano** Föhn *m* ❷ (*ElSal, Nic: paño*) Küchentuch *nt*
secadora [seka'ðora] *f* (Wäsche)trockner *m*
secamente [seka'mente] *adv* ❶ (*con pocas palabras*) kurz und bündig ❷ (*ásperamente*) unwirsch
secano [se'kano] *m* ❶ (*tierra*) unbewässertes Land; **cultivo de ~** Trockenkultur *f*; **ése es de ~** (*fam*) der zieht das Land dem Meer vor ❷ (*isleta*) Sandbank *f*
secansa [se'kansa] *f* (*juego de naipes*) Sequenz *f*
secante¹ [se'kante] **I.** *adj* ❶ (*humedad*) trocknend; **papel ~** Löschpapier *nt* ❷ (MAT) schneidend; **línea ~** Sekante *f* **II.** *m* ❶ (*pintura*) Trockenmittel *nt*, Sikkativ *nt* ❷ (*papel*) Löschpapier *nt*
secante² [se'kante] *f* (MAT) Sekante *f*
secapelos [seka'pelos] *m inv* Föhn *m*, Haartrockner *m*
secar [se'kar] <c→qu> **I.** *vt* ❶ (*deshumedecer*) trocknen ❷ (*enjugar*) abtrocknen; **he secado los platos** ich habe die Teller abgetrocknet ❸ (*agostar*) vertrocknen; **el calor ha secado la hierba** durch die Hitze vertrocknete das Gras ❹ (*cicatrizar*) abheilen **II.** *vr*: **~se** ❶ (*deshumedecer*) sich trocknen ❷ (*enjugar*) sich abtrocknen ❸ (*desecarse*) austrocknen; (*fuente*) versiegen ❹ (*agostarse*) vertrocknen ❺ (*curarse*) abheilen ❻ (*enflaquecer*) abmagern ❼ (*insensibilizarse*) abstumpfen ❽ (*estar sediento*) verdursten; **~se de sed** eingehen vor Durst
secarropa [seka'rropa] *m* Wäschetrockner *m*
sección [seɣ'θjon] *f* ❶ (*cortadura, dibujo del perfil*) Schnitt *m* ❷ (*parte*) Teil *m*, Abschnitt *m*; ~ **económica** (PREN) Wirtschaftsteil *m*; ~ **de entrada/salida** (INFOR) Ein-Ausgabe-Bereich *m*; ~ **de ventas/compras** Verkaufs-/Einkaufsabteilung *f*; **director de ~** Abteilungsleiter *m*, Bereichsleiter *m*; ~ **por ~** abschnitt(s)weise ❸ (*departamento*) Abteilung *f*; ~ **de patentes** Patentabteilung *f* ❹ (*Arg: presentación*) Vorstellung *f*
seccionar [seɣθjo'nar] *vt* zerteilen, in Abschnitte unterteilen
secesión [seθe'sjon] *f* ❶ (*separación*) Sezession *f*, Abspaltung *f* ❷ (*alejamiento*) Trennung *f*
secesionismo [seθesjo'nismo] *m* (POL) Sezessionismus *m*
secesionista [seθesjo'nista] **I.** *adj* sezessionistisch **II.** *mf* Sezessionist(in) *m(f)*
seco, -a ['seko, -a] *adj* ❶ (*sin agua*) trocken; **dique ~** (NÁUT) Trockendock *nt*; **golpe ~** dumpfer Schlag; **a secas** nur, pur; **en ~** plötzlich; **dejar ~ a alguien** jdn sofort töten; **estar ~** großen Durst haben; **quedarse ~** sterben, auf der Stelle tot sein ❷ (*desecado*) gedörrt, getrocknet; **frutos ~s** Trockenfrüchte *fpl* ❸ (*río*) ausgetrocknet ❹ (*marchito*) verwelkt ❺ (*persona flaca*) dürr ❻ (*cicatriz*) abgeheilt ❼ (*persona tajante*) trocken ❽ (*vino*) trocken
secoya [se'koja] *f* (BOT) Sequoia *f*, Mammutbaum *m*
secreción [sekre'θjon] *f* ❶ (*sustancia*) Sekret *nt* ❷ (*el segregar*) Sekretion *f*
secreta [se'kreta] *f* ❶ (*oración*) Sekret *f* ❷ (*sumaria*) verdeckte Ermittlung *f* ❸ (*fam: policía*) Zivilstreife *f*
secretar [sekre'tar] *vt* sekretieren, absondern
secretaría [sekreta'ria] *f* ❶ (*oficina*) Sekretariat *nt*; **S~ de Estado** (POL) Staatssekretärsamt *nt* ❷ (*cargo*) Sekretärsposten *m* ❸ (*Am: ministerio*) Ministerium *nt*; **S~ de Gobernación** (*Méx*) Innenministerium *nt* ❹ (JUR) Kanzlei *f*; (*oficina judicial*) Geschäftsstelle *f*; ~ **del tribunal de justicia** Kanzlei des Gerichtshofes
secretariado [sekreta'rjaðo] *m* ❶ (*oficina*) Sekretariat *nt* ❷ (*cargo*) Sekretärsposten *m* ❸ (*carrera*) Sekretärslaufbahn *f*
secretario, -a [sekre'tarjo, -a] *m, f* ❶ (*de oficina*) Sekretär(in) *m(f)*; ~ **adjunto** (POL) Staatssekretär *m*; **S~ de Estado** (POL) Staatssekretär *m*; **S~ de Estado de Cultura** (POL) Kulturstaatssekretär *m*; **S~ General de las Naciones Unidas** (POL) Generalsekretär der Vereinten Nationen; ~ **con idiomas** Fremdsprachensekretär *m*; ~ **judicial** (JUR) Rechtspfleger *m*; **tengo un ~ particular** ich habe einen Privatsekretär ❷ (*Am: ministro*) Minister(in) *m(f)*; **S~ de la Defensa Nacional** (*Méx*)

secretear [sekrete'ar] *vi* (*fam*) tuscheln
Verteidigungsminister *m*
secreteo [sekre'teo] *m* (*fam*) Tuschelei *f*
secreter [sekre'ter] *m* (*mueble*) Sekretär *m*
secretismo [sekre'tismo] *m* Geheimnistuerei *f*, Geheimniskrämerei *f*
secreto¹ [se'kreto] *m* ① (*misterio*) Geheimnis *nt*; ~ **bancario** Bankgeheimnis *nt*; ~ **comercial** Geschäftsgeheimnis *nt*, Gewerbegeheimnis *nt*; ~ **de confesión** Beichtgeheimnis *nt*; ~ **de datos** Datengeheimnis *nt*; ~ **de Estado** Staatsgeheimnis *nt*; ~ **fiscal** Steuergeheimnis *nt*; ~ **postal** Briefgeheimnis *nt*, Postgeheimnis *nt*; ~ **profesional** Schweigepflicht *f*, Berufsgeheimnis *nt*; ~ **del sufragio** Wahlgeheimnis *nt*; ~ **a voces** offenes Geheimnis; **en** ~ heimlich, im Geheimen; **guardar un** ~ ein Geheimnis hüten; **mantener en** ~ geheim halten; **estar obligado a guardar** ~ (JUR) zur Verschwiegenheit verpflichtet sein
② (*receta, método*) Geheimrezept *nt*
③ (*reserva*) Vorsicht *f*
④ (*lugar*) Geheimfach *nt*
⑤ (*mecanismo*) Geheimschloss *nt*
⑥ (MÚS) Windlade *f*
secreto, -a² [se'kreto, -a] *adj* ① (*oculto*) geheim, Geheim-; **acuerdo** ~ Geheimabkommen *nt*, geheime Absprache; **informe** ~ Geheimbericht *m*; **investigador** ~ verdeckter Ermittler; **puerta secreta** Geheimtür *f*
② (*callado*) schweigsam
secretor(a) [sekre'tor(a)] *adj*, **secretorio, -a** [sekre'torjo, -a] *adj* absondernd, Sekretions-
secta ['sekta] *f* ① (*grupo*) Sekte *f*
② (*doctrina*) Sektenlehre *f*
sectario, -a ['sek'tarjo, -a] I. *adj* ① (*de secta*) sektiererisch
② (*fanático*) fanatisch
II. *m, f* ① (*de una secta*) Sektenmitglied *nt*, Sektierer(in) *m(f)*
② (*fanático*) Fanatiker(in) *m(f)*
sectarismo [sekta'rismo] *m sin pl* Sektenwesen *nt*
sector [sek'tor] *m* ① (*t.* MAT) Sektor *m*; ~ **asegurador** (ECON) Versicherungswesen *nt*; ~ **circular** Kreisausschnitt *m*; ~ **de la construcción** Baugewerbe *nt*; ~ **económico** Wirtschaftszweig *m*; ~ **esférico** Kugelsektor *m*; ~ **hotelero** Hotelgewerbe *nt*; ~ **de la informática** Computerbranche *f*; ~ **lácteo** Milchsektor *m*; ~ **multimedia** Multimediabereich *m*; ~ **primario/secundario** primärer/sekundärer Sektor; ~ **productivo** Produktionssparte *f*; ~ **público** öffentliche Hand, öffentlicher Sektor; ~ **servicios** Dienstleistungssektor *m*, Dienstleistungsbereich *m*; ~ **terciario** tertiärer Sektor; **el** ~ **sur de la ciudad** der südliche Sektor der Stadt
② (INFOR): ~ **de arranque** Bootsektor *m*; ~ **dañado** fehlerhafter Sektor; ~ **de inicialización** Bootsektor *m*
③ (*grupo*) Fraktion *f*, Gruppierung *f*
sectorial [sekto'rjal] *adj*: **huelga** ~ **de los campesinos** Streik im landwirtschaftlichen Bereich
secuaz [se'kwaθ] *mf* (*pey*) Parteigänger(in) *m(f)*
secuela [se'kwela] *f* ① Folge *f*; ~ **de una enfermedad** Folgeerscheinung einer Krankheit; **dejar** ~**s** Spuren hinterlassen
secuencia [se'kwenθja] *f* ① (*serie*) Serie *f*, Reihe *f*; ~ **binaria** (INFOR) binäre Zeichenfolge; ~ **de caracteres** (*t.* INFOR) Zeichenfolge *f*; ~ **de comandos** Befehlsfolge *f*; ~ **de control** (INFOR) Steuerungsablauf *m*; ~ **de intercalación** (INFOR) Sortierfolge *f*
② (CINE) Sequenz *f*
③ (*orden de las palabras*) Wortstellung *f*
secuencial [sekwen'θjal] *adj* sequenziell; ~ **indexado** logisch fortlaufend
secuestrador(a) [sekwestra'ðor(a)] *m(f)* Entführer(in) *m(f)*
secuestrar [sekwes'trar] *vt* ① (*raptar*) entführen
② (*embargar*) beschlagnahmen, konfiszieren
secuestro [se'kwestro] *m* ① (*rapto*) Entführung *f*
② (*bienes*) Beschlagnahme(s) *nt*, beschlagnahmte Ware *f*; ~ **extorsivo** erpresserischer Menschenraub
③ (*embargo*) Beschlagnahme *f*, Beschlagnahmung *f*
sécula ['sekula]: **para (in)** ~**,**> ~ **sin fin**<,> ~ **seculórum** für immer und ewig
secular [seku'lar] I. *adj* säkular
II. *m* Weltgeistlicher *m*, Säkularkleriker *m*
secularización [sekulariθa'θjon] *f* Säkularisation *f*
secularizar [sekulari'θar] <z→c> I. *vt* säkularisieren
II. *vr*: ~**se** *sich als Priester in den Laienstand versetzen lassen*
secundar [sekun'dar] *vt* helfen, unterstützen
secundario¹ [sekun'darjo] *m* (GEO) Mesozoikum *nt*
secundario, -a² [sekun'darjo, -a] *adj* ① (*segundo*) sekundär, zweitrangig; **cargo** ~ untergeordneter Posten; **industria secundaria** Sekundärindustrie *f*; **papel** ~ (CINE, TEAT) Nebenrolle *f*; **producto** ~ Nebenprodukt *nt*; **sector** ~ sekundärer Sektor; **esto es** ~ das ist nebensächlich
② (GEO) mesozoisch
sec(u)oya [se'kwoʝa/se'koʝa] *f* (BOT) Sequoia *f*, Mammutbaum *m*

sed [seð] *f* ① (*falta de agua*) Durst *m*; **apagar la** ~ den Durst löschen [*o* stillen]
② (*referente a plantas y al campo*) Wasserbedarf *m*; **las plantas tienen** ~ die Pflanzen brauchen Wasser
③ (*afán*) Durst *m* (*de* nach +*dat*), Sehnsucht *f* (*de* nach +*dat*); ~ **de amor** Liebesbedürfnis *nt*; ~ **de poder** Machthunger *m*
seda ['seða] *f* ① (ZOOL) Spinnfaden *m*
② (*tela*) Seide *f*; **de** ~ **natural** aus reiner Seide, reinseiden; **como una** ~ (*referente al tacto*) seidenweich; (*referente a una persona*) pflegeleicht; (*que funciona sin tropiezos*) wie am Schnürchen
③ (*cerda*) Borste *f*
sedación [seða'θjon] *f* (*calmar la excitación*) Beruhigung *f*; (*calmar el dolor*) Schmerzlinderung *f*
sedal [se'ðal] *m* ① (*caña de pescar*) Angelschnur *f*
② (MED) Faden für medizinische Zwecke; **herida en** ~ glatter Durchschuss (*ohne Organverletzungen*)
sedán [se'ðan] *m* (AUTO) Limousine *f*
sedante [se'ðante] I. *adj* schmerzlindernd; **de efecto** ~ schmerzlindernd
II. *m* Schmerzmittel *nt*
sedar [se'ðar] *vt* lindern
sedativo, -a [seða'tiβo, -a] *adj* schmerzstillend
sede ['seðe] *f* ① (*residencia*) Sitz *m*; ~ **central** Hauptsitz *m*; ~ **ficticia** (COM, JUR) Scheinsitz *m*; **la Santa S**~ der Heilige Stuhl
② (*diócesis*) Diözese *f*
sedentario, -a [seðen'tarjo, -a] *adj* sesshaft
sedentarismo [seðenta'rismo] *m sin pl* Sesshaftigkeit *f*
sedentarizar [seðentari'θar] <z→z> *vt* ansässig machen, sesshaft machen
sedente [se'ðente] *adj* sitzend
sedeño, -a [se'ðeɲo, -a] *adj* ① (*referente a la seda*) seiden
② (*referente a la cerda*) borstig
sedería [seðe'ria] *f* ① (*tienda*) Seidenwarengeschäft *nt*
② (*mercancía*) Seidenware *f*
③ (*industria*) Seidenindustrie *f*
④ (*fábrica*) Seidenspinnerei *f*
sedero, -a [se'ðero, -a] I. *adj* Seiden-; **industria sedera** Seidenindustrie *f*
II. *m, f* Seidenhändler(in) *m(f)*
sedic(i)ente [seði'θ(j)ente] *adj* so genannt; **los** ~**s intelectuales** die genannten Intelektuellen
sedición [seði'θjon] *f* Aufstand *m*
sedicioso, -a [seði'θjoso, -a] I. *adj* aufständisch; **acto** ~ Aufstand *m*
II. *m, f* Aufständische(r) *mf*
sediento, -a [se'ðjento, -a] *adj* durstig (*de* nach +*dat*); ~ **de poder** machthungrig
sedimentación [seðimenta'θjon] *f* Ablagerung *f*
sedimentar [seðimen'tar] *vt, vr*: ~**se** ① (*depositar(se)*) (sich) ablagern, (sich) absetzen
② (*sosegar(se)*) (sich) beruhigen
sedimentario, -a [seðimen'tarjo, -a] *adj* Sediment-; **rocas sedimentarias** Sedimentgestein *nt*
sedimento [seði'mento] *m* Sediment *nt*, Bodensatz *m*
sedimentología [seðimentolo'xia] *f* (GEO) Sedimentologie *f*
sedoso, -a [se'ðoso, -a] *adj* seiden, seidig; **cabello** ~ seidiges Haar
seducción [seðuk'θjon] *f* ① (*persuasión*) Verführung *f*
② (*tentación*) Verlockung *f*
seducir [seðu'θir] *irr como traducir vt* ① (*persuadir*) verführen
② (*fascinar*) verlocken
seductor(a) [seðuk'tor(a)] I. *adj* verführerisch; **artes** ~**as** Verführungskünste *fpl*; **una sonrisa** ~**a** ein verführerisches Lächeln
II. *m(f)* Verführer(in) *m(f)*
sefardí [sefar'ði] I. *adj* sephardisch
II. *mf* <*sefardíes*> Spaniole *mf*; **los** ~**es** die Sephardim
sefardita [sefar'ðita] *adj o mf v.* **sefardí**
segador(a) [seɣa'ðor(a)] I. *adj* Mäh-; **máquina** ~**a** Mähmaschine *f*, Mäher *m fam*
II. *m(f)* Mäher(in) *m(f)*
segadora [seɣa'ðora] *f* Mähmaschine *f*
segar [se'ɣar] *irr como fregar vt* ① (*guadañar*) mähen; ~ **algo en flor** (*fig*) etw im Keim ersticken
② (*amputar*) abschneiden; ~ **la vida** (*fig*) dem Leben ein Ende setzen; **se ordenó** ~ **las cabezas de los culpables** man befahl die Beschuldigten zu enthaupten
③ (*frustrar*) zerstören
segazón [seɣa'θon] *f* ① (*el segar*) Mähen *nt*, Mahd *f reg*
② (*tiempo en que se siega*) Mähzeit *f*
seglar [se'ɣlar] I. *adj* weltlich
II. *m* Laie *m*

segmentación [seɣmenta'θjon] *f* Segmentation *f*; **~ del mercado** (ECON) Marktaufteilung *f*
segmentado, -a [seɣmen̩'taðo, -a] *adj*: **animal ~** Gliedertier *nt*
segmentar [seɣmen̩'tar] *vt* segmentieren
segmento [seɣ'mento] *m* ❶ (*parte*) Segment *nt*, Abschnitt *m*
❷ (AUTO) Kolbenring *m*
❸ (LING, ZOOL) Segment *nt*, Glied *nt*
segoviano, -a [seɣo'βjano, -a] I. *adj* aus Segovia
II. *m, f* Einwohner(in) *m(f)* von Segovia
segoviense [seɣo'βjense] *adj o mf v.* **segoviano**
segregación [seɣreɣa'θjon] *f* Segregation *f*, Absonderung *f*; **~ empresarial** Betriebsaufspaltung *f*; **~ racial** Rassentrennung *f*; **~ territorial** Gebietsaufteilung *f*
segregacionismo [seɣreɣaθjo'nismo] *m sin pl* Doktrin *f* der Segregation
segregacionista [seɣreɣaθjo'nista] *mf* Befürworter(in) *m(f)* der Segregation
segregar [seɣre'ɣar] <g→gu> *vt* segregieren, trennen
segregativo, -a [seɣreɣa'tiβo, -a] *adj* absondernd, ausscheidend
segueta [se'ɣeta] *f* Laubsäge *f*
seguida [se'ɣiða] *f* (Ab)folge *f*, Reihe *f*; **de ~** ununterbrochen; **en ~** sofort
seguidilla [seɣi'ðiʎa] *f* Seguidilla *f* (*spanischer Reihentanz*)
seguidismo [seɣi'ðismo] *m* (*pey*) blindes Nacheifern *nt*
seguido, -a [se'ɣiðo, -a] *adj* ❶ (*continuo*) ununterbrochen; **acto ~** unverzüglich; **un año ~** ein ganzes Jahr
❷ (*en línea recta*) geradeaus; **por aquí ~** (immer) hier entlang; **todo ~** immer geradeaus
seguidor¹ [seɣi'ðor] *m* Rechtschreibregel *f*
seguidor(a)² [seɣi'ðor(a)] *m(f)* Anhänger(in) *m(f)*
seguimiento [seɣi'mjento] *m* ❶ (*cumplimiento*) Befolgung *f*
❷ (*persecución*) Verfolgung *f*
❸ (*sucesión*) Folge *f*
seguir [se'ɣir] *irr* I. *vt* ❶ (*suceder, ser adepto*) folgen
❷ (*perseguir*) verfolgen
❸ (*cursar*) studieren, lernen; **actualmente sigo un curso de informática** zur Zeit besuche ich einen Informatikkurs
❹ (*acompañar*) folgen; **la sigue como si fuera un perrito** er/sie läuft ihr nach wie ein treuer Hund
❺ (*continuar*): **~ adelante** weitermachen; **¡que sigas bien!** lass es dir weiterhin gut gehen!
II. *vi*: **sigue por esta calle** geh diese Straße entlang
III. *vr*: **~se** folgen
según [se'ɣun] I. *prep* gemäß +*dat*, laut +*gen/dat*; **~ eso** demnach; **~ la ley** laut Gesetz; **~ tus propias palabras** deinen eigenen Worten nach; **un porcentaje que varía ~ el mercado** ein marktabhängiger Prozentsatz; **estaba contento, ~ su sonrisa** seinem/ihrem Gesichtsausdruck nach war er/sie zufrieden
II. *adv* ❶ (*como*) wie; **~ lo convenido** wie vereinbart [*o* besprochen]; **está ~ lo dejaste** alles ist, wie du es verlassen hast
❷ (*mientras*) während; **~ hablaba iba preparándose** während er/sie sprach, machte er/sie sich fertig; **podemos hablar ~ vamos andando** wir können uns beim Laufen unterhalten
❸ (*eventualidad*) je nachdem; **~ y como** je nachdem; **~ el trabajo iré o no** je nachdem, ob ich viel Arbeit habe, werde ich gehen oder nicht
segunda [se'ɣunda] *f* ❶ (AUTO) zweiter Gang *m*
❷ (*loc*) **con ~s** mit Hintergedanken
segundero [seɣun'dero] *m* Sekundenzeiger *m*
segundilla [seɣun'diʎa] *f* (*Col*) Imbiss *m*
segundo¹ [se'ɣundo] *m* Sekunde *f*
segundo, -a² [se'ɣundo, -a] I. *adj* zweite(r, s); **segunda intención** Hintergedanke *m*; **coche de segunda mano** Gebrauchtwagen *m*; **informaciones de segunda mano** Informationen aus zweiter Hand; **primo ~** Großcousin *m*; **ropa de segunda mano** Secondhandkleidung *f*; **vive en el ~** er/sie wohnt im zweiten Stock
II. *m, f* Stellvertreter(in) *m(f)*
segundón, -ona [seɣun'don, -ona] *m, f* Zweitgeborene(r) *mf*
segur [se'ɣur] *f* ❶ (*hacha*) Beil *nt*
❷ (*hoz*) Sichel *f*
seguramente [seɣura'mente] *adv* ❶ (*de modo seguro*) mit Sicherheit
❷ (*probablemente*) wahrscheinlich
seguridad [seɣuri'ðað] *f* ❶ (*protección*) Sicherheit *f*; **S~ Social** Sozialversicherungssystem *nt*; **agentes de ~** Sicherheitspolizei *f*; **cinturón de ~** (AERO, AUTO) Sicherheitsgurt *m*; **cotización a la S~ Social** Sozialversicherungsbeitrag *m*; **departamento de ~** Polizeirevier *nt*; **empresa de ~** privater Wachdienst; **guardia de ~** Schutzpolizist *m*; **normas de ~** Sicherheitsvorschriften *fpl*; **la ~ de un empleo** die Sicherheit eines Arbeitsplatzes; **adoptar medidas de ~** Sicherheitsvorkehrungen treffen
❷ (*certeza*) Gewissheit *f*, Sicherheit *f*; **no podemos afirmar con ~ que... +***subj* wir können nicht mit Sicherheit behaupten, dass ...; **para mayor ~ te envío la carta certificada** sicherheitshalber sende ich dir den Brief als Einschreiben
❸ (*firmeza*) Bestimmtheit *f*, Sicherheit *f*; **habla con mucha ~** er/sie ist sehr sicher im Sprechen
❹ (*garantía*) Gewähr *f*, Garantie *f*
❺ (*confiabilidad*) Zuverlässigkeit *f*; **las máquinas destacan por su ~** die Maschinen zeichnen sich durch ihre Verlässlichkeit aus
seguro¹ [se'ɣuro] I. *m* ❶ (*contrato*) Versicherung *f*; **~ de accidentes** Unfallversicherung *f*; **~ adicional** Zusatzversicherung *f*; **~ de cambio** (FIN) Wechselkursversicherung *f*; **~ complementario** Nachversicherung *f*; **~ contra daños** Schadensversicherung *f*; **~ de daños por rotura** Bruchschadenversicherung *f*; **~ médico** (*privado*) (private) Krankenversicherung *f*; **~ de mutualidad** Versicherung auf Gegenseitigkeit; **~ obligatorio** Pflichtversicherung *f*; **~ de protección jurídica** Rechtsschutzversicherung *f*; **~ de responsabilidad civil** Haftpflichtversicherung *f*; **~ a riesgo parcial** (AUTO) Teilkaskoversicherung *f*; **~ a todo riesgo** (AUTO) Vollkaskoversicherung *f*; **~ de vida** [*o* **sobre la vida**] Lebensversicherung *f*; **~ de vida en capital** Kapitallebensversicherung *f*; **~ de la vivienda** Hausratversicherung *f*; **~ voluntario** freiwillige Versicherung; **agente de ~s** Versicherungsvertreter *m*; **compañía de ~s** Versicherungsgesellschaft *f*; **corredor de ~s** Versicherungsmakler *m*; **prima de ~s** Versicherungsprämie *f*; **contratar** [*o* **suscribir**] **un ~** eine Versicherung abschließen; **esto lo paga el ~** das zahlt die Versicherung; **el mes que viene tenemos que pagar el ~ del coche** kommenden Monat müssen wir die Kfz-Versicherung bezahlen
❷ (*salvoconducto*) Geleitbrief *m*
❸ (*mecanismo*) Sicherung *f*
II. *adv* sicherlich; **~ que vendrá pronto** er/sie kommt sicher bald; **~ que no es fácil** es ist sicher(lich) nicht einfach; **a buen** [*o* **de**] [*o* **al**] **~** sicherlich; **en ~** unbeschadet; **sobre ~** ohne Risiko; **tener ~ algo** (sich *dat*) etw *gen* sicher sein
seguro, -a² [se'ɣuro, -a] *adj* ❶ (*exento de peligro*) sicher; **empleo ~** sicherer Arbeitsplatz; **inversión segura** (FIN) sichere Kapitalanlage
❷ (*firme*) fest
❸ (*sólido*) solide
❹ (*convencido*) sicher; **~ de sí mismo** selbstsicher; **¿estás ~?** bist du (dir) sicher?
seis [seis] I. *adj inv* sechs; *v. t.* **ocho**
II. *m inv* Sechs *f*
seisavo¹ [sei'saβo] *m* Sechseck *nt*
seisavo, -a² [sei'saβo, -a] *adj* sechstel; *v. t.* **octavo**
seiscientos, -as [seis'θjentos, -as] *adj* sechshundert; *v. t.* **ochocientos**
seisillo [sei'siʎo] *m* (MÚS) Sextole *f*
seísmo [se'ismo] *m* Erdbeben *nt*
selección [selek'θjon] *f* ❶ (*elección*) Auswahl *f*; (DEP) Auswahl *f*, Auswahlmannschaft *f*; **~ de candidatos** Kandidatenauswahl *f*; **~ nacional de fútbol** Fußballnationalmannschaft *f*; **~ natural** Selektion *f*, natürliche Auslese; **~ variada** reichhaltige Auswahl; **equipo de ~** (DEP) Auswahlmannschaft *f*
seleccionador(a) [selekθjona'ðor(a)] *m(f)* (DEP) Trainer(in) *m(f)*
seleccionar [selekθjo'nar] *vt* auswählen, aussuchen; (*para la crianza*) selektieren; **~ candidatos** Kandidaten auswählen
selectividad [selektiβi'ðað] *f* ❶ (*elección*) Auswahl *f*
❷ (*selección*) Selektion *f*
❸ (UNIV) Eignungsprüfung *f* für die Aufnahme an einer spanischen Universität
selectivo¹ [selek'tiβo] *m* Vorbereitungskurs *m*
selectivo, -a² [selek'tiβo, -a] *adj* Wahl-, selektiv, auserwählt; **método ~** Auswahlmethode *f*
selecto, -a [se'lekto, -a] *adj* erlesen, ausgewählt; **cliente ~** ausgewählter Kunde; **vinos ~s** erlesene Weine
selector¹ [selek'tor] *m* Regler *m*; **~ de cambio de marcha** Schalthebel *m*; **~ de temperaturas** Temperaturregler *m*
selector(a)² [selek'tor(a)] *adj* Wähl-; **disco ~** Wählscheibe *f*
selénico, -a [se'leniko, -a] *adj* (ASTR) selenologisch
selenio [se'lenjo] *m* (QUÍM) Selen *nt*
selenita¹ [sele'nita] *mf* Mondbewohner(in) *m(f)*
selenita² [sele'nita] *f* Selenit *m*, Gips *m*
selenitoso, -a [seleni'toso, -a] *adj* gipshaltig
selenografía [selenoɣra'fia] *f sin pl* (ASTR) Selenographie *f*
selenosis [sele'nosis] *f inv* (MED) weiße Nagelflecken *mpl*
self-service [self'serβis] *m sin pl* Selbstbedienung *f*
sellado, -a [se'ʎaðo, -a] *adj* ❶ (*timbrado*) abgestempelt
❷ (*concluido*) besiegelt
❸ (*cerrado*) versiegelt
selladura [seʎa'ðura] *f* Versiegelung *f*
sellar [se'ʎar] *vt* ❶ (*timbrar*) stempeln
❷ (*dejar huella*) Spuren hinterlassen

③ (*concluir*) besiegeln
④ (*precintar*) siegeln
⑤ (*cerrar*) versiegeln; **selló los labios** er/sie bewahrte Stillschweigen
⑥ (GASTR) kurz anbraten
sello ['seʎo] *m* ① (*instrumento y marca*) Stempel *m*; ~ **de caucho** Gummistempel *m*; ~ **de garantía** Gütezeichen *nt*; ~ **oficial** Dienststempel *m*
② (*viñeta*) Marke *f*; ~ (**postal**) Briefmarke *f*
③ (*precinto*) Siegel *nt*; **cerrar con un** ~ versiegeln
④ (*distintivo*) Kennzeichen *nt*; **esta película lleva el** ~ **de su director** dieser Film trägt [*o verrät*] die Handschrift seines Regisseurs
⑤ (*anillo*) Siegelring *m*
⑥ (MED) Oblate *f*
Seltz [selθ]: **agua de** ~ Selter(s)wasser *nt*
selva ['selβa] *f* (*dichter*) Wald *m*, Dschungel *m*; **S~ Negra** Schwarzwald *m*; ~ **virgen** Urwald *m*
selvático, -a [sel'βatiko, -a] *adj* ① (*relativo a la selva*) (Ur)wald-, Dschungel-; **flora selvática** Urwaldflora *f*
② (*salvaje*) wild
semáforo [se'maforo] *m* ① (*de circulación*) (Verkehrs)ampel *f*
② (*telégrafo óptico*) Semaphor *m o nt*, Signalmast *m*
semana [se'mana] *f* Woche *f*; **S~ Santa** Karwoche *f*; **fin de** ~ Wochenende *nt*; **durante** ~**s** (**enteras**) wochenlang; **entre** ~ unter der Woche, wochentags
semanada [sema'naða] *f* Wochenlohn *m*
semanal [sema'nal] *adj* wöchentlich, Wochen-; **revista** ~ Wochenzeitschrift *f*; **sueldo** ~ Wochenlohn *m*
semanario¹ [sema'narjo] *m* ① (*periódico*) Wochenzeitung *f*
② (*conjunto de siete unidades*): ~ **de pulseras** Armband aus sieben Ketten
semanario, -a² [sema'narjo, -a] *adj* Wochen-
semanero, -a [sema'nero, -a] I. *adj* wochenweise arbeitend
II. *m, f* Wochenlöhner(in) *m(f)*
semanilla [sema'niʎa] *f* (REL) Oster-Gebetbuch *nt*
semantema [seman'tema] *m* (LING) Semantem *nt*
semántica [se'mantika] *f sin pl* (LING) Semantik *f*
semántico, -a [se'mantiko, -a] *adj* (LING) semantisch
semasiología [semasjolo'xia] *f sin pl* (LING) Semasiologie *f*
semasiológico, -a [semasjo'loxiko, -a] *adj* (LING) semasiologisch
semblante [sem'blante] *m* (*cara*) Gesicht *nt*
② (*expresión*) Miene *f*, Gesichtsausdruck *m*; **tiene un** ~ **alegre** er/sie macht einen glücklichen Eindruck; **componer el** ~ ernst werden, ein ernstes Gesicht machen
semblantear [semblante'ar] *vt* (*Am*) den Gesichtsausdruck beobachten (*a* von +*dat*)
semblanza [sem'blanθa] *f* ① (*parecido*) Ähnlichkeit *f*
② (*bosquejo biográfico*) Kurzbiografie *f*, Lebenslauf *m*
sembrada [sem'braða] *f v.* **sembrado¹**
sembrado¹ [sem'braðo] *m* Saatfeld *nt*
sembrado, -a² [sem'braðo,-a] *adj* (*fam*): **estar** ~ einfallsreich sein; **perejil mal** ~ schütterer Bart
sembrador(a) [sembra'ðor(a)] *m(f)* Säer(in) *m(f)*
sembradora [sembra'ðora] *f* Sämaschine *f*
sembrar [sem'brar] <e→ie> *vt* ① (*plantar*) säen
② (*esparcir*) streuen; ~ **una calle de flores** eine Straße mit Blumen bestreuen; ~ **para el futuro** für die Zukunft vorsorgen; ~ **el terror** Angst verbreiten
semejante [seme'xante] I. *adj* ① (*similar*) ähnlich
② (*tal*) solch; **nunca había visto un tomate** ~ ich habe noch nie solch eine Tomate gesehen
II. *m* Mitmensch *m*
semejanza [seme'xanθa] *f* ① (*similitud*) Ähnlichkeit *f*
② (LING) Vergleich *m*
semejar [seme'xar] I. *vi* ähneln
II. *vr*: ~**se** sich ähneln; ~**se a alguien** jdm ähneln
semejos [se'mexos] *mpl* (*Col*): **darse** ~ sich ähneln
semema [se'mema] *m* (LING) Semem *nt*
semen ['semen] *m* ① (*espermatozoide*) Sperma *nt*
② (*semilla*) Samen *m*
semencontra [semeŋ'kontra] *m* (MED) Wurmsamen *m*, Zitwer *m*
semental [semen'tal] I. *adj* ① (*relativo a la siembra*) Saat-
② (*relativo al animal*) Zucht-; **caballo** ~ Zuchthengst *m*, Deckhengst *m*
II. *m* Zuchttier *nt*
sementar [semen'tar] <e→ie> *vt* säen
sementera [semen'tera] *f* ① (*siembra*) Säen *nt*, Aussaat *f*
② (*sembrado*) Saatfeld *nt*
③ (*cosa sembrada*) Saat *f*
④ (*tiempo para sembrar*) Saatzeit *f*
semestral [semes'tral] *adj* halbjährig; (UNIV) Semester-
semestre [se'mestre] *m* Halbjahr *nt*; ~ **de verano/de invierno** (UNIV) Sommer-/Wintersemester *nt*
semiabandonado, -a [semiaβando'naðo, -a] *adj* halb verlassen
semiacabado¹ [semiaka'βaðo] *m* (ECON) Halbfabrikat *nt*, Halbfertigprodukt *nt*
semiacabado, -a² [semiaka'βaðo, -a] *adj* halbfertig; **producto** ~ (ECON) Halbfabrikat *nt*, Halbfertigprodukt *nt*
semiárido, -a [semi'ariðo, -a] *adj* (GEO) semiarid; **clima** ~ semiarides Klima
semiautomático, -a [semiauto'matiko, -a] *adj* halbautomatisch
semicadencia [semika'ðenθja] *f* (MÚS) unvollkommene Kadenz *f*
semicilíndrico, -a [semiθi'lindriko, -a] *adj* (MAT) halbzylindrisch
semicircular [semiθirku'lar] *adj* halbkreisförmig
semicírculo [semi'θirkulo] *m* (MAT) Halbkreis *m*; ~ **graduado** Winkelmesser *m*
semicircunferencia [semiθirkumfe'renθja] *f* (MAT) Halbkreisbogen *m*
semiconciencia [semikon'θjenθja] *f sin pl* Halbbewusstsein *nt*
semiconductor¹ [semikonduk'tor] *m* (ELEC) Halbleiter *m*
semiconductor(a)² [semikonduk'tor(a)] *adj* (ELEC) Halbleiter-; **técnica** ~**a** Halbleitertechnik *f*
semiconsciente [semikonsˈθjente] *adj* halb bei Bewusstsein
semiconsonante [semikonso'nante] *f* (LING) Halbkonsonant *m*
semicorchea [semikor'tʃea] *f* (MÚS) Sechzehntelnote *f*
semicultismo [semikul'tismo] *m* (LING) halbgehobener Ausdruck *m*
semiculto, -a [semi'kulto, -a] *adj* halbgebildet
semiderruido, -a [semiðerru'iðo, -a] *adj* halb zerstört
semidesconocido, -a [semiðeskono'θiðo, -a] *adj* nicht sehr bekannt
semidesértico, -a [semiðe'sertiko, -a] *adj* ① (*vacío*) halb leer
② (*abandonado*) halb verlassen
semidesierto [semiðe'sjerto] *m* Halbwüste *f*
semidesnatado, -a [semiðesna'taðo, -a] *adj* halbfett; **yogur** ~ Halbfettjog(h)urt *m o nt*
semidesnudo, -a [semiðes'nuðo, -a] *adj* halb nackt
semidiámetro [semi'ðjametro] *m* (ASTR, MAT) Halbmesser *m*
semidiesel [semi'ðjesel] *m* (AUTO) Halbdiesel(motor) *m*
semidiós, -osa [semi'ðjos, -osa] *m, f* Halbgott, -göttin *m, f*
semidormido, -a [semiðor'miðo, -a] *adj* halb im Schlaf, im Halbschlaf
semiduro, -a [semi'ðuro, -a] *adj* halb hart, mittelhart
semieje [semi'exe] *m* (MAT, TÉC) Halbachse *f*
semielaborado, -a [semielaβo'raðo, -a] *adj* halb fertig
semienterrado, -a [semiente'rraðo, -a] *adj* halb begraben
semiesfera [semies'fera] *f* Halbkugel *f*
semiesférico, -a [semies'feriko, -a] *adj* halbkugelförmig
semiestatal [semiesta'tal] *adj* halbstaatlich
semifinal [semifi'nal] *f* (DEP) Halbfinale *nt*; **pasar a la** ~ das Halbfinale erreichen
semifinalista [semifina'lista] *mf* (DEP) Halbfinalist(in) *m(f)*
semifondo [semi'fondo] *m* (DEP): **carrera de** ~ Mittelstreckenlauf *m*
semifusa [semi'fusa] *f* (MÚS) Vierundsechzigstelnote *f*
semigraso, -a [semi'ɣraso, -a] *adj* halbfett, Halbfett-; **margarina semigrasa** Halbfettmargarine *f*
semiinconsciente [semi(i)ŋkonsˈθjente] *adj* halb bewusstlos, bei halbem Bewusstsein
semiindependiente [semi(i)ndepen'djente] *adj* teilweise unabhängig
semilla [se'miʎa] *f* Samen *m*, Samenkorn *nt*, Keim *m*; **la envidia es la** ~ **de la discordia** der Neid ist der Keim der Zwietracht
semillero [semi'ʎero] *m* ① (*sementera*) Saatfeld *nt*
② (*origen*) Keim *m*
semilunar [semilu'nar] *adj* halbmondförmig
semilunio [semi'lunjo] *m* (ASTR) Halbmond *m*
semimundo [semi'mundo] *m* Halbwelt *f*
seminal [semi'nal] *adj* Samen-; **cápsula** ~ Samenkapsel *f*; **vesícula** ~ Samenbläschen *nt*
seminario [semi'narjo] *m* ① (ENS) Seminar *nt*; **asistir a un** ~ **de lexicografía** an einem Seminar über Lexikographie teilnehmen
② (*origen*) Keim *m*
③ (*sementera*) Saatfeld *nt*
④ (REL: *iglesia católica*) (Priester)seminar *nt*; (*iglesia protestante*) (Prediger)seminar *nt*
seminarista [semina'rista] *mf* ① (REL) Seminarist(in) *m(f)*
② (ENS) Seminarteilnehmer(in) *m(f)*
seminternado [seminter'naðo] *m* Internat mit Verpflegung, aber ohne Übernachtung
seminuevo, -a [semi'nweβo, -a] *adj* fast neu
semioculto, -a [semio'kulto, -a] *adj* halb verborgen
semiología [semjolo'xia] *f sin pl* (LING, MED) Semiologie *f*, Semiotik *f*
semiológico, -a [semjo'loxiko, -a] *adj* (LING, MED) semiologisch
semiólogo, -a [se'mjoloɣo, -a] *m, f* (LING) Semiologe, -in *m, f*
semiolvidado, -a [semiolβi'ðaðo, -a] *adj* halb vergessen, halb in Ver-

semioruga [semio'ruɣa] f (MIL) Halbkettenfahrzeug nt
gessenheit geraten
semioscuridad [semioskuri'ðað] f Halbdunkel nt
semiotecnia [semjo'teɣnja] f (MÚS) Notenkunde f, Notenschrift f
semiótica [se'mjotika] f sin pl (LING, MED) Semiotik f, Semiologie f
semiótico, -a [se'mjotiko, -a] adj semiotisch
semipelagianismo [semipelaxja'nismo] m (REL) Semipelagianismus m
semiperiodo [semipe'rjoðo] m, **semiperíodo** [semipe'rioðo] m (ELEC) Halbwelle f, Halbperiode f
semipermeable [semiperme'aβle] adj semipermeabel, halbdurchlässig
semipesado, -a [semipe'saðo, -a] adj halbschwer, mittelschwer; **peso ~** (DEP) Halbschwergewicht nt
semiplano [semi'plano] adj (MAT) halbflach
semiprecioso, -a [semipre'θjoso, -a] adj: **piedra semipreciosa** Halbedelstein m
semiproducto [semipro'ðukto] m Halbfertigware f, Halbfabrikat nt
semirrecta [semi'rrekta] f Halbgerade f
semirrecto, -a [semi'rrekto, -a] adj: **ángulo ~** 45°-Winkel m
semirredondo, -a [semirre'ðondo, -a] adj halbrund
semirremolque [semirre'molke] m Sattelanhänger m
semirrígido, -a [semi'rrixiðo, -a] adj (AERO) halbstarr, halbsteif
semiseco, -a [semi'seko, -a] adj halbtrocken; (champán) demi-sec
semisótano [semi'sotano] m Halbsouterrain nt
semisuma [semi'suma] f (MAT) halbe Summe f
semita [se'mita] I. adj semitisch
II. mf Semit(in) m(f)
semítico, -a [se'mitiko, -a] adj semitisch
semitismo [semi'tismo] m sin pl ① (referente a las costumbres) semitische Wesensart f
② (referente al lenguaje) semitische Spracheigentümlichkeit f
semitono [semi'tono] m (MÚS) Halbton m
semitransparente [semitraⁿspa'rente] adj halbtransparent
semitrino [semi'trino] m (MÚS) Pralltriller m
semiurbano, -a [semiur'βano, -a] adj halburban
semivacío, -a [semiβa'θio] adj halb leer
semivida [semi'βiða] f (FÍS) Halbwertszeit f
semivivo, -a [semi'βiβo, -a] adj ≈quasilebendig
semivocal [semiβo'kal] I. adj (LING) halbvokalisch
II. f (LING) Halbvokal m
sémola ['semola] f Grieß m
semoviente [semo'βjente] adj: **bienes ~s** bewegliche Güter
sempervirente [semperβi'rente] adj immergrün
sempiterno, -a [sempi'terno, -a] adj immerwährend, ewig
sen [sen] m ① (planta) Sennesblätterstrauch m
② (moneda) Sen m
sena ['sena] f ① (planta) Sennesblätterstrauch m
② pl (dado) Sechserpasch m
Sena ['sena] m Seine f
senado [se'naðo] m Senat m
senador(a) [sena'ðor(a)] m(f) Senator(in) m(f)
senario¹ [se'narjo] m (LIT) sechssilbiger Vers m
senario, -a² [se'narjo, -a] adj (seis piezas) sechsteilig; (seis cifras) sechsstellig
senatorial [senato'rjal] adj senatorisch; **comisión ~** Senatsausschuss m
S. en C. [soðje'ðað eⁿ komaⁿ'dita] abr de **Sociedad en comandita** KG f
sencillamente [senθiʎa'mente] adv schlicht und einfach, schlichtweg, schlechthin
sencillez [senθi'ʎeθ] f ① (simplicidad) Einfachheit f
② (naturalidad) Schlichtheit f
③ (sinceridad) Aufrichtigkeit f
④ (candidez) Einfältigkeit f
⑤ (de poco espesor) Dünne f
sencillo, -a [sen'θiʎo, -a] adj ① (simple) einfach; **es un trabajo muy ~** das ist eine sehr einfache Arbeit
② (natural) schlicht; **gente sencilla** einfache Leute
③ (sincero) aufrichtig
④ (cándido) einfältig
⑤ (fino) dünn
senda ['senda] f ① (camino) Pfad m, Fußweg m; (resultado del paso) Trampelpfad m; **~ cubierta de grava** Kiesweg m; **~ del jardín** Gartenweg m
② (método) Weg m
senderear [sendere'ar] I. vt ① (guiar) einen Pfad entlangführen
② (abrir senda) einen Pfad schlagen (durch +akk)
II. vi (fig) neue Wege beschreiten
senderismo [sende'rismo] m Wandern nt
senderista [sende'rista] mf ① (caminante) Wanderer, -in m, f

② (POL) Anhänger der peruanischen Guerrillabewegung 'Sendero Luminoso'
sendero [sen'dero] m v. **senda**
sendos, -as ['sendos, -as] adj: **llegamos en ~ coches** wir kamen jeder mit seinem Wagen
séneca ['seneka] m sehr weiser Mann m
senectud [senek'tuð] f Greisenalter nt
Senegal [sene'ɣal] m Senegal m
senegalés, -esa [seneɣa'les, -esa] I. adj senegalesisch
II. m, f Senegalese, -in m, f
senequismo [sene'kismo] m (FILOS) Lehre f des Philosophen Seneca
senil [se'nil] adj greisenhaft, senil
senilidad [senili'ðað] f ① (decrepitud) Greisenhaftigkeit f, Senilität f
② (senectud) Greisenalter nt
sénior ['senjor] I. adj senior
II. mf (t. DEP) Senior(in) m(f)
seno ['seno] m ① (concavidad) Vertiefung f; **~ de la ola** Wellental nt
② (ANAT, MAT) Sinus m; **~ de un ángulo** Sinus eines Winkels; **~ frontal** Stirnhöhle f
③ (matriz) Schoß m; **en el ~ de la familia** im Schoß der Familie
④ (pecho) Brust f
sensación [sensa'θjon] f ① (sentimiento) Gefühl nt, Empfindung f; **~ de frío** Kältegefühl nt; **~ de soledad** Einsamkeitsgefühl nt; **tengo la ~ de que está enfadado** ich habe das Gefühl, dass er beleidigt ist
② (efecto sorprendente) Sensation f; **causar ~** Aufsehen erregen; **de ~** Aufsehen erregend
sensacional [sensaθjo'nal] adj sensationell, Aufsehen erregend
sensacionalismo [sensaθjona'lismo] m sin pl Sensationsgier f, Sensationssucht f
sensacionalista [sensaθjona'lista] I. adj sensationslüstern; **prensa ~** Sensationspresse f
II. mf sensationslüsterne Person f
sensatez [sensa'teθ] f Besonnenheit f
sensato, -a [sen'sato, -a] adj besonnen
sensibilidad [sensiβili'ðað] f Sensibilität f
sensibilización [sensiβiliθa'θjon] f (t. FOTO) Sensibilisierung f
sensibilizado, -a [sensiβili'θaðo, -a] adj (FOTO) lichtempfindlich, sensibilisiert
sensibilizador [sensiβiliθa'ðor] m (FOTO) Sensibilisator m
sensibilizar [sensiβili'θar] <z→c> vt (t. FOTO) sensibilisieren
sensible [sen'siβle] I. adj ① (sensitivo) empfindlich (a gegen +akk), sensibel (a gegen +akk); **~ a los cambios de tiempo** wetterfühlig; **~ a la luz** lichtempfindlich; **pérdida ~** empfindlicher [o schmerzlicher] Verlust; **es una persona muy ~** er/sie ist ein sehr sensibler Mensch
② (perceptible) wahrnehmbar
II. f (MÚS) Leitton m
sensiblemente [sensiβle'mente] adv ① (perceptible) spürbar
② (doloroso) schmerzlich
sensiblería [sensiβle'ria] f Gefühlsduselei f
sensiblero, -a [sensi'βlero, -a] adj gefühlsdus(e)lig
sensilio [sen'siljo] m (ZOOL) Sinnesorgan nt der Insekten
sensitiva [sensi'tiβa] f (BOT) Mimose f
sensitivo, -a [sensi'tiβo, -a] adj ① (sensorial) Sinnes-; **tacto ~** Gefühlssinn m
② (sensible) empfindsam, sensibel
③ (sensual) sinnlich
sensitometría [sensitome'tria] f (FÍS, FOTO, QUÍM) Sensitometrie f
sensor [sen'sor] m Sensor m; **~ de lluvia** (AUTO) Regensensor m
sensorial [senso'rjal] adj sensorisch, Sinnes-; **órgano ~** Sinnesorgan nt
sensorio¹ [sen'sorjo] m Bewusstsein m
sensorio, -a² [sen'sorjo, -a] adj v. **sensorial**
sensual [sensu'al] adj sinnlich; **labios ~es** sinnliche Lippen
sensualidad [senswali'ðað] f sin pl Sinnlichkeit f
sensualismo [senswa'lismo] m sin pl ① (sensualidad) Sinnlichkeit f
② (FILOS) Sensualismus m
sentada [sen'taða] f ① (tiempo) Zeitraum, den jd sitzend verbringt; **de una ~** in einem Rutsch; **hacer una ~** eine lange Sitzung abhalten
② (protesta) Sitzstreik m, Sit-in nt
sentado, -a [sen'taðo, -a] adj ① (sensato) besonnen; **palabras sentadas** sorgfältig abgewogene Worte
② (BOT) ohne Blütenstiel
③ (loc): **dar algo por ~** etw nicht in Frage [o infrage] stellen; **doy por ~ que él acudirá** für mich steht fest, dass er kommt
sentador(a) [senta'ðor(a)] adj (Arg, Chil: prenda de vestir) gut sitzend
sentar [sen'tar] <e→ie> I. vi: **~ bien/mal** (comida) gut/schlecht bekommen; (vestidos) gut/schlecht stehen; **~ como un tiro** auf den Magen schlagen; **su visita me sentó como un tiro** ich war völlig entsetzt über seinen/ihren Besuch
II. vt setzen; **estar sentado** sitzen; **estar bien sentado** (fig) gut situiert

sentencia

sein
III. *vr:* ~**se** ❶ (*asentarse*) sich setzen; **¡siéntese!** nehmen Sie Platz!
❷ (*establecerse*) sich niederlassen
❸ (*estabilizarse*) sich stabilisieren
sentencia [senˈtenθja] *f* ❶ (*proverbio*) Sentenz *f*, Sinnspruch *m*
❷ (JUR: *dictamen*) Urteil *nt*; ~ **arbitral** Schiedsurteil *nt*; ~ **condenatoria** Strafurteil *nt*; ~ **de casación** Revisionsurteil *nt*; ~ **declarativa** Feststellungsurteil *nt*; ~ **definitiva** Endurteil *nt*; ~ **de embargo** Pfändungsausspruch *m*; ~ **estimativa** stattgebendes Urteil; ~ **de exequátur** Vollstreckungsurteil *nt*; ~ **firme** rechtskräftiges Urteil; ~ **incidental** Zwischenurteil *nt*; ~ **indemnizatoria** Schadensersatzurteil *nt*; ~ **inhibitoria** Unterlassungsurteil *nt*; ~ **interpretativa** Auslegungsurteil *nt*; ~ **judicial** Gerichtsurteil *nt*; ~ **jurisdiccional** Richterspruch *m*; ~ **de nulidad** Nichtigkeitsurteil *nt*; ~ **en rebeldía** Versäumnisurteil *nt*; ~ **reformatoria** Abänderungsurteil *nt*; **presentación de la ~** Niederlegung des Urteils; **publicación de la ~** Bekanntmachung des Urteils; **dictar ~** das Urteil sprechen; **cumplir la ~** das Urteil ausführen; **redactar una ~** ein Urteil abfassen
sentenciador(a) [sentenθjaˈðor(a)] *adj* urteilend; (*que condena*) verurteilend
sentenciar [sentenˈθjar] *vt* ❶ (*decidir*) urteilen
❷ (*condenar*) verurteilen (*a* zu +*dat*); ~ **a muerte** zum Tode verurteilen
sentencioso, -a [sentenˈθjoso, -a] *adj* ❶ (*instructivo*) sentenziös
❷ (*grave*) schulmeisterlich
sentidamente [sentiðaˈmente] *adv* ❶ (*con sentimiento*) mit Gefühl, gefühlvoll
❷ (*con lamentación*) mit Bedauern
sentido[1] [senˈtiðo] *m* Sinn *m*; ~ **común** gesunder Menschenverstand; ~ **del deber** Pflichtgefühl *nt*; ~ **del derecho** Rechtsempfinden *nt*; ~ **del humor** Sinn für Humor; ~ **del olfato** Geruchssinn *m*; **sexto ~** sechster Sinn; **en el ~ de la flecha** in Pfeilrichtung; **en el ~ de las agujas del reloj** im Uhrzeigersinn; **costar un ~** sündhaft teuer sein; **estar con los cinco ~s en el asunto** voll bei der Sache sein; **estar sin ~** bewusstlos sein; **perder el ~** in Ohnmacht fallen; **¡esto no tiene ~!** das hat keinen Sinn!
sentido, -a[2] [senˈtiðo, -a] *adj* ❶ (*conmovido*) tief empfunden, innig
❷ (*sensible*) empfindlich; **ser muy ~** leicht einschnappen, keinen Spaß verstehen
sentimental [sentimenˈtal] *adj* sentimental
sentimentalismo [sentimentaˈlismo] *m* Sentimentalität *f*
sentimentaloide [sentimentaˈloiðe] *mf* (*pey*) gefühlsdusliger Mensch *m*
sentimiento [sentiˈmjento] *m* ❶ (*emoción*) Gefühl *nt*, Empfindung *f*; **una persona sin ~s** eine gefühllose Person
❷ (*pena*) Bedauern *nt*, Verdruss *m*; **le acompaño en el ~** (mein) herzliches Beileid
sentina [senˈtina] *f* ❶ (NÁUT) Bilge *f*
❷ (*cloaca*) Kloake *f*
❸ (*lugar de vicio*) Sündenbabel *nt*
sentir [senˈtir] *irr* I. *vt* ❶ (*percibir*) fühlen, spüren; **siento frío** mir ist kalt; **sin ~** unvermittelt
❷ (*opinar*) meinen
❸ (*lamentar*) bedauern; **lo siento mucho** es tut mir sehr leid; **siento que... +***subj* schade, dass ...
II. *vr:* ~**se** (*estar*) sich fühlen; **me siento mal** ich fühle mich schlecht
❷ (*padecer*) Beschwerden [*o* Schmerzen] haben (*de* in +*dat*)
❸ (*agrietarse*) rissig werden, Risse bekommen
❹ (*pudrirse*) (ver)faulen
III. *m* ❶ (*opinión*) Meinung *f*; **~ popular** öffentliche Meinung; **en mi ~** meiner Meinung nach
❷ (*sentimiento*) Gefühl *nt*
seña [ˈseɲa] *f* ❶ (*gesto*) Zeichen *nt*, Wink *m*; **hacer ~s** winken
❷ (*particularidad*) Kennzeichen *nt*, Merkmal *nt*; **~s mortales** unverwechselbare Kennzeichen; **por más ~s** außerdem
❸ *pl* (*dirección*) Adresse *f*, Anschrift *f*
señal [seˈɲal] *f* ❶ (*particularidad*) Kennzeichen *nt*, Merkmal *nt*
❷ (*signo*) Zeichen *nt*, Signal *nt*; ~ **de la cruz** Kreuzzeichen *nt*; ~ **de tráfico** Verkehrszeichen *nt*; **en ~ de** als Zeichen +*gen*; **dar ~es de vida** (*fig*) von sich hören lassen, Lebenszeichen von sich geben
❸ (*teléfono*) Freizeichen *nt*
❹ (*huella*) Spur *f*
❺ (*cicatriz*) Narbe *f*
❻ (*adelanto*) Anzahlung *f*; **paga y ~** Anzahlung *f*; **dejar una ~** eine Anzahlung leisten
❼ (INFOR) Signal *nt*; ~ **digital** digitales Signal; ~ **de salida** Ausgangssignal *nt*
señaladamente [seɲalaðaˈmente] *adv* ❶ (*expresamente*) ausdrücklich

❷ (*extraordinariamente*) besonders
señalado, -a [seɲaˈlaðo, -a] *adj* ❶ (*famoso*) berühmt
❷ (*importante*) bedeutend, wichtig
❸ (*insigne*) hervorragend
señalamiento [seɲalaˈmjento] *m* ❶ (*acción de marcar*) Markierung *f*, Kennzeichnung *f*
❷ (*acción de fijar*) Festsetzung *f*
❸ (JUR) Anberaumung *f*
señalar [seɲaˈlar] I. *vt* ❶ (*anunciar*) signalisieren, anzeigen
❷ (*marcar*) kennzeichnen, markieren
❸ (*estigmatizar*) brandmarken, zeichnen
❹ (*mostrar*) zeigen
❺ (*indicar*) hinweisen (auf +*akk*)
❻ (*fijar*) festlegen
❼ (*firmar*) abzeichnen
II. *vr:* ~**se** sich hervorheben
señalización [seɲaliθaˈθjon] *f* Beschilderung *f*
señalizar [seɲaliˈθar] <z→c> *vt* beschildern
señera [seˈɲera] *f* ❶ (*bandera*) Banner *nt*
❷ (POL) offizielle Flagge Kataloniens
señero, -a [seˈɲero, -a] *adj* ❶ (*levantando la señera*) bannerführend
❷ (*solitario*) einsam
❸ (*único*) einzigartig, unvergleichlich
❹ (*importante*) bedeutend, wichtig
señor(a) [seˈɲor(a)] I. *adj* ❶ (*fam*) (*noble*) vornehm
❷ (*enorme*) gewaltig, Mords- *fam*; **~a casa** Mordshaus *nt fam*
II. *m(f)* ❶ (*dueño, dueña*) Herr(in) *m(f)* (*de* über +*akk*)
❷ (*hombre*) Mann *m*; (*mujer*) Frau *f*; (*dama*) Dame *f*; **¡~as y ~es!** meine Damen und Herren!; **~a de compañía** Anstandsdame *f*
❸ (*título*) Herr *m*, Frau *f*; **su ~a** seine/Ihre (Ehe)frau; **el ~/la ~a García** Herr/Frau García; **los ~es García** Herr und Frau García; **muy ~ mío:...** sehr geehrter Herr, ...; **¡no, ~!** keineswegs!; **¡sí, ~!** aber natürlich!; **el S~** der Herr; **descansar en el S~** entschlafen
❹ (*noble*) Edelmann, -frau *m, f*; **~es** Edelleute *pl*
❺ (*fam: suegro, -a*) Schwiegervater, -mutter *m, f*
❻ (*Virgen María*): **nuestra S~a** Heilige Maria
❼ (*Arg*): **~a y mayora** weibliches Oberhaupt der Familie
señorear [seɲoreˈar] I. *vt* ❶ (*dominar*) beherrschen
❷ (*sobresalir*) überragen
❸ (*tratar de señor*) jdn wiederholt und unangebrachterweise mit 'Señor' anreden
II. *vr:* ~**se** sich bemächtigen (*de* +*gen*)
señoría [seɲoˈria] *f* Herrschaft *f*; **Su S~** Euer Gnaden
señori(a)l [seɲoˈril/seɲoˈrjal] *adj* herrschaftlich; **casa ~** Herrenhaus *nt*
señorío [seɲoˈrio] *m* ❶ (*dominio*) Herrschaft *f*
❷ (*territorio*) herrschaftlicher Besitz *m*
❸ (*dignidad*) Würde *f*
❹ (*personas distinguidas*) vornehme Herrschaften *pl*
señorita [seɲoˈrita] *f* ❶ (*tratamiento*) Fräulein *nt*; (*de parte de criados*) gnädiges Fräulein
❷ (*vividora*) junge Lebedame aus vermögenden Verhältnissen
❸ (*cigarro*) Zigarillo *m o nt*
señoritingo, -a [seɲoriˈtingo, -a] *m, f* (*pey*) Vornehmtuer(in) *m(f)*
señoritismo [seɲoriˈtismo] *m* (*pey*) Vornehmtuerei *f*
señorito [seɲoˈrito] *m* ❶ (*vividor*) junger Lebemann aus vermögenden Verhältnissen
❷ (*tratamiento*) junger Herr *m*
señorón, -ona [seɲoˈron, -ona] *m, f* vornehmer Herr *m*, vornehme Dame *f*
señuelo [seˈɲwelo] *m* ❶ (*reclamo*) Lockvogel *m*
❷ (*cebo*) Köder *m*; **caer en el ~** in die Falle gehen
❸ (*Arg, Bol*) Leittiere einer Viehherde
seo [ˈseo] *f* Kathedrale *f*
sépalo [ˈsepalo] *m* (BOT) Kelchblatt *nt*
separable [sepaˈraβle] *adj* trennbar
separación [separaˈθjon] *f* ❶ (*desunión*) Trennung *f*; ~ **de bienes** Gütertrennung *f*; ~ **del cargo** (JUR) Amtsenthebung *f*; ~ **de poderes** Gewaltenteilung *f*
❷ (*espacio*) Zwischenraum *m*; ~ **entre registros** (INFOR) Datensatzzwischenraum *m*
separado[1] [sepaˈraðo] *adv:* **por ~** getrennt; **cuéntelos por ~** zählen Sie sie einzeln
separado, -a[2] [sepaˈraðo, -a] *adj* getrennt lebend
separador[1] [separaˈðor] *m* ❶ (TÉC) Separator *m*; ~ **de agua** Wasserabscheider *m*; ~ **de campo** (INFOR) Feldteiler *m*; ~ **de ficheros** (INFOR) Dateitrennung *f*
❷ (AUTO) Mittelstreifen *m*
❸ (*libro, libreta*) Trennblatt *nt*
separador(a)[2] [separaˈðor(a)] *adj* trennend

separar [sepa'rar] **I.** vt ❶ (*desunir*) trennen (*de* von +*dat*) ❷ (*apartar*) auf die Seite legen, aussortieren ❸ (*destituir*) entlassen (*de* aus +*dat*) **II.** vr: ~**se** sich trennen (*de* von +*dat*)

separata [sepa'rata] f (TIPO) Sonderdruck m

separatismo [separa'tismo] m sin pl (POL) Separatismus m

separatista [separa'tista] **I.** adj (POL) separatistisch **II.** mf (POL) Separatist(in) m(f)

separo [se'paro] m (*Méx: celda*) (Gefängnis)zelle f

sepedón [sepe'ðon] m (ZOOL) eine Art Eidechse

sepelio [se'peljo] m Bestattung f, Begräbnis nt

sepia ['sepja] f Sepia f; **de color ~** sepia(braun)

sepiolita [sepjo'lita] f (*espuma de mar*) Meerschaum m, Sepiolith nt

sepsis ['seβsis] f inv (MED) v. **septicemia**

septembrino, -a [septem'brino, -a] adj (*elev*) September-, den Monat September betreffend; **será un niño ~** es wird ein Septemberkind, das Kind wird im September auf die Welt kommen

septenario¹ [septe'narjo] m Zeitraum m von sieben Tagen

septenario, -a² [septe'narjo, -a] adj aus sieben Einheiten bestehend

septenio [sep'tenjo] m Zeitraum m von sieben Jahren, Septennat nt alt

septentrión [septeɲ'trjon] m ❶ (*polo ártico*) Nordpol m ❷ (*norte*) Norden m; **viento ~** Nordwind m ❸ (*viento*) Nordwind m

Septentrión [septeɲ'trjon] m (ASTR) Großer Bär m

septentrional [septeɲtrjo'nal] adj nördlich

septeto [sep'teto] m (MÚS) Septett nt

septicemia [septi'θemja] f (MED) Blutvergiftung f, Sepsis f

septicidad [septiθi'ðaðᵈ] f (MED) septischer Zustand m

séptico, -a ['septiko, -a] adj (MED) septisch

septiembre [sep'tjembre] m September m; v. t. **marzo**

septillizo, -a [septi'ʎiθo, -a] m, f Siebenling m

séptima ['septima] f (MÚS) Septime f

séptimo, -a ['septimo, -a] **I.** adj (*parte*) siebtel; (*numeración*) siebte(r, s); **en ~ lugar** siebtens, an siebter Stelle **II.** m, f Siebtel nt; v. t. **octavo**

septingentésimo, -a [septiŋxeɲ'tesimo, -a] **I.** adv (*parte*) siebenhundertstel; (*numeración*) siebenhundertste(r, s) **II.** m, f Siebenhundertstel nt

septuagenario, -a [septwaxe'narjo, -a] **I.** adj siebzigjährig, in den Siebzigern **II.** m, f Siebzigjährige(r) mf; v. t. **octogenario**

septuagésima [septwa'xesima] f (REL) Septuagesima f

septuagésimo, -a [septwa'xesimo, -a] **I.** adj siebzigstel; (*numeración*) siebzigste(r, s); **la septuagésima parte de...** ein Siebzigstel von ... +*dat* **II.** m, f Siebzigstel nt; v. t. **octogésimo**

septuplicación [septuplika'θjon] f Versiebenfachung f

septuplicar [septupli'kar] <c → qu> vt, vr: ~**se** (sich) versiebenfachen

séptuplo, -a ['septuplo, -a] adj siebenfach; v. t. **óctuplo**

sepulcral [sepul'kral] adj Grab(es)-; **inscripción ~** Grabinschrift f; **silencio ~** Grabesstille f

sepulcro [se'pulkro] m ❶ (*tumba*) Grab nt, Grabstätte f; **Santo S~** Heiliges Grab (*Jesu*); **bajar al ~** ins Grab sinken; **ser un ~** (*fig*) verschwiegen sein [o schweigen] wie ein Grab ❷ (*relicario*) (Reliquien)schrein m

sepultar [sepul'tar] **I.** vt ❶ (*inhumar*) begraben, beerdigen ❷ (*cubrir*) unter sich begraben ❸ (*sumergir*) versinken **II.** vr: ~**se** begraben werden

sepultura [sepul'tura] f ❶ (*sepelio*) Bestattung f, Begräbnis nt ❷ (*tumba*) Grab nt; **cavar una ~** ein Grab ausheben; **dar ~ a alguien** jdn zu Grabe tragen; **estar cavando su ~** sich dat sein (eigenes) Grab schaufeln

sepulturero, -a [sepulˈturero, -a] m, f Totengräber(in) m(f)

sequedad [seke'ðaðᵈ] f ❶ (*aridez*) Trockenheit f ❷ (*descortesía*) Unfreundlichkeit f; **con ~** unwirsch

sequedal [seke'ðal] m, **sequeral** [seke'ral] m Trockengebiet nt

sequía [se'kia] f Dürre f

sequillo [se'kiʎo] m (GASTR) eine Art Zuckerkringel

sequío [se'kio] m trockenes Land nt

séquito ['sekito] m Gefolge nt

ser [ser] fn **I.** aux ❶ (*construcción de la pasiva*): **las casas fueron vendidas a bajo precio** die Wohnungen wurden zu niedrigem Preis verkauft; **el triunfo fue celebrado por todo lo alto** der Sieg wurde ganz groß gefeiert ❷ (*en frases pasivas*): **es de creer** [o **suponer**] **que vendrán** es ist anzunehmen, dass sie kommen werden; **era de esperar** das war zu erwarten; **es de esperar que...** +*subj* man darf hoffen, dass ...; **es de agradecer que haya ofrecido su ayuda** es ist dankenswert, dass er/sie seine/ihre Hilfe angeboten hat; **es de agradecer que hayan disculpado su ausencia por escrito** ich finde es nett von ihnen, dass sie uns schriftlich abgesagt haben **II.** vi ❶ (*absoluto, copulativo*) sein; **soy camarero** ich bin Kellner; **eres guapa** du bist hübsch; **cuatro y cuatro son ocho** vier und vier ist acht; **éramos cuatro** wir waren zu viert; **¿qué ha sido eso?** was war denn das? ❷ (*haber, existir*): **Dios es** Gott ist; **~ o no ~, esta es la cuestión** Sein oder Nichtsein, das ist hier die Frage; **¿quién es? – soy yo, Pepe** wer ist da? – ich bin es, Pepe; **¿quién es? – soy Pepe** (*al teléfono*) wer ist am Apparat? – hier spricht Pepe ❸ (*para tiempo, fecha*): **es domingo/verano/de noche** es ist Sonntag/Sommer/Nacht; **son las cuatro** es ist vier Uhr ❹ (*suceder, tener lugar*): **el examen es mañana** die Klausur ist morgen; **el concierto es en el pabellón** das Konzert findet in der Sporthalle statt; **eso fue en 1995** das geschah (im Jahre) 1995 ❺ (*costar*): **¿a cuánto** [o **a cómo**] **es el pollo?** wie viel kostet das Hühnchen?; **¿cuánto es todo?** was [o wie viel] macht alles zusammen? ❻ (*ser miembro de*): **ya no es miembro de la junta** er/sie ist nicht mehr Mitglied des Präsidiums, er/sie gehört nicht mehr zum Präsidium ❼ (*estar*): **el cine es en la otra calle** das Kino ist [o liegt] in der anderen Straße ❽ (*ser causa, constituir*): **~ falta** ein Fehler sein; **eso ~á tu perdición** das ist dein Verderben ❾ (*convertirse en*): **¿qué quieres ~ de mayor?** was willst du werden, wenn du groß bist?; **¿qué es de él?** was macht er?; **¿qué ha sido de ella?** was ist aus ihr geworden?; **llegó a ~ ministro** er brachte es bis zum Minister ❿ (*depender*): **todo es que se decida pronto** alles hängt nur davon ab, wie schnell er/sie eine Entscheidung trifft ⓫ (*con 'de': posesión*): **¿de quién es esto?** wem gehört das?; **el paquete es de él** das Paket gehört ihm; **el anillo es de plata** der Ring ist aus Silber; **el coche es de color azul** das Auto ist blau; **es de Suabia** (*origen*) er/sie kommt aus Schwaben; **las naranjas son de Valencia** die Orangen kommen aus Valencia; **es de 4 euros** (*precio, edad*) es kostet 4 Euro; **es de 30 años** er/sie ist 30 (Jahre alt); **lo que ha hecho es muy de ella** (*corresponder, ser propio de*) was sie gemacht hat, ist typisch für sie; **esta manera de hablar no es de un catedrático** diese Ausdrucksweise passt nicht zu einem Professor; **es muy de misa** er/sie geht unentwegt in die Kirche; **es de lo más guay** (*fam*) das ist einfach spitze; **eres de lo que no hay** du bist einzigartig (auf der Welt); **es de un cobarde que no veas** (*fam*) er/sie ist schrecklich feige ⓬ (*con 'para': ser capaz*): **yo no soy para tutearlo** ich traue mich nicht ihn zu duzen; **este estilo no es para ti** (*ser propio, pertenecer*) dieser Stil passt nicht zu dir; **el bistec era para usted, ¿no?** sie bekommen das Steak, nicht wahr?; **¿para quién es el vino?** wer bekommt den Wein?; **la película no es para niños** der Film ist nicht für Kinder geeignet; **no es para ponerse así** reg dich doch deshalb nicht so auf; **es como para hablarte más** das ist ein guter Grund, um nicht mehr mit dir zu reden ⓭ (*con 'que': causa*): **esto es que no lo has visto bien** wahrscheinlich hast du es nicht richtig gesehen; **es que...** nämlich ...; **es que ahora no puedo** ich kann jetzt nämlich nicht; **habla más alto, es que no te oigo** sprich lauter, ich kann dich nämlich nicht hören; **es que está ocupado** er ist eben beschäftigt; **si es que merece la pena** wenn es sich überhaupt lohnt; **¡y es que tenía unas ganas de acabarlo!** wie habe ich mir gewünscht damit fertig zu werden! ⓮ (*en oraciones enfáticas, interrogativas*): **¡esto es!** (*así se hace*) gut so!; (*así se dice*) gut gesagt!; (*correcto*) richtig!; **¿pero qué es esto?** was soll denn das (sein)?; **¿cómo es eso?** wie ist das möglich?; **¡como debe** [o **ha de**] **~!** wie es sich gehört!; **¡no puede ~!** das kann doch nicht wahr sein!; **¿no puede ~?** ist es nicht möglich?; **¡eso es cantar!** das nennt man Singen! ⓯ (*en pretérito imperfecto: juegos*): **yo era el médico y ella la paciente** ich war der Arzt und sie die Patientin ⓰ (*en pretérito perfecto simple: cargos*): **el que fue director del teatro** der ehemalige Intendant des Theaters ⓱ (*en futuro: hipótesis*): **¿~á capaz?** wird er/sie das können?; **¡~á capaz!** der Typ ist echt dreist *fam*; **~á lo que ~á** mal sehen, was daraus wird ⓲ (*loc: en infinitivo*): **modo** [o **manera**] **de ~** Wesen nt; **razón de ~** Daseinsberechtigung f; **a no ~ que...** +*subj* es sei denn, dass ...; **todo puede ~** es ist möglich; **quizá ganemos el campeonato – todo puede ~** vielleicht gewinnen wir die Meisterschaft – alles ist noch offen; **por lo que pueda ~** für alle Fälle; **con ~ su marido, no puede tragarla** obwohl er ihr Mann ist, kann er sie nicht ausstehen ⓳ (*loc: en indicativo, condicional*): **es más** ja mehr noch; **un (sí) es, no es** einen Hauch, ein wenig; **así sería así** wenn das so ist; **[o fue] todo que wär's**; **~ alguien** wer sein *fam*; **~ más/menos que alguien** besser/schlechter als jd sein; **no encuentro las llaves – es igual**

ich finde die Schlüssel nicht – macht nichts; **saber eso y no saber nada es uno** das zu wissen und nichts zu wissen, das ist eins; **yo soy de los que piensan que...** ich gehöre zu denen, die glauben, dass ...; **de no haber sido por ti...** wenn du nicht gewesen wärst ...; **no es lo que tú piensas** es ist nicht so, wie du denkst; **con el carisma que tiene ~ía un buen líder (de un partido)** bei seinem Charisma gäbe er einen guten (Partei)chef ab; **el lema electoral es: "Por el cambio"** die Wahlparole lautet: "Für den Wandel"
⑳ (*loc: en subjuntivo*): **si yo fuera tú** wenn ich du wäre; **si no fuera por eso...** wenn das nicht wäre ...; **si por mí fuera** [*o* **fuese**] wenn es nach mir ginge; **le trata como si fuera un niño** er/sie behandelt ihn, als wenn er ein Kind wäre; **siendo así...** wenn das so ist ...; **sea lo que sea** [*o* **fuere**] wie dem auch sei; **lo que sea ~á** es kommt wie es kommen muss; **hazlo sea como sea** tu es, egal wie; **sea quien sea** egal wer, wer auch immer; **dos reales, o sea, 50 céntimos** zwei Reales, das heißt, 50 Céntimos; **venga, no seas así y cuéntamelo** na komm, sei doch nicht so und erzähl es mir; **el color que quieras, pero que no sea rojo** irgendeine Farbe, außer Rot; **cómprame un chupa-chups o lo que sea** kauf mir einen Lutscher oder sonst was; **cómprame un chupa-chups ni que sea** kauf mir wenigstens einen Lutscher; **por listo que sea...** möge er noch so schlau sein ...; **cualquiera que sea el día** an irgendeinem Tag
III. *m* ① (*criatura*) (Lebe)wesen *nt*, Geschöpf *nt*; ~ **fantástico** [*o* **imaginario**] fantastisches Wesen; ~ **humano** Mensch *m*, menschliches Wesen; **El S~ Supremo** das höchste Wesen; ~ **vivo** Lebewesen *nt*
② (*esencia*) Wesen *nt*
③ (FILOS) Sein *nt*
SER [ser] *f abr de* **Sociedad Española de Radiodifusión** *Spanische Rundfunkgesellschaft*
sera ['sera] *f* Trag(e)korb *m*
seráfico, -a [se'rafiko, -a] *adj* ① (*referido al serafín*) seraphisch, engel(s)gleich
② (*franciscano*) Franziskaner-; **monje ~** Franziskanermönch *m*
③ (*humilde*) demütig
serafín [sera'fin] *m* ① (REL) Seraph *m*, Serafim *m*
② (*persona hermosa*) engelschönes Wesen *nt*; (*niño*) Engelknabe *m*
serba ['serβa] *f* (BOT) Vogelbeere *f*
serbal [ser'βal] *m* (BOT) Eberesche *f*, Vogelbeerbaum *m*
Serbia ['serβja] *f* Serbien *nt*
serbio, -a ['serβjo, -a] I. *adj* serbisch
II. *m, f* Serbe, -in *m, f*
serbo ['serβo] *m v*. **serbal**
serbocroata [serβokro'ata] I. *adj* serbokroatisch
II. *m* (*lengua*) Serbokroatisch(e) *nt*
serena [se'rena] *f* ① (*fam: humedad durante la noche*) Nachttau *m*
② (LIT) *eine Art* Serenade
serenar [sere'nar] I. *vt* (*calmar*) beruhigen, besänftigen
II. *vi, vr:* **~se** (*calmarse*) sich beruhigen; (*tiempo*) aufklaren
② (*referente a licores*) klar werden
serenata [sere'nata] *f* Serenade *f;* **dar la ~** (*fam*) die nächtliche Ruhe stören
serenidad [sereni'ðað] *f sin pl* ① (*sosiego*) Gelassenheit *f*, Gleichmut *m*
② (*príncipe*): **Su S~** Seine/Ihre Durchlaucht
sereno[1] [se'reno] *m* ① (*humedad*) Tau *m;* **al ~** (nachts) im Freien
② (*vigilante*) ≈Nachtwächter *m*
③ (*Ecua: música nocturna*) Abendständchen *nt*
sereno, -a[2] [se'reno, -a] *adj* ① (*sosegado*) ruhig, gelassen, gleichmütig
② (*sin nubes*) heiter, wolkenlos
sergenta [ser'xenta] *f* (REL) Laienschwester *f* vom Jakobsorden
seriación [serja'θjon] *f* Aufreihung *f*
serial [ser'jal] I. *adj* Serien-; **número ~** Seriennummer *f*
II. *m* (RADIO, TV) Serie *f;* (*publicación*) Reihe *f*
seriamente [serja'mente] *adv* ernst; **tengo que hablar ~ contigo** ich muss ein ernstes Wort mit dir reden
seriar [se'rjar] *vt* aufreihen
seri(ci)cultor(a) [seri(θi)kul'tor(a)] *m(f)* Seidenraupenzüchter(in) *m(f)*
seri(ci)cultura [seri(θi)kul'tura] *f* Seidenbau *m*, Seidenraupenzucht *f*
serie ['serje] *f* ① (*sucesión*) Serie *f;* ~ **de artículos** Artikelreihe *f*, Produktreihe *f;* ~ **televisiva** Fernsehserie *f;* **fabricación en ~** Serien(an)fertigung *f*, Serienherstellung *f;* **fabricar en ~** in Serie herstellen [*o* fertigen]; **fuera de ~** herausragend
② (*gran cantidad*) Reihe *f;* **tiene que decirme una ~ de cosas** er/sie hat mir eine ganze Reihe Dinge zu sagen
③ (MAT) Reihe *f*
④ (DEP) Vorrunde *f*
seriedad [serje'ðað] *f sin pl* Ernsthaftigkeit *f*
serigrafía [seriɣra'fia] *f* (TIPO) Siebdruck *m*, Serigraphie *f*
seringa [se'riŋga] *f* (*Am: goma elástica*) Gummi(band) *nt*

serio, -a ['serjo, -a] *adj* ① (*grave*) ernst(haft); **una enfermedad seria** eine ernste [*o* ernsthafte] Erkrankung
② (*severo*) streng
③ (*formal*) seriös
④ (*responsable*) verantwortungsbewusst
⑤ (*sin burla*) ernst(haft); **esto va en ~** das ist jetzt ernst gemeint; **¿en ~?** wirklich?
sermón [ser'mon] *m* Predigt *f;* **soltar** [*o* **echar**] **un ~ a alguien** jdm eine Standpauke halten
sermonear [sermone'ar] I. *vi* predigen
II. *vt* (*fam*) die Leviten lesen +*dat*, eine Standpauke halten +*dat*
sermoneo [sermo'neo] *m* (*fam*) Strafpredigt *f*, Standpauke *f*
serodiagnóstico [seroðjaɣ'nostiko] *m* (MED) Serodiagnostik *f*
serología [serolo'xia] *f sin pl* (MED) Serologie *f*
serón [se'ron] *m* großer Tragekorb für Reittiere
seronegativo, -a [seroneɣa'tiβo, -a] *adj* (MED) HIV-negativ
seropositivo, -a [seroposi'tiβo, -a] *adj* HIV-positiv
serosidad [serosi'ðað] *f* Lymphe *f*, Gewebsflüssigkeit *f*
seroso, -a [se'roso, -a] *adj* serös
seroterapia [serote'rapja] *f* (MED) Serumbehandlung *f*
serovacunación [seroβakuna'θjon] *f* (MED) Serumimpfung *f*
serpear [serpe'ar] *vi v.* **serpentear**
serpentario [serpen'tarjo] *m* (ZOOL) Sekretär *m*
serpenteado, -a [serpente'aðo, -a] *adj* geschlängelt
serpenteante [serpente'ante] *adj* gewunden; **carretera ~** Serpentinenstraße *f*
serpentear [serpente'ar] *vi* sich schlängeln, sich winden
serpenteo [serpen'teo] *m* Serpentine *f*
serpentín [serpen'tin] *m* ① (QUÍM) Kühlschlange *f*
② (*de armas de fuego*) Zündstift *m;* (*del mosquete*) Luntenschloss *nt*
③ (*piedra*) Serpentin *m*
serpentina [serpen'tina] *f* ① (*tira de papel*) Luftschlange *f*, Papierschlange *f*
② (*piedra*) Serpentin *m*
serpentón [serpen'ton] *m* (MÚS) Serpent *m*
serpiente [ser'pjente] *f* Schlange *f;* ~ **de anteojos** Brillenschlange *f;* ~ **de cascabel** Klapperschlange *f;* ~ **monetaria** (ECON) Währungsschlange *f;* ~ **pitón** Pythonschlange *f;* ~ **venenosa** Giftschlange *f;* ~ **de vidrio** Blindschleiche *f*
serpigo [ser'piɣo] *m* (MED) Schwindflechte *f*
serpol [ser'pol] *m* (BOT) Quendel *m*, Feldthymian *m*
serpollar [serpo'ʎar] *vi* (BOT) austreiben, ausschlagen
serpollo [ser'poʎo] *m* (BOT) Schössling *m*, Trieb *m*
serrado, -a [se'rraðo, -a] *adj* gezackt, gezahnt
serrador(a) [serra'ðor(a)] *m(f)* Säger(in) *m(f)*
serradora [serra'ðora] *f* Sägemaschine *f*
serraduras [serra'ðuras] *fpl* Sägespäne *mpl*
serrallo [se'rraʎo] *m* ① (*harén*) Harem *m*
② (*lugar de desenfreno*) Ort der sexuellen Zügellosigkeit
serrana [se'rrana] *f* ① (LIT) *eine Gedichtform*
② (MÚS) *eine Art* Flamencogesang
serranía [serra'nia] *f* Bergland *nt*
serranilla [serra'niʎa] *f* (LIT) *eine Art* Hirtengedicht
serrano, -a [se'rrano, -a] I. *adj* Berg-, Gebirgs-; **jamón ~** luftgetrockneter Schinken; **en un pueblo ~** in einem Gebirgsdorf
II. *m, f* Bergbewohner(in) *m(f)*, Gebirgsbewohner(in) *m(f)*
serrar [se'rrar] <e→ie> *vt* sägen
serrería [serre'ria] *f* Sägewerk *nt*
serreta [se'rreta] *f* (*para guiar el caballo*) Kappzaum *m*
serrín [se'rrin] *m* Sägemehl *nt*
serruchar [serru'tʃar] *vt* (*Arg, Chil, PRico*) sägen
serrucho [se'rrutʃo] *m* ① (*sierra*) Fuchsschwanz *m*
② (*Cuba*) Sägefisch *m*
③ (*Chil: revisor de billetes*) Fahrkartenkontrolleur *m*
serval [ser'βal] *m* (ZOOL) Serval *m*
serventesio [serβen'tesjo] *m* (LIT) Sirventes *nt*
servible [ser'βiβle] *adj* brauchbar
servicial [serβi'θjal] I. *adj* zuvorkommend
II. *m* (MED) Einlauf *m*
servicio [ser'βiθjo] *m* ① (*acción de servir*) Dienst *m;* ~ **civil sustitutorio** Wehrersatzdienst *m*, Zivildienst *m;* **~s de información de redes** (INFOR) Netzinformationsdienste *mpl;* ~ **de información telefónica** Telefonauskunft *f;* **~s de información telefónicos** Nachrichtendienste *mpl;* ~ **de inspección industrial** Gewerbeaufsichtsamt *nt;* **~s on-line, en línea** (INFOR) Onlinedienste *mpl;* ~ **de mantenimiento** Wartungsdienst *m;* ~ **militar** Wehrdienst *m;* **~s on-line** (INFOR) Onlinedienste *mpl;* ~ **postal express** Eilzustellung *f;* ~ **posventa** Kundendienst *m;* ~ **público** öffentlicher Dienst; ~ **de reclamaciones** Beschwerdestelle *f;* ~ **regular marítimo** Linienschifffahrt *f;* ~ **secreto** Geheimdienst *m;* ~ **de transporte**

servidor Zubringerdienst *m;* **~ de vigilancia aduanera** Zollfahndung *f;* **coche de ~** Dienstwagen *m;* **manual de ~** Bedienungshandbuch *nt;* **estar de ~** im Dienst sein; **hacer el ~** den Wehrdienst ableisten; **hacer un ~ a alguien** jdm einen Dienst erweisen; **hacer un flaco ~ a alguien** jdm einen Bärendienst erweisen

② (*servidumbre*) Hauspersonal *nt;* **entrada de ~** Dienstboteneingang *m;* **el ~ en este hotel es muy eficiente** das Personal in diesem Hotel ist sehr tüchtig; **la cuenta no incluye el ~** die Rechnung enthält keine Servicepauschale

③ (*culto*) Gottesdienst *m*
④ (*cubierto*) Geschirr *nt;* **~ de té** Teeservice *nt*
⑤ (*retrete*) Toilette *f;* **~ para caballeros** Herrentoilette *f*
⑥ (DEP) Aufschlag *m*
⑦ (ECON) Dienstleistung *f;* **~s financieros** Finanzdienstleistungen *fpl;* **~ gratuito** [*o* **sin contraprestación**] unentgeltliche Leistung
⑧ (MED) Einlauf *m*

servidor¹ [serβi'ðor] *m* ① (*para la noche*) Nachttopf *m*
② (INFOR) Server *m,* Systemanbieter *m;* **~ de red** Netzserver *m*

servidor(a)² [serβi'ðor(a)] *m(f)* ① (*criado*) Diener(in) *m(f);* **un ~ se va a dormir** ich gehe schlafen; **¿quién es el último** (**en la cola**)? – **~** wer ist der Letzte (in der Schlange)? – ich
② (*maquinista*) Maschinenführer(in) *m(f)*
③ (*de un arma*) Schütze, -in *m, f*

servidumbre [serβi'ðumbre] *f* ① (*personal*) Dienerschaft *f*
② (*esclavitud*) Leibeigenschaft *f*
③ (*trabajo de siervo*) Fron(arbeit) *f*
④ (*sujeción*) Hörigkeit *f*
⑤ (JUR) Dienstbarkeit *f;* **~s de edificación** Baubeschränkungen *fpl;* **~ personal** (**limitada**) (beschränkte) persönliche Dienstbarkeit; **~ real** Grunddienstbarkeit *f*

servil [ser'βil] I. *adj* unterwürfig, kriecherisch
II. *m* Kriecher *m*

servilismo [serβi'lismo] *m sin pl* Kriecherei *f,* Servilität *f,* Unterwürfigkeit *f*

servilleta [serβi'ʎeta] *f* Serviette *f;* **doblar la ~** (*fig fam*) den Löffel abgeben

servilletero [serβiʎe'tero] *m* Serviettenhalter *m;* (*en forma de aro*) Serviettenring *m*

servilón [serβi'lon] *m* Anhänger der absoluten Monarchie Anfang des 19. Jahrhunderts

servio, -a [ser'βjo, -a] *adj* serbisch

serviola [ser'βjola] *f* (NÁUT) (Schiffs)davit *nt*

servir [ser'βir] *irr como pedir* I. *vi* ① (*ser útil*) nützen, hilfreich sein; **no sirve de nada** es bringt [*o* nützt] nichts; **no sirve para nada** das ist für nichts gut
② (*ser soldado, criado*) dienen
③ (*ayudar*) behilflich sein; **¿en qué puedo ~le?** womit kann ich Ihnen dienen?; **¡para ~le!** zu Ihren Diensten!
④ (*atender a alguien*) bedienen; **¿quién sirve esta mesa?** wer bedient an diesem Tisch?; **sírvase usted mismo** bedienen Sie sich selbst
⑤ (DEP) aufschlagen
⑥ (*suministrar*) (aus)liefern; **~ un pago** (FIN) eine Zahlung leisten; **~ un pedido** (ECON) einen Auftrag ausführen
⑦ (*poner en el plato*) (zum Essen) auf den Teller legen; **¿me sirves un poco más de arroz?** tust du mir noch ein bisschen Reis auf?
⑧ (*llenar el vaso*) einschenken
II. *vr:* **~se** ① (*utilizar*) sich bedienen (*de +gen*)
② (*dignarse*): **sírvase cerrar la ventana** seien Sie so freundlich und schließen Sie (bitte) das Fenster

servita [ser'βita] *mf* (REL) Servite, -in *m, f*

servo ['serβo] *m* (AUTO, TÉC) Servomechanismus *m*

servoasistido, -a [serβoasis'tiðo, -a] *adj* Servo-; **freno ~** (AUTO) Servobremse *f;* **dirección servoasistida** (AUTO) Servolenkung *f*

servocontrol [serβokon'trol] *m* (AERO, AUTO) Servosteuerung *f*

servocroata¹ [serβokro'ata] *m* (*lengua*) Serbokroatisch(e) *nt*

servocroata² [serβokro'ata] I. *adj* serbokroatisch
II. *mf* (*individuo*) Serbokroate, -in *m, f*

servodirección [serβoðirek'θjon] *f* (AUTO) Servolenkung *f*

servofreno [serβo'freno] *m* (AUTO) Servobremse *f*

servomando [serβo'mando] *m* (TÉC) Servosteuerung *f*

servomecanismo [serβomeka'nismo] *m* (TÉC) Servomechanismus *m*

servomotor [serβomo'tor] *m* (TÉC) Servomotor *m*

servosistema [serβosis'tema] *m* (TÉC) Servosystem *nt*

servoválvula [serβo'βalβula] *f* (TÉC) Servoventil *nt*

sesada [se'saða] *f* (*t.* GASTR) Hirn *nt*

sésamo ['sesamo] *m* (BOT) Sesam *m;* **¡ábrete, ~!** Sesam, öffne dich!; **barrio ~** (TV) Sesamstraße *f*

sesear [sese'ar] *vi* 'c' oder 'z' vor 'e' oder 'i' als 's' aussprechen

sesenta [se'senta] I. *adj inv* sechzig
II. *m inv* Sechzig *f; v. t.* **ochenta**

sesentavo, -a [sesen'taβo, -a] I. *adj* sechzigstel
II. *m, f* Sechzigstel *nt; v. t.* **ochenta**

sesentena [sesen'tena] *f* Einheit *f* von sechzig Stück; (HIST) Schock *nt*

sesentón, -ona [sesen'ton, -ona] I. *adj* sechzigjährig, in den Sechzigern
II. *m, f* Sechzigjährige(r) *mf; v. t.* **ochentón**

seseo [se'seo] *m* Aussprache des 'c' oder 'z' vor 'e' oder 'i' als 's'

sesera [se'sera] *f* ① (*cráneo animal*) Hirnschale *f*
② (*fam: cabeza humana*) Birne *f*
③ (*fam: inteligencia*) Köpfchen *nt*

sesgado, -a [ses'ɣaðo, -a] *adj* ① (*sosegado*) ruhig, gelassen
② (*cortado oblicuamente*) schräg geschnitten
③ (*parcial*) parteiisch, tendenziös; **información sesgada** tendenziöse Information

sesgadura [sesɣa'ðura] *f* schräger Schnitt *m;* (*en carpintería*) Gehrungsschnitt *m*

sesgar [ses'ɣar] <g→gu> *vt* ① (*cortar en sesgo*) schräg schneiden
② (*torcer a un lado*) zur Seite biegen

sesgo¹ ['sesɣo] *m* ① (*oblicuidad*) Schräge *f;* **al ~** diagonal [*o* schräg] (geschnitten)
② (*orientación*) Verlauf *m,* Wende *f*

sesgo, -a² ['sesɣo, -a] *adj* ① (*cortado oblicuamente*) schräg (geschnitten)
② (*torcido*) schief; **de semblante ~** mit finsterer Miene

sesión [se'sjon] *f* ① (*reunión*) Sitzung *f;* **~ de apertura/clausura** Eröffnungs-/Schlusssitzung *f;* **~ bursátil** Börsensitzung *f;* **~ plenaria** [*o* **del pleno**] Plenarsitzung *f;* **~ a puerta cerrada** nichtöffentliche Sitzung *f;* **abrir la ~** die Sitzung eröffnen; **celebrar una ~** eine Sitzung abhalten; **cerrar** [*o* **levantar**] **la ~** die Sitzung schließen; **cerrar ~** (INFOR) sich ausloggen
② (*representación*) Vorstellung *f;* **~ continua** Dauervorstellung *f;* **~ de noche** Spätvorstellung *f*

sesionar [sesjo'nar] *vi* ① (*celebrar sesión*) eine Sitzung abhalten, tagen
② (*participar en una sesión*) an einer Sitzung teilnehmen

seso ['seso] *m* ① (ANAT) Gehirn *nt*
② (*inteligencia*) Verstand *m;* **beber(se) el ~** [*o* **los ~s**] (*fig*) den Verstand verlieren; **calentarse** [*o* **devanarse**] **los ~s** (*fam*) sich das Hirn zermartern; **tener sorbido el ~ a alguien** (*fam*) jdn voll im Griff haben
③ *pl* (GASTR) Hirn *nt*

sesquiáltero, -a [seski'altero, -a] *adj* (MAT) anderthalbig

sesquicentenario [seskiθente'narjo] *m* 150-Jahr-Feier *f*

sestear [seste'ar] *vi* Siesta halten

sesudo, -a [se'suðo, -a] *adj* ① (*inteligente*) intelligent
② (*sensato*) vernünftig

set [set] *m* <sets> ① (DEP) Satz *m*
② (*conjunto de artículos*) Set *nt*
③ (CINE) Aufnahmeraum *m*

seta ['seta] *f* Pilz *m;* **crecer como ~s** wie Pilze aus dem Boden schießen

setal [se'tal] *m* Ort *m,* an dem viele Pilze wachsen

setecientos, -as [sete'θjentos, -as] *adj* siebenhundert; *v. t.* **ochocientos**

setenta [se'tenta] I. *adj inv* siebzig
II. *m inv* Siebzig *f; v. t.* **ochenta**

setentavo, -a [seten'taβo, -a] I. *adj* siebzigstel
II. *m, f* Siebzigstel *nt; v. t.* **ochentavo**

setentón, -ona [seten'ton, -ona] I. *adj* siebzigjährig, in den Siebzigern
II. *m, f* Siebzigjährige(r) *mf; v. t.* **ochentón**

setiembre [se'tjembre] *m v.* **septiembre**

sétimo, -a ['setimo, -a] *adj o m, f v.* **séptimo**

seto ['seto] *m* Zaun *m;* **~ vivo** Hecke *f*

setter ['seter] <setters> *m* (ZOOL) Setter *m*

seudohermafrodita [seuðoermafro'ðita] *mf* (MED) Pseudohermaphrodit *m,* Scheinzwitter *m*

seudohermafroditismo [seuðoermafroði'tismo] *m* (MED) Pseudohermaphroditismus *m,* Scheinzwittertum *nt*

seudónimo [seu'ðonimo] *m* Pseudonym *nt,* Künstlername *m*

Seúl [se'ul] *m* Seoul *nt*

s.e.u.o. ['salβo e'rror womi'sjon] *abr de* **salvo error u omisión** Irrtum bzw. Auslassung vorbehalten

severidad [seβeri'ðað] *f sin pl* Strenge *f*

severo, -a [se'βero, -a] *adj* streng (*con* zu *+dat*)

sevicia [se'βiθja] *f* (*elev: crueldad*) Grausamkeit *f;* (*trato cruel*) Misshandlung *f*

sevillanas [seβi'ʎanas] *fpl* (MÚS) Sevillanas *fpl*

sevillano, -a [seβi'ʎano, -a] I. *adj* aus Sevilla
II. *m, f* Einwohner(in) *m(f)* von Sevilla

sevillismo [seβi'ʎismo] *m* (DEP) Fans *mpl* des Fußballklubs von Sevilla

sevillista [seβi'ʎista] *adj* (DEP) den Fußballklub von Sevilla betreffend

sexagenario, -a [seɣsaxe'narjo, -a] I. *adj* sechzigjährig, in den Sechzigern
II. *m, f* Sechzigjährige(r) *mf; v. t.* **octogenario**
sexagesimal [seɣsaxesi'mal] *adj* (MAT) sexagesimal; **sistema ~** Sexagesimalsystem *nt*, Sechzigersystem *nt*
sexagésimo, -a [seɣsa'xesimo, -a] I. *adj* (*parte*) sechzigstel; (*numeración*) sechzigste(r, s); **la sexagésima parte de...** ein Sechzigstel von ...
II. *m, f* Sechzigstel *nt; v. t.* **octogésimo**
sexagonal [seɣsaɣo'nal] *adj* sechseckig, hexagonal
sexángulo[1] [seɣ'saŋgulo] *m* Sechseck *nt*, Hexagon *nt*
sexángulo, -a[2] [seɣ'saŋgulo, -a] *adj v.* **sexagonal**
sex appeal [seɣsa'pil] *m sin pl* Sexappeal *m*
sexcentésimo, -a [sesθen'tesimo, -a] I. *adj* (*parte*) sechshundertstel; (*numeración*) sechshundertste(r, s)
II. *m, f* Sechshunderstel *nt*
sexenal [seɣse'nal] *adj* alle sechs Jahre; **proyecto ~** ein auf sechs Jahre angelegtes Projekt
sexenio [seɣ'senjo] *m* Zeitraum *m* von sechs Jahren
sexismo [seɣ'sismo] *m sin pl* ❶ (*discriminación*) Sexismus *m*
❷ (*obsesión*) Sexbesessenheit *f*
sexista [seɣ'sista] I. *adj* sexistisch
II. *mf* Sexist(in) *m(f)*
sexo ['seɣso] *m* ❶ (BIOL) Geschlecht *nt*, Sex(us) *m*
❷ (*conjunto de individuos*) Geschlecht *nt;* **el ~ bello/débil/femenino** das schöne/schwache/weibliche Geschlecht; **el ~ feo/fuerte/masculino** das hässliche/starke/männliche Geschlecht
❸ (*órganos sexuales*) Geschlechtsapparat *m*
❹ (*actividad sexual*) Sex *m;* **~ anal** Analverkehr *m*
sexología [seɣsolo'xia] *f sin pl* Sexualwissenschaft *f*, Sexologie *f*
sexólogo, -a [seɣ'soloɣo, -a] *m, f* Sexualforscher(in) *m(f)*, Sexualwissenschaftler(in) *m(f)*, Sexologe, -in *m, f*
sex-shop [seɣ'ʃop] *m* Sexshop *m*
sex-symbol [seɣ'simbol] <sex-symbols> *m* Sexsymbol *nt*
sexta ['sesta] *f* (MÚS) Sexte *f*
sextante [ses'tante] *m* (ASTR, NÁUT) Sextant *m*
sexteto [ses'teto] *m* (MÚS) Sextett *nt*
sextilla [ses'tiʎa] *f* (LIT) Sechzeiler *m*
sextillón [sesti'ʎon] *m* (MAT) Sextillion *f*
sextina [ses'tina] *f* (LIT) Sestine *f*
sexto, -a ['sesto, -a] I. *adj* (*parte*) sechstel; (*numeración*) sechste(r, s); **en ~ lugar** sechstens, an sechster Stelle
II. *m, f* Sechstel *nt; v. t.* **octavo**
sextuplicación [sestuplika'θjon] *f* Versechsfachung *f*
sextuplicar [sestupli'kar] <c→qu> *vt, vr:* **~se** (sich) versechsfachen
séxtuplo, -a ['sestuplo, -a] I. *adj* sechsfach
II. *m, f* Sechsfache(s) *nt; v. t.* **óctuplo**
sexuado, -a [seɣsu'aðo, -a] *adj* (BIOL) mit Geschlechtsorganen versehen
sexual [seɣsu'al] *adj* (BIOL) geschlechtlich, Geschlechts-, sexuell, Sexual-; **acto ~** Geschlechtsakt *m;* **instinto ~** Geschlechtstrieb *m;* **órganos ~es** Geschlechtsorgane *ntpl*
sexualidad [seɣswali'ðað] *f sin pl* ❶ (*características*) Sexualität *f*
❷ (*apetito sexual*) Geschlechtstrieb *m*
sexualización [seɣswaliθa'θjon] *f* (BIOL) Geschlechtsreife *f*
sexy ['seɣsi] *adj inv* sexy
sha [ʃa] *m* Schah *m*
shakesperiano, -a [ʃespi'rjano, -a] *adj* (LIT) shakespearisch; **las obras shakesperianas** die Shakespearschen Werke; **esta obra tiene un toque ~** dieses Stück erinnert an Shakespeare
shérif ['ʃerif] <shérifs> *m* Sheriff *m*
sherry ['ʃerri] *m* Sherry *m*
shock [ʃokk/tʃokk] *m* (*t.* MED) Schock *m;* **insulínico** (MED) Insulinschock *m;* **tratamiento de ~** (MED) Schocktherapie *f*
shopping ['ʃopiŋ] *m sin pl* Shopping *nt*
shorts [ʃorðs] *mpl* Shorts *pl*
show [ʃoʊ] *m* <shows> Show *f*
si [si] I. *conj* ❶ (*condicional*) wenn, falls; **~ acaso** wenn etwa; **~ no** sonst, andernfalls; **por ~...** für den Fall, dass ...; **por ~ acaso** für alle Fälle
❷ (*en preguntas indirectas*) ob; **no sé ~ Julián vendrá o no** ich weiß nicht, ob Julián kommt oder nicht
❸ (*en oraciones concesivas*): **~ bien** obwohl; **~ bien la oferta me tienta, no la aceptaré** obwohl das Angebot verführerisch ist, werde ich es nicht annehmen
❹ (*comparación*): **como ~... +*subj*** als ob ..., als wenn ...; **llueve como ~ no hubiera llovido nunca** es regnet, als wenn es niemals geregnet hätte; **que ~... +*subj*** als ob ..., als wenn ...; **el padre está más nervioso que ~ fuera él mismo a dar a luz** der Vater ist so nervös, als müsste er selbst entbinden
❺ (*en frases desiderativas*) wenn ... nur; **¡~ hiciera un poco más de calor!** wenn es nur ein bisschen wärmer wäre!
❻ (*protesta, sorpresa*) doch; **¡pero ~ ella se está riendo!** aber sie lacht doch!
❼ (*énfasis*): **fíjate ~ es tonto que...** so einfältig ist er, dass ...
II. *m* (MÚS) h *nt*
sí [si] I. *adv* ja; **¡~, señor!** jawohl, der Herr!; **porque ~** einfach so; **¡que ~!** stimmt doch!; **¡claro que ~!** selbstverständlich!, natürlich!; **creo que ~** ich denke schon; **¡eso ~ que no!** das kommt nicht in Frage!; **por ~ o por no** in jedem Fall; **¡~ que está buena la tarta!** Mensch, schmeckt der Kuchen gut!
II. *pron pers* sich; **a ~ mismo** zu sich; **de ~** von sich aus; **dar de ~** genügen; (*tela*) sich weiten; **el tema da mucho de ~** es ist ein sehr umfangreiches Thema; **en** [*o* **de por*] ~** an sich; **estar fuera de ~** außer sich sein; **hablar entre ~** untereinander reden; **por ~** per se; **mirar por ~** egoistisch sein
III. *m* Ja *nt;* **dar el ~** Ja sagen; (*casamiento*) das Jawort geben; **tener el ~ de la madre** die Erlaubnis der Mutter haben; **no hay entre ellos ni un ~ ni un no** sie sind sich vollkommen einig
sialismo [sja'lismo] *m* (MED) Speichelfluss *m*, Ptyalismus *m*
sialorrea [sjalo'rrea] *f* (MED) Speichelfluss *m*, Sialorrhöe *f*
siamang [sja'maŋ] <siamangs> *m* (ZOOL) Siamang *m*
siamés, -esa [sja'mes, -esa] I. *adj* siamesisch; **gato ~** Siamkatze *f;* **hermanos siameses** siamesische Zwillinge
II. *m, f* Siamese, -in *m, f*
sibarita [siβa'rita] I. *adj* sybaritisch, genusssüchtig
II. *mf* ❶ (*de Sibaris*) Sybarit(in) *m(f)*
❷ (*de gusto refinado*) Sybarit(in) *m(f)*, Genießer(in) *m(f)*
sibaritismo [siβari'tismo] *m sin pl* Sybaritismus *m*, Genusssucht *f*
Siberia [si'βerja] *f* Sibirien *nt*
siberiano, -a [siβe'rjano, -a] I. *adj* sibirisch
II. *m, f* Sibir(i)er(in) *m(f)*
sibila [si'βila] *f* Sibylle *f*, Wahrsagerin *f*
sibilante [siβi'lante] I. *adj* (LING) Zisch-; **letra ~** Zischlaut *m*
II. *f* (LING) Zischlaut *m*, Sibilant *m*
sibilino, -a [siβi'lino, -a] *adj* sibyllinisch, geheimnisvoll, rätselhaft
sic [sikk] *adv* sic!
sicalipsis [sika'liβsis] *f inv* Obszönität *f*
sicalíptico, -a [sika'liptiko, -a] *adj* obszön
sicambro, -a [si'kambro, -a] *m, f* (HIST) Nordbarbar(in) *m(f)*
sicario [si'karjo] *m* Killer *m*
sicastenia [sikas'tenja] *f* (PSICO) Psychasthenie *f*
sicigia [si'θixja] *f* (ASTR) Syzygie *f*
Sicilia [si'θilja] *f* Sizilien *nt*
siciliano, -a [siθi'ljano, -a] I. *adj* sizilianisch
II. *m, f* Sizilianer(in) *m(f)*
sicoanálisis [sikoa'nalisis] *m inv* (MED) Psychoanalyse *f*
sicofanta [siko'fanta] *m*, **sicofante** [siko'fante] *m* ❶ (*impostor*) Betrüger *m;* (HIST) Sykophant *m* ❷ (*calumniador*) Verleumder *m*
sicología [sikolo'xia] *f* ❶ (*ciencia*) Psychologie *f*
❷ (*vida anímica*) Psychologie *f*, Psyche *f;* (*mentalidad*) Weltanschauung *f*
sicológico, -a [siko'loxiko, -a] *adj* seelisch; (PSICO) psychologisch
sicólogo, -a [si'koloɣo, -a] *m, f* (PSICO) Psychologe, -in *m, f*
sicomoro [siko'moro] *m* (BOT) Sykomore *f*, Maulbeerfeigenbaum *m*
siconeurosis [sikoneu̯'rosis] *f inv* Psychoneurose *f*
sicópata [si'kopata] *mf* Psychopath(in) *m(f)*
sicopatía [sikopa'tia] *f* (MED) Psychopatie *f*
sicosis [si'kosis] *f inv* Psychose *f*, Geisteskrankheit *f*
sicote [si'kote] *m* (*AmC, Ant*) Schmutz und Fußschweiß
sicotécnico, -a [siko'teɣniko, -a] *adj* psychotechnisch
sicoterapeuta [sikotera'peu̯ta] *mf* (MED, PSICO) Psychoterapeuth(in) *m(f)*
sicoterapia [sikote'rapja] *f* Psychoterapie *f*
sicu ['siku] *m*, **sicuri** [si'kuri] *m* (*Arg:* MÚS) Panflöte *f*
sida ['siða], **SIDA** ['siða] *m* (MED) *abr de* **síndrome de inmunodeficiencia adquirida** Aids *nt*
sidafobia [siða'foβja] *f* (PSICO) (panische) Aids-Angst *f*
sidecar [siðe'kar] *m* <sidecares> Beiwagen *m*
sideral [siðe'ral] *adj* siderisch; **espacio ~** Weltraum *m*
siderolito [siðero'lito] *m* (ASTR) Siderolith *m*
siderometalurgia [siðerometa'lurxja] *f sin pl* Eisenmetallurgie *f*
siderometalúrgico, -a [siðerometa'lurxiko, -a] I. *adj* eisenmetallurgisch
II. *m, f* Arbeiter(in) *m(f)* in der Eisenindustrie
siderosis [siðe'rosis] *f inv* (MED) Eisenlunge *f*, Lungensiderose *f*
siderurgia [siðe'rurxja] *f* Eisenindustrie *f*
siderúrgico, -a [siðe'rurxiko, -a] *adj:* **industria siderúrgica** Eisenindustrie *f;* **productos ~s** Produkte der Eisenindustrie
sidoso, -a [si'ðoso, -a] I. *adj* Aids-; **enfermo ~** Aidskranker *m*

sidra
II. *m, f* Aidskranke(r) *mf*
sidra ['siðra] *f* Apfelwein *m*
sidrería [siðre'ria] *f* Weinstube *f* (, *in der ausschließlich Apfelwein verkauft wird*)
sidrero, -a [si'ðrero, -a] I. *adj* Apfelwein-; **establecimiento** ~ Apfelweinkelterei *f*
II. *m, f* ❶ (*vendedor*) Apfelweinhändler(in) *m(f)*
❷ (*trabajador*) Arbeiter(in) *m(f)* in einer Apfelweinkelterei
❸ (*fabricante*) Apfelweinhersteller(in) *m(f)*
sidrificación [siðrifika'θjon] *f* Apfelweinherstellung *f*
siega ['sjeɣa] *f* ❶ (*el segar*) Mähen *nt*, Mahd *f reg*
❷ (*tiempo de segar*) Mähzeit *f*
❸ (*mieses segadas*) Gemähte(s) *nt*, Mahd *f reg*
siembra ['sjembra] *f* ❶ (*el sembrar*) Aussaat *f*
❷ (*tiempo de sembrar*) Saatzeit *f*
❸ (*terreno sembrado*) Saatfeld *nt*
siemens ['simens] *m*, **siemensio** [si'mensjo] *m* (FÍS, ELEC) Siemens *nt*
siempre ['sjempre] *adv* immer, stets; **como** ~ wie immer; **de** ~ seit jeher; **a la hora de** ~ zur gewohnten Zeit; **una amistad de** ~ eine langjährige Freundschaft; **eso es así desde** ~ das war schon immer so; ~ **pasa lo mismo** es ist immer das Gleiche; **¡hasta** ~**!** leb(e) wohl!; **para** ~ für immer; **por** ~ auf ewig; **por** ~ **jamás** für immer und ewig; ~ **que** +*subj* vorausgesetzt dass …; ~ **y cuando...** +*subj* vorausgesetzt dass …
siempretieso [sjempre'tjeso] *m* Stehaufmännchen *nt*
siempreviva [sjempre'βiβa] *f* (BOT) Strohblume *f*, Immortelle *f*
sien [sjen] *f* Schläfe *f*
siena ['sjena] I. *adj* siena, sienafarben
II. *m* Siena *nt*
sierpe ['sjerpe] *f* ❶ (ZOOL) große Schlange *f*; **tener una lengua de** ~ (*fig*) eine böse Zunge haben
❷ (*persona feroz*) fürchterlicher Mensch *m*
❸ (*persona colérica*) zorniger Mensch *m*
❹ (*persona fea*) hässlicher Mensch *m*
sierra ['sjerra] *f* ❶ (*herramienta*) Säge *f*; ~ **de ballesta** [*o* **hoja tensa**] Spannsäge *f*; ~ **de cadena** Kettensäge *f*; ~ **circular** Kreissäge *f*; ~ **continua** Bandsäge *f*; ~ **mecánica** Motorsäge *f*
❷ (*lugar*) Sägewerk *nt*
❸ (GEO) Gebirgskette *f*; ~ **de peñascos cortados** Kammgebirge *nt*
siervo, -a ['sjerβo, -a] *m, f* ❶ (*esclavo*) Sklave, -in *m, f*
❷ (*servidor*) Diener(in) *m(f)*; ~ **de Dios** Diener Gottes
sieso ['sjeso] *m* (ANAT) Darmausgang *m*
siesta ['sjesta] *f* ❶ (*descanso*) Mittagsschlaf *m*, Siesta *f*; (*pausa del mediodía*) Mittagsruhe *f*; **canóniga** [*o* **del carnero**] Schläfchen vor dem Mittagessen; **echar** [*o* **dormir**] **la** ~ einen Mittagsschlaf [*o* eine Siesta] halten
❷ (*hora de calor*) Mittagshitze *f*
siete¹ ['sjete] I. *adj inv* sieben; **comer por** ~ essen wie ein Scheunendrescher; **pícaro de** ~ **suelas** (*fam*) Erzgauner *m*; *v. t.* **ocho**
II. *m inv* ❶ (*número*) Sieben *f*; *v. t.* **ocho**
❷ (*fam: rasgón en la ropa*) rechtwinkliger Riss *m* (*in einem Kleidungsstück*)
❸ (*carpintería*) Schraubstock *m*
❹ (*AmS, Méx: vulg: ano*) After *m*, Arschloch *nt vulg*
siete² ['sjete] *f* (*AmS, Méx*): **¡la gran** ~**!** Donnerwetter!
sietecolores [sjeteko'lores] *m inv* (ZOOL) ❶ (*jilguero*) Stieglitz *m*, Distelfink *m*
❷ (*Chil: tanagra*) Siebenfarben-Tangare *f*
sietecueros [sjete'kweros] *m inv* ❶ (*Col, Chil, Ecua, Hond: tumor en el pie*) Fersengeschwulst *f*
❷ (*CRi, Cuba, Nic, Par: panadizo de los dedos*) Fingerentzündung *f*
sietemesino, -a [sjeteme'sino, -a] I. *adj:* **niño** ~ Siebenmonatskind *nt*
II. *m, f* ❶ (*prematuro*) Siebenmonatskind *nt*
❷ (*fam: chico que presume de mayor*) Milchbart *m*; (*chica*) Gans *f*
sieteñal [sjete'ɲal] *adj* siebenjährig
sífilis ['sifilis] *f inv* (MED) Syphilis *f*, Lues *f*
sifilítico, -a [sifi'litiko, -a] I. *adj* syphilitisch, luetisch
II. *m, f* Syphilitiker(in) *m(f)*
sifilografía [sifiloɣra'fia] *f* (MED) Syphilislehre *f*
sifiloma [sifi'loma] *m* (MED) syphilitische Geschwulst *f*
sifón [si'fon] *m* ❶ (*tubo*) Saugheber *m*
❷ (*tubería*) Siphon *m*, Geruchsverschluss *m*
❸ (*botella*) Siphonflasche *f*, Siphon *m*
❹ (*soda*) Soda(wasser) *nt*
❺ (ZOOL) Sipho *m*
sifosis [si'fosis] *f inv* (MED) Buckel *m*
siga ['siɣa] *f* (*Chil*) Verfolgung *f*; **estar a la** ~ **de algo/alguien** hinter etw/jdm her sein
sigilar [sixi'lar] *vt* ❶ (*ocultar*) verheimlichen
❷ (*sellar*) versiegeln

sigilo [si'xilo] *m* ❶ (*discreción*) Verschwiegenheit *f*
❷ (*secreto*) Geheimnis *nt*; ~ **profesional** (berufliche) Schweigepflicht; ~ **sacramental** Beichtgeheimnis *nt*
❸ (*sello*) Siegel *nt*
sigilografía [sixiloɣra'fia] *f* (HIST) Siegelkunde *f*
sigiloso, -a [sixi'loso, -a] *adj* verschwiegen, diskret
sigla ['siɣla] *f* ❶ (*letra inicial*) Anfangsbuchstabe *m*
❷ (*rótulo de siglas*) Initialwort *nt*, Akronym *nt*; ~ **de fabricante** Herstellerzeichen *nt*
siglo ['siɣlo] *m* Jahrhundert *nt*; **S~ de las Luces** Zeitalter der Aufklärung; **S~ de Oro** Goldenes Zeitalter; **el** ~ **XX** das 20. Jahrhundert; **por los ~s de los ~s** bis in alle Ewigkeit; **hace un** ~ **que no te veo** ich habe dich (schon) seit einer Ewigkeit nicht mehr gesehen; **retirarse del** ~ sich aus dem weltlichen Leben zurückziehen
sigma ['siɣma] *f* Sigma *nt*
sigmoide [siɣ'moi̯ðe] *m* (ANAT) Sigmoid *m*
sigmoiditis [siɣmoi̯'ðitis] *f inv* (MED) Sigmoiditis *f*
signar [siɣ'nar] I. *vt* ❶ (*marcar*) abzeichnen
❷ (*firmar*) unterschreiben, unterzeichnen, signieren
❸ (REL) bekreuzen
II. *vr:* ~**se** sich bekreuzigen
signatario¹ [siɣna'tarjo] *m* (POL) Signatarmacht *f*
signatario, -a² [siɣna'tarjo, -a] I. *adj* unterzeichnend, vertragsschließend; **poder** ~ (JUR) Unterschriftsvollmacht *f*
II. *m, f* Unterzeichner(in) *m(f)*, Unterzeichnete(r) *mf*
signatura [siɣna'tura] *f* ❶ (*firma*) Unterschrift *f*, Signatur *f*
❷ (*t. TIPO: marca*) Signatur *f*
significación [siɣnifika'θjon] *f* Bedeutung *f*
significado [siɣnifi'kaðo] *m* ❶ (*sentido*) Bedeutung *f*, Sinn *m*; ~ **secundario** Nebenbedeutung *f*
❷ (LING) Signifikat *nt*, Signifié *nt*
significante [siɣnifi'kante] I. *adj* signifikant *elev*, bezeichnend
II. *m* (LING) Signifikant *m*, Signifiant *nt*
significar [siɣnifi'kar] <c→qu> I. *vt, vi* bedeuten (*para* für +*akk*, *para* +*dat*); **'Hand' significa 'mano' en alemán** 'mano' heißt auf deutsch 'Hand'; **¿qué significa eso?** was soll das bedeuten?
II. *vr:* ~**se** sich auszeichnen (*por* durch +*akk*)
significativo, -a [siɣnifika'tiβo, -a] *adj* bezeichnend
signo ['siɣno] *m* ❶ (*señal*) Zeichen *nt*; ~ **de enfermedad** Krankheitssymptom *nt*
❷ (*carácter escrito*) Schriftzeichen *nt*
❸ (ASTR) Sternzeichen *nt*; ~**s del zodíaco** Sternzeichen des Tierkreises
❹ (LING) Zeichen *nt*; ~ **de admiración** [*o* **exclamación**] Ausrufezeichen *nt*; ~ **de interrogación** [*o* **pregunta**] Fragezeichen *nt*; ~ **de puntuación** Satzzeichen *nt*, Interpunktionszeichen *nt*
❺ (MAT) Zeichen *nt*; ~ **de la adición** [*o* **de la suma**] [*o* **más**] [*o* **positivo**] Pluszeichen *nt*; ~ **de la división** Divisionszeichen *nt*; ~ **de la multiplicación** Malzeichen *nt*, Multiplikationszeichen *nt*; ~ **de la resta** [*o* **de la substracción**] [*o* **menos**] [*o* **negativo**] Minuszeichen *nt*
❻ (LIT: *destino*) Schicksal *nt*
siguiente [si'ɣjente] I. *adj* (nach)folgend; **el día** ~ der darauf folgende Tag; **lo debes hacer de la** ~ **manera:...** du musst es folgendermaßen machen: …
II. *m* Nächste(r) *mf*; **¡el** ~**!** der Nächste, bitte!
sij [six] *m* Sikh *m*
sil [sil] *m* (MIN) Ocker *m*
sílaba ['silaβa] *f* Silbe *f*; ~ **aguda** betonte Silbe; ~ **átona** unbetonte Silbe; ~ **tónica** Tonsilbe *f*; **una palabra de dos** ~**s** ein zweisilbiges Wort
silabación [silaβa'θjon] *f* (LING) Silbentrennung *f*
silabario [sila'βarjo] *m* ≈(ABC-)Fibel *f*
silabear [silaβe'ar] *vi, vt* in einzelnen Silben aussprechen
silabema [sila'βema] *m* (LING) Syllabem *nt*
silabeo [sila'βeo] *m* Aussprache *f* nach Silben
silábico, -a [si'laβiko, -a] *adj* Silben-; **núcleo** ~ Silbenkern *m*
silba ['silβa] *f* Auspfeifen *nt*
silbar [sil'βar] *vi, vt* ❶ (*chiflar*) pfeifen; (*serpiente*) zischen; (*sirena*) heulen
❷ (*abuchear*) auspfeifen
silbatina [silβa'tina] *f* (*AmS: silba*) Auspfeifen *nt*
silbato [sil'βato] *m* Pfeife *f*; ~ **de vapor** Dampfpfeife *f*
silbido [sil'βiðo] *m* Pfiff *m*; ~ **de los oídos** Ohrensausen *nt*; ~ **de serpiente** Zischen einer Schlange; ~ **de sirena** Sirenengeheul *nt*; ~ **del viento** Pfeifen des Windes
silbo ['silβo] *m* ❶ (*silbido*) Pfiff *m*
❷ (*voz aguda*) Zischen *nt*
silenciador [silenθja'ðor] *m* (*t. TÉC, MÚS*) Schalldämpfer *m*
silenciar [silen'θjar] *vt* ❶ (*callar*) verschweigen
❷ (*hacer callar*) zum Schweigen bringen, verstummen lassen

silencio [si'lenθjo] *m* ❶ (*falta de ruido*) Stille *f*, Ruhe *f*; ¡~! Ruhe!
❷ (*el callar*) Schweigen *nt*; **en ~** stillschweigend; **entregar algo al ~** (*fig*) über etw schweigen; **guardar ~ sobre algo** über etw Stillschweigen bewahren; **imponer ~** Schweigen gebieten; **pasar algo en ~** etw unerwähnt lassen [*o* übergehen]; **reducir al ~** zum Schweigen bringen, verstummen lassen; **romper el ~** das Schweigen brechen
❸ (MÚS) Pause *f*
silencioso, -a [silen'θjoso, -a] *adj* ❶ (*poco hablador*) schweigsam, verschwiegen
❷ (*callado*) schweigend; **mayoría silenciosa** schweigende Mehrheit
❸ (*sin ruido*) still, ruhig; **motor ~** geräuscharmer Motor
silente [si'lente] *adj* ruhig, gelassen
silepsis [si'leβsis] *f inv* (LING, LIT) Syllepsis *f*
Silesia [si'lesja] *f* Schlesien *nt*
silesio, -a [si'lesjo, -a] I. *adj* schlesisch
II. *m, f* Schlesier(in) *m(f)*
sílex ['sileʝs] *m inv* Feuerstein *m*
sílfide ['silfiðe] *f* Sylphide *f*
silfo ['silfo] *m* Sylphe *m*, Luftgeist *m*
silga ['silɣa] *f* (NÁUT) Schlepptau *nt*
silgado, -a [sil'ɣaðo, -a] *adj* (*Ecua: personas, animales*) dünn, schlank; (*excesivamente*) dürr, knochig; (*vegetales*) dürr; (*pey*) mick(e)rig
silgar [sil'ɣar] <g→gu> *vt* (NÁUT) treideln
silicato [sili'kato] *m* (QUÍM) Silikat *nt*
sílice ['siliθe] *m* (QUÍM) Kieselsäure *f*
silíceo, -a [si'liθeo, -a] *adj* (QUÍM) Kiesel-; **piedra silícea** Kieselgestein *nt*
silícico, -a [si'liθiko, -a] *adj* kieselsauer; **ácido ~** Kieselsäure *f*
silicio [si'liθjo] *m* (QUÍM) Silizium *nt*
silicona [sili'kona] *f* (QUÍM) Silikon *nt*
silicosis [sili'kosis] *f inv* (MED) Silikose *f*, Quarzstaublunge *f*
silla ['siʎa] *f* ❶ (*asiento, t.* REL) Stuhl *m*; **~ eléctrica** elektrischer Stuhl; **~ episcopal** bischöflicher Stuhl; **~ gestatoria** päpstliche Sänfte; **~ de manos** Sänfte *f*; **~ plegable** Klappstuhl *m*; **~ de ruedas** Rollstuhl *m*
❷ (*montura*) Sattel *m*
sillar [si'ʎar] *m* ❶ (ARQUIT) Quaderstein *m*
❷ (*lomo de la caballería*) Teil des Reittierrückens, auf dem der Sattel aufliegt
sillería [siʎe'ria] *f* ❶ (*conjunto de sillas*) Gestühl *nt*
❷ (*oficio, taller*) Stuhlmacherei *f*
❸ (ARQUIT) Quaderbau *m*
sillero, -a [si'ʎero, -a] *m, f* ❶ (*sillas de montar*) Sattler(in) *m(f)*
❷ (*asientos*) Stuhlmacher(in) *m(f)*
sillín [si'ʎin] *m* ❶ (*silla de montar*) leichter Reitsattel *m*
❷ (*de bicicletas*) Fahrradsattel *m*; (*de motos*) Motorradsattel *m*
sillón [si'ʎon] *m* ❶ (*butaca*) (Arm)sessel *m*
❷ (*silla de montar*) Damensattel *m*
silo ['silo] *m* Silo *m o nt*; **~ de granos** Getreidesilo *m o nt*
silogismo [silo'xismo] *m* Syllogismus *m*
silogística [silo'xistika] *f* (FILOS) Syllogistik *f*
silogístico, -a [silo'xistiko, -a] *adj* syllogistisch
silueta [sil'weta] *f* Silhouette *f*; **cuidar la ~** auf die Figur achten
siluro [si'luro] *m* (ZOOL) Wels *m*; **~ eléctrico** Zitterwels *m*
silva ['silβa] *f* (LIT) Sammelwerk *nt*
silvestre [sil'βestre] *adj* wild
silvícola [sil'βikola] I. *adj* im Wald wohnend
II. *mf* Waldbewohner(in) *m(f)*
silvicultor(a) [silβikul'tor(a)] *m(f)* ❶ (*que cultiva*) Forstwirtschaftler(in) *m(f)*
❷ (*científico*) Forstwissenschaftler(in) *m(f)*
silvicultura [silβikul'tura] *f* ❶ (*cultivo*) Forstwirtschaft *f*
❷ (*ciencia*) Forstwissenschaft *f*
sima ['sima] *f* (GEO) Erdspalte *f*
simaruba [sima'ruβa] *f* (*Am:* BOT) Quassie *f*
simbiosis [sim'bjosis] *f inv* (BIOL: *t. fig*) Symbiose *f*
simbiótico, -a [sim'bjotiko, -a] *adj* (BIOL) symbiotisch
simbol [sim'bol] *m* (*Arg:* BOT) *ein Grasgewächs, aus dem Körbe geflochten werden*
simbólico, -a [sim'boliko, -a] *adj* symbolisch
simbolismo [simbo'lismo] *m* ❶ (*sistema, significado de símbolos*) Symbolik *f*
❷ (ARTE, LIT) Symbolismus *m*
simbolista [simbo'lista] *mf* ❶ (*afecto al uso de símbolos*) Liebhaber(in) *m(f)* von Symbolen
❷ (ARTE, LIT) Symbolist(in) *m(f)*
simbolización [simboliθa'θjon] *f* Symbolisierung *f*
simbolizar [simboli'θar] <z→c> *vt* symbolisieren
símbolo ['simbolo] *m* (*t.* QUÍM) Symbol *nt*; **~ publicitario** Werbesymbol *nt*; **la paloma es un ~ de la paz** die Taube ist ein Friedenssymbol
simbología [simbolo'xia] *f sin pl* (*estudio*) Symbolkunde *f*

❷ (*sistema*) Symbolik *f*
simetría [sime'tria] *f* Symmetrie *f*
simétrico, -a [si'metriko, -a] *adj* symmetrisch
simiente [si'mjente] *f* Samen *m*
simiesco, -a [si'mjesko, -a] *adj* affenartig, affenähnlich
símil ['simil] I. *adj* ähnlich
II. *m* Vergleich *m*
similar [simi'lar] *adj* ähnlich
similitud [simili'tuð] *f* Ähnlichkeit *f*
simio ['simjo] *m* ❶ (*mono*) Affe *m*
❷ *pl* (ZOOL) Simiae *pl*
simón [si'mon] *m* ❶ (*coche*) Mietkutsche *f*
❷ (*cochero*) Lohnkutscher *m*
simonía [simo'nia] *f* (REL) Simonie *f*
simpa ['simpa] *f* (*Arg, Perú*) Zopf *m*
simpatía [simpa'tia] *f* ❶ (*agrado*) Sympathie *f*; **sentir ~ por algo** einer Sache wohlwollend gegenüberstehen; **tener ~ por alguien** für jdn Sympathie empfinden
❷ (*carácter simpático*) sympathisches Wesen *nt*
❸ (MED) Wechselwirkung *f* (*zwischen Organen*)
simpaticolítico [simpatiko'litiko] *m* (MED) Sympathikolytikum *nt*
simpaticomimético [simpatikomi'metiko] *m* (MED) Sympathikomimetikum *nt*
simpaticón, -ona [simpati'kon, -ona] *m, f* (*fam*) netter, umgänglicher Mensch *m*
simpatizante [simpati'θante] I. *adj* sympathisierend
II. *mf* Sympathisant(in) *m(f)*
simpatizar [simpati'θar] <z→c> *vi* sympathisieren (*con* mit + *dat*)
simple ['simple] <simplísimo *o* simplicísimo> I. *adj* ❶ (*sencillo*) einfach; **interés ~** (FIN) einfacher Zins
❷ (*fácil*) leicht, einfach
❸ (*mero*) bloß; **a ~ vista** mit bloßem Auge
❹ (*mentecato*) simpel, einfältig
II. *m* ❶ (*persona*) einfältige Person *f*
❷ (DEP: *tenis*) Einzel(spiel) *nt*
simplemente [simple'mente] *adv* bloß, nur, schlicht und einfach
simplex ['simpleʝs] *m inv* (MAT, TEL) Simplex *m*
simpleza [sim'pleθa] *f* ❶ (*bobería*) Einfältigkeit *f*
❷ (*tontería*) Dummheit *f*
❸ (*insignificancia*) Kleinigkeit *f*
simplicidad [simpliθi'ðað] *f sin pl* ❶ (*sencillez*) Einfachheit *f*, Schlichtheit *f*, Simplizität *f*
❷ (*ingenuidad*) Naivität *f*, Einfalt *f*
simplicista [simpli'θista] *mf v.* **simplista**
simplificable [simplifi'kaβle] *adj* ❶ (*susceptible de simplificación*) zu vereinfachen
❷ (MAT) kürzbar
simplificación [simplifika'θjon] *f* ❶ (*hacer simple*) Vereinfachung *f*
❷ (MAT) Kürzen *nt*
simplificador(a) [simplifika'ðor(a)] *adj* vereinfachend
simplificar [simplifi'kar] <c→qu> *vt* ❶ (*facilitar*) vereinfachen
❷ (MAT) kürzen
simplismo [sim'plismo] *m* grobe Vereinfachung *f*
simplista [sim'plista] I. *adj* grob vereinfachend
II. *mf* grober Vereinfacher *m*, grobe Vereinfacherin *f*
simplón, -ona [sim'plon, -ona] I. *adj* (*fam*) einfältig, naiv
II. *m, f* (*fam*) Einfaltspinsel *m*
simposio [sim'posjo] *m* Symposium *nt*
simulación [simula'θjon] *f* Simulierung *f*, Simulation *f*, Vortäuschung *f*; **~ de hechos** (JUR) Vortäuschung von Tatsachen
simulacro [simu'lakro] *m* ❶ (*apariencia*) Trugbild *nt*
❷ (*acción simulada*) Übung *f*; **~ de batalla** Scheingefecht *nt*
simulador¹ [simula'ðor] *m* Simulator *m*; **~ de vuelo** (AERO) Flugsimulator *m*
simulador(a)² [simula'ðor(a)] I. *adj* vortäuschend, simulierend
II. *m(f)* Simulant(in) *m(f)*
simular [simu'lar] *vt* simulieren; **~ una enfermedad** eine Krankheit vortäuschen [*o* simulieren]
simultanear [simultane'ar] *vt* gleichzeitig tun
simultaneidad [simultanei'ðað] *f sin pl* Gleichzeitigkeit *f*, Simultaneität *f*
simultáneo, -a [simul'taneo, -a] *adj* gleichzeitig, simultan, Simultan-; **interpretación simultánea** Simultandolmetschen *nt*; **partida de ajedrez simultánea** Simultanspiel *nt*
simún [si'mun] *m* (METEO) Samum *m*

sin [sin] I. *prep* ohne +*akk*; ~ **dormir** ohne zu schlafen; ~ **querer** ohne Absicht, ungewollt; ~ **más** ohne weiteres; ~ **más ni más** mir nichts, dir nichts
II. *adv*: ~ **embargo** trotzdem, nichtsdestotrotz, dennoch
sinagoga [sina'ɣoɣa] *f* (REL) Synagoge *f*
sinalagmático, -a [sinalaɣ'matiko, -a] *adj* (JUR) gegenseitig, synallagmatisch
sinalefa [sina'lefa] *f* (LIT) Krasis *f*
sinalgia [si'nalxja] *f* (MED) Synalgie *f*
sinántropo [si'nantropo] *m* Sinanthropus *m*
sinapismo [sina'pismo] *m* ❶ (MED) Senfpflaster *nt*
❷ (*fam: persona molesta*) Nervensäge *f*
sinartrosis [sinar'trosis] *f inv* (MED) Synarthrose *f*
sincerarse [sinθe'rarse] *vr* sich aussprechen (*ante* bei +*dat, con* mit +*dat*)
sinceridad [sinθeri'ðað] *f* Aufrichtigkeit *f*; **con toda ~** in aller Offenheit
sincero, -a [sin'θero, -a] *adj* aufrichtig
sincipucio [sinθi'puθjo] *m* (ANAT) Vorderkopf *m*
sinclinal [sinkli'nal] *m* (GEO) Mulde *f*, Synklinale *f*
síncopa ['sinkopa] *f* (LING, MÚS) Synkope *f*
síncope ['sinkope] *m* (LING, MED, MÚS) Synkope *f*
sincretismo [sinkre'tismo] *m* (FILOS, LING) Synkretismus *m*
sincronía [sinkro'nia] *f sin pl* ❶ (*simultaneidad*) Gleichzeitigkeit *f*, Synchronismus *m*
❷ (LING) Synchronie *f*
sincrónico, -a [sin'kroniko, -a] *adj* synchron
sincronismo [sinkro'nismo] *m* Synchronismus *m*
sincronización [sinkroniθa'θjon] *f* Synchronisation *f*; ~ **de semáforos** grüne Welle
sincronizada [sinkroni'θaða] *f* (*Méx:* GASTR) Maistortilla mit Käse und Schinken
sincronizador(a) [sinkroniθa'ðor(a)] I. *adj* synchronisierend
II. *m(f)* Synchronsprecher(in) *m(f)*
sincronizar [sinkroni'θar] <z→c> *vt* synchronisieren
sincrotrón [sinkro'ton] *m* (FÍS) Synchroton *nt*
sindactilia [sindak'tilja] *f* (MED) Syndaktylie *f*
sindéresis [sin'deresis] *f inv* (*elev*) Vernunft *f*
sindicado, -a [sindi'kaðo, -a] *adj* (ECON) gewerkschaftlich organisiert
sindical [sindi'kal] *adj* Gewerkschafts-; **cuota ~** Gewerkschaftsbeitrag *m*; **delegado** [*o* **representante**] **~** Gewerkschaftsvertreter *m*; **líder ~** Gewerkschaftsführer *m*
sindicalismo [sindika'lismo] *m* ❶ (*movimiento*) Gewerkschaftsbewegung *f*
❷ (*doctrina*) Syndikalismus *m*
sindicalista [sindika'lista] I. *adj* ❶ (*sindical*) gewerkschaftlich
❷ (*referente a la doctrina*) syndikalistisch
II. *mf* ❶ (*miembro de un sindicato*) Gewerkschaft(l)er(in) *m(f)*
❷ (*partidario de la doctrina sindicalista*) Syndikalist(in) *m(f)*
sindicalizar [sindikali'θar] <z→c> *vt* (SOCIOL) in Gewerkschaften zusammenschließen, vergewerkschaften
sindicar [sindi'kar] <c→qu> I. *vt* ❶ (*organizar en sindicatos*) gewerkschaftlich organisieren
❷ (*delatar*) verraten
❸ (*poner bajo sospecha*) verdächtigen
II. *vr*: **~se** einer Gewerkschaft beitreten
sindicato [sindi'kato] *m* Gewerkschaft *f*; **~ bancario** (FIN) Bankenkonsortium *nt*; **~ obrero** (ECON) Arbeitnehmervereinigung *f*, Gewerkschaft *f*; **~ vertical** (ECON) vertikale Gewerkschaft; **afiliarse a un ~** einer Gewerkschaft beitreten
síndico ['sindiko] *m* ❶ (*administrador de la quiebra*) Konkursverwalter *m*; **~ del convenio** Vergleichsverwalter *m*
❷ (*representante*) gewählter Vertreter *m*; **presidente (de la Bolsa) ~** Börsenpräsident *m*
síndrome ['sindrome] *m* (*t.* MED) Syndrom *nt*; **~ de abstinencia** Entzugserscheinungen *fpl*; **~ de Down** (MED) Downsyndrom *nt*
sinécdoque [si'neɣðoke] *f* Synekdoche *f*
sinecología [sinekolo'xia] *f* (ECOL) Synökologie *f*, Biozönologie *f*
sinecura [sine'kura] *f* Pfründe *f*, Sinekure *f*
sine die ['sine 'ðie] auf unbestimmte Zeit
sine qua non ['sine kwa non]: **condición ~** unerlässliche Bedingung, unabdingbare Voraussetzung, Conditio sine qua non
sinequia [si'nekja] *f* (MED) Verwachsung *f*, Verklebung *f*, Synechie *f*
sinéresis [si'neresis] *f inv* (LING, LIT) Synärese *f*
sinergia [si'nerxja] *f* Synergie *f*
sinérgico, -a [si'nerxiko, -a] *adj* synergetisch
sinergismo [siner'xismo] *m* (MED, QUÍM, REL) Synergismus *m*
sinestesia [sines'tesja] *f* (LIT, PSICO) Synästhesie *f*
sinfín [sim'fin] *m* Unmenge *f* (*de* an/von +*dat, de* +*gen*), Unzahl *f* (*de* an/von +*dat, de* +*gen*); **~ de alimentación** (TÉC) Zuführungsband *nt*

sínfisis ['simfisis] *f inv* (ANAT, MED) Symphyse *f*
sínfito ['simfito] *m* (BOT, MED) Schwarzwurzel *f*
sinfonía [simfo'nia] *f* ❶ (*t.* MÚS: *composición*) Sinfonie *f*
❷ (MÚS: *obertura*) Ouvertüre *f*
sinfónico, -a [sim'foniko, -a] *adj* (MÚS) sinfonisch; **orquesta sinfónica** Sinfonieorchester *nt*
sinfonista [simfo'nista] *mf* (MÚS) Sinfoniker(in) *m(f)*
Singapur [singa'pur] *m* Singapur *nt*
singladura [singla'ðura] *f* ❶ (NÁUT: *jornada*) Schiffstagesreise *f*, Etmal *nt*
❷ (NÁUT: *intervalo de veinticuatro horas*) Etmal *nt*
❸ (*rumbo*) Kurs *m*
single ['singel] *m* (MÚS) Single *f*
singular [singu'lar] I. *adj* ❶ (*único*) einzeln; **ejemplar ~** Einzelexemplar *nt*
❷ (*excepcional*) einzigartig, singulär; **en ~** insbesondere, besonders
❸ (LING) singularisch
II. *m* (LING) Einzahl *f*, Singular *m*; **¡habla en ~!** (*fig*) sprich nur für dich!
singularidad [singulari'ðað] *f* ❶ (*unicidad*) Einmaligkeit *f*
❷ (*excepcionalidad*) Einzigartigkeit *f*, Singularität *f*
❸ (*distinción*) Besonderheit *f*
singularizar [singulari'θar] <z→c> I. *vt* ❶ (*particularizar*) herausheben
❷ (LING) singularisch gebrauchen
II. *vr*: **~se** sich hervorheben
singularmente [singular'mente] *adv* besonders, vor allem
sinhueso [sin'weso] *f* (*fam*) Zunge *f*; **soltar** [*o* **sacar a pasear**] **la ~** schwatzen
siniestra [si'njestra] *f* ❶ (*mano*) linke Hand *f*
❷ (*del escudo*) linke Seite *f*
siniestrado, -a [sinjes'traðo, -a] I. *adj* verunglückt
II. *m, f* Opfer *nt* (*eines Unglücks*), Katastrophengeschädigte(r) *mf*
siniestralidad [sinjestrali'ðað] *f* Unfallfrequenz *f*, Unfallquote *f*; **~ laboral** Unfallquote am Arbeitsplatz
siniestro¹ [si'njestro] *m* ❶ (*accidente, catástrofe*) Unfall *m*, Unglück *nt*; **originar un ~** ein Unglück verschulden
❷ (*daño a indemnizar*) Schadensfall *m*; **dar aviso del ~** den Schadensfall melden; **declarar un coche ~ total** bei einem Auto Totalschaden feststellen
siniestro, -a² [si'njestro, -a] *adj* ❶ (*izquierdo*) linke(r, s); **mano siniestra** linke Hand; **a diestra y siniestra** kreuz und quer
❷ (*maligno*) böse, maliziös
❸ (*funesto*) unheilvoll, verhängnisvoll, sinister *elev*
sinistrosis [sinis'trosis] *f inv* (PSICO) Neurose *f* der Unfallgeschädigten, Sinistrose *f*
sinnúmero [sin'numero] *m sin pl* Unzahl *f* (*de* an/von +*dat, de* +*gen*)
sino ['sino] I. *m* Schicksal *nt*
II. *conj* ❶ (*al contrario*) sondern; **no voy con Jaime, ~ con Ana** ich gehe nicht mit Jaime, sondern mit Ana; **no sólo..., ~ también...** nicht nur..., sondern auch...; **no la de la derecha, ~ la de la izquierda...** nicht die rechte, sondern die linke...
❷ (*antecedido por una negación*) nur; **no espero ~ que me creas** ich hoffe nur, dass du mir glaubst
❸ (*excepto*) außer; **nadie ~ tú** niemand außer dir
sinocal [sino'kal] *adj* (MED): **fiebre ~** leichtes Fieber *nt*
sinodal [sino'ðal] *adj* synodal
sinódico, -a [si'noðiko, -a] *adj* (ASTR, REL) synodisch
sínodo ['sinoðo] *m* ❶ (REL) Synode *f*; **santo ~** Synod *m*
❷ (ASTR) Konjunktion *f*
sinología [sinolo'xia] *f sin pl* Sinologie *f*
sinólogo, -a [si'noloɣo, -a] *m, f* Sinologe, -in *m, f*
sinonimia [sino'nimja] *f* (LING) Synonymie *f*
sinonímico, -a [sino'nimiko, -a] *adj* (LING) synonymisch
sinónimo¹ [si'nonimo] *m* (LING) Synonym *nt*
sinónimo, -a² [si'nonimo, -a] *adj* (LING) synonym
sinopia [si'nopja] *f* (ARTE) Sinopie *f*
sinopsis [si'noβsis] *f inv* ❶ (*resumen*) Synopse *f*, Zusammenfassung *f*
❷ (*esquema*) Diagramm *nt*
sinóptico, -a [si'noptiko, -a] *adj* zusammenfassend; **cuadro ~** schematische Darstellung, Diagramm *nt*
sinovia [si'noβja] *f* (MED) Gelenkschmiere *f*, Synovia *f*
sinrazón [sinrra'θon] *f* Unrecht *nt*
sinsabor [sinsa'βor] *m* ❶ (*insipidez*) Fadheit *f*
❷ (*disgusto*) Verdruss *m*
sinsentido [sinsen'tiðo] *m* Unsinn *m*
sinsonte [sin'sonte] *m* (*Am:* ZOOL) Spottdrossel *f*
sínsoras ['sinsoras] *fpl* (PRico) entfernter Ort *m*
sinsu(b)stancia [sinsu(β)'stanθja] *mf* (*fam*) oberflächliche Person *f*
sintáctico, -a [sin'taktiko, -a] *adj* (LING) syntaktisch

sintagma [sinˈtaɣma] m (LING) Syntagma nt
sintagmático, -a [sintaɣˈmatiko, -a] adj (LING) syntagmatisch
sintaxis [sinˈtaʁsis] f inv (LING) Syntax f
sinterizar [sinteriˈθar] <z→c> vt (siderurgia) sintern
síntesis [ˈsintesis] f inv (t. FILOS, QUÍM) Synthese f; **en ~** kurzum
sintético, -a [sinˈtetiko, -a] adj (t. QUÍM) synthetisch; **método ~** synthetische Methode; **fibras sintéticas** synthetische Fasern
sintetizable [sintetiˈθaβle] adj ❶ (resumible) zusammenfassbar ❷ (QUÍM) synthetisierbar
sintetizador [sintetiˈθaðor] m (MÚS) Synthesizer m
sintetizar [sintetiˈθar] <z→c> vt ❶ (QUÍM) synthetisieren ❷ (resumir) zusammenfassen
sintoísmo [sintoˈismo] m (REL) Schintoismus m
síntoma [ˈsintoma] m (t. MED) Symptom nt, Anzeichen nt
sintomático, -a [sintoˈmatiko, -a] adj (t. MED) symptomatisch; **terapéutica sintomática** symptomatische Behandlung
sintomatología [sintomatoloˈxia] f (MED) Symptomatik f
sintonía [sintoˈnia] f ❶ (ELEC, RADIO, TV: adecuación) Abstimmung f ❷ (RADIO, TV: señal sonora) Jingle m ❸ (loc): **estar en ~ (con alguien)** (mit jdm) auf der gleichen Wellenlänge liegen, (mit jdm) die gleiche Wellenlänge haben
sintonización [sintoniθaˈθjon] f (ELEC, RADIO, TV) Abstimmung f
sintonizador [sintoniθaˈðor] m (ELEC, RADIO, TV) Tuner m
sintonizar [sintoniˈθar] <z→c> I. vt (ELEC, RADIO, TV) abstimmen; **~ una emisora** einen Sender einstellen II. vi übereinstimmen (con mit +dat)
sinuosidad [sinwosiˈðað] f ❶ (curvación) Krümmung f ❷ (concavidad) Einbuchtung f
sinuoso, -a [sinuˈoso, -a] adj ❶ (curvado) kurvig ❷ (montañoso) bergig ❸ (retorcido) heimtückisch
sinusitis [sinuˈsitis] f inv (MED) (Nasen)nebenhöhlenentzündung f, Sinusitis f
sinusoide [sinuˈsoiðe] f (MAT) Sinuskurve f
sinvergonzonería [simberɣonθoneˈria] f Unverschämtheit f
sinvergüenza [simberˈɣwenθa] I. adj unverschämt II. mf unverschämte Person f
sionismo [sjoˈnismo] m sin pl Zionismus m
sionista [sjoˈnista] I. adj zionistisch II. mf Zionist(in) m(f)
siquiatra [siˈkjatra] mf Psychiater(in) m(f)
siquiatría [sikjaˈtria] f Psychiatrie f
siquiátrico, -a [siˈkjatriko, -a] adj psychiatrisch
síquico, -a [ˈsikiko, -a] adj seelisch; (PSICO) psychisch
siquiera [siˈkjera] I. adv wenigstens, zumindest; **ni ~** nicht einmal II. conj +subj auch wenn
sirca [ˈsirka] f (Chil: veta) Erzader f
sirena [siˈrena] f Sirene f
sirga [ˈsirɣa] f (NÁUT) Schlepptau nt; **camino de ~** Treidelpfad m
sirgar [sirˈɣar] <g→gu> vt (NÁUT) treideln
Siria [ˈsirja] f Syrien nt
sirimiri [siriˈmiri] m (reg) Nieselregen m
siringa [siˈriŋɡa] f (MÚS) Panflöte f
siringe [siˈriŋxe] f (ZOOL) Syrinx f
siringomielia [siriŋɡoˈmjelja] f (MED) Syringomyelie f
sirio¹ [ˈsirjo] m (ASTR) Hundsstern m, Sirius m
sirio, -a² [ˈsirjo, -a] I. adj syrisch II. m, f Syr(i)er(in) m(f)
siripita [siriˈpita] f (Bol) ❶ (grillo) Grille f ❷ (persona pequeña y entrometida) aufdringlicher Knirps m
sirka [ˈsirka] f (Am: AGR, GASTR) Paprikasamen m
siroco [siˈroko] m (METEO) Schirokko m
sirope [siˈrope] m (AmC, Col: jarabe) Sirup m
sirviente, -a [sirˈβjente] mf ❶ (criado) Bedienstete(r) mf ❷ (servidor) Diener(in) m(f) ❸ (MIL) Schütze, -in m, f
sisa [ˈsisa] f ❶ (corte) (Arm)ausschnitt m ❷ (dinero) geklautes Geld nt fam
sisador(a) [sisaˈðor(a)] I. adj klauend fam II. m(f) kleiner Dieb m, kleine Diebin f
sisal [siˈsal] m (BOT) Sisal(hanf) m
sisar [siˈsar] vt ❶ (cortar una sisa) (Arm)ausschnitt schneiden ❷ (hurtar) klauen fam
sisear [siseˈar] vt auszischen
siseo [siˈseo] m Zischen nt
sisirisco [sisiˈrisko] m (Méx) ❶ (ano) After m ❷ (miedo) Angst f; (susto) Schrecken m
sismar [sisˈmar] vi (Urug: cavilar) nachdenken
sismicidad [sismiθiˈðað] f (GEO) Erdbebentätigkeit f

sísmico, -a [ˈsismiko, -a] adj seismisch
sismo [ˈsismo] m Erdbeben nt
sismografía [sismoɣraˈfia] f (GEO) Seismographie f
sismógrafo [sisˈmoɣrafo] m Seismograph m
sismograma [sismoˈɣrama] m Seismogramm nt
sismología [sismoloˈxia] f sin pl Seismik f, Seismologie f
sismológico, -a [sismoˈloxiko, -a] adj seismologisch
sismólogo, -a [sisˈmoloɣo, -a] m, f (GEO) Seismologe, -in m, f
sismometría [sismomeˈtria] f (GEO) Erdbebenmessung f, Seismometrie f
sismómetro [sisˈmometro] m Seismometer nt
sisón¹ [siˈson] m (ZOOL) Strandläufer m
sisón, -ona² [siˈson, -ona] adj (fam) langfing(e)rig fig
sistema [sisˈtema] m System nt; **~ de administración de datos** (INFOR) Datenverwaltungssystem nt; **~ de alarma** Alarmanlage f; **~ de alerta de colisión** (AERO, AUTO) Kollisionswarnsystem nt; **~ antibloqueo de frenos** (AUTO) Antiblockiersystem nt; **~ antirrobo** (AUTO) Diebstahlschutzsystem nt; **~ de archivo en red** (INFOR) Netzdateisystem nt; **~ básico de entrada y salida** (INFOR) BIOS nt; **~ bicameralista** (JUR) Zweikammersystem nt; **~ de cotización** Kursgefüge nt; **~ crediticio** Kreditwirtschaft f; **~ de cupo** (FIN) Kontingentierungssystem nt; **~ decimal** (MAT) Dezimalsystem nt; **~ de distribución** Vertriebssystem nt; **~ económico** (ECON) Wirtschaftssystem nt; **~ electoral** Wahlsystem nt; **S~ Europeo de Bancos Centrales** Europäisches Zentralbankensystem; **~ de explotación** Bewirtschaftungssystem nt; **~ informatizado** computergestütztes System; **~ límbico** (MED) limbisches System; **~ de memoria virtual** (INFOR) virtuelles Speichersystem nt; **S~ Monetario Europeo** (ECON) Europäisches Währungssystem; **S~ Monetario Internacional** (FIN) Internationales Währungssystem; **~ multiusuario** (INFOR) Mehrplatzsystem nt; **~ nervioso** (BIOL) Nervensystem nt; **~ operativo** (INFOR) Betriebssystem nt; **~ de organización** Organisationssystem nt; **~ de pago** (FIN) Zahlungssystem nt; **~ periódico** (QUÍM) Periodensystem nt; **~ planetario** (ASTR) Planetensystem nt; **~ de prestaciones** Leistungsordnung f; **~ de prevención** Schutzsystem nt, Schutzvorrichtung f; **~ de procesamiento de transacciones** (INFOR) Dialogverarbeitungssystem nt; **~ sobre reservas mínimas** (legales) Mindestreservesystem nt; **~ de los tipos de cambio** Wechselkurssystem nt; **~ tributario** Steuersystem nt; **por ~** grundsätzlich
sistemática [sisteˈmatika] f (t. BIOL) Systematik f
sistematicidad [sistematiθiˈðað] f Systematik f
sistemático, -a [sisteˈmatiko, -a] adj systematisch
sistematización [sistematiθaˈθjon] f Systematisierung f
sistematizar [sistematiˈθar] <z→c> vt systematisieren
sístole [ˈsistole] f (LIT, MED) Systole f
sitar [siˈtar] m (MÚS) Sitar m
sitiado, -a [siˈtjaðo, -a] I. adj belagert; **ciudad sitiada** belagerte Stadt II. m, f Belagerte(r) mf
sitiador(a) [sitjaˈðor(a)] I. adj belagernd II. m(f) Belagerer, -in m, f
sitial [siˈtjal] m Ehrenstuhl m
sitiar [siˈtjar] vt ❶ (MIL) belagern ❷ (acorralar a alguien) in die Enge treiben
sitio [ˈsitjo] m ❶ (espacio) Platz m, Stelle f; **~ de veraneo** Sommerurlaubsort m; **en cualquier ~** irgendwo; **en ningún ~** nirgends; **en todos los ~s** überall; **guardar el ~ a alguien** jdm einen Platz freihalten; **hacer ~** Platz machen; **ocupar mucho ~** viel Platz beanspruchen; **poner a alguien en su ~** jdm den Kopf waschen; **quedarse en su ~** (fig) auf der Stelle tot sein ❷ (MIL) Belagerung f; **estado de ~** Belagerungszustand m; **poner a ~ a una ciudad** eine Stadt belagern
sito, -a [ˈsito, -a] adj gelegen
sitofobia [sitoˈfoβja] f (PSICO) Nahrungsverweigerung f, Sitophobie f
situación [sitwaˈθjon] f Lage f, Situation f; **~ de caja** (FIN) Kassenstand m; **~ coyuntural** Konjunkturgeschehen nt; **~ de crisis** (ECON, POL) Krisensituation f; **~ de endeudamiento** (FIN) Schuldenlage f; **~ excedentaria** Überschusssituation f; **~ política/financiera** politische/finanzielle Lage; **~ posesoria** (JUR) Besitzstand m; **~ territorial** (JUR) Belegenheitsstatus m; **~ de balance** (ECON, FIN) (Roh)bilanz f; **estar en ~ desahogada** wohlhabend sein
situado, -a [sitʊˈaðo, -a] adj gelegen; **estar ~** liegen; **estar bien ~** gut situiert sein
situar [sitʊˈar] <1. pres: sitúo> I. vt stellen, platzieren II. vr: **~se** ❶ (ponerse en un lugar) sich stellen ❷ (abrirse paso) eine gehobene Position erreichen ❸ (DEP) sich platzieren
siútico, -a [siˈutiko, -a] adj (Chil) ❶ (fam: de mal gusto) kitschig ❷ (fam: de nuevo rico) neureich II. m, f (Chil) Neureiche(r) mf
skating [esˈkeitiŋ] m (DEP) Roller-Skates-Fahren nt

skay [es'kai̯] *m sin pl* Kunstleder *nt*, Skai® *nt*
sketch [es'ketʃ] *m* Sketsch *m*
ski [es'qu] *m* (DEP) Ski *m*
skinhead [es'kiŋ xeð] *m* <skinheads> Skinhead *m*
S.L. [ese'ele] *f* (ECON, JUR) *abr de* **Sociedad Limitada** GmbH *f*
slalom [es'lalon] *m* (DEP) Slalom *m*
slang [es'laŋ] *m* (LING) Slang *m*
slip [es'lip] *m* <slips> Slip *m*
slogan [es'loɣan] *m* <slogans> Slogan *m*
sloop [es'lup] *m* (NÁUT) Sloop *f*, Slup *f*
S.M. [ese'eme] *abr de* **Su Majestad** Ihre Majestät
smash [es'maʃ] *m* (DEP) Schmetterschlag *m*, Smash *m*
SME [ese(e)me'e] *m abr de* **Sistema Monetario Europeo** EWS *nt*
SMI [ese(e)me'i] *m* (FIN, POL) *abr de* **Sistema Monetario Internacional** IWS *nt*
smog [es'moɣ] *m sin pl* Smog *m*; **~ electrónico** Elektrosmog *m*
smoking [es'mokiŋ] *m* <smokings> Smoking *m*
snack bar [es'nak βar] *m* Snackbar *f*, Imbissstube *f*
snif [es'nif] *interj* schluchz!
snifar [esni'far] *vt* (*argot*) sniffen
snob [es'noβ] **I.** *adj* snobistisch
II. *mf* Snob *m*
snobismo [esno'βismo] *m sin pl* Snobismus *m*
snobista [esno'βista] *adj* snobistisch
so [so] **I.** *interj* brr
II. *prep* unter +*dat*; **~ pena de...** sonst droht die Strafe, dass ...; **~ pretexto de que...** unter dem Vorwand, dass ...
III. *m* (*fam: zur Verstärkung von Schimpfwörtern*): **¡~ imbécil!** du Idiot!
SO [suðo'este] *abr de* **sudoeste** SW
soas ['soas] *m inv* (ANAT) Lendenmuskel *m*, Psoas *m*
soasar [soa'sar] *vt* (GASTR) anbräunen, kurz anbraten
soba ['soβa] *f* (*fam*) ❶ (*manoseo*) Fummelei *f*
❷ (*zurra*) Tracht *f* Prügel
sobaco [so'βako] *m* (ANAT) Achsel(höhle) *f*
sobado¹ [so'βaðo] *m* Schmalzgebäck *nt*
sobado, -a² [so'βaðo, -a] *adj* ❶ (*objetos*) abgenutzt
❷ (*papel*) abgegriffen
❸ (*tema*) abgedroschen
sobajar [soβa'xar] *vt* ❶ (*manosear con fuerza*) durchkneten
❷ (*Méx: humillar*) erniedrigen
sobandero [soβan'dero] *m* (*Col*) Knocheneinrenker *m fam*
sobaquera [soβa'kera] *f* ❶ (*en vestidos*) nicht geschlossene Naht im Bereich der Achselhöhle
❷ (*refuerzo*) Stoffeinlage zur Verstärkung im Bereich der Achselhöhle
❸ (*protección contra el sudor*) Armblatt *nt*
sobaquina [soβa'kina] *f* Achselgeruch *m*
sobar [so'βar] *vt* ❶ (*manosear*) betasten
❷ (*ablandar*) durchkneten, walken
❸ (*pegar*) prügeln
❹ (*molestar*) belästigen
soberado [soβe'raðo] *m* (*Chil, Col*) Dachboden *m*
soberanamente [soβerana'mente] *adv* ❶ (*con soberanía*) souverän
❷ (*extremadamente*) äußerst, höchst; **divertirse ~** sich köstlich amüsieren
soberanía [soβera'nia] *f* ❶ (POL: *dominio*) Souveränität *f*, Hoheit(sgewalt) *f*; **~ aérea** Lufthoheit *f*; **~ fiscal** Steuerhoheit *f*; **~ marítima** Gewässerhoheit *f*; **~ territorial** Gebietshoheit *f*
❷ (POL: *independencia*) Souveränität *f*
❸ (*majestad*) Erhabenheit *f*
soberano, -a [soβe'rano, -a] **I.** *adj* ❶ (POL) souverän
❷ (*excelente*) erhaben
❸ (*fam: enorme*) gewaltig
II. *m, f* (*monarca*) Herrscher(in) *m(f)*; (*príncipe*) Fürst(in) *m(f)*
soberbia [so'βerβja] *f* ❶ (*orgullo*) Hochmut *m*, Überheblichkeit *f*
❷ (*suntuosidad*) Pracht *f*, Herrlichkeit *f*
❸ (*ira*) Jähzorn *m*
soberbiar [soβer'βjar] *vt* (*Ecua*) hochmütig abschlagen [*o* zurückweisen]
soberbio, -a [so'βerβjo, -a] *adj* ❶ (*orgulloso*) hochmütig, überheblich
❷ (*suntuoso*) prächtig, herrlich
❸ (*fam: enorme*) gewaltig
sobón, -ona [so'βon, -ona] **I.** *adj* ❶ (*impertinente*) plump-vertraulich
❷ (*fam: vago*) arbeitsscheu
II. *m, f* ❶ (*impertinente*) plump-vertrauliche Person *f*
❷ (*fam: vago*) arbeitsscheue Person *f*
sobordo [so'βorðo] *m* (NÁUT) Ladeverzeichnis *nt*
sobornable [soβor'naβle] *adj* bestechlich
sobornar [soβor'nar] *vt* bestechen
soborno [so'βorno] *m* ❶ (*acción*) Bestechung *f*; **~ de electores** Wählerbestechung *f*
❷ (*dinero*) Bestechungsgeld *nt*
❸ (*regalo*) Bestechungsgeschenk *nt*
sobra ['soβra] *f* ❶ (*exceso*) Überfluss *m*; **de ~** (*en abundancia*) im Überfluss; (*inútilmente*) überflüssig; **saber algo de ~** etw nur zu gut wissen
❷ *pl* (*desperdicios*) Abfall *m*; (*restos*) Reste *mpl*
sobradamente [soβraða'mente] *adv* zur Genüge
sobradillo [soβra'ðiʎo] *m* Wetterdach *nt*
sobrado¹ [so'βraðo] **I.** *m* Dachboden *m*
II. *adv* ❶ (*en abundancia*) im Überfluss
❷ (*inútilmente*) überflüssig
sobrado, -a² [so'βraðo, -a] *adj* ❶ (*demasiado*) übermäßig viel; **estar ~ de algo** etw in Hülle und Fülle haben
❷ (*atrevido*) frech
❸ (*rico*) wohlhabend, vermögend
sobrador(a) [soβra'ðor(a)] *m(f)* (*Arg, Urug*) Besserwisser(in) *m(f)*
sobrante [so'βrante] **I.** *adj* ❶ (*que sobra*) übrig, übrig geblieben; (*que está de más*) zu viel, überflüssig
❷ (COM, FIN) überschüssig, Überschuss-
II. *m* ❶ (*que sobra*) Übriggebliebene(s) *nt*
❷ (COM, FIN: *superávit*) Überschuss *m*; (*saldo*) Saldo *m*, Restbetrag *m*
sobrar [so'βrar] *vi* ❶ (*quedar*) übrig bleiben; **hemos hecho tanta paella que ~á** wir haben so viel Paella gemacht, dass einiges übrig bleiben wird; **no corras que nos sobra bastante tiempo** renn nicht, uns bleibt noch genügend Zeit
❷ (*abundar*) zu viel sein; **me sobran cinco kilos** ich habe fünf Kilo zu viel; **con 200 euros aún me ~á algo** mit 200 Euro bleibt mir sogar noch etwas übrig; **aquí sobran las palabras** hier wäre jedes Wort zu viel [*o* unnötig]
❸ (*estar de más*) überflüssig sein; (*molestar*) stören; **creo que sobras aquí** ich glaube, du bist hier fehl am Platz [*o* unerwünscht], ich glaube, du störst hier
sobrasada [soβra'saða] *f* (GASTR) Streichwurst aus Schweinefleisch, Paprika, Pfeffer, Salz
sobre ['soβre] **I.** *m* ❶ (*para una carta*) (Brief)umschlag *m*, Kuvert *nt*; **~ monedero** Geldbrief *m*; **~ normalizado** Standardumschlag *m*; **~ de (la) paga** Lohntüte *f*; **~ de ventanilla** Fensterbriefumschlag *m*; **un ~ de levadura** ein Päckchen Backpulver
❷ (*fam: cama*) Bett *nt*; **irse al ~** in die Falle gehen
II. *prep* ❶ (*local: encima de*) auf +*dat*; (*por encima de*) über; **el puente ~ el río** die Brücke über dem Fluss; **el mantel está ~ la mesa** das Tischtuch liegt auf dem Tisch; **la espada de Damocles pendía ~ su cabeza** das Damoklesschwert hing [*o* schwebte] über seinem/ihrem Kopf
❷ (*colocar encima*) auf +*akk*; **deja el periódico ~ la mesa** leg die Zeitung auf den Tisch
❸ (*cantidad aproximada*) in etwa, circa, zirka, um +*akk*; **pesará ~ los cien kilos** er/sie wird so um die hundert Kilo wiegen; **faltarán ~ los cincuenta kilómetros para llegar** es sind noch ungefähr [*o* zirka] fünfzig Kilometer, bis wir da sind
❹ (*aproximación temporal*) so gegen +*akk*, so [*o* ungefähr] um +*akk*; **llegaré ~ las tres** ich werde so gegen drei Uhr (an)kommen; **nos iremos de vacaciones ~ el 20** so um den 20.(herum) werden wir in Urlaub fahren
❺ (*tema, asunto*) über +*akk*; **un libro ~ perros** ein Buch über Hunde; **no digo nada ~ ti** er/sie hat nichts über dich gesagt; **no quiero seguir hablando ~ ello** darüber will ich nicht weiter sprechen
❻ (*reiteración*) über +*akk*; **le caía lágrima ~ lágrima** er/sie war in Tränen aufgelöst, er/sie zerfloss in Tränen
❼ (*además de*) über ... hinaus, außer +*dat*
❽ (*punto final de movimiento*) [*o* echarse] [*o* lanzarse] **~ algo/alguien** sich auf etw/jdn stürzen; **ir** [*o* **marchar**] [*o* **venir**] **~ algo/alguien** (MIL: *para atacar*) vorrücken gegen etw/jdn, Kurs nehmen auf etw/jdn; **marcharon ~ la ciudad** sie drangen bis in die Stadt vor; **se tiró ~ la cama y rompió a llorar** er/sie stürzte sich auf das Bett und brach in Tränen aus
❾ (*vigilar*): **estar ~ alguien** jdn kontrollieren, jdn überwachen
❿ (*superioridad, diferenciación*): **el boxeador triunfó ~ su adversario** der Boxer besiegte seinen Gegner; **destacaba ~ sus compañeros por su estatura** er/sie war größer als seine/ihre Freunde
⓫ (*porcentajes*) von +*dat*; **tres ~ cien** drei von hundert, jede(r) Dritte
⓬ (FIN): **un préstamo ~ una casa** ein Darlehen auf ein Haus; **préstame cien marcos ~ este anillo** leih mir hundert Mark für diesen Ring
sobreabundancia [soβreaβun'danθja] *f* Überfülle *f*, Überfluss *m*
sobreabundar [soβreaβun'dar] *vi* im Überfluss [*o* in großen Mengen] vorhanden sein
sobreactuar [soβreaktu'ar] *vi* überreagieren, übertreiben
sobreagudo, -a [soβrea'ɣuðo, -a] *adj* (MÚS) sehr hoch (gestimmt)
sobrealimentación [soβrealimenta'θjon] *f* Überernährung *f*
sobrealimentar [soβrealimen'tar] *vt* überernähren; (*animales*) über-

füttern
sobreañadir [soβreaɲa'ðir] *vt* hinzufügen, ergänzen
sobrearar [soβrea'rar] *vt* (AGR) überpflügen, noch einmal pflügen
sobreasar [soβrea'sar] *vt* (GASTR) wieder aufbraten
sobreaseguro [soβrease'ɣuro] *m* Überversicherung *f*
sobrecalentamiento [soβrekalenta'mjento] *m* (TÉC) Überhitzung *f*
sobrecalentar [soβrekalen'tar] *vt* ❶ (*con una calefacción*) überheizen ❷ (*con altas temperaturas*) überhitzen
sobrecama [soβre'kama] *f* Tagesdecke *f*
sobrecapacidad [soβrekapaθi'ðað] *f* (ECON, FIN) Überkapazität *f*
sobrecapitalización [soβrekapitaliθa'θjon] *f* (ECON, FIN) Überkapitalisierung *f*
sobrecarga [soβre'karɣa] *f* ❶ (*de peso*) Überbelastung *f*; (*de tareas*) Überbeanspruchung *f*, Überlastung *f*; ~ **ponderal** (MED) Übergewicht *nt* ❷ (TÉC: *al cargar una batería*) Überladung *f* ❸ (*cuerda*) Seil *nt* ❹ (*sobre sellos*) Aufdruck *m*
sobrecargar [soβrekar'ɣar] I. *vt* ❶ (*por peso excesivo*) überladen, überlasten; (*por esfuerzo excesivo*) über(be)lasten, überbeanspruchen; ~ **el mercado** den Markt überfluten [*o* überschwemmen] ❷ (TÉC: *una batería*) überladen
II. *vr:* ~**se** sich übernehmen; **me he sobrecargado de trabajo** ich habe mir zu viel Arbeit aufgebürdet
sobrecargo [soβre'karɣo] *m* ❶ (*de precio*) Mehrpreis *m*, Aufpreis *m*, Zuschlag *m* ❷ (NÁUT: *oficial*) Ladungsoffizier *m*, Superkargo *m*, Frachtaufseher *m*
sobrecarta [soβre'karta] *f* ❶ (*sobre*) Briefumschlag *m* ❷ (JUR) zweites Ersuchen *nt*
sobreceja [soβre'θexa] *f* (ANAT) Stirnpartie *f* über den Augenbrauen
sobrecielo [soβre'θjelo] *m* Betthimmel *m*, Baldachin *m*
sobrecogedor(a) [soβrekoxe'ðor(a)] *adj* ❶ (*sorprendente*) überraschend, überwältigend ❷ (*espantoso*) erschreckend, beängstigend
sobrecoger [soβre'koxer] I. *vt* ❶ (*sorprender*) überraschen ❷ (*espantar*) erschrecken
II. *vr:* ~**se** (*asustarse*) sich erschrecken, zusammenfahren ❷ (*sorprenderse*) erstaunen
sobrecompresión [soβrekompre'sjon] *f* (FÍS, TÉC) Überverdichtung *f*
sobrecongelar [soβrekoŋxe'lar] *vt* tiefkühlen
sobrecontratación [soβrekontrata'θjon] *f* Überbuchung *f*; **la ~ en los hoteles** die Mehrfachbelegung von Hotelzimmern
sobrecontratar [soβrekontra'tar] *vt* überbuchen
sobrecoste [soβre'koste] *m* (ECON) Gemeinkosten *pl*
sobrecubierta [soβreku'βjerta] *f* Überdecke *f*; (*de libro*) Schutzumschlag *m*
sobrecuello [soβre'kweʎo] *m* ❶ (*de una prenda de vestir*) (abnehmbarer) Kragen *m* ❷ (*de los eclesiásticos*) Halskragen *m* der Geistlichen
sobredicho, -a [soβre'ðitʃo, -a] *adj* oben erwähnt [*o* genannt]
sobredimensionado, -a [soβreðimensjo'naðo, -a] *adj* überdimensioniert, übergroß
sobredimensionar [soβreðimensjo'nar] *vt* überdimensionieren
sobredividendo [soβreðiβi'ðendo] *m* (FIN) Überdividende *f*
sobredorar [soβreðo'rar] *vt* ❶ (*con oro*) vergolden ❷ (*con palabras*) schönfärben, beschönigen
sobredosificación [soβreðosifika'θjon] *f* (MED) Überdosierung *f*
sobredosis [soβre'ðosis] *f inv* Überdosis *f*
sobre(e)ntender [soβre(e)nten'der] <e→ie> I. *vt* (*adivinar*) zwischen den Zeilen lesen, ableiten, erraten; **sobre(e)ntendemos que...** wir setzen selbstverständlich voraus, dass ...; **de todo ello sobre(e)ntendemos que...** aus all(e)dem schließen wir, dass ...
II. *vr:* ~**se** sich von selbst verstehen; **aquí se sobre(e)ntiende que...**, **aquí queda sobre(e)ntendido que...** das impliziert hier gleichzeitig, dass ...
sobre(e)sdrújulo, -a [soβre(e)s'ðruxulo, -a] *adj* (*palabra*) auf der viertletzten Silbe betont
sobre(e)sfuerzo [soβre(e)s'fwerθo] *m* Überanstrengung *f*
sobre(e)stimación [soβre(e)stima'θjon] *f* Überschätzung *f*
sobre(e)stimar [soβre(e)sti'mar] *vt* überschätzen
sobre(e)xceder [soβre(e)sθe'ðer] I. *vt* übertreffen
II. *vr:* ~**se** ausschweifen
sobre(e)xcitación [soβre(e)sθita'θjon] *f* ❶ (*de un órgano*) Überreizung *f* ❷ (ELEC: *micrófono*) Übersteuerung *f*
sobre(e)xcitar [soβre(e)sθi'tar] I. *vt* ❶ (*un órgano*) überreizen ❷ (ELEC: *micrófono*) übersteuern
II. *vr:* ~**se** sich übermäßig aufregen
sobre(e)xplotación [soβre(e)splota'θjon] *f* Raubbau *m*
sobre(e)xplotar [soβre(e)splo'tar] *vt* Raubbau treiben (mit +*dat*)

sobre(e)xponer [soβre(e)spo'ner] *irr como poner vt* (FOTO) überbelichten
sobreexposición [soβre(e)sposi'θjon] *f* (FOTO) Überbelichtung *f*
sobreexpuesto, -a [soβre(e)s'pwesto, -a] *adj* ❶ (FOTO) überbelichtet ❷ (*arriba mencionado*) oben erwähnt [*o* genannt]
sobrefalda [soβre'falda] *f* Art Doppelrock oder Überrock zur Zierde für Frauen
sobrefaz [soβre'faθ] *f* Oberfläche *f*
sobrefunda [soβre'funda] *f* Überdecke *f*
sobregirar [soβrexi'rar] *vt* (*saldo deudor*) überziehen; ~ **la cuenta** das Konto überziehen
sobregiro [soβre'xiro] *m* (FIN) (Konto)überziehung *f*
sobrehaz [soβre'aθ] *f* Oberfläche *f*
sobrehilado [soβrei'laðo] *m* ❶ (*acción*) Heften *nt* ❷ (*puntada*) Heftstich *m*
sobrehilar [soβrei'lar] *vt* heften
sobrehueso [soβre'weso] *m* (MED) Überbein *nt*
sobrehumano, -a [soβreu'mano, -a] *adj* übermenschlich
sobreimpresión [soβreimpre'sjon] *f* (FOTO) Doppelbelichtung *f*, Überbelichtung *f*; (CINE) Überblendung *f*
sobreimprimir [soβreimpri'mir] *vt* überdrucken
sobreimpuesto [soβreim'pwesto] *m* (FIN, ECON) Nachsteuer *f*
sobreinversión [soβreimber'sjon] *f* (ECON) Überinvestition *f*
sobrellenar [soβreʎe'nar] *vt* überfüllen
sobrelleno, -a [soβre'ʎeno, -a] *adj* übervoll, prallvoll
sobrellevar [soβreʎe'βar] *vt* ❶ (*enfermedad, problemas*) ertragen; ~ **mal** schwer nehmen; ~ **bien** mit Fassung tragen, gelassen hinnehmen ❷ (*peso*) erleichtern; ~ **algo a alguien** jdm etw abnehmen
sobremanera [soβrema'nera] *adv* außerordentlich, überaus; **el espectáculo me ha gustado ~** die Veranstaltung hat mir über alle Maßen [*o* besonders gut] gefallen
sobremarcha [soβre'martʃa] *f* (AUTO) Schnellgang *m*
sobremesa [soβre'mesa] *f* ❶ (*después de la comida*): **de ~** nach dem Essen, nach Tisch; **conversación de ~** Tischgespräch *nt*; **orador de ~** Person, die die Tischrede hält; **programa de ~** (TV) (Nach)mittagsprogramm *nt*; **puro de ~** (*fam*) Verdauungszigarre *f*; **estar de ~** nach dem Essen noch (gemütlich) bei Tisch sitzen ❷ (*mantel*) Tischtuch *nt* ❸ (*postre*) Nachtisch *m*, Dessert *nt* ❹ (*mesa*): **lámpara de ~** Tischlampe *f*; **ordenador de ~** Tischcomputer *m*
sobremodulación [soβremoðula'θjon] *f* (TEL) Übermodulation *f*
sobrenadar [soβrena'ðar] *vi* (auf der Oberfläche) schwimmen
sobrenatural [soβrenatu'ral] *adj* ❶ (*preternatural*) übernatürlich; **ciencias ~es** Okkultismus *m*; **la vida ~** das Leben nach dem Tod ❷ (*extraordinario*) außergewöhnlich, unfassbar; **fue una escena ~** es war ein unglaublicher Anblick
sobrenaturalismo [soβrenatura'lismo] *m* (REL) Supranaturalismus *m*
sobrenombre [soβre'nombre] *m* ❶ (*calificativo*) Beiname *m*, Ehrenname *m* ❷ (*apodo*) Spitzname *m*
sobrentender [soβrenten'der] <e→ie> *vt*, *vr:* ~**se** *v.* **sobre(e)ntender**
sobrepaga [soβre'paɣa] *f* (Gehalts)zulage *f*, erhöhte Zahlung *f*
sobrepagar [soβrepa'ɣar] <g→gu> *vt* als Zulage zahlen
sobreparto [soβre'parto] *m* Wochenbett *nt*; **dolores de ~** Nachwehen *fpl*; **morir de ~** im Wochenbett sterben
sobrepasar [soβrepa'sar] *vt* ❶ (*exceder en cantidad*) übersteigen; (*un límite*) überschreiten; ~ **su ámbito de responsabilidades** seine Befugnisse überschreiten ❷ (*aventajar*) übertreffen, überbieten; (*un récord, el mejor*) schlagen ❸ (*adelantar*) überholen
sobrepelliz [soβrepe'ʎiθ] *m* (REL) Chorhemd *nt*
sobrepeso [soβre'peso] *m* Übergewicht *nt*
sobrepoblación [soβrepoβla'θjon] *f* Überbevölkerung *f*
sobreponer [soβrepo'ner] *irr como poner* I. *vt* ❶ (*poner encima de algo*) obenauf legen, obenauf stellen, obenauf setzen; (*cubriendo algo*) legen *über* +*akk*), aufziehen, überziehen, überstülpen; (*añadir*) hinzugeben, zugeben, draufgeben ❷ (*en consideración, rango, autoridad*) stellen (*a* über +*akk*); (*anteponer*) den Vorzug geben +*dat*; **sobrepone su madre a todos los demás** er/sie stellt seine/ihre Mutter über alle anderen
II. *vr:* ~**se** ❶ (*calmarse*) sich beherrschen, sich zusammenreißen, sich zusammennehmen ❷ (*al enemigo, a una enfermedad*) besiegen, sich durchsetzen (*a* gegen +*akk*); (*al miedo, a un susto*) sich hinwegsetzen (*a* über +*akk*)
sobreprecio [soβre'preθjo] *m* Aufpreis *m*, Mehrpreis *m*
sobrepresión [soβrepre'sjon] *f* Überdruck *m*
sobreprima [soβre'prima] *f* (JUR) Zuschlagsprämie *f*, Prämienaufschlag

sobreproducción [soβreproðu'ɣ'θjon] f Überproduktion f
sobreprotección [soβreprote'ɣ'θjon] f Überbeschützen nt, Überbehüten nt
sobreproteger [soβreprote'xer] <g→j> vt überbehüten; **no es bueno ~ a los hijos** man sollte seine Kinder nicht zu sehr behüten
sobrepuerta [soβre'pwerta] f ❶ (*por encima de la puerta*) Türsturz m ❷ (*cortina*) Türvorhang m ❸ (*pintura, talla*) Sopraporte f
sobrepuesto, -a [soβre'pwesto, -a] adj aufgesetzt, aufgelegt; (*añadido*) beigefügt
sobrepuja [soβre'puxa] f (*en una subasta*) Übergebot nt
sobrepujar [soβrepu'xar] vt übertreffen (*en* in +dat), überrunden (*en* in +dat)
sobrero, -a [so'βrero, -a] m, f: **toro ~** (TAUR) Ersatzstier m
sobrerreacción [soβrerrea'ɣ'θjon] f Überreaktion f
sobresaliente[1] [soβresa'ljente] I. adj ❶ (ARQUIT) hervorstehend, herausragend ❷ (*excelente*) hervorragend, ausgezeichnet, erstklassig ❸ (ENS: *nota*) sehr gut II. mf Stellvertreter(in) m(f); (TAUR) Ersatzkämpfer(in) m(f); (TEAT) Ersatzschauspieler(in) m(f)
sobresaliente[2] [soβresa'ljente] m (ENS: *nota*) Sehr gut nt
sobresalir [soβresa'lir] irr como salir vi ❶ (*resaltar por tamaño, estatura, t.* ARQUIT) hervorstehen, herausragen (*de* aus +dat) ❷ (*distinguirse*) sich abheben (*entre/por/de* von +dat), in die Augen stechen, auffallen (*por* aufgrund +gen) ❸ (*ser excelente en algo*) sich auszeichnen (*en* durch +akk)
sobresaltar [soβresal'tar] I. vi hervorstechen II. vt erschrecken, bestürzen III. vr: **~se** (sich) erschrecken, zusammenfahren (*con/de* bei +dat)
sobresalto [soβre'salto] m Schrecken m, Bestürzung f; **con ~** bestürzt; **de ~** (ur)plötzlich, jäh(lings)
sobresaturación [soβresatura'θjon] f (COM, QUÍM) Übersättigung f
sobresaturar [soβresatu'rar] vt (FÍS) übersättigen
sobrescribir [soβreskri'βir] irr como escribir vt überschreiben
sobrescrito [soβres'krito] m ❶ (*señas*) Adresse f ❷ (*indicación*) Aufschrift f
sobreseer [soβrese'er] irr como leer I. vt (JUR: *procedimiento, causa, juicio*) einstellen, niederschlagen, sistieren; (*decreto*) aufheben; (*aplazar*) vertagen; (*interrumpir*) aussetzen, unterbrechen II. vi aufgeben, verzichten (*de/en* auf +akk), zurücktreten (*de/en* von +dat); **~ en los pagos** die Zahlungen einstellen; **~ de una pretensión** von einer Forderung zurücktreten, auf einen (Rechts)anspruch verzichten
sobreseimiento [soβresei̯'mjento] m (JUR) ❶ (*de un procedimiento, una causa, un juicio*) Einstellung f, Sistierung f; (*de un decreto*) Aufhebung f ❷ (*aplazamiento*) Aufschub m ❸ (*interrupción*) Aussetzung f, Unterbrechung f; **~ de la vista oral** Aussetzung der Hauptverhandlung; **~ de la ejecución de la pena** Aussetzung der Strafvollstreckung; **~ del resto de la pena** Strafrestaussetzung f ❹ (*renuncia*) Verzicht m, Aufgabe f
sobresellar [soβrese'ʎar] vt überstempeln
sobresello [soβre'seʎo] m zweiter Stempel m
sobresembrar [soβresem'brar] <e→ie> vt (AGR) übersäen, noch einmal besäen
sobrestadía [soβresta'ðia] f (COM, NÁUT) Überliegezeit f
sobrestante [soβres'tante] m ❶ (*capataz*) Polier m, Aufseher m; **~ de turno** Vorarbeiter m, Schichtführer m ❷ (*gerente*) Leiter m
sobresueldo [soβre'swel̯do] m Gehaltszulage f
sobretallado, -a [soβreta'ʎaðo, -a] adj mit hoher Taille
sobretasa [soβre'tasa] f ❶ (*suplemento*) Zuschlag m; **~ aduanera** Zollzuschlag m; **~ a la importación** (COM) Importabgabe f; **~ por retraso** Säumniszuschlag m; **~ de transporte** Frachtzuschlag m ❷ (*Correos*) Gebührenzuschlag m, Strafporto nt, Nachporto nt; **(postal) aérea** Luftpostzuschlag m
sobretasar [soβreta'sar] vt einen (Gebühren)zuschlag erheben (auf +akk)
sobretensión [soβreten'sjon] f (ELEC) Überspannung f
sobretiro [soβre'tiro] m (TIPO) Sonderdruck m, Separatdruck m
sobretodo [soβre'toðo] m (Über)mantel m, Überzieher m
sobrevaloración [soβreβalora'θjon] f Überbewertung f
sobrevalorar [soβreβalo'rar] vt überbewerten
sobrevenir [soβreβe'nir] irr como venir vi (*epidemia*) (plötzlich) aufkommen, (plötzlich) auftreten; (*desgracia, guerra*) hereinbrechen, sich (plötzlich) ereignen; **sobrevino una tormenta** es brach ein Sturm los, ein Sturm brach los
sobreviviente [soβreβi'βjente] I. adj überlebende(r, s) II. mf Überlebende(r) mf
sobrevivir [soβreβi'βir] vi (*accidentes, desastres*) überleben (*a* +akk); (*después de cierta fecha*) weiterleben, fortleben; **sólo él sobrevivió a la catástrofe** nur er überlebte die Katastrophe; **pero ella sigue sobreviviendo en mi recuerdo** aber sie lebt in meiner Erinnerung fort
sobrevolar [soβreβo'lar] <o→ue> vt überfliegen; **estamos sobrevolando París** wir überfliegen gerade Paris, wir fliegen gerade über Paris
sobrevuelo [soβre'βwelo] m Überflug m, Überfliegen nt
sobriedad [soβrje'ðað] f sin pl ❶ (*en ayunas o sin haber bebido alcohol*) Nüchternheit f ❷ (*moderación*) Mäßigkeit f, Genügsamkeit f ❸ (*prudencia*) Besonnenheit f, Zurückhaltung f; **~ en palabras** Wortkargheit f ❹ (*estilo sencillo*) Sachlichkeit f, Schlichtheit f
sobrinazgo [soβri'naθɣo] m Neffenverwandtschaft f
sobrino, -a [so'βrino, -a] m, f Neffe m, Nichte f
sobrinonieto, -a [soβrino'njeto, -a] m, f Großneffe m, Großnichte f
sobrio, -a [so'βrjo, -a] adj ❶ (*en ayunas o sin haber bebido alcohol*) nüchtern ❷ (*moderado*) gemäßigt, genügsam ❸ (*prudente*) besonnen, zurückhaltend; **~ de palabras** wortkarg ❹ (*estilo sencillo*) sachlich, schlicht; **color ~** nüchterne Farbe
soca ['soka] f (Am: AGR) letzter Trieb m des Zuckerrohrs
socaire [so'kai̯re] m (NÁUT: *sotavento*) Windschatten m, Leeseite f; **al ~** im Windschatten; **al ~ de** (*fig*) im Schutz +gen, unter dem Vorwand +gen; **escaparon al ~ de la oscuridad** sie entkamen im Schutz der Dunkelheit; **rehusar una invitación al ~ de una enfermedad** unter dem Vorwand einer Krankheit eine Einladung absagen; **estar al ~** (*fam*) sich (vor der Arbeit) drücken, herumlungern
socaliña [soka'liɲa] f ❶ (*astucia*) List f, Tücke f ❷ (*estafa*) Schwindelei f, Täuschung f, Gaunerei f
socaliñero, -a [sokali'ɲero, -a] m, f Schwindler(in) m(f), Gauner(in) m(f)
socar [so'kar] <c→qu> I. vt (AmC) betrunken machen II. vr: **~se** (AmC) sich betrinken
socarrar [soka'rrar] I. vt leicht anbrennen, ankohlen; (*pantalón etc.*) ansengen II. vr: **~se** anbrennen
socarro [so'karro] m Schelm m, Schalk m
socarrón, -ona [soka'rron, -ona] I. adj ❶ (*sarcástico*) spöttisch, sarkastisch ❷ (*astuto*) durchtrieben, hinterlistig II. m, f ❶ (*pícaro*) Schelm m, Schalk m ❷ (*taimado*) verschlagene Person f; (*guasón*) gewitzte Person f
socarronería [sokarrone'ria] f List f, Tücke f, Durchtriebenheit f
socava [so'kaβa] f ❶ (*acción*) Untergrabung f, Unterminierung f ❷ (*hoyo*) kleiner Bewässerungsgraben um einen Baumstamm herum
socavar [soka'βar] vt ❶ (*excavar*) untergraben ❷ (*debilitar*) untergraben, unterhöhlen, unterminieren
socavón [soka'βon] m ❶ (MIN: *galería*) Stollen m, Tunnel m ❷ (*hoyo en el suelo, en las carreteras*) Schlagloch nt
soccer ['soker] m inv (DEP) Soccer m
soche ['sotʃe] m (Col, Ecua: ZOOL) eine Art Hirsch
sociabilidad [soθjaβili'ðað] f sin pl ❶ (*en la convivencia*) Geselligkeit f, Umgänglichkeit f; (*afabilidad*) Gemeinschaftssinn m, Sinn m für das Zusammenleben ❷ (*capacidad de comunicación*) Kontaktfreudigkeit f ❸ (*compañerismo*) Kameradschaftlichkeit f
sociable [so'θjaβle] adj ❶ (*tratable*) gesellig, umgänglich; (*que no discute*) verträglich; **poco ~** ungesellig ❷ (*comunicativo*) kontaktfreudig, offen; **poco ~** nicht sehr gesprächig [o redselig] ❸ (*afable*) kameradschaftlich
social [so'θjal] adj ❶ (*relativo a la sociedad humana*) gesellschaftlich, sozial, Gesellschafts-, Sozial-; **sistema ~** Sozialordnung f ❷ (*por parte de la sociedad*): **asistencia ~** soziale Fürsorge, Sozialhilfe f; **asistente ~** Sozialarbeiter m; **bienestar ~** soziale Wohlfahrt f; **Estado S~** Wohlfahrtsstaat m ❸ (COM: *de una sociedad o de socios*) gesellschaftlich, Gesellschafts-; **beneficio ~** Gesellschaftsgewinn m; **capital ~** Gesellschaftskapital nt; **denominación ~** Firmenbezeichnung f; **razón ~** Unternehmung f, Firma f ❹ (ZOOL: *insectos*) Staaten bildend ❺ (*socialista*) sozial-, Sozial- ❻ (*conducta*) sozial
socialcristiano, -a [soθjalkris'tjano, -a] adj (POL) christlich-sozial;

socialdemocracia

Unión Socialcristiana Christlich-Soziale Union
socialdemocracia [soθjaldemo'kraθja] *f* (POL) Sozialdemokratie *f*
socialdemócrata [soθjalde'mokrata] *mf* (POL) Sozialdemokrat(in) *m(f)*
socialdemocrático, -a [soθjaldemo'kratiko, -a] *adj* (POL) sozialdemokratisch
socialismo [soθja'lismo] *m sin pl* (POL) Sozialismus *m*; ~ de cátedra Kathedersozialismus *m*; ~ **democrático** demokratischer Sozialismus
socialista [soθja'lista] **I.** *adj* (POL) sozialistisch
II. *mf* (POL) Sozialist(in) *m(f)*
socialización [soθjaliθa'θjon] *f* Verstaatlichung *f*
socializar [soθjali'θar] <z→c> *vt* verstaatlichen
sociata [so'θjata] *mf* (pey) Sozialist(in) *m(f)*
sociedad [soθje'ðað] *f* ❶ (población, humanidad) Gesellschaft *f*; ~ del bienestar Wohlstandsgesellschaft *f*; ~ consumista Konsumgesellschaft *f*
❷ (trato) Gesellschaft *f*, Umgang *m*; la con la que trata die Gesellschaft, in der er/sie sich bewegt, der Umgang, den er/sie hat; no me gusta nada la ~ a la que pertenece mir gefällt sein/ihr Umgang ganz und gar nicht, mir gefällt es gar nicht, in welchen Kreisen er/sie verkehrt
❸ (ZOOL: insectos) Insektenstaat *m*
❹ (COM: empresa) Gesellschaft *f*; ~ abierta al público Publikumsgesellschaft *f*; ~ anónima Aktiengesellschaft *f*; ~ capitalista [*o* de capital] Kapitalgesellschaft *f*; ~ de capital-riesgo Risikokapitalgesellschaft *f*; ~ de cartera [*o* control] Holding(gesellschaft) *f*; ~ civil bürgerlich-rechtliche Gesellschaft; ~ colectiva offene Handelsgesellschaft; ~ comanditaria [*o* en comandita] Kommanditgesellschaft *f*; ~ comercial Handelsgesellschaft *f*; ~ de crédito Kreditgesellschaft *f*; ~ explotadora Betriebsgesellschaft *f*; ~ ficticia Scheingesellschaft *f*, Schwindelgeschäft *nt*; ~ filial Tochtergesellschaft *f*; ~ financiera Finanzierungsgesellschaft *f*; ~ en formación Gründungsgesellschaft *f*; ~ inmobiliaria Immobiliengesellschaft *f*; ~ de liquidación Liquidationsgesellschaft *f*; ~ matriz Muttergesellschaft *f*; ~ mercantil Handelsgesellschaft *f*, Handelsvereinigung *f*; ~ monopolista Monopolgesellschaft *f*; ~ mutualista Gegenseitigkeitsgesellschaft *f*; ~ en participación Partnerschaftsgesellschaft *f*, Meta-Gesellschaft *f*; ~ personalista Personengesellschaft *f*; ~ (de responsabilidad) limitada Gesellschaft mit beschränkter Haftung; ~ secreta stille Gesellschaft; ~ tenedora Inhabergesellschaft *f*; ~ unipersonal Einpersonen-Gesellschaft *f*; ~ de valores (FIN) Anlagegesellschaft *f*; constituir una ~ eine Gesellschaft gründen; liquidar una ~ eine Gesellschaft auflösen
❺ (asociación) Verband *m*, Verein *m*, Vereinigung *f*; ~ benéfica Wohltätigkeitsverein *m*; la S~ de Jesús der Jesuitenorden, die Gesellschaft Jesu; S~ de (las) Naciones Völkerbund *m*; ~ de utilidad pública gemeinnütziger Verein
❻ (JUR): ~ conyugal Ehegemeinschaft *f*
❼ (mundo elegante) Gesellschaft *f*; ~ docta [*o* científica] gelehrte Gesellschaft, Bildungselite *f*; baile de ~ Gesellschaftsball *m*, Debütantenball *m*; la buena [*o* alta] ~ die Highsociety, die oberen Zehntausend, die feine [*o* gute] [*o* vornehme] Gesellschaft; notas de ~ (en revistas) Gesellschaftsteil *m*

socio, -a ['soθjo, -a] *m*, *f* ❶ (de una asociación) Mitglied *nt*; ~ honorario [*o* de honor] Ehrenmitglied *nt*
❷ (COM: en sociedad comercial) Gesellschafter(in) *m(f)*, Teilhaber(in) *m(f)*, Sozius *m*; ~ colectivo Komplementär *m*; ~ comanditario Kommanditist *m*; ~ comercial Handelspartner *m*; ~ ficticio Scheingesellschafter *m*; ~ gestor [*o* gerente] geschäftsführender Gesellschafter; ~ originario Gründungsgesellschafter *m*; ~ con responsabilidad personal persönlich haftender Gesellschafter; ~ de sociedad filial Tochtergesellschafter *m*
❸ (argot: compañero) Kumpel *m*
sociocultural [soθjokultu'ral] *adj* soziokulturell
sociodrama [soθjo'ðrama] *m* (PSICO) Gesellschaftsdrama *nt*
socioeconómico, -a [soθjoeko'nomiko, -a] *adj* sozioökonomisch
sociograma [soθjo'γrama] *m* Soziogramm *nt*
sociolecto [soθjo'lekto] *m* (LING) Soziolekt *m*
sociolingüista [soθjoliŋ'gwista] *mf* (LING) Soziolinguist(in) *m(f)*
sociolingüística [soθjoliŋ'gwistika] *f sin pl* (LING) Soziolinguistik *f*
sociolingüístico, -a [soθjoliŋ'gwistiko, -a] *adj* (LING) soziolinguistisch
sociología [soθjolo'xia] *f sin pl* Soziologie *f*, Sozialwissenschaft *f*
sociológico, -a [soθjo'loxiko, -a] *adj* soziologisch, gesellschaftswissenschaftlich
sociologismo [soθjolo'xismo] *m* (SOCIOL) Soziologismus *m*
sociólogo, -a [so'θjoloγo, -a] *m*, *f* Soziologe, -in *m*, *f*, Gesellschaftswissenschaftler(in) *m(f)*
sociometría [soθjome'tria] *f sin pl* Soziometrie *f*
sociopolítico, -a [soθjopo'litiko, -a] *adj* sozialpolitisch, gesellschaftspolitisch
socioterapia [soθjote'rapja] *f* (PSICO) Sozialtherapie *f*
socolar [soko'lar] *vt* (Col, Ecua, Hond, Nic) (aus)roden
socollón [soko'ʎon] *m* (AmC, Cuba) Ruck *m*, Erschütterung *f*

sofoco

socorrer [soko'rrer] *vt* helfen (a +*dat*), Hilfe leisten (a +*dat*), beistehen (a +*dat*); ~ a alguien con algo jdm mit etw aushelfen
socorrido, -a [soko'rriðo, -a] *adj* ❶ (útil) hilfreich, nützlich; es muy ~ tener siempre un bolígrafo a mano es ist sehr hilfreich, immer einen Kugelschreiber zur Hand zu haben
❷ (que ayuda) hilfsbereit, gefällig
❸ (comprobado) (alt)bewährt, erprobt; este es un método muy ~ dies ist eine altbewährte Methode
❹ (trillado) abgedroschen; (común) alltäglich
socorrismo [soko'rrismo] *m sin pl* Rettungsdienst *m*
socorrista [soko'rrista] *mf* (de playas) Rettungsschwimmer(in) *m(f)*; (en piscinas) Bademeister(in) *m(f)*
socorro [so'korro] *m* ❶ (ayuda) Hilfe(leistung) *f*, Rettungsaktion *f*; (efecto) Rettung *f*, Bergung *f*; ¡~! Hilfe!; pedir ~ um Hilfe rufen [*o* bitten]; trabajos de ~ Bergungsarbeiten *fpl*
❷ (dinero) Vorschuss *m*
❸ (MIL: tropa de rescate) Entsatz *m*
socoyote [soko'jote] *m* (Méx: benjamín) Jüngster *m*
socrático, -a [so'kratiko, -a] *adj* (FILOS) sokratisch
soda ['soða] *f* ❶ (QUÍM) Soda *f o nt*
❷ (bebida) Sodawasser *nt*
sodio ['soðjo] *m* (QUÍM) Natrium *nt*; alimentación pobre en ~ natriumarme Ernährung
sodomía [soðo'mia] *f sin pl* ❶ (del mismo sexo) Homosexualität *f*
❷ (pederastia) Päderastie *f*
❸ (con animales) Sodomie *f*
sodomita [soðo'mita] **I.** *adj* sodomitisch
II. *mf* ❶ (de Sodoma) Sodomit(in) *m(f)*
❷ (del mismo sexo) Homosexuelle(r) *mf*
❸ (pederasta) Päderast(in) *m(f)*
❹ (con animales) Sodomit(in) *m(f)*
sodomizar [soðomi'θar] <z→c> *vi* sodomieren
soez [so'eθ] *adj* obszön, anstößig, unanständig
sofá [so'fa] <sofás> *m* Sofa *nt*
sofá-cama [so'fa-'kama] <sofás-cama> *m* Schlafsofa *nt*, Liegesofa *nt*, Schlafcouch *f*, Liegecouch *f*
sofisma [so'fisma] *m* Sophisma *nt*, Sophismus *m elev*
sofista [so'fista] **I.** *adj* sophistisch, spitzfindig
II. *mf* ❶ (FILOS) Sophist(in) *m(f)*
❷ (pey: que argumenta falsificando) Wortklauber *m*, Scheingelehrte(r) *mf*
sofística [so'fistika] *f* (FILOS) Sophistik *f*
sofisticación [sofistika'θjon] *f* ❶ (razonamiento) Sophisterei *f*
❷ (exceso de artificio) Getue *f*, Ziererei *f*
sofisticado, -a [sofisti'kaðo, -a] *adj* ❶ (afectado) gekünstelt, geziert, affektiert
❷ (TÉC) hoch entwickelt
sofisticar [sofisti'kar] <c→qu> *vt* ❶ (palabras) verfälschen, verdrehen
❷ (pey: refinar excesivamente) erkünsteln
soflama [so'flama] *f* ❶ (llama) kleine Flamme *f*
❷ (discurso ardoroso) Hetzrede *f*
❸ (rubor) Schamröte *f*
❹ (zalamería) Schöntuerei *f*, Schönred(n)erei *f*; (engaño) Täuschung *f*
soflamar [sofla'mar] **I.** *vt* ❶ (fingir) schöntun, schönreden
❷ (abochornar con reproches) tief beschämen, beschimpfen, erniedrigen
❸ (chamuscar) ansengen; (plumaje) absengen; (comida) anbrennen
II. *vr*: ~se anbrennen
sofocación [sofoka'θjon] *f* ❶ (sofoco) Atemnot *f*, Erstickung *f*; (MED) Hitzewallung *f*
❷ (bochorno) Beschämung *f*
sofocado, -a [sofo'kaðo, -a] *adj*: estar ~ außer Atem sein, atemlos sein
sofocador(a) [sofoka'ðor(a)] *adj v.* sofocante
sofocante [sofo'kante] *adj* ❶ (asfixiante) beklemmend; (ambiente, aire) stickig; hace un calor ~ es ist unerträglich schwül
❷ (avergonzante) beschämend
sofocar [sofo'kar] <c→qu> **I.** *vt* ❶ (asfixiar) ersticken
❷ (impedir que progrese) hemmen, lahm legen; (fuego) ersticken, löschen; (revolución) im Keim ersticken, zum Erliegen [*o* Stillstand] bringen; (epidemia) unterdrücken, Einhalt gebieten +*dat*
❸ (avergonzar) beschämen, schamrot werden lassen, rot anlaufen lassen
❹ (enojar) aufregen, zur Weißglut bringen *fam*
II. *vr*: ~se ❶ (ahogarse) in Atemnot geraten, keine Luft (mehr) bekommen
❷ (sonrojar) sich schämen
❸ (excitarse) sich aufregen, sich erhitzen, sich echauffieren *elev*; (enojarse) zornig hochfahren, aufbrausen
sofoco [so'foko] *m* ❶ (asfixio) Ersticken *nt*, Erstickungsgefühl *nt*; (después de un esfuerzo) Kurzatmigkeit *f*; le dio un ~ tremendo er/sie

sofocón [sofo'kon] *m* (*fam*) ❶ (*enojo*) (Riesen)ärger *m*, Verdruss *m*; **provocar un ~** einen Riesenärger verursachen
❷ (*excitación*) Zorn *m*, Wut *f*; **me entró un ~ increíble** ich bekam einen unheimlichen Wutanfall

sofometría [sofome'tria] *f* (Fís) Geräuschspannungsmessung *f*, Psophometrie *f*

sofómetro [so'fometro] *m* (Fís) Geräuschspannungsmesser *m*, Psophometer *nt*

sofoquina [sofo'kina] *f* (*fam: mucho calor*) Bullenhitze *f*; **hoy hace una ~ terrible** heute ist eine Bullenhitze

sofreír [sofre'ir] *irr como reír vt* leicht frittieren, anbraten

sofrenada [sofre'naða] *f* ❶ (*en caballería*) (kräftiger) Ruck *m* am Zügel
❷ (*reprimenda*) rüder Verweis *m*
❸ (*de una pasión de ánimo*) Gefühlsunterdrückung *f*

sofrenar [sofre'nar] *vt* ❶ (*caballería, t. fig*) zügeln
❷ (*reprender*) scharf rügen

sofrito [so'frito] *m* (GASTR) Soße aus in Öl angebratenen Zwiebeln oder Tomaten zum Würzen von Speisen

softkeys ['sofˢkis] *mpl* (INFOR) Softkeys *mpl*

software ['sofˢwer] *m sin pl* (INFOR) Software *f*; **~ de dictado** Diktatsoftware *f*; **~ de dominio público** Shareware *f*; **~ de control remoto** Fernsteuerungssoftware *f*; **~ de grupos** Groupware *f*; **~ de sistemas** Systemsoftware *f*

soga ['soɣa] *f* (*cuerda*) Seil *nt*, (dünnes) Tau *nt*; (*de horca*) (Galgen)strick *m*; **dar ~** das Seil langsam laufen lassen; **dar a alguien ~** jdn einfach reden lassen; (*burlarse*) sich über jdn lustig machen; **Pedro está con la ~ al cuello** (*fig*) Pedro steht das Wasser bis zum Hals

sois [sois] *2. pres pl de* **ser**

soja ['soxa] *f* (BOT) Soja *f*; **aceite de ~** Sojaöl *nt*; **semilla de ~** Sojabohne *f*; **~ transgénica** Gensoja *nt*

sojuzgar [soxuθ'ɣar] <g→gu> *vt* unterwerfen, unterjochen

sol [sol] *m* ❶ (*astro*) Sonne *f*; (*luz*) Sonnenschein *m*; **al ~ puesto** bei Morgengrauen; **de ~ a ~** von (früh)morgens bis (spät)abends; **día de ~** sonniger Tag; **ponerse al ~** sich in die Sonne legen [*o* setzen]; **tomar el ~** sonnenbaden, sich sonnen; **hoy hace ~** heute scheint die Sonne; **¡cómo pica el ~!** die Sonne brennt ganz schön!; **no dejar a alguien ni a ~ ni a sombra** nicht von jds Seite weichen, jdn ständig belagern; **arrimarse al ~ que más calienta** (*fig*) ein Trittbrettfahrer sein
❷ (TAUR) *zona soleada*) Sonnenseite in der Stierkampfarena; **entrada de ~** Eintrittskarte für einen Sitzplatz auf der Sonnenseite
❸ (GASTR) **~ y sombra** Mixgetränk aus Anis und Weinbrand
❹ (*moneda peruana*) Sol *m*
❺ (*fam: alabanza*) Goldstück *nt*, Schatz *m*; **mi marido me ayuda en todo, es un ~** mein Mann hilft mir in allem, er ist wirklich ein Goldstück; **¡~ de la casa, ven aquí!** (*a un niño*) komm her, mein kleiner Sonnenschein!
❻ (MÚS: *quinta escala*) g, G *nt*; **~ mayor** G-Dur *nt*

solada [so'laða] *f* (*Boden*)satz *m*, Ablagerung *f*

solado [so'laðo] *m* ❶ (*acción*) Bodenlegen *nt*, Fliesenlegen *nt*
❷ (*pavimento*) (Fuß)boden *m*, gefliester Boden *m*

solador(a) [sola'ðor(a)] *m(f)* Bodenleger(in) *m(f)*, Fliesenleger(in) *m(f)*

solamente [sola'mente] *adv* ❶ (*únicamente*) nur, lediglich
❷ (*expresamente*) einzig und allein

solana [so'lana] *f* ❶ (*en edificios*) Südseite *f*, Sonnenseite *f*; (*en montañas*) Südhang *m*
❷ (*galería*) Wintergarten *m*

solanera [sola'nera] *f* ❶ (*exceso de sol*) brütende Sonne *f*
❷ (MED: *quemadura*) Sonnenbrand *m*; (*insolación*) Sonnenstich *m*

solano [so'lano] *m* Ostwind *m*

solapa [so'lapa] *f* ❶ (*chaqueta*) Aufschlag *m*, Revers *nt o m*
❷ (*libro*) Umschlag(klappe *f*; (*sobre*) Umschlagrückseite *f*, Umschlagklappe *f*; (*bolsillo de chaqueta*) Klappe *f*
❸ (*pretexto*) Vorwand *m*

solapado, -a [sola'paðo, -a] *adj* arglistig, heimtückisch, verschlagen

solapamiento [solapa'mjento] *m* ❶ (*solapo*) Überlappung *f*
❷ (*en las llagas*) Höhlung *f* (*in einer Wunde bei Tieren*)

solapar [sola'par] I. *vi* sich überlappen, sich (be)decken
II. *vt* ❶ (*cubrir*) überlappen (*con* mit +*dat*)
❷ (*chaqueta, vestido*) umschlagen
❸ (*disimular*) verdunkeln, vertuschen

solapo [so'lapo] *m* ❶ (*de las tejas*) Überdeckung *f*, Überlappung *f*; **a ~** (*fam*) verstohlen, heimlich
❷ (*sopapo*) Ohrfeige *f*

solar [so'lar] I. *adj* Sonnen-, Solar-; **año ~** Sonnenjahr *nt*; **plexo ~** (MED) Solarplexus *m*, Sonnengeflecht *nt*; **sistema ~** (ASTR) Sonnensystem *nt*
II. *m* ❶ (*terreno*) Grundstück *nt*; **~ para edificaciones** Baugrundstück *nt*
❷ (*casa*) Stammsitz *m*, Familiensitz *m*
❸ (*linaje noble*) Abstammung *f*; **venir del ~ de...** aus dem Hause der ... kommen
❹ (AmC: *patio*) Innenhof *m*
III. *vt* <o→ue> ❶ (*pavimentar*) fliesen, mit Fliesen auslegen
❷ (*el calzado*) besohlen

solariego, -a [sola'rjeɣo, -a] I. *adj* ❶ (*de linaje noble*) (alt)adelig, herrschaftlich
❷ (*propiedad*) Stamm-; **casa solariega** Stammsitz *m*, Familiensitz *m*
II. *m, f* ❶ (*de linaje noble*) Gutsherr(in) *m(f)*, Gutsbesitzer(in) *m(f)*
❷ (*propiedad*) Erbgut *nt*, Stammgut *nt*

solarígrafo [sola'riɣrafo] *m* (TÉC) Apparat *m* zur Messung der Sonneneinstrahlung

solario [so'larjo] *m*, **solárium** [so'lariun] *m* <solarios> Solarium *nt*

solarización [solariθa'θjon] *f* (FOTO) Solarisation *f*

solaz [so'laθ] *m* ❶ (*recreo*) Erholung *f*, Erfrischung *f*, Stärkung *f*
❷ (*esparcimiento*) Zerstreuung *f*, Vergnügung *f*

solazar [sola'θar] <z→c> I. *vt* ❶ (*recrear*) erfrischen, stärken, erquicken
❷ (*divertir*) erheitern, vergnügen; (*entretener*) zerstreuen
II. *vr*: **~se** ❶ (*recrearse*) sich erholen, sich erquicken
❷ (*divertirse*) sich vergnügen, sich ergötzen; (*entretenerse*) sich zerstreuen

solazo [so'laθo] *m* glühende [*o* brütende] Sonne *f*

soldable [sol'daβle] *adj* schweißbar, lötbar

soldada [sol'daða] *f* ❶ (MIL) Sold *m*
❷ (*salario*) Lohn *m*, Gehalt *nt*

soldadera [solda'ðera] *f* (Méx: HIST) Frau, die mit den Soldaten zieht

soldadesca [solda'ðeska] *f* ❶ (*tropa*) Soldatentruppe *f*
❷ (*profesión*) Soldatenberuf *m*; (*vida*) Soldatenleben *m*
❸ (*pey: tropa indisciplinada*) Truppe undisziplinierter Soldaten, Soldateska *f*

soldadesco, -a [solda'ðesko] *adj* (*pey*) Soldaten-; **lenguaje ~** Soldatensprache *f*, Soldatenjargon *m*

soldado, -a [sol'daðo, -a] *m, f* ❶ (MIL) Soldat(in) *m(f)*; **~ cumplido** Reservist *m*; **~ de plomo** Zinnsoldat *m*; **~ profesional** [*o* **de carrera**] Berufssoldat *m*
❷ (*defensor*) (treuer) Anhänger *m*, (treue) Anhängerin *f*, Befürworter(in) *m(f)*

soldador[1] [solda'ðor] *m* Lötkolben *m*

soldador(a)[2] [solda'ðor(a)] I. *adj* (TÉC) Schweiß-; **máquina ~a** Schweißmaschine *f*
II. *m(f)* (TÉC) Schweißer(in) *m(f)*

soldadura [solda'ðura] *f* (TÉC) ❶ (*trabajo*) Schweißarbeit(en) *f(pl)*; (*técnica*) Schweißtechnik *f*, Löttechnik *f*
❷ (*punto de unión*) Lötnaht *f*, Schweißnaht *f*, Lötstelle *f*, Schweißstelle *f*
❸ (*material utilizado*) Lötmaterial *nt*, Lötmetall *nt*

soldar [sol'dar] <o→ue> I. *vt* (TÉC: *mediante metal fundido*) (zusammen)löten; (*sólo mediante el calor*) (ver)schweißen; (*con pegamento*) (ver)kitten, (ver)kleben; **soplete para ~** Schweißbrenner *m*
II. *vr*: **~se** (*herida*) verheilen, sich schließen; (*huesos*) zusammenwachsen

soleá [sole'a] *f* <soleares> (*reg*: MÚS) andalusisches Klagelied zum Singen und Tanzen

soleado, -a [sole'aðo, -a] *adj* sonnig

solear [sole'ar] I. *vt* in die Sonne legen [*o* stellen]; (*blanquear*) bleichen
II. *vr*: **~se** sich sonnen, sich in die Sonne legen

solecismo [sole'θismo] *m* (LING) Solözismus *m*

soledad [sole'ðað] *f* ❶ (*sin compañía*) Einsamkeit *f*, Alleinsein *nt*, Vereinsamung *f*
❷ (*tristeza*) Einsamkeit *f*, Verlassenheit *f*
❸ (*lugar*) Einsamkeit *f*, Einöde *f*, Abgeschiedenheit *f*
❹ (MÚS) andalusisches Klagelied zum Singen und Tanzen

solemne [so'lemne] *adj* ❶ (*ceremonioso*) feierlich, festlich, Fest-; **discurso ~** Festrede *f*
❷ (*suntuoso*) erhaben, majestätisch
❸ (*serio*) ernst, offiziell
❹ (*mentira, error, disparate*) ungeheuer, gewaltig, riesig; **una ~ tontería** eine gewaltige Dummheit

solemnidad [solemni'ðað] *f* ❶ (*cualidad*) Feierlichkeit *f*, Erhabenheit *f*, Ernst *m*
❷ (REL: *festividad*) (religiöses) Fest *nt*
❸ *pl* (*formalidades*) Förmlichkeiten *fpl*

solemnizar [solemni'θar] <z→c> *vt* feiern, feierlich begehen

solenoide [sole'noiðe] *m* (FÍS) Solenoid *m*

soler [so'ler] <o→ue> *vi*: **~ hacer algo** etw zu tun pflegen, gewohnt sein etw zu tun; **los martes solemos ir al cine** dienstags gehen wir normalerweise [*o* gewöhnlich] ins Kino; **en España se suelen celebrar los**

solera

santos in Spanien ist es üblich, den Namenstag zu feiern; **suele ocurrir que...** es kommt oft [*o* häufig] vor, dass ...
solera [so'lera] *f* ❶ (ARQUIT: *puntal*) Stützbalken *m*; (*plinto*) Plinthe *f*, Fußplatte *f*
❷ (*en el molino*) (festsitzender) Mühlstein *m*
❸ (*suelo de horno, acequia, canal*) Boden *m*
❹ (*del vino*) Bodensatz *m* im Wein(fass)
❺ (*abolengo*) Tradition *f*; **es un país de ~ celta** es ist ein Land mit keltischer Tradition; **es una ciudad con mucha ~** es ist eine traditionsreiche Stadt; **es de una familia de ~ de escritores** er/sie stammt aus einer alten Schriftstellerfamilie
soleta [so'leta] *f* ❶ (*pieza de tela*) Stoffstück *nt* zum Flicken der Strumpfsohle
❷ (*fam: mujer descarada*) dreiste Frau *f*
❸ (*RDom: sandalia rústica*) Jesuslatsche *f irón*
❹ (*Méx: galleta*) langer, knuspriger Keks
❺ (*loc*): **dar ~ a alguien** jdn hinauswerfen; **tomar ~<,> apretar de ~** (*fam*) verduften, sich aus dem Staub machen
solfa ['solfa] *f* ❶ (MÚS: *signos*) (Musik)note *f*; (*arte de solfear*) Solfeggieren *nt*; (*melodía*) Musik *f*, Melodie *f*; **estar (escrito) en ~** völlig unleserlich geschrieben sein
❷ (*fam: zurra*) Tracht *f* Prügel; **dar una ~** eine Tracht Prügel verpassen
❸ (*loc*): **poner algo en ~** (*ridiculizar*) etw lächerlich machen; (*con arte y orden*) etw sehr ordentlich machen
solfatara [solfa'tara] *f* (GEO) Solfatare *f*
solfear [solfe'ar] *vt* ❶ (MÚS) solmisieren, solfeggieren
❷ (*pegar*) verprügeln
❸ (*fam: reprender*) anpfeifen, anmotzen
solfeo [sol'feo] *m* ❶ (MÚS: *acción*) Solfeggieren *nt*, Solmisieren *nt*; (*efecto*) Solfeggio *nt*, Solmisation *f*
❷ (*fam: zurra*) Tracht *f* Prügel
solicitación [soliθita'θjon] *f* ❶ (*petición*) Ansuchen *nt*, Bitte *f*, Gesuch *nt*
❷ (*para un trabajo*) Bewerbung *f*
solicitante [soliθi'tante] I. *adj* Antrags-, Beantragungs-, beantragend
II. *mf* ❶ (*de una petición*) Antragsteller(in) *m(f)*
❷ (*para un trabajo*) (Stellen)bewerber(in) *m(f)*; **~ de asilo** Asylbewerber *m*
solicitar [soliθi'tar] *vt* ❶ (*pedir*) ersuchen, beantragen; (*ayuda, apoyo*) bitten (um +*akk*); (*un trabajo*) sich bewerben (um +*akk*); **~ un médico** nach einem Arzt verlangen, einen Arzt rufen lassen
❷ (*compañía, amor, atención*) werben (um +*akk*); **~ a una mujer** um eine Frau werben; **~ la mano de una mujer** um die Hand einer Frau anhalten; **le solicitan en todas partes** er/sie ist heiß begehrt [*o* sehr gefragt]
❸ (FÍS: *atraer*) anziehen
solícito, -a [so'liθito, -a] *adj* (*diligente*) fleißig, emsig; (*cuidadoso*) sorgfältig, gewissenhaft, aufmerksam (*con/para con* gegenüber +*dat*, *en* bei/in +*dat*)
solicitud [soliθi'tuð] *f* ❶ (*diligencia*) Fleiß *m*, Emsigkeit *f*; (*cuidado*) Gewissenhaftigkeit *f*, Sorgfältigkeit *f*
❷ (*petición diligente*) Bitte *f*, Gesuch *nt*; (*petición formal*) Antrag *m*; (*impreso*) Antragsformular *nt*; **~ de admisión** Zulassungsantrag *m*; **~ de alta [*o* de afiliación]** Beitrittsantrag *m*; **~ de apertura de insolvencia** Insolvenzeröffnungsantrag *m*; **~ de asilo** Asylantrag *m*; **~ de autorización** Genehmigungsantrag *m*; **~ de ayuda** Beihilfeantrag *m*; **~ de crédito** Kreditgesuch *nt*; **~ de embargo preventivo** Arrestgesuch *nt*; **~ de empleo** Bewerbung *f*, Bewerbungsschreiben *nt*; **~ de explotación de patente** Patentverwertungsantrag *m*; **~ de gracia** Gnadengesuch *nt*; **~ de intervención adhesiva** Streithilfeantrag *m*; **~ de modificación** Abänderungsantrag *m*; **~ de monitoria** Mahnantrag *m*; **~ de oferta** Angebotsanforderung *f*; **~ de patente** Patentanmeldung *f*; **~ de préstamo** Darlehensantrag *m*; **~ de quiebra** Konkursantrag *m*; **~ de suministro** Lieferauftrag *m*; **impreso de ~** Antragsformular *nt*; **acceder a una ~** einem Antrag nachkommen; **dar curso favorable a una ~** einem Antrag stattgeben, einen Antrag genehmigen; **denegar [*o* desestimar] una ~** einen Antrag ablehnen; **presentar una ~** einen Antrag stellen [*o* einreichen]; **desestimar una ~ de crédito** einen Kreditgesuch ablehnen
solidaridad [soliðari'ðað] *f sin pl* Solidarität *f*, Zugehörigkeitsgefühl *nt*; **por ~ con** aus Solidarität mit
solidario, -a [soli'ðarjo, -a] *adj* solidarisch, füreinander einstehend, gemeinsam; **hacerse ~ de algo/alguien** sich mit etw/jdm solidarisch erklären, für etw/jdn eintreten
solidarizarse [soliðari'θarse] <z→c> *vr* sich solidarisieren (*con* mit +*dat*), sich solidarisch erklären (*con* mit +*dat*), sich zusammentun (*con* mit +*dat*); **me solidarizo con tu opinión** ich teile deine Meinung
solideo [soli'ðeo] *m* (REL) Scheitelkäppchen *nt*
solidez [soli'ðeθ] *f* (*firmeza, dureza*) Festigkeit *f*; (*estabilidad*) Haltbarkeit *f*; (ECON) Solidität *f*, Währungshärte *f*; (*resistencia*) Widerstandsfähig-

soltar

keit *f*; **~ financiera** (COM) Bonität *f*
solidificación [soliðifika'θjon] *f* ❶ (*de una amistad, relación, moneda*) (Ver)festigung *f*, Stärkung *f*
❷ (FÍS) Verfestigung *f*, Erstarrung *f*, Übergang *m* in den festen Aggregatzustand
solidificar [soliðifi'kar] <c→qu> I. *vt* festigen, fest werden lassen
II. *vr*: **~se** sich verfestigen, sich verdichten, erstarren
sólido¹ ['soliðo] *m* ❶ (FÍS) fester Körper *m*
❷ (*geometría*) Körper *m*
sólido, -a² ['soliðo, -a] *adj* ❶ (*duradero, resistente*) fest, dauerhaft; (*material*) haltbar, stabil, solide, unzerbrechlich; (*cuerda, hilo*) unzerreißbar; (*colores*) farbecht; (*ingreso, empleo*) sicher, gesichert; (*precios, moneda*) gleich bleibend, stabil; (*amistad, relación*) unzertrennlich; (*voz*) nachdrücklich; (*construcción*) solide, gut gebaut; **un edificio nada ~** ein baufälliges Gebäude
❷ (FÍS: *no líquido*) in festem Aggregatzustand, dicht
soliloquio [soli'lokjo] *m* ❶ (*sin interlocutores*) Selbstgespräch *nt*
❷ (TEAT) Monolog *m*
solio ['soljo] *m* Thron *m*; **~ pontificio** Papsttum *nt*, Papstwürde *f*
solípedo, -a [so'lipeðo, -a] I. *adj* (ZOOL) einhufig
II. *m, f* (ZOOL) Einhufer *m*
solipsismo [soliβ'sismo] *m* (FILOS, PSICO) Solipsismus *m*
solista [so'lista] *mf* (MÚS) Solist(in) *m(f)*
solitaria [soli'tarja] *f* (MED) Bandwurm *m*
solitario¹ [soli'tarjo] *m* ❶ (*diamante*) Solitär *m*
❷ (*cartas*) Solitär *m*, Patience *f*
solitario, -a² [soli'tarjo, -a] I. *adj* ❶ (*sin compañía*) allein, einsam; **en ~** im Alleingang, ohne Hilfe; (MÚS) solo, Solo-
❷ (*lugar*) öde, einsam, verlassen
❸ (*que ama la soledad*) zurückgezogen, einsiedlerisch
II. *m, f* Einsiedler(in) *m(f)*, Einzelgänger(in) *m(f)*, Eigenbrötler(in) *m(f)*
solito, -a [so'lito, -a] *adj* ganz allein, mutterseelenallein
sólito, -a ['solito, -a] *adj* gewöhnlich, üblich, gewohnt
soliviantado, -a [soliβjan'taðo, -a] *adj* gehetzt, unruhig
soliviantar [soliβjan'tar] *vt* ❶ (*incitar*) aufstacheln, aufhetzen, aufwiegeln
❷ (*enojar*) verärgern, wütend machen, aufregen
❸ (*encandilar*) falsche [*o* unbegründete] Hoffnungen machen +*dat*, Flausen in den Kopf setzen +*dat*
❹ (*inquietar*) aufregen; **los celos le tienen soliviantado** er vergeht [*o* ist krank] vor Eifersucht
soliviar [soli'βjar] I. *vt* ❶ (*alzar*) hochheben
❷ (*Arg: fam: hurtar*) klauen
II. *vr*: **~se** sich halb aufrichten
solla ['soʎa] *f* (ZOOL) Rotzunge *f*, Scholle *f*
sollado [so'ʎaðo] *m* (NÁUT) Raumdeck *nt*, Zwischendeck *nt*
sollozar [soʎo'θar] <z→c> *vi* schluchzen, bitterlich weinen
sollozo [so'ʎoθo] *m* Schluchzen *nt*
solo¹ ['solo] *m* ❶ (MÚS) Solo *nt*; (*baile*) Solotanz *m*
❷ (*cartas*) Patience *f*
solo, -a² ['solo, -a] *adj* ❶ (*sin compañía*) allein; (*sin familia*) allein stehend; (*viudo*) verwitwet; (*huérfano*) verwaist; (*solitario*) einsam; **estoy ~** ich bin allein; **a solas** ganz allein, ohne Hilfe; **por sí ~** von selber; **lo hace como ella sola** sie macht es wie nur sie allein es kann; **me encuentro muy ~** ich fühle mich sehr allein [*o* einsam]; **a los 10 años el niño se quedó ~** als der Junge zehn war, verlor er seine Familie
❷ (*único*) einzig; **no fui ni una sola vez** ich bin nicht ein einziges Mal hingegangen
❸ (*sin añadir nada*) allein; **como el pan ~** ich esse das Brot ohne Aufstrich; **toma el café ~** er/sie trinkt den Kaffee schwarz
sólo ['solo] *adv* ❶ (*únicamente*) nur, lediglich; **no ~... sino también...** nicht nur ..., sondern auch ...; **~ que...** es ist nur so, dass ...; **tan ~** wenigstens, zumindest; **~ tú me haces feliz** nur du machst mich glücklich; **aunque ~ sean ~ 10 minutos de deporte al día...** (auch) mit nur 10 Minuten Sport am Tag ...
❷ (*expresamente*) einzig und allein
solomillo [solo'miʎo] *m* (GASTR) Lendenstück *nt*, Filet *nt*
solsticio [sols'tiθjo] *m* (ASTR) Sonnenwende *f*; **~ de invierno/de verano** Winter-/Sommersonnenwende *f*
soltar [sol'tar] *irr* I. *vt* ❶ (*dejar de sujetar*) loslassen; (*liberar*) freilassen, gehen lassen, befreien; (*dejar caer*) fallen lassen
❷ (*nudo*) aufknoten, lösen; (*quitar las ligaduras*) losbinden, entfesseln; **poco a poco iba soltando las ligaduras** nach und nach lockerte er/sie die Fesseln
❸ (*para independizarse*) loslassen; **ya tiene 18 años, pero los padres no lo sueltan** er ist schon achtzehn, aber seine Eltern lassen ihn nicht los; **ella quiere irse pero él no la suelta** sie will gehen, aber er gibt sie nicht frei
❹ (*expresión, grito, rollo*) loslassen, von sich geben; (*tacos, maldicio-*

nes, juramentos) ausstoßen; **~ una carcajada** laut loslachen
⑤ (*paliza, golpe, tiro*) verpassen; **~ un tiro** einen Schuss abfeuern; **me soltó una bofetada** (*fam*) er/sie haute mir eine runter
⑥ (*puesto, privilegios*) aufgeben
⑦ (*lágrimas, sangre*) verlieren; **no soltó ni una lágrima** er/sie vergoss [*o verlor*] nicht eine Träne
⑧ (AUTO: *embrague*) kommen lassen; (*frenos*) lösen; (*cinturón*) abschnallen
⑨ (*gases*) abgehen lassen; **~ un pedo** (*fam*) einen fahren lassen
⑩ (*fam: dinero*) ausgeben; **~ la mosca** ein paar Kröten springen lassen [*o locker machen*]
II. vr: **~se** ① (*liberarse*) sich befreien; (*de unas ataduras*) sich losmachen, sich losbinden; **~se de la mano** sich von der Hand losreißen; **se soltó un tiro** es löste sich ein Schuss
② (*un nudo, un lazo*) sich lösen
③ (*al hablar*) sich gehenlassen; (*una palabra, expresión*) herausrutschen; **~se la lengua** zu viel reden
④ (*desenvoltura*) sich entfalten, Übung bekommen (*en* in +*dat*), sicher werden (*en* in +*dat*); **~se a hacer algo** allmählich anfangen etwas zu tun; **ya empieza a ~se en alemán** er/sie kann sich schon langsam auf Deutsch verständigen; **en mi discurso empecé a ~me del manuscrito** in meiner Rede fing ich an mich vom Konzept zu lösen [*o frei zu reden*]
⑤ (*para independizarse*) sich lösen, sich abnabeln
soltería [solte'ria] *f* Ledigenstand *m*, Ehelosigkeit *f*, Singledasein *nt*
soltero, -a [sol'tero, -a] I. *adj* ledig, unverheiratet; **estado civil: ~** Familienstand: ledig; **de solteras solíamos salir mucho** als wir noch unverheiratet waren, gingen wir viel aus
II. *m, f* Junggeselle, -in *m, f*; **apellido de soltera** Mädchenname *m*
solterón, -ona [solte'ron, -ona] *m, f* (*hombre*) alter Junggeselle *m*, alte Junggesellin *f*, alte Jungfer *f pey*
soltura [sol'tura] *f* Gewandtheit *f*, Geschicklichkeit *f*; (*de forma relajada*) Ungezwungenheit *f*; (*al hablar*) Redegewandtheit *f*; (*en gimnasia, en el baile*) Gelenkigkeit *f*, Behendigkeit *f*
solubilidad [soluβili'ðað] *f* Löslichkeit *f*
soluble [so'luβle] *adj* ① (QUÍM: *líquido*) löslich (*en* in +*dat*); **~ en agua** wasserlöslich
② (*problema*) lösbar
solución [solu'θjon] *f* ① (QUÍM: *líquido*) Lösung *f*; **~ anticongelante** (AUTO) Frostschutzmittel *nt*; **~ fertilizante** (AGR) flüssiger Dünger
② (*de un problema*) Lösung *f*; (*resultado*) Auflösung *f*; **la ~ para la crisis** der Ausweg aus der Krise; **esto no tiene ~** das ist hoffnungslos [*o ausweglos*]; **no hay más ~** man kann nichts weiter [*o anderes*] tun, es gibt keinen anderen Ausweg
③ (*interrupción*): **~ de continuidad** Unterbrechung *f*, Lücke *f*
solucionar [soluθjo'nar] *vt* lösen
solvatación [solβata'θjon] *f* (QUÍM) Solvatation *f*
solvencia [sol'βenθja] *f* ① (FIN) Solvenz *f*, Zahlungsfähigkeit *f*
② (*responsabilidad*) Vertrauenswürdigkeit *f*; (COM) Bonität *f*; **~ ficticia** Scheinbonität *f*; **~ moral** Charakter *m*, Wesensart *f*; **de toda ~ moral** hochanständig; **esta información proviene de fuentes de toda ~** diese Information kommt aus sicherer Quelle
solventar [solβen'tar] *vt* ① (*problema*) lösen; (*asunto*) erledigen, in Ordnung bringen; (*desavenencia*) beilegen
② (*deuda, cuenta*) begleichen, zurückzahlen
solvente [sol'βente] I. *adj* ① (COM, FIN) solvent, zahlungsfähig, zahlungswürdig, kreditwürdig
② (*sin deudas*) schuldenfrei
③ (*reputación*) redlich, vertrauenswürdig
II. *m* (QUÍM) Lösemittel *nt*, Lösungsmittel *nt*
soma¹ ['soma] *m* (BIOL, MED) Soma *nt*
soma² ['soma] *f* (*harina gruesa*) grobes Mehl *nt*
somalí [soma'li] <somalíes> *mf* Somalier(in) *m(f)*
somanta [so'manta] *f* (*fam*) Tracht *f* Prügel
somatada [soma'taða] *f* (*AmC*) Fallen *nt*; **me caí de ~** ich bin der Länge nach hingefallen
somatén [soma'ten] *m* ① (*milicia*) Bürgerwehr *f*, Miliz *f*
② (*disturbio*) Aufruhr *m*, Unruhe *f*, Tumult *m*
③ (*campanas*) Sturmglocke *f*, Alarmglocke *f*; **tocar a ~** Sturm läuten
somático, -a [so'matiko, -a] *adj* somatisch, körperlich, leiblich
somatización [somatiθa'θjon] *f* (PSICO) Somatisierung *f*
somatizar [somati'θar] *vt* (PSICO) somatisieren
somatología [somatolo'xia] *f* (BIOL) Somatologie *f*
somatótropo, -a [soma'totropo, -a] *adj* (BIOL) somatotrop; **hormona somatótropa** somatotropes Hormon, Somatotropin *nt*
sombra ['sombra] *f* ① (*proyectada por algo*) Schatten *m*; **~s chinescas**, **teatro de ~s** (TEAT) Schattentheater *nt*; **~ de ojos** (*producto cosmético*) Lidschatten *m*; **hacer ~** Schatten werfen; **hacer ~ a alguien** (*fig*) jdn in den Schatten stellen; **por este lado de la casa da la ~** auf dieser Seite des Hauses gibt es Schatten, das ist die Schattenseite des Hauses; **este árbol da (una) buena ~** dieser Baum spendet viel Schatten; **sentarse a la ~ de un árbol** sich in den Schatten eines Baumes setzen; **las dos ~s se acercaban** die beiden Schatten kamen näher; **quita de ahí que me haces ~** verschwinde da, du stehst (mir) in der Sonne; **sólo lo has logrado a la ~ de tu padre** du hast es nur mit (der) Hilfe deines Vaters erreicht; **esta persona se ha convertido en mi ~** diese Person verfolgt mich überallhin; **no ver más que ~s a su alrededor** immer nur schwarz sehen; **no fiarse ni de su (propia) ~** niemandem über den Weg trauen; **ha cambiado tanto que no es ~ de lo que era** (*ha cambiado*) er/sie hat sich vollkommen verändert; (*ha decaído*) er/sie ist nur noch der Schatten seiner/ihrer selbst
② (*oscuridad*) Dunkel *nt*, Dunkelheit *f*; **las ~s de la noche me dan miedo** ich habe Angst vor der Dunkelheit der Nacht
③ (*clandestinidad*) Heimlichkeit *f*; **trabaja en la ~** er/sie arbeitet schwarz
④ (TAUR: *zona sin sol*) Schattenseite in der Stierkampfarena; **entrada de ~** Eintrittskarte für einen Sitzplatz auf der Schattenseite
⑤ (ARTE: *en pintura*) Schatten *m*, dunkle Fläche *f*, Schattierung *f*
⑥ (*cantidad mínima*) Schatten *m*, Schimmer *m*, Anflug *m* (*von* +*dat*); **esto no tiene la más mínima ~ de verdad** da ist absolut nichts Wahres dran; **hay una ~ de tristeza en sus ojos** ein Anflug von Traurigkeit liegt in seinen/ihren Augen
⑦ (*de un difunto*) Geist *m*, Gespenst *nt*
⑧ (*defecto*) dunkler Fleck *m*, Schatten *m*
⑨ (*loc*): **a la ~** (*fam*) im Knast; **lo han puesto a la ~** (*fam*) sie haben ihn eingelocht; **ni por ~** nicht im Traum, nie im Leben; **¡qué ~ tienes!** hast du ein Glück!, hast du ein Schwein! *fam*; **adiós, ¡y vete por la ~!** (*fam*) tschüs, und pass auf dich auf!; **tener buena ~** (*tener chiste*) Witz haben, geistreich sein; (*ser simpático*) sympathisch sein; (*tener suerte*) Glück haben; **tener mala ~** (*tener mala suerte*) ein Pechvogel sein; (*ser antipático*) unsympathisch sein, eine negative Ausstrahlung (auf andere) haben
sombrajo [som'braxo] *m* rudimentärer Sonnenschutz *m* (*aus Blättern, Zweigen, Schilf, Stoffen*)
sombreado¹ [sombre'aðo] *m* (ARTE: *efecto*) Schattierung *f*; (*acción*) Schattieren *nt*
sombreado, -a² [sombre'aðo, -a] *adj* schattiert
sombrear [sombre'ar] *vt* ① (*dar sombra*) Schatten werfen (*auf* +*akk*), Schatten spenden +*dat*
② (ARTE: *poner sombra*) schattieren; (*contraste*) schraffieren
③ (*los ojos*) Lidschatten auftragen
sombrerazo [sombre'raθo] *m* ① (*saludo*) Gruß mit dem Hut
② (*sombrero*) riesiger Hut *m*
sombrerera [sombre'rera] *f* (*caja*) Hutschachtel *f*
sombrerería [sombrere'ria] *f* ① (*venta*) Hutgeschäft *nt*
② (*fabricación*) Hutmacherei *f*
sombrerero, -a [sombre'rero, -a] *m, f* Hutmacher(in) *m(f)*
sombrerete [sombre'rete] *m* ① (*irón: pequeño*) Hütchen *nt*
② (BOT: *setas*) Hut *m*
③ (*para cubrir*) Haube *f*, Aufsatz *m*; (*de chimenea*) Kaminaufsatz *m*, Schornsteinaufsatz *m*
sombrero [som'brero] *m* ① (*prenda*) Hut *m*; **~ de copa** Zylinder *m*; **~ hongo** Melone *f*; **~ de tres picos** Dreispitz *m*; **quitarse el ~ ante algo/ alguien** den Hut vor etw/jdn ziehen
② (*de púlpito*) Kanzeldach *nt*
③ (BOT: *setas*) Hut *m*
④ (*para cubrir*) Haube *f*, Aufsatz *m*; (*de chimenea*) Kaminaufsatz *m*, Schornsteinaufsatz *m*
sombrilla [som'briʎa] *f* Sonnenschirm *m*
sombrío, -a [som'brio, -a] *adj* ① (*en la sombra*) schattig; (*demasiado oscuro*) dunkel
② (*triste, pesimista*) düster, schwermütig
somero, -a [so'mero, -a] *adj* ① (*rocas*) ganz leicht über oder unter der Wasseroberfläche liegend; (*aguas, lagunas*) flach, nicht tief
② (*superficial*) oberflächlich; (*vago*) vage, flüchtig; **una explicación somera** eine vordergründige Erklärung
someter [some'ter] I. *vt* ① (*dominar*) unterwerfen, bezwingen; (*subyugar*) unterjochen, untertan machen; **~ la voluntad** den Willen brechen [*o beugen*]
② (*a una acción, a un tratamiento*) unterziehen; **~ a una prueba a alguien** jdn einer Prüfung unterziehen; **~ a un ratón a los efectos de un medicamento** eine Maus unter die Wirkungen eines Medikamentes stellen, eine Maus den Wirkungen eines Medikamentes aussetzen
③ (*plano, proyecto, ideas, oferta*) unterbreiten, vorlegen
④ (JUR: *encomendar*): **el asunto es sometido a los Tribunales** das Gericht hat über die Angelegenheit zu befinden, dem Gericht ist die Entscheidungsfindung über die Angelegenheit anheim gestellt
⑤ (*decisión*) unterordnen; **todo está sometido a su última decisión**

alles hängt von seiner/ihrer letzten Entscheidung ab
II. *vr:* **~se** ❶ *(en una lucha)* sich ergeben
❷ *(a una acción, tratamiento)* sich unterziehen; **~se a una operación** sich einer Operation unterziehen
❸ *(aceptar una decisión, opinión)* sich beugen; **~se a las órdenes/a la voluntad de alguien** sich jds Anordnungen/Willen fügen; **~se a la decisión de la mayoría** sich der Mehrheitsentscheidung beugen
sometimiento [someti'mjento] *m* ❶ *(subyugación)* Unterwerfung *f*, Fügung *f*
❷ *(presentación)* Vorlegung *f*, Unterbreitung *f*
somier [so'mjer] <somieres> *m (de la cama)* (Sprungfeder)rahmen *m*
somnífero¹ [som'nifero] *m* Schlafmittel *nt*, Schlaftablette *f*
somnífero, -a² [som'nifero, -a] *adj* einschläfernd, schläfrig machend
somnífugo, -a [som'nifuɣo, -a] *adj* (MED) schlafraubend
somnílocuo, -a [som'nilokwo, -a] I. *adj* im Schlaf(e) redend
II. *m, f* Person *f*, die im Schlaf(e) redet
somniloquia [somni'lokja] *f* Sprechen *nt* im Schlaf
somnolencia [somno'lenθja] *f* ❶ *(sueño)* Schläfrigkeit *f*, Müdigkeit *f*; *(al despertarse)* Benommenheit *f*
❷ (MED) Somnolenz *f*, Schlafsucht *f*
somnoliento, -a [somno'ljento, -a] *adj* ❶ *(con sueño)* schläfrig, müde
❷ *(al despertarse)* verschlafen, benommen
❸ (MED) somnolent, schlafsüchtig
somocista [somo'θista] I. *adj* Somoza betreffend *(ehemaliger Präsident Nicaraguas)*
II. *mf* Somoza-Anhänger(in) *m(f)*
somontano, -a [somon'tano, -a] *adj* (GEO) am Bergfuß liegend
somorgujo [somor'ɣuxo] *m*, **somormujo** [somor'muxo] *m* (ZOOL) Taucher *m;* **a (lo) ~** *(por debajo del agua)* unter Wasser; *(ocultamente)* versteckt; *(con cautela)* vorsichtig
somos ['somos] *1. pres pl de* **ser**
sompopo [som'popo] *m (ElSal: hormiga amarilla)* gelbe Ameise *f*
son [son] I. *m* ❶ *(sonido)* Klang *m*, Ton *m*, Laut *m;* **bailar al ~ de una guitarra** zum Klang einer Gitarre tanzen
❷ *(rumor, voz)* Gerücht *nt;* **corre el ~ de que...** es geht das Gerücht um, dass ...
❸ *(loc)*: **¿a ~ de qué?, ¿a qué ~?** wieso?, warum?, aus welchem Grund?; **bailar al ~ que le tocan** *(fam)* nach der Pfeife anderer tanzen; **hacer algo a su ~** etw nach seiner Manier ausführen; **vinieron en ~ de paz** sie kamen in friedlicher Absicht; **en ~ de broma** als Witz; **no te lo dijo en ~ de enfadado** er sagte das nicht mit/in böser Absicht zu dir; **sin ~** grundlos, unbegründet; **sin ton ni ~** völlig grundlos, ohne Hand und Fuß; **hablar sin ton ni ~** zusammenhangloses Zeug reden
II. *3. pres pl de* **ser**
sonada [so'naða] *f:* **hacer una ~** einen Skandal provozieren, Aufsehen erregen
sonado, -a [so'naðo, -a] *adj* ❶ *(corriente)* geläufig; *(famoso)* bekannt; *(escandaloso)* skandalös, Aufsehen erregend; *(sensacional)* sensationell
❷ *(fam)*: **estar ~** verrückt sein, nicht richtig ticken
sonaja [so'naxa] *f* ❶ *(en juguetes, instrumentos)* Schelle *f*
❷ *pl* (MÚS) Schellentrommel *f*, Tamburin *nt*
sonajera [sona'xera] *f (Chil) v.* **sonajero**
sonajero [sona'xero] *m* (Baby)rassel *f*, (Kinder)rassel *f*
sonambulismo [sonambu'lismo] *m sin pl* Schlafwandeln *nt*, Nachtwandeln *nt*, Mondsüchtigkeit *f*
sonámbulo, -a [so'nambulo, -a] I. *adj* nachtwandlerisch, schlafwandlerisch, mondsüchtig
II. *m, f* Schlafwandler(in) *m(f)*, Nachtwandler(in) *m(f)*
sonante [so'nante] *adj* klingend; **dinero contante y ~** Bargeld *nt*, klingende Münze *fam;* **me lo pagará en moneda contante y ~** er/sie wird es mir auf Heller und Pfennig [*o* in barer Münze] zurückzahlen
sonántico, -a [so'nantiko, -a] *adj* (LING) sonantisch
sonar [so'nar] <o→ue> I. *vi* ❶ *(timbre, teléfono)* klingeln, läuten; *(reloj)* klingeln, rasseln; *(campanas)* läuten; *(instrumento musical)* ertönen, erklingen; **le suenan las tripas** ihm/ihr knurrt der Magen
❷ (LING: *valor fonético)* klingen, lauten, ausgesprochen werden; **la h en la palabra 'hogar' no suena** das h im Wort 'hogar' wird nicht gesprochen [*o* ist stumm]
❸ *(parecerse)* klingen; **~ a algo** wie etw klingen; **~ a hueco** hohl klingen; **esto suena bien/mal** das hört sich gut/schlecht an; **esto me suena a estafa** das riecht nach Betrug, es scheint mir, als ob es sich hier um einen Betrug handelt; **tal y como suena, (así) como suena** genauso, wie ich es sage
❹ *(mencionarse, citarse)*: **suena (mucho) que...** es heißt, dass ..., es geht das Gerücht um, dass ...
❺ *(loc)*: **lo que sea ~á** was geschehen muss, das soll geschehen
II. *vt (instrumento musical)* spielen; *(trompeta)* blasen
❷ *(la nariz)* schnäuzen; **~le nariz a un niño** einem Kind die Nase putzen

III. *vt, vr:* **~se** sich (die Nase) schnäuzen, sich die Nase putzen
IV. *vr:* **esto me suena** das kommt mir bekannt vor
V. *vimpers:* **se suena que...** es heißt, dass ...
VI. *m* (TÉC) Sonar *nt*
sonata [so'nata] *f* (MÚS) Sonate *f*
sonatina [sona'tina] *f* (MÚS) Sonatine *f*
sonda ['sonda] *f* ❶ *(acción)* Sondieren *nt*, Sondierung *f*
❷ (MED: *catéter)* Sonde *f*
❸ (NÁUT: *plomada)* Lot *nt*, Senkblei *nt;* **~ acústica** Echolot *nt;* **~ espacial** (AERO) Raumsonde *f*
sondable [son'daβle] *adj* sondierbar
sondar [son'dar] *vt* ❶ (MED: *el cuerpo)* sondieren
❷ (NÁUT: *profundidad)* (aus)loten
❸ *(explorar)* erkunden, erforschen
sondear [sonde'ar] *vt* ❶ (MIN: *el subsuelo)* bohren, Probebohrungen machen (von +*dat*)
❷ *(fam: intención, forma de pensar)* prüfen, abchecken, unter die Lupe nehmen, auf den Zahn fühlen; **~ precios** Preise ausloten
sondeo [son'deo] *m* ❶ (MED: *cuerpo)* Sondierung *f*
❷ (MIN: *subsuelo)* (Probe)bohrungen *fpl*
❸ (NÁUT: *profundidad)* (Aus)loten *nt*
❹ *(averiguación)* Erforschung *f;* **~ de mercado** (ECON) Marktforschung *f;* **~ de opinión** Meinungsumfrage *f;* **técnicas de ~** Umfragetechniken *fpl*
sonetillo [sone'tiʎo] *m* (LIT) kleines Sonett *nt*
soneto [so'neto] *m* (LIT) Sonett *nt*
songa ['songa] *f* ❶ *(Cuba, PRico: sorna)* Spott *m*
❷ *(Méx: chocarrería)* Zote *f*
songa-songa ['songa-'songa] *(AmC, Chil, Ecua)*: **a la ~** klammheimlich
songo¹ ['songo] *m (Col)* ❶ *(ruido)* Geräusch *nt*, Geraschel *nt*
❷ *(zumbido)* Summen *nt*, Gesumme *nt*
songo, -a² ['songo, -a] *adj (Col, Méx)* ❶ *(tonto)* blöd
❷ *(taimado)* hinterlistig
sónico, -a [so'niko, -a] *adj* die Schallgeschwindigkeit betreffend; *(a la velocidad del sonido)* mit Schallgeschwindigkeit
sonido [so'niðo] *m* ❶ *(ruido)* Ton *m*, Laut *m*, Klang *m*
❷ (MÚS) Klang *m*, Klangfarbe *f;* **estos altavoces no transmiten un buen ~** diese Lautsprecher haben keine gute Tonqualität [*o* Klangqualität]
❸ (LING: *fonema)* Laut *m*
❹ (TÉC) Schall *m;* **barrera del ~** Schallmauer *f*
❺ (RADIO) Ton *m;* **~ estereofónico** Stereoton *m*
soniquete [soni'kete] *m v.* **sonsonete**
sonoboya [sono'βoja] *f* (NÁUT) Heulboje *f*, Heultonne *f*
sonometría [sonome'tria] *f* (FÍS) Lautstärkemessung *f*
sonómetro [so'nometro] *m* (FÍS) Lautstärkemesser *m*
sonoridad [sonori'ðað] *f* ❶ *(características del sonido)* Sonorität *f;* (MÚS: *de un instrumento)* (Wohl)klang *m;* *(de una voz)* Wohllaut *m*
❷ (LING) Stimmhaftigkeit *f*
sonorización [sonoriθa'θjon] *f (t.* CINE) Vertonung *f*
sonorizar [sonori'θar] <z→c> *vt* ❶ (CINE) vertonen
❷ (LING) stimmhaft aussprechen
sonoro, -a [so'noro, -a] *adj* ❶ *(que puede sonar)* akustisch; *(bóveda)* (wider)hallend; **una voz sonora/poco sonora** eine kräftige/leise Stimme
❷ *(calidad del sonido: fuerte)* klangvoll, laut, voll tönend; *(agradable)* wohlklingend, wohltönend
❸ (LING) stimmhaft; **sonido ~** stimmhafter Laut
❹ (TÉC) Schall-; **banda sonora** (CINE) Filmmusik *f*, Soundtrack *m;* **ondas sonoras** Schallwellen *fpl;* **película sonora** (CINE) Tonfilm *m*
sonreír [sonrre'ir] *irr como* **reír** I. *vi, vr:* **~se** *(reír levemente)* lächeln; *(fugazmente)* schmunzeln; **~ a alguien** jdn anlächeln, jdm zulächeln; **~ forzadamente** gezwungen [*o* krampfhaft] lächeln; **maliciosamente grinsen;** **... decía él sonriendo** ... sagte er lächelnd
II. *vi (la vida, la suerte)* lachen; **le sonríe la fortuna** das Glück ist auf seiner/ihrer Seite
sonriente [son'rrjente] *adj* ❶ *(sonriéndose)* lächelnd
❷ *(contentísimo)* strahlend, heiter, fröhlich
sonrisa [son'rrisa] *f (leve)* Lächeln *nt;* *(fugaz)* Schmunzeln *nt;* *(maliciosa)* Grinsen *nt*
sonrojar [sonrro'xar] I. *vt* erröten lassen, beschämen
II. *vr:* **~se** erröten, schamrot werden, rot anlaufen
sonrojo [son'rroxo] *m* ❶ *(acción)* Erröten *nt*
❷ *(rubor)* Schamröte *f*
❸ *(causa)* Beschämung *f*
sonrosado, -a [sonrro'saðo, -a] *adj* ❶ *(de color rosa)* rosig, rosa(farben)
❷ *(mejillas)* rotbackig

sonrosar [sonrro'sar] **I.** *vt* rot werden lassen
II. *vr:* **~se** rot werden, eine rosige Farbe annehmen
sonsacar [sonsa'kar] <c→qu> *vt* ① (*indagar*) herausbekommen; ~ algo a alguien etw aus jdm herausbekommen; ~le un secreto a alguien jdm ein Geheimnis entlocken
② (*empleado, criados*) abwerben
sonsear [sonse'ar] *vi* (*Arg, Chil, Urug: tontear*) blödeln
sonsera [son'sera] *f* (*Arg*) Albernheit *f*
sonso, -a ['sonso, -a] *m, f* (*Arg, Chil, Urug: tonto*) Dumme(r) *mf*
sonsonete [sonso'nete] *m* ① (*golpecitos*) (leises) Klopfen *nt;* (*traqueteo*) Rasseln *nt*, Prasseln *nt*
② (*en tono de mofa*) spöttischer Unterton *m*
③ (*monotonía*) Leiern *nt*, monotones Sprechen *nt*
soñación [soɲa'θjon] *f:* **¡ni por ~!** nicht im Traum(e)!, nie im Leben!
soñado, -a [so'ɲaðo, -a] *adj* ① (*con que se sueña*) Traum-, erträumt; **el hombre ~** der Traummann, der Idealmann
② (*loc*): **hemos encontrado una casa que, vamos, ¡ni soñada!** wir haben ein wirklich traumhaft schönes Haus gefunden
soñador(a) [soɲa'ðor(a)] **I.** *adj* träumerisch
II. *m(f)* Träumer(in) *m(f)*
soñar [so'ɲar] <o→ue> **I.** *vi, vt* träumen; ~ **despierto** tagträumen; **esta noche soñé que...** heute Nacht habe ich geträumt, dass ...; **esta noche soñé contigo** heute Nacht habe ich von dir geträumt; **¡ni ~lo!** nie im Leben!
II. *vi* träumen (*con* von +*dat*), herbeisehnen (*con* +*akk*); **siempre he soñado con ser médico** mein Traum war schon immer, Arzt zu werden; **sueño con volver a verte** ich wünsche mir sehnlichst dich wieder zu sehen
soñera [so'ɲera] *f* ① (*fam: ganas de dormir*) (große) Müdigkeit *f;* **¡qué ~ tenía anoche!** war ich müde gestern Abend!
② (*sueño pesado*) Tiefschlaf *m*, tiefer Schlaf *m*
soñolencia [soɲo'lenθja] *f* ① (*sueño*) Schläfrigkeit *f*, Müdigkeit *f;* (*al despertarse*) Benommenheit *f*
② (MED) Somnolenz *f*, Schlafsucht *f*
soñoliento, -a [soɲo'ljento, -a] *adj* ① (*con sueño*) schläfrig, müde
② (*al despertarse*) verschlafen, benommen
sopa ['sopa] *f* ① (*caldo*) Suppe *f;* ~ **de ajo** Knoblauch(brot)suppe *f;* ~ **de fideos** Nudelsuppe *f*
② *pl* (*pan mojado*) eingetunktes Brot *nt;* ~**s de leche** in Milch eingetunktes Brot
③ (*fam: loc*): **comer la** [*o* **andar a la**] ~ **boba** auf Kosten anderer leben; **estar ~** (*fam*) sich erkältet sein; **como una ~** (*fam*) völlig durchnässt, durch und durch nass; **poner a alguien como la ~ de Pascua** jdm ordentlich die Leviten lesen; **ver a alguien/algo hasta en la ~** (*fam*) jdn/etw ständig und überall antreffen; **ése os da ~s con honda a todos vosotros** (*fam*) der steckt euch alle in die Tasche
sopaipa [so'pajpa] *f* eine Art Waffelteig
sopaipilla [sopaj'piʎa] *f* (*Arg, Chil:* GASTR) Teig aus gebratenem Mehl mit Öl oder Schmalz und Kürbis; ~ **pesada** (*Chil*) "sopaipilla" mit Sirup oder Honig
sopapear [sopape'ar] *vt* ① (*fam: bofetear*) ohrfeigen
② (*maltratar*) misshandeln; (*insultar*) beleidigen
sopapo [so'papo] *m* ① (*puñetazo*) Fausthieb *m*
② (*fam: bofetada*) Ohrfeige *f;* **te voy a dar un ~** du bekommst gleich eine Ohrfeige, ich knall dir gleich eine!
sopar [so'par] **I.** *vt* ① (*hacer sopa*) eine Suppe machen (aus +*dat*)
② (*empapar*) (klatsch)nass machen
II. *vr:* **~se** (klatsch)nass werden
sope ['sope] *m* (*Méx:* GASTR) kleine, dicke Maistortilla mit Bohnen, Käse und Soße
sopear [sope'ar] *vt* ① *v.* **sopar**
② (*hollar*) treten (auf +*akk*), betreten
③ (*despreciar*) mit Füßen treten
sopenta [so'penta] *f:* **cenar a la ~** sehr spät zu Abend essen
sopera [so'pera] *f* Suppenschüssel *f*
sopero, -a [so'pero, -a] **I.** *adj* (*relativo a sopa*) Suppen-; **plato ~** Suppenteller *m;* (*es muy ~*) er isst sehr gerne Suppen
II. *m, f* Suppenfreund *m*, Suppenliebhaber(in) *m(f) fam*
sopesar [sope'sar] *vt* ① (*pesar*) (in der Hand) wiegen
② (*problemas, dificultades, ventajas*) abwägen
sopetón [sope'ton] *m* (kräftige) Ohrfeige *f*, Schlag *m* (*mit der Hand*); **de ~** plötzlich, völlig unvermittelt
sopicaldo [sopi'kaldo] *m* (GASTR) klare Brühe *f*
soplado¹ [so'plaðo] *m* (*de vidrio*) Blasen *nt*
soplado, -a² [so'plaðo, -a] *adj* ① *ser* (*limpio*) sehr gepflegt; (*pulcro*) peinlich sauber
② *ser* (*engreído*) eingebildet, arrogant
③ *estar* (*fam: ebrio*) betrunken, voll
④ (*vidrio*) geblasen; ~ **a boca** mundgeblasen

soplador¹ [sopla'ðor] *m* ① (*abanico*) Fächer *m*
② (TÉC) Gebläse *nt*
③ (*que busca peleas*) Hetzer *m*
soplador(a)² [sopla'ðor(a)] **I.** *adj* Blas-, blasend
II. *m(f)* (*artesano*): ~ **de vidrios** Glasbläser(in) *m(f)*
② (TEAT) Souffleur *m*, Souffleuse *f*
sopladura [sopla'ðura] *f* ① (*acción*) Blasen *nt*
② (*en metales fundidos*) Lunker *m*, Gussblase *f*
soplagaitas [sopla'ɣajtas] *m inv* (*fam*) Blödmann *m*
soplamocos [sopla'mokos] *m inv* ① (*sopapo*) Ohrfeige *f*, Schlag *m* ins Gesicht
② (*muy leve*) Nasenstüber *m*
soplar [so'plar] **I.** *vi, vt* blasen; (*más fuerte*) pusten
II. *vi* ① (*viento, mistral, levante*) blasen, wehen; (*poco viento*) gehen; (*más fuerte*) pusten
② (*¡caramba!*): **¡sopla!** Mensch!, sag bloß!
III. *vt* ① (*apartar*) wegblasen; (*más fuerte*) wegpusten
② (*velas*) ausblasen; (*más fuerte*) auspusten
③ (*hinchar*) aufblasen
④ (*vidrio*) blasen
⑤ (*fuego, cenizas*) anfachen
⑥ (*inspirar*) inspirieren, eingeben; **hoy no te sopla la musa** heute wirst du nicht von der Muse geküsst [*o* inspiriert]
⑦ (*en un examen*) vorsagen; **me sopló todas las respuestas** er/sie hat mir alle Antworten vorgesagt [*o* zugeflüstert]; (TEAT) soufflieren
⑧ (*delatar*) verraten, zutragen; (*entre alumnos*) (ver)petzen, anschwärzen
⑨ (*fam: hurtar*) klauen, stehlen; (*cobrar demasiado*) abnehmen; **anoche me ~on la radio del coche** heute Nacht ist mein Autoradio geklaut worden; **me ~on 5 euros para entrar** ich musste 5 Euro blechen, um hineinzukommen
⑩ (*puñetazo, sopapo, tortazo*) erteilen
IV. *vr:* **~se** ① (*fam: comer mucha cantidad*) verschlingen, verdrücken; (*beber mucha cantidad*) hinunterstürzen, in sich hineinstürzen, weghauen; **al final se sopló todo lo que quedaba de la paella** am Schluss verschlang er/sie noch alles, was von der Paella übrig war; **después de la comida se sopló cinco copas de coñac** nach dem Essen stürzte er/sie noch fünf Kognaks in sich hinein
② (*fam: engreírse*) sich aufblasen, angeben, prahlen
soplete [so'plete] *m* (TÉC) Gebläse *nt;* ~ **soldador** Schweißbrenner *m*
soplido [so'pliðo] *m* ① (*acción*) Blasen *nt*, Pusten *nt*
② (*de viento*) Winden *nt*, Wehen *nt;* (*muy leve*) Hauch *m*
soplillo [so'pliʎo] *m* kreisförmiger Espartofächer, um Feuer anzufachen
soplo ['soplo] *m* ① (*acción*) Blasen *nt;* **apagó las velas de un ~** er/sie blies alle Kerzen auf einmal aus
② (*del viento*) Winden *nt*, Wehen *nt;* (*muy leve*) Hauch *m;* **un ~ de aire fresco** (*fig*) ein frischer Wind
③ (*tiempo*): **como un ~** in Windeseile, ruckzuck; **se me pasó la semana en** [*o* **como**] **un ~** die Woche war für mich ruckzuck vorbei, die Woche ist für mich sehr schnell herumgegangen
④ (*denuncia*) Tipp *m*, Hinweis *m*, Wink *m*
⑤ (MED: *sonido*) Pfeifen *nt*
soplón, -ona [so'plon, -ona] *m, f* Verräter(in) *m(f)*, Zuträger(in) *m(f);* (*entre alumnos*) Petze *f*
soplonería [soplone'ria] *f* ① (*a la policía*) Zuträgerei *f*
② (*entre alumnos*) Petzerei *f*
soponcio [so'ponθjo] *m* ① (*desmayo*) Ohnmacht *f*, Ohnmachtsanfall *m*
② (*mareo*) Schwindelanfall *m*
sopor [so'por] *m* ① (MED) krankhafte Schlafsucht *f*
② (*adormecimiento*) starke Benommenheit *f*, Schlaftrunkenheit *f*, Sopor *m*
soporífero¹ [sopo'rifero] *m* Schlafmittel *nt*
soporífero, -a² [sopo'rifero, -a] *adj* ① (*que da sueño*) einschläfernd, Schlaf-; **un té con propiedades soporíferas** ein Tee mit schlaffördernden Eigenschaften
② (*aburrido*) langweilig, stinklangweilig *fam*
soporoso, -a [sopo'roso, -a] *adj* schlafsüchtig; (MED) soporös; **estado ~** starke Benommenheit
soportable [sopor'taβle] *adj* erträglich
soportal [sopor'tal] *m* ① (*entrada*) überdachter (Haus)eingang *m*, Vorhalle *f*
② (*porche*) Säulengang *m*, Säulenflur *f*, Säulenhalle *f*, Laubengang *m*
soportar [sopor'tar] *vt* ① (*peso, carga*) halten, tragen, stützen
② (*presión*) aushalten
③ (*dolor, molestia*) ertragen, aushalten, erdulden
soporte [so'porte] *m* ① (*apoyo*) Stütze *f*, Unterstützung *f;* **su hijo es un verdadero ~ para ella** ihr Sohn ist eine wahre Stütze für sie
② (*pilar*) Träger *m*, Pfeiler *m;* ~ **para bicicletas** Fahrradständer *m;* ~

soprano publicitario Werbeträger *m;* **~ para tubos de ensayo** Reagenzglasgestell *nt,* Reagenzglashalterung *f;* **el principal ~ de la economía es el turismo** der Tourismus ist der Hauptpfeiler [*o* wichtigste Träger] der Wirtschaft
❸ (ARQUIT) Träger *m,* (Stütz)pfeiler *m;* (*de madera*) Stützbalken *m*
❹ (*pedestal*) Sockel *m*
❺ (INFOR) Medium *nt,* Träger *m;* **~ de datos** Speichermedium *nt,* Datenträger *m;* **~ físico** Hardware *f;* **~ lógico de sistemas** Systemsoftware *f;* **~ magnético** magnetische Trägerschicht
soprano [so'prano] **I.** *m* (MÚS: *voz*) Sopran *m,* Sopranstimme *f*
II. *mf* (*cantante*) Sopran *m,* Sopransänger(in) *m(f),* Sopranist(in) *m(f)*
sopuntar *vt* Punkte setzen (unter +*akk*); **~ una frase** einen Satz mit einer gepunkteten Linie unterstreichen
soquete [so'kete] *m* (*Am: calcetín*) Socke *f*
sor [sor] *f* (Ordens)schwester *f;* **¡~ Teresa, mire!** Schwester Teresa, schauen Sie (mal)!
sorber [sor'βer] *vt* ❶ (*con los labios*) schlürfen; (*por una pajita*) trinken; (*por la nariz*) einziehen; (*tabaco*) schnupfen; (MED) inhalieren
❷ (*esponja, algodón, papel, trapo*) aufsaugen, aufnehmen
❸ (*escuchar*) begierig in sich aufnehmen, in sich aufsaugen
sorbete [sor'βete] *m* (GASTR) Sorbet(t) *m*
sorbetón [sorβe'ton] *m* großer Schluck *m;* **beber a sorbetones** in großen Schlucken trinken
sorbo ['sorβo] *m* ❶ (*acción*) Schlürfen *nt;* (*por la nariz*) Schnupfen *nt*
❷ (*esponja, algodón, papel, trapo*) Aufsaugen *nt*
❸ (*trago*) Schluck *m;* **beber a ~s** in kleinen Schlucken trinken, schluckweise trinken; **tomar de un ~** in einem Schluck trinken
❹ (*pequeña cantidad*) Schluck *m,* Schlückchen *nt;* **échame otro ~** schenk mir noch ein bisschen nach
sorche [sortʃe] *m* (MIL: *fam*) neu einberufener Rekrut *m*
sordamente [sorða'mente] *adv* heimlich und leise
sordera [sor'ðera] *f* ❶ (*privación*) Taubheit *f*
❷ (*disminución*) Schwerhörigkeit *f*
sordez [sor'ðeθ] *f* (LING) Stummheit *f*
sordidez [sorði'ðeθ] *f* ❶ (*suciedad*) Schäbigkeit *f,* Schmutz *m*
❷ (*obscenidad*) Obszönität *f,* Unflätigkeit *f*
❸ (*avaricia*) Geiz *m,* Knickerigkeit *f,* Schäbigkeit *f*
❹ (*mezquindad*) Gemeinheit *f*
sórdido, -a ['sorðiðo, -a] *adj* ❶ (*sucio*) schäbig, schmutzig, dreckig
❷ (*obsceno*) obszön, schmutzig, dreckig
❸ (*avaro*) geizig, knauserig, schäbig
❹ (*mezquino*) gemein
sordina [sor'ðina] *f* ❶ (MÚS) Sordine *f,* Sordino *m,* Dämpfer *m;* **con ~** gedämpft
❷ (*sigilosamente*): **con ~** heimlich, still und leise
sordo, -a ['sorðo, -a] **I.** *adj* ❶ (*que no oye*) taub, gehörlos; **~ de un oído** auf einem Ohr taub; **hacerse oídos ~s** sich taub stellen, nicht hören wollen; **~ como una tapia, más ~ que una campana** stocktaub
❷ (*que oye mal*) schwerhörig
❸ (*algo que no hace ruido*) geräuschlos, still, leise; **a sordas, a lo ~, a la sorda** still und leise, unbemerkt
❹ (*de timbre oscuro*) dumpf, gedämpft, klanglos
❺ (*que no presta atención*) sich taub stellend; **permanece ~ a mis consejos** meine Ratschläge treffen bei ihm auf taube Ohren
❻ (*sentimiento, pasión*) still, leise; **le invadía una rabia sorda** es kam stille Wut in ihm/ihr auf
❼ (LING) stumm
II. *m, f* ❶ (*que no oye*) Taube(r) *mf,* Gehörlose(r) *mf;* **hacerse el ~** sich taub stellen; **predicar a los ~s** tauben Ohren predigen
❷ (*que oye mal*) Schwerhörige(r) *mf*
sordomudez [sorðomu'ðeθ] *f sin pl* Taubstummheit *f*
sordomudo, -a [sorðo'muðo, -a] **I.** *adj* taubstumm
II. *m, f* Taubstumme(r) *mf*
sorgo ['sorɣo] *m* (BOT) Sorghum *nt,* Sorgho *m*
soriano, -a [so'rjano, -a] **I.** *adj* aus Soria
II. *m, f* Einwohner(in) *m(f)* von Soria
soriasis [so'rjasis] *f inv* (MED) Schuppenflechte *f,* Psoriasis *f*
sorna ['sorna] *f* ❶ (*lentitud al obrar*) gespielte Trägheit *f,* Schwerfälligkeit *f*
❷ (*al hablar*) sarkastischer Unterton *m,* Spott *m*
soroche [so'rotʃe] *m* (*Am: malestar de las alturas*) Höhenkrankheit *f*
sororato [soro'rato] *m* (SOCIOL) Sororat *m*
sorprendente [sorpren'dente] *adj* ❶ (*que causa sorpresa*) überraschend; (*desarrollo, evolución*) ungeahnt
❷ (*que salta a la vista*) auffallend, erstaunlich; **posee una estatura ~** er/sie ist auffallend groß; **es ~ que... +** *subj* es ist erstaunlich, dass ...
❸ (*extraordinario*) außergewöhnlich, selten, ungewöhnlich; **no es ~ que... +** *subj* es ist nicht (weiter) verwunderlich, dass ...
sorprender [sorpren'der] **I.** *vt* ❶ (*causar extrañeza*) überraschen, befremden; (*asombrar*) erstaunen, verblüffen
❷ (*descubrir algo*) (heraus)finden, entdecken, aufdecken
❸ (*pillar a alguien*) erwischen, ertappen (bei +*dat*); **~ infraganti** auf frischer Tat [*o* in flagranti] erwischen
❹ (*dudar*): **y durante un momento me quedé sorprendida** und einen Augenblick lang stutzte ich
❺ (MIL: *atacar*) überfallen, einen Überraschungsangriff durchführen (auf +*akk*)
II. *vr:* **-se** (*estar extrañado*) überrascht sein (*de* wegen +*dat/gen*); (*asombrarse*) erstaunt sein (*de* über +*akk*); (*dudar*) stutzen; **no me sorprendería que viniera** es würde mich nicht wundern, wenn er/sie käme; **me sorprendí mucho al escuchar eso** ich wunderte mich sehr, als ich das hörte
sorpresa [sor'presa] *f* ❶ (*acción*) Überraschen *nt;* **coger a alguien de [*o* por] ~** jdn überraschen
❷ (*efecto*) Überraschung *f;* (*asombro*) Erstaunen *nt;* (*extrañeza*) Verwunderung *f;* **causar [*o* producir] ~** überraschen, erstaunen, verwundern
❸ (*regalo, noticia*) Überraschung *f;* **¡qué ~!** was für eine Überraschung!
❹ (MIL) Überraschungsangriff *m*
sorpresivo, -a [sorpre'siβo, -a] *adj* (*Am*) ❶ (*sorprendente*) überraschend, erstaunlich
❷ (*imprevisto*) unerwartet
❸ (*repentino*) plötzlich
sorteable [sorte'aβle] *adj* verlosbar
sortear [sorte'ar] *vt* ❶ (*destino*) losen; (*rifar*) das Los entscheiden lassen (über +*akk*), auslosen, verlosen
❷ (*esquivar*) ausweichen, aus dem Weg(e) gehen; (*obstáculos*) sich hinwegsetzen (über +*akk*), umgehen; **sorteó como pudo sus preguntas** so gut es ging wich er/sie seinen/ihren Fragen aus
sorteo [sor'teo] *m* ❶ (*rifa:efecto*) Auslosung *f,* Verlosung *f;* (*acción*) Auslosen *nt,* Verlosen *nt;* (*lotería*) Ziehung *f*
❷ (*esquivación*) Umgehung *f*
sortiaria [sor'tjarja] *f* Kartenlegen *nt*
sortija [sor'tixa] *f* ❶ (*joya*) Ring *m;* (*con sello*) Siegelring *m*
❷ (*rizo*) (Haar)locke *f*
sortijero [sorti'xero] *m* Schmuckkästchen *nt*
sortijilla [sorti'xiʎa] *f* (Haar)locke *f*
sortilegio [sorti'lexjo] *m* ❶ (*brujería*) Hexerei *f,* Zauberei *f;* (*acción de vaticinar*) Wahrsagerei *f;* **hacer ~** (ver)zaubern, (ver)hexen, wahrsagen
❷ (*vaticinio*) Wahrsagung *f,* Prophezeiung *f*
sortílego, -a [sor'tileɣo, -a] **I.** *adj* Zauber-; **palabra sortílega** Zauberwort *nt*
II. *m, f* Wahrsager(in) *m(f)*
sosa ['sosa] *f* ❶ (QUÍM) Soda *f o nt,* Natriumkarbonat *nt*
❷ (BOT) Salzkraut *nt*
sosaina [so'saina] **I.** *adj* (*fam*) fade, langweilig
II. *mf* (*fam*) Langweiler(in) *m(f),* Schlaftablette *f,* Schlafmütze *f*
sosegado, -a [sose'ɣaðo, -a] *adj* ❶ (*apacible*) friedfertig, harmoniebedürftig, harmonieliebend
❷ (*tranquilo*) ruhig, gelassen, still
sosegar [sose'ɣar] *irr como fregar* **I.** *vt, vr:* **-se** ❶ (*calmar*) beruhigen, zur Ruhe bringen, besänftigen
❷ (*dudas, temores*) abwiegeln
II. *vi, vr:* **-se** sich beruhigen, sich ausruhen, zur Ruhe kommen
sosegate [sose'ɣate] *m* (*Arg, Urug*): **dar [*o* pegar] un ~ a alguien** jdn ordentlich zurechtweisen
soseras [so'seras] *mf inv* (*fam*) Langweiler(in) *m(f)*
sosería [sose'ria] *f* ❶ (*fam*) Langweiligkeit *f,* Fadheit *f,* Abgeschmacktheit *f fam;* **esto es una ~** hier ist absolut nichts los, hier ist es stinklangweilig *fam*
sosia ['sosja] *m* Doppelgänger *m*
sosiego [so'sjeɣo] *m* ❶ (*en un lugar*) Ruhe *f,* Friedlichkeit *f,* Stille *f*
❷ (*en la persona*) (Gemüts)ruhe *f,* Gelassenheit *f;* **hacer algo con ~** etw in aller Ruhe machen
soslayar [sosla'jar] *vt* ❶ (*objeto*) schräg halten, (zur Seite) neigen
❷ (*encuentro*) vermeiden; (*dificultad, pregunta*) umgehen; **~ un problema** einem Problem ausweichen [*o* aus dem Weg(e) gehen]
soslayo, -a [sos'lajo, -a] *adj* schräg; **mirar a alguien de ~** jdn aus den Augenwinkeln betrachten; **pasar de ~ por la casa de la abuela** im Vorbeigehen bei der Oma reinschauen; **pasar por un tema de [*o* al] ~** ein Thema streifen; **poner algo de [*o* al] ~** etw schräg halten
soso, -a ['soso, -a] *adj* ❶ (*sopa: sin sal*) ungesalzen; (*sin sabor*) fade
❷ (*persona*) fade, farblos
sospecha [sos'petʃa] *f* ❶ (*suposición*) Vermutung *f*
❷ (*desconfianza*) Misstrauen *nt,* Argwohn *m elev*
❸ (*de un crimen, etc*) (Tat)verdacht *m;* (*contra alguien concreto*) Verdächtigung *f;* **~ de fuga** Fluchtverdacht *m;* **fue arrestado bajo ~ de asesinato** er wurde unter Mordverdacht verhaftet; **sólo son ~s infundadas** das sind nur unbegründete Verdächtigungen

sospechar [sospe'tʃar] **I.** *vt* ❶ (*creer posible*) vermuten, ahnen; **¡ya lo sospechaba!** das hatte ich mir schon gedacht!; **sospecho que no va a venir** ich habe das Gefühl, dass er/sie nicht kommen wird
❷ (*recelar*) befürchten, argwöhnen *elev;* **sospechaba que le harían una mala jugada** er/sie befürchtete, dass sie ihm/ihr einen bösen Streich spielen würden
II. *vi* verdächtigen (*de +akk*); **la policía sospecha de mí** die Polizei hat mich im Verdacht [*o* verdächtigt mich]

sospechoso, -a [sospe'tʃoso, -a] **I.** *adj* (*persona*) verdächtig; **me resulta ~ que el gobierno presente ahora esta ley** es kommt mir verdächtig vor, dass die Regierung gerade jetzt dieses Gesetz vorlegt
II. *m, f* Verdächtige(r) *mf*

sostén [sos'ten] *m* ❶ (ARQUIT) Träger *m,* Stütze *f;* **pilar de ~** Stützpfeiler *m*
❷ (*prenda*) Büstenhalter *m,* BH *m*
❸ (*moral*) Stütze *f,* Unterstützung *f*
❹ (*de familia*) Unterhalt *m;* (*alimentos*) Nahrung *f*

sostener [soste'ner] *irr como* **tener I.** *vt* ❶ (*sujetar*) (fest)halten; **¡sostén eso!** halt das mal fest!; **esta cuerda sostiene la pata de la mesa** an diesem Seil ist das Tischbein festgemacht
❷ (*aguantar*) halten; (*por debajo*) tragen; (*por debajo, por los lados*) stützen; **las columnas sostienen el edificio** das Gebäude wird von den Säulen getragen [*o* gestützt]; **~ una moneda** (FIN) eine Währung stützen
❸ (*afirmar*) behaupten; (*idea, teoría*) vertreten, verfechten
❹ (*a una persona, familia*) unterstützen
❺ (*lucha*) bestehen; (*tren de vida*) durchhalten; (*velocidad, posición*) beibehalten; **~ una larga conversación** ein langes Gespräch führen
II. *vr:* **~se** ❶ (*sujetarse*) sich (fest)halten
❷ (*aguantarse*) sich halten; **él hace todo lo posible para ~se en el poder** er tut sein Möglichstes, um weiterhin an der Macht zu bleiben
❸ (*en pie*) sich aufrecht halten; (*sobre agua, en el aire*) sich halten; **no podía ~me de borracho** ich war so betrunken, dass ich mich nicht auf den Beinen halten konnte
❹ (*económicamente*): **apenas me puedo ~** ich kann kaum meinen Lebensunterhalt bestreiten
❺ (*en opinión*) beharren (*en auf/bei +dat*)

sostenido¹ [soste'niðo] *m* (MÚS) Kreuz *nt,* Erhöhungszeichen *nt;* **poner un ~** erhöhen

sostenido, -a² [soste'niðo, -a] *adj* ❶ (*esfuerzo*) ausdauernd
❷ (MÚS) erhöht; **fa ~** Fis *nt*

sostenimiento [sosteni'mjento] *m* ❶ (*acción*) (Fest)halten *nt*
❷ (*efecto*) Halt *m,* Stütze *f*
❸ (*manutención*) Unterhalt *m*
❹ (*mantenimiento*) Aufrechterhaltung *f,* Behauptung *f*

sota ['sota] *f* ❶ (*naipe*) Bube *m*
❷ (*descarada*) Gör *nt*
❸ (*prostituta*) Flittchen *nt*

sotabanco [sota'βaŋko] *m* ❶ (*ático*) Dachwohnung *f*
❷ (ARQUIT) Balkenträger *m*

sotabarba [sota'βarβa] *f* Doppelkinn *nt*

sotana [so'tana] *f* (REL) Soutane *f*

sótano ['sotano] *m* ❶ (*de aparcamiento, edificio*) Untergeschoss *nt*
❷ (*trastero, habitación*) Keller *m,* Kellergeschoss *nt*

sotavento [sota'βento] *m* (NÁUT) Lee *f o nt,* Leeseite *f*

sote ['sote] *m* (*Col:* ZOOL) Sandfloh *m*

sotechado [sote'tʃaðo] *m* Schuppen *m*

soteriología [soterjolo'xia] *f* (REL) Soteriologie *f*

soterrado, -a [sote'rraðo, -a] *adj* ❶ (*bajo tierra*) vergraben
❷ (*sentimiento*) verborgen, heimlich

soterrar [sote'rrar] <e→ie> *vt* ❶ (*enterrar*) vergraben
❷ (*esconder: objetos*) verstecken; (*sentimientos*) verbergen, verheimlichen

soto ['soto] *m* ❶ (*en río*) Baumgruppe *f*
❷ (*árboles*) Gehölz *nt;* (*arbustos, matas*) Gebüsch *nt*

sotobosque [soto'βoske] *m* Unterholz *nt*

sotreta [so'treta] *adj* (*Arg, Bol, Urug*) ❶ (*caballo*) störrisch
❷ (*persona*) faul, träge; (*no fiable*) unzuverlässig

soturno [so'turno, -a] *adj* (*Ven: taciturno*) verschlossen

soufflé [su'fle] *m* (GASTR) Soufflé *nt*

soul [soul] *m* (MÚS) Soul *m*

souvenir [suβe'nir] *m* Souvenir *nt*

soviet ['soβjet] *m* Sowjet *m*

soviético, -a [so'βjetiko, -a] **I.** *adj* sowjetisch
II. *m, f* Sowjetbürger(in) *m(f)*

sovietización [soβjetiθa'θjon] *f* (POL) Sowjetisierung *f*

soy [soi] *1. pres de* **ser**

soya ['soja] *f* (*Arg, Col*) Soja *f*

SP [ese'pe] *m abr de* **Servicio Público** öffentlicher Dienst *m*

spaguetti [espa'ɣeti] *m inv* (GASTR) Spaghetti *m;* **~ western** (CINE) Spaghettiwestern *m,* Italowestern *m*

spaniel [es'panjel] *m* (ZOOL) Spaniel *m*

sparring [es'parriŋ] *m* (DEP) Sparring *nt*

spider [es'paiðer] <spiders> *m* (AUTO) Spider *m,* Roadster *m*

spinnaker [espi'naker] *m* (NÁUT) Spinnaker *m*

spiritual [espiritu'al] *m* (*Am*) Spiritual *nt o m*

spleen [es'plin] *m* Spleen *m*

split [es'plit] <splits> *m* (ECON, FIN) Splitting *nt*

sponsor [es'ponsor] *mf* Sponsor(in) *m(f);* **hacer de ~** sponsern

sponsorizar [esponsori'θar] *vt* sponsern

spooler [es'puler] *m* (INFOR) Spooler *m*

spot [es'pot] *m* <spots> (Werbe)spot *m*

spray [es'prai] *m* <sprays> Spray *m o nt*

springbok [es'priŋβok] <springboks> *m* (ZOOL) Springbock *m*

sprint [es'print] *m* (DEP) Sprint *m;* **hacer un ~** sprinten

sprintar [esprin'tar] *vt* (DEP) sprinten

sprinter [es'printer] *m* <sprinters> (DEP) Sprinter(in) *m(f)*

spútnik [es'puðnik] *m* (ASTR) Sputnik *m*

squash [es'kwaʃ] *m sin pl* (DEP) Squash *nt;* **jugador de ~** Squashspieler *m,* Squasher *m*

squatter [es'kwater] *m* (HIST) Squatter *m*

Sr. [se'ɲor] *abr de* **señor** Herr *m;* (*en direcciones*) Hrn.

Sra. [se'ɲora] *abr de* **señora** Frau *f;* (*en direcciones*) Fr.

s.r.c. [se rrweɣa konˈtesta'θjon] *abr de* **se ruega contestación** u.A.w.g.

s/ref [su refe'rentʃja] *abr de* **su referencia** Ihr Zeichen

Sri Lanka [es'rri 'laŋka] *m* Sri Lanka *nt*

S.R.L. [ese(e)rre'ele] *f* (ECON, JUR) *abr de* **Sociedad de Responsabilidad Limitada** GmbH *f*

Srta. [seɲo'rita] *abr de* **señorita** Fräulein *nt;* (*en direcciones*) Frl.

S.S. [ese'ese] *f abr de* **Schutzstaffel** SS *f*

Sta. ['santa] *f abr de* **santa** St.

staccato [esta'kato] *m* (MÚS) Stakkato *nt*

staff [es'taf] *m sin pl* (*de empresa*) Personal *nt;* (*de departamento*) (Mitarbeiter)stab *m*

stalinismo [estali'nismo] *m* (POL) Stalinismus *m*

stand [es'tan] *m* <stands> (Messe)stand *m;* **~ equipado** Fertigstand *m*

standar(d) [es'taŋdar] **I.** *adj* Standard-
II. *m* Standard *m*

standing [es'taŋdiŋ] *m sin pl* ❶ (*lujo*) Luxus *m;* **pisos de alto ~** Luxuswohnungen *fpl*
❷ (*posición social*) Standing *nt,* Ansehen *nt*

star¹ [es'tar] *f* (CINE) Star *m*

star² [es'tar] *m* (NÁUT) Zwei-Mann-Kielboot *nt,* Star *m*

starter [es'tarter] <starters> *m* (*t.* AUTO) Starter *m*

status [es'tatus] *m inv* Status *m*

statu(s) quo [es'tatus kwo] *m sin pl* Status quo *m*

stéreo [es'tereo] *adj* Stereo-, stereo; **cadena ~** Stereoanlage *f*

stick [es'tik] *m* ❶ (DEP) Schläger *m*
❷ (*desodorante*) Deostift *m*

Sto. ['santo] *m abr de* **santo** St.

stock [es'tok] *m* <stocks> (Waren)vorrat *m,* (Lager)bestand *m*

stop [es'top] *m* ❶ (*parada*) Stopp *m,* Halt *m*
❷ (*señal*) Stoppschild *nt*

streamer [es'trimer] *m* (INFOR) Streamer *m*

stress [es'tres] *m sin pl* Stress *m*

string [es'triŋ] *m* (INFOR) Zeichenkette *f*

su [su] *adj* (*de él*) sein(e); (*de ella*) ihr(e); **~ familia** seine/ihre Familie

Suabia ['swaβja] *f* Schwaben *nt*

suabo¹ ['swaβo] *m* (*dialecto*) Schwäbisch(e) *nt*

suabo, -a² ['swaβo, -a] **I.** *adj* schwäbisch
II. *m, f* Schwabe *m,* Schwäbin *f*

suaca ['swaka] *f* (*Méx: fam: paliza*) Tracht *f* Prügel

suahili [swa'xili] *m* (LING) Suaheli *nt,* Swahili *nt*

suampo ['swampo] *m* (*AmC: ciénaga*) Sumpf *m*

suarismo [swa'rismo] *m* (FILOS) scholastische Lehre *f* des spanischen Philosophen Francisco Suárez

suave [su'aβe] *adj* ❶ (*superficie*) glatt; (*piel*) glatt, zart, weich; (*jersey, cepillo, cabello, droga*) weich; (*masaje*) sanft; (*viento, noche*) mild, lau, lind *elev;* (*sopa, salsa*) sämig
❷ (*aterrizaje*) sanft; (*contacto*) sacht; (*caricia*) zart, sanft, sacht; (*curva, subida*) sacht, sanft; (*temperatura, tabaco*) mild
❸ (*carácter*) sanft; (*maneras*) geschliffen; (*palabras*) freundlich

suavidad [swaβi'ðað] *f sin pl* ❶ (*de superficie*) Glätte *f;* (*de piel*) Glätte *f,* Zartheit *f,* Weichheit *f;* (*de jersey, cepillo*) Weichheit *f;* (*de masaje*) Sanftheit *f;* (*de viento, noche*) Milde *f,* Lauheit *f;* (*de sopa, salsa*) Sämigkeit *f*
❷ (*de aterrizaje*) Sanftheit *f;* (*de caricia*) Zartheit *f,* Sanftheit *f;* (*de curva, subida*) Sanftheit *f;* (*de temperatura, luz*) Milde *f*
❸ (*de carácter*) Sanftheit *f;* (*de palabras*) Freundlichkeit *f*

suavizante [swaβi'θante] **I.** *adj:* **crema** ~ Hautcreme *f*
II. *m* ❶ *(para la ropa)* Weichspüler *m*
❷ *(para el cabello)* Spülung *f*
suavizar(se) [swaβi'θar(se)] <z→c> *vt, vr:* ~**se** ❶ *(hacer suave)* weicher machen; *(pelo, piel)* geschmeidiger machen; *(superficie)* glätten; *(navaja)* abziehen, schärfen
❷ *(expresión, posición)* mildern; **la situación en Somalia se ha suavizado** die Lage in Somalia hat sich entspannt
❸ *(persona)* besänftigen, beschwichtigen
❹ *(recorrido, trabajo)* erleichtern; *(velocidad)* mindern, reduzieren
suba ['suβa] *f (Arg: alza)* Steigerung *f*, Steigen *nt*
subacuático, -a [suβa'kwatiko, -a] *adj* Unterwasser-
subafluente [suβa'flwente] *m* (GEO) Fluss *m*, der in einen Nebenfluss mündet
subagencia [suβa'xenθja] *f* (ECON) Nebenstelle *f*
subagente [suβa'xente] *mf* Unteragent *m*
subalimentación [suβalimenta'θjon] *f* Unterernährung *f*
subalimentado, -a [suβalimen'taðo, -a] *adj* unterernährt
subalpino, -a [suβal'pino, -a] *adj* (GEO) subalpin(isch)
subalterno[1] [suβal'terno] *m* ❶ (MIL) (dem Hauptmann unterstellter) Offizier *m*
❷ (TAUR) Stierkämpfer *m* (*, der den Matador unterstützt*)
subalterno, -a[2] [suβal'terno, -a] **I.** *adj* untergeben; **personal** ~ subalternes Personal
II. *m, f* ❶ *(empleado)* Untergebene(r) *mf*
❷ *(funcionario)* Subalternbeamte(r) *mf*, Subalternbeamtin *f*
subandino, -a [suβan'dino, -a] *adj* (GEO) subandinisch, am Fuße der Anden liegend
subarrendador(a) [suβarrenda'ðor(a)] *m(f)* Unterverpächter(in) *m(f)*, Untervermieter(in) *m(f)*
subarrendar [suβarren'dar] <e→ie> *vt (piso)* untervermieten, weitervermieten; *(finca)* unterverpachten, weiterverpachten
subarrendatario, -a [suβarrenda'tarjo, -a] *m, f (de piso)* Untermieter(in) *m(f)*; *(de finca)* (Unter)pächter(in) *m(f)*
subarriendo [suβa'rrjendo] *m (de piso)* Untervermietung *f*; *(de finca)* Unterverpachtung *f*
subasta [su'βasta] *f* ❶ *(de cuadros)* Versteigerung *f*, Auktion *f*; ~ **a la baja** Auktion mit fallendem Preisgebot; ~ **forzada** Zwangsversteigerung *f*; **poner a** ~ versteigern lassen; **sacar a** ~ **pública** öffentlich versteigern; **venderse en pública** ~ öffentlich versteigert werden
❷ *(de plaza pública)* Ausschreibung *f*
subastador(a) [suβasta'ðor(a)] *m(f)* Versteigerer, -in *m, f*, Auktionator *m*
subastar [suβas'tar] *vt* ❶ *(cuadro)* versteigern; **bienes subastados** versteigerte Güter
❷ *(plaza pública)* ausschreiben
subatlántico, -a [suβaðˈlantiko, -a] *adj* (BOT, GEO) subatlantisch
subcampeón, -ona [suβkampe'on, -ona] *m, f* Vizemeister(in) *m(f)*; ~ **mundial** Vizeweltmeister *m*
subcampeonato [suβkampeo'nato] *m* Vizemeisterschaft *f*; **ha ganado el** ~ er/sie ist Vizemeister(in) geworden
subciliar [suβθi'ljar] *adj* unterhalb der Augenbraue
subclase [suβ'klase] *f* Unterklasse *f*
subcomisario [suβkomi'sarjo] *m* Unterkommissar *m*
subcomisión [suβkomi'sjon] *f* Unterausschuss *m*
subcomité [suβkomi'te] *m* Unterausschuss *m*
subconjunto [suβkoɲ'xunto] *m* (MAT) Teilmenge *f*, Untermenge *f*
subconsciencia [suβkoⁿs'θjenθja] *f* Unterbewusstsein *nt*
subconsciente [suβkoⁿs'θjente] *adj* unterbewusst
subconsumo [suβkon'sumo] *m* (ECON) Unterverbrauch *m*
subcontinente [suβkonti'nente] *m* Subkontinent *m*
subcontrata [suβkoɲ'trata] *f* Untervergabevertrag *m*
subcontratante [suβkoɲtra'tante] *m* Subunternehmer(in) *m(f)*
subcontratar [suβkoɲtra'tar] *vi, vt* an einen Subunternehmer vergeben, einen Subunternehmer verpflichten
subcontratista [suβkoɲtra'tista] *mf* Subunternehmer(in) *m(f)*
subcontrato [suβkoɲ'trato] *m* Untervertrag *m*, Nebenvertrag *m*
subcostal [suβkos'tal] *adj* (ANAT) unterhalb der Rippen (liegend)
subcrédito [suβ'kreðito] *m* (FIN) Metakredit *m*
subcultura [suβkul'tura] *f* Subkultur *f*
subcutáneo, -a [suβku'taneo, -a] *adj* (MED, ANAT) subkutan
subdelegación [suβðeleɣa'θjon] *f* ❶ *(acción)* Weitergabe *f* von Vollmachten
❷ *(oficina)* Nebenstelle *f*
subdelegado, -a [suβðele'ɣaðo, -a] *m, f* Unterbevollmächtigte(r) *mf*; (POL) stellvertretender Delegierter *m*, stellvertretende Delegierte *f*
subdelegar [suβðele'ɣar] <g→gu> *vt* (JUR) delegieren
subdesarrollado, -a [suβðesarro'ʎaðo, -a] *adj* unterentwickelt
subdesarrollo [suβðesa'rroʎo] *m* Unterentwicklung *f*

subdesértico, -a [suβðe'sertiko, -a] *adj* (GEO: *semiárido*) semiarid
subdialecto [suβðja'lekto] *m* (LING) Unterdialekt *m*
subdirección [suβðirekˠ'θjon] *f* ❶ *(cargo)* Amt *nt* des stellvertretenden Direktors
❷ *(oficina)* Büro *nt* des stellvertretenden Direktors
❸ (POL) Unterabteilung *f* eines Ministeriums
subdirector(a) [suβðirekˠ'tor(a)] *m(f)* stellvertretender Direktor *m*, stellvertretende Direktorin *f*
subdirectorio [suβðirekˠ'torjo] *m* (INFOR) Unterverzeichnis *nt*
subdistinguir [suβðistiɲ'gir] <gu→g> *vt* (erneut) unterscheiden
súbdito, -a ['suβðito, -a] *m, f* ❶ *(sometido)* Untertan(in) *m(f)*; ~ **protegido** Schutzbefohlene(r) *mf*
❷ (POL) Staatsbürger(in) *m(f)*
subdividir [suβðiβi'ðir] *vt* unterteilen; (INFOR) partitionieren
subdivisión [suβðiβi'sjon] *f* Unterteilung *f*; (INFOR) Partitionierung *f*
subdominante [suβðomi'nante] *f* (MÚS) Unterdominante *f*, Subdominante *f*
subduplo, -a [suβ'ðuplo, -a] *adj* (MAT) halbe(r, s)
subecuatorial [suβekwato'rjal] *adj* (GEO) in der Nähe des Äquators
subempleado, -a [suβemple'aðo, -a] **I.** *adj* unterbeschäftigt
II. *m, f* Unterbeschäftigte(r) *mf*
subempleo [suβem'pleo] *m* Unterbeschäftigung *f*
suberificación [suβerifika'θjon] *f* (BOT) Verkorkung *f*
suberoso, -a [suβe'roso, -a] *adj* korkartig
subespecie [suβes'peθje] *f* (BIOL, ZOOL) Subspezies *f*
subestimar [suβesti'mar] *vt, vr:* ~**se** (sich) unterschätzen
subexponer [suβespo'ner] *irr como* poner *vt* (FOTO) unterbelichten
subexposición [suβesposi'θjon] *f* (FOTO) Unterbelichtung *f*
subfamilia [suβfa'milja] *f* (BIOL) Unterfamilie *f*
subfebril [suβfe'βril] *adj* (MED) subfebril, leicht erhöht
subfiador(a) [suβfja'ðor(a)] *m(f)* (FIN) Nachbürge, -in *m, f*
subfianza [suβfi'anθa] *f* (FIN) Nachbürgschaft *f*
subforo [suβ'foro] *m* (JUR) Untererbpacht *f*
subfusil [suβfu'sil] *m* automatische Handfeuerwaffe *f*
subgénero [suβ'xenero] *m* Untergattung *f*
subglaciar [suβɣla'θjar] *adj* (GEO) subglazial
subgobernador(a) [suβɣoβerna'ðor(a)] *m(f)* (POL) Vizegouverneur(in) *m(f)*
subgravedad [suβɣraβe'ðaᵈ] *f* (FÍS) Schwerelosigkeit *f*
subgrupo [suβ'ɣrupo] *m* Untergruppe *f*
subida [su'βiða] *f* ❶ *(de una calle)* (An)steigen *nt*; *(de un río)* Anstieg *m*; ~ **al poder** Machtergreifung *f*; ~ **al trono** Thronbesteigung *f*
❷ *(cuesta)* Steigung *f*, Anstieg *m*; **la calle hace** ~ die Straße steigt an [*o* führt bergauf]; **no pude hacer la** ~ **en bici** ich habe die Steigung mit dem (Fahr)rad nicht geschafft
❸ *(de precios)* Steigerung *f*, Erhöhung *f*; *(de temperaturas, costes)* Anstieg *m*; ~ **de los cambios** [*o* **de las cotizaciones**] Kursanstieg *m*; ~ **salarial** Lohnerhöhung *f*; ~ **de los tipos de interés** (FIN) Zinserhöhung *f*
❹ *(en coche, teleférico)* Auffahrt *f*
subido, -a [su'βiðo, -a] *adj* ❶ *(color)* intensiv; *(olor)* scharf; **rojo/blanco** ~ knallrot/schneeweiß
❷ *(fam: persona)* arrogant, eingebildet; **me lo dijo en un tono** ~ er/sie sagte es (zu) mir in einem überheblichen Ton
❸ *(precio)* überhöht, gesalzen *fam*
subindexar [suβindekˠ'sar] *vt* (INFOR, TIPO) tiefstellen
subíndice [suβ'indiθe] *m* Zeiger *m*, Fußindex *m*
subinquilino, -a [suβiɲki'lino, -a] *m, f* Untermieter(in) *m(f)*
subinspector(a) [suβiⁿspekˠ'tor(a)] *m(f)* Unterinspektor(in) *m(f)*
subintendencia [suβiⁿten'denθja] *f* Unterverwaltung *f*
subintendente [suβiⁿten'dente] *mf* Unteraufseher(in) *m(f)*
subintrar [suβiⁿ'trar] *vi* (MED) hinzukommen *(ein Fieberanfall zu einem anderen)*
subinversión [suβimber'sjon] *f* (ECON, FIN) zu geringe Investition *f*
subir [su'βir] **I.** *vi* ❶ *(ascender: calle, cuesta)* ansteigen; *(humo)* aufsteigen; *(sol, pastel)* aufgehen; *(globo)* aufsteigen, hochsteigen; *(río)* ansteigen; ~ **a la cima** zum Gipfel aufsteigen; ~ **a primera** (DEP) in die erste Liga aufsteigen; ~ **de nivel** sich verbessern; **sube (a) por tus cosas** geh hoch und hole deine Sachen; **suba por esta calle hasta la plaza** gehen Sie diese Straße hoch bis zum (Markt)platz; **he subido con el ascensor** ich bin mit dem Aufzug hochgefahren; **la marea ha subido** es ist Flut
❷ *(aumentar: fiebre, presión, precios)* steigen *(en um +akk)*; *(costes)* sich erhöhen; *(temperatura)* ansteigen; *(bolsa)* steigen; ~ **la mitad** um die Hälfte erhöht werden; **la gasolina ha subido** das Benzin ist teurer geworden [*o* hat aufgeschlagen]
❸ *(montar: coche, metro)* einsteigen *(a* in *+akk)*; *(caballo, globo, bici)* aufsteigen *(a* auf *+akk)*; *(árbol)* klettern *(a* auf *+akk)*
II. *vt* ❶ *(precio)* erhöhen, heraufsetzen; ~ **los impuestos** die Steuern erhöhen; **hacer** ~ **los precios** die Preise hochtreiben; ~ **los tipos de interés** (FIN) den Zinssatz heraufsetzen; **los negociantes han subido**

súbito

los precios die Händler haben aufgeschlagen
② (*música*) lauter stellen; (*voz*) erheben
③ (*ascender: andando*) hinauflaufen; (*en coche*) hinauffahren; (*montaña*) besteigen, erklimmen *elev*; (*escalera*) hinaufsteigen
④ (*poner más alto: objeto*) hinauftragen, hochtragen *fam*; (*persiana*) hochziehen; (*cuello de abrigo*) hochschlagen, hochklappen; ~ **a un niño en brazos** ein Kind auf den Arm nehmen
⑤ (*poner vertical: brazos*) heben, hochhalten; (*cortina*) hochziehen; (*cabeza*) hochhalten; (*pesas*) stemmen
⑥ (*pared*) hochziehen
III. *vr*: ~**se** (*al tren, coche, a un globo*) einsteigen (*en* in +*akk*); (*a una bici*) aufsteigen (*en* auf +*akk*); (*a un árbol*) klettern (*a* auf +*akk*); (*a una silla*) steigen (*a* auf +*akk*); ~**se al tren** (*fig*) auf den Zug aufspringen; **se me ha subido el vino a la cabeza** der Wein ist mir zu Kopf gestiegen; ~**se a las barbas de alguien** (*fam*) jdm auf der Nase herumtanzen; **se me han subido los colores a la cabeza** ich bin schamrot geworden
súbito¹ ['suβito] *adv* plötzlich; **de** ~ (*repentinamente*) plötzlich; (*inesperadamente*) unerwartet(erweise)
súbito, -a² ['suβito, -a] *adj* ① (*repentino*) plötzlich
② (*inesperado*) unerwartet
③ (*carácter, genio*) hitzig, leicht aufbrausend
subjefatura [suβxefa'tura] *f* Polizeirevier *nt*
subjefe, -a [suβ'xefe, -a] *m, f* stellvertretender Chef *m*, stellvertretende Chefin *f*, stellvertretender Leiter *m*, stellvertretende Leiterin *f*; ~ **de policía** stellvertretender Polizeipräsident
subjetividad [suβxetiβi'ðað] *f sin pl* Subjektivität *f*
subjetivismo [suβxeti'βismo] *m* (FILOS) Subjektivismus *m*
subjetivización [suβxetiβiθa'θjon] *f* (PSICO) Subjektivierung *f*
subjetivizar [suβxetiβi'θar] <z→c> *vt* subjektivieren
subjetivo, -a [suβxe'tiβo, -a] *adj* (*conciencia, modo de expresión*) subjektiv; (*juicio, opinión*) subjektiv, persönlich
sub júdice [suβ 'juðiθe] *adv* (JUR) im laufenden Verfahren
subjuntivo¹ [suβxun'tiβo] *m* Subjunktiv *m* (*spanischer Konjunktiv*)
subjuntivo, -a² [suβxun'tiβo, -a] *adj* subjunktivisch
sublevación [suβleβa'θjon] *f* Aufstand *m*, Aufruhr *m*
sublevar [suβle'βar] I. *vt* ① (*amotinar*) aufwiegeln
② (*irritar*) sehr ärgern, erzürnen
II. *vr*: ~**se** sich auflehnen, rebellieren
sublimación [suβlima'θjon] *f* ① (*de alguien*) Verherrlichung *f*; (*de sentimientos*) Sublimierung *f*
② (QUÍM) Sublimierung *f*, Sublimation *f*
sublimado [suβli'maðo] *m* (QUÍM) Sublimat *nt*
sublimar [suβli'mar] *vt* ① (*a alguien*) verherrlichen, glorifizieren; (*sentimientos*) sublimieren
② (QUÍM) sublimieren
sublime [su'βlime] *adj* erhaben
sublimidad [suβlimi'ðað] *f sin pl* Erhabenheit *f*
subliminal [suβlimi'nal] *adj* unterschwellig, subliminal (PSICO); **publicidad** ~ unterschwellige Werbung
subliteratura [suβlitera'tura] *f* Undergroundliteratur *f*
sublocación [suβloka'θjon] *f* Untervermietung *f*
submandatario, -a [suβmaɲda'tarjo, -a] *m, f* (COM, JUR) Unterauftragnehmer(in) *m(f)*; **designar un** ~ einen Unterauftragnehmer bestellen
submandato [suβmaɲ'dato] *m* (COM, JUR) Unterauftrag *m*; **otorgar un** ~ einen Unterauftrag vergeben
submarinismo [suβmari'nismo/sumari'nismo] *m sin pl* (DEP) Tauchsport *m*; **hacer** ~ tauchen
submarinista [suβmari'nista/sumari'nista] *mf* (Sport)taucher(in) *m(f)*
submarino¹ [suβma'rino/suma'rino] *m* Unterseeboot *nt*, U-Boot *nt*; ~ **nuclear** Atom-U-Boot *nt*
submarino, -a² [suβma'rino, -a/suma'rino, -a] *adj* (*vida*) unterseeisch, submarin *elev*; (*foto, cámara*) Unterwasser-; **pesca submarina** Unterwasserjagd *f*
submaxilar [suβmaɣsi'lar/sumaɣsi'lar] *adj* (ANAT) Unterkiefer-
submenú [suβme'nu/sume'nu] *m* (INFOR) Untermenü *nt*
submitente [suβmi'tente/sumi'tente] *mf* (ECON) Submittent(in) *m(f)*
submúltiplo¹ [suβ'multiplo/su'multiplo] *m* (MAT) Faktor *m*
submúltiplo, -a² [suβ'multiplo, -a/su'multiplo, -a] *adj* (MAT) in einer anderen Zahl mehrfach enthalten
submundo [suβ'muɲdo/su'muɲdo] *m* Unterwelt *f*
subnormal [suβnor'mal] I. *adj* geistig behindert, (geistig) zurückgeblieben
II. *mf* ① (*persona*) geistig Behinderte(r) *mf*, Zurückgebliebene(r) *mf*; **escuela para** ~**es** Schule für geistig Behinderte
② (*pey*): **¡eres un** ~**!** du bist ja nicht ganz richtig im Kopf!
subnormalidad [suβnormali'ðað] *f* geistige Behinderung *f*
subocupación [suβokupa'θjon] *f* Unterbeschäftigung *f*
suboficial [suβofi'θjal] *m* (MIL) Unteroffizier *m*

subsidencia

suborden [suβ'orðen] *m* (BIOL) Unterordnung *f*, Untergattung *f*
subordinación [suβorðina'θjon] *f* ① (*a alguien, a algo*) Unterordnung *f*, Subordination *f elev*
② (MIL) unterwürfiger Gehorsam *m*
③ (LING) Subordination *f*
subordinado, -a [suβorði'naðo, -a] I. *adj* ① (*a alguien, a algo*) untergeordnet, unterstellt; (*en el trabajo*) untergeben
② (MIL) von niederem Dienstgrad
③ (LING) subordiniert; **oración subordinada** Nebensatz *m*
II. *m, f* ① (*en el trabajo*) Untergebene(r) *mf*; **el sindicato sólo es un** ~ **del partido** die Gewerkschaft ist nur ein Befehlsempfänger der Partei
② (MIL) Person *f* niederen Dienstgrades
subordinante [suβorði'nante] *adj* (*t.* LING) unterordnend, subordinativ
subordinar [suβorði'nar] *vt* ① (*una cosa a otra*) unterordnen
② (*a algo, a alguien superior*) unterstellen, unterordnen
③ (LING) subordinieren
subparticipación [suβpartiθipa'θjon] *f* (COM) Unterbeteiligung *f*
subpartida [suβpar'tiða] *f* Unterposition *f*
subpoblación [suβpoβla'θjon] *f* (SOCIOL) Unterbevölkerung *f*
subpolar [suβpo'lar] *adj* subpolar
subproducción [suβproðuɣ'θjon] *f* ungenügende Produktion *f*, nicht ausreichende Produktion *f*
subproducto [suβpro'ðukto, -a] *m* Nebenprodukt *nt*
subprograma [suβpro'ɣrama] *m* (INFOR) Unterprogramm *nt*
subproletariado [suβproleta'rjaðo] *m* (SOCIOL) Lumpenproletariat *nt*
subrayable [suβrra'jaβle] *adj* unterstreichbar; **es** ~ **que...** es muss unterstrichen [*o* betont] werden, dass...
subrayado¹ [suβrra'jaðo] *m* ① (*efecto*) Unterstreichung *f*
② (*acción*) Unterstreichen *nt*
subrayado, -a² [suβrra'jaðo, -a] *adj* (*letra*) hervorgehoben; (*de carácter cursivo*) betont
subrayar [suβrra'jar] *vt* ① (*con raya*) unterstreichen
② (*recalcar*) unterstreichen, betonen, hervorheben
subregión [suβrre'xjon] *f* (GEO) Unterregion *f*, Untergebiet *nt*
subreino [suβ'rreino] *m* (BIOL) Unterreich *nt*, Nebenreich *nt*
subrepción [suβrreβ'θjon] *f* Subreption *f*; (JUR) Erschleichung *f* (*durch falsche Angaben*); ~ **de ayudas** Erschleichung von Beihilfen; ~ **de competencias** Zuständigkeitsschleichung *f*
subrepticio, -a [suβrrep'tiθjo, -a] *adj* ① (*pey: con subrepción*) erschlichen
② (*a escondidas*) heimlich
subrogación [suβrroɣa'θjon] *f* ① (JUR: *de alguien, temporal*) Vertretung *f*; (*definitivamente*) Ersatz *m*
② (JUR) Surrogation *f*; ~ **real** dingliche Ersetzung
subrogado [suβrro'ɣaðo] *m* (JUR) Surrogat *nt*
subrogante [suβrro'ɣante] *adj* (*Chil: interino*) stellvertretend
subrogar [suβrro'ɣar] <g→gu> *vt* (JUR) ① (*a alguien, temporalmente*) vertreten; (*definitivamente*) ersetzen
② (*algo*) ersetzen, austauschen
subrutina [suβrru'tina] *f* (INFOR) Subroutine *f*; ~ **abierta/cerrada** offene/geschlossene Subroutine
subsanable [suβsa'naβle] *adj* (*daño, injusticia*) wieder gutzumachen; (*avería, deficiencia*) behebbar; (*dificultad*) überwindbar
subsanación [suβsana'θjon] *f* ① (*de un defecto*) Behebung *f*; (*de un error*) Wiedergutmachung *f*
② (JUR) Heilung *f*; ~ **de los vicios** [*o* **de los defectos**] Mängelheilung *f*, Mängelbeseitigung *f*; ~ **de vicios de forma** Heilung von Formfehlern
subsanar [suβsa'nar] *vt* ① (*falta*) hinwegsehen (über +*akk*)
② (*error*) wieder gutmachen; (*defecto*) beheben; (*mal*) abhelfen +*dat*
③ (*dificultad*) beseitigen
subscribir [suβskri'βir] *irr como escribir vt, vr*: ~**se** *v.* **suscribir**
subscripción [suβskriβ'θjon] *f v.* **suscripción**
subscriptor(a) [suβskrip'tor(a)] *m(f) v.* **suscri(p)tor**
subsección [suβseɣ'θjon] *f* (*parte*) Unterabschnitt *m*
② (*departamento*) Unterabteilung *f*
subsecretaría [suβsekreta'ria] *f* ① (*del Ministerio*) Staatssekretärkanzlei *f*; ~ **de comercio exterior** Abteilung für Außenhandel im Handelsministerium
② (*de un subsecretario*) Amt *nt* des stellvertretenden Sekretärs
subsecretario, -a [suβsekre'tarjo, -a] *m, f* ① (*del Ministerio*) Staatssekretär(in) *m(f)*
② (*en oficina*) stellvertretender Sekretär *m*, stellvertretende Sekretärin *f*
subsector [suβseɣ'tor] *m* Teilsektor *m*, Teilgebiet *nt*
subsecuente [suβse'kwente] *adj v.* **subsiguiente**
subsede [suβ'seðe] *f* (DEP) zweiter Austragungsort *m*
subseguir [suβse'ɣir] *irr como seguir vi, vr*: ~**se** ① (*seguir*) unmittelbar folgen (*a* auf +*akk*)
② (*deducirse*) sich ergeben (*de* aus +*dat*)
subsidencia [suβsi'ðenθja] *f* (GEO) Senkung *f* eines Ablagerungsbodens

subsidiar [suβsi'ðjar] *vt* unterstützen
subsidiariedad [suβsiðjarje'ðað] *f sin pl* Subsidiarität *f*; **principio de ~** (UE) Subsidiaritätsprinzip *nt*
subsidiario, -a [suβsi'ðjarjo, -a] *adj* ❶ (*de subsidio*) unterstützend, subsidiär *elev*; **órgano ~** (*institución*) Hilfsorgan *nt*
❷ (*secundario*) sekundär, zweitrangig; **compañía subsidiaria** Tochtergesellschaft *f*
subsidio [suβ'siðjo] *m* (finanzielle) Unterstützung *f*, Beihilfe *f*; **~ de desempleo** [*o* **paro**] Arbeitslosengeld *nt*; **~ educacional** Erziehungsgeld *nt*; **~ de** [*o* **por**] **enfermedad** Krankengeld *nt*; **~ familiar** ≈Kindergeld *nt*; **~ de** [*o* **por**] **lactancia** Stillgeld *nt*; **~ de maternidad/vivienda** Mutterschafts-/Wohngeld *nt*; **~ de orfandad** Waisengeld *nt*; **~ transitorio** Übergangsgeld *nt*
subsiguiente [suβsi'ɣjente] *adj* nachfolgend, darauf folgend, anschließend
subsistema [suβsis'tema] *m* Untersystem *nt*
subsistencia [suβsis'tenθja] *f* ❶ (*hecho*) Leben *nt*, Existenz *f*; **vivir a nivel de ~** am Existenzminimum leben
❷ *pl* (*alimentos*) Nahrung *f*
❸ (*material*) Lebensunterhalt *m*
❹ (JUR) Fortbestehen *nt*; (*del matrimonio*) Aufrechterhaltung *f*; **~ de la reclamación de pago** Fortbestehen des Zahlungsanspruchs
❺ (FILOS) Subsistenz *f*
subsistente [suβsis'tente] *adj* ❶ (*existente*) bestehend
❷ (*que dura*) andauernd, anhaltend
subsistir [suβsis'tir] *vi* ❶ (*vivir*) leben (*de* von +*dat*)
❷ (*perdurar*) fortdauern, andauern, anhalten; (*creencia*) fortbestehen, weiterleben; **esta empresa no puede ~ sin ayudas oficiales** dieses Unternehmen kann ohne staatliche Unterstützung nicht weiterbestehen
subsolano [suβso'lano] *m* (METEO) Ostwind *m*
subsónico, -a [suβ'soniko, -a] *adj* (FÍS) subsonisch
substancia [su(β)s'tanθja] *f v.* **sustancia**
substancial [su(β)stan'θjal] *adj v.* **sustancial**
substancioso, -a [su(β)stan'θjoso, -a] *adj v.* **sustancioso**
substantivar [su(β)stanti'βar] *vt* substantivieren
substantivo [su(β)stan'tiβo] *m* Substantiv *nt*
substitución [su(β)stitu'θjon] *f v.* **sustitución**
substituible [su(β)stitu'iβle] *adj v.* **sustituible**
substituir [su(β)stitu'ir] *irr como huir vt v.* **sustituir**
substitutivo, -a [su(β)stitu'tiβo, -a] *adj v.* **sustitutivo**²
substituto, -a [su(β)sti'tuto, -a] *m, f v.* **sustituto**
substracción [su(β)straɣ'θjon] *f v.* **sustracción**
substraendo [su(β)stra'endo] *m* (MAT) Subtrahend *m*
substraer [su(β)stra'er] *irr como traer vt v.* **sustraer**
substrato [su(β)s'trato] *m* Substrat *nt*
subsuelo [suβ'swelo] *m* Untergrund *m*; **riquezas del ~** Bodenschätze *mpl*
subsumir [suβsu'mir] *vt* ❶ (*en una categoría*) unterordnen (*en* +*dat*), einordnen (*en* unter +*dat*), subsumieren (*en* unter +*dat*) *elev*
❷ (*en un tema*) zusammenfassen (*en* unter +*dat*), subsumieren (*en* unter +*dat*) *elev*
subtangente [suβtan'xente] *f* (MAT) Subtangente *f*
subte ['suβte] *m* (*Arg: fam: metro*) U-Bahn *f*
subtender [suβten'der] <e→ie> *vt* (MAT) durch eine Sehne verbinden
subteniente [suβte'njente] *m* (MIL) Leutnant *m*
subtensa [suβ'tensa] *f* (MAT) Sehne *f* eines Bogens
subterfugio [suβter'fuxjo] *m* Ausflucht *f*, Ausrede *f*, Vorwand *m*
subterráneo, -a [suβte'rraneo, -a] *adj* unterirdisch
subtipo [suβ'tipo] *m* (BIOL) Untertyp *m*
subtitulado, -a [suβtitu'laðo, -a] *adj* mit Untertiteln; **película subtitulada en alemán** Film mit deutschen Untertiteln
subtitular [suβtitu'lar] *vt* untertiteln, mit Untertiteln versehen
subtítulo [suβ'titulo] *m* Untertitel *m*
subtropical [suβtropi'kal] *adj* subtropisch
subtrópico [suβ'tropiko] *m* (GEO) Subtropen *pl*
suburbano¹ [suβur'βano] *m* Vorstädter *m*
suburbano, -a² [suβur'βano, -a] *adj* (*teatro, cine*) Vorstadt-; (*barrio, distrito*) vorstädtisch; **línea suburbana** Vorortbahn *f*
suburbial [suβur'βjal] *adj* (*teatro, cine*) Vorstadt-; (*barrio, distrito*) vorstädtisch
suburbio [su'βurβjo] *m* ❶ (*alrededores*) Vorstadt *f*; **vive en los ~s de París** er/sie wohnt am Stadtrand von Paris [*o* in der Pariser Vorstadt]
❷ (*barrio periférico*) Vorort *m*
subvención [suββen'θjon] *f* Zuschuss *m*; (*estatal*) Subvention *f*; **~ agraria** Agrarsubvention *f*; **~ a la exportación** Ausfuhrsubvention *f*; **~ a fondo perdido** verlorener Zuschuss; **~ pública** Beihilfe aus öffentlichen Mitteln; **subvenciones públicas** öffentliche [*o* staatliche] Fördermittel; **precio de ~** (UE) Stützpreis *m*, subventionierter Preis
subvencionar [suββenθjo'nar] *vt* finanziell unterstützen, finanziell fördern; (*el Estado*) subventionieren; **un teatro subvencionado** ein bezuschusstes Theater; **vivienda subvencionada** steuerbegünstigte Sozialwohnung
subvenir [suββe'nir] *irr como venir vi*: **~ a las necesidades de alguien** jdn unterstützen; **las horas extras subvienen a la escasez de su sueldo** die Überstunden gleichen sein/ihr niedriges Gehalt aus; **~ a los gastos** die Kosten tragen [*o* bestreiten]
subversión [suββer'sjon] *f* Umsturz *m*, Subversion *f elev*
subversivo, -a [suββer'siβo, -a] *adj* umstürzlerisch, subversiv *elev*
subvertir [suββer'tir] *irr como sentir vt* ❶ (*sistema, gobierno*) (um)stürzen
❷ (*valor moral*) untergraben, unterminieren
❸ (*orden social*) zerrütten
subyacente [suβʝa'θente] *adj* ❶ (*capa*) tiefer liegend
❷ (*problema*) zugrunde [*o* zu Grunde] liegend
subyacer [suβʝa'θer] *irr como yacer vi* ❶ (*estar debajo*) darunter liegen
❷ (*problema*) zugrunde [*o* zu Grunde] liegen; **me gusta el tono de denuncia que subyace en su obra** ich mag den denunziatorischen Unterton seiner/ihrer Werke
subyugación [suβʝuɣa'θjon] *f* Unterwerfung *f*, Unterjochung *f*
subyugador(a) [suβʝuɣa'ðor(a)] *adj* ❶ (*que oprime*) unterwerfend
❷ (*sugestionador*) bezaubernd, faszinierend; **tiene un carácter ~** er/sie hat ein einnehmendes Wesen
subyugar [suβʝu'ɣar] <g→gu> *vt* ❶ (*oprimir*) unterwerfen, unterjochen
❷ (*sugestionar*) bezaubern, faszinieren; **le subyugó su modo de hablar** seine/ihre Art zu reden faszinierte ihn/sie
succión [suɣ'θjon] *f* (An)saugen *nt*; **efecto de ~** Saugwirkung *f*
succionar [suɣθjo'nar] *vt* einsaugen, (an)saugen; (*tierra, esponja*) aufsaugen
sucedáneo¹ [suθe'ðaneo] *m* Ersatz *m*, Ersatzmittel *nt*, Surrogat *nt*; **~ de café** Kaffeeersatz *m*
sucedáneo, -a² [suθe'ðaneo, -a] *adj* Ersatz-
suceder [suθe'ðer] **I.** *vi* ❶ (*seguir*) folgen (*a* auf +*akk*)
❷ (*en cargo*) nachfolgen; **nadie sabe quién ~á al rey** keiner weiß, wer die Thronfolge antreten wird
❸ (*heredar*) beerben
II. *vt* geschehen, sich ereignen; **¿qué sucede?** was ist los?; **por lo que pueda ~** für alle Fälle; **suceda lo que suceda** egal was passiert, komme was wolle; **lo más que puede ~ es que...** +*subj* im schlimmsten Fall, ...; **sucede que...** die Sache ist die, dass ...
sucedido [suθe'ðiðo] *m* Ereignis *nt*, Geschehnis *nt elev*; **después de lo ~...** nach dem, was geschehen ist ...
sucesión [suθe'sjon] *f* ❶ (*acción*) Folge *f*
❷ (*serie*) Aufeinanderfolge *f*, Reihe *f*
❸ (*en el cargo*) Nachfolge *f*; (*de título*) Erbfolge *f*; (*del trono*) Thronfolge *f*; **~ de derechos** Rechtsnachfolge *m*; **~ fideicomisaria** Nacherbschaft *f*; **~ hereditaria** Erbfall *m*; **~ posesoria** Besitznachfolge *f*; **~ a título particular** Einzelrechtsnachfolge *f*; **~ universal** Erbfolge *f*, Gesamtrechtsnachfolge *f*; **~ universal abintestato/testamentaria** gesetzliche/vorweggenommene Erbfolge *f*; **guerra de ~** Erbfolgekrieg *m*, Sukzessionskrieg *m elev*
❹ (*herencia*) Erbe *nt*, Nachlass *m*
❺ (*descendencia*) Nachkommenschaft *f*
sucesivo, -a [suθe'siβo, -a] *adj* (aufeinander) folgend; **en lo ~** von nun an; **hicimos el examen en dos días ~s** wir hatten zwei Tage hintereinander Prüfung
suceso [su'θeso] *m* ❶ (*hecho*) Ereignis *nt*, Geschehnis *nt elev*; (*repentino*) Vorfall *m*; **página de ~s** (PREN) Seite mit Verbrechensmeldungen
❷ (*transcurso*) Verlauf *m*
sucesor(a) [suθe'sor(a)] *m(f)* ❶ (*a un cargo*) Nachfolger(in) *m(f)*; (*al trono*) Thronfolger(in) *m(f)*
❷ (*heredero*) Erbe, -in *m, f*; **~ universal** Universalerbe *m*
sucesorio, -a [suθe'sorjo, -a] *adj* Nachfolge-; **comunidad sucesoria** Erbengemeinschaft *f*
suche ['sutʃe] **I.** *adj* (*Ven: agrio*) säuerlich
II. *m* (*Chil*) ❶ (*subalterno*) Untergebener *m*
❷ (*rufián*) Gauner *m*
suciedad [suθje'ðað] *f* ❶ (*cualidad*) Schmutzigkeit *f*
❷ (*porquería*) Schmutz *m*, Verschmutzung *f*, Dreck *m fam*
❸ (*jugada sucia*) Gemeinheit *f*
sucinto, -a [su'θinto, -a] *adj* kurz, knapp; **gramática sucinta** Kurzgrammatik *f*
sucio¹ ['suθjo] *adv*: **jugar ~** unfair spielen
sucio, -a² ['suθjo, -a] *adj* ❶ (*manchado*) schmutzig, verschmutzt, dreckig *fam*; **este color es ~** (*se mancha fácilmente*) diese Farbe ist sehr schmutzempfindlich; (*no es puro*) das ist eine schmutzige Farbe; **tengo los apuntes en ~** ich habe die Notizen nur ins Unreine geschrieben
❷ (*pensamiento, chiste*) schmutzig, obszön

súcubo

❸ (*negocio, dinero*) schmutzig, unlaut; **hacer el trabajo ~** die Drecksarbeit machen
❹ (*jugador*) unfair

súcubo ['sukuβo] *m* (REL) Sukkubus *m*

sucucho [su'kutʃo] *m* (*Am: vivienda miserable*) elendes Loch *nt fam*

suculencia [suku'lenθja] *f* ❶ (*de sabroso*) Schmackhaftigkeit *f*
❷ (*valor nutritivo*) Nahrhaftigkeit *f*
❸ (*jugosidad*) Saftigkeit *f*

suculento, -a [suku'lento, -a] *adj* ❶ (*sabroso*) schmackhaft, lecker *fam;* **un plato ~** ein Leckerbissen
❷ (*nutritivo*) nahrhaft
❸ (*jugoso*) saftig

sucumbir [sukum'bir] *vi* ❶ (*rendirse*) erliegen, besiegt werden; **~ a la tentación** der Versuchung erliegen; **Agassi sucumbió ante Pete Sampras** Agassi wurde von Pete Sampras geschlagen
❷ (*morir*) ums Leben kommen, sterben
❸ (JUR) (im Prozess) unterliegen

sucursal [sukur'sal] *f* ❶ (*de empresa*) Niederlassung *f;* (*de banco, negocio*) Filiale *f,* Zweigstelle *f;* **~ local** örtliche Zweigstelle
❷ (*negociado*) Geschäftsstelle *f*

sucusumucu [sukusu'muku] *adv* (*Col, Cuba, PRico*): **a lo ~** (*fingiéndose tonto*) als merke man nichts, als sei nichts

sudaca [su'ðaka] *mf* (*pey fam*) Lateinamerikaner(in) *m(f)*

sudación [suða'θjon] *f* ❶ (*exudación*) Ausschwitzen *nt*
❷ (*con fines terapéuticos*) (therapeutisches) Schwitzen *nt*, Schwitzbad *nt*

sudadera [suða'ðera] *f* ❶ (DEP) Sweatshirt *nt;* **darse una ~** aus allen Poren schwitzen
❷ (*para caballería*) Sattelunterlage *f*

sudado, -a [su'ðaðo, -a] *adj* verschwitzt; (*rostro*) schweißbedeckt; **completamente ~** schweißgebadet

Sudáfrica [su'ðafrika] *f* Südafrika *nt*

sudafricano, -a [suðafri'kano, -a] I. *adj* südafrikanisch
II. *m, f* Südafrikaner(in) *m(f)*

Sudamérica [suða'merika] *f* Südamerika *nt*

sudamericano, -a [suðameri'kano, -a] I. *adj* südamerikanisch
II. *m, f* Südamerikaner(in) *m(f)*

sudamina [suða'mina] *f* (MED) Schweißbläschen *ntpl*

Sudán [su'ðan] *m* Sudan *m*

sudanés, -esa [suða'nes, -esa] I. *adj* sudanesisch, sudanisch
II. *m, f* Sudanese, -in *m, f,* Sudaner(in) *m(f)*

sudar [su'ðar] I. *vi, vt* schwitzen; **me sudan los pies** ich schwitze an den Füßen; **estoy sudando a chorros** ich bin schweißgebadet
II. *vi* sich abrackern
III. *vt* ❶ (*camisa*) verschwitzen; **~ la gota gorda** sich sehr anstrengen, Blut und Wasser schwitzen; **los jugadores han sudado hoy la camiseta** die Spieler haben heute alles gegeben
❷ (*conseguir*): **gano mucho pero lo sudo** ich verdiene zwar viel, aber ich muss auch schwer dafür schuften

sudario [su'ðarjo] *m* Schweißtuch *nt;* **el Santo S~** das Leichentuch Christi

sudeste [su'ðeste] *m* Südosten *m*

sudista [su'ðista] *mf* (HIST) Südstaatler(in) *m(f)* (*der USA*)

sudoeste [suðo'este] *m* Südwesten *m*

sudor [su'ðor] *m* ❶ (*de la piel*) Schweiß *m;* **gotas de ~** Schweißtropfen *mpl;* **con el ~ de mi frente** im Schweiße meines Angesichts
❷ (*de la pared*) (Kondens)wasser *nt*

sudoración [suðora'θjon] *f* Schwitzen *nt*

sudoriental [suðorjen'tal] *adj* Südost-

sudoriento, -a [suðo'rjento, -a] *adj* ❶ (*que suda*) schwitzend
❷ (*sudado*) schweißnass, verschwitzt

sudorífero [suðo'rifero] *m*, **sudorífico** [suðo'rifiko] *m* (MED) schweißtreibendes Mittel *nt*, Diaphoretikum *nt*

sudoroso, -a [suðo'roso, -a] *adj* schweißbedeckt

sudsudeste [suðsu'ðeste] *m* Südsüdosten *m;* (METEO) Südsüdost *m*

sudsudoeste [suðsuðo'este] *m* Südsüdwesten *m;* (METEO) Südsüdwest *m*

Suecia ['sweθja] *f* Schweden *nt*

sueco¹ ['sweko] *m* (*lengua*) Schwedisch(e) *nt*

sueco, -a² ['sweko, -a] I. *adj* schwedisch
II. *m, f* Schwede, -in *m, f;* **hacerse el ~** sich dumm stellen

suegro, -a ['sweɣro, -a] *m, f* Schwiegervater *m,* Schwiegermutter *f;* **los ~s** die Schwiegereltern

suela ['swela] *f* ❶ (*del zapato*) (Schuh)sohle *f;* **echar las medias ~s** die Schuhe besohlen (lassen)
❷ (*del taco*) Queue *nt*
❸ (*cuero*) Sohl(en)leder *nt*
❹ (*fam*): **es un tonto de siete ~s** er ist saudumm [*o* strohdumm]; **tú no me llegas a la ~ del zapato** du kannst mir nicht das Wasser reichen

suelazo [swe'laθo] *m* (*Chil, Col, Ecua, Ven*) heftiger Aufprall *m* (beim Hinfallen)

sueldo ['sweldo] *m* (*por horas*) Lohn *m;* (*de empleado*) Gehalt *nt;* (*de funcionario*) Bezüge *mpl,* Besoldung *f;* (MIL) Sold *m;* **~ base** Grundgehalt *nt;* **~ fijo** Fixum *nt;* **bruto** Bruttogehalt *nt;* **~ ¿qué ~ ganas?** wie viel verdienst du?; **congelar los ~s** die Gehälter einfrieren; **tener un buen ~** ein gutes Gehalt bekommen; **me ofrecieron un ~ inicial de…** ich bekam ein Anfangsgehalt von … angeboten

suelo ['swelo] *m* ❶ (*de la tierra*) (Erd)boden *m;* **~ natal** [*o* patrio] Heimat *f;* **~ vegetal** Mutterboden *m;* **caer al ~** auf den Boden fallen, zu Boden fallen; **poner una maleta en el ~** einen Koffer abstellen; **sentarse en el ~** sich auf den Boden setzen; **tírate al ~ si disparan** werf dich auf den Boden, wenn sie schießen; **no vi la piedra y di conmigo en el ~** ich sah den Stein nicht und fiel hin [*o* zu Boden]; **tropecé y besé el ~** ich stolperte und fiel auf die Nase; **está muy hondo, no toco (el) ~** es ist sehr tief, ich komme nicht auf den Grund [*o* Boden]; **no toca con los pies en el ~ de contento** (*fig*) er kriegt sich vor Freude kaum ein; **tuvimos que acostarnos en el santo ~** wir mussten auf dem nackten Boden schlafen
❷ (*de casa*) (Fuß)boden *m;* **está tan limpio que se puede comer en el [o del] ~** es ist so sauber, dass man vom Boden essen kann
❸ (*terreno*) Grund *m,* Grundstück *nt,* Boden *m;* **~ edificable** [*o* **urbanizable**] Bauland *nt;* **~ industrial** Industriegebiet *nt*
❹ (*de vasija*) Boden *m,* Grund *m*
❺ (*poso*) Bodensatz *m*
❻ (DEP) Bodenturnen *nt;* **ejercicios de ~** Bodenübungen *fpl*
❼ (*loc*): **después de saber las notas estaba por los ~s** nachdem er/sie die Prüfungsergebnisse erfahren hatte, war er/sie völlig am Ende; **la crítica le ha puesto por los ~s** [*o* **el ~**] die Kritik hat ihn durch den Schmutz gezogen; **los tengo ganas de arrastrar por el ~** ich habe Lust, ihn so schlecht machen; **el plan se ha venido al ~** der Plan ist ins Wasser gefallen; **los pisos están por los ~s** (*fam*) die Wohnungen sind äußerst günstig; **la credibilidad de este partido está por los ~s** die Glaubwürdigkeit dieser Partei ist gleich null

suelto¹ ['swelto] *m* ❶ (*dinero*) Kleingeld *nt*
❷ (*artículo*) Kurznachricht *f*

suelto, -a² ['swelto, -a] *adj* ❶ (*desenganchado: tornillo, arroz, lana*) locker
❷ (*desatado: cordón, pelo*) lose; (*broche*) offen; (*perro*) frei laufend
❸ (*no sujeto: hojas*) lose; **dinero ~** Kleingeld *nt;* **un prisionero anda ~** ein Gefangener läuft frei herum
❹ (*separado*) Einzel-, einzeln; **mueble ~** Einzelmöbel *nt;* **pieza suelta** Einzelteil *nt*
❺ (*holgado: vestido*) weit, lose; (*camisa*) weit, bauschig
❻ (*incontrolado*): **tener la lengua suelta** ein lockeres Mundwerk haben
❼ (*ágil: estilo*) gewandt; (*lenguaje*) flüssig; **dibujar con mano suelta** sehr geschickt zeichnen
❽ (*no envasado*) lose
❾ (*fam: no agarrotado*) locker, flink; **eso lo hago yo fácil y ~** (*fam*) das schaffe ich locker
❿ (*loc*): **voy ~ de vientre** ich habe Durchfall

sueño ['sweɲo] *m* ❶ (*acto de dormir*) Schlaf *m;* **el ~ eterno** der ewige Schlaf; **me cogió el ~** der Schlaf überkam mich; **descabezar** [*o* **echarse**] **un ~** einnicken, ein Nickerchen machen; **tener un ~ profundo** [*o* **pesado**]/**ligero** einen tiefen/leichten Schlaf haben; **le oí llegar entre ~s** im Halbschlaf habe ich ihn kommen gehört
❷ (*ganas de dormir*) Schläfrigkeit *f,* Müdigkeit *f;* **me voy a la cama que tengo ~** ich gehe ins Bett, denn ich bin müde; **últimamente me cuesta coger el ~** in letzter Zeit schlafe ich nur schwer ein; **me caía de ~** ich fiel fast um vor Müdigkeit; **las deudas me quitan el ~** die Schulden bringen mich um [*o* rauben mir] den Schlaf
❸ (*fantasía*) Traum *m;* **~ de juventud** Jugendtraum *m;* **el ~ de mi vida** mein Lebenstraum; **tuve un ~ muy raro** ich hatte einen merkwürdigen Traum; **ni en** [*o* **por**] **~s haces tú eso** das schaffst du im Traum nicht; **tiene un coche que es un ~** er/sie hat ein Traumauto; **los ~s, ~s son** (*prov*) Träume sind Schäume

suero ['swero] *m* ❶ (*de leche*) Molke *f*
❷ (MED) Serum *nt*

sueroterapia [swerote'rapja] *f* Serumbehandlung *f*

suerte ['swerte] *f* ❶ (*fortuna*) Glück *nt;* **¡buena ~!** viel Glück!; **tener buena/mala ~** Glück/Pech haben; **por ~** zum Glück, glücklicherweise; **traer ~** Glück bringen; **probar ~** sein Glück versuchen; **ser cuestión de ~** Glückssache sein; **tiene una ~ loca** er/sie ist ein Glückspilz; **dentro de la desgracia aún has tenido ~** du hast Glück im Unglück gehabt
❷ (*destino*) Schicksal *nt,* Los *nt;* **abandonar a alguien a su ~** jdn seinem Schicksal überlassen; **desafiar a la ~** das Schicksal herausfordern; **echar algo a ~(s)** etw durch Los entscheiden; **¿quién sabe la ~ que le espera?** wer weiß, was noch auf ihn/sie zukommt

suertero

③ (*casualidad*) Zufall *m*

④ (*manera*) Weise *f*; **de ~ que...** so dass [*o* sodass] ...; **no lo hagas de esta ~** mach das nicht so

⑤ (*tipo*) Sorte *f*, Art *f*; **trata con toda ~ de gente** er/sie verkehrt mit allen möglichen Menschen; **hacer frente a toda ~ de dificultades** mit allen denkbaren Schwierigkeiten zu kämpfen haben [*o* konfrontiert werden]

⑥ (TAUR) Phase des Stierkampfes

⑦ (*condición*) Lebensbedingung *f*, Situation *f*; **una política para mejorar la ~ de los agricultores** eine Politik zur Verbesserung der Situation der Bauern

⑧ (*sorteo*) (Lotterie)los *nt*

suertero, -a [swer'tero, -a] I. *adj* (*Ecua, Hond, Perú*) glücklich, vom Glück begünstigt
II. *m, f* (*Perú*) Lotterielosverkäufer(in) *m(f)*

suertudo, -a [swer'tuðo, -a] *adj* (*vulg*) glücklich; **ser un ~** ein Glückspilz sein

sueste ['sweste] *f* (NÁUT) Südwester *m*

suéter ['sweter] *m* Pullover *m*

suficiencia [sufi'θjenθja] *f* ① (*lo bastante*) Hinlänglichkeit *f*, Zulänglichkeit *f elev*

② (*presunción*) Einbildung *f*, Eitelkeit *f*; **me lo dijo con aires de ~** er/sie sagte es (zu) mir in einem anmaßenden Ton

③ (*pedantería*) Pedanterie *f*

④ (*aptitud*) Eignung *f*

suficiente [sufi'θjente] I. *adj* ① (*bastante*) genügend, ausreichend, genug; **ser ~** genügen, ausreichen; **~ que conozco eso yo** das kenne ich zur Genüge

② (*presumido*) eingebildet, eitel

③ (*pedante*) pedantisch

II. *m* (ENS: *nota*) Note *f* 'ausreichend', Ausreichend *nt*; **he sacado un ~** ich habe die Note 'ausreichend' bekommen

sufijación [sufixa'θjon] *f* (LING) Suffixbildung *f*

sufijo [su'fixo] *m* (LING) Suffix *nt*

sufismo [su'fismo] *m* (REL) Sufismus *m*

sufragar [sufra'ɣar] <g→gu> I. *vt* ① (*ayudar*) unterstützen

② (*costear: gastos*) bestreiten; (*tasa*) entrichten; (*beca*) finanzieren; (*vicios*) bezahlen

II. *vi* (*Am: votar*) stimmen (*por* für +*akk*)

sufragio [su'fraxjo] *m* ① (*voto*) Stimme *f*

② (*derecho*) Wahlrecht *nt*, Stimmrecht *nt*; **~ restringido/universal** beschränktes/allgemeines Wahlrecht

③ (*sistema*) Wahlsystem *nt*; **~ (universal) directo** (allgemeine) Direktwahl

④ (REL) Fürbitte *f*

sufragismo [sufra'xismo] *m* (HIST, POL) Frauenwahlrechtsbewegung *f*

sufragista¹ [sufra'xista] *mf* Anhänger(in) *m(f)* des Frauenwahlrechts

sufragista² [sufra'xista] *f* (HIST) Suffragette *f*

sufrible [su'friβle] *adj* erträglich

sufrido, -a [su'friðo, -a] *adj* ① (*persona*) ergeben; **eres demasiado ~** du lässt dir zu viel gefallen

② (*color*) gedeckt; **una tela sufrida** ein strapazierfähiger Stoff

③ (*marido*) zu nachsichtig

sufridor¹ [sufri'ðor] *m* (*Col, Ven: sudadero*) Woilach *m*

sufridor(a)² [sufri'ðor(a)] *m(f)* (*persona*) Leidende(r) *mf*

sufrimiento [sufri'mjento] *m* ① (*acción*) Leiden *nt*

② (*moral*) Leid *nt*, Leiden *nt*; (*físico*) Schmerz *m*, Leiden *nt*

③ (*tormento*) Pein *f elev*

sufrir [su'frir] *vt* ① (*aguantar*) ertragen, (er)dulden; (**no**) **~ a alguien** jdn (nicht) aushalten, jdn (nicht) leiden können; **esta barra sufre todo el peso** diese Stange trägt das ganze Gewicht; **no puedo ~ estar sin trabajo** ich ertrage es nicht, arbeitslos zu sein

② (*padecer*) (er)leiden; (*enfermedad*) leiden (*de* an +*dat*); **~ de celos** krank vor Eifersucht sein; **~ de la espalda** Rückenbeschwerden haben; **~ persecuciones** Verfolgungen ausgesetzt sein; **~ quejas** Beschwerden [*o* Klagen] über sich ergehen lassen; **mis padres sufrieron mucho durante la guerra** meine Eltern haben im Krieg viel durchgemacht; **el país sufre las consecuencias de la crisis** das Land leidet unter den Folgen der Krise

③ (*experimentar: cambio, recaída*) erleiden; (*examen*) ablegen; (*desengaño*) erleben; (*derrota*) erleiden, einstecken müssen *fam*; (*accidente*) haben, erleiden *elev*; (*pena*) büßen; **~ una operación** sich einer Operation unterziehen; **sufrió una desgracia** ihm/ihr widerfuhr ein Unglück

sufusión [sufu'sjon] *f* (MED) (flächiger) Bluterguss *m*, Suffusion *f*

sugerencia [suxe'renθja] *f* ① (*inspiración*) Anregung *f*

② (*propuesta*) Vorschlag *m*; (*de pregunta*) Anregung *f*; (*de discusión*) Diskussionsvorschlag *m*; **buzón de ~s** Beschwerdebriefkasten *m*

③ (*recomendación*) Empfehlung *f*

④ (*insinuación*) Andeutung *f*

sugerente [suxe'rente] *adj* anregend; **una imagen ~** ein Bild, das die Fantasie anregt

sugerir [suxe'rir] *irr como sentir vt* ① (*inspirar*) anregen

② (*propuesta*) vorschlagen; (*pregunta, discusión*) anregen

③ (*insinuar*) andeuten; **¿qué me estás sugiriendo?** was willst du damit andeuten [*o* sagen]?

④ (*evocar*) heraufbeschwören, wachrufen

sugestibilidad [suxestiβili'ðað] *f* (PSICO) Beinflussbarkeit *f*, Suggestibilität *f*

sugestión [suxes'tjon] *f* ① (*inspiración*) Anregung *f*

② (*propuesta*) Vorschlag *m*

③ (*insinuación*) Andeutung *f*

④ (*de sugestionar*) Suggestion *f*

sugestionable [suxestjo'naβle] *adj* beeinflussbar, suggestibel *elev*

sugestionar [suxestjo'nar] I. *vt* eingeben, suggerieren; (*con intensidad*) einsuggerieren

II. *vr*: **~se** Autosuggestion praktizieren

sugestivo, -a [suxes'tiβo, -a] *adj* ① (*que sugiere*) anregend; **pregunta sugestiva** Suggestivfrage *f*

② (*que influencia*) beeinflussend

③ (*plan*) verlockend, reizvoll

suich [switʃ] *m* (*Méx: botón de encendido*) Schalter *m*; (*de un coche*) Anlasser *m*

suicida [swi'θiða] I. *adj* selbstmörderisch
II. *mf* Selbstmörder(in) *m(f)*

suicidarse [swiθi'ðarse] *vr* sich umbringen, sich das Leben nehmen, Selbstmord begehen

suicidio [swi'θiðjo] *m* Selbstmord *m*; (JUR) Suizid *m o nt*; **~ colectivo** kollektiver Selbstmord

sui géneris ['sui 'xeneris] *adj inv* einzigartig, sui generis *elev*

suite [swit] *f* Suite *f*

Suiza ['swiθa] *f* Schweiz *f*

suizo¹ ['swiθo] *m* (GASTR) heiße Schokolade *f* mit Sahne

suizo, -a² ['swiθo, -a] I. *adj* schweizerisch; **chocolate ~** Schweizer Schokolade
II. *m, f* Schweizer(in) *m(f)*

sujeción [suxe'θjon] *f* ① (*dominio*) Beherrschung *f*; (*sometimiento*) Unterwerfung *f*; (*dependencia*) Abhängigkeit *f*

② (*agarre*) Festhalten *nt*

③ (*aseguramiento*) Befestigung *f*

④ (*a un convenio, una promesa*) Gebundenheit *f*

sujetador [suxeta'ðor] *m* ① (*sostén*) Büstenhalter *m*, BH *m*

② (*del bikini*) (Bikini)oberteil *nt*

sujetalibros [suxeta'liβros] *m inv* Buchstütze *f*

sujetapapeles [suxetapa'peles] *m inv* Büroklammer *f*

sujetar [suxe'tar] I. *vt* ① (*dominar*) beherrschen

② (*someter*) unterwerfen

③ (*agarrar*) festhalten; **~ por el brazo** am Arm festhalten [*o* packen]

④ (*asegurar*) befestigen, festmachen; (*pelo*) feststecken; (*con clavos*) annageln, festnageln; (*con tornillos*) anschrauben, festschrauben

II. *vr*: **~se** (*agarrarse*) sich festhalten (*a* an +*dat*)

② (*a reglamento*) sich richten (*a* nach +*dat*), sich halten (*a* an +*akk*); **~se a las reglas** die Vorschriften einhalten, sich an die Vorschriften halten

sujeto¹ [su'xeto] *m* ① (*tema*) Thema *nt*, Sujet *nt elev*

② (*Person*) Subjekt *nt*, Person *f*; (*individuo*) Individuum *nt*; **~ activo/pasivo del impuesto** (FIN) Steuergläubiger/Steuerpflichtiger *m*; **~ contractual** Vertragspartner *m*; **~ obligado a la prestación** Leistungspflichtige(r) *mf*; **~ procesal** Prozessbeteiligte(r) *mf*; **~ tributario** Steuerrechtsperson *f*

③ (LING, FILOS) Subjekt *nt*

sujeto, -a² [su'xeto, -a] *adj* ① (*asegurado*) befestigt, festgemacht

② (*expuesto a*) verpflichtet (*a* zu +*dat*); (*a revisión, restricciones*) unterworfen; **~ a la aprobación de...** genehmigungspflichtig durch ...; **~ a comisión** kommissionspflichtig; **~ a comprobación/aduana** nachweis-/zollpflichtig; **~ a consentimiento** [*o* **a autorización**] zustimmungspflichtig; **~ a derrama** (FIN) umlagepflichtig; **~ a liquidación** (FIN) veranlagungspflichtig; **~ a la inflación** inflationsanfällig; **estar ~ a fluctuaciones** Schwankungen ausgesetzt sein

sulfamida [sulfa'miða] *f* (QUÍM) Sulf(on)amid *nt*

sulfatar [sulfa'tar] *vt* (AGR) sulfat(is)ieren, schwefeln

sulfato [sul'fato] *m* (QUÍM) Sulfat *nt*

sulfurado, -a [sulfu'raðo, -a] *adj* geschwefelt; (QUÍM) sulfoniert

sulfurar [sulfu'rar] I. *vt* ① (*con azufre*) schwefeln

② (*exasperar*) erzürnen, wütend machen (*por* mit +*dat*)

II. *vr*: **~se** sich ärgern, wütend sein; **~se por algo/alguien** über etw/auf jdn wütend sein

sulfúrico, -a [sul'furiko, -a] *adj* ① (QUÍM) Schwefel-; **ácido ~** Schwefelsäure *f*

❷ (*Ecua: irascible*) jähzornig
sulfuro [sulˈfuro] *m* (QUÍM) Schwefel *m*
sulfuroso, -a [sulfuˈroso, -a] *adj* ❶ (*del azufre*) schweflig
❷ (*que lo contiene*) schwefelhaltig; **ácido ~** schweflige Säure
sulky [ˈsulki] *m* (DEP) Sulky *m*
sulpiciano, -a [sulpiˈθjano, -a] *m, f* (REL) Sulpizianer(in) *m(f)*
sultán, -ana [sulˈtan, -ana] *m, f* Sultan(in) *m(f)*
sultanato [sulṭaˈnato] *m* Sultanat *nt*
suma [ˈsuma] *f* ❶ (MAT: *acción*) Addition *f;* (*resultado*) Summe *f;* **~ asegurada** (JUR) Versicherungssumme *f;* **~ y sigue** (COM) Übertrag *m,* vorgetragener Betrag *m;* (*fig fam*) und so weiter und so fort
❷ (*cantidad*) Summe *f,* (Geld)betrag *m*
❸ (*resumen*): **~ teológica** theologische Summa
❹ (*esencia*) Essenz *f;* **ser una ~ de perfecciones** die Vollkommenheit in Person sein
❺ (*loc*): **en ~** zusammenfassend, kurz und gut
sumaca [suˈmaka] *f* (NÁUT) Schmack *f*
sumador [sumaˈðor] *m* Addiergerät *nt*
sumadora [sumaˈðora] *f* Addiermaschine *f,* Rechenmaschine *f*
sumamente [sumaˈmen̦te] *adv* äußerst, höchst; **te estoy ~ agradecido** ich bin dir äußerst dankbar
sumando [suˈman̦do] *m* (MAT) Summand *m*
sumar [suˈmar] I. *vt* ❶ (MAT) addieren, zusammenzählen; **~ cantidades** Beträge summieren
❷ (*una obra*) zusammenfassen; (*hechos*) summieren
❸ (*loc*): **y así suma y sigue** und so weiter und so fort
II. *vr:* **~se** (*a una manifestación, a una idea*) sich anschließen (*a* + *dat*); (*a una discusión*) sich beteiligen (*a* an + *dat*); (*a un partido, una protesta*) beitreten (*a* + *dat*)
sumarial [sumaˈrjal] *adj* (JUR) Ermittlungs-; **secreto ~** Ermittlungsgeheimnis *nt*
sumario¹ [suˈmarjo] *m* ❶ (JUR) Ermittlungsverfahren *nt;* (*escrito de acusación*) Anklageschrift; **incoar un ~** ein Ermittlungsverfahren einleiten
❷ (*resumen*) Zusammenfassung *f,* kurze Darlegung *f,* kurze Darstellung *f;* (*de hechos*) Sammlung *f*
sumario, -a² [suˈmarjo, -a] *adj* ❶ (*explicación*) kurz gefasst, summarisch *elev*
❷ (JUR): **procedimiento** [*o* **juicio**] **~** Schnellverfahren *nt*
sumarísimo, -a [sumaˈrisimo, -a] *adj* (JUR): **juicio ~** stark abgekürztes Verfahren *nt*
Sumatra [suˈmatra] *f* Sumatra *nt*
sumergible [sumerˈxiβle] I. *adj* ❶ (*reloj*) wasserdicht
❷ (*submarino*) tauchfähig
II. *m* Tauchboot *nt*
sumergir [sumerˈxir] <g→j> I. *vt* (ein)tauchen, untertauchen; **economía sumergida** Schattenwirtschaft *f*
II. *vr:* **~se** ❶ (*hundirse*) versinken
❷ (*sumirse*) sich versenken (*en* in + *akk*), sich vertiefen (*en* in + *akk*); **~se en su trabajo** ganz in seiner Arbeit versinken
sumersión [sumerˈsjon] *f* Untertauchen *nt;* (*de un submarino*) Tauchen *nt;* (*de un objeto*) Eintauchen *nt*
sumidad [sumiˈðað] *f* äußerste Spitze *f*
sumidero [sumiˈðero] *m* ❶ (*de la calle*) Gully *m o nt*
❷ (*rejilla*) Abflussgitter *nt*
suministrable [sumini'traβle] *adj* (COM) lieferbar
suministrador¹ [suministraˈðor] *m* (COM) Zulieferer *m*
suministrador(a)² [suministraˈðor(a)] I. *adj* Liefer-
II. *m(f)* (*persona*) Lieferant(in) *m(f);* (*empresa*) Lieferfirma *f*
suministrar [suminisˈtrar] *vt* ❶ (*datos, información, t.* COM) liefern
❷ (*abastecer*) versorgen
❸ (*facilitar*) beschaffen
suministro [sumiˈnistro] *m* ❶ (*de datos, información, t.* COM) Lieferung *f;* **~ exclusivo** Alleinbezug *m;* **~ de informaciones** Auskunftserteilung *f*
❷ (*abastecimiento*) Versorgung *f;* **~ de agua potable** Trinkwasserversorgung *f;* **~ de calorías** Kalorienzufuhr *f;* **~ de personal** Stellenbesetzung *f*
sumir [suˈmir] I. *vt* ❶ (*hundir*) (ein)tauchen, untertauchen
❷ (*en meditación*) versinken lassen (*en* in + *akk*); **~ en la miseria a alguien** jdn ins Elend stürzen
II. *vr:* **~se** sich versenken (*en* in + *akk*)
sumisión [sumiˈsjon] *f* ❶ (*acción*) Unterwerfung *f*
❷ (*carácter*) Unterwürfigkeit *f*
❸ (*obediencia*) Gehorsamkeit *f*
sumiso, -a [suˈmiso, -a] *adj* ❶ (*que se somete*) unterwürfig
❷ (*que no rechista*) gehorsam
súmmum [ˈsumun] *m* Höchste(s) *nt,* Gipfel *m*
sumo¹ [ˈsumo] *m* (DEP) Sumo *nt*
sumo, -a² [ˈsumo, -a] *adj* ❶ (*más alto*) höchste(r, s); **el S~ Pontífice** der Heilige Vater; **a lo ~** höchstens; **en grado ~** hochgradig
❷ (*mayor*) größte(r, s); **con suma habilidad** mit größter Geschicklichkeit
súmulas [ˈsumulas] *fpl* (FILOS) Abriss *m* der Logik
sunco, -a [ˈsuŋko, -a] I. *adj* (*Chil: de un brazo*) einarmig; (*de una mano*) einhändig
II. *m, f* (*Chil: de un brazo*) Einarmige(r) *mf;* (*de una mano*) Einhändige(r) *mf*
sungo, -a [ˈsuŋgo, -a] *adj* (*Col: de raza negra*) schwarz; **dejar ~ a alguien** jdn beleidigen
suntuario, -a [sun̦ˈtwarjo] *adj* Luxus-; **gastos ~s** Luxusausgaben *fpl*
suntuosidad [sun̦twosiˈðað] *f* ❶ (*lujo*) Luxus *m*
❷ (*opulencia*) Üppigkeit *f*
❸ (*aparatosidad*) Prunk *m*
❹ (*esplendidez*) Pracht *f*
suntuoso, -a [sun̦ˈtwoso, -a] *adj* ❶ (*lujoso*) luxuriös
❷ (*opulento*) üppig
❸ (*aparatoso*) aufwändig
❹ (*esplendido*) prächtig
supeditación [supeðitaˈθjon] *f* ❶ (*sometimiento*) Unterwerfung *f*
❷ (*subordinación*) Unterordnung *f*
❸ (*a una condición*) Abhängigkeit *f*
supeditar [supeðiˈtar] I. *vt* ❶ (*someter*) unterwerfen
❷ (*subordinar*) unterordnen
❸ (*condicionar*) abhängig machen (*a* von + *dat*)
II. *vr:* **~se** sich unterordnen; **~se a una opinión** sich eine Auffassung zu Eigen machen; **no me ~é a sus deseos** ich werde mich seinen/ihren Wünschen nicht unterordnen
súper¹ [ˈsuper] I. *adj* (*fam*) super, klasse
II. *m* Supermarkt *m*
súper² [ˈsuper] *f* Super(benzin) *nt*
superable [supeˈraβle] *adj* ❶ (*récord*) verbesserbar
❷ (*situación*) überwindbar
superabundancia [superaβun̦ˈdanθja] *f* (*en cantidad*) Überfluss *m* (*de* an + *dat*), (*en diversidad*) Überfülle *f* (*de* von + *dat*)
superabundante [superaβun̦ˈdante] *adj:* **~ en…** (*positivo*) reich an…; (*negativo*) mit übermäßig viel …
superabundar [superaβun̦ˈdar] *vi* überreichlich (vorhanden) sein
superación [superaˈθjon] *f* ❶ (*de fuerzas*) Übersteigerung *f*
❷ (*de récord*) Verbesserung *f*
❸ (*de situación*) Überwindung *f;* **~ de uno mismo** Selbstüberwindung *f*
superar [supeˈrar] I. *vt* ❶ (*sobrepasar: a alguien*) übertreffen; (*límite*) überschreiten; (*récord*) brechen, verbessern; **superó al contrario en el sprint final** er/sie zog im Endspurt an seinem/ihrem Gegner vorbei; **esto supera todo lo que se había visto hasta ahora** das stellt alles bisher Dagewesene in den Schatten
❷ (*prueba*) bestehen
❸ (*situación*) überwinden
II. *vr:* **~se** sich selbst übertreffen
superávit [supeˈraβit] *m* <**superávit** *o* **superávits**> (COM) Überschuss *m;* **~ en la balanza comercial** Handelsbilanzüberschuss *m*
supercarburante [superkarβuˈran̦te] *m* Super(benzin) *nt,* Superkraftstoff *m*
superchería [superˈt͡ʃeria] *f* Betrug *m; **no te creas esas ~s** glaub diese Lügen nicht
superconcierto [superkon̦ˈθjerto] *m* Mammutkonzert *nt*
superconductor¹ [superkon̦dukˈtor] *m* (ELEC) Supraleiter *m*
superconductor(a)² [superkon̦dukˈtor(a)] *adj* (ELEC) supraleitend
superconsumo [superkonˈsumo] *m* übertriebener Konsum *m*
supercopa [superˈkopa] *f* (DEP) Supercup *m*
superdirecta [superðiˈrekta] *f* (AUTO) Schnellgang *m,* Schongang *m*
superdividendo [superðiβiˈðendo] *m* (FIN) Überdividende *f*
superdominante [superðomiˈnante] *f* (MÚS) Oberdominante *f*
superdotado, -a [superðoˈtaðo, -a] *adj* hochbegabt
superego [supeˈreɣo] *m* (PSICO) Superego *nt,* Überich *nt*
superespecialización [superespeθjaliθaˈθjon] *f* Überspezialisierung *f*
superestrato [superesˈtrato] *m* (LING) Superstrat *nt*
superestrella [superesˈtreʎa] *f* Superstar *m*
superestructura [superestrukˈtura] *f* ❶ (NÁUT) Aufbauten *pl*
❷ (ECON) Überbau *m*
superferolítico, -a [superferoˈlitiko, -a] *adj* (*fam*) gekünstelt
superfetación [superfetaˈθjon] *f* (BIOL) Superfetation *f*
superficial [superfiˈθjal] *adj* oberflächlich, Oberflächen-; (*detalle*) äußerlich; **efecto ~** Oberflächenwirkung *f;* **cultura ~** Halbbildung *f*
superficialidad [superfiθjaliˈðað] *f* Oberflächlichkeit *f;* (*de detalles*) Äußerlichkeit *f*
superficiario, -a [superfiˈθjarjo] *m, f* (JUR) Nutznießer(in) *m(f)* einer Bodenfläche, Erbbauberechtigte(r) *mf*

superficie [super'fiθje] *f* ❶ (*parte externa*) Oberfläche *f*; ~ **cultivable** (AGR) Anbaufläche *f*; ~ **de exposición** Ausstellungsfläche *f*; ~ **útil** Nutzfläche *f*; ~ **de venta** Verkaufsfläche *f*; **gran** ~ großes Warenhaus; **salir a la** ~ (*submarino*) auftauchen; (*minero*) auffahren; (*fig*) zum Vorschein kommen
❷ (MAT) Fläche *f*; (*área*) Flächeninhalt *m*
❸ (*apariencia*) äußerer Eindruck *m*
superfino, -a [super'fino, -a] *adj* superfein
superfluidad [superflwi'ðað] *f* ❶ (*cualidad*) Überflüssigkeit *f*, Entbehrlichkeit *f*
❷ (*cosa*) überflüssige Sache *f*
superfluo, -a [su'perflwo, -a] *adj* überflüssig, entbehrlich; **gastos ~s** unnötige Ausgaben
supergigante [superxi'ɣante] *adj* extragroß
superhombre [super'ombre] *m* Übermensch *m*
superindexar [superinde'ʏsar] *vt* (INFOR, TIPO) hochstellen
superíndice [super'indiθe] *m* (INFOR) hochgestelltes Zeichen *nt*
superinfección [superimfeʏ'θjon] *f* (MED) Superinfektion *f*
superintendencia [superinten'denθja] *f* Aufsichtsbehörde *f*; ~ **de Bolsas** (FIN) Börsenaufsicht *f*
superintendente [superinten'dente] *mf* (*de la administración*) Aufsichtsbeamte(r) *mf*, Aufsichtsbeamtin *f*; (*de policía*) Hauptkommissar(in) *m(f)*
superior¹ [supe'rjor] *adj* ❶ (*más alto*) obere(r, s); **el Elba** ~ **die obere Elbe**; **mandíbula** ~ Oberkiefer *m*; **el curso** ~ **de un río** der Oberlauf eines Flusses; **los pisos ~es** die oberen Stockwerke; **viven en el piso** ~ **al mío** sie wohnen in der Wohnung über mir
❷ (*en calidad*) besser; (*en rango*) höher; (*en inteligencia, fuerza*) überlegen (*en* in +*dat*); **el PIB de Alemania es muy** ~ **al de España** Deutschlands BIP übertrifft bei weitem das Spaniens
❸ (*excelente*) hervorragend, ausgezeichnet; **café** ~ Kaffee der Extraklasse; **calidad** ~ erstklassige Qualität; **mujer** ~ Superfrau *f*
superior(a)² [supe'rjor(a)] *m(f)* ❶ (REL) Obere, -in *m, f*; (*católico*) Superior(in) *m(f)*
❷ (*jefe*) Vorgesetzte(r) *mf*
superioridad [superjori'ðað] *f* ❶ (*cualidad*) Überlegenheit *f* (*sobre* über +*akk*); **habla con un tono de** ~ er/sie spricht in einem anmaßenden Ton
❷ (*autoridad*) Obrigkeit *f*
superlativo¹ [superla'tiβo] *m* (LING) Superlativ *m*
superlativo, -a² [superla'tiβo, -a] *adj* überragend, superlativ *elev*; (LING) Superlativ-, superlativisch; **una actuación superlativa** (TEAT) eine überragende darstellerische Leistung
superligero [superli'xero] *m* (DEP) Superleichtgewicht *nt*
superlujo [super'luxo] *m* Spitzenqualität *f*
superman [super'man] *m* Supermann *m*
supermercado [supermer'kaðo] *m* Supermarkt *m*; **carrito de** ~ Einkaufswagen *m*
superministro, -a [supermi'nistro, -a] *m, f* Superminister(in) *m(f)*
supermoderno, -a [supermo'ðerno, -a] *adj* hochmodern
supernova [super'noβa] *f* (ASTR) Supernova *f*
supernumerario, -a [supernume'rarjo, -a] I. *adj* ❶ (*número*) überzählig
❷ (*funcionario*) außerplanmäßig
II. *m, f* Beamtenanwärter(in) *m(f)*
superpetrolero [superpetro'lero] *m* (NÁUT) Supertanker *m*, Riesentanker *m*
superpluma [super'pluma] *m* (DEP: *categoría*) Federgewicht *nt*
superpoblación [superpoβla'θjon] *f* Übervölkerung *f*
superpoblado, -a [superpo'βlaðo, -a] *adj* über(be)völkert
superpoderoso, -a [superpoðe'roso, -a] *adj* übermächtig
superponer [superpo'ner] *irr como poner vt* ❶ (*dos cosas*) aufeinander legen, übereinander legen; (*imágenes*) übereinander montieren; ~ **algo a algo** etw auf etw legen
❷ (*dar prioridad*) Vorrang geben +*dat*, Priorität einräumen +*dat*
superposición [superposi'θjon] *f* Übereinanderlagerung *f*, Übereinanderschichtung *f*
superpotencia [superpo'tenθja] *f* Großmacht *f*, Supermacht *f*
superproducción [superproðuʏ'θjon] *f* ❶ (COM) Überproduktion *f*
❷ (CINE) Mammutproduktion *f*
superprotector(a) [superprotek'tor(a)] *adj* überängstlich
superpuesto, -a [super'pwesto, -a] *adj* aufeinander liegend, übereinander liegend; (*imágenes*) überlagert
superrealista [superrea'lista] I. *adj* surrealistisch
II. *mf* Surrealist(in) *m(f)*
supersecreto, -a [super'sekreto, -a] *adj* streng geheim
supersensible [supersen'siβle] *adj* ❶ (*aparato*) hochempfindlich
❷ (*carácter*) hochsensibel, überempfindlich
supersónico, -a [super'soniko, -a] *adj* Überschall-, supersonisch; **avión** ~ Überschallflugzeug *nt*
superstar [supers'tar] *f* Superstar *m*
superstición [supersti'θjon] *f* Aberglaube *m*
supersticioso, -a [supersti'θjoso, -a] *adj* abergläubisch
supérstite [su'perstite] I. *adj* (JUR) überlebend, hinterblieben
II. *mf* (JUR) Überlebende(r) *mf*, Hinterbliebene(r) *mf*
supertalla [super'taʎa] *f* Übergröße *f*
supervalorar [superβalo'rar] *vt* überbewerten
superventas [super'βentas] *m inv* Verkaufsschlager *m*; (*libro*) Bestseller *m*
supervisar [superβi'sar] *vt* beaufsichtigen, überwachen; (*en un examen*) Aufsicht führen; ~ **las cuentas** die Rechnungen kontrollieren; ~ **a los nuevos empleados** die Neueingestellten beaufsichtigen
supervisión [superβi'sjon] *f* ❶ (*vigilancia*) Beaufsichtigung *f*, Überwachung *f*; ~ **de créditos** Kreditüberwachung *f*
❷ (*en examen*) Aufsicht *f*
supervisor(a) [superβi'sor(a)] I. *m(f)* ❶ (*vigilante*) Aufseher(in) *m(f)*
❷ (*funcionario*) Aufsichtsbeamte(r) *mf*, Aufsichtsbeamtin *f*
II. *adj* Überwachungs-; **programa** ~ (INFOR) Kontrollprogramm *nt*
supervivencia [superβi'βenθja] *f* Überleben *nt*
superviviente [superβi'βjente] I. *adj* überlebend
II. *mf* Überlebende(r) *mf*
superyó [super'ʝo] *m* (PSICO) Überich *nt*
supino¹ [su'pino] *m* (LING) Supinum *nt*
supino, -a² [su'pino, -a] *adj* ❶ (*posición*) auf dem Rücken (liegend)
❷ (*excesivo*) ignorancia supina völlige Unwissenheit
supiquegua [supi'keɣwa] *m* Heilkraut aus den Anden
suplantación [suplanta'θjon] *f* ❶ (*en el trabajo*) unbefugte Vertretung *f*, Ausstechung *f*
❷ (*de escrito*) Fälschung *f*
suplantar [suplan'tar] *vt* ❶ (*en el trabajo*) unbefugt vertreten, ausstechen
❷ (*escrito*) fälschen
suplefaltas [suple'faltas] *mf inv* ❶ (*que suple faltas*) Lückenbüßer(in) *m(f)*
❷ (*fam: chivo*) Sündenbock *m*
suplementario, -a [suplemen'tarjo, -a] *adj* ergänzend, suplementär; **ángulo** ~ (MAT) Supplementwinkel *m*; **cláusula suplementaria** (JUR) Zusatzklausel *f*; **tomo** ~ Ergänzungsband *m*, Supplementband *m*, Supplement *nt*
suplementero [suplemen'tero] *m* (*Chil*) Zeitungsverkäufer *m*
suplemento [suple'mento] *m* ❶ (*complemento*) Ergänzung *f*, Zusatz *m*; ~ **familiar** Familienzuschlag *m*; ~ **por el servicio** Servicezuschlag *m*
❷ (*tomo*) Ergänzungsband *m*, Supplementband *m*, Supplement *nt*
❸ (*de periódico*) Beilage *f*; ~ **de fin de semana/dominical** Wochenend-/Sonntagsbeilage *f*
❹ (*precio*) Aufpreis *m*; (*del tren*) Zuschlag *m*; (*plus*) Zulage *f*; ~ **de antigüedad** Alterszulage *f*; ~ **por turnos** Schichtzulage *f*
❺ (*ángulo*) Supplementwinkel *m*
suplencia [su'plenθja] *f* ❶ (*en el trabajo*) Vertretung *f*; ~ **de maternidad** Mutterschaftsvertretung *f*
❷ (*tiempo*) Vertretungsdauer *f*
suplente [su'plente] I. *adj* vertretend; **maestro** ~ Aushilfslehrer *m*
II. *mf* ❶ (*en el trabajo*) Vertretung *f*
❷ (DEP) Ersatzspieler(in) *m(f)*, Auswechselspieler(in) *m(f)*
❸ (ENS) Aushilfslehrer(in) *m(f)*, Vertretung *f*
supletorio¹ [suple'torjo] *m* (TEL) Nebenanschluss *m*
supletorio, -a² [suple'torjo, -a] *adj* zusätzlich, ergänzend
súplica ['suplika] *f* ❶ (*ruego*) inständige Bitte *f*, Flehen *nt*
❷ (*escrito*) Bittgesuch *nt*, Petition *f formal*
suplicación [suplika'θjon] *f* ❶ (*ruego*) inständige Bitte *f*, Flehen *nt*
❷ (JUR) Einspruch *m*
suplicante [supli'kante] I. *adj* flehentlich, flehend
II. *mf* Bittsteller(in) *m(f)*
suplicar [supli'kar] <c→qu> *vt* ❶ (*rogar*) inständig bitten, anflehen; (ADMIN, POL) ersuchen; **te lo suplico** ich bitte dich inständig darum; ~ **de rodillas** auf Knien anflehen
❷ (JUR) Einspruch einlegen [*o* erheben]
suplicatoria [suplika'torja] *f* (JUR) Rechtshilfeersuchen *nt*
suplicio [su'pliθjo] *m* ❶ (*tortura*) Folter *f*
❷ (*tormento*) Qual *f*, Marter *f elev*; **el viaje fue un** ~ die Reise war eine einzige Strapaze
suplir [su'plir] *vt* ❶ (*completar*) ergänzen
❷ (*sustituir*) ersetzen; ~ **el bolígrafo por un lápiz** einen Bleistift statt eines Kugelschreibers benutzen; **suple su inexperiencia con una gran dedicación** er/sie gleicht seine/ihre Unerfahrenheit durch sein/ihr starkes Engagement aus
❸ (*en el trabajo*) vertreten
supo ['supo] *3. pret de* **saber**

suponer [supo'ner] *irr como poner vt* ❶ (*dar por sentado*) annehmen, voraussetzen; **vamos a ~ que...** nehmen wir an, dass ...; **se supone que...** es ist anzunehmen, dass ...; **compré el coche suponiendo que...** ich kaufte das Auto in der Annahme, dass ...; **supongamos que la recta A es igual a B...** wenn wir von zwei gleich langen Geraden A und B ausgehen ...; **dar algo por supuesto** etw für selbstverständlich halten

❷ (*figurar, creer*) annehmen, vermuten; **supongo que vendrás, ¿no? – supongo que sí** ich nehme an, du kommst, oder? – wahrscheinlich schon; **no supongo que lo haya dicho** ich glaube nicht, dass er/sie es gesagt hat; **puedes ~ que yo no haría algo así** du kannst sicher sein [*o* davon ausgehen], dass ich so was nie machen würde; **es de ~ que acabará pagándolo** er/sie wird wohl letzten Endes dafür geradestehen müssen; **lo que acabo de decir es un ~** was ich gerade gesagt habe, ist eine reine Vermutung; **se me bloqueó el freno con el susto que es de ~** die Bremse blockierte und ich bekam natürlich einen gehörigen Schreck; **¿estás suponiendo que tengo la culpa?** willst du damit andeuten [*o* sagen], dass ich daran schuld bin?

❸ (*atribuir*): **le supongo unos 40 años** ich schätze ihn/sie auf etwa vierzig; **no le suponía tan fuerte** ich habe ihn nicht für so stark gehalten

❹ (*implicar*): **esta acusación supone un duro golpe para él** diese Anschuldigung ist ein harter Schlag für ihn; **tener mujer de limpieza me supone 100 euros al mes** eine Putzfrau zu haben kostet mich monatlich 100 Euro; **eso no me supone molestia alguna** das bereitet mir keine Mühe; **pintar la casa supone mucho trabajo** das Haus zu streichen bedeutet viel Arbeit

❺ (*demostrar*) beweisen; **su actitud supone que lo quiere mucho** sein/ihr Verhalten ist ein Beweis dafür, dass er/sie ihn sehr liebt

suposición [suposi'θjon] *f* ❶ (*lo supuesto*) Annahme *f*, Voraussetzung *f*

❷ (*figuración*) Annahme *f*, Vermutung *f*

❸ (*presunción*) Mutmaßung *f*; **~ de culpabilidad** (JUR) Verschuldensvermutung *f*

supositorio [suposi'torjo] *m* (MED) Zäpfchen *nt*

supraestatal [supraesta'tal] *adj* überstaatlich

supranacional [supranaθjo'nal] *adj* übernational, supranational

suprarrealismo [suprarrea'lismo] *m sin pl* (ARTE) Surrealismus *m*

suprarrenal [suprarre'nal] *adj* (MED) suprarenal; **glándula ~** (ANAT) Nebenniere *f*

suprasensible [suprasen'siβle] *adj* übersinnlich

suprayacente [supraɟa'θente] *adj* (GEO) oben liegend, aufliegend

supremacía [suprema'θia] *f* ❶ (*de un país*) Oberhoheit *f*, Oberherrschaft *f*

❷ (*política, económica*) Vorherrschaft *f*, Vormachtstellung *f*; **~ de la ley** Gesetzesvorrang *m*; **~ naval** (MIL) Seeherrschaft *f*; **la ~ de este equipo este año es total** dieses Jahr ist die Überlegenheit dieser Mannschaft eindeutig

supremo[1] [su'premo] *m* (JUR) oberster Gerichtshof *m*

supremo, -a[2] [su'premo, -a] *adj* ❶ (*altísimo*) höchste(r, s); **el Soviet S~** der Oberste Sowjet

❷ (*bondad, valor*) größte(r, s), äußerste(r, s); **el instante ~** der Höhepunkt; **suerte suprema** (TAUR) Todesstoß *m*

supresión [supre'sjon] *f* ❶ (*de impuesto, empleo*) Abschaffung *f*; (*de fronteras, de controles*) Abschaffung *f*, Aufhebung *f*; (*de obstáculos*) Beseitigung *f*; (*de una regla*) Aufhebung *f*; (ELEC) Entstörung *f*; **~ de la competencia** (COM, ECON) Konkurrenzunterdrückung *f*; **~ de las consecuencias** (JUR) Folgenbeseitigung *f*

❷ (*de un párrafo, un tren*) Streichung *f*

❸ (*silenciamiento*) Verschweigung *f*

supresor [supre'sor] *m*: **~ de interferencias** (ELEC) Entstörer *m*

suprimir [supri'mir] *vt* ❶ (*poner fin: impuesto, empleo*) abschaffen; (*fronteras*) abbauen; (*controles*) abschaffen, aufheben; (*obstáculos, amenaza*) beseitigen, aus der Welt schaffen; (*regla*) aufheben; (ELEC) entstören

❷ (*omitir: párrafo, tren*) streichen

❸ (*silenciar*) verschweigen

supuesto[1] [su'pwesto] *m* ❶ (*suposición*) Annahme *f*, Voraussetzung *f*

❷ (JUR): **~ de hecho** Tatbestand *m*; **~ de presunción** Vermutungstatbestand *m*; **~ de responsabilidad** Haftungstatbestand *m*; **~ de siniestro** Schadensfall *m*; **~ excepcional** Ausnahmetatbestand *m*

supuesto, -a[2] [su'pwesto, -a] *adj* (*ladrón, asesino*) mutmaßlich, vermeintlich; (*testigo, nombre*) angeblich; (*causa*) vermutlich; **por ~** selbstverständlich; **dar algo por ~** etw für selbstverständlich halten, etw als selbstverständlich annehmen

supuración [supura'θjon] *f* (MED) Eiterung *f*

supurante [supu'rante] *adj* (MED) eiternd, eitrig

supurar [supu'rar] *vi* (MED) eitern

supurativo, -a [supura'tiβo, -a] *adj* (MED) eiterziehend, eiternd

sur [sur] *m* ❶ (*punto*) Süden *m*; (METEO) Süd *m*; **el ~ de España** Südspanien *nt*

❷ (*viento*) Südwind *m*

surada [su'raða] *f* (METEO) heftiger Südwind *m*

surafricano, -a [surafri'kano, -a] I. *adj* südafrikanisch
II. *m, f* Südafrikaner(in) *m(f)*

sural [su'ral] *adj* (ANAT) Waden-; **músculo ~** Wadenmuskel *m*

suramericano, -a [surameri'kano, -a] I. *adj* südamerikanisch
II. *m, f* Südamerikaner(in) *m(f)*

surazo [su'raθo] *m* (Arg, Bol: *viento*) starker Südwind *m*

surcar [sur'kar] <c→qu> *vt* ❶ (*tierra*) (durch)furchen
❷ (*mar*): **~ el mar** durch das Meer gleiten

surco ['surko] *m* ❶ (*en tierra*) Furche *f*; (*de vehículo*) Furche *f*, Spur *f*
❷ (*arruga*) Falte *f*, Runzel *f*
❸ (*en disco*) Rille *f*

surcoreano, -a [surkore'ano, -a] I. *adj* südkoreanisch
II. *m, f* Südkoreaner(in) *m(f)*

sureño, -a [su'reɲo, -a] *m, f* Bewohner(in) *m(f)* des Südens

sureste [sur'este] *m* Südosten *m*; **~ asiático** Südostasien *nt*

surf [surf] *m sin pl* Surfing *nt*; **hacer ~** surfen

surfear [surfe'ar] *vi* (INFOR) surfen

surfista [sur'fista] *mf* Surfer(in) *m(f)*

surgimiento [surxi'mjento] *m* (*de dificultades, de una disputa*) Aufkommen *nt*; (*de una persona, de un fantasma*) Auftauchen *nt*

surgir [sur'xir] <g→j> *vi* ❶ (*agua*) herausquellen, (heraus)sprudeln
❷ (*aparecer: dificultades*) entstehen, aufkommen; (*posibilidad*) sich ergeben; (*pregunta*) sich stellen; (*persona, fantasma*) auftauchen
❸ (*edificio*) sich erheben, emporragen; **la torre de televisión surge entre todos los edificios** der Fernsehturm ragt zwischen all den anderen Gebäuden heraus

suricacina [surika'θina] *f* (Bol) ❶ (*huevo de ñandú*) Nanduei *nt*
❷ (*cobarde*) Feigling *m*

suroeste [suro'este] *m* Südwesten *m*; (METEO) Südwest *m*

surplus ['surplus] <surpluses> *m* (ECON) ❶ (*excedente*) Überschuss *m*
❷ (*cantidad por encima de la demanda*) über den Nachfragebedarf produzierte Menge

surrealismo [surrea'lismo] *m sin pl* (ARTE) Surrealismus *m*

surrealista [surrea'lista] I. *adj* surrealistisch
II. *mf* Surrealist(in) *m(f)*

sursuncorda [sursuŋ'korða] *m* (*fam*): **no lo haré aunque lo mande el ~** ich werde es nicht tun, selbst wenn der liebe Gott persönlich es mir befiehlt

surtida [sur'tiða] *f* ❶ (*de los sitiados*) Ausfall *m* (der Belagerten)
❷ (*puerta falsa*) Schlupfpforte *f*, Geheimpforte *f*
❸ (NÁUT) Stapel *m*

surtido[1] [sur'tiðo] *m* Sortiment *nt*, (Waren)auswahl *f*

surtido, -a[2] [sur'tiðo, -a] *adj* ❶ (*mezclado*) gemischt; **galletas surtidas** Keksmischung *f*
❷ (*variado*) sortiert

surtidor [surti'ðor] *m* ❶ (*chorro*) Fontäne *f*; (*fuente*) Springbrunnen *m*
❷ (*de gasolina*) Zapfsäule *f*

surtir [sur'tir] I. *vt* ❶ (*proveer*) versorgen, versehen (*de* mit +*dat*); (*de un equipo*) ausstatten (*de* mit +*dat*)
❷ (*loc*): **~ efecto** (*palabras*) Wirkung haben; (*medicamento*) wirken
II. *vi* herausprudeln, herausquellen; (*lava*) herausspritzen; (*más lentamente*) herausfließen
III. *vr*: **-se** sich versorgen (*de* mit +*dat*), sich versehen (*de* mit +*dat*)

surubí [suru'βi] *m* (Arg: ZOOL) Gattungsname mehrerer Fischarten des La Plata-Beckens

surucuá [suru'kwa] *m* (AmS: ZOOL) Vogel mit einem langen weißen Schwanz in den subtropischen Wäldern Südamerikas

surucucú [suruku'ku] *m* (Am: ZOOL) Buschmeister *m*

surumbo, -a [su'rumbo, -a] *adj* (Guat, Hond) dumm, blöd

surupa [su'rupa] *f* (Ven: *cucaracha*) Kakerlak *m*

suruví [suru'βi] *m* (ZOOL) *v.* **surubí**

survietnamita [surβjeð'namita] I. *adj* südvietnamesisch
II. *mf* Südvietnamese, -in *m, f*

suryemení [surɟeme'ni] I. *adj* südjemenitisch
II. *mf* Südjemenit(in) *m(f)*

sus [sus] *interj* auf geht's

susceptibilidad [susθeptiβili'ðað] *f* ❶ (*sensibilidad*) (Über)empfindlichkeit *f*; **~ magnética** (TÉC) Magnetisierbarkeit *f*
❷ (*irritabilidad*) Reizbarkeit *f*
❸ (MED: *predisposición*) Anfälligkeit *f*, Empfänglichkeit *f*
❹ (COM): **~ de quiebra** Konkursfähigkeit *f*

susceptible [susθep'tiβle] *adj* ❶ (*cosa*): **~ de edificación** bebaubar; **~ de impugnación** (JUR) anfechtbar; **~ de licencia** lizenzfähig; **~ de mejora** verbesserungsfähig; **~ de quiebra** konkursfähig; **~ de renovación** erneuerungsfähig; **~ de ser declarado en quiebra** konkursreif;

suscitación

materiales ~s de ser reutilizados wieder verwendbare Stoffe ❷ (*persona: sensible*) (über)empfindlich; (*irritable*) reizbar; **ella es muy ~ a la crítica** sie ist sehr kritikempfindlich

suscitación [susθita'θjon] *f* (*de sospecha*) Erweckung *f*; (*de escándalo*) Verursachung *f*, Heraufbeschwörung *f*; (*de odio*) Schüren *nt*; (*de problemas*) Schaffung *f*, Aufwerfung *f*; (*de discordia, discusión*) Entfachung *f*; (*de revolución*) Anzettelung *f*; (*de conflicto*) Anstiftung *f*; (*de antipatías*) Hervorrufen *nt*; (*curiosidad*) Erregung *f*; (*de entusiasmo*) Auslösung *f*

suscitar [susθi'tar] *vt* (*sospecha*) (er)wecken; (*discusión*) auslösen; (*escándalo*) verursachen, heraufbeschwören; (*odio*) schüren; (*comentarios*) provozieren, auslösen; (*problema*) schaffen, aufwerfen; (*discordia*) entfachen, säen; (*revolución*) anzetteln; (*conflicto*) anstiften, (*antipatías*) hervorrufen; (*curiosidad*) erregen; (*entusiasmo*) auslösen

suscribir [suskri'βir] *irr como escribir* **I.** *vt* ❶ (*escrito*) unterschreiben, unterzeichnen; **~ un seguro de vida** eine Lebensversicherung abschließen
❷ (*opinión*) teilen
❸ (FIN: *acciones*) zeichnen; **~ una opción** eine Option zeichnen
II. *vr*: **~se a una revista** eine Zeitschrift abonnieren

suscripción [suskriβ'θjon] *f* ❶ (*firma*) Unterschrift *f*, Unterzeichnung *f*
❷ (FIN: *de acciones*) Zeichnung *f*; **~ de una hipoteca** Hypothekenaufnahme *f*; **~ mínima** Mindestzeichnung *f*; **~ pública** öffentliche Zeichnung
❸ (*a una revista*) Abonnement *nt*

suscri(p)tor(a) [suskri(p)'tor(a)] *m(f)* ❶ (*firmante*) Unterzeichner(in) *m(f)*, Unterzeichnende(r) *mf*
❷ (FIN: *de acciones*) Zeichner(in) *m(f)*
❸ (*de una revista*) Abonnent(in) *m(f)*

susodicho, -a [suso'ðitʃo, -a] *adj* (*dicho arriba*) oben genannt, oben erwähnt; (*dicho antes*) zuvor erwähnt

suspender [suspen'der] *vt* ❶ (*tener en el aire*) aufhängen (*de* an +*dat*); (QUÍM) suspendieren
❷ (*trabajador*) suspendieren; (*deportista*) sperren
❸ (*en un examen*) durchfallen lassen; **he suspendido matemáticas** ich bin in Mathe durchgefallen, ich habe Mathe nicht bestanden
❹ (*interrumpir: sesión*) unterbrechen; (*cura, tratamiento*) aussetzen; (*embargo, prohibición*) aufheben; (*temporalmente*) den Streit auf Eis legen; **se ha suspendido la función de esta noche** die heutige Nachtvorstellung fällt aus
❺ (*embelesar*) bezaubern, hinreißen
❻ (FIN): **~ una cuenta** ein Konto auflösen; **~ pagos** Zahlungen einstellen

suspense [sus'pense] *m* Spannung *f*; **una película de ~** ein spannender Film

suspensión [suspen'sjon] *f* ❶ (TÉC) Aufhängung *f*; (QUÍM) Suspension *f*; **estar en ~** in der Schwebe sein
❷ (AUTO) Federung *f*; (*de las ruedas*) Aufhängung *f*; **el coche tiene buena ~** das Auto ist gut gefedert
❸ (*laboral*) Suspendierung *f*; (*de un deportista*) Sperre *f*
❹ (*interrupción: de sesión*) Unterbrechung *f*; (*de cura, tratamiento*) Aussetzung *f*; (*de obras, disputas*) Beendigung *f*; (*de producción*) Einstellung *f*; (*de embargo, prohibición*) Aufhebung *f*; **~ de armas** (MIL) Waffenruhe *f*, Feuereinstellung *f*; **~ de garantías** (POL) zeitweilige Außerkraftsetzung der Grundrechte; **~ de una huelga** Beilegung eines Streiks; **~ de la pena** (JUR) Strafaussetzung *f*
❺ (COM): **~ de créditos** Kreditsperre *f*; **~ de pagos** Zahlungseinstellung *f*; **procedimiento de ~** Vergleichsverfahren *nt*
❻ (JUR): **~ del contrato** Vertragsaussetzung *f*; **~ de las obligaciones contractuales** Suspendierung von Vertragspflichten; **~ de la prescripción** Hemmung der Verjährung, Ablaufhemmung *f*; **~ provisional de la ejecución** Vollstreckungsaufschub *m*

suspensivo, -a [suspen'siβo, -a] *adj* suspensiv; **efecto ~** (JUR) Suspensiveffekt *m*; **puntos ~s** (LING) Auslassungspunkte *mpl*

suspenso¹ [sus'penso] *m* (ENS: *nota*): **he sacado un ~** ich bin durchgefallen
❷ (Am: *suspense*) Spannung *f*

suspenso, -a² [sus'penso, -a] *adj* ❶ (*perplejo*) erstaunt, perplex
❷ (*colgado*) aufgehängt; (*suspendido*) schwebend; **dejar una pregunta en ~** eine Frage im Raum stehen lassen

suspensores [suspen'sores] *mpl* (Col, Chil, Perú, PRico: *tiradores*) Hosenträger *mpl*

suspensorio¹ [suspen'sorjo] *m* Suspensorium *nt*
suspensorio, -a² [suspen'sorjo, -a] *adj* (Auf)hänge-

suspicacia [suspi'kaθja] *f* ❶ (*cualidad*) Misstrauen *nt*, Argwohn *m elev*
❷ (*actitud*) misstrauisches Wesen *nt*

suspicaz [suspi'kaθ] *adj* misstrauisch, argwöhnisch *elev*

suspirado, -a [suspi'raðo, -a] *adj* ersehnt; **muy ~** heiß ersehnt

suspirar [suspi'rar] *vi* ❶ (*dar suspiros*) seufzen
❷ (*anhelar*) sich sehnen (*por* nach +*dat*)

suspiro [sus'piro] *m* ❶ (*de persona*) Seufzer *m*; (*del viento*) Säuseln *nt*; **~ de alivio** Seufzer der Erleichterung; **dar** [*o* **exhalar**] **el último ~** seinen letzten Seufzer tun
❷ (MÚS) kurze Pause *f*
❸ (GASTR) Süßigkeit aus Mehl, Zucker und Ei

sustancia [sus'tanθja] *f* ❶ (*materia*) Substanz *f*, Stoff *m*, Materie *f*; (FILOS) Substanz *f*; **~ activa** (QUÍM) Wirkstoff *m*; **~ nociva** Schadstoff *m*
❷ (*esencia*) Substanz *f*, Wesentliche(s) *nt*; **no has entendido la ~ de la novela** du hast nicht verstanden, worum es in dem Roman eigentlich geht; **este ensayo no tiene ~** dieses Essay ist gehaltlos; **ese hombre es un hombre sin ~** das ist ein ziemlich langweiliger Mann
❸ (*de alimentos*) Nährwert *m*
❹ (*juicio*): **un fundamento sin ~** eine Begründung, die jeglicher Grundlage entbehrt; **decir cosas sin ~** Unsinn reden; **hacer un comentario sin ~** eine überflüssige Bemerkung machen
❺ (ANAT): **~ gris** graue Zellen
❻ (Am: GASTR): **~ de carne** klare Fleischbrühe *f*
❼ (*loc*): **en ~** kurz und gut, alles in allem

sustancial [sustan'θjal] *adj* ❶ (*esencial*) wesentlich, substanziell *elev*; (*fundamental*) fundamental, grundlegend
❷ (*comida*) nahrhaft, gehaltreich
❸ (*libro*) gehaltvoll

sustanciar [sustan'θjar] *vt* ❶ (*resumir*) begründen, fundieren, substantiieren *elev*
❷ (JUR): **~ un proceso** einen Prozess betreiben

sustancioso, -a [sustan'θjoso, -a] *adj* ❶ (*comida*) nahrhaft, gehaltreich
❷ (*libro, discurso*) gehaltvoll

sustantivar [sustanti'βar] *vt* (LING) substantivieren
sustantivo¹ [sustan'tiβo] *m* (LING) Substantiv *nt*
sustantivo, -a² [sustan'tiβo, -a] *adj* ❶ (*esencial*) wesentlich; (*fundamental*) fundamental, grundlegend
❷ (LING) substantivisch

sustentable [susten'taβle] *adj* vertretbar, haltbar; **esa teoría no es ~** diese Theorie ist nicht haltbar

sustentación [sustenta'θjon] *f* ❶ (*soporte*) Stütze *f*, Träger *m*
❷ (*de familia*) Unterhalt *m*
❸ (AERO) Auftrieb *m*

sustentáculo [susten'takulo] *m* Träger *m*, Stütze *f*

sustentante [susten'tante] **I.** *adj* (*t.* ARQUIT) tragend
II. *m* (ARQUIT) tragendes Bauelement *nt*

sustentar [susten'tar] **I.** *vt* ❶ (*una cosa*) halten, tragen; **tres columnas sustentan la bóveda** das Gewölbe wird von drei Säulen getragen [*o* gestützt]
❷ (*esperanza*) aufrechterhalten
❸ (*familia*) unterhalten
❹ (*idea*) verteidigen, dahinter stehen
II. *vr*: **~se** ❶ (*alimentarse*) sich ernähren, leben (*con/de* von +*dat*)
❷ (*aguantarse*) sich stützen (*en* auf +*akk*)

sustento [sus'tento] *m* ❶ (*mantenimiento*) (Lebens)unterhalt *m*
❷ (*apoyo*) Stütze *f*; **tus palabras son el ~ en mi dolor** deine Worte helfen mir diesen Schmerz zu verkraften

sustitución [sustitu'θjon] *f* ❶ (*de algo*) Ersetzung *f*
❷ (*lo sustituido*) Ersatz *m*
❸ (*de alguien*) Vertretung *f*; **esta semana tengo tres horas de ~** diese Woche habe ich drei Vertretungsstunden

sustituible [sustitu'iβle] *adj* ersetzbar, substituierbar *elev*

sustituir [sustitu'ir] *irr como huir vt* ❶ (*algo*) ersetzen, substituieren *elev*
❷ (DEP) austauschen, auswechseln
❸ (*un cargo: temporalmente*) vertreten; (*definitivamente*) ersetzen

sustitutivo¹ [sustitu'tiβo] *m* Ersatz *m*, Surrogat *nt*, Substitut *nt elev*; **un ~ del café** ein Kaffeeersatz

sustitutivo, -a² [sustitu'tiβo, -a] *adj* Ersatz-

sustituto, -a [susti'tuto, -a] *m, f* Vertreter(in) *m(f)*, Ersatz *m*, Ersatzperson *f*; (COM, JUR) Substitut(in) *m(f)*

sustitutorio, -a [sustitu'torjo, -a] *adj* Ersatz-

susto ['susto] *m* Schreck(en) *m*; **poner cara de ~** ein erschrockenes Gesicht machen; **me has dado un ~** du hast mir einen Schreck eingejagt; **me he pegado un ~** ich bin erschrocken; **pegarle un ~ a alguien** jdn erschrecken; **no ganar para ~s** keinen Augenblick Ruhe haben

sustracción [sustra'rθjon] *f* ❶ (MAT) Abziehen *nt*, Subtraktion *f*
❷ (*robo*) Entwendung *f*, Stehlen *nt*; (*malversación*) Unterschlagung *f*
❸ (*privación*) Entziehung *f*
❹ (*separación*) Trennung *f*, Absonderung *f*
❺ *pl* (JUR) Beute *f*

sustraendo [sustra'endo] *m* (MAT) Subtrahend *m*

sustraer [sustra'er] *irr como traer* **I.** *vt* ❶ (*restar*) abziehen (*de* von +*dat*), subtrahieren (*de* von +*dat*)

sustrato

②(*robar*) stehlen, entwenden; (*malversar*) unterschlagen
③(*privar*) entziehen
④(*separar*) trennen, absondern
II. *vr:* ~**se de algo** sich einer Sache entziehen; **quiso ~se de los periodistas** er/sie wollte den Journalisten aus dem Wege gehen
sustrato [sus'trato] *m* Substrat *nt*
susungá [susuŋ'ga] *f* (*Col, Ecua*) Schaumlöffel *m*
susurrante [susu'rrante] *adj* ❶ (*hablando: bajo*) flüsternd, wispernd; (*no claro*) murmelnd
❷(*viento*) säuselnd, rauschend
susurrar [susu'rrar] I. *vi* ❶ (*hablar bajo*) flüstern, wispern; (*no claro*) murmeln; ~ **algo a alguien** jdm etw zuflüstern
❷(*viento*) säuseln, rauschen
II. *vr:* ~**se** umgehen
III. *vimpers:* **se susurra que...** man munkelt, dass ..., es geht das Gerücht (um), dass ...
susurro [su'surro] *m* ❶ (*al hablar: bajo*) Flüstern *nt*, Wispern *nt*; (*no claro*) Murmeln *nt*
❷(*del viento*) Säuseln *nt*, Rauschen *nt*
sute ['sute] *m* ❶ (*Col, Ven: sietemesino*) Siebenmonatskind *nt*
❷(*Col, Ven: niño mimado*) verwöhnte(s) Kind *nt*
❸(*Col: lechón*) Spanferkel *nt*
sutil [su'til] *adj* ❶ (*velo, hilo*) fein; (*rebanada*) dünn
❷(*sabor*) fein; (*aroma*) zart
❸(*diferencia, ironía*) subtil; (*jugada, sistema*) raffiniert, subtil, ausgeklügelt
❹(*persona*) spitzfindig, haarspalterisch *pey*
sutileza [suti'leθa] *f*, **sutilidad** [sutili'ðað] *f* ❶ (*de velo, hilo*) Feinheit *f* ❷(*de sabor*) Feinheit *f*; (*de aroma*) Zartheit *f* ❸ (*de diferencia, ironía*) Subtilität *f*; (*de jugada, sistema*) Raffiniertheit *f*, Subtilität *f* ❹ (*de persona*) Spitzfindigkeit *f*, Haarspalterei *f pey*
sutilizar [sutili'θar] <z→c> *vt* ❶ (*hacer sutil*) verfeinern
❷(*diferencia*) nuancieren; (*jugada*) verbessern
❸(*discurrir*) austüfteln, ersinnen
sutura [su'tura] *f* (MED) Naht *f*; **punto de ~** Stich *m*
suturar [sutu'rar] *vt* (MED) (ver)nähen
suyo, -a ['sujo, -a] *adj o pron* (*de él*) seine(r); (*de ella, ellos, ellas*) ihre(r); (*de usted, ustedes*) Ihre(r); **el regalo es ~** das Geschenk ist von ihm/ihr; **este encendedor es ~** dieses Feuerzeug gehört ihm/ihr; **siempre habla de los ~s** er/sie redet immer von seiner/ihrer Familie [*o* den Seinen/den Ihren]; **~ afectísimo...** hochachtungsvoll, Ihr ...; **darle a alguien lo ~** jdm geben, was er verdient; **siempre se sale con la suya** er/sie setzt seinen/ihren Dickkopf immer durch; **ya ha hecho otra de las suyas** (*fam*) er/sie hat schon wieder was Schönes angerichtet; **leer 'Fausto' tiene lo ~** (*es difícil*) 'Faust' zu lesen ist eine ziemlich mühsame Angelegenheit [*o* hat es in sich]; (*es interesante*) 'Faust' zu lesen hat etwas für sich; **el problema es ya de ~ difícil de resolver** das Problem an sich ist schon schwer lösbar; **el profesor se hizo ~ al alumno rebelde** der Lehrer gewann den widerspenstigen Schüler für sich; **hizo suyas las quejas de los alumnos** er/sie schloss sich den Beschwerden der Schüler an; **Carmen está contenta porque ahora trabaja en lo ~** Carmen ist froh, weil sie nun auf ihrem Gebiet tätig ist; **Albert es muy ~** Albert ist sehr eigen; **eso es muy ~** das ist typisch für ihn/sie; **ir a lo ~** eigene Wege gehen; **él se hizo suya la teoría** er machte sich die Theorie zu Eigen
svástica [es'βastika] *f* Swastika *f*
swahili [swa'xili] *m* (LING) *v.* **suahili**
swap [swap] <swaps> *m* (FIN) (Devisen)swap *m*; **mercado de ~s** Swapmarkt *m*
swazilandés, -esa [swaθilan'des] I. *adj* swasiländisch
II. *m, f* Swasi *mf*
Swazilandia [swaθi'landja] *f* Swasiland *nt*
swing ['swiŋ] *m* ❶ (MÚS) Swing *m*
❷(DEP: *boxeo*) Schwinger *m*; (*golf*) Schwung *m*

T

T, t [te] *f* T, t *nt*; **~ de Tarragona** T wie Theodor
TA [te'a] *f abr de* **traducción automática** MÜ *nt*
taba ['taβa] *f* ❶ (ANAT) Sprungbein *nt*; **menear las ~s** (*fam: andar deprisa*) schnell laufen; (*ir ajetreado*) alle Hände voll zu tun haben
❷ *pl* (*juego*) Kinderspiel, bei dem ein Knöchel geworfen wird
tabacal [taβa'kal] *m* (*Am*) Tabakplantage *f*
tabacalera [taβaka'lera] *f* Tabakmonopol *nt* (*in Spanien*)
tabacalero, -a [taβaka'lero, -a] I. *adj* Tabak(s)-

II. *m, f* Tabakpflanzer(in) *m(f)*
tabaco [ta'βako] *m* ❶ (BOT) Tabak *m*, Tabakpflanze *f*; **de color ~** tabakbraun
❷(*para fumar*) Tabak *m*; **~ negro/rubio** schwarzer/heller Tabak; **~ de pipa** Pfeifentabak *m*
❸(*cigarrillo*) Zigarette *f*; (*cigarro*) Zigarre *f*; **¿tienes ~?** hast du Zigaretten?
tabal [ta'βal] *m* Heringsfass *nt*
tabalear [taβale'ar] I. *vt, vr:* ~**se** schaukeln, (sich) hin und her bewegen
II. *vi* mit den Fingern trommeln
tabanco [ta'βaŋko] *m* (*AmC: desván*) Speicher *m*
tábano ['taβano] *m* ❶ (ZOOL) Bremse *f*, Stechfliege *f*
❷(*persona*) Nervensäge *f*
tabanque [ta'βaŋke] *m* Tretrad *nt* der Töpferscheibe; **levantar el ~** (*fam: suspender una reunión*) die Versammlung unterbrechen; (*abandonar un sitio*) sein Bündel schnüren
tabaquera [taβa'kera] *f* (*para tabaco*) Tabakdose *f*; (*para rapé*) Schnupftabakdose *f*
tabaquero, -a [taβa'kero, -a] I. *adj* Tabak(s)-; **industria tabaquera** Tabakindustrie *f*
II. *m, f* Tabakhändler(in) *m(f)*
tabaquismo [taβa'kismo] *m sin pl* chronische Nikotinvergiftung *f*
tabardo [ta'βarðo] *m* Mantel *m* (aus grobem Stoff)
tabarra [ta'βarra] *f* Plage *f*; **el vecino me da la ~ con la música** der Nachbar geht mir mit seiner Musik auf die Nerven [*o* den Geist]; **este niño siempre me da la ~** dieses Kind ist ein Quälgeist; **¡no me des la ~!** lass mich in Ruhe!
tabasco [ta'βasko] *m* (GASTR) Tabasco *m*
taberna [ta'βerna] *f* Kneipe *f*
tabernáculo [taβer'nakulo] *m* ❶ (*del Arca*) Stiftshütte *f*
❷(*sagrario*) Tabernakel *nt o m*
tabernario, -a [taβer'narjo, -a] *adj* ❶ (*de la taberna*) Kneipen-
❷(*pey: grosero*) grob, derb
tabernero, -a [taβer'nero, -a] *m, f* (Kneipen)wirt(in) *m(f)*
tabes ['taβes] *f inv* (MED) Auszehrung *f*, Schwindsucht *f*
tabicar [taβi'kar] <c→qu> I. *vt* zumauern
II. *vr:* ~**se** verstopfen
tabique [ta'βike] *m* ❶ (*pared*) Trennwand *f*, Zwischenwand *f*
❷(ANAT): **~ nasal** Nasenscheidewand *f*
tabla ['taβla] *f* ❶ (*plancha*) Brett *nt*; (*de construcción*) Brett *nt*, Planke *f*; **~ de planchar/de cocina/de lavar** Bügel-/Schneide-/Waschbrett *nt*; **la T~ Redonda** (HIST) die Tafelrunde; **~ de surf** Surfbrett *nt*; **es mi única ~ de salvación** (*fig*) das ist meine einzige Rettung
❷(*de libro*) Inhaltsverzeichnis *nt*, Register *nt*
❸(*lista*) Tafel *f*, Tabelle *f*; **~ de precios** (*en un restaurante*) Preistafel *f*; (*prospecto*) Preistabelle *f*; **~ salarial** Lohntabelle *f*; **en forma de ~** in Tabellenform
❹(*de vestido*) Plisseefalte *f*
❺(MAT): **~ de logaritmos** Logarithmentafel *f*; **~ de multiplicar** Multiplikationstabelle *f*; **decir la ~** (**de multiplicar**) das Einmaleins aufsagen
❻(ARTE: *cuadro*) Tafelbild *nt*; (*perspectiva*) Bildfläche *f*
❼(DEP): **~ de clasificación** Tabelle *f*
❽(*fam: borrachera*) Rausch *m*
❾(*fam: homosexual*) Schwule(r) *m*
❿(INFOR) Tabelle *f*; **~ de cálculo** Kalkulationstabelle *f*; **~ de datos** Datentabelle *f*; **~ de operaciones** Verknüpfungstabelle *f*; **instrucción de búsqueda de ~** Tabellensuchbefehl *m*
⓫(AGR: *para plantas*) Beet *nt*; (*para árboles*) Feld *nt*
⓬(DEP) Remis *nt*; **la partida quedó en ~s** die Partie endete remis [*o* ging unentschieden aus]
⓭(TAUR) Arenabegrenzung *f*
⓮(TEAT) Bühne *f*; **coger ~s** Bühnenerfahrung sammeln; **pisar bien las ~s** Bühnenerfahrung haben
⓯(REL): **las T~s de la Ley** die Gesetzestafeln
⓰(*fig: experiencia*): **el nuevo director ya ha cogido ~s** der neue Direktor ist kein unbeschriebenes Blatt mehr; **es un político con muchas ~s** er ist ein Politiker mit viel Erfahrung
⓱(*loc*): **a raja ~** koste es, was es wolle, um jeden Preis; **hacer ~ rasa de algo** mit etw Tabula rasa machen
tablada [ta'βlaða] *f* ❶ (*CSur: lugar*) Ort für die Beschau von Schlachtvieh
❷(*Par: matadero*) Schlachthof *m*
tablado [ta'βlaðo] *m* ❶ (*suelo*) Holzboden *m*
❷(*entarimado*) Podium *nt*
❸(*del escenario*) Bühne *f*
❹(*flamenco: escenario*) Bühne *f*; (*local*) Flamencolokal *nt*
❺(*de la cama*) Bettgestell *nt*
tablao [ta'βlao] *m* ❶ (*escenario*) Bühne *f*
❷(*local*) Flamencolokal *nt*

tablar [ta'βlar] I. *m* Gartenbeete *ntpl*
II. *vt* in Beete aufteilen [*o* einteilen]
tablear [taβle'ar] *vt* ❶ (*madero*) in Bretter schneiden
❷ (*tela*) fälteln, plissieren
❸ (*terreno*) in Beete unterteilen
❹ (*tierra*) einebnen, planieren
tablero [ta'βlero] *m* ❶ (*de madera*) Holzplatte *f*, Holztafel *f*; **~ de anuncios** Anschlagbrett *nt*, schwarzes Brett
❷ (*pizarra*) Tafel *f*
❸ (DEP): **~ de ajedrez/damas** Schach-/Damebrett *nt*; **~ de la cesta** Korbbrett *nt*
❹ (*de mesa*) Tischplatte *f*; **~ de control** (TÉC) Schalttafel *f*
❺ (AUTO) Armaturenbrett *nt*; **~ de instrumentos** (AERO) Instrumentenbrett *nt*
❻ (*ábaco*) Rechenbrett *nt*, Abakus *m*
❼ (AGR) Beete *ntpl*
❽ (ELEC): **~ de control** [*o* mando] Schalttafel *f*; **~ de mandos** (FERRO) Armaturenbrett *nt*
tableta [ta'βleta] *f* ❶ (MED) Tablette *f*
❷ (*de chocolate*) Tafel *f*
❸ (*Arg*: GASTR) rechteckiges Gebäck mit Füllung und Zuckerüberzug
tabletear [taβlete'ar] *vi* (*puerta, ventana*) klappern; (*metralleta, perforadora*) knattern, rattern
tableteo [taβle'teo] *m* (*de puerta, ventana*) Klappern *nt*; (*de metralleta, perforadora*) Knattern *nt*, Rattern *nt*
tablilla [ta'βliʎa] *f* ❶ (*listón*) kleines Brett *nt*
❷ (*de anuncios*) (kleines) schwarzes Brett *nt*
❸ (*para escribir*) Schreibtafel *f*
tabloide [ta'βloi̯ðe] *m* (*Am*) Boulevardzeitung *f*
tablón [ta'βlon] *m* ❶ (*de andamio*) Bohle *f*, Brett *nt*; **~ de anuncios** schwarzes Brett, Anschlagbrett *nt*
❷ (*borrachera*) Rausch *m*; **coger un ~** sich einen Rausch antrinken
❸ (*Am: para plantas*) Beet *nt*; (*más grande*) Feld *nt*
tabú [ta'βu] *m* <tabúes> Tabu *nt*; **palabra ~** Tabuwort *nt*
tabuco [ta'βuko] *m* (*pey*) Bude *f*, Loch *nt*
tabulación [taβula'θjon] *f* ❶ (*con tabuladores*) Tabulierung *f*
❷ (INFOR) Tabellierung *f*; **~ cruzada** Kreuztabelle *f*; **horizontal** Horizontaltabulation *f*
tabulador [taβula'ðor] *m* ❶ (*tecla*) Tabulator *m*
❷ (INFOR) Tabelliermaschine *f*
tabular [taβu'lar] *vt* ❶ (*con tabulador*) tabulieren
❷ (INFOR) tabellieren
taburete [taβu'rete] *m* (*sin respaldo*) Hocker *m*, Schemel *m*; (*con respaldo*) Stuhl *m*
tac [tak] *m* Tacken *nt*; **el ~ ~ del reloj** das Tack Tack der Uhr
tacada [ta'kaða] *f* ❶ (*golpe*) Stoß *m*
❷ (*carambolas*) Punkte *mpl*, Zahl *f* von Karambolagen
❸ (*loc*): **de una ~** auf einmal
tacañear [takaɲe'ar] *vi* knausern, knickern *fam*
tacañería [takaɲe'ria] *f* ❶ (*calidad*) Knauserigkeit *f*, Knickerigkeit *f fam*
❷ (*acción*) Knauserei *f*, Knickerei *f fam*
tacaño, -a [ta'kaɲo, -a] I. *adj* knauserig, knickerig *fam*
II. *m, f* Knauser *m*, Geizhals *m*
tacatá [taka'ta] *m v.* **tacataca**
tacataca [taka'taka] *m* Laufstuhl *m*
tacha [ta'tʃa] *f* ❶ (*defecto*) Fehler *m*, Makel *m*; **sin ~** fehlerlos, makellos
❷ (*tachuela*) Tapeziernagel *m*
❸ (JUR) Ausschließungsgrund *m*
tachadura [tatʃa'ðura] *f* ❶ (*acción*) (Aus)streichen *nt*, (Durch)streichen *nt*
❷ (*tachón*) Strich *m*
tachar [ta'tʃar] *vt* ❶ (*rayar*) (aus)streichen, (durch)streichen
❷ (*atribuir*): **~ de mentiroso** als Lügner bezeichnen; **~ de idiota** als Idiot [*o* zum Idioten] abstempeln
tachines [ta'tʃines] *mpl* ❶ (*fam: zapatos*) Treter *mpl*, Latschen *mpl*
❷ (*fam: testículos*) Hoden *mpl*
tachismo [ta'tʃismo] *m sin pl* (ARTE) Tachismus *m*
tacho ['tatʃo] *m* ❶ (*Am: vasija*) Kessel *m*
❷ (*Am: hojalata*) Blech *nt*
❸ (*Arg, Perú, Ecua, Urug: cubo*) Mülleimer *m*
tachón [ta'tʃon] *m* ❶ (*borrón*) Strich *m*
❷ (*tachuela*) Tapeziernagel *m*
tachonado, -a [tatʃo'naðo, -a] *adj*: **un cielo ~ de estrellas** ein mit Sternen übersäter Himmel
tachonar [tatʃo'nar] *vt* ❶ (*clavetear*) mit Tapeziernägeln befestigen
❷ (*adornar*) verzieren (*de/con* mit +*dat*)
tachuela [ta'tʃwela] *f* Tapeziernagel *m*
tácitamente [taθita'mente] *adv* stillschweigend
tácito, -a ['taθito, -a] *adj* stillschweigend

taciturno, -a [taθi'turno, -a] *adj* ❶ (*callado*) schweigsam, wortkarg
❷ (*melancólico*) niedergeschlagen, trübsinnig
taclobo [ta'kloβo] *m* (ZOOL) Riesenmuschel *f*
taco ['tako] *m* ❶ (*de madera*) Holzblock *m*; (*de goma*) Gummiblock *m*; (*de mármol*) Marmorblock *m*
❷ (*de arma*) Pfropf *m*
❸ (*de billar*) Queue *nt*, Billardstock *m*
❹ (DEP: *de bota*) Stollen *m*; **~ de rosca** Schraubenstollen *m*; **~s de salida** Startblöcke *mpl*
❺ (*de papel*) Block *m*; (*calendario*) Kalenderblock *m*
❻ (GASTR: *fam: de jamón*) Würfel *m*; (*de vino*) Schluck *m* Wein; (*bocado*) Happen *m fam*
❼ (TÉC) Dübel *m*
❽ (*fam: palabrota*) Schimpfwort *nt*; **decir** [*o* soltar] **~s** fluchen
❾ (*fam: lío*) Durcheinander *nt*, Wirrwarr *m*; **me ha dejado hecho un ~ con su explicación** seine/ihre Erklärung hat mich verwirrt; **me he hecho un ~ con las fechas** ich habe die Daten durcheinander gebracht
❿ (*Am: tacón*) Absatz *m*
⓫ *pl* (*fam: años*) Lenze *mpl*; **pronto cumpliré 40 ~s** ich gehe auf die vierzig zu
tacógrafo [ta'koɣrafo] *m* Fahrtenschreiber *m*; (TÉC) Tachograph *m*
tacómetro [ta'kometro] *m* Tachometer *m*
tacón [ta'kon] *m* Absatz *m*; **~ de aguja** Stöckelabsatz *m*; **~ alto** hoher Absatz
taconazo [tako'naθo] *m* Schlag *m* mit dem Absatz; **dar un ~** (MIL) die Hacken zusammenschlagen; (DEP) den Ball mit der Ferse treffen; (*rugby*) hakeln
taconear [takone'ar] I. *vi* ❶ (*suelo*) aufstampfen
❷ (*arrogantemente*) stolzieren
II. *vr*: **~se**: **hoy me he taconeado todas las oficinas del ayuntamiento** heute bin ich im Stadthaus alle Büros abgelaufen
taconeo [tako'neo] *m* Aufstampfen *nt*
tactación [takta'θjon] *f* (MED) Abtasten *nt*
táctica ['taktika] *f* Taktik *f*; **con él tienes que ir con ~** bei ihm musst du diplomatisch [*o* taktisch] vorgehen
táctico, -a ['taktiko, -a] I. *adj* taktisch
II. *m, f* Taktiker(in) *m(f)*
táctil ['taktil] *adj* Tast-; (BIOL) taktil; **pantalla ~** (INFOR) Touch-Screen *m*
tacto ['takto] *m* ❶ (*sentido*) Tastsinn *m*; **ser áspero al ~** [*o* **tener un ~ áspero**] sich rau anfühlen
❷ (*contacto*) Berühren *nt*, Berührung *f*
❸ (*habilidad*) Feingefühl *nt*, Takt *m*, Taktgefühl *nt*; **no tener ~** keinen Takt haben, taktlos sein
tacuache [ta'kwatʃe] *m* (*Cuba, Méx*: ZOOL: *Solenodon*) Kubanischer Schlitzrüssler *m*; (*Didelphis*) Opossum *nt*
tacuaco, -a [ta'kwako, -a] *adj* (*Chil: rechoncho*) dicklich, pummelig *fam*
tacuara [ta'kwara] *f* (*Arg, Par, Urug: bambú*) Bambus *m*
tacuarembó [takwarem'bo] *m* (*Arg, Par, Urug: caña delgada*) Schilfrohr *nt*
tacuche [ta'kutʃe] *m* (*Méx*) ❶ (*bulto*) Bündel *nt*
❷ (*traje*) Anzug *m*
❸ (*cosa sin valor*) wertloses Zeug *nt*
❹ (*persona despreciable*) Kretin *m*
TAE ['tae] *m* (FIN) *abr de* **tipo anual efectivo** effektiver Jahreszins(satz) *m*
taekwondo [tai̯'kwondo] *m* (DEP) Taekwondo *nt*
tafetán [tafe'tan] *m* ❶ (*tela*) Taft *m*
❷ *pl* (*banderas*) Fahnen *fpl*
tafilete [tafi'lete] *m* Saffian *m*, Saffianleder *nt*
tafón [ta'fon] *m* (ZOOL) Seemuschelart *f*
tagalo¹ [ta'ɣalo] *m* (*Fili: lengua*) Tagalog *nt*
tagalo, -a² [ta'ɣalo, -a] I. *adj* (*Fili*) tagalisch
II. *m, f* (*Fili: individuo*) Tagale, -in *m, f*
tagmema [taɣ'mema] *m* (LING) Tagmem *nt*
tahalí [ta(a)'li] *m* ❶ (MIL) Wehrgehänge *nt*
❷ (*cajita*) ledernes Kästchen *nt*
tahitiano¹ [tai̯'tjano] *m* (*lengua*) Tahitisch(e) *nt*
tahitiano, -a² [tai̯'tjano, -a] I. *adj* tahitisch
II. *m, f* Tahitianer(in) *m(f)*
tahona [ta'ona] *f* ❶ (*molino*) Getreidemühle *f* (*die von Pferden angetrieben wird*)
❷ (*panadería*) Bäckerei *f*
tahonero, -a [tao'nero, -a] *m, f* Bäcker(in) *m(f)*
tahúr [ta'ur] *m* ❶ (*jugador*) Spieler(in) *m(f)*
❷ (*tramposo*) Falschspieler(in) *m(f)*, Zinker *m*
taifa ['tai̯fa] *f* ❶ (*bando*) Bande *f*
❷ (*chusma*) Gesindel *nt*
❸ (HIST): **los reinos de T~s** die Taifas (*Teilreiche im islamischen Spa-*

taiga ['taiɣa] *f* Taiga *f*
tailandés, -esa [tailan'des, -esa] **I.** *adj* thailändisch **II.** *m*, *f* Thailänder(in) *m(f)*
Tailandia [tai'landja] *f* Thailand *nt*
taima ['taima] *f* (*Chil*) ❶ (*emperramiento*) Hartnäckigkeit *f* ❷ (*pertinacia*) Ausdauer *f*
taimado, -a [tai'maðo, -a] *adj* ❶ (*maligno*) verschlagen ❷ (*malhumorado*) missmutig
taimarse [tai'marse] *vr* (*Arg, Chil*) ❶ (*volverse taimado*) Hinterlist entwickeln ❷ (*malhumorarse*) schlechte Laune bekommen
taíno [ta'ino] *m* (*Am*) indianische Sprache zur Zeit der Entdeckung Amerikas
taita ['taita] *m* ❶ (*Ant*) Anrede für einen schwarzhäutigen Greis ❷ (*CSur*) Anrede für den Vater oder für eine andere Respektsperson ❸ (*Arg: matón*) Killer *m* ❹ (*Ven: jefe de familia*) Familienoberhaupt *nt*
Taiwán [tai'wan] *m* Taiwan *nt*
taiwanés, -esa [taiwa'nes, -esa] **I.** *adj* taiwanisch **II.** *m*, *f* Taiwaner(in) *m(f)*
tajá [ta'xa] *m* (*Cuba, Ant*: ZOOL) Grünrückenspecht *m*
tajada [ta'xaða] *f* ❶ (*porción*) Scheibe *f*, Schnitte *f*; **sacar ~ de algo** von etw profitieren; **sacar ~ de un negocio** bei einem Geschäft Gewinne erzielen ❷ (*fam: ronquera*): **tener una ~** einen Frosch im Hals haben ❸ (*fam: borrachera*) Rausch *m*
tajadera [taxa'ðera] *f* ❶ (*cuchilla*) Wiegemesser *nt* ❷ (*trozo de madera*) (Hack)klotz *m* ❸ (*cortafrío*) Hartmeißel *m*
tajadilla [taxa'ðiʎa] *f* (GASTR) Aufschnitt *m*
tajamar [taxa'mar] *m* ❶ (*espolón*) Rammsporn *m* ❷ (*de puente*) Wellenbrecher *m* ❸ (*AmC, Chile: dique*) Mole *f*; (*en ángulo recto*) Buhne *f*
tajante [ta'xante] *adj* ❶ (*respuesta*) kategorisch; (*actitud*) unnachgiebig; (*medidas*) einschneidend, drastisch ❷ (*absoluto*) völlig, absolut ❸ (*cortante*) scharf
tajar [ta'xar] *vt* ❶ (durch)schneiden
tajo ['taxo] *m* ❶ (*corte*) Schnitt *m*; **se dio un ~ en el dedo** er/sie schnitt sich in den Finger ❷ (GEO) Steilwand *f* ❸ (*filo*) Schneide *f* ❹ (*trabajo*) Arbeit *f*; (*lugar*) Arbeitsplatz *m*; **ir al ~** arbeiten gehen; **¡se acabó el ~ por hoy!** Feierabend! ❺ (*de carnicero*) Hackblock *m*, Hackklotz *m* ❻ (*para decapitar*) Richtblock *m* ❼ (DEP) Hieb *m*
Tajo ['taxo] *m* Tajo *m*
tajuela [ta'xwela] *f* ❶ (*banquillo*) dreibeiniger Schemel *m*, Dreifuß *m* ❷ (*tabla para lavar*) Waschbrett *nt*
tal [tal] **I.** *adj* ❶ (*igual*) so; **~ día hace un año** heute vor einem Jahr; **en ~ caso** in einem solchen Fall; **no digas ~ cosa** sag so etwas nicht, sag doch so was nicht *fam*; **no he dicho nunca ~ cosa** das habe ich nie gesagt; **yo nunca hubiera dicho ~ disparate** ich hätte so einen Unsinn nie gesagt ❷ (*tanto*) so, solch(e); **la distancia entre los dos puntos es ~ que...** die Entfernung zwischen den zwei Punkten ist so groß, dass ... ❸ (*cierto*) gewiss, so genannt; **preguntan por una ~ Martínez** jemand verlangt nach einer gewissen Martínez **II.** *pron* ❶ (*alguien*): **~ habrá que piense así** es gibt sicher jemanden, der so denkt; **el ~ no llamó más** der Dings hat nicht mehr angerufen; **si ~ o cual dice algo, llámame** wenn irgendjemand etwas sagt, dann ruf mich an; **¡ése es otro que ~!** das ist auch so einer! ❷ (*cosa*): **no haré ~** ich mache so etwas nicht; **¡no hay ~!** das ist nicht wahr!; **hablamos de ~ y cual** wir redeten von diesem und jenem; **le dije ~ y cual, pero no lo comprendió** ich sagte ihm/ihr dies und jenes, aber er/sie verstand es nicht; **en esta tienda venden bisutería, ropa usada y ~** in diesem Laden werden Modeschmuck, Secondhandklamotten und dergleichen verkauft **III.** *adv* ❶ (*así*) so, auf diese Weise; **~ (cual) me respondió** er/sie hat mir so geantwortet; **a veces es tonto, pero ~ como es, me gusta** manchmal ist er dumm, aber er gefällt mir, so wie er ist ❷ (*de la misma manera*) genauso; **~ como me lo han contado te lo repito** ich wiederhole es genauso, wie es mir erzählt wurde; **es ~ cual lo buscaba** das ist genau, wonach ich gesucht habe; **son ~ para cual** sie sind einer wie der andere; **hacía tiempo que no lo veía pero está ~ cual** ich hatte ihn lange nicht mehr gesehen, aber er hat sich nicht verändert; **lo he hecho ~ y como dijiste** ich habe es genauso gemacht, wie

❸ (*wie*): **¿qué ~ (te va)?** wie geht's (dir)?; **¿qué ~ el viaje?** wie war die Reise?; **¿qué ~ te lo has pasado?** wie war's?; **¿qué ~ si tomamos una copa?** wie wär's mit einem Drink?; **y como están las cosas** so wie die Dinge stehen **IV.** *conj*: **con ~ de...** + *inf* nur; **con ~ de que...** + *subj* wenn nur ..., vorausgesetzt dass ...; **con ~ de que vengas ya es suficiente** es genügt schon, wenn du nur kommst; **hace cualquier cosa con ~ de poder dormir por las mañanas** er/sie ist zu allem bereit, wenn er/sie nur morgens ausschlafen kann; **te lo diré con ~ de que me dejes en paz** ich erzähle es dir, wenn du mich dann in Ruhe lässt
tala ['tala] *f* ❶ (*de árboles*) Fällen *nt* ❷ (*de campos, pueblos*) Zerstörung *f*, Verwüstung *f*
talabricense [talaβri'θense] **I.** *adj* aus Talavera de la Reina (*Provinz Toledo*) **II.** *mf* Einwohner(in) *m(f)* von Talavera de la Reina
talacho [ta'latʃo] *m* (*Méx*) Hacke *f*
talador(a) [tala'ðor(a)] *m(f)* Holzfäller(in) *m(f)*
taladradora [talaðra'ðora] *f* Bohrmaschine *f*
taladrar [tala'ðrar] *vt* ❶ (*con taladro*) bohren, durchbohren ❷ (*oídos*) durchdringen; **un ruido que taladra los oídos** ein ohrenbetäubendes Geräusch
taladro [ta'laðro] *m* Bohrer *m*
talaje [ta'laxe] *m* (*Chil*) ❶ (*acción*) Weiden *nt* ❷ (*precio*) Weidegebühr *f*, Weidegeld *nt*
tálamo ['talamo] *m* ❶ (*elev: lecho conyugal*) Brautbett *nt* ❷ (ANAT): **~ (óptico)** Thalamus *m*, Sehhügel *m*
talamoco, -a [tala'moko, -a] *adj* (*Ecua*) albinotisch
talán [ta'lan] *m* Klingeln *nt*, Dingdong *nt*
talanquera [talaŋ'kera] *f* ❶ (*valla de defensa*) Schutzwehr *f*; (TAUR) Bretterwand *f* ❷ (*seguridad y defensa*) Zuflucht *f*, Zufluchtsort *m*; **hablar de** [*o* **desde**] **la ~** (*fam*) aus sicherer Entfernung kommentieren [*o* seinen Senf dazugeben]; **mirar de** [*o* **desde**] **la ~** (*fam*) aus sicherer Entfernung zusehen
talante [ta'lante] *m* ❶ (*modo*) Art *f*, Weise *f* ❷ (*humor*) Laune *f*; **estar de buen/mal ~** gut/schlecht gelaunt sein, gut/schlecht aufgelegt sein ❸ (*gana*): **lo hizo de buen ~** er/sie machte es gerne
talar [ta'lar] **I.** *adj*: **túnica ~** Talar *m* **II.** *vt* ❶ (*árboles*) fällen ❷ (*campos, pueblos*) zerstören, verwüsten
talasocracia [talaso'kraθja] *f* (HIST: *elev*) Beherrschung *f* der Meere
talasoterapia [talasote'rapja] *f* (MED) Meeresheilkunde *f*, Thalassotherapie *f*
talco ['talko] *m* ❶ (*mineral*) Talk *m* ❷ (*polvos*) Talkumpuder *m o nt*, Talkum *nt*; (*para el cuerpo*) Körperpuder *m o nt*
talega [ta'leɣa] *f* ❶ (*bolsa*) Beutel *m*, Sack *m* ❷ (*para peinado*) Haarnetz *nt* ❸ (*fam: dinero*) Kohle *f*, Moneten *pl*
talego [ta'leɣo] *m* ❶ (*talega*) Beutel *m*, Sack *m* ❷ (*fam: persona*) Brocken *m fam* ❸ (*argot: cárcel*) Knast *m* ❹ (*argot: 1.000 pts*) 1.000 Peseten; (*hachís por 1.000 pts*) Piece *nt* für 1.000 Peseten
taleguilla [tale'ɣiʎa] *f* (TAUR) Hose *f* des Stierkämpfers
talento [ta'lento] *m* (*capacidad*) Talent *nt*, Begabung *f*; **un pintor de gran ~** ein hochbegabter Maler; **tener ~ artístico** künstlerisch begabt sein; **tener ~ para los idiomas** sprachbegabt sein
talentoso, -a [talen'toso, -a] *adj* talentiert, begabt
talero [ta'lero] *m* (*Arg, Chil, Urug*) Pferdepeitsche *f*
Talgo ['talɣo] *m abr* **Tren Articulado Ligero Goicoechea Oriol** Talgo *m* (*spanischer Intercityzug*)
talio ['taljo] *m* (QUÍM) Thallium *nt*
talión [ta'ljon] *m* Talion *f*; **la ley del ~** Talionslehre *f*
talismán [talis'man] *m* Talisman *m*
talla ['taʎa] *f* ❶ (*de diamante*) Schliff *m* ❷ (*de escultura, en madera*) Schnitzerei *f*; (*en piedra*) Meißelung *f* ❸ (ARTE) (Holz)schnitzerei *f* ❹ (*estatura*) Körpergröße *f*, Statur *f*; **¿qué ~ haces?** wir groß bist du?; **ser de poca ~** klein [*o* von kleinem Wuchs] sein; **no dar la ~** (MIL) wehrdienstuntauglich sein; (*fig*) der Situation nicht gewachsen sein ❺ (*medidor*) Messstab *m* ❻ (*de vestido*) (Konfektions)größe *f*; **un pantalón de la ~ 42** eine Hose in Größe 42 ❼ (*moral, intelectual*) Format *nt*
tallado [ta'ʎaðo] *m* Meißelung *f*; (*en madera*) (Holz)schnitzerei *f*
tallador(a) [taʎa'ðor(a)] *m(f)* Holzschnitzer(in) *m(f)*
tallar [ta'ʎar] *vt* ❶ (*diamante*) schleifen *f*

tallarín (*esculpir: en madera*) schnitzen; (*en piedra*) meißeln, hauen; **~ una cabeza en mármol** einen Kopf aus Marmor hauen [*o* meißeln]
❸ (*grabar: en madera*) (ein)schnitzen; (*en piedra*) (ein)hauen
❹ (*la estatura*) messen
❺ (*en juego*) Bankhalter sein
tallarín [taʎa'rin] *m* Bandnudel *f*
talle ['taʎe] *m* ❶ (*cintura, del vestido*) Taille *f;* **de ~ alto/bajo** mit hoher/niedriger Taille; **~ de avispa** Wespentaille *f*
❷ (*figura*) Figur *f*
❸ (*medida*) Rumpflänge *f*
taller [ta'ʎer] *m* ❶ (TÉC) Werkstatt *f;* (AUTO) (Auto)werkstatt *f;* **~ artesanal** Handwerksbetrieb *m*
❷ (*seminario*) Workshop *m*
❸ (*estudio*) Atelier *nt*
❹ (*vinagreras*) Menage *f*
taller-escuela [ta'ʎer es'kwela] *f* (ENS) Lehrwerkstatt *f*
tallista [ta'ʎista] *mf* Holzschnitzer(in) *m(f)*
tallo ['taʎo] *m* ❶ (BOT) Stiel *m,* Stängel *m*
❷ (*renuevo*) Schössling *m*
❸ (*germen*) Keim *m,* Spross *m*
talludo, -a [ta'ʎuðo, -a] *adj* ❶ (BOT) langstielig, langstäng(e)lig
❷ (*mayor*) bejahrt, betagt
❸ (*espigado*) hochgeschossen
talmente [tal'mente] *adv* **~ ocurrió** (genau)so geschah es; **su habitación es ~ una pocilga** sein/ihr Zimmer ist ein (regelrechter) Schweinestall
talmud [tal'muð] *m* (REL) Talmud *m*
talmúdico, -a [tal'muðiko, -a] *adj* talmudisch
talmudista [talmu'ðista] *mf* Talmudist(in) *m(f)*
talo ['talo] *m* (BOT) Thalus *m*
talocha [ta'lotʃa] *f* (ARQUIT) Reibebrett *nt*
talón [ta'lon] *m* ❶ (ANAT) Ferse *f;* **~ de Aquiles** Achillesferse *f;* **aprieta los talones que viene la poli** (*fam*) gib Fersengeld, die Bullen kommen; **pisar a alguien los talones** (*fam: perseguir*) jdm auf den Fersen sein [*o* bleiben]; (*emular*) mit jdm wetteifern
❷ (*del calcetín*) Ferse *f*
❸ (MÚS) Talon *m,* Frosch *m*
❹ (FIN: *cheque*) Scheck *m;* **ingresar un ~ en una cuenta** einen Scheck auf ein Konto gutschreiben; **hazme un ~ de 500 euros** stell mir einen Scheck über 500 Euro aus
❺ (COM: *resguardo*) Abholschein *m;* (*recibo*) Quittung *f;* **~ de entrega** Lieferschein *m;* **~ ferrocarril** Bahnfrachtbrief *m;* **~ de recibo** Rückschein *m,* Quittung *f*
❻ (AUTO) Reifenwulst *m o f*
talonario [talo'narjo] *m* ❶ (*de cheques*) Scheckbuch *nt,* Scheckheft *nt*
❷ (*de recibos*) Quittungsbuch *nt,* Quittungsheft *nt*
talonear [talone'ar] I. *vt* ❶ (*Arg: al caballo*) (mit den Fersen) anspornen
❷ (*Méx: pey: pedir prestado o regalado*) schnorren
II. *vi* (*Méx: prostituirse*) sich prostituieren
talpa ['talpa] *f* (MED) Zyste *f* am Kopf, Talpa *f*
talqueza [tal'keθa] *f* (*CRi: BOT*) Pflanze, die zum Abdecken der Hütten verwendet wird
taltuza [tal'tuθa] *f* (*CRi: ZOOL*) Taschenratte *f*
talud [ta'luð] *m* (GEO) Böschung *f,* Abhang *m*
taludín [talu'ðin] *m* (*Guat: ZOOL*) Kaimanart
talvina [tal'βina] *f* (GASTR) Mandelmilchbrei *m*
talweg [tal'βeɣ] *m* (GEO) Talweg *m*
tamagá(s) [tama'ɣa(s)] *f* (*AmC: ZOOL*) eine Giftschlange
tamal [ta'mal] *m* (*AmC, Méx*) Maispastete *f*
tamalada [tama'laða] *f* (*Méx*) Maispasteten-Essen *nt*
tamanduá [taman'dwa] *m* (ZOOL) Tamandua *m*
tamango [ta'maŋɡo] *m* (*CSur: calzado*) Schuhwerk *nt*
tamañamente [tamaɲa'mente] *adv* ❶ (*de tal manera*) derart, dermaßen
❷ (*tanto cuanto*) ebenso viel wie
tamaño¹ [ta'maɲo] *m* ❶ (*medida*) Größe *f;* **de la fuente** (INFOR, TIPO) Schriftgröße *f;* **~ de ventana** (INFOR) Fenstergröße *f;* **de ~ mediano** von mittlerer Größe; **de ~ natural** lebensgroß; **¿de qué ~ es?** wie groß ist es?
❷ (*de hoja, sobre, cigarrillo*) Format *nt;* **en ~ de bolsillo** im Taschenformat; **una foto en ~ grande** ein großformatiges Foto, ein Foto im Großformat
tamaño, -a² [ta'maɲo, -a] *adj* ❶ (*grande*) groß; **¡~ error!** so ein großer Fehler!
❷ (*pequeño*) klein; **¡tamaña diferencia!** so ein geringer Unterschied!
❸ (*semejante*) so, derart; **nunca oí tamaña tontería** so etwas Dummes habe ich noch nie gehört
támara ['tamara] *f* (BOT) ❶ (*palmera*) kanarische Dattelpalme *f*
❷ *pl* (*dátiles en racimos*) Dattelbüschel *nt*

tamarindo [tama'rindo] *m* (BOT) Tamarinde *f*
tamarisco [tama'risko] *m* (BOT) Tamariske *f*
tamarugo [tama'ruɣo] *m* (*Chil: BOT*) Mesquite-Baum *m*
tamba ['tamba] *f* (*Ecua*) eine Art Poncho
tambache [tam'batʃe] *m* (*Méx: fam*) Haufen *m;* **un ~ de ropa/de hojas de papel** ein Haufen Wäsche/Papierblätter
tambaleante [tambale'ante] *adj* (*trapecista, árbol*) schwankend; (*cansancio*) taumelnd; (*torre*) wankend, schwankend; (*borracho*) torkelnd; (*monarquía*) wankend
tambalear [tambale'ar] *vi, vr:* **~se** ❶ (*trapecista, árbol*) schwanken; (*por cansancio*) taumeln, schwanken; (*torre*) wanken, schwanken; **el borracho se tambaleaba por la calle** der Betrunkene torkelte die Straße entlang; **después de la operación se le tambaleaban las piernas** nach der Operation war er/sie sehr schwach auf den Beinen
❷ (*monarquía*) wanken *elev*
tambaleo [tamba'leo] *m* ❶ (*de trapecista, árbol*) Schwanken *nt;* (*cansancio*) Taumeln *nt,* Schwanken *nt;* (*de torre*) Wanken *nt,* Schwanken *nt;* (*de borracho*) Torkeln *nt*
❷ (*de monarquía*) Wanken *nt elev*
tambar [tam'bar] *vt* (*Ecua: engullir*) verschlingen
tambarria [tam'barrja] *f* ❶ (*AmC, Col, Ecua: holgorio*) Rummel *m*
❷ (*Perú: fiesta*) Fest *nt*
tambero, -a [tam'bero, -a] I. *adj* (*Arg*) zahm; **vaca tambera** Milchkuh *f*
II. *m, f* ❶ (*Arg: ganado manso*) zahmes Vieh *nt;* (*vaca lechera*) Milchkuh *f*
❷ (*Am: HIST*) Gastwirt(in) *m(f)*
también [tam'bjen] *adv* auch; **él ~ es bueno** (*uno puede ser mejor*) er ist auch gut; (*los dos igual de buenos*) er ist genauso gut; **en España ~ hay buenos jugadores** in Spanien gibt es auch gute Spieler
tambo ['tambo] *m* ❶ (*Am: HIST*) Rastort *m* der Inkas
❷ (*Arg, Par, Urug: vaquería*) Molkerei *f*
tambocha [tam'botʃa] *f* (*Col, Ven: hormiga*) giftige, Fleisch fressende Ameise
tambor [tam'bor] *m* ❶ (*de lavadora, detergente, t. MÚS*) Trommel *f;* **~ de freno** (AUTO) Bremstrommel *f;* **~ del revelado** (FOTO) Entwicklungsdose *f;* **tocar el ~** trommeln; **proclamar algo a ~ batiente** für etw die Trommel rühren
❷ (*músico*) Trommler(in) *m(f)*
❸ (ANAT) Trommelfell *nt*
❹ (ARQUIT) Tambour *m*
tambora [tam'bora] *f* (MÚS) Pauke *f*
tamboril [tambo'ril] *m* Handtrommel *f*
tamborilear [tamborile'ar] *vi* ❶ (*tocar*) die Handtrommel spielen
❷ (*con dedos*) (mit den Fingern) trommeln
❸ (*cualidades: hacer públicas*) ausposaunen; (*hacer propaganda*) die Trommel rühren
tamborilero, -a [tambori'lero, -a] *m, f* Handtrommelspieler(in) *m(f)*
tamborilete [tambori'lete] *m* (TIPO) Klopfholz *nt*
Támesis ['tamesis] *m:* **el ~** die Themse
tamiz [ta'miθ] *m* (*feines*) Sieb *nt;* **pasar algo por el ~** etw sieben
tamizar [tami'θar] <z→c> *vt* ❶ (*con tamiz*) (durch)sieben
❷ (*elegir*) (durch)sieben, aussieben
tampico [tam'piko] *m* (*Méx*) ❶ (BOT: *planta*) Agavenart
❷ (*fibra*) Faser dieser Agavenart
tampoco [tam'poko] *adv* auch nicht; **ni puedo ni ~ quiero** ich kann und will nicht; **no me llamaron pero ~ podía jugar** sie haben mich nicht angerufen aber ich konnte sowieso nicht spielen; **no comía carne, ~ bebía vino** er/sie aß kein Fleisch, ebenso wenig trank er/sie Wein
tampón [tam'pon] *m* ❶ (*de tinta*) Stempelkissen *nt*
❷ (*para la mujer*) Tampon *m*
❸ (POL): **estado ~** Pufferstaat *m*
tamtam [taŋ'tan] *m* (MÚS) Tamtam *nt*
tamuga [ta'muɣa] *f* (*AmC: fardo*) Bündel *nt;* (*talego*) Sack *m*
tamujo [ta'muxo] *m* (BOT) ein Wolfsmilchgewächs
tan [tan] I. *adv* so; **~... como...** so ...wie ...; **estoy ~ contenta** ich bin so froh; **~ es así que no he podido hacerlo** um es kurz zu machen, ich konnte es nicht tun; **aquí también hay actores ~ buenos/malos** hier gibt es auch ebenso gute/ebenso schlechte Schauspieler; **de ~ simpático me resulta insoportable** er ist so sympathisch, dass ich ihn kaum ertrage; **llama ~ siquiera una vez** ruf wenigstens einmal an; **no me dijo ni ~ siquiera su nombre** er/sie sagte mir nicht einmal seinen/ihren Namen
II. *m* ❶ (MÚS) Tamtam *nt*
❷ (BOT) (Steineichen)rinde *f*
tanaceto [tana'θeto] *m* (BOT) Rainfarn *m*
tanate [ta'nate] *m* ❶ (*AmC, Méx: cesto*) zylindrischer Korb *m*
❷ (*AmC: fardo*) Bündel *nt*
❸ (*Méx: vulg: testículo*) Ei *nt*

tanatofobia
④ *pl* (*AmC: cachivaches*) Plunder *m*, Ramsch *m* pey
tanatofobia [tanato'foβja] *f* (PSICO) krankhafte Angst *f* vor dem Tod, Thanatophobie *f*
tanatología [tanatolo'xia] *f* (MED) Thanatologie *f*
tanatorio [tana'torjo] *m* Leichenhalle *f*, Leichenhaus *nt*
tanda ['taɲda] *f* ① (*turno*) Reihe *f*; **estar en la ~** anstehen; **pedir la ~** fragen, wer als letzter an der Reihe ist; **¿me puedes guardar la ~?** kannst du für mich anstehen?
② (*serie*) Reihe *f*, Serie *f*; **por ~s** reihenweise; **en ~s de ocho** (*en filas*) in Achterreihen; (*en grupos*) in Achtergruppen; **~ de palos** Tracht Prügel; **nos eliminaron en la ~ de penaltis** wir schieden im Elfmeterschießen aus
③ (*de trabajo, capa*) Schicht *f*
④ (*trabajo*) Arbeit *f*, Job *m* fam
tándem ['taɲden] *m* Tandem *nt*
tandero, -a [taɲ'dero, -a] *m, f* (*Chil*) Spaßmacher(in) *m(f)*
tanela [ta'nela] *f* (*CRi*: GASTR) Blätterteig mit Honig
tanga ['taŋga] *m* Tanga *m*
tangalear [taŋgale'ar] *vt* (*Col, Hond*) absichtlich (die Erfüllung einer Verpflichtung) hinauszögern
tangán [taŋ'gan] *m* (*Ecua*) an der Decke aufgehängtes Regal als Ablage für Lebensmittel
tangana [taŋ'gana] *f* (*Perú: remo grande*) großes Ruder *nt*
tanganillas [taŋga'niʎas] *adv*: **mi hijo anda en ~** mein Sohn läuft noch sehr unsicher, mein Sohn ist noch etwas wackelig auf den Beinen
tángara [taŋgara] *f* (ZOOL) Tangare *f*
tangedor [taŋxe'ðor] *m* (*AmC, AmS*: ZOOL) Klapperschlange *f*
tangencial [taŋxen'θjal] *adj* tangential (*a* an +*dat*); (*fuerza, presión*) Tangential-; (*distancia*) Tangenten-
tangente [taŋ'xente] *f* (MAT) Tangente *f*; **salirse** [*o irse*] **por la ~** (*fig*) einer Frage aus dem Wege gehen
Tánger ['taŋxer] *m* Tanger *nt*
tangerino, -a [taŋxe'rino, -a] **I.** *adj* aus Tanger
II. *m, f* Einwohner(in) *m(f)* von Tanger
tangibilidad [taŋxiβili'ðað] *f sin pl* Greifbarkeit *f*
tangible [taŋ'xiβle] *adj* ① (*tocable*) greifbar, berührbar
② (*prueba*) handfest; (*resultados*) handfest, greifbar
tango ['taŋgo] *m* Tango *m*
tanguear [taŋge'ar] *vi* Tango tanzen
tanino [ta'nino] *m* (QUÍM) Tannin *nt*
tano, -a ['tano, -a] **I.** *adj* (*Arg, Urug*: *fam*: *italiano*) italienisch
II. *m, f* (*Arg, Urug*: *fam*: *italiano*) Italiener(in) *m(f)*
tanque ['taŋke] *m* ① (MIL) Panzer *m*
② (*cisterna*) Tank *m*
③ (*vehículo*) Tankwagen *m*
④ (*fam: de cerveza*) Halbe *f*
⑤ (*vulg: gordo*) Brocken *m fam*
⑥ (*Am: estanque*) Teich *m*
tanqueta [taŋ'keta] *f* (MIL) (Transport)panzer *m*
tantalio [tan'taljo] *m* (QUÍM) Tantal *nt*
tantán [tan'tan] *m* Gong *m*
tantara(n)tán [tantara(n)'tan] *m* ① (*onomatopeya*) Trommelschlag *m*, Trommeln *nt*
② (*golpe*) heftiger Stoß *m*
tanteador [tantea'ðor] *m* ① (*aparato*) Anzeigetafel *f*
② (*persona*) Anschreiber *m*
tantear [tante'ar] *vt* ① (*cantidad: calculando*) (grob [*o* ungefähr]) berechnen; (*a ojo*) (ab)schätzen; (*tamaño, volumen: calculando*) (grob [*o* ungefähr]) ausmessen; (*a ojo*) (ab)schätzen; (*precio*) überschlagen; **estoy tanteando la tela para ver si da para una falda** ich prüfe [*o* messe ab], ob der Stoff für einen Rock reicht
② (*probar*) prüfen, testen; **~ el suelo con un palo** den Boden abtasten
③ (*a alguien, sondear*) vorfühlen (*a* bei +*dat*); **~ el terreno** (*fig*) das Terrain [*o* die Lage] sondieren; **mis padres tantearon a mi novio antes de aceptarlo** meine Eltern fühlten meinem Freund auf den Zahn, bevor sie ihn akzeptierten
④ (*dibujo*) skizzieren
⑤ (DEP: *puntos*) erzielen, machen; (*goles*) schießen
⑥ (JUR) ablösen
tanteo [tan'teo] *m* ① (*de cantidad: calculando*) (grobe) Berechnung *f*; (*a ojo*) (Ab)schätzung *f*; (*a ojo*) (Ab)schätzung *f*; (*de precio*) Überschlag *m*; **dime cuántos necesitas al** [*o* **por**] **~** sag mir, wie viele du ungefähr brauchst
② (*sondeo*) Sondierung *f*; **conversaciones de ~** Sondierungsgespräche *ntpl*
③ (DEP: *de puntos*) Punktestand *m*; (*de goles*) Spielstand *m*; **~ final** Endergebnis *nt*
tanto¹ ['tanto] **I.** *m* ① (*cantidad*) bestimmte Menge *f*; (COM) Teilbeitrag *m*; **~ alzado** Pauschalpreis *m*; **~ por ciento** Prozentsatz *m*; **me pagan a ~ la hora** ich bekomme so viel die Stunde; **la lavadora me costó X euros y el televisor otro ~** die Waschmaschine hat X Euro gekostet und der Kühlschrank genauso viel [*o* ebenso viel]; **hablas mal de él pero tú hiciste otro ~** du ziehst über ihn her, aber du warst auch nicht besser
② (DEP: *punto*) Punkt *m*; (*gol*) Tor *nt*
③ (*en cartas*) Punkt *m*, Stich *m*
④ (*escrito*) Kopie *f*
⑤ (*loc*): **apuntarse un ~ a favor** einen Pluspunkt erzielen; **¿estás al ~ de lo que ocurre en Alemania?** bist du über die Ereignisse in Deutschland auf dem Laufenden?; **estoy un ~ harto de tus comentarios** ich habe allmählich von deinen Bemerkungen die Nase voll
II. *adv* ① (*de tal modo*) so (sehr); **te debo ~** ich schulde dir so viel; **te quiero ~** ich liebe dich so sehr; **¡me divertí ~!** ich habe mich so (sehr) amüsiert!; **no es para ~** so schlimm ist es nun auch wieder nicht; **pensé que vendrías; ~ es así que no salí de casa** ich dachte du würdest kommen und blieb deshalb zu Hause; **¿mentirías por conseguirlo? – ¡hombre, ~ como eso!** würdest du dafür lügen? – na ja, soweit würde ich nicht gehen!
② (*en tal cantidad*) so (viel); **no hables ~** red nicht so viel; **no me da ni ~ así de pena** er/sie tut mir nicht im Geringsten Leid
③ (*de duración*) so lange; **tu respuesta tardó ~ que…** deine Antwort kam so spät, dass …; **¡he trabajado ~!** ich habe so hart gearbeitet!
④ (*comparativo*) so (viel); **~ mejor/peor** um so besser/schlechter; **~ vales tú como yo** du bist genauso viel wert wie ich; **es alto, ~ como su padre** er ist groß, genau(so) viel wie sein Vater; **eso era ~ como no decir nada** das hieß so gut wie gar nichts; **sé ~ como antes** jetzt weiß ich genauso viel wie vorher; **tengo ~ cuanto necesito para vivir** ich habe alles, was ich zum Leben brauche; **~ si llueve como si no, haremos la excursión** egal ob es regnet oder nicht, wir machen den Ausflug
⑤ (*loc*): **entre ~** währenddessen, inzwischen; **por (lo) ~** also; **no diré nada; por lo ~, ahórrate las preguntas** ich werde nichts sagen; spare dir also deine Fragen; **se refiere ~ a personas como a cosas** das bezieht sich sowohl auf Personen als auch auf Dinge; **¡ni ~ ni tan calvo!** lass uns mal nicht so übertreiben!; **por lo ~ mejor callar** also, besser nichts sagen; **en ~ (que) no me pagues no quiero saber nada de ti** solange du mir nicht zahlst, will ich nichts von dir wissen; **¿crees que hice lo correcto? – ¡y ~!** meinst du, ich habe das Richtige getan? – ganz bestimmt!
tanto, -a² ['tanto, -a] **I.** *adj* ① (*comparativo*) so viel; **no tengo ~s años como tú** ich bin so nicht alt wie du; **no tengo tanta paciencia como mi madre** ich bin nicht so geduldig wie meine Mutter
② (*tal cantidad*) so viel; **no quiero ~ (trabajo)** ich will nicht so viel (Arbeit); **¡hace ~ tiempo!** es ist so lange her!; **tengo ~ trabajo que no sé por dónde empezar** ich habe so viel zu tun, dass ich nicht weiß, wo ich anfangen soll; **comí tantas golosinas que ahora me duele la barriga** ich habe so viele Süßigkeiten gegessen, dass mir jetzt der Bauch weh tut
③ (*ponderativo*): **~ gusto en conocerle** ich habe mich sehr gefreut, Sie kennenzulernen; **¿a qué se debe tanta risa?** worüber wird hier so gelacht?; **¿~ te debo?** so viel schulde ich dir?; **¡hace ~ tiempo que no te veo!** ich habe dich so lange nicht mehr gesehen!; **hay tantas posibilidades de hacerlo** es gibt so viele Möglichkeiten es zu tun; **podría decirte que tal y que cual y tantas otras cosas** ich könnte dir dies und jenes und noch viel mehr sagen
④ *pl* (*número indefinido*): **ocurrió en mil novecientos ochenta y ~s** es geschah irgendwann in den Achtzigerjahren; **estamos a ~s de enero** wir haben den soundso vielten Januar; **tengo 40 y ~s años** ich bin über vierzig; **vino a las tantas** (*fam*) er/sie kam sehr spät; **se me hicieron las tantas de la noche estudiando** (*fam*) ich lernte bis spät in die Nacht (hinein)
II. *pron dem*: **comí ~s que ahora tengo dolor de barriga** ich habe so viele gegessen, dass ich jetzt Bauchschmerzen habe; **eramos ~s que no me pudo distinguir** wir waren so viele, dass er/sie mich in der Menge nicht ausmachen konnte; **coge ~s como quieras** nimm so viele [*o* so viel] du (nur) möchtest; **no llego a ~** (*de trabajo*) da bin ich überfordert; (*a una pregunta*) da bin ich überfragt; **no me imaginaba que iba a llegar a ~** ich hätte nicht geglaubt, dass es so weit kommen würde; **jamás podré llegar a ~** ich werde es nie so weit bringen
tantrismo [tan'trismo] *m* (REL) Tantrismus *m*
Tanzania [tan'θanja] *f* Tansania *nt*
tanzano, -a [tan'θano, -a] **I.** *adj* tansanisch
II. *m, f* Tansanier(in) *m(f)*
tañedor(a) [taɲe'ðor(a)] *m(f)* (MÚS: *de guitarra*) Gitarrenspieler(in) *m(f)*; (*de piano*) Klavierspieler(in) *m(f)*
tañer [ta'ɲer] <3. pret: tañó> **I.** *vt* ① (*instrumento*) spielen
② (*campanas*) läuten
II. *vi* (mit den Fingern) trommeln
tañido [ta'ɲiðo] *m* (*de campanas*) Läuten *nt*, Klang *m*; (*de instrumento*) Ton *m*, Klang *m*

tao ['tao] *m* (FILOS) Tao *nt*
taoísmo [tao'ismo] *m sin pl* Taoismus *m*
taoísta [tao'ista] **I.** *adj* taoistisch
II. *m* Taoist(in) *m(f)*
tapa ['tapa] *f* ❶ (*de olla, libro*) Deckel *m*; ~ **del depósito de gasolina** Tankdeckel *m*, Tankverschluss *m*; ~ **de rosca** Schraubverschluss *m*; ~ **del wáter** Klodeckel *m fam*; **libro de ~s duras** Hardcover *nt*; **levantarle** [*o* **volarle**] **a alguien la ~ de los sesos** jdm eine Kugel durch den Kopf jagen
❷ (*de zapato*) Absatz *m*
❸ (GASTR) Häppchen *nt* (*kleine Gerichte, die in spanischen Bars zu Bier oder Wein gereicht werden*)
tapabalazo [tapaβa'laθo] *m* (*Am:* bragueta) Hosenschlitz *m*
tapaboca(s) [tapa'βoka(s)] *m* (*inv*) ❶ (*bufanda*) Schal *m*, Halstuch *nt*
❷ (*del cañón*) Mündungsschoner *m*
tapacubos [tapa'kuβos] *m inv* (AUTO) Radkappe *f*, Achskappe *f*
tapada [ta'paða] *f* ❶ (*Col*) Zudecken *nt*, Abdecken *nt*
❷ (HIST) *schwarzer Schleier der Limeñas* (Peru) *im 18. und 19. Jahrhundert*
tapadera [tapa'ðera] *f* ❶ (*de vasija*) Deckel *m*
❷ (*negocio*) Tarnung *f*, Fassade *f*; **lo utiliza como ~** er/sie benutzt ihn als Deckmantel
tapadillo [tapa'ðiʎo] *m:* **ir de ~** heimlich [*o* im Verborgenen] gehen
tapado¹ [ta'paðo] *m* ❶ (*Arg, Bol, Perú: tesoro*) vergrabener Schatz *m*
❷ (*AmS: abrigo*) Mantel *m*
❸ (*Am: de gallos*) Hahnenkampf *m*
tapado, -a² [ta'paðo, -a] *adj* (*Am: animal*) einfarbig
tapadura [tapa'ðura] *f* Zudecken *nt*
tapajuntas [tapa'xuntas] *m inv* (Ab)deckleiste *f*
tapar [ta'par] **I.** *vt* ❶ (*cubrir: muerto, cara*) bedecken; (*cazuela, en cama*) zudecken; (*pista de tenis*) abdecken
❷ (*cerrar: puerta*) zumauern; (*desagüe*) verstopfen; (*agujero*) zustopfen; (*botella*) verschließen
❸ (*vista*) **¿te tapo?** nehme [*o* versperre] ich dir die Sicht?; **la casa de enfrente nos tapa el sol** das Haus gegenüber nimmt uns die Sonne; **la pared nos tapa el viento** die Wand schützt uns gegen den Wind
❹ (*defecto, error*) verheimlichen, vertuschen; **a ése le han tapado la boca con cuatro duros** (*fam*) dem hat man mit ein paar Mark den Mund gestopft
II. *vr:* **~se** ❶ (*con ropa*) sich einpacken *fam*; (*en cama*) sich zudecken; **tápate bien que hace frío** pack dich gut ein, es ist kalt draußen
❷ (*completamente*) (sich) einmummeln; (*con velo*) sich verschleiern; **~se los oídos** *sich dat* die Ohren zuhalten; **~se los ojos** sich *dat* die Augen zuhalten; **~se la cara** das Gesicht mit den Händen verdecken, sich *dat* die Hände vor das Gesicht halten
tapara [ta'para] *f* (BOT) Kalebasse *f*
tápara ['tapara] *f* (BOT) Kapernstrauch *m*
taparo [ta'paro] *m* (BOT) Kalebassenbaum *m*
taparrabo(s) [tapa'rraβo(s)] *m* (*inv*) ❶ (*de Tarzán*) Lendenschurz *m*
❷ (*bañador*) Badehose *f*
tapayagua [tapa'ɟaɣwa] *f* (*Hond*) Nieselregen *m*
tape ['tape] *m* (*Arg, Urug*) Person *f* mit Indio-Einschlag
tapear [tape'ar] *vi* (*fam*) durch Tapa-Bars ziehen
tapeo [ta'peo] *m* (*fam*) Tour *f* durch Tapa-Bars; **ir de ~** durch Tapa-Bars ziehen
tapete [ta'pete] *m* Tischdecke *f*, Tischtuch *nt*; **~ verde** (*fig*) Spieltisch *m*; **el tema está sobre el ~** das Thema steht zur Diskussion; **poner un asunto sobre el ~** ein Thema aufs Tapet [*o* zur Sprache] bringen
tapetí [tape'ti] *m* (ZOOL: *AmC, AmS*) südamerikanische Hasenart
tapia ['tapja] *f* (*pared*) Lehmwand *f*; (*de jardín*) Gartenmauer *f*; **ser sordo como una ~**, **estar más sordo que una ~** stocktaub sein
tapialar [tapja'lar] *vt* (*Ecua*) ❶ (*cerrar*) zumauern
❷ (*rodear*) ummauern
tapiar [ta'pjar] *vt* ❶ (*cerrar*) zumauern
❷ (*rodear*) ummauern
tapicería [tapiθe'ria] *f* ❶ (*tapices*) Wandteppiche *mpl*, Tapisserie *f*
❷ (*tienda*) Teppichgeschäft *nt*; (*de muebles*) Polsterei *f*
❸ (*taller, fábrica*) Polsterei *f*
❹ (*arte*) Tapisserie *f*, Gobelinstickerei *f*
❺ (*tela*) Polsterstoff *m*; (*acolchado*) Polsterung *f*; **muebles de ~** Polstermöbel *ntpl*
tapicero, -a [tapi'θero, -a] *m, f* ❶ (*de sillones*) Polsterer, -in *m, f*
❷ (*de paredes*) Tapezierer(in) *m(f)*
tapioca [ta'pjoka] *f* Tapioka *f*
tapir [ta'pir] *m* (ZOOL) Tapir *m*
tapisca [ta'piska] *f* (*AmC:* AGR) Maisernte *f*
tapití [tapi'ti] *m v.* **tapetí**
tapiz [ta'piθ] *m* Wandteppich *m*; (*con dibujos*) Gobelin *m*
tapizado [tapi'θaðo] *m* ❶ (*de tapiz*) Wandteppichweberei *f*

❷ (*de una pared*) Wandbehang *m*
❸ (*de muebles, coches*) Polsterung *f*
tapizar [tapi'θar] <z→c> *vt* ❶ (*muebles*) (mit Stoff) beziehen; (*acolchar*) polstern
❷ (*paredes*) mit Wandteppich verkleiden
tapón [ta'pon] *m* ❶ (*de botella: que se mete*) Pfropfen *m*; (*de rosca*) Verschluss *m*; (*de corcho*) Korken *m*; (*de garrafa, fregadero*) Stöpsel *m*; (*de cuba*) Spund *m*; (AUTO) Tankdeckel *m*, Tankverschluss *m*
❷ (*persona*) rundlicher [*o* pummeliger] Mensch *m*
❸ (MED) Tampon *m*; (*para el oído*) Ohrstöpsel *m*
❹ (*en el oído*) Wachspfropf *m*
❺ (*de tráfico*) Stau *m*
❻ (DEP) **hacer un ~** den Ball abblocken
taponamiento [tapona'mjento] *m* ❶ (*botella*) Verschließen; (*con tapón de plástico*) Zustöpseln *nt*; (*garrafa*) Verstöpseln *nt*; (*grieta, con cemento*) Zustopfen *nt*; (*con espátula*) Zuspachteln *nt*; (*carretera*) Sperrung *f*
❷ (MED) Tamponade *f*, Tamponieren *nt*
taponar [tapo'nar] *vt* ❶ (*botella*) verschließen; (*con tapón de corcho*) verkorken; (*de plástico*) zustöpseln; (*garrafa*) verstöpseln; (*cuba*) verspunden; (*grieta, con cemento*) zustopfen; (*con espátula*) zuspachteln; (*desagüe*) verstopfen
❷ (*herida*) tamponieren
❸ (DEP) abblocken
taponazo [tapo'naθo] *m* Knall *m*; **al abrir la botella dio un ~** der Korken knallte beim Öffnen der Flasche
tapujarse [tapu'xarse] *vr* (*fam*) sich vermummen, sich verhüllen
tapujo [ta'puxo] *m* ❶ (*embozo*) Kragen *m*
❷ (*fam: disimulo*) Verhüllung *f*; **andar con ~s** heimlich tun; **no se anda con ~s** er/sie nimmt kein Blatt vor den Mund
❸ (*fam: enredo*) **lleva no sé qué ~s entre manos** er/sie ist in dubiöse Geschäfte verwickelt
taqué [ta'ke] *m* (AUTO) Stößel *m*
taquear [take'ar] **I.** *vi* ❶ (*Arg, Chil: taconear*) (mit dem Absatz) aufstampfen
❷ (*Arg: jugar*) Billard spielen
❸ (*Am: arma*) schießen
❹ (*llenar*) voll stopfen, voll pfropfen
II. *vr:* **~se** sich voll stopfen
taquera [ta'kera] *f* (DEP) Queueständer *m*
taquería [take'ria] *f* (*Méx*) Imbiss *m* (*in dem hauptsächlich 'tacos' verkauft werden*)
taquicardia [taki'karðja] *f* Herzjagen *nt*; (MED) Tachykardie *f*
taquifemia [taki'femja] *f* (PSICO) krankhaftes Schnellsprechen *nt*, Tachylalie *f*
taquigrafía [takiɣra'fia] *f* Steno(grafie) *f*, Kurzschrift *f*
taquigrafiar [takiɣrafi'ar] <*1. pres:* taquigrafío> *vt* stenografieren
taquigráfico, -a [taki'ɣrafiko, -a] *adj* stenografisch
taquígrafo, -a [ta'kiɣrafo, -a] *m, f* Stenograf(in) *m(f)*
taquilla [ta'kiʎa] *f* ❶ (*armario*) Schließfach *nt*; (*archivador*) Fach *m*
❷ (TEAT) Theaterkasse *f*; (FERRO) (Fahrkarten)schalter *m*; (DEP) Kasse *f*; (CINE) (Kino)kasse *f*; (*de apuestas*) Wettannahme *f*; **éxito de ~** Kassenerfolg *m*
❸ (*recaudación*) Einnahmen *fpl*
❹ (*CRi, Chil, Ecua, Perú: estaquilla*) (kleiner) Schraubstock *m*
taquillaje [taki'ʎaxe] *m* ❶ (*entradas*) Eintrittskarten *fpl*
❷ (*recaudaciones*) Einnahmen *fpl* (*aus Eintrittskarten*)
taquillero, -a [taki'ʎero, -a] **I.** *adj:* **éste es un artista ~** dieser Künstler ist ein Kassenschlager [*o* Kassenmagnet]; **la película más taquillera** der Knüller im Kino
II. *m, f* (FERRO) Schalterbeamte(r) *mf*, Schalterbeamtin *f*; (TEAT, CINE) Kartenverkäufer(in) *m(f)*
taquimecanografía [takimekanoɣra'fia] *f* Maschineschreiben *und* Stenographie
taquimecanógrafo, -a [takimeka'noɣrafo, -a] *m, f* Stenotypist(in) *m(f)*
taquimetría [takime'tria] *f* Tachymetrie *f*
taquímetro [ta'kimetro] *m* ❶ (*de topografía*) Tachymeter *nt*
❷ (AUTO) Tachometer *m o nt*
taquipnea [takiβ'nea] *f* (MED) starke Erhöhung *f* der Atemfrequenz, Tachypnoe *f*
tara [ta'ra] *f* ❶ (*defecto*) Defekt *m*, Schaden *m*, Makel *m elev*; **una ~ importante** ein schwerwiegender Mangel
❷ (COM) Tara *f*; (*de camión*) Leergewicht *nt*
tarabilla [tara'βiʎa] *f* ❶ (*fam: parlanchín*) Quasselstrippe *f*; **habla como una ~ descompuesta** er/sie redet wie ein Wasserfall
❷ (*palabra*) Geplapper *nt*
❸ (*de ventana*) (Fenster)riegel *m*
tarabita [tara'βita] *f* (*Am*) Fährseil *nt*

taracea [taraˈθea] *f* Einlegearbeit *f*, Intarsie *f*
taracear [taraθeˈar] *vt* mit Intarsien verzieren
taracol [taraˈkol] *m* (*Ant:* ZOOL) Krebsart
tarado, -a [taˈraðo, -a] **I.** *adj* ❶ (*objeto*) schadhaft, fehlerhaft; (TÉC) defekt
❷ (*alocado*) verrückt, wahnsinnig
❸ (*imbécil*) doof
II. *m, f* Spinner(in) *m(f)*, Blödmann *m*
tarambana [taramˈbana] *mf* (*fam*) Spinner(in) *m(f)*
taranta [taˈranta] *f* ❶ (*CRi, Ecua: arrebato pasajero*) plötzlicher (Gefühls)ausbruch *m*
❷ (*Hond: aturdimiento*) Benommenheit *f*
tarantela [taranˈtela] *f* (*baile y música*) Tarantella *f*
tarantín [taranˈtin] <tarantines> *m* ❶ (*Ven: tenducha*) (schäbiger) Kramladen *m*
❷ *pl* (*AmC, Cuba, PRico: cachivaches*) Plunder *m*, Ramsch *m pey*
tarántula [taˈrantula] *f* Tarantel *f*
tarar [taˈrar] *vt* (COM) tarieren
tarara [taˈrara] *f* (*fam*) Spinner(in) *m(f)*
tarará [taraˈra] *m v.* **tararí**
tararear [taraɾeˈar] *vt* trällern; (*con labios cerrados*) summen
tarareo [taraˈreo] *m* Trällern *nt*; (*con labios cerrados*) Summen *nt*
tararí [taraˈri] **I.** *m* ❶ (*de trompeta*) Schmettern *nt*
❷ (*loc*): **estar ~** einen Rausch haben
II. *interj* **¿qué quieres?, ¿cien euros?... ¡~!** was willst du? hundert Euro? ... das soll wohl ein Witz sein!
tarasca [taˈraska] *f* ❶ (*figura*) riesige Schlangenfigur *f* (*auf Prozessionen*)
❷ (*fam: fea*) Vogelscheuche *f*; (*temperamental*) Furie *f*
❸ (*Chil, CRi: boca grande*) Riesenmund *m*
tarascada [tarasˈkaða] *f* ❶ (*mordedura*) Bisswunde *f*
❷ (*fam: respuesta áspera*) barsche Antwort *f*
❸ (TAUR) heftiger Stoß *m* mit dem Horn
tarasco [taˈrasko] *m* ❶ (*Ecua: mordisco*) Biss *m*
❷ (*Méx: indio de Michoacán*) Taraske *mf*; (*lengua*) Tarasco *m*
tarascón [tarasˈkon] *m* (*AmS: mordedura*) Biss *m*; (*herida*) Bisswunde *f*
taray [taˈrai̯] <tarayes> *m* (BOT) Tamariske *f*
taraza [taˈraθa] *f* ❶ (ZOOL) (*polilla*) Motte *f*
❷ (*broma*) Schiffsbohrwurm *m*
tardanaos [tarðaˈnaos] *m inv* (ZOOL: *rémora*) Schiffshalter *m*
tardanza [tarˈðanθa] *f* ❶ (*del tren*) Verspätung *f*
❷ (*en responder*) Verzögerung *f*, Verspätung *f*; **perdona la ~ en escribirte** verzeihe, dass ich dir so spät schreibe
tardar [tarˈðar] *vi* ❶ (*emplear tiempo*) brauchen; **a más ~** spätestens; **sin ~** unverzüglich; **responder a una pregunta sin ~** eine Frage sofort beantworten; **el tren tardó en llegar** der Zug traf mit Verspätung ein; **he tardado dos días en hacerlo** ich habe zwei Tage dafür gebraucht; **se tarda una semana en hacer el viaje** die Reise dauert eine Woche; **¿cuánto se tarda en ir allí?** wie lange braucht man bis dahin?; **no tardo nada** ich brauche nicht lange; **tardó demasiado** er/sie kam zu spät
❷ (*demasiado tiempo*) zögern (*en* mit +*dat*); (*por descuido, pereza*) versäumen; **~ en responder** mit der Antwort zögern; **~án mucho en arreglarlo** es wird lange dauern, bis es repariert ist; **no ~é en volver** ich bin bald wieder da; **¡no tardes!** komm bald zurück!; **en este restaurante tardan mucho en servir** in diesem Restaurant dauert es sehr lange, bis man bedient wird
tarde [ˈtarðe] **I.** *f* ❶ (*primeras horas*) Nachmittag *m*; **por la ~** am Nachmittag, nachmittags; **¡buenas ~s!** guten Tag!
❷ (*últimas horas*) Abend *m*; **¡buenas ~s!** guten Abend!; (*todos*) **los viernes por la ~** jeden Freitagabend
II. *adv* spät; **~ o temprano** früher oder später; **de ~ en ~** von Zeit zu Zeit; **demasiado ~** zu spät; **he dejado este trabajo para más ~** ich mache diese Arbeit später; **¿puedes venir un poco más ~?** kannst du etwas später kommen?; **se me hace ~** ich bin spät dran; **más vale ~ que nunca** (*prov*) besser spät als nie
tardecer [tarðeˈθer] *irr como crecer vimpers:* **tardece** es wird dunkel [*o* Abend]
tardío, -a [tarˈðio, -a] *adj* ❶ (*atrasado*) spät; (*fruto*) spät reifend; **latín ~** (LING) Spätlatein *nt*; **es un consejo ~** dieser Rat kommt zu spät
❷ (*lento*) langsam, träge
❸ (*vulg: sordo*) schwerhörig
tardo, -a [ˈtarðo, -a] *adj* (*paso*) langsam; (*mente*) langsam, begriffsstutzig; **~ de oído** schwerhörig
tardón, -ona [tarˈðon, -ona] **I.** *adj* ❶ (*lento*) langsam, träge
❷ (*tonto*) begriffsstutzig
II. *m, f* ❶ (*lento*) Trödler(in) *m(f) fam*; **es un ~** er verspätet sich immer
❷ (*tardo*) Spätzünder *m fam*
tarea [taˈrea] *f* ❶ (*faena*) Aufgabe *f*; **eso no es ~ mía** das ist nicht meine Aufgabe [*o* Pflicht]

❷ (*trabajo*) Arbeit *f*; **~s de la casa** Hausarbeit *f*; **~ de impresión** (INFOR) Druckjob *m*
❸ *pl* (ENS) Hausaufgaben *fpl*
tareco [taˈreko] *m* (*Cuba, Ecua, Ven*) Ramsch *m pey*
tarifa [taˈrifa] *f* ❶ (*precio*) Tarif *m*, Gebühr *f*; **~ de aduana** Zolltarif *m*, Zollsatz *m*; **~ arancelaria** Gebührenordnung *f*; **~ de aumento salarial** Sockeltarif *m*; **~ especial** Sondertarif *m*; **~ exterior común** (UE) Gemeinsamer Außentarif *m*; **~ nocturna** Nachttarif *m*; **~ oficial** amtlicher Tarif; **~ postal** Postgebühren *fpl*; **~ de suscripción** Abonnementpreis *m*; **~ telefónica** Fernsprechgebühr *f*; **~ tributaria** (ADMIN, ECON) Steuersatz *m*; **aplicar una ~** einen Tarif anwenden; **armonizar/bajar/fijar una ~** einen Tarif angleichen/senken/festsetzen; **me pagan la ~ corriente** sie zahlen mir den üblichen Tarif
❷ (*tabla*) Tarif *m*, Gebührenverzeichnis *nt*; **según ~** laut Tarif
tarifar [tariˈfar] **I.** *vt* tarifieren
II. *vi* (*fam*) sich streiten (*con* mit +*dat*)
tarifario, -a [tariˈfarjo, -a] *adj* (*política, derecho*) Tarif-; (*disposiciones*) tariflich
tarifeño, -a [tariˈfeɲo, -a] **I.** *adj* aus Tarifa
II. *m, f* Einwohner(in) *m(f)* von Tarifa
tarificación [tarifikaˈθjon] *f* Tarifgestaltung *f*
tarificar [tarifiˈkar] <c→qu> *vt* tarifieren
tarima [taˈrima] *f* Podium *nt*
tarja [ˈtarxa] *f* ❶ (HIST: *escudo*) Tartsche *f*
❷ (*Am: tarjeta de visita*) Visitenkarte *f*
❸ (*loc*): **beber sobre ~** auf Pump trinken
tarjar [tarˈxar] *vt* (*Chil*) (Textstelle) anstreichen
tarjeta [tarˈxeta] *f* Karte *f*; **~ aceleradora** (INFOR) Beschleunigerkarte *f*; **~ amarilla/roja** (DEP) gelbe/rote Karte; **~ de audio** (INFOR) Audiokarte *f*; **~ del cajero automático** Geldautomatenkarte *f*; **~ de circuito impreso** (INFOR) gedruckte Schaltkarte; **~ de crédito/de visita** Kredit-/Visitenkarte *f*; **~ de embarque** (AERO) Bordkarte *f*; (COM) (Bord)konnossement *nt*; **~ gráfica** [*o* **de gráficos**] (INFOR) Grafikkarte *f*; **~ magnética codificada** Magnetkarte *f*; **~ oro** Gold Card *f*; **~ postal/telefónica** Post-/Telefonkarte *f*; **~ postal-respuesta** Antwort(post)karte *f*; **~ de sonido** (INFOR) Soundkarte *f*; **titular de una ~** Karteninhaber *m*; **~ de saludo** Grußkarte *f*
tarjetearse [tarxeteˈarse] *vr* miteinander korrespondieren
tarjetero[1] [tarxeˈtero] *m* Geldbörse *f*, Portmonee *nt*
tarjetero, -a[2] [tarxeˈtero, -a] *adj*: **este árbitro es un ~** dieser Schiedsrichter zeigt gerne die Karte
taropé [taroˈpe] *m* (BOT) Seerosengewächs mit großen Blättern
tarot [taˈrot] *m* Tarot *nt o m*
tarpón [tarˈpon] *m* (ZOOL) Tarpon *m*, Tarpun *m*
tarquín [tarˈkin] *m* Schleim *m*; (*de estuario*) Schlick *m*
tarraconense [tarrakoˈnense] **I.** *adj* aus Tarragona
II. *mf* Einwohner(in) *m(f)* von Tarragona
tarrasense [tarraˈsense] **I.** *adj* aus Tarrasa (*Stadt der Provinz Barcelona*)
II. *mf* Einwohner(in) *m(f)* von Tarrasa
tarreña [taˈrreɲa] *f* (MÚS) Klapper *f*
tarrina [taˈrrina] *f* kleiner Behälter *m*; **~ de helado** Eisbecher *m*
tarro [ˈtarro] *m* ❶ (*para conservas*) Einmachglas *nt*; (*sin tapa*) Glas *nt*; (*de barro*) Tonbecher *m*, Pott *m fam*; (*Arg: de lata*) Blechdose *f*
❷ (*fam: cabeza*) Schädel *m*; **comer el ~ a alguien** auf jdn einschwatzen
❸ (*cuerno*) Horn *nt*
❹ (*Am: sombrero*) Zylinder(hut) *m*
tarsalgia [tarˈsalxja] *f* (MED) Fußwurzelschmerz *m*, Tarsalgie *f*
tarso [ˈtarso] *m* ❶ (ANAT) Fußwurzel *f*, Tarsus *m*
❷ (ZOOL) Tarsus *m*
tarta [ˈtarta] *f* ❶ (GASTR) Torte *f*; **~ episcopal** (*reg:* GASTR) Obsttorte *f*; **~ de Santiago** (GASTR) flacher Mandelkuchen, der mit Puderzucker bestreut und dem Kreuz von Santiago de Compostela verziert wird
❷ (*estadística*) Tortendiagramm *nt*
tártago [ˈtartaɣo] *m* ❶ (BOT) Kreuzblättrige Wolfsmilch *f*
❷ (*disgusto*) Unglücksfall *m*
tartaja [tarˈtaxa] *adj y mf v.* **tartajoso**
tartajear [tartaxeˈar] *vi* stammeln, stottern
tartajoso, -a [tartaˈxoso, -a] **I.** *adj* stotternd, stott(e)rig, stammelnd
II. *m, f* Stammler(in) *m(f)*, Stotterer, -in *m, f*
tartaleta [tartaˈleta] *f* (GASTR) Törtelett(e) *f*
tartamudear [tartamuðeˈar] *vi* stottern; (*por nervios*) stammeln
tartamudeo [tartamuˈðeo] *m* Stottern *nt*
tartamudez [tartamuˈðeθ] *f* Stottern *nt*; (*por nervios*) Stammeln *nt*
tartamudo, -a [tartaˈmuðo, -a] **I.** *adj* stotternd, stott(e)rig
II. *m, f* Stotterer, -in *m, f*
tartán [tarˈtan] *m* ❶ (*tela*) Schottenstoff *m*, Tartan *m*
❷ (®, DEP) Tartan® *m*
tartana [tarˈtana] *f* ❶ (NÁUT) Tartane *f*

tártaro

② (HIST: *carro*) Kremser *m*

③ (*pey: coche*) Vehikel *nt*; **este coche es una** ~ dieses Auto ist eine Schrottkarre

tártaro¹ ['tartaro] *m* ① (QUÍM) Weinstein *m*, Tartarus *m*

② (*sarro*) Zahnstein *m*

③ (*elev: infierno*) Tartaros *m*, Tartarus *m*

④ (*lengua*) Tartarisch(e) *nt*

tártaro, -a² ['tartaro, -a] I. *adj* tartarisch; **bistec** ~ Tartarbeefsteak *nt*; **salsa tártara** Tartarensoße *f*

II. *m, f* Tartar(in) *m(f)*

tartera [tar'tera] *f* ① (*para tartas*) Kuchenform *f*

② (*fiambrera*) Frischhaltebox *f*

tartesios [tar'tesjos] *mpl* (HIST) Tartessos *mpl*

tarugo [ta'ruɣo] *m* ① (*trozo*) Klotz *m*

② (*clavija*) Pflock *m*

③ (*pan*) Stück *nt* altes Brot

④ (*persona*) Trottel *m*

tarumba [ta'rumba] *adj* (*fam*): **estar** ~ durcheinander sein; **volver a alguien** ~ jdn verrückt machen

tasa ['tasa] *f* ① (*acto*) (Ein)schätzung *f*, Taxierung *f*

② (*coste*) Gebühr *f*; (*municipal*) Abgabe *f*; (*de impuesto*) Satz *m*; ~**s de aeropuerto** Flughafengebühr *f*; ~ **de aprehensión** Wegnahmegebühr *f*; ~ **de cancelación** Stornogebühr *f*; ~**s de compensación** Ausgleichsabgaben *fpl*; ~ **de concesión** Erteilungsgebühr *f*; ~ **de depósito** Hinterlegungsgebühr *f*; ~ **de descuento** (FIN) Diskontsatz *m*; ~ **fiscal** Steuersatz *m*; ~ **global** Pauschalgebühr *f*; ~ **de inflación** Inflationsrate *f*; ~ **de interés** (FIN) Zinssatz *m*; ~ **de investigación** Recherchengebühr *f*; ~ **de legalización** Beglaubigungsgebühr *f*; ~ **medioambiental** Umweltauflage *f*; ~ **de pérdidas** Verlustanteil *m*; ~ **de utilización** Benutzungsgebühren *fpl*

③ (*de joya*) Schätzwert *m*

④ (*porcentaje*) Rate *f*; ~ **de absentismo** Häufigkeit des Fernbleibens; ~ **de amortización** (FIN) Tilgungsrate *f*; ~ **de cobertura** Deckungsgrad *m*; ~ **de crecimiento** Wachstumsrate *f*; ~ **de depósitos** Einlagensatz *m*; ~ **de desempleo** Arbeitslosenquote *f*; ~ **de inversión** Investitionsquote *f*; ~ **del mercado monetario** Geldmarktsatz *m*; ~ **de natalidad** Geburtenziffer *f*; ~ **de rentabilidad** (ECON) Rentabilitätsrate *f*; ~ **de reporte** Reportsatz *m*; ~ **de reservas líquidas** (ECON) Barreservesatz *m*

tasación [tasa'θjon] *f* ① (*de producto*) Wertbestimmung *f*, Festlegung *f* des Preises; (*de impuesto*) Veranlagung *f*; ~ **de costas** (JUR) Kostenfestsetzung *f*; ~ **de un edificio** Gebäudewertermittlung *f*

② (*de joya*) Schätzung *f*, Taxierung *f*

tasador(a) [tasa'ðor(a)] *m(f)* Schätzer(in) *m(f)*, Taxator(in) *m(f)*; ~ **municipal** städtischer Schätzungsbeamter; **perito** ~ Taxator *m*

tasajear [tasaxe'ar] *vt* (*Am: tajear*) einschneiden

tasajo [ta'saxo] *m* ① (*trozo*) Stück *nt* Fleisch

② (*salado*) Dörrfleisch *nt*

tasar [ta'sar] *vt* ① (*precio*) festsetzen, bestimmen; (*impuesto*) veranlagen

② (*joya, uno mismo*) schätzen, taxieren; (*por el joyero*) schätzen lassen, taxieren lassen; (*terreno, casa*) taxieren (**en** auf +*akk*); (*trabajo*) berechnen; ~ **en exceso** überbewerten; **han tasado estos pendientes en 2.500 euros** die Ohrringe sind auf (einen Wert von) 2.500 Euro geschätzt worden

③ (*tabaco, comida*) dosieren; (*libertad*) einschränken

tasca ['taska] *f* ① (*taberna*) Kneipe *f*

② (*timba*) Spielhölle *f*

tascar [tas'kar] <c→qu> *vt* ① (*cáñamo*) schwingen

② (*hierba*) geräuschvoll kauen; ~ **el freno** (*caballo*) auf dem Zügel knirschen; (*persona*) zurückstecken

tasquear [taske'ar] *vi* (*fam*) eine Zechtour machen

tasqueo [tas'keo] *m* Kneipenbummel *m*; **ir de** ~ durch die Kneipen ziehen

tastana [tas'tana] *f* ① (AGR) (durch Dürre verursachte) Bodenverkrustung *f*

② (BOT) Scheidewand *f* (einiger Früchte)

tata¹ ['tata] *f* (*fam*) Kindermädchen *nt*

tata² ['tata] *m* (*Am: papá*) Vati *m*; (*Méx: abuelo*) Opa *m*

tatagua [ta'taɣwa] *f* (*Cuba:* ZOOL) große Nachtfalterart

tataibá [tatai̯'βa] *m* (*Arg, Par:* BOT) wilder Maulbeerbaum *m*

tatarabuelo, -a [tatara'βwelo, -a] *m, f* Ururgroßvater *m*, Ururgroßmutter *f*

tataranieto, -a [tatara'njeto, -a] *m, f* Ururenkel(in) *m(f)*

tate ['tate] *interj* ① (*cuidado*) aufgepasst

② (*despacito*) langsam, sachte

③ (*sorpresa*) (ach) du meine Güte

tatemar [tate'mar] *vt* (*Méx*) ① (*quemar*) verbrennen; ~**(se) la mano con la parrilla** sich *dat* die Hand am Grill verbrennen

② (*asar al horno*) im Backofen schmoren

tatetí [tate'ti] *m* (*Arg: juego de tres en raya*) ≈Mühlespiel *nt*

tato, -a ['tato, -a] *adj* das c und s wie t aussprechend

tatuaje [tatu'axe] *m* Tätowierung *f*

tatuar [tatu'ar] <*l. pres:* tatúo> *vt* tätowieren

tau [tau̯] *m* (LING) Tau *nt*

tauca ['tau̯ka] *f* ① (*Bol, Chil, Ecua: montón*) (große) Menge *f*; **una** ~ **de papeles** ein großer Papierhaufen

② (*Chil: talega grande*) großer Geldbeutel *m*

taumaturgia [tau̯ma'turxja] *f* Wunderkraft *f*

taumatúrgico, -a [tau̯ma'turxiko, -a] *adj* wundertätig, wunderkräftig

taumaturgo, -a [tau̯ma'turɣo, -a] *m, f* Wundertäter(in) *m(f)*

taurino, -a [tau̯'rino, -a] *adj* ① (*del toro*) Stier-

② (*de la corrida*) Stierkampf-

Tauro ['tau̯ro] *m* (ASTR) Stier *m*; **soy (de)** ~ ich bin (ein) Stier

taurófilo, -a [tau̯'rofilo, -a] *adj* (TAUR) den Stierkampf liebend

taurófobo, -a [tau̯'rofoβo, -a] *adj* den Stierkampf ablehnend

taurómaco, -a [tau̯'romako, -a] *m, f* (TAUR) Stierkampfexperte, -in *m, f*

tauromaquia [tau̯ro'makja] *f sin pl* Tauromachie *f*, Stierkampfkunst *f*

tautofonía [tau̯tofo'nia] *f* (LING) ständige Wiederholung *f* desselben Lautes, Tautophonie *f*

tautofónico, -a [tau̯to'foniko, -a] *adj* (LING) Laute wiederholend

tautograma [tau̯to'ɣrama] *m* (LIT) Tautogramm *nt*, Gedicht mit demselben Anfangsbuchstaben in allen Wörtern oder Zeilen

tautología [tau̯tolo'xia] *f* Tautologie *f*

tautológico, -a [tau̯to'loxiko, -a] *adj* tautologisch

tautosilábico, -a [tau̯tosi'laβiko, -a] *adj* (LING) tautosyllabisch, homosyllabisch

tawantinsuyo [tawan̯tin'suɟo] *m* (*Am:* HIST): **T~ Inkaiku** die vier vereinigten Provinzen der Inkas

taxativo, -a [taksa'tiβo, -a] *adj* ① (*restrictivo*) beschränkend

② (*categórico*) kategorisch

taxema [tak'sema] *m* (LING) Taxem *nt*

taxi ['taksi] *m* ① (*coche*) Taxi *nt*

② (*vulg: prostituta*) Hure *f*

taxidermia [taksi'ðermja] *f sin pl* Taxidermie *f*

taxidérmico, -a [taksi'ðermiko, -a] *adj* taxidermisch

taxidermista [taksiðer'mista] *mf* Taxidermist(in) *m(f)*

taxímetro [tak'simetro] *m* Taxameter *m o nt*

taxista [tak'sista] *mf* Taxifahrer(in) *m(f)*

taxonomía [takso'nomia] *f sin pl* (BIOL) Taxonomie *f*

taxonómico, -a [takso'nomiko, -a] *adj* taxonomisch, taxonom

taya ['taɟa] *f* (*Col:* ZOOL) Palm-Lanzenotter *f*

taylorismo [tai̯lo'rismo] *m inv* (ECON) Taylorismus *m*, Taylorsystem *nt*

taza ['taθa] *f* ① (*de café*) Tasse *f*; **una** ~ **de café** (**con café**) eine Tasse Kaffee; (*para el café*) eine Kaffeetasse

② (*del wáter*) Klosettbecken *nt*, Klobecken *nt fam*

③ (*de fuente*) Becken *nt*

tazón [ta'θon] *m* Schale *f*

TC [te'θe] *m* (JUR, POL) *abr de* **Tribunal Constitucional** VGH *m*

te [te] I. *f* T *nt*

II. *pron pers* ① (*objeto directo*) dich; **¡mira~!** schau dich mal an!

② (*objeto indirecto*) dir; **tu madre** ~ **lava la ropa** deine Mutter wäscht dir die Wäsche

III. *pron refl* ~ **vistes** du ziehst dich an; ~ **levantas** du stehst auf; ¿~ **has lavado los dientes?** hast du dir die Zähne geputzt?; **siempre** ~ **permites algo** du gönnst dir immer etwas

té [te] *m* ① (BOT, GASTR) Tee *m*

② (*reunión*) Tee *m*

③ (*loc*): **dar a alguien el** ~ jdm auf die Nerven gehen

tea ['tea] *f* ① (*astillas*) Kienspan *m*; (*antorcha*) Kienfackel *f*

② (*fam: borrachera*) Rausch *m*

teatino, -a [tea'tino, -a] *m, f* (REL) Theatiner(in) *m(f)*

teatral [tea'tral] *adj* ① (*relativo al teatro*) Theater-; (*efecto, experiencia, autor*) Bühnen-

② (*gesto, actitud, acción*) theatralisch

teatralidad [teatrali'ðað] *f* Theatralik *f*

teatralizar [teatrali'θar] <z→c> *vt* theatralisieren

teatrero, -a [tea'trero, -a] I. *adj* (*fam*) theatralisch, pathetisch

II. *m, f* Pathetiker(in) *m(f)*

teatro [te'atro] *m* ① (*representación*) Theater *nt*; (*edificio*) Theater *nt*, Schauspielhaus *nt*; **obra de** ~ (*representación*) Theaterstück *nt*, Bühnenstück *nt*; (LIT) Schauspiel *nt*; **hacer** ~ (*profesional*) Theater spielen; (*aficionado, t. pey*) schauspielern; **de mayor quiero hacer** ~ wenn ich groß bin, will ich zur Bühne gehen; **este jugador sólo hace** ~ dieser Spieler macht nur Theater

② (LIT) Theater *nt*; **el** ~ **de Calderón** Calderons Dramen

③ (*escenario*) Schauplatz *m*; **el** ~ **de la guerra** der Kriegsschauplatz; **el** ~ **de operaciones** der Schauplatz der Ereignisse

tebeo [te'βeo] *m* (spanisches) Comicheft *nt*; **esto está más visto que el**

~ (*fam*) das ist ein alter Hut
TEC [tek] *f* (UE) *abr de* **Tarifa Exterior Común** Gemeinsamer Außenzolltarif *m*
teca ['teka] *f* (BOT) Teak *nt*, Teakbaum *m*
techado [te'tʃaðo] *m* Dach *nt*, Bedachung *f*
techador(a) [tetʃa'ðor(a)] *m(f)* Dachdecker(in) *m(f)*
techar [te'tʃar] *vt* überdachen
techo ['tetʃo] *m* ❶ (*de habitación*) (Zimmer)decke *f*; **falso** ~ Zwischendecke *f*
❷ (*de casa*) Dach *nt*; **le acogió bajo su** ~ er/sie gewährte ihm/ihr Unterkunft; **vivimos bajo el mismo** ~ wir wohnen unter einem Dach
❸ (AERO) Gipfelhöhe *f*
❹ (*tope*) Höchstgrenze *f*; ~ **de crédito** Kreditlinie *f*; ~ **salarial** (ECON) Gehaltslimit *nt*, Höchstlohn *m*; **tocar** ~ das Limit erreichen; **este deportista ha llegado al** ~ **de su carrera** dieser Sportler hat den Höhepunkt seiner Karriere erreicht
techumbre [te'tʃumbre] *f* ❶ (*techo*) Dach *nt*
❷ (*estructura*) Dachkonstruktion *f*
teckel ['tekel] *m* (ZOOL) Teckel *m*, Dackel *m*
tecla ['tekla] *f* ❶ (*de piano, ordenador*) Taste *f*; ~ **de cancelación** Abbruchtaste *f*; ~ **de comando** Befehlstaste *f*; ~ **de control** Steuerungstaste *f*; ~ **de función** Funktionstaste *f*; ~ **de inserción** Einfügetaste *f*; ~ **de interrupción** Unterbrechungstaste *f*; ~ **de intro** [*o* **de introducción**] Eingabetaste *f*, Enter-Taste *f*; ~ **de retorno** Return-Taste *f*; ~ **de retroceso** Rückschritttaste *f*; ~ **sleep** (INFOR) Stand-by-Taste *f*; ~ **tabuladora** Tabulatortaste *f*; **tocar** [*o* **apretar**] **una** ~ (*de piano, máquina de escribir*) eine Taste anschlagen; (*de ordenador*) eine Taste drücken
❷ (*materia*) heikles Thema *nt*
❸ (*loc*): **dar en la** ~ (*fam: acertar*) den richtigen Dreh finden; **hay que tocar muchas ~s para averiguar eso** man muss alle Register ziehen, um das herauszufinden
teclado [te'klaðo] *m* (*de piano*) Klaviatur *f*, Tastatur *f*; (*de ordenador*) Tastatur *f*, Keyboard *nt*; ~ **auxiliar** (INFOR) Hilfstastatur *f*; ~ **numérico** numerische Tastatur; ~ **qwerty** (INFOR) QWERTY-Tastatur *f*; **dirigido por** ~ (INFOR) tastaturgesteuert; **toco los ~s en un grupo** ich spiele als Keyboarder in einer Band
tecle ['tekle] *m* (NÁUT) Talje *f*
teclear [tekle'ar] I. *vi* ❶ *piano*) die Tasten anschlagen, klimpern; (*ordenador*) die Tasten anschlagen, tippen; (*datos*) eingeben, eintippen; ~ **con energía** (*piano*) energisch in die Tasten greifen
❷ (*dedos*) mit den Fingern trommeln (auf +*akk*)
II. *vt* (*fam: problema*) von verschiedenen Seiten her angehen [*o* anpacken]
tecleo [te'kleo] *m* (*de piano*) Anschlagen *nt*; (*de dedos*) Trommeln *nt*
teclista [te'klista] *mf* Keyboardspieler(in) *m(f)*, Keyboarder(in) *m(f)*
técnica ['teɣnika] *f* Technik *f*; **~s de comercialización** (COM) Vermarktungstechniken *fpl*; **~s de dirección de empresas** (ECON) Technik der Unternehmensführung; **~s de venta** (ECON) Verkaufsmethoden *fpl*; **actitud crítica en torno a la** ~ Technikkritik *f*; **actitud hostil frente a la** ~ Technikfeindlichkeit *f*
técnicamente [teɣnika'mente] *adv* technisch; **es** ~ **imposible** (TÉC) es ist aus technischen Gründen unmöglich; (JUR) es ist aus verfahrenstechnischen Gründen unmöglich
tecnicidad [teɣniθi'ðað] *f sin pl*: **un estilo de gran** ~ ein sehr technischer Stil; **una descripción llena de** ~ eine Beschreibung mit vielen Fachausdrücken
tecnicismo [teɣni'θismo] *m* ❶ (TÉC) Technizismus *m*, Fachausdruck *m*; (LING) Terminus *m* (technicus)
❷ (*calidad*) Technizismus *m*
técnico, -a ['teɣniko, -a] I. *adj* ❶ (*de la técnica*) technisch; **carrera técnica** (UNIV) technisches Studium; **oficina técnica** Konstruktionsbüro *nt*; **estar en paro** ~ infolge von Rationalisierungen arbeitslos sein
❷ (*de especialidad*) Fach-, fachlich; **término** ~ Fachausdruck *m*
II. *m, f* ❶ (*especialista*) Techniker(in) *m(f)*, Fachmann, -frau *m, f*; ~ **comercial** (ECON) Käufmann *m*; ~ **informático** (INFOR) Informatiker *m*; **es un** ~ **en la materia** er ist ein Fachmann auf diesem Gebiet; **los ~s están reparando la bomba** die Handwerker reparieren gerade die Pumpe
❷ (DEP: *deportista*) Techniker(in) *m(f)*; (*entrenador*, DEP) Trainer *m*; **este delantero es un excelente** ~ dieser Stürmer ist ein vollendeter Techniker
tecnicolor® [teɣniko'lor] *m* Technicolor® *nt*
tecnificar [teɣnifi'kar] <c→qu> *vt* ❶ (*con técnica*) technifizieren
❷ (*con maquinaria*) technisieren
tecno ['teɣno] *m* (MÚS) Technomusik *f*
tecnocracia [teɣno'kraθja] *f* Technokratie *f*
tecnócrata [teɣ'nokrata] I. *adj* technokratisch
II. *mf* Technokrat(in) *m(f)*
tecnocrático, -a [teɣno'kratiko, -a] *adj* technokratisch

tecnografía [teɣnoɣra'fia] *f* Technographie *f*
tecnología [teɣnolo'xia] *f* ❶ (TÉC) Technologie *f*; (*industrial*) Technologie *f*, Produktionstechnik *f*; ~ **de alimentos** Lebensmitteltechnik *f*; ~ **de información** Informationstechnologie *f*; ~ **medioambiental** Umwelttechnologie *f*; ~ **punta** Spitzentechnologie *f*, Hightech *nt*
❷ (*técnica*) Technik *f*
tecnológico, -a [teɣno'loxiko, -a] *adj* ❶ (*parque, política*) Technologie-; (*desarrollo*) technologisch; **parque** ~ Technologiepark *m*
❷ (*técnico*) technisch; **revolución tecnológica** technische Revolution
tecnologización [teɣnoloxiθa'θjon] *f* Technifizierung *f*
tecnologizar [teɣnoloxi'θar] <z→c> *vt* technifizieren
tecnólogo, -a [teɣ'noloɣo, -a] *m, f* (TÉC) Technologe, -in *m, f*
tecol [te'kol] *m* (*Méx:* ZOOL) ein Agavenwurm
tecolote [teko'lote] *m* (*AmC, Méx:* búho) Uhu *m*
tecomate [teko'mate] *m* (*AmC, Méx*) ❶ (*planta*) Kalebassenbaum *m*
❷ (*vasija*) Kalebasse *f*
tectogénesis [tekto'xenesis] *f inv* (GEO) Tektogenese *f*
tectónica [tek'tonika] *f sin pl* (GEO) Tektonik *f*
tectónico, -a [tek'toniko, -a] *adj* (GEO) tektonisch
tedéum [te'ðeum] *m inv* (REL) Tedeum *nt*
tedio ['teðjo] *m* ❶ (*aburrimiento*) Langeweile *f*; **eso me produce** ~ das langweilt mich
❷ (*hastío*) Überdruss *m*
tedioso, -a [te'ðjoso, -a] *adj* langweilig
tefe ['tefe] *m* ❶ (*Col, Ecua: jirón de tela*) Gewebefetzen *m*; (*de piel*) Hautfetzen *m*
❷ (*Ecua: cicatriz facial*) Gesichtsnarbe *f*
teflón® [te'flon] *m* Teflon® *nt*
tegumento [teɣu'mento] *m* (BOT) Tegment *nt*
tehuelche [te'weltʃe] *mf* (*Arg, Chil:* HIST) Ureinwohner Patagoniens
teísmo [te'ismo] *m sin pl* Theismus *m*
teísta [te'ista] I. *adj* theistisch
II. *mf* Theist(in) *m(f)*
teja ['texa] *f* ❶ (*del tejado*) Dachziegel *m*
❷ (*sombrero*) Priesterhut *m*
❸ (TIPO) Druckplatte *f*
❹ (BOT) Linde *f*
❺ (*Am: dulce*) Praline *f*
❻ (*loc*): **pagar a toca** ~ bar auf den Tisch zahlen; **de ~s abajo** hier auf der Erde; **de ~s arriba** überirdisch
tejadillo [texa'ðiʎo] *m* (*de apisonadora, t.* ARQUIT) Wetterdach *nt*
tejado [te'xaðo] *m* Dach *nt*; ~ **de paja/pizarra** Stroh-/Schieferdach *nt*; ~ **a dos vertientes** [*o* **aguas**] Satteldach *nt*; **tener la casa por el** ~ (*fig*) das Pferd von hinten aufzäumen; **la pelota sigue** [*o* **está**] **en el** ~ (*fig*) die Sache ist noch nicht entschieden; **tirar piedras sobre su propio** ~ (*fig*) sich *dat* ins eigene Fleisch schneiden; **quien tiene el** ~ **de vidrio, no tire piedras al de su vecino** (*prov*) wer (selbst) im Glashaus sitzt, soll nicht mit Steinen werfen
tejano¹ [te'xano] *m* ❶ (*material*) Jeansstoff *m*
❷ *pl* (*pantalones*) (Blue)jeans *f*
tejano, -a² [te'xano, -a] I. *adj* ❶ (*de Tejas*) texanisch
❷ (*ropa*) Jeans-; **pantalón** ~ Jeans(hose) *f*
II. *m, f* Texaner(in) *m(f)*
tejar [te'xar] I. *vt* (mit Ziegeln) decken
II. *m* Ziegelei *f*
tejaván [texa'βan] *m* (*Am*) ❶ (*cobertizo*) Vordach *nt*
❷ (*corredor*) Korridor *m*
❸ (*alero*) Dachtraufe *f*
❹ (*casa*) Hütte *f* mit Ziegeldach
tejedor(a) [texe'ðor(a)] *m(f)* Weber(in) *m(f)*
tejedura [texe'ðura] *f* ❶ (*acción*) Weben *nt*, Weberei *f*
❷ (*de hilos*) Gewebe *nt*
tejeduría [texeðu'ria] *f* ❶ (*arte*) Webkunst *f*
❷ (*taller*) Weberei *f*
tejemaneje [texema'nexe] *m* ❶ (*fam: actividad*) viel Betrieb *m*, reges Treißen *nt*; **se trae un** ~ **increíble con los papeles** er/sie hantiert geschäftig mit den Papieren herum
❷ (*fam: intriga*) Intrige *f*, Machenschaften *fpl*; **los ~s que lleva le acarrearán problemas** sein/ihr Intrigenspiel bringt ihm/ihr bestimmt (noch) Probleme ein
tejer [te'xer] *vt* ❶ (*tela, estera*) weben; ~ **una alfombra** einen Teppich weben, an einem Teppich arbeiten
❷ (*cestos, trenzas*) flechten
❸ (*hacer punto*) stricken
❹ (*orugas*) spinnen; (*arañas*) weben, spinnen
❺ (*intrigas*) schmieden, spinnen
❻ (*plan*) sich ausdenken, ersinnen
❼ (*loc*): ~ **y destejer** schalten und walten
tejido [te'xiðo] *m* ❶ (*textura, t.* ANAT) Gewebe *nt*

❷ (*tela*) Stoff *m;* ~ **de algodón** Baumwollstoff *m;* **los ~s** die Textilien
tejo ['texo] *m* ❶ (*disco*) Stück *nt* Dachziegel
❷ (*juego*) Wurfspiel *nt;* **tirar los ~s a alguien** (*fam*) jdm Avancen machen
❸ (BOT) Eibe *f*
tejocote [texo'kote] *m* (*Méx*) ❶ (BOT) Mexikanischer Weissdorn *m*
❷ (*fruto*) pflaumenähnliche Frucht dieser Pflanze
tejón [te'xon] *m* (ZOOL) Dachs *m*
tejuelo [te'xwelo] *m* ❶ (*tejo*) Stück *nt* Dachziegel
❷ (TIPO) Signatur *f*
❸ (TÉC) Wellenlager *nt*, Spurlager *nt*
tela ['tela] *f* ❶ (*tejido*) Stoff *m;* ~ **de araña** Spinnennetz *nt;* ~ **del forro** Bezugsstoff *m;* ~ **metálica** Maschendraht *m;* ~ **de punto** Trikot *m o nt*
❷ (*en leche*) Haut *f*
❸ (*fam: asunto*) Thema *nt;* **hay ~ para rato** [*o* **marinera**] (*para discutir*) der Gesprächsstoff ist bei weitem nicht erschöpft; (*para trabajar*) es ist noch (sehr) viel zu erledigen; **este asunto trae ~** es steckt einiges hinter dieser Sache; **este problema tiene ~** dieses ist ein äußerst heikles Problem
❹ (*lienzo*) Leinwand *f*; **una ~ de Barceló** ein Gemälde von Barceló
❺ (*fam: dinero*) Kohle *f*, Zaster *m*
❻ (*loc*): **llegar a las ~s del corazón** unter die Haut gehen; **no pongo en ~ de juicio tus argumentos** ich stelle deine Argumente nicht in Frage [*o* infrage]; **puso la táctica en ~ de juicio** er/sie äußerte Bedenken gegen die Taktik; **pongo en ~ de juicio la veracidad de eso** ich bezweifle, dass das wahr ist
telar [te'lar] *m* ❶ (*máquina*) Webstuhl *m*
❷ (*fábrica*) Weberei *f*
❸ (TEAT) Schnürboden *m*
telaraña [tela'raɲa] *f* (*de araña*) Spinnennetz *nt;* **mirar las ~s** (*fig*) zerstreut sein; **tener ~s en los ojos** (*fig*) verblendet sein
tele ['tele] *f* (*fam*) *abr de* **televisión** ❶ (*televisor*) Fernseher *m*
❷ (*televisión*) Fernsehen *nt;* **mirar** [*o* **ver**] **la ~** (*fam*) Fernsehen gucken
teleadicto, -a [telea'ðikto, -a] *adj* fernsehsüchtig
telearrastre [telea'rrastre] *m* (DEP) Schlepplift *m*
telebanco [tele'βaŋko] *m*, **telebanking** [tele'βaŋkiŋ] *m* (INFOR, TEL) Telebanking *nt*
telebasura [teleβa'sura] *f* (*fam*) Fernsehmüll *m*
telebúsqueda [tele'βuskeða] *f* (INFOR) Paging *nt;* **servicio de ~** Paging-Dienst *m*
telecabina [teleka'βina] *f* Seilbahn *f*
telecargar [telekar'ɣar] <g→gu> *vt* (INFOR) laden
telecinematógrafo [teleθinema'toɣrafo] *m* Fernsehprojektor *m*
telecomando [teleko'mando] *m* (*de televisor*) Fernbedienung *f*; (*de una puerta*) Fernsteuerung *f*
telecomedia [teleko'meðja] *f* ❶ (*serie*) Fernsehserie *f*
❷ (*película*) Fernsehfilm *m*
telecomposición [telekomposi'θjon] *f* (TIPO) Fernsatz *m*
telecompra [tele'kompra] *f* (INFOR) Teleshopping *nt*
telecomunicación [telekomunika'θjon] *f* ❶ (*sistema*) Telekommunikation *f*, Fernmeldetechnik *f*, Nachrichtentechnik *f*; **ingeniero de Telecomunicaciones** Fernmeldeingenieur *m*, Nachrichtentechniker *m*
❷ *pl* (*empresa*) Fernmeldewesen *nt*
teleconcurso [telekoŋ'kurso] *m* Fernsehquiz *nt*
teleconferencia [telekoɱfe'reɲθja] *f* (INFOR) Telekonferenz *f*
telecontrol [telekoɲ'trol] *m* Fernsteuerung *f*; (*de la televisión*) Fernbedienung *f*
teledeporte [teleðe'porte] *m* Sportsendung *f*
telediario [teleði'arjo] *m* Nachrichten *fpl* (*im Fernsehen*)
teledifusión [teleðifu'sjon] *f* Drahtfunk *m*
teledirección [teleðireɣ'θjon] *f* (TÉC) Fernlenkung *f*
teledirigir [teleðiri'xir] <g→j> *vt* fernsteuern
tel(ef). [te'lefono] *m abr de* **teléfono** Tel.
telefax [tele'faɣs] *m* (TEL) Telefax *nt*
teleférico [tele'feriko] *m* (Draht)seilbahn *f*
telefilm [tele'film] *m* <telefilm(e)s> Fernsehfilm *m*
telefio [te'lefjo] *m* (BOT) Knolliges Steinkraut *nt*, Große Fetthenne *f*
telefonazo [telefo'naθo] *m* (*fam*) Anruf *m;* **dar un ~ a alguien** jdn kurz anrufen
telefonear [telefone'ar] I. *vt* ❶ (*algo*) telefonisch mitteilen; (*datos*) telefonisch durchgeben
❷ (*fam: a alguien*) anrufen
II. *vi* telefonieren
telefonía [telefo'nia] *f* Fernmeldewesen, Telefonie *f*; **empresa de servicios de ~ móvil** Mobiltelefongesellschaft *f*; **~ analógica** analoge Telefonie; **~ digital** digitale Telefonie
Telefónica [tele'fonika] *f* **la ~** *spanische Telefongesellschaft*
telefónico, -a [tele'foniko, -a] *adj* ❶ (*relativo al teléfono*) telefonisch; **cabina telefónica** Telefonzelle *f*; **centralita telefónica** Telefonzentrale *f*; **guía telefónica** Telefonbuch *nt;* **llamada telefónica** (Telefon)anruf *m*
❷ (*relativo a la telefonía*) Fernmelde-
telefonillo [telefo'niʎo] *m* (*fam*) (Gegen)sprechanlage *f*
telefonista [telefo'nista] *mf* Telefonist(in) *m(f)*
teléfono [te'lefono] *m* ❶ (*sistema, aparato*) Telefon *nt;* **~ celular** [*o* **portátil**] mobiles Funktelefon, Handy *nt;* **~ fijo** normales Telefon (*im Gegensatz zum Mobiltelefon*); **~ móvil** Mobiltelefon *nt;* **~ público** öffentlicher Fernsprecher; **~ de tarjeta** Kartentelefon *nt;* **por ~** telefonisch; **hablar por ~** telefonieren; **llamar por ~** anrufen
❷ (*número*) Telefonnummer *f*; **anótame tu ~** schreib mir deine Telefonnummer auf
❸ *pl* (*compañía*) Telefongesellschaft *f*
telefonómetro [telefo'nometro] *m* (TÉC) Telefonzähler *m*, Einheitenzähler *m*
telefotografía [telefotoɣra'fia] *f* (FOTO) Fernaufnahme *f*, Telefotografie *f*
telegénico, -a [tele'xeniko, -a] *adj* telegen
telegestión [telexes'tjon] *f* Fernabwicklung *f*, Fernverwaltung *f*
telegrafía [teleɣra'fia] *f* Telegrafie *f*
telegrafiar [teleɣrafi'ar] <3. *pret:* **telegrafió**> I. *vt* telegrafieren, telegrafisch übermitteln
II. *vi* telegrafieren, ein Telegramm schicken
telegráficamente [teleɣrafika'mente] *adv* telegrafisch, auf telegrafischem Wege; **enviar dinero ~** Geld telegrafisch anweisen
telegráfico, -a [tele'ɣrafiko, -a] *adj* ❶ (*por telégrafo*) telegrafisch; **dirección telegráfica** Telegrammadresse *f*; **giro ~** telegrafische Geldüberweisung *f*; **hilo ~** Telegrafendraht *m*
❷ (*relativo a la telegrafía*) Telegrafen-
telegrafista [teleɣra'fista] *mf* Telegrafist(in) *m(f)*
telégrafo [te'leɣrafo] *m* ❶ (*aparato*) Telegraf *m*
❷ *pl* (*administración*) Telegrafenamt *nt*
telegrama [tele'ɣrama] *m* Telegramm *nt;* **poner un ~** ein Telegramm aufgeben
teleguiado, -a [teleɣi'aðo, -a] *adj* (TÉC) ferngelenkt, ferngesteuert
teleimpresora [teleimpre'sora] *f* (INFOR) Fernschreiber *m*
teleinformática [teleiɱfor'matika] *f v.* **telemática**
telele [te'lele] *m* (*fam*) Anfall *m;* **como me digas que no, me da un ~** wenn du Nein sagst, kriege ich einen Anfall
telemando [tele'mando] *m* Fernsteuerung *f*; (*de la televisión*) Fernbedienung *f*
telemarketing [tele'marketiŋ] *m* Telemarketing *nt*
telemarujeo [telemaru'xeo] *m* niveaulose Gesprächskultur der Talkshows
telemática [tele'matika] *f* Datenfernübertragung *f*
telemetría [teleme'tria] *f* (TÉC) Telemetrie *f*
telémetro [te'lemetro] *m* Entfernungsmesser *m*, Telemeter *nt*
telenovela [teleno'βela] *f* Seifenoper *f*
telenque [te'leŋke] I. *adj* ❶ (*Chil: temblón*) zitt(e)rig; (*enfermizo*) kränklich
❷ (*ElSal: torcido*) krumm
II. *m* (*Guat: cachivache*) Sonderling *m*
teleobjetivo [teleoβxe'tiβo] *m* (FOTO) Teleobjektiv *nt*
teleología [teleolo'xia] *f sin pl* (FILOS) Teleologie *f*
teleonomía [teleono'mia] *f* (BIOL) Teleonomie *f*, Charakteristikum *nt*
teleósteo [tele'osteo] *m* Knochenfisch *m;* (ZOOL) Teleostier *m*
telépata [te'lepata] *mf* Telepath *m*
telepatía [telepa'tia] *f sin pl* Telepathie *f*
telepático, -a [tele'patiko, -a] *adj* telepathisch
teleportación [teleporta'θjon] *f* (FÍS) Beamen *nt*
teleportero [telepor'tero] *m* (TÉC) Gegensprechanlage *f* mit Bildschirm
telepredicador(a) [telepreðika'ðor(a)] *m(f)* Fernsehprediger(in) *m(f)*
teleproceso [telepro'θeso] *m* (INFOR) Datenfernverarbeitung *f*
teleprompter [tele'prompter] *m* (TV) Teleprompter *m*
telequinesia [teleki'nesja] *f sin pl* Telekinese *f*
telera [te'lera] *f* ❶ (*travesaño*) Querbalken *m*
❷ (*de un arado, carro*) Lenkscheit *m*
❸ (*de una prensa*) (Klemm)backe *f*
❹ (*aprisco*) Pferch *m*
❺ (*Méx: pan*) Brot *nt*
telerradar [telerra'ðar] *m* (TEL) Peilradar *m*, Teleradar *m*
telerradiografía [telerraðjoɣra'fia] *f* (TÉC) Röntgenfernaufnahme *f*, Teleröntgenographie *f*
telerreportaje [telerrepor'taxe] *m* Fernsehreportage *f*
telerruta [tele'rruta] *f*: (**servicio de**) **~** *telefonischer Verkehrsmeldedienst*
telescópico, -a [teles'kopiko, -a] *adj* teleskopisch
telescopio [teles'kopjo] *m* Teleskop *nt*, Fernrohr *nt*
teleserie [tele'serje] *f* (TV) Fernsehserie *f*
telesilla [tele'siʎa] *f* Sessellift *m*

telespectador(a) [telespekta'ðor(a)] m(f) Fernsehzuschauer(in) m(f)
telesquí [teles'ki] m (Ski)lift m
teleteatro [telete'atro] m (TV) Fernsehtheater nt, im Fernsehen übertragene Theateraufführung f
teleteca [tele'teka] f (TV) Fernseharchiv nt
teletex [tele'teʸs] m inv (TEL) Teletex nt, Bürofernschreiben nt
teletexto [tele'testo] m Videotext m
teletienda [tele'tjenda] f Teleshopping nt
teletipo [tele'tipo] m Fernschreiber m
teletrabajo [teletra'βaxo] m Tele(heim)arbeit f
televidente [teleβi'ðente] mf v. **telespectador**
televigilancia [teleβixi'lanθja] f (TÉC) Fernüberwachung f
televisado, -a [teleβi'saðo, -a] adj (TV) im Fernsehen übertragen
televisar [teleβi'sar] vt senden, ausstrahlen; (en directo) live übertragen
televisión [teleβi'sjon] f ❶ (sistema, organización) Fernsehen nt; ~ **de pago** Pay-TV nt; ~ **por satélite** Satellitenfernsehen nt
❷ (fam: televisor) Fernseher m; ~ **en color** Farbfernseher m; ~ **digital** digitales Fernsehen; ~ **interactiva** interaktives Fernsehen
televisivo, -a [teleβi'siβo, -a] adj ❶ (relativo a la televisión) Fernseh-; **programa** ~ Fernsehsendung f
❷ (apto para ser televisado) fürs Fernsehen geeignet
televisor [teleβi'sor] m Fernsehgerät nt, Fernseher m fam; ~ **panorámico** Panoramafernseher m
televisual [teleβisu'al] adj (TV) v. **televisivo**
télex ['teleʸs] m ❶ (sistema) Fernschreiber m, Telex nt; **abonado de** ~ Fernschreibteilnehmer m; **línea de** ~ Telexverbindung f; **enviar un** ~ ein Telex schicken
❷ (mensaje) Fernschreiben nt, Telex nt
telina [te'lina] f (ZOOL) Plattmuschel f, Tellmuschel f
telón [te'lon] m Vorhang m; **el** ~ **de acero** der eiserne Vorhang; ~ **de fondo** Hintergrund m
telonero, -a [telo'nero, -a] I. adj (artista) das Vorprogramm bestreitend; (boxeador) den Vorkampf bestreitend
II. m, f (artista, boxeador, orador) Künstler, Boxer oder Redner, der das Vorprogramm bestreitet
telúrico, -a adj Erd-; (GEO) tellurisch
telurio [te'lurjo] m (QUÍM) Tellur nt
telurismo [telu'rismo] m Einfluß der Landschaft und des Klimas einer bestimmten Gegend auf deren Bewohner
tema ['tema] m ❶ (materia, t. MÚS, LIT) Thema nt; **cada loco con su** ~ jedem Tierchen sein Pläsierchen; **ése es el** ~ **de mi sermón** (fig) (das ist) meine Rede
❷ (LING) Stammform f
temario [te'marjo] m Themenkreis m
temática [te'matika] f Thematik f
temático, -a [te'matiko, -a] adj (t. LING) thematisch; **vocal temática** Themavokal m
tembetá [tembe'ta] m (CSur) indianischer Holzschmuck, der an der Unterlippe getragen wird
tembladera [tembla'ðera] f ❶ (tembleque) Zittern nt
❷ (BOT) Zittergras nt
❸ (ZOOL) Zitterrochen m
temblar [tem'blar] <e→ie> vi zittern; ~ **de miedo** vor Angst zittern [o schaudern]; ~ **por algo/alguien** um etw/jdn bangen [o zittern]; **le tiemblan las carnes** er/sie zittert wie Espenlaub; **dejamos temblando el pastel** wir haben den Kuchen fast ganz aufgegessen; **dejaron temblando la botella de vino** sie haben die Weinflasche fast leer getrunken
tembleque [tem'bleke] m (fam) ❶ (temblor) Zittern nt; **me dio un** ~ ich fing (plötzlich) an zu zittern
❷ (persona) zitt(e)riger Mensch m
temblequear [tembleke'ar] vi (fam) zitt(e)rig sein
temblón¹ [tem'blon] m ❶ (BOT): (**álamo**) ~ Zitterpappel f
❷ (ZOOL) Zitterrochen m
temblón, -ona² [tem'blon, -ona] adj (fam) zitt(e)rig
temblor [tem'blor] m (tembleque) Zittern nt; (escalofrío) Schauder m; ~ **de frío** Schüttelfrost m; ~ (**de tierra**) Erdbeben nt
tembloroso, -a [temblo'roso, -a] adj zitt(e)rig
temer [te'mer] I. vt ❶ (sentir temor) fürchten; ~ **a alguien/algo** jdn/etw fürchten, vor jdm/etw Angst haben
❷ (sospechar) (be)fürchten; **temo que esto va a acabar mal** ich fürchte, das wird böse enden
II. vi sich fürchten, Angst haben; ~ **por alguien** um jdn bangen
III. vr: ~**se** (be)fürchten; **me temo que no le va a gustar** ich (be)fürchte, dass es ihm/ihr nicht gefallen wird
temerario, -a [teme'rarjo, -a] adj ❶ (imprudente) waghalsig, tollkühn
❷ (sin fundamento) unüberlegt
temeridad [temeri'ðað] f sin pl ❶ (imprudencia) Waghalsigkeit f, Tollkühnheit f
❷ (insensatez) unüberlegte Handlung f

temeroso, -a [teme'roso, -a] adj ❶ (medroso) ängstlich; ~ **de Dios** gottesfürchtig; ~ **de que...** +subj aus Angst davor, dass ...
❷ (temible) Furcht erregend
temible [te'miβle] adj Furcht erregend, fürchterlich
temor [te'mor] m ❶ (miedo) Furcht f (a/de vor +dat), Angst f (a/de vor +dat); ~ **de Dios** Gottesfurcht f; **por** ~ **a lo que diga la gente** aus Angst vor dem, was die Leute sagen werden
❷ (sospecha) Befürchtung f
témpano ['tempano] m ❶ (pedazo) Scheibe f, Platte f; (de hielo) (Eis)scholle f, Treibeis nt; (de tocino) Speckscheibe f; **quedarse como un** ~ starr vor Kälte sein; **tener las manos como un** ~ eiskalte Hände haben
❷ (tambor) Pauke f; (piel) Trommelfell nt
❸ (de un tonel) (Fass)deckel m; (de una colmena) (Kork)haube f
❹ (ARQUIT) Tympanon nt
témpera ['tempera] f ❶ (pintura) Tempera(farbe) f
❷ (obra) Temperamalerei f
temperación [tempera'θjon] f ❶ (moderación) Mäßigung f; (MED) Dämpfung f, Milderung f
❷ (Am: cambio) Klimawechsel m
temperamental [temperamen'tal] adj ❶ (relativo al temperamento) Temperaments-; **característica** ~ Charaktereigenschaft f
❷ (persona) temperamentvoll
temperamento [tempera'mento] m ❶ (carácter, vivacidad) Temperament nt; **tiene mucho** ~ er/sie ist sehr temperamentvoll
❷ (expresividad) Expressivität f
❸ (MÚS) Temperierung f
temperancia [tempe'ranθja] f Mäßigung f
temperante [tempe'rante] I. adj (AmS: abstemio) abstinent
II. mf (AmS) Abstinenzler(in) m(f)
temperar [tempe'rar] I. vt mäßigen; (MED) dämpfen, mildern; (MÚS) temperieren
II. vi (AmC, Col, PRico, Ven) einen Klimawechsel vornehmen, sich einem Klimawechsel unterziehen
III. vr: ~**se** sich mäßigen
temperatura [tempera'tura] f Temperatur f; (de una persona) Körpertemperatur f; (fiebre) Fieber nt; ~ **máxima** Höchsttemperatur f; **aquí hace buena** ~ hier herrscht eine angenehme Temperatur; **el niño tiene mucha** ~ der Kleine hat hohes Fieber; **tengo algo de** ~ ich habe (erhöhte) Temperatur
tempestad [tempes'tað] f ❶ (tormenta) Unwetter nt, Gewitter nt; (marejada) Sturm m; ~ **de nieve** Schneesturm m
❷ (manifestación) Sturm m; ~ **de aplausos** Beifallssturm m; ~ **de injurias** Flut von Beschimpfungen; ~ **de silbidos** Pfeifkonzert nt; **levantar una** ~ **de protestas** einen Protestsurm auslösen
❸ (agitación) Aufruhr f; **desencadenar una** ~ **de odio** Hass aufwallen lassen; **levantar** ~**es** Unruhe stiften
tempestivo, -a [tempes'tiβo, -a] adj (elev) gelegen, zeitlich günstig
tempestuoso, -a [tempestu'oso, -a] adj ❶ (día, mar) stürmisch
❷ (ambiente) geladen
❸ (acción) heftig, stürmisch
templa ['templa] f ❶ (ARTE) Tempera(farbe) f
❷ pl (ANAT: sien) Schläfen fpl
templadamente [templaða'mente] adv mäßig, in Maßen
templado, -a [tem'plaðo, -a] adj ❶ (tibio) lau(warm)
❷ (temperado) mild
❸ (moderado) maßvoll, gemäßigt; **es** ~ **en la bebida** er trinkt in Maßen
❹ (sereno) ruhig, beherrscht
❺ (valiente) (wage)mutig; (arriesgado) risikofreudig
❻ (fam: bebido) beschwipst; **estar** ~ einen Schwips haben
templador [templa'ðor] m (MÚS) Stimmschlüssel m
templanza [tem'planθa] f ❶ (moderación) Enthaltsamkeit f, Mäßigung f
❷ (del clima, la temperatura) Milde f
❸ (de colores) Harmonie f
templar [tem'plar] I. vt ❶ (moderar) mäßigen
❷ (suavizar) lindern; (calmar) beruhigen
❸ (calentar) (auf)wärmen
❹ (MÚS) stimmen; ~ **a alguien la gaita** jdn zurechtweisen
❺ (apretar) anziehen
❻ (mezclar) verdünnen
❼ (colores) (aufeinander) abstimmen
❽ (acero) härten
II. vr: ~**se** ❶ (moderarse) sich mäßigen, sich zurückhalten; ~**se en comer** im Essen maßhalten
❷ (calentarse) wärmer werden; (enfriarse) abkühlen
❸ (Am: enamorarse) sich verlieben
❹ (Col, Perú: emborracharse) sich betrinken
templario [tem'plarjo] m (HIST) Templer m, Tempelherr m, Tempelritter m

temple ['temple] *m* ❶ (*valentía*) (Wage)mut *m*
❷ (*carácter*) Gemüt *nt;* (*humor*) Laune *f;* **estar de buen/mal ~** gut/schlecht gelaunt sein
❸ (*temperatura*) Temperatur *f;* (*tiempo*) Wetter *nt*
❹ (*del acero: proceso*) Härtung *f;* (*dureza*) Härtegrad *m*
❺ (MÚS) Stimmen *nt*
❻ (ARTE) Temperafarbe *f;* **pintura al ~** Temperamalerei *f*
❼ (REL, HIST) Templerorden *m*
templete [tem'plete] *m* ❶ *dim de* **templo**
❷ (*armazón*) (tempelförmiger) Schrein *m*
❸ (*pabellón*) Pavillon *m*
templista [tem'plista] *mf* (ARTE) Temperamaler(in) *m(f)*
templo ['templo] *m* Tempel *m;* **una verdad como un ~** (*fam*) eine unumstößliche Wahrheit
tempo ['tempo] *m* Tempo *nt*
témpora(s) ['tempora(s)] *f(pl)* (REL) Quatember *m(pl)*
temporada [tempo'raða] *f* (*tiempo*) Zeit *f;* (*época*) Saison *f;* **~ alta** Hauptsaison *f;* **~ baja** (*anterior*) Vorsaison *f;* (*posterior*) Nachsaison *f;* **~ de fútbol** (Fußball)saison *f;* **~ de ópera** Opernsaison *f;* **~ turística** Hauptsaison *f,* Hauptreisezeit *f;* **~ de verano** Sommerzeit *f;* **fruta de ~** Obst der Jahreszeit; **labor de ~** Saisonarbeit *f;* **rebajas de fin de ~** Nachlässe zur Nachsaison; **en esta ~ las playas están desiertas** um diese (Jahres)zeit sind die Strände menschenleer; **llevo una ~ que salgo poco** in letzter Zeit bin ich wenig ausgegangen
temporal [tempo'ral] **I.** *adj* ❶ (*relativo al tiempo*) zeitlich
❷ (*no permanente*) (zeitlich) befristet; (*pasajero*) vorübergehend, temporär; (*no eterno*) vergänglich; **contrato ~** Zeitvertrag *m;* **retiro ~** einstweiliger Ruhestand; **seguro ~** befristete Versicherung
❸ (*secular*) weltlich; (*terrenal*) irdisch, zeitlich
❹ (LING) temporal; **oración ~** Temporalsatz *m*
❺ (ANAT) Schläfen-; **hueso ~** Schläfenbein *nt*
II. *m* ❶ (*tormenta*) Unwetter *nt,* Gewitter *nt;* (*marejada*) Sturm *m;* (*tiempo de lluvias*) Regenzeit *f;* **capear el ~** das Schiff sicher durch den Sturm steuern; (*fig*) Schwierigkeiten meistern
❷ (ANAT) Schläfenbein *nt*
temporalidad [temporali'ðað] *f* ❶ (*limitación*) Befristung *f;* (*transitoriedad*) Vergänglichkeit *f*
❷ (REL) Weltlichkeit *f*
❸ *pl* (REL) Einkünfte *fpl* der Geistlichen
temporalmente [temporal'mente] *adv* vorübergehend, zeitweilig
temporario, -a [tempo'rarjo, -a] *adj* (*Am: temporal*) zeitweilig, vorübergehend
temporero, -a [tempo'rero, -a] **I.** *adj* Aushilfs-; **trabajador ~** Aushilfe *f*
II. *m, f* Aushilfskraft *f,* Aushilfe *f;* (AGR) Saisonarbeiter(in) *m(f)*
temporización [temporiθa'θjon] *f* (TÉC) Zeitgebung *f,* Ablaufsteuerung *f*
temporizador [temporiθa'ðor] *m* (ELEC) Zeitschalter *m,* Timer *m*
temporizar [tempori'θar] <z→c> *vi* ❶ (*contemporizar*) sich anpassen (*con* +*akk*), Zugeständnisse machen (*con* +*dat*); **~ con alguien** sich jds Meinung anschließen
❷ (*ocuparse de algo por pasatiempo*) die Zeit totschlagen
tempranero, -a [tempra'nero, -a] **I.** *adj* ❶ (*anticipado*) vorzeitig; (*fruta*) frühreif
❷ (*madrugador*): **ser ~** ein Frühaufsteher sein; **¡qué ~ estás hoy!** heute bist du aber schon früh auf den Beinen!
II. *m, f* Frühaufsteher(in) *m(f)*
tempranilla [tempra'niʎa] *f* (AGR) Frühtraube *f*
temprano¹ [tem'prano] *adv* ❶ (*a primera hora*) früh, zeitig; **~ por la mañana** frühmorgens
❷ (*antes*) vorzeitig, frühzeitig; **has llegado (demasiado) ~** du bist zu früh
temprano, -a² [tem'prano, -a] *adj* früh; **patatas tempranas** Frühkartoffeln *fpl;* **a edad temprana** in jungen Jahren
temu ['temu] *m* (*Chil:* BOT) ein Myrtengewächs
ten [ten] (*fam*): **~ con ~** mit Bedacht
tenacidad [tenaθi'ðað] *f sin pl* ❶ (*de una persona*) Hartnäckigkeit *f,* Beharrlichkeit *f;* (*porfía*) Sturheit *f*
❷ (*de un material*) Widerstandsfähigkeit *f*
❸ (*de un dolor, una mancha*) Hartnäckigkeit *f*
tenacillas [tena'θiʎas] *fpl* (kleine) Zange *f;* (*para el azúcar*) Zuckerzange *f;* (*para pastas*) Gebäckzange *f;* (*para rizar*) Lockenschere *f;* (*para depilar*) Pinzette *f*
tenalgia [te'nalxja] *f* (MED) Sehnenschmerz *m,* Tenalgie *f*
tenaz [te'naθ] *adj* ❶ (*perseverante*) beharrlich, ausdauernd; (*cabezota*) stur; **es ~ en sus decisiones** er/sie lässt sich nicht von seinen/ihren Entscheidungen abbringen
❷ (*resistente*) robust
❸ (*persistente*) hartnäckig; (*niebla*) dicht

tenaza(s) [te'naθa(s)] *f(pl)* Zange *f;* (*para el carbón*) Kohlenzange *f;* **~ (de filo cortante)** Beißzange *f;* **~ para tubos** Rohrzange *f;* **no le pudieron sacar la verdad ni con ~s** es war unmöglich, die Wahrheit aus ihm/ihr herauszubekommen; **no le podemos sacar el reloj ni con ~s** was wir auch tun, er/sie rückt die Uhr nicht raus; **esta almohada no se puede coger ni con ~s** dieses Kissen würde ich nicht einmal mit der Zange anfassen
tenca ['teŋka] *f* Schleie *f,* Schlei *m*
tencha ['tentʃa] *f* (*Guat: cárcel*) Gefängnis *nt*
tencua ['teŋkwa] *adj* (*Méx: leporino*) hasenartig
tendajo [ten'daxo] *m* (*fam*) Kramladen *m*
tendajón [tenda'xon] *m* (*Méx*) kleiner Kramladen *m,* Tante-Emma-Laden *m*
tendal [ten'dal] *m* ❶ (*toldo*) Sonnendach *nt*
❷ (AGR: *tela*) Plane *f;* (*red*) Netz *nt* (*zum Auffangen von Oliven*)
❸ (*para secar: lugar*) Trockenplatz *m;* (*armazón*) Trockengestell *nt;* (*cosas*) zu trocknendes Gut *nt;* **un ~ de ropa** zum Trocknen aufgehängte Wäsche
❹ (*Arg: para el esquileo*) Scherplatz *m*
❺ (*Chil: puesto*) Verkaufsstand *m*
❻ (*CSur: conjunto*) Haufen *m*
tendear [tende'ar] *vi* (*Méx*) bummeln
tendedero [tende'ðero] *m* ❶ (*lugar*) Trockenplatz *m*
❷ (*armazón*) Wäscheständer *m;* (*cuerdas*) Wäscheleine *f*
tendejón [tende'xon] *m v.* **tendajo**
tendencia [ten'denθja] *f* ❶ (*inclinación*) Neigung *f* (*a* zu +*dat*), Hang *m* (*a* zu +*dat*); **~ ideológica** ideologische Richtung; **tener ~ a...** neigen zu ...
❷ (*dirección*) Tendenz *f,* Trend *m;* **~ alcista** Aufwärtstrend *m,* Haussetendenz *f;* **~ bajista** [*o* **a la baja**] Abwärtstrend *m,* Baissetendenz *f;* **~ demográfica** demografischer Trend; **~ económica** wirtschaftliche Tendenz, Wirtschaftstrend *m;* **~ del mercado** (ECON) Markttrend *m,* Markttendenz *f;* **~ de los precios** Preistendenz *f;* **~ al alza/a la baja** steigende/rückläufige Tendenz
❸ (*movimiento*) Tendenz *f,* Richtung *f;* **la revista presenta las últimas ~s de la moda** die Zeitschrift präsentiert die aktuellen Modetrends
❹ (*aspiración*) Streben *nt* (*a* nach +*dat*), Bestrebungen *fpl;* **~s autonomistas** Autonomiebestreben *nt*
tendenciosidad [tendenθjosi'ðað] *f* (*pey: hacia una ideología*) Parteilichkeit *f*
tendencioso, -a [tendenθ'joso, -a] *adj* (*pey: hacia una ideología*) tendenziös
tendente [ten'dente] *adj* zielend (*a* auf +*akk*), tendierend (*a* nach +*dat*)
tender [ten'der] <e→ie> **I.** *vt* ❶ (*desdoblar, esparcir*) ausbreiten (*sobre* auf +*dat*); **~ la cama** (*Am*) das Bett machen; **~ la mesa** (*Am*) den Tisch decken
❷ (*tumbar*) hinlegen (*sobre/en* auf +*akk*); (*de golpe*) zu Boden strecken
❸ (*colocar: la ropa*) aufhängen; (*una cuerda*) spannen; (*un puente*) schlagen; **~ una línea/una vía** eine Leitung/ein Gleis verlegen
❹ (*aproximar*) reichen, hinstrecken; **~ la mano a alguien** jdm die Hand entgegenstrecken [*o* reichen]; (*fig*) jdm helfen
❺ (*cubrir*) verputzen
II. *vi* ❶ (*tirar*) tendieren; **su cabello tiende a rojizo** seine/ihre Haarfarbe geht ins Rötliche; **el mercado tiende a la baja** der Markt weist eine rückläufige Tendenz auf; **tiende a vago** er ist ziemlich faul [*o* neigt zur Faulheit]
❷ (*inclinarse*) neigen (*a* zu +*dat*), tendieren (*a* zu +*dat*); **tiende a beber** er/sie neigt [*o* er/sie hat einen Hang] zum Trinken; **tiendo a salir poco** ich gehe nur ungern aus
❸ (MAT) gehen (*a* gegen +*akk*)
❹ (*aspirar*) streben (*a* nach +*dat*); (*estar dirigido*) abzielen (*a* auf +*akk*); **tiende a hacerse rico** er strebt nach Reichtum; **la proposición tiende a mejorar la situación económica** der Vorschlag zielt darauf ab, die wirtschaftliche Situation zu verbessern
III. *vr:* **-se** ❶ (*tumbarse*) sich hinlegen (*sobre/en* auf +*akk*)
❷ (*abandonarse*) nachlässig werden, sich auf die faule Haut legen *fam*
❸ (*en el juego*) die Karten auf den Tisch legen
tenderete [tende'rete] *m* ❶ (*puesto*) (Verkaufs)stand *m;* (*en un mercado*) (Markt)stand *m,* (Markt)bude *f*
❷ (*cosas*) Durcheinander *nt*
❸ (*juego*) Tenderete *nt* (*Kartenspiel*)
tendero, -a [ten'dero, -a] *m, f* ❶ (*dueño*) Händler(in) *m(f),* Ladenbesitzer(in) *m(f)*
❷ (*dependiente*) Verkäufer(in) *m(f)*
tendidamente [tendiða'mente] *adv* ausführlich, weitschweifig; **explicar algo larga y ~** etw lang und breit erklären
tendido¹ [ten'diðo] *m* ❶ (*de un cable*) Verlegen *nt*
❷ (*cables*) Leitungen *fpl*
❸ (*ropa*) (zum Trocknen aufgehängte) Wäsche *f*

④ (TAUR) (unüberdachte) Sperrsitze mpl
⑤ (yeso) Putz m
⑥ (del tejado) Dachschräge f
⑦ (Am: ropa) Bettwäsche f

tendido, -a² [teṇ'diðo, -a] adj ① (galope) gestreckt
② (loc): **largo y ~** lang und breit; **hablar largo y ~** ausführlich miteinander reden

tendinitis [teṇdi'nitis] f inv (MED) Sehnenentzündung f, Tendinitis f

tendón [ten'don] m (ANAT) Sehne f; **~ de Aquiles** Achillessehne f

tenducha [teṇ'dutʃa] f (pey), **tenducho** [teṇ'dutʃo] m (pey) (schäbiger) Kramladen m

tenebrosidad [teneβrosi'ðað] f ① (de un lugar) Dunkelheit f, Finsternis f
② (del porvenir) Düsterkeit f
③ (de palabras, hechos) Rätselhaftigkeit f

tenebroso, -a [tene'βroso, -a] adj ① (oscuro, malévolo) dunkel, finster; (tétrico) düster; **la gitana le predijo un ~ porvenir** die Zigeunerin sagte ihm/ihr eine düstere Zukunft voraus
② (oculto) geheim
③ (misterioso) geheimnisvoll; (confuso) unklar

tenedor¹ [tene'ðor] m ① (para comer) Gabel f
② (DEP) Balljunge m

tenedor(a)² [tene'ðor(a)] m(f) Inhaber(in) m(f); Besitzer(in) m(f); **~ de acciones** Aktieninhaber m; **~ de una letra de cambio** Remittent m, Wechselnehmer m; **~ de libros** Buchhalter m; **~ de obligaciones** (ECON) Obligationär m; **~ de una póliza de seguros** Inhaber einer Versicherungspolice; **~ de tierras** Pächter m

teneduría [teneðu'ria] f Buchhaltung f, Buchführung f

tenencia [te'neṇθja] f ① (JUR) Besitz m; **~ de acciones** Aktienbesitz m; **~ ilícita de armas** unerlaubter Waffenbesitz; **~ en común** Mitinhaberschaft f; **~ conjunta** Mitbesitz m; **~ de participación** Beteiligungsbesitz m
② (ADMIN): **~ de alcaldía** Amt nt des zweiten Bürgermeisters
③ (MIL) Leutnantsrang m

tener [te'ner] irr I. vt ① (poseer, disfrutar) haben; **tiene los ojos azules** er/sie hat blaue Augen; **tengo 29 años** ich bin 29 (Jahre alt); **tengo la parada de autobús muy a mano** die Bushaltestelle liegt ganz in meiner Nähe; **tiene poco de tonto** er ist alles andere als dumm; **no tiene nada de especial** das ist doch nichts Besonderes; **¿tienes algo en contra?** hast du (et)was dagegen?; **¿con que ésas tenemos?** so ist das also!; **la tomada con alguien** (fam) jdn auf dem Kieker haben; **no ~las todas consigo** schlechte Karten haben; **no ~ nada que perder** nichts zu verlieren haben; **no ~ precio** unbezahlbar sein
② (considerar, estimar) halten; **~ a alguien por tonto** jdn für dumm halten; **~ a alguien en menos/mucho** wenig/viel von jdm halten; **ten por seguro que...** du kannst dich darauf verlassen, dass ...; **tengo para mí que...** ich persönlich glaube [o vermute], dass ...; **tiene a mucha honra formar parte del equipo nacional** er/sie ist stolz darauf, zur Nationalmannschaft zu gehören; **su obra fue tenida como única** sein/ihr Werk galt als einzigartig
③ (guardar) aufbewahren; **una caja para ~ libros** eine Kiste zur Aufbewahrung von Büchern
④ (contener) beinhalten; **el frasco ya no tiene miel** es ist kein Honig mehr im Glas
⑤ (coger) nehmen; **ten tu reloj, ya no lo necesito** nimm [o hier ist] deine Uhr, ich brauche sie nicht mehr
⑥ (sujetar) (fest)halten; **~ a alguien por el brazo** jdn am Arm festhalten
⑦ (dominar) beherrschen
⑧ (padecer, sentir): **~ cariño a alguien** jdn lieb haben; **~ cuidado** vorsichtig sein; **me tiene sin cuidado** das ist mir egal; **~ la culpa de algo** an etw schuld sein; **¿tienes frío?** ist dir kalt?; **le tengo lástima** er/sie tut mir leid; **~ prisa** es eilig haben; **~ sed/hambre** Durst/Hunger haben, durstig/hungrig sein; **~ sueño** müde sein
⑨ (recibir) bekommen; **~ una sorpresa** überrascht werden; **ha tenido un niño** sie hat ein Kind bekommen
⑩ (hacer sentir): **me tienes preocupada** ich mache mir deinetwegen Sorgen; **me tiene loca** er/sie macht mich ganz verrückt; **me tiene hasta las narices** [o **el moño**] (fam) ich habe die Nase voll von ihr/ihm; **la tengo hasta las narices con mis preguntas** (fam) sie hat die Nase voll von meinen Fragen
⑪ (cumplir, guardar): **~ su palabra** sein Wort halten
⑫ (loc): **~ en cuenta** berücksichtigen; **ten en cuenta que...** vergiss nicht, dass ...; **~ algo muy bien montado** (fam) etw perfekt im Griff haben; **~ presente algo** sich dat etw vor Augen halten, sich dat etw vergegenwärtigen
II. vr: **~se** ① (considerarse) sich halten (por für +akk); **~se por muy listo** sich für besonders schlau halten; **~se en mucho** viel auf sich halten
② (sostenerse) sich halten; **~se de** [o **en**] **pie** stehen (bleiben); **~se firme** [o **tieso**] aufrecht stehen (bleiben); (fig) standhaft bleiben; **está que no se tiene** er/sie ist todmüde, er/sie kann sich kaum mehr auf den Beinen halten
③ (dominarse) sich beherrschen, sich zurückhalten
④ (atenerse) sich halten (a an +akk)
III. aux ① (con participio concordante): **tiene pensado abrir un restaurante** er/sie hat vor ein Restaurant zu eröffnen; **ya tengo comprados todos los regalos de navidad** ich habe schon alle Weihnachtsgeschenke gekauft; **se lo tenía callado** er/sie hat uns kein Sterbenswort gesagt; **ya me lo tenía pensado** das habe ich mir bereits gedacht
② (obligación): **~ que** müssen; **~ mucho que hacer** viel zu tun haben; **tengo que irme** ich muss gehen; **tengo que decirte algo** ich habe dir etw zu sagen, ich muss dir etw sagen; **¿qué tiene que ver esto conmigo?** was hat das mit mir zu tun?
IV. vi (ser rico) reich [o vermögend] sein

Tenerife [tene'rife] m Teneriffa nt

tenia ['tenja] f ① (ZOOL) Bandwurm m
② (ARQUIT) Zierleiste f

teniasis [te'njasis] f inv (MED) Bandwurmbefall m, Täniase f

tenicida [teni'θiða] m (MED) Bandwurmmittel nt, Tänizid nt

tenida [te'niða] f (Chil) ① (indumentaria) Kleidung f
② (traje) Anzug m
③ (uniforme) Uniform f

teniente [te'njeṇte] I. adj ① (fam) schwerhörig
② (inmaduro) unreif
③ (tacaño) geizig
II. m ① (MIL) Leutnant m; **~ coronel** Oberstleutnant m
② (ADMIN): **~ de alcalde** zweiter Bürgermeister

tenis ['tenis] m sin pl Tennis nt; **~ de mesa** Tischtennis nt; **partido de ~** (Tennis)match nt

tenista [te'nista] mf Tennisspieler(in) m(f)

tenístico, -a [te'nistiko, -a] adj Tennis-

tenor [te'nor] m ① (contenido, t. MÚS) Tenor m
② (constitución) Beschaffenheit f; **a este ~** in diesem Stil; **a ~ de** laut +gen/dat, gemäß +dat

tenora [te'nora] f (MÚS) Tenora f

tenorino [teno'rino] m (MÚS) Falsetttenor m

tenorio [te'norjo] m Don Juan m

tenotomía [tenoto'mia] f (MED) operative Sehnendurchscheidung f, Tenotomie f

tensar [ten'sar] vt (an)spannen, straffen

tensión [ten'sjon] f ① (FÍS, ELEC) Spannung f; (de un gas) Tension f; **~ superficial** Oberflächenspannung f; **alta/baja ~** Hoch-/Niederspannung f
② (estado: cosa) Gespanntheit f; (cuerda, la piel) Straffheit f; (nervios, músculos) Anspannung f; (impaciencia) Spannung f; **película de ~** Thriller m; **estar en ~** (nervioso) sehr angespannt sein; (impaciente) gespannt sein
③ (MED) Blutdruck m; **~ arterial** [o **venosa**] Blutdruck m
④ (conflicto) Spannungen fpl; **tensiones sociales** soziale Spannungen; **provocar tensiones** zu Spannungen führen

tenso, -a ['tenso, -a] adj ① (cosa, situación) gespannt; (cuerda, piel) straff
② (músculos, nervios) angespannt; (persona: nerviosa) angespannt; (impaciente) gespannt

tensor¹ [ten'sor] m ① (mecanismo) Spanner m
② (para hacer gimnasia) Expander m
③ (músculo) Spannmuskel m; (MED) Tensor m
④ (MAT) Tensor m

tensor(a)² [ten'sor(a)] adj Spann-; **músculo ~** Spannmuskel m; (MED) Tensor m

tentación [teṇta'θjon] f Versuchung f; **caer en la ~** der Versuchung erliegen; **le dan** [o **tiene**] **tentaciones de...** er/sie ist versucht zu ...; **resistir la ~** der Versuchung widerstehen

tentáculo [teṇ'takulo] m Tentakel m o nt, Fangarm m

tentadero [teṇta'ðero] m (TAUR) Pferch m (zum Ausprobieren von Jungstieren)

tentador¹ [teṇta'ðor] m (diablo) Teufel m

tentador(a)² [teṇta'ðor(a)] I. adj verführerisch, verlockend
II. m(f) Verführer(in) m(f)

tentar [teṇ'tar] <e→ie> vt ① (palpar) betasten, abtasten
② (reconocer) ertasten
③ (atraer) (ver)locken (con mit +dat); (seducir) verführen (a zu +dat); **no me tientes** führe mich nicht in Versuchung
④ (probar a alguien) auf die Probe stellen; (REL) versuchen; (algo) versuchen, ausprobieren; **~ las vaquillas** die Wildheit der Jungstiere testen
⑤ (intentar) versuchen
⑥ (MED) untersuchen

tentativa [teṇta'tiβa] f Versuch m; **~ de asesinato** Mordversuch m; **~**

tentativo 750 **terco**

de conciliación Sühneversuch *m*; **~ malograda** fehlgeschlagener Versuch; **~ no consumada/consumada** (JUR) unvollendeter/vollendeter Versuch; **~ de robo** versuchter Diebstahl
tentativo, -a [tenta'tiβo, -a] *adj* Versuchs-, Probier-
tente-en-el-aire ['tente (e)n el 'aire] *m* (*Arg, Col, Perú: colibrí*) Kolibri *m*
tentempié [tentem'pje] *m* ❶ (*fam: refrigerio*) Imbiss *m*, Snack *m* ❷ (*dominguillo*) Stehaufmännchen *nt*
tentetieso [tente'tjeso] *m* Stehaufmännchen *nt*
tenue ['tenwe] *adj* ❶ (*delgado*) dünn; (*delicada*) fein ❷ (*sutil*) zart; (*suave*) sanft; (*débil*) schwach; **luz ~** Dämmerlicht *nt* ❸ (*sencillo*) schlicht ❹ (*de poca importancia*) unbedeutend, geringfügig
tenuidad [tenwi'ðað] *f* ❶ (*de una tela*) Feinheit *f* ❷ (*de colores*) Zartheit *f*; (*de la luz*) Schwäche *f* ❸ (*del estilo*) Schlichtheit *f* ❹ (*pequeñez*) Kleinigkeit *f*
tenuto [te'nuto] *adv* (MÚS) tenuto
teñido [te'ɲiðo] *m* ❶ (*acción*) Färben *nt* ❷ (*efecto*) Färbung *f*
teñir [te'ɲir] *irr como ceñir vt, vr:* **~se** (sich) färben; **~(se) de rojo** (sich) rot färben; **~se el cabello de negro** sich *dat* die Haare schwarz färben; **~ un discurso de humor** eine Rede humoristisch färben; **~ de tristeza** mit Trauer erfüllen
teocali [teo'kali] *m* (*Méx: HIST*) Tempel der Azteken
teocracia [teo'kraθja] *f* Theokratie *f*
teocrático, -a [teo'kratiko, -a] *adj* theokratisch
teodolito [teoðo'lito] *m* (TÉC) Theodolit *m*
teofanía [teofa'nia] *f* (REL) Theophanie *f*, Gotteserscheinung *f*
teofilina [teofi'lina] *f* (MED, QUÍM) Theophyllin *nt*
teofobia [teo'foβja] *f* Abneigung *f* gegen Gott und das Göttliche
teogonía [teoɣo'nia] *f* Theogonie *f*
teologal [teolo'ɣal] *adj v.* **teológico**
teología [teolo'xia] *f* Theologie *f*; **~ de la liberación** Befreiungstheologie *f*
teológico, -a [teo'loxiko, -a] *adj* theologisch, Theologie-
teólogo, -a [te'oloɣo, -a] I. *adj v.* **teológico** II. *m, f* Theologe, -in *m, f*; (*estudiante*) Theologiestudent(in) *m(f)*
teomanía [teoma'nia] *f* (PSICO) religiöser Wahn(sinn) *m*, Theomanie *f*
teorema [teo'rema] *m* Lehrsatz *m*, Theorem *nt*; **el ~ de Pitágoras** der Satz des Pythagoras; **el ~ de Tales** der Thalessatz
teorética [teo'retika] *f* (FILOS) Theoretik *f*
teorético, -a [teo'retiko, -a] *adj* theoretisch
teoría [teo'ria] *f* Theorie *f*; **~ de los colores** Farbenlehre *f*; **~ de probabilidades** Wahrscheinlichkeitslehre *f*; **~ de la relatividad** Relativitätstheorie *f*; **en ~** theoretisch
teórica [te'orika] *f* Theorie *f*
teórico, -a [te'oriko, -a] I. *adj* theoretisch II. *m, f* Theoretiker(in) *m(f)*
teorizar [teori'θar] <z→c> I. *vt* theoretisch behandeln II. *vi* theoretisieren
teosofía [teoso'fia] *f sin pl* Theosophie *f*
tepache [te'patʃe] *m* (*Méx: GASTR*) fermentiertes Getränk aus dem Saft und der Schale einiger Früchte (*hauptsächlich Ananas*)
tepalcate [tepal'kate] *m* (*Méx*) ❶ (*trasto inútil*) Plunder *m* ❷ *pl* (*fragmentos*) Scherben *fpl* eines Tongefäßes
tepeizcuintle [tepeiθ'kwinle] *m* (*CRi, Guat, Méx: ZOOL*) Paka *f o nt*
tepetomate [tepeto'mate] *m* (*Méx: BOT*) Erdbeerbaumart mit essbaren Wurzeln und Früchten und verwertbarem Holz
tepú [te'pu] *m* (*Chil: BOT*) Myrtengewächs mit verwertbarem Holz
tequesquite [tekes'kite] *m* (*Méx*) Salzablagerung *f* der ausgetrockneten Salzseen (*zur Verseifung von Fetten und in der Volksmedizin verwendet*)
tequiar [te'kjar] *vt* (*AmC: perjudicar*) benachteiligen, schädigen; (*recibiendo servicios*) ausnutzen
tequiche [te'kitʃe] *m* (*Ven: GASTR*) Gericht aus geröstetem Maismehl, Butter und Kokosmilch
tequila [te'kila] *m* (GASTR) Tequila *m*
tequio ['tekjo] *m* (*AmC, Méx*) ❶ (*molestia*) Belästigung *f* ❷ (*daño*) Schaden *m*
tequioso, -a [te'kjoso, -a] *adj* (*AmC*) ❶ (*travieso*) frech; (*niño*) ungezogen ❷ (*molesto*) lästig
TER [ter] *m abr de* **Tren Español Rápido** TER *m* (*spanischer, mit dem IC vergleichbarer Zug*)
terabit [tera'βit] *m* (INFOR) Terabit *nt*; **~s por segundo** Terabit pro Sekunde
terabyte [tera'βait] *m* Terabyte *nt*; **~s por segundo** Terabyte pro Sekunde

terapeuta [tera'peuta] *mf* (MED, PSICO) Therapeut(in) *m(f)*
terapéutica [tera'peutika] *f* (MED, PSICO) ❶ (*parte de la medicina*) Therapeutik *f* ❷ (*terapia*) Therapie *f*
terapéutico, -a [tera'peutiko, -a] *adj* (MED, PSICO) therapeutisch
terapia [te'rapja] *f* (MED, PSICO) Therapie *f*; **~ ocupacional** Beschäftigungstherapie *f*
teratología [teratolo'xia] *f* (BIOL) Teratologie *f*, Lehre *f* von den Missbildungen
tercena [ter'θena] *f* (*Ecua*) Fleischerei *f*, Metzgerei *f*
tercer [ter'θer] *adj v.* **tercero²**
tercera [ter'θera] *f* ❶ (AUTO) dritter Gang *m* ❷ (MÚS) Terz *f* ❸ (FERRO) dritte Klasse *f*
tercería [terθe'ria] *f* ❶ (*mediación*) Vermittlung *f* ❷ (JUR) (Dritt)widerspruchsklage *f*
tercerilla [terθe'riʎa] *f* ❶ (AGR) Kleie *f* ❷ (LIT) Tristichon *nt*, dreizeiliges Gedicht *nt*
tercermundismo [terθermun'dismo] *m sin pl* ❶ (*subdesarrollo*) Unterentwicklung *f* ❷ (*problemática*) Dritte-Welt-Problematik *f*
tercermundista [terθermun'dista] *adj* Dritte-Welt-
Tercer Mundo [ter'θer 'mundo] *m sin pl* Dritte Welt *f*
tercero¹ [ter'θero] I. *m* ❶ (JUR) Dritte(r) *m*; **contrato a favor de ~s** Vertrag zugunsten eines Dritten ❷ (*alcahuete*) Kuppler *m* ❸ (REL) Terziar *m*, Tertiarer *m* II. *adv* drittens
tercero, -a² [ter'θero, -a] I. *adj* (*delante de un sustantivo masculino: tercer*) dritte(r, s); **orden tercera** Dritttorden *m*; **país ~** Drittland *nt*; **terceras personas** Dritte *pl*; **en tercer lugar** drittens, an dritter Stelle; **a la tercera va la vencida** aller guten Dinge sind drei; *v. t.* **octavo** II. *m, f* Vermittler(in) *m(f)*; **~ en discordia** Schlichter *m*
terceto [ter'θeto] *m* ❶ (MÚS) Terzett *nt* ❷ (LIT) Terzine *f*; (*de un soneto*) Terzett *nt*
tercia ['terθja] *f* (REL) Terz *f*
terciado, -a [ter'θjaðo, -a] *adj* ❶ (*dividido*) dreigeteilt ❷ (*con un tercio gastado*) zu einem Drittel verbraucht ❸ (*de menor calidad*): **azúcar ~** brauner Zucker *m*
terciana [ter'θjana] *f* (MED) dreitägiges Wechselfieber *nt*, Tertianafieber *nt*
terciar [ter'θjar] I. *vt* ❶ (*dividir*) dritteln, dreiteilen ❷ (*atravesar*) (quer) umhängen; (*ladear*) schräg hinstellen ❸ (*la carga*) gleichmäßig verteilen ❹ (*la tierra*) zum dritten Mal umpflügen ❺ (*una planta*) um zwei Drittel zurückschneiden ❻ (*Am: aguar*) panschen II. *vi* ❶ (*intervenir*) eingreifen; **~ en una discusión** sich in eine Diskussion einschalten, in eine Diskussion eingreifen ❷ (*mediar*) vermitteln (*entre* zwischen +*dat, con* bei +*dat*) ❸ (*participar*) mitmachen (*en* bei +*dat*); **~ en un juego** mitspielen III. *vr:* **~se** ❶ (*la ocasión*) sich (zufällig) ergeben; **si se tercia** (**la ocasión**) bei Gelegenheit; **cuando se tercie una buena oportunidad** sobald sich eine günstige Gelegenheit bietet ❷ (*suceder*) sich (zufällig) ereignen; **tenemos que estar preparados, por lo que se pueda ~** wir müssen für alle Fälle gerüstet sein ❸ (*ponerse*) sich *dat* (quer) umhängen
terciario¹ [ter'θjarjo] *m* (GEO) Tertiär *nt*
terciario, -a² [ter'θjarjo, -a] I. *adj* (*t.* GEO) tertiär; **el sector ~ de la economía** der tertiäre Sektor der Wirtschaft II. *m, f* (REL) Tertiarer(in) *m(f)*, Terziar(in) *m(f)*
tercio ['terθjo] *m* ❶ (*parte*) Drittel *nt*; *v. t.* **octavo** ❷ (MIL, HIST: *regimiento*) Infanterieregiment im 16. und 17. Jh. ❸ (*de la guardia civil*) Einheit *f* der Guardia civil ❹ (*voluntarios*) Freiwilligenkorps *nt*; (*legión*) Fremdenlegion *f* ❺ (TAUR: *de la lidia*) Stierkampfphase *f* ❻ (TAUR: *del ruedo*) Arenadrittel *nt* ❼ (*del flamenco*) Flamencovers *m* ❽ (*loc*): **hacer buen/mal ~ a alguien** jdm einen guten/schlechten Dienst erweisen
terciopelo [terθjo'pelo] *m* Samt *m*; **falda de ~** Samtrock *m*; **de ~** samten
terco, -a ['terko, -a] I. *adj* ❶ (*persona*) stur, dickköpfig, halsstarrig; **ser más ~ que una mula manchega** störrisch wie ein Maulesel sein, stur wie ein Panzer sein ❷ (*niño*) trotzig ❸ (*animal*) störrisch ❹ (*cosa*) steif II. *m, f* Dickkopf *m*

tere ['tere] *adj* (*Col*) ❶ (*llorón*) weinerlich
❷ (*enclenque*) schwächlich
terebeco, -a [tere'βeko, -a] *adj* (*CRi*) zitterig, zitternd
terebequear [tereβeke'ar] *vi* (*CRi*) zittern
terebración [tereβra'θjon] *f* (MED) Trepanation *f*
tereque [te'reke] *m* (*Col, Dom, PRico, Ven: cachivache*) Gerümpel *nt*
tereré [tere're] *m* (*Arg, Par: mate frío*) kalter Mate(tee) *m*
teresa [te'resa] *f* (REL) Karmeliterin *f*, Theresianerin *f*
teresiano, -a [tere'sjano, -a] *adj* (REL) zum Theresanierorden gehörend
tergal® [ter'ɣal] *m* Tergal® *nt*
tergiversable [terxiβer'saβle] *adj* (*hechos*) verfälschbar; (*la verdad*) verdrehbar
tergiversación [terxiβersa'θjon] *f* Verfälschung *f*; (*de palabras*) verfälschte Wiedergabe *f*
tergiversar [terxiβer'sar] *vt* (*hechos*) verfälschen; (*la verdad*) verdrehen; (*palabras*) falsch wiedergeben
termal [ter'mal] *adj* thermal; **aguas ~es** Thermalquelle *f*
termalismo [terma'lismo] *m* therapeutische Nutzung *f* der Thermalquellen
termántico, -a [ter'mantiko, -a] *adj* (MED) Wärme spendend
termas ['termas] *fpl* (*baños*) Thermalbad *nt*; (*de los romanos*) Thermen *fpl*
termes ['termes] *m inv* (ZOOL) Termite *f*
térmica ['termika] *f* (ELEC, FÍS) Thermik *f*
térmico, -a ['termiko, -a] *adj* thermisch, Wärme-; **central térmica** (ELEC) Wärmekraftwerk *nt*
terminación [termina'θjon] *f* ❶ (*acción*) Beendung *f*; (*de un proyecto*) Abschluss *m*; (*producción*) Fertigstellung *f*; (*de un plazo*) Ablauf *m*
❷ (*final*) Ende *nt*, Schluss *m*; (*borde*) Abschluss *m*
❸ (LING) (Wort)endung *f*
❹ *v.* **terminado**
terminado [termi'naðo] *m* Verarbeitung *f*
terminal[1] [termi'nal] I. *adj* End-, (Ab)schluss-; **estación ~** Endstation *f*; **estado ~** Endstadium *nt*; **parte ~** Schlussteil *m*; **un enfermo ~** ein sich im Endstadium befindender Kranker
II. *m* ❶ (INFOR) Terminal *nt*; **~ asíncrono** (INFOR) asynchrones Terminal; **~ en red TCP/IP** (INFOR) TCP/IP-Netzterminal *nt*; **~ de vídeo** Videoterminal *nt*; **~ virtual** virtuelles Terminal
❷ (COM): **~ de carga** Frachthof *m*; **~ de contenedores** Containerterminal *m o nt*
❸ (ELEC) (Anschluss)klemme *f*; (*de cable*) Kabelschuh *m*
terminal[2] [termi'nal] *f* ❶ (*estación*) Endstation *f*; (FERRO) Endbahnhof *m*
❷ (*de un* (*aero*)*puerto, t.* FERRO) Terminal *m o nt*; **~ aérea** Flughafenterminal *m o nt*, Abfertigungshalle *f*
terminante [termi'nante] *adj* ❶ (*claro*) eindeutig
❷ (*definitivo*) endgültig
terminar [termi'nar] I. *vt* ❶ (*finalizar*) beenden; (*proyecto*) abschließen; **¿cuándo terminas?** wann bist du fertig?; **~ antes de plazo** vor Fristablauf fertigstellen; **~ un pedido a tiempo** einen Auftrag fristgerecht erledigen; **no puedes salir hasta que no termines tus deberes** du darfst nicht raus, bevor du nicht deine Hausaufgaben gemacht hast
❷ (*producir*) fertig stellen; **¿cuándo van a ~ el puerto?** wann wird der Hafen fertig gestellt?; **este vestido está bien terminado** dieses Kleid ist sorgfältig verarbeitet; **todavía tengo que ~ el artículo** ich muss dem Artikel noch den letzten Schliff geben
❸ (*consumir*) aufbrauchen; **~ una botella** eine Flasche leer trinken; **termina ya la sopa** iss die Suppe endlich auf; **termina el café que se está enfriando** trink den Kaffee aus, er wird kalt
II. *vi* ❶ (*tener fin*) enden; (*un plazo, un contrato*) ablaufen; **en punta** spitz zulaufen; **terminó en un manicomio** er/sie endete in einer Anstalt; **aquí termina mi jardín** hier ist mein Garten zu Ende, mein Garten geht bis hierhin; **¿cuándo termina la película?** wann ist der Film zu Ende?; **la escuela termina a las dos** die Schule ist um zwei aus; **la falda termina por debajo de la rodilla** der Rock geht bis unters Knie
❷ (*acercarse al final*) zu Ende gehen; **ya están terminando nuestras vacaciones** unser Urlaub nähert sich dem Ende [*o* geht dem Ende zu]; **ya termina la película** der Film ist bald zu Ende
❸ (*poner fin*) aufhören (*con* mit *+dat*); **ya es hora de que termines con estas tonterías** es wird Zeit, dass du mit diesem Blödsinn aufhörst
❹ (*destruir*) vernichten (*con +akk*); **el tabaco va a ~ contigo** das Rauchen macht dich noch kaputt
❺ (*de hacer algo*) fertig machen; **~ de construir una casa** ein Haus fertig stellen; **~ de hacer un jersey** einen Pullover fertig stricken; **termina de comerte el pastel y de beberte tu café** iss den Kuchen auf und trink deinen Kaffee aus; **cuando termines de comer puedes ver la tele** nach dem Essen [*o* wenn du mit dem Essen fertig bist,] kannst du fernsehen; **queda poco en la botella, termínala si quieres** es ist kaum noch etwas in der Flasche, trink sie doch leer; **tuve que irme sin ~ de comer** ich musste gehen, ohne fertig gegessen zu haben
❻ (*separarse*) Schluss machen; **ha terminado con su novia** er hat sich von seiner Freundin getrennt, er hat mit seiner Freundin Schluss gemacht
❼ (*llegar a*): **terminaron peleándose** [*o* **por pelearse**] am Ende stritten sie sich; **terminó por irse a otra ciudad** er/sie ging schließlich in eine andere Stadt
❽ (*haber hecho*): **termina de sacarse el carnet de conducir** er/sie hat gerade seinen/ihren Führerschein gemacht
❾ (DEP) ins Ziel kommen; **Hill terminó segundo** Hill kam als zweiter ins Ziel
III. *vr*: **~se** ❶ (*aproximarse al final*) zu Ende gehen; **se está terminando la fiesta** das Fest nähert sich dem Ende [*o* ist bald zu Ende]
❷ (*no haber más*) ausgehen, zu Ende gehen; **se nos ha terminado el dinero** uns ist das Geld ausgegangen; **se me está terminando la paciencia** ich bin bald mit meiner Geduld am Ende; **se ha terminado la leche** die Milch ist ausgegangen, es ist keine Milch mehr da
término ['termino] *m* ❶ (*fin*) Ende *nt*; **~ de la vida** Lebensende *nt*; **me bajé en el ~** ich stieg an der Endstation aus; **he llegado al ~ de mi paciencia** ich bin mit meiner Geduld am Ende; **dar ~ a algo** etw beenden; **llevar a ~** zu Ende bringen; **poner ~ a algo** einer Sache ein Ende machen; **sin ~** endlos
❷ (*plazo*) Zeitraum *m*; (*t.* JUR) Frist *f*; **~ para apelar** Berufungsfrist *f*; **~ procesal** Verfahrensfrist *f*; **~ para recurrir en queja** Beschwerdefrist *f*; **~ de señalamiento** Verhandlungstermin *m*; **en el ~ de quince días** innerhalb von zwei Wochen, binnen 14 Tagen
❸ (*linde*) Grenze *f*
❹ (*hito*) Grenzstein *m*
❺ (ADMIN) Bezirk *m*; **~ municipal** Gemeindebezirk *m*
❻ (*vocablo*) Ausdruck *m*, Wort *nt*; (*especial*) Terminus *m*, Fachausdruck *m*; **en buenos ~s** gelinde gesagt; **en** [*o* **con**] **otros ~s** mit anderen Worten; **contestar en malos ~s** barsch antworten
❼ (*parte*) Teil *m*; (MAT) Glied *nt*
❽ (TEAT, ARTE, CINE): **primer/tercer** [*o* **último**] **~** Vorder-/Hintergrund *m*; **segundo ~** Mitte *f*
❾ (*situación*) Situation *f*; (*condición*) Zustand *m*
❿ *pl* (*de un contrato*) Bestimmungen *fpl*
⓫ *pl* (*punto de vista*) Gesichtspunkt *m*; (*manera*) Art *f*
⓬ (*loc*): **~ medio** Durchschnitt *m*; **por ~ medio** durchschnittlich; **en primer ~** an erster Stelle, im Vordergrund; **en último ~** letztendlich, letzten Endes; **estar en buenos/malos ~s** sich gut/schlecht verstehen; **separarse en buenos/malos ~s** gütlich [*o* einvernehmlich]/im Streit auseinander gehen
terminología [terminolo'xia] *f* Terminologie *f*, Fachwortschatz *m*
terminológico, -a [terminolo'loxiko, -a] *adj* terminologisch, fachsprachlich; **diccionario ~** Fachwörterbuch *nt*
terminólogo, -a [termi'noloɣo, -a] *m, f* (LING) Terminologe, -in *m, f*
termita [ter'mita] *f* ❶ (ZOOL) Termite *f*
❷ (QUÍM) Thermit® *nt*
termitera [termi'tera] *f*, **termitero** [termi'tero] *m* (ZOOL) Termitenhügel *m*
termo ['termo] *m* Thermosflasche *f*
termoaislante [termoa̩s'lante] *adj* wärmeisolierend
termoanestesia [termoanes'tesja] *f* (MED) Verlust *m* des Wärmempfindens, Thermanästhesie *f*
termodifusión [termoðifu'sjon] *f* (FÍS) Thermodiffusion *f*
termodinámica [termoði'namika] *f* (FÍS) Thermodynamik *f*
termodinámico, -a [termoði'namiko, -a] *adj* (FÍS) thermodynamisch
termoelectricidad [termoelektriθi'ðað] *f* (FÍS) Thermoelektrizität *f*
termoeléctrico, -a [termoe'lektriko, -a] *adj* (FÍS) thermoelektrisch
termografía [termoɣra'fia] *f* (FÍS, FOTO) Thermographie *f*
termólisis [ter'molisis] *f inv* (BIOL, QUÍM) Thermolyse *f*, thermische Dissoziation *f*
termología [termolo'xia] *f* (FÍS) Wärmelehre *f*, Thermologie *f*
termometría [termome'tria] *f* (METEO) Temperaturmessung *f*, Thermometrie *f*
termómetro [ter'mometro] *m* Thermometer *nt*; **~ clínico** Fieberthermometer *nt*; **~ de baño** Badethermometer *nt*
termonuclear [termonukle'ar] *adj* (FÍS) thermonuklear
termopila [termo'pila] *f* (ELEC) Thermobatterie *f*, Thermoelement *nt*
termoplástico[1] [termo'plastiko] *m* (QUÍM) Thermoplast *m*
termoplástico, -a[2] [termo'plastiko, -a] *adj* (QUÍM) thermoplastisch
termopropulsión [termopropul'sjon] *f* (FÍS) thermodynamischer Antrieb *m*
termoquímica [termo'kimika] *f* (QUÍM) Thermochemie *f*
termorregulación [termoreɣula'θjon] *f* (BIOL, TÉC) Wärmeregelung *f*, Temperaturregelung *f*
termorregulador [termoreɣula'ðor] *m* (BIOL, TÉC) Wärmeregler *m*, Temperaturregler *m*
termoscopio [termos'kopjo] *m* (FÍS) Thermoskop *nt*
termosfera [termos'fera] *f* Thermosphäre *f*

termosifón [termosi'fon] *m* ❶ (*calentador*) Boiler *m*
❷ (*calefacción*) Warmwasserheizung *f*
termóstato [ter'mostato] *m*, **termostato** [termos'tato] *m* Thermostat *m*, Temperaturregler *m*
termotecnia [termo'teɣnja] *f* Wärmetechnik *f*
termoterapia [termote'rapja] *f* (MED) Thermotherapie *f*
terna ['terna] *f* ❶ (*conjunto*) Kandidatenliste *f* (*mit drei Vorschlägen*)
❷ (*dados: pareja*) Dreierpasch *m;* (*juego*) Satz *m* Würfel
ternada [ter'naða] *f* (*Chil, Perú*) dreiteiliger Anzug *m*
ternario, -a [ter'narjo, -a] *adj* Dreier-; (*de tres unidades*) dreiteilig; (QUÍM) ternär; **compás** ~ Dreiertakt *m*
ternasco [ter'nasko] *m* Milchlamm *nt*
terne ['terne] I. *adj* ❶ (*fam: bravucón*) großmäulig
❷ (*fam: cabezota*) stur
❸ (*recio*) kräftig
II. *m* ❶ (*fam: bravucón*) Großmaul *nt*
❷ (*Arg: navaja*) (Gaucho)messer *nt*
ternejo, -a [ter'nexo, -a] *adj* (*Ecua, Perú: persona*) kraftvoll, energisch
ternera [ter'nera] *f* ❶ (*carne*) Kalbfleisch *nt*
❷ (*animal*) Kuhkalb *nt*
ternero, -a [ter'nero, -a] *m, f* (*macho*) (Bullen)kalb *nt;* (*hembra*) (Kuh)kalb *nt*
terneza [ter'neθa] *f v.* **ternura**
ternilla [ter'niʎa] *f* Knorpel *m*
terno ['terno] *m* ❶ (*conjunto*) Dreiheit *f*, Triade *f elev*
❷ (*números*) Terne *f*
❸ (*traje*) dreiteiliger Anzug *m*
❹ (*Cuba, PRico: joyas*) (dreiteiliges) Schmuckset *nt*
❺ (*juramento*) Kraftausdruck *m*, Schimpfwort *nt;* **echar ~s** fluchen
ternura [ter'nura] *f* ❶ (*cariño*) Zärtlichkeit *f*
❷ (*dulzura*) Lieblichkeit *f*
❸ (*blandura, delicadeza*) Zartheit *f*
❹ (*suavidad*) Zartheit *f*, Sanftheit *f*
❺ (*sensibilidad*) Zartheit *f*, Sensibilität *f*
❻ (*Chil, Ecua, Guat: inmadurez*) Unreife *f*
terquedad [terke'ðað] *f* ❶ (*testarudez*) Sturheit *f*, Halsstarrigkeit *f*
❷ (*porfía*) Rechthaberei *f*
❸ (*de un niño*) Trotz *m*
❹ (*de un animal*) Störrischkeit *f*
terracota [terra'kota] *f* Terrakotta *f*, Terrakotte *f*
terrado [te'rraðo] *m* (Flach)dach *nt;* (*terraza*) (Dach)terrasse *f*
terraja [te'rraxa] *f* ❶ (*para modelar*) Modellierbrett *nt*
❷ (*para tornillos*) (Gewinde)schneideisen *nt*
terral [te'rral] I. *adj* Land-; **viento ~** Landwind *m*
II. *m* ❶ (METEO) Landwind *m*
❷ (*PRico, Perú: polvareda*) Staubwolke *f*
terramicina [terrami'θina] *f* (MED) Terramycin *nt*
terranova [terra'noβa] *m* (*raza de perros*) Neufundländer *m*
Terranova [terra'noβa] *f* Neufundland *nt*
terraplén [terra'plen] *m* ❶ (*montón*) (Erd)aufschüttung *f;* (*protección*) (Erd)wall *m*
❷ (*desnivel*) Damm *m;* **~ de un ferrocarril** Bahndamm *m*
terráqueo, -a [te'rrakeo, -a] I. *adj* Erd-; **globo ~** Erdkugel *f*
II. *m, f* Erdbewohner(in) *m(f)*
terrario [te'rrarjo] *m* Terrarium *nt*
terrateniente [terrate'njeṇte] *mf* Großgrundbesitzer(in) *m(f)*
terraza [te'rraθa] *f* ❶ (*lugar*) Terrasse *f;* (*terrado*) (Dach)terrasse *f;* (*balcón*) Balkon *m*
❷ (*fam: cabeza*) Schädel *m*
terrazo [te'rraθo] *m* Terrazzo *m;* **suelo de ~** Terrazzofußboden *m*
terregal [terre'ɣal] *m* (*Méx*) Staubwolke *f*, Staubwirbel *m*
terremoto [terre'moto] *m* Erdbeben *nt*
terrenal [terre'nal] *adj* irdisch; **paraíso ~** Paradies *nt* auf Erden
terreno¹ [te'rreno] *m* ❶ (*suelo*) (Erd)boden *m*, Erdoberfläche *f*, Terrain *nt;* (GEO) Gesteinsschicht *f;* (*de una época*) Formation *f;* **~ arcilloso** Tonboden *m*
❷ (*espacio*) Gelände *nt*, Gebiet *nt;* (*parcela*) Grundstück *nt;* (*campo*) Feld *nt;* (MIL) Gelände *nt*, Terrain *nt;* **~ edificable** Bauland *nt;* **~ industrial** Industriegelände *nt;* **~ vedado** Sperrgrundstück *nt;* **vehículo todo ~** Geländefahrzeug *nt*
❸ (*esfera*) Gebiet *nt*, Bereich *m*, Terrain *nt;* **~ desconocido** Neuland *nt;* **es una autoridad en el ~ de la cardiología;** **está [o se encuentra] en su propio ~, sabe [o conoce] el ~ que pisa** er/sie ist sich auf diesem Gebiet aus
❹ (DEP) Spielfeld *nt*
❺ (*loc*): **sobre el ~** an Ort und Stelle; **explorar [o tantear] el ~** (*fig*) das Terrain sondieren; **ganar/perder ~** an Boden gewinnen/verlieren; **minar [o socavar] el ~ a alguien** jdm Fallstricke legen; **preparar [o trabajar] el ~ para las negociaciones** das Terrain für die Verhandlungen vorbereiten
terreno, -a² [te'rreno, -a] *adj* irdisch, weltlich
térreo, -a ['terrreo, -a] *adj* (*de tierra*) erdig; (*parecido a la tierra*) erdartig; **de color ~** erdfarben
terrera [te'rrera] *f* ❶ (ZOOL) Lerche *f*
❷ (*cesto*) (Trage)korb *m* (*für den Transport von Erde*)
terrero¹ [te'rrero] *m* Haufen *m;* (MIN) Halde *f*
terrero, -a² [te'rrero, -a] *adj* ❶ (*de/para la tierra*) Erd-; **casa terrera** (*PRico*) einstöckiges Haus
❷ (*bajo, humilde*) niedrig
terrestre [te'rrestre] I. *adj* ❶ (*de la Tierra*) Erd-; **globo ~** Erdkugel *f*
❷ (*en la tierra*) Land-; (GEO, BIOL) terrestrisch; **animal ~** Landlebewesen *nt;* **transporte ~** Beförderung auf dem Landweg
❸ (*terrenal*) irdisch
II. *mf* Erdbewohner(in) *m(f)*
terrible [te'rriβle] *adj* schrecklich, furchtbar; **hace un frío ~** es ist schrecklich kalt; **tengo un hambre ~** ich habe einen Mordshunger *fam*
terriblemente [terriβle'meṇte] *adv* schrecklich, furchtbar; **está ~ resfriado** er ist furchtbar erkältet; **estoy ~ enamorado** ich bin schrecklich verliebt
terrícola [te'rrikola] I. *adj* (*terrestre*) Erd-; **animales ~s** Landlebewesen *ntpl*
II. *mf* Erdbewohner(in) *m(f);* **marcianos y ~s** Marsmenschen und Erdbewohner
terrier [te'rrjer] *m* (ZOOL) Terrier *m*
terrífico, -a [te'rrifiko, -a] *adj* Schrecken erregend, schrecklich
terrina [te'rrina] *f* (GASTR) Terrine *f*
territorial [territo'rjal] *adj* ❶ territorial, Gebiets-; **división ~** Gebietseinteilung *f*
❷ (ZOOL) Revier-
territorialidad [territorjali'ðað] *f* Territorialität *f*
territorio [terri'torjo] *m* ❶ (*región*) Gebiet *nt;* (POL) Territorium *nt*, Hoheitsgebiet *nt;* **~ aduanero** Zollgebiet *nt;* **~ del Estado** Staatsgebiet *nt*
❷ (JUR) Bezirk *m;* **jurisdiccional** Gerichtsbezirk *m*
❸ (ZOOL) Revier *nt*
terrón [te'rron] *m* ❶ Klumpen *m;* **~ de azúcar** Stück Zucker; ~ **(de tierra)** Erdklumpen *m;* **azúcar de ~** Würfelzucker *m*
❷ (*pl*) (*fam: campo*) Scholle *f*
❸ (*orujo*) (Oliven)trester *m*
terror [te'rror] *m* ❶ (*miedo*) (panische) Angst *f;* **película de ~** Horrorfilm *m;* **las arañas me dan ~** ich habe panische Angst vor Spinnen; **le domina el ~** er ist seit von großer Angst geplagt
❷ (*que provoca miedo*) Schrecken *m*
❸ (POL) Terror *m;* **reino de ~** Terrorherrschaft *f*
terrorífico, -a [terro'rifiko, -a] *adj* Schrecken erregend, schrecklich
terrorismo [terro'rismo] *m sin pl* ❶ (*lucha*) Terrorismus *m;* **~ de Estado** (POL) Staatsterror *m*
❷ (*dominación*) Terrorisierung *f*
terrorista [terro'rista] I. *adj* terroristisch; **organización ~** Terrororganisation *f*
II. *mf* Terrorist(in) *m(f)*
terroso, -a [te'rroso, -a] *adj* erdig; (*color*) erdfarbig, erdfarben
terruño [te'rruɲo] *m* ❶ (*trozo*) (Erd)scholle *f*
❷ (*comarca*) Gegend *f;* (*patria*) Heimat *f*
❸ (AGR) Scholle *f*, Ackerland *nt*
❹ (*terreno*) Grundstück *nt*
terso, -a ['terso, -a] *adj* ❶ (*liso*) glatt; (*tirante*) straff
❷ (*limpio*) sauber; (*transparente*) klar; (*brillante*) glänzend
❸ (*sencillo*) klar; (*fluido*) flüssig
tersura [ter'sura] *f* ❶ (*lisura*) Glätte *f;* (*tirantez*) Straffheit *f*
❷ (*limpieza*) Sauberkeit *f;* (*transparencia*) Klarheit *f;* (*brillo*) Glanz *m*
❸ (*sencillez*) Klarheit *f;* (*fluidez*) Flüssigkeit *f*
tertulia [ter'tulja] *f* ❶ (*reunión*) Treffen *nt;* (*para conversar*) (Gesprächs)kreis *m;* (*en un bar*) Stammtisch *m;* **~ literaria** literarischer Zirkel
❷ (*conversación*) Gespräch *nt;* **estar de ~** plaudern
❸ (*para jugar*) Spielsaal *m*
❹ (*corredor*) Galerie *f*
❺ (*Arg, Cuba: butaca*) Parkettsitz *m*
tertuliano, -a [tertu'ljano, -a] *m, f* Teilnehmer(in) *m(f)* an einem Gesprächskreis
tertuliar [tertu'ljar] *vi* (*Am*) plaudern
teruteru [teru'teru] *m* ❶ (*Arg, Bol, Par: tero*) Kiebitz *m*
❷ (*Bol*): **gaucho ~** wagemutiger Mann
tesina [te'sina] *f* Diplomarbeit *f;* (*en Letras*) Magisterarbeit *f*
tesis ['tesis] *f inv* ❶ (*proposición*) These *f*
❷ (*trabajo*) Doktorarbeit *f*, Dissertation *f*
tesitura [tesi'tura] *f* ❶ (*disposición*) Stimmung *f*

②(MÚS) Stimmlage *f*
tesla ['tesla] *m* (FÍS) Tesla *nt*
teso, -a ['teso, -a] *adj* ❶ (*tieso*) steif, starr
②(ARQUIT): **lima tesa** Dachgrat *m*, Dachecke *f*
tesón [te'son] *m* Beharrlichkeit *f;* **trabajar con** ~ hart arbeiten
tesonero, -a [teso'nero, -a] *adj* (*Am*) ❶ (*perseverante*) beharrlich
②(*tenaz*) zielstrebig
tesorería [tesore'ria] *f* ❶ (*cargo*) Schatzmeisteramt *nt*
②(*despacho*) Kasse *f*
❸(COM) Kasse *f*
tesorero, -a [teso'rero, -a] *m, f* Schatzmeister(in) *m(f)*
tesoro [te'soro] *m* ❶ (*de gran valor*) Schatz *m;* **es un** ~ **de una persona** er/sie ist ein wunderbarer Mensch; **valer un** ~ Gold wert sein
②(*fortuna*) Vermögen *nt;* ~ (**público**) Staatskasse *f*, Fiskus *m;* **bonos del T**~ Schatzanweisungen *fpl;* **pagarés del T**~ Schatzwechsel *mpl*
❸(*cariño*) Schatz *m;* **¡ven aquí,** ~**!** komm her, mein Schatz!
④(*libro*) Thesaurus *m*, Sammelwerk *nt*
test [tesᵗ] *m* Test *m;* ~ **de aptitud** Eignungstest *m;* ~ **de inteligencia** Intelligenztest *m;* ~ **de personalidad** Persönlichkeitstest *m*
testa ['testa] *f* ❶ (*cabeza*) Haupt *nt;* ~ **coronada** gekröntes Haupt; ~ **dura** Dickkopf *m;* ~ **de ferro** Strohmann *m*
②(*frente*) Stirnseite *f*, Vorderseite *f*
❸(*fam: sensatez*) Köpfchen *nt*, Verstand *m*
testado, -a [tes'taðo, -a] *adj* (JUR) mit Testament, mit Hinterlassung eines Testaments
testador(a) [testa'ðor(a)] *m(f)* Erblasser(in) *m(f);* (JUR) Testator(in) *m(f)*
testaferro [testa'ferro] *m* Strohmann *m*
testamentaría [testamenta'ria] *f* ❶ (*cumplimiento*) Testamentsvollstreckung *f*
②(*juicio*) Erbteilungsverfahren *nt*
testamentario, -a [testamen'tarjo, -a] I. *adj* testamentarisch
II. *m, f* Testamentsvollstrecker(in) *m(f)*
testamentifacción [testamentifa'ɣθjon] *f* (JUR) Testamentserrichtung *f;* ~ **activa** Testierfähigkeit *f;* ~ **pasiva** Erbfähigkeit *f*
testamento [testa'mento] *m* Testament *nt;* ~ **abierto** öffentliches Testament; **el Antiguo/Nuevo T**~ (REL) das Alte/Neue Testament; ~ **extraordinario** Nottestament *nt;* ~ **mancomunado** gemeinschaftliches Testament; ~ **ológrafo** eigenhändiges Testament; ~ **público** öffentliches Testament; ~ **solemne** ordentliches Testament; **abrir un** ~ ein Testament eröffnen; **ejecutar** ~ ein Testament vollstrecken; **hacer** ~ sein Testament machen; **otorgar un** ~ ein Testament errichten; **redactar un** ~ ein Testament aufsetzen
testar [tes'tar] I. *vi* sein Testament machen; (JUR) testieren
II. *vt* ❶ (*probar*) testen
②(*a alguien*) einem Test unterziehen
❸(*tachar*) (durch)streichen
testarada [testa'raða] *f* Schlag *m* mit dem Kopf; **darse una** ~ sich *dat* den Kopf anschlagen; (*dos personas*) (mit den Köpfen) zusammenstoßen; **darse una** ~ **con alguien** (*t. fig*) mit jdm zusammenstoßen
testarazo [testa'raθo] *m v.* **testarada**
testarudez [testaru'ðeθ] *f* ❶ (*cualidad*) Dickköpfigkeit *f*, Starrköpfigkeit *f*
②(*acción*) stures Verhalten *nt*
testarudo, -a [testa'ruðo, -a] I. *adj* dickköpfig, starrköpfig
II. *m, f* Dickkopf *m*, Dickschädel *m fam*
teste ['teste] *m* ❶ (*testículo*) Hoden *m*
②(*Arg: verruga en los dedos*) kleine Warze *f* am Finger
testera [tes'tera] *f* ❶ (*de la cabeza*) Stirn *f*
②(*adorno*) Kopfschmuck *m*
❸(*parte*) Vorderseite *f*, Stirnseite *f;* (*fachada*) Fassade *f*
④(*asiento*) Sitz *m* in Fahrtrichtung
⑤(*pared*) Gießofenwand *f*
testículo [tes'tikulo] *m* Hoden *m;* (MED) Testikel *m*
testificación [testifika'θjon] *f* ❶ (*declaración*) Erklärung *f;* (*de un testigo*) (Zeugen)aussage *f*
②(*afirmación: testigo*) Bezeugung *f;* (*documento*) Bescheinigung *f*, Nachweis *m*
❸(*prueba*) Beweis *m*, Zeugnis *nt*
④(*documento*) Bescheinigung *f*
testificar [testifi'kar] <c→qu> I. *vt* ❶ (*declarar*) erklären; (*testigo*) aussagen
②(*afirmar: testigo*) bezeugen, bekunden; (*documento*) bescheinigen, nachweisen
❸(*demostrar*) beweisen
II. *vi* (als Zeuge) aussagen
testigo¹ [tes'tiɣo] *mf* (*t.* JUR) Zeuge, -in *m, f;* ~ **de cargo/de descargo** Belastungs-/Entlastungszeuge *m;* ~ **de matrimonio** Trauzeuge *m;* ~ **ocular** [*o* **presencial**] Augenzeuge *m;* **comparecer/declarar como** ~ (**de cargo**) als (Belastungs)zeuge auftreten/aussagen; **fui** ~ **del accidente** ich habe den Unfall gesehen; **examinar** ~**s** Zeugen vernehmen; **poner a alguien por** ~ sich auf jdn berufen
testigo² [tes'tiɣo] *m* ❶ (*prueba*) Zeugnis *nt*, Beweis *m;* **ser** ~ **de algo** von etw zeugen
②(DEP) (Staffel)stab *m*
❸ *pl* Grenzsteine *mpl*
testimonial [testimo'njal] *adj* ❶ (*que afirma*) Zeugen-; **declaración** ~ Zeugenaussage *f*
②(*que prueba*) Beweis-
testimoniar [testimo'njar] I. *vt* ❶ (*declarar*) aussagen
②(*afirmar*) bezeugen
❸(*dar muestra*) bekunden
④(*probar*) beweisen
II. *vi* (als Zeuge) aussagen
testimonio [testi'monjo] *m* ❶ (*declaración*) Erklärung *f;* (*de un testigo*) (Zeugen)aussage *f;* **dar** ~ aussagen; **falso** ~ Falschaussage *f*
②(*afirmación*) Bezeugung *f*
❸(*muestra*) Bekundung *f*
④(*prueba*) Beweis *m*, Zeugnis *nt;* ~ **de firmeza** (JUR) Rechtskraftzeugnis *nt*
⑤(*documento*) beglaubigte Urkunde *f*
testosterona [testoste'rona] *f* (BIOL) Testosteron *nt*
testuz [tes'tuθ] *m o f* ❶ (*frente*) Stirn *f*
②(*nuca*) Nacken *m*
teta ['teta] *f* ❶ (*pecho*) Brust *f*, Busen *m fam;* **niño de** ~ Säugling *m;* **dar la** ~ stillen; **quitar la** ~ abstillen
②(*ubre*) Euter *m*
❸(*pezón: mujer*) Brustwarze *f;* (*animal*) Zitze *f*
④(*loc*): ~ **de vaca** (GASTR) Meringue *f;* **pasarlo** ~ sich bombig amüsieren
tetada [te'taða] *f* Brustmahlzeit *f*, Milchmahlzeit *f*
tetania [te'tanja] *f* (MED) Tetanie *f*
tetánico, -a [te'taniko, -a] *adj* (MED) tetanisch
tétano(s) ['tetano(s)] *m* (*inv*) (MED) Tetanus *m*, Wundstarrkrampf *m*
tetar [te'tar] *vt* (*personas*) stillen, die Brust geben *dat;* (*animales*) säugen
tetera [te'tera] *f* ❶ (*para té*) Teekanne *f*
②(*Am: tetilla*) Sauger *m*
❸(*Am*) *v.* **tetero**
tetero [te'tero] *m* (*Am*) (Saug)flasche *f*
tetilla [te'tiʎa] *f* ❶ (*del biberón*) Sauger *m;* ~ **de silicona** Silikonsauger *m*
②(*de un animal*) Zitze *f*
❸(*queso*) Tetilla *m* (*galicischer Käse*)
tetina [te'tina] *f* (*tetilla del biberón*) Sauger *m*
tetona [te'tona] *adj* (*fam*) vollbusig
tetracordio [tetra'korðjo] *m* (MÚS) Tetrachord *m o nt*
tetraedro [tetra'eðro] *m* (MAT) Tetraeder *nt*, Vierflächner *m*
tetragonal [tetraɣo'nal] *adj* (MAT) ❶ (*forma*) viereckig, tetragonal
②(*relativo al tetrágono*) Vierecks-
tetrágono [te'traɣono] *m* (MAT) Viereck *nt*, Tetragon *nt*
tetragrama [tetra'ɣrama] *m* (MÚS) Vierliniensystem *nt* der Notenschrift
tetralogía [tetralo'xia] *f* (LIT, MÚS) Tetralogie *f;* **la** ~ **de Richard Wagner** das Niebelungenlied
tetrámetro [te'trametro] *m* (LIT) Tetrameter *m*
tetramotor [tetramo'tor] *adj* viermotorig
tetraplejía [tetraple'xia] *f* (MED) Lähmung *f* der Arme und Beine, Tetraplegie *f*
tetrapléjico, -a [tetra'plexiko, -a] *adj* (MED) an Armen und Beinen gelähmt
tetrarquía [tetrar'kia] *f* (HIST) Tetrarchie *f*
tetrasílabo¹ [tetra'silaβo] *m* (LING, LIT) ❶ (*verso*) Viersilber *m*
②(*palabra*) viersilbiges Wort *m*
tetrasílabo, -a² [tetra'silaβo, -a] *adj* (LING, LIT) viersilbig
tetrástico, -a [te'trastiko, -a] *adj* (LIT) vierzeilig
tetrástrofo, -a [te'trastrofo, -a] *adj* (LIT) vierstrophig
tétrico, -a ['tetriko, -a] *adj* (*persona*) trübsinnig; (*cosa*) düster; **estar de un humor** ~ Trübsal blasen, niedergeschlagen sein
tetuda [te'tuða] *adj* (*pey*) vollbusig
teúrgia [te'urxja] *f* (REL) Theurgie *f*
teutón, -ona [teu̯'ton, -ona] I. *adj* teutonisch
II. *m, f* Teutone, -in *m, f*
teutónico, -a [teu̯'toniko, -a] *adj* teutonisch
textil [tes'til] I. *adj* textil; **industria** ~ Textilindustrie *f;* **planta** ~ Faserpflanze *f*
II. *m* (Textil)faser *f*
texto ['testo] *m* Text *m;* (*pasaje*) Textstelle *f;* ~ **de ayuda** (INFOR) Hilfetext *m;* ~ **cifrado** verschlüsselter Text; ~ **del contrato** (JUR) Vertragstext

m; (*libro de*) ~ Schulbuch *nt;* **modalidad de ~s** (INFOR) Textmodus *m*
textual [testu'al] *adj* ❶ (*relativo al texto*) textuell, Text-; (*escrito*) schriftlich (verfasst)
❷ (*conforme al texto*) textgemäß; (*literal*) wörtlich; (*exacto*) genau; **repetir algo con las palabras ~es** etw (wort)wörtlich wiedergeben
textura [tes'tura] *f* ❶ (*acción*) Weben *nt*
❷ (*tejido*) Gewebe *nt,* Textur *f*
❸ (*estructura*) Struktur *f*; (GEO, QUÍM) Textur *f*
tez [teθ] *f* (Gesichts)haut *f,* Teint *m;* **de ~ morena** dunkelhäutig
tezontle [te'θontle] *m* (*Méx: piedra volcánica*) Tuffstein *m*
thatcheriano, -a [θatʃe'rjano, -a] *adj* (POL) die Politik von Margret Thatcher betreffend
theta ['θeta] *f* (LING) Theta *nt*
ti [ti] *pron pers* (*con preposición*) dich, dir; **de ~ para mí** unter uns gesagt; **eso a ~ no te importa** das geht dich nichts an; **he venido por ~** ich bin deinetwegen gekommen; **para ~ un café, ¿verdad?** für dich ein Kaffee, nicht wahr?; **sólo te lo cuento a ~** ich erzähle es nur dir
tía ['tia] *f* ❶ (*pariente, señora*) Tante *f;* ¡(**cuéntaselo a) tu ~!** (*fam*) das kannst du deiner Großmutter erzählen!; **no hay tu ~** (*fam*) da ist nichts zu machen
❷ (*fam: mujer*) Frau *f;* (*pey*) Tante *f,* Tussi *f;* **¡qué ~ más buena!** so ein Klasseweib!; **vaya ~ más tonta** so eine blöde Kuh
❸ (*fam: ramera*) Nutte *f*
❹ (*fam: tratamiento*): **pero ~, ¿qué te pasa, ~?** Mensch, was ist denn mit dir los?
tianguis ['tjaŋgis] *m inv* (*Méx: rastro indígena*) indianischer Markt *m*
tiara [ti'ara] *f* Tiara *f*
tiarrón, -ona [tja'rron, -ona] *m, f* (*fam*) großer Mann *m,* große Frau *f*
tiberio [ti'βerjo] *m* (*fam*) Krach *m,* Radau *m*
tibetano[1] [tiβe'tano] *m* (*lengua*) Tibetisch(e) *nt*
tibetano, -a[2] [tiβe'tano, -a] I. *adj* tibetanisch, tibetisch
II. *m, f* Tibetaner(in) *m(f),* Tibeter(in) *m(f)*
tibia ['tiβja] *f* (ANAT) Schienbein *nt*
tibiarse [ti'βjarse] *vr* (*AmC, Ven: irritarse*) böse werden (*con* mit +*dat*)
tibiera [ti'βjera] *f* (*Ven*) ❶ (*molestia*) Belästigung *f*
❷ (*fastidio*) Ärger *m*
tibieza [ti'βjeθa] *f* ❶ (*del carácter, sentimientos*) Lauheit *f;* (*de una relación*) Kühle *f*
❷ (*temperatura*) lauwarme Temperatur *f*
tibio, -a ['tiβjo, -a] *adj* ❶ (*temperatura*) lau(warm)
❷ (*carácter, sentimiento*) lau; (*relación*) kühl
❸ (*Am: fam: enfadado*) sauer
❹ (*loc*): **ponerse ~** sich den Bauch voll schlagen; **poner ~ a alguien, dejar** [*o* **reprender**] **~ a alguien** jdn fertig machen; (*hablar mal*) kein gutes Haar an jdm lassen
tibor [ti'βor] *m* ❶ (*vaso grande de barro*) große Ziervase *f*
❷ (*Cuba: orinal*) Nachttopf *m*
tiburón [tiβu'ron] *m* Hai(fisch) *m;* (*negociador sin escrúpulos*) Hai *m;* **~ ballena** Walhai *m;* **~ blanco** Mako *m;* **~ cornudo** Hammerhai *m;* **~ enano** Zwerghai *m;* **~ martillo** Hammerhai *m;* **~ tigre** Tigerhai *m;* **~ toro** Stierkopfhai *m*
tic [tik] I. *interj* tick
II. *m* <tics> Tick *m*
ticholo [ti'tʃolo] *m* (*Arg:* GASTR) Zuckerrohr- oder Guajavenbrot
ticket ['tiket] *m* <tickets> Ticket *nt;* **~ de compra** Kassenzettel *m*
tico, -a ['tiko, -a] I. *adj* (*Am: fam: costarricense*) costaricanisch
II. *m, f* (*Am: fam: costarricense*) Costaricaner(in) *m(f)*
tictac [tik'tak] I. *interj* ticktack; **el reloj hace ~** die Uhr tickt
II. *m sin pl* Ticken *nt*
tiemple ['tjemple] *m* (*Chil*) ❶ (*amor*) Liebe *f*
❷ (*pasión*) Leidenschaft *f*
tiempo ['tjempo] *m* ❶ (*momento, duración, periodo*) Zeit *f;* **~ de acceso** (INFOR) Zugriffszeit *f;* **~ de búsqueda** (INFOR) Suchzeit *f;* **~ de caída** (INFOR) Abfallzeit *f;* **~ del contrato** (JUR) Vertragszeit *f;* **~ del cumplimiento** (JUR, COM) Erfüllungszeitpunkt *m;* **~ libre** Freizeit *f;* **~ de localización** (INFOR) Suchzeit *f;* **~ de operación** (INFOR) Laufzeit *f;* **~ de pago** Zahlungsfrist *f;* **~ de prestación** (COM) Leistungszeit *f;* **~ de procesamiento** (INFOR) Bearbeitungszeit *f;* **~ real** (INFOR) Echtzeit *f;* **~ de vida legal** (JUR) Schutzdauer *f;* **los buenos** [*o* **viejos**] **~s** die gute alte Zeit; **a ~** rechtzeitig; **a su ~** zu gegebener Zeit; **todo a su ~** alles zu seiner Zeit; **al (mismo) ~, a un ~** gleichzeitig; **al ~ que…** während …; **antes de ~** vorzeitig; **has llegado antes de ~** du bist zu früh gekommen; **andando el ~, al correr del ~** mit der Zeit, im Laufe der Zeit; **con ~** frühzeitig; **llegué a la estación con ~** ich war früh genug am Bahnhof; **hazlo con ~** mach es in aller Ruhe; **con el ~** mit der Zeit, nach einiger Zeit; **de ~ en ~** von Zeit zu Zeit; **desde hace mucho ~** seit langer Zeit, seit langem; **durante cierto ~** eine Zeit lang; **en ~s** früher; **en ~s de Franco** zu Francos Zeiten; **en mis ~s** zu meiner Zeit; **el ~ pasa volando** die Zeit vergeht wie im Fluge; **amanecerán ~s mejores** es

kommen auch mal bessere Zeiten; **dar ~ al ~** abwarten; **este problema ya viene de ~** dieses Problem besteht schon seit geraumer Zeit; **ha vivido mucho ~ en Alemania** er/sie hat lange (Zeit) in Deutschland gelebt; **hace ~ que…** es ist schon lange (Zeit) her, dass …; **hace ~ que no voy al cine** ich bin schon seit einiger [*o* geraumer] Zeit nicht mehr im Kino gewesen; **hacer ~** sich *dat* die Zeit vertreiben; **hay ~** es ist noch genug Zeit; **matar el ~** die Zeit totschlagen; **me falta ~ para…** ich habe nicht genug Zeit, um zu …; **perder el ~** die Zeit vergeuden; **sin perder ~** unverzüglich; **si me da ~ pasaré por tu casa** wenn ich Zeit habe, schaue ich bei dir vorbei; **tardar mucho/demasiado ~** lange/zu lange brauchen; **ya es ~ que acabes tu carrera** es wird Zeit, dass du dein Studium beendest; **el ~ es oro** (*prov*) Zeit ist Geld
❷ (*época*) Zeit *f;* (*estación*) Jahreszeit *f;* **~ navideño** Weihnachtszeit *f;* **fruta del ~** Obst der Jahreszeit
❸ (METEO) Wetter *nt;* **~ de perros** Hundewetter *nt;* **~ de primavera** Frühlingswetter *nt;* **chaqueta de medio ~** Übergangsjacke *f;* **cerveza del ~** ungekühltes Bier; **el ~ amenaza lluvia** es sieht nach Regen aus; **hoy hace mal ~** heute ist schlechtes Wetter; **a(l) mal ~ buena cara** (*fig*) gute Miene zum bösen Spiel
❹ (LING) Tempus *nt,* Zeitform *f;* **~ presente** Präsens *nt*
❺ (*edad*) Alter *nt;* **¿cuánto ~ tiene el niño?** wie alt ist das Kind?
❻ (DEP) Halbzeit *f;* **~ muerto** Auszeit *f;* **medio ~** Halbzeit *f*
❼ (*parte*) Element *m;* (MÚS: *de un compás*) Taktteil *m;* (*de una composición*) Satz *m*
❽ (MÚS: *velocidad*) Tempo *nt*
❾ (TÉC) Takt *m;* **motor de dos ~s** Zweitaktmotor *m,* Zweitakter *m*
tienda ['tjenda] *f* ❶ (*establecimiento*) Geschäft *nt,* Laden *m;* **~ de comestibles** Lebensmittelgeschäft *nt;* **~ de juguetes** Spielwarengeschäft *nt;* **~ libre de impuestos** Dutyfreeshop *m;* **~ al por mayor/menor** Groß-/Einzelhandelsgeschäft *nt;* **~ virtual** virtuelles Kaufhaus; **abrir una ~** einen Laden aufmachen, ein Geschäft eröffnen; **ir de ~s** einkaufen gehen
❷ (*alojamiento*) Zelt *nt;* **~ de campaña** Zelt *nt*
❸ (*de un barco*) Sonnensegel *nt;* (*de un carro*) Wagenplane *f*
tienta ['tjenta] *f* ❶ (TAUR) Ausprobieren von Jungstieren
❷ (MED) Sonde *f*
❸ (*astucia*) Schlauheit *f*
❹ (*loc*): **andar a ~s** tappen; (*fig*) im Dunkeln tappen
tiento ['tjento] *m* ❶ (*acción*) Betasten *nt;* **a ~** tastend
❷ (*prueba*) Versuch *m,* Probieren *nt;* (MÚS) Stimmprobe *f;* **darle** [*o* **pegarle**] **un ~ a la botella** (*fam*) einen Schluck aus der Flasche nehmen
❸ (*examinación*) Untersuchung *f;* **dar un ~** prüfen, unter die Lupe nehmen *fam*
❹ (*tacto*) Behutsamkeit *f;* (*cautela*) Vorsicht *f;* **con ~** behutsam, vorsichtig
❺ (*palo: de un ciego*) Blindenstock *m;* (*de un pintor*) Malstock *m;* (*de un balancín*) Balancierstange *f*
❻ (*tentáculo*) Fangarm *m*
❼ (*pulso*) Ruhe *f;* **con ~** mit ruhiger Hand
❽ (*fam: golpe*) Schlag *m*
❾ *pl* (MÚS) einleitende Gitarrenakkorde vor dem eigentlichen Stück
❿ (*Am: tira*) (Leder)riemen *m*
tierno, -a ['tjerno, -a] I. *adj* ❶ (*blando*) zart; (*pan, dulces*) mürb(e)
❷ (*suave*) zart, sanft
❸ (*reciente, delicado*) zart; (*pintura*) frisch; **a la tierna edad de…** in zarten Alter von …; **a tierna edad** als Kind; **desde mi más tierna edad…** von Kindesbeinen an …; **en mi más tierna niñez** in meiner frühesten Kindheit
❹ (*cariñoso*) zärtlich, liebevoll
❺ (*sensible*) zart, sensibel
❻ (*Chil, Ecua, Guat: inmaduro*) unreif
II. *m, f* (*Guat, Nic*) Säugling *m*
tierra ['tjerra] *f* ❶ (*materia*) Erde *f;* **~ arcillosa** Tonerde *f;* **~ vegetal** Komposterde *f;* **dar ~ a alguien** jdn beerdigen; **echar ~ a algo** etw vertuschen; **estar bajo ~** unter der Erde liegen
❷ (*planeta, mundo*) Erde *f,* Welt *f;* **la T~, el planeta T~** die Erde *f*
❸ (*superficie*) Erde *f,* (Erd)boden *m;* **bajo ~** (MIN) unter Tage; **toma de ~** (ELEC) Erdung *f;* **el proyecto cayó por ~** das Projekt ist den Bach runtergegangen *fam;* **dar en ~** stürzen; **echar por ~** zu Boden werfen; (*fig*) zunichte machen; **me falta ~** mir fehlt die nötige Sicherheit; **¡trágame, ~!** ich würde (vor Scham) am liebsten in den (Erd)boden versinken!; **parece que se lo ha tragado la ~** er scheint wie vom Erdboden verschwunden
❹ (*firme*) (Fest)land *nt;* **~ adentro** landeinwärts; **poner ~ por medio** das Weite suchen; **tomar ~** (*avión*) landen; (*nave*) anlegen; **como no lleguemos pronto a la estación, nos vamos a quedar en ~** wenn wir nicht bald am Bahnhof sind, verpassen wir unseren Zug
❺ (*región*) Gegend *f,* Gebiet *nt;* **T~ Santa** Heiliges Land *nt;* **volver a su ~** (*natal*) in seine Heimat zurückkehren

tierra-aire

⑥ (AGR) Boden m, Land nt; ~ **de labor** Ackerland nt; ~ **de pastos** Weideland nt; **ha vendido sus** ~**s** er/sie hat seine/ihre Ländereien [o sein/ihr Land] verkauft; **aquí, como en toda la** ~ **de garbanzos…** (fam) (hier und) überall …

tierra-aire ['tjerra 'ai̯re] adj (MIL) Boden-Luft-; **misil** ~ Boden-Luft-Rakete f

tierral [tje'rral] m (Am: polvareda) Staubwolke f

tierra-tierra ['tjerra 'tjerra] adj (MIL) Boden-Boden-; **misil** ~ Boden-Boden-Rakete f

tieso¹ ['tjeso] adv fest, kräftig; **pisar** ~ kräftig auftreten

tieso, -a² ['tjeso, -a] adj ① (rígido) steif, starr; **dejar** ~ **a alguien** (fam) jdn kaltmachen; **quedarse** ~ (de frío) vor Kälte erstarren; (miedo) vor Angst erstarren; (morirse) sterben; (dormirse) einschlafen, einpennen fam

② (erguido) aufrecht; **orejas tiesas** aufgestellte [o gespitzte] Ohren

③ (terco) stur; **tenérselas tiesas** nicht nachgeben

④ (serio) förmlich, steif

⑤ (engreído) arrogant; **no te pongas** ~ jetzt werde bloß nicht unverschämt

⑥ (tirante) straff

⑦ (valiente) mutig

⑧ (robusto) kräftig, stramm; (sano) fit

tiesto ['tjesto] m Blumentopf m; **salirse del** ~ (fam) aus sich dat herausgehen; **mear fuera del** ~ (fam) vom Thema abschweifen

tiesura [tje'sura] f ① (rigidez) Steifheit f, Starrheit f

② (seriedad) Förmlichkeit f, Steifheit f

tífico, -a ['tifiko, -a] adj (MED) typhös

tiflitis [ti'flitis] f inv (MED) Blinddarmentzündung f, Typhlitis f

tiflología [tiflolo'xia] f (MED) Blindenheilkunde f

tifoidea [tifoi̯'ðea] f sin pl (MED) Typhus m

tifoideo, -a [tifoi̯'ðeo, -a] adj typhös; **fiebre(s) tifoidea(s)** Typhus m

tifón [ti'fon] m ① (huracán) Taifun m

② (tromba) Wasserhose f

tifus ['tifus] m inv (MED) Typhus m

tigre(sa)¹ ['tiɣre, ti'ɣresa] m(f) ① (ZOOL) Tiger(in) m(f)

② (persona) Ungeheuer nt

tigre, -a² ['tiɣre, -a] m, f (Am) Jaguar m

tigresa [ti'ɣresa] f (fam: mujer) Vamp m

tigrillo [ti'ɣriʎo] m (AmC, Col, Ecua, Ven: ocelote) Ozelot m

tigrón [ti'ɣron] m (ZOOL) Tigon m, unfruchtbarer Hybride eines Tigers und einer Löwin

tijera [ti'xera] f ① (pl) (utensilio, con esta forma) Schere f; ~**s para las uñas** Nagelschere f; **silla de** ~ Klappstuhl m; **le echaré** ~ **a este pantalón** (fam) ich werde diese Hose abschneiden

② (aspa) Sägebock m

③ (zanja) Entwässerungsgraben m

④ (persona) Lästermaul nt fam

⑤ (DEP: en la lucha, ejercicio) Schere f; (en el fútbol) Scherenschlag m; (salto) Scherensprung m

⑥ (loc): **ser una buena** ~ (comer) viel essen; (cortar) gut zuschneiden; (murmurar) ein Lästermaul sein fam

tijereta [tixe'reta] f ① (ZOOL) Ohrwurm m

② (de la vid) Ranke f

③ (tijera) kleine Schere f

④ (salto) Scherensprung m

⑤ pl (ejercicio) Schere f

tijeretada [tixere'taða] f, **tijeretazo** [tixere'taθo] m Schnitt m mit der Schere

tijeretear [tixerete'ar] I. vt herumschnippeln (an +dat)

II. vi ① (cortar) herumschnippeln

② (fam: entrometerse) sich einmischen

tila ['tila] f ① (tilo) Linde f

② (flor) Lindenblüte f

③ (té) Lindenblütentee m

tildar [til'dar] vt ① (con acento) mit Akzent versehen

② (la ñ) mit Tilde versehen

③ (a alguien) bezeichnen (de als +akk)

④ (tachar) durchstreichen

tilde ['tilde] f ① (acento) Akzent m

② (de la ñ) Tilde f

③ (tacha) Makel m

④ (cosa mínima) Kleinigkeit f

tiliches [ti'litʃes] mpl (AmC, Méx: trastos) Gerümpel nt

tilico, -a [ti'liko, -a] adj (Bol, Méx) schwächlich, kränklich

tilín [ti'lin] m sin pl (sonido) Klingeln nt; **¡**~**!** klingeling!

② (loc): **hacer** ~ gefallen; **el pastel no me hace** ~ der Kuchen schmeckt mir nicht besonders

tilingo, -a [ti'liŋgo, -a] adj ① (CSur, Méx: atolondrado) leichtsinnig

② (Arg: demente) schwachsinnig

tilma ['tilma] f (Méx) als Umhang getragene Baumwolldecke der Bauern

tilo ['tilo] m Linde f

timador(a) [tima'ðor(a)] m(f) Betrüger(in) m(f), Gauner(in) m(f)

tímalo ['timalo] m (ZOOL) Äsche f

timar [ti'mar] I. vt ① (estafar) ergaunern, (sich dat) erschwindeln

② (engañar) betrügen; (mentir) beschwindeln

II. vr: ~**se** (hacerse guiños) sich dat zuzwinkern; (tontear) turteln

timba ['timba] f (fam) ① (partida) Spiel nt

② (lugar) Spielhölle f

③ (Am: barriga) Bauch m

timbal [tim'bal] m ① (MÚS: grande) Pauke f

② (MÚS: pequeño) (kleine) Trommel f

③ (GASTR) Pastete f

④ (molde) Terrine f

timbalero, -a [timba'lero, -a] m, f (MÚS) Paukenschläger(in) m(f)

timbón, -ona [tim'bon, -ona] adj (AmC, Méx) dickbäuchig

timbrado, -a [tim'braðo, -a] adj: **una voz bien timbrada** eine klangvolle Stimme

timbrar [tim'brar] vt (pegar) mit einer Steuermarke versehen; (estampar) (ab)stempeln

timbrazo [tim'braθo] m (lang anhaltendes) Klingeln nt

timbre ['timbre] m ① (aparato) Klingel f; ~ **de la puerta/bicicleta** Tür-/Fahrradklingel f; **han tocado el** ~ es hat geklingelt

② (sonido, t. MÚS) Timbre nt, Klangfarbe f

③ (sello que se pega) (Gebühren)marke f; (fiscal) (Steuer)marke f; (que se estampa) Stempel m

④ (renta) Stempelsteuer f; ~ **sobre letras de cambio** (FIN) Wechselsteuer f

⑤ (acción) Verdienst nt; ~ **de gloria** Ruhmestat f; **ser un** ~ **de gloria para alguien** jdm zur Ehre gereichen

⑥ (de un escudo) Adelsprädikat nt

timbrología [timbrolo'xia] f Stempelmarkenkunde f

timidez [timi'ðeθ] f Schüchternheit f; **es de una gran** ~ er/sie ist sehr schüchtern

tímido, -a [ti'miðo, -a] adj schüchtern

timo ['timo] m ① (fraude) Betrug m, Trick m; **dar un** ~ **de 200 euros a alguien** jdn um 200 Euro prellen

② (ANAT: glándula) Thymusdrüse f

timocracia [timo'kraθia] f (HIST, POL) Timokratie f

timol [ti'mol] m (QUÍM) Thymol nt, Thymiankampfer m

timón [ti'mon] m ① (AERO, NÁUT: gobernaje) Steuer nt, Ruder nt

② (fam: control) Leitung f; **llevar el** ~ **de una empresa** ein Unternehmen leiten; **lleva el** ~ **de este negocio** er/sie hat dieses Geschäft (fest) im Griff

timonear [timone'ar] I. vi (NÁUT, AERO) steuern

II. vt (fam: dirigir) leiten

timonel [timo'nel] mf Steuermann, -frau m, f

timonera [timo'nera] f (Schwanz)feder f

timonero [timo'nero] adj (AGR) Balken-

timorato, -a [timo'rato, -a] adj ① (temeroso de Dios) gottesfürchtig; (pey) prüde

② (pazguato) tölpelhaft

③ (tímido) schüchtern, zaghaft

tímpano ['timpano] m ① (ANAT: membrana) Trommelfell nt

② (ANAT: cavidad del oído) Paukenhöhle f

③ (MÚS: instrumento musical) Pauke f

④ (MÚS: timbal) Zimbel f

⑤ (ARQUIT) Tympanon nt

tina ['tina] f ① (recipiente) Kübel m

② (para tintar) Färbekessel m

③ (Am: bañera) Badewanne f

tinaco [ti'nako] m (AmC, Méx) Wassertank m (auf der Dachterrasse)

tinaja [ti'naxa] f Tonkrug m

tincanque [tiŋ'kaŋke] m (fam Chil) Kopfnuss f

tincar [tiŋ'kar] <c→qu> vt ① (Chil: presentir) vermuten, ahnen

② (Arg, Chil: bola, pelota) anschneiden

tincazo [tiŋ'kaθo] m (fam Arg, Ecua) Kopfnuss f

tinción [tiŋ'θion] f (acción) Färben nt; (resultado) Färbung f

tindío [tin'dio] m (Perú: ZOOL) Seeschwalbe f

tinerfeño, -a [tiner'feɲo, -a] I. adj aus Teneriffa

II. m(f) Einwohner(in) m(f) Teneriffas

tinga ['tiŋga] f (Méx: alboroto) Remmidemmi nt fam

tinglado [tiŋ'glaðo] m ① (cobertizo) Schuppen m

② (artimaña) Intrige f

③ (fam: lío) Durcheinander nt

④ (tablado) Bretterbühne f

tingo ['tiŋgo] (Méx): **del** ~ **al tango** von hier nach dort

tiniebla [ti'njeβla] f ① (oscuridad) Finsternis f; **el príncipe de las** ~**s**

tino

der Satan

❷ (*ignorancia*) Ignoranz *f*; **estar en ~s sobre algo** keine Ahnung von etw haben

tino ['tino] *m* ❶ (*puntería*) Treffsicherheit *f*

❷ (*destreza*) Geschicklichkeit *f*

❸ (*moderación*) Mäßigkeit *f*; **a buen ~** nach Gefühl; **sin ~** ohne Maß und Ziel; **estar a ~** gelegen sein [*o* kommen]; **sacar de ~ a alguien** jdn aus der Fassung bringen

❹ (*tina*) Kübel *m*

tinoso, -a [ti'noso, -a] *adj* (*Col, Ven*) geschickt, gewandt

tinta ['tinta] *f* ❶ (*líquido para escribir*) Tinte *f*; **~ china** Tusche *f*; **~ de imprenta** (TIPO) Druckfarbe *f*; **a dos ~s** (TIPO) zweifarbig; **saber algo de buena ~** etw aus guter Quelle haben; **sudar ~ para hacer algo** sich abmühen, um etw zu tun; **recargar las ~s** es übertreiben; **sobre este asunto han corrido ríos de ~** über dieses Thema ist viel Tinte verschrieben worden

❷ (*color*) Farbton *m*; **ser medias ~s** weder Fisch noch Fleisch sein

❸ (*vino*) Wein *m*

tintar [tiṇ'tar] *vt* färben

tinte ['tinte] *m* ❶ (*teñidura*) Färben *nt*

❷ (*colorante*) Färbemittel *nt*

❸ (*tintorería*) Reinigung *f*

❹ (*matiz*) Färbung *f*; (*apariencia*) (An)schein *m*; **un cierto ~ de ironía** ein leichter Anflug von Ironie; **sus palabras tenían un cierto ~ de alegría** Freude schwang in seinen/ihren Worten mit

tinterillo [tinte'riʎo] *m* (*pey*) ❶ (*chupatintas*) Bürohengst *m*, Tintenkleckser *m*

❷ (*Am: picapleitos*) Winkeladvokat *m*

tintero [tiṇ'tero] *m* ❶ (*recipiente*) Tintenfass *nt*; **dejar(se) algo en el ~** etw nicht erwähnen

❷ (*de máquina de escribir*) Farbwerk *nt*

tintín [tiṇ'tin] *m* Klingklang *m*

tintin(e)ar [tiṇti'nar/tiṇtine'ar] *vi* klingeln

tintineo [tiṇti'neo] *m* Klingeln *nt*

tintirintín [tiṇtiriṇ'tin] *m* Hornklang *m*

tinto, -a ['tiṇto, -a] I. *pp de* **teñir**

II. *adj* ❶ (*teñido*) gefärbt

❷ (*rojo oscuro*) weinrot; **vino ~** Rotwein *m*; **uvas tintas** rote Trauben

tintorera [tiṇto'rera] *f* (ZOOL) Blauhai *m*

tintorería [tiṇtore'ria] *f* (chemische) Reinigung *f*; **llevar algo a la ~** etw in die Reinigung bringen

tintorero, -a [tiṇto'rero, -a] *m, f* Färber(in) *m(f)*

tintorro [tiṇ'torro] *m* (*fam*) (schlechter) Rotwein *m*

tintura [tiṇ'tura] *f* ❶ (*tinte*) Färben *nt*

❷ (*colorante*) Färbemittel *nt*; **~ para el cabello** Haarfärbemittel *nt*

❸ (*maquillaje*) Schminke *f*

❹ (MED) (*solución*) Tinktur *f*

tiña ['tiɲa] *f* ❶ (MED: *enfermedad cutánea*) Grind *m*

❷ (*fam: miseria*) Schäbigkeit *f*

tiñoso, -a [ti'ɲoso, -a] *adj* ❶ (MED, BOT: *que padece tiña*) grindig

❷ (*fam: mísero*) schäbig

tío, -a ['tio, -a] *m, f* ❶ (*hermano de los padres*) Onkel *m*, Tante *f*; **el ~ José** Onkel José; **tener un ~ en América** (*fam*) einen reichen Onkel haben

❷ (*fam: hombre*) Kerl *m*; **¡oye ~, no me digas!** Mensch, sag mir nicht so was!; **ser un ~ bueno** stark aussehen

tiorba ['tjorβa] *f* (MÚS) Theorbe *f*

tiovivo [tio'βiβo] *m* Karussell *nt*; **dar más vueltas que un ~** von Pontius zu Pilatus laufen

tip [tip] *m* (*Méx*) Tipp *m*, Hinweis *m*

tiparraco, -a [tipa'rrako, -a] *m, f* (*fam pey*) *v*. **tipejo**

tipazo [ti'paθo] *m*: **tener un ~** eine sehr gute Figur [*o* Topfigur] haben

tipear [tipe'ar] *vi* (*AmC, AmS*) (auf der Schreibmaschine) tippen

tipejo [ti'pexo] *m* (*pey*) seltsamer Vogel *m*

tipicidad [tipiθi'ðaθ] *f* Typizität *f*

típico, -a ['tipiko, -a] *adj* typisch (*de* für + *akk*)

tipificación [tipifika'θjon] *f* Typisierung *f*, Klassifizierung *f*

tipificar [tipifi'kar] <c→qu> *vt* typisieren

tipismo [ti'pismo] *m* Eigenartigkeit *f*

tiple¹ ['tiple] *mf* (MÚS: *persona*) Sopran *m*

tiple² ['tiple] *m* ❶ (MÚS: *voz*) Sopranstimme *f*

❷ (*Am:* MÚS: *instrumento*) kleine Gitarre mit hoher Stimme

tipo¹ ['tipo] *m* ❶ (*modelo*) Modell *nt*

❷ (*muestra*) Muster *nt*; (*espécimen*) Typ(us) *m*

❸ (*cuerpo*) Körperbau *m*; **tener buen ~** eine gute Figur haben; **arriesgar el ~** (*fam*) sein Leben aufs Spiel setzen; **mover el ~** (*fam*) tanzen

❹ (*clase*) Art *f*; **~ de ingresos** Einkünfte *fpl*, Einkunftsart *f*; **~ penal** (JUR) Straftatbestand *m*; **~ de proceso** [*o* **de procedimiento**] (JUR) Verfahrensart *f*; **no respondo a este ~ de preguntas** auf diese Art Fragen

antworte ich nicht

❺ (FIN) Kurs *m*, Satz *m*; **~ de cambio** (*flotante*) (flexibler) Wechselkurs; **~ de conversión** Umrechnungskurs *m*; **~ de descuento** Diskontsatz *m*; **~ de gravamen** (*de impuestos*) Hebesatz (von Steuern) *m*; **~ impositivo** (**marginal**) (Grenz)steuersatz *m*; **~ impositivo medio** Durchschnittssteuersatz *m*; **~ de interés** Zinssatz *m*, Zinsfuß *m*; **~ de IVA** Mehrwertsteuersatz *m*; **~ máximo de gravamen** Spitzensteuersatz *m*, Steuerhöchstsatz *m*; **~ de pignoración** Lombardsatz *m*; **~ preferencial de interés bancario** Vorzugsbankzinssatz *m*; **~ verde** (UE) grüner Leitkurs

❻ (*molde de letra*) Drucktype *f*

tipo, -a² ['tipo, -a] *m, f* (*fam*) Mann *m*, Frau *f*

❷ (*pey*) Type *f*

tipografía [tipoɣra'fia] *f* ❶ (*impresión*) Hochdruck *m*

❷ (*taller*) Druckerei *f*

tipográfico, -a [tipo'ɣrafiko, -a] *adj* typografisch

tipógrafo¹ [ti'poɣrafo] *m* (*máquina*) Typograf *m*

tipógrafo, -a² [ti'poɣrafo, -a] *m, f* (*persona*) Drucker(in) *m(f)*, Typograf(in) *m(f)*

tipología [tipolo'xia] *f* ❶ (*clasificación*) Typenlehre *f*

❷ (PSICO: *de personalidades*) Typologie *f*

tipológico, -a [tipo'loxiko, -a] *adj* typologisch

tipómetro [ti'pometro] *m* (TIPO) Schrifthöhenmesser *m*, Typometer *m*

tique ['tike] *m v*. **tiquet**

tiquear [tike'ar] *vt* ❶ (*AmC, PRico: chequear*) überprüfen

❷ (*Chil: perforar*) lochen

tiquet ['tike¹] *m* <tiquets> Ticket *nt*; (*de viaje*) Fahrschein *m*; (*de espectáculos*) Eintrittskarte *f*; (*de compra*) Kassenzettel *m*

tiquismiquis¹ [tikis'mikis] *mf inv* (*remilgado*) umständlicher Mensch *m*

tiquismiquis² [tikis'mikis] *mpl* ❶ (*remilgo*) übertriebene Bedenken *ntpl*

❷ (*noñería*) Getue *nt*

TIR [tir] *m abr de* **Transporte Internacional en Ruta** TIR

tira ['tira] *f* ❶ (*banda*) Band *nt*, Streifen *m*; **hacer ~s algo** etw zerreißen

❷ (*argot: muy, mucho*): **esto me ha gustado la ~** das hat mir super gefallen [*o* fand ich absolut gut]; **me he divertido la ~** ich habe mich echt amüsiert

tirabuzón [tiraβu'θon] *m* ❶ (*rizo*) (Korkenzieher)locke *f*

❷ (*sacacorchos*) Korkenzieher *m*; **sacar algo con ~** etw nur mit Mühe herausziehen; **sacar a alguien las palabras con ~** (*fam*) jdm die Worte aus der Nase ziehen

tirachinas [tira'tʃinas] *m inv* Gummischleuder *f*

tirada [ti'raða] *f* ❶ (TIPO, PREN: *edición*) Auflage *f*; **de mayor ~** mit der größten Auflage

❷ (*distancia*) Entfernung *f*; **de** [*o* **en**] **una ~** auf einen Streich

tiradero [tira'ðero] *m* (*Méx: vertedero*) Mülldeponie *f*

tirado, -a [ti'raðo, -a] I. *adj* ❶ *estar* (*fam: muy barato*) spottbillig

❷ *ser* (*pey: descuidado*) schlampig; **ser un ~** ein Schlamper [*o* schlampig] sein

❸ *estar* (*fam: fácil*) kinderleicht

II. *m, f* (*argot*) Penner(in) *m(f)*

tirador¹ [tira'ðor] *m* ❶ (*agarradero*) Griff *m*

❷ (*cordón*) Klingelzug *m*

❸ (*tirachinas*) Schleuder *f*

❹ (*tiralíneas*) Reißfeder *f*, Ziehfeder *f*

❺ (*Arg, Urug: tirante*) Hosenträger *m*

tirador(a)² [tira'ðor(a)] *m(f)* ❶ (*disparador*) Schütze, -in *m, f*

❷ (*en esgrima*) Fechter(in) *m(f)*; **~ de espada** Degenfechter *m*

❸ (TÉC) Drahtzieher(in) *m(f)*

tiragomas [tira'ɣomas] *m inv* Schleuder *f*

tiraje [ti'raxe] *m* (TIPO) ❶ (*impresión*) Druck *m*

❷ (*edición*) Auflage *f*

tiralevitas [tirale'βitas] *mf inv* Schmeichler(in) *m(f)*

tiralíneas [tira'lineas] *m inv* Reißfeder *f*, Ziehfeder *f*

tirana [ti'rana] *f* (MÚS) altes spanisches Volkslied

tiranía [tira'nia] *f* Tyrannei *f*, Gewaltherrschaft *f*; **someterse a la ~ de la moda** sich dem Diktat der Mode unterwerfen

tiranicida [tirani'θiða] *mf* Tyrannenmörder(in) *m(f)*

tiránico, -a [ti'raniko, -a] *adj* tyrannisch

tiranizar [tirani'θar] <z→c> *vt* tyrannisieren

tirano, -a [ti'rano, -a] I. *adj* tyrannisch

II. *m, f* Tyrann(in) *m(f)*, Gewaltherrscher(in) *m(f)*

tiranosaurio [tirano'saurjo] *m* Tyrannosaurus *m*

tirante [ti'raṇte] I. *adj* ❶ (*tieso*) straff; **el pantalón me está ~** die Hose kneift

❷ (*conflictivo*) gespannt; **estar ~ con alguien** eine gespannte Beziehung zu jdm haben

II. *m* ❶ (*cinta, travesaño*) Träger *m*; **~s** (**elásticos**) Hosenträger *mpl*; **~**

de acero Stahlträger m
② (*de caballería*) Strang m
tirantez [tiran'teθ] f ① (*tensión*) Spannung f
② (*extensión*) Längsausdehnung f
tirar [ti'rar] I. vi ① (*arrastrar*) ziehen (*de* an +*dat*); **a todo ~** bestenfalls, höchstens; **tira y afloja** Tauziehen nt fig; **~ de la lengua a alguien** jdm die Würmer aus der Nase ziehen
② (*atraer*) anziehen; **el imán tira del hierro** ein Magnet zieht Eisen an; **no le tiran los libros** er/sie macht sich nichts aus Büchern
③ (*sacar*) hervorziehen (*de* +*akk*)
④ (*seguir funcionando, viviendo*) gehen; **¿aún tira tu moto?** geht dein Motorrad noch?; **mi coche no tira en cuestas** mein Auto zieht an Steigungen nicht; **la chimenea no tira** der Kamin zieht nicht; **¿cómo estás? – voy tirando** wie geht's? – es geht so
⑤ (*referente a colores*): **~ a rojo** ins Rote spielen
⑥ (*referente a vestidos*) zu klein sein; **esta camisa me tira de los hombros** diese Bluse ist mir in den Schultern zu klein [*o* spannt an den Schultern]
⑦ (*querer lograr algo*): **tira a ser** [*o* **para**] **director** er will Direktor werden
⑧ (*parecerse*) ähneln (*a* +*dat*)
⑨ (*torcer*) abbiegen; **~ a** [*o* **hacia**] [*o* **por**] **la derecha/izquierda** nach rechts/links abbiegen; **aquí cada uno tira por su lado** hier trennen sich unsere Wege
⑩ (*disparar*) schießen (*a* auf +*akk*); **~ al blanco** das Ziel treffen
II. vt ① (*lanzar*) werfen; **~ algo al aire/al suelo** etw in die Luft/auf den Boden werfen; **~ piedras a alguien** mit Steinen nach jdm werfen; **~ la casa por la ventana** bombastisch feiern
② (*malgastar*) verschwenden
③ (*desechar*) wegwerfen; **¿estas botellas son para ~?** sollen diese Flaschen in den Müll?
④ (*disparar*) schießen; **~ bombas** Bomben abwerfen; **~ cohetes** Raketen abfeuern; **~ granadas** Granaten feuern
⑤ (*derribar*) zu Boden werfen; **~ un árbol** einen Baum fällen; **~ un edificio** ein Gebäude abreißen
⑥ (*trazar*) ziehen; **~ paralelas** Parallelen ziehen
⑦ (*imprimir*) drucken; **este periódico tira un millón de ejemplares** diese Zeitung hat eine Auflage von einer Million Exemplaren
⑧ (*extender*) spannen
⑨ (*trefilar*) (Draht) ziehen; **~ el oro en hebras finas** Gold zu feinen Fäden ziehen
⑩ (FOTO): **~ una foto** ein Foto machen [*o* schießen]
⑪ (*loc*): **~ un mordisco** beißen; **~ un pellizco** kneifen, zwicken
III. vr: **~se** ① (*lanzarse*) sich stürzen (*a* in +*akk*, *sobre* auf +*akk*)
② (*echarse*) sich hinlegen (*en* auf +*akk*)
③ (*fam: pasar*) verbringen; **me tiré una hora esperando** ich habe eine ganze Stunde gewartet
④ (*acometer*) (los)stürzen (*a* in +*akk*, *sobre* auf +*akk*); **se tiró de cabeza a trabajar** er/sie stürzte sich kopfüber in die Arbeit
⑤ (*vulg: copular*): **~se a alguien** es mit jdm treiben
tirilla [ti'riʎa] f Hemdbund m, Stoffstreifen m zur Befestigung des Hemdkragens
tirita [ti'rita] f (Heft)pflaster nt
tiritar [tiri'tar] vi frösteln (*de* vor +*dat*), schaudern (*de* vor +*dat*); **se me ha quedado la cuenta del banco tiritando** mein Bankkonto ist fast leer
tiritera [tirite'ar] f Frösteln nt
tiritón [tiri'ton] m Schauder m; **dar tiritones** frösteln, schaudern
tiritona [tiri'tona] f (*fam*) Frösteln nt
tiro ['tiro] m ① (*lanzamiento*) Wurf m; **~ libre** Freiwurf m; **~ a portería** [*o* **a puerta**] Torwurf m, Torschuss m; **estar a un ~ de piedra** einen Steinwurf entfernt sein
② (*disparo*) Schuss m; **~ al aire** Warnschuss m; **~ con arco** Bogenschießen nt; **~ al blanco** Scheibenschießen nt; **~ errado** Fehlschuss m; **~ de gracia** Gnadenschuss m; **~ al plato** Wurftaubenschießen nt; **barraca de ~ al blanco** Schießbude f; **a ~** in Schussweite; (*fig*) erreichbar; **a ~ limpio** mit Waffengewalt; **dar un ~** einen Schuss abgeben; **¡que le den un ~!** verrecken soll er/sie!; **dar el primer ~** das Feuer eröffnen; **darse un ~** sich *dat* eine Kugel durch den Kopf jagen; (*argot: inyectarse heroína*) sich *dat* einen Schuss setzen; **no van por ahí los ~s** (*fam*) die Sache verhält sich anders; **me salió el ~ por la culata** (*fam*) der Schuss ging nach hinten los
③ (*munición*) Schuss m; **nos quedaban tres ~s** wir hatten nur noch drei Schuss
④ (*impresión, herida*) Einschuss m
⑤ (*alcance*) Reichweite f
⑥ (*arrastre*) Ziehen nt
⑦ (*caballerías*) Gespann nt
⑧ (*arreos*) Zuggurt m; **poner el ~ a los caballos** die Pferde anspannen
⑨ (*corriente de aire*) Zug m
⑩ (*loc*): **de ~s largos** piekfein; **ni a ~s** nicht um alles in der Welt; **caer** [*o* **sentar**] **como un ~** (*comida*) schlecht bekommen; (*ropa*) nicht stehen
tiroidectomía [tiroiðekto'mia] f (MED) operative Entfernung f der Schilddrüse, Thyreoidektomie f
tiroideo, -a [tiroi'ðeo, -a] adj (MED) Schilddrüsen-; **hormona tiroidea** Schilddrüsenhormon nt
tiroides [ti'roiðes] I. adj inv: **glándula ~** Schilddrüse f
II. m inv (MED) Schilddrüse f
tiroidismo [tiroi'ðismo] m (MED) Thyreoidismus m, Thyreotoxikose f
tiroiditis [tiroi'ðitis] f inv (MED) Schilddrüsenentzündung f, Thyreoiditis f
tirolés, -esa [tiro'les, -esa] I. adj tirol(er)isch
II. m, f Tiroler(in) m(f)
tirón [ti'ron] m (*acción*) Zerren nt; (*efecto*) Ruck m; **de un ~** (*bruscamente*) mit einem Ruck; (*de una vez*) in einem Zug; **dar un ~ de pelo a alguien** jdn an den Haaren ziehen; **no lo sacan de aquí ni a dos** [*o* **tres**] **tirones** ihn bringen keine zehn Pferde von hier weg
tironear [tirone'ar] vt zerren
tiroriro [tiro'riro] m (*fam*) Tätterätä nt
tirotear [tirote'ar] I. vt beschießen
II. vr: **~se** ① (*disparar*) sich gegenseitig beschießen
② (*disputar*) sich herumstreiten
tiroteo [tiro'teo] m Schießerei f
tiroxina [tiro'ksina] f (MED) Schilddrüsenhormon nt, Thyroxin nt
tirreno, -a [ti'rreno, -a] adj ① (*del mar Tirreno*) tyrrhenisch; **el Mar T~** das Tyrrhenische Meer; **islas tirrenas** Inseln im Tyrrhenischen Meer
② (*etrusco*) etruskisch
tirria ['tirrja] f (*fam*) Voreingenommenheit f; **tener ~ a alguien/algo** jdm/etw gegenüber voreingenommen sein
tisana [ti'sana] f Heilkräutertee m
tísico, -a ['tisiko, -a] I. adj (MED) schwindsüchtig
II. m, f (MED) Schwindsüchtige(r) mf
tisiología [tisjolo'xia] f Tuberkuloseforschung f
tisis ['tisis] f inv (MED) Lungentuberkulose f, Schwindsucht f; **~ galopante** galoppierende Schwindsucht
tiste ['tiste] m (AmC: GASTR) erfrischendes Getränk aus geröstetem Maismehl, Kakao, Zucker und Orleansbaumsamen
tisú [ti'su] m Lamé m; (*de oro*) Goldlamé m; (*de plata*) Silberlamé m
titán [ti'tan] m Titan m
titánico, -a [ti'taniko, -a] adj titanisch
titanio [ti'tanjo] m (QUÍM) Titan nt
titeo [ti'teo] m (Arg, Bol, Urug) ① (*burla*) Spott m
② (*tomadura de pelo*) Veralberung f; **tomar a alguien para el ~** jdn aufziehen
títere ['titere] m ① (*muñeco*) Handpuppe f; (*t. fig: marioneta*) Marionette f; **no dejar ~ con cabeza** alles kurz und klein schlagen
② (*tipejo*) Trottel m
③ pl (*espectáculo*) Puppentheater nt
titerista [tite'rista] mf Puppenspieler(in) m(f)
titi ['titi] I. mf (*fam: apelativo*) Alte(r) mf
II. f (*fam: mujer joven*) Käfer m
tití [ti'ti] m (ZOOL) Seidenäffchen nt
titilación [titila'θjon] f ① (*temblor*) Zittern nt
② (*centelleo*) Funkeln nt
titilar [titi'lar] vi ① (*temblar*) zittern
② (*centellear*) funkeln
titileo [titi'leo] m v. **titilación**
titipuchal [titipu'tʃal] m (Méx: fam: tropel) Schar f, Haufen m, Menge f
titiritaina [titiri'taina] f (*fam*) fröhliches Lärmen nt
titiritero, -a [titiri'tero, -a] m, f ① (*titerista*) Puppenspieler(in) m(f)
② (*acróbata*) Luftakrobat(in) m(f), Seiltänzer(in) m(f)
tito, -a ['tito, -a] m, f (*fam*) dim de **tío**
titubeante [tituβe'ante] adj zögernd, schwankend
titubear [tituβe'ar] vi ① (*vacilar*) schwanken
② (*balbucear*) stammeln
titubeo [titu'βeo] m ① (*vacilación*) Schwanken nt, Zaudern nt; **deja a un lado tus ~s y decídete de una vez** zaudere nicht länger und entscheide dich endlich
② (*balbuceo*) Stammeln nt; **con ~s** stammelnd
titulación [titula'θjon] f ① (*denominación*) Betitelung f
② (*título académico*) akademischer Titel m
③ (QUÍM) Titration f
titulado, -a [titu'laðo, -a] I. adj diplomiert
II. m, f Titelträger(in) m(f); **~ universitario** Hochschulabsolvent m
tituladora [titula'ðora] f (TIPO) Titelgerät nt
titular [titu'lar] I. adj: **médico ~** leitender Arzt; **profesor ~** außerordentlicher Professor

titularidad

II. *mf* Inhaber(in) *m(f)*; **~ de acciones** Aktieninhaber *m*, Aktionär *m*; **~ de un cargo** Amtsinhaber *m*; **~ de una cuenta** Kontoinhaber *m*; **~ de cuota** (FIN) Quotenträger *m*; **~ del derecho de voto** Stimmrechtsträger *m*; **~ de la empresa** Unternehmensträger *m*; **~ jurídico** (JUR) Rechtsträger *m*; **~ de licencia** Lizenzinhaber *m*; **~ de pagaré** (FIN) Schuldscheininhaber *m*; **~ de una patente** Patentinhaber *m*; **~ de la pretensión** [*o* **reclamación**] Forderungsberechtigte(r) *m*; **~ de poder público** Träger öffentlicher Gewalt; **~ de una póliza** Policeninhaber *m*; **~ de una tarjeta de crédito** Kreditkarteninhaber; **~ de un vehículo** Fahrzeughalter *m*

III. *m* Überschrift *f*; **aparecer en los ~es** Schlagzeilen machen; **ocupar los ~es** die Schlagzeilen beherrschen

IV. *vt* ❶ (*poner título*) betiteln; **el libro se titula...** das Buch trägt den Titel ...

❷ (QUÍM) titrieren

V. *vr*: **~se** einen akademischen Grad erwerben

titularidad [titulariˈðað] *f* (*t.* JUR) Berechtigung *f*, Inhaberschaft *f*; **~ del derecho fundamental** Grundrechtsträgerschaft *f*; **~ jurídica** Rechtsträgerschaft *f*; **~ sucesoria** Erbberechtigung *f*; **~ única** Alleininhaberschaft *f*, Alleineigentum *nt*

titulillo [rituˈliʎo] *m* (TIPO) Kolumnentitel *m*; **andar en ~s** (*fam*) aus Höflichkeit jede Lappalie in den Himmel loben

titulitis [rituˈlitis] *f inv* (*fam pey*) Titelsucht *f*

título [ˈtitulo] *m* ❶ (*rótulo*, *dignidad*) Titel *m*; **~ de crédito** (CINE) Nachspann *m*; **~ de la cuenta** (COM, FIN) Kontobezeichnung *f*; **~ de un libro** Buchtitel *m*; **obtener** [*o* **sacar**] **un ~** einen Titel erwerben; **tu composición no lleva ~** dein Aufsatz hat [*o* trägt] keine Überschrift

❷ (JUR) Titel *m*; **~ de cancelación** Löschungsanrecht *nt*; **~ ejecutivo** vollstreckbarer Titel, Vollstreckungstitel *m*; **~ de deuda** Schuldtitel *m*; **~ jurídico** Rechtstitel *m*; **~ de legitimación** Berechtigungsurkunde *f*; **~ posesorio** [*o* **de propiedad**] Besitzurkunde *f*, Besitztitel *m*; **~ de renta** Rentenschein *m*; **~ de residencia** Aufenthaltstitel *m*; **~ traslativo del dominio** Übereignungsurkunde *f*

❸ (*diploma*) Diplom *nt*

❹ (*motivo*) Grund *m*; **¿a ~ de qué hace Ud. eso? – lo hago por curiosidad** aus welchem Grund machen Sie das? – aus (reiner) Neugier; **a justo ~** mit vollem Recht

❺ (*en calidad de*): **a ~ de consejero** als Berater; **a ~ de devolución** mit der Bitte um Rückgabe; **a ~ gratuito** unentgeltlich; **a ~ de indemnización/de préstamo** als Entschädigung/Darlehen; **a ~ de prueba** versuchsweise

❻ (*valor comercial*) Wertpapier *nt*; **~ de acción** Aktienurkunde *f*; **~s con beneficios fijos** Wertpapiere mit festem Ertrag; **~s disponibles/fungibles** disponible/fungible Wertpapiere; **~s con garantía pupilar** mündelsichere Wertpapiere; **~ hipotecario** (Hypotheken)pfandbrief *m*; **~s negociables** börsenfähige [*o* marktfähige] Wertpapiere; **~ obligacional** Schuldverschreibung *f*; **~ obligacional de beneficios** Gewinnschuldverschreibung *f*; **~ obligacional nominal** Namensschuldverschreibung *f*; **~ a la orden** Orderpapiere *ntpl*; **~s de renta fija** festverzinsliche Wertpapiere; **~ valor** Wertpapier *nt*; **~s de los valores inmovilizados** Wertpapiere des Anlagevermögens; **~ variable** Wertpapier mit schwankendem Ertrag; **~s vendibles** marktgängige Wertpapiere; **emisión de ~s del Estado** Ausgabe von Staatspapieren

título-valor [ˈtitulo βaˈlor] *m* <títulos-valor> (FIN) Wertpapier *nt*

tixotropía [tiɣsotroˈpia] *f* (QUÍM) Thixotropie *f*

tiza [ˈtiθa] *f* Kreide *f*; **~ de billar** Billardkreide *f*

tizate [tiˈθate] *m* (*Guat, Hond, Nic*) Kreide *f*

tizna [ˈtiθna] *f* Schwärze *f*

tiznado, -a [tiθˈnaðo, -a] *adj* (*AmC*) betrunken

tiznadura [tiθnaˈðura] *f* ❶ (*tiznar*) Schwärzen *nt*

❷ (*tiznarse*) Verrußen *nt*

tiznar [tiθˈnar] I. *vt* ❶ (*ennegrecer*) (mit Ruß) schwärzen, rußen

❷ (*desacreditar*) anschwärzen

II. *vr*: **~se** ❶ (*entiznarse*) verrußen

❷ (*AmC*, *Arg*: *emborracharse*) sich betrinken

tizne¹ [ˈtiθne] *m o f* (*hollín*) Ruß *m*

tizne² [ˈtiθne] *m* (*tizón*) halbverbranntes Holzscheit *nt*

tiznón [tiθˈnon] *m* Rußfleck *m*

tizón [tiˈθon] *m* ❶ (*palo*) halb verbranntes Holzscheit *nt*; **ser más negro que un ~** pechschwarz [*o* kohlenschwarz] sein

❷ (*hongo*) Getreidebrand *m*

❸ (*deshonra*) dunkler Punkt *m*

tizona [tiˈθona] *f* (*elev*) Schwert *nt*

tlachique [tlaˈtʃike] *m* (*Méx*: GASTR) unvergorener, süßer Agavensaft *m*

tlaconete [tlakoˈnete] *m* (*Méx*: ZOOL) Nacktschnecke *f*

tlacote [tlaˈkote] *m* (*Méx*) ❶ (*absceso*) Abszess *m*

❷ (*tumor*) Geschwulst *f*

tlancualillo [tlaŋkwaˈliʎo] *m* (*Méx*) ❶ (*garrote*) Schlagstock *m*

❷ (*celada*) Falle *f*

tlapalería [tlapaleˈria] *f* (*Méx*) ❶ (*ferretería*) Eisenwarenhandlung *f*

❷ (*droguería*) Drogerie *f*

TNT [te(e)neˈte] *m abr de* **trinitrotolueno** TNT *nt*

toalla [toˈaʎa] *f* Handtuch *nt*; **arrojar** [*o* **tirar**] **la ~** (*fig t.* DEP) das Handtuch werfen [*o* schmeißen]

toallero [toaˈʎero] *m* Handtuchhalter *m*

toba [ˈtoβa] *f* ❶ (*piedra*): **~ calcárea** Kalkstein *m*; **~ volcánica** Tuff(stein) *m*

❷ (*sarro*) Zahnstein *m*

❸ (*capa*) Belag *m*

❹ (BOT) Eselsdistel *f*

tobera [toˈβera] *f* Düse *f*

tobillera [toβiˈʎera] *f* Stützverband am Fußknöchel

tobillo [toˈβiʎo] *m* (ANAT) (Fuß)knöchel *m*

tobo [ˈtoβo] *m* (*Ven*: *cubo*) Eimer *m*

tobogán [toβoˈɣan] *m* ❶ (*trineo*) (Rodel)schlitten *m*

❷ (*pista para trineos*) Rodelbahn *f*

❸ (*deslizadero*) Rutschbahn *f*

toca [ˈtoka] *f* Haube *f*

tocadiscos [tokaˈðiskos] *m inv* Plattenspieler *m*

tocado¹ [toˈkaðo] *m* ❶ (*peinado*) Frisur *f*

❷ (*complemento*) Kopfschmuck *m*

tocado, -a² [toˈkaðo, -a] *adj* ❶ (*perturbado*) nicht recht bei Verstand; **estar ~ (de la cabeza)** nicht alle Tassen im Schrank haben, eine Schraube locker haben; **sólo una persona tocada puede hacer algo así** nur jemand, der nicht recht bei Verstand ist, kann so (et)was tun

❷ (*lesionado*) angeschlagen

❸ (*medio podrido*) angefault

❹ (*cubierto en la cabeza*): **ir ~ de un sombrero** einen Hut tragen

tocador¹ [toˈkaðor] *m* ❶ (*mueble*) Toilettentisch *m*

❷ (*habitación*) Toilette *f*

❸ (*estuche*) Kulturbeutel *m*

tocador(a)² [toˈkaðor(a)] *m(f)* (MÚS): **~ de guitarra** Gitarrenspieler(in) *m(f)*

tocamiento [tokaˈmjento] *m* ❶ (*toque*) Berührung *f*

❷ (*llamamiento*) Berufung *f*

tocante [toˈkante] *adj*: **en** [*o* **por**] **lo ~ a** in Bezug auf +*akk*, was ... betrifft

tocaor(a) [tokaˈor(a)] *m(f)* (MÚS): **~ flamenco** Flamencospieler *m*

tocapu [toˈkapu] *m sin pl* Schrift der Inka

tocar [toˈkar] <c→qu> I. *vt* ❶ (*estar*, *entrar en contacto*) berühren; **¡tócala!** schlag ein!, Hand drauf!; **¡toca madera!** klopf auf Holz!; **no ni un pelo a alguien** jdm kein (einziges) Haar krümmen; **~ un tema** ein Thema streifen; **¡mejor no toquemos el tema!** lassen wir das Thema lieber!; **~ de cerca algo** sich mit etw auskennen

❷ (*hacer sonar, interpretar*) spielen; (*campana*) läuten; (*tambor*) schlagen; **~ alarma** Alarm schlagen; **~ la bocina** hupen; **~ diana** (MIL) zum Wecken blasen; **~ la flauta** Flöte spielen, flöten; **~ a fuego** Feueralarm auslösen; **~ a misa** zur Messe läuten; **~ a muerto** die Totenglocke läuten; **~ todos los registros** alle Register ziehen; **~ el timbre** klingeln

❸ (*modificar*) (ver)ändern; **sin ~ nada** ohne etw zu (ver)ändern

❹ (*chocar*) leicht anstoßen (*en* an +*dat*)

❺ (*afectar*) angehen, betreffen; **no ~** nicht betreffen, nichts angehen; **~ en el corazón** zu Herzen gehen; **por lo que toca a...** was ... betrifft

❻ (*peinar*) frisieren

II. *vi* ❶ (*corresponder*) zustehen; **te toca jugar** du bist dran; **hoy me toca salir** heute habe ich Ausgang

❷ (*ser de la obligación*): **me toca barrer el patio todas las mañanas** es ist meine Aufgabe, jeden Morgen den Hof zu kehren

❸ (*llegar el momento oportuno*) an der Zeit sein; **toca ir a la compra** es ist an der Zeit, einkaufen zu gehen

❹ (*caer en suerte*) entfallen (*a* auf +*akk*); **le tocó el gordo de la lotería** auf ihn/sie entfällt der Hauptgewinn, er/sie hat den Hauptgewinn gezogen

❺ (*estar muy cerca*) hart an der Grenze sein (*en* zu +*dat*)

❻ (*ser parientes*) (miteinander) verwandt sein (*a* mit +*dat*); **no se tocan nada** sie sind nicht (miteinander) verwandt

III. *vr*: **~se** ❶ (*estar en contacto*) sich berühren; **los extremos se tocan** (*prov*) Gegensätze ziehen sich an

❷ (*peinarse*) sich frisieren

❸ (*cubrirse la cabeza*): **~se con un sombrero** einen Hut aufsetzen; **~se con un pañuelo** sich *dat* ein Tuch um den Kopf binden

❹ (*loc*): **tocárselas** (*fam*) Reißaus nehmen

tocata [toˈkata] *f* ❶ (MÚS) Tokkata *f*

❷ (*paliza*) Tracht *f* Prügel

tocateja [tokaˈtexa]: **a ~** in bar

tocayo, -a [toˈkajo, -a] *m, f* Namensvetter(in) *m(f)*

tochimbo [toˈtʃimbo] *m* (*Perú*: *horno de fundición*) Schmelzofen *m*

tocho¹ [ˈtotʃo] *m* ❶ (*barra de hierro*) Eisenblock *m*

❷ (*Arg: garrote*) Knüppel *m*
❸ (*fam: libro*) Schinken *m*, dicker Wälzer *m*
tocho, -a² ['totʃo, -a] *adj* ❶ (*tosco*) ungehobelt
❷ (*necio*) einfältig
tocineta [toθi'neta] *f* (*Col*) v. **tocino**
tocino [to'θino] *m* ❶ (*lardo*) Speck *m*; ~ **entreverado** durchwachsener Speck; **confundir la velocidad con el** ~ die Begriffe durcheinander werfen
❷ (*reg: cerdo*) Schwein *nt*
❸ (*loc*): ~ **de cielo** (GASTR) Süßspeise aus Eigelb und Sirup
tocofobia [toko'foβja] *f* (PSICO) Entbindungsangst *f*
tocología [tokolo'xia] *f sin pl* (MED) Geburtshilfe *f*, Obstetrik *f*
tocólogo, -a [to'koloɣo, -a] *m, f* (MED) Geburtshelfer(in) *m(f)*
tocón¹ [to'kon] *m* (Baum)stumpf *m*
tocón, -ona² [to'kon, -ona] *m, f* (*fam*) Fummler(in) *m(f)*
tocotoco [toko'toko] *m* (*Ven:* ZOOL) Pelikan *m*
tocuyo [to'kuʝo] *m* (*And, CSur: tela*) Nesselstoff *m*
todabuena [toða'βwena] *f*, **todasana** [toða'sana] *f* (BOT) Johanniskraut *m*
todavía [toða'βia] *adv* ❶ (*aún*) noch; **eso es** ~ **mejor** das ist noch besser; ~ **no** noch nicht
❷ (*sin embargo*) trotzdem, dennoch; **es un tramposo, pero** ~ **me gusta jugar con él** er mogelt immer, aber trotzdem spiele ich gerne mit ihm
todo¹ ['toðo] I. *pron indef* alles; ~ **lo que** [*o* **cuanto**]... alles, was ...; (*o*) ~ **o nada** (entweder) alles oder nichts; **ante** [*o* **sobre**] ~ vor allem, insbesondere; **antes que** ~ zuallererst; **después de** ~ (*fam*) letztendlich; **en** ~ **y por** ~ in jeder Hinsicht; **y** ~ sogar; **me invitó a comer y** ~ er/sie hat mich sogar zum Essen eingeladen; **así** [*o* **con eso**] **y** ~ trotz allem, dennoch
II. *adv* (*fam*) ganz, völlig, voll *argot*
III. *m sin pl* ❶ (*la totalidad*) Ganze(s) *nt*; **del** ~ ganz und gar; **no del** ~ nicht ganz; **jugarse el** ~ **por el** ~ aufs Ganze gehen; **ser el** ~ die Hauptperson sein
❷ (*de una charada*) Lösungswort *nt*
todo, -a² ['toðo, -a] *adj indef* ❶ (*entero*) ganz; **toda la familia** die ganze Familie; **toda España** ganz Spanien; ~ **el mundo** jedermann, die ganze Welt; **a toda prisa** in aller Eile
❷ (*cada*) jede(r, s); **a toda costa** um jeden Preis; **toda precaución es poca** man kann nicht vorsichtig genug sein
❸ *pl* alle; ~**s los niños** alle Kinder; ~**s y cada uno** alle samt und sondern; **día de T~s los Santos** Allerheiligen *nt*; **a todas horas** zu jeder Tages- und Nachtzeit; **en todas partes** überall; **de** ~**s modos** auf alle Fälle; **de todas todas** so oder so
❹ (*como intensificación*): **su cara es toda nariz** sein/ihr Gesicht besteht nur aus Nase; **este hombre es** ~ **nervios** dieser Mann ist ein einziges Nervenbündel; **este perfume es** ~ **alcohol** dieses Parfüm ist der reinste Alkohol
todopoderoso¹ [toðopoðe'roso] *m:* **el T~** der Allmächtige (*Gott*)
todopoderoso, -a² [toðopoðe'roso, -a] *adj* allmächtig
todoterreno [toðote'rreno] I. *adj inv* (AUTO) geländegängig
II. *m* (AUTO) Geländefahrzeug *nt*; **ser un** ~ (*fig*) überall einsatzfähig sein
tofé [to'fe] *m* (GASTR) Toffee *nt*
toga ['toɣa] *f* Talar *m*; (*en la antigua Roma*) Toga *f*
Togo ['toɣo] *m* Togo *nt*
togolés, -esa [toɣo'les, -esa] I. *adj* togoisch, togolesisch
II. *m, f* Togoer(in) *m(f)*, Togolese, -in *m, f*
toilette [twa'le¹] *f* Toilette *f*
tojo ['toxo] *m* (BOT) Stechginster *m*
tojosa [to'xosa] *f* (*AmC:* ZOOL) Sperlingstäubchen *nt*
tojunto [to'xunto] *m* (*reg:* GASTR) Kaninchengericht mit Zwiebeln, Paprika und Knoblauch
tokay [to'kaj] *m* (GASTR) Tokaier(wein) *m*
toldillo [tol'diʎo] *m* (*Col*) Moskitonetz *nt*
toldo ['toldo] *m* ❶ (*marquesina*) Sonnendach *nt*, Markise *f*
❷ (*de carro*) Wagenplane *f*
❸ (*engreimiento*) Dünkel *m*
tole ['tole] *m* ❶ (*bulla*) Tumult *m*; **se armó un** ~ **tremendo** ein heftiger Tumult erhob sich
❷ (*rumor*) Gerede *nt*
❸ (*loc*): **tomar** [*o* **coger**] **el** ~ (*fam*) verduften, die Kurve kratzen
toledano, -a [tole'ðano, -a] I. *adj* aus Toledo; **noche toledana** (*fig*) schlaflose Nacht
II. *m, f* Einwohner(in) *m(f)* Toledos
tolerabilidad [toleraβili'ðað] *f* Erträglichkeit *f*
tolerable [tole'raβle] *adj* ❶ (*soportable*) erträglich
❷ (*aceptable*) tolerierbar
tolerado, -a [tole'raðo, -a] *adj* (*película*) jugendfrei
tolerancia [tole'ranθja] *f* ❶ (*indulgencia, respeto*) Toleranz *f*
❷ (*resistencia*) Widerstandsfähigkeit *f*
❸ (TÉC) Toleranz *f*, zulässige Abweichung *f*
tolerante [tole'rante] *adj* tolerant
tolerantismo [toleran'tismo] *m sin pl* (SOCIOL) Religionsfreiheit *f*
tolerar [tole'rar] *vt* ❶ (*soportar*) ertragen; (*alimentos, medicinas*) vertragen
❷ (*permitir*) dulden
❸ (*aceptar*) tolerieren
tolete [to'lete] *m* ❶ (*Am: garrote*) Schlagstock *m*
❷ (*Col, Cuba: trozo*) Brocken *m*
❸ (*Col: balsa*) Floß *nt*
toletero [tole'tero] *m* (*Ven: camorrista*) Raufbold *m*
toletole [tole'tole] *m* (*CSur: fam: alboroto*) Remmidemmi *nt*; (*fam: porfía*) Streit *m*
tollina [to'ʎina] *f* (*fam*) Tracht *f* Prügel
tololoche [tolo'lotʃe] *m* (*Méx:* MÚS) Kontrabass *m*
tolondro¹ [to'londro] *m* Beule *f* (am Kopf); **a topa** ~ aufs Geratewohl
tolondro, -a² [to'londro, -a] *adj* unbesonnen, gedankenlos
tolonguear [tolonge'ar] *vt* (*CRi*) liebkosen, hätscheln
tolteca [tol'teka] *mf* (*Méx:* HIST) Tolteke, -in *m, f*
tolva ['tolβa] *f* (Einfüll)trichter *m*; ~ **de molino** Mühlentrichter *m*
tolvanera [tolβa'nera] *f* (*AmC, Méx: polvareda*) Staubwolke *f*
toma ['toma] *f* ❶ (*tomadura, adquisición*) Nehmen *nt*; ~ **de conciencia** Bewusstwerdung *f*; ~ **de decisiones** Entscheidungsfindung *f*; ~ **de poder** Machtergreifung *f*, Machtübernahme *f*; ~ **de posesión** Amtsübernahme *f*; ~ **de rehenes** Geiselnahme *f*; ~ **de temperatura** Temperaturmessung *f*
❷ (*conquista*) Einnahme *f*; ~ **por asalto** Erstürmung *f*
❸ (*dosis*) Dosis *f*
❹ (JUR): ~ **de declaración** Vernehmung *f*; ~ **de juramento** Vereidigung *f*
❺ (TÉC) Anschluss *m*, Entnahmestelle *f*; ~ **de aire** Lufteinlass *m*; ~ **de tierra** Erd(ungs)leitung *f*
❻ (*grabación*) Aufnahme *f*; ~ **simultánea de imagen y sonido** Bild-Ton-Aufnahme *f*
tomacorriente [tomako'rrjente] *m* ❶ (*Am: colector*) Stromabnehmer *m*
❷ (*Arg, Perú: enchufe*) Steckdose *f*
tomado, -a [to'maðo, -a] *adj* (*voz*) heiser
tomador(a) [toma'ðor(a)] *m(f)*: ~ **de un cheque** Scheckinhaber(in) *m(f)*; ~**(a) de una letra** Wechselnehmer(in) *m(f)*, Remittent(in) *m(f)*; ~**(a) de un préstamo** Kreditnehmer(in) *m(f)*; ~**(a) del seguro** Versicherungsnehmer(in) *m(f)*
tomadura [toma'ðura] *f* ❶ (*toma*) Nehmen *nt*
❷ (*dosis*) Dosis *f*
❸ (*loc*): ~ **de pelo** Scherz *m*
tomahawk [toma'xoᵏ] <tomahawks> *m* Tomahawk *m*
tomar [to'mar] I. *vi* abbiegen; **tomó por la derecha** er/sie bog nach rechts ab
II. *vt* ❶ (*coger*) nehmen; ~ **aliento/fuerzas** Atem/Kraft schöpfen; ~ **el autobús** den Bus nehmen, mit dem Bus fahren; ~ **las armas** zu den Waffen greifen; ~ **un baño** ein Bad nehmen; ~ **el camino de la derecha** den Weg rechts einschlagen; ~ **una decisión** einen Entschluss fassen, eine Entscheidung treffen; ~ **medidas** Maßnahmen ergreifen; ~ **la pluma** zur Feder greifen; ~ **un préstamo** ein Darlehen aufnehmen; ~ **el sol** sich sonnen; **toma buena nota de lo que te digo ahora** merk dir gut, was ich dir jetzt sage
❷ (*comer, beber*) zu sich nehmen; ~ **café** Kaffee trinken
❸ (*interpretar*) auffassen; ~ **a la ligera** auf die leichte Schulter nehmen; ~ **a mal** übel nehmen; ~ **muy a pecho** sehr schwer nehmen; ~ **a risa** als Scherz auffassen; ~ **en serio** ernst nehmen; ~ **por...** halten für ... +*akk*; ~ **a alguien por ladrón** jdn für einen Dieb halten
❹ (*adquirir*) erwerben; ~ **conciencia de algo** sich *dat* einer Sache bewusst werden
❺ (*sentir*) empfinden; ~ **cariño** lieb gewinnen; ~ **confianza a alguien** zu jdm Vertrauen fassen; ~ **aborrecimiento a algo** eine Abneigung gegen etw bekommen
❻ (*conquistar*) einnehmen
❼ (*copiar, imitar*) übernehmen
❽ (*contratar*) einstellen; ~ **un abogado** sich *dat* einen Anwalt nehmen
❾ (*alquilar*) mieten
❿ (*hacerse cargo*) übernehmen; ~ **sobre sí** auf sich nehmen
⓫ (*quitar*) wegnehmen
⓬ (*fotografiar, filmar*) aufnehmen
⓭ (*sobrevenir*) überkommen
⓮ (*llevar*) mitnehmen
⓯ (*calcular*) messen
⓰ (*Am: emborracharse*): ~**la** sich betrinken
⓱ (ZOOL: *copular*) decken; **¡vete a ~ por culo!** (*vulg*) du kannst mich

tomata

mal!, leck mich am Arsch!
1B (*loc*): **¡toma!** sieh mal an!; **haberla tomado con algo/alguien** es auf etw/jdn abgesehen haben; **~ las de Villadiego** (*fam*) Reißaus nehmen III. *vr:* **~se** ❶ (*coger*) sich nehmen; **~se libertades** sich *dat* Freiheiten herausnehmen; **~se unas vacaciones** sich *dat* ein paar Tage Urlaub nehmen
❷ (*comer, beber*) zu sich nehmen; **me he tomado un vaso de leche** ich habe ein Glas Milch getrunken
❸ (*cubrirse de*): **~se de moho** anlaufen; **~se de orín** rostig werden; **~se de polvo** verstauben
❹ (*Am: emborracharse*): **tomársela** sich betrinken
❺ (*loc*): **¡tómate esa!** das hat gesessen!
tomata [to'mata] *f* (*Col*) ❶ (*broma*) Witz *m*
❷ (*tomadura de pelo*) Necken *nt*
tomatada [toma'taða] *f* (GASTR: *ensalada*) Tomatensalat *m*; (*fritada*) Tomatensoße *f*
tomatal [toma'tal] *m* (AGR) Tomatenpflanzung *f*
tomatazo [toma'taθo] *m* Wurf *m* mit einer Tomate
tomate [to'mate] *m* ❶ (*planta*) Tomate *f*; **ponerse rojo como un ~** rot werden wie eine Tomate, knallrot werden; **poner a alguien el culo como un ~** (*fam*) jdm gehörig den Hintern versohlen
❷ (*fam: agujero*) Kartoffel *f* (*Loch*)
❸ (*fam: jaleo*) Durcheinander *nt;* **¡vaya ~!** was für ein Durcheinander!
tomatera [toma'tera] *f* Tomate *f*
tomatero, -a [toma'tero, -a] *m, f* Tomatenverkäufer(in) *m(f)*
tomaticán [tomati'kan] *m* (*Arg, Chil:* GASTR) *Gericht aus Kartoffeln, Zwiebeln, Tomaten und anderem Gemüse*
tomavistas¹ [toma'βistas] *m inv* (*cámara*) Filmkamera *f*
tomavistas² [toma'βistas] *mf inv* (*operador*) Kameramann, -frau *m, f*
tómbola ['tombola] *f* Tombola *f*; **~ benéfica** Wohltätigkeitstombola *f*
tómbolo ['tombolo] *m* (GEO) Landzunge, die eine Insel mit dem Kontinent verbindet
tomillo [to'miʎo] *m* Thymian *m*
tomismo [to'mismo] *m* (FILOS, REL) Thomismus *m*
tomo [tomo] *m* ❶ (*volumen*) Band *m;* **~ suplementario** Ergänzungsband *m;* **de cuatro ~s** vierbändig
❷ (*fam: loc*): **de ~ y lomo** (*fam*) mordsmäßig
tomografía [tomoɣra'fia] *f* (MED) Tomographie *f*
tomotocia [tomo'toθja] *f* (MED) Kaiserschnitt *m*
ton [ton] (*fam*): **sin ~ ni son** völlig grundlos
tonada [to'naða] *f* ❶ (*canción*) Lied *nt*
❷ (*melodía*) Weise *f*, Melodie *f*
❸ (*Am: tonillo*) Tonfall *m*
tonadilla [tona'ðiʎa] *f* ❶ (*canción*) heiteres, leichtes Volkslied aus Andalusien
❷ (*opereta*) Singspiel *nt*
tonadillero, -a [tonaði'ʎero, -a] *m, f* Person, die 'tonadillas' verfasst und singt
tonal [to'nal] *adj* (MÚS) Ton-, Klang-; **altura ~** Tonhöhe *f*
tonalidad [tonali'ðað] *f* ❶ (LING) Tonfall *m*
❷ (MÚS) Tonart *f*
❸ (ARTE) Schattierung *f*
tonalpohualli [tonalpo'waʎi] *m* (*Méx:* HIST) Aztekenkalender mit 260 Tagen, eingeteilt in dreizehn Monate mit je zwanzig Tagen
tonario [to'narjo] *m* (REL) Chorgesangbuch *nt*, Antiphonar *nt*
tondo ['tondo] *m* (ARQUIT) Tondo *nt*, rundes Relief *nt*
tonel [to'nel] *m* ❶ (*barril*) Fass *nt*
❷ (*fam: persona gorda*) Tonne *f*; **ser un ~** eine (richtige) Tonne sein, so rund wie eine Tonne sein
tonelada [tone'laða] *f* ❶ (*unidad de peso*) Tonne *f*
❷ (NÁUT): **~ de arqueo** Registertonne *f*
❸ (*tonelería*) Fässervorrat *m*
tonelaje [tone'laxe] *m* ❶ (*capacidad*) Tonnage *f*; **~ bruto/neto** Brutto-/Nettotonnage *f*
❷ (*peso*) Ladegewicht *nt;* **~ de un coche** zulässiges Gesamtgewicht
❸ (*derechos*) Tonnengeld *nt*
tonelería [tonele'ria] *f* ❶ (*arte, taller*) Böttcherei *f*
❷ (*toneles*) Fässervorrat *m*
tonelero, -a [tone'lero, -a] *m, f* Böttcher(in) *m(f)*
tonga ['tonga] *f* ❶ (*Col: tarea*) Aufgabe *f*; (*dormida*) Schlaf *m*
❷ (*Col, Perú: bebida*) aus Stechapfel hergestelltes Getränk
❸ (*Ecua: merienda*) Pausenbrot *nt*, Vesperbrot *nt reg*
tongo ['tongo] *m* ❶ (DEP) illegale Absprache *f*
❷ (*Chil, Perú: sombrero*) Melone *f*
tónica ['tonika] *f* ❶ (MÚS) Tonika *f*, Grundton *m*
❷ (*bebida*) Tonic(water) *nt*
❸ (*tono general*) Grundstimmung *f*
tonicidad [toniθi'ðað] *f* (MED) Spannungszustand *m*, Tonus *m*
tónico¹ ['toniko] *m* ❶ (MED) Tonikum *nt;* **~ nervioso** Nerventonikum *nt*

tope

❷ (*loción: para el rostro*) Gesichtswasser *nt;* (*para el cabello*) Haarwasser *nt*
tónico, -a² ['toniko, -a] *adj* ❶ (LING) betont; **sílaba tónica** Tonsilbe *f*
❷ (MÚS) tonisch; **nota tónica** Grundton *m*
❸ (MED) stärkend, kräftigend, tonisch
tonificación [tonifika'θjon] *f* Stärkung *f*, Kräftigung *f*; **~ muscular** Stärkung [*o* Kräftigung] der Muskeln
tonificador(a) [tonifika'ðor(a)] *adj*, **tonificante** [tonifi'kante] *adj* stärkend, kräftigend
tonificar [tonifi'kar] <c→qu> *vt* (MED) stärken, kräftigen, tonisieren
tonillo [to'niʎo] *m* ❶ (*deje*) Tonfall *m*
❷ (*habla monótona*) monotoner Tonfall *m*
❸ (*retintín*) spöttischer Unterton *m*
❹ (*énfasis*) emphatischer Tonfall *m*
tonina [to'nina] *f* (*Arg, Urug:* ZOOL) Delphin *m*
tono ['tono] *m* ❶ (*altura del sonido*) Tonlage *f*; **~ agudo/grave** hohe/tiefe Tonlage
❷ (*señal*) Ton *m;* **~ de advertencia** Warnton *m;* **~s cardíacos** Herztöne *mpl;* **~ continuo** Dauerton *m;* **~ de marcar** (TEL) Freizeichen *nt*
❸ (*intensidad del sonido*) Lautstärke *f*; **bajar el ~** die Lautstärke dämpfen
❹ (*deje, estilo, grado de color*) Ton *m;* **en ~ de reproche** in vorwurfsvollem Ton; **bajar el ~** seinen Ton mäßigen; **dar el ~** den Ton angeben; **darse ~** sich wichtig machen; **estar a ~ con algo** harmonieren mit etw; **subirse de ~** sich aufs hohe Ross setzen
❺ (*atmósfera*) Stimmung *f*
❻ (*maneras*) Benehmen *nt;* **el buen ~** der gute Ton; **de buen ~** höflich; **de mal ~** unhöflich; **estar fuera de ~** unverschämt sein
❼ (*tonicidad*) Spannungszustand *m*, Tonus *m*
❽ (*tonada*) Weise *f*
❾ (*MÚS: modo*) Tonart *f*; **~ mayor/menor** Dur-/Molltonart *f*; **mudar el ~** eine andere Tonart anschlagen
tonometría [tonome'tria] *f* (FÍS, MED, QUÍM) Tonometrie *f*
tonsura [ton'sura] *f* ❶ (*ovejas*) Schur *f*
❷ (REL) Tonsur *f*
tontada [ton'taða] *f* Dummheit *f*
tontaina [ton'taina] *mf* (*fam*) Dummkopf *m*
tontamente [tonta'mente] *adv* dumm; **se dejó engañar ~** er/sie ließ sich ganz dumm hereinlegen
tontarrón, -ona [tonta'rron, -ona] *adj* v. **tontorrón**
tontear [ton̪te'ar] *vi* ❶ (*bobear*) (herum)albern
❷ (*fam: flirtear*) flirten
tontera [ton̪'tera] *f* Dummheit *f*
tontería [tonte'ria] *f* ❶ (*memez*) Dummheit *f*; **¡déjate de ~s!** hör mit dem Unfug auf!, lass den Unfug!
❷ (*nadería*) Nichtigkeit *f*, Lappalie *f*
tonto¹ ['tonto] *m* dummer August *m*
tonto, -a² ['tonto, -a] I. *adj* ❶ dumm, töricht; **ser más ~ que Picio** [*o* **Abundio**] (*fam*) dumm wie Bohnenstroh sein, dümmer sein, als die Polizei erlaubt; **hacer algo a tontas y a locas** etw aufs Geratewohl tun; **ponerse ~** (*fam: mostrar vanidad*) sich *dat* ganz schön was einbilden; **mostrar terquedad**) einen Dickkopf aufsetzen
II. *m, f* Dummkopf *m*, Tölpel *m;* **~ de capirote** [*o* **remate**] (*fam*) Volltrottel *m;* **hacerse el ~** sich dumm stellen
tontorrón, -ona [ton̪to'rron, -ona] *adj* (*fam*) dämlich, bescheuert
tontuna [ton'tuna] *f* Dummheit *f*
toña ['toɲa] *f* ❶ (*juego*) Kinderspiel *nt*
❷ (*reg: pan*) großer Laib *m* Brot
top [top] *m* <tops> kurzes Top *nt;* **~ de tirantes** kurzes Trägertop
topacio [to'paθjo] *m* Topas *m;* **~ ahumado** Rauchquarz *m*
topadora [topa'ðora] *f* (*Arg, Méx, Urug: buldózer*) Planierraupe *f*, Bulldozer *m*
topanimbur [topanim'bur] *m* (*Arg, Bol, Méx:* BOT) Topinambur *m o f*
topar [to'par] I. *vi* ❶ (*chocar*) zusammenstoßen (*con* mit +*dat*), stoßen (*contra/en* gegen +*akk*); **~ con muchas dificultades** auf viele Schwierigkeiten stoßen
❷ (*topetar*) (mit den Hörnern) stoßen
❸ (*consistir*) bestehen (*en* in +*dat*)
❹ (*fam: salir bien*) klappen; **por si topa** für alle Fälle
❺ (*en el juego*) mithalten
II. *vt* ❶ (*chocar*) stoßen (an +*akk*)
❷ (*hallar: algo*) stoßen (auf +*akk*); (*a alguien*) treffen (*a* +*akk*)
III. *vr:* **~** (*chocar*) zusammenstoßen
❷ (*encontrar*) zufällig treffen (*con* +*akk*)
toparquía [topar'kia] *f* (POL) Fürstentum *nt*
tope ['tope] I. *adj* Höchst-; **velocidad ~** Höchstgeschwindigkeit *f*, Spitzengeschwindigkeit *f*
II. *m* ❶ (*extremo*) Spitze *f*, Gipfel *m;* **~ salarial** Gehaltsobergrenze *f*; **estar a** [*o* **hasta el**] **~**, **estar hasta los ~s** überfüllt sein; (*persona*) die

Nase voll haben; **en verano las piscinas están hasta los ~s de gente** im Sommer sind die Schwimmbäder völlig überfüllt; **estoy hasta los ~ de ti** ich habe genug von dir; **estoy a ~ de trabajo** ich stecke bis zum Hals in Arbeit
② (*parachoques, t.* FERRO) Puffer *m*; (AUTO) Stoßstange *f*
③ (*para impedir un movimiento*) Anschlag *m*; (*de una puerta*) Türstopper *m*; (*en la vía*) Prellbock *m*
④ (*obstáculo*) Hindernis *nt*
⑤ (*topetón*) Stoß *m*
⑥ (*riña*) Zusammenstoß *m*
⑦ (NÁUT: *punto superior del mástil*) Topp *m*
⑧ (NÁUT: *vigía*) Ausguck *m*
topera [to'pera] *f* Maulwurfbau *m*
topetada [tope'taða] *f*, **topetazo** [tope'taθo] *m* Zusammenstoß *m*
topet(e)ar [tope'tar/topete'ar] *vi*, *vt* (mit den Hörnern) stoßen
topetón [tope'ton] *m* Zusammenstoß *m*
tópica ['topika] *f* (FILOS) Topik *f*
tópico¹ ['topiko] *m* ① (*lugar común*) Gemeinplatz *m*
② (*estereotipo*) Klischee *nt*
③ (MED) Medikament *nt* zur äußerlichen Anwendung
tópico, -a² ['topiko, -a] *adj* ① (*trivial*) banal, trivial
② (*local*) örtlich
③ (MED) topisch; **de uso** ~ zur äußerlichen Anwendung
topinambur [topinam'bur] *m* (*Arg, Bol:* BOT, GASTR) Topinambur *m*
topless ['toβles] *m* ① (*loc*): **en** ~ topless, busenfrei, oben ohne
② (*local*) Oben-ohne-Lokal *m*
top-model [toβ 'moðel] *f* Topmodel *nt*
topo ['topo] *m* ① (*roedor, espía*) Maulwurf *m*
② (*fam: que ve poco*): **soy un** ~ ich bin so blind wie ein Maulwurf
③ (*persona torpe*) Tölpel *m*
topocho, -a [to'potʃo, -a] *adj* (*Ven*) pummelig, rundlich
topografía [topoɣra'fia] *f* (GEO) Topographie *f*
topográfico, -a [topo'ɣrafiko, -a] *adj* topographisch
topógrafo, -a [to'poɣrafo, -a] *m, f* Topograph(in) *m(f)*
topología [topolo'xia] *f sin pl* (MAT) Topologie *f*
topometría [topome'tria] *f* (GEO) Topometrie *f*
topón [to'pon] *m* ① (*Chil, Col, Hond: topetazo*) Zusammenstoß *m*
② (*Col: puñetazo*) Faustschlag *m*
toponimia [topo'nimja] *f sin pl* Ortsnamenkunde *f*, Toponymik *f*
toponímico, -a [topo'nimiko, -a] *adj* toponymisch
topónimo, -a [to'ponimo] *m* Ortsname *m*
toposo, -a [to'poso, -a] *adj* (*Ven*) ① (*entrometido*) zudringlich
② (*pedante*) eingebildet
top-ten [top ten] *pl* Top ten *f*
toque ['toke] *m* ① (*roce*) Berührung *f*
② (*golpe*) Klopfen *nt*; **dar un** ~ (**dos ~s**) **en la puerta** (zweimal) an die Tür klopfen
③ (*sonido*): ~ **de atención** Warnsignal *nt*; ~ **de campanas** Glockengeläut(e) *nt*; ~ **de difuntos** Sterbegeläut(e) *nt*; ~ **de fajina** (MIL) Zapfenstreich *m*; ~ **de queda** Ausgangssperre *f*; ~ **de tambor** Trommelschlag *m*; ~ **de trompeta** Trompetenstoß *m*
④ (*advertencia*) Hinweis *m*
⑤ (*matiz*) Hauch *m*, Touch *m fam*
⑥ (*modificación*) kleinere Veränderung *f*; **dar los últimos ~s a algo** einer Sache den letzten Schliff geben
⑦ (*pincelada*) leichter Pinselstrich *m*
⑧ (*ensayo*) Prüfen *nt* (*von Gold oder Silber mit Hilfe eines Probiersteins*); **piedra de** ~ Probierstein *m*
⑨ (*lo principal*) Knackpunkt *m fam*
⑩ (*aplicación medicinal*) Betupfen *nt*
toquetear [tokete'ar] *vt* (*fam*) befummeln
toqueteo [toke'teo] *m* (*fam*) Befummeln *nt*
toqui ['toki] *m* (*Chil: caudillo*) araukanischer Kazike *m*
toquilla [to'kiʎa] *f* ① (*pañuelo*) Schultertuch *nt*
② (*Bol, Ecua, Perú: palmera*) Panamapalme *f*
tora ['tora] *f* (REL) Thora *f*
toracentesis [toraθen'tesis] *f inv* (MED) Bruststich *m*, Thorakozentese *f*
torácico, -a [to'raθiko, -a] *adj* (ANAT) Brust-; **caja torácica** Brustkorb *m*
toracotomía [torakoto'mia] *f* (MED) operative Öffnung *f* der Brusthöhle, Thorakotomie *f*
torada [to'raða] *f* Stierherde *f*
toral [to'ral] I. *adj* (*principal*) Haupt-; **arco** ~ (ARQUIT) Hauptbogen *m*
II. *m* (MIN) ① (*molde*) Kupferbarrenform *f*
② (*barra*) Kupferbarren *m*
tórax ['toraɣs] *m inv* ① (ANAT: *pecho*) Brustkorb *m*, Thorax *m*; **ancho del** ~ Brustumfang *m*
② (ANAT: *cavidad*) Brusthöhle *f*
③ (ZOOL) Thorax *m*
torbellino [torβe'ʎino] *m* Wirbel *m*; **ser un** ~ ein richtiger Wirbelwind sein

torcaz [tor'kaθ] *adj*: **paloma** ~ Ringeltaube *f*
torcaza [tor'kaθa] *f* (*AmS, Méx: paloma torcaz*) Ringeltaube *f*
torcecuello [torθe'kweʎo] *m* (ZOOL) Wendehals *m*
torcedor [torθe'ðor] *m* ① (*huso*) Spindel *f*
② (*disgusto*) Kummer *m*
torcedura [torθe'ðura] *f* ① (*encorvamiento*) Biegen *nt*; **el peso de los libros produce la** ~ **de los estantes** durch das Gewicht der Bücher biegen sich die Regalbretter durch
② (*dislocación*) Zerrung *f*
③ (*desvío*) Umlenkung *f*, Umleitung *f*
④ (*vino*) Tresterwein *m*
torcer [tor'θer] *irr como cocer* I. *vi* abbiegen; ~ **a la izquierda/derecha** nach links/rechts abbiegen
II. *vt* ① (*encorvar*) biegen; **se me ha torcido la aguja** meine Nadel ist verbogen
② (*dar vueltas, desviar*) (ver)drehen; ~ **el cuello a alguien** jdm den Hals umdrehen; ~ **hilo** zwirnen; ~ **las intenciones de alguien** jdn von seinen Vorsätzen abbringen; ~ **la justicia** das Recht verdrehen [*o* beugen]; ~ **las manos** die Hände ringen; ~ **los ojos** die Augen verdrehen; ~ **la vista** schielen
③ (*referente al gesto*): ~ **el gesto** [*o* **el hocico**] [*o* **el rostro**] das Gesicht verziehen
III. *vr*: ~**se** ① (*encorvarse*) sich biegen
② (*dislocarse*) sich *dat* zerren; **me he torcido el pie** ich bin mit dem Fuß umgeknickt, ich habe mir den Fuß verknackst *fam*
③ (*corromperse*) auf Abwege geraten
④ (*fracasar*) scheitern
⑤ (*agriarse*) sauer werden
torcida [tor'θiða] *f* Docht *m*
torcido¹ [tor'θiðo] *m* ① (*hilo*) gezwirnter Seidenfaden *m*
② (*vino*) Tresterwein *m*
torcido, -a² [tor'θiðo, -a] *adj* ① (*ladeado*) schief
② (*encorvado*) krumm
③ (*artero*) unaufrichtig; **cabeza torcida** (*fig*) Heuchler *m*
torcimiento [torθi'mjento] *m* ① (*torcedura*) Biegen *nt*
② (*perífrasis*) Umschweife *mpl*
tórculo ['torkulo] *m* (TIPO) Handpresse *f*
tordillo, -a [tor'ðiʎo, -a] I. *adj* grauschimmelfarben; **caballo** ~ Grauschimmel *m*
II. *m, f* (*sin referirse al sexo*) Grauschimmel *m*; (*macho*) Grauschimmelhengst *m*; (*hembra*) Grauschimmelstute *f*
tordo¹ ['torðo] *m* Drossel *f*; ~ **alirrojo** Rotdrossel *f*; ~ **loco** Blaumerle *f*; ~ **malvís** Misteldrossel *f*
tordo, -a² ['torðo, -a] I. *adj* (*tordillo*) grauschimmelfarben; **yegua torda** Grauschimmelstute *f*
② (*torpe*) unbeholfen
II. *m, f* Grauschimmel *m*; (*macho*) Grauschimmelhengst *m*; (*hembra*) Grauschimmelstute *f*
toreador(a) [torea'ðor(a)] *m(f)* Stierkämpfer(in) *m(f)*, Toreador *m*, a *f*
torear [tore'ar] I. *vi* ① (*lidiar*) mit Stieren kämpfen
② (*unir toros y vacas*) die Stiere zu den Kühen lassen
③ (*Arg: ladrar*) anschlagen
II. *vt* ① (*lidiar*) kämpfen (*mit einem Stier*)
② (*evitar*) geschickt aus dem Wege gehen (*a +dat*)
③ (*engañar*) etwas vormachen (*a +dat*); **no me dejo** ~ mir kann man nichts vormachen
④ (*tomar el pelo*) hänseln
⑤ (*Arg, Chil: provocar*) provozieren
toreo [to'reo] *m* ① (*tauromaquia*) Stierkampfkunst *f*
② (*lidia*) Stierkampf *m*
③ (*burla*) Hänselei *f*
torera [to'rera] *f* Bolero *m*
torería [tore'ria] *f* (TAUR: *gremio de toreros*) Stierkämpferverband *m*
torero, -a [to'rero, -a] I. *adj* (*fam*) Stierkampf-; **fiesta torera** Stierkampffest *nt*; **valor** ~ Mut *m* eines Stierkämpfers
II. *m, f* Stierkämpfer(in) *m(f)*; **saltarse algo a la torera** sich um etw nicht scheren
torete [to'rete] *m* ① (*toro*) kleiner Stier *m*; (*pey*) Stier, der sich kaum zum Angriff reizen lässt
② (*fam: persona*) Brocken *m fam*; **este niño esta hecho un** ~ dieses Kind hat kräftig zugenommen
toréutica [to'reutika] *f* (ARTE) Toreutik *f*
toril [to'ril] *m* Stierzwinger *m*
torio ['torjo] *m* (QUIM) Thor(ium) *nt*
tormenta [tor'menta] *f* ① (*temporal, t. fig*) Gewitter *nt*, Unwetter *nt*
② (*agitación*) Sturm *m*; ~ **de protestas** Proteststurm *m*; **una** ~ **de celos** ein Eifersuchtsanfall
tormentila [tormen'tila] *f* (BOT) Tormentill *m*

tormento [tor'mento] *m* ❶ (*castigo*) Folter *f*; **potro de** ~ Folterbank *f*; **dar** ~ **a alguien** jdn foltern
❷ (*congoja*) Qual *f*; **este niño es un** ~ dieses Kind ist ein echter Quälgeist
tormentoso, -a [tormen'toso, -a] *adj* stürmisch
torna ['torna] *f* ❶ (*devolución*) Rückgabe *f*
❷ (*regreso*) Rückkehr *f*
❸ (*en una reguera*) in einem Bewässerungsgraben errichtetes Hindernis
❹ (*loc*): **se vuelven las** ~**s** das Blatt wendet sich
tornaboda [torna'βoða] *f* Tag nach der Hochzeit
tornada [tor'naða] *f* ❶ (*regreso*) Rückkehr *f*
❷ (*enfermedad del carnero*) Drehkrankheit *f*
tornadizo, -a [torna'ðiθo, -a] *adj* wetterwendisch
tornado [tor'naðo] *m* Tornado *m*, Wirbelsturm *m*
tornar [tor'nar] I. *vi* zurückkehren; ~ **en sí** wieder zu sich kommen; ~ **a hacer algo** etw wieder tun
II. *vt* ❶ (*devolver*) zurückgeben
❷ (*cambiar*) verwandeln (*en* in +*akk*); ~ **triste** traurig machen
III. *vr*: ~**se** sich verwandeln (*en* in +*akk*); **el cielo se tornó gris** der Himmel wurde grau
tornasol [torna'sol] *m* ❶ (*girasol*) Sonnenblume *f*
❷ (*reflejo*) Schillern *nt*, Changieren *nt*
❸ (QUÍM) Lackmus *nt* o *m*; **papel de** ~ Lackmuspapier *nt*
tornasolar [tornaso'lar] *vt* schillern lassen
tornátil [tor'natil] *adj* ❶ (*torneado*) gedrechselt
❷ (*tornadizo*) wetterwendisch
tornavoz [torna'βoθ] *m* Schalltrichter *m*; (*del púlpito*) Schalldeckel *m*
torneado[1] [torne'aðo] *m* (*de metales*) Drehen *nt*; (*de madera*) Drechseln *nt*
torneado, -a[2] [torne'aðo, -a] *adj* ❶ (*metal*) gedreht; (*madera*) gedrechselt
❷ (*de curvas suaves*) mit sanften Rundungen; **brazos** ~**s** weich gerundete Arme; **un talle bien** ~ eine wohlgeformte Taille
tornear [torne'ar] I. *vi* ❶ (*dar vueltas*) sich drehen
❷ (*en un torneo*) an einem Turnier teilnehmen
❸ (*cavilar*) seine Gedanken kreisen lassen
II. *vt* (*metal*) drehen; (*madera*) drechseln
torneo [tor'neo] *m* Turnier *nt*
tornería [torne'ria] *f* (*de metal*) Dreherei *f*; (*de madera*) Drechslerei *f*
tornero, -a [tor'nero, -a] *m, f* (*de metal*) Dreher(in) *m(f)*; (*de madera*) Drechsler(in) *m(f)*
tornillero [torni'ʎero] *m* (*fam*) Fahnenflüchtiger *m*, Deserteur *m*
tornillo [tor'niʎo] *m* ❶ (*clavo con rosca*) Schraube *f*; **apretar un** ~ eine Schraube anziehen; **apretar los** ~**s a alguien** (*fig*) jdm die Daumenschrauben anlegen; **te falta un** ~, **tienes los** ~**s flojos** bei dir ist eine Schraube locker
❷ (*fam: deserción*) Fahnenflucht *f*
❸ (*abrazadera*) Schraubzwinge *f*
torniquete [torni'kete] *m* ❶ (*puerta giratoria*) Drehkreuz *nt*
❷ (MED) Gefäßklemme *f*
torniscón [tornis'kon] *m* (*fam*) ❶ (*bofetón*) Ohrfeige *f*
❷ (*pellizco*) Kneifen *nt*, Zwicken *nt*
torno ['torno] *m* ❶ (*máquina*) Drehbank *f*, Drehmaschine *f*; (*para madera*) Drechslerbank *f*; (*de alfarero*) Drehscheibe *f*
❷ (*cabrestante*) Winde *f*
❸ (*giro*) Runde *f*
❹ (*freno*) Handbremse *f*
❺ (*de un río*) (Fluss)biegung *f*
❻ (*loc*): **en** ~ **a** um ... herum; **no hay nada más que decir en** ~ **a ese tema** zu diesem Thema gibt es nichts mehr zu sagen
toro ['toro] *m* ❶ (*animal*) Stier *m*, Bulle *m*; ~ **de lidia** Kampfstier *m*; **a** ~ **pasado** (*fig*) hinterher, wenn alles vorbei ist; **coger el** ~ **por los cuernos** (*fig*) den Stier bei den Hörnern packen; **¡otro** ~! Themawechsel!
❷ *pl* (*toreo*) Stierkampf *m*; **ver los** ~**s desde las barreras** [*o* **la talanquera**] (*fig*) das Geschehen aus sicherer Entfernung verfolgen
❸ (*hombre fuerte*) kräftiger Mann *m*
❹ (ASTR) Stier *m*
❺ (ARQUIT, MAT) Torus *m*
toroide [to'roiðe] *m* (MAT) ringförmiger Körper *m*, Toroid *nt*
toronja [to'ronxa] *f* ❶ (*naranja amarga*) Pomeranze *f*, Bitterorange *f*
❷ (*pomelo*) Grapefruit *f*, Pampelmuse *f*
toronjil [toron'xil] *m* (Zitronen)melisse *f*
torpe ['torpe] *adj* ❶ (*pesado*) schwerfällig
❷ (*inhábil*) ungeschickt
❸ (*obsceno*) unzüchtig
torpedear [torpeðe'ar] *vt* torpedieren
torpedero[1] [torpe'ðero] *m* Torpedoboot *nt*
torpedero, -a[2] [torpe'ðero] *adj* Torpedo-; **lancha torpedera** Torpedoboot *nt*
torpedo [tor'peðo] *m* Torpedo *m*
torpeza [tor'peθa] *f* ❶ (*pesadez*) Schwerfälligkeit *f*
❷ (*inhabilidad*) Ungeschicklichkeit *f*
❸ (*obscenidad*) Unzüchtigkeit *f*
❹ (*tontería*) Dummheit *f*
torpón, -ona [tor'pon, -ona] *adj* (*fam*) etwas ungeschickt
torrado [to'rraðo] *m* geröstete Kichererbse *f*
torrar [to'rrar] *vt* rösten
torre ['torre] *f* ❶ (*edificio alto, pieza del ajedrez*) Turm *m*; ~ **de alta tensión** Hochspannungsmast *m*; ~ **de control** Kontrollturm *m*, Tower *m*; ~ **de iglesia** Kirchturm *m*; ~ **de marfil** (*fig*) Elfenbeinturm *m*; ~ **de saltos** Sprungturm *m*; ~ **de viento** (*fig*) Luftschloss *nt*
❷ (*reg: casa de campo*) Landhaus *nt*; (*granja*) Landgut *nt*
torrefacción [torrefa'kθjon] *f* Röstung *f*
torrefactar [torrefak'tar] *vt* rösten
torrefacto, -a [torre'fakto, -a] *adj* geröstet
torreja [to'rrexa] *f* ❶ (*Am*: GASTR) ≈armer Ritter *m*
❷ (*Chil: rodaja*) Scheibe *f*
torrencial [torren'θjal] *adj*: **lluvia** ~ sintflutartiger Regen; **llovía** ~**mente** es regnete in Strömen
torrente [to'rrente] *m* ❶ (*corriente*) Sturzbach *m*, Gießbach *m*
❷ (*multitud*) Schwall *m*
❸ (*loc*): ~ **de voz** Stimmgewaltigkeit *f*
torrentera [torren'tera] *f* Klamm *f*
torrentoso, -a [torren'toso, -a] *adj* (*Am: lluvia*) strömend; (*caudal*) flutartig
torreón [torre'on] *m* Festungsturm *m*
torrero, -a [to'rrero, -a] *m, f* Turmwächter(in) *m(f)*; (*de un faro*) Leuchtturmwärter(in) *m(f)*
torreta [to'rreta] *f* (MIL) Geschützturm *m*
torrezno [to'rreθno] *m* gebratene Speckscheibe *f*
tórrido, -a [to'rriðo, -a] *adj* (*elev*) heiß
torrija [to'rrixa] *f* (GASTR) ≈armer Ritter *m*
torsión [tor'sjon] *f* ❶ (*comba*) Verwindung *f*; (TÉC) Torsion *f*
❷ (*desviación*) Drall *m*; ~ **hacia la izquierda** Linksdrall *m*
torso ['torso] *m* ❶ (*tronco*) Rumpf *m*
❷ (ARTE) Torso *m*
torta ['torta] *f* ❶ (*pastel*) Kuchen *m*; (*Am*) Torte *f*; ~ **de aceite** (*reg*: GASTR) andalusische Süßigkeit, die in Packungen zu 10 oder 12 Stück angeboten wird; **no saber ni** ~ (*fam*) keinen blassen Schimmer haben; **ser** ~ **y pan pintado** (*fam*) halb so schlimm [*o* wild] sein
❷ (*fam: bofetada*) Ohrfeige *f*; (*golpe*) Schlag *m*; **darse una** ~ sich anschlagen; **me dio un par de** ~**s** er/sie hat mir ein paar geklebt
❸ (*fam: borrachera*) Rausch *m*; **coger una** ~ sich einen Rausch kaufen
❹ (TIPO: *paquete de letras*) Drucktypensatz *m*
❺ (TIPO: *plana mazorral*) Stehsatz *m*
tortazo [tor'taθo] *m* (*fam*) ❶ (*bofetada*) Ohrfeige *f*
❷ (*choque*) Stoß *m*; **darse un** ~ sich heftig stoßen
tortícolis [tor'tikolis] *m o f*, **torticolis** [torti'kolis] *m o f inv* (MED) steifer Hals *m*
tortilla [tor'tiʎa] *f* ❶ (*de huevos*) Tortilla *f*, Omelett(e) *nt*; ~ **de sacromonte** (*reg*: GASTR) Tortilla mit gebratenem Hirn, Hoden, Kartoffeln, Erbsen und roter Paprika; **hacer** ~ **a alguien** jdn zusammenschlagen; **hacer** ~ **algo** etw kurz und klein schlagen; **se ha vuelto la** ~ das Blatt hat sich gewendet
❷ (*Am: de harina*) Maisfladen *m*
tortillera [torti'ʎera] *f* (*vulg*) Lesbe *f*
tortillería [tortiʎe'ria] *f* (*Guat, Méx*) Laden *m*, in dem Maisfladen verkauft werden
tortitas [tor'titas] *fpl*: **ser** ~ **y pan pintado** halb so schlimm [*o* wild] sein
tórtola ['tortola] *f* Turteltaube *f*
tortolito, -a [torto'lito, -a] *adj* (*fam*) ❶ (*atortolado*) verliebt
❷ (*sin experiencia*) unerfahren
tórtolo ['tortolo] *m* ❶ (*ave*) Turteltauber(ich) *m*
❷ (*hombre*) Verliebte(r) *m*
❸ *pl* (*pareja enamorada*) Turteltauben *fpl*
tortor [tor'tor] *m* (*Cuba, PRico*): **dar** ~ (*hacer girar*) drehen (lassen); (*estrangular*) würgen; (*torturar*) foltern
tortuga [tor'tuɣa] *f* Schildkröte *f*; **a paso de** ~ im Schneckentempo
tortuosidad [tortwosi'ðað] *f* ❶ (*sinuosidad*) Windung *f*, Krümmung *f*
❷ (*astucia*) Verschlagenheit *f*
tortuoso, -a [tortu'oso, -a] *adj* ❶ (*sinuoso*) geschlängelt, gewunden
❷ (*astuto*) verschlagen
tortura [tor'tura] *f* ❶ (*suplicio*) Folter *f*; **sufrir** ~**s** gefoltert werden
❷ (*oblicuidad*) Schrägheit *f*, Neigung *f*
torturador(a) [tortura'ðor(a)] I. *adj* qualvoll
II. *m(f)* Folterer *m*, Folterknecht *m*
torturar [tortu'rar] *vt* foltern

torunda [to'ruɲda] f (MED) Tupfer m
torvisca [tor'βiska] f, **torvisco** [tor'βisko] m (BOT) Seidelbast m
torvo, -a ['torβo, -a] adj wild, schrecklich; (mirada) finster
tory ['tori] <tories> m (POL) Tory m
torzal [tor'θal] m Zwirn m; (de seda) Kordonettseide f
tos [tos] f Husten m; ~ **convuls(iv)a** Krampfhusten m; ~ **ferina** Keuchhusten m
toscano, -a [tos'kano, -a] I. adj toskanisch
  II. m, f Toskaner(in) m(f)
tosco, -a ['tosko, -a] adj ❶ (burdo) grob, unbearbeitet
  ❷ (patán) ungehobelt, ungeschliffen
tosedera [tose'ðera] f (Am) hartnäckiger Husten m
toser [to'ser] vi husten; **no hay quien te tosa** niemand kann es mit dir aufnehmen
tósigo ['tosiɣo] m ❶ (veneno) Gift nt
  ❷ (angustia) Beklemmung f
  ❸ (pena) Drangsal f
tosquedad [toske'ðað] f Ungeschliffenheit f
tostada [tos'taða] f Toast m; **olerse la** ~ (fam) den Braten riechen; **pegar** [o **dar**] **una** ~ **a alguien** (fam) jdm eins auswischen
tostadero [tosta'ðero] m ❶ (instalación para tostar) Rösterei f
  ❷ (lugar muy caluroso) Backofen m; **esta casa es un** ~ in diesem Haus herrscht eine Hitze wie in einem Backofen, dieses Haus ist ein regelrechter Backofen
tostado, -a [tos'taðo, -a] adj (café) geröstet; (pan) getoastet; (piel) gebräunt
tostador [tosta'ðor] m Toaster m
tostadora [tosta'ðora] f v. **tostador**
tostadura [tosta'ðura] f Röstung f
tostar [tos'tar] <o→ue> I. vt ❶ (torrar) rösten; (pan) toasten
  ❷ (curtir) bräunen
  II. vr: ~**se** sich bräunen
tostón [tos'ton] m ❶ (torrado) geröstete Kichererbse f
  ❷ (trozo de pan frito) Croûton m
  ❸ (trozo de pan tostado) in Öl eingelegtes getoastetes Brot
  ❹ (cochinillo) gebratenes Spanferkel nt
  ❺ (persona pesada) Klette f
  ❻ (persona molesta) Nervensäge f
total [to'tal] I. adj total, vollständig; **activos ~es** (ECON, FIN) Gesamtaktiva pl; **cantidad** ~ Gesamtmenge f; **importe** ~ Gesamtbetrag m; **pago** ~ **de una deuda** (FIN) Gesamttilgung [o vollständige Begleichung] einer Schuld; **en** ~ insgesamt; **declarar algo siniestro** ~ bei etw Totalschaden feststellen
  II. m (MAT) (Gesamt)summe f
  III. adv also, kurz und gut
totalidad [totali'ðað] f sin pl Gesamtheit f; **en su** ~ in vollem Umfang
totalitario, -a [totali'tarjo, -a] adj ❶ (completo) umfassend
  ❷ (dictatorial) totalitär
totalitarismo [totalita'rismo] m sin pl Totalitarismus m
totalitarista [totalita'rista] mf (POL) Totalitarist(in) m(f)
totalizador [totaliθa'ðor] m ❶ (contador) Zählwerk nt
  ❷ (DEP) Totalisator m
totalizar [totali'θar] <z→c> vt zusammenzählen
totalmente [total'mente] adv ganz, völlig, total fam; **está** ~ **loco** er ist total verrückt
tótem ['totem] m <tótems o tótemes> Totem nt
totémico, -a [to'temiko, -a] adj totemistisch; **mástil** ~ Totempfahl m
totemismo [tote'mismo] m sin pl Totemismus m
totoposte [toto'poste] m (AmC: rosquilla) Kringel m (aus Maismehl)
totora [to'tora] f (AmS: junco) Binse f
totoral [toto'ral] m (AmS: juncal) Binsengebiet nt
totovía [toto'βia] f (ZOOL) Haubenlerche f
totuma [to'tuma] f (AmS: fruto y vasija) Kalebasse f
totumo [to'tumo] m (AmS: planta) Kalebassenbaum m
tour [tur] m Tour f
tournée [tur'ne] f Tournee f
t(o)uroperador [turopera'ðor] m Reiseveranstalter m
toxemia [toɣ'semja] f (MED) Tox(ik)ämie f, Blutvergiftung f
toxicidad [toɣsiθi'ðað] f sin pl (MED) Toxizität f
tóxico[1] ['toɣsiko] m (MED) Giftstoff m, Toxikum nt
tóxico, -a[2] ['toɣsiko, -a] adj (MED) toxisch
toxicodependencia [toɣsikoðepen'denθja] f (MED) Drogenabhängigkeit f, Drogensucht f
toxicología [toɣsikolo'xia] f sin pl (MED) Toxikologie f
toxicológico, -a [toɣsiko'loxiko, -a] adj (MED) toxikologisch
toxicólogo, -a [toɣsi'koloɣo, -a] m, f (MED) Toxikologe, -in m, f
toxicomanía [toɣsikoma'nia] f sin pl Rauschgiftsucht f
toxicómano, -a [toɣsi'komano, -a] I. adj rauschgiftsüchtig
  II. m, f Rauschgiftsüchtige(r) mf

toxicosis [toɣsi'kosis] f inv (MED) Toxikose f
toxidermia [toɣsi'ðermja] f (MED) medikamentös bedingte Dermatose f, Toxi(ko)dermie f
toxina [toɣ'sina] f (MED) Toxin nt
tozudez [toθu'ðeθ] f Halsstarrigkeit f, Dickköpfigkeit f, Sturheit f
tozudo, -a [to'θuðo, -a] I. adj halsstarrig, starrköpfig, dickköpfig, stur
  II. m, f Starrkopf m, Dickkopf m
traba ['traβa] f ❶ (trabamiento) Verbindung f
  ❷ (de una sierra) Schränkung f
  ❸ (cuerda) Fessel f
  ❹ (impedimento) Behinderung f, Hemmnis nt; ~ **comercial** Handelshemmnis nt
  ❺ (obstáculo) Hindernis nt; **poner ~s** Hindernisse in den Weg legen
trabado, -a [tra'βaðo, -a] adj ❶ (coherente) zusammenhängend, kohärent
  ❷ (nervudo) stämmig
trabadura [traβa'ðura] f Verbindung f
trabajado, -a [traβa'xaðo, -a] adj ❶ (cansado) erschöpft, abgearbeitet
  ❷ (realizado con esmero) ausgefeilt
trabajador(a) [traβaxa'ðor(a)] I. adj fleißig; **clase ~a** Arbeiterklasse f, Arbeiterschaft f
  II. m(f) Arbeiter(in) m(f); ~ **autónomo** selbst(st)ändiger Erwerbstätiger, Selbst(st)ändiger m; ~ **eventual** Gelegenheitsarbeiter m, Aushilfskraft f; ~ **fijo** Festangestellter m; ~ **independiente** [o **por cuenta propia**] selbst(st)ändiger Erwerbstätiger, selbst(st)ändig arbeitender Handwerker m; ~ **manual** Handwerker m; ~ **portuario** Hafenarbeiter m; **libre circulación de ~es** (UE) Freizügigkeit der Arbeitskräfte [o Arbeitnehmer]; **ser un gran** ~ ein tüchtiger Arbeiter sein
trabajar [traβa'xar] I. vi arbeiten; ~ **a destajo** (im) Akkord arbeiten; ~ **de vendedora** als Verkäuferin arbeiten; **en edad de** ~ in arbeitsfähigem Alter
  II. vt ❶ (tratar) bearbeiten; (un caballo) arbeiten, zureiten; ~ **por cuenta propia** auf eigene Rechnung arbeiten, selbst(st)ändig sein; **llevo seis meses sin** ~ ich bin seit sechs Monaten arbeitslos; **trabaja como una mula** er/sie ist ein Arbeitstier
  ❷ (inquietar) zu schaffen machen
  III. vr: ~**se** sich bemühen, sich anstrengen
trabajo [tra'βaxo] m Arbeit f; ~ **administrativo** Verwaltungstätigkeit f; ~ **en cadena** Fließbandarbeit f; ~ **de campo** Feldarbeit f, Feldforschung f; ~ **a destajo** Akkordarbeit f; ~ **doméstico** Hausarbeit f; ~ **a domicilio** Heimarbeit f; ~ **en equipo** Teamarbeit f; ~ **estacional** Saisonarbeit f; ~ **físico** körperliche Arbeit; ~**s forzados** [o **forzosos**] Zwangsarbeit f; ~ **manual** Handarbeit f; ~ **de menores** Kinderarbeit f; ~ **de oficina** Büroarbeit f; ~ **en prácticas** Praktikum nt; ~ **temporal** Zeitarbeit f; ~ **temporero** Zeitarbeit f, Saisonarbeit f; ~ **por turnos** Schichtarbeit f; **accidente de** ~ Arbeitsunfall m; **campo de** ~ Arbeitslager nt; (para jóvenes) Workcamp nt; **condiciones de** ~ Arbeitsbedingungen fpl; **grupo de** ~ Arbeitsgruppe f; **mercado de** ~ Arbeitsmarkt m; **Organización Internacional del T~** Internationale Arbeitsorganisation; **puesto de** ~ Arbeitsplatz m, Arbeitsstelle f; **buscar** ~ Arbeit suchen; **no tener** ~ keine Arbeit haben, arbeitslos sein; **con/sin** ~ mit Mühe/mühelos; **costar** [o **dar**] ~ Mühe kosten; **tomarse el** ~ **de hacer algo** sich dat die Mühe machen etw zu tun
trabajoso, -a [traβa'xoso, -a] adj mühsam
trabalenguas [traβa'leŋgwas] m inv Zungenbrecher m
trabar [tra'βar] I. vt ❶ (juntar) verbinden
  ❷ (coger) ergreifen, packen
  ❸ (atar) fesseln
  ❹ (impedir) behindern, hemmen
  ❺ (espesar) andicken
  ❻ (triscar) schränken
  ❼ (comenzar) beginnen; (contactos) knüpfen
  ❽ (JUR: embargar bienes) beschlagnahmen; (embargar derechos) vorenthalten
  II. vi greifen; **la rueda dentada ya no traba bien** das Zahnrad greift nicht mehr richtig
  III. vr: ~**se** sich verheddern; ~**se la lengua** stottern
trabazón [traβa'θon] f ❶ (enlace) Verbindung f
  ❷ (el espesar) Eindickung f
  ❸ (conexión de ideas) Verknüpfung f
trabilla [tra'βiʎa] f Schlaufe f; (en la pernera) Steg m
trabucar [traβu'kar] <c→qu> I. vt durcheinander bringen
  II. vr: ~**se** (al hablar) sich versprechen; (al escribir) sich verschreiben
trabuco [tra'βuko] m ❶ (arma de fuego) Stutzen m
  ❷ (catapulta) Steinschleuder f, Katapult m o nt
traca ['traka] f Feuerwerk aus Knallkörpern
trácala ['trakala] f ❶ (Ecua: multitud) Menge f
  ❷ (Méx, PRico: fullería) Mogelei f
  ❸ (Méx: persona tramposa) Betrüger m

tracalada [trakaˈlaða] f ❶ (*AmC, AmS: multitud*) Menge f
❷ (*Méx: fullería*) Mogelei f
tracalero, -a [trakaˈlero, -a] m, f (*Méx, PRico*) Mogler(in) m(f)
tracción [traɣˈθjon] f ❶ (*tirar*) Ziehen nt, Zug m; (FÍS) Traktion f; **resistencia a la** ~ Zugfestigkeit f
❷ (*accionar*) Antrieb m; **~ a cuatro ruedas** Allradantrieb m; **~ delantera** Vorderradantrieb m, Frontantrieb m; **~ trasera** Hinterradantrieb m, Heckantrieb m
tracias [ˈtraθjas] m inv (METEO) Nordnordostwind m
tracoma [traˈkoma] m (MED) Trachom nt, Körnerkrankheit f
tracto [ˈtrakto] m (ANAT) Trakt m; **~ digestivo** Verdauungstrakt m; **~ respiratorio inferior** untere Atemwege; **~ respiratorio superior** obere Atemwege
tractor [trakˈtor] m Traktor m, Zugmaschine f
tractorista [traktoˈrista] mf Traktorfahrer(in) m(f)
trade union [treiˈd junjon] f, **trade-union** [treiˈd junjon] f (POL) Trade-Union f
tradición [traðiˈθjon] f Tradition f
tradicional [traðiθjoˈnal] adj traditionell
tradicionalismo [traðiθjonaˈlismo] m sin pl Traditionalismus m
tradicionalista [traðiθjonaˈlista] I. adj traditionalistisch
II. mf Traditionalist(in) m(f)
traducción [traðuɣˈθjon] f Übersetzung f; **agencia de traducciones** Übersetzungsbüro nt; **~ al/del inglés** Übersetzung ins Englische/aus dem Englischen; **~ libre/literal** freie/wörtliche Übersetzung
traducibilidad [traðuθiβiliˈðað] f Übersetzbarkeit f
traducible [traðuˈθiβle] adj übersetzbar
traducir [traðuˈθir] irr vt übersetzen
traductor(a) [traðukˈtor(a)] I. adj Übersetzungs-; **programa ~** Übersetzungsprogramm nt
II. m(f) Übersetzer(in) m(f)
traer [traˈer] irr I. vt ❶ (*transportar*) bringen; **te traigo una carta** ich bringe dir einen Brief, ich habe einen Brief für dich; **tengo una carta para ti – trae** ich habe einen Brief für dich – gib ihn her; **¿qué hago con la carta? – tráela aquí** was mache ich mit dem Brief? – bring ihn (hier)her; **¿has traído la carta?** hast du den Brief mitgebracht?
❷ (*ir a por*) holen; **¿me puedes ~ un paquete de tabaco?** kannst du mir eine Schachtel Zigaretten holen?; **¿me puedes ~ las tijeras?** kannst du mir bitte die Schere bringen?
❸ (*llevar: objeto*) bei sich dat haben, dabei haben fam; (*vestido*) tragen, anhaben; **traigo las fotos** ich habe die Fotos bei mir [o dabei]; **lo traigo en la cartera** ich habe es im Geldbeutel
❹ (*atraer*) anziehen
❺ (*ocasionar*) herbeiführen, verursachen; **eso no ~á nada bueno** das bringt nichts Gutes mit sich; **eso sólo te ~á problemas** das bringt dir nur Ärger (ein); **el odio trae (consigo) violencia** Hass bringt Gewalt mit sich; **la delantera nos trae problemas** die Stürmer machen uns zu schaffen; **la falta de seriedad trae estos escándalos** mangelndes Verantwortungsgefühl ist der Grund für solche Skandale
❻ (*más adjetivo*): **~ convencido** überzeugt sein; **esta mujer me trae perdido** diese Frau macht mich verrückt; **mi hijo me trae preocupada** mein Sohn macht mir Sorgen; **esta traducción me trae frito** (*fam*) diese Übersetzung kostet mich noch den letzten Nerv
❼ (*más sustantivo*): **el tren trae retraso** der Zug kommt mit Verspätung; **traigo prisa** ich habe es eilig; **traigo hambre** ich habe Hunger; **traes cara de palo** (*fam*) was ziehst denn du für ein Gesicht!
❽ (*tener pendiente*): **traigo un pleito con él** ich prozessiere gegen ihn; **traigo un negocio entre manos** ich habe gerade ein Geschäft laufen
❾ (*razones, ejemplos*) anführen
❿ (*noticia*) bringen
⓫ (*más 'a'*): **~ a colación** zur Sprache bringen; **~ a cuento** aufs Tapet bringen; **~ a alguien a razones** jdn zur Vernunft bringen; **~ a la memoria** ins Gedächtnis (zurück)rufen
⓬ (*loc*): **~ a alguien arrastra(n)do** jdn strapazieren; **¿qué te trae por aquí?** was führt dich hierher?; **el jefe me trae de aquí para allí** [o acá para allá] **todo el día** der Chef lässt mich keine Minute in Ruhe; **las vecinas traen y llevan sin parar** die Nachbarinnen klatschen unaufhörlich; **me trae sin cuidado lo que pienses** es ist mir egal, was du denkst
II. vr: **~se** ❶ (*llevar a cabo*): **~se algo entre manos** etw laufen haben
❷ (*vestirse*): **~se bien/mal** sich gut/schlecht kleiden
❸ (*loc*): **este examen se las trae** diese Prüfung hat es in sich; **hace un frío que se las trae** es ist bitterkalt
trafagar [trafaˈɣar] <g→gu> vi ❶ (*traficar*) handeln
❷ (*correr mundo*) in der Welt herumziehen
❸ (*ajetrearse*) geschäftig hin und her laufen
tráfago [ˈtrafaɣo] m ❶ (*trabajo*) Schufterei f
❷ (*tráfico*) Verkehr m
❸ (*ajetreo*) Betrieb m

traficante [trafiˈkante] mf ❶ (COM) Händler(in) m(f)
❷ (*de drogas*) Drogenhändler(in) m(f), Dealer(in) m(f) argot; (*de asilados, coches*) Schlepper(in) m(f); (*de divisas, alcohol*) Schieber(in) m(f)
traficar [trafiˈkar] <c→qu> vi (COM) handeln (*en* mit +*dat*)
❷ (*con drogas*) dealen (*con/en* mit +*dat*) argot; (*con asilados*) schleppen (*con/en* +*akk*); (*con divisas, alcohol*) verschieben (*con/en* +*akk*)
tráfico [ˈtrafiko] m ❶ (COM) Handel m; **~ de armas** Waffenhandel m; **~ de contrabando** Schmuggel(handel); **~ de drogas** Drogenhandel m; **~ de mercancías** Güterverkehr m
❷ (*ilegal*) illegaler Handel m; (*de drogas*) Drogenhandel m, Rauschgifthandel m; (*de asilados, coches*) Schlepperei f; (*de divisas, alcohol*) Schieberei f; **~ de esclavos** Sklavenhandel m; **~ de especies** illegaler Handel mit Tieren; **~ de influencias** Vetternwirtschaft f
❸ (*de vehículos*) Verkehr m; **~ aéreo/marítimo/por carretera** Luft-/See-/Straßenverkehr m; **~ fluvial** Wasserstraßenverkehr m; **~ rodado** Straßenverkehr m, rollender Verkehr; **policía de ~** Verkehrspolizei f; **Dirección General de T~** spanische Verkehrsbehörde
trafulcar [trafulˈkar] <c→qu> vt ❶ (*confundir*) verwechseln
❷ (*trastornar*) durcheinander bringen
tragacanto [traɣaˈkanto] m (BOT, MED) Tragant m
tragaderas [traɣaˈðeras] fpl ❶ (*faringe*) Rachen m; (*garganta*) Schlund m; **tener buenas ~** (*fam*) ein Vielfraß sein
❷ (*fam: credulidad*): **tener ~** leichtgläubig sein
❸ (*fam: tolerancia*): **tener buenas/malas ~** (*fig*) tolerant/intolerant sein
tragadero [traɣaˈðero] m ❶ (*faringe*) Schlund m
❷ (*orificio*) Abfluss m; **~ de basuras** Müllschlucker m
tragafuegos [traɣaˈfweɣos] mf inv Feuerschlucker(in) m(f)
trágala [ˈtraɣala] m: **cantarle a alguien el ~** jdn damit ärgern, dass man das tut, was er nicht tun darf
tragaldabas [traɣalˈdaβas] mf inv Vielfraß m
tragaleguas [traɣaˈleɣwas] mf inv (fam): **es un ~** er läuft viel
tragaluz [traɣaˈluθ] m (*grande*) Dachfenster nt; (*pequeño*) Fensterluke f
tragamillas [traɣaˈmiʎas] mf inv (fam) v. **tragaleguas**
traganíqueles [traɣaˈnikeles] f inv (*Nic: fam: tragaperras*) Spielautomat m
tragantona [traɣanˈtona] f (fam) Fressgelage nt
tragaperras [traɣaˈperras] f inv Münzautomat m; (*de juego*) Spielautomat m, einarmiger Bandit m fam
tragar [traˈɣar] <g→gu> I. vt ❶ (*comida, bebida*) (hinunter)schlucken
❷ (*devorar*) verschlingen, hinunterschlingen
❸ (*agua, tierra*): **las olas ~on el barco** das Schiff wurde von den Wellen verschlungen; **¡trágame tierra!** ich möchte vor Scham am liebsten im Erdboden versinken!; **a ése se lo ha tragado la tierra** der ist spurlos verschwunden
❹ (*historia, mentira*) schlucken
❺ (*a alguien*) ausstehen; **no lo trago** ich habe ihn auf dem Kieker
❻ (*crítica*) (hinunter)schlucken, einstecken
❼ (*consumir*) verbrauchen; **este terreno traga mucha agua** dieser Boden absorbiert viel Wasser; **el Teatro Real de Madrid ha tragado grandes sumas (de dinero)** das Teatro Real in Madrid hat Unsummen verschlungen
II. vr: **~se**: **ése se lo traga todo** der lässt sich alles aufbinden; **tuve que ~me el enfado** ich musste meinen Ärger hinunterschlucken; **el árbitro se tragó un fuera de juego** der Schiedsrichter übersah ein Abseits
tragasables [traɣaˈsaβles] mf inv Schwertschlucker(in) m(f)
tragavenado [traɣaβeˈnaðo] m (*Ven: boa constrictor*) Königsschlange f
tragedia [traˈxeðja] f Tragödie f; **la manifestación acabó en ~** die Demonstration nahm ein schreckliches Ende
trágico, -a [ˈtraxiko, -a] I. adj tragisch; **eso es lo ~ de su vida** darin liegt die Tragik seines/ihres Lebens; **no te pongas ~** stell dich nicht so an
II. m, f ❶ (TEAT) Tragödiendarsteller(in) m(f)
❷ (LIT) Tragödiendichter(in) m(f)
tragicomedia [traxikoˈmeðja] f ❶ (*de suceso*) Tragikomik f
❷ (LIT, TEAT) Tragikomödie f
tragicómico, -a [traxiˈkomiko, -a] adj tragikomisch
trago [ˈtraɣo] m ❶ (*de bebida*) Schluck m; **a ~s** schluckweise; **a ~s largos en langen Zügen**; **de un ~** in einem Zug [o Schluck]
❷ (*bebida*) (alkoholisches) Getränk nt; **largo** Longdrink m; **tomar un ~ de más** (fam) einen über den Durst trinken
❸ (*vicio*) Trinken nt, Trunksucht f
❹ (*experiencia*) bitteres Erlebnis nt; **he pasado muchos malos ~s** ich habe viel durchgemacht
tragón, -ona [traˈɣon, -ona] m, f (fam) Vielfraß m fam
tragonear [traɣoneˈar] vt (fam) verschlingen, hinunterschlingen
traición [traiˈθjon] f Verrat m; **~ a la paz** Friedensverrat m; **alta ~**

Hochverrat *m*; **matar a alguien a ~** jdn hinterrücks ermorden
traicionar [traiθjo'nar] *vt* verraten (*a +akk*); **la memoria me traiciona** mein Gedächtnis lässt mich im Stich; **mi marido me traicionó** mein Mann hat mich betrogen
traicionero, -a [traiθjo'nero, -a] **I.** *adj* (*persona*) verräterisch; (*ataque, acción*) meuchlerisch, heimtückisch; (*memoria*) trügerisch; (*animal*) tückisch
II. *m, f* Verräter(in) *m(f)*
traída [tra'iða] *f:* **~ de aguas** Wasserzufuhr *f*
traído, -a [tra'iðo, -a] *adj* (*vestido*) abgetragen; (*zapato*) abgelaufen; (*cuello de la camisa*) abgescheuert; **un asunto muy ~ y llevado** ein abgedroschenes Thema
traidor(a) [trai'ðor(a)] **I.** *adj* verräterisch; (*falso*) falsch; **una sonrisa ~a** ein falsches Lächeln
II. *m(f)* Verräter(in) *m(f)*
traigo ['traiɣo] *1. pres de* **traer**
tráiler ['trailer] *m* ❶ (*de camión*) Trailer *m*, Sattelschlepper *m*
❷ (CINE) Trailer *m*
traílla [tra'iʎa] *f* ❶ (*correa*) (Hunde)leine *f*
❷ (*dos perros*) Meute *f*
❸ (AGR) Egge *f*
trainera [trai'nera] *f* Sardinenkutter *m*
training ['treinin] *m* Training *nt;* **~ autógeno** autogenes Training
traje ['traxe] *m* ❶ (*vestidura*) Kleidung *f;* **~ de baño** Badeanzug *m;* **~ de luces** Toreroanzug *m*
❷ (*de hombre*) Anzug *m;* **~ de etiqueta/gala** Gesellschafts-/Galaanzug *m;* **~ hecho a la medida** Maßanzug *m;* **~ de confección** Anzug von der Stange
❸ (*de mujer*) Kleid *nt;* **~ de noche** Abendkleid *nt;* **~ (de) chaqueta** [*o* **sastre**] Schneiderkostüm *nt*
❹ (*popular*) Tracht *f*
❺ (*de época*) Kostüm *nt*
trajeado, -a [traxe'aðo, -a] *adj:* **ir bien/mal ~** gut/schlecht gekleidet sein
trajear [traxe'ar] **I.** *vt* (ein)kleiden
II. *vr:* **~se** sich (ein)kleiden
trajín [tra'xin] *m* ❶ (*de objetos*) Tragen *nt*, Fortschaffen *nt;* (*de mercancías*) Transport *m*
❷ (*ajetreo*) geschäftiges Treiben *nt;* **el ~ de la ciudad** das Gewühl in der Stadt; **había un gran ~ en la embajada** in der Botschaft herrschte reger Betrieb
trajinante [traxi'nante] *m* ❶ (*comerciante*) Händler *m*
❷ (*carretero*) Fuhrmann *m*
❸ (*zascandil*) unruhiger Mensch *m*
trajinar [traxi'nar] **I.** *vt* (*objetos*) tragen, fortschaffen; (*mercancías*) befördern, transportieren
II. *vi* herumhantieren; **~ en la cocina** in der Küche (herum)hantieren; **llevo todo el día trajinando** ich war heute sehr beschäftigt
tralla ['traʎa] *f* ❶ (*cuerda*) Peitschenschnur *f*
❷ (*látigo*) Peitsche *f*
trallazo [tra'ʎaθo] *m* ❶ (*latigazo: ruido*) Peitschenknall *m;* (*golpe*) Peitschenhieb *m*
❷ (*represión*) Standpauke *f fam*
trama ['trama] *f* ❶ (*de hilos*) Schuss *m*
❷ (LIT) Handlung *f*
❸ (*intriga*) Intrige *f*, Komplott *nt*
tramado [tra'maðo] *m* (TIPO) Raster *m*
tramar [tra'mar] *vt* ❶ (*traición, enredo*) anzetteln, anstiften; (*intriga*) spinnen, schmieden; (*complot*) schmieden; (*plan, jugarreta*) aushecken; **¿qué estará tramando?** was hat er/sie nur vor?, was führt er/sie nur im Schilde?; **está tramando algo contra su vecina** er/sie führt etwas gegen seine/ihre Nachbarin im Schilde; **aquí se está tramando algo** hier ist etwas im Gange
❷ (*tejidos*) (ein)schießen
tramitación [tramita'θjon] *f* ❶ (*de negocio*) Abwicklung *f*, Durchführung *f;* **~ del concurso** (COM) Konkursabwicklung *f;* **~ de pagos** Abwicklung des Zahlungsverkehrs
❷ (*de asunto*) (amtliche [*o* behördliche]) Erledigung *f*
❸ (*de expediente*) Bearbeitung *f;* **gastos de ~** Bearbeitungsgebühren *fpl;* **mi pasaporte está en ~** mein Pass ist in Bearbeitung
tramitar [trami'tar] *vt* ❶ (*negocio*) abwickeln, durchführen
❷ (*asunto*) (amtlich [*o* behördlich]) erledigen [*o* in die Wege leiten]
❸ (*expediente*) bearbeiten; **~ un despacho de aduanas** ein Zollverfahren durchführen; **~ una factura** eine Rechnung bearbeiten; **~ el pago de un cheque** einen Scheck einlösen; **~ una reclamación** eine Reklamation bearbeiten; **está tramitando el divorcio** er/sie hat die Scheidung eingereicht
trámite ['tramite] *m* ❶ (*diligencia*) Behördenweg *m*, Instanzenweg *m;* **~ administrativo** Dienstweg *m;* **~ burocrático** Verfahrensweg *m;* **~ constitucional** Gesetzgebungsverfahren *nt;* **~s de despido** Entlassungsformalitäten *fpl;* **el expediente tiene que pasar por todos los ~s** die Akte muss alle Instanzen durchlaufen
❷ (*formalidad*) Formalität *f;* **~s de aduana** Verzollung *f;* **~s de exportación** Ausfuhrformalitäten *fpl*, Ausfuhrverfahren *nt;* **su asunto está en ~** seine/ihre Angelegenheit wird gerade bearbeitet; **esto es puro ~** das ist eine reine Routineangelegenheit; **¿has hecho los ~s para el pasaporte?** hast du schon deinen Pass beantragt?; **para conseguirlo tienes que seguir los ~s usuales** dafür musst du die üblichen Schritte in die Wege leiten
tramo ['tramo] *m* ❶ (*de camino*) Strecke *f*, Abschnitt *m;* (FERRO) Streckenabschnitt *m*
❷ (*de escalera*) Treppenabschnitt *m*
❸ (FIN) Tranche *f*
tramontana [tramon'tana] *f* ❶ (*viento*) Nordwind *m;* (*dirección*) Norden *m;* **perder la ~** die Orientierung verlieren
❷ (*vanidad*) Eitelkeit *f*
tramontano, -a [tramon'tano, -a] *adj v.* **tra(n)smontano**
tramoya [tra'moja] *f* ❶ (TEAT) Bühnenmaschinerie *f*
❷ (*engaño*) Schwindel *m*, Betrug *m*
tramoyista [tramo'jista] *mf* ❶ (TEAT) Bühnenarbeiter(in) *m(f)*
❷ (*mentiroso*) Betrüger(in) *m(f)*
tramp [tramp] *m* (NÁUT) Trampschiff *nt*
trampa ['trampa] *f* ❶ (*para personas, animales*) Falle *f;* **poner una ~** eine Falle aufstellen; **poner una ~ a un animal** einem Tier eine Falle stellen; **ponerle una ~ a alguien** jdm eine Falle stellen; **caer en la ~** (*animal*) in die Falle gehen; (*persona*) hereinfallen
❷ (*trampilla*) Falltür *f;* (TEAT) Versenkung *f*
❸ (*del mostrador*) (Ladentisch)klappe *f*
❹ (*engaño*) Schwindel *m;* (*en los juegos*) Mogelei *f fam;* **hacer ~** (*engañar*) schwindeln; (*jugando*) mogeln, falsch spielen; (*en el deporte*) tricksen; **sin ~ ni cartón** ohne Tricks; **hecha la ley hecha la ~** (*prov*) jedes Gesetz hat sein Hintertürchen
❺ (*fam: deuda*) Schuld *f*
trampantojo [trampan'toxo] *m* (*fam*) Vorspiegelung *f*, Blendwerk *nt*
trampear [trampe'ar] *vi* ❶ (*fam: estafar*) betrügen, schwindeln
❷ (*de penuria*) sich *dat* in der Not zu helfen wissen
❸ (*ir tirando*) sich durchbeißen, sich durchschlagen
trampero [tram'pero] *m* Trapper *m*, Fallensteller *m*
trampilla [tram'piʎa] *f* ❶ (*en habitación*) Falltür *f*
❷ (*portezuela*) Klappe *f*
❸ (AUTO) Sonnendach *nt*
trampolín [trampo'lin] *m* (*de piscina*) Sprungbrett *nt;* (*de gimnasia*) Sprungbrett *nt*, Trampolin *nt*, Reutherbrett *nt;* (*de esquí*) (Sprung)schanze *f;* **torneo de los cuatro trampolines** Vierschanzenturnier *nt*
tramposo, -a [tram'poso, -a] **I.** *adj* betrügerisch
II. *m, f* ❶ (*estafador*) Schwindler(in) *m(f)*, Betrüger(in) *m(f)*
❷ (*en los juegos*) Falschspieler(in) *m(f)*, Mogler(in) *m(f) fam;* (*que marca las cartas*) Zinker(in) *m(f)*
tranca ['traŋka] *f* ❶ (*palo*) Knüppel *m;* (*de la puerta*) Türriegel *m*
❷ (*fam: borrachera*) Rausch *m*
❸ (*loc*): **a ~s y barrancas** (*fam*) mit Müh und Not, mit Ach und Krach
trancada [traŋ'kaða] *f* ❶ (*golpe*) Knüppelschlag *m*
❷ (*tranco*) großer Schritt *m*
trancar [traŋ'kar] <c→qu> *vt* ❶ (*puerta: con tranca*) verriegeln; (*con objetos*) versperren
❷ (*dar trancos*) mit großen Schritten gehen
trancazo [traŋ'kaθo] *m* ❶ (*golpe*) Knüppelschlag *m*
❷ (*fam: gripe*) Grippe *f*
trance ['tranθe] *m* ❶ (*momento crítico*) kritischer Augenblick *m;* **pasar un ~ difícil** Schweres durchmachen
❷ (*hipnótico*) Trance *f*
❸ (*loc*): **estar en ~ de hacer algo** gerade dabei sein etw zu tun; **estar en ~ de muerte** im Sterben liegen; **querer hacer algo a todo ~** etw unbedingt [*o* auf Teufel komm raus] machen wollen
tranco ['traŋko] *m* ❶ (*paso*) großer Schritt *m;* **andar a ~s** mit großen Schritten gehen; **subir una escalera a ~s** eine Treppe hinauffliegen
❷ (*umbral*) Schwelle *f*
❸ (*loc*): **a ~s** hastig, eilig
tranque [traŋke] *m* (*Chil: embalse*) Stausee *m*
tranqui ['traŋki] *adj* (*fam*): **¡oye, ~!** reg dich wieder ab!
tranquilamente [traŋkila'mente] *adv* in Ruhe; **puedes fumar ~, no me molesta** du kannst ruhig rauchen, es stört mich nicht *fam*
tranquilidad [traŋkili'ðað] *f* ❶ (*de casa, día*) Ruhe *f;* **~ de conciencia** Seelenruhe *f;* **con mucha ~** seelenruhig; **en tu casa podemos trabajar con ~** bei dir können wir ungestört arbeiten; **debo decirte para tu ~ que...** ich muss dir zu deiner Beruhigung sagen, dass ...
❷ (*de mar*) Stille *f*

tranquilizador

③ (*de persona: serenidad*) Ruhe *f*; (*autocontrol*) Gelassenheit *f*; (*despreocupación*) Sorglosigkeit *f*, Unbekümmertheit *f*
tranquilizador(a) [traŋkiliθa'ðor(a)] *adj* beruhigend
tranquilizante [traŋkili'θante] *m* Beruhigungsmittel *nt*, Tranquilizer *m*
tranquilizar [traŋkili'θar] <z→c> I. *vt* ① (*a alguien*) beruhigen
② (*a conciencia, con palabras*) beschwichtigen
II. *vr:* **-se** sich beruhigen
tranquilla [traŋ'kiʎa] *f* ① (*pasador*) Riegel *m*
② (*para desorientar*) Fallstrick *m*
tranquillo [traŋ'kiʎo] *m:* **cogerle el ~ a algo** bei etw den Dreh heraushaben
tranquillón [traŋki'ʎon] *m* Mischkorn *nt*, Mengkorn *nt*
tranquilo, -a [traŋ'kilo, -a] *adj* ① (*casa, día*) ruhig; (*conciencia*) ruhig, gut; **pasar una velada tranquila** einen geruhsamen Abend verbringen; **¡déjame ~!** lass mich in Ruhe [*o* in Frieden]!; **mientras no te digan nada, tú** (**sigue**) ~ solange sie nichts zu dir sagen, kannst du ruhig weitermachen
② (*mar*) still
③ (*persona: serena*) ruhig; (*con autocontrol*) gelassen; (*sin preocupación*) unbesorgt; (*despreocupada*) sorglos, unbekümmert; **tú ~, que no pasará nada** sei ruhig [*o* unbesorgt], es wird nichts geschehen
transa ['transa] *f* (*Am: espíritu de compromiso*) Kompromissbereitschaft *f*
transacción [transak'θjon] *f* ① (JUR) Vergleich *m*; (POL) Kompromiss *m*; **~ de indemnización por despido** Abfindungsvergleich *m*
② (COM) Geschäft *nt*; (FIN) Transaktion *f*; ~ **comercial** Handelsgeschäft *nt*; **~ en efectivo** Bargeschäft *nt*; **transacciones en el mercado** Marktverkehr *m*; **~ visible/invisible** sichtbare/unsichtbare Transaktion
③ (INFOR) Transaktion *f*; **transacciones por segundo** Transaktionen pro Sekunde
tra(n)salpino, -a [tra(n)sal'pino, -a] *adj* transalpin(isch)
tra(n)sandino, -a [tra(n)san'dino, -a] *adj* jenseits der Anden
transar [tran'sar] *vi* ① (*Am: transigir*) Kompromisse eingehen [*o* machen]
② (*Chil: hacer negocios*) Geschäfte machen
tra(n)satlántico¹ [tra(n)saðˠ'lantiko] *m* Passagierdampfer *m*
tra(n)satlántico, -a² [tra(n)saðˠ'lantiko, -a] *adj* überseeisch, transatlantisch; **barco ~** Passagierdampfer *m*
tra(n)sbordador¹ [tra(n)sβorða'ðor] *m* ① (NÁUT) Fähre *f*
② (AERO) Shuttle *m*, Raumfähre *f*
tra(n)sbordador(a)² [tra(n)sβorða'ðor(a)] *adj* Umlade-, umladend
transbordar [tra(n)sβor'ðar] I. *vt* ① (*por río*) übersetzen (*a* auf +*akk*)
② (*mercancías*) umladen (*a* in/auf +*akk*); (*en grandes cantidades*) umschlagen; (*entre barcos*) umschiffen
II. *vi* umsteigen
transbordo [tra(n)s'βorðo] *m* ① (*por río*) Übersetzen *nt*
② (*de mercancías*) Umladung *f*; (*en grandes cantidades*) Umschlag *m*; (*entre barcos*) Umschiffung *f*
③ (*de tren*) Umsteigen *nt*; **hacer ~** umsteigen
transcendencia [tra(n)sθen'denθja] *f v.* **trascendencia**
transcendental [tra(n)sθenden'tal] *adj v.* **trascendental**
tra(n)scendentalismo [tra(n)sθenðenta'lismo] *m* Transzendentalismus *m*
tra(n)scendente [tra(n)sθen'dente] *adj* transzendent
transcender [tra(n)sθen'der] <e→ie> *v. v.* **trascender**
transcontinental [tra(n)skontinen'tal] *adj* transkontinental
tra(n)scribir [tra(n)skri'βir] *irr como escribir vt* ① (*copiar*) abschreiben
② (*transliterar*) transkribieren, transliterieren
③ (MÚS) transkribieren
tra(n)scripción [tra(n)skriβ'θjon] *f* ① (*copia: acción*) Abschreiben *nt*; (*de inmuebles*) Umschreibung *f*; (*efecto*) Abschrift *f*; **~ de autos** (JUR) Aktenauszug *m*
② (*transliteración: acción*) Transkribieren *nt*; (*efecto*) Transkription *f*, Transliteration *f*; ~ **fonética** phonetische Umschrift, Transkription *f*
③ (MÚS) Transkription *f*
tra(n)scri(p)to, -a [tra(n)s'kri(p)to, -a] *pp de* **transcribir**
tra(n)sculturación [tra(n)skulˠtura'θjon] *f* kulturelle Beeinflussung *f*
tra(n)scultural [tra(n)skulˠtu'ral] *adj* (SOCIOL) kulturübergreifend
transcurrir [tra(n)sku'rrir] *vi* (*el tiempo*) vergehen, verstreichen
tra(n)scurso [tra(n)s'kurso] *m* Verlauf *m*; **en el ~ del debate** im Verlauf der Debatte; **en el ~ del día** im Laufe des Tages
transeúnte [transe'unte] I. *adj* vorübergehend; (*habitante*) nicht ortsansässig; (FILOS) transeunt
II. *mf* ① (*peatón*) Passant(in) *m(f)*, Fußgänger(in) *m(f)*
② (*habitante*): **los ~s** die Leute, die nicht ortsansässig sind
transexual [transe'ˠswal] I. *adj* transsexuell
II. *mf* Transsexuelle(r) *mf*
transexualidad [transeˠswali'ðað] *f sin pl* Transsexualität *f*
tra(n)sferencia [tra(n)sfe'renθja] *f* ① (*traslado*) Verlegung *f*

---

② (*posposición*) Verlegung *f*, Verschiebung *f*
③ (ECON) Transfer *m*, Transferzahlung *f*; **~ de recursos** Ressourcentransfer *m*; **~ de tecnología** Technologietransfer *m*; **~ de puestos** Stellenübertragung *f*
④ (FIN) Transfer *m*, Überweisung *f*; **~ bancaria** Banküberweisung *f*; **~ de beneficios** Gewinnabführung *f*; **~ de costes** Kostenübertragung *f*; **~ de divisas** Devisentransfer *m*; **~ financiera** Finanztransfer *m*; **~ interbancaria** Transfer von Bank zu Bank; **gastos de ~** Transferspesen *pl*; **a través de una ~ de orden permanente** per Dauerauftrag
⑤ (*de propiedad*) Übertragung *f*
⑥ (INFOR) Transfer *m*, Übertragung *f*; **~ de archivos por lotes** Dateiübertragung im Stapelbetrieb; **~ de bloques de bits** Übertragung von Bitblöcken; **~ en serie** serielle Übertragung
tra(n)sferibilidad [tra(n)sferiβili'ðað] *f* Übertragbarkeit *f*
tra(n)sferible [tra(n)sfe'riβle] *adj* ① (*trasladable*) verlegbar
② (*posponible*) verlegbar, verschiebbar
③ (ECON) transferierbar
④ (FIN) transferierbar, überweisbar
⑤ (*propiedad*) übertragbar
transferir [tra(n)sfe'rir] *irr como sentir vt* ① (*trasladar*) verlegen (*a* nach +*dat*)
② (*posponer*) verlegen, verschieben
③ (ECON) transferieren (*a* zu +*dat*, in +*akk*)
④ (FIN) überweisen (*a* auf +*akk*, an +*akk*)
⑤ (*propiedad, derecho*) übertragen (*a* auf +*akk*), übereignen (*a* +*dat*)
⑥ (INFOR) portieren
tra(n)sfigurable [tra(n)sfiɣu'raβle] *adj* verwandelbar
tra(n)sfiguración [tra(n)sfiɣura'θjon] *f* ① (*transformación*) Verwandlung *f*
② (REL) Verklärung *f*, Transfiguration *f*
transfigurar [tra(n)sfiɣu'rar] *vt* ① (*transformar*) verwandeln
② (REL) verklären
tra(n)sfinito, -a [tra(n)sfi'nito, -a] *adj* (MAT) unendlich, transfinit
tra(n)sflor [tra(n)s'flor] *m* (ARTE) Metallmalerei *f*
tra(n)sformable [tra(n)sfor'maβle] *adj* veränderbar
tra(n)sformación [tra(n)sforma'θjon] *f* ① (*de forma, medida*) Umwandlung *f*, Umformung *f*; (*de costumbres*) Veränderung *f*; (*de productos*) Verarbeitung *f*
② (*de carácter*) Verwandlung *f*
③ (FÍS) Umwandlung *f*, Verwandlung *f*
④ (ELEC) Transformation *f*, Umspannung *f*
⑤ (*de penalti*) Verwandlung *f*
tra(n)sformacional [tra(n)sformaθjo'nal] *adj* transformationell; **gramática ~** (LING) Transformationsgrammatik *f*
tra(n)sformador¹ [tra(n)sforma'ðor] *m* (ELEC) Transformator *m*, Umspanner *m*
tra(n)sformador(a)² [tra(n)sforma'ðor(a)] *adj:* **central ~a** (ELEC) Umspannwerk *nt*
tra(n)sformar [tra(n)sfor'mar] *vt* ① (*de forma, cualidad*) umwandeln (*en* in +*akk*), umformen (*en* in +*akk*); (*costumbres*) verändern; **~ un garaje en un estudio** eine Garage in ein Atelier umgestalten [*o* umwandeln]
② (*convertir en*) verwandeln (*en* in +*akk*)
③ (*carácter*) verwandeln; **desde el accidente está transformado** seit dem Unfall ist er wie umgewandelt
④ (FÍS) umwandeln, verwandeln (*en* in +*akk*, zu +*dat*)
⑤ (ELEC) transformieren, umspannen
⑥ (*penalti*) verwandeln
tra(n)sformativo, -a [tra(n)sforma'tiβo, -a] *adj:* **gramática transformativa** (LING) Transformationsgrammatik *f*
transformismo [tra(n)sfor'mismo] *m sin pl* ① (BIOL) Transformismus *m*
② (TEAT) Verwandlungskunst *f*
transformista [tra(n)sfor'mista] I. *adj* transformistisch
II. *mf* ① (BIOL) Vertreter(in) *m(f)* des Transformismus
② (TEAT) Verwandlungskünstler(in) *m(f)*
tra(n)sfronterizo, -a [tra(n)sfronte'riθo, -a] *adj* grenzüberschreitend, grenzübergreifend
trá(n)sfuga ['tra(n)sfuɣa] *mf* ① (MIL) Überläufer(in) *m(f)*, Deserteur(in) *m(f)*
② (POL) Abtrünnige(r) *mf*
tra(n)sfuguismo [tra(n)sfu'ɣismo] *m sin pl* (POL) Abtrünnigkeit *f*
transfundir [transfun'dir] *vt* ① (*líquido*) umfüllen
② (MED) transfundieren, übertragen
tra(n)sfusible [tra(n)sfu'siβle] *adj* (*líquido*) umfüllbar; (*sangre*) transfundierbar
tra(n)sfusión [tra(n)sfu'sjon] *f* ① (*de líquido*) Umfüllung *f*
② (MED) (Blut)transfusion *f*
transgénico, -a [transˠ'xeniko, -a] *adj* (MED) transgen
tra(n)sgredir [tra(n)sɣre'ðir] *irr como abolir vt* (*ley*) übertreten; (*orden*)

verstoßen (gegen +*akk*)

tra(n)sgresión [tra⁽ⁿ⁾sɣreˈsjon] *f* ❶ (*ley*) Übertretung *f*; (*orden*) Verstoß *m*
❷ (GEO): **~ marina** Transgression *f*

tra(n)sgresor(a) [tra⁽ⁿ⁾sɣreˈsor(a)] I. *adj* übertretend
II. *m(f)* Übertreter(in) *m(f)*

transiberiano, -a [transiβeˈrjano, -a] *adj* transsibirisch; **ferrocarril ~** Transsibirische Eisenbahn

transición [transiˈθjon] *f* ❶ (*paso*) Übergang *m*; **período de ~** Übergangszeit *f*, Übergangsperiode *f*
❷ (METEO) Wechsel *m*, (Wetter)umschwung *m*
❸ (POL) *der Übergang zur Demokratie in Spanien nach Francos Tod*

transido, -a [tranˈsiðo, -a] *adj* (*elev*): **~ de dolor/pena** von Schmerz/Kummer gequält [*o* geplagt]; **~ de emoción** überwältigt vor Rührung; **~ de hambre** (völlig) ausgehungert

transigencia [transiˈxenθja] *f* ❶ (*condescendencia*) Nachgiebigkeit *f*
❷ (*tolerancia*) Toleranz *f*
❸ (POL) Kompromissbereitschaft *f*

transigente [transiˈxente] *adj* ❶ (*condescendiente*) nachgiebig
❷ (*tolerante*) duldsam, tolerant
❸ (POL) kompromissbereit

transigir [transiˈxir] <g→j> *vi* ❶ (*ceder*) nachgeben
❷ (*tolerar*) dulden, tolerieren
❸ (POL) einen Kompromiss finden; (JUR) sich vergleichen (*sobre* hinsichtlich +*gen*)

Transilvania [transilˈβanja] *f* Siebenbürgen *nt*, (HIST) Transsilvanien *nt*

transilvano, -a [transilˈβano, -a] I. *adj* transsilvanisch, siebenbürgisch
II. *m, f* Einwohner(in) *m(f)* von Transsilvanien, Siebenbürge, -in *m, f*

transistor [transisˈtor] *m* (ELEC) Transistor *m*; (*radio*) Transistorradio *nt*, Transistor *m*

transistorizado, -a [transistoriˈθaðo, -a] *adj* transistorisiert; (*encendido, amplificador*) Transistor-

transitable [transiˈtaβle] *adj* (*en coche*) befahrbar; (*a pie*) gangbar, begehbar

transitar [transiˈtar] *vi* (*en coche*) fahren (*por* auf +*dat*); (*por un túnel*) durchfahren; (*a pie*) entlanggehen; **una calle muy/poco transitada** eine viel/wenig befahrene Straße; **nadie transitaba por la calle** es war kein Mensch auf der Straße

transitario, -a [transiˈtarjo, -a] *m, f* (COM) Transithändler(in) *m(f)*

transitivo, -a [transiˈtiβo, -a] *adj* (LING) transitiv

tránsito [ˈtransito] *m* ❶ (*circulación*) Verkehr *m*; **rodado** Fahrzeugverkehr *m*, rollender Verkehr; **calle de mucho ~** verkehrsreiche Straße; **el ~ por esta calle es algo complicado** durch diese Straße zu fahren ist ziemlich kompliziert
❷ (*de personas*) Durchreise *f*; (COM) Durchfuhr *f*, Transit *m*; **mercancía en ~** Transitware *f*; **pasajeros en ~** (AERO) Transitreisende *mpl*; **país de ~** Durchfuhrland *nt*, Transitland *nt*; **permiso de ~** Durchfuhrbewilligung *f*

transitoriedad [transitorjeˈðað] *f sin pl* Vergänglichkeit *f*

transitorio, -a [transiˈtorjo, -a] *adj* ❶ (*temporal*) vorübergehend; (*ley, período, disposición*) Übergangs-; (ECON) transitorisch; **incapacidad laboral transitoria** zeitweilige Arbeitsunfähigkeit
❷ (*pasajero*) vergänglich

translaticio, -a [transˈla.tiθjo, -a] *adj v.* traslaticio

tra(n)slativo, -a [tra⁽ⁿ⁾slaˈtiβo, -a] *adj* (JUR) (rechts)übertragend; **título ~ de dominio** Eigentumsübertragungsurkunde *f*

tra(n)slimitar [tra⁽ⁿ⁾slimiˈtar] *vt* die Grenzen überschreiten [*o* übertreten]

tra(n)sliteración [tra⁽ⁿ⁾sliteraˈθjon] *f* Transliteration *f*

tra(n)sliterar [tra⁽ⁿ⁾sliteˈrar] *vt* transliterieren

tra(n)slúcido, -a [tra⁽ⁿ⁾sˈluθiðo, -a] *adj* durchscheinend, lichtdurchlässig; (FÍS) transluzid, transluzent

tra(n)smarino, -a [tra⁽ⁿ⁾smaˈrino, -a] *adj* transmarin(isch), überseeisch

tra(n)smediterráneo, -a [tra⁽ⁿ⁾smeðiteˈrraneo, -a] *adj*: **barco ~** Schiff, *das auf dem Mittelmeer verkehrt*; **comercio ~** Mittelmeerhandel *m*

tra(n)smigración [tra⁽ⁿ⁾smiɣraˈθjon] *f* ❶ (*de personas*) Auswanderung *f*
❷ (REL): **la ~ de las almas** die Seelenwanderung

transmigrar [transmiˈɣrar] *vi* ❶ (*personas*) auswandern
❷ (REL: *las almas*) wandern

transmisible [transmiˈsiβle] *adj* übertragbar; (*por herencia*) vererblich; **~ por cesión** (COM, JUR) abtretbar

transmisión [transmiˈsjon] *f* ❶ (*de noticia, t.* INFOR) Übermitt(e)lung *f*; (*t.* JUR, FIN) Übertragung *f*; **~ de arranque-parada** (INFOR) Start-Stopp-Übertragung *f*; **~ contractual** (JUR) Vertragsübertragung *f*; **~ de créditos** (FIN) Forderungsübertragung *f*; **~ de cuota hereditaria** (JUR) Erbteilsübertragung *f*; **~ de datos** Datenübermitt(e)lung *f*, Datenübertragung *f*; **~ de derechos** Rechtsübertragung *f*; **~ del derecho de voto** Stimm-rechtsübertragung *f*; **~ del dominio** (JUR) Übereignung *f*; **~ de establecimiento** (COM) Betriebsübertragung *f*; **~ de facultades** (JUR) Befugnisübertragung *f*; **~ de gastos** Kostenübertragung *m*; **~ inmobiliaria** Grundstücksübertragung *f*; **~ en paralelo** Parallelübertragung *f*; **~ de participaciones** (FIN) Anteilsübertragung *f*; **~ de patrimonio** Vermögensübertragung *f*; **~ de poderes** Amtsübergabe *f*; **~ de responsabilidad** (JUR) Haftungsübergang *m*; **~ del riesgo** (JUR) Gefahrenübertragung *f*; **~ en serie** (INFOR) serielle Übertragung; **~ de un título de propiedad** (JUR) Übertragung eines Besitztitels
❷ (TV, RADIO) Übertragung *f*, Sendung *f*
❸ (*enfermedad*) Übertragung *f*
❹ (TÉC) Übertragung *f*; (*mecanismo*) Transmission *f*; (*propulsión*) Antrieb *m*
❺ (AUTO) Getriebe *nt*; **correa de ~** Transmissionsriemen *m*
❻ (FÍS) Leitung *f*
❼ (*por herencia*) Vererbung *f*
❽ (MÚS) Traktur *f*

tra(n)smisor[1] [tra⁽ⁿ⁾smiˈsor] *m* ❶ (TÉC) Sender *m*
❷ (MED) Überträger *m*
❸ (BIOL) Transmitter *m*

tra(n)smisor(a)[2] [tra⁽ⁿ⁾smiˈsor(a)] *adj*: **estación ~a** Sender *m*

tra(n)smisor-receptor [tra⁽ⁿ⁾smiˈsor rreθepˈtor] *m* <transmisores-receptores> Funksprechgerät *nt*

transmitir [transmiˈtir] *vt* ❶ (*noticia*) übermitteln; (*por teléfono*) durchsagen, übermitteln
❷ (TV, RADIO) übertragen, senden
❸ (*enfermedad*) übertragen
❹ (TÉC) übertragen
❺ (*por herencia*) vererben
❻ (FÍS) leiten

tra(n)smontano, -a [tra⁽ⁿ⁾smonˈtano, -a] *adj* jenseits der Berge, transmontan

tra(n)smutable [tra⁽ⁿ⁾smuˈtaβle] *adj* umwandelbar, verwandelbar; (QUÍM) transmutierbar

tra(n)smutación [tra⁽ⁿ⁾smutaˈθjon] *f* Umwandlung *f*, Verwandlung *f*; (QUÍM) Transmutierung *f*

transmutar [tra⁽ⁿ⁾smuˈtar] *vt* umwandeln (*en* in +*akk*), verwandeln (*en* in +*akk*); (QUÍM) transmutieren (*en* in +*akk*)

tra(n)snacional [tra⁽ⁿ⁾snaθjoˈnal] *adj* transnational, übernational

transoceánico, -a [tra⁽ⁿ⁾soθeˈaniko, -a] *adj* transozeanisch; **vuelo ~** Transozeanflug *m*

tra(n)spacífico, -a [tra⁽ⁿ⁾spaˈθifiko, -a] *adj* jenseits des Pazifischen Ozeans; **buque ~** Überseedampfer *m*, Pazifikdampfer *m*

tra(n)sparencia [tra⁽ⁿ⁾spaˈrenθja] *f* ❶ (*calidad*) Durchsichtigkeit *f*, (Licht)durchlässigkeit *f*, Transparenz *f* *elev*
❷ (*de intención*) Durchschaubarkeit *f*, Durchsichtigkeit *f*; **~ de gastos** (COM) Kostentransparenz *f*; **~ jurídica** (JUR) Rechtsklarheit *f*
❸ (FOTO) Dia(positiv) *nt*
❹ (*para un proyector*) Folie *f*

transparentar [tra⁽ⁿ⁾sparenˈtar] I. *vt* durchscheinen lassen
II. *vi, vr*: **~se** durchscheinen, transparent [*o* durchsichtig] sein
III. *vr*: **~se** ❶ (*temor, intención*) durchscheinen, erkennbar sein
❷ (*fam: ropa*) durchsichtig sein

tra(n)sparente [tra⁽ⁿ⁾spaˈrente] I. *adj* ❶ (*material, papel*) durchsichtig, transparent
❷ (*intenciones*) durchschaubar, durchsichtig
II. *m* Transparent *nt*

tra(n)spirable [tra⁽ⁿ⁾spiˈraβle] *adj* schwitzfähig

tra(n)spiración [tra⁽ⁿ⁾spiraˈθjon] *f* ❶ (*de persona*) Schweißabsonderung *f*, Transpiration *f*
❷ (BOT) Transpiration *f*

tra(n)spirar [tra⁽ⁿ⁾spiˈrar] *vi* ❶ (*persona*) schwitzen, transpirieren *elev*
❷ (BOT) Wasser ausdünsten

tra(n)spirenaico, -a [tra⁽ⁿ⁾spireˈnajko, -a] *adj* transpyrenäisch

tra(n)spolar [tra⁽ⁿ⁾spoˈlar] *adj* transpolar

transponer [tra⁽ⁿ⁾spoˈner] *irr como poner* I. *vt* ❶ (*persona*) umsetzen; (*cosa*) umstellen
❷ (*trasplantar*) umpflanzen
II. *vr*: **~se** ❶ (*persona*) sich verstecken
❷ (*sol*) untergehen
❸ (*dormirse*) einschlafen, einnicken

tra(n)sportable [tra⁽ⁿ⁾sporˈtaβle] *adj* ❶ (*movible*) transportierbar; (*equipo de música*) tragbar, transportabel; (*cocina, tenderete*) fahrbar
❷ (*peso, caja*) tragbar

tra(n)sportador[1] [tra⁽ⁿ⁾sportaˈðor] *m* ❶ (MAT) Winkelmesser *m*
❷ (TÉC) Förderer *m*

tra(n)sportador(a)[2] [tra⁽ⁿ⁾sportaˈðor(a)] *adj*: **cinta ~a** Transportband *nt*, Förderband *nt*

transportar [tra⁽ⁿ⁾sporˈtar] I. *vt* ❶ (*trasladar*) tragen, bringen; **hoy he**

transportado los muebles a la nueva casa heute habe ich die Möbel in die neue Wohnung gebracht
② (COM: *mercancías*) transportieren, befördern; (*personas*) befördern; ~ **por avión** per Flugzeug verfrachten; ~ **por barco** verschiffen
③ (TÉC) fördern
④ (MÚS) transponieren
II. *vr:* ~**se** entzückt [*o* hingerissen] sein

tra(n)sporte [tra(n)s'porte] *m* ❶ (COM) Transport *m*, Beförderung *f;* ~ **aéreo/marítimo** Beförderung per Flugzeug/Schiff; ~ **por carretera** Beförderung [*o* Transport] per LKW [*o* auf dem Landweg]; ~ **ferroviario** Bahntransport *m*, Beförderung per Bahn; ~ **de personas** Personenbeförderung *f*, Personenverkehr *m*; ~ **de tropas** Truppentransport *nt;* **compañía de** ~**s** Spedition *f;* **gastos de** ~ Transportkosten *pl*
② (TÉC) Beförderung *f*
③ (*vehículo*): ~**s públicos** öffentliche Verkehrsmittel; **¿qué** ~ **utilizas para ir a la ciudad?** wie fährst du in die Stadt?; **¿qué medio de** ~ **utilizas para ir a trabajar?** mit welchem Verkehrsmittel fährst du zur Arbeit?
④ (*de basura: de un lugar*) Abfuhr *f;* (*a un lugar*) Anfuhr *f*
⑤ *pl* (*conjunto*) Verkehrswesen *nt;* **el ramo de los** ~**s** das Transportwesen
⑥ (MÚS) Transposition *f*, Transponieren *nt*
⑦ (*exaltación*) Entzückung *f*

tra(n)sportista [tra(n)spor'tista] *mf* ❶ (*el que transporta*) Transporteur(in) *m(f)*
② (COM) Frachtführer(in) *m(f);* ~ **contratante** Vertragsspediteur *m;* **empresa** [*o* **agente**] ~ Spediteur *m;* **trabaja de** ~ er arbeitet als Speditionskaufmann, sie arbeitet als Speditionskauffrau

tra(n)sposición [tra(n)sposi'θjon] *f* ❶ (*de persona*) Umsetzung *f;* (*de cosa*) Umstellen *nt*
② (*trasplante*) Umpflanzung *f*
③ (LING, MÚS) Transposition *f*

tra(n)spuesto, -a [tra(n)s'pwesto, -a] I. *pp de* **transponer**
II. *adj:* **quedarse** ~ einschlafen, einnicken

transubstanciación [transu(β)stanθja'θjon] *f* (REL) Transsubstantiation *f*

transubstanciar [transu(β)stan'θjar] *vt* (REL) der Transsubstantiation unterziehen

transvasar [tra(n)sβa'sar] *vt v.* **trasvasar**

transvase [tra(n)s'βase] *m v.* **trasvase**

tra(n)sverberación [tra(n)sβerβera'θjon] *f* (REL) Durchbohrung *f*, Durchstechung *f;* **la** ~ **del corazón de un Santo** die Durchbohrung des Herzens eines Heiligen

tra(n)sversal [tra(n)sβer'sal] *adj* ❶ (*atravesado, perpendicular*) quer; **calle** ~ Querstraße *f*
② (*transversalmente*) schräg
③ (FÍS, MAT) transversal; (**línea**) ~ Transversale *f*

tra(n)sverso, -a [tra(n)s'βerso, -a] *adj* ❶ (*atravesado, perpendicular*) quer
② (*transversalmente*) schräg
③ (FÍS, MAT) transversal

tra(n)svestido [tra(n)sβes'tiðo] *m* Transvestit *m*

tranvía [tram'bia] *m* Straßenbahn *f*

tranviario, -a [tram'bjarjo, -a] I. *adj* Straßenbahn-
II. *m, f* ❶ (*conductor*) Straßenbahnfahrer(in) *m(f)*
② (*revisor*) Straßenbahnschaffner(in) *m(f)*
③ (*ambos*) Straßenbahner(in) *m(f) fam*

trapa¹ ['trapa] *m o f* ❶ (*de los pies*) Getrampel *nt*
② (*vocerío*) Geschrei *nt*

trapa² ['trapa] *f* (REL) Trapistenorden *m*

trapacear [trapaθe'ar] *vi* betrügen, schwindeln

trapacería [trapaθe'ria] *f* Betrug *m*, Schwindel *m*

trapacero, -a [trapa'θero, -a] *m, f* Gauner(in) *m(f)*

trapajo [tra'paxo] *m* (*pey*) alter Fetzen *m*, alter Lumpen *m*

trapajoso, -a [trapa'xoso, -a] *adj* ❶ (*en el vestir*) schäbig, zerlumpt
② (*en el hablar*): **tiene una lengua trapajosa** er/sie nuschelt

trápala¹ ['trapala] *f* ❶ (*de gente*) Geschrei *nt*
② (*de caballo*) Trappeln *nt*, Getrappel *nt*
③ (*fam: embuste*) Betrug *m*, Schwindel *m*

trápala² ['trapala] *m* (*fam*) Geschwätzigkeit *f*

trápala³ ['trapala] *mf* ❶ (*trapacero*) Gauner(in) *m(f)*
② (*parlanchín*) Schwätzer(in) *m(f)*

trapalear [trapale'ar] *vi* ❶ (*caballo*) trappeln
② (*hablar*) schwätzen

trapalón, -ona [trapa'lon, -ona] *m, f* ❶ (*fam: parlanchín*) Schwätzer(in) *m(f)*
② (*fam: embustero*) Gauner(in) *m(f)*

trapatiesta [trapa'tjesta] *f* ❶ (*fam: riña: verbal*) Krach *m;* (*con puñetazos*) Schlägerei *f*
② (*fam: jaleo*) Radau *m*

trapaza [tra'paθa] *f* (*engaño*) Schwindelei *f;* (*fraude*) Betrug *m*

trapazar [trapa'θar] <z→c> *vi v.* **trapacear**

trapeador [trapea'ðor] *m* (*Chil, Méx*) Wischlappen *m*

trapear [trape'ar] *vt* ❶ (*Am: limpiar*) wischen
② (*AmC: insultar*) in den Schmutz ziehen [*o* zerren]

trapecio [tra'peθjo] *m* ❶ (*de circo, t.* MAT) Trapez *nt*
② (ANAT) Trapezmuskel *m*

trapecista [trape'θista] *mf* Trapezkünstler(in) *m(f)*

trapense [tra'pense] *mf* (REL) Trappist(in) *m(f)*

trapería [trape'ria] *f* ❶ (*trapos*) Lumpen *mpl*
② (*tienda*) Trödelladen *m*

trapero, -a [tra'pero, -a] *m, f* Lumpensammler(in) *m(f)*, Lumpenhändler(in) *m(f)*

trapezoedro [trapeθo'eðro] *m* (MAT) Trapezoeder *nt*

trapezoidal [trapeθoi̯'ðal] *adj* (MAT) Trapezoid-

trapezoide [trape'θoi̯ðe] *m* (MAT) Trapezoid *nt*

trapiche [tra'pitʃe] *m* (*Am: exprimidor de caña*) Zuckermühle *f*

trapichear [trapitʃe'ar] *vi* ❶ (*fam: enredos*) krumme Sachen machen; (*intrigar*) intrigieren; (*con artimañas*) tricksen; ~ **en los negocios** krumme Geschäfte machen; **ha trapicheado para conseguir el puesto** er/sie hat um die Stelle geschachert
② (*comerciar*) Kleinhandel treiben

trapicheo [trapi'tʃeo] *m* ❶ (*fam: cosa*) krumme Sache *f;* (*negocio*) krummes Geschäft *nt*
② (*fam: intriga*) Intrige(n) *f(pl);* (*artimaña*) List *f;* (*por un cargo*) Schacherei *f;* **ha habido** ~**s en las elecciones** bei den Wahlen wurde getrickst

trapillo [tra'piʎo] *m* ❶ (*galán*) Galan *m* aus niederen Verhältnissen; **ir de** ~ leger gekleidet sein
② (*dinero*) kleine Ersparnisse *fpl*

trapío [tra'pio] *m* ❶ (*de mujer*) Grazie *f,* Anmut *f*
② (TAUR) Stattlichkeit *f*

trapisonda [trapi'sonda] *f* ❶ (*riña*) Krach *m*
② (*alboroto*) Krach *m*, Geschrei *nt*
③ (*enredo*) Verwirrung *f*
④ (*intriga*) Intrige *f*

trapisondear [trapisonde'ar] *vi* (*fam*) ❶ (*alborotar*) lärmen, krakeelen
② (*intrigar*) Ränke schmieden

trapisondista [trapison'dista] *mf* ❶ (*alborotador*) Krakeeler *m*
② (*bullanguero*) Radaubruder *m*, Radaumacher(in) *m(f)*
③ (*intrigante*) Intrigant(in) *m(f)*

trapo ['trapo] *m* ❶ (*tela*) Lumpen *m*, Fetzen *m*
② (*para limpiar*) Lappen *m*, Lumpen *m;* **pasar el** ~ mit einem Tuch abwischen
③ (TAUR) Muleta *f*
④ *pl* (*fam: vestidos*) Klamotten *pl*
⑤ (NÁUT) Segel *nt;* **a todo** ~ mit vollen Segeln; **el coche iba a todo** ~ (*fam*) das Auto hatte einen Affenzahn drauf; **poner la música a todo** ~ (*fam*) die Musik auf volle Lautstärke stellen
⑥ (TEAT) (Bühnen)vorhang *m*
⑦ (*fam: loc*): **dejar a alguien como un** ~ jdm eine Standpauke halten; **poner a alguien como un** ~ jdn in den [*o* durch den] Schmutz ziehen [*o* zerren]; **sacar los** ~**s sucios a relucir** schmutzige Wäsche (vor anderen Leuten) waschen; **soltar el** ~ (*reír*) losplatzen; (*llorar*) in Tränen ausbrechen; **estar hecho un** ~ fix und fertig sein

traque ['trake] *m* ❶ (*del cohete*) (Raketen)knall *m*
② (*guía de pólvora*) Lauffeuer *nt*
③ (*fam*) lauter Furz *m*
④ (*loc*): **a** ~ **barraque** auf Teufel komm raus

tráquea ['trakea] *f* ❶ (ANAT) Luftröhre *f*, Trachea *f*
② (ZOOL) Trachea *f*

traqueal [trake'al] *adj* ❶ (ANAT) Luftröhren-, tracheal
② (ZOOL) Tracheen-

traqueítis [trake'itis] *f inv* (MED) Entzündung *f* der Luftröhre, Tracheitis *f*

traqueoscopia [trakeos'kopja] *f* (MED) Luftröhrenspiegelung *f*, Tracheoskopie *f*

traqueotomía [trakeoto'mia] *f* (MED) Luftröhrenschnitt *m*, Tracheotomie *f*

traquetear [tracete'ar] I. *vi* Krach machen; (*vehículo: la chapa*) klappern; (*el motor*) rattern; (*vajilla*) klappern; (*sillas, carro*) poltern; (*ametralladora*) knattern, rattern
II. *vt* schütteln

traqueteo [trake'teo] *m* Krach *m;* (*de la chapa del vehículo*) Klappern *nt*, Geklapper *nt;* (*del motor*) Rattern *nt;* (*de vajilla*) Klappern *nt;* (*de sillas, carro*) Poltern *nt;* (*de ametralladora*) Knattern *nt*, Rattern *nt*

traquido [tra'kiðo] *m* ❶ (*de pistola*) Knall *m*
② (*de madera*) Knacken *nt*

traro ['traro] *m* (*Arg, Chil:* ZOOL) Caracara *m*

tras [tras] I. *prep* ❶ (*temporal*) nach +*dat*; ~ **largas negociaciones han llegado a un acuerdo** nach langen Verhandlungen sind sie zu einer Einigung gekommen

❷ (*espacial: detrás de*) hinter +*dat*; (*orden*) nach +*dat*; **voy ~ tuyo** [*o* **de ti**] (*en la cola*) ich bin nach dir dran; (*en el coche*) ich fahre dir nach; **ése va ~ mío** [*o de mí*] der ist hinter mir her

❸ (*con movimiento*) hinter +*akk*; **ponerse uno ~ otro** sich hintereinander aufstellen

❹ (*además de*) außer +*dat*, über +*akk* hinaus; ~ **de ser de pésima calidad es caro** es ist nicht nur von miserabler Qualität, sondern dazu [*o* obendrein] auch noch teuer
II. *m* (*fam*) Hintern *m*
III. *interj*: ¡~ ~! klopf, klopf!

trasañejo, -a [trasa'ɲexo, -a] *adj* ❶ (*muy añejo*) sehr alt
❷ (*tresañejo*) über drei Jahre alt

trasbocar [trasβo'kar] <c→qu> *vt* (*AmC, AmS*) erbrechen, sich übergeben

trasbordar [trasβor'ðar] *vt, vi v.* **transbordar**

trasbordo [tras'βorðo] *m v.* **transbordo**

trascendencia [trasθen'denθja] *f* ❶ (*importancia*) Bedeutung *f*, Tragweite *f*; **no tener ~** unbedeutend sein; **un incidente sin más ~** ein Vorfall ohne schlimmere Folgen
❷ (FILOS) Transzendenz *f*

trascendental [trasθenden'tal] *adj* ❶ (*importante*) von großer Bedeutung [*o* Tragweite]
❷ (FILOS) transzendent(al)

trascender [trasθen'der] <e→ie> *vi* ❶ (*hecho, noticia*) durchsickern, bekannt werden
❷ (*efecto, consecuencias*) sich auswirken (*a* auf +*akk*), eine Auswirkung haben (*a* auf +*akk*); **su pensamiento filosófico trasciende a todos los ámbitos de su vida** alle Bereiche seines/ihres Lebens sind von seinem/ihrem philosophischen Denken geprägt
❸ (*ir más allá*) die Grenzen überschreiten, transzendieren *elev*; **el problema trasciende el ámbito familiar** das Problem geht über den familiären Bereich hinaus
❹ (*olor*) durchdringen
❺ (FILOS) transzendieren

trascordarse [traskor'ðarse] <o→ue> *vr* ❶ (*olvidar*) vergessen
❷ (*confundir*) verwechseln

trascoro [tras'koro] *m* Raum *m* hinter dem Chor

trascurrir [trasku'rrir] *vi v.* **transcurrir**

trasegar [trase'ɣar] *irr como fregar vt* ❶ (*objetos: desordenar*) durcheinander bringen; (*cambiar*) umstellen
❷ (*líquidos*) umfüllen; (*de garrafa a botella*) abfüllen
❸ (*alcohol*) (viel) trinken

trasera [tra'sera] *f* Rückseite *f*

trasero¹ [tra'sero] *m* (*fam*) Hintern *m*

trasero, -a² [tra'sero, -a] *adj* hintere(r, s), Hinter-, Rück-; **asiento ~** (AUTO) Rücksitz *m*; **luz trasera** (AUTO) Rücklicht *nt*; **propulsión/puerta trasera** (AUTO) Heckantrieb *m*/Hecktür *f*; **rueda trasera** Hinterrad *nt*; **la parte trasera del edificio** die Hinterseite des Gebäudes

trasferir [trasfe'rir] *irr como sentir vt v.* **transferir**

trasfigurar [trasfiɣu'rar] *vt v.* **transfigurar**

trasfondo [tras'fondo] *m* Hintergrund *m*

trasgo ['trasɣo] *m* ❶ (*duende*) Kobold *m*; (*espíritu*) Spukgestalt *f*
❷ (*niño*) Racker *m fam*

trasguear [trasɣe'ar] *vi* spuken; (*enredar*) Unfug anstellen

trashumancia [trasu'manθja] *f sin pl* (AGR) Transhumanz *f*

trashumante [trasu'mante] *adj* (AGR) transhumant

trashumar [trasu'mar] *vi* Herden auf die Sommerweide/Winterweide treiben

trasiego [tra'sjeɣo] *m* ❶ (*de objetos: desorden*) Durcheinander *nt*
❷ (*cambio*) Umstellung *f*; **ha habido un ~ de cargos** viele Posten sind umbesetzt worden
❸ (*de líquidos*) Umfüllen *nt*; (*de garrafa a botella*) Abfüllung *f*

traslación [trasla'θjon] *f* ❶ (*de cosas*) Umstellen *nt*, Umräumung *f*; (*de cuerpo*) Überführung *f*; (*de tropa*) Verlegung *f*
❷ (*traducción*) Übersetzung *f* (*a* in +*akk*, *de* aus +*dat*); (LING) Translation *f*
❸ (*metáfora*) Metapher *f*
❹ (FÍS): **movimiento de ~** Translation *f*

trasladar [trasla'ðar] I. *vt* ❶ (*cosas*) umstellen, umräumen; (*cuerpo*) überführen; (*tropa, tienda*) verlegen; (INFOR) verschieben; (*prisionero: a otra prisión*) verlegen; (*a otra comisaría*) überstellen; **fondos de una cuenta a otra** (FIN) Geldmittel von einem Konto auf ein anderes überweisen
❷ (*funcionario*) versetzen (*a* in +*akk*, nach +*dat*)
❸ (*fecha*) verschieben (*a* auf +*akk*)
❹ (*traducir*) übersetzen, übertragen (*a* in +*akk*) *elev*

❺ (*idea*): **un pensamiento al papel** einen Gedanken zu Papier bringen; ~ **una obra literaria a la pantalla** ein literarisches Werk verfilmen
❻ (*orden, medida*) übertragen (*a* auf +*akk*)
❼ (*escrito*) kopieren
II. *vr*: **~se** ❶ (*ir a*) sich begeben; **~se en coche** mit dem Auto fahren, sich mit dem Auto fortbewegen
❷ (*mudarse*) umziehen (*a* nach +*dat*)

traslado [tras'laðo] *m* ❶ (*de cosas*) Umstellen *nt*, Umräumung *f*; (*cuerpo*) Überführung *f*; (*tropa*) Verlegung *f*; (INFOR) Verschiebung *f*; (*prisionero: de prisión*) Verlegung *f*; (*de comisaría*) Überstellung *f*; ~ **de la demanda** (JUR) Klagezustellung *f*; ~ **de establecimiento** (COM) Betriebsverlegung *f*; ~ **de residencia** Wohnsitzverlegung *f*
❷ (*de funcionario*) Versetzung *f*; ~ **temporal** zeitlich begrenzte Versetzung; **solicitud de ~** Versetzungsantrag *m*
❸ (*de fecha*) Verschiebung *f*
❹ (*mudanza*) Umzug *m*
❺ (*copia*) Kopie *f*, Abschrift *f*
❻ (*de orden, medida*) Übertragung *f*

traslaticio, -a [trasla'tiθjo, -a] *adj*: **en sentido ~** im übertragenen Sinne

traslucir [traslu'θir] *irr como lucir* I. *vt*: **dejar ~ algo** etw andeuten; **su cara trasluce alegría** sein/ihr Gesicht spiegelt die Freude wider
II. *vr*: **~se** ❶ (*ser translúcido*) lichtdurchlässig [*o* durchscheinend] sein
❷ (*verse*) durchschimmern
❸ (*hecho, intención*) durchschaubar sein
❹ (*pensamiento, angustia*) durchscheinen, durchschimmern

trasluz [tras'luθ] *m* ❶ (*luz difusa*) durchscheinendes Licht *nt*; **mirar al ~** gegen das Licht betrachten
❷ (*luz reflejada*) Schein *m*, Schimmer *m*

trasmano [tras'mano]: **no puedo cogerlo, me pilla a ~** ich komme nicht heran, es ist zu weit weg; **su casa cae tan a ~ que apenas lo visito** sein Haus ist so abgelegen, dass ich ihn kaum besuche

trasmigrar [trasmi'ɣrar] *vi v.* **transmigrar**

trasmisible [trasmi'siβle] *adj v.* **transmisible**

trasmisión [trasmi'sjon] *f v.* **transmisión**

trasmitir [trasmi'tir] *vt v.* **transmitir**

trasmutar [trasmu'tar] *vt v.* **transmutar**

trasnochada [trasno'tʃaða] *f* ❶ (*vela*) schlaflose Nacht *f*
❷ (*vigilancia*) Nachtwache *f*
❸ (*noche anterior*) vergangene Nacht *f*
❹ (MIL) nächtlicher Überfall *m*

trasnochado, -a [trasno'tʃaðo, -a] *adj* ❶ (*comida*) verdorben
❷ (*idea, plan*) überholt
❸ (*persona*) übernächtigt

trasnochador(a) [trasnotʃa'ðor(a)] *m(f)* Nachtschwärmer(in) *m(f)*

trasnochar [trasno'tʃar] I. *vi* ❶ (*no dormir*) nicht schlafen gehen, sich *dat* die Nacht um die Ohren schlagen *fam*; (*ir de juerga*) die ganze Nacht durchmachen; (*trabajando*) die Nacht zum Tage machen
❷ (*acostarse tarde*) spät schlafen gehen
❸ (*pernoctar*) übernachten
II. *vt* überschlafen

trasoír [traso'ir] *irr como oír vt* falsch verstehen, sich verhören

traspalar [traspa'lar] *vt* ❶ (*con pala*) an eine andere Stelle schaufeln
❷ (*con manos*) umstellen

traspapelar [traspape'lar] I. *vt* verlegen, verkramen *fam*
II. *vr*: **~se** verloren gegangen sein

transparentar(se) [trasparen'tar(se)] *vt, vr v.* **transparentar**

traspasable [traspa'saβle] *adj* übertragbar

traspasar [traspa'sar] *vt* ❶ (*atravesar: bala, espada*) durchbohren; (*rayos*) durchdringen; (*líquido*) (durch)sickern; (*calle*) überqueren; (*río*) durchqueren, überqueren; **esta compresa no deja ~ nada** diese Binde ist sehr saugfähig
❷ (*pasar a*) übertragen (*a* auf +*akk*); ~ **a una cuenta** auf ein Konto überweisen
❸ (*sentidos*): **el estruendo me traspasó el oído** der Krach war ohrenbetäubend; **este poema me traspasa el corazón** dieses Gedicht zerreißt mir das Herz
❹ (DEP) transferieren
❺ (*límite*) hinausgehen (über +*akk*), überschreiten; (*ley*) überschreiten

traspaso [tras'paso] *m* ❶ (*de bala, espada*) Durchbohrung *f*; (*de rayos*) Durchdringung *f*; (*de líquido*) Durchsickern *nt*; (*de calle*) Überquerung *f*; (*de río*) Durchquerung *f*, Durchquerung *f*
❷ (*de piso, negocio*) Übertragung *f*; (*dinero*) Abstandssumme *f*; ~ **de bienes** Übertragung von Vermögenswerten; ~ **de crédito** Forderungsübergang *m*; ~ **de herencia** Erbschaftsübergang *m*; ~ **de pérdidas** (*impuestos*) Verlustvortrag *m*; ~ **de la posesión** Besitzübergang *m*
❸ (DEP) Transfer *m*; (*dinero*) Transfergeld *nt*, Ablösesumme *f*
❹ (*de límite*) Überschreitung *f*
❺ (*pena*) Kummer *m*, Betrübnis *f*

traspatio [tras'patjo] *m* (*Am*) Hinterhof *m*
traspié(s) [tras'pje(s)] *m* (*inv*) ❶ (*tropezón*) Stolpern *nt*, Straucheln *nt*; **dar un ~** (*tropezar*) stolpern, straucheln; (*resbalar*) ausgleiten
❷ (*error*) Ausrutscher *m*, Patzer *m*; **dar un ~** (*meter la pata*) ins Fettnäpfchen treten; (*en sociedad*) einen Fauxpas begehen
trasplantable [trasplaɲ'taβle] *adj* verpflanzbar, transplantierbar
trasplantación [trasplanta'θjon] *f* v. **trasplante**
trasplantar [trasplaɲ'tar] I. *vt* ❶ (*planta*) umpflanzen, verpflanzen
❷ (*personas*) umsiedeln, verpflanzen *fam*
❸ (MED) transplantieren
II. *vr*: **~se** umsiedeln, sich woanders ansiedeln
trasplante [tras'plante] *m* ❶ (*de plantas*) Umpflanzung *f*, Verpflanzung *f*
❷ (*de persona*) Umsiedlung *f*, Verpflanzung *f fam*
❸ (MED) Transplantation *f*
trasponer(se) [traspo'ner(se)] *vt, vr v.* **transponer**
trasportar(se) [traspor'tar(se)] *vt, vr v.* **transportar**
traspunte [tras'punte] *mf* (TEAT) Inspizient(in) *m(f)*
traspuntín [traspuɲ'tin] *m* ❶ (*asiento*) Klappsitz *m*
❷ (*fam: culo*) Hintern *m*
trasquilado, -a [traski'laðo, -a] *adj* übel zugerichtet; **salir ~ de algo** bei etw schlecht wegkommen
trasquilador(a) [traskila'ðor(a)] *m(f)* Scherer(in) *m(f)*
trasquilar [traski'lar] *vt* ❶ (*persona*) stutzen
❷ (*animal*) scheren
❸ (*fam: cosa*) schmälern
trasquilón [traski'lon] *m* schlechter Stufenschnitt *m*, Treppe *f fam*; **cortar a trasquilones** verschneiden; **hacer algo a trasquilones** etw mehr schlecht als recht machen
trasroscarse [trasros'karse] <c→qu> *vr* ❶ (*rosca*) ausleiern
❷ (*fam fig*) zu weit gehen, es zu weit treiben
trastabillar [trastaβi'ʎar] *vi* (*dar tropezones*) stolpern
trastada [tras'taða] *f* ❶ (*fam: travesura*) Streich *m*; **hacerle una ~ a alguien** jdm einen Streich spielen
❷ (*mala pasada*) übler Streich *m*
trastazo [tras'taθo] *m* (*fam*) heftiger Schlag *m*; **pegarse un ~** sich *dat* den Kopf anschlagen; **me pegué un ~ contra el armario** ich bin gegen den Schrank geknallt
traste ['traste] *m* ❶ (*de guitarra*) Bund *m*
❷ (*Am: trasto*) Gerümpel *nt*, Kram *m*
❸ (*trasero*) Hintern *m*
❹ (*loc*): **el proyecto se ha ido al ~** das Projekt ist ins Wasser gefallen; **el viaje se ha ido al ~** mit der Reise ist es Essig *fam*; **dar al ~ con algo** etw kaputtmachen *fam*
trastear [traste'ar] I. *vt* ❶ (*guitarra: poner*) mit einem Bund versehen; (*tocar*) spielen
❷ (TAUR) mit der Muleta zum Laufen bringen; **~ a alguien** (*fam*) jdn nach seiner Pfeife tanzen lassen
II. *vi* ❶ (*trastos*) umstellen, umräumen
❷ (*fam: niño*) herumtoben
trastero, -a [tras'tero, -a] *adj*: (**cuarto**) **~** Abstellraum *m*, Abstellkammer *f*, Rumpelkammer *f fam*
trastienda [tras'tjenda] *f* ❶ (*de tienda*) Hinterzimmer *nt*
❷ (*fam: astucia*): **tener mucha ~** raffiniert [*o* clever] sein
❸ (*de un asunto*): **la ~ de las negociaciones** die der Öffentlichkeit nicht zugänglichen Hintergründe der Verhandlungen
trasto ['trasto] *m* ❶ (*mueble*) Möbelstück *nt*; (*utensilio*) Haushaltsgerät *nt*; **tirarse los ~s por la cabeza** sich in die Haare kriegen, sich in den Haaren liegen
❷ *pl* (*herramientas*) Ausrüstung *f*
❸ *pl* (*para tirar*) Gerümpel *nt*, Zeug *nt*
❹ (*persona*): **mi hijo es un ~** mein Sohn ist ein Tunichtgut; **mi novio me trata como un ~** mein Freund behandelt mich wie ein Stück Dreck
trastocar [trasto'kar] <c→qu> I. *vt* in Unordnung bringen, durcheinander bringen
II. *vr*: **~se** den Verstand verlieren
trastornado, -a [trastor'naðo, -a] *adj* ❶ (*confundido*) durcheinander
❷ (*sicológicamente*) verwirrt; (*loco*) verrückt
trastornar [trastor'nar] I. *vt* ❶ (*cosa*) durcheinander bringen, in Unordnung bringen; (*volcar*) umkippen, umwerfen; (*de arriba abajo*) auf den Kopf stellen
❷ (*orden, plan, ideas*) zunichte machen, durcheinander bringen; (*orden público*) stören
❸ (*por amor*) verrückt machen
❹ (*sicológicamente*) aus dem Gleichgewicht bringen; **la muerte de su marido la trastornó** der Tod ihres Mannes hat sie stark mitgenommen
❺ (*encantar*) sich begeistern (für +*akk*); **me trastornan los coches** ich bin verrückt nach Autos
II. *vr*: **~se** den Verstand verlieren

trastorno [tras'torno] *m* ❶ (*de cosas*) Durcheinander *nt*, Unordnung *f*; (*vuelco*) Umkippen *nt*
❷ (*de orden, ideas*) Durcheinander *nt*; (*de plan, proyecto*) Vernichtung *f*; (*del orden público*) Störung *f*; **~s políticos** politische Unruhen; **ocasionar ~s** Unannehmlichkeiten verursachen
❸ (*sicológicamente*) Verwirrung *f*; **~ mental** Bewusstseinsstörung *f*
❹ (MED) Störung *f*; **~s estomacales** Magenbeschwerden *fpl*
trast(r)abillar [trast(r)aβi'ʎar] *vi* ❶ (*dar traspiés*) stolpern
❷ (*tambalear*) taumeln
❸ (*tartamudear*) stottern
trastrocar [trastro'kar] <c→qu> *vt* ❶ (*el orden*) durcheinander bringen
❷ (*de sitio*) vertauschen
❸ (*el sentido*) verdrehen
❹ (*el estado*) umwandeln
trastrueque [tras'trweke] *m* ❶ (*de orden*) Durcheinander *nt*
❷ (*de sitio*) Vertauschen *nt*
❸ (*de sentido*) Verdrehung *f*
❹ (*del estado*) Umwandlung *f*
trasudar [trasu'ðar] *vt* leicht schwitzen
trasudor [trasu'ðor] *m* kaum sichtbarer Schweiß *m*
trasuntar [trasun'tar] *vt* ❶ (*un escrito*) abschreiben; (*sacar copia*) kopieren
❷ (*compendiar*) zusammenfassen
trasunto [tra'sunto] *m* ❶ (*escrito*) Kopie *f*, Abschrift *f*
❷ (*imitación*) Abbild *nt*; **el argumento de esta novela es un ~ de aquella sociedad** der Gegenstand dieses Romans spiegelt die damalige Gesellschaft wider
trasvasar [trasβa'sar] *vt* ❶ (*líquido*) umfüllen; (*vertiéndolo*) umgießen; (*de garrafa a botella*) abfüllen
❷ (*río*) umleiten
trasvase [tras'βase] *m* ❶ (*de líquido*) Umfüllung *f*; (*vertiéndolo*) Umgießung *f*; (*de garrafa a botella*) Abfüllung *f*
❷ (*de río*) Umleitung *f*
trasvasijar [trasβasi'xar] *vt* (*Chil: trasvasar*) umfüllen
trasver [tras'βer] *irr como ver vt* ❶ (*distinguir*) ausmachen, erkennen
❷ (*ver a través*) hindurchsehen, hindurchschauen, hindurchblicken
❸ (*ver mal*) schlecht erkennen
trasvolar [trasβo'lar] <o→ue> *vt* überfliegen
trata ['trata] *f* Sklavenhandel *m*; **~ de blancas** Mädchenhandel *m*
tratable [tra'taβle] *adj* freundlich, zugänglich; **es una persona ~** man kommt mit ihm/ihr gut aus
tratadista [trata'ðista] *mf* Autor(in) *m(f)* einer Abhandlung
tratado [tra'taðo] *m* ❶ (POL) Vertrag *m*, Pakt *m*; **~ de no agresión** Nichtangriffspakt *m*; **T~ de Amsterdam** Vertrag von Amsterdam; **T~ del Atlántico Norte** Nordatlantikpakt *m*; **~ comunitario** (UE) Gemeinschaftsvertrag *m*; **~ europeo** EU-Vertrag *m*; **~ internacional** völkerrechtlicher Vertrag, Staatsvertrag *m*; **T~ de Maastricht** (UE) Vertrag von Maastricht; **~ de paz** Friedensabkommen *m*; **los T~s de Roma** die Römischen Verträge
❷ (COM) Vertrag *m*, Abkommen *nt*; **~ comercial** Handelsabkommen *nt*, Handelsvertrag *m*; **~ de comercio exterior** Außenhandelsvertrag *m*, Außenwirtschaftsvertrag *m*; **~ de protección de capitales** Kapitalschutzvertrag *m*; **~ de protección de las inversiones** Investitionsschutzvertrag *m*; **~ de protección territorial** Gebietsschutzvertrag *m*; **~ de reciprocidad** Gegenseitigkeitsvertrag *m*
❸ (*científico*) Abhandlung *f* (*de über +akk*)
tratamiento [trata'mjento] *m* ❶ (*de asunto, t.* MED, QUÍM) Behandlung *f*; **~ de choque** Schockbehandlung *f*; **~ preferente** Vorzugsbehandlung *f*
❷ (*elaboración, t.* INFOR) Verarbeitung *f*; **~ de agua potable** Trinkwasseraufbereitung *f*; **~ de errores** (INFOR) Fehlerbehandlung *f*; **~ integrado de datos** (INFOR) integrierte Datenverarbeitung *f*; **~ de textos** Textverarbeitung *f*
❸ (*de cortesía*) Anrede *f*; **el ~ de Ud.** das Siezen; **¿qué ~ se le da a un cardenal?** wie spricht man einen Kardinal an?
tratante [tra'tante] *mf* Händler(in) *m(f)*
tratar [tra'tar] I. *vt* ❶ (*algo, alguien*) behandeln, umgehen (mit +*dat*); **yo sé cómo ~ a esos tipos** ich weiß, wie man mit diesen Kerlen fertig wird; **no es una persona fácil de ~** der Umgang mit ihm/ihr ist keineswegs leicht
❷ (MED, QUÍM) behandeln
❸ (*elaborar, t.* INFOR) verarbeiten; (*agua, minerales*) aufbereiten
❹ (*dar tratamiento*) anreden; **~ de tú/usted** duzen/siezen; **~ a alguien de loco** jdn als verrückt bezeichnen
❺ (*tema, asunto*) behandeln, besprechen
II. *vi* ❶ (*libro, película*) handeln (*de/sobre* von +*dat*)
❷ (*intentar*) versuchen; **trata de concentrarte** versuche dich zu konzentrieren

❸ (*con alguien*) verkehren (*con* mit +*dat*); ~ **con alguien** mit jdm verkehren
❹ (COM) handeln (*en* mit +*dat*)
III. *vr:* ~**se** ❶ (*tener trato*) miteinander verkehren; **no me trato con él** ich habe keinen Kontakt mit ihm
❷ (*ser cuestión de*) sich handeln (*de* um +*akk*); **¿de qué se trata?** worum geht es?; **tratándose de ti...** in deinem Fall ...
tratativa [trata'tiβa] *f* (*Arg, Par: negociación*) Verhandlung *f*
trato ['trato] *m* ❶ (*hacia alguien, algo*) Behandlung *f*; (*comportamiento*) Benehmen *nt;* ~ **de nación más favorecida** (COM) Meistbegünstigung *f;* **malos** ~**s** Misshandlungen *fpl;* **recibir un buen** ~ gut behandelt werden; (*en restaurante*) gut bewirtet werden
❷ (*contacto*) Umgang *m;* ~ **carnal** Geschlechtsverkehr *m;* **tener** ~ **con alguien** (*elev*) Kontakt [*o* Umgang] mit jdm haben; **tener** ~ **de gentes** gut mit Menschen umgehen können; **romper el** ~ **con alguien** die Beziehung zu jdm abbrechen; **no querer** ~**s con alguien** mit jdm nichts zu tun haben wollen; **es una señora de un** ~ **exquisito** sie ist eine Dame mit gepflegten Umgangsformen
❸ (*pacto*) Abmachung *f*, Vereinbarung *f;* (*negocio*) Geschäft *nt;* **cerrar un** ~ **con alguien** mit jdm zu einer Einigung kommen; **deshacer un** ~ ein Geschäft rückgängig machen; **entrar en** ~**s con alguien** mit jdm Geschäfte machen; **romper un** ~ eine Abmachung brechen; **¡**~ **hecho!** abgemacht!
trauma ['trauma] *m* Trauma *nt*
traumático, -a [trau'matiko, -a] *adj* traumatisch
traumatismo [trauma'tismo] *m* Verletzung *f;* (MED) Trauma *nt*
traumatizante [traumati'θante] *adj* traumatisch
traumatizar [traumati'θar] <z→c> *vt* (MED, PSICO) traumatisieren
traumatología [traumatolo'xia] *f sin pl* (MED) Traumatologie *f*
traumatológico, -a [traumato'loxiko, -a] *adj* (MED) traumatologisch
traumatólogo, -a [trauma'toloɣo, -a] *m, f* Traumatologe *m*, -in *m, f*
través [tra'βes] I. *m* ❶ (*inclinación*) Neigung *f*, Schräge *f*
❷ (*contratiempo*) Missgeschick *nt*
❸ (ARQUIT) Querbalken *m*
❹ (MIL) Brustwehr *f*
❺ (*loc*): **colocar una mesa de** ~ einen Tisch quer stellen; **dar al** ~ **con algo** etw zunichte machen; **mirar de** ~ schief ansehen
II. *prep:* **a** ~ **de** (*de un lugar*) quer über +*akk;* (*de la radio*) über +*akk*, durch +*akk*
travesaño [traβe'saɲo] *m* ❶ (ARQUIT) Traverse *f*
❷ (DEP) Querlatte *f*
❸ (*almohada*) Keilkissen *nt*
❹ (*de una escalera*) Sprosse *f*
travesero¹ [traβe'sero] *m* Keilkissen *nt*
travesero, -a² [traβe'sero, -a] *adj* Quer-, quer
travesía [traβe'sia] *f* ❶ (*por aire*) Flugreise *f;* (*por mar*) Überfahrt *f*, Seereise *f*
❷ (*distancia*) Entfernung *f*
❸ (*calle*) Querstraße *f*
travesti [tra'βesti] *mf*, **travestí** [traβes'ti] *mf v.* **travestido**
travestido, -a [traβes'tiðo, -a] I. *adj* transvestitisch
II. *m, f* Transvestit *m*
travestir [traβes'tir] *irr como pedir* I. *vt* (*un hombre*) wie eine Frau verkleiden; (*una mujer*) wie ein Mann verkleiden
II. *vr:* ~**se** transvestieren
travestismo [traβes'tismo] *m sin pl* Transvesti(ti)smus *m*
travesura [traβe'sura] *f* (*fuerte*) Streich *m;* (*inocente*) Jux *m*, Ulk *m fam;* **hacer** ~**s** juxen, ulken *fam*
traviesa [tra'βjesa] *f* ❶ (FERRO) Schwelle *f*
❷ (*de poste eléctrico, t.* ARQUIT) Traverse *f*
travieso, -a [tra'βjeso, -a] *adj* ❶ (*de través*) quer, schräg; **correr a campo** ~ [*o* **traviesa**] querfeldein laufen
❷ (*niño*) unartig, ungezogen, frech
❸ (*adulto*) aufgeweckt; (*sagaz*) gerissen, scharfsinnig
trayecto [tra'ɟekto] *m* (*trecho*) Strecke *f;* (*ruta*) Weg *m;* **se durmió durante el** ~ er/sie schlief während der Fahrt ein
trayectoria [traɟek'torja] *f* ❶ (*de cuerpo*) (Flug)bahn *f;* (*de bala*) Geschossbahn *f;* ~ **de la Luna** Mondbahn *f*
❷ (*profesional*) Laufbahn *f*, Werdegang *m*
traza ['traθa] *f* ❶ (ARQUIT) Zeichnung *f*, Riss *m*, Plan *m*
❷ (*plan*) Plan *m*
❸ (*recurso*) Mittel *nt*, Weg *m*
❹ (*habilidad*) Geschick *nt* (*para* für +*akk*, zu +*dat*); **tener** ~ **para escribir** Talent zum Schreiben haben; **tiene** ~ **para hablar** er/sie ist redegewandt; **esta escenificación está hecha con** ~ diese Inszenierung ist hervorragend
❺ (*aspecto*) Aussehen *nt*, Äußere(s) *nt;* **tener** ~**s de...** so aussehen, als ob ...; **por las** ~**s se diría que está enfermo** seinem Aussehen nach scheint er krank zu sein; **lleva todas las** ~**s de acabar mal** das scheint kein gutes Ende zu nehmen
trazado¹ [tra'θaðo] *m* ❶ (*de líneas*) Ziehen *nt;* (*esquemático*) Vorzeichnen *nt;* (*de dibujos*) Zeichnen *nt*
❷ (*gráfico*) Linienführung *f*
❸ (*de plan*) Entwurf *m*
❹ (ARQUIT) Riss *m*, Zeichnung *f*, Plan *m*
❺ (FERRO) Trasse *f*
❻ (*recorrido*) Strecke *f;* **el** ~ **de este circuito me favorece** der Verlauf dieser Rennbahn kommt mir zugute
trazado, -a² [tra'θaðo, -a] *adj:* **estar bien** ~ wohlgeformt [*o* wohlproportioniert] sein; **estar mal** ~ missgestaltet sein
trazador¹ [traθa'ðor] *m* ❶ (QUÍM) Isotopenindikator *m*
❷ (INFOR): ~ **de gráficos** Plotter *m;* ~ **plano** Flachbettplotter *m*
trazador(a)² [traθa'ðor(a)] *m(f)* Planer(in) *m(f)*
trazar [tra'θar] <z→c> *vt* ❶ (*líneas*) ziehen; (*esquemáticas*) vorzeichnen; (*dibujos*) zeichnen
❷ (ARQUIT: *proyecto*) aufzeichnen, aufreißen; (*recorrido*) trassieren
❸ (*plan*) entwerfen
❹ (*situación, asunto*) umreißen, skizzieren; ~ **una semblanza de alguien** jds Leben beschreiben
trazo ['traθo] *m* ❶ (*de boli, lápiz*) Strich *m;* ~ **de pluma** Federstrich *m;* **dibujar al** ~ skizzieren
❷ (*de escritura*) Schriftzug *m;* **el** ~ **de su firma es retorcido** seine/ihre Unterschrift ist verschnörkelt; **el** ~ **de este pintor es armónico** die Linienführung dieses Malers ist harmonisch
❸ (*dibujo*) Umriss *m*, Skizze *f*
❹ (*de la cara*) Falte *f*
trébede(s) ['treβeðe(s)] *f(pl)* Dreifuß *m*
trebejo [tre'βexo] *m* ❶ (*casero*) Gerät *nt;* ~**s de la cocina** Küchengeräte *ntpl;* ~**s de pesca** Angelausrüstung *f*
❷ (*herramienta*) Werkzeug *nt*
trébol ['treβol] *m* ❶ (*planta*) Klee *m;* (*hoja*) Kleeblatt *nt;* ~ **de cuatro hojas** vierblättriges Kleeblatt
❷ (*cartas*) Kreuz *nt*
trece ['treθe] I. *adj* dreizehn; **sigue en sus** ~ er/sie bleibt dabei
II. *m* Dreizehn *f; v. t.* **ocho**
treceavo, -a [treθe'aβo, -a] I. *adj* dreizehntel; *v. t.* **octavo**
II. *m, f* Dreizehntel *nt*
treceno, -a [tre'θeno, -a] *adj* dreizehntel
trecentista [treθen'tista] *adj* aus dem 14. Jahrhundert, zum 14. Jahrhundert gehörig
trecento [tre'θento] *m* (ARTE, LIT) Trecento *nt*
trecho ['tretʃo] *m* ❶ (*recorrido*) Strecke *f*
❷ (*trozo*) Stück *nt;* **una carretera a** ~**s recta, a** ~**s llena de curvas** eine teils gerade, teils kurvenreiche Straße; **hay policías a** ~**s** hier und da sind Polizisten; **hacer algo a** ~**s** etw mit Unterbrechungen tun; **el jersey lo he hecho a** ~**s** ich habe mal hier, mal dort an dem Pulli gestrickt
trefilar [trefi'lar] *vt* (TÉC: *alambre*) ziehen
tregua ['treɣwa] *f* ❶ (MIL) Waffenstillstand *m*
❷ (*discurso*) (Ruhe)pause *f;* **dar** ~**s** (*dolor*) kommen und gehen; (*cosa*) nicht ruhen
treinta ['treinta] I. *adj* dreißig; **la guerra de los** ~ **años** der Dreißigjährige Krieg
II. *m* Dreißig *f; v. t.* **ochenta**
treintaidosavo, -a [treintaiðo'saβo, -a] *adj* zweiunddreißigstel
treintanario [treinta'narjo] *m* (REL) dreißig Tage *mpl* (*zur Feier eines bestimmten Ereignisses*)
treintañero, -a [treinta'ɲero, -a] I. *adj* dreißigjährig
II. *m, f* Dreißigjährige(r) *mf*
treintavo, -a [trein'taβo, -a] *adj* dreißigstel; *v. t.* **ochentavo**
treintena [trein'tena] *f* ❶ (*treinta unidades*): **una** ~ dreißig Stück; **una** ~ **de años** dreißig Jahre
❷ (*parte*) Dreißigstel *nt*
trekking ['trekiŋ] *m* (DEP) Trekking *nt*
tremebundo, -a [treme'βundo, -a] *adj* schrecklich, furchtbar
tremedal [treme'ðal] *m* ❶ (*pantano*) Sumpfboden *m*
❷ (*turbera*) Torfmoor *nt*
tremendismo [tremen'dismo] *m sin pl* (ARTE, LIT) Tremendismo *m* (*schockierender Realismus*)
tremendista [tremen'dista] *adj* schockierend; **eres un** ~ du siehst nur das Grausamste an allem; **un escritor** ~ ein Schriftsteller, der eine schockierende Realität darstellt
tremendo, -a [tre'mendo, -a] *adj* ❶ (*temible*) fürchterlich, schrecklich; (*error*) furchtbar
❷ (*enorme*) riesig, enorm
❸ (*niño*) unartig, ungezogen
❹ (*respetable*) ansehnlich, beachtlich
❺ (*loc*): **querer conseguir algo por la tremenda** etw auf Biegen oder

Brechen erreichen wollen; **siempre te tomas las cosas a la tremenda** du nimmst immer alles so schwer
trementina [tremenˈtina] f Terpentin nt
tremés [treˈmes] adj, **tremesino** [tremeˈsino] adj Dreimonats-, dreimonatig
tremolar [tremoˈlar] vi wehen, schwingen
tremolina [tremoˈlina] f ① (del viento) Brausen nt
② (bulla) Lärm m, Krach m
trémolo [ˈtremolo] m (MÚS) Tremolo nt
trémulo, -a [ˈtremulo, -a] adj (elev: mano) zitternd; (voz) zitternd, bebend; (vela, luz) flackernd
tren [tren] m ① (FERRO) Zug m; ~ **de alta velocidad/de largo recorrido** Hochgeschwindigkeits-/Fernreisezug m; ~ **de cercanías** Nahverkehrszug m; ~ **expreso/correo/botijo** Express-/Post-/Bummelzug m; ~ **interurbano** Intercity(zug) m; ~ **de juguete** Spielzeugeisenbahn f; ~ **de mercancías** Güterzug m; ~ **de pasajeros** Personenzug m; ~ **rápido** D-Zug m
② (TÉC): ~ **de aterrizaje** Bugrad nt; ~ **de lavado** (AUTO) Autowaschanlage f, Waschstraße f; ~ **de poleas** Laufwerk nt
③ (lujo): ~ **de vida** Lebensstandard m; **lleva un gran ~ de vida** er/sie lebt auf großem Fuß
④ (loc): **imponer un fuerte ~ en la carrera** das Rennen schnell machen; **para ser eso ya he perdido el (último) ~** um das werden zu können, habe ich bereits den Anschluss verpasst; **estar como un ~** (fam: persona) umwerfend sein; **hay sangría como para parar un ~** es gibt jede Menge Sangria
trena [ˈtrena] f (fam) Knast m
trenca [ˈtreŋka] f ① (abrigo) Dufflecoat m
② (de cepa) Hauptwurzel f
trend [trenᵈ] m (t. ECON) Trend m
trenza [ˈtrenθa] f ① (de pelo) Zopf m
② (de cintas) Flechte f
trenzado [trenˈθaðo] m ① (de pelo) Zopf m; (de cintas) Flechte f; (TÉC) Geflecht nt
② (de bailarín) Entrechat m
③ (de caballo) tänzelnder Schritt m
trenzar [trenˈθar] <z→c> I. vt flechten; ~ **una jugada** (DEP) gut zuspielen
II. vi ① (danza) einen Entrechat durchführen
② (caballo) tänzeln
trepa¹ [ˈtrepa] mf (fam) Emporkömmling m, Aufsteiger(in) m(f)
trepa² [ˈtrepa] f Trick m, List f
trepadera [trepaˈðera] f ① (Cuba, Méx: garfio) Klettereisen nt
② (Méx: rosa trepadora) Kletterrose f
trepado¹ [treˈpaðo] m ① (de vestido) Besatz m
② (de sello) Perforation f
trepado, -a² [treˈpaðo, -a] adj ① (postura) zurückgelehnt
② (animal) kräftig
trepador¹ [trepaˈðor] m ① (lugar) Ort m zum Klettern
② pl (garfios) Steigeisen ntpl
trepador(a)² [trepaˈðor(a)] I. adj ① (planta) kletternd, rankend; **plantas ~as** Kletterpflanzen fpl
II. m(f) Aufsteiger(in) m(f)
trepanación [trepanaˈθjon] f (MED) Trepanation f
trepanar [trepaˈnar] vt (MED) trepanieren, aufbohren
trépano [ˈtrepano] m ① (MED) Schädelbohrer m, Trepan m
② (MIN) Bohrmeißel m, Bohrer m
③ (para esculturas) Meißel m
trepar [treˈpar] I. vi, vt ① (al árbol) klettern (a auf +akk), hinaufklettern (a auf) +akk), erklimmen
② (planta) hochklettern
II. vt durchbohren
trepe [ˈtrepe] m (CRi: regaño) Rüge f; **echar un ~ a alguien por algo** jdn wegen etw rügen
trepidación [trepiðaˈθjon] f Beben nt, Zittern nt
trepidante [trepiˈðante] adj bebend, zitternd; (fig) spannungsreich
trepidar [trepiˈðar] vi ① (temblar) beben, zittern
② (Am: vacilar) zögern, zaudern elev
treque [ˈtreke] adj (Ven) ① (ingenioso) scharfsinnig
② (chistoso) witzig
tres [tres] I. adj inv drei; **los ~ segundos** (DEP) Dreisekundenregel f; **esta traducción no me sale ni a la de ~** das kann ich im Leben nie übersetzen; **esto es así como ~ y dos son cinco** das ist so sicher wie das Amen in der Kirche
II. m inv Drei f; v. t. **ocho**
tresbolillo [tresβoˈliʎo]: **plantado al ~** versetzt in Parallelreihen gepflanzt
trescientos, -as [tresˈθjentos, -as] adj dreihundert; v. t. **ochocientos**
tresillo [treˈsiʎo] m ① (mueble) Sitzgruppe f, Couchgarnitur f

② (MÚS) Triole f
tre(s)mesino, -a [tre(s)meˈsino, -a] adj dreimonatig
treta [ˈtreta] f ① (ardid) List f; (engaño) Trick m; ~ **publicitaria** Verkaufstrick m
② (DEP) Finte f
Tréveris [ˈtreβeris] m Trier nt
trezavo, -a [treˈθaβo, -a] adj v. **treceavo**
tría [ˈtria] f Auswahl f
triaca [ˈtrjaka] f ① (en la Edad Media) Theriak m
② (remedio) (Heil)mittel nt
tríada [ˈtriaða] f Dreizahl f, Triade f elev
trial [trjal] m (DEP) Trial nt
triangulado, -a [trjanguˈlaðo, -a] adj in dreieckiger Form
triangular [trjanguˈlar] I. adj dreieckig, triangular elev; **torneo ~** (DEP) Wettkampf zwischen drei Mannschaften
II. vt ① (terreno) triangulieren
② (en fútbol) kurz und präzis zuspielen
triángulo [triˈangulo] m ① (figura) Dreieck nt; **equilátero/isósceles/rectángulo** gleichseitiges/gleichschenkliges/rechtwinkliges Dreieck
② (MÚS) Triangel nt
③ (sentimental) Dreiecksbeziehung f
triar [triˈar] <1. pres: trío> vt (aus)wählen, aussuchen
triásico¹ [ˈtrjasiko] m (GEO) Trias f; **el ~ superior** der Keuper
triásico, -a² [ˈtrjasiko, -a] adj triassisch
triates [ˈtrjates] mpl (Méx: trillizos) Drillinge mpl
triatlón [triaᵈˈlon] m (DEP) Triathlon nt
tribal [triˈβal] adj Stammes-
tribalismo [triβaˈlismo] m (SOCIOL) Tribalismus m
tribometría [triβomeˈtria] f (FÍS) Reibungskoeffizientenmessung f, Tribometrie f
tribu [ˈtriβu] f Stamm m; ~ **urbana** (SOCIOL) Gang f, Jugendbande f
tribulación [triβulaˈθjon] f ① (pena) Kummer m, Leid nt
② (sufrimiento) Leiden nt
③ (adversidad) Widrigkeit f
tribuna [triˈβuna] f ① (en parlamento) Rednerpult nt
② (en desfile, estadio) Tribüne f
③ (JUR): ~ **de jurados** Geschworenenbank f
tribunal [triβuˈnal] m ① (JUR) Gericht nt; **T~ Administrativo** Verwaltungsgerichtshof m; **T~ Administrativo Federal** Bundesverwaltungsgericht nt; **T~ Agrario** Landwirtschaftsgericht nt; **T~ de Alzada** Beschwerdegericht nt; ~ **Arbitral** [o **de Conciliación**] Schiedsgerichtshof m; **T~ Arbitral Casual** Gelegenheitsschiedsgericht nt; **T~ Arbitral Gremial** Verbandsschiedsgericht nt; **T~ de Casación** Revisionsgericht nt; **T~ de Conciencia** Schwurgericht nt; **T~ Constitucional** Verfassungsgericht nt; **T~ Contencioso-Administrativo** Verwaltungsgericht nt; **T~ de Cuentas** Rechnungshof m; **T~ de Defensa de la Competencia** Kartellamt m; **T~ de los Derechos Humanos** Gerichtshof für Menschenrechte; **T~ Ejecutivo** Vollstreckungsgericht nt; **T~ Europeo de Cuentas** Europäischer Rechnungshof; **T~ Familiar** Familiengericht nt; **T~ Federal** Bundesgericht nt; **T~ Federal de Cuentas** Bundesrechnungshof m; **T~ Federal de Hacienda** Bundesfinanzhof m; **T~ Federal de Patentes** Bundespatentgericht nt; **T~ de Honor** Ehrengericht nt; **T~ Internacional de Justicia** Internationaler Gerichtshof; **T~ de Jurados** Schöffengericht nt; **T~ de Justicia Europeo** Europäischer Gerichtshof; ~ **Mercantil** Handelsgericht nt; **T~ Militar** Wehrdienstgericht nt; **T~ Monitorio** Mahngericht nt; ~ **de Patentes** Patentgericht nt; ~ **de Registro** Registergericht nt; ~ **Sucesorio** Nachlassgericht nt; **T~ Supremo** Oberster Gerichtshof; **T~ Tutelar de Menores** Vormundschaftsgericht nt; **demandar ante** [o **llevar a**] **los ~es** verklagen
② (comisión): ~ **electoral** Wahlprüfungsausschuss m; ~ **examinador** Prüfungsausschuss m, Prüfungskommission f
tribuno [triˈβuno] m (HIST) (Volks)tribun m
tributabilidad [triβutaβiliˈðað] f (JUR, FIN) Steuerrechtsfähigkeit f
tributable [triβuˈtaβle] adj versteuerbar
tributación [triβutaˈθjon] f ① (acción) Besteuerung f; ~ **de los beneficios** Gewinnbesteuerung f; ~ **del beneficio ficticio** Scheingewinnbesteuerung f; ~ **conjunta de los cónyuges** Ehegattenbesteuerung f; ~ **efectiva** Istbesteuerung f; ~ **de la empresa** Unternehmensbesteuerung f; ~ **del establecimiento permanente** Betriebstättenbesteuerung f; ~ **de los incrementos** Hinzurechnungsbesteuerung f; ~ **de la unidad familiar** Familienbesteuerung f; **estar sujeto a** ~ der Besteuerung unterliegen; **eximir a alguien de la** ~ jdn von der Steuer(pflicht) befreien; **eximir algo de la** ~ etw aus der Besteuerung herausnehmen
② (tributo) Steuer f, Abgabe f; ~ **por utilidades** Einkommensteuer f
③ (sistema) Steuersystem nt; ~ **progresiva/regresiva** progressives/regressives Steuersystem
tributar [triβuˈtar] vt ① (impuestos) zahlen
② (honor) erweisen; ~ **respeto** Respekt zollen; ~ **un homenaje a al-**

tributario, -a [triβu'tarjo, -a] *adj* ❶ (*derecho, inspección*) Steuer-; (*liquidación, ley, sistema*) Abgaben-; **agencia tributaria** Finanzamt *nt*; **sistema ~** Steuersystem *nt*
❷ (*imponible*) besteuerbar
tributo [tri'βuto] *m* ❶ (*impuesto*) Steuer *f*, Beitrag *m*; (HIST) Tribut *m*; **~ sobre las apuestas de carreras y loterías** Rennwett- und Lotteriesteuer *f*; **~ de exacción en la fuente** Quellenabzugssteuer *f*; **~ medioambiental** Umweltauflage *f*; **~ regional** Regionalabgabe *f*; **~ sobre el patrimonio inmobiliario** Grundbesitzabgaben *fpl*
❷ (*homenaje*) Tribut *m*, Ehrerbietung *f*, Hochachtung *f*; **pagar ~** Tribut zollen
❸ (*obligación*) Preis *m*, Pflicht *f*; **la opresión es el ~ pagado a la dictadura** die Unterdrückung ist der Preis, den man für die Diktatur zahlt
tricampeón, -ona [trikampe'on, -ona] *m, f* (DEP) dreifacher Meister *m*, dreifache Meisterin *f*
tricenal [triθe'nal] *adj* ❶ (*duración*) dreißigjährig
❷ (*de treinta en treinta años*) alle dreißig Jahre stattfindend
tricentenario [triθente'narjo] I. *adj* dreihundertjährig
II. *m* ❶ (*300 años*) dreihundert Jahre *ntpl*
❷ (*fecha*) Dreihundertjährige(s) *nt*
❸ (*fiesta*) Dreihundertjahrfeier *f*
tricentésimo, -a [triθen'tesimo, -a] I. *adj* (*parte*) dreihundertstel; (*numeración*) dreihundertste(r, s)
II. *m, f* Dreihundertstel *nt*
tríceps ['triθeβs] *m inv* (ANAT) Trizeps *m*
triciclo [tri'θiklo] *m* Dreirad *nt*
tricocéfalo [triko'θefalo] *m* (ZOOL) Peitschenwurm *m*
tricolor [triko'lor] *adj* dreifarbig, trikolor
tricornio [tri'kornjo] *m* Dreispitz *m*
tricota [tri'kota] *f* (*Arg, Par, Urug: abrigo de punto*) Strickjacke *f*
tricotar [triko'tar] *vt* stricken
tricotomía [trikoto'mia] *f* ❶ (BOT) Dreiteilung *f*
❷ (FILOS) Trichotomie *f*, Trialismus *m*
tricotosa [triko'tosa] *f* Strickmaschine *f*
tricromía [trikro'mia] *f* (TIPO) Dreifarbendruck *m*
tridente [tri'ðente] *m* Dreizack *m*, Trident *m*
tridentino, -a [triðen'tino, -a] I. *adj* tridentinisch; **Concilio T~** tridentinisches Konzil
II. *m, f* Tridentiner(in) *m(f)*
tridimensional [triðimensjo'nal] *adj* dreidimensional
triduo ['triðwo] *m* (REL) Triduum *nt*
triedro [tri'eðro] *adj* (MAT) dreiflächig
trienal [trie'nal] *adj* ❶ (*duración*) dreijährig
❷ (*cada 3 años*) dreijährlich, alle drei Jahre
trienio [tri'enjo] *m* Dauer *f* von drei Jahren
trifásico¹ [tri'fasiko] *m* (*argot*) Vitamin B *nt fam*, Beziehungen *fpl*
trifásico, -a² [tri'fasiko, -a] *adj* (ELEC, FÍS) Dreiphasen-; **corriente trifásica** Dreiphasenstrom *m*, Drehstrom *m*
trifoliado, -a [trifo'ljaðo, -a] *adj* (BOT) dreiblättrig
triforio [tri'forjo] *m* (ARQUIT, ARTE) Triforium *nt*
trifulca [tri'fulka] *f* (*fam*) Streit *m*, Gezänk *nt*, Disput *m*
trifurcación [trifurka'θjon] *f* dreifache Gabelung *f*
trifurcado, -a [trifur'kaðo, -a] *adj* dreifach gegabelt, dreiarmig
trifurcarse [trifur'karse] <c→qu> *vr* sich dreifach verzweigen [*o* teilen], sich in drei Wege gabeln
trigal [tri'ɣal] *m* (AGR) Weizenfeld *nt*
trigésimo, -a [tri'xesimo, -a] I. *adj* (*parte*) dreißigstel; (*numeración*) dreißigste(r, s); **la trigésima parte de...** ein Dreißigstel von ...
II. *m, f* Dreißigstel *nt*; *v. t.* **octogésimo**
trigo ['triɣo] *m* (BOT) ❶ (*planta*) Weizen *m*; **harina de ~** Weizenmehl *nt*
❷ (*grano*) Weizen *m*, Weizenkorn *nt*; **no ser ~ limpio** (*fig*) nicht ganz einwandfrei [*o* sauber] [*o* in Ordnung] sein
❸ *pl* (*campo*) Weizenfeld *nt*; **meterse en ~s ajenos** seine Nase in fremde Angelegenheiten stecken
trígono ['triɣono] *m* ❶ (ANAT) Trigonum *nt*
❷ (ASTR) Trigon *nt*
❸ (GEO) Trigon *nt*, Dreieck *nt*
trigonometría [triɣonome'tria] *f* Trigonometrie *f*, Dreiecksberechnung *f*, Dreiecksmessung *f*
trigonométrico, -a [triɣono'metriko, -a] *adj* (MAT) trigonometrisch
trigueño, -a [tri'ɣeɲo, -a] I. *adj* (*color*) bräunlich
❷ (*pelo*) dunkelblond
❸ (*piel*) goldbraun
❹ (*Am: persona*) farbig
II. *m, f* (*Am*) Farbige(r) *mf*
triguera [tri'ɣera] *f* (BOT) Glanzgras *nt*
triguero¹ [tri'ɣero] *m* (AGR) Sieb *nt*
triguero, -a² [tri'ɣero, -a] I. *adj* (BOT) Weizen-

II. *m, f* (AGR) Weizenhändler(in) *m(f)*
trilateral [trilate'ral] *adj* dreiseitig
trilero [tri'lero] *m* (*argot*) Hütchenspieler *m*
triles ['triles] *fpl* (*argot*) Hütchenspiel *nt*
trilingüe [tri'liŋgwe] *adj* dreisprachig
trilla ['triʎa] *f* ❶ (*acción*) Dreschen *nt*, Drusch *m*
❷ (*época*) Dreschzeit *f*, Druschzeit *f*
❸ (*Am: argot: paliza*) Tracht *f* Prügel, ordentliche Abreibung *f*
❹ (*trillo*) Dreschmaschine *f*
❺ (*AmC: atajo*) Abkürzung *f*
trillado¹ [tri'ʎaðo] *m* (*AmC*) Trampelpfad *m*
trillado, -a² [tri'ʎaðo, -a] *adj* ❶ (AGR: *el grano*) gedroschen
❷ (*fam: asunto*) abgedroschen *fam*
trilladora [triʎa'ðora] *f* (AGR) Dreschmaschine *f*
trillar [tri'ʎar] *vt* ❶ (AGR: *el grano*) dreschen
❷ (*usar mucho*) abnutzen
❸ (*Am: argot: golpear*) verdreschen
trillizo, -a [tri'ʎiθo, -a] I. *adj* Drillings-; **hermana trilliza** Drillingsschwester *f*
II. *m, f* Drilling *m*
trillo ['triʎo] *m* ❶ (AGR: *máquina*) Dreschmaschine *f*
❷ (*AmC: senda*) (Trampel)pfad *m*
trillón [tri'ʎon] *m* Trillion *f*
trilogía [trilo'xia] *f* (LIT, TEAT) Trilogie *f*
trimarán [trima'ran] *m* (NÁUT) Trimaran *m*
trimembre [tri'membre] *adj* dreigliedrig
trimensual [trimensu'al] *adj* dreimal im Monat (geschehend); **revista ~** dreimal im Monat erscheinende Zeitschrift
trimestral [trimes'tral] *adj* ❶ (*duración*) dreimonatlich, Dreimonats-, Quartals-
❷ (*cada tres meses*) vierteljährlich
trimestre [tri'mestre] *m* ❶ (*período*) Vierteljahr *nt*, Quartal *nt*
❷ (*paga*) Vierteljahreszahlung *f*; (*alquiler*) Vierteljahresmiete *f*
trímetro ['trimetro] *m* (LIT) Trimeter *m*
trimotor [trimo'tor] *adj* (TÉC) dreimotorig; **avión ~** Dreimotorenflugzeug *nt*
trinar [tri'nar] *vi* ❶ (MÚS: *persona*) trillern; (*pájaro*) zwitschern, tirilieren, trällern
❷ (*fam: rabiar*) Feuer spucken (vor Wut); **está que trina** er/sie ist auf 180
trinca ['triŋka] *f* ❶ (*tres*) Dreierset *nt*, Dreiergruppe *f*
❷ (*And, CSur: pandilla*) Bande *f*, Gang *f*
❸ (*Am: argot: embriaguez*) Suff *m*, Rausch *m*
❹ (*CSur: canicas*) Murmel *f*
trincadura [triŋka'ðura] *f* (NÁUT) Bugsierboot *nt*
trincar [triŋ'kar] <c→qu> I. *vt* ❶ (*con cuerdas*) festbinden, anbinden, festmachen; (NÁUT) festtauen
❷ (*detener*) festnehmen; (*encarcelar*) hochnehmen *argot*, einlochen *argot*
❸ (*romper*) (zer)brechen, kaputtmachen *fam*; (*papel*) zerreißen *fam*
❹ (*argot: robar*) klauen
❺ (*argot: matar*) umbringen
❻ (*Am: apretar*) quetschen, drücken
II. *vr:* **~se** (*argot: emborracharse*) sich betrinken, sich voll laufen lassen; **~se a hacer algo** (*AmC, Méx: empezar*) sich anschicken etw zu tun
trinchador [trintʃa'ðor] *m* Transchiermesser *nt*, Vorlegemesser *nt*
trinchante [trin'tʃante] *m* (*cuchillo*) Transchiermesser *nt*, Vorlegemesser *nt*; (*tenedor*) Transchiergabel *f*, Vorlegegabel *f*
trinchar [trin'tʃar] *vt* transchieren; (*carne*) (in Scheiben) schneiden; (*ave*) zerlegen
trinchera [trin'tʃera] *f* ❶ (MIL: *excavación*) Schützengraben *m*; **guerra de ~s** Stellungskrieg *m*
❷ (*gabardina*) Trenchcoat *m*
trinchero [trin'tʃero] *m* Vorlegetisch *m*
trineo [tri'neo] *m* Schlitten *m*; **~ de balancín** (DEP) Bob(sleigh) *m*, Rennschlitten *m*; **~ de perros** Hundeschlitten *m*
trinidad [trini'ðað] *f* (REL) Dreifaltigkeit *f*, Dreieinigkeit *f*, Trinität *f*
trinitaria [trini'tarja] *f* ❶ (BOT: *pensamiento*) Stiefmütterchen *nt*
❷ (*Col, PRico, Ven:* BOT) Bougainvillea *f*
trinitario, -a [trini'tarjo, -a] *m, f* (REL) Trinitarier(in) *m(f)*
trino¹ ['trino] *m* ❶ (MÚS: *persona*) Trillern *nt*
❷ (*pájaro*) Zwitschern *nt*, Tirilieren *nt*, Trällern *nt*
trino, -a² ['trino, -a] *adj* dreifach, dreigeteilt; (REL) dreieinig, dreifaltig
trinomio [tri'nomjo] *m* (MAT) Trinom *nt*
trinquete [triŋ'kete] *m* ❶ (TÉC: *mecanismo*) Sperrmechanismus *m*
❷ (NÁUT: *mástil*) Fockmast *m*; (*vela*) Fock *f*, Focksegel *nt*
❸ (DEP: *juego*) Hallenballspiel
❹ (*Méx: soborno*) Bestechung *f*; (*asunto turbio*) undurchsichtige Angelegenheit *f*

trinquetilla [triŋke'tiʎa] f (NÁUT) Fock f
trinquis ['triŋkis] m inv (fam) Schluck m (eines alkoholischen Getränks)
trío ['trio] m (MÚS) Trio nt
triodo [tri'oðo] m (ELEC) Triode f
tripa ['tripa] f ① (ANAT: intestino) Darm m
② pl (ANAT: vísceras completas) Gedärme ntpl, Eingeweide ntpl; (de animales comestibles) Innereien fpl; **echar las ~s** (fam: vomitar) sich heftig übergeben [o erbrechen]; **hacer de ~s corazón** (fam) Mut fassen, sich dat ein Herz fassen, sich zusammenreißen; **¿qué ~ se te ha roto?** (fam) was ist [o hast du] denn jetzt schon wieder?; **me suenan** [o gruñen] **las ~s** mir knurrt der Magen; **quitarle las ~s a un pez** einen Fisch ausnehmen; **se me revuelven las ~s** mir dreht sich der Magen um, mir wird schlecht; **¡te voy a sacar** [o **abrir] las ~s!** (fam) ich drehe dir den Hals um!; **tener malas ~s** (fam) grausam [o skrupellos] sein
③ (ANAT: vientre) Bauch m; ~ **gorda** Wampe f fam, Wanst m fam; **echar ~** (fam) einen Bauch bekommen [o ansetzen]; **llenar(se) la ~** (fam) sich dat den Bauch voll schlagen
④ (embarazo) Bauch m (einer Schwangeren); **dejar a una chica con ~** (argot) ein Mädchen schwängern, einem Mädchen ein Kind machen; **estar con ~** schwanger sein
⑤ pl (interior) Innere(s) nt; (de fruta) Herz nt; **las ~s de la radio** das Innere [o die Kleinteile] [o die Innenteile] eines Radios
tripartición [triparti'θjon] f Dreiteilung f
tripartito, -a [tripar'tito, -a] adj (reunión, pacto) dreiteilig, dreigeteilt, Dreier-
tripero, -a [tri'pero, -a] m, f (fam) Kaldaunenverkäufer(in) m(f)
tripi ['tripi] m (argot: droga) Trip m
tripitas [tri'pitas] fpl (Méx) Kaldaunengericht nt
triplano [tri'plano] m (AERO) Dreidecker m
triplaza [tri'plaθa] m (AERO) Dreisitzer m
triple ['triple] I. adj dreifach; (de tres capas) dreilagig
II. m ① (cantidad) Dreifache(s) nt; **recibió el ~** er/sie erhielt das Dreifache; **esta casa es el ~ de grande que la nuestra** [o **el ~ de la nuestra**] dieses Haus ist dreimal so groß wie unseres
② (DEP: baloncesto) Dreipunktewurf m
triplete [tri'plete] m (FOTO) Triplet(t) nt
triplicado¹ [tripli'kaðo] m (copia) Drittausfertigung f
triplicado, -a² [tripli'kaðo, -a] adj verdreifacht; **por ~** (acta) in dreifacher Ausfertigung
triplicar [tripli'kar] <c→qu> I. vt verdreifachen
II. vr: **~se** sich verdreifachen
triplicidad [tripliθi'ðað] f Dreifachheit f
triplo, -a ['triplo, -a] adj v. **triple**
trípode ['tripoðe] m ① (mesa, banquillo) Dreifuß m
② (FOTO: armazón) Stativ nt
trípoli ['tripoli] m (MIN) Tripel m
tripón, -ona [tri'pon, -ona] I. adj (fam) dickbäuchig
II. m, f (Méx: fam) kleiner Junge m, kleines Mädchen nt; **los tripones** die Kinder
② (fam: persona gorda) Dickbauch m, Fettbauch m pey
tripsina [triβ'sina] f (BIOL) Trypsin nt
tríptico ['triptiko, -a] m ① (ARTE: para el altar) Triptychon nt
② (tratado, composición) dreiteiliger Schein m, dreiteiliges Dokument nt
triptongar [tripton'gar] <g→gu> vt (LING) ein Triphthong bilden
triptongo [trip'toŋgo] m (LING) Triphthong m, Dreilaut m
tripudo, -a [tri'puðo, -a] I. adj (fam) dickbäuchig
II. m, f Dickbauch m, Fettbauch m pey
tripulación [tripula'θjon] f (avión, barco) Crew f, Besatzung f; (NÁUT) Schiffsmannschaft f
tripulante [tripu'lante] mf Besatzungsmitglied nt, Mitglied nt der Crew
tripular [tripu'lar] vt ① (proveer de tripulación) bemannen, mit einer Crew ausstatten
② (conducir un coche) lenken, fahren; (avión, barco) steuern
tripulina [tripu'lina] f (Chil) Durcheinander nt, Tohuwabohu nt
trique ['trike] m (fam) Knall m; **a cada ~** jeden Augenblick
triquina [tri'kina] f (MED, ZOOL) Trichine f
triquinosis [triki'nosis] f inv (MED, ZOOL) Trichinose f
triquiñuela [triki'nwela] f Trick m, Kniff m, List f
triquitraque [triki'trake] m ① (ruido) Geklirre nt, Gerassel nt
② (tira con pólvora) Platzpatronenstreifen m
trirrectángulo [trirrek'taŋgulo] adj (MAT) mit drei rechten Winkeln
tris [tris] m inv ① (estallido) Knall m, Geklirr nt
② (fam: rápido): **en un ~** im Handumdrehen [o Nu]; **estar en un ~ de hacer algo** drauf und dran sein etw zu tun; **por un ~** um ein Haar, fast, beinahe
trisagio [tri'saxjo] m (REL) Trishagion nt
trisar [tri'sar] vi (ZOOL) zwitschern

trisca ['triska] f ① (crujido) Knacken nt
② (jaleo) Lärm m, Krach m
③ (AmC: mofa) Spaß m, Witz m
triscar [tris'kar] <c→qu> I. vi ① (patalear) stampfen, trampeln
② (jugar) herumtollen, herumspringen; (travesuras) Streiche spielen
II. vt ① (mezclar) vermengen, vermischen
② (confundir) durcheinander bringen
③ (sierra) schränken
④ (AmC: mofar) Späße machen (a über +akk), Witze reißen (a über +akk)
trisecar [trise'kar] <c→qu> vt (MAT) dreiteilen, in drei gleiche Teilen
trisección [triseɣ'θjon] f (MAT) Dreiteilung f
trisemanal [trisema'nal] adj ① (tres veces por semana) dreimal in der Woche
② (cada tres semanas) alle drei Wochen, dreiwöchentlich
trisilábico, -a [trisi'laβiko, -a] adj (LING) dreisilbig
trisílabo¹ [tri'silaβo] m (LING) dreisilbiges Wort nt
trisílabo, -a² [tri'silaβo, -a] adj (LING) dreisilbig
trismo ['trismo] m (MED) Kiefersperre f, Kieferkrampf m, Trismus m
trisomía [triso'mia] f (BIOL) Trisomie f
triste ['triste] I. adj ① (deprimido) traurig; (dolorido) bekümmert, betrübt; (desgraciado) unglücklich; **poner ~ a alguien** jdn traurig machen; **ponerse ~** traurig werden, ein trauriges Gesicht machen
② (que produce tristeza) traurig, betrüblich; (da pena) bedauerlich; (da vergüenza) beschämend; **por su crimen alcanzó una ~ fama** durch sein/ihr Verbrechen erlangte er/sie eine traurige [o beschämende] Berühmtheit; **tengo la ~ obligación de comunicarles que…** ich habe die traurige [o bedauerliche] Pflicht Ihnen mitteilen zu müssen, dass …
③ (mustio, pálido) trist; (descolorido) fade, farblos, Grau in Grau; (paisaje) öde; (flor) welk; **su padre es un ~ vigilante** sein/ihr Vater ist ein armer alter Wächter; **ha vivido una ~ infancia** er/sie hat eine traurige [o schwere] Kindheit erlebt [o gehabt]
④ (insuficiente) traurig, jämmerlich; **tiene un ~ sueldo de 700 euros** er/sie hat ein jämmerliches Einkommen von 700 Euro; **aún no he comido ni un ~ bocadillo** ich habe noch nicht mal ein einfaches [o simples] Brötchen gegessen
⑤ (lamentable) schade, traurig; **es ~ que no podamos ir** es ist schade, dass wir nicht hingehen können
II. m (And, CSur: MÚS) trauriges Liebeslied
tristeza [tris'teθa] f Traurigkeit f, Trübsinn m, Trübseligkeit f; (melancolía) Schwermut f, Tristesse f elev
tristón, -ona [tris'ton, -ona] adj ein wenig traurig, schwermütig, trübsinnig; **estar ~** etwas bedrückt sein
tristura [tris'tura] f (Am) v. **tristeza**
tritón [tri'ton] m (ZOOL) Molch m
trítono ['tritono] m (MÚS) Tritonus m, Intervall nt von drei Ganztönen
triturable [tritu'raβle] adj zerkleinerbar
trituración [tritura'θjon] f Zermalmung f, Zerkleinerung f
triturador [tritura'ðor] m, **trituradora** [tritura'ðora] f (TÉC) Brecher m, Zerkleinerungsmaschine f; (de la cocina) Reibemühle f; **~ de basuras** Müllzerkleinerer m; **~ de carne** Fleischwolf m; **~ de forraje** Häckselmaschine f; **~ de papel** Reißwolf m, Aktenvernichter m
triturar [tritu'rar] vt ① (desmenuzar) zerkleinern, zerreiben; (moler) zermahlen; (al masticar) zerkauen
② (maltratar física o moralmente) zermalmen, zerquetschen; (destruir) vernichten
③ (criticar) durch die Mangel drehen, in die Mangel nehmen
triunfador(a) [trjumfa'ðor(a)] I. adj siegreich, Triumph-, Sieges-
II. m(f) Sieger(in) m(f)
triunfal [trjum'fal] adj triumphal, sieghaft; **canto ~** Siegeslied nt; **sonrisa ~** Siegeslächeln nt
triunfalismo [trjumfa'lismo] m sin pl übertriebener Optimismus m, Euphorie f, Siegessicherheit f
triunfalista [trjumfa'lista] I. adj übertrieben optimistisch, euphorisch, siegessicher
II. mf übertriebener Optimist m, übertriebene Optimistin f
triunfante [trjum'fante] adj triumphierend, siegreich, triumphgekrönt
triunfar [trjum'far] vi ① (en general) triumphieren (de/sobre über +akk), siegen (de/sobre über +akk); (ganar) gewinnen (en in +dat); (salir victorioso) als Gewinner [o Sieger] hervorgehen; (tener éxito) Erfolg haben, erfolgreich sein; **~ en un concurso** in einem Wettbewerb gewinnen; **~ en la vida** im Leben Erfolg haben [o erfolgreich sein]
② (exultar) jauchzen (de über +akk), frohlocken (de über +akk), jubeln (de über +akk)
③ (naipes) Trumpf sein; (jugar un triunfo) einen Trumpf spielen; **triunfan corazones** Herz ist Trumpf
triunfo ['trjumfo] m ① (victoria) Triumph m, Sieg m; (éxito) Erfolg m; **arco del ~** Triumphbogen m; **marcha del ~** Triumphzug m, Siegeszug

triunvirato *m;* **adjudicarse el ~** (DEP) sich *dat* den Sieg sichern; **el quinto ~ consecutivo del equipo** der fünfte hintereinander folgende Sieg der Mannschaft; **costar un ~** viel Mühe kosten
② (*naipe*) Trumpf *m*
triunvirato [triumbi'rato] *m* (HIST) Triumvirat *nt*, Dreimännerherrschaft *f*
trivalente [triβa'lente] *adj* (QUÍM) dreiwertig
trivial [tri'βjal] *adj* (*superficial*) trivial, gewöhnlich, platt; (*manido*) abgedroschen
trivialidad [triβjali'ðað] *f* ① (*cualidad*) Trivialität *f*, Plattheit *f*, Gewöhnlichkeit *f*, Abgedroschenheit *f*
② (*dicho*) Plattitüde *f*, geistlose Äußerung *f*, abgedroschene Redensart *f*; **decir ~es** Plattitüden von sich geben
trivializar [triβjali'θar] <z→c> *vt* ① (*restar importancia*) herunterspielen
② (*simplificar*) zu stark vereinfachen
trivio ['triβjo] *m* ① (*camino*) dreifacher Kreuzweg *m*
② (HIST, LING) Trivium *nt*
triza [tri'θa] *f* Fetzen *m*, Stück *nt*; **estar hecho ~s** fix und fertig sein; **hacer ~s** (**de**) **algo** etw in Stücke reißen, etw zerfetzen, etw in Stücke schlagen; **los críticos hicieron ~s de la película** die Kritiker zerrissen den Film in der Luft; **hacerse ~s** völlig kaputtgehen; **el jarrón se hizo ~s** die Vase zerbrach in tausend Stücke [*o* ging in Scherben]; **hacer ~s a alguien** jdn fertig machen [*o* vernichten]
trizar [tri'θar] <z→c> *vt* zerreißen; (*tela*) in Fetzen reißen; (*papel*) in Stücke reißen
troca [tro'ka] *f* (*Méx: camión de carga*) Lastwagen *m*
trocar [tro'kar] *irr como volcar* I. *vt* ① (*cambiar*) tauschen (*por* gegen +*akk*), eintauschen (*por* gegen +*akk*); (*palabras*) austauschen; **~ algo por otra cosa** etw gegen etw anderes austauschen; **troqué el bolígrafo por una navaja** ich habe den Kugelschreiber gegen ein Taschenmesser eingetauscht; **hay pueblos que no venden o compran, sino que truecan** es gibt Völker, die weder kaufen noch verkaufen – sie tauschen
② (*dinero*) wechseln (*en* in +*akk*)
③ (*confundir*) vertauschen (*con* mit +*dat*), verwechseln (*con* mit +*dat*)
④ (*vomitar*) sich erbrechen [*o* übergeben]
⑤ (*CSur: vender*) verkaufen
⑥ (*And: comprar*) kaufen
II. *vr:* **~se** sich verändern, sich verwandeln (*en* in +*akk*)
III. *m* (MED) Trokar *m*
trocear [troθe'ar] *vt* (*dividir*) in Stücke (zer)teilen; (*cortar*) schneiden, zerstückeln, zerkleinern
trocha ['trotʃa] *f* ① (*senda*) Pfad *m*, schmaler Weg *m*, Gehsteig *m*; (*atajo*) Abkürzung *f*
② (*Am:* FERRO) Spurweite *f*
③ (*CSur: autopista*) Autobahnspur *f*, Autobahnstreifen *m*
troche ['trotʃe]: **a ~ y moche** [*o* **~moche**] (*sin orden*) völlig [*o* wild] durcheinander; (*desparramado*) kreuz und quer
trofeo [tro'feo] *m* ① (*señal*) Trophäe *f*, Siegeszeichen *nt*; **~ de caza** Jagdtrophäe *f*; **~ de guerra** Kriegsbeute *f*
② (DEP: *copa*) Siegerpreis *m*
③ (*victoria*) Triumph *m*, Sieg *m*; (*éxito*) Erfolg *m*
trofología [trofolo'xia] *f* Ernährungswissenschaft *f*, Trophologie *f*
troglodita [troɣlo'ðita] *mf* ① (HIST: *que vive en cavernas*) Höhlenmensch *m*, Höhlenbewohner(in) *m(f)*
② (*rudo, grosero*) Barbar *m*, Rohling *m*
③ (*huraño*) Eigenbrötler(in) *m(f)*, Einzelgänger(in) *m(f)*, Sonderling *m*
④ (*glotón*) Vielfraß *m*; (*más fino*) Gourmand *m*
troglodítico, -a [troɣlo'ðitiko, -a] *adj* ① (HIST: *relativo al que vive en cavernas*) Höhlenbewohner-
② (*rudo, grosero*) barbarisch, roh, brutal
③ (*huraño*) eigenbrötlerisch, ungesellig
④ (*glotón*) gefräßig, verfressen
troica [troi̯ka] *f* (HIST, POL) Troika *f*, Dreigespann *nt*
troj [trox] *f*, **troja** ['troxa] *f*, **troje** ['troxe] *f* (AGR) Getreidekammer *f*, Kornkammer *f*
trola ['trola] *f* (*fam*) ① (*engaño*) Betrug *m*, Lüge *f*, Schwindel *m*
② (*And: jamón*) Schinkenscheibe *f*
trole ['trole] *m* ① (ELEC) Stromabnehmer *m*
② (*CSur*) *abr de* **trolebús**
trolebús [trole'βus] *m* Trolleybus *m*, Oberleitungsomnibus *m*
trolero, -a [tro'lero, -a] *m*, *f* Lügner(in) *m(f)*, Schwindler(in) *m(f)*
trol(l) [trol/troʎ] *m* Troll *m*
tromba ['tromba] *f* (METEO) Trombe *f*, Wasserhose *f*; **~ de agua** heftiger Wasserschwall, Wasserhose *f*; **~ de polvo** Sandhose *f*; **~ terrestre** Wirbelwind *m*, Tornado *m*; **en ~** heftig, stürmisch
trombo ['trombo] *m* Blutgerinnsel *nt*, Thrombus *m*
tromboflebitis [trombofle'βitis] *f inv* (MED) Thrombophlebitis *f*
trombón [trom'bon] *m* (MÚS) ① (*instrumento*) Posaune *f*; **~ de pistones** Ventilposaune *f*; **~ de varas** Zugposaune *f*
② (*músico*) Posaunist(in) *m(f)*, Posaunenbläser(in) *m(f)*
trombosis [trom'bosis] *f inv* (MED) Thrombose *f*
trompa¹ ['trompa] *f* ① (ZOOL: *elefante, tapir*) Rüssel *m*; (*de insectos*) Saugrüssel *m*; **~ de Eustaquio** (ANAT) eustachische Röhre [*o* Tube], Ohrtrompete *f*; **~ de Falopio** (ANAT) Eileiter *m*
② (*de persona*) riesige Nase *f*, Zinken *m fam*
③ (*Am: fam: labios*) volle, breite Lippen *fpl*; **¡cierra la ~!** halt den Schnabel!
④ (MÚS: *instrumento*) (Wald)horn *nt*; **~ de caza** Jagdhorn *nt*
⑤ (*peonza*) Brummkreisel *m*
⑥ (METEO) *v.* **tromba**
⑦ (*fam: borrachera*) Rausch *m*; **coger una ~** sich *dat* einen hinter die Binde kippen [*o* antrinken]; **estar ~** einen in der Kanne haben
trompa² ['trompa] *mf* ① (MÚS: *músico*) Hornbläser(in) *m(f)*, Hornist(in) *m(f)*
② (*CSur: fam: patrón*) Boss *m*
trompada [trom'paða] *f*, **trompazo** [trom'paθo] *m* ① (*porrazo*) (heftiger) Schlag *m*; (*choque*) Zusammenstoß *m* ② (*puñetazo*) Fausthieb *m*
trompear [trompe'ar] I. *vi* (*trompar*) kreiseln
II. *vt* (*Am: fam*) schlagen, Schläge versetzen
III. *vr:* **~se** ① (*fam: emborracharse*) sich betrinken
② (*Am: fam: pelearse*) sich prügeln
trompeta¹ [trom'peta] *mf* (*músico*) Trompetenspieler(in) *m(f)*, Trompeter(in) *m(f)*
trompeta² [trom'peta] *f* (*instrumento*) Trompete *f*
trompetazo [trompe'taθo] *m* ① (*de trompeta*) Trompetengeschmetter *nt*
② *v.* **trompada**
trompetear [trompete'ar] *vi* (MÚS) trompeten
trompeteo [trompe'teo] *m* (MÚS) Trompeten *nt*
trompetería [trompete'ria] *f* (MÚS) ① (*conjunto de trompetas*) Trompetenensemble *nt*
② (*del órgano*) Trompetenregister *nt*
trompetero, -a [trompe'tero, -a] *m*, *f* Trompetenspieler(in) *m(f)*, Trompeter(in) *m(f)*
trompetilla [trompe'tiʎa] *f* Hörrohr *nt*
trompetista [trompe'tista] *mf* Trompetenspieler(in) *m(f)*, Trompeter(in) *m(f)*
trompicar [trompi'kar] <c→qu> I. *vi* immer wieder stolpern [*o* straucheln]
II. *vt* immer wieder stolpern lassen
trompicón [trompi'kon] *m* ① (*tropezón*) (häufiges) Stolpern *nt*, Straucheln *nt*; **a trompicones** stoßweise, ruckweise
② (*AmC: puñetazo*) Fausthieb *m*, Faustschlag *m*
trompis ['trompis] *m inv* (*Arg, Urug: trompada*) Hieb *m*, Schlag *m*; **agarrarse a ~** sich prügeln
trompiza [trom'piθa] *f* (*AmS*) Schlägerei *f*
trompo ['trompo] *m* Brummkreisel *m*; **ponerse como un ~** (*comiendo*) sich *dat* den Bauch voll schlagen; (*bebiendo*) sich voll laufen lassen
trompón [trom'pon] *m* ① (*porrazo*) (heftiger) Schlag *m*; (*choque*) Zusammenstoß *m*
② (*puñetazo*) Fausthieb *m*
③ *v.* **trompo**
trompudo, -a [trom'puðo, -a] *adj* (*Am*) dicklippig, mit wulstigen Lippen
trona ['trona] *f* (MIN) Trona *f*, natürliche Soda *f*
tronada [tro'naða] *f* (METEO) Donnerwetter *nt*, Gewitter *nt*
tronado, -a [tro'naðo, -a] *adj* ① (*desgastado*) alt, abgenutzt, verbraucht, heruntergekommen
② (*fam: loc*): **estar ~** (*loco*) nicht ganz richtig ticken, verrückt sein; (*arruinado*) abgebrannt sein, ohne einen Pfennig in der Tasche sein; (*Am: drogado*) drauf [*o* high] sein
tronar [tro'nar] <o→ue> I. *v impers* (METEO: *trueno*) donnern
II. *vi* ① (*ruido*) laut schlagen [*o* klopfen]; (*gritar*) laut schimpfen, brüllen
② (*oponerse*) wettern (*contra* gegen +*akk*)
III. *vt* (*Méx: fusilar*) erschießen, umlegen
troncal [troŋ'kal] *adj* Stamm-; **línea ~** (*Am:* FERRO) Hauptlinie *f*
troncalidad [troŋkali'ðað] *f* (JUR: *herencia*) Bindung *f* an die Herkunftsfamilie
troncha ['trontʃa] *f* ① (*Arg, Chil, Perú: lonja*) Scheibe *f*
② (*Méx: rancho*) Hütte *f*; (*comida pobre*) ärmliche Mahlzeit *f*
tronchado¹ [tron'tʃaðo] *m* (*Méx*) Goldmine *f*, gutes Geschäft *nt*
tronchado, -a² [tron'tʃaðo, -a] *adj* (*And: lisiado*) verkrüppelt; (*achacoso*) gebrechlich
tronchante [tron'tʃante] *adj* (*fam: de risa*) zum Schießen
tronchar [tron'tʃar] I. *vt* ① (*tronco*) entwurzeln; (*rama*) abbrechen,

troncho ['trontʃo] *m* ❶ (BOT) Stiel *m*, Stängel *m;* (*de hortaliza*) Strunk *m*
❷ (*CSur: trozo*) Stück *nt*
❸ (*vulg: pene*) Schwanz *m*
tronco ['troŋko] *m* ❶ (BOT: *árbol*) Stamm *m;* (*flor*) Stiel *m*, Stängel *m;* (*hortaliza*) Strunk *m;* (*de un árbol talado*) Stumpf *m;* (*leño*) Scheit *m;* **dormir como un ~** wie ein Stein schlafen
❷ (ANAT: *cuerpo*) Rumpf *m*
❸ (*de familia*) Abstammung *f*
❹ (*amigo*) Kumpel *m;* **¿qué tal, ~?** wie geht's, Kumpel [*o* Alter]?
❺ (*conducto*) Ast *m;* (*Am:* FERRO: *línea*) Hauptlinie *f;* **~ arterial** Arterienast *m*
❻ (*vulg: pene*) Schwanz *m*
tronera [tro'nera] I. *f* ❶ (*ventana*) Luke *f;* (*en el tejado*) Dachluke *f*
❷ (MIL: *fortificaciones*) (Schieß)scharte *f*
❸ (*billar*) Loch *nt*
❹ (*Méx: chimenea*) Kamin *m*, Schornstein *m*
II. *mf* (*tarambana*) Windbeutel *m*, Windhund *m*
tronío [tro'nio] *m* Geldverschwendung *f*, Geldvergeudung *f*
trono ['trono] *m* (*asiento*) Thron *m;* **subir al ~** den Thron besteigen; **sucesor al ~** Thronfolger *m*, Thronerbe *m*
tronzado [tron'θaðo] *m* ❶ (*división*) Zerstückeln *nt*
❷ (*rotura*) Zerbrechen *nt*
❸ (*cortar*) Kleinschneiden *nt*
tronzar [tron'θar] <z→c> *vt* ❶ (*dividir*) (zer)stückeln, teilen
❷ (*romper*) zerbrechen
❸ (*cansar*) zermürben, weich machen
tropa ['tropa] *f* ❶ (*multitud*) Truppe *f*, Trupp *m*, Schar *f;* (*pey: grupo*) Meute *f*, Rotte *f;* **en ~** haufenweise, scharenweise, massenweise
❷ (MIL: *conjunto*) Truppe *f*, Rotte *f;* **~s** (*unidades*) Truppen *fpl;* **~s de asalto** Sturmtruppen *fpl*
tropear [trope'ar] *vi* (*Arg: conducir el ganado*) die Herde treiben
tropel [tro'pel] *m* ❶ (*mucha gente*) Getümmel *nt;* **en ~** haufenweise, scharenweise, massenweise
❷ (*prisa*) Hast *f*, (Über)eile *f*
❸ (*desorden*) Wirrwarr *m*, lärmendes Durcheinander *nt*
tropelía [trope'lia] *f* ❶ (*prisa*) Hast *f*, (Über)eile *f*
❷ (*abuso de autoridad*) Amtsmissbrauch *m;* (*acto violento*) Gewalttat *f*
tropero [tro'pero] *m* (*Arg: vaquero*) Rinderhirt *m*
tropezar [trope'θar] *irr como empezar* I. *vi* ❶ (*con los pies*) stolpern (*en/contra* über +*akk*), stoßen (*en/contra* an +*akk*), straucheln
❷ (*reñir*) aneinander geraten
❸ (*cometer un error*) stolpern (*en/contra* über +*akk*); (*moralmente*) einen Fehltritt tun [*o* begehen]
❹ (*topar*) treffen (*con* auf +*akk*), stoßen (*con* auf +*akk*), antreffen (*con* +*akk*), begegnen (*con* +*dat*); **~ con dificultades** auf Schwierigkeiten stoßen
II. *vr:* **-se** (*encontrarse*) treffen (*con* auf +*akk*), stoßen (*con* auf +*akk*)
tropezón [trope'θon] *m* ❶ (*acción*) Stolpern *nt*, Straucheln *nt;* **dar un ~** stolpern, straucheln; **a tropezones** satzweise, stoßweise, ruckartig; **terminó los estudios a tropezones** er/sie beendete das Studium nach vielen Anläufen
❷ (*error*) großer Fehltritt *m;* (*moralmente*) Ausrutscher *m*, Entgleisung *f*
❸ (*persona*) Tollpatsch *m*
❹ (*en sopas, legumbres*) Fleischeinlage *f*
tropical [tropi'kal] *adj* (GEO) tropisch, Tropen-; **clima ~** Tropenklima *nt*, tropisches Klima *nt;* **selva ~** tropischer Regenwald
trópico¹ ['tropiko] *m* ❶ (GEO): **~s** Tropen *pl;* **~ de Cáncer** Wendekreis des Krebses; **~ de Capricornio** Wendekreis des Steinbocks
❷ *pl* (*AmC: problemas*) Schwierigkeiten *fpl*, Probleme *ntpl;* **pasar los ~s** (*fig*) schwere Zeiten durchmachen [*o* durchlaufen], in einer misslichen Lage sein
trópico, -a² ['tropiko, -a] *adj* tropisch, Tropen-; **enfermedad trópica** Tropenkrankheit *f*
tropiezo [tro'pjeθo] *m* ❶ (*en el camino*) Hindernis *nt*, Stolperfalle *f;* **dar un ~** stolpern, straucheln
❷ (*error*) Fehltritt *m*, Irrtum *m;* (*moralmente*) Ausrutscher *m*, Entgleisung *f*
❸ (*desgracia*) Unglück *nt;* (*contratiempo*) Wechselfall *m;* (*revés*) Rückschlag *m;* (*en el amor*) Enttäuschung *f;* **ella ha sido el mayor ~ de mi vida** sie war die größte Enttäuschung meines Lebens
❹ (*discusión*) Unstimmigkeit *f*, Wortwechsel *m*, Meinungsverschiedenheit *f*
tropilla [tro'piʎa] *f* (*CSur*) Gruppe *f*, Truppe *f*, Schar *f*
tropismo [tro'pismo] *m* (BIOL) Tropismus *m*
tropo ['tropo] *m* (*retórica*) Trope *f*, bildlicher Ausdruck *m*
tropología [tropolo'xia] *f* bildliche Ausdrucksweise *f*

tropopausa [tropo'paµsa] *f* (GEO) Tropopause *f*
troposfera [tropos'fera] *f sin pl* (METEO) Troposphäre *f*
troquel [tro'kel] *m* (TÉC) Stempel *m*, Punze *f*
troquelado¹ [troke'laðo] *m* (TÉC) Stanzen *nt*, Prägung *f*
troquelado, -a² [troke'laðo, -a] *adj* (TÉC) gestanzt, geprägt
troquelar [troke'lar] *vt* prägen, (präge)stanzen
troqueo [tro'keo] *m* (LIT) Trochäus *m*
trotaconventos [trotakom'bentos] *mf inv* (*fam*) Kuppler(in) *m(f)*
trotamundos [trota'mundos] *mf inv* Globetrotter *m*, Weltenbummler(in) *m(f)*
trotar [tro'tar] *vi* ❶ (*caballos*) traben; (*jinete*) Trab reiten
❷ (*con prisas*) wuseln, geschäftig hin und her eilen, immer auf Trab sein
trote ['trote] *m* ❶ (*caballos*) Trab *m;* **ir al ~** traben, Trab reiten
❷ (*con prisa*) Hin und Her *nt;* **a(l) ~** eilends, geschwind, schnell
❸ (*agitación*) Aufregung *f;* **meterse en malos ~s** sich in dunkle [*o* undurchsichtige] Angelegenheiten verwickeln
❹ (*ropa*): **para todo ~** zum Alltagsgebrauch; **ser de mucho ~** sehr strapazierfähig [*o* widerstandsfähig] sein; **esta chaqueta te sirve para todo ~** diese Jacke dient dir in jeder Lebenslage
❺ (*loc*): **es demasiado viejo, ya no está para estos ~s** (*prisas*) er ist schon zu alt, er kann nicht mehr so schnell; (*emociones*) er ist schon zu alt, er darf sich nicht so sehr aufregen
trotón [tro'ton] *m* (*Am: pey*) Klepper *m*
trotona [tro'tona] *f* Gesellschaftsdame *f*
trotskismo [tros'kismo] *m sin pl* (POL) Trotzkismus *m*
trotskista [tros'kista] I. *adj* trotzkistisch
II. *mf* Trotzkist(in) *m(f)*
trova [tro'βa] *f* ❶ (*verso*) Vers *m*
❷ (*composición*) Minne(ge)sang *m*, Minnelied *nt*
❸ (*poema*) Gedicht *nt*
trovador [troβa'ðor] *m* Troubadour *m*, Minnesänger *m*, Minnesinger *m*
trovadoresco, -a [troβaðo'resko, -a] *adj* Minne-, Troubadour-
trovar [tro'βar] *vi* Verse dichten, Verse schmieden
Troya ['troɟa] *f* Troja *nt;* **el caballo de ~** das Trojanische Pferd; **aquí fue ~** das ist davon übrig geblieben, das ist nun die Bescherung; **¡allí/aquí fue ~!** da war der Teufel los [*o* ein Höllenspektakel]; **¡arda ~!** ohne Rücksicht auf Verluste!
troyano, -a [tro'ɟano, -a] I. *adj* trojanisch, troisch
II. *m, f* Trojaner(in) *m(f)*, Troer(in) *m(f)*
trozo [tro'θo] *m* ❶ (*pedazo*) Stück *nt;* **a ~s** in Stücken, stückweise; **falta aún un buen ~** es fehlt noch ein gutes Stück
❷ (LIT, MÚS: *parte*) Teil *m*, Stück *nt;* **~s escogidos** ausgewählte Ausschnitte [*o* Abschnitte] [*o* Auszüge]
trúa ['trua] *f* (*Bol: borrachera*) Rausch *m*
trucaje [tru'kaxe] *m* ❶ (*con trampa*) Trickserei *f*
❷ (CINE: *método*) Trickfilm *m;* (FOTO) Fotomontage *f*
trucar [tru'kar] <c→qu> *vi* (*billar*) (die Kugel) versenken
trucha¹ ['trutʃa] *mf* Ganove, -in *m, f*, Gauner(in) *m(f)*, gerissener Hund *m fam*
trucha² ['trutʃa] *f* ❶ (ZOOL: *pez*) Forelle *f;* **~ arco iris** Regenbogenforelle *f;* **~ de río** Bachforelle *f;* **~ a la navarra** (GASTR) *mit einer Scheibe Schinken gespickte Forelle*
❷ (*AmC*: *caseta*) (Markt-, Messe)stand *m*, Bude *f*
truchero, -a [tru'tʃero, -a] I. *adj* Forellen-; **río ~** Forellenbach *m*
II. *m, f* ❶ (*que las pesca*) Forellenfänger(in) *m(f)*
❷ (*que las vende*) Forellenverkäufer(in) *m(f)*, Forellenhändler(in) *m(f)*
trucho, -a ['trutʃo, -a] *adj* (*Arg, Col*) arglistig, heimtückisch
truchuela [tru'tʃwela] *f* (GASTR, ZOOL) schlanker Stockfisch *m*
truco ['truko] *m* ❶ (*trampa*) Trick *m*, Falle *f;* (*engaño*) fauler Zauber *m*, faules Spiel *nt;* (*destreza*) Kniff *m*, Kunstgriff *m*, List *f;* **~ publicitario** Werbetrick *m;* **este tiene ~** da gibt es einen Trick, da ist ein Trick dabei; **~ de naipes** Karten(spieler)trick *m;* **ése tiene muchos ~s** der hat viele Tricks auf Lager, der ist mit allen Wassern gewaschen; **coger el ~** hinter den Trick kommen, den Dreh herausbekommen; **el ~ del almendruco** (*fam*) Trick 17, gewusst wie
❷ *pl* (*billar*) (Pool)billard *nt*, (Loch)billard *nt*
truculencia [truku'lenθja] *f* ❶ (*crueldad*) Grausamkeit *f*, Brutalität *f*
❷ (*dramatismo*) Gruseleffekt *m*
truculento, -a [truku'lento, -a] *adj* ❶ (*cruel*) grausam, brutal
❷ (*terrible*) schrecklich, schaurig, gruselig
trueno ['trweno] *m* ❶ (METEO: *nube*) Donner *m;* **¡oyes el ~!** hörst du den Donnerschlag!
❷ (*de armas*) (Geschütz)donner *m*, Krachen *nt;* **~ gordo** (*cohetes*) großes Feuerwerkfinale; (*escándalo*) großer Skandal; (*éxito*) großer Knüller *fam;* (*lo más importante*) das Allerwichtigste
❸ (*fam: juerguista*) Bummler *m*, Nachtschwärmer *m;* (*alborotador*) Unruhestifter *m*, Aufwiegler *m;* **ir de ~** einen draufmachen
❹ (*And: argot: pistola*) Schießeisen *nt*, Donnerbüchse *f fam*
trueque ['trweke] *m* Austausch *m*, Eintausch *m;* (COM: *sin dinero*)

trufa Tauschhandel *m*, Warenaustausch *m*; **contrato de ~** Tauschvertrag *m*; **a ~ de tu pelota te doy mi muñeca** im Tausch gegen [*o* für] deinen Ball bekommst du meine Puppe

trufa ['trufa] *f* ❶ (*dulce, t.* BOT: *hongo*) Trüffel *m*
❷ (*mentira*) Schwindelei *f*, Flunkerei *f*; (*embuste*) Betrug *m*, Schwindel *m*; (*cuento*) Märchen *nt*, Lügengeschichte *f*; (*fanfarronada*) Aufschneiderei *f*

trufado, -a [tru'faðo, -a] *adj* Trüffel-; (*relleno*) mit Trüffeln gefüllt

trufar [tru'far] **I.** *vi* (*mentir*) schwindeln, flunkern; (*engañar*) betrügen; (*fanfarronear*) aufschneiden
II. *vt* (*rellenar, preparar*) mit Trüffeln füllen, trüffeln

truhán [tru'an] *m* ❶ (*estafador*) Gauner *m*, Ganove *m*, Betrüger *m*; (*charlatán*) Scharlatan *m*, Marktschreier *m*
❷ (HIST: *bufón*) Possenreißer *m*, Hofnarr *m*, Spaßmacher *m*; (*saltabanco*) Gaukler *m*, Komödiant *m*, Seiltänzer *m*

truja ['truxa] *f* ❶ (*argot: pitillo*) Glimmstängel *m*, Kippe *f*
❷ (AGR: *depósito*) Olivenkammer der Ölmühlen

trujal [tru'xal] *m* ❶ (*para las uvas*) Weinkelter *f*, Weinpresse *f*
❷ (*para el aceite*) Ölpresse *f*

trulla ['truʎa] *f* ❶ (*bulla*) Lärm *m*, Radau *m*
❷ (*llana de albañil*) Maurerkelle *f*

trullo ['truʎo] *m* (*argot*) Knast *m*, Loch *nt*

truncado, -a [truŋ'kaðo, -a] *adj* ❶ (*cilindro, cono*) verkürzt; **cono ~** Kegelstumpf *m*
❷ (*incompleto*) unvollständig
❸ (*mutilado*) verstümmelt
❹ (*frustrado*) ruiniert

truncamiento [truŋka'mjento] *m* ❶ (*reducción*) Verkürzung *f*
❷ (*corte de una extremidad*) Verstümmelung *f*

truncar [truŋ'kar] <c→qu> *vt* ❶ (*frase, texto*) verkürzen; (*significado*) verstümmeln; (*cita*) entstellen
❷ (*cortar una parte*) wegschneiden, abschneiden, stutzen
❸ (*desarrollo*) stoppen, beenden; (*esperanzas, ilusiones*) zunichte machen, ruinieren
❹ (*la cabeza del cuerpo*) enthaupten, köpfen; (*cortar una extremidad*) verstümmeln

trunco, -a ['truŋko, -a] *adj* ❶ (*frase, texto*) verkürzt; (*cita*) entstellt; (*significado*) verstümmelt, gestutzt; (*incompleto*) unvollständig
❷ (*esperanzas, ilusiones*) ruiniert
❸ (*cuerpo sin cabeza*) enthauptet, geköpft; (*que le falta una extremidad*) verstümmelt

truquero, -a [tru'kero, -a] **I.** *adj* Trick-
II. *m, f* Gauner(in) *m(f)*, gerissener Hund *m fam*

trusa ['trusa] *f* ❶ (*Méx, Perú: bragas*) Schlüpfer *m*
❷ (*Cuba: traje de baño*) Badeanzug *m*

trust [trust] *m* <trusts> (FIN) Trust *m*, Kartell *nt*

tse-tse [tse tse] *f* (ZOOL) Tsetsefliege *f*

tu [tu] *adj pos* (*antepuesto*) dein(e); **~ padre/blusa/libro** dein Vater/deine Bluse/dein Buch; **~s hermanos/hermanas** deine Brüder/Schwestern

tú [tu] *pron pers 2. sg* du; **yo que ~** ich an deiner Stelle; **tratar** [*o* **hablar**] **de ~ a alguien** jdn duzen, mit jdm per Du sein

tuatuá [twa'twa] *f* (*Cuba, PRico:* BOT) mit der Purgiernuss verwandtes Wolfsmilchgewächs

tuba ['tuβa] *f* (MÚS) Tuba *f*

tuberculina [tuβerku'lina] *f* (MED) Tuberkulin *nt*

tubérculo [tu'βerkulo] *m* ❶ (BOT: *de raíz*) Knolle *f*; (*pequeño*) Knöllchen *nt*
❷ (*bulto*) Knoten *m*, Verdickung *f*; (*protuberancia*) Höcker *m*, Vorsprung *m*; (ANAT) Tuber *nt*
❸ (MED: *nódulo*) Tuberkel *m*, Knoten *m*
❹ (MED: *tuberculosis*) Tuberkel *m*

tuberculosis [tuβerku'losis] *f inv* (MED) Tuberkulose *f*, Tbc *f*, Schwindsucht *f*

tuberculoso, -a [tuβerku'loso, -a] **I.** *adj* (MED) tuberkulös, schwindsüchtig
II. *m, f* (MED) Tuberkulosekranke(r) *mf*, Tbc-Kranke(r) *mf*, Schwindsüchtige(r) *mf*

tubería [tuβe'ria] *f* ❶ (*tubo*) Rohr *nt*, Rohrleitung *f*
❷ (*conjunto*) Rohrsystem *nt*, Rohre *ntpl*

Tubinga [tu'βiŋga] *f* Tübingen *nt*

tubo ['tuβo] *m* ❶ (*para fluidos, gases*) Rohr *nt*; **~ de chimenea** [*o* **estufa**] Ofenrohr *nt*; **~ de desagüe** Abflussrohr *nt*; **~ digestivo** [*o* **intestinal**] (ANAT) Verdauungsapparat *m*, Verdauungstrakt *m*; **~ de ensayo** Reagenzglas *nt*; **~ de escape** (AUTO) Auspuff *m*, Auspuffrohr *nt*; **~ de respiración** (ANAT) Luftröhre *f*; **tienes que pasar por el ~** (*fig*) da musst du durch
❷ (RADIO, TV) Röhre *f*; **~ amplificador** Verstärkerröhre *f*; **~ de imagen** Bildröhre *f*; **~ de rayos catódicos** Kathodenstrahlröhre *f*
❸ (*para pasta dentífrica*) Tube *f*
❹ (*Am:* TEL: *auricular*) Hörer *m*; **~ acústico** Sprechrohr *nt*
❺ (*argot: metro*) U-Bahn *f*
❻ (*argot: cárcel*) Knast *m*

tubular [tuβu'lar] **I.** *adj* rohrförmig, schlauchförmig, Rohr-
II. *m* (*prenda*) Rollkragenpulli *m*, Rolli *m fam*

tucán [tu'kan] *m* (ZOOL) Tukan *m*

tucho, -a ['tuʧo, -a] *m, f* (*Méx: mono*) Affe *m*, Äffin *f*

tuco[1] ['tuko] *m* ❶ (*AmC, Ecua, PRico: muñón*) (Amputations)stumpf *m*
❷ (*Arg:* GASTR) Tomatensoße mit Zwiebeln, Petersilie und Oregano

tuco, -a[2] ['tuko, -a] *adj* (*Bol, Ecua, PRico: de brazo*) einarmig; (*de mano*) einhändig

tucúquere [tu'kukere] *m* (*Chil:* ZOOL) großer Uhu *m*

tucuso [tu'kuso] *m* (*Ven:* ZOOL) eine Kolibriart

tucutuco [tuku'tuko] *m* (*AmS:* ZOOL) Kammratte *f*

tudelano, -a [tuðe'lano, -a] **I.** *adj* aus Tudela
II. *m, f* Einwohner(in) *m(f)* von Tudela

tudense [tu'ðense] **I.** *adj* aus Túy
II. *mf* Einwohner(in) *m(f)* von Túy

tudesco, -a [tu'ðesko, -a] **I.** *adj* deutsch
II. *m, f* Deutsche(r) *mf*

tuerca ['twerka] *f* (Schrauben)mutter *f*; **~ mariposa** Flügelmutter *f*; **apretarle las ~s a alguien** (*fig fam*) jdn hart rannehmen

tuerto[1] ['twerto] *m* Ungerechtigkeit *f*

tuerto, -a[2] ['twerto, -a] **I.** *adj* ❶ (*de sólo un ojo*) einäugig
❷ (*torcido*) krumm, schief; **a ~o a derecho, a tuertas o a derechas** zu Recht oder zu Unrecht
II. *m, f* Einäugige(r) *mf*

tueste ['tweste] *m* ❶ (*al tostar*) Toasten *nt*
❷ (*irón: al sol*) Braten *m* (in der Sonne)

tuétano ['twetano] *m* ❶ (ANAT: *médula*) (Knochen)mark *nt*
❷ (*corazón, esencia*) Innere(s) *nt*, Innerste(s) *nt*; (*fondo*) Grund *m*; **hasta los ~s** bis ins Mark, durch und durch; **enamorado hasta los ~s** bis über beide Ohren verliebt; **hemos de llegar al ~ de este asunto** wir müssen dieser Sache auf den Grund gehen

tufarada [tufa'raða] *f* (plötzlich auftretender) Gestank *m*; **¡qué ~ cerveza echaba!** der/die hatte aber eine Bierfahne!; **al abrir la boca le salía una ~ a ajo** als er/sie den Mund aufmachte, kam uns eine Knoblauchfahne entgegen; **estaba rodeado de una ~ de sudor** er war von einer Schweißwolke umgeben

tufillas [tu'fiʎas] *mf inv* (*fam*) beleidigte Leberwurst *f*

tufillo [tu'fiʎo] *m* Hauch *m*, Düftchen *nt*; (*de la cocina*) leckerer Küchengeruch *m*

tufo ['tufo] *m* ❶ (*vapor*) Dampf *m*, Qualm *m*; **~ de gas** stechender Gasgeruch *m*
❷ (*olor malo*) Gestank *m*, Fahne *f fam*; (*de cuerpo*) Körpergeruch *m*; (*halitosis*) Mundgeruch *m*; (*de cuarto*) Mief *m*, Gestank *m*
❸ (*rizo*) Stirnlocke *f*, Locke *f* an der Schläfe, (Herren)winker *m*
❹ *pl* (*vanidad*) Einbildung *f*, Anmaßung *f*, Hochmut *m*

tugurio [tu'ɣurjo] *m* ❶ (*chabola*) (Slum)hütte *f*, Barracke *f*, Bretterverschlag *m*; (*cuartucho*) Loch *nt*, Bude *f*
❷ *pl* (*barrio*) Slumviertel *m*
❸ (AGR: *de pastor*) Hirtenhütte *f*

tuición [twi'θjon] *f* (JUR) ❶ (*guarda*) Schutz *m*
❷ (*defensa*) Verteidigung *f*

tul [tul] *m* Tüll *m*

tule ['tule] *m* (*Méx:* BOT) Zypergras *nt*

tulenco, -a [tu'leŋko, -a] *adj* (*AmC: cojo*) lahm; (*lisiado*) verkrüppelt

tulio ['tuljo] *m* (QUÍM) Thulium *nt*

tulipa [tu'lipa] *f* Lampenschirm *m*

tulipán [tuli'pan] *m* (BOT) Tulpe *f*

tullido, -a [tu'ʎiðo, -a] **I.** *adj* (*persona*) gelähmt; (*pey*) verkrüppelt; (*brazo, mano*) lahm
II. *m, f* Lahme(r) *mf*, Gelähmte(r) *mf*; (*pey*) Krüppel *m*

tullir [tu'ʎir] <3. pret: tulló> *vt* ❶ (*herir*) verletzen; (*lisiar*) verstümmeln, zum Krüppel machen; **te voy a ~ a palos** ich schlage dich windelweich [*o* zum Krüppel]
❷ (*paralizar*) lähmen
❸ (*agotar*) ermüden
❹ (*maltratar*) missbrauchen, foltern

tumba ['tumba] *f* ❶ (*sepulcro*) Grab *nt*, Grabmal *nt*, Grabstätte *f*; **ser (como) una ~** (*callado*) schweigsam wie ein Grab sein; **llevar a alguien a la ~** jdn ins Grab bringen, jds Sargnagel sein *fam*; **hablar a ~ abierta** offen [*o* ohne Umschweife] reden; **lanzarse a ~ abierta en algo** sich Hals über Kopf in etw stürzen; **si tu abuelo viera lo que hacéis, se revolvería en su ~** dein Großvater würde sich im Grabe (her)umdrehen, wenn er sähe, was ihr tut
❷ (*voltereta*) Purzelbaum *m*
❸ (*Am: tala*) Abholzung *f*, Roden *nt*; (*un claro*) abgeholzte Stelle, Lich-

tumbado

tung *f*

tumbado¹ [tum'baðo] *m* (*Col, Ecua*) niedrige Zimmerdecke *f*
tumbado, -a² [tum'baðo, -a] *adj* (*baúl, coche*) gewölbt
tumbar [tum'bar] **I.** *vt* ❶ (*tirar*) niederwerfen, zu Boden werfen, zum Sturz bringen; (*pegando*) niederschlagen; (*fam: matar*) umnieten; **estar tumbado** liegen
❷ (ENS: *fam: suspender*) durchfallen lassen, durchrasseln lassen
❸ (*fam: perturbar, impresionar*) umhauen, umwerfen; **despedía un olor que tumbaba** es sonderte einen Gestank aus, der einen glatt umhaute
❹ (*Am: árboles*) abholzen, fällen, schlagen; (*tierra*) roden
❺ (*vulg: copular*) flachlegen
II. *vr:* ~**se** ❶ (*acostarse*) sich hinlegen; ~**se en la cama** sich auf das Bett legen; ~**se en el suelo** sich ausgestreckt auf den Boden legen
❷ (*desistir*) aufgeben, das Handtuch werfen
❸ (*fam: en el trabajo*) nachlässig werden, sich *dat* einen faulen Lenz machen, sich auf die faule Haut legen
tumbo ['tumbo] *m* ❶ (*caída*) Fall *m*, Sturz *m*
❷ (*vaivén*) Schwanken *nt*, Taumeln *nt*; (*de un borracho*) Seemannsgang *m*; **dar un** ~ taumeln, stolpern; **ir por la vida dando** ~**s** im Leben immer wieder auf die Nase fallen [*o* viele Rückschläge erleiden]
❸ (*voltereta*) Purzelbaum *m*
tumbón, -ona [tum'bon, -ona] **I.** *adj* faul
II. *m, f* Faulpelz *m*, Faulenzer(in) *m(f)*
tumbona [tum'bona] *f* Liege *f*, Liegestuhl *m*
tumefacción [tumefa'θjon] *f* (MED) Schwellung *f*
tumefacto, -a [tume'fakto, -a] *adj* (MED) geschwollen
tumescencia [tumes'θenθja] *f* (MED: *del órgano*) (An)schwellung *f*, Tumeszenz *f*
tumescente [tumes'θente] *adj* (MED: *órgano*) (an)geschwollen
tumi ['tumi] *m* (*Am*) mondsichelförmiges Messer
túmido, -a ['tumiðo, -a] *adj* (*elev*) geschwollen
tumor [tu'mor] *m* (MED) Tumor *m*, Geschwulst *f*
tumoral [tumo'ral] *adj* (MED) Tumor-
tumorogenidad [tumoroxeni'ðað] *f* (BIOL) Fähigkeit *f* zur Tumorbildung
tumoroso, -a [tumo'roso, -a] *adj* (MED) mit mehreren Tumoren
tumulario, -a [tumu'larjo, -a] *adj* Grab-; **inscripción tumularia** Grabinschrift *f*
túmulo ['tumulo] *m* ❶ (*monumento*) Grabmal *nt*
❷ (*elevación*) Grabhügel *m*, Tumulus *m*
tumulto [tu'multo] *m* Tumult *m*, Aufruhr *f*, Getümmel *nt*
tumultuoso, -a [tumulˌtu'oso, -a] *adj* ❶ (*rebelde*) aufrührerisch, rebellisch
❷ (*alborotado*) Unruhe stiftend, lärmend
❸ (*sin orden*) durcheinander
tuna ['tuna] *f* ❶ (MÚS) Studentenkapelle *f* (*mit Gitarrenspielern und Sängern*)
❷ (*vida picaresca*) Müßiggang *m;* **correr la** ~ dem Müßiggang frönen
tunante [tu'nante] *m* ❶ (*truhán*) Gauner *m*, Ganove *m*
❷ (*astuto*) schlauer Fuchs *m fam*, gerissener Hund *m fam*
❸ (*niño*) Spitzbub *m*, Frechdachs *m*
tunco¹ ['tuŋko] *m* (*Hond, Méx*) Schwein *nt*
tunco, -a² ['tuŋko, -a] *adj* (*Guat, Hond, Méx*) verkrüppelt
tunda ['tunda] *f* ❶ (*paliza*) Tracht *f* Prügel
❷ (*esfuerzo*) Anstrengung *f*
❸ (*de paños*) Scheren *nt*
tundidora [tundi'ðora] *f* ❶ (*de paños*) Schermaschine *f*
❷ (*de hierba*) Rasenmäher *m*
tundir [tun'dir] *vt* ❶ (*pegar*) schlagen, verprügeln
❷ (*paños*) scheren
❸ (*hierba*) mähen
tundra ['tundra] *f* Tundra *f*
tunecino, -a [tune'θino, -a] **I.** *adj* tunesisch
II. *m, f* Tunesier(in) *m(f)*
túnel ['tunel] *m* Tunnel *m;* ~ **aerodinámico** [*o* **de pruebas aerodinámicas,** (TÉC) Windkanal *m;* ~ **de lavado** (AUTO) Waschstraße *f*
Túnez ['tuneθ] *m* ❶ (*país*) Tunesien *nt*
❷ (*capital*) Tunis *nt*
tungsteno [tuŋs'teno] *m* (QUÍM) Wolfram *nt*
túnica ['tunika] *f* ❶ (*camisa larga y holgada*) langes weites Hemdkleid *nt*
❷ (HIST: *en Roma*) Tunika *f*
❸ (ANAT, BOT: *membrana*) Membran *f*, Häutchen *nt*
tuno¹ ['tuno] *m* (MÚS) Mitglied einer 'tuna', einer Studentenkapelle
tuno, -a² ['tuno, -a] **I.** *adj* ❶ (*astuto*) hinterlistig, schlau, gerissen
❷ (*pícaro*) spitzbübisch, frech
II. *m, f* ❶ (*truhán*) Gauner *m*, Ganove *m*
❷ (*astuto*) schlauer Fuchs *m fam*, gerissener Hund *m fam*
❸ (*niño*) Spitzbub *m*, Frechdachs *m*
tuntún [tun'tun] *m:* **al** (**buen**) ~ aufs Geratewohl, auf gut Glück; **juzgar al buen** ~ voreilige Schlüsse ziehen
tuntunita [tuntu'nita] *f* (*Col*) lästige Wiederholung *f*
tupamaro, -a [tupa'maro, -a] *m, f* (*Urug*) Guerillero, -a *m, f* (*Mitglied der terroristischen uruguayischen Organisation Tupac Amaru*)
tupé [tu'pe] *m* ❶ (*cabello*) Toupet *nt*, Halbperücke *f*, Haarersatz *m*
❷ (*frescura*) Unverfrorenheit *f*, Dreistheit *f*, Frechheit *f*
tupí [tu'pi] *mf* (*Am: aborigen del Brasil*) Tupi *mf*
tupido, -a [tu'piðo, -a] **I.** *adj* ❶ (*denso*) dicht, undurchsichtig; (*tela*) dicht gewebt, engmaschig
❷ (*Am: obstruido*) verstopft
❸ (*Méx: frecuente*) weit verbreitet
❹ (*con tesón*) hartnäckig, beharrlich
II. *adv* (*a menudo*) häufig
tupí-guaraní [tu'pi ywara'ni] *mf* (HIST, LING) *v.* **tupí**
tupinambá [tupi'namba] *mf* (*Am*) *v.* **tupí**
tupir [tu'pir] **I.** *vt* ❶ (*apretar*) zusammendrücken, zusammenpressen; (*tapar agujeros*) abdichten, undurchsichtig machen
❷ (*obstruir*) verstopfen
II. *vr:* ~**se** ❶ (*comer mucho*) sich *dat* den Bauch voll schlagen *fam*, sich voll stopfen *fam*; (*beber mucho*) sich *dat* mächtig einen antrinken *fam*, sich voll laufen lassen *fam*
❷ (*Am: obstruirse*) verstopfen
turba ['turβa] *f* ❶ (*combustible*) Torf *m*
❷ (*estiércol*) Torfdünger *m*
❸ (*muchedumbre*) Menschenmenge *f*; (*pey*) Mob *m*, Pöbel *m*
turbación [turβa'θjon] *f* ❶ (*disturbio*) Störung *f*
❷ (*alarma*) Unruhe *f*, Beunruhigung *f*, Bestürzung *f*
❸ (*vergüenza*) Scham *f*, Verlegenheit *f*, Verklemmung *f*
❹ (*confusión*) Verwirrung *f*, Verworrenheit *f*, Durcheinander *nt*
turbado, -a [tur'βaðo, -a] *adj* ❶ (*disturbado*) gestört
❷ (*alarmado*) beunruhigt, unruhig, bestürzt
❸ (*avergonzado*) verschämt, verlegen, verklemmt
❹ (*confuso*) verwirrt, durcheinander; (*un asunto*) verworren
turbador(a) [turβa'ðor(a)] *adj* ❶ (*disturbador*) störend
❷ (*alarmante*) beunruhigend, bestürzend
❸ (*avergonzado*) beschämend
❹ (*desconcertante*) verwirrend
turbamulta [turβa'multa] *f* (*muchedumbre*) Menschenmenge *f*; (*pey*) Mob *m*, Pöbel *m*
turbante [tur'βante] *m* Turban *m*
turbar [tur'βar] **I.** *vt* ❶ (*disturbar*) stören
❷ (*alarmar*) beunruhigen, aufregen, bestürzen
❸ (*avergonzar*) beschämen, verlegen machen
❹ (*desconcertar*) verwirren, durcheinander bringen
❺ (*agua*) trüben
II. *vr:* ~**se** ❶ (*ser disturbado*) sich gestört fühlen
❷ (*alarmarse*) sich beunruhigen [*o* aufregen]
❸ (*avergonzarse*) sich schämen, verlegen werden
❹ (*desconcertarse*) durcheinander kommen
❺ (*agua*) trüb werden
turbativo, -a [turβa'tiβo, -a] *adj* (JUR): **posesión turbativa** durch verbotene Eigenmacht erlangter Besitz
turbera [tur'βera] *f* Torfmoor *nt*
turbia ['turβja] *f* Wasserstrom *m* mit Erdschlamm, Schlamm führender Wasserlauf *m*
turbiedad [turβje'ðað] *f* ❶ (*líquido*) Trübe *f*, Trübheit *f*
❷ (*asunto*) Verworrenheit *f*, Durcheinander *nt*, Unklarheit *f*; (*sin transparencia*) Undurchsichtigkeit *f*
❸ (*pey: carácter*) Zweifelhaftigkeit *f*, Undurchsichtigkeit *f*
turbina [tur'βina] *f* (TÉC) Turbine *f*
turbinto [tur'βinto] *m* (*AmS:* BOT) Peruanischer Pfefferbaum *m*
turbio, -a ['turβjo, -a] *adj* ❶ (*líquido*) trübe
❷ (*asunto*) verworren, durcheinander, unklar; (*sin transparencia*) undurchsichtig; (*negocio*) schmutzig
❸ (*vista*) getrübt
❹ (*pey: carácter*) zweifelhaft, undurchsichtig
turbión [tur'βjon] *m* ❶ (METEO: *aguacero*) Regenguss *m*, Regenschauer *m*, Platzregen *m*; (*devastador*) Wolkenbruch *m*
❷ (*todo a la vez*) Schwall *m*, Flut *f*; ~ **de balas** Kugelhagel *m*
turbo ['turβo] *adj:* **motor** ~ Turbomotor *m*
turboalimentado, -a [turβoalimen'taðo, -a] *adj* (TÉC) turbogeladen
turboalternador [turβoalterna'ðor] *m* (TÉC) Turbogenerator *m*
turbobomba [turβo'βomba] *f* (TÉC) Turbopumpe *f*
turbocompresor [turβokompre'sor] *m* (TÉC) Turbolader *m*, Turbokompressor *m*, Turbogebläse *nt*
turbogenerador [turβoxenera'ðor] *m* (TÉC) Turbogenerator *m*
turbohélice [turβo'eliθe] *m* (AERO, TÉC) Turbopropellertriebwerk *nt*

turbomáquina [turβoˈmakina] *f* (TÉC) Turbomaschine *f*
turbomotor [turβomoˈtor] *m* (TÉC) Turbomotor *m*; **~ compuesto** (AERO) Compound-Turbotriebwerk *nt*
turbopropulsor [turβopropulˈsor] *m* (AERO, TÉC) Turbotriebwerk *nt*
turborreactor [turβorreakˈtor] *m* (AERO, TÉC) Turbojet *m*
turbotrén [turβoˈtren] *m* (TÉC) Turbozug *m*
turbulencia [turβuˈlenθja] *f* ❶ (*agua, aire*) Turbulenz *f*
❷ (*alboroto*) Turbulenz *f*, Durcheinander *nt*, Unruhe *f*; (*confusión*) Verwirrung *f*
❸ (*sin transparencia*) Trübung *f*
turbulento, -a [turβuˈlento, -a] *adj* ❶ (*agua, aire*) turbulent
❷ (*alborotado*) turbulent, durcheinander; (*confuso*) wirr, verwirrend
❸ (*rebelde*) aufsässig, rebellisch, aufmüpfig *fam*; (*niño*) unruhig, wild; (*ejército*) undiszipliniert, meuterisch
❹ (*turbio*) trübe
turca [ˈturka] *f* (*fam*) Rausch *m*, Besoffenheit *f*
turco, -a [ˈturko, -a] I. *adj* türkisch
II. *m, f* Türke, -in *m, f*; **cabeza de ~** (*fig*) Sündenbock *m*, Prügelknabe *m*
turcochipriota [turkotʃiˈprjota] I. *adj* türkischzyprisch, türkischzypriotisch
II. *mf* türkischer Zypr(i)er [*o* Zypriot] *m*, türkische Zypr(i)erin [*o* Zypriotin] *f*
turcomano, -a [turkoˈmano, -a] I. *adj* turkmenisch
II. *m, f* Turkmene, -in *m, f*
turcople [turˈkople] *mf* Sohn oder Tochter eines Türken und einer Griechin
turgencia [turˈxenθja] *f* ❶ (BOT: *bulto*) Turgeszenz *f*
❷ (*hinchazón*) (An)schwellung *f*
turgente [turˈxente] *adj* ❶ (BOT: *abultado*) turgeszent
❷ (*hinchado*) (an)geschwollen
❸ (*abultado*) massiv, dick; **pechos ~s** üppiger Busen
túrgido, -a [ˈturxiðo, -a] *adj* (*elev*) *v.* **turgente**
turíbulo [tuˈriβulo] *m* (Weih)rauchfass *nt*, Räucherfass *nt*
Turín [tuˈrin] *m* Turin *nt*
turinés, -esa [turiˈnes, -esa] I. *adj* turinisch
II. *m, f* Turiner(in) *m(f)*
Turingia [tuˈrinxja] *f* Thüringen *nt*
turismo [tuˈrismo] *m* ❶ (*organización*) Tourismus *m*, Fremdenverkehr *m*; (*excursionismo*) Touristik *f*; (*para conocer atracciones*) Sightseeing *nt*; **~ activo** Aktivurlaub *m*; **~ de invierno** Wintertourismus *m*; **~ de masas** Massentourismus *m*; **~ rural** [*o* **verde**] Ferien auf dem Bauernhof; **~ suave** weicher Tourismus; **industria de ~** Tourismusbranche *f*; **oficina de ~** Fremdenverkehrsamt *nt*; **hacer ~** als Tourist reisen
❷ (AUTO: *coche particular*) Personenwagen *m*, privater Gebrauchswagen *m*
turista [tuˈrista] *mf* Tourist(in) *m(f)*, Urlaubsreisende(r) *mf*; (*excursionista*) Ausflügler(in) *m(f)*; (*a pie*) Wanderer(in) *m(f)*; **visado de ~** Touristenvisum *nt*
turístico, -a [tuˈristiko, -a] *adj* touristisch, Touristik-, Fremdenverkehrs-; **viaje ~** Besichtigungsreise *f*
turnar [turˈnar] *vi, vr*: **~se** sich abwechseln (*con* mit +*dat*)
turné [turˈne] *f* Tournee *f*; (TEAT) Gastspielreise *f*
turno [ˈturno] *m* ❶ (*en la fábrica*) Schicht *f*; **~ de noche** Nachtschicht *f*; **cambio de ~** Schichtablösung *f*; **estar de ~** Dienst haben; **trabajar por ~s** Schicht arbeiten; **hacer el** [*o* **trabajar en el**] **~ de día** Tagschicht arbeiten; **trabajar en ~s dobles** in Doppelschicht arbeiten; **trabajo a tres ~s** ich arbeite im Dreischichtbetrieb [*o* in drei Schichten]
❷ (*orden*) Reihe *f*, Reihenfolge *f*; **a/por ~s** abwechselnd; **es tu ~** du bist an der Reihe [*o* dran]
turolense [turoˈlense] I. *adj* aus Teruel
II. *mf* Einwohner(in) *m(f)* von Teruel
turón [tuˈron] *m* (ZOOL) Iltis *m*
turoperador [turoperaˈðor(a)] *m v.* **t(o)uroperador**
turquesa¹ [turˈkesa] I. *adj* türkis
II. *m* (*color*) Türkis *nt*
turquesa² [turˈkesa] *f* ❶ (*piedra*) Türkis *m*
❷ (*molde*) (Gieß-, Guss)form *f*
turquí [turˈki] *adj*: **color ~** türkisfarben
Turquía [turˈkia] *f* Türkei *f*
turrón [tuˈrron] *m* harte oder weiche Nuss-, Mandel- oder Nugathonigtafeln als Weihnachtsspezialität
turronero, -a [turroˈnero, -a] *m, f* ❶ (*fabricante*) Turrón-Hersteller(in) *m(f)*
❷ (*vendedor*) Turrón-Verkäufer(in) *m(f)*
turulato, -a [turuˈlato, -a] *adj* verblüfft; **dejar a alguien ~** jdn verblüffen; **quedar ~** erstaunt [*o* sprachlos] sein
tururú [turuˈru] I. *adj* verrückt; **estar ~** verrückt sein
II. *interj*: **y ¡~!** ätsch!
tusa [ˈtusa] *f* ❶ (*Am: gente despreciable*) Gesindel *nt*
❷ (*Arg, Chil: crines del caballo*) Mähne *f*
❸ (*AmC, Cuba: farfolla*) Hülse *f* des Maiskolbens
❹ (*Cuba: cigarrillo*) Zigarette *f* aus Maisblättern
❺ (*fam Cuba: mujer despreciable*) Schlampe *f*
tusar [tuˈsar] I. *vi* (*Guat: murmurar*) leise reden
II. *vt* (*Am: cortar mal el pelo*) (das Haar) verschneiden
tusílago [tuˈsilayo] *m* (BOT, MED) Huflattich *m*
tuso, -a [ˈtuso, -a] *adj* ❶ (*Col, PRico: pelón*) kahl, geschoren
❷ (*Col, Ven: picado de viruelas*) pockennarbig
❸ (*PRico: rabón*) schwanzlos
tute [ˈtute] *m* Kartenspiel; **darse un ~** sich abmühen [*o* abrackern]
tutear [tuteˈar] I. *vt* duzen
II. *vr*: **~se** sich duzen
tutela [tuˈtela] *f* ❶ (JUR) Vormundschaft *f*; **~ de institución** Vereinsvormundschaft *f*; **~ judicial** gerichtliche Vormundschaft; **~ de menores** Vormundschaft über Minderjährige; **~ oficial** Amtsvormundschaft *f*; **estar bajo ~** unter Vormundschaft stehen; **poner bajo la ~ de alguien** unter jds Vormundschaft stellen, entmündigen
❷ (*institución, autoridad*) Vormundschaftsamt *nt*; **~ de institución** Amtsvormundschaft *f*
❸ (*amparo*) Schutz *m*; **~ de los acreedores** Gläubigerschutz *m*; **~ del consumidor** Verbraucherschutz *m*; **~ jurídica** Rechtsschutz *m*; **~ de monumentos** Denkmalschutz *m*; **~ de la posesión** Besitzschutz *m*; **~ de la propiedad** Eigentumsschutz *m*; **estar bajo la ~ de alguien** unter jds Schutz stehen
❹ (*que vela*) Rechtsaufsicht *f*, Staatsaufsicht *f*
tutelable [tuteˈlaβle] *adj* (*t.* JUR) schutzwürdig
tutelaje [tuteˈlaxe] *m* (*CSur, Guat, Méx*) *v.* **tutela**
tutelar [tuteˈlar] I. *adj* ❶ (JUR) vormundschaftlich, Vormundschafts-; **juez ~** Vormundschaftsrichter *m*
❷ (*protector*) schützend, Schutz-
II. *vt* ❶ (*ejercer la tutela*) die Vormundschaft haben (über +*akk*)
❷ (*proteger*) schützen; (*amparar*) beschützen
❸ (*velar*) beaufsichtigen, überwachen
tuteo [tuˈteo] *m* Duzen *nt*
tutifruti [tutiˈfruti] *m* Tuttifrutti(eis) *nt*
tutilimundi [tutiliˈmundi] *m* ❶ (*mundonuevo*) Guckkasten *m*
❷ (*Am: argot*) alle Leute
tutiplén [tutiˈplen] *adv* (*fam*): **a ~** reichlich, maßlos; **come a ~** er/sie isst wie ein Scheunendrescher; **gasta a ~** er/sie gibt das Geld mit vollen Händen aus
tutor(a) [tuˈtor(a)] *m(f)* ❶ (JUR) Vormund *m*
❷ (*protector*) (Be)schützer(in) *m(f)*
❸ (*profesor*) Privatlehrer(in) *m(f)*
❹ (ENS, UNIV: *que aconseja*) Tutor(in) *m(f)*; (*de doctorado*) Doktorvater *m*, Doktormutter *f*
tutoría [tutoˈria] *f* ❶ (JUR) Vormundschaft *f*
❷ (UNIV) Sprechstunde *f*
tutsi [ˈtuˤsi] *mf* Tutsi *mf*
tutú [tuˈtu] *m* Tutu *nt*, Röckchen *nt* der Balletttänzerinnen
tutuma [tuˈtuma] *f* ❶ (*Bol, Perú: fruto y vasija*) Kalebasse *f*
❷ (*Perú: fam: cabeza*) Kopf *m*, Birne *f*
tuturutú [tuturuˈtu] *m* Tätteratä *nt*
tuya [ˈtuja] *f* (BOT) Lebensbaum *m*, Thuja *f*
tuyo, -a [ˈtujo, -a] *pron pos* ❶ (*de tu propiedad*): **este perro es ~** das ist dein Hund, dieser Hund gehört dir; **la botella/la casa es tuya** das ist deine Flasche/dein Haus; **¡ya es ~!** du hast es geschafft!
❷ (*tras artículo*) der/die/das deinige [*o* Deinige], deine(r, s); **mi coche está roto, vamos en el ~** mein Auto ist kaputt, fahren wir mit deinem; **¿son éstos los ~s?** sind das deine?; **los ~s** die Deinigen [*o* deinigen], deine Angehörigen; **ésta es la tuya** (*fam*) das ist die Gelegenheit für dich; **una de las tuyas** einer von deinen (wohl bekannten) Streichen; **¡esto sí que es lo ~!** das ist etwas, das du wirklich magst!, damit kennst du dich wirklich aus!
❸ (*tras substantivo*) dein(e), von dir; **una amiga tuya** eine Freundin von dir; **cualquier idea tuya es buena** jegliche deiner Ideen ist gut; **(no) es culpa tuya** es ist (nicht) deine Schuld
TV [teˈuβe] *f abr de* **Televisión** TV *nt*; **~ digital** digitales Fernsehen
TVE [teuβeˈe] *f abr de* **Televisión Española** staatlicher spanischer Fernsehsender
tweed [twið] *m* Tweed *m*
twist [twist] *m* (MÚS) Twist *m*

U

U, u [u] f <úes> U, u nt; ~ **de Uruguay** U wie Ulrich
u [u] conj (ante (h)o) oder; **7 ~ 8** 7 oder 8; **uno ~ otro** der eine oder der andere
uapiti [wa'piti] m (ZOOL) Wapiti m
ubajay [uβa'xai̯] m (Arg: BOT) Kirschmyrte f
ubérrimo, -a [u'βerrimo, -a] adj äußerst ertragreich [o fruchtbar]; **un valle ~** ein fruchtbares Tal
ubicación [uβika'θjon] f ❶ (lugar) Stelle f, Platz m; (de una empresa) Sitz m
❷ (situación) Lage f; (de una empresa) Geschäftslage f
❸ (Am: colocación) Platzierung f
ubicar [uβi'kar] <c→qu> I. vi sich befinden; **estar ubicado en un lugar** sich an einer Stelle [o einem Platz] befinden, an einer Stelle [o einem Platz] liegen [o angesiedelt sein]
II. vt (Am: situar) einen Platz zuweisen, platzieren, unterbringen
III. vr: **~se** ❶ (en un lugar) sich befinden
❷ (Arg: colocarse en un empleo) eine Anstellung finden, angestellt werden
ubicuidad [uβikwi'ðað] f sin pl Allgegenwart f, Ubiquität f
ubicuo, -a [u'βikwo, -a] adj allgegenwärtig
ubiquitario, -a [uβiki'tarjo, -a] m, f (REL) Ubiquitarier(in) m(f)
ubre [u'βre] f (de la vaca) Euter m; (de otros mamíferos) Zitze f
UC [u'θe] f abr de **Unión de Consumidores** ≈Verbraucherverband m
UCD [uðe'ðe] f abr de **Unión de Centro Democrático** Union f des Demokratischen Zentrums (Partei der Mitte Spaniens, die in der Übergangszeit zur Demokratie Spanien regierte)
UCI [u'θi] f ❶ (MED) abr de **Unidad de Cuidados Intensivos** Intensivstation f
❷ (DEP) abr de **Unión Ciclista Internacional** Internationaler Radsportverband m
Ucrania [u'kranja] f (GEO) Ukraine f
ucraniano¹ [ukra'njano] m (lengua) Ukrainisch(e) nt
ucrani(an)o, -a² [ukra'nj(an)o, -a] I. adj ukrainisch
II. m, f Ukrainer(in) m(f)
Ud. [us'teð] abr de **usted** Sie
UDC [uðe'θe] f abr de **Unió Democràtica de Catalunya** demokratische Partei Kataloniens
udómetro [u'ðometro] m (METEO) Regenmesser m, Udometer nt
Uds. [us'teðes] abr de **ustedes** Sie
UE [u'e] f (ECON, POL) abr de **Unión Europea** EU f
UEM [ue'eme] f (UE, FIN) abr de **Unión Económica y Monetaria** WWU f
UEME [ue'eme'e] f (UE, FIN) abr de **Unión Económica y Monetaria Europea** EWWU f
UEO [ue'o] f abr de **Unión Europea Occidental** westeuropäische Union f
UEP [ue'pe] f (FIN) abr de **Unión Europea de Pagos** EZU f
uf [uf] interj ❶ (de asco) ih, igitt(igitt)
❷ (de fastidio) Mensch!; **¡~! ¡qué calor!** Mensch, was für eine Hitze!
ufanarse [ufa'narse] vr prahlen (con/de mit +dat); **se ufana de su riqueza** er/sie prahlt mit seinem/ihrem Geld
ufanía [ufa'nia] f ❶ (orgullo) Stolz m
❷ (engreimiento) Einbildung f; (arrogancia) Hochnäsigkeit f
❸ (satisfacción) Zufriedenheit f
ufano, -a [u'fano, -a] adj ❶ (orgulloso) stolz
❷ (engreído) eingebildet; (arrogante) hochnäsig
❸ (satisfecho) stolz (de mit +akk), zufrieden (de mit +dat); **va muy ~ con su nueva moto** er ist sehr stolz auf sein neues Motorrad
❹ (planta) üppig, kräftig
ufo ['ufo] m Ufo nt
ufología [ufolo'xia] f sin pl Ufologie f
ufólogo, -a [u'foloɣo, -a] m, f Ufologe, -in m, f
Uganda [u'ɣanda] f Uganda nt
ugandés, -esa [uɣan'des, -esa] I. adj ugandisch
II. m, f Ugander(in) m(f)
ugetista [uxe'tista] I. adj der UGT angehörig
II. mf Mitglied nt der UGT (sozialistische Gewerkschaft Spaniens)
ugro, -a ['uɣro, -a] adj ugrisch; **lenguas ugras** ugrische Sprachen
ugrofinés, -esa [uɣrofi'nes, -esa] adj finnougrisch, finnisch-ugrisch
UGT [uxe'te] f abr de **Unión General de Trabajadores** sozialistische Gewerkschaft f Spaniens
uh [u] interj oh!
ujier [u'xjer] m ❶ (de un tribunal) Gerichtsdiener m
❷ (de un palacio) Saaldiener m
újule ['uxule] interj (Méx: fam) ❶ (¡vaya!) Mannomann!
❷ (¡huy!) aua, autsch

ukelele [uke'lele] m (MÚS) Ukulele f
ulala [u'lala] f (Bol: BOT) eine Kaktusart
ulano [u'lano] m (HIST) Ulan m
úlcera ['ulθera] f (MED) Geschwür nt, Ulkus nt; **~ de estómago** [o **gástrica**] Magengeschwür nt; **~ gastroduodenal** (MED) Zwölffingerdarmgeschwür nt
ulceración [ulθera'θjon] f (MED) Geschwürbildung f
ulcerante [ulθe'rante] adj ulzerierend
ulcerar [ulθe'rar] I. vt (MED: en el cuello) Geschwür [o Ulkus] verursachen (an +dat); (en el estómago) Geschwür [o Ulkus] verursachen (in +dat)
II. vr: **~se** (MED) geschwürig werden, ulzerieren
ulceroso, -a [ulθe'roso, -a] adj (MED) geschwürig, ulzerös
ulema [u'lema] m Ulema m
uliginoso, -a [ulixi'noso, -a] adj (terreno) sumpfig; (planta) Sumpf-
Ulises [u'lises] m Odysseus m
ulmaria [ul'marja] f (BOT) Mädesüß f
ulsterización [ulsteriθa'θjon] f: **la ~ del País Vasco** die Terrorisierung des Baskenlandes
ulterior [ulte'rjor] adj ❶ (del otro lado) jenseits
❷ (posterior) später; **desarrollo ~** Weiterentwicklung f; **investigaciones ~es han demostrado que...** spätere [o weitere] Forschungen haben bestätigt, dass ...
ulteriormente [ulterjor'mente] adv nachher, später, danach; **eso lo examinaremos ~** das sehen wir nachträglich ein
ultimación [ultima'θjon] f (de un proyecto) Fertigstellung f, Vollendung f; (de un acuerdo) Abschluss m
ultimadamente [ultimaða'mente] adv (Méx) v. **últimamente**
últimamente ['ultima'mente] adv ❶ (recientemente) in letzter Zeit, in den letzten Zeit
❷ (hace poco) kürzlich, neulich
❸ (por último) schließlich
ultimar [ulti'mar] vt ❶ (proyecto) fertig stellen, vollenden; (estudio) die endgültige Form geben; (conferencia) die letzten Vorbereitungen treffen; (acuerdo) abschließen, zum Abschluss bringen
❷ (Am: matar) umbringen
ultimátum [ulti'matun] m sin pl Ultimatum nt; **dar el ~ a alguien** jdm ein Ultimatum stellen
último, -a ['ultimo, -a] adj ❶ (en orden) letzter, letzte, letztes; **el ~ de cada mes** am Letzten jeden Monats; **a ~s de mes** gegen Monatsende; **soy el ~ de la clase** ich bin der Schlechteste in der Klasse; **fue el ~ en firmar** er unterzeichnete als Letzter; **siempre llega el ~** er kommt immer zuletzt; **¿cuándo la viste por última vez?** wann hast du sie zum letzten Mal [o letztes Mal] gesehen?; **esa fue la última vez que estuve en la ópera** das war das letzte Mal, dass ich in der Oper gewesen bin; **hacia la última parte la película mejora** gegen Ende wird der Film besser; **este ejemplar es el ~ (que nos queda)** dieses Exemplar ist das letzte(, das wir haben); **la última moda** die neueste Mode; **unos estudian ciencias, otros letras. Los ~s...** die einen studieren Naturwissenschaften, die anderen Geisteswissenschaften. Letztere ...
❷ (espacio): **la última fila** die hintere [o letzte] Reihe; **vive en el ~ piso** er/sie wohnt im obersten Stock; **nuestro equipo ocupa la última posición de la tabla** unsere Mannschaft steht am Tabellenende; **la casa está en el ~ rincón del mundo** das Haus befindet sich dort, wo sich Hase und Fuchs gute Nacht sagen
❸ (loc): **por ~** schließlich, zu guter Letzt; **en ~ término** [o **lugar**] letzten Endes; **no en ~ término** nicht zuletzt; **en ~ caso** schlimmstenfalls; **está en las últimas** (muriéndose) er/sie liegt in den letzten Zügen; (arruinado) er/sie ist am Ende; **este modelo es lo ~** dieses Modell ist das Letzte; **que me pida dinero después de haber cortado, ¡es lo ~!** dass er/sie mich, nachdem wir Schluss gemacht haben, um Geld bittet, ist doch das Letzte!
ultra ['ultra] I. adj rechtsextremistisch; (activo, violento) rechtsradikal
II. mf Rechtsextremist(in) m(f); (activo y más violento) Rechtsradikale(r) mf
III. adv außerdem
ultracentrífuga [ultraθen'trifuɣa] f (TÉC) Ultrazentrifuge f
ultracongelado, -a [ultrakonxe'laðo, -a] adj tiefgefroren, tiefgekühlt
ultraconservador(a) [ultrakonserβa'ðor(a)] adj erzkonservativ
ultracorrección [ultrakorre'θjon] f Hyperkorrektion f
ultracorto, -a [ultra'korto, -a] adj Ultrakurz-; **onda ultracorta** (RADIO) Ultrakurzwelle f
ultraderecha [ultraðe'retʃa] f inv extreme Rechte f
ultraderechista [ultraðere'tʃista] I. adj rechtsextrem, rechtsradikal
II. mf Rechtsextremist(in) m(f); (activo y más violento) Rechtsradikale(r) mf
ultrafino, -a [ultra'fino, -a] adj hauchdünn
ultraísmo [ultra'ismo] m sin pl (LIT) Ultraismo m, Ultraismus m
ultraizquierda [ultraiθ'kjerða] f inv extreme Linke f

ultraizquierdista [ulˌtraiθkjerˈðista] *mf* (POL) Linksextremist(in) *m(f)*
ultrajante [ulˌtraˈxante] *adj* beleidigend
ultrajar [ulˌtraˈxar] *vt* ❶ (*insultar*) beleidigen, kränken; (*monumento, bandera*) schänden; ~ **de palabra** beschimpfen
❷ (*humillar*) demütigen
❸ (*ajar*) zerknautschen
ultraje [ulˈtraxe] *m* Beleidigung *f*, Beschimpfung *f*; ~ **a la bandera** Schändung der Flagge; ~ **al honor** Ehr(en)beleidigung *f*
ultraliberal [ultraliβeˈral] *adj* (POL) ultraliberal, äußerst liberal
ultraligero [ultraliˈxero] *m* Ultraleichtflugzeug *nt*
ultramar [ultraˈmar] *m* Übersee *f*; **países y territorios de** ~ (UE) überseeische Länder und Gebiete; **en/a/de** ~ in/nach/aus Übersee
ultramarino, -a [ultramaˈrino, -a] *adj* überseeisch
ultramarinos [ultramaˈrinos] *mpl* ❶ (*tienda*) Lebensmittelgeschäft *nt*; (HIST) Kolonialwarengeschäft *nt*
❷ (*víveres*) Lebensmittel *ntpl* aus Übersee; **tienda de** ~ Lebensmittelgeschäft *nt*; (HIST) Kolonialwarengeschäft *nt*
ultramicroscopio [ultramikrosˈkopjo] *m* (FÍS) Ultramikroskop *nt*
ultramoderno, -a [ultramoˈðerno, -a] *adj* hochmodern
ultramontanismo [ultramontaˈnismo] *m* (HIST) Ultramontanismus *m*
ultramontano, -a [ultramonˈtano, -a] I. *adj* ultramontan
II. *m, f* Ultramontane(r) *mf*
ultranacionalista [ultranaθjonaˈlista] I. *adj* extrem nationalistisch
II. *mf* extremer Nationalist *m*, extreme Nationalistin *f*
ultranza [ulˈtranθa] *adv* ❶ (*a muerte*): **defender algo a** ~ etw bis aufs Äußerste verteidigen; **luchar a** ~ auf Leben und Tod kämpfen
❷ (*resueltamente*): **ser de izquierda a** ~ ein radikaler Linker sein; **ser un ecologista a** ~ ein überzeugter Umweltschützer sein
ultrapresión [ultrapreˈsjon] *f* (FÍS) Höchstdruck *m*
ultrarrápido, -a [ultraˈrapiðo, -a] *adj* sehr schnell; **cámara ultrarrápida** Hochgeschwindigkeitskamera *f*
ultrarresistente [ultrarresisˈtente] *adj* äußerst resistent
ultrarrojo, -a [ultraˈrroxo, -a] *adj* ultrarot
ultrasecreto, -a [ultraseˈkreto, -a] *adj* streng geheim
ultrasensible [ultrasenˈsiβle] *adj* überempfindlich
ultrasónico, -a [ultraˈsoniko, -a] *adj* Ultraschall-
ultrasonido [ultrasoˈniðo] *m sin pl* Ultraschall *m*
ultrasonoro, -a [ultrasoˈnoro, -a] *adj* (FÍS) Überschall-, Ultraschall-; **velocidad ultrasonora** Überschallgeschwindigkeit *f*
ultratumba [ultraˈtumba] *f* Jenseits *nt*; **voz de** ~ Stimme aus dem Jenseits
ultravioleta [ultraβjoˈleta] *adj inv* ultraviolett; **rayos** ~ ultraviolette Strahlen, UV-Strahlen *pl*
ultravirus [ultraˈβirus] *m inv* Ultravirus *m*
ulular [uluˈlar] *vi* ❶ (*animal*) heulen, jaulen
❷ (*persona*) brüllen, schreien
❸ (*viento*) heulen
umbilical [umbiliˈkal] *adj* Nabel-; **cordón** ~ Nabelschnur *f*
umbráculo [umˈbrakulo] *m* Sonnendach *nt*
umbral [umˈbral] *m* ❶ (*de puerta*) (Tür)schwelle *f*; **atravesar el** ~ [*o* **los** ~**es**] **de una casa** über die Schwelle treten
❷ (*principio*) Anfang *m*; **estar en los** ~**es de una investigación policial** in der Anfangsphase einer polizeilichen Ermittlung sein [*o* stecken]; **estamos en los** ~**es de un nuevo siglo** wir stehen an der Schwelle zu einem neuen Jahrhundert
❸ (ECON): ~ **de beneficio** (ECON) Gewinnschwelle *f*, Break-even-Point *m*; ~ **de rentabilidad** Gewinnschwelle *f*, Rentabilitätsgrenze *f*; **precio** ~ Schwellenpreis *m*
❹ (*país en vías de desarrollo*): **país** ~ Schwellenland *nt*
umbrío, -a [umˈbrio, -a] *adj* schattig
umbroso, -a [umˈbroso, -a] *adj* ❶ (*con sombra*) schattig
❷ (*que causa sombra*) Schatten spendend
un [un, ˈuna] <unos, -as> I. *art indet* ❶ (*no determinado*) ein(e); **un perro/puente/niño** ein Hund/eine Brücke/ein Kind; **una mujer/mesa/chica** eine Frau/ein Tisch/ein Mädchen; **una casa grande** ein großes Haus; **vivo en una casa grande** ich wohne in einem großen Haus; **una mañana se presentó** eines Morgens tauchte er/sie auf; **¡hubo una bronca!** es gab einen Riesenkrach; **¡tiene una jeta!** er/sie ist dermaßen unverschämt!
❷ *pl* (*algunos*) einige, ein paar; **conozco a** ~**os chicos muy simpáticos** ich kenne einige nette Jungs; **cuesta** ~**os millones** es kostet ein paar Millionen
❸ *pl* (*aproximadamente*) ungefähr; **tengo** ~**os 100 euros** ich habe ungefähr [*o* um die] 100 Euro
II. *adj v.* uno²
una [ˈuna] I. *art indet v.* un, una
II. *adj o pron indef v.* uno,-a
unánime [uˈnanime] *adj* ❶ (*opinión*) einmütig
❷ (*decisión*) einstimmig

unánimemente [unanimeˈmente] *adv* einstimmig
unanimidad [unanimiˈðað] *f* ❶ (*de opinión*) Einmütigkeit *f*
❷ (*de decisión*) Einstimmigkeit *f*; **aprobar algo por** ~ etw einstimmig beschließen
unas [ˈunas] I. *art indet v.* un, una
II. *adj o pron indef v.* uno,-a
unau [uˈnaṷ] *m* (ZOOL) Unau *m*, Faultier *nt*
unción [unˈθjon] *f* ❶ (MED) Einsalbung *f*
❷ (REL) Salbung *f*, Ölung *f*
❸ (*extremaunción*) Letzte Ölung *f*
❹ (*devoción*) Andacht *f*
uncir [unˈθir] <c→z> *vt* (ins Joch) einspannen
unco [ˈuŋko] *m* (Perú) Hemd *nt*
uncucho [uŋˈkutʃo] *m* (Perú) kleiner Poncho
undecágono, -a [unˌdekaˈyono, -a] *adj* (MAT) elfeckig
undécimo, -a [unˈdeθimo, -a] I. *adj* (*parte*) elftel; (*numeración*) elfte(r, s)
II. *m, f* Elftel *nt*
III. *adv*: **en** ~ **lugar** elftens, an elfter Stelle; *v. t.* octavo²
undécuplo, -a [unˈdekuplo, -a] *adj* elffach
underground [anderˈɣraun] *adj* (ARTE): **música** ~ Undergroundmusik *f*
UNED [uˈneð] *f abr de* **Universidad Nacional de Educación a Distancia** spanische Fernuniversität
UNESCO [uˈnesko] *f abr de* **United Nations Educational, Scientific and Cultural Organization** UNESCO *f*
ungido [uŋˈxiðo] *m* (REL) Gesalbter *m*
ungimiento [uŋxiˈmjento] *m* ❶ (*con aceite*) Ölung *f*
❷ (REL) Salbung *f*
ungir [uŋˈxir] <g→j> *vt* ❶ (*con aceite*) einölen, einreiben
❷ (REL) salben
ungüento [uŋˈɡwento] *m* ❶ (MED) Salbe *f*; (*en recetas*) Unguentum *nt*
❷ (*remedio*) Balsam *m*
ungulado, -a [uŋɡuˈlaðo, -a] I. *adj* hufig
II. *m, f* Huftier *nt*
ungulados [uŋɡuˈlaðos] *mpl* Huftiere *ntpl*; (ZOOL) Ungulaten *mpl*
ungular [uŋɡuˈlar] *adj* (ANAT) Nagel-
únicamente [unikaˈmente] *adv* nur, allein
unicameral [unikameˈral] *adj* Einkammer-; **sistema** ~ (POL) Einkammersystem *nt*
UNICEF [uniˈθef] *f abr de* **United Nations International Children's Emergency Fund** UNICEF *f*
unicelular [uniθeluˈlar] *adj* einzellig
unicidad [uniθiˈðað] *f* Einzigartigkeit *f*
único, -a [ˈuniko, -a] *adj* ❶ (*solo*) einzig; **calle de dirección única** Einbahnstraße *f*; **gobierno de partido** ~ Einparteienregierung *f*; **heredero** ~ Alleinerbe *m*; **hijo** ~ Einzelkind *nt*; **hoy hay plato** ~ heute gibt es nur einen (einzigen) Gang; **lo hice única y exclusivamente para ayudar** ich wollte damit nur [*o* einzig und allein] helfen
❷ (*extraordinario*) einzigartig, einmalig
unicolor [unikoˈlor] *adj* einfarbig, uni
unicornio [uniˈkornjo] *m* Einhorn *nt*
unidad [uniˈðað] *f* ❶ (*entidad, medida, t.* MIL) Einheit *f*; ~ **cameral** Kammervereinigung *f*; ~ **de costas** Kosteneinheit *f*; **U**~ **de Cuenta Europea** Europäische Währungseinheit; ~ **de derecho** Rechtseinheit *f*; ~ **familiar** Haushalt *m*; ~ **legal** Gesetzeseinheit *f*; ~ **monetaria/de tiempo/de longitud/de cálculo** Währungs-/Zeit-/Längen-/Recheneinheit *f*; ~**es de medida** Maßeinheiten *pl*; ~ **del patrimonio hereditario** (JUR) Nachlasseinheit *f*; ~ **de pena** Strafeinheit *f*; **coste por** ~ Stückkosten *pl*; **precio por** ~ Stückpreis *m*, Einheitspreis *m*
❷ (MAT) Einer *m*
❸ (*de organización*) Abteilung *f*
❹ (*de hospital*) Station *f*; **U**~ **de Cuidados Intensivos** Intensivstation *f*
❺ (LIT) Einheitlichkeit *f*
❻ (TÉC: *aparato*) Anlage *f*; ~ **de control** Steuergerät *nt*; ~ **móvil** (TV, RADIO) Ü-Wagen *m*
❼ (TEAT): ~ **de acción, de lugar y de tiempo** Einheit von Handlung, Ort und Zeit
❽ (INFOR): ~ **central de procesamiento** Zentraleinheit *f*; ~ **de cinta** Magnetbandgerät *nt*; ~ **de control** Steuereinheit *f*; ~ **de disco (de destino)** (Ziel)laufwerk *nt*; ~ **externa de disco duro** externes Festplattenlaufwerk; ~ **de fuente** Quellgerät *nt*; ~ **procesadora central** Zentraleinheit *f*
unidimensional [uniðimensjoˈnal] *adj* eindimensional
unidireccional [uniðirekθjoˈnal] *adj* (*de una dirección*) in einer Richtung verlaufend, Einbahn-; (ELEC) einseitig
unido, -a [uˈniðo, -a] *adj* verbunden; (*frente, equipo*) geschlossen; (*nación, partido*) einig, geeint; **estamos muy** ~**s** wir stehen uns sehr nahe
unifamiliar [unifamiˈljar] *adj*: **vivienda** ~ [*o* **casa**] Einfamilienhaus *nt*

unificación [unifika'θjon] *f* ❶ (*de esfuerzos, un pueblo*) Vereinigung *f*; la ~ **política** die politische Einigung
❷ (*uniformización*) Vereinheitlichung *f*; ~ **jurídica** [*o* **del derecho**] Rechtsvereinheitlichung *f*

unificador(a) [unifika'ðor(a)] *adj* ❶ (*que une*) vereinigend
❷ (*que uniforma*) vereinheitlichend

unificar [unifi'kar] <c→qu> *vt* ❶ (*esfuerzos, pueblos*) (ver)einigen, (ver)einen; ~ **posiciones** verschiedene Standpunkte in Einklang bringen
❷ (*sistemas, sueldos*) vereinheitlichen

uniformado, -a [unifor'maðo, -a] *m, f* Uniformierte(r) *mf*

uniformador(a) [uniforma'ðor(a)] *adj* ❶ (*que une*) vereinigend
❷ (*que uniforma*) vereinheitlichend

uniformar [unifor'mar] *vt* ❶ (*hacer unitario*) vereinheitlichen, gleichförmig machen; (*impreso*) standardisieren, normen
❷ (*vestir*) uniformieren; **ir uniformado** Uniform tragen

uniforme [uni'forme] I. *adj* ❶ (*igual*) einheitlich
❷ (*de la misma forma*) gleichförmig, uniform *elev*; (*calor, movimiento*) gleichmäßig
II. *m* Uniform *f*; **pantalón de ~** Uniformhose *f*; **vestir de ~** Uniform tragen

uniformemente [uniforme'mente] *adv* ❶ (*de la misma forma*) gleichförmig, uniform *elev*
❷ (FÍS): **movimiento ~ acelerado** gleichmäßig beschleunigte Bewegung

uniformidad [uniformi'ðað] *f* ❶ (*constancia*) Einheitlichkeit *f*
❷ (*similaridad*) Gleichförmigkeit *f*, Einförmigkeit *f*; (*de calor, movimiento*) Gleichmäßigkeit *f*

uniformizar [uniformi'θar] <z→c> *vt* standardisieren, vereinheitlichen; (*mezclar*) vermischen

unigénito, -a [uni'xenito, -a] *adj* ❶ (*hijo*): **ser ~** Einzelkind sein
❷ (REL) eingeboren

unilateral [unilate'ral] *adj* (*visión*) einseitig; (POL) unilateral, einseitig; **contrato ~** einseitig verpflichtender Vertrag

unilateralidad [unilaterali'ðað] *f* Einseitigkeit *f*

unión [u'njon] *f* ❶ (*de dos elementos, t.* TÉC) Verbindung *f*, Zusammenfügung *f*; ~ **de madera** Holzverbindung *f*; **no hay muchos puntos de ~ entre nosotros** uns verbindet nicht viel
❷ (*territorial, económica*) Vereinigung *f*, Zusammenschluss *m*; **en ~ con** zusammen mit
❸ (*matrimonio*) Heirat *f*; ~ **matrimonial** eheliche Verbindung
❹ (COM) Verband *m*, Verein *m*; **U~ de Consumidores** ≈Verbraucherverband *m*; ~ **empresarial** Unternehmensverbindung *f*
❺ (POL) Union *f*; ~ **aduanera** Zollunion *f*; **U~ Económica y Monetaria (Europea)** (Europäische) Wirtschafts- und Währungsunion; **U~ Europea** Europäische Union; ~ **monetaria** Währungsunion *f*
❻ (*armonía*) Einigkeit *f*; **la ~ hace la fuerza** (*prov*) Einigkeit macht stark

unionismo [unjo'nismo] *m* (POL) Unionismus *m*

unionista [unjo'nista] I. *adj* unionistisch
II. *mf* Unionist(in) *m(f)*

unipartidismo [uniparti'ðismo] *m sin pl* Einpartei(en)system *nt*

unipersonal [uniperso'nal] *adj* ❶ (*de una persona*) Einmann-, Einpersonen-; **una decisión ~** eine individuelle Entscheidung
❷ (LING) unpersönlich

unipolar [unipo'lar] *adj* einpolig

UNIPYME [uni'pime] *f* (ECON) *abr de* **Unión de la Pequeña y Mediana Empresa** Vereinigung *f* kleiner und mittelständischer Unternehmen

unir [u'nir] I. *vt* ❶ (*dos elementos, t.* TÉC) verbinden, zusammenfügen
❷ (*territorios, familia*) vereinen, vereinigen; **¡proletarios, uníos!** Proletarier, vereinigt euch!; **nos une una gran amistad** uns verbindet eine enge Freundschaft
❸ (*ingredientes*) verrühren
❹ (*esfuerzos, voluntades*) vereinen
II. *vr:* **~se** ❶ (*territorios*) sich vereinigen, sich zusammenschließen
❷ (*dos personas*) sich zusammentun; **~se en matrimonio** heiraten

unisex [uni'seʏs] *adj* unisex; **moda ~** Mode für Mann und Frau; **peluquería ~** Damen- und Herrensalon

unisexual [uniseʏsu'al] *adj* unisexuell

unisonar [uniso'nar] *vi* (MÚS) einstimmig klingen

unísono¹ [u'nisono] *m sin pl* (MÚS) Einklang *m*, Unisono *nt*; **protestaron al ~** sie klagten einstimmig; **trabajar al ~** harmonisch zusammenarbeiten; **actuar al ~** in Übereinstimmung handeln

unísono, -a² [u'nisono, -a] *adj* ❶ (*de un solo tono*) unisono
❷ (*de una sola voz*) einstimmig

unitario, -a [uni'tarjo, -a] I. *adj* ❶ (*indiviso*) Einheits-, einheitlich; **escuela unitaria** Einheitsschule *f*; **hacer algo de forma unitaria** etw einheitlich gestalten
❷ (ECON) Stück-; **coste ~** (ECON) Stückkosten *pl*; **precio ~** (ECON) Stückpreis *m*, Einheitspreis *m*

II. *m, f* (REL) Unitarier(in) *m(f)*

unitarismo [unita'rismo] *m sin pl* (POL, REL) Unitarismus *m*

univalente [uniβa'lente] *adj* einwertig

universal [uniβer'sal] I. *adj* ❶ (*del universo*) Universal-, universal; **receptor ~** (RADIO) Weltempfänger *m*; **validez ~** universale Geltung
❷ (*del mundo*) Welt-; **literatura ~** Weltliteratur *f*; **de renombre ~** weltberühmt
❸ (*general*) universell, allgemeingültig; **regla ~** allgemein gültige Regel; **de importancia ~** von universeller [*o* weltweiter] Bedeutung
❹ (*que comprende todo*) universell, vielseitig; **persona de educación ~** universell gebildeter Mensch; **saber ~** universelles Wissen
❺ (TÉC: *tractor*) Allzweck-; (*máquina*) Mehrzweck-, universell; **detergente ~** Allzweckreiniger *m*
II. *m* (LING) Universalie *f*

universalidad [uniβersali'ðað] *f sin pl* ❶ (*de regla, principio*) Universalität *f*, Allgemeingültigkeit *f*
❷ (*de persona*) Universalität *f*, Vielseitigkeit *f*

universalismo [uniβersa'lismo] *m sin pl* Universalismus *m*

universalista [uniβersa'lista] *mf* (POL) Universalist(in) *m(f)*

universalización [uniβersaliθa'θjon] *f* Universalisierung *f*

universalizar [uniβersali'θar] <z→c> *vt* verallgemeinern, universal anwenden

universalmente [uniβersal'mente] *adv* ❶ (*en todo el mundo*): **~ conocido** weltberühmt
❷ (*generalmente*): **ser ~ aceptado** allgemein anerkannt sein

universiada [uniβer'sjaða] *f sin pl* Universiade *f*

universidad [uniβersi'ðað] *f* Universität *f*, Hochschule *f*; **ir a la ~** auf die [*o* zur] Universität gehen; **¿a qué ~ vas?** an welcher Universität bist du?; **estos son los edificios de la ~** das sind die universitären Einrichtungen

universitario, -a [uniβersi'tarjo, -a] I. *adj* Universitäts-; **biblioteca universitaria** Universitätsbibliothek *f*; **catedrático ~** Professor *m*; **profesor ~** Dozent *m*; **tener estudios ~s** ein Hochschulstudium (abgeschlossen) haben
II. *m, f* Student(in) *m(f)*

universo [uni'βerso] *m* ❶ (*cosmos*) (Welt)all *nt*, Universum *nt*
❷ (*de estadística*) Gesamtheit *f*

Univisión [uniβi'sjon] *f spanischer Fernsehkanal in den USA*

univocidad [uniβoθi'ðað] *f sin pl* Eindeutigkeit *f*; (FILOS) Univozität *f*

unívoco, -a [u'niβoko, -a] *adj* eindeutig; (FILOS) univok

uno¹ ['uno] *m* Eins *f*

uno, -a² ['uno, -a] I. *adj* ❶ (*número*) eins; ~ **más dos igual a tres** eins und zwei ist drei; **a la una** (*hora*) um eins; **¡a la una, a las dos y a las tres!, ¡una, dos y tres!** eins, zwei, drei!; **a la una y media** um halb zwei; **fila ~** erste Reihe; **ser el número ~ en algo** bei etw die Nummer eins sein
❷ (*único*) einzig; **sólo hay una calle** es gibt nur eine einzige Straße; **de ~ en ~** einzeln, Stück für Stück
II. *pron indef* ❶ (*alguno*) eine(r, s); **cada ~** jeder; **~s cuantos** einige; **~ ha dicho que...** einer hat gesagt, dass ...; **~ cantaba, el otro escuchaba** der eine sang, der andere hörte zu; **sólo soy ~ de tantos en la empresa** ich bin in der Firma nur einer von vielen; **aquí hay ~ que pregunta por ti** da ist jemand, der nach dir fragt; **una de dos, o nos casamos o nos separamos** eins von beiden, entweder wir heiraten oder wir trennen uns; ~ **de los dos sobra aquí** einer von uns ist hier fehl am Platz; ~ **detrás de otro** einer nach [*o* hinter] dem anderen, **una que otra vez** dann und wann
❷ *pl* einige, manche; **~s han dicho que...** einige haben gesagt, dass ...
❸ (*indeterminado*) man; ~ **no sabe qué hacer, si...** man weiß nicht, was zu tun ist, wenn ...
❹ (*loc*): **cantar a una** zusammen singen; **luchar todos a una** Schulter an Schulter kämpfen; **beber algo de una vez** etw in einem Schluck trinken; **me ha dejado pero me he quedado el piso, lo ~ por lo otro** er/sie hat mich verlassen, aber ich behalte die Wohnung, damit sind wir quitt; **no acierto** [*o* **doy**] **una** (*en el tiro*) ich treffe nicht ein einziges Mal (ins Schwarze); (*fig*) alles läuft bei mir schief; **llegar el verano y empezar los calores, todo es ~** [*o* **es todo una**] der Sommer kommt und die Hitze macht sich spürbar, eins kommt zum anderen

unos ['unos] I. *art indet v.* **un, una**
II. *adj o pron indef v.* **uno, -a**

untado, -a [un'taðo, -a] *adj* (*Arg, Chil*) betrunken

untar [un'tar] I. *vt* ❶ (*con mantequilla*) bestreichen (*con* mit +*dat*), schmieren *fam*
❷ (*pan*) eintauchen (*en* in +*akk*)
❸ (*con grasa*) (ein)fetten; (*con aceite*) (ein)ölen; (*el cuerpo*) eincremen, einschmieren *fam*
❹ (*sobornar*) bestechen, schmieren *fam*; ~ **a alguien** jdn schmieren
II. *vr:* **~se** ❶ (*mancharse*) sich beschmieren (*con* mit +*dat*)
❷ (*el cuerpo*) sich eincremen

❸ (*dinero*) sich bereichern (*con* an +*dat*), in die eigene Tasche wirtschaften
unto ['uṇto] *m* ❶ (*grasa*) Schmiermittel *nt*, Schmiere *f*
❷ (MED) Salbe *f*
❸ (*animal*) tierisches Fett *nt*
❹ (*dinero*) Schmiergelder *ntpl*, Bestechungsgelder *ntpl*
❺ (*Chil*: *betún*) Schuhcreme *f*
untuosidad [uṇtwosi'ðað] *f* ❶ (*de grasa*) Schmierigkeit *f*
❷ (*del jabón*) Schlüpfrigkeit *f*
❸ (*pegajosidad*) Klebrigkeit *f*
unt(u)oso, -a [uṇ'toso, -a/uṇtu'oso, -a] *adj* ❶ (*pingüe*) schmierig
❷ (*jabón*) schlüpfrig
❸ (*pegajoso*) klebrig
untura [uṇ'tura] *f* ❶ (*acción*) Beschmieren *nt*; (*del cuerpo*) Eincrementent, Einschmieren *nt fam*
❷ (MED) Salbe *f*
❸ (*grasa*) Schmiermittel *nt*, Schmiere *f*
uña ['uɲa] *f* ❶ (*de persona*) Nagel *m*; (*de gato*) Kralle *f*; ~ **encarnada** eingewachsener Nagel; ~**s de los pies** Zehennägel *mpl*; **comerse las ~s** an den Nägeln kauen; (*fig*) wüten; **hacerse las ~s** die Nägel maniküren (lassen)
❷ (*pezuña*) Huf *m*; ~ **de caballo** Pferdehuf *m*
❸ (*del alacrán*) Stachel *m*
❹ (*de instrumento*) Haken *m*
❺ (*de planta*) gebogener Stachel *m*, gebogener Dorn *m*
❻ (TÉC: *muesca*) Kerbe *f*; (*saliente*) Klaue *f*
❼ (*loc*): **afilar(se) las ~s** sich geistig anstrengen; **estar de ~s con alguien** mit jdm auf (dem) Kriegsfuß stehen; **dejarse las ~s en el trabajo** sich abrackern; **enseñar** [*o* **mostrar**] **las ~s** (*t. fig*) die Krallen zeigen; **ser largo de ~s** (*fig*) ein Langfinger [*o* Taschendieb] sein; **ser ~ y carne** ein Herz und eine Seele sein; **defenderse con ~s y dientes** sich mit Händen und Füßen wehren
uñada [u'ɲaða] *f* ❶ (*arañazo*) Kratzer *m*, Schramme *f*
❷ (*señal*) Markierung *f* mit dem Nagel
uñero [u'ɲero] *m* ❶ (*inflamación*) Nagelbettentzündung *f*
❷ (*uña*) eingewachsener Nagel *m*
upa ['upa] **I.** *interj* auf, hoch; **llevar a upa** (**un niño**) (*lenguaje infantil*) (ein Kind) tragen [*o* auf den Arm nehmen]
II. *adj* (*Ecua, Perú: tonto*) doof, dumm
upar [u'par] *vt* hochheben
uperización [uperiθa'θjon] *f* Uperisation *f*
uperizado, -a [uperi'θaðo, -a] *adj* uperisiert; **leche uperizada** H-Milch *f*
uperizar [uperi'θar] <z→c> *vt* uperisieren
uppercut [aper'kut] *m* (DEP: *boxeo*) Aufwärtshaken *m*, Uppercut *m*
Urales [u'rales] *mpl* (GEO) Ural *m*
ural(o)altaico, -a [ural(o)al'taiko, -a] *adj* uralaltaisch
uranio [u'ranjo] *m* (QUÍM) Uran *nt*; ~ **enriquecido** angereichertes Uran
Urano [u'rano] *m* (ASTR) Uranus *m*
uranografía [uranoɣra'fia] *f* (ASTR) Himmelsbeschreibung *f*, Uranographie *f*
uranometría [uranome'tria] *f* (ASTR) Messung *f* der Sternabstände, Uranometrie *f*
urape [u'rape] *m* (BOT) Bauhinia *f*
urbanidad [urβani'ðað] *f* Höflichkeit *f*
urbanismo [urβa'nismo] *m sin pl* ❶ (*planificación*) Stadtplanung *f*
❷ (*ciencia*) Urbanistik *f*
urbanista [urβa'nista] *mf* Stadtplaner(in) *m(f)*
urbanística [urβa'nistika] *f sin pl* Urbanistik *f*
urbanístico, -a [urβa'nistiko, -a] *adj* städtebaulich, urbanistisch; **contrato ~** städtebaulicher Vertrag; **plan ~** Bebauungsplan *m*; **medida de desarrollo ~** städtebauliche Entwicklungsmaßnahme; **medida de saneamiento ~** städtebauliche Sanierungsmaßnahme
urbanizable [urβani'θaβle] *adj* bebaubar, erschließbar, urbanisierbar *elev*
urbanización [urβaniθa'θjon] *f* ❶ (*acción*) Bebauung *f*, Erschließung *f*, Urbanisierung *f elev*; ~ **reglamentaria** Regelbebauung *f*
❷ (*de casas*) (Wohn)siedlung *f*, Urbanización *f elev*
urbanizador(a) [urβaniθa'ðor(a)] *m(f)* Erschließungsträger(in) *m(f)*
urbanizar [urβani'θar] <z→c> **I.** *vt* erschließen, bebauen, urbanisieren *elev*
II. *vt, vr:* **~se** verstädtern, urbanisieren *elev*
urbano¹ [ur'βano] *m* Verkehrspolizist *m*
urbano, -a² [ur'βano, -a] *adj* ❶ (*de la ciudad*) Stadt-, städtisch; **planificación urbana** Stadtplanung *f*; **conferencia urbana** (TEL) Ortsgespräch *nt*; **un hombre ~** ein Städter [*o* Stadtmensch]
❷ (*cortés*) höflich
urbe ['urβe] *f* Großstadt *f*; (*más grande*) Weltstadt *f*, Metropole *f*
urbi et orbi ['urβi et 'orβi] *adv* (REL) urbi et orbi

urdido [ur'ðiðo] *m* Zetteln *nt*
urdimbre [ur'ðimbre] *f* ❶ (*de tela*) Kette *f*
❷ (*intriga*) Anzettelung *f*
urdir [ur'ðir] *vt* ❶ (*hilos*) zetteln
❷ (*intriga*) anzetteln; ~ **intrigas** Intrigen spinnen
urea [u'rea] *f* (MED) Harnstoff *m*
uremia [u'remja] *f* (MED) Harnvergiftung *f*, Urämie *f*
uréter [u'reter] *m* (ANAT) Harnleiter *m*
urético, -a [u'retiko, -a] *adj* die Harnröhre betreffend, urethral, Harnröhren-
uretra [u'retra] *f* Harnröhre *f*
uretral [ure'tral] *adj v.* **urético**
uretritis [ure'tritis] *f inv* (MED) Harnröhrenentzündung *f*, Urethritis *f*
uretrotomía [uretroto'mia] *f* (MED) Harnröhrenschnitt *m*, Urethrotomie *f*
urgencia [ur'xenθja] *f* ❶ (*cualidad*) Dringlichkeit *f*; **moción de ~** (POL) Dringlichkeitsantrag *m*
❷ (*caso*) Notfall *m*; **llamada de ~** Notruf *m*; **en caso de ~** im Notfall; **tratar algo con la debida ~** etw mit der notwendigen Eile behandeln
❸ *pl* (*en hospital*) Unfallstation *f*, Notaufnahme *f*; **servicio de ~s** (*en ambulatorio*) Notdienst *m*, Bereitschaftsdienst *m*; **médico de ~s** Notarzt *m*, Bereitschaftsarzt *m*
urgente [ur'xente] *adj* dringend; (*carta, telegrama, pedido*) Eil-; (*tarea, asunto*) dringlich, dringend; **¿es ~?** eilt es?
urgir [ur'xir] <g→j> *vi* eilen, eilig [*o* dringend] sein; **este asunto no urge** diese Angelegenheit drängt nicht
uricemia [uri'θemja] *f* (MED) Erhöhung *f* der Harnsäure im Blut, Urikämie *f*
úrico, -a ['uriko, -a] *adj* Harn-; **ácido ~** Harnsäure *f*
urinario¹ [uri'narjo] *m* Pissoir *nt*
urinario, -a² [uri'narjo, -a] *adj* Urin-; **aparato ~** (MED) Harnwege *mpl*
urna ['urna] *f* ❶ (*para cenizas, t.* POL) Urne *f*; ~ **electoral** Wahlurne *f*; **acudir a las ~s** wählen gehen, zur Wahl gehen
❷ (*caja de cristal*) Glaskasten *m*
uro ['uro] *m* (ZOOL) Ur *m*, Auerochse *m*
urogallo [uro'ɣaʎo] *m* (ZOOL) Auerhahn *m*
urogenital [uroxeni'tal] *adj* urogenital; **aparato ~** Urogenitaltrakt *m*
urografía [uroɣra'fia] *f* (MED) Röntgenaufnahme *f* der Harnorgane, Urographie *f*
urología [urolo'xia] *f sin pl* Urologie *f*
urológico, -a [uro'loxiko, -a] *adj* (MED) urologisch
urólogo, -a [u'roloɣo, -a] *m, f* Urologe, -in *m, f*
uromancia [uro'manθja] *f,* **uromancía** [uroman'θia] *f* Wahrsagung *f* nach dem Aussehen des Urins
uroscopia [uros'kopja] *f* (MED) Uroskopie *f*
urpila [ur'pila] *f* (*Arg, Bol, Ecua:* ZOOL) Sperlingstäubchen *nt*
urque ['urke] *m* (*Chil*) Kartoffel *f* minderer Qualität
urraca [u'rraka] *f* ❶ (ZOOL) Elster *f*
❷ (*cotorra*) Quasselstrippe *f*; **hablar más que una ~** reden wie ein Wasserfall
URSS [urs] *f abr de* **Unión de Repúblicas Socialistas Soviéticas** UdSSR *f*
ursulina [ursu'lina] *f* (REL) Ursuline *f*, Ursulinerin *f*
urticante [urti'kante] *adj* brennend
urticaria [urti'karja] *f* (MED) Nesselausschlag *m*
urubú [uru'βu] *m* (ZOOL) Rabengeier *m*
urucú [uru'ku] *m* (*Arg:* BOT) Orleansbaum *m*, Achote *f*
Uruguay [uru'ɣwai̯] *m* (GEO) Uruguay *nt*
uruguayismo [uruɣwa'ʝismo] *m* (LING) in Uruguay gebräuchlicher Ausdruck *m*
uruguayo, -a [uru'ɣwaʝo, -a] **I.** *adj* uruguayisch
II. *m, f* Uruguayer(in) *m(f)*
urutaú [uruta'u] *m* (*Arg, Par, Urug:* ZOOL) Urutau *m*, Grauer Tagschläfer *m*
usado, -a [u'saðo, -a] *adj* (*libro*) zerlesen; (*vestido*) abgetragen; (*esterilla*) abgetreten; (*sello*) (ab)gestempelt; (*expresión*) abgedroschen; (*coche*) gebraucht
usagre [u'saɣre] *m* (MED) Milchschorf *m*
usanza [u'sanθa] *f* Brauch *m*, Usus *m*; **según la vieja ~** nach altem Brauch; **a ~ de los romanos** nach Art der Römer, wie es unter den Römern üblich war
usapuca [usa'puka] *f* (*Arg, Bol, Perú*) Zecke *f*
usar [u'sar] **I.** *vt, vi* (*utilizar*) benutzen, gebrauchen; (*palabra, libro, habitación*) verwenden; (*labia, persuasión*) aufwenden; (*razón*) walten lassen; (*máquina, avión*) einsetzen; (*técnica, fuerza*) anwenden; **cámara fotográfica de ~ y tirar** Einwegkamera *f*
II. *vt* ❶ (*ropa, gafas*) tragen
❷ (*derecho*) geltend machen; **tuve que ~ (de) mis influencias** ich musste meine Beziehungen spielen lassen

usía

③ (*cargo, oficio*) ausüben
III. *vi* (*tener costumbre*) regelmäßig tun; **usa nadar en esta piscina** er/sie geht gewöhnlich in dieses Schwimmbad (schwimmen)
IV. *vr:* **~se** ❶ (*utilizar*) benutzt werden, gebraucht werden; **esta palabra ya no se usa** dieser Ausdruck ist nicht mehr gebräuchlich
❷ (*ropa*) in Mode sein; **ese tipo de falda ya no se usa** diese Art Rock wird nicht mehr getragen

usía [u'sia] *mf*, **Usía** [u'sia] *mf* Euer Gnaden; (*a un conde*) Euer Erlaucht

usina [u'sina] *f* (*Am: de gas*) Gaswerk *nt*; (*de electricidad*) Elektrizitätswerk *nt*

uso ['uso] *m* ❶ (*utilización*) Benutzung *f*, Gebrauch *m*; (*de una palabra, libro, habitación*) Verwendung *f*; (*de labia, persuasión*) Aufwendung *f*; (*de técnica, fuerza*) Anwendung *f*; **~ comercial** (ECON) Handelsbrauch *m*, Usance *f*; **~ discrecional** (JUR) Ermessensgebrauch *m*; **~ y disfrute** (JUR) Nießbrauch (*de an +dat*); **~ industrial** Gewerbenutzung *f*; **~ ilegal** Missbrauch *m*; **~ de propia fuerza** Eigenmacht *f*; **instrucciones de ~** Bedienungsanleitung *f*, Gebrauchsanweisung *f*; **medicamento de ~ externo** Medikament zur äußerlichen Anwendung; **objeto de ~ personal** Gegenstand für den persönlichen Gebrauch; **hacer ~ de algo** etw gebrauchen [*o* benutzen]; **hacer ~ de la palabra** das Wort ergreifen; **una expresión de ~ corriente** ein geläufiger Ausdruck; **tener muchos ~s** vielseitig verwendbar sein; **en buen ~** (*fam*) in gutem Zustand; **desde que tengo ~ de razón...** seit meiner frühesten Kindheit ...; **estar en pleno ~ de sus facultades** voll zurechnungsfähig sein
❷ (*moda*) Mode *f*; **métodos al ~** übliche [*o* gängige] Methoden; **estar en/fuera de ~** üblich/unüblich sein
③ (*costumbre*) Brauch *m*, Sitte *f*; **~s y costumbres** Sitten und Gebräuche

usted [us'teð] *pron* ❶ (*una persona*) Sie; **~es** (*en España: varias personas*) Sie; (*Am: vosotros, -as*) ihr; **tratar** [*o* **hablar**] **de ~ a alguien** jdn siezen, mit jdm per Sie sein; **¡gracias! – ¡a ~!** danke! – ich habe zu danken!
❷ *pl* (*Am: vosotros*) ihr

usual [usu'al] *adj* ❶ (*de siempre*) üblich, gewöhnlich; **vino a la hora ~** er/sie kam zur gewohnten [*o* üblichen] Zeit
❷ (*común: método, frase*) gebräuchlich; **~ en el ramo** (COM) branchenüblich
③ (*tradicional: forma de trabajo*) herkömmlich

usuario, -a [usu'arjo, -a] *m, f* Benutzer(in) *m(f)*; (INFOR) Anwender(in) *m(f)*; **~ final** Endbenutzer *m*; **fácil para el ~** anwenderfreundlich, benutzerfreundlich

usucapiente [usuka'pjente] *mf* (JUR) Ersitzende(r) *mf*

usucapión [usuka'pjon] *f* (JUR) Ersitzung *f*

usucapir [usuka'pir] *vt* (JUR) ersitzen

usufructo [usu'frukto] *m* (JUR) Nießbrauch *m*, Nutznießung *f*; **~ bruto** Bruttonießbrauch *m*; **~ de cupo** Quotennießbrauch *m*; **~ legal** Legalnießbrauch *m*; **~ vitalicio** lebenslänglicher Nießbrauch; **gravar algo con un ~** etw mit einem Nießbrauch belasten; **~ de un inmueble/de un patrimonio** Nießbrauch an einem Grundstück/an einem Vermögen

usufructuar [usufruktu'ar] <*1. pres:* usufructúo> **I.** *vt* den Nießbrauch haben (von *+dat*), nießbrauchen
II. *vi* Nutzen bringen

usufructuario, -a [usufruktu'arjo, -a] *m, f* Nießbraucher(in) *m(f)*, Nutznießer(in) *m(f)*; **~ vitalicio** lebenslänglicher Nießbraucher

usura [u'sura] *f* Wucher *m*, Halsabschneiderei *f* *pey*; **~ arrendaticia** Mietwucher *m*; **~ crediticia** Kreditwucher *m*; **pagar con ~ un favor** sich mehr als angemessen für einen Gefallen revanchieren

usurario, -a [usu'rarjo, -a] *adj* Wucher-, wucherisch, halsabschneiderisch *pey*

usurear [usure'ar] *vi* Wucher treiben

usurero, -a [usu'rero, -a] *m, f* Wucherer, -in *m, f*, Halsabschneider(in) *m(f)* *pey*

usurpación [usurpa'θjon] *f* ❶ (*arrojo*) Usurpierung *f*, widerrechtliche Anmaßung *f*; **~ de atribuciones** Amtsanmaßung *f*; **~ de negocio** Geschäftsanmaßung *f*
❷ (*hurto*) Diebstahl *m*; **~ de patente** Patentdiebstahl *m*; **~ de la propiedad intelectual** Diebstahl geistigen Eigentums

usurpador(a) [usurpa'ðor(a)] **I.** *adj* usurpatorisch
II. *m(f)* Usurpator(in) *m(f)*

usurpar [usur'par] *vt* ❶ (*poder, trono*) widerrechtlich an sich reißen, usurpieren
❷ (*derecho, atribuciones*) sich anmaßen

utensilio [uten'siljo] *m* ❶ (*de uso casero*) Gerät *nt*, Utensil *nt*; **~s de cocina** Küchengeräte *ntpl*; **~s de fumador/pintor** Rauch-/Malutensilien *pl*
❷ (*herramienta*) Werkzeug *nt*

uterino, -a [ute'rino, -a] *adj* (ANAT) Gebärmutter-; (MED) uterin; **furor ~** Nymphomanie *f*; **hermano ~** Halbbruder mütterlicherseits

útero ['utero] *m* (ANAT) Gebärmutter *f*; (MED) Uterus *m*

útil ['util] **I.** *adj* ❶ (*objeto*) nützlich, brauchbar; **consejos ~es** nützliche Ratschläge [*o* Tipps]; **esta herramienta no es ~ para hacer esto** dieses Werkzeug ist dafür nicht zweckmäßig; **¿en qué puedo serle ~?** wie kann ich Ihnen behilflich sein?
❷ (*persona*) tauglich, geeignet; **ser declarado ~** (MIL) (wehr)diensttauglich geschrieben werden, für (wehrdienst)tauglich befunden werden
③ (*indicación, ayuda*) wertvoll
④ (*inversión, institución*) nutzbringend
⑤ (*loc*): **día ~** Arbeitstag *m*
II. *mpl* Geräte *ntpl*

utilería [utile'ria] *f* ❶ (*de instrumentos*) Geräte *ntpl*
❷ (TEAT) Requisiten *fpl*

utilero, -a [uti'lero, -a] *m, f* (TEAT) Requisiteur(in) *m(f)*

utilidad [utili'ðað] *f* ❶ (*de objeto*) Nutzbarkeit *f*, Brauchbarkeit *f*, Nützlichkeit *f*; **ser de ~** von Nutzen sein, nützlich sein
❷ (*de persona*) Tauglichkeit *f*
③ (*de inversión*) Nutzen *m*, Gewinn *m*; **~ marginal** (ECON) Grenznutzen *m*
④ (INFOR) Hilfsprogramm *nt*

utilitario¹ [utili'tarjo] *m* Nutzfahrzeug *nt*, Gebrauchsfahrzeug *nt*

utilitario, -a² [utili'tarjo, -a] *adj* auf einen Nutzen ausgerichtet; (*punto de vista*) utilitaristisch; (*objetivo*) utilitär; **pensamiento ~** Nützlichkeitsdenken *nt*

utilitarismo [utilita'rismo] *m* (FILOS) Utilitarismus *m*, Nützlichkeitsprinzip *nt*

utilitarista [utilita'rista] **I.** *adj* utilitaristisch
II. *mf* Utilitarist(in) *m(f)*, Utilitarier(in) *m(f)*

utilizable [utili'θaβle] *adj* benutzbar; (*superficie, terreno*) nutzbar; (*calle*) befahrbar; (*restos, residuos*) verwertbar

utilización [utiliθa'θjon] *f* Benutzung *f*, Gebrauch *m*; (*de un derecho*) Inanspruchnahme *f*; (*de una persona*) Ausnutzung *f*; (*de restos*) Verwertung *f*; **~ abusiva/impropia** (JUR) missbräuchliche/unsachgemäße Ausnutzung; **~ de capital** Kapitaleinsatz *m*; **~ de un crédito** Kreditinanspruchnahme *f*; **~ neta de créditos** Nettokreditaufnahme *f*; **~ de recursos** Mittelverwertung *f*; **~ de la vía jurídica** Ausnutzung des Rechtsweges

utilizar [utili'θar] <z→c> *vt, vr:* **~se** benutzen, gebrauchen; (*derecho, hospitalidad*) in Anspruch nehmen; (*tiempo*) nutzen; (*a alguien*) ausnutzen; (*terreno, instalación*) nutzbar machen; (*restos, residuos*) verwerten; **~ algo conjuntamente** etw gemeinsam (be)nutzen

utillaje [uti'ʎaxe] *m* Ausrüstung *f*

utopía [uto'pia] *f*, **utopia** [u'topja] *f* Utopie *f*; **la 'U~' de Moro** Thomas Mores 'Utopia'

utópico, -a [u'topiko, -a] *adj* utopisch

utopismo [uto'pismo] *m sin pl* Utopismus *m*

utopista [uto'pista] *mf* Utopist(in) *m(f)*

utrículo [u'trikulo] *m* (ANAT, BOT) Utriculus *m*

ut supra [ut 'supra] *adv* siehe oben

uva ['uβa] *f* Traube *f*; **~ pasa** Rosine *f*; **estar de mala ~** schlecht gelaunt sein; **tener mala ~** übel gesinnt sein; **nos visita de ~s a peras** er/sie besucht uns alle Jubeljahre mal

UVA ['uβa] *abr de* ultravioleta-A UVA-Strahlen *mpl*

uvaduz [uβa'ðuθ] <uvaduces> *f* (BOT) Bärentraube *f*

uvala [u'βala] *f* (GEO) Uvala *f*

uvate [u'βate] *m* (GASTR) Traubenmost *m*

uvayema [uβa'ʝema] *f* (BOT) wilder Wein *m*

uve ['uβe] *f* V *nt*; **~ doble** W *nt*; **'Vogel' se escribe con ~** 'Vogel' schreibt man mit 'v'

UVI ['uβi] *f abr de* Unidad de Vigilancia Intensiva Intensivstation *f*

úvula ['uβula] *f* (ANAT) Zäpfchen *nt*

uvular [uβu'lar] *adj* ❶ (*de la úvula*) Zäpfchen-
❷ (LING) uvular

uxoricida [uˠsori'θiða] *m* Gattenmörder *m*

uxoricidio [uˠsori'θiðjo] *m* Gattenmord *m*; **uzbego, -a** [uθ'βeɣo, -a] *m, f v.* uzbeko²

uzbeko¹ [uθ'βeko] *m* (*lengua*) Usbekisch(e) *nt*; **uzbeko, -a²** [uθ'βeko, -a] **I.** *adj* usbekisch **II.** *m, f* Usbeke, -in *m, f*

Uzbequistán [uθβekis'tan] *m* Usbekistan

V

V, v ['uβe] *f* V, v *nt*; **~ de Valencia** V wie Viktor

vaca ['baka] *f* ❶ (ZOOL) Kuh *f*; **~ lechera** Milchkuh *f*; **~ marina** Seekuh *f*; **~ de San Antón** Marienkäfer *m*; **leche de ~** Kuhmilch *f*; **síndrome de**

las ~s locas Rinderwahnsinn *m;* ~s gordas/flacas gute [*o* rosige]/schlechte [*o* magere] Zeiten
② (*carne*) Rindfleisch *nt*
③ (*cuero*) Rind(s)leder *nt*
vacacional [bakaθjo'nal] *adj* Urlaubs-
vacaciones [baka'θjones] *fpl* (*del trabajo*) Urlaub *m;* (*de la escuela*) Ferien *pl;* ~ **carcelarias** Hafturlaub *m;* ~ **judiciales** (JUR) Gerichtsferien *pl;* **tener** ~ (*del trabajo*) Urlaub haben; (*de la escuela*) Ferien haben; **estamos de** ~ wir sind im Urlaub; **cerrado por** ~ wegen Urlaub geschlossen; **mi contrato estipula 30 días de** ~ mein Vertrag sieht 30 Urlaubstage vor; **nos fuimos de** ~ **a Tenerife** wir sind in den Ferien nach Teneriffa gefahren, wir haben auf Teneriffa Urlaub gemacht; **tenemos un mes de** ~ **pagadas** wir haben einen Monat bezahlten Urlaub; **ya han empezado las** ~ **escolares** die Schulferien haben schon angefangen
vacada [ba'kaða] *f* Rinderherde *f*
vacante [ba'kante] I. *adj* frei; **hay una cama** ~ **en el hospital** im Krankenhaus ist ein Bett frei; **la plaza sigue** ~ die Stelle ist noch nicht besetzt [*o* noch offen]
II. *f* freie Stelle *f;* **conservar una** ~ eine Stelle unbesetzt lassen; **proveer una** ~ eine Stelle besetzen; **hay una única** ~ **en Sevilla** es gibt eine einzige freie Stelle in Sevilla
vacar [ba'kar] <c→qu> *vi* ① (*cargo: quedar vacante*) frei werden; (*estar vacante*) unbesetzt [*o* offen] sein
② (*alguien*) vorübergehend aussetzen
vaciado [baθi'aðo] *m* ① (*molde*) Abguss *m*, Guss *m;* ~ **del buffer** (INFOR) Pufferdump *m;* ~ **de memoria** (INFOR) Speicherdump *m;* ~ **en yeso** Gipsabguss *m*
② (*ahuecamiento*) Entleeren *nt*
vaciar [baθi'ar] <*1. pres:* vacío> *vt* ① (*contenido*) leeren, ausleeren; (*tonel*) abzapfen; (*pipa*) ausklopfen; (INFOR) leeren; ~ **con bomba de agua** leer pumpen; **ha vaciado el vaso** er/sie hat das Glas ausgeleert; **ha vaciado el vino en el vaso** er/sie hat den letzten Rest Wein in das Glas gegossen; **hemos vaciado la habitación** wir haben das Zimmer ausgeräumt
② (*hueco*) aushöhlen; ~**on el tronco** der Baum wurde von innen ausgehöhlt
③ (*escultura*) gießen
④ (*afilar*) schleifen, schärfen
vaciedad [baθje'ðað] *f sin pl* (*fig*) Albernheit *f*
vacilación [baθila'θjon] *f* (*duda*) Schwanken *nt*, Zögern *nt;* (*irresolución*) Unschlüssigkeit *f;* **sin vacilaciones** ohne zu zögern
vacilada [baθi'laða] *f* (*Méx. fam*) Spaß *m*, Gaudi *f o nt*
vacilante [baθi'lante] *adj* (*indeciso*) unschlüssig; (*no firme*) wackelig; (*voz*) zittrig; **con pasos** ~**s** mit unsicheren Schritten
vacilar [baθi'lar] *vi* ① (*balancearse*) schwanken, wanken; (*borracho*) taumeln; (*llama*) flackern
② (*dudar*) schwanken, unschlüssig sein; **no** ~ **en hacer algo** nicht zögern etw zu tun; **vacila entre los dos contratos que le han ofrecido** er/sie kann sich zwischen den beiden Verträgen, die ihm/ihr angeboten worden sind, nicht entscheiden
③ (*argot: tomar el pelo*) an der Nase herumführen; **no me vaciles** erzähl mir keine Märchen
vacile [ba'θile] *m* (*argot*) ① (*broma*) Scherz *m*
② (*persona*) Scherzbold *m*
vacilón, -ona [baθi'lon, -ona] I. *adj* (*argot*) ① (*bromista*) witzig
② (*fumador* (*de porros*)): **ser** ~ ständig kiffen
II. *m, f* Scherzbold *m;* **ser un** ~ immer zu Scherzen aufgelegt sein
vacío[1] [ba'θio] *m sin pl* ① (*t. FÍS*) Leere *f*, Vakuum *nt;* **hacer el** ~ (FÍS) ein Vakuum herstellen; **el coche cayó en el** ~ der Wagen fiel in den Abgrund; **la propuesta cayó en el** ~ der Vorschlag fand keinen Anklang
② (*ausencia*) Leere *f;* **con el** ~ **de poder empezaron las intrigas** durch das Machtvakuum wurden die Machenschaften erst möglich; **hacer el** ~ **a alguien** jdm aus dem Weg gehen, jdn meiden; **su muerte ha dejado un** ~ **difícil de llenar** sein/ihr Tod hat eine Lücke hinterlassen, die kaum wieder zu schließen ist
③ (*deficiencia*) Lücke *f;* ~ **legal** Gesetzeslücke *f*
④ (ECON): ~ **deflacionario** (ECON) Deflationslücke *f;* ~ **inflacionario** (ECON) Inflationslücke *f;* ~ **en el mercado** (ECON) Marktlücke *f*
⑤ (ANAT) Weiche *f*, Flanke *f*
vacío, -a[2] [ba'θio, -a] *adj* ① (*sin contenido*) leer; (*hueco*) hohl; **envasado al** ~ vakuumverpackt; **peso en** ~ Leergewicht *nt;* **el camión iba de** ~ der Lastwagen war unbeladen; **volví de** ~ (*fig*) ich kam zurück, ohne etwas erreicht zu haben
② (*casa*) leer, unbewohnt; **el teatro estaba** ~ das Theater war leer
③ (*insustancial*) inhaltslos, nichts sagend; (*superficial*) oberflächlich
vacuidad [bakwi'ðað] *f sin pl* Leere *f*
vacuna [ba'kuna] *f* ① (*substancia*) Impfstoff *m;* ~ **anticolérica/contra el tétano(s)** Cholera-/Tetanusimpfstoff *m;* ~ **viva/múltiple** Lebend-/Mehrfachimpfstoff *m*
② (*vacunación*) Impfung *f;* ~ **antirrábica** Tollwutimpfung *f;* **me han puesto la** ~ **contra la gripe** ich bin gegen Grippe geimpft worden; **eso le servirá de** ~ (*fig*) das wird ihm/ihr eine Lehre sein
③ (*de las vacas*) Kuhpocken *fpl*
vacunación [bakuna'θjon] *f* Impfung *f*, Schutzimpfung *f;* **cartilla de** ~ Impfpass *m*
vacunar [baku'nar] I. *vt* impfen (*contra* gegen +*akk*)
II. *vr:* ~**se** sich impfen lassen (*contra* gegen +*akk*); **me he vacunado contra la rubeola** ich habe mich gegen Röteln impfen lassen
vacuno[1] [ba'kuno] *m* Rind *nt*
vacuno, -a[2] [ba'kuno, -a] *adj* Rind-, Rinder-; (*carne de*) ~ Rindfleisch *nt;* **ganado** ~ Rinder *ntpl*
vacunoterapia [bakunote'rapja] *f* (MED) Impftherapie *f*
vacuo, -a ['bakwo, -a] *adj* oberflächlich, leer
vade ['baðe] *m* Schulmappe *f*
vadeable [baðe'aβle] *adj* ① (*río*) flach, seicht
② (*dificultad*) überwindbar
vadear [baðe'ar] *vt* ① (*río*) durchwaten
② (*dificultad*) überwinden
vadémecum [baðe'mekun] *m sin pl* Vademekum *nt*
vado ['baðo] *m* ① (*río*) Furt *f;* **tentar el** ~ das Wasser ausloten
② (*loc*): ~ **permanente** Halteverbot *nt*
vagabundear [baɣaβunde'ar] *vi* vagabundieren
vagabundeo [baɣaβun'deo] *m sin pl* Streunen *nt*, Herumtreiberei *f*
vagabundo, -a [baɣa'βundo, -a] I. *adj* (herum)streunend, vagabundierend; (*fig*) unstet, rastlos; **es un perro** ~ das ist ein streunender Hund
II. *m, f* Vagabund *m*, Landstreicher(in) *m(f);* **los** ~**s han dormido en el portal de la iglesia** die Obdachlosen haben im Kirchenportal geschlafen
vagamente [baɣa'mente] *adv* vage, verschwommen; **recuerdo** ~ **su cara** ich erinnere mich vage an sein/ihr Gesicht
vagancia [ba'ɣanθja] *f sin pl* Faulheit *f*, Faulenzerei *f;* **me entró una** ~... mich überkam plötzlich eine Trägheit ...
vagante [ba'ɣante] *adj* schweifend, frei herumlaufend
vagar [ba'ɣar] I. *vi* <g→gu> ① (*vagabundear*) umherstreichen, (herum)streunen; (*errar*) umherirren; **anduvo vagando por la ciudad hasta que encontró la calle** er/sie irrte durch die Stadt, bis er/sie endlich die Straße fand
② (*descansar*) faulenzen
II. *m* Muße *f*
vagido [ba'xiðo] *m* Schreien *nt* (*eines Neugeborenen*)
vagina [ba'xina] *f* (ANAT) Scheide *f*, Vagina *f*
vaginal [baxi'nal] *adj* (ANAT) vaginal, Scheiden-; **tiene una infección** ~ sie hat eine Scheideninfektion
vaginismo [baxi'nismo] *m* (MED) Scheidenkrampf *m*, Vaginismus *m*
vaginitis [baxi'nitis] *f inv* (MED) Scheidenentzündung *f*
vago[1] ['baɣo] *m* (ANAT) Vagus *m*
② (*reg: solar*) unbebautes Grundstück *nt;* (AGR) Brachland *nt*
vago, -a[2] ['baɣo, -a] I. *adj* ① (*perezoso*) faul, träge
② (*impreciso*) vage, ungenau; **tenía unas nociones muy vagas sobre las ideas de la Ilustración** er/sie hatte eine sehr ungenaue Vorstellung über die Ideen der Aufklärung; **tiene un** ~ **parecido con su abuela** er/sie hat eine entfernte Ähnlichkeit mit seiner/ihrer Großmutter
③ (*vagante*) vagabundierend; (*errante*) umherirrend
II. *m, f* ① (*vagabundo*) Landstreicher(in) *m(f)*, Vagabund *m*
② (*holgazán*) Faulpelz *m*, Faulenzer(in) *m(f);* **hacer el** ~ faulenzen
vagón [ba'ɣon] *m* (Eisenbahn)wagen *m*, Waggon *m;* ~ **cisterna** Tankwagen *m;* ~ **frigorífico** Kühlwagen *m;* ~ **de gran capacidad** Großraumwagen *m;* ~ **de mercancías** Güterwaggon *m;* ~ **plataforma** offener Güterwagen; ~ **restaurante** Speisewagen *m;* **en Zaragoza hacen un cambio de** ~ in Zaragoza findet ein Wagenwechsel statt
vagoneta [baɣo'neta] *f* (*t. MIN*) Lore *f*, Kippwagen *m*
vagotomía [baɣoto'mia] *f* (MED) Vagotomie *f*
vaguada [ba'ɣwaða] *f* (GEO) (Tal)sohle *f*
vaguear [baɣe'ar] *vi* ① (*holgazanear*) faulenzen
② (*vagar*) sich herumtreiben, herumstreunen
vaguedad [baɣe'ðað] *f* ① (*imprecisión*) Unklarheit *f*
② (*palabras*) vages Gerede *nt*
vaguería [baɣe'ria] *f* (*fam*) Faulenzerei *f*
vaharada [ba(a)'raða] *f* ① (*aliento*) Atem *m*, Hauch *m*
② (*vapor*) (Dunst)wolke *f*
vahear [bae'ar] *vi* ① dampfen; **te habrás quedado vaheando** (*irón*) da musstest du ja ganz schön deinen Grips anstrengen
vahído [ba'iðo] *m* Ohnmacht *f*, Schwindel *m;* **me dio un** ~ mir wurde schwind(e)lig
vaho ['bao] *m* ① (*vapor*) Dampf *m*, Dunst *m*
② (*aliento*) Atem *m*
③ *pl* Inhalation *f;* **tienes que hacer** ~**s de eucalipto** du musst mit Eukalyptusöl inhalieren

vaina¹ ['baina] f ❶ (*de la espada*) Scheide f
❷ (BOT) Hülse f, Schote f
vaina² ['baina] m (*pey*) Idiot m
vainica [bai'nika] f (*CRi: judía verde*) grüne Bohne f
vainilla [bai'niʎa] f Vanille f; ~ **azucarada** Vanillezucker m; **bastoncito de** ~ Vanillestange f
vaivén [bai'βen] m Hin und Her nt, Auf und Ab nt; (*balanceo*) Wiegen nt; (*sacudida*) Rütteln nt; ~ **cambiario** (FIN) Wechselkursschwankung f; **en un ~ de la fortuna se encontró en la miseria** (*elev*) als das Schicksal sich plötzlich wendete, geriet er/sie in eine Notlage
vajilla [ba'xiʎa] f Geschirr nt; ~ **de porcelana** Porzellangeschirr nt
valdepeñas [balde'peɲas] m *inv* Valdepeñas(wein) m
valdiviano [baldi'βjano] m (*Chil: GASTR*) Gericht aus Dörrfleisch, Zwiebeln, Paprika und Knoblauch
vale ['bale] m Gutschein m, Bon m; (FIN) Gutschrift f; ~ **de regalo por valor de 50 euros** Geschenkgutschein im Wert von [*o* über] 50 Euro; **extender un ~ por un importe** eine Gutschrift über einen Betrag ausstellen
valedero, -a [bale'ðero, -a] adj (*válido*) gültig; (*vigente*) geltend; **las entradas son valederas por seis meses** die Eintrittskarten sind sechs Monate gültig
valedor(a) [bale'ðor(a)] m(f) Beschützer(in) m(f), Gönner(in) m(f); (*padrino*) Pate m, Patin f
valedura [bale'ðura] f ❶ (*Col, Cuba: en un juego*) Geschenk des Gewinners an den Verlierer oder an Zuschauer
❷ (*Méx: favor*) Gefallen m, Hilfe f
valemadrista [balema'ðrista] I. adj (*Méx: fam*) ❶ (*apático*) apathisch, teilnahmslos
❷ (*cínico*) zynisch
II. mf (*Méx: fam*) ❶ (*persona apática*) apathischer Mensch m
❷ (*persona cínica*) Zyniker(in) m(f)
valencia [ba'lenθja] f (QUÍM, BIOL, LING) Valenz f
Valencia [ba'lenθja] f Valencia nt; **quedarse a la luna de** ~ das Nachsehen haben
valenciana [balen'θjana] f ❶ (*CSur: encaje*) feine Spitze f
❷ (*Méx: del pantalón*) Hosenumschlag m
valencianismo [balenθja'nismo] m Valencianismus m (*Ausdruck oder Redewendung aus Valencia*)
valenciano¹ [balen'θjano] m Valencianisch(e) nt (*Sprache aus der Region von Valencia; Dialekt des Katalanischen*)
valenciano, -a² [balen'θjano, -a] I. adj aus Valencia
II. m, f Valencianer(in) m(f)
valentía [balen'tia] f ❶ (*valor*) Mut m, Tapferkeit f
❷ (*hazaña*) Heldentat f
valentón, -ona [balen'ton, -ona] I. adj (*pey*) angeberisch, großtuerisch
II. m, f (*pey*) Großmaul nt, Prahlhans m
valentonada [balento'naða] f Angeberei f, Prahlerei f
valer [ba'ler] *irr* I. vt ❶ (*costar*) kosten; **¿cuánto vale?** wie viel kostet es?; **el piso vale diez millones** die Wohnung kostet zehn Millionen; **vale tanto oro como pesa** (*fig: cosa*) es ist sein Gewicht in Gold wert; (*persona*) er/sie ist sein Geld wert; **si no te vale tíralo a la basura** wenn es dir nichts nützt, dann wirf es weg
❷ (*funcionar*) nützlich sein, nutzen; **esta vez no te valdrán tus excusas** diesmal werden dir deine Entschuldigungen nichts nützen; **yo no sé para qué vale este trasto** ich weiß nicht, wofür dieses Ding gut sein soll; **si no te vale tíralo a la basura** wenn es dir nichts nützt, dann wirf es weg
❸ (*equivaler*) gleichkommen +*dat*, entsprechen +*dat*; **cada cupón vale por un saco de harina** für jeden Gutschein bekommt man einen Sack Mehl
❹ (*producir*) hervorrufen; **su retraso me valió una reprimenda** ich musste ihn/sie wegen der Verspätung tadeln
❺ (*proteger*) (be)schützen; **¡válgame Dios!** (ach) du meine Güte!
❻ (*loc*): **¡vale!** in Ordnung!; **¡vale ya!** jetzt ist's (aber) genug!; ... **valga la expresión** ... wenn ich das so sagen darf; **vale la pena ver la película** es lohnt sich, den Film anzuschauen; **vale más que te olvides de él** am besten vergisst du ihn; **ha hecho ~ sus derechos** er/sie hat seine/ihre Rechte geltend gemacht; **más vale un 'toma' que dos 'te daré'**, **más vale un pájaro en mano que ciento volando** (*prov*) besser ein Spatz in der Hand als eine Taube auf dem Dach; **más vale tarde que nunca** (*prov*) besser spät als nie
II. vi ❶ (*ropa*) passen; **la chaqueta todavía te vale** die Jacke passt dir noch
❷ (*tener validez*) gültig sein; **su entrada ya no vale** Ihre Karte ist ungültig
❸ (*tener mérito*) (etwas) taugen; **le exposición valía bien poco** die Ausstellung hat sich nicht gelohnt; **como médico vale mucho pero como marido no tanto** er ist ein guter Arzt, aber kein so guter Ehemann
❹ (*estar permitido*) erlaubt sein; **¡eso no vale!** das gilt nicht!; **no vale que los dados caigan fuera del tablero** die Würfel dürfen nicht neben das Spielbrett fallen
III. vr: ~**se** ❶ (*servirse*) zurückgreifen (*de* auf +*akk*), greifen (*de* zu +*dat*); ~**se de los servicios de alguien** jds Dienste beanspruchen [*o* in Anspruch nehmen]; **se valió de sus contactos para obtener el puesto** er/sie machte von seinen/ihren Beziehungen Gebrauch [*o* er/sie hat seine/ihre Beziehungen spielen], um die Stelle zu bekommen
❷ (*desenvolverse*) sich zu helfen wissen, zurechtkommen; **ya no puede ~se** er/sie kommt nicht mehr alleine zurecht; **mi abuela todavía se vale por sí misma** meine Großmutter kann sich noch selbst versorgen
valeriana [bale'rjana] f (BOT) Baldrian m; **infusión de** ~ Baldriantee m
valeroso, -a [bale'roso, -a] adj tapfer, mutig
valetudinario, -a [baletuði'narjo, -a] adj kränklich, gebrechlich
valía [ba'lia] f *sin pl* Wert m, Größe f
validación [baliða'θjon] f ❶ (*acción de validar*) Gültigmachung f
❷ (*validez*) Gültigkeit f
validar [bali'ðar] vt gültig machen
validez [bali'ðeθ] f *sin pl* Gültigkeit f, Geltung f; (JUR) Rechtskraft f; ~ **legal** Rechtsgültigkeit f; ~ **jurídica** Rechtswirksamkeit f; **periodo de** ~ Geltungsdauer f; **dar ~ a algo** einer Sache Gültigkeit verleihen; **tener ~** gültig sein, Gültigkeit haben; (*ley*) gelten, in Kraft sein; **no tener ~** ungültig sein, keine Gültigkeit haben; (*ley*) außer Kraft sein, nicht gelten
válido, -a ['baliðo, -a] adj gültig; **el pasaporte no es** ~ der Reisepass ist ungültig
valido [ba'liðo] m (POL) Günstling m; (HIST) Favorit m (*des Königs*)
valiente [ba'ljente] adj tapfer, kühn; **los indios eran hombres muy** ~ die Indianer waren sehr mutige Männer; **¡~ amigo tienes que te abandona cuando más lo necesitas!** (*irón*) ein schöner Freund ist das [*o* was ist denn das für ein Freund], der dich sitzen lässt, wenn du ihn am meisten brauchst!
valija [ba'lixa] f Handkoffer m, Reisetasche f; (*del cartero*) Posttasche f; ~ **diplomática** Diplomatengepäck nt
valijero, -a [bali'xero, -a] m, f ❶ (*de los pueblos*) Landbriefträger(in) m(f)
❷ (*de correspondencia diplomática*) Kurier m
valimiento [bali'mjento] m *sin pl* Schutz m, Gunst f
valioso, -a [ba'ljoso, -a] adj wertvoll, kostbar; **su consejo me fue muy** ~ sein/ihr Ratschlag half mir sehr; **nos regaló una porcelana muy valiosa** er/sie hat uns sehr kostbares Porzellan geschenkt
valla ['baʎa] f ❶ (*tapia*) Zaun m, Schutzwall m; **el público en el estadio se agolpaba tras las ~s** das Publikum im Stadion prügelte sich hinter der Absperrung; **han rodeado la finca con una** ~ das Anwesen wurde umzäunt
❷ (*publicitaria*) Reklametafel f, Plakatwand f
❸ (DEP) Hürde f; **es el vencedor de la carrera de 110 metros ~s** er ist der Sieger über 110 Meter Hürden, er gewann die 110 Meter Hürden
valladar [baʎa'ðar] m Wall m, Umzäunung f
vallado [ba'ʎaðo] m Zaun m; **pusimos parterres con flores a los pies del** ~ wir haben unten am Zaun Blumenbeete angelegt
vallar [ba'ʎar] vt einzäunen, mit einem Wall schützen; **~on la finca con un muro de tres metros de alto** das Anwesen wurde mit einer drei Meter hohen Mauer umgeben
valle ['baʎe] m Tal nt; ~ **en U** Trogtal nt, U-Tal nt; ~ **en V** Kerbtal nt, V-Tal nt; ~ **de lágrimas** Jammertal nt
vallisoletano, -a [baʎisole'tano, -a] I. adj aus Valladolid
II. m, f Einwohner(in) m(f) Valladolids
vallunco, -a [ba'ʎunko, -a] adj (AmC) ❶ (*rústico*) ländlich
❷ (*campesino*) bäuerlich
valón¹ [ba'lon] m (*dialecto*) Wallonisch(e) nt
valón, -ona² [ba'lon, -ona] I. adj wallonisch
II. m, f Wallone, -in m, f
valona [ba'lona] f (*Méx*): **hacerle a alguien la** ~ (*fam*) jdm zur Seite stehen
valor [ba'lor] m ❶ (*valentía*) Mut m; ~ **cívico** Zivilcourage f; **armarse de** ~ Mut fassen
❷ (*desvergüenza*) Frechheit f; **no creo que tenga el** ~ **de cobrármelo** ich glaube nicht, dass er/sie so dreist sein wird dafür Geld zu verlangen
❸ (COM, FILOS, MÚS) Wert m; (*cuantía*) Geldbetrag m; ~ **de activo** Aktivwert m; ~ **actual** Istwert m; ~ **en aduana** Zollwert m; ~ **afectivo** emotioneller Wert; ~ **añadido** Mehrwert m, Wertschöpfung f; ~ **añadido bruto** Bruttowertschöpfung f; ~ **aparente** Scheinwert m; ~ **del balance** Bilanzansatz m; ~ **de balance fiscal** Steuerbilanzwert m; ~ **capitalizado** Kapitalwert m; ~ **de chatarra** Schrottwert m; ~ **comercial** Verkehrswert m; ~ **contable** Bilanzwert m, Buchwert m; ~ **contable residual** Restbuchwert m; ~ **estándar** Standardwert m; ~ **inmobiliario** Grundstückswert m; ~ **inmovilizado** (FIN) Anlagewert m; ~ **límite** Grenzwert m; ~ **máximo/mínimo/medio** Höchst-/Mindest-/Mittelwert m; ~ **nominal** Nominalwert m, Nennwert m; ~ **nutritivo** Nähr-

valoración 787 **varadura**

wert *m;* ~ **a la par** Pariwert *m;* ~**es patrimoniales** Vermögenswerte *mpl;* ~ **de referencia** Vergleichswert *m;* ~ **de la renta** (ECON) Ertragswert *m;* ~ **de reposición** Wiederbeschaffungswert *m;* ~ **de retorno** Rückgabewert *m;* ~ **de salida** Anfangswert *m;* ~ **umbral** Schwellenwert *m;* ~ **unitario** Einheitswert *m;* ~ **de uso** Gebrauchswert *m;* ~ **de venta** Verkaufswert *m;* **¿conoces los ~es de las notas?** (MÚS) kennst du die Notenwerte?; **el cuadro carece de ~ artístico pero me gusta** das Bild hat kaum künstlerischen Wert, aber es gefällt mir; **hay que quitar ~ a sus palabras** man muss seinen/ihren Worten nicht so viel Bedeutung beimessen; **no sé qué ~ dar a su comentario** ich weiß nicht, welche Bedeutung ich seiner/ihrer Bemerkung beimessen soll

❹ *pl* (FIN) Wertpapiere *ntpl;* ~**es bursátiles** Börsenpapiere *ntpl;* ~**es en cartera** Portefeuille *nt,* Effektenbestand *m;* ~**es cotizables** kursfähige [*o* notierbare] (Wert)papiere; ~**es declarados** Wertsendung *f;* ~**es mobiliarios** Effekten *pl,* Inhaberpapiere *ntpl;* ~**es de renta fija** festverzinsliche Wertpapiere, Rentenpapiere *ntpl;* **Comisión de V~es y Cambios** Effekten- und Devisenkommission; **mercado de ~es** Effektenmarkt *m*

valoración [balora'θjon] *f* Bewertung *f,* (Ein)schätzung *f;* (*análisis*) Auswertung *f,* Analyse *f;* (ECON) Wertermittlung *f;* ~ **empresarial** Unternehmensbewertung *f;* ~ **fija** (FIN) Festbewertung *f;* ~ **promedio** Durchschnittsbewertung *f;* ~ **de una propiedad** Bewertung eines Vermögens; ~ **de la prueba** (JUR) Beweiswürdigung *f;* ~ **del personal** Personalbeurteilung *f;* ~ **de resultados** Auswertung der Ergebnisse; ~ **uniforme** Einheitsbewertung *f;* **hacer una ~ de los resultados electorales** die Wahlergebnisse analysieren [*o* bewerten]

valorar [balo'rar] *vt* schätzen; **valoró el cuadro en tres millones** er/sie schätzte das Bild auf drei Millionen; **sabe ~ lo que vale una buena secretaria** er/sie weiß, wie wichtig eine gute Sekretärin ist; **valoro muchísimo su generosidad** ich weiß seine/ihre Großzügigkeit sehr zu schätzen

valorización [baloriθa'θjon] *f v.* **valoración**
valorizar [balori'θar] <z→c> *vt v.* **valorar**
valquiria [bal'kirja] *f* Walküre *f*
vals [bals] *m* (MÚS) Walzer *m;* ~ **vienés** Wiener Walzer
valsar [bal'sar] *vi* Walzer tanzen
valse ['balse] *m* (*Am*) *v.* **vals**
valuación [balwa'θjon] *f v.* **valoración**
valuar [balu'ar] <*1. pres:* valúo> *vt* schätzen; ~ **un cuadro en un millón** ein Bild auf eine Million schätzen
valva ['balβa] *f* (ZOOL) Muschelschale *f;* **los mejillones tienen dos ~s** Miesmuscheln haben zwei Schalen(klappen)
válvula ['balβula] *f* ❶ (ANAT) Klappe *f;* ~ **tricúspide** Mitralklappe *f*

❷ (TÉC) Ventil *nt,* Klappe *f;* ~ **de escape/seguridad** Auslass-/Sicherheitsventil *nt;* **muchos hinchas utilizan el deporte como (una) ~ de escape** (*fig*) für viele Fußballfans ist der Sport eine Möglichkeit sich abzureagieren [*o* Dampf abzulassen]

valvular [balbu'lar] *adj* (ANAT, TÉC) Klappen-; (TÉC) Ventil-
vampiresa [bampi'resa] *f* Vamp *m*
vampirismo [bampi'rismo] *m* ❶ (*creencia*) Glauben *m* an Vampire, Vampirglauben *m*

❷ (*codicia excesiva*) übertriebene Habsucht *f*

❸ (MED) Nekrophilie *f*

vampiro [bam'piro] *m* ❶ (*espectro, t.* ZOOL) Vampir *m*

❷ (*explotador*) Blutsauger *m*

vanadio [ba'naðjo] *m* (QUÍM) Vanadin *nt*
vanagloria [bana'ɣlorja] *f sin pl* Eitelkeit *f,* Dünkel *m*
vanagloriarse [banaɣlo'rjarse] *vr* sich rühmen (*de* +*gen*), prahlen (*de* mit +*dat*); **se vanagloriaba de sus victorias** er/sie prahlte mit seinen/ihren Siegen
vanaglorioso, -a [banaɣlo'rjoso, -a] *adj* eitel, dünkelhaft, eingebildet
vanamente [bana'mente] *adv* vergeblich, umsonst
vandalaje [banda'laxe] *m* (*AmC, AmS*) *v.* **vandalismo**
vandálico, -a [ban'daliko, -a] *adj* wandalisch, vandalisch; **los hinchas cometieron actos ~s** die Fans führten sich auf wie die Wandalen
vandalismo [banda'lismo] *m sin pl* Wandalismus *m,* Vandalismus *m;* (*fig*) Zerstörungswut *f*
vándalo, -a ['bandalo, -a] I. *adj* vandalisch, wandalisch
II. *m, f* Wandale, -in *m, f,* Vandale, -in *m, f;* **los ~s también invadieron el norte de África** die Wandalen fielen auch im Norden Afrikas ein; **estos jóvenes están hechos una horda de ~s** (*fig*) diese Jugendlichen benehmen sich wie die Wandalen
vanesa [ba'nesa] *f* (ZOOL: *Vanessa atalanta*) Admiral *m;* (*V. cardui*) Distelfalter *m;* (*V. polychlorus*) Großer Fuchs *m*
vanguardia [baŋ'gwarðja] *f* ❶ (MIL) Vorhut *f*

❷ (*movimiento*) Avantgarde *f;* (POL) Vorkämpfer *mpl;* **de ~** avantgardistisch; **Italia va siempre a la ~ de la moda** Italien bestimmt immer der neuesten Modetrends; **La V~** *Tageszeitung von Barcelona*
vanguardismo [baŋgwar'ðismo] *m sin pl* Avantgardismus *m*
vanguardista [baŋgwar'ðista] I. *adj* avantgardistisch

II. *mf* Avantgardist(in) *m(f);* (*fig*) Pionier(in) *m(f)*
vanidad [bani'ðað] *f* ❶ (*presunción*) Eitelkeit *f,* Dünkel *m;* **conseguirás lo que quieras de ella si alabas su ~** du wirst alles von ihr bekommen, wenn du ihrer Eitelkeit frönst; **de ~es** (REL) Eitelkeit der Eitelkeiten, vanitas vanitatum

❷ (*caducidad*) Vergänglichkeit *f*

vanidoso, -a [bani'ðoso, -a] I. *adj* eitel, dünkelhaft, eingebildet
II. *m, f* eingebildeter Mensch *m*
vanilocuente [banilo'kwente] *adj* geschwätzig
vano¹ ['bano] *m* (ARQUIT) Öffnung *f*
vano, -a² ['bano, -a] *adj* ❶ (*ineficaz*) vergeblich; **lo intenté varias veces pero todo fue en ~** ich habe es mehrmals versucht, aber alles war umsonst

❷ (*infundado*) unbegründet; **es una vana ilusión** das ist nur eine Illusion; **no tomarás el nombre de Dios en ~** (REL) du sollst den Namen Gottes nicht missbrauchen

vánova ['banoβa] *f* (*Arg*) Bettdecke *f*
vapor [ba'por] *m* ❶ (*vaho*) Dampf *m,* Dunst *m;* ~ **de agua** Wasserdampf *m;* **barco de ~** Dampfer *m;* **máquina de ~** Dampfmaschine *f;* (*locomotora*) Dampflokomotive *f;* **cocer las patatas al ~** (GASTR) die Kartoffeln dünsten

❷ (*barco*) Dampfer *m*

vaporar [bapo'rar] I. *vt* verdunsten [*o* verdampfen] lassen
II. *vr:* ~**se** verdunsten, verdampfen
vaporera [bapo'rera] *f* Dampfkochtopf *m*
vaporización [baporiθa'θjon] *f* ❶ (*evaporación*) Verdunstung *f,* Verdampfung *f*

❷ (*pulverización*) Zerstäubung *f*

❸ (MED) Dampfbehandlung *f*

vaporizado [bapori'θaðo] *m* Dämpfen *nt,* Dampfbehandlung *f*
vaporizador [baporiθa'ðor] *m* (*perfume*) Zerstäuber *m*
vaporizar [bapori'θar] <z→c> I. *vt* ❶ (*evaporar*) verdampfen (lassen), verdunsten (lassen)

❷ (*perfume*) zerstäuben

II. *vr:* ~**se** verdampfen, verdunsten
vaporizo [bapo'riθo] *m* (*Méx, PRico*) ❶ (*vaho*) Dampf *m;* (*para inhalar*) Inhalationsdämpfe *mpl*

❷ (*calor*) dunstige Hitze *f*

vaporoso, -a [bapo'roso, -a] *adj* ❶ (*tela*) leicht, luftig

❷ (*humeante*) dampfend

vapulear [bapule'ar] *vt* ❶ (*zurrar*) prügeln; (*zarandear*) schütteln

❷ (*reprobar duramente*) scharf kritisieren

vapuleo [bapu'leo] *m* Tracht *f* Prügel; **recibir un serio ~** eine ordentliche Tracht Prügel abbekommen
vaquería [bake'ria] *f* ❶ (*manada*) Rinderherde *f*

❷ (*explotación*) Kuhstall *m;* (*lechería*) Milchverkaufsstelle *f*

vaquerizo, -a [bake'riθo, -a] I. *adj* Rinder-
II. *m, f* Viehhirt(in) *m(f);* (*de vacas*) Kuhhirt(in) *m(f)*
vaquero, -a [ba'kero, -a] I. *adj* Viehhirten-
II. *m, f* Viehhirt(in) *m(f);* (*de vacas*) Kuhhirt(in) *m(f);* (*norteamericano*) Cowboy *m;* (*sudamericano*) Gaucho *m;* (*mejicano*) Vaquero *m;* **ayer vimos una película de ~s** (CINE, TV) gestern haben wir einen Cowboyfilm gesehen
vaquero(s) [ba'kero(s)] *m(pl)* Jeans *f(pl);* **me he comprado un par de [*o* unos] ~s** ich habe mir (ein Paar) Jeans gekauft
vaqueta [ba'keta] *f* Rind(s)leder *nt*
vaquetón, -ona [bake'ton, -ona] *adj* (*Méx*) ❶ (*fam: flojo*) schlaff, energielos

❷ (*vago*) faul

❸ (*descarado*) dreist, verwegen

vaquilla [ba'kiʎa] *f* junge Kuh *f* (*anderthalb bis zwei Jahre alt*); **suelta de ~s** Stierkampf mit Jungtieren
vaquillona [baki'ʎona] *f* (*Arg, Chil*) junge Kuh *f* (*zwei bis drei Jahre alt*)
var [bar] *m* (ELEC) Var *nt*
vara ['bara] *f* ❶ (*rama*) Rute *f;* **deme una ~ de azahar** geben Sie mir einen Orangenzweig mit Blüte

❷ (*palo*) Stab *m,* Stange *f*

❸ (*medida*) Elle *f* (*0,8359 m*); **meterse en camisa de once ~s** (*fig*) sich in fremde Angelegenheiten mischen

❹ (ADMIN) Stab *m;* **tener alta ~** einflussreich sein; **doblar la ~ de la justicia** das Recht beugen

❺ (*piara*) Schweineherde *f*

varada [ba'raða] *f v.* **varadura**
varadero [bara'ðero] *m* (NÁUT) Stapel *m*
varado, -a [ba'raðo, -a] *adj* (NÁUT) verankert; **una ballena se ha quedado varada en la playa** ein Wal ist gestrandet
varadura [bara'ðura] *f* (NÁUT) Aufschleppen *nt* (*eines Schiffs auf den Stapel*)

varal [ba'ral] *m* (dicke und lange) Stange *f;* (*para la construcción*) Rüstholz *nt;* (*de un carro*) Deichsel *f*
varapalo [bara'palo] *m* ① (*rapapolvo*) Schimpfkanonade *f*
② (*golpe*) Schlag *m* (*mit dem Stock*); (*paliza*) Tracht *f* Prügel, Prügel *mpl;* **dar un ~ a alguien** jdn verprügeln; **recibir un ~** Prügel beziehen
③ (*palo*) Stock *m*, Knüppel *m*
varar [ba'rar] I. *vi* ① (*encallar*) stranden; (*fig*) stecken bleiben
② (*Am: coche*) eine Panne haben
II. *vt* (NÁUT) an Land ziehen
varazo [ba'raθo] *m* Hieb *m* (*mit der Rute*)
varazón [bara'θon] *f* (*Chil: ZOOL*) Fischschwarm *m*
varea [ba'rea] *f,* **vareaje** [bare'axe] *m* (AGR) Abschlagen *nt* der Baumfrüchte
varear [bare'ar] *vt* ① (*fruta*) (vom Baum) abschlagen
② (*lana*) klopfen
③ (*toro*) mit der Lanze verwunden
varec [ba'rek] *m* (BOT: *zostera*) Seegras *nt;* (*algas*) Tang *m*
varejón [bare'xon] *m* ① (*AmS, Nic: verdasca*) Rute *f,* Gerte *f*
② (*Col: variedad de yuca*) *eine Yucca-Art*
vareo [ba'reo] *m v.* **varea**
vareta [ba'reta] *f* ① *dim de* **vara**
② (*caza*) Leimrute *f*
③ (*indirecta*) Stichelei *f;* **echar ~s** sticheln
④ (*loc*): **estar de ~** (*fam*) Durchfall haben
varetazo [bare'taθo] *m* (TAUR: *paletazo*) Stoß *m* mit den Hörnern
varga ['barɣa] *f* ① (ZOOL) Seeaal *m*
② (*pendiente*) steilste Stelle *f* (*eines Anstiegs*)
variabilidad [barjaβili'ðað] *f* Veränderlichkeit *f*
variable [bari'aβle] I. *adj* veränderlich, wechselnd; **costes ~s** veränderliche Kosten; **tiene un carácter muy ~** er/sie hat einen sehr unsteten Charakter
II. *f* (MAT) Variable *f;* **~ demográfica** demografische Variable; **no conocemos el valor de la ~** wir kennen den Wert der Variablen nicht
variación [barja'θjon] *f* ① (MAT, MÚS) Variation *f;* **tema con variaciones** Thema mit Variationen
② (*cambio*) (Ver)änderung *f;* (*oscilación*) Schwankung *f;* **~ en los cambios** (FIN) Kursschwankung *f;* **~ de existencias** (COM) Lagerbestandsveränderung *f,* **~ presupuestaria** (ECON) Haushaltsschwankung *f*
variado, -a [bari'aðo, -a] *adj* (*no siempre igual*) abwechslungsreich, abwechselnd; (*distinto*) verschieden, unterschiedlich; (*colores*) bunt; **tenemos tapas variadas** es gibt verschiedene Sorten von Tapas
variancia [bari'anθja] *f* (*en estadística*) Varianz *f*
variante [bari'ante] *f* ① (*versión*) Variante *f,* Fassung *f,* Version *f;* **existen otras ~s de la misma canción** es gibt noch andere Versionen desselben Liedes
② (*diferencia*) Unterschied *m,* Abweichung *f;* **existen dos copias del cuadro con ligeras ~s** es gibt zwei Kopien dieses Bildes mit geringfügigen Unterschieden
③ (*carretera*) Umgehungsstraße *f*
④ *pl* (GASTR) kleinere Vorspeisen *fpl,* Tapas *fpl*
variar [bari'ar] <*1. pres:* varío> I. *vi* ① (*modificarse*) wechseln, sich ändern; (*t. MÚS*) variieren
② (*ser distinto*) sich unterscheiden (*de* von +*dat*), abweichen (*de* von +*dat*)
③ (*cambiar*) ändern; **~ de comida** abwechslungsreich kochen; **~ de peinado** die Haare anders tragen, eine andere Frisur haben; **me he comprado otro abrigo para ~** ich habe mir noch einen Mantel gekauft, damit ich nicht immer denselben trage
II. *vt* ① (*cambiar*) ändern, verändern
② (*dar variedad*) variieren; **menos mal que ha variado un poco el menú** zum Glück hat er/sie etwas Abwechslung in den Speiseplan gebracht; **y para ~ hablemos del gobierno** und zur Abwechslung können wir ja mal über die Regierung reden
varice [ba'riθe] *f,* **várice** ['bariθe] *f v.* **variz**
varicela [bari'θela] *f sin pl* (MED) Windpocken *pl*
varicocele [bariko'θele] *m* (MED) Krampfaderbruch *m,* Varikozele *f*
varicoso, -a [bari'koso, -a] *adj* Krampfader-; (MED) varikös; **úlcera varicosa** Krampfadergeschwür *nt*
variedad [barje'ðað] *f* ① (BIOL) Varietät *f;* **es una ~ de melocotón que aguanta bien el frío** das ist eine Pfirsichsorte, die Kälte gut verträgt
② (*pluralidad*) Vielfalt *f,* Reichhaltigkeit *f;* **una gran ~ de ofertas** ein breites Angebot; **la ~ de paisajes nos encantó** wir waren von der abwechslungsreichen Landschaft entzückt; **en la ~ está el gusto** Abwechslung muss sein
③ *pl* (*espectáculo*) Varietee *nt*
varietés [barje'tes] *fpl* Varietee *nt*
varilarguero [barilar'ɣero] *m* (TAUR) Pikador *m*
varilla [ba'riʎa] *f* ① *dim de* **vara**
② (*de un paraguas*) Schirmstab *m;* (*de un abanico*) Fächerstab *m*

varillaje [bari'ʎaxe] *m* (*de un paraguas*) Schirmgestänge *nt;* (*de un abanico*) Fächergestänge *nt*
vario, -a ['barjo, -a] *adj* ① (*diferente*) unterschiedlich, verschieden
② *pl* (*algunos*) mehrere, einige; **varias veces** öfters, mehrmals, wiederholt; **las ventajas son varias** es gibt einige Vorteile; **hay varias opiniones al respecto** es gibt dazu verschiedene Meinungen
varioloide [barjo'loiðe] *f* (MED) Variolois *f*
variopinto, -a [barjo'pinto, -a] *adj* ① (*de colores*) bunt
② (*mezclado*) gemischt, bunt
③ (*variado*) unterschiedlich, verschieden
varita [ba'rita] *f dim de* **vara**: **la ~ mágica** der Zauberstab
variz [ba'riθ] *f* (MED) Krampfader *f*
varón [ba'ron] *m* ① (*hombre*) Mann *m;* (*niño*) Junge *m;* **~ de Dios** frommer Mann; **es un santo ~** er ist ein herzensguter Mann; **tengo un ~ y dos niñas** ich habe einen Sohn [*o* Jungen] und zwei Töchter [*o* Mädchen]
② (NÁUT) Ruderkette *f*
varonil [baro'nil] *adj* männlich, Mannes-; **esa mujer tiene una voz ~** diese Frau hat eine Männerstimme
Varsovia [bar'soβja] *f* Warschau *nt;* **el Pacto de ~** (HIST, POL) der Warschauer Pakt
varsoviana [barso'βjana] *f* (MÚS) Varsovienne *f*
varsoviano, -a [barso'βjano, -a] I. *adj* aus Warschau
II. *m, f* Warschauer(in) *m(f)*
vasallaje [basa'ʎaxe] *m* (HIST: *sujeción*) Lehnspflicht *f;* (*señorío*) Lehnsherrschaft *f;* (*fig: servidumbre*) Knechtschaft *f*
vasallo, -a [ba'saʎo, -a] I. *adj* lehnspflichtig, vasallisch
II. *m, f* Lehnsmann *m,* Vasall *m*
vasar [ba'sar] *m* Küchenregal *nt* (*für Teller, Gläser etc.*)
vasco[1] ['basko] *m* (*lengua*) Baskisch(e) *nt*
vasco, -a[2] ['basko, -a] I. *adj* baskisch; **boina vasca** Baskenmütze *f;* **País V~** Baskenland *nt;* **pelota vasca** (DEP) Pelota *f*
II. *m, f* Baske, -in *m, f*
vascófilo, -a [bas'kofilo, -a] *m, f* Kenner(in) *m(f)* der baskischen Kultur
vascofrancés, -esa [baskofran'θes] I. *adj* baskofranzösisch
II. *m, f* Bewohner(in) *m(f)* des französischen Baskenlandes
vascón, -ona [bas'kon, -ona] I. *adj* (HIST) aus Vasconia (*dem heutigen Navarra*)
II. *m, f* (HIST) Einwohner(in) *m(f)* von Vasconia (*dem heutigen Navarra*)
Vascongadas [baskoŋ'ɡaðas] *fpl* ≈Baskenland *nt*
vascongado, -a [baskoŋ'ɡaðo, -a] I. *adj* baskisch
II. *m, f* Baske, -in *m, f*
vascuence [bas'kwenθe] *m* ① (*lengua*) Baskisch(e) *nt*
② (*fam: ininteligible*) Chinesisch *nt*
vascular [basku'lar] *adj* (ANAT) Gefäß-; **sistema ~** Gefäßsystem *nt*
vasculitis [basku'litis] *f inv* (MED) Vaskulitis *f*
vasectomía [basekto'mia] *f* (MED) Vasektomie *f*
vaselina [base'lina] *f* Vaseline *f*
vasera [ba'sera] *f* ① (*estantería*) Glasregal *nt*
② (*bandeja*) Tablett *nt* (*des Wasserträgers*)
vasija [ba'sixa] *f* ① (*recipiente*) Gefäß *nt;* **las ~s encontradas en el barco contenían aceite y semillas** die Gefäße, die man auf dem Schiff fand, enthielten Öl und Samen
② (*reg: vajilla*) Geschirr *nt*
vaso ['baso] *m* ① (*recipiente*) Glas *nt;* **~s comunicantes** (FÍS) kommunizierende Röhren; **~ de papel** (Papp)becher *m;* **he comprado una docena de ~s de güisqui** ich habe ein Dutzend Whiskygläser gekauft; **quisiera un ~ de agua** ich hätte gern ein Glas Wasser
② (ANAT) Gefäß *nt;* **~s capilares/linfáticos/sanguíneos** Kapillar-/Lymph-/Blutgefäße *ntpl*
vasoconstrictor(a) [basokonˢstrik'tor(a)] *adj* (MED) gefäßverengend, vasokonstriktorisch
vasodilatador(a) [basoðilata'ðor(a)] *adj* (MED) gefäßerweiternd, vasodilatatorisch
vasomotor(a) [basomo'tor(a)] *adj* (MED) vasomotorisch; **nervios ~es** Gefäßnerven *mpl,* vasomotorische Nerven
vasquismo [bas'kismo] *m sin pl* (POL) baskische Autonomiebewegung *f*
vástago ['bastaɣo] *m* ① (BOT) Schössling *m,* Trieb *m*
② (*fig: hijo*) Sohn *m,* Sprössling *m*
③ (TÉC) Schaft *m;* **~ del émbolo** Kolbenstange *f*
vastedad [baste'ðað] *f* (*saber*) Weite *f,* Ausdehnung *f*
vasto, -a ['basto, -a] *adj* weit, groß; (*saber*) umfassend; **nos deleitó con sus ~s conocimientos de botánica** er/sie erfreute uns mit seinen/ihren weit reichenden botanischen Kenntnissen
vataje [ba'taxe] *m* (ELEC) Wattleistung *f*
vate ['bate] *m* ① (*adivino*) Wahrsager *m*
② (*elev: poeta*) Dichter *m*
váter ['bater] *m* WC *nt,* Toilette *f,* Klo *nt fam*
vaticanista [batika'nista] *mf* (POL) Anhänger(in) *m(f)* der Vatikanpoli-

Vaticano [bati'kano] *m* Vatikan *m;* **la Ciudad del ~** die Vatikanstadt
vaticano, -a [bati'kano, -a] *adj* vatikanisch, päpstlich; **Biblioteca Vaticana** Vatikanische Bibliothek; **Concilio V~ II** Zweites Vatikanisches Konzil; **museos ~s** vatikanische Museen
vaticinador(a) [batiθina'ðor(a)] *m(f)* Wahrsager(in) *m(f)*
vaticinar [batiθi'nar] *vt* prophezeien, vorhersagen
vaticinio [batiθinjo] *m* Prophezeiung *f,* Wahrsagung *f*
vatímetro [ba'timetro] *m* (ELEC) Wattmeter *nt,* Leistungsmesser *m*
vatio ['batjo] *m* (ELEC) Watt *nt;* **quiero una bombilla de 100 ~s** ich möchte eine 100-Watt-Glühbirne
Vd. [us'teð] *pron pers abr de* **usted** Sie
vda. ['bjuða] *abr de* **viuda** Wwe.
V.E. ['bwestra eseθe'lenθja] *abr de* **Vuestra Excelencia** S.E.
vecinal [beθi'nal] *adj* Gemeinde-; **camino ~** Gemeindeweg *m*
vecindad [beθin'dað] *f* ❶ (*vecinos, relación*) Nachbarschaft *f;* **queremos mantener relaciones de buena ~ con Francia** (POL) wir möchten gutnachbarliche Beziehungen zu Frankreich unterhalten; **chisme de ~** (*fig fam*) Klatsch *m*
❷ (*alrededores*) Umgebung *f,* Nachbarschaft *f*
vecindario [beθin'darjo] *m* ❶ (*vecindad*) Nachbarn *mpl,* Nachbarschaft *f;* (*ciudadanos*) Bürger *mpl;* (*comunidad*) Gemeinde *f*
❷ (*padrón*) Melderegister *nt*
vecino, -a [be'θino, -a] I. *adj* benachbart (*de* mit +*dat*), Nachbar-; (*cercano*) nahe; **vive en el pueblo ~** er/sie wohnt im Nachbardorf
II. *m, f* ❶ (*que vive cerca*) Nachbar(in) *m(f);* **no aguanto que todo hijo de ~ me diga lo que tengo que hacer** (*fam*) ich ertrage es nicht, dass jedermann meint mir sagen zu können, was ich tun soll
❷ (*habitante*) Bewohner(in) *m(f);* **José García, ~ de Villavieja** José García, wohnhaft in Villavieja
vector [bek'tor] *m* (MAT, FÍS, INFOR) Vektor *m;* **~ de acceso** (INFOR) Zugangsvektor *m;* **~ de fila** (INFOR) Reihenvektor *m*
vectorial [bekto'rjal] *adj* (MAT) vektoriell, Vektor-; **cálculo ~** Vektorrechnung *f*
veda ['beða] *f* (*prohibición*) Verbot *nt;* (*de cazar, pescar*) Schonzeit *f;* **levantar la ~** zum Abschuss freigeben; **ya han levantado la ~ para la perdiz** das Jagdverbot für Rebhühner ist schon aufgehoben worden
vedado[1] [be'ðaðo] *m* Sperrgebiet *nt;* **~ de caza** Jagdrevier *nt*
vedado, -a[2] [be'ðaðo, -a] *adj* gesperrt; **terreno ~** (polizeilich) gesperrtes Grundstück
vedar [be'ðar] *vt* verbieten, verhindern
vedette [be'ðet'/be'ðet] *f* (TEAT) Diva *f*
védico, -a ['beðiko, -a] *adj* (LING, REL) wedisch
vedija [be'ðixa] *f* (*de lana*) Wollflocke *f;* (*de pelo*) Haarbüschel *nt*
vedismo [be'ðismo] *m* (REL) wedische Religion *f,* Wedismus *m*
vedutismo [beðu'tismo] *m* (ARTE) Vedute-Malerei *f*
vega ['beɣa] *f* ❶ (*de un río*) (Fluss)aue *f,* Flussebene *f*
❷ (*Cuba: tabacal*) Tabakpflanzung *f*
❸ (*Chil: terreno pantanoso*) Sumpfgebiet *nt*
vegetación [bexeta'θjon] *f* ❶ (BOT) Vegetation *f;* **~ exuberante** üppige Vegetation; **~ mediterránea** Mittelmeerflora *f*
❷ *pl* (ANAT) Wucherungen *fpl*
vegetal [bexe'tal] I. *adj* Pflanzen-, pflanzlich; **aceite ~** pflanzliches Öl, Pflanzenöl *nt;* **carbón ~** Holzkohle *f;* **grasas ~es y animales** pflanzliche und tierische Fette; **reino ~** Pflanzenreich *nt;* **con la erosión desaparece el manto ~** durch die Erosion verschwindet die Pflanzendecke; **del yute se obtienen fibras ~es** aus Jute werden Pflanzenfasern gewonnen
II. *m* ❶ (BOT) Pflanze *f*
❷ (*pey: persona*) Scheintoter *m*
❸ (*parásito*) Parasit *m*
vegetar [bexe'tar] *vi* ❶ (BOT) wachsen
❷ (*enfermo*) dahinvegetieren, dahindämmern
❸ (*pey: persona*) herumgammeln, vor sich hin leben
vegetarianismo [bexetarja'nismo] *m sin pl* Vegetarismus *m*
vegetariano, -a [bexeta'rjano, -a] I. *adj* vegetarisch; **cocina vegetariana** vegetarische Küche; **restaurante ~** vegetarisches Restaurant; **yo siempre cojo el plato ~** ich nehme immer das vegetarische Gericht
II. *m, f* Vegetarier(in) *m(f)*
vegetativo, -a [bexeta'tiβo, -a] *adj* ❶ (BOT) pflanzlich, vegetativ
❷ (MED) vegetativ; **sistema nervioso ~** vegetatives Nervensystem; **órgano ~** Wachstumsorgan *nt*
veguero[1] [be'ɣero] *m* (*Cuba*) (aus einem Tabakblatt gedrehte) Zigarre *f*
veguero, -a[2] [be'ɣero, -a] *m, f* Tabakpflanzer(in) *m(f)*
vehemencia [be(e)'menθja] *f sin pl* ❶ (*ímpetu*) Vehemenz *f,* Nachdruck *m*
❷ (*entusiasmo*) Begeisterung *f*
vehemente [be(e)'mente] *adj* ❶ (*impetuoso*) vehement, heftig; **tenemos sospechas ~s de que nos miente** wir haben den dringenden Verdacht, dass er/sie uns belügt

❷ (*ardiente*) leidenschaftlich, vehement; **fue un llamamiento ~ a la reconciliación** es war ein leidenschaftlicher Aufruf zur Versöhnung
❸ (*persona*) gefühlsbetont, leidenschaftlich
vehicular [beiku'lar] *vt* ❶ (*conducir*) fahren, lenken
❷ (*difundir*) verbreiten
❸ (*transmitir*) übertragen
❹ (*comunicar*) übermitteln
vehículo [be'ikulo] *m* ❶ (*transporte*) Fahrzeug *nt;* **~ comercial** Geschäftswagen *m;* **~ industrial** Nutzfahrzeug *nt;* **~ de motor** Kraftfahrzeug *nt*
❷ (*medio*) Mittel *nt;* (MED) Überträger *m*
veinte ['beinte] *adj inv* zwanzig; *v. t.* **ochenta**
veinteavo, -a [bein·te'aβo, -a] *adj* zwanzigstel; **recibió una veinteava parte de los beneficios** er/sie erhielt ein Zwanzigstel der Einkünfte; *v. t.* **ochentavo**
veintena [bein'tena] *f* (*unidades*) zwanzig Stück *nt;* (*años*) zwanzig Jahre *ntpl;* (*días*) zwanzig Tage *mpl;* **una ~ de huevos** zwanzig Eier; **una ~ de personas** zwanzig Leute; (*aproximadamente*) um die zwanzig Leute
veintiañero, -a [beintja'ɲero, -a] I. *adj* zwanzigjährig
II. *m, f* Zwanzigjährige(r) *mf*
veinticinco [beinti'θinko] I. *adj* fünfundzwanzig
II. *m* Fünfundzwanzig *f; v. t.* **ochenta**
veinticuatro [beinti'kwatro] I. *adj* vierundzwanzig
II. *m* Vierundzwanzig *f; v. t.* **ochenta**
veintidós [beinti'ðos] I. *adj* zweiundzwanzig
II. *m* Zweiundzwanzig *f; v. t.* **ochenta**
veintinueve [beinti'nweβe] I. *adj* neunundzwanzig
II. *m* Neunundzwanzig *f; v. t.* **ochenta**
veintiocho [beinti'otʃo] I. *adj* achtundzwanzig
II. *m* Achtundzwanzig *f; v. t.* **ochenta**
veintipocos [beinti'pokos] *adj inv* (*fam*) etwas über zwanzig
veintiséis [beinti'seis] I. *adj* sechsundzwanzig
II. *m* Sechsundzwanzig *f; v. t.* **ochenta**
veintisiete [beinti'sjete] I. *adj* siebenundzwanzig
II. *m* Siebenundzwanzig *f; v. t.* **ochenta**
veintitantos [beinti'tantos] *adj inv* etwa zwanzig; **tendrá ~ años** er/sie ist in den Zwanzigern, er/sie wird etwas über zwanzig sein
veintitrés [beinti'tres] I. *adj* dreiundzwanzig
II. *m* Dreiundzwanzig *f; v. t.* **ochenta**
veintiuno, -a [bein'tjuno, -a] *adj* (*delante de un substantivo: veintiún*) einundzwanzig; **el ~ de abril** der/am 21. April; **he invitado a veintiún amigos** ich habe einundzwanzig Freunde eingeladen; *v. t.* **ochenta**
vejación [bexa'θjon] *f,* **vejamen** [be'xamen] *m* Schikane *f,* Belästigung *f*
vejar [be'xar] *vt* schikanieren, quälen
vejarrón, -ona [bexa'rron, -ona] *m, f aum de* **viejo**
vejatorio, -a [bexa'torjo, -a] *adj* demütigend, quälend
vejestorio, -a [bexes'torjo, -a] *m, f* (*pey*) alter Knacker *m,* alte Frau *f*
vejete [be'xete] *m* (*fam*) Alter(r) *m*
vejez [be'xeθ] *f sin pl* (*ancianidad*) Alter *nt;* (*envejecimiento*) Altern *nt;* **pensión de ~** Altersruhegeld *nt,* Altersrente *f;* **pasar su ~ en Mallorca** seinen Lebensabend auf Mallorca verbringen; **a la ~, viruelas** (*prov*) Alter schützt vor Torheit nicht
vejiga [be'xiɣa] *f* (ANAT) Blase *f;* **~ de la hiel** (ANAT) Gallenblase *f;* **~ natatoria** (ZOOL) Schwimmblase *f;* **~ (urinaria)** (ANAT) Harnblase *f;* **después de recorrer 200 kilómetros se le levantaron ~s en los pies** nachdem er/sie 200 Kilometer gegangen war, hatte er/sie Blasen an den Füßen
vela ['bela] *f* ❶ (*luz*) Kerze *f;* **encender/apagar la ~** die Kerze anzünden/auslöschen; **estaba derecho como una ~** (*fig*) er stand kerzengerade; **se está acabando la ~** (*fig*) die Kerze geht aus; **¿a ti quién te ha dado ~ en este entierro?** (*fig*) wer hat dich hierher bestellt?; **estar a dos ~s** (*fig*) arm wie eine Kirchenmaus sein; **poner una ~ a San Miguel** [*o* **Dios**] **y otra al diablo** auf zwei Hochzeiten zugleich tanzen
❷ (NÁUT, DEP) Segel *nt;* **~ cuadra** Quersegel *nt;* **~ latina** Lateinsegel *nt;* **~ mayor** Großsegel *nt;* **~ de mesana** Besan *m;* **barco de ~** Segelschiff *nt,* Segler *m;* **alzar** [*o* **levantar**] **~s** Segel setzen; (*fig*) sich davonmachen; **a toda ~** mit vollen Segeln; (*fig*) mit vollem Einsatz; **es un aficionado a la ~** (DEP) er geht gern segeln; **recoger ~s** (*fig*) zurückweichen
❸ (*loc*): **he pasado la noche en ~ por tu culpa** deinetwegen habe ich die ganze Nacht kein Auge zugetan
❹ *pl* (*fam: mocos*) Rotz *m*
velación [bela'θjon] *f* ❶ (*de un difunto*) Totenwache *f*
❷ (*de los novios*) Bedeckung des Brautpaares mit dem Schleier
velada [be'laða] *f* Abend *m;* (LIT, MÚS, TEAT) Soiree *f;* **~ musical** Musikabend *m*
velado, -a [be'laðo, -a] I. *adj* (FOTO) verschleiert; **con voz velada** mit von Trauer umflorter Stimme

velador

II. *m, f* Ehemann, -frau *m, f*

velador [bela'ðor] *m* ❶ (*mesita*) rundes Tischchen *nt* (*mit nur einem Fuß*)
❷ (*candelero*) Leuchter *m*
❸ (*Arg, Méx, Urug: lámpara*) Nachttischlampe *f*

veladora [bela'ðora] *f* (*Am: vela*) Kerze *f*

veladura [bela'ðura] *f* (ARTE, CINE, FOTO) Lasur *f*

velamen [be'lamen] *m* (NÁUT) Segelwerk *nt*

velar [be'lar] I. *vi* ❶ (*no dormir*) wachen; (*trabajar*) nachts arbeiten; (*estudiar*) nachts lernen
❷ (*fig: cuidar*) wachen (*por* über +*akk*); **sabe ~ bien por sus intereses** er/sie weiß seine/ihre Interessen zu vertreten; **vela por la educación de sus hijos** er/sie sorgt für [*o* wacht über] die Erziehung seiner/ihrer Kinder
II. *vt* ❶ (*vigilar*) (be)wachen; **~ al enfermo** am Krankenbett wachen; **~ a un muerto** Totenwache halten
❷ (FOTO) durch Lichteinfall vernichten
❸ (*ocultar*) verschleiern
❹ (*pintar*) lasieren
❺ (*cubrir*) verschleiern
III. *vr:* **~se** sich verschleiern
IV. *adj* (LING) velar, Hintergaumen-; **sonido ~** Velarlaut *m*
V. *f* (LING) Velar *m*, (Hinter)gaumenlaut *m*

velarizar [belari'θar] <z→c> *vt* (LING) als Hintergaumenlaut aussprechen, velarisieren

velatorio [bela'torjo] *m* Totenwache *f*

velazqueño, -a [belaθ'keno, -a] *adj* (ARTE) den Maler Velazquez betreffend; **un cuadro en estilo ~** ein Bild im Stil Velazquez'

velcro® ['belkro] *m* Klettverschluss *m*

veleidad [beleị'ðað] *f* Wankelmut *m*

veleidoso, -a [beleị'ðoso, -a] *adj* wankelmütig; (*caprichoso*) launisch

velejar [bele'xar] *vi* (NÁUT) unter Segel fahren

velero¹ [be'lero] *m* Segelschiff *nt*, Klipper *m*

velero, -a² [be'lero, -a] *adj* Segel-; **el barco ~ se hizo a la mar** das Segelschiff fuhr aufs Meer hinaus

veleta¹ [be'leta] *f* Windfahne *f*

veleta² [be'leta] *mf* (*fig*) wankelmütiger Mensch *m*

velicar [beli'kar] <c→qu> *vt* (MED) punktieren

velis ['belis] *m*, **veliz** [be'liθ] *m* (Méx: de cuero) lederner Handkoffer *m*; (*de metal*) metallener Handkoffer *m*

vello ['beʎo] *m sin pl* ❶ (*corporal*) (Körper)behaarung *f*, (Körper)haare *ntpl*; **~ de las axilas** Achselhaare *ntpl*; **~ pubiano** Schamhaare *ntpl*
❷ (BOT) Flaumhaar *nt*

vellocino [beʎo'θino] *m* Vlies *nt*, Schaffell *nt*; **el ~ de oro** das Goldene Vlies

vellón [be'ʎon] *m* ❶ (*mechón*) Wollflocke *f*
❷ (*piel*) Vlies *nt*, Schaffell *nt*

vellosidad [beʎosi'ðað] *f sin pl* (Körper)haare *ntpl*, (Körper)behaarung *f*

vellosilla [beʎo'siʎa] *f* (BOT) Kleines Habichtskraut *nt*

velloso, -a [be'ʎoso, -a] *adj* behaart; **su vientre ~ recordaba al de un mono** sein behaarter Bauch erinnerte an einen Affen

velludo, -a [be'ʎuðo, -a] *adj* stark behaart

velo ['belo] *m* ❶ (*prenda*) Schleier *m*; (*de un sombrero*) Hutschleier *m*; (*toca*) Nonnenhaube *f*; (*en una boda*) Trauschleier *m*; **~ de novia** Brautschleier *m*; **~ humeral** (REL) Velum *nt*; **tomar el ~** (REL) den Schleier nehmen; **correr** [*o* **descorrer**] **el ~** (*fig*) den Schleier lüften; **corramos un tupido ~ sobre esa cuestión** lasst uns über all dies nicht mehr sprechen
❷ (ANAT): **~ del paladar** Gaumensegel *nt*

velocidad [beloθi'ðað] *f* ❶ (*t. FÍS, INFOR*) Geschwindigkeit *f*; **~ angular** Winkelgeschwindigkeit *f*; **~ de crucero** Reisegeschwindigkeit *f*; **~ de impresión** Druckgeschwindigkeit *f*; **~ de lectura** (INFOR) Lesegeschwindigkeit *f*; **~ punta** Spitzengeschwindigkeit *f*; **~ supersónica** Überschallgeschwindigkeit *f*; **~ de transferencia** Übertragungsrate *f*; **~ de transferencia** [*o* **de transmisión**] **de datos** (INFOR) Datentransferrate *f*; **depende de la ~ a que escribas a máquina** das hängt davon ab, wie schnell du Maschine schreiben kannst; **le pusieron una multa por exceso de ~** er/sie bekam eine Strafe wegen überhöhter Geschwindigkeit; **iba a toda ~ y se pegó una torta** (*fam*) er/sie fuhr sehr schnell und baute einen Unfall
❷ (*marcha*) Gang *m*; **cambio de ~es** Gangschaltung *f*

velocímetro [belo'θimetro] *m* Geschwindigkeitsmesser *m*, Tachometer *nt*

velocípedo [beloθi'peðo] *m* Veloziped *nt*, Fahrrad *nt*

velocirraptor [beloθirrap'tor] *m* (ZOOL) Velociraptor *m*

velocista [belo'θista] *mf* (DEP) Sprinter(in) *m(f)*, Kurzstreckenläufer(in) *m(f)*

velódromo [be'loðromo] *m* Velodrom *nt*, Radrennbahn *f*

velomotor [belomo'tor] *m* Motorfahrrad *nt*, Mofa *nt fam*

velón [be'lon] *m* ❶ *superl de* **vela**

❷ (*lámpara*) ≈mehrflammige Öllampe *f*

veloriante [belo'rjante] *mf* Totenwächter(in) *m(f)*

velorio [be'lorjo] *m* ❶ (*velatorio*) Totenwache *f*
❷ (*fiesta*) Dorffest *nt* (*z. B. nach dem Schlachten*)

veloz [be'loθ] *adj* schnell, eilig; (*ágil*) flink; **raudo y ~** rasch

vena ['bena] *f* ❶ (ANAT) Ader *f*, Vene *f*; **~ cava/porta/yugular** Hohl-/Pfort-/Drosselvene *f*
❷ (BOT) Rippe *f*, Blattnerv *m*, Blattader *f*
❸ (*filón*) Erzader *f*; **~ de agua** Wasserader *f*
❹ (*inspiración*) Ader *f*, Begabung *f*; **tener ~ de escritor** eine dichterische Ader haben; **tiene ~ de músico** er/sie ist sehr musikalisch
❺ (*arrebato*): **le dio la ~ y nos invitó a comer** plötzlich wurde er/sie spendabel und lud uns zum Essen ein

venablo [be'naβlo] *m* Jagdspieß *m*; **echar ~s** (*fig*) Gift und Galle speien

venada [be'naða] *f* ❶ (*ataque de locura*) hysterischer Anfall *m*
❷ (*Am: hembra del ciervo*) Hirschkuh *f*

venadear [benaðe'ar] *vt* (Méx) aus dem Hinterhalt und in freiem Feld ermorden

venado [be'naðo] *m* (*ciervo*) Hirsch *m*; (*caza mayor*) Hochwild *nt*

venaje [be'naxe] *m* (GEO) zu einer Quelle zusammenfließende Wasseradern

venal [be'nal] *adj* ❶ (*relativo a las venas*) Ader-
❷ (*vendible*) käuflich
❸ (*sobornable*) bestechlich

venalidad [benali'ðað] *f sin pl* Bestechlichkeit *f*

venático, -a [be'natiko, -a] *adj* ❶ (*loco*) verrückt
❷ (*caprichoso*) launisch

venatorio, -a [bena'torjo, -a] *adj* (*elev*) Jagd-

vencedero, -a [benθe'ðero, -a] *adj* fällig (werdend); **factura vencedera el próximo mes** bis spätestens nächsten Monat zu zahlende Rechnung

vencedor(a) [benθe'ðor(a)] I. *adj* siegreich; **el equipo ~** die Siegermannschaft
II. *m(f)* Sieger(in) *m(f)*

vencejo [ben'θexo] *m* ❶ (ZOOL) Mauersegler *m*
❷ (*lazo*) Garbenband *nt*

vencer [ben'θer] <c→z> I. *vi* ❶ (*derrotar*) siegen; **~á porque es muy paciente** er/sie wird gewinnen, weil er/sie sehr geduldig ist
❷ (*plazo*) ablaufen; (*cheque*) fällig werden
II. *vt* ❶ (*enemigos*) besiegen, siegen (*a* über +*akk*); **~ o morir** siegen oder sterben; **los aliados vencieron a las fuerzas del Eje** (HIST) die Alliierten haben die Achsenmächte besiegt; **los vencieron en toda la línea** sie haben sie auf der ganzen Linie geschlagen; **¡no te dejes ~!** lass dich nicht unterkriegen!
❷ (*obstáculo, sueño*) überwinden; (*dificultad*) meistern; **me venció el sueño** ich wurde vom Schlaf übermannt
❸ (*peso*) erdrücken, zu schwer sein (*für* +*akk*); **los libros vencieron la tabla del estante** die Bücher waren zu schwer für das Regal
III. *vr:* **~se** sich beherrschen

vencible [ben'θiβle] *adj* besiegbar

vencida [ben'θiða] *f* Sieg *m*; **a la tercera va la ~** (*prov*) aller guten Dinge sind drei

vencido, -a [ben'θiðo, -a] I. *adj* ❶ (*derrotado*) besiegt, geschlagen; **lo volvieron a suspender pero él no se da por ~** er ist wieder durchgefallen, aber er gibt sich nicht geschlagen
❷ (COM) fällig; **crédito ~** fälliger Kredit; **crédito no ~** laufender Kredit; **con los intereses ~s** mit den fälligen Zinsen; **cobro por meses ~s** ich bekomme mein Gehalt am Monatsende
II. *m, f* Besiegte(r) *mf*

vencimiento [benθi'mjento] *m* (COM) Ablauf *m*, Fälligkeit *f*; **~ de un derecho** Verfall eines Rechtes; **~ del plazo** Fristablauf *m*, Terminablauf *m*; **~ de una póliza de seguros** Laufzeit einer Versicherungspolice; **~ del precio de compraventa** Kaufpreisfälligkeit *f*; **~ de la reivindicación** Fälligkeit des Anspruchs; **fecha de ~** Fälligkeitsdatum *nt*; (FIN: *en una cuenta*) Zahlungsziel *nt*; **pago antes del ~** Zahlung vor Eintritt der Fälligkeit

venda ['benda] *f* (MED) Binde *f*; **~ enyesada/umbilical** Gips-/Nabelbinde *f*; **tener una ~ en los ojos** die Augen verbunden haben; (*fig*) mit Blindheit geschlagen sein; **cuando se le caiga la ~ de los ojos será tarde** (*fig*) wenn sich ihm/ihr endlich die Augen öffnen werden, wird es zu spät sein

vendaje [ben'daxe] *m* Verband *m*, Bandage *f*; **~ enyesado** Gipsverband *m*; **le pusieron/quitaron el ~ de la pierna** ihm/ihr wurde der Verband am Bein angelegt/abgenommen

vendar [ben'dar] *vt* verbinden, bandagieren; **le ~on el brazo hasta el codo** man verband ihm/ihr den Arm bis zum Ellbogen; **en este juego uno de los niños tiene que tener los ojos vendados** bei diesem Spiel müssen einem der Kinder die Augen verbunden werden

vendaval [benda'βal] *m* (*del sur(oeste)*) Süd(west)wind *m*; (*huracán*)

vendedor(a) [bende'ðor(a)] *m(f)* Verkäufer(in) *m(f)*; *(comerciante)* Händler(in) *m(f)*; **~ ambulante** Straßenhändler *m*; **~ a domicilio** Vertreter *m*; **~ al por mayor/menor** Groß-/Einzelhändler *m*

vendeja [ben'dexa] *f (reg)* ❶ *(mercancía)* Marktware *f*
❷ *(venta)* Markt *m*

vender [ben'der] I. *vt* ❶ *(COM)* verkaufen, absetzen; *(bebidas)* ausschenken; **~ a crédito** auf Kredit verkaufen; **~ al por mayor** en gros [*o* im Großhandel] verkaufen; **~ al por menor** im Detail [*o* im Kleinhandel] verkaufen; **~ a plazos** auf Raten verkaufen; **~ a precios regalados** zu Schleuderpreisen verkaufen; **~ algo forzosamente** etw zwangsverkaufen; **~ algo en subasta forzosa** etw zwangsversteigern; **artículo muy difícil de ~** Ladenhüter *m*; **en la tienda de la esquina venden bastante caro** der Laden an der Ecke ist ganz schön teuer; **nos lo vendió por [*o* en] [*o* a] 10 euros** er/sie hat es uns für 10 Euro verkauft; **vendido con todos los defectos** (COM) verkauft wie besichtigt
❷ *(traicionar)* verraten, verkaufen; **el dictador vendió su país a los americanos** der Diktator hat sein Land an die Amerikaner verkauft
II. *vr:* **~se** ❶ (COM) verkauft werden; **se vende** zu verkaufen; **se ha vendido todo** es ist alles ausverkauft; **se vendieron como rosquillas** [*o* churros] *(fig)* sie sind wie warme Semmeln weggegangen; **~se muy caro** *(fig)* sich sehr bitten lassen
❷ *(alguien)* sich verkaufen, sich bestechen lassen; **se vendió por un plato de lentejas** (REL) er/sie verkaufte sich für einen Teller Linsen

vendetta [ben'deta] *f* Vendetta *f*, Blutrache *f*

vendible [ben'diβle] *adj* verkäuflich, absetzbar

vendimia [ben'dimja] *f* Weinlese *f*; **en mi pueblo cada año celebramos la fiesta de la ~** in meinem Dorf feiern wir jedes Jahr das Weinfest

vendimiador(a) [bendimja'ðor(a)] *m(f)* Arbeiter(in) *m(f)* bei der Weinlese

vendimiadora [bendimja'ðora] *f* (AGR) Weinlesemaschine *f*

vendimiar [bendi'mjar] *vt* (ver)lesen; **vendimiamos la viña en menos de tres horas** wir haben die Weintrauben in weniger als drei Stunden verlesen

Venecia [be'neθja] *f* Venedig *nt*

veneciano, -a [bene'θjano, -a] I. *adj* venezianisch
II. *m, f* Venezianer(in) *m(f)*

veneno [be'neno] *m* Gift *nt*; **para ese ~ no tenemos antídoto** für dieses Gift haben wir kein Gegenmittel

venenoso, -a [bene'noso, -a] *adj* giftig; (MED) venenös; **serpiente venenosa** Giftschlange *f*; **seta venenosa** Giftpilz *m*

venera [be'nera] *f* ❶ *(concha)* Jakobsmuschel *f*, Pilgermuschel *f*
❷ *(insignia)* Ritterkreuz *nt*; **no se te caerá la ~** *(fig)* es wird dir kein Zacken aus der Krone fallen
❸ *(manantial)* Wasserquelle *f*

venerable [bene'raβle] *adj* ehrwürdig, verehrungswürdig; **era un anciano de aspecto ~** er war ein alter Mann von ehrwürdigem Aussehen

veneración [benera'θjon] *f sin pl* (REL) Ehrfurcht *f*, Verehrung *f*

venerar [bene'rar] *vt* verehren; **los fieles veneran una estatua de la Virgen María** die Gläubigen verehren eine Statue der Jungfrau Maria

venéreo, -a [be'nereo, -a] *adj* (MED) Geschlechts-; **enfermedad venérea** Geschlechtskrankheit *f*

venereología [benereolo'xia] *f* (MED) Venerologie *f*, Lehre *f* von den Geschlechtskrankheiten

venero [be'nero] *m* ❶ *(manantial)* Wasserquelle *f*; *(fig)* Quelle *f*
❷ *(yacimiento)* Erzader *f*, Flöz *nt*

véneto, -a [β'beneto, -a] I. *adj* venezianisch
II. *m, f* Venezianer(in) *m(f)*

Venevisión [beneβi'sjon] *f* lateinamerikanischer Fernsehkanal

venezolanismo [beneθola'nismo] *m* (LING) in Venezuela gebräuchlicher Ausdruck

venezolano, -a [beneθo'lano, -a] I. *adj* venezolanisch
II. *m, f* Venezolaner(in) *m(f)*

Venezuela [bene'θwela] *f* Venezuela *nt*; **tártago de ~** (BOT) Rizinus *m*

vengador(a) [benga'ðor(a)] I. *adj (que se venga)* rächend; *(propenso a)* rachsüchtig
II. *m(f)* Rächer(in) *m(f)*

venganza [ben'ganθa] *f* Rache *f*; **acto de ~** Racheakt *m*; **deseo de ~** Rachsucht *f*, Rachgier *f elev*; **lo hizo por ~** er/sie hat es aus Rache getan; **pedir ~** Rache fordern

vengar [ben'gar] <g→gu> I. *vt* rächen, Rache nehmen (für +*akk*); **vengó la muerte de su padre**, **vengó a su padre** er/sie hat seinen/ihren Vater gerächt
II. *vr:* **~se** sich rächen (*por* für +*akk, en* an +*dat*), Vergeltung üben (*por* für +*akk, en* an +*dat*); **se vengan en el hijo por lo que hizo el padre** sie rächen sich am Sohn für die Taten des Vaters

vengativo, -a [benga'tiβo, -a] *adj* ❶ *(vengador)* rachsüchtig, rachgierig
❷ *(rencoroso)* nachtragend

venia ['benja] *f sin pl* Erlaubnis *f*; **con la ~** *(elev)* mit Verlaub

venial [be'njal] *adj (pecado)* lässlich

venida [be'niða] *f* ❶ *(llegada)* Ankunft *f*; *(vuelta)* Rückkehr *f*; **la ~ de Nuestro Señor Jesucristo** (REL) die Ankunft Unseres Herrn Jesus Christus
❷ *(de un río)* Hochwasser *nt*

venidero, -a [beni'ðero, -a] *adj* kommend, zukünftig; **en los meses ~s veremos los resultados** in den kommenden Monaten werden wir die Ergebnisse sehen

venir [be'nir] *irr* I. *vi* ❶ *(trasladarse)* kommen; *(llegar)* ankommen; **han venido mis padres y abuelos** meine Eltern und Großeltern sind gekommen; **hicimos ~ al médico** wir haben den Arzt kommen lassen; **¡ven acá!** komm her!; **vengo (a) por la leche** ich komme die Milch holen; **vinieron a pie/en coche desde el pueblo** sie sind zu Fuß/mit dem Auto aus dem Dorf gekommen; **ya han venido los primeros turistas** die ersten Touristen sind schon angekommen; **el que venga detrás, que arree** *(fig)* nach mir die Sintflut
❷ *(ocurrir)* geschehen; **vino la guerra** es gab Krieg
❸ *(proceder)* herkommen; **el dinero le viene de su padre** er/sie hat das Geld von seinem/ihrem Vater; **los plátanos vienen de Canarias** die Bananen sind von [*o* kommen aus] den Kanarischen Inseln; **viene de una familia muy rica** er/sie stammt aus einer sehr reichen Familie
❹ *(idea, ganas)* überkommen; **me vinieron ganas de reír** ich verspürte Lust zu lachen; **no sé porqué me vino eso a la memoria** ich weiß nicht, warum mir das eingefallen ist
❺ *(tiempo)* kommen; *(seguir)* folgen; **el mes que viene** nächsten Monat; **ahora viene una diapositiva muy bonita** jetzt kommt ein sehr schönes Dia; **ya viene la primavera** nun fängt schon der Frühling an
❻ *(figurar)* stehen; **el accidente no viene en el periódico** der Unfall steht nicht in der Zeitung
❼ *(prenda)* passen; **la falda le viene bien pero el pantalón le viene grande/pequeño** der Rock passt Ihnen gut, aber die Hose ist zu groß/klein
❽ *(aproximadamente)*: **vienen a ser unos 30 euros para cada uno** das wären also ungefähr 30 Euro für jeden
❾ *(elev: servir para)* beitragen (*a* zu +*dat*); **aquel suceso vino a turbar nuestra tranquilidad** jenes Ereignis hat unsere Ruhe gestört
❿ *(terminar por)* letztendlich tun; **vino a dar con sus huesos en la cárcel** *(fam)* und schließlich landete er/sie im Gefängnis; **vino a querer decir que se quedaría por más dinero** er/sie wollte also in etwa sagen, dass er/sie für mehr Geld bleiben würde
⓫ *(persistir)* tun; **ya lo venimos advirtiendo hace mucho tiempo** wir warnen ihn schon seit längerer Zeit (davor)
⓬ *(loc)*: **a mí eso ni me va ni me viene** das ist mir ganz egal; **¿a qué viene ahora hacerme esos reproches?** was soll das, mir jetzt Vorwürfe zu machen?; **el dinero me viene muy bien** [*o* de perlas] [*o* de perilla(s)] das Geld kommt mir wie gerufen; **es una familia venida a menos** die Familie ist ziemlich verarmt; **me viene mal darte la clase por la tarde** es ist für mich ungünstig, dich nachmittags zu unterrichten; **por motivos que no vienen aquí al caso** aus Gründen, die hier nicht weiter erwähnt werden müssen; **¿te viene bien mañana después de comer?** passt es dir morgen nach dem Mittagessen?; **¡venga esa mano!** schlag ein!
II. *vr:* **~se** ❶ *(ir a)* kommen; **se vino a Alemania con toda la familia** er/sie ist mit der ganzen Familie nach Deutschland gekommen
❷ *(hundirse)*: **la pared se vino abajo** [*o* al suelo] [*o* a tierra] die Wand ist eingestürzt; **nuestros planes se vinieron abajo** [*o* al suelo] **por culpa suya** seinetwegen/ihretwegen sind unsere Pläne gescheitert
❸ *(decir, argüir)*: **ahora no me vengas con cuentos chinos** komm mir jetzt nicht mit Märchen

venoso, -a [be'noso, -a] *adj* (MED) Venen-, venös

venta ['benta] *f* ❶ (COM) Verkauf *m*, Absatz *m*; *(de vino)* Ausschank *m*; **~ por acuerdo privado** freihändiger Verkauf; **~ anticipada** Vorverkauf *m*; **~ de autoayuda** Selbsthilfeverkauf *m*; **~ callejera** Straßenverkauf *m*, Hausieren *nt*; **~ de cobertura** Deckungsverkauf *m*; **~ a comisión** Kommissionsverkauf *m*; **~ al contado** Barverkauf *m*; **~ por correo** Verkauf im Versandhandel [*o* durch Postversand]; **~ de cotizaciones** Kursverkauf *m*; **~ al descubierto** Leerverkauf *m*; **~ directa** Direktverkauf *m*; **~ a domicilio** Haus-zu-Haus-Verkauf *m*; **~ exclusiva** Exklusivvertrieb *m*, Alleinverkauf *m*; **~ fob** FOB-Verkauf *m*; **~ forzosa** Zwangsverkauf *m*; **~ judicial de bienes embargados** Pfandverkauf *m*; **~ de liquidación** Liquidationsverkauf *m*; **~ a pérdida** Preisunterbietung *f*; **~ al por menor/mayor** Klein-/Großverkauf *m*; **~ a plazos** Abzahlungsgeschäft *nt*, Terminverkauf *m*; **~ a prueba/por Internet** Kauf auf Probe/per Internet; **~ bajo reserva de propiedad** Verkauf unter Eigentumsvorbehalt; **~ con tarjeta (de crédito)** Verkauf gegen Kreditkarte; **~ por teléfono** Verkauf per Telefon; **condiciones de ~** Verkaufsbedingungen *fpl*; **departamento de ~s** Verkaufsabteilung *f*; **previsión de ~s** Absatzvorschau *f*; **volumen de ~s** Umsatz *m*; **en ~** zu verkaufen; **pre-**

cio de ~ al público Verkaufspreis m; la colección no está a la [o en] ~ die Sammlung ist nicht käuflich zu erwerben, die Sammlung steht nicht zum Verkauf; **han puesto a la** [o en] ~ **su casa** sie bieten ihr Haus zum Verkauf an, sie verkaufen ihr Haus; **registrar una** ~ einen Verkauf verzeichnen

❷ (*posada*) Gasthof *m*

ventada [benˈtaða] *f* Windstoß *m*

ventaja [benˈtaxa] *f* ❶ (*beneficio*) Vorteil *m*, Plus *nt*; ~ **arancelaria** Zollvergünstigung *f*; ~ **competitiva** Wettbewerbsvorteil *m*; ~ **fiscal** Steuervorteil *m*; **este trabajo tiene muchas ~s** diese Arbeit hat viele Vorteile; **habrá que sopesar las ~s y los inconvenientes** man muss die Vor- und Nachteile abwägen; **supo sacar ~ de la debilidad del contrincante** er/sie wusste, die Schwächen des Gegners auszunutzen

❷ (*superioridad*) Überlegenheit *f*; **ella tiene ventaja sobre mí porque es bilingüe** sie ist mir gegenüber im Vorteil, weil sie zweisprachig ist

❸ (DEP) Vorsprung *m*; **como no había corrido desde hacía tiempo le di 300 metros de ~** da er/sie lange nicht mehr gelaufen war, gab ich ihm/ihr 300 Meter Vorsprung; **le saca tres minutos de ~ al segundo** er hat drei Minuten Vorsprung vor dem Zweiten

ventajear [bentaxeˈar] *vt* (*Arg, Col, Guat, Urug*) seinen Vorteil ziehen (aus +*dat*)

ventajero, -a [bentaˈxero, -a] *adj* o *m, f* v. **ventajista**

ventajismo [bentaˈxismo] *m* Skrupellosigkeit *f*

ventajista [bentaˈxista] **I.** *adj* skrupellos

II. *mf* skrupelloser Mensch *m*

ventajoso, -a [bentaˈxoso, -a] *adj* vorteilhaft, Gewinn bringend; **hicimos un trato ~ para los dos** wir haben ein für beide einträgliches Geschäft gemacht

ventana [benˈtana] *f* ❶ (*abertura*) Fenster *nt*; ~ **activa** (INFOR) aktives Fenster; ~ **de batientes** Flügelfenster *nt*; ~ **corrediza** Schiebefenster *nt*; ~ **de diálogo** (INFOR) Dialogfenster *nt*; ~ **de doble cristal, doble ~** Doppelfenster *nt*; ~ **de dos hojas** zweiflügeliges Fenster; ~ **de guillotina** Fallfenster *nt*; ~ **intercalada** (INFOR) Einbaufenster *nt*; **cerrar/abrir/entornar la ~** das Fenster zumachen/aufmachen/kippen; **para la boda de la hija echaron** [o **tiraron**] **la casa por la ~** für die Hochzeit ihrer Tochter haben sie sich in Unkosten gestürzt

❷ (*loc*): **~ de la nariz** (ANAT) Nasenloch *nt*

ventanaje [bentaˈnaxe] *m* (sämtliche) Fenster *ntpl* eines Gebäudes

ventanal [bentaˈnal] *m* großes Fenster *nt*; **los ~es de la iglesia permanecen siempre cerrados** die Kirchenfenster bleiben immer geschlossen

ventanazo [bentaˈnaθo] *m* Zuschlagen *nt* eines Fensters

ventanilla [bentaˈniʎa] *f* ❶ dim de **ventana**

❷ (*de un coche, un sobre*) Fenster *nt*; **sobre con ~** Fensterbriefumschlag *m*; **prohibido asomarse por la ~** aus dem Fenster lehnen verboten

❸ (*taquilla*) Schalter *m*, Schalterfenster *nt*

ventanuco [bentaˈnuko] *m* (*pey*) kleines Fenster *nt*, Luke *f*

ventarrón [bentaˈrron] *m* starker Wind *m*

ventear [benteˈar] **I.** *vt* ❶ (*olfatear*) winden, wittern; (*fig*) schnüffeln

❷ (*airear*) lüften

III. *vr*: **~se** (*agrietarse*) Risse bekommen; (*ladrillos*) blasig werden

III. *vi* Blähungen haben, einen fahren lassen *vulg*

IV. *vimpers* windig sein, wehen; **ventea** es ist windig, es weht ein starker Wind

ventero, -a [benˈtero, -a] *m, f* Wirt(in) *m(f)*

ventila [benˈtila] *f* (*Méx*) Seitenfenster *nt* des Autos

ventilación [bentilaˈθjon] *f* (Be)lüftung *f*, Ventilation *f*; (MIN) Bewetterung *f*; **el virus se extendió por el sistema de ~** das Virus hat sich durch den Entlüftungsschacht verbreitet

ventilador [bentilaˈðor] *m* Ventilator *m*; (AUTO) Gebläse *nt*

ventilar [bentiˈlar] *vt, vr*: **~se** ❶ (*airear*) (be)lüften, (ent)lüften; **abrió la ventana para que se ~a la habitación** er/sie öffnete das Fenster, um das Zimmer zu lüften; **voy a dar una vuelta para ver si me ventilo** ich werde etwas spazieren gehen, um zu sehen, ob ich einen klareren Kopf bekomme

❷ (*resolver*) lösen, erörtern; **la propuesta tendrá que ser ventilada en la reunión** der Vorschlag muss auf der Sitzung besprochen werden

ventisca [benˈtiska] *f* Schneetreiben *nt*

ventiscar [bentisˈkar] <c→qu> *vimpers* schneien und stürmen

ventiscoso, -a [bentisˈkoso, -a] *adj*: **tiempo ~** Schneetreiben *nt*, Schneegestöber *nt*

ventisquero [bentisˈkero] *m* ❶ (*de un monte*) Stelle eines Berges, die Schneestürmen am stärksten ausgesetzt ist

❷ (*glaciar*) Gletscher *m*

ventolada [bentoˈlaða] *f* (*PRico: vendaval*) Windsturm *m*

ventolera [bentoˈlera] *f* ❶ (*viento*) Windstoß *m*

❷ (*juguete*) Windmühle *f*

❸ (*loc*): **le ha dado la ~ de marcharse a Brasil** er/sie hat sich in den Kopf gesetzt nach Brasilien zu gehen

ventorrillo [bentoˈrriʎo] *m* Gasthaus *nt* (an der Straße außerhalb der Stadt)

ventosa [benˈtosa] *f* ❶ (ZOOL) Saugnapf *m*

❷ (*aparato*) Gummisaugnapf *m*; (MED) Schröpfkopf *m*

❸ (*abertura*) Entlüftungsventil *nt*

ventosear [bentoseˈar] *vi* Blähungen haben, einen fahren lassen *vulg*, furzen *vulg*

ventosidad [bentosiˈðað] *f* Blähung *f*, Gas *nt*; **~es** Winde *mpl*

ventoso¹ [benˈtoso] *m* sechster Monat nach dem französischen Revolutionskalender, vom 19. Februar bis 20. März

ventoso, -a² [benˈtoso, -a] *adj* windig

ventral [benˈtral] *adj* Bauch-; **aleta ~** Bauchflosse *f*

ventregada [bentreˈɣaða] *f* (ZOOL) Wurf *m*

ventricular [bentrikuˈlar] *adj* (ANAT) ventrikular, Kammer-

ventrículo [benˈtrikulo] *m* (ANAT) ❶ (*cavidad*) Ventrikel *nt*, Kammer *f*, Hohlraum *m*; (*del corazón*) Herzkammer *f*; (*del cerebro*) Gehirnkammer *f*

❷ (*estómago*) Magengrube *f*, Magenhöhle *f*

ventrílocuo, -a [benˈtrilokwo, -a] **I.** *adj* Bauchredner-

II. *m, f* Bauchredner(in) *m(f)*

ventriloquia [bentriloˈkia] *f* Bauchrednerkunst *f*

ventrisca [benˈtriska] *f* (GASTR, ZOOL) Fischbauch *m*, Fischleib *m*

ventrudo, -a [benˈtruðo, -a] *adj* dickbäuchig

ventura [benˈtura] *f* Glück *nt*; **a la (buena) ~** auf gut Glück, aufs Geratewohl; **echar la buena ~ a alguien** jdm die Zukunft vorhersagen, jdm wahrsagen; **mala ~** Pech *nt*; **por ~** mit viel Glück, vielleicht; **probar ~** sein Glück versuchen; **viene ~ a quien la procura** (*prov*) hilf dir selbst, dann hilft dir Gott

venturero, -a [bentuˈrero, -a] **I.** *adj* ❶ (*casual*) zufällig

❷ (*irregular*) unregelmäßig

II. *m, f* Abenteurer(in) *m(f)*

venturoso, -a [bentuˈroso, -a] *adj* glücklich

vénula [ˈbenula] *f* (ANAT) kleine Vene *f*

Venus¹ [ˈbenus] *f* (*diosa*) Venus *f*; **zapato de ~** (BOT) Frauenschuh *m*

Venus² [ˈbenus] *m* (ASTR) Venus *f*

venus [ˈbenus] *f* Schönheit *f*, schöne Frau *f*

venusiano, -a [benuˈsjano, -a] *adj* wunderschön, betörend

veo-veo [ˈbeo-ˈβeo] *m*: **jugar a yo ~** 'ich sehe was, was du nicht siehst' spielen

ver [ber] *irr* **I.** *vi, vt* ❶ (*con los ojos*) sehen; **lamentablemente muchos no llegaron a ~ la paz** leider erlebten viele den Frieden nicht mehr; **la vi bajar la escalera** ich habe sie die Treppe heruntergehen sehen; **hay una niebla que no se ve ni torta** (*fam*) es ist so neblig, dass man die Hand nicht vor den Augen sieht; **no lo veo bien, dame las gafas** ich sehe das nicht gut, gib mir die Brille; **tengo un sueño que no veo** ich bin so müde, dass mir die Augen zufallen

❷ (*con la inteligencia*) (ein)sehen, verstehen, nachvollziehen; **a mi modo de ~** meiner Ansicht [o Meinung] nach; **¿no ves que…?** siehst du denn nicht, dass …?; **quiero hacerles ~ esto** ich möchte ihnen/Ihnen das deutlich machen; **veo bien/mal que se cases** ich finde es gut/schlecht, dass du heiratest; **ya lo veo** jetzt sehe ich es auch ein

❸ (*observar*) anschauen; (*documentos, información*) durchsehen [o durchgehen], sichten

❹ (*visitar*) treffen; (*encontrarse*) treffen; **esta tarde le ~é** ich werde ihn heute Nachmittag treffen [o sehen]; **iré a ~le** ich werde ihn besuchen gehen; **he venido a ~te** ich bin dich besuchen gekommen, ich wollte mal nach dir schauen; **es de ~** (*fam*) es ist sehenswert, das muss man gesehen haben

❺ (*comprobar*) nachschauen; **voy a ~ cuántas galletas se ha comido** ich gehe mal nachschauen, wie viele Kekse er/sie gegessen hat

❻ (*algo desagradable*) befürchten, ahnen; **te veo venir** ich weiß, was du vorhast [o beabsichtigst], ich durchschaue dich; **veo que hoy me tocará a mi** ich sehe es schon kommen [o befürchte], dass ich heute dran bin

❼ (*un tema, asunto*) behandeln, sich beschäftigen (mit +*dat*); **…, como vimos ayer en la conferencia** wie wir gestern im Vortrag gehört haben, …

❽ (JUR: *causa*) verhandeln

❾ (*creer*): **es como si lo viera** das ist als ob ich es vor mir sähe; **hay que ~ lo tranquilo que es** es ist unvorstellbar [o kaum zu glauben], wie ruhig er ist; **si no lo veo, no lo creo** das hätte ich nie und nimmer für möglich gehalten, wenn ich es nicht mit eigenen Augen gesehen hätte, hätte ich es nicht geglaubt; **~ y creer** erst sehen, dann glauben

❿ (*relación*): **tener que ~ con algo** mit etw zu tun haben [o in Verbindung stehen]; **su fracaso no tiene nada que ~ con eso** sein/ihr Scheitern hat nichts damit zu tun

⓫ (*duda*): **eso está por ~** das bleibt abzuwarten; **estoy por ~ si me dan el crédito** es bleibt abzuwarten, ob sie mir den Kredit gewähren; **habrá que ~ si eso es verdad** ob das stimmt, wird sich erst noch

herausstellen
⑫ (*intentar*): **~é de hablarle** ich werde mal versuchen ihn zu sprechen, ich werde mal schauen, ob ich ihn sprechen kann
⑬ (*loc*): **a ~** lass [*o* lasst] mal sehen; **a ~ cómo lo hacemos** mal sehen wie wir das machen können; **¡a ~, escuchádme todos!** jetzt hört mal alle her!; **a ~, venga, anímate** also, komm schon, fass dir ein Herz; **ahí te quiero ~** da möchte ich dich mal sehen; **bueno, ya ~emos** nun, das sehen wir dann; **ya ~emos, dijo el ciego** das ist ein hoffnungsloser Fall, das ist verlorene [*o* vergebliche] Liebesmüh(e); **¡hay que ~!, ¡lo que hay que ~!** das gibt's doch gar nicht!, also, sowas!; **luego ya ~emos** danach werden wir schon weitersehen; **tú ~ás** das ist deine Entscheidung, entscheide du; **veamos,...** schauen wir mal, ...; **¡~ás!** na warte!; **~ás como al final te engaña** du wirst schon sehen, dass er/sie dich letztendlich doch hereinlegt; **~emos,...** nun, ...; **~ y callar** den Mund halten, Stillschweigen bewahren; **le regaló el oso de peluche, y no veas lo contenta que se puso** er/sie schenkte ihr den Plüschbär, und du kannst dir nicht vorstellen, wie sehr sie sich freute; **lo estaba viendo venir** das habe ich kommen sehen [*o* befürchtet]; **lo nunca** [*o* **no**] **visto** das noch nie Dagewesene; **no haberlas visto nunca tan** [*o* **más**] **gordas** es noch nie so schwer gehabt haben; **no poder ~ a alguien** jdn nicht leiden [*o* riechen] können; **¡para que veas!** so, da hast du's!; **se gritaron de una forma, que no veas la que se armó allí** sie schrien sich derart an; du glaubst gar nicht, was da los war
II. *vr:* **~se** ① (*encontrarse*) sich sehen, sich treffen; **entonces nos vemos esta noche** wir sehen uns also heute Abend; **nos ~emos las caras en juicio** wir sehen uns vor Gericht wieder
② (*estado*) sich befinden; **~se apurado** [*o* **ahogado**] sich in Schwierigkeiten befinden, nicht mehr ein noch aus wissen; **~se bien atendido** gut bedient werden, in guten Händen sein; **~se enfermo** (plötzlich) erkranken; **~se negro** große Schwierigkeiten haben; **~se pobre** (plötzlich) verarmen
③ (*imaginarse*) sehen (*de* als +*akk*); **me lo estoy viendo de médico** ich sehe ihn schon als Arzt vor mir
④ (*referencia*) siehe; **véase la página dos** siehe Seite zwei
⑤ (*dejarse ver*) sehen lassen, vortreten; **¡que se vean los forzudos!** na los, die Starken vor!, na, ihr Starken, zeigt mal was ihr könnt!
⑥ (*que es obvio*) sehen; **se ve que...** man sieht, dass ...; **¡ya se ve!** das sieht man!
⑦ (*aparecer*): **darse a** [*o* **dejarse**] **~** sich sehen [*o* blicken] lassen, sich zeigen
⑧ (*parecer*) scheinen; **se ve que no tienen tiempo** sie haben scheinbar keine Zeit
⑨ (*Am: tener aspecto*) aussehen; **te ves cansado** du siehst müde aus
⑩ (*loc*): **¡habráse visto!** nicht zu glauben!, unerhört!; **¡habráse visto cosa semejante!** hat man so etwas schon einmal gesehen!; **vérselas y deseárselas para conseguir algo** etw nur mit großer Mühe erreichen, sich *dat* ein Bein ausreißen, um etw zu erreichen
III. *m* ① (*Aussehen*) Aussehen *nt*; **estar de** [*o* **tener**] **buen ~** gut aussehen; **no tiene mal ~** er/sie sieht nicht schlecht aus
② (*opinión*) Ansicht *f*; **a mi ~** meiner Ansicht [*o* Meinung] nach
③ (*despido*): **a** [*o* **hasta**] **más ~** bis zum nächsten Mal, bis dann
vera ['bera] *f* Seite *f*, Rand *m*; **de un camino** Wegesrand *m*; **de un río** (Fluss)ufer *nt*; **a la ~** de neben; **déjame estar a tu ~** lass mich an deiner Seite sein
veracidad [beraθi'ðað] *f* Wahrhaftigkeit *f*; (*de una declaración*) Richtigkeit *f*; **~ del balance** (COM, ECON) Bilanzwahrheit *f*
veranda [be'randa] *f* Veranda *f*
veraneante [berane'ante] *mf* Sommerurlauber(in) *m(f)*
veranear [berane'ar] *vi* den Sommer(urlaub) verbringen, im Sommerurlaub sein; **veranea en Ibiza, va a ~ a Ibiza** er/sie verbringt den Sommer(urlaub) auf Ibiza; **está veraneando en Marruecos** er/sie macht Urlaub in Marokko, er/sie ist in Marokko im Urlaub
veraneo [bera'neo] *f* Sommerurlaub *m*; **lugar de ~** Urlaubsort *m*; **estar de ~ en** [*o* **ir de ~ a**] **la Sierra** in der Sierra Urlaub machen, den Sommer(urlaub) in der Sierra verbringen
veraniego, -a [bera'njeɣo, -a] *adj* sommerlich, Sommer-; **tiempo ~** Sommerwetter *nt*; **hoy llevas un vestido muy ~** heute trägst du ein sehr sommerliches Kleid
veranillo [bera'niʎo] *m* kurzer Spätsommer *m*; **~ de San Miguel** [*o* **San Martín**] Altweibersommer *m*; **~ de San Juan** (*Am*) Altweibersommer *m*
verano [be'rano] *m* Sommer *m*
veras ['beras] *fpl* ① (*de verdad*): **de ~** wirklich; **¿de ~?** wirklich?, stimmt das?; **lo siento de ~** das tut mir wirklich leid
② (*en serio*): **de ~** im Ernst; **esto va de ~** jetzt mal im Ernst, das ist jetzt ernst gemeint
③ (*verdad*) Wahrheit *f*, Wirklichkeit *f*; (*hechos*) Fakten *mpl*, nackte Tatsachen *fpl*
verascopio [beras'kopjo] *m*, **veráscopo** [be'raskopo] *m* (FOTO) Veraskop *nt*

veraz [be'raθ] *adj* ① (*hechos*) wahr
② (*persona*) wahrheitsliebend, wahrheitstreu
verba ['berβa] *f* Geschwätzigkeit *f*, Redseligkeit *f*; **tiene mucha ~** er/sie ist sehr geschwätzig [*o* redselig]
verbal [ber'βal] *adj* ① (LING: *del verbo*) verbal, Verbal-; **frase ~** Verbalphrase *f*
② (*oral*) verbal, mündlich
③ (*del sentido*) wörtlich; **en sentido ~** im wörtlichen Sinne
verbalismo [berβa'lismo] *m* Verbalismus *m*
verbalizar [berβali'θar] <z→c> *vt* ① (LING: *transformar en verbo*) verbalisieren
② (*expresar*) verbalisieren, in Worte fassen
verbena [ber'βena] *f* ① (*feria*) Kirmes *f*, Jahrmarkt *m*
② (*baile*) Tanz *m*, Fest *nt*
③ (BOT: *planta*) Verbene *f*, Eisenkraut *nt*
verbenero, -a [berβe'nero, -a] *adj* ① (*baile*) Tanz-, Fest-; **música verbenera** Festmusik *f*
② (*feria*) Kirmes-, Jahrmarkt-; **alegría verbenera** Kirmesstimmung *f*, Volksfeststimmung *f*
verbigracia [berβi'ɣraθja] *m*: **me gustaría viajar al norte de Europa, ~ a Noruega** ich würde gerne nach Nordeuropa fahren, nach Norwegen zum Beispiel
verbo ['berβo] *m* ① (LING: *expresa acción*) Verb *nt*, Zeitwort *nt*; **~ auxiliar** Hilfsverb *nt*
② (*palabra*) Wort *nt*
③ (*maldición*) Fluch *m*; **echar ~s** fluchen
④ (*elev: lenguaje*) Sprache *f*, Sprachstil *m*; **de ~ elegante** von elegantem Sprachstil
⑤ (REL: *Dios Hijo*) Jesus Christus *m*; **el V~** das Wort
verborrea [berβo'rrea] *f* ① (*locuacidad*) Redseligkeit *f*; (*pey*) Geschwätzigkeit *f*, Schwatzhaftigkeit *f*
② (*palabras*) Wortschwall *m*
verbosidad [berβosi'ðað] *f* ① (*locuacidad*) Geschwätzigkeit *f*, Schwatzhaftigkeit *f*, Redseligkeit *f*
② (*torrente de palabras*) Wortschwall *m*
verboso, -a [ber'βoso, -a] *adj* geschwätzig, schwatzhaft, redselig
verdad [ber'ðað] *f* ① (*certeza*) Wahrheit *f*; (*veracidad*) Wahrhaftigkeit *f*; **a la** [*o* **en**] **~** in Wirklichkeit, in Wahrheit; **bien es ~ que...** es stimmt zwar, dass ..., selbstverständlich stimmt es, dass ...; **bueno, a decir ~,...** nun, offen gestanden [*o* ehrlich gesagt], ..., um die Wahrheit zu sagen, ...; **¡de ~!** (das stimmt) wirklich!; **¡es ~!** ja!, stimmt!; **la pura ~** die reine [*o* nackte] Wahrheit; **faltar a la ~** lügen, unehrlich sein, nicht die Wahrheit sagen; **hay una parte de ~ en esto** da ist (et)was Wahres dran; **la ~ lisa y llana** die volle [*o* ganze] Wahrheit; **pues la ~, no lo sé** ehrlich gesagt weiß ich es wirklich nicht; **ser ~** wahr sein, (tatsächlich) stimmen, zutreffen; **si bien es ~ que...** obwohl es zwar stimmt [*o* zutrifft], dass ...; **si quieres que te diga la ~,...** wenn du die Wahrheit hören möchtest, ...; **un héroe de ~** ein wahrhafter Held; **¿~?** stimmt's?, stimmt doch, oder?; **¿~ que no fuiste tú?** es stimmt doch, dass du es nicht gewesen bist?, du warst es doch nicht, oder (doch)?
② (*afirmación*) Tatsache *f*; **~es como puños** knallharte [*o* glasklare] Tatsachen *fpl*; **~ de Perogrullo** Binsenweisheit *f*, Binsenwahrheit *f*; **la ~ es que hace frío** Tatsache ist, dass es kalt ist
③ *pl* (*opinión*) Wahrheit *f*, Meinung *f*; **decirle cuatro ~es a alguien, decirle las ~es del barquero a alguien** jdm (einmal deutlich) die Meinung sagen
verdaderamente [berðaðera'mente] *adv* wirklich, in der Tat
verdadero, -a [berða'ðero, -a] *adj* ① (*cierto*) wahr, tatsächlich
② (*real*) wirklich, echt; **una historia verdadera** eine wahre [*o* tatsächliche] Geschichte; **fue un ~ problema** das war ein echtes Problem
③ (*persona*) wahrheitsliebend
verde ['berðe] **I.** *adj* ① (*color*) grün; **~ oliva** olivgrün
② (BOT: *no maduro*) grün, unreif; (*no seco*) frisch; **judías ~s** grüne Bohnen; **segar la hierba en ~** das Gras mähen während es noch grün ist; **estar ~** (*principiante*) ein Grünschnabel sein; (*inocente*) noch feucht hinter den Ohren [*o* jung und] unerfahren sein; **estar a las ~s y a las maduras** auf gute wie auf schlechte Zeiten vorbereitet sein
③ (*chistes, canciones*) schmutzig, unanständig, schlüpfrig
④ (*personas*) lüstern, wollüstig; **viejo ~** Lustmolch *m*; **viuda ~** grüne Witwe
⑤ (POL: *ecologista*) grün
⑥ (*loc*): **poner ~ a alguien** (*fam*) jdn fertig machen [*o* herunterputzen]; **estar ~ de envidia** grün und gelb vor Neid sein
II. *m* ① (*color*) Grün *nt*
② (*hierba*) Gras *nt*; (*pienso*) Grünfutter *nt*
③ (*del árbol*) Blattwerk *nt*, Grün *nt*; (*hojas*) Krone *f*
④ (*fam: billete*) 1.000-Peseten-Schein *m*
⑤ (POL: *ecologistas*): **los V~s** die Grünen

verdea

⑥ (*loc*): **darse un ~ de algo** (*fam: hartarse*) sich mit etw gehörig den Bauch voll schlagen, etw bis zum Abwinken essen; **darse un ~ de conciertos** Dutzende [*o* dutzende] von Konzerten besuchen
⑦ (*CSur: pasto*) Weide *f*
⑧ (*CSur: mate*) Mate(tee) *m*
⑨ (*CSur: ensalada*) grüner Salat *m*, Kopfsalat *m*
⑩ (*AmC, Méx: campo*) (Stück) Land *nt*
verdea [ber'ðea] *f* (GASTR) grünlicher Wein *m*
verdear [berðe'ar] *vi* ① (*mostrarse verde*) grün sein, grün aussehen
② (*tirar a verde*) grün schimmern, ins Grüne übergehen, einen Grünstich haben
③ (*verdecer*) (er)grünen, treiben, sprießen
④ (*CSur: beber*) Mate(tee) trinken
verdecer [berðe'θer] *irr como crecer vi* (er)grünen
verdecillo [berðe'θiʎo] *m* (ZOOL) Girlitz *m*
verdemar [berðe'mar] I. *adj* seegrün, meergrün
II. *m* Seegrün *nt*, Meergrün *nt*
verdeo [ber'ðeo] *m* (AGR) Ernte *f* der grünen, unreifen Oliven
verderón [berðe'ron] *m* (ZOOL) Grünfink *m*
verdete [ber'ðete] *m* ① (*del cobre*) Grünspan *m*
② (*para tintar*) hellgrüner Farbstoff
verdiazul [berðia'θul] I. *adj* blaugrün
II. *m* Blaugrün *nt*
verdiblanco, -a [berði'βlaŋko, -a] *adj* blassgrün, weißgrün
verdín [ber'ðin] *m* ① (*del cobre*) Grünspan *m*
② (BOT: *verde*) erstes Grün *nt*
③ (BOT: *musgo*) Moosschicht *f*
verdinegro, -a [berði'neɣro, -a] *adj* dunkelgrün, schwarzgrün
verdolaga [berðo'laɣa] *f* Blattgemüse *nt*
verdón [ber'ðon] *m* (ZOOL) Grünfink *m*
verdor [ber'ðor] *m* ① (BOT) (Pflanzen)grün *nt*
② (*juventud*) Jugendkraft *f*
verdoso, -a [ber'ðoso, -a] *adj* grünlich
verdugo [ber'ðuɣo] *m* ① (*de ejecuciones*) Henker *m*, Scharfrichter *m*
② (*amo*) Sklaventreiber *m*; (*tirano*) Tyrann *m*; (*atormentador*) Peiniger *m*
③ (*tormento*) Pein *f*
④ (*látigo*) Peitsche *f*, Geißel *f*
⑤ (*hematoma*) (Peitschen)strieme *f*
⑥ (BOT) Trieb *m*, Schössling *m*
verdugón [berðu'ɣon] *m* ① (*hematoma*) (Peitschen)strieme *f*
② (BOT) Trieb *m*, Schössling *m*
verdulera [berðu'lera] *f* (*pey*) ordinäres Weibsstück *nt*
verdulería [berðule'ria] *f* Gemüseladen *m*
verdulero, -a [berðu'lero, -a] *m, f* Gemüsehändler(in) *m(f)*
verdura [ber'ðura] *f* ① (*hortalizas*) Gemüse *nt*; ~ **bulba/de tallo/ tuberosa** Wurzel-/Stängel-/Knollengemüse *nt*
② (*verdor*) Grün *nt*
③ (*obscenidad*) Schlüpfrigkeit *f*, Unanständigkeit *f*
verdusco, -a [ber'ðusko, -a] *adj* dunkelgrün
verecundia [bere'kundja] *f* Scham *f*, Scheu *f*, Schüchternheit *f*
verecundo, -a [bere'kundo, -a] *adj* scheu, schüchtern
vereda [be'reða] *f* ① (*sendero*) (Trampel)pfad *m*, Weg *m*; **entrar en ~** (*cumplir*) seinen Verpflichtungen nachkommen; (*llevar una vida ordenada*) ein geregeltes Leben führen; **ir por la ~** (*fig*) auf dem richtigen Weg sein; **meter** [*o* hacer entrar] **en ~ a alguien** jdn auf den richtigen Weg bringen
② (*Am: acera*) Gehsteig *m*, Bürgersteig *m*
veredicto [bere'ðikto] *m* (JUR) Urteil *nt*, (Urteils)spruch *m*; ~ **de culpabilidad** Schuldspruch *m*; ~ **sobre divorcio** Scheidungsausspruch *m*; ~ **de inculpabilidad** Freispruch *m*; **dictar/fallar un ~ de culpabilidad** einen Schuldspruch verkünden/fällen; **revocar un ~ de culpabilidad** einen Schuldspruch aufheben
verga ['berɣa] *f* ① (*vara*) Stange *f*
② (NÁUT) Rah(e) *f*
③ (ANAT) Penis *m*, (männliches) Glied *nt*, Schwanz *m vulg*
vergajo [ber'ɣaxo] *m* ① (*verga del toro*) Ochsenziemer *m*, Ochsenfiesel *m*
② (*vulg: pene*) Schwanz *m*
③ (*látigo*) Peitsche *f*
④ (*And: vulg: cerdo*) Schwein *nt*, Schweinehund *m*
vergel [ber'xel] *m* ① (*jardín*) Garten *m*
② (*huerto*) Gemüsegarten *m*
vergencia [ber'xenθja] *f* (FÍS) Vergenz *f*
vergonzante [berɣon'θante] *adj* ① (*acción*) beschämend, schändlich
② (*persona*) schamhaft, schamvoll, verschämt
vergonzoso, -a [berɣon'θoso, -a] *adj* ① (*persona*) verschämt, schamhaft, schamvoll; (*tímido*) schüchtern, verlegen
② (*acción*) beschämend, schändlich

verraquera

③ (ANAT): **partes vergonzosas** Schamteile *pl*, Geschlechtsteile *ntpl*, Intimbereich *m*
vergüenza [ber'ɣwenθa] *f* ① (*rubor*) Scham *f*; **caersele la cara de ~ a alguien, morirse de ~** sich in Grund und Boden schämen, vor Scham im Boden versinken; **me da ~ pedirte dinero** es ist mir peinlich, dich um Geld zu bitten; **¿no te da ~?** schämst du dich (denn) nicht?; **pasar ~** sich schämen; **¡qué ~!** (mein Gott) wie peinlich!
② (*pundonor*) Anstand *m*, Schamgefühl *nt*; **tener ~** Anstand haben; **su hermana es una persona sin ~** seine/ihre Schwester hat keinen Anstand; **perder la ~** sich gehen lassen; **perder la ~ ante alguien** jdm gegenüber unverschämt [*o frech*] werden; **tener poca ~** unverschämt sein, keinen Anstand haben
③ (*persona, acción*) Schande *f*; (*escándalo*) Skandal *m*; **¡qué ~!** was für eine Schande!, das ist ja skandalös!; **sacar a alguien a la ~ (pública)** jdn an den Pranger stellen
④ (*cortedad*) Verlegenheit *f*, Schüchternheit *f*, Verschämtheit *f*; (*sexual*) Schamhaftigkeit *f*; **le da ~ al hablar, tiene ~ al hablar** er/sie wird beim Reden ganz verlegen
⑤ *pl* (ANAT) Schamteile *pl*, Geschlechtsteile *ntpl*, Intimbereich *m*
veri ['beri] *m* (*Chil*) ① (*grasa de lana*) Wollfett *nt*
② (*mugre*) Dreck *m*
vericueto [beri'kweto] *m* unwegsame Strecke *f*, steiniger Weg *m*
verídico, -a [be'riðiko, -a] *adj* ① (*verdadero*) wahr, wirklich
② (*muy probable*) sehr wahrscheinlich
③ (*sincero*) wahrheitsliebend
verificable [berifi'kaβle] *adj* ① (*controlable*) (über)prüfbar, (nach)prüfbar, kontrollierbar
② (*probable*) nachweisbar, beweisbar
verificación [berifika'θjon] *f* ① (*inspección*) (Über)prüfung *f*, (Nach)prüfung *f*; ~ **de cuentas** (FIN) Rechnungsprüfung *f*; ~ **de errores** (INFOR) Fehlerüberwachung *f*; ~ **del programa** (INFOR) Programmprüfung *f*
② (*prueba*) Nachweis *m*, Beweis *m*
③ (*test*) Test *m*, Kontrolle *f*
④ (*realización*) Ausführung *f*, Durchführung *f*
⑤ (*de una profecía*) Eintreten *nt*, Eintreffen *nt*
verificar [berifi'kar] <c→qu> I. *vt* ① (*comprobar*) beweisen, nachweisen; ~ **documentos** (JUR) Urkunden beglaubigen
② (*controlar*) (über)prüfen, (nach)prüfen, kontrollieren
③ (*realizar*) durchführen, ausführen; (*ceremonia*) vornehmen
II. *vr:* **-se** ① (*acto solemne*) stattfinden, sich vollziehen
② (*una profecía*) sich bewahrheiten, eintreten, eintreffen; **se ~on nuestros deseos** unsere Wünsche erfüllten sich; **tengo miedo a que se verifique mi temor** ich habe Angst davor, dass sich meine Befürchtung bewahrheitet
verigüeto [beri'ɣweto] *m* (GASTR, ZOOL) Warzige Venusmuschel *f*
verija [be'rixa] *f* ① (ANAT: *genitales*) Schamteile *pl*, Geschlechtsteile *ntpl*, Intimbereich *m*
② (*Am:* ANAT: *de un caballo*) Flanke *f*, Weiche *f*
verismo [be'rismo] *m sin pl* ① (*realismo*) Wahrhaftigkeit *f*, Realismus *m*
② (ARTE, CINE, LIT) Verismus *m*, Naturalismus *m*, Verismo *m*
verja ['berxa] *f* ① (*rejas*) (Eisen)gitter *nt*
② (*cerca*) Zaun *m*
③ (*puerta*) (Eisen)gatter *nt*
verme ['berme] *m* (ZOOL) Wurm *m*; (*lombriz*) Spulwurm *m*
vermicida [bermi'θiða] I. *adj* (MED) wurmtötend
II. *m* (MED) Wurmmittel *nt*
vermífugo, -a [ber'mifuɣo, -a] *adj* (MED) wurmtötend
verminosis [bermi'nosis] *f inv* (MED) Wurmbefall *m*
verminoso, -a [bermi'noso, -a] *adj* (MED: *úlcera*) von Würmern befallen; (*enfermedad*) mit Wurmbefall einhergehend
vermú [ber'mu] *m*, **vermut** [ber'mu] *m* <vermús> ① Wermut(wein) *m* ② (*And, CSur:* TEAT) Nachmittagsvorstellung *f*
vernáculo, -a [ber'nakulo, -a] *adj* einheimisch, Landes-, Heimat-; **lengua vernácula** Landessprache *f*
vernissage [berni'sadʒ] *m* (ARTE) Vernissage *f*
vero ['bero] *m* ① (ZOOL) Zobel *m*
② (*piel*) Zobel(pelz) *m*
verónica [be'ronika] *f* ① (TAUR) bestimmte Stierkampffigur mit der Capa
② (BOT) Ehrenpreis *m*, Veronica *f*
verosímil [bero'simil] *adj* ① (*probable*) wahrscheinlich
② (*creíble*) glaubwürdig
verosimilitud [berosimili'tuð] *f* Wahrscheinlichkeit *f*
verraco [be'rrako] *m* ① (AGR: *para procrear*) Zuchteber *m*
② (*AmC:* ZOOL: *jabalí*) Wildschwein *nt*
verraquear [berrake'ar] *vi* (*fam*) ① (*gruñir*) knurren, murren
② (*llorar*) heulen, plärren
verraquera [berra'kera] *f* (*fam: llanto*) Geheule *nt*, Geplärre *nt*

② (*AmC: fam: borrachera*) Rausch *m*
verruga [beˈrruɣa] *f* ❶ (ANAT, BOT) Warze *f*
② (*que molesta*) Plage *f*
verrugosidad [berruɣosiˈðað] *f* (MED: *verruga*) Hautwarze *f;* (*carnosidad*) warzenartige Hautveränderung *f*
verrugoso, -a [berruˈɣoso, -a] *adj* ❶ (*con verrugas*) warzig
② (*parecido*) warzenartig
versado, -a [berˈsaðo, -a] *adj* versiert, bewandert, erfahren
versal [berˈsal] **I.** *adj* (TIPO) Versal-; **letra** ~ Großbuchstabe *m;* (TIPO) Versal(buchstabe) *m*
II. *f* Großbuchstabe *m;* (TIPO) Versal(buchstabe) *m*
versalita [bersaˈlita] **I.** *adj* (TIPO) Kapitälchen-; **letra** ~ Kapitälchen *nt*
II. *f* (TIPO) Kapitälchen *nt*
Versalles [berˈsaʎes] *m* (GEO) Versailles *nt;* **Tratado de** ~ Versailler Vertrag
versallesco, -a [bersaˈʎesko, -a] *adj* ❶ (*relativo a Versalles*) auf Versailles bezogen
② (*afectado*) affektiert, höfisch
versar [berˈsar] *vi* ❶ (*tratar*) handeln (*sobre* von +*dat*); **la conferencia** ~**á sobre las vacunas** der Vortrag wird das Thema Impfungen behandeln
② (*dar vueltas*) sich drehen (*alrededor de* um +*akk*)
③ (*AmC: escribir*) dichten
④ (*AmC: charlar*) sich unterhalten
⑤ (*Méx: bromear*) witzeln
versátil [berˈsatil] *adj* ❶ (*que se vuelve*) (um)drehbar; (*que se dobla*) faltbar
② (*persona*) wankelmütig, unbeständig
versatilidad [bersatiliˈðað] *f* ❶ (*inconstancia*) Unbeständigkeit *f*, Wankelmut *m*
② (*flexibilidad*) Flexibilität *f*
versícula [berˈsikula] *f* (REL) Chorbuchschrank *m*
versículo [berˈsikulo] *m* ❶ (REL) Bibelvers *m*, Bibelspruch *m*
② (*poema*) Vers *m*
versificación [bersifikaˈθjon] *f* (*transformación*) Versifikation *f;* (*composición*) Versdichtung *f*
versificador(a) [bersifikaˈðor(a)] *m(f)* Versdichter(in) *m(f)*
versificar [bersifiˈkar] <c→qu> **I.** *vt* versifizieren, in Verse setzen [*o* bringen]
II. *vi* Verse schreiben [*o* dichten]
versión [berˈsjon] *f* ❶ (*interpretación*) Version *f*, Fassung *f;* (*descripción*) Darstellung *f;* ~ **resumida** Kurzfassung *f;* **en** ~ **original** (CINE) in Originalfassung
② (*traducción*) Übersetzung *f*
versionar [bersjoˈnar] *vt* (MÚS) einen Remix machen (von +*dat*)
verso [ˈberso] *m* ❶ (*palabras*) Vers *m;* ~ **alejandrino** Alexandriner *m;* ~ **libre** [*o* **suelto**], ~ **blanco**) freier Vers, Blankvers *m;* **en** ~**s** in Versform
② (*género*) Versdichtung *f*
③ *pl* (*poema*) Gedicht *nt*, Verse *mpl*
④ (*reverso de un folio*) Rückseite *f*
vértebra [ˈberteβra] *f* (ANAT) Wirbel *m*
vertebración [berteβraˈθjon] *f* ❶ (*soporte*) Stütze *f*, Halt *m*
② (*estructura*) Grundstruktur *f*, Grundgerüst *nt*
vertebrado¹ [berteˈβraðo] *m* Wirbeltier *nt;* (ZOOL) Vertebrat *m*
vertebrado, -a² [berteˈβraðo, -a] *adj* (ANAT) mit Wirbeln (ausgestattet)
vertebral [berteˈβral] *adj* (ANAT) Wirbel-; **columna** ~ Wirbelsäule *f*, Rückgrat *nt*
vertebrar [berteˈβrar] *vt* ❶ (*apoyar*) stützen, halten
② (*estructurar*) strukturieren
vertedero [berteˈðero] *m* (*escombrero*) Mülldeponie *f*, Schuttabladeplatz *m;* (*no autorizado*) Müllkippe *f;* ~ **ilegal** wilde Müllkippe
vertedor [berteˈðor] *m* ❶ (*desagüe*) Ablauf *m*, Abfluss *m*
② (*cuchara*) kleiner Schöpflöffel *m*
③ (NÁUT) Wasserschaufel *f*
verter [berˈter] <e→ie> **I.** *vt* ❶ (*líquidos*) schütten (*en* in +*akk*), (ein)gießen (*en* in +*akk*); (*sin querer*) verschütten; (*de un recipiente*) ausleeren, ausgießen; ~ **el café en las tazas** Kaffee in die Tassen einschenken [*o* eingießen]
② (*basura*) abladen, deponieren; (*sin permiso*) kippen
③ (*traducir*) übersetzen, übertragen
④ (*ideas, conceptos*) einwerfen, einbringen
II. *vi* fließen, ablaufen, abfließen
vértex [ˈberteʏs] *m* (ANAT) Scheitel *m*, Vertex *m*
vertical [bertiˈkal] **I.** *adj* vertikal, senkrecht
II. *f* Vertikale *f*, Senkrechte *f*
verticalidad [bertikaliˈðað] *f* ❶ (*posición*) vertikale Position *f*, vertikale Stellung *f*
② (*dirección*) vertikale Richtung *f*, vertikaler Verlauf *m*
vértice [ˈbertiθe] *m* ❶ (*cúspide*) Scheitel *m*, Scheitelpunkt *m*

② (ANAT) Scheitel *m*
verticidad [bertiθiˈðað] *f* (FÍS) ❶ (*capacidad de girar*) Drehbarkeit *f*
② (*capacidad de moverse*) Beweglichkeit *f* (in alle Richtungen)
vertido [berˈtiðo] *m* ❶ (*al echar, descargar*) Ausleeren *nt;* (*de residuos*) Verklappung *f;* ~ **de sustancias tóxicas** Verklappung von Giftstoffen
② *pl* (*residuos*) Abfälle *mpl*, Abfallstoffe *mpl*
vertiente [berˈtjente] *f* ❶ (*declive*) Abhang *m;* (*de una montaña*) (Berg)hang *m;* (*de un tejado*) Dachneigung *f*
② (*lado*) Seite *f*, Aspekt *m;* (*punto de vista*) Ansicht *f*
③ (*And, CSur, Méx: fuente*) Springbrunnen *m*, Fontäne *f*
vertiginoso, -a [bertixiˈnoso, -a] *adj* ❶ (*que marea*) Schwindel erregend, Schwindel-
② (*velocidad*) rasend, atemberaubend
vértigo [ˈbertiɣo] *m* ❶ (*mareo*) Schwindel *m*, Schwindelgefühl *nt;* (*por las alturas*) Höhenangst *f;* **causar** [*o* **producir**] [*o* **provocar**] ~(**s**) Schwindel erregen, schwind(e)lig machen; **tengo** ~ mir ist [*o* wird] schwind(e)lig
② (*desmayo*) Ohnmachtsanfall *m*
③ (*frenesí*) Rausch *m*, (Begeisterungs)taumel *m;* (*locura*) Wahnsinn *m;* (*por los sentimientos*) Verwirrung *f*
④ (*loc*): **de** ~ (*jaleo*) ohrenbetäubend; (*increíble*) unglaublich; (*fantástico*) fantastisch; (*rápidamente*) rasend [*o* atemberaubend] schnell
vesania [beˈsanja] *f* ❶ (*locura*) Wahnsinn *m*, Irrsinn *m*
② (*ira*) Zorn *m*, Wut *f*
vesánico, -a [beˈsaniko, -a] **I.** *adj* ❶ (*loco*) wahnsinnig, irrsinnig
② (*colérico*) rasend vor Wut, cholerisch
II. *m, f* ❶ (*loco*) Wahnsinnige(r) *mf*, Irrsinnige(r) *mf*
② (*colérico*) Choleriker(in) *m(f)*
vesical [besiˈkal] *adj* (MED) Blasen-
vesicante [besiˈkante] *adj*, **vesicatorio** [besikaˈtorjo] *adj* (MED) Blasen ziehend
vesícula [beˈsikula] *f* (ANAT, MED) Blase *f;* (*en la epidermis*) Bläschen *nt;* ~ **biliar** Gallenblase *f*
vesicular [besikuˈlar] *adj* (ANAT, MED) ❶ (*en forma de vesícula*) blasenförmig
② (*relativo a la vesícula*) Blasen-
vespa® [ˈbespa] *f* (*moto*) Vespa® *f*
vespasiana [bespaˈsjana] *f* (*Arg, Chil*) öffentliches Pissoir *nt*
véspero [ˈbespero] *m* (LIT: *elev*) Abendstern *m*
vespertina [besperˈtina] *f* (REL) Abendpredigt *f*
vespertino¹ [besperˈtino] *m* (*periódico*) Abendblatt *nt*, Abendzeitung *f*
② (REL) Abendpredigt *f*
vespertino, -a² [besperˈtino, -a] *adj* Abend-, abendlich
vespino [besˈpino] *m* kleiner Motorroller *m*, Mofa *nt*
vesre [ˈbesrre] *m* (*Arg: fam*) Jargon, bei dem Silben oder ganze Wörter verstellt werden; **al** ~ seitenverkehrt
vestal [besˈtal] **I.** *adj* (HIST) ❶ (*relativo a la sacerdotisa*) die Vestalin betreffend
② (*relativo a la diosa*) Vesta betreffend
II. *f* (HIST) Vestalin *f*, Vestapriesterin *f*
vestíbulo [besˈtiβulo] *m* (*de un piso*) (Haus)flur *m*, Diele *f;* (*de un hotel*) Vestibül *nt*, Empfangshalle *f;* (TEAT) Foyer *nt*, Vestibül *nt;* (*atrio*) Atrium *nt*
vestido¹ [besˈtiðo] *m* ❶ (*ropa*) Kleidungsstück *nt*, Bekleidung *f*
② (*de mujer*) Kleid *nt*
vestido, -a² [besˈtiðo, -a] *adj* angezogen, bekleidet, (an)gekleidet
vestidor [bestiˈðor] *m* Ankleideraum *m*
vestidura [bestiˈðura] *f* (*ropa*) Bekleidung *f;* (*que se sobrepone*) Gewand *nt;* ~**s sacerdotales** Priestergewand *nt*
vestigio [besˈtixjo] *m* ❶ (*huella*) Spur *f*, Fährte *f*
② (*señal*) Anzeichen *nt*
vestimenta [bestiˈmenta] *f* (*ropa*) Bekleidung *f;* (*fam pey*) Klamotten *fpl*, Aufzug *m;* (*elegante*) Kluft *f*
vestir [besˈtir] *irr como pedir* **I.** *vt* ❶ (*cuerpo, persona*) (be)kleiden (*con* mit +*dat*); (*estatua, pared*) bedecken (*con* mit +*dat*), verhüllen (*con* mit +*dat*), einhüllen (*con* in +*akk*); (*adornar*) schmücken (*con* mit +*dat*), verzieren (*con* mit +*dat*); **estar vestido de pirata** (*disfrazado*) als Pirat verkleidet sein; ~ **a alguien con un abrigo** jdn mit einem Mantel kleiden, jdn in einen Mantel hüllen
② (*llevar*) tragen, anhaben; (*ponerse*) anziehen; **no sabía qué** ~ ich wusste nicht, was ich anziehen sollte; **vestía un traje azul** er trug einen blauen Anzug, er hatte einen blauen Anzug an
③ (*confeccionar*) (ein)kleiden; **¿qué sastre le viste?** welchen Schneider haben Sie?
④ (*expresión*): ~ **el rostro de seriedad** ein ernstes Gesicht aufsetzen [*o* machen]
II. *vi* ❶ (*persona*) sich kleiden; ~ **con elegancia** sich elegant kleiden; ~ **de blanco** sich (in) Weiß kleiden, Weiß tragen; ~ **de uniforme** Uniform

tragen; **el mismo que viste y calza** (*fig*) eben der, genau derselbige; **siempre viste muy bien** er/sie ist immer sehr gut angezogen
❷ (*loc*): **de** ~ (*elegante*) elegant; (*para una ocasión*) angebracht
III. *vr*: **~se** ❶ (*la ropa*) sich anziehen, sich ankleiden; (*cubrirse*) sich bedecken (*de mit +dat*), sich einhüllen (*de in +akk*); **~se a la moda** sich modern [*o* modisch] kleiden; **~se de azul** sich blau anziehen, Blau tragen; **los árboles se visten de verde** die Bäume werden grün; **los campos se visten de blanco** die Felder sind schneebedeckt; **le gusta ~se en Milán** er/sie liebt es, sich in Mailand einzukleiden; **se está vistiendo** er/sie zieht sich gerade an
❷ (*estado de ánimo*): **~se de cierta actitud** eine bestimmte Haltung einnehmen; **~se de severidad** ein strenges Gesicht aufsetzen [*o* machen]

vestón [bes'ton] *m* (*Chil: saco*) Jacke *f*
vestuario [bes'twarjo] *m* ❶ (*conjunto*) Kleider *ntpl*, Garderobe *f*
❷ (TEAT: *cuarto*) Garderobe *f*; (DEP) Umkleidekabine *f*
veta ['beta] *f* ❶ (MIN) (Erz)ader *f*, Gang *m*
❷ (*en madera, mármol*) Maser *f*, Maserungslinie *f*
vetar [be'tar] *vt* sein Veto einlegen (gegen *+akk*)
vetarro, -a [be'tarro, -a] *adj* (*Méx: fam*) alt (geworden), gealtert
vetazo [be'taθo] *m* (*Ecua*) Peitschenhieb *m*
veteado¹ [bete'aðo] *m* ❶ (*de la madera, piedra*) Maserung *f*
❷ (*del mármol*) Marmorierung *f*
veteado, -a² [bete'aðo, -a] *adj* ❶ (*madera, piedra*) gemasert
❷ (*como el mármol*) marmoriert
vetear [bete'ar] *vt* ❶ (*como la madera*) masern
❷ (*como el mármol*) marmorieren
veteranía [betera'nia] *f* ❶ (*en una empresa*) lange Betriebszugehörigkeit *f*
❷ (*status*) Veteranenstatus *m*
❸ (*experiencia*) Erfahrenheit *f*
veterano¹ [bete'rano] *m* (MIL) Veteran *m*, altgedienter Soldat *m*
veterano, -a² [bete'rano, -a] I. *adj* ❶ (MIL) altgedient
❷ (*experimentado*) erfahren
II. *m, f* ❶ (*en una empresa*) ehemaliger langjähriger Mitarbeiter *m*, ehemalige langjährige Mitarbeiterin *f*
❷ (*experto*) Experte, -in *m, f*
veterinaria [beteri'narja] *f sin pl* (MED) Veterinärmedizin *f*, Tiermedizin *f*
veterinario, -a [beteri'narjo, -a] *m, f* (MED) Vetärinär(in) *m(f)*, Tierarzt, -ärztin *m, f*
vetiver [beti'βer] *m* (BOT) ❶ (*planta*) Vetivergras *nt*
❷ (*raíz*) Vetiverwurzel *f*
veto ['beto] *m* Veto *nt*, Einspruch *m*; **(inter)poner (su) ~ a algo** sein Veto gegen etw einlegen, Einspruch gegen etw erheben
vetustez [betus'teθ] *f* ❶ (*edad*) hohes Alter *nt*
❷ (*cosa*) Alter *nt*; (*pey*) Antiquiertheit *f*
vetusto, -a [be'tusto, -a] *adj* ❶ (*persona*) greis, betagt
❷ (*cosa*) sehr alt; (*pey*) antiquiert, altertümlich
vez [beθ] *f* ❶ (*acto repetido*) Mal *nt*; **a la ~** gleichzeitig; **a** [*o* **algunas**] **veces** manchmal; **alguna que otra ~** gelegentlich, hin und wieder; **cada ~ me gusta menos** es gefällt mir immer weniger [*o* von Mal zu Mal weniger]; **cada ~ que la veo...** jedes Mal wenn ich sie sehe ...; **de una ~** (*en un solo acto*) mit einem Mal; (*sin interrupción*) in einem Mal, auf einmal; (*definitivamente*) endgültig; **de ~ en cuando** ab und zu; **dilo otra ~** sag es noch einmal; **acabemos de una ~** lass es uns ein für alle Mal hinter uns bringen; **cuando la vi por primera ~...** als ich sie zum ersten Mal sah, ...; **aquella ~ no te había visto** damals hatte ich dich nicht gesehen; **esta ~ diré que no** diesmal werde ich Nein sagen; **¿la viste por casualidad alguna ~?** hast du sie zufällig einmal gesehen?; **muchas veces** etliche [*o* viele] Male, oft; **otra ~ será** dann eben ein anderes Mal; **pocas veces** selten; **rara ~** selten; **tal ~** vielleicht; **una y otra ~** immer wieder, ein ums andere Mal; **una ~ que haya terminado,...** wenn ich erst einmal [*o* sobald ich] fertig bin ...
❷ (*con número*) Mal *nt*; **una ~** ein Mal; **una y mil veces** hunderttausend Mal; **3 veces 9** (MAT) 3 mal 9; **por enésima ~** zum x-ten Mal; **me lo ha dicho repetidas veces** er/sie hat es mir öfter(s) [*o* des Öfteren] gesagt; **te lo he dicho cien veces** ich habe es dir hundert Mal gesagt; **te lo digo de una ~ por todas** ich sage es dir ein für allemal; **él tenía dos veces más que ella** er hatte zweimal [*o* doppelt] so viel wie sie; **una ~ al año no hace daño** (*prov*) ein Mal ist kein Mal
❸ (*turno*): **cuando llegue mi ~ hablaré** wenn ich dran [*o* an der Reihe] bin, werde ich reden; **él a su ~ no respondió** er seinerseits antwortete nicht; **en ~ de** (an)statt, anstelle [*o* an Stelle] von; **hacer las veces de algo** als etw dienen; **hacer las veces de alguien** an die Stelle von jdm treten, jdn ersetzen; **ceder la ~ en una cola** in einer Schlange seinen Platz abtreten
❹ (*cuentos*): **érase** [*o* **había**] **una ~...** es war einmal ...
vía ['bia] *f* ❶ (*camino*) Weg *m*; **~ de acceso** Zufahrtsstraße *f*; **~ aérea**

(*correos*) Luftpost *f*; **~ de circunvalación** Umgehungsstraße *f*; **~ de contagio** (MED) Übertragungsweg *m*; **~s diplomáticas** diplomatische Kanäle; **~s de distribución** (ECON) Vertriebswege *mpl*; **~ fluvial** Wasserweg *m*; **~ láctea** (ASTR) Milchstraße *f*; **~ marítima** Seeweg *m*; **~ pública** Bürgersteig *m*; **~ terrestre** Landweg *m*; **por ~ aérea** auf dem Luftwege; (*correos*) per Luftpost; **¡~ libre!** Platz da!
❷ (*ruta*) via, über; **a Madrid ~ París** nach Madrid via [*o* über] Paris
❸ (*carril*) Spur *f*; (FERRO) Gleis *nt*, Schiene *f*; **~ férrea** Eisenbahn *f*; **por ~ férrea** auf dem Schienenweg; **~ muerta** Abstellgleis *nt*; **de ~ estrecha** schmalspurig; (*fig*) mies, kleinlich; **de ~ única** eingleisig; **el tren sale de la ~ 12** der Zug fährt von Gleis 12 ab
❹ (ANAT: *conducto*) Röhre *f*; **~s digestivas** Verdauungstrakt *m*; **~s respiratorias** Luftröhre *f*; **~s urinarias** Harnröhre *f*; **por ~ oral** [*o* **bucal**] oral
❺ (ADMIN, JUR: *procedimiento*) Weg *m*, Verfahren *nt*; **~ de acción privada** Privatklageweg *m*; **~ de apremio** Zwangsverfahren *nt*; **~ de recurso** Rechtsmittelverfahren *nt*; **por ~ judicial** auf dem Rechtsweg
❻ (INFOR) Pfad *m*; **~ del directorio** Verzeichnispfad *m*
❼ (*loc*): **país en ~s de desarrollo** Entwicklungsland *nt*; **en ~s de desaparición** (ZOOL) vom Aussterben bedroht; **en ~s de recuperación** auf dem Wege der Genesung
viabilidad [bjaβili'ðað] *f* ❶ (*vida*) Lebensfähigkeit *f*
❷ (*factibilidad*) Durchführbarkeit *f*, Machbarkeit *f*; **estudio de ~** Durchführbarkeitsstudie *f*
❸ (*de un camino*) Begehbarkeit *f*; (*para coches*) Befahrbarkeit *f*
viabilizar [bjaβili'θar] <z→c> *vt* ❶ (*para vivir*) lebensfähig machen
❷ (*para caminar*) begehbar machen; (*para coches*) befahrbar machen
❸ (*posibilitar*) möglich machen, ermöglichen
viable [bi'aβle] *adj* ❶ (*sano*) lebensfähig
❷ (*factible*) durchführbar, machbar
❸ (*camino*) gangbar, begehbar; (*para coches*) befahrbar
vía crucis ['bia 'kruθis] *m inv* ❶ (REL: *camino*) Kreuzweg *m*, Leidensweg *m* (Christi)
❷ (*sufrimiento*) Leidensweg *m*, Qual *f*
viada [bi'aða] *f* (*And*) Geschwindigkeit *f*
viaducto [bja'ðukto] *m* Viadukt *m*, Talbrücke *f*; (FERRO) Bahnbrücke *f*
viajante [bja'xante] I. *adj* reisend
II. *mf* ❶ (*que viaja*) Reisende(r) *mf*
❷ (COM: *representante*) Handelsreisende(r) *mf*, (Handels)vertreter(in) *m(f)*
viajar [bja'xar] *vi* reisen; **~ por Italia** durch Italien reisen, Italien bereisen; **~ en avión** fliegen
viaje [bi'axe] *m* ❶ (*general*) Reise *f*; **~ astral** Astralreise *f*; **~ colectivo** Gruppenreise *f*; **~ de estudios** Studienreise *f*; **~ de negocios** Geschäftsreise *f*; **~ de novios** [*o* **bodas**] Hochzeitsreise *f*; **~ organizado** Pauschalreise *f*; **~ de recreo** Erholungsreise *f*; **agencia de ~s** Reisebüro *nt*; **agente de ~s** Reiseveranstalter *m*; **¡buen** [*o* **feliz**] **~!** gute Reise!; **estar de ~** auf Reisen sein, verreist sein; **irse de ~** verreisen; **salir de ~** abreisen
❷ (*con carga*) Fuhre *f*, Ladung *f*, Fahrt *f*; **un ~ de leña** eine Fuhre [*o* Ladung] Holz; **tuvo que hacer la mudanza en cinco ~s** für den Umzug musste er/sie fünf Fahrten machen; **de un ~** (*AmC*) in einem Aufwasch, in einem Mal
❸ (*argot: drogas*) Trip *m*
❹ (*argot: golpe*) Schlag *m*, Ohrfeige *f*; **... y me dio un ~ ...** und er/sie versetzte mir einen Wahnsinnsschlag
viajero, -a [bja'xero, -a] I. *adj* reisend; (ZOOL) Wander-; **ave viajera** Zugvogel *m*
II. *m, f* Reisende(r) *mf*; (FERRO, AUTO, NÁUT) Fahrgast *m*, Passagier *m*; (AERO) Fluggast *m*; **~ diario** Pendler *m*
vial [bi'al] I. *adj* (*relativo a caminos*) Wege-; (FERRO) Schienen-; (*relativo al tráfico*) Verkehrs-, Straßen-; **circulación ~** Straßenverkehr *m*; **(poca) fluidez ~** (hohes) Verkehrsaufkommen *nt*; **reglamento ~** Straßenverkehrsregelung *f*, Straßenverkehrsordnung *f*; **seguridad ~** Verkehrssicherheit *f*
II. *m* (Baum)allee *f*
vianda [bjanda] *f* Nahrung *f*, Speise *f*
viandante [bjan'dante] *mf* ❶ (*en el tráfico*) Fußgänger(in) *m(f)*
❷ (*de viaje*) Reisende(r) *mf*
viaraza [bja'raθa] *f* (*Arg, Col, Guat, Urug: rapto de ira*) Wutanfall *m*; **mi jefa ayer le dio la ~** meine Chefin bekam gestern einen fürchterlichen Wutanfall
viario, -a [bi'arjo, -a] *adj* Wege-; (*de carreteras*) Straßen-; (FERRO) Schienen-; **red viaria** (FERRO) Schienennetz *nt*; (*de carreteras*) Straßennetz *nt*; **sistema ~** Kommunikationssystem *nt*
viaticar [bjati'kar] <c→qu> *vt* (REL) die letzte Kommunion [*o* das Viatikum] reichen (*einem Sterbenden*)
viático [bi'atiko] *m* ❶ (REL) Viatikum *nt*, Sterbesakrament *nt*; **darle a alguien el ~** jdn mit den Sterbesakramenten versehen, jdm das Viatikum

reichen
② (*alimentos*) Reiseproviant *m,* Wegzehrung *f*
③ (*para diplomáticos*) Reisespesen *pl*
víbora [bi'βora] *f* ❶ (ZOOL) Viper *f,* Otter *f*
② (*pey: persona*) (falsche) Schlange *f*
viborear [biβore'ar] *vi* (*Méx: fam*) hinter jds Rücken reden
vibración [biβra'θjon] *f* ❶ (*vaivén*) Vibrieren *nt,* Schwingen *nt;* (*ondulación*) Vibration *f,* Schwingung *f;* **buenas ~s** (*fam*) gutes Feeling *nt*
② (*temblor*) Zittern *nt*
③ (*agitación*) (leichte) Erschütterung *f*
vibrador [biβra'ðor] *m* Vibrator *m,* Schwingungserzeuger *m*
vibráfono [bi'βrafono] *m* (MÚS) Vibraphon *nt*
vibrante [bi'βrante] **I.** *adj* ❶ (*oscilante*) vibrierend, schwingend; (*tembloroso*) bebend, zitternd
② (*sonoro*) kraftvoll, sonor
③ (*entusiasta*) schwungvoll, mitreißend
II. *f* (LING: *sonido*) Vibrant *m,* Zitterlaut *m*
② (LING: *'rr'*) Rollen *nt*
vibrar [bi'βrar] **I.** *vi* ❶ (*oscilar*) vibrieren, schwingen
② (*voz*) (er)zittern, beben, schwingen
II. *vt* ❶ (*agitar*) rütteln
② (LING: *'rr'*) rollen
vibrátil [bi'βratil] *adj:* cilio [*o* pestaña] ~ (BIOL) Wimper *f,* Flimmerhärchen *nt*
vibrato [bi'βrato] *m* (MÚS) Vibrato *nt*
vibratorio, -a [biβra'torjo, -a] *adj* ❶ (*que oscila*) vibrierend, schwingend; (*movimiento*) Schwingungs-
② (*que tiembla*) bebend, zitternd
vibrión [bi'βrjon] *m* (BIOL) Vibrio *m*
vibrógrafo [bi'βroɣrafo, -a] *m* (TÉC) Schwingungsschreiber *m,* Vibrograph *m*
vibromasaje [biβroma'saxe] *m* Vibrationsmassage *f,* Vibromassage *f*
viburno [bi'βurno] *m* (BOT) Schneeball *m,* Viburnum *m*
vicaría [bika'ria] *f* (REL) Vikariat *m*
vicario [bi'karjo] *m* (REL) Vikar *m;* **el V~ de Cristo** der Papst
vicealmirante [biθealmi'rante] *m* (MIL) Vizeadmiral *m*
vicecanciller [biθekanθi'ʎer] *m* (POL) Vizekanzler *m*
viceconsejero, -a [biθekonse'xero, -a] *m, f* stellvertretender Berater *m,* stellvertretende Beraterin *f*
vicecónsul [biθe'konsul] *mf* Vizekonsul(in) *m(f)*
vicedecano, -a [biθeðe'kano, -a] *m, f* Vizedekan(in) *m(f)*
vicedirector(a) [biθeðirek'tor(a)] *m(f)* stellvertretender Direktor *m,* stellvertretende Direktorin *f*
vicegerente [biθexe'rente] *mf* stellvertretender Geschäftsführer *m,* stellvertretende Geschäftsführerin *f*
vicegobernador(a) [biθeɣoβerna'ðor(a)] *m(f)* (POL) Vizegouverneur(in) *m(f)*
viceministro, -a [biθemi'nistro, -a] *m, f* Vizeminister(in) *m(f)*
vicenal [biθe'nal] *adj* ❶ (*que dura*) zwanzigjährig
② (*que se repite, sucede*) sich alle 20 Jahre ereignend [*o* wiederholend]
vicepresidencia [biθepresi'ðenθja] *f* (POL) Vizepräsidentschaftsamt *nt;* (*en juntas*) stellvertretender [*o* zweiter] Vorsitz *m*
vicepresidente, -a [biθepresi'ðente, -a] *m, f* (POL) Vizepräsident(in) *m(f);* (*en juntas*) stellvertretender [*o* zweiter] Vorsitzender *m,* stellvertretende [*o* zweite] Vorsitzende *f*
vicerrector(a) [biθerrek'tor(a)] *m(f)* ❶ (UNIV) Prorektor(in) *m(f)*
② (ENS) Konrektor(in) *m(f)*
vicesecretaría [biθesekreta'ria] *f* stellvertretende Geschäftsstelle *f*
vicesecretario, -a [biθesekre'tarjo, -a] *m, f* stellvertretende(r) Geschäftsführer(in) *m,* stellvertretender Sekretär *m,* stellvertretende Sekretärin *f*
vicetesorero, -a [biθeteso'rero, -a] *m, f* Vizeschatzmeister(in) *m(f)*
vicetiple [biθe'tiple] *f* (MÚS) Backgroundsängerin *f*
viceversa [biθe'βersa] *adv* umgekehrt, vice versa; **y** ~ und umgekehrt
vichar [bi'tʃar] *vt* (*Arg, Urug*) ❶ (*espiar*) ausspionieren
② (*ver*) sehen
③ (*buscar con la mirada*) spähen
vichear [bitʃe'ar] *vt* (*Arg*) ausspionieren (*a +akk*); (*animal*) (heimlich) beobachten (*a +akk*); (*siguiéndole*) nachspionieren (*a +dat*)
vichy [bi'tʃi] *m* (*tejido*) Vichy *m*
viciado, -a [bi'θjaðo, -a] *adj* ❶ (*aire*) stickig, schlecht
② (*pervertido*) verdorben, verkommen
③ (*falseado*) verfälscht; (*deformado*) entstellt, verzerrt
viciar [bi'θjar] **I.** *vt* ❶ (JUR: *anular*) ungültig machen, annulieren
② (*falsear*) verfälschen; (*deformar*) entstellen, verzerren
II. *vr:* **~se** ❶ (*costumbres*) verkommen; (*persona*) verderben, pervertieren
② (*ser adicto*) einem Laster verfallen, süchtig sein (*con* nach *+dat*); **se ha viciado con la televisión** er/sie ist fernsehsüchtig

③ (*deformarse*) sich verformen; (*romperse*) defekt sein
vicio ['biθjo] *m* ❶ (*mala costumbre*) Laster *nt,* schlechte Angewohnheit *f,* Unart *f;* (*adicción*) Sucht *f;* **el ~ de siempre** das alte Laster; **hacer algo por** [*o* **de**] ~ etw aus reiner Gewohnheit tun, etw ohne bestimmten Grund tun; **no puede quitarse el ~ de fumar** er/sie kann sich das Rauchen nicht abgewöhnen; **tiene el ~ de comerse las uñas** er/sie hat die schlechte Angewohnheit, an den Nägeln zu kauen
② (*objeto*) Defekt *m,* Fehler *m;* ~ **de material** Materialfehler *m*
③ (JUR: *error*) Fehler *m;* (*en un documento*) Formfehler *m;* **~s jurídicos** Rechtsmängel *mpl;* **~s materiales y jurídicos** Sach- und Rechtsmängel *mpl;* ~ **oculto/encubierto** verborgener/verdeckter Mangel *m;* ~ **principal** [*o* **de redhibitorio**] Hauptmangel *m;* ~ **de procedimiento** Verfahrensfehler *m;* **constatar un ~ vicio oculto** [*o* **encubierto**] einen Mangel feststellen; **subsanar/suprimir un ~ vicio oculto** [*o* **encubierto**] einen Mangel beheben/beseitigen; **responder por un** ~ für einen Mangel haften
④ (*capricho*) Laune *f;* **le concedes demasiados ~s a ese niño** du bist zu nachgiebig [*o* nachsichtig] mit dem Kind; **quejarse de** ~ ewig unzufrieden sein, sich wegen jeder Kleinigkeit beklagen
⑤ (BOT) üppiges Wachstum *nt,* Wuchern *nt;* **tener mucho** ~ wuchern, übermäßig wachsen
viciosamente [biθjosa'mente] *adv* ❶ (*de costumbre*) gewohnheitsmäßig; (*de mala costumbre*) lasterhaft
② (BOT: *crecimiento*) üppig
viciosidad [biθjosi'ðað] *f sin pl* Lasterhaftigkeit *f*
vicioso, -a [bi'θjoso, -a] **I.** *adj* ❶ (*carácter*) verdorben, lasterhaft
② (*que produce vicio*) lasterhaft
③ (*defecto*) defekt, fehlerhaft
④ (*niño*) verhätschelt, verwöhnt
⑤ (BOT) üppig
II. *m, f:* **en lo que respecta a la bebida es un** ~ er ist ein Gewohnheitstrinker
vicisitud [biθisi'tuð] *f* ❶ (*acontecimiento*) Ereignis *nt;* (*desgracia*) Unglücksfall *m,* schlimmer Vorfall *m*
② (*cambio*) Wende *f,* Umschlag *m*
③ *pl* (*alternancia*) Wechselfälle *mpl,* Auf und Ab *nt*
víctima ['biktima] *f* ❶ (*dañado*) Opfer *nt,* Geschädigte(r) *mf;* (*afectado*) Betroffene(r) *mf;* **fue** ~ **de un fraude** er/sie wurde Opfer eines Betrugs; **no hubo que lamentar ~s en el accidente** bei dem Unfall gab es keine Opfer zu beklagen
② (REL: *sacrificio*) Opfer *nt;* (*de animal*) Tieropfer *nt*
victimar [bikti'mar] *vt* (*Am*) ❶ (*herir*) verwunden
② (*matar*) töten
victimario, -a [bikti'marjo, -a] *m, f* ❶ (*el que daña*) Verantwortliche(r) *mf,* Verursacher(in) *m(f)*
② (*Am: el que mata*) Mörder(in) *m(f)*
victoria [bik'torja] *f* Sieg *m;* ~ **por puntos** (DEP) Punktsieg *m,* Sieg *m* nach Punkten; ¡~! Viktoria!, Sieg!, der Sieg ist unser!; **cantar** ~ sich eines Sieges rühmen
victorial (largo) [bikto'rjal (larɣo)] *m* (BOT) Allermannsharnisch *m*
victoriano, -a [bikto'rjano, -a] *adj* (HIST) viktorianisch
victorioso, -a [bikto'rjoso, -a] *adj* siegreich
vicuña [bi'kuɲa] *f* (ZOOL) Vikunja *nt*
vid [bið] *f* (BOT) ❶ (*parra*) Weinstock *m*
② (*uva*) (Wein)rebe *f*
vida ['biða] *f* ❶ (*existencia, actividad*) Leben *nt;* ~ **íntima** [*o* **privada**] Privatleben *nt;* ~ **perra** [*o* **de perro(s)**] Hundeleben *nt;* **la** ~ **social** das gesellschaftliche Leben; ~ **útil de un producto** Lebensdauer eines Produktes; **coste de la** ~ Lebenshaltungskosten *pl;* **carestía de la** ~ Teuerung *f;* **seguro de** ~ Lebensversicherung *f;* **amargar la** ~ **a alguien** jdm das Leben schwer machen; **¿cómo te va la** ~? wie geht's dir?, wie läuft's?; **complicarse la** ~ sich belasten, sich das Leben schwer machen; **costarle a alguien la** ~ jdm das Leben kosten; **dar la** ~ **por alguien/algo** für jdn/etw das Leben geben; **darse la** ~ **padre** sich ein schönes Leben machen; **dejarse la** ~ **en algo** sein ganzes Leben etw *dat* widmen; **¡en mi** [*o* **tu**] [*o* **su**] ~! nie im Leben!, im Leben nicht!; **enterrarse en** ~ sich zurückziehen, ein eigenbrötlerisches Dasein führen; **estar aún con** ~ noch am Leben sein; **estar entre la** ~ **y la muerte** dem Tod sehr nahe sein, in Lebensgefahr sein; **este material es de corta** ~ dieses Material ist kurzlebig; **¡esto es** ~! das nenne ich Leben!; **hacer la** ~ **imposible a alguien** jdm das Leben schwer [*o* unmöglich] machen; **hacer por la** ~ (*fam*) essen; **hacer** ~ **marital** ein eheliches [*o* eheähnliches] Leben führen; **la otra** ~ das nächste Leben; **llevar una** ~ **miserable** eine kümmerliche Existenz [*o* ein kümmerliches Dasein] fristen; **meterse en ~s ajenas** sich in das Leben anderer einmischen; **me va la** ~ **en este asunto** in dieser Angelegenheit steht mein Leben auf dem Spiel, diese Angelegenheit ist lebenswichtig für mich; **partir de esta** [*o* **pasar a mejor**] ~ (ver)sterben, ins ewige Leben [*o* aus dem Leben] treten; **pasarse la** ~ **haciendo algo** die ganze Zeit damit verbringen, etw

zu tun; **pegarse la buena** [*o* **gran**] ~ ein leichtes Leben führen, in völliger Sorglosigkeit leben; **perder la** ~ ums Leben kommen; **¿qué es de tu** ~**?** was gibt's Neues bei dir?; **quitarle la** ~ **a alguien** jdn töten; **quitarse la** ~ sich das Leben nehmen, sich umbringen, (freiwillig) aus dem Leben scheiden; **salir con** ~ mit dem Leben davonkommen, heil herauskommen

② (*sustento*) Lebensunterhalt *m;* **se gana la** ~ **solo** er verdient sich seinen Lebensunterhalt allein; **buscarse la** ~ durchkommen, sich durchschlagen

③ (*biografía*) Leben *nt,* Lebensgeschichte *f,* Biographie *f;* **de por** ~ zu Lebzeiten; **de toda la** ~ schon immer, von jeher; **la** ~ **y milagros de alguien** jds ganzes Leben

④ (*placer*) Wohltat *f;* **este sol es** ~ dieser Sonnenschein ist eine wahre Wohltat; **la música es mi** ~ Musik ist mein Leben(sinhalt) [*o* mein ein und alles]

⑤ (*alegría*) Lebensfreude *f,* Lebendigkeit *f;* **es un cuadro lleno de** ~ **es** ist ein Bild voller Lebensfreude

⑥ (*cariño*): **¡mi** ~**!** (mein) Liebling!, (mein) Schatz!

⑦ (*prostituta*): **mujer de la** ~, **mujer de** ~ **alegre** [*o* **mala** ~] Freudenmädchen *nt,* Dirne *f;* **darse a** [*o* **hacer**] **la** ~ (*argot: prostituirse*) anschaffen gehen, auf den Strich gehen

vidarra [bi'ðarra] *f* (BOT) *Waldrebenart* (*Clematis*)
vide ['biðe] (*del latín*) siehe
videncia [bi'ðenθja] *f* (Hell)sehen *nt*
vidente [bi'ðente] *mf* (Hell)seher(in) *m(f)*
vídeo ['biðeo] *m* ① (*aparato*) Videogerät *nt,* Videorekorder *m;* ~ **conferencia** Videokonferenz *f;* **cámara de** ~ Videokamera *f;* **editar en** ~ als Videokassette herausbringen; **grabar en** ~ auf Video aufnehmen

② (*película*) Video *nt,* Videofilm *m*
videoadicto, -a [biðeoa'ðikto, -a] *adj* videosüchtig
videoaficionado, -a [biðeoafiθjo'naðo, -a] *m, f* Amateur(video)filmer(in) *m(f)*
videocámara [biðeo'kamara] *f* Videokamera *f*
videocasete [biðeoka'sete] *f* Videokassette *f*
videocinta [biðeo'θinta] *f* Videoband *nt*
videoclip [biðeo'kliᵖ] *m* <videoclips> Videoclip *m*
videoclub [biðeo'kluᵝ] *m* <videoclubs *o* videoclubes> Videoklub *m*
videoconferencia [biðeokoɱfe'renθja] *f* (INFOR) Videokonferenz *f*
videoconsola [biðeokon'sola] *f* Videokonsole *f*
videocontrol [biðeokoɲ'trol] *m* (TÉC) Videoüberwachung *f*
videográfico, -a [biðeo'ɣrafiko, -a] *m* Videoaufzeichnung *f*
videojuego [biðeo'xweɣo] *m* Videospiel *nt*
videomagnético, -a [biðeomaɣ'netiko, -a] *adj* videomagnetisch
videomanía [biðeoma'nia] *f* Videosucht *f*
videomontaje [biðeomoɲ'taxe] *m* Videomontage *f*
videopiratería [biðeopirate'ria] *f* Videopiraterie *f*
videoproyector [biðeoproʝek'tor] *m* (TEL) Videoprojektor *m*
videorregistrador [biðeorrexistra'ðor] *m* Videorecorder *m*
videoteca [biðeo'teka] *f* Videothek *f*
videotelefonía [biðeotelefo'nia] *f* (TEL) Bildtelefonieren *nt,* Bildfernsprechen *nt*
videoteléfono [biðeote'lefono] *m* Bildtelefon *nt*
videotex [biðeo'teʸs] *m,* **videotexto** [biðeo'testo] *m* (INFOR) ≈Bildschirmtext *m,* ≈BTX *m*
vidorra [bi'ðorra] *f* (*fam*) leichtes Leben *nt,* Dolcevita *nt o f*
vidorria [bi'ðorrja] *f* (Col, Ven) schweres [*o* mühseliges] Leben *nt,* Hundeleben *nt*
vidriado¹ [bi'ðrjaðo] *m* ① (*barniz*) Glasur *f*
② (*loza*) glasiertes Steingut *nt*
vidriado, -a² [bi'ðrjaðo, -a] *adj* glasiert
vidriar [bi'ðrjar] I. *vt* (*loza*) glasieren
II. *vr:* **-se** ① (*hacerse transparente*) glasig werden
② (*asunto*) heikel werden
vidriera [bi'ðrjera] *f* ① (*ventana*) (Glas)fenster *nt;* ~ **de colores** (REL) buntes Kirchenfenster; **puerta** ~ Glastür *f*
② (*Am: escaparate*) Schaufenster *nt,* Auslage *f*
vidriería [biðrje'ria] *f* ① (*taller: fabricación*) Glashütte *f;* (*con caña de soplador*) Glasbläserei *f;* (*colocación*) Glaserei *f*
② (*tienda*) Glasgeschäft *nt*
③ (*productos*) Glaswaren *fpl*
vidriero, -a [bi'ðrjero, -a] *m, f* ① (*soplador*) Glasbläser(in) *m(f)*
② (*que coloca vidrios*) Glaser(in) *m(f)*
③ (*que vende*) Glashändler(in) *m(f)*
vidrio ['biðrjo] *m* ① (*material*) Glas *nt;* ~ **de color** Buntglas *nt;* ~ **esmerilado** [*o* **deslustrado**] Mattglas *nt;* ~ **inastillable** splitterfreies [*o* splittsicheres] Glas; ~ **opalino** Milchglas *nt;* ~ **retornable** (ECOL) Altglas *nt;* ~ **tallado** geschliffenes Glas; **pagar los** ~**s rotos** (*fam*) die Suppe auslöffeln, es ausbaden; **¡**~**!** (*frágil*) zerbrechlich!; (*cristal*) Achtung Glas!
② (*placa*) (Glas)scheibe *f;* (*de una ventana*) Fensterscheibe *f*

③ (*objeto*) Glasarbeit *f;* (*productos*) Glaswaren *fpl*
vidrioso, -a [bi'ðrjoso, -a] *adj* ① (*como vidrio*) gläsern; **mirada vidriosa** gläserner [*o* starrer] Blick
② (*transparente*) glasig; **ojos** ~**s** glasige Augen
③ (*frágil*) zerbrechlich
④ (*superficie*) glatt
⑤ (*persona*) empfindlich, leicht reizbar
⑥ (*asunto*) heikel, delikat
vidurria [bi'ðurrja] *f* (Arg: fam) *v.* **vidorra**
vieira ['bjeira] *f* ① (ZOOL) Kammmuschel *f,* Pilgermuschel *f*
② (*utilizada por peregrinos*) Jakobsmuschel *f*
viejales [bje'xales] *m inv* (*fam*) alter Knacker *m*
viejera [bje'xera] *f* (PRico) ① (*vejez*) Alter *nt*
② (*cosa inservible*) altes Zeug *nt*
viejo, -a ['bjexo, -a] I. *adj* ① (*no joven, antiguo*) alt; **tan** ~ **como Canalillo** (*fam*) uralt; **Noche Vieja** Silvester *nt*
② (*no nuevo*) alt; (*usado*) gebraucht; (*gastado*) abgenutzt; (*ropa*) abgetragen
II. *m, f* ① (*persona*) Alte(r) *mf*
② (*fam: padre, madre*) Alte(r) *mf;* **mis** ~**s** meine Alten
③ (*fam: marido*) Alter *m;* (*esposa*) Alte *f*
④ (*fam: amigo*) Alte(r) *mf,* Kumpel *m*
viejorrón [bjexo'rron] *m* (Méx) sehr hübsche Frau *f,* Schönheit *f*
Viena ['bjena] *f* Wien *nt*
vienés, -esa [bje'nes, -esa] I. *adj* wienerisch
II. *m, f* Wiener(in) *m(f)*
vientecillo [bjente'θiʎo] *m* Lüftchen *nt,* leichte Brise *f*
viento ['bjento] *m* ① (*corriente*) Wind *m;* (*brisa*) Brise *f;* ~ **ascendente** Aufwind *m;* ~ **de cola** [*o* **de espalda**] [*o* **trasero**] Rückenwind *m;* ~ **de costado** Seitenwind *m;* ~ **favorable** (NÁUT) Fahrwind *m,* günstiger Segelwind *m;* ~ **de frente** [*o* **de proa**] Gegenwind *m;* ~ **huracanado** (METEO) (Wirbel)sturm *m;* **instrumento de** ~ (MÚS) Blasinstrument *nt;* **hace** ~ **es** ist windig; **beber los** ~**s por algo** (*desearlo*) sich etw innigst wünschen; **como el** ~ blitzschnell, in Windeseile; **contra** ~ **y marea** gegen Wind und Wetter; (*fig*) trotz aller Schwierigkeiten und Widrigkeiten; **corren malos** ~**s para...** es wehen ungünstige Winde für ...; (*fig*) es ist ein ungünstiger Augenblick [*o* Moment] um ...; **correr un poquito de** ~ es weht ein leichter Wind; **estar lleno de** ~ (*vacío*) leer sein; (*vanidoso*) aufgeblasen [*o* eitel] sein; **ir** ~ **en popa** Glück haben, Rückenwind haben; **el negocio va** ~ **en popa** das Geschäft läuft bestens [*o* optimal]; **lo que el** ~ **se llevó** (CINE) vom Winde verweht; **un pequeño soplo de** ~ ein Lüftchen
② (NÁUT: *rumbo*) Kurs *m,* Richtung *f,* Himmelsrichtung *f;* **a los cuatro** ~**s** in alle [*o* nach allen] (vier Himmels)richtungen, in alle Welt; **pregonar algo a los cuatro** ~**s** etw an die große Glocke hängen
③ (*fam*): **echar a alguien con** ~ **fresco** jdn hochkant hinauswerfen
④ (*fam: irse*): **tomar** ~ sich verziehen, verduften; **¡vete a tomar** ~**!** (*argot*) zieh Leine!, verpiss dich!
⑤ (*olor*) Witterung *f;* (*olfato*) Geruchssinn *m,* Spürsinn *m;* **me da el** ~ **que...** ich vermute, dass ...
⑥ (AmC: MED) Rheumatismus *m*
vientre ['bjentre] *m* ① (ANAT: *abdomen*) Unterleib *m;* **hacer de** ~, **descargar** [*o* **exonerar**] **el** ~ Stuhlgang haben; **regir bien el** ~ regelmäßigen Stuhlgang haben
② (ANAT: *barriga*) Bauch *m*
③ (*matriz*) Mutterleib *m;* **llevar un hijo en el** ~ ein Kind im Schoß [*o* Mutterleib] tragen
④ (*feto*) Fötus *m,* Ungeborene(s) *nt*
⑤ (*de vasija*) bauchiger Teil *m*
⑥ (*interior*) Innere(s) *nt;* **el** ~ **de un buque** das Innere eines Tankschiffs
viera ['bjera] *f* (*reg:* GASTR) Meeresfrüchte, die mit einer Zwiebelsoße in der Schale serviert werden
viernes ['bjernes] *m inv* Freitag *m;* **V**~ **Santo** Karfreitag *m;* **la semana que no tenga** ~ am Sankt-Nimmerleins-Tag; *v. t.* **lunes**
vierteaguas [bjerte'aɣwas] *m inv* Regenrinne *f*
Vietnam [bjeᵈ'nan] *m* Vietnam *nt*
vietnamita¹ [bjeᵈna'mita] I. *adj* vietnamesisch
II. *mf* Vietnamese, -in *m, f*
vietnamita² [bjeᵈna'mita] *m* (*lengua*) Vietnamesisch(e) *nt*
viga ['biɣa] *f* ① (*de madera*) Balken *m*
② (*de metal*) Träger *m*
vigencia [bi'xenθja] *f* (JUR) Rechtskraft *f,* (Rechts)gültigkeit *f;* ~ **inmediata** unmittelbare Geltung; **estar en** ~ gültig sein, rechtskräftig sein, in Kraft sein; **entrar en** ~ in Kraft treten, rechtskräftig werden; **perder** ~ ungültig werden; **tener** ~ **general** allgemeine Geltung haben
vigente [bi'xente] *adj* (JUR) rechtskräftig, (rechts)gültig; **ser** ~ gültig sein, rechtskräftig sein, in Kraft sein
vigesimal [bixesi'mal] *adj* Vigesimal-; **sistema** ~ Vigesimalsystem *nt*
vigésimo, -a [bi'xesimo, -a] I. *adj* (*parte*) zwanzigstel; (*numeración*)

vigía zwanzigste(r, s); **la vigésima parte de...** ein Zwanzigstel von ...
II. *m, f* Zwanzigstel *nt; v. t.* **octogésimo**
vigía¹ [bi'xia] *f* Wach(t)turm *m*, Warte *f*
vigía² [bi'xia] *mf* Wach(t)posten *m*, Turmwächter(in) *m(f)*
vigilancia [bixi'laɲθja] *f* ❶ (*cuidado*) Wachsamkeit *f*
❷ (*observación*) Bewachung *f*, Überwachung *f*; (*servicio*) Aufsicht *f*, Überwachungsdienst *m*; ~ **aduanera** Zollüberwachung *f*; ~ **vial** Straßenaufsicht *f*; **personal de** ~ Wachpersonal *nt*; **tener a alguien bajo** ~ jdn überwachen [*o* beobachten]
vigilante [bixi'lante] I. *adj* (*despierto*) wachsam; (*en alerta*) vorsichtig
II. *mf* ❶ (*guardián*) Wächter(in) *m(f)*, Aufsichtsführende(r) *mf*, Aufsichtshabende(r) *mf*; (*de cárcel*) Gefängniswärter(in) *m(f)*, Aufseher(in) *m(f)*; (*en tienda*) Kaufhausdetektiv(in) *m(f)*; (*en museo*) Aufsichtsperson *f*; ~ **nocturno** Nachtwächter *m*; ~ **de seguridad** Wachmann *m*
❷ (*CSur: policía*) Polizist(in) *m(f)*
vigilar [bixi'lar] I. *vt* ❶ (*sospechoso, frontera*) bewachen, überwachen
❷ (*niños*) beaufsichtigen, aufpassen (*a/sobre* auf +*akk*)
❸ (*instalación, trabajo*) überwachen
II. *vi* achten (*por/sobre* auf +*akk*); **tengo que** ~ **por mi salud** ich muss auf meine Gesundheit achten [*o* bedacht sein]
vigilia [bi'xilja] *f* ❶ (*en el trabajo*) Nachtwache *f*, Nachtdienst *m*
❷ (REL: *víspera de una fiesta*) Vorabend *m*
❸ (REL: *sin comer*) Fasten *nt*, Fastenzeit *f*; (*comida*) fleischlose Kost *f*; **día de** ~ Fastentag *m*; **comer de** ~ fasten
❹ (*del que no duerme*) Wachzustand *m*, Wachen *nt*
❺ (*falta de sueño*) Schlaflosigkeit *f*
vigo ['biɣo] *m* (*Hond: parche, emplasto*) (Heft)pflaster *nt*
vigor [bi'ɣor] *m* ❶ (*fuerza*) Kraft *f*, Stärke *f*; (*resistencia*) Durchhaltevermögen *nt*; (*energía*) Energie *f*; **con** ~ kraftvoll; **sin** ~ kraftlos
❷ (*vitalidad*) Vitalität *f*; (*empuje*) Antrieb *m*, Motivation *f*
❸ (*al hablar*) Nachdruck *m*, Strenge *f*; **lo dijo con** ~ er/sie sagte es mit Nachdruck
❹ (JUR: *vigencia*) Gültigkeit *f*, Rechtskraft *f*; **en** ~ in Kraft; **entrar en** ~ in Kraft treten, rechtskräftig werden; **poner en** ~ in Kraft setzen
vigorización [biɣoriθa'θjon] *f* ❶ (*fortalecimiento*) Kräftigung *f*, Stärkung *f*; (*reanimación*) Revitalisierung *f*, Belebung *f*
❷ (*dar impulso*) Motivierung *f*
❸ (*dar firmeza*) Festigung *f*
vigorizador(a) [biɣoriθa'ðor(a)] *adj* ❶ (*que fortalece*) stärkend, kräftigend; (MED) tonisch
❷ (*que revitaliza*) belebend
❸ (*que anima*) motivierend
❹ (*que da firmeza*) festigend
vigorizar [biɣori'θar] <z→c> *vt* ❶ (*fortalecer*) stärken, kräftigen; (MED) tonisieren
❷ (*revitalizar*) beleben
❸ (*animar*) motivieren
❹ (*dar firmeza*) festigen
vigoroso, -a [biɣo'roso, -a] *adj* ❶ (*fuerte*) stark, kräftig, kraftvoll; (*resistente*) robust
❷ (*animado*) motiviert; (*vital*) vital
❸ (*protesta*) energisch, heftig, nachdrücklich
viguería [biɣe'ria] *f* ❶ (*de madera*) Balkenwerk *nt*, Gebälk *nt*
❷ (*de metal*) Trägerkonstruktion *f*
vigués, -esa [bi'ɣes, -esa] I. *adj* aus Vigo
II. *m, f* Einwohner(in) *m(f)* von Vigo
vigueta [bi'ɣeta] *f* kleiner Balken *m*
VIH [uβei'atʃe] *m sin pl* (MED) *abr de* **virus de inmunodeficiencia humana** HIV *nt*
vihuela [bi'wela] *f* (MÚS) ≈Laute *f* (*antikes gitarrenähnliches Instrument*)
vihuelista [biwe'lista] *mf* (MÚS) 'Vihuela'-Spieler(in) *m(f)*
vikingo, -a [bi'kiŋɡo, -a] I. *adj* (HIST) wikingisch, Wikinger-
II. *m, f* (HIST) Wiking *m*, Wikinger(in) *m(f)*
vil [bil] *adj* ❶ (*malo*) gemein, schlecht
❷ (*bajo*) niederträchtig, hinterlistig, schäbig; **motivo** ~ (*t.* JUR) niedriger Beweggrund
❸ (*infame*) verwerflich, schändlich
vileza [bi'leθa] *f* ❶ (*carácter*) Gemeinheit *f*, Schlechtigkeit *f*; (*bajeza*) Niedertracht *f*, Hinterhältigkeit *f*, Schäbigkeit *f*
❷ (*acto*) Gemeinheit *f*, Schändlichkeit *f*
vilipendiar [bilipen'djar] *vt* ❶ (*despreciar*) verachten, gering schätzen; (*tratar*) geringschätzig behandeln
❷ (*denunciar*) verunglimpfen, verleumden, in schlechten Ruf bringen
vilipendio [bili'pendjo] *m* ❶ (*desprecio*) Verachtung *f*, Geringschätzung *f*
❷ (*denuncia*) Verunglimpfung *f*, Verleumdung *f*
vilipendioso, -a [bilipen'djoso, -a] *adj* ❶ (*con desprecio*) verächtlich, geringschätzig, herabwürdigend

❷ (*difamatorio*) verunglimpfend, verleumderisch
villa ['biʎa] *f* ❶ (*casa*) Villa *f*
❷ (*población*) Kleinstadt *f*; **la V**~ (**y Corte**) Madrid *nt*
Villadiego [biʎa'ðjeɣo] *m* (*fam*): **tomar las de** ~ abhauen, das Weite suchen
villagodio [biʎa'ɣoðjo] *m* (GASTR) Schnitzel aus einem Rippenstück
villanada [biʎa'naða] *f* Niederträchtigkeit *f*, Schurkerei *f*
villanaje [biʎa'naxe] *m* ❶ (*status*) Bauerntum *nt*
❷ (*personas*) Bauernschaft *f*
villancico [biʎaɲ'θiko] *m* (MÚS) Volkslied *nt*; ~ **de Navidad** Weihnachtslied *nt*
villanesco, -a [biʎa'nesko, -a] *adj* (*estilo*) rustikal, Bauern-; (*pey: comportamiento*) bäurisch, Bauern-
villanía [biʎa'nia] *f* ❶ (HIST: *origen*) niedrige Herkunft *f*, gemeine Herkunft *f pey*
❷ (*bajeza*) Gemeinheit *f*, Niederträchtigkeit *f*
❸ (*expresión*) Unanständigkeit *f*, Zote *f*
villano, -a [bi'ʎano, -a] *adj* ❶ (HIST: *plebeyo*) nicht adelig, bürgerlich
❷ (*bajo*) gemein, niederträchtig
❸ (*rústico*) bäurisch, Bauern-; (*grosero*) grob, ungehobelt, unwirsch; (*expresión*) schlüpfrig, ordinär, unflätig
II. *m, f* (HIST: *plebeyo*) Nichtadelige(r) *mf*
❷ (*pey: grosero*) Bauer *m*, Bäuerin *f*
villorrio [bi'ʎorrjo, -a] *m* (*fam pey*) Kaff *nt*, elendes Nest *nt*
vilo ['bilo] *adv*: **en** ~ in der Schwebe [*o* Luft]; (*fig*) unruhig; **nos tuvo dos horas en** ~ er/sie ließ uns zwei Stunden lang im Ungewissen, er/sie spannte uns zwei Stunden lang auf die Folter; **estar en** ~ im Ungewissen sein, gespannt sein
vinagrada [bina'ɣraða] *f* (GASTR) Essigwasser *nt* mit Zucker
vinagre [bi'naɣre] *m* ❶ (*condimento*) Essig *m*
❷ (*persona*) Griesgram *m*
vinagrera [bina'ɣrera] *f* ❶ (*recipiente*) Essigflasche *f*
❷ *pl* (*para la mesa*) Menage *f*, Essig- und Ölständer *m*
❸ (*Am:* MED: *ardor*) Sodbrennen *nt*
vinagrero, -a [bina'ɣrero, -a] *m, f* (*vendedor*) Essigverkäufer(in) *m(f)*; (*comerciante*) Essighändler(in) *m(f)*
vinagreta [bina'ɣreta] *f* Vinaigrette *f*
vinagroso, -a [bina'ɣroso, -a] *adj* ❶ (*sabor*) essigsauer
❷ (*fam: persona*) sauertöpfisch, griesgrämig, mürrisch
vinatería [binate'ria] *f* ❶ (*comercio con vino*) Weinhandel *m*
❷ (*tienda*) Weinhandlung *f*, Weingeschäft *nt*
vinatero, -a [bina'tero, -a] I. *adj* Wein-
II. *m, f* ❶ (*comerciante*) Weinhändler(in) *m(f)*
❷ (*aficionado*) Weinkenner(in) *m(f)*
vinazo [bi'naθo] *m* (*fam: fuerte*) kräftiger Wein *m*; (*bueno*) guter [*o* edler] Tropfen *m*
vinca(pervinca) ['biŋka(per'βiŋka)] *f* (BOT) Immergrün *nt*
vincha ['bintʃa] *f* (*AmS: cinta*) Haarband *nt*
vinchuca [bin'tʃuka] *f* (*Arg, Chil, Par:* ZOOL) Feldwanze *f*
vinculable [biŋku'laβle] *adj* verknüpfbar, vinkulierbar
vinculación [biŋkula'θjon] *f* (Ver)bindung *f*, Verknüpfung *f*; ~ **contractual** vertragliche Bindung; ~ **del convenio colectivo** Tarifbindung *f*; ~ **legal** Gesetzesbindung *f*; ~ **de la oferta** (COM) Angebotsbindung *f*; ~ **a la situación** Situationsgebundenheit *f*
vinculante [biŋku'lante] *adj* ❶ (*que une*) (ver)bindend, verknüpfend
❷ (*obligatorio*) verpflichtend, verbindlich
vincular [biŋku'lar] *vt* ❶ (*ligar*) binden (*con* an +*akk*), verbinden (*con* mit +*dat*), knüpfen (*con* an +*akk*), verknüpfen (*con* mit +*dat*)
❷ (*obligar*) verpflichten
❸ (COM, JUR: *la venta*) sperren, die Veräußerung verbieten
vínculo ['biŋkulo] *m* ❶ (*unión*) (Ver)bindung *f*, Verknüpfung *f*; **el** ~ **conyugal** [*o* **matrimonial**] das Band der Ehe; ~**s familiares** Familienbande *pl*; ~**s naturales** Blutsverwandtschaft *f*; **los** ~**s con el extranjero** die Beziehungen [*o* Kontakte] mit dem Ausland
❷ (*obligación*) Verpflichtung *f*
vindicación [bindika'θjon] *f* ❶ (*venganza*) Rache *f*, Vergeltung *f*
❷ (*defensa*) Verteidigung *f*
❸ (*justificación*) Rechtfertigung *f*
❹ (JUR: *reivindicación*) Zurückforderung *f*
vindicar [bindi'kar] <c→qu> *vt* ❶ (*vengar*) rächen, vergelten
❷ (*defender*) verteidigen
❸ (*justificar*) rechtfertigen
❹ (JUR: *reivindicar*) zurückfordern
vindicativo, -a [bindika'tiβo, -a] *adj* (*elev*) rachsüchtig; **discurso** ~ ehrenrettende Rede, Verteidigungsrede *f*
vindicta [bin'dikta] *f* Rache *f*; ~ **pública** (JUR) strafrechtliche Verfolgung *f*
vinería [bine'ria] *f* (*CSur: vinatería*) Weinstube *f*
vínico, -a ['biniko, -a] *adj* (QUÍM) Wein-
vinícola [bi'nikola] I. *adj* (AGR) Wein-; (*cultivo*) Wein(an)bau-; (*elabora-*

vinicultor *ción*) Weinherstellungs-
II. *mf* (AGR) Winzer(in) *m(f)*
vinicultor(a) [binikul'tor(a)] *m(f)* (AGR) Winzer(in) *m(f)*
vinicultura [binikul'tura] *f* (AGR) Wein(an)bau *m*
vinífero, -a [bi'nifero, -a] *adj* Wein erzeugend, Wein herstellend; **región vinífera** Weingegend *f*
vinificación [binifika'θjon] *f* Weinherstellung *f*, Weinbereitung *f*
vinillo [bi'niʎo] *m* (*flojo*) schwacher Wein *m*; (*fino*) edler [*o* guter] Tropfen *m*
vinilo [bi'nilo] *m* (QUÍM) Vinyl *nt*
vino ['bino] *m* Wein *m*; ~ **añejo** [*o* **de solera**] alter Wein; ~ **blanco** Weißwein *m*; ~ **caliente** Glühwein *m*; ~ **corriente** [*o* **de mesa**] Tafelwein *m*; ~ **dulce** Süßwein *m*; ~ **espumoso** Schaumwein *m*, Sekt *m*; ~ **de Jerez** Sherry *m*; ~ **joven** [*o* **nuevo**] Federweißer *m*, junger Wein; ~ **moscatel** Muskatwein *m*, Muskateller *m*; ~ **de Oporto** Portwein *m*; ~ **peleón** Fusel *m*; (*argot*) Pennerglück *nt*; ~ **rosado** Rosé(wein) *m*, Weißherbst *m*; ~ **seco/semiseco** trockener/halbtrockener Wein; ~ **tinto** Rotwein *m*; **aguar el** ~ Wein panschen; **echar agua al** ~ (*fig*) von einer Behauptung Abstand nehmen; **tener buen/mal** ~ von Wein lustig/agressiv werden
vinoso, -a [bi'noso, -a] *adj* ① (*sabor*) weinartig, mit Weingeschmack ② (*color*) weinrot, weinfarben, bordeaux(farben)
viña ['biɲa] *f* ① (*monte*) Weinberg *m*, Weingarten *m*; **ser una ~** (*fig*) eine Goldgrube sein; **tener una ~ con algo** sich eine goldene Nase verdienen an etw; **de todo hay en la ~ del Señor** es gibt nichts, was es nicht gibt
② (*planta*) Weinstock *m*
viñador(a) [biɲa'ðor(a)] *m(f)* Wein(an)bauer(in) *m(f)*, Winzer(in) *m(f)*
viñatero, -a [biɲa'tero, -a] *m, f* (*Arg, Perú*) Winzer(in) *m(f)*, Weinbauer, -bäuerin *m, f*
viñedo [bi'ɲeðo] *m* ① (*monte*) Weinberg *m*, Weingarten *m*
② (*planta*) Weinstock *m*
viñeta [bi'ɲeta] *f* ① (*dibujo*) Vignette *f*
② (*emblema*) Emblem *nt*, Logo(gramm) *nt*
viola¹ ['bjola] *f* ① (MÚS: *instrumento*) Viola *f*, Bratsche *f*
② (BOT) Veilchen *nt*
viola² ['bjola] *mf* (MÚS) Violaspieler(in) *m(f)*, Bratschenspieler(in) *m(f)*
violáceo, -a [bjo'laθeo, -a] *adj* ① (BOT) veilchenartig
② (*color*) violett, veilchenblau
violación [bjola'θjon] *f* ① (*infracción*) Verletzung *f*, Übertretung *f*, Verstoß *m* (*de* gegen +*akk*); (*contra la ley*) Gesetzesbruch *m*, Rechtsverletzung *f*; ~ **de contrato** (COM) Vertragsbruch *m*; ~ **del derecho** Beugung des Rechts; ~ **del derecho de autor** [*o* **del derecho de propiedad intelectual**] Urheberrechtsverletzung *f*; ~ **del derecho fundamental** Grundrechtsverstoß *m*; ~ **de fronteras** Grenzverletzung *f*; ~ **de garantía** (ECON) Garantieverletzung *f*; ~ **de patente** (ECON, JUR) Patentverletzung *f*; ~ **de sellos** Siegelbruch *m*
② (*de una mujer*) Vergewaltigung *f*; (JUR) Notzucht *f*
③ (*invasión*) Überfall *m*
④ (*de sepulturas*) Grabschändung *f*
violado, -a [bjo'laðo, -a] *adj* (*color*) veilchenblau, violett
violador¹ [bjola'ðor] *m* (*de una mujer*) Vergewaltiger *m*; (JUR) Notzuchtverbrecher *m*
violador(a)² [bjola'ðor(a)] *m(f)* ① (*de ley*) Gesetzesbrecher(in) *m(f)* ② (*de sepulturas*) Grabschänder(in) *m(f)*
violar [bjo'lar] I. *vt* ① (*a una mujer*) vergewaltigen; (JUR) notzüchtigen
② (*sepulturas*) schänden
③ (*una ley, un principio*) verletzen, übertreten, verstoßen (gegen +*akk*); (*un contrato*) brechen
II. *m* (BOT) Veilchenbeet *nt*
violencia [bjo'lenθja] *f* ① (*condición*) Gewalt *f*; (*fuerza*) Wucht *f*, Heftigkeit *f*; **no** ~ Gewaltlosigkeit *f*; **régimen de** ~ Gewaltregime *nt*; **con** ~ mit Gewalt, gewaltsam; **sin** ~ ohne Gewalt, gewaltlos; (*manifestación*) gewaltfrei; **usar** [*o* **emplear**] **la** ~ Gewalt anwenden, tätlich werden; **costarle** ~ **a alguien** jdn Überwindung kosten; **hacer** ~ **a** [*o* **sobre**] **alguien** jdn nötigen, jdn zwingen
② (*acción*) Gewalttätigkeit *f*, Tätlichkeit *f*
violentar [bjolen'tar] I. *vt* ① (*obligar*) zwingen, nötigen; (*sexualmente*) vergewaltigen, Gewalt antun +*dat* *elev*
② (*puerta*) auftreten, mit Gewalt [*o* gewaltsam] öffnen; (*cajón*) aufbrechen
③ (*una casa*) einfallen (in +*akk*), einbrechen (in +*akk*); (*un banco*) überfallen
④ (*principio*) verletzen, brechen, übertreten
⑤ (*al interpretar*) entstellen, verzerren
II. *vr*: ~**se** (*obligarse*) sich zwingen, sich überwinden, sich Gewalt antun (müssen)
violentismo [bjolen'tismo] *m sin pl* (*Chil: agitación*) politische Agitation *f*

violentista [bjolen'tista] *mf* (*Chil: agitador*) politischer Agitator *m*, politische Agitatorin *f*
violento, -a [bjo'lento, -a] *adj* ① (*impetuoso*) gewaltig, heftig; (*esfuerzo*) mächtig, wild; (*discusión*) heftig; (*temperamento*) wild, zügellos, stürmisch
② (*brutal*) gewalttätig, brutal, roh; (*con violencia*) gewaltsam; **acto** ~ Gewalttat *f*; **un deporte** ~ ein brutaler Sport
③ (*persona*) aufbrausend, ungestüm; **mostrarse** ~ sich heftig erregen, jähzornig reagieren, durchdrehen *fam*
④ (*postura*) unnatürlich
⑤ (*acto*) gezwungen; (*cohibido*) gehemmt; (*duro*) hart(herzig), ungerechtfertigt; **me es muy** ~ **tener que aceptarlo** es geht mir (gehörig) gegen den Strich, es zu akzeptieren zu müssen; **me resulta** ~ **decirle que no** es fällt mir sehr schwer, es ihm/ihr abzuschlagen; **me siento** ~ **en este ambiente** ich fühle mich in dieser Umgebung gehemmt
⑥ (*tergiversado*) entstellt, verzerrt
⑦ (*Am: de repente*) plötzlich
violero [bjo'lero] *m* (ZOOL) Moskito *m*
violeta¹ [bjo'leta] I. *adj* (*color*) violett, veilchenblau
II. *m* Violett *nt*
violeta² [bjo'leta] *f* (BOT) Veilchen *nt*
violín [bjo'lin] *m* (MÚS) ① (*instrumento*) Geige *f*, Violine *f*
② (*músico*) Geiger(in) *m(f)*
violinista [bjoli'nista] *mf* (MÚS) Geiger(in) *m(f)*, Violinist(in) *m(f)* *elev*
violón¹ [bjo'lon] *m* (MÚS) ① (*instrumento*) Bassgeige *f*, Kontrabass *m*
② (*loc*): **tocar el** ~ Blödsinn reden, Mist erzählen *fam*
violón² [bjo'lon] *mf* (*músico*) Bassgeiger(in) *m(f)*, Kontrabassspieler(in) *m(f)*
violoncelista [bjolonθe'lista] *mf* (MÚS) Cellist(in) *m(f)*, Cellospieler(in) *m(f)*
violoncelo [bjolon'θelo] *m* (MÚS) Violoncello *nt*
violonchelista [bjolontʃe'lista] *mf* (MÚS) *v.* **violoncelista**
violonchelo [bjolon'tʃelo] *m* (MÚS) *v.* **violoncelo**
vip [biP], **VIP** [biP] *m abr de* **Very Important Person** VIP *f*; **sala** ~ VIP-Lounge *f*
viperino, -a [bipe'rino, -a] *adj* Vipern-, Ottern-
viracocha [bira'kotʃa] *mf* (*And: fam: apelativo de blancos*) Weiße(r) *mf*
Viracocha [bira'kotʃa] *m* (*And*) ① (*dios inca*) Gott *m* der Inkas (*Sohn der Sonne*)
② (*apelativo de conquistadores*) Bezeichnung der Inkas für die spanischen Eroberer
virada [bi'raða] *f* (NÁUT) ① (*vuelta*) Wende *f*
② (*acción*) Wenden *nt*
virago [bi'rayo] *m* Mannweib *nt*
viraje [bi'raxe] *m* ① (*giro*) Wendung *f*, Drehung *f*; (*curva*) Kurve *f*, Biegung *f*; ~ **en horquilla** Haarnadelkurve *f*; **hacer** [*o* **dar**] **un** ~ eine Kurve nehmen
② (*de intereses, ideas*) Wende *f*; (*de opinión*) Umschwung *m*; (*de dirección*) Kurswechsel *m*; (POL: *de votos*) Stimmenabwanderung *f* (*zu einer anderen Partei*)
③ (FOTO: *de color*) Tonung *f*
virar [bi'rar] I. *vi* ① (*girar*) wenden, drehen, schwenken; (*curva*) eine Kurve nehmen [*o* fahren]; ~ **en redondo** eine Kehrtwende machen; **la grúa viró a** [*o* **hacia**] **la izquierda** der Kran schwenkte nach links (aus)
② (NÁUT: *girar*) wenden; **listos para** ~ klar zur Wende
③ (*de ideas, intereses*) sich ändern, wechseln; (*de opinión*) umschwenken; ~ **en redondo** (*fig*) eine Kehrtwende machen
II. *vt* ① (NÁUT: *girar*) wenden
② (*el volante*) herumreißen, herumdrehen
③ (FOTO: *color*) tönen
④ (*And, CSur: invertir*) (her)umdrehen, umkehren
⑤ (*AmC: azotar*) schlagen, ohrfeigen
virasis [bi'rasis] *f* (MED) *v.* **virosis**
virazón [bira'θon] *m* (tagsüber wehender) Seewind *m*
virgen ['birxen] I. *adj* ① (*inmaculado*) jungfräulich, rein
② (*sin grabar*): **cinta** ~ unbespielte Kassette
③ (AGR: *tierras*) unbebaut
II. *f* (REL) **la V~** die Jungfrau; **la Santísima V~ María** die Heilige Jungfrau Maria; **¡Santísima V~!** (*fam*) Heilige Mutter Gottes!, heiliger Strohsack!; **ser de la V~ del puño** geizig [*o* knauserig] sein; **ser un viva la V~** ein Faulpelz [*o* Tagedieb] sein
virgiliano, -a [birxi'ljano, -a] *adj* (LIT) vergilisch
virginal [birxi'nal] *adj* ① (*virgíneo*) jungfräulich; (*inmaculada*) unberührt
② (*puro*) unbefleckt, rein
③ (*virgen*) Jungfern-
virginia [bir'xinja] *f* Virginiatabak *m*
virginidad [birxini'ðað] *f sin pl* Jungfräulichkeit *f*
virgo ['birɣo] *m* Jungfräulichkeit *f*

Virgo ['birɣo] *m* (ASTR) Jungfrau *f*
virguería [birɣe'ria] *f* ❶ (*de gran perfección*) Feinarbeit *f*
❷ (*pey: adorno*) Firlefanz *m*, Tand *m*; **hacer ~s con algo** Fingerspitzengefühl haben für etw
virguero, -a [bir'ɣero, -a] *adj* ❶ (*fam: excelente*) super, hervorragend
❷ (*elegante*) elegant, schick
❸ (*delicado*) fein gearbeitet
❹ (*hábil*) mit Fingerspitzengefühl, geschickt
vírgula ['birɣula] *f* ❶ (LING) Komma *nt*
❷ (*vara*) Gerte *f*
❸ (MED) Kommabazillus *m*
viriasis [bi'rjasis] *f inv* (MED) *v.* **virosis**
vírico, -a ['biriko, -a] *adj* (MED) Virus-; **infección vírica** Virusinfektion *f*
viril [bi'ril] *adj* ❶ (*masculino*) Mannes-, männlich; **edad ~** Mannesalter *nt*; **miembro ~** männliches Glied
❷ (*enérgico*) mannhaft, entschlossen
virilidad [birili'ðað] *f sin pl* ❶ (*masculinidad*) Männlichkeit *f*
❷ (*energía*) Entschlossenheit *f*
❸ (*potencia*) Manneskraft *f*
❹ (*edad*) Mannesalter *nt*
virilismo [biri'lismo] *m* (MED) Virilismus *m*, Vermännlichung *f*
virilización [birili̯aˈθjon] *f* Virilisierung *f*
viringo, -a [bi'riŋgo, -a] *adj* (*Col: sin ropa*) nackt, entblößt; (*sin pelo*) kahl(köpfig)
virola [bi'rola] *f* ❶ (*general*) Zwinge *f*, Ring *m*
❷ (*de lanza*) Stockzwinge *f*, Lanzenzwinge *f*
❸ (*CSur, Méx: argolla*) Silberring *m*; (*disco*) Metallscheibe *f*
virolento, -a [biro'lento, -a] I. *adj* pockennarbig
II. *m, f* Pockennarbige(r) *mf*
virología [birolo'xia] *f sin pl* (MED) Virologie *f*
virológico, -a [biro'loxiko, -a] *adj* (BIOL) virologisch
virólogo, -a [bi'roloɣo, -a] *m, f* (MED) Virologe, -in *m, f*
virosis [bi'rosis] *f inv* (MED) Virose *f*, Viruserkrankung *f*
virreina [bi'rrei̯na] *f* Vizekönigin *f*
virreinato [birrei̯'nato] *m* ❶ (*terreno*) Vizekönigreich *nt*, Vizekönigtum *nt*
❷ (*temporada*) Regierungszeit *f* (*eines Vizekönigs*)
virrey [bi'rrei̯] *m* Vizekönig *m*
virtual [bir'tu̯al] *adj* virtuell, wirkungsfähig, potenziell; **realidad ~** (INFOR) virtuelle Realität [*o* Wirklichkeit]
virtualidad [birtu̯ali'ðað] *f* Virtualität *f*, Wirkungskraft *f*
virtualizar [birtu̯ali'θar] <z→c> *vt* virtualisieren
virtualmente [birtu̯al'mente] *adj* ❶ (*en potencia*) virtuell, potenziell
❷ (*implícitamente*) mit eingriffen, implizit
❸ (*tácitamente*) stillschweigend
❹ (*casi, a punto de*) praktisch
❺ (*en la realidad*) in Wirklichkeit
virtud [bir'tuð] *f* ❶ (*en las personas*) Tugend *f*
❷ (*poder*) Fähigkeit *f*, (wirkende) Kraft *f*; **la manzanilla tiene la ~ de aliviar** die Kamille hat die gute Eigenschaft, Linderung zu bringen
❸ (*loc*) **en ~ de** aufgrund [*o* auf Grund] von, kraft; **en ~ de una ley** kraft [*o* aufgrund] [*o* auf Grund] eines Gesetzes
virtuosismo [birtwo'sismo] *m sin pl* Virtuosität *f*, Kunstfertigkeit *f*
virtuosista [birtwo'sista] *mf* Virtuose, -in *m, f*
virtuoso, -a [birtu'oso, -a] *adj* ❶ (*con gran habilidad*) virtuos, meisterhaft
❷ (*lleno de virtudes*) tugendhaft
❸ (*que alivia*) heilkräftig, wirksam
viruela [bi'rwela] *f* (MED) ❶ (*enfermedad*) Pocken *pl*, Blattern *pl*; **~ loca** Windpocken *pl*
❷ (*pústula*) Pocke *f*; **picado de ~s** pockennarbig; **señales de (la) ~** Pockennarben *fpl*
virulé [biru'le] *f*: **a la ~** (*fam: persona*) nich ganz dicht; (*estropeado*) nicht in Ordnung; (*torcido*) schief; **poner a alguien un ojo a la ~** jdm ein Veilchen schlagen; **tener un ojo a la ~** einen Silberblick haben
virulencia [biru'lenθi̯a] *f* ❶ (MED) Virulenz *f*
❷ (*malignidad*) Bösartigkeit *f*
❸ (*violencia*) Heftigkeit *f*; (*urgencia*) Dringlichkeit *f*
virulento, -a [biru'lento, -a] *adj* ❶ (MED) virulent, ansteckend
❷ (*maligno*) bösartig
❸ (*violento*) heftig; (*urgente*) dringlich
virus ['birus] *m inv* (MED) Virus *nt o m*; **~ informático** (INFOR) (EDV-)Virus *nt o m*
viruta [bi'ruta] *f* Span *m*; **un ~s** (*fam irón: carpintero*) ein Schreiner
vis [bis] *f*: **~ cómica** Esprit *m*, Witz *m*
visa ['bisa] *m o f* (*Am*), **visado** [bi'saðo] *m* Visum *nt*; (*visto bueno*) Sichtvermerk *m*; **~ de entrada/de salida** Ein-/Ausreisevisum *nt*; **~ de tránsito** Durchreisevisum *nt*; **~ turístico** Touristenvisum *nt*
visaje [bi'saxe] *m* (*expresión*) Miene *f*, Ausdruck *m*; (*gesto*) Grimasse *f*, Fratze *f*; **hacer ~s** Fratzen [*o* Grimassen] schneiden
visar [bi'sar] *vt* (ADMIN) mit einem Sichtvermerk versehen; (*registrar*) ins Register eintragen; (*pasaporte*) visieren, mit einem Visum versehen
vis-a-vis [bisa'βis] I. *adv* vis-a-vis
II. *m* Visavis *nt*; **tener un ~ con alguien** ein Stelldichein mit jdm haben
víscera ['bisθera] *f* Eingeweide *nt*; **~s** Eingeweide *ntpl*; (MED) Viszera *ntpl*
visceral [bisθe'ral] *adj* ❶ (*de las vísceras*) Eingeweide-; (MED) viszeral
❷ (*irracional*) irrational; **odio ~** blinder Hass; **reacción ~** Kurzschlussreaktion *f*
❸ (*impetuoso*) ungestüm; (*colérico*) jähzornig
visceralidad [bisθerali'ðað] *f* (*impetuosidad*) Ungestüm *nt*; (*arrebato*) Jähzorn *m*; (*de sentimientos*) Gefühlsaufwallung *f*
viscosa [bis'kosa] *f* Viskose *f*
viscosidad [biskosi'ðað] *f* ❶ (*consistencia*) Zähflüssigkeit *f*, Zähheit *f*; (QUÍM, TÉC) Viskosität *f*, Zähigkeit *f*
❷ (*mucosidad*) Schleim *m*
viscoso, -a [bis'koso, -a] *adj* ❶ (*espeso*) zäh(flüssig); (QUÍM, TÉC) viskös
❷ (*glutinoso*) schleimig; (*blando*) glibberig
visera [bi'sera] *f* ❶ (HIST, MIL) Visier *nt*
❷ (*de una gorra*) Schirm *m*, Schild *nt*; (*sólo por delante*) Schirm *m*
visibilidad [bisiβili'ðað] *f* ❶ (*cualidad*) Sichtbarkeit *f*; (*distancia*) Sichtverhältnisse *ntpl*; **buena/mala ~** gute/schlechte Sicht(verhältnisse)
visibilizar [bisiβili'θar] *vt* <z→c> sichtbar machen
visible [bi'siβle] *adj* ❶ (*perceptible*) sichtbar
❷ (*obvio*) augenscheinlich, offenbar, (offen)sichtlich
❸ (*persona*) auffällig
❹ (*fam: presentable*) vorzeigbar
visigodo, -a [bisi'ɣoðo, -a] I. *adj* (HIST) westgotisch
II. *m, f* (HIST) Westgote, -in *m, f*
visigótico, -a [bisi'ɣotiko, -a] *adj* westgotisch
visillo [bi'siʎo] *m* (*transparente*) Gardine *f*; (*de encaje*) Store *m*; (*fijo*) Scheibengardine *f*
visión [bi'sjon] *f* ❶ (*vista*) Sicht *f*; **pago por ~** (TV) pay per view
❷ (*aptitud*) Sehvermögen *nt*; **perder la ~ de un ojo** die Sehkraft eines Auges verlieren
❸ (*aparición*) Vision *f*, Erscheinung *f*; (*alucinación*) Halluzination *f*; **ver visiones** (*fig*) Gespenster sehen; **me quedé (como) viendo visiones** (*fig*) ich traute meinen Augen nicht
❹ (*punto de vista*) Sichtweise *f*; **~ de conjunto** Überblick *m*, Gesamtbild *nt*; **~ del mundo** Weltanschauung *f*
❺ (*fam pey: mamarracho*) Vogelscheuche *f*; **ir hecho una ~** schauderhaft aussehen
visionar [bisjo'nar] *vt* ❶ (*creer*) sich einbilden
❷ (CINE, TV) betrachten; (*crítico*) eingehend betrachten
visionario, -a [bisjo'narjo, -a] I. *adj* ❶ (*con imaginación*) visionär
❷ (*adivinatorio*) seherisch
❸ (*soñador*) schwärmerisch; (*pey*) spinnig
II. *m, f* ❶ (*con imaginación*) Visionär(in) *m(f)*
❷ (*adivinador*) Seher(in) *m(f)*
❸ (*soñador*) Schwärmer(in) *m(f)*, Traumtänzer(in) *m(f)*; (*pey*) Fantast(in) *m(f)*
visionudo, -a [bisjo'nuðo, -a] *m, f* (*Méx: fam*) Angeber(in) *m(f)*
visir [bi'sir] *m* Wesir *m*; **gran ~** Großwesir *m*
visita [bi'sita] *f* ❶ (*visitante*) Besucher(in) *m(f)*, Besuch *m*; **~ del médico** Visite *f*
❷ (*acción*) Besuch *m*; (*a un museo, ciudad*) Besichtigung *f*; **~ de la ciudad** Stadtbesichtigung *f*; **~ a domicilio** Hausbesuch *m*; **~ guiada** Führung *f*; **~ de inspección** Inspektionsbesuch *m*; **~ de negocios** geschäftlicher Besuch; **~ oficial** (*o de Estado*) Staatsbesuch *m*; **devolver la ~** den Besuch erwidern; **estar de ~ en casa de alguien** bei jdm zu Besuch sein; **hacer una ~** einen Besuch machen; **ir de ~** jdn besuchen gehen; **rendir ~ a alguien** jdm einen Besuch abstatten; **tener (a alguien de) ~** (jdn zu) Besuch haben
❸ (JUR) Haussuchung *f*
visitador(a) [bisita'ðor(a)] I. *adj* ❶ (*que visita*) besuchend, Gast-
❷ (*propenso a*) besuchfreudig
II. *m(f)* ❶ (*visitante*) Besucher(in) *m(f)*
❷ (JUR) Inspektor(in) *m(f)*, Aufsichtsbeamte(r) *mf*, Aufsichtsbeamtin *f*
visitadora [bisita'ðora] *f* (*AmC, AmS: fam: lavativa*) Einlauf *m*, Klistier *nt*
visitante [bisi'tante] I. *adj* Gast-, besuchend; **comisión ~** Gastkommission *f*
II. *mf* Besucher(in) *m(f)*; **~ de la feria** Messebesucher *m*
visitar [bisi'tar] *vt* besuchen; (MED) Visite machen; (ADMIN, JUR) inspizieren; (*una ciudad, un museo*) besichtigen
visiteo [bisi'teo] *m* (*pey*) Besucherei *f*
visitero, -a [bisi'tero, -a] *adj* (*pey*) aufdringlich; **es muy ~** er lädt sich dauernd selbst ein

visivo, -a [bi'siβo, -a] *adj* Seh-; **potencia visiva** Sehkraft *f*

vislumbrar [bislum'brar] *vt* ❶ (*ver*) durchschimmern sehen
❷ (*conjeturar*) erahnen; **sus palabras dejan** [*o* **hacen**] **~ un fuerte temperamento** seine/ihre Worte deuten auf ein starkes Temperament hin

vislumbre [bis'lumbre] *f* ❶ (*resplandor*) Schimmer *m*
❷ (*conjetura*) Erahnen *nt*
❸ (*idea*) Ahnung *f*; **no tener ni la más leve ~ de algo** keinen blassen Schimmer von etw haben

viso [´biso] *m* ❶ (*resplandor*) Schimmer *m*; (*aspecto*) Anschein *m*; **esto tiene ~s de no acabar nunca** das scheint kein Ende nehmen zu wollen; **tiene ~s de llover** es sieht nach Regen aus
❷ (*irisación*) Schillern *nt*; **hacer ~s** changieren, schillern

visón [bi'son] *m* ❶ (ZOOL) Nerz *m*; **~ norteamericano** Mink *m*
❷ (*piel*) Nerzfell *nt*, Nerz *m*

visor [bi'sor] *m* ❶ (MIL) Visier *nt*; **~ de luz infrarroja** Infrarotsichtgerät *nt*
❷ (FOTO) Sucher *m*; (CINE) Laufbildbetrachter *m*

víspera ['bispera] *f* ❶ (*noche anterior*) Vorabend *m*; (*día anterior*) Vortag *m*; **~ de festivo** Vorabend eines Feiertages; **en ~s de** kurz vor; **estar en ~s de hacer algo** im Begriff sein etw zu tun
❷ *pl* (REL) Vesper *f*

vista ['bista] *f* ❶ (*visión*) Sicht *f*, Sehen *nt*; (*capacidad*) Sehvermögen *nt*; (*mirada*) Blick *m*; **~ de águila** [*o* **de lince**] Adleraugen *ntpl*; **dinero a la ~** Geld auf tägliche Kündigung; **pagadero a la ~** zahlbar bei Vorlage [*o* bei Sicht]; **a dos años ~** (COM) zwei Jahre nach Sicht; **aguzar la ~** den Blick schärfen; **al alcance de/fuera del alcance de la ~** in/außer Sicht(weite); **a la ~** (*al parecer*) anscheinend; (*visible*) offenbar, offensichtlich; (*previsible*) absehbar; (COM) auf Sicht; **a la ~ de todos** vor aller Augen; **a la ~ está** sieht ganz so aus; **alzar/bajar la ~** den Blick heben/senken; **apartar la ~** (**de algo**) (von etw) wegschauen, den Blick (von etw) wenden; **no apartar la ~ de algo/alguien** etw/jdn unaufhörlich anschauen; **a primera ~** auf den ersten Blick; **a simple ~** mit dem bloßen Auge; (*fig*) auf einen Blick; **a ~ de pájaro** aus der Vogelperspektive; **clavar la ~ en algo/alguien** den Blick auf etw/jdn heften; **comerse algo/a alguien con la ~** etw/jdn mit den Augen verschlingen; **con la ~ puesta en algo/alguien** den Blick auf etw/jdn gerichtet; **con ~s a...** im Hinblick auf... +*akk*; **corto de ~** kurzsichtig; **dejar vagar la ~** den Blick schweifen lassen; **dirigir la ~ a algo/alguien** den Blick auf etw/jdn richten; **a Paco no hay quien le eche la ~ encima** Paco ist völlig von der Bildfläche verschwunden; **de ~** vom Sehen; **en vista de que...** angesichts der Tatsache, dass..., in Anbetracht der Tatsache, dass...; **está a la ~ quién va a ganar** es ist abzusehen, wer gewinnen wird; **¡fuera de mi ~!** aus meinen Augen!; **hacer la ~ gorda** ein Auge zudrücken; **¡hasta la ~!** auf Wiedersehen!; **hasta donde alcanza la ~** so weit das Auge reicht; **nublar la ~** den Blick trüben; **se me nubla la ~** (*fig*) mir wird schwarz vor den Augen; **no perder de ~ algo/a alguien** etw/jdn nicht aus den Augen lassen; **pagadero a la ~** (COM: *letra de cambio*) zahlbar bei Sicht; **perder de ~ algo/a alguien** etw/jdn aus den Augen verlieren; **quedar a la ~** zum Vorschein kommen; **saltar a la ~** ins Auge springen; **sentido de la ~** Gesichtssinn *m*; **tener ~** (*fig*) ein Schlitzohr sein; **tener buena ~** gute Augen haben; **volver la ~** (**atrás**) zurückblicken; **¡~ a la derecha/izquierda!** (MIL) die Augen rechts/links!
❷ (*panorama*) (Aus)sicht *f*, Blick *m*; **~ panorámica** Panoramablick *m*; (*mirador*) Aussichtspunkt *m*; **una buena** [*o* **bonita**] **~** eine schöne Aussicht; **con ~s al mar/a la montaña** mit Blick auf das Meer [*o* Meeresblick]/auf die Berge
❸ (*imagen*) Bild *nt*, Ansicht *f*; (FOTO) Aufnahme *f*; (*perspectiva*) Ansicht *f*, Blickwinkel *m*; **~ aérea** Luftbild *nt*, Luftaufnahme *f*; (ARQUIT) Aufsicht *f*; **~ de pájaro** Vogelperspektive *f*; **exterior/interior** Außen-/Innenansicht *f*; **frontal/lateral** Vorder-/Seitenansicht *f*; **~ general** Gesamtsicht *nt*; **me ha mandado una ~ de París** er/sie hat mir eine Ansicht von Paris geschickt
❹ (*aspecto*) Aussehen *f*; **tener buena ~** gut aussehen
❺ (JUR) (Gerichts)verhandlung *f*; **~ de la apelación** Berufungsverhandlung *f*; **~ colectiva** Sammeltermin *m*; **~ judicial** Gerichtssitzung *f*; **~ preliminar** Vorverhandlung *f*; **~ a puerta cerrada** Verhandlung unter Ausschluss der Öffentlichkeit; **~ oral** [*o* **de causa**] Hauptverhandlung *f*; **comparecer en la ~** in der Verhandlung erscheinen

vistazo [bis'taθo] *m* (flüchtiger) Blick *m*; **de un ~** mit einem Blick; **echar un ~ a algo** einen Blick auf etw werfen; **voy a dar** [*o* **echar**] **un ~** ich gehe mal nachsehen

vistillas [bis'tiʎas] *fpl* Aussichtspunkt *m*; **irse a las vistillas** (*fam*) anderen in die Karten gucken

visto, -a ['bisto, -a] I. *pp de* **ver**
II. *adj* ❶ (*considerado*) angesehen; **bien/mal ~** gut/schlecht angesehen
❷ (*anticuado*) veraltet; **está muy ~** (*fig*) das ist Schnee von gestern, das ist ein alter Hut
❸ (JUR): **~ para sentencia** hauptverhandlungsfähig
❹ (ADMIN, JUR) gesehen und genehmigt
❺ (*loc*): **el pastel desapareció ~ y no ~** ehe man es sich versah, war der Kuchen weg; **está ~ que no puede ser de otra forma** offensichtlich kann es nicht anders sein; **este abrigo está muy ~** diesen Mantel trägt wirklich Hinz und Kunz; **nunca ~** nie dagewesen; (*inaudito*) unerhört; **por lo ~** anscheinend, allem Anschein nach
III. *conj*: **~ que...** angesichts der Tatsache, dass..., in Anbetracht der Tatsache, dass...

visto bueno ['bisto 'βweno] *m* (ADMIN, JUR) Sichtvermerk *m*; **dar el ~ a algo/alguien** (*fig*) sein Plazet zu etw/jdm geben

vistosidad [bistosi'ðað] *f* (*atractivo*) Ansehnlichkeit *f*; (*hermosura*) Pracht *f*

vistoso, -a [bis'toso, -a] *adj* (*atractivo*) ansehnlich; (*llamativo*) auffällig; (*hermoso*) prächtig

visual [bisu'al] I. *adj* Seh-, Sicht-; **campo ~** Sichtfeld *nt*, Gesichtsfeld *nt*
II. *f* Augenlinie *f*

visualidad [biswali'ðað] *f* (*elev*) angenehmer Anblick *m*

visualización [biswaliθa'θjon] *f* Veranschaulichung *f*; (*display, t.* INFOR) (Display)anzeige *f*; **~ en pantalla** Bildschirmanzeige *f*; **~ por cristal líquido** LCD-Anzeige *f*; **~ por diodo luminoso** LED-Anzeige *f*

visualizador [biswaliθa'ðor] *m* (INFOR) Display *nt*, Browser *m*; **~ de archivos** (INFOR) Dateiviewer *m*

visualizar [biswali'θar] <z→c> *vt* ❶ (*representar*) veranschaulichen
❷ (*Am: divisar*) erblicken
❸ (INFOR) anzeigen

vital [bi'tal] *adj* ❶ (*t.* MED) vital, Lebens-; **constantes ~es** Vitalfunktionen *f*; **espacio ~** Lebensraum *m*; **fuerza ~** Lebenskraft *f*
❷ (*necesario*) lebensnotwendig, lebenswichtig; **cuestión ~** lebenswichtige Frage; **de ~ importancia** von lebenswichtiger Bedeutung, lebensnotwendig
❸ (*vivaz*) vital, lebhaft

vitalicio, -a [bita'liθjo, -a] *adj* (ADMIN, FIN) auf Lebenszeit; **cargo ~** Amt auf Lebenszeit; **renta vitalicia** Leibrente *f*; **seguro ~** Lebensversicherung *f*

vitalicista [bitali'θista] *mf* Inhaber(in) *m(f)* einer Lebensversicherung, Lebensversicherte(r) *mf*

vitalidad [bitali'ðað] *f sin pl* ❶ (*importancia*) Lebensnotwendigkeit *f*, Lebenswichtigkeit *f*
❷ (*energía*) Vitalität *f*, Lebenskraft *f*; (*alegría de vivir*) Lebensfreude *f*

vitalismo [bita'lismo] *m sin pl* (FILOS) Vitalismus *m*

vitalista [bita'lista] I. *adj* (FILOS) vitalistisch
II. *mf* (FILOS) Vitalist(in) *m(f)*

vitalizador(a) [bitaliθa'ðor(a)] *adj*, **vitalizante** [bitali'θante] *adj* vitalisierend; (*vivificante*) belebend; (*fortalecedor*) Kraft spendend, kräftigend

vitalizar [bitali'θar] <z→c> *vt* (*Am*) vitalisieren, (*vivificar*) beleben; (*fortalecer*) kräftigen

vitamina [bita'mina] *f* Vitamin *nt*; **pobre en ~s** vitaminarm; **rico en ~s** vitaminreich

vitaminado, -a [bitami'naðo, -a] *adj* (MED) vitaminiert, mit Vitaminen angereichert

vitaminar [bitami'nar] *vt* mit Vitaminen anreichern; (QUÍM) vitaminieren; **vitaminado** mit Vitaminzusatz

vitamínico, -a [bita'miniko, -a] *adj* (MED) Vitamin-; **complejo ~** Vitaminpräparat *nt*

vitaminizar [bitamini'θar] <z→c> *vt v.* **vitaminar**

vitaminoterapia [bitaminote'rapja] *f* (MED) Vitamintherapie *f*

vitela [bi'tela] *f* ❶ (*cuero*) (sehr feines) Kalb(s)leder *nt*
❷ (*pergamino*) Pergament *nt*; (*papel*) Velin *nt*

vitícola [bi'tikola] *adj* Weinbau-; **región ~** Weinbaugegend *f*, Weinbaugebiet *nt*

viticultor(a) [bitikul'tor(a)] *m(f)* Winzer(in) *m(f)*

viticultura [bitikul'tura] *f* Weinbau *m*

vitivinícola [bitiβi'nikola] *adj* (AGR) den Weinbau betreffend, Weinbau-

vitivinicultor(a) [bitiβinikul'tor(a)] *m(f)* (AGR) Winzer(in) *m(f)*, Weinbauer, -bäuerin *m, f*

vitivinicultura [bitiβinikul'tura] *f* Weinbau *m*

vitola [bi'tola] *f* ❶ (*tipo de puro*) Zigarrenkaliber *nt*, Zigarrengröße *f*
❷ (*banda*) Zigarrenbauchbinde *f*
❸ (*aire*) Hauch *m*

vítor ['bitor] *m* Hochruf *m*, Hoch *nt*; **prorrumpir en ~es** in Hochrufe ausbrechen

vitorear [bitore'ar] *vt* hochleben lassen, zujubeln +*dat*

vitoriano, -a [bito'rjano, -a] I. *adj* aus Vitoria
II. *m, f* Einwohner(in) *m(f)* von Vitoria

vitral [bi'tral] *m* (ornamentales) Kirchenfenster *nt*

vítreo, -a ['bitreo, -a] *adj* ❶ (*de vidrio*) gläsern, Glas-
❷ (*similar al vidrio*) glasartig; (*vidrioso*) glasig

vitrificación ❸ (QUÍM) kristallin; **humor ~** (MED) Glaskörper m
vitrificación [bitrifika'θjon] f ❶ (esmaltado) Glasieren nt ❷ (transformación) Sinterung f
vitrificar [bitrifi'kar] <c→qu> vt ❶ (esmaltar) glasieren; **azulejo vitrificado** glasierte Kachel ❷ (convertir) sintern
vitrina [bi'trina] f ❶ (aparador) Vitrine f, Glasschrank m; (mostrador) Glas(schau)kasten m; **~ frigorífica** Kühlvitrine f ❷ (Am: escaparate) Schaufenster nt
vitriolo [bi'trjolo] m (QUÍM, BIOL, MED) Vitriol nt
vitro ['bitro] m: **in ~** in vitro; **fecundación in ~** (MED) In-vitro-Fertilisation f
vitrocerámico, -a [bitroθe'ramiko, -a] adj Glaskeramik-; **placa vitrocerámica** Glaskeramikkochfeld nt
vitrola [bi'trola] f (Am: HIST: gramófono) Grammophon® nt
vituallas [bi'twaʎas] fpl Viktualien ntpl; (MIL) Proviant m
vituperable [bitupe'raβle] adj (inmoral) verwerflich; (censurable) tadelnswert; (despreciable) verachtenswert
vituperación [bitupera'θjon] f (reprobación) Verwerfung f; (censura) Tadel m, Rüge f
vituperador(a) [bitupera'ðor(a)] m(f) Tadler(in) m(f)
vituperar [bitupe'rar] vt (reprobar) verwerfen; (censurar) tadeln, rügen; (deshonrar) beschimpfen, schmähen
vituperio [bitu'perjo] m ❶ (censura) Tadel m; **colmar a alguien de ~s** jdn abkanzeln ❷ (deshonra) Schmähung f, Beschimpfung f; (injuria) Beleidigung f
viudedad [bjuðe'ðað] f ❶ (estado de viuda) Witwenstand m; (de viudo) Witwerstand m ❷ (pensión) Witwenrente f
viudez [bju'ðeθ] f (de la mujer) Witwenstand m; (del hombre) Witwerstand m
viudita [bju'ðita] f (Arg, Chil: ZOOL) Nonnenpapagei m
viudo, -a ['bjuðo, -a] I. adj verwitwet; **quedarse ~** verwitwen II. m, f Witwer m, Witwe f; **viuda alegre** lustige Witwe
viva ['biβa] I. interj hoch, hoch soll er/sie leben; **¡~ el rey!** es lebe der König!; **¡~n los novios!** ein Hoch dem Brautpaar! II. m Hochruf m, Hoch nt; **dar ~s a alguien** jdm zujubeln; **recibir con ~s** unter Hochrufen empfangen
vivac [bi'βak] m v. **vivaque**
vivace [bi'βatʃe] m (MÚS) Vivace nt
vivacidad [biβaθi'ðað] f sin pl ❶ (viveza) Lebhaftigkeit f, Lebendigkeit f ❷ (energía) Lebenskraft f ❸ (movilidad) Regsamkeit f; (agilidad) Rührigkeit f ❹ (agudeza) Aufgewecktheit f, Scharfsinn f
vivalavirgen [biβala'βirxen] m sin pl Luftikus m
vivales [bi'βales] m inv gerissener Bursche m
vivamente [biβa'mente] adv ❶ (con eficacia) scharfsinnig ❷ (con propiedad) treffend ❸ (profundamente): **lo siento ~** ich bedaure es zutiefst
vivaque [bi'βake] m Biwak nt
vivaquear [biβake'ar] vi biwakieren
vivar [bi'βar] I. m ❶ (conejera) Kaninchenbau m ❷ (criadero) Brutstätte f; (de peces) Fischzuchtweiher m II. vt (Am: vitorear) hochleben lassen
vivaracho, -a [biβa'ratʃo, -a] adj ❶ (vivo) lebhaft, quirlig ❷ (despierto) aufgeweckt; **ojos ~s** wache Augen
vivario [bi'βarjo] m (ZOOL) Vivarium nt
vivaz [bi'βaθ] adj ❶ (BOT) mehrjährig; (perenne) immergrün ❷ (vivaracho) lebhaft, lebendig ❸ (enérgico) voller Lebenskraft ❹ (despierto) aufgeweckt
vivencia [bi'βenθja] f Erlebnis nt
vivencial [biβen'θjal] adj (FILOS, PSICO) Erlebnis-
vivenciar [biβen'θjar] vt (FILOS, PSICO) erleben
víveres ['biβeres] mpl Lebensmittel ntpl; (MIL) Proviant m; (reservas) Vorrat m; (ración) Mundvorrat m
vivero [bi'βero] m ❶ (de plantas) Gärtnerei f; (de árboles) Baumschule f ❷ (de crías) Vivarium nt ❸ (de peces) Zuchtteich m ❹ (en un restaurante) Bassin nt
viveza [bi'βeθa] f ❶ (celeridad) Behändigkeit f; (agilidad) Regsamkeit f ❷ (energía) Lebendigkeit f, Rührigkeit f ❸ (agudeza) Aufgewecktheit f, Scharfsinn f ❹ (de colores) Leuchtkraft f
vívido, -a ['biβiðo, -a] adj lebendig; **una descripción muy vívida** eine spannende Schilderung
vividor(a) [biβi'ðor(a)] m(f) Lebemann, -frau m, f; (pey) Windhund m, windiger Typ m; (gorrón) Nassauer m

vivienda [bi'βjenda] f ❶ (piso) Wohnung f; (lugar) Wohnstätte f; (casa) Wohnhaus nt; (residencia) Wohnsitz m; **~ habitual** (JUR) ständiger Wohnsitz; **~ de nueva construcción** Neubau m; **segunda ~** zweiter Wohnsitz; **~ de protección oficial** steuerbegünstigte Wohnung; **sin ~** obdachlos; **el problema de la ~** das Wohnungsproblem ❷ (Am: modo de vida) Lebensart f, Lebensweise f
viviente [bi'βjente] adj lebend, lebendig; **seres ~s** Lebewesen ntpl; **ni alma ~** (fig) keine Menschenseele
vivificador(a) [biβifika'ðor(a)] adj, **vivificante** [biβifi'kante] adj ❶ (vitalizante) belebend, anregend, vitalisierend ❷ (fortalecedor) Kraft spendend ❸ (animador) ermutigend
vivificar [biβifi'kar] <c→qu> vt ❶ (vitalizar) beleben, anregen, vitalisieren ❷ (fortalecer) kräftigen ❸ (animar) Kraft [o Mut] spenden
vivíparo, -a [bi'βiparo, -a] adj (BIOL) lebend gebärend, vivipar
vivir [bi'βir] I. vi ❶ (estar vivo) leben; **al día** in den Tag hineinleben; **~ a lo grande** auf großem Fuß leben; **~ bien** gut leben, ein gutes Leben führen; **~ como un rey** [o **un pachá**] wie Gott in Frankreich leben, wie ein König leben; **~ de algo/alguien** von etw/jdm leben; **~ de rentas** (fig) vom Ruhm seiner Vergangenheit zehren; **¡~ para ver!** (asombro) wer hätte das gedacht!; (confianza) das wird sich noch zeigen!; **~ por encima de sus posibilidades** über seine Verhältnisse leben; **no dejar ~ a alguien** jdm das Leben zur Hölle machen; **no ~ de preocupación/angustia** vor Sorgen/Angst fast umkommen; **¿quién vive?** (MIL) wer da?; **sólo se vive una vez** man lebt nur einmal ❷ (habitar) leben, wohnen; **en casa de alguien** bei jdm wohnen ❸ (durar) überdauern; (perdurar) fortleben; **~ en el recuerdo** [o **la memoria**] in der Erinnerung [o im Gedächtnis] fortdauern II. vt erleben, durchleben; (experiencias negativas) durchmachen; **~ su (propia) vida** sein (eigenes) Leben führen III. m Leben nt; (modo de vida) Lebensweise f, Lebensstil m; **de mal ~** anrüchig, zwielichtig
vivisección [biβiseɣ'θjon] f (BIOL, MED) Vivisektion f
vivito, -a [bi'βito, -a] adj: **~ y coleando** (pescado) lebendfrisch; (fig) gesund und munter
vivo¹ ['biβo] m ❶ (borde) Rand m ❷ (tira) Biese f
vivo, -a² ['biβo, -a] I. adj ❶ (viviente) lebend(ig); **cal viva** ungelöschter Kalk; **lengua viva** lebendige Sprache; **ser ~** Lebewesen nt; **a fuego** (GASTR) bei starker Hitze; **a lágrima viva** tränenüberströmt, heulend; **a lo ~** bei lebendigem Leibe; **al rojo ~** blutrot; **a viva fuerza** mit Gewalt; **de viva voz** persönlich; **en carne viva** wund; **en ~** (MÚS) live; **estar ~** am Leben sein, (noch) leben; **herir en lo más ~** (fig) einen wunden Punkt berühren, tief verletzen; **quedar** [o **salir**] **~** am Leben bleiben; **tener el deseo de ~** den lebhaften Wunsch haben, dass ... ❷ (vivaz) lebhaft ❸ (enérgico) heftig; **de genio ~** (leicht) aufbrausend ❹ (color) leuchtend, strahlend ❺ (actual) frisch; (presente) präsent; (duradero) beständig ❻ (vívido) lebendig, spannend ❼ (avispado) aufgeweckt; (pey) gerissen II. m, f ❶ Lebende(r) mf ❷ (fig: zorro) schlauer Fuchs m
vizcacha [biθ'katʃa] f (Am: ZOOL) Hasenmaus f
vizcaíno, -a [biθka'ino, -a] I. adj aus Biscaia II. m, f Einwohner(in) m(f) Biscayas
Vizcaya [biθ'kaja] f Biscaia nt; **Golfo de ~** Golf von Biscaia
vizconde(sa) [biθ'konde, biθkon'desa] m(f) Vicomte m, Vicomtesse f
V.O. [ber'sjon orixi'nal] abr de **versión original** O.F.
V.°B.° ['bisto 'βweno] abr de **visto bueno** Sichtvermerk m
vocablo [bo'kaβlo] m Vokabel f, Wort nt
vocabulario [bokaβu'larjo] m ❶ (léxico) Vokabular nt, Wortschatz m; **~ básico** Grundwortschatz m; **~ especializado** Fachwortschatz m; **tener un buen ~** einen breiten Wortschatz haben ❷ (lista) Glossar nt, Wörterverzeichnis nt
vocabulista [bokaβu'lista] m(f) (LING) Wortschatzforscher(in) m(f)
vocación [boka'θjon] f (t. REL) Berufung f; **por ~** aus Berufung; **~ artística/musical** künstlerische/musikalische Ader; **sentir ~** sich berufen fühlen; **tener ~** berufen sein; (REL) **un hombre ~** zum Priester berufen sein; (una mujer) zur Nonne berufen sein
vocacional [bokaθjo'nal] adj aus Berufung; (profesional) Berufs-
vocal¹ [bo'kal] I. adj (MÚS) vokal; **música ~** Vokalmusik f II. f (LING) Vokal m, Selbstlaut m
vocal² [bo'kal] mf Beisitzer(in) m(f), Mitglied nt; (portavoz) Wortführer(in) m(f); **~ de la presidencia/de la comisión** Vorstands-/Ausschussmitglied nt
vocálico, -a [bo'kaliko, -a] adj (LING) vokalisch, Vokal-; **cambio ~** Vokalwechsel m, Ablaut m; **sistema ~** Vokalsystem nt; **sonido ~** Selbstlaut m

vocalismo [boka'lismo] *m sin pl* (LING) Vokalismus *m*
vocalista [boka'lista] *mf* (MÚS) Vokalist(in) *m(f)*, Sänger(in) *m(f)*
vocalización [bokaliθa'θjon] *f* (LING, MÚS) Vokalisation *f*, Vokalisierung *f*
vocalizar [bokali'θar] <z→c> *vt* (LING, MÚS) vokalisieren
vocativo [boka'tiβo] *m* (LING) Vokativ *m*
voceador(a) [boθea'ðor(a)] **I.** *adj* schreiend **II.** *m(f)* ❶ (*pregonero*) Ausrufer(in) *m(f)* ❷ (*Am: de periódicos*) Zeitungsverkäufer(in) *m(f)*
vocear [boθe'ar] **I.** *vi* ❶ (*gritar*) brüllen, schreien ❷ (*chillar*) keifen, zetern **II.** *vt* ❶ (*manifestar*) herausschreien ❷ (*llamar*) rufen ❸ (*pregonar*) ausrufen ❹ (*divulgar*) ausposaunen ❺ (*aclamar*) bejubeln, zujubeln +*dat* ❻ (*presumir*) angeben (mit +*dat*)
voceras [bo'θeras] *m inv* (*fam: bocazas*) Großmaul *nt*
vocerío [boθe'rio] *m* ❶ (*discusión*) Gekeife *nt*, Gezeter *nt* ❷ (*griterío*) Geschrei *nt*, Gebrüll *nt*
vocero, -a [bo'θero, -a] *m, f* (*Am: portavoz*) Sprecher(in) *m(f)*
vociferar [boθife'rar] **I.** *vi* brüllen **II.** *vt* ❶ (*gritar*) herausschreien, herausbrüllen ❷ (*pey: proclamar*) ausposaunen
vocinglero, -a [boθin̦'glero, -a] *adj* (*pey*) brüllend; **ser ~** ein Schreihals [*o* Brüllaffe] sein
vodevil [boðe'βil] *m* Vaudeville *nt*, Varietee *nt*
vodevilesco, -a [boðeβi'lesko, -a] *adj* varieteeartig; (*fig pey*) wie in einer Schmierenkomödie
vodka ['boðka] *m o f* Wodka *m*
volada [bo'laða] *f* kurzer Flug *m*; **dar una ~** kurz hinüberfliegen
voladizo [bola'ðiθo] *m* (*saledizo*) Vorsprung *m*; (ARQUIT) Auskragung *f*
volado¹ [bo'laðo] *m* ❶ (*saledizo*) Vorsprung *m*; (ARQUIT) Auskragung *f* ❷ (*AmC: mentira*) Geflunker *nt* ❸ (*Méx: incidente*) Ärgernis *nt*
volado, -a² [bo'laðo, -a] *adj* ❶ (ARQUIT: *saledizo*) vorspringend ❷ (TIPO) hochgestellt ❸ (*fam: loco*) übergeschnappt ❹ (*Am: ausente*) abwesend; (*enamorado*) verschossen ❺ (*CSur*): **~ de genio** (*fam*) leicht entzündlich ❻ (*argot: drogado*) high ❼ (*inquieto*) aufgewühlt
volador(a) [bola'ðor(a)] *adj* fliegend; **aparato ~** Fluggerät *nt*
voladura [bola'ðura] *f* Sprengung *f*
volandas [bo'landas] *fpl*: **en ~** (*en el aire*) in der Luft (schwebend); (*deprisa*) im Nu; **llevar en ~** mit sich fortreißen
volandera [bolan̦'dera] *f* ❶ (TÉC) Zwischenscheibe *f*, Unterlegscheibe *f* ❷ (*muela de molino*) Mühlstein *m* ❸ (*fam: mentira, falsedad*) Lüge *f*
volandero, -a [bolan̦'dero, -a] *adj* ❶ (*volantón*) flügge ❷ (TÉC: *móvil*) beweglich ❸ (*fig: inquieto*) flatterhaft
volandillas [bolan̦'diʎas] *fpl v.* **volandas**
volantazo [bolan̦'taθo] *m* (AUTO) plötzliches Umlenken *nt*; **dar un ~** das Steuer herumreißen
volante [bo'lan̦te] **I.** *adj* (*volador*) fliegend; **platillo ~** fliegende Untertasse **II.** *m* ❶ (AUTO) Lenkrad *nt*, Steuer(rad) *nt*; **ir al ~** am [*o* hinter dem] Steuer sitzen; **ponerse** [*o* **sentarse**] **al ~** sich ans Steuer setzen ❷ (TÉC) Schwungrad *nt*; (*manual*) Handrad *nt*; **~ de maniobra** Schaltrad *nt* ❸ (*del reloj*) Unruh(e) *f* ❹ (*adorno*) Rüsche *f*, Volant *nt* ❺ (*escrito*) Flugblatt *nt* ❻ (MED) Überweisungsschein *m* ❼ (DEP) Federball *m* ❽ (*Am: conductor*) Autofahrer(in) *m(f)*; (DEP) Rennfahrer(in) *m(f)*
volantín [bolan̦'tin] *m* ❶ (*sedal*) Wurfangelschnur *f* ❷ (*Am: cometa*) Drachen *m* ❸ (*Am: voltereta*) Überschlag *m*; (*acrobacia*) Salto *m*
volapié [bola'pje] *m*: **a ~** umherfliehend; **estocada a ~** (TAUR) Degenstoß von der Seite
volar [bo'lar] <o→ue> **I.** *vi* ❶ (*en el aire*) fliegen; **echar a ~** losfliegen; **el tiempo vuela** die Zeit vergeht wie im Fluge ❷ (*desaparecer*) verschwinden, weg sein; **el pastel/el dinero ha volado** der Kuchen/das Geld ist weg ❸ (*apresurarse*) eilen; **¡voy volando!** ich fliege!; **~ a +*inf*** sich beeilen zu +*inf*

❹ (*argot: con drogas*) auf einem Trip sein **II.** *vt* ❶ (*hacer explotar*) sprengen, in die Luft jagen ❷ (*enfadar*) aufregen ❸ (*hacer volar*) fliegen lassen; **~ un ave** einen Vogel aufscheuchen; **hacer ~ una cometa** einen Drachen steigen lassen ❹ (TIPO) hochstellen ❺ (*loc*): **~ diente** (*AmC: fam: comer*) futtern; **~ lengua** (*AmC: fam: hablar*) schwatzen; **~ pata** (*AmC: fam: caminar*) sich die Beine vertreten **III.** *vr*: **~se** ❶ (*huir*) entfliegen ❷ (*desaparecer*) sich davonmachen ❸ (*Am: enfadarse*) sich aufregen
volatería [bolate'ria] *f* ❶ (*cetrería*) Beizjagd *f* ❷ (*pájaros*) Geflügel *nt*, Federvieh *nt* ❸ (*ideas*) Flausen *fpl*
volátil [bo'latil] **I.** *adj* ❶ (*volador*) fliegend ❷ (QUÍM) flüchtig ❸ (*inconstante*) flatterhaft **II.** *m* Federvieh *nt*
volatilidad [bolatili'ðað] *f* ❶ (QUÍM) Flüchtigkeit *f* ❷ (*inconstancia*) Flatterhaftigkeit *f* ❸ (FIN) Volatilität *f*
volatilización [bolatiliθa'θjon] *f* (QUÍM) Verflüchtigung *f*
volatilizar [bolatili'θar] <z→c> **I.** *vt* (QUÍM) verflüchtigen **II.** *vr*: **~se** ❶ (QUÍM) sich verflüchtigen ❷ (*desaparecer*) sich in Luft auflösen
volatinero, -a [bolati'nero, -a] *m, f* Seiltänzer(in) *m(f)*
volcado [bol'kaðo] *m* (INFOR) Speicherauszug *m*
volcán [bol'kan] *m* ❶ (GEO) Vulkan *m* ❷ (*avalancha*) Lawine *f* ❸ (*Am: fig: montón*) Berg *m* ❹ (*loc*): **esta mujer es un ~** diese Frau ist ein Rasseweib
volcánico, -a [bol'kaniko, -a] *adj* ❶ (GEO) vulkanisch ❷ (*ardiente*) feurig
volcanológico, -a [bolkano'loxiko, -a] *adj v.* **vulcanológico**
volcar [bol'kar] *irr* **I.** *vi* (*tumbarse*) (um)kippen; (*caer*) umfallen, umstürzen; (AERO) kippen **II.** *vt* ❶ (*hacer caer*) umwerfen, umstürzen; (*verter*) auskippen ❷ (*dar la vuelta*) umdrehen, wenden ❸ (INFOR) (als Dump) ausgeben **III.** *vr*: **~se** ❶ (*darse la vuelta*) (um)kippen; (*caer*) umfallen; (*dar una voltereta*) sich überschlagen ❷ (*fig: esforzarse*) sein Bestes tun, sich bemühen; **~se con alguien en atenciones/amabilidad** extrem aufmerksam/überaus liebenswürdig sein; **~se en** [*o* **con**] **algo/alguien** sich für etw/jdn ein Bein ausreißen
volea [bo'lea] *f* (DEP) Volley(ball) *m*, Flugball *m*; **a ~** volley
volear [bole'ar] *vi, vt* (DEP: *tenis*) volley schlagen; (*fútbol*) volley schießen
voleibol [bolei̦'βol] *m* (DEP) Volleyball *m*
voleiplaya [bolei̦'plaja] *m* (DEP) Strandvolleyball *m*
voleo [bo'leo] *m* ❶ (DEP: *volea*) Volley(ball) *m*, Flugball *m*; **a ~** volley; (AGR) breitwürfig; (*fig*) massenhaft; (*descuidadamente*) aufs Geratewohl ❷ (*en danza española*) ≈Grand Bâtement *nt*
volframio [bol'framjo] *m* (QUÍM) Wolfram *nt*
volición [boli'θjon] *f* (FILOS, PSICO) Wollen *nt*; (*voluntad*) Wille(n) *m*
volitivo, -a [boli'tiβo, -a] *adj* Willens-; (PSICO) volitiv
volován [bolo'βan] <volovanes> *m* (GASTR) Vol-au-vent *m*
volovelismo [boloβe'lismo] *m sin pl* (DEP) Segelfliegen *nt*
volovelista [boloβe'lista] *mf* (DEP) Segelflieger(in) *m(f)*
volquete [bol'kete] *m* ❶ Kipplore *f*; (*camión*) Kippwagen *m*
volt [bolt] *m v.* **voltio**
voltaico, -a [bol'tai̦ko, -a] *adj* (ELEC, FÍS) voltaisch; **arco ~** voltaischer Bogen
voltaje [bol'taxe] *m* (ELEC, FÍS) Voltzahl *f*, Spannung *f*; **alto ~** Hochspannung *f*
voltámetro [bol'tametro] *m* (ELEC) Voltameter *nt*
voltamperio [boltam'perjo] *m* (ELEC) Voltampere *nt*
voltario, -a [bol'tarjo, -a] *adj* (*Chil*) ❶ (*gastador*) verschwenderisch; (*dadivoso*) freigebig ❷ (*obstinado*) eigensinnig, starrköpfig
volteada [bolte'aða] *f* (*Arg: fam*): **caer en la ~** in eine unangenehme Situation geraten
volteado [bolte'aðo] *m* (*Méx: fam*) Schwule(r) *m*
voltear [bolte'ar] **I.** *vi* ❶ (*dar vueltas: persona*) sich herumwälzen; (*cosa*) sich drehen ❷ (*volcar*) sich überschlagen ❸ (*Am: torcer*) abbiegen; (*girarse*) sich umdrehen; **~ a +*inf*** wieder +*inf* ❹ (*Am: pasear*) spazieren gehen **II.** *vt* ❶ (*invertir*) umdrehen; (*volver del revés*) umstülpen ❷ (*hacer girar*) zum Drehen bringen; **~ las campanas** die Glocken läu-

voltejear

ten
❸ (*Am: volcar*) umkippen; (*volver*) (um)drehen; ~ **la espalda a alguien** jdm den Rücken zudrehen
❹ (*Am: lanzar al aire*) in die Luft werfen; (*el lazo*) schwingen
III. *vr:* **~se** ❶ (*dar vueltas*) sich drehen; (*volcar*) sich überschlagen
❷ (*Am: volcar*) umkippen, sich überschlagen; (*darse la vuelta*) sich umdrehen
❸ (POL) sein Fähnchen nach dem Wind hängen

voltejear [bolˈtexeˈar] *vt* ❶ (*voltear*) umdrehen
❷ (*mover*) durch Drehen [*o* Kippen] fortbewegen
❸ (NÁUT) kreuzen, lavieren

voltereta [bolteˈreta] *f* ❶ (*cabriola*) Purzelbaum *m*, Rolle *f*; (*en el aire*) Überschlag *m*; **dar una ~** einen Purzelbaum schlagen; (*en el aire*) sich überschlagen
❷ (*vuelco*) Umschwung *m*

volteriano, -a [bolteˈrjano, -a] I. *adj* voltairianisch; (*fig*) aufklärerisch; (*anticlerical*) antiklerikal
II. *m, f* Voltairianer(in) *m(f)*

voltímetro [bolˈtimetro] *m* (ELEC, FÍS) Volt(a)meter *nt*, Spannungsmesser *m*

voltio [ˈboltjo] *m* ❶ (ELEC, FÍS) Volt *nt*
❷ (*argot: paseo*) Runde *f*, Bummel *m*; **darse** [*o* **pegarse**] **un ~** eine Runde drehen, sich die Beine vertreten

volubilidad [boluβiliˈðað] *f* ❶ (QUÍM) Flüchtigkeit *f*
❷ (*inconstancia*) Unbeständigkeit *f*, Unstetigkeit *f*; (*imprevisibilidad*) Unberechenbarkeit *f*

voluble [boˈluβle] *adj* ❶ (QUÍM: *volátil*) flüchtig
❷ (*inconstante*) unbeständig, unstet; (*imprevisible*) unberechenbar
❸ (BOT: *trepador*) Schling-

volumen [boˈlumen] *m* ❶ (*tamaño*) Umfang *m*; (*t.* FÍS: *capacidad*) Volumen *nt*; (MAT) Rauminhalt *m*; (*cabida*) Fassungsvermögen *nt*; (*cantidad*) (Gesamt)menge *f*; (*del pelo*) Fülle *f*; **~ atómico** Atomvolumen *nt*; **de gran ~** von großem Umfang
❷ (*de sonido*) Lautstärke *f*; **a todo ~** sehr laut; **poner la música a todo ~** die Musik voll aufdrehen
❸ (*tomo*) Band *m*; **~ suplementario** Ergänzungsband *m*; **obra en dos/varios volúmenes** zwei-/mehrbändiges Werk
❹ (COM, ECON, FIN) Volumen *nt*; **~ de contratación** Börsenumsatz *m*; **~ de descuento** Diskontumsatz *m*; **~ de facturación** Umsatzvolumen *nt*; **~ monetario** Geldmenge *f*; **~ de negocios** [*o* **de ventas**] (Geschäfts)umsatz *m*, Geschäftsvolumen *nt*; **~ de prestación** Leistungsumfang *m*; **~ de producción** Produktionsumfang *m*

volumetría [bolumeˈtria] *f* (MAT) Volumetrie *f*

volumétrico, -a [boluˈmetriko, -a] *adj* (MAT) volumetrisch

volúmico, -a [boˈlumiko, -a] *adj* (FÍS) Volumen-, Mengen-; **peso ~** Volum(en)gewicht *nt*

voluminizador [boluminiθaˈðor] *m* (*para el cabello*) Volumenschaum *m*

voluminoso, -a [bolumiˈnoso, -a] *adj* voluminös, massig; (*poco manejable*) sperrig; (*grueso*) umfangreich; (*corpulento*) korpulent; **géneros ~s** sperriges Gut

voluntad [bolunˈtað] *f* ❶ (*intención*) Wille(n) *m*; **~ de declarar** (JUR) Erklärungswille *m*; **~ férrea** [*o* **de hierro**] eiserner Wille; **~ de la ley** (JUR) Gesetzeszweck *m*; **~ de negocio** Geschäftswille *m*; **~ de obrar** Handlungswille *m*; **~ de pago** Zahlungswilligkeit *f*; **~ popular** Volkswille *m*; **~ de trabajo** Arbeitswille *m*; **~ de vinculación jurídica** Rechtsbindungswille *m*; **~ de vivir** Lebenswille *m*; **buena ~** Gutwilligkeit *f*; **fuerza de ~** Willenskraft *f*, guter Wille; **mala ~** Böswilligkeit *f*; **última ~** letzter Wille; (*fuerza de ~*) Willenskraft *f*; (JUR) Vorsatz *m*; **a ~** nach Belieben [*o* Wunsch]; **de** [*o* **con**] **buena ~** aus gutem Willen; **con mucha/poca ~** willig/unwillig; **contra la ~ de alguien** gegen jds Willen; **contra su ~** widerwillig; **de última ~** letztwillig; **hacer su santa ~** seinen Willen durchsetzen; **poner ~ en algo** mit seinem ganzen Willen hinter etw stehen; **por propia ~** aus freien Stücken, freiwillig; **quitar a alguien la ~ de algo** jdn von etw abbringen; **tener mucha/poca ~** einen starken/schwachen Willen haben
❷ (*cariño*) Zuneigung *f*; **dar la ~** eine kleine Zuwendung geben; **ganarse** [*o* **granjearse**] **la ~ de alguien** jdn für sich gewinnen; **tener (mucha) ~ a alguien** jdm (sehr) zugeneigt sein

voluntariado [bolunta'rjaðo] *m* ❶ (MIL) freiwilliger Dienst *m*
❷ (*social*) freiwillige Arbeit *f*, freiwilliger sozialer Dienst *m*

voluntariedad [boluntarjeˈðað] *f* ❶ (*carácter voluntario*) Freiwilligkeit *f*; (JUR) Wille *m*
❷ (*arbitrariedad*) Willkür *f*
❸ (*fuerza de voluntad*) Willenskraft *f*; (*perseverancia*) Zielstrebigkeit *f*

voluntario, -a [bolunˈtarjo, -a] I. *adj* ❶ (*libre, t.* MIL) freiwillig
❷ (*arbitrario*) willkürlich
II. *m, f* (*t.* MIL) Freiwillige(r) *mf*; **ofrecerse ~ para algo** sich für etw freiwillig melden [*o* anbieten]

voluntarioso, -a [bolunta'rjoso, -a] *adj* willensstark; (*perseverante*) zielstrebig; (*caprichoso*) eigenwillig

voluntarismo [boluntaˈrismo] *m sin pl* (FILOS) Voluntarismus *m*

voluntarista [boluntaˈrista] *adj* (FILOS, POL) Voluntarist(in) *m(f)*

voluptuosidad [boluptwosiˈðað] *f* ❶ (*pasión*) Wolllust *f*
❷ (*sensualidad*) Sinnlichkeit *f*

voluptuoso, -a [bolupˈtwoso, -a] *adj* ❶ (*apasionado*) wolllüstig, voluptuös *elev*
❷ (*sensual*) sinnlich

voluta [boˈluta] *f* Spirale *f*; (ARQUIT) Volute *f*; (*del violín*) Schnecke *f*; **~s de humo** Rauchschwaden *mpl*

volver [bolˈβer] *irr* I. *vi* ❶ (*dar la vuelta*) wenden, umdrehen; **~ atrás** umkehren
❷ (*regresar*) zurückkehren (*a* nach +*dat*, *de* aus/von +*dat*); **~ a casa** heimkehren; **al ~ a casa me acosté** als ich nach Hause kam, ging ich schlafen; **al ~ compra el pan** kauf auf dem Rückweg Brot; **al ~ me llamó** nach seiner/ihrer Rückkehr rief er/sie mich an; **he vuelto por la autopista** ich bin auf der Autobahn zurückgefahren; **~ en sí** wieder zu sich kommen; **~ sobre sí** in sich gehen; **volviendo al tema** zurück zum Thema, um auf das Thema zurückzukommen
❸ (*curvarse*) eine Biegung machen
❹ (*repetir*) wiederholen; **~ a** +*inf* wieder +*inf*; **he vuelto a cometer el mismo error** ich habe schon wieder denselben Fehler begangen; **ha vuelto a casarse** er/sie hat wieder geheiratet; **ha vuelto a empezar a fumar** er/sie hat wieder angefangen zu rauchen
II. *vt* ❶ (*dar la vuelta*) wenden, umdrehen; **~ la espalda a alguien** (*t. fig*) jdm den Rücken zukehren; **~ los ojos** [*o* **la vista**] **a algo/a alguien** die Augen [*o* den Blick] auf etw/jdn richten
❷ (*poner del revés*) umstülpen, wenden; **~ un jersey** einen Pullover wenden; **~ una manga** einen Ärmel umkrempeln
❸ (*transformar*) verwandeln (*in* +*akk*); **~ furioso** wild machen; **~ a su estado original** in den ursprünglichen Zustand zurückbringen
❹ (*devolver*) zurückgeben; **~ algo a su sitio** etw (an seinen Platz) zurückstellen; **~ una imagen a alguien** jdm ein Bild wiedergeben
III. *vr:* **~se** ❶ (*darse la vuelta*) sich wenden, sich drehen (*a/hacia* nach +*dat*)
❷ (*dirigirse*) sich wenden (*a/hacia* an +*akk*); **~se contra alguien** sich gegen jdn wenden; **~se (para) atrás** umkehren, (*fig*) einen Rückzieher machen; **no tiene dónde ~se** er/sie hat niemanden, an den er/sie sich wenden kann
❸ (*regresar*) zurückkehren (*a* nach +*dat*, *de* von +*dat*)
❹ (*convertirse*) sich verwandeln (*in* +*akk*); (*ponerse*) werden; **~se viejo/rico** alt/reich werden

volvo [ˈbolβo] *m*, **vólvulo** [ˈbolβulo] *m* (MED) Darmverschlingung *f*, Volvulus *m*

vómica [ˈbomika] *f* (MED) eitriger Auswurf *m*

vomipurgativo, -a [bomipurɣaˈtiβo, -a] *adj* (MED): **medicamento ~** Brech- und Abführmittel *nt*

vomitar [bomiˈtar] I. *vi* (er)brechen, sich übergeben; **es para ~** (*argot*) es ist zum Kotzen; **este salchichón me da ganas de ~** von dieser Salami wird mir ganz übel; **me dan ganas de ~** mir ist übel [*o* schlecht]
II. *vt* erbrechen; (*fig*) von sich geben, spucken; **~ fuego** Feuer spucken; **~ insultos** Beschimpfungen ausstoßen; **~ sangre** Blut speien [*o* spucken]

vomitera [bomiˈtera] *f v.* **vomitona**

vomitivo[1] [bomiˈtiβo] *m* (MED) Vomitiv(um) *nt*, Vomitorium *nt*, Brechmittel *nt*

vomitivo, -a[2] [bomiˈtiβo, -a] *adj* ❶ (MED) Brechreiz erregend
❷ (*argot: asqueroso*) ekelhaft, zum Kotzen *vulg*; **ese es ~** der Typ ist ein echter Kotzbrocken [*o* das reinste Brechmittel]

vómito [ˈbomito] *m* (*acción*) Erbrechen *nt*; (*lo vomitado*) Erbrochene(s) *nt*; (MED) Vomitus *nt*; **~ de sangre** Blutsturz *m*; **provocar ~s** zum Erbrechen bringen

vomitón, -ona [bomiˈton, -ona] *adj* (*fam*) zum Erbrechen neigend; **es un niño ~** das Baby erbricht sich immer nach dem Stillen

vomitona [bomiˈtona] *f* (*argot: acción*) Kotzen *nt*; (*lo vomitado*) Gekotztes *nt*

voracidad [boraθiˈðað] *f* (*ganas*) Gelüste *nt elev*; (*pey*) Essgier *f*; (*pey: glotonería*) Gefräßigkeit *f*; (MED) Vorazität *f*; **la ~ de las llamas** die alles verzehrenden Flammen

vorágine [boˈraxine] *f* ❶ (*remolino*) Wirbel *m*, Strudel *m*
❷ (*confusión*) Trubel *m*; **en la ~ de los acontecimientos** im Trubel [*o* Strudel] der Ereignisse

voraz [boˈraθ] *adj* (*pey*) essgierig; (*pey: glotón*) gefräßig; (*hambriento*) heißhungrig; (*t. fig: devorador*) verzehrend; **apetito ~** [*o* **hambre ~**] Heißhunger *m*; **un incendio ~** ein alles verzehrender Brand

vormela [borˈmela] *f* (ZOOL) Tigeriltis *m*

vórtice [ˈbortiθe] *m* (*de agua, viento*) Wirbel *m*, Strudel *m*; (METEO: *de un ciclón*) Auge *nt* eines Wirbelsturms

vos [bos] *pron pers* ❶ (HIST: *usted*) Ihr *pl*

vosear ❷ (*Arg, Urug, Par, AmC: tú*) du
❸ (*Arg, Urug, Par, AmC: con preposición*) dich, dir; **esto es para** ~ **das ist für dich; voy con** ~ ich komme mit dir
vosear [bose'ar] *vt mit 'vos' anstatt 'tú' duzen* (*üblich in Argentinien*)
voseo [bo'seo] *m argentinisches Duzen mit 'vos' statt 'tú'*
Vosgos ['ʋosɣos] *mpl:* **los** ~ (GEO) die Vogesen
vosotros, -as [bo'sotros, -as] *pron pers* ❶ (*sujeto*) ihr
❷ (*tras preposición*) euch; **con/para** ~ mit/für euch
votación [bota'θjon] *f* Abstimmung *f;* ~ **por correo** Briefwahl *f;* ~ **a mano alzada** Abstimmung *f* durch Handzeichen; ~ **secreta** geheime Abstimmung; **someter algo a** ~ über etw abstimmen (lassen), etw zur Abstimmung bringen
votante [bo'tante] *mf* Abstimmende(r) *mf*
votar [bo'tar] **I.** *vi* ❶ (POL) abstimmen, stimmen (*a/por* für +*akk*), seine Stimme abgeben (*a/por* für +*akk*), abmehren *Suiza*
❷ (REL) ein Gelöbnis ablegen
❸ (*maldecir*) fluchen; **¡voto a tal!** verflucht!
II. *vt* ❶ (POL: *decidir*) abstimmen (über +*akk*); (*elegir*) wählen, stimmen (für +*akk*); ~ **una ley/un presupuesto** ein Gesetz/einen Haushalt verabschieden
❷ (REL) geloben
votivo, -a [bo'tiβo, -a] *adj* Votiv-
voto ['boto] *m* ❶ (POL) Stimme *f*, Votum *nt;* ~ **afirmativo** [*o* **a favor**] Jastimme *f;* ~ **en blanco** Abgabe eines leeren Stimmzettels; ~ **de castigo** (POL) Protestwahl *f;* ~ **de censura** Misstrauensvotum *nt;* ~ **de confianza** Vertrauensvotum *nt;* ~ **por correo** [*o* **correspondencia**] Briefwahl *f;* ~ **negativo** [*o* **en contra**] Neinstimme *f;* ~ **nulo** ungültige Stimme; ~ **secreto** geheime Abstimmung; **derecho a** ~ Stimmrecht *nt;* **acción con/sin** (**derecho a**) ~ Stimmrechtsaktie *f*/Aktie ohne Stimmrecht; **dar su** ~ **a algo/alguien** für etw/jdn stimmen [*o* seine Stimme abgeben]; **emitir su** ~ seine Stimme abgeben; **tener** (**derecho a**) ~ stimmberechtigt sein
❷ (REL: *promesa*) Gelübde *nt;* ~ **de castidad/de pobreza** Keuschheits-/Armutsgelübde *nt;* **hacer** ~**s por** +*inf*, **hacer** ~**s por que...** +*subj* (*t. fig*) beten, dass ...
❸ (REL: *exvoto*) Votivgabe *f*
voy [boi̯] *1. pres de* **ir**
voyeur [bwa'ɟer] *m* Voyeur *m*
voyeurismo [bwaɟe'rismo] *m sin pl* Voyeurismus *m*
voyeurista [bwaɟe'rista] *adj* voyeuristisch
vóytelas ['boi̯telas] *interj* (*Méx: fam*) ja, so was!, unglaublich!
voz [boθ] *f* ❶ (*sonido, expresión, facultad*) Stimme *f;* ~ **afeminada** Fistelstimme *f;* ~ **aguardentosa** Stimme *f* wie ein Reibeisen; ~ **argentina** Silberstimme *f;* ~ **de cabeza** (MÚS) Kopfstimme *f;* ~ **cascada** gebrochene Stimme; ~ **cavernosa** Grabesstimme *f;* **la** ~ **de la conciencia** die Stimme des Gewissens; ~ **humana** Menschenstimme *f;* ~ **de mando** Kommando *nt;* ~ **en off** Stimme aus dem Off; ~ **potente/de trueno** mächtige/dröhnende Stimme; **la** ~ **del pueblo** die Stimme des Volkes; **la** ~ **de la razón** die Stimme der Vernunft; **aclarar la** ~ sich räuspern; **ahuecar la** ~ seine Stimme anheben; **alzar** [*o* **levantar**] **la** ~ lauter/leiser sprechen, die Stimme (er)heben/dämpfen; **a media** ~ mit gedämpfter Stimme, halblaut; **correr la** ~ **de algo** etw weitersagen; **de viva** ~ persönlich; **hablar en** ~ **alta/baja** laut/leise sprechen; **hacer oír su** ~ Gehör finden; **leer en** ~ **alta** vorlesen, laut lesen; **levantar la** ~ **a alguien** gegen jdn die Stimme erheben; **llevar la** ~ **cantante** (*fig*) den Ton angeben, die erste Geige spielen; **no tener ni** ~ **ni voto** nicht mitreden dürfen; (*fig*) nichts zu melden haben; **se me quebró** [*o* **anudó**] **la** ~ mir versagte die Stimme; (*fig*) es verschlug mir die Sprache; **tener** ~ **en algo** bei etw Mitspracherecht haben; (*fig*) bei etw ein Wörtchen mitzureden haben; (**no**) **tener buena** ~ (k)eine gute Stimme haben; **tener la** ~ **tomada** eine belegte Stimme haben
❷ (*grito*) Ruf *m;* **voces** Geschrei *nt;* **a voces** sehr laut, schreiend; **a** ~ **en cuello** [*o* **en grito**] lauthals, aus vollem Halse; **dar una** ~ **a alguien** jdm zurufen; **dar voces** schreien; (*pey*) zetern; **dar la** ~ **de alarma** Alarm schreien; **dar** [*o* **pegar**] (**cuatro**) **voces** laut werden; **pedir algo a voces** nach etw schreien
❸ (*sonido*) Klang *m*
❹ (*voto*) Votum *nt*, Stimme *f*
❺ (*rumor*) Gerücht *nt;* **corre la** ~ **de que te casas** man munkelt [*o* es geht das Gerücht], dass du heiratest
❻ (MÚS) Stimme *f;* (*canto*) Singstimme *f*, Voce *f;* **primera/segunda** ~ erste/zweite Stimme; **a dos/cuatro voces** zwei-/vierstimmig; ~ **cantante** Solostimme *f;* **llevar la** ~ **cantante** die erste Stimme singen/spielen; (*fig*) den Ton angeben, das Sagen haben
❼ (LING: *vocablo*) Wort *nt*, Vokabel *f;* (*en un diccionario*) Stichwort *nt*, Lemma *nt;* ~ **técnica** Fachterminus *m;* **de viva** ~ mündlich
❽ (LING: *del verbo*) Verhaltensrichtung *f;* ~ **activa/pasiva** Aktiv/Passiv *nt*
vozarrón [boθa'rron] *m* grobe, laute Stimme *f;* **¡vaya** ~ **que tiene!** der/die hat aber ein lautes Organ!
VPO [uβepe'o] *fpl abr de* **Viviendas de Protección Oficial** staatlich geförderte Sozialwohnungen *fpl*
vudú [bu'ðu] *m*, **vuduismo** [buðu'ismo] *m sin pl* Wodu *m*
vuecencia [bwe'θenθja] *mf* Ihre Exzellenz *f*
vuelapluma [bwela'pluma] *f sin pl:* **a** ~ mit flinker Feder
vuelco ['bwelko] *m* ❶ (*tumbo*) Umkippen *nt;* **me dio un** ~ **el corazón** mir blieb das Herz stehen
❷ (*voltereta*) Überschlag *m;* **dar un** ~ sich überschlagen; (*fig*) einen Umschwung erfahren, eine Kehrtwendung machen
❸ (*cambio*) Umschwung *m;* ~ **de memoria** (INFOR) Speicherdump *m*
❹ (GASTR) *jeder der Gänge, in denen der cocido serviert wird*
vuelo ['bwelo] *m* ❶ (*en el aire*) Flug *m;* ~ **acrobático** Kunstflug *m;* ~ **charter** Charterflug *m;* ~ **de conexión** Anschlussflug *m;* ~ **con/sin escala** Flug mit/ohne Zwischenlandung; ~ **en globo** Ballonfahrt *f;* ~ **de largo recorrido** Langstreckenflug *m;* ~ **sin motor** Segelflug *m;* ~ **nacional/internacional** Inland-/Auslandflug *m;* ~ **rasante** Tiefflug *m;* ~ **regular** Linienflug *m;* **alzar** [*o* **levantar**] **el** ~ emporfliegen; **al** ~ in der Luft; (*fig*) im Fluge; **cogerlas** [*o* **cazarlas**] **al** ~ (*fig*) im Nu kapieren; **cortar los** ~**s a alguien** jdm die Flügel stutzen; **de altos** ~**s** großspurig; **oír el** ~ **de una mosca** (*fig*) eine Stecknadel fallen hören; **tomar** ~ (*fig*) auffliegen
❷ (*de la ropa*) Weite *f;* **falda de** ~ weiter Rock
❸ (ARQUIT) Auskragung *f*
vuelta ['bwelta] **I.** *f* ❶ (*giro*) (Um)drehung *f;* ~ **de campana** (AUTO) Überschlagen *m;* **andar a** ~**s con algo** (*fam*) sich mit etw herumschlagen; **buscar las** ~**s a alguien** jdn übers Ohr hauen; **dar la** ~ wenden; (*poner del revés*) umstülpen, auf die linke Seite wenden; (*poner cabeza abajo*) auf den Kopf stellen; **dar la** ~ **a la llave** den Schlüssel herumdrehen; **dar demasiadas** [*o* **muchas**] ~**s a algo** (*fig*) sich über etw den Kopf zerbrechen; **darle cien** [*o* **mil**] ~**s a alguien** (*fig*) jdm haushoch überlegen sein; **dar la** ~ **a un agente** (POL) einen Agenten [*o* Spion] abwerben; **darse la** ~ sich umdrehen; (*de campana*) sich überschlagen; **dar** ~**s a algo** etw drehen; **dar(se) media** ~ sich umdrehen; **dar la** ~ **a la tortilla** (*fig*) das Blatt wenden; **dar(se) una** ~ spazieren gehen; **le has dado la** ~ **a mis palabras** du hast mir das Wort im Mund herumgedreht; **¡media** ~**!** (MIL) (macht) kehrt!; **no tiene** ~ **de hoja** (*fig*) so ist es nun mal; **poner a alguien de** ~ **y media** an jdm kein gutes Haar dranlassen
❷ (*regreso*) Rückkehr *f;* (*viaje*) Rückfahrt *f;* **a la** ~ **pasaremos por vuestra casa** auf dem Rückweg werden wir bei euch vorbeischauen; **a la** ~ **empezaré a trabajar** nach meiner Rückkehr werde ich anfangen zu arbeiten; **de** ~ **a casa** auf dem Rückweg nach Hause; **estar de** ~ zurück(gekehrt) sein; **estar de** ~ **de todo** (*fig*) ein alter Hase sein; ~ **atrás** Umkehr *f;* (*fig*) Rückzieher *m;* (FOTO) Rückblende *f*
❸ (*curva*) Biegung *f;* **dar** ~**s y revueltas** sehr kurvenreich sein
❹ (*dinero*) Wechselgeld *nt;* **dar la** ~ herausgeben
❺ (*cambio*) Wende *f;* **la vida da muchas** ~**s** es kommmt immer anders, als man denkt; **¡las** ~**s que da la vida!** das Leben ist ein einziges Auf und Ab!
❻ (DEP) Runde *f;* ~ **ciclista** Tour *f*, Radrennen *nt;* **dar la** ~ **al ruedo** (TAUR) eine Ehrenrunde drehen
❼ (POL) Wahlgang *m*
❽ (*devolución*) Rückgabe *f*
❾ (*reverso*) Rückseite *f*
❿ (*de la ropa*) Aufschlag *m*
⓫ (*del tejido*) Reihe *f*
⓬ (*loc*): ~ **de tuerca** (*fig*) Verrücktheit *f;* **a** ~ **de correo** postwendend
II. *prep* **la** ~ **de** (*lugar*) um +*akk;* (*tiempo*) nach +*dat;* **a la** ~ **de la esquina** um die Ecke; **a la** ~ **de dos años** nach zwei Jahren
vuelto ['bwelto, -a] **I.** *pp de* **volver**
II. *m* (*Am: cambio*) Wechselgeld *nt;* **dar el** ~ herausgeben
vuelvepiedras [bwelβe'pjeðras] *m inv* (ZOOL) Steinwälzer *m*
vuestro, -a ['bwestro, -a] **I.** *adj* euer, eu(e)re; ~ **coche** euer Auto; **vuestra hija** eure Tochter; ~**s vecinos** eure Nachbarn
II. *pron pos* ❶ (*de vuestra propiedad*) euer(e); **¿es** ~**?** gehört es euch?, ist es eures?
❷ (*tras artículo*) der/die/das eurige [*o* Eurige], eure(r, s); **¿son éstos los** ~**s?** sind das eure?; **los** ~**s** eure Angehörigen; **tomad, esto es lo** ~ nehmt, das ist eures; **mi radio no funciona, ¿me dejáis la vuestra?** mein Radio geht nicht, leiht ihr mir eures?; **ésta es la vuestra** (*fam*) das ist die Gelegenheit für euch
❸ (*tras substantivo*) eure(r), von euch; **un amigo** ~ ein Freund von euch; (**no**) **es culpa vuestra** es ist (nicht) eure Schuld
vulcanismo [bulka'nismo] *m* (GEO) Vulkanismus *m*
vulcanización [bulkaniθa'θjon] *f* (TÉC) Vulkanisation *f*, Vulkanisierung *f*
vulcanizadora [bulkaniθa'ðora] *f* (*Méx*) Reifenwerkstatt *f*
vulcanizar [bulkani'θar] <z→c> *vt* (TÉC) vulkanisieren
vulcanología [bulkanolo'xia] *f sin pl* (GEO) Vulkanologie *f*

vulcanológico, -a [bulkano'loxiko, -a] *adj* vulkanologisch
vulcanólogo, -a [bulka'noloɣo, -a] *m, f* (GEO) Vulkanologe, -in *m, f*
vulgar [bul'ɣar] *adj* ❶ (*común*) gemein; (*ordinario*) gewöhnlich; **latín** ~ Vulgärlatein *nt*
❷ (*pey: ordinario*) ordinär, vulgär; (*grosero*) derb; (*zafio*) grob, roh
❸ (*bajo*) niedrig; (*del populacho*) pöbelhaft
❹ (*trivial*) oberflächlich; (*ramplón*) flach, platt
vulgaridad [bulɣari'ðað] *f* ❶ (*normalidad*) Gewöhnlichkeit *f*
❷ (*pey: grosería*) Derbheit *f*, Rohheit *f*; (*bajeza*) Niedrigkeit *f*, Gemeinheit *f*
❸ (*trivialidad*) Oberflächlichkeit *f*, Abgeflachtheit *f*; (*ramplonería*) Plattheit *f*
vulgarismo [bulɣa'rismo] *m* (LING) Vulgarismus *m*
vulgarización [bulɣariθa'θjon] *f* ❶ (*simplificación*) Vereinfachung *f*, gemeinverständliche Darstellung *f*, Vulgarisierung *f elev*
❷ (*popularización*) Popularisierung *f*, Vulgarisierung *f elev*
vulgarizar [bulɣari'θar] <z→c> I. *vt* ❶ (*simplificar*) vereinfachen, gemeinverständlich darstellen, vulgarisieren *elev*
❷ (*popularizar*) popularisieren, vulgarisieren *elev*
II. *vr*: **~se** ❶ (*pey: persona*) vulgär werden
❷ (*trivializarse*) abflachen
❸ (*popularizarse*) populär werden
vulgarmente [bulɣar'mente] *adv* ❶ (*de manera vulgar*) vulgär
❷ (*comúnmente*) gemeinhin, für gewöhnlich
vulgata [bul'ɣata] *f* (LIT, REL) Vulgata *f*
vulgo ['bulɣo] I. *m* ❶ (*mayoría*) breite Allgemeinheit *f*; (*pey: masa*) Masse *f*
❷ (*pueblo*) gemeines Volk *nt*; (*pey: populacho*) Pöbel *m*
❸ (*profanos*) gemeines Volk *nt*
II. *adv* vulgo
vulnerabilidad [bulneraβili'ðað] *f* Verwundbarkeit *f*, Verletzlichkeit *f*; (*de la salud, de máquinas*) Anfälligkeit *f*; (MED) Vulnerabilität *f*
vulnerable [bulne'raβle] *adj* verwundbar (*a* durch +*akk*), verletzlich (*a* durch +*akk*); (MED) vulnerabel
vulneración [bulnera'θjon] *f* ❶ (*daño*) Verletzung *f*
❷ (*transgresión, t.* JUR) Verstoß *m* (*de* gegen +*akk*), Verletzung *f*; ~ **de las buenas costumbres** Verstoß gegen die guten Sitten; ~ **del contrato** Vertragswidrigkeit *f*; ~ **del derecho de propiedad** Eigentumsverletzung *f*; ~ **de la garantía** (COM) Garantieverletzung *f*; ~ **de las normas de competencia** (ECON) Wettbewerbsverstoß *m*
vulnerar [bulne'rar] *vt* ❶ (*dañar*) verletzen
❷ (*transgredir, t.* JUR) verstoßen (gegen +*akk*), verletzen
vulneraria [bulne'rarja] *f* (BOT) Wundklee *m*
vulnerario, -a [bulne'rarjo, -a] *adj* (MED): **medicamento** ~ Wund(heil)mittel *nt*
vulpeja [bul'pexa] *f* Füchsin *f*
vulpino, -a [bul'pino, -a] *adj* (*elev*) schlau, durchtrieben
vultuoso, -a [bultu'oso, -a] *adj* (MED) aufgedunsen
vulva ['bulβa] *f* Schamgegend *f*, Scham *f elev*; (ANAT) Vulva *f*; **labios de la** ~ Schamlippen *fpl*
vulvar [bul'βar] *adj*, **vulvario** [bul'βarjo] *adj* (ANAT) die Vulva betreffend, Scham-

W

W, w ['uβe 'ðoβle] *f* W, w *nt*; ~ **de Washington** W wie Wilhelm
wagneriano, -a [baɣne'rjano, -a] I. *adj* Wagner-; **festival** ~ Wagnerfestspiele *ntpl*
II. *m, f* Wagnerianer(in) *m(f)*
wagon-lit ['baɣon li¹] *m* (FERRO) Schlafwagen *m*
walkie-talkie ['walki 'talki] *m* Walkie-Talkie *nt*
walkman ['wokman] *m* Walkman® *m*
wamba® ['bamba] *f* ein aus leichtem Stoff hergestellter Sportschuh
wampa ['wampa] *f* (*Méx: ciénaga*) Sumpf *m*
wampum [wam'pun] *m* (ARTE, HIST) Wampum *m*
warrant ['warrant] <warrants> *m* (FIN) Lager(pfand)schein *m*
wáter ['bater] *m*, **water-closet** ['bater-'kloset] *m* Toilette *f*, WC *nt*
waterpolista [baterpo'lista] *mf* Wasserballer(in) *m(f)*
waterpolo [bater'polo] *m* Wasserball *m*
watt [ba¹] *m* Watt *nt*
wau [waw] *f* (LING) Digamma *nt*
W.C. ['uβe θe] *m abr de* **water-closet** WC *nt*
wéber ['beβer] *m*, **weberio** [be'βerjo] *m* (FÍS) Weber *nt*
week-end [wi'kenᵈ] *m* Wochenende *nt*
wélter ['belter] I. *adj* (*Am: DEP*): **peso** ~ Weltergewicht *nt*
II. *m* (*Am: DEP*) Weltergewichtler *m*
welwitschiales [belβi'tʃales] *fpl* (BOT) Welwitschiengewächse *ntpl*
western ['western] *m* (CINE) Western *m*
westfaliano, -a [besfa'ljano, -a] *adj* westfälisch
whisky ['wiski] *m* (*escocés*) Whisky *m*; (*americano, irlandés*) Whiskey *m*
wínchester ['wintʃester] *m* Winchester-Gewehr *nt*, Repetiergewehr *nt*
windsurf [win'surf] *m* ❶ (DEP) (Wind)surfing *nt*, (Wind)surfen *nt*
❷ (*tabla*) Surfbrett *nt*
windsurfing [winᵈ'surfiŋ] *m sin pl* (Wind)surfing *nt*, (Wind)surfen *nt*
windsurfista [winᵈsur'fista] *mf* (Wind)surfer(in) *m(f)*
wing [wiŋ] *m* (*Am*) ❶ (DEP: *extremo delantero*) Außenstürmer *m*, Flügelstürmer *m*
❷ (DEP: *extrema delantera*) Flügel *m*
winterácea [winte'raθea] *f* (BOT) Winterrinde *f*, Winterrindenbaum *m*
wólfram ['bolfram] *m*, **wolframio** [bol'framjo] *m* Wolfram *nt*
wolfsbergita [bolˈsβer'ɣita] *f* (GEO) Wolfsbergit *m*, Kupferantimonglanz *m*
wulfenita [bulfe'nita] *f* (GEO) Wulfenit *m*, Gelbbleierz *nt*
würm [burm] *m* (GEO) Würmeiszeit *f*

X

X, x ['ekis] *f* ❶ (*letra*) X, x *nt*; ~ **de xilófono** X wie Xanthippe; **rayos** ~ Röntgenstrahlen *mpl*; **en** (**forma de**) **x** x-förmig
❷ (MAT) x; **x veces** x-mal
❸ (*fig: indeterminado*) x-beliebig
❹ (*numeración romana*) zehn
xantelasma [sante'lasma] *m* (MED) Xanthelasma *nt*, gelbe Flecken *mpl* an den Augenlidern
xantocón [santo'kon] *m* (GEO) Xanthokon *m*, Rotgültigerz *nt*
xantocromía [santokro'mia] *f* (MED) Xanthochromie *f*
xantodermo, -a [santo'ðermo, -a] *adj* gelbhäutig, xanthoderm
xantofila [santo'fila] *f* (BIOL) Xanthophyll *nt*, Carotindiol *nt*
xantófitos [san'tofitos] *mpl* (BOT) Xanthophyten *fpl*
xantoma [san'toma] *m* (MED) Xanthom *m*
xantomatosis [santoma'tosis] *f inv* (MED) Xantomatose *f*
xenoblástico, -a [seno'βlastiko, -a] *adj* (GEO) xenoblastisch
xenocristal [senokris'tal] *m* (GEO) Xenokristall *m*
xenofilia [seno'filja] *f* Fremdenfreundlichkeit *f*, Xenophilie *f*
xenófilo, -a [se'nofilo, -a] *adj* xenophil, fremdenfreundlich
xenofobia [seno'foβja] *f* Xenophobie *f elev*, Fremdenfeindlichkeit *f*; (*contra extranjeros*) Ausländerfeindlichkeit *f*
xenófobo, -a [se'nofoβo, -a] *adj* xenophob *elev*, fremdenfeindlich; (*contra extranjeros*) ausländerfeindlich
xenogamia [seno'ɣamja] *f* (BIOL) Xenogamie *f*
xenón [se'non] *m* (QUÍM) Xenon *nt*
xenotima [seno'tima] *f* (GEO) Xenotim *m*, Ytterspat *m*
xerocopia [sero'kopja] *f* Xerokopie *f*
xerocopiar [seroko'pjar] *vt* xerokopieren
xerófilas [se'rofilas] *fpl v.* **xerófitas**
xerófilo, -a [se'rofilo, -a] *adj* (BOT) xerophil, trockenheitsliebend; **xerófitas** [se'rofitas] *fpl* Trockenpflanzen *fpl*, Xerophyten *fpl*
xeroftalmia [seroftalmja] *f* (MED) Xerophthalmie *f*, Austrocknung *f* der Binde- und Hornhaut des Auges
xerografía [seroɣra'fia] *f* Xerographie *f*
xerografiar [seroɣrafi'ar] <*1. pres*: xerografío> *vt* xerographieren
xerográfico, -a [sero'ɣrafiko, -a] *adj* xerographisch
xeroma [se'roma] *m* (MED) *v.* **xeroftalmia**
xeromorfismo [seromor'fismo] *m* Xeromorphie *f*
xeromorfo [sero'morfo] *adj* xeromorph
xerorradiografía [serorraðjoɣra'fia] *f* (MED) Xeroröntgenographie *f*, Xeroradiographie *f*
xerosfera [seros'fera] *f* Xerosphäre *f*
xerostomía [serosto'mia] *f* (MED) Xerostomie *f*
xerotermo [sero'termo] *adj* trockenwarm, xerotherm
xifoides [si'foiðes] I. *adj*: **apéndice** ~ Schwertfortsatz *m*
II. *m inv* (ANAT) Schwertfortsatz *m*
xileno [si'leno] *m* (QUÍM) Xylol *nt*
xilófago, -a [si'lofaɣo, -a] I. *adj* Holz fressend
II. *m, f* Holzschädling *m*
xilofón [silo'fon] *m v.* **xilófono**
xilofonista [silofo'nista] *mf* Xylophonspieler(in) *m(f)*
xilófono [si'lofono] *m* Xylophon *nt*
xilografía [siloɣra'fia] *f* (ARTE) Xylographie *f*, Holzschnitt *m*

xilográfico, -a [silo'ɣrafiko, -a] *adj* (ARTE) xylographisch
xilógrafo, -a [si'loɣrafo, -a] *m, f* (ARTE) Xylograph(in) *m(f)*, Holzschneider(in) *m(f)*
xiloprotector(a) [siloprotek'tor(a)] *adj* Holzschutz-; **substancia** ~a Holzschutzmittel *nt*
xilórgano [si'loryano] *m* (MÚS) Xylorganum *nt*
xilotila [silo'tila] *f* (QUÍM) Xylolith *m*
xirgo, -a ['siryo, -a] *adj* (*Méx*) ❶ (*desaseado*) schlampig
❷ (*hirsuto*) zottelig
xocoyote [soko'ʝote] *m* (*Méx*) Jüngste(r) *m*, Benjamin *m*
xueta ['sweta] *mf* mallorquinischer Jude *m*, mallorquinische Jüdin *f*
xulo ['sulo] *m* (*Nic*) einheimische stumme Hunderasse
Xunta ['ʃunta] *f* (POL): **la** ~ **(de Galicia)** galicisches Regierungsorgan

Y

Y, y [i 'ɣrjeɣa] *f* Y, y *nt*; ~ **de yema** Y wie Ypsilon
y [i] *conj* und; **¿~ qué?** na und?; **días ~ días** tagelang; **horas ~ horas** stundenlang; **me voy de vacaciones – ¿~ tu trabajo?** ich mache Urlaub – und was ist mit deiner Arbeit?; **¿~ tu marido(, qué tal)? – bien, gracias** (und) wie geht es deinem Mann? – danke, gut; **¿~ mi monedero? – en el coche** und [*o* wo ist denn] mein Geldbeutel? – im Auto; **¿~ este paquete? – de mis padres** und [*o* von wem ist] dieses Paket? – von meinen Eltern; **¿~ esta chaqueta? – de mi madre** und (wem gehört) diese Jacke? – die gehört meiner Mutter; **me he comido dos trozos de tarta, ~ eso que no me gustan los dulces** ich habe zwei Stück Torte gegessen, obwohl ich eigentlich Süßes gar nicht mag; ~ **colorín colorado este cuento se ha acabado** und wenn sie nicht gestorben sind, dann leben sie noch heute
ya [ʝa] **I.** *adv* ❶ (*en el pasado*) schon, bereits; ~ **lo sé** ich weiß es schon [*o* bereits]; ~ **es hora de que cambies** es wird (höchste) Zeit, dass du dich änderst
❷ (*pronto*) gleich, sofort; **¡~ voy!** ich komme schon [*o* gleich]!; ~ **verás** du wirst schon (noch) sehen; ~ **llegamos** wir sind (bald) da
❸ (*ahora*) jetzt; **¡~ está bien!** jetzt reicht es aber!, jetzt ist aber Schluss!; ~ **falta poco para Navidades** bald ist Weihnachten
❹ (*negación*): ~ **no fumo** ich rauche nicht mehr; **no** ~ [*o* **no**]... **sino**... nicht nur ... sondern auch ...
❺ (*afirmación*) ja; ~, ~ jaja, soso; **¡ah ~!** ach so!, ach ja!; **¡anda ~!** ach was!; **¡pues ~!** aber klar doch!; **¿sabes que te han despedido? – ~ –** weißt du, dass man dir gekündigt hat? – ja(, weiß ich schon)
II. *conj* ❶ (*porque*): ~ **que** da, weil; **no es posible hacerlo,** ~ **que no alcanza el dinero** es ist nicht machbar, denn das Geld reicht nicht
❷ (*aprovechando que*): ~ **que estás aquí...** wenn du schon hier bist ...; ~ **que lo mencionas...** weil du gerade davon anfängst ..., wenn du schon davon sprichst ...
❸ (*o... o*): ~ **por el trabajo,** ~ **por la familia, nunca tiene tiempo para mí** mal [*o* bald] wegen der Arbeit, mal [*o* bald] wegen der Familie, nie hat er/sie Zeit für mich
III. *interj* ja!, jetzt hab ich's
yabirú [ʝaβi'ru] *m* (*Arg, Par*: ZOOL) südamerikanische Storchart
yabuna [ʝa'βuna] *f* (*Cuba*: BOT) ein Savannengras
yac [ʝak] *m* (ZOOL) *v.* **yak**
yacaré [ʝaka're] *m* (ZOOL) Kaiman *m*
yacente [ʝa'θente] **I.** *adj* liegend; **herencia** ~ (JUR) erb(en)loser Nachlass
II. *m* (MIN) Liegende(s) *nt*
yacer [ʝa'θer] *irr vi* ❶ (*estar echado*) liegen
❷ (*estar enterrado*) ruhen, begraben liegen
❸ (*acostarse*) schlafen (*con* mit +*dat*); ~ **juntos** miteinander schlafen
❹ (*estar*) sich befinden
yachting ['ʝaxtiŋ] *m* (DEP) Sportsegeln *nt*, Segelsport *m*
yacija [ʝa'θixa] *f* ❶ (*pey: cama*) (Nacht)lager *nt*; (*de paja*) Strohlager *nt*
❷ (*sepultura*) Grabstätte *f*
yacimiento [ʝaθi'mjento] *m* (GEO, MIN) Lagerstätte *f*, Vorkommen *nt*; (*capa*) Flöz *nt*; ~ **de carbón/petrolífero** Kohle-/Erdölvorkommen *nt*; **Y~s Petrolíferos Fiscales** (*Arg*) staatliches Erdölunternehmen von Argentinien
yacio ['ʝaθjo] *m* (BOT) Parakautschukbaum *m*
yagua ['ʝaɣwa] *f* ❶ (*Am*: BOT) Königspalme *f*
❷ (*fibras*) Palmfasern *fpl*
yagual [ʝa'ɣwal] *m* (*AmC*) Kopfring *m* (*zum Tragen von Lasten*)
yaguar [ʝa'ɣwar] *m* Jaguar *m*
yaguasa [ʝa'ɣwasa] *f* (*Cuba, Hond*: ZOOL) Witwenpfeifgans *f*
yaguré [ʝaɣu're] *m* (*Am*: ZOOL) Stinktier *nt*, Skunk *m*

yak [ʝak] *m* (ZOOL) Jak *nt*
Yakarta [ʝa'karta] *f* Djakarta *nt*
yal [ʝal] *m* (*Chil*: ZOOL) Schwarzkehl-Ammerfink *m*
yámbico, -a ['ʝambiko, -a] *adj* (LIT) jambisch
yambo ['ʝambo] *m* ❶ (LIT) Jambus *m*
❷ (BOT) Jambusenbaum *m*, Jambuse *f*
yanacona [ʝana'kona] *mf* (HIST) ❶ (*AmS: sirviente indio*) indianischer Diener *m*, indianische Dienerin *f*
❷ (*CSur: arrendatario indio*) indianischer Pächter *m*, indianische Pächterin *f*
yanconazgo [ʝaŋko'naθɣo] *m* (*AmS*: HIST) Pachtvertrag *m* (*zwischen einem indianischen Pächter und einem weißen Besitzer*)
yang [ʝaŋ] *m* (FILOS) Yang *nt*
yanomami [ʝano'mami] *adj* das Volk der Yanomami betreffend
yanqui ['ʝaŋki] **I.** *adj* (nord)amerikanisch, Ami- *fam*; (*pey t.* HIST) Yankee-
II. *mf* (US-)Amerikaner(in) *m(f)*, Ami *m fam*; (*pey t.* HIST) Yankee *m*
yantar [ʝan'tar] **I.** *vt* (*elev*) essen; (*al mediodía*) zu Mittag essen
II. *m* (*elev*) Essen *nt*
yapa ['ʝapa] *f* (*Am*) ❶ (*a un precio*) Zuschlag *m*
❷ (*objeto*) Zugabe *f*; **de** ~ zudem, obendrein
yapar [ʝa'par] *vt* (*Am*) ❶ (*el precio*) einen Zuschlag erheben (*auf* +*akk*)
❷ (*un objeto*) dazugeben
yapok [ʝa'pok] *m* (ZOOL) Yapok *m*, Schwimm-Beutelratte *f*
yaqué [ʝa'ke] *m* (*Méx, RíoPl*) Cut(away) *m*
yaqui ['ʝaki] *mf* (*Méx*) Ureinwohner(in) *m(f)* von Mexiko
yarará [ʝara'ra] *f* (*AmS*: ZOOL) Grubenotter *f*
yaraví [ʝara'βi] *m* (*Bol, Perú*: MÚS) melancholisches Volkslied der Inkas
yarda ['ʝarða] *f* Yard *nt*
yare ['ʝare] *m* (*Ven*) giftiger Saft der bitteren Yucca
yarey [ʝa'rei] *f* (*Cuba*: BOT) Palmenart, *aus deren Fasern Hüte geflochten werden*
yaro ['ʝaro] *m* Aron(s)stab *m*
yaruma [ʝa'ruma] *f* (*Col, Ven*), **yarumba** [ʝa'rumba] *f* (*Pan, Perú*), **yarumo** [ʝa'rumo] *m* (*Col*) Mauritiuspalme *f*
yasar [ʝa'sar] *vi* (*reg: río*) über die Ufer treten
yatagán [ʝata'ɣan] *m* Jatagan *m* (*orientalischer Krummsäbel*)
yátaro ['ʝataro] *m* (*Col*) Tukan *m*
yatay [ʝa'tai] *m* (*Arg, Bol, Par*: BOT) Kokospalme *f*
yate ['ʝate] *m* Jacht *f*; (*velero*) Segeljacht *f*
yaya ['ʝaʝa] *f* ❶ (*Am: dolor insignificante*) leichter Schmerz *m*
❷ (*Am: pequeña herida*) kleine Wunde *f*; (*cicatriz*) Narbe *f*
❸ (*Cuba: palo*): **dar** ~ verprügeln
❹ (*Pan: tormento*) Schmerz *m*, Kummer *m*
yayero, -a [ʝa'ʝero, -a] *adj* (*Cuba*) zudringlich, naseweis
yayo, -a ['ʝaʝo, -a] *m, f* (*fam*) Opa *m*, Oma *f*
yaz [ʝaθ] *m* Jazz *m*
yazco [ʝaθko], **yazgo** [ʝaθɣo] *1. pres de* **yacer**
ye [ʝe] *f* Ypsilon *nt*
yedra ['ʝeðra] *f* Efeu *m*
yegua ['ʝeɣwa] *f* ❶ (ZOOL) Stute *f*
❷ (*AmC: colilla*) Zigarettenstummel *m*
yeguada [ʝe'ɣwaða] *f* Pferdeherde *f*
yegüero [ʝe'ɣwero] *m* Pferdehirt *m*
yeísmo [ʝe'ismo] *m* (LING) Aussprechen des 'll' wie ein 'y'
yeito ['ʝeito] *m* (*Urug: destreza*) Geschicklichkeit *f*
yeldo ['ʝeldo] *m* (ZOOL) Oberflächenplankton im kantabrischen Meer
yelmo ['ʝelmo] *m* Helm *m*
yema ['ʝema] *f* ❶ (*de un huevo*) Eigelb *nt*, (Ei)dotter *m*; ~ **mejida** Erkältungstrunk aus Eigelb, Zucker und heißer Milch
❷ (*de un dedo*) Fingerkuppe *f*
❸ (GASTR) Eierkonfekt *nt*; **~s de Santa Teresa** (*reg:* GASTR) Spezialität *aus Ávila: kleines Gebäck aus Eigelb und Zucker*
❹ (BOT) Knospe *f*
❺ (*centro*) Mitte *f*; **en la ~ del invierno** im tiefsten Winter; **dar en la ~** (*fig fam*) den Nagel auf den Kopf treffen
❻ (*parte mejor*) Beste(s) *nt*
Yemen ['ʝemen] *m* Jemen *m*
yemení [ʝeme'ni], **yemenita** [ʝeme'nita] **I.** *adj* jemenitisch **II.** *mf* Jemenit(in) *m(f)*
yen [ʝen] <yenes> *m* Yen *m*
yendo [ʝendo] *ger de* **ir**
yeral [ʝe'ral] *m* Wickenfeld *nt*
yerba ['ʝerβa] *f* ❶ (*planta*) Kraut *nt*
❷ (*césped*) Gras *nt*
❸ (*pasto*) Gras *nt*; (*seco*) Heu *nt*
❹ (*RíoPl: planta*): ~ **mate** Matepflanze *f*; (*producto*) Mate(tee) *m*
yerbajo [ʝer'βaxo] *m* Unkraut *nt*
yerbal [ʝer'βal] *m* (*RíoPl*) Matepflanzung *f*
yerbatal [ʝerβa'tal] *m* (*Arg*) *v.* **yerbal**

yerbatero, -a [ɟerβa'tero, -a] **I.** *adj* (*Am*) Mate- **II.** *m, f* (*AmS*) ❶ (*curandero*) Kräuterheiler(in) *m(f)* ❷ (*vendedor: de hierbas*) Kräuterhändler(in) *m(f)*; (*de forraje*) Futterhändler(in) *m(f)*; (*de mate*) Matehändler(in) *m(f)*

yerbear [ɟerβe'ar] *vi* (*RíoPl*) Mate(tee) trinken

yerbera [ɟer'βera] *f* (*RíoPl*) Mate(tee)dose *f*

yerbero, -a [ɟer'βero, -a] *m, f* (*Méx: curandero*) Medizinmann, -frau *m, f*, Heiler(in) *m(f)*

yerbuno [ɟer'βuno] *m* (*Ecua*) Weide *f*

yergo ['ɟerɣo] *1. pres de* **erguir**

yermar [ɟer'mar] *vt* veröden lassen, brachliegen lassen

yermo¹ ['ɟermo] *m* ❶ (*terreno*) Einöde *f* ❷ (AGR) Brachfeld *nt*, Brache *f*

yermo, -a² [ɟermo, -a] *adj* ❶ (*inhabitado*) unbewohnt, öd(e) ❷ (AGR) brach(liegend); **dejar** ~ brachlegen; **estar** ~ brachliegen

yernera [ɟer'nera] *f* (*Arg*) kleinschneidige Axt *f*

yerno ['ɟerno] *m* Schwiegersohn *m*

yernocracia [ɟerno'kraθja] *f* (*fam*) Vetternwirtschaft *f*

yero ['ɟero] *m* (BOT) Wicke *f*

yerra ['ɟerra] *f* (*RíoPl*) Kennzeichnung *f* des Viehs mit einem Brandzeichen

yerro ['ɟerro] *m* (*equivocación*) Irrtum *m*; (*falta*) Fehler *m*; ~ **de cálculo/de imprenta** Rechen-/Druckfehler *m*

yérsey ['ɟerseɪ] *m*, **yersí** [ɟer'si] *m* (*AmC, AmS*) Jersey *m*

yerto, -a ['ɟerto, -a] *adj* starr; **quedar** ~ (**de un susto**) (vor Schreck) erstarren

yesal [ɟe'sal] *m*, **yesar** [ɟe'sar] *m* Gipsgrube *f*

yesca ['ɟeska] *f* Zunder *m*; **arrimar** ~ **a alguien** (*fam*) jdm Zunder geben

yesera [ɟe'sera] *f* Gipsgrube *f*

yesería [ɟese'ria] *f* ❶ (*fábrica*) Gipswerk *nt* ❷ (*comercio*) Gipshandel *m* ❸ (*obra*) Gipsarbeit *f*; (*decoración*) Stuckarbeit *f*

yesero, -a [ɟe'sero, -a] **I.** *adj* Gips- **II.** *m, f* ❶ (*que fabrica*) Gipsfabrikant(in) *m(f)* ❷ (*que vende*) Gipshändler(in) *m(f)* ❸ (*trabajador*) Gipser(in) *m(f)*; (*decorador*) Stuckateur(in) *m(f)*

yeso ['ɟeso] *m* ❶ (*material*) Gips *m*; **de** ~ gipsern; **dar de** ~ **una pared** eine Wand verputzen ❷ (*escultura*) Gipsabguss *m* ❸ (*tiza*) (Tafel)kreide *f*

yesoso, -a [ɟe'soso, -a] *adj* ❶ (*con yeso*) gipshaltig ❷ (*como yeso*) gipsartig

yesquero [ɟes'kero] *m* (Zunder)feuerzeug *nt*

yeta ['ɟeta] *f* (*Arg, Urug*) Pech *nt*, Unglück *nt*

yeti ['ɟeti] *m* Yeti *m*

yé-yé¹ [ɟe'ɟe] **I.** *adj* (*fam*) Beat-; **hoy vas muy** ~ heute bist du aber flippig angezogen **II.** *mf* (*fam*) ❶ (*joven*) Beatle *m* ❷ (*intérprete*) Beatsänger(in) *m(f)* ❸ (*fan*) Beatfan *m*

yé-yé² [ɟe'ɟe] *m* (*fam*) ❶ (*música*) Beatmusik *f*, Beat *m* ❷ (*costumbres*) Beatkultur *f*

yeyuno [ɟe'ɟuno] *m* Leerdarm *m*; (ANAT) Jejunum *nt*

yezgo ['ɟeθɣo] *m* (BOT) Zwergholunder *m*, Attich *m*

yid(d)ish [ɟi'diʃ] *m* Jiddisch(e) *nt*

yihad [ɟi'xad] *m* Dschihad *m*

yin [ɟin] *m* (FILOS) Yin *nt*

yincana [ɟin'kana] *f* Geschicklichkeitsspiel

yira ['ɟira] *f*, **yire** ['ɟire] *m* (*Arg: argot pey*) Flittchen *nt*

yiro ['ɟiro] *m* (*Arg, Urug: fam*) Hure *f*, leichtes Mädchen *nt*

yiu-yitsu [xju'xidsu] *m* (DEP) Jiu-Jitsu *nt*

yo [ɟo] **I.** *pron pers* ich; ~ **que tú** [*o* **de ti**] **no lo haría** ich an deiner Stelle würde es nicht tun; **esto queda entre tú y** ~ das bleibt unter uns **II.** *m* (t. PSICO) Ich *nt*

yocalla [ɟo'kaʎa] *m* (*Bol*) ❶ (*niño callejero*) Straßenkind *nt* ❷ (*niño mestizo*) Mischlingskind *nt*

yod [ɟod] *f* (LING) Jot *nt*

yodación [ɟoda'θjon] *f* Jodierung *f*

yodado, -a [ɟo'dado, -a] *adj* (*con yodo*) jodhaltig; (*añadido*) jodiert

yodar [ɟo'dar] *vt* jodieren

yodato [ɟo'dato] *m* (QUÍM) Jodat *nt*

yódico, -a [ɟo'diko, -a] *adj* (QUÍM) Jod-

yodismo [ɟo'dismo] *m* (MED) Jodvergiftung *f*, Jodismus *m*

yodo ['ɟodo] *m* Jod *nt*

yodoformo [ɟodo'formo] *m* (QUÍM) Jodoform *nt*

yodurar [ɟodu'rar] *vt* (QUÍM) jodieren

yoduro [ɟo'duro] *m* (QUÍM) Jodid *nt*; ~ **de magnesio** Magnesiumjodid *nt*

yoga ['ɟoɣa] *m* Joga *nt m o f*

yoghi ['ɟoɣi] *mf*, **yogui** ['ɟoɣi] *mf* Jogi *m*, Jogin *f*

yoguismo [ɟo'ɣismo] *m* Praxis *f* des Jogaausübens

yogur ['ɟoɣur] <yogures> *m* ❶ (GASTR) Jog(h)urt *m*; ~ **de fresa** Erdbeerjog(h)urt *m* ❷ (*argot: coche*) Polizeiauto *nt* ❸ (*argot: genio*): **estar de mal** ~ schlechte Laune haben, schlecht drauf sein; **tener muy mal** ~ gemein sein

yogurcito [ɟoɣur'θito] *mf* (*fam*) fescher Junge *m*, fesches Mädchen *nt*

yogurtera [ɟoɣur'tera] *f* ❶ (*máquina*) Jog(h)urtbereiter *m* ❷ (*argot: coche*) Polizeiauto *nt*

yohimbé [ɟoim'be] *m* (BOT) Yohimbe *f*, Yohimbebaum *m*

yohimbina [ɟoim'bina] *f* (MED) Yohimbin *nt*

yoi [ɟoi] *m* (*argot*) Joint *m*

yoimboa [ɟoim'boa] *m* (BOT) v. **yohimbé**

yol [ɟol] *m* (*árguenas*) Tragekörbe *mpl*

yola ['ɟola] *f* (NÁUT) Jolle *f*

yole ['ɟole] *m* (*árguenas*) Tragekörbe *mpl*

yolo ['ɟolo] *m* (*Méx: fam: corazón*) Herz *nt*; **¡~ mío!** mein Schatz!

yonqui ['ɟonki] *mf* (*argot*) Junkie *m*

yóquei ['ɟokei] *m*, **yoqui** ['ɟoki] *m* (DEP) Jockei *m*

yoyó [ɟo'ɟo] *m*, **yoyo** ['ɟoɟo] *m* Jo-Jo *nt*

yoyoba [ɟo'ɟoβa] *f sin pl* (BOT) Jojoba *f*; **aceite de** ~ Jojobaöl *nt*

yperita [ipe'rita] *m* (QUÍM) Senfgas *nt*, Yperit *nt*

yubarta [ɟu'βarta] *f* (ZOOL) Buckelwal *m*

yuca ['ɟuka] *f* (BOT) ❶ (*palma*) Yucca(palme) *f* ❷ (*mandioca*) Maniok *m*

yucal [ɟu'kal] *m* ❶ (*de palmas*) Yuccapflanzung *f* ❷ (*de mandiocas*) Maniokpflanzung *f*

Yucatán [ɟuka'tan] *m* Yukatan *nt*

yucateco, -a [ɟuka'teko, -a] **I.** *adj* aus Yukatan **II.** *m, f* Einwohner(in) *m(f)* Yukatans

yudo ['ɟudo] *m* (DEP) Judo *nt*

yudogui [ɟu'doɣi] *m* Judoanzug *m*; **yudoka** [ɟu'doka] *mf* (DEP) Judoka *m*

yuglandáceas [ɟuɣlan'daθeas] *fpl* (BOT) Walnussgewächse *ntpl*

yugo ['ɟuɣo] *m* ❶ (*dominio, t.* AGR) Joch *nt*; **sacudir(se) el** ~ das Joch abschütteln; **someterse al** ~ sich unterwerfen ❷ (*de la campana*) Glockenstuhl *m* ❸ (*velo*) (Trau)schleier *m*

Yugoslavia [ɟuɣos'laβja] *f* (HIST) Jugoslawien *nt*

yugoslavo, -a [ɟuɣos'laβo, -a] **I.** *adj* jugoslawisch **II.** *m, f* Jugoslawe, -in *m, f*

yuguero [ɟu'kero] *m v.* **yuntero**

yugular [ɟuɣu'lar] **I.** *vt* ❶ (*decapitar*) köpfen ❷ (*detener*) zum Stillstand bringen; (*acabar*) unterbinden **II.** *adj* Hals-; (ANAT) jugular; **arteria** ~ Halsschlagader *f* **III.** *f* (ANAT) Jugularvene *f*

yunga ['ɟunɡa] *mf* (*Bol, Chil, Ecua, Perú*) Einwohner der Talgebiete der Anden

yungas ['ɟunɡas] *fpl* (*Bol, Chil, Ecua, Perú*) Talgebiete der Anden

yunque ['ɟunke] *m* ❶ (*para forjar, t.* ANAT) Amboss *m* ❷ (*persona: paciente*) geduldiger Mensch *m*; (*trabajador*) hart arbeitender Mensch *m* ❸ (*loc*): **estar al** ~ (*aguantar*) viel über sich ergehen lassen müssen; (*trabajar*) hart arbeiten

yunta ['ɟunta] *f* ❶ (*par*) Gespann *nt*, Joch *nt*; **no lo mueve ni una** ~ **de bueyes** (*fam*) den bewegen keine zehn Pferde vom Fleck ❷ *pl* (*PRico, Urug, Ven*) Paar *nt* Manschettenknöpfe

yuntero [ɟun'tero] *m* Pflüger *m* (*, der das Gespann führt*)

yupatí [ɟupa'ti] *f* (ZOOL) Vieraugen-Beutelratte *f*

yupi ['ɟupi] *interj* (*fam*) juchhu!

yuppy ['ɟupi] *mf* Yuppie *m*

yuré [ɟu're] *m* (*CRi:* ZOOL) Inkatäubchen *nt*

yurro [ˈɟurro] *m* (*CRi: manantial*) Quelle *f*; (*arroyuelo*) Bächlein *nt*

yuruma [ɟu'ruma] *f* (*Ven:* BOT, GASTR) Palmmark *nt* (*dessen Mehl zu Brot verbacken wird*)

yurumí [ɟuru'mi] *m* (*AmS:* ZOOL) Großer Ameisenbär *m*, Yurumi *m*

yuta ['ɟuta] *f* (*Chil*) Nacktschnecke *f*

yute ['ɟute] *m* ❶ (BOT) Jute *f* ❷ (*fibra*) Jute(faser) *f* ❸ (*tejido*) Jutestoff *m*

yuxtalineal [ɟustali'neal] *adj* juxtalinear; **traducción** ~ dem Original zeilenmäßig gegenübergestellte Übersetzung

yuxtaponer [ɟustapo'ner] *irr como* **poner I.** *vt* (*a otra cosa*) stellen (*a neben +akk*); (*dos cosas*) nebeneinander stellen **II.** *vr*: **~se** hinzukommen (*a zu +dat*)

yuxtaposición [ɟustaposi'θjon] *f* (*acción*) Nebeneinanderstellung *f*; (*efecto*) Nebeneinanderliegen *nt*; (LING, GEO) Juxtaposition *f*

yuxtapuesto, -a [ɟusta'pwesto, -a] *adj* nebeneinander liegend; (LING)

yuyal [ɟu'ɟal] *m* (*CSur*) Gebüsch *nt*
yuyero, -a [ɟu'ɟero, -a] *m, f* (*Arg*) Kräuterheiler(in) *m(f)*
yuyo ['ɟuɟo] *m* ❶ (*Arg, Chil, Urug: yerbajo*) Unkraut *nt*
  ❷ *pl* (*Col, Ecua: condimento*) Gewürzkräuter *ntpl*
  ❸ *pl* (*Perú: verdura*) Gemüse *nt*
  ❹ (*AmC: ampolla*) Blase *f*
yuyón, -ona [ɟu'ɟon, -ona] *adj* (*Perú*) fade, langweilig
yuyuba [ɟu'ɟuβa] *f* (BOT) Jujube *f*

Z

yuyuscar [ɟuɟus'kar] <c→qu> *vt* ausjäten, von Unkraut befreien
Z, z ['θeta/'θeða] *f* Z, z *nt*; ~ **de Zaragoza** Z wie Zacharias [*o* Zeppelin]
zabazala [θaβa'θala] *f* Vorbeter *m*
zabida(la) [θa'βiða/θaβi'ðala] *f,* **zabila** [θa'βila] *f,* **zábila** ['θaβila] *f* (BOT) Aloe *f*
zaborda [θa'βorða] *f,* **zabordamiento** [θaβorða'mjento] *m* Stranden *nt,* Strandung *f*
zabordar [θaβor'ðar] *vi* stranden, auf Grund laufen
zabordo [θa'βorðo] *m v.* **zaborda**
zabuir [θa'bwir] *vi* (*Col, PRico: zambullir*) eintauchen
zabullir [θaβu'ʎir] *vt, vr v.* **zambullir**
zacape(l)la [θaka'pela/θaka'peʎa] *f* Krach *m*
zacatal [θaka'tal] *m* (*AmC, Méx*) Weide *f,* Weideland *nt*
zacate [θa'kate] *m* (*Am: paja*) Stroh *nt*
zacatillo [θaka'tiʎo] *m* (*CRica: fam*) Geld *nt,* Kohle *f*
zacatón, -ona [θaka'ton, -ona] *m, f* (*Méx: fam*) Feigling *m,* Hasenfuß *m*
zacuín [θa'kwin] *m* (*Guat: rebusca*) Nachlese *f*
zafa ['θafa] *f* (*reg*) Waschschüssel *f*
zafacoca [θafa'koka] *f* (*AmC, AmS*) Streit *m,* Auseinandersetzung *f*
zafacón [θafa'kon] *m* (*PRico, RDom: cubo de la basura*) Abfalleimer *m*
zafado, -a [θa'faðo, -a] *adj* (*Arg: descarado*) frech, unverschämt
zafadura [θafa'ðura] *f* (*Am: luxación*) Ausrenkung *f*
zafaduría [θafaðu'ria] *f* (*Arg, Urug*) Frechheit *f,* Unverschämtheit *f*
zafanarse [θafa'narse] *vr* sich lösen
zafante [θa'fante] *adv* (*Ant*) außer, mit Ausnahme von
zafar [θa'far] **I.** *vt* (NÁUT) klar machen
  II. *vr:* **~se** ❶ (*de una persona*) loswerden (*de* +*akk*), sich vom Halse schaffen (*de* +*akk*) *fam*
  ❷ (*de un compromiso*) sich drücken (*de* vor +*dat*)
  ❸ (TÉC: *correa*) abgehen
  ❹ (*Am: dislocarse*) sich ausrenken, sich auskugeln
zafariche [θafa'ritʃe] *m* Kruggestell *nt,* Topfbank *f*
zafarrancho [θafa'rrantʃo] *m* ❶ (NÁUT) Klarmachen *nt*; ~ **de combate** klar zum Gefecht
  ❷ (*fam: limpieza*) Großreinemachen *nt*
  ❸ (*fam: riña*) Zank *m*
  ❹ (*fam: destrozo*) Verwüstung *f*; **llevaba todas las copas en una bandeja y tropezó, ¡vaya ~!** er/sie trug alle Gläser auf einem Tablett und stolperte – alles zersprang in (tausend) Scherben!
zafiedad [θafje'ðað] *f* Ungeschliffenheit *f*
zafio, -a ['θafjo, -a] *adj* ❶ (*grosero*) ordinär
  ❷ (*tosco*) ungehobelt, ungeschliffen
zafirina [θafi'rina] *f* (GEO) Saphirin *m*
zafirino, -a [θafi'rino, -a] *adj* saphirblau
zafiro [θa'firo] *m* Saphir *m*
zafo¹ ['θafo] *adv* (*Am: salvo*) abgesehen von *dat,* bis auf *akk*
zafo, -a² ['θafo, -a] *adj* ❶ (NÁUT) klar
  ❷ (*indemne*) heil; **salir** ~ ungeschoren davonkommen
zafra ['θafra] *f* ❶ (*cosecha*) Zuckerrohrernte *f*
  ❷ (*fabricación*) Zuckerherstellung *f*
  ❸ (*tiempo*) Zuckerrohrsaison *f*
  ❹ (*jarra*) Ölkrug *m*
zafre ['θafre] *m* (QUÍM) Zaffer *m,* Sa(f)flor *m*
zaga ['θaɣa] *f* ❶ (*parte posterior*) hinterer Teil *m*; **estar en la ~ del pelotón** am Ende des Feldes platziert sein; **ir a la ~ de alguien** hinter jdm hergehen; **el vicepresidente no le va a la ~ al presidente** der Vizepräsident steht dem Präsidenten in nichts nach
  ❷ (DEP) Verteidigung *f*
zagal(a) [θa'ɣal(a)] *m(f)* ❶ (*muchacho*) Knabe *m*; (*muchacha*) Fräulein *nt*
  ❷ (*pastor*) Hirtenknabe *m*; (*pastora*) Hirtenmädchen *nt*
zagalejo [θaɣa'lexo] *m* Unterrock *m*

zagalón, -ona [θaɣa'lon, -ona] *m, f* Halbwüchsige(r) *mf*
zagua ['θaɣwa] *f* (BOT) Salzkraut *nt*
zagual [θa'ɣwal] *m* Paddel *nt*
zaguán [θa'ɣwan] *m* ❶ (*vestíbulo*) Hausflur *m,* Diele *f*
  ❷ (*exterior*) Vorhalle *f*
zaguero¹ [θa'ɣero] *m* (DEP: *en pelota*) Deckungsspieler *m*; (*en fútbol*) Verteidiger *m*
zaguero, -a² [θa'ɣero, -a] *adj* Hinter-, hintere(r, s); (*carro*) im hinteren Teil überladen
zahareño, -a [θa(a)'reɲo, -a] *adj* spröde
zaherimiento [θaeri'mjento] *m* ❶ (*reprimenda*) Tadel *m,* Rüge *f*
  ❷ (*mortificación*) Kränkung *f*
zaherir [θae'rir] *irr como sentir vt* ❶ (*reprender*) tadeln, rügen
  ❷ (*mortificar*) kränken
zahiriente [θai'rjente] *adj* kränkend
zahína [θa'ina] *f* (BOT) Sorgho *m,* Sorghum *nt*
zahinar [θai'nar] *m* Hirsefeld *nt*
zahondar [θaon'dar] *vt* (*ahondar un hoyo*) ausgraben; (*cavar*) umgraben
zahones [θa'ones] *mpl* Cowboyhosen *fpl*
zahora [θa'ora] *f* Fressgelage *nt,* Fressorgie *f*
zahorar [θao'rar] *vi* schlemmen, schmausen
zahorí [θao'ri] <zahoríes> *m* ❶ (*vidente*) Hellseher(in) *m(f)*; (*de agua*) (Wünschel)rutengänger(in) *m(f)*
  ❷ (*perspicaz*) Gedankenleser(in) *m(f)*
zahorra [θa'orra] *f* Ballast *m*
zahuate [θa'wate] *m* (*PRico*) (Straßen)köter *m*
zahúrda [θa'urða] *f* Schweinestall *m*
zahúrna [θa'urna] *f* (*Col*) Trubel *m*
zaida ['θaiða] *f* (ZOOL) Jungfernkranich *m*
zaino, -a ['θajno, -a] *adj* ❶ (*persona*) hinterlistig; **mirar a lo ~** verstohlen ansehen
  ❷ (*res*) schwarz; (*caballo*) dunkelbraun
Zaire ['θaire] *m* Zaire *nt*
zaireño, -a [θai'reɲo, -a] **I.** *adj* zairisch
  II. *m, f* Zairer(in) *m(f)*
zaite [θai̯te] *m* (*ElSal*) Stachel *m*; (*punta*) Stachelspitze *f*
zalagarda [θala'ɣarða] *f* ❶ (*emboscada*) Hinterhalt *m*
  ❷ (*escaramuza*) Scharmützel *nt*
  ❸ (*lazo*) Schlinge *f,* Falle *f*
  ❹ (*fam: astucia maliciosa*) Durchtriebenheit *f*
  ❺ (*fam: alegría bulliciosa*) lärmende Fröhlichkeit *f*
zalama [θa'lama] *f,* **zalamelé** [θalame'le] *m,* **zalamería** [θalame'ria] *f* Schmeichelei *f*
zalamero, -a [θala'mero, -a] **I.** *adj* schmeichlerisch
  II. *m, f* Schmeichler(in) *m(f)*
zálamo ['θalamo] *m* (*reg*) Maulkorb *m*
zalea [θa'lea] *f* Schaffell *nt*
zalema [θa'lema] *f* ❶ (*reverencia*) Verbeugung *f*
  ❷ (*zalamería*) Schmeichelei *f*
zalenco, -a [θa'lenko, -a] *adj* ❶ (*Col: renco*) hinkend
  ❷ (*Ven: patojo*) krummbeinig
zalenquear [θalenke'ar] *vi* (*Col*) hinken, lahmen
zaleo [θa'leo] *m* brüchiger Stoff *m*
zamacuco, -a [θama'kuko, -a] *m, f* (*fam*) ❶ (*persona torpe*) Trottel *m,* Dummkopf *m*
  ❷ (*persona que finge ser torpe*) Schlitzohr *nt,* Schlauberger *m*
zamanca [θa'manka] *f* (*fam*) Tracht *f* Prügel
zamarra [θa'marra] *f* ❶ (*de pastor*) Hirtenjacke *f* (*aus Schaffell*)
  ❷ (*piel*) pelzgefütterte Jacke *f*
  ❸ (*piel*) Schaffell *nt*
zamarrazo [θama'rraθo] *m* ❶ (*con palo*) Schlag *m*
  ❷ (*revés*) Rückschlag *m*
zamarrear [θamarre'ar] *vt* ❶ (*una presa*) herumzerren
  ❷ (*a alguien*) anrempeln, schubsen
zamarrilla [θama'rriʎa] *f* (BOT) Poleigamander *m,* Marienkraut *nt*
zamarro [θa'marro] *m* ❶ (*chaqueta*) pelzgefütterte Jacke *f*
  ❷ (*piel*) Schaffell *nt*
  ❸ (*rústico*) Rüpel *m*
  ❹ (*bribón*) Gauner *m*
  ❺ *pl* (*Am: pantalones*) Reiterhosen *fpl*
zamarronear [θamarrone'ar] *vt* (*Arg, Chil, Ecua*) *v.* **zamarrear**
zamba ['θamba] *f* (MÚS) Samba *f*
zambardo [θam'barðo] *m* ❶ (*Arg: en el billar*) Zufallstreffer *m*
  ❷ (*Arg, Chil: torpeza*) Ungeschicklichkeit *f*; (*estropicio*) Schaden *m*
  ❸ (*Chil: individuo torpe*) Tollpatsch *m*
zambate [θam'bate] *m* (*Hond: humita*) Maisgericht *nt*
zambequería [θambeke'ria] *f* (*Cuba*) Dummheit *f,* Blödsinn *m*
Zambeze [θam'beθe] *m* Sambesi *m*

Zambia ['θambja] *f* Sambia *nt*
zambiano, -a [θam'bjano, -a] **I.** *adj* sambisch
  II. *m, f* Sambier(in) *m(f)*
zámbigo, -a ['θambiɣo, -a] *adj o m, f v.* **zambo**
zambiloco [θambi'loko] *m* (*Col*) Brummkreisel *m*
zambo, -a [θambo, -a] **I.** *adj* (*piernas*) X-beinig
  II. *m, f* ❶ (*de piernas*) Person *f* mit X-Beinen
  ❷ (*Am: hijo de negro e india*) Zambo, -a *m, f*
zamboa [θam'boa] *f* (BOT) Bitterorange *f*
zambomba [θam'bomba] **I.** *f* (MÚS) trommelartiges Instrument; **menear la** ~ (*vulg*) sich einen runterholen
  II. *interj* meine Güte
zambombazo [θambom'baθo, -a] *m* (*fam*) ❶ (*porrazo*) Schlag *m*
  ❷ (*explosión*) Knall *m*
zambombo [θam'bombo] *m* (*fam*) Rüpel *m*
zambra ['θambra] *f* ❶ (*bulla*) Trubel *m*
  ❷ (*riña*) Krach *m*, Radau *m*
zambrera [θam'brera] *f* (*Ven*) Ärger *m*, Streit *m*
zambrote [θam'brote] *m* (*AmC*) Mischmasch *m*
zambucar [θambu'kar] <c→qu> *vt* (*fam*) wegstecken
zambullida [θambu'ʎiða] *f* ❶ (*en el agua*) Untertauchen *nt*
  ❷ (*de cabeza*) Kopfsprung *m*; **darse una** ~ einen Kopfsprung machen
zambullir [θambu'ʎir] <3. pret: zambulló> **I.** *vt* eintauchen
  II. *vr:* ~**se** ❶ (*en el agua*) (ein)tauchen (*en* in +*akk*)
  ❷ (*en un asunto*) sich stürzen (*en* in +*akk*)
  ❸ (*ocultarse*) sich verstecken; (*cubrirse*) sich einmummen
zambullo [θam'buʎo] *m* ❶ (*bacín grande*) Nachtstuhl *m*, großer Nachttopf *m*
  ❷ (*reg: comilón*) Vielfraß *m*
  ❸ (*Am: cubo de basura*) Mülleimer *m*
  ❹ (*Am: basura*) Müll *m*
zambullón [θambu'ʎon] *m* (*AmS*) *v.* **zambullida**
zambumbia [θam'bumbja] *f* ❶ (*Hond: instrumento*) Hirtentrommel *f*
  ❷ (*Méx: mezcla*) Mischmasch *m*
zambutir [θambu'tir] *vt* (*Méx: fam*) (hinein)stopfen (*en* in +*akk*)
zamorana [θamo'rana] *f* (DEP) Abschlag *m*
zamorano, -a [θamo'rano, -a] **I.** *adj* aus Zamora
  II. *m, f* Einwohner(in) *m(f)* von Zamora
zampa ['θampa] *f* (Ramm)pfahl *m*
zampabodigos [θampaβo'ðiɣos] *mf inv*, **zampabollos** [θampa'βoʎos] *mf inv* (*fam*) Vielfraß *m*
zampabollos [θampa'βoʎos] *mf inv* (*fam*) Vielfraß *m*
zampalimosnas [θampali'mosnas] *mf inv* (*irón*) Bettler(in) *m(f)*
zampapalo [θampa'palo] *m* (*fam*) Vielfraß *m*
zampar [θam'par] **I.** *vt* ❶ (*ocultar bruscamente*) rasch wegstecken; **zampó el papel de la mesa** er/sie schnappte das Papier auf dem Tisch; **zampó los zapatos nuevos en el barro** er/sie stapfte mit den neuen Schuhen durch den Schlamm
  ❷ (*comer*) verschlingen
  ❸ (*tirar*) (hin)werfen, (hin)schmeißen *fam*
  II. *vr:* ~**se** ❶ (*en un lugar*) plötzlich auftauchen
  ❷ (*comer*) verschlingen
  ❸ (*pey: invitarse*) reinplatzen (*en* in +*akk*)
zampatortas [θampa'tortas] *mf inv* (*fam*) Vielfraß *m*
zampeado [θampe'aðo] *m* (ARQUIT) Pfahldamm *m*
zampear [θampe'ar] *vt* (ARQUIT) verpfählen
zampón, -ona [θam'pon, -ona] **I.** *adj* (*fam*) gefräßig
  II. *m, f* (*fam*) Vielfraß *m*
zampoña [θam'poɲa] *f* (MÚS) Panflöte *f*
zampullín [θampu'ʎin] *m* (ZOOL) Zwergtaucher *m*
zampuzar [θampu'θar] *vt* ❶ (*zambullir*) untertauchen
  ❷ (*zampar*) rasch verbergen
zamuro [θa'muro] *m* (*Ven: buitre*) Geier *m*
zanahoria [θana'orja] *f* Mohrrübe *f*, Karotte *f*, Möhre *f*
zanate [θa'nate] *m* (*Am:* ZOOL) elsterähnlicher Vogel *m*
zanca ['θaŋka] *f* ❶ (*del ave*) Vogelbein *nt*
  ❷ (*fam: del hombre*) langes Bein *nt*
  ❸ (*de escalera*) Seitenwand *f*
zancada [θaŋ'kaða] *f* langer Schritt *m*; **dar** ~**s** große [*o* lange] Schritte machen; **se recorrió la ciudad en dos** ~**s** er/sie besichtigte die Stadt in ein paar Minuten
zancadilla [θaŋka'ðiʎa] *f* Beinstellen *nt*; **poner** [*o* **echar**] **la** [*o* **una**] ~ **a alguien** jdm ein Bein stellen; (*fig*) jdm das Leben schwer machen
zancadillear [θaŋkaðiʎe'ar] *vt* ein Bein stellen; (*fig*) das Leben schwer machen
zancajear [θaŋkaxe'ar] *vi* ❶ (*andar mucho*) herumrennen *fam*
  ❷ (*trabajar mucho*) sich abrackern *fam*
zancajera [θaŋka'xera] *f* (AUTO) Trittbrett *nt*
zancajo [θaŋ'kaxo] *m* ❶ (*calcáneo*) Fersenbein *nt*

❷ (*del pie*) Ferse *f*; (*del zapato*) Absatz *m*
zancajoso, -a [θaŋka'xoso, -a] *adj* ❶ (*de pies torcidos*) krummbeinig, O-beinig
  ❷ (*con agujeros: en calcetines*) mit Löchern im Strumpf; (*en zapatos*) mit Löchern im Schuh
zancarrón [θaŋka'rron] *m* ❶ (*fam: hueso*) abgenagter Knochen *m*
  ❷ (*fam: persona*) magerer, alter Mensch *m*
  ❸ (*fam: profesor*) dilettantischer Lehrer *m*
zancaslargas [θaŋkas'larɣas] *f inv* (ZOOL) Stelzenläufer *m*
zanco ['θaŋko] *m* Stelze *f*; **andar en** ~**s** auf Stelzen gehen, stelzen
zancón, -ona [θaŋ'kon, -ona] *adj* ❶ (*zancudo*) langbeinig
  ❷ (*Col, Guat, Méx: demasiado corto*) zu kurz; **traje** ~ zu kurzer Anzug
zancudas [θaŋ'kuðas] *fpl* Stelzvögel *mpl*
zancudero [θaŋku'ðero] *m* (*AmC, Ant, Méx, Ven*) Moskitoschwarm *m*
zancudo¹ [θaŋ'kuðo] *m* (*Am*) Moskito *m*
zancudo, -a² [θaŋ'kuðo, -a] *adj* langbeinig
zanfonía [θamfo'nia] *f*, **zanfoña** [θam'foɲa] *f* (MÚS) Drehleier *f*, Radleier *f*
zangala [θaŋ'gala] *f* Steifleinen *nt*
zanganada [θaŋga'naða] *f* (*fam*) Frechheit *f*; (*torpeza*) Ungeschicktheit *f*
zangandongo, -a [θaŋgan'doŋgo, -a] *m, f*, **zangandullo, -a** [θaŋgan'duʎo, -a] *m, f* Nichtsnutz *m*, Tölpel *m*
zanganear [θaŋgane'ar] *vi* (*fam*) (herum)faulenzen
zanganería [θaŋgane'ria] *f* (*fam*) Müßiggang *m*, Faulenzerei *f*
zángano [θ'aŋgano] *m* ❶ (*vago, t.* ZOOL) Drohne *f*; **hacer el** ~ (*fam*) auf der faulen Haut liegen
  ❷ (*torpe*) Tollpatsch *m*
zangarrear [θaŋgarre'ar] *vi* (*fam*) ❶ (*tocar la guitarra*) auf der Gitarre herumklimpern
  ❷ (*reg: zamarrear*) anrempeln, schubsen; (*sacudir*) rütteln, schütteln
zangarria [θaŋ'garrja] *f* Brummkreisel *m*
zangarriana [θaŋga'rrjana] *f* ❶ (*abatimiento*) Niedergeschlagenheit *f*
  ❷ (*achaque*) leichte Krankheit *f*
zangolotear [θaŋgolote'ar] **I.** *vi* (*fam*) herumbummeln
  II. *vt* schütteln, rütteln
  III. *vr:* ~**se** (*fam: ventana*) locker [*o* lose] sein
zangoloteo [θaŋgolo'teo] *m* ❶ (*fam: callejeo*) Herumbummeln *nt*
  ❷ (*fam: sacudida*) Schütteln *nt*
  ❸ (*fam: de ventana*) Wackeln *nt*
zangolotino, -a [θaŋgolo'tino, -a] *adj:* **niño** ~ (*fam*) Jugendlicher, der sich für jünger ausgibt, als er ist
zangón [θaŋ'gon] *m* (*fam*) Nichtstuer *m*
zanguanga [θaŋ'gwaŋga] *f* ❶ (*zalamería*) Schmeichelei *f*
  ❷ (*loc*): **hacer la** ~ sich krank stellen
zanguangada [θaŋgwaŋ'gaða] *f* Faulenzerei *f*
zanguango, -a [θaŋ'gwaŋgo, -a] **I.** *adj* (*fam*) faul, träge
  II. *m, f* (*fam*) Faulpelz *m*, Faulenzer(in) *m(f)*
zanja ['θaŋxa] *f* ❶ (*excavación*) Graben *m*
  ❷ (*Am: arroyada*) Flusstal *nt*
zanjar [θaŋ'xar] *vt* ❶ (*abrir zanjas*) Gräben ziehen [*o* ausheben]
  ❷ (*asunto*) lösen, aus der Welt schaffen
  ❸ (*disputa*) beilegen; ~ **un conflicto** eine Meinungsverschiedenheit beilegen
zanjón [θaŋ'xon] *m* ❶ (*zanja*) tiefer Graben *m*
  ❷ (*Am: despeñadero*) Abgrund *m*
zanquilargo, -a [θaŋki'larɣo, -a] *adj* (*fam*) langbeinig
zanquilla [θaŋ'kiʎa] *mf*, **zanquita** [θaŋ'kita] *mf* Person mit kurzen dünnen Beinen
zanquituerto, -a [θaŋki'twerto, -a] *adj* (*fam*) krummbeinig
zanquivano, -a [θaŋki'βano, -a] *adj* (*fam*) storchbeinig
Zanzíbar [θaŋ'θiβar] *m* Sansibar *nt*
zapa ['θapa] *f* ❶ (*pala*) Spaten *m*, Schaufel *f*; **labor de** ~ heimtückisches Vorgehen
  ❷ (MIL: *excavación*) Schanzen *nt*
zapador [θapa'ðor] *m* (MIL: *que cava zanjas*) Sappeur *m*; (*que construye puentes, etc.*) Pionier *m*
zapallada [θapa'ʎaða] *f* ❶ (*Arg: chiripa*) Glück *nt*, glücklicher Zufall *m*
  ❷ (*Col: dicho tonto*) dummes Gerede *nt*
zapallo [θapa'ʎo] *m* ❶ (*Am: calabaza*) Kürbis *m*
  ❷ (*Arg, Chil: chiripa*) Glück *nt*, Schwein *nt fam*
zapallón, -ona [θapa'ʎon, -ona] *adj* (*Am*) dickbäuchig
zapalote [θapa'lote] *m* (*AmC:* AGR) Maiskolben *m* mit verschiedenfarbigen Körnern
zapapico [θapa'piko] *m* (Kreuz)hacke *f*
zapar [θa'par] *vi* ❶ (*cavar*) graben
  ❷ (MIL) schanzen
zaparrada [θapa'rraða] *f* Prankenhieb *m*
zaparrazo [θapa'rraθo] *m* Prankenhieb *m*, Prankenschlag *m*

zapata [θa'pata] *f* Bremsschuh *m*, Bremsklotz *m*
zapatazo [θapa'taθo] *m* Schlag *m* mit einem Schuh; **tratar a alguien a ~s** (*fam*) jdn wie den letzten Dreck behandeln, jdn wie ein Stück Vieh behandeln
zapateado [θapate'aðo] *m* ❶ (*baile*) Zapateado *m*
❷ (*de la vela*) (heftiges) Flackern *nt*
zapatear [θapate'ar] *vt* ❶ (*golpear*) mit einem Schuh schlagen
❷ (*bailando*) mit dem Fuß (auf)stampfen
❸ (*velas*) (heftig) flackern
zapateo [θapa'teo] *m* ❶ (*golpe con zapato*) Schlagen *nt* mit dem Schuh; (*con los pies*) Trampeln *nt*
❷ (*baile*) Stampfen *nt*
zapatería [θapate'ria] *f* ❶ (*tienda*) Schuhgeschäft *nt*
❷ (*fábrica*) Schuhfabrik *f*
❸ (*taller*) Schuhmacherwerkstatt *f*, Schuhmacherei *f*
❹ (*oficio*) Schuhmacherei *f*
zapatero[1] [θapa'tero] *m* Schuhschrank *m*
zapatero, -a[2] [θapa'tero, -a] I. *adj* eingeschrumpft, eingetrocknet
II. *m, f* Schuhmacher(in) *m(f)*, Schuster(in) *m(f)*; **~ a tus zapatos** (*prov*) Schuster bleib bei deinen Leisten
zapateta [θapa'teta] *f* Schlag *m* auf den Schuh beim Springen
zapatiesta [θapa'tjesta] *f* Krach *m*, Radau *m*
zapatilla [θapa'tiʎa] *f* ❶ (*para casa*) Hausschuh *m*, Pantoffel *m*; **~ de baño** Badepantoffel *m*; **dejar a alguien como una ~** (*rusa*) (*fam*) jdn übel zugerichtet liegen lassen
❷ (*de deporte*) Turnschuh *m*; **~s de tenis** Tennisschuhe *mpl*; **~s de clavos** Spikes *mpl*
zapatillazo [θapati'ʎaθo] *m* Schlag *m* mit einem Pantoffel
zapatista [θapa'tista] *mf* (POL: *Méx*) Anhänger(in) *m(f)* der Bewegung Emiliano Zapatas
zapato [θa'pato] *m* ❶ Schuh *m*; **~s con tacones altos** hochhackige Schuhe; **¿dónde te aprieta el ~?** (*fig*) wo drückt dich der Schuh?; **tú no me llegas a la suela del ~** (*fig fam*) du kannst mir nicht das Wasser reichen
❷ (BOT): **~ de Venus** Frauenschuh *m*
zape ['θape] *interj* ❶ (*animal*) psch, husch
❷ (*peligro*) du meine Güte
zapear [θape'ar] *vt* ❶ (*gato*) verscheuchen; (*fam: a alguien*) verscheuchen, verjagen
❷ (TV: *fam*) zappen
zapeo [θa'peo] *m* (TV: *fam*) Zappen *nt*
zapera [θa'pera] *f* (*Ven*) Krach *m*, Zank *m*
zaperoco [θape'roko] *m* (*Ven*) Trubel *m*
zaping ['θapiŋ] *m* (TV) *v.* **zapping**
zaporro, -a [θa'porro, -a] *adj* (*Col, Ven*) zwergwüchsig
zapotazo [θapo'taθo] *m* (*Méx: fam*) dumpfer Ton [*o* Schlag] *m* (*beim Hinfallen*)
zapote [θa'pote] *m* (*AmC, Méx:* BOT) Sapotillbaum *m*
zapoteca [θapo'teka] *mf* (*Méx:* HIST) Ureinwohner(in) *m(f)* Mexikos
zapoyolito [θapoɟo'lito] *m* (*AmC, AmS:* ZOOL) Goldstirnsittich *m*, Tovisittich *m*
zapping ['θapiŋ] *m* (TV) Zappen *nt*, Zapping *nt*
zaque ['θake] *m* ❶ (*odre*) kleiner Weinschlauch *m*
❷ (*fam: borracho*) Säufer *m*
zaquizamí [θakiθa'mi] *m* ❶ (*desván*) Dachboden *m*
❷ (*cuarto*) Bruchbude *f*, Loch *nt*
zar [θar] *m* Zar *m*
zara ['θara] *f* Mais *m*
zarabanda [θara'βanda] *f* ❶ (MÚS) Sarabande *f*
❷ (*jaleo*) Rummel *m*, Trubel *m*
zaragalla [θara'ɣaʎa] *f* (*carbón vegetal*) zerkleinerte Holzkohle *f*
zaragata [θara'ɣata] *f* ❶ (*alboroto*) Aufruhr *m*, Tumult *m*
❷ *pl* (*zalamerías*) schmeichelnde Worte *ntpl*
zaragate [θara'ɣate] *m* (*AmC, Perú, Ven: despreciable*) Spitzbube *m*, Gauner *m*; (*entrometido*) Schnüffler *m*
zaragatear [θaraɣate'ar] *vi* ❶ (*alborotar*) toben, lärmen
❷ (*con zalamerías*) schmeicheln
zaragatero, -a [θaraɣa'tero, -a] *adj* ❶ (*camorrista*) streitsüchtig
❷ (*zalamero*) schmeichlerisch
zar(a)gatona [θar(a)ɣa'tona] *f* (BOT) Wegerich *m*
Zaragoza [θara'ɣoθa] *f* Zaragoza *nt*
zaragozano, -a [θaraɣo'θano, -a] I. *adj* aus Zaragoza
II. *m, f* Einwohner(in) *m(f)* von Zaragoza
zaragüelles [θara'ɣweʎes] *mpl* (*fam*) Pluderhosen *fpl* (*der Bauern*)
zaramagullón [θaramaɣu'ʎon] *m* (ZOOL) Taucher *m*
zarambote [θaram'bote] *m* (*Ven*) Durcheinander *m*
zaramullo [θara'muʎo] *m* (*Perú, Ven*) Schurke *m*
zaranda [θa'randa] *f* Sieb *nt*
zarandajas [θaran'daxas] *fpl* Kleinigkeit *f*, Nichtigkeit *f*; **andar** [*o*

venir] **con ~s** (*fam*) wirres Zeug erzählen
zarandear [θarande'ar] I. *vt* ❶ (*cribar*) sieben
❷ (*sacudir: cosa*) schütteln; (*persona*) anrempeln, schubsen
❸ (*ajetrear*) schikanieren
❹ (*Am: ridiculizar*) bloßstellen
II. *vr:* **~se** ❶ (*ajetrearse*) sich plagen
❷ (*burlarse*) sich lustig machen (*de* über *+akk*)
zarandeo [θaran'deo] *m* ❶ (*cribado*) Sieben *nt*
❷ (*sacudida*) Rütteln *nt*, Schütteln *nt*
zarandillo [θaran'diʎo] *m* ❶ (*criba*) kleines Sieb *nt*
❷ (*niño*) Zappelphilipp *m*
zarandunga [θaran'duŋga] *f* (*RDom*) Gaudi *f o nt*
zarapatel [θarapa'tel] *m* (GASTR) Gericht aus Auberginen, Tomaten, Zucchini und Paprika
zarapito [θara'pito] *m* (ZOOL) Brachvogel *m*
zaratán [θara'tan] *m* (MED) Brustkrebs *m*
zarataniento, -a [θarata'njento, -a] *adj* (*Guat*) räudig
zarate [θa'rate] *f* (*Hond:* MED) Krätze *f*; (*en animales*) Räude *f*
zaratita [θara'tita] *f* (GEO) Nickelsmaragd *m*, Zaratit *m*
zaraza [θa'raθa] *f* ❶ (*tela de algodón*) feiner Kattun *m*
❷ (*And: cobarde*) Memme *f*
❸ *pl* (*veneno*) Gift *nt*; (*para ratas*) Rattengift *nt*
zarbo ['θarβo] *m* (ZOOL) dem Gründling ähnlicher Karpfenfisch
zarceta [θar'θeta] *f* (ZOOL) Krickente *f*
zarcillitos [θarθi'ʎitos] *mpl* (BOT) Zittergras *nt*
zarcillo [θar'θiʎo] *m* ❶ (*pendiente*) Ohrring *m*
❷ (BOT) Ranke *f*
❸ (*almocafre*) (Jät)hacke *f*
zarco, -a ['θarko, -a] *adj* hellblau
zarevitz [θa'reβiðs] *m inv* (HIST) Zarewitsch *m*
zarigüeya [θari'ɣweɟa] *f* (ZOOL) Opossum *nt*
zarina [θa'rina] *f* Zarin *f*
zarismo [θa'rismo] *m sin pl* (POL) Zarismus *m*
zarista [θa'rista] *adj* zaristisch
zarpa ['θarpa] *f* ❶ (*barco*) Auslaufen *nt*
❷ (*del león*) Pranke *f*, Tatze *f*
❸ (*vulg: mano*) Pfote *f*; **echar la ~** (*animal*) mit den Pranken zuschlagen; (*persona*) mit Gewalt zupacken
zarpada [θar'paða] *f v.* **zarpazo**
zarpar [θar'par] *vi* (*barco*) auslaufen
zarpazo [θar'paθo] *m* Prankenhieb *m*, Prankenschlag *m*
zarpe ['θarpe] *m* (*Am: barco*) Auslaufen *nt*
zarpear [θarpe'ar] *vt* (*AmC, Méx: salpicar de barro*) mit Schlamm [*o* Schmutz] bespritzen
zarracatería [θarrakate'ria] *f* Heuchelei *f*, Speichelleckerei *f*
zarracina [θarra'θina] *f* Schneeregen *m*
zarramplín [θarram'plin] *m* ❶ (*hombre chapucero*) Pfuscher *m*, Stümper *m*
❷ (*pelagatos*) armer Teufel *m*
❸ (*entrometido*) Naseweis *m*
zarrapastra [θarra'pastra] *f* (*fam*) Schlammspritzer *m*
zarrapastrón, -ona [θarrapas'tron, -ona] *adj* (*fam*), **zarrapastroso, -a** [θarrapas'troso, -a] *adj* (*fam*) schlampig, dreckig
zarria ['θarrja] *f* Schlammspritzer *m*
zarriento, -a [θa'rrjento, -a] *adj* schmutzig, mit Schmutz bespritzt
zarrioso, -a [θa'rrjoso, -a] *adj* beschmutzt, befleckt
zarza ['θarθa] *f* (BOT) Dornbusch *m*
zarzal [θar'θal] *m* (BOT) Dorngestrüpp *nt*
zarzamora [θarθa'mora] *f* (BOT) Brombeere *f*
zarzaparrilla [θarθapa'rriʎa] *f* (BOT) Sarsaparille *f*
zarzaperruna [θarθape'rruna] *f* (BOT) Heckenrose *f*
zarzarrosa [θarθa'rrosa] *f* (BOT) Blüte *f* der Heckenrose
zarzo ['θarθo] *m* (*cañizo*) Rohrgeflecht *nt*
❷ (*trenzado*) Hürde *f*
zarzón [θar'θon] *m v.* **zarza**
zarzoso, -a [θar'θoso, -a] *adj* dornig, stach(e)lig
zarzuela [θar'θwela] *f* (MÚS) Zarzuela *f*
zarzuelista [θarθwe'lista] *mf* Zarzuelero *m*
zas [θas] *interj* ❶ (*de rapidez*) zack
❷ (*de golpe*) peng
zascandil [θaskan'dil] *m* ❶ (*fam: chismoso*) Klatschmaul *nt*
❷ (*fam: entrometido*) Schnüffler *m*
zascandilear [θaskandile'ar] *vi* ❶ (*fam: chismorrear*) klatschen
❷ (*fam: entrometerse*) herumschnüffeln (*en* in *+dat*)
zascandileo [θaskandi'leo] *m* Schnüffelei *f*
zata(ra) [θata/θa'tara] *f* Floß *nt*
zen [θen] *m* (REL) Zen *nt*
zepelín [θepe'lin] *m* Zeppelin *m*
zeta ['θeta] *f* Z *nt*

zeu(g)ma ['θeu̯(ˠ)ma] m ⟨LING⟩ Zeugma nt
zifio ['θifjo] m ⟨ZOOL⟩ Schnabelwal m, Zweizahnwal m
zigzag [θiɣ'θaɣ] m <zigzagues o zigzags> Zickzack m
zigzagueante [θiɣθaɣe'ante] adj Zickzack-, zickzackförmig; **línea** ~ Zickzacklinie f
zigzaguear [θiɣθaɣe'ar] vi zickzacken
zigzagueo [θiɣθa'ɣeo] m ❶ (acción) Zickzacken nt ❷ (efecto) Zickzack m
Zimbabue [θim'baβwe] m Simbabwe nt
zimbabuo, -a [θim'baβwo, -a] I. adj simbabwisch II. m, f Simbabwer(in) m(f)
zinc [θiŋ] m <cines o zines> Zink nt; **óxido de** ~ Zinkoxid nt; **pomada de** ~ Zinksalbe f
zíngaro, -a ['θiŋgaro, -a] m, f Zigeuner(in) m(f)
zingiberáceas [θiŋxiβe'raθeas] fpl ⟨BOT⟩ Ingwergewächse ntpl
zinguizarra [θiŋgi'θarra] f (Ven) Krach m, Radau m
zinnia ['θinja] f ⟨BOT⟩ Zinnie f
zinwaldita [θinβal'dita] f ⟨GEO⟩ Zinnwaldit m
zíper ['θiper] m (Méx: cremallera) Reißverschluss m
zipizape [θipi'θape] m (fam) ❶ (riña) Radau m ❷ (con golpes) Schlägerei f
zis [θis] interj (fam): ~ **zas** klatsch, klatsch, pitsch, patsch
zoantropía [θoantro'pia] f ⟨PSICO⟩ Zooanthropie f, krankhafte Vorstellung, sich in ein Tier verwandelt zu haben
zoc [θok] m (Méx: ⟨ZOOL⟩) Fledermaus f
zócalo ['θokalo] m ❶ (de casa, pared) Sockel m ❷ (pedestal) Fußgestell nt ❸ (de máquina) Sockel m
zocato, -a [θo'kato, -a] adj ❶ (fam: zurdo) linkshändig ❷ (fruto) schrump(e)lig
zoclo ['θoklo] m Clog m, Holzschuh m
zoco ['θoko] m ❶ (mercado) (arabischer) Marktplatz m ❷ (zócalo) Sockel m ❸ (zueco) Holzschuh m, Clog m
zocolar [θoko'lar] vt (Am: desmalezar) roden
zodiacal [θoðja'kal] adj zodiakal, Tierkreis-; **luz** ~ Zodiakallicht nt, Tierkreislicht nt
zodiaco [θo'ðjako, -a] m, **zodíaco** [θo'ðiako] m Tierkreis m; **signos del** ~ Tierkreiszeichen ntpl, Sternzeichen ntpl
zoidiofilia [θoi̯ðjo'filja] f ⟨BOT⟩ Tierbestäubung f, Zoogamie f
zoísmo [θo'ismo] m Zooismus m
zolcuate [θol'kwate] m (Méx: ⟨ZOOL⟩) eine Giftschlange
zolle ['θoʎe] f (reg) Schweinestall m
zombi ['θombi] m ❶ (muerto) Zombie m ❷ (atontado): **estar** ~ völlig benommen sein; **el boxeador estaba** ~ (fam) dem Boxer wurde schwarz vor Augen
zompo, -a ['θompo, -a] adj ❶ (zopo) verkrüppelt ❷ (torpe) tölpelhaft
zompopo [θom'popo] m (AmC: ⟨ZOOL⟩) Blattschneiderameise f
zona ['θona] f ❶ (general, t. POL) Zone f; (área, terreno) Zone f, Gebiet nt, Bereich m; ~ **catastrófica** Katastrophengebiet nt; ~ **de ensanche** erschlossenes Baugebiet; ~ **de exclusión aérea** (MIL) Flugverbotszone f; ~ **franca** Zollfreigebiet nt; ~ **para (no) fumadores** (Nicht)raucherzone f; ~ **industrial** Industriegebiet nt; ~ **de influencia** Interessensbereich m, Einflusssphäre f; ~ **de libre comercio** Freihandelszone f; ~ **peatonal** Fußgängerzone f; ~ **protegida** Schutzbereich m; ~ **de recreo** Erholungsgebiet nt; ~ **residencial** Wohngebiet nt; ~ **urbana** Stadtgebiet nt; ~ **de urgente reindustrialización** Industrialisierungsgebiet erster Priorität; ~ **verde** Grünfläche f ❷ (GEO) Zone f, Gürtel m; ~ **desértica** Wüstenzone f; ~ **húmeda** Feuchtgebiet nt; ~ **de lluvias** Regengürtel m; ~ **verde** Grünzone f ❸ (METEO) Zone f, Gebiet nt; ~ **de bajas presiones** Tiefdruckgebiet nt ❹ (DEP: baloncesto: área) Freiwurfraum m; (defensa) Raumdeckung f; (falta) Dreisekundenfehler m
zonación [θona'θjon] f Aufteilung f in Zonen
zonal [θo'nal] adj zonal, zonar
zoncear [θonθe'ar] vi (Am) herumalbern, blödeln
zoncera [θon'θera] f (Am), **zoncería** [θonθe'ria] f (tontería) Albernheit f
zoncha ['θontʃa] f (AmC: cabeza) Schädel m
zonchiche [θon'tʃitʃe] m (AmC, Méx: ⟨ZOOL⟩) Geier m
zonda ['θonda] m (Arg, Bol) warmer Andenwind m
zonificación [θonifika'θjon] f v. **zonación**
zonto, -a ['θonto, -a] adj (AmC) gemein
zonzaina [θon'θai̯na] adj (Guat) dumm, einfältig
zonzo, -a ['θonθo, -a] adj ❶ (aburrido) langweilig, fade ❷ (Am: tonto) doof fam
zonzoreco, -a [θonθo'reko, -a] adj (AmC) dumm, doof fam
zonzoreno, -a [θonθo'reno, -a] adj (AmC) langweilig, fade

zoo ['θo(o)] m Zoo m, Tiergarten m
zoobiología [θo(o)βiolo'xia] f ⟨BIOL⟩ Zoobiologie f
zoofagia [θo(o)'faxja] f ⟨ZOOL⟩ Zoophagie f
zoófago, -a [θo(o)'faɣo, -a] adj ⟨ZOOL⟩ fleischfressend, zoophag; **insecto** ~ fleischfressendes Insekt
zoofilia [θo(o)'filja] f übertriebene Tierliebe f
zoófilo, -a [θo(o)'filo, -a] I. adj tierliebend II. m, f Tierfreund(in) m(f)
zoofobia [θo(o)'foβja] f ⟨PSICO⟩ Abscheu m o f vor Tieren, Zoophobie f
zoogeografía [θo(o)xeoɣra'fia] f ⟨ZOOL⟩ Zoogeographie f, Tiergeographie f
zoógrafo, -a [θo(o)'ɣrafo, -a] m, f ⟨ZOOL⟩ Tierbeschreiber(in) m(f)
zoólatra [θo(o)'latra] mf Tieranbeter(in) m(f)
zoolatría [θo(o)la'tria] f Tieranbetung f, Tierkult m
zoolito [θo(o)'lito] m ⟨ZOOL⟩ Zoolith m, Biolith m
zoología [θo(o)lo'xia] f sin pl Zoologie f
zoológico, -a [θo(o)'loxiko, -a] adj zoologisch; **parque** ~ Tiergarten m, zoologischer Garten
zoólogo, -a [θo(o)loɣo, -a] m, f Zoologe, -in m, f
zoom [θum] m ⟨FOTO⟩ Zoom(objektiv) nt; **utilizar el** ~ zoomen
zoomórfico, -a [θo(o)'morfiko, -a] adj zoomorphisch
zoomorfismo [θo(o)mor'fismo] m ⟨ZOOL⟩ Zoomorphismus m
zoomorfo, -a [θo(o)'morfo, -a] adj zoomorph
zoónimo [θo'onimo] m ⟨LING⟩ Tiername m
zoonosis [θo(o)'nosis] f inv ⟨MED⟩ Zoonose f
zooplancton [θo(o)'plaⁿkton] m ⟨ZOOL⟩ Zooplankton nt
zoopsia [θo(o)βsja] f ⟨PSICO⟩ optische Halluzination f in Gestalt von Tieren, Zoopsie f
zoospora [θo(o)s'pora] f ⟨BIOL⟩ Zoospore f
zootaxia [θo(o)'taˠsja] f ⟨ZOOL⟩ Zootaxie f
zootecnia [θo(o)'teɣnja] f Technik f der Tierhaltung und -zucht, Zootechnik f
zooterapia [θo(o)te'rapja] f Tierheilkunde f
zootomía [θo(o)to'mia] f ⟨ZOOL⟩ Tieranatomie f, Zootomie f
zootoxina [θo(o)toˠ'sina] f ⟨ZOOL⟩ Zootoxin nt
zopenco, -a [θo(o)'peŋko, -a] I. adj dumm, doof fam II. m, f Trottel m
zopetero [θope'tero] m Böschung f
zopilote [θopi'lote] m ⟨ZOOL⟩ Geier m
zopo, -a ['θopo, -a] adj verkrüppelt
zoqueta [θo'keta] f Handschutz m der Mäher
zoquete [θo'kete] m ❶ (madera) Holzklotz m ❷ (tarugo) Dummkopf m ❸ (mendrugo) Stück nt Brot; (cantero) (Brot)kanten m
zoquetudo, -a [θoke'tuðo, -a] adj grob, roh; (persona) ungeschliffen, ungehobelt
zorcico [θor'θiko] m ⟨MÚS⟩ baskischer Volkstanz
zorenco, -a [θo'reŋko, -a] adj (AmC) fade, langweilig
zoroástrico, -a [θoro'astriko, -a] adj zoroastrisch
zoroastrismo [θoroas'trismo] m ⟨REL⟩ Zoroastrismus m
zorongo [θo'roŋgo] m ❶ (pañuelo) Kopftuch nt (der aragonesischen Bauern) ❷ (moño del pelo) breiter, platter Haarknoten m ❸ (MÚS) andalusischer Volkstanz
zorra ['θorra] f ❶ ⟨ZOOL⟩ Fuchs m; (hembra) Füchsin f ❷ (astuta) gerissene Frau f ❸ (fam: prostituta) Hure f ❹ (fam: borrachera) Rausch m; **pillar una** ~ sich einen Rausch antrinken ❺ (loc, fam): **no tener ni** ~ (**idea**) keinen blassen Dunst haben
zorral [θo'rral] adj ❶ (AmC, Col: inoportuno) unangebracht ❷ (Ecua: porfiado) mürrisch, starrköpfig
zorrastrón, -ona [θorras'tron, -ona] adj gerissen
zorrear [θorre'ar] vi ❶ (hacerse el zorro) gerissen vorgehen ❷ (Chil, Urug: cazar zorros) auf Fuchsjagd gehen ❸ (mujer: dedicarse a la prostitución) auf den Strich gehen fam ❹ (tratar con prostitutas) mit Prostituierten verkehren
zorrera [θo'rrera] f ❶ (de zorros) Fuchsbau m, Fuchshöhle f ❷ (habitación) miefiger Raum m ❸ (modorra) Schläfrigkeit f
zorrería [θorre'ria] f Schläue f, Gewitztheit f
zorrero, -a [θo'rrero, -a] adj ❶ (persona) schlau, gewitzt ❷ (embarcación) schwerfällig
zorrilla [θo'rriʎa] f ⟨FERRO⟩ Draisine f
zorrillo [θo'rriʎo] m (Am: mofeta) Stinktier nt
zorrino [θo'rrino] m ⟨ZOOL⟩ Stinktier nt
zorro ['θorro] m ❶ ⟨ZOOL⟩ Fuchs m ❷ (piel) Fuchs m, Fuchsfell nt ❸ (fam: astuto) (schlauer) Fuchs m; **ser un** ~ **viejo** ein alter Fuchs sein

zorrón

④ *pl* (*utensilio*) Klopfer *m* aus Lederstreifen
⑤ (*fam: loc*): **hacerse el ~** sich dumm stellen; **estar hecho unos ~s** fix und fertig sein; **poner a alguien hecho unos ~s** jdn herunterkanzeln
zorrón [θo'rron] *m* ① (*ramera*) Hure *f*, Nutte *f*
② (*astuto*) gerissener Mensch *m*, Fuchs *m*
zorronglón, -ona [θorron'glon, -ona] *adj* widerwillig, brummig
zorruno, -a [θo'rruno, -a] *adj* ① (*del zorro*) Fuchs-
② (*parecido al zorro*) fuchsartig
zorrupia [θo'rrupja] *f* (*vulg*) Nutte *f*, Hure *f*
zorzal [θor'θal] *m* ① (ZOOL) Drossel *f*
② (*listo*) schlauer Mensch *m*
③ (*Am: papanatas*) Trottel *m*
zorzalada [θorθa'laða] *f* (*Chil: inocentada*) Dummheit *f*; (*necedad*) Torheit *f*
zorzalear [θoθale'ar] *vt* (*Chil*) ① (*sablear*) schnorren
② (*abusar*) übers Ohr hauen
zoster [θos'ter] *m*, **zóster** ['θoster] *m* (MED) Gürtelrose *f*, Herpes zoster *m*
zotal® [θo'tal] *m* Desinfektionsmittel *nt*
zote ['θote] I. *adj* schwer von Begriff, schwerfällig
II. *mf* Dummkopf *m*
zozobra [θo'θoβra] *f* ① (*de embarcación*) Kentern *nt*
② (*de proyecto*) Scheitern *nt*
③ (*congoja*) Beklemmung *f*
zozobrar [θoθo'brar] I. *vi* ① (*barco: naufragar*) kentern; (*estar en peligro*) in Gefahr geraten zu kentern
② (*empresa, plan*) scheitern
③ (*persona*) sich ängstigen
II. *vt* ① (*barco*) zum Kentern bringen
② (*empresa, plan*) zunichte machen
zozobroso, -a [θoθo'βroso, -a] *adj* unruhig, beklemmt
zuaca ['θwaka] *f* ① (*CRi: broma pesada*) derber Witz *m*; **hacer la ~** (*enamorar*) den Hof machen
② (*Méx: paliza*) Tracht *f* Prügel
zubia ['θuβja] *f* Wasserfang *m*
zueca ['θweka] *f* (*Chil*) *v.* **zueco**
zueco ['θweko] *m* Clog *m*, Holzschuh *m*
zulla ['θuʎa] *f* ① (BOT) Klee *m*
② (*fam: excremento*) Kot *m*
zullarse [θu'ʎarse] *vr* ① (*fam: cagarse*) sein Geschäft verrichten
② (*fam: ventosear*) pupsen
zullón¹ [θu'ʎon] *m* (*fam*) Pup(s) *m*
zullón, -ona² [θu'ʎon, -ona] *adj* (*fam*) pupsend
zulo ['θulo] *m* Waffenlager oder Versteck einer terroristischen Gruppe
zulú¹ [θu'lu] I. *adj* Zulu-
II. *mf* (*persona*) Zulu *mf*
zulú² [θu'lu] *m* (*lengua*) Zulu *nt*
zuma(ca)ya [θuma'kaɟa/θu'maɟa] *f* (ZOOL: *chotacabras*) Ziegenmelker *m*; (*autillo*) Zwergohreule *f*; (*martinete*) Nachtreiher *m*
zumaque [θu'make] *m* (BOT) Sumach *m*
zumba ['θumba] *f* ① (*cencerro*) Kuhglocke *f*
② (*juguete*) Knarre *f*
③ (*burla*) Neckerei *f*
④ (*Am: paliza*) Tracht *f* Prügel
zumbado, -a [θum'baðo, -a] *adj*: **estar ~** (*fam*) spinnen
zumbador¹ [θumba'ðor] *m* (ELEC) Summer *m*
zumbador(a)² [θumba'ðor(a)] *adj* summend, brummend
zumbar [θum'bar] I. *vi* ① (*abejorro, máquina*) summen, brummen; **salir zumbando** (*fam*) davoneilen
② (*oídos*) sausen, dröhnen; **me zumban los oídos** mir dröhnen die Ohren
II. *vt* ① (*golpe, bofetada*) versetzen
② (*Am: arrojar*) (weg)schmeißen *fam*; (*expulsar*) (raus)schmeißen *fam*
③ (*guasear*) necken
III. *vr*: **~se** sich lustig machen (*de* über +*akk*)
zumbel [θum'bel] *m* ① (*cuerda*) Kreiselschnur *f*
② (*fam: expresión*) finstere Miene *f*
zumbido [θum'biðo] *m* ① (*de abejorro, máquina*) Summen *nt*, Brummen *nt*; **~ de los oídos** Ohrensausen *nt*
② (*fam: golpe*) Schlag *m*; **dar un ~ en la cara** ins Gesicht schlagen
zumbón, -ona [θum'bon, -ona] *m, f* (*fam*) Spaßvogel *m*, Witzbold *m*
zumo ['θumo] *m* ① (*de frutas*) Saft *m*; **~ de cepas** [*o* **parras**] (*fam*) Wein *m*
② (*fig: utilidad*) Nutzen *m*; **sacar ~ de algo** Nutzen aus etw ziehen
zunchar [θun'tʃar] *vt* (*reforzar con zunchos*) klammern

zuncho ['θuntʃo] *m* Zwinge *f*, Klammer *f*
zungo, -a ['θuŋgo, -a] *m, f* (*Col: persona de raza negra*) Schwarze(r) *mf*
zunteco [θuṇ'teko] *m* (*Hond:* ZOOL) schwarze Wespe *f*
zunzún [θuṇ'θun] *m* (*Cuba:* ZOOL) Kolibri *m*
zupay [θu'paɪ] *m* (*Am: demonio*) Teufel *m*
zupia ['θupja] *f* ① (*del vino*) Bodensatz *m*
② (*vino*) trüber Wein *m*
③ (*líquido*) Gesöff *nt pey*
④ (*cosa*) Mist *m*
⑤ (*persona*) Abschaum *m*
zuque ['θuke] *m* ① (*Col: golpe*) Schlag *m*
② (*Méx: fam*): **estar ~** pleite sein
ZUR [θur] *f* (ECON) *abr de* **Zona de Urgente Reindustrialización** Industrialisierungsgebiet *nt* erster Priorität
zural [θu'ral] *m* (*Col*) Flusssystem *nt*
zurcido [θur'θiðo] *m* ① (*acción*) Stopfen *nt*
② (*cosido*) gestopfte Stelle *f*
zurcir [θur'θir] <c→z> *vt* ① (*agujero*) stopfen; (*siete*) zunähen
② (*unir*) fein verbinden; (*mentiras*) einstreuen (*en* in +*akk*)
③ (*fam: loc*): **¡que te zurzan!** du kannst mich mal!
zurda ['θurða] *f* linke Hand *f*; **hacer algo a ~s** etw mit der linken Hand machen
zurdazo [θur'ðaθo] *m* ① (*chute*) Schuss *m* mit dem linken Fuß
② (*tiro*) Wurf *m* mit dem linken Arm
zurdear [θurðe'ar] *vi* (*Arg, Col, Méx, Nic*) mit der linken Hand tun (*was man gewöhnlich mit der rechten tut*)
zurdo, -a ['θurðo, -a] I. *adj* linkshändig
II. *m, f* Linkshänder(in) *m(f)*
zurear [θure'ar] *vi* girren, gurren
zureo [θu'reo] *m* Girren *nt*, Gurren *nt*
zurito [θu'rito] *m* Wildtaube *f*
zuro ['θuro] *m* entkörnter Maiskolben *m*
zurra [θu'rra] *f* ① (*de la piel*) Gerben *nt*
② (*paliza*) Tracht *f* Prügel; **dar una ~ a alguien** jdn verprügeln
zurracapote [θurraka'pote] *m* (GASTR) spanisches Volksgetränk mit Wein als Grundlage
zurradera [θurra'ðera] *f* Gerberhobel *m*
zurrado [θu'rraðo] *m* (*fam*) Handschuh *m*
zurrador(a) [θurra'ðor(a)] *m(f)* Gerber(in) *m(f)*
zurrapa [θu'rrapa] *f* ① (*poso*) Bodensatz *m*
② (*fam: cosa*) Abscheulichkeit *f*; (*persona*) verachtenswerter Mensch *m*
zurraposo, -a [θurra'poso, -a] *adj* trübe, schlammig
zurrar [θu'rrar] *vt* ① (*pieles*) gerben
② (*fam: apalizar*) versohlen
③ (*fam: criticar*) heruntermachen
zurria [θu'rrja] *f* ① (*AmC, Col: azotaina*) Tracht *f* Prügel
② (*Col: multitud*) Menge *f*
zurriaga [θu'rrjaɣa] *f v.* **zurriago**
zurriagar [θurrja'ɣar] <g→gu> *vt* auspeitschen
zurriagazo [θurrja'ɣaθo] *m* ① (*latigazo*) Peitschenhieb *m*
② (*desgracia*) Unglück *nt*; (*revés*) Rückschlag *m*
③ (*desdén*) Verachtung *f*
zurriago [θu'rrjaɣo] *m* ① (*látigo*) Peitsche *f*
② (*de peonza*) Kreiselpeitsche *f*
zurribanda [θurri'βanda] *f* ① (*fam: tunda*) Tracht *f* Prügel
② (*fam: riña*) Streiterei *f*
zurriburri [θurri'βurri] *m* ① (*pey: de gente*) Gesindel *nt*
② (*jaleo*) Trubel *m*
zurrido [θu'rriðo] *m* Brummen *nt*, Summen *nt*
zurrión [θu'rrjon] *m* (*reg:* ZOOL) Hummel *f*
zurrir [θu'rrir] *vi* brummen, summen
zurrón [θu'rron] *m* ① (*de pastor*) Hirtentasche *f*
② (ANAT) Fruchtwasserhaut *f*
zurrona [θu'rrona] *f* (*fam*) Schlampe *f*, Luder *nt*
zurronero [θurro'nero] *m* Wilderer *m*
zurrumbanco, -a [θurrum'banko, -a] *adj* (*CRi, Méx*) beschwipst, (vom Alkohol) benebelt
zurubio [θu'ruβjo] *m* (*reg*) Panik *f*, panische Angst *f*
zurullo [θu'ruʎo] *m* ① (*fam: grumo*) Klumpen *m*
② (*fam: excremento*) Haufen *m*
zurupeto [θuru'peto] *m* (*fam*) Winkelmakler(in) *m(f)*
zutano, -a [θu'tano, -a] *m, f*: **fulano y ~** Hinz und Kunz; **fulano y ~ se han casado** der und die Soundso haben geheiratet

Anhang I

Apéndice I

Inhaltsverzeichnis

Spanisch Aktiv

I.	**Telefonieren**	**821**
1.	Einen Anruf tätigen	821
1.1.	Telefonnummern aussprechen	821
1.2.	Ans Telefon gehen	821
1.3.	Nach jemandem fragen	821
1.4.	Jemand ist nicht erreichbar	821
1.5.	Eine Nachricht hinterlassen	822
1.6.	Jemanden erreichen	822
1.7.	Schwierigkeiten mit der Kommunikation	822
1.8.	Eine Nachricht auf Band	823
1.9.	Auf Band sprechen	823
1.10.	Das Gespräch beenden	823
2.	Telefonische Reisevorbereitungen	823
2.1.	Einen Termin vereinbaren	823
2.2.	Einen Termin verschieben	824
2.3.	Einen Besuch bestätigen	824
2.4.	Einen Flug buchen	824
2.5.	Ein Hotelzimmer reservieren	824
2.6.	Autovermietung	825
2.7.	Einen Messestand reservieren	825
II.	**Formulierungshilfen für die Geschäftskorrespondenz**	**825**
1.	Einladungen	825
1.1.	Formelle Einladungen aussprechen	825
1.2.	Private Einladungen aussprechen	826
1.3.	Formelle Antworten	826
1.4.	Informelle Antworten	826
2.	Informationen einholen	826
2.1.	Auf erste Kontakte Bezug nehmen	826
2.2.	Interesse an etwas Bestimmtes äußern	827
2.3.	Einen potenziellen Markt aufzeigen	827
2.4.	Unterlagen anfordern	827
2.5.	Auskünfte einholen	827
2.6.	Fracht- und Versicherungskosten einholen	827
2.7.	Ein Angebot einholen	827
2.8.	Ein Angebot ablehnen	828
2.9.	Um eine Antwort bitten	828
2.10.	Schlussformeln	828
2.11.	Informationen erteilen	828
3.	Auftragserteilung	829
3.1.	Eine Bestellung aufgeben	829
3.2.	Den Liefertermin genau nennen	829
3.3.	Um eine Auftragsbestätigung bitten	829
3.4.	Einen Auftrag bestätigen	829

Índice

Español Activo

I.	**Llamar por teléfono**	**821**
1.	Realizar una llamada telefónica	821
1.1.	Decir el número de teléfono	821
1.2.	Contestar al teléfono	821
1.3.	Preguntar por alguien	821
1.4.	Alguien no está localizable	821
1.5.	Dejar un recado	822
1.6.	Contactar con alguien	822
1.7.	Dificultades en la comunicación	822
1.8.	Un mensaje grabado	823
1.9.	Dejar un mensaje en el contestador	823
1.10.	Concluir una conversación	823
2.	Hacer preparativos de viaje por teléfono	823
2.1.	Concertar una cita	823
2.2.	Aplazar una cita	824
2.3.	Confirmar una visita	824
2.4.	Reservar un vuelo	824
2.5.	Reservar una habitación	824
2.6.	Alquilar un coche	825
2.7.	Reservar un stand de feria	825
II.	**Expresiones para la redacción de correspondencia comercial**	**825**
1.	Invitaciones	825
1.1.	Hacer invitaciones formales	825
1.2.	Hacer invitaciones privadas	826
1.3.	Respuestas formales	826
1.4.	Respuestas informales	826
2.	Pedir información	826
2.1.	Hacer referencia a los primeros contactos	826
2.2.	Expresar interés en algo determinado	827
2.3.	Evidenciar un mercado potencial	827
2.4.	Pedir documentación	827
2.5.	Pedir información	827
2.6.	Pedir información sobre los gastos de transporte y los seguros correspondientes	827
2.7.	Pedir una oferta	827
2.8.	Rechazar una oferta	828
2.9.	Pedir una respuesta	828
2.10.	Fórmulas de despedida	828
2.11.	Dar información	828
3.	Otorgamiento de un pedido	829
3.1.	Hacer un pedido	829
3.2.	Indicar la fecha de entrega exacta	829
3.3.	Pedir una confirmación de un pedido	829
3.4.	Confirmar un pedido	829

3.5.	Einen Liefertermin bestätigen	829		3.5.	Confirmar una fecha de entrega	829
3.6.	Eine Verzögerung ankündigen	830		3.6.	Anunciar un retraso	830
3.7.	Schwierigkeiten einräumen	830		3.7.	Admitir problemas	830
3.8.	Eine Bestellung abändern oder stornieren	830		3.8.	Modificar o cancelar un pedido	830
3.9.	Einen Ersatz anbieten	830		3.9.	Ofrecer una alternativa	830
3.10.	Den Versand einer Bestellung bestätigen	830		3.10.	Confirmar el envío de un pedido	830
3.11.	Den Erhalt einer Sendung bestätigen	831		3.11.	Confirmar la recepción de un envío	831
4.	**Mängel und Reklamationen**	**831**		**4.**	**Mercancía defectuosa y reclamaciones**	**831**
4.1.	Wegen einer Lieferverzögerung reklamieren	831		4.1.	Reclamar a causa de un retraso en la entrega	831
4.2.	Schäden nach Auslieferung der Ware melden	831		4.2.	Notificar defectos tras la entrega de la mercancía	831
4.3.	Auf einen Fehler bei der Zusammenstellung des Auftrages hinweisen	832		4.3.	Hacer referencia a un error en la ejecución del pedido	832
4.4.	Eine zweite Reklamation/Beschwerde formulieren	832		4.4.	Formular una segunda reclamación/queja	832
4.5.	Eine Rechnung zurückweisen	833		4.5.	Rechazar una factura	833
4.6.	Den Erhalt einer Reklamation bestätigen	833		4.6.	Acuse de recibo de una reclamación	833
4.7.	Lieferverzögerungen erklären	833		4.7.	Justificar el retraso de una entrega	833
4.8.	Fehler einräumen	834		4.8.	Admitir errores	834
4.9.	Maßnahmen ankündigen	834		4.9.	Anunciar toma de medidas	834
5.	**Zahlungserinnerungen**	**834**		**5.**	**Recordatorio de pago**	**834**
5.1.	Sich auf eine Rechnung beziehen	834		5.1.	Referirse a una factura	834
5.2.	Eine Zahlungserinnerung schicken	834		5.2.	Enviar un recordatorio de pago	834
5.3.	Eine zweite Mahnung schicken	835		5.3.	Enviar un segundo aviso	835
5.4.	Eine letzte Mahnung schicken	835		5.4.	Enviar un último aviso	835
5.5.	Antwort auf ein Mahnschreiben	836		5.5.	Respuesta a una carta de aviso	836
6.	**Stellenangebote und Bewerbungen**	**836**		**6.**	**Ofertas de empleo y solicitudes**	**836**
6.1.	Sich auf eine Annonce beziehen	836		6.1.	Referirse a un anuncio	836
6.2.	Sich für eine Stelle bewerben	836		6.2.	Solicitar un puesto de trabajo	836
6.3.	Blindbewerbungen	836		6.3.	Autocandidaturas	836
6.4.	Über sich und seine berufliche Erfahrung sprechen	836		6.4.	Hablar de uno mismo y de su experiencia profesional	836
6.5.	Lebenslauf	837		6.5.	Currículum vitae	837
6.6.	Auf seinen Lebenslauf verweisen	837		6.6.	Hacer referencia al currículum vitae	837
6.7.	Schlussformulierungen	837		6.7.	Fórmulas de despedida	837
7.	**Bewerbungen beantworten**	**838**		**7.**	**Responder a una solicitud**	**838**
7.1.	Eine Bewerbung annehmen	838		7.1.	Aceptar una solicitud	838
7.2.	Eine Bewerbung ablehnen	838		7.2.	Rechazar una solicitud	838
8.	**Die Anrede**	**838**		**8.**	**El encabezamiento**	**838**
9.	**Die Grußformel**	**839**		**9.**	**Fórmulas de despedida**	**839**
9.1.	Privat	839		9.1.	Privado	839
9.2.	Freundlich und für kurze Briefe	839		9.2.	Amable y en cartas breves	839
9.3.	Formell, aber freundlich	839		9.3.	Formal, pero amable	839
9.4.	Sehr respektvoll	839		9.4.	Muy respetuoso	839
III.	**E-Mail- und Internetadressen angeben**	**839**		**III.**	**Dar la dirección de correo electrónico o de internet**	**839**

Geschäftskorrespondenz

Angebotsanfrage		840
Antwortschreiben auf eine Anfrage		842
Antwortschreiben		844
Auftragserteilung		846
Auftragsbestätigung		848

Correspondencia comercial

Solicitud de oferta		841
Respuesta a una solicitud de oferta		843
Respuesta		845
Otorgamiento de pedido		847
Confirmación de pedido		849

Alternatives Angebot	850	Oferta alternativa	851
Versandanzeige	852	Aviso de envío	853
Qualitätsbestätigung	854	Confirmación en materia de calidad	855
Vertrauliche Anfrage	856	Solicitud de información confidencial	857
Beschwerde: Lieferzeit	858	Reclamación: plazo de envío	859
Mahnung: Lieferung	860	Aviso: envío	861
Mahnung: Zahlung	862	Aviso: abono	863
Kontoausgleich	864	Saldo de cuenta	865
Verlängerung der Abdruckgenehmigung	866	Renovación del permiso de reproducción	867
Bitte um Zahlungsaufschub	868	Solicitud de moratoria	869
Ablehnung eines Rabatts	870	Denegación de descuento	871
Mängelrüge	872	Reclamación por mercancía defectuosa	873
Antwortschreiben auf eine Reklamation	874	Respuesta a una reclamación	875
Bewerbung als Sekretärin mit Lebenslauf	876	Solicitud de puesto para secretaria con currículum vitae	878
Bewerbung als Fremdsprachensekretärin mit Lebenslauf	880	Solicitud de trabajo como secretaria con idiomas con currículum vitae	882
Glückwünsche zum Geburtstag	884	Felicitación de cumpleaños	885
Glückwünsche zur Geschäftseröffnung	886	Felicitación por la inauguración de un negocio	887
Glückwünsche zur Hochzeit	888	Felicitación de boda	889
Beileidsschreiben	890	Tarjeta de pésame	891

Spanisch Aktiv

Español Activo

I. Telefonieren

I. Llamar por teléfono

1. Einen Anruf tätigen

1. Realizar una llamada telefónica

1.1. Telefonnummern aussprechen

1.1. Decir el número de teléfono

Zahlen werden in der Regel einzeln ausgesprochen: 312964 = drei eins zwei neun sechs vier	Los números suelen decirse por separado: 312964 = tres uno dos nueve seis cuatro

1.2. Ans Telefon gehen

1.2. Contestar al teléfono

Schmidt GmbH, Vertrieb, Sarah Meyer am Apparat.	Schmidt GmbH, departamento de ventas, Sarah Meyer al habla.
Guten Tag, hier ist Firma Mayer International, Stuttgart, mein Name ist Huber.	Buenos días, empresa Mayer Internacional, Stuttgart, Huber al aparato.
Meyer, guten Morgen, wie kann ich Ihnen helfen?	Meyer, buenos días, ¿en qué puedo ayudarle?
Viele Firmen setzen automatische Anrufbeantworter und Telefonverbindungssysteme ein:	Muchas empresas emplean contestadores automáticos y sistemas de conexión telefónica:
Hier ist ... . Unsere Leitungen sind zur Zeit alle besetzt. Sie werden aber sogleich bedient. Bitte warten Sie.	Éste es el contestador automático de.... En este momento todas nuestras líneas están ocupadas. Enseguida atenderemos su llamada. Por favor, permanezca a la escucha.
Wählen Sie eine Eins für die Buchhaltung, eine Zwei für den Kundenservice.	Marque un uno para el departamento de contabilidad, un dos para el departamento de atención al cliente.
Private Anschlüsse melden sich in Spanien häufig auch einfach mit:	En España, los abonados privados responden por lo general sólo con:
Hallo?	¿Sí?, ¿Dígame?, ¿Diga? (Am: ¡Aló!, ¡Olá!)

1.3. Nach jemandem fragen

1.3. Preguntar por alguien

Spreche ich mit Herrn/Frau ...?	¿El Sr./La Sra....?
Entschuldigen Sie bitte. Ich muss mich verwählt haben.	Disculpe, me debo haber equivocado.
Macht nichts.	No pasa nada.
Ich würde gern Herrn/Frau ... sprechen.	Desearía hablar con el Sr./la Sra....
Könnten Sie mich mit Herrn/Frau ... verbinden?	¿Me podría poner con el Sr./la Sra....?
Wer ist am Apparat?	¿De parte de quién?
Mein Name ist ... von der Firma ...	Mi nombre es..., llamo de la empresa...
Es tut mir Leid, da bin ich nicht zuständig.	Lo siento, pero de eso no me encargo yo.
Ansprechpartner für ... ist eigentlich Herr/Frau ...	La persona a contactar para... es en realidad el Sr./la Sra....
Einen Augenblick, bitte.	Un momento, por favor.
Bleiben Sie bitte am Apparat.	No cuelgue, espere un momento, por favor.
Soll ich Sie durchstellen?	¿Quiere que le pase?
Ich versuche, Sie zu verbinden.	Un momento, ahora le paso.
Einen Moment, bitte. Ich verbinde Sie.	Un momento, por favor, le paso.
Sie hat die Durchwahl 1129.	Tiene la extensión 1129.

1.4. Jemand ist nicht erreichbar

1.4. Alguien no está localizable

Es meldet sich niemand.	No contestan.
Es ist leider besetzt. Möchten Sie warten?	Lo siento, pero está comunicando. ¿Desea esperar?

Vielen Dank, aber ich melde mich wieder.	Muchas gracias, ya volveré a llamar.
Wann kann ich ihn/sie am besten erreichen?	¿Cuándo cree que puedo hablar con él/ella?
Er spricht gerade.	En este momento está hablando por la otra línea.
Sie ist in einer Besprechung/zu Tisch/im Urlaub/krank/auf Geschäftsreise.	Está reunida./Ha salido a comer./Está de vacaciones/enferma/de viaje de negocios.
Er ist heute nicht im Hause/im Augenblick nicht da.	Hoy no está en la empresa./En este momento no está.
Kann ich Ihnen weiterhelfen?	¿Le puedo ayudar en algo?
Sie bittet um Rückruf.	¿Le puede llamar más tarde ?
Können wir Sie zurückrufen?	¿Le podemos llamar más tarde?
Ich probiere es später noch einmal.	Volveré a llamar más tarde.

1.5. Eine Nachricht hinterlassen / 1.5. Dejar un recado

Möchten Sie eine Nachricht hinterlassen?	¿Desea dejar algún mensaje?
Könnten Sie ihm/ihr bitte etwas ausrichten?	¿Le importaría darle un recado?
Er/Sie möchte mich bitte zurückrufen.	¿Podría decirle que me llame cuando llegue?
Wie lautet Ihre Nummer, bitte?	¿Cuál es su número de teléfono, por favor?
Das ist 695770, Vorwahl 0151.	Es el 695770, con el prefijo 0151.
Ich wiederhole.	Repito.
Ich werde es ausrichten.	Se lo diré.
Ich lege ihm die Nachricht auf den Schreibtisch.	Le dejaré una nota en la mesa.

1.6. Jemanden erreichen / 1.6. Contactar con alguien

Am Apparat.	Yo mismo.
Ich sollte Sie wegen ... zurückrufen.	Recibí su mensaje y llamo por...
Vielen Dank für Ihren Anruf/Rückruf.	Gracias por llamar.
Was kann ich für Sie tun?	¿En qué puedo ayudarle?
Es geht um ...	Se trata de...

1.7. Schwierigkeiten mit der Kommunikation / 1.7. Dificultades en la comunicación

Ich habe Ihren Namen leider nicht verstanden.	Lo siento, pero no he entendido su nombre.
Würden Sie das bitte wiederholen?	¿Podría repetirlo, por favor?
Das habe ich akustisch nicht verstanden.	No lo he entendido acústicamente.
Könnten Sie bitte etwas lauter sprechen?	¿Podría hablar más alto, por favor?
Könnten Sie bitte etwas langsamer sprechen?	¿Podría hablar más despacio, por favor?
Könnten Sie das bitte buchstabieren?	¿Podría Ud. deletrearlo, por favor?
Mein Spanisch ist leider nicht so gut.	Desgraciadamente no hablo muy bien español.
Und von wo rufen Sie an?	¿Y de dónde/de parte de quién llama?
Die Verbindung ist sehr schlecht. Könnten Sie bitte neu wählen?	Hay problemas en la línea telefónica. ¿Podría llamar de nuevo?
Wir sind unterbrochen worden.	Se ha cortado.
Kein Anschluss unter dieser Nummer.	Telefónica le informa de que actualmente no existe ninguna línea con esta numeración.
Ich habe mich verwählt – entschuldigen Sie bitte die Störung.	Disculpe la molestia, me he equivocado de número.

1.8. Eine Nachricht auf Band / 1.8. Un mensaje grabado

Dieser Anschluss ist zur Zeit leider nicht besetzt. Bitte hinterlassen Sie Ihren Namen und Ihre Telefonnummer. Wir rufen Sie dann umgehend zurück. Bitte sprechen Sie nach dem Signalton.	En este momento no podemos atender su llamada. Si lo desea puede dejar su nombre y su número de teléfono y le llamaremos en cuanto nos sea posible. Por favor, hable después de la señal.

1.9. Auf Band sprechen / 1.9. Dejar un mensaje en el contestador

Hier spricht ..., meine Telefonnummer ist 01721–950038.	Soy..., mi número de teléfono es el 01721–950038.
Würden Sie mich bitte so bald wie möglich/im Laufe des Tages zurückrufen?	¿Podría Ud. llamarme tan pronto como le sea posible/en cualquier momento del día?
Es ist dringend/nicht dringend.	Es urgente./No es urgente.

1.10. Das Gespräch beenden / 1.10. Concluir una conversación

Ich bin gerade in einer Besprechung.	Estoy reunido en este momento.
Ich habe gleich einen Termin.	Ahora mismo tengo una cita.
Darf ich Sie zurückrufen?	¿Le puedo llamar más tarde?
Ich rufe Sie später/morgen nochmal an.	Le llamaré después/mañana de nuevo.
Ich überprüfe das und rufe Sie dann zurück.	Lo consulto y le vuelvo a llamar.
Also, das wär's dann.	Bueno, esto es todo.
Danke für die Auskunft/für Ihre Hilfe.	Gracias por la información/por su ayuda.
Danke für den Anruf.	Gracias por la llamada.
Auf Wiederhören./Tschüs.	Hasta luego./Adiós.

2. Telefonische Reisevorbereitungen / 2. Hacer preparativos de viaje por teléfono

2.1. Einen Termin vereinbaren / 2.1. Concertar una cita

Ich möchte einen Termin mit Herrn/Frau ... vereinbaren.	Quisiera concertar una cita con el Sr./la Sra....
Darf ich fragen, worum es geht?	¿Puedo saber de qué se trata?
Wann würde es Ihnen passen?	¿Cuándo le iría bien?
Wie wäre es mit Kalenderwoche 28?	¿Qué le parecería la segunda semana de julio?
Ich könnte am kommenden Freitag.	Me iría bien el próximo viernes.
Und um wie viel Uhr?	¿Y a qué hora?
Sagen wir um 10 Uhr?	¿Qué tal a las 10?
Könnten wir uns nach dem Mittagessen treffen?	¿Podríamos encontrarnos después del almuerzo?
Ich muss gerade einmal in meinem Kalender nachsehen.	Tengo que consultar mi agenda.
Das ginge in Ordnung.	Sí, no hay problema.
Wollen wir uns hier treffen?	¿Nos encontramos aquí?
Kennen Sie sich hier aus?	¿Conoce esta zona?
Ich schicke Ihnen einen Plan.	Le envío un plano.
Dann treffen/sehen wir uns also am 14.	Entonces nos encontramos/vemos el día 14.
Also, dann bis Freitag.	Bueno, entonces, hasta el viernes.

2.2. Einen Termin verschieben | 2.2. Aplazar una cita

2.2. Einen Termin verschieben	2.2. Aplazar una cita
Wegen unseres Termins ...	Respecto a nuestra cita...
Leider kann ich nun doch den Freitag nicht einhalten.	Lo siento, pero no puedo venir el viernes.
Könnten wir das ändern?	¿Podríamos acordar otra fecha?
Könnten wir das auf Montag vorziehen?	¿Podríamos adelantar la cita al lunes?
Leider bin ich dann außer Haus/im Urlaub.	Lo siento, pero en esa fecha no estoy en la empresa/estoy de vacaciones.
Leider habe ich zu der Zeit schon einen anderen Termin.	Lo siento, pero en esa fecha tengo otra cita concertada.

2.3. Einen Besuch bestätigen | 2.3. Confirmar una visita

2.3. Einen Besuch bestätigen	2.3. Confirmar una visita
Ich rufe an, um meinen Besuch am ... zu bestätigen.	Llamo para confirmar mi visita del día...
Wie komme ich am besten vom Flughafen zu Ihnen?	¿Cuál es el mejor camino para llegar del aeropuerto a su empresa?
Sie nehmen am besten ein Taxi.	Lo mejor es que coja (*Am:* tome) un taxi.
Wir holen Sie ab.	Le iremos a recoger.
Sollen wir für Sie ein Zimmer reservieren?	¿Quiere/Desea que le reservemos una habitación?
Wie lange werden Sie bleiben?	¿Cuánto tiempo se quedará?
Wir haben für Sie ein Zimmer im Hotel ... reserviert.	Le hemos reservado una habitación en el hotel...
Herr/Frau ... wird Sie um 8.30 Uhr vom Hotel abholen.	El Sr./La Sra.... le recogerá en el hotel a las 8.30.

2.4. Einen Flug buchen | 2.4. Reservar un vuelo

2.4. Einen Flug buchen	2.4. Reservar un vuelo
Ich möchte gerne einen Flug nach ... buchen.	Quisiera reservar plaza en un vuelo a...
Und für wann?	¿Para cuándo?
Hin am 28.6. und zurück am 3.7.	Ida el 28 de junio y vuelta el 3 de julio.
Erste Klasse, Businessclass oder Economy?	¿Clase preferente, business o económica?
Einfach oder hin und zurück?	¿Sólo ida o ida y vuelta?
Ich habe Ihnen einen Platz in der Maschine um 10.25 Uhr am 28.6. gebucht.	Le he reservado una plaza en el avión de las 10.25 para el día 28 de junio.
Wie ist die Flugnummer?	¿Qué número de vuelo es?
Abflugzeit/Ankunftszeit	Hora de salida/Hora de llegada
Ist das Ortszeit?	¿Es hora local?
Ist es dort früher oder später als bei uns?	¿Es allí más temprano o más tarde que aquí?

2.5. Ein Hotelzimmer reservieren | 2.5. Reservar una habitación

2.5. Ein Hotelzimmer reservieren	2.5. Reservar una habitación
Ich möchte gern ein Zimmer reservieren.	Quisiera reservar una habitación.
Für zwei Nächte, und zwar für den dritten und vierten April.	Para dos noches, para el tres y el cuatro de abril.
Einzel- oder Doppelzimmer? Mit Bad oder Dusche?	¿Habitación individual o doble?, ¿con baño completo o ducha?
Haben Sie auch Nichtraucherzimmer?	¿Tienen también habitaciones para no fumadores?
Übernachtung mit Frühstück.	Alojamiento en régimen de habitación y desayuno.
Was ist der Preis pro Nacht?/Was ist der Übernachtungspreis?	¿Cuál es el precio por noche?/¿Cuánto cuesta dormir una noche?
Hochsaison/Vorsaison/Sonderpreis	Temporada alta/Temporada baja/Precio especial
Ist das mit Frühstück?	¿Incluye el desayuno?

Ich komme ziemlich spät an.	Llegaré bastante tarde.
Können Sie bitte das Zimmer für mich freihalten?	¿Pueden guardarme la habitación?
Leider muss ich meine Reservierung verschieben/rückgängig machen.	Lo siento, pero tengo que cambiar/anular mi reserva.
Ich komme einen Tag früher/später an.	Llegaré un día más pronto/más tarde.
Würden Sie das bitte per Fax bestätigen?	¿Podría confirmar la reserva por fax?

2.6. Autovermietung / 2.6. Alquilar un coche

Ich möchte ein Auto mieten.	Quisiera alquilar un coche.
Welchen Fahrzeugtyp/Welche Preisklasse hätten Sie denn gern?	¿Qué tipo de vehículo desea?/¿Qué categoría desea?
Was kostet das pro Tag/Woche?	¿Cuánto cuesta la tarifa diaria/semanal?
Sondertarif/Wochenpauschale	Tarifa especial/Tarifa semanal
unbegrenzte Kilometerzahl	Número de kilómetros ilimitado
Was deckt die Versicherung ab?	¿Qué cubre el seguro?
Haftpflicht/Vollkasko	Seguro de responsabilidad civil/Seguro a todo riesgo
Sie benötigen einen internationalen Führerschein.	Necesita un permiso de conducir internacional.

2.7. Einen Messestand reservieren / 2.7. Reservar un stand de feria

Wir möchten einen Stand für die ... Messe reservieren.	Nos gustaría reservar un stand para la feria (de)...
Wann ist Anmeldeschluss?	¿Cuándo finaliza el plazo de inscripción?
Würden Sie uns bitte ein Anmeldeformular per Fax schicken?	¿Nos podría enviar un impreso de inscripción por fax?
Wir brauchen einen Stand mit einer Fläche von ungefähr ...Quadratmetern.	Necesitamos un stand que tenga una superficie de aproximadamente... metros cuadrados.
Ab wann steht er uns zur Verfügung?	¿A partir de cuándo está el stand a nuestra disposición?
Ich nehme an, dass ein Computeranschluss dabei ist.	Supongo que hay también conexión para un ordenador.
Wir werden unser eigenes Mobiliar mitbringen.	Llevaremos nuestro mobiliario.
Könnten Sie uns bei der Zollabfertigung helfen?	¿Nos podrían ayudar con los trámites aduaneros?
Organisieren Sie auch Dolmetscher(innen)/Hostessen?	¿Nos pueden facilitar también intérpretes/azafatas?
Können Sie uns mit Erfrischungen versorgen?	¿Nos pueden suministrar refrescos?

II. Formulierungshilfen für die Geschäftskorrespondenz / II. Expresiones para la redacción de correspondencia comercial

1. Einladungen / 1. Invitaciones

1.1. Formelle Einladungen aussprechen / 1.1. Hacer invitaciones formales

Der Vorstand freut sich, Sie am Samstag, dem 20. Dezember, um 20 Uhr zur Weihnachtsfeier der Firma ins Hotel am Markt, Bad Godesberg einzuladen.	La junta directiva tiene el placer de invitarle/invitarles a la fiesta de Navidad de la empresa que tendrá lugar el sábado, 20 de diciembre, a las 20 horas en el Hotel am Markt de Bad Godesberg.
Herr und Frau Dr. Klein geben sich die Ehre, Herrn Stock zur Trauung ihrer Tochter Anette mit Gunther am 28. Juni um 16 Uhr in Bodø einzuladen.	Don Thomas Klein y señora tienen el placer de invitar al Sr. Stock a la boda de su hija Anette con Gunther que se celebrará el (día) 28 de junio a las 16 horas en Bodø.

Wir möchten Sie zu einer Cocktailparty einladen, die im Anschluss an die Konferenz stattfindet.	Tenemos el placer de invitarle/invitarles a un cóctel que tendrá lugar inmediatamente después de la conferencia.
Hiermit möchte ich Sie einladen, unsere Geschäftsräume zu besuchen.	Por la presente quisiera invitarle/invitarles a visitar nuestras oficinas.

1.2. Private Einladungen aussprechen / 1.2. Hacer invitaciones privadas

Wir möchten Sie am ..., um ..., zu einem Abendessen im kleinen Kreis einladen.	Queremos invitarle/invitarles el día... a las... a una cena en familia.
Lassen Sie uns bitte wissen, welcher Tag Ihnen am besten passt.	Háganos saber qué día le va mejor.
Wir freuen uns sehr auf Ihr Kommen.	Nos alegramos mucho de su visita.
Wir hoffen sehr, dass du kommen kannst/dass Sie kommen können.	Esperamos ansiosamente que puedas/que Ud. pueda venir.
Wir würden uns sehr freuen, wenn ihr Freitagabend zu uns zum Essen kommen könntet.	Nos alegraría muchísimo que pudierais venir a cenar a nuestra casa el viernes por la noche.
Hättest du Lust mit uns nach ... zu kommen?	¿Te gustaría venir a... con nosotros?

1.3. Formelle Antworten / 1.3. Respuestas formales

Wir bedanken uns für Ihre freundliche Einladung zum Abendessen/zur Hochzeit Ihrer Tochter/zur Teilnahme an der Konferenz.	(Le/Les) Agradecemos su cordial invitación a la cena/a la boda de su hija/a participar en la conferencia.
... die wir gern annehmen.	...la cual aceptamos con gusto.
... die ich sehr gern annehmen würde.	...la cual me gustaría aceptar con mucho gusto.
... der wir leider wegen einer anderweitigen Verpflichtung nicht nachkommen können.	...a la que, sintiéndolo mucho, no podemos asitir a causa de otro compromiso.
... die ich leider absagen muss, da ich am 5. September im Ausland bin.	...por la que, sintiéndolo mucho, tengo que excusarme ya que el 5 de septiembre estoy en el extranjero.
... an der ich leider wegen ... nicht teilnehmen kann.	...a la cual, sintiéndolo mucho, no puedo asistir a causa de...

1.4. Informelle Antworten / 1.4. Respuestas informales

Vielen Dank für die Einladung.	Muchas gracias por la invitación.
Vielen Dank für die Einladung zum Mittagessen.	Muchas gracias por invitarme a comer.
Ich komme sehr gern.	Vengo con mucho gusto.
Ich würde mich sehr freuen, am Donnerstag dabei zu sein.	Me gustaría mucho poder estar con vosotros el jueves.
Leider kann ich am Samstag nicht kommen, da ich schon was vorhabe.	Lo siento, pero el sábado no puedo venir porque ya tengo algo planeado.

2. Informationen einholen / 2. Pedir información
2.1. Auf erste Kontakte Bezug nehmen / 2.1. Hacer referencia a los primeros contactos

Während ich vor kurzem ... besuchte, ...	Durante mi reciente visita a...
Nachdem ich kürzlich an ... teilgenommen hatte, ...	Después de haber asistido hace poco a...
Herr ... nannte mir Ihren Namen.	El Sr.... me mencionó su nombre.
Sie wurden uns von Frau ... sehr empfohlen.	La Sra.... nos ha hablado muy bien de Ud.

2.2. Interesse an etwas Bestimmtes äußern

Ich war sehr beeindruckt von ...

Es interessierte mich sehr zu sehen/hören/erfahren, dass ...

Wir sind an ... interessiert.

Wir suchen nach möglichen/potenziellen Lieferanten für ...

2.2. Expresar interés en algo determinado

Me impresionó mucho...

Encontré muy interesante (poder) ver/oír/llegar a saber que...

Estamos interesados en...

Estamos buscando posibles/potenciales proveedores para...

2.3. Einen potenziellen Markt aufzeigen

Dieses Produkt hat gute Perspektiven.

Für ... existiert ein viel versprechender Markt.

... ist sehr entwicklungsfähig.

Es herrscht große Nachfrage nach ...

Immer mehr unserer Stammkunden zeigen ihr Interesse an diesem Produkt.

2.3. Evidenciar un mercado potencial

Este producto tiene buenas perspectivas.

Para... existe un mercado muy prometedor.

...es susceptible de desarrollo.

Existe una gran demanda de...

Nuestros clientes habituales muestran cada vez más interés en este producto.

2.4. Unterlagen anfordern

Bitte senden Sie uns Ihre aktuelle Preisliste.

Für die Zusendung Ihres Katalogs wären wir Ihnen dankbar.

Für jede Auskunft, die Sie uns über die Firma ... geben können, wären wir Ihnen dankbar.

Würden Sie uns freundlicherweise Informationsmaterial zu dem Seminar am ... in ... schicken.

Wir hätten gern Muster von ...

Bitte schicken Sie mir detaillierte Angaben über ..., wie in Ihrer Anzeige im „Hamburger Abendblatt" vom Dienstag, dem 26. August beschrieben.

2.4. Pedir documentación

Envíenos/Envíennos, por favor, su lista de precios actualizada.

Le/Les agredeceríamos que nos enviara/enviaran su catálogo.

Le/Les agradeceríamos cualquier información que pudiera/pudieran darnos sobre la empresa...

Les estaríamos muy agradecidos si nos enviaran material informativo sobre el seminario del día... en...

Nos gustaría recibir muestras de...

Sírvanse enviarme información detallada sobre..., tal y como indican en su anuncio en el „Hamburger Abendblatt" del martes (día) 26 de agosto.

2.5. Auskünfte einholen

Könnten Sie mir sagen, ob ...?

Ich möchte nachfragen, ob ...

Ich wüsste gern, ob ... oder ...

2.5. Pedir información

¿Me podría decir si...?

Quisiera informarme de si...

Me gustaría saber si... o...

2.6. Fracht- und Versicherungskosten einholen

Bitte nennen Sie uns die derzeitigen Kosten für Luft-/See-/Schienen-/Straßenfracht.

Wir wären dankbar, wenn Sie uns Ihre niedrigsten Luftfrachtkosten für ... von Berlin nach New York nennen könnten.

Könnten Sie uns bitte die Kosten für Verschiffung/Transport und Versicherung einer Büchersendung mit den Maßen 2 × 1 m und einem Gewicht von 200 kg geben?

2.6. Pedir información sobre los gastos de transporte y los seguros correspondientes

Sírvanse informarnos de los costes actuales de transporte aéreo/marítimo/por ferrocarril/por carretera.

Les quedaríamos muy agradecidos si pudieran informarnos sobre los costes más bajos de transporte aéreo para... de Berlín a Nueva York.

Sírvanse informarnos de los gastos de embarque/transporte y los seguros correspondientes para un envío de libros con las medidas 2 × 1 m y un peso de 200 kg.

2.7. Ein Angebot einholen

Wenn Ihre Preise konkurrenzfähig/angemessen sind, ...

Wenn die Qualität Ihrer Ware unseren Anforderungen entspricht, ...

2.7. Pedir una oferta

En caso de que sus precios sean competitivos/adecuados...

Si la calidad de su mercancía está acorde con nuestros requerimientos...

Wenn Sie uns die Lieferung innerhalb von 2 Wochen verbindlich zusagen können, wären wir bereit, Ihnen größere Aufträge zu erteilen.	Si nos confirma el envío en un plazo de dos semanas estaríamos dispuestos a pasarle pedidos de mayor importancia.
Wenn Sie uns einen Nachlass von 15% auf Ihre Listenpreise gewähren können, erteilen wir Ihnen gern einen Auftrag.	Si nos pudiera conceder una rebaja del 15% sobre su lista de precios le pasaríamos un pedido.

2.8. Ein Angebot ablehnen — 2.8. Rechazar una oferta

Die zugeschickten Muster lassen uns annehmen, dass Ihre Produkte nicht dem Standard entsprechen, den wir erwarten.	Las muestras enviadas nos confirman que sus productos no se corresponden con el estándar esperado por nosotros.
Wir glauben, dass Ihre Produkte nicht den Anforderungen entsprechen und werden deshalb von einer Bestellung absehen.	Creemos que sus productos no cumplen los requisitos necesarios y por ello prescindiremos de hacerles un pedido.
Ich fürchte, Ihre Produkte weisen nicht die technische Qualität auf, die bei einem Verkauf in diesem Land gefordert wird.	Me temo que sus productos no presentan la calidad técnica exigida para ser vendidos en este país.
Ich fürchte, Ihre Preise sind nicht wettbewerbsfähig. Wir werden deshalb von einer Bestellung absehen.	Me temo que sus precios no son competitivos y por ello prescindiremos de hacerles un pedido.

2.9. Um eine Antwort bitten — 2.9. Pedir una respuesta

Wir freuen uns auf Ihre baldige Antwort. Mit freundlichen Grüßen, ...	En espera de una pronta respuesta, les saluda atentamente,...
Bitte antworten Sie möglichst umgehend.	Les rogamos que contesten lo antes posible.
Bitte senden Sie Ihr Antwortschreiben an ...	Sírvanse de enviar su (carta de) respuesta a...
Wir freuen uns auf die schnellstmögliche Zusendung Ihres Katalogs.	Esperamos que nos envíen su catálogo lo más pronto posible.
Bitte informieren Sie meine Sekretärin über Ihre genaue Ankunftszeit.	Le ruego que informe a mi secretaria sobre su hora exacta de llegada.
Bitte nehmen Sie mit ... Kontakt auf.	Póngase en contacto con...

2.10. Schlussformeln — 2.10. Fórmulas de despedida

Bitte zögern Sie nicht, sich mit uns in Verbindung zu setzen.	No dude en ponerse en contacto con nosotros.
Bitte zögern Sie nicht, uns mitzuteilen, ob wir Ihnen weiterhelfen können.	No dude en comunicárnoslo en caso de que le podamos ayudar.
Wir danken Ihnen im Voraus für alle Informationen, die Sie uns zur Verfügung stellen können.	Le/Les agradecemos de antemano toda la información que pueda/puedan poner a nuestra disposición.

2.11. Informationen erteilen — 2.11. Dar información

Wir danken für Ihre Anfrage am ...	Gracias por su solicitud de oferta del (día)...
Wunschgemäß senden wir Ihnen ...	Según su solicitud, le enviamos...
Wir haben Ihr Schreiben vom ... erhalten und freuen uns Ihnen mitteilen zu können, dass ...	Hemos recibido su carta del (día)... y nos alegramos de poderle comunicar que...
Wir beziehen uns auf Ihre Anfrage vom ...	En referencia a su solicitud de oferta del (día)...
Mit getrennter Post senden wir Ihnen ...	Por correo separado le enviamos...
Anbei finden Sie unsere aktuelle Preisliste.	Adjunto encontrará nuestra lista de precios actualizada.
Die Lieferzeit beträgt zwei Monate.	El plazo de entrega es de dos meses.
Zahlung bei Erhalt der Ware.	Pagadero a la recepción de la mercancía.
Auf unsere Katalogpreise gewähren wir Ihnen einen Sonderrabatt von 10%.	Confirmamos un descuento especial del 10% sobre el precio de catálogo.
Unser Angebot ist freibleibend/gültig bis ...	Nuestra oferta es sin compromiso/válida hasta el...

3. Auftragserteilung

3.1. Eine Bestellung aufgeben

Wir möchten bei Ihnen gern eine Bestellung über … aufgeben.	Nos complace pasarles un pedido de…
Bitte schicken Sie uns die unten genannten Waren.	Por favor, envíennos las mercancías abajo mencionadas.
Bitte schicken Sie uns/beliefern Sie uns mit …	Por favor, envíennos/suministrennos…
Wir möchten eine Bestellung für/über … aufgeben.	Nos gustaría pasarles un pedido de…
Wir beziehen uns auf Ihren Kostenvoranschlag und fügen unsere Bestellung über … bei.	Conforme a su presupuesto, adjuntamos nuestro pedido de…
Wir danken für Ihr Angebot vom … und bitten um Zusendung von …	Les agradecemos su oferta del (día)… y rogamos nos envíen…
Für alle Verluste, die uns bei einer eventuellen Lieferverzögerung entstehen, müssen wir Sie haftbar machen.	En caso de pérdidas ocasionadas por el suministro tardío de la mercancía nos veremos obligados a hacerles responsables.
Sorgfältige Verpackung ist unbedingt erforderlich.	Es absolutamente necesario que el embalaje sea el adecuado.
Die Bestellung wird auf Grund unserer allgemeinen Geschäftsbedingungen erteilt.	El pedido se hará en base a nuestras condiciones generales de contrato.

3. Otorgamiento de un pedido

3.1. Hacer un pedido

3.2. Den Liefertermin genau nennen

Für eine Lieferung bis zum … wären wir dankbar.	Les quedaríamos agradecidos si suministraran la mercancía hasta el (día)…
Bitte bestätigen Sie, dass Sie die Waren bis zum gewünschten Termin liefern können.	Por favor, confírmennos la fecha de entrega deseada de las mercancías.
Wir fügen unsere Bestellung bei und bitten um umgehende Lieferung.	Adjuntamos nuestro pedido y rogamos una entrega inmediata.

3.2. Indicar la fecha de entrega exacta

3.3. Um eine Auftragsbestätigung bitten

Bitte bestätigen Sie diesen Auftrag möglichst umgehend.	Sírvanse confirmar este pedido a la mayor brevedad posible.
Bitte bestätigen Sie den Erhalt dieser Bestellung.	Por favor, confírmennos la recepción de este pedido.
Bitte unterschreiben Sie das Doppel dieser Bestellung und schicken es uns als Bestätigung zurück.	Por favor, firme este pedido por duplicado y envíenos la copia del impreso como acuse de recibo.

3.3. Pedir una confirmación de un pedido

3.4. Einen Auftrag bestätigen

Vielen Dank für Ihre Bestellung.	Muchas gracias por su pedido.
Wir bestätigen den Erhalt Ihrer Bestellung Nr. …	Acusamos recibo de su pedido n°…
Wir freuen uns, Ihre Bestellung hiermit bestätigen zu können.	Por la presente nos complace poder confirmar su pedido.
Wir danken für Ihren Auftrag vom …, den wir zu Ihrer vollen Zufriedenheit ausführen werden.	Gracias por su pedido del (día)… que serviremos de acuerdo con su solicitud.
Sie können sich auf die rasche und sorgfältige Ausführung Ihres Auftrags verlassen.	Pueden confiar en que su pedido será llevado a cabo de forma rápida y eficaz.

3.4. Confirmar un pedido

3.5. Einen Liefertermin bestätigen

Die Lieferung wird wunschgemäß bis … erfolgen.	La entrega se llevará a cabo según su solicitud hasta el (día)…
Die Auslieferung wird Ihren Anweisungen gemäß erfolgen.	La entrega se llevará a cabo según sus indicaciones.
Wir bestätigen, dass wir vor Monatsende liefern können.	Le/Les confirmamos que podemos entregar el pedido antes de fin de mes.

3.5. Confirmar una fecha de entrega

Die bestellten Waren können sofort geliefert werden.	Las mercancías pedidas pueden ser entregadas inmediatamente.
Wir werden Sie informieren, sobald die Lieferung versandfertig ist.	Les informaremos en cuanto la entrega esté lista para ser expedida.

3.6. Eine Verzögerung ankündigen — 3.6. Anunciar un retraso

Wir möchten Ihnen mitteilen/Bitte beachten Sie, dass uns Ihre Bestellung erst am ... erreicht hat.	Tenemos que comunicarles/Por favor, tengan en cuenta que su pedido nos ha llegado el (día)...
Wir werden ... Tage/Wochen benötigen, um Ihre Bestellung zu bearbeiten.	Necesitaremos... días/semanas para elaborar su pedido.
Wegen einer bedauerlichen Verzögerung muss ich Ihnen leider mitteilen, dass die Lieferung erst ab dem .../in einer Woche erfolgen kann.	A causa de un lamentable retraso me veo obligado a comunicarle que la entrega se podrá realizar a partir del (día).../dentro de una semana.
Die Auslieferung hat sich verzögert.	La entrega se ha retrasado.

3.7. Schwierigkeiten einräumen — 3.7. Admitir problemas

Es tut uns leid, Ihnen mitteilen zu müssen, dass die bestellten Waren/Teile nicht vorrätig/nicht mehr vorrätig/nicht mehr erhältlich sind.	Lamentamos comunicarles que las mercancías/piezas pedidas no están disponibles/están agotadas/ya no están a la venta.
Ich fürchte, Ihre Bestellung kann nicht aufgefunden werden/ist verlorengegangen.	Me temo que su pedido no se puede encontrar/se ha perdido.
Könnten Sie uns möglicherweise eine Kopie Ihrer Bestellung schicken?	¿Podría/Podrían enviarnos una copia de la orden de pedido?

3.8. Eine Bestellung abändern oder stornieren — 3.8. Modificar o cancelar un pedido

Sollten einzelne Teile nicht auf Lager sein, schicken Sie bitte einen Kostenvoranschlag für einen vergleichbaren Artikel.	Sírvanse de enviarnos un presupuesto para un artículo similar en el caso de no tener piezas disponibles en el almacén.
Wir möchten unsere Bestellung Nr. ... stornieren.	Deseamos cancelar nuestro pedido n°...
Wir möchten unsere Bestellung wegen wiederholter Lieferverzögerungen stornieren.	Deseamos cancelar nuestro pedido a causa de retrasos repetidos en la entrega.

3.9. Einen Ersatz anbieten — 3.9. Ofrecer una alternativa

Wir können Ihnen jedoch einen Ersatz anbieten.	Le/Les podemos ofrecer una alternativa.
Unser Modell Nr. 5 ist sehr ähnlich/hat die gleiche Qualität.	Nuestro modelo n° 5 es muy parecido/tiene la misma calidad.

3.10. Den Versand einer Bestellung bestätigen — 3.10. Confirmar el envío de un pedido

Wir freuen uns, Ihnen mitteilen zu können, dass die von Ihnen bestellte Ware heute der Bahn übergeben wurde.	Nos complace comunicarles que la mercancía pedida ha sido expedida hoy por tren.
Die Ware wurde heute Morgen als Expressgut versandt.	La mercancía ha sido enviada esta mañana por express.
Die Sendung wird mit der M.S. „Martha" verschifft, die am ... aus Le Havre ausläuft.	El envío será embarcado en el M.S. „Martha" que saldrá de Le Havre el día...
Wir hoffen, dass die Sendung wohlbehalten bei Ihnen ankommt.	Esperamos que reciba la mercancía en buen estado.
Die Rechnung legen wir in doppelter Ausfertigung bei.	Enviamos dos ejemplares de la factura.
Wir bitten um Überweisung des fälligen Betrags auf unser Konto bei einer der beiden nachstehend aufgeführten Banken.	Sírvanse transferir el importe pendiente a la cuenta que mantenemos en uno de los dos bancos indicados.

3.11. Den Erhalt einer Sendung bestätigen

Wir bestätigen den Erhalt der bestellten Ware und danken Ihnen für die prompte Lieferung.

Die Sendung ist wohlbehalten bei uns eingetroffen und zu unserer vollen Zufriedenheit ausgefallen.

3.11. Confirmar la recepción de un envío

Acusamos recibo de la mercancía y le agradecemos el rápido suministro.

La mercancía nos ha llegado en perfectas condiciones y cumple con nuestras expectativas.

4. Mängel und Reklamationen

4.1. Wegen einer Lieferverzögerung reklamieren

Die Ware, die wir am 5. Januar bestellt haben (Bestell-Nr. ...), ist noch nicht eingetroffen.

Wir haben die bestellte Ware (Bestell-Nr. ...) noch nicht erhalten, von der wir annahmen, sie sei am 6. März verschickt worden.

Leider müssen wir Ihnen mitteilen, dass sich die Lieferung (Bestell-Nr. ...), die am 1. April bei uns hätte eingehen sollen, erheblich verspätet hat.

Ihr Lieferverzug bringt uns in eine schwierige Lage.

Bitte überprüfen Sie, warum unsere Bestellung, die wir am 25. November aufgegeben haben, noch nicht geliefert wurde.

Wir haben die am 12. März bestellte Ware immer noch nicht erhalten. Da diese Bestellung unter der Bedingung erfolgte, dass wir die Lieferung vor dem 15. April erhalten würden, sehen wir uns gezwungen, unsere Ware von anderer Stelle zu beziehen.

Die Auslieferung hat sich verzögert, weil die Ware an unsere alte Adresse geschickt wurde.

Der Auftrag war falsch beschriftet.

Wir erwarten Ihre definitive Zusage, dass der Versand der Waren bis Ende der nächsten Woche erfolgt.

Wir müssen Sie bitten, alle unsere noch nicht ausgeführten Bestellungen als vorrangig zu behandeln.

Falls Sie die Ware nicht bis zum ... liefern können, sehen wir uns gezwungen, die Bestellung zu widerrufen/Sie für alle uns entstehenden Verluste haftbar zu machen.

4. Mercancía defectuosa y reclamaciones

4.1. Reclamar a causa de un retraso en la entrega

No nos ha llegado todavía la mercancía pedida el (día) 5 de enero (n° de pedido...).

Todavía no hemos recibido la mercancía pedida (n° de pedido...) que suponíamos que sería enviada el (día) 6 de marzo.

Sentimos tener que comunicarles que la entrega (n° de pedido...), que tendríamos que haber recibido el (día) 1 de abril, se ha retrasado considerablemente.

El retraso de suministro nos coloca en una situación delicada.

Rogamos comprueben por qué no ha sido entregado todavía el pedido que hicimos el (día) 25 de noviembre.

Todavía no hemos recibido la mercancía pedida el (día) 12 de marzo. Dado que este pedido se tenía que llevar a cabo a condición de que la entrega fuera antes del 15 de abril, nos vemos obligados a surtirnos de la mercancía en otro lugar.

La entrega se ha retrasado porque la mercancía había sido enviada a nuestra dirección antigua.

El pedido no estaba bien rotulado.

Esperamos su confirmación definitiva de que la mercancía se enviará hasta finales de la próxima semana.

Nos vemos en la obligación de pedirles que den prioridad a todos aquellos pedidos nuestros que aún no han realizado.

En caso de que no puedan suministrar la mercancía hasta el próximo..., nos veremos en la obligación de cancelar el pedido/de hacerles responsables por las pérdidas ocasionadas.

4.2. Schäden nach Auslieferung der Ware melden

Zu unserem Bedauern müssen wir Ihnen mitteilen, dass Ihre letzte Sendung nicht zu unserer Zufriedenheit ausgefallen ist.

Am 2. Dezember erhielten wir Ihre Lieferung (Bestell-Nr. ...). Jedoch fehlten einige Kisten und andere waren defekt.

Bei Entgegennahme Ihrer Lieferung (Bestell-Nr. ...) stellten wir fest, dass die Kisten aufgebrochen und einige Teile entfernt worden waren.

Ein Teil der Ware ist auf dem Transport beschädigt worden.

Die von uns bestellten ... wurden während des Transports gestohlen.

4.2. Notificar defectos tras la entrega de la mercancía

Lamentamos comunicarles que el último envío que hemos recibido no ha sido de nuestra satisfacción.

El (día) 2 de diciembre recibimos su entrega (n° de pedido...), sin embargo faltaban algunas cajas y otras estaban defectuosas.

Al recibir su entrega (n° de pedido...) hemos comprobado que las cajas estaban rotas y faltaban algunas piezas.

Parte de la mercancía ha sufrido desperfectos durante el transporte.

Los/Las... pedidos/pedidas han sido robados/robadas durante el transporte.

Wir müssen Ihnen leider mitteilen, dass die von uns bestellte Ware uns heute Morgen in mangelhaftem Zustand zugestellt wurde. Eine detaillierte Aufstellung aller beschädigten Teile liegt bei.	Lamentamos comunicarles que la mercancía pedida ha sido entregada esta mañana en un estado deficiente. Adjunto les remitimos una lista detallada de todos los artículos dañados.
Die Waren wurden wegen unsachgemäßer Verpackung beschädigt.	Las mercancías han sido dañadas a causa de un embalaje inadecuado.
Bitte schicken Sie uns so bald wie möglich Ersatz für die beschädigte Ware.	Sírvanse enviarnos lo más pronto posible mercancía de sustitución por la mercancía dañada.
Wir wären Ihnen dankbar, wenn Sie sobald wie möglich für eine Ersatzlieferung folgender Artikel sorgen könnten.	Les estaríamos agradecidos si pudieran sustituirnos los siguientes artículos tan pronto como fuera posible.
Bitte sorgen Sie für die Rückerstattung des Wertes der beschädigten Ware.	Les rogamos nos reembolsen el importe de la mercancía dañada.
Wir schicken die betreffenden Artikel zurück. Bitte schreiben Sie uns den Wert der zurückgegebenen Waren gut.	Les mandamos de vuelta los artículos en cuestión y rogamos nos abonen en cuenta el importe de las mercancías devueltas.
Wir sind bereit, diese, für uns ungeeignete Ware zu behalten, jedoch nur zu einem großzügig reduzierten Preis.	Estamos dispuestos a aceptar esta mercancía inadecuada para nosotros a cambio de un precio sustancialmente reducido.
Wir sind bereit, die Ware zu behalten, wenn Sie uns eine Preisermäßigung von 20% gewähren.	Estamos dispuestos a aceptar la mercancía si nos conceden un descuento del 20%.
Wenn Sie bereit sind, uns bei unserer nächsten Bestellung E 1.500 zu erlassen, betrachten wir die Angelegenheit als erledigt.	En caso de que estén dispuestos a hacernos un descuento de E 1.500 en nuestro próximo pedido, consideraremos el asunto concluido.
Wir erwarten, dass Sie unsere Bestellungen in Zukunft mit größerer Sorgfalt ausführen werden.	Esperamos que en el futuro pongan más atención en la ejecución de nuestros pedidos.

4.3. Auf einen Fehler bei der Zusammenstellung des Auftrages hinweisen

4.3. Hacer referencia a un error en la ejecución del pedido

Wir möchten Sie darauf hinweisen, dass bei der gelieferten Ware eine Partie die falsche Farbe hatte und eine andere eine größere Größe als bestellt. Wir senden beide Partien zurück und bitten Sie um schnellstmöglichen Ersatz.	Les tenemos que advertir que en una partida de la mercancía enviada el color es erróneo y en otra el tamaño es mayor al indicado en nuestro pedido. Les devolvemos ambas partidas y rogamos nos las sustituyan a la mayor brevedad posible.
Wir waren überrascht, dass nicht die vollständige Ware geliefert wurde. Wir bitten Sie, sich um die Angelegenheit zu kümmern.	Nos sorprendió que la mercancía suministrada estuviera incompleta. Rogamos resuelvan este asunto.

4.4. Eine zweite Reklamation/Beschwerde formulieren

4.4. Formular una segunda reclamación/queja

Ich bin sehr darüber besorgt, dass Sie nicht in der Lage sind, die für den 20. März zugesicherte Ersatzteillieferung vorzunehmen.	Estoy realmente preocupado/preocupada de que no estén en condiciones de entregarnos la mercancía de sustitución que nos habían prometido para el 20 de marzo.
Ich möchte betonen, dass dies nicht das erste Mal ist, dass wir Grund zu einer ähnlichen Beschwerde haben. Obwohl es möglicherweise eine stichhaltige Erklärung für diese Verzögerung gibt, kann ich es nicht zulassen, dass dadurch unser Produktionsplan durcheinander gebracht wird.	Me gustaría resaltar el hecho de que no es la primera vez que tenemos motivos para una queja de este tipo. Aunque seguramente hay una explicación convincente para este retraso, no puedo consentir que nuestros planes de producción tengan que ser modificados por ello.
Ich würde nur ungern in der Hoffnung auf einen besseren Service zu einem anderen Anbieter wechseln.	Lamentaría mucho tener que cambiar de proveedor con la esperanza de obtener un mejor servicio.
Die auf Grund der Inkompetenz Ihrer Firma eingetretene Produktionsunterbrechung hat uns in ernste Schwierigkeiten gebracht. Wir sind deshalb, auch wenn uns dies größte Unannehmlichkeiten verursacht, gezwungen, unseren Bedarf bei einem anderen Lieferanten zu decken.	La interrupción de la producción causada por la incompetencia de su empresa nos ha deparado serias dificultades. Por ello nos vemos obligados, aunque nos causa un gran disgusto, a cubrir nuestras necesidades con otro proveedor.

4.5. Eine Rechnung zurückweisen | 4.5. Rechazar una factura

Bei der Prüfung Ihrer Rechnung Nr. ... stellten wir fest, dass Ihre Zahlen nicht mit unseren übereinstimmen.	Al comprobar la factura n°... hemos constatado que sus cantidades no coinciden con las nuestras.
Es scheint, dass Sie es in Rechnung Nr. ... versäumt haben, uns die zugesagten 2 % Nachlass zu gewähren.	Parece ser que han omitido el descuento del 2 % en la factura n°... que nos habían prometido.
Wir stellen fest, dass Sie uns zusätzliche Versicherungskosten berechnen, die im Originalvertrag nicht abgesprochen waren.	Hemos observado que nos han cargado en la factura costes de seguro adicionales de los que no se habló en el contrato original.
Wir möchten um eine Erklärung bezüglich der Verpackungsgebühren bitten, die uns ungewöhnlich hoch erscheinen.	Rogamos una explicación respecto a los costes de embalaje los cuales nos parecen extraordinariamente altos.
In Ihrer letzten Rechnung stießen wir auf einige Ungereimtheiten. Wir wären Ihnen dankbar, wenn Sie sie überprüfen und uns eine korrigierte Rechnung schicken könnten.	En su última factura encontramos algunas incongruencias. Les quedaríamos agradecidos si pudieran comprobarla y enviarnos una factura rectificada.

4.6. Den Erhalt einer Reklamation bestätigen | 4.6. Acuse de recibo de una reclamación

Wir haben Ihren Brief/Ihr Schreiben vom ... erhalten, in dem Sie uns mitteilen, dass ...	Hemos recibido su carta del (día)... en la que nos comunican que.../Acusamos recibo de su atento escrito del (día)... en el que nos comunican que...
Wir waren besorgt, als wir aus Ihrem Brief vom ... erfuhren, dass ...	Nos inquietamos al saber por su carta del (día)... que...
Vielen Dank für Ihren Brief vom ..., der uns davon in Kenntnis setzte, dass ...	Muchas gracias por su carta del (día)... en la que nos ponen en conocimiento de que...
Es tat uns Leid, erfahren zu müssen, dass ...	Lo sentimos mucho al enterarnos de que...

4.7. Lieferverzögerungen erklären | 4.7. Justificar el retraso de una entrega

Wir entschuldigen uns für die Verzögerung und werden unser Möglichstes tun, um die Ausführung des Auftrags zu beschleunigen.	Lamentamos el retraso y haremos todo lo posible para acelerar el envío del pedido.
Eine geringfügige Verzögerung ist leider unvermeidlich.	Un retraso mínimo es desgraciadamente inevitable.
Wir entschuldigen uns für die Verzögerung, die auf eine Unachtsamkeit unsererseits zurückzuführen ist.	Rogamos disculpen el retraso debido a un descuido por nuestra parte.
Wir bedauern, dass wir die von Ihnen bestellte Ware (Bestell-Nr. ...) wegen eines Arbeitskampfes in unserer Fabrik in Sindelfingen noch nicht liefern konnten. Sobald der Streik beendet ist, wird die Lieferung erfolgen.	Lamentamos no haberles podido entregar todavía la mercancía pedida (n° de pedido...) a causa de un conflicto laboral en nuestra fábrica de Sindelfingen. Tan pronto como haya finalizado la huelga, podremos realizar la entrega.
Wir entschuldigen uns für die Verzögerung, aber unser Lager wurde kürzlich durch ein Feuer beschädigt. Wir werden in drei Wochen liefern können.	Lamentamos el retraso, pero nuestro almacén ha sido dañado hace poco por un incendio. Podremos hacer la entrega dentro de tres semanas.
Wir bitten Sie sehr, die Verzögerung und die Schwierigkeiten, die Ihnen dadurch entstanden sind, zu entschuldigen. Wir lassen Ihnen umgehend Ersatzware zugehen.	Les rogamos disculpen el retraso y las molestias ocasionadas por éste. Les enviaremos inmediatamente mercancía de reposición.
Die Verzögerung ist durch Komplikationen beim Zoll bedingt, von denen alle Lieferungen in die USA betroffen sind. Wir tun alles, was in unserer Macht steht um zu gewährleisten, dass diese Lieferung so bald wie möglich ankommt.	El retraso se debe a complicaciones en la aduana por las que se ven afectados todos los envíos a EE.UU. Haremos todo lo que esté a nuestro alcance para asegurar que el envío llegue tan pronto como sea posible.
Da diese Verzögerung nicht durch uns verschuldet wurde, können wir keine Haftung übernehmen. Ihre Ansprüche wurden jedoch an unsere Versicherung weitergeleitet, die sich zu gegebener Zeit mit Ihnen in Verbindung setzen wird.	Dado que el retraso no fue ocasionado por nosotros, no podemos responsabilizarnos. Hemos informado de sus quejas a nuestra compañía de seguros, la cual se pondrá en contacto con Uds. en el momento oportuno.
Wir möchten Sie bitten, die Ihnen entstandenen Unannehmlichkeiten zu entschuldigen und hoffen, dass Sie uns Gelegenheit geben werden, Ihr Vertrauen wiederzugewinnen.	Les rogamos disculpen las molestias ocasionadas y esperamos tener otra ocasión para poder recuperar su confianza.

4.8. Fehler einräumen | 4.8. Admitir errores

Es tut uns sehr Leid, Ihnen Anlass zur Beschwerde gegeben zu haben. Die Ungereimtheiten in unserer Rechnung waren Folge eines Bearbeitungsfehlers. Wir haben dies berichtigt und fügen die geänderte Rechnung/eine Gutschrift bei.	Lamentamos haberles dado motivos de queja. Las incongruencias en nuestra factura eran consecuencia de un error en la elaboración. Hemos rectificado el error y adjuntamos la factura modificada/un abono en cuenta.
Wir sind der Ursache des Problems nachgegangen und mussten feststellen, dass der Irrtum auf Grund eines Buchungsfehlers/ eines Tippfehlers entstanden ist. Dieser wurde mittlerweile korrigiert.	Hemos tratado de aclarar la causa del problema y hemos comprobado que el error se ha producido por un error contable/ error de tecleo. Este error ha sido ya rectificado.

4.9. Maßnahmen ankündigen | 4.9. Anunciar toma de medidas

Eine neue Sendung geht Ihnen auf dem schnellsten Wege zu.	Le haremos llegar un nuevo envío a la mayor brevedad posible.
Bitte senden Sie die Ware auf unsere Kosten zurück.	Envíennos la mercancía a portes debidos.
Anbei erhalten Sie eine Gutschrift für die zurückgesandten Waren.	Adjunto les enviamos un abono a cuenta de la mercancía devuelta.
Anbei erhalten Sie einen Scheck über E ... als Rückerstattung für die kürzlich zurückgesandten Waren.	Adjuntamos un cheque de E... como pago por la mercancía recientemente devuelta.
Es liegt uns sehr viel daran, die Angelegenheit zu Ihrer vollsten Zufriedenheit zu regeln.	Tenemos un gran interés en solucionar el tema a su entera satisfacción.
Wir hoffen, dass die vorgeschlagene Regelung Ihre Zustimmung findet.	Esperamos que estén de acuerdo con la solución propuesta.
Es tat uns Leid zu erfahren, dass Sie mit dem Service unseres Wartungsingenieurs nicht zufrieden waren, und Ihr Ärger ist sehr verständlich. Wir haben Nachforschungen eingeleitet um die Ursache des Problems herauszufinden.	Lamentamos que no estén contentos con el servicio de nuestro ingeniero del departamento de asistencia técnica y consideramos su enfado comprensible. Hemos iniciado las gestiones correspondientes para averiguar la causa del problema.
Wenn Sie bereit sind, die beschädigte Ware zu behalten, werden wir sie Ihnen zu einem reduziertem Preis/mit einer Ermäßigung von 50 % des Listenpreises berechnen.	En caso que estén dispuestos a aceptar la mercancía deteriorada, se la concederíamos a un precio reducido/con un descuento del 50 % sobre el precio del catálogo.
Wir sind dabei die Angelegenheit mit dem Spediteur zu besprechen und werden Sie vom Ergebnis in Kenntnis setzen.	Estamos hablando sobre el asunto con el transportista y les pondremos en conocimiento del resultado.
Wir haben mittlerweile Schritte unternommen, um sicherzustellen, dass ein derartiges Missverständnis in Zukunft nicht mehr vorkommt.	Ya hemos tomado medidas para asegurar que no vuelva a ocurrir en el futuro un malentendido de este tipo.

5. Zahlungserinnerungen | 5. Recordatorio de pago

5.1. Sich auf eine Rechnung beziehen | 5.1. Referirse a una factura

Beiliegend eine Kopie unserer Rechnung, die Ihnen am ... zuging.	Adjuntamos una copia de nuestra factura que salió el (día)...
Wir beziehen uns auf den noch ausstehenden Betrag von ...	Nos referimos al importe de... que está todavía pendiente de pago.
Wir möchten Sie hiermit auf unsere Rechnung vom ... hinweisen.	Por la presente queremos hacer referencia a nuestra factura del (día)...

5.2. Eine Zahlungserinnerung schicken | 5.2. Enviar un recordatorio de pago

Wir möchten Sie auf unsere Rechnung vom ... aufmerksam machen, die bereits vor ... Wochen fällig war.	Queremos hacer referencia a nuestra factura del (día)... que está pendiente de pago desde hace... semanas.
Dürfen wir Sie daran erinnern, dass unsere Rechnung Nr. ... noch offen ist?	Permítannos recordarles que la factura n°... aún está pendiente de pago.
Bei Durchsicht unserer Bücher stellten wir fest, dass auf Ihrem Konto noch ein Saldo von E ... offensteht.	Al repasar nuestros libros hemos comprobado que en su cuenta hay un saldo de E... pendiente de pago.

Für baldigen Ausgleich unserer Rechnung wären wir Ihnen dankbar.	Les agradeceríamos que efectuaran pronto el pago de la factura.
Wir müssen Sie bitten, die Zahlung unverzüglich vorzunehmen.	Queremos pedirles que efectúen sin demora el pago de la factura.
Da wir noch keine Zahlung erhalten haben, wären wir Ihnen für eine umgehende Begleichung der Rechnung dankbar.	Dado que todavía no hemos recibido ningún pago por su parte, les agradeceríamos que efectuaran pronto el pago de la factura.
Da Ihr Konto noch nicht ausgeglichen ist, bitten wir Sie, Ihre Überweisung baldmöglichst vorzunehmen.	Dado que su cuenta aún no ha sido saldada, les rogamos que efectúen la transferencia lo más pronto posible.
Da wir von unserer Bank noch keine Zahlungsmitteilung erhalten haben, wären wir Ihnen dankbar, wenn Sie die Rechnung begleichen könnten.	Dado que no hemos recibido todavía ninguna comunicación de pago de nuestro banco, les agradeceríamos que saldaran la cuenta.
Wir möchten Sie daran erinnern, dass unsere Bedingungen 30 Tage netto lauten. Bitte begleichen Sie die Rechnung baldmöglichst.	Les queremos recordar que, según nuestras condiciones, el pago del importe neto se tiene que efectuar en un plazo de 30 días. Rogamos salden su factura lo más pronto posible.
Sollten Sie die Rechnung bereits beglichen haben, so betrachten Sie diese Zahlungserinnerung bitte als gegenstandslos.	En caso de haber pagado ya la factura, rogamos consideren nulo este recordatorio de pago.
Sollten Sie den betreffenden Betrag schon gezahlt haben, so ignorieren Sie bitte diese Zahlungserinnerung.	En caso de haber pagado ya el importe correspondiente, rogamos ignoren este recordatorio de pago.

5.3.   Eine zweite Mahnung schicken   5.3.   Enviar un segundo aviso

Wir möchten daran erinnern, dass unsere Rechnung Nr. ... vom ... noch nicht beglichen wurde, und bitten Sie, die Angelegenheit umgehend zu erledigen.	Queremos recordarles que nuestra factura n°... del (día)... no ha sido todavía saldada. Por ello rogamos resuelvan este asunto inmediatamente.
Da wir keine Antwort auf unser Schreiben vom ... erhielten, in dem wir darauf hinweisen, dass die Rechnung Nr. ... noch nicht beglichen wurde, bitten wir Sie den ausstehenden Betrag umgehend zu begleichen.	Dado que aún no hemos recibido respuesta alguna a nuestra carta del... en la que les comunicábamos que la factura n°... todavía no había sido saldada, rogamos efectúen sin demora el pago de la factura.
Wir fügen einen Kontoauszug bei. Sicher handelt es sich um ein Versehen Ihrerseits; da wir aber bereits eine Zahlungserinnerung geschickt haben, müssen wir darauf bestehen, dass die Zahlung innerhalb der nächsten sieben Tage erfolgt.	Adjuntamos un extracto de cuenta. Seguramente se trata de un descuido por su parte; pero como ya hemos enviado un recordatorio de pago, nos vemos obligados a insistir en que efectúen el pago dentro de los próximos siete días.
Obwohl wir mehrmals um Zahlung der seit längerer Zeit fälligen Rechnung baten, haben wir noch keine Antwort von Ihnen erhalten.	A pesar de los repetidos ruegos para que efectúen el pago de las facturas pendientes, no hemos recibido aún respuesta por su parte.

5.4.   Eine letzte Mahnung schicken   5.4.   Enviar un último aviso

Obwohl Ihnen am ... und am ... zwei Zahlungserinnerungen zugingen, steht der Betrag unserer Rechnung Nr. ... noch immer aus und ist bereits seit drei Monaten überfällig. Da wir keine Antwort von Ihnen erhielten, werden wir rechtliche Schritte gegen Sie einleiten müssen, falls die Rechnung nicht innerhalb der nächsten sieben Tage beglichen wird.	Aunque ya les hemos enviado dos recordatorios de pago, el primero el (día)... y el segundo el (día)..., el importe de nuestra factura n°... está todavía pendiente de pago y ya ha vencido desde hace tres meses. Dado que aún no hemos recibido respuesta alguna, nos veremos obligados a tomar medidas legales en caso de que no salden la factura dentro de los próximos siete días.
Falls die Zahlung nicht bis zum ... eingeht, sehen wir uns zu unserem Bedauern gezwungen, unverzüglich Schritte zur Einziehung des fälligen Betrages zu unternehmen/gerichtliche Schritte zu unternehmen.	En caso de que no efectúen el pago hasta el (día)..., nos veremos obligados a tomar medidas para cobrar la suma pendiente/a tomar medidas legales.
Sollten wir Ihre Zahlung nicht innerhalb sieben Tage erhalten haben, werden wir die Angelegenheit unseren Rechtsanwälten übergeben müssen.	En caso de que no recibamos su pago dentro de los próximos siete días, tendremos que recurrir a los servicios de nuestro abogado.
Wir bedauern, Ihnen mitteilen zu müssen, dass wir alle weiteren Lieferungen an Sie einstellen müssen, bis Ihr Konto ausgeglichen ist.	Lamentamos comunicarles que no efectuaremos ninguna otra entrega hasta que el balance de su cuenta esté saldado.

5.5. Antwort auf ein Mahnschreiben

Ich muss Ihnen leider mitteilen, dass sich die Rechnung Nr. ... nicht auffinden lässt. Wir wären Ihnen dankbar, wenn Sie uns eine Kopie dieser Rechnung zugehen lassen könnten, so dass wir die nötige Zahlung veranlassen können.	Lamento tener que comunicarles que se nos ha extraviado la factura n°... Les agradeceríamos que nos enviaran una copia de la factura de manera que podamos proceder al pago necesario.
Die Verzögerung bei der Begleichung des offen stehenden Kontos Nr. ... wurde durch einen Computerfehler in unserer Rechnungsabteilung hervorgerufen.	El retraso en el pago de la factura aún pendiente n°... ha sido ocasionado por un error informático en nuestro departamento de Informática.
Wir entschuldigen uns für die Ihnen enstandenen Ungelegenheiten und versichern Ihnen, dass die Zahlung in Kürze bei Ihnen eingehen wird.	Rogamos disculpen las molestias ocasionadas y les aseguramos que el pago se efectuará en breve.
Wir entschuldigen uns für die Verzögerung bei der Zahlung Ihrer Rechnung Nr. ..., aber es ergaben sich in letzter Zeit einige Cashflowprobleme. Wir wären Ihnen dankbar, wenn Sie uns einen weiteren Kredit von 30 Tagen einräumen könnten.	Rogamos nos disculpen por el retraso en el pago de su factura n°..., pero en el último período han surgido algunos problemas de cash-flow. Les agradeceríamos que nos pudieran conceder todavía un plazo de 30 días.

6. Stellenangebote und Bewerbungen
6. Ofertas de empleo y solicitudes

6.1. Sich auf eine Annonce beziehen
6.1. Referirse a un anuncio

Mit großem Interesse habe ich die Stellenanzeige für ... gelesen.	Con gran interés he leído el anuncio de oferta de empleo para...
Mit Interesse habe ich erfahren, dass Ihre Firma zur Zeit ... sucht/einstellt/einstellen möchte.	Con interés he leído que su empresa necesita/contrata/quiere contratar... actualmente.
Mit großem Interesse habe ich Ihrer Anzeige in der heutigen Ausgabe der ... entnommen, dass Sie einen ... suchen.	Con gran interés he leído en el anuncio publicado en la edición de hoy del periódico... que necesitan un/una...
Ich beziehe mich auf die Anzeige in ... und möchte mich um die ausgeschriebene Stelle als ... bewerben.	En referencia a su anuncio en... quisiera solicitar el puesto de...
Von Herrn Müller habe ich erfahren, dass im Laufe des Monats Mai in Ihrer Firma die Stelle einer Fremdsprachensekretärin frei wird.	El Sr. Müller me ha comentado que durante el mes de mayo quedará vacante el puesto de secretaria con idiomas en su empresa.

6.2. Sich für eine Stelle bewerben
6.2. Solicitar un puesto de trabajo

Ich möchte mich für die Stelle als ... bewerben	Me dirijo a Uds. con el fin de solicitar el puesto como.../Me permito enviarles la presente solicitud con el fin de ocupar una plaza como...

6.3. Blindbewerbungen
6.3. Autocandidaturas

Hiermit möchte ich mich bei Ihnen als ... bewerben.	Por la presente me dirijo a Uds. con el fin de solicitar un puesto como...
Ich bin an einer Tätigkeit als ... interessiert und wüsste gern, ob Sie eine entsprechende Stelle anzubieten haben.	Estoy interesado en un puesto como... y me gustaría saber si su empresa ofrece actualmente un puesto similar.
Hiermit möchte ich mich nach der Möglichkeit einer Mitarbeit in Ihrer Firma erkundigen.	Por la presente quisiera informarme de las posibilidades de colaboración/empleo existentes en su empresa.
Ich suche eine Stelle auf dem Gebiet/im Bereich ...	Estoy buscando un puesto de trabajo en el campo/sector...

6.4. Über sich und seine berufliche Erfahrung sprechen
6.4. Hablar de uno mismo y de su experiencia profesional

Während der letzten ... Jahre war ich in der Firma ... als ... angestellt.	Durante los últimos... años estuve trabajando en la empresa... como...
Ich war für ... verantwortlich.	Fui responsable de...
Ich hatte die Aufsicht für ...	Me ocupaba de la supervisión de...
Mein Spezialgebiet ist ...	Mi especialidad es...

Ich glaube für diese Stelle besonders geeignet zu sein.	Estoy seguro de reunir los requisitos exigidos para este puesto.
Ich konnte in der Marketingabteilung bei Schmidt GmbH vielfältige Erfahrungen im Bereich Marktforschung sammeln.	Pude adquirir una vasta experiencia en el campo de estudio de mercado en el departamento de Marketing de la empresa Schmidt GmbH.
Ich habe schon allerhand Erfahrungen im Bereich/in … gesammelt.	Poseo una amplia experiencia profesional en el campo/en…
Ich spreche fließend Englisch und Spanisch.	Hablo inglés y español con fluidez.
Ich bin überzeugt, dass ich die erforderliche Ausbildung und die nötigen Eigenschaften für die Stelle als … mitbringe.	Estoy convencido de aportar la formación requerida y las características necesarias para el puesto como…
Ich möchte sehr gern neue Verantwortung in einer anspruchsvollen Stellung übernehmen.	Me gustaría mucho asumir nuevas responsabilidades en un puesto exigente.
Ich bin sehr daran interessiert, meine Kenntnisse auf dem Gebiet/im Bereich von … zu vertiefen.	Estoy muy interesado en profundizar mis conocimientos en el campo/sector de…

6.5. Lebenslauf — 6.5. Currículum vitae

persönliche Daten	Datos personales
Name	Nombre
Adresse	Domicilio
Telefon	Teléfono
Geburtstag	Fecha de nacimiento
Geburtsort	Lugar de nacimiento
Staatsangehörigkeit	Nacionalidad
Familienstand	Estado civil
Schulbildung	Formación escolar
Ausbildung *(Universität)*	Formación universitaria
Ausbildung *(Lehre)*	Formación profesional
Abschluss	Título/Diploma
Tätigkeiten	Actividades
Sprachkenntnisse	Idiomas
weitere Qualifikationen	Otras cualificaciones
Interessen	Intereses/Hobbies

6.6. Auf seinen Lebenslauf verweisen — 6.6. Hacer referencia al currículum vitae

In der Anlage finden Sie meinen Lebenslauf mit weiteren Einzelheiten/vollständigen Angaben zu meiner beruflichen Laufbahn.	En el anexo encontrarán mi currículum vitae con más detalles/con datos completos sobre mi vida profesional.

6.7. Schlussformulierungen — 6.7. Fórmulas de despedida

Zur Beantwortung weiterer Fragen stehe ich Ihnen gern zur Verfügung.	Estoy a su disposición para todo tipo de información complementaria que pudieran necesitar sobre mi persona.
Ich würde mich sehr freuen, die Gelegenheit zu einem Gespräch mit Ihnen zu erhalten.	Sería una gran satisfacción tener la oportunidad de realizar una entrevista personal con Uds.
Für einen Gesprächstermin kann ich mich jederzeit freimachen.	Podría acudir en todo momento a una entrevista.
Wann immer es Ihnen recht ist, stehe ich für einen Gesprächstermin zur Verfügung.	Estoy a su disposición para una entrevista cuando lo consideren oportuno.
Gesprächstermine kann ich leider nur für freitags vereinbaren.	Lamentablemente sólo podría aceptar una entrevista los viernes.

Ab 12. Mai bin ich verfügbar.	Estoy disponible a partir del 12 de mayo.
Die Namen zweier Personen, die mir gern Referenzen ausstellen werden, finden Sie nachfolgend.	Las siguientes personas podrán proporcionarles los informes necesarios sobre mi persona.
Ich freue mich auf Ihre Antwort.	En espera de su respuesta/sus noticias...
In der Hoffnung auf eine positive Antwort verbleibe ich ...	En espera de una respuesta positiva se despide...

7. Bewerbungen beantworten
7.1. Eine Bewerbung annehmen

7. Responder a una solicitud
7.1. Aceptar una solicitud

Wir freuen uns, Ihnen mitzuteilen/mitteilen zu können, dass ...	Nos complace comunicarle/poder comunicarle que...
... Sie sich erfolgreich für die Stelle als ... beworben haben.	...hemos acogido favorablemente su demanda para ocupar el puesto vacante como...
... Ihre Bewerbung in die engere Wahl gezogen wurde.	...su solicitud pasa a la fase siguiente de selección.
... wir uns für Sie entschieden haben.	...nos hemos decidido por Ud./... ha sido seleccionado/seleccionada para el puesto vacante.
Wir würden Sie gern am Dienstag, dem 14. Februar, um 10 Uhr zu einem Gespräch mit Herrn Müller einladen.	Nos complace (poder) invitarle a una entrevista con el Sr. Müller el martes, 14 de febrero, a las 10 horas.

7.2. Eine Bewerbung ablehnen

7.2. Rechazar una solicitud

Wir müssen Ihnen leider mitteilen, dass Ihre Bewerbung nicht angenommen wurde.	Lamentamos tener que comunicarle que su solicitud no ha sido aceptada.
Wir bedauern, Ihnen mitteilen zu müssen, dass Sie nicht in die engere Wahl gezogen wurden.	Lamentamos tener que comunicarle que su solicitud no pasa a la fase siguiente de selección.
Ich muss Ihnen leider mitteilen, dass die Stelle bereits vergeben ist.	Lamentamos tener que comunicarle que la vacante en cuestión ya ha sido cubierta.
Wir haben leider momentan keine Stelle frei.	Lamentablemente no tenemos ninguna vacante actualmente.

8. Die Anrede

8. El encabezamiento

an einen guten Bekannten oder Freund:	*a un conocido o amigo:*
Hallo!/Lieber Javier,/Liebe Matilde,	¡Hola!/Querido Javier:/Querida Matilde:
an eine oder mehreren Personen, die Sie gut bzw. sehr gut kennen:	*a una o más personas que conoce bien o muy bien*
Lieber Antonio,/Liebe Emilia,/Liebe Freunde,	Querido Antonio:/Querida Emilia:/Queridos amigos:
an eine Firma bzw. eine Person, von der Sie weder Namen noch Geschlecht kennen:	*a una empresa o a una persona de la que no conoce ni el nombre ni el sexo:*
Sehr geehrte Damen und Herren,	Señores:/Estimados señores:/Distinguidos señores:/Muy señores míos:/Muy señores nuestros:
an eine Person, deren Titel oder Berufsbezeichnung bekannt ist:	*a una persona de la que conoce el título de tratamiento o el título profesional:*
Sehr geehrter Herr President,/Sehr geehrter Herr Professor Santos,/Sehr geehrte Fr. Direktor,	Distinguido Sr. Presidente:/Distinguido Sr. Profesor Santos:/Distinguida Sra. Directora:

9. Die Grußformel

9.1. Privat

Mach's gut!	
Bis bald!	
Viele Grüße	
Viele liebe Grüße	
Herzlichst	
Herzliche Grüße	
Mit freundlichen Grüßen	
Viele Grüße an euch alle	
Alles Liebe (Dein.../Deine ...)	
Alles Gute, Dein(e) ...	
Tschüs!	

9.2. Freundlich und für kurze Briefe

Herzliche Grüße

Mit freundlichen Grüßen

9.3. Formell, aber freundlich

Mit besten Grüßen

Mit freundlichen Grüßen

Mit freundlichem Gruß

verbleibe ich mit freundlichen Grüßen

9.4. Sehr respektvoll

Hochachtungsvoll

9. Fórmulas de despedida

9.1. Privado

¡Que vaya bien!

¡Hasta pronto!

Un abrazo

Un abrazo muy fuerte

Saludos muy cordiales

Saludos cordiales

Afectuosamente

Muchos recuerdos a todos

Con cariño...

Te desea lo mejor.../(Muchos) Besos de...

¡Adiós!

9.2. Amable y en cartas breves

Saludos cordiales

(Muy) Atentamente

9.3. Formal, pero amable

Con los mejores deseos/Saludos afectuosos

Atentamente

Atentamente

Se despide atentamente

9.4. Muy respetuoso

Muy atentamente

III. E-Mail- und Internetadressen angeben

Meine E-Mail-Adresse ist:
tobias.mustermann@t-online.de
(sprich: tobias punkt mustermann at t (binde)strich online punkt d e)

Meine Homepage-Adresse ist:
http://www.t-online.de/~mustermann
(sprich: h t t p doppelpunkt doppelslash w w w punkt t (binde)strich online punkt d e slash tilde mustermann)

III. Dar la dirección de correo electrónico o de internet

Mi dirección de correo electrónico es (la siguiente):
tobias.mustermann@t-online.de
(es decir, tobias punto mustermann arroba t guión online punto d e)

Mi página web es:
http://www.t-online.de/~mustermann
(es decir, h t t p dos puntos dos barras w w w punto t guión online punto d e barra tilde mustermann)

Geschäftskorrespondenz
Correspondencia comercial

Angebotsanfrage

Firma
Egon Mustermann
Schöne Straße 1

70368 Stuttgart

Hamburg, den 30.10.2002
ABC/ab

Anfrage für ein Angebot

Sehr geehrte Damen und Herren,

Ihrer Anzeige in der Zeitschrift „Büro & Co" haben wir entnommen, dass Sie einer der führenden Büromöbelhersteller im deutschsprachigen Raum sind und dass Sie über ein breites Angebot an Raum sparenden und optisch ansprechenden Büromöbelvarianten verfügen.

Da wir die Absicht haben, in Kürze unsere Büroräume mit einer Fläche von insgesamt 2000 m^2 neu zu möblieren, bitten wir Sie um Zusendung Ihres ausführlichen illustrierten Katalogs sowie Ihrer aktuellen Preisliste und um Angabe Ihrer Liefer- und Zahlungsbedingungen.

Wir möchten Sie bitten, uns die günstigsten Preise zu nennen, da es sich im Falle einer Auftragserteilung um einen Auftrag größeren Umfangs handelt. Sollten uns Ihre Bedingungen zusagen und die Qualität Ihrer Möbel unseren Erwartungen entsprechen, werden wir unseren Bedarf an Büromöbeln gerne auch in Zukunft bei Ihnen decken. Wir möchten Sie schon heute darauf hinweisen, dass unsere neue Filiale, die Anfang nächsten Jahres eröffnet wird, ebenfalls neu möbliert werden soll.

Mit freundlichen Grüßen

ABC GmbH
i. A.

Anton Bauer

Solicitud de oferta

La Fábrica del Mueble
C/Valentín Jalón, 109
09005 Burgos

Madrid, 30 de octubre de 2002

Asunto: Solicitud de oferta

Estimados señores:

A través de su anuncio en la revista „Mobiliario & Cía." hemos podido comprobar que su empresa es una de las principales fabricantes de muebles de oficina en toda España y que disponen de una oferta amplia que destaca por su diseño y funcionalidad.

Debido a que en un futuro próximo planeamos dotar nuestras oficinas – que ocupan una superficie total de 2.000 m^2 – con mobiliario nuevo, les agradeceríamos que tuvieran la amabilidad de enviarnos un catálogo ilustrado y detallado de sus productos, así como la lista de precios en vigor y las condiciones de entrega y de pago.

Solicitamos nos envíen su oferta incluyendo sus precios más competitivos al tratarse, en caso de que se lleve a efecto, de un pedido de un importante volumen. En caso de que sus condiciones fuesen aceptables y la calidad de los muebles estuviese de acuerdo con nuestras expectativas, estaríamos encantados si en el futuro pudieran seguir surtiéndonos con sus productos. En este sentido, queremos hacerles saber que nuestra nueva filial, que se abrirá a principios del próximo año, debe ser equipada igualmente con muebles de oficina.

Esperando su respuesta se despide atentamente,

AMS, S.A.
p.p.

Antonio Barrios

Antwortschreiben auf eine Anfrage

Firma
Anton Muster
Breite Straße 1

70368 Stuttgart

Berlin, den 30.10.2002
ABC/um

Ihre Anfrage vom 10.10.2002

Sehr geehrte Damen und Herren,

Bezug nehmend auf den Besuch des Herrn Meier auf der Messe in Stuttgart übersenden wir Ihnen in der Anlage die gewünschten Unterlagen über unsere Elektroherde. Eine aktuelle Preisliste fügen wir ebenfalls bei. Wir sind bereit, Ihnen einen Rabatt von 35 % einzuräumen, vorausgesetzt, der Export wird durch uns direkt durchgeführt.

Unsere üblichen Zahlungsbedingungen sind: unwiderrufliches, bestätigtes Akkreditiv zu unseren Gunsten, auszahlbar bei der ABC Bank, Stuttgart.

Die Lieferzeit für die angebotenen Herde beträgt derzeit 6–8 Wochen.

Wir würden uns freuen bald von Ihnen zu hören.

Mit freundlichen Grüßen

ABC GmbH & Co. KG
i. A.

Ulrike Meier

Anlage

Respuesta a una solicitud de oferta

Muestras Calidad, S.A.
Calle Londres, 1

30010 Murcia

Calatayud, 30/10/2002

Su solicitud de información de fecha 10/10/2002

Muy Sres. nuestros:

Deseamos hacer referencia a la visita que el Sr. Ortiz nos efectuó en la Feria de Muestras de Barcelona y según sus deseos nos permitimos enviarles los folletos solicitados sobre nuestra placa eléctrica y nuestra lista de precios. Sobre dichos precios estamos en condiciones de ofrecerles un descuento del 35% siempre y cuando la mercancía sea exportada directamente por nosotros.

Nuestras condiciones de pago habituales son carta de crédito irrevocable y confirmada a nuestro favor, pagadera en el banco ABC de Zaragoza.

El tiempo de entrega para la placa eléctrica ofertada es de 6 a 8 semanas.

Con el deseo de recibir en breve sus comentarios al respecto nos despedimos muy atentamente.

ABC, S.A.
p.p.

Isabel Mestres

Anexos: folletos
          lista de precios

Antwortschreiben

Firma
Ulrich Mustermann
Musterstraße 1

70368 Stuttgart

München, den 20.05.2002
XYZ/fm

Ihre Anfrage

Sehr geehrter Herr Mustermann,

wir danken Ihnen für Ihre Anfrage vom 30.04. und freuen uns, dass Sie sich für unsere Produkte interessieren. Gerne schicken wir Ihnen in der Anlage unseren illustrierten Katalog sowie unsere aktuelle Preisliste (Preisänderungen vorbehalten). Die Lieferzeit der von Ihnen gewünschten Artikel beträgt derzeit ca. 2 Monate.

Wir garantieren Ihnen erstklassige Ware und hoffen, dass unsere günstigen Preise Sie veranlassen werden, uns einen Auftrag zu erteilen, den wir selbstverständlich rasch und sorgfältig ausführen werden.

Wir würden uns freuen, einen Auftrag von Ihnen zu erhalten.

Mit freundlichen Grüßen

XYZ GmbH & Co. KG
i. A.

Fritz Müller

Anlage

Respuesta

Confecciones Selectas, S.L.
Calle de la Paz, 1

43840 Salou

La Coruña, 20 de mayo de 2002

Su solicitud de información

Muy apreciado Sr. De Miguel:

En primer lugar deseamos agradecerle su solicitud de información de fecha 30 de abril y el interés mostrado en nuestros productos.

Adjuntamos a la presente nuestro catálogo ilustrado y nuestra lista de precios (salvo modificaciones). El tiempo de entrega de los artículos solicitados es de 2 meses aproximadamente.

Esperamos que la calidad superior de nuestros productos unida a unos precios altamente competitivos sean de su satisfacción y nos haga llegar un pedido que, cómo no, atenderemos con la mayor rapidez y eficacia.

En espera de recibir pronto noticias suyas nos despedimos atentamente.

XYZ, S.L.
p.p.

Antonio Pérez

Anexo: catálogo
         lista de precios

Auftragserteilung

Firma
Fritz Muster GmbH
z. H. Frau Müller
Musterstraße 1

80358 München

Stuttgart, den 30.06.2002
FGH/df

Auftragserteilung

Sehr geehrte Frau Müller,

wir danken Ihnen für Ihr Angebot vom 20.06. und für die uns übersandten Muster. Da die Qualität der Muster unseren Erwartungen entspricht, bestellen wir zu den in Ihrem Angebot genannten Preisen und Bedingungen:

1. ...
2. ...
3. ...

Bitte tragen Sie dafür Sorge, dass die gelieferten Waren genau den Mustern entsprechen.

Da wir die Waren dringend benötigen, müssen wir auf Lieferung innerhalb der von Ihnen genannten Frist von 4 Wochen bestehen. Zahlung erfolgt innerhalb von 10 Tagen nach Eingang Ihrer Rechnung durch Überweisung auf Ihr Konto bei der CDE Bank München.

Sollte die erste Lieferung zu unserer Zufriedenheit ausfallen, sind wir gerne bereit Ihnen weitere Aufträge zu erteilen.

Mit freundlichen Grüßen

FGH GmbH & Co
i. A.

Doris Frank

Otorgamiento de pedido

Muestras, S.L.
A la atención de la Sra. Silvestre
C/Navarra, 1
09007 Burgos

Burgos, 30 de junio de 2002

<u>Pedido</u>

Apreciada Sra. Silvestre:

En primer lugar deseamos agradecerle su oferta de fecha 20-06-2002 así como las muestras enviadas. Debido a que la calidad de las mismas se corresponde con nuestras expectativas nos complace confirmar el siguiente pedido de acuerdo con los precios y condiciones estipulados en su oferta:

1.-   ...
2.-   ...
3.-   ...

Rogamos pongan especial atención en suministrar mercancía de la misma calidad que la de las muestras enviadas.

Debido a que necesitamos la mercancía urgentemente, les pedimos que respeten estrictamente el plazo de entrega mencionado por Uds. (4 semanas).

El pago se efectuará dentro de los diez días siguientes a la recepción de la factura correspondiente mediante transferencia bancaria a la cuenta que mantienen en el banco CDE de Burgos.

En el caso de que esta primera entrega fuera satisfactoria estaríamos dispuestos a realizar más pedidos.

Saludos muy cordiales,

FGH, S.L.
p.p.

Ignacio Puertas

Auftragsbestätigung

Firma
Egon Muster GmbH
z. H. Frau Schwarz
Große Straße 10

10123 Berlin

Hamburg, den 10.07.2002
DEF/ks

Sehr geehrte Frau Schwarz,

wir danken Ihnen für Ihren Auftrag vom 23.06. und senden Ihnen in der Anlage den von uns unterzeichneten Liefervertrag in doppelter Ausfertigung. Bitte senden Sie uns ein mit Ihrer Unterschrift versehenes Exemplar zurück.

Ihren Anweisungen werden wir selbstverständlich genau Folge leisten. Wir versichern Ihnen, dass wir unser Möglichstes tun werden, um Ihren Auftrag zu Ihrer vollsten Zufriedenheit auszuführen und hoffen, dass mit diesem Erstauftrag eine dauerhafte und zufrieden stellende Geschäftsverbindung zwischen unseren Häusern entsteht.

Mit freundlichen Grüßen

DEF GmbH
i. A.

Karin Schmidt

Anlage:
Unterzeichneter Liefervertrag

Confirmación de pedido

Novotécnica, S.A.
A la atención de la Sra. Sierra
C/Estrecha, 10

18020 Granada

Sevilla, 10-07-2002

Confirmación de pedido

Apreciada Sra. Sierra:

Agradecemos su pedido del 23 de junio y adjuntamos a la presente el contrato de entrega debidamente firmado en dos ejemplares. Rogamos sirva devolvernos un ejemplar con su firma.

Seguiremos sus indicaciones en todo lo que esté en nuestras manos.

Estamos en condiciones de asegurarle que haremos todo lo posible para servirles el pedido de acuerdo con sus expectativas y esperamos que este primer pedido constituya el inicio de una relación comercial duradera y llena de éxitos entre nuestras empresas.

Atentamente,
DEF, S.A.
p.p.

Cristina Suárez

Anexo: Contrato de entrega firmado

Alternatives Angebot

Firma
Fritz Musters OHG
z. H. Frau Schiller
Kleine Straße 10

60234 Frankfurt

Mannheim, den 18.09.2002
GHI/cs

Ihr Auftrag vom 27.08.2002

Sehr geehrte Frau Schiller,

besten Dank für Ihren Auftrag vom 27.08.2002.

Leider müssen wir Ihnen mitteilen, dass die von Ihnen gewünschte Qualität nicht mehr vorrätig ist und voraussichtlich erst wieder in ca. 2 Monaten lieferbar sein wird. Wir möchten deshalb anfragen, ob Ihnen eventuell mit einer ähnlichen Qualität, z. B. Nr. 866 auf S. 10 unseres Katalogs, ebenfalls gedient wäre.

Bitte lassen Sie uns Ihre Entscheidung baldmöglichst wissen.

Wir danken Ihnen im Voraus für Ihr Verständnis und Ihr Vertrauen.

Mit freundlichen Grüßen

GHI GmbH
i. A.

Carmen Schulze

Oferta alternativa

Juan Patrón, S.A.
A la atención de la Srta. Berganza
Hermosilla, 44

28001 Madrid

Madrid, a 18 de septiembre de 2002

Su pedido del 27–06–2002

Apreciada Srta. Berganza:

Agradecemos su pedido de fecha 27–06–2002.

Desgraciamente sentimos comunicarle que la calidad solicitada no se encuentra disponible en este momento en stock y que, por tanto, la mercancía no podrá ser entregada hasta dentro de unos dos meses.

Es por ello que deseamos preguntarle si aceptaría recibir una calidad semejante, como por ejemplo la del número 866 (página 10 de nuestro catálogo).

Esperamos recibir su respuesta a la mayor brevedad posible.

Agradecemos de antemano la confianza depositada en nuestros productos y su comprensión ante este problema.

Atentamente,

GHI, S.A.
p.o.

Carmen Cortés

Versandanzeige

Hans Musters GmbH
z. H. Frau Huber
Lange Straße 5

70123 Stuttgart

Köln, den 13.05.2002
JKL/ab

Ihr Auftrag

Sehr geehrte Frau Huber,

wir beziehen uns auf Ihren Auftrag vom 10.04. und freuen uns Ihnen mitteilen zu können, dass die von Ihnen bestellte Ware heute der Bahn übergeben wurde.

In der Anlage senden wir Ihnen eine Kopie unserer Rechnung. Den Wechsel und die Versanddokumente haben wir unserer Bank, der EFG Bank in Köln, übergeben und diese angewiesen die Aushändigung der Dokumente nach Akzeptierung des Wechsels zu veranlassen.

Wir hoffen, dieses Geschäft zu Ihrer vollsten Zufriedenheit abgewickelt zu haben und würden uns freuen bald weitere Aufträge von Ihnen zu erhalten.

Mit freundlichen Grüßen

JKL GmbH
i. A.

Anja Bauer

Anlage

Aviso de envío

F.L.M, S.L.
A la atención de la Sra. Martín
Lisboa, 45

29006 Málaga

Sevilla, 13 de mayo de 2002

Su pedido

Apreciada Sra. Martín:

Hacemos referencia a su pedido de fecha 10–04–2002 y nos satisface informarle de que la mercancía solicitada ha sido entregada hoy a la empresa transportista.

Adjuntamos una copia de nuestra factura comercial. La letra de cambio y los documentos de embarque han sido enviados a nuestro banco, el EFG de Málaga, con la orden de entregarlos sólo tras la aceptación de la mencionada letra de cambio por parte del cliente.

Esperamos haberle servido a su satisfacción y nos complacería recibir en breve nuevos pedidos.

Atentamente,

JKL, S.A.
p. o.

Juan de Juanes

Anexo: 1 copia de la factura comercial

Qualitätsbestätigung

Frank Muster GmbH
z. H. Frau Schmid
Alte Straße 99

10999 Berlin

Frankfurt, den 12.12.2002
MNO/ef

Unser Auftrag Nr. A 1234 vom 13.10.

Sehr geehrte Frau Schmid,

die mit obigem Auftrag bestellte Ware ist heute in unversehrtem Zustand bei uns eingetroffen. Nach eingehender Prüfung der Ware konnten wir uns von ihrer erstklassigen Qualität überzeugen und haben heute unsere Bank angewiesen, den Rechnungsbetrag in Höhe von €… auf das Konto der XXX Bank in Berlin zu überweisen.

Mit freundlichen Grüßen
MNO GmbH
i. A.

Elke Fischer

Confirmación en materia de calidad

Pedro Patrón, S.A.
A la atención de la Sra. Carreras
Estrella, 99

28004 Madrid

Guadalajara, 12–12–2002

Nuestro pedido n.º A 1234 del 13–10–2002

Apreciada Sra. Carreras:

Confirmamos la recepción de la mercancía incluida en el pedido arriba indicado. El correspondiente control de la misma ha demostrado que se trata de piezas de primera calidad y en consecuencia hemos dado a nuestro banco las instrucciones necesarias para que transfiera el importe de la factura correspondiente por valor de €… a la cuenta que Uds. mantienen en el Banco XXX de Madrid.

Atentamente,

MNO, S.L.
p.o.

Fernanda Cosculluela

Vertrauliche Anfrage

Günter Muster GmbH
Neue Straße 1
26199 Hamburg

München, den 03.02.2003
OPQ/ak

VERTRAULICHE ANFRAGE

Sehr geehrte Damen und Herren,

die Firma Nord in Hamburg hat sich um unsere Vertretung im norddeutschen Raum beworben und Sie dabei als Referenz genannt. Bei Abschluss eines Vertretervertrages würden wir dieser Firma Konsignationswaren im Wert von ca. €... zur Verfügung stellen.

Wir wären Ihnen deshalb für eine möglichst genaue Auskunft über die Vermögenslage dieser Firma und den Umfang ihrer Geschäfte dankbar. Vor allem würde uns interessieren zu erfahren, ob sie Ihrer Ansicht nach in der Lage ist, den Markt im Raum Norddeutschland intensiv zu bearbeiten. Verfügt die Firma über gute Geschäftsverbindungen in Ihrer Branche?

Wir versichern Ihnen, dass wir Ihre Auskunft als streng vertraulich und für Sie unverbindlich behandeln werden. Ein adressierter Umschlag liegt diesem Schreiben bei.

Mit freundlichen Grüßen
OPQ GmbH
i. A.

Anke Kunz

Solicitud de información confidencial

Herminia Patro, S.A.
Plaza España, 90
48001 Bilbao

Alicante, 3 de febrero de 2003

SOLICITUD DE INFORMACIÓN CONFIDENCIAL

Estimados señores:

La empresa Norte de Bilbao está interesada en que le concedamos la representación de nuestros productos para la zona norte y ha mencionado su nombre como referencia. Tras la firma de un contrato de representación pondríamos a disposición de dicha empresa un stock de consignación por valor de aprox. €…

Les estaríamos muy agradecidos si nos pudieran facilitar información precisa sobre la situación financiera y el volumen de negocios de dicha empresa. En particular nos interesaría saber si, según su punto de vista, la empresa Norte de Bilbao tiene capacidad para trabajar de forma intensiva el mercado norte de España y si mantiene buenas relaciones comerciales en el ramo.

Les aseguramos que dicha información será tratada de forma estrictamente confidencial y que no existe ningún compromiso por su parte. Adjuntamos a la presente un sobre con franqueo pagado.

Atentamente,

Galvanizados Industriales, S.L.
p.o.

Alberto Ortiz

Beschwerde: Lieferzeit

KLM GmbH
z. H. Frau Gruber
Schöne Allee 22

30123 Bremen

CDE/ck
Stuttgart, den 06.06.2003

Unsere Bestellung vom 15.04.

Sehr geehrte Frau Gruber,

am 15.04. bestellten wir bei Ihnen Ware, deren Lieferung Sie uns verbindlich bis spätestens 20.05. zusagten. Die Lieferfrist ist mittlerweile um mehr als 14 Tage überschritten und wir sind immer noch nicht im Besitz der bestellten Ware.

Da es sich um einen Saisonartikel handelt, werden Sie sicherlich Verständnis dafür haben, dass wir die Ware nun nicht mehr abnehmen können. Sollte die Ware zwischenzeitlich bei uns eingehen, so erfolgt die Lagerung auf Ihre Rechnung und Gefahr.

Unsere Kundschaft, die den bereits angekündigten Artikel mit großem Interesse erwartet hatte, ist sehr verärgert. Wir können den Umfang des Schadens, der uns durch Ihre Säumigkeit entstehen wird, noch nicht absehen, werden uns aber auf jeden Fall überlegen, ob wir die Geschäftsverbindung mit Ihnen weiterhin aufrechterhalten können.

Mit freundlichen Grüßen

CDE GmbH
i. A.

Carmen Klein

Reclamación: plazo de envío

KLM, S.L.
A la atención de la Sra. Espejo
C/Ancha, 22

41023 Sevilla

Navarra, a 6 de junio de 2003

Pedido

Apreciada Sra. Espejo:

El pasado 15 de abril les pasamos un pedido que se comprometieron a enviar con fecha máxima de entrega del 20 de mayo. Dicha fecha ha sido sobrepasada en más de 15 días y, desgraciadamente, todavía no hemos recibido la mercancía.

Teniendo en cuenta que se trata de artículos de temporada, creemos que podrán entender que ya no podemos aceptar el pedido. En el caso de que la mercancía ya haya sido enviada, la almacenaremos por su cuenta y riesgo.

Los clientes que esperaban con gran interés dicha mercancía están muy descontentos. En este momento todavía no podemos evaluar la importancia de los daños ocasionados por su demora, pero, en todo caso, nos plantearemos en un futuro la conveniencia de seguir manteniendo relaciones comerciales con ustedes.

Saludos atentos,

CDE, S.L.
p.p.

Carmen Córdoba

Mahnung: Lieferung

Firma
XY-Muster
Lange Str. 99

10234 Berlin

München, den 03.02.2003
PQR/ch

Mahnung

Sehr geehrte Damen und Herren,

vor 3 Wochen haben wir die auf der letzten Messe in Frankfurt bei Ihnen bestellte Bohrmaschine erhalten. Leider haben Sie jedoch den Elektromotor nicht mitgeliefert.

Da wir auf die Lieferung des Spezialmotors angewiesen sind, steht die Maschine jetzt ungenutzt in unserem Lager, obwohl wir sie für unseren Betrieb dringend benötigen.

Bei unserem Besuch auf der Messe wurde uns von Ihrem Verkaufsleiter, Herrn X, die Lieferung der kompletten Maschine innerhalb von 4 Wochen verbindlich zugesagt. Sie werden daher sicherlich unsere Enttäuschung darüber verstehen, dass die Maschine jetzt mehr als 2 Monate nach Auftragserteilung immer noch nicht einsatzbereit ist.

Wir setzen Ihnen nunmehr eine Nachfrist bis zum Ende dieses Monats. Sollten wir bis dahin nicht im Besitz des Motors sein, lehnen wir die Annahme ab und senden Ihnen die bereits gelieferte Maschine zu Ihren Lasten zurück. Die geleistete Anzahlung in Höhe von €... bitten wir in diesem Falle auf unser Konto Nr. 12345 bei der XYZ Bank in München zu überweisen.

Mit freundlichen Grüßen

PQR GmbH
i. A.

Christine Huber

Aviso: envío

Industrias, S.A.
Sardenya, 99

08013 Barcelona

Barcelona, 03/02/2003

Aviso

Apreciados señores:

Hace 3 semanas recibimos el pedido de la máquina taladradora que les pasamos en la última Feria de Barcelona. Lamentablemente hemos comprobado que en el envío no se encuentra el motor eléctrico.

Dado que sin el motor especial no podemos utilizar la máquina, la tenemos depositada en el almacén, aunque la necesitamos con urgencia para nuestra empresa.

Durante la visita que realizamos a la Feria, su representante de ventas, el Sr. X, nos aseguró en firme que el suministro completo de la máquina se realizaría en un tiempo de 4 semanas. Por tal razón podrán comprender la decepción que nos causa no poder utilizar la máquina al cabo de 2 meses de pasarles el pedido.

Les concedemos a partir de ahora un plazo adicional hasta finales del mes en curso. Si no dispusiéramos del motor hasta esa fecha, nos veríamos obligados a rechazar la mercancía que sería devuelta a portes debidos. En tal caso, les rogaríamos que transfirieran el importe de €... en concepto de pago por adelantado a nuestra cuenta N.º 12345 del banco XYZ de Barcelona.

Atentamente,

PQR, S.L.
p.o.

Griselda Santamaría

Mahnung: Zahlung

Müller & Meier GmbH
z. H. Frau Schwarz
Schöne Straße 1

20123 Hamburg

XYZ/hh
München, den 10.10.2002

Unsere Rechnung vom 05.08.2002

Sehr geehrte Frau Schwarz,

dürfen wir Sie daran erinnern, dass unsere Rechnung vom 05.09. bereits vor über einem Monat fällig war?

Unsere Bank hat uns heute auf unsere Anfrage hin mitgeteilt, dass bisher noch keine Überweisung von Ihnen eingegangen ist.

Selbstverständlich kann es vorkommen, dass eine Rechnung übersehen wird. Davon gehen wir in Ihrem Fall aus. Da wir Sie nun jedoch auf diese Angelegenheit aufmerksam gemacht haben, sind wir überzeugt, dass Sie den offen stehenden Betrag in Kürze begleichen werden.

Wir möchten Sie bei dieser Gelegenheit auch gleich auf unsere Neuheiten hinweisen. Beiliegend erhalten Sie unseren neuesten Katalog. Da wir schon viele Anfragen zu unseren Neuheiten erhalten haben, empfehlen wir Ihnen, Ihre Bestellung so früh wie möglich aufzugeben, da wir unseren Kunden nur im Fall einer frühzeitigen Bestellung rechtzeitige Lieferung garantieren können.

Wir würden uns freuen bald von Ihnen zu hören.

Mit freundlichen Grüßen

XYZ GmbH
i. A.

Heike Huber

Anlage

Aviso: abono

Hernández e Hijos, S.L.
A la atención de la Sra. López
Plaza Baleares, 1

07015 Palma de Mallorca

Guadalajara, 10 de octubre de 2002

<u>Nuestra factura del 05–09–2002</u>

Apreciada Sra. López:

Mediante la presente deseamos informarle de que nuestra factura del día 5 de septiembre de 2002 está pendiente de pago desde hace más de un mes.

Puestos en contacto con nuestro banco, nos ha comunicado que hasta la fecha no se ha recibido su transferencia.

Como creemos que en el caso que nos ocupa la factura de referencia le habrá pasado inadvertida, estamos convencidos de que reaccionará a nuestro requerimiento y en breve recibiremos la cantidad pendiente.

Aprovechamos esta ocasión para informarle de nuestras últimas novedades y adjuntarle el nuevo catálogo. Debido a que ya hemos recibido numerosas solicitudes de oferta de las mismas, le sugerimos que nos haga su pedido a la mayor brevedad posible ya que sólo en dicho caso podemos garantizar a nuestros clientes que las entregas sean realizadas en los plazos acordados.

Esperamos sus comentarios en breve.

Saludos muy atentos,

XYZ, S.L.
p.p.

Blanca López

Anexo: catálogo

Kontoausgleich

Eisenwaren GmbH
z. H. Frau Müller
Eisenstraße 6

60123 Frankfurt/Main

FGH/mm
Mannheim, 25.08.2003

Kontoausgleich

Sehr geehrte Frau Müller,

obwohl wir wiederholt um Begleichung des noch offen stehenden Betrages in Höhe von €... baten, haben Sie sich bisher hierzu weder geäußert noch eine Zahlung geleistet. Der Betrag ist inzwischen vier Monate überfällig.

Nachdem unsere Geschäftsverbindung bisher harmonisch verlief und wir Sie stets pünktlich belieferten, können wir nicht verstehen, dass Sie uns keinerlei Vorschläge zur Regelung dieser Angelegenheit unterbreiten. Wir hätten uns sicherlich bemüht, eine für beide Seiten zufrieden stellende Lösung zu finden.

Da wir jedoch ebenfalls unseren Verpflichtungen nachkommen müssen, ist uns ein weiteres Entgegenkommen nicht mehr möglich. Wir bitten Sie deshalb, uns unverzüglich mitzuteilen, wie Sie den offen stehenden Betrag begleichen wollen. Im äußersten Fall sind wir mit Teilzahlungen, fällig am 25.09., 25.10. und 25.11., einverstanden.

Ihre Antwort erbitten wir bis spätestens 05.09.2003. Anderenfalls sehen wir uns gezwungen, den Betrag unter Berechnung von 6 % Verzugszinsen per Postnachnahme einzuziehen.

Die Bestellung vom 12.08. d. J. werden wir erst nach Ausgleich Ihres Kontos ausliefern.

Mit freundlichen Grüßen

FGH GmbH
i. A.

Martina Meyer

Saldo de cuenta

Fábrica de zapatos, S.L.
A la atención de la Sra. Martín
C/ de la Industria, 6
46022 Valencia

Reus, 25 de agosto de 2002

Asunto: Saldo de cuenta

Apreciada Sra. Martín:

A pesar de las numerosas comunicaciones solicitando el pago de la cantidad pendiente de €..., no hemos recibido por su parte ni contestación ni pago alguno. La factura venció hace ya cuatro meses.

Teniendo en cuenta que nuestros negocios hasta la fecha se han desarrollado de forma armónica y que por nuestra parte hemos cumplido suministrando nuestra mercancía puntualmente, no podemos entender que no nos haya ofrecido ninguna sugerencia para regularizar una situación semejante. No le quepa la menor duda de que hubiésemos hecho todo lo posible para encontrar una solución satisfactoria para ambas partes.

Como por nuestra parte tenemos que cumplir con nuestras obligaciones no podemos seguir dándoles más facilidades. Por lo tanto, les pedimos que nos confirmen sin más dilación de qué manera piensan pagar el importe pendiente. A lo sumo, aceptaríamos pagos parciales el 25 de septiembre, 25 de octubre y 25 de noviembre.

Esperamos su respuesta antes del 05–09–2002. En caso contrario nos veremos obligados a cobrar contra reembolso la cantidad pendiente más el 6 % en concepto de intereses de demora.

Su pedido de fecha 12 de agosto del presente le será enviado una vez se hayan servido saldar su cuenta.

Saludos atentos,

FGH, S.L.
p.p.

Emilio Lorente

Verlängerung der Abdruckgenehmigung

XYZ Verlag
z. H. Frau Bayer
Schillerstr. 1

12345 Berlin

Stuttgart, den 19.12.2002

**Verlängerung der Abdruckgenehmigung
Titelangabe**

Sehr geehrte Frau Bayer,

mit Schreiben vom 02.02.2002 hatten Sie uns die Abdruckgenehmigung für ... im o. g. Werk erteilt (siehe anbei die Fotokopie).

Angesichts eines Nachdruckes in einer Auflage von 10.000 Exemplaren bitten wir Sie hiermit um die Verlängerung der Abdruckgenehmigung und um die Nennung Ihrer Bedingungen für die genannte Anzahl an Exemplaren.

Mit freundlichen Grüßen

EFG VERLAG GmbH
i. A.

Monika Mayer

Anlage

Renovación del permiso de reproducción

Editorial XYZ
A la atención de la Sra. Cortés
C/Mayor, 1

47001 Valladolid

Ávila, 19 de diciembre de 2002

Renovación del permiso de reproducción
Título

Apreciada Sra. Cortés:

En su escrito de fecha 02/02/2002 nos confirmaba el permiso para la reproducción de... de la obra arriba mencionada (véase copia adjunta).

Debido a que tenemos que efectuar una reimpresión de 10.000 ejemplares, solicitamos mediante la presente una renovación del permiso de reproducción y le rogamos indique además las condiciones para el número de ejemplares mencionado.

Atentamente,

Editorial EFG, S.L.
p.p.

Mónica Nicolás

Anexo: copia permiso para reproducción

Bitte um Zahlungsaufschub

Schmidt & Schultze GmbH
z. H. Frau Werner
Kurze Straße 1

80123 München

MM/eb
Hamburg, den 15.10.2002

Ihr Schreiben vom 10.10.2002

Sehr geehrte Frau Werner,

wir haben Ihr o. g. Schreiben erhalten und bedauern es sehr, dass es uns bisher nicht möglich war, Ihre Rechnung zu begleichen.

Der unerwartete Konkurs eines unserer Kunden hat uns große Unannehmlichkeiten bereitet. Außerdem war der Absatz in den letzten Wochen relativ gering, so dass es uns nicht leicht fiel, unsere laufenden Ausgaben zu bestreiten. Es bleibt uns deshalb nichts anderes übrig, als Sie um einen Monat Aufschub zu bitten. Das Geschäft ist gegenwärtig etwas besser und dürfte sich in Zukunft noch weiter beleben.

Wir wären Ihnen für Ihr Entgegenkommen äußerst dankbar und sind überzeugt, dass es uns gelingen wird, unseren Verpflichtungen innerhalb der nächsten 4 Wochen nachzukommen.

Hochachtungsvoll

Müller & Meyer GmbH
i. A.

Elke Bauer

Solicitud de moratoria

Roca y Pérez Asociados, S.L.
A la atención de la Sra. Izquierdo
Calle del medio, 1

36208 Vigo

Pontevedra, 15 de octubre de 2002

Su escrito del 10/10/2002

Apreciada Sra. Izquierdo:

Confirmamos haber recibido la carta mencionada y sentimos informarle de que hasta la fecha no nos ha sido posible transferir la cantidad pendiente.

La quiebra inesperada de uno de nuestros clientes nos ha ocasionado numerosos problemas; nuestras ventas, además, han sufrido en las últimas semanas un relativo descenso, lo que nos ha impedido ponernos al corriente de nuestros pagos. Es por ello que nos vemos en la necesidad de solicitar un plazo adicional de un mes para realizar el pago de la factura. En los últimos días, el negocio ha experimentado una ligera mejora y creemos que esta tendencia se incrementará en el futuro.

Espero que comprenda nuestra situación y le aseguramos que en el plazo de las próximas cuatro semanas nos será posible efectuar el pago de la cantidad adeudada.

Muy atentamente,
Pérez y Pérez Asociados, S.L.
p.p.

Esther Santiago

Ablehnung eines Rabatts

Muster & Co.
z. H. Frau Schuster
Breite Straße 1

70123 Stuttgart

XXX/sch
Frankfurt, den 22.02.2002

Ihre Bitte um 10 % Nachlass

Sehr geehrte Frau Schuster,

wir haben Ihr Schreiben vom 18.02., in dem Sie um einen weiteren Nachlass von 10 % auf die Preise unseres Angebots vom 10.02. baten, erhalten.

Nach nochmaliger Überprüfung unserer Preise müssen wir Ihnen zu unserem Bedauern jedoch mitteilen, dass es uns nicht möglich ist, Ihnen einen weiteren Rabatt zu gewähren.

Wenn Sie unsere Erzeugnisse mit anderen Fabrikaten vergleichen, werden Sie sicherlich feststellen, dass unsere Waren in Anbetracht ihrer hohen Qualität sehr preisgünstig sind. Eine Reduzierung unserer Preise wäre nur bei einer geringeren Qualität unserer Produkte möglich, die aber sicherlich nicht im Interesse unserer Kunden wäre.

Wir sind überzeugt, dass Sie diese Argumente verstehen werden und würden uns sehr freuen Ihren Auftrag zu erhalten.

Mit freundlichen Grüßen

XXX GmbH
i. A.

Sabine Schmidt

Denegación de descuento

Muestra, S.A.
A la atención de la Sra. Soriano
Calle Ancha, 1

42240 Medinaceli

Madrid, 22 de febrero de 2002

Su solicitud de descuento del 10%

Apreciada Sra. Soriano:

Confirmamos haber recibido su carta del pasado 18 de febrero solicitando un descuento adicional del 10% sobre el precio indicado en nuestra oferta del día 10 del mismo mes.

Hemos revisado nuevamente los precios de nuestra oferta y sentimos informarle de que no nos es posible ofrecerle ningún descuento adicional.

Si compra nuestros productos con otros fabricados se dará Ud. cuenta de que considerando su elevada calidad presentan un precio muy competitivo. Sólo nos sería posible reducir el precio de los mismos si disminuyéramos a la vez su calidad, algo que de ningún modo redundaría en beneficio de nuestros clientes.

Estamos convencidos de que entenderá nuestra argumentación y de que recibiremos en breve la confirmación de su pedido.

Atentamente,

XXX, S.L.
p.p.

Miriam Toledano

Mängelrüge

Müller & Co.
z. H. Frau Bauer
Lange Straße 1

10345 Berlin

YYY/mm
Köln, den 03.03.2002

Ihre Sendung

Sehr geehrte Frau Bauer,

die am 15.01. bei Ihnen bestellte Sendung Porzellanware traf gestern endlich am Kölner Hauptbahnhof ein.

Es stellte sich jedoch heraus, dass statt der auf der Rechnung aufgeführten 15 Kisten nur 13 geliefert wurden. Außerdem wurde beim Auspacken der Ware festgestellt, dass ein Teil des Inhalts der Kisten Nr. 6, 7 und 9 während des Transports beschädigt wurde, was unseres Erachtens nur auf mangelnde Verpackung zurückzuführen ist.

Wir müssen Ihnen leider mitteilen, dass wir mit der Ausführung unseres Auftrags äußerst unzufrieden sind, da zum einen die in Ihrer Auftragsbestätigung genannte Lieferzeit von 4 Wochen nicht eingehalten wurde, so dass wir bereits zweimal mahnen mussten, und zum anderen die gelieferte Sendung unvollständig und teilweise beschädigt bei uns eingetroffen ist.

Wir möchten Sie daher dringend bitten, uns umgehend die beiden fehlenden Kisten sowie Ersatz für die beschädigten Waren, über die wir eine Aufstellung beilegen, zu liefern.

Eine Fortsetzung unserer Geschäftsbeziehungen müssen wir von der prompten Erledigung unserer Beschwerde abhängig machen.

Mit freundlichen Grüßen
YYY GmbH
i. A.

Marion Meister

Anlage

Reclamación por mercancía defectuosa

Soriano & Cía.
A la atención de la Sra. Castroviejo
Calle del Palacio, 1
09008 Burgos

Haro, 3 de marzo de 2002

Su envío

Apreciada Sra. Castroviejo:

El envío del pedido de productos de porcelana de fecha 15-01-2002 llegó ayer finalmente a la estación de ferrocarril de Haro.

Tras su recepción nos dimos cuenta de que en vez de las 15 cajas indicadas en su factura solamente nos habían entregado 13. Además, al desembalar la mercancía descubrimos que una parte del contenido de las cajas 6, 7 y 9 había sufrido desperfectos durante el transporte, algo que, a nuestro entender, sólo puede deberse a un embalaje inapropiado.

Desgraciadamente nos vemos en la obligación de informarles de que estamos muy descontentos con la manera en que se ha llevado a término nuestro pedido; en primer lugar, el tiempo de entrega mencionado en su confirmación de pedido (4 semanas) no ha sido respetado, lo que nos ha obligado a reclamar la mercancía en dos ocasiones; en segundo lugar, la mercancía que hemos recibido está incompleta y presenta en parte desperfectos.

Por todo lo indicado, les solicitamos que a la mayor brevedad nos envíen las dos cajas que faltan así como repuesto para la mercancía dañada según la lista que acompaña a la presente carta.

La continuidad de nuestra relación comercial dependerá en gran manera de que nuestra reclamación sea atendida a la mayor brevedad posible.

Atentamente,
YYY, S.L.
p.p.

María Soriano

Anexo: lista

Antwortschreiben auf eine Reklamation

ABC GmbH
z. H. Frau Heinze
Lange Straße 1

20123 Hamburg

XYZ/abs
München, den 04.04.2002

Ihre Reklamation

Sehr geehrte Frau Heinze,

wir haben Ihr Schreiben vom 01.04. erhalten, in dem Sie uns mitteilten, dass unsere letzte Sendung beschädigt bei Ihnen eintraf und ein Teil der Ware unbrauchbar ist.

Wir bedauern diesen Vorfall sehr, können jedoch kein Verschulden unsererseits feststellen, da wir stets auf sorgfältige Verpackung geachtet haben. Unserer Ansicht nach muss der Schaden durch ein außergewöhnliches Ereignis entstanden sein.

Wir schlagen daher vor, dass Sie den Schaden unter Vorlage der Versicherungspolice, des Havarie-Zertifikats, des Konnossements und der Handelsrechnung der dortigen Vertretung der XXX Seeversicherungs-AG melden.

Sollten Sie allerdings vorziehen, dass wir für Sie die Schadensmeldung vornehmen, so sind wir selbstverständlich gern dazu bereit. In diesem Fall müssten wir Sie jedoch bitten, uns die dafür erforderlichen Unterlagen zur Verfügung zu stellen. Nach der Regulierung des Schadens würden wir Ihnen eine Gutschrift erteilen.

Wir sind überzeugt, dass diese Angelegenheit für beide Teile zufrieden stellend geklärt wird und dass unsere bisher stets guten Geschäftsbeziehungen hierdurch nicht gefährdet werden.

Mit freundlichen Grüßen

XYZ GmbH
i. A.

Anke Bauer-Schmidt

Respuesta a una reclamación

ABC, S.L.
A la atención de la Sra. Santos
C/ de la Victoria, 1

35014 Las Palmas de Gran Canaria

Málaga, 4 de abril de 2002

Su reclamación

Apreciada Sra. Santos:

Acusamos recibo de su carta del 01/04/2002 en la cual nos comunicaba que nuestro último envío les había llegado con desperfectos y que una parte de la mercancía no se podía utilizar.

Sentimos muchísimo el caso que nos comunica, pero de ningún modo podemos asumirlo como un error por nuestra parte ya que la mercancía fue embalada convenientemente. Según nuestra opinión, los daños deben haber sido causados por una causa extraordinaria.

Por este motivo les sugerimos que notifiquen el suceso a la representación de la compañía de seguros marítimos XXX, S.A. de su localidad, presentando la póliza de seguro, el certificado de avería, el conocimiento de embarque y la factura comercial.

En caso de que prefieran que seamos nosotros quienes avisemos del siniestro a la compañía de seguros, lo haremos con mucho gusto. De ser así, les rogamos que nos envíen los documentos necesarios. Una vez se hayan liquidado convenientemente los daños, les abonaremos el importe en su cuenta.

Estamos convencidos de que el caso que nos ocupa será solucionado de forma satisfactoria para ambas partes y que nuestra relación comercial no se verá afectada en modo alguno.

Saludos muy atentos,

XYZ, S.L.
p.p.

M. Luisa Soto

Bewerbung als Sekretärin

Sabine Maier
Schöne Straße 1

80123 München

Verlag Egon Muster GmbH
z. H. Herrn Dr. Wagner
Lange Straße 1

70124 Stuttgart

München, 20.10.2002

Bewerbung als Sekretärin

Sehr geehrter Herr Dr. Wagner,

mit großem Interesse habe ich Ihre Anzeige in der gestrigen Ausgabe der „Süddeutschen Zeitung" gelesen und möchte mich hiermit um die von Ihnen ausgeschriebene Stelle als Sekretärin bewerben.

Nach meiner Ausbildung zur Fremdsprachensekretärin, die ich im April 1995 erfolgreich abgeschlossen habe, war ich drei Jahre lang als Sekretärin in einer Automobilfirma tätig. Seit August 1998 arbeite ich in einer Textilwarenfirma als Export-Sachbearbeiterin.

Da ich mich gerne beruflich verändern möchte und mich eine Tätigkeit in der Verlagsbranche schon immer gereizt hat, bin ich davon überzeugt, dass die zu besetzende Position genau meinen beruflichen Vorstellungen entspricht und ich für diesen Posten sicherlich gut geeignet bin.

Ich verfüge über sehr gute Sprachkenntnisse in Englisch und Französisch sowie über gute Sprachkenntnisse in Spanisch und Grundkenntnisse in Italienisch. Die deutsche Rechtschreibung beherrsche ich perfekt. Des Weiteren verfüge ich über gute Stenographie- und Maschinenschreibkenntnisse und bin mit allen Sekretariatsarbeiten bestens vertraut.

Im Laufe meiner bisherigen Tätigkeiten habe ich gute Kenntnisse in den Programmen Word, Excel und QuarkXPress erworben und konnte auch einen Einblick in kaufmännische Zusammenhänge gewinnen.

Mein derzeitiges Gehalt beträgt €... brutto. Als frühester Eintrittstermin käme für mich der 01. Januar 2003 in Betracht.

Über eine Einladung zu einem persönlichen Gespräch würde ich mich sehr freuen.

Mit freundlichen Grüßen

Sabine Maier

<u>Anlage:</u>
Lebenslauf
Lichtbild
Zeugniskopien

Lebenslauf

Lebenslauf

Name:	Sabine Maier
Geburtstag:	20.05.1975
Geburtsort:	Stuttgart
Staatsangeh.:	deutsch
Eltern:	Anton Maier, Gymnasiallehrer Elke Maier, geb. Huber, Erzieherin
Familienstand:	ledig
Schulbildung:	1981–1985 Grundschule in Stuttgart
	1985–1991 Realschule in Stuttgart Abschluss: Mittlere Reife
Ausbildung:	1991–1993 Sekretärinnenschule Mannheim Abschluss: Diplom-Fremdsprachensekretärin
Tätigkeiten:	1993–1996 Sekretärin in der Automobilfirma ABC AG in Kornwestheim
	1996–2002 Export-Sachbearbeiterin in der Textilwarenfabrik XYZ München

München, den 20.10.2002

Sabine Maier

Solicitud de puesto para secretaria

Juana Palacios
C/Magdalena, 53

28012 Madrid

Editorial Azahara, S.A.
A la atención del Sr. Luzón
C/San Telesforo, 11
28017 Madrid

Madrid, 15 de octubre de 2002

Solicitud de puesto para secretaria

Estimado Sr. Luzón:

Habiendo leído con gran interés su anuncio en la edición de ayer en el periódico „El Planeta" les ruego consideren mi solicitud para el puesto de secretaria que ofrecen.

Tras finalizar mis estudios de Secretaria con idiomas en abril de 1995 estuve durante tres años trabajando como secretaria en una empresa del sector de la automoción. Desde agosto de 1998 trabajo para una empresa del ramo textil como técnico en comercio exterior.

El hecho de querer cambiar de trabajo y de que siempre me ha atraído realizar una actividad en el mundo editorial me hacen creer que el puesto que ofrecen corresponde exactamente a mis intereses profesionales y que estoy plenamente capacitada para desempeñarlo.

Mi dominio del inglés y del francés es excelente y tengo, además, un buen nivel de alemán y nociones de italiano. Poseo también conocimientos de taquigrafía y mecanografía y experiencia en todo tipo de trabajos relacionados con la secretaría.

A lo largo de mi experiencia laboral he podido adquirir un cierto dominio de los programas Word, Excel y QuarkXPress y obtener conocimientos generales en temas comerciales.

Actualmente mi sueldo bruto asciende a €… y podría incorporarme a su empresa a partir del 1 de enero de 2003.

Tendré mucho gusto en entrevistarme con ustedes cuando lo consideren oportuno.

Atentamente,

Juana Palacios

Anexo:
Currículum vitae
Foto
Fotocopias de los títulos

Currículum vitae

Nombre y apellidos: Juana Palacios Menéndez
Fecha de nacimiento: 20 de mayo de 1977
Lugar de nacimiento: Madrid
Nacionalidad.:   española
Estado civil: soltera

Datos académicos:

1983–1989   Estudios primarios en Madrid
1989–1993   Estudios secundarios en Madrid
1993–1995   Formación profesional en la Escuela de Secretarias de Madrid
              <u>Diploma</u>: Secretaria con idiomas

Experiencia profesional:

1995–1998   Secretaria en la empresa de automóviles MCF de Alcobendas
1998   Técnica en comercio exterior en la empresa Textiles la Mancha de Madrid

Idiomas:

Dominio del inglés y francés, buen nivel de alemán y nociones de italiano

Otros:

Conocimiento de los programas: Word, Excel y QuarkXPress

Madrid, 15 de octubre de 2002

Juana Palacios Menéndez

Bewerbung als Fremdsprachensekretärin

Claudia Schmid
Breite Straße 5

70123 Stuttgart

XYZ AG
z. H. Herrn Dr. Kunze
Seestraße 10

70174 Stuttgart

Stuttgart, 15.02.2002

Bewerbung als Fremdsprachensekretärin

Sehr geehrter Herr Dr. Kunze,

Ihre Anzeige in der gestrigen Ausgabe der „Süddeutschen Zeitung" hat mich angesprochen und ich bin an der von Ihnen ausgeschriebenen Stelle als Fremdsprachensekretärin sehr interessiert.

Meine Ausbildung zur Europasekretärin an der Akademie für Bürokommunikation und Welthandelssprachen (ABW) in Stuttgart werde ich Ende März d. J. mit dem Diplom abschließen. Nach Beendigung meiner Ausbildung möchte ich möglichst sofort ins Berufsleben einsteigen, so dass ich die Stelle zum 01.04.2002 antreten könnte.

Ich hatte schon immer ein großes Interesse an Sprachen und an anderen Kulturen und verfüge über sehr gute Englisch- und Französischkenntnisse sowie über gute Spanischkenntnisse und über Grundkenntnisse in Italienisch.

Der Umgang mit modernen Anwenderprogrammen (Word, Excel) ist mir bestens vertraut. Die selbstständige Erledigung aller im Sekretariat anfallenden Aufgaben sowie organisatorischer Aufgaben bereiten mir große Freude, ferner verfüge ich über sehr gute Stenographie- und Maschinenschreibkenntnisse in Deutsch, Englisch und Französisch und habe viel Spaß an der schriftlichen und mündlichen Kommunikation in Fremdsprachen sowie am Kontakt mit Menschen.

Durch meine frühere Ferientätigkeit als Bürokraft habe ich bereits einen Einblick in den Büroalltag gewinnen können. Meine Nebentätigkeit als Hostess auf der Internationalen Gartenbauausstellung im Sommer 2000 in XXX hat mir durch den Kontakt mit einem internationalen Publikum ebenfalls viel Spaß bereitet.

Über eine Einladung zu einem persönlichen Gespräch würde ich mich sehr freuen.

Mit freundlichen Grüßen

Claudia Schmid

Anlage

Lebenslauf

Lebenslauf

Name:	Claudia Schmid
Geburtstag:	10.06.1970
Geburtsort:	Karlsruhe
Staatsangeh.:	deutsch
Eltern:	Rolf Schmid, Verwaltungsangestellter Martha Schmid, geb. Schultze, Verwaltungsangestellte
Familienstand:	verheiratet, ein Kind
Schulbildung:	1976–1980 Rennbuckel-Grundschule in Karlsruhe
	1980–1986 Humboldt-Gymnasium in Karlsruhe
	1986–1989 Hölderlin-Gymnasium in Stuttgart <u>Abschluss:</u> Abitur
Ausbildung:	1990–1993 Akademie für Bürokommunikation und Welthandelssprachen – ABW in Stuttgart <u>Abschluss:</u> Diplom-Europasekretärin
Tätigkeiten:	September 1989 – August 1990: Au-pair-Stelle in Paris
	Seit Mai 1993: Redaktionsassistentin beim EFG Verlag, Stuttgart
Sprachkenntnisse:	Englisch, Französisch, Spanisch, Italienisch

Stuttgart, den 15.02.2002

Claudia Schmid

Solicitud de trabajo como secretaria con idiomas

Eleonor Cifuentes
General Concha, 45
48012 Bilbao

XYZ, S.A.
A la atención del Sr. Santos
Avenida de Tolosa, 111
20009 San Sebastián

Bilbao, 15 de febrero de 2002

Solicitud de trabajo como secretaria con idiomas

Estimado Sr. Santos:

He leído con interés su anuncio publicado en la edición de ayer de „La Mañana" y desearía presentarme a la plaza que solicitan de secretaria con idiomas.

A finales de marzo del presente año finalizaré mi formación como secretaria en la Academia de Secretarias y Lenguas Internacionales de Madrid. Una vez haya terminado mis estudios desearía empezar lo más pronto posible a adquirir experiencia laboral, lo que significa que podría empezar a trabajar el 01/04/2002.

Siempre me han interesado los idiomas y las culturas foráneas y poseo muy buenos conocimientos de inglés y francés, así como un suficiente dominio del alemán y nociones de italiano.

Estoy familiarizada, además, con diversos programas de tratamiento de textos y de cálculo (Word, Excel). Por otra parte, me agrada resolver cualquier tipo de tarea relacionada con una secretaría. Tengo también conocimientos de taquigrafía y mecanografía en español, inglés y francés y me gusta particularmente hablar o escribir en los idiomas que domino y el contacto con la gente en general.

La experiencia que acumulé el verano pasado trabajando en una oficina me ha servido para conocer un poco más el tipo de actividades que se desarrollan allí normalmente. También fue muy satisfactorio para mí trabajar como azafata en el Congreso de Jardinería celebrado el verano del año 2000 en XXX debido al contacto que me permitió mantener con gente de todo el mundo.

Les estaría muy agradecida si tuvieran a bien invitarme a realizar una entrevista personal.

Atentamente,

Eleonor Cifuentes

Anexo: currículum vitae

Currículum vitae

Currículum vitae

Nombre y apellidos: Eleonor Cifuentes Sánchez
Fecha de nacimiento: 10 de junio de 1984
Lugar de nacimiento: Bilbao
Nacionalidad: española
Estado civil: casada, un hijo

Datos académicos:

1990–1996	Estudios primarios en Bilbao
1996–2000	Estudios secundarios en Bilbao
2000–2002	Formación profesional en la Academia de Secretarias y Lenguas Internacionales deMadrid Diploma: Secretaria con idiomas

Experiencia profesional:

2000	Azafata del Congreso de Jardinería
2001	Asistente de redacción en la Editorial EFG, S. L. de Ávila

Idiomas:

Dominio del inglés y francés, suficiente nivel de alemán y nociones de italiano

Otros:

Conocimiento de los programas Word y Excel

Conocimientos de taquigrafía y mecanografía

Bilbao, 15 de febrero de 2002

Eleonor Cifuentes Sánchez

Glückwünsche zum Geburtstag

DIREKTOR PETER MUSTER
MASCHINENFABRIK MUSTER GMBH

10. November 2002

Sehr geehrter Herr Schuster,

zu Ihrem 75. Geburtstag möchte ich Ihnen meine herzlichen Glückwünsche aussprechen.

Sie haben sich in den vergangenen Jahren im Kreise Ihrer Geschäftspartner viele Freunde erworben, die sicherlich heute dankbar an Sie denken.

Die überbrachten Blumen sollen ein Zeichen der engen Verbundenheit zu Ihrer Firma sein.

Für Ihr persönliches Wohlergehen wünsche ich Ihnen weiterhin alles Gute. Verbringen Sie noch viele Jahre bei bester Gesundheit inmitten Ihrer Familie.

Mit den besten Grüßen und Wünschen, auch an Ihre Frau Gemahlin, bin ich Ihr

Peter Muster

Felicitación de cumpleaños

Director Antonio Molina
El Collado Construcciones, S.A.

10 de noviembre de 2002

Muy apreciado Sr. Panadero:

Con motivo de su 75 cumpleaños quiero expresarle mis mejores deseos.

Durante todos estos años se ha hecho merecedor de grandes amistades entre los empresarios que hemos tenido el gusto de tratar con Ud., muchos de los cuales le recordarán hoy, sin duda, con especial agradecimiento.

Las flores son sólo una pequeña muestra de los estrechos lazos que vinculan a nuestras empresas.

Le deseamos que la salud le acompañe a lo largo de muchos años y la pueda disfrutar en compañía de los suyos.

Con los mejores deseos para usted y su esposa.

Atentamente,

Antonio Molina

Glückwünsche zur Geschäftseröffnung

TEXTILWARENFABRIK PETER MUSTER

HAMBURG

10. August 2002

Sehr geehrter Herr Dr. Schmidt,

wir danken Ihnen für die Zusendung Ihrer Anzeige und möchten Ihnen zur Eröffnung Ihrer neuen Verkaufsräume gratulieren.

Wir sind überzeugt, dass sich Ihr Unternehmen, mit dem uns seit Jahren angenehme Geschäftsbeziehungen verbinden, auch weiterhin aufwärts entwickeln wird.

Sie können weiterhin mit der pünktlichen Lieferung unserer Stoffe rechnen. Es wird uns eine besondere Freude sein, die langjährigen Beziehungen zu Ihrem Hause zu pflegen und auszubauen.

Mit den besten Wünschen, auch für Ihr persönliches Wohlergehen, grüßen wir Sie

mit Hochachtung

Peter Muster

Felicitación por la inauguración de un negocio

Fábrica de Confección Antonio Molina
San Sebastián

10 de agosto de 2002

Muy apreciado Sr. Ortiz:

Le agradecemos que nos haya enviado su anuncio y deseamos felicitarle por la apertura de su nueva superficie de ventas.

Estamos convencidos de que su empresa, con la que mantenemos desde hace años una buena relación profesional, seguirá, de esta manera, creciendo y desarrollándose.

No le quepa la menor duda de que continuaremos suministrando nuestros tejidos tan puntualmente como lo hemos hecho hasta la fecha. Estaremos encantados, asimismo, de seguir manteniendo y ampliando, si cabe, las relaciones comerciales con su empresa.

Con nuestros mejores deseos, tanto en el terreno personal como en el profesional se despide atentamente,

Antonio Molina

Glückwünsche zur Hochzeit

MASCHINENFABRIK PETER MUSTER
STUTTGART

10. Juni 2002

Sehr geehrter Herr Dr. Müller,

seit langem verbinden uns enge geschäftliche Beziehungen. So möchten auch wir heute unter den vielen Gratulanten zu Ihrer Hochzeit sein.

Wir wünschen Ihnen und Ihrer Frau von ganzem Herzen, dass Sie auf Ihrem gemeinsamen Lebensweg Ihr Glück finden.

Bitte sehen Sie das überbrachte Geschenk als Zeichen unserer besonderen Verbundenheit an.

Mit freundlicher Empfehlung

Peter Muster

Felicitación de boda

Fábrica de Máquinas Antonio Molina

Barcelona

10 de junio de 2002

Apreciado Sr. Herrera:

Desde hace muchos años nos une una estrecha relación profesional y en esta ocasión no queremos dejar de expresarle nuestras más sinceras felicitaciones con motivo de su próximo enlace.

Les deseamos de todo corazón a Ud. y a su esposa mucha felicidad y prosperidad en esta nueva etapa de sus vidas.

Considere nuestro regalo como una muestra de la amistad que nos une.

Con nuestros mejores deseos,

Antonio Molina

Beileidsschreiben

PETER MUSTER
DIREKTOR
STUTTGART

10. Juni 2002

Sehr verehrte Frau Schmidt,

zum Hinscheiden Ihres von mir so hoch geschätzten Mannes möchte ich Ihnen mein herzliches Beileid aussprechen.

Ich stand mit Ihrem Mann jahrelang in regem Geschäftsverkehr und hatte Gelegenheit, seine hohen fachlichen Qualitäten schätzen zu lernen. Darüber hinaus wurde er mir auch zu einem guten Freund.

Manchen guten Ratschlag habe ich ihm zu verdanken. Umso tiefer empfinde ich die Lücke, die er hinterlassen hat.

So kann ich auch den Verlust ermessen, den Sie erlitten haben. Mögen Ihnen Ihre Kinder ein Trost in diesen schweren Tagen sein.

Ich versichere Ihnen mein aufrichtiges Mitgefühl.

Ihr

Peter Muster

Tarjeta de pésame

JUAN DEL BOSQUE
DIRECTOR
BARCELONA

10 de junio de 2002

Apreciada Sra. Rodríguez:

Le comunico mi más profundo sentimiento por la pérdida de su esposo.

Durante muchos años su difunto esposo y yo mantuvimos una estrecha relación profesional que me permitió comprobar y apreciar sus excelentes cualidades y su gran profesionalidad y que acabó convirtiéndose en una buena amistad.

Los buenos consejos que me prestó quedarán siempre en mi recuerdo; por este motivo siento aún más profundamente el vacío que su marcha ha dejado entre nosotros.

Todo ello me permite comprender de alguna manera la gran pérdida que Ud. acaba de sufrir. Sólo deseo que encuentre en sus hijos el consuelo necesario para superar estos momentos tan difíciles.

Reciba mi más sentido pésame.

Atentamente suyo,

Juan del Bosque

Handwörterbuch

Deutsch – Spanisch

Ernst Klett Sprachen
Barcelona · Budapest · Ljubljana · London · Posen · Prag · Sofia · Stuttgart

A

A, a [a:] *nt* <-, -> ❶ (*Buchstabe*) A, a *f*; **wie Anton** A de Antonio; **das ~ und O einer Sache** (*fam*) lo esencial de una cosa; **von ~ bis Z** (*fam*) de principio a fin, de cabo a rabo, de pe a pa; **wer ~ sagt, muss auch B sagen** a lo hecho, pecho
❷ (MUS) la *m*

a *Abk. von* **Ar** a

à [a:] *präp* +*akk* a... (cada uno); **10 Stück ~ 2 Euro** 10 unidades a dos euros cada una

A ❶ *Abk. von* **Ampere** A
❷ *Abk. von* **Autobahn** autopista *f*

Ä, ä [ɛ:] *nt* <-, – *o fam:* -s> a *f* con diéresis

Aa *nt* <-, *ohne pl*> (*fam: Kindersprache*) caca *f*; **~ machen** hacer caca

AA ❶ (POL) *Abk. von* **Auswärtiges Amt** Ministerio *m* de Asuntos Exteriores
❷ *Abk. von* **Anonyme Alkoholiker** Alcohólicos *mpl* Anónimos

Aachen ['a:xən] *nt* <-s> Aquisgrán *m*

Aal [a:l] *m* <-(e)s, -e> anguila *f*; **glatt wie ein ~** escurridizo como una anguila

aalen *vr:* **sich ~** (*fam*) repantingarse; **sich in der Sonne ~** tumbarse al sol

aalglatt *adj* (*abw*) escurridizo, zorro

Aalsuppe *f* <-, -n> sopa *f* de anguila

a.a.O. *Abk. von* **am angegebenen Ort, am aufgeführten Ort** ib(íd).

Aargau ['a:rgaʊ] *m* <-s> (*Kanton der Schweiz*) Argovia *f*

Aas¹ [a:s, *pl:* 'a:zə] *nt* <-es, -e> (*Tierleiche*) carroña *f*

Aas² [a:s, *pl:* 'ɛ:zər] *nt* <-es, Äser> (*fam: Luder*) mal bicho *m;* **kein ~ hat mich angerufen** no me ha llamado ni quisque [*o* ni cristo]

aasen *vi* (*reg*) despilfarrar (*mit*)

Aasfliege *f* <-, -n> mosca *f* de la carne, moscarda *f*; **Aasfresser** *m* <-s, -> carroñero *m*, necrófago *m*; **Aasgeier** *m* <-s, -> (*a. fig, abw*) buitre *m*

ab [ap] **I.** *präp* +*dat* ❶ (*räumlich*) desde; **~ Hamburg** desde Hamburgo; **~ Lager** (COM) ex almacén; **~ Werk** (COM) franco fábrica; **~ Kai verzollt/unverzollt** (COM) sobre muelle libre de/sujeto a aranceles
❷ (*zeitlich*) desde, a partir de; **~ dem 28. November** a partir del 28 de noviembre; **~ wann?** ¿desde cuándo?; **~ heute** desde hoy; **~ sofort** desde ya
❸ (*ebenso viel und mehr*) a partir de, de... en adelante; **Kinder ~ 12 Jahren** niños de 12 años en adelante
II. *adv* ❶ (*räumlich*): **die dritte Straße rechts ~** hay que torcer la tercera calle a la derecha; **~ nach Hause!** ¡andando a casa!; **Stuttgart ~ 8.30 Uhr** (*Bus-, Bahnabfahrtszeit*) salida de Stuttgart a las 8.30 horas
❷ (*zeitlich*): **~ und zu, ~ und an** de vez en cuando
❸ (*Wend*): **~ sein** (*fam: abgelöst*) haberse caído; (*erschöpft*) estar hecho polvo *fam*

Abakus ['a:bakʊs] *m* <-, -> (MATH) ábaco *m*

abändern *vt* modificar, cambiar

Abänderung *f* <-, -en> modificación *f*, cambio *m;* **an etw** *dat* **~en vornehmen** modificar algo

Abänderungsantrag *m* <-(e)s, -träge> solicitud *f* de modificación; (POL) enmienda *f*; **~ stellen** presentar una enmienda

abänderungsfähig *adj* modificable

Abänderungsklage *f* <-, -n> (JUR) recurso *m* de reforma; **Abänderungsklausel** *f* <-, -n> (JUR) cláusula *f* derogatoria; **Abänderungskündigung** *f* <-, -en> (JUR) notificación *f* de modificación; **Abänderungsurkunde** *f* <-, -n> (JUR) instrumento *m* de modificación; **Abänderungsurteil** *nt* <-s, -e> (JUR) sentencia *f* reformatoria; **Abänderungsvertrag** *m* <-(e)s, -träge> (JUR) contrato *m* de modificación

Abandon [abã'dõ:] *m* <-s, -s> (JUR) abandono *m*

Abandonerklärung *f* <-, -en> (JUR) declaración *f* de abandono; **Abandonfrist** *f* <-, -en> (JUR) plazo *m* de abandono; **Abandonklausel** *f* <-, -n> (JUR) cláusula *f* de abandono

abandonnieren [abãdɔ'ni:rən] *vi* (JUR) abandonar

Abandonnierung *f* <-, -en> (JUR) abandonación *f*; **~ des Frachtgutes** abandonación de la carga

abarbeiten I. *vt* (*Pensum*) terminar; **eine Schuld ~** pagar una deuda trabajando
II. *vr:* **sich ~** matarse trabajando; **abgearbeitet** rendido del trabajo, reventado *fam*

Abart *f* <-, -en> variedad *f*, variante *f*

abartig *adj* ❶ (*anormal*) anormal; (*pervers*) pervertido, depravado
❷ (*fam: verrückt*) loco

Abartigkeit *f* <-, -en> (JUR) desviación *f*; **seelische ~** desviación mental

Abb. *Abk. von* **Abbildung** ilust.

Abbau *m* <-(e)s, *ohne pl*> ❶ (*Auseinandernehmen*) desmontaje *m;* **fortschreitender ~** desmontaje progresivo
❷ (*Reduzierung*) disminución *f*, reducción *f*; **~ von Grenzkontrollen** supresión de los controles fronterizos; **~ von Staatsschulden** amortización de las deudas del estado; **~ von Zollschranken** desarme arancelario [*o* aduanero]
❸ (*von Ängsten, Hemmungen*) supresión *f*, superación *f*
❹ (CHEM) desintegración *f*; **biologischer ~** descomposición biológica
❺ (BERGB) explotación *f*
❻ (MED) *Verfall*) debilitamiento *m*, quebrantamiento *m;* (*Knochen*) descalcificación *f*

abbaubar *adj* (CHEM) degradable; **biologisch ~** biodegradable

Abbaubarkeit *f* <-, *ohne pl*> (CHEM) descomponibilidad *f*; **biologische ~** descomponibilidad biológica

abbauen I. *vi* (*Kräfte einbüßen*) debilitarse; **der Sportler hat abgebaut** el deportista no rindió tanto como en otras ocasiones
II. *vt* ❶ (*zerlegen*) desmontar
❷ (*verringern*) disminuir; (*Steuern, Personal*) reducir; **die Belegschaft ~** reducir la plantilla
❸ (*Ängste, Hemmungen*) superar, suprimir
❹ (CHEM) descomponer, desintegrar
❺ (BERGB) explotar, extraer
❻ (MED) desgastar, debilitar

Abbauprodukt *nt* <-(e)s, -e> (CHEM) producto *m* de desintegración [*o* degradación]; **Abbaureaktion** *f* <-, -en> (CHEM) reacción *f* de descomposición; **Abbaurecht** *nt* <-(e)s, -e> (JUR) concesión *f* minera

abbedingen *vt* (JUR) derogar; **etw vertraglich ~** derogar algo contractualmente

Abbedingung *f* <-, -en> (JUR) derogación *f*

abbeißen *irr* **I.** *vi* morder, probar; **beiß mal ab!** ¡prueba!, ¡muerde!
II. *vt* morder, arrancar de un mordisco; **beiß dir ein Stück ab!** ¡prueba [*o* muerde] un trozo!; **ich beiße mir lieber die Zunge ab, als ...** prefiero morir que...

abbeizen *vt* tratar con decapante

Abbeizmittel *nt* <-s, -> decapante *m*

abbekommen* *irr vt* ❶ (*Schaden, Teil*) recibir, llevarse; **das Auto hat ganz schön was ~** el coche se dio [*o* se llevó] un buen golpe; (**nur**) **die Hälfte ~** sacar (sólo) la mitad
❷ (*entfernen können*) lograr quitar [*o* desprender]

abberufen* *irr vt* retirar, destituir; **Gott hat ihn ~** (*geh*) Dios lo llamó a su seno

Abberufung *f* <-, -en> ❶ (*von einem Posten*) destitución *f*, retiro *m*
❷ (JUR) revocación *f*; **~ von Aufsichtsratmitgliedern/Geschworenen** cese de consejeros/jurados; **vorläufige ~** revocación provisional

Abberufungsschreiben *nt* <-s, -> (WIRTSCH) escrito *m* de destitución [*o* de revocación]

abbestellen* *vt* anular; (*Telefon*) dar de baja; **die Zeitung/das Hotelzimmer ~** anular la suscripción/la reserva

Abbestellung *f* <-, -en> anulación *f*, baja *f*

abbezahlen* *vt:* (**in Raten**) **~** pagar a plazos

abbiegen *irr* **I.** *vi sein* (*Richtung ändern*) girar, torcer, voltear *Am;* **nach rechts/links ~** doblar a la derecha/a la izquierda
II. *vt* ❶ (*krümmen*) doblar, torcer
❷ (*fam: verhindern*) evitar

Abbiegespur *f* <-, -en> carril *m* de giro

Abbiegung *f* <-, -en> ❶ (*das Abbiegen*) doblamiento *m*
❷ (*einer Straße*) desviación *f*

Abbild *nt* <-(e)s, -er> reproducción *f*, copia *f*; **ein getreues ~ der Wirklichkeit** un fiel reflejo de la realidad

abbilden *vt* reproducir; (MATH) proyectar; **naturgetreu ~** retratar fielmente; **er ist in der Zeitschrift abgebildet** hay una foto suya en el periódico

Abbildfunktion *f* <-, -en> (WIRTSCH) función *f* representativa

Abbildung *f* <-, -en> ❶ (*das Abbilden*) reproducción *f*, copia *f*
❷ (*Bild*) ilustración *f*, lámina *f*
❸ (MATH) proyección *f*

abbinden *irr* **I.** *vi* (ARCHIT) fraguar
II. *vt* ❶ (*losbinden*) desatar, soltar; **ich band mir die Schürze ab** me quité el delantal
❷ (MED) comprimir (con ligadura)
❸ (GASTR: *Soße*) espesar, ligar

Abbitte *f* <-, *ohne pl*> (*geh*): **bei jdm wegen etw ~ leisten** presentar sus excusas a alguien por algo, disculparse con alguien por algo

abbitten *irr vt* (*alt*): **du hast ihm einiges abzubitten** has de pedirle perdón por más de un motivo

abblasen *irr vt* ❶ (*Staub*) quitar soplando
❷ (*fam: absagen*) suspender, anular

abblättern *vi sein* desconcharse, descascarillarse

abbleiben *irr vi* (*fam*): **keiner weiß, wo er abbleibt** nadie sabe dónde se mete; **wo ist er nur abgeblieben?** ¿dónde se habrá metido?

abblendbar *adj* (AUTO) antideslumbrante

ab|blenden *vi* ❶ (FOTO) diafragmar
❷ (AUTO) bajar las luces, dar la luz de cruce
Abblendlicht *nt* <-(e)s, *ohne pl*> (AUTO) luz *f* de cruce
ab|blitzen *vi sein* (*fam*): **bei jdm ~** recibir calabazas de alguien; **sie hat ihn ~ lassen** le ha dado calabazas
ab|blocken *vt* bloquear; (*Angriff*) rechazar; (*Vorhaben*) impedir
Abbrand *m* <-(e)s, -bründe> (TECH) ❶ (*Verbrennung*) cremación *f*, incineración *f*; (*im Kernreaktor*) combustión *f* nuclear
❷ (*im Hüttenwesen: Verluste*) pérdidas *fpl* por fuego
❸ (*Restmüll*) incineración *f* de desechos [*o* de residuos]
ab|brausen I. *vi sein* (*fam: sich entfernen*) partir como una flecha
II. *vt* (*duschen*) duchar
III. *vr: sich ~* ducharse, tomar una ducha
ab|brechen *irr* **I.** *vi sein* ❶ (*Stück*) romperse, quebrarse
❷ (*unvermittelt aufhören*) interrumpirse, terminar
II. *vt* ❶ (*Zweig*) romper, quebrar; **ich habe mir ein Stück Zahn abgebrochen** me he roto un trozo de diente; **nun brich dir mal keinen ab!** (*fam*) ¡hazlo, pero no te mates!, ¡no vayas a matarte por hacerlo!
❷ (*Gebäude*) derribar, demoler
❸ (*Gespräch*) interrumpir, cortar
❹ (*Beziehungen*) romper; **die geschäftlichen Beziehungen ~ romper las relaciones comerciales**; **die gesellschaftlichen Beziehungen ~** romper las relaciones sociales
❺ (INFOR: *Programm*) cerrar
ab|bremsen *vi, vt* frenar
ab|brennen *irr* **I.** *vi sein* quemarse, calcinarse; **das Gebäude brannte vollkommen ab** el edificio quedó completamente calcinado
II. *vt* quemar, calcinar
ab|bringen *irr vt* desviar (*von* de), apartar (*von* de); **ich lasse mich von meiner Meinung nicht ~** nada ni nadie me hará cambiar de opinión
ab|bröckeln *vi sein* (*Mauer*) desmenuzarse, desmoronarse; (*Verputz, Farbe*) desconcharse, desprenderse
Abbruch¹ *m* <-(e)s, *ohne pl*> ❶ (*Zerlegen*) desmontaje *m*; (*Zelt, Lager*) levantamiento *m*; (*Haus*) derribo *m*, demolición *f*
❷ (*Wend*): **das tut der Sache keinen ~** esto no perjudica la cosa para nada
Abbruch² *m* <-(e)s, -brüche> ❶ (*Beendigung*) ruptura *f*; (*Wettkampf, Spiel*) suspensión *f*; **der ~ der diplomatischen Beziehungen** la ruptura de las relaciones diplomáticas
❷ (INFOR) cancelación *f*, abort *m*
Abbrucharbeit *f* <-, -en> (trabajo *m* de) derribo *m*; **Abbruchbedingung** *f* <-, -en> (INFOR) condición *f* de cancelación; **Abbruchfirma** *f* <-, -firmen> empresa *f* de derribos; **Abbruchgebot** *nt* <-(e)s, -e> (JUR) oferta *f* de demolición; **Abbruchhaus** *nt* <-es, -häuser> casa *f* en ruinas
abbruchreif *adj* (en estado) ruinoso
Abbruchtaste *f* <-, -n> (INFOR) tecla *f* de cancelación; **Abbruchunternehmer(in)** *m(f)* <-s, -; -, -nen> empresario, -a *m, f* de derribos; **Abbruchzeichen** *nt* <-s, -> (INFOR) carácter *m* de interrupción, carácter *m* de escape
ab|brühen *vt* escaldar
ab|brummen *vt* (*fam: eine Strafe absitzen*) cumplir; (*Schule*) quedarse castigado; (*Haftstrafe*) pasarse a la sombra; **zur Strafe musste er nach Schulschluss noch zwei Stunden in der Klasse ~** se quedó castigado dos horas después de clase; **jetzt habe ich nur noch zehn Monate Knast abzubrummen** sólo me quedan diez meses a la sombra [*o* en chirona]
ab|buchen *vt* (FIN) adeudar, cargar (en cuenta)
Abbuchung *f* <-, -en> (FIN) adeudo *m*
Abbuchungsauftrag *m* <-s, -träge> (FIN) orden *f* de domiciliación [*o* de adeudo en cuenta]; **Abbuchungsermächtigung** *f* <-, -en> (JUR) facultad *f* de cancelación; **Abbuchungsverfahren** *nt* <-s, -> (FIN) domiciliación *f* de recibos
ab|bürsten *vt* cepillar
ab|büßen *vt* ❶ (*Strafe*) cumplir
❷ (REL) expiar
Abbüßung *f* <-, -en> ❶ (*Strafe*) cumplimiento *m*
❷ (REL) expiación *f*
Abc [abe'tse:] *nt* <-, -> ❶ (*Alphabet*) abecedario *m*; **etw nach dem ~ ordnen** poner algo por orden alfabético
❷ (*Grundwissen*) abecé *m*
ab|checken *vt* (*kontrollieren*) controlar, verificar, chequear *Am*; **etw/jdn auf einer Liste ~** puntear algo/a alguien en una lista
ABC-Pflaster *nt* <-s, -> (MED) parche *m* ABC
Abc-Schütze *m* <-n, -n> alumno, -a *m, f* de primer grado
ABC-Staaten *mpl* (POL) estados *mpl* ABC; **die ~ sind Argentinien, Brasilien und Chile** los estados ABC son Argentina, Brasil y Chile
ABC-Waffen *fpl* armas *fpl* atómicas, biológicas y químicas
ab|danken *vi* (*König*) abdicar; (*Minister*) dimitir

Abdankung *f* <-, -en> (*König*) abdicación *f*; (*Minister*) dimisión *f*
ab|decken *vt* ❶ (*wegnehmen*) quitar
❷ (*freimachen*) destapar; (*Tisch*) quitar; (*Haus*) destejar, destechar
❸ (*bedecken*) tapar, cubrir
❹ (*Thema*) cubrir, tratar (por completo)
❺ (FIN: *Schulden*) saldar, pagar; (*Risiko*) cubrir
Abdecker(in) *m(f)* <-s, -; -, -nen> desollador(a) *m(f)*
Abdeckerei *f* <-, -en> desolladero *m*
Abdeckerin *f* <-, -nen> *s.* **Abdecker**
Abdeckung *f* <-, -en> cubierta *f*
ab|dichten *vt* (*isolieren*) aislar (*gegen* contra); (*gegen Lärm*) insonorizar; (*gegen Wasser*) impermeabilizar
Abdichtung *f* <-, -en> (*Isolierung*) aislamiento *m*; (*gegen Lärm*) insonorización *f*; (*gegen Feuchtigkeit*) impermeabilización *f*
Abdingbarkeit *f* <-, *ohne pl*> (JUR) derogabilidad *f*; **~ der Rügepflicht** derogabilidad de la obligación de denuncia
abdominal [apdomi'naːl] *adj* (MED) abdominal
ab|drängen *vt* ❶ (*beiseite drängen*) apartar (a empellones), separar (a empujones); **die Fans wurden von den Leibwächtern zur Seite abgedrängt** los admiradores fueron apartados a empellones por los guardaespaldas
❷ (SPORT: *wegdrängen*) apartar, bloquear; **dem Verteidiger gelang es, den Stürmer vom Ball abzudrängen** el defensa logró arrebatar el balón al delantero
❸ (NAUT) apartar, alejar; **starke Winde drängten das Schiff vom Kurs ab** los fuertes vientos alejaron al barco de su rumbo
ab|drehen I. *vt* ❶ (*ausschalten*) apagar; (*zudrehen*) cerrar
❷ (*abwenden*) apartar
II. *vi haben o sein* (*den Kurs wechseln*) girar, virar; **nach Backbord/Steuerbord ~** virar a la izquierda/a la derecha
III. *vr: sich ~* volverse; **er/sie drehte sich ab** volvió la espalda, se volvió de espaldas
Abdrift ['apdrɪft] *f* <-, -en> (AERO) desviación *f*; (NAUT) deriva *f*
ab|driften *vi sein* perder el rumbo; (NAUT) abatir, derrotarse; (*abtreiben*) ir a la deriva; **nach rechts ~** desviarse a la derecha; **in den Suff ~** (*fam*) caer en la bebida
ab|drosseln *vt* ❶ (*Person*) estrangular
❷ (TECH) reprimir, estrangular; (*Gaszufuhr*) cortar
Abdruck¹ *m* <-(e)s, -e> (*a. Vorgang*) reproducción *f*; (*Kopie*) copia *f*
Abdruck² *m* <-(e)s, -drücke> impresión *f*; (*in etwas Weichem*) impronta *f*; (*Spur*) huella *f*; (*Abguss*) vaciado *m*, molde *m*; **einen ~ nehmen** [*o* **machen**] hacer un molde
ab|drucken *vt* imprimir; (*veröffentlichen*) publicar, editar
ab|drücken I. *vi* (*schießen*) apretar el gatillo
II. *vt* ❶ (*nachbilden*) moldear
❷ (MED: *Arterie*) estrangular, comprimir
❸ (*fam*): **Geld ~** soltar la gallina
III. *vr: sich ~* marcarse, dejar huella
Abdruckerlaubnis *f* <-, -se> permiso *m* de reproducción
ab|ducken *vi* (SPORT: *Boxen*) agacharse
ab|dunkeln *vt* oscurecer; (*Farbe*) matar *fam*
ab|duschen I. *vt* duchar
II. *vr: sich ~* ducharse, tomar una ducha; **ich dusche mich kalt ab** tomo [*o* me doy] una ducha fría
ab|ebben *vi sein* (*Wut*) aplacarse; (*Erregung*) sosegarse; (*Lärm*) ir disminuyendo
abend *adv s.* **Abend 1.**
Abend ['aːbənt] *m* <-s, -e> ❶ (*bis gegen 20 oder 21 Uhr*) tarde *f*; (*ab etwa 20 oder 21 Uhr*) noche *f*; **Heiliger ~** Nochebuena *f*; **am frühen ~** a última hora de la tarde; **am folgenden ~** la tarde [*o* noche] siguiente; **am selben ~** la misma tarde [*o* noche]; **am ~ des 23. März** la tarde [*o* noche] del 23 de marzo; **gegen ~** al atardecer, al anochecer; **~ für ~** todas las tardes [*o* noches]; **eines ~s** una tarde [*o* noche]; **heute/gestern/morgen ~** hoy/ayer/mañana por la tarde [*o* por la noche]; **spät am ~** a última hora de la tarde; **den ganzen ~ über** durante toda la tarde [*o* noche]; **es wird ~** atardece, anochece; **zu ~ essen** cenar; **guten ~!** ¡buenas tardes [*o* noches]!; **es ist noch nicht aller Tage ~** todavía puede pasar de todo
❷ (*Veranstaltung*) velada *f*; **bunter ~** velada con programa variado; **ein gemütlicher ~** una velada agradable
Abendandacht *f* <-, -en> (REL) misa *f* vespertina; (*Gebet*) rezo *m* vespertino; **Abendanzug** *m* <-(e)s, -züge> traje *m* de etiqueta; **im ~ kommen** [*o* **erscheinen**] presentarse en traje de gala; **Abendblatt** *nt* <-(e)s, -blätter> periódico *m* de la tarde, vespertino *m*, diario *m* de la tarde *Am*; **Abendbrot** *nt* <-(e)s, -e> cena *f*; **~ essen** cenar; **Abenddämmerung** *f* <-, -en> crepúsculo *m* (vespertino), nochecita *f Am*
abendelang *adj* durante veladas enteras; **ich habe genug von euren ~en Streitereien** estoy cansado de que os peleéis noches enteras; **sie sieht ~ nur fern** se pasa noches enteras viendo la tele

Abendessen nt <-s, -> cena f
abendfüllend adj que dura toda la noche
Abendgesellschaft f <-, -en> ❶ (Gäste) tertulianos mpl; **die ~ bestand nur aus geladenen Gästen** formaban la tertulia sólo huéspedes invitados ❷ (Feier) velada f; **viele Prominente waren auf diesen ~en anwesend** en las veladas participaban muchos famosos; **Abendgottesdienst** m <-es, -e> ❶ (katholisch) vísperas fpl; (Messe) misa f vespertina [o de tarde] ❷ (evangelisch) oficios mpl vespertinos; **Abendgymnasium** nt <-s, -gymnasien> nocturno m; **Abendkasse** f <-, -n> taquilla f, boletería f Am; **Abendkleid** nt <-(e)s, -er> traje m de noche, vestido m de noche; **Abendkleidung** f <-, -en> ropa f de fiesta [o de gala]; (Kleid) vestido m de noche, traje m de noche; (Anzug) traje m de gala; **Abendkurs** m <-es, -e> curso m nocturno
Abendland nt <-(e)s> Occidente m
abendländisch adj occidental
abendlich adj vespertino, de la tarde; **zu ~er Stunde** por la tarde
Abendmahl nt <-(e)s, ohne pl> ❶ (REL: Sakrament) Eucaristía f ❷ (REL: Empfang des Sakraments) comunión f; **jdm das ~ reichen** dar la comunión a alguien; **das ~ nehmen** [o **empfangen**] comulgar
Abendmahlzeit f <-, -en> cena f; **Abendprogramm** nt <-(e)s, -e> (FILM, TV) sesión f de noche; **welcher Film läuft heute im ~?** ¿qué película ponen hoy en la sesión de noche?; **Abendrot** nt <-(e)s> ohne pl> crepúsculo m, luz f crepuscular
abends ['a:bənts] adv (bis gegen 20 oder 21 Uhr) por la tarde; (ab etwa 20 oder 21 Uhr) por la noche; **um acht Uhr ~** a las ocho de la tarde; **spät ~** muy de noche; **dienstags ~** el martes por la tarde [o la noche]; **tagsüber arbeite ich und ~ studiere ich** por las mañanas trabajo y por las tardes estudio
Abendschule f <-, -n> colegio m nocturno; **Abendsonne** f <-, ohne pl> sol m poniente; **Abendständchen** nt <-s, -> serenata f, sereno m Ecua; **Abendstern** m <-(e)s, ohne pl> lucero m vespertino; **Abendstille** f <-, ohne pl> ❶ (abendliche Ruhe) silencio m de la noche; **die friedvolle ~ genießen** disfrutar la paz y el silencio de la noche ❷ (MIL) queda f; **Abendstunde** f <-, -n> anochecer m; **in den frühen ~n** al caer la tarde; **Abendverkauf** m <-(e)s, -käufe> venta f en horas avanzadas de la tarde; **Abendvorstellung** f <-, -en> (THEAT) función f de noche; (FILM) sesión f de noche; **Abendzeit** f <-, -en> caída f de la tarde, anochecer m; (Dämmerung) crepúsculo m; **zur ~** al anochecer; **zur ~ läuten im Dorf die Kirchenglocken** con el crepúsculo suenan en el pueblo las campanas de la iglesia
Abenteuer ['a:bəntɔɪɐ] nt <-s, -> ❶ (Wagnis) aventura f; **sich in ein ~ stürzen** lanzarse a [o embarcarse en] una aventura ❷ (Liebesaffäre) aventura f (amorosa), apaño m
Abenteuerferien pl vacaciones fpl de aventuras
abenteuerlich adj ❶ (abenteuerlustig) aventurero ❷ (unwahrscheinlich) fantástico, novelesco ❸ (riskant) arriesgado, aventurado; **das ist ja ~!** ¡eso sí que es aventurado!
Abenteuerlust f <-, ohne pl> espíritu m aventurero, afán m de aventuras; **von der ~ gepackt werden** estar dominado por el espíritu aventurero
abenteuerlustig adj aventurero
Abenteuerroman m <-s, -e> novela f de aventuras; **Abenteuerspielplatz** m <-es, -plätze> parque m de aventuras
Abenteurer(in) ['a:bəntɔɪrɐ] m(f) <-s, -; -, -nen> aventurero, -a m, f
aber ['a:bɐ] I. konj pero, sin embargo; **es regnete, ~ wir haben uns dennoch amüsiert** llovió pero nos divertimos de todas formas II. (Verstärkungspartikel) bueno, pero; **~, ~, meine Herren!** ¡bueno, bueno, señores!; **~ so setzen Sie sich doch!** ¡pero siéntese!; **das ist ~ schön!** ¡pero qué bonito!; **~ ja!** ¡claro que sí!; **~ klar!** ¡por supuesto!; **~ Lothar!** ¡Lothar, pero hombre!
III. adv ~ **und abermals** una y otra vez
Aber nt <-s, -, fam: -s> pero m; **kein ~!** ¡y no hay peros que valgan!
Aberglaube(n) m <-n(s), ohne pl> superstición f
abergläubisch adj supersticioso
aberhundert adj inv (geh) a cientos, cientos y cientos; **(hundert und) ~ Bienen** cientos y (más) cientos de abejas
Aberhunderte pl (geh) cientos y (más) cientos, centenares; **zu ~n drängten die Menschen auf das Schiff** centenares de personas luchaban por embarcar; **~ von Fischen waren im Netz** en la red había peces a cientos; **vor ~n von Jahren** hace cientos y cientos de años
ab|erkennen* irr vt (JUR) **jdm Rechte ~** privar [o desposeer] a alguien de derechos
Aberkennung f <-, -en> (JUR) desposeimiento m, privación f; **~ der bürgerlichen Rechte** privación de los derechos civiles
abermalig adj reiterado, repetido
abermals ['a:bɐma:ls] adv otra vez, de nuevo
ab|ernten vt cosechar por completo; **das Getreide ~** recoger los cereales hasta la última espiga

aberratio ictus f (JUR) aberratio f ictus
abertausend adj inv (geh) miles (de); **tausend und ~** miles y miles (de)
Abertausende pl (geh) miles mpl (von de), miles y miles (von de)
Aberwitz m <-es, ohne pl> (geh) demencia f, desatino m
aberwitzig adj demente; (Vorhaben) absurdo, desatinado
ab|essen irr vt comerse; **wer hat die Mandeln vom Kuchen abgegessen?** ¿quién se ha comido las almendras del pastel?
Abessinien [abɛ'si:niən] nt <-s> (HIST) Abisinia f
Abessinier(in) [abɛ'si:niɐ] m(f) <-s, -; -, -nen> abisinio, -a m, f
Abf. Abk. von **Abfahrt** salida f
ab|fackeln vt ❶ (TECH) quemar ❷ (sl: Brandstiftung) quemar
abfahrbereit adj s. **abfahrtbereit**
ab|fahren irr I. vi sein ❶ (wegfahren) salir, partir; (Schiff) salir, zarpar ❷ (fam: gut finden) alucinar; **auf den Typ fahre ich ab** este tío me alucina ❸ (fam: abgewiesen werden): **sie ließ ihn ~** lo mandó a paseo II. vt haben o sein (Strecke) recorrer; **das ganze Land ~** recorrer el país de cabo a rabo
Abfahrt f <-, -en> ❶ (Zug, Bus) salida f; **die planmäßige ~ des Zuges** la salida prevista del tren; **Vorsicht bei der ~ des Zuges!** ¡atención a la salida del tren! ❷ (Abreise) partida f, marcha f ❸ (SPORT) descenso m, bajada f ❹ (Autobahn~) salida f
abfahrtbereit adj dispuesto para salir; **der Zug steht ~ auf Gleis 9** el tren se encuentra estacionado en el andén 9
Abfahrtslauf m <-(e)s, -läufe> (SPORT) (prueba f de) descenso m; **Abfahrtsstrecke** f <-, -n> (SPORT: Ski) (pista f de) descenso m, pista f de bajada; **Abfahrtstag** m <-(e)s, -e> día m de salida [o de partida], fecha f de salida [o de partida]; **Abfahrt(s)zeit** f <-, -en> hora f de partida [o de salida]
Abfall¹ m <-(e)s, ohne pl> ❶ (Lossagung) apostasía f ❷ (Abnahme) disminución f
Abfall² m <-(e)s, -fälle> (Müll) basura f, desecho m; **biologische Abfälle** desechos biológicos; **radioaktiver ~** residuos [o desechos] radi(o)activos; **hochradioaktiver/schwachradioaktiver ~** residuos [o desechos] altamente radi(o)activos/ligeramente radi(o)activos; **verwendbarer ~** desechos utilizables; **nicht verwertbarer ~** desechos no aprovechables; **~ zur Verwertung** desperdicios para aprovechamiento; **~ zur Beseitigung** desperdicios para eliminación; **besonders überwachungsbedürftiger ~** desperdicios especialmente necesitados de observación
Abfallaufbereitung f <-, -en> tratamiento m de los residuos; **Abfallbeauftragte(r)** mf <-n, -n; -n, -n> (JUR) delegado, -a m, f de desperdicios; **Abfallbeförderungsverordnung** f <-, -en> (JUR) reglamento m sobre transporte de desperdicios; **Abfallbegriff** m <-(e)s, -e> (JUR) concepto m de desperdicios; **objektiver/subjektiver ~** concepto de desperdicios objetivo/subjetivo; **Abfallbehälter** m <-s, -> contenedor m de desechos
Abfallbeseitigung f <-, ohne pl> eliminación f de residuos [o de desechos]; **umweltgefährdende ~** eliminación de desechos perjudicial para la ecología; **Abfallbeseitigungsanlage** f <-, -n> planta eliminadora f de desperdicios; **Abfallbeseitigungsgesetz** nt <-es, -e> ley f de tratamiento de residuos; **Abfallbeseitigungspflicht** f <-, ohne pl> obligación f de eliminar desperdicios
Abfallbestimmungsverordnung f <-, -en> reglamento m sobre la eliminación de residuos; **Abfallbewirtschaftung** f <-, ohne pl> explotación f de los residuos; **Abfallbilanz** f <-, -en> (JUR) balance m de desperdicios; **Abfalldeponie** f <-, -n> vertedero m de residuos; **Abfalleimer** m <-s, -> cubo m de la basura
ab|fallen irr vi sein ❶ (herunterfallen) caerse, desprenderse; **alle Furcht fiel von ihm ab** sus temores se desvanecieron ❷ (Gelände) descender, estar en declive [o en pendiente] ❸ (fam: übrig bleiben) sobrar; **wie viel fällt bei dem Geschäft für mich ab?** ¿cuánto puedo sacar (yo) de ese negocio? ❹ (von einer Partei) abandonar (von) ❺ (von seinem Glauben) apostatar (von de), renegar (von de); **ich fall vom Glauben ab** (fam) no lo puedo creer ❻ (SPORT) rendir menos (que de costumbre); **der Sportler fiel stark ab** el deportista dejó que desear
Abfallentsorgung f <-, -en> recogida f de basura; **getrennte ~** recogida selectiva de basura; **Abfallentsorgungsbetrieb** m <-(e)s, -e> planta f de tratamiento de residuos
Abfallerzeuger m <-s, -> productor(a) m(f) de desperdicios; **Abfallhaufen** m <-s, -> montón m de basura
abfällig adj (Bemerkung) desfavorable, despectivo; (Kritik) adverso; **sich ~ über jdn äußern** hablar despectivamente de alguien; **~e Bemerkungen über jdn machen** hacer observaciones desfavorables sobre al-

guien
Abfallindustrie f <-, -n> industria f de residuos sólidos; **Abfallmaterial** nt <-s, -ien> desperdicios mpl; **Abfallnachweisverordnung** f <-, -en> reglamento m sobre la eliminación de residuos; **Abfallprodukt** nt <-(e)s, -e> subproducto m, producto m secundario; **Abfallrecht** nt <-(e)s, ohne pl> (JUR) legislación f sobre desperdicios; **Abfallsortierung** f <-, -en> clasificación f de los residuos; **Abfallstoffe** mpl residuos mpl, desechos mpl; **Abfalltonne** f <-, -n> cubo m de basura; **Abfallvermeidung** f <-, -en> evitación f de desperdicios, contención f de la producción de residuos; **Abfallverwertung** f <-, -en> aprovechamiento m de desechos [o de residuos] **Abfallwirtschaft** f <-, ohne pl> reciclaje m, reciclado m; **Abfallwirtschaftskonzept** nt <-(e)s, -e> (JUR) concepto m de economía de desperdicios; **Abfallwirtschaftsplanung** f <-, -en> (JUR) planificación f de la economía de desperdicios
ab|fälschen vt (SPORT) desviar
ab|fangen irr vt ❶ (Brief, Nachricht) interceptar
❷ (ARCHIT) apuntalar
❸ (unter Kontrolle bringen) lograr dominar [o controlar]
❹ (SPORT: Gegner) alcanzar; (Ball) interceptar
Abfangjäger m <-s, -> (MIL) caza m interceptor
ab|färben vi desteñir; **auf jdn ~** (fig) contagiar a alguien
ab|fassen vt redactar
Abfassung f <-, -en> redacción f, composición f; **die ~ des Textes kostete ihn viel Mühe** le costó mucho redactar el texto
ab|faulen vi sein pudrirse
ab|federn vt ❶ (TECH) equipar de un amortiguador
❷ (Sprung, Stoß) amortiguar, suavizar
ab|feiern vt (fam) ❶ (Arbeitszeit): **Überstunden ~** librar por horas extras
❷ (verabschieden) despedir con una fiesta
ab|feilen vt limar; (Unebenheiten) quitar limando; **ein Werkstück ~** limar una pieza; **da sind noch einige Kanten, die abgefeilt werden müssen** quedan cantos por limar
ab|fertigen vt ❶ (Waren) despachar
❷ (bedienen) despachar, atender
❸ (fam: unfreundlich behandeln) atender muy mal, despachar de cualquier manera
Abfertigung f <-, -en> ❶ (von Waren) expedición f
❷ (Bedienung) despacho m
❸ (~sstelle) despacho m
Abfertigungsgebühr f <-, -en> (WIRTSCH) tasa f de expedición; **Abfertigungshalle** f <-, -n> (AERO) terminal f; **Abfertigungsschalter** m <-s, -> (AERO) mostrador m de facturación; **Abfertigungszeit** f <-, -en> (WIRTSCH) tiempo m de expedición
ab|feuern vt (Rakete) lanzar, tirar; (Schuss) disparar; **einen Schuss aufs Tor ~** (SPORT) disparar un tiro a puerta
ab|finden irr I. vt compensar, indemnizar; **mit leeren Versprechungen ~** engañar con promesas vanas
II. vr: **sich ~** (sich einigen) llegar a un acuerdo
❷ (sich zufrieden geben) conformarse; **damit musst du dich ~** tienes que hacerte a la idea
Abfindung f <-, -en> ❶ (Entschädigung) indemnización f; **~ eines Geschäftspartners** indemnización de un socio; **Zahlung einer ~** pago de una indemnización
❷ (Ausgleich) compensación f
Abfindungsangebot nt <-(e)s, -e> oferta f de indemnización por despido; **Abfindungsanspruch** m <-(e)s, -sprüche> (JUR) reclamación f de indemnización por despido; **Abfindungsgewinn** m <-(e)s, -e> producto m de la indemnización por despido; **Abfindungsguthaben** nt <-s, -> haberes mpl de la indemnización por despido; **Abfindungsklausel** f <-, -n> (JUR) cláusula f de indemnización; **Abfindungsrecht** nt <-(e)s, ohne pl> derecho m a la indemnización por despido; **Abfindungsregelung** f <-, -en> (JUR) regulación f de la indemnización por despido; **Abfindungssumme** f <-, -n> indemnización f, suma f de la indemnización por despido; **Abfindungsvereinbarung** f <-, -en> acuerdo m de indemnización por despido; **Abfindungsvergleich** m <-(e)s, -e> transacción f de indemnización por despido; **Abfindungsvertrag** m <-(e)s, -träge> pacto m de transacción, pacto m de indemnización por despido; **Abfindungszahlung** f <-, -en> pago m de indemnización por despido; **eine ~ an jdn leisten** efectuar un pago de indemnización por despido a alguien
ab|fischen vt despoblar (de peces)
ab|flachen I. vi sein ❶ (flacher werden) reducirse, alisarse
❷ (Unterhaltung) perder nivel
II. vt aplanar, alisar
III. vr: **sich ~** disminuir
Abflachung f <-, -en> ❶ (abgeflachte Form) aplanamiento m; (Böschung) declive m, pendiente f, talud m; (Wall) escarpa f, escarpadura f

❷ (das Abflachen) allanamiento m, nivelación f; **eine ~ des Erdwalls wäre optisch schöner** ópticamente resultaría mejor si se nivelara el terraplén
❸ (Sinken) reducción f, descenso m; **niedrige Einkommen werden zu einer ~ des wirtschaftlichen Wachstums führen** un bajo nivel de ingresos conducirá a una disminución del crecimiento económico
ab|flauen ['apflauən] vi sein ❶ (Wind) calmarse, amainar
❷ (Konjunktur) retroceder
Abflauen nt <-s, ohne pl> ❶ (WIRTSCH) baja f, retroceso m; **~ der Kurse** baja de los cambios; **~ des Marktes** debilitación del mercado
❷ (des Windes) disminución f
ab|fliegen irr vi sein (Vögel) echarse a volar; (Flugzeug, Person) salir
ab|fließen irr vi sein (Wasser) salir, fluir; (Geld) salir
Abflug m <-(e)s, -flüge> (AERO) salida f; **~ Köln 9 Uhr** salida de Colonia a las 9 horas
abflugbereit adj (AERO) dispuesto para despegar
Abflughafen m <-s, -häfen> (AERO) aeropuerto m de salida [o de partida]; **Abflughalle** f <-, -n> (AERO) terminal f de salidas; **Abflugzeit** f <-, -en> (AERO) hora f de despegue [o de salida]
Abfluss^{RR} m <-es, -flüsse>, **Abfluß** m <-sses, -flüsse> ❶ (Öffnung, Rohr) desagüe m
❷ (Wassermenge) caudal m
❸ (Strömen): **den reibungslosen ~ des Verkehrs behindern** (AUTO) impedir la circulación fluida en las carreteras
❹ (FIN, WIRTSCH: von Kapital) salida f; **~ liquider Mittel** salida de fondos disponibles
Abflussgraben^{RR} m <-s, -gräben> canal m de desagüe, albañal m; (Kloake) cloaca f, alcantarilla f; **Abflussreiniger**^{RR} m <-s, -> (producto m) desatascador m; **Abflussrinne**^{RR} f <-, -n> (Haus) canalón m; (Straße) cuneta f; **Abflussrohr**^{RR} nt <-(e)s, -e> cañería f de desagüe
Abfolge f <-, -n> sucesión f; (Takt) ritmo m; **die ~ war immer die gleiche** el ritmo se repetía monótonamente
ab|fordern vt: **jdm etw ~** pedir [o exigir] algo a alguien
Abfrage f <-, -n> (INFOR: von Daten) consulta f
ab|fragen vt ❶ (prüfen) preguntar
❷ (INFOR: Daten) consultar
ab|fressen irr vt (Blätter, Knospen) comer(se); **der Hund hat die Knochen abgefressen** el perro ha dejado los huesos mondos y lirondos fam
ab|frieren irr I. vi sein helarse
II. vt (fam): **sich** dat **etw ~** congelarse algo, helarse algo; **an der Bushaltestelle friert man sich die Füße ab** en la parada del autobús se le hielan a uno los pies; **ich fror mir einen ab** me quedé hecho un cubito [o un témpano]
Abfuhr ['apfuːɐ] f <-, -en> ❶ (Abtransport) transporte m; (von Müll) recogida f
❷ (Zurückweisung) negativa f; **jdm eine ~ erteilen** dar calabazas a alguien; **sich** dat **eine ~ holen** ganarse una bronca
❸ (SPORT) derrota f
ab|führen I. vi (MED) tener un efecto purgante, ser un purgante; **etw zum A~ verschreiben** recetar algo como laxante
II. vt ❶ (Verbrecher) llevar detenido
❷ (Geld) pagar (an a)
❸ (a. fig: ableiten) apartar (von de), desviar (von de)
abführend I. adj purgante; (MED) eferente; **die ~e Wirkung dieses Tees ist bekannt** es conocido el efecto purgante de este té
II. adv con efecto purgante; **~ wirken** tener un efecto purgante
Abführmittel nt <-s, -> laxante m; **Abführtee** m <-s, -s> infusión f purgante
Abführung f <-, -en> ❶ (Festnahme) detención f
❷ (FIN: Steuer) pago m, liquidación f
❸ (Ableitung) desviación f
Abfüllbetrieb m <-(e)s, -e> planta f de embotellado; **Abfüllbürette** f <-, -n> (CHEM) bureta f de trasiego; **Abfülldatum** nt <-s, -daten> fecha f de envasado
ab|füllen I. vt ❶ (Flüssigkeiten) trasegar (in a); (in Flaschen) embotellar; (in Gefäße) envasar; (in Säcke) ensacar
❷ (fam: betrunken machen) emborrachar
II. vr: **sich ~** (fam: sich betrinken) emborracharse; **gestern hat er sich total (einen) abgefüllt** ayer (se) cogió un colocón de primera
Abfüllung f <-, -en> (proceso m de) embotellado m
ab|füttern vt ❶ (Tiere) echar de comer; **das Vieh ~** echar de comer al ganado
❷ (fam iron: Personen) dar de comer; **in der Jugendherberge wurden die Wanderer erst mal abgefüttert** en el albergue juvenil lo primero que hicieron fue dar de comer a los excursionistas
Abg. Abk. von **Abgeordnete(r)** diputado, -a m, f
Abgabe¹ f <-, ohne pl> ❶ (Einreichung, Stimm~) entrega f; **gegen ~ des Kupons** presentando [o entregando] el cupón
❷ (JUR) presentación f; **parafiskalische ~** presentación parafiscal; **~**

Abgabe einer Willenserklärung presentación de una declaración de voluntad; ~ **einer eidesstattlichen Versicherung** presentación de una declaración jurada

Abgabe² f <-, -n> ❶ (*Steuer*) impuesto m; ~**n und Gebühren** tasas e impuestos; **außerordentliche** ~ contribución extraordinaria; **direkte** ~**n** impuestos directos; **öffentliche** ~**n** tributos mpl, impuestos mpl; ~**n erheben/entrichten** cobrar/pagar impuestos
❷ (*von Wärme, Energie*) emisión f; **unter** ~ **von ...** por emisión de...
❸ (*Äußerung*) emisión f
❹ (*Verkauf*) venta f

Abgabebeschränkung f <-, -en> (FIN) restricción f de (las) ventas; **Abgabedruck** m <-(e)s, ohne pl> (FIN) presión f vendedora
Abgabenbefreiung f <-, -en> (FIN) exención f tributaria; **Abgabenbelastung** f <-, -en> (FIN) presión f fiscal; **Abgabenbescheid** m <-(e)s, -e> (JUR) notificación f de tributación
abgabenfrei adj (FIN) libre de impuestos [o de derechos]
Abgabenfreiheit f <-, ohne pl> (FIN) exención f tributaria; **Abgabenordnung** f <-, -en> (FIN) ley f general tributaria
abgabenpflichtig adj (FIN) sujeto a impuestos
Abgabenrecht nt <-(e)s, -e> derecho m tributario; **Abgabensystem** nt <-s, -e> (FIN) sistema m tributario; **Abgabenüberhebung** f <-, -en> (JUR) exacción f ilegal; **Abgabenverteilung** f <-, -en> (FIN) distribución f de tributos
Abgabetermin m <-s, -e> fecha f de entrega, último día m de plazo
Abgang m <-(e)s, ohne pl> ❶ (*Fortgehen*) salida f, partida f; (THEAT) mutis m inv; ~ **von Arbeitskräften** salida de mano de obra; **nach dem** ~ **von der Schule** tras dejar el colegio; **sich** dat **einen guten** ~ **verschaffen** causar buena impresión
❷ (*Absendung*) despacho m, salida f
❸ (MED: *Absonderung*) secreción f, expulsión f; (*Fehlgeburt*) aborto m (involuntario)
❹ (COM: *Absatz*) venta f; ~ **finden** tener salida
Abgänger(in) m(f) <-s, -; -, -nen> (*formal*) niño, -a m, f que deja los estudios
abgängig adj (*Österr: formal*) desaparecido
Abgängige(r) mf <-n, -n; -n,-n> (*Österr*) persona f en paradero desconocido
Abgängigkeitsanzeige f <-, -n> (*Österr*) parte m de desaparición
Abgangsamt nt <-(e)s, -ämter> oficina f de origen; **Abgangsprüfung** f <-, -en> (SCH) examen m final; **Abgangszeugnis** nt <-ses, -se> (SCH) certificado para alguien que deja los estudios
Abgas nt <-es, -e> (gas m de) escape m
abgasarm adj (AUTO) pobre [o bajo] en gases de escape
Abgasentschwefelung f <-, -en> (CHEM, TECH) desulfuración f de gases de combustión
abgasfrei adj sin gases de escape; **eine** ~**e Anlage** una instalación sin gases de combustión; **wann gibt es endlich das** ~**e Auto?** ¿cuándo habrá un coche sin gases de escape?
Abgasgrenzwerte mpl (ÖKOL) valores mpl máximos de los gases de combustión; **Abgaskatalysator** m <-s, -en> (AUTO) catalizador m de gas de escape; **Abgasreinigung** f <-, ohne pl> (AUTO) depuración f de gases de escape; **Abgasrückführung** f <-, -en> (TECH) retroceso m del gas de escape; **Abgas(sonder)untersuchung** f <-, -en> (AUTO) control m de los gases de combustión (*obligatoria al pasar la inspección técnica de vehículos*); **Abgastest** m <-(e)s, -e o -s> (ÖKOL) ensayo m de gases de escape; **Abgasuntersuchung** f <-, -en> (AUTO) s. Abgas(sonder)untersuchung; **Abgaswolke** f <-, -n> nube f de gas de escape; **eine schwarze** ~ **kam aus dem Auspuff** del tubo de escape salió una nube de humo negro
ab|gaunern vt (*fam*) timar; **jdm etw** ~ sacar algo a alguien con mañas; **lass dir von den Spitzbuben nichts** ~! ¡no dejes que te timen esos bribones!
ab|geben irr I. vt ❶ (*zur Aufbewahrung*) dejar (en depósito), depositar; **er gibt den Mantel an der Garderobe ab** deja el abrigo en el guardarropa
❷ (*verkaufen*) vender
❸ (*Schuss*) disparar
❹ (*Meinung, Erklärung*) dar; (*Urteil, Stimme*) emitir
❺ (*Wärme, Energie*) irradiar, emitir
❻ (*teilen*) dar una parte (*von* de); **er hat mir die Hälfte vom Kuchen abgegeben** me ha dado la mitad del pastel
❼ (*überlassen*) ceder
❽ (SPORT: *Punkte*) perder; (*Ball*) entregar; **Preußen Münster hat wieder drei Punkte abgegeben** Preußen Münster ha vuelto a perder los tres puntos
❾ (*fam: Aussehen*) ofrecer; **er gab eine traurige Figur ab!** ¡qué aspecto más tristón ofrecía!
II. vr: **sich** ~ (*abw: sich einlassen*) tener trato; **mit diesen Leuten geben wir uns nicht ab** no queremos tener trato con esa gente

abgebrannt I. pp von **abbrennen**
II. adj (*fam: pleite*) sin blanca, sin un duro; **ich bin völlig** ~ estoy a dos velas
abgebrochen I. pp von **abbrechen**
II. adj ❶ (*ohne Abschluss beendet*) abandonado, interrumpido; **ein** ~**es Studium** una carrera no terminada; **vor einem** ~**en Studium kann nur gewarnt werden** es poco recomendable abandonar los estudios
❷ (*fam: ohne Abschluss*) sin haber concluido los estudios universitarios, sin haber terminado la carrera; ~**e Juristen sind besonders schwer zu vermitteln** es muy difícil colocar a aquellos juristas que han interrumpido sus estudios
abgebrüht adj (*fam: unempfindlich*) curado de espantos
abgedroschen adj (*fam*) gastado, trillado
abgefeimt ['ap gəfaɪmt] adj (*abw: Gauner*) taimado, astuto; (*Methode*) refinado
Abgefeimtheit f <-, -en> (*abw*) taimería f, iniquidad f, perfidia f
abgefuckt ['apgəfakt] adj (*vulg*) jodido
abgegriffen pp von **abgreifen**
abgehackt I. adj ❶ (*Stil, Redeweise*) entrecortado
❷ (*Bewegungen*) brusco
II. adv a trompicones
abgehangen pp von **abhängen¹**
abgehärmt ['apgəhɛrmt] adj afligido, acongojado
ab|gehen irr I. vi sein ❶ (*sich entfernen*) marchar(se); (*Zug*) partir, salir; (THEAT) hacer mutis; **von der Schule** ~ dejar la escuela
❷ (*Farbe*) irse; (*Knopf*) caerse; (*Schuss*) dispararse
❸ (*fehlen*) faltar; **sich** dat **nichts** ~ **lassen** no privarse de nada
❹ (*abweichen*): **von seinen Grundsätzen** ~ renunciar a sus principios; **nicht von seinen Grundsätzen** ~ insistir en sus principios
❺ (*verlaufen*): **alles ging gut ab** todo salió bien
❻ (sl: *los sein*): **hier geht es** [o **die Post**] **ab!** ¡menuda marcha hay aquí!
❼ (*vulg: ejakulieren*): **ihm ging einer ab** se corrió
II. vt (*Grundstück*) recorrer (para inspeccionar)
abgehoben pp von **abheben**
abgeklärt ['apgəklɛːɐt] adj (*ausgeglichen*) sereno, equilibrado
Abgeklärtheit f <-, ohne pl> serenidad f
abgelagert adj ❶ (GEO) sedimentado
❷ (*Wein*) depositado, almacenado
abgelegen adj distante, apartado
Abgelegenheit f <-, ohne pl> distancia f, situación f apartada [o retirada]; **die** ~ **dieses Landhauses finde ich sehr reizvoll** de esta casa de campo lo que más me atrae es que quede tan apartada
ab|gelten irr vt (*Leistung*) retribuir; (*Verlust*) compensar; (*Schaden*) pagar (por)
Abgeltung f <-, -en> indemnización f; ~ **von Schadensansprüchen** (JUR) indemnización por daños y perjuicios
abgeneigt adj contrario, -a; **etw/jdm** ~ **sein** ser contrario a algo/alguien; **(nicht)** ~ **sein etw zu tun** (no) tener inconveniente en hacer algo
Abgeordnete(r) mf <-n, -n; -n, -n> (*im Parlament*) diputado, -a m, f, legislador(a) m(f) Am; (*Vertreter*) delegado, -a m, f
Abgeordnetenbank f <-, -bänke> (POL) escaño m; **Abgeordnetengesetz** nt <-es, -e> (JUR) ley f parlamentaria; **Abgeordnetenhaus** nt <-es, -häuser> Congreso m, Cámara f de los Diputados; **Abgeordnetenimmunität** f <-, -en> inmunidad f parlamentaria; **Abgeordnetensitz** m <-es, -e> escaño m
abgerissen I. pp von **abreißen**
II. adj ❶ (*zerlumpt*) andrajoso, harapiento; ~**e Kleidung** ropa andrajosa
❷ (*unzusammenhängend*) deslabazado, incoherente
abgesagt adj (*geh*): ~**er Feind von etw** enemigo declarado de algo
Abgesandte(r) mf <-n, -n; -n, -n> enviado, -a m, f, emisario, -a m, f
Abgesang m <-(e)s, -sänge> (*geh*) ❶ (*letztes Werk*) canto m de cisne
❷ (*Ausklang*) colofón m, remate m
abgeschieden ['apgəʃiːdən] I. pp von **abscheiden**
II. adj (*geh*) ❶ (*entlegen*) retirado, aislado; (*einsam*) solitario
❷ (*verstorben*) fallecido
Abgeschiedene(r) mf <-n, -n; -n, -n> (*geh*) finado, -a m, f, difunto, -a m, f
Abgeschiedenheit f <-, ohne pl> aislamiento m
abgeschlagen I. pp von **abschlagen**
II. adj ❶ (SPORT) de los últimos; (*Firma, Partei*) sin peso
❷ (*reg: erschöpft*) rendido, machacado; ~ **sein** estar hecho polvo fam
❸ (*Geschirr*) desportillado
Abgeschlagenheit f <-, ohne pl> decaimiento m; (*Mattigkeit*) lasitud f
abgeschlossen I. pp von **abschließen**
II. adj ❶ (*verschlossen*) cerrado
❷ (*isoliert*) aislado
❸ (*vollendet*) acabado, terminado
Abgeschlossenheit f <-, ohne pl> ❶ (*Isoliertheit*) aislamiento m; **die**

~ des Hofes ist beengend resulta angustioso el aislamiento de la granja ❷ (*Weltabgeschiedenheit*) retiro *m;* **er verbrachte seine letzten Lebensjahre in völliger ~** pasó su últimos años en el más absoluto retiro
Abgeschlossenheitsgenehmigung *f* <-, -en> (JUR) aprobación *f* de aislamiento
abgeschmackt ['apgəʃmakt] *adj* vulgar, de mal gusto
Abgeschmacktheit *f* <-, -en> vulgaridad *f,* mal gusto *m*
abgeschnitten *pp von* **abschneiden**
abgesehen *pp von* **absehen**
abgespannt *adj* cansado, fatigado; **er sieht ~ aus** parece fatigado; **er macht einen ~en Eindruck** tiene aspecto fatigado
Abgespanntheit *f* <-, *ohne pl*> cansancio *m,* fatiga *f*
abgestanden ['apgəʃtandən] I. *pp von* **abstehen**
II. *adj* ❶ (*Wasser*) reposado; (*Bier*) insípido, desabrido
❷ (*fig: nichts sagend*) manido
abgestorben ['apgəʃtɔrbən] *pp von* **absterben**
Abgestumpftheit *f* <-, *ohne pl*> ❶ (*Mensch*) embrutecimiento *m;* (*Gefühllosigkeit*) insensibilidad *f,* falta *f* de sensibilidad; (*Gleichgültigkeit*) indiferencia *f*
❷ (*Gefühl, Gewissen*) embotamiento *m;* (*Unempfindlichkeit*) insensibilidad *f*
abgetakelt ['apgəta:kəlt] *adj* (*abw fam: abgenutzt*) usado, sobado; (*Kleider*) rozado; (*Frau*) ajada
abgetragen *pp von* **abtragen**
abgetreten *pp von* **abtreten**
abgewetzt *adj* (*Stoff*) gastado, usado, raído
abgewichst *adj* (*vulg*) cochambroso; (*Penner*) tirado
ab|gewinnen* *irr vt* ❶ (*Geld*) ganar
(*finden*) sacar; **ich gewinne mir noch Zeit ab manchmal auszugehen** aún saco tiempo para salir de vez en cuando
❸ (*Gefallen finden*): **ich kann dieser Sache nichts ~** esto no me hace (ninguna) gracia, no puedo sacar nada de esto
abgewogen *pp von* **abwägen, abwiegen**
Abgewogenheit *f* <-, *ohne pl*> (*Entscheidung, Worte*) ecuanimidad *f;* (*Urteil*) equidad *f*
ab|gewöhnen* *vt* deshabituar (de), desacostumbrar (de); **jdm etw ~** quitar a alguien la costumbre de algo; (*sich dat* **etw ~** perder la costumbre de hacer algo); **ich muss mir das Rauchen ~** tengo que dejar de fumar; **das ist zum A~** es como para quitarle a uno las ganas
abgewrackt *adj* (*sl: Typ, Haus*) hecho polvo
abgezehrt *adj* (*Gesicht*) demacrado; (*Körper*) enflaquecido
ab|gießen *irr vt* ❶ (*Wasser*) verter, decantar (*von* de); **das Wasser vom Gemüse ~** colar el agua de la verdura; **die Nudeln ~** escurrir la pasta
❷ (KUNST, TECH) fundir; (*Form*) moldear
Abglanz *m* <-es, *ohne pl*> reflejo *m;* (*a. fig*) vislumbre *f*
Abgleich *m* <-(e)s, -e> ❶ (*Vergleich*) comparación
❷ (ELEK) ajuste *m*
ab|gleichen *irr vt* ❶ (*Fläche*) nivelar; (*Stoff*) alisar
❷ (*abstimmen*) equiparar; (*vergleichen*) comparar; **zwei Listen miteinander ~** cotejar [*o* comparar] dos listas
❸ (ELEK) ajustar; (*Radio*) sintonizar
ab|gleiten *irr vi sein* (*geh*) ❶ (*abrutschen*) resbalar
❷ (*abschweifen*) desviarse, apartarse; (*Gedanken*) divagar
❸ (*fig: absinken*) hundirse; **das Land drohte in einen chaotischen Zustand abzugleiten** el país amenazaba con hundirse en el caos; **der Dollar gleitet ab** el dólar se hunde
❹ (*abprallen*) rebotar; **er ließ die Vorwürfe einfach an** [*o von*] **sich ~** le resbalaban los reproches
Abgott *m* <-(e)s, -götter> ídolo *m*
Abgötterei *f* <-, *ohne pl*> idolatría *f*
abgöttisch ['apgœtɪʃ] *adv* con idolatría; **jdn ~ lieben** idolatrar a alguien
ab|graben *irr vt* ❶ (*Erdreich*) rebajar
❷ (*Wasser*) avenar; **jdm das Wasser ~** (*fig*) hacer perder terreno a alguien
ab|grasen *vt* ❶ (*Weide*) comer la hierba (de); **die Wiese wurde von Schafen abgegrast** las ovejas han dejado pelado el prado; **das Thema ist abgegrast** (*fam*) el tema está agotado
❷ (*fam: systematisch absuchen*) recorrer
ab|greifen *irr vt* sobar, manosear; (*abtasten*) palpar
ab|grenzen I. *vt* ❶ (*begrenzen*) delimitar, demarcar; (*abtrennen*) separar (*gegen/von* de); **abgegrenzter Bereich** recinto acotado; **Begriffe gegeneinander** [*o voneinander*] **~ definir** términos
II. *vr:* **sich ~** diferenciarse (*von* de); (*sich distanzieren*) distanciarse (*von* de)
Abgrenzung *f* <-, -en> (de)limitación *f;* (*eines Feldes*) demarcación *f*
Abgrund *m* <-(e)s, -gründe> precipicio *m,* zanjón *m Arg, Cuba, Par;* (*a. fig*) abismo *m;* **ein ~ tat sich vor ihr auf** (*fig*) se abrió un precipicio a sus pies
abgrundhässlich^{RR} *adj* (*fam*) feo como el demonio
abgründig *adj* (*geh*) ❶ (*rätselhaft*) impenetrable, inescrutable
❷ (*unermesslich*) inconmensurable
abgrundtief *adj* enorme, infinito
ab|gruppieren* *vt* (WIRTSCH) descender de categoría salarial
ab|gucken I. *vi* (*sl*) copiar; **bei jdm ~** copiar de alguien
II. *vt* (*fam*) ❶ (*übernehmen*): **jdm etw ~, etw bei** [*o von*] **jdm ~** copiar algo de alguien
❷ (*Wend*) **ich guck dir nichts ab!** ¡si no te miro!
Abguss^{RR} *m* <-es, -güsse>, **Abguß** *m* <-sses, -güsse> ❶ (KUNST) vaciado *m*
❷ (*Gussstück*) (pieza *f* de) fundición *f*
ab|haben *irr vt* (*fam*) ❶ (*Hut, Brille*) haberse quitado, no llevar puesto
❷ (*bekommen*): **einen Teil von etw ~ wollen** querer una parte de algo; **willst du was** (**davon**) **~?** ¿quieres un poco (de esto)?
ab|hacken *vt* cortar
ab|haken *vt* ❶ (*loshaken*) descolgar, soltar
❷ (*markieren*) marcar (con una cruz); (*in einer Liste*) puntear; (*fig: als erledigt ansehen*) dar por resuelto [*o* terminado]
ab|halftern *vt* ❶ (*Pferd*) desenjaezar
❷ (*fam: eines Postens entheben*) destituir; (*Politiker*) defenestrar
ab|halten *irr vt* ❶ (*fernhalten*) mantener a distancia, apartar
❷ (*hindern*) impedir; **jdn von etw ~** impedir algo a alguien; **jdn davon ~, etw zu tun** impedir a alguien que haga algo; **du hälst mich von der Arbeit ab!** ¡no me dejas trabajar!; **lass dich nicht ~!** (*beirren*) ¡tú sigue (a lo tuyo)! *fam,* ¡no te cortes! *sl*
❸ (*Sitzung*) celebrar; **ein Seminar ~** organizar un seminario
❹ (*Unterricht*) dar, dictar *Am*
Abhaltung *f* <-, -en> (*Durchführung*) celebración *f;* (*einer Demonstration*) convocatoria *f;* **die ~ freier Wahlen ist garantiert** está garantizada la celebración de elecciones libres; **für die ~ einer Demonstration bedarf es einer Genehmigung** para convocar una manifestación es preciso obtener autorización
ab|handeln *vt* ❶ (*abkaufen*) comprar; (*bekommen*) obtener; (*Rabatt*) regatear; **jdm etw ~** sacarle algo a alguien; **jdm fünf Euro ~** regatearle cinco euros a alguien
❷ (*erörtern*) tratar
abhanden [ap'handən] *adv:* **~ kommen** extraviarse, perderse, refundirse *MAm;* **mir ist meine neue Jacke ~ gekommen** se me ha perdido la chaqueta nueva
Abhandenkommen *nt* <-s, *ohne pl*> pérdida *f,* extravío *m;* **~ von Sachen** pérdida de objetos
Abhandlung *f* <-, -en> tratamiento *m* (de); (*Essay*) tratado *m* (*über* sobre); **eine ~ über Humangenetik** un tratado sobre genética humana; **die ~ dieses Themas hat ihm Schwierigkeiten bereitet** el tratamiento de este tema le ha dado problemas
Abhang *m* <-(e)s, -hänge> cuesta *f,* pendiente *f,* guindo *m Guat*
ab|hängen¹ *irr vi* ❶ (*unterworfen, angewiesen sein*) depender (*von* de); **das hängt davon ab, ob du kommst** eso depende de si vienes [*o* de que vengas]; **das hängt ganz davon ab** depende de las circunstancias
❷ (GASTR: *Fleisch*) manir
ab|hängen² *vt* ❶ (*Bild*) descolgar; (*Decke*) bajar
❷ (*abkoppeln*) desenganchar, desacoplar
❸ (*fam: abschütteln*): **jdn ~** quitarse a alguien de encima, librarse de alguien
abhängig *adj* dependiente (*von* de); **~er Satz** (LING) oración subordinada; **die ~e Rede** (LING) el estilo indirecto; **vom Wetter ~ sein** depender del tiempo; **ich mache das von der Bedingung ~, dass ...** eso dependerá de si..., eso será a condición de que... +*subj*
Abhängige(r) *mf* <-n, -n; -n, -n> adicto, -a *m, f* (*von* a)
Abhängigkeit *f* <-, -en> dependencia *f* (*von* de); (*Sucht*) adicción *f* (*von* a); **gegenseitige ~** dependencia mutua, interdependencia *f;* **in ~ von jdm/etw geraten** caer en la dependencia de alguien/algo, hacerse dependiente de alguien/algo
Abhängigkeitsverhältnis *nt* <-ses, -se> relación *f* de dependencia
ab|härten I. *vi* robustecer el cuerpo (*gegen* contra/frente a)
II. *vt* endurecer (*gegen* contra/frente a), fortalecer (*gegen* contra/frente a), robustecer (*gegen* contra/frente a)
III. *vr:* **sich ~** endurecerse, fortalecerse, robustecerse (*gegen* contra/frente a)
Abhärtung *f* <-, -en> endurecimiento *m* (*gegen* contra/frente a); (*des Körpers*) fortalecimiento *m* (*gegen* contra/frente a), robustecimiento *m* (*gegen* contra/frente a)
ab|haspeln *vt* ❶ (*abwickeln*) desenrollar
❷ (*hastig vortragen*): **einen Vortrag ~** soltar un discurso de carrerilla
ab|hauen¹ <haut ab, haute ab, abgehauen> *vi sein* (*fam: verschwinden*) largarse, botarse *Chil,* fletarse *Cuba, Mex,* jalar *Bol, PRico, Urug;* **hau ab!** ¡lárgate!

ab|hauen² *irr vt* (*abschlagen*) cortar; (*Baum*) talar; (*Putz*) quitar
ab|häuten *vt* despellejar
ab|heben *irr* **I.** *vi* ❶ (AERO) despegar, decolar *SAm*
❷ (*fig: realitätsfremd werden*) apartarse de la realidad, no tener los pies en el suelo
❸ (*hinweisen*) aludir (*auf* a), llamar la atención (*auf* sobre); **der Verteidiger hob auf die besonderen Umstände der Tat ab** el juez defensor subrayó las especiales circunstancias del hecho
II. *vt* ❶ (*herunternehmen*) quitar; (*Deckel*) destapar; (*Telefonhörer*) descolgar; (*Karten*) cortar; (*Masche*) pasar
❷ (FIN: *Geld*) retirar, sacar *fam*
III. *vr:* **sich ~** ❶ (*sich ablösen*) levantarse, soltarse
❷ (*optisch hervortreten*) recortarse (*von/gegen* sobre); **der Turm hebt sich gegen den blauen Himmel ab** la torre se recorta sobre el cielo azul
❸ (*unterscheiden*) destacar (*von* entre), destacarse (*von* de/de entre); **er hob sich von seinen Mitschülern ab** se destacó de (entre) los demás alumnos
Abhebung *f* <-, -en> (FIN) reintegro *m*
Abhebungsbefugnis *f* <-, -se> (FIN) facultad *f* de reintegro
ab|heften *vt* (*Schriftstücke*) archivar, failear *Am;* **etw in einem Ordner ~** archivar algo en un clasificador
ab|heilen *vi* curarse; (*Wunde*) cerrarse
ab|helfen *irr vi* remediar, poner remedio (a); **dem ist leicht abzuhelfen** es fácil remediarlo, tiene fácil remedio
ab|hetzen *vr:* **sich ~** ajetrearse, agobiarse; **völlig abgehetzt sein** estar hecho polvo *fam*
Abhilfe *f* <-, *ohne pl*> remedio *m*, auxilio *m;* **gerichtliche/gesetzliche ~** auxilio judicial/legal; **einer Situation ~ schaffen** poner remedio a [*o* remediar] una situación; **für ~ sorgen** proporcionar [*o* procurar] remedio
Abhilfeentscheidung *f* <-, -en> (JUR) decisión *f* sobre remedio
Abhilferecht *nt* <-(e)s, *ohne pl*> derecho *m* de auxilio; **Abhilfeverlangen** *nt* <-s, -> (JUR) exigencia *f* de remedio
ab|hobeln *vt* cepillar; **eine Kante ~** rebajar un borde
abholbereit *adj* listo para recoger; **ihre Bilder liegen ~ im Geschäft** puede recoger sus fotos en la tienda
abhold *adj:* **jdm/etw ~ sein** (*geh*) ser enemigo de [*o* contrario a] alguien/algo; **etw** *dat* **nicht ~ sein** (*iron*) ser dado a algo
Abholdienst *m* <-(e)s, -e> servicio *m* de recogida
ab|holen *vt* recoger; (*fam fig: verhaften*) trincar; **jdn vom Bahnhof ~** recoger a alguien de la estación; **etw ~ lassen** enviar (a) por algo
Abholgebühr *f* <-, -en> tarifa *f* de recogida; **Abholmarkt** *m* <-(e)s, -märkte> mercado *m* de recogida; **Abholpreis** *m* <-es, -e> precio *m* de recogida
Abholung *f* <-, -en> recogida *f;* **der Ware** recogida de la mercancía; **zahlbar bei ~** (WIRTSCH) a pagar al recogerlo
ab|holzen *vt* ❶ (*Bäume*) talar, tumbar *Am*
❷ (*Gebiet*) deforestar
Abholzung *f* <-, -en> ❶ (*Bäume*) tala *f*
❷ (*Waldgebiet*) deforestación *f*
Abhöraffäre *f* <-, -n> escándalo *m* de escuchas telefónicas; **Abhöraktion** *f* <-, -en> acción *f* de escucha, operación *f* de interceptación; **Abhöranlage** *f* <-, -n> dispositivo *m* de escucha
ab|horchen *vt* escuchar (aguzando el oído); (MED) auscultar
Abhöreinrichtung *f* <-, -en> dispositivo *m* de escucha
ab|hören *vt* ❶ (*Gelerntes*) repasar; **jdn ~ preguntar la lección a alguien
❷ (MED) auscultar
❸ (*Anrufbeantworter*) escuchar
❹ (*Telefonleitung*) interceptar, pinchar *fam*
Abhörgerät *nt* <-(e)s, -e> aparato *m* de escuchas telefónicas; **Abhörgesetz** *nt* <-es, -e> (JUR) ley *f* sobre escucha; **Abhörmaßnahme** *f* <-, -n> (JUR) medida *f* de escucha
abhörsicher *adj* antiescucha *inv*
Abhörverbot *nt* <-(e)s, -e> (JUR) prohibición *f* de escucha; **Abhörvorrichtung** *f* <-, -en> dispositivo *m* de escucha
ab|hungern **I.** *vt* ❶ (*Pfunde*) adelgazar; **ich habe (mir) schon drei Kilo abgehungert** ya he bajado tres kilos (a fuerza de pasar hambre); **in letzter Zeit sieht er wirklich abgehungert aus** últimamente está famélico
❷ (*ersparen*): **die Reise habe ich mir ~ müssen** el dinero para el viaje me lo he quitado de la boca
II. *vr:* **sich ~** (*hungern*) pasar hambre; **im Krieg hungerte ich mich ab** en la guerra pasé mucha hambre
Abi ['abi:] *nt* <-s, -s> (*fam*) bachillerato *m;* (*Prüfung*) examen *m* final de bachillerato (*equivalente a las pruebas de Selectividad*)
abiotisch [abi'o:tɪʃ] *adj* (MED) abiótico
ab|irren *vi sein* (*geh*) apartarse; (*moralisch*) descarriarse; **vom Weg ~** desviarse; (*fig*) apartarse del (buen) camino; **vom Thema ~** apartarse del tema, divagar; **sie sind vom Pfad der Tugend abgeirrt** se han apartado del camino de la virtud; **ich kann mich heute schlecht konzentrieren, meine Gedanken irren** [*o* **ich irre**] **ständig vom Gespräch(sthema) ab** hoy no me puedo concentrar, mis pensamientos se pierden [*o* me pierdo] constantemente

Abitur [abi'tu:ɐ] *nt* <-s, -e> bachillerato *m;* (*Prüfung*) examen *m* final de bachillerato (*equivalente a las pruebas de Selectividad*); **das ~ machen/bestehen** hacer/aprobar la selectividad; **durchs ~ fallen** suspender la selectividad
Abiturfeier *f* <-, -n> fiesta tras el examen final de enseñanza media
Abiturient(in) [abituri'ɛnt] *m(f)* <-en, -en; -, -nen> preuniversitario, -a *m, f,* bachiller *mf Am*
Abiturklasse *f* <-, -n> ❶ (*Schüler*) ≈(grupo *m* de) C.O.U. *m;* **sie unterrichtet am liebsten ~n** lo que más le gusta dar es C.O.U.; **die ~n machen heute einen Ausflug ins Deutsche Museum** los C.O.U.s hacen hoy una excursión al Museo Alemán
❷ (*Stufe*) ≈(nivel *m* de) C.O.U. *m;* **in der ~ wird es für die Schüler ernst** en C.O.U. se ponen las cosas serias para los alumnos; **Abiturzeugnis** *nt* <-ses, -se> título *m* de bachiller
ab|jagen **I.** *vt* arrebatar; **jdm etw ~** arrancar algo a alguien
II. *vr:* **sich ~** (*fam: sich abhetzen*) apresurarse, agobiarse
Abk. *Abk. von* **Abkürzung** abr.
ab|kämmen *vt* ❶ (*entfernen*) quitar peinando
❷ (*absuchen*) peinar; **das Viertel ~** peinar el barrio
ab|kämpfen *vr:* **sich ~** combatir hasta la extenuación; **sie hat sich beim Training abgekämpft** tras el entrenamiento estaba rendida [*o* agotada]; **er kämpfte sich mit der großen Portion ab** (*fam*) sacó una buena tajada; **nach einem hektischen Arbeitstag kommt er abgekämpft nach Hause** tras un día de trabajo y prisas llega destrozado a casa
ab|kanzeln *vt* (*fam*) sermonear
ab|kapseln **I.** *vt* aislar
II. *vr:* **sich ~** enquistarse; (*fig*) aislarse
Abkaps(e)lung *f* <-, -en> ❶ (MED: *Geschwulst, Tumor*) enquistamiento *m*
❷ (*fig: Isolierung*) enclaustramiento *m;* (*Abgeschlossenheit*) retiro *m*
ab|karren *vt* retirar (con la carretilla), llevarse (a carretadas); (*fig: brutal wegschaffen*) llevarse; **die Steine wurden von einem Maurer abgekarrt** un albañil se llevó las piedras con la carretilla; **der Unrat muss abgekarrt werden** hay que retirar esta basura; **Regimekritiker wurden wie Vieh aufgeladen und abgekarrt** a los disidentes se los llevaron en una carreta como si de ganado se tratase
ab|karten *vt* (*fam*) arreglar, amañar; **ein abgekartetes Spiel/Rennen** una partida/una carrera amañada; **es war abgekartet** ha sido un arreglo, estaba amañado
ab|kassieren* *vt* (*fam*) cobrar; **die Getränke/den Gast ~** cobrar las bebidas/al cliente; **er hat beim Poker richtig abkassiert** en la partida de póker hizo su agosto
ab|kauen *vt* comer; **sich die Fingernägel ~** morderse las uñas
ab|kaufen *vt* ❶ (*Ware*): **jdm etw ~** comprar algo a alguien
❷ (*fam: glauben*) tragarse; **das kaufe ich dir nicht ab!** ¡eso no me lo trago!, ¡cuéntaselo a tu abuela!
Abkehr ['apke:ɐ] *f* <-, *ohne pl*> alejamiento *m* (*von* de), abandono *m* (*von* de)
ab|kehren **I.** *vt* ❶ (*abwenden*) apartar
❷ (*abfegen*) barrer
II. *vr:* **sich ~** (*sich abwenden*) apartarse (*von* de)
ab|kippen **I.** *vi* caer, volcarse
II. *vt* ❶ (*fallen lassen*) bajar
❷ (*abladen*) descargar, volcar; (*Müll*) verter
ab|klappen *vt* ❶ (*umklappen*) bajar, plegar hacia abajo
❷ (*Müll*) verter
ab|klappern *vt* (*fam*) recorrer
ab|klären *vt* aclarar
Abklärung *f* <-, -en> aclaración *f;* **die ~ eines Problems** la resolución de un problema
Abklatsch *m* <-(e)s, -e> (KUNST) copia *f;* (*fig, abw*) mala copia *f,* plagio *m*
ab|klemmen *vt* ❶ (TECH) desconectar
❷ (MED: *Ader*) estrangular
Abklingbecken *nt* <-s, -> (CHEM) pila *f* de desactivación
ab|klingen *irr vi sein* decrecer; (*Lärm*) disminuir; (*Fieber*) ceder, bajar; (*Begeisterung*) reducirse; **der Schmerz ist im A~** el dolor va disminuyendo
ab|klopfen *vt* ❶ (*säubern*) sacudir
❷ (MED) percutir
❸ (*kritisch betrachten*) examinar (*auf* en busca de); **den Gegner auf Schwachstellen ~** tantear al adversario en busca de puntos flacos, tantear los puntos flacos del adversario
ab|knabbern *vt* mordisquear; (*Fingernägel*) morder; (*Knochen*) roer

ab|knallen *vt* (*fam abw*) matar a tiros

ab|knappen *vt* (*reg*), **ab|knapsen** ['apknapsən] *vt* (*fam*) sacar; **wo soll ich (mir) das Geld für den Urlaub denn ~?** ¿de dónde voy a sacar yo el dinero para las vacaciones?

ab|kneifen *irr vt* (*Draht*) arrancar, quitar

ab|knicken I. *vi sein* ❶ (*Blume, Zweig*) doblarse, troncharse; **der Zweig ist abgeknickt, aber nicht abgerissen** el ramo está tronchado, pero no arrancado
❷ (*Straße*) girar
II. *vt* ❶ (*abbrechen*) cortar, desgajar
❷ (*umknicken*) doblar, tronchar

ab|knöpfen *vt* ❶ (*Angeknöpftes*) desabrochar, desabotonar; **die Kapuze vom Mantel ~** quitar [*o* soltar] la capucha del abrigo
❷ (*fam: Geld*) sacar; **jdm Geld ~** dar un sablazo a alguien

ab|knutschen I. *vt* (*fam*) comer(se) a besos; (*abw*) besuquear
II. *vr: sich ~* (*abw*) besuquearse

Abkochapparat *m* <-(e)s, -e> (TECH) aparato *m* de descrudado

ab|kochen *vt* ❶ (*kochen*) hervir, cocer
❷ (CHEM) hacer una decocción (de)
❸ (SPORT) hacer perder peso sudando (a)
❹ (*keimfrei machen*) esterilizar

ab|kommandieren* *vt* (MIL: *zu einer anderen Einheit*) destinar, enviar; (*zu einem bestimmten Dienst*) destacar

ab|kommen *irr vi sein* ❶ (*abweichen*) perderse, extraviarse; **wir kamen vom Weg ab** nos perdimos; **vom Thema ~** irse por las ramas
❷ (*aufgeben*) dejar (*von*), abandonar (*von*); (*sich entfernen*) alejarse (*von* de), apartarse (*von* de); **von seiner Meinung ~** cambiar de opinión
❸ (*aus der Mode kommen*) pasarse de moda; **dieser Schnitt ist ganz abgekommen** este corte está muy pasado
❹ (*reg: abmagern*) decaer, estropearse

Abkommen *nt* <-s, -> convenio *m*, acuerdo *m*; **ein ~ über etw treffen** llegar a un acuerdo sobre algo

Abkommensklausel *f* <-, -n> cláusula *f* de un convenio

abkömmlich ['apkœmlɪç] *adj* disponible, libre; (**nicht**) **~ sein** (no) estar disponible

Abkömmling ['apkœmlɪŋ] *m* <-s, -e> ❶ (*a.* JUR: *Nachkomme*) descendiente *mf*
❷ (*iron fam: Sprössling*) vástago *m*, hijo *m*
❸ (CHEM) derivado *m*

ab|können *irr vt* (*nordd: mögen*) llevarse bien (con); (*vertragen*) soportar, aguantar; **laute Musik kann ich nicht ab** no trago la música alta

ab|koppeln I. *vt* (*Fahrzeug*) desenganchar; (*Raumfähre*) separar, soltar
II. *vr: sich ~* (*fam: Organisation*) descolgarse (*von* de)

ab|kratzen I. *vi sein* (*fam: sterben*) estirar la pata, diñarla, rasgarse *Am*
II. *vt* (*entfernen*) rascar, rasgar

ab|kriegen *vt* (*fam*) ❶ (*erhalten*) sacar [*o* llevarse] su parte (de); **er hat ganz schön was abgekriegt** ha recibido lo suyo, se ha dado una buena
❷ (*erleiden*) sufrir; **er hat ganz schön was abgekriegt** ha recibido lo suyo, se ha dado una buena
❸ (*entfernen*) conseguir quitar, lograr desprender

ab|kühlen I. *vr: sich ~* (*Wetter*) refrescar; (*kühler werden*) refrescarse, enfriarse; (*Beziehungen*) enfriarse, entibiarse; (*Leidenschaft, Zorn*) templarse, calmarse; **der Zorn hat sich bei ihm abgekühlt** se le ha enfriado la cólera
II. *vt* (*Speisen*) (poner a) enfriar

Abkühlung *f* <-, -en> enfriamiento *m*; (TECH) refrigeración *f*; (*Wetter*) descenso *m* de las temperaturas; **sich** *dat* **eine ~ verschaffen** refrescarse

Abkunft ['apkʊnft] *f* <-, *ohne pl*> (*geh: Herkunft*) origen *m*; (*Abstammung*) ascendencia *f*; **er ist asiatischer/slawischer ~** es de origen asiático/eslavo; **er ist bescheidener/zweifelhafter ~** es de origen humilde/dudoso

ab|kupfern *vt* (*fam: abschreiben*) plagiar; (*nachahmen*) copiar, imitar

ab|kürzen *vt* acortar; (*Weg*) atajar; (*Besuch, Verfahren*) abreviar, reducir (*um* en); „**Jahrhundert" wird durch „Jh." abgekürzt** "Jh." es la abreviatura de "Jahrhundert"

Abkürzung *f* <-, -en> ❶ (*Weg*) atajo *m*, cortada *f Arg, Urug*, trilla *f MAm*; **eine ~ nehmen** tomar un atajo
❷ (*von Verfahren*) abreviación *f*, reducción *f*
❸ (LING) abreviatura *f*

Abkürzungsverzeichnis *nt* <-ses, -se> índice *m* de abreviaturas

ab|küssen *vt* besuquear

Ablad ['apla:t] *m* <-(e)s, *ohne pl*> (*Schweiz*) descarga *f*

Abladeklausel *f* <-, -n> (WIRTSCH) cláusula *f* de descarga; **Abladekonnossement** *nt* <-(e)s, -e> (WIRTSCH) conocimiento *m* de descarga

ab|laden *irr vt* ❶ (*Fahrzeug, Schiff*) descargar; (*Fracht*) desembarcar; (*Müll*) verter; (*Kisten*) descargar; (*fig: Kummer, Ärger*) descargar
❷ (*Arbeit, Schuld*) cargar (*auf* sobre)

Ablader *m* <-s, -> (COM, NAUT) descargador *m*

Ablage *f* <-, -n> ❶ (*Archiv*) archivo *m*; **Akten zur ~ geben** archivar actas
❷ (*Vorrichtung*) archivo *m*
❸ (*Schweiz: Annahmestelle*) despacho *m* de lotería, administración *f* de lotería

Ablagekorb *m* <-(e)s, -körbe> bandeja *f* (para documentos)

ab|lagern I. *vi* (*Wein*) añejarse; (*Holz, Tabak*) curarse; **abgelagerter Wein** vino añejo
II. *vt* almacenar, depositar
III. *vr: sich ~* (*sich absetzen*) posarse, depositarse, aconcharse *Chil, Peru*; (MED: *in Organen*) acumularse, sedimentarse; (GEO) sedimentarse

Ablagerung *f* <-, -en> ❶ (GEO, MED: *Vorgang*) sedimentación *f*; (*Material*) depósito *m*, sedimento *m*; **fluviale/fluviatile ~** sedimento fluvial/fluviatil
❷ (GASTR: *Wein*) poso *m*

ablagerungsfähig *adj* ❶ (GEO) sedimentable
❷ (*Waren*) depositable, almacenable

Ablagesystem *nt* <-s, -e> sistema *m* de archivo

Ablass[RR] *m* <-es, -lässe>, **Ablaß** *m* <-sses, -lässe> (REL) bula *f*, indulgencia *f*

Ablassbehälter[RR] *m* <-s, -> (CHEM) recipiente *m* de evacuación

ab|lassen I. *vi* (*nicht weiterverfolgen*) desistir (*von* de), abandonar (*von*); **er lässt nicht von seinem Vorhaben ab** no desiste de sus propósitos
II. *vt* ❶ (*Flüssigkeit*) dejar salir; (*Dampf*) purgar; (*Wasser*) desaguar; (*Behälter*) vaciar
❷ (*fam: nicht aufsetzen/anlegen*) no poner(se); **lass den Hut doch ab!** ¡no te pongas el sombrero!
❸ (*ermäßigen*): **jdm etw vom Preis ~** rebajar algo el precio a alguien

Ablassventil[RR] *nt* <-s, -e> (TECH) válvula *f* de purgado

Ablation *f* <-, -en> (GEO) ablación *f*

Ablativ ['aplati:f] *m* <-s, -e> (LING) ablativo *m*

Ablauf *m* <-(e)s, -läufe> ❶ (*Verlauf*) (trans)curso *m*, desarrollo *m*; **technologischer ~** proceso tecnológico; **der ~ der Ereignisse** el curso de los acontecimientos
❷ (*einer Frist, Gültigkeit*) vencimiento *m*, expiración *f*; **nach ~ von zwei Stunden** al cabo de dos horas; **nach ~ des Ultimatums** cuando expire el ultimátum
❸ (*Abflussrohr*) desagüe *m*
❹ (GEO: *See*) canal *m* de vaciado

Ablaufdatum *nt* <-s, -daten> fecha *f* de vencimiento; **Ablaufdiagramm** *nt* <-s, -e> organigrama *m*

ab|laufen *irr sein* I. *vi* ❶ (*Flüssigkeit*) escurrirse; (*abfließen*) desaguar
❷ (*Film, Tonband*) desenrollarse
❸ (*stehen bleiben*) pararse; **die Uhr ist abgelaufen** el reloj se ha parado
❹ (*Pass*) expirar, caducar
❺ (*Frist*) finalizar, vencer; **die Frist ist abgelaufen** el plazo ha expirado
❻ (*verlaufen*) desarrollarse, transcurrir; **ist alles gut abgelaufen?** ¿ha ido todo bien?; **wie ist die Debatte abgelaufen?** ¿cómo terminó el debate?
II. *vt* ❶ (*Schuhe*) gastar, desgastar
❷ (*Strecke, Stadt*) recorrer (*nach* en busca de); **ich habe mir die Hacken nach euch abgelaufen** he removido Roma con Santiago para dar con vosotros

Ablauffrist *f* <-, -en> vencimiento *m*; **Ablaufhemmung** *f* <-, -en> (WIRTSCH) suspensión *f* de la prescripción; **Ablaufplan** *m* <-(e)s, -pläne> (WIRTSCH) organigrama *m*; **Ablaufplanung** *f* <-, -en> (*a.* WIRTSCH) planificación *f* del proceso

Ablaut *m* <-(e)s, -e> (LING) alternancia *f* vocálica, apofonía *f*

Ableben *nt* <-s, *ohne pl*> (*geh*) defunción *f*, óbito *m*

ab|lecken *vt* lamer

ab|ledern *vt* (*fam*) secar (con una gamuza); **die Fenster ~** limpiar las ventanas con una gamuza

ab|legen I. *vi* (*Schiff*) zarpar
II. *vt* ❶ (*ausziehen*) quitarse, sacarse *Am*; **bitte, legen Sie ab!** ¡quítese el abrigo, por favor!
❷ (*Gewohnheit*) quitarse; **Vorurteile ~** deshacerse [*o* librarse] de prejuicios
❸ (*hinlegen*) depositar, poner; (*Akten*) archivar, failear *MAm, RíoPl*; (*Karten*) descartarse (de)
❹ (*Eid, Geständnis*) hacer, prestar; **über etw Rechenschaft ~** rendir cuentas de algo; **eine Prüfung ~** dar un examen *o*, examinarse (*in* de/en) *Am*

Ableger *m* <-s, -> ❶ (BOT) esqueje *m*
❷ (WIRTSCH) sucursal *f*

ab|lehnen *vt* ❶ (*zurückweisen*) rechazar; **er lehnte es ab, uns zu helfen** se negó a ayudarnos
❷ (*Einladung*) rechazar, rehusar
❸ (JUR: *Gesuch*) denegar; (*Zeugen*) recusar

ablehnend *adj* negativo; **etw** *dat* **eher ~ gegenüberstehen** no estar mucho por algo
Ablehnung *f* <-, -en> ❶ (*Verweigerung*) negativa *f*; (*Zurückweisung*) rechazo *m*; (*von Anträgen, Bewerbern*) denegación *f*, rechazo *m*; (JUR) recusación *f*; **~ der Verantwortung** recusación de toda responsabilidad; **~ eines Zeugen/Sachverständigen** recusación de un testigo/perito; **~ wegen Befangenheit** recusación por parcialidad
❷ (*Missbilligung*) rechazo *m*, repudio *m*; **er stieß bei ihnen auf ~** lo rechazaron
Ablehnungsandrohung *f* <-, -en> (JUR) conminación *f* de recusación; **Fristsetzung mit ~** conminación de recusación con fijación de plazo;
Ablehnungsantrag *m* <-(e)s, -träge> (JUR) escrito *m* de recusación;
Ablehnungsentscheidung *f* <-, -en> (JUR) auto *m* de recusación;
Ablehnungsgesuch *nt* <-(e)s, -e> (JUR) petición *f* de recusación;
Ablehnungsgrund *m* <-(e)s, -gründe> (JUR) causa *f* de recusación
ab|leisten *vt* (*Wehrdienst*) cumplir
ab|leiten I. *vt* ❶ (*umlenken*) desviar
❷ (*a.* MATH: *herleiten*) derivar (*aus* de)
II. *vr*: **sich ~** (LING) derivarse (*aus/von* de); **abgeleitetes Wort** palabra derivada, derivado *m*
Ableitung *f* <-, -en> (MATH) derivación *f*; (LING) derivado *m*
Ableitungsrohr *nt* <-(e)s, -e> (TECH) tubo *m* de evacuación
ab|lenken I. *vi* (*ausweichen*) desviarse (*von* de)
II. *vt* ❶ (PHYS: *Strahlen*) desviar
❷ (*abbringen*) distraer (*von* de); **sie versuchte ihn von der Arbeit abzulenken** trató de distraerle del trabajo; **sich von nichts ~ lassen** no dejarse distraer por nada
Ablenkung *f* <-, -en> ❶ (*Richtungsänderung*) desviación *f*
❷ (*Zerstreuung*) distracción *f*; **~ suchen** buscar distracción; **sich** *dat* **~ verschaffen** distraerse
Ablenkungsmanöver *nt* <-s, -> maniobra *f* de distracción
ab|lesen *irr* I. *vt* ❶ (*vorlesen*) leer; **den Zähler/die gemessene Menge ~** leer el contador/la cantidad medida
❷ (*erkennen*) notarse (*von* en); **das konnte man ihr vom Gesicht ~** eso se le notaba [o veía] en la cara
II. *vi* leer; **vom Blatt ~** leer la hoja
ab|leuchten *vt* recorrer con una luz
ab|leugnen *vt* negar
Ableugnung *f* <-, -en> negación *f*; **die bloße ~ der Tat nützte ihm nichts** de nada le sirvió negar el hecho; **diese Aussage ist eine ~ aller Menschenwürde** esa afirmación niega toda dignidad humana
ab|lichten *vt* ❶ (*fotokopieren*) fotocopiar
❷ (*fotografieren*) fotografiar
Ablichtung *f* <-, -en> ❶ (*fam: Fotografieren*) retratar *m*
❷ (*Fotokopieren*) (foto)copiado *m*
❸ (*Fotokopie*) (foto)copia *f*
ab|liefern *vt* entregar
Ablieferung *f* <-, -en> entrega *f*
Ablieferungsbescheinigung *f* <-, -en> albarán *m* de entrega;
Ablieferungsfrist *f* <-, -en> plazo *m* de entrega; **Ablieferungshindernis** *nt* <-ses, -se> impedimento *m* para la entrega
ab|liegen *irr vi* ❶ (*entfernt sein*) estar retirado [*o* apartado] (*von* de)
❷ (*süddt, Österr*: GASTR) manir
❸ (*Schweiz: sich hinlegen*) tumbarse, acostarse
ab|listen *vt* timar, quitar con engaño; **er hat ihm sein Erspartes abgelistet** le ha timado sus ahorros
ab|locken *vt* (*Geld*) sacar; (*Geheimnis*) sonsacar; **ihre Antwort lockte ihm nur ein müdes Lächeln ab** su respuesta sólo provocó en él una sonrisa forzada
ablösbar *adj* ❶ (*abtrennbar*) separable
❷ (*Kredit*) reembolsable
ab|löschen *vt* (GASTR) rebajar
Ablöse *f* <-, -n> (SPORT: *fam*) traspaso *m*
ab|lösen I. *vt* ❶ (*abmachen*) quitar, desprender; (*Aufgeklebtes*) despegar
❷ (*Wachposten*) relevar; (*bei der Arbeit*) reemplazar, sustituir
❸ (*Hypothek*) amortizar; (*Schuld*) pagar
II. *vr*: **sich ~** ❶ (*abgehen*) desprenderse
❷ (*sich abwechseln*) alternarse
Ablösesumme *f* <-, -n> (SPORT) traspaso *m*; **Ablösevertrag** *m* <-(e)s, -träge> (JUR) contrato *m* de rescate
Ablösung *f* <-, -en> ❶ (*das Sichablösen*) desprendimiento *m*
❷ (*Wechsel mit anderen*) relevo *m*
❸ (*aus dem Amt*) reemplazo *m*, sustitución *f*
❹ (FIN) amortización *f*
Ablösungsfonds *m* <-, -> (FIN) fondo *m* de amortización; **Ablösungsrecht** *nt* <-(e)s, -e> derecho *m* de rescate; **Ablösungssumme** *f* <-, -n> (JUR) renta *f* de rescate; **Ablösungssumme** *f* <-, -n> *s.* **Ablösesumme**; **Ablösungswert** *m* <-(e)s, -e> (FIN) valor *m* de cancelación

ab|luchsen ['apluksən] *vt* (*fam: Geld*) sacar, timar; (*Geheimnis*) sonsacar
Abluft *f* <-, *ohne pl*> (TECH: *Kernkraftwerk*) aire *m* de salida; (*Heizungsraum*) tiro *m*
ABM [a:beˈʔɛm] *f* <-, -(s)> (WIRTSCH) *Abk. von* **Arbeitsbeschaffungsmaßnahme** plan de fomento de empleo
ab|machen *vt* ❶ (*fam: entfernen*) quitar, desprender; (*Aufgeklebtes*) despegar
❷ (*vereinbaren*) acordar, quedar (en) *fam*; (*Termin, Preis*) fijar; **wir haben abgemacht, dass ...** hemos quedado en que...; **abgemacht!** ¡vale!, ¡de acuerdo!
❸ (*fam: ableisten*) cumplir, hacer
Abmachung *f* <-, -en> acuerdo *m*; (*a.* POL, WIRTSCH) pacto *m*, convenio *m*; **zwischenbetriebliche ~en** acuerdos interempresariales; **mit jdm eine ~ treffen** llegar a un acuerdo con alguien; **sich an die ~en halten** atenerse a los acuerdos
ab|magern I. *vi sein* adelgazar; **bis auf die Knochen abgemagert sein** estar en los huesos
II. *vt* reducir
Abmagerung *f* <-, -en> adelgazamiento *m*, pérdida *f* de peso; (*exzessiv*) enflaquecimiento *m*
Abmagerungskur *f* <-, -en> cura *f* de adelgazamiento
ab|mähen *vt* (*Getreide*) segar; (*Gras*) cortar
ab|mahnen *vt* sancionar
Abmahnung *f* <-, -en> sanción *f*
Abmahnungskosten *pl* costes *mpl* del procedimiento monitorio;
Abmahnungsschreiben *nt* <-s, -> carta *f* de aviso de despido
Abmahnverein *m* <-(e)s, -e> asociación *f* monitoria
ab|malen *vt* (*abzeichnen*) pintar; (*porträtieren*) retratar; (*kopieren*) copiar
Abmarkung *f* <-, -en> (JUR) acotamiento *m*
Abmarsch *m* <-(e)s, -märsche> (MIL) salida *f*, marcha *f*; **~!** ¡en marcha!
abmarschbereit *adj* listo para ponerse en marcha
ab|marschieren* I. *vi sein* (*losmarschieren*) marcharse
II. *vt haben o sein* (*zur Kontrolle*) patrullar; **die Gegend ~** patrullar por la zona
ab|mehren *vt* ❶ (*Schweiz: abstimmen*) votar
❷ (*durch Handerheben*) votar a mano alzada
Abmeldeformular *nt* <-s, -e> (*impreso m de*) solicitud *f* de baja
ab|melden I. *vt* darse de baja (de, *bei* en); (*Zeitung*) anular la suscripción; **das Telefon ~** darse de baja del teléfono; **er ist bei mir abgemeldet** (*fam*) ya no tengo nada que ver con él
II. *vr*: **sich ~** darse de baja (*bei* en); **sich polizeilich ~** dar parte a la policía (de su salida)
Abmeldung *f* <-, -en> baja *f*; (*einer Zeitung*) anulación *f* de la suscripción; (*von der Schule*) aviso *m* de baja; (*beim Einwohnermeldeamt*) aviso *m* de cambio de residencia
ab|messen *irr vt* ❶ (*ausmessen*) medir, tomar las medidas (de)
❷ (*abschätzen*) calcular
Abmessung *f* <-, -en> medida *f*, dimensión *f*
ab|mildern *vt* mitigar
ABM-Kraft *f* <-, -Kräfte> (WIRTSCH) trabajador *o* trabajadora temporal en un plan de fomento de empleo
ABMler(in) *m(f)* <-s, -; -, -nen> (WIRTSCH: *fam*) *s.* **ABM-Kraft**
ab|moderieren* *vi, vt* (TV, RADIO): (**eine Sendung**) ~ despedir un programa
ab|montieren* *vt* desmontar
ABM-Stelle [a:beˈʔɛm-] *f* <-, -n> (WIRTSCH) puesto *m* de trabajo proporcionado por el Plan de Fomento de Empleo
ab|mühen *vr*: **sich ~** esforzarse mucho
ab|murksen ['apmʊrksən] *vt* (*fam*): **jdn ~** cargarse a alguien
ab|mustern I. *vi* (NAUT) pedir licencia
II. *vt* (NAUT: *Besatzung*) despedir, licenciar
ABM-Vertrag *m* <-(e)s, -träge> (WIRTSCH) contrato temporal en un plan de fomento de empleo
ab|nabeln I. *vt* (*Neugeborenes*) cortar el cordón umbilical (a)
II. *vr*: **sich ~** (*fam: sich lösen*) librarse (*von* de); (*sich unabhängig machen*) independizarse
ab|nagen *vt* roer
ab|nähen *vt* estrechar, meter
Abnäher *m* <-s, -> pinza *f*
Abnahme *f* <-, -n> ❶ (*das Entfernen*) desmontaje *m*; (MED) amputación *f*
❷ (*Herunternahme*) descenso *m*
❸ (*Verminderung*) disminución *f*, descenso *m*
❹ (*Kauf*) compra *f*; **~ der Überschüsse im Außenhandel** (COM, WIRTSCH) recogida [*o* aceptación] de los excedentes en el comercio exterior; **bei ~ von 100 Stück** con la compra de 100 unidades; **~ finden** (WIRTSCH) tener salida; **die ~ verweigern** rehusar la recepción

Abnahmebedingung ❺ (JUR) recepción *f*; ~ **des Eides** recepción del juramento; ~ **der Kaufsache** recepción del objeto comprado; ~ **des Werkes** recepción de la obra ❻ (*einer Parade*) revista *f*; (*eines Autos*) inspección *f*
Abnahmebedingung *f* <-, -en> (WIRTSCH) condiciones *fpl* de aceptación [*o* de recepción]; **Abnahmebescheinigung** *f* <, -en> (WIRTSCH) certificado *m* de recepción; **Abnahmegarantie** *f* <-, -n> (WIRTSCH) garantía *f* de su(b)scripción; **Abnahmegeschäft** *nt* <-(e)s, -e> (FIN, WIRTSCH) operación *f* de compra; **Abnahmepflicht** *f* <-, -en> (WIRTSCH) obligación *f* de recepción; **Abnahmeprotokoll** *nt* <-s, -e> (WIRTSCH) acta *f* de recepción; **Abnahmesurrogat** *nt* <-(e)s, -e> (WIRTSCH) sucedáneo *m* de recepción; **Abnahmeverpflichtung** *f* <-, -en> (WIRTSCH) contrato *m* a retirar o pagar; **Abnahmeverweigerung** *f* <-, -en> (WIRTSCH) rechazo *m* de recepción, negativa *f* a la recepción; **ernsthafte und endgültige** ~ rechazo de recepción formal y definitivo; **Abnahmeverzug** *m* <-(e)s, *ohne pl*> (WIRTSCH) demora *f* en la recepción
ab|nehmen *irr* I. *vt* ❶ (*Macht*) declinar; (*Interesse*) decrecer, disminuir; (*Geschwindigkeit, Temperatur*) disminuir, bajar; (*Kräfte*) menguar, declinar; (*Mond*) menguar; **bei ~dem Mond** en cuarto menguante ❷ (*Gewicht verlieren*) adelgazar, espichar *Cuba, Ven, Mex* ❸ (TEL) descolgar; **es nimmt keiner ab** no contesta nadie II. *vt* ❶ (*Hut, Bart*) quitar(se); (*Vorhang*) quitar; (MED) amputar; (*Blut*) sacar; (*abkaufen*) comprar; (*wegnehmen*) quitar; (*im Spiel*) sacar; (*abverlangen*) pedir; (*Maschen*) menguar; **den Deckel vom Topf ~** destapar la olla ❷ (*übernehmen*) coger; **jdm eine Arbeit ~** librar a alguien de un trabajo ❸ (*entgegennehmen*) coger; (*Eid*) tomar; (*Beichte*) escuchar, oír; **jdm ein Versprechen ~** hacer prometer algo a alguien; **jdm das Versprechen ~, zu ...** hacer prometer a alguien que... ❹ (*Gebäude, Fahrzeug*) inspeccionar; (*Prüfung*) realizar; (MIL) pasar revista (a) ❺ (*fam: glauben*) creer; **dieses Märchen nimmt dir keiner ab!** ¡eso no hay quien te lo crea!
Abnehmer(in) *m(f)* <-s, -; -, -nen> comprador(a) *m(f)*, cliente *mf*; (*Zwischenhändler*) corredor(a) *m(f)*, intermediario, -a *m, f*; ~ **finden** encontrar compradores
Abnehmerklage *f* <-, -n> (JUR, WIRTSCH) acción *f* del comprador; **Abnehmerland** *nt* <-(e)s, -länder> (WIRTSCH) país *m* comprador
Abneigung *f* <-, -en> antipatía *f* (*gegen* hacia), rechazo *m* (*gegen* hacia/contra)
abnorm [ap'nɔrm] *adj* (*geh*), **abnormal** ['---] *adj* anormal, anómalo
Abnormität *f* <-, -en> anormalidad *f*, anomalía *f*
ab|nötigen *vt* (*geh*) imponer; **er nötigt mir Respekt ab** me impone respeto; **ich nötige mir kein Lächeln ab** no me esforcé por sonreír
ab|nutzen, **ab|nützen** I. *vt* (des)gastar; (*strapazieren*) deteriorar; **abgenutzt** (*Kleidung*) gastado, raído; **der sieht aber abgenutzt aus!** (*fam*) ¡qué envejecido está!
II. *vr: sich ~* desgastarse, deteriorarse
Abnutzung *f* <-, -en>, **Abnützung** *f* <-, -en> (*reg*) desgaste *m*, deterioro *m*; ~ **der Mietsache** (JUR) desgaste del objeto alquilado
Abnutzungserscheinungen *fpl* señales *fpl* de uso [*o* desgaste]; **Abnutzungs- und Verschleißerscheinungen** señales *mpl* de desgaste y deterioro físico
Abo ['abo] *nt* <-s, -s> (*fam*) suscripción *f*
Abolition [aboli'tsjoːn] *f* <-, -en> (JUR) abolición *f*
Abolitionismus *m* <-, *ohne pl*> abolicionismo *m*
Abonnement [abɔn(ə)'mãː] *nt* <-s, -s> (*Zeitung*) suscripción *f*; (*Konzertkarten*) abono *m*; **ein ~ für etw haben** estar suscrito a algo; **ein ~ abbestellen** desabonarse, anular la suscripción; **ein ~ erneuern** renovar una suscripción
Abonnement(s)preis *m* <-es, -e> precio *m* de suscripción
Abonnent(in) [abɔ'nɛnt] *m(f)* <-en, -en; -, -nen> suscriptor(a) *m(f)*, abonado, -a *m, f*
abonnieren* [abɔ'niːrən] *vt* suscribirse (a); **auf etw abonniert sein** (*a. fig*) estar abonado a algo
ab|ordnen *vt* delegar, comisionar
Abordnung *f* <-, -en> delegación *f*, comisión *f*; ~ **eines Beamten** delegación de un funcionario
Abort [a'bɔrt] *m* <-(e)s, -e> ❶ (MED) aborto *m*
❷ (*Toilette*) retrete *m*, servicio *m*
ab|packen *vt* empaquetar; (*in Behälter*) envasar
ab|passen *vt* aguardar, esperar; **den richtigen Augenblick ~** aguardar [*o* esperar] el momento oportuno; **jdn ~** salir al paso de alguien
ab|pausen *vt* calcar
ab|perlen *vi sein* gotear (*an* por)
ab|pfeifen *irr vt* (SPORT) **das Spiel ~** pitar el fin del partido
Abpfiff *m* <-(e)s, -e> (SPORT) pitada *f* final, pitido *m* final
ab|pflücken *vt* ❶ (*pflücken*) recolectar, recoger; **sie pflückten die Pflaumen ab** (re)cogieron las ciruelas
❷ (*leer pflücken*) esquilmar; **die Kinder hatten alle Bäume abgepflückt** los niños no dejaron rastro de fruta en los árboles
ab|placken *vr* (*reg*), **ab|plagen** *vr: sich ~* afanarse (*mit* en), agobiarse (*mit* con)
ab|platten *vt* aplastar, achatar; **der Globus ist an den Polen leicht abgeplattet** el globo terráqueo está ligeramente achatado en los Polos
ab|platzen *vi sein* (*Gips*) desconcharse; (*Knopf*) soltarse
Abprall *m* <-(e)s, -e> rebote *m*
ab|prallen *vi sein* (*Ball*) rebotar; **die Kritik prallte an ihm ab** la crítica le resbaló
ab|pressen *vt* ❶ (*erzwingen*) sacar por la fuerza, arrancar; **vielen Unternehmern werden mit üblen Drohungen Schutzgelder abgepresst** muchos empresarios son forzados con amenazas a pagar a cambio de protección; **sie wollte ihm ein Versprechen ~** quiso arrancarle una promesa
❷ (*abschnüren*) quitar, cortar; **solche Vorstellung presste ihm den Atem ab** imaginar tal cosa lo dejaba sin respiración
❸ (*herauspressen*) sacar; **Blutwasser wurde ins Bindegewebe abgepresst** por presión se sacó suero al tejido conjuntivo; **die Hitze presste ihm manchen Schweißtropfen ab** el calor le arrancó más de una gota de sudor
Abprodukt *nt* <-(e)s, -e> (AGR, TECH) producto *m* de desecho; **wieder verwendungsfähiges ~** residuo *m* reutilizable
abproduktarm *adj* con un mínimo de residuos
abproduktfrei *adj* sin residuos
ab|pumpen *vt* ❶ (*Öl, Wasser*) extraer
❷ (*fam: pumpen*) sacar, sablear; **er hat mir Geld abgepumpt** me sacó dinero, me sableó
ab|putzen *vt* limpiar; **hast du dir die Schuhe abgeputzt?** ¿te has limpiado los zapatos?
ab|quälen *vr: sich ~* desriñonarse; **sich** *dat* **ein Lächeln ~** esforzarse por sonreír
ab|qualifizieren* I. *vt* descalificar
II. *vr: sich ~* desacreditarse (*mit/durch* con)
ab|rackern *vr: sich ~* (*fam*) desriñonarse, matarse a trabajar
Abraham ['aːbraham]: **sicher sein wie in ~s Schoß** estar en buenas manos
ab|rahmen *vt* desnatar, descremar
Abrakadabra ['aːbraka'daːbra] *nt* <-s, *ohne pl*> (*Zauberwort*) abracadabra *m*; ~ **daherreden** decir disparates [*o* tonterías]
ab|rasieren* *vt* afeitar, rapar; (*fam: zerstören*) arrasar
Abrasion [abra'zjoːn] *f* <-, -en> (GEO) abrasión *f*; (MED) erosión *f*
ab|raten *irr vi*: **jdm von etw ~** desaconsejar algo a alguien
Abraum *m* <-(e)s, *ohne pl*> (BERGB) escombros *mpl*
Abraumbau *m* <-(e)s, *ohne pl*> (BERGB) explotación *f* a cielo abierto
ab|räumen *vt* recoger; (*Teller*) retirar; (SPORT: *Kegel*) derribar; **den Tisch ~** recoger [*o* quitar] la mesa
Abraumgut *nt* <-(e)s, -güter> (BERGB) escombro *m*; **Abraumhalde** *f* <-, -n> (BERGB) escombrera *f*
ab|rauschen *vi sein* (*fam*) salir disparado
ab|reagieren* I. *vt* (*Ärger*) descargar (*an* en), desahogar (*an* contra)
II. *vr: sich ~* (*sich beruhigen*) desfogarse, descargarse
ab|rechnen I. *vi* ❶ ((*Schluss*) *rechnung*) echar la cuenta
❷ (*zur Rechenschaft ziehen*) ajustar las cuentas; **mit ihm werde ich noch ~!** ¡ya le ajustaré las cuentas!
II. *vt* ❶ (*abziehen*) descontar, deducir
❷ (*Abschlussrechnung aufstellen*): **die Kasse ~** hacer caja
Abrechnung *f* <-, -en> ❶ (*Abzug*) descuento *m*, deducción *f*
❷ (*Bilanz*) cuenta *f*, planilla *f Am*; **spezifizierte ~** cuenta detallada; **die ~ machen** hacer las cuentas
❸ (*Rache*) ajuste *m* de cuentas, desquite *m*
Abrechnungsperiode *f* <-, -n> (FIN) periodo *m* de liquidación; **Abrechnungsstelle** *f* <-, -n> oficina *f* de liquidaciones; **Abrechnungstag** *m* <-(e)s, -e> día *m* de liquidación; **Abrechnungstermin** *m* <-(e)s, -e> (FIN) plazo *m* de liquidación; **Abrechnungsüberhang** *m* <-(e)s, -hänge> (FIN) excedente *m* de liquidación; **Abrechnungsverfahren** *nt* <-s, -> (FIN) procedimiento *m* de liquidación; **Abrechnungsverkehr** *m* <-(e)s, *ohne pl*> (FIN) operaciones *fpl* de compensación; **Abrechnungswährung** *f* <-, -en> (FIN) moneda *f* de compensación [*o* de liquidación]; **Abrechnungszeitraum** *m* <-(e)s, -räume> período *m* contable
Abrede *f*: **etw in ~ stellen** negar [*o* desmentir] algo
ab|regen *vr: sich ~* (*fam*) calmarse
ab|regnen *vr: sich ~* descargar; **die Wolken werden sich an den Bergen ~ lassen** las nubes descargarán en las montañas
ab|reiben *irr vt* ❶ (*Schmutz*) quitar frotando; (*Schuhe, Hände*) limpiar frotando
❷ (*trockenreiben*) secar (frotando)

❸ (*mit dem Reibeisen*) rallar
Abreibung *f* <-, -en> ❶ (*a.* MED) friega *f*, fricción *f*
❷ (*fam: Prügel*) paliza *f*, tunda *f*, trilla *f Am;* **eine ~ kriegen/verpassen** recibir/dar una paliza
Abreise *f* <-, -n> salida *f*, partida *f;* **bei meiner ~ nach Griechenland** cuando partí [*o* salí] para Grecia
ab|reisen *vi sein* salir (*nach* para), partir (*nach* para); **nach München/ in die Türkei** ~ salir para Munich/para Turquía
ab|reißen *irr* I. *vi sein* ❶ (*sich lösen*) arrancarse; (*abspringen*) saltar
❷ (*unterbrochen werden*) cortarse, interrumpirse
II. *vt* ❶ (*Papier, Heftpflaster*) arrancar
❷ (*Gebäude*) derribar, demoler
❸ (*fam: abnutzen*) destrozar
❹ (*fam: Haftstrafe*) cumplir; (*Militärdienst*) hacer
Abreißkalender *m* <-s, -> calendario *m* de pared, almanaque *m*
ab|rennen *irr vt* recorrer (*para conseguir algo*); **sich** *dat* **die Hacken nach etw** ~ remover Roma con Santiago por [*o* en busca de] algo
ab|richten *vt* amaestrar, adiestrar, chalanear *Am*
Abrichtung *f* <-, *ohne pl*> adiestramiento *m*
Abrieb ['apri:p] *m* <-(e)s, -e> (TECH: *Reifen*) desgaste *m*
ab|riegeln *vt* ❶ (*Tür*) echar [*o* correr] el cerrojo (de)
❷ (MIL: *Gebiet*) cercar; (*Straße*) cortar, bloquear; **ein Viertel** ~ acordonar un barrio
Abrieg(e)lung *f* <-, -en> cierre *m;* (*Riegel*) cerrojo *m;* (MIL) cerco *m,* bloqueo *m;* (*von Straßen*) control *m;* (*durch die Polizei*) cordón *m*
ab|ringen *irr vt* (*Versprechen, Zugeständnis*) arrancar, forzar; **sich** *dat* **ein Lächeln** ~ forzar una sonrisa; **dem Meer Land** ~ ganar terreno al mar
Abriss[RR] *m* <-es, *ohne pl*> (*Abbruch*) demolición *f*, derribo *m*
Abriss[2RR] *m* <-es, -e> ❶ (*von Eintrittskarten*) resguardo *m* (de control de entrada)
❷ (*Übersicht*) resumen *m*, compendio *m*
Abriß *m s.* **Abriss**
Abrissarbeiten[RR] *fpl* trabajos *mpl* de derribo; **Abrissfirma**[RR] *f* <-, -firmen> empresa *f* de demolición; **Abrissgenehmigung**[RR] *f* <-, -en> (JUR) aprobación *f* de derribo
abrissreif[RR] *adj* semiderruido, que amenaza ruina; **eine ~e Fabrik** una fábrica semiderruida; **das Gebäude ist** ~ el edificio amenaza ruina [*o* está a punto de derrumbarse]
Abrissverfügung[RR] *f* <-, -en> (JUR) disposición *f* de derribo
ab|rollen I. *vi sein* ❶ (*sich abwickeln*) desenrollarse
❷ (SPORT) hacer una voltereta
❸ (*sich abspielen*) desarrollarse
II. *vt* desenrollar
ab|rücken I. *vi sein* ❶ (*wegrücken*) apartarse (*von* de); **von einer Meinung** ~ cambiar de opinión
❷ (MIL) retirarse
II. *vt* (*wegschieben*) correr, retirar (*von* de)
Abruf *m* <-(e)s, *ohne pl*> ❶ (*abrufbar sein*): **auf ~ zur Verfügung stehen** estar disponible; **ihr Wagen steht auf ~ bereit** su coche está a su disposición
❷ (COM) reclamación *f* de la entrega de pedido
❸ (INFOR) demanda *f*
abrufbar *adj* (*verfügbar*) disponible; (*erreichbar*) accesible, localizable; **~e Daten** (INFOR) datos recuperables; **~es Wissen** conocimientos activos; **auch an Abenden muss ein Kinderarzt stets ~ sein** un pediatra tiene que estar permanentemente localizable incluso por las noches
abrufbereit *adj* ❶ (*Menschen*) a disposición; **sich ~ halten** estar siempre a disposición
❷ (*Waren*) listo (para despachar), preparado (para la venta)
❸ (INFOR) recuperable
Abrufbetrieb *m* <-(e)s, -e> (INFOR, TEL) funcionamiento *m* bajo demanda
ab|rufen *irr vt* ❶ (*wegrufen*) llamar
❷ (INFOR: *Daten*) pedir
❸ (COM) retirar
ab|runden *vt* ❶ (*rund machen, a.* MATH) redondear; **ab- oder aufgerundet** redondeado hacia abajo o hacia arriba; **nach oben/unten** ~ redondear por exceso/por defecto
❷ (*ausgewogener machen*) completar, redondear
Abrundung *f* <-, -en> redondeo *m;* **~ nach oben/unten** redondeo por exceso/por defecto; **ein Capuccino wäre eine schöne ~ des Essens** un capuccino redondearía estupendamente la comida; **zur ~ des Festes tritt ein Magier auf** para completar la fiesta actuará un mago
ab|rupfen *vt* (*Blumen*) arrancar; (*Feder*) desplumar
abrupt [apˈrʊpt] *adj* abrupto, brusco; (*unerwartet*) inesperado; (*plötzlich*) repentino
ab|rüsten *vi* desarmar
Abrüstung *f* <-, *ohne pl*> desarme *m*

Abrüstungsgespräch *nt* <-(e)s, -e> (POL) conversación *f* sobre desarme; **Abrüstungskonferenz** *f* <-, -en> conferencia *f* sobre desarme; **Abrüstungspolitik** *f* <-, -en> política *f* de desarme; **Abrüstungsverhandlungen** *fpl* negociaciones *fpl* de desarme
ab|rutschen *vi sein* escurrirse, resbalar(se); (*fig*) caer (*in* en), hundirse (*in* en)
Abruzzen [aˈbrʊtsən] *pl* Abruzos *mpl*
Abs. ❶ *Abk. von* **Absender** Rte.
❷ *Abk. von* **Absatz** párrafo *m*
ABS [aːbeːˈɛs] *nt* <> (AUTO) *Abk. von* **Antiblockiersystem** ABS *m*
ab|sacken *vi sein* (*fam*) ❶ (*sinken*) descender; (*Boden*) hundirse; (*Blutdruck*) bajar de golpe, caer; (*Flugzeug*) perder altura; (FIN) caer; (*nachlassen*) disminuir (*in* en), bajar (*in* en)
❷ (*fig: herunterkommen*) hundirse; **das A~ des Ölpreises** (WIRTSCH) la caída del precio del crudo [*o* del petróleo], caer en picado; **er/sie sackte völlig ab** acabó en el arroyo
Absage [ˈapzaːgə] *f* <-, -n> (*respuesta f*) negativa *f;* **jdm eine ~ erteilen** dar una negativa a alguien
ab|sagen I. *vi* excusarse; **jdm** ~ disculparse con alguien, anular una cita con alguien
II. *vt* (*Treffen, Besuch*) anular, cancelar; (*Vorstellung*) suspender
ab|sägen *vt* ❶ (*Ast*) (a)serrar
❷ (*fam: kündigen*) echar; (POL) defenestrar
ab|sahnen I. *vi* (*fam*) hacer su agosto
II. *vt* (*fam: Profit*) forrarse (con)
ab|satteln *vi, vt* desensillar
Absatz *m* <-es, -sätze> ❶ (*am Schuh*) tacón *m*, taco *m Am;* **flache/ hohe Absätze** tacones bajos/altos; **auf dem ~ kehrtmachen** (*fig*) dar media vuelta y marcharse
❷ (*im Text*) párrafo *m;* (*neuer*) ~ (*beim Diktieren*) punto y aparte; **kein ~** (*beim Diktieren*) punto y seguido; **einen ~ machen** hacer punto y aparte
❸ (*Treppe*) descansillo *m*, tramo *m*
❹ (*Verkauf*) venta *f*, salida *f;* **hoher ~** alto índice de ventas; **niedriger ~** venta floja; **schleppender ~** venta [*o* salida] difícil; **großen ~ finden** tener mucha salida
absatzbedingt *adj* (WIRTSCH) condicionado por las ventas
Absatzbehinderung *f* <-, -en> (WIRTSCH) obstaculización *f* a la comercialización; **Absatzbeschränkung** *f* <-, -en> (WIRTSCH) restricción *f* a la comercialización
Absatzbindung *f* <-, -en> (WIRTSCH) promesa *f* de venta; **Absatzbindungsvertrag** *m* <-(e)s, -träge> (WIRTSCH, JUR) contrato *m* de promesa de venta; **Absatzerwartung** *f* <-, en> (WIRTSCH) previsiones *fpl* de venta
absatzfähig *adj* (WIRTSCH) vendible, de fácil comercialización; **einige unserer Produkte sind nicht ~** algunos de nuestros productos no tienen salida
Absatzflaute *f* <-, -n> (WIRTSCH) estancamiento *m* de las ventas; **Absatzförderung** *f* <-, -en> (WIRTSCH) comercialización *f*, promoción *f* comercial [*o* de ventas]; **Absatzgebiet** *nt* <-(e)s, -e> (WIRTSCH) zona *f* de venta; **Absatzkampagne** *f* <-, -n> (WIRTSCH) campaña *f* de promoción de ventas; **Absatzmarkt** *m* <-(e)s, -märkte> (WIRTSCH) mercado *m* de consumo; **begrenzter ~** mercado limitado; **Absatzmittler(in)** *m(f)* <-s, -; -, -nen> (WIRTSCH) intermediario *m* a comisión; **Absatzplus** *nt* <-, *ohne pl*> (WIRTSCH) superávit *m* en las ventas; **Absatzprognose** *f* <-, -n> (WIRTSCH) pronóstico *m* de ventas; **Absatzrenner** *m* <-s, -> (WIRTSCH) éxito *m* de venta, superventas *m inv fam;* **Absatzschwierigkeiten** *fpl* (WIRTSCH) dificultades *fpl* de salida; **diese Ware hat ziemliche ~** este artículo no se vende bien [*o* tiene poca salida]; **Absatzsteigerung** *f* <-, -en> (WIRTSCH) incremento *m* de las (cifras de) ventas, alza *f* en el mercado; **das Interesse am Internet hat zu einer ~ in der Computerbranche geführt** el interés por el Internet ha provocado una alza en el mercado del ordenador; **die Firma konnte 1996 eine ~ bei den Kleinwagen verzeichnen** en 1996 la empresa incrementó sus cifras de venta de utilitarios; **Absatzstockung** *f* <-, -en> (WIRTSCH) estancación *f* del volumen de ventas; **Absatzvermittler(in)** *m(f)* <-s, -; -, -nen> (WIRTSCH) agente *mf* de distribución; **Absatzvolumen** *nt* <-s, - *o* -volumina> (WIRTSCH) volumen *m* de ventas; **Absatzwege** *mpl* (WIRTSCH) canales *mpl* de distribución
absatzweise *adv* por párrafos, párrafo a [*o* por] párrafo; **ein Manuskript ~ lesen/korrigieren** leer/corregir un manuscrito párrafo a párrafo
Absatzzahlen *fpl* (WIRTSCH) cifras *fpl* de venta
ab|saufen *irr vi sein* (*fam*) ❶ (*untergehen*) hundirse; (*ertrinken*) ahogarse
❷ (AUTO) ahogarse
Absauganlage *f* <-, -n> instalación *f* de ventilación, extractor *m* de aire

ab|saugen vt aspirar, extraer; **den Teppich ~** pasar la aspiradora; **Fett ~** absorber la grasa

Absaugflasche f <-, -n> (CHEM) matraz m de succión; **Absaugvorrichtung** f <-, -en> dispositivo m de succión

ab|schaben vt raer, raspar

ab|schaffen vt ❶ (*aufheben*) abolir, suprimir; (*Gesetz*) derogar ❷ (*fortgeben*) deshacerse (de)

Abschaffung f <-, -en> abolición f; (JUR) derogación f, abrogación f; **~ der Zölle** eliminación de aranceles

ab|schälen I. vt ❶ (*schälen*) pelar, mondar; (*von Rinde befreien*) descascar(ar), descortezar; **soll ich dir den Apfel ~?** ¿quieres que te monde la manzana?; **der Baumstamm muss fein säuberlich abgeschält werden** hay que descortezar limpiamente el tronco
❷ (*entfernen*) quitar (*von de/a*), pelar (*von de/a*); **bevor die Stämme zersägt werden, muss man die Rinde ~** hay que quitar la corteza a los troncos antes de serrarlos; **die verhornte Haut kann von den Fersen abgeschält werden** se puede eliminar la piel callosa de los talones
II. vr: **sich ~** caerse; **die Haut begann sich abzuschälen** la piel comenzó a pelarse; **von manchen Bäumen schält sich immer wieder die Rinde ab** la corteza de algunos árboles se cae constantemente

Abschaltautomatik f <-, -en> (TECH) mecanismo m automático de desconexión

ab|schalten I. vi (fam) ❶ (*unaufmerksam werden*) desconectar ❷ (*sich entspannen*) descansar, relajarse
II. vt (*ausmachen*) apagar, desconectar

Abschaltung f <-, -en> desconexión f, interrupción f; **die ~ der Maschinen erfolgte automatisch** las máquinas se desconectaron automáticamente; **dieser Hebel bewirkt die sofortige ~ der Stromzufuhr** esta palanca provoca la interrupción inmediata de la alimentación eléctrica

Abschaltwärme f <-, ohne pl> (TECH) calor m de desconexión

Abschattung f <-, -en> sombreado m

ab|schätzen vt ❶ (*taxieren*) calcular; (COM) tasar ❷ (*beurteilen*) valorar

abschätzig ['apʃɛtsɪç] adj despectivo

Abschätzung f <-, -en> ❶ (*Taxierung*) cálculo m (aproximado); (COM) tasación f ❷ (*Bewertung*) valoración f

ab|schauen I. vi (fam): **bei jdm ~** copiar de alguien
II. vt (fam): **etw von jdm ~** copiar algo de alguien

Abschaum m <-(e)s, ohne pl> (abw) **der ~ der Menschheit** la escoria de la humanidad

ab|scheiden irr **I.** vi sein (geh) fallecer
II. vt desprender; (MED) supurar
III. vr: **sich ~** (geh) separarse (*von* de)

ab|scheren vt cortar a tijera

Abscheu m <-s, ohne pl>, f <-, ohne pl> (*Widerwille*) repugnancia f, repelencia f; (*Ekel*) asco m; **vor jdm/etw ~ haben** [o **empfinden**] tener [o sentir] asco de alguien/algo; **jds ~ erregen** repeler a alguien; **bei jdm ~ erregen** provocar repelencia [o repugnancia] a alguien

ab|scheuern I. vt ❶ (*reinigen*) fregar, restregar ❷ (*Kragen, Ärmel*) desgastar ❸ (*Haut*) levantar; **du hast dir die ganze Haut am Knie abgescheuert** te has levantado toda la piel de la rodilla, te has despellejado toda la rodilla
II. vr: **sich ~** desgastarse, rozarse

abscheulich [apˈʃɔɪlɪç] adj ❶ (*ekelhaft*) repelente, repugnante ❷ (*verwerflich*) abominable, detestable ❸ (fam: *unangenehm viel*) horrible; **es tut ~ weh** duele horriblemente

Abscheulichkeit[1] f <-, -en> (*Tat, Bemerkung*) atrocidad f, aberración f; **was erzählt du mir immer für ~en!** ¡qué asquerosidades me cuentas!; **diese bestialische Tat ist eine ~ sondergleichen** este acto bestial es una atrocidad sin par

Abscheulichkeit[2] f <-, ohne pl> (*entsetzliche Art*) atrocidad f; (*Verwerflichkeit*) abominación f; (*Abartigkeit*) aberración f; (*Ekelhaftigkeit*) asquerosidad f, repugnancia f

ab|schicken vt enviar, mandar

Abschiebehaft f <-, ohne pl> (POL) detención f previa a la expulsión

ab|schieben irr **I.** vi sein (fam: *weggehen*) largarse
II. vt ❶ (*abrücken*) apartar (*von* de), retirar (*von* de); (*Schuld*) achacar (*auf* a); (*Verantwortung*) cargar (*auf* a)
❷ (*ausweisen*) expulsar
❸ (*loswerden*) deshacerse (de), desembarazarse (de)

Abschiebepraxis f <-, ohne pl> (POL) prácticas fpl de expulsión; **Abschiebestopp**[RR] m <-s, -s> (POL) suspensión f de la expulsión de extranjeros

Abschiebung f <-, -en> expulsión f; **~ von Asylbewerbern** expulsión de solicitantes de asilo

Abschiebungsanordnung f <-, -en> (JUR) orden f de expulsión;

Abschiebungshaft f <-, ohne pl> (POL) detención f previa a la expulsión; **Abschiebungshindernis** nt <-ses, -se> (JUR) impedimento m de expulsión; **Abschiebungsverbot** nt <-(e)s, -e> (JUR) prohibición f de expulsión

Abschied ['apʃi:t] m <-(e)s, -e> ❶ (*Trennung*) despedida f; **von jdm nehmen** despedirse de alguien; **ohne ~ weggehen** despedirse a la francesa; **zum ~ winken** despedirse [o decir adiós] con la mano ❷ (*aus dem Amt*) retiro m; (*Abdankung*) dimisión f; **seinen ~ nehmen** dimitir, retirarse; **seinen ~ bekommen** jubilarse; (MIL) ser licenciado, licenciarse

Abschiedsbesuch m <-(e)s, -e> visita f de despedida; **Abschiedsbrief** m <-(e)s, -e> (fam) carta f de despedida; **Abschiedsfeier** f <-, -n> fiesta f de despedida; **Abschiedsgesuch** nt <-(e)s, -e> (POL) dimisión f; **der Minister reichte dem Präsidenten sein ~ ein** el ministro entregó [o presentó] su carta de dimisión al presidente; **Abschiedsgruß** m <-es, -grüße> fórmula f de despedida; **Abschiedskuss**[RR] m <-es, -küsse> beso m de despedida; **Abschiedsrede** f <-, -n> discurso m de despedida; **Abschiedsschmerz** m <-es, ohne pl> (geh) dolor m de la separación [o de la despedida]; **Abschiedsszene** f <-, -n> (iron) escenita f de despedida; **Abschiedsträne** f <-, -n> lágrima f de despedida

ab|schießen irr vt ❶ (*Geschoss*) disparar; (*Rakete*) lanzar ❷ (*Wild*) cazar; (*Mensch*) matar a tiros, pegar un tiro (a) ❸ (*Flugzeug*) derribar; (*Panzer*) destruir ❹ (fam: *entlassen*) despachar

ab|schinden irr vr: **sich ~** (fam: *schwer arbeiten*) matarse trabajando

Abschirmdienst m <-(e)s, -e> servicios mpl de contraespionaje [o de inteligencia]; **militärischer ~** servicio militar de inteligencia [o de contraespionaje]

ab|schirmen vt ❶ (*schützen*) proteger (*gegen* de/contra) ❷ (*Licht*) matizar

Abschirmung f <-, -en> ❶ (*einer Gefahr*) protección f (*gegen* de/contra) ❷ (*des Lichtes*) matización f

ab|schlachten vt ❶ (*Tiere*) matar, sacrificar ❷ (*grausam töten*) matar brutalmente; (*viele Menschen*) masacrar

ab|schlaffen I. vi sein (fam) cansarse, desmadejarse; **abgeschlafft sein** estar hecho polvo, estar machacado
II. vt cansar, desmadejar

Abschlag m <-(e)s, -schläge> ❶ (SPORT) saque m de puerta ❷ (FIN, WIRTSCH: *Preisnachlass*) rebaja f, descuento m; (*Rate*) plazo m; (*Vorschuss*) adelanto m; **~ auf den Lohn** adelanto sobre el sueldo; **etw auf ~ kaufen** comprar algo a plazos

ab|schlagen irr vt ❶ (SPORT) sacar (de puerta) ❷ (*Baum*) cortar, talar; **jdm den Kopf ~** decapitar a alguien ❸ (MIL) rechazar, repeler ❹ (*ablehnen*) rechazar; **jdm eine Bitte ~** negarle a alguien un favor

abschlägig ['apʃlɛːgɪç] adj (formal) negativo, desfavorable; **~er Bescheid** notificación negativa; **jdn ~ bescheiden** responder negativamente a alguien; **ein Gesuch ~ bescheiden** denegar una petición; **jdm eine ~e Antwort geben** dar a alguien una respuesta negativa

Abschlagsdividende f <-, -n> (WIRTSCH) dividendo m a cuenta; **Abschlagszahlung** f <-, -en> ❶ (*Ratenzahlung*) pago m a plazos ❷ (*Vorauszahlung*) pago m (por) adelantado; (*Vorschuss*) adelanto m

Abschlämmen nt <-s, ohne pl> desenlodado m

ab|schleifen irr **I.** vt rebajar; (*entfernen*) quitar lijando [o puliendo]; (*Edelsteine*) tallar; (*Kristall*) biselar
II. vr: **sich ~** desgastarse; (a. fig) suavizarse

Abschleppdienst m <-(e)s, -e> servicio m de remolque, grúa f fam

ab|schleppen vt ❶ (*Auto*) remolcar, llevar a remolque ❷ (fam: *Person*) arrastrar

Abschleppfahrzeug nt <-(e)s, -e> (AUTO) (coche m) grúa f; **Abschleppseil** nt <-(e)s, -e> cuerda f de [o para] remolcar; **Abschleppstange** f <-, -n> barra f de remolcar [o para remolcar]; **Abschleppwagen** m <-s, -> grúa f

ab|schließen irr **I.** vi ❶ (*mit Schlüssel*) cerrar con llave ❷ (*zum Schluss kommen*) acabar, concluir; **mit jdm ~** romper con alguien ❸ (*Abschluss bilden*) cerrar
II. vt ❶ (*Tür*) cerrar con llave ❷ (*beenden*) concluir; (*Studium*) acabar, terminar; (*Tagung*) clausurar ❸ (*vereinbaren*) acordar; (*Geschäft*) concluir, concertar; (*Vertrag*) cerrar, firmar; (*Versicherung, Wette*) hacer, cerrar ❹ (FIN: *Bücher*) hacer balance (de); (*Konto*) saldar, liquidar ❺ (COM: *Geschäftsjahr*) cerrar
III. vr: **sich ~** (*sich isolieren*) aislarse (*von* de)

abschließend ['apʃliːsənt] **I.** adj concluyente, último
II. adv por último, concluyendo

Abschluss[RR] m <-es, -schlüsse>, **Abschluß** m <-sses, -schlüsse>

❶ (*Verschluss*) cierre *m*
❷ (*Ende*) conclusión *f*, término *m*; **~ der mündlichen Verhandlung** (JUR) conclusión de la vista oral; **~ der Voruntersuchung** (JUR) conclusión de la preinstrucción; **zum ~** para terminar; **nach ~ des Studiums** después de terminar la carrera; **zum ~ kommen** terminar; **etw zum ~ bringen** concluir algo, acabar algo
❸ (*Examen*) diploma *m*, título *m*
❹ (*eines Vertrags, einer Wette*) cierre *m*
❺ (COM) transacción *f*, operación *f*
Abschlussball^{RR} *m* <-(e)s, -bälle> baile *m* de despedida; **Abschlussbericht**^{RR} *m* <-(e)s, -e> informe *m* final; **Abschlussbilanz**^{RR} *f* <-, -en> (FIN, WIRTSCH) balance *m* final; **Abschlussbindung**^{RR} *f* <-, *ohne pl*> (JUR) compromiso *m* de contratación; **Abschlussbuchung**^{RR} *f* <-, -en> (FIN) asiento *m* final [*o* de cierre]; **Abschlussdividende**^{RR} *f* <-, -n> (FIN, WIRTSCH) dividendo *m* de cierre; **Abschlusserklärung**^{RR} *f* <-, -en> (JUR) declaración *f* concluyente; **Abschlussfreiheit**^{RR} *f* <-, -en> (JUR) libertad *f* de contratación; **Abschlussklasse**^{RR} *f* <-, -n> ❶ (*Schüler*) promoción *f*
❷ (*Stufe*) último curso *m*; **sie besucht die ~ am Gymnasium** está haciendo el último curso de enseñanza media; **Abschlussort**^{RR} *m* <-(e)s, -e> (JUR, WIRTSCH) lugar *m* del contrato; **Abschlussprüfer(in)**^{RR} *m* <-s, -; -, -nen> *m(f)* (FIN, WIRTSCH) auditor(a) *m(f)*, interventor(a) *m(f)* de cuentas; **Abschlussprüfung**^{RR} *f* <-, -en> ❶ (SCH, UNIV) examen *m* final ❷ (FIN, WIRTSCH) auditoría *f* contable; **Abschlussrechnung**^{RR} *f* <-, -en> (FIN, WIRTSCH) cuenta *f* de liquidación; **Abschlusstermin**^{RR} *m* <-s, -e> (WIRTSCH) plazo *m* de cierre; **Abschlussvertreter(in)**^{RR} *m(f)* <-s, -; -, -nen> (WIRTSCH) agente *mf* a comisión; **Abschlussvollmacht**^{RR} *f* <-, -en> (WIRTSCH) poder *m* para contratar [*o* concluir contratos]; **Abschlusswiderstand**^{RR} *m* <-(e)s, -stände> (ELEK, PHYS, TEL) resistencia *f* terminal; **Abschlusszeugnis**^{RR} *nt* <-ses, -se> ≈diploma *m*; (*nach acht Schuljahren*) título *m* de graduado escolar; (*Abitur*) título *m* de bachiller
ab|schmecken *vt* ❶ (*kosten*) probar
❷ (GASTR: *verfeinern*) sazonar; **mit Salz und Pfeffer ~** salpimentar al gusto
ab|schmelzen *irr* I. *vi sein* derretirse, fundirse
II. *vt* fundir, derretir
ab|schmettern *vt* (*fam*) rechazar, descartar
ab|schmieren I. *vi sein* (AERO: *abstürzen*) perder altura, caer
II. *vt* ❶ (TECH: *einfetten*) engrasar, lubrificar
❷ (*sl: unsauber abschreiben*) emborronar
ab|schminken I. *vt* desmaquillar; **das kannst du dir ~!** (*fig*) ¡eso ya te lo puedes quitar de la cabeza!
II. *vr: sich ~* desmaquillarse
ab|schmirgeln *vt* (*glätten*) esmerilar, pulir; (*entfernen*) quitar lijando
Abschn. *Abk. von* **Abschnitt** párrafo *m*
ab|schnallen I. *vi* (*fam*) ❶ (*abschalten*) desconectar
❷ (*fassungslos sein*) quedarse de una pieza; **da schnallste ab!** ¡si no lo veo, no lo creo!
II. *vt* (*abnehmen*) desabrochar, desatar
III. *vr: sich ~* (*Gurt lösen*) desabrocharse
ab|schneiden *irr* I. *vi* ❶ (*Weg*) acortar
❷ (*Ergebnis erzielen*): **gut/schlecht ~** tener/no tener éxito; **bei einer Prüfung gut/schlecht ~** sacar buena/mala nota en un examen
II. *vt* ❶ (*abtrennen*) cortar
❷ (*absperren*) cortar, acordonar
❸ (*abkürzen*) acortar; **den Weg ~** tomar un atajo, atajar; **jdm das Wort ~** interrumpir [*o* cortar] a alguien
❹ (*isolieren*) aislar; **von der Außenwelt abgeschnitten sein** estar incomunicado
ab|schnippeln *vt* (*fam*) cortar
Abschnitt *m* <-(e)s, -e> ❶ (*im Text*) párrafo *m*
❷ (*eines Gebietes*) sector *m*
❸ (*Zeitspanne*) lapso *m*, etapa *f*
❹ (*Wertmarke*) cupón *m*; (*eines Formulars*) resguardo *m*; (*bei Eintrittskarten*) resguardo *m* (de control de entrada)
❺ (MATH) segmento *m*
ab|schnüren *vt* cortar; (*a. fig*) estrangular; **jdm die Luft ~** estrangular a alguien
ab|schöpfen *vt* ❶ (*obere Schicht*) quitar
❷ (*Gewinn*) retirar
Abschöpfung *f* <-, -en> (WIRTSCH) gravamen *m*; **~ eines Marktes** explotación de un mercado
ab|schotten ['apʃɔtən] I. *vt* ❶ (NAUT) cerrar con mamparos
❷ (*isolieren*) aislar (*von* de)
II. *vr: sich ~* aislarse (*von* de)
Abschottung ['apʃɔtʊŋ] *f* <-, -en> ❶ (NAUT) separación *f* con mamparos
❷ (*Isolation*) aislamiento *m*

ab|schrägen ['apʃrɛːɡən] *vt* (ARCHIT, TECH) achaflanar, rebajar en bisel; (MATH: *Zylinder*) truncar
Abschrägung *f* <-, -en> ángulo *m*; (ARCHIT) chaflán *m*; (*Dach*) inclinación *f*; (TECH) bisel *m*; **ein Brett mit einer ~ von 130°** un tablón con un bisel de 130°
ab|schrauben *vt* desatornillar
ab|schrecken *vt* ❶ (*entmutigen*) desanimar, desalentar; (*einschüchtern*) intimidar, asustar; **sie lässt sich durch nichts ~** no se deja intimidar por nada
❷ (*Eier, Nudeln*) pasar por agua fría
❸ (TECH) enfriar bruscamente; (*Eisen*) templar
abschreckend *adj* (*einschüchternd*) intimidatorio; (*warnend*) disuasorio; **~es Beispiel** escarmiento *m*
Abschreckung *f* <-, -en> intimidación *f*; **zur ~ dienen** servir de intimidación; **nukleare** [*o* **atomare**] **~** intimidación nuclear
Abschreckungsgeneralprävention *f* <-, -en> (JUR) prevención *f* general de intimidación; **Abschreckungsmaßnahme** *f* <-, -n> medida *f* disuasoria; **Abschreckungsmittel** *nt* <-s, -> medida *f* disuasoria; **Abschreckungswaffe** *f* <-, -n> (MIL) arma *f* disuasoria [*o* de disuasión]
ab|schreiben *irr vt* ❶ (*kopieren*) copiar (*von* de)
❷ (WIRTSCH) amortizar
❸ (*fam: verloren geben*) dar por perdido; **ich hatte ihn längst abgeschrieben** hacía tiempo que le había borrado de mi lista
Abschreibepolice *f* <-, -n> (FIN, WIRTSCH) póliza *f* flotante
Abschreiber(in) *m(f)* <-s, -; -, -nen> (SCH: *fam*) copión, -ona *m, f*
Abschreibung *f* <-, -en> (FIN, WIRTSCH) ❶ (*steuerliche Absetzung*) deducción *f*, amortización *f* (fiscal); **außerordentliche ~** amortización extraordinaria; **schrittweise ~** amortización gradual; **steuerliche ~en auf Investitionen** deducciones fiscales sobre inversiones
❷ (*Wertverminderung*) desvalorización *f*; **direkte/indirekte ~** amortización directa/indirecta; **lineare/progressive ~** amortización constante/creciente
Abschreibungsaufwand *m* <-(e)s, *ohne pl*> (FIN, WIRTSCH) gastos *mpl* de depreciación, costes *mpl* de depreciación; **Abschreibungsbetrag** *m* <-(e)s, -träge> (FIN, WIRTSCH) cuota *f* de amortización
abschreibungsfähig *adj* (FIN, WIRTSCH) deducible, desgravable; **~e Anlagegegenstände** activo amortizable
Abschreibungsgesellschaft *f* <-, -en> (FIN, WIRTSCH) sociedad *f* de amortización; **Abschreibungsmodell** *nt* <-s, -e> (FIN, WIRTSCH) método *m* de amortización; **Abschreibungsobjekt** *nt* <-(e)s, -e> (FIN, WIRTSCH) inmueble *m* amortizable; **Abschreibungsperiode** *f* <-, -n> (FIN, WIRTSCH) período *m* de amortización
abschreibungspflichtig *adj* (FIN, WIRTSCH) sujeto a amortización
Abschreibungsprozentsatz *m* <-es, -sätze> (FIN, WIRTSCH) porcentaje *m* amortizable; **Abschreibungsquote** *f* <-, -n> (FIN, WIRTSCH) cuota *f* de amortización; **Abschreibungssatz** *m* <-es, -sätze> (FIN, WIRTSCH) tasa *f* de amortización; **Abschreibungsvergünstigung** *f* <-, -en> (FIN, WIRTSCH) bonificación *f* de la amortización; **Abschreibungszeitraum** *m* <-(e)s, -räume> (FIN, WIRTSCH) periodo *m* de amortización
ab|schreiten *irr vt* ❶ *haben o sein* (MIL) pasar revista (a)
❷ *haben* (*Entfernung*) medir con pasos
Abschrift *f* <-, -en> copia *f*; **einfache ~** copia simple; **notariell beglaubigte/ordnungsgemäß beglaubigte ~** copia compulsada/debidamente legalizada; **eine beglaubigte ~ erteilen** otorgar una copia legalizada
ab|schrubben *vt* ❶ (*reinigen*) cepillar, limpiar; (*entfernen*) quitar cepillando
❷ (*fam: zurücklegen*) hacerse; **heute habe ich 400 km abgeschrubbt** hoy me he hecho nada menos que 400 km
ab|schuften *vr: sich ~* (*fam*) dar el callo; **sich für jdn ~** (*fam*) matarse a trabajar por alguien
ab|schuppen I. *vt* desescamar
II. *vr: sich ~* (*Haut*) exfoliarse; (*Farbe*) desconcharse
ab|schürfen *vt* despellejar; (MED) excoriar; **ich habe mir die Haut abgeschürft** me he levantado la piel; **ich habe mir das Knie abgeschürft** me he pellejado la rodilla
Abschürfung *f* <-, -en> (MED) excoriación *f*
Abschuss^{RR} *m* <-es, -schüsse>, **Abschuß** *m* <-sses, -schüsse>
❶ (*einer Waffe*) disparo *m*
❷ (*einer Rakete*) lanzamiento *m*
❸ (*eines Flugzeugs*) derribo *m*
❹ (*bei der Jagd*) derribo *m*; **Tiere zum ~ freigeben** levantar la veda de animales
Abschussbasis^{RR} *f* <-, -basen> (MIL) base *f* de lanzamiento
abschüssig ['apʃʏsɪç] *adj* (*Gelände*) empinado; (*Küste*) escarpado
Abschussliste^{RR} *f* (*fig*) lista *f* negra; **auf der ~ stehen** estar en la lista negra [*o* en el índice]; **Abschussrampe**^{RR} *f* <-, -en> plataforma *f* de lanzamiento

ab|schütteln vt ❶ (*entfernen*) sacudir (*von* de)
❷ (*Müdigkeit, Person*) librarse (de), deshacerse (de); **die Müdigkeit ~** sacudir(se) la pereza
ab|schütten vt tirar; **kannst du bitte den übervollen Eimer ~?** ¿puedes tirar un poco de agua? el cubo está demasiado lleno; **die gekochten Kartoffeln ~** escurrir las patatas cocidas
ab|schwächen I. vt ❶ (*Wirkung*) debilitar
❷ (*Eindruck, Formulierung*) atenuar, suavizar
❸ (*Stoß*) amortiguar
II. vr: **sich ~** debilitarse
Abschwächung f <-, -en> debilitamiento m
ab|schwatzen vt (*fam*), **ab|schwätzen** vt (*südd: fam*) sacar; (*Geld, Geheimnis*) sonsacar; **er hat mir die Unterschrift regelrecht abgeschwatzt** me sacó la firma con sus artimañas
ab|schweifen ['apʃvaɪfən] vi sein ❶ (*geh: vom Weg*) salirse (*von* de), desviarse (*von* de)
❷ (*Gedanke*) divagar (*von* de)
Abschweifung f <-, -en> digresión f, divagación f
ab|schwellen irr vi sein ❶ (*Geschwulst*) deshincharse; **der Finger ist abgeschwollen** la inflamación del dedo ha bajado
❷ (*Lärm*) disminuir, decrecer
ab|schwenken I. vi sein ❶ (*Kamera*) virar; (*Partei*) dar un viraje; **vom Thema/von der Religion ~** apartarse del tema/de la religión
II. vt ❶ (*kurz abspülen*) enjuagar
❷ (GASTR: *abtropfen lassen*) escurrir
ab|schwindeln vt (*abw*) estafar, timar
ab|schwirren vi sein ❶ (*Vogel*) levantar el vuelo
❷ (*fam: weggehen*) poner pies en polvorosa
ab|schwören irr vi ❶ (*dem Glauben*) abjurar (+*dat* de)
❷ (*dem Alkohol*) renunciar (+*dat* a)
Abschwung m <-(e)s, -schwünge> ❶ (SPORT) salto m
❷ (WIRTSCH) recesión f; **monetärer ~** (FIN) depresión monetaria
Abschwungphase f <-, -n> (WIRTSCH) período m de decrecimiento
ab|segeln I. vi sein zarpar (*aus/von* de/desde), hacerse a la mar (*aus/von* de/desde)
II. vt *haben* cubrir (un recorrido), navegar; **wir haben die Strecke abgesegelt** hemos cubierto el recorrido a vela
ab|segnen vt (*fam*) dar el visto bueno (a)
absehbar adj previsible; **das Ende war nicht ~** el final no era previsible; **in ~er Zeit** en breve
ab|sehen irr I. vi descontar (*von* de); (*verzichten*) prescindir (*von* de); (*nicht berücksichtigen*) no tener en cuenta (*von*); **von einer Strafe/einem Besuch ~** prescindir de un castigo/de una visita; **abgesehen von ...** a excepción de..., salvo..., zafo... *Am*; **abgesehen davon** aparte de eso; **abgesehen davon, dass ...** aparte de que..., sin contar con que..., prescindiendo de [*o* dejando aparte el] hecho de que...
II. vt ❶ (*lernen*) fijarse; **jdm etw ~** fijarse en cómo hace alguien algo
❷ (*voraussehen*) prever; **es ist abzusehen, dass ...** es de prever que...
❸ (*im Auge haben*) pretender; **es auf eine Beleidigung abgesehen haben** pretender ofender; **es auf jdn abgesehen haben** (*gern haben wollen*) pretender conseguir a alguien; (*schikanieren*) tomarla con alguien; **heute hat er es auf dich abgesehen** hoy la ha tomado contigo
ab|seifen ['apzaɪfən] vt enjabonar
ab|seilen vr: **sich ~** ❶ (SPORT) descender en rapel
❷ (*fam: verschwinden*) esfumarse
ab|sein irr vi s. **ab II.3.**
abseits ['apzaɪts] I. *präp* +*gen* apartado de, lejos de; **~ des Weges** lejos del camino
II. *adv* ❶ (*fern*) alejado, lejos; **er hielt sich etwas ~** se mantenía algo alejado
❷ (SPORT) fuera de juego
Abseits nt <-, *ohne pl*> (SPORT) fuera m de juego; **drei Spieler standen im ~** tres jugadores estaban fuera de juego; **jdn ins ~ stellen** dejar a un lado a alguien, apartar a alguien
ab|senden irr vt (*Paket, Telegramm*) mandar, enviar; (*Waren*) expedir, despachar
Absender(in) m(f) <-s, -; -, -nen> remitente mf; (*~adresse*) remite m; (COM) expedidor(a) m(f)
Absenderhaftung f <-, -en> (JUR) responsabilidad f del remitente
Absendetag m <-(e)s, -e> fecha f de envío
ab|sengen ['apzɛŋən] vt chamuscar
ab|senken I. vt ❶ (*Grundwassser*) bajar de nivel
❷ (*Weinstock*) acodar
II. vr: **sich ~** descender
Absenker m <-s, -> (BOT) esqueje m
Absenz ['apˈzɛnts] f <-, -en> ausencia f, falta f; **bei ~** en caso de ausencia
ab|servieren* vt ❶ (*Geschirr, Tisch*) quitar, retirar
❷ (*fam: kaltstellen*) marginar, privar de toda influencia; (*entlassen*) echar a la calle
❸ (*fam: ermorden*) eliminar
absetzbar adj ❶ (FIN) deducible, amortizable
❷ (*verkäuflich*) vendible
❸ (*aus einem Amt*) cesable
Absetzbecken nt <-s, -> tanque m de decantación
ab|setzen I. vt ❶ (*Hut, Brille*) quitarse
❷ (*hinstellen*) poner (*auf* en), dejar (*auf* en); (GEO) depositar
❸ (*Feder*) levantar (del papel); (*Gewehr*) descansar; (*Glas*) posar
❹ (*den Reiter abwerfen*) derribar
❺ (*aussteigen lassen*) dejar (*an/in* en)
❻ (*Minister*) destituir; (*Beamte*) deponer
❼ (*absagen*) suspender; (*Theaterstück*) quitar del cartel
❽ (COM) vender, dar salida (a)
❾ (FIN) deducir (*von* de); **von der Steuer ~** deducir [*o* desgravar] de los impuestos
❿ (MED: *Behandlung*) abandonar, interrumpir; (*Medikament*) dejar de tomar
⓫ (*fam: geschehen*): **es setzt Prügel ab** hay pelea
II. vr: **sich ~** ❶ (*sich niederschlagen*) acumularse, amontonarse; (*in Flüssigkeiten*) depositarse
❷ (*fam: verschwinden*) escaparse, largarse
❸ (*sich unterscheiden*) destacarse (*von/gegen* de (entre))
❹ (SPORT) ir a la cabeza
❺ (MIL) retirarse
Absetzung f <-, -en> ❶ (*Amtsenthebung*) destitución f, suspensión f; (*eines Herrschers*) derrocamiento m; (*eines Königs*) destronamiento m
❷ (*einer Veranstaltung*) suspensión f
❸ (*von der Steuer*) deducción f; **~ für Abnutzung** deducción por desgaste; **erhöhte ~** deducciones extraordinarias
ab|sichern I. vt (*Bau-, Unfallstelle*) asegurar, proteger; **Handelsbeziehungen ~** afianzar relaciones comerciales; **materiell/finanziell abgesichert** materialmente/financieramente seguro; **vertraglich abgesichert** asegurado por contrato
II. vr: **sich ~** (*sich schützen*) asegurarse, protegerse; **sich vertraglich ~** (JUR) asegurarse contractualmente
Absicht f <-, -en> intención f, propósito m; (*Ziel*) objetivo m; **ausdrücklich böse/vermutete böse ~** (JUR) intención expresamente/supuestamente dolosa; **betrügerische ~** intención fraudulenta; **erpresserische ~** intención extorsiva; **räuberische ~** intención latrocinante; **in böswilliger ~** dolosamente; **in gewinnsüchtiger ~** con ánimo de lucro; **gute/böse ~en haben** tener buenas/malas intenciones; **etw mit/ohne ~ tun** hacer algo a propósito/sin querer; **es war ~** fue con intención; **das war nicht meine ~** no era mi intención; **er störte mich mit ~** lo hizo a sabiendas de que me molestaba; **er hat die ~ zu verreisen** tiene la intención de salir de viaje; **in der ~, etw zu tun** con el propósito de hacer algo; **er hat ernste ~en** (*fam*) tiene serios propósitos
absichtlich I. adj intencionado, deliberado
II. *adv* a propósito, adrede, adifés *Ven;* **das hast du ~ getan** lo has hecho a propósito
Absichtserklärung f <-, -en> (JUR) declaración f de (buenas) intenciones
absichtslos adj inintencionado, no deliberado
ab|singen irr vt ❶ (*von Anfang bis Ende*) cantar (de principio a fin); **am Anfang jeder Veranstaltung wurde die Nationalhymne abgesungen** al comienzo de cada acto se cantaba entero el himno nacional
❷ (*vom Blatt*) cantar (leyendo); **die Strophen von einem Zettel/aus einem Liederbuch ~** cantar las estrofas de un papel/de un libro de canciones
ab|sinken irr vi sein (*Niveau*) descender, bajar; (*Schiff*) hundirse, irse a pique
Absinken nt <-s, *ohne pl*> descenso m; (*Schiff, Flüssigkeit*) hundimiento m
Absinth [apˈzɪnt] m <-(e)s, -e> ajenjo m, absintio m
ab|sitzen irr I. vi sein (*vom Pferd*) desmontar
II. vt (*fam: Strafe, Dienstzeit*) cumplir
absolut [apzoˈluːt] I. adj absoluto; **~e Ruhe** reposo absoluto, **~er Blödsinn** (*fam*) majadería f
II. *adv* absolutamente, por completo; (*in negativen Sätzen*) en absoluto; **das ist ~ unmöglich** es de todo punto imposible; **~ nichts** nada en absoluto; **~ betrachtet** [*o* **genommen**] visto de manera aislada
Absolutheit f <-, *ohne pl*> carácter m absoluto
Absolutheitsanspruch m <-(e)s, -sprüche> pretensión f de ser absoluto
Absolution [apzoluˈtsjoːn] f <-, -en> (REL) absolución f; **jdm ~ erteilen** impartir la absolución [*o* el perdón] a alguien
Absolutismus [apzoluˈtɪsmʊs] m <-, *ohne pl*> absolutismo m
absolutistisch [apzoluˈtɪstɪʃ] adj absolutista
Absolvent(in) [apzɔlˈvɛnt] m(f) <-en, -en; -, -nen> (*vor dem Examen*) examinando, -a m, f; (*nach dem Examen*) ex alumno, -a m, f, antiguo, -a

absolvieren alumno, -a *m, f*; egresado, -a *m, f Am*
absolvieren* [apzɔl'viːrən] *vt* ❶ (*Schule, Studium*) terminar; (*Prüfung*) aprobar; (*ableisten*) cumplir
❷ (REL) absolver
Absolvierung *f* <-, *ohne pl*> ❶ (*Schule, Studium*) terminación *f*; (*Prüfung*) aprobación *f*; (*ableisten*) cumplimiento *m*
❷ (REL) absolución *f*
absonderlich [ap'zɔndɐlɪç] *adj* raro, singular
Absonderlichkeit *f* <-, -en> singularidad *f*, particularidad *f*; (*Geschehnis*) hecho *m* curioso
ab|sondern I. *vt* ❶ (*Kranke*) separar, aislar; (*Häftlinge*) incomunicar
❷ (*ausscheiden*) segregar, secretar, soltar *fam*
II. *vr*: **sich ~** apartarse (*von* de)
Absonderung ['apzɔndərʊŋ] *f* <-, -en> ❶ (*Isolierung*) separación *f*, aislamiento *m*
❷ (BIOL, MED: *Vorgang*) segregación *f*; (*Sekret*) secreción *f*
❸ (*desglose m*)
Absorber *m* <-s, -> (TECH) sistema *m* de absorción; (*von Gasen*) extractor *m*
absorbieren* [apzɔr'biːrən] *vt* absorber
Absorption *f* <-, *ohne pl*> absorción *f*
absorptionsfähig *adj* absortivo
Absorptionsfähigkeit *f* <-, -en> capacidad *f* de absorción; **Absorptionsprinzip** *nt* <-s, *ohne pl*> (JUR) principio *m* de absorción
ab|spalten I. *vt* escindir; (CHEM) disociar
II. *vr*: **sich ~** escindirse (*von* de); **ein Flügel der Partei hat sich abgespalten** se ha escindido un ala del partido
Abspaltung *f* <-, -en> segregación *f*
Abspaltungsverbot *nt* <-(e)s, -e> (JUR) prohibición *f* de segregación
ab|spannen *vt* ❶ (*von einer Kutsche*) desenganchar; (*Ochsen*) desuncir
❷ (TECH: *mit Seilen*) tensar
❸ (*entspannen*) relajar
ab|sparen *vt* ahorrar; **ich habe mir die Reise von meinem Taschengeld abgespart** me he pagado el viaje con mis ahorrillos; **das Studium haben wir uns vom Munde ~ müssen** la carrera nos la tuvimos que quitar de la boca
ab|specken ['apʃpɛkən] *vi* (*fam*) adelgazar, perder peso
ab|speichern *vt* (INFOR) almacenar (*auf* en)
ab|speisen *vt* (*fam*) despachar; **jdn mit leeren Versprechungen ~** despachar a alguien con promesas vacías; **sich mit etw ~ lassen** dejarse despachar con algo
abspenstig ['apʃpɛnstɪç] *adj*: **jdm etw ~ machen** mangar [*o* quitar] algo a alguien
ab|sperren *vt* ❶ (*Straße*) bloquear, cortar
❷ (*Österr, südd: abschließen*) cerrar (con llave)
Absperrgitter *nt* <-s, -> verja *f*, reja *f*; **Absperrhahn** *m* <-(e)s, -hähne> (TECH) llave *f* de paso; **Absperrkette** *f* <-, -n> cordón *m*
Absperrung *f* <-, -en> ❶ (*das Absperren*) bloqueo *m*, acordonamiento *m*; (*von Straßen*) corte *m* de carreteras
❷ (*Gitter*) reja *f*, valla *f*; (*Sperre*) barrera *f*
ab|spielen I. *vt* ❶ (*Schallplatte*) poner
❷ (*vom* (*Noten*)*blatt*) tocar sin preparación
❸ (SPORT) pasar
II. *vr*: **sich ~** (*sich ereignen*) ocurrir, suceder
ab|splittern I. *vi sein* (*Lack*) desconcharse
II. *vt* partir; (*Holz*) astillar
III. *vr*: **sich ~** (*Gruppe*) dividirse, fragmentarse
Absprache *f* <-, -n> convenio *m*, acuerdo *m*; **geheime ~** pacto secreto; **nach vorheriger/ohne vorherige ~** según/sin acuerdo previo; **eine ~ treffen** llegar a un acuerdo
absprachegemäß *adv* conforme a lo convenido
ab|sprechen *irr vt* ❶ (*vereinbaren*) acordar, concertar
❷ (*aberkennen*) privar (de), negar; **jdm ein Recht ~** privar a alguien de un derecho
ab|springen *irr vi sein* ❶ (*herunterspringen*) saltar (*von* de), arrojarse (*von* de); (SPORT) coger impulso
❷ (*Fahrradkette*) soltarse; (*Lack*) saltar
❸ (*fam: zurückziehen*) abandonar (*von*), retirarse (*von* de); (*Teilnehmer*) irse (*von* de); (*Vertragspartner*) volverse atrás
ab|spritzen I. *vt* regar
II. *vi* (*vulg: ejakulieren*) correrse
Absprung *m* <-(e)s, -sprünge> salto *m*; (*Fallschirmspringen*) salto *m* (en paracaídas), descenso *m*; (*vom Turngerät*) salida *f*; **den ~ schaffen/verpassen** (*fam fig*) aprovechar/dejar pasar el momento adecuado
ab|spulen *vt* ❶ (*abwickeln*) desbobinar; (*Knäuel*) desovillar
❷ (*fam: vorspielen*) proyectar, exhibir
❸ (*fam: dahersagen*) desgranar; **das Programm ~** ejecutar mecánicamente el programa
ab|spülen *vt* (*Geschirr*) fregar, lavar; (*Schmutz*) limpiar

ab|stammen *vi* descender (*von* de), proceder (*von* de)
Abstammung *f* <-, *ohne pl*> ❶ (*Herkunft*) ascendencia *f*, origen *m*; **direkte ~** descendencia en línea directa; **eheliche/nichteheliche ~** descendencia legítima/ilegítima
❷ (*Geschlecht*) alcurnia *f*, linaje *m*
❸ (BIOL, LING) origen *m*, procedencia *f*
Abstammungserklärung *f* <-, -en> (JUR) declaración *f* de filiación; **Abstammungsgutachten** *nt* <-s, -> (JUR) peritaje *m* de filiación; **Abstammungslehre** *f* <-, -n> (BIOL) teoría *f* de la evolución; **Abstammungsurkunde** *f* <-, -n> (JUR) partida *f* de nacimiento
Abstand *m* <-(e)s, -stände> ❶ (*räumlich*) distancia *f*; **im ~ von 5 Metern** a una distancia de 5 metros
❷ (*zeitlich*) distancia *f*, intervalo *m*; **in regelmäßigen Abständen** a intervalos regulares
❸ (*Distanz*) distancia *f*; **den nötigen ~ wahren** (*von Personen*) mantener las distancias; (*von Fahrzeugen*) guardar la distancia prudencial; **von etw ~ gewinnen** (*fig*) cobrar distancia de algo; **davon ~ nehmen, etw zu tun** (*geh*) renunciar a [*o* abstenerse de] hacer algo
❹ (*Unterschied*) diferencia *f*; (*im Sport*) ventaja *f*; **mit großem ~ führen** tener gran ventaja; **mit ~ der Beste sein** ser el mejor con diferencia
❺ (*fam: Abfindung*) indemnización *f*, compensación *f*
Abstandnahme *f* <-, *ohne pl*> (JUR) renuncia *f* (*von* a)
Abstandsflächenregel *f* <-, -n> (JUR) norma *f* sobre la superficie de separación; **Abstandsgeld** *nt* <-es, -er> (FIN) indemnización *f*, compensación *f*; **als ~ zahlen** pagar como compensación; **Abstandssumme** *f* <-, -n> indemnización *f*, compensación *f*; **Abstandszahlung** *f* <-, -en> (FIN) indemnización *f*, compensación *f*; (*für Mietwohnungen*) pago *m* por traspaso
ab|statten ['apʃtatən] *vt*: **jdm einen Besuch ~** (*geh*) rendir visita a alguien
ab|stauben ['apʃtaʊbən] *vt* ❶ (*putzen*) desempolvar, quitar el polvo (a)
❷ (*fam: nicht verdienen*) sacar (sin merecerlo); (*schnorren*) gorronear
❸ (SPORT): **ein Tor ~** meter un gol de chorra
ab|stechen *irr* I. *vi* (*sich abheben*) contrastar (*von* con), destacarse (*von* de)
II. *vt* ❶ (*Tier*) degollar, matar; (*sl: Menschen*) rajar
❷ (*Torf, Rasen*) cortar
Abstecher *m* <-s, -> ❶ (*Ausflug*) excursión *f*
❷ (*Umweg*) vuelta *f*
ab|stecken *vt* ❶ (*mit Pfählen*) jalonar, estacar; (*mit Grenzsteinen*) amojonar; (*Grenze*) delimitar, demarcar
❷ (*Kleid, Saum*) marcar con alfileres
❸ (*Position, Ziel*) definir
ab|stehen *irr vi* (*herausragen*) destacarse, salir; **~de Ohren** orejas de soplillo
Absteige ['apʃtaɪgə] *f* <-, -n> (*fam abw*) pensión *f* de mala muerte
ab|steigen *irr vi sein* ❶ (*abwärts gehen*) ir hacia abajo; **auf dem ~den Ast sein** (*fam*) ir [*o* estar] de capa caída
❷ (*vom Pferd, Fahrrad*) desmontar (*von* de), bajar (*von* de)
❸ (*übernachten*): **in einer Pension ~** parar [*o* hacer noche] en una pensión
❹ (SPORT) bajar, descender
Absteigequartier *nt* <-(e)s, -e> (*a. abw*) alojamiento *m*; **so kurz vor der Buchmesse ist nicht 'mal mehr ein ~ aufzutreiben** tan poco tiempo antes de la feria del libro no hay quien encuentre sitio donde parar
Absteiger *m* <-s, -> (SPORT) equipo *m* que desciende; **unsere Mannschaft gehört zu den ~n der Saison** nuestro equipo se encuentra entre los que descienden esta temporada
ab|stellen *vt* ❶ (*hinstellen*) colocar, poner; (*deponieren*) dejar
❷ (*parken*) aparcar, estacionar; **das Auto im Hinterhof ~** dejar el coche en el patio trasero
❸ (*Wasser*) cerrar; (*Strom*) cortar; (*ausmachen*) apagar, parar
❹ (*abkommandieren*) destinar, enviar (*für* a)
❺ (*beheben*) parar; **Missstände ~** remediar situaciones irregulares
Abstellgleis *nt* <-es, -e> apartadero *m*, vía *f* de depósito; **jdn aufs ~ schieben** dejar a alguien al margen; **Abstellkammer** *f* <-, -n>, **Abstellraum** *m* <-(e)s, -räume> (*cuarto m*) trastero *m*
ab|stempeln *vt* ❶ (*Briefe, Urkunden*) sellar, timbrar; (*Briefmarken*) matasellar
❷ (*bezeichnen*) tildar (*als/zu* de); **sie stempelten ihn zum** [*o* **als**] **Chauvinisten ab** le tildaban de chovinista
ab|steppen *vt* pespuntear
ab|sterben *irr vi sein* ❶ (*Zellen, Blätter*) morirse; **abgestorbenes Gewebe** tejido necrótico
❷ (*Glieder*) entumecerse; **seine Zehen waren vor Kälte wie abgestorben** los dedos de los pies se le habían entumecido del frío
Abstieg ['apʃtiːk] *m* <-(e)s, -e> bajada *f*, descenso *m*; (*Abhang*) pendiente *f*; (*Niedergang*) descenso *m*; (SPORT) descenso *m* a la categoría inferior; **ein steiler ~** un descenso empinado

abstillen I. vi (*aufhören zu stillen*) destetar, dejar de dar el pecho
II. vt (*Säugling entwöhnen*) destetar, quitar el pecho (a)
abstimmen I. vi (*Stimme abgeben*) votar (*über* sobre); **über etw ~ lassen** someter algo a votación
II. vt (*harmonisieren*) ajustar (*auf* a), compaginar (*auf* con); **sich mit jdm ~** ponerse de acuerdo con alguien
Abstimmung f <-, -en> ❶ (*Wahl*) votación f; **geheime ~** votación secreta; **~ durch Handheben** votación a mano alzada; **zur ~ bringen** someter a votación; **zur ~ kommen** pasar a la votación
❷ (*Absprache*) coordinación f, armonización f
Abstimmungsergebnis nt <-ses, -se> (a. POL) resultado(s) m(pl) de la votación; **alle erwarten mit Spannung das ~ der Präsidentenwahl** todos esperan con impaciencia el resultado de las elecciones presidenciales; **sie hofft auf ein ~ zu ihren Gunsten** espera que la votación se decida a su favor; **Abstimmungsniederlage** f <-, -n> fracaso m electoral [o en las urnas]; **Abstimmungssieg** m <-(e)s, -e> victoria f electoral [o en las urnas]
abstinent [apstiˈnɛnt] adj abstinente, abstemio, temperante Am
Abstinenz [apstiˈnɛnts] f <-, ohne pl> abstinencia f
Abstinenzler(in) m(f) <-s, -; -, -nen> abstinente m/f, temperante m/f Am
abstoppen I. vi pararse, detenerse
II. vt ❶ (*anhalten*) parar, detener
❷ (*Zeit*) cronometrar
Abstoß m <-es, -stöße> ❶ (SPORT) saque m de puerta
❷ (*Stoß*) empujón m
abstoßen irr I. vt ❶ (*Boot*) alejar (*von* de)
❷ (MED: *Organ*) rechazar
❸ (*verkaufen*) deshacerse (de)
❹ (*beschädigen*) desportillar
❺ (*anekeln*) asquear, dar asco (a)
II. vi (*abstoßend sein*) repugnar, repeler, chocar Am
abstoßend adj (*eklig*) repugnante, repelente, imposible Am
Abstoßung f <-, -en> (MED) rechazo m
Abstoßungsreaktion f <-, -en> (MED) (reacción f de) rechazo m; **am 2. Tag nach der Transplantation trat die befürchtete ~ ein** dos días después del trasplante se produjo el temido rechazo
abstottern vt (*fam*) pagar a plazos
abstrahieren* [apstraˈhiːrən] I. vi (*geh*) hacer abstracción (*von* de), prescindir (*von* de)
II. vt abstraer (*aus* de)
abstrahlen vt ❶ (*ausstrahlen*) emitir; (*übertragen*) trasmitir
❷ (*mit Sandstrahlgebläse*) limpiar (*con chorro de arena*)
Abstrahlungswärme f <-, ohne pl> (TECH) calor m de irradiación
abstrakt [apˈstrakt] adj abstracto
Abstraktion f <-, -en> abstracción f
Abstraktionsprinzip nt <-s, ohne pl> (JUR) principio m de abstracción; **Abstraktionsvermögen** nt <-s, ohne pl> facultad f de abstracción, capacidad f de abstracción
abstrampeln vr: **sich ~** (*fam*) esforzarse, dar el callo
abstreichen irr vt ❶ (*reinigen*) quitar, limpiar
❷ (*Summe*) deducir
abstreifen vt ❶ (*entfernen*) quitar
❷ (*Vorurteile*) deshacerse (de); (*Unarten*) quitarse
❸ (*absuchen*) inspeccionar
abstreiten irr vt negar; **dass er/sie intelligent ist, kann man ihr nicht ~** no se le puede negar que es inteligente
Abstrich m <-(e)s, -e> ❶ (*Kürzung*) reducción f; (*Preise*) rebaja f; **~e im Haushalt** recortes en el presupuesto; **wir müssen ~e machen** tenemos que reducir gastos
❷ (MED) frotis m inv
abstrus [apˈstruːs] adj abstruso
abstufen vt ❶ (*stufenförmig machen*) escalonar
❷ (*Farben*) matizar
❸ (*im Lohn herabsetzen*) bajar de categoría
Abstufung f <-, -en> ❶ (*des Lohnes*) descenso m (de categoría salarial)
❷ (FIN: *Staffelung*) clasificación f, escala f
❸ (*Schattierung*) matización f
abstumpfen [ˈapʃtʊmpfən] I. vi sein (*fig*) embrutecerse, volverse insensible; (*Gefühl*) embotarse; **seine Gefühle für Maria waren völlig abgestumpft** sus sentimientos por María se habían convertido en indiferencia; **das abgestumpfte Gewissen der Terroristen** la conciencia embotada de los terroristas
II. vt truncar; (*fig*) embrutecer
Abstumpfung f <-, -en> embrutecimiento m
Absturz m <-(e)s, -stürze> ❶ (*Fall*) caída f
❷ (INFOR) fallo m general
abstürzen vi sein ❶ (*Flugzeug*) estrellarse; (*Bergsteiger*) caer, despeñarse

❷ (*steil abfallen*) caer en picado
❸ (INFOR: *Programm*) producirse un error de tipo general (en); **mein Computer ist abgestürzt** (*fam*) se me ha quedado colgado el ordenador
Absturzstelle f <-, -n> lugar m de la caída
abstützen I. vt apoyar, sostener
II. vr: **sich ~** apoyarse
absuchen vt buscar por todas partes, registrar; (*Gelände*) batir
Absud [ˈapzuːt, apˈzuːt, pl: ˈapzuːdə, apˈzuːdə] m <-(e)s, -e> (*alt*) cocimiento m, cocción f
Absudapparat m <-(e)s, -e> (CHEM) aparato m de decocción
absurd [apˈzʊrt] adj absurdo; **das finde ich ~** (*esto*) me parece absurdo
Absurdität [apzʊrdiˈtɛːt] f <-, -en> absurdo m; (*Unsinn*) disparate m
Abszessᴿᴿ [apsˈtsɛs] m <-es, -e>, **Abszeß** m <-sses, -sse> (MED) absceso m
Abszisse [apsˈtsɪsə] f <-, -n> (MATH) abscisa f
Abt [apt] m, **Äbtissin** f <-(e)s, Äbte; -, -nen> abad(esa) m(f)
Abt. *Abk. von* **Abteilung** dpto.
abtasten vt ❶ (*befühlen*) tentar; (MED) palpar; (*bei einer Durchsuchung*) registrar, cachear
❷ (INFOR) leer
Abtaster m <-s, -> (INFOR) escáner m
abtauchen vi sein ❶ (*unter Wasser*) sumergirse
❷ (sl: *verschwinden*) tomar las de Villadiego
abtauen I. vt ❶ (*Kühlschrank*) descongelar
❷ (*Eis*) derretir
II. vi deshelarse
Abtauvorrichtung f <-, -en> (TECH) descongelador m
Äbte pl von **Abt**
Abtei [apˈtaɪ] f <-, -en> abadía f
Abteil [apˈtaɪl] nt <-(e)s, -e> compartim(i)ento m
abteilen vt ❶ (*Raum*) dividir
❷ (*abtrennen*) separar
Abteilservice m <-, ohne pl> (EISENB) servicio m de restauración en bandeja
Abteilung [---] f <-, -en> ❶ (*Abtrennung*) división f, separación f
❷ (*im Betrieb, Kaufhaus*) sección f, departamento m; (*im Museum*) sala f; (*im Krankenhaus*) unidad f; **~ des Amtsgerichts** departamento del Juzgado Municipal; **~ für Familiengerichtssachen** departamento de asuntos jurídico-familiares; **~ für Öffentlichkeitsarbeit** departamento de relaciones públicas
❸ (MIL) destacamento m
Abteilungsleiter(in) m(f) <-s, -; -, -nen> jefe, -a m, f de sección [o de departamento]
abtelefonieren* I. vi (*fam*: *telefonisch absagen*) anular una cita por teléfono; **wir sollten ihm ~, sonst wartet er vergebens** deberíamos llamarle para anular la cita, si no esperará en vano
II. vt (*fam*) llamar a todos; **eine Firma nach jdm ~** llamar a toda la empresa preguntando por alguien; **den ganzen Freundeskreis ~ llamar** a todos los amigos
abtippen vt (*fam*) pasar a máquina
Äbtissin [ɛpˈtɪsɪn] f <-, -nen> s. **Abt**
abtönen vt (*Farbe*) matizar, graduar
Abtönung f <-, -en> (KUNST) ❶ (*das Abtönen*) matización f; **eine ~ ins Gelbliche/Bläuliche vornehmen** matizar con un tono amarillento/azulado
❷ (*Farbnuance*) tono m, matiz m; **eine ~ erzielen** conseguir un matiz de color
abtöten vt matar
abtragen irr vt ❶ (*Boden, Gelände*) aplanar, nivelar
❷ (*Gebäude, Mauer*) derribar, demoler
❸ (*Kleidung, Schuhe*) (des)gastar
❹ (*geh: Schulden*) ir pagando, liquidar
❺ (*geh: Geschirr*): **Teller ~** retirar los platos
abträglich [ˈaptrɛːglɪç] adj (*geh*) perjudicial; **der Gesundheit ~** perjudicial para la salud
Abtragung f <-, -en> (GEO) lixivación f
Abtransport m <-(e)s, -e> transporte m (*von* de)
abtransportieren* vt ❶ (*Waren, Güter*) transportar
❷ (*Person*) evacuar
abtreiben irr I. vi ❶ sein (*Boot*) derivar, ir a la deriva; (*Flugzeug, Schwimmer*) desviarse del rumbo
❷ (*Schwangerschaft abbrechen*) abortar
II. vt ❶ (*weglenken*) arrastrar, apartar
❷ (*Schwangerschaft abbrechen*) abortar
Abtreibung f <-, -en> aborto m
Abtreibungsparagraph m <-en, -en> (JUR) artículo m sobre el aborto, artículo m relativo a la interrupción del embarazo; **Abtreibungspille** f <-, -n> píldora f abortiva; **Abtreibungsrecht** nt <-(e)s, ohne pl> (JUR) derecho m de aborto

ab|trennen vt ❶ (*Angenähtes*) descoser
❷ (*abteilen*) separar, dividir
Abtrennung f <-, -en> ❶ (*Lostrennen*) desprendimiento m; **mit einer Schere ist die ~ von Knöpfen leicht gemacht** con unas tijeras es fácil descoser botones
❷ (*Abteilen*) división f; **~ von Folgesachen** (JUR) separación de asuntos concomitantes; **die ~ einzelner Räume erfolgte durch Stellwände** la división en salones independientes se hizo con mamparas
❸ (*trennende Vorrichtung*) separación f; **ein Vorhang war die einzige ~ zwischen den Betten** la única separación entre las camas era una cortina
❹ (*Abschneiden*) extirpación f; **der Arzt begann mit der ~ der Warze** el médico procedió a extirpar la verruga
abtretbar adj (JUR) cesible; **das Recht ist ~** el derecho es cesible
Abtretbarkeit f <-, ohne pl> (JUR) transmisibilidad f por cesión
ab|treten irr I. vi sein ❶ (MIL) romper filas
❷ (THEAT) retirarse (*von de*)
II. vt ❶ (*abnutzen: Teppich*) gastar; (*Absätze*) desgastar
❷ (*überlassen*) ceder, transferir; (*Geschäft*) traspasar
❸ (*säubern*) limpiar; **sich** dat **die Schuhe an der Fußmatte ~** limpiarse los zapatos en el felpudo
Abtretende(r) mf <-n, -n; -n, -n> (JUR) cedente mf
Abtreter m <-s, -> (fam) felpudo m
Abtretung f <-, -en> (JUR) cesión f, traspaso m; **~ von Forderungen** cesión de exigencias
Abtretungsausschluss[RR] m <-es, -schlüsse> (JUR) exclusión f de la cesión; **Abtretungsempfänger(in)** m(f) <-s, -; -, -nen> (JUR) cesionario, -a m, f; **Abtretungserklärung** f <-, -en> (JUR) declaración f de cesión; **Abtretungsurkunde** f <-, -n> (JUR) escritura f de cesión; **Abtretungsverbot** nt <-(e)s, -e> (JUR) prohibición f de cesión; **Abtretungsvertrag** m <-(e)s, -träge> (JUR) contrato m de cesión
Abtrieb m <-(e)s, -e> bajada f del ganado (*de los pastos de alta montaña*)
Abtritt m <-(e)s, -e> ❶ (POL) abandono m, retirada f
❷ (THEAT) mutis m inv, salida f
Abtrittsdünger m <-s, -> abono m de retrete
ab|trocknen vt secar, enjugar geh; **trockne dich gut ab!** ¡sécate bien!; **ich trocknete mir die Hände ab** me sequé las manos; **sie trocknete sich die Tränen ab** enjugó sus lágrimas geh
ab|tropfen vi sein escurrir
ab|trotzen vt (*Recht, Erlaubnis*) arrancar, conseguir (tras mucho porfiar)
abtrünnig ['apvrʏnɪç] adj ❶ (REL) renegado; **dem Glauben ~ werden** apostatar de la fe
❷ (POL) disidente
Abtrünnige(r) mf <-n, -n; -n, -n> ❶ (REL) apóstata mf
❷ (POL) disidente mf
Abtrünnigkeit f <-, ohne pl> sedición f, rebeldía f; (REL) apostasía f; (POL) disidencia f
ab|tun irr vt ❶ (fam: *Kleidung, Brille*) quitarse
❷ (*zurückweisen*) rechazar; **etw als belanglos ~** minimizar algo; **etw mit einem Achselzucken ~** rechazar algo encogiéndose de hombros
ab|tupfen vt ❶ (*Blut, Wunde*) taponar
❷ (*Stirn, Tränen*) secar, empapar
Abundanz [abun'dants] f <-, ohne pl> abundancia f; **absolute/relative ~** (ÖKOL) abundancia absoluta/relativa
ab|urteilen vt (JUR) sentenciar, condenar
Aburteilung f <-, -en> ❶ (JUR: *Verurteilung*) enjuiciamiento m, juicio m
❷ (*Verdammung*) condena f; **Vorurteile führen oft zu voreiligen ~en** los prejuicios conducen a menudo a una condena prematura
Abverkauf m <-(e)s, -käufe> (*Österr: wegen Aufgabe des Geschäfts*) (venta f por) liquidación f; (*am Ende der Saison*) rebajas fpl
ab|verlangen* vt exigir (con descaro); **jdm etw ~** exigir algo a alguien; **du verlangst dir zu viel ab** te exiges demasiado a ti mismo
ab|wägen ['apvɛːgən] irr vt ponderar, sopesar
Abwägung f <-, -en> ponderación f; **nach ~ der Vor- und Nachteile einen Entschluss fassen** tomar una decisión tras sopesar los pros y los contras
Abwägungsdefizit nt <-s, -e> (JUR) déficit m de estimación; **Abwägungsdisproportionalität** f <-, -en> (JUR) desproporcionalidad f de estimación; **Abwägungsermessen** nt <-s, ohne pl> (JUR) potestad f estimativa; **Abwägungsfehleinschätzung** f <-, -en> (JUR) estimación f valorativa errónea; **Abwägungsfehlerlehre** f <-, ohne pl> (JUR) teoría f del error estimativo; **Abwägungsgebot** nt <-(e)s, -e> (JUR) precepto m de estimación
Abwahl f <-, ohne pl> sufragio m negativo, revocación f
abwählbar adj ❶ (*aus einem Amt*) revocable; (**nicht**) **~ sein** (no) ser revocable; **der Präsident ist nicht ~** no se puede anular la elección del presidente

❷ (*Schulfach*) optativo; **Deutsch ist nicht ~** la clase de alemán no es optativa, el alemán es una asignatura obligatoria
ab|wählen vt ❶ (*Politiker*) anular la elección (de)
❷ (SCH: *Fach*) no elegir; **ich wählte Chemie durch Biologie ab** dejé Química por Biología, elegí Biología en lugar de Química
ab|wälzen vt (*Schuld*) echar (*auf* a); (*Arbeit*) descargar (*auf* en)
Abwälzungswirkung f <-, -en> (JUR) efecto m de traslación
ab|wandeln vt modificar, variar
abwandern vi sein emigrar
Abwanderung f <-, -en> ❶ (SOZIOL: *Bevölkerung*) éxodo m; (*Fachkräfte*) fuga f; **die ~ qualifizierter Arbeitskräfte muss gestoppt werden** hay que poner coto a la fuga de trabajadores cualificados; **die ~ der Bevölkerung in besser versorgte Regionen** el éxodo de la población hacia regiones más favorecidas
❷ (FIN: *Kapital*) evasión f, fuga f; **die ~ des Kapitals in Hochzinsländer** la evasión de capital hacia países de intereses altos
❸ (ÖKOL) éxodo m, cambio m de hábitat; **die Industrie hat zur ~ ganzer Tierpopulationen geführt** la industria ha provocado un éxodo masivo de las poblaciones animales
Abwanderungsverlust m <-(e)s, -e> (SOZIOL) pérdida f por fuga de cerebros; **der ~ von qualifizierten Nachwuchswissenschaftlern ist enorm** la fuga de jóvenes científicos altamente cualificados es enorme
Abwandlung f <-, -en> modificación f, variación f
Abwärme f <-, ohne pl> (TECH) calor m de escape [o residual], polución f térmica
Abwärmenutzung f <-, ohne pl> (TECH) recuperación f del calor residual; **Abwärmenutzungsgebot** nt <-(e)s, -e> precepto m de recuperación del calor residual
Abwart(in) m(f) <-s, -e; -, -nen> (*Schweiz: Hausmeister*) portero, -a m, f
ab|warten vt, vi esperar; **die Ergebnisse ~** esperar los resultados; **~ und Tee trinken** (fam) esperar a ver qué pasa
abwartend adj expectante; **eine ~e Haltung einnehmen** estar a la expectativa
Abwartin f <-, -nen> (*Schweiz*) s. **Abwart**
abwärts ['apvɛrts] adv hacia abajo; **mit jdm/etw** dat **geht es ~** alguien/algo va cuesta abajo [o de mal en peor]
Abwärtsbewegung f <-, -en> (WIRTSCH) baja f, descenso m
abwärts|gehen irr vi unpers sein s. **abwärts**
abwärtskompatibel adj (INFOR) compatible hacia abajo
Abwärtspfeil m <-(e)s, -e> (INFOR) flecha f abajo; **Abwärtstrend** m <-(e)s, -s> tendencia f descendente
Abwasch[1] ['apvaʃ] m <-es, ohne pl> (fam) ❶ (*Abspülen*) fregado m de la vajilla; **den ~ machen** fregar
❷ (*Geschirr*) vajilla f por fregar, platos mpl sucios
Abwasch[2] f <-, -en> (*Österr: Spülbecken*) fregadero m
abwaschbar adj lavable
Abwaschbecken nt <-s, -> fregadero m, pila f
ab|waschen irr I. vi fregar
II. vt ❶ (*Geschirr*) fregar
❷ (*Schmutz*) limpiar
Abwaschschüssel f <-, -n> barreño m de fregar; **Abwaschwasser** nt <-s, ohne pl> ❶ (*zum Abwaschen*) agua f para fregar [o para el fregado] ❷ (*gebrauchtes Wasser*) agua f de fregar [o del fregado]
Abwasser nt <-s, -wässer> aguas fpl residuales; **häusliches ~** aguas residuales domésticas
Abwasseranlage f <-, -n> planta f de tratamiento de aguas residuales; **Abwasseraufbereitung** f <-, -en> tratamiento m de las aguas residuales
Abwasserbehandlung f <-, -en> tratamiento m de las aguas residuales; **Abwasserbehandlungsanlage** f <-, -n> planta f clarificadora de aguas residuales
Abwasserbeseitigung f <-, -en> eliminación f de las aguas residuales; **Abwasserbeseitigungsanlage** f <-, -n> planta f evacuadora de aguas residuales; **Abwasserentsorgung** f <-, -en> evacuación f de aguas residuales; **Abwassergebühr** f <-, -en> tarifa f para la evacuación de aguas residuales; **Abwasserkanal** m <-(e)s, -kanäle> alcantarilla f, acequia f Mex, coladera f Mex; **Abwasserkanalisation** f <-, -en> canalización f de aguas residuales
Abwasserreinigung f <-, -en> depuración f de aguas (residuales); **Abwasserreinigungsanlage** f <-, -n> planta f purificadora de aguas residuales
Abwasserrohr nt <-(e)s, -e> conducto m de aguas residuales
ab|wechseln vi, vr: **sich ~** alternar(se), turnarse
abwechselnd adv alternativamente, por turnos; **es gab ~ Reis und Nudeln** había un día arroz y otro pasta; **sie passten ~ auf die Kinder auf** se turnaban para cuidar a los niños
Abwechs(e)lung f <-, -en> cambio m; **eine angenehme ~** un cambio agradable; **für ~ sorgen** procurar diversión; **zur ~** para variar
abwechslungshalber ['apvɛkslʊŋshalbɐ] adv para variar

abwechslungslos I. *adj* ❶ (*immer gleich*) poco variado; (*ereignislos*) monótono; **meine Arbeit ist interessant, aber leider ziemlich ~** mi trabajo es interesante pero poco variado; **er führt ein ruhiges, aber auch sehr ~es Leben** lleva una vida tranquila pero muy monótona ❷ (*langweilig*) aburrido; **ein ~es Programm** un programa aburrido [*o* sin interés]
II. *adv* sin variación; **dieser Fußballer spielt ziemlich ~** este futbolista juega sin demasiadas variaciones
abwechslungsreich *adj* variado; (*ereignisreich*) rico en impresiones
Abwege ['apve:gǝ] *mpl:* **auf ~ geraten** apartarse del buen camino, ir por mal camino
abwegig ['apve:gɪç] *adj* desacertado, fuera de lugar; **ich finde diese Behauptung nicht ~** no me parece desacertada esa afirmación
Abwegigkeit *f* <-, -en> desacierto *m;* **die ~ dieser Behauptung ist offensichtlich!** ¡es evidente lo absurdo de esa afirmación!
Abwehr ['pve:ɐ] *f* <-, *ohne pl*> (*Verteidigung*) defensa *f;* (*Abstoßung*) rechazo *m*
Abwehranspruch *m* <-(e)s, -sprüche> (JUR) derecho *m* de exclusión y de defensa
abwehrbereit *adj* (MIL) dispuesto para el ataque [*o* la defensa]
Abwehrdienst *m* <-(e)s, -e> (MIL) servicio *m* de defensa, contraespionaje *m*
ab|wehren I. *vi* rehusar
II. *vt* ❶ (*fernhalten*) mantener a distancia, evitar; (*Krankheitserreger*) protegerse (de)
❷ (*ablehnen*) rechazar, rehusar; (*Verdacht*) descartar; **den Feind ~** (MIL) rechazar al enemigo
❸ (SPORT) despejar
abwehrend I. *adj* defensivo; (*abweisend*) de rechazo; **sie machte eine ~e Geste, um weiteren Fragen zu entgehen** hizo un gesto de rechazo con la mano para evitar más preguntas; **das Kind hatte Angst und nahm eine ~e Haltung ein** el niño tenía miedo y se puso a la defensiva
II. *adv* para defenderse; **die Hände ~ hochheben** levantar las manos para parar un golpe; **er hielt ~ die Hände vors Gesicht** se protegió la cara con las manos
Abwehrkartell *nt* <-s, -e> (JUR) cartel *m* antimonopolio; **Abwehrklage** *f* <-, -n> (JUR) acción *f* negatoria; **Abwehrklausel** *f* <-, -n> (JUR) cláusula *f* de salvaguardia; **Abwehrkräfte** *fpl* (MED) defensas *fpl* (del organismo); **Abwehrmaßnahme** *f* <-, -n> medida *f* de defensa; **Abwehrmechanismus** *m* <-, -mechanismen> (PSYCH, MED) mecanismo *m* de defensa; **Abwehrreaktion** *f* <-, -en> (PSYCH, MED) reacción *f* de defensa; **Abwehrrecht** *nt* <-(e)s, *ohne pl*> (JUR) derecho *m* de defensa; **Abwehrspieler(in)** *m(f)* <-s, -; -, -nen> (SPORT) defensa *mf;* **Abwehrstoff** *m* <-(e)s, -e> (MED) anticuerpo *m;* **Abwehrsystem** *nt* <-s, -e> (MED) sistema *m* profiláctico; **Abwehrvergleich** *m* <-(e)s, -e> (JUR) acuerdo *m* de defensa
ab|weichen *irr vi sein* ❶ (*vom Kurs, Thema*) desviarse (*von* de), apartarse (*von* de)
❷ (*sich unterscheiden*) diferir (*von* de), divergir (*von* de); (*Meinung*) discrepar
abweichend *adj* divergente, diferente; **~e Meinungen** opiniones discrepantes
Abweichler(in) *m(f)* <-s, -; -, -nen> (POL: *abw*) disidente *mf*
Abweichung *f* <-, -en> ❶ (*das Abweichen*) desviación *f*
❷ (TECH) anomalía *f*, irregularidad *f*
❸ (*Differenz*) divergencia *f*, discrepancia *f*
ab|weiden *vt* pacer
Abweiden *nt* <-s, *ohne pl*> pasto *m;* **starkes ~** pasto fuerte
ab|weisen *irr vt* ❶ (*Antrag*) rechazar, denegar; (*Anklage*) refutar; **die Klage ~** (JUR) desestimar la acusación; **das lässt sich nicht ~** esto no se puede negar
❷ (*wegschicken*) no recibir
abweisend *adj* (*ablehnend*) negativo; (*zurückweisend*) reservado
Abweisung *f* <-, -en> rechazo *m;* **~ des Insolvenzeröffnungsantrages mangels Masse** (JUR) desestimación de la solicitud de apertura de insolvencia por falta de masa
Abweisungsbegehren *nt* <-s, -> (JUR) petición *f* de desestimación; **Abweisungsbescheid** *m* <-(e)s, -e> (JUR) resolución *f* desestimatoria
abwendbar *adj* evitable; **damals wäre die Katastrophe noch ~ gewesen** en aquel momento aún se hubiera podido evitar la catástrofe
ab|wenden *irr* I. *vt* ❶ (*Gesicht, Blick*) apartar (*von* de), volver
❷ (*Gefahr, Nachteile*) evitar, impedir
II. *vr:* **sich ~** (*sich wegdrehen*) apartarse (*von* de), volverse
Abwendung *f* <-, *ohne pl*> (JUR): **~ eines rechtswidrigen Angriffs** prevención de un ataque ilícito
Abwendungsbefugnis *f* <-, -se> (JUR) potestad *f* de prevención
ab|werben *irr vt* (WIRTSCH) quitar; **der Konkurrenz Mitarbeiter ~** hacerse con los colaboradores de la competencia; **das A~ von Arbeitskräften** la captación de mano de obra
Abwerbung *f* <-, -en> (WIRTSCH) captación *f*, atracción *f;* **~ von Arbeitskräften** atracción de mano de obra de la competencia
ab|werfen *irr* I. *vt* ❶ (*Reiter*) derribar; (*Latte*) tirar; (*Geweih*) echar; (*Blätter*) perder; (*Bomben*) lanzar, arrojar
❷ (*Gewinn*) rendir, arrojar
❸ (*Karten*) tirar, echar
II. *vi* (SPORT: *vom Tor*) hacer un saque de puerta
ab|werten *vt* ❶ (FIN) devaluar, desvalorizar
❷ (*herabsetzen*) despreciar, quitar valor (a)
abwertend *adj* (*negativ*) peyorativo; (*verächtlich*) despectivo
Abwertung *f* <-, -en> (FIN) devaluación *f*
abwesend ['apve:zant] *adj* ❶ (*nicht zugegen*) ausente
❷ (*zerstreut*) distraído, en la luna, volado *Am;* **mit ~em Blick** con mirada ausente
Abwesende(r) *mf* <-n, -n; -, -n> ausente *mf*
Abwesenheit *f* <-, -en> ❶ (*körperlich*) ausencia *f;* **in ~** (JUR) in absentia, en ausencia; **durch ~ glänzen** brillar por su ausencia
❷ (*geistig*) distracción *f*
Abwesenheitsgeld *nt* <-(e)s, -er> (JUR) pago *m* en ausencia; **Abwesenheitspfleger(in)** *m(f)* <-s, -; -, -nen> (JUR) curador *m* de ausentes; **Abwesenheitspflegschaft** *f* <-, -en> (JUR) curatela *f* de ausentes
ab|wickeln *vt* ❶ (*Knäuel*) deshacer, desovillar; (*Kabel, Garn*) desenrollar
❷ (*Geschäft, Veranstaltung*) realizar, llevar a cabo
Abwickler *m* <-s, -> (WIRTSCH) liquidador *m;* **einen ~ bestellen** designar un liquidador
Abwicklung *f* <-, -en> (WIRTSCH) liquidación *f*, realización *f;* **~ des Zahlungsverkehrs** tramitación de pagos
Abwicklungsanfangsvermögen *nt* <-s, *ohne pl*> (FIN, WIRTSCH) patrimonio *m* inicial de liquidación; **Abwicklungsgeschäft** *nt* <-(e)s, -e> operación *f* de liquidación; **Abwicklungsinteresse** *nt* <-s, -n> interés *m* de tramitación; **Abwicklungsmaßnahme** *f* <-, -n> (FIN, WIRTSCH) medida *f* de liquidación; **Abwicklungsvollstreckung** *f* <-, -en> (FIN, WIRTSCH) ejecución *f* de la liquidación
ab|wiegeln ['apvi:gəln] *vi* ❶ (*beschwichtigen*) calmar, aplacar
❷ (*abw: herunterspielen*) minimizar
ab|wiegen *irr vt* pesar
ab|wimmeln *vt* (*fam: Arbeit*) quitarse de encima; (*Besucher*) deshacerse (de), librarse (de)
Abwind *m* <-(e)s, -e> (AERO, METEO) viento *m* descendente
ab|winken *irr vi* hacer un gesto negativo con la mano
ab|wirtschaften I. *vi* arruinarse; **die Firma hat längst abgewirtschaftet** la empresa se fue a pique hace tiempo; **die Partei hat bei den Wählern abgewirtschaftet** el partido ha perdido la confianza de los electores
II. *vt* llevar a la ruina
ab|wischen *vt* ❶ (*Staub, Schmutz*) limpiar, quitar; **wisch dir den Mund mit der Serviette gut ab!** ¡límpiate bien con la servilleta!; **ich wische mir die Hände/die Tränen ab** me seco las manos/las lágrimas
❷ (*Tisch*) limpiar, pasar con una bayeta
❸ (*abtrocknen*) secar, enjugar *geh*
ab|wracken *vt* ❶ (*verschrotten*) desguazar
❷ (*herunterkommen*): **diese abgewrackten Typen sind kein guter Umgang für dich!** ¡esos des(h)arrapados no son una buena compañía para ti!
Abwurf *m* <-(e)s, -würfe> ❶ (*von Bomben*) lanzamiento *m*
❷ (SPORT) saque *m*
ab|würgen *vt* (*fam*) ❶ (*Diskussion, Streik*) ahogar, reprimir
❷ (*Motor*) ahogar, calar
abyssal [abyˈsaːl] *adj* (GEO) abismal
Abyssal *nt* <-s, *ohne pl*> (GEO) abismo *m*
abyssisch *adj* (GEO) abisal; **~e Region** región abisal
ab|zahlen *vt* pagar; (*in Raten*) pagar a plazos; **das Haus ist abbezahlt** la casa ya está pagada [*o* terminada de pagar]
ab|zählen *vt* contar; **das kannst du dir doch an fünf Fingern ~!** (*fam*) ¡eso lo ve hasta un ciego!
Abzählreim *m* <-(e)s, -e> cancioncilla para elegir a algo o a alguien, p. ej. "Pinto, pinto, colorito..."
Abzahlung *f* <-, -en> ❶ (*Ratenzahlung*) pago *m* a plazos; **etw auf ~ kaufen** comprar algo a plazos
❷ (*Rückzahlung*) importe *m* total
Abzahlungsbedingungen *fpl* (WIRTSCH, JUR) condiciones *fpl* del pago aplazado; **Abzahlungsgeschäft** *nt* <-(e)s, -e> (WIRTSCH) negocio *m* a plazos; **Abzahlungsgesetz** *nt* <-es, -e> ley *f* reguladora de las ventas a plazos; **Abzahlungskauf** *m* <-(e)s, -käufe> (WIRTSCH) venta *f* a plazos, compra *f* a plazos; **~ unter Eigentumsvorbehalt** compra a pla-

zos con reserva de dominio; **einfacher ~ venta a plazos simple; Abzahlungskosten** *pl* (WIRTSCH) gastos *mpl* del pago a plazos; **Abzahlungskredit** *m* <-(e)s, -e> (FIN) crédito *m* de pago a plazos

Abzählvers *m* <-es, -e> *s.* **Abzählreim**

ab|zapfen ['aptsapfən] *vt* (*Bier*) sacar; **jdm Blut ~** (*fam*) sacar sangre a alguien, sangrar a alguien

Abzäunung *f* <-, -en> vallado *m*, cercado *m*

Abzeichen *m* <-s, -> ❶ (MIL) condecoración *f*, medalla *f*
❷ (*Anstecknadel*) distintivo *m*

AbzeichenmissbrauchRR *m* <-(e)s, ohne *pl*> (JUR) abuso *m* de contraseña

ab|zeichnen I. *vt* ❶ (*kopieren*) copiar
❷ (*signieren*) rubricar, firmar
II. *vr:* **sich ~** ❶ (*sich abheben*) destacarse (*auf* de), perfilarse (*auf* sobre)
❷ (*deutlich werden*) perfilarse, dibujarse

abziehbar *adj* deducible

Abziehbild *nt* <-(e)s, -er> calcomanía *f*

ab|ziehen *irr* I. *vi* ❶ (*Dampf, Rauch*) salir(se), escapar(se); (*Gewitter*) alejarse
❷ (*Truppen, Zugvögel*) irse, marcharse
❸ (*fam: weggehen*) largarse
II. *vt* ❶ (*wegnehmen*) sacar (*von* de), extraer (*von* de); (*entfernen*) quitar (*von* de); **das Bett ~** quitar las sábanas
❷ (*Tier*) desollar, despellejar
❸ (FOTO, TYPO) sacar copias (de)
❹ (MATH) restar, sustraer
❺ (*vom Lohn, Preis*) deducir (*von* de), descontar (*von* de); **sie zog fünf Prozent vom Preis ab** descontó un cinco por ciento del precio
❻ (MIL) retirar
❼ (*Schweiz: ausziehen*) desvestir, desnudar
❽ (*Wend*): **zieh nicht so eine Schau ab!** (*fam*) ¡no hace falta que montes este espectáculo!
III. *vr:* **sich ~** (*Schweiz: sich ausziehen*) desnudarse, desvestirse

ab|zielen *vi* (*Bemerkung*) referirse (*auf* a), ir dirigido (*auf* a); (*anstreben*) tener como meta (*auf*); **ich merkte sofort, worauf sie abzielte** en seguida me di cuenta de lo que ella pretendía

ab|zinsen *vt* (FIN) descontar

ab|zocken *vt* (*sl: im Spiel*) desplumar, tumbar

Abzug *m* <-(e)s, -züge> ❶ (MIL) retirada *f*, salida *f*
❷ (*Lohn-*) retención *f*; **ohne ~** sin deducción; **einen Betrag in ~ bringen** (*formal*) descontar una suma; **nach ~ der Kosten** deducidos los gastos
❸ (CHEM) abductor *m*
❹ (FOTO) copia *f*
❺ (*am Gewehr*) gatillo *m*
❻ (*Luft, Kamin*) tiro *m*
❼ (METEO): **der ~ des Unwetters ist voraussichtlich Ende der Woche** el mal tiempo terminará previsiblemente a finales de semana
❽ *pl* (*Abgaben*) retenciones *fpl*

abzüglich ['aptsy:klɪç] *präp* +*gen* descontando, previa deducción de; **~ der Kosten** previa deducción de los costes, costes a deducir

abzugsfähig *adj* (FIN) deducible, desgravable; **steuerlich ~** fiscalmente deducible; **steuerlich nicht ~** fiscalmente no deducible

Abzugsfähigkeit *f* <-, ohne *pl*> (FIN) deducibilidad *f*

abzugsfrei *adj* (FIN) libre de deducciones fiscales

Abzugshaube *f* <-, -n> campana *f* extractora; **Abzugskanal** *m* <-s, -kanäle> canal *m* de desagüe; **Abzugskapital** *nt* <-s, -e *o* -ien> (FIN) capital *m* deducible; **Abzugsposten** *m* <-s, -> (FIN) carga *f* deducible, partida *f* deducible; **Abzugsrohr** *nt* <-(e)s, -e> tubo *m* de salida [*o* de emisión]; **Abzugssteuer** *f* <-, -n> (FIN) impuesto *m* retenido

Abzweig *m* <-(e)s, -e> desvío *m*; **verpass nicht den ~ nach Gießen!** ¡no te pases el desvío a Gießen!

ab|zweigen I. *vi sein* bifurcarse, desviarse (*von* de, *zu* hacia)
II. *vt* (*Geld*) poner aparte, apartar

Abzweigung *f* <-, -en> cruce *m*, entronque *m* Am

ab|zwicken *vt* cortar, quitar; **Draht mit einer Zange ~** cortar un alambre con unas tenazas

Ac (CHEM) *Abk. von* **Actinium** Ac

Accessoire [aksɛso:a:ɐ̯] *nt* <-s, -s> accesorio *m*

Acetaldehyd [a'tse:ʔaldehy:t] *m* <-s, ohne *pl*> (CHEM) acetaldehído *m*

Acetat [atse'ta:t] *nt* <-(e)s, -e> (CHEM) acetato *m*

Aceton [atse'to:n] *nt* <-s, ohne *pl*> (CHEM) acetona *f*

Acetylen [atsety'le:n] *nt* <-s, ohne *pl*> (CHEM) acetileno *m*

Acetylierung [atsety'li:rʊŋ] *f* <-, -en> (CHEM) acetilación *f*

Acetylsalicylsäure *f* <-, -n> (CHEM) ácido *m* acetilsalicílico

ach [ax] *interj* ¡ah!; **~ was!** ¿qué dices?, ¡anda ya!; **~ ja!** ¡ah, claro (que sí)!; **~ so!** ¡ah, eso es otra cosa!; **~, du lieber Himmel!** ¡ay, Dios mío!; **~ nee!** ¡no me digas!

Ach *nt* <-s, -(s)>: **mit ~ und Krach** (*fam*) a trancas y barrancas, a duras penas

Achat [a'xa:t] *m* <-(e)s, -e> ágata *f*

Achillesferse [a'xɪlɛsfɛrzə] *f* <-, -n> talón *m* de Aquiles

Achillessehne *f* <-, -n> (ANAT) tendón *m* de Aquiles; **Achillessehnenreflex** *m* <-es, -e> (MED) reflejo *m* del tendón de Aquiles

Achse ['aksə] *f* <-, -n> (TECH, POL, MATH) eje *m*; **sich um die eigene ~ drehen** girar sobre su propio eje; **immer auf ~ sein** (*fam*) estar siempre fuera

Achsel ['aksəl] *f* <-, -n> ❶ (*~höhle*) axila *f*
❷ (*Schulter*) hombro *m*; **mit den ~n zucken, die ~n zucken** encogerse de hombros

Achselhaare *ntpl* vello *m* de la axila; **Achselhöhle** *f* <-, -n> axila *f*, sobaco *m*; **Achselklappe** *f* <-, -n> hombrera *f*; **Achselpolster** *nt* <-s, -> hombrera *f*; **Achselstück** *nt* <-(e)s, -e> (MIL) charretera *f*; **Achselzucken** *nt* <-s, ohne *pl*> encogimiento *m* de hombros

achselzuckend I. *adj* que sólo se encoge de hombros; (*gleichgültig*) indiferente
II. *adv* encogiéndose de hombros; (*gleichgültig*) con indiferencia

Achsenbruch *m* <-(e)s, -brüche> rotura *f* del eje; **Achsenkreuz** *nt* <-es, -e> (MATH) sistema *m* de coordenadas, eje *m* de coordenadas; **Achsenmächte** ['aksənmɛçtə] *fpl* (HIST) potencias *fpl* del Eje (Alemania, Italia y Japón)

Achslager *nt* <-s, -> (TECH) cojinete *m* del eje; **Achslast** *f* <-, -en> (TECH) carga *f* del eje; **Achsstand** *m* <-(e)s, -stände> (AUTO) distancia *f* entre los ejes

acht[1] [axt] *adj inv* ocho; **die ersten/letzten ~** los ocho primeros/últimos; **es ist gleich ~** (*Uhr*) van a ser las ocho (horas); **alle ~ Tage** cada ocho días; **um (Jahren)** a las [*o* con] ocho años; **um ~ Uhr** a las/sobre las ocho (horas); **fünf Minuten vor/nach ~** las ocho menos cinco/y cinco; **fünf Minuten vor halb ~** las siete y veinticinco; **fünf Minuten nach halb ~** las ocho menos veinticinco; **es steht ~ zu null für uns** van ocho a cero a nuestro favor; **zu je ~** a ocho; **in ~ Tagen** dentro de ocho días; **vor ~ Tagen** hace ocho días; **heute in ~ Tagen** de hoy en ocho días; **morgen in ~ Tagen** mañana en ocho días

acht[2]: **zu ~** de ocho en ocho; **wir sind zu ~** somos ocho

acht[3] *s.* **Acht**[2] **1.**

Acht[1] [axt] *f* <-, -en> (*Zahl*) ocho *m*

Acht[2] *f* <-, ohne *pl*> ❶ (*Aufmerksamkeit*) atención *f*; **~ geben** [*o* **haben**] prestar atención (*auf* a); (*auf Personen/die Gesundheit*) cuidar (*auf* de); **etw außer aller ~ lassen** prescindir de algo; **sich (vor jdm) in ~ nehmen** cuidarse (de alguien); **gib ~!** ¡cuidado!; **~, wohin du trittst!** ¡ten cuidado de dónde pisas!; **gib auf dich ~!** ¡cuídate!; **gib ~, dass mir niemand das Fahrrad klaut** mira que nadie me robe la bici
❷ (HIST) proscripción *f*

achtbar *adj* respetable

Achtbarkeit *f* <-, ohne *pl*> (*geh*) honorabilidad *f*, respetabilidad *f*

achte(r, s) *adj* octavo; **der ~ Dezember** el ocho de diciembre; **am ~n Dezember** el ocho de diciembre; **wir treffen uns Sonntag, den ~n Dezember** nos veremos el domingo, ocho de diciembre; **wir treffen uns am A~n** nos vemos el día ocho; **im ~n Stock** en el octavo piso; **im ~n Kapitel** en el octavo capítulo; **das ~ Mal** la octava vez; **jeden ~n Tag** cada ocho días; **Heinrich der A~** Enrique VIII; **du bist der A~, der mich das fragt** eres la octava persona que me pregunta eso

Achteck *nt* <-(e)s, -e> octógono *m*, octágono *m*

achteckig *adj* octógono, octágono; **der Grundriss des Baptisteriums ist ~** la planta del baptisterio es octágona

achteinhalb ['axtʔaɪn'halp] *adj inv* ocho y medio; **bis dorthin sind es ~ Kilometer** faltan ocho kilómetros y medio

achtel *adj inv* octavo; **ein ~ Zentner** la octava parte de un quintal

Achtel ['axtəl] *nt* <-s, -> octavo, -a *m, f*, octava parte *f*; **sie hat mir ein ~ des Gewinns versprochen** me prometió una octava (parte) de la ganancia

Achtelfinale *nt* <-s, -> (SPORT) octavos *mpl* de final; **Achtelnote** *f* <-, -n> (MUS) corchea *f*; **Achtelpause** *f* <-, -n> (MUS) silencio *m* de corchea

achten ['axtən] I. *vi* ❶ (*beachten*) atender (*auf* a), cuidar (*auf* de); (*auf den Weg*) fijarse (*auf* en), prestar atención (*auf* a); **sie achtet darauf, dass ...** se cuida de que... +*subj*; **auf etw nicht ~** no hacer caso de algo, hacer caso omiso de algo
❷ (*beaufsichtigen*) cuidar (*auf* de)
II. *vt* ❶ (*schätzen*) estimar, apreciar; (*Ansichten*) respetar
❷ (*befolgen*) observar, acatar

ächten ['ɛçtən] *vt* ❶ (HIST) proscribir; (*verbannen*) desterrar; (*fig: ausstoßen*) apartar, aislar; (*übergehen*) no hacer caso (a)
❷ (*verdammen*) aislar, apartar

achtens ['axtəns] *adv* en octavo lugar; (*bei einer Aufzählung*) octavo; **... und ~ gilt es, in Zukunft über neue Maßnahmen nachzudenken** ... y octavo, es necesario reflexionar en lo sucesivo sobre nuevas medidas

achtenswert *adj* apreciable, digno de atención

Achter *m* <-s, -> (*Rudern*) outrigger *m* a ocho con timonel, ocho *m*
Achterbahn *f* <-, -en> montaña *f* rusa
Achterdeck *nt* <-(e)s, -s> (NAUT) alcázar *m*, cubierta *f* de popa
achterlei *adj inv* de ocho clases [*o* formas] diferentes, ocho clases (diferentes) de; **es standen ~ Sorten Käse auf dem Tisch** en la mesa había ocho clases diferentes de quesos; **auf ~ Weise** de ocho formas diferentes
achtern *adv* (NAUT) a popa, hacia popa
achtfach I. *adj* óctuplo; **die ~e Menge** ocho veces la cantidad; **der Antrag muss in ~er Ausfertigung zugesandt werden** hay que mandar ocho copias de la candidatura; **er verdient das A~e von meinem Gehalt** él gana ocho veces mi sueldo; **die Temperatur ist um das A~e gestiegen** la temperatura se ha multiplicado por ocho II. *adv* ocho veces
acht|geben *irr vi s.* **Acht²** 1.
achtgeschossig *adj* de ocho pisos [*o* plantas]
acht|haben *irr vi s.* **Acht²** 1.
achthundert ['-'---] *adj inv* ochocientos; **dieser Baum ist mehr als ~ Jahre alt** este árbol tiene más de ochocientos años
achthundertjährig *adj* de ochocientos años; **wir feiern das ~e Bestehen unserer Stadt** celebramos el octavo centenario de nuestra ciudad; **dieses Dorf blickt auf eine ~e Tradition zurück** este pueblo tiene ochocientos años de tradición
achthundertste(r, s) *adj* octingentésimo; **der ~ Besucher bekommt ein Geschenk** el octingentésimo visitante recibirá un regalo
achthunderttausend *adj inv* ochocientos mil; **sie erbte ein Vermögen von ~ Euro** heredó una fortuna de ochocientos mil euros
achtjährig ['axtjɛːrɪç] *adj* (*acht Jahre alt*) de ocho años; (*acht Jahre dauernd*) de ocho años de duración; **meine ~e Tochter** mi hija de ocho años; **nach einer ~en Amtszeit trat der Minister ab** el ministro dimitió tras ocho años en el cargo
Achtjährige(r) *mf* <-n, -n; -n, -n> niño, -a *m, f* de ocho años
achtjährlich *adj* cada ocho años
Achtkampf *m* <-(e)s, -kämpfe> (SPORT) ❶ (*Leichtathletik*) competición de atletismo que comprende ocho pruebas (*con ejercicios fijos*) ❷ (*Turnen*) competición de gimnasia que comprende ocho pruebas (*cuatro ejercicios fijos y cuatro libres*)
achtkantig *adj* octogonal; **jdn ~ hinauswerfen** [*o* **rausschmeißen**] echar a alguien con cajas destempladas
achtköpfig *adj* de ocho cabezas; (*Gruppe, Familie*) de ocho personas, de ocho miembros; **eine Wohnung für eine ~e Familie** una vivienda para una familia de ocho miembros
achtletzte(r, s) *adj* en octavo lugar empezando por el final; **er erreichte das Ziel an ~r Stelle** [*o* **als A~r**] llegó a la meta el octavo empezando por el final
achtlos *adj* ❶ (*sorglos*) descuidado ❷ (*zerstreut*) distraído ❸ (*rücksichtslos*) desconsiderado ❹ (*unbesonnen*) despreocupado; **~ mit etw umgehen** tratar algo con descuido
Achtlosigkeit *f* <-, ohne pl> descuido *m*, dejadez *f*; (*Unbesonnenheit*) despreocupación *f*
achtmal *adv* ocho veces; **~ so viel(e)** ocho veces más; **~ täglich** ocho veces al día; **ich war schon ~ in Madrid** ya he estado ocho veces en Madrid
achtmalig *adj* (*ocurrido*) ocho veces; **nach ~em Neuanfang gab sie auf** después de haberlo intentado ocho veces se dio por vencida
Acht-Minuten-Takt *m* <-(e)s, -e> ❶ (*alle acht Minuten*) intervalo *m* de ocho minutos; **die Züge fahren im ~** los trenes circulan cada ocho minutos ❷ (TEL) ocho minutos *mpl* (*correspondientes hace años a un paso telefónico*); **ich muss auflegen, der ~ ist gleich vorbei** tengo que colgar, están a punto de pasar los ocho minutos
achträderig *adj* de ocho ruedas
achtsam *adj* (*geh*) ❶ (*aufmerksam*) atento ❷ (*sorgfältig*) cuidadoso
Achtsamkeit *f* <-, ohne pl> cuidado *m*, atención *f*
achtseitig *adj* ❶ (*Form*) octagonal, octogonal ❷ (*Schriftstück*) de ocho páginas
achtsilbig *adj* (LING, LIT) octosílabo
Achtsitzer *m* <-s, -> vehículo *m* de ocho asientos, furgoneta *f*
achtsitzig *adj* de ocho asientos
achtstellig *adj* de ocho cifras, de ocho dígitos; **das Ergebnis ist eine ~e Zahl** el resultado tiene ocho cifras
achtstöckig *adj s.* **achtgeschossig**
achtstrophig *adj* de ocho estrofas; **ein ~es Lied** una canción de [*o* con] ocho estrofas
Achtstundentag ['-'---] *m* <-(e)s, -e> jornada *f* (laboral) de ocho horas
achtstündig ['axtʃʏndɪç] *adj* de ocho horas; **eine ~e Veranstaltung** un acto de ocho horas de duración; **mit ~er Verspätung ankommen** llegar con ocho horas de retraso
achtstündlich *adj* cada ocho horas; **dieser Zug fährt ~ nach Madrid** este tren sale cada ocho horas hacia Madrid
achttägig *adj* de ocho días; **ein ~er Aufenthalt im Ausland** una estancia de ocho días en el extranjero
achttäglich *adj* cada ocho días
achttausend ['-'---] *adj inv* ocho mil; **dieser Stein ist ~ Jahre alt** esta piedra tiene ocho mil años
Achttausender *m* <-s, -> montaña *f* de más de 8.000 m de altura
Achtteiler *m* <-s, -> serie *f* en ocho partes; **die fünfte Folge des ~s habe ich verpasst** me he perdido el quinto de los ocho capítulos
achtteilig *adj* ❶ (*Service*) de ocho piezas ❷ (*Serie*) de ocho capítulos
Achtundsechziger(in) ['-'----] *m(f)* <-s, -; -, -nen> sesentaiochista *mf* (*participante en el mayo del 68*)
Achtung ['axtʊŋ] *f* <-, ohne pl> ❶ (*Aufmerksamkeit*) atención *f*; **~!** ¡atención!, ¡cuidado!; **~ Stufe!** ¡cuidado con el escalón!; **~, fertig, los!** ¡preparados, listos, ya! ❷ (*Wertschätzung*) respeto *m* (*vor* a); **~ gebietend** imponente, impresionante; **seine Erscheinung ist ~ gebietend** es de majestuosa apariencia; **sich** *dat* **~ verschaffen** hacerse respetar
Ächtung ['ɛçtʊŋ] *f* <-, -en> (HIST) proscripción *f*; (*Verbannung*) destierro *m*; (*fig: Verdammung*) aislamiento *m*
achtunggebietend *adj s.* **Achtung** 2.
Achtungsapplaus *m* <-es, -e> aplauso *m* de cortesía; **Achtungserfolg** *m* <-(e)s, -e> estimable éxito *m*, éxito *m* relativo; **der 5. Platz bedeutete für ihn als Anfänger einen ~** el quinto puesto representó para él como principiante un considerable éxito
achtwöchig *adj* de ocho semanas; **wir haben einen ~en Urlaub in Bolivien verbracht** pasamos unas vaciones de ocho semanas en Bolivia
achtzehn *adj inv* dieciocho; **wann wirst du ~?** ¿cuándo cumples los 18?; **der Film ist erst ab ~ (freigegeben)** la película no es autorizada para menores de dieciocho años; *s. a.* **acht**
achtzehnhundert *adj inv* mil ochocientos; **er verdient ~ Euro im Monat** gana mil ochocientos euros al mes; **im Jahre ~** en el año mil ochocientos
achtzehnte(r, s) *adj* decimoctavo; **morgen ist der ~ Mai** mañana es el dieciocho de mayo; **unser Wagen ist der ~ von links** nuestro coche hace el número dieciocho por la izquierda; **das R ist der ~ Buchstabe des Alphabets** la erre es la decimoctava letra del alfabeto
achtzeilig *adj* (*Gedicht*) de ocho versos
achtzig ['axtsɪç] *adj inv* ochenta; **mit ~ (Stundenkilometern) fahren** ir a ochenta (por hora); **mit ~ Sachen** (*fam*) a ochenta por hora; **etwa ~ (Jahre alt)** sobre los ochenta (años); **mit ~ (Jahren)** a los [*o* con] ochenta (años); **über/unter ~** más de/menos de ochenta; **jdn auf ~ bringen** (*fam*) poner a alguien a cien; **die ~er Jahre** los años ochenta
achtziger ['axtsɪɡɐ] *adj inv* ❶ (*1980 bis 1989*) de los ochenta, de la década [*o* de la añada] de los ochenta; **sie wurde Anfang der ~ Jahre geboren** nació a comienzos de los ochenta ❷ (*von 1980*) del (año) ochenta; **der ~ Jahrgang ist leider ausverkauft** lo siento, pero la cosecha del ochenta se ha terminado
Achtziger *m* <-s, -> ❶ (*Wein*) cosecha *f* del ochenta, vino *m* de la añada del ochenta ❷ (*Wend*) **in den ~n sein** ser un octogenario, ser un ochentón *fam*
Achtzigerjahre *ntpl* **die ~** los (años) ochenta, la década de los ochenta
achtzigjährig ['axtsɪçjɛːrɪç] *adj* (*80 Jahre alt*) octogenario, de ochenta años; (*80 Jahre dauernd*) de ochenta años de duración; **eine ~e Studentin ist sicher die große Ausnahme** una estudiante octogenaria [*o* de ochenta años] es sin duda una excepción; **diese ~en Eichen sind mächtige Bäume** estos robles octogenarios son árboles enormes; *s. a.* **achtjährig**
Achtzigjährige(r) ['axtsɪçjɛːrɪɡə, 'axtsɪçjɛːrɪɡɐ] *mf* <-n, -n; -n, -n> octogenario, -a *m, f*; **als ~/~r** con ochenta años
achtzigmal ['axtsɪçmaːl] *adv* ochenta veces; *s. a.* **achtmal**
Achtzigpfennigmarke *f* <-, -n> sello *m* de ochenta pfennig
achtzigste(r, s) *adj* octogésimo; **heute ist ihr ~r Geburtstag** hoy es su octogésimo aniversario
achtzigstel ['axtsɪçstl] *adj* ochentavo; *s. a.* **achtel**
Achtzigstel *nt* <-s, -> ochentavo *m*; *s. a.* **Achtel**
Achtzimmerwohnung *f* <-, -en> vivienda *f* de ocho habitaciones [*o* de siete habitaciones más salón]
Achtzylinder *m* <-s, -> (AUTO: *Motor*) motor *m* de ocho cilindros; (*Wagen*) coche *m* de ocho cilindros
Achtzylindermotor *m* (AUTO) motor *m* de ocho cilindros
achtzylindrig ['axtsilɪndrɪç, 'axtsʏlɪndrɪç] *adj* (AUTO, TECH) de ocho cilindros; **einen ~en Wagen fahren** conducir un coche de ocho cilindros
ächzen ['ɛçtsən] *vi* ❶ (*Person*) gemir (*vor* de) ❷ (*Bretter, Gebälk*) crujir

Ächzer m <-s, -> quejido m, gemido m; (*schwerer Seufzer*) suspiro m profundo; **Gott sei Dank!** sagte sie und stieß einen ~ aus ¡gracias a Dios!, exclamó suspirando profundamente; **seinen letzten ~ tun** (*fam*) exhalar el último suspiro
Acker ['akɐ] m <-s, Äcker> campo m
Ackerbau m <-(e)s, ohne pl> agricultura f; **~ treibend** agrícola, dedicado a la agricultura
Ackerbausystem nt <-s, -e> (AGR) sistema m de cultivo
ackerbautreibend adj s. **Ackerbau**
Ackerfläche f <-, -n> tierra(s) f(pl) de labor, campo m labrantío [o de labranza]; **Ackergaul** m <-(e)s, -gäule> (abw) caballería f de labor; **Ackergerät** nt <-(e)s, -e> apero(s) m(pl) de labranza; (*Maschine*) máquina f agrícola; **Ackerklee** m <-s, ohne pl> (BOT) trébol m silvestre; **Ackerkrume** f <-, -n> (AGR) capa f arable, mantillo m; **Ackerland** nt <-(e)s, ohne pl> tierra f de labor, tierras fpl de labranza [o de cultivo]
ackern vi ❶ (AGR) arar
❷ (fam: arbeiten) trabajar duramente, doblar el lomo
Ackerpferd nt <-(e)s, -e> caballo m de labor; **Ackersalat** m <-(e)s, -e> (bot) rapónchigo m, ruiponce m; **Ackersenf** m <-(e)s, -e> (BOT) mostaza f silvestre; **Ackerwicke** f <-, -n> (BOT) arbeja f silvestre, algarroba f silvestre
a conto [a 'kɔnto] adv (FIN) a cuenta
Acryl [a'kry:l] nt <-s, ohne pl> (CHEM) fibra f acrílica
Acrylfarbe f <-, -n> colorante m acrílico; **Acrylglas** nt <-es, ohne pl> vidrio m acrílico
Actinium [ak'ti:niʊm] nt <-s, ohne pl> (CHEM) actinio m
Actinoid [aktino'i:t] nt <-s, -e> (CHEM) actinoide m
actio illicita in causa f (JUR) acción f ilícita en causa
actio libera in causa f (JUR) acción f liberadora en causa
Action ['ɛktʃən] f <-, ohne pl> acción f
Actionfilm m <-(e)s, -e> película f de acción
actio pro socio f (JUR) acción f pro socio
actus contrarius m (JUR) acto m contrario
a.d. Abk. von **an der: Frankfurt a.d. Oder** Francfort del Oder
a.D. Abk. von **außer Dienst** fuera de servicio
A.D. Abk. von **Anno Domini** en el año de Nuestro Señor
ad absurdum [at ap'zʊrdʊm] **etw ~ führen** reducir algo al absurdo
ADAC [a:de:ʔa:'tse:] m Abk. von **Allgemeiner Deutscher Automobil-Club** Automóvil Club de Alemania
ad acta [at 'akta]: **etw ~ legen** dar carpetazo a algo, archivar algo, encarpetar algo Am
Adam ['a:dam] m <-s, -s> ❶ (fam iron: Mann) adán m
❷ (Wend): **bei ~ und Eva anfangen** (fam) empezar por Adán y Eva, empezar por el principio de los tiempos; **noch von ~ und Eva stammen** (fam) ser antediluviano; **seit ~s Zeiten** (fam) desde que el mundo es mundo, desde el principio de los tiempos; **nach ~ Riese** (fam) si los números no engañan
Adamsapfel ['a:damsapfəl] m <-s, -äpfel> nuez f de Adán, bocado m de Adán; **Adamskostüm** nt: **im ~** (fam) en pelotas
Adaptation [adapta'tsjo:n] f <-, -en> (a. FILM, LIT) adaptación f (*an a, für* para); **sensorische ~** adaptación sensorial
Adaptationsrecht nt <-(e)s, -e> (FILM, LIT) derecho m de adaptación
Adapter [a'daptɐ] m <-s, -> adaptador m
adaptieren* [adap'ti:rən] **I.** vt ❶ (FILM, LIT) adaptar (*für* a)
❷ (Österr: herrichten) habilitar; **ein Schloss als Museum ~** habilitar un castillo para museo
II. vr: **sich ~** adaptarse (*an* a)
Adaption f <-, -en> s. **Adaptation**
Adäquanztheorie f <-, ohne pl> (JUR) teoría f de la adecuación; **Adäquanzurteil** nt <-s, -e> (JUR) sentencia f de adecuación; **Adäquanzzusammenhang** m <-(e)s, -hänge> (JUR) relación f de adecuación
adäquat [adɛ'kva:t] adj adecuado
Adäquatheit f <-, ohne pl> (geh) adecuación f; **zwischen Honorar und Leistung muss eine ~ vorliegen** debe existir una justa proporción entre la remuneración y el trabajo realizado; **er überprüfte die ~ der Übersetzung** comprobó la exactitud de la traducción
addieren* [a'di:rən] vt sumar (zu a), adicionar (zu a)
Addition [adi'tsjo:n] f <-, -en> adición f (zu a)
Additionsklausel f <-, -n> (JUR) cláusula f de adición
Additiv [adi'ti:f] nt <-s, -e> (CHEM) aditivo m; **bleihaltige ~e** aditivos conteniendo plomo
ade [a'de:] interj (reg) ¡adiós!; **jdm ~ sagen** decir(le) adiós a alguien
Adel ['a:dəl] m <-s, ohne pl> ❶ (Klasse, Stand) nobleza f, aristocracia f; **von ~ sein** tener abolengo
❷ (Titel) título m de nobleza
adelig ['a:dəlɪç] adj s. **adlig**
Adelige(r) ['a:dəlɪgə] mf <-n, -n; -, -n> s. **Adlige(r)**
adeln ['a:dəln] vt ennoblecer

Adelstitel m <-s, -> título m nobiliario
Adenoide f <-, -n> (MED) adenoides m inv
Adenom nt <-s, -e> (MED) adenoma m; **autonomes ~** adenoma autónomo
Ader ['a:dɐ] f <-, -n> ❶ (Blutgefäß) vena f; **jdn zur ~ lassen** hacer a alguien una sangría; (fig) dar a alguien un sablazo
❷ (Anlage) vena f; **eine künstlerische ~ haben** tener una vena de artista, tener dotes artísticas
❸ (von Gestein, Holz) veta f, filón m; (Blatt) nervio m
AderlassRR m <-es, -lässe>, **Aderlaß** m <-sses, -lässe> sangría f, sangradera f Am
Adermin [adɛr'mi:n] nt <-s, ohne pl> adermina f
Äderung f <-, -en> ❶ (ANAT: Geäder) venas fpl, venillas fpl
❷ (BOT) nervadura f
ADFC [a:de:?ɛf'tse:] m Abk. von **Allgemeiner Deutscher Fahrrad-Club** Club Alemán de Usuarios de la Bicicleta
Adhäsion [athɛ'zjo:n] f <-, -en> (PHYS) adhesión f
Adhäsionsentscheidung f <-, -en> (JUR) decisión f de adhesión
Adhäsionsmesser m <-s, -> (PHYS) medidor m de la adhesión; **Adhäsionsverfahren** nt <-s, -> (JUR) proceso m de adhesión; **Adhäsionsverschluss**RR m <-es, -schlüsse> cierre m adhesivo [o por adhesión]
ad hoc [at hɔk] ad hoc
Ad-hoc-Kredit m <-(e)s, -e> (FIN) crédito m ad hoc; **Ad-hoc-Maßnahme** f <-, -n> (geh) medida f ad hoc
adiabatisch [adia'ba:tɪʃ] adj (PHYS, METEO) adiabático
adieu [a'djø:] interj (reg) ¡adiós!; **jdm ~ sagen** despedirse de alguien
ADI-Wert [a:de:'ʔi:-] m <-(e)s, -e> (MED) valores mpl ADI
Adjektiv ['atjɛkti:f] nt <-s, -e> (LING) adjetivo m
adjektivisch adj (LING) adjetivo, adjetival
Adjudikation f <-, -en> (JUR) adjudicación f
Adjunkt(in) [at'jʊŋkt] m(f) <-en, -en; -, -nen> (ADMIN: Österr, Schweiz: Beamtentitel) adjunto, -a m, f
adjustieren* vt (TECH) ajustar
Adjutant [atju'tant] m <-en, -en> (MIL) oficial m adjunto
Adler ['a:dlɐ] m <-s, -> águila f; (Jungtier) aguilucho m
Adlerauge nt <-s, -n> (fig) vista f de águila; **ein ~ haben** tener vista de lince; **Adlerhorst** m <-(e)s, -e> aguilera f, nido m de águila; **Adlernase** f <-, -n> nariz f aguileña
adlig ['a:dlɪç] adj noble, aristocrático
Adlige(r) ['a:dlɪgə] mf <-n, -n; -, -n> noble mf, aristócrata mf
Administration [atmɪnɪstra'tsjo:n] f <-, -en> ❶ (Verwaltung) administración f; **die Reagan-~** la administración Reagan
❷ (Schweiz: einer Firma) gestión f
administrativ [atmɪnɪstra'ti:f] adj administrativo
Administrativenteignung f <-, -en> (JUR) expropiación f administrativa; **Administrativrecht** nt <-(e)s, ohne pl> (JUR) derecho m administrativo
Administrator [atmɪnɪs'tra:tɔr] m <-s, -en> (INFOR) administrador m
Admiral¹ [atmi'ra:l] m <-s, -e> (ZOOL) vanesa f atalanta
Admiral(in)² [atmi'ra:l] m(f) <-s, -e -o -äle; -, -nen> (MIL) almirante mf
Admiralität [atmirali'tɛ:t] f <-, -en> (JUR, MIL) almirantazgo m
Admiralsrang m <-(e)s, -ränge> (MIL) rango m de almirante, almirantazgo m; **Beamter des Verteidigungsministerium im ~** funcionario del Ministerio de Defensa en el Almirantazgo
ADN [a:de:'ʔɛn] m <-> Abk. von **Allgemeiner Deutscher Nachrichtendienst** Servicio m General de Noticias Alemán
Adobe [a'do:bə] m <-, -s> adobe m
Adonis [a'do:nɪs] m <-, -se> (geh) adonis m inv
adoptieren* [adɔp'ti:rən] vt adoptar, pepenar Mex
Adoption [adɔp'tsjo:n] f <-, -en> adopción f; **zur ~ freigeben** permitir la adopción de, entregar en adopción
AdoptionsbeschlussRR m <-es, -schlüsse> (JUR) auto m de adopción; **Adoptionsverfahren** nt <-s, -> (JUR) proceso m de adopción
Adoptiveltern pl padres mpl adoptivos; **Adoptivkind** nt <-(e)s, -er> niño, -a m, f, hijo, -a m, f adoptivo, -a
Adr. Abk. von **Adresse** dir.
Adrenalin [adrena'li:n] nt <-s, ohne pl> (MED) adrenalina f
Adrenalinspiegel m <-s, -> (MED) concentración f de adrenalina, nivel m de adrenalina; **Adrenalinstoß** m <-es, -stöße> (MED) descarga f de adrenalina
Adressat(in) [adrɛ'sat] m(f) <-en, -en; -, -nen> destinatario, -a m, f; **~ eines Verwaltungsakts** consignatario de un acto administrativo
Adressatengruppe f <-, -n> (WIRTSCH) grupo m de destino, grupo-meta m; **Adressatenkreis** m <-es, -e> círculo m de destinatarios; **Adressatentheorie** f <-, ohne pl> (JUR) teoría f de destinatario
AdressbuchRR nt <-(e)s, -bücher>, **Adreßbuch** nt <-(e)s, -bücher> directorio m, agenda f de direcciones
Adresse [a'drɛsə] f <-, -n> ❶ (Anschrift) dirección f, señas fpl; **an der**

Adressenliste / **Aggressivität**

falschen ~ sein (*fam*) haberse equivocado de persona; **die erste ~ für Weine** la mejor tienda para comprar vinos ❷ (INFOR) dirección *f*
Adressenliste *f* <-, -n> lista *f* de direcciones
Adressfeld^RR *nt* <-es, -er>, **Adreßfeld** *nt* <-es, -er> (INFOR) campo *m* de direcciones
adressieren* *vt* ❶ (*Postsendung*) poner la dirección ❷ (*richten*) dirigir (*an a*)
Adressiermaschine *f* <-, -n> máquina *f* editora de direcciones
Adressierung *f* <-, -en> (INFOR) direccionamiento *m*
adrett [a'drɛt] *adj* atildado, acicalado
Adria ['aːdria] *f* Adriático *m*
adriatisch *adj* adriático; **A~es Meer** Mar Adriático
adsorbieren* [apzɔr'biːrən] *vt* (CHEM, PHYS) adsorber
Adsorption *f* <-, -en> (CHEM, PHYS) adsorción *f*
Adstringens *nt* <-, Adstringenzien *o* Adstringentia> (MED) astringente *m*
adstringierend *adj* (MED) astringente
A-Dur *nt* <-, *ohne pl*> (MUS) la *m* mayor
Advektion [atvɛk'tsjoːn] *f* <-, -en> (METEO) advección *f*
Advektionsnebel *m* <-s, -> (METEO) niebla *f* de advección
Advent [at'vɛnt] *m* <-(e)s, -e> Adviento *m*; **es ist ~** estamos (en tiempo de) Adviento; **erster/zweiter/dritter/vierter ~** primer/segundo/tercer/cuarto domingo de Adviento
adventiv [atvɛn'tiːf] *adj* (BIOL) adventicio
Adventskalender *m* <-s, -> calendario *m* de Adviento (*calendario con 24 puertecillas que contienen regalos y se van abriendo desde el 1 de diciembre hasta Navidad*); **Adventskranz** *m* <-es, -kränze> corona *f* de Adviento (*corona de ramas de abeto, piñas etc. con cuatro velas que se van encendiendo sucesivamente cada domingo de Adviento*); **Adventssonntag** *m* <-(e)s, -e> domingo *m* de Adviento; **Adventszeit** *f* <-, -en> (tiempo *m* de) adviento *m*
Adverb [at'vɛrp] *nt* <-s, -verbien> (LING) adverbio *m*
adverbial [atvɛr'bjaːl] *adj* (LING) adverbial; **~e Ergänzung** complemento circunstancial
Adverbialbestimmung *f* <-, -en> (LING) complemento *m* adverbial, (complemento *m*) circunstancial *m*; **Adverbialsatz** *m* <-es, -sätze> (LING) oración *f* adverbial, frase *f* adverbial
Advokat(in) [atvo'kaːt] *m(f)* <-en, -en; -, -nen> (*reg: Anwalt*) abogado, -a *m*, *f*
Advokatur *f* <-, *ohne pl*> (*Schweiz: Amt eines Anwalts*) abogacía *f*
Advokaturbüro *nt* <-s, -s> (*Schweiz*), **Advokaturskanzlei** *f* <-, -en> (*Österr: Anwaltsbüro*) bufete *m*, gabinete *m* de abogados
aerob [ae'roːp] *adj* (BIOL) aeróbico
Aerobic [ɛa'rɔbɪk] *nt* <-s, *ohne pl*> aerobic *m*, gimnasia *f* aeróbica
Aerobios [aero'biːɔs] *m* <-, -> (BIOL) aerobio *m*
Aerodynamik [aerody'naːmɪk] *f* <-, *ohne pl*> (PHYS) aerodinámica *f*
aerodynamisch [aerody'naːmɪʃ] I. *adj* ❶ (PHYS) aerodinámico; **die ~en Gesetze** las leyes de la aerodinámica ❷ (*windschnittig*) de forma aerodinámica II. *adv* (*windschnittig*) de manera aerodinámica; **Karosserien von Rennwagen sind ~ geformt** las carrocerías de los automóviles de carreras tienen un diseño aerodinámico
aerogen [aero'geːn] *adj* (BIOL, MED) aerógeno
Aerosol [aero'zoːl] *nt* <-s, -e> aerosol *m*
Aerosoltherapie *f* <-, -n> (MED) terapia *f* de aerosoles; **Aerosoltreibmittel** *nt* <-s, -> agente *m* expansor de aerosoles
AfA *Abk. von* Absetzung für Abnutzung deducción *f* por desgaste
Affäre [a'fɛːra] *f* <-, -n> ❶ (*Vorfall, Skandal*) asunto *m*, affaire *m*; **sich mit etw aus der ~ ziehen** salir del apuro con algo; **in eine ~ verwickelt sein** estar envuelto en un affaire; **das ist doch keine ~** eso no es nada ❷ (*Liebesabenteuer*) lío *m* amoroso, aventura *f* amorosa
Affe ['afə] *m* <-n, -n> mono *m*; **mich laust der ~** (*fam*) eso me deja patitieso, me quedo con la boca abierta; **eingebildeter ~** (*fig*) mono engreído; **du sitzt da, wie ein ~ auf dem Schleifstein** (*fam*) pareces un alma en pena; **du bist wohl vom ~n gebissen!** ¡estás loco!; **einen ~n (sitzen) haben** (*fig*) tener una mona
Affekt [a'fɛkt] *m* <-(e)s, -e> arrebato *m* (pasional); **im ~ handeln** actuar impulsado por un arrebato pasional
Affekthandlung *f* <-, -en> (JUR, PSYCH) delito *m* pasional
affektiert [afɛk'tiːət] *adj* (*abw*) afectado, amanerado
Affektionsinteresse *nt* <-s, -n> (JUR) interés *m* de afección
affenartig *adj* (*fam: affenähnlich*) simiesco; **mit ~er Geschwindigkeit fahren** (*fam*) ira toda mecha
Affenbrotbaum *m* <-(e)s, -bäume> (BOT) baobab *m*
affengeil *adj* (*fam*) de puta madre; **das ist aber ~e Musik!** ¡esta música es demasiado [*o* de puta madre]!
Affenhaus *nt* <-es, -häuser> jaula *f* de monos; **Affenhitze** *f* <-, *ohne pl*> (*fam*) calor *m* infernal [*o* agobiante]; **es ist eine ~** hace un calor que se asan las sardinas; **Affenkäfig** *m* <-s, -e> jaula *f* de monos; **hier geht es zu wie im** [*o* **in einem**] **~** (*fam*) esto es una casa de locos; **hier stinkt es wie im** [*o* **in einem**] **~** (*fam*) aquí apesta como en una auténtica pocilga; **Affenliebe** *f* <-, *ohne pl*> amor *m* ciego; **mit wahrer ~** con verdadera locura; **Affenmensch** *m* <-en, -en> (BIOL) hombre-mono *m*, homínido *m*; **Affenschande** *f* <-, *ohne pl*>: **das ist eine ~!** (*fam*) ¡esto es una vergüenza!; **Affentempo** *nt* <-s, *ohne pl*> (*fam*) velocidad *f* loca; **in** [*o* **mit**] **einem ~** a toda mecha, como una bala; **Affentheater** *nt* <-s, *ohne pl* (*fam*) escándalo *m*; **er macht wegen jeder Kleinigkeit ein furchtbares ~** monta una escena increíble por cualquier tontería; **Affenzahn** *m* <-(e)s, *ohne pl*> (*fam fig*) *s.* **Affentempo**
Affiche [a'fɪʃə] *f* <-, -n> (*Schweiz: Plakat*) cartel *m*
Affidavit [afi'daːvɪt] *nt* <-s, -s> (FIN, JUR) afidávit *m*
affig *adj* (*fam*) afectado, ridículo; **dieser ~e Typ mit seiner Fliege!** ¡qué cursi está ese tío con la pajarita!
Äffin *f* <-, -nen> mona *f*
Affinität [afini'tɛːt] *f* <-, -en> (*geh*) afinidad *f*
affirmativ [afɪrma'tiːf] *adj* afirmativo
Affront [a'frõ] *m* <-s, -s> (*geh*) afrenta *f* (*gegen* para), ofensa *f* (*gegen* a/para)
Afghane[1] [afˈgaːnə] *m* <-n, -n> (ZOOL) (perro *m*) afgano *m*
Afghane, -in[2] [afˈgaːnə] *m*, *f* <-n, -n; -, -nen> (*Person*) afgano, -a *m*, *f*
afghanisch *adj* afgano
Afghanistan [afˈgaːnɪstaːn] *nt* <-s> Afganistán *m*
Aflatoxin *nt* <-s, -e> (MED) aflatoxina *f*
Afrika ['aːfrika] *nt* <-s> África *f*
Afrikaans [afriˈkaːns] *nt* <-, *ohne pl*> (*Sprache*) afrikaans *m*
Afrikaner(in) [afriˈkaːnɐ] *m(f)* <-s, -; -, -nen> africano, -a *m*, *f*
afrikanisch *adj* africano
Afroamerikaner(in) [ˈaːfroʔameriˈkaːnɐ] *m(f)* <-s, -; -, -nen> afroamericano, -a *m*, *f*
afroamerikanisch *adj* afroamericano
Afrolook *m* <-s, *ohne pl*> afro-look *m*
After ['aftɐ] *m* <-s, -> (ANAT) ano *m*
Aftershave [aːftɐˈʃɛɪf] *nt* <-(s), -s>, **Aftershavelotion**^RR *f* <-, -s>, **After-Shave-Lotion**^RR *f* <-, -s> loción *f* para después del afeitado, aftershave *m*
Ag (CHEM) *Abk. von* Argentum Ag
AG [aːˈgeː] *f* <-, -(s)> ❶ *Abk. von* Aktiengesellschaft S.A. *f* ❷ *Abk. von* Arbeitsgruppe grupo *m* de trabajo ❸ *Abk. von* Arbeitsgemeinschaft cooperativa *f* laboral
Ägäis [ɛˈgɛːɪs] *f* Egeo *m*
Agar-Agar ['aː(ː)gaːʔaˈ(ː)gaːɐ] *m o nt* <-s, *ohne pl*> Agar-Agar *m*
Agave [aˈgaːvə] *f* <-, -n> (BOT) agave *m o f*, pita *f*, maguey *m Am*, metl *m Mex*
Agent(in) [aˈgɛnt] *m(f)* <-en, -en; -, -nen> agente *mf*; (*Spion*) espía *mf*
Agentenmarke *f* <-, -n> placa *f* de agente; **Agentenring** *m* <-(e)s, -e> red *f* de agentes; **Agententätigkeit** *f* <-, -en> actividad *f* como agente, espionaje *m*
Agentin *f* <-, -nen> *s.* **Agent**
Agent provocateur [aˈʒɑ̃ provokaˈtøːɐ] *m* <- -, -s -s> (JUR), **Agent Provocateur**^RR *m* <- -, -s -s> (JUR) agente *m* provocador
Agentur *f* <-, -en> agencia *f*
Agenturbericht *m* <-(e)s, -e>, **Agenturmeldung** *f* <-, -en> información *f* de agencia; **Agenturvereinbarung** *f* <-, -en> convenio *m* de agencia; **Agenturvertrag** *m* <-(e)s, -träge> contrato *m* de agencia
Agglomerat *nt* <-(e)s, -e> (GEO) aglomerado *m*
Agglomeration [aglomeraˈtsjoːn] *f* <-, -en> ❶ (*geh: Anhäufung*) aglomeración *f* ❷ (*Schweiz: Ballungsraum*) aglomeración *f* urbana
Aggregat [agreˈgaːt] *nt* <-(e)s, -e> ❶ (TECH) grupo *m* ❷ (WIRTSCH) agregado *m*
Aggregation [agregaˈtsjoːn] *f* <-, -en> ❶ (*Anhäufung*) agrupamiento *m* ❷ (CHEM) agregación *f*
Aggregationsfähigkeit *f* <-, *ohne pl*> (WIRTSCH) capacidad *f* de agregación
Aggregatzustand *m* <-(e)s, -stände> (CHEM) estado *m* de agregación; **flüssiger/fester/gasförmiger ~** estado de agregación líquido/sólido/gaseoso
Aggression [agrɛˈsjoːn] *f* <-, -en> ❶ (*Angriff*) agresión *f* ❷ (*Angriffslust*) agresividad *f*, comportamiento *m* agresivo
Aggressionsstau *m* <-s, -s *o* -e> (PSYCH) agresividad *f* acumulada
aggressiv *adj* ❶ (*streitsüchtig*) agresivo ❷ (*zerstörend*) corrosivo; **~e Substanzen** sustancias corrosivas
Aggressivität[1] *f* <-, *ohne pl*> (PSYCH) agresividad *f*

Aggressivität[2] *f* <-, -en> (*aggressive Handlung*) agresión *f*, ataque *m*
Aggressor [aˈgrɛsoːɐ] *m* <-s, -en> (JUR, POL) agresor *m*, país *m* agresor
agieren* [aˈgiːrən] *vi* actuar (*als* de/como)
agil [aˈgiːl] *adj* ágil; (*geschickt*) mañoso
Agio [ˈaːdʒo] *nt* <-s, -s *o* Agien> (FIN) agio *m*; ~ **auf Anteilen/Darlehen** agio por títulos de participación/por préstamo
Agio-Rücklage *f* <-, -n> (FIN) reserva *f* de agios
Agitation [agitaˈtsjoːn] *f* <-, -en> (POL) agitación *f* (política), propaganda *f*; ~ **treiben** provocar [*o* agitar] los ánimos
Agitator(in) [agiˈtaːtoːɐ] *m(f)* <-s, -en; -, -nen> (POL) agitador(a) *m(f)*, demagogo, -a *m*, *f*
agitatorisch [agitaˈtoːrɪʃ] *adj* (POL) agitador, demagógico
agitieren* *vi* (POL) hacer propaganda (*für* a favor de, *gegen* contra)
Agnat *m* <-en, -en> (JUR) agnado *m*
Agnostiker(in) *m(f)* <-s, -; -, -nen> agnóstico, -a *m*, *f*
Agnostizismus *m* <-, ohne *pl*> (PHILOS) agnosticismo *m*
Agonie [agoˈniː] *f* <-, -n> (*geh. a.* MED) agonía *f*
Agrarfläche [aˈgraːɐ-] *f* <-, -n> área *f* agrícola; **Agrarfonds** [aˈgraːɐfõː] *m* <-, -> fondo *m* agrario; **Agrarforstwirtschaft** *f* <-, ohne *pl*> silvicultura *f* agraria; **Agrargesellschaft** *f* <-, -en> sociedad *f* agraria; **Agrarhandel** *m* <-s, ohne *pl*> comercio *m* agrario; **Agrarklimatologie** *f* <-, ohne *pl*> climatología *f* agraria
Agrarland[1] *nt* <-(e)s, -länder> (*Agrarstaat*) país *m* agrícola
Agrarland[2] *nt* <-(e)s, ohne *pl*> (*landwirtschaftliche Nutzfläche*) terreno *m* agrícola
Agrarmarkt *m* <-(e)s, -märkte> mercado *m* de productos agrarios
Agrarmarktordnung *f* <-, -en> organización *f* del mercado agrario; **Agrarmarktrecht** *nt* <-(e)s, ohne *pl*> derecho *m* regulador del mercado agrario
Agrarminister(in) *m(f)* <-s, -; -, -nen> ministro, -a *m*, *f* de agricultura; **Agrarökonom(in)** *m(f)* <-en, -en; -, -nen> economista *mf* agrario, -a; **Agrarökosystem** *nt* <-s, -e> ecosistema *m* agrario; **Agrarpolitik** *f* <-, ohne *pl*> política *f* agraria; **Gemeinsame** ~ (EU) Política agraria común; **Agrarrecht** *nt* <-(e)s, ohne *pl*> derecho *m* agrario; **Agrarreform** *f* <-, -en> reforma *f* agraria; **Agrarsektor** *m* <-s, -en> (WIRTSCH) sector *m* agrícola; **Agrarstaat** *m* <-(e)s, -en> estado *m* agrícola [*o* agrario]; **Agrarsubvention** *f* <-, -en> (WIRTSCH) subvención *f* agraria; **Agrarüberschuss**[RR] *m* <-es, -schüsse> (WIRTSCH) excedente *m* agrícola; **Agrarwirtschaft** *f* <-, ohne *pl*> economía *f* agrícola [*o* agraria]; **Agrarwissenschaft** *f* <-, -en> (AGR) agronomía *f*
Agrochemie [agroçeˈmiː] *f* <-, ohne *pl*> agroquímica *f*
Agronom(in) *m(f)* <-en, -en; -, -nen> (ingeniero, -a *m*, *f*) agrónomo, -a *m*, *f*
Agronomie *f* <-, ohne *pl*> agronomía *f*
agronomisch *adj* agronómico
Ägypten [ɛˈgʏptən] *nt* <-s> Egipto *m*
Ägypter(in) *m(f)* <-s, -; -, -nen> egipcio, -a *m*, *f*
ägyptisch *adj* egipcio
Ägyptologie *f* <-, ohne *pl*> egiptología *f*
ah *interj* ¡ah!, ¡oh!
Ah *Abk. von* **Amperestunde** Ah
äh [ɛː, ɛ] *interj* ❶ (*Pausenfüller*) ¡eh!, ¡hum!; ~, **was ich noch sagen wollte ...** esto..., lo que quería decir es que...; ~, **lass mich mal nachdenken** hum, déjame que piense
❷ (*Ausdruck von Ekel*) ¡puaj!; ~, **was stinkt das hier!** ¡puaj, qué [*o* vaya] peste!
aha [aˈha(ː)] *interj* ¡ajá!, ¡ya!; ~, **so geht das!** ¡ajá!, así funciona
Aha-Erlebnis *nt* <-ses, -se> (PSYCH) revelación *f*, descubrimiento *m*
ahd. *Abk. von* **althochdeutsch** a.a.a., antiguo alto alemán
Ahle [ˈaːlə] *f* <-, -n> lezna *f*
ahnden [ˈaːndən] *vt* castigar, sancionar
ähneln [ˈɛːnəln] *vi*: **jdm** ~ parecerse a alguien, (a)semejarse a alguien; **der Mutter** ~ haber salido a la madre
ahnen [ˈaːnən] *vt* ❶ (*voraussehen*) prever; (*vorausfühlen*) presentir, barruntar; **nichts Böses** ~ no presentir nada malo
❷ (*vermuten*) sospechar, figurarse; (*schwach erkennen*) vislumbrar, divisar; **nichts** ~**d** ingenuo; **sie lachten nichts** ~**d** se reían sin sospechar nada; **so etwas habe ich doch geahnt** ya me figuraba algo semejante; **du ahnst es nicht!** (*fam*) ¡ni te lo imaginas!, ¡no puedes imaginar!
Ahnen *mpl* abuelos *mpl*, antepasados *mpl*
Ahnenforschung *f* <-, -en> genealogía *f*; **Ahnengalerie** *f* <-, -n> galería *f* de antepasados; **Ahnengemälde** *nt* <-s, -> retrato *m* de un antepasado; **Ahnenreihe** *f* <-, -n> línea *f* genealógica; **Ahnentafel** *f* <-, -n> tabla *f* genealógica
ähnlich [ˈɛːnlɪç] *adj* parecido, semejante; **bei** ~**er Gelegenheit** en semejantes circunstancias; **du bist ihm** ~ te pareces a él; **das sieht ihm** ~ (*fig*) ¡seguro que es una de las suyas!, esto lleva su firma
Ähnlichkeit *f* <-, -en> semejanza *f*, parecido *m*; **mit jdm/etw große** ~ **haben** tener mucho parecido con alguien/algo

Ahnung *f* <-, -en> ❶ (*Vorgefühl*) presentimiento *m*, corazonada *f*; **ich habe so eine** ~, **als ob es heute passiert** tengo el presentimiento de que va a pasar hoy
❷ (*Wissen*) idea *f*; **keine** ~ **von etw haben** no tener ni idea de algo; **keine** ~**!** ¡ni idea!; **hast du eine** ~, **wo ...?** ¿tienes idea de dónde...?
ahnungslos I. *adj* ❶ (*nichts ahnend*) desprevenido
❷ (*unwissend*) ignorante; **ich war völlig** ~ no tenía ni (la menor) idea, lo ignoraba por completo
II. *adv* (*nichts ahnend*) sin sospechar nada
Ahnungslose(r) *mf* <-n, -n; -n, -n> ignorante *mf* de su suerte, inocente *mf*; **o du** ~**r! du weißt noch nichts von deinem Glück!** ¡infeliz de ti, que no sabes lo que te espera!; **spiel nicht die** ~**!** ¡no te hagas la inocente!, ¡no finjas no saber nada!
Ahnungslosigkeit *f* <-, ohne *pl*> ❶ (*Arglosigkeit*) ignorancia *f*, inocencia *f*; **in völliger** ~ **gab sie ihre Zustimmung** sin sospechar nada en absoluto dio su consentimiento
❷ (*Unwissenheit*) ignorancia *f*, desconocimiento *m*; **die** ~ **einiger Bürger in politischen Angelegenheiten ist bedrückend** es preocupante el desconocimiento de parte de los ciudadanos en cuestiones políticas
ahoi [aˈhɔi] *interj* (NAUT) ¡hola!
Ahorn [ˈaːhɔrn] *m* <-s, -e> arce *m*
Ahornblatt *nt* <-(e)s, -blätter> hoja *f* de arce
Ähre [ˈɛːrə] *f* <-, -n> espiga *f*
Ährenfeld *nt* <-(e)s, -er> campo *m* de espigas
AIDA-Formel [aˈiːda-] *f* <-, -n> (PUBL) fórmula *f* AIDA
Aids [ɛits] *nt* <-, ohne *pl*> (MED) sida *m*, SIDA *m*
Aidserreger *m* <-s, -> (MED) agente *m* patógeno del SIDA; **Aidsforschung** *f* <-, ohne *pl*> investigación *f* antisida; **Aidshilfe** *f* <-, -n> ❶ (MED) ayuda *f* contra el SIDA ❷ (*Organisation*) organización *f* contra el SIDA
aidsinfiziert *adj* (MED) infectado del SIDA, seropositivo
Aidsinfizierte(r) *mf* <-n, -n; -n, -n> (MED) persona *f* infectada del SIDA [*o* infectada con el virus del SIDA]
aidskrank *adj* enfermo de sida, sidoso *abw*; **sie haben ein** ~**es Kind** su hijo padece sida
Aidskranke(r) *mf* <-n, -n; -n, -n> sidoso, -a *m*, *f*, enfermo, -a *m*, *f* de SIDA; **Aidstest** *m* <-(e)s, -e *o* -s> prueba *f* del SIDA; **Aidsübertragung** *f* <-, -en> infección *f* del SIDA; **Aidsvirus** *nt o m* <-, -viren> virus *m inv* del SIDA
Airbag [ˈɛɐbɛk] *m* <-s, -s> (AUTO) airbag *m*, bolsa *f* de aire
Airbus *m* <-ses, -se> (AERO) aerobús *m*
Ajatollah *m* <-(s), -s> (REL, POL) ayatollah *m*
AK (FIN) *Abk. von* **Aktienkapital** capital *m* en acciones
Akademie [akadeˈmiː] *f* <-, -n> academia *f*
Akademiker(in) [akaˈdeːmikɐ] *m(f)* <-s, -; -, -nen> titulado, -a *m*, *f* universitario, -a, académico, -a *m*, *f*, profesionista *mf Mex*
akademisch *adj* académico, universitario
Akademismus *m* <-, ohne *pl*> (KUNST) academicismo *m*
Akarizid [akariˈtsiːt] *nt* <-s, -e> acaricida *m*
Akazie [aˈkaːtsiə] *f* <-, -n> acacia *f*
Akklamation [aklamaˈtsjoːn] *f* <-, -en> (*geh. a. Schweiz, Österr*): **jdn per** [*o* **durch**] ~ **wählen** salir alguien elegido por aclamación
akklimatisieren* [aklimatiˈziːrən] *vr*: **sich** ~ aclimatarse (*an* a)
Akklimatisierung *f* <-, ohne *pl*> aclimatación *f* (*an* a)
Akkommodation *f* <-, -en> (MED) acomodación *f*
Akkord [aˈkɔrt] *m* <-(e)s, -e> ❶ (WIRTSCH) destajo *m*; **im** ~ **arbeiten** trabajar a destajo
❷ (MUS) acorde *m*
Akkordarbeit *f* <-, -en> (WIRTSCH) trabajo *m* a destajo; **Akkordarbeiter(in)** *m(f)* <-s, -; -, -nen> (WIRTSCH) trabajador(a) *m(f)* a destajo
Akkordeon [aˈkɔrdeɔn] *nt* <-s, -s> acordeón *m*
Akkordlohn *m* <-(e)s, -löhne> (WIRTSCH) salario *m* a destajo; ~ **erhalten** cobrar a destajo; **Akkordzuschlag** *m* <-(e)s, -schläge> (WIRTSCH) prima *f* por rendimiento
akkreditieren* [akrediˈtiːrən] *vt* ❶ (*Diplomaten, Journalisten*) acreditar
❷ (FIN) conceder [*o* dar] un crédito (a)
Akkreditierung *f* <-, -en> (POL) acreditación *f* (*bei* ante), credenciales *fpl* (*bei* ante)
Akkreditiv [akrediˈtiːf] *nt* <-s, -e> (COM, FIN) crédito *m* documentario, carta *f* de crédito; **widerrufliches** ~ carta *f* de crédito revocable; **unwiderrufliches** ~ crédito irrevocable; **ein** ~ **eröffnen/zurückziehen** abrir/anular un crédito (documentario)
Akkreditivauftraggeber(in) *m(f)* <-s, -; -, -nen> (COM, FIN) ordenante *mf*; **Akkreditivverfahren** *nt* <-s, -> (COM, FIN) operación *f* a crédito
Akku [ˈakuː] *m* <-s, -s> acumulador *m*
Akkumulation *f* <-, -en> (*a.* GEO, MED) acumulación *f*
Akkumulationseffekt *m* <-(e)s, -e> (WIRTSCH) efecto *m* acumulativo;

Akkumulationsmittel *nt* <-s, -> (WIRTSCH) medio *m* de acumulación
Akkumulator [akumuˈlaːtoːɐ] *m* <-s, -en> (TECH) acumulador *m*
akkumulieren* I. *vt* acumular
II. *vr*: **sich ~** acumularse
akkurat [akuˈraːt] *adj* (*sorgfältig*) meticuloso; (*genau*) exacto
Akkusationsprinzip *nt* <-s, *ohne pl*> (JUR) principio *m* de acusación
Akkusativ [ˈakuzatiːf] *m* <-s, -e> (LING) acusativo *m*
Akkusativobjekt *nt* <-(e)s, -e> (LING) complemento *m* directo
Akne [ˈaːknə] *f* <-, -n> (MED) acné *m*
Aknepustel *f* <-, -n> (MED) pústula *f* de acné
Akontozahlung [aˈkɔnto-] *f* <-, -en> (FIN) pago *m* a cuenta
AKP-Abkommen *nt* <-s, -> (POL) tratado *m* ACP; **AKP-Staaten** [aːkaːˈpeːʃtaːtən] *mpl* países *mpl* ACP (*África, Caribe y Pacífico*)
Akribie [akriˈbiː] *f* <-, *ohne pl*> (*geh*) meticulosidad *f*, minuciosidad *f*
akribisch [aˈkriːbɪʃ] *adj* (*geh*) meticuloso, minucioso
Akrobat(in) [akroˈbaːt] *m(f)* <-en, -en; -,-nen> acróbata *mf*
Akrobatik *f* <-, *ohne pl*> acrobacia *f*
akrobatisch *adj* acrobático
Akronym [akroˈnyːm] *nt* <-s, -e> (LING) sigla *f*, acrónimo *m*
Akt¹ [akt] *m* <-(e)s, -e> ❶ (*Handlung, Zeremonie*) acto *m*; **ein ~ der Verzweiflung** un acto de desesperación; **das ist doch kein ~** (*fam*) no es gran cosa
❷ (THEAT) acto *m*; **ein Schauspiel in fünf ~en** un drama en cinco actos
❸ (JUR) acción *f* judicial, actuación *f* judicial
❹ (KUNST) desnudo *m*
❺ (*im Zirkus*) prueba *f*, número *m*
❻ (*Geschlechts~*) acto *m* carnal
Akt² *m* <-(e)s, -en> (*Österr*) *s*. **Akte**
Aktaufnahme *f* <-, -n> (FOTO) foto(grafía) *f* de un desnudo; **Aktbild** *nt* <-(e)s, -er> (KUNST) desnudo *m*
Akte [ˈaktə] *f* <-, -n> (*Dokumentation*) acta *f*, actas *fpl*; (*in der Verwaltung*) dossier *m*, expediente *m*; **etw zu den ~n legen** (*fig*) dar carpetazo a algo
Aktenanforderung *f* <-, -en> (JUR) petición *f* de los autos; **Aktenauszug** *m* <-(e)s, -züge> (JUR) transcripción *f* de autos; **einen ~ machen** hacer una transcripción de autos; **Aktenbeiziehung** *f* <-, -en> (JUR) requerimiento *m* de los autos [*o* del expediente]; **Aktenberg** *m* <-(e)s, -e> montaña *f* de actas; **wir müssen diesen ~ endlich abarbeiten** tenemos que terminar de una vez con esta montaña de actas
Akteneinsicht *f* <-, -en> (JUR) vista *f* de (los) autos, instrucción *f* del proceso; **~ nehmen** oportunidad de vista de autos; **Akteneinsichtsrecht** *nt* <-(e)s, -e> (JUR) derecho *m* de vista de autos
Aktenexemplar *nt* <-s, -e> (JUR) copia *f* de los autos [*o* del expediente]; **Aktenkoffer** *m* <-s, -> maletín *m* (para documentos); **Aktenkopie** *f* <-, -n> copia *f* de expediente
aktenkundig *adj* que consta en acta [*o* en autos]
Aktenlage *f* <-, *ohne pl*>: **nach ~** por méritos; **Aktenmappe** *f* <-, -n> cartera *f* para documentos, portafolios *m inv*; **Aktennotiz** *f* <-, -en> apunte *m*, nota *f* de acta(s); **Aktenordner** *m* <-s, -> archivador *m*; **Aktenschrank** *m* <-(e)s, -schränke> (armario *m*) archivador *m*; **Aktentasche** *f* <-, -n> portafolios *m inv*, cartera *f*; **Aktenvermerk** *m* <-(e)s, -e> apunte *m*, nota *f* de un acta; (JUR) apud acta *f*; **Aktenvernichter** *m* <-s, -> máquina *f* destructora de documentos; **Aktenwidrigkeit** *f* <-, *ohne pl*> (JUR) infracción *f* de actas; **Aktenzeichen** *nt* <-s, -> número *m* de registro [*o* de referencia]
Aktfoto *nt* <-s, -s> foto *f* de desnudo; **Aktfotografie** *f* <-, *ohne pl*> fotografía *f* de desnudos
Aktie [ˈaktsjə] *f* <-, -n> (FIN, WIRTSCH) acción *f*; **an der Börse notierte ~n** acciones cotizadas en bolsa; **ausgegebene ~n** acciones emitidas; **gezeichnete ~** acción suscrita; **junge** [*o* **neue**] **~** acción nueva; **marktführende ~** acción líder en el mercado; **rückläufige ~n** títulos regresivos; **stimmberechtigte/stimmrechtlose ~** acción con/sin derecho a voto; **teilgedeckte ~** acción cubierta parcialmente; **überzeichnete ~** acción cubierta con exceso; **~n einziehen** rescatar acciones; **neue ~ zeichnen** suscribir acciones nuevas; **~n zuteilen** repartir acciones; **die ~ wurden heute mit** [*o* **zu**] **300 Pta gehandelt** las acciones se han cotizado hoy a 300 pts; **die ~n steigen/fallen** las acciones suben/bajan; **wie stehen die ~n?** (*fam*) ¿qué tal van las cosas?
Aktienagio *nt* <-s, -s *o* -agien> (FIN) prima *f* de emisión, agiotaje *m* de acciones; **Aktienaufgeld** *nt* <-(e)s, -er> (FIN) agio *m* por acciones; **Aktienausgabe** *f* <-, *ohne pl*> (FIN) emisión *f* de acciones; **Aktienbank** *f* <-, -en> (FIN) banco *m* de acciones; **Aktienbesitz** *m* <-es, *ohne pl*> (FIN) propiedad *f* en acciones; **wechselseitiger ~** propiedad recíproca en acciones; **Aktienbestand** *m* <-(e)s, -stände> (FIN) acciones *fpl* en cartera; **Aktienbeteiligung** *f* <-, -en> (FIN) participación *f* en acciones; **Aktienbezugsrecht** *nt* <-(e)s, -e> (FIN) derecho *m* preferencial [*o* de su(b)scripción], opción *f*; **Aktienbezugsschein** *m* <-(e)s, -e> (FIN) certificado *m* de su(b)scripción de acciones; **Aktienbörse** *f* <-, -n> (FIN) bolsa *f* de acciones; **Aktienbuch** *nt* <-(e)s, -bücher> (FIN) libro *m* de acciones, registro *m* de acciones
Aktienemission *f* <-, -en> (FIN) emisión *f* de acciones; **Aktienemissionsagio** *nt* <-s, -s *o* -agien> (FIN) comisión *f* por la emisión de acciones
Aktienfonds *m* <-, -> (FIN) fondo *m* de acciones; **Aktiengeschäft** *nt* <-(e)s, -e> (FIN) negociación *f* de acciones, compraventa *f* de acciones; **Aktiengesellschaft** *f* <-, -en> (WIRTSCH) sociedad *f* anónima
Aktiengesetz *nt* <-es, -e> (JUR) ley *f* sobre régimen jurídico de sociedades anónimas; **Aktienindex** *m* <-(es), -e *o* -indizes> (FIN) índice *m* de las cotizaciones de (las) acciones, indicador *m* financiero; **Aktienkapital** *nt* <-s, -e *o* -ien> (FIN) capital *m* accionario; **Aktienkauf** *m* <-(e)s, -käufe> (FIN) compra *f* de acciones; **~ mit Dividende** compra de acciones con dividendos; **Aktienkurs** *m* <-es, -e> (FIN) cotización *f* de (las) acciones; **Aktienmarkt** *m* <-(e)s, -märkte> (FIN) mercado *m* de acciones; **Aktienmehrheit** *f* <-, -en> (WIRTSCH) mayoría *f* de acciones; **Aktienminderheit** *f* <-, -en> (WIRTSCH) minoría *f* de acciones; **Aktiennotierung** *f* <-, -en> (WIRTSCH) cotización *f* de acciones; **Aktienpaket** *nt* <-(e)s, -e> (FIN) paquete *m* de acciones; **privater Verkauf eines ~s** venta particular de un paquete de acciones; **ein ~ abstoßen** deshacerse de un paquete de acciones; **ein ~ platzieren** colocar un paquete de acciones; **Aktienportefeuille** *nt* <-s, -s> (FIN) cartera *f* de acciones; **Aktienrecht** *nt* <-(e)s, *ohne pl*> (FIN) leyes *fpl* sobre las sociedades anónimas; **Aktienrendite** *f* <-, -n> (FIN) rentabilidad *f* de las acciones, rédito *m* de las acciones; **Aktienrückkauf** *m* <-(e)s, -käufe> (FIN) readquisición *f* de acciones; **Aktiensplitting** *nt* <-s, *ohne pl*> (FIN) fraccionamiento *f* de una acción; **Aktienstreuung** *f* <-, -en> (FIN) dispersión *f* de acciones; **Aktientermingeschäft** *nt* <-(e)s, -e> (FIN) operación *f* a plazo de acciones
Aktienübernahme *f* <-, -n> (FIN) adquisición *f* de acciones; **Aktienübernahmeangebot** *nt* <-(e)s, -e> (FIN) oferta *f* de adquisición de acciones
Aktienübertragung *f* <-, *ohne pl*> (FIN) transmisión *f* de acciones
Aktienzeichnung *f* <-, -en> (FIN) su(b)scripción *f* de acciones; **Aktienzeichnungsvertrag** *m* <-(e)s, -träge> (FIN) contrato *m* de su(b)scripción de acciones
Aktienzertifikat *nt* <-(e)s, -e> (FIN) certificado *m* de acciones; **~e verpfänden** empeñar certificados de acciones; **Aktienzuteilung** *f* <-, -en> (FIN) repartición *f* de acciones
Aktion [akˈtsjoːn] *f* <-, -en> ❶ (*Kampagne*) acción *f*; (COM) promoción *f*
❷ (*das Agieren*) acción *f*; **in ~ sein/treten** estar/entrar en acción
Aktionär(in) *m(f)* <-s, -e; -, -nen> accionista *mf*
Aktionärsbuch *nt* <-(e)s, -bücher> (COM, FIN) libro *m* del accionista; **Aktionärshauptversammlung** *f* <-, -en> asamblea *f* general de accionistas; **Einberufung der ~** convocación de la asamblea general de accionistas; **Aktionärsrecht** *nt* <-(e)s, -e> derechos *m* de accionista; **Aktionärsstimmrecht** *nt* <-(e)s, -e> (COM, FIN) derecho *m* de voto del accionista; **Aktionärsversammlung** *f* <-, -en> junta *f* de accionistas; **Aktionärsverzeichnis** *nt* <-ses, -se> registro *m* de accionistas
Aktionismus *m* <-, *ohne pl*> accionismo *m*
aktionsfähig *adj* ❶ (*Person*) en condiciones de actuar; **~ sein** estar capacitado [*o* ser apto] (para hacer algo); **alle noch halbwegs ~en Bürger wurden zum Volkssturm einberufen** fueron llamados a formar el frente popular todos los ciudadanos lo suficientemente aptos para ello; **ich bin noch voll ~, auch wenn ich schon 70 bin** todavía estoy en condiciones aunque tenga 70 años
❷ (MIL: *Gerät*) útil; **beim Angriff fielen ihnen ~e Geschütze in die Hände** en el ataque cayó artillería útil [*o* en buen estado] en sus manos
Aktionskomitee *nt* <-s, -s> comité *m* de acción, delegación *f* de acción; **Aktionspreis** *m* <-es, -e> precio *m* de acción; **Aktionsradius** *m* <-, -radien> radio *m* de acción
aktionsunfähig *adj* ❶ (*Person*) incapaz de actuar, incapacitado para actuar; **~ sein** no estar en condiciones (de hacer algo), no estar capacitado [*o* no ser apto] (para hacer algo), estar impedido
❷ (MIL: *Gerät*) inútil; **etw ~ machen** inutilizar algo
aktiv [akˈtiːf] *adj* ❶ (*a*. LING, INFOR) activo; **~es Fenster** (INFOR) ventana activa; **sexuell/politisch ~** sexualmente/políticamente activo; **schwach ~** poco activo; **sich ~ an etw beteiligen** participar activamente en algo
❷ (MIL) en activo
❸ (FIN) en activo; **~e Dollarbilanz** balanza excedentaria del dólar; **~e Zahlungsbilanz** balanza de pagos excedentaria
Aktiv [ˈaktiːf] *nt* <-s, *ohne pl*> (LING) voz *f* activa
Aktiva [akˈtiːva] *pl* (FIN, WIRTSCH) activo *m*
Aktive(r) *mf* <-n, -n; -, -n> (SPORT) deportista *mf* en activo
Aktivgeschäft *nt* <-(e)s, -e> (WIRTSCH) operación *f* activa
aktivieren* [aktiˈviːrən] *vt* ❶ (*mobilisieren*) activar, avivar
❷ (CHEM, INFOR) activar
Aktivierung *f* <-, -en> ❶ (*Mobilisierung*) activación *f*, avivamiento *m*

❷ (CHEM) activación *f*
aktivierungsfähig *adj* (WIRTSCH) apto para la inclusión en el activo
Aktivierungsfähigkeit *f* <-, *ohne pl*> (WIRTSCH) aptitud *f* para la inclusión en el activo; **Aktivierungspflicht** *f* <-, *ohne pl*> (WIRTSCH, JUR) obligación *f* de inclusión en el activo; **Aktivierungsverbot** *nt* <-(e)s, -e> (WIRTSCH, JUR) prohibición *f* de inclusión en el activo
Aktivist(in) *m(f)* <-en, -en; -, -nen> activista *mf*
Aktivität *f* <-, -en> actividad *f*
Aktivitätsvorbehalt *m* <-(e)s, -e> (WIRTSCH, JUR) reserva *f* de actividad
Aktivkohle *f* <-, *ohne pl*> (CHEM) carbón *m* activo [*o* de uso enológico]; **Aktivkonto** *nt* <-s, -konten> (FIN, WIRTSCH) cuenta *f* de activo; **Aktivlegitimation** *f* <-, -en> (FIN, JUR) legitimación *f* activa; **mangelnde ~ legitimación activa insuficiente; ~ für Nichtigkeitsklagen** legitimación activa para ejercitar acciones de nulidad; **Aktivposten** *m* <-s, -> (FIN, WIRTSCH) activo *m*; **leicht realisierbarer ~** partida de activo fácilmente liquidable; **Aktivprozess**[RR] *m* <-es, -e> (JUR) proceso *m* activo; **Aktivsaldo** *m* <-s, -salden *o* -s> (FIN, WIRTSCH) saldo *m* acreedor [*o* activo]; **~ im Waren- und Dienstleistungsverkehr** saldo activo en el intercambio de bienes y servicios; **ein ~ aufweisen** registrar un saldo activo [*o* acreedor]; **Aktivschuld** *f* <-, -en> (FIN, WIRTSCH) cuenta *f* acreedora; **Aktivurlaub** *m* <-(e)s, -e> vacaciones *fpl* activas; **Aktivvermögen** *nt* <-s, *ohne pl*> (FIN, WIRTSCH) activo *m*, masa *f* activa; **Aktivzins** *m* <-es, -en> (FIN) interés *m* acreedor
Aktmalerei[1] *f* <-, *ohne pl*> (*Kunst*) pintura *f* de desnudos
Aktmalerei[2] *f* <-, -en> (*Bild*) desnudo *m*
Aktmodell *nt* <-s, -e> (KUNST) modelo *mf* (*para pintar desnudos*)
aktualisieren* [aktuali'ziːrən] *vt* actualizar
Aktualisierung *f* <-, -en> actualización *f*
Aktualität [aktuali'tɛːt] *f* <-, *ohne pl*> actualidad *f*; **etw gewinnt/verliert an ~** algo gana/pierde actualidad
Aktuar(in) [aktu'aːɐ] *m(f)* <-s, -e; -, -nen> (*Schweiz: Schriftführer*) secretario, -a *m, f*
aktuell [aktu'ɛl] *adj* actual, de actualidad
Aktzeichnung *f* <-, -en> (KUNST) desnudo *m*
Akupressur [akuprɛ'suːɐ] *f* <-, -en> (MED) acupresión *f*
Akupunkteur(in) [akupʊŋk'tøːɐ, *pl*: akupʊŋk'tøːrə] *m(f)* <-s, -e; -, -nen> (MED) (médico, -a *m, f*) acupuntor(a) *m(f)*
akupunktieren* [akupʊŋk'tiːrən] *vi, vt* hacer acupuntura (a)
Akupunktur [akupʊŋk'tuːɐ] *f* <-, -en> (MED) acupuntura *f*
Akupunkturpunkt *m* <-(e)s, -e> (MED) punto *m* de acupuntura
Akustik [a'kʊstɪk] *f* <-, *ohne pl*> (*a.* PHYS) acústica *f*
Akustiker(in) *m(f)* <-s, -; -, -nen> acústico, -a *m, f*
Akustikkoppler *m* <-s, -> (TECH) acoplador *m* acústico
akustisch *adj* acústico; **ich habe dich rein ~ nicht verstanden** acústicamente no te he entendido
akut [a'kuːt] *adj* ❶ (*aktuell*) agudo; (*hochaktuell*) candente
❷ (MED) grave; (*konkrete Krankheit*) agudo
Akut *m* <-(e)s, -e> (LING) acento *m* agudo
AKW [aːkaːˈveː] *nt* <-(s), -(s)> *Abk. von* **Atomkraftwerk** central *f* nuclear
Akzent [ak'tsɛnt] *m* <-(e)s, -e> (*a.* LING) acento *m* (*auf* en); **den ~ auf etw legen** poner el acento en algo; **einen deutschen ~ haben** tener acento alemán; **~ setzen** (*fig*) marcar la pauta
akzentfrei *adj* sin acento; **eine Fremdsprache ~ sprechen** hablar un idioma extranjero sin acento
akzentuieren* *vt* (*geh*) acentuar
Akzept [ak'tsɛpt] *m* <-(e)s, -e> (FIN) letra *f* de cambio aceptada; **einen Wechsel mit ~ versehen** aceptar una letra
akzeptabel [aktsɛp'taːbəl] *adj* aceptable
Akzeptant [--'-] *m* <-en, -en> (FIN) aceptante *mf*
Akzeptanz [aktsɛp'tants] *f* <-, *ohne pl*> aceptación *f*
akzeptfähig *adj* (FIN) susceptible de la aceptación
Akzepthergabe *f* <-, -n> (FIN) entrega *f* de una letra al acepto
akzeptieren* *vt* aceptar
Akzeptkredit *m* <-(e)s, -e> (FIN) crédito *m* de [*o* contra] aceptación; **Akzeptkreditbank** *f* <-, -en> (FIN) banco *m* de crédito de aceptación
Akzeptverbot *nt* <-(e)s, -e> (JUR, FIN) prohibición *f* de aceptación; **Akzeptvertrag** *m* <-(e)s, -träge> (JUR, FIN) contrato *m* de aceptación; **Akzeptverweigerung** *f* <-, -en> (FIN) falta *f* de aceptación
Akzessorietät *f* <-, -en> (JUR) accesoriedad *f*; **der Hypothek** accesoriedad de la hipoteca; **beschränkte ~ der Teilnahme** accesoriedad limitada de participación
akzessorisch *adj* (JUR) accesorio
Al (CHEM) *Abk. von* **Aluminium** Al
AL *f Abk. von* **Alternative Liste** Lista *f* Alternativa (*coalición de partidos minoritarios progresistas*)
à la [ala] *adv* ❶ (GASTR) a la; **möchten Sie ~ carte speisen?** ¿desean comer a la carta?; **es gab Seezunge ~ meunière** había lenguado a la meunière

❷ (*nach jds Art*) al estilo de
Alabaster [ala'bastɐ] *m* <-s, -e> alabastro *m*
Alarm [a'larm] *m* <-(e)s, -e> alarma *f*, alerta *f*; **falscher** [*o* **blinder**] **~** falsa alarma; **~ auslösen** provocar alarma; **~ schlagen** (*a. fig*) tocar la alarma, dar la voz de alarma
Alarmanlage *f* <-, -n> sistema *m* de alarma, dispositivo *m* de alarma
alarmbereit *adj* en alerta; **die Feuerwehrleute müssen ständig ~ sein** los bomberos tienen que estar en alerta permanente
Alarmbereitschaft *f* <-, *ohne pl*> estado *m* de alerta; **in ~ sein** [*o* **stehen**] estar en (estado de) alerta; **Alarmglocke** *f* <-, -n> campana *f* de rebato, alarma *f* de rebato; **bei jdm geht die ~** (*fam*) a alguien se le enciende la luz de alarma
alarmieren* *vt* ❶ (*Feuerwehr, Polizei*) alarmar, avisar
❷ (*beunruhigen*) alarmar, inquietar; **heute habe ich ~de Neuigkeiten erfahren** hoy me he enterado de novedades alarmantes
Alarmsignal *nt* <-s, -e> señal *f* de alarma; **Alarmstufe** *f* <-, -n> grado *m* de alarma; **~ Rot** alerta roja; **Alarmübung** *f* <-, -en> simulacro *m* de emergencia; **Alarmvorrichtung** *f* <-, -en> dispositivo *m* de alarma; **Alarmzustand** *m* <-(e)s, -stände> estado *m* de alerta; **jdn in (den) ~ versetzen** poner a alguien en estado de alerta
Alaska [a'laska] *nt* <-s> Alaska *f*
Alaun [a'laʊn] *m* <-(e)s, -e> (CHEM) alumbre *m*
Alb [alp] *m* <-(e)s, -en> ❶ (*mythologische Figur*) espíritu subterráneo de la mitología alemana
❷ (*Nachtmahr*) fantasma *m* (nocturno)
❸ (*Alpdrücken*) pesadilla *f*
Albaner(in) [al'baːnɐ] *m(f)* <-s, -; -, -nen> albanés, -esa *m, f*
Albanien [al'baːniən] *nt* <-s> Albania *f*
albanisch *adj* albanés
Albatros ['albatrɔs] *m* <-, -se> (ZOOL) albatros *m inv*
Albdruck[RR] *m* <-(e)s, -drücke> *s.* **Alpdruck**
Alben *pl von* **Alb**, **Album**
Alberei [albə'raɪ] *f* <-, -en> tontería *f*, bobada *f*
albern[1] ['albɐn] *adj* (*abw*) tonto; (*kindisch*) pueril; **sich ~ benehmen** comportarse como un tonto, hacer el bobo; **sei nicht so ~!** ¡no seas bobo!
albern[2] *vi* (*abw*) tontear, hacer el bobo
Albernheit *f* <-, -en> (*abw*) sandez *f*, tontería *f*, embarrada *f Am*, pendejada *f Am*, zoncera *f Am*; (*kindisches Benehmen*) puerilidad *f*
Albino [al'biːno] *m* <-s, -s> albino *m*
Albtraum[RR] *m* <-(e)s, -träume> *s.* **Alptraum**
Album ['albʊm, *pl*: 'albən] *nt* <-s, Alben> álbum *m*
Alchemie [alçe'miː] *f* <-, *ohne pl*> alquimia *f*
Alchemist(in) *m(f)* <-en, -en; -, -nen> alquimista *mf*
Alchimie [alçi'miː] *f* <-, *ohne pl*> alquimia *f*
Alchimist(in) [alçi'mɪst] *m(f)* <-en, -en; -, -nen> alquimista *mf*
al dente [al'dɛnte] *adj* (GASTR) al dente; **die Spaghetti ~ kochen** cocer los espaguetis al dente
aleatorisch [alea'toːrɪʃ] *adj* (*geh*) aleatorio
Alemanne, -in [ale'manə] *m, f* <-n, -n; -, -nen> alemánico, -a *m, f*, alamán, -ana *m, f*
alemannisch [ale'manɪʃ] *adj* alemánico
Alfalfa [al'falfa] *f* <-, *ohne pl*> alfalfa *f*
Alge ['algə] *f* <-, -n> alga *f*
Algebra ['algebra] *f* <-, *ohne pl*> (MATH) álgebra *f*
algebraisch [--'--] *adj* (MATH) algebraico, algébrico
Algenbekämpfung *f* <-, -en> lucha *f* contra las algas; **Algenbekämpfungsmittel** *nt* <-s, -> alguicida *m*
Algenkunde *f* <-, *ohne pl*> alguicultivo *m*; **Algenpest** *f* <-, *ohne pl*> marea *f* de algas; **Algenwachstum** *nt* <-s, *ohne pl*> desarrollo *m* de las algas
Algerien [al'geːriən] *nt* <-s> Argelia *f*
Algerier(in) *m(f)* <-s, -; -, -nen> argelino, -a *m, f*
algerisch *adj* argelino
Algier ['alʒiːɐ] *nt* <-s> Argel *m*
Algizid [algi'tsiːt] *nt* <-s, -e> alguicida *m*
algorithmisch *adj* (MATH) algorítmico
Algorithmus [algo'rɪtmʊs] *m* <-, Algorithmen> (MATH, INFOR) algoritmo *m*
alias ['aːlias] *adv* alias
Alibi ['aːlibi] *nt* <-s, -s> coartada *f*; **er hat kein ~ für die Tatzeit** no tiene (ninguna) coartada para el momento de los hechos
Alibifrau *f* <-, -en> (*fam*) mujer cuya presencia sirve de coartada; **Alibifunktion** *f* <-, -en> (*fig*) coartada *f*
Alien ['ɛliən] *m* <-s, -s> alien *m*, extraterrestre *mf*
Alimente [ali'mɛntə] *pl* manutención *f*
Alimentenklage *f* <-, -n> (JUR) demanda *f* de alimentos; **Alimentenprozess**[RR] *m* <-es, -e> (JUR) juicio *f* de alimentos

alimentieren* [alimɛnˈtiːrən] vt financiar
aliquot [aliˈkvɔt] adj (MATH) alícuota; **~er Teil** parte alícuota
Aliudlieferung f <-, -en> (JUR) entrega f de género distinto
Alkali [alˈkaːli] nt <-s, -en> (CHEM) álcali m
Alkalinität [alkaliniˈtɛːt] f <-, ohne pl> (CHEM) alcalinidad f
alkalisch [alˈkaːlɪʃ] adj (CHEM) alcalino
Alkalisierung [alkaliˈziːrʊŋ] f <-, -en> (CHEM) alcalinización f
Alkalität [alkaliˈtɛːt] f <-, ohne pl> (CHEM) alcalicidad f
Alkaloid [alkaloˈiːt] nt <-(e)s, -e> (CHEM) alcaloide m
Alkohol [ˈalkohoːl] m <-s, -e> alcohol m; **reiner/vergällter ~** alcohol puro/desnaturalizado
alkoholarm adj bajo en alcohol
Alkoholdelirium nt <-s, -delirien> (MED) delirium m tremens; **Alkoholeinfluss**^RR m <-es, ohne pl>, **Alkoholeinwirkung** f <-, ohne pl> influencia f del alcohol, efectos mpl del alcohol; **unter ~ stehen** estar alcoholizado, estar bajo los efectos del alcohol; **Alkoholembryopathie** f <-, ohne pl> (MED) embriopatía f alcohólica; **Alkoholexzess**^RR m <-es, -e> exceso m alcohólico, dipsomanía f; **Alkoholfahne** f <-, -n> (fam) aliento m a vino, tufillo m a vino
alkoholfrei adj sin alcohol; **~es Bier** cerveza sin alcohol
Alkoholgegner(in) m(f) <-s, -; -, -nen> abstemio, -a m, f, antialcohólico, -a m, f; **er ist ein strikter ~** está absolutamente en contra del consumo de bebidas alcohólicas; **Alkoholgehalt** m <-(e)s, -e> graduación f alcohólica, grado m alcohólico; **Alkoholgenuss**^RR m <-es, ohne pl> consumo m de alcohol; **übermäßiger ~ schadet der Gesundheit** el abuso del alcohol perjudica la salud
alkoholhaltig adj alcohólico
Alkoholika [alkoˈhoːlika] pl bebidas fpl alcohólicas
Alkoholiker(in) [alkoˈhoːlike] m(f) <-s, -; -, -nen> alcohólico, -a m, f
alkoholisch [--ˈ--] adj alcohólico; **~e Getränke** bebidas alcohólicas
alkoholisiert adj alcoholizado; **in ~em Zustand** bajo los efectos del alcohol
Alkoholismus m <-, ohne pl> alcoholismo m
Alkoholkonsum m <-s, ohne pl> consumo m de alcohol [o de bebidas alcohólicas]
alkoholkrank adj alcoholizado, alcohólico
Alkoholmessgerät^RR nt <-(e)s, -e> alcoholímetro m; **Alkoholmissbrauch**^RR m <-(e)s, ohne pl> abuso m del alcohol; **Alkoholpegel** m <-s, -> nivel m de alcoholemia; **mit diesem ~ solltest du nicht mehr Auto fahren** con todo el alcohol que has tomado no deberías conducir; **Alkoholspiegel** m <-s, -> nivel m de alcohol en la sangre; **Alkoholsteuer** f <-, -n> impuesto m sobre el alcohol
alkoholsüchtig adj alcohólico, adicto al alcohol; **~ sein** estar alcoholizado
Alkoholsüchtige(r) mf <-n, -n; -n, -n> alcohólico, -a m, f; **Alkoholsünder(in)** m(f) <-s, -; -, -nen> (fam) conductor o conductora imprudente por culpa del alcohol; **Alkoholtest** m <-(e)s, -s o -e> prueba f de alcoholemia; **einen ~ machen** someterse a una prueba de alcoholemia; **Alkoholunfall** m <-(e)s, -fälle> accidente m provocado por el abuso del alcohol; **Alkoholverbot** nt <-(e)s, -e> (JUR, POL) prohibición f de (consumición de) alcohol; **Alkoholvergiftung** f <-, -en> (MED) intoxicación f etílica; **Alkoholwirkung** f <-, -en> efecto m alcohólico
all [al] pron indef todo; **~ die Mühe** todo el esfuerzo; **nach ~ dem Geschehenen** después de todo lo sucedido; s. a. **alle(r, s)**
All [al] nt <-s, ohne pl> universo m, espacio m
allabendlich [alˈaːbəntlɪç] adj de cada tarde [o noche]
Allah [ˈala] m <-s, ohne pl> (REL) Alá m, Dios m; **zu ~ beten** rogar a Dios [o Alá]
allbekannt adj (bekannt) sabido (de todos), bien conocido; (berüchtigt) de mala fama; **eine ~e Tatsache** una cosa sabida; **es ist ~, dass er ein Hochstapler ist** es de todos sabido que es un estafador; **sie ist eine ~e Betrügerin** todo el mundo sabe que es una embaucadora
alle [ˈalə] adv (fam): **es ist ~** se acabó; **die Schokolade ist ~** no queda chocolate; **ich bin total ~** estoy hecho pedazos [o polvo]
alle(r, s) pron indef ❶ sg todo; **~s hat seine Grenzen** todo tiene su límite; **wer war ~s da?** ¿quiénes estaban?; **~s, was du willst** todo lo que quieras; **ist das ~s?** ¿nada más?, ¿eso es todo?; **~s in ~m** (insgesamt) en total; (kurzum) en resumen, resumiendo; **was es nicht ~s gibt!** ¡hay de todo en este mundo!; **~s auf einmal** todo de una vez; **~s Gute!** ¡mis mejores deseos!; **~s Mögliche** de todo; **mein Ein und A ~s** vida mía; **vor ~m** sobre [o ante] todo; **was soll das ~s?** ¿qué significa todo esto?; **in ~r Frühe** de madrugada, muy de mañana; **mit ~r Deutlichkeit** con toda claridad ❷ pl todos; **es waren ~ da** estaban todos; **~, die ... todos los que...; ~ auf einmal** todos a la vez; **seid ihr ~ da?** ¿estáis todos?; **~ beide/drei** los dos/tres; **~ zehn Minuten** cada diez minutos; **auf ~ Fälle** de todos modos, de todas las maneras; (so oder so) sea como sea; **für ~ Zeiten** para siempre, por los siglos de los siglos
all(e)dem I. pron todo (ello); **mit ~ möchte ich nichts zu tun haben**

no quisiera tener nada que ver con todo eso; **nach ~ will ich nichts mehr von ihm wissen** después de todo esto no quiero volver a saber nada más de él; **bei ~ frage ich mich, was das überhaupt soll** me pregunto qué es todo esto; **zu ~ kommt noch, dass ...** y a todo esto se añade además que...; **aus ~ werde ich nicht schlau** no me aclaro con todo esto; **sie will trotz ~ weitermachen** quiere continuar a pesar de todo
II. adv: **trotz ~** a pesar de todo
Allee [aˈleː, pl: aˈleːən] f <-, -n> avenida f, paseo m, carrera f Am
Allegorie [alegoˈriː] f <-, -n> (LIT) alegoría f
allegorisch adj (LIT) alegórico
Allegro [aˈleːgro] nt <-s, -s o Allegri> (MUS) alegro m
allein [aˈlaɪn] I. adj ❶ (getrennt, für sich) solo, a solas; **~ selig machend** (REL) salvador; (a. fig) verdadero; **die ~ selig machende Kirche ist nach dem Papst natürlich die katholische** la única iglesia verdadera según el Papa es, naturalmente, la Santa Iglesia Católica; **sie betrachtete die Worte ihres Mannes nicht mehr als ~ selig machend** dejó de considerar las palabras de su marido un dogma; **~ stehend** soltero; **eine ~ stehende Frau** una (mujer) soltera; **er war ~ im Zimmer** estaba solo en la habitación; **kann ich dich einen Augenblick ~ sprechen?** ¿te puedo hablar un momento a solas?
❷ (ohne Hilfe) solo; **meine Freundin ist ~ erziehend** mi amiga cría [o educa] sola a su(s) hijo(s); **er macht das ganz ~** lo hace completamente solo
❸ (einsam) solo; **ich bin so oft ~** estoy tantas veces solo
II. adv (nur) sólo, solamente; **du ~ bist schuld daran** sólo tú tienes la culpa; **nicht ~ ..., sondern auch ...** no sólo... sino también...; **einzig und ~** únicamente, única y exclusivamente; **~ die Arbeit ...** sólo el trabajo...; **schon die Vorstellung macht mir Angst** me da miedo sólo imaginarlo
III. konj (geh) pero, sin embargo
Alleinaktionär(in) m(f) <-s, -e; -, -nen> accionista mf único, -a; **Alleinauftrag** m <-(e)s, -träge> mandato m exclusivo; **Alleinbelieferungspflicht** f <-, ohne pl> (JUR) obligación f de suministro exclusivo; **Alleinberechtigung** f <-, ohne pl> exclusiva f, derecho m exclusivo
Alleinbezug m <-(e)s, -züge> suministro m exclusivo; **Alleinbezugsvertrag** m <-(e)s, -träge> (JUR) contrato m de suministro exclusivo
alleine [aˈlaɪnə] adj o adv (fam) s. **allein**
Alleineigentümer(in) m(f) <-s, -; -, -nen> propietario, -a m, f único, -a; **Alleinerbe, -in** m, f <-n, -n; -, -nen> heredero, -a m, f único, -a [o universal]
alleinerziehend adj s. **allein I.2.**
Alleinerziehende(r) mf <-n, -n; -n, -n> (Vater) padre m soltero; (Mutter) madre f soltera; **Alleingang** m <-(e)s, -gänge> (SPORT) incursión f a solas [o en solitario]; **im ~** a solas, en solitario; **Alleinherrschaft** f <-, ohne pl> autocracia f; **Alleinherrscher(in)** m(f) <-s, -; -, -nen> autócrata mf
alleinig adj solo, único; **der ~e Erbe** el único heredero
Alleinlebende(r) mf <-n, -n; -n, -n> persona f que vive sola; **Alleinlizenz** f <-, -en> (JUR) licencia f exclusiva; **Alleinsein** nt <-s, ohne pl> soledad f
alleinseligmachend adj s. **allein I.1.**
alleinstehend adj s. **allein I.1.**
Alleinstehende(r) mf <-n, -n; -n, -n> soltero, -a m, f
Alleintäter(in) m(f) <-s, -; -, -nen> (JUR) reo mf; **Alleinunterhalter(in)** m(f) <-s, -; -, -nen> animador, -a m(f); **Alleinverkaufsrecht** nt <-(e)s, -e> derecho m de venta exclusiva; **das ~ für etwas haben** tener el derecho de venta exclusiva sobre algo; **Alleinverschulden** nt <-s, ohne pl> (JUR) culpabilidad f exclusiva; **Alleinvertreter(in)** m(f) <-s, -; -, -nen> (WIRTSCH) representante mf único, -a
Alleinvertretung f <-, -en> (WIRTSCH) representación f en exclusividad; **unsere Agentur hat die ~ für diese Versicherungsgesellschaft** nuestra agencia representa en exclusividad a esta sociedad aseguradora; **Alleinvertretungsvertrag** m <-(e)s, -träge> (COM, JUR) contrato m de representación exclusiva
Alleinvertrieb m <-(e)s, ohne pl> (COM) distribución f exclusiva; **Alleinvertriebsabkommen** nt <-s, -> (COM, JUR) convenio m de distribución en exclusiva; **Alleinvertriebsrecht** nt <-(e)s, -e> derecho m de distribución en exclusiva; **das ~ für etw haben** (COM) tener el derecho de distribución en exclusiva sobre algo; **Alleinvertriebsvertrag** m <-(e)s, -träge> (COM, JUR) contrato m de distribución en exclusiva
alleluja [aleˈluːja] interj ¡aleluya!
allemal [ˈaləˈmaːl] adv siempre; **ein für ~ de una vez para siempre**
allenfalls [ˈalənfals] adv en el mejor de los casos, como máximo
allenthalben adv por todas partes, por doquier
allerbeste(r, s) [ˈalɐˈbɛstə, -tə, -təs] adj mejor (de todos); **meine**

allerdings

Freundin mi mejor amiga; **es wäre am ~n, wenn** ... lo mejor sería, si... +*subj*
allerdings ['alɐ'dɪŋs] *adv* ❶ (*einschränkend*) pero, no obstante ❷ (*bekräftigend*) naturalmente, claro que sí; **bist du selbst da gewesen? – ~!** ¿has estado en persona? – ¡ya lo creo!
allererste(r, s) ['--'--] *adj* primero (de todos)
allerfrühestens *adv* lo más pronto, como (muy) pronto; **der Brief kommt ~ morgen früh in Stuttgart an** la carta no llegará a Stuttgart hasta mañana por la mañana como pronto, la carta llegará lo más pronto mañana por la mañana a Stuttgart; **sie kann sich ~ um acht mit uns treffen** no puede quedar con nosotros hasta las ocho como muy pronto
allergen [alɛr'geːn] I. *adj* (MED) alérgeno; **eine ~e Substanz** una substancia alérgena
II. *adv* (MED) con efecto alérgeno; **einige chemische Substanzen wirken ~** algunas sustancias químicas tienen efectos alérgenos
Allergen [alɛr'geːn] *nt* <-s, -e> (MED) alérgeno *m*
Allergie [alɛr'giː] *f* <-, -n> (MED) alergia *f* (*gegen* a)
Allergietest *m* <-(e)s, -s> test *m* de alergia
Allergiker(in) [a'lɛrgikɐ] *m(f)* <-s, -; -, -nen> (MED) alérgico, -a *m, f*
allergisch *adj* alérgico; **gegen etw ~ sein** ser alérgico a algo; **auf jdn ~ reagieren** ser alérgico a alguien
Allergologe, -in [alɛrgo'loːgə] *m, f* <-n, -n; -, -nen> (MED) alergólogo, -a *m, f*
Allergologie *f* <-, *ohne pl*> (MED) alergología *f*
allerhand ['--'-] *adj inv* (*fam*) ❶ (*ziemlich viel*): **das ist ~ Geld** eso es bastante dinero
❷ (*allerlei*) de toda clase, de todo; **dort gab es ~ Leute** allí había gente de todo tipo
Allerheiligen [--'---] *nt* <-, *ohne pl*> (día *m* de) Todos los Santos
Allerheiligste(s) *nt* <-n, *ohne pl*> ❶ (REL) sanctasantórum *m*; (*Hostie*) Santísimo *m*
❷ (*fam: privater Raum*) aposentos *mpl*
allerhöchste(r, s) *adj superl von* **hoch** ❶ (*Höhe*) más alto, mayor; **Tom hat den ~n Turm gebaut** Tom ha construido la torre más alta de todas; **sie kann am ~n singen** es la que canta con el tono más alto de todas; **1995 wurde der ~ Umsatz seit Bestehen der Firma erzielt** en 1995 se alcanzaron los mayores beneficios desde que existe la empresa
❷ (*Rang*) más alto; **ein Politiker von ~m Rang** un político del más alto rango; **eine Angelegenheit von ~r Dringlichkeit** un asunto de la mayor urgencia; **es wird ~ Zeit, dass ...** ya es hora de que... +*subj*; **der A~** (REL) el Altísimo
allerlei ['alɐ'laɪ] *adj inv*: **~ Tiere** animales de todas clases; **es wird ~ geredet** se dice de todo
Allerlei *nt* <-s, -s> mezcolanza *f*; **Leipziger ~** (GASTR) revuelto de Leipzig (*plato de verdura mixta*)
allerletzte(r, s) ['--'--] *adj* último (de todos); **das ist das A~!** ¡esto es lo último!, ¡eso es lo que faltaba!; **das ist das ~ Bier für heute** de verdad que es la última cerveza por hoy
allerliebste(r, s) *adj* más querido, preferido; **mir wäre am ~n, wenn ...** lo que más me gustaría sería que...
Allerliebste(r) *mf* <-n, -n; -, -n> queridísimo, -a *m, f*; (*Geliebte(r)*) amado, -a *m, f*; **mir scheint, es ist seine ~** me parece que es su amor; **was tät ich nur ohne dich, du meine ~!** ¡qué haría yo sin ti, queridísima mía!
allermeiste(r, s) *adj*: **die ~n Menschen** la mayor parte [*o* la mayoría] de la gente; **am ~n** sobre todo; **das A~ ist fertig** la mayor parte está acabada
allernächste(r, s) *adj* ❶ (*zeitlich folgend*) próximo, siguiente; **in ~r Zukunft wollen wir heiraten** en un futuro próximo [*o* próximamente] pensamos casarnos; **als A~s werde ich umziehen** lo primero que voy a hacer es mudarme (de casa)
❷ (*örtlich nahe*) más próximo, más cercano; **ich stand der Unfallstelle am ~n** yo era quien se encontraba más próximo al lugar del accidente
❸ (*emotional nahe*): **ihre Tante steht ihr am ~n** su tía es la persona más próxima a ella
allerneu(e)ste(r, s) *adj* más nuevo; **auf dem ~n Stand sein** estar (muy) al día
Allerseelen [--'---] *nt* <-, *ohne pl*> día *m* de Difuntos
allerseits ['alɐ'zaɪts] *adv* (*von allen*) por [*o* de] todo el mundo; **guten Abend ~!** ¡buenas tardes a todo el mundo!
allerspätestens ['-'---] *adv* a más tardar, como tarde
Allerweltsausdruck ['-'---] *m* <-(e)s, -drücke> (*fam abw*) comodín *m*, expresión *f* trillada; **Allerweltskerl** ['-'---] *m* <-s, -e> (*fam*) manitas *m inv*
allerwenigste(r, s) ['-'---] *adj* la minoría de; **die ~n Menschen wissen, dass ...** la minoría de la gente sabe que..., sólo pocos saben que...; **das ist doch das A~** eso es lo mínimo
allerwenigstens ['alɐ'veːnɪçstəns] *adv* ❶ (*zumindest*) al menos

❷ (*mindestens*) como mínimo, por lo menos
Allerwerteste(r) ['--'---] *m* <-n, -n> (*fam iron*) trasero *m*, posaderas *fpl*
allesamt ['--'-] *adv* todos juntos, todos sin excepción
Allesfresser ['---] *m* <-s, -> (ZOOL) omnívoro *m*; **Alleskleber** ['----] *m* <-s, -> adhesivo *m* multiuso, pegamento *m* universal, pegalotodo *m fam*; **Allesswisser(in)** *m(f)* <-s, -; -, -nen> (*abw*) sabelotodo *mf*, sabihondo, -a *m, f*
allfällig ['alfɛlɪç, al'fɛlɪç] *adj* (*Schweiz*) eventual, ocasional; **am Wochenende erledigte er ~e Besorgungen** el fin de semana realizaba eventuales compras
allg. *Abk. von* **allgemein** general
Allgäu ['algɔy] *nt* <-s> Algoia *f*
Allgefahrendeckung *f* <-, -en> (JUR) cobertura *f* contra todo riesgo
allgegenwärtig ['-----] *adj* omnipresente, ubicuo
allgemein ['algə'maɪn] I. *adj* ❶ (*Kenntnisse*) general
❷ (*alle betreffend*) universal, público; (*allen gemeinsam*) común; **dies stößt auf ~e Ablehnung** eso choca con el rechazo general; **im A~en** en [*o* por lo] general; **A~e Ortskrankenkassen** Seguro médico público; **A~es Zoll- und Handelsabkommen** (WIRTSCH) Acuerdo General sobre aranceles y comercio
II. *adv* en general; **~ bildend** de formación universal, de cultura general; **~ bildende Schulen** colegios de formación universal; (*ganz*) **~ gesprochen** hablando en general; **~ gültig** universal; **~ üblich/verbreitet** generalizado; **~ verständlich** comprensible para todos; **es ist ~ bekannt, dass ...** es de todos sabido que...
Allgemeinarzt, -ärztin *m, f* <-es, -ärzte; -, -nen> (MED) médico, -a *m, f* general; **Allgemeinbefinden** [--'----] *nt* <-s, *ohne pl*> (MED) estado *m* de salud
allgemeinbildend [--'----] *adj s.* **allgemein** II.
Allgemeinbildung [--'----] *f* <-, *ohne pl*> cultura *f* general
allgemeingültig [--'----] *adj s.* **allgemein** II.
Allgemeingültigkeit *f* <-, *ohne pl*> universalidad *f*, validez *f* universal; **firmeninterne Regelungen besitzen keine ~** las disposiciones internas de una empresa carecen de validez general
Allgemeingut *nt* <-(s), *ohne pl*> patrimonio *m* común, bien *m* común; (**zum**) **~ werden** generalizarse; **viele Anglizismen sind inzwischen** [*o* gehören inzwischen zum] **~** entretanto se han incorporado muchos anglicismos a la lengua común
Allgemeinheit [--'----] *f* <-, *ohne pl*> público *m*, opinión *f* pública; **im Interesse der ~** para el interés general
Allgemeinkundigkeit *f* <-, *ohne pl*> (JUR) notoriedad *f* de hecho
Allgemeinmedizin [--'----] *f* <-, *ohne pl*> medicina *f* general; **Allgemeinmediziner(in)** *m(f)* <-s, -; -, -nen> (MED) médico, -a *m, f* general
Allgemeinverbindlichkeit *f* <-, *ohne pl*> (JUR) eficacia *f* general; **Allgemeinverbindlichkeitserklärung** *f* <-, -en> (JUR) declaración *f* de eficacia general
Allgemeinverfügung *f* <-, -en> (JUR) disposición *f* general
allgemeinverständlich [--'----] *adj s.* **allgemein** II.
Allgemeinwissen *nt* <-s, *ohne pl*> conocimientos *mpl* generales; **Allgemeinwohl** [--'----] *nt* <-(e)s, *ohne pl*> bienestar *m* público; **Allgemeinzustand** *m* <-(e)s, *ohne pl* (*a.* MED) estado *m* general; **ihr ~ hat sich verschlechtert** su estado general ha empeorado
Allheilmittel [al'haɪl-] *nt* <-s, -> panacea *f*, curalotodo *m fam*
Allianz [ali'an(t)s] *f* <-, -en> alianza *f*
Alligator [ali'gaːtoːɐ] *m* <-s, -en> aligator *m*, caimán *m*
alliiert [ali'iːɐt] *adj* aliado
Alliierte(r) *mf* <-n, -n; -, -n> aliado, -a *m, f*; **die ~n** (HIST, POL) los aliados
Alliteration [alitera'tsjoːn] *f* <-, -en> (LIT) aliteración *f*
alljährlich ['--'--] I. *adj* de todos los años, anual
II. *adv* todos los años, cada año
Allmacht *f* <-, *ohne pl*> omnipotencia *f*
allmächtig [-'--] *adj* omnipotente; **~er Gott!** (*fam*) ¡Dios mío!, ¡válgame Dios!
Allmächtige(r) [al'mɛçtɪɡə, al'mɛçtɪɡɐ] *m* <-n, *ohne pl*>: **der ~** el Todopoderoso, Dios Omnipotente; **~r!** ¡Dios mío!, ¡Dios todopoderoso!
allmählich [al'mɛːlɪç] I. *adj* paulatino
II. *adv* poco a poco; **es wird ~ hell** poco a poco va amaneciendo; **es wird ~ Zeit!** (*iron*) ¡ya va siendo hora!
Allmende [al'mɛndə] *f* <-, -n> ≈dula *f*
allmonatlich [-'---] I. *adj* mensual, de todos los meses
II. *adv* todos los meses, cada mes
allmorgendlich ['-'---] I. *adj* de todas las mañanas
II. *adv* cada mañana, todas las mañanas
allnächtlich ['alnɛçtlɪç] I. *adj* de cada noche; **~e Ruhestörungen** ruidos nocturnos continuados; **Asthmatiker werden oft von ~en Erstickungsanfällen gequält** muchos asmáticos sufren de ahogos todas las noches
II. *adv* cada noche, todas las noches

allochthon *adj* (GEO) alóctono
Allogamie [aloga'mi:] *f* <-, -n> (BOT) alogamia *f*
Allokationskartell *nt* <-s, -e> (WIRTSCH) cartel *m* de asignación de recursos
allokieren* [alo'ki:rən] *vt* (INFOR) asignar
Allonge [a'lõ:ʒə] *f* <, n> (WIRTSCH: *Wechsel*) coleta *f*, adición *f*
Allphasen-Brutto-Umsatzsteuer *f* <-, -n> (WIRTSCH) impuesto *m* en cascada [*o* plurifásico] obre el volumen bruto de ventas; **Allphasen--Netto-Umsatzsteuer** *f* <-, -n> (WIRTSCH) impuesto *m* en cascada [*o* plurifásico] sobre el volumen neto de ventas
Allradantrieb ['----] *m* <-(e)s, -e> (AUTO) tracción *f* a las cuatro ruedas
Allroundkünstler(in) ['ɔ:l'raʊnd'kʏnstlɐ] *m(f)* <-s, -; -, -nen> artista *mf* polifacético, -a; **er tanzt, singt und schauspielert – ein richtiger ~** canta, baila e interpreta – un artista verdaderamente completo [*o* polifacético]
allseitig ['alzaɪtɪç] *adj* universal, general; **zur ~en Zufriedenheit** para satisfacción general
allseits *adv* (*überall*) en todas partes; (*bei allen*) de [*o* por] todo el mundo; **er ist ~ beliebt** es apreciado por todo el mundo
Alltag ['alta:k] *m* <-(e)s, ohne pl> ❶ (*Tagesablauf*) vida *f* cotidiana, día *m* (normal)
❷ (*geh: tägliches Einerlei*) vida *f* cotidiana; (*Routine*) rutina *f* (diaria)
alltäglich ['-'--] *adj* ❶ (*jeden Tag*) diario, de cada día
❷ (*gewöhnlich*) banal, trivial; **das ist etw ganz A~es** es algo muy trivial
alltags ['--] *adv* cotidianamente, en días laborables
Alltagskleidung *f* <-, -en> ropa *f* de diario; **Alltagsleben** *nt* <-s, ohne pl> vida *f* diaria [*o* cotidiana]
allumfassend ['--'--] *adj* (*geh*) universal
Allüren [a'ly:rən] *pl* caprichos *mpl*, aires *mpl*; **~ haben** ser un caprichoso
Alluvialboden [alu'vja:l-] *m* <-s, -böden> (GEO) terreno *m* de aluvión
Alluvium [a'lu:viʊm] *nt* <-s, ohne pl> (GEO) período *m* holoceno, aluvio *m*
allwissend ['-'--] *adj* omnisciente
Allwissenheit ['-'---] *f* <, ohne pl> (REL, PHILOS) omnisciencia *f*
allwöchentlich ['-'---] I. *adj* de cada semana, de todas las semanas
II. *adv* cada semana, todas las semanas
allzeit ['al'tsaɪt] *adv* (*alt*) en todo momento, a todas horas; **du weißt, ich bin ~ für dich da** sabes que me tienes a tu disposición en cualquier momento
allzu ['--] *adv* demasiado; **~ früh** demasiado pronto [*o* temprano]; **~ gern** encantado; **~ häufig** con mucha frecuencia, muy frecuentemente; **~ sehr** demasiado; **~ viel** demasiado; **das ist mir ~ blöd** esto me resulta demasiado tonto; **ruf mich bitte nicht ~ früh an!** ¡por favor, no me llames demasiado pronto!; **das mag er ~ gern** le encanta; **das mag sie nicht ~ gern** eso no le hace demasiada gracia; **sie besucht uns ~ häufig** nos visita con mucha frecuencia; **ich liebe dich ~ sehr, um auf dich zu verzichten** te quiero demasiado como para renunciar a ti; **du rauchst ~ viel** fumas demasiado; **~ viel ist ungesund** (*prov*) el exceso es malo
allzufrüh *adv s.* **allzu**
allzugern ['-'--] *adv s.* **allzu**
allzuhäufig *adv s.* **allzu**
allzusehr ['-'--] *adv s.* **allzu**
Allzuständigkeit *f* <-, ohne pl> (JUR) competencia *f* plena [*o* universal]
allzuviel ['-'--] *adv s.* **allzu**
Allzweckhalle *f* <-, -n> salón *m* de actos; **Allzweckreiniger** *m* <-s, -> limpiador *m* general [*o* universal]
Alm [alm] *f* <-, -en> pasto *m* de alta montaña
Almanach ['almanax] *m* <-s, -e> almanaque *m*
Almosen ['almo:zən] *nt* <-s, -> limosna *f*
Aloe ['a:loe] *f* <-, -n> (BOT) áloe *m*
Alp[1] [alp] *m* <-(e)s, -e> (*Nachtmahr*) fantasma *m* (nocturno)
Alp[2] *f* <-, -en> (*reg, Schweiz*) *s.* **Alm**
Alpaka [al'paka] *nt* <-s, -s> alpaca *f*
Alpakawolle *f* <-, ohne pl> lana *f* de alpaca
Alpdruck ['alpdrʊk] *m* <-(e)s, -drücke> pesadilla *f*
Alpen ['alpən] *pl* Alpes *mpl*
Alpenglühen *nt* <-s, ohne pl> rosicler *m* de los Alpes, arrebol *m* alpino (*fenómeno óptico por el que las cumbres nevadas presentan reflejos rojizos*)
Alpenland[1] *nt* <-(e)s, -länder> (*in den Alpen liegendes Land*) estado *m* alpino, país *m* alpino; **Liechtenstein ist das kleinste ~** Liechtenstein es el menor de los estados alpinos
Alpenland[2] *nt* <-s, ohne pl> (*Gebiet der Alpen*) zona *f* alpina, región *f* alpina
Alpenpass[RR] *m* <-es, -pässe> puerto *m* alpino; **Alpenrepublik** *f* <-, ohne pl> (*fam iron: Österreich*) República *f* Alpina (*humorístico por* Austria); **Alpenrose** *f* <-, -n> (BOT) laurel *m* rosa de los Alpes; **Alpenstraße** *f* <-, -n> Ruta *f* de los Alpes; (*Landstraße*) carretera *f* alpina; **Alpentransitverkehr** *m* <-s, ohne pl> (AUTO) tráfico *m* de tránsito por los Alpes; **Alpenveilchen** *nt* <-s, -> ciclamen *m*, ciclamino *m*; **Alpenvorland** *nt* <-(e)s, ohne pl> región *f* subalpina
Alphabet [alfa'be:t] *nt* <-(e)s, -e> alfabeto *m*, abecedario *m*
alphabetisch *adj* alfabético; **e Reihenfolge** orden alfabético; **~ geordnet** clasificado por orden alfabético
alphabetisieren* *vt* ❶ (*lesen lehren*) alfabetizar
❷ (*alphabetisch ordnen*) poner en orden alfabético, alfabetizar
Alphabetisierung *f* <-, -en> ❶ (*alphabetisch ordnen*) ordenación *f* alfabética, alfabetización *f*; **automatische ~ durch den Computer** alfabetización automática por ordenador
❷ (*Beseitigung des Analphabetentums*) alfabetización *f*; **eine Kampagne zur ~ der Bevölkerung** una campaña de alfabetización de la población
Alphamosaik ['-----] *nt* <-s, -e(n)> (INFOR) alfamosaico *m*
alphanumerisch [alfanu'me:rɪʃ] *adj* (INFOR) alfanumérico
Alphastrahlen *mpl* (PHYS) rayos *mpl* alfa; **Alphastrahlung** *f* <-, -en> (PHYS) radiación *f* alfa; **Alphateilchen** *nt* <-s, -> (PHYS) partícula *f* alfa
Alphorn *nt* <-(e)s, -hörner> (MUS) trompa *f* alpina (*instrumento de viento de hasta 4 metros de largo*)
Alpiden *pl* (GEO) Alpides *mpl*
alpin [al'pi:n] *adj* alpino
Alpinismus [alpi'nɪsmʊs] *m* <-, ohne pl> (SPORT) alpinismo *m*
Alpinist(in) [alpi'nɪst] *m(f)* <-en, -en; -, -nen> (SPORT) alpinista *mf*, montañero, -a *m, f*
Alptraum *m* <-(e)s, -träume> pesadilla *f*
Alraun [al'raʊn] *m* <-(e)s, -e>, **Alraune** [al'raʊnə] *f* <-, -n> alrún *m*
als [als] *konj* ❶ (*gleichzeitig*) (justo) cuando, al +*inf*; **~ der Krieg ausbrach, ...** al estallar la guerra..., cuando estalló la guerra...; **gerade ~ wir losgehen wollten, begann es zu regnen** justo cuando íbamos a salir, empezó a llover
❷ (*vorzeitig, nachzeitig*) cuando; **kaum war sie fort, ~ das Telefon klingelte** acababa de irse cuando sonó el teléfono
❸ (*~ ob*) como si, que; **es sieht nicht so aus, ~ würden wir das Spiel verlieren** no parece que vayamos a perder el partido; **er sprach so klug, ~ ob er das studiert hätte** habló como si fuera un bachiller; **er tat so, ~ ob nichts wäre!** hizo como si tal cosa; **er ist zu anständig, ~ dass er so etwas tun könnte** es demasiado correcto como para hacer una cosa así
❹ (*bei Vergleichen*) que; **ich bin klüger ~ vorher** soy más listo que antes; **ich verlange nichts weiter ~ saubere Arbeit** no exijo (nada) más que un trabajo decente; **er sieht alles andere ~ glücklich aus** parece todo menos contento; **er war größer ~ sie** era más alto que ella
❺ (*in der Eigenschaft*) como, de; **er kam ~ Freund zu uns** vino como amigo (a nuestra casa); **~ Belohnung waren 500 Euro ausgesetzt** fijaron 500 euros de recompensa
alsbald [-'-] *adv* inmediatamente, al momento
alsbaldig [als'baldɪç] *adj* (*formal*) inmediato; **zum ~en Verbrauch bestimmt** destinado para el uso inmediato
alsdann [als'dan] *adv* (*reg*) (pues) entonces
also ['alzo] I. *adv* ❶ (*folglich*) así, por consiguiente; **das heißt ~, dass ...** entonces esto quiere decir que...; **hier bist du ~!** ¡así que estás aquí!; **es regnete, ~ blieben wir zu Hause** llovía, así que nos quedamos en casa
❷ (*das heißt*) o sea
II. (*Partikel*) bueno; **~, dann bis morgen!** bueno, entonces hasta mañana; **~, so was!** ¡bueno, mira tú!; **na ~!** ¡(pues) entonces!
Als-ob-Bedingung *f* <-, -en> (JUR) condición *f* ficticia; **Als-ob-Bestimmung** *f* <-, -en> (JUR) estipulación *f* ficticia; **Als-ob-Bilanz** *f* <-, -en> (FIN) balance *m* ficticio; **Als-ob-Prinzip** *nt* <-s, -ien> (JUR) principio *m* ficticio
Alsterwasser ['alste-] *nt* <-s, -> (GASTR) ≈clara *f* (*cerveza con limonada o gaseosa*)
alt [alt] *adj* <älter, am ältesten> ❶ (*auf das Alter bezogen*) viejo; (*bejahrt*) anciano, de avanzada edad, carroza *fam*; **wie ~ bist du?** ¿cuántos años tienes?; **ich bin 17 Jahre ~** tengo 17 años; **er war erst wenige Tage ~** no tenía más que unos días; **sie ist doppelt so ~ wie ich** me dobla la edad; **sich ~ fühlen** sentirse viejo; **man ist so ~, wie man sich fühlt** lo importante no es ser joven sino sentirse joven; **A~ und Jung** viejos y jóvenes; **mein ~er Herr** (*fam*) mi padre; **der Anzug macht ihn ~** el traje le hace parecer mayor; **hier werde ich nicht ~!** (*fam*) ¡aquí no echo raíces!; **hier siehst du aber ~ aus** (*fam*) con este asunto vas a acabar muy mal
❷ (*gebraucht*) usado, de segunda mano, gastado; **zum ~en Eisen gehören** ser de la vieja guardia
❸ (*lange bestehend*) viejo; **ein ~er Traum von mir** un viejo sueño mío;

Alt

ein ~er Freund/Bekannter von mir un viejo amigo/conocido mío; das A~e Testament el Antiguo Testamento; die A~e Welt el viejo continente; es bleibt alles beim A~en nada cambia, todo sigue igual; das Buch befindet sich am ~en Platz el libro se encuentra en el sitio donde estaba antes; das ~e Jahr geht zu Ende se acaba el año
④ (*klassisch*) clásico
⑤ (*ehemalig*) antiguo; seine ~en Schüler sus antiguos alumnos
Alt[1] *m* <-s, *ohne pl*> (MUS) contralto *mf*
Alt[2] *nt* <-s, -> (*Altbier*) cerveza *f* negra
altangesehen *adj* muy (bien) considerado; (*mit Tradition*) de rancio abolengo *geh*; eine ~e Familie der Stadt una familia muy considerada en la ciudad durante generaciones
altansässig *adj* arraigado
Altar [al'taːɐ, *pl:* al'tɛːrə] *m* <-s, Altäre> altar *m*
Altarraum *m* <-(e)s, -räume> presbiterio *m*
altbacken ['---] *adj* ① (*Brot*) de ayer
② (*abw: altmodisch*) anticuado, carroza *sl*; das ist völlig ~ eso está totalmente pasado
Altbau *m* <-(e)s, -ten> edificio *m* antiguo
Altbausanierung *f* <-, -en> saneamiento *m* de un edificio antiguo; **Altbauwohnung** *f* <-, -en> apartamento *m* en un edificio antiguo
altbekannt ['--'-] *adj* bien conocido; das ist doch ~ eso ya se sabía
altbewährt ['--'-] *adj* probado, comprobado
Altbier *nt* <-s, -e> cerveza *f* negra
Altblechcontainer *m* <-s, -> contenedor *m* de hojalata vieja
Altbundeskanzler ['-'----] *m* <-s, -> (POL) antiguo canciller *m*, ex-canciller *m*
altdeutsch *adj* (*Möbel, Stil*) alemán antiguo (*s. XV-XVI*)
Alte(r) *mf* <-n, -n; -n, -n> ① (*alter Mensch*) anciano, -a *m, f*; (*abw*) viejo, -a *m, f*
② (*fam: Vater, Mutter*) viejo, -a *m, f*
③ (*fam abw: Ehemann, -frau*) viejo, -a *m, f*
④ (*fam: Vorgesetzter*) patrón, -ona *m, f*
altehrwürdig *adj* (*geh*) venerable
Alteigentümer(in) ['-'----] *m(f)* <-s, -; -, -nen> propietario, -a *m, f* de toda la vida
alteingesessen ['-'----] *adj* arraigado
Alteisen *nt* <-s, *ohne pl*> chatarra *f*
Altenanteil *m* <-(e)s, -e> porcentaje *m* de ancianos, parte *f* de ancianos; **Altenarbeit** *f* <-, *ohne pl*> trabajo *m* con ancianos; **Altenclub** *m* <-s, -s> hogar *m* del pensionista; **Alteneinrichtungen** *fpl* instalaciones *fpl* para ancianos, centros *mpl* para ancianos; **Altenheim** *nt* <-(e)s, -e> residencia *f* de ancianos; **Altenhilfe** *f* <-, *ohne pl*> asistencia *f* a los ancianos, ayuda *f* a los ancianos; geschlossene ~ asistencia en régimen cerrado; halboffene ~ asistencia en régimen semiabierto; offene ~ asistencia en régimen abierto; **Altenklub** *m* <-s, -s> hogar *m* del pensionista
Altenpflege *f* <-, *ohne pl*> cuidados *mpl* a ancianos; **Altenpflegeheim** *nt* <-(e)s, -e> residencia *f* asistida de ancianos
Altenpfleger(in) *m(f)* <-s, -; -, -nen> cuidador(a) *m(f)* de ancianos; **Altentagesstätte** *f* <-, -n> hogar *m* del pensionista, centro *m* diurno para ancianos
Altenteil *nt* <-(e)s, -e> retiro *m*, reserva *f* rústica; sich aufs ~ zurückziehen [*o* begeben] retirarse, jubilarse; **Altenteilsvertrag** *m* <-(e)s, *ohne pl*> (JUR) contrato *m* de asistencia a los padres
Altenwohnheim *nt* <-(e)s, -e> residencia *f* de ancianos; **Altenwohnstift** *nt* <-(e)s, -e> asilo *m* de ancianos, residencia *f* de ancianos
Alter ['altɐ] *nt* <-s, *ohne pl*> ① (*Lebensabschnitt*) vejez *f*; im ~ en la vejez; ~ schützt vor Torheit nicht (*prov*) a la vejez, viruelas, la cabeza blanca y el seso por venir
② (*Anzahl der Jahre*) edad *f*; im ~ von drei Jahren a la edad de tres años; ein Herr mittleren ~s [*o* von mittlerem ~] un señor de mediana edad; er ist in deinem ~ es de tu edad; sechzig ist doch kein ~! ¡60 años no es edad!
älter ['ɛltɐ] *adj kompar von* **alt**
altern ['altɐn] *vi sein* envejecer
alternativ *adj* alternativo
Alternative *f* <-, -n> alternativa *f*; brauchbare ~ alternativa útil
Alternative(r) *mf* <-n, -n; -n, -n> practicante de una forma de vida alternativa
Alternativobligation *f* <-, -en> (JUR) obligación *f* alternativa; **Alternativreisende(r)** *mf* <-n, -n; -n, -n> viajero, -a *m, f* alternativo, -a [*o* no convencional]; **Alternativverhalten** *nt* <-s, *ohne pl*> (JUR) comportamiento *m* alternativo; rechtmäßiges ~ comportamiento alternativo legal; **Alternativvermächtnis** *nt* <-ses, -se> (JUR) legado *m* alternativo; **Alternativvorsatz** *m* <-es, -sätze> (JUR) dolo *m* alternativo
Alternsforschung *f* <-, *ohne pl*> gerontología *f*
alterprobt *adj* probado, consolidado; diese Verfahren sind ~ estos procedimientos están probados; wir führen diese Tests seit Jahren mit Erfolg durch, sie sind bewährt und mittlerweile ~ hace años que realizamos con éxito estas pruebas, están comprobadas y entretanto se han consolidado
alters *adv*: von [*o* seit] ~ her (*geh*) desde hace mucho tiempo, desde siempre
Altersarmut *f* <-, *ohne pl*> pobreza *f* entre los ancianos; **Altersasyl** ['altesazyːl] *nt* <-s, -e> (*Schweiz*) *s*. **Altersheim**
altersbedingt *adj* debido a la edad
Altersbeschwerden *fpl* achaques *mpl*; **Altersbezüge** *mpl* pensiones *fpl*; **Altersdiabetes** *m* <-, *ohne pl*> (MED) diabetes *f* senil; **Alterserscheinung** *f* <-, -en> síntoma *m* de vejez; **Altersforschung** *f* <-, *ohne pl*> gerontología *f*; **Altersgenosse, -in** *m, f* <-n, -n; -, -nen> coetáneo, -a *m, f*; **Altersgrenze** *f* <-, -n> límite *m* de edad; (*Rentenalter*) edad *f* de jubilación; die flexible ~ el límite flexible de la edad de jubilación; **Altersgründe** *mpl*: er kann aus ~n nicht teilnehmen por causa de su (avanzada) edad no puede participar; **Altersgruppe** *f* <-, -n> grupo *m* de personas de la misma edad; die Kinder gehören alle der gleichen ~ an los niños tienen todos la misma edad; **Altersheilkunde** *f* <-, *ohne pl*> geriatría *f*; **Altersheim** *nt* <-(e)s, -e> residencia *f* de ancianos; **Altersklasse** *f* <-, -n> (SPORT) categoría *f* por edades; **Alterskrankheiten** *fpl* enfermedades *fpl* típicas de la vejez; **Alterskurzsichtigkeit** *f* <-, *ohne pl*> (MED) miopía *f* senil; **Alterspyramide** *f* <-, -n> pirámide *f* de edades; **Altersrente** *f* <-, -n> pensión *f* de ancianidad, jubilación *f*; **Altersruhegeld** *nt* <-(e)s, -er> renta *f* de jubilación
altersschwach *adj* ① (*Person*) decrépito, vetusto
② (*Gegenstand*) acabado, decrépito, caduco
Altersschwäche *f* <-, *ohne pl*> decrepitud *f*; **Altersschwachsinn** *m* <-s, *ohne pl*> imbecilidad *f* senil; **Altersschwatzhaftigkeit** *f* <-, *ohne pl*> cotorreo *m* senil; **Altersschwerhörigkeit** *f* <-, *ohne pl*> (MED) dureza *f* de oído senil; **Alterssitz** *m* <-es, -e> (lugar *m* de) retiro *m*; als ~ hat er ein Häuschen auf Mallorca gekauft ha comprado una casita en Mallorca para retirarse allí cuando se jubile
altersspezifisch *adj* propio [*o* específico] de la edad; diese Beschwerden sind ~, sie vergehen wieder estas molestias son propias de la edad, ya desaparecerán
Altersstarrsinn *m* <-(e)s, *ohne pl*> senilidad *f*; **Altersstruktur** *f* <-, -en> estructura *f* por edades; **Altersstufe** *f* <-,-n> edad *f*; **Altersteilzeit** *f* <-, *ohne pl*> tiempo *m* parcial de jubilación; **Altersunterschied** *m* <-(e)s, -e> diferencia *f* de edad; **Altersversicherung** *f* <-, -en> seguro *m* (de previsión) para la vejez, fondo *m* de pensiones
Altersversorgung *f* <-, -en> pensión *f* de ancianidad, (plan *m* de) jubilación *f*; berufliche ~ plan de jubilación profesional; betriebliche ~ plan (de pensiones) de jubilación de la empresa; freiwillige ~ plan de jubilación voluntario; private ~ plan de jubilación privado; **Altersversorgungssystem** *nt* <-s, -e> sistema *m* de pensiones; **Altersvorsorge** *f* <-, *ohne pl*> subsidio *m* de vejez; **Alterswerk** *nt* <-(e)s, -e> (KUNST, LIT, MUS) obra *f* de senectud; **Alterswertminderung** *f* <-, -en> depreciación *f* por edad
Altertum ['altɐtuːm] *nt* <-s, *ohne pl*> antigüedad *f*
Altertümer *pl* antigüedades *fpl*, reliquias *fpl abw*
altertümlich ['altɐtyːmlɪç] I. *adj* ① (*alt*) antiguo
② (*veraltet*) anticuado, pasado de moda
II. *adv* a la antigua
Altertümlichkeit *f* <-, *ohne pl*> antigüedad *f*; ihre Kleidung war von einer gewissen ~ su ropa era un tanto anticuada
Altertumskunde *f* <-, *ohne pl*> arqueología *f*
Altertumswert *m* <-(e)s, *ohne pl*> valor *m* por la antigüedad; dein Wagen hat ja schon ~ (*iron*) tu coche se ha convertido en una reliquia
Alterung *f* <-, *ohne pl*> envejecimiento *m*
alterungsbeständig *adj* (TECH) resistente al envejecimiento
Alterungsprozess[RR] *m* <-es, -e> proceso *m* de envejecimiento
älteste(r, s) *adj superl von* **alt**
Älteste(r) ['ɛltəstə] *mf* <-n, -n; -n, -n> mayor *mf*
Ältestenrat *m* <-(e)s, -räte> ① (JUR) consejo *m* de representantes de los partidos
② (POL) parlamento *m*, junta *f* de portavoces
Altflöte *f* <-, -n> (MUS) flauta *f* dulce contralto; **Altgerät** *nt* <-(e)s, -e> aparato *m* viejo [*o* usado]
Altglas *nt* <-(e)s, *ohne pl*> (botellas *fpl* de) vidrio *m* reciclable; **Altglascontainer** *m* <-s, -> contenedor *m* de vidrio reciclable, recuperador *m* de vidrio
Altgold *nt* <-(e)s, *ohne pl*> ① (*Gebrauchtgold*) oro *m* antiguo [*o* viejo]
② (*künstlich ondunkeltes Gold*) oro *m* envejecido
altgriechisch *adj* griego clásico [*o* antiguo]
Altgriechisch *nt* <-(s), *ohne pl*>, **Altgriechische** *nt* <-n, *ohne pl*> griego *m* clásico [*o* antiguo]
althergebracht ['-'----] *adj* tradicional, antiguo

altherkömmlich *adj* ❶ (*herkömmlich*) tradicional; (*konventionell*) convencional; **da helfen nur ~e Methoden** en este caso sólo sirven los métodos tradicionales
❷ (*abw: veraltet*) anticuado
Althochdeutsch ['---] *nt* <-(s), ohne pl> antiguo alto alemán *m*
Altist(in) *m(f)* <-en, -en; -, -nen> (MUS) contralto *mf*
Altjahr(s)abend *m* <-s, -e> (*Schweiz*) Nochevieja *f*
Altkartell *nt* <-s, -e> (WIRTSCH) cartel *m* antiguo; **Altkleidersammlung** ['-'----] *f* <-, -en> recogida *f* de ropas usadas
altklug *adj* sabi(h)ondo
Altkredit *m* <-(e)s, -e> (FIN) crédito *m* antiguo; **Altkreditschulden** *fpl* (FIN) obligaciones *fpl* por crédito antiguo
Altlast *f* <-, -en> (ÖKOL) ❶ (*gefährliche Rückstände*) residuos *mpl*
❷ (*verseuchte Fläche*) zona *f* contaminada
ältlich ['ɛltlɪç] *adj* avejentado, ajado; **eine ~e Dame** una mujer entrada en años
Altmaterial *nt* <-s, -ien> (TECH) material *m* viejo; (*noch brauchbar*) material *m* reciclable; **Altmeister(in)** *m(f)* <-s, -; -, -nen> ❶ (*a.* KUNST) patriarca *m*, matriarca *f*, decano, -a *m, f* ❷ (SPORT) antiguo, -a campeón, -ona *m, f*
Altmetall *nt* <-s, -e> chatarra *f*; **Altmetallcontainer** *m* <-s, -> contenedor *m* de [*o para*] metal (usado)
altmodisch *adj* anticuado, chapado a la antigua, carroza *fam*
Altokumulus [alto'ku:muluːs] *m* <-, -kumuli> (METEO) altocúmulo *m*
Altöl *nt* <-(e)s, -e> aceites *mpl* usados; **Altölaufbereitung** *f* <-, -en> tratamiento *m* de aceite usado; **Altöltank** *m* <-s, -s> (TECH) tanque *m* para aceites usados
Altostratus [alto'stra:tus, *pl:* -'stra:ti] *m* <-, -strati> (METEO) altoestrato *m*
Altpapier *nt* <-s, ohne pl> papel *m* reciclable; **Altpapiercontainer** *m* <-s, -> contenedor *m* de [*o para*] papel (usado); **Altpapiersammlung** *f* <-, -en> recogida *f* de papel reciclable
Altphilologe, -in *m, f* <-n, -n; -, -nen> filólogo, -a *m, f* clásico, -a
altrosa *adj inv* rosa palo *inv*; **die ~ Bluse kannst du gut mit blau kombinieren** la blusa (de color) rosa palo combina bien con azul
altruistisch [altru'ɪstɪʃ] *adj* (*geh*) altruista, generoso
Altschnee *m* <-s, ohne pl> nieve *f* vieja; **Altschulden** *fpl* deuda *f* heredada; **Altsilber** *nt* <-s, ohne pl> ❶ (*Gebrauchtsilber*) plata *f* antigua [*o vieja*] ❷ (*künstlich gedunkeltes Silber*) plata *f* envejecida; **Altsprachler(in)** *m(f)* <-s, -; -, -nen> *s.* **Altphilologe**
altsprachlich *adj* relativo a las lenguas clásicas
Altstadt *f* <-, -städte> barrio *m* antiguo, casco *m* antiguo, centro *m* histórico; **die Kölner ~** el casco antiguo de Colonia; **Altstadtsanierung** *f* <-, -en> saneamiento *m* del casco antiguo (de una ciudad o población)
Altsteinzeit *f* <-, ohne pl> Paleolítico *m*
altsteinzeitlich *adj* paleolítico; **der ~e Mensch** el hombre paleolítico [*o del Paleolítico*]
Altstimme *f* <-, -n> (MUS) voz *f* de contralto
Altstoff *m* <-(e)s, -e> (ÖKOL) material *m* reciclable; **Altstoffcontainer** *m* <-s, -> (ÖKOL) contenedor *m* de materiales reciclables; **Altstofferfassung** *f* <-, -en> (ÖKOL) aprovechamiento *m* de materiales reciclables
alttestamentarisch, alttestamentlich I. *adj* ❶ (*im Alten Testament erwähnt*) del Antiguo Testamento; **dem Kind einen ~en Namen geben** poner al niño un nombre del Antiguo Testamento
❷ (*das Alte Testament betreffend*) sobre el Antiguo Testamento; **über gute ~e Kenntnisse verfügen** tener buenos conocimientos sobre el Antiguo Testamento
II. *adv* en el Antiguo Testamento; **~ sehr bewandert sein** estar versado en el Antiguo Testamento
altväterlich I. *adj* ❶ (*überkommen*) tradicional, secular; **~e Bräuche** costumbres seculares
❷ (*altmodisch*) anticuado; **~er Stil** estilo anticuado [*o arcaico*]
❸ (*patriarchalisch*) patriarcal; **dieser Mann hat etwas A~es in seiner Stimme** el tono de voz de ese hombre es un tanto patriarcal
II. *adv* (*altmodisch*) de forma anticuada; **er ist meist ein wenig ~ gekleidet** su forma de vestir es casi siempre un tanto anticuada
Altverbindlichkeiten *fpl* (JUR) obligaciones *fpl* antiguas; **Altverschuldung** *f* <-, -en> deudas *fpl* antiguas; **Altvertrag** *m* <-(e)s, -träge> (JUR) contrato *m* antiguo
Altwarenhändler(in) *m(f)* <-s, -; -, -nen> chamarilero, -a *m, f*, trapero, -a *m, f*
Altwassersee *m* <-s, -n> lago *m* de agua durmiente
Altweiberfastnacht [-'-----] *f* <-, ohne pl> (*reg*) jueves *m* gordo [*o lardero*]; **Altweibersommer** [-'-----] *m* <-s, -> veranillo *m* de San Miguel, veranillo *m* de San Juan *Am*
Alu ['a:lu] *nt* <-(s), ohne pl> (CHEM, TECH) *Abk. von* **Aluminium** aluminio *m*
Alufelge ['a:lufɛlgə] *f* <-, -n> (AUTO) llanta *f* de aleación; **Alufolie** ['a:lufo:liə] *f* <-, -n> papel *m* de aluminio
Aluminium [alu'mi:niʊm] *nt* <-s, ohne pl> (CHEM) aluminio *m*
Aluminiumchlorid *nt* <-s, -e> (CHEM) cloruro *m* de aluminio; **Aluminiumfolie** *f* <-, -n> papel *m* de aluminio; **Aluminiumhydroxid** [-'---'hy:drɔksi:t] *nt* <-(e)s, -e> (CHEM) hidróxido *m* de aluminio; **Aluminiumoxid** *nt* <-(e)s, -e> (CHEM) óxido *m* de aluminio
Alzheimer ['ltshaɪmɐ] *m* <-, ohne pl> (*fam*), **Alzheimerkrankheit**[RR] *f* <-, ohne pl> enfermedad *f* de Alzheimer
am [am] I. (*Superlativbildung*): **Lothar fährt ~ schnellsten** Lothar es el que más rápido conduce
II. = **an dem** *s.* **an**
III. (*fam: Verlaufsform*): **ich bin ~ Arbeiten** estoy trabajando
Am (CHEM) *Abk. von* **Americium** Am
Amalgam [amal'ga:m] *nt* <-s, -e> (*fig a.* CHEM) amalgama *f*
Amateur(in) [ama'tø:ɐ] *m(f)* <-(e)s, -e; -, -nen> ❶ (*Nichtfachmann*) aficionado, -a *m, f*, diletante *mf*
❷ (*abw: Dilettant*) chapucero, -a *m, f*
Amateurfunker(in) *m(f)* <-s, -; -, -nen> (RADIO) radioaficionado, -a *m, f*
amateurhaft *adj* aficionado; **das ist ~ gemacht!** (*fam*) ¡menuda chapucilla!
Amateurliga *f* <-, -ligen> (SPORT) liga *f* de aficionados; **Amateurmannschaft** *f* <-, -en> (SPORT) equipo *m* amateur [*o de aficionados*]; **Amateursport** *m* <-(e)s, ohne pl> deporte *m* amateur [*o de aficionados*]
Amazonas [ama'tso:nas] *m* <-> Amazonas *m*
Amazone [ama'tso:nə] *f* <-, -n> amazona *f*
Ambiente [am'biɛntə] *nt* <-, ohne pl> (*geh*) ambiente *m*, atmósfera *f*
Ambition [ambi'tsjo:n] *f* <-, -en> ambición *f*
ambitioniert [ambitsjo'ni:ɐt] *adj* ambicioso, con ambiciones
ambivalent [ambiva'lɛnt] *adj* ambivalente
Ambivalenz [ambiva'lɛnts] *f* <-, -en> (PSYCH) ambivalencia *f*
Amboss[RR] ['ambɔs] *m* <-es, -e>, **Amboß** *m* <-sses, -sse> (TECH, MED) yunque *m*
Ambosswolke[RR] *f* <-, -n> (METEO) nube *f* de yunque
ambulant [ambu'lant] *adj* ambulante; (MED) ambulatorio; **~er Händler** vendedor ambulante; **~e Behandlung** tratamiento ambulatorio; **jdn ~ behandeln** tratar a alguien en régimen ambulatorio
Ambulanz [ambu'lants] *f* <-, -en> (MED) ambulatorio *m*, dispensario *m*
Ameise ['a:maɪzə] *f* <-, -n> hormiga *f*
Ameisenbär *m* <-en, -en> oso *m* hormiguero; **Ameisenhaufen** *m* <-s, -> hormiguero *m*; **Ameisenlaufen** *nt* <-s, ohne pl> hormigueo *m*, comezón *f*; **Ameisensäure** *f* <-, ohne pl> (CHEM) ácido *m* fórmico; **Ameisenstaat** *m* <-(e)s, -en> (ZOOL) hormiguero *m*
amen ['a:mən] *adv* amén, así sea; **zu allem ja und ~ sagen** (*fam*) decir amén a todo
Amen *nt* <-, -> amén *m*; **das ist so sicher wie das ~ in der Kirche** esto es tan cierto como que dos y dos son cuatro
American Football [ə'mɛrikən 'futbɔːl] *m* <-(s), ohne pl> (SPORT) fútbol *m* americano
Americium [ame'ri:tsiʊm] *nt* <-s, ohne pl> (CHEM) americio *m*
Amerika [a'me:rika] *nt* <-s> América *f*; **die Vereinigten Staaten von ~** los Estados Unidos de América
Amerikaner(in) [ameri'ka:nɐ] *m(f)* <-s, -; -, -nen> americano, -a *m, f*; (*Nord~*) norteamericano, -a *m, f*, gringo, -a *m, f* *SAm*; (*US~*) estadounidense *mf*; (*Süd~*) latinoamericano, -a *m, f*, latino, -a *m, f*
amerikanisch *adj* americano; (*US~*) estadounidense; (*latein~*) latinoamericano
amerikanisieren* *vt* americanizar, engringar *Am*
Amerikanismus *m* <-, Amerikanismen> (LING) americanismo *m*
Amerikanistik [amerika'nɪstɪk] *f* <-, ohne pl> americanística *f*, Filología *f* Americana [*o Norteamericana*]
Amethyst [ame'tyst] *m* <-(e)s, -e> amatista *f*
Ami ['ami] *m* <-s, -s> (*fam*) yanqui *mf*
Aminobenzoesäure *f* <-, -n> (CHEM) ácido *m* aminobenzóico
Aminoderivat *nt* <-(e)s, -e> (CHEM) aminoderivado *m*
Aminosäure [a'mi:nozɔɪrə] *f* <-, -n> (CHEM) aminoácido *m*; **essenzielle ~** aminoácido esencial
Aminosäurekode *m* <-s, -s> (CHEM) código *m* de aminoácidos
Ammann ['aman, *pl:* 'amɛnɐ] *m* <-(e)s, -männer> (*Schweiz: Land~*) presidente *m* del consejo cantonal; (*Gemeinde~*) presidente *m* del concejo municipal; (*Vollstreckungsbeamter*) funcionario *m* ejecutivo, recaudador *m* de impuestos
Amme ['amə] *f* <-, -n> ama *f* de cría, nodriza *f*, ñaña *f* Chil
Ammenmärchen *nt* <-s, -> (*fam*) cuento *m* de viejas
Ammer ['amɐ] *f* <-, -n> (ZOOL) escribano *m*
Ammoniak [amo'njak] *nt* <-s, ohne pl> (CHEM) amoníaco *m*
Ammonifikation [amonifika'tsjo:n] *f* <-, ohne pl> (CHEM) amonificación *f*
Ammonit [amo'ni:t] *m* <-en, -en> (GEO, ZOOL) amonita *f*

Ammoniumacetat [a'moːniʊm-] *nt* <-s, -e> (CHEM) acetato *m* amónico

Amnesie [amne'ziː] *f* <-, -n> (MED) amnesia *f*

Amnestie [amnɛs'tiː] *f* <-, -n> (JUR, POL) amnistía *f*

amnestieren* [amnɛs'tiːrən] *vt* (JUR, POL) amnestiar

Amnestierte(r) *mf* <-n, -n; -n, -n> amnistiado, -a *m, f;* **unter den ~n befanden sich auch prominente Regimekritiker** entre los amnistiados se encontraban también destacados críticos del régimen

Amöbe [a'møːbə] *f* <-, -n> ameba *f*

Amöbenruhr *f* <-, -en> (MED) disentería *f* amébica

amöbisch *adj* (BIOL) amebático

Amok ['aːmɔk] *m* <-s, ohne pl>: **~ laufen/fahren** ir enloquecido, destruyendo o matando

Amokfahrer(in) *m(f)* <-s, -; -, -nen> conductor(a) *m(f)* homicida; **Amokfahrt** *f* <-, -en> carrera *f* homicida (en automóvil); **Amoklauf** *m* <-(e)s, -läufe>, **Amoklaufen** *nt* <-s, ohne pl> amok *m* (ataque de locura con impulsos homicidas); **Amokläufer(in)** *m(f)* <-s, -; -, -nen> loco, -a *m, f* homicida; **Amokschütze**, **-in** *m, f* <-n, -n; -, -nen> loco, -a *m, f* homicida

a-Moll *nt* <-, ohne pl> (MUS) la *m* menor

Amor ['aːmoːɐ] *m* <-s, ohne pl> Amor *m*, Cupido *m; ~s Pfeil* (geh: die Liebe) las flechas de Cupido [o de amor], flechazo *m* repentino fam; **~s Pfeil hat ihn getroffen** (geh) cayó en [o se rindió a] las redes del amor

amoralisch ['amoːraːlɪʃ] *adj* amoral

amorph [a'mɔrf] *adj* ❶ (formlos) sin forma; **~e Masse** masa sin forma
❷ (PHYS: nicht kristallin) amorfo
❸ (BIOL: von Genen) informe

Amortisation [amɔrtizaˈtsjoːn] *f* <-, -en> (WIRTSCH) amortización *f*

Amortisationsfonds *m* <-, -> (FIN) fondo *m* de amortización; **Amortisationsvertrag** *m* <-(e)s, -träge> (WIRTSCH, JUR) contrato *m* de amortización; **Amortisationszeit** *f* <-, -en> (WIRTSCH) período *m* de amortización

amortisieren* [amɔrtiˈziːrən] I. *vt* (WIRTSCH: Schuld) amortizar
II. *vr:* **sich ~** (Investition) amortizarse

amourös [amuˈrøːs] *adj* (geh) amoroso; **~es Abenteuer** aventura amorosa

Ampel ['ampəl] *f* <-, -n> ❶ (Verkehrs~) semáforo *m;* **die ~ steht auf Rot** el semáforo está en rojo
❷ (Blumen~) maceta *f* colgante

Ampelanlage *f* <-, -n> (AUTO) instalación *f* de semáforos; **Ampelkoalition** *f* <-, -en> (POL) coalición entre el SPD, el FDP y los Verdes; **Ampelkreuzung** *f* <-, -en> (AUTO) cruce *m* de semáforos; **Ampelphase** *f* <-, -n> (intervalo *m* de) semáforo *m;* **grüne/rote ~** semáforo en verde/en rojo

Ampere [am'pɛːɐ] *nt* <-(s), -> (PHYS) amperio *m*, ampere *m*

Amperemeter [--'--] *nt* <-s, -> (PHYS) amperímetro *m;* **Amperestunde** *f* <-, -n> (PHYS) amperio-hora *m*

Ampfer ['ampfɐ] *m* <-s, -> (BOT) acedera *f*

Amphetamin [amfetaˈmiːn] *nt* <-s, -e> (CHEM) anfetamina *f*

Amphibie [am'fiːbiə] *f* <-, -n> (ZOOL) anfibio *m*

Amphibienfahrzeug *nt* <-(e)s, -e> vehículo *m* anfibio, sumergible *m*

amphibisch *adj* anfibio

Amphitheater *nt* <-s, -> anfiteatro *m*

Amphore [am'foːra] *f* <-, -n> ánfora *f*

Amplitude [ampliˈtuːdə] *f* <-, -n> (MATH, PHYS) amplitud *f*

Amplitudenmodulation *f* <-, -en> (INFOR, TECH) modulación *f* de amplitud

Ampulle [am'pʊlə] *f* <-, -n> ampolla *f*

Amputation [amputaˈtsjoːn] *f* <-, -en> (MED) amputación *f*

amputieren* [ampuˈtiːrən] *vt* (MED) amputar, mochar Kol, PRico

Amputierte(r) *mf* <-n, -n; -n, -n> (MED) tullido, -a *m, f*

Amsel ['amzəl] *f* <-, -n> mirlo *m*

Amsterdam [amstɐˈdam] *nt* <-s> Amsterdam *m;* **Vertrag von ~** Tratado de Amsterdam

Amt [amt, *pl:* 'ɛmtə] *nt* <-(e)s, Ämter> ❶ (offizielle Stellung) cargo *m*, puesto *m;* **ein hohes ~** un alto cargo; **ein öffentliches ~** un cargo público; **Straftaten im ~** delitos en el cargo; **kraft seines ~es** en virtud de su cargo; **im ~ sein** estar en funciones; **sein ~ niederlegen** cesar en [o dimitir de] su cargo; **sein ~ missbrauchen** cometer abuso de autoridad
❷ (übernommene Aufgabe) obligaciones *fpl;* **seines ~es walten** atender a sus obligaciones
❸ (Behörde, Gebäude) departamento *m;* **Auswärtiges ~** (POL) Ministerio de Asuntos Exteriores; **~ für Verbraucherschutz** Oficina del Consumidor; **von ~s wegen** prescrito (por la autoridad), de oficio
❹ (TEL) central *f* telefónica; (freie Leitung) línea *f*
❺ (REL) misa *f* cantada

Ämterhäufung *f* <-, -en> (ADMIN) acumulación *f* de cargos públicos

Amtfrau *f* <-, -en> (ADMIN) ≈alto cargo *m*

amtieren* *vi* estar en funciones, ejercer un cargo; (vorübergehend) actuar (als de); **die ~de Ministerin** la ministra en funciones

amtlich *adj* ❶ (behördlich) oficial; **~es Kennzeichen** matrícula *f;* **~e Beglaubigung** certificación oficial; **~e Bekanntmachung** publicación oficial; **~e Verwahrung** custodia oficial; **~ eintragen** inscribir oficialmente
❷ (glaubwürdig) (de fuente) oficial, fidedigno; **die Sache ist ~** (fam) el asunto es fidedigno

Amtmann, **-männin** *m, f* <-(e)s, -männer; -, -nen> (ADMIN) ≈alto cargo *m*

Amtsanmaßung *f* <-, -en> (JUR) usurpación *f* de funciones (públicas); **Amtsantritt** *m* <-(e)s, ohne pl> entrada *f* en funciones; (POL) asunción *f* del mando; **Amtsanwalt**, **-wältin** *m, f* <-(e)s, -wälte; -, -nen> (JUR) fiscal *mf;* **Amtsarzt**, **-ärztin** *m, f* <-(e)s, -ärzte; -, -nen> médico, -a *m, f* oficial

amtsärztlich I. *adj* forense; **~es Attest** certificado médico oficial; **eine ~e Untersuchung durchführen** realizar un reconocimiento médico forense
II. *adv* oficialmente por un médico; **sich** *dat* **die Arbeitsunfähigkeit ~ bescheinigen lassen** solicitar un certificado médico oficial de invalidez laboral

Amtsbefugnis *f* <-, -se> facultad *f* oficial, atribuciones *fpl;* **seine ~se überschreiten** sobrepasar el límite de sus atribuciones; **Amtsbereich** *m* <-(e)s, -e> ámbito *m* de competencia, atribuciones *fpl;* **solche Angelegenheiten fallen nicht in meinen ~** tales asuntos no son de mi competencia; **Amtsbescheid** *m* <-(e)s, -e> (JUR) decisión *f* administrativa; **Amtsbetrieb** *m* <-(e)s, -e> (JUR) impulso *m* oficial; **Amtsbezeichnung** *f* <-, -en> título *m;* **Amtsbezirk** *m* <-(e)s, -e> (JUR) partido *m;* **Amtsbezug** *m* <-(e)s, -züge> (JUR) sueldo *m;* **Amtsblatt** *nt* <-(e)s, -blätter> (a. POL) boletín *m* oficial; **~ der Stadt Heidelberg** boletín *m* de la ciudad de Heidelberg; **im ~ erscheinen** salir (publicado) en el boletín; **Amtsdauer** *f* <-, ohne pl> duración *f* del cargo, periodo *m* de servicios; **Amtsdelikt** *nt* <-(e)s, -e> (JUR) delito *m* cometido por funcionario público; **ein ~ begehen** incurrir en un delito cometido por funcionario público; **Amtsdeutsch** *nt* <-(s), ohne pl> (abw) jerga *f* administrativa; **Amtseid** *m* <-(e)s, -e> jura *f* del cargo, juramento *m* de cargo; **Amtseinführung** *f* <-, -en> investidura *f;* **Amtsenthebung** *f* <-, -en> (JUR), **Amtsentsetzung** *f* <-, -en> (Schweiz, Österr: JUR: Entlassung) destitución *f;* (Kündigung) dimisión *f;* **Amtsermittlungsgrundsatz** *m* <-es, -sätze> (JUR) principio *m* de diligencia para mejor preveer

amtsfähig *adj* (JUR) capaz para desempeñar cargos públicos; **Amtsfähigkeit** *f* <-, ohne pl> (JUR) aptitud *f* para el cargo; **Amtsführung** *f* <-, ohne pl> actuación *f;* **Amtsgeheimnis** *nt* <-ses, -se> secreto *m* profesional, sigilio *m* profesional; **Amtsgericht** *nt* <-(e)s, -e> juzgado *m* de primera instancia e instrucción, juzgado *m* municipal; **Amtsgeschäfte** *ntpl* asuntos *mpl* oficiales, funciones *fpl;* **der Staatssekretär wurde mit der Führung der ~ betraut** se confiaron al secretario de estado los asuntos oficiales; **während der Abwesenheit des Amtsleiters führte seine Stellvertreterin die ~** durante la ausencia del titular la representante desempeñó sus funciones

Amtshaftung *f* <-, -en> (JUR) responsabilidad *f* civil administrativa; **Amtshaftungsanspruch** *m* <-(e)s, -sprüche> (JUR) derecho *m* de responsabilidad *f*

Amtshaftungsklage *f* <-, -n> (JUR) demanda *f* de responsabilidad civil administrativa; **Amtshaftungsverfahren** *nt* <-s, -> (JUR) procedimiento *m* de responsabilidad civil administrativa; **Amtshandlung** *f* <-, -en> acto *m* oficial; **Amtshilfe** *f* <-, -n> ayuda *f* administrativa, mutuo auxilio *m* entre autoridades; **Amtshilfeersuchen** *nt* <-s, ohne pl> oficio *m* rogatorio

Amtsholung *f* <-, -en> (TEL) conexión *f* a la línea de abonado

Amtsinhaber(in) *m(f)* <-s, -; -, -nen> (persona *f* en un) cargo *m;* **er ist der älteste ~** es quien más tiempo lleva en el cargo, es quien más tiempo hace que tiene el cargo en propiedad; **Amtsjargon** *m* <-s, -s> jerga *f* administrativa; **Amtskollege**, **-in** *m, f* <-n, -n; -, -nen> homólogo, -a *m, f;* **Amtsleitung** *f* <-, -en> (TEL) línea *f* de abonado; **Amtsmissbrauch**^{RR} *m* <-(e)s, ohne pl> (JUR) prevaricación *f*

amtsmüde *adj* (POL) cansado de (ejercer) su cargo

Amtsniederlegung *f* <-, -en> dimisión *f*, renuncia *f* a un cargo; **Amtsperiode** *f* <-, -n> mandato *m*, legislatura *f;* **eine ~ von fünf Jahren** un mandato de cinco años; **für eine weitere ~ kandidieren** presentarse como candidato para una nueva legislatura; **Amtspflegschaft** *f* <-, -en> (JUR) pupilaje *m* oficial

Amtspflicht *f* <-, -en>: **die ~ verletzen** prevaricar; **Amtspflichtverletzung** *f* <-, -en> (JUR) prevaricación *f*

Amtsprüfung *f* <-, -en> (JUR) examen *m* oficial

Amtsrichter(in) *m(f)* <-s, -; -, -nen> (JUR) juez *mf* de primera instancia, juez *mf* municipal; **Amtsschimmel** *m* <-s, ohne pl> (iron) burocratismo *m*, lentitud *f* de la administración; **da wiehert der ~** ahí la

burocracia es rey; **Amtssprache** f <-, -n> ❶ (*Verwaltungsjargon*) jerga f administrativa ❷ (*offizielle Landessprache*) idioma m oficial; (EU) lengua f oficial; **Amtsstelle** f <-, -n> (JUR) organismo m oficial; **Amtsstunden** fpl horas fpl de oficina, horario m de atención al público; **Amtstheorie** f <-, -n> (JUR) teoría f oficial; **Amtsträger(in)** m(f) <-s, -; -, -nen> titular mf de un cargo; **Amtstreuhänder(in)** m(f) <-s, -; -, -nen> (JUR) administrador m judicial; **Amtsunterschlagung** f <-, -en> (JUR) malversación f pública; **Amtsvergehen** nt <-s, -> (JUR) prevaricación f, delito m público, violación f de los deberes públicos; **Amtsverschwiegenheit** f <-, ohne pl> (JUR) secreto m profesional; **Amtsvorgänger(in)** m(f) <-s, -; -, -nen> predecesor(a) m(f); **Amtsvormund** m <-(e)s, -e o -münder> (JUR) tutor(a) m(f) oficial [o de oficio]; **Amtsvormundschaft** f <-, -en> (JUR) tutela f oficial; **bestellte/gesetzliche** ~ tutela oficial solicitada/obligatoria; **Mündel unter** ~ pupilo bajo tutela oficial; **Amtsvorsteher(in)** m(f) <-s, -; -, -nen> director(a) m(f) de un negociado; **Amtsweg** m <-(e)s, -e> vía f oficial; **den** ~ **beschreiten** hacer los trámites oficiales; **Amtszeichen** nt <-s, -> (TEL) señal f (de marcar); **Amtszeit** f <-, -en> (duración f de un cargo m; ~ **des Richters** duración del mandato del juez; **während meiner** ~ mientras yo ocupé el cargo; **Amtszimmer** nt <-s, -> despacho m; **Amtszustellung** f <-, -en> (JUR) notificación f oficial
Amulett [amu'lɛt] nt <-(e)s, -e> amuleto m, payé m CSur, cábula f Arg, Par
amüsant [amy'zant] adj ❶ (*unterhaltsam*) entretenido ❷ (*lustig*) divertido, gracioso
amüsieren* [amy'ziːrən] I. vt divertir II. vr: **sich** ~ ❶ (*sich vergnügen*) divertirse, pasarlo bien; **wir haben uns prächtig amüsiert** lo pasamos bomba ❷ (*sich lustig machen*) burlarse (*über* de)
Amüsierviertel nt <-s, -> barrio m de diversiones [o de divertimiento]; (*Rotlichtviertel*) barrio m bajo
amusisch ['amuːzɪʃ] adj (*geh*) negado [o inepto] para la música; ~ **sein** carecer de dotes musicales, ser negado para la música
an [an] I. präp +dat ❶ (*nahe bei*) en, junto a; ~ **der Ecke** en la esquina; ~ **der gleichen Stelle** en el mismo lugar; ~ **der Wand/am Fenster sitzen** estar sentado junto a la pared/a la ventana; **er geht** ~ **mir vorbei** pasa por mi lado; **Tür** ~ **Tür wohnen** vivir puerta con puerta ❷ (*geographisch gelegen*) (a orillas) de; **Frankfurt** ~ **der Oder/am Main** Francfort del Oder/del Meno ❸ (*zeitlich*) a; **am Abend** por la tarde; **am Anfang** al principio; **am 29. November 1991** el 29 de noviembre de 1991 ❹ (*weitere Verwendungen*): **reich** ~ **Nährstoffen** rico en sustancias nutritivas; **das Entscheidende** ~ **der Sache ist, dass ...** lo decisivo del asunto es que...; **das gefällt mir nicht** ~ **ihm** esto no me acaba de gustar de él; **es ist** ~ **dir, etw zu tun** está en tu mano (el) hacer algo II. präp +akk ❶ (*in Richtung auf*) a, contra; **sich** ~ **die Wand lehnen** apoyarse contra la pared; **er trat** ~**s Fenster** fue hacia la ventana; ~ **die Arbeit!** ¡al trabajo! ❷ (*für*) a, para; **ein Brief** ~ **seinen Sohn** una carta a su hijo; **ich habe eine Frage** ~ **dich** tengo una pregunta que hacerte; ~ (**und für**) **sich** de por sí ❸ (*ungefähr*) aproximadamente, unos; **sie verdient** ~ **die 2.000 Euro** cobra unos 2.000 euros III. adv ❶ (*beginnend*): **von ...** ~ a partir de...; **von hier** ~ a partir de aquí; **von nächster Woche** ~ a partir de la semana que viene; **von Anfang** ~ desde el [o un] principio ❷ (*bei Ankunftszeiten*) a; **Münster** ~: **12.40 Uhr** llegada a Münster a las 12.40 ❸ (*eingeschaltet*) encendido; ~ **sein** (*fam: Licht*) estar encendido; (*Motor*) estar en marcha; (*Radio*) estar puesto; **Licht** ~! ¡luces!
Anabolikum nt <-s, Anabolika> (MED, CHEM) anabolizante m
Anabolismus [anabo'lɪsmʊs] m <-, ohne pl> (BIOL) anabolismo m
Anachronismus [anakro'nɪsmʊs] m <-, Anachronismen> (*geh*) anacronismo m
anachronistisch adj (*geh*) anacrónico
anaerob [anʔae'roːp] adj (BIOL) anaerobio
Anakonda [ana'kɔnda] f <-, -s> (ZOOL) anaconda f
anal [a'naːl] adj (MED, PSYCH) anal
Analeptikum nt <-s, Analeptika> analéptico m
Analfissur f <-, -en> (MED) fisura f anal
Analgetikum nt <-s, Analgetika> (MED) analgésico m
analog [ana'loːk] adj análogo; (INFOR) analógico
Analogie [analo'giː] f <-, -n> analogía f
Analogieschluss^RR m <-es, -schlüsse> deducción f analógica, transposición f; **Analogieverbot** nt <-(e)s, -e> (JUR) proscripción f de la analogía
Analogrechner m <-s, -> (INFOR) computadora f analógica, ordenador m analógico; **Analoguhr** f <-, -en> reloj m analógico [o de manillas]
Analphabet(in) ['analfabeːt, ---'-] m(f) <-en, -en; -, -nen> analfabeto,

-a m, f
Analphabetentum nt <-s, ohne pl> analfabetismo m
Analphabetin f <-, -nen> s. **Analphabet**
Analphabetismus m <-, ohne pl> analfabetismo m
Analverkehr m <-s, ohne pl> coito m anal
Analyse [ana'lyːzə] f <-, -n> análisis m inv
analysieren* [analy'ziːrən] vt analizar
Analysis [a'naːlyzɪs] f <-, ohne pl> (MATH) análisis m inv
Analyst(in) [ana'lʏst] m(f) <-en, -en; -, -nen> (FIN) analista mf financiero
Analytiker(in) [ana'lyːtikɐ] m(f) <-s, -; -, -nen> analista mf
analytisch adj analítico
Anämie [anɛ'miː] f <-, -n> (MED) anemia f
Anamnese [anam'neːzə] f <-, -n> (MED) anamnesia f, antecedentes mpl clínicos
Ananas ['ananas] f <-, -(se)> piña f, ananá(s) m Am
Anapäst [ana'pɛst] m <-(e)s, -e> (LIT) anapesto m, antidáctilo m
Anarchie [anar'çiː] f <-, -n> anarquía f; **es herrscht** ~ reina la anarquía
anarchisch [a'narçɪʃ] adj anárquico; **hier herrschen** ~**e Zustände** aquí reina la anarquía
Anarchismus [anar'çɪsmʊs] m <-, ohne pl> anarquismo m
Anarchist(in) m(f) <-en, -en; -, -nen> anarquista mf
anarchistisch adj anarquista, ácrata
Anarcho mf <-(s), -(s); -, -(s)> (POL: sl) anarco mf, anarca mf
Anästhesie [anɛste'ziː] f <-, -n> (MED) anestesia f
Anästhesist(in) [anɛste'zɪst] m(f) <-en, -en; -, -nen> (MED) anestesista mf
Anästhetikum nt <-s, -thetika> (MED) anestésico m
Anatolien nt <-s> Anatolia f
Anatomie[1] [anato'miː] f <-, ohne pl> (*Wissenschaft*) anatomía f
Anatomie[2] f <-, -n> (*Institut*) instituto m anatómico [o de anatomía]
Anatomiesaal m <-(e)s, -säle> (UNIV) aula f de anatomía, sala f de disección
anatomisch [ana'toːmɪʃ] adj anatómico
an|baggern ['anbagɐn] vt (sl) jdn ~ entrarle a alguien
an|bahnen I. vt (*anknüpfen*) iniciar, preparar II. vr: **sich** ~ (*entstehen*) iniciarse, empezar
an|bändeln ['anbɛndəln] vi (*fam*) ❶ (*Liebesbeziehung*) ligar ❷ (*Streit*) meterse
Anbau[1] m <-(e)s, -ten> ampliación f, construcción f adicional [o suplementaria]; (*Nebengebäude*) anexo m
Anbau[2] m <-s, ohne pl> ❶ (AGR) cultivo m; **aus biologischem/konventionellem** ~ de cultivo biológico/convencional; **aus kontrolliert--biologischem** ~ de cultivo biológico-controlado ❷ (ARCHIT) ampliación f
an|bauen vt ❶ (*Gebäude*) ampliar (*an*), hacer una construcción adicional (*an a*) ❷ (*Gemüse, Getreide*) cultivar, plantar
Anbaufläche f <-, -n> (AGR) superficie f de cultivo; **Anbaugebiet** nt <-(e)s, -e> (AGR) zona f de cultivo, terreno m de cultivo; **Anbaugrenze** f <-, -n> (AGR) límite m geográfico de cultivo; **Anbaumöbel** nt <-s, -> módulo m, mueble m por elementos; **Anbausystem** nt <-s, -e> (AGR) sistema m de cultivo; **Anbauzone** f <-, -n> (AGR) zona f de cultivo
Anbeginn m <-(e)s, ohne pl> (*geh*) principio m, origen m; **von** ~ (**an**) desde un [o el] principio; **seit** ~ **der Welt** desde que el mundo es mundo
an|behalten* irr vt dejar(se) puesto, quedarse puesto; **kann ich die Schuhe gleich** ~? ¿puedo llevarme los zapatos puestos?; **danke, ich möchte meine Jacke lieber** ~ gracias, preferiría quedarme (con) la chaqueta puesta
anbei [-'-] adv (*formal*) adjunto; ~ (**erhalten Sie**) **eine Preisliste** adjunto (le remitimos) una lista de precios, una lista de precios va incluida
an|beißen irr I. vi ❶ (*Fisch*) picar ❷ (*fam: Person*) aceptar II. vt (*Brot, Wurst*) morder (en), dar un mordisco (a); **sie/er sieht zum A**~ **aus** (*fam*) está para comérsela/comérselo
anbelangen* ['anbəlaŋən] vt: **was das/mich anbelangt ...** en cuanto a esto/a mí..., por lo que se refiere a esto/a mí...
an|bellen vt ladrar (a)
an|beraumen* ['anbəraumən] vt (*formal: Sitzung*) convocar; (*Termin*) fijar, señalar
an|beten vt ❶ (REL) venerar, adorar ❷ (*Personen*) adorar, idolatrar
Anbeter(in) m(f) <-s, -; -, -nen> (REL) fiel mf; (*Verehrer*) adorador(a) m(f)
Anbetracht ['anbətraxt]: **in** ~ +gen en vista de, considerando; **in** ~ **der kritischen Situation** en vista de la crítica situación; **in** ~ **dessen, dass ...** considerando que...
anbetreffen* ['----] irr vt s. **anbelangen**

an|betteln *vt* mendigar, pedir; **jdn um etw ~** mendigar [*o* pedir] algo a alguien

Anbetung *f* <-, -en> (REL) adoración *f*, veneración *f*; **die Gläubigen knieten in stiller ~ nieder** los creyentes se arrodillaron en muda adoración; **das Gemälde zeigt die drei Könige bei der ~ des Jesusknaben** la pintura muestra la Adoración de los tres Reyes al niño Jesús

an|biedern *vr*: **sich ~** congraciarse (*bei* con), hacerse el simpático (*bei* con)

Anbiederung *f* <-, -en> insinuación *f*

Anbiederungsversuch *m* <-(e)s, -e> intento *m* de insinuación [*o* de captar la voluntad de alguien]

an|bieten *irr* I. *vt* ❶ (*Tasse Kaffee, Zigarette*) ofrecer, brindar; **er bot ihr seine Hilfe an** le ofreció su ayuda
❷ (*Waren*) ofertar
❸ (*vorschlagen*) proponer, ofrecer
II. *vr*: **sich ~** ❶ (*zur Verfügung stellen*) ofrecerse (*als* como/de, *zu a/* para), brindarse (*zu* a); **sie bietet sich als Vermittlerin an** se ofrece como mediadora; **sie bot sich an ihm zu helfen** se brindó a ayudarle
❷ (*geeignet sein*) ser apropiado; **dieses Haus bietet sich für ein Treffen an** esta casa es apropiada para un encuentro

Anbietende(r) *mf* <-n, -n; -n, -n> (WIRTSCH) oferente *mf*, ofertante *mf*

Anbieter *m* <-s, -> (WIRTSCH) vendedor *m*; (*Ausschreibung*) licitador *m*, licitante *m*

Anbietungspflicht *f* <-, *ohne pl*> (JUR) deber *f* de ofrecimiento del derecho de explotación

an|binden *irr vt* atar (*an* a), liger (*an* a); (*Boot*) amarrar (*an* a); (*mit einer Kette*) encadenar (*an* a); **kurz angebunden** (*fig*) demasiado escueto, seco

Anbindung *f* <-, -en> enlace *m*, conexión *f*; **~ an den Wechselkurs** el hecho de estar sujeto al tipo de cambio; **für das neue Industriegebiet wird eine ~ an das öffentliche Verkehrsnetz hergestellt** se conectará la nueva zona industrial con la red de transporte público

Anblick¹ *m* <-(e)s, *ohne pl*> (*das Anblicken*) vista *f*; **beim ersten ~** a primera vista

Anblick² *m* <-(e)s, -e> (*Aussehen*) aspecto *m*

an|blicken *vt* mirar; (*betrachten*) contemplar; (*flüchtig*) echar una ojeada [*o* un vistazo] (a)

an|blinken *vt* (*mit Taschenlampe*) alumbrar; (AUTO) hacer señas con los intermitentes (a)

an|blinzeln *vt* ❶ (*ansehen*) mirar (guiñando los ojos); **sie blinzelte mich durch dicke Brillengläser an** me miró guiñada a través de los gruesos cristales de las gafas
❷ (*zublinzeln*) guiñar un ojo (a), hacer guiños (a); **hör auf ihn ständig anzublinzeln** deja de guiñarle el ojo todo el rato

an|bohren *vt* (*empezar a*) taladrar [*o* barrenar]; (*Erdölvorkommen*) perforar; (MED) trepanar; **mit Fragen ~** (*fam*) acosar [*o* asaetar] a preguntas

An-Bord-Konnossement *nt* <-(e)s, -e> (COM) conocimiento *m* de embarque a bordo

Anbot *nt* <-(e)s, -e> (*Österr*) *s.* **Angebot**

an|braten *irr vt* sofreír, dar una vuelta en la sartén (a)

an|brauchen *vt* (*fam*) empezar; **eine neue Flasche/Packung ~** abrir [*o* empezar] una botella/un paquete; **ein Kleid ~** estrenar un vestido

an|bräunen *vt* (GASTR) dorar

an|brechen *irr* I. *vi sein* (*geh*: *Epoche, Jahreszeit*) empezar, comenzar; (*Tag*) rayar, despuntar; (*Nacht*) entrar; **was machen wir mit diesem angebrochenen Abend?** (*fam*) ¿qué hacemos con lo que queda de día?
II. *vt* ❶ (*Vorrat*) empezar; (*Flasche, Packung*) abrir
❷ (*teilweise brechen*) romper en parte

an|brennen *irr* I. *vi sein* (*Speisen*) quemarse, agarrarse; **angebrannt riechen/schmecken** oler a/saber a quemado
II. *vt* (*anzünden*) encender, prender fuego (a); **er lässt aber auch nichts ~** (*fam*) no quiere perderse nada; (SPORT) no deja que le metan un gol

an|bringen *irr vt* ❶ (*herbeibringen*) traer
❷ (*befestigen*) colocar, poner; (*installieren*) instalar, montar
❸ (*äußern*) mencionar; (*Beschwerde*) presentar, formular; (*Gründe*) alegar, exponer; (*Änderungen*) hacer, efectuar

Anbruch *m* <-(e)s, *ohne pl*> principio *m*, comienzo *m*; **bei ~ der Nacht** al caer la noche; **bei ~ der Dunkelheit** al anochecer

an|brüllen *vt* gritar (a), echar una bronca (a)

ANC [a:ʔɛnˈtseː] *m* <-, *ohne pl*> (POL) *Abk. von* **Afrikanischer Nationalkongress** A.N.C. *m*

Anchovis *f* <-, -> *s.* **Anschovis**

Andacht¹ [ˈandaxt] *f* <-, -en> (*Gottesdienst*) misa *f*, oficio *m* divino; **eine ~ halten** decir misa

Andacht² *f* <-, *ohne pl*> (*Versenkung*) recogimiento *m*

andächtig [ˈandɛçtɪç] *adj* ❶ (REL) devoto, piadoso
❷ (*konzentriert*) atento, absorto

Andalusien [andaˈluːziən] *nt* <-s> Andalucía *f*

Andalusier(in) *m(f)* <-s, -; -, -nen> andaluz(a) *m(f)*

andalusisch *adj* andaluz

Andauer *f* <-, *ohne pl*> persistencia *f*, continuidad *f*; **bei ~ der Regenfälle kann es zu Überschwemmungen kommen** en caso de persistir las precipitaciones pueden producirse inundaciones

an|dauern *vi* durar, perdurar; (*weitergehen*) seguir, continuar; **die Sitzung dauert noch an** la reunión dura todavía

andauernd *adj* continuo, permanente

Anden [ˈandən] *pl* Andes *mpl*

Andenken¹ *nt* <-s, *ohne pl*> (*Erinnerung*) recuerdo *m* (*an* de), memoria *f* (*an* de); **zum ~ an jdn** en conmemoración de alguien

Andenken² *nt* <-s, -> (*Souvenir*) recuerdo *m*

Andenpakt *m* <-(e)s, *ohne pl*> (POL) Pacto *m* Andino

andere(r, s) *pron indef* ❶ (*verschieden*) otro; **mit ~n Worten** con otras palabras; **das muss ein ~r machen** tiene que hacerlo otra persona; **das ist etw ~s** es otra cosa; **zum einen …, zum ~n …** por una parte…, por la otra…; **ich habe da eine ~ Meinung** tengo otra opinión al respecto; **ich bin ~r Meinung** soy de otra opinión, pienso otra cosa; **alle ~n** todos los demás; **es blieb mir nichts ~s übrig** no tuve otro remedio; **unter ~m** entre otras cosas; **der eine oder ~** el uno o el otro; **der eine …, der ~ …** el uno…, el otro…; **es kam eins zum ~n** lo uno trajo lo otro; **jemand ~s** otra persona; **einer nach dem ~n** uno tras otro; **eins nach dem ~** una cosa tras otra
❷ (*folgend*) siguiente; **von einem Tag auf den ~n** de la noche a la mañana; **am ~n Tag** al día siguiente

ander(e)nfalls *adv* en caso contrario, en otro caso

ander(e)norts *adv* (*geh*) en otro lugar; **du musst dein Glück ~ versuchen** has de probar suerte en otro lugar; **die Erklärung findet sich ~** la explicación ha de buscarse en otro lugar

and(e)rerseits *adv* por otro lado, por otra parte; **einerseits muss ich noch arbeiten, ~ ist das Wetter so schön** por una parte tengo aún que trabajar, por otra, hace un día tan bonito

Anderkonto *nt* <-s, -konten> (FIN) cuenta *f* fiduciaria

andermal *adv*: **ein ~** en otra ocasión

ändern [ˈɛndɐn] I. *vt* cambiar, modificar; **daran lässt sich nichts ~** esto no se puede cambiar; **seine Meinung ~** cambiar de opinión
II. *vr*: **sich ~** cambiar; **du hast dich sehr geändert** has cambiado mucho; **er hat versprochen sich grundlegend zu ~** ha prometido enmendarse

andernfalls *adv s.* **ander(e)nfalls**

andernorts *adv s.* **ander(e)norts**

anders [ˈandɐs] *adv* de otra manera [*o* forma] (*als* que); (*unterschiedlich*) distinto (*als* a/de); (*im Gegensatz*) al contrario (*als* que); **~ ausgedrückt** dicho de otra manera; **~ denkend** de otra opinión, que piensa de manera distinta; **~ Denkender** persona de diferente parecer; **~ gesinnt** que piensa de otro modo, de otra ideología; **~ gläubig** que tiene otras creencias; **~ lautend** diferente; **sie sieht ~ aus als ihre Schwester** tiene otro aspecto que su hermana; **ich habe es nicht ~ erwartet** no había esperado otra cosa; **so und nicht ~** así y de ningún otro modo; **es geht nicht ~** no se puede hacer de otro modo; **ich habe es mir ~ überlegt** cambié de opinión; **wie sollte es auch ~ sein?** no podía haber sido de otra manera; **~ als sein Bruder …** (*im Gegensatz zu*) al contrario que su hermano…

andersartig *adj* distinto, diferente

andersdenkend *adj s.* **anders**

Andersdenkende(r) *mf* <-n, -n; -n, -n> persona *f* de diferente parecer

andersfarbig *adj* de otro color; (*Rasse*) de otra raza; **die ~ Minderheit** la minoría de otra etnia

andersgesinnt *adj s.* **anders**

Andersgesinnte(r) *mf* <-n, -n; -n, -n> persona *f* de otra orientación, persona *f* no afín; (*Dissident*) disidente *mf*; **die ~n** los que piensan de otro modo

andersgläubig *adj s.* **anders**

Andersgläubige(r) *mf* <-n, -n; -n, -n> (REL) heterodoxo, -a *m, f*; **mit absoluter Intoleranz verurteilt er alle ~n** condena con total intolerancia a todos los que pertenecen a otra religión

andersherum I. *adv* ❶ (*in die andere Richtung*) en sentido contrario, en la otra dirección, al revés, al contrario; **das Karussell geht mal so rum und mal ~** el carrusel gira unas veces así y otras al revés; **dreh dich mal ~, damit ich dich von vorne sehe!** gírate en la otra dirección para que te pueda ver por delante; **leg das Buch ~, sonst klappt es dir zu!** pon el libro al revés, si no se te va a cerrar; **die Schraube muss ~ reingedreht werden** hay que atornillar el tornillo en sentido contrario
❷ (*von der anderen Richtung*) en sentido opuesto, al revés; **das ist eine Einbahnstraße, Sie müssen ~ reinfahren!** esta calle es de sentido único, sólo puede acceder a ella en sentido contrario [*o* en el otro sentido]; **steck das Teil ~ in das Loch** mete la pieza al revés en el agujero
❸ (*gewendet*) del revés; **dies ist eine Wendejacke, die kann man**

anderslautend 34 **Anerkennung**

auch ~ **tragen** esta chaqueta es reversible, se puede llevar también del revés; **du hast deinen Pulli falsch an; zieh ihn dir mal ~ an** te has puesto el jersey al [*o* del] revés; póntelo bien [*o* dale la vuelta]
II. *adj* (*fam: homosexuell*): ~ **sein** ser de la acera de enfrente, ser de la otra acera
anderslautend *adj s.* **anders**
andersrum ['andəsrʊm] *adj o adv* (*fam*) *s.* **andersherum**
anderssprachig *adj* de otra lengua; **die ~e Bevölkerung** la población que habla otra lengua; **wo stehen die ~en Zeitschriften?** ¿dónde están las revistas en otras lenguas?; **mir fällt der ~e Terminus nicht ein** no se me ocurre la traducción a la otra lengua
anderswie *adv* (*fam*) de otro modo, de otra manera; **konntest du das nicht ~ regeln?** ¿no podrías arreglarlo de otra forma?
anderswo ['--(')-] *adv* en (cualquier) otra parte
anderswoher ['---(')-] *adv* de (cualquier) otra parte
anderswohin ['---(')-] *adv* a (cualquier) otra parte
anderthalb ['andɛt'halp] *adj inv* uno y medio
anderthalbfach *adj* una vez y media
anderthalbmal *adv* una vez y media, un 50% más; **nimm ~ soviel Tee, dann schmeckt er besser** pon la cantidad y media de té, así sabrá mejor; **in Wirklichkeit waren es ~ so viele Demonstranten wie zugegeben** en realidad había un 50% más de manifestantes de lo reconocido
Änderung ['ɛndərʊŋ] *f* <-, -en> ❶ (*Umgestaltung*) modificación *f*; ~ **der Rechtsform** modificación de la forma jurídica; **rechtserhebliche ~** modificación jurídicamente relevante; **~en vorbehalten** salvo modificación
❷ (*Wechsel*) cambio *m*
Änderungsantrag *m* <-(e)s, -träge> (POL) enmienda *f*; **einen ~ einbringen** presentar una propuesta de enmienda; **Änderungsbeschluss**^{RR} *m* <-es, -schlüsse> (JUR) decisión *f* de enmienda; **Änderungskündigung** *f* <-, -en> (JUR) aviso *m* de modificación; **Änderungsrecht** *nt* <-(e)s, *ohne pl*> derecho *m* de enmienda; **Änderungssatzung** *f* <-, -en> (JUR) estatuto *m* de modificación; **Änderungsschneider(in)** *m(f)* <-s, -; -, -nen> modista *mf* de arreglos [*o* de viejo]; (*Männer auch:*) sastre *m* de arreglos; **Änderungsschneiderei** *f* <-, -en> sastrería *f* de arreglos; **Änderungsverbot** *nt* <-(e)s, -e> (JUR) prohibición *f* de modificación; **Änderungsvertrag** *m* <-(e)s, -träge> contrato *m* de modificación, pacto *m* de modificación; **Änderungsvorbehalt** *m* <-(e)s, -e> (JUR) reserva *f* de modificación; **Änderungsvorschlag** *m* <-(e)s, -schläge> propuesta *f* de enmienda; **Änderungswunsch** *m* <-(e)s, -wünsche> propuesta *f* de cambio, cambio *m* deseado; (*Änderungsvorschlag*) enmienda *f*; **einen ~ haben** solicitar un cambio, presentar una enmienda; **gibt es weitere Änderungswünsche zur Tagesordnung?** ¿se proponen más cambios en el orden del día?
anderweitig ['----] I. *adj* ❶ (*sonstig*) otro
❷ (*an anderer Stelle*) en otra parte
II. *adv* ❶ (*anders*) de otra manera; **etw ~ verwenden** usar algo para otras cosas; **sie ist gerade ~ beschäftigt** está haciendo otra cosa
❷ (*an anderer Stelle*) en otra parte
an|deuten I. *vt* ❶ (*Wunsch, Vorhaben*) indicar, señalar
❷ (*kurz erwähnen*) aludir (a); (*zu verstehen geben*) dar a entender, insinuar
❸ (*skizzieren*) bosquejar, esbozar
II. *vr: sich ~* vislumbrarse
Andeutung *f* <-, -en> ❶ (*Anspielung*) alusión *f*, insinuación *f*; **versteckte ~** indirecta *f*; **~en über etw machen** hacer alusiones respecto a algo
❷ (*Anzeichen, Spur*) asomo *m*, indicio *m*
andeutungsweise *adv* indirectamente, de pasada
Andeutungswerbung *f* <-, *ohne pl*> publicidad *f* indirecta
an|dienen *vt* ofrecer; **er hat sich der Partei immer wieder angedient** se ha puesto a disposición del partido una y otra vez
Andienung *f* <-, -en> oferta *f* (insistente)
andienungspflichtig *adj* sujeto a oferta [*o* al precio residual]
Andienungsrecht *nt* <-(e)s, *ohne pl*> derecho *m* de oferta al precio residual
an|docken *vi* acoplar
Andockmanöver *nt* <-s, -> maniobra *f* de acoplamiento
Andorra [an'dɔra] *nt* <-s> Andorra *f*
Andorraner(in) *m(f)* <-s, -; -, -nen> andorrano, -a *m, f*
andorranisch *adj* andorrano
Andrang *m* <-(e)s, *ohne pl*> ❶ (*Gedränge*) aglomeración *f* de gente, gentío *m*
❷ (*Zuströmen*) afluencia *f* (*auf* a); (*von Blut*) aflujo *m*
andre(r, s) ['andrə, 'andrɐ, 'andrəs] *pron indef s.* **andere(r, s)**
Andreaskreuz [an'dre:askrɔɪts] *nt* <-es, -e> (REL) aspa *f* de san Andrés, cruz *f* de san Andrés
❷ (*Verkehrsschild*) aspas *fpl*
an|drehen *vt* ❶ (*Wasser, Heizung*) abrir; (*Licht, Radio*) encender; (*Maschine*) poner en marcha
❷ (*festdrehen*) apretar
❸ (*Wend.*): **jdm etw ~** (*fam*) endosar [*o* endilgar] algo a alguien
andrerseits *adv s.* **and(e)rerseits**
Androgen [andro'ge:n] *nt* <-s, -e> (MED) andrógeno *m*
androgyn [andro'gy:n] *adj* (BIOL) andrógino
an|drohen *vt*: **jdm etw ~** amenazar a alguien con algo, conminar a alguien con algo
Androhung *f* <-, -en> amenaza *f*; **~ von Gewalt** amenaza de uso de fuerza
Androide, -in [andro'i:də] *m, f* <-n, -n; -, -nen> androide *mf*
Andruck[1] *m* <-(e)s, *ohne pl*> (TECH) presión *f*, fuerza *f* de compresión
Andruck[2] *m* <-(e)s, -e> (TYPO) prueba *f* de imprenta, primera prueba *f*
an|drucken *vt* (TYPO) sacar una prueba (de)
an|drücken *vt* apretar (*an* contra); (*Pflaster*) aplicar (*an* a), poner (*an* en)
an|dünsten *vt* (GASTR) rehogar
an|ecken ['anʔɛkən] *vi sein* (*fam*) meter la pata
an|eignen *vr: sich ~* ❶ (*nehmen*) apropiarse (de), adueñarse (de); (*widerrechtlich*) usurpar; (*Gebiet*) anexionar
❷ (*Wissen*) adquirir; (*Meinung*) adoptar; (*Gewohnheit*) contraer
Aneignung *f* <-, -en> (JUR) apropiación *f*; **betrügerische ~** apropiación ilícita; **widerrechtliche ~** apropiación indebida
Aneignungsgestattung *f* <-, -en> (JUR) permiso *m* de apropiación
Aneignungsrecht *nt* <-(e)s, -e> derecho *m* de apropiación
aneinander [--'--] *adv* el uno al otro; **~ denken** pensar el uno en el otro; **~ fügen** (TECH) unir, juntar, enlazar; **~ geraten** reñir, tener un altercado; (*handgreiflich*) llegar a las manos; **~ grenzen** limitar (uno con otro); (*Länder*) ser países limítrofes, tener fronteras comunes; (*Grundstücke*) ser fincas colindantes [*o* contiguas]; **~ halten** poner uno al lado de otro; **~ reihen** colocar pegados unos a los otros; **sich ~ reihen** sucederse; **die Jahre reihten sich ~** los años se sucedían; **sich ~ schmiegen** estrecharse [*o* acurrucarse] uno contra otro; **vor Kälte schmiegten sich die Kinder eng ~** los niños se arrebujaron uno contra otro por el frío; **~ stellen** colocar uno al lado del otro; **die Regale wurden alle ~ gestellt** colocaron las estanterías una junto a otra; **~ stoßen** chocar(se), darse uno con otro; (*angrenzen*) limitar, lindar; **versehentlich stießen sie beim Tanzen ~** al bailar chocaron sin querer; **an dieser Stelle stoßen unser Grundstück und der Fluss ~** en este punto nuestra finca linda con el río
aneinander|fügen *vt s.* **aneinander**
aneinander|geraten* *irr vi sein s.* **aneinander**
aneinander|grenzen *vi s.* **aneinander**
aneinander|halten *irr vt s.* **aneinander**
aneinander|reihen I. *vt s.* **aneinander**
II. *vr: sich ~ s.* **aneinander**
aneinander|schmiegen *vr: sich ~ s.* **aneinander**
aneinander|stellen *vt s.* **aneinander**
aneinander|stoßen *irr vi sein s.* **aneinander**
Anekdote [anɛk'do:tə] *f* <-, -n> anécdota *f*
an|ekeln *vt* repugnar, dar asco (a); **du ekelst mich an** me das asco
Anemometer [anemo'me:tɐ] *nt* <-s, -> (METEO) anemómetro *m*
Anemone [ane'mo:nə] *f* <-, -n> anémona *f*
Anerbenrecht *nt* <-(e)s, -e> (JUR) derecho *m* de herencia campesina
an|erbieten* *irr vr: sich ~* (*geh*) ofrecerse (*zu* para)
Anerbieten *nt* <-s, -> (*geh*) ofrecimiento *m*
anerkannt I. *pp von* **anerkennen**
II. *adj* (*angesehen, unbestritten*) reconocido
anerkanntermaßen ['----'--] *adv* como es sabido
an|erkennen* *irr vt* ❶ (*akzeptieren*) aceptar, admitir; (*Schuld*) confesar
❷ (*öffentlich bestätigen*) reconocer; (*gesetzlich*) legitimar, legalizar; (*Vaterschaft*) reconocer; (*Zeugnisse*) convalidar
anerkennend *adj* de reconocimiento; **ein ~es Lächeln** una sonrisa aprobatoria
anerkennenswert I. *adj* loable, digno de reconocimiento [*o* de aprecio]; **Ihre Bemühungen sind zweifellos ~** sus esfuerzos son, sin lugar a dudas, loables
II. *adv* encomiablemente; **die Bevölkerung hat sich ~ verhalten** el comportamiento de la población ha sido digno de aprecio
Anerkenntnis *nt* <-ses, -se> (JUR) reconocimiento *m* (oficial), admisión *f*
Anerkenntnisurteil *nt* <-s, -e> (JUR) sentencia *f* de allanamiento
Anerkennung *f* <-, *ohne pl*> ❶ (*Würdigung*) reconocimiento *m*, aprobación *f*; **in ~ +gen** en consideración a [*o* reconocimiento de]; **~ finden** hallar aprobación
❷ (*ausländischer Abschlüsse*) homologación *f*
❸ (JUR, POL) reconocimiento *m*; **~ der Vaterschaft** reconocimiento de la paternidad; **~ als Kriegsdienstverweigerer** reconocimiento como obje-

Anerkennungsprinzip

tor de conciencia; ~ **als politisch Verfolgter** reconocimiento como perseguido político; ~ **ausländischer Gerichtsentscheidungen** reconocimiento de resoluciones judiciales extranjeras; **gegenseitige** ~ reconocimiento recíproco [*o* bilateral]; **gerichtliche** ~ reconocimiento judicial

Anerkennungsprinzip *nt* <-s, -ien> (JUR) principio *m* del reconocimiento; **Anerkennungsrichtlinien** *fpl* (JUR) directivas *fpl* de reconocimiento

Anerkennungs- und Vollstreckungsausführungsgesetz *nt* <-es, *ohne pl*> ley *f* sobre reconocimiento e implementación ejecutiva

Anerkennungsurteil *nt* <-s, -e> (JUR) sentencia *f* de reconocimiento; **Anerkennungsverfahren** *nt* <-s, -> (JUR) procedimiento *m* de reconocimiento

an|erziehen* *irr vt* inculcar

Aneurin [anɔɪˈriːn] *nt* <-s, *ohne pl*> aneurina *f*

an|fachen [ˈanfaxən] *vt* (*geh*) ❶ (*Feuer*) atizar, avivar
❷ (*Leidenschaft*) avivar

an|fahren *irr* I. *vi sein* ❶ (*starten*) arrancar
❷ (*sich nähern*) acercarse (en un vehículo)
II. *vt* ❶ (*heranschaffen*) acarrear
❷ (*ansteuern*) parar (en); (*Hafen*) arribar (a); **wir werden die nächste Tankstelle ~** pararemos en la próxima gasolinera; **sie fuhren München an** se dirigieron a Munich
❸ (*anstoßen*) chocar (contra); (*Person*) atropellar, arrollar
❹ (*schelten*) increpar
❺ (TECH: *Maschine*) poner en marcha

Anfahrt *f* <-, -en> ❶ (*Strecke*) trayecto *m*, recorrido *m* para ir/venir
❷ (*Zeit*) tiempo *m* para ir/venir; **eine weite** [*o* **lange**] ~ **haben** tener mucha distancia, vivir (muy) lejos

Anfahrtskosten *pl* gastos *mpl* de desplazamiento; ~ **berechnen** cobrar los gastos de desplazamiento; **Anfahrtsweg** *m* <-(e)s, -e> recorrido *m*; **einen kurzen** ~ **zum Büro haben** tardar poco en coche hasta la oficina

Anfall¹ *m* <-(e)s, -fälle> (MED) ataque *m*; **in einem** ~ **von Zorn** en un ataque de cólera

Anfall² *m* <-(e)s, *ohne pl*> (*Entstehen*) acumulación *f*; **der** ~ **an Arbeiten war gering/hoch** había poco/mucho trabajo; ~ **der Erbschaft/des Vermächtnisses** (JUR) apertura de la herencia/del legado

an|fallen *irr* I. *vi sein* (*sich ergeben*) producirse; (*Probleme*) presentarse, plantearse; **die ~den Zinsen** los intereses acumulados
II. *vt* (*angreifen*) atacar, asaltar

anfällig [ˈanfɛlɪç] *adj* propenso (*für* a), predispuesto (*für* a); (*schwächlich*) achacoso

Anfälligkeit *f* <-, *ohne pl*> ❶ (MED) propensión *f* (*für* a), predisposición *f* (*für* a)
❷ (TECH) mala calidad *f*

Anfallwirkung *f* <-, -en> (JUR) efecto *m* de accesión

Anfang [ˈanfaŋ] *m* <-(e)s, -fänge> comienzo *m*, principio *m*; **am ~ des Jahres** a principios del año; ~ **nächster Woche** a principios de la próxima semana; ~ **März** a primeros [*o* a principios] de marzo; **er ist ~ fünfzig** tiene poco más de cincuenta (años); **den** ~ **machen** comenzar, empezar; **einen neuen** ~ **machen** empezar de nuevo; **von** ~ **an** desde un principio; **das ist der** ~ **vom Ende** es el principio del fin; **von** ~ **bis Ende** de principio a fin, de cabo a rabo; **aller** ~ **ist schwer** (*prov*) el primer paso es el que cuesta

an|fangen *irr* I. *vi* (*beginnen*) empezar, comenzar; **das fängt ja gut an!** ¡vaya comienzo!; **klein** [*o* **unten**] ~ empezar desde abajo
II. *vt* ❶ (*beginnen*) comenzar (*mit* con/por, *zu* a), empezar (*mit* con/por, *zu* a); (*plötzlich*) echarse (*zu* a), romper (*zu* a); (*einleiten*) iniciar; (*Gespräch*) entablar; **der Unterricht fängt um 8 Uhr an** las clases empiezan a las 8 horas; **es fing an zu regnen** [*o* **zu regnen an**] empezó a llover
❷ (*machen*) hacer; **was sollen wir jetzt nur ~?** pero, ¿qué hacemos ahora?; **damit kann ich nichts ~** no me sirve para nada; **ich weiß nicht, was ich damit ~ soll** no sé qué hacer con esto; **mit dir ist heute überhaupt nichts anzufangen!** ¡hoy no sirves para nada!

Anfänger(in) *m(f)* <-s, -; -, -nen> principiante *mf*; **ein blutiger ~** (*fam*) un novato

Anfängerkurs *m* <-es, -e> curso *m* para principiantes; **Anfängerübung** *f* <-, -en> ejercicio *m* para principiantes

anfänglich [ˈanfɛŋlɪç] *adj* primero, inicial; **nach ~em Zögern/~en Schwierigkeiten** tras los titubeos/las dificultades iniciales

anfangs [ˈanfaŋs] I. *präp* +*gen* (*fam*) a principios de; ~ **des Monats** a principios de mes
II. *adv* al principio, al comienzo; ~ **ging alles gut** al principio todo fue bien

Anfangsbuchstabe *m* <-n(s), -n> (letra *f*) inicial *f*; **Anfangsgehalt** *nt* <-(e)s, -hälter> sueldo *m* inicial [*o* de entrada]; **Anfangsschwindigkeit** *f* <-, -en> (TECH, PHYS) velocidad *f* inicial; **Anfangsgründe** *mpl* rudimentos *mpl*, nociones *fpl* elementales, conocimientos

Anflugschneise

mpl básicos; **jdm die ~ der Geometrie beibringen** enseñar a alguien las primeras nociones de geometría; **Anfangsinvestition** *f* <-, -en> inversión *f* inicial; **Anfangskapital** *nt* <-(e)s, *ohne pl*> (FIN) capital *m* inicial, patrimonio *m* inicial; **Anfangskosten** *pl* gastos *mpl* iniciales; **Anfangskurs** *nt* <-es, -e> (FIN) cotización *f* inicial; **Anfangsschwierigkeit** *f* <-, -en> dificultad *f* inicial; **Anfangsstadium** *nt* <-s, -stadien> fase *f* inicial; **im ~** en la fase inicial; **Anfangstermin** *m* <-s, -e> (JUR) fecha *f* inicial; **Anfangsverdacht** *m* <-(e)s, -e> (JUR) sospecha *f* inicial; **Anfangsvermögen** *nt* <-s, *ohne pl*> (FIN) patrimonio *m* inicial; **Anfangszeit** *f* <-, -en> ❶ (*anfängliche Zeit*) comienzos *mpl*, primera época *f*; **in der ~ war ihm die Umstellung schwer gefallen** al principio le costó adaptarse a la nueva situación
❷ (*Beginn einer Veranstaltung*) hora *f* de comienzo; **die ~en entnehmen Sie bitte unserem Programmheft** encontrarán en nuestro programa las horas a las que dan comienzo los actos

an|färben *vt* teñir (ligeramente)

an|fassen I. *vi* (*mithelfen*) ayudar, echar una mano
II. *vt* ❶ (*berühren*) tocar; (*greifen*) tomar, coger; (*stärker*) agarrar; **ein Politiker zum A~** un político que no rehuye el contacto con los ciudadanos
❷ (*behandeln*) tratar; (*Problem*) enfocar; **jdn hart ~** tratar a alguien con dureza; **du hast die Sache verkehrt angefasst** has enfocado mal el asunto
III. *vr*: **sich ~** ❶ (*bei der Hand nehmen*) cogerse de la mano
❷ (*sich anfühlen*): **der Stoff fasst sich wie Seide an** el tejido tiene un tacto como de seda

an|fauchen *vt* ❶ (*Katze*) bufar
❷ (*zurechtweisen*) echar una bronca (a); **jdn ~** bufar a alguien

an|faulen *vi sein* empezar a estropearse [*o* a pudrirse], echarse a perder; (*Frucht*) picarse, macarse; (*Zahn*) cariarse; **wir sollten das angefaulte Obst wegwerfen** deberíamos tirar la fruta picada; **wenn du die angefaulte Stelle ausschneidest, kannst du den Apfel noch essen** si le cortas la maca, todavía puedes comerte la manzana

anfechtbar [ˈanfɛçtbaːɐ] *adj* ❶ (*Testament, Urteil*) impugnable
❷ (*Behauptung*) refutable, discutible

Anfechtbarkeit *f* <-, *ohne pl*> ❶ (JUR) impugnabilidad *f*
❷ (*einer Theorie*) refutabilidad *f*

an|fechten *irr vt* ❶ (*bestreiten*) refutar; (*Urteil, Testament*) impugnar; (*Recht*) disputar; (*Berufung einlegen*) recurrir (de/contra)
❷ (*geh: bekümmern*) inquietar

Anfechtung *f* <-, -en> ❶ (JUR) impugnación *f*, recurso *m* (de/contra); ~ **wegen Irrtums** impugnación a causa de error; ~ **wegen Nötigung** impugnación por coacción; ~ **wegen Täuschung** impugnación a causa de engaño; ~ **der Ehelichkeit** impugnación de la filiación
❷ (*geh: Vorwürfe*) reproches *mpl*
❸ (*geh: Versuchung*) tentación *f*

Anfechtungsberechtigte(r) *mf* <-n, -n; -n, -n> (JUR) legitimado, -a *m, f* para impugnar; **Anfechtungsfrist** *f* <-, -en> (JUR) plazo *m* de impugnación; **Anfechtungsgegner(in)** *m(f)* <-s, -; -, -nen> (JUR) oponente *m* a la impugnación; **Anfechtungsgesetz** *nt* <-es, -e> (JUR) ley *f* evocatoria; **Anfechtungsgrund** *m* <-(e)s, -gründe> (JUR) causa *f* de impugnación; **Anfechtungsklage** *f* <-, -n> (JUR) acción *f* de impugnación; **Anfechtungsrecht** *nt* <-(e), *ohne pl*> derecho *m* de impugnación; **Anfechtungswiderspruch** *m* <-(e)s, -sprüche> (JUR) contradicción *f* impugnatoria

an|feinden [ˈanfaɪndən] *vt* hostigar, atacar

Anfeindung *f* <-, -en> acoso *m* público, hostigamiento *m*; **allen ~en zum Trotz blieb er in seinem Amt** pese a todos los ataques permaneció en su cargo

an|fertigen *vt* ❶ (*machen*) hacer
❷ (*herstellen*) fabricar; (*Kleidung*) confeccionar
❸ (*Schriftstück*) redactar

Anfertigung *f* <-, -en> fabricación *f*, producción *f*; (*Schneider*) confección *f*; (*Schreiben*) redacción *f*

an|feuchten [ˈanfɔɪçtən] *vt* humedecer; (*stärker*) mojar

an|feuern *vt* ❶ (*anheizen*) encender
❷ (*anspornen*) enardecer, enfervorizar

an|fixen *vt* (*sl*) enganchar, captar; **die Dealer versuchen, bereits Schüler anzufixen** los camellos tratan de enganchar incluso a colegiales

an|flehen *vt* implorar, suplicar; (REL) impetrar

an|fletschen *vt* (*Hund*) enseñar los dientes

an|fliegen *irr* I. *vi sein* (*herankommen*) acercarse (volando); **angeflogen kommen** (*fig*) llegar como caído del cielo
II. *vt* ❶ (*ansteuern*) dirigirse (a), acercarse (a); (*zur Zwischenlandung*) hacer escala (en); (*Fluglinie unterhalten*) cubrir la línea (de)

Anflug *m* <-(e)s, -flüge> ❶ (AERO) vuelo *m* de aproximación
❷ (*Andeutung*) asomo *m* (*von* de), deje *m* (*von* de); **mit einem ~ von Heiterkeit** con un asomo de alegría

Anflugschneise *f* <-, -n> (AERO) corredor *m* de llegada, pasillo *m* de

anfordern 36 **Angelleine**

aterrizaje
an|fordern vt pedir; (stärker) reclamar, exigir
Anforderung f <-, -en> ❶ (das Anfordern) demanda f; **auf ~ a petición**
❷ (Anspruch) exigencia f, requisito m; **den ~en genügend** cumpliendo con los requisitos; **den ~en nicht entsprechen** no reunir los requisitos; **den ~en nicht gewachsen sein** no estar a la altura (de las exigencias); **sie stellten hohe ~en an unsere Kraft** exigían de nosotros mucha energía; **die gestellten ~en** los requisitos exigidos
Anforderungsprofil nt <-(e)s, -e> perfil m de un puesto; **das ~ des Bewerbers** el perfil del candidato
Anfrage f <-, -n> pregunta f (bei a), solicitud f de información; (POL, JUR) interpelación f; ~ **seitens** +gen solicitud de información por parte de; ~ **wegen Kreditwürdigkeit** solicitud de información acerca de la solvencia; **auf ~ a petición** (von de); **grosse/kleine ~** interpelación grande/pequeña
an|fragen vi preguntar (bei a), pedir informes (bei a); (POL) interpelar
an|freunden vr: **sich ~ ❶** (Freundschaft schließen) trabar amistad (mit con), hacerse amigo (mit de), amistarse CSur; (enger) intimar (mit con)
❷ (sich gewöhnen) familiarizarse (mit con), acostumbrarse (mit a); **ich konnte mich nur schwer mit dem Gedanken ~** me costó mucho hacerme a la idea
an|fügen ['anfy:gən] vt ❶ (bemerken) añadir (an a), agregar (an a)
❷ (beilegen) juntar, unir
an|fühlen vr: **sich hart/weich ~** ser blando/duro al tacto; **der Stoff fühlt sich gut an** el tejido tiene un buen tacto
Anfuhr ['anfu:ɐ] f <-, ohne pl> transporte m; (mit LKW) camionaje m
an|führen vt ❶ (vorangehen) encabezar, guiar; (MIL) tener bajo su mando, capitanear
❷ (leiten) dirigir, guiar
❸ (vorbringen) aducir, alegar
❹ (zitieren) citar
❺ (benennen) mencionar
Anführer(in) m(f) <-s, -; -, -nen> jefe, -a m, f; (POL) líder mf; (einer Bande) cabecilla mf
Anführung f <-, -en> alegación f
Anführungsstrich m <-(e)s, -e> comilla f; **~e oben/unten** abrir/cerrar comillas; **etw mit ~en versehen** [o **in ~e setzen**] poner algo entre comillas; **Anführungszeichen** nt <-s, -> s. **Anführungsstrich**
an|füllen vt llenar (mit de); (übermäßig) colmar (mit de)
an|funkeln vt lanzar una mirada fulminante, fulminar con la mirada
Angabe¹ f <-, -n> ❶ (Information) indicación f, dato m; **~ von Referenzen/Ankauf- und Verkaufskurs** (COM, FIN) indicación de referencias/del cambio de compraventa; **~n zur Person** datos personales; **falsche/wahrheitsgemäße ~** declaración falsa/verídica; **nähere ~n** más detalles; **saisonbereinigte ~n** (COM, FIN) datos una vez eliminadas las variaciones estacionales; **ich musste ~n zu meiner Person machen** tuve que dar mis datos personales; **nähere ~n zu etw machen** describir algo más detalladamente; **ohne ~ von Gründen** sin aducir los motivos
❷ (SPORT) Aufschlag) saque m, servicio m
Angabe² f <-, ohne pl> (Prahlerei) fanfarronería f, chulería f
an|gaffen vt (fam abw) mirar de hito en hito [o sin pestañear]
an|geben irr I. vi ❶ (fam: prahlen) fanfarronear, presumir (mit de), palanganear Am; **gib nicht so an!** ¡no presumas tanto!
❷ (SPORT) sacar
❸ (beim Kartenspiel) jugar primero, ser mano
II. vt ❶ (nennen) indicar, señalar; (mitteilen) decir; (im Einzelnen) detallar, especificar; (Gründe) alegar
❷ (Richtung) determinar, fijar
❸ (anzeigen) denunciar; (melden) declarar
Angeber(in) m(f) <-s, -; -, -nen> (fam) fanfarrón, -ona m, f, canchero, -a m, f Arg, chévere mf SAm, echador(a) m(f) Cuba, Mex, DomR, fullero, -a m, f Chil, Kol; (Aufschneider) chulo, -a m, f
Angeberei¹ f <-, -en> (fam: Äußerung, Handlung) fanfarronada f, fullería f Chil, Kol
Angeberei² f <-, ohne pl> (fam: Aufschneiderei) chulería f
Angeberin f <-, -nen> (fam) s. **Angeber**
angeberisch adj (fam) fanfarrón, fullero Chil, Kol, grifo Kol; (aufschneiderisch) chulo
Angebetete(r) mf <-n, -n; -n, -n> (iron: Geliebte(r)) amado, -a m, f, idolatrado, -a m, f; (Idol) ídolo m
angeblich ['ange:plɪç, -'-] I. adj supuesto, presunto
II. adv según dicen, al parecer; **er hat ~ gestern angerufen** según dicen [o parece ser que] llamó ayer; **er ist ~ verreist** al parecer está de viaje
angeboren adj de nacimiento
Angebot nt <-(e)s, -e> ❶ (Vorschlag) ofrecimiento m, oferta f; **ein ~ ablehnen/annehmen** rechazar/aceptar una oferta
❷ (WIRTSCH) oferta f; **~ und Nachfrage** oferta y demanda; **bindendes ~** oferta vinculante; **festes ~** oferta en fijo; **freibleibendes** [o **unverbindliches**] **~** oferta sin compromiso; **freiwilliges ~** oferta voluntaria; **gleich bleibendes ~** oferta invariable; **reichliches ~** oferta variada; **rückläufiges ~** oferta bajista [o regresiva]; **verbindliches ~** oferta vinculante; **ein ~ einholen/widerrufen** solicitar/retirar una oferta; **ein ~ unterbreiten** (geh) presentar una propuesta; **zu einem ~ auffordern** invitar a ofertar; **auf ein ~ eingehen** hacer uso de una oferta
❸ (Auswahl) surtido m
Angebotsabgabe f <-, ohne pl> presentación f de una oferta; **Angebotsanforderung** f <-, -en> solicitud f de oferta, petición f de oferta; **Angebotsannahme** f <-, ohne pl> aceptación f de una oferta; **Angebotsbedingung** f <-, -en> condiciones fpl de la oferta; **Angebotsbefristung** f <-, -en> (JUR) sujeción f a plazo de la oferta; **Angebotsbindung** f <-, -en> (JUR) vinculación f de la oferta; **Angebotsempfänger(in)** m(f) <-s, -; -, -nen> receptor(a) m(f) de una oferta; **Angebotsfrist** f <-, -en> (JUR) plazo m de oferta; **Angebotspflicht** f <-, ohne pl> (JUR) deber m de ofertar; **Angebotspreis** m <-es, -e> precio m de oferta; **Angebotsüberhang** m <-s, -hänge> (WIRTSCH) exceso m de la oferta; **Angebotsüberschuss**^RR m <-es, -schüsse> exceso m de la oferta
Angebots- und Nachfragemacht f <-, ohne pl> (WIRTSCH) poder m de oferta y demanda
Angebotsvielfalt f <-, ohne pl> variedad f de oferta
angebracht ['angəbraxt] I. pp von **anbringen**
II. adj (passend) oportuno, conveniente; (ratsam) recomendable, aconsejable; **die Bemerkung war durchaus ~** la observación fue totalmente oportuna; **das halte ich für ~** eso me parece conveniente
angedeihen vt: **jdm etw ~ lassen** (geh iron) otorgar [o conceder] algo a alguien
Angedenken nt <-s, ohne pl> (geh: Gedenken) memoria f, recuerdo m; **seligen ~s** (fam iron: einstig) en tiempos; (alt: verstorben) que Dios tenga en su gloria; **unseligen ~s** (geh) de infausta memoria, de infausto recuerdo
angegammelt adj (fam: angefault) pachucho, estropeado; (Frucht) macado, picado
angegilbt ['angəgɪlpt] adj amarillento
angegossen ['angəgɔsən] adj (fam): **etw passt** [o **sitzt**] **wie ~** algo queda que ni pintado [o que ni hecho a medida]
angegraut ['angəgraʊt] adj canoso
angehaucht adj ❶ (fig: tendierend) tendente (a); **links/grün ~ sein** ser de tendencias izquierdistas/ecologistas; **ein feministisch ~er Artikel** un artículo de sabor feminista
❷ (geh: gefärbt): **rosig ~e Wangen** mejillas levemente sonrosadas
angeheiratet ['angəhaɪra:tət] adj emparentado por matrimonio, político; **mein ~er Onkel** mi tío político
angeheitert ['angəhaɪtɐt] adj achispado, alegre, divertido SAm
an|gehen irr I. vi ❶ (fam: beginnen) empezar
❷ (fam: Licht) encenderse
❸ (fam: Pflanze) echar raíces
❹ (bekämpfen) luchar (gegen contra), oponerse (gegen a)
❺ (vertretbar sein): **es geht nicht an, dass ...** no puede ser que... +subj
II. vt ❶ (angreifen) arremeter (contra), atacar
❷ (in Angriff nehmen) acometer, emprender
❸ (betreffen) afectar; **das geht ihn gar nichts an** eso le importa un comino; **was deine Frage angeht, ...** con respecto [o por lo que respecta] a tu pregunta...
angehende(r, s) adj futuro
an|gehören* vi pertenecer (a), ser (de); (als Mitglied) ser miembro (de), estar afiliado (a); (einer Partei) militar (en)
angehörig adj perteneciente (a); **einer Gewerkschaft/Partei ~ sein** ser miembro de un sindicato/de un partido
Angehörige(r) mf <-n, -n; -n, -n> ❶ (der Familie) pariente mf; **die nächsten ~n** los parientes más cercanos
❷ (Mitglied) miembro m; (einer Partei) militante mf
Angeklagte(r) mf <-n, -n; -n, -n> acusado, -a m, f, procesado, -a m, f
angekratzt ['angəkratst] adj (fam) hecho polvo
Angel ['aŋəl] f <-, -n> ❶ (für Fischfang) caña f de pescar
❷ (Türscharnier) gozne m, bisagra f; **die Tür aus den ~n heben** sacar la puerta de los goznes; **zwischen Tür und ~** deprisa y corriendo
Angeld ['angɛlt] nt <-(e)s, -er> (HIST, FIN) señal f
Angelegenheit f <-, -en> asunto m, cuestión f; **auswärtige ~en** asuntos exteriores; **das ist meine ~** esto es asunto mío; **sich in fremde ~en mischen** meterse en asuntos ajenos; **misch dich nicht in ~en ein, die dich nichts angehen!** ¡no te metas donde nadie te llama [o en lo que no te importa]!
angelernt adj ❶ (Wissen) aprendido
❷ (Arbeiter) especializado, especialista
Angelgerät nt <-(e)s, -e> útiles mpl de pesca; **Angelhaken** m <-s, -> anzuelo m; **Angelleine** f <-, -n> sedal m

angeln ['aŋəln] I. vi, vt (*Fische*) pescar (con caña); **morgen gehen wir ~** mañana vamos a pescar
II. vr: **sich** dat **~** (*fam: erwischen*) pescar, pillar; **sich** dat **einen Mann ~** pescar marido

Angeln pl (HIST) anglos mpl

an|geloben* vt (*Österr*) juramentar, tomar juramento (a); **er wurde auf die Verfassung angelobt** juró la constitución

Angelobung f <-, -en> (*Österr: Vereidigung*) prestación f de juramento; (*auf ein Amt*) jura f de un cargo

Angelpunkt m <-(e)s, -e> piedra f angular; **der Dreh- und ~ einer Sache sein** ser el punto crucial de una cosa

Angelrute f <-, -n> caña f de pescar

Angelsachse, -sächsin m, f <-n, -n>; -, -nen> anglosajón, -ona m, f

angelsächsisch adj anglosajón

Angelschein m <-(e)s, -e> licencia f de pesca; **Angelschnur** f <-, -schnüre> sedal m; **Angelsport** m <-(e)s, ohne pl> pesca f deportiva

angemessen adj adecuado; (*Preis*) razonable; (*ausreichend*) suficiente; **etw für ~ halten** considerar algo adecuado; **das ist dem Anlass ~** la ocasión lo merece

Angemessenheit f <-, ohne pl> ① (*angemessene Entsprechung*) (justa) proporción f; **zwischen dem Preis der Ware und ihrer Qualität sollte ~ vorliegen** el precio de un artículo debería estar en justa proporción con su calidad
② (*passende Art*) adecuación f, conveniencia f; **~ von Abfindungen/Aufwendungen** (JUR) adecuación de las indemnizaciones por despido/de los gastos; **bei Ihrer Kleidung kann man nicht von ~ sprechen** no se puede decir que su vestimenta sea la (más) adecuada; **er achtete sehr auf die ~ seiner Worte** tuvo mucho cuidado de emplear las palabras adecuadas

angenehm ['angəne:m] adj agradable, grato; (*Unterhaltung*) ameno, entretenido; (*Mensch*) simpático; **es wäre mir ~, wenn ...** me gustaría mucho que... +subj; **~!** (*bei einer Begrüßung*) ¡encantado!; **~en Aufenthalt!** ¡feliz estancia!; **das A~e mit dem Nützlichen verbinden** conciliar lo útil con lo agradable

angepasstRR ['angəpast] adj, **angepaßt** adj (*Person*) amoldado, conformista

AngepasstheitRR f <-, ohne pl>, **Angepaßtheit** f <-, ohne pl> conformismo m

angeregt ['angəre:kt] adj (*lebhaft*) animado; **sich ~ unterhalten** tener una conversación animada

angesagt ['angəza:kt] adj (*fam*) anunciado, previsto; **heute ist Regen ~** para hoy han anunciado lluvia; **heute ist ein Ausflug ~** para hoy está anunciada una excursión; **kurze Röcke sind wieder schwer ~** (*in Mode*) hacen furor las faldas cortas

angesäuselt ['angəzɔɪzəlt] adj (*fam*) achispado, chispa

angeschlagen I. pp von **anschlagen**
II. adj (*erschöpft*) agotado, cansado; **seine Gesundheit ist ~** su salud está quebrantada

angeschmutzt ['angəʃmʊtst] adj ligeramente sucio

angeschrieben I. pp von **anschreiben**
II. adj (*fam*): **bei jdm gut/schlecht ~ sein** tener buena/mala reputación [o prensa] con alguien, estar bien/mal visto por alguien

Angeschuldigte(r) mf <-n, -n; -n, -n> (JUR) inculpado, -a m, f, encausado, -a m, f

angesehen I. pp von **ansehen**
II. adj (*geschätzt*) estimado, apreciado; **er ist überall ~** es estimado en todas partes

Angesicht nt <-(e)s, -er> (*geh*) cara f, rostro m; **von ~ zu ~** cara a cara

angesichts präp +gen (*geh*) ① (*beim Anblick*) ante, al ver, a la vista de; **~ der hervorgerufenen Überraschung** al ver la sorpresa causada
② (*hinsichtlich*) en vista de, ante; **~ der Tatsache, dass ...** en vista del hecho de que...

angespannt ['angəʃpant] adj ① (*Lage*) tenso, tirante
② (*Muskeln*) tenso
③ (*intensiv*) intenso, vivo

angestammt ['angəʃtamt] adj hereditario, heredado

angestaubt ['angəʃtaʊpt] adj empolvado; (*fam fig*) anticuado, chapado a la antigua; **~e Ansichten** ideas pasadas de moda

Angestellte(r) mf <-n, -n; -n, -n> empleado, -a m, f; **leitender ~r** ejecutivo; **~r im Außendienst/Innendienst** empleado para el servicio externo/interno

Angestelltenverhältnis nt <-ses, -se>: **im ~ stehen** estar empleado

Angestelltenversicherung f <-, -en> seguro m de empleados; **Angestelltenversicherungsgesetz** nt <-es, -e> ley f del régimen de la seguridad social de los empleados

angestrengt ['angəʃtrɛŋt] adv: **~ über etw nachdenken** pensar intensamente en algo

angetan ['angəta:n] I. pp von **antun**
II. adj: **von jdm ~ sein** sentir mucha simpatía por alguien; **von etw ~ sein** estar encantado con [o entusiasmado por] algo

Angetraute(r) ['angətraʊtə] mf <-n, -n; -n, -n> (*fam iron*) pariente mf

angetrunken I. pp von **antrinken**
II. adj achispado, alegre; **in ~em Zustand sein** estar con el puntillo

angewandt ['angəvant] pp von **anwenden**

angewiesen ['angəvi:zən] I. pp von **anweisen**
II. adj: **auf jdn/etw ~ sein** depender de alguien/algo, no poder prescindir de alguien/algo; **ich bin auf eine kleine Rente ~** dependo de una pequeña pensión

an|gewöhnen* vt: **jdm etw ~** acostumbrar alguien a algo, habituar alguien a algo; **sich** dat **etw ~** acostumbrarse a algo, coger la costumbre de algo; **gewöhn es dir endlich an, deutlicher zu sprechen** acostúmbrate de una vez a hablar más claro

Angewohnheit f <-, -en> costumbre f (adquirida)

angewurzelt adj: **wie ~ stehen bleiben** quedarse de piedra [o de una pieza]

angezeigt adj (*geh: angebracht*) conveniente; **es schien ihm ~ zu gehen** estimó conveniente irse

an|giften vt (*fam*) abroncar

Angina [aŋˈgiːna] f <-, Anginen> (MED) anginas fpl; **~ pectoris** angina de pecho; **eine ~ haben** tener (las) anginas

Angledozer m <-s, -> niveladora f de Angle, aplanadora f Angle

an|gleichen irr vt ① (*vereinheitlichen*) igualar, unificar
② (*anpassen*) adaptar (an a), ajustar (an a); (*Gehälter*) reajustar (an a); **sich jdm/etw ~** adaptarse a alguien/a algo

Angleichung f <-, -en> ① (*Gehalt, Gesetz*) equiparación f (an con), reajuste m (an a)
② (*gegenseitig*) armonización f, unificación f; **~ der Währung/der Wettbewerbsbedingungen** (WIRTSCH) armonización de las monedas/de las condiciones de competencia; **zwischen ihnen findet eine allmähliche ~ statt** se están adaptando el uno al otro

Angler(in) ['aŋlɐ] m(f) <-s, -; -, -nen> pescador(a) m(f) de caña

an|gliedern vt ① (*an eine Organisation*) asociar (an a); (*hinzufügen*) añadir (an a), agregar (an a)
② (*Gebiet*) anexionar (an a)

Angliederung f <-, -en> incorporación f (an a); (POL) anexión f (an a)

anglikanisch [aŋgliˈkaːnɪʃ] adj (REL) anglicano

Anglist(in) m(f) <-en, -en; -, -nen> (LING) angli(ci)sta mf

Anglistik [aŋˈglɪstɪk] f <-, ohne pl> filología f inglesa

Anglistin f <-, -nen> s. **Anglist**

Anglizismus m <-, Anglizismen> (LING) anglicismo m

an|glotzen vt (*fam abw*) mirar boquiabierto [o de hito en hito]

Angola [aŋˈgoːla] nt <-s> Angola f

Angolaner(in) m(f) <-s, -; -, -nen> angoleño, -a m, f

angolanisch adj angoleño

Angorakatze f <-, -n> gato m de Angora; **Angorawolle** f <-, -n> lana f de Angora, angora f

angreifbar adj atacable, impugnable

an|greifen irr vt ① (MIL, SPORT) atacar; (*überfallen*) asaltar; (*tätlich*) agredir
② (*kritisieren*) atacar, criticar; **jdn scharf ~** atacar duramente a alguien
③ (*schwächen*) debilitar; (*ermüden*) cansar, fatigar; (*Gesundheit*) perjudicar, afectar; (*psychisch*) emocionar; **angegriffen aussehen** tener mal aspecto
④ (CHEM) corroer
⑤ (*Vorräte*) empezar a consumir; (*Ersparnisse*) empezar a gastar, echar mano (de) par

Angreifer(in) m(f) <-s, -; -, -nen> agresor(a) m(f), asaltante mf; (*Angriffsspieler*) atacante mf

an|grenzen vi limitar (an con), (co)lindar (an con)

angrenzend adj contiguo, (*Grundstück*) colindante

Angriff m <-(e)s, -e> (a. MIL, SPORT) ataque m, ofensiva f; (*Überfall*) asalto m, agresión f; **tätlicher ~** agresión física; **etw in ~ nehmen** (*fig*) emprender algo; **~ ist die beste Verteidigung** (*prov*) la mejor defensa, el ataque

angriffig adj (*Schweiz*) s. **angriffslustig**

Angriffsfläche f <-, -n> superficie f de ataque, punto m de ataque; **keine ~ bieten** ser inexpugnable, ser invulnerable; **Angriffskrieg** m <-(e)s, -e> guerra f ofensiva [o de agresión]; **Angriffslust** f <-, ohne pl> belicosidad f, acometividad f

angriffslustig adj agresivo

Angriffsmittel nt <-s, -> (JUR) elemento m de ataque; **verspätetes Vorbringen des ~s** aporte tardío del elemento de ataque; **Angriffspunkt** m <-(e)s, -e> punto m de ataque; **Angriffsspiel** nt <-(e)s, -e> (SPORT) (juego m de) ataque m; **irgendwie fehlte dem ~ des Teams heute der rechte Biss** hoy le faltaba garra al equipo en el ataque; **Angriffsspieler(in)** m(f) <-s, -; -, -nen> (SPORT) jugador(a) m(f) de ataque

Angriffs- und Verteidigungsmittel nt <-s, -> (JUR) elemento m de

Angriffswaffe ataque y defensa

Angriffswaffe *f* <-, -n> (MIL) arma *f* ofensiva

an|grinsen *vt* mirar sonriendo irónicamente

angst: **mir ist ~ (und bange)** me muero de miedo; **wenn ich deine radikalen Ansichten höre, wird mir ~ (und bange)!** cuando escucho tus opiniones tan radicales, ¡me entra miedo!

Angst [aŋst, *pl:* 'ɛŋstə] *f* <-, Ängste> miedo *m* (*vor* a/de), julepe *m Am*, naco *m Arg*; (*schwächer*) temor *m* (*vor* a/de); (*stärker*) terror *m*, espanto *m*; (*Sorge*) preocupación *f* (*um* por); **vor jdm/etw dat ~ haben** tener miedo de alguien/a algo; **sie bekam** [*o* **kriegte**] **~ cogió** [*o* le entró] miedo; **keine ~!** ¡no tengas miedo!; **jdm ~ einjagen** amedrentar a alguien, julepear a alguien *CSur*; (**damit**) **willst du mir ~ einjagen** (con esto) quieres meterme miedo; **das jagt mir ~ ein** me da miedo; **jdm ~ (und Bange) machen** dar mucho miedo a alguien, causar [*o* producir] mucho miedo a alguien; **ihm sitzt die ~ im Nacken** tiene el miedo metido en el cuerpo; **sie hat ~, dass ...** tiene miedo de que... +*subj*; **~ und Schrecken verbreiten** sembrar el miedo [*o* el terror]

Angsthase *m* <-n, -n> (*fam*) miedica *mf*, gallina *mf*

ängstigen ['ɛŋstɪɡn̩] I. *vt* (*Angst einjagen*) amedrentar, aterrorizar, julepear *CSur*; (*beunruhigen*) inquietar, alarmar
II. *vr:* **sich ~** ❶ (*Angst haben*) tener miedo (*vor* a/de)
❷ (*sich sorgen*) inquietarse (*um* por)

Angstkauf *m* <-(e)s, -käufe> compra *f* por pánico

ängstlich ['ɛŋstlɪç] *adj* ❶ (*verängstigt*) miedoso, temeroso; (*schüchtern*) apocado, pusilánime; **ein ~es Gesicht machen** poner cara de miedo
❷ (*sorgfältig*) escrupuloso, meticuloso; **~ darauf bedacht sein, etw zu tun** procurar hacer algo meticulosamente
❸ (*besorgt*) preocupado

Ängstlichkeit *f* <-, *ohne pl*> pusilanimidad *f*, apocamiento *m*

Angstneurose *f* <-, -n> (MED, PSYCH) neurosis *f inv* de ansiedad;

Angstschrei *m* <-(e)s, -e> grito *m* de miedo [*o* de terror], chillido *m*; **die Eltern wurden durch die ~e ihrer Kinder alarmiert** los gritos de pánico de los niños alertaron a sus padres; **Angstschweiß** *m* <-es, *ohne pl*> sudor *m* frío; **Angsttraum** *m* <-(e)s, -träume> pesadilla *f*

angstvoll *adj* temeroso, angustiado; **jdn ~ anblicken** lanzar una mirada temerosa a alguien

Angstzustand *m* <-(e)s, -stände> estado *m* de angustia

an|gucken *vt* (*fam*) mirar; **sich** *dat* **etw ~** mirar algo

an|gurten *vr:* **sich ~** (AUTO) ponerse el cinturón de seguridad

Anh. *Abk. von* **Anhang** apéndice *m*

an|haben *irr vt* ❶ (*Kleidung*) llevar (puesto), vestir
❷ (*Schaden zufügen*): **jdm/etw nichts ~ können** no poder hacerle nada a alguien/a algo; **niemand konnte ihm etwas ~** no había por donde pillarla

an|haften *vi* ❶ (*kleben*) estar adherido (*an* a), estar pegado (*an* a/en)
❷ (*zugehören*) traer (consigo), tener; **zwei Nachteile haften dieser Sache an** esto tiene dos desventajas

an|halten *irr* I. *vi* ❶ (*andauern*) durar, perdurar; (*weitergehen*) seguir, continuar
❷ (*stoppen*) parar(se), detenerse
❸ (*werben*) solicitar; **um jds Hand ~** pedir la mano de alguien
II. *vt* ❶ (*Fahrzeug, Uhr*) parar, detener; (*Atem*) contener; (*Ton*) sostener
❷ (*anleiten*) animar (*zu* a), incitar (*zu* a); **er hält seinen Sohn zur Pünktlichkeit an** incita su hijo a la puntualidad
❸ (*an den Körper*): **sie hielt mir das Kleid an** me probó el vestido por encima

anhaltend *adj* constante, continuo

Anhalter(in) *m(f)* <-s, -; -, -nen> auto(e)stopista *mf*; **per ~ fahren** ir a dedo, hacer auto(e)stop

Anhalterecht *nt* <-(e)s, -e> (JUR) derecho *m* de visita

Anhaltspunkt *m* <-(e)s, -e> punto *m* de referencia; (*Indiz*) indicio *m*; **dafür gibt es keinen ~** no hay ningún indicio para eso

anhand [an'hant] *präp +gen* mediante; **~ dieser Unterlagen** mediante estos documentos

Anhang *m* <-(e)s, -hänge> apéndice *m*

an|hängen I. *vi irr* ❶ (*anhaften*) colgar (de); **das schlechte Image hing ihm noch lange an** el sambenito le quedó colgado por mucho tiempo
❷ (*zugehören*) seguir; **der neuen Mode ~** estar a la moda
II. *vt* ❶ (*aufhängen*) colgar (*an* de/en); **jdm etw ~** (*fam*) colgar (el sambenito de) algo a alguien
❷ (*ankuppeln*) enganchar (*an* a)
❸ (*anfügen*) añadir (*an* a), agregar (*an* a)

Anhänger¹ *m* <-s, -> (AUTO) remolque *m*, acoplado *m RíoPl*
❷ (*Schmuckstück*) colgante *m*
❸ (*für Koffer*) etiqueta *f*

Anhänger(in)² *m(f)* <-s, -; -, -nen> (*Person*) seguidor(a) *m(f)*, adepto, -a *m, f*; (SPORT) aficionado, -a *m, f*; (*einer Partei*) militante *mf*

Anhängerkupplung *f* <-, -en> (AUTO) enganche *m* del remolque

Anhängerschaft *f* <-, -en> (SPORT) aficionados *mpl*; (*einer Doktrin*) seguidores *mpl*, secuaces *mpl*; (*einer Partei*) militantes *mpl*

anhängig *adj* (JUR) pendiente; **der Prozess ist ~** el juicio está pendiente

Anhängigkeit *f* <-, *ohne pl*> (JUR) pendencia *f*; **~ der Anmeldung** pendencia de la inscripción; **~ eines Strafverfahrens** pendencia de un proceso penal

anhänglich *adj* apegado

Anhänglichkeit *f* <-, *ohne pl*> cariño *m*, apego *m*; (*stärker*) lealtad *f*, fidelidad *f*

Anhängsel ['anhɛŋzəl] *nt* <-s, -> ❶ (*an einer Kette*) colgante *m*
❷ (*fam abw*) apéndice *m*, prolongación *f*

an|hauchen *vt* ❶ (*atmen*) alentar, echar el aliento (a); (*Dampf*) echar vaho (a); **eine Scheibe ~** echar vaho a un cristal; **die Polizistin bat ihn sie anzuhauchen** la policía le pidió que le echara el aliento
❷ (*fam: tadeln*) echar la bronca (a)

an|hauen *vt irr* (*fam*): **jdn** (**um Geld**) **~** dar un sablazo a alguien

an|häufen I. *vt* amontonar, acumular; (*Vorräte*) hacer acopio (de); (*Geld*) acumular
II. *vr:* **sich ~** acumularse; (*Menschen*) aglomerarse; **die Arbeit häuft sich an** se amontona el trabajo

Anhäufung *f* <-, -en> acumulación *f*, acopio *m*, apacheta *f SAm*

an|heben *irr vt* ❶ (*hochheben*) levantar, alzar
❷ (*erhöhen*) aumentar; **die Gehälter sind um 2 % angehoben worden** los salarios han aumentado en un 2 %

Anhebung *f* <-, -en> (*Gehalt, Preis*) incremento *m*, aumento *m*; (*Mindestalter*) aumento *m*; **~ der Mineralölsteuer** incremento del impuesto (sobre los derivados) del petróleo

an|heften *vt* fijar (*an* a/en), pegar (*an* a/en); (*mit Heftklammern*) grapar; (*mit einem Faden*) hilvanar

anheim^RR [an'haɪm] (*geh*): **etw** *dat* **~ fallen** ser víctima de algo; **jdm etw ~ stellen** dejar algo al criterio de alguien

anheimelnd ['anhaɪməlnt] *adj* acogedor, como en casa

anheim|fallen *irr vi sein s.* **anheim**
anheim|stellen *vt s.* **anheim**

anheischig ['anhaɪʃɪç]: **sich ~ machen etw zu tun** (*geh*) comprometerse a hacer algo

an|heizen *vt* ❶ (*Feuer*) encender, hacer fuego (en)
❷ (*fam: steigern*) aumentar; (*Stimmung*) calentar, avivar

an|herrschen *vt* increpar

an|heuern ['anhɔɪɐn] I. *vi* (NAUT) enrolarse (*auf* en)
II. *vt* (*anwerben*) enrolar, contratar

Anhieb ['anhi:p] *m:* **auf ~** (*fam*) al primer intento, de golpe

an|himmeln ['anhɪml̩n] *vt* (*fam*) adorar; (*mit Blicken*) comer con los ojos

anhin ['anhɪn] *adv* (*Schweiz*) ❶ (*kommend*): **am 26. Januar ~** el próximo 26 de enero
❷ (*Wend*): **bis ~** hasta ahora, hasta el momento

Anhöhe *f* <-, -n> elevación *f*, alto *m*

an|hören *vt* ❶ (*Gehör schenken*) escuchar; **ich kann mir den Mist nicht länger ~** ya no soporto escuchar semejantes tonterías; **das hört sich gut an** esto suena bien
❷ (JUR) oír

Anhörung *f* <-, -en> (JUR, EU) comparecencia *f*; (*Experten*) consulta *f*; **~ nach ~ der Parteien** oídas las partes, con audiencia de las partes

Anhörungspflicht *f* <-, *ohne pl*> (JUR) deber *m* de dar audiencia;
Anhörungsrecht *nt* <-(e)s, -e> (JUR) derecho *m* de audiencia;
Anhörungsverfahren *nt* <-s, -> (JUR) trámites *mpl* de comparecencia, procedimiento *m* de audiencia

an|hupen I. *vt* (*fam*): **jdn ~** pitar a alguien, tocar la bocina [*o* el claxon] a alguien; **hup den Mercedes an, der sieht dich sonst nicht!** ¡pítale al Mercedes, que si no no te ve!
II. *vr:* **sich ~** pitarse; **diese Autofahrer! hupen sich ständig wie verrückt an!** ¡estos conductores! ¡se pitan los unos a los otros como locos!

an|husten *vt:* **jdn ~** toser delante de alguien; **huste die Leute nicht an!** ¡no tosas delante de la gente!

Anilin [ani'li:n] *nt* <-s, *ohne pl*> (CHEM) anilina *f*

Anilinfarbe *f* <-, -n> (CHEM) colorante *m* de anilina

animalisch [ani'ma:lɪʃ] *adj* animal

Animateur(in) [anima'tø:ɐ̯] *m(f)* <-s, -e; -, -nen> animador(a) *m(f)*

Animation [anima'tsjo:n] *f* <-, -en> (*Tourismus*) programa *m* de actividades (*en club de vacaciones*); (FILM) animación *f*

Animierdame [ani'mi:ɐ̯-] *f* <-, -n> camarera *f* del descorche [*o* de barra americana]

animieren* [ani'mi:rən] *vt* animar (*zu* a), estimular (*zu* a)

Animierlokal *nt* <-(e)s, -e> barra *f* americana, club *m* de alterne; **Animiermädchen** *nt* <-s, -> *s.* **Animierdame**

Anion ['anio:n] *nt* <-s, -en> (CHEM, PHYS) anión *m*

Anionenaustausch [ani'o:nən-] *m* <-(e)s, *ohne pl*> (CHEM, PHYS)

intercambio *m* de aniones
Anis [aˈniːs, ˈaːnɪs] *m* <-(es), -e> ❶ (*Gewürz, Pflanze*) anís *m*
❷ (*Schnaps*) anís *m*, (aguardiente *m* de) anisado *m*
Anislikör *m* <-s, -e> (licor *m* de) anís *m*, anisete *m*; **Anisschnaps** *m* <-es, -schnäpse> anisado *m*, aguardiente *m* de anís
Ank. *Abk. von* **Ankunft** llegada *f*
an|kämpfen *vi* luchar (*gegen* contra)
Ankauf *m* <-(e)s, -käufe> compra *f*, adquisición *f*; **An- und Verkauf von Schulbüchern** compra-venta de libros de texto
an|kaufen *vt* comprar, adquirir
Ankaufskurs *m* <-es, -e> (FIN) cotización *f* de compra; **einer Aktie** cotización de una acción; **Ankaufsrecht** *nt* <-(e)s, -e> *ohne pl*> facultad *f* de compra; ~ **eines Leasingnehmers** facultad de compra del tomador del leasing
ankehrig *adj* (*Schweiz: geschickt*) hábil; **sich (bei etw** *dat*) ~ **anstellen** mostrar habilidad (en algo)
Anker [ˈaŋkɐ] *m* <-s, -> ❶ (NAUT) ancla *f*; **den** ~ **auswerfen/lichten** echar/levar anclas; **vor** ~ **liegen** estar anclado
❷ (ARCHIT) anclaje *m*
❸ (ELEK) inducido *m*, rotor *m*
❹ (*Uhr*) rueda *f* de áncora
Ankerkette *f* <-, -n> (NAUT) cadena *f* del ancla
ankern [ˈaŋkɐn] *vi* (NAUT) fondear, anclar
Ankerplatz *m* <-es, -plätze> (NAUT) fondeadero *m*, ancladero *m*; **Ankerwährung** *f* <-, -en> (WIRTSCH) patrón *m* monetario; **Ankerwinde** *f* <-, -n> (NAUT) cabrestante *m*
an|ketten *vt* encadenar (*an* a)
an|kläffen *vt* (*fam*): **jdn** ~ ladrar a alguien
Anklage *f* <-, -n> acusación *f* (fiscal), querella *f* criminal; (~*vertretung*) acusación *f*; **Zeuge der** ~ testigo de la parte actora; ~ **gegen jdn erheben** acusar a alguien, formular acusación contra alguien; **jdn unter** ~ **stellen** dictar auto de procesamiento contra alguien; **unter** ~ **stehen** estar acusado; **die** ~ **vertreten** actuar como fiscal
Anklagebank *f* <-, -bänke> banco *m* de los acusados, banquillo *m*; **auf der** ~ **sitzen** estar en el banquillo; **jdn auf die** ~ **bringen** llevar al guien al banquillo (de los acusados); **Anklagebehörde** *f* <-, -n> (JUR) ministerio *m* fiscal [*o* público]; **Anklageerhebung** *f* <-, -en> (JUR) procesamiento *m*, enjuiciamiento *m*; **Anklageerzwingung** *f* <-, *ohne pl*> (JUR) coacción *f* de enjuiciamiento; **Anklagegrundsatz** *m* <-es, *ohne pl*> (JUR) código *m* acusatorio
an|klagen *vt* ❶ (JUR) acusar (*wegen* de); **angeklagt sein** estar acusado
❷ (*Missstände*) denunciar
❸ (*beschuldigen*) incriminar, inculpar
anklagend *adj* de denuncia
Anklageprinzip *nt* <-s, *ohne pl*> (JUR) principio *m* acusatorio; **Anklagepunkt** *m* <-(e)s, -e> (JUR) cargo *m*
Ankläger(in) *m(f)* <-s, -; -, -nen> (JUR) acusador(a) *m(f)*; **öffentlicher** ~ fiscal *m*
Anklagesatz *m* <-es, -sätze> (JUR) acta *f* de cargos; **Anklageschrift** *f* <-, -en> (JUR) escrito *m* de acusación, sumario *m*; **Anklagevertreter(in)** *m(f)* <-s, -; -, -nen> (JUR) procurador(a) *m(f)* de los tribunales, representante *mf* de la acusación; **Anklagevertretung** *f* <-, -en> (JUR) acusación *f*, ministerio *m* público; **Anklagezustellung** *f* <-, -en> (JUR) notificación *f* de acusación
an|klammern I. *vt* ❶ (*Wäsche*) sujetar con pinzas (*an* a/en)
❷ (*mit Büroklammern*) fijar con clips (*an* a/en)
II. *vr*: **sich** ~ (*sich festhalten*) agarrarse (*an* a)
Anklang *m* <-(e)s, -klänge> ❶ (*Zustimmung*) resonancia *f*, aceptación *f*; **bei jdm** ~ **finden** hallar resonancia en alguien; **großen** ~ **finden** tener éxito; **wenig** ~ **finden** tener poca resonancia
❷ (*Ähnlichkeit*) reminiscencia *f*; **Anklänge an Wagner/an die Romantik** reminiscencias wagnerianas/románticas
an|kleben *vt* pegar (*an* a/en), fijar (*an* a/en)
Ankleidekabine *f* <-, -n> cabina *f* de baño, vestuario *m*
an|kleiden I. *vt* (*geh*) vestir
II. *vr*: **sich** ~ (*geh*) vestirse
Ankleideraum *m* <-(e)s, -räume> (*Warenhaus, a.* THEAT) probador *m*; (SPORT) vestuario *m*
an|klicken *vt* pinchar, (INFOR) hacer clic
an|klingeln I. *vi* (*fam*): **bei jdm** ~ dar un telefonazo a alguien
II. *vt* (*fam*) dar un toque (por teléfono)
an|klingen *irr vi sein* ❶ (*spürbar werden*) manifestarse
❷ (*erinnern*): **an etw** ~ recordar algo, traer algo a la memoria
an|klopfen *vi* ❶ (*anpochen*) llamar (a la puerta); **er trat ein ohne anzuklopfen** entró sin llamar
❷ (*fam: bitten*) preguntar (*um* por)
an|knabbern *vt* roer
an|knacksen *vt* (*fam*) romper; (*Gesundheit*) quebrantar; **die Ablehnung hat sein Selbstbewusstsein angeknackst** la negativa menguó

su autoconfianza
an|knipsen *vt* (*fam*) encender
an|knöpfen *vt* abotonar (*an* a); **der Kragen war nur angeknöpft** el cuello sólo estaba sujeto con botones
an|knoten *vt* anudar (*an* a)
an|knüpfen I. *vt* ❶ (*anknoten*) unir (*an* a), atar (*an* a); **Fransen an etw** ~ franj(e)ar algo
❷ (*Gespräch, Beziehungen*) entablar, trabar
II. *vi*: **an etw** ~ fundarse en algo; (*fortführen*) continuar (algo)
Anknüpfung *f* <-, -en> (JUR) conexión *f*; **akzessorische** ~ conexión accesoria; **selbständige** ~ conexión autónoma
Anknüpfungsgegenstand *m* <-(e)s, -stände> (JUR) objeto *m* de conexión; **Anknüpfungsgrund** *m* <-(e)s, -gründe> (JUR) causa *f* de conexión; **Anknüpfungsmerkmal** *nt* <-s, -e> (JUR) rasgo *m* de conexión; **Anknüpfungsmoment** *nt* <-(e)s, -e> (JUR) punto *m* de conexión; **Anknüpfungspunkt** *m* <-(e)s, -e> (JUR) punto *m* de contacto; (*Gespräch*) punto *m* de partida; **Anknüpfungstatsache** *f* <-, -n> (JUR) hecho *m* de conexión
an|knurren *vt*: **jdn** ~ (*Hund*) gruñir a alguien
an|kommen *irr vi sein* ❶ (*eintreffen*) llegar (*in/bei/auf* a); (*Schiff*) arribar (*in* a); **bist du gut angekommen?** ¿llegaste bien?
❷ (*fam: sich wenden*): **jdm mit etw** ~ irle a alguien con algo; **komm mir nicht an und verlange, dass ich ...** no me vengas pidiendo que... +subj
❸ (*fam: Resonanz finden*) gustar, ser aceptado [*o* bien acogido]; **er kommt bei seinen Schülern gut an** tiene buena acogida entre los alumnos
❹ (*abhängen*) depender (*auf* de); **es kommt auf das Wetter an** depende del tiempo; **es kommt darauf an, ob ...** depende de si...; **es käme auf einen Versuch an** habría que intentarlo; **ich würde es einfach darauf** ~ **lassen** (*fam*) yo lo pondría en manos de la suerte; **ich würde es nicht darauf** ~ **lassen** (*fam*) yo no esperaría sentado [*o* demasiado]
❺ (*wichtig sein*) ser importante; **es kommt darauf an, dass ...** es importante que... +subj; **es kommt ihm gar nicht darauf an, ob ...** le importa un rábano si..., no le interesa para nada si...
❻ (*sich durchsetzen*): **gegen jdn** ~ imponerse a alguien
Ankömmling [ˈankœmlɪŋ] *m* <-s, -e> recién llegado, -a *m, f*
an|koppeln *vt* ❶ (*Eisenbahnwaggon*) acoplar (*an* a)
❷ (*Anhänger*) enganchar (*an* a)
Ankopp(e)lungsmanöver *nt* <-s, -> maniobra *f* de acoplamiento
an|kotzen *vt* (*fam: anekeln*) dar asco (a)
an|kreiden [ˈankraɪdən] *vt*: **jdm etw** ~ tomar a mal [*o* no perdonar] algo a alguien
an|kreuzen *vt* marcar con una cruz; **Zutreffendes bitte** ~ márquese (con una cruz) lo que corresponda
an|kündigen I. *vt* anunciar; **seinen Besuch** ~ anunciar su visita
II. *vr*: **sich** ~ anunciarse; (*beginnen*) comenzar, empezar; (*spürbar sein*) hacerse sentir
Ankündigung *f* <-, -en> anuncio *m*, aviso *m*; (*Plakat*) cartel *m*; (*schriftlich*) notificación *f*
Ankunft [ˈankʊnft] *f* <-, *ohne pl*> llegada *f*; (*Schiff*) arribada *f*
Ankunftshalle *f* <-, -n> sala *f* de llegadas; **Ankunftstafel** *f* <-, -n> panel *m* de llegadas, tablero *m* de llegadas; **Ankunftszeit** *f* <-, -en> hora *f* de llegada, horario *m* de llegada
an|kuppeln *vt* enganchar (*an* a), acoplar (*an* a)
an|kurbeln *vt* ❶ (TECH) poner en marcha
❷ (*in Schwung bringen*) fomentar, estimular; (*Wirtschaft*) reactivar, impulsar
Ankurb(e)lung *f* <-, -en> (WIRTSCH) recuperación *f*, relanzamiento *m*, fomento *m*
Ankurbelungskredit *m* <-(e)s, -e> crédito *m* de estímulo inicial; **Ankurbelungspolitik** *f* <-, *ohne pl*> política *f* de relanzamiento [*o* de fomento]
Anl. *Abk. von* **Anlage** anejo *m*, anexo *m*
an|lächeln *vt* mirar sonriendo, sonreír a alguien
an|lachen *vt* mirar riendo, reír; **sich** *dat* **jdn** ~ (*fam*) pescar a alguien
Anlage *f* <-, -n> ❶ (*Veranlagung*) disposición *f* (*zu* para), inclinación *f* (*zu* a); (MED) predisposición *f* (*zu* a); (*Begabung*) talento *m* (*zu* para)
❷ (*Bau*) construcción *f*; (*Park*) jardín *m*, parque *m*; (*Sportplatz*) polideportivo *m*; **die öffentlichen** ~**en** los jardines públicos; **sanitäre** ~**n** instalaciones sanitarias
❸ (TECH) dispositivo *m*, instalación *f*; (*Industrie*~) planta *f*; (*Stereo*~) equipo *m*
❹ (FIN, WIRTSCH) inversión *f*; **durch Vermögenswerte gesicherte** ~ inversión segura por valores del capital; **genehmigungsbedürftige** ~ inversión sujeta a aprobación
❺ (*Beilage*) anejo *m*, anexo *m*, suplemento *m*; **als** ~ como anejo; **in der** ~ **erhalten Sie ...** adjunto le remitimos...

Anlageabschreibung f <-, -en> (FIN, WIRTSCH) amortización f de la inversión; **Anlageberater(in)** m(f) <-s, -; -, -nen> (FIN, WIRTSCH) consejero, -a m, f en inversiones, asesor(a) m(f) de inversiones; **Anlageberatung** f <-, -en> asesoramiento m en materia de inversión; **Anlagefonds** m <-, -> (FIN, WIRTSCH) fondo m de inversión; **Anlageform** f <-, -en> (FIN, WIRTSCH) activo m financiero; **Anlagegeschäft** nt <-(e)s, -e> (FIN, WIRTSCH) inversión f; **Anlagegesellschaft** f <-, -en> (FIN, WIRTSCH) sociedad f de inversiones; **Anlagegrundsätze** mpl (FIN, WIRTSCH) principios mpl de inversión; **Anlagegüter** ntpl (FIN, WIRTSCH) bienes mpl de inversión; **Anlageinvestition** f <-, -en> (FIN, WIRTSCH) inversiones fpl fijas [o en el activo fijo]; **Anlagekapital** nt <-s, -e o -ien> (FIN, WIRTSCH) capital m de inversión
Anlagenanschluss^RR m <-es, -schlüsse> (TEL) acceso m básico
Anlagenhaftung f <-, -en> (JUR, FIN) responsabilidad f de las inversiones
Anlagepapier nt <-s, -e> (FIN, WIRTSCH) valores mpl, título m de inversión
an|lagern vr: sich ~ (CHEM) adicionarse (an a), combinarse (an con)
Anlagerungskoeffizient m <-en, -en> (CHEM) coeficiente m de fijación
Anlageschrift f <-, -en> (JUR) escrito m anexo; **Anlageschwund** m <-(e)s, ohne pb> (FIN, WIRTSCH) desinversión f; **Anlagevermögen** nt <-s, -> (FIN, WIRTSCH) activo m fijo, capital m fijo; ~ zum Anschaffungswert/Nettobuchwert activo fijo a valor de costo; **bewegliches ~** activo fijo circulante; **unbewegliches ~** activo fijo inmovilizado; **Anlagewerte** mpl (FIN, WIRTSCH) valores mpl inmovilizados; **immaterielle ~** valores inmovilizados inmateriales; **Anlagezweck** m <-(e)s, -e> (FIN, WIRTSCH) objetivo m de la inversión, fin m de la inversión
an|landen I. vi sein (anlegen) llegar a tierra, atracar; **in einer Bucht/auf einer Insel ~** atracar en una bahía/en una isla
II. vt haben (an Land bringen) conducir a tierra; **etw im Hafen ~** traer algo a puerto, desembarcar algo
an|langen I. vi sein (eintreffen) llegar (an/zu a)
II. vt ❶ (betreffen) concernir, referirse (a); **was mich/diese Sache anlangt, ...** en lo que se refiere a mí/a esto...
❷ (reg: anfassen) tocar
Anlass^RR ['anlas, pl: 'anlɛsə] m <-es, -lässe>, **Anlaß** m <-sses, -lässe> ❶ (Grund) motivo m (zu para), razón f (zu para); (Ursache) causa f (zu de); **keinen ~ haben sich zu freuen, keinen ~ zur Freude haben** no tener ningún motivo para alegrarse; **das gibt ~ zur Sorge** esto es motivo de preocupación
❷ (Gelegenheit) ocasión f; **bei diesem ~** aprovechando la ocasión; **etw zum ~ nehmen etw zu tun** aprovechar (la ocasión) para hacer algo; **ein willkommener ~** una buena ocasión; **dem ~ entsprechend** conforme a la ocasión; **jdm ~ geben zu ...** dar a alguien la ocasión de...; **aus gegebenem ~** con tal ocasión, con motivo
an|lassen irr I. vt ❶ (Motor) poner en marcha; (Wagen) arrancar
❷ (Licht, Radio) dejar encendido, no apagar
❸ (fam: Kleidung, Schuhe) dejar puesto, no quitarse; **du kannst deine Schuhe ruhig ~** puedes dejarte los zapatos puestos
II. vr: sich ~ (fam: sich entwickeln) presentarse, empezar; (positiv) prometer (éxito); **das Geschäft lässt sich gut an** el negocio se presenta bien [o promete (éxito)]
Anlasser m <-s, -> (AUTO) motor m de arranque
Anlassgesetz^RR nt <-es, -e> (JUR) ley f ocasional
anlässlich^RR ['anlɛslɪç] präp +gen, **anläßlich** präp +gen con motivo de
Anlassstat^RR f <-, -en> (JUR) hecho m ocasional
an|lasten ['anlastən] vt: **jdm etw ~** imputar algo a alguien
Anlauf m <-(e)s, -läufe> ❶ (SPORT) carrerilla f, carrera f; **~ nehmen** tomar carrerilla
❷ (Versuch) intento m; **es klappte beim zweiten ~** dio resultado al segundo intento
Anlaufdividende f <-, -n> (FIN, WIRTSCH) dividendo m inicial
an|laufen irr I. vi sein ❶ (angelaufen kommen) llegar [o venir] corriendo
❷ (beginnen) empezar, comenzar; (Film) estrenarse; (Motor) ponerse en marcha
❸ (sich verfärben: Silber) deslucirse; **rot ~** enrojecer; **blau ~** amoratarse
❹ (beschlagen) empañarse
❺ (sich ansammeln) acumularse
❻ (SPORT) tomar la salida; (bei Hochsprung) tomar impulso; (bei Weitsprung) tomar carrerilla
II. vt (NAUT): **einen Hafen ~** tocar en un puerto, hacer escala en un puerto
Anlaufkosten pl (FIN, WIRTSCH) gastos mpl de instalación; **Anlaufkredit** m <-(e)s, -e> (FIN, WIRTSCH) crédito m para la instalación del negocio; **Anlaufphase** f <-, -n> fase f inicial; (TECH) período m de arranque; **Anlaufstelle** f <-, -n> (ADMIN) sección f de coordinación, servicio m de atención; **Anlaufzeit** f <-, -en> ❶ (AUTO) tiempo m de calentamiento del motor ❷ (Vorbereitungszeit) fase f inicial
Anlaut m <-(e)s, -e> (LING) sonido m inicial; **im ~** a comienzo de palabra
an|läuten vt (südd, Schweiz) s. **anrufen**
Anlegebrücke f <-, -n> (NAUT) amarradero m, atracadero m, aportadero m
an|legen I. vi ❶ (landen) atracar, tomar puerto
❷ (zielen) afinar la puntería
❸ (Karten) echar
II. vt ❶ (Maßstab) aplicar; (Spielstein) colocar, poner; **letzte Hand ~** dar los últimos toques; **Hand ~** echar una mano
❷ (anlehnen) poner, colocar; (Leiter) apoyar, arrimar; (Karten) echar; (Gewehr) encarar; (Säugling) dar el pecho
❸ (geh: anziehen) ponerse
❹ (einrichten) instalar; (Garten) plantar; (Straße, Bahnlinie) trazar; (gründen) fundar, establecer; (bauen) construir, edificar; (Akte, Konto) abrir; (Vorräte) almacenar; (Liste) hacer; (INFOR) crear
❺ (investieren) invertir (in en); **fest ~** invertir a plazo fijo; **sein Geld in Immobilien ~** invertir su dinero en bienes inmobiliarios
❻ (bezahlen) pagar
❼ (absehen): **es auf jdn ~** poner la mira en alguien; **du legst es wohl auf einen Streit mit mir an** me parece que te empeñas en reñir conmigo
❽ (ausrichten): **der Film ist auf drei Stunden angelegt** la película dura tres horas
❾ (anbringen): **jdm einen Verband ~** aplicar una venda a alguien; **jdm Handschellen ~** esposar a alguien
III. vr: sich ~ (streiten) pelearse
Anlegeplatz m <-es, -plätze> (NAUT) atracadero m, embarcadero m
Anleger(in) m(f) <-s, -; -, -nen> (FIN) inversor(a) m(f); **private ~** inversores particulares; **risikofreudiger/risikoscheuer ~** inversor con espíritu de riesgo/con miedo al riesgo
Anlegerschutz m <-(e)s, ohne pb> (FIN) protección f del inversor
Anlegestelle f <-, -n> (NAUT) s. **Anlegeplatz**
an|lehnen I. vt (Tür) entornar; (aufstützen) apoyar (an en/contra), arrimar (an a)
II. vr: sich ~ (sich abstützen) apoyarse (an en), arrimarse (an a); **er lehnte sich an die Wand an** se apoyó en la pared; **sich an etw/jdn ~** (a. fig) apoyarse en algo/alguien; (zum Vorbild nehmen) imitar algo/a alguien
Anlehnung f <-, -en> apoyo m; **in ~ an jdn/an etw** apoyándose en alguien/en algo, siguiendo el ejemplo de alguien/de algo
Anlehnungsbedürfnis nt <-ses, -se> necesidad f de apoyo [o afecto]
anlehnungsbedürftig adj necesitado de afecto; **unsere Katze ist heute sehr ~** nuestra gata está hoy muy mimosa; **sie war ein besonders ~es Kind** de niña siempre al arrimo de otros
an|leiern ['anlaɪɐn] vt (fam) montar; **wer hat das angeleiert?** ¿quién ha organizado esto?
Anleihe ['anlaɪə] f <-, -n> ❶ (FIN) empréstito m, préstamo m; **festverzinsliche/untilgbare ~** empréstito con interés fijo/irredimible; **öffentliche ~** empréstito público; **eine ~ aufnehmen** contraer un empréstito; **eine ~ unterbringen** [o **platzieren**] colocar un empréstito
❷ (von Ideen) inspiración f
Anleiheagio nt <-s, -s o -agien> (FIN) prima f sobre el empréstito; **Anleiheemission** f <-, -en> (FIN) emisión f de empréstitos; **Anleihekapital** nt <-s, -e o -ien> (FIN) capital m de empréstitos; **Anleihepapiere** ntpl (FIN) títulos mpl de empréstitos; **Anleiherendite** f <-, -n> (FIN) rentabilidad f de empréstito; **Anleiheschuld** f <-, -en> (FIN) deuda f en concepto de empréstito; **Anleiheumlauf** m <-(e)s, -läufe> (FIN) circulación f de un empréstito; **Anleiheverbindlichkeit** f <-, -en> (FIN) obligatoriedad f de un empréstito
an|leimen vt encolar, engomar, pegar (con cola) (an a/en)
an|leiten vt ❶ (unterweisen) iniciar, guiar
❷ (lehren) instruir, enseñar (a)
Anleitung f <-, -en> ❶ (Vorgang) dirección f, instrucción f; **unter ~ (von)** bajo la dirección (de); **~ zu Straftaten** (JUR) inducción a cometer delitos
❷ (Text) instrucciones fpl, indicaciones fpl; (Lehrbuch) manual m
Anlernberuf m <-(e)s, -e> profesión f semicualificada
an|lernen vt instruir, capacitar
an|lesen vt ❶ (den Anfang lesen) iniciar la lectura (de)
❷ (sich aneignen): **sich** dat **seine Kenntnisse ~** adquirir sus conocimientos a través de la lectura
an|leuchten vt enfocar
an|liefern vt (COM) suministrar
Anlieferung f <-, -en> (COM) entrega f, suministro m
an|liegen irr vi ❶ (fam: anstehen) estar por hacer; **was liegt heute an?** ¿qué hay que hacer hoy?
❷ (sich anschmiegen) ajustarse, quedar ajustado

Anliegen *nt* <-s, -> (*Wunsch*) deseo *m*; (*Bitte*) petición *f*, ruego *m*
anliegend *adj* ❶ (*benachbart*) adyacente, vecino
❷ (*beigefügt*) adjunto
❸ (*Kleidung*) ceñido, ajustado
Anlieger *m* <-s, -> vecino *m*; „~ frei" "paso prohibido excepto vecinos"
Anliegergebrauch *m* <-(e)s, *ohne pl*> (JUR) uso *m* de colindancia; **Anliegerrecht** *nt* <-(e)s, *ohne pl*> derecho *m* de colindancia; **Anliegerschutzbestimmung** *f* <-, -en> (JUR) disposición *f* tuitiva del colindante; **Anliegerstaat** *m* <-(e)s, -en> estado *m* vecino; **Anliegerverkehr** *m* <-s, *ohne pl*> tráfico *m* vecinal
an|locken *vt* (*Personen*) atraer, engolosinar; (*Kunden*) captar; (*Tiere*) atraer
an|löten *vt* soldar (*an* a)
an|lügen *irr vt* mentir (a)
Anm. *Abk. von* Anmerkung nota *f*
Anmache *f* <-, *ohne pl*> (*sl*) ❶ (*Flirt*) ligue *m*
❷ (*Anrede*) piropo *m* (*fórmula para ligar*)
an|machen *vt* ❶ (*einschalten*) encender
❷ (*Gips, Mörtel*) amasar
❸ (GASTR: *Salat*) aderezar, aliñar
❹ (*fam: anbändeln, ansprechen*) ligar (con); **er versuchte sie anzumachen** intentó ligar con ella
❺ (*befestigen, anbringen*) pegar (*an* a/en), fijar (*an* a/en)
❻ (*reizen*) atraer
an|mahnen *vt* reclamar (*bei* de), exigir (*bei* de)
an|malen *vt* pintar; **etw grün ~** pintar algo de verde
Anmarsch *m* <-(e)s, *ohne pl*> ❶ (*das Anmarschieren*) marcha *f*; **im ~ auf etw sein** aproximarse a algo
❷ (*fam: ~ weg*) camino *m*
an|marschieren* *vi sein* (MIL) aproximarse (marchando); **die Truppen marschieren schon an!** ¡ya se aproximan las tropas!
an|maßen ['anmaːsən] *vr*: **sich** *dat* **~** permitirse, tomarse la libertad (de); (*Vorrechte, Rechte*) arrogarse; (*Fähigkeiten*) atribuirse; **ich maße mir nicht an darüber zu urteilen** no me permito opinar sobre ello
anmaßend ['anmaːsənt] *adj* arrogante, petulante, facistol *Ant, Kol, Mex, Ven*
Anmaßung¹ *f* <-, -en> (*unberechtigter Anspruch*) arrogación *f*, usurpación *f*
Anmaßung² *f* <-, *ohne pl*> (*Arroganz*) arrogancia *f*, petulancia *f*
Anmeldeamt *nt* <-(e)s, -ämter> registro *m*; **Anmeldeberechtigte(r)** *mf* <-n, -n; -, -, -nen> (JUR: *Patent*) titular *mf* de la inscripción; **Anmeldeberechtigung** *f* <-, -en> (JUR: *Patent*) título *m* de inscripción; **Anmeldebestätigung** *f* <-, -en> ❶ (*vom Einwohnermeldeamt*) justificante *m* de empadronamiento ❷ (*für einen Kurs*) justificante *m* de inscripción; **Anmeldebestimmungen** *fpl* (*Patent*) normas *fpl* de registro; **Anmeldeformular** *nt* <-(e)s, -e> impreso *m* de inscripción; **Anmeldefrist** *f* <-, -en> plazo *m* de inscripción [*o* de admisión]; **Anmeldegebühr** *f* <-, -en> tasas *fpl* de inscripción (*Patent*) derecho *m* de registro; **Anmeldekartell** *nt* <-s, -e> (WIRTSCH) cartel *m* abierto
an|melden I. *vt* ❶ (*ankündigen*) anunciar, avisar; **Konkurs ~** (WIRTSCH) declararse en quiebra
❷ (*an einer Schule, zum Kurs*) matricular, inscribir; **ein Ferngespräch ~** pedir conferencia
❸ (*Fahrzeug*) matricular
❹ (*Recht, Ansprüche*) presentar
II. *vr*: **sich ~** matricularse, inscribirse; (*Wohnsitz*) empadronarse, registrarse; **sich zu einem Kurs ~** inscribirse en un curso; **sich beim Arzt ~** pedir hora en el médico; **sich polizeilich ~** empadronarse
Anmeldepflicht *f* <-, *ohne pl*> obligación *f* de inscripción en el registro
anmeldepflichtig *adj* sujeto a notificación [*o* a registro]
Anmeldepriorität *f* <-, -en> prioridad *f* de inscripción
Anmelder(in) *m(f)* <-s, -; -, -nen> solicitante *mf* de la inscripción; **gemeinsame ~** cosolicitantes
Anmeldeschluss^RR *m* <-es, *ohne pl*> cierre *m* del plazo de inscripción; **~ ist der kommende Freitag** el plazo de admisión se cierra el próximo viernes; **Anmeldestelle** *f* <-, -n> oficina *f* de registro; **Anmeldeverfahren** *nt* <-s, -> procedimiento *m* de inscripción
Anmeldung *f* <-, -en> ❶ (*Ankündigung*) aviso *m*; **nur nach vorheriger ~** sólo con previa citación [*o* cita previa]
❷ (WIRTSCH, JUR) declaración *f*; **~ des Konkurses** declaración de quiebra; **~ einer Konkursforderung** solicitud de una declaración de quiebra; **~ einer Marke zur Eintragung** declaración de una marca para registro; **~ im Einspruch** anuncio de oposición; **~ von Ansprüchen im Aufgebotsverfahren** declaración de derechos en procedimiento de proclamas; **~ von Rechten im Zwangsversteigerungsverfahren** declaración de derechos en procesos de ejecución forzosa; **~ zum Handelsregister** inscripción en el registro mercantil; **anhängige ~** solicitud pendiente;

schwebende ~ inscripción en trámite; **summarische ~** inscripción sucinta
❸ (*Schule, Universität*) matrícula *f*; (*Kurs, Wettbewerb*) inscripción *f*; (*Patent*) registro *m*; **~ zum Vereinsregister** inscripción en el registro de asociaciones
❹ (*fam: Rezeption*) recepción *f*
Anmeldungsgegenstand *m* <-(e)s, -stände> objeto *m* de la solicitud
anmeldungsgemäß *adj* conforme a la solicitud
Anmeldungsstau *m* <-(e)s, -s> acumulación *f* de solicitudes; **Anmeldungsunterlagen** *fpl* piezas *fpl* de la solicitud
an|merken *vt* ❶ (*notieren*) señalar, marcar
❷ (*ergänzend bemerken*) decir, añadir; **dazu ist noch Folgendes anzumerken: ...** con respecto a ello queda por decir lo siguiente:...
❸ (*bemerken*) notar; **ich ließ mir nichts ~** procuré que no se me notase nada
Anmerkung *f* <-, -en> ❶ (*kurze Bemerkung*) observación *f*, advertencia *f*
❷ (*Fußnote*) nota *f* a pie de página; **~ des Übersetzers** nota del traductor
❸ (*Kommentar*) comentario *m*
an|mieten *vt* (*geh*) alquilar
Anmietung *f* <-, *ohne pl*> (FIN) arrendamiento *m*
anmit ['anmɪt] *adv* (*Schweiz: hiermit*) por la presente (*en cartas*)
an|motzen *vt* (*fam*) criticar, poner reparos (a)
an|mustern I. *vi* (NAUT) enrolarse (*auf* en)
II. *vt* (NAUT) enrolar
Anmut ['anmuːt] *f* <-, *ohne pl*> (*geh*) garbo *m*, gracia *f*, quimba *f Am*; (*der Landschaft*) amenidad *f*
an|muten *vi, vt* (*geh*) causar una impresión (de), recordar (a); **das mutet mich wie im Märchen an** eso me recuerda los cuentos de hadas
anmutig *adj* (*geh*) ❶ (*Wesen*) encantador
❷ (*Bewegung*) garboso, gracioso
❸ (*Landschaft*) ameno, agradable
an|nageln *vt* clavar (*an* en)
an|nagen *vt* mordisquear; (*Tier*) (empezar a) roer
an|nähen *vt* coser (*an* a)
an|nähern I. *vt* aproximar (*an* a), acercar (*an* a)
II. *vr*: **sich ~** acercarse (*an* a), aproximarse (*an* a)
annähernd ['annɛːənt] I. *adj* (*ungefähr*) aproximado
II. *adv* más o menos, alrededor de
Annäherung *f* <-, -en> aproximación *f*, acercamiento *m*; **eine ~ herbeiführen** conseguir un acercamiento
Annäherungsprozess^RR *m* <-es, -e> proceso *m* de acercamiento; **Annäherungsversuch** *m* <-(e)s, -e> tentativa *f* de acercamiento (*aufdringlich*) insinuación *f*
annäherungsweise *adv* aproximadamente
Annäherungswert *m* <-(e)s, -e> valor *m* aproximativo
Annahme ['anaːmə] *f* <-, -n> ❶ (*Vermutung*) suposición *f*; **in der ~, dass ...** suponiendo que...; **ich bin der ~, dass ...** supongo que...
❷ (*das Annehmen*) recepción *f*, recibo *m*; (*eines Briefs*) admisión *f*, aceptación *f*
❸ (*Gesetz*) recepción *f*; (*eines Gesetzes*) aceptación *f*, aprobación *f*; **~ an Erfüllungs statt** recepción para cumplimiento; **~ der Anweisung** recepción de la instrucción; **~ des Auftrags** recepción del encargo; **~ der Erbschaft** recepción de la herencia; **~ der Leistung** recepción del servicio; **~ der Revision** admisión de la revisión; **~ eines Angebotes** aceptación de una oferta; **~ eines Vertragsangebots** recepción de una oferta de contrato; **~ einer Willenserklärung** recepción de una declaración de voluntad; **unwiderrufliche ~** aceptación irrevocable; **verspätete ~** recepción tardía; **die ~ verweigern** rehusar la admisión
❹ (*~stelle*) recepción *f*
Annahmeerklärung *f* <-, -en> (JUR) declaración *f* de aceptación; **modifizierte ~** declaración de aceptación modificada; **Annahmefrist** *f* <-, -en> plazo *m* de admisión; **Annahmepflicht** *f* <-, -en> (JUR) deber *m* de aceptación; **Annahmerevision** *f* <-, -en> (JUR) revisión *f* de aceptación; **Annahmeschluss**^RR *m* <-es, *ohne pl*> plazo *m* final de aceptación; (*Wettbewerb*) cierre *m* de inscripción; **Annahmestelle** *f* <-, -n> ❶ (*Lotto*) despacho *m* de billetes ❷ (*von Sondermüll, Schrott*) depósito *m* de aceptación ❸ (*für Aufträge, Filme*) oficina *f* de entrega, despacho *m* de entrega; **Annahmeverbot** *nt* <-(e)s, -e> (JUR) prohibición *f* de aceptación; **Annahmeverhinderung** *f* <-, -en> (JUR) impedimento *m* para la aceptación; **Annahmeverweigerung** *f* <-, -en> no aceptación *f*; (COM) rechazo *m* de las mercancías; **Annahmeverzug** *m* <-(e)s, *ohne pl*> (JUR) demora *f* en la aceptación; **Annahmezwang** *m* <-(e)s, -zwänge> (JUR) obligatoriedad *f* de la aceptación
Annalen [a'naːlən] *pl* anales *mpl*; **in die ~ eingehen** (*geh*) pasar a los anales
annehmbar *adj* aceptable; (*zulässig*) admisible; (*Preis*) aceptable, razo-

an|nehmen *irr* I. *vt* ❶ (*entgegennehmen*) recibir; **ein Gespräch ~** aceptar una llamada; **das kann ich doch nicht ~** no puedo aceptar eso ❷ (*Arbeit, Auftrag*) aceptar, tomar; (*Rat*) seguir; (*Antrag*) acceder (a) ❸ (*Gesetzentwurf, Urteil*) aprobar ❹ (*Religion, Meinung, Kind*) adoptar; (*Gewohnheit*) contraer; (*Umfang*) adquirir; **ein anderen Namen ~** tomar otro nombre; **etw nimmt Gestalt an** algo va tomando forma; **die Katastrophe nimmt unvorstellbare Ausmaße an** la catástrofe adquiere dimensiones inimaginables; **nimm doch endlich Vernunft an!** ¡entra en razón de una vez!
❺ (*vermuten*) suponer, asumir *Am*; **es ist anzunehmen** es de suponer; **das nehme ich nicht an** no lo creo; **ich nehme an, dass ...** supongo que...; **er ist nicht so gut, wie man ~ sollte** no es tan bueno como se cree; **angenommen, dass ...** en el caso de que... +*subj*
II. *vr*: **sich jds ~** cuidar de alguien; **sich etw gen ~** encargarse de algo
Annehmende(r) *mf* <-n, -n; -n, -n> (FIN, JUR) aceptante *mf*
Annehmer *m* <-s, -> (FIN) aceptante *m*
Annehmlichkeit *f* <-, -en> amenidad *f*; (*Vorteil*) ventaja *f*
annektieren* [anɛk'ti:rən] *vt* anexionar
Annektierung *f* <-, -en> anexión *f*
Annexentscheidung *f* <-, -en> (JUR) decisión *f* anexa
Annexion [anɛ'ksjo:n] *f* <-, -en> anexión *f*
Annexkompetenz *f* <-, -en> (JUR) competencia *f* anexa
anno *adv*, **Anno** *adv* en el año; **es war Winter, ~ 1941, als ...** era invierno del año 1941 cuando...; **von ~ dazumal** del tiempo de Maricastaña, del año de la nana; **A~ Domini** en el año de Nuestro Señor
Annonce [a'nõsə] *f* <-, -n> anuncio *m*, aviso *m Am*
annoncieren* [anõ'si:rən] I. *vi* (*inserieren*) poner un anuncio
II. *vt* (*Stelle, Hochzeit*) anunciar
Annuität [anui'tɛ:t] *f* <-, -en> (FIN) anualidad *f*
annullierbar *adj* anulable
annullieren* [anʊ'li:rən] *vt* anular, cancelar
Annullierung *f* <-, -en> (JUR) anulación *f*, cancelación *f*; (*Gesetz*) derogación *f*; (*Urteil*) casación *f*; (*Vertrag*) revocación *f*
Anode [a'no:də] *f* <-, -n> (PHYS) ánodo *m*
an|öden ['anø:dən] *vt* (*fam*) aburrir; **du ödest mich an!** ¡me aburres!
Anodenwiderstand *m* <-(e)s, -stände> (PHYS) resistencia *f* anódica
anomal ['anɔma:l, --'-] *adj* anómalo, anormal
Anomalie¹ [anɔma'li:] *f* <-, -n> (*Missbildung, Unregelmäßigkeit*) anomalía *f*; **magnetische ~** anomalía magnética
Anomalie² *f* <-, ohne *pl*> (*Zustand*) anomalía *f*
Anomie *f* <-, -n> (SOZIOL) anomia *f*
anonym [ano'ny:m] *adj* anónimo; **ein ~er Brief** una carta anónima, un anónimo; **~ bleiben** quedar(se) en el anonimato
anonymisieren* [anonymi'zi:rən] *vt* anonimizar
Anonymität *f* <-, ohne *pl*> anonimato *m*, anónimo *m*
Anorak ['anorak] *m* <-s, -s> anorak *m*
an|ordnen *vt* ❶ (*befehlen, bestimmen*) ordenar, disponer; (JUR) decretar ❷ (*aufstellen*) colocar, agrupar; (*mit System*) ordenar, clasificar; **das Verzeichnis ist nach Sachgebieten angeordnet** la lista está ordenada por materias
Anordnung *f* <-, -en> ❶ (*Befehl*) orden *f*, mandato *m*; **auf jds ~** por orden de alguien; **~en treffen** dar órdenes; **eine ~ aufheben** revocar una orden
❷ (JUR): **~ der sofortigen Vollziehung** disposición de la ejecución inmediata; **~ des persönlichen Erscheinens** disposición de la comparecencia personal; **~ eines Haftprüfungstermins** disposición de un plazo para la prisión preventiva; **einstweilige ~** recurso de urgencia, disposición precautoria; **gerichtliche ~** mandamiento judicial; **prozessleitende ~** disposición conductora de proceso; **vorläufige ~** disposición preliminar; **eine ~ aufheben** revocar una disposición
❸ (*Ordnung*) orden *m*, ordenación *f*; (*Aufstellung*) colocación *f*, agrupación *f*; (*Verteilung*) distribución *f*
Anordnungsanspruch *m* <-(e)s, -sprüche> (JUR) derecho *m* de disposición; **Anordnungsgrund** *m* <-(e)s, -gründe> (JUR) causa *f* de disposición
Anorexie [anorɛ'ksi:] *f* <-, -n> (MED) anorexia *f*
anorganisch ['anɔrga:nɪʃ] *adj* inorgánico
Anorgasmie *f* <-, -n> (MED) anorgasmia *f*
anormal ['anɔrma:l] *adj* anómalo, anormal
Anoxie [anɔ'ksi:] *f* <-, -n> (MED) anoxia *f*
anoxisch [a'nɔksɪʃ] *adj* (MED) anóxico
an|packen I. *vi* (*helfen*) ayudar, echar una mano
II. *vt* ❶ (*anfassen*) agarrar, coger
❷ (*handhaben*) abordar, emprender; **eine Arbeit richtig/falsch ~** abordar un trabajo correctamente/erróneamente
❸ (*fam: behandeln*) tratar; **jdn hart ~** tratar a alguien con dureza
an|passen I. *vt* adaptar (*an* a), adecuar (*an* a), embonar *Cuba, Mex, Ecua*

II. *vr*: **sich ~** amoldarse (*an* a), adecuarse (*an* a); **sich an das Klima ~** aclimatarse
Anpassung *f* <-, -en> ❶ (WIRTSCH: *Produktion, Verfahren*) ajuste *m* (*an* a), adaptación *f* (*an* a)
❷ (*Gehalt, Rente*) actualización *f*
❸ (*Angleichung*) (re)ajuste *m* (*an* a)
anpassungsfähig *adj* adaptable (*an* a), flexible
Anpassungsfähigkeit *f* <-, -en> adaptabilidad *f*, flexibilidad *f*; **Anpassungsklausel** *f* <-, -n> (JUR) cláusula *f* de adaptación; **Anpassungsschwierigkeiten** *fpl* (SOZIOL) dificultades *fpl* de adaptación; **Anpassungsvermögen** *nt* <-s, -> (SOZIOL) capacidad *f* de adaptación; **Anpassungsverordnung** *f* <-, -en> (JUR) reglamento *m* de adaptación; **Anpassungsverpflichtung** *f* <-, -en> (JUR) obligación *f* de adaptación
an|peilen *vt* ❶ (NAUT) dirigirse (a/hacia), ir con rumbo (a/hacia)
❷ (TEL) interceptar; (*U-Boot*) marcar
❸ (*bessere Position*) estar resuelto a conseguir
❹ (*jdn*) tener la mirada puesta (en)
an|pfeifen I. *vi*, *vt* (SPORT) dar el pitido inicial (de)
II. *vt* (*fam: zurechtweisen*) abroncar, echar una bronca (a)
Anpfiff *m* <-(e)s, -e> ❶ (SPORT) pitido *m* inicial
❷ (*fam: Tadel*) reprimenda *f*, bronca *f*
an|pflanzen *vt* plantar; (*Nutzpflanzen*) cultivar
Anpflanzung *f* <-, -en> plantación *f*, cultivo *m*
an|pflaumen *vt* (*fam*) echar una bronca
an|pinkeln *vt* (*fam*) ❶ (*urinieren*) mear, orinar; **der Betrunkene pinkelte die Wand an** el borracho meó la pared
❷ (*ausfällig werden*): **sich von jdm nicht ~ lassen** no dejar que le tosa a uno alguien
an|pinseln *vt* pincelar
an|pirschen *vr*: **sich ~** aproximarse, acercarse sigilosamente
an|pissen *vt* (*vulg*) *s.* **anpinkeln**
Anpöbelei *f* <-, -en> (*fam abw*) barbaridades *fpl*, insultos *mpl*; **wer sich in üble Spelunken begibt, muss mit ~en rechnen** quien entra en tabernuchos tiene que contar con que le digan barbaridades
an|pöbeln *vt* (*fam*) molestar, importunar
Anprall *m* <-(e)s, ohne *pl*> colisión *f* (*gegen* con), choque *m* (*gegen* contra)
an|prallen *vi sein* colisionar (*an/gegen* con), chocar (*an/gegen* con/contra); (*Welle*) batir (*an/gegen*), azotar (*an/gegen*); **die Wellen prallten an die Hafenmole an** las olas batían el malecón; **das Motorrad prallte gegen die Hauswand an** la motocicleta chocó contra la pared
an|prangern ['anpraŋɐn] *vt* denunciar
an|preisen *irr vt* ❶ (*empfehlen*) recomendar
❷ (*loben*) elogiar, alabar
Anprobe *f* <-, -n> prueba *f*
Anproberaum *m* <-(e)s, -räume> probador *m*
an|probieren *vt* probar(se)
an|pumpen *vt* (*fam*): **jdn um 100 Euro ~** dar [*o* pegar] a alguien un sablazo de 100 euros
an|pusten *vt* (*fam*) ❶ (*anblasen*) echar el aliento; **haben Sie Alkohol getrunken? pusten Sie mich mal an!** ¿ha bebido usted alcohol? ¡écheme el aliento!
❷ (*anfachen*) soplar, avivar; **sie pustete das Feuer so lange an, bis es wieder aufflackerte** avivó el fuego soplando hasta que volvió a prender llama
an|quatschen *vt* (*fam*) abordar
Anrainer ['anraɪnɐ] *m* <-s, -> vecino *m*
Anrainerstaat *m* <-(e)s, -en> país *m* vecino [*o* fronterizo]; **vom Fluss getrennt**) estado *m* ribereño
an|raten *irr vt* aconsejar, recomendar; **auf A~ des Arztes** por [*o* siguiendo el] consejo del médico
anrechenbar *adj* (FIN) abonable (*auf* en)
an|rechnen *vt* ❶ (*in Rechnung stellen*) facturar, cargar en cuenta
❷ (*gutschreiben*) abonar (*auf* en)
❸ (*Studienzeiten*) convalidar (*auf* con)
❹ (*schätzen*) valorar, estimar; **ich rechne es ihm hoch an, dass er mir geholfen hat** valoro muchísimo el que me haya ayudado
Anrechnung *f* <-, -en> (FIN, WIRTSCH) abono *m*
Anrechnungsverfahren *nt* <-s, -> (JUR) procedimiento *m* de imputación
Anrecht *nt* <-(e)s, -e> derecho *m* (*auf* a); **~ auf Wiedereinstellung** derecho de ser readmitido; **ein ~ auf etw haben** tener derecho a algo
Anrede *f* <-, -n> tratamiento *m*; (*im Brief*) encabezamiento *m*
an|reden *vt* hablar (a), dirigir la palabra (a); **jdn mit Du/mit Sie ~** tratar a alguien de tú/de Ud.
an|regen I. *vi* (*beleben*) estimular
II. *vt* ❶ (*Appetit, Kreislauf*) excitar, estimular
❷ (*vorschlagen*) proponer, sugerir; **könnten Sie nicht ~, dass ...?** ¿no

anregend *adj* (*Tee, Kaffee*) excitante; (*a.* MED) estimulante; (*Gespräch, Vorschlag*) sugestivo, incitante

Anregung¹ *f* <-, -en> (*Vorschlag*) sugerencia *f*, propuesta *f*; (*Inspiration*) inspiración *f*; **auf jds ~** por sugerencia de alguien

Anregung² *f* <-, *ohne pl*> (*Belebung*) estímulo *m*

Anregungsenergie *f* <-, -n> (CHEM) energía *f* de excitación

an|reichern ['anraɪçɐrn] *vt* (*a.* CHEM) enriquecer

Anreicherung *f* <-, -en> (*a.* CHEM) enriquecimiento *f*; **~ mit Sauerstoff** enriquecimiento en oxígeno

Anreise *f* <-, -n> ❶ (*Anfahrt*) viaje *m* de ida
❷ (*Ankunft*) llegada *f*

an|reisen *vi sein* (*ankommen*) llegar; (*hinreisen*) ir; **aus Berlin ~** llegar de Berlín; **mit dem Zug ~** llegar en tren

an|reißen *irr vt* ❶ (*Thema*) tocar, tratar
❷ (*Papier*) romper [*o* rasgar] ligeramente
❸ (*Streichholz*) encender

Anreiz *m* <-es, -e> estímulo *m*, aliciente *m*; (*finanziell*) incentivo *m*; **steuerlicher ~** incentivo [*o* estímulo] fiscal

an|reizen *vt* estimular (*zu* para), incitar (*zu* a)

Anreizfonds *m* <-, -> (FIN) fondo *m* de estímulo

an|rempeln ['anrɛmpəln] *vt* (*fam*) empujar, chocar (con)

an|rennen *irr* I. *vi sein* ❶ (*herbeieilen*) llegar corriendo
❷ (*anstürmen*) arremeter (*gegen* contra)
❸ (*ankämpfen*) luchar (*gegen* contra); **gegen den Wind ~** correr con el viento en contra
II. *vt* (*fam: anstoßen*) chocar (*an* con/contra/en), golpear (*an* con/contra); **ich rannte mir den Kopf an der Fensterkante an** me di con la cabeza en el pico de la ventana

Anrichte ['anrɪçtə] *f* <-, -n> aparador *m*, bufete *m*

an|richten *vt* ❶ (*garnieren*) aderezar
❷ (*servieren*) servir; **es ist angerichtet** (*geh*) está servido
❸ (*verursachen*) causar, ocasionar; **was hast du denn da wieder angerichtet?** ¡ya has vuelto a armar una buena!

an|ritzen *vt* (*Haut*) rasguñar, arañar superficialmente; (*Ohrläppchen*) hacer una ligera incisión (en)

an|rollen *vi sein* (*losrollen*) ponerse en marcha; (*heranrollen*) llegar

an|rosten *vi sein* empezar a oxidarse

an|rösten *vt* (GASTR) tostar ligeramente

anrüchig ['anrʏçɪç] *adj* de mala fama, sospechoso; **~e Geschäfte machen** hacer negocios sospechosos

an|rücken I. *vi sein* (*Truppen, Polizei*) avanzar
II. *vt* (*Möbel*) aproximar (*an* a), acercar (*an* a)

Anruf *m* <-(e)s, -e> ❶ (*laute Anrede*) llamada *f*; (*Appell*) llamado *m*, llamamiento *m*
❷ (TEL) llamada *f*; **einen ~ bekommen** recibir una llamada

Anrufbeantworter *m* <-s, -> contestador *m* automático

an|rufen *irr vt* ❶ (*laut anreden*) llamar
❷ (*bitten*) pedir (a); (*flehend*) implorar (a), invocar (a); **das Gericht ~** acudir a los tribunales
❸ (*telefonieren*) llamar (por teléfono); **jdn** [*o* **bei jdm**] **~** telefonear [*o* llamar] a alguien; **er hat schon zweimal angerufen** ya ha llamado dos veces

Anrufer(in) *m(f)* <-s, -; -, -nen> persona *f* que hace una llamada (telefónica)

Anrufer-Identifikation *f* <-, -en> (TEL) identificación *f* del usuario llamante

Anrufung *f* <-, -en> (JUR) apelación *f*

Anrufungsverfahren *nt* <-s, -> (JUR) proceso *m* de apelación

Anrufweiterschaltung [--'----, '------] *f* <-, -en> (TEL) desvío *m* de llamadas

an|rühren *vt* ❶ (*berühren*) tocar
❷ (*zu sich nehmen*) probar; **du hast das Essen kaum angerührt** apenas has probado la comida
❸ (*Teig*) amasar

anrührend *adj* conmovedor, emocionante

ans [ans] = **an das** *s.* **an**

an|säen *vt* sembrar

Ansage ['anza:gə] *f* <-, -n> anuncio *m*, aviso *m*; (TV) presentación *f*; **die ~ machen** hacer la presentación

an|sagen I. *vt* (*ankündigen*) anunciar, avisar; (TV) presentar
II. *vr*: **sich ~** anunciarse; **er hat sich für vier Uhr angesagt** ha anunciado su visita para las cuatro

an|sägen *vt* serrar, serrar una entalladura (a)

Ansager(in) *m(f)* <-s, -; -, -nen> (RADIO) locutor(a) *m(f)*; (TV) presentador(a) *m(f)*, locutor(a) *m(f)*

an|sammeln I. *vt* amontonar, acumular; (*Reichtümer*) atesorar
II. *vr*: **sich ~** acumularse, amontonarse

Ansammlung *f* <-, -en> (*von Menschen*) aglomeración *f*; (*von Häusern*) grupo *m*; (*von Dingen*) montón *m*

ansässig ['anzɛsɪç] *adj* (*Person*) domiciliado, residente; (*Firma*) establecido; **sie ist in Montevideo ~** reside en Montevideo

Ansässige(r) ['anzɛsɪgə, 'anzɛsɪgɐ] *mf* <-n, -n; -n, -n> residente *mf*, vecino, -a *m, f*; **ich kenne mich hier nicht aus, fragen Sie doch einen ~n** no conozco esta zona, pregunte a alguien del barrio

Ansatz *m* <-es, -sätze> ❶ (TECH) pieza *f* adicional, prolongación *f*
❷ (*Ablagerung*) depósito *m*, sedimento *m*
❸ (*Anzeichen*) comienzo *m*, principio *m*; **die ersten Ansätze** los principios; **im ~** en una primera fase
❹ (PHILOS) planteamiento *m*, enfoque *m*

Ansatzpunkt *m* <-(e)s, -e> punto *m* de partida; **Ansatzstück** *nt* <-(e)s, -e> (TECH) (pieza *f* de) empalme *m*, (pieza *f* de) unión *f*

ansatzweise *adv*: **er hat es ~ verstanden** ha empezado a entenderlo; **das Problem konnte nur ~ gelöst werden** el problema no se pudo solucionar completamente; **von dem Problem war nicht einmal ~ etwas zu spüren** apenas se percibía un asomo del problema

an|säuern *vt* acidificar

an|saufen *irr vt* (*fam*): **sich** *dat* **einen ~** pillarse un pedo

an|saugen *vt* aspirar

an|schaffen I. *vt* (*kaufen*) comprar(se), adquirir; **ich habe mir einen Computer angeschafft** me he comprado un ordenador
II. *vi* (*fam: Prostituierte*) prostituirse; **~ gehen** hacer la calle

Anschaffung *f* <-, -en> compra *f*, adquisición *f*; **~en machen** hacer compras

Anschaffungsbetrag *m* <-(e)s, -träge> (FIN) importe *m* de adquisición; **Anschaffungsdarlehen** *nt* <-s, -> (FIN) préstamo *m* de adquisición; **Anschaffungskosten** *pl* costes *mpl* de compra; **Anschaffungskredit** *m* <-(e)s, -e> crédito *m* de adquisición; **persönlicher ~** crédito personal de adquisición; **Anschaffungspreis** *m* <-es, -e> precio *m* de adquisición [*o* de compra]; **fortgeführter ~** precio de compra continuado; **Anschaffungswert** *m* <-(e)s, -e> valor *m* de compra [*o* de adquisición]; **~ abzüglich Abschreibung** valor de compra [*o* de adquisición] menos la amortización

an|schalten *vt* ❶ (*Licht, Fernseher*) encender
❷ (*Atomkraftwerk*) poner en funcionamiento, conectar

an|schauen *vt* mirar; **schau dir das Buch an** mírate el libro; **darf ich mir deine Wohnung ~?** ¿puedo echar un vistazo a tu casa?; **willst du dir die Bilder ~?** ¿quieres ver las fotos?; **das habe ich mir jetzt lange genug mit angeschaut** ya hay suficiente

anschaulich *adj* plástico, expresivo; **etw ~ erklären** explicar algo plásticamente; **etw ~ machen** ilustrar algo

Anschaulichkeit *f* <-, *ohne pl*> ❶ (*Beispiel, Vortrag*) claridad *f*
❷ (*Beschreibung, Darstellung*) plasticidad *f*

Anschauung *f* <-, -en> ❶ (*Vorstellung*) concepto *m*, idea *f*; **etw aus eigener ~ wissen** saber algo por experiencia propia
❷ (*Ansicht*) opinión *f*, parecer *m*; **nach meiner ~** según mi parecer

Anschauungsmaterial *nt* <-s, -ien> material *m* documental [*o* ilustrativo]

Anschein *m* <-(e)s, *ohne pl*> apariencia *f*; (*Eindruck*) impresión *f*; **allem ~ nach** según todas las apariencias; **beim ersten ~** a primera vista, en la primera impresión

Anscheinbeweis *m* <-es, -e> (JUR) prueba *f* plena [*o* palmaria]

anscheinend *adv* al parecer, por lo visto

Anscheinseigentum *nt* <-s, *ohne pl*> (JUR) propiedad *f* notoria; **Anscheinsvertreter(in)** *m(f)* <-s, -; -, -nen> (JUR) representante *mf* notorio, -a; **Anscheinsvollmacht** *f* <-, -en> (JUR) poder *m* notorio

an|scheißen *irr vt* (*fam*) ❶ (*betrügen*) timar
❷ (*beschimpfen*) echar una bronca (a)

an|schicken *vr*: **sich ~ etw zu tun** (*geh*) prepararse para hacer algo, disponerse a hacer algo

an|schieben *vt* empujar

an|schießen *irr* I. *vi sein* (*heranrasen*) llegar como una bala
II. *vt* (*verletzen*) herir de un tiro, balear *SAm*

an|schimmeln *vi sein* enmohecer, echar moho; **der Käse ist angeschimmelt** al queso le ha salido por encima moho

an|schirren *vt* poner los arreos; (*Pferde*) enjaezar; (*an den Pflug*) uncir

Anschiss^{RR} *m* <-es, -e>, **Anschiß** *m* <-sses, -sse> (*fam*) bronca *f*, rapapolvo *m*; **einen ~ bekommen** ganarse una bronca

Anschlag *m* <-(e)s, -schläge> ❶ (*Plakat*) cartel *m*, anuncio *m*
❷ (*Überfall*) atentado *m* (*auf* contra); **auf jdn ~ verüben** atentar contra alguien; **einem ~ zum Opfer fallen** ser víctima de [*o* sufrir] un atentado; **ich habe einen ~ auf dich vor** (*fam*) quiero pedirte algo
❸ (FIN, WIRTSCH) cálculo *m*; **etw in ~ bringen** tener algo en cuenta en el cálculo, incluir algo en el cálculo
❹ (*am Klavier*) ataque *m*, pulsación *f*; (*an der Schreibmaschine*) pulsación *f*; **einen harten/weichen ~ haben** atacar fuerte/suave; **200 Anschläge in der Minute** 200 pulsaciones por minuto; **45 Anschläge pro Zeile** 45 pulsaciones por línea

Anschlagbrett

⑤ (TECH) tope *m;* **bis zum ~** hasta el tope
⑥ (MIL) posición *f* de tiro; **das Gewehr im ~ haben** estar en posición de tiro
Anschlagbrett *nt* <-(e)s, -er> tablón *m* de anuncios
an|schlagen *irr* I. *vi* ① *sein* (*anprallen*) chocar (*an* contra), golpear (*an* contra)
② (*Tabletten*) surtir efecto
③ (SPORT) tocar la meta
④ (*Laut geben: Hund*) ladrar; (*Vogel*) cantar, gorjear
⑤ (*fam: dick machen*) (hacer) engordar
II. *vt* ① (*Brett, Plakat*) fijar (*an* a/en)
② (*beschädigen*) romper
③ (*Taste*) pulsar
④ (MUS: *Akkord*) tocar; (*Melodie*) entonar
⑤ (*Fass*) espitar
Anschlagfläche *f* <-, -n> superficie *f* tasada
Anschlagsopfer *nt* <-s, -> víctima *f* de un atentado
an|schleichen *irr vr: sich ~* acercarse sigilosamente [*o* a hurtadillas] (*an* a)
an|schleppen *vt* ① (*fam: mitbringen*) traerse; **wen hat dein Bruder denn schon wieder angeschleppt?** ¿a quién se ha vuelto a traer tu hermano?
② (*mühsam herbeibringen*) acarrear, cargar (con); **die Band muss zu jedem Konzert ihr gesamtes Equipment ~** el grupo tiene que acarrear su equipo a todos los conciertos
③ (AUTO) remolcar
an|schließen *irr* I. *vt* ① (*festmachen*) asegurar, sujetar (*an* a)
② (*Waschmaschine, Telefon*) conectar (*an* a)
③ (*Frage, Bemerkung*) añadir (*an* a), agregar (*an* a)
II. *vr: sich ~* (*sich zugesellen*) unirse (*an* a), juntarse (*an* con)
② (*folgen*) seguir (*an* a); **bei den ~den Diskussionen** durante las discusiones siguientes
③ (*beipflichten*) adherirse (a), mostrarse de acuerdo (con)
anschließend I. *adj* (*folgend*) posterior, siguiente; (*unmittelbar*) inmediatamente posterior
II. *adv* a continuación, (inmediatamente) después
AnschlussRR *m* <-es, -schlüsse>, **Anschluß** *m* <-sses, -schlüsse>
① (*an eine Partei*) adhesión *f* (*an* a), afiliación *f* (*an* a); (POL) unión *f* (*an* a); **Anschluss- und Benutzungszwang** (JUR) obligatoriedad de adhesión y explotación
② (*an ein Netz*) conexión *f* (*an* a/con); (TEL) comunicación *f* (*an* con); **kein ~ unter dieser Nummer** este abonado ha cambiado su número
③ (*Verkehr*) enlace *m*, correspondencia *f*, entronque *m* MAm
④ (*Kontakt*) compañía *f*, amistades *fpl*; **~ suchen/finden** buscar/encontrar compañía; **im ~ an ...** a continuación de..., inmediatamente después de...
AnschlussberufungRR *f* <-, -en> (JUR) apelación *f* adhesiva; **~ einlegen** adherirse a la apelación; **Anschlussbox**RR *f* <-, -en> (TECH) caja *f* de conexión; **Anschlussflug**RR *m* <-(e)s, -flüge> vuelo *m* de conexión; **Anschlussfusion**RR *f* <-, -en> fusión *f* por adhesión; **Anschlusskabel**RR *nt* <-s, -> cable *m* de conexión; (*Zuführungskabel*) cable *m* de alimentación; **Anschlusskennung**RR *f* <-, -en> (TEL) código *m* de entrada, identificación *f* de acceso; **Anschlusspfändung**RR *f* <-, -en> (JUR) reembargo *m*, embargo *m* sucesivo; **Anschlusspflicht**RR *f* <-, ohne *pl*> (JUR) obligación *f* anexionista; **Anschlussrechtsmittel**RR *nt* <-s, -> (JUR) recurso *m* anexionista; **Anschlussstraftat**RR *f* <-, -en> (JUR) delito *m* incidental; **Anschlussvollstreckung**RR *f* <-, -en> (JUR) ejecución *f* incidental; **Anschlusszug**RR *m* <-(e)s, -züge> tren *m* de enlace
an|schmieden *vt* (*Häftling*) encadenar, poner grilletes (a); (*Angel*) fijar forjando (*an* a)
an|schmiegen ['anʃmiːɡən] *vr: sich ~* (*Person*) arrimarse cariñosamente (*an* a)
anschmiegsam *adj* (*Person*) tierno, afectuoso
an|schmieren *vt* (*fam*) ① (*betrügen*) engañar
② (*schlecht bemalen*) pintarrajear
an|schnallen I. *vt* (*festbinden*) sujetar, atar
II. *vr: sich ~* (*Auto, Flugzeug*) ponerse el cinturón de seguridad
Anschnallpflicht *f* <-, ohne *pl*> uso *m* obligatorio del cinturón de seguridad
an|schnauzen *vt* (*fam*) echar una bronca (a), raspar *SAm*
an|schneiden *irr vt* ① (*Brot, Torte*) cortar
② (*Thema*) abordar
③ (*Kurve*) cortar en diagonal
④ (SPORT: *Ball*) jugar con efecto
Anschnitt *m* <-(e)s, -e> ① (*Schnittfläche*) corte *m*
② (*Stück*) primer trozo *m*
Anchovis [anˈʃoːvɪs] *f* <-, -> anchoa *f*
an|schrauben *vt* atornillar (*an* a/en), sujetar con tornillos (*an* a/en)
an|schreiben *irr vt* ① (*nicht sofort bezahlen*) comprar al fiado; **~ lassen** comprar al fiado
② (*Behörde, Person*) escribir (a)
③ (*an eine Tafel, Wand*) escribir (*an* en)
an|schreien *irr vt* gritar (a), levantar la voz (a)
Anschrift *f* <-, -en> dirección *f*, señas *fpl*
Anschubfinanzierung *f* <-, -en> (FIN) financiación *f* (*para impulsar un proyecto con dificultades*)
an|schuldigen ['anʃʊldɪɡən] *vt* (*geh*) acusar (*wegen* de), culpar (*wegen* de), inculpar (*wegen* en)
Anschuldigung *f* <-, -en> acusación *f*, inculpación *f*
an|schwärzen ['anʃvɛrtsən] *vt* (*fam abw*) hablar mal (de, *bei* a), desacreditar (*bei* ante)
an|schweigen *irr vt* no hablar (a), no dirigir la palabra (a); **sie schweigen sich schon seit zwei Wochen an** desde hace dos semanas no se cruzan una palabra
an|schweißen *vt* (TECH) fijar [*o* juntar] mediante soldadura (*an* a)
an|schwellen *irr vi sein* ① (*Körperteil*) hincharse, afluxionarse MAm
② (*Lärm*) crecer, aumentar
Anschwellung *f* <-, -en> ① (MED) hinchazón *f*
② (*Lärm*) crecimiento *m*, aumento *m*
③ (*Fluss*) crecida *f*
an|schwemmen *vt* acarrear, arrastrar
Anschwemmung *f* <-, -en> depósito *m*
an|schwimmen *irr* I. *vi sein* ① (*sich nähern*) llegar a nado; **angeschwommen kommen** llegar a nado
② (*in Gegenrichtung schwimmen*): **gegen die Strömung ~** nadar contra la corriente
II. *vt haben* alcanzar a nado; **komm, wir schwimmen die Sandbank an!** ¡venga, vamos a nadar hasta aquel banco de arena!
an|schwindeln *vt* (*fam*) engañar; **jdn ~** pegársela a alguien
an|segeln I. *vi sein:* **da kommt ein Schiff angesegelt!** ¡un barco se dirige hacia aquí!
II. *vt haben:* **bei dem Sturm sollten wir lieber den nächsten Hafen ~!** ¡con esta tormenta más vale que pongamos rumbo al primer puerto!; **in wenigen Tagen werden wir Athen ~** en pocos días arribaremos a Atenas
an|sehen *irr vt* ① (*betrachten*) mirar; (*prüfend*) examinar; (*Film*) (ir a) ver; (*besichtigen*) visitar; **ich kann das nicht länger mit ~** no puedo soportarlo más [*o* aguantarlo más]; **den Film solltest du dir ~** deberías ver esta película
② (*erachten*) considerar; **ich sehe es als meine Pflicht an ...** lo considero mi deber...
③ (*anmerken*) notar; **man sieht ihm gleich an, wie intelligent/nervös er ist** se le ve [*o* nota] a la primera lo inteligente que es/lo nervioso que está; **man sieht dir dein Alter nicht an** no aparentas la edad que tienes
Ansehen *nt* <-s, ohne *pl*> ① (*Anschein*) apariencia *f;* **dem ~ nach zu urteilen** a juzgar por las apariencias
② (*Achtung*) reputación *f*, estima *f;* **großes ~ genießen** gozar de buena reputación; **in ~ kommen/sein** caer en el descrédito
Ansehensverlust *m* <-(e)s, -e> pérdida *f* de reputación
ansehnlich ['anzeːnlɪç] *adj* ① (*beträchtlich*) considerable, respetable
② (*gut aussehend*) vistoso, de buena presencia
an|seilen *vt* encordar
an|sein *irr vi s.* **an** III.3.
an|sengen ['anzɛŋən] *vt* chamuscar; **hier riecht es angesengt** aquí huele a chamusquina
an|setzen I. *vi* ① (*beginnen*) comenzar (*zu* a); **die Maschine setzt zur Landung an** el avión inicia el aterrizaje; **das A~ zur Tatbestandsverwirklichung** (JUR) la preparación para la consumación del hecho
② (*anbrennen*) pegarse
II. *vt* ① (*in Position bringen*) poner, colocar
② (*Werkzeug*) aplicar
③ (*Glas*) llevarse a los labios
④ (*Blasinstrument*) embocar
⑤ (*bilden*) echar; **Blätter ~** echar hojas; **Rost ~** oxidarse; **Schimmel ~** enmohecerse; **Fett ~** (*fam*) echar carnes
⑥ (*vorbereiten*) preparar
⑦ (*Termin*) fijar (*für* para), señalar (*für* para)
⑧ (*Kosten*) fijar, calcular
⑨ (*auf eine Spur*) poner bajo la pista (*auf* de)
Ansicht *f* <-, -en> ① (*Meinung*) opinión *f* (*über* sobre), parecer *m*; **sie vertritt/teilt die ~, dass ...** sostiene/comparte la opinión de que...; **meiner ~ nach** a mi modo de ver, en mi opinión; **anderer ~ sein** ser de otra opinión; **ich bin ganz ihrer ~** soy de su misma opinión
② (*Abbildung*) vista *f*
③ (*Blick*) vista *f*, perspectiva *f;* **die ~ von oben** la vista desde arriba; **zur ~** como muestra
ansichtig *adj:* **jds/etw** *gen* **~ werden** (*geh*) llegar a ver a alguien/algo,

divisar a alguien/algo
Ansichts(post)karte *f* <-, -n> (tarjeta *f*) postal *f*; **Ansichtssache** *f* <-, -n> cuestión *f* de pareceres [*o* de opiniones]; **Ansichtssendung** *f* <-, -en> envío *m* de muestra
an|siedeln I. *vt* ❶ (*Menschen*) asentar
❷ (*Tierart*) introducir
II. *vr:* **sich ~** establecerse, asentarse
Ansiedelung *f* <-, -en> asentamiento *m*
Ansiedler(in) *m(f)* <-s, -; -, -nen> colono *m*, poblador(a) *m(f)*
Ansiedlung *f* <-, -en> asentamiento *m*; **~ ohne Rechtstitel** ocupación sin título jurídico
Ansinnen ['anzɪnən] *nt* <-s, -> (*geh*) pretensión *f*
Ansitz *m* <-es, -e> (*Jagd*) candelecho *m*, bienteveo *m*
ansonsten [an'zɔnstən] *adv* ❶ (*im Übrigen*) por lo demás
❷ (*andernfalls*) en caso contrario; (*wenn nicht*) si no
an|spannen *vt* ❶ (*Pferde*) enganchar; **den Wagen ~** enganchar los caballos al carro
❷ (*Seil*) tensar
❸ (*Muskeln*) contraer
Anspannung[1] *f* <-, *ohne pl*> (*das Anspannen/Angespanntsein*) tensión *f*
Anspannung[2] *f* <-, -en> (*Anstrengung*) esfuerzo *m*
Anspiel *nt* <-(e)s, -e> (SPORT: *beim Fußball*) saque *m*; (*bei Spielen*) apertura *f* del juego
an|spielen I. *vi* (*hinweisen*) aludir (*auf* a), referirse (*auf* a); **spielst du damit auf mich an?** ¿con eso te refieres a mí?
II. *vt* (SPORT) pasar la pelota (a)
❷ (MUS: *Instrument*) probar; (*Melodie*) empezar a tocar
Anspielung *f* <-, -en> alusión *f* (*auf* a), insinuación *f* (*auf* sobre); **eine ~ auf etw/jdn machen** hacer alusión a algo/alguien
an|spitzen *vt* aguzar, afilar; **den Bleistift ~** sacar punta al lápiz
Anspitzer *m* <-s, -> sacapuntas *m inv*, afilalápices *m inv*
Ansporn ['anʃpɔrn] *m* <-(e)s, *ohne pl*> estímulo *m*, acicate *m*; **etw ist ein ~ für jdn** algo sirve de estímulo a alguien
an|spornen *vt* ❶ (*anfeuern*) estimular (*zu* a), incitar (*zu* a)
❷ (*Pferd*) espolear, picar
Ansprache *f* <-, -n> discurso *m* (*an a/ante*); (*kurz*) alocución *f* (*an a/ante*); (*feierlich*) arenga *f* (*an a/ante*); (REL) plática *f* (*an a/ante*)
ansprechbar *adj* (*Kranker*) capaz de reaccionar; **nicht ~ sein** (*fam*) estar de mal humor
an|sprechen *irr* I. *vi* (MED) reaccionar (*auf* a)
II. *vt* ❶ (*erwähnen*) mencionar; (*Thema*) abordar
❷ (*eine Gruppe*) dirigirse (a), dirigir la palabra (a); **jdn ~** hablar a alguien
❸ (*gefallen*) gustar (a); (*anrühren*) llegar (a); **die Rede hat mich angesprochen** el discurso me ha gustado/llegado
ansprechend *adj* agradable, grato; (*Person*) atractivo, simpático
Ansprechpartner(in) *m(f)* <-s, -; -, -nen> persona *f* a contactar, contacto *m*
an|springen *irr* I. *vi sein* ❶ (*Motor*) arrancar
❷ (*fam: reagieren*) aceptar; **sie sprang auf den Vorschlag an** aceptó la propuesta
II. *vt* (*anfallen*) embestir
an|spritzen I. *vt* (*besprühen*) rociar; (*nass machen*) salpicar; (*gießen*) regar; (*beschmutzen*) salpicar; (*fam: lackieren*) pintar (con pistola)
II. *vi sein:* **angespritzt kommen** llegar disparado
Anspruch *m* <-(e)s, -sprüche> ❶ (*Anrecht*) derecho *m* (*auf* a); (*Forderung*) pretensión *f* (*auf* sobre); **~ auf polizeiliches Einschreiten** derecho de intervención policial; **auf rechtliches Gehör** derecho de audición legal; **einen ~ abtreten/anerkennen** ceder/reconocer un derecho; **einen ~ anmelden/durchsetzen** pronunciar/conseguir un derecho; **einen ~ geltend machen/zurückweisen** interponer/desestimar una pretensión
❷ (JUR) reivindicación *f*; **schuldrechtlicher ~** derecho obligacional; **vollstreckbarer ~** derecho ejecutorio; **einen ~ befriedigen** satisfacer una reivindicación; **dinglicher ~** reivindicación material; **~ aus eigenem/abgetretenem Recht** reivindicación de derecho propio/cedido; **einen ~ erheben** presentar una reivindicación; **materieller/prozessualer ~** reivindicación material/procesal
❸ (*Anforderung*) exigencia *f* (*auf* de); **hohe Ansprüche an jdn stellen** ser muy exigente con alguien, exigir mucho de alguien; **den Ansprüchen gerecht werden** satisfacer las exigencias; **etw in ~ nehmen** hacer uso de algo, valerse de algo; **das nimmt sehr viel Zeit in ~** eso exige mucho tiempo; **er ist sehr in ~ genommen** está muy ocupado
Anspruchsgrundlage *f* <-, -n> (JUR) fundamento *m* de la pretensión;
Anspruchsabtretung *f* <-, -en> (JUR) cesión *f* de la pretensión
anspruchsbegründend *adj* (JUR) fundamentador de pretensión; **~e Tatsachen** hechos fundamentadores de pretensión
Anspruchsbegründung *f* <-, -en> (JUR) fundamentación *f* de pretensión

anspruchsberechtigt *adj* (JUR) con derecho a reivindicación
Anspruchsberechtigte(r) *mf* <-n, -n; -, -n> (JUR) beneficiario, -a *m*, *f*, titular *mf* de un derecho [*o* pretensión]; **Anspruchsdenken** *nt* <-s, *ohne pl*> actitud basada en la exigencia de demandas sociales (*exageradas*) *al Estado*; **Anspruchsdurchsetzung** *f* <-, *ohne pl*> ejecución *f* de la pretensión; **Anspruchserhebung** *f* <-, -en> (JUR) reclamación *f*; **Anspruchsgegner(in)** *m(f)* <-s, -; -, -nen> (JUR) oponente *m* de la reclamación; **Anspruchshäufung** *f* <-, -en> (JUR) acumulación *f* de pretensiones; **Anspruchskonkurrenz** *f* <-, *ohne pl*> (JUR) concurrencia *f* de pretensiones
anspruchslos *adj* poco exigente, sin pretensiones; (*bescheiden*) sencillo, modesto; (*belanglos*) intra(n)scendente; **~ leben** llevar una vida sencilla
Anspruchslosigkeit *f* <-, *ohne pl*> ❶ (*anspruchsloses Wesen*) modestia *f*, sencillez *f*
❷ (*Trivialität*) trivialidad *f*; (*Belanglosigkeit*) intra(n)scendencia *f*
Anspruchsnorm *f* <-, -en> (JUR) norma *f* de pretensiones; **Anspruchsschreiben** *nt* <-s, -> (JUR) escrito *m* de reclamación
Anspruchsteller(in) *m(f)* <-s, -; -, -nen> (JUR) reclamante *mf*
Anspruchsübergang *m* <-(e)s, *ohne pl*> (JUR) subrogación *f* legal; **Anspruchsverjährung** *f* <-, -en> (JUR) prescripción *f* de la acción; **Anspruchsverzicht** *m* <-(e)s, -e> (JUR) mutuo disenso *m*
anspruchsvoll *adj* exigente, con muchas [*o* de grandes] pretensiones
an|spucken *vt* escupir (a)
an|spülen *vt* (*an den Strand spülen*) arrojar sobre la playa; (*an das Ufer spülen*) arrojar a la orilla
an|stacheln ['anʃtaxəln] *vt* incitar (*zu* a), pinchar (*zu* a) *fam*
Anstalt ['anʃtalt] *f* <-, -en> ❶ (*Einrichtung*) establecimiento *m*, institución *f*; **öffentlichen Rechts** (JUR) institución de derecho público; **bundesunmittelbare ~** (JUR) institución afín a la federación; **öffentliche ~** institución pública
❷ (*fam: Psychiatrie*) centro *m* (p)siquiátrico
❸ *pl* (*Vorbereitungen*) preparativos *mpl*; **er machte keine ~en zu gehen** no dio muestras [*o* señales] de irse; **~en zu etw treffen** hacer preparativos para algo
Anstaltsarzt, -ärztin *m*, *f* <-(e)s, -ärzte; -, -nen> médico, -a *m*, *f* de un establecimiento [*o* una institución] oficial (*que trata enfermedades mentales, drogodependencias, etc.*); **Anstaltsgeistliche(r)** *mf* <-n, -n; -, -n> (REL) capellán *m* de una institución [*o* de un establecimiento] oficial (*como p. ej. la cárcel, etc.*); **Anstaltsgewalt** *f* <-, -en> (JUR) poder *m* institucional; **Anstaltskleidung** *f* <-, -en> ❶ (*Klinikkleidung*) uniforme *m* de un centro sanitario oficial ❷ (*Gefängniskleidung*) uniforme *m* penitenciario; **Anstaltsordnung** *f* <-, -en> (JUR) orden *m* institucional; **Anstaltsunterbringung** *f* <-, -en> (JUR) internamiento *m*
Anstand *m* <-(e)s, *ohne pl*> decencia *f*, buenos modales *mpl*
anständig ['anʃtɛndɪç] I. *adj* ❶ (*sittsam*) decente; (*ehrlich*) honrado, honesto; (*einwandfrei*) correcto
❷ (*fam: zufrieden stellend*) aceptable; **das sieht ganz ~ aus** esto tiene un aspecto bastante aceptable; **sie wird ~ bezahlt** le pagan bien
❸ (*fam: ziemlich*) considerable; **eine ~e Tracht Prügel bekommen** llevarse una buena paliza
II. *adv* ❶ (*korrekt*) como corresponde, como es debido; **er hat ~ gehandelt** obró como es debido
❷ (*fam: ziemlich*) bastante; **~ draufzahlen müssen** tener que pagar bastante más
anständigerweise *adv* decentemente; **sie hat ~ geschwiegen** ha callado por decencia
Anständigkeit *f* <-, *ohne pl*> decencia *f*, decoro *m*
Anstandsbesuch *m* <-(e)s, -e> visita *f* de cortesía
Anstandsdame *f* <-, -n> dama *f* de compañía; **du bist doch nicht meine ~** no tienes que acompañarme a todas partes
anstandshalber *adv* por decencia, por decoro; **~ müsste ich sie besuchen** sería conveniente que la visitara
anstandslos *adv* sin más, sin objeción alguna
Anstandsschenkung *f* <-, -en> (JUR) donación *f* ceremonial;
Anstandswauwau *m* <-s, -s> (*fam*) carabina *f*; **den ~ spielen** hacer de carabina
an|starren *vt* mirar fijamente, clavar los ojos (en)
anstatt [an'ʃtat] I. *präp* +*gen* en vez de, en lugar de
II. *konj:* **~ etw zu tun** en vez de [*o* en lugar de] hacer algo; **~ dir etwas zu schenken, lade ich dich ins Theater ein** en vez de regalarte algo, te invito al teatro; **ich fuhr nach München ~ nach Berlin** fui a Munich en lugar de ir a Berlín
an|stauben *vi sein* cubrirse un poco de polvo; **angestaubt sein** tener un poco de polvo
an|stauen *vr:* **sich ~** estancarse, acumularse
an|staunen *vt* mirar con la boca abierta, contemplar embobado; **mit großen Augen staunten die Kinder den Weihnachtsbaum an** los

niños miraban embobados el árbol de Navidad
an|stechen *irr vt* pinchar; (*Fass*) espitar
an|stecken I. *vt* ❶ (*befestigen*) poner
❷ (*reg: anzünden*) pegar [*o* prender] fuego (a); (*Zigarette, Pfeife*) encender
❸ (*infizieren, a. fig*): **jdn mit etw** ~ contagiarle algo a alguien
II. *vr: sich* ~ contagiarse, afectarse *Am*, apestarse *Am*; **ich habe mich bei ihr angesteckt** ella me ha contagiado
ansteckend *adj* contagioso
Anstecker *m* <-s, -> alfiler *m*; (*Button*) pin *m*
Anstecknadel *f* <-, -n> ❶ (*Schmuck*) aguja *f*, broche *m*
❷ (*Plakette*) distintivo *m*
Ansteckung *f* <-, -en> (MED) contagio *m*
Ansteckungsgefahr *f* <-, -en> peligro *m* de contagio
an|stehen *irr vi* ❶ (*Arbeit, Problem*) quedar por hacer; **~de Probleme** problemas pendientes
❷ (*Termin*) estar fijado
❸ (*Schlange stehen*) hacer cola; **er steht an um einen Orangensaft zu kaufen, er steht nach einem Orangensaft an** hace cola para comprar un zumo de naranja
an|steigen *irr vi sein* ❶ (*aufwärts führen*) subir; **steil ~d** empinado
❷ (*Preis, Temperatur*) subir, aumentar
anstelle [anˈʃtɛlə] *präp +gen* en lugar de
an|stellen I. *vt* ❶ (*Maschine*) poner en marcha
❷ (*Fernseher, Radio*) encender
❸ (*beschäftigen*) contratar; **er ist bei uns fest angestellt** está en plantilla
❹ (*anlehnen*) colocar (*an* contra)
❺ (*vornehmen*) efectuar, realizar; **Vermutungen ~** hacer conjeturas
❻ (*fam: fertig bringen*) arreglárselas (con); **ich weiß nicht, wie ich es ~ soll** no sé cómo arreglármelas
❼ (*fam: anrichten*) hacer; **was hast du da wieder angestellt?** ¿qué has hecho ahora?
II. *vr: sich* ~ ❶ (*fam: sich verhalten*) obrar; **sich dumm ~** hacer el tonto
❷ (*fam: sich zieren*) hacer melindres; **stell dich nicht so an!** ¡déjate de comedias!
❸ (*in einer Schlange*) ponerse a [*o* en] la cola; **sich ~ um etwas zu kaufen** hacer cola para comprar algo; **Sie müssen sich hinten ~** tiene que ponerse a(l final de) la cola
anstellig *adj* hábil, diestro
Anstellung *f* <-, -en> ❶ (*das Anstellen*) contratación *f*
❷ (*Stelle*) empleo *m*, puesto *m*; **eine feste ~** un empleo fijo; **seine erste ~ suchen** buscar su primer empleo
Anstellungsbetrug *m* <-(e)s, ohne *pl*> (JUR) fraude *m* de empleo
Anstellungsvertrag *m* <-(e)s, -träge> contrato *m* de trabajo
an|steuern *vt* ❶ (NAUT) poner rumbo (a), navegar (hacia)
❷ (*Ziel*) poner la mira (en)
Anstich *m* <-(e)s, -e> ❶ (*eines Fasses*) acción *f* de espitar
❷ (*erster Ausschank*) primer trago *m* (de un barril)
Anstieg[1] *m* <anʃtiːk] *m* <-(e)s, -e> (*Aufsteig*) ascenso *m*, ascensión *f*
Anstieg[2] *m* <-(e)s, ohne *pl*> ❶ (*Steigung*) pendiente *f*
❷ (*Zunahme*) subida *f*, aumento *m*; **~ der Löhne** subida [*o* aumento] de los salarios; **prozentualer ~** aumento porcentual
an|stieren *vt* (*abw*) clavar los ojos (en)
an|stiften *vt* ❶ (*Unheil*) causar, provocar
❷ (*Verschwörung*) tramar
Anstifter(in) *m(f)* <-s, -; -, -nen> (*Straftat*) inductor(a) *m(f)*; (*Verschwörung*) instigador(a) *m(f)*
Anstiftervorsatz *m* <-es, -sätze> (JUR) dolo *m* de instigador
Anstiftung *f* <-, -en> (JUR) instigación *f*, inducción *f*; **wegen ~ zum Mord** por inducción [*o* instigación] al asesinato
Anstiftungsversuch *m* <-(e)s, -e> (JUR) instigación *f* intentada
an|stimmen *vt* ❶ (*Lied*) entonar
❷ (*Geschrei*) romper (en), prorrumpir (en)
Anstoß *m* <-es, -stöße> ❶ (*Ruck*) empujón *m*
❷ (*Impuls*) iniciativa *f*, impulso *m*
❸ (SPORT) saque *m*
❹ (*Schweiz: Angrenzung*) frontera *f*, límite *m*; **mit ~ an ...** colindante con...
❺ (*geh: Ärgernis*) molestia *f*, disgusto *m*; **~ erregen bei jdm** causar escándalo a alguien; **an etw ~ nehmen** escandalizarse por algo
an|stoßen *irr* **I.** *vi* ❶ *sein* (*gegenstoßen*) golpearse (*an* en/contra)
❷ (*mit den Gläsern*) brindar (*auf* por); **darauf lasst uns ~!** ¡brindemos por ello!
❸ (SPORT) sacar, hacer el saque inicial
II. *vt* (*Stoß geben*) empujar
Anstößer(in) [ˈanʃtøːsɐ] *m(f)* <-s, -; -, -nen> (*Schweiz: Anwohner: eines Hauses*) vecino, -a *m, f*; (*eines Landes*) habitante *mf*
anstößig [ˈanʃtøːsɪç] *adj* indecente, escandaloso

Anstößigkeit[1] *f* <-, -en> ❶ (*Bemerkung, Witz*) indecencia *f*
❷ (*Filmszene*) obscenidad *f*
Anstößigkeit[2] *f* <-, ohne *pl*> (*Anstößigsein*) indecencia *f*, obscenidad *f*
an|strahlen *vt* ❶ (*anleuchten*) iluminar, alumbrar; (FILM, THEAT) enfocar
❷ (*strahlend ansehen*) mirar con ojos radiantes
an|streben *vt* pretender, aspirar (a)
an|streichen *irr vt* ❶ (*mit Farbe*) pintar; **etw gelb ~** pintar algo de amarillo
❷ (*Fehler*) señalar
Anstreicher(in) *m(f)* <-s, -; -, -nen> pintor(a) *m(f)*; (*abw: Maler*) pintor(a) *m(f)* de brocha gorda
an|strengen [ˈanʃtrɛŋən] **I.** *vi* (*ermüden*) cansar, fatigar
II. *vt* ❶ (*Verstand*) aguzar; (*Gehör*) afinar, agudizar
❷ (JUR: *Verfahren*) poner, presentar; **eine Klage ~** proceder (judicialmente)
III. *vr: sich* ~ (*sich bemühen*) esforzarse, esmerarse
anstrengend *adj* (*körperlich*) duro, agotador, cansador *Arg*; (*geistig*) laborioso, trabajoso
Anstrengung *f* <-, -en> esfuerzo *m*; **große ~en machen/unternehmen** hacer/realizar un gran esfuerzo
Anstrich[1] *m* <-(e)s, -e> (*Farbe*) pintura *f*
Anstrich[2] *m* <-(e)s, ohne *pl*> ❶ (*das Anstreichen*) pintura *f*
❷ (*Anschein*) aire(s) *m(pl)*, toque *m*
Ansturm *m* <-s, -stürme> ❶ (*Angriff*) asalto *m* (*auf* a)
❷ (*Andrang*) concurrencia *f*; (*von Kunden*) afluencia *f*; (*Nachfrage*) demanda *f* (*auf/nach* de)
an|stürmen *vi sein* ❶ (*herbeirennen*) llegar corriendo
❷ (*angreifen*) asaltar (*gegen*), asaltar (*gegen* contra)
❸ (*Wellen*) embestir (*gegen* contra)
an|suchen *vi* (*Österr: alt: förmlich erbitten*) solicitar, demandar; **um eine Audienz ~** pedir [*o* solicitar] audiencia (*bei* ante)
Ansuchen *nt* <-s, -> solicitud *f*, petición *f*; **einem ~ nachkommen** conceder una petición; **auf jds ~ (hin)** por ruego de alguien
Antagonist(in) [antagoˈnɪst] *m(f)* <-en, -en; -, -nen> antagonista *mf*
an|tanzen *vi sein* (*fam*) presentarse, aparecer
Antarktis [antˈarktɪs] *f* Antártida *f*
antarktisch *adj* antártico
an|tasten *vt* ❶ (*Ehre*) ofender; (*Rechte*) usurpar
❷ (*Geld*) empezar a gastar
an|tauen *vi sein* (*Schnee*) empezar a derretirse [*o* a fundirse]
Antazidum *nt* <-s, Antazida> (MED) antiácido *m*
Anteil[1] *m* <-(e)s, -e> ❶ (*Teil*) parte *f* (*an/von* de)
❷ (*Beteiligung*) participación *f*; **einen ~ an etw haben** tener participación [*o* parte] en algo
Anteil[2] *m* <-(e)s, ohne *pl*> ❶ (*Interesse*) interés *m* (*an* por)
❷ (*Mitgefühl*) compasión *f* (*an* por); **an etw ~ nehmen** compartir algo
anteilig [ˈantaɪlɪç] *adj* proporcional
anteilmäßig *adj* (*formal*) proporcional
Anteilnahme [ˈantaɪlnaːmə] *f* <-, ohne *pl*> ❶ (*Beteiligung*) participación *f* (*an* en)
❷ (*Mitgefühl*) interés *m* (*an* por)
❸ (*Beileid*) pésame *m*
Anteilpapier *nt* <-s, -e> (JUR, WIRTSCH) título *m* de participación
Anteilsabtretung *f* <-, -en> (JUR, WIRTSCH) cesión *f* de participaciones
anteilsberechtigt *adj* (JUR, WIRTSCH) titular de participaciones
Anteilschein *m* <-(e)s, -e> (JUR, WIRTSCH) certificado *m* de participación, título *m* de participación
Anteilseigner(in) *m(f)* <-s, -; -, -nen> (JUR, WIRTSCH) titular *mf* de participaciones, partícipe *m*; **außenstehender ~** partícipe externo; **beherrschender ~** partícipe dominante; **Anteilseignerschutz** *m* <-es, ohne *pl*> (JUR, WIRTSCH) protección *f* de los partícipes
Anteilserwerb *m* <-(e)s, -e> (JUR, WIRTSCH) adquisición *f* de participaciones; **Anteilsrecht** *nt* <-(e)s, -e> derecho *m* de participación; **Anteilsrendite** *f* <-, -n> (JUR, WIRTSCH) réditos *mpl* de participación; **Anteilstausch** *m* <-(e)s, -e> (JUR, WIRTSCH) canje *m* de participaciones; **Anteilsübertragung** *f* <-, -en> (JUR, WIRTSCH) transmisión *f* de participaciones; **Anteilsveräußerung** *f* <-, -en> (JUR, WIRTSCH) enajenación *f* de participaciones; **Anteilsverzicht** *m* <-(e)s, -e> (JUR, WIRTSCH) renuncia *f* de participaciones
an|telefonieren* *vt* (*fam*) dar un telefonazo, hacer una llamadita
Antenne [anˈtɛnə] *f* <-, -n> (TEL, ZOOL) antena *f*
Anthologie [antoloˈgiː] *f* <-, -n> (LIT) antología *f*
Anthrakose [antraˈkoːzə] *f* <-, -n> (MED) antracosis *f inv*
Anthrazit [antraˈtsiːt] *m* <-s, -e> antracita *f*
anthrazitfarben *adj*, **anthrazitfarbig** *adj* (de color) antracita
anthropogen *adj* antropógeno
Anthropologe, -in [antropoˈloːgə] *m, f* <-n, -n; -, -nen> antropólogo, -a *m, f*

Anthropologie [antropolo'gi:] *f* <-, *ohne pl*> antropología *f*
Anthropologin *f* <-, -nen> *s.* **Anthropologe**
anthropologisch [antropo'lo:gɪʃ] *adj* antropológico
Anthroposoph(in) [antropo'zo:f] *m(f)* <-en, -en; -, -nen> antropósofo, -a *m, f*
Anthroposophie [antropozo'fi:] *f* <-, *ohne pl*> antroposofía *f*
Anthroposophin *f* <-, -nen> *s.* **Anthroposoph**
anthroposophisch *adj* antroposófico
Antiadipositum *nt* <-s, -adiposita> (MED) antiadiposis *f inv*, antiobesidad *f*
Antialkoholiker(in) [anti?alko'ho:lɪkɐ] *m(f)* <-s, -; -, -nen> antialcohólico, -a *m, f*, abstemio, -a *m, f*
antialkoholisch *adj* antialcohólico
antiamerikanisch *adj* antiamericano
Antiasthmatikum *nt* <-s, -asthmatika> (MED) antiasmático *m*
antiautoritär *adj* antiautoritario; **~e Erziehung** educación antiautoritaria
Antibabypille *f* <-, -n> píldora *f* anticonceptiva
antibakteriell *adj* antibacterial
Antibiotikum [antibi'o:tikʊm] *nt* <-s, Antibiotika> (MED) antibiótico *m*
Antiblockiersystem *nt* <-s, -e> (AUTO) sistema *m* antibloqueo de frenos, frenos *mpl* antibloqueo [*o* ABS]
Antichrist ['---] *m* <-s, *ohne pl*> anticristo *m*
antichristlich *adj* anticristiano
Antidepressivum [antidepre'si:vʊm] *nt* <-s, -depressiva> (MED) antidepresivo *m*
Antidiabetikum *nt* <-s, -diabetika> (MED) antidiabético *m*
Antidiuretikum *nt* <-s, -diuretika> (MED) antidiurético *m*
Antidumpingrecht *nt* <-(e)s, *ohne pl*> (WIRTSCH) legislación *f* contra la competencia desleal; **Antidumpingregeln** *fpl* (WIRTSCH) normas *fpl* contra la competencia desleal; **Antidumpingzoll** [--'---] *m* <-(e)s, -zölle> (COM) derechos *mpl* antidumping
Antiepileptikum *nt* <-s, -epileptika> (MED) antiepiléptico *m*
Antifaltencreme [--'---] *f* <-, -s> crema *f* antiarrugas
Antifaschismus [---'--, -----] *m* <-, *ohne pl*> antifascismo *m*; **Antifaschist(in)** *m(f)* <-en, -en; -, -nen> antifascista *mf*
antifaschistisch *adj* antifascista
Antigen ['antige:n] *nt* <-s, -e> (MED) antígeno *m*
antihaftbeschichtet *adj* (con recubrimiento) antiadherente
Antihistaminikum *nt* <-s, -histaminika> (MED) antihistamínico *m*
antik [an'ti:k] *adj* antiguo
Antikatalysator ['-------] *m* <-s, -en> anticatalizador *m*
Antike [an'ti:kə] *f* <-, *ohne pl*> Antigüedad *f*; **die römische/griechische ~** la Antigüedad romana/griega
antiklerikal [----'-, '-----] *adj* anticlerical
Antiklopfmittel ['--'---] *nt* <-s, -> (AUTO, CHEM) antidetonante *m*
Antikommunismus *m* <-, *ohne pl*> anticomunismo *m*
Antikommunist(in) *m(f)* <-en, -en; -, -nen> anticomunista *mf*
antikommunistisch ['-------] *adj* anticomunista
Antikörper ['----] *m* <-s, -> (MED) anticuerpo *m*
Antikörperbestimmung *f* <-, -en> (MED) determinación *f* de anticuerpos
Antillen [an'tɪlən] *pl* Antillas *fpl*
Antilope [anti'lo:pə] *f* <-, -n> antílope *m*
Antimon [anti'mo:n] *nt* <-s, *ohne pl*> (CHEM) antimonio *m*
Antimykotikum *nt* <-s, -mykotika> (MED) antimicótico *m*
Antioxidans *nt* <-, -oxidantien> (MED) antioxidante *m*
Antioxydationsmittel [-----'---] *nt* <-s, -> (CHEM) agente *m* antioxidante
Antipathie [antipa'ti:] *f* <-, -n> (*geh*) antipatía *f*
Antipode [anti'po:də] *m* <-n, -n> (*a.* GEO) antípoda *m*
an|tippen *vt* ❶ (*Person*) tocar
❷ (*Thema*) tocar, abordar
Antiqua [an'ti:kva] *f* <-, *ohne pl*> (TYPO) letra *f* romana, letra *f* antigua
Antiquar(in) [anti'kva:ɐ, *pl:* anti'kva:rə] *m(f)* <-s, -e; -, -nen> librero, -a *m, f* de libros antiguos [*o* de ocasión]
Antiquariat [antikvari'a:t] *nt* <-(e)s, -e> librería *f* de viejo; **modernes ~** librería de ocasión
Antiquarin *f* <-, -nen> *s.* **Antiquar**
antiquarisch *adj* (*Druckwerke*) de segunda mano, usado; **etw ~ erwerben** comprar algo de segunda mano
antiquiert *adj* (*abw*) anticuado, pasado de moda
Antiquität *f* <-, -en> antigüedad *f*
Antiquitätengeschäft *nt* <-(e)s, -e> tienda *f* de antigüedades; **Antiquitätenhandel** *m* <-s, *ohne pl*> comercio *m* de antigüedades; **Antiquitätenhändler(in)** *m(f)* <-s, -; -, -nen> anticuario, -a *m, f*, comerciante *mf* de antigüedades; **Antiquitätenschmuggel** *m* <-s, *ohne pl*> contrabando *m* de antigüedades

Anti(raketen)rakete *f* <-, -n> (MIL) misil *m* antimisil, cohete *m* antico-hete
Antiraucherkampagne *f* <-, -n> campaña *f* antitabaco
Antirheumatikum *nt* <-s, -rheumatika> (MED) antirreumático *m*
Antisemit(in) *m(f)* <-en, -en; -, -nen> antisemita *mf*
antisemitisch *adj* antisemita
Antisemitismus [antizemi'tɪsmʊs] *m* <-, *ohne pl*> antisemitismo *m*
Antiseptikum [anti'zɛptikʊm] *nt* <-s, -septika> (MED) antiséptico *m*, desinfectante *m*
antiseptisch [anti'zɛptɪʃ] *adj* (MED) antiséptico, desinfectante
Antiserum [--'--] *nt* <-s, -sera *o* -seren> (MED) antisuero *m*
Antispastikum *nt* <-s, -spastika> (MED) antiespasmódico *m*
antistatisch [--'--] *adj* (PHYS) antiestático
Antisubventionskodex *m* <-(es), -e *o* -kodizes> (WIRTSCH, JUR) código *m* antisubvenciones; **Antisubventionsverfahren** *nt* <-s, -> (WIRTSCH, JUR) procedimiento *m* antisubvenciones
Antiteilchen ['----] *nt* <-s, -> (PHYS) antipartícula *f*
Antiterroreinheit [--'----] *f* <-, -en> unidad *f* antiterrorista; **Antiterrorpolizei** *f* <-, *ohne pl*> policía *f* antiterrorista [*o* antidisturbios]
Antithese ['----, --'--] *f* <-, -n> (PHILOS) antítesis *f inv*
Antitranspirant *nt* <-s, -e *o* -s> antitranspirante *m*
Antitrustrecht *nt* <-(e)s, *ohne pl*> (WIRTSCH) legislación *f* antitrust
Antivirenprogramm [anti'vi:rən-] *nt* <-s, -e> (INFOR) programa *m* antivirus [*o* cazavirus]
antizipativ [antitsipa'ti:f] *adj* por recibir [*o* cobrar]
antizipieren* [antitsi'pi:rən] *vt* (*geh*) anticipar; **antizipiertes Sachverständigengutachten** (JUR) peritaje de experto anticipado
antizyklisch [anti'tsy:klɪʃ] *adj* anticíclico
antizyklonal [antitsyklo'na:l] *adj* (METEO) anticiclónico
Antizyklone [antitsy'klo:nə] *f* <-, -n> (METEO) anticiclón *m*
Antlitz ['antlɪts] *nt* <-es, -e> (*geh*) rostro *m*, semblante *m*
an|tönen *vt* (*Österr, Schweiz: andeuten*) aludir (a), hacer alusión (a)
an|törnen ['antœrnən] *vt* (*sl*) dar marcha (a), enrollar, molar; **die Musik törnt mich an** la música me da marcha
Antrag ['antra:k, *pl:* 'antrɛ:gə] *m* <-(e)s, -träge> ❶ (*an eine Behörde*) solicitud *f* (*auf* de), petición *f* (*auf* de); **~ auf Eintragung ins Grundbuch** petición de anotación en el Registro de la Propiedad; **Aufnahme des ~s der Parteien** aceptación de la petición de las partes; **erneuter ~** solicitud reiterada; **auf ~** a solicitud; **einen ~ einbringen/stellen** entregar/presentar una solicitud; **einen ~ bearbeiten** tramitar una solicitud; **einen ~ auf etw stellen** presentar una solicitud de algo, solicitar algo
❷ (ADMIN, JUR) solicitud *f* (*auf* de), instancia *f* (*auf* de); **~ auf ~ des Klägers** petición a instancia del demandante; **~ auf Entscheidung nach Lage der Akten** demanda de decisión sobre la situación de las actas; **~ auf Erlass einer einstweiligen Verfügung** demanda de una providencia precautoria; **~ auf Erlass eines Mahnbescheides** demanda de una decisión requisitoria; **~ auf Erlass eines Strafbefehls** petición de liberación de orden penal; **~ auf Eröffnung des Hauptverfahrens** petición de apertura de la vista oral; **~ auf Verfahrenseinstellung** petición de sobreseimiento; **~ auf Wiederaufnahme des Verfahrens** petición de reanudación del procedimiento; **~ auf Wiedereinsetzung in den vorigen Stand** demanda de establecimiento en el estado anterior; **Bindung an den ~** vinculación a la petición; **~ abgelehnt/stattgegeben** solicitud rechazada/concedida
❸ (*Formular*) (formulario *m* de) solicitud *f*
❹ (POL) moción *f* (*auf* de)
❺ (*Heirats~*) propuesta *f* de matrimonio
an|tragen *irr vt* ❶ (*geh*) ofrecer
❷ (*beantragen*) solicitar; **ihnen wurde angetragen die Verhandlungen wieder aufzunehmen** se les solicitó que retomaran las negociaciones
antragsberechtigt *adj* (JUR) legitimado para presentar solicitud
Antragsberechtigte(r) *mf* <-n, -n; -, -n> (JUR) peticionario, -a *m, f*, solicitante; **Antragsempfänger(in)** *m(f)* <-s, -; -, -nen> destinatario *m* de una oferta; **Antragsformular** *nt* <-s, -e> (formulario *m* de) solicitud *f*, instancia *f* de solicitud; (*Vordruck*) (modelo *m* de) instancia *f*; **Antragsfrist** *f* <-, -en> (JUR) plazo *m* de solicitud; **Antragsgegner(in)** *m(f)* <-s, -; -, -nen> (JUR) oponente *mf*, sujeto *m* pasivo de la solicitud; **Antragsrecht** *nt* <-(e)s, *ohne pl*> derecho *m* de petición; **Antragsschrift** *f* <-, -en> escrito *m* de formulación
Antragsteller(in) *m(f)* <-s, -; -, -nen> solicitante *mf*; (POL) autor(a) *m(f)* de una moción
Antragstellung *f* <-, -en> presentación *f* de una solicitud [*o* de una instancia]; **die Frist für die ~ läuft heute ab** el plazo de presentación finaliza hoy
an|trauen *vt* (*alt*) desposar; **jdm angetraut werden** desposarse con alguien; **ihr angetrauter Ehemann** su legítimo esposo
an|treffen *irr vt* encontrar(se), localizar

an|treiben *irr* I. *vi sein* (*anschwimmen*) llegar flotando
 II. *vt* ❶ (TECH: *vorwärts treiben*) impulsar, propulsar
 ❷ (*anschwemmen*) arrojar, acarrear
 ❸ (*veranlassen*) incitar (*zu* a), impulsar (*zu* a), julepear *Kol*; **sie trieb ihn zur Eile an** le metió prisa
Antreiber(in) *m(f)* <-s, -; -, -nen> (*abw*) meteprisas *mf inv*; (*Tyrann*) negrero, -a *m, f*
an|treten *irr* I. *vi sein* ❶ (MIL) formarse; **sie sind in Zweierreihen angetreten** han formado filas de a dos; **zum Dienst ~** empezar el servicio
 ❷ (SPORT) enfrentarse (*gegen* a/con)
 II. *vt* ❶ (*Reise*) emprender
 ❷ (*Strafe*) (empezar a) cumplir
 ❸ (*Erbe*) recibir, tomar posesión (de)
 ❹ (*Motorrad*) arrancar, poner en marcha (con el pedal)
 ❺ (*Stelle*) incorporarse (a)
 ❻ (*Amt*) asumir, tomar posesión (de)
Antrieb *m* <-(e)s, -e> ❶ (TECH) tracción *f*, propulsión *f*
 ❷ (*Impuls*) estímulo *m*, acicate *m*; **aus eigenem ~** por iniciativa propia
Antriebsachse *f* <-, -n> (TECH) eje *m* inductor [*o* de accionamiento]; **Antriebsaggregat** *nt* <-(e)s, -e> (TECH) grupo *m* propulsor [*o* motriz]; **Antriebskraft** *f* <-, -kräfte> (TECH) fuerza *f* motriz; (*fig*) motor *m*; **Antriebsschwäche** *f* <-, -n> falta *f* de iniciativa [*o* de empuje]; **Antriebswelle** *f* <-, -n> (TECH) árbol *m* de accionamiento
an|trinken *irr vt* ❶ (*nippen*) tomar, beber un sorbito (de)
 ❷ (*Wend*): **sich** *dat* **etw ~** (*fam*) coger [*o* adquirir] algo (por medio de la bebida); **sich** *dat* **Mut ~** coger valor bebiendo; **er hat sich gestern einen (Rausch) angetrunken** (*fam*) ayer (se) pilló una borrachera
Antritt *m* <-(e)s, *ohne pl*> ❶ (*Beginn*) comienzo *m*; **vor ~ der Fahrt** antes de emprender el viaje
 ❷ (*eines Amtes*) toma *f* de posesión; (*einer Erbschaft*) adición *f*; (*der Regierung*) acceso *m* al poder; (*einer Stellung*) comienzo *m*
 ❸ (SPORT) esfuerzo *m* final, sprint *m* final
Antrittsbesuch *m* <-(e)s, -e> visita *f* de cumplido; **Antrittsrecht** *nt* <-(e)s, *ohne pl*> derecho *m* a la toma de posesión; **Antrittsrede** *f* <-, -n> discurso *m* inaugural; **Antrittsvorlesung** *f* <-, -en> (UNIV) discurso *m* inaugural de un catedrático; **Antrittszuständigkeit** *f* <-, -en> (JUR) competencia *f* posesoria
an|trocknen *vi sein* pegarse (*an* a), quedarse pegado (*an* a)
an|tun *irr* I. *vt* (*zufügen*): **jdm etw ~** hacer(le) algo a alguien; **tu mir das nicht an!** (*fam*) ¡no me hagas eso!; **das werde ich mir nicht ~** no pienso pasar por eso; **tu dir keinen Zwang an!** ¡hazlo como quieras!; **sich** *dat* **etwas ~** atentar contra la propia vida
 II. *vi* (*Sympathie erregen*) encantar; **diese Gegend hat es ihm angetan** esta región le ha encantado
an|turnen ['antœrnən] *vt* (*sl*) *s.* **antörnen**
Antwerpen [ant'vɛrpən] *nt* <-s> Amberes *m*
Antwort ['antvɔrt] *f* <-, -en> respuesta *f* (*auf* a), contestación *f* (*auf* a); **ausweichende ~** evasiva *f*; **keine ~ bekommen** no recibir respuesta; **jdm Rede und ~ stehen** rendir cuentas a alguien; **als ~ auf etw** como respuesta a algo; **um ~ wird gebeten** se agradecerá respuesta; **keine ~ ist auch eine ~** quien calla otorga
Antwortbrief *m* <-(e)s, -e> (carta *f* de) respuesta *f*, contestación *f*
antworten ['antvɔrtən] I. *vt, vi* (*erwidern*) contestar (*auf* a), responder (*auf* a); **jdm auf einen Brief ~** contestar la carta de alguien
 II. *vi* (*reagieren*) responder (*mit* con, *auf* a)
Antwortkarte *f* <-, -n> tarjeta *f* de respuesta; **frankierte** [*o* **freigemachte**] **~** tarjeta de respuesta franqueada; **Antwortschein** *m* <-(e)s, -e> cupón-respuesta *m*; **internationaler ~** cupón-respuesta internacional; **Antwortschreiben** *nt* <-s, -> (escrito *m* de) respuesta *f*, (escrito *m* de) contestación *f*
an|vertrauen* I. *vt* ❶ (*überlassen*) confiar, encomendar
 ❷ (*vertraulich erzählen*) confiar, revelar
 II. *vr*: **sich ~** (*sich offenbaren*) confiarse
an|visieren* ['anvi:zi:rən] *vt* ❶ (*anstreben*) pretender, poner la mira (en)
 ❷ (MIL) visar
an|wachsen *irr vi sein* ❶ (*Wurzeln schlagen*) echar raíces
 ❷ (MED: *Knochen*) crecer, desarrollarse; (*Haut*) adherirse
 ❸ (*zunehmen*) crecer, aumentar
Anwachsen *nt* <-s, *ohne pl*> ❶ (*einer Pflanze*) arraigo *m*, prendimiento *m*; **der Gärtner garantiert das problemlose ~ des gekauften Baumes** el horticultor garantiza que el árbol adquirido arraigará sin problemas
 ❷ (*von Körpergewebe*) prendimiento *m*; **das ~ des Transplantats war noch nicht sicher** no era seguro que prendiera el transplante
 ❸ (*Zunahme*) aumento *m*, incremento *m*; **im ~ (begriffen) sein** ir en aumento, incrementarse
Anwachsungsrecht *nt* <-(e), *ohne pl*> derecho *m* de acrecer

an|wählen *vt* (TEL: *eine Nummer*) marcar; **jdn ~** llamar por teléfono [*o* marcar] a alguien
Anwalt ['anvalt, *pl*: 'anvɛltə] *m*, **Anwältin** *f* <-(e)s, -wälte; -, -nen> ❶ (JUR) abogado, -a *m, f*; **~ der Gegenpartei** abogado de la contraparte; **~ für Eigentums- und Grundstücksübertragungen** abogado para la transmisión de propiedades e inmuebles; **sich als ~ niederlassen** establecerse como abogado; **sich** *dat* **einen ~ nehmen** recurrir a un abogado
 ❷ (*Fürsprecher*) abogado, -a *m, f*, defensor(a) *m(f)*
Anwaltsassessor(in) *m(f)* <-s, -en, -, -nen> (JUR) pasante *mf*; **Anwaltsassistent(in)** *m(f)* <-en, -en; -, -nen> asistente *mf* de abogado; **Anwaltsberuf** *m* <-(e)s, *ohne pl*> abogacía *f*, profesión *f* de abogado; **Anwaltsbüro** *nt* <-s, -s> bufete *m*
Anwaltschaft[1] *f* <-, *ohne pl*> (JUR: *Vertretung eines Klienten*) defensa *f*
Anwaltschaft[2] *f* <-, -en> (JUR: *Gesamtheit der Anwälte*) abogacía *f*
Anwaltsgebühr *f* <-, -en> honorarios *mpl* de abogado; **Anwaltshonorar** *nt* <-s, -e> honorarios *mpl* de abogado; **Anwaltskammer** *f* <-, -n> colegio *m* de abogados; **Anwaltskanzlei** *f* <-, -en> bufete *m*; **Anwaltskosten** *pl* honorarios *mpl* de abogado; **Anwaltspraxis** *f* <-, -praxen> (JUR) bufete *m* de abogado, despacho *m* de abogado; **Anwaltsprozess**[RR] *m* <-es, -e> (JUR) juicio *m* con intervención forzosa de abogado; **Anwaltsstand** *m* <-(e)s, *ohne pl*> abogacía *f*; **Anwaltsvergleich** *m* <-(e)s, -e> (JUR) avenimiento *m* de abogados; **Anwaltsvertrag** *m* <-(e)s, -träge> (JUR) contrato *m* de asistencia jurídica, pacto *m* de asistencia jurídica; **Anwaltsverzeichnis** *nt* <-ses, -se> registro *m* de abogados; **Anwaltswechsel** *m* <-s, -> (JUR) cambio *m* de abogado; **Anwaltszulassung** *f* <-, -en> habilitación *f*; **Anwaltszustellung** *f* <-, -en> (JUR) notificación *f* de abogado; **Anwaltszwang** *m* <-(e)s, *ohne pl*> (JUR) intervención *f* forzosa de abogado; **nicht dem ~ unterliegend** no sujeto a intervención forzosa de abogado
an|wandeln *vt* (*geh*) acometer, sobrevenir; **es ist bekannt, dass Schwangere manchmal seltsame Gelüste ~** es sabido que a las embarazadas les sobrevienen a veces extraños antojos
Anwandlung *f* <-, -en> capricho *m*; (*von Furcht*) arrebato *m*
an|wärmen *vt* calentar
Anwärter(in) *m(f)* <-s, -; -, -nen> candidato, -a *m, f* (*auf* a); (*Verehrer*) pretendiente *mf*
Anwärterbezüge *mpl* (JUR, FIN) percepciones *fpl* de aspirante
Anwartschaft *f* <-, -en> expectativa *f* (*auf* de)
Anwartschaftsrecht *nt* <-(e)s, -e> (JUR) derecho *m* expectante; **bedingtes/unentziehbares ~** expectativa condicional/no alienable; **Anwartschaftszeit** *f* <-, -en> (JUR) tiempo *m* de expectativa de un derecho, periodo *m* de carencia
an|weisen *irr vt* ❶ (*anleiten*) instruir
 ❷ (FIN) girar; **einen Betrag zur Zahlung ~** girar una suma en pago
 ❸ (*zuweisen*) señalar, indicar
 ❹ (*beauftragen*) encargar; **er ist angewiesen uns sofort zu verständigen** está encargado de avisarnos en seguida
Anweisung *f* <-, -en> ❶ (*Befehl*) orden *f*, instrucción *f*; **auf jds ausdrückliche ~** por orden expresa de alguien
 ❷ (*Gebrauchs~*) instrucciones *fpl* de uso, indicaciones *fpl* de uso
 ❸ (FIN) giro *m*, tra(n)sferencia *f*
Anweisungsbefugnis *f* <-, -se> (JUR) autoridad *f* de instrucción
anwendbar *adj* aplicable (*auf* a); **die Methode ist darauf nicht ~** el método no es aplicable a este caso
Anwendbarkeit *f* <-, -en> aplicabilidad *f* (*auf* a)
an|wenden *irr vt* ❶ (*Technik, Heilmittel*) aplicar, implementar *Am*; **angewandte Mathematik** matemáticas aplicadas
 ❷ (*List, Gewalt*) recurrir (a)
Anwender(in) *m(f)* <-s, -; -, -nen> usuario, -a *m, f*
Anwenderberatung *f* <-, -en> asesoramiento *m* al usuario
anwenderfreundlich *adj* fácil para el usuario; (INFOR) amigable
Anwendernutzen *m* <-s, *ohne pl*> utilidad *f* para el usuario
anwenderorientiert *adj* adaptado a las necesidades del usuario
Anwenderprogramm *nt* <-(e)s, -e> (INFOR) programa *m* del usuario
anwenderprogrammierbar *adj* (INFOR) programable por el usuario
Anwendersoftware *f* <-, -s> (INFOR) software *f* del usuario
Anwendung *f* <-, -en> ❶ (*das Anwenden*) uso *m*, aplicación *f*; **~ fremden Rechts/eines Gesetzes** aplicación del derecho extranjero/de una ley; **falsche ~** uso incorrecto; **zur ~ kommen** aplicarse
 ❷ (INFOR, MED) aplicación *f*
Anwendungsbereich *m* <-(e)s, -e> campo *m* de aplicación; **~ eines Gesetzes/Vertrages** ámbito de aplicación de una ley/un contrato; **Anwendungsform** *f* <-, -en> modo *m* de aplicación; **Anwendungsgebiet** *nt* <-(e)s, -e> campo *m* de aplicación, ámbito *m* de aplicación
Anwendungsprogramm *nt* <-s, -e> (INFOR) (programa *m* de) aplica-

Anwendungsprotokoll / **Apfelsaft**

ción *f*; **Anwendungsprotokoll** *nt* <-s, -e> (INFOR) protocolo *m* de aplicación; **Anwendungsvorrang** *m* <-(e)s, *ohne pl*> (JUR) preferencia *f* de aplicación; **Anwendungsvorschrift** *f* <-, -en> (instrucciones *fpl* sobre el) modo *m* de empleo, instrucciones *fpl* de uso
an|werben *irr vt* (*Soldaten*) alistar, reclutar; (*Arbeitskräfte*) contratar
Anwerben *nt* <-s, *ohne pl*>: ~ **von Kunden** atracción *f* de clientes, captación *f* de compradores; ~ **von Arbeitskräften** captación de mano de obra
Anwerbung *f* <-, -en>: ~ **von Mitgliedern** promoción *f* para ganar nuevos miembros
an|werfen *irr vt* ❶ (*Gerät*) poner en marcha; (*einschalten*) encender
❷ (SPORT) sacar
Anwesen ['anve:zən] *nt* <-s, -> propiedad *f*, mansión *f*
anwesend *adj* presente, asistente; ~ **sein** estar presente; **bei einer Sitzung** ~ **sein** asistir a una reunión
Anwesende(r) *mf* <-n, -n; -n, -n> presente *mf*; **die hier** ~**n** los aquí presentes
Anwesenheit *f* <-, *ohne pl*> ❶ (*von Personen*) presencia *f*, asistencia *f*; **in jds** ~ en presencia de alguien; **die** ~ **feststellen** pasar lista
❷ (*Vorhandensein*) existencia *f*
Anwesenheitsliste *f* <-, -n> lista *f* de asistencia; **Anwesenheitspflicht** *f* <-, *ohne pl*> asistencia *f* obligatoria; **bei diesem Seminar herrscht** ~ la asistencia a este seminario es obligatoria; **Anwesenheitsrecht** *nt* <-(e)s, *ohne pl*> (JUR) derecho *m* de asistencia
an|widern ['anvi:dən] *vt* (*abw*) dar asco (a)
an|winkeln *vt* doblar (en forma de ángulo)
Anwohner(in) *m(f)* <-s, -; -, -nen> vecino, -a *m, f*; ~ **mit Parkausweis** vecino con cédula de aparcamiento
Anwohnerparkplatz *m* <-es, -plätze> aparcamiento *m* reservado para los vecinos de la zona
Anwurf¹ *m* <-(e)s, -würfe> (*Vorwurf*) injuria *f*; **einen** ~ **zurückweisen** rechazar una acusación; **diese Unterstellung ist ein beleidigender** ~! ¡tal imputación es una infamia!
Anwurf² *m* <-(e)s, *ohne pl*> (SPORT) saque *m*; **zum** ~ **pfeifen** pitar un saque
an|wurzeln *vi* (BOT) enraizar
Anzahl *f* <-, *ohne pl*> número *m*, cantidad *f*; **beschlussfähige** ~ quórum *m*; **erforderliche** ~ (*bei einer Wahl*) quórum *m*
an|zahlen *vt* ❶ (*Ware*) pagar el primer plazo (de)
❷ (*Betrag*) dar como señal, dar como depósito
Anzahlung *f* <-, -en> ❶ (*Rate*) primer plazo *m*, cuota *f* inicial
❷ (*Teilbetrag*) señal *f*, depósito *m*; **geleistete** ~**en auf Anlagevermögen** importe pagado [*o* suma pagada] a cuenta de activo fijo
Anzahlungsbetrag *m* <-(e)s, -träge> cuota *f* inicial
an|zapfen *vt* ❶ (*Fass*) espitar
❷ (*fam: Leitung*) interceptar
Anzeichen *nt* <-s, -> signo *m*, señal *f*; (MED) síntoma *m*; **alle** ~ **deuten darauf hin, dass …** todos los indicios apuntan a que…
an|zeichnen *vt* dibujar (*an en*)
Anzeige ['antsaɪɡə] *f* <-, -n> ❶ (*Inserat*) anuncio *m*, aviso *m Am*; (*bei Tod*) esquela *f*; **eine** ~ **aufgeben** poner un anuncio
❷ (JUR) denuncia *f*, denuncio *m And*; ~ **der Abtretung einer Forderung** notificación de la cesión de un exigible; ~ **des Erbschaftskaufs** notificación de la compra de herencia; ~ **eines Mangels/von Zusammenschlüssen** denuncia de un vicio/de colusiones; ~ **von Mängeln der Kaufsache** denuncia por defectos del objeto adquirido; ~ **erstatten** formular una denuncia
❸ (TECH) indicador *m*, indicación *f*; (SPORT) marcador *m*
❹ (INFOR) visualización *f*, despliegue *m*; **geteilte** ~ (INFOR) pantalla dividida
Anzeigeerstatter(in) *m(f)* <-s, -; -, -nen> denunciante *mf*
an|zeigen *vt* ❶ (JUR) denunciar, quemar *MAm*
❷ (*in einer Zeitung*) publicar (en un periódico)
❸ (*ankündigen*) indicar, señalar
❹ (INFOR) visualizar, indicar
Anzeigenannahme *f* <-, -n> despacho *m* de anuncios; **Anzeigenblatt** *nt* <-(e)s, -blätter> hoja *f* de anuncios; **Anzeigenkampagne** *f* <-, -n> (PUBL, WIRTSCH) campaña *f* por medio de anuncios; **Anzeigenleiter(in)** *m(f)* <-s, -; -, -nen> director(a) *m(f)* de la sección de anuncios; **Anzeigenteil** *m* <-(e)s, -e> sección *f* de anuncios; **Anzeigenvorbehalt** *m* <-(e)s, -e> (JUR) reserva *f* de denuncia; **Anzeigepflicht** *f* <-, *ohne pl*> deber *m* de notificación, declaración *f* obligatoria; **diese Krankheit unterliegt der** ~ es obligatorio declarar esta enfermedad
anzeigepflichtig *adj* sujeto a declaración obligatoria
Anzeiger *m* <-s, -> ❶ (*Zeitung*) periódico *m* de provincias
❷ (*Gerät*) indicador *m*
Anzeigetafel *f* <-, -n> panel *m* de anuncios, tablón *m* de anuncios; (TECH) panel *m* indicador; (SPORT) marcador *m*

an|zetteln *vt* (*abw*) urdir, tramar
an|ziehen *irr* I. *vi* ❶ (*in Bewegung setzen*) arrancar
❷ (*sich erhöhen*) ir subiendo; **die Preise ziehen an** los precios van subiendo
II. *vt* ❶ (*ankleiden*) vestir
❷ (*Kleidungsstück*) poner; **ich ziehe mir den Mantel an** me pongo el abrigo
❸ (*Beine*) encoger, encogerse (de)
❹ (*festziehen*) apretar; **die Handbremse** ~ echar el freno de mano
❺ (*aufsaugen*) absorber
❻ (*Anziehungskraft ausüben*) atraer; **sie fühlte sich von ihm angezogen** se sintió atraída por él; **Gegensätze ziehen sich an** (*prov*) los contrarios [*o* los polos opuestos] se atraen
❼ (*Schweiz*): **das Bett** ~ poner sábanas limpias
III. *vr*: **sich** ~ vestirse; **sich warm** ~ abrigarse; **er ist immer gut angezogen** siempre está bien vestido
anziehend *adj* (*ansprechend*) atractivo; (*sympathisch*) simpático, encantador
Anziehung *f* <-, -en> atracción *f*
Anziehungskraft¹ *f* <-, -kräfte> (PHYS) fuerza *f* de atracción; (*Schwerkraft*) gravitación *f*, atracción *f* universal
Anziehungskraft² *f* <-, *ohne pl*> (*Attraktivität*) atracción *f*, atractivo *m*; **eine große** ~ **auf jdn ausüben** ejercer una gran atracción sobre alguien
Anzug¹ *m* <-(e)s, -züge> ❶ (*Kleidung*) traje *m*, percha *f MAm*
❷ (PHYS: *Beschleunigung*) aceleración *f*
Anzug² *m* <-(e)s, *ohne pl*>: **ein Gewitter ist im** ~ está a punto de caer una tormenta
anzüglich ['antsy:klɪç] *adj* ❶ (*frech*) mordaz, ofensivo
❷ (*zweideutig*) picante, indecente, verde *fam*
Anzüglichkeit¹ *f* <-, -en> (*zudringliche Handlung*) atrevimiento *f*, impertinencia *f*; **unterlassen Sie diese** ~**en!** ¡no vuelva a permitirse tales impertinencias!
Anzüglichkeit² *f* <-, *ohne pl*> ❶ (*Zudringlichkeit*) impertinencia *f*
❷ (*Schlüpfrigkeit*) indecencia *f*, obscenidad *f*
an|zünden *vt* (*Zigarette*) encender, prender *Am*; (*Gebäude*) prender fuego (a)
Anzünder *m* <-s, -> (*fam*) encendedor *m*
an|zweifeln *vt* dudar (de), poner en duda
an|zwinkern *vt* (*jdm zuzwinkern*) guiñar un ojo, hacer un guiño; **schau mal, vom Nebentisch zwinkert dich einer an!** ¡fíjate, te está guiñando el ojo uno de la mesa de al lado!
AOK [a:ʔo:'ka:] *f Abk. von* **Allgemeine Ortskrankenkasse** Caja *f* Local de Enfermedad (*seguro de enfermedad obligatorio*)
AOL (INFOR) *Abk. von* **America Online** AOL
Äolinite [ɛoli'ni:tə] *pl* (GEO) eolinitas *fpl*
äolisch *adj* (GEO) eólico
Äon [ɛ'o:n, 'ɛ:ɔn, *pl:* ɛ'o:nən] *m* <-s, -en> (*geh*) eón *m*
Aorta [a'ɔrta, *pl:* Aorten] *f* <-, Aorten> (ANAT) aorta *f*
Aostatal *nt* <-(e)s> Valle *m* de Aosta
apart [a'part] *adj* atractivo, atrayente
Apartheid [a'pa:ɐ̯thaɪt] *f* <-, *ohne pl*> apartheid *m*
Apartheidpolitik *f* <-, *ohne pl*> política *f* de apartheid, segregación *f* racial; **1992 kam es zur völligen Aufhebung der** ~ en 1992 quedó abolido el régimen de segregación racial
Apartment [a'partmənt] *nt* <-s, -s> apartam(i)ento *m*, departamento *m Am*
Apartmenthaus *nt* <-es, -häuser> edificio *m* de apartamentos; **Apartmentwohnung** *f* <-, -en> *s.* **Apartment**
Apathie [apa'ti:] *f* <-, -n> apatía *f*
apathisch [a'pa:tɪʃ] *adj* apático
Apennin [apɛ'ni:n] *m*, **Apenninen** *pl* Apeninos *mpl*
aper ['a:pɐ] *adj* (*reg*) sin nieve; **die Straßen sind** ~ no hay nieve en las calles
aperiodisch [---'--, '-----] *adj* aperiódico
Aperitif [aperi'ti:f] *m* <-s, -s *o* -e> aperitivo *m*, copetín *m Mex*
Apfel ['apfəl, *pl:* 'ɛpfəl] *m* <-s, Äpfel> manzana *f*; **in den sauren** ~ **beißen** (*fam fig*) hacer de tripas corazón; **Äpfel und Birnen zusammenzählen** (*fam fig*) mezclar churras con merinas; **für einen** ~ **und ein Ei** (*fam fig*) por cuatro perras, por una chica; **der** ~ **fällt nicht weit vom Stamm** (*prov*) el hijo de la rata ratones mata
Apfelbaum *m* <-(e)s, -bäume> manzano *m*
Apfelblüte¹ *f* <-, -n> (*Blüte*) flor *f* del manzano
Apfelblüte² *f* <-, *ohne pl*> (*das Blühen*) floración *f* de los manzanos; **im Mai ist es hier besonders schön, zur Zeit der** ~ en mayo está esto especialmente bonito, con los manzanos en flor
Apfelkuchen *m* <-s, -> pastel *m* de manzana; **Apfelmost** *m* <-(e)s, -e> mosto *m* de manzana fermentado; **Apfelmus** *nt* <-es, *ohne pl*> ≈compota *f* de manzana; **Apfelsaft** *m* <-(e)s, -säfte> zumo *m* de

Apfelsäure manzana, jugo *m* de manzana *Am;* **Apfelsäure** *f* <-, -n> (CHEM) ácido *m* málico; **Apfelschimmel** *m* <-s, -> (ZOOL) tordo *m* rodado
Apfelsine [apfəl'ziːnə] *f* <-, -n> naranja *f*
Apfelstrudel *m* <-s, -> rollo de manzana con canela que se toma caliente o frío; **Apfeltasche** *f* <-, -n> pastelito *m* relleno de manzana; **Apfelwein** *m* <-(e)s, -e> vino *m* de manzana, sidra *f*
Aphorismus [afo'rɪsmʊs] *m* <-, Aphorismen> aforismo *m*
Aphrodisiakum [afrodi'ziːakʊm] *nt* <-s, Aphrodisiaka> afrodisíaco *m*, afrodisíaco *m*
API-Skale [aːpeː'ʔiː-] *f* <-, -n> escala *f* API
Apo *f*, **APO** *f* (HIST, POL) *Abk. von* **außerparlamentarische Opposition** oposición *f* extraparlamentaria
Apokalypse [apoka'lypsə] *f* <-, *ohne pl*> apocalipsis *m*
apolitisch ['apoliːtɪʃ, --'--] *adj* (POL) apolítico
apoplektisch *adj* (MED) apopléctico
Apostel [a'pɔstəl] *m* <-s, -> (REL) apóstol *m*
Apostelbrief *m* <-(e)s, -e> (REL) epístola *f*, carta *f* de los Apóstoles; **Apostelgeschichte** *f* <-, -n> (REL) Hechos *mpl* de los Apóstoles
a posteriori [a pɔsteri'oːri] *adv* (geh) a posteriori
Aposteriori-Argument *nt* <-(e)s, -e> (JUR) argumento *m* a posteriori
Apostille *f* <-, -n> (JUR) apostilla *f*
apostolisch *adj* (REL) apostólico
Apostroph [apo'stroːf] *nt* <-s, -e> (LING) apóstrofo *m*
apostrophieren* *vt* (LING) apostrofar
Apotheke [apo'teːkə] *f* <-, -n> farmacia *f*
apothekenpflichtig *adj* de venta exclusiva en farmacias
Apotheker(in) [--'--] *m(f)* <-s, -; -, -nen> farmacéutico, -a *m, f*
Apothekergewicht *nt* <-(e)s, -e> peso *m* de farmacia
Apothekerin *f* <-, -nen> *s.* **Apotheker**
Apothekerkammer *f* <-, -n> colegio *m* de farmacéuticos; **Apothekerwaage** *f* <-, -n> balanza *f* de farmacia
App. *Abk. von* **Appartement** apartam(i)ento *m*, departamento *m Am*
Apparat [apa'raːt] *m* <-(e)s, -e> ❶ (TECH) aparato *m*, máquina *f* ❷ (Telefon) aparato *m*, teléfono *m;* **Herr Müller wird am ~ verlangt** ¡Señor Müller, al teléfono!; **bleiben Sie am ~!** ¡no cuelgue!; **am ~!** ¡al habla!
Apparatebau *m* <-(e)s, *ohne pl*> (TECH) construcción *f* de aparatos (de precisión); **Apparatemedizin** *f* <-, *ohne pl*> medicina *f* con soporte técnico
Apparatschik *m* <-s, -s> (*abw*) burócrata del aparato en un régimen totalitario
Apparatur [apara'tuːɐ] *f* <-, -en> conjunto *m* de aparatos, equipo *m* técnico
Appartement [apartə'mãː] *nt* <-s, -s> apartam(i)ento *m*, departamento *m Am*
Appartementhaus [a'partmənt-] *nt* <-es, -häuser> bloque *m* de apartam(i)entos, bloque *m* de departamentos *Am*
Appell [a'pɛl] *m* <-s, -e> ❶ (*Aufruf*) llamada *f*, llamamiento *m;* **einen ~ an jdn richten** hacer un llamamiento a alguien ❷ (MIL) llamada *f*
Appellation [apɛla'tsjoːn] *f* <-, -en> (*Schweiz:* JUR) apelación *f*
Appellationsgericht *nt* <-(e)s, -e>, **Appellationstribunal** *nt* <-s, -e> (JUR: *alt*) tribunal *m* de apelación
appellieren* *vi* hacer un llamamiento (*an* a), apelar (*an* a); (*Schweiz:* JUR) hacer una apelación
Appendix¹ [a'pɛndɪks] *m* <-(es), -e *o* Appendizes> (*Anhang*) apéndice *m*
Appendix² *f* <-, Appendices>, *m* <-, Appendizes> (ANAT) apéndice *m*
Appendizitis *f* <-, Appendizitiden> (MED) apendicitis *f inv*
Appenzell ['apəntsɛl, --'--] *nt* <-s> (*Stadt*) Appenzell *f;* (*Kanton*) Appenzell *m*
Appetit [ape'tiːt] *m* <-(e)s, *ohne pl*> apetito *m* (*auf* de), antojo *m Mex;* **hast du ~ darauf?** ¿te apetece?; **jdm den ~ verderben** quitar(le) a alguien el apetito; **guten ~!** ¡que aproveche!; **worauf haben Sie ~?** ¿qué le apetece?; **da vergeht einem ja der ~!** ¡con esto se le quita a uno el apetito!
appetitanregend *adj* estimulador del apetito
Appetithappen *m* <-s, -> bocado *m*, piscolabis *m inv fam*
appetithemmend *adj* inhibidor del apetito
appetitlich *adj* apetitoso, sabroso; **~ aussehen** tener un aspecto apetitoso
appetitlos *adj* desganado, sin apetito; **~ sein** no tener apetito, estar desganado
Appetitlosigkeit *f* <-, *ohne pl*> inapetencia *f*
Appetitzügler [ape'tiːttsyːglɐ] *m* <-s, -> (MED) inhibidor *m* del apetito
applaudieren* [aplau'diːrən] *vi* aplaudir, dar palmas
Applaus [a'plaus] *m* <-es, -e> (*Lob*) aplauso(s) *m(pl);* **stürmischer ~** aplauso cerrado [*o* tempestuoso]
Applikation [aplika'tsjoːn] *f* <-, -en> aplicación *f*

apportieren* [apɔr'tiːrən] *vi, vt* (*Hund*) cobrar
Apposition [apozi'tsjoːn] *f* <-, -en> (LING) aposición *f*
Apprehensionstheorie *f* <-, *ohne pl*> (JUR) teoría *f* de aprehensión
appretieren* [apre'tiːrən] *vt* aprestar, dar apresto; **fleckunempfindlich ~** impregnar contra manchas
Appretur [apre'tuːɐ] *f* <-, -en> apresto *m*
Approbation [aproba'tsjoːn] *f* <-, -en> licencia *f* (*para ejercer como médico o farmacéutico*)
approbiert *adj* titulado
Après-Ski [aprɛ'ʃiː] *nt* <-s, *ohne pl*> après-ski *m*
Après-Ski-Kleidung *f* <-, -en> traje *m* après-ski; **Après-Ski-Milch** *f* <-, *ohne pl*> leche *f* calmante para después del sol
Aprikose [apri'koːzə] *f* <-, -n> albaricoque *m*, damasco *m Am*
April [a'prɪl] *m* <-(s), -e> abril *m;* **jdn in den ~ schicken** gastar(le) una inocentada a alguien; *s. a.* **März**
Aprilscherz *m* <-es, -e> inocentada *f;* **Aprilwetter** *nt*, *ohne pl*> tiempo *m* tornadizo [*o* cambiante]
a priori [aː pri'oːri] *adv* (geh) a priori
Apriori-Argument *nt* <-(e)s, -e> (JUR) argumento *m* a priori
apropos [apro'poː] *adv* (*geh: übrigens*) por cierto; **~ Weihnachten, was wünscht du dir denn?** hablando de Navidades, ¿qué es lo que quieres?
Apsis ['apsɪs] *f* <-, Apsiden> (ARCHIT) ábside *m*
Apulien [a'puːliən] *nt* <-s> Apulia *f*
Aquädukt [akvɛ'dʊkt] *m o nt* <-(e)s, -e> acueducto *m*
Aquakultur ['aːkva-] *f* <-, *ohne pl*> aguacultura *f;* **marine ~** cultivo marino
Aquamarin [akvama'riːn] *m* <-s, -e> aguamarina *f*
aquamarinblau *adj* verdemar
Aquaplaning [akva'plaːnɪŋ] *nt* <-(s), *ohne pl*> (AUTO) aquaplanning *m*
Aquarell [akva'rɛl] *nt* <-s, -e> acuarela *f*
Aquarellfarbe *f* <-, -n> acuarela *f;* **Aquarellmaler(in)** *m(f)* <-s, -; -, -nen> (KUNST) acuarelista *mf*
Aquarellmalerei¹ *f* <-, -en> (KUNST: *Bild*) acuarela *f*
Aquarellmalerei² *f* <-, *ohne pl*> (KUNST: *das Malen*) (pintura *f* a la) acuarela *f*
Aquarellmalerin *f* <-, -nen> *s.* **Aquarellmaler**
Aquarium [a'kvaːriʊm] *nt* <-s, Aquarien> acuario *m*
Aquatinta [akva'tɪnta] *f* <-, -tinten> (KUNST) acuatinta *f*
aquatisch *adj* acuático
Äquator [ɛ'kvaːtoːɐ] *m* <-s, *ohne pl*> (GEO) ecuador *m*
äquatorial *adj* (GEO) ecuatorial
Äquatortaufe *f* <-, -n> (NAUT) uso marinero por el que se zambulle en un tonel de agua a quien cruza por primera vez el Ecuador
Aquavit [akva'viːt] *m* <-s, -e> aguardiente *m* de comino
Äquinoktium [ɛkvi'nɔktsjʊm] *nt* <-s, Äquinoktien> (GEO) equinoccio *m*
äquivalent [ɛkviva'lɛnt] *adj* (*geh a.* MATH, LING) equivalente
Äquivalent [ɛkviva'lɛnt] *nt* <-(e)s, -e> (*geh a.* MATH, LING) equivalente *m*, equivalencia *f;* **für dieses Wort gibt es im Deutschen kein ~** para esta palabra no existe equivalente en alemán
Äquivalenz *f* <-, -en> (*geh a.* MATH, LING) equivalencia *f*
Äquivalenzprüfung *f* <-, -en> (JUR) examen *m* de equivalencia; **Äquivalenzstörung** *f* <-, -en> (JUR) perturbación *f* de equivalencia; **Äquivalenztheorie** *f* <-, *ohne pl*> (JUR, FIN) teoría *f* de la equivalencia; **Äquivalenzverhältnis** *nt* <-ses, -se> (JUR) relación *f* de equivalencia
Ar¹ [aːɐ] *nt o m* <-s, -e> área *f*
Ar² (CHEM) *Abk. von* **Argon** Ar
Ära ['ɛːra] *f* <-, Ären> era *f*, época *f*
Araber(in) ['arabɐ] *m(f)* <-s, -; -, -nen> árabe *mf*
Arabeske [ara'bɛskə] *f* <-, -n> (KUNST, MUS) arabesco *m*
Arabien [a'raːbiən] *nt* <-s> Arabia *f*
arabisch *adj* árabe
Arabisch *nt* <-(s), *ohne pl*>, **Arabische** *nt* <-n, *ohne pl*> árabe *m;* **sprechen Sie ~?** ¿habla usted árabe?; **einen Text ins ~e/aus dem ~en übersetzen** traducir un texto al/del árabe
Arabistik [ara'bɪstɪk] *f* <-, *ohne pl*> Filología *f* Árabe
Arachniden [arax'niːdən] *fpl* (BIOL) arácnidos *mpl*
aragonesisch [arago'neːzɪʃ] *adj* aragonés
Aragonien [ara'goːniən] *nt* <-s> Aragón *m*
Aragonier(in) *m(f)* <-s, -; -, -nen> aragonés, -esa *m, f*
aramäisch [ara'mɛːɪʃ] *adj* arameo; **das Ostsyrische gehört zu den ~en Sprachen** el sirio oriental pertenece a las lenguas arameas
Aramäisch *nt* <-(s), *ohne pl*>, **Aramäische** *nt* <-n, *ohne pl*> arameo *m*
Aräometer [arɛo'meːtɐ] *nt* <-s, -> (PHYS) areómetro *m*
Arbeit ['arbaɪt] *f* <-, -en> ❶ (*Tätigkeit*) trabajo *m*, labor *f;* (*Arbeitsplatz*) empleo *m;* **Tag der ~** Día del Trabajo; **~ suchend** en busca de trabajo; **sich ~ suchend melden** buscar un trabajo (en la oficina de desem-

arbeiten

pleo); **gemeinnützige ~** trabajo de utilidad pública; (**schwere**) **körperliche ~** trabajo físico (duro); **unfertige ~en** trabajos inacabados [o no terminados]; **an die ~ gehen** empezar a trabajar; **sich an die ~ machen** poner manos a la obra; **etw ist in ~** algo está en marcha; **viel ~ haben** tener mucho trabajo; **bei der ~ sein** estar trabajando; (**eine**) **~ suchen** buscar (un) trabajo [o empleo]; **einer ~ nachgehen** dedicarse a un trabajo; **zur ~ gehen** ir al trabajo, ir a trabajar; **von der ~ kommen** llegar [o venir] del trabajo; **ohne ~ sein** estar sin trabajo; **keine ~ haben** no tener trabajo, estar parado, estar cesante *Am*
❷ (*Mühe*) trabajo *m*; (*Anstrengung*) molestia *f*, esfuerzo *m*; **etw macht/kostet viel ~** algo da/cuesta mucho trabajo
❸ (*Schule, Uni*) trabajo *m*; (*Prüfung*) examen *m*; **eine ~ schreiben** escribir un examen
❹ (PHYS) trabajo *m*
❺ (SPORT) práctica *f*

arbeiten ['arbaɪtən] **I.** *vi* ❶ (*tätig sein*) trabajar, laburar *Arg, Urug;* **er arbeitet als Rechtsanwalt/in einer Firma** trabaja como abogado/en una empresa; **sie arbeitet an einem neuen Buch** está trabajando en un nuevo libro; **die ~de Bevölkerung** la población activa; **die Zeit arbeitet für/gegen uns** el tiempo está a nuestro favor de/en contra de nosotros
❷ (*Maschine*) funcionar
❸ (*Holz*) alabearse, bornearse
II. *vt* (*herstellen*) hacer, producir; **was arbeitest du dort?** ¿qué haces allí?
III. *vr:* **sich durch das Dickicht ~** abrirse camino entre el matorral; **sich nach oben ~** (*fig*) abrirse camino hacia los puestos más altos; **sich krank ~** ponerse enfermo de tanto trabajar; **sich tot** [o **kaputt**] **~** (*fam*) matarse trabajando

Arbeiter(in) ['arbaɪtɐ] *m(f)* <-s, -; -, -nen> obrero, -a *m, f*, trabajador(a) *m(f)*, obrador(a) *m(f) Am;* **~in** (*Biene*) abeja *f* obrera
Arbeiterbewegung *f* <-, *ohne pl*> (POL) movimiento *m* obrero;
Arbeiterfamilie *f* <-, -n> familia *f* obrera; **Arbeiterführer(in)** *m(f)* <-s, -; -, -nen> (POL) dirigente *mf* obrero, líder *mf* obrerista;
Arbeitergewerkschaft *f* <-, -en> sindicato *m* obrero [o de trabajadores]
Arbeiterin *f* <-, -nen> *s.* **Arbeiter**
Arbeiterkind *nt* <-(e)s, -er> (SOZIOL) hijo, -a *m, f* de padres obreros;
Arbeiterpartei *f* <-, -en> (POL) partido *m* de los trabajadores, partido *m* obrero; **Sozialistische ~** Partido Socialista de los Trabajadores
Arbeiterschaft *f* <-, *ohne pl*> obreros *mpl*, clase *f* obrera, faena *f Chil*
Arbeitersiedlung *f* <-, -en> polígono *m* obrero
Arbeiter-und-Bauern-Staat *m* <-(e)s, *ohne pl*> (HIST: *DDR*) Estado *m* obrero y campesino
Arbeiter-und-Soldaten-Räte *mpl* (HIST) consejos *mpl* de obreros y soldados
Arbeiterviertel *nt* <-s, -> barrio *m* obrero; **Arbeiterwohlfahrt** *f* <-, *ohne pl*> asociación *f* de asistencia social para trabajadores
Arbeitgeber(in) ['arbaɪtgeːbɐ] *m(f)* <-s, -; -, -nen> empresario, -a *m, f*, patrón, -ona *m, f*, empleador(a) *m(f) Am;* **~ und Arbeitnehmer** empresarios y empleados
Arbeitgeberanteil *m* <-(e)s, -e> cuota *f* patronal
Arbeitgeberin *f* <-, -nen> *s.* **Arbeitgeber**
Arbeitgeberseite *f* <-, *ohne pl*> patronal *f*; **Arbeitgeberverband** *m* <-(e)s, -bände> federación *f* patronal, liga *f* patronal
Arbeitnehmer(in) ['arbaɪtneːmɐ] *m(f)* <-s, -; -, -nen> ❶ (*Angestellter*) empleado, -a *m, f*, asalariado, -a *m, f*
❷ (*Arbeiter*) trabajador(a) *m(f)*
Arbeitnehmeranspruch *m* <-(e)s, -sprüche> reclamación *f* del trabajador; **Arbeitnehmeranteil** *m* <-(e)s, -e> cuota *f* obrera; **Arbeitnehmerbeitrag** *m* <-(e)s, -träge> (FIN) cotización *f* del trabajador; **Arbeitnehmererfinder(in)** *m(f)* <-s, -; -, -nen> inventor(a) *m(f)* asalariado; **Arbeitnehmererfindung** *f* <-, -en> invención *f* del trabajador por cuenta ajena; **Arbeitnehmerfreizügigkeit** *f* <-, *ohne pl*> libre circulación *f* de trabajadores
arbeitnehmerfreundlich *adj* favorable a los trabajadores
Arbeitnehmerin *f* <-, -nen> *s.* **Arbeitnehmer**
Arbeitnehmerinteresse *nt* <-s, -n> interés *m* de los trabajadores
Arbeitnehmerschaft *f* <-, -en> asalariados *mpl*, clase *f* trabajadora
Arbeitnehmerschutz *m* <-es, *ohne pl*> protección *f* de los trabajadores; **Arbeitnehmerseite** *f* <-, -n> asalariados *mpl*; (*Vertreter*) delegado, -a *m, f* de los asalariados; **Arbeitnehmersparzulage** *f* <-, -n> (WIRTSCH) suplemento *m* patronal al ahorro; **Arbeitnehmerüberlassung** *f* <-, -en> (WIRTSCH) cesión *f* de trabajadores
Arbeitsablauf *m* <-(e)s, -läufe> desarrollo *m* del trabajo
arbeitsam ['arbaɪtsaːm] *adj* (*geh, alt*) trabajador
Arbeitsamkeit *f* <-, *ohne pl*> (*geh, alt*) laboriosidad *f*, diligencia *f*
Arbeitsamt *nt* <-(e)s, -ämter> oficina *f* de empleo; **Arbeitsanleitung** *f* <-, -en> líneas *fpl* de trabajo, directrices *fpl* de trabajo; **Arbeits-**

Arbeitsgruppe

antritt *m* <-(e)s, -e> entrada *f* en funciones, comienzo *m* en un nuevo puesto de trabajo; **Arbeitsanzug** *m* <-(e)s, -züge> ropa *f* de trabajo, traje *m* de faena; **Arbeitsatmosphäre** *f* <-, -n> ambiente *m* de trabajo [o laboral]; **am Arbeitsplatz herrscht eine gute/schlechte ~** en el puesto de trabajo hay un buen/mal ambiente; **Arbeitsauffassung** *f* <-, -en> ética *f* profesional; **Arbeitsaufwand** *m* <-(e)s, *ohne pl*> cantidad *f* de trabajo; **betrieblich notwendiger ~** cantidad de trabajo necesaria para la explotación de la empresa; **das erfordert einen hohen ~** esto requiere mucho trabajo
arbeitsaufwändig[RR] *adj*, **arbeitsaufwendig** *adj* trabajoso, laborioso; **eine von Hand durchzuführende Reparatur ist sehr ~** un arreglo manual cuesta mucho trabajo
Arbeitsausfall *m* <-(e)s, -fälle> pérdida *f* de horas de trabajo; **Arbeitsausgleich** *m* <-(e)s, -e> compensación *f* del trabajo; **Arbeitsbedingungen** *fpl* condiciones *fpl* de trabajo; **Arbeitsbefreiung** *f* <-, -en> exención *f* del trabajo; **Arbeitsbeginn** *m* <-(e)s, *ohne pl*> comienzo *m* de la jornada, comienzo *m* del trabajo; **Sie sind zu spät zum ~ erschienen!** ¡se ha incorporado usted demasiado tarde al trabajo!; **Arbeitsbelastung** *f* <-, -en> carga *f* de trabajo; **Arbeitsbericht** *m* <-(e)s, -e> informe *m* de trabajo; **legen Sie mir in vier Tagen einen ~ vor** entréguueme dentro de cuatro días un informe del trabajo realizado
Arbeitsbeschaffung *f* <-, *ohne pl*> ❶ (*Arbeitsplatzbeschaffung*) creación *f* de empleo ❷ (*Auftragsbeschaffung*) obtención *f* de empleo; **Arbeitsbeschaffungsmaßnahme** *f* <-, -n> plan *de* fomento *de empleo*
Arbeitsbescheinigung *f* <-, -en> certificado *m* de trabajo; (*eines Beamten*) hoja *f* de servicios; **Arbeitsbesuch** *m* <-(e)s, -e> visita *f* de trabajo; **Arbeitsbiene** *f* <-, -n> ❶ (ZOOL) abeja *f* obrera ❷ (*fam a. abw: fleißige Person*) hormiguita *f*; **ach, Mädel, so eine ~!** (*iron*) ¡ay, chica, qué hacendosa!; **Arbeitsdatei** *f* <-, -en> (INFOR) archivo *m* de trabajo; **Arbeitsdienst** *m* <-(e)s, -e> ❶ (*Arbeit ohne Entgelt*) prestación *f* laboral, servicio *m* de trabajo ❷ (HIST: *Nationalsozialismus*) ≈Servicio *m* Social (*obligatorio durante el III Reich*); **Arbeitseifer** *m* <-s, *ohne pl*> ganas *fpl* de trabajar, afán *m* de trabajar; **Arbeitseinkommen** *nt* <-s, -> (JUR, WIRTSCH): **verschleiertes ~** ingresos encubiertos; **Arbeitseinstellung** *f* <-, -en> ❶ (*Streik*) huelga *f*, paro *m* ❷ (*Auffassung*) actitud *f* laboral; **Arbeitseinteilung** *f* <-, -en> distribución *f* del trabajo; **du hast zu viel Arbeit? – das ist eine Frage der ~!** ¿tienes demasiado que hacer? – ¡es cuestión de organizarse el trabajo!; **Arbeitsende** *nt* <-s, *ohne pl*> fin *m* de jornada, final *m* del trabajo; **um 18 Uhr 30 ist ~** la jornada laboral termina a las 18:30
Arbeitsentgelt *nt* <-(e)s, -e> remuneración *f*, salario *m*; **Arbeitsentgeltpflicht** *f* <-, *ohne pl*> (JUR) deber *m* de retribución del trabajo
Arbeitserlaubnis *f* <-, -se> permiso *m* de trabajo; **befristete ~** permiso de trabajo definido [o limitado temporalmente]; **eine ~ beantragen** solicitar un permiso de trabajo; **Arbeitserleichterung** *f* <-, -en> facilitación *f* del trabajo; **Arbeitsessen** *nt* <-s, -> (*nachmittags*) comida *f* de trabajo, almuerzo *m* de trabajo; (*abends*) cena *f* de trabajo; **Arbeitsexemplar** *nt* <-(e)s, -e> ejemplar *m* de trabajo [o de prueba]
arbeitsfähig *adj* en condiciones de trabajar; **im ~en Alter** en edad laboral; **wir sind heute nicht ~** hoy no estamos en condiciones de trabajar
Arbeitsfähige(r) *mf* <-n, -n; -n, -n> persona *f* apta para el trabajo, persona *f* capacitada para la actividad laboral
Arbeitsfähigkeit *f* <-, *ohne pl*> capacidad *f* (de actividad) laboral; **die ärztliche Untersuchung ergab eine eingeschränkte ~** la exploración médica dio como resultado una limitación de la capacidad laboral
Arbeitsfeld *nt* <-(e)s, -er> (*geh*) ámbito *m* de trabajo, campo *m* de actividades; **Arbeitsfläche** *f* <-, -n> encimera *f*; **die Einbauküche hat eine ~ aus Marmor** la cocina empotrada tiene una encimera de mármol; **Arbeitsfluss**[RR] *m* <-es, *ohne pl*> flujo *m* de trabajo; **Arbeitsfolge** *f* <-, -n> ciclo *m* de trabajo; **Arbeitsförderung** *f* <-, -en> fomento *m* del empleo; **Arbeitsfreistellung** *f* <-, -en>: **~ zur Geburt** excedencia para el parto; **Arbeitsfrieden** *m* <-s, *ohne pl*> paz *f* social [o laboral], concertación *f* social; **Arbeitsgang** *m* <-(e)s, -gänge> fase *f* de trabajo; **~ eines Computers** operación de un ordenador; **Arbeitsgebiet** *nt* <-(e)s, -e> campo *m* de actividades [o de acción], ámbito *m* de trabajo; **konventionelles ~** campo de acción convencional; **Arbeitsgemeinschaft** *f* <-, -en> colectivo *m* (de trabajo); **Arbeitsgerät** *nt* <-(e)s, -e> instrumento *m* de trabajo; **Arbeitsgericht** *nt* <-(e)s, -e> (JUR) Magistratura *f* laboral [o de(l) trabajo]; **Arbeitsgerichtsbarkeit** *f* <-, *ohne pl*> (JUR) jurisdicción *f* laboral; **Arbeitsgerichtsverfahren** *nt* <-s, -> (JUR) juicio *m* laboral; **Arbeitsgesetzbuch** *nt* <-(e)s, -bücher> (JUR) código *m* laboral; **Arbeitsgesetze** *ntpl* (JUR) leyes *fpl* laborales, legislación *f* laboral; **Arbeitsgesetzgebung** *f* <-, *ohne pl*> (JUR) legislación *f* laboral; **Arbeitsgruppe** *f* <-, -n> grupo *m* de trabajo, equipo *m* (de trabajo); **verschiedene ~n arbeiten an unserem Projekt mit** en nuestro pro-

yecto colaboran diversos equipos; **Arbeitshilfe** *f* <-, -n> ayudante *m*; **technische** ~ ayudante técnico
arbeitsintensiv *adj* costoso, de mucho trabajo
Arbeitskammern *fpl* (JUR) corporaciones *fpl* laborales
Arbeitskampf *m* <-(e)s, -kämpfe> lucha *f* laboral, conflicto *m* laboral; **Arbeitskampfmaßnahme** *f* <-, -n> medida *f* en la lucha [*o* en el conflicto] laboral; **Arbeitskleidung** *f* <-, -en> ropa *f* de trabajo; **Arbeitsklima** *nt* <-s, *ohne pl*> ambiente *m* laboral; **Arbeitskollege, -in** *m*, *f* <-n, -n; -, -nen> compañero, -a *m*, *f* de trabajo, colega *mf*; **Arbeitskonflikt** *m* <-(e)s, -e> conflicto *m* laboral; **Arbeitskopie** *f* <-, -n> (INFOR) copia *f* de trabajo
Arbeitskraft[1] *f* <-, -kräfte> (*Personal*) mano *f* de obra; **billige** ~ mano de obra barata; **qualifizierte** ~ mano de obra cualificada; **ungelernte** ~ mano de obra no cualificada
Arbeitskraft[2] *f* <-, *ohne pl*> (*Leistungskraft*) capacidad *f* productiva [*o* de trabajo]
Arbeitskräftemangel *m* <-s, *ohne pl*> (WIRTSCH) falta *f* de obreros; **Arbeitskräftepotenzial**[RR] *nt* <-s, *ohne pl*> (WIRTSCH) recursos *mpl* humanos; **Arbeitskräfterechnung** *f* <-, -en> (WIRTSCH) cálculo *m* de mano de obra
Arbeitskreis *m* <-es, -e> grupo *m* de trabajo; **Arbeitskurve** *f* <-, -n> (WIRTSCH) curva *f* de trabajo; **Arbeitslager** *nt* <-s, -> campo *m* de trabajos forzados; **Arbeitsleben** *nt* <-s, *ohne pl*> (*Erwerbsleben*) vida *f* de trabajo; **und das ist der Lohn nach einem langen ~!** ¡y éste es el pago por trabajar toda la vida!; **Arbeitsleistung** *f* <-, -en> rendimiento *m* (laboral), productividad *f*; **Ihre** ~ **ist nur mittelmäßig** su rendimiento es bastante mediocre; **Arbeitslohn** *m* <-(e)s, -löhne> salario *m*
arbeitslos *adj* parado, sin trabajo, cesante *Am*; **sich ~ melden** darse de alta en la oficina de desempleo, apuntarse al paro *fam*
Arbeitslose(r) *mf* <-n, -n; -n, -n> parado, -a *m*, *f*, cesante *mf Am*
Arbeitslosengeld *nt* <-(e)s, *ohne pl*> subsidio *m* de desempleo [*o* de paro]; **Arbeitslosenhilfe** *f* <-, *ohne pl*> ayuda *f* a los parados; **Arbeitsloseninitiative** *f* <-, -n> asociación *f* de parados; **Arbeitslosenquote** *f* <-, -n> tasa *f* de desempleo, índice *m* de paro; **Arbeitslosenunterstützung** *f* <-, -en> *s.* **Arbeitslosengeld**; **Arbeitslosenversicherung** *f* <-, *ohne pl*> seguro *m* de desempleo [*o* de paro]; **Arbeitslosenzahl** *f* <-, -en> número *m* de desempleados, tasa *f* de desempleo; **gestern sind die neuen ~en herausgekommen** ayer se dieron a conocer las nuevas cifras de desempleados; **Arbeitslosenziffer** *f* <-,-n> número *m* de parados
Arbeitslosigkeit *f* <-, *ohne pl*> desempleo *m*, paro *m*, cesantía *f Am*; **konjunkturelle ~** desempleo [*o* paro] coyuntural; **strukturelle ~** desempleo estructural
Arbeitsmangel *m* <-s, *ohne pl*> escasez *f* de trabajo
Arbeitsmarkt *m* <-(e)s, -märkte> mercado *m* de trabajo [*o* laboral]; **Arbeitsmarktdaten** *ntpl* características *fpl* del mercado laboral [*o* de trabajo]; **Arbeitsmarktpolitik** *f* <-, *ohne pl*> política *f* laboral, política *f* del mercado de trabajo; **Instrumente/Maßnahmen der ~** herramientas/medidas de la política laboral; **Arbeitsmarktreform** *f* <-, -en> reforma *f* del mercado laboral
Arbeitsmaterial *nt* <-s, -ien> material *m* de trabajo; **Arbeitsmedizin** *f* <-, *ohne pl*> medicina *f* laboral; **Arbeitsminister(in)** *m(f)* <-s, -; -, -nen> ministro, -a *m*, *f* de trabajo
Arbeitsmittel *nt* <-s, -> instrumento *m* de trabajo; (*Werkstoff*) material *m* de trabajo; **Arbeitsmittelintensität** *f* <-, -en> (WIRTSCH) intensidad *f* de los medios de trabajo; **Arbeitsmittelproduktivität** *f* <-, *ohne pl*> (WIRTSCH) productividad *f* de los medios de trabajo
Arbeitsmoral *f* <-, *ohne pl*> moral *f* de trabajo; **was ist denn das für eine ~?** pero, ¿qué moral de trabajo es ésta?; **Arbeitsniederlegung** *f* <-, -en> huelga *f*, paro *m*; **Arbeitsnorm** *f* <-, -en> (JUR, WIRTSCH) norma *f* laboral; **technisch begründete ~** norma laboral por razones técnicas; **vorläufige ~** norma de trabajo provisional; **Arbeitsoberfläche** *f* <-, -n> (INFOR) escritorio *m*; **Arbeitsordnung** *f* <-, *ohne pl*> régimen *m* laboral, reglamento *m* de trabajo; **Arbeitsort** *m* <-(e)s, -e> lugar *m* de trabajo; **sein ~ ist 35 km von seinem Wohnort entfernt** trabaja a 35 kms. de su lugar de residencia; **Arbeitspapier** *nt* <-s, -e> ❶ (*Thesenpapier*) material *m* de trabajo (escrito) ❷ (*Diskussionsgrundlage*) texto *m* a discutir ❸ *pl* (*von Arbeitnehmern*) hoja *f* de servicio, papeles *mpl*; **Arbeitspause** *f* <-, -n> descanso *m* intermedio, pausa *f* en el trabajo; **Arbeitspensum** *nt* <-s, -pensen *o* -pensa> volumen *m* de trabajo; **Arbeitspflicht** *f* <-, -en> deber *m* de trabajar; **Arbeitsplan** *m* <-(e)s, -pläne> plan *m* de trabajo, programa *m* (de trabajo); **was steht heute auf unserem ~?** (*a. fig*) ¿qué tenemos hoy en el programa?
Arbeitsplatz *m* <-es, -plätze> ❶ (*Platz*) lugar *m* de trabajo [*o* para trabajar] ❷ (*Arbeitsstätte*) trabajo *m* ❸ (*Stelle*) puesto *m* de trabajo, empleo *m*; **rückläufiges Angebot der Arbeitsplätze** oferta regresiva de puestos de trabajo; **sicherer ~** puesto (de trabajo) seguro; **Sicherung**

der Arbeitsplätze seguridad del empleo; **die Unsicherheit der Arbeitsplätze** la inestabilidad laboral; **Arbeitsplätze abbauen** destruir puestos de trabajo; **den ~ wechseln/verlieren** cambiar de/perder el puesto (de trabajo); **Arbeitsplatzaufgabe** *f* <-, -n>: **freiwillige ~** renuncia voluntaria al puesto de trabajo; **Arbeitsplatzbeschaffungsmaßnahme** *f* <-, -n> creación *f* de empleo; **Arbeitsplatzbeschreibung** *f* <-, -en> descripción *f* del puesto de trabajo, perfil *m*; **Arbeitsplatz-Gifte** *ntpl* tóxicos *mpl* en el puesto de trabajo; **Arbeitsplatzrechner** *m* <-s, -> (INFOR) ordenador *m* de puesto de trabajo; **Arbeitsplatzschutz** *m* <-es, *ohne pl*> reserva *f* del puesto de trabajo; **Arbeitsplatzsicherheit** *f* <-, *ohne pl*> seguridad *f* en el puesto de trabajo; **Arbeitsplatzsicherung** *f* <-, *ohne pl*> seguridad *f* del puesto de trabajo; **Arbeitsplatzteilung** *f* <-, -en> partimiento *m* de puesto de trabajo; **Arbeitsplatzwahlfreiheit** *f* <-, *ohne pl*> libertad *f* de elección del puesto de trabajo; **Arbeitsplatzwechsel** *m* <-s, -> cambio *m* de puesto de trabajo
Arbeitsprobe *f* <-, -n> muestra *f* del trabajo realizado; **Arbeitsproduktivität** *f* <-, -en> (WIRTSCH) productividad *f* del trabajo; **Arbeitsraum** *m* <-(e)s, -räume> *s.* **Arbeitszimmer**; **Arbeitsrecht** *nt* <-(e)s, *ohne pl*> Derecho *m* Laboral
arbeitsrechtlich *adj* jurídico-laboral, en materia laboral; **eine ~e Angelegenheit** una cuestión jurídico-laboral; **ein Arbeitsrichter berät über ~e Streitfragen** un magistrado de trabajo asesora sobre litigios en materia laboral
arbeitsreich *adj* muy ocupado, cargado de trabajo
Arbeitsrhythmus *m* <-, -rhythmen> ritmo *m* de trabajo; **Arbeitsrichter(in)** *m(f)* <-s, -; -, -nen> juez *mf* de trabajo; **Arbeitsrückstand** *m* <-(e)s, -stände> (WIRTSCH) trabajo *m* atrasado; **Arbeitsruhe** *f* <-, *ohne pl*> descanso *m* laboral; **sonntags herrscht grundsätzlich ~** los domingos, en principio, no se trabaja
arbeitsscheu *adj* vago, gandul, faltón *Arg*, *Cuba*, *Mex*
Arbeitsscheue(r) *mf* <-n, -n; -n, -n> vago, -a *m*, *f*, holgazán, -ana *m*, *f*, gandul(a) *m(f)*, perezoso, -a *m*, *f*
Arbeitsschluss[RR] *m* <-es, *ohne pl*> fin *m* de jornada, final *m* del trabajo; **freitags ist schon um 12 Uhr ~** los viernes termina la jornada (laboral) ya a las doce del mediodía
Arbeitsschutz *m* <-es, *ohne pl*> protección *f* laboral, previsión *f* laboral; **Arbeitsschutzbrille** *f* <-, -n> gafas *fpl* de protección para el trabajo; **Arbeitsschutzgesetz** *nt* <-es, -e> ley *f* de protección laboral; **Arbeitsschutzrecht** *nt* <-(e)s, *ohne pl*> legislación *f* de protección laboral; **Arbeitsschutzvorschriften** *fpl* reglamento *m* sobre la protección laboral
Arbeitssicherheit *f* <-, *ohne pl*> seguridad e higiene *f* en el trabajo; **Arbeitssicherheitsrecht** *nt* <-(e)s, *ohne pl*> legislación *f* sobre seguridad e higiene en el trabajo
Arbeitsspeicher *m* <-s, -> (INFOR) memoria *f* de trabajo [*o* con acceso inmediato]; **Arbeitsspitze** *f* <-, -n> (WIRTSCH): **während der Erntezeit kommt es häufig zu ~n** durante la cosecha suele haber fases de gran intensidad de trabajo; **Arbeitssprache** *f* <-, -n> lengua *f* de trabajo; **in dieser Konferenz die ~ ist Französisch** en esta conferencia se habla francés; **Arbeitsstation** *f* <-, -en> (INFOR) estación *f* de trabajo
Arbeitsstätte *f* <-, -n> centro *m* de trabajo; **Arbeitsstättenverordnung** *f* <-, -en> disposiciones *fpl* sobre el lugar de trabajo
Arbeitsstelle *f* <-, -n> puesto *m* de trabajo; **Arbeitsstunde** *f* <-, -n> hora *f* de trabajo; **Arbeitssuche** *f* <-, *ohne pl*> búsqueda *f* de trabajo [*o* de empleo]; **auf ~ sein** estar en busca de trabajo
arbeitssuchend *adj* en busca de trabajo
Arbeitssuchende(r) *mf* <-n, -n; -n, -n> *s.* **Arbeitsuchende(r)**
Arbeitstag *m* <-(e)s, -e> jornada *f* (de trabajo [*o* laboral]), día *m* de trabajo; **Arbeitstagung** *f* <-, -en> jornadas *fpl* (de trabajo), simposio *m*; **Arbeitstätigkeit** *f* <-, -en> (*formal*) actividad *f* laboral; **einer ~ nachgehen** realizar una actividad laboral
arbeitsteilig I. *adj* de reparto de tareas, de la división del trabajo; **~e Beschäftigungen von Ehepaaren sind keine Seltenheit mehr** ya no es raro el reparto de tareas en el matrimonio
II. *adv* mediante una división del trabajo; **~ vorgehen** repartir tareas
Arbeitsteilung *f* <-, *ohne pl*> división *f* del trabajo; **Arbeitstempo** *nt* <-s, -s> ritmo *m* de trabajo, velocidad *f* en el trabajo; **bei deinem ~ kann da ja niemand mithalten!** ¡no hay quien pueda trabajar a tu ritmo!; **Arbeitstier** *nt* <-(e)s, -e> ❶ (ZOOL) acémila *f*, bestia *f* (de carga) ❷ (*fig, a. abw: persona*) mula *f*; **der schafft wie ein ~** (*fam*) ése trabaja como una mula [*o* bestia], es un animal trabajando; **Arbeitstisch** *m* <-(e)s, -e> mesa *f* de trabajo; **Arbeitstitel** *m* <-s, -> título *m* provisional; **Arbeitstrupp** *m* <-s, -s> brigada *f*; **Arbeitsüberlastung** *f* <-, -en> sobrecarga *f* de trabajo, exceso *m* de trabajo
Arbeitsuche *f* <-, *ohne pl*> *s.* **Arbeitssuche**
arbeitsuchend *adj s.* **Arbeit 1.**
Arbeitsuchende(r) *mf* <-n, -n; -n, -n> demandante *mf* de trabajo; **als ~r gemeldet sein** estar inscrito en el paro como demandante de trabajo

Arbeits- und Berufskrankenversicherung *f* <-, -en> seguro *m* de accidentes de trabajo y enfermedades profesionales
arbeitsunfähig *adj* ① (*krank*) enfermo ② (*behindert*) inválido
Arbeitsunfähigkeit *f* <-, *ohne pl*> incapacidad *f* laboral; **Arbeitsunfähigkeitsbescheinigung** *f* <-, -en> certificado *m* de incapacidad laboral
Arbeitsunfall *m* <-(e)s, -fälle> accidente *m* laboral; **Arbeitsunterlage** *f* <-, -n> documento *m* de trabajo, papel *m* (de trabajo); **die Abrechnung liegt irgendwo zwischen meinen ~n** la factura está en algún sitio, entre mis papeles; **Arbeitsverdienst** *m* <-(e)s, -e> (*formal*) remuneración *f*; **Arbeitsvereinfachung** *f* <-, -en> simplificación *f* del trabajo; **etw dient der ~** algo simplica [*o* facilita] el trabajo; **Arbeitsverhältnis** *nt* <-ses, -se> relación *f* jurídica entre patrono y obrero; **in einem ~ stehen** tener un contrato laboral
Arbeitsvermittlung *f* <-, -en> tramitación *f* de trabajo; **Arbeitsvermittlungsmonopol** *nt* <-s, *ohne pl*> (WIRTSCH) monopolio *m* en la intermediación del mercado laboral; **Arbeitsvermittlungsstelle** *f* <-, -n> agencia *f* de colocación
Arbeitsvermögen *nt* <-s, *ohne pl*> capacidad *f* de trabajo; **betriebliches ~** capacidad de trabajo a nivel de la empresa
Arbeitsvertrag *m* <-(e)s, -träge> contrato *m* de trabajo; **Arbeitsvertragsrecht** *nt* <-(e)s, *ohne pl*> derecho *m* regulador del contrato de trabajo
Arbeitsverweigerung *f* <-, -en> negativa *f* a trabajar; **Arbeitsvorgang** *m* <-(e)s, -gänge> método *m* de trabajo; **Arbeitsweise** *f* <-, -n> ① (*Mensch*) modo *m* de trabajar, manera *f* de trabajar ② (*Maschine*) sistema *m* de funcionamiento, modo *m* de funcionar; **Arbeitswelt** *f* <-, -en> mundo *m* laboral [*o* del trabajo]; **die landwirtschaftliche ~ ist einem starken Wandel unterworfen** el mundo de la agricultura está sometido a una gran transformación
arbeitswillig *adj* dispuesto a trabajar; (*beim Streik*) antihuelguista
Arbeitswillige(r) *mf* <-n, -n; -n, -n> trabajador(a) *m(f)* diligente; (*bei einem Streik*) esquirol(a) *m(f)*, antihuelguista *mf*
Arbeitswoche *f* <-, -n> semana *f* laboral; **Arbeitswut** *f* <-, *ohne pl*> (*fam*) obsesión *f* por el trabajo
arbeitswütig *adj* afanoso
Arbeitszeit *f* <-, -en> horario *m* de trabajo, jornada *f* laboral; (*Öffnungszeiten*) horas *fpl* de oficina; **gleitende ~** horario (de trabajo) flexible; **verkürzte ~** jornada reducida; **Arbeitszeitaufwand** *m* <-(e)s, *ohne pl*> horas *fpl* de trabajo invertidas; **Arbeitszeitermittlung** *f* <-, -en> determinación *f* de las horas de trabajo; **Arbeitszeitverkürzung** *f* <-, -en> reducción *f* de jornada
Arbeitszeugnis *nt* <-ses, -se> certificado *m* de trabajo; **Arbeitszimmer** *nt* <-s, -> cuarto *m* de trabajo, (cuarto *m* de) estudio *m*; (*Büro*) despacho *m*
Arbitrage [arbi'traːʒə] *f* <-, -n> (FIN, WIRTSCH, JUR) arbitraje *m*
arbitragefähig *adj* (FIN, WIRTSCH) susceptible de arbitraje
Arbitrageur(in) [arbitaˈʒœːɐ] *m(f)* <-s, -e; -, -nen> (FIN, WIRTSCH) árbitro *mf*
Arborist(in) [arboˈrɪst] *m(f)* <-en, -en; -, -nen> arborista *mf*
Arbovirus ['arbo-] *nt o m* <-, -viren> (BIOL, MED) arbovirus *m inv*
archaisch [arˈçaːɪʃ] *adj* arcaico
Archaismus [arçaˈɪsmʊs, *pl:* arçaˈɪsmən] *m* <-, Archaismen> (LING, KUNST) arcaísmo *m*; **in dem Text finden sich einige Archaismen** en el texto aparecen algunos arcaísmos; **der ~ in der Postmoderne** el arcaísmo de la postmodernidad
Archäologe, -in [arçɛoˈloːgə] *m*, *f* <-n, -n; -, -nen> arqueólogo, -a *m*, *f*
Archäologie [arçɛoloˈgiː] *f* <-, *ohne pl*> arqueología *f*
Archäologin *f* <-, -nen> *s.* **Archäologe**
archäologisch *adj* arqueológico
Arche ['arçə] *f* <-, -n> arca *f*; **die ~ Noah** el arca de Noé
Archetyp [arçeˈtyːp] *m* <-s, -en> arquetipo *m*
Archipel [arçiˈpeːl] *m* <-s, -e> (GEO) archipiélago *m*
Architekt(in) [arçiˈtɛkt] *m(f)* <-en, -en; -, -nen> arquitecto, -a *m*, *f*
Architektenbüro *nt* <-s, -s> ① (*Konstruktionsraum*) estudio *m* de arquitecto ② (*Firma*) gabinete *m* de arquitectura; **Architektenvertrag** *m* <-(e)s, -träge> (JUR) contrato *m* de arquitecto
Architektin *f* <-, -nen> *s.* **Architekt**
architektonisch [arçitɛkˈtoːnɪʃ] *adj* arquitectónico
Architektur *f* <-, *ohne pl*> arquitectura *f*; **volksnahe ~** arquitectura popular
Architekturbüro *nt* <-s, -s> *s.* **Architektenbüro**
Archiv [arˈçiːf] *nt* <-s, -e> archivo *m*
Archivar(in) [arçiˈvaːɐ] *m(f)* <-s, -e; -, -nen> archivero, -a *m*, *f*
Archivbild *nt* <-(e)s, -er> foto *f* de archivo; **Archivexemplar** *nt* <-s, -e> ejemplar *m* de archivo
archivieren* *vt* archivar
ARD [aːʔɛrˈdeː] *f Abk. von* **Arbeitsgemeinschaft der öffentlich-rechtlichen Rundfunkanstalten der Bundesrepublik Deutschland** Organización *f* de la Radiotelevisión Pública de Alemania (*primera cadena de televisión*)
Are ['aːrə] *f* <-, -n> (*Schweiz: Ar*) área *f*
Areal [areˈaːl] *nt* <-s, -e> ① (*Fläche*) área *f*, superficie *f* ② (*Bezirk*) área *f*, distrito *m*
Ären *pl von* **Ära**
Arena [aˈreːna, *pl:* aˈreːnən] *f* <-, Arenen> ① (*Kampfplatz*) arena *f*; (*beim Stierkampf*) arena *f*, ruedo *m* ② (*Stierkampf-*) plaza *f* de toros ③ (*Zirkus*) pista *f*
arg [ark] <ärger, am ärgsten> I. *adj* (*reg*) ① (*schlimm*) malo; **der ärgste Feind** el peor enemigo; **etw liegt im A~en** (*geh*) algo va por mal camino; **etw noch ärger machen** empeorar algo aún más; **jdm ~ mitspielen** jugar una mala pasada a alguien ② (*ernst*) grave; **in ~e Verlegenheit kommen** verse en un grave apuro II. *adv* (*reg: sehr*) muy, mucho; **es hat mir nicht so ~ gefallen** no me ha gustado demasiado; **die Krankheit hat ihn ~ mitgenommen** la enfermedad le ha afectado mucho; **ist sie ~ böse?** ¿está muy enfadada?
Argentinien [argɛnˈtiːniən] *nt* <-s> Argentina *f*
Argentinier(in) *m(f)* <-s, -; -, -nen> argentino, -a *m*, *f*
argentinisch *adj* argentino
ärger *adj kompar von* **arg**
Ärger ['ɛrgɐ] *m* <-s, *ohne pl*> ① (*Unmut*) fastidio *m*, disgusto *m*, boche *m Chil, Peru*; **das ist ja mein ~!** ¡eso es precisamente lo que me fastidia! ② (*Zorn*) enojo *m*, bronca *f Am* ③ (*Wut*) rabia *f*; **seinen ~ hinunterschlucken** tragarse el enfado ④ (*Schwierigkeiten*) dificultades *fpl*, traba(s) *f(pl)*; **~ bekommen** llevarse una bronca; **es gab ~** hubo problemas; **mit jdm ~ haben** tener problemas con alguien; **mach keinen ~!** ¡no pongas trabas!; **jdm ~ machen** [*o* **bereiten**] poner dificultades a alguien
ärgerlich *adj* ① (*verärgert*) enfadado, molesto; **über jdn/über etw ~ sein** estar enfadado con alguien/por algo; **sie ist ~ auf** [*o* **über**] **mich** está enfadada conmigo ② (*erbost*) indignado, enojado ③ (*unerfreulich*) desagradable, molesto, chocante *Am*; **das ist aber ~!** ¡qué rabia!
ärgern ['ɛrgɐn] I. *vt* (*ärgerlich machen*) fastidiar, molestar, embromar *Am*, majadrear *Am* II. *vr:* **sich ~** (*böse werden*) enfadarse (*über* por), molestarse (*über* por), chivarse *Am*, afarolarse *Chil, Peru*; **ich habe mich sehr über dich geärgert** me he enfadado muchísimo por tu culpa; **sich schwarz ~** (*fam*) ponerse negro
Ärgernis[1] *nt* <-ses, -se> (*Ärger*) fastidio *m*, disgusto *m*, volado *m Mex*
Ärgernis[2] *nt* <-ses, *ohne pl*> (*Anstoß*) escándalo *m*; **Erregung öffentlichen ~ses** (JUR) provocación de escándalo público
Arglist *f* <-, *ohne pl*> ① (*geh: Heimtücke*) malicia *f*; (*geh: Hinterlist*) astucia *f*, maña *f* ② (JUR) dolo *m*
Arglisteinrede *f* <-, -n> (JUR) excepción *f* de dolo
arglistig *adj* ① (*gemein*) malicioso, taimado; (*verschlagen*) astuto, pícaro ② (JUR) doloso; **~es Verschweigen** silenciación dolosa
arglos *adj* sin malicia, de buena fe; (*naiv*) ingenuo, inocente; **eine ~e Frage** una pregunta inocente
Arglosigkeit *f* <-, *ohne pl*> (*Ahnungslosigkeit*) falta *f* de malicia, ingenuidad *f*; (*Naivität*) candor *m*, candidez *f*
Argon ['argɔn, arˈgoːn] *nt* <-s, *ohne pl*> (CHEM) argón *m*
Argonaut [argoˈnaʊt] *m* <-en, -en> (ZOOL) argonauta *m*
ärgste(r, s) *adj superl von* **arg**
Argument [arguˈmɛnt] *nt* <-(e)s, -e> argumento *m*, alegato *m Peru*
Argumentation [argumɛntaˈtsjoːn] *f* <-, -en> argumentación *f*
argumentativ *adj* argumentativo
argumentieren* *vi* argumentar (*für* en pro de, *gegen* contra)
Arg- und Wehrlosigkeit *f* <-, *ohne pl*> (JUR) ingenuidad e indefensión *f*; **Ausnutzung der ~** aprovechamiento de la ingenuidad e indefensión
Argusauge ['argʊsaʊgə] *nt* <-s, -n> ojo *m* de Argos; **mit ~ über etw wachen** tener cien ojos puesto en algo, cuidar algo con cien ojos
Argwohn ['arkvoːn] *m* <-(e)s, *ohne pl*> (*geh*) sospecha *f*, suspicacia *f*; (*Misstrauen*) recelo *m*, desconfianza *f*; **jds ~ erregen** despertar la desconfianza de alguien
argwöhnen ['arkvøːnən] *vt* (*geh*) recelar
argwöhnisch I. *adj* (*geh*) desconfiado, receloso; **etwas machte ihn ~** algo le hacía desconfiar II. *adv* (*geh*) con recelo
arid [aˈriːt] *adj* (GEO) árido
Aridität *f* <-, *ohne pl*> (GEO) aridez *f*
Arie ['aːriə] *f* <-, -n> aria *f*
Arier(in) ['aːriɐ] *m(f)* <-s, -; -, -nen> ario, -a *m*, *f*

arisch ['a:rɪʃ] *adj* ario
Aristokrat(in) [arɪsto'kra:t] *m(f)* <-en, -en; -, -nen> aristócrata *mf*
Aristokratie [arɪstokra'ti:] *f* <-, -n> aristocracia *f*
Aristokratin *f* <-, -nen> *s.* **Aristokrat**
aristokratisch *adj* aristocrático
Arithmetik [arɪt'me:tɪk] *f* <-, *ohne pl*> (MATH) aritmética *f*
arithmetisch *adj* (MATH) aritmético
Arkade [ar'ka:də] *f* <-, -n> arcada *f*
Arktis ['arktɪs] *f* Ártico *m*, regiones *fpl* árticas, Polo *m* Norte *fam*
arktisch *adj* ártico, polar
arm [arm] *adj* <ärmer, am ärmsten> ❶ (*bedürftig*) pobre, necesitado; (*mittellos*) sin recursos; **die Gegend ist ~ an Bodenschätzen** la región es pobre en recursos naturales
❷ (*bedauernswert*) infeliz, pobre; **ein ~er Irrer** un pobre imbécil; **du ~es Würstchen!** (*fam*) ¡pobrecito!; **du Ärmste!** ¡pobrecita de ti!; **er ist ~ dran** (*fam*) le van mal las cosas
Arm *m* <-(e)s, -e> ❶ (*Körperteil*) brazo *m*; **zwei ~e voll Holz** dos brazadas de leña; **er nahm sie in den ~** la abrazó, la tomó en sus brazos; **sich** *dat* **den ~ brechen** romperse el brazo; **sich** *dat* [*o* **einander**] **in den ~en liegen** estar abrazados (el uno al otro); **jdn auf den ~ nehmen** (*fam*) tomar el pelo a alguien; **jdm unter die ~e greifen** echar una mano a alguien; **jdm in die ~e laufen** (*fam*) darse de manos a boca [*o* toparse] con alguien; **jdn mit offenen ~en aufnehmen** recibir a alguien con los brazos abiertos; **~ in ~ gehen** ir de(l) brazo [*o* del bracete]; **jds verlängerter ~ sein** ser el brazo derecho de alguien
❷ (TECH) brazo *m*
❸ (*eines Flusses*) brazo *m*
❹ (*Ärmel*) manga *f*
armamputiert *adj* manco; **sie war linksseitig ~** era manca: le faltaba el brazo izquierdo
Armamputierte(r) *mf* <-n, -n; -n, -n> manco, -a *m, f*
Armaturen [arma'tu:rən] *fpl* ❶ (*sanitär*) grifería *f*
❷ (*Schaltinstrumente*) mandos *mpl*
Armaturenbeleuchtung *f* <-, -en> (AUTO) iluminación *f* del salpicadero; **Armaturenbrett** *nt* <-(e)s, -er> tablero *m* de mandos, cuadro *m* de mandos
Armband *nt* <-(e)s, -bänder> pulsera *f*, brazalete *m*; (*Uhr~*) correa *f*; **Armbanduhr** *f* <-, -en> reloj *m* de pulsera
Armbeuge ['armbɔɪɡə] *f* <-, -n> (ANAT) pliegue *m* del codo; **Armbinde** *f* <-, -n> ❶ (*als Kennzeichen*) brazal *m*, brazalete *m* ❷ (*Tragetuch*) cabestrillo *m*; **Armbruch** *m* <-(e)s, -brüche> fractura *f* de brazo; **Armbrust** *f* <-, -e *o* -brüste> ballesta *f*
armdick *adj* del grosor de un brazo, grueso como un brazo; **~ sein** tener el grosor de un brazo; **stellt euch vor, wir haben ~e Aale gefangen!** ¡imagínaos, hemos pescado anguilas como este brazo de gordas!
Arme(r) *mf* <-n, -n; -n, -n> ❶ (*bedürftig*) pobre *mf*; **die ~n** los pobres, los desheredados; **kein ~r sein** no ser pobre
❷ (*bedauernswert*): **ich ~!** ¡pobre de mí!; **du ~r!** ¡pobre (de ti)!; **Sie ~!** ¡pobre (de usted)!
Armee [ar'me:, *pl:* ar'me:ən] *f* <-, -n> ejército *m*; **in die ~ eintreten** entrar en el ejército; **er ist bei** [*o* **in**] **der ~** está en el ejército
Ärmel ['ɛrməl] *m* <-s, -> manga *f*; **die ~ hochkrempeln** (*a. fig*) arremangarse; **etw aus dem ~ schütteln** (*fam*) sacarse algo de la manga
Ärmelaufschlag *m* <-(e)s, -schläge> bocamanga *f*
Ärmeleuteessen *nt* <-s, -> (*abw*) comida *f* de pobres
Armeleuteviertel *nt* <-s, -> *s.* **Armenviertel**
Ärmelkanal *m* <-s> Canal *m* de la Mancha
ärmellos *adj* sin mangas
Armenanwalt, -wältin *m, f* <-(e)s, -wälte; -, -nen> abogado *m* de oficio; **Armenhaus** *nt* <-es, -häuser> asilo *m* de pobres
Armenien [ar'me:niən] *nt* <-s> Armenia *f*
Armenier(in) *m(f)* <-s, -; -, -nen> armenio, -a *m, f*
armenisch *adj* armenio
Armenrecht *nt* <-(e)s, *ohne pl*> (JUR) ayuda *f* legal a personas pobres; **im ~** en la justicia gratuita
Armenviertel *nt* <-s, -> barrio *m* (de gente) pobre
ärmer *adj kompar von* **arm**
Armeslänge *f* <-, -n> (*geh*) largo *m* de un brazo, longitud *f* de un brazo; **er hatte einen Vorsprung von einer ~/von zwei ~n** le aventajaba más de un brazo/por dos brazos
Armflor *m* <-(e)s, -e> (*Trauerflor*) brazalete *m* de luto; **Armhebel** *m* <-s, -> (SPORT: *Boxen*) croché *m*, crochet *m*; (**bei jdm**) **einen ~ ansetzen** emplear un croché (contra alguien)
armieren* [ar'mi:rən] *vt* (ARCHIT, MIL, TECH) armar (*mit* con/de)
armlang *adj* del largo de un brazo, largo como un brazo; **~ sein** tener el largo de un brazo; **wir haben ~e Forellen geangelt** hemos pescado truchas tan largas como un brazo
Armlänge *f* <-, -n> longitud *f* de un brazo, largo *m* de un brazo; **das Reh ließ die Kinder auf ~ herankommen** el corzo dejó que se le acer-

caran los niños hasta poder tocarlo con el brazo extendido; **Armlehne** *f* <-, -n> (*am Sessel*) brazo *m*; (*im Auto*) reposabrazos *m inv*; **Armleuchter** *m* <-s, -> ❶ (*Kerzenhalter*) candelabro *m*; (*Kronleuchter*) araña *f* ❷ (*fam abw: Dummkopf*) idiota *mf*, imbécil *mf*
ärmlich ['ɛrmlɪç] *adj* ❶ (*arm*) pobre, humilde
❷ (*elend*) miserable, mísero
Ärmlichkeit *f* <-, *ohne pl*> pobreza *f*; **die ~ ihrer Kleidung fiel mir sofort auf** lo pobre de su ropa me llamó de inmediato la atención
Armloch *nt* <-(e)s, -löcher> bocamanga *f*; **Armmuskel** *m* <-s, -n> músculo *m* del brazo; (ANAT, MED) músculo *m* braquial; **Armpolster** *nt* <-s, -> ❶ (*Schulterpolster*) hombrera *f* ❷ (*Polster der Armlehne*) reposabrazos *m inv*; **Armprothese** *f* <-, -n> prótesis *f inv* del brazo; (MED) prótesis *f inv* braquial; **Armreif** *m* <-(e)s, -e>, **Armreifen** *m* <-s, -> brazalete *m*
armselig ['armse:lɪç] *adj* ❶ *s.* **ärmlich**
❷ (*unbedeutend*) insignificante
Armseligkeit *f* <-, *ohne pl*> ❶ (*Primitivität*) pobreza *f*, miseria *f*
❷ (*Dürftigkeit*) pobreza *f*, escasez *f*
❸ (*Erbärmlichkeit*) mezquindad *f*, miseria *f*; **du solltest dich für die ~ deiner Ausrede schämen!** ¡deberías avergonzarte de un pretexto tan deplorable!
Armsessel *m* <-s, -> sillón *m* de brazos, butaca *f* de brazos
ärmste(r, s) *adj superl von* **arm**
Armstumpf *m* <-(e)s, -stümpfe> muñón *m* del brazo; **Armstütze** *f* <-, -n> reposabrazos *m inv*
Armsündermiene *f* <-, -n> (*iron*) cara *f* de no haber roto un plato *fam*, gesto *m* contrito; **das Kind setzte eine ~ auf** el niño puso cara de no haber roto un plato
Armut ['armu:t] *f* <-, *ohne pl*> pobreza *f*, indigencia *f*, prángana *f Mex, PRico*
Armutsflüchtling *m* <-s, -e> (POL) refugiado, -a *m, f* económico, -a; **Armutsgrenze** *f* <-, -n> umbral *m* de pobreza; **Armutszeugnis** *nt* <-ses, -se> muestra *f* de incapacidad
Armvoll *m* <-, -> *s.* **Arm**
Arnika ['arnika] *f* <-, -s> (BOT) árnica *f*
Aroma [a'ro:ma, *pl:* a'ro:mas, a'ro:mən, a'ro:mata] *nt* <-s, -s *o* Aromen *o geh:* Aromata> aroma *m*
Aromastoff *m* <-(e)s, -e> sustancia *f* aromática
Aromata (*geh*) *pl von* **Aroma**
Aromatherapie *f* <-, -n> aromaterapia *f*, terapia *f* a base de aromas
Aromatikum *nt* <-s, Aromatika> aromático *m*
aromatisch [aro'ma:tɪʃ] *adj* aromático
aromatisieren* *vt* (CHEM) aromatizar
Aromen *pl von* **Aroma**
Aron(s)stab ['a:rɔn(s)ʃta:p] *m* <-(e)s, -stäbe> (BOT) aro *m*
Arrak ['arak] *m* <-s, -s *o* -e> aguardiente *m* de arroz
Arrangement [arãʒə'mã:] *nt* <-s, -s> ❶ (*Übereinkommen*) acuerdo *m*
❷ (MUS: *Anordnung*) arreglo *m*
arrangieren* [arã'ʒi:rən] I. *vt* ❶ (*organisieren*) organizar
❷ (*zusammenstellen*) combinar
❸ (MUS) arreglar
II. *vr:* **sich ~** (*sich einigen*) llegar a un arreglo [*o* acuerdo]
Arrest [a'rɛst] *m* <-(e)s, -e> ❶ (JUR) arresto *m*; **dinglicher ~** embargo; **persönlicher ~** arresto personal; **mit ~ belegt sein** estar embargado preventivamente
❷ (*Beschlagnahmung*) confiscación *f*, incautación *f*
Arrestanordnung *f* <-, -en> (JUR) orden *f* de arresto; **Arrestanspruch** *m* <-(e)s, -sprüche> (JUR) derecho *m* de arresto; **Arrestantrag** *m* <-(e)s, -träge> (JUR) demanda *f* de arresto
Arrestatorium *nt* <-s, Arrestatorien> (JUR) arrestatorio *m*
Arrestaufhebung *f* <-, -en> (JUR) levantamiento *m* de arresto; **Arrestbefehl** *m* <-(e)s, -e> (JUR) orden *f* de arresto; **Arrestbeschluss**[RR] *m* <-es, -schlüsse> (JUR) decisión *f* de arresto; **Arrestgericht** *nt* <-(e)s, -e> (JUR) tribunal *m* de arresto; **Arrestgesuch** *nt* <-(e)s, -e> (JUR) solicitud *f* de embargo preventivo; **Arrestgrund** *m* <-(e)s, -gründe> (JUR) causa *f* de arresto; **Arresthypothek** *f* <-, -en> (JUR) hipoteca *f* de embargo; **Arrestpfandrecht** *nt* <-(e)s, -e> (JUR) derecho *m* prendario de arresto; **Arresturteil** *nt* <-s, -e> (JUR) sentencia *f* de arresto; **Arrestvollziehung** *f* <-, *ohne pl*> (JUR) ejecución *f* del embargo preventivo; **Arrestzelle** *f* <-, -n> (JUR) celda *f* de arresto [*o* de castigo]
arretieren* [are'ti:rən] *vt* (TECH) bloquear
Arretierung *f* <-, -en> (TECH) ❶ (*Vorrichtung*) dispositivo *m* de bloqueo, tope *m*
❷ (*Vorgang*) bloqueo *m*
Arretierungsklausel *f* <-, -n> (JUR) cláusula *f* de arresto
arrivieren* [ari'vi:rən] *vi sein* (*geh: gesellschaftlich*) progresar en la escala social; (*beruflich*) progresar en la escala laboral; **er ist zum Chef-**

redakteur arriviert se ha encaramado hasta el puesto de redactor jefe
Arrivierte(r) *mf* <-n, -n; -n, -n> (*abw: Emporkömmling*) arribista *mf*, advenedizo, -a *m, f*
arrogant [aroˈgant] *adj* arrogante
Arroganz *f* <-, *ohne pl*> arrogancia *f*
Arsch [arʃ, *pl:* ˈɛrʃə] *m* <-(e)s, Ärsche> (*vulg*) culo *m*, orto *m CSur;* **jdm in den ~ kriechen** lamer el culo a alguien; **du ~!** ¡hijo de puta!, ¡gilipollas!; **leck mich am ~!** ¡que te den por culo!; **am ~ der Welt** (*fam*) en el quinto coño
Arschbacke *f* <-, -n> (*vulg*) nalga *f;* **die acht Monate Knast sitze ich auf einer ~ ab!** (*sl*) ¡los ocho meses en la trena me los paso como si nada!; **Arschfick** *m* <-s, -s> (*vulg*) romper *m* el culo, dar *m* por el culo; **hättest du Lust auf einen ~, Alter?** ¿qué, tío, hace que te den por el culo?; **Arschficker** *m* <-s, -> (*vulg*) maricón *m;* **Arschkriecher** *m* <-s, -> (*vulg abw*) lameculos *mf inv;* **Arschloch** *nt* <-(e)s, -löcher> (*vulg*) ❶ (*Körperteil*) ojo *m* del culo ❷ (*Schimpfwort*) cabrón, -ona *m, f,* siete *m Am,* orto *m CSur;* **du ~!** ¡(cacho) cabrón!; **Arschtritt** *m* <-(e)s, -e> (*fam*) patada *f* en el culo
Arsen [arˈzeːn] *nt* <-s, *ohne pl*> (CHEM) arsénico *m*
Arsenal [arzeˈnaːl] *nt* <-s, -e> arsenal *m*
Arsenik [arˈzeːnɪk] *nt* <-s, *ohne pl*> (CHEM) arsénico *m*
Arsenverbindung *f* <-, -en> (CHEM) compuesto *m* de arsenio
Art¹ [art] *f* <-, -en> ❶ (*Klasse*) clase *f*, tipo *m;* **Fahrzeuge aller ~** toda clase de vehículos
❷ (BIOL) especie *f;* **eine vom Aussterben bedrohte ~** una especie amenazada [o en peligro] de extinción
❸ (*Weise*) manera *f*, modo *m;* **~ und Weise** modo (y manera); **auf diese ~** de este modo, de esta manera; **nach ~ des Hauses** de la casa; **auf spanische ~** a la española
Art² *f* <-, *ohne pl*> (*Wesens~*) carácter *m*, naturaleza *f;* **das ist nun mal meine ~** yo soy así; **Mensch, hast du eine ~!** ¡hombre, qué forma de ser tienes [o cómo eres]!
Art. (*a.* JUR) *Abk. von* **Artikel** art.
Artbezeichnung *f* <-, -en> indicación *f* de la especie
Artefakt [arteˈfakt] *nt* <-(e)s, -e> (*a.* ELEK, MED) artefacto *m*
arteigen *adj* (BIOL) propio de la especie
artenreich *adj* (BIOL) de gran diversidad de especies, rico en especies diversas
Artenreichtum *m* <-s, *ohne pl*> riqueza *f* de especies; **Artenrückgang** *m* <-(e)s, *ohne pl*> disminución *f* de especies
Artenschutz *m* <-(e)s, *ohne pl*> protección *f* de especies (en peligro de extinción); **Artenschutzabkommen** *nt* <-s, -> (ÖKOL) acuerdo *m* para la protección de especies (en peligro de extinción)
Artensterben *nt* <-s, *ohne pl*> extinción *f* de las especies; **Artenvielfalt** *f* <-, *ohne pl*> diversidad *f* de especies
Arterhaltung *f* <-, *ohne pl*> conservación *f* de las especies
Arterie [arˈteːriə] *f* <-, -n> (MED) arteria *f*
arteriell [arteriˈɛl] *adj* (MED) arterial
Arterienverkalkung *f* <-, -en> (*fam*) arterio(e)sclerosis *f inv;* **Arterienverschluss**ᴿᴿ *m* <-es, -schlüsse> (MED) obstrucción *f* arterial
Arteriosklerose *f* <-, -n> (MED) arterio(e)sclerosis *f inv*
artfremd *adj* (BIOL) de otra especie, ajeno a la especie
artgemäß *adj s.* **artgerecht**
Artgenosse, -in *m, f* <-n, -n; -, -nen> congénere *mf*
artgerecht *adj* acorde con la especie; **~e Tierhaltung** (*von Haustieren*) mantenimiento de los animales adaptado a las características de su especie; (*von Nutztieren*) ganadería biológica
artgleich *adj* (*charakterlich*) de la misma raza; **von seinem Bruder darfst du nichts erwarten, die beiden sind ~** de su hermano no debes esperar nada, los dos son de la misma calaña
Arthritis [arˈtriːtɪs] *f* <-, Arthritiden> (MED) artritis *f inv*
arthritisch [arˈtriːtɪʃ] *adj* (MED) artrítico; **~e Beschwerden** afecciones artríticas; **~e Patienten** pacientes artríticos
Arthrose [arˈtroːzə] *f* <-, -n> (MED) artrosis *f inv*
Arthroskopie *f* <-, -n> (MED) artroscopia *f*
artig [ˈartɪç] *adj* bueno, obediente; **jetzt sei aber ~!** ¡ahora sé obediente [o bueno]!
Artigkeit *f* <-, *ohne pl*> (*Wohlerzogenheit*) (buena) educación *f*, (buenos) modales *mpl;* **die ~ des Kindes ist beeindruckend** es impresionante lo bien educado que es este niño
Artigkeiten *fpl* (*Komplimente*) piropos *mpl,* requiebros *mpl,* halagos *mpl;* **er überschüttete sie mit ~** la abrumó con piropos
Artikel [arˈtiːkəl, arˈtɪkəl] *m* <-s, -> (LING, PUBL, JUR) artículo *m;* (COM) artículo *m;* **führender/gängiger ~** artículo más vendido/de buena venta; **sich auf einen ~ berufen** (JUR) remitirse a un artículo
Artikulation [artikulaˈtsjoːn] *f* <-, -en> articulación *f*
artikulieren* [artikuˈliːrən] I. *vt* (*Laut, Gedanken*) articular
II. *vr:* **sich ~** (*ausdrücken*) expresarse
Artillerie [artɪləˈriː] *f* <-, -n> (MIL) artillería *f*

Artilleriebeschussᴿᴿ *m* <-es, *ohne pl*> (MIL) fuego *m* de artillería; **die Stellung stand tagelang unter ~** la posición sufrió durante días fuego de artillería
Artillerist [ˈartɪlərɪst, artɪləˈrɪst] *m* <-en, -en> (MIL) artillero *m*
Artischocke [artiˈʃɔkə] *f* <-, -n> alcachofa *f*, alcaucil *m Arg*
Artischockenboden *m* <-s, -böden> cogollo *m* de la alcachofa; **Artischockenherz** *nt* <-ens, -en> corazón *m* de alcachofa
Artist(in) [arˈtɪst] *m(f)* <-en, -en; -, -nen> ❶ (*im Varietee, Zirkus*) artista *mf*
❷ (*Akrobat*) acróbata *mf*
artistisch *adj* artístico
artverschieden *adj* de diferente clase
artverwandt *adj* afín
Artwort *nt* <-(e)s, -wörter> (LING) adjetivo *m*
Arznei [artsˈnaɪ] *f* <-, -en> medicamento *m*, medicina *f*
Arzneibuch *nt* <-(e)s, -bücher> farmacopea *f*, recetario *m;* **Arzneiflasche** *f* <-, -n> frasco *m* de medicina; **Arzneiformel** *f* <-, -n> receta *f,* fórmula *f;* **Arzneikunde** *f* <-, *ohne pl*> farmacología *f*
Arzneimittel *nt* <-s, -> medicamento *m;* **blutdrucksenkendes/blutdrucksteigerndes ~** medicamento hipotensor/hipertensor; **juckreizstillendes ~** medicamento contra la comezón; **topisches ~** medicamento tópico; **Arzneimittelabhängigkeit** *f* <-, -en> adicción *f* a los medicamentos; **Arzneimittelallergie** *f* <-, -n> alergia *f* a los medicamentos; **Arzneimittelentsorgung** *f* <-, -en> eliminación *f* de medicamentos; **Arzneimittelforschung** *f* <-, *ohne pl*> investigación *f* farmacológica; **Arzneimittelgebrauch** *m* <-(e)s, *ohne pl*> uso *m* de medicamentos; **Arzneimittelgesetz** *nt* <-es, -e> (JUR) legislación *f* sobre medicamentos; **Arzneimittelhaftung** *f* <-, -en> (JUR) responsabilidad *f* farmacológica; **Arzneimittelhersteller** *m* <-s, -> fabricante *m* de productos farmacéuticos; **Arzneimittelmissbrauch**ᴿᴿ *m* <-(e)s, *ohne pl*> abuso *m* de medicamentos; **Arzneimittelprüfung** *f* <-, -en>: **klinische ~** control *m* clínico de medicamentos; **Arzneimittelrecht** *nt* <-(e)s, *ohne pl*> regulación *f* legal de los medicamentos; **Arzneimittelsucht** *f* <-, -süchte> ~ **suchten** dependencia *f* de los medicamentos; **Arzneimitteltoleranz** *f* <-, -en> (MED) tolerancia *f* del medicamento; **Arzneimittelvergiftung** *f* <-, -en> intoxicación *f* con medicinas; **Arzneimittelzulassung** *f* <-, -en> autorización *f* de medicamentos
Arzneipflanze *f* <-, -n> planta *f* medicinal; **Arzneischrank** *m* <-(e)s, -schränke> botiquín *m,* armario *m* de las medicinas; **Arzneistoff** *m* <-(e)s, -e> producto *m* farmacéutico
Arzt [artst, *pl:* ˈɛrtstə] *m,* **Ärztin** *f* <-es, Ärzte; -, -nen> médico, -a *m, f,* doctor(a) *m(f);* **zum ~ gehen** ir al médico; **praktischer ~** médico (de medicina) general
Arztberuf *m* <-(e)s, -e> (ejercicio *m* de la) medicina *f;* **Arztbesuch** *m* <-(e)s, -e> visita *f* médica
Ärztebesteck *nt* <-(e)s, -e> instrumental *m* médico; **Ärztehaus** *nt* <-es, -häuser> *edificio donde se han instalado varias consultas de médicos;* **Ärztekammer** *f* <-, -n> colegio *m* de médicos; **Ärztekollegium** *nt* <-s, -kollegien> colectivo *m* de médicos, cuerpo *m* de médicos; **Ärztekommission** *f* <-, -en> comisión *f* médica, junta *f* médica; **Ärztemuster** *nt* <-s, -> muestra *f* gratuita (para médicos)
Ärzteschaft *f* <-, *ohne pl*> cuerpo *m* médico
Arztfrau *f* <-, -en> mujer *f* del médico, médica *f reg, alt;* **Arzthelfer(in)** *m(f)* <-s, -; -, -nen> auxiliar *mf* de médico, asistente *mf* médico, -a
Ärztin [ˈɛrtstɪn] *f* <-, -nen> *s.* **Arzt**
Arztkosten *pl* honorarios *mpl* del médico, minuta *f* del médico
ärztlich *adj* médico; **~es Attest** certificado médico; **auf ~en Rat** por consejo médico
Arztpraxis *f* <-, -praxen> consulta *f* médica; **Arztvertrag** *m* <-(e)s, -träge> (JUR) contrato *m* médico
As¹ [as] *nt* <-, -> (MUS) la *m* bemol
As² *nt* <-ses, -se> *s.* **Ass**
As³ (CHEM) *Abk. von* **Arsen** As
Asbest [asˈbɛst] *m* <-(e)s, -e> amianto *m*
Asbestfilter *m* <-s, -> filtro *m* de asbesto; **Asbestlunge** *f* <-, -n> (MED) pulmón *m* de asbesto
Asbestose [asbɛsˈtoːzə] *f* <-, -n> (MED) asbestosis *f inv*
Asbestverseuchung *f* <-, -en> contaminación *f* de asbesto; **Asbestzement** *m* <-(e)s, -e> cemento *m* de asbesto
A-Schallpegel [ˈ-ˈ---] *m* <-s, -> nivel *m* acústico A
Aschantinussᴿᴿ [aˈʃantinʊs] *f* <-, -nüsse> (*Österr: Erdnuss*) cacahuete *m*
aschblond [ˈaʃblɔnt] *adj* rubio ceniza
Asche [ˈaʃə] *f* <-, -n> ceniza *f;* **vulkanische ~** ceniza volcánica
Ascheimer [ˈaʃaɪmɐ] *m* <-s, -> *s.* **Ascheneimer**
Aschenbahn *f* <-, -en> pista *f* de ceniza; **Aschenbecher** *m* <-s, -> cenicero *m;* **Aschenbrödel** [ˈaʃənbrøːdəl] *nt* <-s, -> cenicienta *f;*

Ascheneimer *m* <-s, -> cubo *m* de la ceniza; **Aschenplatz** *m* <-es, -plätze> (SPORT) pista *f* de tierra batida; **Aschenputtel** ['aʃənpʊtəl] *nt* <-s, -> cenicienta *f*; **Aschenregen** *m* <-s, -> lluvia *f* de ceniza
Ascher ['aʃe] *m* <-s, -> cenicero *m*
Aschermittwoch [-'--] *m* <-s, -e> miércoles *m* de ceniza
aschfahl ['-'-] *adj* ceniciento, de color ceniza
aschgrau *adj* gris ceniza
ASCII-Code ['askiko:t] *m* <-s, -s> (INFOR) código *m* ASCII
Ascorbinsäure [askɔr'bi:n-] *f* <-, ohne *pl*> (CHEM) ácido *m* ascórbico
Ascospore *f* <-, -n> (BOT) esporo *m* tubular
äsen ['ɛ:zən] *vi* pacer
Asepsis [a'zɛpsɪs] *f* <-, ohne *pl*> (MED) asepsis *f*
aseptisch [a'zɛptɪʃ] *adj* (MED) aséptico
Äser *pl von* **Aas²**
Aserbaidschan [azɛrbaɪ'dʒa:n] *nt* <-s> Azerbayán *m*
asexuell ['asɛksuɛl] *adj* asexual, asexuado
Asiat(in) *m(f)* <-en, -en; -, -nen> asiático, -a *m, f*
asiatisch *adj* asiático
Asien ['a:ziən] *nt* <-s> Asia *f*
Askese [as'ke:zə] *f* <-, ohne *pl*> ascetismo *m*, ascética *f*
Asket(in) [as'ke:t] *m(f)* <-en, -en; -, -nen> asceta *m*
asketisch *adj* ascético
Askorbinsäure [askɔr'bi:nzɔɪrə] *f* <-, ohne *pl*> (CHEM) ácido *m* ascórbico
Äskulapstab [ɛsku'la:pʃta:p] *m* <-(e)s, -stäbe> vara *f* de Esculapio
asozial ['azotsia:l] *adj* asocial; (*rücksichtslos*) incívico
Asoziale(r) *mf* <-n, -n; -, -n> (*abw*) asocial *mf*; antisocial *mf*
Aspekt [as'pɛkt] *m* <-(e)s, -e> aspecto *m*; **unter diesem ~** bajo ese aspecto
Asphalt [as'falt] *m* <-(e)s, -e> asfalto *m*, asfaltado *m Am*
Asphaltdecke *f* <-, -n> firme *m*, (pavimento *m* de) asfalto *m*, capa *f* asfáltica
asphaltieren* *vt* asfaltar
Asphaltstraße *f* <-, -n> calle *f* asfaltada, carretera *f* asfaltada
Aspik [as'pi:k, 'aspɪk] *m* <-s, -e> (GASTR) gelatina *f* (de carne)
Aspirin® *nt* <-s, -> aspirina *f*
Assᴿᴿ *nt* <-es, -e> as *m*; **er ist ein ~ in Mathe** (*fam*) es un as de las matemáticas
aß [a:s] *3. imp von* **essen**
Assekurant [aseku'rant] *m* <-en, -en> asegurador *m*
Assekuranz [aseku'rants] *f* <-, -en> compañía *f* de seguros, aseguradora *f*
Assekurat [aseku'ra:t] *m* <-en, -en> objeto *m* asegurado
Assel ['asəl] *f* <-, -n> (ZOOL) cochinilla *f*
Assembler [ə'sɛmblɐ] *m* <-s, -> (INFOR) ensamblador *m*
Assemblersprache ['ɛsəmblɐ-] *f* <-, -n> (INFOR) lenguaje *m* ensamblador
assemblieren [ɛsɛm'bli:rən] *vt* (INFOR) ensamblar
Asservat [asɛr'va:t] *nt* <-(e)s, -e> (JUR) prueba *f* decisiva [*o* fundamental]
Asservatenkammer *f* <-, -n> (JUR) depósito *m* de pruebas
Assessmentcenter *nt* <-s, -> (WIRTSCH) centro *m* de evaluación [*o* de estimación]
Assessor(in) [a'sɛso:ɐ] *m(f)* <-s, -en; -, -nen> (JUR, SCH) funcionario con segundo examen de estado
Assimilation *f* <-, -en> (*geh a.* BIOL) asimilación *f* (*an* a)
assimilieren* [asimi'li:rən] I. *vt* (*geh a.* BIOL) asimilar (*an* a)
II. *vr*: **sich ~** (*a.* BIOL: *geh*) asimilarse (*an* a)
Assimilierung *f* <-, -en> (*geh a.* BIOL) asimilación *f*
Assisen [a'si:zən] *pl* (*Schwurgericht*) jurado *m*
Assistent(in) [asɪs'tɛnt] *m(f)* <-en, -en; -, -nen> asistente *mf*; **persönlicher ~** asistente personal
Assistenz [asɪs'tɛnts] *f* <-, -en> asistencia *f* (*bei* en); **unter jds ~** con la asistencia de alguien
Assistenzarzt, -ärztin *m, f* <-es, -ärzte; -, -nen> médico, -a *m, f* asistente [*o* ayudante]; **Assistenzprofessor(in)** *m(f)* <-s, -en; -, -nen> profesor(a) *m(f)* ayudante
assistieren* *vi* asistir (*bei* en)
Assoziation [asotsia'tsjo:n] *f* <-, -en> asociación *f*
assoziieren* [asotsi'i:rən] I. *vt* (*geh*) asociar; **damit assoziiere ich Arbeit** esto lo asocio [*o* relaciono] con trabajo
II. *vr*: **sich ~** (POL) asociarse; **ein assoziiertes Mitglied der EU** un miembro asociado de la UE; **Puerto Rico ist ein assoziierter Staat der USA** Puerto Rico es un estado asociado de EE.UU.
Assoziierungsabkommen *nt* <-s, ->, **Assoziierungsbeschluss**ᴿᴿ *m* <-es, -schlüsse> (JUR) acuerdo *m* de asociación
Ast [ast, *pl:* 'ɛstə] *m* <-(e)s, Äste> ❶ (*vom Baum*) rama *f*; **auf dem absteigenden ~ sein** (*fam*) andar [*o* ir] de capa caída

❷ (*im Holz*) nudo *m*
❸ (*Wend*): **ich lachte mir einen ~** (*fam*) me desternillaba [*o* me moría] de risa
AStA ['asta] *m* <-(s), Asten> (UNIV) *Abk. von* **Allgemeiner Studentenausschuss** Comité *m* de Estudiantes
Astat [a'sta:t] *nt* <-s, ohne *pl*> (CHEM) astatio *m*
Asten *pl von* **AStA**
Aster ['astɐ] *f* <-, -n> áster *f*; **blaue ~** amelo *m*
Asteroid *m* <-en, -en> (ASTR) asteroide *m*
Astgabel *f* <-, -n> horcadura *f*
Ästhet(in) [ɛs'te:t] *m(f)* <-en, -en; -, -nen> esteta *mf*
Ästhetik *f* <-, ohne *pl*> estética *f*
Ästhetin *f* <-, -nen> *s.* **Ästhet**
ästhetisch *adj* estético
Asthma ['astma] *nt* <-s, ohne *pl*> (MED) asma *m o f*
Asthmabehandlung *f* <-, -en> (MED) tratamiento *m* del asma
Asthmatiker(in) *m(f)* <-s, -; -, -nen> (MED) asmático, -a *m, f*
asthmatisch [ast'ma:tɪʃ] *adj* (MED) asmático
astig *adj* nudoso; **~ sein** tener muchos nudos; **~ere Bretter sind billiger** los tablones con más nudos son más baratos
Astknoten *m* <-s, -> (*im Holz*) nudo *m*; **Astloch** *nt* <-(e)s, -löcher> agujero *m* de nudo
Astralreise *f* <-, -n> viaje *m* astral
astrein *adj* (*fam*) ❶ (*sehr schön*) genial
❷ (*moralisch einwandfrei*): **die Sache ist nicht ganz ~** aquí hay gato encerrado
Astrologe, -in [astro'lo:gə] *m, f* <-n, -n; -, -nen> astrólogo, -a *m, f*
Astrologie *f* <-, ohne *pl*> astrología *f*
Astrologin *f* <-, -nen> *s.* **Astrologe**
astrologisch *adj* astrológico
Astronaut(in) [astro'naʊt] *m(f)* <-en, -en; -, -nen> astronauta *mf*
Astronom(in) [astro'no:m] *m(f)* <-en, -en; -, -nen> astrónomo, -a *m, f*
Astronomie *f* <-, ohne *pl*> astronomía *f*
Astronomin *f* <-, -nen> *s.* **Astronom**
astronomisch *adj* (*a. fig*) astronómico
Astrophysik [astrofy'zi:k] *f* <-, ohne *pl*> astrofísica *f*
Astrophysiker(in) [astro'fy:zikɐ] *m(f)* <-s, -; -, -nen> astrofísico, -a *m, f*
Ästuar [ɛstu'a:ɐ] *nt* <-s, -e *o* -ien> (GEO) estuario *m*
Asturien [as'tu:riən] *nt* <-s> Asturias *f*
Asturier(in) *m(f)* <-s, -; -, -nen> asturiano, -a *m, f*
asturisch *adj* asturiano
Astwerk *nt* <-(e)s, ohne *pl*> ramaje *m*; **im dichten ~ fanden viele Vögel Schutz** el espeso ramaje cobijaba a muchas aves
ASU *f Abk. von* **Abgassonderuntersuchung** control *m* de los gases de combustión
Asyl [a'zy:l] *nt* <-s, -e> asilo *m*; **um politisches ~ bitten** solicitar asilo político
Asylant(in) [azy'lant] *m(f)* <-en, -en; -, -nen> asilado, -a *m, f*
Asylantenwohnheim *nt* <-(e)s, -e> residencia *f* de asilados
Asylantin *f* <-, -nen> *s.* **Asylant**
Asylantrag *m* <-(e)s, -träge> petición *f* de asilo, solicitud *f* de asilo; **einen ~ stellen** hacer una solicitud de asilo; **offensichtlich unbegründeter ~** solicitud de asilo obviamente infundada; **Asylbegehren** *nt* <-s, ohne *pl*> (JUR) petición *f* de asilo; **Asylberechtigte(r)** *mf* <-n, -n; -n, -n> persona *f* con derecho a asilo político; **Asylbewerber(in)** *m(f)* <-s, -; -, -nen> solicitante *mf* de asilo; **Asylgewährung** *f* <-, -en> (JUR) asilamiento *m*; **Asylgrund** *m* <-(e)s, -gründe> (JUR) causa *f* de asilo
Asylrecht *nt* <-(e)s, ohne *pl*> derecho *m* de asilo; **Asylrechtsartikel** *m* <-s, -> (JUR) artículo *m* de derecho sobre asilo
Asylsuchende(r) *mf* <-n, -n; -, -n> peticionario *m* de asilo
Asylverfahren *nt* <-s, -> (JUR) procedimiento *m* de asilo; **Asylverfahrensgesetz** *nt* <-es, -e> (JUR) ley *f* sobre procedimiento de asilo
Asymmetrie [azyme'tri:] *f* <-, -n> (*a.* MATH) asimetría *f*
asymmetrisch ['azyme:trɪʃ] *adj* (*a.* MATH) asimétrico
asynchron ['azynkro:n] *adj* asincrónico
Aszendent [astsɛn'dɛnt] *m* <-en, -en> ❶ (ASTR) ascendente *m*
❷ (JUR) ascendiente *m*
Aszites *m* <-, ohne *pl*> (MED) ascitis *f inv*
at¹ (PHYS: *alt*) *Abk. von* **technische Atmosphäre** at.
at² [ɛt] (INFOR) arroba *f*
At (CHEM) *Abk. von* **Astat** At
A.T. (REL) *Abk. von* **Altes Testament** A.T.
Atelier [atə'lje:] *nt* <-s, -s> estudio *m*
Atelieraufnahme *f* <-, -n> foto(grafía) *f* de estudio; **Atelierfenster** *nt* <-s, -> ventana *f* de estudio; **Atelierwohnung** *f* <-, -en> estudio *m* abuhardillado [*o* en una buhardilla]
Atem ['a:təm] *m* <-s, ohne *pl*> respiración *f*, aliento *m*; **kurzer ~** respi-

ración corta; **den ~ anhalten** contener la respiración [o el aliento]; **wieder zu ~ kommen** recuperar el aliento; **~ holen** tomar aliento; **jdn in ~ halten** tener a alguien en vilo; **außer ~ sein** estar con la lengua fuera [o sin aliento]; **das verschlägt mir den ~** eso me deja sin palabras; **Atembeklemmung** *f* <-, -en> ahogo *m*

atemberaubend *adj* ❶ (*beeindruckend*) impresionante
❷ (*spannend*) emocionante, palpitante
❸ (*sensationell*) sensacional
❹ (*Schwindel erregend*) vertiginoso

Atembeschwerden *fpl* trastornos *mpl* respiratorios, molestias *fpl* respiratorias; **Atemgerät** *nt* <-(e)s, -e> (MED) aparato *m* respiratorio; **Atemgeräusch** *nt* <-(e)s, -e> ruido *m* de la respiración [o al respirar]; **mit dem Stethoskop stellte der Arzt verdächtige ~e fest** con el estetoscopio el médico apreció ruidos sospechosos en la respiración; **Atemholen** *nt* <-, *ohne pl*> aspiración *f*, inspiración *f*; **Asthmatiker haben häufig Schwierigkeiten beim ~** los asmáticos tienen a menudo dificultades al inspirar; **alle zwei Minuten tauchten sie zum ~ auf** cada dos minutos emergían para tomar aire; **bei dieser Hektik komme ich kaum noch zum ~!** ¡con estas prisas no me da tiempo ni a respirar!; **Atemlähmung** *f* <-, *ohne pl*> (MED) parálisis *f inv* respiratoria; **Atemloch** *nt* <-(e)s, -löcher> orificio *m* respiratorio

atemlos *adj* ❶ (*außer Atem*) sin aliento, jadeante
❷ (*gespannt*) absorto; **~ lauschen** escuchar sin parpadear
❸ (*schnell*) vertiginoso

Atemlosigkeit *f* <-, *ohne pl*> apnea *f*
Atemluft *f* <-, *ohne pl*> aliento *m*, aire *m*; **Atemmaske** *f* <-, -n> (MED) máscarilla *f* (respiratoria), máscara *f* (respiratoria); **Atemnot** *f* <-, *ohne pl*> asfixia *f*, ahogo *m*; (MED) apnea *f*; **Atempause** *f* <-, -n> ❶ (*zum Atmen*) pausa *f* respiratoria ❷ (*Ruhepause*) respiro *m*, descanso *m*; **ohne ~** sin pararse ni a respirar
Atemschutzgerät *nt* <-(e)s, -e> aparato *m* de protección respiratoria; **Atemschutzmaske** *f* <-, -n> mascarilla *f* antigás, máscara *f* antigás
Atemstillstand *m* <-(e)s, *ohne pl*> paro *m* respiratorio
Atemwege *mpl* vías *fpl* respiratorias
Atemwegserkrankung *f* <-, -en> (MED) enfermedad *f* de las vías respiratorias
Atemzug *m* <-(e)s, -züge> respiración *f*; **im selben ~** de un aliento
Äthanol [ɛta'noːl] *nt* <-s, *ohne pl*> (CHEM) etanol *m*
Atheismus [ate'ɪsmʊs] *m* <-, *ohne pl*> ateísmo *m*
Atheist(in) *m(f)* <-en, -en; -, -nen> ateo, -a *m, f*
atheistisch *adj* ateo
Athen [a'teːn] *nt* <-s> Atenas *m*
Athener¹ *adj inv* de Atenas, ateniense
Athener(in)² *m(f)* <-s, -; -, -nen> ateniense *mf*
Äther ['ɛːtɐ] *m* <-s, *ohne pl*> (CHEM) éter *m*
Ätherbildung *f* <-, -en> (CHEM) formación *f* de éter
ätherisch [ɛ'teːrɪʃ] *adj* etéreo, volátil; **~e Öle** aceites etéreos
Äthiopien [ɛti'oːpi̯ən] *nt* <-s> Etiopía *f*
Äthiopier(in) *m(f)* <-s, -; -, -nen> etíope *m, f*, etiopio, -a *m, f*
äthiopisch *adj* etíope, etiópico
Athlet(in) [at'leːt] *m(f)* <-en, -en; -, -nen> atleta *mf*
athletisch *adj* atlético
Athrophie [atro'fiː] *f* <-, -n> (MED) atrofia *f*
Äthylalkohol [ɛ'tyːlalkohoːl] *m* <-s, -e> (CHEM) alcohol *m* etílico, etanol *m*
Ätiologie [ɛtiolo'giː] *f* <-, *ohne pl*> (*geh: Lehre, a.* MED) etiología *f*
Atlanten *pl von* **Atlas**
Atlantik [at'lantɪk] *m* <-s> Atlántico *m*
atlantisch *adj* atlántico; **der A~e Ozean** el Océano Atlántico
Atlas ['atlas, *pl:* at'lantan] *m* <-(ses), Atlanten *o* -se> atlas *m inv*
atmen ['aːtmən] *vi, vt* respirar
Atmen *nt* <-s, *ohne pl*> respiración *f*; **das ~ durch die Nase fällt mir schwer** me resulta difícil respirar por la nariz
Atmosphäre [atmo'sfɛːrə] *f* <-, -n> ❶ (*der Erde, von Gestirnen*) atmósfera *f*
❷ (*Stimmung*) ambiente *m*; (**keine**) **~ haben** (no) haber ambiente
❸ (PHYS: *Einheit*) atmósfera *f*
Atmosphärendruck *m* <-(e)s, -drücke> (PHYS) presión *f* atmosférica; **Atmosphärenforscher(in)** *m(f)* <-s, -; -, -nen> investigador/a *m(f)* de la atmósfera; **Atmosphärenüberdruck** *m* <-(e)s, -drücke> (PHYS) atmósferas *fpl* de sobrepresión
atmosphärisch *adj* atmosférico
Atmung ['aːtmʊŋ] *f* <-, *ohne pl*> respiración *f*
atmungsaktiv *adj* transpirable
Atmungsapparat *m* <-(e)s, -e> (ANAT) aparato *m* respiratorio; **Atmungsorgan** *nt* <-s, -e> (MED, BIOL) órgano *m* respiratorio; **~e** sistema respiratorio, órganos respiratorios
Ätna ['ɛtna] *m* <-s> Etna *m*
Atoll [a'tɔl] *nt* <-s, -e> atolón *m*

Atom [a'toːm] *nt* <-s, -e> átomo *m*
Atomangriff *m* <-(e)s, -e> ataque *m* nuclear; **Atomantrieb** *m* <-(e)s, -e> propulsión *f* atómica [o nuclear]
atomar [ato'maːɐ̯] *adj* nuclear, atómico; **~e Rüstung/Bedrohung** armamento/amenaza nuclear; **~e Waffen** armas nucleares
Atombombe *f* <-, -n> bomba *f* atómica; **Atombombenexplosion** *f* <-, -en> explosión *f* de bomba atómica
atombombensicher *adj* a prueba de bombas nucleares; (*Keller*) antinuclear, antiatómico
Atombombenversuch *m* <-(e)s, -e> prueba *f* nuclear
Atombomber *m* <-s, -> (*fam*) bombardero *m* con armas nucleares; **Atombunker** *m* <-s, -> refugio *m* atómico
Atomenergie *f* <-, *ohne pl*> energía *f* nuclear [o atómica]; **friedliche Nutzung der ~** aprovechamiento pacífico de la energía nuclear; **Atomenergierecht** *nt* <-(e)s, *ohne pl*> legislación *f* sobre energía nuclear
Atomexplosion *f* <-, -en> explosión *f* atómica [o nuclear]
Atomforschung *f* <-, *ohne pl*> (PHYS) investigación *f* nuclear [o atómica]; **Atomforschungszentrum** *nt* <-s, -zentren> (PHYS) centro *m* de investigaciones atómicas [o nucleares]
Atomgegner(in) *m(f)* <-s, -; -, -nen> antinuclear *mf*, opositor(a) *m(f)* a la energía nuclear
atomgetrieben *adj* a propulsión nuclear [o atómica]
Atomgewicht *nt* <-(e)s, *ohne pl*> peso *m* atómico; **Atomhaftungsrecht** *nt* <-(e)s, *ohne pl*> legislación *f* sobre responsabilidad nuclear; **Atomindustrie** *f* <-, -n> (WIRTSCH) industria *f* atómica [o nuclear]
atomisieren* *vt* atomizar
Atomkern *m* <-(e)s, -e> núcleo *m* atómico
Atomkraft *f* <-, *ohne pl*> energía *f* nuclear; **Atomkraftwerk** *nt* <-(e)s, -e> central *f* nuclear [o atómica]
Atomkrieg *m* <-(e)s, -e> guerra *f* nuclear [o atómica]; **Atommacht** *f* <-, -mächte> potencia *f* atómica [o nuclear]; **Atommeiler** *m* <-s, -> reactor *m* nuclear, pila *f* atómica; **Atommodell** *nt* <-(e)s, -e> (PHYS) modelo *m* de átomo
Atommüll *m* <-s, *ohne pl*> residuos *mpl* radi(o)activos [o nucleares]; **Atommülllagerung** *f* <-, *ohne pl*> *s.* **Atommülllagerung**; **Atommüllendlager** *nt* <-s, -> depósito *m* definitivo de residuos radi(o)activos [o nucleares]; **Atommülllagerung**ᴿᴿ *f* <-, *ohne pl*> almacenaje *m* de residuos radi(o)activos [o nucleares]
Atomphysik *f* <-, *ohne pl*> física *f* atómica [o nuclear]; **Atomphysiker(in)** *m(f)* <-s, -; -, -nen> físico, -a *m, f* nuclear; **Atompilz** *m* <-es, -e> hongo *m* nuclear, seta *f* radi(o)activa; **Atomrakete** *f* <-, -n> misil *m* nuclear; **Atomreaktor** *m* <-s, -en> reactor *m* nuclear [o atómico]; **Atomschmuggel** *m* <-s, *ohne pl*> contrabando *m* de material nuclear; **Atomschmuggler(in)** *m(f)* <-s, -; -, -nen> contrabandista *mf* nuclear; **Atomspaltung** *f* <-, -en> (PHYS) fisión *f* nuclear; **Atomsperrvertrag** *m* <-(e)s, *ohne pl*> (POL) tratado *m* de no proliferación de armas atómicas; **Atomsprengkopf** *m* <-(e)s, -köpfe> (MIL) cabeza *f* atómica; **Atomterrorismus** *m* <-, *ohne pl*> terrorismo *m* nuclear
Atomtest *m* <-(e)s, -s *o* -e> prueba *f* nuclear; **Atomtestgelände** *nt* <-s, -> zona *f* de pruebas nucleares
Atomteststopp *m* <-s, -s> (POL) stop *m* a las pruebas nucleares, no realización *f* de pruebas nucleares; **Atomteststoppabkommen** *nt* <-s, -> (POL) tratado *m* de no realización de pruebas nucleares
Atomtriebwerk *nt* <-(e)s, -e> propulsor *m* atómico [o nuclear]; **Atomuhr** *f* <-, -en> (TECH) reloj *m* atómico; **Atomversuch** *m* <-(e)s, -e> *s.* **Atomtest**; **Atomwaffe** *f* <-, -n> arma *f* atómica [o nuclear]
atomwaffenfrei *adj* desnuclearizado; **~e Zone** zona desnuclearizada
Atomwaffensperrvertrag *m* <-(e)s, *ohne pl*> (POL) *s.* **Atomsperrvertrag**; **Atomwaffenversuch** *m* <-(e)s, -e> prueba *f* de armas atómicas [o nucleares]
Atomzahl *f* <-, -en> (CHEM) número *m* atómico; **Atomzeitalter** *nt* <-s, *ohne pl*> era *f* atómica; **Atomzerfall** *m* <-(e)s, *ohne pl*> (PHYS) desintegración *f* atómica; **Atomzertrümmerung** *f* <-, -en> desintegración *f* del átomo
atonal ['atonaːl] *adj* (MUS) atonal
atoxisch ['atɔksɪʃ, ---] *adj* atóxico
Atrium ['aːtri̯ʊm] *nt* <-s, Atrien> (ARCHIT) atrio *m*, pretil *m Am*
Atriumhaus *nt* <-es, -häuser> (ARCHIT) casa *f* con atrio
Atrophie [atro'fiː, *pl:* atro'fiːən] *f* <-, -n> (MED) atrofia *f*
atrophisch [a'troːfɪʃ] *adj* (MED) atrófico, atrofiado; **an den Muskeln sind ~e Veränderungen zu beobachten** en los músculos se aprecian alteraciones atróficas; **aufgrund mangelnder Bewegung ist der ganze Körper des Häftlings ~** todo el cuerpo del recluso está atrofiado a causa de la falta de movimiento
ätsch [ɛːtʃ] *interj* (*fam*) ¡toma ya!, ¡chúpate esa!
Attaché [ata'ʃeː] *m* <-s, -s> agregado *m* diplomático
Attachékoffer *m* <-s, -> maletín *m* attaché
Attacke [a'takə] *f* <-, -n> ❶ (*Angriff*) agresión *f* (*auf/gegen* contra),

ataque m (auf/gegen contra)
② (Reiterangriff) carga f (auf/gegen contra)
③ (MED) ataque m, acceso m
attackieren* vt atacar
Attentat [atɛnˈtaːt] nt <-(e)s, -e> atentado m (auf contra); **ein ~ auf jdn verüben** atentar contra (la vida de) alguien; **ein ~ auf jdn vorhaben** (fam fig) querer pedir un favor a alguien
Attentäter(in) [aˈtɛntɛːtɐ, --ˈ--] m(f) <-s, -; -, -nen> autor(a) m(f) del atentado
Attenuation [atenuaˈtsjoːn] f <-, ohne pl> (INFOR, TEL) atenuación f
Attest [aˈtɛst] m <-(e)s, -e>: (ärztliches) ~ certificado m médico
attestieren* vt atestar, certificar
Attitüde [atiˈtyːdə] f <-, -n> pose f; **die ~n einer Filmdiva** los aires [o humos] de una estrella de cine
Attraktion¹ [atrakˈtsjoːn] f <-, -en> (Glanznummer) atracción f
Attraktion² f <-, ohne pl> (Anziehung) atractivo m
attraktiv [atrakˈtiːf] adj atractivo
Attraktivität [atraktiviˈtɛːt] f <-, ohne pl> atractivo m
Attrappe [aˈtrapə] f <-, -n> objeto m de imitación [o de pega]
Attribut [atriˈbuːt] nt <-(e)s, -e> ① (Eigenschaft) propiedad f, atributo m
② (LING) atributo m, complemento m
attributiv [atribuˈtiːf, ˈ----] adj (LING) atributivo
atü [aˈtyː] (PHYS) Abk. von **Atmosphärenüberdruck** atmósferas fpl de sobrepresión
atypisch [ˈatyːpɪʃ, -ˈ--] adj atípico (für de)
ätzen [ˈɛtsən] vi, vt ① (CHEM) corroer
② (MED) cauterizar
ätzend adj ① (Lauge) cáustico; (Säure) corrosivo; **~e Chemikalien** sustancias químicas cáusticas y corrosivas
② (sl: furchtbar) horrible; (nervtötend) cabreante; **das war echt ~!** ¡fue realmente insufrible!
Ätzkalk m <-(e)s, -e> cal f viva; **Ätzmittel** nt <-s, -> corrosivo m; **Ätznatron** nt <-s, ohne pl> (CHEM) hidróxido m sódico; **Ätzstift** m <-(e)s, -e> (MED) lápiz m cauterizador [o cáustico]
Ätzung f <-, -en> ① (MED: Ver-) abrasión f; (als Heilmittel) cauterización f
② (KUNST) (técnica f de) grabado m al aguafuerte; (FOTO) fotograbado m
au [aʊ] interj ① (Schmerz) ¡ay!; **~, das war knapp!** ¡ay, por poco!
② (Begeisterung) ¡ay!, ¡uau!; **~ ja!** ¡uau, sí!
Au¹ [aʊ] f <-, -en> (südd, Österr) s. **Aue**
Au² (CHEM) Abk. von **Aurum** Au
AU (AUTO) Abk. von **Abgasuntersuchung** control m de los gases de combustión
aua [ˈaʊa] interj ¡ay!
aubergine adj s. **auberginefarben**
Aubergine [obɛrˈʒiːnə] f <-, -n> berenjena f
auberginefarben adj (de) color berenjena; **ein ~es Hemd** una camisa (color) berenjena
auch [aʊx] adv ① (ebenfalls) también, asimismo; **~ nicht** tampoco; **dein Bruder ist ~ da** tu hermano también está; **das kann ich ~** yo también lo sé (hacer); **ich ~** yo también; **ich bin ~ nur ein Mensch** yo tampoco soy más que un ser humano; **das ist ~ nicht schlecht** esto tampoco está mal; **~ gut** bien también; **~ das noch!** ¡lo que faltaba!
② (sogar) incluso, ni siquiera; **ohne ~ nur zu fragen** sin ni siquiera preguntar; **~ wenn es regnen sollte** incluso si lloviese
③ (tatsächlich) en efecto, de hecho; **das hat ~ niemand behauptet** de hecho nadie lo ha dicho
④ (außerdem) además, también; **~ wäre es falsch zu glauben, dass ...** además sería erróneo pensar que... +subj; **so was aber ~!** ¡qué cosas!; **so was Blödes aber ~!** ¡mira qué tontería!; **wozu ~?** ¿para qué, de hecho [o realmente]?; **wo ~ immer** dondequiera que (sea); **wie es ~ sei** sea como sea [o fuere]; **solange ich ~ wartete ...** por más que esperé...
Audienz [aʊˈdiɛnts] f <-, -en> audiencia f
Audiokassette [ˈaʊdiokasɛtə] f <-, -n> (audio)cas(s)et(t)e m o f
audiovisuell [aʊdioviˈzuˈɛl] adj audiovisual
Audit [ˈaʊdɪt] nt <-s, -s> ① (INFOR) auditoría f
② (WIRTSCH: Prüfung) auditoría f (contable), revisión f (de cuentas)
auditieren* vt (WIRTSCH: prüfen) revisar, inspeccionar, someter a una auditoría; **die Abteilung wurde vom Qualitätsbeauftragten auditiert** la sección fue sometida a una auditoría por el comisionado de calidad
Auditorium [aʊdiˈtoːriʊm] nt <-s, Auditorien> ① (Räumlichkeit) auditorio m; **das ~ maximum** el paraninfo
② (geh: Zuhörer) auditorio m
Aue [ˈaʊə] f <-, -n> ① (geh: Gelände) vega f
② (reg: Insel) isla f
Auerhahn [ˈaʊɐhaːn] m <-(e)s, -hähne> (ZOOL) urogallo m, gallo m silvestre; **Auerhenne** f <-, -n> (ZOOL) hembra f del urogallo; **Auerhuhn** nt <-(e)s, -hühner> (ZOOL) urogallo m; **Auerochse** m <-n, -n> (ZOOL) uro m
auf [aʊf] I. präp +dat ① (oben darauf) sobre, encima de, en; **~ dem Tisch** encima de/sobre la mesa; **was liegt da ~ dem Boden?** ¿qué es eso que hay ahí en el suelo?; **ich habe es ~ einem Bild gesehen** lo he visto en una foto
② (darauf befindlich) en; **~ Mallorca** en Mallorca; **~ der Straße** en la calle; **~ dieser Seite** en esta página
③ (drinnen) en; **~ der Bank/der Post/dem Polizeirevier** en el banco/Correos/la comisaría de policía; **~ meinem Zimmer** en mi cuarto; **~ dem Land(e)** en el campo; **~ meinem Konto** en mi cuenta
④ (während) durante; **~ Reisen** de viaje; **~ der Flucht** durante la fuga; **~ der Geburtstagsfeier** en la fiesta de cumpleaños
II. präp +akk ① (nach oben) a, en; **~ einen Berg steigen** subir a un monte; **sie setzte sich ~ die Bank** se sentó en el banco; **stell die Vase ~ den Tisch** pon el jarrón en [o encima de] la mesa
② (hin zu) a, hacia; **sich ~ den Weg machen** ponerse en camino; **ich muss noch ~ die Post** tengo que ir todavía a Correos; **~ die Erde fallen** caer al suelo; **~s Land ziehen** irse a vivir al campo; **~ eine Party gehen** ir a una fiesta; **er kam ~ mich zu** vino hacia mí
③ (zeitlich): **~ einmal** de repente; **Heiligabend fällt ~ einen Dienstag** Nochebuena cae en martes; **~ lange Sicht** a la larga; **die Sitzung wurde ~ morgen verschoben** la conferencia se aplazó a [o hasta] mañana; **bleib doch noch ~ eine Tasse Kaffee** quédate a tomar una taza de café; **~s Neue** de nuevo
④ (in einer bestimmten Art) de; **~ diese Weise** de esta manera; **~ gut Glück** a la buena de Dios
⑤ (infolge): **~ seinen Rat (hin)** siguiendo su consejo; **~ ..., ~ Grund dessen ...** por cuyo motivo
⑥ (im Hinblick ~): **~ Kosten von ...** a cuenta de...; **~ dein Wohl [o deins]!** ¡a tu salud!; **~ eigene Gefahr** por propia cuenta y riesgo
III. adv ① (hinauf) arriba; **~ und ab** arriba y abajo; **er ist ~ und davon** (fam) puso pies en polvorosa
② (fam: nicht im Bett): **~ sein** estar levantado; **er ist noch ~** aún está levantado
③ (fam: offen, geöffnet) abierto; **die Tür ist ~** la puerta está abierta
④ (aufwärts) arriba; **~!** ¡arriba!; **~ geht's!** ¡vamos!
Auf: das ~ und Ab (Bewegung) las subidas y bajadas, las depresiones y elevaciones; (Wechsel) el altibajo; **von dem ständigen ~ und Ab während der Fahrt wurde ihr ganz übel** se puso enferma por los altibajos del recorrido; **er kann das ~ und Ab auf dem Riesenrad nicht mehr ertragen** ya no puede resistir tanto suba y baja en la noria; **das Leben ist ein einziges ~ und Ab** la vida está llena de altibajos
auf|arbeiten vt ① (erledigen) despachar, acabar
② (erneuern) modificar, renovar
③ (bewältigen) superar
auf|atmen vi tomar aire, respirar hondamente; **sie atmete erleichtert auf** dio un suspiro de alivio
auf|backen irr vt retostar; **wir können das Brot von gestern ~** podemos tostar el pan de ayer en el horno
auf|bahren [ˈaʊfbaːrən] vt: **einen Toten ~** velar a un muerto
Aufbahrung f <-, -en> capilla f ardiente
Aufbahrungshalle f <-, -n> tanatorio m
Aufbau¹ m <-(e)s, -ten> (das Aufgebaute) construcción f adicional
Aufbau² m <-(e)s, ohne pl> ① (Tätigkeit) construcción f, montaje m; (Schaffung) creación f
② (Gliederung) estructura f
③ (INFOR, TEL: Leitung, Grafik) formato m
Aufbauarbeit f <-, -en> ① (Entwicklungsarbeit) (trabajo m de) desarrollo m; **es ist viel ~ zu leisten, bevor dieses Land in die EU integriert werden kann** quedan muchas medidas por desarrollar antes de que este país pueda integrarse en la UE
② (Wiederaufbau) trabajo(s) m(pl) de reconstrucción; **die ~ im zerstörten Deutschland verschlang viel Zeit und Geld** la reconstrucción de la Alemania destruida costó mucho tiempo y dinero
auf|bauen I. vt ① (errichten) construir, edificar; (Zelt) montar; **die Stadt wurde wieder aufgebaut** han reconstruido la ciudad
② (anordnen) colocar, disponer
③ (Institution, Industrie) erigir, fundar
④ (Armee, Geschäft) crear
⑤ (Land) desarrollar
⑥ (gliedern) estructurar
⑦ (aufmuntern) animar; (aufwärmen) hacer entrar en calor; **ein Gläschen Kognak wird dich wieder ~** una copita de coñac volverá a entonarte
⑧ (sich stützen) basarse (auf en)
⑨ (fördern) promocionar, promover
II. vr: **sich ~** ① (sich bilden, entstehen) formarse

② *(fam: sich hinstellen)* ponerse *(vor* ante/delante de), plantarse *(vor* ante/delante de)
Aufbaukurs *m* <-es, -e> *(Oberstufe)* curso *m* superior; *(Spezialisierung)* curso *m* de especialización; **Aufbau-Lebensversicherung** *f* <-, -en> (FIN) seguro *m* de vida con posibilidad de aportaciones extraordinarias
auf|bäumen ['aʊfbɔɪmən] *vr:* **sich ~** ❶ *(Pferd)* encabritarse, bellaquearse *Am,* alebrestarse *Kol, Ven,* enarcarse *Mex*
❷ *(sich auflehnen)* rebelarse *(gegen* contra)
Aufbaupräparat *nt* <-(e)s, -e> (MED) reconstituyente *m*
Aufbauprinzip *nt* <-s, -ien *o* -e> principio *m* estructural, estructura *f*
auf|bauschen ['aʊfbaʊʃən] *vt* ❶ *(aufblähen)* inflar, hinchar
❷ *(übertreiben)* exagerar
Aufbaustoffe *mpl* elementos *mpl* reconstituyentes
Aufbaustoffwechsel *m* <-s, -> (BIOL) metabolismo *m* básico; **Aufbaustudium** *nt* <-s, *ohne pl*> (UNIV: *auf vorangegangenes Studium*) estudios *mpl* de postgrado; *(auf eine Ausbildung)* estudios *mpl* preparatorios
auf|begehren *vi* rebelarse *(gegen* contra)
auf|behalten* *irr vt (fam)* dejar puesto
auf|beißen *irr vt* ❶ *(öffnen)* abrir con los dientes; *(Nüsse)* cascar con los dientes
❷ *(verletzen)* morder; **sich** *dat* **die Lippen ~** morderse los labios; **beim Kauen habe ich mir die Wange innen im Mund aufgebissen** al masticar me he pegado un mordisco por dentro de la mejilla
auf|bekommen* *irr vt (fam)* ❶ *(öffnen können)* lograr abrir
❷ *(fam: Aufgabe)* tener que hacer
auf|bereiten* *vt* ❶ *(Trinkwasser)* purificar, depurar; *(behandeln)* tratar
❷ *(Rohstoffe)* preparar, procesar; **wieder ~** volver a tratar, reciclar
❸ *(Daten)* elaborar
Aufbereitung *f* <-, -en> ❶ *(von Trinkwasser)* purificación *f;* *(Behandlung)* tratamiento *m*
❷ *(von Rohstoffen)* preparación *f,* elaboración *f*
❸ *(von Daten)* elaboración *f*
Aufbereitungsanlage *f* <-, -n> (TECH) planta *f* de tratamiento; **Aufbereitungsfehler** *m* <-s, -> error *m* en la elaboración, fallo *m* en la elaboración
auf|bessern *vt* ❶ *(Gehalt)* aumentar
❷ *(Kenntnisse)* perfeccionar
Aufbesserung *f* <-, -en> mejora *f*; *(Gehalt, Zulage)* aumento *m,* subida *f;* **die Gewerkschaften verlangten eine ~ der Löhne und Gehälter um 6,5 %** los sindicatos exigieron una subida salarial del 6,5 %
auf|bewahren* *vt* guardar; *(Lebensmittel)* conservar
Aufbewahrung *f* <-, *ohne pl*> ❶ *(das Aufbewahren)* conservación *f*
❷ *(Bewachen)* custodia *f;* **eine hinterlegten Sache** custodia de un objeto depositado; **jdm etw zur ~ geben/anvertrauen** dar/confiar algo a la custodia [*o* al cuidado] de alguien
❸ *(Ort)* depósito *m;* *(für Garderobe)* guardarropa *m;* *(für Gepäck)* consigna *f*
Aufbewahrungsort *m* <-(e)s, -e> depósito *m;* **dieser Raum ist kein optimaler ~ für Gemälde** esta sala no es el mejor lugar para conservar cuadros [*o* pinturas]; **diese Unterlagen müssen an einen sicheren ~ gebracht werden** estos documentos deben ser depositados en un lugar seguro; **Aufbewahrungspflicht** *f* <-, -en> (COM) deber *m* de conservación
auf|bieten *irr vt* ❶ *(einsetzen)* emplear
❷ *(Brautpaar)* amonestar
Aufbietung *f* <-, *ohne pl*> ❶ *(Truppen)* entrada *f* en acción; *(Kräfte)* empleo *m;* **unter ~ von ...** empleando...
❷ *(Brautpaar)* amonestación *f*
auf|binden *irr vt* ❶ *(Schnürsenkel)* desatar
❷ *(Schleife)* soltar
❸ (TYPO: *einbinden*) encuadernar
❹ *(fam: weismachen):* **jdm einen Bären ~** contar a alguien un cuento chino
auf|blähen I. *vt (aufschwellen)* inflar, hinchar
II. *vr:* **sich ~** ❶ *(Segel)* inflarse, hincharse
❷ *(abw: sich großtun)* engreírse; **sich wie ein Pfau ~** pavonearse
aufblasbar *adj* hinchable
auf|blasen *irr* I. *vt (mit Luft)* hinchar, inflar
II. *vr:* **sich ~** *(fam: sich wichtig tun)* hincharse
auf|bleiben *irr vi sein* ❶ *(Person)* no acostarse, quedarse levantado
❷ *(Geschäft, Tür)* quedar abierto
auf|blenden *vi* ❶ (AUTO) poner las luces largas [*o* de carretera]
❷ (FILM, FOTO) abrir el diafragma
auf|blicken *vi* ❶ *(hochschauen)* alzar [*o* levantar] la vista *(zu* hacia)
❷ *(bewundernd)* admirar *(zu* a)
auf|blinken *vi* centellear
auf|blitzen *vi* ❶ *(aufleuchten)* encenderse [*o* iluminarse] de pronto

❷ *sein (Idee)* ocurrirse *(in* a); **in ihr blitzte eine Idee auf** se le iluminó la mente, se le encendió la bombilla *fam*
auf|blühen *vi sein* ❶ *(Blumen)* abrirse
❷ *(sich entfalten)* florecer, prosperar
auf|bocken *vt* (TECH) levantar sobre tacos
auf|bohren *vt* abrir con un taladro, agujerear
auf|brauchen *vt* consumir
auf|brausen *vi sein (wütend werden)* encolerizarse, subirse a la parra *fam*
aufbrausend *adj* ❶ (CHEM) efervescente
❷ *(Temperament)* colérico; *(stürmisch)* tempestuoso; **mit ~em Beifall** con una atronadora ovación
auf|brechen *irr* I. *vi sein* ❶ *(Knospen)* abrirse
❷ *(weggehen)* marcharse
II. *vt* ❶ *(Straßendecke)* abrir
❷ *(Schloss, Auto)* forzar
auf|bringen *irr vt* ❶ *(Geld, Geduld)* reunir; **sie brachte nicht den Mut auf es ihm zu sagen** no reunió el valor suficiente para decírselo
❷ *(in Wut bringen)* enfurecer, poner rabioso
❸ *(Gerücht)* hacer correr
❹ *(Mode)* lanzar
❺ (NAUT) apresar
❻ *(Lack, Guss)* aplicar *(auf* sobre)
Aufbruch¹ *m* <-(e)s, -brüche> *(geh: geistiges Erwachen)* resurgimiento *m,* auge *m*
Aufbruch² *m* <-(e)s, *ohne pl*> *(Abreise)* partida *f,* salida *f*
Aufbruchsstimmung *f* <-, *ohne pl*> *(vor dem Aufbrechen)* nerviosismo *m,* trajín *m;* *(vor einer Erneuerung)* excitación *f*
auf|brühen *vt (Tee, Kaffee)* hacer, preparar
auf|brummen *vt (fam):* **jdm etw ~** endilgar algo a alguien
auf|bürden ['aʊfbʏrdən] *vt (geh)* cargar (con); **ich bürde mir die Verantwortung auf** cargo con la responsabilidad
auf|decken *vt* ❶ *(Zusammenhänge)* descubrir
❷ *(Bett)* abrir
❸ *(Karten)* enseñar
❹ *(Topf)* destapar
❺ *(enthüllen)* descubrir, revelar
Aufdeckung *f* <-, -en> *(Hintergründe, Zusammenhänge)* descubrimiento *m;* *(Verbrechen)* aclaración *f,* esclarecimiento *m;* *(Rätsel, ungelöster Fall)* resolución *f;* *(Schwächen)* descubrimiento *m,* desenmascaramiento *m;* **sie drohte mit der ~ seiner Spielleidenschaft** le amenazó con sacar a la luz su pasión por el juego; **die ~ der herrschenden Korruption schockierte die Gesellschaft** la sociedad sufrió un shock al hacerse pública la corrupción reinante
auf|donnern *vr:* **sich ~** *(fam abw)* emperejilarse, emperifollarse
auf|drängen I. *vt (aufzwingen)* imponer, obligar
II. *vr:* **sich ~** ❶ *(Gedanke)* imponerse; **es drängte sich ihr der Verdacht auf, dass ...** le surgió la sospecha de que...
❷ *(zudringlich sein)* importunar, agobiar; **ich möchte mich nicht ~** no quisiera ser agobiante
auf|drehen I. *vi* ❶ *(fam: beschleunigen)* acelerar
❷ *(fam: in Stimmung kommen)* ponerse a tono
II. *vt* ❶ *(fam: Wasserhahn, Gas)* abrir
❷ *(Schraubverschluss)* desenroscar
❸ *(Schraube)* aflojar
❹ *(Haar)* poner rulos (en)
❺ *(fam: Radio)* subir el volumen (de)
aufdringlich ['aʊfdrɪŋlɪç] *adj (Person)* pesado, molesto; *(Geruch)* intenso, pesado
Aufdringlichkeit¹ *f* <-, *ohne pl*> *(Art: einer Person)* importunidad *f,* inoportunidad *f;* *(eines Geruchs)* intensidad *f*
Aufdringlichkeit² *f* <-, -en> *(Äußerung, Handlung)* importunidad *f*
auf|dröseln *vt (fam)* desenredar; *(a. fig)* desenmarañar; **kann man diese Problematik ~?** ¿es posible desenmarañar este problema?
Aufdruck *m* <-(e)s, -e> impresión *f;* *(von Firmen)* membrete *m*
auf|drucken *vt* imprimir
auf|drücken *vt* ❶ *(Tür)* abrir
❷ *(Pickel)* apretar
❸ *(aufprägen)* estampar
aufeinander [aʊfaɪ'nandɐ] *adv* ❶ *(räumlich)* uno encima del otro; **(sich) ~ häufen** amontonar(se), acumular(se); **~ legen** poner [*o* colocar] uno sobre otro, apilar; **soll ich die Bücher ~ legen?** ¿debo poner los libros uno sobre otro?, ¿debo apilar los libros?; **~ liegen** estar (colocado) uno sobre otro; **verschiedene Aktenordner lagen auf dem Schreibtisch ~** sobre la mesa estaban apilados diversos archivadores; **~ schichten** apilar, amontonar (en capas); **~ stellen** apilar, colocar uno sobre otro; **stell bitte die Teller im Geschirrschrank ~!** ¡por favor, apila los platos en la alacena!; **sich ~ stellen** subirse uno sobre otro; **um eine Menschenpyramide zu bilden, stellten sich die Artisten ~** para formar

aufeinanderfolgen una pirámide humana, los artistas se subieron unos encima de otros ❷ (*zeitlich*) uno tras otro; ~ **folgen** sucederse; ~ **folgend** consecutivo; **an zwei ~ folgenden Tagen** dos días seguidos ❸ (*gegen*) uno contra el otro; ~ **losgehen** llegar a las manos; ~ **prallen** chocar (uno con otro), entrechocar; ~ **stoßen** chocar (uno con otro), entrechocar; (*sich zufällig begegnen*) encontrarse, darse de manos a boca [*o* toparse] (el uno con el otro); ~ **treffen** encontrarse
aufeinander|folgen *vi sein s.* **aufeinander 2.**
aufeinanderfolgend *adj s.* **aufeinander 2.**
aufeinander|häufen *vt, vr:* sich ~ *s.* **aufeinander 1.**
aufeinander|legen *vt s.* **aufeinander 1.**
aufeinander|liegen *irr vi s.* **aufeinander 1.**
aufeinander|prallen *vi sein s.* **aufeinander 3.**
aufeinander|schichten *vt s.* **aufeinander 1.**
aufeinander|stellen *vt, vr:* sich ~ *s.* **aufeinander 1.**
aufeinander|stoßen *vi sein s.* **aufeinander 3.**
aufeinander|treffen *irr vi sein s.* **aufeinander 3.**
Aufenthalt ['aʊfənthalt] *m* <-(e)s, -e> ❶ (*kurze Anwesenheit*) estancia *f*
❷ (*kurze Unterbrechung*) parada *f*
❸ (*Wohnort*) domicilio *m*, residencia *f*; **gewöhnlicher ~** (JUR) residencia acostumbrada
Aufenthalter(in) *m(f)* <-s, -; -, -nen> (*Schweiz*) residente *m* temporal
aufenthaltsbeendend *adj* (JUR) concluyente de residencia; **-e Maßnahme** medida concluyente de residencia
Aufenthaltsbefugnis *f* <-, -se> (JUR) derecho *m* de residencia; **Aufenthaltsberechtigung** *f* <-, ohne *pl*> (JUR) autorización *f* de residencia; **Aufenthaltsbestimmungsrecht** *nt* <-(e)s, -e> derecho *m* a la libre elección de residencia; **Aufenthaltsbewilligung** *f* <-, -en> (JUR) autorización *f* de residencia; **Aufenthaltsdauer** *f* <-, ohne *pl*> (duración *f* de la) estancia *f*, tiempo *m* de permanencia, estadía *f*; **das Visum gilt für eine ~ von acht Wochen** el visado es válido para una estancia de ocho semanas [*o* para ocho semanas de permanencia]; **Aufenthaltserlaubnis** *f* <-, -se> (JUR) permiso *m* de residencia; **befristete/unbefristete ~** permiso de residencia [*o* estancia] limitado/ilimitado; **fiktive ~** permiso de residencia ficticio; **Aufenthaltsgenehmigung** *f* <-, -en> (JUR) permiso *m* de residencia; **befristete/unbefristete ~** permiso de residencia limitado/ilimitado; **einen Antrag auf ~ stellen** presentar una solicitud de permiso de residencia; **Aufenthaltsgesetz** *nt* <-es, -e> ley *f* de residencia; **Aufenthaltsgestattung** *f* <-, ohne *pl*> (JUR) consentimiento *m* de residencia; **Aufenthaltsort** *m* <-(e)s, -e> paradero *m*; (*ständiger*) lugar *m* de residencia, domicilio *m*; **Aufenthaltspapiere** *ntpl* (JUR) documentación *f* de residencia; **Verschaffung von falschen ~n** adquisición de documentación falsa de residencia; **Aufenthaltsraum** *m* <-(e)s, -räume> sala *f* de descanso; (*Warteraum*) sala *f* de espera; **Aufenthaltsrecht** *nt* <-(e)s, -e> (JUR) derecho *m* de permanencia; **uneingeschränktes ~** derecho de residencia sin restricciones; **Aufenthaltstitel** *m* <-s, -> (JUR) título *m* de residencia
auf|erlegen* *vt* (*geh*) ❶ (*Strafe*) imponer, inflingir
❷ (*Steuern*) gravar (con)
auf|erstehen* *irr vi sein* (REL) resucitar
Auferstehung *f* <-, -en> (REL) resurrección *f*
Auferstehungsfest *nt* <-(e)s, -e> (REL) Pascua *f* de Resurrección
auf|essen *irr* I. *vi* comer(se) todo, acabar
II. *vt* comerse, tomarse; **iss deine Suppe auf!** ¡tómate la sopa!
auf|fädeln *vt* ensartar; **Perlen (auf eine Schnur) ~** ensartar perlas (en un hilo)
auf|fahren *irr* I. *vi sein* ❶ (*aufprallen*) chocar (*auf* contra)
❷ (*dicht anschließen*) acercarse, ir muy cerca; **fahr nicht so dicht auf!** ¡no conduzcas tan pegado!
❸ (*aufschrecken*) levantarse sobresaltado
❹ (*wütend werden*) encolerizarse
❺ (MIL) ponerse en posición
II. *vt* (*fam: Speisen*) traer a [*o* poner en] la mesa
Auffahrt¹ *f* <-, -en> ❶ (*das Hinauffahren*) subida *f*
❷ (*Zufahrt*) entrada *f*; (*Rampe*) rampa *f* de acceso; (*zur Autobahn*) acceso *m* a la autopista
Auffahrt² *f* <-, ohne *pl*> (*Schweiz: Himmelfahrt*) Ascensión *f* (de Nuestro Señor)
Auffahrunfall ['aʊffaːɐ̯ʔʊnfal] *m* <-(e)s, -fälle> choque *m* frontal
auf|fallen *irr vi sein* llamar la atención, saltar a la vista; (*bemerkt werden*) notarse; **unangenehm ~** causar mala impresión; **das muss Ihnen doch ~** tiene que saltarle a la vista; **nicht ~** pasar desapercibido [*o* inadvertido]
auffallend *adj* (*auffällig*) vistoso, llamativo; (*beeindruckend*) espectacular; (*sonderbar*) raro
auffällig ['aʊfɛlɪç] *adj* ❶ (*prunkvoll*) ostentoso, aparatoso
❷ (*außergewöhnlich*) extraño, que llama la atención

❸ (*Farben*) llamativo
auf|falten I. *vt* desdoblar
II. *vr:* **sich ~** ❶ (*sich öffnen*) desdoblarse; (*Fallschirm*) abrirse
❷ (GEO: *sich verwerfen*) dislocarse; **an dieser Stelle sind die Gesteinsformationen aufgefaltet** en este lugar ha habido una dislocación de las formaciones rocosas
Auffangbecken *nt* <-s, -> (TECH) colector *m*, cisterna *f* colectora; (*fig*) foco *m*
auf|fangen *irr vt* ❶ (*Ball*) recoger
❷ (*Gesprächsfetzen*) pescar, pillar
❸ (*Funkspruch*) interceptar
❹ (*Schlag*) parar
❺ (*Stoß, Aufprall*) amortiguar
❻ (*Flüssigkeit*) recoger, almacenar
❼ (*negative Auswirkungen*) mitigar
Auffanggesellschaft *f* <-, -en> (JUR, WIRTSCH) sociedad *f* holding; **Auffanggrundrecht** *nt* <-(e)s, ohne *pl*> (JUR) derecho *m* fundamental de acogimiento; **Auffangklausel** *f* <-, -n> (JUR, WIRTSCH) cláusula *f* de holding; **Auffanglager** *nt* <-s, -> campo *m* de acogida, campo *m* provisional de refugiados; **Auffangraum** *m* <-(e)s, -räume> espacio *m* de acogida
Auffangspruchkörper *m* <-s, -> (JUR) oficio *m* de acogimiento
Auffangstatbestand *m* <-(e)s, -stände> (JUR) supuesto *m* de acogida [*o* de extensión]
auf|fassen *vt* ❶ (*auslegen*) interpretar; **etw als Strafe ~** interpretar algo como un castigo
❷ (*begreifen*) entender
Auffassung *f* <-, -en> ❶ (*Ansicht*) opinión *f*, parecer *m*; **er ist der ~, dass ...** opina que...; **nach meiner ~** según tengo entendido
❷ (*Deutung*) interpretación *f*
Auffassungsgabe *f* <-, ohne *pl*> facultad *f* de comprensión, entendimiento *m*; **eine schnelle ~ besitzen** ser rápido de entendimiento
auffindbar *adj* localizable; **meine Brille ist nicht ~** no puedo encontrar mis gafas
auf|finden *irr vt* encontrar
auf|fischen *vt* (*fam a. fig*) pescar
auf|flackern *vi sein* ❶ (*Feuer*) avivarse
❷ (*Unruhen*) recrudecerse
auf|flammen ['aʊfflamən] *vi sein* llamear, encenderse
auf|fliegen *irr vi sein* ❶ (*Vogel*) echarse a volar
❷ (*Tür*) abrirse de golpe
❸ (*fam: scheitern*) irse a pique
auf|fordern *vt* ❶ (*bitten*) pedir (a), requerir (*zu* para); **jdn ~ etw zu tun** pedir(le) a alguien que haga algo; **er forderte sie zum Tanz auf** la sacó a bailar
❷ (*befehlen*) mandar (a), exigir (de)
❸ (*ermuntern*) animar, exhortar
auffordernd I. *adj* (*ermahnend*) exhortativo, exhortatorio; (*einladend*) de ruego, de invitación; **er zeigte mit einer ~en Geste auf den gedeckten Tisch** señaló la mesa dispuesta con un gesto invitador
II. *adv* (*ermahnend*) con gesto amenazador; (*einladend*) con (un) gesto [*o* una señal] de invitación; **er winkte ~, doch die anderen blieben stehen** hizo un gesto invitador con la mano, pero los otros no se movieron
Aufforderung *f* <-, -en> ❶ (*freundlich*) invitación *f* (*zu* a); (*stärker*) requerimiento *m* (*zu* de); **~ zur Angebotsabgabe (invitatio ad offerendum)** (WIRTSCH) llamamiento a licitación (invitatio ad offerendum)
❷ (*streng*) exhortación *f* (*zu* a)
❸ (*Befehl*) mandato *m* (*zu* de), exigencia *f* (*zu* de)
Aufforderungsschreiben *nt* <-s, -> (JUR) escrito *m* de requerimiento
auf|forsten ['aʊffɔrstən] *vt* repoblar, reforestar
Aufforstung *f* <-, -en> repoblación *f* forestal, reforestación *f*
auf|fressen *irr vt* (*Futter*) comer(se), acabar; **er wird dich deswegen nicht gleich ~** (*fam*) no te va a comer por eso
auf|frieren *irr vt* (*reg*) descongelar
auf|frischen I. *vt* ❶ (*Farbe*) renovar
II. *vt* ❶ (*Wind*) soplar más fuerte
❷ (*Kenntnisse, Erinnerungen*) refrescar, reactivar
❸ (*Impfung*) renovar
Auffrischungsimpfung *f* <-, -en> (MED) revacunación *f*; **Auffrischungskurs** *m* <-es, -e> (SCH) curso *m* para refrescar [*o* reactivar] los conocimientos
auf|führen I. *vt* ❶ (*Theaterstück, Oper*) representar
❷ (*darlegen*) presentar, exponer; (*Zeugen*) nombrar; (*Beispiele*) dar; **einzeln ~** especificar
II. *vr:* **sich ~** (*sich benehmen*) (com)portarse, conducirse *geh*; **führ dich nicht so auf!** ¡no te portes así!
Aufführung *f* <-, -en> (THEAT) representación *f*, función *f*; (FILM) sesión *f*, proyección *f*; (MUS) recital *m*, actuación *f*

Aufführungsrecht *nt* <-(e)s, -e> derecho *m* de ejecución [*o* de representación]
auf|füllen *vt* ❶ (*Behälter*) recargar (*mit* de/con), rellenar (*mit* de/con)
❷ (*Flüssigkeit*) echar, rellenar (de)
❸ (*Vorräte*) completar, reponer; **das Lager** ~ reponer existencias
Aufgabe ['aʊfgaːbə] *f* <-, -n> ❶ (*Auftrag*) tarea *f;* (ADMIN, POL) cometido *m;* (*Pflicht*) obligación *f,* deber *m*
❷ (*Hausaufgaben*) deberes *mpl;* (*Übung*) ejercicio *m;* (MATH) problema *m;* **eine ~ lösen** resolver un problema
❸ (*Aufhören*) cese *m;* (*im Amt*) cese *m,* dimisión *f;* (*eines Geschäftes*) liquidación *f;* **~ eines Geschäftes** cese *m* de negocio; **~ eines Anspruchs** renuncia a un derecho
❹ (MIL) rendición *f;* (SPORT) retirada *f*
❺ (*Verzicht*) abandono *m* (*von* de), renuncia *f* (*von* a)
❻ (*von Gepäck*) facturación *f;* (*eines Pakets*) expedición *f,* envío *m;* (*einer Anzeige*) inserción *f*
auf|gabeln *vt* (*fam*) pescar, pillar
Aufgabenabgrenzung *f* <-, -en> definición *f* de competencias; **Aufgabenbereich** *m* <-(e)s, -e> área *f* de actividades, ámbito *m* de funciones; **Aufgabenerfüllung** *f* <-, -en> cumplimiento *m* de funciones; **Aufgabengebiet** *nt* <-(e)s, -e> *s.* **Aufgabenbereich**; **Aufgabenheft** *nt* <-(e)s, -e> (SCH) cuaderno *m* de los deberes; **Aufgabenspektrum** *nt* <-s, -spektren> ámbito *m* de funciones; **Aufgabenstellung** *f* <-, -en> formulación *f* (*de preguntas, ejercicios*); **Aufgabenverantwortung** *f* <-, -en> responsabilidad *f* funcional; **Aufgabenverlagerung** *f* <-, -en> delegación *f* de funciones; **Aufgabenverteilung** *f* <-, -en> reparto *m* de tareas; **Aufgabenwahrnehmung** *f* <-, -en> ejercicio *m* de funciones
Aufgang *m* <-(e)s, -gänge> ❶ (*eines Gestirns*) salida *f*
❷ (*Aufstieg*) subida *f* (*zu* a); (*Zugang*) acceso *m* (*zu* a); (*Treppe*) escalera *f* (*zu* a)
auf|geben *irr* I. *vi* (*sich geschlagen geben*) darse por vencido, rendirse
II. *vt* ❶ (*Paket, Telegramm*) expedir, enviar; (*Koffer*) facturar; (*Anzeige*) poner
❷ (*Kampf, Widerstand*) abandonar; (*Hoffnung*) perder; (*Beruf*) dejar; **das Rauchen** ~ dejar de fumar
Aufgeber *m* <-s, -> (TECH) alimentador *m*
aufgeblasen I. *pp von* **aufblasen**
II. *adj* (*fam: arrogant*) arrogante; (*angeberisch*) fanfarrón, engreído
Aufgebot *nt* <-(e)s, -e> ❶ (*Anzahl*) cantidad *f*
❷ (*Heiratsankündigung*) publicación *f* de las amonestaciones; **das ~ bestellen** correr las amonestaciones
❸ (JUR) amonestación *f;* **~ des Erben** amonestación del heredero; **der Gläubiger** convocatoria de acreedores; **~ des Grundstückseigentümers** amonestación del propietario del inmueble
Aufgebotsfrist *f* <-, -en> (JUR) plazo *m* de amonestaciones; **Aufgebotstermin** *m* <-s, -e> (JUR) fecha *f* de amonestación; **Aufgebotsverfahren** *nt* <-s, -> (JUR) procedimiento *m* edictal
aufgebracht I. *pp von* **aufbringen**
II. *adj* (*wütend*) enojado, furioso
aufgedreht *adj* (*fam: lebhaft*) pasado de rosca
aufgedunsen ['aʊfgədʊnzən] *adj* (*Körper*) abotargado, abultado; (*Gesicht*) hinchado
Aufgedunsenheit *f* <-, *ohne pl*> hinchazón *f,* abota(r)gamiento *m;* **an der ~ des Gesichtes erkennt man gleich den Säufer** se puede reconocer a un bebedor por su rostro abota(r)gado
auf|gehen *irr vi sein* ❶ (*Gestirn*) salir
❷ (*Tür, Vorhang, Reißverschluss*) abrirse; (*Armband*) desabrocharse
❸ (*Saat*) brotar, salir
❹ (*Rechnung*) no dejar resto
❺ (*Hefeteig*) subir
❻ (*Wend*): **jetzt geht mir ein Licht auf** (*fam*) ahora se me enciende la bombilla; **in der Arbeit** ~ vivir sólo para el trabajo; **in Flammen** ~ ser pasto de las llamas
auf|geilen I. *vt* (*fam*) poner caliente [*o* cachondo]
II. *vr:* **sich** ~ (*fam*) ponerse caliente [*o* cachondo] (*an* con)
aufgeklärt ['aʊfgəklɛːɐt] *adj* (PHILOS) ilustrado
aufgekratzt *adj* (*fam: lebhaft*) pasado de rosca; **auf der Party herrschte ~e Stimmung** en la fiesta todos estaban pasados de rosca
Aufgeld *nt* <-(e)s, -er> ❶ (*Zuschlag*) recargo *m;* (*Aufpreis*) sobreprecio *m;* **bei verspäteter Zahlung ist ein ~ zu entrichten** en caso de retraso en el pago se recargará el precio
❷ (FIN: *Agio*) agio *m,* agiotaje *m*
aufgelegt ['aʊfgəleːkt] *adj:* **gut/schlecht ~ sein** estar de buen/mal humor; **ich bin heute nicht zum Scherzen** ~ hoy no estoy para bromas
aufgelöst ['aʊfgəløːst] *adj* ❶ (*verwirrt*) confuso; (*außer sich*) fuera de sí
❷ (*erschöpft*) agotado; (*benommen*) deshecho
aufgeräumt ['aʊfgərɔɪmt] *adj* (*gut gelaunt*) de buen humor, alegre

aufgeregt ['aʊfgəreːkt] *adj* excitado, agitado; (*nervös*) nervioso, excitado; (*böse*) alterado, irritado; (*empört*) exaltado; (*stärker*) exasperado
Aufgeregtheit *f* <-, *ohne pl*> agitación *f,* excitación *f*
aufgeschlossen ['aʊfgəʃlɔsən] I. *pp von* **aufschließen**
II. *adj* (*offen*) abierto; (*aufnahmefähig*) receptivo; (*mitteilsam*) comunicativo; (*zugänglich*) accesible; **~ für etw sein** ser receptivo a algo; **etw** *dat* **~ gegenüberstehen** estar abierto a algo
Aufgeschlossenheit *f* <-, *ohne pl*> (*Aufnahmefähigkeit*) receptividad *f;* (*Mitteilsamkeit*) comunicabilidad *f;* (*Zugänglichkeit*) accesibilidad *f*
aufgeschmissen ['aʊfgəʃmɪsən] *adj* (*fam*): **ohne sie sind wir völlig ~** sin ella estamos perdidos
aufgesetzt *adj* (*Verhalten*) forzado, poco natural; **ein ~es Lächeln** una sonrisa forzada; **seine Anteilnahme wirkt völlig ~** su condolencia resulta totalmente falsa
aufgeweckt ['aʊfgəvɛkt] *adj* (*geistig*) despierto, bagre *MAm;* (*Kind*) espabilado, avispado
Aufgeweckheit *f* <-, *ohne pl*> viveza *f,* vivacidad *f;* **dank seiner ~ bekam er gleich mit, was da faul war** gracias a ser despabilado se enteró enseguida de lo que andaba mal
auf|gießen *irr vt* ❶ (*Tee, Kaffee*) hacer, preparar
❷ (*Wasser*) echar, verter
auf|gliedern *vt* (sub)dividir; (*a.* WIRTSCH) desglosar
Aufgliederung *f* <-, -en> (sub)división *f;* (*a.* WIRTSCH) desglose *m*
auf|glimmen <glimmt auf, glomm auf *o* glimmte auf, aufgeglommen *o* aufgeglimmt> *vi sein* (*geh*) resplandecer, centellear, destellar; **die ersten Sterne glommen auf** las primeras estrellas resplandecían; **die Zündschnur glimmte auf** la mecha empezó a arder; **siehst du die Wut in ihren Augen ~?** ¿ves los destellos de ira en sus ojos?; **der Widerstand glomm nur kurz noch einmal auf, um dann zu erlöschen** por un instante resurgió la resistencia para extinguirse a continuación; **die alte Leidenschaft glomm auf, als sie sich wieder trafen** cuando se reencontraron la antigua pasión se reavivó
auf|glühen *vi sein o haben* encenderse, ponerse al rojo (vivo); **durch den Luftzug glühten die erloschenen Kohlen wieder auf** el golpe de aire reavivó el fuego, encendiendo de nuevo los carbones apagados
auf|graben *irr vt* (*öffnen*) abrir (cavando), (ex)cavar; **sie gruben die Erde dort auf, wo sie den Schatz vermuteten** excavaron un hoyo donde suponían que se encontraba el tesoro
auf|greifen *irr vt* ❶ (*Idee*) retomar; **das Hauptthema** ~ volver al tema principal
❷ (*festnehmen*) capturar, aprehender
aufgrund ['aʊfgrʊnt] *präp* +*gen* a causa de, por
Aufguss[RR] *m* <-es, -güsse>, **Aufguß** *m* <-sses, -güsse> ❶ (*Lösung*) infusión *f;* (*Sauna*) humidificación *f*
❷ (*fig, abw: Abklatsch*) refrito *m*
Aufgussbeutel[RR] *m* <-s, -> (*Teebeutel*) bolsita *f* de té (*o* de infusión)
auf|haben *irr* I. *vi* (*Geschäfte, Banken*) estar [*o* tener] abierto
II. *vt* ❶ (*Hut, Brille*) tener [*o* llevar] puesto
❷ (*fam: Schulaufgaben*) tener que hacer; **wir haben heute viel auf** hoy tenemos (que hacer) muchos deberes
auf|hacken *vt* (*mit einer Hacke*) abrir con el pico; (*mit dem Schnabel*) abrir con el pico [*o* a picotazos]
auf|halsen ['aʊfhalzən] *vt* (*fam*): **jdm etw** ~ endosar algo a alguien; **sich** *dat* **etw** ~ cargarse (con) algo
auf|halten *irr* I. *vt* ❶ (*zurückhalten*) impedir, evitar; (*Verkehr*) parar, obstruir
❷ (*stören*) molestar; (*bei der Arbeit*) no dejar trabajar; **ich will dich nicht länger** ~ no quiero entretenerte más
❸ (*Tür*) mantener abierto
II. *vr:* **sich** ~ ❶ (*bleiben*) quedarse; (*wohnen*) encontrarse
❷ (*Zeit verschwenden*) demorarse, dilatarse *Am;* **wir können uns nicht länger mit diesen Einzelheiten** ~ no podemos demorarnos más tiempo con estos detalles
auf|hängen I. *vi* (*Telefongespräch beenden*) colgar
II. *vt* ❶ (*Bild, Mantel, Telefonhörer*) colgar (*an* de/en); (*Wäsche*) tender
❷ (*töten*) colgar, ahorcar
❸ (*Darstellung*) explicar algo relacionándolo con algo
III. *vr:* **sich** ~ ahorcarse, colgarse; **er hat sich an einem Balken aufgehängt** se ha ahorcado [*o* colgado] de una viga
Aufhänger *m* <-s, -> ❶ (*für Kleider*) cinta *f*
❷ (*Anlass*) motivo *m*
Aufhängung *f* <-, -en> (AUTO) suspensión *f*
auf|hauen *irr vt* (*fam: durch Schläge öffnen*) abrir a golpes
auf|häufen I. *vt* (*Erde*) amontonar; (*Paletten*) apilar
II. *vr:* **sich** ~ amontonarse
aufhebbar *adj* (JUR) rescindible, anulable
Aufhebbarkeit *f* <-, *ohne pl*> (JUR) anulabilidad *f*
auf|heben *irr vt* ❶ (*aufbewahren*) guardar; **das Geld ist gut bei ihm aufgehoben** el dinero está a buen recaudo en sus manos; **bei der Groß-**

mutter sind die Kinder gut aufgehoben los niños están en buenas manos con la abuela
❷ (*Gesetz*) derogar, anular; (*Urteil*) revocar
❸ (*Verbot, Sitzung*) levantar
❹ (*vom Boden*) recoger (*von* de)
❺ (*ausgleichen*) compensar; (*Wirkung*) neutralizar; **das eine hebt das andere nicht auf** lo uno no quita lo otro
Aufheben *nt* (*geh*): **viel ~(s) von etw** *dat* **machen** meter mucho ruido [*o* mucha bulla] a propósito de algo
Aufhebung *f* <-, -en> ❶ (*Abschaffung*) abolición *f*, supresión *f*
❷ (*Beendigung*) levantamiento *m*; (*eines Streiks*) desconvocatoria *f*; **~ der Geschäftsverbindung/des Patents** supresión de la relación comercial/de la patente; **~ von Kreditbeschränkungen** anulación de la restricción de créditos
❸ (*einer Wirkung*) neutralización *f*, compensación *f*; **~ der Kosten gegeneinander** compensación de las costas entre sí
❹ (JUR: *eines Urteils*) revocación *f*; (*eines Gesetzes*) abrogación *f*, derogación *f*; **~ der Immunität** anulación de la inmunidad; **~ des Haftbefehls** anulación de la orden de detención
Aufhebungsantrag *m* <-(e)s, -träge> (JUR) demanda *f* de revocación; **Aufhebungsklage** *f* <-, -n> (JUR) acción *f* redhibitoria [*o* rescisoria]; **Aufhebungsklausel** *f* <-, -n> (JUR) cláusula *f* derogatoria; **Aufhebungsrecht** *nt* <-(e)s, *ohne pl*> (JUR) derecho *m* de rescisión; **Aufhebungsvertrag** *m* <-(e)s, -träge> (JUR) contrato *m* de rescisión
auf|heitern ['aʊfhaɪtɐn] **I.** *vt* (*Person*) animar
II. *vr:* **sich ~** (*Himmel*) despejarse
Aufheiterung *f* <-, -en> ❶ (METEO) despejo *m*
❷ (*Erheiterung*) diversión *f*, animación *f*
auf|heizen I. *vt* calentar
II. *vr:* **sich ~** calentarse
Aufheizung *f* <-, -en> calentamiento *m*; **~ des Klimas** calentamiento del clima
auf|helfen *irr vi* ❶ (*beim Aufstehen*) ayudar a levantarse; **jdm aus dem Bett ~** ayudar a alguien a levantarse de la cama
❷ (*unterstützen*) ayudar; **er hat mir aufgeholfen, als ich glaubte völlig am Ende zu sein** me ayudó a salir del hoyo cuando yo ya creía que todo había acabado para mí
❸ (*aufbessern*) ayudar, mejorar; **seinem Einkommen durch einen Nebenjob ~** aumentar sus ingresos con un trabajo extra, ayudarse con ingresos extras; **das Lob ihrer Kollegen hilft ihrem Ego auf** las alabanzas de sus compañeros le levantan la moral
auf|hellen I. *vt* (*Haar*) aclarar
II. *vr:* **sich ~** ❶ (*Gesicht, Miene*) alegrarse
❷ (*Himmel*) despejarse
Aufheller *m* <-s, -> (*für Haare*) aclarador *m*; (*für Wäsche*) blanqueador *m*; **optische ~** blanqueadores ópticos
Aufhellung *f* <-, -en> ❶ (*der Haare*) aclaramiento *m*
❷ (*von etw Ungeklärtem*) esclarecimiento *m*
❸ (METEO) tiempo *m* despejado, cielo *m* despejado
auf|hetzen *vt* ❶ (*aufwiegeln*) incitar (*gegen* contra), ahuchar *Kol, Mex*
❷ (*aufstacheln*) instigar (*zu* a), incitar (*zu* a)
Aufhetzung *f* <-, -en>: **~ zum Rassenhass** incitación *f* al racismo
auf|heulen *vi* (*Sirene*) sonar; (*Motor*) zumbar; **vor Wut/Schmerz ~** rugir de ira/de dolor
Aufholbedarf *m* <-(e)s, *ohne pl*>: **an Arbeitsstunden/Unterrichtsstunden** necesidad *f* de recuperar horas de trabajo/clase perdidas
auf|holen I. *vi* (SPORT) ganar terreno
II. *vt* ❶ (*Verspätung, Lernstoff*) recuperar
❷ (*Anker*) levar
Aufholfusion *f* <-, -en> fusión *f* con finalidad de recuperación; **Aufholprozess**^{RR} *m* <-es, -e> proceso *m* de recuperación
auf|horchen *vi* aguzar los oídos; **diese Nachricht ließ alle ~** esta noticia les llamó la atención a todos
auf|hören *vi* terminar, acabar; **~ zu schreiben** dejar [*o* cesar] de escribir; **hör doch endlich auf!** ¡déjalo ya!; **da hört sich doch alles auf!** (*fam*) ¡es el colmo!
Aufkauf *m* <-(e)s, -käufe> absorción *f*, acopio *m*
auf|kaufen *vt* acaparar
Aufkäufer(in) *m(f)* <-s, -; -, -nen> (WIRTSCH) comprador(a) *m(f)* de grandes cantidades (*para especular*)
Aufkaufmenge *f* <-, -n> (WIRTSCH) cantidad *f* acaparada; **~ von britischem Rindfleisch** cantidad acaparada de carne de vacuno procedente de Gran Bretaña
Aufkaufspflicht *f* <-, *ohne pl*> (WIRTSCH) obligación *f* de acopio
auf|keimen *vi sein* ❶ (*Saatgut*) (empezar a) germinar [*o* brotar]
❷ (*Hoffnung, Liebe*) nacer, surgir
auf|klaffen *vi* abrirse
aufklappbar *adj* (des)plegable
auf|klappen *vt* (*Koffer, Buch*) abrir; (*hochschlagen*) levantar

Aufklappmenü *nt* <-s, -s> (INFOR) menú *m* desplegable [*o* desenrollable]
auf|klaren ['aʊfklaːrən] *vi* (*Himmel*) despejarse
auf|klären I. *vt* ❶ (*Missverständnis, Irrtum*) clarificar, poner en claro; (*Verbrechen*) esclarecer
❷ (*belehren*) informar (*über* de/sobre); (*sexuell*) instruir en el terreno sexual
❸ (MIL) reconocer, explorar
II. *vr:* **sich ~** ❶ (*Fall, Rätsel*) resolverse, clarificarse
❷ (*Himmel*) despejarse
Aufklärer[1] *m* <-s, -> (MIL) avión *m* de reconocimiento
Aufklärer(in)[2] *m(f)* <-s, -; -, -nen> (PHILOS) racionalista *mf*, ilustrado, -a *m, f*
Aufklärung[1] *f* <-, -en> ❶ (*völlige Klärung*) aclaración *f*, esclarecimiento *m*; (*Fall, Verbrechen*) resolución *f*; **überschießende ~** diligenciamiento excesivo
❷ (MIL) reconocimiento *m*, exploración *f*
Aufklärung[2] *f* <-, *ohne pl*> ❶ (PHILOS) Ilustración *f*
❷ (*Belehrung*) instrucción *f* (*über* de/sobre), enseñanza *f* (*über* de/sobre); **sexuelle ~** educación sexual
Aufklärungsbedarf *m* <-(e)s, *ohne pl*> necesidad *f* de aclaración; **Aufklärungsbuch** *nt* <-(e)s, -bücher> libro *m* sobre la educación sexual; **Aufklärungsdienst** *m* <-(e)s, -e> (MIL) servicio *m* de exploración; **Aufklärungsfilm** *m* <-(e)s, -e> película *f* educativa [*o* divulgativa] sobre sexualidad, película *f* de educación sexual; **Aufklärungsflugzeug** *nt* <-(e)s, -e> (MIL) *s.* **Aufklärer**[1]; **Aufklärungsfrist** *f* <-, -en> (JUR) plazo *m* de diligenciamiento; **gerichtliche ~** plazo de diligenciamiento judicial; **Aufklärungskampagne** *f* <-, -n> campaña *f* informativa; **Aufklärungspflicht** *f* <-, *ohne pl*> (JUR) obligación *f* de información; **~ der Werbung** deber de información de la publicidad; **Aufklärungsquote** *f* <-, -n> (*von Verbrechen*) porcentaje *m* de casos resueltos
Aufklärungsrüge *f* <-, -n> (JUR) apercibimiento *m* de diligenciamiento; **Aufklärungssatellit** *m* <-en, -en> (MIL, TECH) satélite *m* de exploración
aufklebbar *adj* pegable
auf|kleben *vt* pegar (*auf* a/en)
Aufkleber *m* <-s, -> adhesivo *m*, pegatina *f fam*
auf|knacken *vt* ❶ (*Nüsse*) abrir, cascar
❷ (*fam: Auto*) abrir, forzar
auf|knöpfen *vt* desabotonar, desabrochar
auf|knoten *vt* ❶ (*vom Knoten befreien*) desanudar, quitar el nudo (a), desatar; **eine Schnur ~** desatar [*o* desanudar] una cuerda
❷ (*öffnen*) abrir, desatar; **ein Päckchen ~** desatar un paquete
auf|knüpfen I. *vt* ❶ (*erhängen*) ahorcar (*an* de/en), colgar (*an* de/en)
❷ (*aufknoten*) deshacer
II. *vr:* **sich ~** ahorcarse (*an* de/en), colgarse (*an* de/en)
auf|kochen I. *vi sein* romper a hervir
II. *vt* ❶ (*zum Kochen bringen*) llevar a ebullición
❷ (*kurz kochen*) dar un hervor (a), hervir
auf|kommen *irr vi sein* ❶ (*entstehen*) surgir, aparecer; (*Gewitter, Wind*) levantarse; **keine Zweifel ~ lassen** no dejar lugar a dudas
❷ (*sich ausbreiten*) difundirse, propagarse
❸ (*bezahlen*) pagar (*für*), costear (*für*); (*unterhalten*) mantener (*für*); **sie muss für ihren Mann ~** tiene que mantener a su marido
❹ (*haften*) responsabilizarse (*für* de/por), responder (*für* de)
❺ (*landen*) aterrizar; **mit beiden Beinen ~** aterrizar sobre las dos piernas
Aufkommen *nt* <-s, -> ❶ (METEO) formación *f*, aparición *f*
❷ (*von Schadstoffen*) propagación *f*; (*von Verkehr*) formación *f*
Aufkommensanalyse *f* <-, -n> (WIRTSCH) análisis *m* de frecuencia; **Aufkommensvolumen** *nt* <-s, -volumina> (WIRTSCH) volumen *m* global
auf|kratzen *vt* (*Wunde*) abrir (al rascarla); **nachts hat er sich (die Wunde) wieder aufgekratzt** por la noche se ha abierto otra vez la herida
auf|kreischen *vi* lanzar un chillido, soltar un grito; (*fig: Bremse, Maschine*) chirriar (de repente), rechinar (de repente)
auf|krempeln *vt* arremangar; **er krempelte sich die Hosenbeine auf** se arremangó los pantalones
auf|kreuzen *vi sein* (*fam*) aparecer (*in/bei* en/por), descolgarse (*in/bei* por)
auf|kriegen *vt* (*fam*) *s.* **aufbekommen**
auf|künden ['aʊfkʏndən] *vt* (*geh*), **auf|kündigen** *vt* (*Vertrag*) rescindir; (*Freundschaft*) romper; (*Gehorsam*) negar
Aufkündigung *f* <-, -en> ❶ (*eines Vertrags*) rescisión *f*
❷ (*einer Beziehung*) revocación *f*, anulación *f*
Aufl. *Abk. von* **Auflage** ed.
auf|lachen *vi* soltar una carcajada, echarse a reír

auflladen *irr.* *vt* ① (*Batterie*) recargar; **wieder ~** recargar; **wieder aufladbar sein** ser recargable
② (*Ladegut*) cargar; **die Tische auf den Lastwagen ~** cargar el camión con mesas, cargar las mesas en el camión
③ (*fam: aufbürden*): **jdm etw ~** cargar a alguien con algo
II. *vr:* **sich ~** (*sich elektrisch laden*) cargarse
Aufladung *f* <-, -en>: **elektrostatische ~** carga *f* electroestática
Auflage *f* <-, -n> ① (*eines Buchs*) edición *f;* (*einer Zeitung*) tirada *f;* **limitierte ~** edición limitada
② (*Bedingung*) condición *f;* **mit der ~, dass ...** a condición de que... +*subj;* **es wurde ihm zur ~ gemacht, sein Haus nicht zu verlassen** se le puso la condición de que no abandonara su casa
③ (*Überzug*) capa *f,* recubrimiento *f*
Auflagenhöhe *f* <-, -n> número *m* de ejemplares, tirada *f*
auflagenschwach *adj* de pequeña tirada; **~ sein** tener poca tirada
auflagenstark *adj* de gran tirada; **~ sein** tener una gran tirada; **diese Zeitschrift gehört zu den auflagenstärksten** esta revista es una de las de mayor tirada
Auflagenvorbehalt *m* <-(e)s, -e> (JUR) reserva *f* de emisión
auf|lassen *irr vt* (*fam*) ① (*Tür*) dejar abierto
② (*Mütze, Brille*) dejar puesto
Auflassung *f* <-, -en> ① (JUR: *Übertragung*) transmisión *f,* cesión *f;* **~ eines Grundstücks** cesión judicial de un terreno
② (BERGB: *Stilllegung*) cierre *m*
③ (*Öster, südd: Schließung*) cierre *m*
Auflassungsanspruch *m* <-(e)s, -sprüche> (JUR) facultad *f* de transmisión; **Auflassungspflicht** *f* <-, *ohne pl*> (JUR) obligación *f* de transmisión; **Auflassungsvollmacht** *f* <-, -en> (JUR) poder *m* de disposición
auf|lauern *vi:* **jdm ~** acechar a alguien
Auflauf *m* <-(e)s, -läufe> ① (*Menschen~*) gentío *m,* muchedumbre *f*
② (*Speise*) gratinado *m*
auf|laufen *irr vi sein* ① (*Zinsen*) acumularse
② (NAUT) encallar, varar; **jdn ~ lassen** (*fam*) no hacer caso a alguien
Auflaufform *f* <-, -en> molde *m* para horno
auf|leben *vi sein* ① (*Mensch*) despabilar(se)
② (*Bräuche*) reavivarse
auf|lecken *vt* lamer
auf|legen I. *vi* (*Telefongespräch beenden*) colgar
II. *vt* ① (*Tischdecke, Schallplatte*) poner
② (*Kompresse, Make-up*) aplicar
③ (*Hörer*) colgar
④ (*Buch*) editar; **neu ~** reeditar
⑤ (FIN: *Aktien*) emitir
⑥ (NAUT: *auf Stapel legen*) amarrar
auf|lehnen *vr:* **sich ~** rebelarse (*gegen* contra), sublevarse (*gegen* contra), alzarse *Am*
Auflehnung *f* <-, -en> (*Rebellion*) insurrección *f,* sublevación *f;* **es war ein Akt der ~ gegen das verhasste Regime** fue un acto de rebelión contra el odiado régimen
auf|lesen *irr vt* recoger (*von* de)
auf|leuchten *vi* destellar, centellear; (*Blitz*) fulgurar; (*Augen*) iluminarse
auf|liegen *irr vi* apoyar, estar colocado encima; **der Deckel liegt nicht richtig auf** la tapa no sienta; **die Arbeitsplatte liegt auf Brettern auf** la encimera apoya en [*o* está puesta encima de] unas tablas
auf|listen ['aʊflɪstən] *vt* listar
Auflistung *f* <-, -en> ① (*Auflisten*) alistamiento *m;* (*Liste*) lista *f*
② (INFOR) listado *m*
auf|lockern I. *vt* ① (*Boden*) ahuecar
② (*Programm*) variar, alternar
③ (*Atmosphäre*) relajar, distender
II. *vr:* **sich ~** (*Bewölkung*) despejarse, aclararse
Auflockerung *f* <-, -en> ① (*Boden*) mullimiento *m*
② (*Unterricht, Muskeln*) relajación *f;* **zur ~** para relajar
③ (*Bewölkung*) despejo *m*
auf|lodern ['aʊfloːdən] *vi sein* ① (*Flammen*) llamear
② (*Kämpfe*) recrudecerse
auflösbar *adj* (*a.* CHEM) (di)soluble; **~er Vertrag** contrato anulable; **die Gleichung ist nicht ~** la ecuación no se deja resolver
auf|lösen I. *vt* ① (*Pulver*) disolver, diluir; **in Tränen aufgelöst sein** estar hecho un mar de lágrimas, estar deshecho en lágrimas
② (MATH) reducir, descomponer
③ (*Haushalt, Geschäft*) liquidar; (*Versammlung*) disolver; (*Ehe*) anular, invalidar; (*Verlobung*) deshacer; (*Demonstration*) dispersar; (*Konto*) cerrar, cancelar; **~de Bedingung** (JUR) condición comisoria
④ (*Schwierigkeiten, Rätsel*) resolver; (*Widerspruch*) clarificar
II. *vr:* **sich ~** ① (*Nebel*) disiparse, esfumarse
② (*Menschenmenge*) disolverse
③ (*in Flüssigkeit*) disolverse, diluirse
④ (*sich zersetzen*) disgregarse (*in* en), descomponerse (*in* en); **er kann sich wohl kaum in Luft ~** no puede esfumarse así como así
Auflösung *f* ① (*eines Vertrags, einer Einrichtung, des Nebels*) disolución *f;* **~ des Parlaments** disolución del parlamento; **~ durch Gerichtsentscheid** disolución por resolución judicial; **~ von Rückstellungen** (FIN) disolución de reservas; **~ von Unternehmen** disolución de empresas; **zwangsweise ~** disolución forzosa
② (*Zerlegung*) desintegración *f*
③ (*Lösung*) (re)solución *f*
④ (*Bildqualität, a.* INFOR) definición *f*
Auflösungsantrag *m* <-(e)s, -träge> (JUR, WIRTSCH) demanda *f* de disolución; **Auflösungsbeschluss**^{RR} *m* <-es, -schlüsse> (JUR) acuerdo *m* de disolución; **Auflösungsgrund** *m* <-(e)s, -gründe> (JUR) causa *f* de disolución; **Auflösungsklage** *f* <-, -n> (JUR) acción *f* de disolución; **Auflösungsverbot** *nt* <-(e)s, -e> (JUR) prohibición *f* de disolución; **Auflösungsvertrag** *m* <-es, -träge> (JUR) pacto *m* de disolución; **Auflösungszeichen** *nt* <-s, -> (MUS) becuadro *m*
auf|machen I. *vi* (*fam: Geschäfte, Banken*) abrir
II. *vt* (*fam*) ① (*Tür, Geschenk*) abrir; (*Haarknoten*) soltar; (*Knoten*) deshacer
② (*gründen*) poner
③ (PUBL: *gestalten*) diseñar, componer; (*darstellen*) representar
III. *vr:* **sich ~** (*aufbrechen*) irse (*zu* a)
Aufmacher *m* <-s, -> (PUBL) titular *m* principal, noticia *f* de primera página; (*Thema*) tema *m* central
Aufmachung *f* <-, -en> presentación *f*
auf|malen *vt* pintar (*auf* en)
Aufmarsch *m* <-(e)s, -märsche> (MIL) concentración *f;* (*Parade*) desfile *m*
auf|marschieren* *vi sein* (MIL) concentrarse, desplegarse; (*zur Parade*) desfilar
auf|meißeln *vt* abrir con escoplo y/o cincel; **jdm den Schädel ~** trepanar el cráneo a alguien
auf|merken *vi* ① (*aufhorchen*) prestar atención, atender; **bei der Erwähnung ihres Namens merkte sie auf** al oír mencionar su nombre prestó atención
② (*geh: aufpassen*) estar atento (*auf* a), atender (*auf* a)
aufmerksam ['aʊfmɛrkzaːm] *adj* ① (*konzentriert*) atento; (*wachsam*) alerta; **jdn auf jdn/etw ~ machen** llamar la atención de alguien sobre alguien/algo; **~ zuhören** escuchar con atención
② (*höflich*) atento, cortés; **vielen Dank, sehr ~ von Ihnen!** ¡muchas gracias, es Ud. muy amable!
Aufmerksamkeit[1] *f* <-, *ohne pl*> ① (*Wachsamkeit*) atención *f;* **darf ich um Ihre ~ bitten!** ruego su atención
② (*Zuvorkommenheit*) amabilidad *f,* atención
Aufmerksamkeit[2] *f* <-, -en> (*Handlung*) atención *f;* (*Geschenk*) obsequio *m,* atención *f;* **es ist nur eine kleine ~ für Ihre Gattin** sólo es un pequeño detalle [*o* una pequeña atención] para su esposa
auf|mischen *vt* (*sl: verprügeln*) sacudir, dar de hostias *vulg;* **sie lauerten ihm auf um ihn kräftig aufzumischen** le estaban esperando para sacudirle de firme
auf|möbeln *vt* (*fam*) ① (*aufmuntern*) levantar la moral (a), animar
② (*beleben*) animar, reconfortar
③ (*Kenntnisse*) perfeccionar
auf|montieren* *vt* montar (*auf* en/sobre), instalar (*auf* en/sobre)
auf|motzen *vt* (*fam*) dar más vistosidad [*o* efecto] (a)
auf|mucken *vi* (*fam*), **auf|mucksen** *vi* (*fam*) respingar, retobar *Mex;* (*mit Verneinung*) (re)chistar
auf|muntern ['aʊfmʊntɐn] *vt* reconfortar, animar
aufmunternd I. *adj* (*ermunternd*) reconfortante, de ánimo; **ein ~er Blick** una mirada reconfortante
II. *adv* (*ermunternd*) de ánimo, para animar; **jdm ~ zulächeln** sonreír a alguien para darle ánimos
Aufmunterung *f* <-, -en> ① (*Aufheiterung*) animación *f;* **der kleine Scherz war als ~ gemeint** con la bromita pretendía animar
② (*Ermutigung*) ánimo *m,* aliento *m*
③ (*Belebung*): **zur ~** para animar(se), para recuperar fuerzas; **trink eine Tasse Kaffee zur ~!** ¡toma una taza de café para despejarte!
aufmüpfig ['aʊfmʏpfɪç] *adj* (*fam*) gruñón, rezongón
auf|nähen *vt* coser encima (*auf* de); (*Verzierung, Taschen*) aplicar (*auf* a)
Aufnahme[1] ['aʊfnaːmə] *f* <-, -n> ① (*Empfang*) recibimiento *m,* acogida *f;* (*Beherbergung*) alojamiento *m,* hospedaje *m;* **~ von Tagesgeld** (FIN) aceptación de la dieta [*o* de los gastos de viaje]
② (*Empfangsraum im Krankenhaus*) recepción *f*
③ (*Zulassung*) admisión *f* (*in* en); (*in eine Schule, Partei*) ingreso *m* (*in* en); **~ von Beweisen/eines Verfahrens** admisión de pruebas/de un procedimiento; **~ als Gesellschafter** admisión como socio
④ (*Eingliederung*) incorporación *f* (*in* a/en)

⑤ (*auf Tonband, Schallplatte*) grabación *f*; (FOTO) foto *f*; (FILM) toma *f*; **eine ~ machen** (MUS) hacer una grabación; (FOTO) sacar una foto
⑥ (*Beginn*) comienzo *m*; **die ~ von diplomatischen Beziehungen** el establecimiento de relaciones diplomáticas
Aufnahme² *f* <-, *ohne pl*> (*Zusichnehmen*) captación *f*
Aufnahmeantrag *m* <-(e)s, -träge> solicitud *f* de admisión; **Aufnahmebedingung** *f* <-, -en> condición *f* de admisión
aufnahmefähig *adj* ❶ (*Gedächtnis*) capaz de pensar, receptivo ❷ (WIRTSCH) activo, receptivo; **~e Märkte** mercados animados
Aufnahmefähigkeit *f* <-, *ohne pl*> ❶ (*allgemein*) capacidad *f* de absorción, receptividad *f* ❷ (WIRTSCH) absorción *f*; **~ der Märkte** animación de los mercados; **Aufnahmegebühr** *f* <-, -en> cuota *f* de ingreso; **Aufnahmekapazität** *f* <-, -en> (WIRTSCH) capacidad *f* receptora; **Aufnahmelager** *nt* <-s, -> campo *m* de acogida; **Aufnahmeland** *nt* <-(e)s, -länder> (POL) país *m* acogedor [*o* de acogida]; **Aufnahmeprüfung** *f* <-, -en> examen *m* de ingreso, prueba *f* de acceso; **Aufnahmestudio** *nt* <-s, -s> estudio *m* de grabación [*o* de registro]; **Aufnahmetaste** *f* <-, -n> tecla *f* de grabación [*o* de registro]; **Aufnahmevertrag** *m* <-(e)s, -träge> (JUR) contrato *m* de incorporación, pacto *m* de incorporación; **Aufnahmewagen** *m* <-s, -> (RADIO, TV) unidad *f* móvil
Aufnahmsprüfung *f* <-, -en> (*Österr*) *s.* **Aufnahmeprüfung**
auf|nehmen *irr vt* ❶ (*beginnen*) comenzar, iniciar; (*Verhandlungen*) entablar; **ein Gespräch wieder ~** reanudar una conversación
❷ (*Gedanke, Idee*) retomar
❸ (*aufsaugen*) absorber; (*Nahrung*) ingerir; (*geistig*) comprender
❹ (*Kredit*) pedir
❺ (*hochnehmen*) recoger (*von de*)
❻ (*auf Tonband, Schallplatte*) grabar (*auf* en)
❼ (*empfangen*) acoger; (*über Nacht*) hospedar; (*im Krankenhaus*) ingresar (*in* en); (*im Verein*) admitir (*in* en); **wieder aufgenommen werden** ser readmitido; **wir wurden sehr herzlich aufgenommen** nos acogieron calurosamente
❽ (*sich messen*): **es mit jdm/etw ~ können** (poder) medirse con alguien/algo
❾ (*nordd: aufwischen*) limpiar
Aufnehmer *m* <-s, -> (*nordd: Aufwischlappen*) bayeta *f*
äufnen ['ɔɪfnən] *vt* (*Schweiz: ansammeln*) atesorar
auf|nötigen *vt* obligar a aceptar
auf|opfern *vr:* **sich ~** sacrificarse (*für* por)
aufopfernd *adj s.* **aufopferungsvoll**
Aufopferung *f* <-, -en> (*Hingebung*) (espíritu *m* de) sacrificio *m*, altruismo *m*; **sie pflegte den Kranken mit ~** atendía abnegadamente al enfermo
Aufopferungsanspruch *m* <-(e)s, -sprüche> (JUR) derecho *m* del sacrificio
aufopferungsgleich *adj* (JUR): **~er Anspruch** derecho de igualdad de sacrificio
aufopferungsvoll *adj* abnegado, sacrificado
auf|packen *vt* ❶ (*aufladen*) cargar; **sich** *dat* **etw ~** cargar con algo; **den Eseln schwere Lasten ~** cargar grandes pesos en los burros; **hast du die Kiste schon auf den Anhänger aufgepackt?** ¿ya has cargado la caja en el remolque?
❷ (*aufbürden*) cargar, colgar; **jdm eine Arbeit ~** cargar a alguien con un trabajo
❸ (*auspacken*) abrir, desempaquetar
auf|päppeln ['aʊfpɛpəln] *vt* (*fam*) mimar y alimentar (*hasta devolver la salud*)
auf|passen *vi* ❶ (*aufmerksam sein*) tener cuidado; **passt auf!** ¡tened cuidado!; **aufgepasst!** ¡atención!
❷ (*beaufsichtigen*) cuidar; **er passt auf die Kinder auf** cuida los niños
Aufpasser(in) *m(f)* <-s, -; -, -nen> (*abw*) ❶ (*Spitzel*) confidente *mf*
❷ (*Wächter*) guardián, -ana *m, f*
auf|peitschen *vt* ❶ (*Meer, Wellen*) picar
❷ (*Menschen, Sinne*) excitar
auf|peppen ['aʊfpɛpən] *vt* (*fam*) dar(le) un toque
auf|pflanzen I. *vt* ❶ (*Bajonett*) calar
❷ (*Flagge*) enarbolar
II. *vr:* **sich ~ vor jdm** (*fam*) plantarse ante alguien
auf|pfropfen ['aʊfpfrɔpfən] *vt* injertar (*auf* en)
auf|picken *vt* ❶ (*fressen*) picar, picotear
❷ (*öffnen*) abrir con el pico
auf|platzen *vi sein* (*Naht*) reventar; (*Wunde*) abrirse
auf|plustern ['aʊfpluːstɐn] I. *vt* (*Gefieder*) ahuecar
II. *vr:* **sich ~** (*Vogel*) hincharse; (*abw: Mensch*) hincharse, pavonearse
auf|polieren* *vt* (*Möbel*) abrillantar, sacar brillo (a); (*fam: Kenntnisse*) refrescar
auf|prägen *vt* imprimir, estampar
Aufprall ['aʊfpral] *m* <-(e)s, -e> choque *m* (*auf* con/contra/en), tope-

tazo *m* (*auf* contra/en); (*Ball*) bote *m* (*auf* contra/en), rebote *m* (*auf* contra/en)
auf|prallen *vi sein* chocar (*auf* con/contra/en), rebotar (*auf* contra/en)
Aufpreis *m* <-es, -e> recargo *m*, sobreprecio *m*; **gegen ~** pagando un sobreprecio
auf|probieren* *vt* probarse; **am besten, Sie probieren den Hut einmal auf** lo mejor es que se pruebe el sombrero
auf|pumpen *vt* inflar
auf|putschen *vt* (*abw*) ❶ (*erregen*) excitar
❷ (*aufhetzen*) acalorar
Aufputschmittel *nt* <-s, -> estimulante *m*
auf|putzen *vt* (*reg*) *s.* **aufwischen**
auf|quellen *irr vi sein* hincharse
auf|raffen I. *vt* (*aufheben*) recoger (*von* de)
II. *vr:* **sich ~** ❶ (*sich entschließen*) animarse (*zu* a)
❷ (*mühsam aufstehen*) levantarse a duras penas
auf|ragen ['aʊfraːgən] *vi* elevarse, sobresalir
auf|rappeln ['aʊfrapəln] *vr:* **sich ~** (*fam*) ❶ (*sich überwinden*) sacar fuerzas de flaqueza
❷ (*nach Krankheit*) reanimarse, cobrar fuerzas
❸ (*aufstehen*) levantarse a duras penas
auf|rauenᴿᴿ ['aʊfraʊən] *vt* cardar, perchar; (*Oberfläche*) raspar
auf|räufeln *vt* destejer, deshacer
auf|rauhen *vt s.* **aufrauen**
auf|räumen I. *vi* ❶ (*ordnen*) ordenar
❷ (*beenden*): **mit etw ~** acabar con algo
II. *vt* (*Zimmer, Schreibtisch*) arreglar, ordenar
Aufräumungsarbeiten *fpl* trabajos *mpl* de descombro
aufrechenbar *adj* (FIN) compensable
auf|rechnen *vt* (*a.* FIN) compensar (*gegen* con)
Aufrechnung *f* <-, -en> (*a.* FIN) compensación *f* (*gegen* con); **gegenüber jdm die ~ erklären** declarar a alguien la compensación; **hilfsweise ~** compensación auxiliatoria
Aufrechnungserklärung *f* <-, -en> (FIN, JUR) declaración *f* de compensación; **Aufrechnungslage** *f* <-, -n> (FIN, JUR) situación *f* compensatoria; **Aufrechnungsverbot** *nt* <-(e)s, -e> (FIN, JUR) prohibición *f* de compensación
aufrecht ['aʊfrɛçt] *adj* ❶ (*gerade*) derecho, erguido
❷ (*ehrlich*) íntegro, correcto
aufrecht|erhalten* *irr vt* mantener, sostener
Aufrechterhaltung *f* <-, *ohne pl*> mantenimiento *m*, conservación *f*; **~ wohlerworbener Rechte** (JUR) subsistencia de los derechos adquiridos por justo título
Aufrechterhaltungsgebühr *f* <-, -en> tasas *fpl* de mantenimiento; **~ für ein Patent** tasas de mantenimiento de una patente
auf|regen I. *vt* (*erregen*) alterar, excitar; (*ärgern*) irritar; (*empören*) exaltar; (*stärker*) exasperar; **du regst mich auf!** ¡me exasperas!
II. *vr:* **sich ~** alterarse (*über* por), excitarse (*über* por), volarse *Am*; (*sich ärgern*) irritarse (*über* por); (*sich empören*) exaltarse (*über* por); (*stärker*) exasperarse (*über* por); **reg dich nicht so auf!** ¡no te pongas así!
aufregend *adj* excitante
Aufregung *f* <-, -en> excitación *f*, agitación *f*, batifondo *m CSur*; (*Sorge*) zozobra *f*; **er war in heller ~** estaba muy excitado
auf|reiben *irr* I. *vt* ❶ (*zermürben*) agotar, arruinar
❷ (*vernichten*) aniquilar, exterminar
II. *vr:* **sich ~** (*sich aufopfern*) sacrificarse (*für* por)
aufreibend *adj* (*zermürbend*) agotador
auf|reihen I. *vt* (*Dinge*) colocar en fila [*o* en hileras]
II. *vr:* **sich ~** (*Personen*) ponerse en fila
auf|reißen *irr* I. *vi sein* (*Naht*) desgarrarse, romperse
II. *vt* ❶ (*Tür, Fenster*) abrir de un golpe; **mit aufgerissenen Augen** con los ojos fuera de las órbitas
❷ (*durch Reißen öffnen*) rasgar
❸ (*beschädigen*) romper, desgarrar
❹ (*Straße*) abrir
❺ (*fam: anmachen*): **jdn ~** pescar a alguien
auf|reizen *vt* provocar, excitar
aufreizend *adj* provocador, provocativo; (*erregend*) excitante
auf|ribbeln *vt* (*reg*) *s.* **aufräufeln**
Aufrichte *f* <-, -n> (*Schweiz: Richtfest*) fiesta que realizan carpinteros y albañiles al cubrir aguas
auf|richten I. *vt* ❶ (*gerade stellen*) enderezar, poner derecho
❷ (*seelisch*) animar, fortalecer
II. *vr:* **sich ~** ❶ (*hinsetzen*) enderezarse, incorporarse; **er richtete sich im Bett auf** se incorporó en la cama
❷ (*hinstellen*) ponerse de pie
aufrichtig *adj* sincero, franco; **mein ~es Beileid!** ¡mi más sincero pésame!; **ich bedaure das ~** lo siento sinceramente
Aufrichtigkeit *f* <-, *ohne pl*> sinceridad *f*

auf|riegeln *vt* desatrancar; **eine Tür ~** descorrer el cerrojo de una puerta

Aufriss^RR *m* <-es, -e>, **Aufriß** *m* <-sses, -sse> (ARCHIT) alzado *m*, proyección *f* (geométrica) vertical

auf|ritzen *vt* abrir rajando, cortar; **er hat sich mit dem Nagel die Haut aufgeritzt** se ha cortado la piel con el clavo

auf|rollen I. *vt* ① (*zusammenrollen*) enrollar
② (*auseinander rollen*) desenrollar
③ (*Prozess, Problem*) desarrollar, retomar
II. *vr:* **sich ~** enrollarse

auf|rücken *vi sein* ① (*zusammenrücken*) hacer sitio, correrse
② (*befördert werden*) ascender (*zu* a)

Aufruf *m* <-(e)s, -e> ① (*das Aufrufen*) llamamiento *m*, llamada *f;* **~ der Sache** (JUR) llamada de la causa
② (INFOR) llamada *f*
③ (*öffentlicher Appell*) llamamiento *m* (*zu* a); (*zum Streik*) convocatoria *f* (*zu* de)

auf|rufen *irr vt* ① (*Schüler*) llamar
② (JUR: *Zeugen*) llamar
③ (INFOR: *Programm*) acceder (a)
④ (*auffordern*) llamar (*zu* a), exhortar (*zu* a); **zum Streik ~** convocar una huelga

Aufruhr ['aʊfruːɐ] *m* <-(e)s, *ohne pl*> ① (*Revolte*) rebelión *f*, insurrección *f*; (*Tumult*) disturbio *m*, tumulto *m*
② (*Erregung*) agitación *f*, irritación *f*, batifondo *m CSur*; **die Nachricht hat die ganze Familie in ~ versetzt** la noticia ha conmocionado a toda la familia

auf|rühren *vt* ① (*nach oben bringen*) remover, revolver; **gedankenverloren rührte sie den Bodensatz ihres Kaffees auf** absorta en sus pensamientos revolvía los posos del café
② (*in Erinnerung rufen*) despertar, reavivar; **die Begegnung mit seiner Jugendfreundin rührte Erinnerungen auf** el encuentro con su novia de juventud reavivó en él los recuerdos
③ (*in Aufruhr versetzen*) revolucionar, alborotar; **er versteht es, die Massen aufzurühren** sabe muy bien cómo enardecer a las masas
④ (*geh: aufwühlen*) agitar, afectar; **nach diesem eindrucksvollen Film war er stark aufgerührt** tras una película tan impresionante estaba fuertemente conmovido

Aufrührer(in) ['aʊfryːrɐ] *m(f)* <-s, -; -, -nen> rebelde *mf*, insurrecto, -a *m, f*

aufrührerisch *adj* insurrecto, rebelde

auf|runden *vt* redondear

auf|rüsten I. *vt* ① (MIL) rearmar
② (TECH: *Computer*) armar
II. *vi* rearmarse

Aufrüstung *f* <-, -en> rearme *m*

auf|rütteln *vt* sacudir (*aus* de); (*fig*) arrancar (*aus* de)

aufs [aʊfs] (*fam*) = **auf das** *s.* **auf**

auf|sagen *vt* decir (de memoria); (*Einmaleins*) decir, enumerar; (*Gedicht*) recitar, declamar

auf|sammeln *vt* recoger

aufsässig ['aʊfzɛsɪç] *adj* rebelde

Aufsässigkeit *f* <-, *ohne pl*> ① (*Hartnäckigkeit*) testarudez *f*
② (*rebellische Art*) rebeldía *f*

Aufsatz *m* <-es, -sätze> ① (*in der Schule*) redacción *f*, composición *f*; (*Abhandlung*) ensayo *m*, artículo *m*
② (*Aufbau*) elemento *m* sobrepuesto

Aufsatzthema *nt* <-s, -themen> (SCH) tema *m* de redacción [*o* de composición]

auf|saugen *vt* ① (*mit dem Staubsauger*) quitar [*o* limpiar] con la aspiradora
② (*Flüssigkeit*) absorber, chupar

auf|schauen *vi* alzar la vista (*zu* hacia)

auf|schäumen I. *vi* ① *haben o sein* (*Sekt*) espumar, hacer espuma
II. *vt* (*Kunststoff*) esponjar (en forma de espuma); (*Milch*) espumar

auf|scheuchen *vt* espantar

auf|scheuern *vt:* **sich** *dat* **die Haut ~** levantarse la piel; **sich** *dat* **das Knie ~** rozarse [*o* rasparse] la rodilla

auf|schichten *vt* apilar

auf|schieben *irr vt* ① (*öffnen*) abrir (empujando), correr
② (*verzögern*) aplazar; **~de Bedingung** (JUR) condición dilatoria; **~de Wirkung des Widerspruchs der Anfechtungsklage** (JUR) efecto dilatorio de la oposición/de la acción revocatoria; **aufgeschoben ist nicht aufgehoben** (*prov*) si no es hoy, será mañana

auf|schießen *irr* I. *vi sein* ① (*wachsen: Saat*) espigarse, subirse; (*Jugendlicher*) dar un estirón, espigarse; **sie war ein aufgeschossenes, dürres Mädchen** era una muchacha flaca y espigada
② (*hochfahren*) ponerse en pie de un brinco; **aus dem Sessel ~** levantarse de un brinco del sillón
③ (*in die Höhe schießen*) elevarse, alzarse; **aus dem brennenden Gebäude schossen die Flammen auf** las llamas se alzaban desde el edificio incendiado
④ (*geh: entstehen*) surgir, elevarse; **in ihrer Brust schossen gemischte Gefühle auf** en su pecho se confundían los sentimientos
II. *vt haben* (*durch Schießen öffnen*) descerrajar (de un tiro)

Aufschlag *m* <-(e)s, -schläge> ① (*das Aufschlagen*) golpe *m* (*auf* contra/en), choque *m* (*auf* con/contra/en)
② (SPORT) saque *m;* **wer hat ~?** ¿quién saca?
③ (*Verteuerung*) subida *f*, aumento *m*; (*Zuschlag*) suplemento *m* (*auf* sobre), recargo *m* (*auf* sobre)
④ (*an Kleidung*) vuelta *f*, golpe *m* Kol

auf|schlagen *irr* I. *vi* ① *sein* (*anschlagen*) dar (*auf* contra/en); **er schlug mit dem Kopf auf der** [*o* **die**] **Treppe auf** se dio con la cabeza en la escalera
② (SPORT) sacar
II. *vt* ① (*Buch, Augen*) abrir; **Seite 20 ~** abrir el libro por la página 20; (*Bettdecke*) quitar, abrir; (*Ei*) romper, abrir
② (*Zelt, Lager*) montar
③ (*verletzen*) abrirse; **ich habe mir das Knie aufgeschlagen** me he abierto la rodilla
④ (COM: *hinzurechnen*) añadir (*auf* a)

Aufschläger(in) *m(f)* <-s, -; -, -nen> (SPORT) jugador(a) *m(f)* que tiene el servicio [*o* el saque]

auf|schließen *irr* I. *vi* (SPORT) avanzar
II. *vt* (*öffnen*) abrir (con llave)

auf|schlitzen ['aʊfʃlɪtsən] *vt* abrir (con cuchillo), rajar

Aufschluss^RR *m* <-es, -schlüsse>, **Aufschluß** *m* <-sses, -schlüsse> información *f*, explicación *f*; **jdm ~ über etw geben** dar información a alguien acerca de algo

auf|schlüsseln ['aʊfʃlʏsəln] *vt* repartir, desglosar; **eine Gruppe nach Alter ~** subdividir un grupo por edades

Aufschlüss(e)lung *f* <-, -en> desglose *m*

aufschlussreich^RR *adj* instructivo, revelador

Aufschlussverfahren^RR *nt* <-s, -> (BIOL, CHEM) procedimiento *m* de desintegración

auf|schnappen *vt* (*fam*) coger [*o* pillar] al vuelo

auf|schneiden *irr* I. *vi* (*fam abw: prahlen*) fanfarronear, blofear *MAm, Mex*
II. *vt* ① (*Verpackung*) cortar; (*Geschwür*) abrir, rajar
② (*Braten*) trinchar; (*Torte*) cortar

Aufschneider(in) *m(f)* <-s, -; -, -nen> fanfarrón, -ona *m, f*, blofista *m MAm, Mex*

Aufschneiderei[1] *f* <-, -en> (*Handlung, Äußerung*) fanfarronada *f*, bluff *m Am*, echada *f Mex*

Aufschneiderei[2] *f* <-, *ohne pl*> (*Verhalten*) chulería *f*, fanfarronería *f*

Aufschneiderin *f* <-, -nen> *s.* **Aufschneider**

Aufschnitt *m* <-(e)s, *ohne pl*> fiambre *m*, embutido *m*

auf|schnüren *vt* desatar

auf|schrammen *vt s.* **aufschürfen**

auf|schrauben *vt* ① (*öffnen: Gefäß*) abrir; (*Deckel*) desenroscar
② (*befestigen: Schild*) atornillar; (*Verschluss*) cerrar; **den Deckel ~** poner la tapa

auf|schrecken[1] <schreckt *o* schrickt auf, schreckte *o* schrak auf, aufgeschreckt> *vi sein:* **aus dem Schlaf ~** despertarse sobresaltado

auf|schrecken[2] *vt* espantar, asustar

Aufschrei *m* <-(e)s, -e> grito *m*, chillido *m*

auf|schreiben *irr vt* ① (*notieren*) anotar, apuntar
② (*verordnen*) recetar

auf|schreien *vi* gritar

Aufschrift *f* <-, -en> ① (*Etikett*) etiqueta *f*
② (*Beschriftung*) inscripción *f*

Aufschub *m* <-(e)s, -schübe> (*Verzögerung*) demora *f*, aplazamiento *m*; (*einer Frist*) prórroga *f*; **etw duldet keinen ~** algo no admite espera

Aufschubfrist *f* <-, -en> plazo *m* de prórroga; **Aufschubvereinbarung** *f* <-, -en> acuerdo *m* de aplazamiento [*o* de prórroga]

auf|schürfen *vt:* **sich** *dat* **die Haut ~** rozarse [*o* levantarse] la piel; **sich** *dat* **das Knie ~** rozarse la rodilla

auf|schütteln *vt* sacudir; **das Kissen/Oberbett ~** mullir la almohada/el edredón

auf|schütten *vt* (*Wasser*) echar; (*Sand*) amontonar, acumular; (*Damm*) construir, levantar (acumulando tierra); **Wasser auf den Tee ~** hacer té

Aufschüttung *f* <-, -en> (*Erhöhung*) terraplén *m*

auf|schwatzen *vt*, **auf|schwätzen** *vt* (*reg: fam*) endilgar, endosar

auf|schwemmen I. *vi* hincharse, abotargarse
II. *vt* hinchar, abotargar

auf|schwingen *irr vr:* **sich ~** animarse, obligarse; **sich zu etw ~** animarse a hacer algo

Aufschwung *m* <-(e)s, -schwünge> ① (*innerer Antrieb*) impulso *m*

Aufschwungstendenz ❷ (WIRTSCH) auge *m*, progresión *f*; **konjunktureller/wirtschaftlicher** ~ auge coyuntural/económico; **einen** ~ **erleben** experimentar un auge ❸ (SPORT) elevación *f*

Aufschwungstendenz *f* <-, -en> (WIRTSCH) tendencia *f* alcista

auf|sehen *irr vi* ❶ (*hochschauen*) alzar [*o* levantar] la vista (*zu* hacia) ❷ (*bewundernd*) admirar (*zu* a)

Aufsehen *nt* <-s, *ohne pl*> sensación *f*; (*negativ*) escándalo *m*; ~ **erregen** causar sensación, levantar revuelo; ~ **erregend** llamativo, sensacional; (*negativ*) escandaloso; **ohne großes** ~ casi desapercibido, sin revuelo

aufsehenerregend *adj s.* **Aufsehen**

Aufseher(in) *m(f)* <-s, -; -, -nen> ❶ (*Wächter*) vigilante *mf* ❷ (*über Arbeiter*) capataz(a) *m(f)* ❸ (*in Museen*) celador(a) *m(f)*

auf|sein *irr vi s.* **auf III.1., III.2.**

aufseiten[RR] *adv*: ~ **der Schwächeren** de parte de los más débiles

auf|setzen I. *vi* (*Flugzeug*) aterrizar, tomar tierra
II. *vt* ❶ (*Essen*) poner al fuego, calentar ❷ (*Brille, Hut*) ponerse; **eine unfreundliche Miene** ~ poner cara de disgusto ❸ (*Fuß*) pisar (*auf* en) ❹ (*Text*) redactar; (*Urkunde*) extender ❺ (*darauf bauen*) añadir (*auf* a), agregar (*auf* a) ❻ (*aufnähen*) coser (*auf* sobre), aplicar (*auf* a)
III. *vr: sich* ~ (*sich aufrichten*) incorporarse, sentarse

auf|seufzen *vi* suspirar; (*einmal laut seufzen*) lanzar un suspiro; **endlich Pause! seufzte sie erleichtert auf** ¡por fin un descanso!, suspiró aliviada

Aufsicht[1] *f* <-, *ohne pl*> ❶ (*Überwachung*) vigilancia *f*, supervisión *f*; **unter staatlicher** ~ bajo supervisión estatal; **unter** ~ **stehen** estar bajo vigilancia; **der** ~ **führende Lehrer** el profesor que tenía que vigilar a los estudiantes; **der** ~ **führende Richter** el juez vigilante ❷ (*Kontrolle*) control *m*, inspección *f*

Aufsicht[2] *f* <-, -en> ❶ (*Leitung*) dirección *f* ❷ (*Person*) vigilante *mf* ❸ (*Draufsicht: Perspektive*) vista *f* en planta [*o* de arriba]; (*Zeichnung*) proyección *f* horizontal

aufsichtführend *adj s.* **Aufsicht**[1]

Aufsichtführende(r) *mf* <-n, -n; -n, -n> controlador(a) *m(f)*, vigilante *mf*

Aufsichtsbeamte(r) *mf* <-n, -n; -n, -n>, **-beamtin** *f* <-, -nen> inspector(a) *m(f)*; **Aufsichtsbehörde** *f* <-, -n> inspección *f*; **Aufsichtsgesetz** *nt* <-es, -e> ley *f* de tutela [*o* de control]; **Aufsichtsgremium** *nt* <-s, -gremien> comité *m* de supervisión; **Aufsichtsklage** *f* <-, -n> (JUR) demanda *f* de custodia; **Aufsichtspersonal** *nt* <-s, *ohne pl*> personal *m* de vigilancia

Aufsichtspflicht *f* <-, *ohne pl*> (JUR) deber *m* de vigilancia; **Aufsichtspflichtverletzung** *f* <-, -en> (JUR) incumplimiento *m* del deber de vigilancia

Aufsichtsrat *m* <-(e)s, -räte> (WIRTSCH) ❶ (*Vereinigung*) consejo *m* de administración ❷ (*Mitglied*) consejero, -a *m, f*, miembro *m* del consejo de administración; **Aufsichtsratsmitglied** *nt* <-(e)s, -er> (WIRTSCH) miembro *m* del consejo de administración [*o* vigilancia]; **Aufsichtsratssitzung** *f* <-, -en> (WIRTSCH) junta *f* del consejo de administración; **Aufsichtsratsvergütung** *f* <-, -en> (FIN) prima *f* de asistencia a juntas; **Aufsichtsratsvorsitzende(r)** *mf* <-n, -n; -n, -n> presidente, -a *m, f* del consejo de administración

Aufsichtsrecht *nt* <-(e)s, *ohne pl*> derecho *m* de custodia

auf|sitzen *irr vi sein* ❶ (*aufsteigen*) montar (*auf* en) ❷ (*hereinfallen*): **einem Betrüger** ~ dejarse engañar por un estafador

auf|spalten I. *vt* escindir, dividir
II. *vr: sich* ~ dividirse, escindirse

Aufspaltung *f* <-, -en> desintegración *f*; (*Partei, Verein*) división *f*; (*Atom, Zelle*) fisión *f*; (CHEM) desdoblamiento *m*; ~ **in Teilklagen** (JUR) escisión en demandas particulares; **freiwillige** ~ (JUR) escisión voluntaria

auf|spannen *vt* (*Schirm*) abrir; (*Saite*) poner

auf|sparen *vt* (*Geld*) ahorrar; (*Vorräte*) dejar para más adelante, reservar

auf|speichern I. *vt* almacenar; (*fig*) acumular; **Wut in sich** *dat* ~ acumular rabia en su interior
II. *vr: sich* ~ acumularse; **wochenlang hatte sich die Wut in ihr aufgespeichert** durante semanas se había acumulado la rabia en su interior

auf|sperren *vt* ❶ (*fam: weit öffnen*) abrir de par en par ❷ (*südd, Österr: aufschließen*) abrir con llave

auf|spielen I. *vi* (*zum Tanz*) tocar
II. *vr: sich* ~ (*fam*) ❶ (*angeben*) darse (mucho) tono, dárselas; **spiel dich nicht so auf!** ¡no te las des tanto! ❷ (*sich ausgeben*) dárselas (*als* de); **sich als Experte** ~ dárselas de perito

auf|spießen *vt* ❶ (*mit der Gabel*) pinchar; (*auf einen Spieß* ~) ensartar, espetar ❷ (*auf Hörner*) empitonar; (*Stier*) coger

auf|springen *irr vi sein* ❶ (*hochspringen*) saltar; (*vom Sitz*) levantarse de repente; (*Ball*) botar ❷ (*sich plötzlich öffnen*) abrirse de golpe ❸ (*auf ein Fahrzeug*) saltar (*auf* a) ❹ (*Hände*) cuartearse; (*Haut*) agrietarse; (*Knospen*) abrirse

auf|sprühen *vt* ❶ (*Farbe, Lack*) aplicar con spray (*auf* sobre); **Autolack** ~ pintar el coche con spray; **auf die Kohlezeichnung solltest du Fixiermittel** ~ deberías rociar el dibujo al carbón con fijador ❷ (*Parolen*) hacer una pintada (*auf* en); **er hat Parolen auf die Rathausfassade aufgesprüht** ha hecho pintadas en la fachada del ayuntamiento

auf|spulen ['aʊfʃpuːlən] *vt* devanar, enrollar

auf|spüren *vt* detectar

auf|stacheln ['aʊftaxəln] *vt* ❶ (*aufwiegeln*) incitar (*zu* a) ❷ (*anspornen*) pinchar (*zu* para), estimular (*zu* a)

auf|stampfen *vi* patear, golpear con los pies

Aufstand *m* <-(e)s, -stände> levantamiento *m*, sublevación *f*

aufständisch ['aʊfʃtɛndɪʃ] *adj* sedicioso, rebelde

Aufständische(r) *mf* <-n, -n; -n, -n> (POL) insurrecto, -a *m, f*, rebelde *mf*

auf|stapeln *vt* apilar

auf|stauen I. *vt* (*Fluss*) embalsar
II. *vr: sich* ~ acumularse; (*Wasser*) estancarse, embalsarse

auf|stechen *irr vt* abrir, pinchar

auf|stecken *vt* ❶ (*Ring*) poner ❷ (*Haar*) recoger ❸ (*fam: aufgeben*) abandonar, dejar

auf|stehen *irr vi* ❶ *sein* (*sich erheben*) ponerse de pie; (*morgens aus dem Bett*) levantarse; **früh** ~ madrugar; **da musst du früher** ~ (*fam a. fig*) para eso tienes que levantarte antes ❷ (*offen stehen*) estar abierto

auf|steigen *irr vi sein* ❶ (*Nebel, Rauch*) subir, elevarse; (*Gewitter*) levantarse; (*Flugzeug*) despegar, tomar altura; (*Ballon*) ascender, elevarse ❷ (*beruflich*) ascender (*zu* a); (SPORT) pasar a una categoría superior, ascender (*in* a) ❸ (*auf ein Pferd, Fahrrad*) montar(se) (*auf* en) ❹ (*Gedanken*) ocurrir; (*Bedenken*) surgir

Aufsteiger[1] *m* <-s, -> (SPORT) equipo *m* ascendido

Aufsteiger(in)[2] *m(f)* <-s, -> (*fam*) trepa *mf*

auf|stellen I. *vt* ❶ (*aufbauen*) poner, colocar; (*Denkmal*) erigir, levantar; (*Zelt*) montar, levantar; (*Maschine*) instalar; (*in einer Reihe*) alinear ❷ (*aufrichten*) levantar ❸ (*Mannschaft*) alinear; (*Regierung, Truppen*) formar; (*Liste, Bilanz*) hacer ❹ (*Kandidat*) designar, nominar ❺ (*Rekord*) marcar, establecer ❻ (*Regel*) instituir, establecer; (*Theorie*) formular; (*Bedingung*) fijar; (*Plan*) trazar ❼ (*Schweiz: aufmuntern*) levantar el ánimo (a)
II. *vr: sich* ~ (*sich postieren*) apostarse, ponerse; (*in einer Reihe*) ponerse en fila

Aufstellung *f* <-, -en> ❶ (*Regel, Plan*) confección *f*, establecimiento *m*; (*Schild, Denkmal*) colocación *f*; (*Maschine*) montaje *m*, instalación *f*; ~ **des Jahresabschlusses** (FIN) estado de las cuentas anuales ❷ (*Mannschafts-*) alineación *f* ❸ (*Truppen-*) formación *f* ❹ (*Kandidaten*) designación *f* ❺ (*Liste*) relación *f*, lista *f*; (*Tabelle*) tabla *f*; ~ **der Ausgaben** especificación de los gastos

Aufstellungskosten *pl* (FIN) costes *mpl* de instalación

Aufstieg ['aʊfʃtiːk] *m* <-(e)s, -e> ❶ (*das Aufsteigen*) ascenso *m*; (*eines Ballons*) ascensión *f*; (*beim Bergsteigen*) escalada *f* ❷ (*Weg*) subida *f* ❸ (*beruflich, sportlich*) ascenso; ~ **in die erste Liga** ascenso a la primera división

Aufstiegschance *f* <-, -n>, **Aufstiegsmöglichkeit** *f* <-, -en> oportunidad *f* de ascenso; **Aufstiegsrunde** *f* <-, -n> (SPORT) play-off *m* de ascenso, liguilla *f* de ascenso; **Aufstiegsspiel** *nt* <-(e)s, -e> (SPORT) partido *m* que decide el ascenso

auf|stöbern ['aʊfʃtøːbɐn] *vt* ❶ (*Wild*) levantar, rastrear ❷ (*entdecken*) descubrir, encontrar

auf|stocken ['aʊfʃtɔkən] *vt* ❶ (*Vorräte*) aumentar ❷ (*Kapital*) ampliar (*um* con), aumentar (*um* en) ❸ (ARCHIT): **um ein Stockwerk/mehrere Stockwerke** ~ añadir un piso/varios pisos

auf|stöhnen *vi* dar un fuerte suspiro, suspirar hondamente

auf|stoßen *irr* I. *vi* ❶ (*rülpsen*) eructar

aufstrebend ② *sein* (*fam: missfallen*) molestar ③ (*hart aufsetzen*) golpear (*auf* contra/en); **II.** *vt* ① (*öffnen*) abrir de un empujón ② (*verletzen*): **ich habe mir den Ellbogen aufgestoßen** me he golpeado el codo, me he dado un golpe en el codo

aufstrebend *adj* (*fig*) floreciente, con un gran empuje

auf|streichen *irr* **I.** *vi sein* (*auffliegen*) levantar el vuelo, echar(se) a volar **II.** *vt haben* (*Farbe*) aplicar, extender

Aufstrich *m* <-(e)s, -e> lo que se unta en el pan; **was möchtest du als ~?** ¿qué te pongo en el pan?

auf|stülpen *vt* (*auf den Kopf ziehen*) calar, encasquetar; **sich** *dat* **den Hut/eine Mütze ~** calarse el sombrero/encasquetarse una gorra

auf|stützen **I.** *vt* (*Ellbogen, Kopf*) apoyar (*auf* en/sobre) **II.** *vr*: **sich ~** apoyarse (*auf* en/sobre)

auf|suchen *vt* (*Bekannte*) visitar, ir a ver; (*Arzt*) consultar

auf|takeln ['aʊftaːkəln] **I.** *vt* (NAUT) aparejar **II.** *vr*: **sich ~** (*fam abw*) emperifollarse, emperejilarse

Auftakt *m* <-(e)s, -e> ① (*Beginn*) comienzo *m*; **den ~ zu etw bilden** marcar el comienzo de algo ② (MUS) anacrusa *f*

auf|tanken *vt* ① (*Treibstoff*) repostar ② (*Auto, Flugzeug*) llenar el depósito (de); **das Auto ~** echar gasolina al coche ③ (*sammeln*) tomar

auf|tauchen *vi sein* ① (*Taucher, U-Boot*) emerger, salir a la superficie ② (*Person*) presentarse; (*Gegenstand*) aparecer ③ (*Zweifel, Gedanke*) brotar, surgir

auf|tauen **I.** *vi sein* ① (*Eis, Schnee*) derretirse; (*Fluss, See*) deshelarse ② (*gesprächig werden*) soltarse **II.** *vt* (*Tiefkühlkost, Wasserleitung*) descongelar

auf|teilen *vt* ① (*verteilen*) distribuir (*unter* entre, *an* a), repartir (*unter* entre, *an* a) ② (*unterteilen*) dividir (*in* en, *nach* según); **die Schüler wurden in Gruppen aufgeteilt** los alumnos fueron divididos en grupos

Aufteilung *f* <-, -en> ① (*Verteilung*) distribución *f*; **~ des Nachlasses** división de la herencia ② (*Unterteilung*) división *f*

Aufteilungsplan *m* <-(e)s, -pläne> (FIN) plan *m* de distribución; **Aufteilungsvertrag** *m* <-(e)s, -träge> (JUR) pacto *m* de prorrateo

auf|tischen ['aʊftɪʃən] *vt* ① (*Speisen*) servir ② (*fam abw*): **jdm Lügen ~** meter una bola a alguien, contar bolas a alguien

Auftrag ['aʊftraːk, *pl*: 'aʊftrɛːɡə] *m* <-(e)s, -träge> ① (*Anweisung*) orden *f*, encargo *m*; **im ~ eines Dritten** por encargo de tercero; **einen ~ erteilen** dar una orden; **im ~ von …** por encargo de…, por orden de…; **in jds ~ kommen** venir de parte de alguien ② (*Bestellung*) pedido *m*, encargo *m*; **eiliger ~** pedido urgente; **unerledigte Aufträge** pedidos pendientes; **einen ~ vergeben** colocar un pedido; **etw in ~ geben** encomendar algo; **im ~ und auf Rechnung von …** por orden y cuenta de… ③ (JUR) mandato *m*; **Geschäftsführung ohne ~** encargo de gestión de negocios sin mandato; **Kündigung/Widerruf des ~s** rescisión/anulación del mandato ④ (*Aufgabe*) misión *f*, comisión *f* ⑤ (*Farbe*) mano *f*, capa *f*

auf|tragen *irr* **I.** *vt* ① (*geh: servieren*) servir ② (*Salbe, Make-up*) darse (*auf* en), ponerse (*auf* en); **Farbe ~ pintar; dick ~** (*fam fig*) cargar las tintas ③ (*Kleidung*) gastar ④ (*beauftragen*) encargar; **er hat mir Grüße an Sie aufgetragen** me ha dado recuerdos para Ud., me ha encargado que le dé recuerdos **II.** *vi* (*Kleidungsstück*) hacer gordo

Auftraggeber(in) *m(f)* <-s, -; -, -nen> comitente *mf*, mandante *mf*; (*Kunde*) cliente *mf*; **Auftragnehmer** *m* <-s, -> (COM) empresa *f* que recibe un pedido, empresa *f* contratante

Auftragsabwicklung *f* <-, -en> (WIRTSCH) ejecución *f* de un pedido; **Auftragsannahme** *f* <-, -n> (WIRTSCH) aceptación *f* del pedido; **Auftragsarbeit** *f* <-, -en> encargo *m*; **eine ~ an jdn vergeben** encargar un trabajo a alguien; **Auftragsbestand** *m* <-(e)s, -stände> (WIRTSCH) cartera *f* de pedidos; **Auftragsbestätigung** *f* <-, -en> (WIRTSCH) confirmación *f* de un pedido; **Auftragsbuch** *nt* <-(e)s, -bücher> (WIRTSCH) libro *m* de pedidos; **Auftragseingang** *m* <-(e)s, -gänge> (WIRTSCH) entrada *f* de pedidos; **Auftragsentwicklung** *f* <-, -en> (WIRTSCH) evolución *f* de los pedidos; **Auftragserfindung** *f* <-, -en> (WIRTSCH) invención *f* creada bajo contrato; **Auftragserledigung** *f* <-, *ohne pl*> (WIRTSCH) ejecución *f* de un pedido; **Auftragserteilung** *f* <-, -en> (WIRTSCH) otorgamiento *m* del pedido; **bei ~** al hacer el pedido; **Auftragsfertigung** *f* <-, *ohne pl*> (WIRTSCH) producción *f* por encargo [*o* por pedido]

auftragsgebunden *adj* (WIRTSCH) sujeto al pedido

auftragsgemäß *adj* conforme al pedido

Auftragslage *f* <-, -n> (WIRTSCH) situación *f* de pedidos; **Auftragsplanung** *f* <-, -en> (WIRTSCH) planificación *f* de pedidos; **Auftragspolster** *nt* <-s, -> (WIRTSCH) cartera *f* con muchos pedidos; **Auftragsrecht** *nt* <-(e)s, *ohne pl*> (JUR) derecho *m* regulador del mandato; **Auftragsrückgang** *m* <-(e)s, *ohne pl*> (WIRTSCH) retraso *m* (en la ejecución) de los pedidos; **Auftragsrückstand** *m* <-(e)s, -stände> (WIRTSCH) retraso *m* en la ejecución de pedidos; **Auftragssteuerung** *f* <-, -en> (WIRTSCH) control *m* de la cartera de pedidos; **Auftragsvergabe** *f* <-, -n> (WIRTSCH) adjudicación *f* de un pedido (*an* a); **Auftragsverhältnis** *nt* <-ses, -se> (WIRTSCH) índice *m* de pedidos

auftragswidrig *adj* (WIRTSCH) contrario a lo estipulado en el pedido

auf|treffen *vi irr sein* dar(se); **er ist mit dem Kopf (auf den Stein) aufgetroffen** ha dado con la cabeza (con *lo* contra) la piedra), ha dado con la cabeza (en la piedra); **das Flugzeug traf auf ein** [*o* **auf einem**] **Farmhaus auf** el avión fue a dar contra una granja

auf|treiben *irr vt* (*fam*) encontrar, dar (con); (*Geld*) reunir; **ich konnte nichts Essbares ~** no pude encontrar nada para comer

auf|trennen *vt* deshacer, descoser

auf|treten *irr* **I.** *vi sein* ① (*mit den Füßen*) pisar ② (*erscheinen*) presentarse; (*Schauspieler*) actuar; **sie ist heute zum ersten Mal aufgetreten** ha debutado hoy; **er tritt als Zeuge auf** declara como testigo ③ (*sich benehmen*) comportarse; **sicher ~** actuar con aplomo, mostrar seguridad ④ (*sich zeigen*) surgir, aparecer; **ein Fehler ist aufgetreten** se ha producido un fallo **II.** *vt* (*öffnen*) abrir a patadas

Auftreten *nt* <-s, *ohne pl*> ① (*Erscheinung*) aparición *f*; (*Schauspieler*) actuación *f* ② (*Benehmen*) conducta *f*; **ein sicheres ~ haben** tener aplomo, mostrarse seguro

Auftrieb *m* <-(e)s, *ohne pl*> ① (PHYS) fuerza *f* ascensional ② (*Schwung*) ánimo(s) *m(pl)*, estímulo *m*; **etw** *dat* **~ geben** [*o* **verleihen**] dar [*o* proporcionar] impulso a algo

Auftriebskraft *f* <-, -kräfte> fuerza *f* ascensional; **Auftriebstendenz** *f* <-, -en> (WIRTSCH) tendencia *f* alcista

Auftritt *m* <-(e)s, -e> ① (THEAT: *Auftreten*) salida *f* a escena, entrada *f* en escena; (*Vorstellung*) actuación *f* ② (*Streit*) disputa *f*, escena *f*

auf|trumpfen *vi* demostrar su superioridad

auf|tun **I.** *vt* (*fam: entdecken*) descubrir **II.** *vr*: **sich ~** (*geh*) ① (*sich öffnen*) abrirse ② (*sich darbieten*) ofrecerse, presentarse

auf|türmen ['aʊftʏrmən] **I.** *vt* amontonar, apilar **II.** *vr*: **sich ~** amontonarse

auf|wachen *vi sein* despertar(se) (*aus* de)

Aufwachraum *m* <-(e)s, -räume> (MED) sala *f* de reanimación

auf|wachsen *irr vi sein* crecer, criarse, recordarse Arg, Mex

auf|wallen ['aʊfvalən] *vi sein* ① (*beim Erhitzen*) hervir, subir ② (*geh: Gefühle*) hervir

Aufwallung *f* <-, -en> arrebato *m*, arranque *m*; **eine ~ von Hass/Leidenschaft** un arrebato de odio/de pasión; **in einer ~ von Wut/Eifersucht** en un ataque de rabia/de celos

Aufwand ['aʊfvant] *m* <-(e)s, *ohne pl*> ① (*Einsatz*) esfuerzo *m*; **der ~ ist mir zu groß** me parece demasiado esfuerzo ② (*Prunk*) pompa *f*, suntuosidad *f*; **viel ~ mit etw treiben** hacer mucha ceremonia con algo ③ (*Kosten*) gastos *mpl*; **gerätetechnischer ~** despliegue de aparatos técnicos

aufwändig[RR] *adj* (*kostspielig*) caro, costoso; (*luxuriös*) lujoso

Aufwand-Nutzen-Rechnung *f* <-, -en> (FIN, WIRTSCH) cuenta *f* de costes-beneficios

Aufwandsentschädigung *f* <-, -en> reembolso *m* de los gastos; **Aufwandsfinanzierung** *f* <-, -en> (WIRTSCH) financiación *f* de los gastos; **Aufwandsrechnung** *f* <-, -en> (FIN, WIRTSCH) cuenta *f* de pérdidas; **Aufwands- und Ertragsrechnung** cuenta *f* de pérdidas y ganancias; **Aufwandsrückerstattung** *f* <-, -en> (FIN, WIRTSCH) reembolso *m* de los gastos de representación; **Aufwandssteuer** *f* <-, -n> (FIN, WIRTSCH) impuesto *m* de lujo

auf|wärmen **I.** *vt* ① (*Essen*) recalentar ② (*Erinnerungen*) rememorar **II.** *vr*: **sich ~** ① (SPORT) calentarse, hacer un precalentamiento ② (*sich wärmen*) calentarse, entrar en calor

auf|warten *vi* (*geh*): **mit etw ~** presentar algo

aufwärts ['aʊfvɛrts] *adv* (hacia) arriba; **~ gerichtet** alcista; **~ gehen** (*Fortschritte machen*) prosperar, ir para arriba, ir viento en popa *fam*;

(*gesundheitlich*) mejorarse, reponerse, levantar cabeza *fam;* **es geht endlich wieder ~ mit der Wirtschaft** la economía va de nuevo para arriba; **nach der Kur geht es wieder ~ mit ihr** tras la estancia en el balneario se va reponiendo otra vez; **von einem bestimmten Betrag ~ ist der Chef zuständig** a partir de una determinada cantidad, el responsable es el jefe

Aufwärtsbewegung *f* <-, -en> movimiento [*o* al alza] alcista *m;* **Aufwärtsentwicklung** *f* <-, -en> desarrollo *m* ascendente; **kräftige ~** considerable desarrollo ascendente

aufwärts|gehen *irr v unpers sein s.* **aufwärts**

Aufwärtshaken *m* <-s, -> (SPORT: *Boxen*) uppercut *m,* gancho *m* (a la cara)

aufwärtskompatibel *adj* (INFOR) compatible hacia arriba [*o* ascendente]

Aufwärtspfeil *m* <-(e)s, -e> (INFOR) flecha *f* arriba; **Aufwärtstendenz** *f* <-, -en>, **Aufwärtstrend** *m* <-s, -s> tendencia *f* ascendente

Aufwartung *f* <-, -en>: **ein Herr möchte Ihnen seine ~ machen** (*geh*) hay un señor que desea verle

Aufwasch *m* <-(e)s, *ohne pl*> ❶ (*Teller*) platos *mpl* (sucios), cacharros *mpl* (sucios); **den ~ stehen lassen** dejar los cacharros [*o* platos] sin fregar

❷ (*Reinigung*) fregado *m;* **immer muss ich den ~ machen** [*o* besorgen] siempre tengo que ocuparme yo de fregar los cacharros

❸ (*Aktion*): **alles in einem ~ erledigen** [*o* machen] matar dos pájaros de un tiro; **das ist ein** [*o* geht in einem] **~** esto se hace con el mismo esfuerzo

auf|waschen *irr vt* (*reg: abwaschen*) fregar

auf|wecken *vt* despertar

auf|weichen *irr* I. *vi sein* (*weich werden*) reblandecer
II. *vt* (*Boden, Brot*) ablandar, reblandecer

auf|weisen ['aʊfvaɪzən] *irr vt* ❶ (*erkennen lassen*) mostrar, tener
❷ (*aufzeigen*) presentar, exponer; **was haben Sie außerdem noch an Erfolgen aufzuweisen?** ¿qué otros éxitos puede aducir?

auf|wenden *irr vt* (*Zeit*) dedicar, invertir; (*Kraft*) poner, utilizar; (*Energie, Geld*) emplear, gastar

aufwendig *adj s.* **aufwändig**

Aufwendung *f* <-, -en> ❶ (*das Aufwenden*): **unter ~ aller verfügbaren Mittel** empleando todos los medios disponibles

❷ *pl* (*Kosten*): **~en für die Errichtung und Erweiterung eines Unternehmens** gastos extraordinarios para la creación y la ampliación de una empresa; **außerordentliche ~en** gastos extraordinarios; **betriebliche/einmalige ~en** gastos empresariales/extraordinarios; **laufende/tatsächliche ~en** gastos corrientes/reales; **ersparte ~** impensa economizada; **fehlgeschlagene ~** impensa frustrada; **und sonstige betriebliche ~en** y demás gastos de la empresa

Aufwendungsanspruch *m* <-(e)s, -sprüche> (JUR) reclamación *f* de gastos

Aufwendungsersatz *m* <-es, *ohne pl*> resarcimiento *m* de los gastos; **Aufwendungsersatzanspruch** *m* <-(e)s, -sprüche> (JUR) derecho *m* al resarcimiento de los gastos; **Aufwendungsersatzpflicht** *f* <-, *ohne pl*> (JUR) obligación *f* de resarcir los gastos

auf|werfen *irr* I. *vt* ❶ (*Damm*) construir, levantar
❷ (*Tür*) abrir bruscamente
❸ (*Probleme*) plantear
II. *vr:* **sich zu etw ~** asumir el papel de algo

auf|werten *vt* ❶ (*Währung*) revaluar, revalorizar
❷ (*Ansehen*) mejorar

Aufwertung *f* <-, -en> revalorización *f,* revaluación *f;* **die ~ des Euros** la revalorización del euro

auf|wickeln *vt* devanar, enrollar

auf|wiegeln ['aʊfvi:gəln] *vt* incitar (*gegen* contra, *zu* a); (*Truppen*) amotinar, sublevar

Aufwiegelung *f* <-, -en> agitación *f*

auf|wiegen *irr vt* contrapesar; (*ausgleichen*) compensar; **praktische Erfahrungen sind sehr wichtig und durch nichts aufzuwiegen** las experiencias prácticas son muy importantes y no hay nada que las sustituya

Aufwiegler(in) ['aʊfvi:glɐ] *m(f)* <-s, -; -, -nen> (*abw*) agitador(a) *m(f),* alborotador(a) *m(f)*

Aufwind *m* <-(e)s, -e> ❶ (METEO) corriente *f* ascendente, viento *m* ascendente; **thermischer ~** viento ascensional térmico
❷ (*fig: Auftrieb*) impulso *m,* estímulo *m;* **sich im ~ befinden** estar en auge, ir viento en popa

auf|wirbeln *vt* arremolinar; **viel Staub ~** (*a. fig*) levantar una gran polvareda

auf|wischen *vt* ❶ (*Raum*) fregar, limpiar
❷ (*Flüssigkeit*) limpiar (con un trapo)

auf|wühlen *vt* ❶ (*Erde*) (re)mover, escarbar; (*Meer*) agitar
❷ (*erregen*) emocionar

auf|zählen *vt* enumerar; (*einzeln*) detallar

Aufzahlung *f* <-, -en> (*Schweiz, Österr: Aufpreis*) recargo *m* (*auf* sobre), sobreprecio *m* (*auf* sobre)

Aufzählung *f* <-, -en> enumeración *f,* relación *f;* (*Liste*) lista *f*

auf|zäumen ['aʊftsɔʏmən] *vt* embridar, enjaezar; **das Pferd von hinten ~** (*fig*) empezar la casa por el tejado, tomar el rábano por las hojas

auf|zehren *vt* (*geh: Vorrat, Ersparnisse*) gastar; (*Kräfte*) agotar

auf|zeichnen *vt* ❶ (*Plan, Muster*) dibujar, trazar
❷ (*Sendung*) grabar

Aufzeichnung *f* <-, -en> ❶ *pl* (*Notizen*) notas *fpl,* apuntes *mpl*
❷ (*Bild-, Tonaufnahme*) grabación *f*

Aufzeichnungspflicht *f* <-, *ohne pl*> (JUR) deber *m* de registro

auf|zeigen *vt* (*geh: darlegen*) mostrar, señalar; (*klarmachen*) demostrar, evidenciar

auf|ziehen *irr* I. *vi sein* ❶ (*Gewitter*) levantarse
❷ (MIL: *Truppen*) desplegarse
II. *vt* ❶ (*hochziehen*) subir, levantar; (*Flagge*) izar
❷ (*öffnen*) abrir (tirando); (*Vorhang*) descorrer; (*Schleife*) deshacer
❸ (*Uhr*) dar cuerda (a)
❹ (*Kind, Tier*) criar; (*Pflanze*) cultivar
❺ (*fam: organisieren*) organizar, montar; **wir wollen das ganz groß ~** queremos montarlo a lo grande
❻ (*Foto*) fijar (*auf* en); (*Saiten*) poner (*auf* a)
❼ (*Spritze, Serum*) preparar, llenar
❽ (*fam: verspotten*): **jdn ~** tomar el pelo a alguien

Aufzucht *f* <-, *ohne pl*> ❶ (*von Tieren*) cría *f,* crianza *f*
❷ (*von Pflanzen*) cultivo *m*

Aufzug *m* <-(e)s, -züge> ❶ (*das Aufmarschieren*) despliegue *m;* (*das Herankommen*) acercamiento *m,* llegada *f*
❷ (*Lift*) ascensor *m,* elevador *m* MAm, Mex; (*für Lasten*) montacargas *m inv*
❸ (*abw: Kleidung*) pinta *f;* **in dem ~ kann ich mich nicht sehen lassen** no me puedo dejar ver con esta pinta
❹ (THEAT) escena *f,* acto *m*

Aufzugführer(in) *m(f)* <-s, -; -, -nen> ascensorista *mf*

auf|zwingen *irr* I. *vt:* **jdm etw ~** imponer algo a alguien
II. *vr:* **sich ~** imponerse; (*Gedanke*) surgir

Augapfel *m* <-s, -äpfel> (ANAT) globo *m* ocular [*o* del ojo]; **etw wie seinen ~ hüten** guardar algo como la niña de sus ojos

Auge ['aʊgə] *nt* <-s, -n> ❶ (*Sehorgan*) ojo *m;* (*Sehvermögen*) vista *f;* **~ in ~ mit jdm** cara a cara con alguien; **vor aller ~n** a la vista de todos, públicamente; **gute ~n haben** tener buena vista; **sich** *dat* **die ~n derben** estropearse la vista; **ein blaues ~ haben** tener un ojo a la funerala [*o* a la virulé]; **mit bloßem ~** a simple vista; **große ~n machen** (*fam*) poner ojos como platos; **die ~n offen halten** mantener los ojos abiertos, estar con el ojo alerta; **jdm die ~n öffnen** abrir a alguien los ojos; **sich** *dat* **etw vor ~n führen** tener algo presente, ser consciente de algo; **etw ins ~ fassen** proponerse hacer algo; **etw im ~ haben** (*fig*) tener la intención de hacer algo; **die ~n vor etw verschließen** cerrar los ojos a algo; **er hat die ~n überall** anda con ojos alerta; **beide ~n** [*o* **ein ~**] **zudrücken** (*fig*) hacer la vista gorda; **so weit das ~ reicht** hasta donde alcanza la vista; **sie traute ihren ~n nicht** no daba crédito a sus ojos; **jdn nicht aus den ~n lassen** no quitar a alguien los ojos de encima; **mit einem lachenden und einem weinenden ~** con sentimientos dispares; **jdn unter vier ~n sprechen** hablar a alguien sin testigos [*o* a solas]; **es fiel ihm wie Schuppen von den ~n** se le cayó la venda de los ojos; **etw springt ins ~** algo salta a la vista; **ins ~ gehen** (*fam fig*) acabar mal, tener malas consecuencias; **ich habe die ganze Nacht kein ~ zugetan** no he pegado ojo en toda la noche; **mir wurde schwarz vor ~n** perdí el sentido; **das passt wie die Faust aufs ~** (*fam*) viene como a un Santo Cristo un par de pistolas; **jdm etw aufs ~ drücken** (*fam fig*) pegar algo a alguien; **jdm schöne ~n machen** (*fam*) poner ojitos a alguien, flirtear con alguien; **er hat ein ~ auf das Mädchen geworfen** (*fam*) ha puesto los ojos en la muchacha, le ha echado el ojo a la chica; **mit einem blauen ~ davonkommen** (*fam fig*) salir bien parado; **er liest mir jeden Wunsch von den ~n ab** se anticipa a mis deseos; **~n zu und durch** (*fam*) valor y al toro; **vier ~n sehen mehr als zwei** (*prov*) más ven cuatro ojos que dos; **aus den ~n, aus dem Sinn** (*prov*) ojos que no ven, corazón que no siente; **~ um ~, Zahn um Zahn** (*prov*) ojo por ojo, diente por diente
❷ (*beim Würfel*) punto *m*
❸ (*Fett-~*) ojo *m*
❹ (*einer Kartoffel*) grillo *m*
❺ (*eines Taifuns*) ojo *m*

äugen *vi* mirar; **der Kleine äugte vorsichtig hinter der Tür hervor** el pequeño miró con precaución detrás de la puerta

Augenarzt, -ärztin *m, f* <-es, -ärzte; -, -nen> oculista *mf,* oftalmólogo, -a *m, f*

augenärztlich I. *adj* oftalmológico; **Sie müssen sich einer ~en**

Augenaufschlag Behandlung unterziehen! ¡tiene que someterse a tratamiento oftalmológico!
II. *adv* por un oftalmólogo
Augenaufschlag *m* <-(e)s, -schläge> mirada *f;* **Augenbank** *f* <-, -en> (MED) banco *m* de ojos; **Augenbelastung** *f* <-, -en> esfuerzo *m* de la vista; **Augenbeschwerden** *fpl* padecimiento *m* de la vista
Augenblick *m* <-(e)s, -e> momento *m,* instante *m;* **einen ~ bitte!** ¡un momento, por favor!; **er wird jeden ~ hier eintreffen** llegará de un momento a otro
augenblicklich I. *adj* ❶ (*gegenwärtig*) momentáneo, actual ❷ (*unverzüglich*) inmediato, instantáneo
II. *adv* (*gegenwärtig*) de [*o por el*] momento, en este momento
Augenblinzeln *nt* <-s, *ohne pl*> guiño *m*
Augenbraue ['aʊɡənbraʊə] *f* <-, -n> ceja *f;* **die ~n hochziehen** arquear [*o enarcar*] las cejas; **Augenbrauenstift** *m* <-(e)s, -e> lápiz *m* para las cejas
Augenentspannung *f* <-, -en> descanso *m* de la vista; **Augenentzündung** *f* <-, -en> inflamación *f* de los ojos; (MED) oftalmía *f;* **Augenerkrankung** *f* <-, -en> enfermedad *f* de la vista
augenfällig ['aʊɡənfɛlɪç] *adj* obvio, manifiesto
Augenfarbe *f* <-, -n> color *m* de los ojos; **Augenflimmern** *nt* <-s, *ohne pl*> chiribitas *fpl;* **Augenheilkunde** ['aʊɡənhaɪlkʊndə] *f* <-, *ohne pl*> (MED) oftalmología *f;* **Augenhöhe** *f* <-, *ohne pl*> **in ~ a** la altura de los ojos; **Augenhöhle** *f* <-, -n> órbita *f* ocular, cuenca *f* del ojo; **Augenklappe** *f* <-, -n> anteojera *f;* **Augenklinik** *f* <-, -en> clínica *f* oftalmológica; **Augenkrankheit** *f* <-, -en> enfermedad *f* de los ojos [*o* ocular], afección *f* ocular; **Augenlicht** *nt* <-(e)s, *ohne pl*> (*geh*) vista *f;* **Augenlid** *nt* <-(e)s, -er> párpado *m;* **Augenmaß** *nt* <-es, *ohne pl*> sentido *m* de la(s) proporción(es)
Augenmerk ['aʊɡənmɛrk] *nt* <-(e)s, *ohne pl*> **sein ~ auf etw/jdn richten** fijar la atención en algo/alguien
Augennerv *m* <-s, -en> (ANAT) nervio *m* óptico; **Augenoperation** *f* <-, -en> operación *f* de los ojos [*o* oftalmológica]; **Augenoptiker(in)** *m(f)* <-s, -; -, -nen> óptico, -a *m, f;* **Augenränder** ['aʊɡənrɛndɐ] *mpl* bordes *mpl* de los párpados; **Augenringe** *mpl* ojeras *fpl;* **Augensalbe** *f* <-, -n> pomada *f* para los ojos; **Augenschatten** *mpl* ojeras *fpl;* **Augenschein** *m* <-(e)s, *ohne pl*> ❶ (*geh*) vista *f;* (*Anschein*) apariencia *f;* **etw in ~ nehmen** examinar [*o* inspeccionar] algo; **richterlicher ~** inspección judicial ocular ❷ (*Schweiz: Lokaltermin*) visita *f* a la escena del suceso
augenscheinlich I. *adj* evidente, patente
II. *adv* por lo visto
Augenscheinsbeweis *m* <-es, -e> (JUR) prueba *f* evidencial; **Augenscheinseinnahme** *f* <-, -n> (JUR) diligencia *f* de reconocimiento e inspección ocular; **Augenscheinsgehilfe** *m* <-n, -n> (JUR) ayudante *m* de inspección ocular; **Augenscheinsprotokoll** *nt* <-s, -e> (JUR) protocolo *m* sobre inspección ocular
Augentropfen *mpl* (MED) colirio *m*
Augentrost *m* <-(e)s, *ohne pl*> (BOT) eufrasia *f*
Augenübung *f* <-, -en> ejercicio *m* de la vista; **Augenverätzung** *f* <-, -en> cauterización *f* de los ojos; **Augenverletzung** *f* <-, -en> lesión *f* de la vista; **Augenweide** *f* <-, *ohne pl*> deleite *m* para los ojos; **Augenwinkel** *m* <-s, -> rabillo *m* del ojo; **jdn aus den ~n anschauen** mirar a alguien por el rabillo del ojo; **Augenwischerei** [aʊɡənvɪʃəˈraɪ] *f* <-, -en> patraña *f*
Augenzahl *f* <-, -en> (*im Würfelspiel*) puntos *mpl* (de los dados)
Augenzeuge, -in *m, f* <-n, -n; -, -nen> testigo *mf* ocular [*o* presencial]; **Augenzeugenbericht** *m* <-(e)s, -e> informe *m* de un testigo ocular; **nach ~en** según testigos oculares
Augenzeugin *f* <-, -nen> *s.* **Augenzeuge**
Augenzwinkern *nt* <-s, *ohne pl*> guiño *m*
augenzwinkernd *adv* guiñando un ojo, con un guiño; **sie sahen sich ~ an** se hicieron un guiño; **er gab ihm ~ zu verstehen, dass er ganz seiner Meinung war** con un guiño le dio a entender que estaba totalmente de acuerdo con él
Augiasstall [aʊˈɡiːas-] *m* <-(e)s, *ohne pl*> (*geh abw*) pocilga *f*
Augsburg ['aʊksbʊrk] *nt* <-s> Augsburgo *m*
Augur ['aʊɡʊr] *m* <-s *o* -en, -en> (*geh*) augur *m*
August [aʊˈɡʊst] *m* <-(e)s, -e> agosto *m; s. a.* **März**
Augustfeier *f* <-, -n> (*Schweiz*) fiesta oficial en agosto
Augustiner(in) [aʊɡʊsˈtiːnɐ] *m(f)* <-s, -; -, -nen> (REL) agustino, -a *m, f*
Augustinermönch *m* <-(e)s, -e> agustino *m*
Auktion [aʊkˈtsjoːn] *f* <-, -en> subasta *f,* almoneda *f,* remate *m Am*
Auktionator(in) [aʊktsjoˈnaːtoːɐ] *m(f)* <-s, -en; -, -nen> subastador(a) *m(f)*
Auktionshaus *nt* <-es, -häuser> casa *f* de subastas
Aula ['aʊla] *f* <-, Aulen> aula *f* magna, salón *m* de actos; (*einer Universität*) paraninfo *m*
A- und B-Horizont ['aː.ʔʊntbeː-] *m* <-(e)s, -e> (GEO) horizonte *m* A y B

Aupairmädchen^RR *nt* <-s, ->, **Au-pair-Mädchen** [oˈpɛːɛmɛːtçən] *nt* <-s, -> au pair *f;* **Aupairstelle**^RR *f* <-, -n>, **Au-pair-Stelle** *f* <-, -n> puesto *m* de au-pair
Aura ['aʊra] *f* <-, *ohne pl*> (*geh*) aura *f*
Aureole [aʊreˈoːlə] *f* <-, -n> aureola *f*
Aurikel *f* <-, -n> ❶ (ANAT: *Herz*) aurícula *f* ❷ (BOT) aurícula *f,* oreja *f* de oso
aus [aʊs] **I.** *präp* +*dat* ❶ (*heraus*) de, por; **er sah ~ dem Fenster** miró por la ventana; **~ der Flasche trinken** beber de la botella; **~ der Mode kommen** pasar de moda; **~ dem Gleichgewicht kommen** perder el equilibrio ❷ (*herkommend von*) de; **er ist ~ Leipzig** es de Leipzig; **Tomaten ~ Italien** tomates de Italia; **ein Brief ~ Kanada/~ der Schweiz** una carta del Canadá/de Suiza; **~ dem letzten Jahrhundert** del siglo pasado ❸ (*beschaffen*) de; **~ Glas** de cristal ❹ (*mittels*) de, por; **~ Erfahrung** por experiencia; **~ dem Gedächtnis** de memoria ❺ (*infolge von*) de, por; **~ Angst** por miedo; **~ dem (einfachen) Grunde, dass ...** por el (simple y sencillo) motivo de que...; **~ diesem Anlass** por este motivo
II. *adv* ❶ (*fam: vorbei*): **das Spiel ist ~** el partido ha terminado; **zwischen ihnen ist es ~** han cortado; **mit dir ist es ~** hemos terminado; **~ und vorbei** se acabó ❷ (*ausgeschaltet*) apagado; **Licht ~!** ¡apaguen la luz!, ¡fuera luces! ❸ (SPORT) fuera; **der Ball war ~** la pelota fue fuera de juego ❹ (*Wend*): **~ sein** (*fam: sich vergnügen*) haber salido; (*zu Ende sein*) haberse acabado; **auf etw ~ sein** ir detrás de [*o* en busca de] algo; **von ... ~ desde...**, **por...**; **von hier ~** desde aquí; **von sich** *dat* **~** por iniciativa propia; **von mir ~** (*fam: okay*) por mí
Aus *nt* <-, *ohne pl*> ❶ (SPORT) fuera *m* de banda ❷ (*Ende*) final *m*
aus|arbeiten *vt* (*Plan*) elaborar; (*Vortrag*) redactar
Ausarbeitung *f* <-, -en> elaboración *f;* (*einer Theorie*) formulación *f;* (*schriftlich*) redacción *f;* **seit einer Woche sitze ich an der ~ meiner Rede** llevo una semana redactando mi discurso
aus|arten ['aʊsartən] *vi sein* ❶ (*ausfallend werden*) comportarse mal, ser impertinente ❷ (*außer Kontrolle geraten*) degenerar (*in* en); **der Streit artete in eine Schlägerei aus** la disputa degeneró en una reyerta
aus|atmen *vi* espirar
aus|baden *vt* (*fam*): **es ~ müssen** tener que pagar los platos rotos
aus|baggern *vt* dragar, excavar
aus|balancieren* ['aʊsbalansiːrən] *vt* equilibrar, sopesar
Ausbau *m* <-(e)s, *ohne pl*> ❶ (*Erweiterung*) ampliación *f* ❷ (*Abbau*) desmontaje *m* ❸ (*Intensivierung*) intensificación *f,* consolidación *f*
aus|bauen *vt* ❶ (*herausmontieren*) desmontar, sacar ❷ (*Gebäude, Organisation*) ampliar; (*verbreitern*) ensanchar ❸ (*weiterentwickeln*) desarrollar; (*vertiefen*) intensificar ❹ (*Vorsprung*) consolidar
ausbaufähig *adj* ampliable; (*weiter entwickelbar*) desarrollable
Ausbaupatent *nt* <-(e)s, -e> patente *f* de perfeccionamiento no explotada
aus|bedingen <bedingt aus, bedang aus, ausbedungen> *vt:* **sich** *dat* **~** reservarse el derecho (de), poner como condición
aus|beißen *irr vt:* **sich einen Zahn ~** romperse un diente (al morder); **ich habe mir daran die Zähne ausgebissen** (*fig*) me dejé los cuernos en ello
aus|bessern *vt* reparar, arreglar; (*Kleidung*) arreglar; (*flicken*) remendar
Ausbesserung *f* <-, -en> reparación *f;* (FOTO) retoque *m*
Ausbesserungsarbeiten *fpl* (obras *fpl* de) mejora *f,* saneamiento *m;* (*Reparaturarbeiten*) arreglos *mpl*
ausbesserungsbedürftig *adj* necesitado de reparación; **~ sein** necesitar un arreglo; **das ~e Dach mindert den Wert des Hauses** el estado del tejado, que necesita un arreglo, reduce el valor de la casa
aus|beulen I. *vt* ❶ (*Ärmel, Hose*) deformar ❷ (*Kotflügel*) desabollar
II. *vr:* **sich ~** (*Rock, Hose*) deformarse, dar(se) de sí
ausbeutbar *adj* explotable; **wirtschaftlich ~** explotable económicamente
Ausbeute *f* <-, *ohne pl*> ❶ (*Ertrag*) producto *m,* rendimiento *m* ❷ (COM) beneficio *m,* ganancia *f*
aus|beuten *vt* explotar
Ausbeuter(in) *m(f)* <-s, -; -, -nen> (*abw*) explotador(a) *m(f),* negrero, -a *m, f CSur*
Ausbeutung *f* <-, *ohne pl*> explotación *f;* **~ fremder Leistung** explotación de prestaciones ajenas; **~ einer Zwangslage** (JUR) aprovechamiento de una situación emergente; **intensive/sekundäre ~** explota-

ción intensiva/secundaria
Ausbeutungsmissbrauch^RR *m* <-(e)s, -bräuche> (JUR) abuso *m* de explotación
aus|bezahlen* *vt* (*Geld*) pagar
Ausbietungsgarantie *f* <-, -n> (JUR) garantía *f* de puesta en venta
aus|bilden I. *vt* ❶ (*Lehrling*) formar
❷ (*Fähigkeiten, Stimme*) desarrollar, cultivar
II. *vr:* **sich ~** (*entstehen*) desarrollarse, formarse
Ausbilder(in) *m(f)* <-s, -; -, -nen>, **Ausbildner(in)** ['aʊsbɪltnɐ] *m(f)* <-s, -; -, -nen> (*Schweiz, Österr.* MIL) instructor(a) *m(f)*; (SPORT) preparador(a) *m(f)*, entrenador(a) *m(f)*
Ausbildung *f* <-, -en> (*beruflich*) formación *f* profesional; **~ am Arbeitsplatz** formación en el puesto de trabajo
Ausbildungsabgabe *f* <-, -n> contribución *f* para la formación; **Ausbildungsbeihilfe** *f* <-, -n> ayuda *f* (estatal) durante la formación profesional; **Ausbildungsberuf** *m* <-(e)s, -e> profesión *f*; **Ausbildungsbetrieb** *m* <-(e)s, -e> empresa *que* contrata jóvenes en período de formación; **Ausbildungsdauer** *f* <-, ohne pl> duración *f* del período de formación profesional; **Ausbildungsförderung** *f* <-, -en> fomento *m* de la formación profesional; **Ausbildungskapazität** *f* <-, -en> capacidad *f* formativa; **Ausbildungskompanie** *f* <-, -n> (MIL) compañía *f* de instrucción; **Ausbildungskosten** *pl* gastos *mpl* de formación; **Ausbildungsleiter(in)** *m(f)* <-s, -; -, -nen> instructor(a) *m(f)*; **Ausbildungsordnung** *f* <-, ohne pl> (JUR) reglamento *m* de formación profesional; **Ausbildungsplatz** *m* <-es, -plätze> puesto *m* de aprendizaje; **Ausbildungsrichtung** *f* <-, -en> rama *f* de la formación; **Ausbildungsstand** *m* <-(e)s, ohne pl> ❶ (*Auszubildende*) nivel *m* de formación, preparación *f* ❷ (*Soldaten*) nivel *m* de instrucción *f*, preparación *f*; **militärische Beobachter versichern, dass der ~ der Truppen sehr hoch sei** los observadores militares aseguran que las tropas están muy preparadas; **Ausbildungsstätte** *f* <-, -n> centro *m* de enseñanza; **Ausbildungsvergütung** *f* <-, -en> retribución *f* para jóvenes con contrato de formación; **Ausbildungsverhältnis** *nt* <-ses, -se> relación *f* de formación profesional; **Ausbildungsvertrag** *m* <-(e)s, -träge> contrato *m* de formación profesional; **Ausbildungszeit** *f* <-, -en> (periodo *m* de) formación *f*; **die ~ beträgt in der Regel drei Jahre** la formación dura por lo general tres años; **Ausbildungsziel** *nt* <-(e)s, -e> objetivo *m* de la formación
aus|bitten *irr vt:* **sich** *dat* **etw ~** pedir algo; (*fordern*) exigir algo
aus|blasen *irr vt* apagar (de un soplo); **die Kerze ~** soplar la vela
aus|bleiben *irr vi sein* ❶ (*nicht eintreten*) no haber, no darse
❷ (*fernbleiben*) no venir, no aparecer
Ausbleiben *nt* <-s, ohne pl> ❶ (*Fortbleiben*) ausencia *f*, carencia *f*, no comparecencia *f*; **das ~ des Angeklagten in der Hauptverhandlung** la no comparecencia del acusado en la vista oral
❷ (*das Nichteintreten, a.* MED, METEO) falta *f*, ausencia *f*; **das ~ jeglicher Nachrichten beunruhigte sie** los inquietaba la total carencia de noticias; **das lange ~ des Regens hatte verheerende Folgen** la prolongada ausencia de lluvias tuvo consecuencias devastadoras; **das ~ der Menstruation war krankhaft bedingt** la falta de la menstruación se debía a causas patológicas
aus|blenden I. *vt* (*Musik*) quitar; (*Ton*) suprimir; (**eine Szene**) **~** (FILM) hacer un fundido; **es wird ausgeblendet** la luz se apaga lentamente
II. *vr:* **sich ~** (TV, RADIO) desconectarse (*aus* de), salirse de la emisión; **der Bayrische Rundfunk blendete sich aus der Sendung aus** la Bayrische Rundfunk se desconectó de la emisión
Ausblick *m* <-(e)s, -e> ❶ (*in die Ferne*) vista *f* (*auf* de), panorama *m* (*auf* de)
❷ (*in die Zukunft*) perspectiva *f*; **einen ~ auf etw geben** mostrar las perspectivas de algo
aus|bluten *vi sein* desangrarse
aus|bohren *vt* ❶ (*ein Loch bohren*) perforar, taladrar; (*weit*) horadar; **einen Brunnen ~** abrir un pozo
❷ (*entfernen*) eliminar (taladrando); **sie bohrten einen Ast aus dem Holz aus** taladraron la madera para quitar una rama
aus|bomben *vt* bombardear
aus|booten ['aʊsboːtən] *vt* (*fam: aus einer Stellung*) poner de patitas en la calle; (*aus einer Position*) quitar de en medio
aus|borgen *vt* (*reg: verleihen*) prestar; (**sich** *dat*) **etw ~** (*sich ausleihen*) tomar prestado algo
aus|brechen *irr vi sein* ❶ (*Sturm*) estallar; (*Krieg*) estallar, declararse; (*Streik*) producirse; (*Vulkan*) entrar en erupción; (*Feuer, Epidemie*) declararse
❷ (*sich befreien*) escapar(se) (*aus* de)
❸ (*Gefühl zeigen*) prorrumpir (*in* en), estallar (*in* en); **in Tränen ~** romper a llorar, prorrumpir en sollozos
Ausbrecher[1] *m* <-s, -> (*Pferd*) caballo *m* que rehúsa pasar un obstáculo
Ausbrecher(in)[2] *m(f)* <-s, -; -, -nen> (*fam: Gefangener*) fugitivo, -a *m, f*

aus|breiten I. *vt* ❶ (*Landkarte, Stadtplan*) abrir, desplegar; (*Decke*) extender
❷ (*Arme*) extender; (*Flügel*) desplegar
❸ (*einzelne Gegenstände*) exponer, presentar; **er breitete seine Ware vor uns aus** nos enseñó su mercancía; **sein Leben vor jdm ~** contarle a alguien toda su vida
II. *vr:* **sich ~** ❶ (*Nachricht*) propagarse; (*Seuche, Feuer*) extenderse, propagarse
❷ (*sich erstrecken*) extenderse
Ausbreitung *f* <-, -en> ❶ (*Nachricht*) propagación *f*; (*Seuche, Feuer*) extensión *f*, propagación *f*; (*Rassismus*) expansión *f*
❷ (*Größe*) ampliación *f*
❸ (*eines Plans, Details*) exposición *f*
aus|brennen *irr* I. *vi sein* ❶ (*Feuer*) extinguirse, apagarse
❷ (*Gebäude, Auto*) abrasarse, quedar calcinado
II. *vt* (*wegätzen*) cauterizar
aus|bringen *irr vt* ❶ (*verteilen*) esparcir; (NAUT) echar al agua
❷ (*Trinkspruch*) pronunciar
Ausbruch *m* <-(e)s, -brüche> ❶ (*Flucht*) evasión *f* (*aus* de), fuga *f* (*aus* de)
❷ (*Beginn*) comienzo *m*; **zum ~ kommen** declararse
❸ (*Eruption*) erupción *f*; (*Gefühlsentladung*) arrebato *m*
Ausbruchsversuch *m* <-(e)s, -e> ❶ (*aus dem Gefängnis*) intento *m* de evasión (*aus* de)
❷ (*aus einer Bindung*) intento *m* de romper [*o* cortar] (*aus*)
aus|brüten *vt* ❶ (*Eier*) incubar, empollar
❷ (*fam: Plan*) urdir, tramar
aus|buchen *vt* (FIN) cancelar; **einen Posten ~** cancelar un asiento
aus|büchsen *vi sein* (*fam: ausreißen*) largarse, pirárselas
aus|buchten I. *vt* (*wölben*) arquear; (*Holz, a.* ARCHIT) alabear, combar; (*Metall*) curvar; (*Kleidungsstücke*) deformar; **du hast die Hose an den Knieen aber ganz schön ausgebuchtet** ¡vaya rodilleras que les has sacado a los pantalones!
II. *vi, vr:* **sich ~** ❶ (*Straße*) ensanchar; (*Strand*) formar una bahía; **ein stark ausgebuchteter Küstenstreifen** una franja costera formando una amplia bahía; **da vorne buchtet die Straße aus** ahí delante ensancha la calle
❷ (*Kleidungsstücke*) deformarse, dar(se) de sí; **eine Jacke mit ~en Taschen** una chaqueta con los bolsillos dados de sí
Ausbuchtung ['aʊsbʊxtʊŋ] *f* <-, -en> convexidad *f*
aus|buddeln ['aʊsbʊdəln] *vt* (*fam*) desenterrar
aus|bügeln *vt* (*fam*) arreglar
aus|buhen ['aʊsbuːən] *vt* (*fam*) abuchear
Ausbund *m* <-(e)s, ohne pl> (*a. iron*): **ein ~ an** [*o* **von**] **etw sein** ser un modelo [*o* un dechado] de algo
aus|bürgern ['aʊsbʏrgɐn] *vt* expatriar, desterrar
Ausbürgerung *f* <-, -en> expatriación *f*, destierro *m*; **Verbot der ~** prohibición de expatriación
aus|bürsten *vt* cepillar; **sich** *dat* **die Haare ~** cepillarse el pelo
Auschwitzlüge ['aʊʃvɪtslyːgə] *f* negación del genocidio nazi
Ausdauer *f* <-, ohne pl> ❶ (*Beharrlichkeit*) constancia *f*, perseverancia *f*; (*körperlich*) resistencia *f*; (*Hartnäckigkeit*) persistencia *f*; (*anhaltender Fleiß*) tesón *m*; (*Geduld*) paciencia *f*; (*Zähigkeit*) tenacidad *f*
ausdauernd *adj* (*beharrlich*) perseverante, constante
ausdehnbar *adj* extensible, que se puede extrapolar; **auf andere Bereiche ~ sein** ser extensible a otros terrenos [*o* contextos]; **über einen Bereich hinaus ~ sein** no reducirse a un ámbito, sobrepasar los límites de un ámbito; **diese These ist (nicht) ohne weiteres auf andere Fachbereiche ~** esta tesis (no) se puede extrapolar sin más a otros campos
aus|dehnen I. *vt* ❶ (*dehnen*) ensanchar
❷ (*erweitern*) ampliar
❸ (*verlängern*) prolongar
II. *vr:* **sich ~** ❶ (*größer werden*) dilatarse, extenderse
❷ (*zeitlich*) prolongarse
Ausdehnung *f* <-, -en> ❶ (*Größe, Umfang*) extensión *f*
❷ (*Erweiterung, a. physikalisch*) expansión *f*; (*des Umfangs*) ampliación *f*; (*Dehnung*) dilatación *f*
aus|denken *irr vt* ❶ (*überlegen*) idear, concebir, pensar; **da musst du dir schon etwas anderes ~** (*fam*) ya te puedes ir pensando otra cosa
❷ (*vorstellen, erfinden*) imaginar, inventar; **die Folgen sind nicht auszudenken** las consecuencias son inimaginables; **das denkt er sich so aus** son fantasías suyas
aus|dienen *vi* (*fam*): **jd/etw hat ausgedient** alguien/algo ya no sirve; **der alte Stuhl hat langsam ausgedient** la vieja silla ha quedado inservible con el tiempo; **ein ausgedienter Mantel** un abrigo gastado
aus|diskutieren* *vt* discutir hasta llegar a un acuerdo
aus|dörren I. *vi sein* resecarse; (*Erdboden*) agostarse; **der ausgedörrte Erdboden** el suelo agostado; **ein großes Bier für meine ausgedörrte**

Kehle! ¡una cerveza grande para esta garganta reseca!
II. *vt haben* resecar, abrasar; (*Erdboden*) agostar
aus|drehen *vt* ❶ (*Licht, Radio*) apagar
❷ (*Gas, Wasserhahn*) cerrar
Ausdruck¹ *m* <-(e)s, -drücke> (*Wort*) término *m*, palabra *f*; (*Wendung*) expresión *f*, giro *m*; **sich im ~ vergreifen** equivocarse de tono
Ausdruck² *m* <-(e)s, -e> (*a.* INFOR, TYPO) impreso *m*
Ausdruck³ *m* <-(e)s, *ohne pl*> ❶ (*Stil*) expresión *f*
❷ (*Bekundung*) manifestación *f*, expresión *f*; **etw zum ~ bringen** expresar algo
aus|drucken *vt* (*a.* TYPO, INFOR) imprimir
aus|drücken I. *vt* ❶ (*Schwamm*) estrujar; (*Frucht*) exprimir
❷ (*Zigarette*) apagar
❸ (*äußern*) expresar, manifestar
II. *vr:* sich ~ (*sich äußern*) expresarse; **sich gewählt/klar ~** expresarse en términos escogidos/con claridad
ausdrücklich ['aʊsdrʏklɪç, -'--] *adj* expreso, explícito; (*Verbot*) terminante, categórico
ausdruckslos *adj* inexpresivo
Ausdrucksvermögen *nt* <-s, *ohne pl*> facultad *f* de expresión, capacidad *f* de expresión
ausdrucksvoll *adj* expresivo, lleno de expresividad
Ausdrucksweise *f* <-, -n> forma *f* de expresión
aus|dünnen ['aʊsdʏnən] *vt* ❶ (*reduzieren*) reducir; **wir müssen unsere Lagerbestände ~** tenemos que reducir nuestras existencias
❷ (*lichten*) aclarar; (*Obstbaum*) podar; (*Haare*) rebajar
Ausdünstung *f* <-, -en> ❶ (*das Ausdünsten*) evaporación *f*
❷ (*vom Körper*) transpiración *f*
❸ (*Geruch*) olor *m*
auseinander [aʊsar'nandɐ] *adv* separadamente; **~ bekommen** conseguir separar; **die Teile sind nicht mehr ~ zu bekommen** ya no se pueden separar las piezas; **~ biegen** abrir, separar doblando; **~ brechen** (*kaputtmachen*) romper, despedazar; (*kaputtgehen*) romperse, despedazarse; (*Partei*) dividirse; **~ bringen** (*fam: trennen*) separar (*entzweien*) enemistar; **~ dividieren** separar uno de otro; **die beiden lassen sich von keinem ~ dividieren** a esos dos no hay quien los separe; **~ fallen** (*zerfallen*) caerse en pedazos; (*Familie, Partei*) desintegrarse; **~ falten** desdoblar, desplegar; **~ gehen** (*sich trennen*) separarse; (*sich verzweigen*) bifurcarse; (*Meinungen*) discrepar, diferir; (*fam: kaputtgehen*) romperse; (*fam: dick werden*) echar carnes; **~ halten** distinguir; **~ klaffen** abrirse, estar mal unido; **~ laufen** (*Farben*) difuminarse; (*Eis, Käse*) disolverse; (*Menschen*) dispersarse; (*Meinungen*) discrepar, diferir; **sich ~ leben** irse distanciando; **~ machen** (*fam: zerlegen*) despegar, desprender; (*auseinander falten*) abrir, desdoblar; (*spreizen*) separar, abrir; **~ nehmen** (*Motor*) desmontar; (*Radio*) desarmar; (*fam: besiegen*) dar un palizón (a); **~ rücken** (*Personen*) apartarse, separarse; (*Möbel*) apartar; **dieses Wort schreibt man ~** esta palabra se escribe separada; **~ setzen** (*erklären*) explicar, exponer; **sich mit etw** *dat* **~ setzen** (*beschäftigen*) ocuparse de algo; (*stärker*) ahondar en algo; (*streiten*) discutir algo; **damit muss man sich kritisch ~ setzen** esto hay que analizarlo de manera crítica; **~ streben** (*Menschen:* ~ *laufen*) dispersarse, disgregarse; (*Meinungen, Tendenzen*) discrepar, diferir; **der Wind trieb die Boote ~** el viento acabó separando las barcas; **die Wolken treiben ~** el cielo se despeja de nubes [*o* se desanubló]; **die beiden sind ein Jahr ~** se llevan un año
auseinander|bekommen* *irr vt s.* auseinander
auseinander|biegen *irr vt s.* auseinander
auseinander|brechen *irr* I. *vi sein s.* auseinander
II. *vt s.* auseinander
auseinander|bringen *irr vt s.* auseinander
auseinander|dividieren* *vt s.* auseinander
auseinander|fallen *irr vi sein s.* auseinander
auseinander|falten *vt s.* auseinander
auseinander|gehen *irr vi sein s.* auseinander
auseinander|halten *irr vt s.* auseinander
auseinander|laufen *irr vi sein s.* auseinander
auseinander|leben *vr:* sich ~ *s.* auseinander
auseinander|machen *vt* (*fam*) *s.* auseinander
auseinander|nehmen *irr vt s.* auseinander
auseinander|setzen I. *vt s.* auseinander
II. *vr: sich ~ s.* auseinander
Auseinandersetzung *f* <-, -en> ❶ (*Beschäftigung*) análisis *m inv* (*mit* de)
❷ (*Diskussion*) discusión *f* (*über* acerca de), disputa *f* (*über* acerca de), quimba *f Kol;* **eine ~ mit jdm haben** discutir con alguien; (*streiten*) tener un enfrentamiento con alguien, tener un argumento con alguien *Am*
❸ (*Streit*) conflicto *m;* **außergerichtliche/gerichtliche ~** partición extrajudicial/judicial

Auseinandersetzungsvereinbarung *f* <-, -en> (JUR) acuerdo *m* de partición; **Auseinandersetzungsvertrag** *m* <-(e)s, -träge> (JUR) contrato *m* de partición
auseinander|streben *vi sein s.* auseinander
auseinander|treiben *irr vi, vt s.* auseinander
auserkoren ['aʊsɛkoːrən] *adj* (*geh*) elegido; **er ist von Gott dazu ~, uns zu erlösen** ha sido elegido por Dios para redimirnos
auserlesen ['aʊsɛɐleːzən] *adj* (*geh*) selecto, escogido
aus|ersehen* ['aʊsɛɐzeːən] *irr vt* escoger, elegir; **sie hat mich zu ihrer Nachfolgerin ~** me ha elegido a mí como su sucesora
aus|erwählen* ['aʊsɛɐvɛːlən] *vt* (*geh*) elegir, escoger
Auserwählte(r) *mf* <-n, -n; -, -n> ❶ (*geh: auserwählte Person*) elegido, -a *m, f*
❷ (*iron: Freund(in)*): **seine ~** su elegida; **ihr ~r** su elegido
ausfahrbar ['aʊsfaːɐbaːɐ] *adj* (TECH) replegable; (*Antenne*) extensible
aus|fahren *irr* I. *vi sein* (*hinausfahren*) salir; (*Schiff*) salir, zarpar
II. *vt* ❶ (*verteilen*) repartir
❷ (*spazieren fahren*) llevar de paseo, pasear
❸ (TECH) desplegar; **das Fahrgestell ~** desplegar el tren de aterrizaje
Ausfahrt *f* <-, -en> salida *f*; **bitte die ~ freihalten!** ¡por favor, dejar la salida libre!
Ausfahrt(s)schild *nt* <-(e)s, -er> señal *f* de salida (de la autopista)
Ausfall¹ *m* <-(e)s, *ohne pl*> ❶ (*Haare, Zähne*) caída *f*
❷ (*Veranstaltung*) suspensión *f*; (*Verdienst*) pérdida *f*, merma *f*
❸ (*Maschine*) avería *f*
Ausfall² *m* <-(e)s, -fälle> (MIL) ataque *m*
Ausfallbetrag *m* <-(e)s, -träge> (FIN, WIRTSCH) déficit *m;* **Ausfallbürge, -in** *m, f* <-n, -n; -, -nen> (JUR, WIRTSCH) fiador(a) *m(f)* de indemnidad; **Ausfallbürgschaft** *f* <-, -en> (JUR, WIRTSCH) fianza *f* de indemnidad; **eine ~ übernehmen** suscribir una fianza subsidiaria, hacerse garante en caso de pérdida
aus|fallen *irr vi sein* ❶ (*herausfallen*) caerse; **die Haare fallen ihm aus** se le cae el pelo; **die Zähne fallen ihm aus** se le caen los dientes
❷ (*nicht stattfinden*) no tener lugar, suspenderse; **die Schule fällt aus** no hay clase
❸ (*durch Krankheit*) estar de baja
❹ (*nicht funktionieren*) fallar; **die Maschine ist ausgefallen** la máquina ha fallado
❺ (*beschaffen sein*) resultar, quedar; **der Rock fiel zu klein aus** la falda le quedó demasiado pequeña
aus|fällen *vt* ❶ (CHEM) precipitar
❷ *Schweiz: verhängen*) imponer, infligir
ausfallend *adj* ❶ (*grob*) agresivo
❷ (*beleidigend*) insultante, grosero; **er wird leicht ~** enseguida se pone grosero
Ausfallentschädigung *f* <-, -en> indemnización *f* subsidiaria; **Ausfallhaftung** *f* <-, -en> (JUR) responsabilidad *f* subsidiaria
ausfällig *adj s.* ausfallend
Ausfallkredit *m* <-(e)s, -e> (FIN) crédito *m* sin cobertura; **Ausfallrate** *f* <-, -n> (WIRTSCH) tasa *f* de inactividad; **Ausfallrisiko** *nt* <-s, -s *o* -risiken> (WIRTSCH) riesgo *m* de cobro; **Ausfallstraße** *f* <-, -n> carretera *f* de salida; **Ausfallzeit** *f* <-, -en> período durante el cual paradas, embarazadas, enfermos, etc. no pagan las cotizaciones sociales; (INFOR) período *m* de inactividad (*período durante el cual el ordenador no está disponible para el usuario*)
aus|faulen *vt* hacer podrir
aus|fechten *irr vt* combatir hasta el fin
aus|fegen *vt* (*reg: Raum*) barrer; (*Schmutz*) recoger
aus|feilen *vt* (*Text*) pulir, perfeccionar
aus|fertigen *vt* ❶ (*Pass*) expedir; (*Dokument*) extender; (*Zahlungsanweisungen*) librar; **eine Urkunde/ein Schriftstück ~** (JUR) librar un documento/un acta
❷ (*schriftlich ausarbeiten*) redactar
Ausfertigung *f* <-, -en> ❶ (*Vorgang*) redacción *f*, edición *f*; (*amtlich*) despacho *m*, expedición *f*
❷ (*Schriftstück*) documento *m;* (*zweite*) copia *f*; **in doppelter ~** por duplicado; **vollstreckbare ~** (JUR) libramiento ejecutable
ausfindig ['aʊsfɪndɪç] *adv:* **jdn/etw ~ machen** encontrar [*o* localizar] a alguien/algo
aus|fliegen *irr* I. *vi sein* (*Vogel*) escaparse, volar
II. *vt* (*mit dem Flugzeug wegschaffen*) evacuar por aire
aus|fließen *irr vi sein* derramarse
aus|flippen ['aʊsflɪpən] *vi sein* (*fam*) ❶ (*durch Drogen*) fliparse
❷ (*durchdrehen*) flipar, alucinar; **vor Begeisterung ~** alucinar de entusiasmo
aus|flocken *vi sein* (CHEM) flocular
Ausflockung *f* <-, -en> (CHEM) floculación *f*
Ausflucht ['aʊsflʊxt, *pl:* 'aʊsflʏçtə] *f* <-, -flüchte> excusa *f;* **Ausflüchte machen** venir con excusas

Ausflug *m* <-(e)s, -flüge> excursión *f*
Ausflügler(in) ['aʊsflyːklɐ] *m(f)* <-s, -; -, -nen> excursionista *mf*
Ausflugsdampfer *m* <-s, -> vapor *m* de recreo; **Ausflugslokal** *nt* <-s, -e> merendero *m*; **Ausflugsort** *m* <-(e)s, -e> lugar *m* turístico, centro *m* turístico; **der Luftkurort war ein beliebter ~** la estación climaterapéutica era un popular centro turístico; **Ausflugsziel** *nt* <-(e)s, -e> destino *m* (de una excursión)
Ausfluss¹ᴿᴿ *m* <-es, *ohne pl*> (*das Auslaufen*) salida *f*
Ausfluss²ᴿᴿ *m* <-es, -flüsse> ❶ (*Abfluss*) desagüe *m*
❷ (MED) flujo *m*
Ausfluß *m s.* **Ausfluss**
aus|formulieren* *vt* formular (con todo detalle); (*Text*) redactar
aus|forschen *vt* ❶ (*erforschen*) investigar
❷ (*ausfragen*) averiguar preguntando
Ausforschungsbeweis *m* <-es, -e> (JUR) comprobante *m* de investigación
aus|fragen *vt:* jdn (über etw) ~ interrogar a alguien (sobre algo), preguntar a alguien (acerca de algo)
aus|fransen ['aʊsfranzən] *vi sein* deshilacharse, deshilarse
aus|fressen *irr vt* (*fam*): etw ~ hacer algo malo; **was hast du denn nun schon wieder ausgefressen?** ¿y qué barbaridad has hecho ahora?
Ausfuhr¹ ['aʊsfuːɐ] *f* <-, *ohne pl*> (*das Ausführen*) exportación *f*; **direkte/indirekte ~** exportación directa/indirecta; **unsichtbare ~** exportación invisible; **zollfreie ~** exportación en franquicia
Ausfuhr² *f* <-, -en> (*das Ausgeführte*) exportación *f*
Ausfuhrartikel *m* <-s, -> (WIRTSCH) artículo *m* de exportación [*o* destinado a la exportación]
ausführbar *adj* ❶ (*machbar*) realizable, factible
❷ (*exportierbar*) exportable
❸ (INFOR) **eine ~e Datei** un archivo ejecutable
Ausfuhrbeschränkung *f* <-, -en> (WIRTSCH) restricción *f* a la exportación; **die ~ für britisches Rindfleisch** las restricciones a la exportación de carne de vacuno británica; **Ausfuhrbestimmungen** *fpl* (WIRTSCH) reglamentos *mpl* de exportación; **Ausfuhrbewilligung** *f* <-, -en> (WIRTSCH) licencia *f* de exportación; **Ausfuhrbürgschaft** *f* <-, -en> (WIRTSCH) garantía *f* para la exportación; **Ausfuhrembargo** *nt* <-s, -s> (WIRTSCH) embargo *m* a la exportación
aus|führen *vt* ❶ (*spazieren führen*) llevar de paseo, pasear
❷ (*exportieren*) exportar
❸ (*durchführen*) llevar a cabo, efectuar, implementar *Am*; (*Auftrag*) ejecutar, cumplir; (*Verbrechen*) cometer, perpetrar
❹ (SPORT) *Ecke*, sacar, ejecutar; (*Schuss*) efectuar, hacer
❺ (*erklären*) exponer, explicar; (*im Einzelnen*) detallar
Ausführende(r) *mf* <-n, -n; -n, -n> (THEAT) intérprete *mf*
Ausfuhrerklärung *f* <-, -en> (WIRTSCH) declaración *f* de exportación [*o* de salida]; **Ausfuhrerstattung** *f* <-, -en> (WIRTSCH) restitución *f* a la exportación; **Ausfuhrgenehmigung** *f* <-, -en> (WIRTSCH) licencia *f* de exportación, permiso *m* de exportación; **Ausfuhrgeschäft** *nt* <-(e)s, -e> (WIRTSCH) operación *f* de exportación; **Ausfuhrhafen** *m* <-s, -häfen> (WIRTSCH) puerto *m* de exportación [*o* de salida]; **Ausfuhrhandel** *m* <-s, *ohne pl*> (WIRTSCH) negocio *m* de exportación, comercio *m* de exportación; **Ausfuhrkartell** *nt* <-s, -e> (WIRTSCH) cartel *m* de exportación; **Ausfuhrkontingent** *nt* <-(e)s, -e> (WIRTSCH) contingente *m* de exportación; **Ausfuhrland** *nt* <-(e)s, -länder> (WIRTSCH) ❶ (*exportierendes Land*) país *m* exportador ❷ (*Land, in das exportiert wird*) país *m* de exportación
ausführlich ['aʊsfyːɐlɪç, -'--] I. *adj* detallado, extenso
II. *adv* con todo detalle
Ausführlichkeit [-'---] *f* <-, *ohne pl*> detalle *m*; **in aller ~** con todo detalle
Ausfuhrlizenz *f* <-, -en> (WIRTSCH) licencia *f* de exportación; **Ausfuhrpapiere** *ntpl* (WIRTSCH) documentos *mpl* de exportación; **Ausfuhrrückgang** *m* <-(e)s, -gänge> (WIRTSCH) descenso *m* de las exportaciones; **Ausfuhrsubvention** *f* <-, -en> (FIN, WIRTSCH) subvención *f* a la exportación
Ausführung¹ *f* <-, *ohne pl*> ❶ (*das Realisieren*) realización *f*, ejecución *f*; (*Befehl, Auftrag*) cumplimiento *m*; (*Verbrechen*) perpetración *f*; **~ der Erfindung** ejecución de la invención; **~ eines Gesetzes** cumplimiento de una ley; **rechtliche ~** ejecución jurídica; **zur ~ kommen** [*o* **gelangen**] llevarse a cabo
❷ (SPORT) ejecución *f*
Ausführung² *f* <-, -en> ❶ (*Typ*) modelo *m*, tipo *m*
❷ *pl* (*Darlegung*) declaraciones *fpl*, explicaciones *fpl*; (*Vortrag*) intervención *f*
Ausführungsart *f* <-, -en> tipo *m* de ejecución; **besondere ~** (*Patent*) tipo de ejecución especial; **Ausführungsbestimmungen** *fpl* (JUR) *s.* **Ausführungsverordnung**; **Ausführungsgarantie** *f* <-, -n> (JUR) garantía *f* de ejecución; **Ausführungsgeschäft** *nt* <-(e)s, -e> (WIRTSCH) operación *f* de ejecución; **vorschriftswidriges ~** operación de ejecución antirreglamentaria; **Ausführungsqualität** *f* <-, -en> (WIRTSCH) calidad *f* de producción; **Ausführungsverordnung** *f* <-, -en> (JUR) reglamento *m* de aplicación
Ausfuhrverbot *nt* <-(e)s, -e> (WIRTSCH) prohibición *f* de exportación [*o* de salida]; **Ausfuhrzoll** *m* <-(e)s, -zölle> (WIRTSCH) derechos *mpl* de exportación
aus|füllen *vt* ❶ (*Loch, Lücke*) llenar
❷ (*Formular, Scheck*) (re)llenar, cumplimentar
❸ (*befriedigen*) llenar, satisfacer
Ausgabe¹ *f* <-, *ohne pl*> ❶ (*das Verteilen*) distribución *f*, reparto *m*; (*von Waren*) entrega *f*
❷ (*von Banknoten*) emisión *f*; **~ von Gratisaktien** emisión de acciones gratuitas; **~ von Schuldverschreibungen** emisión de obligaciones
Ausgabe² *f* <-, -n> ❶ (*Ausgabestelle*) despacho *m*
❷ (*eines Buches*) edición *f*; (*Zeitschrift*) número *m*
❸ (TV: *Sendung*) emisión *f*
❹ (INFOR) salida *f*
❺ *pl* (*Kosten*) gastos *mpl*; **abzugsfähige/angefallene ~n** gastos deducibles/producidos; **einmalige/feste/öffentliche ~n** gastos extraordinarios/fijos/públicos; **laufende/ordentliche ~n** gastos corrientes/ordinarios; **private ~n** gastos personales; **überplanmäßige ~n** dispendio desproporcional; **als ~n buchen** contabilizar como gastos; **~n reduzieren/kürzen/einschränken** reducir los gastos
Ausgabedaten *pl* (INFOR) datos *mpl* de salida; **Ausgabegerät** *nt* <-(e)s, -e> (INFOR) dispositivo *m* de salida; **Ausgabekurs** *m* <-es, -e> (FIN) tipo *m* de emisión
Ausgabenbeleg *m* <-(e)s, -e> justificante *m* de gastos; **Ausgabengrenze** *f* <-, -n> límite *m* de gastos; **Ausgabenpolitik** *f* <-, *ohne pl*> política *f* de gastos; **Ausgabensteuer** *f* <-, -n> (FIN) imposición *f* sobre el gasto
Ausgabeposten *m* <-s, -> (FIN, WIRTSCH) partida *f* de gastos; **Ausgabepreis** *m* <-es, -e> (FIN) precio *m* de emisión; **Ausgabeschalter** *m* <-s, -> (*Bibliothek, Amt*) mostrador *m* de entrega; **Ausgabestelle** *f* <-, -n> (FIN) centro *m* de distribución; (FIN) oficina *f* de emisión
Ausgang¹ *m* <-(e)s, -gänge> ❶ (*Tür*) (puerta *f* de) salida *f*
❷ (*an einem Organ*) boca *f*
❸ (*Spaziergang*) paseo *m*
❹ (*freier Tag*) día *m* de salida *f*; **~ haben** tener permiso de salida
Ausgang² *m* <-(e)s, *ohne pl*> ❶ (*Ergebnis*) resultado *m*, desenlace *m*; (*erfolgreich*) éxito *m*; **ein Unfall mit tödlichem ~** un accidente con un desenlace fatal
❷ (*Anfang*) origen *m*, punto *m* de partida; **seinen ~ von etw nehmen** tener su origen en algo
ausgangs *präp +gen* ❶ (*räumlich*) a la salida de
❷ (*zeitlich*) a fines de
Ausgangsbasis *f* <-, -basen> punto *m* de partida; **wir haben die gleiche ~** partimos de la misma base
Ausgangsbehörde *f* <-, -n> (JUR) autoridad *f* de salidas; **Ausgangsflughafen** *m* <-s, -häfen> (COM) aeropuerto *m* de salida; **Ausgangshafen** *m* <-s, -häfen> (COM) puerto *m* de embarque
Ausgangskapital *nt* <-s, -e *o* -ien> (FIN, WIRTSCH) capital *m* inicial
Ausgangskontrolle *f* <-, -n> (JUR) control *m* de salidas
Ausgangsmaterial *nt* <-s, -ien> material *m* base, materia *f* prima; **Ausgangsposition** *f* <-, -en> posición *f* de partida; **Ausgangsprodukt** *nt* <-(e)s, -e> producto *m* básico; **Ausgangspunkt** *m* <-(e)s, -e> punto *m* de partida [*o* de arranque]
Ausgangssperre *f* <-, -n> toque *m* de queda
Ausgangssprache *f* <-, -n> (LING) lengua *f* de partida [*o* fuente]; **Ausgangsstellung** *f* <-, -en> (SPORT) posición *f* inicial [*o* de salida]
Ausgangsvermerk *m* <-(e)s, -e> (COM) registro *m* de salida
ausgebaut *adj* amplio, (ampliamente) desarrollado; **ein gut ~es Schulsystem** un sistema educativo muy desarrollado; **über eine ~e Infrastruktur verfügen** disponer de una amplia infraestructura
aus|geben *irr* I. *vt* ❶ (*austeilen*) distribuir; (*Fahrkarten*) expender; **einen ~** (*fam*) invitar (a una ronda)
❷ (INFOR) imprimir
❸ (FIN: *Aktien*) emitir
❹ (*Befehl, Parole*) dar
❺ (*Geld*) gastar (*für* en); **wie viel hast du dafür ausgegeben?** ¿cuánto te has gastado en esto?
II. *vr:* **sich ~** (*so tun als ob*) hacerse pasar (*als/für* por); **er gab sich als Arzt aus** se hizo pasar por médico
ausgebrannt ['aʊsgəbrant] I. *pp von* **ausbrennen**
II. *adj* (*körperlich erschöpft*) rendido, exhausto; (*geistig erschöpft*) saturado
ausgebucht ['aʊsgəbuːxt] *adj* completo
ausgebufft ['aʊsgəbʊft] *adj* (*fam: trickreich*) mañoso; (*abw*) taimado
Ausgeburt *f* <-, -en> (*geh abw*) engendro *m*, aborto *m*
ausgedehnt *adj* ❶ (*zeitlich*) amplio, extenso

❷ (*räumlich*) extenso, vasto
ausgedörrt *adj* abrasado
ausgefallen I. *pp von* **ausfallen**
II. *adj* (*ungewöhnlich*) extravagante, estrafalario
ausgeglichen ['aʊsɡəɡlɪçən] I. *pp von* **ausgleichen**
II. *adj* ❶ (*gelassen*) equilibrado, sereno
❷ (*gleichmäßig*) equilibrado
Ausgeglichenheit *f* <-, *ohne pl*> equilibrio *m*
ausgehändigt *adj* entregado
aus|gehen *irr vi sein* ❶ (*weggehen*) salir, remolcar *Chil, Perú*; (*sich vergnügen*) salir (a divertirse); **gehst du heute Abend aus?** ¿vas a salir esta noche (por ahí)?
❷ (*erlöschen*) apagarse
❸ (*Haare, Zähne*) caerse
❹ (*abzweigen*) salir (*von* de); **von diesem Platz gehen vier Straßen aus** de esta plaza salen cuatro calles
❺ (*seinen Ursprung nehmen*) partir (*von* de), basarse (*von* en); **wir können davon ~, dass ...** podemos partir de la base de que...
❻ (*enden*) salir, acabar; **das Spiel ging gut für uns aus** el partido acabó bien para nosotros; **leer ~** irse con las manos vacías
❼ (*zu Ende gehen*) acabarse; **die Puste geht mir aus** me quedo sin aliento
ausgehend *adj* (*endend*) de finales, de las postrimerías; **er war ein Maler des ~en Barock** era un pintor de las postrimerías del Barroco; **die Hexenverfolgungen begannen erst im ~en Mittelalter** las persecuciones de brujas no comenzaron hasta finales de la Edad Media
ausgehungert *adj* (*hungrig*) hambriento; (*Hunger leidend*) famélico
Ausgehuniform ['aʊsɡəʔuniˈfɔrm] *f* <-, -en> (MIL) uniforme *m* de gala
ausgeklügelt ['aʊsɡəklyːɡəlt] *adj* (*fam*) ingenioso, bien pensado
ausgekocht *adj* (*fam abw*) cuco, taimado
ausgelassen I. *pp von* **auslassen**
II. *adj* (*fröhlich*) muy alegre; (*Kind*) travieso, retozón; **in ~er Stimmung sein** estar de excelente humor
Ausgelassenheit *f* <-, *ohne pl*> (*auf einem Fest*) alegría *f*, alborozo *m*; (*der Stimmung*) desenfado *m*
ausgemacht *adj* ❶ (*abgemacht*) convenido, acordado; (*entschieden*) decidido
❷ (*vollkommen*) de remate, redomado; **ein ~er Dummkopf** un tonto de remate
ausgemergelt ['aʊsɡəmɛrɡəlt] *adj* demacrado, angarrio *Kol, Ven*
ausgenommen ['aʊsɡənɔmən] I. *pp von* **ausnehmen**
II. *präp* +*akk* a excepción de, excluido; **Anwesende ~** a excepción de los presentes
III. *konj* ~, **dass ...** a no ser que... +*subj*, salvo que... +*subj*; **ich komme mit, ~ es regnet** voy, a no ser que llueva
ausgepowert [aʊsɡəˈpaʊɐt] *adj* (*fam*) agotado, rendido
ausgeprägt *adj* (*deutlich*) pronunciado, marcado; **~er Rückgang** retroceso muy marcado
ausgerechnet ['--'--] *adv* (*fam*) precisamente, justamente; **~ mir muss das passieren** justamente a mí me tiene que pasar esto; **muss das ~ heute sein?** ¿tiene que ser precisamente hoy?
ausgeschlafen I. *pp von* **ausschlafen**
II. *adj* (*fam*) (d)espabilado
ausgeschlossen ['aʊsɡəʃlɔsən] I. *pp von* **ausschließen**
II. *adj* (*unmöglich*) imposible; **es ist nicht ~, dass ...** no se excluye que... +*subj*; **~!** ¡ni hablar!
ausgeschnitten ['aʊsɡəʃnɪtən] I. *pp von* **ausschneiden**
II. *adj* (*dekolletiert*) escotado; **ein tief ~es Kleid** un vestido muy escotado
ausgesprochen ['aʊsɡəʃprɔxən] I. *pp von* **aussprechen**
II. *adj* (*ausgeprägt*) pronunciado, marcado; (*offensichtlich*) manifiesto, patente; **eine ~e Vorliebe für ...** una marcada preferencia por...
III. *adv* (*sehr*) realmente, francamente
aus|gestalten* *vt* (*Wohnung*) decorar; (*Theorie*) ampliar
ausgestorben ['aʊsɡəʃtɔrbən] I. *pp von* **aussterben**
II. *adj* ❶ (*Volk, Pflanzen, Tiere*) extinguido, desaparecido
❷ (*Ort*) desierto
Ausgestoßene(r) *mf* <-n, -n; -n, -n> proscrito, -a *m, f*, paria *mf*
ausgesucht ['aʊsɡəzuːxt] *adj* ❶ (*hervorragend*) selecto, escogido
❷ (*ausgesprochen*) pronunciado; **mit ~er Freundlichkeit** con gran amabilidad
ausgewachsen I. *pp von* **auswachsen**
II. *adj* ❶ (*voll entwickelt*) formado, desarrollado; (*erwachsen*) adulto
❷ (*vollkommen*) puro, de tomo y lomo; **das ist ~er Blödsinn** (*fam*) son puras tonterías
ausgewählt *adj* escogido, selecto
ausgewiesen I. *pp von* **ausweisen**
II. *adj* (*anerkannt*) reconocido; **Herr Traube ist ein ~er Experte in Fragen der Kernenergie** el Sr. Traube es un reconocido experto en cuestión de energía nuclear
ausgewogen ['aʊsɡəvoːɡən] I. *pp von* **auswiegen**
II. *adj* (*ausgeglichen*) armonioso, equilibrado; **wohl ~** (*geh*) (muy) bien equilibrado
Ausgewogenheit *f* <-, *ohne pl*> equilibrio *m*, ponderación *f*
ausgezeichnet ['----, '--'--] *adj* (*hervorragend*) excelente, magnífico; **das schmeckt ~** esto tiene un sabor excelente
ausgiebig ['aʊsɡiːbɪç] I. *adj* abundante, copioso; (*Essen*) abundante, opulento; **einen ~en Mittagsschlaf halten** echarse una larga siesta
II. *adv* con abundancia
aus|gießen *irr vt* ❶ (*Gefäß*) vaciar
❷ (*Flüssigkeit*) echar
❸ (*verschütten*) derramar, verter
Ausgleich ['aʊsɡlaɪç] *m* <-(e)s, *ohne pl*> ❶ (*Kompensation*) compensación *f* (*für* por); (*Entschädigung*) indemnización (*für* por); **als** [*o* **zum**] **~ für etw** como compensación por algo
❷ (SPORT) empate *m*
aus|gleichen *irr* I. *vi* (SPORT) igualar, empatar
II. *vt* ❶ (*Unterschiede*) nivelar
❷ (FIN) saldar, liquidar
❸ (*Konflikt*) equilibrar
❹ (*Mangel*) compensar
III. *vr*: **sich ~** compensarse; **das glich sich dadurch aus, dass ...** esto se compensó mediante el hecho de que...
Ausgleichsabgabe *f* <-, -n> (FIN) derechos *mpl* compensatorios, tasas *fpl* de compensación; **Ausgleichsanspruch** *m* <(e)s, -sprüche> (JUR) pretensión *f* de compensación; **Ausgleichsantrag** *m* <(e)s, -träge> (JUR) solicitud *f* de compensación; **Ausgleichsbestand** *m* <-(e)s, -stände> (WIRTSCH) reserva *f* de compensación; **Ausgleichsempfänger(in)** *m(f)* <-s, -; -, -nen> (FIN) perceptor(a) *m(f)* de la compensación; **Ausgleichsforderung** *f* <-, -> (FIN) fondo *m* de compensación; **Ausgleichsforderung** *f* <-, -en> (JUR) reclamación *f* de indemnización contra la administración pública; **Ausgleichskapazität** *f* <-, -en> (WIRTSCH) capacidad *f* de compensación; **Ausgleichskasse** *f* <-, -n> (*Schweiz*) caja *f* de compensación; **Ausgleichsladung** *f* <-, -en> (CHEM) carga *f* de compensación; **Ausgleichsleistung** *f* <-, -en> (FIN) prestación *f* compensatoria; **Ausgleichspflicht** *f* <-, *ohne pl*> (JUR) obligación *f* compensatoria
ausgleichspflichtig *adj* (JUR) sujeto a compensación; **~e Inhaltsbestimmung** determinación de contenido sujeta a compensación; **Ausgleichsposten** *m* <-s, -> (JUR) partida *f* compensatoria; **Ausgleichsrente** *f* <-, -n> (JUR) renta *f* compensatoria; **Ausgleichssport** *m* <-(e)s, -e *o* -arten> deporte *m* de mantenimiento; **Ausgleichssteuer** *f* <-, -n> (FIN) impuesto *m* compensatorio; **Ausgleichstor** *nt* <-(e)s, -e> (SPORT) gol *m* del empate; **Ausgleichstreffer** *m* <-s, -> (SPORT) tanto *m* del empate; (*Tor*) gol *m* del empate; **Ausgleichsverfahren** *nt* <-s, -> (JUR) procedimiento *m* compensatorio [*o* de compensación]; **Ausgleichszahlung** *f* <-, -en> (FIN) compensación *f* económica; **Ausgleichszeitraum** *m* <-(e)s, -räume> (FIN) compensación *f* horaria; **Ausgleichszinsen** *mpl* (FIN) intereses *mpl* compensatorios; **Ausgleichszuschlag** *m* <-(e)s, -schläge> (FIN) indemnización *f* compensatoria
Ausgleichung *f* <-, -en> (JUR) compensación *f*; **~ unter Gesamtgläubigern/Gesamtschuldnern** compensación entre acreedores/deudores solidarios
Ausgleichungsdumping *nt* <-s, *ohne pl*> (WIRTSCH) práctica *f* desleal de compensación; **Ausgleichungspflicht** *f* <-, *ohne pl*> (JUR) obligación *f* compensatoria
aus|gleiten *irr vi sein* (*geh*) resbalar
aus|gliedern *vt* ❶ (*herausnehmen*) excluir; (*beseitigen*) eliminar, suprimir
❷ (*nicht behandeln*) omitir; **die Diskussion um BSE wurde beim EU-Gipfel ausgegliedert** en la cumbre de la UE se omitió [*o* no se incluyó] la discusión sobre BSE
aus|graben *irr vt* ❶ (*Altertümer, Schätze*) desenterrar, extraer
❷ (*Vergessenes*) desempolvar, desenterrar
Ausgrabung *f* <-, -en> ❶ (*das Ausgraben*) excavación *f*
❷ (*Fundstätte, Fund*) excavación *f* arqueológica
aus|greifen *irr vi* ❶ (*ausholen*) divagar; **ich werde nicht ~, sondern mich auf das Wesentliche beschränken** no voy a divagar, sino que me limitaré a lo esencial
❷ (*Pferd*): **die Reiter ließen ihre Pferde zu einem Trab ~** los jinetes pusieron sus caballos al trote
ausgreifend *adj*: (*weit*) **~e Schritte** zancadas *fpl*; **mit weit ~en Schritten holte er sie ein** la alcanzó con un par de zancadas; **er machte eine** (*weit*) **~e Bewegung und stieß dabei die Kaffeekanne um** hizo un amplio movimiento y tiró la cafetera
aus|grenzen *vt* excluir
Ausgrenzung *f* <-, *ohne pl*> marginación *f* (*aus* de); **wir dürfen die ~**

von Behinderten aus unserer Gesellschaft nicht zulassen no podemos permitir que se margine de nuestra sociedad a los minusválidos
Ausguck ['aʊsgʊk] *m* <-(e)s, -e> (NAUT) puesto *m* de observación
aus|gucken *vt* (*fam: aussuchen*): **sich** *dat* **etw/jdn ~** escoger algo/a alguien
Ausguss^{RR} *m* <-es, -güsse>, **Ausguß** *m* <-sses, -güsse> ❶ (*Becken*) pila *f*
❷ (*reg: Tülle*) pitorro *m*
aus|haben *irr* I. *vi* (*fam: Schluss haben*) terminar
II. *vt* (*fam*) ❶ (*Kleidung*) haberse quitado
❷ (*Buch*) haber terminado (de leer)
aus|hacken *vt* (*mit einer Hacke*) arrancar con la azada; (*mit dem Schnabel*) arrancar con el pico
aus|hagern *vi sein* adelgazar
aus|haken ['aʊshaːkən] I. *vt* desenganchar
II. *vi* (*fam*): **bei jdm hakt es aus** (*jd versteht etw nicht*) alguien no entiende ni zorra; (*jd verliert den Faden*) alguien pierde el hilo; (*jd verliert die Nerven*) se le cruzan los cables a alguien
aus|halten *irr* I. *vi* (*durchhalten*) aguantar, perseverar
II. *vt* ❶ (*ertragen*) soportar, aguantar; **er hält nicht viel aus** tiene poco aguante; **das ist ja nicht auszuhalten** [*o* **nicht zum A~**]! ¡esto es insoportable!
❷ (*standhalten*) resistir, aguantar; **hier lässt es sich ~** aquí se puede vivir
❸ (*fam abw: Lebensunterhalt bezahlen*) mantener, sostener; **er ließ sich von ihr ~** ella le mantenía
aushandelbar *adj* negociable
aus|handeln *vt* regatear; (*Vertrag, Löhne*) negociar
aus|händigen ['aʊshɛndɪgən] *vt* ❶ (*Preis*) hacer entrega (de)
❷ (*Urkunde, Geld, Schreiben*) entregar
Aushändigung *f* <-, *ohne pl*> entrega *f*
Aushang *m* <-(e)s, -hänge> anuncio *m*, aviso *m* *Am*
aus|hängen¹ *irr vi* (*aufgehängt sein*) estar colgado [*o* puesto] (en el tablón de anuncios)
aus|hängen² I. *vt* ❶ (*aufhängen*) publicar, hacer público
❷ (*Tür, Fenster*) sacar de los goznes, desquiciar
II. *vr:* **sich ~** (*Kleidung*) desarrugarse; **das Kleid wird sich bis morgen Abend ~** hasta mañana por la noche le caerán las arrugas al vestido
Aushängeschild *nt* <-(e)s, -er> rótulo *m*
aus|harren ['aʊsharən] *vi* (*geh*) perseverar, aguantar
aus|hauchen *vt* (*geh: Atem, Rauch*) expirar, exhalar; **sein Leben ~** exhalar el último suspiro
aus|hebeln *vt* (*zunichte machen*) invalidar, anular; **mit diesem Gesetzentwurf wird der Versuch unternommen, das Recht eines jeden Bürgers auf Arbeit auszuhebeln** con este proyecto de ley se intenta acabar con el derecho de todo ciudadano al trabajo
aus|heben *irr vt* ❶ (*Graben*) excavar
❷ (*Verbrechernest*) descubrir
❸ (*Schweiz: Truppen, Rekruten*) reclutar
Aushebung *f* <-, -en> (*Schweiz: Einberufung*) llamamiento *m* a filas
aus|hecken ['aʊshɛkən] *vt* (*fam*) tramar, maquinar; **irgendetwas wird hier ausgeheckt** algo se está cociendo aquí
aus|heilen *vi sein* curarse
aus|helfen *irr vi* ayudar; **sie half ihm mit Werkzeug aus** le ayudó aportando herramientas
aus|heulen *vr:* **sich ~** (*fam*) desahogarse (llorando) (*bei* con)
Aushilfe *f* <-, -n> ❶ (*das Aushelfen*) ayuda *f*
❷ (*Person*) auxiliar *mf*, suplente *mf*; **jdn zur ~ haben** tener a alguien como suplente
Aushilfsarbeit *f* <-, -en> trabajo *m* auxiliar; **Aushilfsarbeiter(in)** *m(f)* <-s, -; -, -nen> trabajador(a) *m(f)* auxiliar
Aushilfsarbeitsverhältnis *nt* <-ses, -se> contrato *m* de trabajo temporal; **Aushilfskellner(in)** *m(f)* <-s, -; -, -nen> camarero, -a *m, f* eventual [*o* temporal]; **Aushilfskraft** *f* <-, -kräfte> temporero, -a *m, f*; **Aushilfspersonal** *nt* <-s, *ohne pl*> personal *m* temporal [*o* eventual]
aushilfsweise *adv* temporalmente, provisionalmente; **~ beschäftigt sein** trabajar como suplente
aus|höhlen *vt* ❶ (*hohl machen*) ahuecar
❷ (*schwächen*) minar
Aushöhlung¹ *f* <-, -en> (*kleine Höhle*) oquedad *f*, socavón *m*
Aushöhlung² *f* <-, *ohne pl*> (*a. fig: das Aushöhlen*) socava *f*, socavamiento *m*; **die weitere ~ der Steilküste soll verhindert werden** hay que evitar que los acantilados se sigan socavando; **die ständige ~ meiner Autorität nehme ich nicht mehr hin** no voy a tolerar más que se socave constantemente mi autoridad
aus|holen *vi* ❶ (*Schwung*) tomar impulso (*zu* para); **mit dem Arm ~** levantar el brazo (para golpear)
❷ (*zurückgreifen*) divagar; **bei einer Erzählung weit ~** empezar con Adán y Eva
aus|horchen *vt* tantear

aus|hungern *vt* matar de hambre
aus|husten I. *vi* (*zu Ende husten*) terminar de toser
II. *vt* (*durch Husten entfernen*) expulsar tosiendo, expectorar; **zum Glück gelang es ihm, die verschluckte Gräte wieder auszuhusten** por suerte logró expulsar a fuerza de toser la espina que se había tragado
III. *vr:* **sich ~** (*zu Ende husten*) terminar de toser
aus|kämmen *vt* ❶ (*kämmend entfernen*) quitar con el peine [*o* peinando]; (*Nissen*) deslendrar
❷ (*gründlich kämmen*) peinar a fondo; (*zersauste Haare*) desenredar
aus|kehren *vt* (*reg*) *s.* **ausfegen**
aus|keimen *vi sein o haben* germinar, brotar
aus|kennen *irr vr:* **sich ~** conocer bien (*bei/in/mit*); (*in einem Fach*) estar versado (*in/mit* en); **da(mit) kenne ich mich gar nicht aus** de eso no entiendo nada; **kennst du dich in der Stadt aus?** ¿conoces bien la ciudad?
aus|kippen *vt* verter
aus|klammern *vt* dejar de lado
Ausklang *m* <-(e)s, -klänge> (*geh: Ende*) final *m*, colofón *m;* **zum ~** como colofón
ausklappbar *adj* plegable; (*Platte*) abatible
aus|klappen *vt* plegar; (*Platte*) abatir
aus|klarieren* [-klaˈriːrən] *vt* (NAUT, COM) declarar la salida (de)
Ausklarierung *f* <-, -en> (NAUT, COM) declaración *f* de salida
aus|kleiden I. *vt* ❶ (*geh: entkleiden*) desvestir
❷ (*Raum, Wand*) revestir (*mit* de); (*mit Holz*) ~ entarimar
II. *vr:* **sich ~** desvestirse
aus|klingen *irr vi sein* ❶ (*Tag, Fest*) terminar
❷ (*Ton*) acabar de sonar
aus|klinken I. *vt* (*Schleppseil*) desenganchar
II. *vr:* **sich ~** (SPORT) desengancharse
❷ (*fam: nicht mehr mitmachen*) descolgarse (*aus* de); (*gehen*) irse
aus|klopfen *vt* (*Teppich*) sacudir, limpiar con el sacudidor
aus|klügeln ['aʊsklyːɡəln] *vt* idear
aus|kneifen *irr vi sein* (*fam: weglaufen*) escaquearse, escaparse
aus|knipsen *vt* (*fam*) apagar
aus|knobeln *vt* (*fam: ausklügeln*) discurrir, idear; **wir haben einen guten Plan ausgeknobelt** hemos ideado un buen plan
ausknöpfbar *adj* desabrochable
aus|kochen *vt* ❶ (GASTR) cocer
❷ (*sterilisieren*) esterilizar
aus|kommen *irr vi sein* ❶ (*sich vertragen*) entenderse; **wir kommen gut miteinander aus** nos llevamos bien; **mit ihm kann man nicht ~** no hay quien le aguante, es insoportable
❷ (*mit etw zurechtkommen*) arreglarse, defenderse; **er kommt mit wenig Geld aus** se las arregla con poco dinero; **kommst du mit deinem Gehalt aus?** ¿te llega [*o* alcanza] el dinero (para vivir)?
❸ (*Österr: entkommen*) escaparse
❹ (*Schweiz: bekannt werden*) llegar a saberse
Auskommen *nt* <-s, *ohne pl*> (*Einkommen*) ingresos *mpl*, sustento *m;* **sein ~ haben** arreglárselas para vivir; **sein ~ finden** sacarse lo suficiente para vivir
auskömmlich ['aʊskœmlɪç] I. *adj* ❶ (*ausreichend*) suficiente, aceptable; **das Gehalt ist nicht reichlich, aber ~** el sueldo no es alto, pero sí suficiente
❷ (*verträglich*) agradable; **meine Arbeitskollegin ist ein ~er Mensch** mi compañera es una persona agradable
II. *adv* (*bequem*) holgadamente; **von seinem Gehalt konnte er ~ leben** podía vivir holgadamente con su sueldo
aus|kosten *vt* (*geh*) ❶ (*Ferien, Freuden*) disfrutar (de)
❷ (*Schmerzen*) aguantar, soportar
aus|kotzen I. *vt* ❶ (*fam: erbrechen*) potar
❷ (*fam: aussprechen*) desembuchar, soltar; **ein Problem ~** despachar un problema
II. *vr:* **sich ~** (*fam: erbrechen*) cambiar la peseta; **ich habe mich bei meinem Chef ausgekotzt** (*fig*) le he soltado todo a mi jefe, me he despachado con mi jefe
aus|kramen *vt* (*fam*) desenterrar, sacar
aus|kratzen *vt* rascar, arrancar; (*Speisereste*) rebañar; **jdm die Augen ~** sacar(le) los ojos a alguien
aus|kriegen *vt* (*fam: ausziehen können*) conseguir quitarse [*o* sacarse]; **kriegst du die Skistiefel alleine aus?** ¿te puedes quitar las botas de esquiar sin ayuda?
aus|kristallisieren* I. *vi sein* (CHEM: *Kristalle bilden*) cristalizar
II. *vt* (*Kristalle gewinnen*) separar por cristalización
III. *vr:* **sich ~** (*sich als Kristalle niederschlagen*) cristalizarse
aus|kugeln *vt* dislocar, zafar *Am;* **ich habe mir den Arm ausgekugelt** me he dislocado el brazo
aus|kühlen I. *vi sein* (*abkühlen*) perder temperatura; (*Unterkühlung erleiden*) sufrir hipotermia

II. *vt* enfriar, refrigerar
Auskühlung *f* <-, *ohne pl*> enfriamiento *m*; **an ~ sterben** morir por congelación
aus|kundschaften [ˈaʊskʊntʃaftən] *vt* indagar; (*Gegend*) explorar
Auskunft [ˈaʊskʊnft, *pl:* ˈaʊskʏnftə] *f* <-, -künfte> ❶ (*Information*) información *f*; (*über eine Person*) referencias *fpl* (*über* de); **amtliche ~** información oficial; **jdm (eine) ~ geben** proporcionar a alguien (una) información
❷ (*~sstelle*) información *f*
Auskunftei [aʊskʊnftaɪ] *f* <-, -en> agencia *f* de información
Auskunftgeber(in) *m(f)* <-s, -; -, -nen> informador(a) *m(f)*
Auskunftsanspruch *m* <-(e)s, -sprüche> (JUR) derecho *m* de información; **Auskunftsbeamte(r)** *mf* <-n, -n; -n, -n>, **-beamtin** *f* <-, -nen> empleado, -a *m, f* de información; **Auskunftsersuchen** *nt* <-s, *ohne pl*> requerimiento *m* de información; **Auskunftserteilung** *f* <-, -en> suministro *m* de información; **Auskunftshaftung** *f* <-, -en> responsabilidad *f* informativa; **Auskunftspflicht** *f* <-, -en> deber *m* de información
auskunftspflichtig *adj* de información obligatoria
Auskunftspflichtige(r) *mf* <-n, -n; -n, -n> obligado *m* a informar
Auskunftsrecht *nt* <-(e)s, *ohne pl*> derecho *m* de información; **Auskunftsschalter** *m* <-s, -> taquilla *f* de información; **Auskunftsverfahren** *nt* <-s, -> (JUR) procedimiento *m* de información
Auskunftsverweigerung *f* <-, -en> denegación *f* de información; **Auskunftsverweigerungsrecht** *nt* <-(e)s, *ohne pl*> derecho *m* a denegar información
aus|kuppeln *vi* (AUTO) desembragar
aus|kurieren* I. *vt* (*fam*) curar (completamente)
II. *vr:* **sich ~** (*fam*) curarse (completamente)
aus|lachen *vt* reírse (de), burlarse (de)
Auslad [ˈaʊslaːt] *m* <-(e)s, *ohne pl*> (*Schweiz*) descarga *f*
aus|laden *irr vt* ❶ (*Fracht, Fahrzeug*) descargar
❷ (*Einladung zurücknehmen*): **jdn ~** retirar a alguien la invitación, desinvitar a alguien
ausladend *adj* ❶ (*sich erstreckend*) amplio, extenso; (*vorspringend*) prominente; (*breit*) amplio, ancho; **ein Baum mit ~en Ästen** un árbol de amplias ramas; **ein Mann mit ~em Kinn** un hombre de barbilla prominente; **eine Frau mit ~en Hüften** una mujer de anchas caderas
❷ (*ausholend*) amplio; **er umschrieb das Gebäude mit einer ~en Gebärde** abarcó el edificio con un amplio gesto
Auslage *f* <-, -n> ❶ (*von Waren*) exposición *f*, muestra *f*
❷ (*Schaufenster*) escaparate *m*, vitrina *f*, vidriera *f Am*
❸ *pl* (*Geldbetrag*) desembolso *m*, gastos *mpl*
Auslagefläche *f* <-, -n> (FIN) superficie *f* de exposición
Auslagenerstattung *f* <-, -en> (ADMIN) reposición *f* de gastos; **Auslagenfestsetzung** *f* <-, -en> (ADMIN) fijación *f* de gastos; **Auslagenschuldner(in)** *m(f)* <-s, -; -, -nen> (ADMIN) deudor(a) *m(f)* de gastos; **Auslagenvorschuss**^RR *m* <-es, -schüsse> (ADMIN) anticipo *m* para gastos
aus|lagern *vt* poner a salvo [*o* en lugar seguro]; (INFOR) permutar, tapar
Auslagerung *f* <-, -en> (*an einen sicheren Ort*) traslado *m* a un lugar seguro, puesta *f* a salvo; **rechtzeitig vor den Bombenangriffen gelang die ~ von Kunstschätzen** se logró poner a salvo tesoros artísticos antes de los bombardeos
Ausland *nt* <-(e)s, *ohne pl*> (*país m*) extranjero *m*; **im/aus dem ~** en el/del extranjero; **im ~ ansässig** residente en el extranjero; **im ~ Lebender** persona que vive en el extranjero
Ausländer(in) *m(f)* <-s, -; -, -nen> extranjero, -a *m, f*
Ausländerbeauftrage(r) *mf* <-n, -n; -n, -n> encargado, -a *m, f* de asuntos de inmigración
ausländerfeindlich *adj* xenófobo
Ausländerfeindlichkeit *f* <-, *ohne pl*> xenofobia *f*; **Ausländergesetz** *nt* <-es, -e> (JUR) ley *f* de extranjería
Ausländerin *f* <-, -nen> *s.* **Ausländer**
Ausländerpolitik *f* <-, *ohne pl*> política *f* de extranjería; **Ausländerrecht** *nt* <-(e)s, *ohne pl*> (JUR) derecho *m* de extranjería; **Ausländerverein** *m* <-(e)s, -e> (JUR) asociación *f* de extranjeros; **Ausländervereinigung** *f* <-, -en> asociación *f* de extranjeros; **Ausländerwahlrecht** *nt* <-(e)s, *ohne pl*> (POL) derecho *m* a voto de los extranjeros, derecho *m* electoral de extranjeros; **Ausländerwohnheim** *nt* <-(e)s, -e> residencia *f* para extranjeros
ausländisch *adj* extranjero
Auslandsanlage *f* <-, -n> (FIN) inversión *f* en el exterior; **Auslandsanleihe** *f* <-, -n> (FIN) empréstito *m* exterior; **Auslandsaufenthalt** *m* <-(e)s, -e> estancia *f* en el extranjero; **Auslandsauftrag** *m* <-(e)s, -träge> (WIRTSCH) pedido *m* del extranjero; **einen ~ erteilen** pasar un pedido al extranjero, hacer un pedido al extranjero; **Auslandsbeamte(r)** *mf* <-n, -n; -n, -n>, **-beamtin** *f* <-, -nen> (ADMIN) funcionario, -a *m, f* nacional en territorio extranjero; **Auslandsbeteiligung** *f* <-, -en> (WIRTSCH) participación *f* extranjera; **Auslandsbeziehungen** *fpl* (POL) relaciones *fpl* con el extranjero [*o* internacionales]; **die ~ zu einem Land abbrechen** romper las relaciones con un país; **Auslandsbond** *m* <-s, -s> (FIN) bono *m* en moneda extranjera; **Auslandsdeutsche(r)** *mf* <-n, -n; -n, -n> alemán, -ana *m, f* residente en el extranjero; **Auslandsdienst** *m* <-(e)s, -e>: **Akademischer ~** (UNIV) servicio *m* académico internacional; **Auslandseinkünfte** *pl* (FIN) ingresos *mpl* procedentes del extranjero; **Auslandserzeugnis** *nt* <-ses, -se> producto *m* de procedencia extranjera; **Auslandsgeschäft** *nt* <-(e)s, -e> (WIRTSCH) operación *f* en el extranjero; **Auslandsgesellschaft** *f* <-, -en> (WIRTSCH) sociedad *f* extranjera (no residente); **Auslandsgespräch** *nt* <-(e)s, -e> (TEL) conferencia *f* internacional; **Auslandsguthaben** *nt* <-s, -> (FIN) activos *mpl* en el extranjero; **Auslandshaft** *f* <-, *ohne pl*> (JUR) encarcelamiento *m* en el extranjero; **Auslandsinvestition** *f* <-, -en> (FIN) inversión *f* en el exterior; **Auslandskauf** *m* <-(e)s, -käufe> (WIRTSCH) compra *f* por cuenta de extranjeros; **Auslandskorrespondent(in)** *m(f)* <-en, -en; -, -nen> corresponsal *mf* en el extranjero; **Auslandskrankenschein** *m* <-(e)s, -e> (MED) ≈cartilla *f* de desplazamiento al extranjero; **Auslandsmarkt** *m* <-(e)s, -märkte> (WIRTSCH) mercado *m* exterior; **Auslandsnachfrage** *f* <-, -n> (WIRTSCH) demanda *f* externa (*nach* de); **Auslandsniederlassung** *f* <-, -en> (WIRTSCH) sucursal *f* en el exterior; **Auslandsprodukt** *nt* <-(e)s, -e> (WIRTSCH) producto *m* extranjero; **Auslandsrecht** *nt* <-(e)s, -e> derecho *m* extranjero; **Auslandsrechte** *ntpl* derechos *mpl* en el extranjero; **Auslandsreise** *f* <-, -n> viaje *m* al extranjero; **Auslandssachverhalt** *m* <-(e)s, -e> (JUR) hechos *mpl* ocurridos [*o* cometidos] en el extranjero; **Auslandsschutzbrief** *m* <-(e)s, -e> (AUTO) seguro *m* adicional (del coche) en el extranjero; **Auslandssemester** *nt* <-s, -> (UNIV) semestre *m* de estudios en el extranjero, semestre *m* en una universidad extranjera; **Auslandsumsatz** *m* <-es, -sätze> (WIRTSCH) volumen *m* de ventas en el extranjero; **Auslandsverbindlichkeiten** *fpl* (FIN, WIRTSCH) pasivos *mpl* extranjeros; **Auslandsvermögen** *nt* <-s, -> (FIN) patrimonio *m* en el extranjero; **Auslandsverschuldung** *f* <-, -en> (FIN) deuda *f* exterior [*o* externa]; **eine hohe/niedrige ~** una deuda externa [*o* exterior] alta/baja; **Auslandsvertretung** *f* <-, -en> ❶ (WIRTSCH) filial *f* en el extranjero ❷ (POL) representación *f* en el extranjero; **Auslandsvollstreckung** *f* <-, -en> (JUR) ejecución *f* en el extranjero
Auslass^RR *m* <-es, -lässe>, **Auslaß** *m* <-sses, -lässe> salida *f*
aus|lassen *irr* I. *vt* ❶ (*Wort, Satz*) omitir, suprimir
❷ (*Butter*) derretir
❸ (*fam: Radio, Licht*) dejar apagado
❹ (*abreagieren*) descargar (*an* sobre), desahogarse (*an* con); **musst du immer deine schlechte Laune an mir ~?** ¿tienes que pagar siempre tu mal humor conmigo?
II. *vr:* **sich ~** (*sich mitteilen*) extenderse (*über* sobre), manifestarse (*über* sobre); (*lästern*) criticar (*über*); **er hat sich nicht näher darüber ausgelassen** no entró en detalles; **er hat sich aber mächtig über den Chef ausgelassen** ha dicho [*o* ha soltado] de todo sobre el jefe
Auslassung *f* <-, -en> ❶ (*Weglassen, Weggelassenes*) omisión *f*, supresión *f*
❷ *pl* (*abw: Äußerungen*) comentarios *mpl*
Auslassungspunkte *mpl* (LING) puntos *mpl* suspensivos; **Auslassungszeichen** *nt* <-s, -> (LING) apóstrofo *m*
aus|lasten *vt* ❶ (*Fahrzeug, Maschine*) utilizar a pleno rendimiento; **Kapazitäten ~** (WIRTSCH) aprovechar las capacidades
❷ (*Person*) ocupar en su totalidad
Auslastung *f* <-, *ohne pl*> ocupación *f*, tasa *f* de utilización; **unzureichende ~** infrautilización *f*; **optimale ~ von Kapazitäten** utilización óptima de las capacidades
Auslauf[1] *m* <-(e)s, *ohne pl*> (*Ausfluss*) derrame *m*
Auslauf[2] *m* <-(e)s, -läufe> (*Gehege*) corral *m*
aus|laufen *irr vi sein* ❶ (*Flüssigkeit*) derramarse (*Gefäß*) vaciarse
❷ (*in See stechen*) zarpar, hacerse a la mar
❸ (*aufhören*) terminar, acabar; (*Vertrag*) expirar
Ausläufer[1] *m* <-s, -> (GEO) estribación *f*
Ausläufer(in)[2] *m(f)* <-s, -; -, -nen> (*Schweiz: Bote*) mensajero, -a *m, f*
Auslaufmodell *nt* <-s, -e> (WIRTSCH) modelo *m* fuera de producción; **Auslaufzeit** *f* <-, -en> (WIRTSCH) tiempo *m* de expiración
aus|laugen *vt* (*Nährstoffe entziehen*) dejar sin sustancias nutritivas; (*erschöpfen*) agotar
Auslaut *m* <-(e)s, -e> (LING) sonido *m* final; **im ~** a final de palabra; **Vokal im ~** vocal final
aus|lauten *vi* (LING) terminar (*auf* en); **~de Konsonanten/Silben** consonantes/sílabas finales
aus|leben *vr:* **sich ~** gozar de la vida, vivir la vida
aus|lecken *vt* lamer
aus|leeren *vt* ❶ (*Gefäß*) vaciar

②(*Flüssigkeit*) echar, verter
aus|legen *vt* ❶ (*Köder*) poner
❷ (*Leitungen, Kabel*) tender
❸ (*Saatgut*) sembrar; (*Kartoffeln*) plantar
❹ (*Waren im Schaufenster*) exponer, exhibir
❺ (*Geld*) adelantar
❻ (*auskleiden*) revestir (*mit* con/de)
❼ (*bedecken*) cubrir (*mit* de/con); (**mit Teppich**) ~ enmoquetar, alfombrar
❽ (*Worte, Text*) interpretar; **ein Gesetz falsch/eng** ~ interpretar erróneamente/restrictivamente una ley; **sie hat meine Worte falsch ausgelegt** ha interpretado mal mis palabras
❾ (TECH: *konzipieren*) diseñar, construir; **die Stoßdämpfer sind nicht auf** [*o* **für**] **Feldwege ausgelegt** los amortiguadores no están diseñados [*o* construidos] para ir por caminos
Auslegeordnung *f* <-, -en> (*Schweiz*) ❶ (MIL) orden *f* de formar filas
❷ (*Zusammenstellung*) formación *f* de filas
Ausleger *m* <-s, -> (TECH) saliente *m*, brazo *m*; (NAUT: *am Ruderboot*) escálamo *m*, tolete *m*; (*Kufe*) batanga *f*
Auslegeschrift *f* <-, -en> (*Patent*) documento *m* especial de exposición
Auslegeware *f* <-, *ohne pl*> moqueta *f*
Auslegung *f* <-, -en> (*a.* JUR) interpretación *f*; **von Gesetzen** interpretación de leyes; ~ **von Willenserklärungen** interpretación de declaraciones de voluntad; **berichtigende** ~ interpretación rectificatoria; **extensive/restriktive** ~ interpretación extensiva/restrictiva; **falsche** ~ interpretación errónea; **historische** ~ interpretación histórica; **grammatische** ~ interpretación gramatical; **systematische** ~ interpretación sistemática; **teleologische** ~ interpretación teleológica; **verfassungskonforme** ~ interpretación constitucional
Auslegungsdirektive *f* <-, -n> (JUR) directiva *f* interpretativa; **Auslegungsgrundsätze** *mpl* (JUR) principios *mpl* de interpretación; **Auslegungsklausel** *f* <-, -n> (JUR) cláusula *f* de interpretación; **Auslegungsmonopol** *nt* <-s, -e> (JUR) monopolio *m* interpretativo; **Auslegungsprotokoll** *nt* <-s, -e> expediente *m* de exposición pública; **Auslegungsrichtlinie** *f* <-, -n> (JUR) directiva *f* de interpretación; **Auslegungssache** *f* <-, -n> cuestión *f* de interpretación; **Auslegungsurteil** *nt* <-s, -e> (JUR) sentencia *f* interpretativa
aus|leiden *irr vi* (*geh*) : **er hat endlich ausgelitten** ha dejado al fin de sufrir
aus|leiern I. *vi sein* (*fam*) dar(se) de sí; (*Gewinde*) pasarse de rosca; **das Gummiband ist ausgeleiert** la goma está dada de sí
II. *vt* (*fam*) deformar; (*Gewinde*) pasar de rosca
Ausleihe¹ ['aʊslaɪə] *f* <-, *ohne pl*> (*das Ausleihen*) préstamo *m*
Ausleihe² *f* <-, -n> (*Raum*) sección *f* de préstamos
aus|leihen *irr vt* (*verleihen*) prestar, aviar *Am*; (*sich borgen*) tomar prestado; **jdm etw** ~ prestar algo a alguien; **dieses Buch habe ich mir von einem Freund ausgeliehen** este libro me lo ha prestado un amigo; **dieses Buch habe ich mir aus** [*o* **in**] **der Bücherei ausgeliehen** he sacado este libro de la biblioteca
aus|lernen *vi* terminar el aprendizaje; **man lernt nie aus** siempre se aprende algo nuevo
Auslese ['aʊsleːzə] *f* <-, -n> ❶ (*Auswahl*) selección *f*; **künstliche/natürliche** ~ selección artificial/natural
❷ (*Wein*) vino *m* de uvas escogidas [*o* seleccionadas]
aus|lesen *irr vt* ❶ (*Buch*) terminar (de leer)
❷ (*aussondern*) separar, sacar
❸ (INFOR) seleccionar
Ausleseprozess^RR *m* <-es, -e> proceso *m* de selección [*o* selectivo]; **Auseleseprüfung** *f* <-, -en> examen *m* selectivo; **Ausleseverfahren** *nt* <-s, -> método *m* selectivo, prueba *f* de selección
aus|leuchten *vt* iluminar, alumbrar
aus|lichten *vt* entrescar, recortar
aus|liefern *vt* entregar; (JUR) extraditar; **ich bin ihr völlig ausgeliefert** (*fam*) estoy en sus manos
Auslieferung *f* <-, -en> entrega *f*; (JUR) extradición *f*
Auslieferungsantrag *m* <-(e)s, -träge> (POL, JUR) demanda *f* de extradición; **Auslieferungsvertrag** *m* <-(e)s, -träge> (POL, JUR) contrato *m* de extradición
aus|liegen *irr vi* ❶ (*Zeitschriften*) estar a disposición (de los lectores)
❷ (*Schlingen, Netze*) estar expuesto
Auslinie *f* <-, -n> (SPORT) línea *f* de banda
Auslobung *f* <-, -en> (JUR) promesa *f* pública de recompensa
aus|löffeln *vt* sacar [*o* vaciar] a cucharadas; **die Suppe** ~ comerse la sopa (a cucharadas); **wer sich die Suppe eingebrockt hat, muss sie auch** ~ quien la armó que la desarme
aus|loggen ['aʊslɔɡən] *vr*: **sich** ~ (INFOR) cerrar sesión
aus|löschen *vt* ❶ (*Licht*) apagar; (*Feuer*) extinguir
❷ (*Schrift, Spuren*) borrar

❸ (*geh*: *Menschenleben*) apagar, extinguir
aus|losen ['aʊsloːzən] *vt* rifar, sortear
aus|lösen *vt* ❶ (*Schuss*) disparar
❷ (*hervorrufen*) producir, provocar
❸ (*loskaufen, befreien*) rescatar, pagar el rescate (de/por); **Schuldverschreibungen** ~ (FIN) desempeñar obligaciones
Auslöser *m* <-s, -> ❶ (TECH) mecanismo *m* de disparo
❷ (*Anlass*) (factor *m*) desencadenante *m* (*für* de)
Auslösung *f* <-, -en> (*Entschädigung*) indemnización *f*
Auslosung *f* <-, -en> sorteo *m*, rifa *f*
Auslösungsverbot *nt* <-(e)s, -e> (JUR) prohibición *f* de redención; ~ **für Haftrisiken/Patentverletzungen/Steuern** prohibición de redención de riesgos de detención/violaciones de patentes/impuestos
aus|loten ['aʊsloːtən] *vt* ❶ (NAUT: *Fahrwasser*) sondear (la profundidad) (de)
❷ (TECH: *die Senkrechte bestimmen*) tomar la vertical (de)
❸ (*fig*): **die Situation** ~ sondear la situación
aus|machen *vt* ❶ (*fam*: *Radio, Licht, Feuer*) apagar
❷ (*vereinbaren*) concertar, quedar (en)
❸ (*klären*) resolver, arreglar
❹ (*trennen*) divisar, distinguir
❺ (*bewirken, darstellen*) representar, constituir; **ihm fehlt alles, was einen Wissenschaftler ausmacht** le falta todo aquello que constituye un científico
❻ (*betragen*) elevarse (a)
❼ (*bedeuten*) importar; **macht es Ihnen etwas aus, wenn ...?** ¿le importa que...? *+subj*
❽ (*im Spiel*) cerrar
aus|malen I. *vt* (*mit Farbe*) pintar (*mit* de), colorear (*mit* de)
II. *vr*: **sich** *dat* **etw** ~ (*sich vorstellen*) imaginarse algo, figurarse algo
aus|manövrieren* *vt* esquivar; **seinen Gegner** ~ esquivar a su contrario
Ausmaß *nt* <-es, -e> ❶ (*räumlich*) dimensión *f*, extensión *f*; **die ~e des Übungsgeländes/des Gebäudes** las dimensiones del campo de maniobras/del edificio
❷ (*Grad, Umfang*) dimensión *f*; **in geringem/größerem** ~ en menor/mayor medida; **bis zu einem gewissen** ~ hasta (un) cierto punto; **in großem** ~ a gran escala
aus|merzen ['aʊsmɛrtsən] *vt* ❶ (*Ungeziefer*) exterminar, eliminar
❷ (*Fehler*) subsanar
❸ (*Missstände*) eliminar
aus|messen *irr vt* medir, tomar la medida (de)
Ausmessung *f* <-, -en> medición *f*
aus|misten *vt* ❶ (*Stall*) sacar el estiércol (de)
❷ (*fam*: *Schrank, Zimmer*) arreglar, poner en orden
aus|mustern *vt* ❶ (*aussortieren*) desechar
❷ (MIL) declarar inútil
Ausnahme *f* <-, -n> excepción *f*; **eine ~ machen** hacer una excepción; **mit ~ von ...** a excepción de..., exceptuando a...; **ohne** ~ sin excepción; ~**n bestätigen die Regel** (*prov*) la excepción confirma la regla
Ausnahmebestimmung *f* <-, -en> cláusula *f* de exención, disposición *f* derogatoria; **Ausnahmebewilligung** *f* <-, -en> (JUR) autorización *f* excepcional, aprobación *f* excepcional; **Ausnahmeerscheinung** *f* <-, -en> excepción *f*; **Ausnahmefall** *m* <-(e)s, -fälle> caso *m* excepcional, excepción *f*; **Ausnahmegenehmigung** *f* <-, -en> (JUR) autorización *f* especial, autorización *f* excepcional; **Ausnahmeklausel** *f* <-, -n> (JUR) cláusula *f* excepcional; **Ausnahmeregelung** *f* <-, -en> reglamentación *f* excepcional; **Ausnahmesituation** *f* <-, -en> situación *f* excepcional, estado *f* de emergencia; **Ausnahmesteigerung** *f* <-, -en> incremento *m* excepcional; **Ausnahmetatbestand** *m* <-(e)s, -stände> (JUR) supuesto *m* excepcional; **Ausnahmezustand** *m* <-(e)s, -stände> estado *m* de excepción; **den** ~ **über das Land verhängen** decretar el estado de excepción en el país
ausnahmslos *adj* sin excepción
ausnahmsweise ['----, '--'--] *adv* excepcionalmente, como excepción
aus|nehmen *irr* I. *vt* ❶ (*Fisch*) limpiar
❷ (*Kaninchen, Geflügel*) destripar
❸ (*ausschließen*) exceptuar (*von* de)
❹ (*fam abw*: *Geld abnehmen*) desplumar, desvalijar
❺ (*Österr*: *erkennen*) distinguir, reconocer
II. *vr*: **sich** ~ (*geh*: *wirken*) hacer [*o* producir] efecto; **das Bild nimmt sich hier sehr gut aus** el cuadro hace muy buen efecto [*o* queda muy bien] aquí
ausnehmend *adv* (*geh*) extraordinariamente; **das gefällt mir** ~ **gut** me parece extraordinariamente bien
aus|nüchtern *vi* desemborracharse, quitarse la borrachera de encima *fam*; **hast du schon ausgenüchtert?** ¿ya se te ha pasado la borrachera?
Ausnüchterung *f* <-, -en> desintoxicación *f*, desemborrachamiento *m*, desembriaguez *f*

Ausnüchterungszelle *f* <-, -n> celda *f* para desemborracharse
aus|nutzen *vt*, **aus|nützen** ['aʊsnʏtsən] *vt* (*reg*) ❶ (*Gelegenheit, Situation*) aprovechar, sacar provecho de
❷ (*Stellung, Notlage*) aprovecharse (de)
Ausnutzung *f* <-, *ohne pl*>, **Ausnützung** *f* <-, *ohne pl*> (*reg*) explotación *f*, utilización *f*; ~ **der Produktionskapazität** aprovechamiento de la capacidad de producción; ~ **des Rechtsweges** utilización de la vía jurídica
aus|packen I. *vt* ❶ (*Koffer*) deshacer
❷ (*Geschenk*) abrir, desenvolver
❸ (*Waren, Paket*) desembalar, abrir
II. *vi* (*fam: erzählen, verraten*) cantar, irse de la lengua
aus|peitschen *vt* azotar, flagelar, latiguear *Am*
aus|pfeifen *irr vt* abuchear, silbar
aus|pflanzen *vt* transplantar (al exterior); **im Frühjahr können die jungen Sämlinge in den Garten ausgepflanzt werden** en primavera se pueden transplantar los arbolitos al jardín
aus|plaudern *vt* divulgar
aus|plündern *vt* ❶ (*Dorf, Laden*) saquear
❷ (*fam: Kühlschrank*) vaciar
aus|posaunen* *vt* (*fam*) pregonar, decir a los cuatro vientos
aus|prägen I. *vt* (*Münze*) acuñar
II. *vr:* **sich** ~ marcarse, acentuarse
Ausprägung *f* <-, -en> ❶ (*Münzen*) acuñación *f*
❷ (*Offenbarung*) manifestación *f*
aus|pressen *vt* (*Saft*) extraer; (*Frucht*) exprimir
aus|probieren* *vt* probar
Auspuff ['aʊspʊf] *m* <-(e)s, -e> (AUTO) escape *m*
Auspuffgase *ntpl* (AUTO) gases *mpl* de escape; **Auspuffkrümmer** *m* <-s, -> (AUTO) codo *m* de escape; **Auspuffrohr** *nt* <-(e)s, -e> (AUTO) tubo *m* de escape; **Auspufftopf** *m* <-(e)s, -töpfe> (AUTO) silenciador *m* de escape
aus|pumpen *vt* ❶ (*Wasser*) bombear; (*leeren*) vaciar bombeando; **völlig ausgepumpt sein** (*fam fig*) estar hecho polvo
❷ (*fam: ausleihen*) prestar
aus|pusten *vt* (*fam: ausblasen*) apagar soplando; **das Geburtstagskind pustete alle Kerzen aus** el niño apagó todas las velas del pastel de cumpleaños
aus|putzen *vt* limpiar a fondo
aus|quartieren* ['aʊskvartiːrən] *vt* desalojar
aus|quetschen *vt* ❶ (*Frucht*) exprimir, estrujar
❷ (*fam: ausfragen*) acosar a preguntas
aus|radieren* *vt* ❶ (*Geschriebenes*) borrar
❷ (*abw: zerstören*) destruir, arrasar
aus|rangieren* ['aʊsraŋʒiːrən] *vt* (*fam*) desechar
aus|rasieren* *vt* afeitar, pelar *fam*
aus|rasten *vi sein* ❶ (TECH) soltarse, desclavarse
❷ (*fam: zornig werden*) enfurecerse
aus|rauben *vt* desvalijar
aus|rauchen I. *vt* terminar de fumar, terminarse el cigarrillo
II. *vt* apurar; **eine Zigarette** ~ terminarse un pitillo, apurar el cigarrillo
aus|räuchern *vt* ahumar; (*mit Gas*) fumigar, gasear
aus|raufen *vt* arrancar
aus|räumen *vt* ❶ (*Schrank*) vaciar; (*Bücher*) sacar; (*Zimmer*) desamueblar
❷ (*Missverständnis*) arreglar
❸ (*Schwierigkeit*) allanar
❹ (*Zweifel*) disipar
aus|rechnen *vt* (*Summe*) calcular; **sie rechnet sich große Chancen aus** cuenta con que tiene buenas perspectivas
Ausrede *f* <-, -n> excusa *f*; (*Vorwand*) pretexto *m*; (*Ausflüchte*) evasiva *f*; **faule** ~ excusa mala, alilaya *f Kol, Cuba*
aus|reden I. *vi* (*zu Ende reden*) acabar de hablar; **lässt du mich bitte erst** ~? ¿me dejas terminar a mí primero?
II. *vt* (*umstimmen*): **jdm etw** ~ disuadir a alguien de algo; **sie versuchte ihm den Plan auszureden** trataba de disuadirle de su plan
III. *vr:* **sich** ~ (*Österr: sich aussprechen*) desahogarse
aus|reiben *irr vt* ❶ (*durch Reiben entfernen*) quitar frotando; **einen Fleck** ~ quitar una mancha frotando
❷ (*säubern*) limpiar (frotando); **eine Pfanne** ~ limpiar una sartén (frotando)
aus|reichen *vt* bastar, ser suficiente
ausreichend *adj* ❶ (*genug*) bastante, suficiente
❷ (*Schulnote*) suficiente
aus|reifen *vi sein* madurar
Ausreise *f* <-, -n> salida *f* (*aus* de)
Ausreiseantrag *m* <-(e)s, -träge> solicitud *f* de salida; **Ausreiseerlaubnis** *f* <-, -se> permiso *m* de salida; **Ausreisegenehmigung** *f* <-, -en> permiso *m* de salida

aus|reisen *vi sein* salir (*aus* de); **früher durften Ostdeutsche nicht in die BRD** ~ antes los alemanes de la RDA no podían viajar a la RFA
Ausreisepflicht *f* <-, *ohne pl*> (JUR) obligación *f* de salida; **Ausreiseverbot** *nt* <-(e)s, -e> (JUR) prohibición *f* de salida; **Ausreisevisum** *nt* <-s, -visa *o* -visen> visado *m* de salida; **Ausreisewelle** *f* <-, -n> éxodo *m;* **Ausreisewillige(r)** ['aʊsraɪzəvɪlɪgə] *mf* <-n, -n; -n, -n> persona que quiere (*e intenta*) emigrar
aus|reißen *irr* I. *vi sein* ❶ (*abreißen*) arrancarse, desgarrarse
❷ (*fam: weglaufen*) huir, escapar(se), botarse *Chil;* **sie ist von zu Hause ausgerissen** se escapó de casa
II. *vt* (*entfernen*) arrancar, desgarrar
Ausreißer(in) *m(f)* <-s, -; -, -nen> (*fam*) fugitivo, -a *m, f*
aus|reiten *irr vi* salir a caballo
aus|reizen *vt* ❶ (*Karten*) pujar al máximo
❷ (*Möglichkeit, Thema*) agotar
aus|renken ['aʊsrɛŋkən] *vt* dislocar, zafar *Am;* **sich** *dat* **den Arm** ~ dislocarse el brazo
aus|richten I. *vt* ❶ (*Nachricht*) dar; **soll ich (ihr) etwas** ~? ¿quiere que le dé algún recado?
❷ (*einstellen*) ajustar (*auf* a), adaptar (*auf* a); **ausgerichtet sein auf** (*abzielen*) estar dirigido a, aspirar a
❸ (*erreichen*) conseguir, lograr; **ich konnte bei ihm nichts** ~ no pude conseguir nada de él
❹ (*veranstalten*) organizar
❺ (*Österr: schlecht machen*) hablar mal (de), vilipendiar
❻ (*Schweiz: bezahlen*) pagar
II. *vr:* **sich** ~ orientarse (*auf* a/hacia)
Ausrichter(in) *m(f)* <-s, -; -, -nen> organizador(a) *m(f)*
Ausrichtung *f* <-, *ohne pl*> ❶ (*Sicheinstellen*) ajuste *m* (*auf* a)
❷ (*Veranstalten*) organización *f*
❸ (*Orientierung*) orientación *f*
Ausritt *m* <-(e)s, -e> paseo *m* a caballo
aus|rollen *vt* ❶ (*Teppich*) desenrollar
❷ (*Teig*) extender con el rodillo
aus|rotten ['aʊsrɔtən] *vt* ❶ (*Tiere, Volk*) exterminar
❷ (*Unsitte*) extirpar, erradicar
Ausrottung *f* <-, -en> ❶ (*Tiere, Volk*) exterminación *f*
❷ (*Unsitte*) extirpación *f*, erradicación *f*
aus|rücken I. *vi sein* ❶ (MIL) salir (del cuartel), marcharse
❷ (*Feuerwehr*) salir
❸ (*fam: ausreißen*) escapar(se)
II. *vt* (TYPO) sangrar
Ausruf *m* <-(e)s, -e> exclamación *f*
aus|rufen *irr vt* ❶ (*rufend nennen*) llamar; (*Abflug, Abfahrt*) anunciar (por altavoz); **man ließ ihn über Lautsprecher** ~ lo llamaron por el altavoz
❷ (*Streik*) convocar
❸ (*Notstand, Republik*) proclamar
Ausrufer(in) *m(f)* <-s, -; -, -nen> (HIST) pregonero, -a *m, f*
Ausrufezeichen *nt* <-s, -> signo *m* de exclamación, (signo *m* de) admiración *f*
Ausrufung *f* <-, -en> proclamación *f*, declaración *f*; (*eines Streiks*) convocatoria *f*
Ausrufungszeichen *nt* <-s, ->, **Ausrufzeichen** *nt* <-s, -> (*Schweiz*) *s.* **Ausrufezeichen**
aus|ruhen *vi, vr:* **sich** ~ descansar (*von* de), reposar
aus|rupfen *vt* desplumar; **die Magd rupfte dem geschlachteten Huhn die Federn aus** la moza desplumó el pollo
aus|rüsten *vt* ❶ (*Person*) equipar (*mit* de/con), abastecer (*mit* de/con)
❷ (*Flugzeug, Expedition*) equipar (*mit* de/con), dotar (*mit* de/con)
Ausrüstung *f* <-, -en> equipo *m*, equipamiento *m*
Ausrüstungsaufwand *m* <-(e)s, *ohne pl*> despliegue *m* en bienes de equipo; **Ausrüstungsgegenstand** *m* <-(e)s, -stände> útiles *mpl*, pertrechos *mpl;* **in Katalogen werden Ausrüstungsgegenstände für Camper angeboten** los catálogos ofrecen el equipamiento [*o* equipo] para campistas; **auf ihrem Rückzug musste die Armee viele Ausrüstungsgegenstände zurücklassen** el ejército tuvo que abandonar en su retirada muchos pertrechos; **Ausrüstungsgüter** *ntpl* bienes *mpl* de equipo [*o* de inversión]; **Ausrüstungsinvestitionen** *fpl* (WIRTSCH) inversiones *fpl* en bienes de equipo
aus|rutschen *vi sein* resbalar, dar un resbalón; **da ist mir die Hand ausgerutscht** (*fam*) ahí se me fue la mano
Ausrutscher *m* <-s, -> (*fam: Fauxpas*) desliz *m*, patinazo *m*
Aussaat *f* <-, -en> ❶ (*Aussäen*) siembra *f*
❷ (*Saatgut*) semillas *fpl*, simientes *fpl*
aus|säen *vt* sembrar
Aussage ['aʊsaːgə] *f* <-, -n> ❶ (JUR) declaración *f*; **falsche/uneidliche** ~ declaración falsa/no jurada; **eine** ~ **machen** prestar declaración; **eine schriftliche** ~ **machen** hacer una declaración por escrito; **die** ~

Aussagedelikt

verweigern negarse a declarar
② (*Inhalt*) mensaje *m*; (LING) enunciado *m*
Aussagedelikt *nt* <-(e)s, -e> (JUR) delito *m* de declaración; **Aussageerpressung** *f* <-, -en> (JUR) coacción *f* de declaración; **Aussagegenehmigung** *f* <-, -en> (JUR) autorización *f* de declarar; **Aussagekraft** *f* <-, ohne *pl*> fuerza *f* expresiva [o informativa]
aussagekräftig *adj* (de gran valor) informativo
aus|sagen I. *vi* (JUR) prestar declaración, declarar
II. *vt* (*ausdrücken*) expresar
aus|sägen *vt* cortar con la sierra
Aussagenotstand *m* <-(e)s, ohne *pl*> (JUR) emergencia *f* de declarar; **Aussagepflicht** *f* <-, ohne *pl*> (JUR) obligación *f* de declarar; **Aussagesatz** *m* <-es, -sätze> (LING) oración *f* enunciativa
Aussageverweigerung *f* <-, -en> (JUR) negativa *f* a testificar; **Aussageverweigerungsrecht** *nt* <-(e)s, -e> (JUR) derecho *m* a negarse a declarar
Aussand *m* <-(e)s, -sände> (*Schweiz: Versenden*) envío *m*; (*Ware*) mercancía *f*
Aussatz *m* <-es, ohne *pl*> (MED) lepra *f*
aussätzig *adj* (MED) leproso
Aussätzige(r) ['aʊstsɪgə] *mf* <-n, -n; -n, -n> (*a. fig*) leproso, -a *m*, *f*
aus|saufen *irr* I. *vi* (*fam*) terminar de beber; **sauf endlich aus!** ¡acábate ese vaso de una vez!
II. *vt* ① (*Tier*) beberse, vaciar; **das durstige Pferd soff einen ganzen Eimer Wasser aus** el caballo sediento se bebió un cubo entero de agua
② (*fam: Mensch*) trincarse, chuparse; **verdammt, wer hat denn mein Bier ausgesoffen?** ¡maldita sea! ¿quién se ha trincado mi cerveza?
aus|saugen *vt* (*Frucht, Wunde*) chupar; (*Kolonie*) explotar
aus|schaben *vt* ① (*säubern*) vaciar (con cuchara)
② (MED) raspar
Ausschabung *f* <-, -en> (MED) raspado *m*
aus|schachten ['aʊsʃaxtən] *vt* excavar
Ausschachtung *f* <-, -en> ① (*das Ausschachten*) excavación *f*
② (*Grube*) zanja *f*
Ausschachtungsarbeiten *fpl* excavaciones *fpl*, trabajos *mpl* de excavación
aus|schaffen *vt* (*Schweiz: abschieben*) poner en la frontera, expulsar
aus|schalten *vt* ① (*Motor, Licht*) apagar
② (*Konkurrenz, Gegner*) eliminar
Ausschaltung *f* <-, -en> ① (TECH) desconexión *f*
② (*Eliminierung*) eliminación *f*; **die ~ der Konkurrenz/eines Gegners** la eliminación de la competencia/de un contrario [o adversario]
Ausschank¹ ['aʊsʃaŋk] *m* <-(e)s, -schänke> ① (*Lokal*) bar *m*
② (*Theke*) barra *f*
Ausschank² *m* <-(e)s, ohne *pl*> (*Tätigkeit*) despacho *m* de bebidas
Ausschankerlaubnis *f* <-, ohne *pl*> licencia *f* de venta [o de expedición] de bebidas alcohólicas
Ausschau *f* <-, ohne *pl*>: **nach jdm/etw ~ halten** buscar a alguien/algo con la vista
aus|schauen *vi* ① (*Ausschau halten*) buscar con la vista (*nach*)
② (*südd, Österr: Eindruck erwecken*) parecer
aus|schaufeln *vt* ① (*Graben*) (ex)cavar con la pala; **ein Grab/eine Grube ~** cavar una tumba/un hoyo
② (*Erde*) remover, sacar (a paletadas); **für so einen Teich muss ganz schön viel Erde ausgeschaufelt werden** para hacer un estanque como éste hay que sacar mucha tierra
aus|schäumen *vt* (TECH) espumar
Ausscheiden *nt* <-s, ohne *pl*> separación *f*; **aus einem Amt** cese del cargo
aus|scheiden *irr* I. *vi sein* ① (*aus einem Amt, einer Firma*) dimitir (*aus* de), retirarse (*aus* de)
② (*aus einem Club*) darse de baja (*aus* de/en)
③ (SPORT) ser eliminado (*aus* de); **der Wagen ist aus dem Rennen ausgeschieden** el coche fue eliminado de la carrera
④ (*Bewerber*) no entrar en consideración
⑤ (*Möglichkeit*) quedar excluido
II. *vt* ① (MED) segregar
② (*aussondern*) excluir, rechazar
③ (*Schweiz: reservieren*) reservar
④ (*Schweiz: trennen*) separar
Ausscheidung¹ *f* <-, ohne *pl*> (MED: *das Ausscheiden*) excreción *f*
Ausscheidung² *f* <-, -en> ① (MED: *Sekret*) secreción *f*
② (SPORT: *~skampf*) eliminatoria *f*
Ausscheidungsanmeldung *f* <-, -en> (JUR) notificación *f* de cese; **Ausscheidungskampf** *m* <-(e)s, -kämpfe> (SPORT) eliminatoria *f*; **Ausscheidungsspiel** *nt* <-(e)s, -e> (SPORT) encuentro *m* eliminatorio, eliminatoria *f*; **Ausscheidungsstoff** *m* <-(e)s, -e> producto *m* de eliminación
aus|schenken *vt* ① (*gießen*) echar

② (*im Lokal*) vender, despachar
aus|scheren ['aʊsʃeːrən] *vi sein* salirse (de la fila)
aus|schicken *vt* enviar, mandar
aus|schießen *irr* I. *vi sein* ① (*sprießen*) brotar
② (*südd, Österr: verbleichen*) perder el color, decolorarse
II. *vt haben* vaciar [o sacar] de un tiro; **ihm wurde im Krieg das Auge ausgeschossen** perdió el ojo en la guerra
aus|schiffen I. *vt* (*Waren*) desembarcar, descargar; (*Passagiere*) desembarcar
II. *vr:* **sich ~** desembarcar, bajar a tierra; **die Matrosen durften sich ~** los marineros obtuvieron permiso para bajar a tierra
aus|schildern *vt* señalizar
aus|schimpfen *vt* reprender, reñir
aus|schirren *vt* desaparejar; (*von der Kutsche*) desenjaezar; (*vom Joch*) desuncir
aus|schlachten *vt* (*fam*) ① (*Fahrzeug*) desguazar
② (*ausnutzen*) sacar provecho (de)
aus|schlafen *irr* I. *vi, vr:* **sich ~** dormir a su gusto
II. *vt:* **seinen Rausch ~** dormir la mona
Ausschlag *m* <-(e)s, -schläge> ① (MED) erupción *f* cutánea
② (*der Waage*) caída *f*; (*des Pendels*) oscilación *f*; (*der Magnetnadel*) desviación *f*; **den ~ geben** ser decisivo
aus|schlagen *irr* I. *vi* ① (*Pferd*) cocear
② *haben o sein* (*Baum*) brotar, retoñar
③ *haben o sein* (*Zeiger*) oscilar; (*Kompassnadel*) desviarse
II. *vt* ① (*Angebot, Einladung*) rehusar, rechazar; **ein Angebot ~** rechazar una oferta; **eine Erbschaft ~** repudiar una herencia
② (*Zahn*) partir
③ (*mit Stoff*) forrar (*mit* con/de), revestir (*mit* con/de)
ausschlaggebend *adj* decisivo (*für* para); **das ist von ~er Bedeutung** eso es de importancia decisiva
Ausschlagung *f* <-, -en> repudio *m*, rechazo *m*; **~ einer Erbschaft/eines Angebots** repudio de una herencia/rechazo de una oferta
Ausschlagungsrecht *nt* <-(e)s, ohne *pl*> derecho *m* de repudiación
Ausschlagwald *m* <-(e)s, -wälder> bosque *m* de renuevos
aus|schließen *irr vt* ① (*Zweifel, Irrtum*) descartar, excluir; **es ist nicht auszuschließen, dass ...** no se puede descartar la posibilidad de que... +*subj*
② (*im Widerspruch stehen*) excluir; **das eine schließt das andere nicht aus** lo uno no excluye lo otro
③ (JUR: *Öffentlichkeit*) excluir
④ (*aus einer Gemeinschaft*) expulsar (*aus* de)
ausschließlich I. *adj* (*alleinig*) exclusivo
II. *adv* únicamente, exclusivamente; (*nur*) sólo
III. *präp* +*gen* con exclusión de, excluido; **~ des Interessenten** excepto el interesado; **der Preis versteht sich ~ Verpackung und Porto** el precio se comprende excluido el embalaje y el franqueo; **~ Getränken** bebidas no incluidas
Ausschließlichkeit *f* <-, ohne *pl*> (JUR) exclusividad *f*; **gegenseitige ~** exclusividad recíproca
Ausschließlichkeitsbezug *m* <-(e)s, -züge> (JUR) alegación *f* de exclusividad; **Ausschließlichkeitsbindung** *f* <-, -en> (JUR) vinculación *f* de exclusividad; **Ausschließlichkeitsklausel** *f* <-, -n> (JUR) cláusula *f* de exclusividad; **Ausschließlichkeitspatent** *nt* <-(e)s, -e> (JUR) patente *f* de exclusividad; **Ausschließlichkeitsrecht** *nt* <-(e)s, ohne *pl*> derecho *m* de exclusividad; **Ausschließlichkeitsvereinbarung** *f* <-, -en> (JUR) convenio *m* de exclusividad; **Ausschließlichkeitsvertrag** *m* <-(e)s, -träge> (JUR) contrato *m* de exclusividad
Ausschließung *f* <-, -en> (*a*. JUR) exclusión *f*
Ausschließungsfrist *f* <-, -en> (JUR, WIRTSCH) plazo *m* perentorio; **Ausschließungsgrund** *m* <-(e)s, -gründe> (JUR) eximente *f*; **Ausschließungsklage** *f* <-, -n> (JUR) acción *f* inhibitoria
aus|schlüpfen *vi sein* salir del huevo [o del cascarón]
Ausschluss^RR *m* <-es, -schlüsse>, **Ausschluß** *m* <-sses, -schlüsse> ① (*a*. JUR) exclusión *f* (*aus* de), expulsión *f* (*aus* de); **~ der Einrede** exclusión de la excepción; **~ der Gewährleistungsrechte** exclusión de los derechos de garantía; **~ der Haftung** exclusión de la responsabilidad; **unter ~ der Öffentlichkeit** a puerta cerrada; **unter ~ der Gewährleistung** excluyendo toda garantía; **unter ~ des Rechtsweges** inapelable
② (SPORT) descalificación *f*
Ausschlussfrist^RR *f* <-, -en> (JUR) plazo *m* de exclusión; **Ausschlussgesetz**^RR *nt* <-es, -e> (JUR) ley *f* de exclusión; **prozessuales ~** ley de exclusión procesal; **Ausschlussklausel**^RR *f* <-, -n> (JUR) cláusula *f* de exclusión; **Ausschlussrecht**^RR *nt* <-(e)s, ohne *pl*> derecho *m* de exclusión; **Ausschlussurteil**^RR *nt* <-s, -e> (JUR) sentencia *f* de caducidad; **Ausschlussverfahren**^RR *nt* <-s, -> (JUR) procedimiento *m* de exclusión; **Ausschlusswirkung**^RR *f* <-, -en> (JUR) efecto *m* de exclusión

aus|schmücken vt ❶ (*Raum*) adornar, decorar ❷ (*Geschichte*) adornar, embellecer
Ausschmückung f <-, -en> ❶ (*Dekoration*) decoración f; (*architektonisch*) ornamentación f ❷ (*eines Berichts*) adorno m, aderezo m; **durch allerlei phantasievolle ~en wirkt die Erzählung gleich viel plastischer** aderezado con todo tipo de adornos fantásticos, el relato resulta mucho más plástico
Ausschneidebogen m <-s, -bögen> pliego m de (figuras) recortables
aus|schneiden irr vt ❶ (*Bild*) cortar (*aus* de), recortar (*aus* de) ❷ (*Büsche*) podar, recortar
Ausschnitt m <-(e)s, -e> ❶ (*Teil*) parte f, fragmento m ❷ (*aus einem Film*) escena f ❸ (MATH) sector m ❹ (*bei Kleidung*) escote m ❺ (*aus einer Zeitung*) recorte m
aus|schöpfen vt ❶ (*Flüssigkeit*) sacar, extraer ❷ (*Gefäß*) vaciar ❸ (*Möglichkeiten*) aprovechar; (*Reserven*) agotar
aus|schreiben irr vt ❶ (*Wort*) escribir entero; (*Zahl*) escribir en letra ❷ (*Wettbewerb, Wahlen*) convocar; (*Stelle*) sacar a concurso ❸ (*Rechnung*) hacer; (*Scheck*) extender
Ausschreibung f <-, -en> convocatoria f; (*von Stellen*) concurso m; **öffentliche ~** subasta pública, licitación pública
Ausschreibungsabsprache f <-, -n> (JUR) acuerdo m de licitación; **Ausschreibungsangebot** nt <-(e)s, -e> (FIN) oferta f de licitación; **Ausschreibungsbedingungen** fpl (JUR) condiciones fpl de licitación; **Ausschreibungsfrist** f <-, -en> (FIN) plazo m de licitación; **Ausschreibungsverfahren** nt <-s, -> (FIN) procedimiento m de licitación; **im ~** en el procedimiento de licitación
aus|schreiten irr vi sein (*geh: große Schritte machen*) alargar el paso, caminar con grandes pasos
Ausschreitungen ['aʊsʃraɪtʊŋən] fpl disturbios mpl; **es kam zu schweren ~** se produjeron graves disturbios
Ausschuss[RR] m <-es, -schüsse> (*Komitee*) comisión f, comité m; **beratender/ständiger ~** comité consultivo/permanente; **gemeinsamer ~** comisión común; **einem ~ vorsitzen** presidir una comisión
Ausschuss[2RR] m <-es, ohne pl> (*minderwertige Ware*) desecho m
Ausschuß m s. **Ausschuss**
Ausschussmitglied[RR] nt <-(e)s, -er> miembro m del comité
Ausschussquote[RR] f <-, -n> (WIRTSCH) volumen m de artículos defectuosos
Ausschusssitzung[RR] f <-, -en> reunión f del comité
Ausschussverlust[RR] m <-(e)s, -e> (WIRTSCH) pérdida f por artículos defectuosos; **Ausschussware**[RR] f <-, -n> producto m defectuoso
aus|schütteln vt sacudir
aus|schütten vt ❶ (*Flüssigkeit*) verter, derramar ❷ (*Gefäß*) vaciar; **jdm sein Herz ~** abrir su corazón a alguien ❸ (*Dividende*) repartir
Ausschüttung f <-, -en> (FIN) reparto m
Ausschüttungsanspruch m <-(e)s, -sprüche> (JUR) derecho m al dividendo
ausschüttungsfähig adj (FIN); **-er Gewinn** ganancia distribuible
Ausschüttungssatz m <-es, -sätze> (FIN) cuota f distribuible [o repartible]
aus|schwärmen vi sein (*Bienen*) salir en enjambres; (*Soldaten*) dispersarse
aus|schweifen vi sein divagar; **seine Phantasie ~ lassen** dejar rienda suelta a la fantasía
ausschweifend ['aʊsʃvaɪfənt] adj ❶ (*Leben*) libertino, disoluto ❷ (*Fantasie*) exuberante, desenfrenado
Ausschweifung f <-, -en> desenfreno m
aus|schweigen irr vr: **sich ~** guardar silencio (*über* sobre)
aus|schwemmen vt (*Giftstoffe*) despedir; (*Gold*) limpiar con agua
ausschwenkbar adj basculante; **ein ~er Kran** una grúa basculante
aus|schwenken vt ❶ (*Kran*) girar hacia fuera; **nach links ~** girar a la izquierda ❷ (*Wäsche*) aclarar
aus|schwitzen vt sudar
aus|sehen irr vi parecer, tener aspecto (*nach* de); **hübsch** [o **gut**] **~** tener buen aspecto; (*Sache*) ser bonito; (*Person*) estar guapo; **gut ~d** bien parecido; **ein gut ~der Mann** un hombre bien parecido; **das Kleid sieht nach nichts aus** el vestido no tiene nada de extraordinario; **es sieht nach Regen aus** parece que va a llover; **wie siehst du denn aus?** (*fam*) ¡vaya una facha que tienes!; **wie sieht's aus?** (*fam*) ¿cómo estamos?, ¿qué tal van las cosas?; **danach sieht er gar nicht aus** no lo aparenta, él sieht so aus, alle de ... parece como si... +subj; **er sieht aus wie sein Vater** se parece a su padre
Aussehen nt <-s, ohne pl> aspecto m
aus|sein irr vi s. **aus II.**

außen ['aʊsən] adv fuera; **von ~** por [o desde] fuera; **~ am Glas** por fuera del vaso; **den Schein nach ~ hin wahren** guardar las apariencias; **~ vor sein** quedar fuera [o excluido]
Außenansicht f <-, -en> vista f exterior; **Außenanstrich** m <-(e)s, -e> pintura f exterior; **Außenantenne** f <-, -n> antena f exterior; **Außenaufnahme** f <-, -n> (FILM, FOTO) toma f exterior; **Außenbahn** f <-, -en> (SPORT) calle f exterior; **Außenbeleuchtung** f <-, -en> (*Gebäude, Park*) iluminación f exterior; (*Auto*) alumbrado m exterior; **Außenbereich** m <-(e)s, -e> (JUR) sector m exterior; **im ~ bauen** construir en el sector exterior; **Außenbezirk** m <-(e)s, -e> barrio m periférico, extrarradio m
Außenbordmotor m <-s, -en> motor m fuera borda
aus|senden irr vt ❶ (*Expedition, Boten*) enviar, mandar ❷ (*Strahlen, Signale*) emitir
Außendienst m <-(e)s, ohne pl> servicio m externo; **im ~ sein** estar de servicio externo; **Außendienstmitarbeiter(in)** m(f) <-s, -; -, -nen> colaborador(a) m(f) en el servicio exterior
Außenfinanzierung f <-, -en> (WIRTSCH) financiación f externa; **Außengesellschaft** f <-, -en> (JUR, WIRTSCH) sociedad f externa; **Außenhafen** m <-s, -häfen> (NAUT) antepuerto m, rada f (exterior); **Außenhaftung** f <-, -en> (JUR) responsabilidad f externa
Außenhandel m <-s, ohne pl> (COM) comercio m exterior
Außenhandelsbeschränkungen fpl (COM) restricciones fpl al comercio exterior; **Außenhandelsbilanz** f <-, -en> (COM, FIN) balance m del comercio exterior; **Außenhandelsbürgschaft** f <-, -en> (COM, JUR) fianza f para operaciones de comercio exterior; **Außenhandelskammer** f <-, -n> (COM) cámara f de comercio exterior; **Außenhandelslizenz** f <-, -en> (COM, JUR) licencia f de exportación; **Außenhandelsmonopol** nt <-s, -e> (COM) monopolio m del comercio exterior; **Außenhandelsniederlassung** f <-, -en> (COM) sucursal f en el exterior; **Außenhandelsposition** f <-, -en> (COM) situación f del comercio exterior; **Außenhandelsprognose** f <-, -n> (COM) pronóstico m para el comercio exterior; **Außenhandelsquote** f <-, -n> (COM) cuota f de exportación; **Außenhandelsrecht** nt <-(e)s, ohne pl> regulación f legal del comercio exterior; **Außenhandelsspanne** f <-, -n> (COM) margen m del comercio exterior; **Außenhandelsvertrag** m <-(e)s, -träge> (JUR) tratado m de comercio exterior; **Außenhandelsvolumen** nt <-s, -volumina> (COM) volumen m del comercio exterior
Außenhaut f <-, -häute> recubrimiento m exterior, forro m exterior; **die ~ eines Flugzeugs** las cubiertas de un avión; **Außenkurve** f <-, -n> curva f exterior; **Außenluftdruck** m <-(e)s, -drücke> presión f del aire exterior
Außenminister(in) m(f) <-s, -; -, -nen> ministro, -a m, f de Asuntos Exteriores [o del Exterior], canciller m Am; **Außenministerium** nt <-s, -ministerien> Ministerio m de Asuntos Exteriores [o del Exterior], cancillería f Am; **Außenpolitik** f <-, ohne pl> política f exterior
außenpolitisch adj referente [o relativo] a la política exterior
Außenprüfer(in) m(f) <-s, -; -, -nen> (FIN) auditor(a) m(f) externo, -a; **Außenprüfung** f <-, -en> (FIN) auditoría f externa; **Außenquartier** nt <-s, -e> (*Schweiz: Vorstadtviertel*) barrio m periférico; **Außenrecht** nt <-(e)s, ohne pl> derecho m externo; **Außenschmarotzer** m <-s, -> (BIOL) parásito m externo; **Außenseite** f <-, -n> (*parte f*) exterior m
Außenseiter(in) m(f) <-s, -; -, -nen> marginado, -a m, f; (SPORT) outsider mf; **Außenseiterrolle** f <-, -n> (*Pferd, Sportler*) posición f modesta; (*in der Politik, Gesellschaft*) posición f marginal
Außenspiegel m <-s, -> (AUTO) espejo m retrovisor exterior; **Außenstände** mpl (FIN, WIRTSCH) atrasos mpl; **nicht einziehbare ~** créditos incobrables; **Außenstehende(r)** mf <-n, -n; -n, -nen> persona f ajena, profano, -a m, f; **Außenstelle** f <-, -n> agencia f; **Außensteuergesetz** nt <-es, -e> ley f tributaria internacional; **Außensteuerrecht** nt <-(e)s, ohne pl> derecho m tributario internacional; **Außenstürmer(in)** m(f) <-s, -; -, -nen> (SPORT) extremo, -a m, f delantero, -a; **Außentasche** f <-, -n> bolsillo m exterior; **Außentemperatur** f <-, -en> temperatura f exterior; **Außenverhältnis** nt <-ses, -se> (JUR) relaciones fpl externas; **Außenvollmacht** f <-, -en> (JUR) poder m externo; **Außenwand** f <-, -wände> pared f exterior, muro m exterior; **Außenwelt** f <-, ohne pl> mundo m exterior; **von der ~ abgeschnitten sein** estar incomunicado; **Außenwerbung** f <-, ohne pl> (WIRTSCH) publicidad f exterior; **Außenwert** m <-(e)s, -e> valor m exterior; **Außenwinkel** m <-s, -> (MATH) ángulo m externo
Außenwirtschaft f <-, ohne pl> economía f exterior
außenwirtschaftlich adj desde el punto de vista de la economía exterior; **~e Anpassung/Entwicklung/Faktoren** ajuste/evolución/factores de la economía exterior
Außenwirtschaftsgesetz nt <-es, -e> ley f de transacciones internacionales; **Außenwirtschaftsrecht** nt <-(e)s, ohne pl> regulación f de las transacciones internacionales; **Außenwirtschaftsvertrag**

Außenzoll

m <-(e)s, -träge> (JUR) tratado *m* de comercio exterior
Außenzoll *m* <-(e)s, -zölle> (COM) arancel *m* exterior; **gemeinsamer ~** (EU) frontera exterior común
außer ['aʊsɐ] I. *präp +dat* ❶ (*räumlich*) fuera de; **~ Sicht sein** no ser visible, estar fuera del alcance de la vista; **~ Haus** fuera de casa
❷ (*Zustand*) fuera de; **~ Betrieb/Gefahr** fuera de servicio/de peligro; **~ Dienst sein** estar retirado; **~ Atem** sin aliento; **sie war ~ sich** *dat* **vor Freude** estaba fuera de sí de alegría
❸ (*ausschließlich*) excepto, a excepción de; **~ ihrem Bruder waren alle da** estuvieron todos excepto su hermano; **alle ~ mir** todos salvo [*o* menos] yo
❹ (*abgesehen von*) aparte de; **~ dieser Stelle habe ich noch einen zweiten Job** aparte de este puesto tengo otro trabajillo
II. *präp +gen* (*räumlich*) fuera de; **~ Landes** fuera del país
III. *konj* excepto, a excepción de; **~ dass** excepto que *+subj*, a no ser que *+subj*; **~ wenn** excepto si, salvo si; **er ist sehr friedfertig, ~ wenn er getrunken hat** es muy pacífico, excepto cuando ha bebido
Außerachtlassung *f* <-, *ohne pl*> inobservancia *f*, ignorancia *f*; **unter ~ aller Vorschriften** ignorando todas las normas
außerberuflich *adj* extraprofesional
außerbetrieblich *adj* externo; **eine ~e Versammlung** una junta externa; **~e Weiterbildung** formación (contínua) fuera de la empresa
außerdem ['aʊsedeːm, --'-] *adv* además, aparte
außerdienstlich *adj* extraoficial
äußere(r, s) *adj* ❶ (*von außen kommend*) exterior; **~ Anstöße** estímulos exteriores
❷ (*außen*) exterior, externo; **man soll nicht nach dem ~n Schein urteilen** no se debe juzgar por las apariencias
❸ (*auswärtig*) exterior
Äußere(s) *nt* <-n, *ohne pl*> aspecto *m*; (*Gesicht, Körper*) físico *m*; **nach dem ~n urteilen** juzgar según el aspecto; **ein gepflegtes ~s** una buena presencia
außerehelich ['aʊsəʔeːəlɪç] *adj* ❶ (*Beziehung*) extramatrimonial
❷ (*Kind*) natural, ilegítimo
außereuropäisch *adj* extraeuropeo; **~e Länder** países extraeuropeos
außerfahrplanmäßig I. *adj* (AUTO, EISENB) no regular, extraordinario; **einen ~en Bus einsetzen** poner un autobús especial
II. *adv* (AUTO, EISENB) fuera de horario; **der Zug fährt** [*o* **verkehrt**] **~ es un tren especial
außergerichtlich I. *adj* (JUR) extrajudicial
II. *adv* (JUR) por vía extrajudicial, fuera de la vía judicial
außergewöhnlich *adj* excepcional, fuera de serie; (*ungewöhnlich*) desacostumbrado; **es ist ~ heiß** hace un calor poco corriente
außerhalb I. *präp +gen* fuera de; **~ der Arbeitszeit** fuera de las horas de trabajo; **~ der Buchführung** fuera de la contabilidad; **~ der Stadt** fuera de la ciudad
II. *adv* fuera; **wir wohnen ~** vivimos en las afueras
außerirdisch *adj* extraterrestre
Außerkraftsetzung [--'---] *f* <-, -en> (*formal: Gesetz, Vorschrift*) derogación *f*, abrogación *f*; (*Bestimmung*) revocación *f*; **~ eines Gesetzes** abolición de una ley
äußerlich ['ɔɪsɐlɪç] *adj* ❶ (*außen*) exterior, externo; **nur ~ anwenden** (*Aufschrift auf Medikamenten*) sólo para uso externo; **rein ~ betrachtet** visto solamente por fuera
❷ (*oberflächlich*) superficial
❸ (*scheinbar*) aparente
Äußerlichkeit *f* <-, -en> apariencia *f*
äußerln ['ɔɪsɐln] *vt* (*Österr: fam:* (*Hund*) *ausführen*) sacar a pasear
äußern ['ɔɪsɐn] I. *vt* expresar; **seine Meinung ~** dar su opinión
II. *vr: sich ~* ❶ (*seine Meinung sagen*) pronunciarse, opinar (*über/zu* sobre)
❷ (*sich zeigen*) mostrarse, manifestarse
außerordentlich I. *adj* ❶ (*überdurchschnittlich*) extraordinario, excepcional; **~es Ergebnis** resultado excepcional; **~e Erträge** rendimientos excepcionales
❷ (*ungewöhnlich*) singular, excepcional
❸ (*außer der Ordnung*) extraordinario
II. *adv* (*sehr*) sumamente, mucho; **etw ~ schätzen** apreciar algo extraordinariamente
außerorts *adv* (*Schweiz, Österr*) en las afueras
außerparlamentarisch *adj* extraparlamentario; **~e Opposition** oposición extraparlamentaria
außerplanmäßig I. *adj* extraordinario, fuera de norma
II. *adv* fuera de norma
außerschulisch *adj* (SCH) extraescolar
außersinnlich *adj* extrasensorial; **~e Wahrnehmung** percepción extrasensorial
äußerst ['ɔɪsɐst] *adv* muy, extraordinariamente; **eine ~ gefährliche Angelegenheit** un asunto sumamente peligroso

außerstande [aʊsɐ'ʃtandə] *adv:* **~ sein etw zu tun** no estar en condiciones de hacer algo; **ich sehe mich ~ das zu tun** no me veo [*o* siento] en condiciones de hacerlo
äußerste(r, s) ['ɔɪsɐstə, -tɐ, -təs] *adj* ❶ (*weit entfernt*) extremo; **am ~n Ende der Stadt** en el límite de la ciudad
❷ (*größtmöglich*) máximo, sumo; **mit ~r Behutsamkeit vorgehen** proceder con sumo cuidado
Äußerste(s) *nt*: **jdm das ~ abverlangen** exigir lo máximo de alguien; **sein ~s geben** dar el máximo de sí, hacer un gran esfuerzo; **auf das ~ gefasst sein** estar preparado para lo peor; **bis zum ~n gehen** llegar hasta el final; **das ~ wagen** jugarse el todo por el todo
äußerstenfalls ['ɔɪsɐstən'fals] *adv* a lo sumo
außertariflich *adj* (WIRTSCH) fuera de tarifa
außertourlich ['aʊsətuːɐlɪç] *adj* (*Österr, südd: außerfahrplanmäßig*) fuera de plan, adicional
Äußerung ['ɔɪsərʊŋ] *f* <-, -en> declaración *f*; (*Bemerkung*) observación *f*; **beleidigende ~** injuria; **geschäftsschädigende ~** declaración perjudicial para el comercio
Äußerungsfrist *f* <-, -en> (JUR) plazo *m* de exteriorización
außervertraglich *adj* extracontratual
aus|setzen I. *vi* ❶ (*Atmung, Herz*) cesar
❷ (*unterbrechen*) interrumpirse; **zwei Runden ~** pasar dos turnos; **ohne auszusetzen** sin parar
II. *vt* ❶ (*Tier*) abandonar
❷ (JUR: *Verhandlung*) aplazar; **die Strafe wurde zur Bewährung ausgesetzt** le concedieron remisión condicional de la pena
❸ (*bemängeln*) criticar, poner reparos (a); **daran ist nichts auszusetzen** no hay nada que objetar
❹ (*Belohnung*) ofrecer; (*Preis*) fijar
❺ (*preisgeben*): **jdn etw** *dat* **~** exponer a alguien a algo; **dieser Gefahr wollte er sich nicht ~** no quiso exponerse a este peligro
Aussetzen *nt* <-s, *ohne pl*> (a. JUR) suspensión *f*
Aussetzung *f* <-, -en> (a. JUR) suspensión *f*, sobreseimiento *m*; **~ der Hauptverhandlung** sobreseimiento de la vista oral; **~ der Strafvollstreckung** sobreseimiento de la ejecución de la pena; **~ der Vollziehung** sobreseimiento del cumplimiento; **~ des Anhörungstermins/der Gerichtsentscheidung** suspensión de la comparecencia/de la resolución judicial; **~ des Verfahrens** suspensión del juicio
Aussetzungsbeschluss[RR] *m* <-es, -schlüsse> (JUR) auto *m* de suspensión; **Aussetzungsentscheidung** *f* <-, -en> (JUR) resolución *f* suspensiva
Aussicht *f* <-, -en> ❶ (*Blick*) vista *f* (*auf* de), panorama *m* (*auf* de); **jdm die ~ versperren** impedir(le) a alguien la vista
❷ (*Zukunftsmöglichkeit*) perspectiva *f* (*auf* de), esperanza *f* (*auf* de); **etw in ~ haben** tener algo en perspectiva; **etw hat ~ auf Erfolg** algo tiene probabilidad de éxito; **jdm etw in ~ stellen** prometer algo a alguien; **das sind ja schöne ~en!** ¡buena la tenemos!; **gute ~en haben** tener buenas perspectivas
aussichtslos *adj* sin esperanza; (*verzweifelt*) desesperado; (*unnütz*) inútil
Aussichtslosigkeit *f* <-, *ohne pl*> falta *f* de perspectivas
Aussichtspunkt *m* <-(e)s, -e> mirador *m*
aussichtsreich *adj* prometedor
Aussichtsturm *m* <-(e)s, -türme> mirador *m*
aus|sieben I. *vt* ❶ (*mit einem Sieb*) colar, quitar colando; **Klumpen aus der Soße ~** colar la salsa (para quitar los grumos), colar los grumos de la salsa
❷ (*durch Auswahl*) cribar; **nach den Unterlagen wurden zehn Bewerber ausgesiebt und zu Probeaufnahmen eingeladen** diez candidatos pasaron la criba del currículum y fueron invitados a las pruebas; **beim ersten Vorsingen werden untalentierte Kandidaten ausgesiebt** en la primera prueba de canto se criba a los candidatos poco dotados
II. *vi* hacer una criba; **bei der Zwischenprüfung wird ausgesiebt** el examen de diplomatura es una criba
aus|siedeln *vt* evacuar
Aussiedler(in) *m(f)* <-s, -; -, -nen> expatriado, -a *m, f*
Aussiedlung *f* <-, -en> evacuación *f*, traslado *m* forzoso de la población
aus|sitzen *irr vt* (*fam*) dejar pasar
aus|söhnen ['aʊszøːnən] *vr: sich ~* (re)conciliarse; **er hat sich mit seinem Vater ausgesöhnt** se ha reconciliado con su padre
Aussöhnung *f* <-, -en> reconciliación *f*
aus|sondern *vt* apartar, separar; **die alten Züge wurden bald ausgesondert** muy pronto pusieron los trenes viejos fuera de servicio
Aussonderung *f* <-, -en> selección *f*, separación *f*; **~ geeigneter Bewerber** selección *f* de candidatos adecuados
Aussonderungsberechtigte(r) *mf* <-n, -n; -n, -n> (JUR) acreedor(a) *m(f)* de dominio; **Aussonderungsquote** *f* <-, -n> (WIRTSCH) cuota *f* de selección; **Aussonderungsrecht** *nt* <-(e)s, *ohne pl*> (JUR) dere-

aussorgen

cho *m* de exclusión
aus|sorgen *vi:* **damit habe ich ausgesorgt** con eso tengo ya el porvenir asegurado
aus|sortieren* *vt* desechar, separar
aus|spähen I. *vi* acechar (*nach* a)
II. *vt* espiar; **das A~ von Daten** el espionaje de datos
aus|spannen I. *vi* (*sich erholen*) descansar
II. *vt* ❶ (*Netz*) (ex)tender
❷ (*Pferde*) desenganchar
❸ (*fam*): **jdm den Freund ~** quitar(le) a alguien el novio
Ausspannung *f* <-, *ohne pl*> descanso *m*, relax *m*, relajación *f*
aus|sparen *vt* ❶ (*frei lassen*) dejar libre
❷ (*beiseite lassen*) dejar de lado, pasar (de) *sl*
Aussparung *f* <-, -en> boquete *m*, brecha *f*
aus|speien *irr* **I.** *vi* escupir (*vor* de)
II. *vt* (*Lava, Qualm*) arrojar, escupir
aus|sperren I. *vt* ❶ (*aus der Wohnung*) cerrar la puerta (a, *aus* de)
❷ (*Arbeiter*) dejar en la calle mediante un lock-out
II. *vr:* **sich ~** (*aus der Wohnung*) quedarse fuera sin llaves (*aus* de)
Aussperrung *f* <-, -en> cierre *m*, lock-out *m*
aus|spielen I. *vt* ❶ (*Karte*) jugar; **etw gegen etw ~** (*zum Vorteil einsetzen*) servirse de algo contra algo
❷ (SPORT: *Gegenspieler*) regatear, evitar
❸ (*aufwiegeln*): **jdn gegen jdn ~** aprovecharse de la rivalidad entre dos personas
II. *vi* (*beim Kartenspiel*) salir
Ausspielung *f* <-, -en> sorteo *m*
Ausspielvertrag *m* <-(e)s, -träge> (JUR) contrato *m* de juego
aus|spinnen *irr vt* ampliar, desarrollar; **diese Idee könnte man weiter ~** esta idea podría ampliarse
aus|spionieren* *vt* espiar
Aussprache¹ *f* <-, *ohne pl*> ❶ (*Artikulation*) pronunciación *f*
❷ (*Akzent*) acento *m*; **eine englische ~** un acento inglés
Aussprache² *f* <-, -n> (*Unterredung*) discusión *f*, debate *m*; **eine ~ mit jdm haben** hablar francamente con alguien
Ausspracheangabe *f* <-, -n> indicación *f* de la pronunciación; **Aussprachewörterbuch** *nt* <-(e)s, -bücher> diccionario *m* de pronunciación
aus|sprechen *irr* **I.** *vi* (*zu Ende sprechen*) terminar (la frase); **lass mich bitte ~!** ¡déjame terminar la frase!
II. *vt* ❶ (*Wörter, Laute*) pronunciar; **wie spricht man dieses Wort aus?** ¿cómo se pronuncia esta palabra?
❷ (*Lob, Verdächtigung*) expresar; **sie sprachen der Regierung ihr Vertrauen aus** expresaron su confianza al gobierno
❸ (*Verbot*) notificar, disponer
III. *vr:* **sich ~** ❶ (*sein Herz ausschütten*) desahogarse (*bei* con)
❷ (*befürworten*) abogar (*für* por), pronunciarse (*für* por/en favor de)
Ausspruch *m* <-(e)s, -sprüche> dicho *m*, frase *f* ingeniosa; **richterlicher ~** (JUR) sentencia (jurisdiccional)
aus|spucken *vi, vt* escupir
aus|spülen *vt* enjuagar
Ausspülung *f* <-, -en> enjuague *m*; **~ der Mundhöhle** enjuague bucal
aus|staffieren* ['aʊsʃtafiːrən] *vt* ataviar (*mit* con/de), proveer (*mit* de)
Ausstand *m* <-(e)s, *ohne pl*> ❶ (*Streik*) huelga *f*
❷ (*Schweiz: Ausscheiden*) abandono *m* (*aus* de), retirada *f* (*aus* de); **seinen ~ geben** celebrar su despedida del trabajo
ausständig *adj* (*Österr:* FIN, WIRTSCH) pendiente
aus|stanzen *vt* ❶ (TECH) troquelar
❷ (*Schilder*) estampar
❸ (*Löcher*) punzonar
aus|statten ['aʊsʃtatən] *vt* proveer (*mit* de), dotar (*mit* con/de)
Ausstattung *f* <-, -en> ❶ (*mit Geräten, Geräte*) equipamiento *m*, equipo *m*; **die ~ des Filmteams war gut** el equipo del grupo cinematográfico era bueno
❷ (*eines Buches*) presentación *f*
Ausstattungsdarlehen *nt* <-s, -> (FIN) préstamo *m* para el equipamiento; **Ausstattungsrecht** *nt* <-(e)s, *ohne pl*> derecho *m* de dote; **Ausstattungsschutz** *m* <-es, *ohne pl*> (JUR) tutela *f* de la dote
aus|stechen *irr vt* ❶ (*Unkraut*) extraer (con una pala); (*Auge*) vaciar
❷ (*übertreffen*) aventajar
Ausstechform *f* <-, -en> (GASTR) cortapasta *m*
aus|stehen *irr* **I.** *vi* ❶ (*Antwort, Entscheidung*) faltar, estar pendiente
❷ (*nicht bezahlt sein*) estar pendiente (de pago); **~de Einlagen auf das gezeichnete Kapital** (WIRTSCH) depósitos por cobrar del capital suscrito; **~de Gelder** dinero por cobrar; **~de Zahlungen auf Aktien** pagos pendientes de las acciones
II. *vt* (*ertragen*) aguantar, soportar; **ich kann ihn nicht ~** no le soporto; **ich kann so etw nicht ~** no soporto una cosa así; **das ist jetzt ausgestanden** (*fam*) esto ya ha pasado

austauschen

aus|steigen *irr vi sein* ❶ (*aus einem Fahrzeug*) bajar (*aus* de), salir (*aus* de); **alles ~!** ¡bajen todos!
❷ (*fam: aufhören*) retirarse (*aus* de), abandonar (*aus*)
Aussteiger(in) *m(f)* <-s, -; -, -nen> (*fam*) ≈pasota *mf* (*persona que ha dejado su oficio y entorno para estar libre de presiones sociales*)
aus|stellen *vt* ❶ (*Waren, Bilder*) exhibir, exponer
❷ (*Bescheinigung, Zeugnis*) expedir; (*Scheck*) extender
❸ (*Gerät*) apagar
Aussteller(in) *m(f)* <-s, -; -, -nen> ❶ (*bei Ausstellungen*) expositor(a) *m(f)*
❷ (*von Urkunden*) otorgante *mf*, expedidor(a) *m(f)*
❸ (*von Wechseln*) librador(a) *m(f)*
Ausstellfenster *nt* <-s, -> (AUTO) ventanilla *f* giratoria [*o* oscilante]
Ausstellung *f* <-, -en> ❶ (*Veranstaltung*) exposición *f*
❷ (*von Schriftstücken*) expedición *f*
❸ (*von Schecks*) extensión *f* (*über* por)
Ausstellungsbescheinigung *f* <-, -en> (JUR) certificado *m* de expedición; **Ausstellungsdatum** *nt* <-s, -daten> ❶ (*einer Veranstaltung*) fecha *f* de la exposición ❷ (*von Schriftstücken*) fecha *f* de expedición ❸ (*von Schecks*) fecha *f* de extensión; **Ausstellungsfläche** *f* <-, -n> superficie *f* de exposición; **Ausstellungshalle** *f* <-, -n> pabellón *m* de exposiciones, salón *m* de exposiciones; **Ausstellungskatalog** *m* <-(e)s, -e> catálogo *m* de la exposición
Ausstellungspriorität *f* <-, -en> (JUR) prioridad *f* de expedición; **Ausstellungsrecht** *nt* <-(e)s, *ohne pl*> derecho *m* de expedición; **Ausstellungsstand** *m* <-(e)s, -stände> stand *m* (de exposición); **Ausstellungsstück** *nt* <-(e)s, -e> objeto *m* expuesto, pieza *f* de exposición; **Ausstellungtag** *m* <-(e)s, -e> (FIN) día *m* de la consignación
aus|sterben *irr vi sein* (*Pflanze, Tierart, Sprache*) extinguirse, desaparecer; (*Brauch*) perderse, caer en desuso; **wie ausgestorben** (*Ort*) desierto
Aussterben *nt* <-s, *ohne pl*>: **vom ~ bedroht** en vías de extinción
aussterbend *adj* en vías de extinción
Aussteuer *f* <-, *ohne pl*> ajuar *m*, canastilla *f Arg, PRico;* (*Geld*) dote *f*
Ausstieg ['aʊsʃtiːk] *m* <-(e)s, -e> ❶ (*das Heraussteigen*) bajada *f*
❷ (*Ausgang*) salida *f*
❸ (*fam: Beendigung*) abandono *m*; **der ~ aus der Kernenergie** el abandono de la energía nuclear
Ausstiegsbeschluss[RR] *m* <-es, -schlüsse> decisión *f* de retiro [*o* de abandono]; **Ausstiegsklausel** *f* <-, -n> cláusula *f* de separación
aus|stopfen *vt* rellenar; (*Tier*) disecar
Ausstoß *m* <-es, *ohne pl*> ❶ (WIRTSCH) producción *f*, rendimiento *m*
❷ (*Abgase*) expulsión *f*
aus|stoßen *irr vt* ❶ (*Atem, Abgase*) expulsar; (*Dampf, Rauchwolken*) expeler, expulsar; (*Lava*) arrojar, despedir
❷ (*Seufzer, Schrei*) lanzar
❸ (*produzieren*) producir, fabricar
❹ (*ausschließen*) expulsar (*aus* de)
Ausstoßleistung *f* <-, -en> (WIRTSCH) capacidad *f* de producción; **Ausstoßmenge** *f* <-, -n> (WIRTSCH) volumen *m* de producción
Ausstoßung *f* <-, *ohne pl*> expulsión *f* (*aus* de), exclusión *f* (*aus* de)
aus|strahlen *vt* ❶ (*Licht, Wärme*) emitir; (*Ruhe, Heiterkeit*) irradiar
❷ (RADIO) emitir, radiar; (TV) televisar
Ausstrahlung *f* <-, -en> ❶ (RADIO, TV) emisión *f*
❷ (*Charisma*) atractivo *m*, carisma *m*
Ausstrahlungstermin *m* <-s, -e> (TV, RADIO) fecha *f* de emisión; **Ausstrahlungswirkung** *f* <-, -en> (JUR) efecto *m* de radiación; **~ der Grundrechte** efecto de radiación de los derechos fundamentales
aus|strecken I. *vt* (*Beine*) estirar
II. *vr:* **sich ~** estirarse
aus|streichen *irr vt* ❶ (*durchstreichen*) borrar, tachar, radiar *Am*
❷ (*Farbe*) extender (con un pincel)
aus|streuen *vt* esparcir, dispersar; (*Gerüchte*) hacer correr, difundir
aus|strömen I. *vi sein* (*Wasser*) derramarse, escaparse; (*Gas, Dampf*) escaparse, salir
II. *vt* (*Duft*) despedir, exhalar; (*Wärme*) despedir
aus|suchen *vt* escoger, elegir; **du darfst dir etwas ~** puedes escoger algo
Austausch *m* <-(e)s, *ohne pl*> intercambio *m*, cambio *m*; **im ~ für** [*o* **gegen**] **etw** a cambio de algo
Austauschabkommen *nt* <-s, -> (WIRTSCH) convenio *m* de intercambio
austauschbar *adj* (inter)cambiable; (*ersetzbar*) sustituible
Austauschbarkeit *f* <-, *ohne pl*> intercambiabilidad *f*; **~ der Verfahrensarten** (JUR) intercambiabilidad de los tipos de procedimiento
aus|tauschen I. *vt* ❶ (*auswechseln*) cambiar
❷ (*Erfahrungen, Erinnerungen*) intercambiar
❸ (*Schüler*) intercambiar; (*Gefangene*) canjear

Austauschformat

II. *vr:* **sich untereinander/mit jdm ~** cambiar impresiones uno con otro/con alguien
Austauschformat *nt* <-(e)s, -e> (INFOR) formato *m* de intercambio; **Austauschmotor** *m* <-s, -en> (AUTO) motor *m* de recambio; **Austauschpfändung** *f* <-, -en> (JUR) embargo *m* intercambiante; **vorläufige ~** embargo intercambiable provisional; **Austauschschüler(in)** *m(f)* <-s, -; -, -nen> alumno, -a *m, f* de intercambio (*dentro de un convenio internacional*); **Austauschstoff** *m* <-(e)s, -e> materia *f* de sustitución; **Austauschvertrag** *m* <-(e)s, -träge> (JUR) contrato *m* conmutativo; **Austauschware** *f* <-, -n> (WIRTSCH) género *m* intercambiable
aus|teilen *vt* repartir (*an* a, *unter* entre); (*Ohrfeige, Karten*) dar, repartir
Austeilung *f* <-, -en> reparto *m*, distribución *f*; (*des Segens*) administración *f*
Auster ['auste] *f* <-, -n> ostra *f*
Austernbank *f* <-, -bänke> banco *m* de ostras; **Austernfischer** *m* <-s, -> (ZOOL) ostrero *m*, pilpilén *m*; **Austernpilz** *m* <-es, -e> champiñón *m* chino; **Austernschale** *f* <-, -n> concha *f* de la ostra, valva *f* de la ostra
Austernzucht¹ *f* <-, -en> (*Austernpark*) criadero *m* de ostras
Austernzucht² *f* <-, ohne pl> (*das Züchten*) cría *f* de ostras
aus|tilgen *vt* ❶ (*Ungeziefer, Unkraut*) eliminar; (*Lebewesen*) exterminar; (*Krankheiten*) erradicar
❷ (*Schrift*) borrar, tachar
❸ (*Erinnerung*) borrar, arrancar de la mente
aus|toben *vr:* **sich ~** (*Kinder*) desfogarse; (*beim Spielen*) jugar a lo loco
aus|tragen *irr vt* ❶ (*Briefe*) repartir
❷ (*Konflikt*) poner en claro
❸ (*Wend*): **ein Kind ~** no interrumpir el embarazo, (decidir) tener el niño
Austräger(in) *m(f)* <-s, -; -, -nen> repartidor(a) *m(f)*, distribuidor(a) *m(f)*
Austragung *f* <-, ohne pl> ❶ (*Verteilung*) distribución *f*, reparto *m*
❷ (SPORT) celebración *f*
Austragungsort *m* <-(e)s, -e> (SPORT) sede *f*, escenario *m*; **der ~ für die nächsten Olympischen Spiele steht noch nicht fest** la próxima sede de los Juegos Olímpicos no ha sido fijada aún; **wir übertragen die Wettkämpfe direkt vom ~** retransmitimos los campeonatos en directo
Australien [aus'tra:liən] *nt* <-s> Australia *f*
Australier(in) *m(f)* <-s, -; -, -nen> australiano, -a *m, f*
australisch *adj* australiano
aus|träumen *vi:* **er hat ausgeträumt** ya no se hace más ilusiones; **der Traum vom großen Geld ist jetzt ausgeträumt** el sueño de ganar mucho dinero ahora se ha esfumado
aus|treiben *irr* I. *vt* ❶ (*Vieh*) sacar a pastar
❷ (*Teufel, Geister*) exorcizar
❸ (*Blüten*) echar
❹ (*abgewöhnen*): **jdm etw ~** quitar a alguien algo de la cabeza
II. *vi* (*Pflanze*) echar hojas
Austreibung *f* <-, -en> ❶ (*von Menschen*) expulsión *f*
❷ (*vom Teufel*) exorcismo *m*
aus|treten *irr* I. *vi sein* ❶ (*Gas, Dampf*) escaparse (*aus* por); (*Blut*) salir(se) (*aus* en)
❷ (*aus der Kirche, Partei*) salir (*aus* de); (*aus einem Verein*) darse de baja (*aus* en)
❸ (*fam: zur Toilette gehen*) ir al servicio
II. *vt* ❶ (*Treppenstufen*) gastar; (*Schuhe*) (des)gastar
❷ (*Feuer*) apagar con los pies; (*Zigarette*) pisar
aus|tricksen ['austrɪksən] *vt* (*fam*) engañar
Austrieb *m* <-(e)s, -e> (BOT) brote *m*
aus|trinken *irr* I. *vt* terminar(se) de beber, acabar(se); **trink deine Milch aus!** ¡bébete la leche!
II. *vi* terminar de beber, acabar
Austritt *m* <-(e)s, -e> ❶ (*aus einer Organisation*) abandono *m*, dimisión *f*
❷ (*von Flüssigkeit*) salida *f*; (*von Gas*) escape *m*
Austrittserklärung *f* <-, -en> declaración *f* de dimisión; **Austrittsgeschwindigkeit** *f* <-, -en> (TECH) velocidad *f* de salida; **Austrittsrecht** *nt* <-(e)s, ohne pl> derecho *m* de separación
aus|trocknen I. *vi sein* (re)secarse
II. *vt* secar
Austrocknung *f* <-, ohne pl> desecación *f*; **~ von Feuchtgebieten** desecación de regiones húmedas
aus|trompeten* *vt* (*fam*) *s.* **ausposaunen**
aus|tüfteln ['austyftəln] *vt* (*fam*) idear
aus|üben *vt* ❶ (*Beruf, Funktion*) ejercer; (*Amt*) desempeñar
❷ (*Macht, Herrschaft*) ejercer
❸ (*Druck, Einfluss*) ejercer (*auf* sobre)
Ausübung *f* <-, ohne pl> ❶ (*Beruf*) ejercicio *m*; **in ~ seines Dienstes**

Ausweichmöglichkeit

en acto de servicio
❷ (*Dienst, Pflicht*) cumplimiento *m*, ejercicio *m*; **~ der mit einem Patent verbundenen Rechte** ejercicio de los derechos inherentes a una patente; **~ des Vorkaufsrechts** ejercicio del derecho preferencial; **~ eines Rechts** ejercicio de un derecho; **~ unmittelbaren Zwangs** (JUR) empleo de la fuerza directa
Ausübungsrecht *nt* <-(e)s, ohne pl> derecho *m* de ejercicio
aus|ufern *vi sein* (*Gewässer*) desbordarse, salirse de su cauce; (*Diskussion*) salirse del tema
Ausverkauf *m* <-(e)s, -käufe> rebajas *fpl*; **~ wegen Geschäftsaufgabe** liquidación por cese de negocio
aus|verkaufen* *vt* ❶ (*restlos verkaufen*) liquidar (totalmente), agotar; **Waren ~** agotar las mercancías
❷ (*durch Verkauf räumen*) saldar, liquidar; **ein Lager ~** liquidar las existencias
Ausverkaufsrecht *nt* <-(e)s, ohne pl> regulación *f* legal de la liquidación de existencias
ausverkauft *adj* agotado, vendido; **das Konzert ist ~** las entradas para el concierto están agotadas; **vor ~em Haus spielen** actuar ante un lleno (completo)
aus|wachsen I. *vi sein* (*groß werden*) alcanzar el pleno desarrollo; **das ist ja zum A~** es (como) para volverse loco
II. *vr:* **sich ~** (*ausarten*) degenerar (*zu* en)
Auswahl¹ *f* <-, ohne pl> (*Wahl*) selección *f*; **eine ~ treffen** elegir (*aus* de, *unter* de entre), escoger (*aus* de, *unter* de entre); **die (freie) ~ haben** poder escoger a su gusto; **zur ~** a escoger
Auswahl² *f* <-, -en> ❶ (*Angebot*) surtido *m*, variedad *f*
❷ (SPORT) selección *f*
auswählbar *adj* seleccionable; **nicht ~** no seleccionable
Auswahleinheit *f* <-, -en> unidad *f* de selección
aus|wählen *vt* elegir (*aus* de, *unter* de entre), escoger (*aus* de, *unter* de entre)
Auswahlermessen *nt* <-s, ohne pl> (JUR) criterio *m* de selección; **Auswahlfeld** *nt* <-(e)s, -er> (INFOR) campo *m* de selección; **Auswahlfenster** *nt* <-s, -> (INFOR) ventana *f* de selección; **Auswahlmannschaft** *f* <-, -en> (SPORT) (equipo *m* de la) selección *f*; **Auswahlmenü** *nt* <-s, -s> (INFOR) menú *m* de opciones; **Auswahlprüfung** *f* <-, -en> (prueba *f* de) selección *f*; **Auswahlspieler(in)** *m(f)* <-s, -; -, -nen> (SPORT) (jugador(a) *m(f)*) seleccionado, -a *m, f*; **Auswahlverfahren** *nt* <-s, -> proceso *m* de selección [*o* selectivo]; **Auswahlverschulden** *nt* <-s, ohne pl> (JUR) culpabilidad *f* selectiva
aus|walzen *vt* laminar
Auswanderer, -in *m, f* <-s, -; -, -nen> emigrante *mf*
aus|wandern *vi sein* emigrar (*aus* de, *nach* a)
Auswanderung *f* <-, -en> emigración *f* (*aus* de, *nach* a)
auswärtig ['ausvɛrtɪç] *adj* ❶ (*nicht einheimisch*) forastero, de fuera; (*ausländisch*) extranjero
❷ (*das Ausland betreffend*) exterior; **A~es Amt** (POL) Ministerio de Asuntos Exteriores; **der ~e Dienst** el servicio exterior
auswärts ['ausvɛrts] *adv* ❶ (*nach außen*) hacia fuera
❷ (*nicht zu Hause*) fuera (de casa); **von ~** de fuera
Auswärtsschielen *nt* <-s, ohne pl> (MED) estrabismo *m*; **Auswärtsspiel** *nt* <-(e)s, -e> (SPORT) partido *m* fuera de casa
aus|waschen *irr vt* lavar, limpiar; (GEO) erosionar
Auswaschung *f* <-, -en> (GEO) erosión *f*
auswechselbar *adj* (inter)cambiable
aus|wechseln *vt* cambiar; (TECH) (re)cambiar; **er ist wie ausgewechselt** está completamente cambiado
Auswechselspieler(in) *m(f)* <-s, -; -, -nen> (SPORT) jugador(a) *m(f)* de reserva
Auswechs(e)lung *f* <-, -en> cambio *m*; (TECH) (re)cambio *m*
Ausweg *m* <-(e)s, -e> salida *f* (*aus* de), solución *f* (*aus* para); **~ aus der Krise** solución para la crisis; **keinen ~ sehen** no ver ninguna solución
ausweglos *adj* sin salida, sin solución; (*verzweifelt*) desesperado
Ausweglosigkeit *f* <-, ohne pl> falta *f* de salida; **die ~ der Situation** lo irremediable de la situación; **die ~, in der ich mich befinde** el callejón sin salida en el que me hallo
aus|weichen *irr vi sein:* **jdm ~** hacer sitio a alguien; **der Autofahrer konnte dem Radler nur schwer ~** el conductor pudo evitar al ciclista a duras penas; **etw** *dat* **~** (*fig*) evitar algo; **eine ~de Antwort geben** responder con una evasiva; **auf etw anderes ~** decidirse por otra cosa
Ausweichflughafen *m* <-s, -häfen> aeropuerto *m* de desvío [*o* alternativo]; **wenn es in Frankfurt zu neblig sein sollte, ist Stuttgart unser ~** si en Francfort hubiera demasiada niebla, nos desviaríamos al aeropuerto de Stuttgart; **Ausweichgleis** *nt* <-es, -e> vía *f* de apartadero, desvío *m* CSur, PRico; **Ausweichklausel** *f* <-, -n> (WIRTSCH) cláusula *f* derogatoria; **Ausweichmanöver** *nt* <-s, -> ❶ (AUTO) maniobra *f* de elusión ❷ (*fam: Ausflüchte*) evasiva *f*; **Ausweichmöglichkeit** *f* <-, -en> alternativa *f*

aus|weiden *vt* (*bei der Jagd*) destripar; **erlegtes Wild** ~ destripar la pieza abatida

aus|weinen *vr*: **sich** ~ desahogarse (llorando); **sich bei jdm** ~ desahogarse con alguien; **sich** *dat* **die Augen** ~ deshacerse en lágrimas

Ausweis ['aʊsvaɪs] *m* <-es, -e> ❶ (*Dokument*) documento *m*, cartilla *f Am*; (*Mitglieds*~) carnet *m* de miembro; (*Studenten*~) carnet *m* de estudiante; (*Personal*~) documento *m* nacional de identidad; **den ~, bitte!** ¡sus documentos, por favor!

❷ (FIN, WIRTSCH) relación *f*; **kostenmäßiger** ~ estado de cuentas

aus|weisen ['aʊsvaɪzən] *irr* **I.** *vt* ❶ (*fortschicken*) expulsar (*aus* de)

❷ (*identifizieren*) identificar (*als* como/de), probar la identidad (*als* de/como); **seine Papiere wiesen ihn als Diplomaten aus** sus papeles probaron su identidad como diplomático

❸ (FIN, WIRTSCH: *zeigen*) presentar; **7 Mio. Euro Verlust** ~ presentar una pérdida de 7 millones de euros

II. *vr*: **sich** ~ (*Ausweis zeigen*) identificarse; **können Sie sich ~?** ¿lleva Ud. su documentación?, ¿puede identificarse?

Ausweiskontrolle *f* <-, -n> control *m* de pasaportes

ausweislich *präp +gen* (ADMIN) como se muestra en; **~ des Steuerbescheids …** como aparece en la liquidación tributaria…

Ausweispapiere *ntpl* documentos *mpl* de identidad, documentación *f*; **Missbrauch von ~n** abuso de la documentación de identidad personal;

Ausweispflicht *f* <-, *ohne pl*> (JUR) deber *m* de identificación

Ausweisung *f* <-, -en> (POL, JUR) expulsión *f*

Ausweisungsbeschlussᴿᴿ *m* <-es, -schlüsse> (POL) orden *f* de expulsión; **Ausweisungsschutz** *m* <-es, *ohne pl*> (JUR) protección *f* contra expulsión; **besonderer ~** protección especial contra expulsión; **Ausweisungstatbestand** *m* <-(e)s, -stände> *m* delito *m* de expulsión

aus|weiten **I.** *vt* (*vergrößern*) ampliar

II. *vr*: **sich** ~ ❶ (*weiter werden*) ensancharse, ampliarse

❷ (*sich auswachsen*) llegar a convertirse (*zu* en)

Ausweitung *f* <-, -en> ❶ (*Ausdehnung*) ensanchamiento *m*; **die ~ der Handelsbeziehungen** la ampliación de los contratos comerciales

❷ (*Auswachsen*) aumento *m*, agravamiento *m*; **eine ~ der Unruhen soll verhindert werden** se ha de evitar que los disturbios vayan a más; **die ~ des Konfliktes zu einem Krieg muss befürchtet werden** se teme que el conflicto degenere en una guerra

auswendig ['aʊsvɛndɪç] *adv* de memoria; **etw ~ können** saberse algo de memoria

Auswendiglernen *nt* <-s, *ohne pl*> memorización *f*; **das ~ von Gedichten ist eine gute Gedächtnisübung** memorizar poesías es un buen ejercicio para la memoria

aus|werfen *irr vt* ❶ (*Anker, Netz*) echar

❷ (*geh: Blut, Schleim*) escupir

❸ (*produzieren*) fabricar, producir

❹ (INFOR: *Daten*) emitir, arrojar

aus|werten *vt* ❶ (*analysieren*) analizar, evaluar

❷ (*verwerten*) utilizar

Auswertung *f* <-, -en> ❶ (*Bewertung*) evaluación *f*, análisis *m inv*; **statistische ~** análisis estadístico

❷ (*Verwertung*) utilización *f*

aus|wickeln *vt* desenvolver

aus|wiegen *irr vt* pesar

aus|winden *irr vt* (*südd, Schweiz: auswringen*) escurrir (retorciendo)

aus|wirken *vr*: **sich** ~ repercutir (*auf* en)

Auswirkung *f* <-, -en> repercusión *f* (*auf* en), consecuencia *f* (*auf* en/para); **~ auf die Umwelt** impacto medioambiental; **~en abfangen** controlar las repercusiones

aus|wischen *vt* ❶ (*Staub, Schmutz*) quitar

❷ (*Glas, Schrank*) limpiar

❸ (*Wend*): **jdm eins ~** (*fam*) jugar(le) a alguien una mala pasada

aus|wringen ['aʊsvrɪŋən] *irr vt* escurrir, retorcer

Auswuchs ['aʊsvuːks, *pl*: 'aʊsvyːksə] *m* <-es, -wüchse> ❶ (MED) excrecencia *f*; (*Geschwulst*) tumor *m*

❷ *pl* (*Übersteigerung*) aberración *f*, exceso *m*

aus|wuchten *vt* (TECH) compensar

Auswurf¹ *m* <-(e)s, *ohne pl*> (*das Auswerfen*) expulsión *f*

Auswurf² *m* <-(e)s, -würfe> (MED) esputo *m*

aus|zahlen **I.** *vt* pagar

II. *vr*: **sich** ~ merecer [*o* valer] la pena; **das zahlt sich nicht aus** no merece la pena

aus|zählen *vt* ❶ (*Stimmen*) escrutar, hacer recuento (de)

❷ (*beim Boxen*) contar al límite

Auszahlung *f* <-, -en> pago *m*; (*von einem Konto*) reintegro *m*; **~ in voller Höhe** desembolso de la totalidad del monto

Auszählung *f* <-, -en> escrutinio *m*, recuento *m*

Auszahlungsformular *nt* <-s, -e> formulario *m* de reintegro

Auszehrung *f* <-, *ohne pl*> (*Kräfteverfall*) pérdida *f* de fuerzas; (*Mattigkeit*) decaimiento *m*; (*Abmagerung*) consunción *f*; (*der Wirtschaft*) empobrecimiento *m*

aus|zeichnen **I.** *vt* ❶ (*kennzeichnen, a. Waren*) marcar

❷ (*hervorheben*) distinguir

❸ (*ehren*) honrar

II. *vr*: **sich** ~ destacarse (*durch* por); **sie zeichnete sich durch ihren Mut aus** se destacó por su bravura

Auszeichner *m* <-s, -> etiquetador *m*

Auszeichnung *f* <-, -en> ❶ (*Ehrung*) distinción *f*; (SCH) matrícula *f* de honor; **mit ~** con mención honorífica

❷ (MIL) condecoración *f*, distinción *f*

Auszeichnungspflicht *f* <-, *ohne pl*> (JUR) obligación *f* de etiquetar

Auszeit *f* <-, -en> (SPORT) tiempo *m* muerto

ausziehbar *adj* extensible; **ein ~es Sofa** una cama-nido

aus|ziehen *irr* **I.** *vi sein* (*Wohnung räumen*) mudarse, cambiar(se) de casa

II. *vt* ❶ (*Kleidung: ablegen*) quitar; (*entkleiden*) desnudar, quitar la ropa (a); **jdn** ~ desnudar a alguien; **ziehst du den Mantel aus?** ¿te quitas el abrigo?; **ich ziehe mir die Stiefel aus** me quito las botas

❷ (*Tisch*) alargar

III. *vr*: **sich** ~ (*Kleidung*) desnudarse, quitarse la ropa, encuerarse *Am*; **ich ziehe mich aus** me desnudo, me quito la ropa

Ausziehleiter *f* <-, -n> escalera *f* extensible; **Ausziehplatte** *f* <-, -n> tablero *m* extensible; **Ausziehtisch** *m* <-(e)s, -e> mesa *f* extensible [*o* plegable]

aus|zischen *vt* silbar, abuchear; **viele Zuschauer zischten das misslungene Stück aus** muchos espectadores abuchearon la malograda obra

Auszubildende(r) ['aʊstsubɪldəndə] *mf* <-n, -n; -, -n> aprendiz(a) *m(f)*

Auszug *m* <-(e)s, -züge> ❶ (*aus der Wohnung*) mudanza *f* (*aus* de)

❷ (*Weggang*): **der ~ aus Ägypten** el éxodo de Egipto

❸ (*Extrakt*) extracto *m*

❹ (*aus einem Buch*) fragmento *m*, extracto *m*; **~ aus dem Grundbuch** extracto del registro de la propiedad; **~ aus dem Handelsregister** extracto del registro mercantil; **~ aus dem Vereinsregister** extracto del registro de asociaciones; **in Auszügen** en extractos, a modo de extracto

Auszugsvertrag *m* <-(e)s, -träge> (JUR) contrato *m* de evacuación

auszugsweise *adv* en extracto; (*zusammengefasst*) en resumen, en compendio

aus|zupfen *vt* arrancar

autark [aʊˈtark] *adj* autárquico

Autarkie *f* <-, -n> autarquía *f*

authentisch [aʊˈtɛntɪʃ] *adj* auténtico

Authentizität [aʊtɛntitsiˈtɛːt] *f* <-, *ohne pl*> autenticidad *f*

Autismus [aʊˈtɪsmʊs] *m* <-, *ohne pl*> (MED) autismo *m*

autistisch *adj* ❶ (*den Autismus betreffend*) autista, autístico

❷ (*an Autismus leidend*) autista

Auto ['aʊto] *nt* <-s, -s> coche *m*, auto *m Am*, carro *m Am*; **mit dem ~ fahren** ir en coche

Autoantenne *f* <-, -n> antena *f* del coche, antena *f* del auto *Am*; **Autoapotheke** *f* <-, -n> botiquín *m*; **Autoatlas** *m* <-, -atlanten *o* -se> mapa *m* de carreteras

Autobahn *f* <-, -en> autopista *f*; **Autobahnabschnitt** *m* <-(e)s, -e> tramo *m* de autopista; **Autobahnauffahrt** *f* <-, -en> entrada *f* a la autopista; **Autobahnausfahrt** *f* <-, -en> salida *f* de la autopista; **Autobahnbenutzungsgebühr** *f* <-, -en> peaje *m*; **Autobahnbrücke** *f* <-, -n> ❶ (*für die Autobahn*) puente *m* de autopista ❷ (*über die Autobahn*) puente *m* sobre la autopista; **Autobahndreieck** *nt* <-(e)s, -e> cruce *m* de autopista; **Autobahngebühr** *f* <-, -en> peaje *m*; **Autobahnkreuz** *nt* <-es, -e> cruce *m* de autopista; **Autobahnraststätte** *f* <-, -n> área *f* de servicio; **Autobahnring** *m* <-(e)s, -e> autopista *f* de circunvalación; **Autobahnvignette** *f* <-, -n> (*Schweiz*) adhesivo que justifica el pago del peaje de autopista en Suiza durante un año; **Autobahnzubringer** *m* <-s, -> carretera *f* de acceso a la autopista

Autobatterie *f* <-, -n> batería *f* de coche

Autobiografieᴿᴿ [aʊtobiograˈfiː] *f* <-, -n> autobiografía *f*

autobiografischᴿᴿ *adj* autobiográfico

Autobiographie *f* <-, -n> *s*. **Autobiografie**

autobiographisch *adj s*. **autobiografisch**

Autobombe *f* <-, -n> (*sl*) coche-bomba *m*; **Autobücherei** *f* <-, -en> biblioteca *f* móvil

Autobus ['aʊtobʊs] *m* <-ses, -se> autobús *m*; **Autobusbahnhof** *m* <-(e)s, -höfe> terminal *m* de autobuses, estación *f* de autobuses

Auto Call Back ['aʊtoːkˈbɛk] *nt* <- - -, *ohne pl*> (TEL) Auto Call Back *m*

Autocar ['aʊtokaːɐ] *m* <-s, -s> (*Schweiz*) autocar *m*

autochthon *adj* autóctono

Autodidakt(in) [aʊtodiˈdakt] *m(f)* <-en, -en; -, -nen> autodidacta *mf*

autodidaktisch *adj* autodidáctico
Autodieb(in) *m(f)* <-(e)s, -e; -, -nen> ladrón, -ona *m*, *f* de coches; **Autodiebstahl** *m* <-(e)s, -stähle> robo *m* de automóviles
Autodigestion [aʊtodigɛs'tjoːn] *f* <-, ohne pl> (BIOL, MED) autodigestión *f*
Autodrom [aʊto'droːm] *nt* <-s, -e> ❶ (*Motodrom*) autódromo *m*, circuito *m* de carreras (de coches)
❷ (*Österr: Skooterfahrbahn*) pista *f* de coches de choque
Autoelektrik *f* <-, ohne pl> equipo *m* eléctrico del automóvil; **Autofähre** *f* <-, -n> tra(n)sbordador *m* para coches, ferry *m* para coches; **Autofahren** *nt* <-s, ohne pl> (*am Steuer sitzen*) conducción *f*, conducir *m*; **Autofahrer(in)** *m(f)* <-s, -; -, -nen> conductor(a) *m(f)*, automovilista *mf*, volante *mf Am*; **ein rasanter ~** un fitipaldi *fam*; **Autofahrt** *f* <-, -en> viaje *m* en coche, paseo *m* en coche
Autofokus [aʊto'foːkʊs] *m* <-, -se> (FOTO) autofoco *m*, autoenfoque *m*
autofrei *adj* (*Innenstadt*) cerrado al tráfico; (*Tag*) sin circulación de vehículos
Autofriedhof *m* <-(e)s, -höfe> (*fam*) cementerio *m* de coches
Autogamie [aʊtoga'miː] *f* <-, -n> (BIOL) autogamia *f*
Autogas *nt* <-es, -e> gas *m* de automoción
autogen [aʊto'geːn] *adj* ❶ (TECH) autógeno; **~es Schweißen** soldadura autógena
❷ (MED): **~es Training** técnica *f* de autorrelajación
Autogramm [aʊto'gram] *nt* <-s, -e> autógrafo *m*
Autogrammjäger(in) *m(f)* <-s, -; -, -nen> (*fam*) cazaautógrafos *mf inv*
Autohändler(in) *m(f)* <-s, -; -, -nen> vendedor(a) *m(f)* de automóviles, comerciante *mf* de automóviles
Autoimmunkrankheit *f* <-, -en> (MED) enfermedad *f* de autoinmunidad
Autokarte *f* <-, -n> mapa *m* de carreteras; **Autokino** *nt* <-s, -s> auto-cine *m*; **Autoknacker(in)** ['aʊtoknakɐ] *m(f)* <-s, -; -, -nen> (*fam*) ratero, -a *m*, *f* de coches, desvalijador(a) *m(f)* de coches
Autoökologie [aʊtøkolo'giː] *f* <-, ohne pl> autoecología *f*
Autokolonne *f* <-, -n> caravana *f* de coches
Autokrat(in) [aʊto'kraːt] *m(f)* <-en, -en; -, -nen> autócrata *mf*
Autokratie [aʊtokra'tiː] *f* <-, -n> autocracia *f*
Autokratin *f* <-, -nen> *s*. **Autokrat**
autokratisch *adj* autocrático
Autolenker(in) *m(f)* <-s, -; -, -nen> (*Schweiz: Autofahrer*) conductor(a) *m(f)*
Autolyse [aʊto'lyːzə] *f* <-, ohne pl> (BIOL, MED) autólisis *f inv*
Automarder *m* <-s, -> (*sl*) *s*. **Autoknacker**
Automat [aʊto'maːt] *m* <-en, -en> autómata *m*; (*Getränke~, Tabak~*) distribuidor *m* automático, máquina *f fam*; (*Geld~*) cajero *m* (automático)
Automatenknacker(in) *m(f)* <-s, -; -, -nen> (*fam*) reventador(a) *m(f)* de máquinas distribuidoras automáticas; **Automatenmissbrauch**^RR *m* <-(e)s, ohne pl> (JUR) abuso *m* de un distribuidor automático; (*eines Geldautomaten*) abuso *m* de un cajero automático; **Automatenrestaurant** *nt* <-s, -s> restaurante *m* autoservicio; **Automatenverkauf** *m* <-(e)s, -käufe> venta *f* en distribuidores automáticos
Automatik [aʊto'maːtɪk] *f* <-, -en> (TECH) automatismo *m*; **ein Fotoapparat mit ~** una cámara fotográfica automática
Automatikgetriebe *nt* <-s, -> (AUTO) cambio *m* automático; **Automatikgurt** *m* <-(e)s, -e> (AUTO) cinturón *m* automático de seguridad; **Automatikschaltung** *f* <-, -en> (AUTO) tra(n)smisión *f* automática; **Automatikwagen** *m* <-s, -> (AUTO) automóvil *m* con cambio automático
Automation [aʊtoma'tsjoːn] *f* <-, ohne pl> automatización *f*
automatisch *adj* automático; **der Antrag wird ~ weitergeleitet** la solicitud será tramitada automáticamente
automatisieren* *vt* automatizar
Automatisierung *f* <-, -en> automatización *f*
Automatisierungsnutzen *m* <-s, ohne pl> beneficio *m* de la automatización
Automechaniker(in) *m(f)* <-s, -; -, -nen> mecánico, -a *m*, *f* de coches [*o* de automóviles]
Automobil [aʊtomo'biːl] *nt* <-s, -e> automóvil *m*
Automobilausstellung *f* <-, -en> exposición *f* del automóvil, salón *m* del automóvil; **Automobilbau** *f* <-, ohne pl> construcción *f* de automóviles; **Automobilbranche** *f* <-, -n> (WIRTSCH) ramo *m* del automóvil; **Automobilclub** *m* <-s, -s> club *m* automovilístico; **Allgemeiner Deutscher ~ (ADAC)** *Automóvil Club de Alemania*, equivalente al Real Automóvil Club de España (*RACE*); **Automobilindustrie** *f* <-, -n> industria *f* del automóvil
Automobilist(in) *m(f)* <-en, -en; -, -nen> (*Schweiz: Autofahrer*) automovilista *mf*, conductor(a) *m(f)*
Automobilklub *m* <-s, -s> club *m* automovilístico; **Automobilsalon** *m* <-s, -s> *s*. **Automobilausstellung**
Automodell *nt* <-s, -e> modelo *m* de coche
autonom [aʊto'noːm] *adj* autónomo
Autonome(r) *mf* <-n, -n; -n, -n> autonomista *mf*
Autonomie [aʊtono'miː] *f* <-, -n> autonomía *f*
Autonomieabkommen *nt* <-s, -> (POL) convenio *m* de autonomía; **Autonomieregierung** *f* <-, -en> (POL) gobierno *m* autónomo; **Autonomieverhandlungen** *fpl* (POL) negociaciones *fpl* de autonomía
Autonummer *f* <-, -n> matrícula *f* del coche
Autopilot *m* <-en, -en> (TECH) piloto *m* automático
Autopsie [aʊtɔ'psiː] *f* <-, -n> (MED) autopsia *f*
Autor(in) ['aʊtoːɐ] *m(f)* <-s, -en; -, -nen> autor(a) *m(f)*
Autoradio *nt* <-s, -s> autorradio *f*, radio *f* del coche; **Autoreifen** *m* <-s, -> neumático *m* del coche, caucho *m Kol, Ven*; **Autoreisezug** *m* <-(e)s, -züge> autotrén *m*
Autorenhonorar *nt* <-s, -e> regalía *f* por derechos de autor; **Autorenlesung** [aʊ'toːrənleːzʊŋ] *f* <-, -en> lectura *f* realizada por el autor
Autorennen *nt* <-s, -> carrera *f* de coches [*o* de automóviles]
Autorenverzeichnis *nt* <-ses, -se> lista *f* de autores
Autoreparaturwerkstatt *f* <-, -stätten> taller *m* de reparación de coches
Auto-Reverse-System [aʊtori'vœːsɪstəm] *nt* <-s, -e>: **mit ~** autorreversible
Autorin [aʊ'toːrɪn] *f* <-, -nen> *s*. **Autor**
autorisieren* *vt* autorizar (*zu* para/a)
autoritär [aʊtori'tɛːɐ] *adj* autoritario, mandón *fam*
Autorität[1] *f* <-, ohne pl> (*Ansehen*) autoridad *f*; **~ haben** [*o* **besitzen**] tener autoridad
Autorität[2] *f* <-, -en> (*Persönlichkeit*) autoridad *f*
Autoritätsgläubigkeit *f* <-, ohne pl> (*abw*) fe *f* ciega en la autoridad
Autosalon *m* <-s, -s> *s*. **Automobilausstellung**; **Autoschalter** *m* <-s, -> ventanilla *f* desde donde se atiende a un cliente en su automóvil; **Autoschlange** *f* <-, -n> caravana *f* de coches; **Autoschlosser(in)** *m(f)* <-s, -; -, -nen> mecánico, -a *m*, *f* de coches; **Autoschlüssel** *m* <-s, -> llave *f* del coche; **Autoschutzbrief** *m* <-(e)s, -e> seguro *m* adicional del coche; **Autoskooter** ['aʊtoskuːtɐ] *m* <-s, -> autochoque *m*, auto *m* de choque; **Autostopp** *m* <-s, ohne pl>: **per ~ fahren**, **~ machen** hacer auto(e)stop, viajar en auto(e)stop; **Autostrich** *m* <-(e)s, ohne pl> (*fam*) prostitución *f* callejera (*para clientes que van en coche*); **Autostunde** *f* <-, -n> hora *f* de coche
Autosuggestion [aʊtozʊgɛs'tjoːn] *f* <-, ohne pl> autosugestión *f*
Autotelefon *nt* <-s, -e> teléfono *m* de automóvil
autotroph [aʊto'troːf] *adj* (BIOL) autótrofo
Autounfall *m* <-(e)s, -fälle> accidente *m* de automóvil; **Autoverkehr** *m* <-s, ohne pl> tráfico *m* rodado
Autoverleih[1] *m* <-(e)s, -e> (*Firma*) empresa *f* de alquiler de coches, establo *m Cuba*
Autoverleih[2] *m* <-(e)s, ohne pl> (*Dienstleistung*) alquiler *m* de coches
Autovermietung *f* <-, -en> alquiler *m* de coches; **Autowerkstatt** *f* <-, -stätten> taller *m* de coches; **Autowrack** *nt* <-s, -s> coche *m* para desguazar
Autozoom *nt* <-s, -s> (FOTO) auto-zoom *m*; **Autozoom-Kamera** *f* <-, -s> cámara *f* con auto-zoom
Autozubehör *nt* <-s, -e> accesorios *mpl* para coches; **Autozug** *m* <-(e)s, -züge> autotrén *m*
autsch [aʊtʃ] *interj* ¡ay!
auweh *interj*, **auwei(a)** *interj* ¡ay!; **~, wenn das deine Mutter sieht!** ¡ay, ay, ay, como lo vea tu madre!; **~, schon wieder den Bus verpasst!** ¡mecachis, ya he vuelto a perder el autobús!
Auxin [aʊ'ksiːn] *nt* <-s, -e> auxina *f*
Aval [a'val] *m o nt* <-s, -e> (FIN) aval *m*; **~e übernehmen** avalar
Avalakzept *m* <-(e)s, -e> (FIN) aval *m* sobre una letra de cambio
avalieren* [ava'liːrən] *vi* (FIN, JUR) avalar
Avalist [ava'lɪst] *m* <-en, -en> (FIN) avalista *mf*, avalante *m*
Avalkredit *m* <-(e)s, -e> (FIN) crédito *m* de aval, crédito *m* de garantía
Avancen [a'vãːsə] *fpl*: **jdm ~ machen** (*aus sexuellem Interesse*) abordar a alguien, tirar los tejos a alguien *fam*; (*aus geschäftlichen Interessen*) dirigirse a alguien, ir al encuentro de alguien
avancieren* [avã'siːrən] *vi sein* ascender (*zu* a)
Avantgarde [avã'gardə] *f* <-, -n> vanguardia *f*
Avantgardist(in) [avãgar'dɪst] *m(f)* <-en, -en; -, -nen> vanguardista *mf*
avantgardistisch [avãgar'dɪstɪʃ] *adj* vanguardista, de vanguardia
AvD *m Abk. von* **Automobilklub von Deutschland** Automóvil Club *m* de Alemania
Ave-Maria ['aːvemaˈriːa] *nt* <-(s), -(s)> (REL) avemaría *m*, Ave María *m*; **zur Buße drei ~ beten** como penitencia, rezar tres avemarías
Aversion [avɛr'zjoːn] *f* <-, -en> aversión *f* (*gegen* contra)

Avis [a'viː(s)] *m o nt* <-(es), -(e)> (COM, FIN) aviso *m;* **laut** ~ según aviso
avisieren* [avi'ziːrən] *vt* avisar, notificar; ~**de Bank** banco avisador
a vista [a 'vɪsta] (FIN) a la vista
Avistawechsel [a'vɪsta-] *m* <-s, -> (FIN) letra *f* a la vista
Avizid [avi'tsiːt] *nt* <-(e)s, -e> avicida *m*
Avocado [avo'kaːdo] *f* <-, -s> aguacate *m*, palta *f Am*, ahuacatl *m Mex*
Avocadocreme [-] *f* <-, -s> guacamol(e) *m*
Axiom [aksi'oːm] *nt* <-s, -e> axioma *m*
Axt [akst, *pl:* 'ɛkstə] *f* <-, Äxte> hacha *f;* **sich wie die ~ im Wald benehmen** (*fam*) comportarse como un patán [*o* como un elefante en un cacharrería]; **die ~ im Haus erspart den Zimmermann** (*prov*) no hay nada como resolver las cosas por uno mismo
Ayatollah [aja'tɔla] *m* <-s, -s> ayatolá *m*
Az., AZ *Abk. von* **Aktenzeichen** exp. nº, nº exp.
Azalee [atsa'leːə] *f* <-, -n>, **Azalie** [a'tsaːlie] *f* <-, -n> azalea *f*
Azeton *nt* <-s, *ohne pl*> (CHEM) acetona *f*
Azetylsalizylsäure *f* <-, Äxte> (CHEM) ácido *m* acetilsalicílico
Azidität [atsidi'tɛːt] *f* <-, *ohne pl*> (CHEM) acidez *f*
Azofarbstoff ['atso-] *m* <-(e)s, -e> (CHEM) colorante *m* azoico
Azoren [a'tsoːrən] *pl:* **die** ~ las Azores
Azteke, -in [ats'teːkə] *m, f* <-n, -n; -, -nen> azteca *mf*
Azubi [a'tsuːbi] *mf* <-s, -s; -, -s> (*fam*) *Abk. von* **Auszubildende(r)** aprendiz(a) *m(f)*
azurblau [a'tsuːɐblaʊ] *adj* azul celeste [*o* cielo]

B

B, b [beː] *nt* <-, -> ❶ (*Buchstabe*) B, b *f;* ~ **wie Berta** B de Barcelona ❷ (MUS: *Ton*) si *m* bemol ❸ (MUS: *Erniedrigungszeichen*) bemol *m*
b. ❶ *Abk. von* **bei** (*in der Nähe von*) cerca de, junto a; (*für Firmen*) en ❷ *Abk. von* **beim** en; *s. a.* **bei**
B¹ *f Abk. von* **Bundesstraße** (*in Deutschland*) carretera *f* federal; (*in Spanien*) ≈N *f*
B² (CHEM) *Abk. von* **Bor** B
Ba (CHEM) *Abk. von* **Barium** Ba
babbeln I. *vi* (*reg*) ❶ (*Baby*) balbucear, balbucir; **es war schön, als unser Kleiner anfing zu** ~ fue muy bonito cuando nuestro pequeño empezó con los primeros balbuceos ❷ (*abw: schwatzen*) parlotear, cotorrear
II. *vt* (*reg: reden*) decir, soltar; **sie babbelt ununterbrochen Unsinn** se pasa el día soltando tonterías
Babel ['baːbl] *nt* <-s, -> (*Sünden*~) babel *f*
Baby ['beːbi, 'bɛɪbi] *nt* <-s, -s> bebé *m*, nene *m*
Babyausstattung *f* <-, -en> canastilla *f;* **Babybond** ['bɛɪbibɔnt] *m* <-s, -s> (FIN) obligación *f* de bajo valor nominal; **Babyboom** ['beːbibuːm] *m* <-s, -s> bum *m* de nacimientos
Babydoll ['beːbidɔl, beːbi'dɔl] *nt* <-(s), -s> babydoll *m*
Babyhöschen ['beːbi-, 'bɛɪbihøːsçən] *nt* <-s, -> pantaloncitos *mpl* para bebé; **Babyjahr** *nt* <-(e)s, -e> ❶ (ADMIN) año de jubilación que se concede a las madres por cada hijo ❷ (HIST: *Erziehungsurlaub*) permiso *m* de maternidad por un año
Babylon ['baːbylɔn] *nt* <-s> (HIST) Babilonia *f*
babylonisch [baby'loːnɪʃ] *adj* ❶ (*Babylon betreffend*) babilónico ❷ (*Wend*) **eine ~e Sprach(en)verwirrung, ein ~es Sprachengewirr** una confusión babilónica, una babel
Babynahrung *f* <-, *ohne pl*> alimento *m* para bebés; **Babyschuhe** *mpl* zapatitos *mpl* para bebé
babysitten ['beːbisɪtən] *vi* (*fam*) hacer de babysitter [*o* de canguro]
Babysitter(in) *m(f)* <-s, -; -, -nen> babysitter *mf*, canguro *mf*
Babyspeck *m* <-(e)s, *ohne pl*> (*fam*) redondez *f* de recién nacido
Babystrich¹ *m* <-(e)s, *ohne pl*> (*fam: Prostitution*) prostitución *f* de menores; **sie ging schon früh auf den** ~ se prostituía de muy joven
Babystrich² *m* <-(e)s, -e> (*Ort*) lugar donde se prostituyen menores
Babytragetasche *f* <-, -n> portabebés *m inv;* **Babywaage** *f* <-, -n> báscula *f* para bebés, pesabebés *m inv;* **Babywäsche** *f* <-, *ohne pl*> ropa *f* de bebé; **Babywippe** *f* <-, -n> balancín *m* para bebés; **Babyzelle** *f* <-, -n> pila *f* eléctrica baby
Bach [bax, *pl:* 'bɛçə] *m* <-(e)s, Bäche> arroyo *m*, riachuelo *m*, quebrada *f Am*, acequia *f Peru*, cañada *f Cuba, PRico;* **den ~ runtergehen** (*fam*) ir cuesta abajo, hundirse; **mit der Firma ging es wegen schlechten Managements den ~ runter** la empresa se hundió por mala gestión
bachab [bax'ʔap] *adv* (*Schweiz*) río abajo; **etw ~ schicken** rechazar algo
Bache ['baxə] *f* <-, -n> (ZOOL) jabalina *f*

Bachforelle *f* <-, -n> (ZOOL) trucha *f* (de río)
Bächlein *nt:* **ein ~ machen** (*Kind*) hacer (un) pis [*o* pipí]
Bachstelze *f* <-, -n> (ZOOL) lavandera *f*
Back [bɛk] *m* <-s, -s> (*Schweiz, Österr:* SPORT) defensa *mf*
Backblech *nt* <-(e)s, -e> bandeja *f* de horno
Backbord ['bakbɔrt] *nt* <-(e)s, *ohne pl*> (NAUT, AERO) babor *m*
backbord(s) *adv* (NAUT, AERO) a babor
Backe ['bakə] *f* <-, -n> ❶ (*fam: Wange*) carrillo *m;* (*Pausbacke*) moflete *m* ❷ (*fam: Hinterbacke*) moflete *m* ❸ (TECH: *einer Bremse*) zapata *f;* (*eines Schraubstocks*) mandíbula *f*
backen ['bakən] <backt *o* bäckt, backte *o* buk, gebacken> I. *vi* (*gar werden*) cocer
II. *vt* (*Brot, Kuchen*) hacer (en el horno), hornear; **das Brot ist frisch ge~** es pan recién hecho; **die frisch ge~en Eheleute** los recién casados
Backenbart *m* <-(e)s, -bärte> patillas *fpl*, barba *f* (a la) inglesa
Backenknochen *m* <-s, -> pómulo *m;* **Backentasche** *f* <-, -n> (ZOOL) abazón *m;* **Backenzahn** *m* <-(e)s, -zähne> muela *f*
Bäcker(in) ['bɛkɐ] *m(f)* <-s, -; -, -nen> ❶ (*Person*) panadero, -a *m, f* ❷ (*Geschäft*) panadería *f;* **beim/zum** ~ en/a la panadería
Backerbsen *pl* (*Österr, südd*) pequeñas bolas de masa de harina que se cuecen en la sopa
Bäckerei *f* <-, -en> ❶ (*Laden*) panadería *f;* (*Backstube*) tahona *f* ❷ (*Österr: Gebäck*) galletas *fpl* y repostería
Bäckerin *f* <-, -nen> *s.* **Bäcker**
Bäckerladen *m* <-s, -läden> panadería(-bollería) *f;* **Bäckermeister(in)** *m(f)* <-s, -; -, -nen> maestro, -a *m, f* panadero, -a
Bäckersfrau *f* <-, -en> mujer *f* del panadero, panadera *f*
backfertig *adj* (GASTR) listo para hornear
Backfisch *m* <-(e)s, -e> ❶ (GASTR) pescad(it)o *m* frito ❷ (*junges Mädchen*) pollita *f;* **Backform** *f* <-, -en> molde *m* de horno
Background ['bɛkgraʊnt] *m* <-s, -s> ❶ (*geh fig: Hintergrund*) tra(n)sfondo *m;* **man kann die Ereignisse nur vor dem historischen ~ verstehen** los acontecimientos sólo pueden ser comprendidos teniendo en cuenta su transfondo histórico
❷ (*Wissen*) base *f;* (*Bildung*) bagaje *m* cultural; (*Berufserfahrung*) experiencia *f* profesional; **nicht alle Studienanfänger besitzen den erwünschten** ~ no todos los estudiantes que comienzan sus estudios cuentan con la buena base deseada; **wir suchen eine Mitarbeiterin mit journalistischem** ~ buscamos una colaboradora con experiencia en el ámbito periodístico
❸ (*geh: Herkunft*) origen *m*
❹ (FILM, FOTO) (tras)fondo *m*
❺ (MUS) (tras)fondo *m;* (*Begleitung*) acompañamiento *m;* (*Hintergrund*) fondo *m* musical
Backhähnchen *nt* <-s, ->, **Backhendl** *nt* <-s, -> (*südd, Österr:* GASTR) pollo *m* frito (rebozado)
Backmischung *f* <-, -en> preparado *m* para un pastel; **Backobst** *nt* <-(e)s, *ohne pl*> frutas *fpl* secas
Backofen *m* <-s, -öfen> horno *m*
backofenfest *adj* resistente al horno
Backpacker(in) ['bak'pakɐ] *m(f)* <-s, -; -, -nen> mochilero, -a *m, f*
Backpfeife *f* <-, -n> (*reg*) torta *f*, bofetada *f;* **jdm eine ~ geben** dar [*o* sacudir] una torta a alguien
Backpflaume *f* <-, -n> ciruela *f* seca [*o* pasa]; **Backpulver** *nt* <-s, -> levadura *f* química [*o* en polvo]; **Backrohr** *nt* <-(e)s, -e> (*Österr*), **Backröhre** *f* <-, -n> horno *m*
Backslash ['bɛkslɛʃ] *m* <-s, -s> (INFOR) barra *f* inversa, barra *f* de directorio (in MS-DOS)
Backstein *m* <-(e)s, -e> ladrillo *m;* **Backsteinbau** *m* <-(e)s, -bauten> (ARCHIT) construcción *f* de ladrillo, edificio *m* de ladrillo; **Backsteingotik** *f* <-, *ohne pl*> (ARCHIT, KUNST) arquitectura *f* gótica en ladrillo (*típica de Alemania del Norte*)
bäckt [bɛkt] *3. präs von* **backen**
Backtrog *m* <-(e)s, -tröge> artesa *f*, amasadera *f*
Backup [bɛk'ʔap] *nt* <-s, -s> (INFOR) backup *m*, copia *f* de seguridad
Backwaren *pl* productos *mpl* de panificación y pastelería; **Backwerk** *nt* <-(e)s, *ohne pl*> productos *mpl* de panadería y pastelería; **Backzeit** *f* <-, -en> tiempo *m* de cocción (en el horno)
Bad [baːt, *pl:* 'bɛːdə] *nt* <-(e)s, Bäder> ❶ (*das Baden*) baño *m*, bañada *f Am;* **ein ~ nehmen** tomar [*o* darse] un baño; **er nimmt gerne ein ~ in der Menge** le gusta mezclarse con la multitud [*o* pasearse en olor de multitudes]
❷ (*Badewasser*) (agua *m* para el) baño *m;* **sich ein ~ einlassen** prepararse un baño; **das Kind mit dem ~e ausschütten** (*fig*) ir demasiado lejos
❸ (*Badezimmer*) (cuarto *m* de) baño *m*, lavatorio *m Am*
❹ (*Heil*~, *See*~) baños *mpl*, balneario *m*
❺ (CHEM) baño *m*

Badeanstalt *f* <-, -en> piscina *f* (municipal); **Badeanzug** *m* <-(e)s, -züge> bañador *m*, traje *m* de baño, mallas *fpl Am;* **Badegast** *m* <-(e)s, -gäste> bañista *mf;* **alle Badegäste werden gebeten, vor Benutzung des Schwimmbades zu duschen** se ruega al público ducharse antes de utilizar la piscina; **Badegelegenheit** *f* <-, -en> lugar *m* donde bañarse; **gibt es hier eine ~?** ¿se puede bañar uno aquí?; **ein paar Kilometer weiter ist eine Sandbucht mit ~** a pocos kilómetros hay una cala de arena donde es posible bañarse; **Badehandtuch** *nt* <-(e)s, -tücher> toalla *f* de baño; **Badehose** *f* <-, -n> bañador *m*, calzón *m* de baño, entrepierna *f Chil;* **Badekappe** *f* <-, -n> gorro *m* de baño; **Badekur** *f* <-, -en> (MED) hidroterapia *f*, baños *mpl* curativos; **Bademantel** *m* <-s, -mäntel> albornoz *m;* **Badematte** *f* <-, -n> alfombrilla *f* de baño; **Bademeister(in)** *m(f)* <-s, -; -, -nen> bañero, -a *m, f;* **Bademütze** *f* <-, -n> gorro *m* de baño

baden ['ba:dən] I. *vi* ❶ (*schwimmen*) bañarse; **~ gehen** (*fig*) irse al cuerno
❷ (*ein Bad nehmen*) tomar un baño
II. *vt* (*waschen*) bañar

Baden ['ba:dən] *nt* <-s> Baden *m*

Badenixe *f* <-, -n> (*iron*) ondina *f*, belleza *f* en bikini

Baden-Württemberg ['ba:dən'vʏrtəmbɛrk] *nt* <-s> Baden-Wurtemberg *m*

Badeofen *m* <-s, -öfen> estufa *f* de baño, calentador *m* de baño; **Badeort** *m* <-(e)s, -e> (*Seebad*) lugar *m* de vacaciones (*en la costa*); (*Kurort*) balneario *m;* **Badeotitis** *f* <-, -otitiden> (MED) otitis *f inv;* **Badeplatz** *m* <-es, -plätze> lugar *m* de baño; **Badesaison** *f* <-, -s o Österr: -en> temporada *f* de baño; **Badesalz** *nt* <-es, -e> sales *fpl* de baño; **Badeschuh** *m* <-(e)s, -e> zapatilla *f* de baño, chancla *f* de baño; **Badestrand** *m* <-(e)s, -strände> playa *f;* **Badetuch** *nt* <-(e)s, -tücher> toalla *f* de baño; **Badewanne** *f* <-, -n> bañera *f*, bañadera *f Am;* **Badewasser** *nt* <-s, *ohne pl*> agua *f* para el baño; **Badewetter** *nt* <-s, *ohne pl*> tiempo *m* para bañarse; **das ist ein herrliches ~!** ¡qué día hace para bañarse!; **heute ist kein ~** hoy no hace tiempo como para bañarse; **Badezeit** *f* <-, -en> ❶ (*Saison*) temporada *f* de baño ❷ (*Dauer*) duración *f* del baño ❸ *pl* (*Öffnungszeiten*) horas *fpl* de baño; **Badezeug** *nt* <-s, *ohne pl*> (*fam*) objetos *mpl* de baño; **Badezimmer** *nt* <-s, -> cuarto *m* de baño, lavatorio *m Am;* **Badezusatz** *m* <-es, -sätze> (*Badesalz*) sales *fpl* de baño; (*Badeschaum*) baño *m* de espuma

Badkleid *nt* <-(e)s, -er> (*Österr*) *s.* **Badeanzug**

Badminton ['bɛtmɪntən] *nt* <-, *ohne pl*> (SPORT) bádminton *m*

baff [baf] *adj* (*fam*): **~ sein** estar embobado, quedar(se) boquiabierto

Bafög ['ba:fø:k], **BAföG** *nt* <-(s)> *Abk. von* **Bundesausbildungsförderungsgesetz** Ley *f* Federal de Promoción de la Enseñanza (*crédito oficial a estudiantes para sufragar los estudios*)

Bagage *f* <-, -n> ❶ (*fam abw: Leute*) chusma *f*
❷ (*a.* HIST: *Gepäck*) bagaje *m*
❸ (MIL) impedimenta *f;* (*Tross*) convoy *m*

Bagatelldelikt *nt* <-(e)s, -e> (JUR) delito *m* leve [*o* menor]

Bagatelle *f* <-, -n> bagatela *f*

bagatellisieren* *vt* quitar importancia (a), minimizar

Bagatellkartell *nt* <-s, -e> (WIRTSCH) cartel *m* de mínima relevancia; **Bagatellklausel** *f* <-, -n> (WIRTSCH) cláusula *f* de franquicia; **Bagatellkriminalität** *f* <-, *ohne pl*> (JUR) delincuencia *f* menor; **Bagatellsache** *f* <-, -n> (JUR) asunto *m* sin importancia, asunto *m* de mínima cuantía; **Bagatellschaden** *m* <-s, -schäden> daño *m* insignificante, (JUR) siniestro *m* leve; **Bagatellstrafsache** *f* <-, -n> (JUR) juicio *m* de faltas

Bagdad ['bakdat] *nt* <-s> Bagdad *m*

Bagger ['bagɐ] *m* <-s, -> excavadora *f*

Baggerführer(in) *m(f)* <-s, -; -, -nen> conductor(a) *m(f)* de excavadora; **Baggergut** *nt* <-(e)s, *ohne pl*> material *m* dragado

baggern *vi* ❶ (*graben*) excavar, dragar
❷ (*fam: hart arbeiten*) trabajar como un negro
❸ (*Volleyball*) rematar, hacer un remate

Baggersee *m* <-s, -n> lago *m* (artificial)

Baguette [ba'gɛt] *nt* <-s, -s> barra *f* de pan (*blanco, estilo francés*)

bäh [bɛ:] *interj* ❶ (*vor Ekel*) ¡pu!, ¡puf!; (*aus Schadenfreude*) ¡rabia rabiña!, **Kalbshirn? ~, da kommt es mir hoch!** ¿sesos de ternera? ¡puf, qué asco!; **~, jetzt bist du reingefallen!** ¡rabia rabiña, ahora has caído!
❷ (*Schaf*) ¡be(eee)!; **schau mal die Schafe, wie sie ~ machen!** (*Kind*) ¡mira las ovejas, cómo hacen beee…!

Bahamas [ba'ha:mas] *pl:* **die ~** las Bahamas

Bahn [ba:n] *f* <-, -en> ❶ (*Weg*) camino *m*, paso *m;* **~ frei!** ¡vía libre!, ¡dejen [*o* abran] paso!; **freie ~ haben** tener vía libre; **etw bricht sich ~** algo se impone; **etw verläuft in gewohnten ~en** algo sigue su ritmo normal; **auf die schiefe ~ geraten** ir por mal camino
❷ (*Zug*) tren *m;* (*Eisenbahn*) ferrocarril *m;* **frei ~** (COM) franco estación ferrocarril; **mit der ~ fahren** ir en tren; **sie arbeitet bei der ~** trabaja en la compañía ferroviaria
❸ (*aus Stoff, Papier*) tira *f*
❹ (SPORT) calle *f*, vía *f;* **er schwimmt jeden Tag 50 ~en** nada diariamente 50 largos
❺ (ASTR: *von Planeten, Satelliten*) órbita *f*
❻ (*einer Rakete*) trayectoria *f*

Bahnanlagen *fpl* instalaciones *fpl* ferroviarias, vías *fpl;* **Bahnanschluss**ʳʳ *m* <-es, -schlüsse> enlace *m* ferroviario; **Bahnarbeiter(in)** *m(f)* <-s, -; -, -nen> peón *m* de vía, obrero, -a *m, f* de los ferrocarriles; **Bahnbeamte(r)** *mf* <-n, -n; -, -n>, **-beamtin** *f* <-, -nen> (empleado, -a *m, f*) ferroviario, -a *m, f*

bahnbrechend *adj* revolucionario, que marca nuevos rumbos

Bahnbrecher(in) *m(f)* <-s, -; -, -nen> pionero, -a *m, f;* (*Vorreiter*) precursor(a) *m(f)*

Bahnbus *m* <-ses, -se> autobús *m* de la compañía ferroviaria; **Bahn-Card** *f* <-, -s> tarjeta anual con cuya adquisición se obtiene una reducción del 50% en todos los trenes alemanes; **Bahndamm** *m* <-(e)s, -dämme> terraplén *m* de vías férreas

bahnen ['ba:nən] *vt* (*Weg*) abrir; **jdm den Weg ~** (*fig*) preparar(le) el camino a alguien

Bahnfahrt *f* <-, -en> viaje *m* en tren

Bahnfracht *f* <-, -en> transporte *m* ferroviario; **wir stellen Ihnen die Ware per ~ zu** le enviaremos el pedido por tren; **Bahnfrachtbrief** *m* <-(e)s, -e> talón *m* de transporte ferroviario, talón *m* ferrocarril

Bahngelände *nt* <-s, -> recinto *m* ferroviario, instalaciones *fpl* ferroviarias; **Bahngleis** *nt* <-es, -e> raíl *m*, vía *f*

Bahnhof *m* <-(e)s, -höfe> estación *f* (de ferrocarril); **jdn vom ~ abholen** recoger a alguien de la estación; **ich verstehe nur ~** (*fam*) no entiendo ni jota; **Bahnhofsbuchhandlung** *f* <-, -en> librería *f* de la estación; **Bahnhofsgaststätte** *f* <-, -n> bar *m* de la estación, restaurante *m* de la estación; **Bahnhofshalle** *f* <-, -n> vestíbulo *m* de la estación; **Bahnhofsmission** *f* <-, -en> en Alemania, fundaciones católicas o protestantes situadas en las estaciones de tren, que prestan ayuda al viajero, en particular a niños y a débiles; **Bahnhofsplatz** *m* <-es, -plätze> plaza *f* de la estación; **Bahnhofspolizei** *f* <-, -en> policía *f* de ferrocarriles; **Bahnhofsuhr** *f* <-, -en> reloj *m* de la estación; **Bahnhofsvorstand** *m* <-(e)s, -stände> (*Schweiz, Österr*), **Bahnhofsvorsteher(in)** *m(f)* <-s, -; -, -nen> jefe, -a *m, f* de estación; **Bahnhofswirtschaft** *f* <-, -en> restaurante *m* de la estación

Bahnkörper *m* <-s, -> vías *fpl* del ferrocarril

bahnlagernd *adj* en depósito (en la estación)

Bähnler(in) ['bɛ:nlɐ] *m(f)* <-s, -; -, -nen> (*Schweiz*) ferroviario, -a *m, f*

Bahnlinie *f* <-, -n> línea *f* ferroviaria; **Bahnpolizei** *f* <-, *ohne pl*> servicio *m* de seguridad de la estación; **Bahnschranke** *f* <-, -n>, **Bahnschranken** *m* <-s, -> (*Österr*) barrera *f* de un paso a nivel; **Bahnschwelle** *f* <-, -n> traviesa *f*, durmiente *m Am*

Bahnsteig ['ba:nʃtaɪk] *m* <-(e)s, -e> andén *m*

Bahnsteigkante *f* <-, -n> borde *m* del andén; **Bahnsteigkarte** *f* <-, -n> billete *m* de andén

Bahnstrecke *f* <-, -n> trayecto *m*, recorrido *m;* (*Anlage*) tramo *m;* **Bahntransport** *m* <-(e)s, -e> transporte *m* ferroviario [*o* por ferrocarril]; **Bahnüberführung** *f* <-, -en> paso *m* elevado; **Bahnübergang** *m* <-(e)s, -gänge> paso *m* a nivel; **Bahnunterführung** *f* <-, -en> paso *m* subterráneo; **Bahnverbindung** *f* <-, -en> comunicación *f* ferroviaria; **Bahnversand** *m* <-(e)s, *ohne pl*> envío *m* por ferrocarril; **Bahnwärter(in)** *m(f)* <-s, -; -, -nen> guardabarras *mf inv;* **Bahnwärterhäuschen** *nt* <-s, -> garita *f* del guardavías

Bahnwärterin *f* <-, -nen> *s.* **Bahnwärter**

Bahre ['ba:rə] *f* <-, -n> ❶ (*Trage*) parihuela *f;* (*Liege*) camilla *f*
❷ (*für Tote*) féretro *m*

Bai [baɪ] *f* <-, -en> bahía *f*

Baiser [bɛ'ze:] *nt* <-s, -s> (GASTR) merengue *m*

Baisse ['bɛːs(ə)] *f* <-, -n> (FIN) baja *f*, caída *f;* **während der ~ kaufen** comprar a la baja; **auf ~ spekulieren** jugar [*o* especular] a la baja

Baissemanöver *nt* <-s, -> (FIN) maniobra *f* a la baja; **Baissespekulant(in)** *m(f)* <-en, -en; -, -nen> (FIN) especulador(a) *m(f)* a la baja, bajista *mf;* **Baissetendenz** *f* <-, -en> (FIN) tendencia *f* a la baja

Baissier [bɛ'sje:] *m* <-s, -s> (WIRTSCH) bajista *m*

Bajonett [bajo'nɛt] *nt* <-(e)s, -e> bayoneta *f;* **das ~ aufsetzen** calar la bayoneta

Bajonettverschlussʳʳ *m* <-es, -schlüsse> (ELEK) cierre *m* de bayoneta

Bajuware, -in [baju'va:rə] *m, f* <-n, -nen; -, -nen> (*iron*) *s.* **Bayer**

Bake *f* <-, -n> (NAUT) boya *f;* (AERO) baliza *f;* **mit ~n markieren** (a)balizar

Bakelit® *nt* <-s, *ohne pl*> baquelita *f*

Bakkarat *nt* <-s, *ohne pl*> bacará *m*

Bakschisch ['bakʃɪʃ] *nt* <-(e)s *o* -, -e> (*Trinkgeld*) propina *f;* (*Bestechungsgeld*) unto *m* de México [*o* de rana]

Bakterie [bak'te:riə] *f* <-, -n> (BIOL, MED) bacteria *f;* **stickstoffbindende**

bakteriell

~ bacteria fijadora de nitrógeno
bakteriell *adj* (BIOL, MED) bacterial, bactérico
Bakterienkultur *f* <-, -en> (BIOL) cultivo *m* de bacterias; **Bakterienruhr** *f* <-, -en> (MED) disentería *f*; **Bakterienstamm** *m* <-(e)s, -stämme> (BIOL) cepa *f* bacteriana; **Bakterienträger(in)** *m(f)* <-s, -; -, -nen> (MED) portador(a) *m(f)* de bacterias
Bakteriologe, -in [bakterio'loːgə] *m, f* <-n, -n; -, -nen> bacteriólogo, -a *m, f*
Bakteriologie *f* <-, ohne *pl*> bacteriología *f*
Bakteriologin *f* <-, -nen> *s.* **Bakteriologe**
bakteriologisch *adj* bacteriológico
Bakterioökologie [bakterioʔokolo'giː] *f* <-, ohne *pl*> ecología *f* bacteriana
Bakteriophage [bakterio'faːgə] *m* <-n, -n> bacteriófago *m*
bakterizid [bakteri'tsiːt] *adj* (MED) bactericida
Bakterizid *nt* <-(e)s, -e> (MED) bactericida *f*
Balalaika *f* <-, -s> (MUS) balalaica *f*; **auf der ~ spielen** tocar la balalaica
Balance [ba'lãːs(ə)] *f* <-, -n> equilibrio *m*; **die ~ verlieren/halten** perder/mantener el equilibrio
Balanceakt *m* <-(e)s, -e> juego *m* de equilibrio
balancieren* I. *vi sein* hacer equilibrios; **auf dem Seil ~** hacer equilibrios en la cuerda floja
II. *vt* (*im Gleichgewicht halten*) equilibrar, llevar haciendo equilibrios
Balancierstange *f* <-, -n> contrapeso *m*, balancín *f*
bald [balt] <eher, am ehesten> *adv* ❶ (*in Kürze*) pronto, en breve; **so ~ wie möglich** cuanto antes, lo antes posible; **wird's ~?** (*fam*) ¿estás ya?; **wirst du wohl ~ ruhig sein?** ¿quieres tranquilizarte ya de una vez?; **~ darauf** poco después; **bis ~!** ¡hasta pronto!
❷ (*fam: beinahe*) casi, por poco; **ich wäre ~ hingefallen** por poco me caigo
❸ (*einmal*): **~ ..., ~ ...** (*geh*) ora..., ora...; **~ regnete es, ~ schien die Sonne** lo mismo [*o* tan pronto] llovía que [*o* como] salía el sol
Baldachin ['baldaxiːn] *m* <-s, -e> ❶ (*Schutzdach*) baldaquín *m*, baldaquino *m*; (*Betthimmel*) dosel *m*
❷ (*bei Prozessionen*) palio *m*
Bälde ['bɛldə] *f*: **in ~** en breve; **wann kommst du zurück? – in ~** ¿cuándo vuelves? – dentro de poco
baldig ['baldɪç] *adj* pronto
baldigst ['baldɪkst] *adv*, **baldmöglichst** *adv* lo antes posible; (COM) a la mayor brevedad posible
Baldrian ['baldriaːn] *m* <-s, -e> valeriana *f*, alfeñique *m reg*
Baldriantropfen *mpl* gotas *fpl* de valeriana
Balearen [bale'aːrən] *pl*: **die ~** las Baleares
Balg¹ [balk, *pl:* 'bɛlgə] *m* <-(e)s, Bälge> ❶ (*Fell*) piel *f*, pellejo *m*
❷ (*Blasebalg*) fuelle *m*
Balg² [balk, *pl:* 'bɛlgə] *m o nt* <-(e)s, Bälger> (*fam abw: Kind*) diablillo *m*, churumbel *m*, arrapiezo *m*, concho *m* CSur
balgen ['balgən] *vr:* **sich ~** pelearse (*um* por), reñir (*um* por)
Balgerei *f* <-, -en> pelea *f*, riña *f*
Balkan ['balkaːn] *m* <-s>: **der ~** los Balcanes; **auf dem ~** en los Balcanes
Balkangrippe *f* <-, -n> (MED) gripe *f* balcánica; **Balkanhalbinsel** *f* <-, -> Península *f* Balcánica [*o* de los Balcanes]
Balkanisierung *f* <-, -en> (POL: *abw*) balcanización *f*
Balkankrise *f* <-, ohne *pl*> (HIST, POL) crisis *f inv* de los Balcanes; **Balkanländer** *ntpl*, **Balkanstaaten** *mpl* países *mpl* balcánicos
Balken ['balkən] *m* <-s, -> ❶ (*aus Holz, Stahl*) viga *f*; **ein tragender ~** una viga maestra; **du lügst, dass sich die ~ biegen** (*fam*) mientes más que hablas
❷ (SPORT: *Schwebe~*) barra *f* de equilibrio
❸ (TYPO: *dicker Strich*) raya *f*, guión *m*
Balkencode *m* <-s, -s> código *m* de barras; **Balkendecke** *f* <-, -n> techo *m* de trabes; **Balkendiagramm** *nt* <-s, -e> (INFOR) diagrama *m* de barras; **Balkenkode** *m* <-s, -s> código *m* de barras; **Balkenkonstruktion** *f* <-, -en> (ARCHIT) construcción *f* de vigas; **Balkenüberschrift** *f* <-, -en> (PUBL) rótulo *m*, grandes titulares *mpl*; **Balkenwaage** *f* <-, -n> balanza *f* de brazos)
Balkon [bal'kɔn, bal'koːn] *m* <-s, -e *o* -s> ❶ (ARCHIT) balcón *m*
❷ (THEAT) palco *m*
Balkonpflanze *f* <-, -n> planta *f* de balcón; **Balkontür** *f* <-, -en> puerta *f* del balcón [*o* (que da) al balcón]; **Balkonzimmer** *nt* <-s, -> habitación *f* con balcón
Ball [bal, *pl:* 'bɛlə] *m* <-(e)s, Bälle> ❶ (SPORT) pelota *f*, balón *m*; **~ spielen** jugar a la pelota; **Müller ist am ~** Müller tiene el balón; **am ~ sein** [*o* **bleiben**] no perder de vista, no dejar de la mano
❷ (*Tanzveranstaltung*) baile *m*
Ballade [ba'laːdə] *f* <-, -n> balada *f*; (LIT) romance *m*
Ballast ['balast, -'-] *m* <-(e)s, -e> (NAUT, AERO) carga *f*, lastre *m*; (*Bürde*) carga *f*; **~ abwerfen** aliviar la carga

Bananenrepublik

Ballaststoffe [-'---] *mpl* (MED) fibras *fpl* vegetales
ballen ['balən] I. *vt* (*Faust*) apretar, cerrar, empuñar *Chil*; **die Hand zur Faust ~** cerrar los puños
II. *vr:* **sich ~** ❶ (*Menschenmenge*) aglomerarse, apelotonarse
❷ (*Wolken*) acumularse
❸ (*Verkehr*) concentrarse
Ballen *m* <-s, -> ❶ (*Stoff~*) paca *f*, bala *f*
❷ (*an Hand-, Fußflächen*) pulpejo *m*
❸ (*einer Pflanze*) cepellón *m*
Ballerei *f* <-, -en> (*fam*) ❶ (*Schießerei*) tiroteo *m*
❷ (*Knallerei*) traca *f*; **zu Silvester geht wieder die übliche ~ los** en Nochevieja empezarán otra vez con las tracas
Ballerina [balə'riːna] *f* <-, Ballerinen> bailarina *f*
Ballermann ['baləman] *m* <-s, -männer> (*fam*) revólver *m*
ballern ['balən] I. *vi* (*fam: mehrmals schießen*) tirotear, abalear *Am*; (*Schuss*) disparar; **gegen die Tür ~** pegar golpes a la puerta
II. *vt* (*fam*): **jdm eine ~** sacudir(le) una bofetada a alguien
Ballett [ba'lɛt] *nt* <-(e)s, -e> ballet *m*; **zum ~ gehen** tomar clases de ballet; **ins ~ gehen** ir al ballet; **beim ~ sein** ser bailarín/bailarina de ballet, bailar en un ballet
Ballettänzer(in) *m(f)* <-s, -; -, -nen> *s.* **Balletttänzer**
Balletteuse [balɛ'tøːzə] *f* <-, -n> (*geh*) bailarina *f* de ballet
Ballettkorps *nt* <-, -> formación *f* de ballet, cuerpo *m* de ballet; **Ballettmeister(in)** *m(f)* <-s, -; -, -nen> coreógrafo, -a *m, f*, director(a) *m(f)* de ballet; **Ballettmusik** *f* <-, -en> música *f* para ballet; **Ballettröckchen** *nt* <-s, -> tutú *m*; **Ballettschuhe** *mpl* zapatillas *fpl* de ballet; **Balletttänzer(in)**[RR] *m(f)* <-s, -; -, -nen> bailarín, -ina *f* de ballet; **Balletttruppe** *f* <-, -n> compañía *f* de ballet
Ballistik [ba'lɪstɪk] *f* <-, ohne *pl*> (PHYS) balística *f*
ballistisch [ba'lɪstɪʃ] *adj* balístico
Balljunge *m* <-n, -n> (SPORT) recogepelotas *m inv*
Ballkleid *nt* <-(e)s, -er> vestido *m* de fiesta, traje *m* de fiesta
Ballmädchen *nt* <-s, -> (SPORT) recogepelotas *f inv*, recogedora *f* de pelotas
Ballon [ba'lɔn, ba'loːn] *m* <-s, -s *o* -e> ❶ (AERO) globo *m*; **mit dem ~ fahren** viajar [*o* ir] en globo
❷ (*Glasbehälter*) balón *m*
❸ (*fam: Kopf*) coco *m*; **so einen ~ kriegen** ponerse colorado como un tomate
Ballondilatation *f* <-, -en> (MED) dilatación *f* de los vasos sanguíneos; **Ballonfahrer(in)** *m(f)* <-s, -; -, -nen> piloto *mf* de globo; **Ballonfahrt** *f* <-, -en> viaje *m* en globo; **Ballonmütze** *f* <-, -n> gorra *f* redonda con visera; **Ballonreifen** *m* <-s, -> (AUTO: *alt*) neumático *m* de baja presión; **Ballonrock** *m* <-(e)s, -röcke> falda *f* globo; **Ballonwerbung** *f* <-, ohne *pl*> publicidad *f* a base de globos, publicidad *f* aerostática
Ballsaal *m* <-(e)s, -säle> salón *m* de baile
Ballspiel *nt* <-(e)s, -e> juego *m* de pelota; **Ballspielen** *nt* <-s, ohne *pl*> jugar *m* a la pelota; **„~ verboten"** "prohibido jugar a la pelota"
Ballung ['baluŋ] *f* <-, -en> aglomeración *f*, concentración *f*
Ballungsgebiet *nt* <-(e)s, -e>, **Ballungsraum** *m* <-(e)s, -räume> zona *f* de aglomeración; **Ballungszentrum** *nt* <-s, -zentren> (centro *m* de) aglomeración *f*; **städtisches ~** megaciudad *f*, megalópolis *f inv*
Ballwechsel *m* <-s, -> (SPORT) juego *m* (de la pelota)
Balsaholz ['balza-] *nt* <-es, -hölzer> madera *f* de balsa
Balsam ['balzaːm] *m* <-s, ohne *pl*> bálsamo *m*; **etw ist ~ für die Seele** algo reconforta el ánimo
balsamieren* *vt* embalsamar
Balsam-Spülung *f* <-, -en> bálsamo *m* acondicionador
Balte, -in ['baltə] *m, f* <-n, -n; -, -nen> báltico, -a *m, f*
Baltikum ['baltikʊm] *nt* <-s> países *mpl* bálticos
Baltin *f* <-, -nen> *s.* **Balte**
baltisch *adj* báltico
Balustrade [balʊs'traːdə] *f* <-, -n> balaustrada *f*
Balz [balts] *f* <-, ohne *pl*> (ZOOL) celo *m* (*de ciertas aves*); **in die ~ treten** entrar en celo; **auf die ~ gehen** (*Jagd*) ir a la caza de aves en celo
balzen ['baltsən] *vi* estar en celo (*en época del celo*)
Balzzeit *f* <-, -en> (ZOOL) época *f* de celo
Bambus ['bambʊs] *m* <-(ses), -se> bambú *m*
Bambusrohr *nt* <-(e)s, -e> caña *f* de bambú; **Bambussprossen** *fpl* (GASTR) brotes *mpl* tiernos de bambú
Bammel ['baməl] *m* <-s, ohne *pl*> (*fam*) miedo *m*, canguelo *m*; **~ vor etw haben** tener miedo de algo
banal [ba'naːl] *adj* trivial, banal
Banalität [banali'tɛːt] *f* <-, -en> trivialidad *f*, banalidad *f*
Banane [ba'naːnə] *f* <-, -n> plátano *m*, banana *f Am*
Bananendampfer *m* <-s, -> (NAUT) buque *m* bananero; **Bananenpflanzung** *f* <-, -en>, **Bananenplantage** *f* <-, -n> platanar *m*, platanal *m*, bananal *m Am*; **Bananenrepublik** *f* <-, -en> república *f*

bananera; **Bananenschale** f <-, -n> cáscara f de plátano, cáscara f de banana Am; **Bananenstaude** f <-, -n> bananero m, platanero m; **Bananenstecker** m <-s, -> (ELEK) (clavija f) banana f
Banause [ba'nauzə] m <-n, -n> (abw) inculto, -a m, f
band [bant] 3. imp von **binden**
Band¹ [bɛnt] f <-, -s> (Musikgruppe) grupo m, conjunto m musical; (in Kennerkreisen) banda f
Band² [bant, pl: 'bɛndə] m <-(e)s, Bände> (Buch) tomo m, volumen m; eine Ausgabe in zehn Bänden una edición en diez tomos; dein Gesicht spricht Bände tu cara lo dice todo
Band³ [bant, pl: 'bɛndə] nt <-(e)s, Bänder> ❶ (Stoff-) cinta f, lazo m; (Auszeichnung) banda f
❷ (Fließ-) cadena f de fabricación [o de montaje]; am ~ arbeiten trabajar en la cadena de montaje; vom ~ laufen salir listo de la cadena de fabricación; am laufenden ~ (fam) continuamente, sin cesar
❸ (TECH: Ton-) cinta f magnetofónica; (Farb-) cinta f mecanográfica; (Maß-) cinta f métrica; (Klebe-) cinta f adhesiva; etw auf ~ aufnehmen grabar algo en cinta; etw auf ~ sprechen grabar algo; ich habe dir aufs ~ gesprochen te dejé un mensaje (en el contestador)
❹ (am Gelenk) ligamento m
❺ (Frequenzbereich) banda f de frecuencia
❻ (als Lesezeichen) registro m
Bandage [ban'da:ʒə] f <-, -n> vendaje m
bandagieren* [banda'ʒi:rən] vt vendar
Bandaufnahme f <-, -n> grabación f en cinta (magnetofónica); **Bandbreite** f <-, -n> ❶ (RADIO) anchura f de banda, ancho m de banda
❷ (fig: Vielfalt) diversidad f ❸ (FIN) margen m o f de fluctuación
Bande ['bandə] f <-, -n> ❶ (abw: Gruppe) banda f, cuadrilla f, trinca f And, CSur
❷ (Umrandung) banda f
Bandeisen nt <-s, -> (TECH) fleje m; (Fassband) hierro m en banda
Bändel ['bɛndl] m o nt <-s, -> (südd, Schweiz) ❶ (Schnürsenkel) cordón m de zapatos
❷ (Bändchen) cintita f
❸ (Wend): jdn am ~ haben (fam) hacer de alguien lo que se quiere; du hast ja den Chef am ~! (fam) ¡si tú tienes al jefe en el bolsillo!; seine Frau hat ihn ganz schön am ~ (fam) su mujer lo tiene bien sujeto [o amarrado]
Bandenchef(in) m(f) <-s, -s; -, -nen> (fam) jefe, -a m, f de una banda; **Bandendiebstahl** m <-(e)s, -stähle> (JUR) hurto m en cuadrilla; **Bandenführer(in)** m(f) <-s, -; -, -nen> jefe, -a m, f de una banda; **Bandenhehlerei** f <-, -en> (JUR) alcahuetería f en cuadrilla; **Bandenkriminalität** f <-, ohne pl> criminalidad f callejera organizada; **Bandenraub** m <-(e)s, -e> (JUR) robo m en cuadrilla
Bandenwerbung f <-, -en> (WIRTSCH) publicidad f en bandas (en instalaciones deportivas)
Banderole [bandə'ro:lə] f <-, -n> precinto m, sello m
Bänderriss^RR ['bɛndərɪs] m <-es, -e> (MED) rotura f de ligamentos; **Bänderzerrung** f <-, -en> (MED) distensión f de tendón, distorsión f de tendón
Bandfertigung f <-, -en> (WIRTSCH) fabricación f en cadena
bändigen ['bɛndɪgən] vt ❶ (Tier) domar, dominar
❷ (Mensch) calmar, apaciguar
❸ (Gefühle) refrenar, reprimir
❹ (Naturgewalten) prevenir, controlar, tener bajo control
Bändigung f <-, -en> ❶ (Tier) domesticación f, doma f
❷ (Mensch) contención f; sieben Männer waren zur ~ des Amokläufers nötig fueron necesarios siete hombres para contener al loco homicida
❸ (Gefühle) contención f, refreno m
❹ (Naturgewalten) contención f, control m; die Feuerwehrleute brauchten drei Tage zur ~ des Feuers los bomberos necesitaron tres días para controlar el fuego; die Deiche mussten zur ~ der Fluten erhöht werden hubo que elevar los diques para contener las aguas
Bandit(in) [ban'di:t] m(f) <-en, -en; -, -nen> bandido, -a m, f, bandolero, -a m, f; einarmiger ~ (máquina) tragaperras f inv
Banditentum nt <-s, ohne pl> bandolerismo m
Banditin f <-, -nen> s. **Bandit**
Bandlaufwerk nt <-(e)s, -e> (INFOR) desarrollador m de cinta; **Bandmaß** nt <-es, -e> cinta f métrica; **Bandnudel** f <-, -n> tallarín m
Bandoneon [ban'do:neɔn] nt <-s, -s> (MUS) bandoneón m
Bandsäge f <-, -n> sierra f de cinta
Bandscheibe f <-, -n> (MED) disco m intervertebral; **Bandscheibenschaden** m <-s, -schäden> lesión f discal [o vertebral]; **Bandscheibenvorfall** m <-(e)s, -fälle> (MED) hernia f discal
Bandwurm m <-(e)s, -würmer> tenia f
bang(e) [baŋ(ə)] adj <banger o bänger, am bangsten o am bängsten> (reg) miedoso; es ist mir ~ (zumute) tengo miedo
Bange f <-, ohne pl> (reg) temor m (vor a), miedo m (vor de/a); nur keine ~! ¡todo, menos miedo!
bangen ['baŋən] I. vi (geh) ❶ (Angst haben) temer (vor), tener miedo (vor a)
❷ (sich sorgen) temer (um por), inquietarse (um por)
II. vt (geh) temer
III. vr: sich ~ ❶ (geh: sich sorgen) temer (um por), inquietarse (um por)
❷ (reg: sich sehnen) echar de menos (nach a), extrañar (nach a)
IV. vunpers: mir bangt davor lo temo
bänger ['bɛŋɐ] adj kompar von **bang(e)**
Bangigkeit f <-, ohne pl> temor m, miedo m
Bangkok ['baŋkɔk] nt <-s> Bangkok m
Bangladesch [baŋla'dɛʃ] nt <-s> Bangladesh m
bängste(r, s) ['bɛŋstə, -tɐ, -təs] adj superl von **bang(e)**
Banjo nt <-s, -s> (MUS) banyo m, banjo m; ~ spielen tocar el banyo
Bank¹ [baŋk, pl: 'bɛŋkə] f <-, Bänke> ❶ (Sitz-) banco m; (SPORT) banquillo m; er predigte vor leeren Bänken (fig) predicó en el desierto; durch die ~ sin excepción; etw auf die lange ~ schieben dar largas a algo
❷ (Sand-) banco m de arena
Bank² [baŋk, pl: 'baŋkən] f <-, -en> ❶ (Kreditinstitut) banco m; öffentlich-rechtliche ~ banco de derecho público; ~ für Internationalen Zahlungsausgleich Banco Internacional de Pagos; Geld auf der ~ haben tener dinero en el banco
❷ (beim Spiel) banca f; die ~ sprengen saltar la banca
Bankaktiva pl (WIRTSCH) activo m bancario; **Bankakzept** nt <-(e)s, -e> (FIN) aceptación f bancaria
Bank-an-Bank-Kredit m <-(e)s, -e> (WIRTSCH) crédito m interbancario
Bankangestellte(r) mf <-n, -n; -, -n> empleado, -a m, f de banco; **Bankanweisung** f <-, -en> giro m bancario
Bankaufsichtsbehörde f <-, -n> servicio m federal de inspección bancaria; **Bankaufsichtsrecht** nt <-(e)s, ohne pl> derecho m de inspección bancaria
Bankauskunft f <-, -künfte> (WIRTSCH) informe m bancario; ~ einholen pedir información bancaria; **Bankautomat** m <-en, -en> cajero m automático; **Bankautomatenmissbrauch^RR** m <-(e)s, ohne pl> (JUR) abuso m de cajero automático; **Bankavis** m o nt <- o -es, - o -e> (WIRTSCH) aviso m bancario; **Bankbeamte(r)** m <-n, -n; -n, -n>, **-beamtin** f <-, -nen> (alt) funcionario, -a m, f bancario, -a, empleado, -a m, f de banco estatal; **Bankbürgschaft** f <-, -en> (FIN) aval m bancario, fianza f bancaria; **Bankdarlehen** nt <-s, -> préstamo m bancario; **Bankdirektor(in)** m(f) <-s, -en; -, -nen> director(a) m(f) de banco, jefe, -a m, f de banco; **Bankeinlage** f <-, -n> (FIN) depósito m bancario
Bänkellied ['bɛŋkəli:t, pl: 'bɛŋkəli:də] nt <-(e)s, -er> copla f de ciego, romance m de ciego; **Bänkelsänger** m <-s, -> cantor m popular
Bankenaufsicht f <-, ohne pl> (FIN) superintendencia f bancaria; **Bankenkonsortium** nt <-s, -konsortien> (FIN) consorcio m bancario; **Bankenkonzession** f <-, -en> (FIN) concesión f bancaria; **Bankenkrach** m <-(e)s, -kräche> (FIN) derrumbamiento m de la banca; **Bankenniederlassungsrichtlinien** fpl (JUR) normas fpl a las sucursales bancarias; **Bankenrecht** nt <-(e)s, ohne pl> derecho m bancario; **Bankenrun** m <-s, -s> gran demanda f de bancos; **Bankenviertel** nt <-s, -> barrio m financiero, centro m bursátil; die Dresdner Bank liegt im Frankfurter ~ el Banco de Dresde se encuentra en el centro bursátil de Fráncfort
Banker(in) ['bɛŋkɐ] m(f) <-s, -; -, -nen> (WIRTSCH) banquero, -a m, f
Bankett [baŋ'kɛt] nt <-(e)s, -e> ❶ (Festessen) festín m, banquete m
❷ s. **Bankette**
Bankette [baŋ'kɛtə] f <-, -n> arcén m; „~ nicht befahrbar" "arcén no transitable"
Bankfach¹ nt <-(e)s, -fächer> (Schließfach) caja f de seguridad del banco
Bankfach² nt <-(e)s, ohne pl> (Beruf) ramo m bancario, carrera f bancaria; er arbeitet im ~ trabaja en la banca
bankfähig adj (FIN) bancable, negociable en banca
Bankfähigkeit f <-, ohne pl> (FIN) negociabilidad f bancaria; **Bankfiliale** f <-, -n> (FIN) filial f de banco, sucursal f de banco; **Bankgeheimnis** nt <-ses, -se> secreto m bancario; **Bankgeschäft** nt <-(e)s, -e> negocio m bancario; (Transaktion) transacción f bancaria; **Bankguthaben** nt <-s, -> haber m bancario; **Bankhalter(in)** m(f) <-s, -; -, -nen> (in einem Spiel) jugador(a) m(f) que tiene la banca; **Bankhaus** nt <-es, -häuser> (FIN: geh) establecimiento m bancario
Bankier [baŋ'kje:] m <-s, -s> banquero, -a m, f
Bankindossament nt <-(e)s, -e> (FIN) endoso m bancario
Banking ['bɛŋkɪŋ] nt <-s, ohne pl> (FIN): **elektronisches ~** banking m electrónico
Bankinstitut nt <-(e)s, -e>: öffentlich-rechtliches ~ instituto m bancario de derecho público; **Bankkauffrau** f <-, -en> empleada f titulada bancaria; **Bankkaufmann** m <-(e)s, -leute> empleado m titu-

lado bancario; **Bankkonto** *nt* <-s, -konten> cuenta *f* bancaria; **Bankkredit** *m* <-(e)s, -e> (FIN) crédito *m* bancario; **Bankkuratorium** *nt* <-s, -kuratorien> comisión *f* de control bancario; **Banklehre** *f* <-, -n> aprendizaje *m* en un banco; **sie macht eine ~** está de aprendiza en un banco; **Bankleitzahl** *f* <-, -en> código *m* de identificación bancaria

Banknote *f* <-, -n> billete *m* de banco; **Banknotenumlauf** *m* <-(e)s, *ohne pl*> circulación *f* de billetes

Bankomat *m* <-en, -en> cajero *m* automático

Bankplatz *m* <-es, -plätze> (*geh*) centro *m* financiero [*o* bursátil]; **internationaler ~** plaza bancable internacional; **Bankprovision** *f* <-, -en> (FIN) comisión *f* bancaria; **Bankraub** *m* <-(e)s, -e> robo *m* de banco; **Bankräuber(in)** *m(f)* <-s, -; -, -nen> atracador(a) *m(f)* de bancos, asaltante *mf* de bancos; **Bankrecht** *nt* <-(e)s, *ohne pl*> derecho *m* bancario; **Bankreserve** *f* <-, -n> (FIN) reserva *f* bancaria

bankrott [baŋkˈrɔt] *adj* en bancarrota, en quiebra

Bankrott *m* <-(e)s, -e> bancarrota *f*, quiebra *f*, falencia *f Am*; **betrügerischer ~** quiebra fraudulenta; **~ machen** ir a la quiebra, quebrar, fundirse *Am*; **den ~ erklären** declararse en bancarrota [*o* en quiebra]

Bankrotterklärung *f* <-, -en> (FIN) declaración *f* de quiebra; (*fig*) fracaso *m* total

Bankrotteur(in) *m(f)* <-s, -e; -, -nen> persona *f* (que está) en la bancarrota [*o* en quiebra]

Bankrücklage *f* <-, -n> (WIRTSCH) reserva *f* bancaria; **Bankschalter** *m* <-s, -> ventanilla *f* bancaria; **Bankscheck** *m* <-s, -s> cheque *m* bancario; **Bankschließfach** *nt* <-(e)s, -fächer> casilla *f* bancaria; **Banktratte** *f* <-, -n> (FIN) letra *f* bancaria; **Banküberfall** *m* <-(e)s, -fälle> atraco *m* a un banco; **Banküberweisung** *f* <-, -en> transferencia *f* bancaria

banküblich *adj* (FIN) habitual; **wir stellen Ihnen die ~en Gebühren in Rechnung** le cargamos las tasas bancarias habituales

Bankverbindlichkeiten *fpl* (WIRTSCH) débitos *mpl* bancarios; **Bankverbindung** *f* <-, -en> (FIN) número *m* de cuenta, cuenta *f* bancaria; **Bankvereinigung** *f* <-, -en> (FIN) asociación *f* de bancos; **Bankverkehr** *m* <-s, *ohne pl*> (FIN) operaciones *fpl* bancarias, transacciones *fpl* bancarias; **Bankvertrag** *m* <-(e)s, -träge> (FIN) contrato *m* bancario; **Bankvollmacht** *f* <-, -en> autorización *f* bancaria; **Bankwechsel** *m* <-s, -> (FIN) efecto *m* bancario; **Bankwesen** *nt* <-s, *ohne pl*> (WIRTSCH) banca *f*

Bann [ban] *m* <-(e)s, -e> ❶ (REL) excomunión *f*, anatema *m o f* ❷ (*geh: Zauber*) encantamiento *m*, hechizo *m*; **jdn in seinen ~ ziehen** cautivar a alguien; **in jds ~ geraten** estar hechizado por alguien

Bannbulle *f* <-, -n> (HIST) bula *f* de excomunión

bannen [ˈbanən] *vt* ❶ (*Gefahr, Geister*) conjurar ❷ (*Zuschauer*) cautivar ❸ (*festhalten*) dejar inmóvil (como por encanto) (*auf* en); **er hat ihr Lächeln auf die Leinwand gebannt** eternizó su sonrisa sobre el lienzo; **wie gebannt zuhören** escuchar como hechizado ❹ (*den Bann aussprechen*) excomulgar

Banner [ˈbanɐ] *nt* <-s, -> estandarte *m*

Bannerträger(in) *m(f)* <-s, -; -, -nen> portaestandarte *mf*; (*a. fig*) abanderado, -a *m, f*

Bannfluch *m* <-(e)s, -flüche> (REL) anatema *m o f*; **Bannkreis** *m* <-es, -e> área *f* de influencia, ámbito *m* de influencia

Bannmeile *f* <-, -n> zona *f* de protección (*alrededor del edificio parlamentario*); **Bannmeilengesetz** *nt* <-es, -e> (JUR) ley *f* de hito señorial

Bannrecht *nt* <-(e)s, -e> (JUR) monopolio *m* feudal; **Bannstrahl** *m* <-(e)s, -en> (REL) *geh* anatema *m o f*, excomunión *f*

Bannwald *m* <-(e)s, -wälder> (*Österr, Schweiz*) franja *f* de bosque que no se tala como protección contra avalanchas

Bannware *f* <-, -n> (JUR) contrabando *m* de guerra

Bantamgewicht [ˈbantam-] *nt* <-(e)s, *ohne pl*> (SPORT) peso *m* gallo

Bantamgewichtler(in) *m(f)* <-s, -; -, -nen> (SPORT) peso *mf* gallo

BAPT *nt* <-> *Abk. von* **Bundesamt für Post und Telekommunikation** Oficina *f* Federal de Correos y de Telecomunicaciones

Baptist(in) [bapˈtɪst] *m(f)* <-en, -en; -, -nen> (REL) baptista *mf*

bar [baːɐ] *adj* ❶ (FIN) en efectivo; **~es Geld** dinero en efectivo [*o* en metálico] [*o* contante y sonante *fam*]; **~ gegen 5% Diskont** al contado con un descuento del 5%; **~ ohne Abzug** al contado sin descuento; **gegen ~** al contado, en efectivo; **etw (in) ~ bezahlen** pagar algo al contado [*o* en metálico] ❷ (*geh: rein*) puro, verdadero; **das ist ~er Unsinn/Zufall** esto es pura sandez/coincidencia

Bar¹ [baːɐ] *f* <-, -s> ❶ (*Lokal*) bar *m*; (*Nachtlokal*) boite *f*, club *m* nocturno ❷ (*Theke*) barra *f*

Bar² *nt* <-s, -s> (PHYS) bar(o) *m*

Bär(in) [bɛːɐ] *m(f)* <-en, -en; -, -nen> oso, -a *m, f*; **jdm einen ~en aufbinden** contar a alguien un cuento chino; **der Große/Kleine ~** (ASTR) la Osa Mayor/Menor

Barabhebung *f* <-, -en> retirada *f* de dinero en metálico; **Barablösungswert** *m* <-(e)s, -e> (FIN) valor *m* de la amortización en metálico

Baracke [baˈrakə] *f* <-, -n> barraca *f*, chabola *f*

Barangebot *nt* <-(e)s, -e> (WIRTSCH) oferta *f* en efectivo; **Barauslagen** *fpl* (WIRTSCH) gastos *mpl* en efectivo; **Barausschüttung** *f* <-, -en> (FIN) dividendo *m* en efectivo; **Barauszahlung** *f* <-, -en> (FIN) pago *m* en efectivo

Barbar(in) [barˈbaːɐ] *m(f)* <-en, -en; -, -nen> bárbaro, -a *m, f*

Barbarei [barbaˈraɪ] *f* <-, -en> ❶ (*Unmenschlichkeit, Unzivilisiertheit*) barbarie *f*; (*Grausamkeit*) salvajismo *m* ❷ (*Handlung*) barbaridad *f*

Barbarin *f* <-, -nen> *s.* **Barbar**

barbarisch *adj* bárbaro

Barbe [ˈbarbə] *f* <-, -n> (GASTR, ZOOL) barbo *m*

bärbeißig *adj* (*fam: Mensch*) gruñón, arisco; (*Miene*) arisco

Barbestand *m* <-(e)s, -stände> (FIN) efectivo *m*, disponibilidad *f*; **Barbetrag** *m* <-(e)s, -träge> importe *m* líquido

Barbier [barˈbiːɐ] *m* <-s, -e> barbero *m*

Barbiturat [barbituˈraːt] *nt* <-s, -e> (MED) barbitúrico *m*

Barbitursäure [barbiˈtuːɐ-] *f* <-, -n> (CHEM) ácido *m* barbitúrico

barbusig *adj* con el pecho (al) descubierto [*o* al aire], con los senos desnudos

Bardame *f* <-, -n> camarera *f* de un club nocturno

Barde [ˈbardə] *m* <-n, -n> (HIST) bardo *m*

Bardiskont *m* <-s, -e> (FIN) descuento *m* por pago al contado; **Bardividende** *f* <-, -n> (WIRTSCH) dividendo *m* en efectivo; **Bareingänge** *mpl* (WIRTSCH) ingresos *mpl* en efectivo; **Bareinlage** *f* <-, -n> (FIN) aportación *f* dineraria; **Bareinzahlung** *f* <-, -en> pago *m* en efectivo

Bärendienst [ˈbɛːrən-] *m*: **jdm einen ~ erweisen** hacer un flaco servicio a alguien; **Bärendreck** *m* <-(e)s, *ohne pl*> (*süddt, Schweiz: Lakritze*) regaliz *m*; **Bärenhaut** *f* <-, -häute> ❶ (*Bärenfell*) piel *f* de oso ❷ (*Wend*) **auf der ~ liegen** (*fam abw*) haraganear, holgazanear; **Bärenhunger** *m* <-s, *ohne pl*> (*fam*) hambre *f* canina [*o* de lobo]; **einen ~ haben** tener un hambre de lobo; **Bärenjagd** *f* <-, -en> caza *f* del oso; **Bärenkräfte** *fpl* (*gewaltige Kräfte*) fuerza *f* hercúlea; **Bärennatur** *f*: **eine ~ haben** (*fam: stark*) ser fuerte como un oso; (*gesund*) tener una salud de hierro

bärenstark [ˈ--] *adj* (*fam*) fuerte como un toro

Barentnahme *f* <-, -n> (FIN) retirada *f* en efectivo

Bärentraubenblatt *f* <-, -blätter> (BOT) hoja *f* de uva de oso

Barett [baˈrɛt] *nt* <-(e)s, -e *o* -s> boina *f*; (*Geistlicher*) birreta *f*; (*Richter, Professor*) birrete *m*

barfuß *adj* descalzo

barfüßig *adj* descalzo; **ein ~er Mönch** un monje descalzo

barg [bark] *3. imp von* **bergen**

Bargebot *nt* <-(e)s, -e> (FIN) postura *f* en metálico

Bargeld *nt* <-(e)s, *ohne pl*> (FIN) dinero *m* en metálico, dinero *m* efectivo [*o* al contado]; **Bargeldbestand** *m* <-(e)s, -stände> (FIN) fondos *mpl* en metálico; **~ bei Nichtbanken** fondos en metálico en el sector no bancario; **Bargeldfluss**[RR] *m* <-es, -flüsse> flujo *m* de efectivo

bargeldlos *adj* por cheque, por transacción; **~er Zahlungsverkehr** pagos por giro *o* cheque

Bargeldüberweisung *f* <-, -en> giro *m* en efectivo; **Bargeldumlauf** *m* <-(e)s, -läufe> (FIN) circulación *f* fiduciaria

Bargeldumstellung *f* <-, -en> proceso *m* de cambio para las transacciones en efectivo; **Bargeldvolumen** *nt* <-s, -> volumen *m* de dinero en efectivo

Bargeschäft *nt* <-(e)s, -e> (WIRTSCH) operación *f* al contado

barhäuptig I. *adj* (*geh*) descubierto, sin sombrero II. *adv* (*geh*) sin sombrero, con la cabeza descubierta

Barhocker *m* <-s, -> taburete *m* de bar

bärig [ˈbɛːrɪç] *adj* (*fam: prima*) guay, chévere *Am*

Bärin [ˈbɛːrɪn] *f* <-, -nen> *s.* **Bär**

barisches Windgesetz[RR] *nt* <-es, *ohne pl*> ley *f* de Buys-Ballot

Bariton [ˈbaːriton, *pl:* ˈbaːritoːnə] *m* <-s, -e> (MUS) barítono *m*

Barium [ˈbaːrium] *nt* <-s, *ohne pl*> (CHEM) bario *m*

Bariumbeton *m* <-s, -s, *Österr:* -e> hormigón *m* de bario

Barkasse [barˈkasə] *f* <-, -n> barcaza *f*, lancha *f*

Barkauf *m* <-(e)s, -käufe> compra *f* al contado [*o* en efectivo], compra-venta *f* a la vista

Barke [ˈbarkə] *f* <-, -n> barca *f*

Barkeeper [ˈbaːrkiːpɐ] *m* <-s, -> barman *m*

Barkredit *m* <-(e)s, -e> (WIRTSCH) crédito *m* en efectivo

Bärlapp [ˈbɛːɐlap] *m* <-s, -e> (BOT) licopodio *m*

Barmann *m* <-(e)s, -männer> barman *m*

barmherzig [barmˈhɛrtsɪç] *adj* misericordioso, caritativo; **der ~e Samariter** el buen samaritano

Barmherzigkeit *f* <-, *ohne pl*> misericordia *f*
Barmittel *ntpl* (FIN) efectivo *m*; **mangels** ~ por falta de efectivo
Barmixer *m* <-s, -> barman *m*
barock *adj* barroco
Barock [ba'rɔk] *m o nt* <-s, *ohne pl*> barroco *m*
Barockkirche *f* <-, -n> iglesia *f* barroca; **Barockmusik** *f* <-, *ohne pl*> música *f* barroca; **Barockzeit** *f* <-, *ohne pl*> (época *f* del) Barroco *m*
Barograph [baro'graːf] *m* <-en, -en> (METEO) barógrafo *m*
Barometer [baro'meːtɐ] *nt* <-s, -> barómetro *m*
Barometerstand *m* <-(e)s, -stände> presión *f* barométrica, nivel *m* barométrico
Baron(in) [ba'roːn] *m(f)* <-s, -e; -, -nen> barón, -onesa *m, f*
Baroness[RR] *f* <-, -en>, **Baroneß** *f* <-, -ssen>, **Baronesse** [baro'nɛsə] *f* <-, -n> baronesa *f*, hija *f* de un barón
Barposten *m* <-s, -> (WIRTSCH) partida *f* de disponibilidades
Barrel ['bɛrəl] *nt* <-s, -s> barril *m*
Barren ['barən] *m* <-s, -> ❶ (*Metall*) barra *f*, lingote *m*
❷ (SPORT) barra *f*, paralelas *fpl*
Barrengold *nt* <-(e)s, *ohne pl*> oro *m* en barras
Barreserve *f* <-, -n> (WIRTSCH) reserva *f* en efectivo; **Barreservesatz** *m* <-es, -sätze> (WIRTSCH) tasa *f* de reservas líquidas
Barriere [ba'rjeːrə] *f* <-, -n> barrera *f*
Barriereriff *nt* <-(e)s, -e> arrecife *m* de barrera
Barrikade [bari'kaːdə] *f* <-, -n> barricada *f*; ~n errichten levantar barricadas; **für etw auf die ~n gehen** (*fig*) echarse a la calle por algo, luchar por algo
barsch [barʃ] *adj* rudo, áspero
Barsch [barʃ] *m* <-(e)s, -e> perca *f*
Barschaft *f* <-, -en> patrimonio *m*, caudal *m*, peculio *m*
Barscheck *m* <-s, -s> cheque *m* abierto [*o* no cruzado]
Barsortiment *nt* <-(e)s, -e> (*Buchhandel*) venta *f* mayorista de libros
barst [barst] *3. imp von* **bersten**
Bart [baːɐt, *pl*: 'bɛrtə] *m* <-(e)s, Bärte> ❶ (*bei Männern*) barba *f*; **sich einen ~ wachsen lassen** dejarse crecer la barba; **den ~ abnehmen** quitarse la barba; **etw in den ~ murmeln** [*o* **brummen**] murmurar algo entre dientes; **jdm um den ~ gehen** hacer la pelotilla a alguien; **der ~ ist ab!** ¡se acabó!; **das hat ja so einen ~** (*fam*) esto es agua pasada
❷ (*Katze, Robbe*) bigote(s) *m(pl)*
❸ (*Schlüssel~*) paletón *m*
Bartausch *m* <-(e)s, -e> (FIN) cambio *m* en efectivo
Barte ['bartə] *f* <-, -n> barba *f* de ballena
Bartenwal *m* <-(e)s, -e> misticeto *m*
Bartflechte *f* <-, -n> ❶ (MED) foliculitis *f inv*; (*durch Pilze*) tricofitia *f* ❷ (BOT) liquen *m*; **Barthaar** *nt* <-(e)s, -e> ❶ (*Haar des Bartes*) pelo *m* de la barba ❷ (ZOOL: *Schnurrhaare*) (pelo *m* del) bigote *m*; **meine Katze mag es überhaupt nicht, wenn man ihre ~e anfasst** a mi gata no le gusta nada que le toquen los bigotes
Barthel ['bartəl]: **wissen, wo ~ den Most holt** (*fam*) saber con quién se juega uno los cuartos
Bartholomäusnacht *f* <-, *ohne pl*> (HIST) noche *f* de San Bartolomé, matanza *f* de los hugonotes
bärtig ['bɛrtɪç, 'bɛːɐtɪç] *adj* barbudo
bartlos *adj* sin barba
Bartnelke *f* <-, -n> (BOT) clavellina *f*
Bartstoppeln *fpl* cañones *mpl* de la barba; **Bartwuchs** *m* <-es, *ohne pl*> barba *f*; **er hat einen starken ~** le crece mucho la barba
Bar- und Liquiditätsquote *f* <-, -n> (WIRTSCH) cuota *f* de liquidez
Barvergütung *f* <-, -en> remuneración *f* en efectivo; **Barverkauf** *m* <-(e)s, -käufe> (WIRTSCH) venta *f* al contado; **Barverlust** *m* <-(e)s, -e> pérdida *f* en efectivo; **Barvermögen** *nt* <-s, -> (FIN) activo *m*, capital *m* efectivo
Baryt [ba'ryːt] *m* <-(e)s, -e> (CHEM) barita *f*
Barzahlung *f* <-, -en> (FIN) pago *m* al contado [*o* en efectivo] [*o* en metálico]; **sofortige ~** pago inmediato en efectivo; **bei ~ 3% Skonto** un 3% de descuento por pago al contado
Barzahlungsbedingungen *fpl* condiciones *fpl* de pago al contado; **Barzahlungspreis** *m* <-es, -e> (FIN) precio *m* al contado; **Barzahlungsvereinbarung** *f* <-, -en> (FIN) convenio *m* de pago al contado
Basaliom [bazali'oːm] *nt* <-s, -e> (MED) basalioma *m*, cáncer *m* cutáneo [*o* de la piel]
Basalt [ba'zalt] *m* <-(e)s, -e> basalto *m*
Basalzellschicht [ba'zaːl-] *f* <-, -en> (MED) capa *f* de células basales
Basar [ba'zaːɐ] *m* <-s, -e> bazar *m*
Base ['baːzə] *f* <-, -n> ❶ (*südd: Cousine*) prima *f*
❷ (*Schweiz: Tante*) tía *f*
❸ (CHEM) base *f*
Baseball[1] *m* <-s, *ohne pl*> (SPORT: *Spiel*) béisbol *m*; **~ spielen** jugar al béisbol

Baseball[2] *m* <-s, -s> (SPORT: *Ball*) pelota *f* de béisbol
Baseballschläger *m* <-s, -> (SPORT) bate *m* de béisbol
Basedow ['baːzədo] *m* <-s, *ohne pl*> (MED) hipertiroidismo *m*; **diese Symptome sind typisch für einen ~** estos síntomas son típicos de un caso de Basedow
Basel ['baːzəl] *nt* <-s> Basilea *f*
Bas(e)ler[1] *adj inv* basilense
Bas(e)ler(in)[2] *m(f)* <-s, -; -, -nen> habitante *mf* de Basilea
Basen *pl von* **Base, Basis**
Basenstärke *f* <-, -n> (CHEM) fuerza *f* básica
basieren* [ba'ziːrən] *vi* basarse (*auf* en), fundarse (*auf* en)
Basilika [ba'ziːlika, *pl*: ba'ziːlikən] *f* <-, -, Basiliken> basílica *f*
Basilikum [ba'ziːlikum] *nt* <-s, *ohne pl*> albahaca *f*
Basilisk [bazi'lɪsk] *m* <-en, -en> basilisco *m*
Basis ['baːzɪs] *f* <-, Basen> ❶ (*Grundlage*) base *f*; **auf breiter ~** a nivel general; **auf jährlicher ~** sobre la base anual; **auf der ~ gegenseitigen Vertrauens** sobre la base de la mutua confianza
❷ (ARCHIT, POL, MATH) base *f*
❸ (MIL) base *f* militar
Basisanschluss[RR] *m* <-es, -schlüsse> (TEL) acceso *m* básico; **Basisarbeit** *f* <-, -en> (POL) trabajo *m* de base; **Basiscamp** ['baːzɪskɛmp] *nt* <-s, -s> campamento *m* base; **bevor die Expedition aufbrach, wurden entlang der Strecke mehrere ~s eingerichtet** antes de iniciar la expedición se instalaron varios campamentos base a lo largo del recorrido
basisch *adj* (CHEM) básico
Basisdemokratie *f* <-, -n> (POL) democracia *f* básica
basisdemokratisch I. *adj* (POL) de la democracia de base
II. *adv* (POL) respecto a la democracia de base
Basiseinheit *f* <-, -en> unidad *f* básica [*o* base]; **Basisgesellschaft** *f* <-, -en> (WIRTSCH) sociedad *f* base; **Basisgruppe** *f* <-, -n> grupo *m* de base; **Basisjahr** *nt* <-(e)s, -e> año *m* base; **Basislager** *nt* <-s, -> *s*. **Basiscamp**; **Basispatent** *nt* <-(e)s, -e> patente *f* base; **Basisstation** *f* <-, -en> (*Expedition*) base *f*; (*Telefon*) central *f*; **Basissteuersatz** *m* <-es, -sätze> tipo *m* básico de gravamen
Basisunternehmen *nt* <-s, -> empresa *f* base; **Basiswert** *m* <-(e)s, -e> valor *m* básico; **Basiswissen** *nt* <-s, *ohne pl*> conocimientos *mpl* básicos
Basizität [bazitsi'tɛːt] *f* <-, *ohne pl*> (CHEM) basicidad *f*
Baske, -in ['baskə] *m, f* <-n, -n; -, -nen> vasco, -a *m, f*
Baskenland *nt* <-s> País *m* Vasco, Euskadi *m*; **Baskenmütze** *f* <-, -n> chapela *f*, boina *f* vasca
Basketball[1] ['baːskətbal] *m* <-(e)s, *ohne pl*> (*Sportart*) baloncesto *m*
Basketball[2] *m* <-(e)s, -bälle> (*Ball*) pelota *f* de baloncesto
Baskin *f* <-, -nen> *s*. **Baske**
baskisch *adj* vasco; (*Sprache*) vascuence, euskera
Basler[1] ['baːzlɐ] *adj inv s*. **Bas(e)ler**[1]
Basler(in)[2] *m(f)* <-s, -; -, -nen> *s*. **Bas(e)ler**[2]
Basrelief *nt* <-s, -s> (ARCHIT, KUNST) bajorrelieve *m*
bass[RR] [bas] *adv*: **ich bin ~ erstaunt** (*fam*) esto me maravilla
Bass[RR] [bas, *pl*: 'bɛsə] *m* <-es, Bässe> ❶ (*Stimmlage, Sänger*) bajo *m*
❷ (*Instrument*) contrabajo *m*; (*elektrisch verstärkt*) bajo *m*
baß *adv s*. **bass**
Baß *m* <-sses, Bässe> *s*. **Bass**
Bassbariton[RR] *m* <-s, -e> (MUS) barítono *m* bajo; **Bassgeige**[RR] *f* <-, -n> (MUS) contrabajo *m*; **Bassgitarre**[RR] *f* <-, -n> (MUS) bajo *m*
Bassin [ba'sɛ̃ː] *nt* <-s, -s> depósito *m* de agua
Bassist(in) [ba'sɪst] *m(f)* <-en, -en; -, -nen> ❶ (*Sänger*) bajo *m*
❷ (*Bassspieler*) contrabajo *mf*; (*elektrisch verstärkt*) bajo *mf*
Bassschlüssel[RR] *m* <-s, -> (MUS) clave *f* de fa; **Bassstimme**[RR] *f* <-, -n> (MUS) voz *f* de bajo
Bast [bast] *m* <-(e)s, -e> rafia *f*
basta ['basta] *interj* ¡basta!, ¡chitón!; **du kommst, und damit ~!** ¡vienes, y no se hable más!
Bastard ['bastart] *m* <-(e)s, -e> bastardo *m*; (BIOL) híbrido *m*
Bastardierung *f* <-, -en> (BIOL) cruce *m*
Bastei [bas'taɪ] *f* <-, -en> (HIST) baluarte *m*
Bastelarbeit *f* <-, -en> ❶ (*Handarbeit*) manualidades *fpl*, trabajos *mpl* manuales; (*handwerkliche Arbeit*) bricolaje *m*; (*knifflige Arbeit*) trabajo *m* de chinos
❷ (*Ergebnis*) manualidad *f*, trabajo *m* manual; **das Modellflugzeug ist eine ~ von mir** el aeromodelo lo he construido yo
Bastelei *f* <-, -en> (*fam abw: lästiges Basteln*) chapuza *f*; **ewig diese ~en! hol doch endlich mal einen Handwerker!** ¡siempre con estas chapuzas! ¡llama de una vez a un obrero!
basteln ['bastəln] **I.** *vi* ❶ (*Handarbeiten*) hacer trabajos manuales [*o* manualidades]; (*Hobbyheimwerk*) dedicarse al bricolaje
❷ (*reparieren*) (intentar) arreglar; **er bastelt an seinem Auto** intenta arreglar su coche

II. *vt* hacer (a mano); **ich habe mir ein Modellflugzeug gebastelt** me he hecho [*o* construido] un aeromodelo
Basteln *nt* <-s, *ohne pl*> trabajo *m* manual; **das ~ von Modellschiffen ist sein Hobby** la construcción manual de modelos [*o* de maquetas] de barcos es su afición
Bastille [bas'ti:jə, bas'tɪljə] *f* <-, *ohne pl*> (HIST) Bastilla *f*; **der Sturm auf die ~ erfolgte 1789** la toma de la Bastilla tuvo lugar en 1789
Bastion [bas'tjo:n] *f* <-, -en> bastión *m*; **die letzte ~ des Kommunismus** el último bastión [*o* baluarte] del comunismo
Bastler(in) ['bastlɐ] *m(f)* <-s, -; -, -nen> aficionado, -a *m, f* a las manualidades [*o* al bricolaje]
Bastmatte *f* <-, -n> estera *f* de pleitas [*o* de rafias]
bat [ba:t] *3. imp von* **bitten**
BAT [be:ʔa:'te:] *m* (ADMIN) *Abk. von* **Bundesangestelltentarif** convenio colectivo (*federal*) para empleados de los servicios públicos; **er wird nach ~ IVb bezahlt** cobra según la tarifa colectiva IVb para empleados del servicio público
Bataillon [batal'jo:n] *nt* <-s, -e> (MIL) batallón *m*
Bataillonskommandeur(in) *m(f)* <-s, -e; -, -nen> (MIL) comandante *mf* de batallón, jefe, -a *m, f* de batallón
Batch [bɛtʃ] *f* <-, -s> (INFOR) lote *m*
Batholith [bato'li:t] *m* <-s *o* -en, -en> (GEO) batolito *m*
bathyal [baty'a:l] *adj* (GEO) **der ~e Bereich** la zona batial
Batik ['ba:tɪk] *f* <-, -en> batik *m* (*método de teñir tejidos*)
batiken ['ba:tɪkən] I. *vi* hacer batik; **sie batikt gern in ihrer Freizeit** le gustar hacer batik en su tiempo libre
II. *vt* teñir con técnica de batik; **hast du das selbst gebatikt?** ¿lo has teñido al batik tú mismo?
Batist [ba'tɪst] *m* <-(e)s, -e> batista *f*
Batterie [batə'ri:] *f* <-, -n> ❶ (*Stromspeicher*) pila *f*
❷ (AUTO) batería *f*
❸ (*fam: Anzahl*) pila *f*; **eine ganze ~ (von) Maßnahmen** una artillería de medidas
❹ (MIL) batería *f*
Batteriebetrieb *m* <-(e)s, *ohne pl*> (ELEK) alimentación *f* a pilas; **Batterie- und Netzbetrieb** alimentación a pilas y por red
batteriebetrieben *adj* accionado por batería; **ein ~es Radiogerät** una radio a pilas
Batteriegerät *nt* <-(e)s, -e> (ELEK) aparato *m* a pilas
Batteriehuhn *nt* <-(e)s, -hühner> (*fam*) gallina *f* de ponedero automático
Batterieladegerät *nt* <-(e)s, -e> cargador *m* de baterías, recargador *m* de pilas
Batzen ['batsən] *m* <-s, -> ❶ (*Klumpen*) grumo *m*; (*Brocken*) pedazo *m*; **ein schöner ~ Geld** (*fam*) un dineral; **das ist ein schöner ~ Arbeit** (*fam*) tendré que sudar tinta en este trabajo
❷ (*alte Münze*) moneda de plata de un valor de cuatro cruzados con la cabeza de un águila en una cara, usada en Alemania a partir del s. XV.
❸ (*Schweiz: Zehnrappenstück*) moneda *f* de diez céntimos
Bau¹ [baʊ] *m* <-(e)s, *ohne pl*> ❶ (*das Bauen*) construcción *f*, edificación *f*; **sich im ~ befinden** estar en construcción
❷ (*fam: Baustelle*) construcción *f*, obra *f*; **auf dem ~ arbeiten** trabajar en la construcción
❸ (*sl: Gefängnis*) chirona *f*; **er kam für vier Tage in den ~** lo metieron por cuatro días en chirona
❹ (*Konstitution*) constitución *f*, complexión *f*; **von kräftigem ~ sein** ser de fuerte complexión
Bau² *m* <-(e)s, Bauten> (*Gebäude*) edificio *m*, construcción *f*
Bau³ *m* <-(e)s, -e> (*Erdhöhle*) madriguera *f*
Bauabschnitt *m* <-(e)s, -e> tramo *m* en construcción; **Bauamt** *nt* <-(e)s, -ämter> oficina *f* de obras y construcciones; **Bauarbeiten** *fpl* obras *fpl* de construcción; **Bauarbeiter(in)** *m(f)* <-s, -; -, -nen> obrero, -a *m, f* de la construcción; **Bauart** *f* <-, -en> ❶ (ARCHIT) tipo *m* de construcción, (*Stil*) estilo *m* arquitectónico; **offene/geschlossene ~** construcción abierta/cerrada; **diese ~ gleicht derjenigen von Hundertwasser** este estilo se parece al de Hundertwasser ❷ (TECH) modelo *m*; **diese ~ gibt es heute nicht mehr** este modelo ya no existe [*o* ya no lo hay]; **Bauartgenehmigung** *f* <-, -en> (JUR) aprobación *f* de tipo de construcción; **Bauartzulassung** *f* <-, *ohne pl*> (JUR) autorización *f* de tipo de construcción
Bauaufsicht *f* <-, *ohne pl*> inspección *f* de obras; **Bauaufsichtsbehörde** *f* <-, -n> (ADMIN) autoridad *f* supervisora de las construcciones
bauaufsichtsbehördlich *adj* (JUR) de la autoridad inspectora de obras; **~e Maßnahme** medida *f* de la autoridad inspectora de obras
Bauaufsichtspflicht *f* <-, *ohne pl*> (JUR) deber *m* de inspección de obras; **Baubaracke** *f* <-, -n> *s.* **Baubude**; **Baubeginn** *m* <-(e)s, *ohne pl*> comienzo *m* de la edificación; **Baubeitrag** *m* <-(e)s, -träge> (*Schweiz: Bauzuschuss*) ayuda *f* a la construcción; **Baubeschränkungen** *fpl* servidumbres *fpl* de edificación; **Baubeschrieb** *m* <-(e)s, -e> (*Schweiz: Baubeschreibung*) plan *m* detallado de construcción; **Baubetreuungsvertrag** *m* <-(e)s, -träge> (JUR) contrato *m* de asistencia a obras; **Bauboom** *m* <-s, -s> (WIRTSCH) boom *m* en el ramo de la construcción, auge *m* en el sector de las construcciones; **Baubude** *f* <-, -n> caseta *f* de los obreros de la construcción
Bauch [baʊx, *pl*: 'bɔɪçə] *m* <-(e)s, Bäuche> ❶ (*bei Mensch, Tier*) vientre *m*, barriga *f*, panza *f*, tripa *f fam*, timba *f Am*; **er hat einen aufgeblähten ~** tiene el vientre hinchado; **mein Vater hat einen ~ bekommen** a mi padre le ha salido [*o* mi padre ha echado] barriga; **sich** *dat* **den ~ mit etw voll schlagen** (*fam*) darse una panzada de algo, ponerse morado de algo; **etw aus dem hohlen ~ heraus behaupten** afirmar [*o* sostener] algo sin conocimiento de causa; **etw aus dem ~ heraus entscheiden** decidir algo por intuición; **mit etw auf den ~ fallen** (*fam*) darse un planchazo; **ein voller ~ studiert nicht gern** (*prov*) barriga gruesa no engendra entendimiento
❷ (*bei Flasche, Vase*) vientre *m*, panza *f*; (*bei Schiff, Flugzeug*) casco *m*
Bauchansatz *m* <-es, -sätze> barriga *f* incipiente; **Bauchbinde** *f* <-, -n> ❶ (MED) faja *f* ❷ (*Zigarre*) vitola *f* ❸ (*Buch*) tira *f*, faja *f*; **Bauchdecke** *f* <-, -n> (ANAT) pared *f* abdominal
Bauchfell *nt* <-(e)s, -e> (ANAT) peritoneo *m*; **Bauchfellentzündung** *f* <-, -en> (MED) peritonitis *f inv*
Bauchfleisch *nt* <-(e)s, *ohne pl*> (GASTR) panceta *f*; **Erbseneintopf mit ~** potaje de guisantes con panceta; **Bauchgrimmen** *nt* <-s, *ohne pl*> (*alt*) dolor *m* de barriga [*o* de tripas]
Bauchhöhle *f* <-, -n> (ANAT) cavidad *f* abdominal; **Bauchhöhlenschwangerschaft** *f* <-, -en> (MED) embarazo *m* extrauterino
bauchig ['baʊxɪç] *adj* barrigudo, abombado
Bauchklatscher *m* <-s, -> (*fam*) plancha *f* (en el agua); **Bauchladen** *m* <-s, -läden> buhonería *f*, bandeja *f* de tabaquera; **Bauchlandung** *f* <-, -en> (AERO) aterrizaje *m* ventral
bäuchlings *adv* boca abajo, (tumbado) sobre el vientre; **~ fallen** caerse de boca; **~ ins Wasser springen** (*fam*) darse un tripazo contra el agua
Bauchmuskeln *mpl* (ANAT) músculos *mpl* abdominales; **Bauchnabel** *m* <-s, -> ombligo *m*
bauchreden *vi* practicar la ventriloquía
Bauchredner(in) *m(f)* <-s, -; -, -nen> ventrílocuo, -a *m, f*; **Bauchschmerzen** *mpl* dolores *mpl* de barriga; **Bauchschuss**^RR *m* <-es, -schüsse> (MED) disparo *m* en el vientre, tiro *m* en el vientre; **Bauchspeck** *m* <-(e)s, *ohne pl*> (GASTR) panceta *f*
Bauchspeicheldrüse *f* <-, -n> páncreas *m inv*; **Bauchspeicheldrüsenkrebs** *m* <-es, -e> (MED) cáncer *m* de páncreas
Bauchtanz *m* <-es, -tänze> danza *f* oriental; **Bauchtänzerin** *f* <-, -nen> danzarina *f* oriental
Bauchwassersucht *f* <-, -en *o* -süchte> (MED) hidropesía *f*
Bauchweh *nt* <-s, *ohne pl*> (*fam*) dolor *m* de tripa [*o* barriga]
Baud [bɔːt] *nt* <-(s), -> (INFOR, TEL) baudio *m*
Baudarlehen *nt* <-s, -> (FIN) préstamo *m* para obras [*o* la construcción]; **nachstelliges ~** préstamo colocable para obras; **Baudenkmal** *nt* <-(e)s, -mäler> monumento *m* conmemorativo; **Baudispensvertrag** *m* <-(e)s, -träge> (JUR) contrato *m* de dispensa de obras; **Bauelement** *nt* <-(e)s, -e> ❶ (ARCHIT) elemento *m* de construcción, pieza *f* componente ❷ (ELEK, INFOR) componente *m*
bauen ['baʊən] I. *vt* ❶ (*errichten*) construir, edificar; (*Nest*) hacer
❷ (*fam: verursachen*) hacer; (*Unfall*) tener, originar; **da hast du Mist gebaut** has metido la pata
II. *vi* ❶ (*vertrauen*) confiar (*auf* en)
❷ (*sich verlassen*) contar (*auf* con)
Bauentwurf *m* <-(e)s, -würfe> (ARCHIT) proyecto *m* de construcción
Bauer¹ ['baʊɐ] *m* <-s, -> ❶ (*Schachfigur*) peón *m*
❷ (*Spielkarte*) ≈sota *f*
Bauer² *m o nt* <-s, -> (*Vogelkäfig*) jaula *f*
Bauer³ *m* <-n *o* -s, -n> **Bäuerin** *f* <-, -nen> ❶ (*Landwirt*) agricultor(a) *m(f)*; (*Landarbeiter*) labrador(a) *m(f)*, campesino, -a *m, f*, concho, -a *m, f MAm* ❷ (*abw: ungebildeter Mensch*) patán *m*, rústico, -a *m, f*; (*fam abw*) paleto, -a *m, f*, rural *mf Am*
Bäuerchen ['bɔɪɐçən] *nt* <-s, -> (*fam*) regüeldo *m*, eructo *m*; **ein ~ machen** soltar un eructo
Bäuerin ['bɔɪərɪn] *f* <-, -nen> *s.* **Bauer³**
bäu(e)risch *adj* rústico, guaso *SAm*
bäuerlich *adj* campesino, rústico, jíbaro *Am*
Bauernaufstand *m* <-(e)s, -stände> sublevación *f* campesina, rebelión *f* campesina; **Bauernbrot** *nt* <-(e)s, -e> ≈pan *m* de pueblo (*de centeno*); **Bauernbub** *m* <-en, -en> (*südd, Österr, Schweiz*) *s.* **Bauernjunge**; **Bauernfang** *m*: **auf ~ ausgehen** (*abw*) ir a engañar, buscar tontos; **im Wahlkampf gehen die Parteien wieder auf ~ aus** (*abw*) en la campaña electoral los partidos van otra vez a engañar a la gente; **Bauernfänger(in)** *m(f)* <-s, -; -, -nen> (*abw*) estafador(a) *m(f)*, engañabobos *mf inv*
Bauernfängerei *f* <-, -en> engañabobos *m inv*

Bauernfängerin f <-, -nen> s. Bauernfänger; **Bauernfrühstück** nt <-(e)s, -e> desayuno fuerte, a base de patatas rehogadas, huevos revueltos y tocino; **Bauernhaus** nt <-es, -häuser> casa f de labranza; **Bauernhochzeit** f <-, -en> boda f campesina (celebrada por todo lo alto en la granja); **Bauernhof** m <-(e)s, -höfe> granja f; **Bauernjunge** m <-n, -n> mozo m campesino; (Bauernsohn) hijo m de campesinos; **Bauernkrieg** m <-(e)s, ohne pl> (HIST) Guerra f de los Labradores (de 1525); **Bauernmöbel** nt <-s, -> mueble m rústico; **das Esszimmer ist mit ~n eingerichtet** el comedor está amueblado en estilo rústico; **Bauernopfer** nt <-s, -> (Schachspiel) sacrificio m del peón; **Bauernregel** f <-, -n> almanaque m campesino

Bauernschaft¹ f <-, -en> (ländliches Gebiet) zona f rural; **gebürtig kommt er aus der ~ Midlich** por nacimiento procede de la zona rural de Midlich

Bauernschaft² f <-, ohne pl> (Gesamtheit der Bauern) campesinado m, campesinos mpl

bauernschlau adj astuto, bellaco

Bauernschläue f <-, ohne pl> agudeza f, ingeniosidad f; **Bauerntölpel** m <-s, -> (abw) patán m; **Bauernverband** m <-(e)s, -bände> asociación f de agricultores

Bauersfrau f <-, -en> s. Bäuerin; **Bauersleute** pl ❶ (Bauern) campesinos mpl, labriegos mpl ❷ (Bauer und Bäuerin) matrimonio m de campesinos

Bauerwartungsland [ˈbaʊɐˈvartʊŋslant] nt <-(e)s, ohne pl> (ADMIN) suelo m de reserva urbana, zona f edificable prevista

baufällig adj ruinoso, en ruina

Baufälligkeit f <-, ohne pl> estado m ruinoso, amenaza f de ruina

Baufehler m <-s, -> defecto m de construcción; **Baufinanzierung** f <-, -en> financiación f de la obra; ~ **von Eigenheimen** financiación f de viviendas de propiedad; **Baufirma** f <-, -firmen> empresa f constructora; **Bauförderungsgesetz** nt <-es, -e> (JUR) ley f sobre fomento de obras; **Baufrist** f <-, -en> (JUR) plazo m de ejecución de obra; **Bauführer(in)** m(f) <-s, -; -, -nen> aparejador(a) m(f); **Baugebot** nt <-(e)s, -e> (JUR) oferta f de obra; **Baugefährdung** f <-, -en> (JUR) peligro m de obra; **Baugelände** nt <-s, -> zona f de edificación

Baugeld nt <-es, -er> dinero m disponible para edificar; **Baugeldhypothek** f <-, -en> (FIN) hipoteca f para edificar

Baugenehmigung f <-, -en> permiso m de edificación, licencia f de construcción; **vorläufige ~** licencia provisional de construcción; **Baugenossenschaft** f <-, -en> (WIRTSCH) cooperativa f de construcciones; **Baugerüst** nt <-(e)s, -e> andamio m, andamiaje m; **Baugeschäft** nt <-(e)s, -e> pequeña (empresa f) constructora f; **Baugesellschaft** f <-, -en> empresa f constructora, compañía f contratista; **Baugesetzbuch** nt <-(e)s, -bücher> (JUR) código m de construcciones; **Baugewerbe** nt <-s, ohne pl> ramo m de la construcción; **Baugrube** f <-, -n> zanja f (de una obra); **Baugrundstück** nt <-(e)s, -e> solar m; **Baugruppe** f <-, -n> grupo m de construcción; **Bauhandwerker(in)** m(f) <-s, -; -, -nen> obrero, -a m, f especializado, -a de la construcción

Bauhaus nt <-es, ohne pl> (ARCHIT, KUNST) (estilo m) Bauhaus m

Bauherr(in) m(f) <-n, -(e)n; -, -nen> propietario, -a m, f

Bauherrengemeinschaft f <-, -en> comunidad f de contratistas; **Bauherrenrisiko** f <-, -s o -risiken> riesgo m del contratista; **Bauherrenverpflichtung** f <-, -en> obligación f del contratista

Bauholz nt <-es, -hölzer> madera f de construcción; **Bauimperium** nt <-s, -imperien> (WIRTSCH) imperio m de la construcción; **Bauindustrie** f <-, ohne pl> industria f de la construcción; **Bauingenieur(in)** m(f) <-s, -e; -, -nen> ingeniero, -a m, f civil [o de caminos, canales y puertos]; **Baujahr** nt <-(e)s, -e> ❶ (von Gebäuden) año m de construcción ❷ (von Fahrzeugen) año m de fabricación

Baukasten m <-s, -o -kästen> juego m de construcción (con cubos); **Baukastenprinzip** nt <-s, ohne pl> principio m de construcción modular; **Baukastensystem** nt <-s, ohne pl> (TECH) sistema m de montaje por módulos normalizados; **im ~** en módulos

Bauklotz m <-es, -klötze> cubos mpl aplicables, juego m de construcción; **Bauklötze staunen** (fam) quedarse atónito, quedarse a cuadros, alucinar a colores; **Bauklötzchen** [ˈbaʊklœtsçən] nt <-s, -> cubos mpl aplicables, juego m de construcción; **Baukommission** f <-, -en> comisión f supervisora de una obra; **Baukonjunktur** f <-, -en> (WIRTSCH) coyuntura f en construcciones

Baukosten pl gastos mpl de construcción; **Baukostenzuschuss**^RR m <-es, -schüsse> participación f en los costes de construcción (mediante la que el futuro inquilino adquiere el derecho a la vivienda); **verlorener ~** participación en los costes de construcción perdida

Baukran m <-(e)s, -kräne o -e> (TECH) grúa f de construcciones; **Baukredit** m <-(e)s, -e> crédito m a la construcción; **Baukunst** f <-, ohne pl> (geh) arquitectura f; **die ~ der Spanier/der Renaissance** la arquitectura española/renacentista

Bauland nt <-(e)s, ohne pl> terreno m de edificación, solar m; **Baulandkataster** m o nt <-s, -> (JUR) catastro m de solares sin edificar; **Baulandsachen** fpl (JUR) asuntos mpl de solares; **Kammer für ~** cámara para asuntos de solares

Baulast f <-, -en> (JUR) carga f de obras; **Baulastenverzeichnis** nt <-ses, -se> (JUR) registro m de cargas de obras

Bauleiter(in) m(f) <-s, -; -, -nen> director(a) m(f) de la obra; **Bauleitplan** m <-(e)s, -pläne> (JUR) plan m general de obras; **verbindlicher ~** plan general de obras vinculativo; **vorbereitender ~** plan general de ordenación urbana preparatorio; **Bauleitplanung** f <-, -en> (JUR) plan m general de ordenación urbana; **Bauleitung** f <-, -en> ❶ (Aufsicht) dirección f de las obras; (Büro) oficina f de (dirección de) obras ❷ (Bauleiter) aparejador(a) m(f)

baulich adj arquitectónico; **~e Maßnahme** medida arquitectónica; **~e Veränderungen vornehmen** realizar cambios arquitectónicos

Baulichkeit f <-, -en> (formal) edificación f; **vor Ort überprüfte er den Zustand der ~en** comprobó in situ el estado de las edificaciones

Baulöwe m <-n, -n> (fam abw) constructor sin escrúpulos; **Baulücke** f <-, -n> solar m entre edificios

Baum [baʊm, pl: ˈbɔɪmə] m <-(e)s, Bäume> ❶ (BOT) árbol m; **auf einen ~ klettern** trepar [o subir] a un árbol; **stark wie ein ~** fuerte como un roble; **Bäume ausreißen können** (fam) rebosar de vitalidad; **der ~ der Erkenntnis** el árbol de la ciencia (del bien y del mal) ❷ (INFOR: Struktur) árbol m

Baumarkt m <-(e)s, -märkte> mercado m de materiales para la construcción; **Baumaschine** f <-, -n> máquina f de construcción; **Baumaterial** nt <-s, -ien> material m de construcción

Baumbestand m <-(e)s, -stände> arbolado m; **Grundstück mit altem ~** terreno con arbolado viejo

baumbestanden adj arbolado; **auf diesem ~en Grundstück darf nicht gebaut werden** en este terreno arbolado no se puede construir

Baumeister(in) m(f) <-s, -; -, -nen> (Erbauer) constructor(a) m(f), autor(a) m(f); (Beruf) arquitecto, -a m, f técnico, -a

baumeln [ˈbaʊməln] vi (fam) bambolearse, balancearse

bäumen vr: sich ~ ❶ (Pferd) encabritarse, bellaquearse Am, alebrestarse Kol, Ven, enarcarse Mex ❷ (sich auflehnen) rebelarse (gegen contra)

Baumfarn m <-(e)s, -e> (BOT) helecho m arbóreo; **Baumgrenze** f <-, -n> límite m de la arboleda; **Baumgruppe** f <-, -n> arboleda f

baumhoch adj alto como un árbol, de la altura de un árbol

Baumkrone f <-, -n> copa f; **Baumkultur** f <-, -en> arboricultura f

baumlang adj (fam) tan alto como [o más alto que] la copa de un pino

Baumläufer m <-s, -> (ZOOL) agateador m

baumlos adj sin árboles, desarbolado

Baumnuss^RR f <-, -nüsse> (Schweiz: Walnuss) nuez f; **Baumriese** m <-n, -n> (geh) árbol m gigante(sco); **Baumrinde** f <-, -n> corteza f; **Baumschere** f <-, -n> podadera f; **Baumschule** f <-, -n> plantel m, semillero m; **Baumstamm** m <-(e)s, -stämme> tronco m

Baumsterben nt <-s, ohne pl> muerte f de los bosques; **Baumstruktur** f <-, -en> (INFOR) estructura f en árbol; **Baumstumpf** m <-(e)s, -stümpfe> tocón m; (Ballen) cepellón m; **Baumwipfel** m <-s, -> cima f de un árbol

Baumwolle f <-, ohne pl> algodón m

baumwollen adj de algodón

Baumwollernte f <-, -n> cosecha f de algodón; **Baumwolllunge**^RR f <-, -n> pulmón m de algodón; **Baumwollpflanzung** f <-, -en> plantación f de algodón, algodonal m; **Baumwollspinnerei** f <-, -en> hilatura f de algodón; **Baumwollstaude** f <-, -n> algodonero m; **Baumwollstoff** m <-(e)s, -e> tejido m de algodón, tela f de algodón

Baumzucht f <-, ohne pl> (AGR) arboricultura f

Baunachbarrecht nt <-(e)s, ohne pl> (JUR) derecho m de vecindad de obra; **Bauobligationen** fpl (FIN) bonos mpl de construcción

Bauordnung f <-, -en> (ADMIN) ordenanza f de construcciones

Bauordnungsamt nt <-(e)s, -ämter> autoridad f supervisora de las obras de construcción

bauordnungsbehördlich adj (JUR) del reglamento oficial de edificación; **~e Maßnahme** medida del reglamento oficial de edificación

Bauordnungsrecht nt <-(e)s, ohne pl> (JUR) legislación f de la construcción

bauordnungsrechtlich adj (JUR) de la legislación de la construcción; **~ Instrumentarien** instrumentos de la legislación de la construcción

Bauordnungsverfügung f <-, -en> (JUR) disposición f del reglamento de edificación

Bauplan m <-(e)s, -pläne> ❶ (Entwurf) plan m de ejecución de las obras ❷ (Bauvorhaben) proyecto m de construcción; **Bauplanung** f <-, -en> planificación f de construcciones

bauplanungsrechtlich adj (JUR) del derecho sobre planificación de obras; **~e Zulässigkeit** admisibilidad del derecho sobre planificación de

obras
Bauplatz m <-es, -plätze> solar m; **Baupolizei** f <-, -en> inspección f urbanística; **Baupreis** m <-es, -e> precio m de construcción; **Bauprojekt** nt <-(e)s, -e> proyecto m de construcción; **Baurealisierung** f <-, -en> ejecución f de la obra; **Baurecht** nt <-s, ohne pl> (JUR) derecho m de construcción; **Baureihe** f <-, -n> serie f (de construcción)
bäurisch adj s. **bäuerisch**
Bauruine f <-, -n> (fam) construcción f sin terminar [o en ruinas]; **Bausatz** m <-es, -sätze> (TECH) equipo m de construcción
Bausch [bauʃ] m <-(e)s, -e o Bäusche> (Watte) pelota f (de algodón); in ~ und Bogen a bulto, en bloque
Bauschäden mpl daños mpl en la construcción
Bauschadenversicherung f <-, -en> seguro m contra daños de la construcción
bauschen ['bauʃən] I. vi (bauschig sein) ser abombado; **eine Bluse mit ~den Ärmeln** una blusa con mangas abombadas; **der Rock sitzt nicht gut, er bauscht an den Hüften** la falda no sienta bien, hace bolsas en las caderas
II. vt ❶ (blähen) hinchar, henchir geh; **der Wind bauschte die Segel** el viento henchía las velas
❷ (raffen) ahuecar, abombar; **gebauschte Ärmel waren im 16. Jahrhundert modern** las mangas abombadas estaban de moda en el siglo XVI
III. vr: sich ~ hincharse; (Kleidung) abombarse; **sich nach außen/innen ~** abombarse hacia dentro/hacia fuera; **die Vorhänge bauschten sich mit jedem Windstoß** las cortinas se hinchaban a cada golpe de viento
bauschig adj ❶ (weich, füllig) mullido, blando
❷ (weit, gewölbt) abombado
Bauschlosser(in) m(f) <-s, -; -, -nen> cerrajero, -a m, f de obras; **Bauschutt** m <-(e)s, ohne pl> escombros mpl
Bauspardarlehen ['bauʃpa:ɐ-] nt <-s, -> (FIN) préstamo m de ahorro-vivienda
bausparen vi ahorrar para vivienda
Bausparer(in) m(f) <-s, -; -, -nen> poseedor(a) m(f) de una cuenta de ahorro-vivienda
Bausparförderung f <-, -en> (FIN) promoción f de ahorro-vivienda; **Bausparkasse** f <-, -n> caja f de ahorro(s) para la construcción; **Bausparkonto** nt <-s, -konten> cuenta-vivienda f; **Bausparprämie** f <-, -n> (FIN) prima f de ahorro-vivienda; **Bausparvertrag** m <-(e)s, -träge> cuenta-vivienda f; **Bausparvertragsmakler(in)** m(f) <-s, -; -, -nen> (JUR) corredor(a) m(f) del ahorro para la vivienda
Bauspekulant(in) m(f) <-en, -en; -, -nen> (WIRTSCH) especulante mf en construcciones; **Bausperre** f <-, -n> suspensión f del permiso de construcción; **Baustein** m <-(e)s, -e> ❶ (ARCHIT) piedra f de construcción ❷ (Bestandteil) componente m; (Beitrag) contribución f; **elektronischer ~** (INFOR) chip m
Baustelle f <-, -n> obras fpl; **Betreten der ~ verboten!** ¡prohibida la entrada a toda persona ajena a las obras!; **Baustellenfertigung** f <-, ohne pl> (WIRTSCH) fabricación f en el lugar de la obra
Baustil m <-(e)s, -e> (ARCHIT) estilo m arquitectónico; **Baustoff** m <-(e)s, -e> ❶ (Baumaterial) material m de construcción ❷ (BIOL) substancia f orgánica; **Baustopp** m <-s, -s> interrupción f de las obras; **einen ~ verhängen** prohibir las obras; **Bausubstanz** f <-, ohne pl> estructura f (del edificio); **Bautechniker(in)** m(f) <-s, -; -, -nen> técnico, -a m, f de obras
Bauteil¹ m <-(e)s, -e> (Teil des Gebäudes) parte f (de un edificio)
Bauteil² nt <-(e)s, -e> (Teil zum Bauen) elemento m; (Teil einer Maschine) componente m (de una máquina)
Bauten ['bautən] pl von **Bau²**
Bautischler(in) m(f) <-s, -; -, -nen> carpintero, -a m, f de obra; **Bauträger(in)** m(f) <-s, -; -, -nen> promotor(a) m(f) de las obras; **des neuen Finanzamtes ist das Land Bayern** el Estado Federal de Baviera promueve las obras de la nueva Delegación de Hacienda
Bauträgerverordnung f <-, -en> (JUR) estatuto m de promotor urbanístico; **Bauträgervertrag** m <-(e)s, -träge> (JUR) contrato m de promotor urbanístico
Bautrupp m <-s, -s> ❶ (für Bauarbeiten) cuadrilla f de obreros de la construcción ❷ (TECH: Montagetrupp) cuadrilla f de montaje; **Bauunterhaltung** f <-, ohne pl> conservación f urbanística; **Bauunternehmen** nt <-s, -> compañía f de construcciones; **Bauunternehmer(in)** m(f) <-s, -; -, -nen> contratista mf de obras; **Bauverbot** nt <-(e)s, -e> prohibición f de edificar; (Unterbrechung) suspensión f de obras; **Bauvertrag** m <-(e)s, -träge> (JUR) contrato m de obra; **Bauvolumen** nt <-s, -> volumen m de construcción; **Bauvorhaben** nt <-s, -> proyecto m de construcción; **förderungsfähiges ~** proyecto m de construcción susceptible de fomento; **privilegiertes ~** proyecto de construcción privilegiado; **Bauweise** f <-, -n> método m constructivo,

estilo m; **offene ~** tipo de construcción abierto; **Bauwerk** nt <-(e)s, -e> edificio m, construcción f; **Bauwesen** nt <-s, ohne pl> (sector m de la) construcción f; **kommunales ~** construcción municipal; **Bundesamt für ~** oficina federal de obras públicas; **Bauwirtschaft** f <-, ohne pl> ramo m de la construcción
Bauxit [bau'ksi:t] m <-s, -e> bauxita f
bauz [bauts] interj (Kind) ¡(cata)pum!, ¡cataplum!; **und ~, da liegst du!** ¡y catapum, al suelo!; **wenn du herunterfällst, machst du ~ und das tut weh** si te caes, haces cataplum y eso hace pupa
Bauzaun m <-(e)s, -zäune> valla f de una obra; **Bauzeichnung** f <-, -en> ❶ (ARCHIT) plano(s) m(pl) de obra ❷ (TECH) plano(s) m(pl) de construcción; **Bauzeit** f <-, -en> duración f de las obras de construcción
Bayer(in) ['baɪɐ] m <-n, -n; -, -nen> bávaro, -a m, f
bay(e)risch ['baɪ(ə)rɪʃ] adj bávaro, de Baviera
Bayern ['baɪɐn] nt <-s> Baviera f
Bayreuth [baɪ'rɔɪt] nt <-s> Bayreuth m
bayrisch adj s. **bay(e)risch**
bazillär [batsɪ'lɛ:ɐ] adj bacilar
Bazillus [ba'tsɪlʊs] m <-, Bazillen> bacilo m
BCG-Schutzimpfung f <-, -en> (MED) vacuna f contra la tuberculosis
Bd. Abk. von **Band** t., vol.
BDA Abk. von **Bund Deutscher Architekten** Asociación f de Arquitectos Alemanes, ≈Colegio m de Arquitectos
Bde. Abk. von **Bände** ts., vols.
BDI [be:de:'ʔi:] m <-> Abk. von **Bundesverband der Deutschen Industrie** Asociación f Federal de Industrias Alemanas
BDÜ [be:de:'ʔy:] m <-> Abk. von **Bundesverband der Dolmetscher und Übersetzer** Asociación f Federal de Traductores e Intérpretes
B-Dur nt <-s, ohne pl> (MUS) si b bemol mayor
Be (CHEM) Abk. von **Beryllium** Be
BE f (MED) Abk. von **Broteinheit** unidad f alimenticia
beabsichtigen* vt proyectar, tener la intención (de); **das war nicht beabsichtigt!** ¡no fue intencionado!; **ich beabsichtige nächste Woche nach San Sebastián zu fahren** tengo la intención de ir a San Sebastián la semana que viene; **die beabsichtigte Wirkung trat nicht ein** no se produjo el resultado previsto
beachten* vt ❶ (Aufmerksamkeit schenken) atender (a), prestar atención (a); (Rat) seguir; **nicht ~** desatender, pasar por alto
❷ (Vorschrift) cumplir (con)
❸ (berücksichtigen) tener en cuenta, considerar; **es ist zu ~, dass ...** hay que considerar que...
❹ (bemerken) fijarse (en), observar
beachtenswert adj notable
beachtlich adj ❶ (beträchtlich) considerable, notable
❷ (wichtig) importante
Beachtung f <-, ohne pl> atención f; (der Gesetze) observancia f; **unter [o bei] ~ der Situation** considerando la situación; **etw dat (keine) ~ schenken** (no) hacer caso de [o a] algo; **~ verdienen** merecer atención
Beachtungsklausel f <-, -en> (JUR) cláusula f de obligado cumplimiento
Beamte(r) mf <-n, -n; -n, -n>, **Beamtin** f <-, -nen> funcionario, -a m, f del Estado; **~r auf Probe** funcionario a prueba; **~r auf Lebenszeit/Widerruf** funcionario vitalicio/interino; **~r auf Zeit** funcionario temporal; **~r des gehobenen Dienstes** alto funcionario; **ein hoher ~r** un alto funcionario del Estado; **richterlicher ~r** oficial de justicia
Beamtenanwärter(in) m(f) <-s, -; -, -nen> (ADMIN) aspirante mf a cargo de funcionario; **Beamtenapparat** m <-(e)s, -e> (fam abw) funcionariado m; **Beamtenbeleidigung** f <-, -en> desacato m a la autoridad; **Beamtenbesoldung** f <-, -en> (JUR) remuneración f de funcionarios; **Beamtenbestechung** f <-, -en> cohecho m, soborno m de funcionarios públicos; **Beamtendeutsch** nt <-(s), ohne pl> (abw) jerga f administrativa; **Beamtenhaftung** f <-, -en> responsabilidad f de funcionario; **Beamtenlaufbahn** f <-, -en> (ADMIN) carrera f de funcionario; **Beamtenmentalität** f <-, -en> (abw) mentalidad f de funcionario
Beamtenrecht nt <-s, ohne pl> (JUR) derecho m de funcionarios; **Beamtenrechtsrahmengesetz** nt <-es, -e> (JUR) ley f de cobertura del derecho de funcionarios
Beamtenschaft f <-, ohne pl> funcionariado m, cuerpo m de funcionarios
Beamtenstelle f <-, -n> puesto m de funcionario; **feste ~** puesto fijo de funcionario
Beamtentum nt <-s, ohne pl> funcionariado m, personal m administrativo
Beamtenverhältnis nt <-ses, ohne pl> **im ~ stehen** tener calidad de funcionario; **in das ~ übernommen werden** pasar a ser funcionario [o a tener calidad de funcionario]; **Beamtenversorgungsgesetz** nt <-es, -e> (JUR) ley f sobre previsiones pasivas

beamtet *adj* empleado como funcionario
Beamtin *f* <-, -nen> *s*. **Beamte(r)**
beängstigen* [bəˈʔɛŋstɪɡən] *vt* atemorizar, dar miedo
beängstigend *adj* alarmante
beanspruchen* [bəˈʔanʃprʊxən] *vt* ❶ (*fordern, verlangen*) exigir, reclamar
❷ (*Zeit, Platz*) exigir, requerir
❸ (*Hilfe, Gastfreundschaft*) recurrir (a)
❹ (*Geduld*) poner a prueba; (*Maschine*) usar, someter a un esfuerzo; (*Person*) ocupar
Beanspruchung *f* <-, -en> ❶ (*das Inanspruchnehmen*) utilización *f*, empleo *m*
❷ (*eines Menschen*) exigencia *f*
❸ (*Abnutzung*) desgaste *m*
beanstanden* *vt* poner reparos (a), objetar
Beanstandung *f* <-, -en> objeción *f*, reparo *m*; **es gibt (keinen) Grund zur** ~ (no) hay motivo de queja
Beanstandungsklage *f* <-, -n> (JUR) demanda *f* reclamatoria
beantragen* *vt* solicitar, pedir
beantworten* [bəˈʔantvɔrtən] *vt* contestar, responder
Beantwortung *f* <-, -en> respuesta *f*; **in** ~ **Ihres Schreibens vom ...** en respuesta a su carta del..., contestando su carta del...
bearbeiten* *vt* ❶ (*behandeln*) tratar, trabajar; (*Stein*) labrar; (*Rohstoffe*) elaborar
❷ (*sich befassen mit*) ocuparse (de), trabajar; (*Fall, Antrag*) tramitar
❸ (*Musikstück*) transcribir, arreglar; (*Thema*) trabajar; (*Text*) revisar; (*für den Film*) adaptar
❹ (*schlagen*) pegar; **jdn mit den Fäusten** ~ (*fam*) darle una paliza a alguien
❺ (*fam: einreden*): **jdn** ~ tratar de persuadir a alguien
Bearbeiter(in) *m(f)* <-s, -; -, -nen> ❶ (*Sachbearbeiter*) encargado, -a *m, f*
❷ (*Text*) autor(a) *m(f)*, corrector(a) *m(f)*; (MUS) arreglista *mf*, adaptador(a) *m(f)*
Bearbeiterurheberrecht *nt* <-(e)s, -e> derecho *m* autoral de revisor
Bearbeitung *f* <-, -en> ❶ (*das Bearbeiten*) (trabajo *m* de) elaboración *f*; (*Buch*) revisión *f*; ~ **eines Kreditantrags** tramitación de un crédito; **manuelle/maschinelle** ~ elaboración manual/a máquina; **etw ist in** ~ algo está en tramitación
❷ (*überarbeitete Fassung*) adaptación *f*
❸ (MUS) transcripción *f*
Bearbeitungsdauer *f* <-, *ohne pl*> (*eines Antrags*) tiempo *m* de tramitación; (*eines Produktes*) tiempo *m* de elaboración; **Bearbeitungsgebühr** *f* <-, -en> (ADMIN) tarifa *f* de tramitación; **Bearbeitungsrechte** *ntpl* derechos *mpl* de revisión; **Bearbeitungsverfahren** *nt* <-s, ->, **Bearbeitungsvorgang** *m* <-(e)s, -gänge> proceso *m* de elaboración
beargwöhnen* [bəˈʔarkvøːnən] *vt* (*geh*) sospechar (de), desconfiar (de)
Beat [biːt] *m* <-(s), *ohne pl*> (MUS) beat *m*; **Beatband** [ˈbiːtbɛnt] *f* <-, -s> conjunto *m* beat, grupo *m* beat
beatmen* *vt* (MED) practicar la respiración artificial; **er wird künstlich beatmet** se le practica la respiración artificial
Beatmung *f* <-, -en> (MED): (künstliche) ~ respiración *f* artificial; (*mit Beatmungsgeräten*) respiración *f* asistida; **Beatmungsgerät** *nt* <-(e)s, -e> (MED) respirador *m*, aparato *m* de respiración (artificial)
Beatmusik [ˈbiːtmuˈziːk] *f* <-, *ohne pl*> beat *m*
Beatnik [ˈbiːtnɪk] *m* <-s, -s> (HIST) beatnik *mf*
Beau [boː] *m* <-, -s> guaperas *m inv fam*
Beaufortskala [ˈboːfɛt-] *f* <-, -skalen> (METEO) escala *f* de Beaufort
beaufsichtigen* *vt* ❶ (*Schüler*) vigilar
❷ (*Arbeit, Bau*) controlar, supervisar
Beaufsichtigung *f* <-, -en> vigilancia *f*, supervisión *f*; **staatliche** ~ control estatal; **unter** ~ bajo custodia
beauftragen* *vt* encargar, encomendar; **jdn mit etw** ~ encomendar algo a alguien
Beauftragte(r) *mf* <-n, -n; -n, -n> encargado, -a *m, f*, comisionado, -a *m, f*
Beauftragung *f* <-, -en> delegación *f*
beäugen* *vt* escrutar, escudriñar; **jdn vorsichtig** ~ examinar cuidadosamente a alguien
bebaubar *adj* cultivable
bebauen* *vt* ❶ (*mit Gebäuden*) edificar, construir (en); (*verstädtern*) urbanizar
❷ (*Acker*) cultivar, labrar
Bebauung *f* <-, -en> edificación *f*, urbanización *f*
Bebauungsplan *m* <-(e)s, -pläne> plan *m* de urbanización; **Festsetzungen im** ~ asientos en el plan de urbanización; **einfacher/qualifizierter** ~ plan de urbanización simple/calificado; **vorhabenbezogener** ~ plan de urbanización relativo al plan
Bébé [beˈbeː] *nt* <-s, -s> (*Schweiz*) bebé *m*
beben [ˈbeːbən] *vi* temblar; **vor Angst** ~ temblar de miedo; **vor seinem Vater** ~ temblar ante su padre
Beben *nt* <-s, -> seísmo *m*, terremoto *m*
bebildern* *vt* ilustrar
Bebilderung *f* <-, -en> ❶ (*das Bebildern*) ilustración *f*; **die** ~ **eines Zeitungsartikels** la ilustración de un artículo de periódico
❷ (*die Bilder*) ilustraciones *fpl*; **die fünffarbige** ~ **drückt den Preis nach oben** las ilustraciones en cinco colores hacen subir el precio
bebrillt *adj* (*fam*) con gafas, que lleva gafas, que lleva lentes *Am*; **seit wann bist du** ~? ¿desde cuándo llevas gafas?
Becher [ˈbɛçɐ] *m* <-s, -> vaso *m*, taza *f*; (*Joghurt~*) tarrina *f*
bechern [ˈbɛçɐn] *vi* (*fam*) empinar el codo
bechterewsche Krankheit^RR *f* <-, *ohne pl*> (MED) espondiloartritis *f inv*
becircen* [bəˈtsɪrtsən] *vt* (*fam*) embelesar
Becken [ˈbɛkən] *nt* <-s, -> ❶ (*Wasch~*) lavabo *m*; (*Spül~*) pila *f*; (*Schwimm~*) piscina *f*
❷ (ANAT) pelvis *f inv*
❸ (MUS) platillos *mpl*
❹ (GEO) cuenca *f*
Beckenbruch *m* <-(e)s, -brüche> (MED) fractura *f* de la pelvis; **Beckenknochen** *m* <-s, -> hueso *m* ilíaco
Becquerel [bɛkəˈrɛl] *nt* <-s, -> (PHYS) becquerel *m*
bedachen* *vt* techar (*mit* con); (*bedecken*) cubrir (*mit* de); **über den Fluss führt eine bedachte Brücke** por encima del río hay un puente cubierto; **der Neubau steht, er muss nur noch bedacht werden** el nuevo edificio ya está construido, sólo hay que techarlo
bedacht [bəˈdaxt] I. *pp von* **bedachen, bedenken**
II. *adj* (*umsichtig*) cuidadoso, prudente; (*überlegt*) deliberado; ~ **handeln** actuar premeditadamente; **auf seinen Ruf** ~ **sein** cuidar su fama; **darauf** ~ **sein, dass ...** cuidar de que +*subj*
Bedacht *m* <-(e)s, *ohne pl*> (*geh*): **etw mit** ~ **tun** (*überlegt*) hacer algo deliberadamente; (*vorsichtig*) hacer algo con cuidado; **ohne** ~ sin prudencia
Bedachte(r) *mf* <-n, -n; -n, -n> (JUR) legatario, -a *m, f*, beneficiario, -a *m, f* del testamento
bedächtig [bəˈdɛçtɪç] *adj* ❶ (*langsam*) mesurado, lento
❷ (*vorsichtig*) prudente, cuidadoso
Bedächtigkeit *f* <-, *ohne pl*> discreción *f*, prudencia *f*; (*Umsicht*) circunspección *f*
bedachtsam *adj* (*geh*) prudente, discreto, cuidadoso
Bedachung *f* <-, -en> ❶ (*das Bedachen*) construcción *f* de un tejado
❷ (*Dach*) techo *m*, techado *m*, techumbre *f*; **eine** ~ **aus Holzschindeln** una techumbre de ripias
bedanken* *vr*: **sich** ~ dar las gracias; **sich bei jdm für etw** ~ agradecer algo a alguien, dar las gracias a alguien por algo
Bedarf [bəˈdarf] *m* <-(e)s, *ohne pl*> ❶ (*Bedürfnis*) necesidad *f*, falta *f*; **bei** ~ cuando sea necesario; (**je**) **nach** ~ según las necesidades; **danke, kein** ~! (*fam*) ¡gracias, no me interesa!
❷ (COM) demanda *f*, necesidad *f*; **akuter/wirklicher** ~ demanda aguda/real; **gedämpfter** ~ necesidades atenuadas; **einen** ~ **schaffen** crear una demanda; **den** ~ **an etw decken** satisfacer la demanda de algo; **Güter des täglichen** ~**s** productos de primera necesidad
Bedarfsartikel *m* <-s, -> artículo *m* de primera necesidad [*o* de consumo]; **Bedarfsbeeinflussung** *f* <-, -en> influencia *f* en la demanda; **Bedarfsbewertung** *f* <-, -en> (WIRTSCH) evaluación *f* de necesidades; **Bedarfsdeckung** *f* <-, -en> (WIRTSCH) cobertura *f* de las necesidades; **Bedarfsdeckungsvertrag** *m* <-(e)s, -träge> (JUR) contrato *m* de cobertura de suministros
Bedarfseinschätzung *f* <-, -en> evaluación *f* de la demanda; **Bedarfsermittlung** *f* <-, -en> determinación *f* de la demanda; **Bedarfsfall** *m* <-(e)s, -fälle>: **im** ~ en caso necesario [*o* de necesidad]; **Bedarfsfeststellung** *f* <-, -en> (JUR) determinación *f* de las necesidades; **Bedarfsgegenstände** *mpl* (JUR) objetos *mpl* de necesidad; **Gesetz über** ~ y ley sobre objetos de necesidad
bedarfsgerecht *adj* adaptado a las necesidades; **eine** ~**e Ausstattung für Behinderte** un equipamiento adaptado a las necesidades de los minusválidos
Bedarfsgüter *ntpl* bienes *mpl* de consumo; **Bedarfshaltestelle** *f* <-, -n> parada *f* discrecional; **Bedarfslenkung** *f* <-, *ohne pl*> control *m* de la demanda; **Bedarfsreserve** *f* <-, -n> reserva *f* de bienes de consumo; **Bedarfssättigung** *f* <-, -en> saturación *f* de la demanda
bedauerlich [bəˈdaʊɐlɪç] *adj* lamentable, lastimoso
bedauerlicherweise [-ˈ----ˈ--] *adv* lamentablemente
bedauern* [bəˈdaʊɐn] *vt* ❶ (*Verlust, Sache*) sentir, lamentar; **wir** ~ **Ihnen mitteilen zu müssen, dass ...** lamentamos tener que comunicarle(s) que...; **ich bedaure diese Entscheidung sehr** lamento mucho

esta decisión; **bedaure!** ¡lo lamento!

② (*Mensch*) compadecer (a), sentir lástima (de, *wegen* por)

Bedauern *nt* <-s, *ohne pl*> pesar *m*, compasión *f*; **zu meinem größten ~ ...** muy a pesar mío...; **jdm sein ~ ausdrücken** acompañar a alguien en el sentimiento

bedauernd I. *adj* compasivo, de compasión; **eine ~e Miene aufsetzen** poner gesto compasivo

II. *adv* compasivamente, con compasión; **jdn ~ anschauen** mirar a alguien compasivamente [*o* con gesto de compasión]; **etw ~ sagen** decir algo en tono compasivo

bedauernswert *adj*, **bedauernswürdig** *adj* (*geh*) ① (*Sache*) deplorable, lamentable; **diese Sache ist höchst ~** el asunto es sumamente lamentable ② (*Mensch*) digno de lástima

bedecken* *vt* cubrir (*mit* de/con), tapar (*mit* con); **er bedeckte sein Gesicht mit den Händen** se cubrió la cara con las manos

bedeckt *adj* (*Himmel*) encapotado; **sich (in einer Sache) ~ halten** reservarse su opinión sobre algo

Bedeckung *f* <-, -en> cubierta *f*; (MIL) escolta *f*

bedenken* *irr vt* ① (*überlegen*) pensar(se), reflexionar (sobre); **wohl bedacht** (*geh*) (muy) bien pensado [*o* reflexionado]; **wir müssen unsere nächsten Schritte erst ~** por lo pronto tenemos que pensar en nuestros próximos pasos

② (*beachten*) considerar, tener en cuenta; **wenn man es recht bedenkt** considerándolo bien; **zu ~ geben, dass ...** señalar que..., indicar que...

③ (*geh: vermachen*): **jdn mit etw ~** legar algo a alguien

Bedenken[1] *nt* <-s, *ohne pl*> (*das Überlegen*) reflexión *f*, meditación *f*; **nach kurzem ~** después de una breve reflexión

Bedenken[2] *ntpl* (*Zweifel*) duda *f*; (*Einwand*) reparo *m*; **ohne ~** sin reparos; **ihr kommen ~** le surgen dudas; **ich habe da so meine ~** tengo mis dudas al respecto

bedenkenlos *adj* ① (*ohne zu zögern*) sin vacilar; **da kannst du ~ hingehen** no dudes en pasarte por allí

② (*ohne Überlegung*) irreflexivo

③ (*skrupellos*) sin escrúpulos

Bedenkenlosigkeit *f* <-, *ohne pl*> ① (*Unüberlegtheit*) irreflexión *f*

③ (*Skrupellosigkeit*) falta *f* de escrúpulos

bedenkenswert *adj* digno de consideración; **dein Vorschlag ist ~** tu propuesta merece ser tomada en cuenta [*o* ser considerada]

bedenklich *adj* ① (*zweifelhaft*) dudoso, ambiguo, sospechoso

② (*Besorgnis erregend*) preocupante, alarmante

③ (*besorgt*) preocupado; **er machte ein sehr ~es Gesicht** puso cara de preocupación; **die Neuigkeit stimmte ihn ~** la noticia le dejó preocupado

Bedenkzeit *f* <-, *ohne pl*> tiempo *m* de reflexión, plazo *m* para reflexionar

bedeuten* *vt* ① (*bezeichnen, meinen*) significar, querer decir; **was bedeutet dieses Wort?** ¿qué significa esta palabra?; **das hat nichts zu ~** no quiere decir nada

② (*wichtig sein*) significar, importar; **Geld bedeutet mir nichts** el dinero no significa nada para mí

③ (*geh: zu verstehen geben*) dar a entender; **sie bedeutete ihr zu gehen** le dio a entender que se fuese

bedeutend I. *adj* ① (*wichtig*) importante

② (*bemerkenswert*) notable, notorio

③ (*bedeutsam*) significativo

④ (*beachtlich*) considerable

II. *adv* (*beträchtlich*) bastante, notoriamente; **sein Zustand hat sich ~ gebessert** su situación ha mejorado notablemente

bedeutsam *adj* (*wichtig*) importante; (*viel sagend*) significativo

Bedeutung[1] *f* <-, -en> (*Sinn*) significado *m*, sentido *m*; **in übertragener/wörtlicher ~** en sentido figurado/literal

Bedeutung[2] *f* <-, *ohne pl*> (*Wichtigkeit*) importancia *f*; **etw ist von ~** algo es de importancia; **nichts von ~** nada importante; **er maß ihrem Verschwinden keine ~ bei** no le dio ninguna importancia a su desaparición

bedeutungslos *adj* insignificante, sin importancia

Bedeutungslosigkeit *f* <-, *ohne pl*> insignificancia *f*

Bedeutungsumfang *m* <-(e)s, -fänge> ① (*Bedeutung*) significado *m*; (*Folgen*) alcance *m*, significación *f*; **der ~ ist nicht zu erschließen** el significado no es deducible; **eine Entdeckung von großem ~** un descubrimiento de amplio alcance [*o* de gran significación]

② (LING) significado *m*; (*Semantik*) semántica *f*

bedeutungsvoll *adj* *s.* **bedeutsam**

Bedeutungswandel *m* <-s, -> (LING) cambio *m* semántico; **Bedeutungswörterbuch** *nt* <-(e)s, -bücher> diccionario *m* semasiológico [*o* de significados]

bedienen* I. *vt* ① (*im Geschäft*) atender; (*im Restaurant*) servir; **werden Sie schon bedient?** ¿ya le atienden?; **sie lässt sich gern ~** le gusta que le sirvan; **damit ist er noch gut bedient** (*fam*) con ello puede darse por satisfecho; **ich bin bedient!** (*fam*) ¡estoy servido!

② (*beim Kartenspiel*) servir; **eine Farbe/einen Trumpf ~** servir al palo/al triunfo

③ (*Maschinen*) manejar

④ (FIN: *Schulden*) saldar

II. *vr:* **sich ~** (*geh: benutzen*): **sich einer Sache ~** servirse de algo, hacer uso de algo; **~ Sie sich!** ¡sírvase usted mismo!

Bediener(in) *m(f)* <-s, -; -, -nen> ① (INFOR) operador(a) *m(f)*; (*Benutzer*) usuario, -a *m*, *f*

② (*Österr: Reinigungspersonal*) personal *m* de la limpieza

bedienerfreundlich *adj* de fácil manejo

Bedienerführung *f* <-, -en> (INFOR) guía *f* del operador

Bedienerin *f* <-, -nen> *s.* **Bediener**

bedienstet *adj* (*Österr: angestellt*) empleado; **bei jdm ~ sein** servir [*o* estar empleado] en casa de alguien

Bedienstete(r) *mf* <-n, -n; -, -n> ① (ADMIN: *Beschäftigter*) empleado, -a *m*, *f*; (*Beamter*) funcionario, -a *m*, *f*

② (*Dienstbote*) criado, -a *m*, *f*, sirviente *mf*

Bedienung[1] *f* <-, -en> ① servicio *m*; (*Kellner*) camarero, -a *m*, *f*; **hallo, ~!** ¡(oiga,) camarero!; **kommt denn hier keine ~?** ¿no nos sirven aquí?

Bedienung[2] *f* <-, *ohne pl*> ① (*eines Gastes*) servicio *m*; **~ inbegriffen** servicio incluido

② (*eines Gerätes*) manejo *m*

③ (FIN: *von Schulden*) saldo *m*

Bedienungsanleitung *f* <-, -en> instrucciones *fpl* de manejo, modo *m* de empleo; **Bedienungsfehler** *m* <-s, -> fallo *m* operacional; **Bedienungshebel** *m* <-s, -> palanca *f* de mando; **Bedienungshinweise** *mpl* instrucciones *fpl* de manejo; **Bedienungskomfort** *m* <-s, *ohne pl*> comodidad *f* de uso; **Bedienungsmannschaft** *f* <-, -en> (MIL) comando *m* operativo; **Bedienungsvorschrift** *f* <-, -en> *s.* **Bedienungsanleitung**; **Bedienungszuschlag** *m* <-(e)s, -schläge> suplemento *m* para el servicio; (*Trinkgeld*) propina *f*

bedingen* [bəˈdɪŋən] **I.** *vt* ① (*bewirken*) causar, producir; (*bestimmen*) condicionar

② (*voraussetzen*) suponer

③ (*erfordern*) exigir, requerir

II. *vr:* **sich ~** condicionarse; **das bedingt sich gegenseitig** lo uno condiciona lo otro

bedingt I. *adj* ① (*von Bedingungen abhängig*) relativo, condicional; (*beschränkt*) limitado; **~ durch ...** debido a...

② (*Schweiz:* JUR) condicionado

II. *adv* ① (*teilweise*): **dieses Gerät ist nur ~ tauglich** este aparato sólo sirve en determinadas ocasiones [*o* bajo ciertas condiciones] [*o* con restricciones]; **das ist nur ~ richtig** esto sólo es correcto hasta cierto punto

② (JUR) a condición, bajo condición; **einen Gefangenen ~ entlassen** dejar a un preso en libertad condicional

Bedingung *f* <-, -en> ① (*Voraussetzung*) condición *f*; **günstige/vertragsgemäße ~en** condiciones ventajosas/estipuladas en el contrato; **vertragliche ~** condición contractual; **etw zur ~ machen** poner algo como condición; **unter der ~, dass ...** a condición de que... +*subj*; **unter normalen ~en** bajo condiciones normales; **unter keiner ~ werde ich das tun** no lo haré por nada del mundo

② (*Forderung*) condiciones *fpl*; **auflösende/aufschiebende ~** (JUR) condición resolutoria/suspensiva; **monetäre ~en** (FIN) condiciones monetarias; **~en aushandeln** negociar las condiciones; **~en einhalten/festlegen** atenerse a las condiciones/estipular las condiciones; **an ~en festhalten** aferrarse a las cláusulas [*o* condiciones]; **~en stellen** poner condiciones; **entsprechend den ~en der Klausel** según las condiciones previstas en la cláusula

③ *pl* (*Umstände*) condiciones *fpl*; **unter erschwerten ~en arbeiten** trabajar bajo condiciones difíciles

bedingungslos *adj* incondicional, sin condiciones; **er gab sich ihr ~ hin** se entregó a ella sin condiciones

Bedingungssatz *m* <-es, -sätze> (LING) oración *f* condicional; **Bedingungstheorie** *f* <-, *ohne pl*> (JUR) teoría *f* condicional; **Bedingungsvereitelung** *f* <-, *ohne pl*> (JUR) desbaratamiento *m* de condiciones

bedrängen* *vt* ① (*Gegner*) acosar, asediar

② (*belästigen*) importunar, atosigar *fam*; **sie bedrängten sie mit lästigen Fragen** la acosaban con preguntas desagradables

Bedrängnis *f* <-, -se> (*geh*) apuro *m*, aprieto *m*; **in ~ geraten** verse en un apuro; **jdn in ~ bringen** poner a alguien en un apuro

bedrohen* *vt* amenazar; **jdn mit dem Tod/einem Messer ~** amenazar a alguien de muerte/con un cuchillo; **sich bedroht fühlen** sentirse amenazado; **bedrohte Art** (ÖKOL) especie amenazada

bedrohlich *adj* amenazante, amenazador; **die Lage verschlechterte sich ~** la situación empeoraba de forma amenazadora

Bedrohung *f* <-, -en> amenaza *f*

bedrucken* *vt* estampar (*mit* con)
bedrücken* *vt* oprimir, afligir
bedrückend *adj* opresivo; (*beklemmend*) oprimente
bedrückt *adj* deprimido, apolismado *Mex, Ven*
Bedrücktheit *f* <-, *ohne pl*> abatimiento *m*, desánimo *m*
Bedrückung *f* <-, *ohne pl*> (*geh*) aflicción *f*, tribulación *f*
Beduine, -in [bedu'i:nə] *m*, *f* <-n, -n; -, -nen> beduino, -a *m, f*
bedürfen* *irr vi* (*geh*) necesitar (de), requerir (de); **das bedarf keiner weiteren Erklärung** eso no requiere (de) más explicaciones; **es bedarf nur eines Wortes** no requiere más que una palabra
Bedürfnis *nt* <-ses, -se> necesidad *f*; **gesamtgesellschaftliche ~se** necesidades sociales; **ein ~ verspüren etw zu tun** sentir la necesidad de hacer algo; **sie hatte das dringende ~ das zu tun** tenía la urgente necesidad de hacerlo; **es war ihm ein ~ uns zu helfen** (*geh*) obedecía a la necesidad de ayudarnos; **jds ~se** [*o* **jdm seine ~se**] **befriedigen** satisfacer las necesidades de alguien
Bedürfnisanstalt *f* <-, -en>: **öffentliche ~ retrete** *m* público;
Bedürfnisbefriedigung *f* <-, *ohne pl*> satisfacción *f* de las necesidades
bedürfnislos *adj* sin necesidades; (*bescheiden*) modesto
Bedürfnislosigkeit *f* <-, *ohne pl*> austeridad *f*
bedürftig *adj* menesteroso, necesitado
Bedürftigkeit *f* <-, *ohne pl*> indigencia *f*
Bedürftigkeitsnachweis *m* <-es, -e> certificado *m* de pobreza
Beefsteak ['bi:fste:k] *nt* <-s, -s> bistec *m*
beehren* I. *vt* (*geh*) honrar; **bitte ~ Sie uns bald wieder** hónrenos cuando quiera; **jdn mit einem Besuch ~** conceder a alguien el honor de [*o* honrar a alguien con] su visita
II. *vr*: **sich ~ etw zu tun** tener el honor de hacer algo
beeiden* [bə'ʔaɪdən] *vt* (*Aussage*) jurar
beeidigen* [bə'ʔaɪdɪɡən] *vt* (JUR) juramentar
Beeidigung *f* <-, -en> (JUR) juramento *m*
beeilen* *vr*: **sich ~** darse prisa, apurarse *Am;* **da musst du dich aber mächtig ~**, **wenn du pünktlich sein willst** tendrás que apurarte mucho si quieres llegar a tiempo; **sie beeilte sich noch zu sagen, dass ...** aún se apresuró a decir que...
Beeilung *f* <-, *ohne pl*> (*fam*): **los, ~!** ¡venga, deprisa!
beeindrucken* *vt* impresionar; **davon lasse ich mich nicht ~** no me dejo impresionar por eso
beeindruckend *adj* impresionante
beeinflussbar[RR] [bə'ʔaɪnflʊsbaːɐ] *adj*, **beeinflußbar** *adj* (*Person*) influenciable; **er ist leicht/schwer ~** es muy/poco influenciable
beeinflussen* [bə'ʔaɪnflʊsən] *vt* influir (en/sobre), ejercer una influencia (sobre); **etw nachhaltig ~** influir eficazmente en algo; **sie ist leicht/schwer zu ~** se deja/no se deja influir fácilmente
Beeinflussung *f* <-, -en> influjo *m*, influencia *f*; **unzulässige ~** (JUR) influencia desmedida
beeinträchtigen* [bə'ʔaɪntrɛçtɪɡən] *vt* ❶ (*vermindern*) disminuir, mermar; **den Wert von etw erheblich ~** disminuir considerablemente el valor de algo
❷ (*stören*) dañar, perjudicar; **das hat unsere Freundschaft nicht beeinträchtigt** esto no ha perjudicado nuestra amistad en absoluto
Beeinträchtigung *f* <-, -en> perjuicio *m*; (*Verminderung*) merma *f;* **~ der Fahrtüchtigkeit** reducción del buen estado de marcha; **gesundheitliche ~en** merma del estado de salud; **wesentliche ~ des Wettbewerbs/von Rechten** menoscabo esencial de la competencia/de derechos
beelenden* [bə'ʔeːlɛndən] *vt* (*Schweiz*) compadecer; **ihr Tod beelendete mich sehr** sentí mucho su muerte
Beelzebub [be'ɛltsəbuːp, 'beːltsəbuːp] *m:* **den Teufel mit dem ~ austreiben** combatir el fuego con el fuego
beenden* *vt*, **beendigen*** *vt* (*geh*) acabar (con), terminar (con); (INFOR) terminar; **die Sitzung ~** finalizar la reunión
Beendigung *f* <-, *ohne pl*> término *m*, fin *m;* **~ des Arbeitsverhältnisses** terminación del contrato de trabajo, extinción de la relación laboral; **~ des Versuchs** conclusión del intento; **~ des Vertragsverhältnisses** extinción de la relación contractual; **nach ~ des Kurses** al finalizar el curso
Beendigungsklage *f* <-, -n> (JUR) demanda *f* de extinción; **berufliche ~** demanda de extinción de la relación profesional; **Beendigungslehre** *f* <-, *ohne pl*> (JUR) teoría *f* de la expiración; **materielle ~** teoría de la expiración material
Beendung *f* <-, *ohne pl*> conclusión *f*, término *m*
beengen* [bə'ɛŋən] *vt* (*Kleidung*) apretar; (*Umgebung*) cohibir; **beengt wohnen** vivir estrechos; **sich beengt fühlen** sentirse cohibido; **in beengten Verhältnissen leben** vivir con estrecheces; **auf beengtem Raum leben** vivir con estrechez/en un espacio mínimo
Beengtheit *f* <-, *ohne pl*> estrechez *f*
beerben* *vt* heredar

Beerbung *f* <-, -en> heredación *f*
beerdigen* [bə'ʔeːɐdɪɡən] *vt* enterrar, dar sepultura; **jdn kirchlich ~** enterrar a alguien por la iglesia
Beerdigung *f* <-, -en> entierro *m*, inhumación *f;* **auf eine ~ gehen** asistir a un entierro
Beerdigungsfeier *f* <-, -n> funerales *mpl;* **Beerdigungsinstitut** *nt* <-(e)s, -e>, **Beerdigungsunternehmen** *nt* <-s, -> funeraria *f*, empresa *f* de pompas fúnebres
Beere ['beːrə] *f* <-, -n> baya *f;* **der Strauch trägt im Herbst ~n** el arbusto da bayas en otoño
Beerenauslese *f* <-, -n> vendimia *f* de uvas seleccionadas; **Beerenfrucht** *f* <-, -früchte> fruto *m* de baya; **Beerenobst** *nt* <-(e)s, *ohne pl*> bayas *fpl* comestibles; **Beerenstrauch** *m* <-(e)s, -sträucher> mata *f* de bayas
Beet [beːt] *nt* <-(e)s, -e> (*mit Gemüse*) bancal *m*, cantero *m Am*, tablón *m Am;* (*mit Blumen*) arriate *m*, macizo *m*
Beete *f* <-, -n>: **Rote ~** remolacha *f* (colorada), betarraga *f Am*
befähigen* [bə'fɛːɪɡən] *vt* habilitar (*zu* para), capacitar (*zu* para); **er ist dazu befähigt** está capacitado para ello; **für eine Stelle nicht befähigt sein** no estar capacitado [*o* cualificado] para un puesto
befähigt *adj* capacitado
Befähigung *f* <-, -en> ❶ (*Qualifikation*) capacidad *f*, cualificación *f;* **dazu fehlt ihr die ~** para ello no está capacitada [*o* cualificada]
❷ (*Begabung*) talento *m*
Befähigungsnachweis *m* <-es, -e> (*formal*) certificado *m* de aptitud
befahl 3. *imp von* **befehlen**
befahrbar *adj* transitable, abierto al tráfico; **diese Straße ist im Winter nicht ~** en invierno esta calle es intransitable; (*gesperrt*) en invierno esta calle está cerrada al tráfico
befahren* *irr vt* circular (por), transitar (por); (*Schiff*) navegar (por); **diese Straße kann man im Winter nicht ~** en invierno es imposible circular por esta calle; **die Strecke wird wenig/stark ~** este trecho está poco/muy transitado
Befahren *nt* <-s, *ohne pl*> circulación *f*, tránsito *m;* **„~ verboten"** "prohibido circular"; **häufiges ~ durch Panzer kann Straßen schnell beschädigen** el tránsito frecuente de tanques puede dañar rápidamente las carreteras
Befall *m* <-(e)s, *ohne pl*> ataque *m;* (*mit Schädlingen*) plaga *f*
befallen* *irr vt* ❶ (*geh: Angst, Zweifel*) asaltar, invadir
❷ (*geh: Krankheit*) acometer, afectar; (*Hunger, Müdigkeit*) entrar
❸ (*Schädlinge*) invadir, infestar; **diese Pflanze ist stark von Schädlingen ~** esta planta está plagada de parásitos
befangen *adj* ❶ (*schüchtern*) tímido; (*gehemmt*) apocado, inhibido
❷ (JUR) parcial; **jdn als ~ erklären** declarar a alguien parcial; **die Zeugin wurde als ~ abgelehnt** se tachó la testigo por su parcialidad
Befangenheit *f* <-, *ohne pl*> ❶ (*Schüchternheit*) timidez *f;* (*Gehemmtsein*) apocamiento *m*
❷ (JUR) inhibición *f*, parcialidad *f;* **Besorgnis der ~** sospecha de parcialidad; **jdn wegen ~ ablehnen** rehusar a alguien por presunta prevención
Befangenheitsrüge *f* <-, -n> (JUR) reprobación *f* por parcialidad
befassen* I. *vr:* **sich ~** ❶ (*Angelegenheit*) ocuparse (*mit de*), dedicarse (*mit a*); **mit dem Problem habe ich mich nun schon lange befasst** ya me he dedicado suficientemente al problema
❷ (*handeln von*) tratar (*mit de*); **dieser Artikel befasst sich mit der Jugendarbeitslosigkeit** este artículo trata del paro juvenil
II. *vt* (*beauftragen*) encargar (*mit de*)
befehden* I. *vt* ❶ (*geh: bekämpfen*) combatir
❷ (HIST) *in Fehde liegen*) hostilizar
II. *vr:* **sich ~** combatirse, hostilizarse (mutuamente)
Befehl [bə'feːl] *m* <-(e)s, -e> orden *f*, mandato *m;* (MIL) mando *m;* (INFOR) orden *f*, comando *m;* **einen ~ ausführen** (*a.* INFOR) ejecutar una orden; **~e einstellen** (INFOR) cancelar órdenes; **den ~ geben zu ...** dar la orden de...; **auf jds ~ handeln** actuar por orden de alguien; **einen ~ verweigern** desobedecer una orden; **ich führe nur ~e aus** sólo cumplo órdenes; **~ von oben** órdenes superiores; **zu ~!** ¡a sus órdenes!; **dein Wunsch ist mir ~** tus deseos son órdenes para mí
befehlen <befiehlt, befahl, befohlen> *vi*, *vt* mandar, ordenar; **er hat befohlen, dass ...** ha ordenado que... +*subj;* **du hast mir gar nichts zu ~** tú no eres quién para darme órdenes a mí; **wer ~ will, muss erst gehorchen lernen** (*prov*) ≈para poder correr, hay que aprender a andar
befehlend *adj*, **befehlerisch** *adj* (*Geste*) imperativo; (*Ton*) imperioso
befehligen* *vt* (MIL) mandar, capitanear
Befehlsänderung *f* <-, -en> (INFOR) cambio *m* de instrucción; **Befehlsargument** *nt* <-(e)s, -e> (INFOR) argumento *m* de instrucción [*o* comando]; **Befehlsblock** *m* <-(e)s, -blöcke> (INFOR) bloque *m* de instrucciones; **Befehlscode** *m* <-s, -s> (INFOR) código *m* de instrucción; **Befehlsdatei** *f* <-, -en> (INFOR) archivo *m* de instrucción [*o* comando]; **Befehlseinheit** *f* <-, -en> (INFOR) unidad *f* de comando;
Befehlsempfänger(in) *m(f)* <-s, -; -, -nen> destinatario, -a *m, f* de

la orden; **jdn zum ~ degradieren** reducir a alguien a mero receptor de órdenes; **Befehlsfolge** *f* <-, -n> (INFOR) secuencia *f* de instrucciones; **Befehlsform** *f* <-, -en> (LING) modo *m* imperativo
befehlsgemäß *adv* con respecto a las órdenes
Befehlsgewalt *f* <-, *ohne pl*> mando *m* (*über* de); **Befehlshaber(in)** *m(f)* <-s, -; -, -nen> (MIL) comandante *mf*, capitán *mf*; **Befehlskode** *m* <-s, -s> (INFOR) *s.* **Befehlscode**; **Befehlsleiste** *f* <-, -n> (INFOR) barra *f* de instrucciones [*o* comando]; **Befehlsliste** *f* <-, -n> (INFOR) lista *f* de comandos; **Befehlssatz** *m* <-es, -sätze> (LING) oración *f* imperativa; **Befehlstaste** *f* <-, -n> (INFOR) tecla *f* de comando; **Befehlston** *m* <-(e)s, -töne> tono *m* imperioso; **ich verbitte mir diesen ~!** ¡no tolero ese tono de ordeno y mando! *fam*; **Befehlsverweigerung** *f* <-, -en> (MIL) desobediencia *f* a una orden; **Befehlswort** *nt* <-(e)s, -e> (INFOR) palabra *f* de comando; **Befehlszeile** *f* <-, -n> (INFOR) línea *f* de programación
befeinden* [bəˈfaɪndən] *vt* enemistar, hostilizar; **die befeindeten Länder schlossen endlich Frieden** los países enemistados firmaron finalmente la paz
befestigen* *vt* ❶ (*Haken, Bild*) fijar (*an* en), sujetar (*an* a), empatar *CRi*; **das Bild an der Wand ~** fijar el cuadro en la pared
❷ (*Straße*) reforzar
❸ (MIL) fortificar
Befestigung *f* <-, -en> ❶ (*einer Straße, eines Dammes*) refuerzo *m*
❷ (MIL) fortificación *f*, cota *f Phili*
❸ (*Vorrichtung*) fijación *f* (de un dispositivo)
Befestigungsanlage *f* <-, -n>, **Befestigungswerk** *nt* <-(e)s, -e> (MIL) fortificación *f*
befeuchten* *vt* humedecer, mojar
befeuern* *vt* ❶ (*beheizen*) calentar; (*mit Brennstoff versorgen*) alimentar
❷ (*geh: ansporn*en) encender; **durch den Applaus befeuert übertraf sie sich selbst** encendida por los aplausos se superó a sí misma
❸ (AERO, NAUT) iluminar (con balizas luminosas); **eine Hafeneinfahrt/Landebahn ~** abalizar para orientación la entrada a un puerto/a una pista de aterrizaje
❹ (MIL: *beschießen*) tirotear
❺ (*fam: bewerfen*) bombardear; **der Politiker wurde mit Tomaten befeuert** le tiraron tomates al político
Befeuerung *f* <-, -en> ❶ (NAUT) balizamiento *m* luminoso, señalización *f* con boyas [*o* balizas] luminosas
❷ (AERO) señalización *f* con balizas luminosas
Beffchen [ˈbɛfçən] *nt* <-s, -> (REL) alzacuello *m*
befiehlt [bəˈfiːlt] *3. präs von* **befehlen**
befinden* *irr* **I.** *vr:* **sich ~** encontrarse; (*sein*) estar; **meine Wohnung befindet sich im zweiten Stock** mi apartamento está en el segundo piso; **sich in einer schwierigen Lage ~** encontrarse en una situación difícil; **sich auf Reisen ~** estar de viaje; **sich auf dem Weg der Besserung ~** encontrarse en vías de mejora
II. *vi* (*entscheiden*) decidir (*über* sobre); **darüber hat der Arzt zu ~** eso tiene que decidirlo el médico
III. *vt* (*geh: erachten*) considerar (*für*); **jdn für schuldig ~** declarar culpable a alguien; **etw für gut/schlecht ~** considerar algo bueno/malo
Befinden *nt* <-s, *ohne pl*> ❶ (*Gesundheitszustand*) (estado *m* de) salud *f;* **wie ist sein ~?** ¿cómo se encuentra?; **sie erkundigte sich nach seinem ~** se interesó por su salud
❷ (*geh: Meinung*) parecer *m*
befindlich [bəˈfɪntlɪç] *adj* (*Ort, Zustand*) situado, existente; **ein augenblicklich in Haft ~er Mann** un hombre que en estos momentos se encuentra en prisión; **ein seit zwei Wochen im [***o* in**] Umlauf ~es Produkt** un producto que está en circulación desde hace dos semanas
Befindlichkeit *f* <-, -en> estado *m* de ánimo [*o* de salud]
Befindlichkeitsstörungen *fpl* (MED) perturbaciones *fpl* del estado de ánimo
befingern* *vt* (*fam*) toquetear; (*abw*) sobar; (*sexuell*) meter mano
beflaggen* *vt* embanderar, empavesar
Beflaggung *f* <-, -en> ❶ (*das Beflaggen: eines Schiffes*) abanderamiento *m*; (*Verzierung*) embanderamiento *m;* **zum Gedenken wurde die ~ öffentlicher Gebäude angeordnet** como conmemoración se ordenó izar la bandera en los edificios públicos
❷ (*Flaggen*) banderas *fpl;* **die ~ auf Halbmast setzen** poner las banderas a media asta
beflecken* *vt* ❶ (*mit Flecken*) manchar
❷ (*geh: entehren*) deshonrar; **jds Ehre/Ruf ~** manchar el honor/el nombre de alguien
Befleckung *f* <-, -en> (*der Ehre, des Rufs*) mancilla *f*
befleißigen* *vr:* **sich ~** aplicarse; **Sie sollten sich größerer Zurückhaltung ~** debería usted esforzarse en ser más discreto; **er befleißigte sich alles genauestens zu studieren** se afanó en estudiar(lo) todo con la máxima exactitud

befliegen* *irr vt* (AERO) cubrir (una línea); **diese Fluglinie befliegt das Land nicht mehr** esta compañía ya no cubre la línea con el país
beflissen [bəˈflɪsən] *adj* aplicado; (*hilfsbereit*) servicial
Beflissenheit *f* <-, *ohne pl*> empeño *m*, dedicación *f*
beflügeln* *vt* (*geh*) hacer [*o* dejar] volar, dar alas; **die Angst beflügelte seine Schritte** el miedo aligeraba sus pasos
befohlen [bəˈfoːlən] *pp von* **befehlen**
befolgen* *vt* (*Befehl*) cumplir, cumplimentar; (*Ratschlag*) seguir; (*Gesetz*) obedecer; **einen Befehl ~** cumplir una orden; **einen Rat ~** seguir un consejo
Befolgung *f* <-, *ohne pl*> observación *f*, observancia *f*
befördern* *vt* ❶ (*Waren*) transportar; **jdn an die frische Luft [***o* **ins Freie] ~** (*fam*) mandar a alguien a tomar viento (fresco); **jdn ins Jenseits ~** (*fam*) quitar de en medio a alguien, mandar a alguien al otro barrio
❷ (*im Beruf*) ascender (*zu* a); **sie wurde zur Abteilungsleiterin befördert** ascendió a directora de sección
Beförderung *f* <-, -en> ❶ (*Transport*) transporte *m;* **der Fahrstuhl ist für die ~ von fünf Personen zugelassen** el ascensor sólo admite la carga de cinco personas
❷ (*beruflich*) ascenso *m*, promoción *f*
Beförderungsart *f* <-, -en> modo *m* de transporte; **Beförderungsbedingungen** *fpl* condiciones *fpl* de transporte; **Beförderungsbestimmungen** *fpl* disposiciones *fpl* de transporte; **Beförderungskosten** *pl* (*formal*) costes *mpl* de transporte; **Beförderungsleistung** *f* <-, -en> servicio *m* de transporte; **Beförderungsmittel** *nt* <-s, -> medio *m* de transporte; **Beförderungspflicht** *f* <-, -en> obligación *f* de transporte; **Beförderungsvertrag** *m* <-(e)s, -träge> (JUR) contrato *m* de transporte; **Beförderungsvorbehalt** *m* <-(e)s, -e> (JUR) cautela *f* de ascenso; **Beförderungsweg** *m* <-(e)s, -e> ruta *f* de transporte; **Beförderungszeit** *f* <-, -en> tiempo *m* de transporte
beforsten* *vt* poblar (el bosque)
beförstern* *vt* cuidar (el bosque)
befrachten* *vt* ❶ (*beladen*) cargar (*mit* con)
❷ (*geh: Rede*) cargar (*mit* de)
Befrachter(in) *m(f)* <-s, -; -, -nen> (WIRTSCH) fletador(a) *m(f)*
Befrachtung *f* <-, -en> (WIRTSCH) cargamento *m*
Befrachtungstarif *m* <-s, -e> (WIRTSCH) tarifa *f* de fletamento; **Befrachtungsvertrag** *m* <-(e)s, -träge> (WIRTSCH) contrato *m* de fletamento
befragen* *vt* interrogar, inquirir; (*Arzt, Karten*) consultar (*wegen* por); **jdn über seine Vergangenheit/in einer Angelegenheit ~** interrogar a alguien sobre su pasado/sobre un asunto
Befrager(in) *m(f)* <-s, -; -, -nen> ❶ (*Erhebung*) encuestador(a) *m(f)*
❷ (JUR) consultor(a) *m(f)*; (*Verhörender*) interrogador(a) *m(f)*
Befragte(r) *mf* <-n, -n; -, -nen> interrogado, -a *m, f*
Befragung *f* <-, -en> ❶ (JUR) interrogatorio *m*
❷ (*Umfrage*) encuesta *f*
befreien* **I.** *vt* ❶ (*Volk, Land*) liberar (*aus/von* de); **jdn aus einer schwierigen Lage ~** sacar a alguien de un aprieto
❷ (*Gefangene*) poner en libertad, liberar (*aus/von* de)
❸ (*freistellen*) liberar (*von* de), dispensar (*von* de); (*vom Militärdienst*) exentar; **er ist vom Sportunterricht befreit** está exento de la clase de educación física; **sie lässt sich vom Religionsunterricht ~** la han dispensado de la clase de religión
❹ (*von Schmerzen, Angst*) liberar (*von* de), quitar (*von* de); **ein ~des Lachen** una risa abierta; **ein ~des Niesen** un estornudo que alivia; **sie seufzte befreit auf** suspiró aliviada
❺ (*von Schmutz*) limpiar
II. *vr:* **sich ~** ❶ (*Volk, Land*) liberarse
❷ (*entkommen*) escaparse, evadirse
Befreier(in) *m(f)* <-s, -; -, -nen> libertador(a) *m(f)*
Befreiung *f* <-, -en> ❶ (*eines Landes, Menschen*) liberación *f;* **etw als ~ empfinden** considerar algo como una liberación; **die ~ der Frau** la emancipación de la mujer
❷ (*von einer Pflicht*) exención (*von* de); **von einer Verbindlichkeit ~** (JUR) exoneración de una obligación; **~ von gerichtlicher Verfolgung** levantamiento del procesamiento; **~ von der Steuer** exención de impuestos; **um ~ vom Sportunterricht bitten** pedir la exención de la clase de educación física
Befreiungsanspruch *m* <-(e)s, -sprüche> (JUR) derecho *m* de exención; **Befreiungsbewegung** *f* <-, -en> movimiento *m* de liberación; **Befreiungsfront** *f* <-, -en> frente *m* de liberación; **Befreiungsgesetz** *nt* <-es, -e> (JUR) ley *f* de liberación; **Befreiungsgründe** *mpl* (JUR) motivos *mpl* de exención; **Befreiungskampf** *m* <-es, -kämpfe> lucha *f* por la libertad (política); **Befreiungsklausel** *f* <-, -n> (JUR) cláusula *f* de exoneración; **Befreiungskrieg** *m* <-(e)s, -e> guerra *f* de liberación; (*Unabhängigkeitskrieg*) guerra *f* de independencia; **Befreiungsorganisation** *f* <-, -en> organización *f* para la libe-

Befreiungsschlag m <-(e)s, -schläge> (SPORT) golpe m de castigo; (POL) golpe m de liberación; **Befreiungstheologie** f <-, -n> teología f de la liberación; **Befreiungsversuch** m <-(e)s, -e> intento m de liberación; **Befreiungsvorbehalt** m <-(e)s, -e> (JUR) reserva f de liberación

befremden* [bəˈfrɛmdən] vt extrañar; **es befremdet mich, dass …** me extraña que… +subj; **sie warf ihm einen befremdeten Blick zu** le lanzó una mirada de extrañeza

Befremden nt <-s, ohne pl> asombro m, extrañeza f; **nicht ohne ~** no sin extrañeza

befremdend adj extraño, sorprendente

befremdlich adj (geh) extraño, raro; (erstaunlich) sorprendente; (ungewöhnlich) insólito

Befremdung f <-, ohne pl> extrañeza f; **der Film löste beim Publikum ~ aus** la película provocó sorpresa entre el público

befreunden* [bəˈfrɔɪndən] vr: **sich ~** hacerse amigos; **sich mit jdm ~** entablar una amistad con alguien, hacerse amigo de alguien

befreundet adj amigo (mit de); **sie sind (eng) ~ son** amigos (íntimos); **mit jdm ~ sein** ser amigo de alguien; **wir sind ziemlich gut/sehr gut ~** somos bastante (buenos)/muy (buenos) amigos; **ein ~es Paar** una pareja amiga

befrieden* [bəˈfriːdən] vt (geh) pacificar

befriedet adj (JUR) apaciguado; **~er Bezirk** sector apaciguado

befriedigen* [bəˈfriːdɪgən] I. vt satisfacer, contentar; **hast du deine Neugierde befriedigt?** ¿has satisfecho tu curiosidad?; **ein befriedigtes Lächeln** una sonrisa de satisfacción; **befriedigt lächeln** sonreír satisfecho [o con satisfacción]; **jdn (sexuell) ~** satisfacer a alguien (sexualmente)
II. vr: **sich ~** (masturbieren) masturbarse

befriedigend adj satisfactorio, (Schulnote) ≈bien

Befriedigung f <-, -en> satisfacción f; **~ eines Anspruches** (FIN) satisfacción [o cancelación] de una reclamación; **~ von Forderungen** (FIN) satisfacción de deudas; **abgesonderte ~** (JUR) satisfacción separada; **bevorzugte ~ eines Schuldners** (FIN) satisfacción preferente de un acreedor; **Klage auf vorzugsweise ~** (JUR) demanda de satisfacción preferente; **sie stellte mit ~ fest, dass …** comprobó con satisfacción que…; **zur ~ deiner Neugier …** para satisfacer tu curiosidad…; **ein Gefühl der inneren ~** una sensación de satisfacción interior

Befriedigungsrecht nt <-(e)s, ohne pl> derecho m a una satisfacción

befristen* vt fijar un plazo (para), limitar (auf a/hasta); **gesetzlich befristet** limitado por (fuerza de) ley

befristet adj limitado; **der Vertrag ist auf fünf Jahre ~** es un contrato por cinco años; **jdn ~ einstellen** contratar a alguien por un plazo limitado

Befristung f <-, -en> limitación f

befruchten* vt ❶ (BIOL) fecundar, fertilizar; (Blüten) polinizar; **sie ließ sich künstlich ~** se hizo la inseminación artificial
❷ (geh: geistig anregen) fructificar

Befruchtung f <-, -en> (BIOL) fecundación f, fertilización f; **künstliche ~** inseminación artificial

befugen* vt (formal) facultar (zu para); **jdn ~, etw zu tun** facultar [o autorizar] a alguien para hacer algo; **er war befugt, die Prüfung abzunehmen** estaba autorizado para realizar el examen

Befugnis [bəˈfuːknɪs] f <-, -se> autorización f, facultad f; **außerhalb der rechtlichen ~se handeln** actuar al margen de las facultades jurídicas; **innerhalb der rechtlichen ~se handeln** actuar con arreglo a las facultades jurídicas; **außerhalb seiner ~se handeln** extralimitarse en sus funciones; **keine ~ zu etw haben** no estar autorizado para algo; **seine ~se überschreiten** rebasar el límite de sus atribuciones

Befugnisübertragung f <-, -en> (JUR) transmisión f de facultades

befühlen* vt palpar, tocar

befummeln* vt (fam: betasten) toquetear; (abw) sobar; (sexuell) meter mano

Befund m <-(e)s, -e> (MED) diagnóstico m, resultado m; **ohne ~** sin diagnóstico; **der ärztliche ~ liegt noch nicht vor** aún no hay diagnóstico, aún no se ha pronunciado el dictamen médico

Befundsicherungspflicht f <-, ohne pl> (JUR) obligación f de asegurar resultados; **Befundtatsache** f <-, -n> (JUR) objeto m de resultado

befürchten* vt temer, recelar; **er hat von ihm nichts zu ~** no tiene nada que temer de él; **ich befürchte, dass es nicht klappen wird** me temo que no funcionará; **es ist zu ~, dass …** es de temer que… +subj

Befürchtung f <-, -en> sospecha f, temor m; **die ~ haben, dass …** sospechar que…; **die schlimmsten ~en haben** abrigar las mayores sospechas; **diese ~en haben sich bewahrheitet** esos temores se han hecho realidad

befürworten* [bəˈfyːɐvɔrtən] vt (dafür sein) aprobar, defender; (empfehlen) recomendar; **ich kann diese Entscheidung nicht ~** no puedo aprobar esta decisión; **eine ~de Stellungnahme** una postura favorable

Befürworter(in) m(f) <-s, -; -, -nen> defensor(a) m(f), adicto, -a m, f; CSur; **~ des Freihandels** defensor del libre comercio

Befürwortung f <-, -en> aprobación f

begabt [bəˈgaːpt] adj dotado, con talento; **hoch ~** muy inteligente; (Wunderkind) superdotado; **durchschnittlich/vielseitig ~ sein** tener un talento medio/polifacético; **künstlerisch ~ sein** tener dotes artísticas; **für eine Aufgabe ~ sein** estar dotado para una tarea

Begabte(r) mf <-n, -n; -n, -n> dotado, -a m, f; **sie gehört zu den künstlerisch ~n** pertenece a los dotados para el arte

Begabtenförderung f <-, -en> ❶ (Verfahren) fomento m de alumnos dotados
❷ (Geld) beca f para alumnos dotados

Begabung [bəˈgaːbʊŋ] f <-, -en> ❶ (Anlage) talento m, dotes fpl; **eine ~ für Sprachen haben** tener talento [o ser dotado] para los idiomas; **eine ~ dafür haben, immer das Falsche zu tun** tener el don de hacerlo todo al revés
❷ (begabter Mensch) talento m

begaffen* vt (fam abw) mirar boquiabierto; **mit seinem Sportwagen wurde er überall begafft** con su coche deportivo todo el mundo le miraba con la boca abierta

begann [bəˈgan] 3. imp von **beginnen**

begasen* [bəˈgaːzən] vt fumigar

Begasungsmittel nt <-s, -> agente m de fumigación

begatten* vt, vr: **sich ~** (ZOOL) aparear(se)

Begattung f <-, -en> (ZOOL) apareamiento m

Begattungstrieb m <-(e)s, -e> (ZOOL) instinto m reproductivo [o sexual]

begebbar adj (FIN) pignorable; **~es Wertpapier** título pignorable

begeben* irr I. vr: **sich ~** (geh) ❶ (stattfinden) ocurrir
❷ (beginnen) empezar (an a), ponerse (an a); **sich an die Arbeit ~** ponerse a trabajar
❸ (gehen) dirigirse (zu/in a), irse (zu/in a); **sich zu Bett/zur Ruhe ~** irse a la cama/a descansar; **sich in ärztliche Behandlung ~** ponerse bajo tratamiento médico; **sich auf den Heimweg ~** dirigirse a casa; **sich auf seinen Platz ~** dirigirse a su sitio; **sich in Gefahr ~** ponerse en peligro
II. vt (FIN: Wertpapiere) emitir

Begebenheit f <-, -en> suceso m, acontecimiento m; **eine lustige/alltägliche/seltsame ~** un suceso divertido/cotidiano/singular; **die Geschichte beruht auf einer wahren ~** la historia se basa en un hecho real

Begebungsvertrag m <-(e)s, -träge> (JUR) contrato m de emisión

begegnen* [bəˈgeːgnən] vi sein ❶ (treffen): **jdm ~** encontrarse a [o con] alguien; **einander ~** encontrarse
❷ (stoßen auf): **etw** dat **~** encontrarse con algo; **dieser Name wird uns immer wieder ~** este nombre nos lo encontraremos una y otra vez
❸ (widerfahren) suceder, pasar; **jdm begegnet etw** alguien se encuentra con algo, a alguien le pasa algo; **so etwas ist mir ja noch nie begegnet!** ¡en mi vida (no) me pasó semejante cosa!
❹ (geh: behandeln) tratar; **man begegnete ihr mit Achtung** la trataban con respeto

Begegnung f <-, -en> (a. SPORT) encuentro m; **die ~ Deutschland – Mexiko wird sehr spannend** el encuentro Alemania – Méjico será muy emocionante

Begegnungsdelikt nt <-(e)s, -e> (JUR) delito m de reencuentro; **Begegnungsstätte** f <-, -n> sitio m de encuentro, punto m de encuentro

begehen* irr vt ❶ (Weg) transitar (por); **eine Baustelle ~** entrar en una obra
❷ (Fehler, Verbrechen) cometer, perpetrar; **Selbstmord ~** suicidarse; **ein Verbrechen/einen Mord ~** cometer un crimen/un asesinato; **einen Mord an jdm ~** asesinar a alguien
❸ (geh: Jubiläum) celebrar

begehren* [bəˈgeːrən] vt (geh) ❶ (wünschen) ansiar, anhelar; (habgierig) codiciar; (sexuell) desear; **sie hat alles, was ihr Herz begehrt** tiene todo lo que desea
❷ (fordern) pedir, solicitar

Begehren nt <-s, ohne pl> (geh) ansia f, anhelo m; (Wunsch) deseo m

begehrenswert adj deseable, apetecible

begehrlich adj (geh: heftig wünschend) ansioso, anhelante

Begehrlichkeit f <-, -en> (geh) ❶ (Verlangen) avidez f; (Gier) codicia f
❷ (Wunsch) deseo m

begehrt adj (Person, Freundschaft, Ware) solicitado; (Ferienort) popular

Begehung f <-, -en> (JUR) **fortgesetzte ~** perpetración f continuada

Begehungsort m <-(e)s, -e> (JUR) lugar m de comisión del delito [o de los hechos]

begeistern* [bəˈgaɪstɐn] I. vt entusiasmar (für por), apasionar (für por/con); **fürs Schwimmen ist sie nicht gerade zu ~** no es que le entu-

siasme la natación precisamente
II. *vr:* **sich ~** entusiasmarse (*für* por/con), apasionarse (*für* por)
begeistert *adj* entusiasmado (*von* con/por); **~e Zurufe** vítores entusiásticos; **~er Beifall** aplausos entusiasmados; **er war restlos** [*o* **hellauf**] (**von ihr**) ~ estaba entusiasmadísimo (por ella)
Begeisterung *f* <-, *ohne pl*> entusiasmo *m* (*für* por), exaltación *f;* **in ~ geraten** entusiasmarse; **etw mit ~ tun** hacer algo con entusiasmo; **das Publikum brüllte vor ~** el público voceaba entusiasmado
begeisterungsfähig *adj* entusiasta, capaz de entusiasmarse
Begeisterungsfähigkeit *f* <-, *ohne pl*> capacidad *f* de emocionarse [*o* de entusiasmarse]; **die ~ von Jugendlichen ist größer als die von Erwachsenen** la capacidad de entusiasmo de los jóvenes es mayor que la de los adultos; **Begeisterungssturm** *m* <-(e)s, -stürme> estallido *m* de entusiasmo, entusiasmo *m* desbordante; **ein ~ brach los** estalló el entusiasmo
Begierde [bə'giːɐdə] *f* <-, -n> ansias *fpl* (*nach* de), avidez *f* (*nach* de); **sie brannte vor ~ ihn zu sehen** ardía en deseos de verle
begierig *adj* ávido (*auf* de), ansioso (*auf* de/por); **mit ~en Blicken** con miradas ansiosas
begießen* *irr vt* ❶ (*Pflanzen*) regar
❷ (*fam: feiern*) celebrar con una copa; **das müssen wir ~** eso hay que mojarlo
Beginn [bə'gɪn] *m* <-(e)s, *ohne pl*> comienzo *m*, inicio *m;* **~ der Verhandlung** (JUR) comienzo del juicio; **mit ~ der Ferien** con el comienzo de las vacaciones; **zu ~** al comienzo
beginnen <*beginnt, begann, begonnen*> I. *vi* comenzar (a), empezar (a); **es beginnt zu regnen** comienza a llover; **der Unterricht beginnt um 8 Uhr** la clase empieza a las ocho
II. *vt* comenzar, empezar; **wie sollte er es ~ sie auf sich aufmerksam zu machen?** (*geh*) ¿qué debería hacer para llamar su atención?; **wer viel beginnt, zu nichts es bringt** (*prov*) quien mucho abarca poco aprieta
beginnend *adj* (*a.* MED) incipiente; **eine ~e Glatze** una calva [*o* calvicie] incipiente; **bei ~er Dämmerung** en el crepúsculo incipiente; **es könnte sich um eine ~e Infektion handeln** podría tratarse de un principio de infección; **im ~en 20. Jahrhundert** en el entrante siglo XX
beglaubigen* [bə'glaʊbɪɡən] *vt* ❶ (*Urkunde*) certificar, dar fe (de); (*Kopie*) compulsar; **eine Urkunde behördlich/notariell ~ lassen** hacer certificar un documento oficialmente/por un notario
❷ (*Diplomaten*) presentar las credenciales, acreditar
Beglaubigung *f* <-, -en> ❶ (*Schriftstück*) certificación *f;* (*einer Kopie*) autentificación *f,* compulsa *f*
❷ (POL) acreditación *f,* credenciales *fpl*
Beglaubigungsbefugnis *f* <-, -se> (JUR) facultad *f* de legitimación; **Beglaubigungsgebühr** *f* <-, -en> (JUR) tasa *f* de legalización; **Beglaubigungsschreiben** *nt* <-s, -> carta *f* credencial; **Beglaubigungsstempel** *m* <-s, -> sello *m* de compulsación; **Beglaubigungsvermerk** *m* <-s, -e> nota *f* (de compulsación)
begleichen* *irr vt* (*geh*) pagar, saldar; **mit jdm eine Rechnung zu ~ haben** (*fig*) tener que saldar una cuenta con alguien
Begleichung *f* <-, -en> liquidación *f;* **~ einer Schuld** liquidación [*o* satisfacción] *f* de una deuda; **vollständige ~ einer Rechnung** liquidación total de una factura
Begleitbrief *m* <-(e)s, -e> carta *f* adjunta
begleiten* *vt* (*a.* MUS) acompañar; **er begleitete sie nach Hause/ins Konzert/auf dem Klavier** la acompañó a casa/al concierto/al piano
Begleiter(in) *m(f)* <-s, -; -, -nen> acompañante *mf;* (*Gefährte*) compañero, -a *m, f;* **ein ständiger ~** un acompañante permanente
Begleiterscheinung *f* <-, -en> efecto *m* secundario; **Begleitflugzeug** *nt* <-(e)s, -e> avión *m* (de) escolta; **Begleitinstrument** *nt* <-(e)s, -e> instrumento *m* de acompañamiento; **Begleitkultur** *f* <-, -en> (BOT) cultivo *m* concomitante; **Begleitmannschaft** *f* <-, -en> (personal *m* de) escolta *f;* **Begleitmusik** *f* <-, -en> música *f* de acompañamiento; **Begleitpapier** *nt* <-s, -e> (WIRTSCH) documento *m* adjunto; **Begleitperson** *f* <-, -en> acompañante *mf,* compañía *f;* **Begleitschein** *m* <-(e)s, -e> documento *m* adjunto; (*bei Warensendungen*) declaración *f* de contenido; **Begleitschreiben** *nt* <-s, -> (COM) carta *f* adjunta; **Begleitschuldverhältnis** *nt* <-ses, -se> (JUR) relación *f* de culpabilidad concomitante; **Begleitumstände** *mpl* (JUR) circunstancias *fpl* concomitantes
Begleitung *f* <-, -en> ❶ (*a.* MUS) acompañamiento *m;* **sie kam in ~ eines Freundes** vino acompañada [*o* en compañía] de un amigo; **er spielte ohne ~** tocó sin acompañamiento
❷ (*Begleiter*) acompañante *mf;* (*Gefolge*) séquito *m*
beglücken* *vt* (*geh*) deleitar (*mit* con), hacer feliz (*mit* con), satisfacer (*mit* con); **ein ~des Gefühl** una sensación satisfactoria [*o* de felicidad]; **womit kann ich dich ~?** ¿con qué te puedo hacer feliz?; **er beglückte sie stundenlang mit seinem Geschwätz** (*iron*) la deleitó durante horas con su cháchara

beglückend *adj* feliz; **was für eine ~e Nachricht!** ¡qué feliz noticia!
Beglücker(in) *m(f)* <-s, -; -, -nen> benefactor(a) *m(f),* bienhechor(a) *m(f);* **er hält sich für den ~ aller Frauen** (*iron*) se cree que ha venido a hacer felices a todas las mujeres
beglückt I. *adj* alegre, feliz; **über diese ungünstige Wendung kann niemand ~ sein** nadie puede alegrarse de este giro desfavorable
II. *adv* con alegría, felizmente; **sie lächelte ~, als sie die guten Nachrichten las** sonrió alegre al leer las buenas noticias
beglückwünschen* *vt* felicitar (*zu* por); **er beglückwünschte sie zum Geburtstag/zur bestandenen Prüfung** la felicitó por su cumpleaños/por haber aprobado el examen; **da kannst du dich ja ~!** (*a. iron*) ¡puedes sentirte orgulloso de ti mismo!
begnadet [bə'gnaːdət] *adj* genial, altamente dotado; **ein ~er Dichter** un poeta muy creativo, un genio de la poesía
begnadigen* *vt* indultar
Begnadigung *f* <-, -en> (POL) amnistía *f,* indulto *m;* **unbeschränkte ~** indulto total; **jdn um ~ ersuchen** solicitar el indulto para alguien
Begnadigungsgesuch *nt* <-(e)s, -e> (JUR) petición *f* de indulto; **Begnadigungsrecht** *nt* <-(e)s, *ohne pl*> derecho *m* de indulto
begnügen* [bə'gnyːɡən] *vr:* **sich ~** conformarse (*mit* con), contentarse (*mit* con); **ich begnüge mich damit Hinweise zu geben** me contento con dar consejos
Begonie [be'goːniə] *f* <-, -n> (BOT) begonia *f*
begonnen [bə'ɡɔnən] *pp von* **beginnen**
begraben* *irr vt* ❶ (*Tote*) enterrar, dar sepultura; **hier liegt der Hund ~** (*fam*) aquí está el quid de la cuestión; **damit kann er sich ~ lassen** (*iron*) con ello puede darse por perdido
❷ (*verschütten*) sepultar; **die Lawine begrub acht Personen unter sich** el alud sepultó a ocho personas bajo la nieve
❸ (*Streit*) enterrar, poner fin (a); (*Hoffnung*) renunciar (a); **lass uns unseren Streit ~** echemos tierra a nuestra disputa
Begräbnis [bə'ɡrɛːpnɪs] *nt* <-ses, -se> entierro *m,* sepelio *m,* ancuviña *f* Chil; **ein christliches/feierliches/schlichtes ~** un entierro cristiano/solemne/sencillo
begradigen* [bə'ɡraːdɪɡən] *vt* (*Fluss*) encauzar; (*Straße*) rectificar
Begradigung *f* <-, -en> rectificación *f;* **ein Plan zur ~ der Donau/der Grenze** un plan para la rectificación del curso del Danubio/de la frontera
begreifbar *adj* comprensible; **wie kann ich es dir ~ machen?** ¿cómo puedo hacértelo entender?
begreifen* *irr* I. *vt* comprender, entender; **er begreift schnell/langsam** comprende deprisa/despacio; **ich kann nicht ~, wieso er das gemacht hat** no puedo comprender por qué lo hizo; **er begriff nicht, worum es ging** no comprendió de qué iba la cosa; **es ist einfach nicht zu ~, dass ...** es sencillamente inconcebible que... +*subj*
II. *vr:* **sich ~** ❶ (*sich verstehen*) entenderse, comprenderse; **ich begreife mich mittlerweile selbst nicht mehr** entretanto ya no me entiendo ni yo
❷ (*sich auffassen*) considerarse (*als*); **er begreift sich als Experte** se considera un experto
begreiflich *adj* comprensible, explicable; **es ist einfach nicht ~, wie er so etwas tun konnte** es sencillamente incomprensible cómo pudo hacer algo parecido
begreiflicherweise [-'---'--] *adv* comprensiblemente
begrenzen* *vt* ❶ (*Gebiet*) delimitar; **das Grundstück wird von einem Wald begrenzt** un bosque señala los límites del terreno
❷ (*beschränken*) limitar (*auf* a); **die Redezeit wurde auf fünf Minuten begrenzt** el turno de palabra fue limitado a cinco minutos
Begrenzer *m* <-s, -> (INFOR) delimitador *m*
begrenzt *adj* limitado; **er hat eine ~en Horizont** tiene una visión limitada; **ich bin nur für eine sehr ~e Zeit hier** sólo estoy aquí por poco tiempo; **darauf können wir nur sehr ~ Einfluss nehmen** sobre ello sólo podemos ejercer una influencia muy limitada
Begrenztheit *f* <-, -en> (*Möglichkeiten*) restricción *f,* limitación *f*
Begrenzung *f* <-, -en> ❶ (*das Begrenzen*) limitación *f,* restricción *f;* **zeitliche ~** limitación de tiempo
❷ (*Grenze*) límite *m*
Begrenzungsfrist *f* <-, -en> plazo *m* de restricción; **Begrenzungszeichen** *nt* <-s, -> (INFOR) carácter *m* delimitador
Begriff *m* <-(e)s, -e> ❶ (*Ausdruck*) concepto *m;* **ein dehnbarer ~** un concepto maleable; **dieser Name ist ein ~ für Qualität** este nombre es un símbolo de calidad
❷ (*Vorstellung*) idea *f,* noción *f;* **sich** *dat* **einen ~ von etw machen** hacerse una idea de algo; **du machst dir keinen ~ davon, was heute los war** no te puedes imaginar lo que pasó hoy; **für meine ~e** en mi opinión; **das ist mir ein ~** me suena; **schwer** [*o* **langsam**] **von ~ sein** (*fam*) ser corto de mollera; **im ~ sein etw zu tun** estar a punto de hacer algo
begriffen I. *pp von* **begreifen**

begrifflich 100 **behaupten**

II. *adj:* **in etw ~ sein** estar a punto de hacer algo; **die Gäste sind im Aufbruch ~** los invitados están a punto de marcharse
begrifflich *adj* conceptual, abstracto
Begriffsbildung *f* <-, -en> creación *f* de un concepto
begriffsstutzig *adj* lento, tardo (en comprender)
Begriffsstutzigkeit *f* <-, *ohne pl*> cerrilismo *m;* **die ~ dieses Kerls nervt mich!** ¡me saca de quicio que este tipo sea tan duro de mollera [*o* tan cerril]!; **Begriffsvermögen** *nt* <-s, *ohne pl*> facultad *f* de comprensión
begründen* *vt* ❶ (*Gründe aufführen*) justificar, basar (*mit* en); **wie willst du das ~?** ¿cómo lo quieres justificar?; **womit willst du das ~?** ¿en qué lo quieres basar?; **er begründete seine Meinung eingehend** justificó minuciosamente su opinión
❷ (*gründen*) fundar; **wohl begründet** (*geh*) (muy) bien fundado
Begründer(in) *m(f)* <-s, -; -, -nen> iniciador(a) *m(f)*, fundador(a) *m(f)*
begründet *adj* (*a.* JUR) fundado, legítimo; **in etw** *dat* **~ liegen** [*o* **sein**] fundarse en algo; **ich habe den ~en Verdacht, dass ...** tengo la fundada [*o* legítima] sospecha de que...; **dem Anspruch nach ist diese Klage ~** de [*o* por] derecho la demanda es legítima
Begründetheit *f* <-, *ohne pl*> (*a.* JUR) fundamentación *f*
Begründung *f* <-, -en> ❶ (*Grund*) motivo *m*, causa *f;* **ohne jede ~** sin motivación alguna; **einer Klage/eines Rechts** (JUR) fundamentación de una demanda/de un derecho; **eine ~ für etw angeben** declarar el motivo de algo
❷ (*Gründung*) fundación *f*
Begründungserfordernis *nt* <-ses, -se> (JUR) exigencia *f* de fundamentación; **Begründungspflicht** *f* <-, *ohne pl*> (JUR) obligación *f* de motivación
begründungspflichtig *adj* (JUR) de motivación obligatoria
Begründungszwang *m* <-(e)s, *ohne pl*> (JUR) deber *m* de motivación
begrünen* *vt* ajardinar
Begrünung *f* <-, -en> ajardinamiento *m*
begrüßen* *vt* ❶ (*Gast*) saludar, dar la bienvenida; **er wurde herzlich/unfreundlich begrüßt** fue saludado cordialmente/fríamente; **ich würde mich sehr freuen, Sie bei mir ~ zu dürfen** estaría encantado de poder recibirle en mi casa
❷ (*Vorschlag*) celebrar; **wir ~ es sehr, dass ...** celebramos mucho que... +*subj;* **es ist zu ~, dass ...** hay que celebrar que... +*subj;* **ich würde es ~, wenn ...** celebraría que... +*subj*
❸ (*Schweiz: zu Rate ziehen*) consultar; **in solchen Fragen ist zunächst die Geschäftsleitung zu ~** tales cuestiones deben consultarse en primer lugar a la dirección
begrüßenswert *adj* plausible; **es ist ~, dass ...** celebramos que... +*subj*
Begrüßung *f* <-, -en> saludo *m;* (*Empfang*) recibimiento *m;* **jdm zur ~ die Hand geben** dar a alguien la mano como saludo
Begrüßungsansprache *f* <-, -n> discurso *m* de bienvenida; **Begrüßungsgeld** *nt* <-(e)s, -er> dinero *m* de bienvenida
begucken* *vt* (*fam*) mirar
begünstigen* [bəˈgʏnstɪgən] *vt* ❶ (*förderlich sein*) favorecer, beneficiar; **er war vom Schicksal begünstigt** era un hombre de suerte
❷ (JUR: *Verbrechen*) encubrir
❸ (*bevorzugen*) favorecer, privilegiar
Begünstigte(r) *mf* <-n, -n; -n, -n> beneficiario, -a *m, f*
Begünstigtenklausel *f* <-, -n> (JUR) cláusula *f* de beneficio
Begünstigung *f* <-, -en> ❶ (*Förderung*) favorecimiento *m*
❷ (JUR) encubrimiento *m;* **im Amt** favorecimiento en el cargo
❸ (*Bevorzugung*) trato *m* preferente
begutachten* *vt* emitir un dictamen (sobre), examinar; **das lassen wir eingehend ~** haremos emitir un dictamen detallado
Begutachtung *f* <-, -en> dictamen *m*, inspección *f;* **sachverständige ~** dictamen pericial
begütert [bəˈgyːtɐt] *adj* acaudalado, adinerado; **sie gehört der eher ~en Schicht** an pertenece a la clase más bien adinerada
begütigen I. *adj* apaciguador
II. *adv* apaciguadoramente; **~ auf jdn einreden** apaciguar a alguien con palabras
behaart [bəˈhaːɐt] *adj* peludo, velludo; **stark ~** muy peludo, muy velludo
Behaarung *f* <-, -en> vellosidad *f*, pelo *m;* (*Tiere*) pelaje *m*
behäbig [bəˈhɛːbɪç] *adj* (*beleibt*) corpulento, grueso; (*phlegmatisch*) indolente, flemático
Behäbigkeit *f* <-, *ohne pl*> ❶ (*Körper*) corpulencia *f*
❷ (*Trägheit*) indolencia *f*, cachaza *f fam*
❸ (*Möbel*) comodidad *f*
behaftet [bəˈhaftət] *adj:* **mit etw ~ sein** tener algo; **mit einem Mangel ~ sein** tener un defecto; **mit einer Krankheit ~ sein** estar aquejado de [*o* por] una enfermedad, estar afectado por una enfermedad
behagen* [bəˈhaːgən] *vi:* **etw behagt jdm** algo agrada a alguien; **es behagt ihm nicht, morgens früh aufzustehen** le disgusta levantarse temprano por las mañanas
Behagen *nt* <-s, *ohne pl*> gusto *m*, satisfacción *f;* **mit sichtlichem ~** con evidente gusto
behaglich [bəˈhaːklɪç] *adj* ❶ (*Wärme*) agradable
❷ (*bequem*) cómodo, confortable; (*Leben*) desahogado, placentero; **hier kann man es sich wirklich ~ machen!** ¡aquí sí que puede uno ponerse cómodo!
Behaglichkeit *f* <-, *ohne pl*> confort *m*, comodidad *f*
Behaglichkeitszone *f* <-, -n> (BOT, ZOOL) zona *f* de placidez
behalten* *irr vt* ❶ (*nicht wegwerfen*) conservar, guardar
❷ (*Glanz, gute Laune, Wert*) mantener, conservar; (*Geheimnis*) guardar; **die Nerven ~** no perder los nervios
❸ (*sich merken*) retener (en la cabeza), quedarse (con) *fam;* **ich habe seine Telefonnummer nicht ~** no he retenido su número de teléfono en la cabeza
❹ (*nicht abgeben*) quedarse (con); (*Hut*) dejar puesto; **nach der Scheidung behielt sie die Kinder** después del divorcio se quedó con los hijos; **der Kranke kann nichts bei sich ~** el enfermo no puede retener alimento alguno; **~ Sie (doch) Platz!** ¡no se levante!; **jdn über Nacht ~** alojar a alguien; **er muss immer seinen Willen ~** siempre quiere salirse con la suya
Behälter [bəˈhɛltɐ] *m* <-s, ->, **Behältnis** *nt* <-ses, -se> ❶ (*Gefäß*) recipiente *m*, depósito *m*
❷ (*Container*) contenedor *m*, container *m*
behämmert [bəˈhɛmɐt] *adj* (*fam*) idiota, lelo
behänd(e)^{RR} [bəˈhɛnt, bəˈhɛndə] *adj* (*flink*) ágil; (*gewandt*) hábil, diestro
behandeln* *vt* ❶ (*Mensch, Thema, Material*) tratar (*mit* con); **die Fragestellung wurde ausführlich/flüchtig behandelt** el problema fue tratado exhaustivamente/de pasada; **das Gericht behandelt heute den Fall X gegen Y** el tribunal se ocupa hoy del caso X contra Y; **der ~de Arzt ist Dr. X** el médico que le trata es el Doctor X; **von wem werden Sie behandelt?** ¿quién le trata?; **er behandelt sie gut/schlecht** la trata bien/mal; **wir werden die Angelegenheit diskret ~** trataremos el asunto con discreción
❷ (*Krankheit*) tratar; (*heilen*) curar
behändigen* [bəˈhɛndɪgən] *vt* (*Schweiz: ergreifen*) coger, hacerse (con); **der Dieb behändigte alle ihre Juwelen** el ladrón se llevó todas sus joyas
Behändigkeit^{RR} *f* <-, *ohne pl*> destreza *f;* **mit großer ~** habilidosamente, con una gran habilidad
Behandlung *f* <-, -en> ❶ (*Umgang*) trato *m;* **bevorzugte ~** tratamiento preferente
❷ (*Therapie*) tratamiento *m;* (*Betreuung*) asistencia *f* médica; **ambulante/stationäre ~** tratamiento ambulatorio/hospitalario; **bei wem sind Sie in ~?** ¿con quién está usted en tratamiento?
❸ (*eines Themas*) tratamiento *m*
❹ (TECH) tratamiento *m*
behandlungsbedürftig *adj* (MED) que necesita tratamiento médico; **dieser Ausschlag ist ~** esta erupción necesita tratamiento médico
Behandlungsfehler *m* <-s, -> error *m* de tratamiento; **im Krankenhaus** error de tratamiento en el hospital; **Behandlungskosten** *pl* costes *mpl* del tratamiento; **Behandlungsmethode** *f* <-, -n> método *m* terapéutico; **Behandlungsplan** *m* <-(e)s, -pläne> (MED) plan *m* del tratamiento; **Behandlungsraum** *m* <-(e)s, -räume>, **Behandlungszimmer** *nt* <-s, -> sala *f* de curas
Behang [bəˈhaŋ] *m* <-(e)s, -hänge> (*Schmuck*) colgante *m;* (*Wand~*) elemento *m* decorativo
behangen *adj* cargado; **die Kirschbäume sind mit Früchten ~** los cerezos están cargados de frutos
behängen* I. *vt* decorar (*mit* con), adornar (*mit* con)
II. *vr:* **sich ~** (*fam abw*) llenarse (*mit* de); **sie behängt sich gerne mit Schmuck** le gusta ir muy enjoyada
beharren* [bəˈharən] *vi* insistir (*auf* en), obstinarse (*auf* en), emperrarse (*auf* en) *fam*, empalarse (*auf* en) *Chil;* **er beharrte darauf, dass ...** insistía en que...; **er muss aber auch immer bei seiner Meinung ~** pero es que siempre tiene que aferrarse a su opinión
beharrlich *adj* (*nachdrücklich*) insistente; (*standhaft*) constante, perseverante; **sie weigerte sich ~, das zu tun** se negó rotundamente a hacerlo
Beharrlichkeit *f* <-, *ohne pl*> ❶ (*Standhaftigkeit*) constancia *f*, perseverancia *f*
❷ (*Nachdruck*) insistencia *f*, ahínco *m*
Beharrungsvermögen *nt* <-s, -> perseverancia *f*, persistencia *f;* (PHYS) fuerza *f* de inercia
behauen <behaut, behaute, behauen> *vt* tallar, labrar
behaupten* [bəˈhaʊptən] **I.** *vt* ❶ (*These*) afirmar, sostener; **er behauptete steif und fest, dass ...** afirmó rotundamente que...; **es wird (von ihm) behauptet, dass ...** se dice (de él) que...

❷ (*Platz, Stelle*) defender; **die Aktien tendieren gut behauptet** la tendencia de las acciones está bien sostenida
II. *vr:* **sich ~** ❶ (*sich durchsetzen*) afirmarse, consolidarse; **sich gegen jdn ~** vencer a alguien
❷ (*Preise*) mantenerse firme
Behauptung *f* <-, -en> aseveración *f*, afirmación *f*; **eine ~ aufstellen** sostener una afirmación; **eine ~ zurücknehmen** retractarse de una afirmación; **~ auf dem Markt** (WIRTSCH) afirmación en el mercado
Behauptungslast *f* <-, *ohne pl*> (JUR) carga *f* de alegación
Behausung [bəˈhaʊzʊŋ] *f* <-, -en> (*geh*) morada *f*
Behaviorismus [bihɛɪviəˈrɪsmʊs] *m* <-, *ohne pl*> (PSYCH, LIT) conductismo *m*, behaviorismo *m*
behebbar *adj* subsanable
beheben* *irr vt* ❶ (*beseitigen*) eliminar; (*Missstand*) remediar; (*Schaden*) reparar; **das lässt sich leicht ~** esto tiene fácil remedio
❷ (*Österr: abheben*) retirar
Behebung[1] *f* <-, *ohne pl*> (*Beseitigung*) eliminación *f*; (*eines Schadens*) reparación *f*; **die ~ einer technischen Störung** la reparación de un fallo técnico; **die ~ offenkundiger Missstände** la eliminación de patentes anomalías
Behebung[2] *f* <-, -en> (*Österr:* FIN) retirada *f*; **die ~ einer großen Summe von einem Konto** la retirada de una gran suma de una cuenta
beheimatet [bəˈhaɪmaːtət] *adj* ❶ (*gebürtig*) oriundo (*in* de), natural (*in* de)
❷ (*wohnhaft*) establecido (*in* en)
beheizbar *adj:* **das Wohnzimmer ist nicht ~** no hay calefacción en la sala de estar
beheizen* *vt* calentar
Behelf [bəˈhɛlf] *m* <-(e)s, -e> recurso *m*, solución *f* de emergencia; **als ~ dienen** servir de recurso
behelfen* *irr vr:* **sich ~** defenderse (*mit* con, *ohne* sin), arreglárselas (*mit* con, *ohne* sin) *fam;* **da müssen wir uns mit einer Notlösung ~** tendremos que recurrir a una solución de emergencia
Behelfsausfahrt *f* <-, -en> salida *f* auxiliar
behelfsmäßig *adj* provisorio, provisional
behelligen* [bəˈhɛlɪɡən] *vt* molestar (*mit* con), incomodar (*mit* con)
behend(e) *adj s.* **behänd(e)**
Behendigkeit *f* <-, *ohne pl*> *s.* **Behändigkeit**
beherbergen* [bəˈhɛrbɛrɡən] *vt* alojar, hospedar
Beherbergung *f* <-, *ohne pl*> hospedaje *m*
Beherbergungsvertrag *m* <-(e)s, -träge> (JUR) contrato *m* de hospedaje
beherrschen* I. *vt* ❶ (*Macht haben*) dominar; (*regieren*) gobernar; **er beherrschte sie völlig** la dominaba enteramente
❷ (*zügeln*) controlar, dominar
❸ (*Handwerk, Sprache, Instrument*) conocer a fondo, dominar; (*Situation*) ser dueño (de), dominar; (*Stadtbild*) conocer, dominar
II. *vr:* **sich ~** (*sich zügeln*) contenerse, dominarse; **ich kann mich ~!** (*fam*) ¡no lo haré ni en sueños!
beherrscht *adj* controlado
Beherrschtheit *f* <-, *ohne pl*> autocontrol *m*
Beherrschung *f* <-, *ohne pl*> ❶ (*Selbst~*) autocontrol *m*, dominio *m* de sí mismo; **die ~ verlieren** perder el control
❷ (*Wissen, Können*) dominio *m*
❸ (WIRTSCH, COM) control *m;* **~ eines Marktes** control de un mercado
Beherrschungsvertrag *m* <-(e)s, -träge> (JUR) contrato *m* de dominio, pacto *m* de dominio
beherzigen* [bəˈhɛrtsɪɡən] *vt* tomar en consideración
beherzt [bəˈhɛrtst] *adj* resuelto, audaz
Beherztheit *f* <-, *ohne pl*> valentía *f*
behilflich *adj:* **jdm (bei etw) ~ sein** ayudar(le) a alguien (en algo); **darf ich Ihnen ~ sein?** ¿puedo ayudarle?
behindern* *vt* ❶ (*stören*) molestar, estorbar (*bei* en); (*Verkehr*) impedir, dificultar; (*Sicht*) dificultar
❷ (*verhindern*) entorpecer, impedir
behindert *adj* (*körperlich*) minusválido, disminuido físico; (*geistig*) retrasado, disminuido psíquico
Behinderte(r) *mf* <-n, -n; -n, -n> impedido, -a *m, f*, minusválido, -a *m, f*
Behindertenausweis *m* <-es, -e> carnet *m* de minusválido
behindertengerecht *adj* acondicionado para disminuidos
Behindertenparkplatz *m* <-es, -plätze> aparcamiento *m* para minusválidos; **Behinderten-WC** *nt* <-(s), -(s)> aseo(s) *m(pl)* para minusválidos; **Behindertenwerkstatt** *f* <-, -stätten> taller *m* para minusválidos
Behinderung *f* <-, -en> ❶ (*des Verkehrs*) impedimento *m;* (*einer Sache*) estorbo *m; ~* **des Wettbewerbs** obstaculización de la competencia; **unbillige ~** obstaculización contraria a la equidad; **mit ~en muss gerechnet werden** se debe contar con impedimentos
❷ (MED) minusvalía *f*

Behinderungsverbot *nt* <-(e)s, -e> prohibición *f* de obstaculización; **Behinderungswettbewerb** *m* <-(e)s, *ohne pl*> competencia *f* por obstaculización
Behörde [bəˈhøːɾdə] *f* <-, -n> ❶ (*Amt*) autoridad *f;* **örtliche ~** autoridad local; **die zuständige ~** la autoridad competente; **etw bei einer ~ anmelden** presentar algo ante una autoridad
❷ (*Gebäude*) administración *f*
Behördengang *m* <-(e)s, -gänge> visita *f* a un organismo oficial; **ein ~ steht noch an** aún queda por resolver un asunto burocrático
behördenintern *adj* reservado a las autoridades
Behördenweg *m* <-(e)s, -e> vía *f* administrativa; **Behördenwillkür** *f* <-, *ohne pl*> arbitrariedad *f* burocrática
behördlich [bəˈhøːɾɛtlɪç] *adj* oficial
behüten* *vt* (*schützen*) proteger (*vor* de), amparar (*vor* de); **behütet aufwachsen** crecer protegido de todo mal; **sie hat das Kind davor behütet, dass ...** protegió al niño de... +*inf*, protegió al niño de que... +*subj;* **Gott behüte!** ¡no lo quiera Dios!, ¡Dios nos libre!
behutsam [bəˈhuːtzaːm] I. *adj* (*sorgsam*) cuidadoso, concienzudo; (*rücksichtsvoll*) atento, considerado
II. *adv* con cautela, con precaución; **mit ihr muss man sehr ~ umgehen** con ella hay que andar con mucho cuidado
Behutsamkeit *f* <-, *ohne pl*> prudencia *f*, precaución *f*
bei [baɪ] *präp* +*dat* ❶ (*in der Nähe von*) cerca de, junto a; **in Unna ~ Dortmund** en Unna cerca de Dortmund; **die Schlacht ~ Leipzig** la batalla de Leipzig; **dicht ~ der Fabrik** junto a la fábrica; **ich saß ~ ihm** estuve sentado a su lado; **~ Tisch** a la mesa; **~m Bäcker** en la panadería
❷ (*für Firmen*) en; **sie arbeitet ~ der Bahn** trabaja en la compañía ferroviaria; **das ist ~ Klett erschienen** esto se publicó en Klett
❸ (*für Wohnbereich*) en casa de, con; **wir sind ~ Susanne zum Abendessen eingeladen** estamos invitados a cenar en casa de Susanne; **er wohnt ~ seinen Eltern** vive con sus padres; **~ uns zu Hause** en nuestra casa
❹ (*an sich tragend*) encima; **ich habe kein Geld ~ mir** no llevo dinero encima; **bist du ganz ~ dir** [*o* **~ Sinnen**]? (*fam*) ¿estás bien de la cabeza?
❺ (*während*) durante, en; **~ der Arbeit** durante el trabajo; **~ Nacht** durante la noche; **Vorsicht ~m Aussteigen!** ¡cuidado al bajar!; **~ Gelegenheit** alguna vez, en alguna ocasión; **~m Lesen des Artikels** al leer el artículo; **~ näherer Betrachtung** en un examen más detallado
❻ (*jemanden betreffend*): **das kommt oft ~ ihm vor** esto le sucede a menudo; **~ mir hast du damit kein Glück** estas artimañas no te valen conmigo; **~ Kräften sein** estar robusto; **du bist nicht recht ~ Trost** (*fam*) no estás en tus cabales
❼ (*mit*) con; **~ offenem Fenster schlafen** dormir con la ventana abierta; **~ seinen Fähigkeiten** con sus aptitudes; **~ deiner Erkältung bleibst du besser zu Hause** con tu resfriado es mejor que te quedes en casa
❽ (*falls*) en caso de; **~ Nebel** en caso de niebla; **„~ Feuer Scheibe einschlagen"** "en caso de incendio, rómpase el cristal"
bei|behalten* *irr vt* mantener, conservar
Beibehaltung *f* <-, *ohne pl*> conservación *f*, mantenimiento *m*
Beibehaltungswahlrecht *nt* <-(e)s, *ohne pl*> derecho *m* opcional de prórroga
bei|biegen *irr vt* (*fam*) comunicar con mucho tacto
Beiblatt *nt* <-(e)s, -blätter> hoja *f* adjunta; **die Preise entnehmen Sie bitte dem ~** los precios se encuentran en la hoja adjunta
Beiboot *nt* <-(e)s, -e> (NAUT) bote *m* de servicio [*o* auxiliar]
bei|bringen *irr vt* ❶ (*beschaffen*) aportar
❷ (*lehren*) enseñar; **jdm etw ~** enseñar algo a alguien; **dem werde ich es schon noch ~!** (*fam*) ¡ya le enseñaré yo a ése!
❸ (*mitteilen*) decir, comunicar; **wie soll ich ihm bloß ~, dass seine Frau einen Unfall hatte?** ¿cómo le digo que su mujer ha tenido un accidente?
❹ (*zufügen*): **jdm etw ~** causar algo a alguien
Beibringungsfrist *f* <-, -en> (JUR) plazo *m* de controversia; **Beibringungsgrundsatz** *m* <-es, *ohne pl*> (JUR) principio *m* de controversia
Beichte [ˈbaɪçtə] *f* <-, -n> (*a.* REL) confesión *f;* **zur ~ gehen** ir a confesar(se); **jdm die ~ abnehmen** oír la confesión de alguien
beichten *vi, vt* confesar(se); **jdm etw ~** confesarle algo a alguien
Beichtgeheimnis *nt* <-ses, -se> (REL) secreto *m* de confesión; **Beichtstuhl** *m* <-(e)s, -stühle> (REL) confes(i)onario *m;* **Beichtvater** *m* <-s, -väter> (REL) confesor *m*
beidarmig I. *adj* ❶ (SPORT) ambidextro, ambidiestro; **ein ~er Tennisspieler** un tenista que juega con las dos manos
❷ (MED) de ambos brazos; **eine ~e Amputation vornehmen** realizar la amputación de ambos brazos
II. *adv* ❶ (SPORT) con ambos brazos
❷ (MED) en ambos brazos
beidbeinig I. *adj* ❶ (SPORT) con ambas piernas; **~e Absprünge über das**

Pferd saltos sobre el potro con las dos piernas ❷ (MED) de ambas piernas; **eine ~e Operation durchführen** realizar una operación en las dos piernas II. *adv* ❶ (SPORT) con ambas piernas; **~ abspringen** saltar con las dos piernas ❷ (MED) en ambas piernas

beide ['baɪdə] *adj* los dos, ambos; **ihr habt ~ Recht** los/las dos tenéis razón; **wie geht es euch ~n ?** ¿como estáis vosotros dos?; **alle ~** ambos, los dos; **keiner von ~n** ni uno ni otro, ninguno de los dos; **ihre ~n Schwestern** sus dos hermanas, ambas hermanas; **~ Mal** en ambos casos, en ambas ocasiones

beidemal *adv* en ambos casos, en ambas ocasiones

beiderlei ['baɪdəlaɪ, '--'-] *adj inv* de los dos, de ambos; **~ Geschlechts** de ambos sexos

beiderseitig *adj* de [o por] ambas partes; (*gegenseitig*) recíproco, mutuo, bilateral; **in ~em Einvernehmen** de mutuo acuerdo

beiderseits I. *präp+gen* a ambos lados de; **~ des Rheins** a ambos lados [o en ambas orillas] del Rhin
II. *adv* de ambas partes; (*gegenseitig*) mutuamente, recíprocamente; **sie haben ~ versprochen nichts zu sagen** ambos/ambas prometieron no decir nada por su parte

beidfüßig I. *adj* ❶ (SPORT) con ambos pies; **ein ~er Absprung vom Sprungbrett** un salto desde el trampolín con los dos pies
❷ (MED) de ambos pies; **eine ~e Verletzung** una lesión en los dos pies
II. *adv* ❶ (SPORT) con ambos pies; **nach einem Sprung ~ aufkommen** aterrizar con los dos pies tras un salto
❷ (MED) en ambos pies

beidhändig I. *adj* ❶ (*links- und rechtshändig*) ambidextro, ambidiestro; (*a.* SPORT) con ambas manos; **eine ~e Rückhand** (*Tennis*) un revés con las dos manos
❷ (MED) de ambas manos
II. *adv* con ambas manos; (MED) en ambas manos

bei|drehen *vt* (NAUT) capear

beidseitig ['baɪtzaɪtɪç] *adj* de doble lado; (MED) de doble cara; **zur ~en Zufriedenheit** para satisfacción de ambas partes

beidseits *präp* (*südd, Schweiz*) *s.* **beiderseits**

beieinander [--'--] *adv* junto, reunido; **sie sind ~** están juntos; **die Familie ist ~** la familia está reunida; **(nicht) gut ~ sein** (*fam*) (no) encontrarse bien; **sie ist nicht mehr gut ~** (*fam*) ella ya chochea; **er ist gut ~** (*südd: fam: kräftig gebaut*) está bien cebado; **nicht ganz ~ sein** (*fam*) no estar bien de la cabeza; **zuerst müssen wir alle Unterlagen ~ haben** primero tenemos que reunir todos los documentos; **hast du das Geld für den Urlaub schon ~?** ¿ya has reunido el dinero para las vacaciones?; **ich glaube, du hast sie nicht mehr alle ~** (*fam*) creo que no estás del todo en tus cabales

beieinander|haben *irr vt s.* **beieinander**

beieinander|sein *irr vi sein s.* **beieinander**

Beifahrer(in) *m(f)* <-s, -; -, -nen> acompañante *mf*, copiloto *mf*

Beifahrerairbag *m* <-s, -s> (AUTO) airbag *m* para el acompañante; (*Lastwagen*) airbag *m* para el segundo conductor; **Beifahrersitz** *m* <-es, -e> asiento *m* de copiloto

Beifall *m* <-(e)s, *ohne pl*> ❶ (*Applaus*) ovación *f*; (*Akklamation*) aclamación *f*; **starker/lang anhaltender/rauschender/schwacher ~** un aplauso fuerte/largo/delirante/débil; **jdm ~ spenden** conceder una ovación a alguien; **er wurde mit tosendem** [*o* **stürmischem**] **Beifall begrüßt** se le recibió con un aplauso estruendoso [*o* atronador]
❷ (*Zustimmung*) aprobación *f*, favor *m;* **jds ~ finden** lograr la aprobación [*o* el favor] de alguien; **~ klatschen** aplaudir; **~ klopfen** *aplaudir golpeando la mesa con el puño*

beifallheischend ['baɪfalhaɪʃənt] *adj s.* **heischen**

beifällig ['baɪfɛlɪç] *adj* aprobatorio, favorable; **~ nicken** hacer un gesto aprobatorio con la cabeza; **~ bemerkt ...** dicho sea favorablemente...

Beifallsbekundung *f* <-, -en>, **Beifallsbezeigung** *f* <-, -en> demostraciones *fpl* de aprobación; **Beifallsruf** *m* <-(e)s, -e> ovación *f*, aclamación *f*; **Beifallssturm** *m* <-(e)s, -stürme> salva *f* de aplausos; **die Zuschauer brachen in einen wahren ~ aus** los espectadores estallaron en una verdadera salva de aplausos

Beifilm *m* <-(e)s, -e> cortometraje *m*, corto *m fam*

bei|fügen *vt* ❶ (*Unterlagen*) incluir, adjuntar, adosar *Am*
❷ (*dazusagen*) añadir

Beifügung[1] *f* <-, -en> (LING) atributo *m*

Beifügung[2] *f* <-, *ohne pl*> (*formal*): **unter ~ von etw** adjuntando algo

Beifuß *m* <-es, *ohne pl*> (BOT) artemisa *f*

Beigabe *f* <-, -n> añadido *m*

beige [be:ʃ] *adj* beige

Beige *f* <-, -n> (*Schweiz, südd: Stapel*) montón *m;* (*Stoß*) pelo *m*, pelillo *m*

bei|geben *irr* I. *vi* (*geh: sich fügen*) doblegarse, someterse (a); **klein ~** someterse, ceder

II. *vt* (*geh: hinzufügen*): **etw** *dat* **etw ~** añadir algo a algo; **der Suppe etwas mehr Salz ~** añadir un poco más de sal a la sopa

beigefarben *adj* (de color) beige

Beigeordnete(r) *mf* <-n, -n; -n, -n> (ADMIN, JUR) adjunto, -a *m, f*, delegado, -a *m, f*

Beigeschmack *m* <-(e)s, *ohne pl*> gustillo *m*, dejo *m;* **einen unangenehmen ~ haben** tener un regusto desagradable

Beignet [bɛn'je:] *m* <-s, -s> (GASTR) ≈buñuelo *m* (*loncha fina de pasta de harina rellena de fruta, carne u otras cosas que se enrolla y se fríe en aceite*)

Beiheft *nt* <-(e)s, -e> suplemento *m*

bei|heften *vt* adjuntar (con grapas)

Beihilfe[1] *f* <-, -n> (*finanzielle Unterstützung*) ayuda *f* (económica), subsidio *m;* (*zum Studium*) beca *f;* **~ aus öffentlichen Mitteln** subsidio con fondos públicos, subvención pública; **~ gewähren** conceder asistencia; **~ leisten** prestar auxilio

Beihilfe[2] *f* <-, *ohne pl*> (JUR) complicidad *f;* **~ zum Mord** complicidad en el asesinato; **~ leisten** actuar como cómplice; **sich der ~ schuldig machen** incurrir en complicidad

Beihilfeantrag *m* <-(e)s, -träge> solicitud *f* de ayuda; **Beihilfeempfänger(in)** *m(f)* <-s, -; -, -nen> beneficiario, -a *m, f* de la ayuda

Beiklang *m* <-(e)s, -klänge> sonido *m* (de fondo); (*fig*) alusión *f*

bei|kommen *irr vi sein* ❶ (*zu fassen bekommen*): **jdm ~** coger [*o* alcanzar] a alguien; **ihr ist einfach nicht beizukommen** no hay modo de acercarse a ella
❷ (*bewältigen*): **etw** *dat* **~** resolver algo

Beikost *f* <-, *ohne pl*> alimentación *f* suplementaria; **~ für Säuglinge** alimentación suplementaria para lactantes

beil. *Abk. von* **beiliegend** adjunto

Beil [baɪl] *nt* <-(e)s, -e> ❶ (*Axt*) hacha *f*
❷ (*Fall~*) guillotina *f*

bei|laden *irr vt* (JUR) llamar en causa

Beiladung *f* <-, -en> (JUR) llamada *f* en causa

Beilage *f* <-, -n> ❶ (PUBL) suplemento *m;* **die ~ vom Wochenende** el suplemento del fin de semana
❷ (GASTR) guarnición *f*
❸ (Österr: *zu einem Brief*) anexo *m*

beiläufig ['baɪlɔɪfɪç] I. *adj* ❶ (*Frage*) casual
❷ (Österr: *ungefähr*) aproximado
II. *adv* de paso; **~ gesagt** dicho sea de paso

Beiläufigkeit *f* <-, *ohne pl*> ❶ (*Nebensächlichkeit*) ocasionalidad *f*
❷ (*Gleichgültigkeit*) indiferencia *f*

bei|legen *vt* ❶ (*aus der Welt schaffen*) poner fin (a), concluir
❷ (*hinzulegen*) adjuntar, adosar *Am;* **etw** *dat* **etw ~** adjuntar algo a algo; **er legte dem Brief ein Foto bei** adjuntó una foto a la carta
❸ (*zuschreiben*) conceder, otorgar; **etw** *dat* **Gewicht/Wert ~** otorgarle peso/valor a algo

Beilegung *f* <-, -en> arreglo *m;* **~ eines Konflikts** arreglo de un conflicto; **~ der Rechtsstreitigkeiten** avenencia en el litigio jurídico; **~ eines Streiks** suspensión de una huelga; **gütliche ~** (JUR) conciliación amistosa, arreglo amistoso

beileibe [baɪ'laɪbə] *adv:* **~ nicht** en ningún caso

Beileid *nt* <-(e)s, *ohne pl*> pésame *m;* **mein aufrichtiges** [*o* **herzliches**] **~** mi más sincero pésame; **jdm sein ~ ausdrücken** [*o* **aussprechen**] dar el pésame a alguien

Beileidsbekundung *f* <-, -en> expresión *f* de condolencia; **Beileidsbesuch** *m* <-(e)s, -e> visita *f* de condolencia [*o* de pésame]; **jdm einen ~ machen** [*o* **abstatten**] visitar a alguien para dar el pésame [*o* para expresar su condolencia]; **Beileidsbrief** *m* <-(e)s, -e> carta *f* de pésame [*o* de condolencia]; **Beileidskarte** *f* <-, -n> tarjeta *f* de condolencia; **Beileidsschreiben** *nt* <-s, -> carta *f* de pésame [*o* de condolencia]

bei|liegen *irr vi* estar incluido

beiliegend *adj* adjunto; **~ senden wir Ihnen ...** le(s) remitimos adjunto...

beim [baɪm] = **bei dem** *s.* **bei**

bei|mengen *vt* añadir

bei|messen *irr vt* atribuir, conceder; **sie misst der Angelegenheit besondere Bedeutung bei** le concede una especial importancia al asunto

bei|mischen *vt* añadir, agregar

Beimischung[1] *f* <-, -en> (*beigemischte Sache*) añadidura *f*, añadido *m*

Beimischung[2] *f* <-, *ohne pl*> (*das Beimischen*) añadidura *f;* **unter ~ von ...** añadiendo...

Bein [baɪn] *nt* <-(e)s, -e> ❶ (*Körperteil*) pierna *f;* **die ~e übereinander schlagen** cruzar las piernas; **von einem ~ auf das andere treten** (*fam*) estar inquieto; **sich** *dat* **(k)ein ~ ausreißen** (*fam*) (no) matarse trabajando; **er stellt ihm ein ~** le pone la zancadilla; **mit einem ~ im Grab stehen** estar con un pie en la tumba; **sich** *dat* **die ~e in den**

Bauch stehen (*fam*) estar de plantón; **mit beiden ~en im Leben stehen** tener los pies en el suelo; **jdm ~e machen** (*fam*) echar a alguien; **die ~e in die Hand nehmen** (*fam*) salir escapado, salir disparado; **etw auf die ~e stellen** montar algo; **er kann sich kaum auf den ~en halten** apenas puede mantenerse en pie; **sie ist den ganzen Tag auf den ~en** lleva todo el día trabajando; **er ist schon wieder auf den ~en** ya se ha recuperado totalmente; **auf einem ~ kann man nicht stehen** (*prov*) no se pueden dejar las cosas a medias
❷ (*eines Tieres, Stuhls*) pata *f*
❸ (*geh: Knochen*) hueso *m*; **etw geht jdm durch Mark und ~** algo le parte el alma a alguien
beinah(e) ['baɪna:(ə), '-'-(-)] *adv* casi, por poco; **er hat es ~ geschafft** casi lo ha conseguido
Beinahezusammenstoß *m* <-es, -stöße> accidente *m* (*que estuvo a punto de suceder*)
Beiname *m* <-ns, -n> sobrenombre *m*
Beinamputation *f* <-, -en> amputación *f* de la pierna
beinamputiert ['baɪnʔamputiːɐt] *adj* mutilado de una pierna, paticojo *fam*
Beinarbeit *f* <-, *ohne pl*> (SPORT) juego *m* de piernas; **Beinbruch** *m* <-(e)s, -brüche> fractura *f* de la pierna; **das ist (doch) kein ~!** (*fam*) ¡no es para tanto!; **Hals- und ~!** ¡(buena) suerte!
beinern ['baɪnɐn] *adj* (*geh: aus Knochen*) de hueso; (*aus Elfenbein*) de marfil
Beinfreiheit *f* <-, *ohne pl*> espacio *m* para las piernas; **die Anordnung der Sitze lässt einem nicht genug ~** tal y como están colocados los asientos no queda espacio sufiente para las piernas; **in diesem Auto habe ich nicht genug ~** en este coche no tengo espacio suficiente para las piernas
beinhalten* [bəˈɪnhaltən] *vt* incluir, contener
beinhart *adj* (*Öster, südd: Mensch*) tenaz; (*Kampf*) duro
Beinhaus *nt* <-es, -häuser> osario *m*; **Beinprothese** *f* <-, -n> (MED) prótesis *f inv* de la pierna, pierna *f* artificial; **Beinschiene** *f* <-, -n> ❶ (MED) férula *f* (para una pierna) ❷ (SPORT) espinillera *f* ❸ (HIST) greba *f*; **Beinstumpf** *m* <-(e)s, -stümpfe> muñón *m* de la pierna
bei|ordnen *vt* ❶ (LING) coordinar
❷ (*beigeben*) agregar, asociar
Beiordnung *f* <-, -en> (JUR) agregación *f*, asignación *f*; **~ eines Rechtsanwalts/Richters** agregación de un abogado/juez
Beipack *m* <-(e)s, *ohne pl*> (WIRTSCH) bulto *m* adicional
Beipackzettel *m* <-s, -> hoja *f* de instrucciones
bei|pflichten ['baɪpflɪçtən] *vi*: **jdm ~** secundar a alguien; **einem Vorhaben ~** apoyar un proyecto; **er pflichtete ihr (darin) bei, dass ...** la secundó en que...
Beiprogramm *nt* <-(e)s, -e> programación *f* complementaria
Beirat ['baɪraːt] *m* <-(e)s, -räte> consejo *m* consultivo; **juristischer ~** consejo jurídico
Beiratssitzung *f* <-, -en> reunión *f* del consejo consultivo
Beiried *nt* <-(e)s, -e> (*Österr*) rosbif *m*
beirren* [baˈɪrən] *vt* desconcertar, confundir; **nichts konnte ihn in seinem Vorhaben ~** nada le hizo vacilar en su idea; **lass dich dadurch nicht ~!** ¡no te dejes confundir por eso!
Beirut [baɪˈruːt, '--] *nt* <-s> Beirut *m*
beisammen [baɪˈzamən] *adv* ❶ (*zusammen*) juntos, reunidos; **zu Weihnachten war die ganze Familie ~** por Navidad se reunió toda la familia
❷ (*in guter Verfassung*): **~ sein** (*körperlich*) estar fuerte; (*geistig*) estar cuerdo; **er ist noch nicht gut ~** aún está en sus cabales
beisammen|haben *irr vt* haber reunido [*o* juntado]; **ich habe alle Unterlagen beisammen** tengo todos los documentos juntos; **er hat sie nicht alle beisammen** (*fam*) no está bien de la cabeza
beisammen|sein *irr vi s.* **beisammen 2.**
Beisammensein *nt* <-s, *ohne pl*> reunión *f*
Beisatz *m* <-es, -sätze> (LING) aposición *f*; **Beischlaf** *m* <-(e)s, *ohne pl*> (*geh*) coito *m*; (JUR) cohabitación *f*; **außerehelicher ~** adulterio *m*; **Beischreibung** *f* <-, -en> (JUR) anotación *f* marginal; **~ im Geburten-/Familien-/Sterbebuch** anotación marginal en el registro de nacimientos/libro de familia/libro de defunciones; **Beisein** ['baɪzaɪn] *nt*: **in/ohne jds ~** en presencia/sin la presencia de alguien
beiseite [baɪˈzaɪtə] *adv* a un lado, aparte; **~ gehen** irse a un lado; **Geld ~ legen** ahorrar dinero; **Spaß ~!** ¡bromas aparte!; **jdn ~ nehmen** hablar a solas con alguien
Beis(e)l *nt* <-s, -(n)> (*Österr: Kneipe*) taberna *f*, hospedería *f*
bei|setzen *vt* (*geh*) inhumar, dar sepultura
Beisetzung *f* <-, -en> sepelio *m*, inhumación *f*
Beisitzer(in) *m(f)* <-s, -; -, -nen> ❶ (*am Gericht*) asesor(a) *m(f)*; **sachverständiger ~** asesor pericial
❷ (*eines Ausschusses*) vocal *mf*
Beispiel *nt* <-(e)s, -e> ejemplo *m*; **(wie) zum ~** (como) por ejemplo; **ein treffendes ~** un ejemplo acertado; **das ist ohne ~** esto no tiene precedente; **jdm ein ~ geben** dar ejemplo a alguien; **an ihm kannst du dir ein ~ nehmen** puedes tomar ejemplo de él; **an mir nimmst du dir lieber kein ~** que yo no te sirva de ejemplo; **mit gutem ~ vorangehen** predicar con el ejemplo
beispielhaft *adj* ejemplar, modelo
beispiellos *adj* sin precedente; (*unerhört*) inaudito; (*unvergleichbar*) sin igual, sin par
Beispielsatz *m* <-es, -sätze> ejemplo *m*, modelo *m*
beispielsweise *adv* por ejemplo
bei|springen *irr vi sein* ❶ (*aushelfen*) ayudar (a)
❷ (*zur Hilfe kommen*) acudir en ayuda (a)
Beispruchsrecht *nt* <-(e)s, *ohne pl*> (JUR) derecho *m* de oposición
beißen ['baɪsən] <beißt, biss, gebissen> I. *vi*, *vt* (*zubeißen*) morder; **in den Apfel ~** morder la manzana; **ich habe mir auf die Zunge gebissen** me mordí la lengua; **er wird dich schon nicht ~** (*fig*) que no te va a morder; **nichts zu ~ haben** (*fam*) no tener nada que llevarse a la boca
II. *vi* (*Geruch, Geschmack*) picar; **der Rauch beißt in den Augen** me pican los ojos del humo
III. *vr*: **sich ~** (*fam: Farben*) desentonar, no armonizar; **diese rote Bluse beißt sich mit dem grünen Rock** esta blusa roja se da de bofetadas con la falda verde
beißend *adj* (*Geschmack*) picante, mordaz; (*Geruch, Qualm*) fuerte, picante; (*Spott*) mordaz, agudo
Beißerchen *nt* <-s, -> (*fam*) dientecito *m*; **der Kleine bekommt die ersten ~** al nene le están saliendo los primeros dientecitos
Beißring *m* <-(e)s, -e> mordedor *m*; **Beißzange** *f* <-, -n> tenazas *fpl*
Beistand *m* <-(e)s, -stände> ❶ (*geh: Hilfe*) ayuda *f*; (*Unterstützung*) apoyo *m*; **jdm ~ leisten** prestar ayuda a alguien; **seelischer ~** ayuda espiritual
❷ (JUR) asistencia *f*; (*Beratung*) asesoramiento *m*; **rechtlicher ~** asistencia jurídica
Beistandschaft *f* <-, -en> (JUR) asistencia *f*
Beistandskredit *m* <-(e)s, -e> (WIRTSCH) crédito *m* de apoyo; **Beistandspakt** *m* <-(e)s, -e> (POL) pacto *m* de (mutua) asistencia; **Beistandsvertrag** *m* <-(e)s, -träge> (POL) acuerdo *m* de asistencia mutua
bei|stehen *irr vi*: **jdm ~** apoyar a alguien, ayudar a alguien
bei|stellen *vt* (*Österr: zur Verfügung stellen*) poner a disposición
Beistellmöbel *nt* <-s, -> mueble *m* auxiliar; **Beistelltisch** *m* <-(e)s, -e> mesa *f* auxiliar
bei|steuern *vt* contribuir con (*zu* a); **sie hat zu der Sammlung einiges beigesteuert** ha contribuido con algunas piezas a esta colección
bei|stimmen *vi* (*zustimmen*) aprobar, dar la razón
Beistrich *m* <-(e)s, -e> (*Österr: Komma*) coma *f*
Beitel ['baɪtəl] *m* <-s, -> formón *m* de carpintero; (*Kant~*) escoplo *m*; (*Hohl~*) gubia *f*
Beitrag ['baɪtraːk] *m* <-(e)s, -träge> ❶ (*Anteil, Mitwirkung*) contribución *f*, aportación *f*; **seinen ~ zu etw leisten** contribuir a algo
❷ (*Geldbetrag*) cuota *f*; **anteilmäßiger/noch fälliger ~** cuota proporcional/a pagar; **wesentlicher ~** contribución importante; **Beiträge erheben** cobrar cuotas
❸ (*Aufsatz, Artikel*) artículo *m*
bei|tragen *irr vt* contribuir (*zu* a), ayudar (*zu* a); **das trägt dazu bei die Lage zu verbessern** esto ayuda a mejorar la situación; **damit trägst du nicht gerade dazu bei, dass er sich beruhigt** con esto no contribuyes precisamente a que se tranquilice
Beitragsanspruch *m* <-(e)s, -sprüche> (FIN, JUR) derecho *m* de cotización; **Beitragsaufkommen** *nt* <-s, -> ingresos *mpl* de las cuotas; **Beitragsbemessungsgrenze** *f* <-, -n> base *f* de cotización
beitragsfrei *adj* libre de contribuciones
Beitragsgruppe *f* <-, -n>, **Beitragsklasse** *f* <-, -n> (*Versicherung*) clase *f* de cotización; **Beitragspflicht** *f* <-, -en> (FIN) obligación *f* de cotización
beitragspflichtig *adj* sujeto a pago
Beitragsrückerstattung *f* <-, -en> (FIN) devolución *f* de primas, reembolso *m* de las cuotas; **Beitragssatz** *m* <-es, -sätze> (FIN) cuota *f*; **Beitragsstaffelung** *f* <-, -en> escalonamiento *m* de las cuotas; **Beitragszahler(in)** *m(f)* <-s, -; -, -nen> contribuyente *mf*; **Beitragszahlung** *f* <-, -en> contribución *f*, cotización *f*; **~en an die Sozialversicherung** cotizaciones a la Seguridad Social; **Beitragszahlungspflicht** *f* <-, -en> obligación *f* de pagar la cotización
Beitragszeit *f* <-, -en> periodo *m* de cotización
beitreibbar *adj* (JUR) recaudable
bei|treiben *irr vt* (JUR) cobrar [*o* recaudar] (por vía de apremio)
Beitreibung *f* <-, -en> (JUR) recaudación *f*, cobro *m*; **Verzicht auf ~** renuncia a la recaudación
Beitreibungskosten *pl* (JUR) costes *mpl* de recaudación; **Beitrei-**

beitreten 104 **beklecksen**

bungsverfahren nt <-s, -> (JUR) procedimiento m de recaudación
bei|treten irr vi sein ❶ (einem Pakt) adherirse (a)
❷ (einer Organisation) ingresar (en); (einer Partei) afiliarse (a)
Beitritt m <-(e)s, -e> adhesión f (zu a), ingreso m (zu en); (zu einer Partei) afiliación f (zu a); **seinen ~ erklären** ingresar
Beitrittsakt m <-(e), -e> (a. POL) acto m de afiliación [o adhesión]; **Beitrittsantrag** m <-(e)s, -e> (JUR) solicitud f de alta [o afiliación]; **Beitrittsbedingungen** fpl (JUR) condiciones fpl de adhesión [o afiliación]; **Beitrittserklärung** f <-, -en> declaración f de ingreso [o adhesión]; **Beitrittsgebiet** nt <-(e)s, -e> zona de la Alemania Oriental que adoptó la constitución de la Alemania Occidental después de la reunificación; **Beitrittsgesuch** nt <-(e)s, -e> solicitud f de ingreso; **Beitrittsland** nt <-(e)s, -länder> (EU, POL) candidato m; **derzeit laufen die Verhandlungen mit den neuen Beitrittsländern** actualmente, se están llevando a cabo las negociaciones con los nuevos candidatos; **Beitrittspflicht** f <-, ohne pl> (JUR) obligación f de adhesión [o afiliación]; **Beitrittsurkunde** f <-, -n> (JUR) instrumento m de adhesión, documento m de alta [o afiliación]; **Beitrittsverfahren** nt <-s, -> (JUR) procedimiento m de adhesión [o afiliación]
Beitrittsvertrag m <-(e)s, -träge> (JUR) contrato m de adhesión, tratado m de incorporación
Beiwagen m <-s, -> sidecar m
Beiwagenfahrer(in) m(f) <-s, -; -, -nen> pasajero, -a m, f del sidecar
Beiwerk nt <-(e)s, -e> (geh) accesorio m; **als schmückendes ~ dienen** servir de adorno
bei|wohnen vi (geh) asistir (a), presenciar
Beiwohnung f <-, -en> (JUR) cohabitación f
Beiwort nt <-(e)s, -wörter> (LING) ❶ (beschreibendes Wort) epíteto m
❷ (Adjektiv) adjetivo m
Beiz f <-, -en> (Schweiz, südd: fam: Kneipe) tasca f, taberna f
Beize ['baɪtsə] f <-, -n> ❶ (für Metall) decapante m; (für Textilien) mordiente m
❷ (für Holz) barniz m
❸ (zum Gerben) adobo m
❹ (GASTR) escabeche m
❺ (reg: Kneipe) bar m, tasca f
beizeiten [baɪ'tsaɪtən] adv a tiempo, antes de que sea tarde
beizen ['baɪtsən] vt ❶ (Metall) decapar; (Textilien) tratar con mordiente
❷ (Holz) barnizar
❸ (GASTR) adobar, escabechar
Beiziehung f <-, ohne pl> (JUR) aportación f; **~ von Akten** aportación de actas
Beizjagd f <-, -en> cetrería f
Beizmittel nt <-s, -> (sustancia f) decapante m, sustancia f astringente
Beizvogel m <-s, -vögel> ave f de cetrería
bejahen* [bə'jaːən] vt ❶ (Frage) contestar afirmativamente
❷ (Leben, Vorschlag) decir que sí (a); **das Leben ~** decir que sí a la vida
bejahend adj afirmativo; **ein ~es Nicken** un movimiento afirmativo con la cabeza; **mit einem ~en Nicken** inclinando la cabeza (en señal de asentimiento); **er gab ein ~es Nicken** asintió con [o inclinando] la cabeza
bejahrt [bə'jaːɐt] adj (geh) entrado en años, de edad avanzada
Bejahung f <-, -en> ❶ (Antwort) respuesta f afirmativa
❷ (Befürwortung) aceptación f; **wer ist für eine ~ der vorgeschlagenen Maßnahmen?** ¿quién está a favor de aceptar las medidas propuestas?
bejammern* vt lamentar, deplorar
bejammernswert, bejammernswürdig adj lamentable, deplorable
bejubeln* vt ovacionar, vitorear
bekakeln* vt (reg: fam) hablar (de); **das müssen wir noch ~** eso tenemos que hablarlo todavía; **lass uns mal ausführlich ~, was/wann/wie …** vamos a hablar de qué/cuándo/cómo…
bekämpfen* vt combatir, luchar (contra); **sich gegenseitig ~** combatirse mutuamente
Bekämpfung f <-, -en> lucha f (von contra); **die ~ der Kriminalität** la lucha contra el crimen; **Mittel zur ~ von Blattläusen** insecticida contra pulgones
Bekämpfungsmaßnahme f <-, -n> (ÖKOL) medida f de combate
bekannt [bə'kant] I. pp von **bekennen**
II. adj ❶ (Person) conocido, popular; (Sache) conocido, sabido; **~ geben** dar a conocer; (veröffentlichen) hacer público; **~ machen** hacer saber; (öffentlich) publicar, divulgar; **~ werden** divulgarse, (llegar a) conocerse; **wohl ~** (geh) muy [o bien] conocido; **das ist uns wohl ~** lo conocemos muy bien; **als ~ voraussetzen** dar por sabido; **das kommt mir ~ vor** me suena de algo; **wir sind seit langem (miteinander) ~** nos conocemos desde hace mucho tiempo; **darf ich Sie mit Herrn X ~ machen?** ¿puedo presentarle al señor X?
❷ (berühmt) famoso (für por); **das Hotel ist für sein gutes Essen ~** el hotel tiene fama por su buena cocina; **sie ist dafür ~, dass sie immer zu spät kommt** es famosa por llegar siempre tarde
Bekannte(r) mf <-n, -n; -n, -n> conocido, -a m, f; **ein ~r von mir** un conocido mío
Bekanntenkreis m <-es, -e> (círculo m de) conocidos mpl; **einen großen ~ haben** tener muchos conocidos
bekanntermaßen adv s. **bekanntlich**
Bekanntgabe f <-, -n> notificación f, comunicado m; (in einer Zeitung) publicación f; **~ von Urkunden** (JUR) notificación de los autos
bekannt|geben irr vt s. **bekannt II.1.**
Bekanntheit f <-, ohne pl> popularidad f; **ein Name von großer ~** un nombre muy popular; **die ~ von Fakten** el conocimiento de los hechos; **durch diesen Vorfall kam der Ort zu einiger ~** por este suceso cobró el lugar cierta notoriedad
Bekanntheitsgrad m <-(e)s, -e> (grado m de) familiaridad f; **einen hohen/niedrigen ~ haben** tener mucha/poca familiaridad
bekanntlich adv como es sabido
bekannt|machen vt s. **bekannt II.1.**
Bekanntmachung f <-, -en> ❶ (Veröffentlichung) publicación f, notificación f; (eines Gesetzes) promulgación f; **öffentliche ~** notificación pública
❷ (amtlicher Anschlag) edicto m, bando m; **gerichtliche ~en** edictos judiciales
Bekanntmachungsgebühr f <-, -en> (FIN) derechos mpl de publicación
Bekanntschaft f <-, -en> ❶ (persönliche Beziehung) relación f amistosa, amistad f; **jds ~ machen** conocer a alguien, trabar conocimiento con alguien geh
❷ (Bekannter) conocido, -a m, f
bekannt|werden irr vi sein s. **bekannt II.1.**
bekehren* I. vt ❶ (REL) convertir (zu a)
❷ (zu einer Ansicht) hacer adoptar
II. vr: **sich ~** convertirse (zu a)
Bekehrte(r) mf <-n, -n; -n, -n> (REL) converso, -a m, f, convertido, -a m, f
Bekehrung f <-, -en> (REL) conversión f
bekennen* irr I. vt (zugeben) confesar, reconocer; (Attentat) reivindicar; **ich bekenne, dass …** confieso que…; **Farbe ~** (fam) quitarse la careta
II. vr: **sich ~** ❶ (eintreten für) declararse (zu en favor de); **er bekennt sich zur Demokratie** se declara en favor de la democracia
❷ (einstehen für) confesar, declararse; **ich bekenne mich schuldig** me confieso culpable, confieso que soy culpable
Bekenner(in) m(f) <-s, -; -, -nen> (REL) prosélito, -a m; **ein ~ seines Glaubens sein** profesar [o confesar públicamente] su religión
Bekenneranruf m <-(e)s, -e> llamada f de reivindicación; **Bekennerbrief** m <-(e)s, -e> carta f de reivindicación
Bekennerin f <-, -nen> s. **Bekenner**
Bekennerschreiben nt <-s, -> s. **Bekennerbrief**
Bekenntnis nt <-ses, -se> (a. REL) confesión f; (Erklärung) declaración f (zu en favor de); **~ zur Marktwirtschaft** adhesión a la economía de mercado
Bekenntnisfreiheit f <-, ohne pl> (REL) libertad f de cultos, libertad f religiosa
bekenntnislos adj ateo
Bekenntnisschule f <-, -n> colegio m confesional, escuela f confesional
bekieken* vt (nordd) contemplar, mirar bien
beklagen* I. vt (Unglück, Schaden) lamentar; **es sind keine Menschenleben zu ~** no hay que lamentar víctimas
II. vr: **sich ~** lamentarse (über de); (sich beschweren) quejarse (über de); **ich kann mich nicht ~** no me puedo quejar; **er hat sich bei seinen Eltern darüber beklagt** se quejó de ello a sus padres
beklagenswert, beklagenswürdig adj lamentable, deplorable
beklagt adj (JUR) demandado; **ein Anwalt vertrat die ~e Partei** un abogado representó a la parte demandada
Beklagte(r) [bə'klaːktə] mf <-n, -n; -n, -n> (JUR) demandado, -a m, f
Beklagtenvorbringen nt <-s, ohne pl> (JUR) aducciones mpl del demandado
beklatschen* vt (applaudieren) aplaudir
beklauen* vt (fam) robar; **jdn ~** mangar a alguien
bekleben* vt pegar (mit con); **etw mit Papier ~** forrar algo con papel; **etw mit Aufklebern ~** pegar adhesivos en algo
bekleckern* I. vt (fam) manchar (mit con/de); (beschmieren) pringar (mit con/de); **ich habe mir meine Hose bekleckert** me he manchado el pantalón
II. vr: **sich ~** mancharse (mit de), pringarse (mit de); **er hat sich nicht gerade mit Ruhm bekleckert** (iron) no se ha cubierto de gloria precisamente
beklecksen* I. vt pringar (mit de/con) fam; **etw mit Farbe ~** manchar

algo de pintura
II. *vr:* **sich** ~ ensuciarse (*mit* de/con), pringarse (*mit* de) *fam*
bekleiden* *vt* ❶ (*geh: Amt, Rang*) ocupar
❷ (*anziehen*) vestir; **leicht bekleidet** con ropa ligera; **mit etw** *dat* **bekleidet sein** estar [*o ir*] vestido con algo, llevar algo puesto; **er war nur mit einer Hose bekleidet** sólo tenía [*o llevaba*] puesto un pantalón
❸ (*bedecken*) revestir (*mit* de)
Bekleidung¹ *f* <-, *ohne pl*> (*eines Amtes*) ejercicio *m* (de cargo)
Bekleidung² *f* <-, -en> ❶ (*Kleidung*) ropa *f*, vestidos *mpl*
❷ (*Bedeckung*) revestimiento *m*
Bekleidungsindustrie *f* <-, -n> industria *f* de la confección; **Bekleidungsstück** *nt* <-(e)s, -e> prenda *f* de vestir
beklemmend *adj* angustioso, agobiante; (*bedrückend*) oprimente, opresivo
Beklemmung *f* <-, -en> agobio *m*, angustia *f*; prendimiento *m Chil*; (*physisch*) opresión *f*; ~ **en bekommen** sentir angustias
beklommen [bəˈklɔmən] *adj* agobiado, oprimido; (*bedrückt*) abatido, deprimido
Beklommenheit *f* <-, -en> opresión *f*, angustia *f*
beklopfen* *vt* (*Brust*) percutir
bekloppt [bəˈklɔpt] *adj* (*fam*) como una cabra [*o* una chota]; ~ **sein** estar pirado
Bekloppte(r) *mf* <-n, -n; -n, -n> (*fam*) loco, -a *m, f*, chiflado, -a *m, f*
beknackt *adj* (*fam*) ido, alelado, idiotizado
beknien* *vt* (*fam*) pedir de rodillas, suplicar
bekochen* *vt* cocinar; **am Wochenende bekocht mich mein Mann** el fin de semana cocina mi marido para mí
bekommen* *irr* I. *vt* ❶ (*erhalten*) recibir; (*Recht, Einblick*) obtener, conseguir; **ich habe nichts davon zu sehen** ~ no he podido ver nada; **du wirst ihn nicht zu Gesicht** ~ no vas a conseguir verle; **was** ~ **Sie (dafür)?** ¿cuánto le debo?; **sie bekommt 15 Euro (für) die Stunde** le pagan 15 euros la hora; **etw zu essen** ~ recibir algo de comer; **ich habe es geschenkt** ~ me lo han regalado; **eine Ohrfeige** ~ recibir una bofetada; **er bekam ein Jahr Gefängnis** le cayó un año de cárcel
❷ (*Zug*) coger, alcanzar, pillar *sl;* **er hat den Bus noch** ~ cogió el autobús por los pelos; **wenn ich ihn zu fassen bekomme** como le coja
❸ (*Krankheit*) contraer; (*Komplexe*) desarrollar; (*Zähne*) echar, salir; **ein Kind** ~ tener un hijo; **er bekommt graue Haare** le salen canas; **er bekommt eine Glatze** se está quedando calvo; **wir** ~ **anderes Wetter** tendremos un cambio de tiempo; **er bekam Hunger/Angst** le entró hambre/miedo; **er bekam Lust schwimmen zu gehen** le entraron ganas de ir a nadar; **wenn du das machst, bekommst du es mit mir zu tun** como hagas eso, te las vas a ver conmigo; **ich bekomme ihn nicht dazu mir zu helfen** no consigo que me ayude
II. *vi* ❶ (*bedient werden*) ~ **Sie schon?** ¿ya le atienden?
❷ *sein* (*Speisen*): **jdm gut/schlecht** ~ sentar(le) bien/mal a alguien; **das Essen ist mir nicht** ~ la comida no me ha sentado bien; **wohl bekomm's!** ¡que aproveche!
bekömmlich [bəˈkœmlɪç] *adj* (*Speisen*): **leicht** ~ fácil de digerir, ligero; **schwer** ~ indigesto
Bekömmlichkeit *f* <-, *ohne pl*> (GASTR) digestibilidad *f;* **zur besseren** ~ para digerir mejor
beköstigen* [bəˈkœstɪgən] *vt* alimentar, mantener
Beköstigung *f* <-, -en> ❶ (*das Beköstigen*) alimentación *f;* **der Küchenchef plante die** ~ **von 200 Personen** el jefe de cocina planeó cómo alimentar a 200 personas
❷ (*Kost*) comida *f;* **die** ~ **in diesem Restaurant ist vorzüglich** la comida en este restaurante es deliciosa
bekräftigen* *vt* confirmar, afirmar; **etw nochmals** ~ reafirmar algo, corroborar algo; **die Ereignisse haben mich in meinem Vorhaben bekräftigt** los sucesos me han confirmado en mis intenciones; **sie bekräftigte ihre Worte mit einem Handschlag** ratificó sus palabras con un apretón de manos
Bekräftigung *f* <-, -en> apoyo *m*, confirmación *f;* **eidesgleiche** ~ (JUR) corroboración similar a jurada; **zur** ~ **seiner Äußerung hob er die Hand** para ratificar su declaración levantó la mano
bekränzen* [bəˈkrɛntsən] *vt* coronar (*mit* de), enguirnaldar
bekreuzigen* *vr:* **sich** ~ santiguarse, hacer la señal de la cruz
bekriegen* *vt* hacer la guerra (a); (*bekämpfen*) combatir, luchar (contra); **sie** ~ **sich gegenseitig** se combaten el uno al otro
bekritteln* [bəˈkrɪtəln] *vt* (*abw*) chismorrear
bekritzeln* *vt* garabatear (en), hacer garabatos (en)
bekümmern* *vt* (*besorgt machen*) preocupar, turbar; (*beunruhigen*) intranquilizar; **das bekümmert ihn gar nicht** no le preocupa en absoluto
bekümmert *adj* (*besorgt*) preocupado (*über* por); (*betrübt*) afligido (*über* por)
bekunden* [bəˈkʊndən] *vt* ❶ (*geh: Absicht, Mitgefühl*) mostrar, manifestar; **durch etw seine Begeisterung/seine Sympathie/seine Teilnahme** ~ mostrar su entusiasmo/su simpatía/su interés mediante algo [*o* haciendo algo]
❷ (JUR: *bezeugen*) testificar
Bekundung *f* <-, -en> manifestación *f;* **sie dankte allen für die** ~ **ihrer Anteilnahme** agradeció a todos sus manifestaciones de condolencia
belächeln* *vt* reírse (de), mofarse (de)
belachen* *vt* reír; (*verspotten*) burlarse (de); **diese nette Anekdote wurde von allen belacht** todos rieron la simpática anécdota; **was lachst du so blöd? belachst du etwa mich?** ¿por qué te ríes como un tonto? ¿acaso te burlas de mí?
Beladefrist *f* <-, -en> (WIRTSCH) plazo *m* de carga
beladen* *irr* I. *vt* cargar (*mit* de/con); **hoch** ~ cargar al máximo; **schwer** ~ **sein** ir muy cargado
II. *vr:* **sich** ~ cargar (*mit* con), cargarse (*mit* de); **sich mit Schuld** ~ cargar con la(s) culpa(s); **sich mit Sorgen** ~ cargarse de preocupaciones
Belag [bəˈlaːk, *pl:* bəˈlɛːgə] *m* <-(e)s, -läge> (*Zungen~*) saburra *f;* (*Zahn~*) sarro *m;* (*Straßen~, Fußboden~*) pavimento *m;* (*Brems~, Fußboden~*) revestimiento *m;* (*Brot~*) para poner en el pan: fiambre, queso, chocolate
Belagerer, -in [bəˈlaːgərɐ] *m, f* <-s, -; -, -nen> sitiador(a) *m(f)*
belagern* [bəˈlaːgɐn] *vt* ❶ (MIL) sitiar, cercar
❷ (*fam: sich drängen*) rodear, acorralar
Belagerung *f* <-, -en> (MIL) sitio *m*, cerco *m*
Belagerungszustand *m* <-(e)s, -stände> (JUR) estado *m* de sitio; **über das ganze Land wurde der** ~ **verhängt** se declaró el estado de sitio en todo el país
belämmert^RR [bəˈlɛmɐt] *adj* (*fam*) ❶ (*verlegen*) confuso, cortado; (*eingeschüchtert*) intimidado
❷ (*scheußlich*) horrible; (*abstoßend*) repugnante
Belang [bəˈlaŋ] *m* <-(e)s, *ohne pl*> (*Bedeutung*) importancia *f;* **etw ist von/ohne** ~ **für jdn/etw** algo es de/carece de importancia para alguien/algo; **nichts von** ~ nada de importancia
belangbar *adj* (JUR) perseguible
Belange *mpl* (*Angelegenheiten*) intereses *mpl;* **öffentliche** ~ intereses públicos; **jds** ~ **vertreten** representar los intereses de alguien
belangen* *vt* (JUR) demandar judicialmente; **dafür kann man nicht belangt werden** uno no puede ser demandado judicialmente por esto
belanglos *adj* sin importancia, irrelevante; **ein ~er Film** una película intrascendente
Belanglosigkeit *f* <-, -en> insignificancia *f*, intrascendencia *f;* **über ~en sprechen** hablar de nadería
belassen* *irr vt* dejar; **wir wollen es dabei** ~ dejémoslo así; **alles beim Alten** ~ dejar las cosas como estaban; **jdn in dem Glauben** ~, **dass** ... dejar a alguien en su creencia de que…
belastbar *adj* ❶ (*Material*) resistente; **eine bis zu zehn Tonnen ~e Brücke** un puente con una capacidad de carga de diez toneladas
❷ (*Mensch*) fuerte, resistente; **sehr** ~ **sein** tener mucho aguante *fam;* **sie ist nicht gerade** ~ no es (una mujer) muy fuerte; **die Umwelt ist nicht weiter** ~ no se puede sobrecargar más el medio ambiente
❸ (*Konto*) debitable
Belastbarkeit *f* <-, *ohne pl*> (capacidad *f* de) resistencia *f*, aguante *m fam*
belasten* I. *vt* ❶ (JUR: *beschuldigen*) imputar, incriminar; **~des Material** material incriminatorio
❷ (*mit Gewicht*) cargar
❸ (*bedrücken*) pesar; (*nervlich*) agobiar, cansar; **zu viel Verantwortung belastet ihn** le pesa la excesiva responsabilidad; **damit belaste ich mich nicht** no me agobio con eso
❹ (ÖKOL) contaminar; **die Luft ist mit Schadstoffen belastet** la atmósfera está contaminada por gases nocivos
❺ (FIN: *Grundstück*) hipotecar, gravar; (*Konto*) debitar; **etw nachträglich** ~ gravar [*o* cargar] algo posteriormente; **jdn mit einem Betrag** ~ cargar un importe en la cuenta de alguien
II. *vr:* **sich** ~ ❶ (JUR) endeudarse, empeñarse
❷ (*sich aufbürden*): **sich mit etw** ~ cargarse de algo
belästigen* [bəˈlɛstɪgən] *vt* molestar (*mit* con), importunar (*mit* con), bruñir *Am*, enchilar *MAm, Mex;* **sie wurde auf der Straße belästigt** fue molestada en la calle; **wir wollen Sie nicht weiter** ~ no queremos molestarle más
Belästiger(in) *m(f)* <-s, -; -, -nen> (JUR) acosador(a) *m(f)*
Belästigung *f* <-, -en> molestia *f*, odiosidad *f Am;* **sexuelle** ~ acoso sexual; **etw als (eine)** ~ **empfinden** sentir algo como una molestia
Belastung [bəˈlastʊŋ] *f* <-, -en> ❶ (PSYCH) carga *f;* **sie war diesen ~en nicht gewachsen** no estaba hecha para esa carga
❷ (JUR) cargo *m*
❸ (ÖKOL) perjuicio *m* para el medio ambiente; **kritische/thermische** ~ esfuerzo crítico/térmico; ~ **mit organischen Stoffen** carga con sustancias orgánicas

Belastungsanzeige ④ (MED: *Kreislauf, Organ*) sobrecarga *f*
⑤ (FIN, WIRTSCH) carga *f*; **hypotekarische ~ von unbeweglichen Gütern** bienes inmuebles hipotecados; **saisonale ~** carga estacional; **übermäßige steuerliche ~** gravamen fiscal excesivo; **unmittelbare ~** carga directa

Belastungsanzeige *f* <-, -n> ① (COM) nota *f* de débito ② (TECH) indicación *f* de carga; **Belastungs-EKG** *nt* <-s, -s> (MED) ECG *m* en esfuerzo; **Belastungsfähigkeit** *f* <-, -en> (TECH) capacidad *f* de carga; **Belastungsgrenze** *f* <-, -n> (TECH) límite *m* de carga; **Belastungsmaterial** *nt* <-s, *ohne pl*> (JUR) pruebas *fpl* de cargo; **Belastungsprobe** *f* <-, -n> ① (TECH: *Material, Brücke*) prueba *f* de carga ② (MED) prueba *f* de esfuerzo ③ (*Ehe, Koalition*) prueba *f* de resistencia; **Belastungsverbot** *nt* <-(e)s, -e> (JUR) prohibición *f* de gravamen; **Belastungsvollmacht** *f* <-, -en> (JUR) poder *m* de gravamen; **Belastungszeuge, -in** *m, f* <-n, -n; -, -nen> (JUR) testigo *mf* de cargo; **als ~ auftreten** comparecer como testigo de cargo; **als ~ aussagen** declarar en contra del procesado, declarar como testigo de cargo

belaubt [bə'laupt] *adj* cubierto de hojas
Belaubung [bə'laubʊŋ] *f* <-, *ohne pl*> follaje *m*
belauern* *vt* acechar, estar al acecho
belaufen* *irr vr*: **sich ~** elevarse (*auf* a), ascender (*auf* a); **die Kosten ~ sich auf ...** los costos se elevan [*o* ascienden] a...
belauschen* *vt* escuchar; (*spionieren*) espiar
beleben* I. *vt* estimular, reanimar, vitalizar *Am*; **wieder ~** (*Person*) reanimar; (*Wirtschaft*) reactivar; **Konkurrenz belebt das Geschäft** la competencia estimula el negocio
II. *vr*: **sich ~** (*Straße*) animarse, cobrar vida
belebend *adj* estimulante; (*stärker*) excitante
belebt *adj* ① (*lebendig*) animado, vivo
② (*Straße*) concurrido, frecuentado
Belebtheit *f* <-, *ohne pl*> animación *f*, vivacidad *f*
Belebtschlamm *m* <-(e)s, -e *o* -schlämme> lodo *m* activado; **Belebtschlammverfahren** *nt* <-s, -> procedimiento *m* de lodo activado
Belebung *f* <-, -en> vivificación *f*, relanzamiento *m*; **~ der Konjunktur/des Verbrauchs** (WIRTSCH, COM) relanzamiento de la coyuntura/del consumo
Beleg [bə'le:k] *m* <-(e)s, -e> ① (*Quittung*) recibo *m*, comprobante *m*
② (*Beweis*) prueba *f*, testimonio *m*
Belegarzt, -ärztin *m, f* <-es, -ärzte; -, -nen> consultor(a) *m(f)*
belegbar *adj* demostrable
Belegbett *nt* <-(e)s, -en> (MED) cama *f* de hospital (*disponible para los pacientes de un médico*)
belegen* *vt* ① (*Platz*) reservar, ocupar
② (*Vorlesung, Seminar*) inscribirse (en)
③ (SPORT) ocupar; **er belegte den zweiten Platz** ocupó el segundo puesto
④ (*Behauptung, Zitat*) documentar, probar
⑤ (*Brot, Fußboden*) cubrir (*mit* con)
⑥ (*mit Zoll, Bußgeld*) cargar (*mit* de/con), gravar (*mit* con)
Belegenheit *f* <-, *ohne pl*> (JUR) situación *f*
Belegenheitsort *m* <-(e)s, -e> (JUR) lugar *m* de la cosa; **Belegenheitsstatus** *m* <-, -> (JUR) situación *f* territorial; **Belegenheitsstatut** *nt* <-(e)s, -e> (JUR) estatuto *m* territorial; **Belegenheitszuständigkeit** *f* <-, -en> (JUR) competencia *f* territorial
Belegexemplar *nt* <-s, -e> (*Zeitschrift, Buch*) original *m*, prototipo *m*
Belegschaft *f* <-, -en> personal *m*, efectivo *m*, plantel *m* Arg
Belegschaftsaktie *f* <-, -n> (FIN) acción *f* de plantilla [*o* de personal]; **Belegschaftsmitglied** *nt* <-(e)s, -er> miembro *mf* de plantilla, empleado, -a *m, f*; **Belegschaftsrabatt** *m* <-(e)s, -e> descuento *m* para el personal
Belegstation *f* <-, -en> (MED) sección *f* de un hospital sin médico fijo
belegt *adj* ① (*Hotel*) completo; (*Zimmer, Platz*) ocupado
② (*Stimme*): ~**e Stimme** voz tomada
③ (*Brot*) untado; ~**es Brötchen** bocadillo
④ (*Zunge*) saburroso
Belegung *f* <-, -en> ① (*Telefon*) ocupación *f*; (*Platz, Stelle*) reserva *f*
② (*Nachweis*) justificación *f*
belehrbar *adj* apto para la enseñanza
belehren* *vt* instruir (*über* sobre); **sie wurde eines Besseren belehrt** recibió un escarmiento
belehrend *adj* instructivo
Belehrung *f* <-, -en> ① (*Erklärung*) instrucción *f*
② (*Zurechtweisung*) reprimenda *f*; **seine ~en kann er sich wirklich sparen** puede ahorrarse perfectamente darnos lecciones
③ (JUR) informe *m*; ~ **zum Schutz des Beschuldigten** instrucción para la protección del inculpado
Belehrungspflicht *f* <-, *ohne pl*> (JUR) deber *m* de instruir
beleibt [bə'laipt] *adj* corpulento, grueso

Beleibtheit *f* <-, *ohne pl*> (*geh*) corpulencia *f*; (*krankhaft*) obesidad *f*
beleidigen* [bə'laɪdɪɡən] *vt* ofender, insultar; **er ist immer sofort beleidigt** siempre se ofende enseguida; **ein beleidigtes Gesicht aufsetzen** [*o* **machen**] poner cara de ofendido; **er schwieg beleidigt** calló ofendido
beleidigend *adj* ofensivo, hiriente
Beleidigung *f* <-, -en> ofensa *f*, insulto *m*, injuria *f geh*, peteateada *f Hond;* **tätliche ~** (JUR) agravio violento; **etw als ~ auffassen** interpretar algo como una ofensa
Beleidigungsklage *f* <-, -n> (JUR) querella *f* por injuria
beleihen* *irr vt* (*Haus*) hipotecar; (FIN, WIRTSCH) pignorar; **beliehener Unternehmer** empresario pignorado
Beleihung *f* <-, -en> préstamo *m*; ~ **einer Versicherung** préstamo sobre una póliza
Beleihungsgrenze *f* <-, -n> (FIN) límite *m* de crédito; **Beleihungsverbot** *nt* <-(e)s, -e> (JUR) prohibición *f* de pignoración
belemmert *adj s.* **belämmert**
belesen *adj* (*Person*) leído, culto
Belesenheit *f* <-, *ohne pl*> erudición *f*
beleuchten* *vt* ① (*mit Licht*) iluminar, alumbrar
② (*Frage, Thema*) analizar, examinar
Beleuchter(in) *m(f)* <-s, -; -, -nen> (FILM, THEAT) técnico, -a *m, f* de la iluminación, iluminador(a) *m(f)*
Beleuchtung *f* <-, -en> iluminación *f*, luz *f*
Beleuchtungsanlage *f* <-, -n> (TECH) instalación *f* de luz; **Beleuchtungskörper** *m* <-s, -> (TECH) cuerpo *m* de luz; **Beleuchtungstechnik** *f* <-, -en> luminotecnia *f*
beleumdet *adj* (*geh*): **gut ~ sein** (no) tener buena reputación; **übel ~ sein** tener mala reputación
Belgien ['bɛlɡiən] *nt* <-s> Bélgica *f*
Belgier(in) *m(f)* <-s, -; -, -nen> belga *mf*
belgisch *adj* belga
Belgrad ['bɛlɡra:t] *nt* <-s> Belgrado *m*
belichten* *vt* (FOTO) exponer (a la luz)
Belichtung *f* <-, -en> (FOTO) exposición *f*
Belichtungsautomatik *f* <-, -en> (FOTO) regulación *f* automática de la exposición; **Belichtungsmesser** *m* <-s, -> fotómetro *m*; **Belichtungszeit** *f* <-, -en> tiempo *m* de exposición
Belieben *nt* <-s, *ohne pl*> voluntad *f*, gusto *m*; **nach ~** al gusto, a voluntad, a birria *Kol*; **das liegt in Ihrem ~** esto depende de su gusto personal
belieben* I. *vi* (*geh*) desear, tener a bien; **wann es Ihnen beliebt zu scherzen! Sie ~ zu scherzen!** ¡cómo le gusta a Ud. bromear!
II. *vunpers*: **es beliebte ihm bei uns vorbeizukommen** le entraron deseos de pasar a visitarnos
beliebig I. *adj* cualquiera; **jede ~e Arbeit annehmen** aceptar cualquier trabajo; **in ~er Reihenfolge** por el orden que se desee
II. *adv* a gusto, a voluntad; **Sie können die Modelle ~ wählen** pueden escoger los modelos a su gusto
beliebt *adj* (*Person*) estimado, apreciado; (*Ware*) solicitado; (*Thema*) popular; **der Chef ist (nicht) bei allen ~** el jefe (no) goza del agrado de todos; **sie hat sich bei uns nicht gerade ~ gemacht** no se ha hecho querer mucho entre nosotros precisamente
Beliebtheit *f* <-, *ohne pl*> popularidad *f* (*bei* entre); **jd/etw erfreut sich großer ~** alguien/algo goza de gran popularidad
Beliebtheitsgrad *m* <-(e)s, -e> (grado *m* de) popularidad *f*
beliefern* *vt* suministrar, abastecer (*mit* con)
Belieferung *f* <-, -en> suministro *m*, entrega *f*; **termingerechte/vertragsgemäße ~** entrega dentro del plazo fijado/conforme a lo estipulado en el contrato
Belieferungspflicht *f* <-, *ohne pl*> (JUR) obligación *f* de suministro; **Belieferungsvertrag** *m* <-(e)s, -träge> contrato *m* de abastecimiento
Belladonna [bɛla'dɔna] *f* <-, Belladonnen> (BOT) belladona *f*
bellen ['bɛlən] *vi* ladrar
bellend *adj* ladrador; **mit ~er Stimme** con voz chillona
Belletristik [bɛle'trɪstɪk] *f* <-, *ohne pl*> bellas letras *fpl*, literatura *f* (de entretenimiento)
belletristisch *adj* literario
belobigen* [bə'lo:bɪɡən] *vt* elogiar
Belobigung *f* <-, -en> elogio *m*, palabras *fpl* elogiosas; **jdm eine ~ aussprechen** dedicar unas palabras de elogio a alguien
belohnen* *vt* recompensar (*für* por); (*mit einem Preis*) premiar (*für* por); **er wurde für seine Hilfe belohnt** fue recompensado por su ayuda
Belohnung *f* <-, -en> recompensa *f*; (*Preis*) premio *m*; **zur** [*o* **als**] **~** (**für etw**) en [*o* como] recompensa (por algo); **eine ~ aussetzen** ofrecer una recompensa
belüften* *vt* airear, ventilar; **dieses Zimmer ist schlecht belüftet** esta habitación está mal ventilada
Belüftung *f* <-, -en> ventilación *f*

Belüftungsanlage f <-, -n> sistema m de ventilación; **Belüftungsschacht** m <-(e)s, -schächte> (BERGB) túnel m de ventilación, galería f de ventilación

belügen* irr vt mentir, engañar; **sie belügt sich doch nur selbst** sólo se engaña a sí misma

belustigen* I. vt (zum Lachen bringen) divertir
II. vr: sich ~ (geh: sich lustig machen) reírse (über de)

belustigt adj divertido; **eine ~e Miene ziehen** poner una cara divertida

Belustigung f <-, ohne pl> (Erheiterung) divertimiento m; **der öffentlichen ~ dienen** servir de público regocijo; **zu jds ~** para divertimiento [o regocijo] de alguien

bemächtigen [bəˈmɛçtɪɡən] vr (geh): **sich etw gen/jds ~** apoderarse [o apropiarse] de algo/alguien, hacerse con algo/alguien

bemäkeln* [bəˈmɛːkəln] vt (fam) meterse (con)

bemalen* I. vt pintar; **bunt bemalt sein** estar pintado de muchos colores
II. vr: sich ~ pintarse

Bemalung f <-, -en> pintura f; (Graffiti) pintada f; (Kriegs~) pintura f (de guerra)

bemängeln* [bəˈmɛŋəln] vt censurar, criticar

Bemängelung f <-, -en> censura f, crítica(s) f(pl); **wir haben allen Grund zur ~ Ihres Verhaltens** tenemos todo tipo de razones para censurar su conducta

bemannen* I. vt dotar de tripulación; **der Schoner war mit 25 Seeleuten bemannt worden** la goleta estaba dotada de una tripulación de 25 marineros
II. vr: sich ~ (fam iron) echarse novio, buscarse un hombre; **sie hat sich jetzt endlich bemannt** al fin se ha agenciado [o ha conseguido] un hombre

bemannt [bəˈmant] adj (Raumschiff) tripulado

Bemannung f <-, -en> ❶ (das Bemannen) dotación f
❷ (Besatzung) tripulación f

bemänteln* [bəˈmɛntəln] vt (geh) encubrir, ocultar

Bembel m <-s, -> (reg) jarra de diversos tamaños para servir el vino de manzana

bemerkbar adj perceptible; **sich ~ machen** hacerse notar; (durch Gesten) atraer la atención

bemerken* vt ❶ (wahrnehmen) notar, darse cuenta (de)
❷ (äußern) decir, observar; (erwähnen) mencionar, comentar; **nebenbei bemerkt** dicho sea de paso; **sie hatte einiges zu ~** tenía bastante que comentar

bemerkenswert adj notable, destacado

Bemerkung f <-, -en> comentario m, observación f; **beiläufige ~** observación casual; **eine treffende ~ machen** hacer un comentario acertado; **ein paar abfällige ~en fallen lassen** dejar caer un par de observaciones desfavorables

bemessen* irr I. vt (messen) medir, calcular; **meine Zeit ist knapp [o kurz] ~** estoy corto de tiempo
II. vr: sich ~ (sich bestimmen) tasarse (nach de acuerdo con)

Bemessung f <-, -en> (Steuer, Honorar) cálculo m, fijación f

Bemessungsfaktor m <-s, -en> factor m de cálculo; **Bemessungsformel** f <-, -n> fórmula f de cálculo; **Bemessungsgrundlage** f <-, -n> base f de cálculo, base f imponible; **Bemessungsverfahren** nt <-s, -> procedimiento m de cálculo; **Bemessungszeitraum** m <-(e)s, -räume> período m de cálculo

bemitleiden* [bəˈmɪtlaɪdən] vt compadecer, apiadarse (de); **sich selbst ~** autocompadecerse

bemitleidenswert adj deplorable

bemittelt adj adinerado, con posibles fam

bemogeln* vt (fam) engañar, engatusar

bemoost [bəˈmoːst] adj cubierto de musgo

Bemühen nt <-s, ohne pl> (geh) empeño m, esfuerzo m; **jds ~ (um jdn/etw)** los esfuerzos de alguien (por alguien/algo)

bemühen* [bəˈmyːən] I. vr: sich ~ (sich Mühe geben) esforzarse (um por), esmerarse (um por); **bitte ~ Sie sich nicht!** ¡por favor, no se moleste!; **sie bemühte sich ihren Ärger nicht zu zeigen** se esforzó en no mostrar su enfado; **sich um etw ~** esforzarse por [o para conseguir] algo; **sich um jdn ~** esforzarse [o molestarse] por alguien; **wärst du so freundlich dich zu mir zu ~?** ¿serías tan amable de pasarte por mi casa?
II. vt (geh: bitten) pedir; (benutzen) servirse (de); **er bemühte sie zu sich** le pidió que fuera a verle

bemüht adj esforzado; **sein etw zu tun** molestarse en hacer algo; **um etw/jdn ~ sein** esforzarse por algo/alguien

Bemühung f <-, -en> ❶ (Anstrengung) molestia f, esfuerzo m; **vielen Dank für ihre ~en** muchas gracias por sus molestias
❷ pl (Dienstleistungen) diligencia f

bemüßigt [bəˈmyːsɪçt] adj: **sich ~ fühlen etw zu tun** (geh) sentirse obligado a hacer algo

bemuttern* [bəˈmʊtɐn] vt cuidar como una madre, mimar; **jdn ~** hacer de madre de alguien

benachbart [bəˈnaxbaːɐt] adj vecino, colindante

benachrichtigen* [bəˈnaːxrɪçtɪɡən] vt informar (von de), avisar (von de); **die Polizei ~** dar parte a la policía

Benachrichtigung f <-, -en> aviso m; (offiziell) parte m; (Warnung) advertencia f; **ohne vorherige ~** sin aviso previo

Benachrichtigungspflicht f <-, ohne pl> (JUR) obligación f de notificar; **Benachrichtigungsschreiben** nt <-s, -> parte m, aviso m

benachteiligen* [bəˈnaːxtaɪlɪɡən] vt perjudicar, discriminar (wegen por), hacer diferencias (wegen por); **sich benachteiligt fühlen** sentirse perjudicado

Benachteiligte(r) mf <-n, -n; -n, -n> perjudicado, -a m, f

Benachteiligung f <-, -en> perjuicio m, discriminación f

Benachteiligungsabsicht f <-, -en> intención f de discriminación; **Benachteiligungsverbot** nt <-(e)s, -e> (JUR) prohibición f de discriminación

benagen* vt roer

Bendel [ˈbɛndəl] m o nt <-s, -> (reg) s. **Bändel**

benebeln* vt (fam) nublar; (verwirren) ofuscar; (Alkohol) embriagar, achispar; **ein ~der Duft durchzog den Raum** un perfume embriagador cruzó la sala; **schon ein Glas Wein kann mich richtig ~** me achispo con un solo vaso de vino

benebelt adj (fam) mareado, achispado

Benediktiner(in) [benedɪkˈtiːnɐ] m(f) <-s, -; -, -nen> benedictino, -a m, f

Benediktinerorden m <-s, -> Orden f de San Benito

Benefizkonzert [beneˈfiːts-] nt <-(e)s, -e> concierto m de beneficencia; **Benefizspiel** nt <-(e)s, -e> (SPORT) partido m benéfico; **Benefizvorstellung** f <-, -en> acto m de beneficencia

benehmen* irr vr: sich ~ (com)portarse (wie como); **sie hat sich unmöglich benommen** no pudo comportarse peor; **benimm dich!** ¡pórtate bien!

Benehmen nt <-s, ohne pl> ❶ (Verhalten) conducta f, comportamiento m
❷ (Manieren) modales mpl, maneras fpl; **kein ~ haben** no tener modales
❸ (formal): **sich mit jdm ins ~ setzen** ponerse de acuerdo con alguien

beneiden* [bəˈnaɪdən] vt envidiar (um por); **er ist nicht zu ~** no es de envidiar; **ich beneide dich um dein Glück** envidio tu suerte; **sie beneidet ihn um seine Energie** le envidia por su energía

beneidenswert adj envidiable

Benelux [beneˈlʊks, ˈbeːnelʊks] f (POL) Abk. von **Belgien, die Niederlande und Luxemburg** Benelux m

Beneluxländer ntpl (POL) (Estados mpl del) Benelux m; **Beneluxstaaten** mpl (GEO) Estados mpl del Benelux

benennen* irr vt ❶ (Namen geben) nombrar, poner nombre (nach de); **der Platz wurde nach einer berühmten Schriftstellerin benannt** a la plaza le fue puesto el nombre de una famosa escritora
❷ (Kandidaten) designar

Benennung f <-, -en> nombramiento m, designación f

benetzen* vt (geh) mojar, humedecer

Bengel [ˈbɛŋəl] m <-s, -(s)> (fam) ❶ (frecher Bursche) granujilla m, pilluelo m
❷ (kleiner Junge) chaval m, rapaz m reg, pendejo m CSur

Benimm [bəˈnɪm] m <-s, ohne pl> (fam) modales mpl; **der Kerl hat einfach keinen ~!** ¡este tipo no tiene modales!; **im Internat wurde ihm ~ beigebracht** en el internado le enseñaron a comportarse

Benimmregeln fpl reglas fpl de comportamiento

Benjamin m <-s, -e> (fam: Jüngster) benjamín m

benommen [bəˈnɔmən] I. pp von **benehmen**
II. adj aturdido (von por), atontado (von por), abombado (von por) SAm

Benommenheit f <-, ohne pl> estupor m; (Ohnmacht) vahído m

benoten* vt calificar, poner nota; **eine Klausur (mit 1) ~** calificar un examen (con sobresaliente)

benötigen* [bəˈnøːtɪɡən] vt necesitar; **dazu benötigt man zu viel Geld** para eso hace falta demasiado dinero

Benotung f <-, -en> ❶ (SCH) ❶ (das Benoten) calificación f; **heute steht die ~ der Schüler an** hoy se califica a los alumnos; **die Prüfer sprechen die ~ einer Prüfung unter sich ab** los examinadores discuten entre sí la calificación de un examen
❷ (Note) calificación f, nota f; **eine gute/schlechte ~ erhalten** recibir buenas/malas calificaciones

Benthal [bɛnˈtaːl] nt <-s, ohne pl> (BIOL) bental m

benthonisch [bɛnˈtoːnɪʃ] adj (BIOL) bentónico

Benthos [ˈbɛntɔs] nt <-, ohne pl> (BIOL) bentos m

benutzbar adj utilizable, de un solo uso; **kaum noch ~** apenas aprovechable; **der Weg war nach dem Regen nicht mehr ~** el camino quedó intransitable tras la lluvia

benutzen* *vt*, **benützen*** *vt* (*reg*) ❶ (*gebrauchen*) usar, utilizar; (*verwenden*) emplear; (*Zug, Bus*) tomar; **das Taschentuch ist noch nicht benutzt** el pañuelo aún está sin usar
❷ (*ausnutzen*) aprovechar; **er benutzte die Gelegenheit um zu fliehen** aprovechó la ocasión para escapar; **etw als Vorwand ~** poner algo como excusa; **ich fühle mich (von ihr) benutzt** me siento utilizado (por ella)
Benutzer(in) *m(f)* <-s, -; -, -nen>, **Benützer(in)** *m(f)* <-s, -; -, -nen> (*reg: a.* INFOR) usuario, -a *m*, *f*
benutzerdefiniert [-'---definiːɐt] *adj* (INFOR) definido por el usuario
Benutzerebene *f* <-, -n> (INFOR): **auf ~ a** nivel de usuario
benutzerfreundlich *adj* de fácil manejo para el usuario, amigable con el usuario
Benutzerfreundlichkeit *f* <-, *ohne pl*> facilidad *f* en el manejo; **Benutzerhandbuch** *nt* <-(e)s, -bücher> (INFOR) manual *m* de usuarios; **Benutzer-ID** [-ʔaɪdiː] *f* <-, -s> (INFOR) identificación *f* del usuario
Benutzerin *f* <-, -nen>, **Benützerin** *f* <-, -nen> *s.* **Benutzer**
Benutzerkennung *f* <-, -en> (INFOR) identificación *f* del usuario
Benutzerkonto *nt* <-s, -konten> cuenta *f* de usuario; **Benutzername** *m* <-ns, -n> (INFOR) nombre *m* de usuario; **Benutzeroberfläche** *f* <-, -n> (INFOR) superficie *f* de utilización
benutzerorientiert *adj* orientado hacia el usuario
Benutzerprofil *nt* <-s, -e> (INFOR) perfil *m* de usuario; **Benutzerrechte** *ntpl* (INFOR) derechos *mpl* de usuario; **Benutzerschnittstelle** *f* <-, -n> (INFOR) interfaz *f* de usuario; **Benutzersprache** *f* <-, -n> (INFOR) lenguaje *m* del usuario
benutzerunfreundlich *adj* (*a.* INFOR) de difícil manejo para el usuario
Benutzung *f* <-, -en>, **Benützung** *f* <-, -en> (*reg*) uso *m*, empleo *m*; **etw in ~ haben/nehmen** tener/tomar algo en uso; **jdm etw zur ~ überlassen** prestar algo a alguien para que lo use
Benutzungsgebühr *f* <-, -en> ❶ (*a.* JUR) tasa *f* de utilización ❷ (*für Straßen*) peaje *m*; **Benutzungsordnung** *f* <-, -en> (JUR) reglamento *m* de utilización; **Benutzungsrecht** *nt* <-(e)s, -e> derecho *m* de uso; **Benutzungsverhältnis** *nt* <-ses, -se> (JUR) relación *f* de uso; **Benutzungszwang** *m* <-(e)s, -zwänge> (JUR) deber *m* de uso
Benzaldehyd ['bɛntsʔaldehyːt] *m* <-s, -e> (CHEM) benzaldehido *m*
Benzin [bɛn'tsiːn] *nt* <-s, -e> gasolina *f*, nafta *f* CSur
Benziner *m* <-s, -> (AUTO: *sl*) vehículo *m* de gasolina; **hast du einen ~ oder einen Diesel?** ¿tu coche es de gasolina o es un diesel?
Benzinfeuerzeug *nt* <-(e)s, -e> encendedor *m* de gasolina; **Benzinfilter** *m* <-s, -> (AUTO) filtro *m* de gasolina; **Benzingutschein** *m* <-(e)s, -e> vale *m* de gasolina (*para turistas en algunos países*); **früher konnte man auf Cuba nur mit ~en tanken** antes en Cuba sólo se podía poner gasolina con bonos; **Benzinhahn** *m* <-(e)s, -hähne> grifo *m* (de admisión) de gasolina; **Benzinkanister** *m* <-s, -> bidón *m* de gasolina; **Benzinmotor** *m* <-s, -en> motor *m* de gasolina; **Benzinpreis** *m* <-es, -e> precio *m* de la gasolina; **den ~ freigeben** liberalizar el precio de la gasolina; **Benzinpumpe** *f* <-, -n> (AUTO) bomba *f* de gasolina
benzinsparend *adj*: **~es Auto** automóvil económico en gasolina
Benzinstand *m* <-(e)s, *ohne pl*> (AUTO, AERO) nivel *m* de gasolina; **Benzintank** *m* <-s, -s> (AUTO) tanque *m* de gasolina; **Benzinuhr** *f* <-, -en> (AUTO) indicador *m* del nivel de gasolina; **Benzinverbrauch** *m* <-(e)s, -bräuche> (AUTO) consumo *m* de gasolina
Benzodiazepin [bɛntsodiatseˈpiːn] *nt* <-(e)s, -e> (MED) benzodiacepina *f*
Benzoesäure ['bɛntsoe-] *f* <-, *ohne pl*> (CHEM) ácido *m* benzoico
Benzol [bɛn'tsoːl] *nt* <-s, -e> (CHEM) benzol *m*
Benz(o)pyren [bɛntsopyˈreːn, ˈbɛntspyreːn] *nt* <-s, *ohne pl*> (CHEM) benzopireno *m*
beobachtbar *adj* observable; (*wahrnehmbar*) apreciable; **(nicht) mit bloßem Auge ~** (no) apreciable a simple vista; **durch ein Elektronenmikroskop sind Viren ~** con un microscopio electrónico se pueden apreciar los virus
beobachten* [bəˈʔoːbaxtən] *vt* ❶ (*betrachten*) observar, contemplar
❷ (*überwachen*) vigilar; **jdn ~ lassen** mandar vigilar a alguien; **sich beobachtet fühlen** sentirse observado
❸ (*bemerken*) observar (*an* en), notar (*an* en)
Beobachter(in) *m(f)* <-s, -; -, -nen> observador(a) *m(f)*
Beobachtung *f* <-, -en> observación *f*; **~en anstellen** [*o* **machen**] hacer observaciones
Beobachtungsgabe *f* <-, -n> capacidad *f* de observación; **sie hat eine gute ~** tiene buenas dotes de observación; **Beobachtungsposten** *m* <-s, -> ❶ (*Person*) centinela *mf*, vigilante *mf*, guarda *mf*; **der Kommissar hat drei ~ aufgestellt** el comisario ha apostado a tres vigilantes
❷ (*Standort*) puesto *m* de observación; **auf ~ sein** (*a. fig*) estar [*o* hacer] de centinela; **Beobachtungssatellit** *m* <-en, -en> (ASTR, MIL) satélite *m* de observación; **Beobachtungsstation** *f* <-, -en> ❶ (MED) estación *f* de vigilancia [*o* de seguimiento] ❷ (ASTR, METEO) observatorio *m*

beordern* *vt* ordenar
bepacken* *vt* cargar (*mit* con)
bepflanzen* *vt* plantar (*mit* de)
Bepflanzung *f* <-, -en> plantación *f*
bepinkeln* *vt* (*fam*) mear
bepinseln* *vt* dar pinceladas; (*fam: Wände*) pintar con brocha; **mit Ei ~** (GASTR) pintar con huevo
bepissen* *vt* (*fam*) mear
bequatschen* *vt* (*fam*) ❶ (*besprechen*) conversar
❷ (*überreden*) convencer, persuadir
bequem [bəˈkveːm] *adj* ❶ (*Möbel*) cómodo, confortable; **sich das Leben ~ machen** vivir a sus anchas; **machen Sie es sich ~!** ¡póngase cómodo!
❷ (*abw: Person*) perezoso, comodón
bequemen* *vr*: **sich ~** (*geh*) dignarse (*zu* a), prestarse (*zu* a); **er bequemte sich zu ein paar erklärenden Worten** se dignó a pronunciar unas palabras aclaratorias
Bequemlichkeit[1] *f* <-, -en> (*Komfort*) comodidad *f*, confort *m*
Bequemlichkeit[2] *f* <-, *ohne pl*> (*Trägheit*) pereza *f*; **aus (purer) ~ por** (pura) pereza
berappen* [bəˈrapən] *vt*, *vi* (*fam: Zeche, Steuer*) pagar, soltar la pasta *fam*
beraten* *irr* I. *vt* ❶ (*Rat geben*) aconsejar, asesorar; **er ist gut ~, wenn ... está** bien asesorado si...
❷ (*besprechen*) deliberar (*über* sobre), discutir
II. *vr*: **sich ~** (*sich besprechen*) asesorarse (*mit* con), consultarse (*mit* con)
beratend *adj* consultivo, consultor, asesor
Berater(in) *m(f)* <-s, -; -, -nen> consejero, -a *m*, *f*, asesor(a) *m(f)*
Beratertätigkeit *f* <-, -en> asesoría *f*, consultoría *f*; **Beratervertrag** *m* <-(e)s, -träge> (COM) contrato *m* de asesoramiento
beratschlagen* [-'---] *vi*, *vt* aconsejar
Beratung *f* <-, -en> ❶ (*Ratschlag*) consejo *m*; (*fachlich*) asesoramiento *m*
❷ (*Besprechung*) discusión *f*, deliberación *f*
Beratungsbefugnis *f* <-, -se> (JUR) facultad *f* de deliberación; **Beratungsdienst** *m* <-(e)s, -e> servicio *m* de asesoramiento; **Beratungsgeheimnis** *nt* <-ses, -se> (JUR) secreto *m* de consulta; **Beratungsgesetz** *nt* <-es, -e> ley *f* de asesoramiento (*obligatorio antes de proceder a un aborto*); **Beratungsgremium** *nt* <-s, -gremien> comisión *f* consultiva
Beratungshilfe *f* <-, -n> (JUR) turno *m* de oficio, asistencia *f* jurídica gratuita; **Beratungs- und Prozesskostenhilfe** justicia gratuita; **Beratungshilfegesetz** *nt* <-es, -e> (JUR) ley *f* sobre asistencia jurídica; **Beratungskosten** *pl* gastos *mpl* de asesoramiento; **Beratungspflicht** *f* <-, *ohne pl*> (JUR) deber *m* de mediación; **Beratungsstadium** *nt* <-s, -stadien> fase *f* consultiva; **~ einer Gesetzesvorlage** fase consultiva de un proyecto de ley; **Beratungsstelle** *f* <-, -n> consultorio *m*; **öffentliche ~** consultoría pública; **Beratungsunternehmen** *nt* <-s, -> consultoría *f*; **Beratungszimmer** *nt* <-s, -> sala *f* de consulta
berauben* *vt* robar; (*eines Rechtes*) privar (de); **jdn seiner Freiheit ~** privar a alguien de su libertad; **jdn all seiner Hoffnungen ~** robarle sus esperanzas a alguien
berauschen* I. *vt* (*geh: Alkohol, Droge*) embriagar
II. *vr*: **sich ~** (*geh: sich betrinken*) embriagarse (*an* con); (*fig*) extasiarse (*an* ante); **er berauscht sich an seinen eigenen Worten** se extasía ante sus propias palabras
berauschend *adj* (*Alkohol, Droge*) embriagador; **diese Aussichten sind nicht gerade ~** las perspectivas no son precisamente muy risueñas
Berber[1] ['bɛrbɐ] *m* <-s, -> (*Teppich*) alfombra *f* berberisca
Berber(in)[2] *m(f)* <-s, -; -, -nen> ❶ (*Volk*) beréber *mf*, berberisco, -a *m*, *f*
❷ (*fam: Nichtsesshafte*) vagabundo, -a *m*, *f*
Berberitze *f* <-, -n> (BOT) agraceto *m*, bérbero *m*, berberís *m*
Berberteppich *m* <-s, -e> alfombra *f* berberisca
berechenbar [bəˈrɛçənbaːɐ] *adj* (*Kosten*) calculable; (*Verhalten*) previsible
Berechenbarkeit *f* <-, -en> grado *m* de previsión, previsibilidad *f*
berechnen* *vt* ❶ (*Preis, Zinsen, Entfernung*) calcular
❷ (*kalkulieren*) calcular, evaluar; **die Auswirkungen des Ereignisses ließen sich nicht ~** no fue posible evaluar las consecuencias del suceso
❸ (*in Rechnung stellen*) cobrar (*für* por); **für den Transport ~ wir Ihnen nichts** no le cobramos por el transporte
berechnend *adj* (*abw*) calculador
Berechnung *f* <-, -en> ❶ (*von Kosten*) cálculo *m*; **nach meiner ~** según mis cálculos; **grobe ~** cálculo aproximativo; **statistische ~en** cálculos estadísticos
❷ (*abw: Eigennutz*) interés *m*; **etw aus ~ tun** hacer algo en su propio interés

Berechnungsdaten pl datos mpl de cálculo; **Berechnungsgesetz** nt <-es, -e> (JUR) ley f sobre evaluación; **Berechnungsgrundlage** f <-, -n> (WIRTSCH) base f de calculación; **Berechnungsverordnung** f <-, -en> (JUR) ordenación f sobre evaluación; **Zweite ~** segunda ordenación sobre evaluación

berechtigen* [bəˈrɛçtɪɡən] vt autorizar (zu para), dar derecho (zu a); **das berechtigt zu der Annahme, dass …** esto nos permite suponer que…; **berechtigt sein etw zu tun** tener derecho a hacer algo

berechtigt adj ① (befugt) habilitado (zu para), autorizado (zu para); **dinglich ~** (JUR) objetivamente facultado
② (Zweifel) fundado, justificado; **ich finde seinen Einwand durchaus ~** su objeción me parece absolutamente fundada

Berechtigte(r) mf <-n, -n; -n, -n> ① (Begünstigter) beneficiario, -a m, f
② (JUR) derechohabiente mf

berechtigterweise [-'---'--] adv justificadamente, de manera justificada

Berechtigung f <-, ohne pl> ① (Recht) derecho m (zu a); (Befugnis) autorización f (zu para), (Befähigung) habilitación f (zu para); **er hat keine ~ zur Unterschrift** no tiene ninguna autorización para firmar
② (Rechtmäßigkeit) legitimidad f

Berechtigungspapier nt <-s, -e> valor m gratuito; **Berechtigungsschein** m <-(e)s, -e> (JUR) cupón m de dividendo; **Berechtigungsurkunde** f <-, -n> (JUR) título m de legitimación

bereden* I. vt ① (besprechen) hablar (mit con), discutir (mit con)
② (überreden) persuadir (de); **lass dich nicht zu einer solchen Dummheit ~** no te dejes persuadir de (hacer) tal tontería
II. vr: **sich ~** (beraten) hablar

beredsam [bəˈreːtza:m] adj (geh: redegewandt) elocuente; **du bist ja heute sehr ~** (fam iron) no es que hoy estés muy hablador

Beredsamkeit f <-, ohne pl> elocuencia f

beredt [bəˈreːt] adj (Person) elocuente, locuaz

Bereich [bəˈraɪç] m <-(e)s, -e> ① (Gebiet) zona f, área f; **erfasster ~** área registrada; **öffentlicher ~** sector público; **zulässiger ~** área admisible [o aceptable]; **das Kaufhaus liegt im ~ der Innenstadt** los grandes almacenes están situados en la zona centro [o en el centro de la ciudad]; **das liegt (nicht) im ~ des Möglichen** esto (no) está dentro de lo posible
② (Sachgebiet) terreno m, sector m; **für den ~ Personal ist der Geschäftsführer zuständig** de la sección de personal se encarga el gerente
③ (Zuständigkeit) competencia f; **das fällt in meinen ~** eso es de mi competencia

bereichern* I. vt (vergrößern) enriquecer (mit con), aumentar (um con)
II. vr: **sich ~** (Gewinn machen) enriquecerse (an con)

Bereicherung f <-, -en> enriquecimiento m, ampliación f; **aufgedrängte ~** (JUR) enriquecimiento instigado; **ungerechtfertigte ~** (JUR) enriquecimiento injustificado; **Wegfall der ~** (JUR) pérdida del enriquecimiento

Bereicherungsabsicht f <-, -en> ánimo m de enriquecimiento injusto; **Bereicherungsanspruch** m <-(e)s, -sprüche> (JUR) reclamación f por enriquecimiento injusto; **Bereicherungsausgleich** m <-(e)s, ohne pl> (JUR) indemnización f por enriquecimiento injusto; **Bereicherungshaftung** f <-, -en> (JUR) responsabilidad f por enriquecimiento injusto; **Bereicherungsklage** f <-, -n> (JUR) acción f de enriquecimiento; **Bereicherungsrecht** nt <-(e)s, ohne pl> régimen m legal del enriquecimiento injusto; **Bereicherungsvertrag** m <-(e)s, -träge> (JUR) contrato m de ampliación [o desarrollo]

Bereichsrechtspfleger(in) m(f) <-s, -; -, -nen> (JUR) funcionario, -a m, f sectorial de la administración judicial

bereifen* vt (AUTO) poner neumáticos

Bereifung f <-, -en> (AUTO) neumáticos mpl

bereinigen* vt (Missverständnis) aclarar; (Angelegenheit) arreglar; **einen Konflikt ~** zanjar un conflicto; **diese Sache müssen wir noch unter uns ~** aún tenemos que aclararlo aún entre nosotros

Bereinigung f <-, -en> ① (WIRTSCH) arreglo m, aclaración f; (an der Börse) retoque m; **~ der Passiva** liquidación del pasivo [o de las deudas]
② (ADMIN: Steuer) deflactación f

bereisen* vt viajar (por); (a. COM) recorrer

bereit [bəˈraɪt] adj ① (fertig) listo (zu/für para), preparado (zu/für para); **es ist alles für deinen Besuch ~** todo está preparado para tu llegada
② (gewillt) dispuesto (zu para/a +inf); **wir sind gern ~ euch jederzeit zu helfen** estamos dispuestos a ayudaros en todo momento; **sich ~ erklären etw zu tun** mostrarse dispuesto a hacer algo, comedirse a hacer algo Am

bereiten* vt ① (Speisen, Bad) preparar
② (Überraschung, Ärger) dar, causar; (Schwierigkeiten) crear; (Empfang) dispensar; **bereite mir großes Vergnügen** esto me causa un gran placer; **etw dat ein Ende ~** poner fin a algo

bereit|halten irr I. vt tener preparado; **das Schicksal hielt eine Überraschung für ihn bereit** la fortuna le deparaba una sorpresa
II. vr: **sich ~** estar a disposición

bereit|legen vt preparar, disponer

bereit|liegen irr vi estar preparado, estar listo

bereit|machen vt, vr: **sich ~** preparar(se) (für para)

bereits [bəˈraɪts] adv ya; **sie ist ~ hier** ya está aquí; **ich warte ~ seit drei Stunden** ya llevo tres horas esperando

Bereitschaft f <-en> disposición f; **in ~ sein** (MIL) estar en alerta; **~ haben** (Arzt) estar de servicio; (Apotheke) estar de guardia

Bereitschaftsarzt, -ärztin m, f <-es, -ärzte; -, -nen> médico, -a m, f de guardia; **Bereitschaftsdienst** m <-(e)s, -e> servicio m de urgencia; **~ haben** estar de guardia; **Bereitschaftspolizei** f <-, ohne pl> guardia f de asalto; **Bereitschaftszustand** m <-(e)s, -stände> (MIL) estado m de alarma; **die Truppen in ~ versetzen** poner las tropas en estado de alarma

bereit|stehen irr vi estar preparado, estar listo; **zur Abfahrt ~** estar listo para partir

bereit|stellen vt ① (vorbereiten) preparar
② (zur Verfügung stellen) poner a disposición, facilitar

Bereitstellung f <-, -en> puesta f a disposición, facilitación f; **~ von Arbeitsgeräten** facilitación de herramientas de trabajo; **~ von Kapital** provisión de capital

Bereitstellungspflicht f <-, ohne pl> (JUR) obligación f de disponibilidad

bereitwillig I. adj solícito, complaciente
II. adv de buena gana; **~ Auskunft geben** informar de buena gana

Bereitwilligkeit f <-, ohne pl> buena voluntad f

bereuen* [bəˈrɔʏən] vt arrepentirse (de); **etw bitter ~** arrepentirse mucho de algo; **ich bereue zugestimmt zu haben** siento haber asentido

Berg [bɛrk] m <-(e)s, -e> ① (Erhebung) monte m, montaña f; **am ~ sein** (Schweiz: fig) estar desconcertado; **in die ~e fahren** ir a la montaña; **jdm stehen die Haare zu ~e** se le ponen los pelos de punta a alguien; **heute bin ich nicht auf dem ~** (fig) hoy no estoy muy católico; **(noch nicht) über den ~ sein** (fig) (no) haber superado (aún) las dificultades; **längst über alle ~e sein** (fam) haber puesto pies en polvorosa; **mit etw hinter dem ~ halten** ocultar algo; **~e versetzen (können)** (poder) mover montañas, lograr lo imposible; **jdm goldene ~e versprechen** prometer el oro y el moro a alguien; **wenn der ~ nicht zum Propheten kommen will [o kommt], muss der Prophet zum ~ gehen** (prov) si la montaña no viene a Mahoma, Mahoma tendrá que ir a la montaña
② (Menge) montón m, volcán m Am

bergab [bɛrk'ʔap] adv cuesta abajo; **~ gehen** (Weg) ir cuesta abajo [o en pendiente]; (Geschäft) ir de mal en peor; **~ fährt man schneller** cuesta abajo se va más rápido; **die Straße geht steil ~** la carretera tiene una bajada empinada; **es geht ~ mit ihm** (fam) cada vez está peor, va de mal en peor

Bergabhang m <-(e)s, -hänge> falda f de la montaña

bergabwärts adv s. bergab

Bergahorn m <-s, -e> (BOT) plátano m falso

Bergakademie f <-, -n> (UNIV) ≈escuela f universitaria de Minas

Bergamotte [bɛrgaˈmɔtə] f <-, -n> (BOT) bergamota f

Bergamt nt <-(e)s, -ämter> dirección f de minas, administración f de minería

bergan [bɛrk'ʔan] adv s. bergauf

Bergarbeiter(in) m(f) <-s, -; -, -nen> minero, -a m, f

bergauf [bɛrk'ʔaʊf] adv cuesta arriba; **es geht steil ~** es una subida empinada; **ich gehe (nicht) gerne ~** (no) me gustan las subidas; **langsam geht es wieder ~ mit ihm** se va recuperando poco a poco

bergaufwärts adv s. bergauf

Bergbahn f <-, -en> ferrocarril m de montaña

Bergbau m <-(e)s, ohne pl> minería f, explotación f minera; **im ~ arbeiten** trabajar en la industria minera; **Bergbauindustrie** f <-, -n> industria f minera

Bergbesteigung f <-, -en> escalamiento m de una montaña, subida f a una montaña; **Bergbewohner(in)** m(f) <-s, -; -, -nen> montañero, -a m, f; **Bergdorf** nt <-(e)s, -dörfer> aldea f de montaña

Bergelohn m <-(e)s, -löhne> (NAUT) derechos mpl de salvamento

bergen [ˈbɛrɡən] <birgt, barg, geborgen> vt ① (retten) rescatar, poner a salvo
② (geh: enthalten) albergar, contener; (verbergen) esconder; **das birgt viele Gefahren in sich** esto esconde muchos peligros; **sie barg ihren Kopf an seiner Schulter** cobijó la cabeza detrás de su espalda
③ (schützen) proteger (vor de)

Berge- und Hilfslohn m <-(e)s, -löhne> (JUR) salario m de salvamento y auxilio

Bergfahrrad nt <-(e)s, -räder> bicicleta f de montaña

Bergfried m <-(e)s, -e> (ARCHIT, HIST) torre f del homenaje

Bergführer(in) m(f) <-s, -; -, -nen> guía mf (de montaña); **Berggeist**

m <-(e)s, -er> espíritu *m* de la montaña (*demonio o gnomo legendario que representa los peligros del monte*); **Berggipfel** *m* <-s, -> cima *f*, pico *m*; **Berghang** *m* <-(e)s, -hänge> ladera *f* de montaña

berghoch I. *adj* como una montaña de alto, alto como una montaña; **berghohe Müllhaufen türmten sich auf der Mülldeponie** en los vertederos se elevaban verdaderas montañas de basura; **ein Seebeben kann berghohe Wellen erzeugen** un maremoto puede producir olas de la altura de una montaña II. *adv* como montañas

Berghütte *f* <-, -n> refugio *m* (de montaña)

bergig *adj* montañoso

Bergkamm *m* <-(e)s, -kämme> cresta *f* de una montaña; **Bergkette** *f* <-, -n> cadena *f* montañosa; (*Gebirge*) sierra *f*; **Bergkristall** *m* <-s, -e> cristal *m* de roca; **Bergkuppe** *f* <-, -n> cumbre *f*, cima *f*; **Bergland** *nt* <-(e)s, -länder> montaña *f*

Bergmann *m* <-(e)s, -leute> (BERGB) minero, -a *m, f*

Bergmassiv *nt* <-s, -e> (GEO) macizo *m* montañoso, macizo *m* de montañas; **Bergnot** *f* <-, *ohne pl*> emergencia *f* en la montaña; **in ~ sein/geraten** encontrarse/ponerse en una situación de peligro en la montaña; **Bergpredigt** *f* <-, *ohne pl*> (REL) Sermón *m* de la Montaña

Bergrecht *nt* <-(e)s, *ohne pl*> (JUR) derecho *m* minero [*o* de minas], código *m* minero

Bergrechtliche Gewerkschaft *f* <-, *ohne pl*> (JUR) sindicato *m* de derecho minero

Bergrücken *m* <-s, -> cresta *f* (de la montaña); **Bergrutsch** *m* <-(e)s, -e> desprendimiento *m*; **Bergschuh** *m* <-(e)s, -e> bota *f* de montaña; **Bergsee** *m* <-s, -n> lago *m* de montaña; **Bergstation** *f* <-, -en> estación *f* de montaña

berg|steigen *irr vi sein o haben* hacer montañismo; **gestern waren wir in den Alpen ~** ayer fuimos a hacer alpinismo a los Alpes

Bergsteigen *nt* <-s, *ohne pl*> alpinismo *m*, montañismo *m*, andinismo *m Am*

Bergsteiger(in) *m(f)* <-s, -; -, -nen> montañista *mf*, alpinista *mf*, andinista *mf Am*

Bergsteigerverein *m* <-(e)s, -e> asociación *f* de alpinistas, club *m* de alpinistas, club *m* de andinistas *Am*

Bergstraße *f* <-, -n> (GEO) ruta *f* por la montaña; **die (Badische) ~** la Ruta de la Montaña (de Baden); **Bergsturz** *m* <-es, -stürze *o* -e> (GEO) desplome *m* de montaña, deslizamiento *m* de tierras; **Bergtour** *f* <-, -en> excursión *f* por la montaña

Berg-und-Tal-Bahn [--'--] *f* <-, -en> montaña *f* rusa; **Berg-und-Tal-Fahrt** [--'--] *f* <-, -en> viaje lleno de subidas y bajadas

Bergung ['bɛrgʊŋ] *f* <-, -en> salvamento *m*, rescate *m*

Bergungsarbeiten *fpl* trabajos *mpl* de rescate; **Bergungsmannschaft** *f* <-, -en> equipo *m* de salvamento; **Bergungsschiff** *nt* <-(e)s, -e> buque *m* de rescate; **Bergungstrupp** *m* <-s, -s> brigada *f* de socorro

Bergwacht *f* <-, *ohne pl*> servicio *m* de salvamento de montaña; **Bergwand** *f* <-, -wände> peña *f*; **Bergwanderung** *f* <-, -en> caminata *f* por la montaña

Bergwerk *nt* <-(e)s, -e> (BERGB) mina *f*

Bergwind *m* <-(e)s, -e> (GEO) brisa *f* de montaña, viento *m* de ladera

Beriberi [beri'be:ri] *f* <-, *ohne pl*> (MED) beriberi *m*

Bericht [bə'rɪçt] *m* <-(e)s, -e> informe *m*; (TV, RADIO) reportaje *m*; (MIL, MED) parte *m*; **eingehender ~** informe detallado; **widersprüchliche ~e** informes contradictorios; **jdm über etw ~ erstatten** informar a alguien sobre algo; **ein ~ zur Lage** un informe sobre la situación; **einen ~ vorlegen** presentar un informe

berichten* *vi, vt* ❶ (*informieren*) informar (*über* sobre/*de*), reportar (*über* sobre/*de*) *Am*; **sie berichtete von ihrer Reise** informó sobre su viaje; **falsch/recht berichtet sein** (*Schweiz*) estar mal/bien informado ❷ (*erzählen*) narrar, contar (*von* de) ❸ (*mitteilen*) comunicar, informar; **uns wird soeben berichtet, dass ...** nos acaban de informar de que...; **wie unser Korrespondent berichtet** como nos informa nuestro corresponsal

Berichterstatter(in) *m(f)* <-s, -; -, -nen> reportero, -a *m, f*

Berichterstattung *f* <-, -en> información *f*

berichtigen* [bə'rɪçtɪgən] *vt* rectificar, corregir

Berichtigung *f* <-, -en> rectificación *f*, corrección *f*

Berichtigungsaktie *f* <-, -n> (FIN) acción *f* gratuita; **Berichtigungsanspruch** *m* <-(e)s, -sprüche> (JUR) derecho *m* de rectificación; **Berichtigungsfaktor** *m* <-s, -en> (FIN) factor *m* de rectificación; **Berichtigungsvermerk** *m* <-(e)s, -e> (JUR) salvedad *f*

Berichtsjahr *nt* <-(e)s, -e> (COM) año *m*; **im ~ 1996** en el ejercicio de 1996; **Berichtsperiode** *f* <-, -n> (COM) período *m* de referencia; **Berichtspflicht** *f* <-, -en> (JUR) obligación *f* de comunicación de información; **Berichtstermin** *m* <-s, -e> (JUR) plazo *m* de información; **Berichtszeitraum** *m* <-(e)s, -räume> *s*. **Berichtsperiode**

beriechen* *irr* I. *vt* olfatear, husmear; **der Hund beroch vorsichtig das neue Futter** el perro olfateó con prevención la nueva comida II. *vr*: **sich ~** (*fam*) husmearse, oliscarse; **die neuen Kollegen müssen sich erst ~** los nuevos compañeros tienen que oliscarse primero

berieseln* *vt* rociar; **sich mit Musik ~ lassen** (*fam*) bañarse en música; **bei so einem Unterricht kann man sich nur ~ lassen** (*fam*) en una clase así sólo puede uno dejar que le echen el rollo

Berieselung *f* <-, -en> (*mit Wasser*) riego *m* (*mit* con); (*fig: mit Musik*) baño *m* (*mit* en); (*fam: mit Werbung*) bombardeo *m* (*mit* de)

Berieselungsanlage *f* <-, -n> sistema *m* de riego

beringen* *vt* anillar

beritten [bə'rɪtən] *adj* montado, a caballo

Berkelium [bɛr'ke:liʊm] *nt* <-s, *ohne pl*> (CHEM) berkelio *m*

Berlin [bɛr'li:n] *nt* <-s> Berlín *m*

Berliner[1] [bɛr'li:nɐ] *m* <-s, -> (*reg: Gebäck*) bollo *m* relleno de mermelada, berlina *f Am*

Berliner(in)[2] *m(f)* <-s, -; -, -nen> berlinés, -esa *m, f*

berlinerisch *adj* (*fam*) berlinés; **sie sprach B~** hablaba en (el dialecto) berlinés

berlinern* *vi* hablar en berlinés

Berliner Testament *nt* <-(e)s, -e> (JUR) Testamento *m* de Berlín

Bermudadreieck *nt* <-(e)s> Triángulo *m* de las Bermudas; **Bermudainseln** *fpl* Islas *fpl* Bermudas

Bermudas [bɛr'mu:das] *pl* ❶ (*Inselgruppe*) Islas *fpl* Bermudas ❷ (*Hose*) bermudas *mpl o fpl*

Bermudashorts [bɛr'mu:da'ʃo:ɛts] *pl* bermudas *mpl o fpl*

Bern [bɛrn] *nt* <-s> Berna *f*

Berner[1] *adj inv* bernés

Berner(in)[2] *m(f)* <-s, -; -, -nen> habitante *mf* de Berna

Bernhardiner [bɛrnhar'di:nɐ] *m* <-s, -> ❶ (*Mönch*) (monje *m*) bernardino *m* ❷ (*Hund*) (perro *m* de) San Bernardo *m*

Bernhardinerhund *m* <-(e)s, -e> (perro *m* de) San Bernado *m*

Bernstein ['bɛrnʃtaɪn] *m* <-(e)s, -e> ámbar *m*

bernsteinfarben *adj* de color ámbar

Bernsteinsäure *f* <-, -n> ácido *m* succínico

berochen *pp von* **beriechen**

Berserker [bɛr'zɛrkɐ, '---] *m* <-s, -> (*Hüne*) gigante *m*; **wie ein ~ toben** ponerse hecho un energúmeno

bersten ['bɛrstən] <birst, barst, geborsten> *vi sein* (*a. fig*) estallar, reventar; **zum B~ voll sein** estar lleno a reventar; **vor Lachen ~** reventar de risa; **vor Zorn ~** estallar en ira

Berstschutz *m* <-es, *ohne pl*> protección *f* antiestallidos [*o* contra explosiones]

berüchtigt [bə'rʏçtɪçt] *adj* de mala fama

berückend *adj* (*geh*) encantador, cautivador

berücksichtigen* [bə'rʏkzɪçtɪgən] *vt* tener en cuenta, tomar en consideración; **man muss dabei ~, dass ...** en esto hay que tener en cuenta que...; **nicht ~** pasar por alto

Berücksichtigung *f* <-, *ohne pl*> consideración *f*; **unter ~ aller Umstände** considerando todas las circunstancias

Berücksichtigungsgebot *nt* <-(e)s, -e> (JUR) precepto *m* de estimación

Beruf [bə'ru:f] *m* <-(e)s, -e> profesión *f*; **einen ~ ergreifen** escoger una profesión; **was sind Sie von ~?** ¿qué profesión tiene?; **er ist Bäcker von ~** es panadero de profesión; **ein Lehrer, der keine Kinder mag, hat seinen ~ verfehlt** un maestro al que no le gusten los niños ha errado su vocación; **von ~s wegen** profesionalmente

berufen[1] *adj* competente, idóneo; **sich zu [*o* für] etw ~ fühlen** sentirse designado para algo; **sich ~ fühlen zu helfen** sentirse llamado a ayudar

berufen*[2] *irr* I. *vt* ❶ (*ernennen*) nombrar; (*in ein Amt*) designar; **sie haben ihn zum Minister ~** lo han nombrado ministro ❷ (*beschwören*) conjurar II. *vr*: **sich ~** (*sich stützen*) remitirse (*auf* a), hacer valer (*auf*) III. *vi* (*Österr: JUR: Berufung einlegen*) apelar

beruflich *adj* profesional; **ihr ~er Werdegang** su carrera profesional; **was macht er ~?** ¿a qué se dedica profesionalmente?; **sie hat ~ viel zu tun** profesionalmente tiene mucho trabajo

Berufsanalyse *f* <-, -n> análisis *m inv* de una profesión; **Berufsarmee** *f* <-, -n> (MIL) ejército *m* profesional

Berufsausbildung *f* <-, -en> formación *f* profesional; **Berufsausbildungsvertrag** *m* <-(e)s, -träge> contrato *m* de aprendizaje

Berufsaussichten *fpl* perspectivas *fpl* profesionales

Berufsausübung *f* <-, *ohne pl*> ejercicio *m* de la profesión

Berufsausübungsfreiheit *f* <-, *ohne pl*> (JUR) libertad *f* de ejercicio profesional

Berufsbeamtentum *nt* <-s, *ohne pl*> funcionariado *m* de carrera; (*Werdegang*) carrera *f* pública; **hergebrachte Grundsätze des ~s** principios tradicionales del funcionariado de carrera

berufsbedingt *adj* debido a la profesión
Berufsberater(in) *m(f)* <-s, -; -, -nen> asesor(a) *m(f)* de orientación profesional; **Berufsberatung** *f* <-, -en> orientación *f* profesional
Berufsbezeichnung *f* <-, -en> denominación *f* de la profesión; **Berufsbezeichnungsmissbrauch**^{RR} *m* <-(e)s, ohne *pl*> (JUR) abuso *m* de título profesional
berufsbezogen I. *adj* ❶ (*orientiert*) orientado a la práctica profesional; ~er Unterricht una clase orientada a la práctica profesional
❷ (*zusammenhängend*) relacionado con el ejercicio de la profesión; **~e Ausgaben sind steuerlich absetzbar** los gastos relacionados con el ejercicio de la profesión pueden deducirse de los impuestos
II. *adv* enfocado a la práctica profesional; **an Berufsakademien wird ~ unterrichtet** en las escuelas de formación profesional se enfoca la enseñanza hacia la práctica profesional
Berufsbild *nt* <-(e)s, -er> configuración *f* de una profesión; **Berufsboxer(in)** *m(f)* <-s, -; -, -nen> (SPORT) boxeador(a) *m(f)* profesional; **Berufseignungsprüfung** *f* <-, -en> examen *m* de aptitud profesional
berufserfahren *adj* con experiencia profesional, con experiencia en el oficio
Berufserfahrung *f* <-, -en> experiencia *f* profesional; **mangelnde ~** falta de experiencia laboral; **mindestens eine zweijährige ~** experiencia laboral no inferior a dos años; **Berufsethos** *nt* <-, ohne *pl*> ética *f* del oficio; **Berufsfachschule** *f* <-, -n> escuela *f* de formación profesional; **Berufsfeuerwehr** *f* <-, -en> cuerpo *m* profesional de bomberos; **Berufsfreiheit** *f* <-, ohne *pl*> libertad *f* (de ejercicio) de la profesión
berufsfremd *adj* extraño a la profesión; **er übt eine ~e Tätigkeit aus** ejerce una actividad ajena a su profesión
Berufsgeheimnis *nt* <-ses, -se> secreto *m* profesional; **Berufsgenossenschaft** *f* <-, -en> cooperativa *f* para la prevención y el seguro de accidentes laborales; **Berufsgruppe** *f* <-, -n> grupo *m* de profesionales; **Berufshaftpflichtversicherung** *f* <-, -en> seguro *m* de responsabilidad civil profesional; **Berufshaftung** *f* <-, -en> (JUR) responsabilidad *f* profesional; **Berufsheer** *nt* <-(e)s, -e> (MIL) ejército *m* profesional; **Berufskleidung** *f* <-, ohne *pl*> ropa *f* de trabajo; **Berufskonsularbeamte(r)** *mf* <-n, -n; -n, -n>, **-beamtin** *f* <-, -nen> (JUR) funcionario, -a *m, f* consular de carrera; **Berufskrankheit** *f* <-, -en> enfermedad *f* causada por el trabajo; **Berufsleben** *nt* <-s, ohne *pl*> vida *f* profesional; **noch im ~ stehen** estar todavía en activo
berufsmäßig *adj* profesional; **etw ~ betreiben** dedicarse profesionalmente a algo
Berufsoffizier(in) *m(f)* <-s, -e; -, -nen> (MIL) oficial(a) *m(f)* de carrera; **Berufsorganisation** *f* <-, -en> organización *f* profesional; **Berufspflichtverletzung** *f* <-, -en> (JUR) infracción *f* del deber profesional; **Berufspraxis** *f* <-, ohne *pl*> práctica *f* en la profesión; **Berufsrichter(in)** *m(f)* <-s, -; -, -nen> (JUR) juez *m* profesional, juez *mf* de carrera; **Berufsrisiko** *nt* <-s, -risiken> riesgo *m* profesional; **Berufsschaden** *m* <-s, -schäden> daño *m* profesional; **Berufsschule** *f* <-, -n> escuela *f* de formación profesional; **er geht zur ~** estudia [*o* estudia] formación profesional; **Berufsschüler(in)** *m(f)* <-s, -; -, -nen> alumno, -a *m, f* de formación profesional; **Berufsschullehrer(in)** *m(f)* <-s, -; -, -nen> profesor(a) *m(f)* de formación profesional; **Berufssoldat(in)** *m(f)* <-en, -en; -, -nen> (MIL) soldado *m* profesional; **Berufsspieler(in)** *m(f)* <-s, -; -, -nen> (SPORT) jugador(a) *m(f)* profesional, deportista *mf* profesional, profesional *mf* del deporte ❷ (*Glücksspieler*) jugador(a) *m(f)* profesional, profesional *mf* del juego; **Berufssportler(in)** *m(f)* <-s, -; -, -nen> deportista *mf* profesional; **Berufsstand** *m* <-(e)s, -stände> gremio *m*
berufstätig *adj*: **~ sein** trabajar; **halbtags ~ sein** trabajar media jornada
Berufstätige(r) *mf* <-n, -n; -n, -n> empleado, -a *m, f*, activo, -a *m, f*; **Berufstätigkeit** *f* <-, ohne *pl*> actividad *f* profesional
berufsunabhängig *adj* interprofesional; **~er Mindestlohn** salario mínimo interprofesional
Berufs- und Standesrecht *nt* <-(e)s, ohne *pl*> derecho *m* profesional y corporativo
berufsunfähig *adj* incapacitado profesionalmente
Berufsunfähigkeit *f* <-, -en> incapacidad *f* parcial [*o* profesional]; **Berufsunfall** *m* <-(e)s, -fälle> accidente *m* laboral [*o* de trabajo]; **Berufsverband** *m* <-(e)s, -bände> asociación *f* de profesionales; **Berufsverbot** *nt* <-(e)s, -e> inhabilitación *f* profesional, interdicción *f* profesional; **Berufsverbrecher(in)** *m(f)* <-s, -; -, -nen> profesional *mf* del crimen; **Berufsvereinigung** *f* <-, -en> asociación *f* profesional; **Berufsverkehr** *m* <-s, ohne *pl*> tráfico *m* en las horas punta; **Berufsvorbereitungsjahr** *nt* <-(e)s, -e> año *m* de formación preprofesional
Berufswahl *f* <-, ohne *pl*> elección *f* de la profesión; **Berufswahlfreiheit** *f* <-, ohne *pl*> (JUR) libertad *f* de elegir su profesión
Berufswechsel *m* <-s, -> cambio *m* de profesión; **Berufszweig** *m* <-(e)s, -e> rama *f* profesional

Berufung [bəˈruːfʊŋ] *f* <-, -en> ❶ (*Befähigung, innerer Auftrag*) vocación *f*
❷ (*Ernennung*) nombramiento *m*
❸ (JUR) apelación *f*; **unter ~ auf das geltende Recht** basándose en el derecho vigente; **~ gegen ein Urteil einlegen** presentar recurso de apelación contra una sentencia; **in (die) ~ gehen** interponer (un) recurso de apelación; **die ~ zulassen** admitir el recurso de apelación
Berufungsanschlussschrift^{RR} *f* <-, -en> (JUR) escrito *m* adjunto de apelación; **Berufungsantrag** *m* <-(e)s, -träge> (JUR) demanda *f* de apelación; **Berufungsausschuss**^{RR} *m* <-es, -schüsse> (JUR) junta *f* de revisión; **Berufungsbegründung** *f* <-, -en> (JUR) escrito *m* de expresión de agravios; **Berufungsbeklagte(r)** *mf* <-n, -n; -n, -n> (JUR) apelado, -a *m, f*; **Berufungseinlegung** *f* <-, ohne *pl*> (JUR) planteamiento *m* de apelación
berufungsfähig *adj* (JUR) apelable
Berufungsfrist *f* <-, -en> (JUR) término *m* de apelación; **Berufungsgericht** *nt* <-(e)s, -e> (JUR) tribunal *m* de apelación; **Berufungsgerichtsbarkeit** *f* <-, ohne *pl*> jurisdicción *f* de apelación; **Berufungsgründe** *mpl* (JUR) motivos *mpl* de apelación; **Berufungsinstanz** *f* <-, -en> (JUR) instancia *f* de apelación; **Berufungsklage** *f* <-, -n> apelación *f*; **Berufungskläger(in)** *m(f)* <-s, -; -, -nen> (JUR) apelante *mf*; **Berufungsrecht** *nt* <-(e)s, -e> (JUR) derecho *m* de apelación; **Berufungsrichter(in)** *m(f)* <-s, -; -, -nen> (JUR) juez(a) *m(f)* de apelación; **Berufungsschrift** *f* <-, -en> (JUR) escrito *m* de apelación; **Berufungssumme** *f* <-, -n> (JUR) suma *f* de apelación; **Berufungsurteil** *nt* <-s, -e> (JUR) sentencia *f* de apelación; **Berufungsverfahren** *nt* <-s, -> (JUR) procedimiento *m* de apelación; **Berufungsverhandlung** *f* <-, -en> (JUR) vista *f* de la apelación; **Berufungsverzicht** *m* <-(e)s, -e> (JUR) renuncia *f* a la apelación; **Berufungsvorbringen** *nt* <-s, ohne *pl*> (JUR) aducciones *fpl* de apelación; **Berufungsweg** *m* <-(e)s, -e> (JUR) procedimiento *m* de apelación; **Berufungszulassung** *f* <-, ohne *pl*> (JUR) admisión *f* de la apelación
beruhen* *vi* basarse (*auf*en); **unser Vertrauen beruht auf Gegenseitigkeit** nuestra confianza es mutua; **etw auf sich ~ lassen** dejar las cosas como están
beruhigen* [bəˈruːɪɡən] I. *vt* tranquilizar, calmar
II. *vr*: **sich ~** (*Mensch, Tier*) tranquilizarse, calmarse; (*Meer*) calmarse, sosegarse; (*Sturm*) ceder; (*Lage*) estabilizarse; **(nun) beruhige dich erst mal!** ¡tranquilízate primero!
beruhigend I. *adj* ❶ (*ruhig machend*) tranquilizador, (*entspannend*) relajante; **~e Worte** palabras tranquilizadoras; **hör klassische Musik, das ist ~!** ¡escucha música clásica, es relajante!
❷ (MED) calmante, sedante; (*gegen Nervosität*) tranquilizante; **ich gebe Ihnen eine ~e Spritze** le voy a poner una inyección sedante
II. *adv* ❶ (*entlastend*) tranquilizadoramente, con efecto tranquilizador; **auf jdn ~ einsprechen** hablar tranquilizadoramente con alguien; **seine Anwesenheit wirkt auf mich enorm ~** su presencia tiene un efecto enormemente tranquilizador sobre mí
❷ (MED) con efectos calmantes [*o* sedantes]; **~ wirken** tener efectos calmantes
beruhigt I. *adj* tranquilizado, tranquilo; **dann bin ich ~!** ¡me quedo tranquilo!
II. *adv* con tranquilidad; **jetzt kannst du ~ einschlafen!** ¡ahora ya puedes dormirte tranquilo!
Beruhigung *f* <-, -en> apaciguamiento *m*; (*der Lage*) estabilización *f*; **zu Ihrer ~ kann ich sagen …** para su tranquilidad le puedo decir…
Beruhigungsmittel *nt* <-s, -> tranquilizante *m*, calmante *m*; **Beruhigungspille** *f* <-, -n> (pastilla *f*) tranquilizante *m*; **Beruhigungsspritze** *f* <-, -n> inyección *f* sedante
berühmt [bəˈryːmt] *adj* famoso (*für* por), célebre (*für* por); **über Nacht ~ werden** hacerse famoso de la noche a la mañana; **deine Leistungen waren nicht gerade ~** (*fam*) lo que hiciste no fue nada del otro mundo
berühmt-berüchtigt [-ˈ--ˈ--] *adj* tristemente célebre
Berühmtheit¹ *f* <-, ohne *pl*> (*das Berühmtsein*) fama *f*, celebridad *f*; **zu trauriger ~ gelangen** adquirir mala fama
Berühmtheit² *f* <-, -en> (FILM) estrella *f*; (SPORT) as *m*
berühren* *vt* ❶ (*anfassen*) tocar; (*streifen*) rozar; **B~ verboten!** ¡prohibido tocar!
❷ (*betreffen, bewegen*) conmover, turbar; **sein Tod hat mich sehr berührt** su muerte me ha conmovido mucho; **von der direkten Frage peinlich berührt …** desagradablemente impresionado por la pregunta directa…
❸ (*Thema*) mencionar, tocar de pasada
Berührung¹ *f* <-, ohne *pl*> (*Erwähnung*) mención *f*
Berührung² *f* <-, -en> ❶ (*das Anfassen*) toque *m*; (*Streifen*) roce *m*; **bei ~ Lebensgefahr!** ¡no tocar, peligro de muerte!
❷ (*Kontakt*) contacto *m*; **mit etw** *dat*/**jdm in ~ kommen** entrar en

contacto con algo/alguien
Berührungsangst *f* <-, -ängste> (PSYCH) miedo *m* al contacto, hafefobia *f*; **Berührungsbildschirm** *m* <-(e)s, -e> (INFOR, TECH) pantalla *f* sensorial; **Berührungsfläche** *f* <-, -n> área *f* de contacto; **Berührungspunkt** *m* <-(e)s, -e> punto *m* de contacto
Berylliose [berʏˈljoːza] *f* <-, -n> (MED) beriliosis *f inv*
Beryllium [beˈrʏlium] *nt* <-s, ohne pl> (CHEM) berilio *m*
bes. *Abk. von* **besonders** particularmente, especialmente
besabbern* I. *vt* (*fam*) duchar (con saliva); (*beim Sprechen*) escupir al hablar; **wenn der was erzählt, besabbert er einen völlig** ése, como te cuente algo, te pone perdido de saliva
II. *vr*: **sich** ~ (*fam*) ponerse perdido de saliva
besäen* *vt* sembrar; **der Himmel war mit Sternen besät** el cielo estaba cuajado de estrellas [*o* estrellado]; **nach dem Fest waren die Straßen mit Unrat besät** después de la fiesta quedaron las calles sembradas de basura; **im Herbst war der Schulhof mit Blättern besät** en otoño el patio del colegio estaba cubierto de hojas; **eine mit Orden besäte Uniform** un uniforme cargado de medallas
besagen* *vt* ❶ (*ausdrücken*) (querer) decir, indicar
❷ (*bedeuten*) significar; **das hat nichts zu** ~ esto no significa nada; **was besagt das schon?** ¿y eso qué significa?
besagte(r, s) *adj* antes mencionado, susodicho
besaiten* *vt* poner cuerdas (a); **zart besaitet sein** (*Person*) ser sensible; **sie ist eher zart besaitet** es un poco sensible [*o* impresionable]
besamen* *vt* inseminar
besammeln* *vr*: **sich** ~ (*Schweiz*) reunirse
Besammlung *f* <-, -en> (*Schweiz: Versammlung*) reunión *f*
Besamung *f* <-, -en> inseminación *f*; **äußere/innere** ~ inseminación interna/externa; **künstliche** ~ inseminación artificial
Besan [beˈzaːn, '--] *m* <-s, -e> (NAUT: *Besanmast*) (palo *m* de) mesana *f*; (*Besansegel*) mesana *f*
besänftigen* [bəˈzɛnftɪgən] *vt* calmar, tranquilizar
besänftigend *adj* (*beruhigend*) apaciguante; (MED: *schmerz~*) calmante
Besänftigung *f* <-, -en> apaciguamiento *m*, mitigación *f*
Besanmast *m* <-(e)s, -en *o* -e> (NAUT) palo *m* de mesana
Besatz *m* <-es, -sätze> (*Borte*) ribete *m*
Besatzer(in) *m(f)* <-s, -; -, -nen> (*abw*) invasor(a) *m(f)*, ocupante *mf*
Besatzung *f* <-, -en> ❶ (*Garnison*) guarnición *f*; (*Truppen*) tropas *fpl* de ocupación
❷ (NAUT, AERO) tripulación *f*
Besatzungsarmee *f* <-, -n> (MIL) ejército *m* de ocupación; **Besatzungsgebiet** *nt* <-(e)s, -e> (MIL) territorio *m* ocupado; **Besatzungsmacht** *f* <-, -mächte> potencia *f* ocupante; **Besatzungsstreitkräfte** *fpl* (MIL) ejército *m* de ocupación; **Besatzungstruppen** *fpl* (MIL) tropas *fpl* de ocupación; **Besatzungszone** *f* <-, -n> (MIL) zona *f* de ocupación
besaufen* *irr vr*: **sich** ~ (*fam*) emborracharse
Besäufnis [bəˈzɔɪfnɪs] *nt* <-ses, -se> (*fam*) borrachera *f*, bebedera *f* Mex
besäuselt *adj* (*fam*) achispado, alegrón Arg
beschädigen* *vt* deteriorar, dañar; **leicht/schwer beschädigt** con un leve desperfecto/gravemente deteriorado
Beschädigung *f* <-, -en> deterioro *m*; (*leicht*) desperfecto *m*
beschaffen¹ *adj*: **gut/schlecht** ~ **sein** estar en buenas/malas condiciones; **damit ist es schlecht** ~ el asunto está mal; **so** ~ **sein, dass ...** estar hecho de manera que...
beschaffen*² *vt* procurar, proporcionar; **ich habe mir jetzt das Geld dafür beschafft** he conseguido reunir el dinero para ello
Beschaffenheit *f* <-, ohne pl> (*Zustand*) estado *m*, calidad *f*; (*Art*) naturaleza *f*; (*Zusammensetzung*) composición *f*; **von guter/vorzüglicher** ~ de buena/excelente calidad
Beschaffung *f* <-, ohne pl> provisión *f*, aprovisionamiento *m*
Beschaffungskosten *pl* gastos *mpl* de aprovisionamiento; **Beschaffungskriminalität** *f* <-, ohne pl> (JUR) criminalidad *f* relacionada con la consecución de drogas; **Beschaffungsmarkt** *m* <-(e)s, -märkte> (WIRTSCH) mercado *m* de abastecimiento; **Beschaffungsprostitution** *f* <-, ohne pl> prostitución *f* para adquirir droga; **Beschaffungsschuld** *f* <-, ohne pl> (JUR) culpabilidad *f* de la apelación; **Beschaffungswesen** *nt* <-s, ohne pl> abastos *mpl*; **öffentliches** ~ abastos públicos
beschäftigen* [bəˈʃɛftɪgən] I. *vt* ❶ (*einstellen*) emplear, dar trabajo
❷ (*mit einer Aufgabe*) ocupar (*mit* en/con); (*mit einem Spiel*) entretener (*mit* con)
❸ (*gedanklich*) preocupar; **diese Frage beschäftigt mich ständig** esta cuestión me tiene permanentemente ocupado
II. *vr*: **sich** ~ (*sich befassen*) ocuparse (*mit* de), dedicarse (*mit* a); **sich viel mit den Kindern** ~ dedicar mucho tiempo [*o* dedicarse mucho] a los niños

beschäftigt *adj* ❶ (*befasst*) ocupado (*mit* con), atareado; **viel** ~ muy ocupado, ocupadísimo
❷ (*angestellt*) empleado (*bei* en); **sie ist bei Mercedes** ~ está empleada en la Mercedes
Beschäftigte(r) *mf* <-n, -n; -n, -n> empleado, -a *m, f*; **nicht ständig** ~**r** trabajador eventual
Beschäftigtenanteil *m* <-(e)s, -e>: ~ **der Bevölkerung** parte *f* activa de la población
Beschäftigung *f* <-, -en> ❶ (*Tätigkeit*) ocupación *f*, actividad *f*; (*Beruf*) trabajo *m*; (*Anstellung*) empleo *m*; **abhängige** ~ empleo condicionado; **einträgliche/ganztägige** ~ ocupación lucrativa/de jornada completa; **einer** ~ **nachgehen** ejercer [*o* dedicarse a] una actividad (profesional)
❷ (*geistige Auseinandersetzung*) dedicación *f* (*mit* a)
Beschäftigungsdauer *f* <-, ohne pl> duración *f* del empleo; **Beschäftigungsförderungsgesetz** *nt* <-es, -e> ley *f* de fomento del empleo; **Beschäftigungsgarantie** *f* <-, -n> garantía *f* de empleo; **Beschäftigungsgesellschaft** *f* <-, -en> empresa *f* dedicada a la promoción del empleo; **Beschäftigungslage** *f* <-, -n> (WIRTSCH) situación *f* laboral; **kritische** ~ situación laboral crítica
beschäftigungslos *adj* desempleado, parado
Beschäftigungsmaßnahme *f* <-, -n> (WIRTSCH) medida *f* ocupacional; **Beschäftigungsnachweis** *m* <-es, -e> certificado *m* de trabajo; **Beschäftigungsniveau** *nt* <-s, -s> nivel *m* de ocupación; **Beschäftigungspflicht** *f* <-, ohne pl> (WIRTSCH) deber *m* de emplear; **Beschäftigungspolitik** *f* <-, ohne pl> política *f* laboral; **Beschäftigungsprogramm** *nt* <-(e)s, -e> programa *m* de empleo
beschäftigungssichernd *adj* (WIRTSCH) que garantiza el empleo
Beschäftigungstherapeut(in) *m(f)* <-en, -en; -, -nen> ergoterapeuta *mf*, terapeuta *mf* de reeducación; **Beschäftigungstherapie** *f* <-, -n> (MED) ergoterapia *f*, terapia *f* ocupacional; **das ist die reinste** ~**!** (*fam*) ¡esto es matar el tiempo!; **Beschäftigungsverbot** *nt* <-(e)s, -e> prohibición *f* de emplear; **Beschäftigungsverhältnis** *nt* <-ses, -se>: **Arbeiter in einem abhängigen** ~ trabajadores *mpl* por cuenta ajena
beschämen* *vt* avergonzar; (*demütigen*) humillar; **das beschämt mich sehr** me avergüenza mucho
beschämend *adj* vergonzoso, humillante
beschämt *adj* avergonzado, escurrido Mex, PRico; (*gedemütigt*) humillado
Beschämung *f* <-, -en> vergüenza *f*; **zu meiner** (**großen**) ~ **muss ich leider gestehen, dass ...** para mi (gran) vergüenza he de confesar que...
beschatten* *vt* vigilar
Beschatter(in) *m(f)* <-s, -; -, -nen> (*fam*) vigilante *mf*; **es gelang ihm seine** ~ **abzuschütteln** logró dar esquinazo a quienes le seguían
Beschattung *f* <-, -en> ❶ (*Schatten geben*) sombreado *m*
❷ (ADMIN, MIL) vigilancia *f* (secreta), observación *f* (secreta)
Beschau *f* <-, ohne pl> inspección *f*; **eine** ~ **der Waren vornehmen** realizar una inspección de las mercancías
beschauen* *vt* (*reg*) mirar; (*genau*) examinar
Beschauer(in) *m(f)* <-s, -; -, -nen> espectador(a) *m(f)*, observador(a) *m(f)*
beschaulich *adj* (*ruhig*) tranquilo; (*friedlich*) pacífico, apacible; **ein** ~**es Leben führen** llevar una vida relajada
Beschaulichkeit *f* <-, ohne pl> tranquilidad *f*
Bescheid [bəˈʃaɪt] *m* <-(e)s, -e> (*Auskunft*) información *f*; (*Nachricht*) aviso *m*; (*Antwort*) respuesta *f*, contestación *f*; ~ **sagen, wenn .../dass .../ob ...** avisar cuando... *subj*/que.../si...; **jdm** ~ **geben** dar aviso a alguien; **Sie bekommen** ~ le informaremos; **jdm einen abschlägigen** ~ **erteilen** dar una contestación negativa a alguien; **er weiß gut** ~ está bien informado; **damit du** ~ **weißt!** ¡para que te enteres!; **jdm ordentlich** ~ **sagen, jdm gründlich** ~ **stoßen** (*fam*) cantarle las cuarenta a alguien
bescheiden¹ *adj* ❶ (*anspruchslos*) modesto, humilde; **in** ~**en Verhältnissen leben** vivir modestamente; **sein** ~**es Auskommen haben** tener una vida modesta
❷ (*einfach*) sencillo
❸ (*fam: schlecht*) asqueroso; **das Leben ist** (**kurz und**) ~ la vida es un asco
bescheiden*² *irr* I. *vt* (ADMIN: *mitteilen*) comunicar; **das Gesuch wurde abschlägig beschieden** la petición fue rechazada
II. *vr*: **sich** ~ (*geh: sich begnügen*) darse por satisfecho (*mit* con)
Bescheidenheit *f* <-, ohne pl> modestia *f*, humildad *f*; **aus lauter** ~ de pura modestia; **nur keine falsche** ~**!** ¡todo, menos falsa modestia!; ~ **ist eine Zier, doch weiter kommt man ohne ihr** (*prov*) el rosario al cuello, y el diablo en el cuerpo
Bescheidungsklage *f* <-, -n> (JUR) demanda *f* de contestación; **Bescheidungsurteil** *nt* <-s, -e> (JUR) sentencia *f* de contestación

bescheinen* *irr vt* alumbrar, iluminar
bescheinigen* [bəˈʃaınıgən] *vt* certificar, atestar; **hiermit wird bescheinigt, dass ...** por la presente se certifica que...; **den Empfang von etw ~** acusar recibo de algo
Bescheinigung¹ *f* <-, *ohne pl*> (*Vorgang*) certificación *f*
Bescheinigung² *f* <-, -en> (*Schriftstück*) certificado *m*; **amtliche/notarielle ~** certificado oficial/notarial
bescheißen* *irr vt* (*fam*) clavar, estafar; **jdn um fünf Euro ~** estafar a alguien cinco euros
beschenken* *vt* regalar, obsequiar (*mit* con); **jdn reich ~** enriquecer a alguien con regalos
Beschenkte(r) *mf* <-n, -n; -n, -n> (JUR) donatario, -a *m, f*
bescheren* [bəˈʃeːrən] *vt* regalar; **jdm etw ~, jdn mit etw ~** regalar algo a alguien
Bescherung *f* <-, -en> ❶ (*zu Weihnachten*) reparto *m* de regalos
❷ (*fam iron: Missgeschick*) sorpresa *f* desagradable; **da haben wir die ~!, das ist ja eine schöne ~!** ¡vaya una sorpresa!, ¡maldita la gracia!
bescheuert [bəˈʃɔyɐt] *adj* (*fam*) como una cabra; **eine ~e Situation** una situación sin pies ni cabeza
beschichten* *vt* revestir (*mit* de)
Beschichtung *f* <-, -en> (TECH) recubrimiento *m*
beschicken* *vt* ❶ (*schicken*) enviar; **die Messe mit guter Ware ~** enviar buenos productos a la feria; **die Ausstellung mit Gemälden ~** enviar cuadros a la exposición
❷ (TECH) alimentar
beschießen* *irr vt* tirotear, balear *SAm*; (PHYS: *Atomkern*) bombardear
Beschießung *f* <-, -en> (MIL) bombardeo *m*; (HIST: *mit Kanonen*) cañoneo *m*; (*mit Gewehren*) ametrallamiento *m*; **die ~ der Stadt begann im Morgengrauen** al alba comenzaron a bombardear la ciudad
beschildern* *vt* señalizar; **diese Straße ist schlecht beschildert** esta calle está mal señalizada
Beschilderung *f* <-, -en> (AUTO) señalización *f*
beschimpfen* *vt* insultar, injuriar *geh*
Beschimpfung *f* <-, -en> insulto *m*, ofensa *f*
Beschiss^RR [bəˈʃɪs] *m* <-es, *ohne pl*>, **Beschiß** *m* <-sses, *ohne pl*> (*fam*) timo *m*; **das ist ja ~!** ¡qué timo!
beschissen [bəˈʃɪsən] I. *pp von* **bescheißen**
II. *adj* (*fam*) hecho un asco, hecho una mierda, jodido; **so ein ~es Wetter!** ¡qué tiempo más asqueroso!; **gestern ging es mir ~** ayer estaba hecho una mierda; **mit der Arbeit sieht es ~ aus** el trabajo está jodido; **das Leben ist (kurz und) ~** la vida es (corta y) una mierda
beschlafen* *irr vt* ❶ (*koitieren*) cohabitar (con), coitar (con), yacer (con)
❷ (*überschlafen*) consultar con la almohada *fam*
Beschlag *m* <-(e)s, -schläge> ❶ (*Metallstück*) herraje *m*
❷ (*Hufeisen*) herradura *f*
❸ (*auf Glas*) empaño *m*; **jdn/etw in ~ nehmen** acaparar a alguien/algo; **etw mit ~ belegen** monopolizar algo
beschlagen¹ *adj* (*fam*) entendido (*in* en), versado (*in* en)
beschlagen*² *irr* I. *vi sein* (*Glas*) empañarse; (*Metall*) perder brillo
II. *vt* ❶ (*Möbel*) guarnecer
❷ (*Huftiere*) herrar, encasquillar *Am*
Beschlagenheit *f* <-, *ohne pl*> erudición *f*; **seine ~ in Geschichte ist beeindruckend** es impresionante lo versado que está en Historia
Beschlagnahme [bəˈʃlaːknaːmə] *f* <-, -n> (JUR, WIRTSCH) incautación *f*, confiscación *f*; **einstweilige ~** confiscación provisoria
Beschlagnahmebeschluss^RR *m* <-es, -schlüsse> (JUR, WIRTSCH) auto *m* de confiscación [*o* decomiso]
beschlagnahmefrei *adj* (JUR) inembargable; **~er Gegenstand** objeto inembargable
beschlagnahmen* *vt* ❶ (*Waren, Vermögen*) confiscar, incautar
❷ (*fam: in Anspruch nehmen*) retener, apropiarse (de)
Beschlagnahmeverbot *nt* <-(e)s, -e> prohibición *f* de embargo
Beschlagnahmeverfügung *f* <-, -en> orden *f* de embargo
Beschlagnahmung *f* <-, -en> (JUR, ADMIN) confiscación *f*, decomiso *m*, embargo *m*
beschleichen* *irr vt* (*geh: Gefühle*) apoderarse (de)
beschleunigen* [bəˈʃlɔynıgən] I. *vi* acelerar
II. *vt* ❶ (*Tempo*) acelerar, aumentar; **die Geschwindigkeit ~** aumentar la velocidad; **den Schritt ~** acelerar el paso
❷ (*Entwicklung, Wachstum*) activar; **seine Abreise ~** acelerar su partida
III. *vr: sich ~* (*Tempo*) aumentar
Beschleunigung *f* <-, -en> aceleración *f*
Beschleunigungsbeschluss^RR *m* <-es, -schlüsse> (JUR) auto *m* de agilización *f*; **Beschleunigungsgrundsatz** *m* <-es, *ohne pl*> (JUR) principio *m* de aceleración; **Beschleunigungsvermögen** *nt* <-s, -> (TECH) capacidad *f* de aceleración
beschließen* *irr vt* ❶ (*entscheiden*) decidir; (*gemeinsam*) acordar;

einstimmig ~ decidir [*o* acordar] unánimemente [*o* por unanimidad]; **wir haben beschlossen, noch heute abzufahren** hemos decidido marcharnos hoy mismo; **das war doch schon (eine) beschlossene Sache!** ¡pero si ya estaba acordado!, ¡pero si ya era cosa hecha!
❷ (*beenden*) terminar, finalizar
beschlossen I. *pp von* **beschließen**
II. *adj*: **etw liegt** [*o* ist] **in etw** *dat* **~** algo está comprendido [*o* contenido] en algo; **der spätere Baum ist bereits im Sämling ~** el árbol que ha de brotar ya está contenido en la semilla; **in dieser Aussage liegt viel Weisheit ~** en esta aseveración se encierra mucha sabiduría
Beschluss^RR *m* <-es, -schlüsse>, **Beschluß** *m* <-sses, -schlüsse> decisión *f*, resolución *f*; **bindender ~** (JUR) acuerdo vinculante; **einen ~ aufheben/aussetzen** (JUR) revocar/aplazar una resolución; **einen ~ fassen** tomar una decisión; **einen ~ in die Tat umsetzen** [*o* **verwirklichen**] llevar a la práctica una decisión; **der ~ ist sofort vollstreckbar** (JUR) el auto es inmediatamente ejecutable; **der ~ wird den Parteien zugestellt** (JUR) se dará traslado del auto a las partes
Beschlussabteilung^RR *f* <-, -en> (JUR) sección *f* deliberante
beschlussfähig^RR *adj* (POL) capacitado para tomar acuerdos; **~ sein** haber quórum; **~e Mehrheit** quórum *m*; **nicht ~** sin reunir (el) quórum
Beschlussfähigkeit^RR *f* <-, *ohne pl*> quórum *m*; **wegen mangelnder ~** por falta de quórum; **Beschlussfassung**^RR *f* <-, -en> (*formal*) toma *f* de decisiones, adopción *f* de un acuerdo; **Beschlusskammer**^RR *f* <-, -n> (JUR) junta *f* deliberante
beschlussunfähig^RR *adj* sin reunir (el) quórum
Beschlussvorlage^RR *f* <-, -n> (JUR) proyecto *m* de resolución
beschmeißen* *irr vt*: **jdn mit etw ~** (*fam*) tirar algo a alguien
beschmieren* *vt* ❶ (*Brot*) untar, empavonar *Am*
❷ (*Kleidung, Person*) ensuciar; (*mit Fett*) pringar; (*mit Dreck*) enlodar
❸ (*abw: voll schreiben*) garabatear, pintarrajear
beschmutzen* *vt* manchar (*mit* de), ensuciar (*mit* de); **jds Ansehen ~** manchar el buen nombre de alguien
Beschmutzung *f* <-, -en> ensuciamiento *m*; **durch Schutzumschläge sollen Bücher vor ~ geschützt werden** con las cubiertas se protegen los libros de la suciedad; **~ des Tonkopfs verhindern** evítese que se ensucie el cabezal
beschneiden* *irr vt* ❶ (*stutzen*) cortar; (*Bäume*) podar
❷ (*Ausgaben, Löhne*) reducir, recortar; (*Freiheit*) limitar
❸ (MED) circuncidar, hacer una circuncisión
Beschneidung *f* <-, -en> ❶ (BOT) poda *f*
❷ (*von Rechten, Ausgaben*) reducción *f*, recorte *m*
❸ (MED) circuncisión *f*
beschneit *adj* nevado, cubierto de nieve; **die ~en Gipfel** las cumbres nevadas
Beschneiungsanlage *f* <-, -n> máquina *f* de nieve artificial
beschnitten I. *pp von* **beschneiden**
II. *adj* (MED) circunciso
beschnüffeln* *vt* (*a. fig*) husmear, olfatear
beschnuppern* *vt* olfatear, olisquear
beschönigen* [bəˈʃøːnıgən] *vt* disimular
Beschönigung *f* <-, -en> encubrimiento *m*; **ohne ~ der Tatsachen** sin encubrir los hechos
beschranken* *vt* (EISENB) dotar de barrera, poner una barrera; **ein beschrankter Bahnübergang** un paso a nivel con barrera
beschränken* [bəˈʃrɛŋkən] I. *vt* restringir (*auf* a), limitar (*auf* a)
II. *vr: sich ~* limitarse (*auf* a), restringirse (*auf* a); **wir müssen uns auf das Wesentliche ~** nos tenemos que restringir a lo esencial
beschränkt *adj* ❶ (*eingeschränkt*) limitado, escaso; **~e Haftung** responsabilidad limitada
❷ (*abw: dumm*) de pocas luces, corto
❸ (*engstirnig*) limitado, estrecho
Beschränktheit *f* <-, *ohne pl*> ❶ (*die Begrenztheit*) limitación *f*, restricción *f*; **wegen der ~ der Teilnehmerzahl bitten wir Sie um Voranmeldung** por limitación de plazas rogamos se preinscriban
❷ (*mangelnde Intelligenz*) limitación *f*, escasa inteligencia *f*
❸ (*Engstirnigkeit*) estrechez *f* de miras
Beschränkung *f* <-, -en> restricción *f* (*auf* a), limitación *f* (*auf* a); **~ der Berichterstattung** información limitada; **~ der Handlungsvollmacht/Zuständigkeit** (JUR) restricción del poder mercantil/de la competencia; **gesetzliche/vertragsmäßige ~en** restricciones legales/contractuales; **mengenmäßige ~en** limitaciones de cantidad; **jdm ~en auferlegen** poner límites a alguien, restringir a alguien su campo de actividad
Beschränkungsrecht *nt* <-(e)s, *ohne pl*> derecho *m* de restricción; **Beschränkungsverbot** *nt* <-(e)s, -e> prohibición *f* de restricción
beschreibbar *adj* (INFOR: *Diskette*): **einseitig ~** para escritura en un solo lado
beschreiben* *irr vt* ❶ (*darstellen*) describir
❷ (*vollführen*) describir, ejecutar; **die Flugzeuge beschrieben ein**

Herz am Himmel los aviones describieron un corazón en el cielo ❸ (*voll schreiben*) escribir (en); **ein Blatt nur einseitig ~** escribir solamente por un lado de una hoja

Beschreibung *f* <-, -en> ❶ (*Darstellung*) descripción *f;* **endgültige/ vorläufige ~** (*eines Patentes*) descripción definitiva/provisional; **das spottet jeder ~** no se puede describir con palabras, no es para ser descrito ❷ (*Gebrauchsanleitung*) instrucciones *fpl* de uso

beschreiten* *irr vt* (*geh*) seguir; **neue Wege ~** abrir nuevos caminos

Beschrieb *m* <-s, -e> (*Schweiz*) *s.* **Beschreibung**

beschriften* [bəˈʃrɪftən] *vt* rotular, poner una inscripción (a); (*mit Etikett*) etiquetar

Beschriftung *f* <-, -en> rótulo *m;* (*Aufschrift*) inscripción *f,* leyenda *f;* (*mit Etikett*) etiquetado *m*

beschuldigen* [bəˈʃʊldɪgən] *vt* acusar, inculpar; **er wurde des Diebstahls beschuldigt** fue acusado de robo; **man hat ihn beschuldigt Geld gestohlen zu haben** fue acusado de haber robado dinero

Beschuldigte(r) *mf* <-n, -n; -n, -n> (JUR) acusado, -a *m, f*

Beschuldigung *f* <-, -en> acusación *f,* incriminación *f;* **eine ~ zurückweisen** rechazar una acusación

beschummeln* *vi, vt* (*fam*) hacer trampa

beschuppt *adj* escamoso, cubierto de escamas; **eine Eidechse ist nur ganz dünn ~** una lagartija apenas tiene escamas

Beschuss[RR] *m* <-es, *ohne pl*>, **Beschuß** *m* <-sses, *ohne pl*> ❶ (MIL) fuego *m,* ametrallamiento *m;* **jdn unter ~ nehmen** apuntar contra alguien; **unter ~ geraten** (*fam*) ser blanco de críticas ❷ (PHYS: *durch Neutronen*) bombardeo *m*

Beschusspflicht[RR] *f* <-, *ohne pl*> (JUR) obligación *f* de batimiento; **Beschussprüfung**[RR] *f* <-, -en> (JUR) prueba *f* de tiro

beschützen* *vt* proteger (*vor* de/contra), amparar (*vor* de/contra)

Beschützer(in) *m(f)* <-s, -; -, -nen> protector(a) *m(f)*

beschwatzen* *vt* (*fam*), **beschwätzen*** *vt* (*reg: fam*) ❶ (*überreden*) engatusar (*zu* para que +*subj*) ❷ (*Thema*) charlar (sobre)

Beschwer *f* <-, *ohne pl*>, *nt* <-(e)s, *ohne pl*> (JUR) agravio *m;* **eigene ~** agravio propio; **formelle/materielle ~** agravio formal/material; **gegenwärtige ~** agravio actual; **unmittelbare ~** agravio directo

Beschwerde [bəˈʃveːɐdə] *f* <-, -n> ❶ *pl* (MED) molestia *f,* dolor *m;* **mit etw ~n haben** tener dolor de algo ❷ (*Klage*) queja *f,* protesta *f,* cangrina *f* Kol; **berechtigte ~** queja justificada; **einfache ~** (JUR) recurso simple; **sofortige ~** (JUR) recurso inmediato; **Grund zur ~ haben** tener motivos para quejarse; **~ einlegen/ einreichen** elevar/formular una protesta

Beschwerdebegründung *f* <-, -en> (JUR) fundamento *m* del recurso de alzada [*o* de queja]; **Beschwerdebegründungsfrist** *f* <-, -en> (JUR) plazo *m* para la fundamentación del recurso de alzada [*o* de queja]

Beschwerdeberechtigte(r) *mf* <-n, -n; -n, -n> (JUR) legitimado, -a *m, f* para la interposición del recurso de alzada [*o* de queja]; **Beschwerdebescheid** *m* <-(e)s, -e> (JUR) resolución *f* del recurso de alzada; **Beschwerdebrief** *m* <-(e)s, -e> carta *f* de reclamación [*o* protesta]; **Beschwerdebuch** *nt* <-(e)s, -bücher> libro *m* de reclamaciones; **Beschwerdeentscheidung** *f* <-, -en> (JUR) resolución *f* del recurso de queja

beschwerdefrei *adj* (MED) sin molestias; **~ sein** no tener molestias; **nach der Operation kann sie wieder ~ gehen** tras la operación puede volver a caminar sin molestias

Beschwerdefrist *f* <-, -en> (JUR) plazo *m* para interponer recurso, término *m* para recurrir en queja; **Beschwerdeführer(in)** *m(f)* <-s, -; -, -nen> (JUR) recurrente *mf;* **Beschwerdegebühr** *f* <-, -en> (JUR) costas *fpl* del recurso de queja; **Beschwerdegegenstand** *m* <-(e)s, -stände> (JUR) objeto *m* de recurso; **Beschwerdegegner(in)** *m(f)* <-s, -; -, -nen> (JUR) recurrido, -a *m, f;* **Beschwerdegericht** *nt* <-(e)s, -e> (JUR) tribunal *m* de alzada; **Beschwerdegrund** *m* <-(e)s, -gründe> (JUR) fundamento *m* del recurso; **Beschwerdeinstanz** *f* <-, -en> (JUR) instancia *f* de queja; **Beschwerdekammer** *f* <-, -n> (JUR) junta *f* de apelación; **große ~** junta de apelación en pleno; **Beschwerderecht** *nt* <-(e)s, *ohne pl*> derecho *m* a la interposición de recurso; **Beschwerdeschrift** *f* <-, -en> (JUR) escrito *m* de reclamación [*o* queja]; **Beschwerdesenat** *m* <-(e)s, -e> (JUR) sala *f* de apelación; **Beschwerdestelle** *f* <-, -n> (JUR) servicio *m* de reclamaciones; **Beschwerdesumme** *f* <-, -n> (JUR) suma *f* reclamada; **Beschwerdeverfahren** *nt* <-s, -> procedimiento *m* de queja; **Beschwerdeweg** *m* <-(e)s, -e> vía *f* de reclamación; **Beschwerdewert** *m* <-(e)s, -e> (JUR) valor *m* de la queja

beschweren* [bəˈʃveːrən] **I.** *vt* poner un peso; (*Briefe*) poner un pisapapeles **II.** *vr:* **sich ~** (*sich beklagen*) quejarse (*über* de); (*protestieren*) protestar (*über* contra)

beschwerlich *adj* (*mühsam*) fatigoso, pesado; (*lästig*) molesto

Beschwerlichkeit[1] *f* <-, -en> (*Mühsal*) penosidad *f;* **~en auf sich nehmen** cargar con las molestias; **allen ~en der Expedition zum Trotz erreichten sie wohlbehalten ihr Ziel** pese a todas las penalidades de la expedición alcanzaron su objetivo sanos y salvos

Beschwerlichkeit[2] *f* <-, *ohne pl*> (*Mühsamkeit*) dificultad *f,* fatiga *f;* (*Unbequemlichkeit*) incomodidad *f*

beschwichtigen* [bəˈʃvɪçtɪgən] *vt* tranquilizar, calmar

beschwichtigend I. *adj* apaciguador, conciliador **II.** *adv* en tono conciliador; **~ auf jdn einreden** mantener con alguien una conversación conciliadora

Beschwichtigung *f* <-, -en> apaciguamiento *m,* aplacamiento *m;* **man konnte nichts zur ~ der erhitzten Gemüter beitragen** no hubo manera de aplacar los ánimos exaltados

Beschwichtigungsformel *f* <-, -n> palabras *fpl* de apaciguamiento; **Beschwichtigungspolitik** *f* <-, *ohne pl*> política *f* de pacificación

beschwindeln* *vt* (*fam: belügen*) mentir; (*betrügen*) engañar, embaucar

beschwingen* *vt* animar, alegrar; (*Hoffnung*) dar alas; **diese flotte Musik beschwingt einen so richtig!** ¡esta música tan viva le anima a uno de verdad!

beschwingt [bəˈʃvɪŋt] *adj* animado, alegre; **sich ~ fühlen** sentirse animado; **mit ~en Schritten** con paso ligero

beschwipsen* *vr:* **sich ~** achisparse, abombarse Chil

beschwipst [bəˈʃvɪpst] *adj* (*fam*) achispado, piripi, abombado Chil, alegrón Arg, copetón Kol

beschwören* *irr vt* ❶ (*beeiden*) jurar; **also, ich kann das nicht ~** no lo puedo jurar ❷ (*anflehen*) suplicar, implorar; **sie hob ~d die Hände** alzó las manos en un gesto de súplica ❸ (*Erinnerung*) evocar ❹ (*bannen*) conjurar

Beschwörung *f* <-, -en> ❶ (*das Anflehen*) súplica *f* ❷ (*das Hervorrufen*) evocación *f;* (*Erinnerung*) rememoración *f* ❸ (*das Bannen*) conjuración *f* ❹ (*~sformel*) conjuro *m*

beseelen* *vt* animar, alentar

besehen* *irr vt* mirar; (*genau*) examinar

beseitigen* [bəˈzaɪtɪgən] *vt* ❶ (*Schmutz, Gegenstand*) quitar; (*Verdacht*) eliminar; (*Schaden*) reparar; (*Zweifel*) disipar ❷ (*fam: umbringen*) eliminar, liquidar

Beseitigung *f* <-, -en> ❶ (*das Entfernen*) eliminación *f;* (*von Schaden*) arreglo *m;* **von Schwierigkeiten** solución de problemas ❷ (*Ermordung*) eliminación *f*

Beseitigungspflicht *f* <-, *ohne pl*> (JUR) deber *m* de supresión; **Beseitigungsverfügung** *f* <-, -en> (JUR) mandamiento *m* de supresión; **Beseitungsanspruch** *m* <-(e)s, -sprüche> (JUR) derecho *m* de supresión

Besen [ˈbeːzən] *m* <-s, -> escoba *f;* **ich fresse einen ~, wenn das stimmt** (*fam*) ¡juro en chino si es verdad!; **neue ~ kehren gut** (*prov*) escoba nueva barre bien

Besenkammer *f* <-, -n> cuarto *m* de la limpieza

besenrein *adj* barrido; **beim Auszug ist die Wohnung ~ zu übergeben** al abandonar la vivienda hay que entregarla limpia

Besenschrank *m* <-(e)s, -schränke> (armario *m*) escobero *m,* armario *m* de la limpieza; **Besenstiel** *m* <-(e)s, -e> palo *m* de la escoba, mango *m* de la escoba; **... als habe er einen ~ verschluckt ...** como un pasmarote; **Besenwirtschaft** *f* <-, -en> (*südd*) taberna donde se toma el vino nuevo de la casa

besessen [bəˈzɛsən] **I.** *pp von* **besitzen II.** *adj* (*von einer Idee*) obsesionado (*von* con), poseído (*von* por); **wie vom Teufel ~** como un endemoniado

Besessene(r) *mf* <-n, -n; -n, -n> ❶ (REL: *vom Teufel*) endemoniado, -a *m, f,* poseso, -a *m, f;* **wie eine ~** como una posesa ❷ (*Fanatiker*) posesa *m, f,* poseído, -a *m, f*

Besessenheit *f* <-, *ohne pl*> obsesión *f,* posesión *f*

besetzen* *vt* ❶ (*Sitzplatz, Stelle, a.* MIL) ocupar; **der Platz ist schon besetzt!** ¡el sitio ya está ocupado!; **besetzt!** ¡ocupado!; **es ist besetzt** (TEL) está comunicando ❷ (*Haus*) okupar; **ein Haus instand [*o* in Stand] ~** okupar una casa (con el fin de conservarla en buen estado) ❸ (*Amt*) cubrir (*mit* con); (*Rolle*) repartir (los papeles) ❹ (*verzieren*) re)cubrir (*mit* de)

Besetztzeichen *nt* <-s, -> (TEL) señal *f* de ocupado

Besetzung *f* <-, -en> ❶ (*Zustand*) ocupación *f;* **rechtswidrige ~** ocupación ilegal [*o* antijurídica] ❷ (*einer Stelle*) provisión *f;* **~ des Gerichts** nombramiento *m* del tribunal ❸ (THEAT) reparto *m* ❹ (SPORT) alineación *f;* (*Mannschaft*) equipo *m*

Besetzungsrüge *f* <-, -n> (JUR) apercimiento *m* de ocupación

Besicht *m* <-(e)s, *ohne pl*> (JUR) vista *f;* **Kauf auf ~** compra a la vista

besichtigen [bəˈzɪçtɪɡən] vt (*Wohnung*) examinar; (*Stadt*) visitar
Besichtigung f <-, -en> ❶ (*von Sehenswürdigkeiten*) visita f
❷ (*Begutachtung*) inspección f; ~ **durch das Gericht** reconocimiento por el juzgado
Besichtigungsreise f <-, -n> viaje m turístico; **Besichtigungsvermerk** m <-(e)s, -e> (JUR) reseña f de inspección, diligencia f de reconocimiento; **Besichtigungszeiten** fpl horario m de visitas, horas fpl de visita
besiedeln* vt poblar, colonizar; **eine dünn/dicht besiedelte Region** una región poco/densamente poblada
Besied(e)lung f <-, -en> (a. GEO) colonización f
Besied(e)lungsdichte f <-, -n> densidad f de población; **Besied(e)lungsplan** m <-(e)s, -pläne> plan m de urbanización
besiegeln* vt sellar; **damit war ihr Schicksal besiegelt** con esto firmó su propia sentencia
besiegen* vt ❶ (*Feind, Gegner*) vencer, derrotar
❷ (*Müdigkeit*) vencer; (*Schwierigkeiten*) superar
Besiegte(r) mf <-n, -n; -n, -n> vencido, -a m, f
besingen* irr vt cantar
besinnen* irr vr: sich ❶ (*überlegen*) reflexionar, meditar; **sie besann sich eines Besseren** se lo pensó mejor fam
❷ (*sich erinnern*) acordarse (*auf* de), recordar; **wenn ich mich recht besinne** si la memoria no me falla
besinnlich adj contemplativo; (*nachdenklich*) meditabundo, pensativo
Besinnung f <-, ohne pl> ❶ (*Verstand*) juicio m; **die ~ verlieren** perder el juicio; **er kam erst nach der Tat zur ~** no recobró el juicio hasta después del suceso
❷ (*Nachdenken*) reflexión f
Besinnungsaufsatz m <-es, -sätze> (SCH) composición f sobre un tema dado
besinnungslos adj ❶ (*ohnmächtig*) sin conocimiento, desmayado
❷ (*blind*) ciego, cegado; ~ **vor Angst** muerto de miedo; ~ **vor Eifersucht** cegado por los celos; ~ **vor Wut** ciego de ira
Besinnungslosigkeit f <-, ohne pl> (MED) desmayo m, insensatez f
Besitz m <-es, ohne pl> (a. JUR) posesión f; (*Eigentum*) propiedad f; (*Güter*) bienes mpl; (*von Waffen*) tenencia f; ~ **von Aktien** tenencia de acciones; ~ **von Rauschgift** posesión de drogas; **fehlerhafter ~** posesión defectuosa; **mittelbarer** [o **rechtlicher**] ~ posesión mediata [o indirecta]; **unmittelbarer ~** posesión inmediata [o directa]; **in privaten ~ übergehen** pasar a ser propiedad privada; **etw in ~ nehmen** tomar posesión de algo; **von etw ~ ergreifen** tomar posesión de algo
Besitzabtretung f <-, -en> (JUR) cesión f de bienes; **Besitzanspruch** m <-(e)s, -sprüche> (JUR) reclamación f de posesión; ~ **auf etw haben** tener el derecho a los bienes; **Besitzansprüche anmelden** formular una reclamación de posesión
besitzanzeigend adj (LING) posesivo; ~es **Pronomen** pronombre posesivo
Besitzaufgabe f <-, -n> (JUR) desposesión f; **Besitzdiener(in)** m(f) <-s, -; -, -nen> (JUR) asentador(a) m(f); **Besitzeinweisung** f <-, -en> (JUR) toma f de posesión; **vorzeitige ~** toma de posesión prematura
besitzen* irr vt poseer, tener; **etw rechtmäßig/treuhänderisch ~** (JUR) poseer algo legítimamente/con carácter fiduciario
besitzend adj (*begütert*) acomodado, adinerado; **die -e Klasse** la clase acomodada
Besitzentziehung f <-, -en> (JUR) privación f de la posesión
Besitzer(in) m(f) <-s, -; -, -nen> (*von Immobilien*) dueño, -a m, f, propietario, -a m, f; (*von Aktien, Werten*) tenedor(a) m(f), poseedor(a) m(f); **den ~ wechseln** cambiar de dueño; **der rechtmäßige ~** el propietario legal
besitzergreifend adj posesivo
Besitzergreifung f <-, -en> toma f de posesión, apropiación f; **widerrechtliche ~** usurpación
Besitzerin f <-, -nen> s. **Besitzer**
Besitzgesellschaft f <-, -en> (JUR) sociedad f inmobiliaria; **Besitzgier** f <-, ohne pl> codicia f; **Besitzklage** f <-, -n> (JUR) acción f posesoria [o interdictal]; **Besitzkonstitut** nt <-(e)s, -e> (JUR) constitución f de posesión; **abstraktes/konkretes ~** constitución de posesión abstracta/concreta
besitzlos adj: **eine -e Familie** una familia sin bienes [o sin posesiones]
Besitzmittler(in) m(f) <-s, -; -, -nen> (JUR) mediador(a) m(f) posesorio, -a; **Besitznachfolge** f <-, ohne pl> sucesión f en la propiedad
Besitznachfolger(in) m(f) <-s, -; -, -nen> (JUR) sucesor(a) m(f) posesorio, -a; **Besitzrecht** nt <-(e)s, -e> (JUR) derecho m de posesión; **alleiniges ~** derecho de posesión exclusivo; ~ **erwerben** adquirir el derecho de posesión
besitzrechtlich adj (JUR) relativo al derecho de posesión
Besitzschutz m <-es, ohne pl> (JUR) tutela f de la posesión; **Besitzstand** m <-(e)s, -stände> derecho m adquirido; (JUR) estado m posesorio; **die Arbeiter fühlen sich eines hartkämpften ~es beraubt** los trabajadores se sienten privados de un derecho adquirido tras una dura lucha; **Besitzsteuer** f <-, -n> (JUR) imposición f sobre el rendimiento inmobiliario; **Besitzstörer(in)** m(f) <-s, -; -, -nen> (JUR) sujeto m perturbador de la posesión
Besitzstörung f <-, -en> (JUR) perturbación f de la posesión; **Besitzstörungsklage** f <-, -n> (JUR) interdicto m de retener la posesión
Besitztitel m <-s, -> (JUR) título m de propiedad
Besitztum nt <-s, -tümer> ❶ (*Eigentum*) propiedades fpl
❷ (*Landgut*) finca f
Besitzübergang m <-(e)s, -gänge> (JUR) traspaso m de la posesión; **Besitzübernahme** f <-, ohne pl> toma f de posesión; **Besitzübertragung** f <-, ohne pl> transferencia f de propiedad; **Besitzumschichtung** f <-, -en> (JUR) modificación f posesoria
Besitzung f <-, -en> (*geh: Besitz*) posesión f, propiedad f; (*Ländereien*) finca f; **er verfügt über ausgedehnte ~en in Brasilien** posee grandes fincas en Brasil
Besitzunternehmen nt <-s, -> empresa f inmobiliaria; **Besitzurkunde** f <-, -n> (JUR) título m posesorio; **Besitzverhältnisse** ntpl distribución f de las propiedades; **Besitzverschaffung** f <-, -en> (JUR) adquisición f de la posesión; **Besitzvorenthaltung** f <-, -en> detentación f de la posesión
besoffen [bəˈzɔfən] I. pp von besaufen
II. adj (*fam*) borracho, como una cuba, jumado Am, jumo Am
Besoffene(r) mf <-n, -n; -n, -n> (*fam*) borracho, -a m, f
besohlen* [bəˈzoːlən] vt poner suelas
besolden* [bəˈzɔldən] vt pagar el sueldo
Besoldung f <-, -en> (*das Besolden*) soldada f; (*das Gehalt*) sueldo m
Besoldungsdienstalter nt <-s, ohne pl> (JUR) antigüedad f; **Besoldungsgruppe** f <-, -n> grupo m en la escala [o tarifa] salarial; **er wird nach ~ A 10 bezahlt** su sueldo corresponde al grupo A 10; **Besoldungsordnung** f <-, -en> (JUR) plan m de retribución salarial, reglamento m de emolumentos
besondere(r, s) [bəˈzɔndərə, -rɐ, -rəs] adj ❶ (*speziell*) especial, particular; **brauchst du eine ~ Einladung?** ¿necesitas una invitación especial?; **im B~n** en particular; **nichts B~s** nada de particular
❷ (*eigentümlich*) singular, peculiar
❸ (*außergewöhnlich*) extraordinario
Besonderheit f <-, -en> ❶ (*Eigentümlichkeit*) peculiaridad f, singularidad f
❷ (*Kennzeichen*) particularidad f
besonders [bəˈzɔndɐs] adv ❶ (*außerordentlich*) particularmente, especialmente; **wie geht es dir? – nicht ~** ¿cómo estás? – regular; **der Sturm war ~ heftig** la tormenta fue particularmente intensa; **ich finde das nicht ~ lustig** no lo encuentro especialmente divertido
❷ (*vor allem*) especialmente, en particular; ~ **im Sommer** especialmente en verano
besonnen [bəˈzɔnən] I. pp von besinnen
II. adj sensato, juicioso; (*vorsichtig*) prudente; (*rücksichtsvoll*) considerado
Besonnenheit f <-, ohne pl> buen juicio m; (*Verständigkeit*) sensatez f; (*Vorsicht*) prudencia f
besorgen* vt ❶ (*beschaffen*) proporcionar, conseguir; (*kaufen*) comprar
❷ (*erledigen*) despachar, ultimar; **was du heute kannst ~, das verschiebe nicht auf morgen** (*prov*) no dejes para mañana lo que puedas hacer hoy
Besorgnis [bəˈzɔrknɪs] f <-, -se> preocupación f, inquietud f; ~ **erregend** preocupante, inquietante; ~ **der Befangenheit** (JUR) temor de parcialidad; **es besteht kein Grund zur ~** no existe motivo de preocupación, no hay ninguna razón para preocuparse; **etw gibt Anlass zur ~** algo causa inquietud
besorgniserregend adj preocupante, inquietante; **höchst ~** muy preocupante [o inquietante]
besorgt [bəˈzɔrkt] adj preocupado (*über/wegen* por), inquieto (*über/wegen* por)
Besorgtheit f <-, ohne pl> preocupación f (*über* por, *um* por), inquietud f (*über* por, *um* por)
Besorgung¹ f <-, -en> (*Einkauf*) compra f; ~**en machen** hacer compras
Besorgung² f <-, ohne pl> (*von Geschäften*) despacho m
bespannen* vt (*mit Stoff*) revestir (*mit* de); (*mit Saiten*) encordar (*mit* de)
Bespannung¹ f <-, -en> (*Stoff als Überzug*) revestimiento m; (MUS, SPORT: *Saiten*) cuerdas fpl, cordaje m; **die ~ der Wände bestand aus Moiréseide** la paredes estaban revestidas de seda de moaré; **was für eine ~ hast du auf deiner Gitarre?** ¿qué tipo de cuerdas tiene tu guitarra?
Bespannung² f <-, ohne pl> (*das Bespannen: mit Stoff*) revestimiento m; (MUS, SPORT) encordadura f; **die ~ meiner Bratsche/meines Tennisschlägers kostet 38 Euro** cambiar la encordadura de mi viola/de mi

bespielbar 116 **Bestäubung**

raqueta de tenis (me) cuesta 38 euros
bespielbar *adj* ❶ (RADIO, TV) que se puede grabar [*o* registrar]; **eine CD-ROM ist nicht ~** en un CD-ROM no se puede grabar
❷ (SPORT) apto para el juego; **ein gut ~er Rasen** un césped en condiciones para jugar; **der Platz ist nur mit Stollenschuhen ~** en el campo sólo se puede jugar con zapatillas de fútbol
bespielen* *vt* ❶ (*Kassette*) registrar
❷ (*Sportplatz*) jugar (en)
bespitzeln* *vt* espiar
Bespitzelung *f* <-, -en> vigilancia *f*, espionaje *m*; **die ~ verdächtiger Personen** la vigilancia de personas sospechosas; **man versuchte ihn zur ~ seiner Mitgefangenen zu bringen** intentaron que espiara a sus compañeros de cautiverio
besprechen* *irr* I. *vt* ❶ (*Angelegenheit*) hablar (de), discutir; **wie besprochen** según lo convenido
❷ (*Film, Buch*) reseñar
❸ (*Tonband*) grabar; **ein besprochenes Band** una cinta (magnetofónica) grabada
II. *vr:* **sich ~** (*sich beraten*) conversar (*mit* con)
Besprechung *f* <-, -en> ❶ (*Unterredung*) conferencia *f*; (*Sitzung*) reunión *f*; (*Gespräch*) entrevista *f*; **sie ist in einer ~** está en una reunión; **eine ~ mit jdm haben** tener una entrevista con alguien
❷ (*Rezension*) reseña *f*, crítica *f*
Besprechungsexemplar *nt* <-s, -e> ejemplar *m* de reseña; **Besprechungsgebühr** *f* <-, -en> (JUR) derechos *mpl* de consulta; **Besprechungszimmer** *nt* <-s, -> sala *f* de juntas
besprengen *vt* regar, rociar
bespritzen* *vt* (*nass machen*) mojar (*mit* con); (*schmutzig machen*) salpicar (*mit* de)
besprühen* *vt* (re)mojar
bespucken* *vt* escupir
bespülen* *vt* enjuagar
Bessemerkonverter [ˈbɛsəmɐ-] *m* <-s, -> (TECH) convertidor *m* Bessemer; **Bessemerverfahren** *nt* <-s, *ohne pl*> (TECH) procedimiento *m* Bessemer
besser [ˈbɛsɐ] *adj kompar von* **gut** mejor (*als* que); **~ Verdienende** persona mejor remunerada; **jdn eines B~en belehren** abrirle los ojos a alguien; **hast du nichts B~es zu tun?** (*fam*) ¿no tienes nada mejor que hacer?; **etw B~es sein wollen** dárselas de lo que no se es; **aus ~en Kreisen kommen** provenir de esferas superiores; **das gefällt mir ~ eso** me gusta más; **~ gehen** estar mejor; **ihm geht es schon besser** ya está mejor; **~ gesagt** mejor dicho; **~ stellen** favorecer; **die Steuerreform stellt gerade die Besserverdienenden ~** la reforma fiscal favorece precisamente a los que más ganan; **~ gestellt** favorecido; (*wohlhabender*) pudiente; **er kommt aus ~ gestellten Kreisen** procede de círculos pudientes; **~ werden** mejorar; **alles ~ wissen** saberlo todo mejor; **es kommt noch ~** ahora viene algo mejor; **das ist auch ~ so** es mejor así
bessergehen *irr vunpers sein s.* **besser**
bessergestellt *adj s.* **besser**
Bessergestellte(r) *mf* <-n, -n; -n, -n> (persona *f*) pudiente *mf*
bessern I. *vt* (*besser machen*) mejorar, perfeccionar
II. *vr:* **sich ~** (*moralisch*) cambiar (de vida), ser mejor, componerse *Am;* (*Wetter*) mejorar(se)
besserstellen *vt s.* **besser**
Besserung *f* <-, *ohne pl*> mejora *f*; (*gesundheitlich*) mejoría *f*, restablecimiento *m*; **~ auf dem Arbeitsmarkt** recuperación del mercado laboral [*o* de trabajo]; **er befindet sich auf dem Wege der ~** se encuentra en vías de restablecimiento; **gute ~!** ¡que se mejore!, ¡que te mejores!; **Besserungsanstalt** *f* <-, -en> correccional *m*
Besserungsschein *m* <-(e)s, -e> (JUR) certificado *m* de mejora; **Besserungsscheininhaber(in)** *m(f)* <-s, -; -, -nen> (JUR) titular *mf* del certificado de mejora; **Besserungstendenz** *f* <-, -en> tendencia *f* alcista [*o* al alza]
Besserverdienende(r) *mf* <-n, -n; -n, -n> persona *f* mejor remunerada
Besserwisser(in) *m(f)* <-s, -; -, -nen> sabelotodo *mf*, sabidillo, -a *m, f*, pendejo, -a *m, f CSur*
Besserwisserei *f* <-, *ohne pl*> (*abw*) sabihondez *f*
Besserwisserin *f* <-, -nen> *s.* **Besserwisser**
besserwisserisch I. *adj* (*abw*) pedante, sabihondo *fam;* **ich habe seine ~e Art endgültig satt!** ¡estoy más que harto de su pedantería!
II. *adv* (*abw*) con pedantería, de manera pedante; **er tut immer so ~!** ¡se comporta siempre de un modo tan pedante!
Bessrung^RR *f* <-, *ohne pl*>, **Beßrung** *f* <-, *ohne pl*> *s.* **Besserung**
Bessrungsanstalt^RR *f* <-, -en> *s.* **Besserungsanstalt**
bestallen* [bəˈʃtalən] *vt* (*formal*) nombrar (oficialmente) (*zu*), constituir (*zu* en)
Bestallung *f* <-, -en> nombramiento *m*; (*als Ministerpräsident*) investidura *f*

Bestallungsurkunde *f* <-, -n> nombramiento *m*
Bestand[1] [bəˈʃtant] *m* <-(e)s, *ohne pl*> (*Bestehen*) existencia *f*; (*Fortdauer*) duración *f*, continuidad *f*; **~ haben, von ~ sein** perdurar
Bestand[2] *m* <-(e)s, -stände> (*Vorrat*) existencias *fpl* (*an* en), reservas *fpl* (*an* en); (*Kassen~*) efectivo *m* en caja; **absatzfähige Bestände** existencias vendibles; **effektiver ~** existencia efectiva; **eiserner ~** fondos de reserva; **illiquide/liquide Bestände** existencias ilíquidas/líquidas; **Bestände verringern** [*o* **abbauen**] reducir las existecias; **alte Bestände abstoßen** deshacerse de las viejas mercancías
bestanden I. *pp von* **bestehen**
II. *adj* (SCH, UNIV) aprobado, apto
Beständerechnung *f* <-, -en> (FIN) cálculo *m* de las existencias
beständig *adj* ❶ (*dauernd*) permanente, continuo
❷ (*Material*) consistente, resistente (*gegen* a/contra); (*gegen Hitze*) refractario
❸ (*Wetter*) estable
Beständigkeit *f* <-, *ohne pl*> ❶ (*Dauerhaftigkeit*) duración *f*, continuidad *f*
❷ (*Ausdauer*) constancia *f*
❸ (*von Material*) resistencia *f*
Bestandsanierung *f* <-, -en> (WIRTSCH) saneamiento *m* del stock
Bestandsaufnahme *f* <-, -n> inventario *m* de las existencias; **eine ~ machen** hacer un inventario de las existencias; **Bestandsdatei** *f* <-, -en> (INFOR) archivo *m* de inventario; **Bestandsfehlbetrag** *m* <-(e)s, -träge> (WIRTSCH) diferencias *fpl* en el inventario; **Bestandsgarantie** *f* <-, -n> (JUR) garantía *f* monitoria; **Bestandshaltung** *f* <-, -en> (WIRTSCH): **optimale ~** gestión *f* óptima de stocks; **Bestandshochverrat** *m* <-(e)s, *ohne pl*> (JUR) alta traición *f* monitoria; **Bestandsinteresse** *nt* <-s, -n> (JUR) interés *m* monitorio; **Bestandskraft** *f* <-, *ohne pl*> (JUR) fuerza *f* monitoria, firmeza *f*; **~ des Verwaltungsaktes** fuerza monitoria del acto administrativo
bestandskräftig *adj* (JUR) firme
Bestandsmasse *f* <-, -n> (WIRTSCH) cantidad *f* inventariada; **Bestandsschutz** *m* <-es, *ohne pl*> (JUR) protección *f* monitoria [*o* de la cartera]; **aktiver/passiver ~** protección monitoria activa/pasiva; **erweiterter ~** protección monitoria ampliada; **überwirkender ~** protección monitoria trascendente; **Bestandsüberwachung** *f* <-, -en> (WIRTSCH) control *m* de existencias; **Bestandsverzeichnis** *nt* <-ses, -se> estructura *f* de la cartera
Bestandteil *m* <-(e)s, -e> componente *m*; (*Einzelteil*) parte *f*; **wesentlicher ~ eines Grundstückes** (JUR) componente esencial de un terreno; **etw löst sich in seine ~e auf** algo se descompone; **etw in seine ~e zerlegen** desmontar algo
bestärken* *vt* reforzar, fortalecer; (*unterstützen*) apoyar, consolidar; **das hat mich in meinem Verdacht bestärkt, dass ...** esto ha reforzado mi sospecha de que ...
Bestärkung *f* <-, -en> ❶ (*Unterstützung*) apoyo *m*, fortalecimiento *m*; **sie fühlte sich allein gelassen und suchte nach ~** se sentía abandonada por todos y buscaba apoyo
❷ (*Verstärkung: eines Zweifels, Verdachts*) confirmación *f*, reafirmación *f*; **~ ratificación *f*, corroboración *f*
bestätigen* [bəˈʃtɛːtɪɡən] *vt* ❶ (*These, Urteil*) confirmar, probar; **~de Bank** banco confirmador; **einen Auftrag ~** confirmar un pedido; **der Verdacht bestätigte sich** la sospecha fue confirmada
❷ (*amtlich*) certificar; **hiermit wird bestätigt, dass ...** por la presente se certifica que...; **den Erhalt von etw ~** acusar recibo de algo
❸ (*anerkennen*) ratificar, revalidar; **jdn im Amt ~** ratificar a alguien en el cargo
Bestätigung *f* <-, -en> ❶ (*einer These*) confirmación *f*, comprobación *f*; **~ der Richtigkeit** verificación de la exactitud
❷ (*Bescheinigung*) certificado *m*; (*Empfangs~*) (acuse *m* de) recibo *m*; **gerichtliche ~** certificación judicial, homologación judicial; **~ eines anfechtbaren Rechtsgeschäfts** (JUR) ratificación de un negocio jurídico apelable; **~ eines nichtigen Rechtsgeschäfts** (JUR) ratificación de un negocio jurídico no correcto
Bestätigungsschreiben *nt* <-s, -> carta *f* de confirmación; **kaufmännisches ~** carta de confirmación comercial; **Bestätigungsverfahren** *nt* <-s, -> (JUR) procedimiento *m* de confirmación; **Bestätigungsvermerk** *m* <-(e)s, -e> (JUR) nota *f* de confirmación
bestatten* [bəˈʃtatən] *vt* (*geh*) enterrar, dar sepultura
Bestatter(in) *m(f)* <-s, -; -, -nen> *s.* **Bestattungsunternehmer**
Bestattung *f* <-, -en> (*geh*) entierro *m*, sepelio *m*, ancuviña *f Chil*
Bestattungsinstitut *nt* <-(e)s, -e>, **Bestattungsunternehmen** *nt* <-s, -> funeraria *f*, empresa *f* de pompas fúnebres; **Bestattungsunternehmer(in)** *m(f)* <-s, -; -, -nen> empresario, -a *m, f* (en el sector) de pompas fúnebres
bestäuben* [bəˈʃtɔybən] *vt* ❶ (BIOL) polinizar
❷ (*mit Staub*) espolvorear; **mit Mehl ~** enharinar
Bestäubung *f* <-, -en> (BOT) polinización *f*

bestaunen* vt contemplar [o mirar] con asombro; **lass dich ~!** ¡deja que te admiren!

bestbezahlt adj más cotizado, mejor pagado; **er ist einer der ~en Mitarbeiter** es uno de los empleados mejor pagados; **sie ist unsere ~e Autorin** es nuestra autora más cotizada

beste(r, s) ['bɛstə, -tɐ, -təs] adj superl von gut mejor, óptimo; **ich will nur dein B~s** sólo deseo lo mejor para ti; **sein B~s geben** dar lo mejor de sí mismo; **ich werde mein B~s tun** haré todo lo que pueda; **der/die/das erste B~** el primero/la primera/lo primero que se presente; **etw zum B~n geben** contar algo; **in den ~n Jahren sein** estar en sus mejores años; **mit den ~n Wünschen** con los mejores deseos; **ich halte es für das B~, wenn wir gehen** considero que lo mejor es que nos vayamos; **wir wollen das B~ hoffen** esperemos lo mejor

bestechen* irr I. vt (mit Geld) sobornar; (Beamte) cohechar, corromper II. vi (beeindrucken) impresionar (durch por), convencer (durch por); **unsere Waren ~ durch Qualität und Haltbarkeit** nuestros productos convencen por su calidad y duración

bestechend adj (durch Schönheit) cautivador; **das ist ein ~es Angebot** es una oferta tentadora

bestechlich [bəˈʃtɛçlɪç] adj sobornable, corruptible

Bestechlichkeit f <-, ohne pl> (JUR) corruptibilidad f, venalidad f

Bestechung f <-, -en> soborno m, corrupción f; acomodo m Am, coima f And, CSur, trinquete m Mex; (von Beamten) cohecho m, corrupción f; **aktive/passive/einfache/schwere ~** (JUR) cohecho activo/pasivo/impropio/propio

Bestechungsgeld nt <-(e)s, -er> soborno m, unto m fam, mordido m Am; **Bestechungsversuch** m <-(e)s, -e> intento m de soborno, tentativa f de soborno

Besteck [bəˈʃtɛk] nt <-(e)s, -e> ❶ (Ess~) cubiertos mpl; **silbernes ~** cubertería de plata
❷ (MED) instrumental m
❸ (NAUT) estima f

Besteckkasten m <-s, -kästen> estuche f de la cubertería

bestehen* irr I. vi ❶ (existieren) existir; **es besteht keine Möglichkeit** no existe ninguna posibilidad; **~ Bedenken gegen meinen Vorschlag?** ¿hay reparos en cuanto a mi propuesta?; **~ bleiben** mantenerse, aguantarse; **qualitativ konnte das Produkt nicht ~ bleiben** el producto no pudo mantenerse por falta de calidad; **~ lassen** (beibehalten) mantener en su estado actual; **diese Regelung lassen wir bis zum kommenden Jahr ~** esta regulación seguirá vigente hasta el próximo año
❷ (sich zusammensetzen) constar (aus de), consistir (in en); **unsere Artikel ~ alle aus natürlichen Materialien** todos nuestros productos están hechos de materiales naturales; **sein Leben bestand aus harter Arbeit** su vida consistió en trabajar duro; **worin besteht das Problem?** ¿en qué consiste el problema?
❸ (beharren) insistir (auf en), empeñarse (auf en); **er besteht darauf, dass wir kommen** insiste en que vayamos
II. vt ❶ (Prüfung) aprobar; **einen Test nicht ~** suspender un examen
❷ (Gefahr, Krise) superar, salir airoso (de)

Bestehen nt <-s, ohne pl> ❶ (Vorhandensein) existencia f; **seit ~ der Firma** desde la fundación de la empresa; **der Segelclub feiert sein zehnjähriges ~** el club náutico celebra su décimo aniversario
❷ (einer Prüfung) aprobado m

bestehen|bleiben irr vi sein s. **bestehen I.1.**

bestehend adj ❶ (geltend) vigente; **sich an ~e Gesetze/Vorschriften halten** atenerse a las leyes/disposiciones vigentes
❷ (existierend) existente; **die ~e Gesellschaftsordnung** el orden social existente

bestehen|lassen irr vt s. **bestehen I.1.**

bestehlen* irr vt robar; **jdn um 100 Euro ~** robar a alguien 100 euros

besteigen* irr vt subir (a); **den Thron ~** subir al trono

Besteigung f <-, -en> ❶ (Berg) escalada f (a), ascensión f (a)
❷ (Thron) subida f (a)

Bestellbuch nt <-(e)s, -bücher> (WIRTSCH) libro m de pedidos

bestellen* vt ❶ (Essen, Waren) pedir, encargar; **haben Sie schon bestellt?** ¿ya han pedido?
❷ (kommen lassen) hacer venir, llamar; (mit Termin) citar; **ich bin für 11 Uhr bestellt** me han citado para las 11; **er hat hier nicht viel zu ~** (fam) no pinta nada aquí; **dastehen wie bestellt und nicht abgeholt** estar plantado como un pasmarote
❸ (reservieren) reservar
❹ (ausrichten): **jdm Grüße ~** saludar a alguien, dar(le) recuerdos a alguien; **sie lässt ~, dass ...** ha dado recado de que...
❺ (Acker) labrar, cultivar
❻ (ernennen) nombrar; (JUR) discernir; **sie wurde zur Pflichtverteidigerin bestellt** la han nombrado defensora oficial

Besteller(in) m(f) <-s, -; -, -nen> ordenante mf

Bestellliste^RR f <-, -n> s. **Bestellliste**; **Bestellkarte** f <-, -n> cupón m de pedido; **Bestellliste**^RR f <-, -n> lista f de pedido; **Bestellmenge** f <-, -n> cantidad f pedida; **Bestellnummer** f <-, -n> número m de pedido; **Bestellpraxis** f <-, -praxen> (MED) consulta f con cita previa; **Bestellschein** m <-(e)s, -e> hoja f de pedido

Bestellung f <-, -en> ❶ (Auftrag) encargo m, pedido m; **dringende/laufende ~** pedido urgente/en curso; **eine ~ annehmen** aceptar un pedido; **eine ~ aufnehmen** tomar nota de un pedido; **eine ~ aufgeben** hacer un pedido; **etw auf ~ anfertigen** hacer algo de [o por] encargo
❷ (bestellte Ware) pedido m
❸ (JUR) nombramiento m, discernimiento m; **gerichtliche ~** discernimiento judicial; **öffentliche ~ zum Gutachter** discernimiento público como perito

Bestellvertrag m <-(e)s, -träge> (JUR) contrato m de pedidos; **Bestellzettel** m <-s, -> hoja f de pedido

besten superl von gut: **am ~** lo (que) mejor; **am ~ würden wir gleich gehen** lo mejor sería que nos fuéramos enseguida

bestenfalls adv en el mejor de los casos; (höchstens) como mucho

bestens ['bɛstəns] adv estupendamente, a las mil maravillas; **~ kaufen/verkaufen** (WIRTSCH) comprar/vender a lo mejor; **wie geht es dir? – ~!** ¿cómo estás? – ¡a las mil maravillas!; **sie hat diesen Auftrag ~ ausgeführt** ha cumplido su tarea excelentemente

Bestensauftrag m <-(e)s, -träge> (FIN) orden f a lo mejor

besteuerbar adj (WIRTSCH) imponible

besteuern* vt (WIRTSCH) gravar (con impuestos); **etw nicht ~** no tributar por algo

Besteuerung f <-, -en> (WIRTSCH) imposición f, gravamen m; **direkte/indirekte ~** imposición directa/indirecta; **einheitliche/gestaffelte ~** tributación homogénea/graduada [o progresiva]; **hohe ~** imposición alta; **aus der ~ herausnehmen** eximir de tributación; **der ~ unterliegen** estar sujeto a tributación

Besteuerungsart f <-, -en> forma f de tributación; **Besteuerungsgrundlage** f <-, -n> base f imponible; **Besteuerungsgrundsatz** m <-(e)s, -sätze> (JUR) principio m impositivo; **Besteuerungsrichtlinien** fpl (WIRTSCH) directrices fpl tributarias; **Besteuerungstatbestand** m <-(e)s, -stände> (JUR) hecho m imponible; **Besteuerungsverfahren** nt <-s, -> (JUR) procedimiento m tributario; **Besteuerungszeitraum** m <-(e)s, -räume> período m impositivo

Bestform f <-, ohne pl> (SPORT) mejor forma f; **sie ist heute nicht in ~** hoy no está en su mejor forma

bestialisch [bɛsˈtja:lɪʃ] adj bestial, brutal; **~e Kälte** frío infernal

Bestialität [bɛstjali'tɛ:t] f <-, -en> bestialidad f

besticken* vt bordar, recamar

Bestie ['bɛstjə] f <-, -n> bestia f, fiera f

bestimmbar adj precisable, determinable; (beschreibbar) definible; (erkennbar) reconocible

bestimmen* I. vi ❶ (entscheiden) decidir; (befehlen) mandar; **du hast hier nichts zu ~** tú aquí no tienes ni voz ni voto; **hier bestimme ich!** ¡aquí mando yo!
❷ (verfügen) disponer (über de)
II. vt ❶ (Termin, Preis) determinar, fijar; **sie will immer alles ~** siempre quiere determinarlo todo
❷ (Stadtbild, Epoche) caracterizar
❸ (ernennen) nombrar, designar; **sie bestimmten ihn zum Geschäftsführer** le nombraron gerente
❹ (auserlesen) destinar (für/zu para); **wir waren füreinander bestimmt** estábamos destinados el uno para el otro
❺ (Begriff) definir; (festlegen) determinar; (zuordnen) clasificar; **den genauen Zeitpunkt ~** determinar la hora exacta; **die Pilze waren schwierig zu ~** las setas eran difíciles de clasificar
❻ (CHEM) analizar, determinar

bestimmend adj ❶ (entscheidend) determinante, decisivo; **für jdn/etw ~ sein** ser [o resultar] determinante para alguien/algo
❷ (LING) determinante

bestimmt I. adj ❶ (feststehend) determinado; (sicher) seguro, concreto; **der ~e Artikel** el artículo determinado; **niemand weiß etwas B~es** nadie sabe nada concreto; **hast du etwas B~es vor?** ¿tienes algún compromiso?
❷ (entschieden) decidido, enérgico, impositivo CSur; **höflich, aber ~** amable pero decidido
II. adv (sicherlich) seguro, seguramente; **sie hat es ~ vergessen, sonst ...** seguro que se le ha olvidado, si no...; **kommt er wohl noch? – ~!** ¿vendrá todavía? – ¡seguro!

Bestimmtheit f <-, ohne pl> ❶ (Gewissheit) certeza f, seguridad f; **das kann ich nicht mit ~ sagen** no lo puedo decir con certeza
❷ (Entschiedenheit) resolución f, firmeza f

Bestimmtheitserfordernis nt <-ses, -se> (JUR) requisito m de tipicidad; **Bestimmtheitsgrundsatz** m <-es, ohne pl> (JUR) principio m de certeza

Bestimmung f <-, -en> ❶ (Festsetzung) fijación f; **~ der Leistung**

durch eine Partei/einen Dritten (JUR) prescripción de la prestación por una de las partes/por parte de terceros; ~ der Zuständigkeit (JUR) determinación de la competencia; ~ einer Vertragsstrafe (WIRTSCH) determinación [o fijación] de una pena contractual

❷ (*Vorschrift*) disposición *f*; **gesetzliche ~en** disposiciones oficiales; **vertragliche/zwingende ~en** disposiciones contractuales/imperativas; **nach den geltenden ~en** según las disposiciones vigentes

❸ (*eines Begriffes*) definición *f*; (LING) determinante *m*, complemento *m*; **adverbiale ~** (LING) (complemento) circunstancial

❹ (CHEM) análisis *m inv*

❺ (*Schicksal*) destino *m*; **das ist wohl meine ~** será ese mi destino

Bestimmungsbahnhof *m* <-(e)s, -höfe> estación *f* de destino; **Bestimmungsfaktor** *m* <-s, -en> factor *m* determinante; **Bestimmungsflughafen** *m* <-s, -häfen> aeropuerto *m* destinatario; **Bestimmungshafen** *m* <-s, -häfen> puerto *m* de destino; **Bestimmungskauf** *m* <-(e)s, -käufe> (COM) compra *f* en destino

Bestimmungsland *nt* <-(e)s, -länder> (*formal*) país *m* de destino; **Bestimmungslandprinzip** *nt* <-s, -ien> (COM, JUR) principio *m* del país de destino

Bestimmungsmensur *f* <-, -en> (JUR) mensura *f* determinante; **Bestimmungsort** *m* <-(e)s, -e> lugar *m* de destino; **Bestimmungswort** *nt* <-(e)s, -wörter> (LING) determinante *m*

bestirnt *adj* (*geh*) estrellado

Bestleistung *f* <-, -en> (SPORT) mejor marca *f*

bestmögliche(r, s) ['-'---] I. *adj* el mejor posible; **sein B~s tun** hacer todo lo que está al alcance de su mano; **wir suchen nach der ~n Lösung** estamos buscando la mejor solución posible; **ich habe mein B~es getan/versucht** he hecho/intentado todo cuanto estaba en mi mano

II. *adv* lo mejor posible; **sie versucht bestmöglich zu helfen** trata de ayudar lo mejor que puede; **etw bestmöglich verkaufen** vender algo en las mejores condiciones posibles

Best.-Nr. *Abk. von* **Bestellnummer** número *m* de pedido

bestrafen* *vt* castigar (*mit* con, *wegen* por); (*mit Geld*) imponer una multa; **jdn mit zehn Monaten Gefängnis ~** condenar a alguien a diez años de carcel

Bestrafung *f* <-, -en> castigo *m*, sanción *f*; **zur ~ bleibst du zu Hause** como castigo, te quedarás en casa

bestrahlen* *vt* **❶** (*beleuchten*) iluminar, alumbrar

❷ (MED) radiar, tratar con rayos X

Bestrahlung *f* <-, -en> **❶** (*Bühne*) iluminación *f*

❷ (MED) radiación *f*; (*mit Röntgenstrahlen*) tratamiento *m* con rayos X

Bestreben *nt* <-s, *ohne pl*> empeño *m*, afán *m*; **sie hatte das ~, die Aufgabe schnell zu erfüllen** se empeñaba en realizar la tarea lo más rápido posible; **im ~, Gutes zu tun** con el afán de hacer bien

bestrebt [bə'ʃtreːpt] *adj* afanado, esforzado; **wir sind ~, unser Bestmögliches zu tun** nos esforzamos por hacer todo cuanto esté en nuestras manos

Bestrebung *f* <-, -en> aspiración *f*, esfuerzo *m*; **es gibt ~en, dieses Gesetz zu ändern** se están haciendo esfuerzos para reformar esta ley

bestreichen* *irr vt* (*mit Butter, Fett*) untar (*mit* con); (*mit Farbe*) cubrir (*mit* con); **womit ist das Brot bestrichen?** ¿con qué está untado el pan?, ¿qué lleva el pan?

bestreiken* *vt* boicotear (con huelgas); **dieser Betrieb wird bestreikt!** ¡esta empresa está siendo boicoteada con huelgas!

bestreitbar *adj* (*Behauptung*) discutible, cuestionable; **es handelt sich um nicht ~e Fakten** se trata de hechos indiscutibles

bestreiten* *irr vt* **❶** (*abstreiten*) negar, refutar; **er bestreitet, an diesem Tag dort gewesen zu sein** niega haber estado allí el día en cuestión; **es lässt sich nicht ~, dass ...** no se puede negar que...

❷ (*Unterhalt*) cargar con; **sie bestreitet ihren Unterhalt selbst** se mantiene por su propia cuenta

❸ (*Gespräch*) mantener, llevar

bestreuen* *vt* espolvorear (*mit* con)

bestricken* *vt* (*geh: betören*) cautivar, hechizar; **jdn mit seinen Reizen ~** cautivar [*o* hechizar] a alguien con sus encantos; **seine Frau hat einen ~den Charme** su mujer tiene un encanto cautivador

Bestseller ['bɛstsɛlɐ] *m* <-s, -> best seller *m*

Bestsellerautor(in) *m(f)* <-s, -en; -, -nen> autor/a *m(f)* de best-sellers; **Bestsellerliste** *f* <-, -n> lista *f* de los libros más vendidos [*o* de best-sellers]

bestsituiert *adj* (*Österr*): **~ sein** estar bien situado

bestücken* [bə'ʃtʏkən] *vt* abastecer (*mit* de/con), equipar (*mit* de/con)

bestürmen* *vt* **❶** (*Festung*) asaltar

❷ (*bedrängen*) asediar (*mit* con), acosar (*mit* con); **jdn mit Fragen ~** asediar a alguien a preguntas

bestürzen* *vt* consternar, desconcertar; **sein plötzlicher Tod bestürzte uns zutiefst** su repentina muerte nos dejó profundamente consternados; **eine ~de Nachricht** una noticia consternadora; **deine Ignoranz ist ~d** tu ignorancia es pasmosa; **die Staatsverschuldung ist ~d hoch** la deuda pública es increíblemente alta

bestürzt [bə'ʃtʏrtst] *adj* atónito; (*verblüfft*) desconcertado; **sie war tief ~ über diese Angelegenheit** ese asunto la dejó consternada

Bestürzung *f* <-, *ohne pl*> (*Fassungslosigkeit*) consternación *f*; (*Schrecken*) sobresalto *m*; **etw mit ~ feststellen** comprobar algo con estupor

Bestwert *m* <-(e)s, -e> valor *m* óptimo, mejor valor *m*; **Bestzeit** *f* <-, -en> (SPORT) mejor tiempo *m*; **er lief seine persönliche ~** batió su propio récord

Besuch [bə'zuːx] *m* <-(e)s, -e> **❶** (*das Besuchen*) visita *f*; (*der Schule*) asistencia *f*; **jdm einen ~ abstatten** hacer una visita a alguien; **bei jdm auf** [*o* **zu**] **~ sein** estar de visita en casa de alguien

❷ (*Person*) visita *f*; **~ haben/bekommen** tener/recibir visita; **hoher ~** visita importante

besuchen* *vt* **❶** (*Person*) visitar, ir a ver; **er wird oft von Angehörigen besucht** los parientes le vienen a ver a menudo

❷ (*Ort*) ir a conocer, visitar

❸ (*Veranstaltung*) asistir (a); **gut besucht** muy concurrido; **eine Schule ~** ir a un colegio

Besucher(in) *m(f)* <-s, -; -, -nen> visitante *mf*

Besucherparkplatz *m* <-es, -plätze> aparcamiento *m* para visitantes; **Besucherritze** *f* <-, -n> (*fam iron*) hendidura entre los dos colchones de una cama doble; **Besucherzahl** *f* <-, -en> número *m* de visitantes

Besuchserlaubnis *f* <-, -se> permiso *m* de visita; **eine ~ bekommen** obtener un permiso de visita; **Besuchsrecht** *nt* <-(e)s, -e> derecho *m* de visita; **Besuchstag** *m* <-(e)s, -e> día *m* de visita; **Besuchszeit** *f* <-, -en> hora *f* de visita, horario *m* de visita; **Besuchszimmer** *nt* <-s, -> sala *f* de visitas

besudeln* [bə'zuːdəln] *vt* ensuciar (*mit* de/con), manchar (*mit* de/con); (*abw*) embadurnar (*mit* de/con), pringar (*mit* de/con) *fam*; **er hat sich mit Blut besudelt** se manchó de sangre

Beta ['beːta] *nt* <-(s), -s> (*griechischer Buchstabe*) beta *f*

Betablocker ['beːtablɔkɐ] *m* <-s, -> (MED) betabloqueante *m*

betagt [bə'taːkt] *adj* (*geh*) entrado en años, de avanzada edad; **~e Ansprüche** (JUR) pretensiones prefijadas

betakeln [bə'taːkəln] *vt* **❶** (NAUT) aparejar, enjarciar

❷ (*Österr: betrügen*) engañar

Betak(e)lung *f* <-, -en> (NAUT) colocación *f* de los aparejos

betanken* *vt* llenar el depósito

betasten* *vt* palpar

Betastrahlung *f* <-, -en> (PHYS) emisión *f* de rayos beta; **Betateilchen** *nt* <-s, -> (PHYS) partícula *f* beta

betätigen* [bə'tɛːtɪgən] I. *vt* (*Hebel, Maschine*) accionar, poner en funcionamiento; **den Auslöser ~** accionar el disparador

II. *vr* (*tätig sein*): **sich politisch ~** dedicarse a la política; **sich als Künstler/Sportler ~** trabajar como artista/deportista

Betätigung¹ *f* <-, *ohne pl*> (*einer Maschine*) puesta *f* en marcha

Betätigung² *f* <-, -en> (*Tätigkeit*) actividad *f*, función *f*

Betätigungsfeld *nt* <-(e)s, -er> campo *m* de actividades; **Betätigungsfreiheit** *f* <-, *ohne pl*> libertad *f* de actividad; **wirtschaftliche ~** libertad de actividad económica

betatschen* *vt* (*fam abw*) sobar; (*sexuell*) meter mano

betäuben* [bə'tɔybən] *vt* ensordecer; (MED) anestesiar; (*Schmerz*) mitigar, aliviar; (*benommen machen*) aturdir; **ein ~der Duft** un perfume embriagador; **einen ~den Lärm verursachen** producir un ruido ensordecedor; **er betäubte seinen Kummer mit Alkohol** ahogó sus penas en alcohol

Betäubung *f* <-, -en> **❶** (MED) anestesia *f*; **örtliche ~** anestesia local

❷ (*Benommenheit*) aturdimiento *m*

Betäubungsmittel *nt* <-s, -> **❶** (*zur Narkose*) narcótico *m*, anestésico *m* **❷** (*Rauschgift*) narcótico *m*, estupefaciente *m*; **Betäubungsmittelgesetz** *nt* <-es, -e> (JUR) legislación *f* sobre estupefacientes; **Betäubungsmittelstraftat** *f* <-, -en> (JUR) delito *m* de estupefacientes

Betazerfall ['beːta-] *m* <-(e)s, -fälle> (PHYS) desintegración *f* beta

Betbruder *m* <-s, -brüder> (*abw*) beato *m*, santurrón *m*

Bete ['beːtə] *f* <-, -n>: **Rote ~** remolacha *f* (colorada), betarraga *f Am*

beteilen* *vt* (*Österr: zuteilen*) proveer (*mit* de)

beteiligen* [bə'taɪlɪgən] I. *vt* (*teilhaben lassen*) hacer participar (*an/bei* en)

II. *vr*: **sich ~** (*teilnehmen*) participar (*an* en), tomar parte (*an* en); (*sich einsetzen*) implicarse (*an* en); (*mitgerissen werden*) verse implicado (*an* en); (*finanziell*) contribuir (*an* a); **sie hat sich kaum an dem Gespräch beteiligt** casi no ha tomado parte en la conversación; **die Schüler beteiligten sich lebhaft/eifrig/schlecht** los alumnos participaron vivamente/con ganas/mal

beteiligt *adj* **❶** (*Plan, Unfall*) implicado; **an dem Unfall waren drei Fahrzeuge ~** en el accidente se vieron [*o* resultaron] implicados tres vehículos

❷ (*Konzern, Umsatz*) partícipe, participante; **sie ist mit 49 % an seiner Firma ~** participa en su empresa con un 49 %; **er wird mit 30 % am Umsatz ~** recibe el [*o* participa en un] 30 % de las ganancias
Beteiligte(r) *mf* <-n, -n; -n, -n> participante *mf*, interesado, -a *m, f*; (*an Verbrechen*) implicado, -a *m, f*; (JUR) parte *f* interesada; **~r am Verfahren** interesado en el procedimiento; **berufsfremde ~** intervinientes ajenos a la profesión
Beteiligtenfähigkeit *f* <-, *ohne pl*> (JUR) capacidad *f* de participación; **Beteiligtenvernehmung** *f* <-, -en> (JUR) toma *f* de declaración del interesado
Beteiligung *f* <-, -en> ❶ (*an einer Veranstaltung*) participación *f*, concurrencia *f*; (*Mitwirken*) colaboración *f*; (*Einsatz*) implicación *f*; **~ am Gewinn** parte de las ganancias; **eine schwache ~** poca concurrencia
❷ (COM) participación *f*; **~ am Betriebsvermögen** participación en el patrimonio empresarial; **gegenseitige ~** participación mutua; **mittelbare/stille ~** participación indirecta/velada [*o* capitalista]; **staatliche ~** participación estatal; **an etw ~ haben** tener una participación en algo; **eine ~ erwerben** adquirir una participación; **seine ~en offen legen** poner al descubierto sus participaciones
❸ (JUR) implicación *f*
Beteiligungsbesitz *m* <-es, *ohne pl*> (JUR) tenencia *f* de participación; **Beteiligungserwerb** *m* <-(e)s, -es> (FIN) adquisición *f* de participaciones; **Beteiligungsfinanzierung** *f* <-, -en> (WIRTSCH) financiación *f* a través de participaciones; **Beteiligungsgesellschaft** *f* <-, -en> (WIRTSCH) holding *m*, sociedad *f* de participación financiera; **Beteiligungsholding** *f* <-, -s> (WIRTSCH) holding *m*; **Beteiligungsrecht** *nt* <-(e)s, *ohne pl*> derecho *m* de participación; **Beteiligungsunternehmen** *nt* <-s, -> (WIRTSCH) empresa *f* participante; **Beteiligungsverhältnis** *nt* <-ses, -se> (WIRTSCH) proporción *f* de participación
Betel ['beːtəl] *m* <-s, *ohne pl*> betel *m*; **~ kauen** mascar [*o* masticar] betel
Betelnuss^{RR} *f* <-, -nüsse> (nuez *f* de) areca *f*
beten ['beːtən] *vi, vt* rezar (*für* por, *um* por, *zu* a), orar (*für* por, *um* por, *zu* a); **ein Vaterunser ~** rezar un Padrenuestro
Beter(in) *m(f)* <-s, -; -, -nen> orante *mf*, rezador(a) *m(f)*
beteuern* [bəˈtɔɪɐn] *vt* proclamar, reiterar; **seine Unschuld ~** asegurar su inocencia
Beteuerung *f* <-, -en> aseveración *f*
Beteuerungsformel *f* <-, -n> (JUR) fórmula *f* de juramento
Bethlehem ['beːtlehɛm] *nt* <-s> Belén *m*
betiteln* *vt* titular (*als* de)
Beton [beˈtɔŋ] *m* <-s, -s, *Österr:* -e> hormigón *m*, concreto *m Am*
Betonbau¹ *m* <-(e)s, -bauten> (*Gebäude*) edificio *m* de hormigón, construcción *f* de hormigón
Betonbau² *m* <-(e)s, *ohne pl*> (*das Bauen*) construcción *f* en hormigón; **das Wohnhaus wurde ganz im ~ hergestellt** el edificio de viviendas se construyó completamente en hormigón
Betonburg *f* <-, -en> (*abw*) torre *f* de hormigón; **Betondecke** *f* <-, -n> ❶ (*Gebäudedecke*) techo *m* de hormigón ❷ (*Straßendecke*) firme *m* de hormigón
betonen* [beˈtoːnən] *vt* ❶ (*Silbe, Note*) acentuar; **dieses Wort wird auf der zweiten Silbe betont** esta palabra se acentúa en la segunda sílaba
❷ (*nachdrücklich*) subrayar, realzar; (*hervorheben*) poner de relieve, resaltar; **ich möchte ~, dass ...** quiero destacar que...; **dieses Kleid betont ihre Figur** este vestido acentúa sus líneas
betonieren* [betoˈniːrən] *vt* hormigonar
Betonierung *f* <-, -en> ❶ (*das Betonieren*) hormigonado *m*
❷ (*Betonschicht*) recubrimiento *m* de hormigón
Betonklotz *m* <-es, -klötze> (*abw*) mole *f* de cemento; **Betonkopf** *m* <-(e)s, -köpfe> (*abw*) cabeza *f* de hormigón; **Betonmischer** *m* <-s, ->, **Betonmischmaschine** *f* <-, -n> mezcladora *f* de hormigón
Betonsilo *nt* <-s, -s> (ARCHIT, AGR) silo *m* de hormigón
betont [beˈtoːnt] *adj* marcado, manifiesto; **~ lässig** con acentuada desenvoltura, acentuadamente desenvuelto; **mit ~er Gleichgültigkeit** con marcada indiferencia
Betonung *f* <-, -en> ❶ (*Akzent*) acento *m* (prosódico), acentuación *f*
❷ (*einer Tatsache*) insistencia *f*
Betonungszeichen *nt* <-s, -> (LING) tilde *f*, signo *m* de acentuación
betören* [bəˈtøːrən] *vt* (*geh*) ❶ (*entzücken*) fascinar, perturbar
❷ (*verführen*) seducir, embriagar
betörend *adj* embriagador, (*faszinierend*) fascinador; **ein ~er Duft lag in der Luft** en el aire flotaba un perfume embriagador; **eine ~e Schönheit** una belleza fascinadora
Betörung *f* <-, -en> fascinación *f*, seducción *f*
Betpult *nt* <-(e)s, -e> (REL) reclinatorio *m*
betr. (COM) *Abk. von* **betrifft, betreffs, betreffend** respecto a, en relación a
Betr. (COM) *Abk. von* **Betreff** asunto *m*

Betracht [bəˈtraxt] *m:* **etw in ~ ziehen** tomar algo en consideración; **etw außer ~ lassen** dejar algo de lado; **(nicht) in ~ kommen** (no) entrar en consideración
betrachten* *vt* ❶ (*anschauen*) contemplar, mirar; (*genau*) examinar; **genau betrachtet** mirándolo bien; **etw aus der Nähe ~** examinar algo de cerca
❷ (*einschätzen*) considerar (*als* como), dar (*als* por); **ich betrachte diese Angelegenheit als erledigt** doy este asunto por concluido
Betrachter(in) *m(f)* <-s, -; -, -nen> espectador(a) *m(f)*, observador(a) *m(f)*
beträchtlich [bəˈtrɛçtlɪç] *adj* considerable, notable; **~e Mittel zur Verfügung haben** disponer de recursos considerables; **die Miete wurde um ein B~es erhöht** (*geh*) el alquiler ha sido subido considerablemente
Betrachtung¹ *f* <-, *ohne pl*> (*eines Bildes*) contemplación *f*; **bei näherer/flüchtiger ~** mirándolo de cerca/por encima
Betrachtung² *f* <-, -en> (*Überlegung*) reflexión *f*; **philosophische ~en anstellen** hacer reflexiones filosóficas
Betrachtungsweise *f* <-, -n> visión *f*, punto *m* de vista; **er hat eine ganz eigene ~ dieser politischen Vorgänge** tiene una visión muy particular de estos procesos políticos
Betrag [bəˈtraːk, *pl:* bəˈtrɛːɡə] *m* <-(e)s, -träge> suma *f*, importe *m*; (*Gesamtbetrag*) total *m*; **ausstehender ~** importe a cobrar; **einen ~ bewilligen** aprobar una cantidad; **als Sicherheit hinterlegter ~** cantidad depositada como garantía; **noch zur Verfügung stehender ~** cantidad aún disponible; **~ dankend erhalten** importe recibido, pagado, cobrado; **bei dem Geschäft geht es um größere Beträge** en este negocio se trata de sumas más elevadas
betragen* *irr* **I.** *vi* (*sich belaufen auf*) ascender (a); (*Rechnung*) elevarse (a); **die Ausgaben betrugen 2.000 Euro** los gastos ascendieron a 2.000 euros
II. *vr:* **sich ~** (*sich benehmen*) portarse, comportarse
Betragen *nt* <-s, *ohne pl*> comportamiento *m*, conducta *f*; **ungebührliches ~** conducta improcedente
Betragsverfahren *nt* <-s, -> (JUR) procedimiento *m* de monta
betrauen* *vi* encomendar, confiar; **er wurde mit einem hohen Amt betraut** le fue encomendado un alto puesto
betrauern* *vt* llorar (por), deplorar
beträufeln* [bəˈtrɔʏfəln] *vt* salpicar (*mit* de/con), rociar (*mit* de/con)
Betrauung *f* <-, *ohne pl*> entrega *f*, encargo *m*; **seine ~ mit dieser Aufgabe war ein großer Vertrauensbeweis** el hecho de que le encomendaran aquella tarea era una gran muestra de confianza
Betreff [bəˈtrɛf] *m* <-(e)s, -e> (*Briefkopf*) asunto *m*; **in diesem ~** en este asunto, respecto a esto
betreffen* *irr vt* ❶ (*angehen*) concernir, referirse (a); **das betrifft besonders dich** esto te concierne especialmente a ti; **was mich betrifft ...** en lo que a mí se refiere...
❷ (*seelisch*) afectar
betreffend *adj* respectivo, en cuestión; **der ~e Mitarbeiter** el colega en cuestión; **der oder die B~e möge sich bitte melden** que se presente la persona en cuestión; **unser letztes Schreiben ~, teile ich Ihnen mit, dass ...** respecto a nuestro último escrito, le comunico que...
Betreffende(r) *mf* <-n, -n; -, -n> persona *f* en cuestión; **wer war das? wehe, wenn ich den ~n finde!** ¿quién ha sido? ¡cómo encuentre [*o* llegue a encontrar] al tipo en cuestión!
betreffs *präp +gen* en relación a, en cuanto a; **~ Ihres Schreibens vom ...** en relación a su escrito del...
betreiben* *irr vt* ❶ (*Studien, Politik*) dedicarse (a)
❷ (SPORT) practicar
❸ (*Handwerk*) ejercer
❹ (*Geschäft*) regentar; **sie betreibt ein kleines Geschäft** tiene [*o* regenta] un pequeño negocio
❺ (*Prozess*) seguir; **einen Prozess ~** seguir una causa
❻ (*Angelegenheit*) tramitar, gestionar; **auf jds B~ hin** a incitación [*o* por iniciativa] de alguien
❼ (*antreiben*) accionar
Betreiber(in) *m(f)* <-s, -; -, -nen> (*Firma, Träger*) explotador(a) *m(f)*
Betreibergesellschaft *f* <-, -en> (WIRTSCH) sociedad *f* de explotación
Betreiberin *f* <-, -nen> *s.* **Betreiber**
Betreiberpflicht *f* <-, -en> (JUR) obligación *f* de promotor
Betreibung *f* <-, -en> ❶ (*das Vorantreiben*) gestión *f*, tramitación *f*; (*a.* JUR) instrucción *f*
❷ (*eines Geschäfts*) explotación *f*
❸ (*Schweiz:*) *s.* **Beitreibung**
betreten¹ *adj* (*verlegen*) turbado, cortado *fam*; **es herrschte ~es Schweigen** reinaba un silencio embarazoso
betreten*² *irr vt* (*Raum, Gebäude*) entrar (en); (*Rasen*) pisar; (*Podium*) subir (a); (*Spielfeld*) hacer su entrada (en); **B~ verboten!** ¡prohibida la entrada!; **unbefugtes B~ verboten** prohibida la entrada a personas no autorizadas

Betretenheit *f* <-, *ohne pl*> cortedad *f*
betreuen* [bə'trɔɪən] *vt* (*Kranke*) cuidar; (*Reisegruppe*) acompañar; **ein Projekt ~** dirigir un proyecto
Betreuer(in) *m(f)* <-s, -; -, -nen> tutor(a) *m(f)*; (*Assistent*) asistente *mf*; (*Berater*) asesor(a) *m(f)*; **Bestellung eines ~s** (JUR) nombramiento de un asistente
Betreuung *f* <-, *ohne pl*> asistencia *f*, cuidado *m*; (SCH, UNIV) tutoría *f*; **die ~ der Gäste** la atención hacia los invitados [*o* huéspedes]
Betreuungsbehörde *f* <-, -n> (JUR) autoridad *f* asistencial; **Betreuungsgesetz** *nt* <-es, -e> (JUR) ley *f* asistencial; **Betreuungsleistung** *f* <-, -en> (JUR) prestación *f* asistencial; **Betreuungssachen** *fpl* (JUR) elementos *mpl* de asistencia; **Betreuungszuständigkeit** *f* <-, -en> (JUR) competencia *f* asistencial
Betrieb[1] *m* <-(e)s, -e> ❶ (*Unternehmen*) empresa *f*; (*handwerklich*) taller *m*; **~ der öffentlichen Hand** empresa pública; **genossenschaftlicher/gewerkschaftspflichtiger ~** empresa cooperativa/con sindicación obligatoria; **gewerkschaftlich organisierter ~** empresa sindicada; **konzessionierter ~** empresa concesionaria; **landwirtschaftlicher ~** explotación agrícola; **staatseigener ~** empresa nacional; **er kommt um vier Uhr aus dem ~** sale de la empresa a las cuatro
❷ (*Belegschaft*) personal *m*
Betrieb[2] *m* <-(e)s, *ohne pl*> ❶ (*Tätigkeit*) marcha *f*, funcionamiento *m*; **in vollem ~** en plena marcha; **er hält den ganzen ~ auf** interrumpe toda la marcha; **in ~ sein** estar en funcionamiento; **etw in ~ nehmen** poner algo en marcha; **etw außer ~ setzen** poner algo fuera de servicio
❷ (*fam: Treiben*) tumulto *m*, gentío *m*; **in den Geschäften herrscht großer ~** en las tiendas reina un gran gentío
betrieblich *adj* empresarial, de la empresa [*o* de la explotación]; **~e Aufwendungen/Erträge** cargas/productos de explotación
Betriebsabrechnung *f* <-, -en> estado *m* periódico de la contabilidad de una empresa; **Betriebsabwicklung** *f* <-, -en> (WIRTSCH) liquidación *f* de la empresa; **Betriebsaltersversorgung** *f* <-, *ohne pl*> pensión *f* recibida de la empresa
betriebsam *adj* activo, trabajador
Betriebsamkeit *f* <-, -en> actividad *f*; **es herrschte hektische ~** reinaba una actividad frenética
Betriebsanalyse *f* <-, -en> (WIRTSCH) análisis *m inv* operacional; **Betriebsänderung** *f* <-, -en> (WIRTSCH) modificación *f* de la empresa; **Betriebsangehörige(r)** *mf* <-n, -n; -n, -n> miembro *m* de la empresa; **Betriebsangelegenheit** *f* <-, -en> (WIRTSCH) asunto *m* de empresa; **Betriebsanlage** *f* <-, -n> planta *f* industrial; **~n** instalaciones *fpl*; **Betriebsanleitung** *f* <-, -en> instrucciones *fpl* de servicio; **Betriebsansiedlung** *f* <-, -en> (WIRTSCH) emplazamiento *m* de explotación; **Betriebsanzeige** *f* <-, -n> (INFOR) luz *f* indicadora de funcionamiento; **Betriebsart** *f* <-, -en> (INFOR) modo *m* de operación; **Betriebsarzt, -ärztin** *m*, *f* <-es, -ärzte; -, -nen> médico, -a *m*, *f* de empresa; **Betriebsaufgabe** *f* <-, -n> (WIRTSCH) cese *m* de actividad; **Betriebsaufnahme** *f* <-, -n> (WIRTSCH) inicio *m* de la actividad; **Betriebsaufspaltung** *f* <-, -en> (WIRTSCH) segregación *f* empresarial; **Betriebsaufwand** *m* <-(e)s, *ohne pl*> gastos *mpl* de operación; **Betriebsausflug** *m* <-(e)s, -flüge> excursión *f* con la empresa; **Betriebsausgabe** *f* <-, -n> gasto *m* de la empresa [*o* de explotación]; **Betriebsausnutzung** *f* <-, *ohne pl*> explotación *f* de la empresa; **Betriebsbahnhof** *m* <-(e)s, -höfe> (EISENB) estación *f* de depósito; **Betriebsbeauftragte(r)** *mf* <-n, -n; -n, -n> (JUR) encargado, -a *m*, *f* de servicio; **~ für Gewässerschutz/Immissionsschutz** encargado *m* de servicio para protección de aguas/de inmisiones
betriebsbedingt *adj* relativo a la empresa
Betriebsbeendigung *f* <-, -en> (WIRTSCH) extinción *f* de la empresa
betriebsbereit *adj* (TECH) listo para el servicio [*o* para funcionar]
Betriebsbesichtigung *f* <-, -en> visita *f* a una empresa
betriebsblind *adj* ignorante de los fallos por pertenecer demasiado tiempo a la misma empresa, haciendo siempre el mismo trabajo
Betriebsbudget *nt* <-s, -s> (WIRTSCH) presupuesto *m* de empresa; **Betriebsdauer** *f* <-, *ohne pl*> duración *f* del servicio; **Betriebsdiebstahl** *m* <-(e)s, -stähle> (JUR) robo *m* de empresa
betriebseigen *adj* perteneciente a la empresa
Betriebseinbringung *f* <-, -en> (WIRTSCH) integración *f* empresarial; **Betriebseinheit** *f* <-, -en> unidad *f* empresarial; **Betriebseinnahmen** *fpl* ingresos *mpl* de la empresa; **Betriebseinrichtung** *f* <-, -en> instalación *f*, equipo *m*; **Betriebseinschränkung** *f* <-, -en> reducción *f* de actividad; **Betriebseinstellung** *f* <-, -en> cese *m* de la explotación; **Betriebserfindung** *f* <-, -en> invención *f* laboral; **Betriebsergebnis** *nt* <-ses, -se> resultado *m* de la explotación; **Betriebserkundung** *f* <-, -en> informes *mpl* acerca de una empresa; **Betriebserlaubnis** *f* <-, -se> (JUR) permiso *m* de circulación; **~ für ein Kraftfahrzeug** permiso de circulación para un vehículo; **Betriebsertrag** *m* <-(e)s, -träge> ingreso *m* de explotación; **Betriebsfähigkeit** *f* <-, *ohne pl*> estado *m* de funcionamiento; **Betriebsfehler** *m* <-s, -> (INFOR) error *m* de operación; **Betriebsferien** *pl* vacaciones *fpl* colectivas de la empresa
betriebsfertig *adj* listo para la puesta en marcha
Betriebsfest *nt* <-(e)s, -e> fiesta *f* de la empresa
betriebsfremd *adj*: **~e Aktivitäten** actividades atípicas, operaciones distintas a la actividad de la empresa
Betriebsfrieden *m* <-s, *ohne pl*> paz *f* laboral
Betriebsführung *f* <-, -en> *s.* **Betriebsleitung**; **Betriebsführungsvertrag** *m* <-(e)s, -träge> (JUR) contrato *m* de dirección de establecimiento
Betriebsgebäude *nt* <-s, -> edificio *m* de la empresa; **Betriebsgefahr** *f* <-, -en> (JUR) riesgo *m* de explotación; **Betriebsgeheimnis** *nt* <-ses, -se> secreto *m* empresarial [*o* de producción]; **Betriebsgelände** *nt* <-s, -> terreno *m* de la empresa; **Betriebsgenehmigung** *f* <-, -en> autorización *f* de actividad; **Betriebsgesellschaft** *f* <-, -en> (WIRTSCH) sociedad *f* explotadora; **Betriebsgewinn** *m* <-(e)s, -e> (WIRTSCH) beneficio *m* de explotación; **Betriebsgrundstück** *nt* <-(e)s, -e> inmueble *m* industrial; **Betriebshaftpflichtversicherung** *f* <-, -en> seguro *m* contra accidentes del trabajo; **Betriebshof** *m* <-(e)s, -höfe> cocheras *fpl*; **dieser Bus fährt zum ~** este autobús va a encerrar
betriebsintern *adj* interno (de la empresa)
Betriebskapital *nt* <-s, -e> (WIRTSCH) capital *m* de explotación [*o* circulante]; **Betriebskapitalkredit** *m* <-(e)s, -e> crédito *m* de capital de explotación
Betriebsklima *nt* <-s, *ohne pl*> ambiente *m* en la empresa; **Betriebskollektivvertrag** *m* <-(e)s, -träge> (JUR) contrato *m* colectivo de explotación; **Betriebskosten** *pl* gastos *mpl* de producción; **Betriebskrankenkasse** *f* <-, -n> caja *f* de seguro de la empresa; **Betriebsleistung** *f* <-, -en> capacidad *f* productora de la empresa; **Betriebsleistungssteuern** *fpl* impuestos *mpl* sobre el rendimiento de explotación; **Betriebsleiter(in)** *m(f)* <-s, -; -, -nen> director(a) *m(f)* gerente de la empresa; **Betriebsleitung** *f* <-, -en> dirección *f* de una empresa; **Betriebsmaterial** *nt* <-s, -ien> material *m* de explotación; **Betriebsmittel** *ntpl* medios *mpl* de producción; **finanzielle ~** fondos de explotación; **Betriebsmodus** *m* <-, -modi> (INFOR) modo *m* de operación; **Betriebsnudel** *f* <-, -n> (*fam*) animador(a) *m(f)*, cachondo, -a *m*, *f*; **Petra ist eine echte ~!** ¡es un cachondeo con Petra!; **Betriebsordnung** *f* <-, -en> régimen *m* interior (de una empresa); **Betriebsort** *m* <-(e)s, -e> lugar *m* de explotación
Betriebspacht *f* <-, -en> arrendamiento *m* de establecimiento; **Betriebspachtvertrag** *m* <-(e)s, -träge> (JUR) contrato *m* de arrendamiento de establecimiento
Betriebspflicht *f* <-, *ohne pl*> (JUR) obligación *f* de servicio; **Betriebsplanung** *f* <-, -en> planificación *f* de la producción; **komplexe/operative ~** planificación compleja/operativa; **Betriebsprüfer(in)** *m(f)* <-s, -; -, -nen> auditor(a) *m(f)*
Betriebsprüfung *f* <-, -en> (WIRTSCH) revisión *f* (de empresa); **Betriebsprüfungsrecht** *nt* <-(e)s, *ohne pl*> régimen *m* de auditoría de empresas
Betriebsrat[1] *m* <-(e)s, -räte> (*Organ*) comité *m* de empresa, consejo *m* de empresa
Betriebsrat, -rätin[2] *m*, *f* <-(e)s, -räte; -, -nen> (*Mitglied*) representante *mf* del comité de empresa
Betriebsratsmitglied *nt* <-(e)s, -er> miembro *mf* del comité de empresa; **Betriebsratsvorsitzende(r)** *mf* <-n, -n; -n, -n> presidente, -a *m*, *f* del consejo de empresa
Betriebsrente *f* <-, -n> pensión *f* recibida de la empresa; **Betriebsrisiko** *nt* <-s, -s *o* -risiken> riesgo *m* de explotación; **Betriebssatzung** *f* <-, -en> estatuto *m* de explotación; **Betriebsschließung** *f* <-, -en> (WIRTSCH) cierre *m* de una empresa; **Betriebsschluss**[RR] *m* <-es, *ohne pl*> fin *m* de la jornada laboral; **nach ~** después del trabajo [*o* de la jornada]
betriebssicher *adj* (TECH) de funcionamiento fiable
Betriebssicherheit *f* <-, *ohne pl*> (TECH) seguridad *f* de funcionamiento [*o* de servicio]; **Betriebsstandort** *m* <-(e)s, -e> ubicación *f* de la planta, emplazamiento *m* de la planta
Betriebsstätte *f* <-, -n> establecimiento *m*, local *m* de la empresa; **Betriebsstättenbesteuerung** *f* <-, -en> (WIRTSCH) tributación *f* del establecimiento
Betriebssteuer *f* <-, -n> (WIRTSCH) impuesto *m* sobre las empresas; **Betriebsstilllegung**[RR] *f* <-, -en> (WIRTSCH) cierre *m* de una empresa; **Betriebsstörung** *f* <-, -en> (TECH) perturbación *f* en el funcionamiento; **Betriebssystem** *nt* <-s, -e> (INFOR) sistema *m* operativo
Betriebsübergang *m* <-(e)s, -gänge> (JUR) traspaso *m* de establecimiento; **Betriebsüberlassungsvertrag** *m* <-(e)s, -träge> (JUR) contrato *m* de cesión de establecimiento; **Betriebsübernehmer(in)** *m(f)* <-s, -; -, -nen> (JUR) cesionario *m* del establecimiento; **Betriebsüberschuss**[RR] *m* <-es, -schüsse> excedente *m* empresarial;

Betriebsübertragung *f* <-, -en> (JUR) transmisión *f* de establecimiento; **Betriebsumstellung** *f* <-, -en> reorganización *f* de la empresa

Betriebs- und Geschäftsausstattung *f* <-, -en> instalaciones *fpl* de la industria y del establecimiento; **Betriebs- und Geschäftsgeheimnis** *nt* <-ses, -se> (JUR) secreto *m* industrial y comercial; **Verrat von ~sen** traición del secreto industrial y comercial

Betriebsunfall *m* <-(e)s, -fälle> ❶ (*Arbeitsunfall*) accidente *m* de trabajo [*o* laboral] ❷ (*fam: ungewollte Schwangerschaft*) accidente *m*, embarazo *nt* no deseado; **Betriebsunterbrechung** *f* <-, -en> (WIRTSCH) interrupción *f* de la explotación; **Betriebsuntersagung** *f* <-, -en> (WIRTSCH, JUR) prohibición *f* de servicio; **Betriebsveräußerung** *f* <-, -en> (JUR) enajenación *f* de establecimiento; **Betriebsvereinbarung** *f* <-, -en> acuerdo *m* empresarial

Betriebsverfassung *f* <-, -en> (JUR) estatuto(s) *m(pl)* de empresa; **Betriebsverfassungsgesetz** *nt* <-es, *ohne pl*> ley *f* de régimen de empresa; **Betriebsverfassungsrecht** *nt* <-(e)s, *ohne pl*> régimen *m* jurídico de la empresa

Betriebsvergleich *m* <-(e)s, -e> (WIRTSCH) convenio *m* de empresa; **Betriebsverlegung** *f* <-, -en> (WIRTSCH) traslado *m* de establecimiento; **Betriebsverlust** *m* <-(e)s, -e> (WIRTSCH) pérdida *f* de explotación; **Betriebsvermögensvergleich** *m* <-(e)s, -e> comparación *f* del patrimonio empresarial; **Betriebsverpachtung** *f* <-, -en> arriendo *m* de explotación; **Betriebsversammlung** *f* <-, -en> asamblea *f* general de la empresa, reunión *f* del personal de empresa; **Betriebswirt(in)** *m(f)* <-(e)s, -e; -, -nen> (técnico, -a *m*, *f*) economista *mf*; **Betriebswirtschaft** *f* <-, *ohne pl*> ciencias *fpl* empresariales

betriebswirtschaftlich *adj* de la economía de la empresa

Betriebswirtschaftslehre *f* <-, *ohne pl*> teoría *f* de la empresa, economía *f* industrial; **Betriebswirtschaftsplan** *m* <-(e)s, -pläne> (WIRTSCH) plan *m* de gestión empresarial

Betriebswohnung *f* <-, -en> domicilio *m* de la empresa

Betriebszeit *f* <-, -en> (TECH) tiempo *m* de servicio

Betriebszugehörigkeit *f* <-, *ohne pl*>: **Dauer der ~** antigüedad *f* (en la empresa); **Betriebszweck** *m* <-(e)s, -e> (WIRTSCH) finalidad *f* industrial

betrinken* *irr vr*: **sich ~** emborracharse, embriagarse, jalarse *Am*, picarse *Am*, tiznarse *MAm, Arg*, prenderse *PRico*, templarse *Kol, Peru*, curarse *Chil: fam*; **sich sinnlos ~** emborracharse sin sentido

betroffen [bəˈtrɔfən] **I.** *pp von* **betreffen**
II. *adj* ❶ (*von Maßnahmen*) afectado (*von* por)
❷ (*bestürzt*) consternado, atónito; **die jüngsten Ereignisse machen mich ~** los últimos acontecimientos me dejan consternado

Betroffene(r) *mf* <-n, -n; -n, -n> afectado, -a *m*, *f*; **die ~n taten sich in einer Bürgerinitiative zusammen** las personas afectadas formaron una iniciativa popular

Betroffenheit *f* <-, *ohne pl*> ❶ (*Bestürzung*) consternación *f*; **die Nachricht löste große ~ aus** la noticia causó gran consternación
❷ (*von Maßnahmen*): **unmittelbare und individuelle ~** (JUR) afectación directa e individual

betrüben* *vt* afligir, entristecer

betrüblich [bəˈtryːplɪç] *adj* triste, desconsolador; **ich muss Ihnen die ~e Mitteilung machen, dass ...** tengo que comunicarle la triste noticia de que...

betrüblicherweise *adv* desdichadamente

Betrübnis *f* <-, -se> aflicción *f*

betrübt *adj* (*geh*) afligido (*über* de/por), apesadumbrado (*über* de/por); **tief ~** profundamente afligido; **zu Tode ~ sein** estar hondamente afligido

Betrug [bəˈtruːk] *m* <-(e)s, *ohne pl*> engaño *m*, estafa *f*; (JUR) fraude *m*; (*beim Spiel*) trampa *f*; **schwerer ~** fraude grave

betrügen* [bəˈtryːɡən] *irr* **I.** *vt* engañar, morder *Am*, balear *MAm*, embrollar *Chil, Urug*, emplomar *Kol, Guat*; **sich um etw betrogen fühlen/sehen** sentirse/verse decepcionado por algo; **jahrelang betrog sie ihn mit ihrem Zahnarzt** durante años lo engañaba con su dentista
II. *vr*: **sich ~** engañarse; **sich selbst ~** engañarse a sí mismo

Betrüger(in) *m(f)* <-s, -; -, -nen> estafador(a) *m(f)*; (*beim Spiel*) tramposo, -a *m*, *f*

Betrügerei *f* <-, -en> engaño *m*, estafa *f*, fraude *m*

Betrügerin *f* <-, -nen> *s*. **Betrüger**

betrügerisch *adj* engañoso, fraudulento, dañero *Ven*; **in ~er Absicht** fraudulentamente; **~er Bankrott** quiebra *f* fraudulenta; **~ erwerben** adquirir fraudulentamente

Betrugsabsicht *f* <-, -en> (JUR) ánimo *m* defraudatorio; **in ~ handeln** actuar con ánimo defraudatorio; **Betrugsdelikt** *nt* <-(e)s, -e> (JUR) defraudación *f*; **Betrugsdezernat** *nt* <-(e)s, -e> brigada *f* contra el fraude

betrunken [bəˈtrʊŋkən] **I.** *pp von* **betrinken**
II. *adj* borracho, bebido, bolo *Am*, ampimpado *Am*; **schwer/total ~ sein** estar terriblemente/completamente borracho

Betrunkene(r) *mf* <-n, -n; -n, -n> borracho, -a *m*, *f*, bolo, -a *m*, *f Am*

Betrunkenheit *f* <-, *ohne pl*> embriaguez *f*

Betschwester *f* <-, -n> (*abw*) beata *f*, santurrona *f*

Bett [bɛt] *nt* <-(e)s, -en> ❶ (*Möbelstück*) cama *f*, lecho *m geh*; **das ~ machen** hacer la cama; **das ~ beziehen** poner la ropa de cama; **im ~ liegen** estar en la cama; **ans ~ gefesselt sein** estar postrado en cama; **ins** [*o* **zu**] **~ gehen** ir(se) a la cama; **das ~ hüten müssen** tener que guardar cama; **er brachte ihr jeden Morgen das Frühstück ans ~** todas las mañanas le llevaba el desayuno a la cama; **mit jdm ins ~ gehen** (*fam*) acostarse con alguien; **an jds ~ sitzen** estar sentado junto al lecho de alguien; **jdn ins ~ bringen** llevar a la cama a alguien; **er macht ins ~** (*fam*) se mea en [*o* ensucia] la cama; **jdn aus dem ~ holen** sacar a alguien de la cama; **sich ins gemachte ~ legen** (*fig*) encontrárselo todo hecho
❷ (*Fluss~*) cauce *m*, lecho *m*
❸ (*Feder~*) edredón *m*

Bettanzug *m* <-(e)s, -züge> (*Schweiz*) *s*. **Bettbezug**; **Bettbank** *f* <-, -bänke> (*Österr*) *s*. **Bettcouch**; **Bettbezug** *m* <-(e)s, -züge> funda *f* nórdica; **Bettcouch** *f* <-, -s *o* -en> sofá-cama *m*; **Bettdecke** *f* <-, -n> ❶ (*Tagesdecke*) colcha *f* ❷ (*Federbett*) edredón *m*, frisa *f PRico, DomR*, vávona *f Arg*

Bettel [ˈbɛtəl] *m* <-s, *ohne pl*> (*reg: Kram*): **der ganze ~** todo el lío; **den (ganzen) ~ hinwerfen** [*o* **hinschmeißen**] mandar al cuerno todo el lío; **jdm den (ganzen) ~ vor die Füße werfen** [*o* **schmeißen**] mandar a alguien al cuerno; **sie hatte sich lange von ihm schikanieren lassen, aber eines Tages warf sie ihm den ganzen ~ vor die Füße** durante mucho tiempo permitió que él le hiciera la vida imposible, pero un buen día le mandó al cuerno

bettelarm [ˈ--] *adj* pobre como una rata

Bettelei *f* <-, -en> (*abw*) pordiosería *f*

Bettelmönch *m* <-(e)s, -e> fraile *m* mendicante

betteln *vi* pedir limosna, mendigar; **bei jdm um etw ~** pedir algo a alguien con insistencia

Bettelorden *m* <-s, -> (REL) orden *f* mendicante [*o* mendigante]; **Bettelstab** *m* <-(e)s, -stäbe>: **jdn an den ~ bringen** arruinar económicamente a alguien

betten *vt* (*geh*) recostar, tumbar con cuidado; **jdn zur letzten Ruhe ~** sepultar a alguien; **wie man sich bettet, so liegt man** (*prov*) quien mala cama hace, en ella se yace

Bettenburg *f* <-, -en> zona *f* turística con gran aglomeración de hoteles

Bettfedern *fpl* plumas *fpl* de relleno (*para edredones, almohadas...*); **Bettflasche** *f* <-, -n> (*südd: Wärmflasche*) botella *f* de agua caliente; **Bettgeflüster** *nt* <-s, *ohne pl*> (*fam: Klatsch*) rumor *m*; **Bettgeschichte** *f* <-, -n> lío *m* de cama; **Bettgestell** *nt* <-(e)s, -e> armadura *f* de cama; **Betthase** *m* <-n, -n> (*fam*) gatita *f* caliente; **Betthimmel** *m* <-s, -> dosel *m* de cama; **Betthupferl** [ˈbɛthʊpfɐl] *nt* <-s, -> (*reg*) dulce que se da a los niños antes de acostarse; **Bettkante** *f* <-, -n> borde *m* de la cama; **also, den würde ich nicht von der ~ stoßen** a este no le daría de lado; **Bettkasten** *m* <-s, -kästen> cajón situado debajo de la cama donde se guardan la almohada y el edredón durante el día; **Bettlade** *f* <-, -n> (*südd, Österr*) *s*. **Bettgestell**

bettlägerig [ˈbɛtlɛːɡərɪç] *adj* postrado en cama

Bettlägerigkeit *f* <-, *ohne pl*> postración *f* en la cama; **die Krankheit ist mit langer ~ verbunden** la enfermedad exige guardar cama durante largo tiempo

Bettlaken *nt* <-s, -> sábana *f*; **Bettlektüre** *f* <-, -n> lectura *f* entretenida para antes de dormir

Bettler(in) [ˈbɛtlɐ] *m(f)* <-s, -; -, -nen> mendigo, -a *m*, *f*

Bettnässen [ˈbɛtnɛsən] *nt* <-s, *ohne pl*> enuresis *f inv*

Bettnässer(in) *m(f)* <-s, -; -, -nen> (*fam*) meón, -ona *m*, *f* (*niño o niña que sufre de incontinencia nocturna de orina*)

Bettpfanne *f* <-, -n> cuña *f*; **Bettpfosten** *m* <-s, -> armazón *m* de la cama; **Bettrand** *m* <-(e)s, -ränder> *s*. **Bettkante**

bettreif *adj* (*fam*) con ganas de irse a dormir

Bettruhe *f* <-, *ohne pl*> reposo *m* en cama; **der Arzt hat ihm strenge ~ verordnet** el médico le ordenó reposo absoluto en cama; **Bettschüssel** *f* <-, -n> orinal *m* (de cama), cuña *f*; **Bettschwere** *f*: **die erforderliche** [*o* **nötige**] **~ haben** (*fam*) estar a punto para la cama, caerse de sueño; **Bettsofa** *nt* <-s, -s> sofá-cama *m*; **das ~ ausziehen** abrir el sofá-cama; **Bettszene** *f* <-, -n> (FILM) escena *f* de cama; **Betttuch**[RR] [ˈbɛttuːx] *nt* <-(e)s, -tücher> sábana *f*; **Bettvorlage** *f*, **Bettvorleger** [ˈbɛtfoːɐleːɡɐ] *m* <-s, -> alfombrilla *f* (de cama); **Bettwäsche** *f* <-, *ohne pl*> ropa *f* de cama, sábanas *fpl*, cobija *f Am*, tendido *m Am*; **Bettzeug** *nt* <-(e)s, *ohne pl*> (*fam*) ropa *f* de cama, sábanas *fpl*

betucht [bəˈtuːxt] *adj* (*fam*) adinerado, forrado, fondeado *Am*; **gut ~ sein** estar forrado (de dinero)

betulich [bəˈtuːlɪç] *adj* (*hilfsbereit*) solícito; (*abw*) exageradamente atento; **ihr ~es Gehabe machte sie bei vielen unbeliebt** con su excesiva solicitud se ganó la antipatía de muchos

betupfen* *vt* ① (*tupfend berühren*) aplicar un tapón; **das Ekzem müssen Sie mit dieser Lösung ~** tiene que aplicar esta solución con un tapón sobre el eczema
② (*mit Tupfen versehen*) puntear

betuppen* *vt* (*reg*) timar (*um* con)

Beuge [ˈbɔɪɡə] *f* <-, -n> ① (ANAT: *des Armes*) flexión *f* del codo; (*des Beines*) flexión *f* de la pierna
② (SPORT: *Rumpf-*) flexión *f* del tronco; **in die ~ gehen** flexionar el cuerpo

Beugehaft *f* <-, *ohne pl*> (JUR) arresto *m* reflexivo

Beugel *m* <-s, -> (*Österr: Hörnchengebäck*) croissant *m*

Beugemittel *nt* <-s, -> (JUR) medio *m* de doblegamiento; **Beugemuskel** *m* <-s, -n> (ANAT) (músculo *m*) flexor *m*

beugen [ˈbɔɪɡən] I. *vt* ① (*Arm*) doblar, doblegar; **das Knie ~** doblar la rodilla; **den Kopf ~** inclinar la cabeza; **vor Kummer gebeugt sein** estar postrado por las penas
② (*Recht*) violar
③ (LING: *Verb*) conjugar; (*Substantiv*) declinar
II. *vr*: **sich ~** ① (*sich neigen*) inclinarse, encorvarse; **er beugte sich leicht nach vorn/zu mir** se inclinó ligeramente hacia delante/hacia mí; **sich über etw ~** inclinarse sobre algo
② (*sich fügen*) someterse (a); **wir ~ uns der Gewalt** nos sometemos al poder

Beugung *f* <-, -en> ① (ANAT, LING) flexión *f*
② (PHYS: *Licht*) difracción *f*
③ (JUR) violación *f*; **~ des Rechts** violación del derecho

Beule [ˈbɔɪlə] *f* <-, -n> ① (*Verletzung*) chichón *m*
② (*Delle*) abolladura *f*, bollo *m*
③ (MED) buba *f*

beulen *vi* abollarse; (*Kleidung*) hacer bolsas, abombarse; **die Hose beult überall/an den Knien** el pantalón hace bolsas por todas partes/tiene rodilleras

Beulenpest *f* <-, *ohne pl*, (MED) peste *f* bubónica [*o* levantina]

beunruhigen* [bəˈʔʊnruːɪɡən] I. *vt* intranquilizar, inquietar; **über etw beunruhigt sein** estar intranquilo [*o* inquieto] por algo; **wir waren über seine Äußerungen zutiefst beunruhigt** sus comentarios nos inquietaron profundamente
II. *vr*: **sich ~** preocuparse (*über* de), inquietarse (*über* con/por), indigestarse (*über* con/de/por) *Am*

beunruhigend *adj* inquietante, alarmante

Beunruhigung *f* <-, -en> inquietud *f*, preocupación *f*

beurkunden* *vt* dar fe (de), documentar

Beurkundung *f* <-, -en> ① (*das Beurkunden*) certificación *f* notarial; **gerichtliche ~** (JUR) legitimación judicial; **notarielle ~** (JUR) legitimación notarial; **öffentliche ~** (JUR) elevación a público, formalización en escritura pública
② (*Urkunde*) documento *f*

Beurkundungsgesetz *nt* <-es, -e> ley *f* de documentación

Beurkundungspflicht *f* <-, *ohne pl*> (JUR) obligación *f* de formalizar en escritura pública; **Beurkundungsverfahren** *nt* <-s, -> (JUR) procedimiento *m* de formalización en escritura pública

beurlauben* *vt* ① (*Urlaub geben*) conceder vacaciones, dar permiso
② (*von Amtspflichten*) dar licencia; **beurlaubt sein** tener licencia
③ (UNIV): **sich ~ lassen** tomarse un semestre libre

Beurlaubung *f* <-, -en> excedencia *f*

beurteilen* *vt* juzgar, enjuiciar; (*schätzen*) valorar, estimar; **das können Sie doch gar nicht ~** Ud. no puede juzgarlo de ninguna manera; **er beurteilt die Menschen nach ihrem Äußeren** juzga a las personas por su (aspecto) exterior

Beurteilung *f* <-, -en> ① (*Einschätzung*) juicio *m*, apreciación *f*; **bei nüchterner ~** analizándolo a secas
② (*Gutachten*) dictamen *m*, valoración *f*; **an die rechtliche ~ gebunden sein** (JUR) estar vinculado por la calificación jurídica; **jdm eine gute ~ schreiben** otorgar a alguien una buena evaluación

Beurteilungsermessen *nt* <-s, *ohne pl*> (JUR) potestad *f* de enjuiciamiento; **Beurteilungsmaßstab** *m* <-(e)s, -stäbe> criterio *m* de valoración; **Beurteilungsprärogative** *f* <-, -n> (JUR) prerrogativa *f* de enjuiciamiento; **Beurteilungsspielraum** *m* <-(e)s, *ohne pl*> (JUR) margen *m* de discrecionalidad; **Beurteilungsverfahren** *nt* <-s, -> (JUR) procedimiento *m* de valoración; **Beurteilungszeitraum** *m* <-(e)s, -räume> (JUR) periodo *m* de referencia

Beuschel [ˈbɔɪʃəl] *nt* <-s, -> (*Österr, südd*: GASTR) plato cocinado con pulmón

Beute [ˈbɔɪtə] *f* <-, *ohne pl*> ① (*Fang*) botín *m*; (*eines Tieres*) presa *f*; **reiche** [*o* **fette**] **~ machen** sacar un buen botín
② (*geh: Opfer*) víctima *f*; **leichte ~ für jdn sein** ser una víctima [*o* presa] fácil para alguien

beutegierig *adj* (*Tier*) ávido de una presa; (*Mensch*) ávido de un botín

Beutel [ˈbɔɪtəl] *m* <-s, -> ① (*Behältnis*) bolsa *f*, talego *m*
② (ZOOL: *des Kängurus*) marsupio *m*, bolsa *f*
③ (*fam: Geldbeutel*) monedero *m*; **für die Reparatur muss sie tief in den ~ greifen** la reparación le costará un ojo de la cara

beuteln I. *vt* ① (*Österr, südd: schütteln*) sacudir
② (*Österr, südd: mitnehmen*) estremecer; **die Ereignisse haben mich ganz schön gebeutelt** los acontecimientos me han dejado estremecido; **vom Leben gebeutelt**, zog er sich immer mehr zurück castigado por la vida, vivía cada vez más apartado
③ (*reg: ausnehmen*) limpiar, dejar limpio; **die haben dich aber ganz schön gebeutelt** ésos te han limpiado todo el dinero
II. *vi* (*sich ausbeulen*) dar(se) de sí
III. *vunpers* (*Österr, südd*): **ihn hat's ganz schön gebeutelt** (*Sturz*) se ha sacudido una buena; (*Krankheit*) tiene una buena encima

Beutelratte *f* <-, -n> (ZOOL) rata *f* marsupial; **Beuteltier** *nt* <-(e)s, -e> (ZOOL) marsupial *m*

Beutepopulation *f* <-, -en> (BIOL) población *f* de captura; **Beutestück** *nt* <-(e)s, -e> pieza *f* del botín; **Beutetier** *nt* <-(e)s, -e> animal *m* de captura; **Beutezug** *m* <-(e)s, -züge> correría *f*

bevölkern* [bəˈfœlkɐn] I. *vt* ① (*besiedeln*) poblar; **dünn/dicht bevölkert sein** estar poco/muy poblado; **eine dicht bevölkerte Stadt** una ciudad muy poblada
② (*beleben*): **im Sommer ~ Scharen von Touristen das kleine Dorf** en verano, la aldea se puebla de grupos de turistas; **in der Mittagshitze waren die Straßen von Madrid kaum bevölkert** en el calor del mediodía las calles de Madrid apenas estaban transitadas
II. *vr*: **sich ~** llenarse; **langsam bevölkerte sich das Lokal** poco a poco, el bar se fue llenando

Bevölkerung *f* <-, -en> población *f*; **arbeitende** [*o* **erwerbstätige**] **~** (WIRTSCH) población activa; **die einheimische/ländliche ~** la población nacional/rural; **ortsansässige ~** población local [*o* residente]

Bevölkerungsabnahme *f* <-, -n> descenso *m* de la población; **Bevölkerungsdichte** *f* <-, *ohne pl*> densidad *f* de (la) población; **Bevölkerungsdruck** *m* <-(e)s, *ohne pl*> presión *f* demográfica; **Bevölkerungsentwicklung** *f* <-, -en> desarrollo *m* demográfico; **territorial differenzierte ~** desarrollo demográfico diferenciado por territorios; **Bevölkerungsexplosion** *f* <-, -en> explosión *f* demográfica; **Bevölkerungsgruppe** *f* <-, -n> población *f*; **Bevölkerungspolitik** *f* <-, *ohne pl*> (POL) política *f* demográfica; **Bevölkerungspyramide** *f* <-, -n> (GEO, SOZIOL) pirámide *f* de población; **Bevölkerungsrückgang** *m* <-(e)s, *ohne pl*> (WIRTSCH) regresión *f* de la población; **Bevölkerungsschicht** *f* <-, -en> nivel *m* social; **Bevölkerungsstand** *m* <-(e)s, -stände> nivel *m* demográfico; **Bevölkerungsstatistik** *f* <-, -en> estadística *f* demográfica; **Bevölkerungsstruktur** *f* <-, -en> estructura *f* demográfica; **Bevölkerungsverschiebung** *f* <-, -en> cambio *m* estructural de la población [*o* de la estructura demográfica]; **Bevölkerungswachstum** *nt* <-s, *ohne pl*> crecimiento *m* demográfico; **Bevölkerungszahl** *f* <-, -en> población *f*, número *m* de habitantes; **für das Jahr 2010 schätzt man eine ~ von mehreren Milliarden** para el año 2010 se calcula que la población ascenderá a varios miles de millones; **Bevölkerungszunahme** *f* <-, -n>, **Bevölkerungszuwachs** *m* <-es, *ohne pl*> aumento *m* de (la) población

bevollmächtigen* [bəˈfɔlmɛçtɪɡən] *vt* apoderar (*zu* para), autorizar (*zu* para), capacitar (*zu* para) *Am*

Bevollmächtigte(r) *mf* <-n, -n; -n, -n> apoderado, -a *m, f*, mandatario, -a *m, f*, capacitado, -a *m, f Am*

Bevollmächtigung *f* <-, -en> autorización *f*, poder *m*, capacitación *f Am*

bevor [bəˈfoːɐ] *konj* antes de +*inf*, antes de que +*subj*; **gieß bitte die Blumen, ~ du gehst** por favor, riega las plantas antes de irte; **~ man irgendwelche Schritte unternimmt, sollte alles genau geprüft werden** antes de adoptar cualquier tipo de medidas, todo debería ser examinado minuciosamente; **ich will mit dem Essen fertig sein, ~ kommen** quiero haber terminado con la comida antes de que lleguen; **~ er es wahrnehmen konnte, war das Geld weg** antes de que pudiera darse cuenta, ya había volado el dinero

bevormunden* [bəˈfoːɐmʊndən] *vt* poner bajo tutela, tutelar

Bevormundung *f* <-, -en> tutela *f*; **er verbat sich die ständige ~ durch die Familie** no admitía la permanente tutela por parte de la familia

bevorraten* *vt* (*formal*) aprovisionar

bevorrechtigt [bəˈfoːɐrɛçtɪçt] *adj* privilegiado; (*im Verkehr*) con prioridad (de paso)

Bevorrechtigte(r) *mf* <-n, -n; -n, -n> (JUR) privilegiado, -a *m, f*

bevorschussen* *vt* (*formal*) conceder un anticipo

bevorstehen *irr vi* ser inminente; **der ~de Krieg** la guerra inminente;

es steht uns noch sehr viel Arbeit bevor aún nos queda [o tenemos] mucho trabajo por delante; **die größte Überraschung stand ihnen noch bevor** aún les quedaba la mayor sorpresa por delante; **die Wahlen stehen unmittelbar bevor** las elecciones están muy próximas
bevorzugen* [bəˈfoːɐ̯tsuːɡən] vt preferir, favorecer; **bei uns wird keiner bevorzugt** aquí no se favorece a nadie
bevorzugt I. adj ❶ (*privilegiert*) favorecido, privilegiado; **eine ~e Behandlung** un trato de favor [o privilegiado]
❷ (*beliebteste*) preferido, favorito
II. adv preferentemente; (*privilegiert*) de favor; **jdn ~ behandeln** dar a alguien un trato de favor; **Schwerbehinderte werden bevorzugt eingestellt** los discapacitados serán contratados con preferencia; **Eilsendungen müssen ~ ausgeliefert werden** los envíos urgentes deben ser entregados a domicilio con prioridad [o con preferencia]
Bevorzugung f <-, -en> preferencia f
bewachen* vt vigilar, custodiar; **jdn streng** [o **scharf**] **~** vigilar a alguien severamente
Bewacher(in) m(f) <-s, -; -, -nen> ❶ (*Wächter*) vigilante mf, guardián, -ana m, f
❷ (SPORT: *Deckungsspieler*) marcador(a) m(f)
bewachsen [bəˈvaksən] adj cubierto (*mit* de); **mit Rasen ~** cubierto de césped; **das Haus war mit Efeu ~** la casa estaba cubierta de hiedra; **der Garten ist mit lauter Unkraut ~** el jardín está lleno de malas hierbas
Bewachung f <-, -en> ❶ (*das Bewachen*) custodia f, vigilancia f; **jdn unter ~ stellen** poner a alguien bajo custodia
❷ (*Wache*) guardia f
bewaffnen* [bəˈvafnən] vt armar (*mit* con); **er war bis an die Zähne bewaffnet** estaba armado hasta los dientes; **nur mit einem Regenschirm bewaffnet, trotzten wir dem Unwetter** armados solamente con un paraguas hicimos frente a la tormenta
Bewaffnete(r) mf <-n, -n; -n, -n> persona f armada
Bewaffnung f <-, -en> ❶ (*Vorgang*) armamento m
❷ (*Waffen*) armas fpl
bewahren* [bəˈvaːrən] vt ❶ (*beschützen*) proteger (*vor* de), librar (*vor* de); **Gott bewahre!** ¡Dios me [o nos] libre!
❷ (*Stillschweigen*) guardar; (*in Erinnerung*) recordar; **bitte ~ Sie Ruhe!** ¡guarde(n) calma, por favor!; **ich bewahrte (mir) trotz allem meine gute Laune** a pesar de todo conservé mi buen humor
❸ (*geh: aufbewahren*) guardar
bewähren* [bəˈvɛːrən] vr: **sich ~** (*Person*) acreditarse; (*Sache*) probar su eficacia, dar buen resultado; **jetzt hat sie die Gelegenheit, sich zu ~ahora** tiene la posibilidad de demostrar sus capacidades
bewahrheiten* [bəˈvaːɐ̯haɪtən] vr: **sich ~** confirmarse, resultar cierto; **unsere Befürchtungen scheinen sich nicht zu ~** parece que nuestros recelos no se confirman
bewährt [bəˈvɛːɐ̯t] adj acreditado; (*Mittel, Methode*) probado
Bewahrung f <-, ohne pl> ❶ (*Erhaltung*) preservación f
❷ (*Auf-*) custodia f
Bewährung f <-, -en> prueba f; (JUR) libertad f condicional; **eine Strafe zur ~ aussetzen** aplicar [o conceder] la remisión condicional de una pena; **er bekam drei Jahre mit/ohne ~** le condenaron a tres años con/sin libertad condicional
Bewährungsauflage f <-, -n> (JUR) carga f condicional; **Bewährungsaufsicht** f <-, ohne pl> (JUR) vigilancia f de libertad condicional; **Bewährungsfrist** f <-, -en> período m de prueba; **Bewährungshelfer(in)** m(f) <-s, -; -, -nen> asistente mf durante el plazo de prueba; **Bewährungsprobe** f <-, -n> prueba f
bewaldet [bəˈvaldət] adj boscoso
Bewaldung f <-, ohne pl> arbolado m
bewältigen* [bəˈvɛltɪɡən] vt (*Problem*) vencer, superar; (*Aufgabe*) llevar a cabo; **sie mussten das Erlebte zunächst ~** antes de todo tenían que superar todo lo que habían pasado; **das bewältigst du doch spielend** si hacer esto es para ti un juego
Bewältigung f <-, -en> (*eines Problems, Erlebnisses*) superación f; (*einer Aufgabe*) (re)solución f; **die ~ von so viel Material ist kaum zu schaffen** controlar tanto material es casi imposible; **sie arbeitete an der ~ dieser Erlebnisse** se esforzaba por superar aquellas experiencias
bewandert [bəˈvandət] adj experimentado (*in* en), experto (*in* en); **sie ist in Geschichte sehr ~** es muy experta en historia
Bewandtnis [bəˈvantnɪs] f <-, -se> motivo m, explicación f; **damit hat es eine ganz bestimmte ~** el caso es el siguiente; **damit hat es eine ganz bestimmte ~** esto tiene una explicación determinada
bewässern* [bəˈvɛsɐn] vt regar
Bewässerung f <-, -en> riego m, irrigación f
Bewässerungsanlage f <-, -en> instalación f de irrigación f; **Bewässerungsgraben** m <-s, -gräben> acequia f, apancle m Mex; **Bewässerungskanal** m <-s, -näle> canal m de riego; **Bewässerungssystem** nt <-s, -e> sistema m de riego
Bewässrung^RR f <-, -en>, **Bewäßrung** f <-, -en> s. **Bewässerung**

bewegen¹ <bewegt, bewog, bewogen> vt (*veranlassen*) inducir (*zu* a), mover (*zu* a); **was hat dich dazu bewogen?** ¿qué te movió a hacerlo?
bewegen*² [bəˈveːɡən] I. vt ❶ (*Arm, Lippen*) mover; (*in Gang setzen*) poner en marcha; **er konnte den Koffer kaum von der Stelle ~** casi no podía mover del lugar la maleta
❷ (*innerlich*) conmover, emocionar
II. vr: **sich ~** ❶ (*Fahrzeug, Person*) moverse; **du bewegst dich zu wenig** te mueves demasiado poco, haces muy poco ejercicio; **endlich bewegt sich etwas!** ¡por fin ocurre algo!
❷ (*schwanken*) variar (*um* en), oscilar (*um* alrededor de, *zwischen* entre); **die Preise ~ sich um die 40 Euro** los precios se sitúan sobre los 40 euros
❸ (*Erde, Sonne*) girar (*um* alrededor de), dar vueltas (*um* alrededor de)
Beweggrund m <-(e)s, -gründe> (JUR) móvil m, motivo m; **niedriger ~ móvil** bajo; **sie handelte aus niederen Beweggründen** actuó por motivos viles
beweglich [bəˈveːklɪç] adj ❶ (*flexibel*) móvil, flexible; **sie ist geistig noch sehr ~** todavía tiene la mente muy viva
❷ (*bewegbar*) movible; **~e Habe**, **~es Vermögen** (JUR) bienes muebles; **~e Sachen** (JUR) objetos moviles
Beweglichkeit f <-, ohne pl> ❶ (*geistige Wendigkeit*) flexibilidad f
❷ (*bewegliche Beschaffenheit*) movilidad f
❸ (*Mobilität*) libertad f de movimiento
bewegt [bəˈveːkt] adj ❶ (*See, Wasser*) agitado
❷ (*fig: Person*) conmovido; (*Leben, Zeiten*) turbulento; **tief ~** profundamente conmovido [o emocionado]; **eine ~e Vergangenheit** un pasado agitado; **~e Zeiten** tiempos revueltos
Bewegung f <-, -en> ❶ (*a.* POL) movimiento m; **eine abwehrende/ruckartige ~ machen** hacer un movimiento de defensa/brusco; **rückläufige ~ der Preise** (WIRTSCH, COM) evolución descendente de los precios; **etw in ~ bringen** poner algo en marcha [o movimiento]; **plötzlich kam ~ in die Massen** de repente las masas empezaron a moverse; **sich** *dat* **~ verschaffen** hacer ejercicio; **keine ~!** ¡que nadie se mueva!; **in ~ sein** estar en movimiento; **sich in ~ setzen** ponerse en marcha; **alle Hebel** [o **Himmel und Hölle**] **in ~ setzen** tocar todos los resortes
❷ (*Anteilnahme*) emoción f
Bewegungsablauf m <-(e)s, -läufe> transcurso m del movimiento, desarrollo m del movimiento; **Bewegungsarmut** f <-, ohne pl> (MED) pobreza f cinética, escasez f de movimientos; **Bewegungsbad** nt <-(e)s, -bäder> baño m de ejercicio; **Bewegungsbilanz** f <-, -en> (WIRTSCH) balance m del movimiento; **Bewegungsenergie** f <-, -n> (PHYS) energía f cinética
bewegungsfähig adj movible; **~ sein** tener libertad de movimiento
Bewegungsfreiheit f <-, ohne pl> libertad f de acción [o de movimientos]
bewegungslos adj inmóvil, sin movimiento
Bewegungslosigkeit f <-, ohne pl> inmovilidad f; **zur (völligen) ~ erstarren** quedar (completamente) inmóvil
Bewegungsmangel m <-s, ohne pl> falta f de movimiento; **Bewegungsmelder** m <-s, -> avisador m de movimientos, captador m de movimientos; **Bewegungstherapie** f <-, -n> cinesiterapia f
bewegungsunfähig adj incapaz de moverse
Beweidung f <-, -en> pastizal m
beweihräuchern* [bəˈvaɪrɔɪçɐn] I. vt ❶ (*mit Weihrauch umgeben*) incensar
❷ (*fam abw: verherrlichen*) ensalzar (excesivamente), poner por las nubes
II. vr: **sich selbst ~** (*fam abw*) ensalzarse, elogiarse (excesivamente)
beweinen* vt llorar (a/por)
Beweis [bəˈvaɪs] m <-es, -e> (*a.* JUR) ❶ (*Nachweis*) prueba f; **~ durch Parteivernehmung** probanza por interrogación de parte; **~ vom Hörensagen** prueba de oídas; **eindeutiger/einwandfreier/sicherer ~** prueba inequívoca/clara/segura; **mittelbarer/unmittelbarer ~** prueba indirecta/directa [o inmediata]; **mündlicher ~** testimonio oral; **als ~** como prueba; **aus Mangel an ~en** por falta de pruebas; **zum ~ dafür** en prueba de ello; **den ~ antreten/erheben** presentar/administrar pruebas; **den ~ erbringen** alegar pruebas; **etw als ~ zulassen** admitir algo como prueba; **etw unter ~ stellen** dar prueba de algo
❷ (*Zeichen*) prueba f, muestra f; **ein ~ seines Könnens** una prueba de su capacidad
Beweisanforderung f <-, -en> (JUR) exigencia f de prueba; **Beweisangebot** nt <-(e)s, -e> (JUR) aducción f de prueba; **Beweisantizipation** f <-, -en> (JUR) anticipación f de prueba; **Beweisantrag** m <-(e)s, -träge> (JUR) petición f de recibimiento a prueba; **einen ~ stellen** presentar el interrogatorio con pedimento; **Beweisantritt** m <-(e)s, -e> (JUR) proposición f de prueba; **Beweisanwalt, -wältin** m, f <-(e)s, -wälte; -, -nen> (JUR) abogado, -a m, f de pruebas; **Beweis-**

aufnahme *f* <-, -n> (JUR) registro *m* de pruebas; **in die ~ eintreten** abrir el recibimiento a prueba; **die ~ abschließen** cerrar el recibimiento a prueba

beweisbar *adj* probable, demostrable

Beweisbedürftigkeit *f* <-, ohne *pl*> (JUR) necesidad *f* de pruebas; **Beweisbeschluss**ᴿᴿ *m* <-es, -schlüsse> (JUR) auto *m* de prueba

beweisen* *irr vt* probar, demostrar, presentar pruebas (de); **man konnte ihm der Tat nicht ~** no se pudo demostrar que hubiera sido él; **was zu ~ war** (MATH) lo que se trataba de demostrar

Beweiserhebung *f* <-, -en> (JUR) registro *m* de pruebas; **Beweiserhebungstheorie** *f* <-, ohne *pl*> (JUR) teoría *f* de la diligencia de pruebas; **Beweiserhebungsverbot** *nt* <-(e)s, -e> (JUR) prohibición *f* de diligencia de pruebas

Beweisermittlungsantrag *m* <-(e)s, -träge> (JUR) demanda *f* de instrucción de pruebas; **Beweisfrage** *f* <-, -n> (JUR) interrogatorio *m*; **schriftliche ~n** posiciones *fpl*; **Beweisführer(in)** *m(f)* <-s, -; -, -nen> (JUR) parte *f* practicante de la prueba

Beweisführung *f* <-, -en> (JUR) argumentación *f*, demostración *f*; **Beweisführungspflicht** *f* <-, ohne *pl*> (JUR) obligación *f* de probanza

Beweisgebühr *f* <-, -en> (JUR) derechos *mpl* de probanza; **Beweisgegenstand** *m* <-(e)s, -stände> (JUR) documento *m* probatorio, instrumento *m* de prueba; **Beweiskraft** *f* <-, ohne *pl*> (JUR) fuerza *f* probatoria; **~ des Protokolls** fuerza probatoria del protocolo

beweiskräftig *adj* concluyente

Beweislage *f* <-, -n> (JUR) situación *f* probatoria; **ungünstige ~** situación probatoria desfavorable

Beweislast *f* <-, ohne *pl*> (JUR) carga *f* de la prueba, mérito *m* probatorio; **der Kläger trägt im Prozess die ~** el demandante carga con las pruebas en el proceso; **Beweislastfragen** *fpl* (JUR) interrogatorios *mpl* de la parte actora, posiciones *fpl* de la parte actora; **Beweislastpflicht** *f* <-, ohne *pl*> (JUR) obligación *f* de probar de la parte actora; **Beweislastumkehr** *f* <-, ohne *pl*> (JUR) inversión *f* de la carga de la prueba; **Beweislastverteilung** *f* <-, -en> (JUR) distribución *f* de la carga de la prueba

Beweismaterial *nt* <-s, -ien> (JUR) material *m* de prueba; **primäres ~** pruebas primarias; **~ beibringen/unterschlagen/zurückhalten** aportar/sustraer/retener material probatorio; **~ unterschieben** introducir pruebas falsas; **~ vorlegen** presentar pruebas

Beweismittel *nt* <-s, -> (JUR) medio *m* de prueba [o probatorio], prueba *f*, evidencia *f*; **originäres ~** prueba original; **~ erster Ordnung** prueba de primer orden; **Beweismittelbetrug** *m* <-(e)s, ohne *pl*> (JUR) fraude *m* de evidencias

Beweisnot *f* <-, ohne *pl*> (JUR) emergencia *f* de probar; **in ~ sein** estar falto de pruebas; **Beweispflicht** *f* <-, ohne *pl*> (JUR) obligación *f* de probar; **Beweisprognose** *f* <-, -n> (JUR) pronóstico *m* de pruebas; **Beweisrecht** *nt* <-(e)s, ohne *pl*> (JUR) régimen *m* probatorio; **Beweisregel** *f* <-, -n> (JUR) regla *f* de evidencia

Beweissicherung *f* <-, ohne *pl*> (JUR) aseguramiento *m* de la prueba; **Beweissicherungsverfahren** *nt* <-s, -> (JUR) procedimiento *m* de aseguramiento de la prueba

Beweisstück *nt* <-(e)s, -e> (JUR) pieza *f* justificativa, instrumento *m* de prueba; **Beweistermin** *m* <-s, -e> (JUR) audiencia *f* de prueba; **Beweisthema** *nt* <-s, -themen> (JUR) tema *m* probatorio; **Beweisurkunde** *f* <-, -n> (JUR) documento *m* probatorio; **Beweisverbot** *nt* <-(e)s, -e> (JUR) prohibición *f* de pruebas; **Beweisvereitelung** *f* <-, ohne *pl*> (JUR) frustración *f* de las pruebas; **Beweisverfahren** *nt* <-s, -> (JUR) procedimiento *m* probatorio; **selbstständiges ~** procedimiento probatorio independiente; **Beweisvermutung** *f* <-, -en> (JUR) presunción *f* de prueba; **Beweisverwertungsverbot** *nt* <-(e)s, -e> (JUR) prohibición *f* de aprovechamiento de pruebas; **Beweiswert** *m* <-(e)s, ohne *pl*> (JUR) valor *m* probatorio; **Beweiswürdigung** *f* <-, -en> (JUR) estimación *f* de pruebas, valoración *f* de la prueba; **freie ~** estimación libre de pruebas; **vorweggenommene ~** estimación previa de pruebas

bewenden *vi*: **es bei** [*o* **mit**] **etw** *dat* **~ lassen** darse por satisfecho con algo

Bewenden *nt*: **etw hat damit sein ~** algo queda zanjado; **der Prozess ist in zweiter Instanz verloren, damit hat die Sache auch ihr ~ se ha perdido el proceso en segunda instancia, con ello queda zanjado el asunto [o debemos conformarnos]

Bewerb *m* <-(e)s, -e> (*Österr*: SPORT: *Wettbewerb*) competición *f*

bewerben* *irr* I. *vr*: **sich ~** solicitar, presentarse (*um* a/para, *bei* en), postular *Am*; **er bewarb sich bei dieser Firma um eine Stellung** solicitó un puesto en esta empresa; **ich möchte mich auf Ihre Anzeige hin als Sekretärin ~** quisiera solicitar el puesto de secretaria en relación con su anuncio
II. *vt* (*Produkt*) dar publicidad (a), promocionar

Bewerber(in) *m(f)* <-s, -; -, -nen> solicitante *mf*, aspirante *mf*; **~ aus-sondern** seleccionar candidatos

Bewerbung *f* <-, -en> solicitud *f*; **erneute ~** nueva solicitud; **eine schriftliche ~ an eine Firma richten** presentar una solicitud [o su candidatura] por escrito a una empresa

Bewerbungsausschussᴿᴿ *m* <-es, -schüsse> comisión *f* seleccionadora de candidatos; **Bewerbungsbogen** *m* <-s, -bögen> impreso *m* de solicitud; **Bewerbungsformular** *nt* <-s, -e> impreso *m* de solicitud (de trabajo); **Bewerbungsgespräch** *nt* <-(e)s, -e> entrevista *f* personal; **Bewerbungsschreiben** *nt* <-(e)s, -> solicitud *f* de trabajo; **Bewerbungsunterlagen** *fpl* papeles *mpl* para una solicitud (de trabajo); **Bewerbungsverfahren** *nt* <-s, -> (ADMIN) tramitación *f* de solicitudes, formalidades *fpl* de solicitud

bewerfen* *irr vt* arrojar (*mit*), lanzar (*mit*); **jdn mit Schmutz ~** (*fig*) vilipendiar a alguien

bewerkstelligen* [bə'vɛrkʃtɛlɪgən] *vt* realizar, efectuar

bewerten* *vt* evaluar, valorar; (*Arbeit*) calificar; **die Arbeit wurde mit „gut" bewertet** el trabajo fue calificado con un "notable"

Bewertung *f* <-, -en> evaluación *f*, tasación *f*; (*einer Arbeit*) calificación *f*; (SPORT) puntuación *f*; **~ des Lagerbestandes** (WIRTSCH) valorización de las existencias; **~ eines Anspruchs/von Forderungen** (JUR) valoración de una pretensión/de créditos; **die ~ einer Sache vornehmen** evaluar algo, hacer una evaluación de algo

Bewertungsausschussᴿᴿ *m* <-es, -schüsse> (JUR) comité *m* de aforos; **Bewertungseinheit** *f* <-, ohne *pl*> (JUR) unidad *f* de valoración; **Bewertungsfrage** *f* <-, -n> (JUR) cuestión *f* esencial; **Bewertungsfreiheit** *f* <-, ohne *pl*> (JUR) libertad *f* de valoración; **Bewertungsgesetz** *nt* <-es, -e> ley *f* de tasación o valoración

bewertungsgesetzabhängig *adj* (JUR) en función de la ley de tasación [o valoración]

Bewertungsgrundlage *f* <-, -n> (FIN, JUR) principio *m* de valoración; **Bewertungsgrundsatz** *m* <-es, -sätze> (WIRTSCH) base *f* de evaluación; **Bewertungskriterien** *ntpl* (WIRTSCH) criterios *mpl* de valoración [o para evaluación]; **Bewertungsmaßstab** *m* <-(e)s, -stäbe> escala *f* de valoración; **Bewertungsmethode** *f* <-, -n> (FIN) método *m* de valoración; **Bewertungsobjekt** *nt* <-(e)s, -e> (FIN) objeto *m* de valoración; **Bewertungsrecht** *nt* <-(e)s, ohne *pl*> (JUR) régimen *m* de valoración; **Bewertungsrichtlinien** *fpl* (JUR) directrices *fpl* de valoración; **Bewertungsschlüssel** *m* <-s, -> (FIN, JUR) clave *f* de valoración; **Bewertungsstetigkeit** *f* <-, ohne *pl*> (FIN, JUR) constancia *f* de valoración; **Bewertungsstichtag** *m* <-(e)s, -e> (FIN, JUR) día *m* de evaluación

Bewertungsvereinfachung *f* <-, -en> (JUR) simplificación *f* de valoración; **Bewertungsvereinfachungsverfahren** *nt* <-s, -> (JUR) procedimiento *m* de simplificación de valoración

Bewertungsvorbehalt *m* <-(e)s, -e> (FIN, JUR) reserva *f* de valoración; **Bewertungsvorschrift** *f* <-, -en> (FIN, JUR) norma *f* de valoración; **Bewertungswahlrecht** *nt* <-(e)s, ohne *pl*> (FIN) derecho *m* opcional de evaluación

bewettern* *vt* (BERGB) ventilar

bewiesen [bə'vi:zən] I. *pp von* **beweisen**
II. *adj* (JUR) probado; **unwiderlegbar ~** irrebatiblemente probado

bewiesenermaßen [bə'vi:zənɐˈma:sən] *adv* como se ha comprobado, de manera manifiesta; **die Behauptungen sind ~ falsch** las declaraciones son manifiestamente erróneas

bewilligen* [bəˈvɪlɪɡən] *vt* autorizar; (*Kredit*) conceder; (*Antrag*) aprobar; **man hat ihr die Mittel für ihr Forschungsvorhaben bewilligt** le han concedido los medios para realizar el proyecto de investigación

Bewilligende(r) *mf* <-n, -n; -n, -n> (JUR) otorgante *mf*

Bewilligung *f* <-, -en> (*a.* JUR) autorización *f*, concesión *f*; (*eines Antrags*) aprobación *f*; **~ der Eintragung ins Grundbuch** aprobación de la anotación en el Registro de la Propiedad; **~ von Prozesskostenhilfe** concesión *f* de ayuda a las costas procesales

Bewilligungsbescheid *m* <-(e)s, -e> (JUR) resolución *f* de autorización; **Bewilligungsinhaber(in)** *m(f)* <-s, -; -, -nen> (JUR) licenciatario, -a *m, f*, concesionario, -a *m, f*; **Bewilligungsverfahren** *nt* <-s, -> procedimiento *m* de aprobación

bewirken* *vt* ❶ (*verursachen*) provocar, causar
❷ (*erreichen*) conseguir; **damit bewirkte er bei ihr genau das Gegenteil** con eso sólo consiguió que ella hiciera exactamente lo contrario

Bewirkensäquivalenz *f* <-, -en> (JUR) equivalencia *f* de cumplimiento

bewirten* [bəˈvɪrtən] *vt* atender, agasajar, obsequiar (*mit* con), festinar *Am*; **wir wurden fürstlich bewirtet** nos trataron a cuerpo de rey

bewirtschaften* *vt* ❶ (*Gaststätte, Hof*) administrar, dirigir
❷ (*Acker*) cultivar
❸ (*kontrollieren*) racionar, controlar

Bewirtschaftung *f* <-, -en> ❶ (WIRTSCH: *Nutzung*) explotación *f*; (*Verwaltung*) administración *f*
❷ (AGR: *Anbau*) cultivo *m*

Bewirtschaftungskosten pl costos mpl de abastecimiento; **Bewirtschaftungsrecht** nt <-(e)s, ohne pl> derecho m de explotación; **Bewirtschaftungssystem** nt <-s, -e> sistema m de explotación
Bewirtung f <-, -en> (das Bewirten) agasajo m
Bewirtungskosten pl gastos mpl de agasajo; **Bewirtungsspesen** pl gastos mpl de atención al cliente
bewog [bə'vo:k] 3. imp von **bewegen**
bewogen [bə'vo:gən] pp von **bewegen**
bewohnbar adj habitable
bewohnen* vt habitar, vivir (en); **das Haus war jahrelang nicht bewohnt** la casa estuvo deshabitada durante años
Bewohner(in) m(f) <-s, -; -, -nen> habitante mf
Bewohnerschaft f <-, -en> (totalidad f de) vecinos mpl, vecindad f
bewölken* [bə'vœlkən] vr: sich ~ nublarse; (mit dunklen Wolken) encapotarse
bewölkt adj nublado, nuboso; ~ **bis bedeckt** cielos nubosos a cubiertos; **leicht** ~ poco nublado; **stark** ~ encapotado
Bewölkung f <-, ohne pl> nubosidad f, cielo m cubierto; **aufgelockerte bis starke** ~ nubosidad dispersa a intensa
Bewölkungsauflockerung f <-, -en> reducción f de la nubosidad; **Bewölkungszunahme** f <-, -n> aumento m de la nubosidad
Bewuchs [bə'vu:ks] m <-es, ohne pl> vegetación f
Bewunderer, -in m, f <-s, -; -, -nen> admirador(a) m(f)
bewundern* vt admirar (wegen por); **er bewunderte an ihr ihren Scharfsinn** la admiraba por su ingeniosidad; **die Models ernteten ~de Blicke** las modelos cosecharon miradas admirativas [o de admiración]; **eine viel bewunderte Schauspielerin/Künstlerin** una actriz/artista muy admirada
bewundernswert, bewundernswürdig adj admirable
Bewunderung f <-, ohne pl> admiración f; **voller ~** lleno de admiración; **er betrachtete sie mit unverhohlener ~** la miró sin disimular su admiración
bewunderungswürdig adj s. **bewundernswert**
bewusstRR [bə'vʊst], **bewußt** I. adj ❶ (wissend) consciente; (sich dat) ~ **machen** concienciar(se); **sich** dat **etw** gen ~ **sein/werden** ser consciente/tomar conciencia de algo; **ich bin mir keiner Schuld ~** no me siento culpable; **es war ihm ~, dass ...** era consciente de que...
❷ (besagt) consabido, en cuestión; **es war an jenem ~en Tag** ocurrió aquel día en cuestión
❸ (absichtlich) intencionado; **eine ~e Lüge** una mentira intencionada
II. adv ❶ (absichtlich) a propósito
❷ (überlegt) conscientemente; **er ging das Risiko ~ ein** afrontó el peligro conscientemente; **sich ~ ernähren** alimentarse conscientemente
BewusstheitRR f <-, ohne pl>, **Bewußtheit** f <-, ohne pl> ❶ (Vorsätzlichkeit) intencionalidad f
❷ (Überlegtheit) consciencia f; **dank der ~ seines Lebens sieht er sehr gesund aus** gracias a su consciente modo de vida tiene un aspecto muy sano [o saludable]
bewusstlosRR adj, **bewußtlos** adj sin conocimiento, desmayado; ~ **werden** desmayarse, perder el conocimiento
Bewusstlose(r)RR mf <-n, -n; -n -n>, **Bewußtlose(r)** mf <-n, -n; -n -n> (persona f) inconsciente mf
BewusstlosigkeitRR f <-, ohne pl>, **Bewußtlosigkeit** f <-, ohne pl> pérdida f del conocimiento, inconsciencia f; (Ohnmacht) desmayo m; **in tiefer ~ liegen** estar en coma; **sie feierten bis zur ~** (fig) estuvieron de fiesta hasta caer desplomados
bewußt machen I. vt s. bewusst I.1.
II. vr: sich dat ~ s. bewusst I.1.
BewusstseinRR nt <-s, ohne pl>, **Bewußtsein** nt <-s, ohne pl> conciencia f, conocimiento m; **mir ist erst jetzt zu(m) ~ gekommen, dass ...** ahora mismo me he dado cuenta de que...; **sich** dat **etw ins ~ rufen** traer algo a la memoria; **das ~ verlieren** perder el conocimiento; **er ist nicht bei ~** está inconsciente; **wieder zu ~ kommen** recobrar el conocimiento; **im ~ seiner Schuld** consciente de su culpa; **Bewusstseinsbildung**RR f <-, -en> concienciación f, toma f de conciencia
bewusstseinserweiterndRR adj (PSYCH): ~**e Drogen** drogas fpl psicodélicas
BewusstseinserweiterungRR f <-, -en> (PSYCH) ampliación f de los conocimientos sobre sí mismo, ampliación f de la conciencia; **Bewusstseinsspaltung**RR f <-, -en> (PSYCH) desdoblamiento m de la personalidad, doble personalidad f; **Bewusstseinsstörung**RR f <-, -en> (PSYCH) perturbación f del conocimiento; **Bewusstseinsveränderung**RR f <-, -en> (PSYCH) cambio m de la personalidad
bez. ❶ Abk. von **bezahlt** pagado
❷ Abk. von **bezüglich** referente a
Bez. ❶ Abk. von **Bezirk** distrito m
❷ Abk. von **Bezeichnung** denominación f
bezahlbar adj pagadero, pagable
bezahlen* vt pagar; **gut bezahlt** bien pagado; **hoch bezahlt** muy bien remunerado; **heute bezahle ich** hoy pago yo; **er musste seinen Leichtsinn mit dem Leben ~** tuvo que pagar su ligereza con la vida; **sich (nicht) bezahlt machen** (no) valer la pena
Bezahlung f <-, ohne pl> ❶ (einer Rechnung) pago m; **gegen offene Rechnung** pago contra cuenta corriente; **in Naturalien** pago en especie; **bis zur vollständigen ~** hasta el completo pago
❷ (Lohn) paga f, sueldo m; (Vergütung) remuneración f; **gegen ~** por dinero; **ohne ~** sin remuneración
bezähmen* I. vt (Hunger, Neugier) dominar, contener
II. vr: sich ~ (sich zurückhalten) dominarse, contenerse
bezaubern* vt fascinar (durch por), hechizar (durch con); **ein ~des Mädchen** una chica encantadora; **das sind ja ~de Aussichten!** (iron) ¡vaya perspectivas las nuestras!
bezecht adj (fam) borracho, mamado, como una cuba
bezeichnen* vt ❶ (beschreiben) describir, señalar; **er hat uns die Lage des Hotels genau bezeichnet** nos describió el lugar del hotel con toda exactitud
❷ (nennen) designar (als como), denominar (als como); **wie bezeichnet man es, wenn ...?** ¿cómo se dice cuando...?
bezeichnend adj típico (für de), característico (für de); **in ~er Weise** de manera significativa
bezeichnenderweise adv significativamente
Bezeichnung f <-, -en> nombre m, denominación f; **der Erfindung** (JUR) descripción de la invención; **geschützte ~** (JUR) denominación protegida; **das Produkt ist unter verschiedenen ~en im Handel erhältlich** el producto está a la venta bajo diferentes nombres
Bezeichnungsschutz m <-es, ohne pl> (JUR) protección f de la denominación
bezeugen* [bə'tsɔygən] vt atestiguar, probar; (JUR) testificar, testimoniar; **er konnte ~, dass ...** pudo atestiguar que...
bezichtigen* [bə'tsɪçtɪgən] vt acusar, inculpar; **er bezichtigte sie des Diebstahls** la inculpó de robo; **jdn ~ etw zu tun** acusar a alguien de hacer algo
Bezichtigung f <-, -en> inculpación f, incriminación f
beziehbar adj ❶ (bezugsfertig) en condiciones de ser habitado, habitable; **die Wohnung ist ab dem 1. August ~** a partir del primero de agosto se puede(n) instalar en el piso
❷ (WIRTSCH: erhältlich) adquirible, que puede adquirirse; **diese Artikel sind nur gegen Vorauszahlung ~** estos artículos sólo pueden adquirirse previo pago
beziehen* irr I. vt ❶ (überziehen) revestir (mit de), recubrir (mit con); (Bett) poner ropa limpia (a); (Möbel) tapizar
❷ (Wohnung, Haus) instalarse (en), entrar (a)
❸ (Einkommen) cobrar, recibir; **Prügel ~** (fam) recibir [o llevarse] una paliza
❹ (kaufen) comprar, adquirir; (Zeitung) estar suscrito (a); **ein Produkt ~** (WIRTSCH, COM) surtirse de un producto [o de una mercancía]
❺ (in Beziehung setzen) relacionar (auf con), referir (auf a); **diese Bemerkung brauchst du nicht auf dich zu ~** no tienes que darte por aludido por esta observación
❻ (Posten) ocupar; **zu etw Stellung ~** tomar partido en algo, formarse una opinión sobre algo
II. vr: sich ~ ❶ (Himmel) nublarse; (mit dunklen Wolken) encapotarse
❷ (betreffen, sich berufen) referirse (auf a), hacer referencia (auf a); **die Äußerung bezog sich nicht auf ihn** el comentario no se refería a él; **wir ~ uns auf Ihr Schreiben vom ...** nos referimos a su carta del...
Bezieher(in) m(f) <-s, -; -, -nen> (Einkommen, Rente) beneficiario, -a m, f; (Zeitung) subscriptor(a) m(f); (Ware) comprador(a) m(f); **~ von Arbeitslosengeld** perceptora del subsidio por desempleo; **~ fester Einkommen** beneficiarios de ingresos fijos
Beziehung f <-, -en> ❶ pl (Kontakt) relación f; **diplomatische ~en** relaciones diplomáticas; **gewachsene außenwirtschaftliche ~en** relaciones de política exterior crecientes; **umfangreiche internationale ~en** importantes relaciones internacionales; **gute ~en haben** tener buenas relaciones; **seine ~en spielen lassen** tocar todos los resortes
❷ (Hinsicht) aspecto m; **er hat in mancher/jeder ~ Recht** tiene razón en algunos/en todos los aspectos; **in dieser ~ mögen Sie Recht haben** con respecto a eso puede que Ud. tenga razón
❸ (Verhältnis) relación f (zwischen entre); (Liebes~) relación f amorosa; **juristische/schuldrechtliche ~en** relaciones jurídicas/obligacionales; **zwischenmenschliche ~** relaciones interpersonales; **eine ~ eingehen** empezar una relación; **in ~ stehen zu etw** estar relacionado con algo; **zwei Dinge zueinander in ~ setzen** relacionar una cosa con otra; **er hat keine ~ zur Literatur** no le dice nada la literatura; **zwischen diesen beiden Dingen besteht überhaupt keine ~** entre estas dos cosas no hay relación ninguna
Beziehungskiste f <-, -n> (fam) relación f amorosa
beziehungslos adj sin relación
Beziehungslosigkeit f <-, ohne pl> falta f de relación; **die ~ dieser**

beziehungsweise Ereignisse ist offensichtlich resulta evidente que estos acontecimientos no guardan relación alguna
beziehungsweise *konj* ❶ (*genauer gesagt*) por lo menos, mejor dicho; **sie will gerne kommen, ~ sie hat es mir so gesagt** le gustaría mucho venir, por lo menos así me lo ha dicho
❷ (*oder, und*) respectivamente; **die Karten zu 50 ~ zu 30 Euro sind schon ausverkauft** las entradas a 50 y 30 euros respectivamente ya se agotaron
beziffern* [bə'tsɪfɐn] **I.** *vt* (*schätzen*) cifrar (*auf* en), evaluar (*auf* en); **die Verluste sind nicht zu ~** es imposible indicar el importe exacto de las pérdidas
II. *vr:* **sich ~** (*sich belaufen*) cifrarse (*auf* en)
Bezifferung *f* <-, -en> ❶ (*das Beziffern*) cálculo *m*; **eine ~ des Schadens ist noch nicht möglich** aún no es posible cuantificar las pérdidas
❷ (*Beschriftung mit Zahlen*) numeración *f*; **die ~ eines Taschenrechners darf nicht zu klein sein** los números de una calculadora no pueden ser demasiado pequeños
Bezirk [bə'tsɪrk] *m* <-(e)s, -e> ❶ (*Gebiet*) comarca *f*, región *f*
❷ (*Stadtbezirk*) barrio *m*
❸ (ADMIN) distrito *m*, departamento *m*
Bezirksebene *f* <-, -n> (*a.* SPORT) nivel *m* regional; **Bezirksgericht** *nt* <-(e)s, -e> (*Österr, Schweiz*) juzgado *m* de primera instancia e instrucción, juzgado *m* municipal; **Bezirkshauptmann, -männin** *m*, *f* <-(e)s, -männer; -, -nen> (*Österr*) jefe, -a *m*, *f* de distrito; **Bezirksjugendrichter(in)** *m(f)* <-s, -; -, -nen> (JUR) juez *mf* juvenil de distrito; **Bezirksklasse** *f* <-, -n> (SPORT) liga *f* regional; **Bezirksleiter(in)** *m(f)* <-s, -; -, -nen> jefe, -a *m*, *f* de distrito; **Bezirksliga** *f* <-, -ligen> (SPORT) liga *f* regional; **Bezirksnotar(in)** *m(f)* <-s, -e; -, -nen> (JUR) notario, -a *m*, *f* de distrito; **Bezirksschule** *f* <-, -n> (*Schweiz*) escuela *f* municipal; **Bezirksspital** *nt* <-s, -täler> (*Schweiz: Kreiskrankenhaus*) hospital *m* provincial; **Bezirksstaatsanwalt, -anwältin** *m*, *f* <-(e)s, -wälte; -, -nen> fiscal *mf* de distrito; **Bezirksstadt** *f* <-, -städte> (ADMIN, POL) ≈cabeza *f* de partido; **Bezirksvertretung** *f* <-, -en> (ADMIN, POL) representación *f* comarcal; **Bezirksverwaltung** *f* <-, -en> (ADMIN) administración *f* distrital
bezirzen* [bə'tsɪrtsən] *vt* (*fam*) embelesar
Bezogene(r) [bə'tso:gənə] *mf* <-n, -n; -n, -n> (FIN: *Scheck*) librado, -a *m*, *f*; (*Wechsel*) girado, -a *m*, *f*
bezug *s.* **Bezug¹** 3.
Bezug¹ [bə'tsu:k] *m* <-(e)s, -züge> ❶ (*Überzug*) funda *f*, forro *m*; **ein ~ aus Leder** una funda de cuero
❷ *pl* (*Gehalt*) sueldo *m*, remuneración *f*
❸ (*Beziehungnehmen*) referencia *f*; **in ~ auf** (con) respecto a; **mit ~ auf Ihr Schreiben vom ...** con referencia a su carta del...; **auf etw ~ nehmen** remitirse a algo; **den ~ zu etw dat herstellen** establecer la relación hacia algo
Bezug² *m* <-(e)s, *ohne pl*> (*Kauf*) adquisición *f*; (*von Zeitschriften*) suscripción *f*
Bezüger(in) [bə'tsy:gɐ] *m(f)* <-s, -; -, -nen> (*Schweiz*) *s.* **Bezieher**
bezüglich [bə'tsy:klɪç] **I.** *adj* al respecto; **alle darauf ~en Fragen** todas las cuestiones al respecto
II. *präp* +*gen* en relación a, en lo concerniente a, respecto a; **~ Ihres Schreibens vom ...** en relación a su escrito del...
Bezugnahme [bə'tsu:kna:mə] *f* <-, -n>: **unter ~ auf** con referencia a
Bezugsaktie *f* <-, -n> (FIN) acción *f* nueva; **Bezugsanweisung** *f* <-, -en> (FIN, WIRTSCH) orden *f* de entrega; **Bezugsbasis** *f* <-, -basen> base *f* de referencia; **Bezugsbedingungen** *fpl* (WIRTSCH) condiciones *fpl* de compra
bezugsberechtigt *adj* beneficiario; **für etw ~ sein** ser beneficiario de algo
Bezugsberechtigte(r) *mf* <-n, -n; -n, -n> beneficiario, -a *m*, *f*; **Bezugsbeschränkungen** *fpl* (WIRTSCH) restricciones *fpl* de suministro; **Bezugsbindung** *f* <-, -en> (JUR) compromiso *m* de compra; **Bezugsdauer** *f* <-, *ohne pl*> período *m* de suscripción
bezugsfertig *adj* (*Haus*) llave en mano
Bezugsgröße *f* <-, -n> magnitud *f* de referencia; **Bezugsmenge** *f* <-, -n> cantidad *f* comprada; **Bezugsmöglichkeiten** *fpl* posibilidades *fpl* de abastecimiento; **Bezugspatent** *nt* <-(e)s, -e> patente *f* de adquisición; **Bezugsperiode** *f* <-, -n> período *m* de referencia; **Bezugsperson** *f* <-, -en> persona *f* de referencia; **Bezugspflicht** *f* <-, -en> (JUR) obligación *f* de abastecimiento; **Bezugsprämie** *f* <-, -n> prima *f* de suscripción; **Bezugspreis** *m* <-es, -e> precio *m* de venta; **Bezugspunkt** *m* <-(e)s, -e> punto *m* de referencia; **Bezugsquelle** *f* <-, -n> (WIRTSCH) fuente *f* de compra, suministradores *mpl*; **Bezugsrahmen** *m* <-s, -> sistema *m* de referencia
Bezugsrecht *nt* <-(e)s, -e> (FIN, WIRTSCH) derecho *m* de opción (a nuevas acciones); **~ auf Gratisaktien** derecho (preferente) de su(b)scripción de acciones gratuitas; **Bezugsrechtskurs** *m* <-es, -e> (FIN, WIRTSCH) cotización *f* del derecho de su(b)scripción

Bezugsschein *m* <-(e)s, -e> cartilla *f* de racionamiento, bono *m*; **Bezugssperre** *f* <-, -n> (WIRTSCH) bloqueo *m* del abastecimiento; **Bezugsstraftat** *f* <-, -en> (JUR) delito *m* de suministro; **Bezugsverpflichtung** *f* <-, -en> (WIRTSCH) obligación *f* de abastecimiento; **Bezugswert** *m* <-(e)s, -e> valor *m* de referencia; **Bezugszeitraum** *m* <-(e)s, -räume> período *m* de suscripción
bezuschussen* [bə'tsu:ʃʊsən] *vt* conceder una subvención
bezwecken* [bə'tsvɛkən] *vt* perseguir, tener por objeto; **was willst du damit ~?** ¿qué persigues con esto?
bezweifeln* *vt* poner en duda, dudar
bezwingen* *irr vt* vencer; (*züglen*) dominar; (*besiegen*) derrotar
Bezwinger(in) *m(f)* <-s, -; -, -nen> vencedor(a) *m(f)*
BfA [be:?ɛfʔa:] *f* <-, *ohne pl*> (ADMIN) *Abk. von* **Bundesversicherungsanstalt für Angestellte** Dirección *f* Federal de la Seguridad Social para Empleados
BGB [be:ge:'be:] *nt* <-, *ohne pl*> (JUR) *Abk. von* **Bürgerliches Gesetzbuch** Código *m* Civil
BGB-Gesellschaft *f* <-, -en> (JUR) sociedad *f* civil
BGH [be:ge:'ha:] *nt* <-, *ohne pl*> (JUR) *Abk. von* **Bundesgerichtshof** Tribunal *m* Federal Supremo
BGS [be:ge:'ʔɛs] *m* <-, *ohne pl*> *Abk. von* **Bundesgrenzschutz** policía *f* de fronteras de la República Federal de Alemania
BH [be:'ha:] *m* <-s, -s> (*fam*) *Abk. von* **Büstenhalter** sostén *m*, sujetador *m*, brasier *m Am*, corpiño *m Arg*
Bhagwan ['bakvan] *m* <-s, *ohne pl*>, **Bhagwan** *m* <-s, *ohne pl*> Bhagwan *m*
Bhf. *Abk. von* **Bahnhof** estación *f* de ferrocarril
B-Horizont *m* <-(e)s, -e> (GEO) horizonte *m* B
bi [bi:] *adj* (*fam*) bisexual
Bi (CHEM) *Abk. von* **Wismut** Bi
Biathlon ['bi:atlɔn] *nt* <-s, -s> (SPORT) biatlón *m*, biathlon *m*
bibbern ['bɪbɐn] *vi* (*fam*) temblar, tiritar
Bibel ['bi:bəl] *f* <-, -n> Biblia *f*
bibelfest *adj* versado en la Biblia
Bibelgesellschaft *f* <-, *ohne pl*> sociedad *f* bíblica; **Bibelspruch** *m* <-(e)s, -sprüche> frase *f* bíblica, dicho *m* bíblico; **Bibelstelle** *f* <-, -n> pasaje *m* bíblico; **Bibelstunde** *f* <-, -n> discusión *f* sobre textos bíblicos; **Bibeltext** *m* <-(e)s, -e> ❶ (*Text der Bibel*) texto *m* bíblico
❷ *s.* **Bibelstelle**; **Bibelvers** *m* <-es, -e> versículo *m* de la Biblia
Biber¹ ['bi:bɐ] *m* <-s, -> (*Tier, Pelz*) castor *m*
Biber² *m o nt* <-s, *ohne pl*> (*Flanell*) franela *f* de algodón
Biberbau *m* <-s, -e> madriguera *f* de castor
Biberbetttuchᴿᴿ *nt* <-(e)s, -tücher> sábana *f* de franela de algodón
Biberburg *f* <-, -en> *s.* **Biberbau**; **Biberpelz** *m* <-es, -e> piel *f* de castor
Bibliografieᴿᴿ [bibliogra'fi:] *f* <-, -n> bibliografía *f*
bibliografieren*ᴿᴿ *vt* (*Buch, Titel*) determinar los datos bibliográficos, registrar bibliográficamente
bibliografischᴿᴿ *adj* bibliográfico
Bibliographie [biblio'gra'fi:] *f* <-, -n> *s.* **Bibliografie**
bibliographieren* *vt s.* **bibliografieren**
bibliographisch *adj s.* **bibliografisch**
bibliophil [biblio'fi:l] *adj* bibliófilo
Bibliothek [biblio'te:k] *f* <-, -en> biblioteca *f*
Bibliothekar(in) [bibliote'ka:ɐ] *m(f)* <-s, -e; -, -nen> bibliotecario, -a *m*, *f*
bibliothekarisch *adj* de biblioteca(rio); **eine ~e Tätigkeit anstreben** aspirar a una actividad de bibliotecario
Bibliothekskatalog *m* <-(e)s, -e> catálogo *m* de biblioteca; **Bibliothekswesen** *nt* <-s, *ohne pl*> bibliotecología *f*; **Bibliothekswissenschaft** *f* <-, -en> biblioteconomía *f*
biblisch ['bi:blɪʃ] *adj* bíblico; **ein ~es Alter haben** tener una edad bíblica
Bidet [bi'de:] *nt* <-s, -s> bidé *m*
bidirektional [bidɪrɛktsjo'na:l] *adj* (INFOR, TEL) bidireccional
Bidon *m o nt* <-s, -s> (*Schweiz: Kanister*) bidón *m*
bieder ['bi:dɐ] *adj* (*abw*) conservador
Biederkeit *f* <-, *ohne pl*> (*abw*) convencionalismo *m* burgués; **seine ~ stößt mich ab** su gazmoñería me repele
Biedermann *m* <-(e)s, -männer> (*abw*) burgués *m*
Biedermeier ['bi:dɐmaɪɐ] *nt* <-s, *ohne pl*> (*Stil*) biedermeier *m*
biegen ['bi:gən] <biegt, bog, gebogen> **I.** *vi sein* (*Kurve machen*) torcer, girar; **um die Ecke ~** doblar la esquina; **auf B~ oder Brechen** a toda costa, cueste lo que cueste
II. *vt* ❶ (*Zweige, Glieder*) doblar
❷ (*Österr: flektieren*) declinar
III. *vr:* **sich ~** (*krumm werden*) curvarse, doblarse; **sie bog sich vor Lachen** se partió de (la) risa
biegsam *adj* flexible
Biegsamkeit *f* <-, *ohne pl*> flexibilidad *f*

Biegung *f* <-, -en> curvatura *f*, encorvadura *f*; (*Kurve*) curva *f*
Biel [biːl] *nt* <-s> Biena *f*
Biene [ˈbiːnə] *f* <-, -n> abeja *f*, colmena *f Mex*
Bienenfleiß *m* <-es, *ohne pl*> diligencia *f*; **Bienengift** *nt* <-(e)s, -e> veneno *m* de abeja; **Bienenhaus** *nt* <-es, -häuser> colmenar *m*, abejar *m*; **Bienenhonig** *m* <-s, -e> miel *f* de abejas; **Bienenkönigin** *f* <-, -nen> abeja *f* reina; **Bienenkorb** *m* <-(e)s, -körbe> colmena *f*; **Bienenschwarm** *m* <-(e)s, -schwärme> enjambre *m*; **Bienenstand** *m* <-(e)s, -stände> colmenar *m*; **Bienenstich** *m* <-(e)s, -e> ❶ (*Verletzung*) picadura *f* de abeja ❷ (GASTR) pastel relleno con crema de vainilla y recubierto de una capa de almendras, mantequilla y azúcar; **Bienenstock** *m* <-(e)s, -stöcke> colmena *f*; **Bienenvolk** *nt* <-(e)s, -völker> colmena *f*; **Bienenwabe** *f* <-, -n> panal *m*; **Bienenwachs** *nt* <-es, *ohne pl*> cera *f* de abejas; **Bienenzucht** *f* <-, *ohne pl*> apicultura *f*; **Bienenzüchter(in)** *m(f)* <-s, -; -, -nen> apicultor(a) *m(f)*
Biennale [biɛˈnaːlə] *f* <-, -n> (KUNST, FILM) bienal *f*
Bier [biːɐ] *nt* <-(e)s, -e> cerveza *f*; ~ **vom Fass** cerveza de barril; **alkoholfreies** ~ cerveza sin; **dunkles/helles** ~ cerveza negra/rubia; **das ist nicht mein** ~ (*fig fam*) eso no es asunto mío
Bierbauch *m* <-(e)s, -bäuche> (*fam*) panza *f*, barriga *f*; **Bierbrauer(in)** *m(f)* <-s, -; -, -nen> cervecero, -a *m, f*; **Bierbrauerei** *f* <-, -en> fábrica *f* de cerveza; **Bierbrauerin** *f* <-, -nen> s. Bierbrauer; **Bierdeckel** *m* <-s, -> posavasos *m inv* de cartón; **Bierdose** *f* <-, -n> lata *f* de cerveza
bierernst [ˈ-ˈ-] *adj* (*fam*) exageradamente serio
Bierfassᴿᴿ *nt* <-es, -fässer> barril *m* de cerveza; **Bierfilz** *m* <-es, -e> posavasos *m inv* de fieltro (para vasos de cerveza); **Bierflasche** *f* <-, -n> botella *f* de cerveza; **Biergarten** *m* <-s, -gärten> cervecería *f* al aire libre; **Bierglas** *nt* <-es, -gläser> vaso *m* para cerveza; **Bierhefe** *f* <-, *ohne pl*> levadura *f* de cerveza; **Bierkasten** *m* <-s, -kästen> caja *f* de cerveza; **Bierkeller** *m* <-s, -> cervecería *f*; **Bierkneipe** *f* <-, -n> (GASTR) cervecería *f*; **Bierkrug** *m* <-(e)s, -krüge> jarra *f* de cerveza, jarro *m* de cerveza; **Bierlaune** *f* <-, -n> alegría *f* desbordante; **Bierleiche** *f* <-, -n> persona *f* borracha hasta la inconsciencia; **Bierschaum** *m* <-(e)s, *ohne pl*> espuma *f* de la cerveza; **Bierschinken** *m* <-s, -> (GASTR) tipo de embutido; **Bierstängel**ᴿᴿ *m* <-s, -> (*Schweiz: Salzstange*) barrita *f* salada; **Biersteuer** *f* <-, -n> impuesto *m* sobre la cerveza; **Bierteller** *m* <-s, -> (*Schweiz*) s. Bierdeckel; **Bierzelt** *nt* <-(e)s, -e> tienda en la que se vende y bebe cerveza en las romerías
Biese [ˈbiːzə] *f* <-, -n> ❶ (*Besatz*) ribete *m* ❷ (*Fältchen*) jareta ❸ (*Ziernaht*) pespunte *m* de adorno
Biest [biːst] *nt* <-(e)s, -er> (*fam*) ❶ (*Tier*) bicho *m*; (*abw*) bestia *f* ❷ (*Mensch*) mal bicho *m*; **sie ist wirklich ein süßes** ~ realmente es una mujer fatal
biestig *adj* infame
Biet [biːt] *nt* <-(e)s, -e> (*Schweiz: Gebiet*) región *f* en torno a una ciudad
bieten [ˈbiːtən] <bietet, bot, geboten> I. *vt* ❶ (*Anblick, Gelegenheit*) ofrecer, presentar; **sie boten ein trauriges Bild** ofrecían un triste aspecto; **das lasse ich mir nicht** ~ esto no se lo permito a nadie; **jdm die Stirn** ~ hacer frente a alguien ❷ (*anbieten*) ofrecer (*für* para); **diese Kleinstadt hat nichts zu** ~ esta pequeña ciudad no tiene atractivos; **dieser Drucker bietet 50 verschiedene Schriften** esta impresora ofrece [*o* dispone de] 50 caracteres diferentes II. *vi* (*bei Versteigerung*) pujar, dar; **wer bietet mehr?** ¿quién da más? III. *vr*: ~ **sich** ~ (*sich anbieten*) presentarse; **bei der nächsten sich** ~**den Gelegenheit** en la próxima ocasión que se presente
Bietende(r) *mf* <-n, -n; -, -n> oferente *mf*
Bieter(in) *m(f)* <-s, -; -, -nen> postor(a) *m(f)*, licitador(a) *m(f)*
Bietungsbeschlussᴿᴿ *m* <-es, -schlüsse> (JUR) auto *m* de licitación; **Bietungsvollmacht** *f* <-, -en> (JUR) poder *m* de licitación
Bigamie [bigaˈmiː] *f* <-, -n> bigamia *f*
Bigamist(in) *m(f)* <-en, -en; -, -nen> bígamo, -a *m, f*
bigamistisch *adj* bígamo
bigott [biˈɡɔt] *adj* (*frömmig*) beato; (*scheinheilig*) mojigato
Bigotterie [biɡɔtəˈriː] *f* <-, -n> ❶ (*Frömmigkeit*) beatería *f* ❷ (*Scheinheiligkeit*) mojigatería *f*
Bikini [biˈkiːni] *m* <-s, -s> biquini *m*, bikini *m*
Bilanz [biˈlants] *f* <-, -en> (a. WIRTSCH) balance *m*; **eine aktive/passive/ausgeglichene** ~ un balance activo/pasivo/equilibrado; **konsolidierte** ~ balance consolidado; **eine traurige** ~ un triste balance; **verschleierte/vorläufige** ~ balance viciado/provisional; **die** ~ **ausgleichen/frisieren** equilibrar/retocar el balance; **eine** ~ **aufstellen** confeccionar un balance; ~ **machen** revisar el dinero que se tiene en mano; **die** ~ **ziehen** hacer (el) balance; **die** ~ **weist einen Überschuss von ... auf** el balance arroja un superávit de ...
Bilanzabschlussᴿᴿ *m* <-es, -schlüsse> (WIRTSCH) cierre *m* del balance; **Bilanzänderung** *f* <-, -en> (WIRTSCH) modificación *f* del balance; **Bilanzansatz** *m* <-es, -sätze> (WIRTSCH) valor *m* del balance; **Bilanzaufstellung** *f* <-, -en> (WIRTSCH) formación *f* del balance; **Bilanzausgleichsposten** *m* <-s, -> (WIRTSCH) partida *f* compensatoria del balance; **Bilanzauswertung** *f* <-, -en> (WIRTSCH) análisis *m inv* del balance; **Bilanzauszug** *m* <-(e)s, -züge> (WIRTSCH) extracto *m* del balance; **Bilanzbereinigung** *f* <-, -en> (WIRTSCH) ajuste *m* del balance; **Bilanzbericht** *m* <-(e)s, -e> (WIRTSCH) informe *m* del balance; **Bilanzberichtigung** *f* <-, -en> (WIRTSCH) rectificación *f* del balance; **Bilanzbuchhalter(in)** *m(f)* <-s, -; -, -nen> (WIRTSCH) contable *mf* de balances; **Bilanzbuchhaltung** *f* <-, -en> (WIRTSCH) contabilidad *f* de balances; **Bilanzdelikt** *nt* <-(e)s, -e> (JUR) balance *m* fraudulento; **Bilanzergebnis** *nt* <-ses, -se> (WIRTSCH) resultado *m* del balance; **Bilanzfälschung** *f* <-, -en> (WIRTSCH) falsificación *f* del balance; **Bilanzfrisur** *f* <-, *ohne pl*> (WIRTSCH) balance *m* simulado; **Bilanzgewinn** *m* <-(e)s, -e> (WIRTSCH) beneficio *m* reflejado en el balance; **Bilanzgliederung** *f* <-, -en> (WIRTSCH) desglose *m* del balance
bilanziell *adj* (FIN) del balance; ~**e Vorsorge** previsión *f* del balance
bilanzieren* *vt* (FIN: *Konto*) hacer (el) balance (de)
Bilanzierung *f* <-, -en> (FIN) formación *f* del balance
Bilanzierungsfähigkeit *f* <-, *ohne pl*> (FIN) capacidad *f* para la formación del balance; **Bilanzierungsgrundsatz** *m* <-es, -sätze> (FIN) principio *m* de formación del balance; **Bilanzierungspflicht** *f* <-, *ohne pl*> (FIN) obligación *f* de formación del balance; **Bilanzierungsregeln** *fpl* (FIN) normas *fpl* de formación del balance; **Bilanzierungsverbot** *nt* <-(e)s, -e> (FIN) prohibición *f* de formación del balance; **Bilanzierungsverstoß** *m* <-es, -stöße> (FIN) balance *m* fraudulento; **Bilanzierungsvorschriften** *fpl* (FIN) disposiciones *fpl* sobre la formación del balance; **Bilanzierungsvorteil** *m* <-(e)s, -e> (FIN) utilidad *f* del balance; **Bilanzierungswahlrecht** *nt* <-(e)s, *ohne pl*> (JUR) derecho *m* opcional de formación del balance
Bilanzjahr *nt* <-(e)s, -e> (WIRTSCH) año *m* económico [*o* contable]; **Bilanzklarheit** *f* <-, *ohne pl*> (WIRTSCH) claridad *f* del balance; **Bilanzkontinuität** *f* <-, *ohne pl*> (WIRTSCH) continuidad *f* del balance; **Bilanzkonto** *nt* <-s, -konten> (WIRTSCH) cuenta *f* del balance; **Bilanzkosmetik** *f* <-, *ohne pl*> (WIRTSCH) retoque *m* del balance; **Bilanznichtigkeit** *f* <-, *ohne pl*> (WIRTSCH) nulidad *f* del balance; **Bilanzposten** *m* <-s, -> (WIRTSCH) partida *f* (del balance); **Bilanzprüfer(in)** *m(f)* <-s, -; -, -nen> (WIRTSCH) revisor(a) *m(f)* de balances; **Bilanzprüfung** *f* <-, -en> (WIRTSCH) auditoría *f*; **Bilanzrecht** *nt* <-(e)s, *ohne pl*> régimen *m* jurídico del balance; **Bilanzrichtlinien** *fpl* (WIRTSCH) directrices *fpl* de balance; **Bilanzsaldo** *m* <-s, -salden *o* -s *o* -saldi> (WIRTSCH) saldo *m* del balance; **Bilanzsteuerrecht** *nt* <-(e)s, *ohne pl*> régimen *m* fiscal del balance; **Bilanzstichtag** *m* <-(e)s, -e> (WIRTSCH) fecha *f* del balance; **Bilanzsumme** *f* <-, -n> (WIRTSCH) suma *f* del balance; **Bilanzüberschuss**ᴿᴿ *m* <-es, -schüsse> (WIRTSCH) excedente *m* del balance; **Bilanzverlängerung** *f* <-, -en> (WIRTSCH) ampliación *f* del balance; **Bilanzverlust** *m* <-(e)s, -e> (WIRTSCH: *bei Kapitalgesellschaften*) pérdida *f* neta; **Bilanzverschleierung** *f* <-, -en> (WIRTSCH) falseamiento *m* del balance; **Bilanzvorlage** *f* <-, -n> (WIRTSCH) presentación *f* del balance; **Bilanzwahrheit** *f* <-, *ohne pl*> (WIRTSCH) veracidad *f* del balance; **Bilanzwert** *m* <-(e)s, -e> (WIRTSCH) valor *m* contable
bilateral [ˈbiːlateraːl, ---ˈ-] *adj* bilateral; ~**e Anerkennungsabkommen** (JUR) acuerdos *mpl* bilaterales de reconocimiento
Bild [bɪlt] *nt* <-(e)s, -er> ❶ (*Gemälde*) cuadro *m*, pintura *f*; (*Abbildung*) ilustración *f*; (*beim Kartenspiel*) figura *f*; (*im Spiegel*) imagen *f*; **Recht am eigenen** ~ derecho a la propia imagen; **ein** ~ **für (die) Götter** (*fam*) una escena graciosísima; **er/sie ist ein** ~ **von einem Mann/einer Frau** él/ella es de una belleza escultural; **ein** ~ **des Jammers bieten** ofrecer un aspecto desolador ❷ (TV) imagen *f*; (FOTO) foto *f*; **ein** ~ **machen** sacar una foto; **etw in** ~ **und Ton festhalten** filmar algo ❸ (*Vorstellung*) idea *f*; **sich** *dat* **ein** ~ **von etw machen** hacerse una idea de algo; **ich hatte mir ein ganz falsches** ~ **von ihr** me había hecho una idea totalmente equivocada de ella ❹ (*Ansicht*) aspecto *m*, cuadro *m* ❺ (THEAT: *Szene*) cuadro *m* ❻ (*Metapher*) metáfora *f* ❼ (*auf dem Laufenden*): **im** ~**e sein** estar al corriente; **um im** ~ **zu bleiben** para estar al tanto; **jdn ins** ~ **setzen über etw** poner al corriente a alguien sobre algo
Bildarchiv *nt* <-s, -e> (PUBL) archivo *m* fotográfico; **Bildatlas** *m* <-ses, -atlanten> atlas *m* ilustrado; **Bildauflösung** *f* <-, -en> (TV) definición *f* de la imagen; **Bildausfall** *m* <-(e)s, -fälle> (TV) pérdida *f* de imagen; **Bildband** *m* <-(e)s, -bände> libro *m* con fotos; **Bildbei-**

lage *f* <-, -n> suplemento *m* ilustrado; **Bildbericht** *m* <-(e)s, -e> (PUBL) reportaje *m* gráfico [*o* fotográfico]; **Bildbeschreibung** *f* <-, -en> descripción *f* de una imagen; **Bilddokument** *nt* <-(e)s, -e> documento *m* gráfico

bilden ['bɪldən] I. *vt* ❶ (*Menschen*) educar, formar
❷ (*formen*) formar; (*künstlerisch*) modelar; **-de Kunst** artes plásticas; **sich** *dat* **eine Meinung über etw ~** formarse una opinión de [*o* sobre] algo
❸ (*Regierung, Ausschuss*) formar, crear; (*Mannschaft*) integrar, formar; **die Kinder ~ einen Kreis** los niños forman un círculo
❹ (*Höhepunkt, Ausnahme*) ser, constituir
II. *vr:* **sich ~** ❶ (*entstehen*) formarse, producirse
❷ (*lernen*) educarse, formarse

Bilderbogen ['bɪldɐ-] *m* <-s, -, *südd, Österr:* -bögen> hoja *f* con dibujos

Bilderbuch *nt* <-(e)s, -bücher> libro *m* de dibujos; **ein Wetter wie im ~** un tiempo de película; **Bilderbuchkarriere** *f* <-, -n> carrera *f* (como) de cine; **sie hat eine ~ gemacht** [*o* **hinter sich**] ha hecho una carrera como en las películas

Bildergalerie *f* <-, -n> pinacoteca *f*; **Bildergeschichte** *f* <-, -n> historieta *f*; **Bilderhaken** *m* <-s, -> alcayata *f*, escarpia *f*

Bilderkennung *f* <-, -en> (INFOR) reconocimiento *m* de imágenes

Bilderrahmen *m* <-s, -> marco *m* para cuadros; **Bilderrätsel** *nt* <-s, -> jeroglífico *m*; **Bilderschrift** *f* <-, -en> escritura *f* ideográfica, pictografía *f*; **Bilderstreit** *m* <-(e)s, -e> (HIST) iconoclasmo *m*; **Bildersturm** *m* <-(e)s, -stürme> (HIST) iconoclast(t)ia *f*, luchas *fpl* iconoclastas; **Bilderstürmer(in)** *m(f)* <-s, -; -, -nen> (HIST) iconoclasta *mf*

Bildfläche *f* <-, -n> plano *m* de la imagen; **auf der ~ erscheinen** (*fam*) aparecer en pantalla; **von der ~ verschwinden** (*fam*) desaparecer del mapa; **Bildfolge** *f* <-, -n> (TV) secuencia *f* de imágenes; **Bildfrequenz** *f* <-, -en> (TV) frecuencia *f* de la imagen; **Bildfunk** *m* <-(e)s, *ohne pl*> (TEL) radiofoto(grafía) *f*; **Bildgestaltung** *f* <-, -en> configuración *f* de las imágenes

bildhaft *adj* (*Sprache*) plástico, gráfico; **ein ~er Ausdruck/Vergleich** una expresión/comparación plástica

Bildhauer(in) ['bɪlthaʊɐ] *m(f)* <-s, -; -, -nen> escultor(a) *m(f)*

Bildhauerei *f* <-, *ohne pl*> escultura *f*, arte *m* de esculpir

Bildhauerin *f* <-, -nen> *s.* **Bildhauer**

Bildhauerkunst *f* <-, *ohne pl*> (arte *m* de la) escultura *f*

bildhübsch ['--] *adj* precioso, guapísimo

Bildkommunikation *f* <-, -en> (TEL) comunicación *f* por imágenes

Bildlaufleiste *f* <-, -n> (INFOR) barra *f* de desplazamiento; **horizontale/vertikale ~** barra de desplazamiento horizontal/vertical; **Bildlaufpfeil** *m* <-(e)s, -e> (INFOR) flecha *f* de desplazamiento

bildlich *adj* ❶ (*Darstellung*) gráfico, plástico; **ich muss lachen, wenn ich mir das Sprichwort ~ vorstelle** tengo que reírme si me imagino el refrán en imágenes
❷ (*Sinn*) figurado; (*Ausdruck*) metafórico

Bildlichkeit *f* <-, *ohne pl*> plasticidad *f*; **durch seine ~ ist dieser Ausdruck sehr gut zu verstehen** esta expresión es muy gráfica y por ello muy fácil de entender

Bildmaterial *nt* <-s, -ien> ❶ (*Bilder zur Illustrierung*) material *m* ilustrativo ❷ (*im Medienbereich*) material *m* gráfico; **Bildmischer(in)** *m(f)* <-s, -; -, -nen> (TV) mezclador(a) *m(f)* de imágenes

Bildnis ['bɪltnɪs] *nt* <-ses, -se> (*geh*) retrato *m*, imagen *f*

Bildplatte *f* <-, -n> (*Video*) videodisco *m*; **Bildpunkt** *m* <-(e)s, -e> (*Optik*) punto *m* de imagen; **Bildqualität** *f* <-, -en> (TV) calidad *f* de la imagen; **Bildredakteur(in)** *m(f)* <-s, -e; -, -nen> redactor(a) *m(f)* gráfico, -a; **Bildreportage** *f* <-, -n> reportaje *m* gráfico; **Bildreporter(in)** *m(f)* <-s, -; -, -nen> (PUBL) reportero, -a *m, f* gráfico, -a; **Bildröhre** *f* <-, -n> (TV) tubo *m* de imagen; **Bildschärfe** *f* <-, -n> (TV) nitidez *f* de la imagen

Bildschirm *m* <-(e)s, -e> (*a.* INFOR) pantalla *f*; (*Monitor*) monitor *m*; **Bildschirmabstrahlung** *f* <-, *ohne pl*> radiación *f* de la pantalla

Bildschirmarbeit *f* <-, -en> trabajo *m* frente a un monitor; **Bildschirmarbeitsplatz** *m* <-es, -plätze> puesto *m* de trabajo en el que se utiliza un ordenador

Bildschirmbrillen *fpl* (MED) gafas *fpl* de pantalla; **Bildschirmgerät** *nt* <-s, -e> (INFOR) unidad *f* de pantalla; **Bildschirminhalt** *m* <-(e)s, -e> (INFOR) contenido *m* de la imagen; **Bildschirmschoner** *m* <-s, -> (INFOR) protector *m* de la pantalla, salvapantallas *m inv*; **Bildschirmtext** *m* <-(e)s, -e> (TEL, INFOR) teletexto *m*, videotexto *m*

bildschön ['--] *adj* bellísimo, hermosísimo

Bildstelle *f* <-, -n> fototeca *f*; **Bildstörung** *f* <-, -en> interrupción *f* de la imagen; **Bildsuchlauf** *m* <-(e)s, -läufe> (*Videorecorder*) búsqueda *f* de imágenes; **Bildtafel** *f* <-, -n> cuadro *m* ilustrado; (*im Buch*) ilustración *f* a toda página; **Bildtaste** *f* <-, -n> (INFOR) tecla *f* de enrollado; **Bildtelefon** *nt* <-s, -e> (TEL) videoteléfono *m*; **Bildtext** *m* <-(e)s, -e> leyenda *f*

Bildung ['bɪldʊŋ] *f* <-, *ohne pl*> ❶ (*Schaffung*) creación *f*; (*Gründung*) fundación *f*; (*Gestaltung*) formación *f*, constitución *f*; **die ~ der neuen Regierung** la formación del nuevo gobierno
❷ (*Erziehung*) educación *f*; (*Allgemeinwissen*) formación *f*, cultura *f*; **höhere ~** formación superior; **Einbildung ist auch eine ~!** ¡de ilusión también se vive!

Bildungsangebot *nt* <-(e)s, *ohne pl*> posibilidades *fpl* de formación

bildungsbeflissen ['bɪldʊŋsbəflɪsən] *adj* aficionado a cultivarse

Bildungsbürger(in) *m(f)* <-s, -; -, -nen> burgués, -esa *m, f* culto, -a; **Bildungschancen** *fpl* oportunidades *fpl* de formación académica; **Bildungseinrichtung** *f* <-, -en> centro *m* de enseñanza; **Bildungsgang** *m* <-(e)s, -gänge> (SCH, UNIV) formación *f*; **Bildungsgrad** *m* <-(e)s, -e> nivel *m* de instrucción; **Bildungsgut** *nt* <-(e)s, -güter> patrimonio *m* cultural; **Bildungshunger** *m* <-s, *ohne pl*> hambre *f* de conocimientos, avidez *f* de saber; **Bildungslücke** *f* <-, -n> laguna *f* cultural; **Bildungsniveau** *nt* <-s, -s> nivel *m* de educación; **Bildungspolitik** *f* <-, *ohne pl*> política *f* educativa; **Bildungsreform** *f* <-, -en> (POL) reforma *f* educativa; **Bildungsreise** *f* <-, -n> viaje *m* de estudios y de formación

bildungssprachlich *adj* de lenguaje culto

Bildungsstand *m* <-(e)s, -stände> *s.* **Bildungsniveau**; **Bildungsstätte** *f* <-, -n> centro *m* de enseñanza; **Bildungssystem** *nt* <-s, -e> sistema *m* de educación; **Bildungsurlaub** *m* <-(e)s, -e> vacaciones *fpl* de formación; **Bildungsweg** *m* <-(e)s, -e> vía *f* de formación; **auf dem zweiten ~** en vía subsidiaria de formación; **Bildungswesen** *nt* <-s, *ohne pl*> sistema *m* educativo

Bildunterschrift *f* <-, -en> leyenda *f*; **Bildverarbeitung** *f* <-, -en> (INFOR) procesamiento *m* de imágenes; **Bildwörterbuch** *nt* <-(e)s, -bücher> diccionario *m* gráfico; **Bildzuschrift** *f* <-, -en> carta *f* con foto (*como respuesta a un anuncio*)

Bilge ['bɪlgə] *f* <-, -n> (NAUT) sentina *f*

bilingual ['biːlɪŋguaːl, ---'-] *adj* bilingüe

Billard ['bɪljart] *nt* <-s, *ohne pl*> billar *m*; **~ spielen** jugar al billar, taquear *Am*

Billardkugel *f* <-, -n> bola *f* de billar; **Billardstock** *m* <-(e)s, -stöcke> taco *m*; **Billardtisch** *m* <-(e)s, -e> (mesa *f* de) billar *m*

Billett [bɪl'jɛt] *nt* <-(e)s, -e *o* -s> ❶ (*Schweiz: Fahr- oder Eintrittskarte*) billete *m*
❷ (*Österr: Brief*) esquela *f*, billete *m*

Billet(t)eur(in)[1] [bɪljɛ'tøːɐ] *m(f)* <-s, -e; -, -nen> (*Österr: Platzanweiser*) acomodador(a) *m(f)*

Billet(t)eur, -euse[2] *m, f* <-s, -e; -, -n> (*Schweiz: Schaffner*) revisor(a) *m(f)*

Billiarde [bɪl'jardə] *f* <-, -n> mil billones *mpl*

billig ['bɪlɪç] *adj* ❶ (*preiswert*) barato; **sehr ~** tirado; **macht er es dir ~er?** ¿te lo deja más barato?; **das ist aber nicht sehr ~** esto no es demasiado barato; **~ abzugeben** se vende barato [*o* a buen precio]; **~ davonkommen** (*fam*) salir bien parado, librarse de castigo
❷ (*abw: minderwertig*) barato; (*Ausrede*) poco convincente; **das ist ein ~er Trost** es poco consuelo; **dir ist wohl nichts zu ~!** ¡a ti todo te parece poco!
❸ (JUR) justo; **~es Ermessen** facultad equitativa

Billiganbieter *m* <-s, -> oferente *m* de mercancías a bajo precio; **Billigarbeiter(in)** *m(f)* <-s, -; -, -nen> (WIRTSCH) mano *f* de obra barata

billigen ['bɪlɪgən] *vt* aceptar, aprobar; **etw stillschweigend ~** admitir algo tácitamente; **etw ~d in Kauf nehmen** condescender con algo

Billigflagge *f* <-, -n> (NAUT, COM) bandera *f* de conveniencia; **Billigflug** *m* <-(e)s, -flüge> vuelo *m* chárter

Billigkeit *f* <-, *ohne pl*> precio *m* bajo, baratura *f*; **diese minderwertige Ware wird wegen ihrer ~ trotzdem viel gekauft** este artículo a pesar de su baja calidad se vende mucho por ser barato; **hast du die ~ dieser Masche nicht erkannt?** (*fig*) ¿no has visto que se trata(ba) de un truco barato?

Billigkeitsentschädigung *f* <-, -en> (JUR) indemnización *f* de equidad; **Billigkeitsgründe** *mpl* (JUR) motivos *mpl* de equidad; **aus ~n** por motivos de equidad; **Billigkeitshaftung** *f* <-, -en> (JUR) responsabilidad *f* por motivos de equidad; **Billigkeitsrecht** *nt* <-(e)s, *ohne pl*> derecho *m* de equidad

billigkeitsrechtlich *adj* perteneciente al derecho de equidad

Billigkraft *f* <-, -kräfte> (WIRTSCH) mano *f* de obra barata; **Billigland** *nt* <-(e)s, -länder> (COM) país *m* con bajos costes de producción; **Billiglohnland** *nt* <-(e)s, -länder> país *m* con sueldos bajos; **Billigpreis** *m* <-es, -e> (WIRTSCH) bajo precio *m*; **zu ~en verkaufen** vender a bajo precio; **Billigprodukt** *nt* <-(e)s, -e> producto *m* barato

Billigung *f* <-, *ohne pl*> aprobación *f*, consentimiento *m*; **jds ~ finden** contar con la aprobación de alguien

Billigware *f* <-, -n> producto *m* rebajado, mercancía *f* rebajada

Billion [bɪl'joːn] *f* <-, -en> billón *m*

Bimbam ['bɪm'bam] *m:* (**ach**) **du heiliger ~!** ¡(ay) Dios mío!

Bimbo ['bɪmbo] *m* <-s, -s> *(fam abw)* negro *m;* **da hast du ja einen ~ für den Job gefunden!** ¡menudo tonto has encontrado para ese trabajo!
Bimetall ['biːmetal] *nt* <-s, -e> (TECH) bimetal *m*
Bimmel ['bɪməl] *f* <-, -n> *(fam)* campanilla *f*
Bimmelbahn *f* <-, -en> *(fam)* trenecillo *m*
bimmeln *vi (fam: Glocke)* repicar; *(Telefon)* sonar
Bims [bɪms] *m* <-es, -e>, **Bimsstein** *m* <-(e)s, -e> piedra *f* pómez, pumita *f*
bin [bɪn] *1. präs von* **sein**
binär [biˈnɛːɐ] *adj* (MATH, INFOR) binario
Binde ['bɪndə] *f* <-, -n> ❶ *(Verband)* venda *f*
❷ *(Armschlinge)* cabestrillo *m;* **den Arm in einer ~ tragen** llevar el brazo en cabestrillo
❸ *(Monats~)* compresa *f*
❹ *(Wend):* **sich** *dat* **einen hinter die ~ kippen** [*o* **gießen**] *(fam)* empinar el codo
Bindegewebe *nt* <-s, -> tejido *m* conjuntivo; **Bindegewebsmassage** *f* <-, -n> (MED) masaje *m* del tejido conjuntivo
Bindeglied *nt* <-(e)s, -er> vínculo *m,* nexo *m* de unión; *(einer Kette)* eslabón *m*
Bindehaut *f* <-, -häute> (MED) conjuntiva *f;* **Bindehautentzündung** *f* <-, -en> (MED) conjuntivitis *f inv*
Bindemittel *nt* <-s, -> aglomerante *m,* aglutinante *m*
binden ['bɪndən] <bindet, band, gebunden> I. *vt* ❶ *(zusammenbinden)* atar, ligar; *(Strauß)* hacer; *(Buch)* encuadernar; **mir sind die Hände gebunden** *(fig)* tengo las manos atadas
❷ *(befestigen)* atar, sujetar; *(Krawatte)* anudar
❸ (GASTR) espesar
❹ *(verpflichten)* comprometer, vincular; **an Bedingungen gebunden sein** estar vinculado a condiciones; **eine ~de Zusage machen** hacer una promesa vinculante
❺ (CHEM, PHYS) ligar, fijar; **Gaswolken mit einem Wasservorhang ~** sujetar nubes de gas con una cortina de agua
❻ *(Laute)* rimar, versificar; **in gebundener Rede** (LIT) en verso
II. *vr:* **sich ~** *(sich verpflichten)* vincularse *(an* a), comprometerse *(an* a)
bindend *adj* ❶ *(fig)* vinculante *(für* para), obligatorio
❷ *(Leim)* aglutinante
❸ (JUR) vinculatorio
Binder *m* <-s, -> *(Bindemittel)* aglutinante *m,* aglomerante *m*
Bindestrich *m* <-(e)s, -e> guión *m;* **Bindewort** *nt* <-(e)s, -wörter> (LING) conjunción *f*
Bindfaden *m* <-s, -fäden> cordón *m,* cuerda *f;* **es regnet Bindfäden** llueve a cántaros
Bindung ['bɪndʊŋ] *f* <-, -en> ❶ *(Partnerschaft)* relación *f;* *(feste Beziehung)* compromiso *m;* **eine feste ~ eingehen** contraer una relación firme
❷ *(an Heimat, Person)* apego *m*
❸ *(am Ski)* fijación *f*
❹ (CHEM) enlace *m*
❺ (JUR) vinculación *f;* **vertikale ~** vinculación vertical; **vertragliche ~** vinculación contractual
❻ (WIRTSCH, FIN) obligación *f,* compromiso *m*
Bindungsenergie *f* <-, -n> (CHEM) energía *f* de enlace; **Bindungsgrad** *m* <-(e)s, -e> (JUR) grado *m* de vinculación; **Bindungskraft** *f* <-, -kräfte> (JUR) fuerza *f* vinculante; **Bindungswirkung** *f* <-, -en> (JUR) fuerza *f* obligatoria, efecto *m* vinculante; **~ eines Angebotes** efecto vinculante de una oferta
binnen ['bɪnən] *präp +dat, geh: +gen* (en el transcurso de); (COM) en el término de; **~ kurzem** en breve; **~ einiger Stunden** en algunas horas
Binnenangleichung *f* <-, -en> (WIRTSCH) armonización *f* interior; **Binnenbedarf** *m* <-(e)s, ohne *pl>* necesidades *fpl* dentro del país; **Binnendeich** *m* <-(e)s, -e> dique *m* interior
binnendeutsch *adj* (alemán) de Alemania; **ein ~er Ausdruck/Dialekt** una expresión (alemana)/un dialecto (alemán) de Alemania; **das ist ~, das sagt man bei uns in der Schweiz nicht** eso se dice en Alemania, nosotros, en Suiza, no lo decimos
Binnenfischerei *f* <-, ohne *pl>* pesca *m* de agua dulce [*o* en aguas interiores]; **Binnengewässer** *nt* <-s, -> aguas *fpl* continentales [*o* interiores]; **Binnenhafen** *m* <-s, -häfen> puerto *m* fluvial [*o* interior]; **Binnenhandel** *m* <-s, ohne *pl>* comercio *m* interior; **Binnenklima** *nt* <-s, -s *o* -klimate> clima *m* interior; **Binnenkonnossement** *nt* <-(e)s, -e>, (WIRTSCH) conocimiento *m* de embarque fluvial; **Binnenland** *nt* <-(e)s, -länder> país *m* sin acceso al mar
Binnenmarkt *m* <-(e)s, -märkte> mercado *m* interior; **Europäischer ~** mercado único europeo; **Binnenmarktrecht** *nt* <-(e)s, ohne *pl>* régimen *m* del mercado interior; **Binnenmarktrichtlinien** *fpl* directrices *fpl* del mercado interno
Binnenmeer *nt* <-(e)s, -e> mar *m* interior; **Binnennachfrage** *f* <-, -n> *s.* **Binnenbedarf; Binnenschiffahrt** *f* <-, ohne *pl>* *s.* **Binnenschifffahrt; Binnenschiffer(in)** *m(f)* <-s, -; -, -nen> navegante *mf* fluvial; **Binnenschifffahrt**^RR *f* <-, ohne *pl>* navegación *f* fluvial; **Binnensee** *m* <-s, -n> lago *m* (continental); **Binnenverkehr** *m* <-s, ohne *pl>* tráfico *m* interior; **Binnenwirtschaft** *f* <-, -en> economía *f* nacional [*o* interior]
binnenwirtschaftlich *adj* de la economía nacional
Binnenzoll *m* <-(e)s, -zölle> (WIRTSCH) arancel *m* interior
binokular [binokuˈlaːɐ] *adj* binocular
Binom [biˈnoːm] *nt* <-s, -e> (MATH) binomio *m*
Binominalkoeffizient [binomiˈnaːl-] *m* <-en, -en> (MATH) coeficiente *m* binómico
binomisch [biˈnoːmɪʃ] *adj* (MATH) binomial; **~e Formel** fórmula binomial
Binse ['bɪnzə] *f* <-, -n> junco *m;* **etw geht in die ~n** *(fam)* algo se echa a perder
Binsenwahrheit *f* <-, -en>, **Binsenweisheit** *f* <-, -en> perogrullada *f,* verdad *f* de Perogrullo
bioaktiv [bioʔakˈtiːf] *adj* (ÖKOL) biológicamente activo
Biobrennstoff ['biːo-] *m* <-(e)s, -e> biocombustible *m;* **Biochemie** [bioçeˈmiː] *f* <-, ohne *pl>* bioquímica *f;* **Biochemiker(in)** *m(f)* <-s, -; -, -nen> (CHEM) bioquímico, -a *m, f;* **biochemisch** *adj* (CHEM) bioquímico; **Biochip** ['biːo-] *m* <-s, -s> biochip *m*
biodynamisch [---'--] *adj* biodinámico
Bioelektrizität *f* <-, -> bioelectricidad *f;* **Bioenergie** *f* <-, -n> bioenergía *f;* **Bioethik** ['----] *f* <-, ohne *pl>* bioética *f;* **Biogas** ['---] *nt* <-es, -e> biogas *m*
Biogenese *f* <-, -n> biogénesis *f inv*
biogenetisch *adj* biogenético
Biogeograf(in)^RR *m(f)* <-en, -en; -, -nen>, **Biogeograph(in)** *m(f)* <-en, -en; -, -nen> biogeógrafo, -a *m, f*
Biograf(in)^RR [bioˈgraːf] *m(f)* <-en, -en; -, -nen> biógrafo, -a *m, f;* **Biografie**^RR [biograˈfiː] *f* <-, -n> biografía *f*
Biografin^RR *f* <-, -nen> *s.* **Biograf**
biografisch^RR *adj* biográfico
Biograph(in) *m(f)* <-en, -en; -, -nen> *s.* **Biograf**
Biographie *f* <-, -n> *s.* **Biografie**
Biographin *f* <-, -nen> *s.* **Biograph**
biographisch *adj s.* **biografisch**
Bioindikator ['biːoʔɪndikaːtoːɐ] *m* <-s, -en> (GEO) bioindicador *m;* **Bioklimatologie** *f* <-, ohne *pl>* bioclimatología *f;* **Biokost** ['---] *f* <-, ohne *pl>* comida *f* biológica, alimentación *f* biológica; **Bioladen** ['----] *m* <-s, -läden> *(fam)* tienda *f* de productos naturales
Biologe, -in [bioˈloːgə] *m, f* <-n, -n; -, -nen> biólogo, -a *m, f*
Biologie [biolɔˈgiː] *f* <-, ohne *pl>* biología *f*
Biologin *f* <-, -nen> *s.* **Biologe**
biologisch *adj* biológico; **~ abbaubar** biodegradable; **~ angebautes Gemüse** verdura cultivada sin abonos ni pesticidas químicos
biologisch-psychologisch *adj* biológico-sicológico; **~e Methode** método biológico-sicológico
Biomasse ['----] *f* <-, ohne *pl>* (BIOL) biomasa *f;* **Biomedizin** ['-----] *f* <-, ohne *pl>* biomedicina *f;* **Biometeorologie** *f* <-, ohne *pl>* (BIOL, MED) biometeorología *f*
Biometrie [biomeˈtriː] *f* <-, ohne *pl>* (AGR, BIOL, MED) biometría *f*
Biomonitoring ['biːomɔnitɔːrɪŋ] *nt* <-s, ohne *pl>* (ÖKOL) biosensor *m;* **Biomüll** ['---] *m* <-s, ohne *pl>* basura *f* orgánica, compost *m*
Bionik [biˈoːnɪk] *f* <-, ohne *pl>* (TECH) biónica *f*
Biophysik [----] *f* <-, ohne *pl>* biofísica *f*
Biopsie [biˈɔpsiː] *f* <-, -n> (MED) biopsia *f*
Biorhythmus ['----] *m* <-, -rhythmen> biorritmo *m;* **Biosoziologie** *f* <-, ohne *pl>* biosociología *f*
Biosphäre [---'--] *f* <-, ohne *pl>* (GEO, BIOL) biosfera *f;* **Biosphärenreservat** *nt* <-(e)s, -e> reserva *m* de biosfera
Biosynthese *f* <-, -n> biosíntesis *f inv;* **Biotechnik** ['----] *f* <-, ohne *pl>* (MED, BIOL) biotecnología *f*
biotechnisch [--'--] *adj* (BIOL) biotécnico
Biotechnologie ['------, -----'-] *f* <-, -n> (BIOL) biotecnología *f*
biotisch [biˈoːtɪʃ] *adj* biótico
Biotonne ['----] *f* <-, -n> contenedor *m* para la basura orgánica
Biotop [bioˈtoːp] *nt* <-s, -e> (BIOL) biótopo *m;* **Biotopvernetzung** *f* <-, -en> (ÖKOL) encadenamiento *m* de biótopos
Biotreibstoff ['-----] *m* <-(e)s, -e> biocarburante *m;* **Biowaschmittel** ['-----] *nt* <-s, -> detergente *m* biodegradable; **Biowissenschaften** [----] *fpl* ciencias *fpl* biológicas
Biozid [bioˈtsiːt] *nt* <-(e)s, -e> biocida *m*
Biozönose [biotsøˈnoːzə] *f* <-, -n> (BIOL) biozonosis *f inv*
BIP [beːʔiːˈpeː] *nt* <-, ohne *pl>* (WIRTSCH) *Abk. von* **Bruttoinlandsprodukt** PIB *m*
Bipolarität [bipolariˈtɛːt] *f* <-, ohne *pl>* bipolaridad *f*
Birchermues [---] *nt* <-s, -s> *(Schweiz),* **Birchermüsli** *nt* <-s, -s>

plato de cereales a base de copos de avena, zumo de limón, fruta rallada, frutos secos y leche condensada o nata

birgt [bɪrkt] *3. präs von* **bergen**

Birke ['bɪrkə] *f* <-, -n> (BOT) abedul *m*

Birkenmilchling ['bɪrkənmɪlçlɪŋ] *m* <-s, -e>, **Birkenreizker** *m* <-s, -> (BOT) robellón *m* de abedul, hongo *m* de abedul; **Birkenwald** *m* <-(e)s, -wälder> bosque *m* de abedules

Birkhahn *m* <-(e)s, -hähne> (ZOOL) gallo *m* (ave)lira (macho); **Birkhuhn** *nt* <-(e)s, -hühner> (ZOOL) gallo *m* lira

Birma ['bɪrma] *nt* <-s> Birmania *f*

Birnbaum *m* <-(e)s, -bäume> peral *m*

Birne ['bɪrnə] *f* <-, -n> ❶ (*Frucht*) pera *f* ❷ (*Glüh~*) bombilla *f* ❸ (*fam: Kopf*) coco *m*

birnenförmig *adj* en forma de pera, piriforme

birst [bɪrst] *3. präs von* **bersten**

bis [bɪs] I. *präp +akk* ❶ (*räumlich, zeitlich*) hasta; **von … ~ …** de… a…, desde… hasta…; **~ wohin fahren Sie?** ¿hasta dónde va Ud.?; **~ Seite 30** hasta la página 30; **das Theater war ~ auf den letzten Platz gefüllt** el teatro estaba lleno hasta los topes; **nass ~ auf die Haut** calado hasta los huesos; **das Wasser ging ihm ~ an die Knie** el agua le llegaba hasta las rodillas; **~ vor die Tür fahren** ir con el coche hasta la misma puerta; **ich habe ~ drei Uhr gewartet** esperé hasta las tres; **von Freitag ~ Sonntag** de viernes a domingo; **von 9 ~ 11 Uhr** de 9 a 11; **~ morgen/Montag!** ¡hasta mañana/el lunes!; **~ bald/später!** ¡hasta pronto/luego!; **~ jetzt** hasta ahora; **kannst du es ~ Dienstag fertig haben?** ¿puedes tenerlo para el martes?; **~ dahin** hasta entonces; **noch fünf Minuten ~ zur Pause** faltan cinco minutos para el intermedio; **~ gegen Mitternacht** hasta medianoche aproximadamente; **~ einschließlich 100** hasta (el) 100 inclusive; **Jugendliche ~ zu 18 Jahren** jóvenes hasta los 18 años ❷ (*außer*): **~ auf** excepto, aparte de; **~ auf ihren Bruder waren alle da** aparte de su hermano estaban todos ❸ (*nicht mehr als*): **~ zu** como máximo, hasta; **zu 50.000 Menschen passen in das Stadion** en el estadio caben como máximo 50.000 personas ❹ (*Zahlenangabe*) de… a…, entre… y…; **das kostet zwei ~ dreihundert Euro** cuesta entre dos(cientos) y trescientos euros; **zwei ~ drei Stunden** dos o tres horas; **drei ~ vier Tage** de tres a cuatro días II. *konj* (*~ zu einem Zeitpunkt*) hasta que *+subj; ich sage lieber nichts, **~ ich ihn persönlich kennen lerne** prefiero no decir nada hasta conocerlo personalmente; **ich warte, ~ er zurückkommt** espero hasta que vuelva; **~ dass der Tod euch scheidet** hasta que la muerte os separe; **du gehst hier nicht weg, ~ das gemacht ist** no te vas de aquí hasta que esto esté hecho III. *adv* (MUS) bis

Bisam ['bi:zam] *m* <-s, -e *o* -s> ❶ (*Moschus*) almizcle *m* ❷ (*Pelz*) castor *m*

Bisamratte *f* <-, -n> rata *f* almizclera, castor *m* del Canadá

Biscaya *f s.* **Biskaya**

Bischof ['bɪʃɔf, *pl:* 'bɪʃøːfə] *m* <-s, Bischöfe>, **Bischöfin** *f* <-, -nen> obispo, -a *m, f*

bischöflich *adj* obispal, episcopal

Bischofsamt *nt* <-(e)s, -ämter> (REL) obispado *m;* **Bischofsmütze** *f* <-, -n> (REL) mitra *f;* **Bischofssitz** *m* <-es, -e> sede *f* episcopal; **Bischofsstab** *m* <-(e)s, -stäbe> (REL) báculo *m* pastoral

B-ISDN ['beːʔiːʔɛsdɛːʔɛn] *nt* <-, ohne pl> (TEL) *Abk. von* Breitband-ISDN RDSI *m* de banda ancha

bisexuell ['biːsɛksuɛl, 'biːzɛksuɛl] *adj* bisexual

bisher [bɪsˈheːɐ] *adv* hasta ahora, hasta el momento

bisherige(r, s) [bɪsˈheːrɪɡə, -gɐ, -gəs] *adj* antecedente, anterior; **der ~ Minister** el ex-ministro; **sein ~s Verhalten** su comportamiento hasta ese momento

Biskaya [bɪsˈkaːja] *f* Golfo *m* de Vizcaya

Biskuit [bɪsˈkviːt] *nt o m* <-(e)s, -e *o* -s> bizcocho *m*

Biskuitgebäck *nt* <-(e)s, -e> bizcocho *m;* **Biskuitrolle** *f* <-, -n> ≈brazo *m* de gitano (*pastel de bizcocho, enrollado y relleno*); **Biskuitteig** *m* <-(e)s, -e> masa *f* de bizcocho

bislang [bɪsˈlaŋ] *adv s.* **bisher**

Bismarckhering ['bɪsmark-] *m* <-s, -e> (GASTR) arenque *m* (sin espinas) en escabeche

Bison ['biːzɔn] *m* <-s, -s> bisonte *m*

bissRR [bɪs] *3. imp von* **beißen**

BissRR [bɪs] *m* <-es, -e> ❶ (*das Zubeißen*) mordisco *m*, bocado *m* ❷ (*Bisswunde*) mordedura *f; etw hat ~* (*fam*) algo está en su punto; **etw hat keinen (richtigen) ~** (*fam*) algo es un poco soso; **die Mannschaft besaß keinen ~** el equipo no tenía chispa [*o* jugaba sin ímpetu]

biß *s.* **biss**

Biß *m* <-sses, -sse> *s.* **Biss**

bisschenRR ['bɪsçən] *adj inv*, **bißchen** *adj inv*: **ein ~** un poco, un poquito; **ein kleines ~** un poco [*o* poquitín]; **ein ~ Liebe** un poco de amor; **ich habe kein ~ Zeit für dich** no tengo nada de tiempo para ti; **ein ~ spazieren gehen** ir a pasear un poco; **nicht ein ~ mehr** ni una pizca más; **es geht mir kein ~ besser** no me encuentro ni un poquito mejor; **was soll ich mit dem ~ Geld?** ¿qué hago con ese poquito de dinero?; **das ist ein ~ wenig** es muy poco; **ach du liebes ~!** ¡ay, Dios mío!

Bissen ['bɪsən] *m* <-s, -> bocado *m*

bissig *adj* (*Hund*) mordedor; (*Bemerkung*) mordaz

Bissigkeit[1] *f* <-, -en> (*bissige Bemerkung*) mordacidad *f*

Bissigkeit[2] *f* <-, ohne pl> ❶ (*Sarkasmus*) mordacidad *f*, sarcasmo *m* ❷ (*eines Hundes*) propensión *f* a morder

BisswundeRR *f* <-, -n> (*von einer Schlange*) mordedura *f*; (*von einem Hund*) mordisco *m*

bist [bɪst] *2. präs von* **sein**

Bistum ['bɪstuːm, *pl:* 'bɪstyːmə] *nt* <-s, Bistümer> obispado *m*

bisweilen [bɪsˈvaɪlən] *adv* de vez en cuando, a veces; **~ denke ich, dass …** a veces pienso que…

Bit [bɪt] *nt* <-(s), -(s)> (INFOR) bit *m*

Bitmap ['bɪtmɛp] *nt* <-s, -s> (INFOR, TEL) mapa *m* de bits, bit map *m;* **Bitrate** *f* <-, -n> (INFOR, TEL) tasa *f* de bits, régimen *m* de velocidad en bits

Bit/s (INFOR) *Abk. von* Bit pro Sekunde bps

Bittbrief *m* <-(e)s, -e> carta *f* de petición

bitte *adv* por favor; **~ sehr!, ~ schön!** (*anbietend*) ¡tome!; (*auf Dank*) ¡de nada!, ¡no hay de qué!; **Entschuldigung! — ~!** ¡perdone! — ¡no ha sido nada!; **(wie) ~?** ¿cómo dice?; **ja, ~?** ¿diga?; **sieh dir das ~ an!** ¡haz el favor de mirar eso!; **~ nach Ihnen!** ¡por favor, Ud. primero!; **zahlen ~!** ¡por favor, la cuenta!; **~ ~ machen** pedir algo un niño dando palmadas; **~ zurücktreten/zurückbleiben!** ¡retrocedan, por favor!; ¡manténganse atrás, por favor! (*orden del jefe de estación en el metro o suburbano*); **na ~!** ¿lo ves?; **~, wie du willst** bueno, como quieras

Bitte *f* <-, -n> ruego *m;* (*Ersuchen*) solicitud *f*, aplicación *f Am;* **auf ihre ~ hin** a su ruego; **ich habe eine große ~ an dich** quisiera pedirte un favor muy grande; **ich habe nur die eine ~, dass …** quiero pedirte únicamente que … +*subj*

bitten ['bɪtən] <bittet, bat, gebeten> *vt* ❶ (*Wunsch äußern*) pedir, rogar; **er bat um Geduld/Verzeihung** pidió paciencia/disculpas; **ich hatte ihn gebeten zu warten** le había pedido que esperara; **es wird gebeten nicht zu rauchen** se ruega no fumar; **wenn ich ~ darf** si me permite; **er lässt sich nicht lange ~** no se hace de rogar; **aber ich bitte dich!, ich muss doch sehr ~!** ¡pero por favor!; **darum möchte ich gebeten haben** (*geh*) eso se sobreentiende; **darf ich um Aufmerksamkeit ~** ruego que presten atención; **sich aufs B~ verlegen** ponerse a rogar; **auf jds B~ hin** a ruego(s) de alguien ❷ (*auffordern*) hacer pasar; (*als Gast*) invitar; **darf ich Sie in mein Büro ~?** ¿puedo pasar a mi despacho, por favor?; **ich lasse ~** que entre ❸ (*anflehen*) suplicar

bitter ['bɪtɐ] *adj* ❶ (*Geschmack, Wahrheit, Klage*) amargo; **einen ~en Geschmack im Mund haben** tener un sabor amargo en la boca; **einen ~en Beigeschmack haben** tener un gustillo amargo ❷ (*Kälte*) intenso, fuerte; (*Unrecht*) grande; **~e Armut** extremada pobreza; **es ist mir ~er Ernst** estoy hablando muy en serio; **sich *dat* ~e Vorwürfe machen** hacerse vivos reproches; **etw ~ bereuen** arrepentirse amargamente de algo; **etw ~ nötig haben** estar necesitadísimo de algo

Bitter *m* <-s, -> (*Getränk*) bíter *m*, bitter *m*

bitterböse ['--'--] *adj* furioso, muy enojado

Bittere(r) *m* <-n, -n> *s.* **Bitter**

bitterernst ['--'-] *adj* totalmente serio; **ich meine das ~** lo digo muy en serio

bitterkalt ['--'-] *adj* terriblemente frío, friísimo

Bitterkeit *f* <-, ohne pl> ❶ (*Geschmack*) amargor *m* ❷ (*Verbitterung*) amargura *f*

Bitter lemon ['bɪtɐ 'lɛmən] *nt* <- (s), - -> bitter lemon *m*

bitterlich I. *adj* amargo; (*Beigeschmack*) amarguillo II. *adv*: **~ weinen** llorar amargamente, deshacerse en lágrimas; (*Kind*) llorar a moco tendido

Bittermandel *f* <-, -n> (GASTR) almendra *f* amarga; **Bittermandelöl** *nt* <-s, ohne pl> (GASTR) aceite *m* de almendras amargas

Bitternis *f* <-, -se> amargura *f*

Bittersalz *nt* <-es, ohne pl> sulfato *m* magnésico; **Bitterstoff** *m* <-(e)s, -e> substancia *f* amarga

bittersüß ['--'-] *adj* dulceamargo; (*süßsauer*) agridulce; **~e Schokolade** chocolate amargo; **ein ~es Gefühl** una sensación agridulce

Bittgang ['bɪtɡaŋ] *m* <-(e)s, -gänge> solicitud *f;* **Bittgottesdienst** *m* <-(e)s, -e> (misa *f*) rogativa *f;* **Bittschrift** *f* <-, -en> petición *f*, solicitud *f* escrita

Bittsteller(in) *m(f)* <-s, -; -, -nen> solicitante *mf*, peticionario, -a *m, f*
Bitumen [bi'tu:mən] *nt* <-s, – *o* Bitumina> (CHEM) betún *m*
bivalent *adj* (CHEM, LING) bivalente
Biwak ['bi:vak] *nt* <-s, -s *o* -e> vivac *m*
biwakieren* [biva'ki:rən] *vi* vivaquear, acampar
bizarr [bi'tsar] *adj* (*seltsam*) raro; (*wunderlich*) extravagante, estrafalario
Bizeps ['bi:tsɛps] *m* <-(es), -e> bíceps *m inv*
Bk (CHEM) *Abk. von* Berkelium Bk
BKA [be:ka:'ʔa:] *nt* <-, *ohne pl*> *Abk. von* **Bundeskriminalamt** Oficina *f* Federal de Investigación Criminal
Blabla [bla'bla:] *nt* <-s, *ohne pl*> (*fam*) blablá *m*
bla bla bla *interj* (*fam abw*) ¡blablabla!
Blache ['blaxə] *f* <-, -n> (*Österr, Schweiz: Tuch, Plane*) lona *f*
Blackbox-Methode[RR] ['blɛkˈbɔks-] *f* <-, *ohne pl*> método *m* "caja negra"
Blackout [blɛkˈʔaʊt, '--] *nt o m* <-(s), -s>, **Black-out**[RR] *nt o m* <-(s), -s> ❶ (MED: *Gedächtnislücke*) laguna *f*, pérdida *f* de memoria; **ein ~ haben** quedarse en blanco
❷ (*Stromausfall*) apagón *m*
blaffen ['blafən] *vi* (*fam*) ❶ (*kläffen*) gañir
❷ (*abw: schimpfen*) bufar
Blag *nt* <-s, -en> (*fam abw*), **Blage** ['bla:gə] *f* <-, -n> (*fam abw*) mocoso, -a *m, f* (impertinente), niño, -a *m, f* maleducado, -a *m, f*
blähen ['blɛːən] I. *vt* inflar, hinchar
II. *vr*: **sich ~** hincharse, inflarse
III. *vi* (MED) provocar gases [*o* flatulencia]; **Kaffee kann ~d wirken** el café puede provocar flatulencia
Blähung *f* <-, -en> flato *m*, gases *mpl fam*; (MED) flatulencia *f*; **~en haben** tener flato
blamabel [bla'ma:bəl] *adj* vergonzoso
Blamage [bla'ma:ʒə] *f* <-, -n> plancha *f fam*, patinazo *m fam*
blamieren* I. *vt* poner en ridículo; **du hast mich bis auf die Knochen blamiert** me has puesto totalmente en ridículo
II. *vr*: **sich ~** hacer el [*o* quedar en] ridículo; **da hab ich mich ja schön blamiert** con esto hice el ridículo
blanchieren* [blãˈʃiːrən] *vt* (GASTR) escaldar
blank [blaŋk] *adj* ❶ (*glänzend*) reluciente, brillante; **~ polierte Möbel** muebles pulidos [*o* lustrados]; **~ polierte Schuhe** zapatos lustrados [*o* brillantes]; **~ gewetzte Ärmel** mangas (des)gastadas [*o* rozadas]
❷ (*unbedeckt*) desnudo; **ich bin völlig ~** (*fam*) estoy sin blanca; **das Herz Ass habe ich ~** el as de corazones es la única carta de este palo que tengo; **auf dem ~en Boden schlafen** dormir en el suelo raso
❸ (*rein*) puro; **aus ~em Neid** por pura envidia; **das ist ~er Unsinn** eso es un solemne disparate
Blankettausfüllungsbefugnis *f* <-, -se> (JUR) facultad *f* de determinación [*o* concreción] de un documento en blanco; **Blankettmissbrauch**[RR] *m* <-es, -bräuche> (JUR) abuso *m* de firma en blanco; **Blanketttatbestand**[RR] *m* <-(e)s, -stände> (JUR) resultandos *mpl* en blanco; **Blankettvorschrift** *f* <-, -en> (JUR) norma *f* en blanco
blankgewetzt *adj s.* **blank**
blanko ['blaŋko] *adv* ❶ (*unbedruckt*) blanco; **ich möchte Schreibpapier – liniert oder ~?** quisiera papel para escribir – ¿rayado o blanco?
❷ (*ohne Eintrag*) en blanco, en descubierto; **~ unterschreiben** firmar en descubierto; **eine Scheck ~ ausstellen** extender un cheque en blanco
Blankoakzept *nt* <-(e)s, -e> (FIN) aceptación *f* en blanco; **Blankoeinwilligung** *f* <-, -en> (JUR) consentimiento *m* al descubierto; **Blankoindossament** *nt* <-(e)s, -e> (FIN) endoso *m* en blanco; **Blankokredit** *m* <-(e)s, -e> (FIN) crédito *m* en blanco; **Blankopolice** *f* <-, -n> póliza *f* en blanco; **Blankoscheck** ['blaŋko-] *m* <-s, -s> cheque *m* en blanco; **Blankovollmacht** *f* <-, -en> carta *f* blanca, firma *f* en blanco; **Blankowechsel** *m* <-s, -> (FIN) letra *f* en blanco
blankpoliert *adj s.* **blank**
Blankvers *m* <-es, -e> (LIT) verso *m* blanco
Blase ['bla:zə] *f* <-, -n> ❶ (*Luft~*) burbuja *f*
❷ (*Haut~*) ampolla *f*, yuyo *m MAm*; **sich** *dat* **~n laufen** salirle ampollas a alguien; **~n bilden** ampollar, empollar *Am*
❸ (*Harn~*) vejiga *f*; **eine empfindliche ~ haben** tener la vejiga sensible, tener que orinar a menudo
Blasebalg *m* <-(e)s, -bälge> fuelle *m*
blasen ['bla:zən] <bläst, blies, geblasen> I. *vi* (*Wind*) soplar
II. *vt* ❶ (*Glas*) soplar; **die Industrie bläst viel zu viele Schadstoffe in die Luft** la industria emite demasiadas sustancias nocivas que contaminan el aire
❷ (MUS) tocar (un instrumento de viento)
❸ (*fam*): **jdm was ~** (*jdm die Meinung sagen*) decirle cuatro verdades a alguien; **ich blas dir was!** (*ich werde es nicht tun*) ¡y un pepino!
❹ (*vulg*): **jdm einen ~** hacerle una mamada a alguien, mamársela a alguien

Blasendiagramm *nt* <-s, -e> (INFOR) diagrama *m* de burbujas
Blasenentzündung *f* <-, -en> (MED) cistitis *f inv*; **Blasenkatarr(h)**[RR] *m* <-s, -e> (MED) cistitis *f inv*; **Blasenkatheter** *m* <-s, -> (MED) sonda *f* vesical; **Blasenkrebs** *m* <-es, -e> (MED) cáncer *m* de vejiga; **Blasenleiden** *nt* <-s, -> afección *f* de la vejiga; **Blasenschwäche** *f* <-, -n> (MED) incontinencia *f* de orina; **Blasenspiegelung** *f* <-, -en> (MED) endoscopia *f* de la vejiga; **Blasenstein** *m* <-(e)s, -e> cálculo *m* de vesícula; **Blasentee** *m* <-s, -s> (MED) infusión *f* para la vejiga
Bläser(in) ['blɛ:zɐ] *m(f)* <-s, -; -, -nen> (MUS) músico, -a *m, f* (*que toca un instrumento de viento*)
Bläserquartett *nt* <-s, -e> (MUS) cuarteto *m* de (instrumentos de) viento
blasiert [bla'zi:ɐt] *adj* (*abw*) altanero, engreído
Blasiertheit[1] *f* <-, -en> (*abw: Äußerung*) insolencia *f*
Blasiertheit[2] *f* <-, *ohne pl*> (*abw: blasierte Art*) engreimiento *m*, petulancia *f*
blasig ['bla:zɪç] *adj* ❶ (*Teig, Flüssigkeit*) lleno de burbujas; **du hast den Teig lang genug geknetet, er wird schon ~** has trabajado bastante la masa, ya empieza a llenarse de burbujas
❷ (*voller Blasen*) lleno de ampollas [*o* de vejigas]; **die verbrannte Haut war ~ geworden** la piel quemada se había ampollado
Blasinstrument ['bla:s-] *nt* <-(e)s, -e> instrumento *m* de viento; **Blaskapelle** *f* <-, -n> (MUS) orquesta *f* de instrumentos de viento; **Blasmusik** *f* <-, *ohne pl*> música *f* de instrumentos de viento; **Blasorchester** *nt* <-s, -> orquesta *f* de (instrumentos de) viento
Blasphemie [blasfe'mi:] *f* <-, -n> (*geh*) blasfemia *f*
blasphemisch *adj* (*geh*) blasfemo
Blasrohr *nt* <-(e)s, -e> (*Waffe*) cerbatana *f*; (*Düse*) tobera *f*
blass[RR] [blas] *adj*, **blaß** *adj* <blasser *o* blässer, am blassesten *o* am blässesten> pálido, niste *Nic*; (*weißlich*) blanquecino; **~ werden** palidecer; **keinen ~en Schimmer von etw haben** no tener ni idea de algo
Blässe ['blɛsə] *f* <-, *ohne pl*> palidez *f*
blasser ['blɛsɐ] *adj kompar von* **blass**
blässeste(r, s) ['blɛsəstə, -tɐ, -təs] *adj superl von* **blass**
Blässhuhn[RR] *nt* <-(e)s, -hühner>, **Bläßhuhn** *nt* <-(e)s, -hühner> focha *f*
blässlich[RR] *adj*, **bläßlich** *adj* paliducho
bläst [blɛ:st] *3. präs von* **blasen**
Blatt [blat, *pl*: 'blɛtɐ] *nt* <-(e)s, Blätter> ❶ (BOT) hoja *f*; **kein ~ vor den Mund nehmen** no tener pelos en la lengua
❷ (*Papier*) hoja *f*; (*Buchseite*) página *f*; (*Zeitung, Zeitschrift*) periódico *m*, revista *f*; **lose Blätter** hojas sueltas; **das steht auf einem anderen ~** eso es harina de otro costal; **ein unbeschriebenes ~ sein** ser una persona sin antecedentes; **vom ~ spielen/singen** repentizar/cantar a primera vista
❸ (*Spielkarten*) carta *f*; **ein gutes ~ (auf der Hand) haben** tener un buen juego; **das ~ hat sich gewendet** la situación ha cambiado, se dio la vuelta la tortilla
❹ (*von einer Säge*) hoja *f*
❺ (*an Ruder, Propeller*) pala *f*
Blattader *f* <-, -n> (BOT) vena *f* de las hojas; **Blattbildung** *f* <-, -en> (BOT) foliación *f*
Blättchen ['blɛtçən] *nt* <-s, -> (*Zigarettenpapier*) papelillo *m*
Blattdünger *m* <-s, -> fertilizante *m* de hojas
blätterig *adj* ❶ (*abblätternd*) descascarillado; **der Anstrich wird ~** la pintura se descascarilla
❷ (*geschichtet*) estratificado; **Schiefer ist ~** la pizarra se caracteriza por su exfoliación
Blättermagen *m* <-s, -mägen> (ZOOL) libro *m* (de los rumiantes), librillo *m* (de los rumiantes)
blättern ['blɛtɐn] *vi* (*a.* INFOR) hojear; **in einem Buch ~** hojear un libro; **der Putz blättert schon von den Wänden** el enlucido se está desconchando
Blätterpilz *m* <-es, -e> (BOT) agárico *m*
Blätterteig *m* <-(e)s, *ohne pl*> hojaldre *m*, hojuela *f Cuba, Guat*; **Blätterteiggebäck** *nt* <-(e)s, -e> pastas *fpl* de hojaldre, dulce *m* de hojaldre
Blattfall *m* <-(e)s, *ohne pl*> (ÖKOL) caída *f* de las hojas; **Blattfeder** *f* <-, -n> (TECH) resorte *m* de lámina; **Blattform** *f* <-, -en> (BOT) forma *f* de la hoja; **einen Baum an der ~ erkennen** reconocer un árbol por la forma de sus hojas
blattförmig *adj* en forma de hoja
Blattgemüse *nt* <-s, *ohne pl*> verdura *f* (*de hojas comestibles, como espinaca o acelga*); **Blattgold** *nt* <-(e)s, *ohne pl*> oro *m* batido, pan *m* de oro; **Blattgrün** *nt* <-s, *ohne pl*> (BOT) clorofila *f*; **Blattlaus** *f* <-, -läuse> pulgón *m*; **Blattnerv** *m* <-s, -en> (BOT) vena *f* de las hojas; **Blattpflanze** *f* <-, -n> (BOT) planta *f* de hojas
blättrig *adj s.* **blätterig**

Blattsalat *m* <-(e)s, *ohne pl*> lechuga *f*; **Blattschuss**[RR] *m* <-es, -schüsse> tiro *m* en el lomo (de un animal); **Blattspinat** *m* <-(e)s, *ohne pl*> espinaca *f* entera (sin triturar); **Blattstiel** *m* <-(e)s, -e> pecíolo *m*; **Blattwanze** *f* <-, -n> chinche *f* de las hojas; **Blattwerk** *nt* <-(e)s, *ohne pl*> follaje *m*

blau [blaʊ] *adj* ❶ (*Farbe*) azul; (*Lippen*) amoratado, lívido *geh*; ~**es Auge** ojo morado; ~**er Brief** carta del colegio que informa a los padres del mal rendimiento escolar de sus hijos; ~**er Fleck** moratón *m*, cardenal *m fam*; **Forelle** ~ (GASTR) trucha cocida y rociada con agua y vinagre caliente, lo que le da el color azul; **er war** ~ **vor Kälte** estaba amoratado de frío; **jdm** ~**en Dunst vormachen** dársela con queso a alguien; **du wirst noch dein** ~**es Wunder erleben** te vas a llevar la sorpresa de tu vida
❷ (*fam: betrunken*) borracho, como una cuba, jumado *Am*, jumo *Am*, bolo *MAm*

Blau *nt* <-s, -> azul *m*; **ein kräftiges** ~ un azul muy intenso
Blaualge *f* <-, -n> alga *f* azul
blauäugig ['blaʊʔɔɪɡɪç] *adj* ❶ (*mit blauen Augen*) de ojos azules ❷ (*leichtgläubig*) crédulo, confiado
Blauäugigkeit *f* <-, *ohne pl*> (*Naivität*) ingenuidad *f*, inocencia *f*
Blaubeere *f* <-, -n> arándano *m*
blaublütig *adj* de sangre azul; ~ **sein** tener sangre azul
Blaue[1] ['blaʊə] *nt* <-n> azul *m*; **das** ~ **vom Himmel versprechen** prometer el oro y el moro; **eine Fahrt ins** ~ **machen** hacer un viaje al azar; **ins** ~ **hinein reden** hablar sin ton ni son
Blaue(r)[2] *m* <-n, -n> (*fam*) billete *m* de cien marcos
Bläue ['blɔɪə] *f* <-, *ohne pl*> (*color m*) azul *m*
Blaufelchen *nt* <-s, -> (ZOOL) farra *f*, ferra *f*
Blaufuchs *m* <-es, -füchse> (ZOOL) zorro *m* azul
blaugrau *adj* gris azulado
blaugrün *adj* verde azulado
Blauhelm *m* <-(e)s, -e> (*UNO-Soldat*) casco *m* azul; **Blauhelm-Mission** *f* <-, -en> (POL, MIL) misión *f* de los cascos azules [*o* de la ONU]
blaukariert *adj s.* **kariert**
Blaukraut *nt* <-(e)s, *ohne pl*> (*südd, Österr: Rotkohl*) (col *f*) lombarda *f*
bläulich ['blɔɪlɪç] *adj* azulado
Blaulicht *nt* <-(e)s, -er> luz *f* azul, sirena *f*
blau|machen *vi* (*fam: Schule*) fumarse la clase, hacer pellas; (*Arbeit*) no ir al trabajo
Blaumann *m* <-(e)s, -männer> (*fam: Arbeitsanzug*) mono *m* azul; **Blaumeise** *f* <-, -n> (ZOOL) herrerillo *m*; **Blaupapier** *nt* <-s, -e> papel *m* de calco azul; **Blaupause** *f* <-, -n> fotocalco *m* azul, cianotipo *m*
blaurot *adj* amoratado; ~ **anlaufen** amoratarse
Blausäure *f* <-, *ohne pl*> (CHEM) ácido *m* cianhídrico
Blauschimmelkäse *m* <-s, -> (GASTR) queso *m* azul
blauschwarz *adj* negro azulado
Blaustich *m* <-(e)s, *ohne pl*> (FOTO) color *m* azulado; **einen** ~ **haben** tirar a azul
blaustichig *adj* (FOTO) de dominante azul
Blaustift *m* <-(e)s, -e> lápiz *m* azul; **Blaustrumpf** *m* <-(e)s, -strümpfe> (*alt abw: gelehrt wirkend*) marisabidilla *f*; **Blausucht** *f* <-, *ohne pl*> (MED) cianosis *f inv*; **Blautanne** *f* <-, -n> (BOT) abeto *m* blanco; **Blauwal** *m* <-(e)s, -e> ballena *f* azul
Blazer ['blɛːzɐ, 'blɛɪzɐ] *m* <-s, -> blázer *m*
Blech[1] [blɛç] *nt* <-(e)s, -e> (*fam: Unsinn*) disparates *mpl*, tontería *f*
Blech[2] *nt* <-(e)s, -e> ❶ (*Metallplatte*) chapa *f* de metal; (*Weiß*~) (hoja)lata *f* ❷ (*Back*~) bandeja *f* del horno
Blechbläser(in) *m(f)* <-s, -; -, -nen> (MUS) instrumentista *mf* de metal; **Blechblasinstrument** *nt* <-(e)s, -e> instrumento *m* de metal; **Blechbüchse** *f* <-, -n>, **Blechdose** *f* <-, -n> lata *f*
blechen ['blɛçən] *vi, vt* (*fam*) apoquinar, sacudir(se) el bolsillo
blechern ['blɛçɐn] *adj* ❶ (*Material*) de hojalata ❷ (*Klang*) metálico
Blechgeschirr *nt* <-(e)s, *ohne pl*> vajilla *f* de hojalata; **Blechinstrument** *nt* <-(e)s, -e> (MUS) instrumento *m* de metal; **Blechkanister** *m* <-s, -> bidón *m* de hojalata; **Blechkiste** *f* <-, -n> (*fam abw: Auto*) cuatrolatas *m inv*; **und diese** ~ **nennst du Wagen?** ¿y a ese montón de chatarra lo llamas coche?; **Blechlawine** *f* <-, -n> (*fam*) avalancha *f* de coches, caravana *f*; **Blechmusik** *f* <-, -en> (*abw*) charanga *f*; **Blechnapf** *m* <-(e)s, -näpfe> escudilla *f* de hojalata; **Blechschaden** *m* <-s, -schäden> (AUTO) daños *mpl* de carrocería; **Blechschere** *f* <-, -n> tijera(s) *f(pl)* para cortar lata, cizalla *f*; **Blechtrommel** *f* <-, -n> tambor *m* de hojalata
blecken ['blɛkən] *vt*: **die Zähne** ~ enseñar los dientes
Blei [blaɪ] *nt* <-(e)s, *ohne pl*> (CHEM) plomo *m*; **es liegt mir wie** ~ **im Magen** me ha caído como una piedra en el estómago; (*fig*) tengo un gran pesar sobre mí
Bleiakku *m* <-s, -s> (TECH) acumulador *m* a base de plomo
Bleibe ['blaɪbə] *f* <-, -n> alojamiento *m*; **keine** ~ **haben** no tener dónde alojarse; **eine** ~ **suchen** buscar alojamiento
bleiben ['blaɪbən] <bleibt, blieb, geblieben> *vi sein* ❶ (*nicht weggehen*) quedarse; ~ **Sie am Apparat!** ¡no cuelgue!; **hängen** ~ (*an einem Ort*) quedarse; (*Wissen*) quedar en la memoria; (*Schüler*) suspender; **an etw hängen** ~ (*kleben*) pegarse en algo; (*sich verhaken*) engancharse en algo; **alles bleibt an mir hängen** todo me toca a mí; **bleib doch noch ein bisschen!** ¡quédate un poco más!; **wo bleibt er nur so lange?** ¿dónde se ha metido todo este rato?; **das bleibt unter uns!** esto queda entre nosotros; **sieh zu, wo du bleibst!** ¡apáñatelas como puedas!
❷ (*nicht ändern*) mantener; (*beharren*) perseverar; **gleich** ~ no cambiar; **das bleibt sich gleich** eso no importa, sale comido por lo servido *fam*; **er bleibt bei seiner Behauptung, dass ...** mantiene su afirmación de que...; **es bleibt dabei** no hay cambios; **hier ist alles beim Alten geblieben** aquí sigue todo como antes; **die Frage blieb unbeantwortet** la pregunta quedó sin respuesta; **er ist derselbe geblieben** no ha cambiado; **er ist und bleibt ein Ganove** ha sido y es un bandido; **am Leben** ~ quedar con vida; **wenn das Wetter so bleibt** si el tiempo se mantiene; **liegen** ~ (*Person*) quedarse tumbado; (*im Bett*) quedarse en cama; (*vergessen werden*) ser olvidado; (*nicht verkauft werden*) no venderse; (*Auto*) quedar tirado; (*Arbeit*) quedar sin hacer; **offen** ~ (*Tür, Fenster*) quedar abierto; (*Frage*) quedar pendiente; ~ **Sie doch sitzen!** ¡quédese sentado!; **stehen** ~ quedarse de pie, (*anhalten*) detenerse, pararse; **die Uhr ist stehen geblieben** el reloj se ha parado; **bei welchem Text waren wir stehen geblieben?** ¿en qué texto nos habíamos quedado?; **der Satz bleibt jetzt so stehen** la frase se queda así; **stecken** ~ (*festsitzen*) quedar fijo; (*im Schlamm*) quedar atascado; (*fam: beim Sprechen*) atascarse
❸ (*anhalten*) seguir, continuar; **das bleibt abzuwarten** hay que esperar; **es bleibt mir nichts weiter zu tun, als ...** no me queda otro remedio que...
bleibend *adj* duradero, persistente; **ein Geschenk von** ~**em Wert** un regalo de valor duradero; **eine** ~**de Erinnerung** un recuerdo para siempre
bleiben|lassen *irr vt s.* **lassen**[2] 3.
Bleiberecht *nt* <-(e)s, *ohne pl*> (POL) derecho *m* de permanencia; **Bleibeschutz** *m* <-es, *ohne pl*> (POL) protección *f* de permanencia [*o* de estancia]
bleich [blaɪç] *adj* pálido
bleichen[1] *vt* (*Wäsche*) blanquear; (*entfärben*) desteñir; (*Haare*) oxigenar
bleichen[2] <bleicht, bleichte *o* blich, gebleicht *o* geblichen> *vi sein* (*seine Farbe verlieren*) desteñirse
Bleichgesicht *nt* <-(e)s, -er> (*fam: blasser Mensch*) persona *f* pálida; (*Weißer*) rostro *m* pálido
bleichgesichtig *adj* (*fam*) blanco de cara; **seit ihrer langen Krankheit war sie** ~ desde su enfermedad se ha quedado muy blanca de cara [*o* se le ha quedado la cara muy pálida]
Bleichmittel *nt* <-s, -> descolorante *m*; **Bleichschnabel** *m* <-s, -schnäbel> (*südd, Schweiz: iron*) rostro *m* pálido, calamar *m*; **bist du nicht im Urlaub gewesen, du** ~? ¿es que no has ido de vacaciones, rostro pálido?; **Bleichsucht** *f* <-, *ohne pl*> (MED) palescencia *f*
bleiern ['blaɪɐn] *adj* ❶ (*Material*) de plomo ❷ (*Langeweile*) plúmbeo, pesado ❸ (*geh: bleifarben*) plomizo
Bleierz *nt* <-es, -e> mineral *m* de plomo; **Bleifarbe** *f* <-, -n> pintura *f* de plomo
bleifrei *adj* sin plomo; **Super** ~ gasolina super sin plomo
Bleifuß *m* <-es, -füße>: **mit** ~ **fahren** acelerar continuamente; **Bleigießen** *nt* <-s, *ohne pl*> costumbre *f* en la Nochevieja de derretir plomo, echarlo en agua fría y pronosticar el porvenir de las formas resultantes; **Bleiglanz** *m* <-es, *ohne pl*> galena *f*, espejado *m Am*
bleihaltig *adj* plomífero, plúmbico
Bleikristall *nt* <-(e)s, *ohne pl*> cristal *m* de Bohemia; **Bleikugel** *f* <-, -n> perdigón *m*; **Bleimantel** *m* <-s, -mäntel> cubierta *f* de plomo; **Bleisatz** *m* <-es, *ohne pl*> (TYPO) composición *f* de plomo
bleischwer *adj* pesado como el plomo
Bleistift *m* <-(e)s, -e> lápiz *m*; **mit** ~ **schreiben** escribir con lápiz; **Bleistiftabsatz** *m* <-es, -sätze> tacón *m* de aguja; **Bleistiftspitzer** *m* <-s, -> sacapuntas *m inv*, afilalápices *m inv*; **Bleistiftzeichnung** *f* <-, -en> dibujo *m* a lápiz
Bleivergiftung *f* <-, -en> (MED) intoxicación *f* causada por plomo
bleiverglast *adj* (KUNST) emplomado; **die** ~**en Kirchenfenster müssen ausgebessert werden** hay que reparar las vidrieras emplomadas [*o* el emplomado] de la iglesia
Bleiverglasung *f* <-, -en> emplomado *m* de vidriera

Bleiweiß *nt* <-(es), -> blanco *m* de plomo, albayalde *m*
Blende ['blɛndə] *f* <-, -n> ❶ (*Lichtschutz*) pantalla *f*, quitasol *m* ❷ (FOTO) diafragma *m* ❸ (*an Fassaden*) puerta *f* ciega, ventana *f* ciega; (*an Kleidung*) tira *f* de tela (de adorno), franja *f* de tela (de adorno)
blenden ['blɛndən] **I.** *vi* (*Licht, Sonne*) deslumbrar, cegar **II.** *vt* ❶ (*beeindrucken*) impresionar, deslumbrar ❷ (*blind machen*) cegar
Blendenautomatik *f* <-, -en> (FOTO) diafragma *m* automático
blendend *adj* ❶ (*großartig*) magnífico, estupendo; **sich ~ amüsieren/unterhalten** divertirse/entretenerse estupendamente ❷ (*strahlend*) deslumbrante, cegador; **~ weiß** blanco deslumbrante; **~ aussehen** estar deslumbrante; **~er Schimmer** brillo cegador
blendendweiß *adj s*. **blendend**
Blender(in) *m(f)* <-s, -; -, -nen> efectista *mf*
blendfrei *adj* (TECH) antideslumbrante
Blendschutz *m* <-es, *ohne pl*> protección *f* antideslumbrante; **Blendschutzzaun** *m* <-(e)s, -zäune> seto *m* antideslumbrante, valla *f* antideslumbrante
Blendung *f* <-, -en> deslumbramiento *m*
Blendwerk *nt* <-(e)s, -e> (*geh abw*) artificio *m*; **früher hielten die Menschen einige Naturphänomene für ~e des Teufels** antiguamente la gente consideraba algunos fenómenos naturales artificios [*o* ardides] del diablo
Blesse ['blɛsə] *f* <-, -n> estrella *f*, lucero *m*
Blesshuhnᴿᴿ *nt* <-(e)s, -hühner>, **Bleßhuhn** *nt* <-(e)s, -hühner> focha *f*
Blessur [blɛ'su:ɐ] *f* <-, -en> (*geh*) herida *f*
bleu [blø:] *adj* azul claro
blich (*alt*) *3. imp von* **bleichen**
Blick¹ [blɪk] *m* <-(e)s, -e> (*Hinsehen, Ausdruck*) mirada *f*; (*kurz*) vistazo *m*, ojeada *f*; **alles auf einen ~** todo de una sola mirada; **einen ~ auf etw werfen** echar un vistazo a algo; **einen ~ riskieren** echar una mirada rápida, mirar de reojo; **einen ~ für etw haben** tener buen ojo para algo; **keinen ~ für etw haben** no entender de algo; **auf den ersten ~** a primera vista; **jdn keines ~es würdigen** hacer caso omiso de alguien; **sie erwiderte seine ~e** le devolvió la mirada; **wenn ~e töten könnten!** si las miradas mataran…
Blick² *m* <-(e)s, *ohne pl*> (*Aussicht*) vista *f*, panorama *m*; **mit ~ auf den Dom** con vistas a la catedral
blicken ['blɪkən] *vi* mirar; **weit ~d** previsor; (*scharfsinnig*) clarividente, perspicaz; **sie blickte zur Seite** miró hacia un lado; **sich ~ lassen** aparecer
Blickfang *m* <-(e)s, -fänge> centro *m* de atención, blanco *m* de las miradas; **Blickfeld** *nt* <-(e)s, -er> campo *m* visual; **ins ~ geraten** llamar la atención; **Blickkontakt** *m* <-(e)s, -e> contacto *m* visual; **Blickpunkt** *m* <-(e)s, -e> centro *m* de interés; (*Gesichtspunkt*) punto *m* de vista; **im ~ stehen** ser el centro de atención; **Blickrichtung** *f* <-, -en> ❶ (*des Blicks*) dirección *f*; **in ~ (nach) Süden** en dirección sur ❷ (*Aspekt*) perspectiva *f*; **aus dieser ~ habe ich die Sache noch gar nicht betrachtet** no había mirado el asunto desde esta perspectiva; **die ~ wechseln** cambiar de perspectiva; **Blickwinkel** *m* <-s, -> ángulo *m* visual, punto *m* de vista; **unter diesem ~** (*fig*) bajo ese aspecto
blieb [bli:p] *3. imp von* **bleiben**
blies [bli:s] *3. imp von* **blasen**
blind [blɪnt] *adj* ❶ (*a. fig: ohne Sehvermögen*) ciego; **auf einem Auge ~** tuerto; **auf dem rechten Auge ~** tuerto del ojo derecho; **~ geboren** ciego de nacimiento; **~ werden** perder la vista; **~er Gehorsam** obediencia ciega; **~ vor Eifersucht/Hass** cegado por los celos/el odio; **~ vor Wut** ciego de ira; **~ fliegen** (AERO) volar a ciegas [*o* sin visibilidad]; **jdm ~ vertrauen** confiar en alguien ciegamente; **bist du ~?** (*fam*) ¿no tienes ojos en la cara? ❷ (*maßlos*) desmedido, sin límites; **~er Eifer schadet nur** (*prov*) quien mucho abarca, poco aprieta ❸ (*Spiegel*) empañado
Blindband *m* <-(e)s, -bände> (TYPO) maqueta *f* de libro; **Blindbewerbung** *f* <-, -en> solicitud *f* enviada a ciegas
Blinddarm *m* <-(e)s, -därme> (ANAT) apéndice *m*; **Blinddarmentzündung** *f* <-, -en> apendicitis *f inv*; **Blinddarmoperation** *f* <-, -en> (MED) operación *f* del apéndice
Blind Date [blaɪnt dɛɪt] *nt* <- -(s), - -s> cita *f* a ciegas
Blinde(r) *mf* <-n, -n; -n, -n> ciego, -a *m*, *f*; **das sieht doch ein ~r!** ¡esto lo ve hasta un ciego!
Blindekuh ['---] *f*: **~ spielen** jugar a la gallina ciega; **Blindekuhspiel** *nt* <-(e)s, -e> (juego *m* de la) gallina *f* ciega
Blindenhund *m* <-(e)s, -e> (perro *m*) lazarillo *m*; **Blindenschrift** *f* <-, *ohne pl*> (alfabeto *m*) Braille *m*, escritura *f* Braille
blind|fliegen *irr vi sein s*. **blind 1.**

Blindflug *m* <-(e)s, -flüge> vuelo *m* sin visibilidad
Blindgänger¹ ['blɪntgɛŋɐ] *m* <-s, -> (*Geschoss*) proyectil *m* sin estallar
Blindgänger(in)² *m(f)* <-s, -; -, -nen> (*fam: Versager*) fracasado, -a *m*, *f*
blindgeboren *adj s*. **blind 1.**
blindgläubig **I.** *adj* llevado por una fe ciega **II.** *adv* con fe ciega; **jedem Menschen vertraut sie ~** confía ciegamente en todo el mundo; **~ führten sie seine Befehle aus** ejecutaron sus órdenes con una fe ciega
Blindheit *f* <-, *ohne pl*> ceguera *f*, ceguedad *f*; **angeborene ~** ceguera de nacimiento; **mit ~ geschlagen sein** tener una venda en los ojos
Blindlandung *f* <-, -en> (AERO) aterrizaje *m* sin visibilidad [*o* con instrumentos]
blindlings ['blɪntlɪŋs] *adv* (*unvorsichtig*) sin precaución, imprudentemente; (*unüberlegt*) a ciegas, sin pensar; (*ins Ungewisse*) al azar; **jdm ~ gehorchen** obedecer a alguien a ciegas
Blindschleiche ['blɪntʃlaɪçə] *f* <-, -n> lución *m*
blindwütig *adj* rabioso, furioso
blinken ['blɪŋkən] *vi* ❶ (*funkeln*) fulgurar; (*Stern*) centellear ❷ (*Blinkzeichen geben*) destellar ❸ (AUTO) poner el intermitente; **rechts ~** poner el intermitente derecho
Blinker *m* <-s, -> ❶ (AUTO) intermitente *m* ❷ (*zum Angeln*) cebo *m* metálico destellante
Blinkerhebel *m* <-s, -> (AUTO) palanca *f* del intermitente
Blinkfeuer *nt* <-s, -> (NAUT) faro *m* intermitente; **Blinklicht** *nt* <-(e)s, -er> (*luz f*) intermitente *m*; **Blinkzeichen** *nt* <-s, -> señal *f* (luminosa) intermitente; **~ geben** dar el intermitente
blinzeln ['blɪntsəln] *vi* parpadear
Blisterpackung *f* <-, -en> cubierta *f* transparente, envoltura *f* transparente
Blitz [blɪts] *m* <-es, -e> ❶ (PHYS, METEO) rayo *m*; (*zwischen Wolken*) relámpago *m*; **der ~ schlägt ein** el rayo cae; **die Nachricht schlug wie ein ~ ein** la noticia cayó como un rayo; **wie ein geölter ~** (*fam*) como un rayo, como una flecha, como un celaje *Am*; **wie vom ~ getroffen** como tocado por el rayo ❷ (FOTO) flash *m*
Blitzableiter *m* <-s, -> pararrayos *m inv*; **Blitzaktion** *f* <-, -en> acción *f* relámpago
blitzartig *adj* fulminante, veloz como un rayo
blitzblank ['-'-] *adj* reluciente, brillante, resplandeciente
blitzen *vi* ❶ (*strahlen*) brillar, relucir ❷ (FOTO: *fam*) utilizar un flash; **wir sind zu schnell gefahren und prompt geblitzt worden** hemos corrido mucho y nos ha pillado el radar ❸ (*beim Gewitter*) relampaguear; **es blitzt und donnert** hay truenos y relámpagos
Blitzesschnelle *f* <-, *ohne pl*> rapidez *f* del rayo; **in/mit ~** como una centella, como un rayo [*o* un relámpago]
Blitzgerät *nt* <-(e)s, -e> (FOTO) flash *m*
blitzgescheit *adj* (*fam*) agudo, listísimo
Blitzgespräch *nt* <-(e)s, -e> (TEL) conversación *f* relámpago; **Blitzkarriere** *f* <-, -n> carrera *f* fulgurante [*o* vertiginosa]; **eine ~ machen** llevar una carrera vertiginosa; **Blitzkrieg** *m* <-(e)s, -e> guerra *f* relámpago
Blitzlicht *nt* <-(e)s, -er> (FOTO) flash *m*; **Blitzlichtbirne** *f* <-, -n> (FOTO) bombilla *f* para flash [*o* flas]; **Blitzlichtgerät** *nt* <-(e)s, -e> (FOTO) flash *m*; **Blitzlichtgewitter** *nt* <-s, -> (*fam*) lluvia *f* de flashes; **Blitzlichtwürfel** *m* <-s, -> (FOTO) *s*. **Blitzwürfel**
blitzsauber ['-'--] *adj* (*fam*) limpísimo, limpio como una patena
Blitzscheidung *f* <-, -en> divorcio *m* relámpago; **Blitzschlag** *m* <-(e)s, -schläge> rayo *m*
blitzschnell ['-'-] *adj* (*fam*) (rápido) como un rayo
Blitzschutzanlage *f* <-, -n> pararrayos *m inv*
Blitzstrahl *m* <-(e)s, -en> (*geh*) rayo *m*; **Blitzumfrage** *f* <-, -en> encuesta *f* de última hora [*o* relámpago]; **Blitzwürfel** *m* <-s, -> (FOTO) cubo *m* de flash
Blizzard ['blɪzɐt] *m* <-s, -s> ventisca *f*
Block¹ [blɔk, *pl*: blœkə] *m* <-(e)s, Blöcke> ❶ (*Stein*) bloque *m* ❷ (POL) bloque *m*
Block² *m* <-(e)s, -s *o* Blöcke> ❶ (*Häuser~*) manzana *f*, bloque *m*; **einmal um den ~ laufen** dar una vuelta a la manzana ❷ (*Schreib~*) bloc *m*
Block³ *m* <-(e)s, -s> ❶ (*Basketball*) bloque *m* ❷ (EISENB) bloqueo *m*
Blockade [blɔ'ka:də] *f* <-, -n> bloqueo *m*; **eine ~ verhängen** imponer un bloqueo
Blockbildung *f* <-, -en> (POL) formación *f* de bloques; **Blockbuchstabe** *m* <-n(s), -n> letra *f* de imprenta; **Blockdiagramm** *nt* <-s, -e> (INFOR) diagrama *m* de bloques
blocken *vi*, *vt* (SPORT) bloquear

Blockflöte *f* <-, -n> flauta *f* dulce
blockfrei *adj* (POL) no alineado
Blockfreienbewegung *f* <-, -en> (POL) movimiento *m* de países no alineados
Blockfreiheit *f* <-, ohne *pl*> (POL) no alineación *f*; **Blockhaus** *nt* <-es, -häuser> casa *f* de troncos; **Blockhütte** *f* <-, -n> cabaña *f* de madera
blockieren* [blɔ'kiːrən] I. *vi* (*Räder, Bremsen*) bloquear
II. *vt* (*Zugang, Verkehr*) cerrar, bloquear
Blocksatz *m* <-es, ohne *pl*> (TYPO) composición *f* en forma de bloque; **Blockschema** *nt* <-s, -s *o* -ta *o* -schemen> esquema *m* en bloques; **Blockschokolade** *f* <-, -n> ≈chocolate *m* a la piedra; **Blockschrift** *f* <-, ohne *pl*> letra *f* de imprenta; **Blockstelle** *f* <-, -n> (EISENB) puesto *m* de bloqueo; **Blockstunde** *f* <-, -n> (SCH) bloque *m* (*dos horas de clase seguidas en una misma asignatura*); **morgen haben wir die ersten beiden Stunden Bio als ~** mañana tenemos en las dos primeras horas un bloque de Biología; **Blockunterricht** *m* <-(e)s, ohne *pl*> enseñanza *f* en bloque
Blockwart *m* <-(e)s, -e> (HIST: *Nationalsozialismus*) persona que durante el nazismo espiaba a sus vecinos
blöd(e) [bløːt, 'bløːdə] *adj* (*fam*) ❶ (*dumm*) tonto, bobo, apantallado *Mex*; **so ein ~er Kerl!** ¡qué tío más tonto!
❷ (*unangenehm*) fastidioso, tonto; **das ist eine ganz ~e Sache** es un asunto muy fastidioso; **lass dich nicht ~ anmachen!** (*fam*) ¡no te dejes enrollar mal!; **zu ~!** ¡lástima!
Blödelei¹ *f* <-, -en> (*fam: Bemerkung*) sandez *f*, chorrada *f*, parida *f*
Blödelei² *f* <-, ohne *pl*> (*fam: das Blödeln*) hacer el chorra *m*; **lass endlich diese ~!** ¡deja de hacer la chorra de una vez!
blödeln ['bløːdəln] *vi* hacer el tonto, tontear
blöderweise ['bløːdə'vaɪzə] *adv* infelizmente, desgraciadamente
Blödhammel *m* <-s, – *o* -hämmel> (*fam*) gilipollas *m inv*
Blödheit¹ *f* <-, ohne *pl*> (*Schwachsinnigkeit*) imbecilidad *f*
Blödheit² *f* <-, -en> (*törichte Handlung*) estupidez *f*, tontería *f*
Blödian ['bløːdiaːn] *m* <-s, -e> (*fam*) tonto *m* perdido, gilipollas *m inv*
Blödmann *m* <-(e)s, -männer> imbécil *m*; (*Schimpfwort*) gilipollas *m inv*; **Blödsinn** *m* <-(e)s, ohne *pl*> (*fam*) disparate *m*, tontería *f*, gilipollez *f*, pavada *f CSur*; **mach keinen ~!** ¡no hagas tonterías!; **er redet nur ~** sólo dice pamplinadas [*o* pamplinas]; **komm mir nicht mit so einem ~** no me vengas con pamplinas
blödsinnig *adj* ❶ (*schwachsinnig*) imbécil
❷ (*fam: blöd*) idiota, imbécil; **so ein ~er Text!** ¡vaya texto más idiota!
blöken ['bløːkən] *vi* balar
blond [blɔnt] *adj* rubio; **ein ~es Bier** (*fam*) una cerveza rubia; **~ gefärbt** teñido de rubio, rubio teñido; **~ gefärbte Haare** pelo teñido de rubio; **~ gelockt** con rizos rubios
Blond *nt* <-s, -s> rubio *m*; **ihr Haar ist von einem dunklen ~** tiene el pelo de un rubio oscuro
Blonde(r) *mf* <-n, -n; -n, -n> rubio, -a *m, f*
blondgefärbt *adj s.* **blond**
blondgelockt *adj s.* **blond**
blondieren* *vt* teñir de rubio, oxigenar
Blondine [blɔn'diːnə] *f* <-, -n> rubia *f*
bloß [bloːs] I. *adj* ❶ (*unbedeckt*) descubierto; (*nackt*) desnudo; **mit ~em Oberkörper stand er auf der Bühne** estaba en el escenario con el pecho descubierto
❷ (*nichts als*) puro, mero; **seine ~e Anwesenheit** su pura presencia; **mit ~em Auge** a simple vista; **der ~e Gedanke macht mich nervös** sólo pensar en ello, me pone nervioso; **aus ~er Neugier** por pura curiosidad
II. *adv* (*fam: nur*) únicamente, sólo; **er macht das ~ um mich zu ärgern** lo hace únicamente para enfadarme; **lass das ~!** ¡no se te ocurra meterte en eso!; **was hast du ~?** ¿pero qué te pasa?; **sag ~!** ¡no me digas!; **nicht jetzt!** ¡todo menos ahora!
Blöße ['bløːsə] *f* <-, -n> ❶ (*geh: Nacktheit*) desnudez *f*
❷ (*Schwachstelle*) punto *m* débil, flaqueza *f*; **sich** *dat* **eine ~ geben** mostrar su punto débil
bloß|legen *vt* sacar a la luz, descubrir
bloß|liegen *irr vi sein* (*unbedeckt*) yacer al descubierto; (*Geheimnis, Fund*) quedar al descubierto, salir a la luz
bloß|stellen I. *vt* (*Person*) desenmascarar, zarandear *Am*
II. *vr:* **sich ~** exponerse
bloß|strampeln *vr:* **sich ~** destaparse (a fuerza de patalear); **in der Nacht strampelte sich der Säugling bloß** por la noche el bebé pataleó hasta acabar destapado
Blouson [bluˈzɔ̃ː] *m o nt* <-(s), -s> cazadora *f*
Blow-out [blɔʊˈʔaʊt] *m* <-s, -s> reventón *m*
blubbern ['blʊbɐn] *vi* (*fam*) burbujear
Blücher ['blyçɐ]: **rangehen wie ~** (*fam*) ir a por todas
Bluejeans *f(pl)*, **Blue Jeans**^RR ['bluːdʒiːns] *f(pl)* vaquero(s) *m(pl)*, tejano(s) *m(pl)*, jeans *m(pl)*
Blues [bluːs] *m* <-, -> (MUS) blues *m inv*
Bluff [blʊf] *m* <-s, -s> (*abw*) fanfarronada *f*, farol *m*, bolazo *m RíoPl*
bluffen ['blʊfən, 'blœfən] *vi* (*abw*) fanfarronear, tirarse un farol, blofear *MAm, Mex*
blühen ['blyːən] *vi* ❶ (*Pflanzen*) florecer, florear *Am*
❷ (*Geschäft, Handel*) prosperar, florecer, florear *Am*
❸ (*fam: bevorstehen*) suceder, pasar; **das kann mir auch noch ~** esto también me puede suceder a mí
blühend ['blyːənt] *adj* ❶ (*Pflanze, Sprache*) florido; (*Frau*) fresco, rozagante; (*Gesichtsfarbe*) saludable
❷ (*Geschäft, Stadt*) próspero, floreciente; (*Fantasie*) exuberante; **sie starb im ~en Alter** murió en la flor de la vida
Blühet ['blyːət] *m* <-s, ohne *pl*> (*Schweiz: Blütezeit*) floración *f*, florescencia *f*
Blume ['bluːmə] *f* <-, -n> ❶ (BOT) flor *f*; **~n pflanzen/pflücken/säen** plantar/coger/sembrar flores; **die blaue ~** (LIT) la flor azul; **jdm etw durch die ~ sagen** soltar [*o* decir] una indirecta a alguien
❷ (*von Wein*) bouquet *m*, aroma *m*
❸ (*auf Bier*) espuma *f*
Blumenbank *f* <-, -bänke> alféizar *m* (de la ventana) lleno de flores, ventana *f* llena de flores; **Blumenbeet** *nt* <-(e)s, -e> arriate *m*, macizo *m* de flores; **Blumenerde** *f* <-, -n> tierra *f* para plantas, su(b)strato *m* vegetal; **Blumenfrau** *f* <-, -en> florista, vendedora *f* de flores; **Blumengeschäft** *nt* <-(e)s, -e> floristería *f*, tienda *f* de flores
blumengeschmückt *adj* adornado con flores
Blumenhändler(in) *m(f)* <-s, -; -, -nen> florista *mf*; **Blumenkasten** *m* <-s, -kästen> jardinera *f*, macetero *m Am*; **Blumenkohl** *m* <-(e)s, ohne *pl*> coliflor *f*; **Blumenladen** *m* <-s, -läden> floristería *f*; **Blumenmädchen** *nt* <-s, -> florista *f*; **Blumenmann** *m* <-(e)s, -männer> florista *m*, vendedor *m* de flores; **Blumenmuster** *nt* <-s, -> estampado *m* de flores, flores *fpl* estampadas; **diese Vorhänge haben ein ~ aus Seerosen** estas cortinas tienen un estampado de nenúfares; **Blumenständer** *m* <-s, -> macetero *m*, jardinera *f*; **Blumenstock** *m* <-(e)s, -stöcke> planta *f* (en maceta); **ich schenke ihr lieber einen ~ als einen Blumenstrauß** prefiero regalarle una planta antes que un ramo de flores; **Blumenstrauß** *m* <-es, -sträuße> ramo *m* de flores, maceta *f Chil*; **Blumentopf** *m* <-(e)s, -töpfe> maceta *f*, tiesto *m*; **damit kannst du hier aber keinen ~ gewinnen** con eso no llegarás a nada; **Blumenvase** *f* <-, -n> florero *m*; **Blumenzwiebel** *f* <-, -n> bulbo *m*
blumig ['bluːmɪç] *adj* ❶ (*Wein*) con bouquet, con aroma
❷ (*Stil*) florido; (*abw*) amanerado
Bluse ['bluːzə] *f* <-, -n> blusa *f*
Blust [bluːst, blʊst] *m o nt* <-(e)s, ohne *pl*> (*Schweiz: Blüte*) flor *f*; (*Blütezeit*) floración *f*
Blut [bluːt] *nt* <-(e)s, ohne *pl*> sangre *f*; **~ bildend** (MED) hematopoyético; **blaues ~ haben** tener sangre azul; **jdm ~ abnehmen** sacar [*o* extraer] sangre a alguien; **es floss ~** corrió la sangre; **er kann kein ~ sehen** no puede ver la sangre; **ruhig ~ bewahren** guardar la sangre fría; **böses ~ machen** (*fig*) hacer mala sangre, pudrir la sangre; **jdn bis aufs ~ reizen** pudrirle [*o* quemarle] la sangre a alguien; **~ vergießen** derramar sangre; **etw liegt jdm im ~** alguien lleva algo en la sangre; **~ und Wasser schwitzen** (*fam*) sudar la gota gorda; **jdm gefriert das ~ in den Adern** a alguien se le hiela la sangre en las venas; **er hat ~ geleckt** (*fam*) ha tomado gusto; **unsere Firma braucht frisches ~** (*fig*) nuestra empresa necesita gente joven
Blutabnahme *f* <-, -n> extracción *f* de sangre
Blutalkohol *m* <-s, ohne *pl*>, **Blutalkoholgehalt** *m* <-(e)s, ohne *pl*> contenido *m* de alcohol en la sangre; **zu hoher ~** demasiado alcohol en la sangre; **Blutalkoholspiegel** *m* <-s, -> (MED) prueba *f* de alcoholemia
Blutandrang *m* <-(e)s, ohne *pl*> congestión *f* sanguínea
blutarm *adj* (MED) anémico
Blutarmut *f* <-, ohne *pl*> (MED) anemia *f*; **Blutbad** *nt* <-(e)s, -bäder> derramamiento *m* de sangre, baño *m* de sangre; **ein ~ anrichten** provocar un derramamiento de sangre; **Blutbahn** *f* <-, -en> (ANAT) vasos *mpl* sanguíneos, sistema *m* circulatorio; **in die ~ geraten** introducirse en el sistema circulatorio [*o* en la sangre]; **Blutbank** *f* <-, -en> (MED) banco *m* de sangre
blutbefleckt *adj* lleno de sangre, ensangrentado
blutbeschmiert *adj* ensangrentado; (*bedeckt*) cubierto de sangre; (*getränkt*) empapado de sangre; (*befleckt*) manchado de sangre; **er wechselte den ~en Verband** cambió el vendaje empapado de sangre
Blutbild *nt* <-(e)s, -er> cuadro *m* hemático, cuadro *m* sanguíneo; **rotes/weißes ~** (MED) cuadro hemático rojo/blanco
blutbildend *adj s.* **Blut**
Blutbildung *f* <-, ohne *pl*> (MED) formación *f* de sangre; **Blutblase** *f* <-, -n> ampolla *f* sanguinolenta

Blutbuche *f* <-, -n> (BOT) haya *f* purpúrea
Blutdruck *m* <-(e)s, *ohne pl*> (MED) tensión *f* arterial, presión *f* sanguínea; **hohen/niedrigen ~ haben** tener la tensión alta/baja; **den ~ messen** tomar la tensión; **Blutdruckmesser** *m* <-s, -> (MED) tonómetro *m*; **Blutdruckmessgerät**^RR *nt* <-(e)s, -e> (MED) esfigmomanómetro *m*
blutdrucksenkend I. *adj* hipotensor; **Knoblauch enthält eine ~e Substanz** el ajo contiene una sustancia hipotensora
II. *adv* de efecto hipotensor; **~ wirken** tener efectos hipotensores
Blüte¹ ['bly:tə] *f* <-, -n> ❶ (BOT) flor *f*; **seltsame ~n treiben** (*fig*) tomar proporciones alarmantes
❷ (*fam: Banknote*) billete *m* falso [*o* falsificado]
Blüte² *f* <-, *ohne pl*> ❶ (*das Blühen*) floración *f*; **die Bäume stehen in voller ~** los árboles están en plena floración
❷ (*Wohlstand*) prosperidad *f*, florecimiento *m*
❸ (*Höhepunkt*) florecimiento *m*, apogeo *m*; **Kunst und Wissenschaft standen in hoher ~** las artes y las ciencias estaban en pleno florecimiento
Blutegel ['blu:tʔeːɡəl] *m* <-s, -> sanguijuela *f*
bluten ['bluːtən] *vi* sangrar; **mir blutet das Herz** (*fig*) se me rompe [*o* desgarra] el corazón
Blütenbecher *m* <-s, -> (BOT) fritilaria *f*, cúpula *f*; **Blütenblatt** *nt* <-(e)s, -blätter> pétalo *m*; **Blütenhonig** *m* <-s, -e> miel *f* de flores
Blütenkelch *m* <-(e)s, -e> (BOT) cáliz *m*; **Blütenkelchblatt** *nt* <-(e)s, -blätter> (BOT) sépalo *m* del cáliz
Blütenknospe *f* <-, -n> capullo *m* (de flor), botón *m*; **Blütenpflanze** *f* <-, -n> (ÖKOL) fanerógama *f*; **Blütenstand** *m* <-(e)s, -stände> (BOT) inflorescencia *f*; **männlicher/weiblicher ~** inflorescencia masculina/femenina; **Blütenstaub** *m* <-(e)s, *ohne pl*> polen *m*
Blutentnahme *f* <-, -n> (MED) extracción *f* de sangre
blütenweiß *adj* blanquísimo, blanco como la flor de almendro
Blütenzweig *m* <-(e)s, -e> rama *f* florida [*o* florecida]
Bluter(in) ['bluːtɐ] *m(f)* <-s, -; -, -nen> (MED) hemofílico, -a *m, f*
Bluterguss^RR ['bluːtʔɛɐɡʊs] *m* <-es, -güsse> (MED) derrame *m* sanguíneo, hematoma *m*
Bluterin *f* <-, -nen> *s.* **Bluter**
Bluterkrankheit ['bluːtɐ-] *f* <-, -en> (MED) hemofilia *f*
Blutersatzmittel *nt* <-s, -> sustitutivo *m* sanguíneo
Blütezeit *f* <-, -en> floración *f*; (*fig*) apogeo *m*
Blutfaktor *m* <-s, -en> (MED) factor *m* sanguíneo; **~ VIII** factor sanguíneo VIII; **Blutfarbstoff** *m* <-(e)s, -e> (MED) hemoglobina *f*; **Blutfettwerte** *mpl* índices *mpl* de albúmina; **Blutfleck** *m* <-(e)s, -e> mancha *f* de sangre; **Blutgefäß** *nt* <-es, -e> (ANAT) vaso *m* sanguíneo; **Blutgerinnsel** *nt* <-s, -> coágulo *m* de sangre; **Blutgerinnung** *f* <-, *ohne pl*> (MED) coagulación *f* de la sangre
blutgierig *adj* (*geh*) sanguinario, sediento de sangre; (*a. fig*) cruel
Blutgruppe *f* <-, -n> (MED) grupo *m* sanguíneo; **Blutgruppenbestimmung** *f* <-, -en> (MED) determinación *f* del grupo sanguíneo
Bluthochdruck *m* <-(e)s, *ohne pl*> (MED) hipertensión *f* arterial; **Bluthund** *m* <-(e)s, -e> perro *m* de presa; **Bluthusten** *m* <-s, -> (MED) tos *f* con expectoración sanguínea
blutig *adj* ❶ (*blutbefleckt*) ensangrentado
❷ (*Kampf*) sangriento
❸ (*verstärkend*) muy, mucho; **ein ~er Anfänger** un novato; **es ist mir ~er Ernst** lo digo muy en serio
blutjung ['--] *adj* muy joven; **damals war er noch ~** por aquel entonces era todavía muy joven
Blutkonserve *f* <-, -n> (MED) conserva *f* de sangre; **Blutkörperchen** ['bluːtkœrpəçən] *nt* <-s, -> glóbulo *m* de sangre, hematocito *m*; **Blutkrankheit** *f* <-, -en> (MED) enfermedad *f* de la sangre; **Blutkrebs** *m* <-es, -e> (MED) leucemia *f*; **Blutkreislauf** *m* <-(e)s, -läufe> (MED) circulación *f* sanguínea; **Blutlache** *f* <-, -n> charco *m* de sangre
blutleer *adj* exangüe, desangrado
Blutniederdruck *m* <-(e)s, *ohne pl*> (MED) presión *f* arterial baja; **Blutorange** *f* <-, -n> naranja *f* de sangre, sanguina *f*; **Blutplasma** *nt* <-s, -plasmen> (MED) plasma *m* sanguíneo
Blutplättchen ['bluːtplɛtçən] *nt* <-s, -> (MED) plaqueta *f* sanguínea, trombocito *m*; **Blutplättchenmangel** *m* <-s, *ohne pl*> (MED) escasez *f* de plaquetas sanguíneas
Blutpräparat *nt* <-(e)s, -e> (MED) preparado *m* de sangre; **Blutprobe** *f* <-, -n> (MED) prueba *f* de sangre; **Blutrache** *f* <-, *ohne pl*> vendetta *f*, venganza *f* sangrienta; **Blutrausch** *m* <-(e)s, -räusche> delirio *m* homicida
blutreinigend I. *adj* (MED) depurativo
II. *adv* (MED) de efecto depurativo [*o* depuratorio]; **~ wirken** tener efectos depurativos
blutrot ['--] *adj* rojo vivo [*o* de sangre]
blutrünstig ['bluːtrʏnstɪç] *adj* sangriento, sanguinario
Blutsauger *m* <-s, -> ❶ (*Tier*) sanguijuela *f* ❷ (*abw: Mensch*) sanguijuela *f*, vampiro *m*; **Blutsbruder** *m* <-s, -brüder> amigo *m* íntimo (*con el que la amistad se selló con sangre*); **Blutsbrüderschaft** *f* <-, *ohne pl*> hermandad *f* de sangre; **~ schließen** sellar la hermandad con sangre; **Blutschande** *f* <-, *ohne pl*> incesto *m*; **Blutschuld** *f* <-, *ohne pl*> (*geh*) crimen *m* cruento, asesinato *m* cruento; **er lud eine schwere ~ auf sich** manchó sus manos con un crimen; **Blutschwamm** *m* <-(e)s, -schwämme> (MED) angioma *m*; **Blutsenkung** *f* <-, -en> (MED) sedimentación *f* de sangre; **Blutserum** *nt* <-s, -seren *o* -sera> (MED) suero *m* sanguíneo; **Blutspende** *f* <-, -n> donación *f* de sangre; **Blutspenden** *nt* <-s, *ohne pl*> donación *f* de sangre; **Blutspender(in)** *m(f)* <-s, -; -, -nen> donante *mf* de sangre; **Blutspucken** *nt* <-s, *ohne pl*> (MED) expectoración *f* sanguínea; **Blutspur** *f* <-, -en> huella *f* de sangre
blutstillend *adj* hemostático
Blutstropfen *m* <-s, -> (MED) gota *f* de sangre
Blutstuhl *m* <-(e)s, -stühle> (MED) deposición *f* de sangre, melena *f*; **Blutsturz** *m* <-es, -stürze> (MED) hemorragia *f*; (*aus dem Mund*) vómito *m* de sangre; (*aus der Scheide*) hemorragia *f* vaginal; (*aus der Nase*) hemorragia *f* nasal
blutsverwandt *adj* consanguíneo
Blutsverwandte(r) *mf* <-n, -n; -n, -n> pariente *mf* consanguíneo, -a; **Blutsverwandtschaft** *f* <-, -en> (MED) parentesco *m* por consanguinidad
blutt *adj* (*Schweiz: nackt*) desnudo
Bluttat *f* <-, -en> acto *m* cruento, crimen *m* sangriento; (*Mord*) asesinato *m*
blütteln ['blʏtəln] *vi* (*Schweiz: sich nackt zeigen*) mostrarse [*o* exhibirse] desnudo
Bluttest *m* <-(e)s, -s> análisis *m inv* de sangre; **Bluttransfusion** *f* <-, -en> (MED) transfusión *f* de sangre
blutüberströmt ['bluːtyːbɐ(ˈ)ʃtrøːmt] *adj* bañado en sangre
Blutübertragung *f* <-, -en> (MED) transfusión *f* de sangre
Blutung *f* <-, -en> hemorragia *f*; **innere ~en** hemorragias internas; **die monatliche ~** la menstruación
Blutungsstörungen *fpl* perturbaciones *fpl* menstruales
blutunterlaufen ['bluːtʊntɐ(ˈ)laʊfən] *adj* inyectado en sangre
Blutuntersuchung *f* <-, -en> (MED) análisis *m inv* de sangre; **Blutvergießen** *nt* <-s, *ohne pl*> (*geh*) derramamiento *m* de sangre; **Blutvergiftung** *f* <-, -en> (MED) septicemia *f*, intoxicación *f* de la sangre; **Blutverlust** *m* <-(e)s, -e> (MED) pérdida *f* de sangre, hemorragia *f*; **Blutwäsche** *f* <-, -n> (MED) depuración *f* de la sangre; **Blutwurst** *f* <-, -würste> morcilla *f*; **Blutzirkulation** *f* <-, -en> (MED) circulación *f* sanguínea; **Blutzoll** *m* <-(e)s, *ohne pl*> (*geh*) tributo *m* de sangre; **einen hohen ~ fordern** costar mucha sangre, cobrarse muchas vidas
Blutzucker *m* <-s, *ohne pl*> (MED) glucemia *f*, glucosa *f* en la sangre; **Blutzuckerbestimmung** *f* <-, -en> (MED) determinación *f* de azúcar en la sangre; **Blutzuckermessgerät**^RR *nt* <-(e)s, -e> (MED) medidor *m* de azúcar en la sangre; **Blutzuckerspiegel** *m* <-s, -> (MED) nivel *m* de azúcar en la sangre; **einen hohen ~ haben** tener el azúcar muy alto
Blutzufuhr *f* <-, *ohne pl*> (MED) riego *m* sanguíneo
BLZ [beːʔɛlˈtsɛt] *f* (FIN) *Abk. von* **Bankleitzahl** código *m* de identificación bancaria
b-Moll *nt* <-s, *ohne pl*> (MUS) si *m* bemol menor
BMPT *nt* <-, *ohne pl*> *Abk. von* **Bundesministerium für Post und Telekommunikation** Ministerio *m* Federal de Correos y Telecomunicaciones
BMX-Rad [beːʔɛmˈʔɪksraːt] *nt* <-es, -Räder> bicicleta *f* BMX
BND [beːʔɛnˈdeː] *m* <-, *ohne pl*> *Abk. von* **Bundesnachrichtendienst** servicio *m* secreto de la República Federal de Alemania
Bö [bøː] *f* <-, -en> ráfaga *f*, racha *f*
Boa ['boːa] *f* <-, -s> (*a.* ZOOL) boa *f*
Bob [bɔp] *m* <-s, -s> (SPORT) bob(sleigh) *m*
Bobbahn *f* <-, -en> (SPORT) pista *f* de bobsleigh; **Bobfahrer(in)** *m(f)* <-s, -; -, -nen> (SPORT) corredor(a) *m(f)* de bobsleigh
Boccia *nt o f* <-, -s> bocha *f*, balero *m Am*
Bock [bɔk, *pl:* 'bœkə] *m* <-(e)s, Böcke> ❶ (ZOOL) macho *m* (*de cabras, ovejas, corzos...*); (*Ziegen~*) macho *m* cabrío; **einen ~ schießen** (*fig*) meter la pata
❷ (*fam: Mensch*) tío *m*, tipo *m*; **er ist ein geiler ~** es un viejo verde; **er ist ein sturer ~** es un tío tozudo
❸ (*fam: Lust*) gana(s) *f(pl)* (*auf* de); **er hat (keinen) ~ zu tanzen** (no) tiene ganas de bailar
❹ (SPORT) potro *m*
❺ (*Gestell*) caballete *m*
❻ (*Hebe~*) cabria *f*; (AUTO) gato *m*
❼ (*Kutsch~*) pescante *m*
bockbeinig *adj* (*fam*) tozudo, terco, testarudo
Bockbier *nt* <-(e)s, -e> cerveza *f* fuerte
bocken *vi* ❶ (*Kind*) ponerse terco [*o* tozudo]; (*Tier*) ponerse terco [*o*

bockig   **böig**

tozudo], empacarse *Am*
❷ (*Motor*) andar a trancas y barrancas
bockig *adj* tozudo, cabezota
Bockleiter *f* <-, -n> escalera *f* de tijera [*o* doble]
Bockmist *m* <-(e)s, *ohne pl*> (*fam*) chorradas *fpl*; ~ **machen** [*o* **bauen**] (*Unsinn machen*) hacer tonterías; (*etw verbocken*) joder el invento *vulg*; **wie kann man nur so einen ~ verzapfen!** ¡pero cómo se puede soltar tal sarta de chorradas!
Bocksbeutel *m* <-s, -> (*Weinflasche*) botella panzuda para el vino de Franconia; (*Wein*) vino *m* de Franconia; **Bockshorn** ['bɔkshɔrn] *nt* <-s, *ohne pl*> (*fam*): **jdn ins ~ jagen** intimidar [*o* amedrentar] a alguien
Bockspringen *nt* <-s, *ohne pl*> (SPORT) salto *m* de potro; **Bocksprung** *m* <-(e)s, -sprünge> (*a.* SPORT) salto *m* de potro
Bockwurst *f* <-, -würste> salchicha *f* cocida
Boden¹ ['boːdən, *pl.*'bøːdən] *m* <-s, Böden> ❶ (*Erd~*) tierra *f*, terreno *m*; (*Fuß~*) suelo *m*; **zu ~ fallen** caer al suelo; (**wieder**) **festen ~ unter den Füßen haben** (*fig*) (volver a) tener el porvenir asegurado; **der Vorschlag fiel bei ihm auf fruchtbaren ~** la propuesta tuvo buena acogida por su parte; **die Siedlung wurde in wenigen Monaten aus dem ~ gestampft** la urbanización surgió de la nada en pocos meses; **den ~ unter den Füßen verlieren** perder pie; **jdm den ~ unter den Füßen wegziehen** privar a alguien de su base existencial; **am ~ zerstört sein** estar con el ánimo por los suelos; **ich würde am liebsten im ~ versinken** se me cae la cara de vergüenza, ¡tierra, trágame!; **durch alle Böden** (**hindurch**) (*Schweiz*) cueste lo que cueste
❷ (*von Gefäß, Meer*) fondo *m*
❸ (*Dach~*) desván *m*; (*Dachwohnung*) ático *m*
❹ (*eines Regals*) balda *f*
Boden² *m* <-s, *ohne pl*> ❶ (*Gebiet*) territorio *m*, terreno *m*; **auf italienischem ~** en territorio italiano; **an ~ gewinnen** ganar terreno
❷ (*Grundlage*) base *f*, fundamento *m*; **auf dem ~ der Tatsachen stehen** estar con los pies en el suelo; **auf den ~ der Tatsachen zurückkommen** volver a la realidad
Bodenaustausch *m* <-(e)s, *ohne pl*> (ÖKOL) recambio *m* del suelo, sustitución *f* del suelo; **Bodenbedeckung** *f* <-, -en> cubierta *f* del suelo; **Bodenbelag** *m* <-(e)s, -läge> revestimiento *m* del suelo, pavimento *m*; **Bodenbelastung** *f* <-, -en> contaminación *f* del suelo; **Bodenbeschaffenheit** *f* <-, -en> (AGR) composición *f* del suelo; **Bodenbewirtschaftung** *f* <-, -en> (AGR) explotación *f* del suelo; **Bodenbonität** *f* <-, -en> (AGR) calidad *f* del suelo; **Bodendecker** *m* <-s, -> (BOT) planta *f* rastrera; **Bodenerhebung** *f* <-, -en> elevación *f* del terreno; **Bodenerosion** *f* <-, -en> (ÖKOL) erosión *f* del suelo; **Bodenertrag** *m* <-(e)s, -träge> productividad *f* del suelo; **Bodenfauna** *f* <-, -faunen> fauna *f* terrestre; **Bodenfeuchtigkeit** *f* <-, *ohne pl*> humedad *f* del suelo; **Bodenflora** *f* <-, -floren> flora *f* del suelo; **Bodenfrost** *m* <-(e)s, *ohne pl*> helada *f* del suelo; **Bodengewinn** *m* <-(e)s, *ohne pl*> producto *m* del suelo; **Bodengüte** *f* <-, *ohne pl*> (AGR) calidad *f* del suelo; **Bodenhaftung** *f* <-, *ohne pl*> (AUTO) adherencia *f* de las ruedas al suelo; **Bodenhorizont** *m* <-(e)s, -e> (GEO) horizonte *m*
Bodenkammer *f* <-, -n> (*reg*) buhardilla *f*
Bodenkataster *m o nt* <-s, -> catastro *m* de tierras; **Bodenkontrolle** *f* <-, -n> (AERO) control *m* de tierra; **Bodenkreditbank** *f* <-, -en> instituto *m* de crédito agrícola [*o* de crédito rural], banco *m* de crédito agrícola; **Bodenkrume** *f* <-, -n> capa *f* vegetal; **Bodenkunde** *f* <-, *ohne pl*> (GEO) edafología *f*, pedología *f*
bodenlos *adj* ❶ (*tief*) sin fondo
❷ (*fam: unerhört*) increíble, inaudito; **eine ~e Frechheit** una desfachatez sin nombre
Bodennährstoff *m* <-(e)s, -e> alimento *m* para el suelo; **Bodennebel** *m* <-s, *ohne pl*> neblina *f*, niebla *f*
Bodennutzung *f* <-, -en> (AGR) explotación *f* de la tierra; **Bodennutzungssystem** *nt* <-s, -e> (AGR) sistema *m* de explotación del suelo
Bodenpersonal *nt* <-s, *ohne pl*> (AERO) personal *m* de tierra; **Bodenpolitik** *f* <-, *ohne pl*> (POL) política *f* del suelo; **Bodenprobe** *f* <-, -n> (AGR) prueba *f* del suelo; **Bodenrecht** *nt* <-(e)s, *ohne pl*> derecho *m* del suelo; **Bodenreform** *f* <-, -en> (JUR) reforma *f* agraria; **Bodenrichtwert** *m* <-(e)s, -e> (JUR) valor *m* indicativo del terreno; **Bodensatz** *m* <-es, -sätze> poso *m*, sedimento *m*; **Bodenschätze** *mpl* riquezas *fpl* naturales; **Bodenschutzgesetz** *nt* <-es, -e> ley *f* sobre la protección del suelo; **Bodenschutzrecht** *nt* <-(e)s, *ohne pl*> (JUR) derecho *m* de la protección del suelo
Bodensee *m* <-s> lago *m* de Constanza
Bodensicht *f* <-, *ohne pl*> (AERO) visibilidad *f* del suelo; **Bodenspekulation** *f* <-, -en> especulación *f* del suelo
bodenständig *adj* arraigado
Bodenstation *f* <-, -en> (TEL) estación *f* de tierra; **Bodenstreitkräfte** *fpl* (MIL) infantería *f*; **Bodenturnen** *nt* <-s, *ohne pl*> (SPORT) gimnasia *f* de suelo; **Bodenuntersuchung** *f* <-, -en> (AGR, ÖKOL)

examinación *f* de la composición del suelo; **Bodenvase** *f* <-, -n> jarrón *m* para poner en el suelo; **Bodenvergiftung** *f* <-, -en> contaminación *f* del suelo; **Bodenverkehrsgenehmigung** *f* <-, -en> (JUR) autorización *f* de tráfico con el suelo; **Bodenverschmutzung** *f* <-, -en> (ÖKOL) contaminación *f* del suelo [*o* de suelos]; **Bodenversiegelung** *f* <-, -en> (GEO) sellado *m* del fondo; **Bodenwelle** *f* <-, -n> ❶ (*des Bodens*) ondulación *f* del terreno [*o* del suelo] ❷ (ELEK, RADIO) onda *f* terrestre; **Bodenwind** *m* <-(e)s, -e> viento *m* a ras de tierra
Body ['bɔdi] *m* <-s, -s> ❶ (*Kleidungsstück*) body *m*
❷ (INFOR, TEL) texto *m* del mensaje (*correo electrónico*)
Bodybuilding ['bɔdibɪldɪŋ] *nt* <-s, *ohne pl*> bodybuilding *m*, culturismo *m*; **Bodysuit** ['bɔdisjuːt] *m* <-(s), -s> body *m*
Böe [bøːə] *f* <-, -n> (*Luft*) ráfaga *f*, racha *f*
Bofist ['boːfɪst, bo'fɪst] *m* <-(e)s, -e> (BOT) bejín *m*
bog [boːk] *3. imp von* **biegen**
Bogen ['boːgən, *pl.*'bøːgən] *m* <-s, -, *südd, Österr:* Bögen> ❶ (*Kurve*) curva *f*; **der Weg macht hier einen ~** el camino hace aquí una curva; **einen großen ~ um jdn/etw machen** (*fam*) evitar a alguien/algo; **er hat den ~ raus** (*fam*) ya sabe por dónde van los tiros; **jdn in hohem ~ hinauswerfen** (*fam*) mandar a alguien a freír espárragos
❷ (*Sportgerät*) arco *m*; **den ~ überspannen** (*fam*) ir demasiado lejos
❸ (ARCHIT, MUS, MATH) arco *m*
❹ (*Blatt Papier*) hoja *f*, pliego *m*
Bogenfenster *nt* <-s, -> ventana *f* arqueada [*o* en forma de arco]
bogenförmig ['boːgənfœrmɪç] *adj* arqueado, en arco
Bogengang *m* <-(e)s, -gänge> (ARCHIT) arcada *f*; **Bogenlampe** *f* <-, -n> (ELEK) lámpara *f* de arco; **Bogenschießen** *nt* <-s, *ohne pl*> (SPORT) tiro *m* de arco; **Bogenschütze, -in** *m, f* <-n, -n; -, -nen> (SPORT) arquero, -a *m, f*; **Bogensehne** *f* <-, -n> (SPORT) cuerda *f* de arco
Boheme [boˈɛːm, boˈɛːm] *f* <-, *ohne pl*> (*geh*) bohemia *f*
Bohemien [boeˈmjɛː] *m* <-s, -s> (*geh*) bohemio *m*
Bohle ['boːlə] *f* <-, -n> tabla *f*, madero *m*
Böhme, -in ['bøːmə] *m, f* <-n, -n; -, -nen> bohemio, -a *m, f*, habitante *mf* de Bohemia
Böhmen ['bøːmən] *nt* <-s> Bohemia *f*
Böhmin *f* <-, -nen> *s.* **Böhme**
böhmisch ['bøːmɪʃ] *adj* bohemio; **das sind ~e Dörfer für mich** esto me suena a chino
Bohne ['boːnə] *f* <-, -n> ❶ (BOT) judía *f*, alubia *f*, poroto *m* *SAm*; **dicke ~n** habas *fpl*; **grüne ~n** judías verdes, ejotes *mpl* *MAm, Mex*; **rote ~n** alubias rojas; **weiße ~n** judías blancas
❷ (*Kaffee~*) grano *m* de café; **nicht die ~!** (*fam*) ¡ni pizca!; **das ist nicht die ~ wert!** esto no vale un comino; **~n in den Ohren haben** hacer oídos de mercader
Bohneneintopf *m* <-(e)s, -töpfe> potaje *m* de judías; **Bohnenkaffee** *m* <-s, *ohne pl*> café *m* en grano; **Bohnenkraut** *nt* <-(e)s, *ohne pl*> ajedrea *f* de jardín; **Bohnensalat** *m* <-(e)s, -e> ensalada *f* de judías; **Bohnenstange** *f* <-, -n> rodrigón *m*; **Bohnenstroh** *nt*: **dumm wie ~** (*fam*) tonto del haba [*o* del bote], tonto de capirote [*o* de remate]; **Bohnensuppe** *f* <-, -n> sopa *f* de alubias
Bohner *m* <-s, -, **Bohnerbesen** *m* <-s, -> encerador *m* de pisos; **Bohnermaschine** *f* <-, -n> enceradora *f* de pisos
bohnern ['boːnən] *vi, vt* encerar
Bohnerwachs *nt* <-es, -e> cera *f* para el piso
bohren ['boːrən] I. *vt* ❶ (*Loch*) perforar, hacer; (*Brunnen*) (ex)cavar, perforar; **ein Loch in die Wand ~** hacer un agujero en la pared
❷ (*mit Bohrer in Material*) taladrar, barrenar; **in der Nase ~** meterse el dedo en la nariz
II. *vi* ❶ (*fam: fragen*) insistir, dar la lata; **er bohrte solange, bis sie nachgab** insistió hasta hacerla ceder
❷ (*nach Öl, Wasser*) buscar, hacer prospecciones
❸ (*Zahnarzt*) taladrar
III. *vr*: **sich in etw ~** penetrar en algo; **sich durch etw ~** penetrar por algo
bohrend *adj*: **ein ~er Blick** una mirada fulminante; **mit ~er Reue** torturado por el remordimiento; **ein ~er Schmerz** un dolor lacerante; **~e Zweifel** dudas atormentadoras
Bohrer¹ *m* <-s, -> taladro *m*, taladradora *f*, barrena *f*
Bohrer(in)² *m(f)* <-s, -; -, -nen> perforador(a) *m(f)*, taladrador(a) *m(f)*
Bohrfeld *nt* <-(e)s, -er> campo *m* de perforaciones, zona *f* de extracción petrolífera; **Bohrinsel** ['boːrʔɪnzəl] *f* <-, -n> plataforma *f* de sondeo; **Bohrloch** *nt* <-(e)s, -löcher> agujero *m* de perforación; (*für Erdöl*) pozo *m* de sondeo [*o* de petróleo]; **Bohrmaschine** *f* <-, -n> taladradora *f*; **Bohrprobe** *f* <-, -n> prospección *f* petrolífera; **Bohrturm** *m* <-(e)s, -türme> castillete *m* de sondeo, torre *f* de perforación
Bohrung *f* <-, -en> ❶ (*das Bohren*) perforación *f*
❷ (*Bohrloch*) agujero *m* de perforación; **eine ~ niederbringen** ahondar una perforación
böig ['bøːɪç] *adj* por ráfagas, racheado; **~ auffrischen** rachear

Boiler ['bɔɪlɐ] *m* <-s, -> calentador *m* (de agua), termosifón *m*, calefón *m* Arg
Boje ['bo:jə] *f* <-, -n> (NAUT) boya *f*
Bolero [bo'le:ro] *m* <-s, -s> ❶ (*Tanz*) bolero *m*
❷ (*Jäckchen*) torera *f*
Bolivianer(in) [boli'vja:nɐ] *m(f)* <-s, -; -, -nen> boliviano, -a *m, f*
bolivianisch *adj* boliviano
Bolivien [bo'li:viən] *nt* <-s> Bolivia *f*
Böller ['bœlɐ] *m* <-s, -> mortero *m*
bollern *vi* (*reg: poltern*): **gegen etw ~** golpear algo; **jemand bollerte mit der Faust gegen die Fensterläden** alguien golpeó las contraventanas con el puño
Böllerschuss[RR] *m* <-es, -schüsse> salva *f*; (*als Begrüßung*) salva *f* de honor; **der König wurde mit zehn Böllerschüssen begrüßt** el rey fue saludado con diez salvas de honor
Bollwerk ['bɔlvɛrk] *nt* <-(e)s, -e> ❶ (NAUT) muelle *m*
❷ (*fig: Festung*) baluarte *m*
Bolschewik(in) [bɔlʃe'vɪk] *m(f)* <-en, -en *o* -i; -, -nen> bolchevique *mf*
Bolschewismus [bɔlʃe'vɪsmʊs] *m* <-, *ohne pl*> bolchevismo *m*
Bolschewist(in) *m(f)* <-en, -en; -, -nen> bolchevique *mf*
bolschewistisch *adj* bolchevique
bolzen ['bɔltsən] **I.** *vi* (*fam: Fußball spielen*) patear el balón, chutar; **gehst du mit uns ~?** ¿vienes a dar unos chutes?
II. *vt* (*fam*) patear; **er hat den Ball in die Schaufensterscheibe gebolzt** ha mandado el balón de una patada contra la luna del escaparate
Bolzen ['bɔltsən] *m* <-s, -> perno *m*, clavija *f*
Bolzenschneider *m* <-s, -> cortapernos *m inv*
Bombardement [bɔmbardə'mã:] *nt* <-s, -s, *Schweiz:* -e> (MIL) bombardeo *m*
bombardieren* [bɔmbar'di:rən] *vt* ❶ (MIL) bombardear
❷ (*fam: überhäufen*) acribillar (*mit* a); **sie wurde mit Fragen bombardiert** la acribillaron a preguntas
Bombardierung *f* <-, -en> ❶ (MIL) bombardeo *m*; **die Stadt hielt der schweren ~ stand** la ciudad resistió el intenso bombardeo
❷ (*fam: Überhäufung*) bombardeo *m* (*mit* de), acoso *m* (*mit* de); **eine ~ mit Fragen/Vorwürfen** un bombardeo de preguntas/de reproches
Bombast [bɔm'bast] *m* <-(e)s, *ohne pl*> (*abw*) ❶ (*Redeschwulst*) ampulosidad *f*; **leerer ~** pura palabrería
❷ (*Pomp*) pomposidad *f*
bombastisch [bɔm'bastɪʃ] *adj* (*abw*) rimbombante
Bombe ['bɔmbə] *f* <-, -n> bomba *f*; **eine ~ legen** poner una bomba; **das schlug wie eine ~ ein** cayó como una bomba; **eine ~ hochgehen lassen** hacer estallar una bomba; (*fig*) destapar un escándalo
Bombenangriff *m* <-(e)s, -e> bombardeo *m*; **Bombenanschlag** *m* <-(e)s, -schläge> atentado *m* con bomba(s); **Bombenattentat** *nt* <-(e)s, -e> atentado *m* con bomba; **Bombendrohung** *f* <-, -en> amenaza *f* de bomba; **die Polizei erhielt telefonisch eine ~** la policía recibió una amenaza telefónica de bomba; **Bombenerfolg** ['---'-] *m* <-(e)s, -e> (*fam*) éxito *m* rotundo
bombenfest ['--'-] *adj* (*fam*) a prueba de bombas; (*Entschluss*) inamovible
Bombengeschäft ['---'-] *nt* <-(e)s, -e> (*fam*) negocio *m* redondo
bombensicher ['--'--] *adj* ❶ (TECH) a prueba de bomba; (*fig*) infalible
❷ (*fam*) totalmente seguro, sin duda alguna; **das ist ~** no cabe duda
Bombensplitter *m* <-s, -> metralla *f*; **bei der Detonation flogen die ~ nach allen Seiten** con la detonación la metralla se esparció en todas las direcciones; **Bombenstimmung** ['--'--] *f* <-, *ohne pl*> (*fam*) ambiente *m* fantástico; **Bombenteppich** *m* <-s, -e> (MIL) lluvia *f* de bombas; **Bombentrichter** *m* <-s, -> cráter *m* de bomba
Bomber ['bɔmbɐ] *m* <-s, -> (MIL) bombardero *m*
bombig *adj* (*fam*) fantástico, magnífico; **eine ~e Stimmung** un ambiente fantástico
Bommel ['bɔməl] *f* <-, -n>, *m* <-s, -> (*reg: Troddel*) borla *f*
Bommelmütze *f* <-, -n> (*reg*) gorro *m* con borla
Bon [bɔŋ, bõ:] *m* <-s, -s> ❶ (*Gutschein*) vale *m*, bono *m*
❷ (*Kassenzettel*) tiquet *m*
bona fide ['bo:na 'fi:də] (*geh*) buena fe; **~ handeln** actuar de buena fe; **Bona-fide-Angebot** *nt* <-(e)s, -e> oferta *f* de buena fe; **Bona-fide-Klausel** *f* <-, -n> (JUR) cláusula *f* de buena fe
Bonbon [bɔŋ'bɔŋ, bõ'bõ:] *m o nt* <-s, -s> caramelo *m*; **und nun noch ein ~ für alle Freunde der Volksmusik ...** y ahora ofrecemos algo muy especial para todos los amigos de la música folclórica...; **unsere Vorstellung bietet (einige) besondere ~s** nuestra presentación ofrece (algunas) delicias exclusivas
bonbonfarben *adj*, **bonbonfarbig** *adj* chillón
Bonbonniere [bɔŋbɔ'nie:rə] *f* <-, -n> ❶ (*Behälter für Süßigkeiten*) bombonera *f*
❷ (*Pralinenschachtel*) caja *f* de bombones

Bonding ['bɔndɪŋ] *nt* <-s, -s> (MED) bonding *m*
bongen ['bɔŋən] *vt* ❶ (*fam: an der Kasse*) registrar, marcar
❷ (*fam: versprechen*): **das ist gebongt!** ¡hecho!
Bongo *nt* <-(s), -s>, *f* <-, -s> bongó *m*
Bongotrommel *f* <-, -n> bongó *m*
Bonifikation [bonifika'tsjo:n] *f* <-, -en> (COM) bonificación *f*
bonifizieren* [bonifi'tsi:rən] *vt* (COM) bonificar
Bonität [boni'tɛ:t] *f* <-, -en> (FIN) solvencia *f*, calidad *f* de solvente
Bonitätsauskunft *f* <-, -künfte> (FIN, WIRTSCH) información *f* sobre la solvencia; **Bonitätsbestätigung** *f* <-, -en> (FIN, WIRTSCH) testimonio *m* sobre la solvencia; **Bonitätsbeurteilung** *f* <-, -en> (FIN, WIRTSCH) estimación *f* de la solvencia; **Bonitätsbewertung** *f* <-, -en> (FIN, WIRTSCH) valoración *f* de la solvencia
Bonmot [bõ'mo:] *nt* <-s, -s> (*geh*) observación *f* ingeniosa, anécdota *f* ingeniosa
Bonn [bɔn] *nt* <-s> Bonn *m*
Bonner[1] *adj inv* de (la ciudad de) Bonn, relativo a (la ciudad de) Bonn
Bonner(in)[2] *m(f)* <-s, -; -, -nen> habitante *mf* de Bonn
Bonsai ['bɔnzaɪ] *m* <-(s), -s> bonsai *m*
Bonus ['bo:nʊs] *m* <- *o* -ses, - *o* -se *o* Boni> (COM) gratificación *f*
Bonze ['bɔntsə] *m* <-n, -n> (*abw*) cacique *m*
Bonzokratie *f* <-, -n> (*abw*) caciquismo *m*, caudillaje *m* Arg, Chil, Peru
Boom [bu:m] *m* <-s, -s> boom *m*; **einen neuen ~ erleben** experimentar un nuevo auge
boomen ['bu:mən] *vi* (WIRTSCH: *fam: Geschäft*) prosperar; (*Literatur, Mode*) experimentar un auge
Boot [bo:t] *nt* <-(e)s, -e> barca *f*, chalupa *f*; **ein ~ an Land ziehen** sacar una barca del agua; **das neue ~ vom Stapel laufen lassen** botar la barca nueva al agua; **wir sitzen alle im gleichen ~** (*fam*) todos tirados mos de una cuerda
booten ['bu:tən] *vt* (INFOR) inicializar
Bootsbauer(in) *m(f)* <-s, -; -, -nen> armador(a) *m(f)*
Boot-Sektor ['bu:t-] *m* <-s, -en> (INFOR) sector *m* de inicialización
Bootsfahrt *f* <-, -en> viaje *m* en barca; **Bootsflüchtling** *m* <-s, -e> balsero, -a *m, f*, espalda *mf* mojada Mex; **Bootshaus** *nt* <-es, -häuser> casa *f* guardabotes; **Bootslänge** *f* <-, -n> (*Vorsprung*) largo *m*; **der Sieger gewann mit einer halben ~ Vorsprung** el vencedor ganó por medio largo de ventaja; **Bootsmann** *m* <-(e)s, -leute> (NAUT) contramaestre *m*; **Bootssteg** *m* <-(e)s, -e> embarcadero *m*, amarradero *m*; **Bootsverleih** *m* <-(e)s, -e> alquiler *m* de barcas; **Bootsverleiher(in)** *m(f)* <-s, -; -, -nen> dueño, -a *m, f* de un negocio de alquiler de barcas
Bor [bo:ɐ] *nt* <-s, *ohne pl*> (CHEM) boro *m*
Borax ['bo:raks] *m* <-(es), *ohne pl*> (CHEM) bórax *m*
Boraxglas *nt* <-es, *ohne pl*> (CHEM) vidrio *m* de bórax
Bord[1] [bɔrt] *m* <-(e)s, *ohne pl*> (NAUT) borda *f*; (*äußerlich*) bordo *m*; **an ~** a bordo; **alle Mann an ~!** ¡todos a bordo!; **frei an ~** (COM) franco a bordo; **über ~ gehen** caer por la borda; **von ~ gehen** desembarcar; **an ~ gehen** subir a bordo, embarcarse; **etw/jdn an ~ nehmen** embarcar [*o* subir a bordo] algo/a alguien; **willkommen an ~!** ¡bienvenidos a bordo!; **etw über ~ werfen** arrojar algo por la borda; **alle Bedenken über ~ werfen** olvidarse de todas las dudas
Bord[2] *nt* <-(e)s, -e> ❶ (*Wandbrett*) anaquel *m*, estante *m*; **Bücher auf ein ~ stellen** poner libros en un estante
❷ (*Schweiz: Rand, Böschung*) borde *m*
Bordbuch *nt* <-(e)s, -bücher> libro *m* de a bordo; **Bordcomputer** *m* <-s, -> ordenador *m* de a bordo
Bordell [bɔr'dɛl] *nt* <-s, -e> burdel *m*
Bordellwirt(in) *m(f)* <-(e)s, -e; -, -nen> patrón, -ona *m, f* de un burdel
Bordfunk *m* <-s, *ohne pl*> (NAUT, AERO) (equipo *m* de) radio *f* de a bordo; **Bordfunker(in)** *m(f)* <-s, -; -, -nen> (NAUT, AERO) radiotelegrafista *mf* de a bordo; **Bordinstrumente** *ntpl* (NAUT) instrumentos *mpl* de navegación; (AERO) instrumentos *mpl* de vuelo; **Bordkarte** *f* <-, -n> (AERO) tarjeta *f* de embarque; **Bordmechaniker(in)** *m(f)* <-s, -; -, -nen> mecánico, -a *m, f* de a bordo; **Bordpersonal** *nt* <-s, *ohne pl*> (AERO) tripulación *f*
Bordstein *m* <-(e)s, -e> bordillo *m*, encintado *m*, cordón *m* CSur; **Bordsteinkante** *f* <-, -n> bordillo *m*
Bordüre [bɔr'dy:rə] *f* <-, -n> (*Stoff*) ribete *m*, orla *f*
Bordverpflegung *f* <-, -en> (AERO) comida *f* de a bordo; **Bordwaffen** *fpl* (MIL) armamento *m* de a bordo; **Bordwand** *f* <-, -wände>
❶ (NAUT, AERO) costado *m* ❷ (AUTO) lateral *m*
boreal [bore'a:l] *adj* (GEO) boreal
Borg [bɔrk]: **auf ~** fiado, a crédito; **er hat es auf ~ gekauft** lo ha comprado fiado [*o* a crédito]
borgen ['bɔrgən] *vt* ❶ (*ausleihen*) tomar prestado; **ich habe mir von ihm ein Buch geborgt** tomé prestado un libro suyo
❷ (*verleihen*) prestar
Borke ['bɔrkə] *f* <-, -n> (*nordd*) ❶ (*Rinde*) corteza *f*; **die ~ abschälen**

descortezar

❷ (*Kruste einer Wunde*) costra *f*

Borkenkäfer *m* <-s, -> escarabajo *m* de la corteza

Born [bɔrn] *m* <-(e)s, -e> (*geh: Quelle*) manantial *m*, fuente *f*; (*fig*) pozo *m*; **ein wahrer ~ der Weisheit/des Wissens** un verdadero pozo de sabiduría/de ciencia

borniert [bɔr'niːɐt] *adj* (*abw*) estrecho de miras, duro de mollera

Borretsch ['bɔrɛtʃ] *m* <-(e)s, *ohne pl*> (BOT) borraja *f*

Borsalbe *f* <-, -n> pomada *f* boricada

Börse ['bœrzə] *f* <-, -n> (FIN) bolsa *f*; **amtliche/feste ~** bolsa oficial/fuerte; **flaue/freundliche ~** bolsa desanimada/animada; **rückläufige/zurückhaltende ~** bolsa bajista/retraída; **stagnierende ~** bolsa paralizada; **an der ~ notieren** cotizar (en Bolsa)

Börsenabrechnungstag *m* <-(e)s, -e> (FIN) fecha *f* de liquidación [*o* de compensación] de la Bolsa; **Börsenaussicht** *f* <-, -en> (FIN) perspectiva *f* bursátil; **Börsenbeginn** *m* <-(e)s, *ohne pl*> (FIN) apertura *f* de la Bolsa; **bei ~** al abrir la Bolsa; **Börsenbericht** *m* <-(e)s, -e> informe *m* bursátil

börsenfähig *adj* cotizable en bolsa

Börsengang *m* <-(e)s, -gänge> cotización *f* en bolsa

börsengängig *adj* cotizado en Bolsa, negociable en Bolsa; **~e Waren** mercancías negociables en Bolsa

Börsengeschäft *nt* <-(e)s, -e> operación *f* bursátil; **~e tätigen** concertar operaciones bursátiles; **Börsengesetz** *nt* <-es, -e> ley *f* de bolsa; **Börsenhandel** *m* <-s, *ohne pl*> contratación *f* bursátil; **amtlicher ~** cotización oficial en bolsa; **Börsenhändler(in)** *m(f)* <-s, -; -, -nen> agente *mf* de bolsa; **Börsenindex** *m* <-(es), -e *o* -indizes> índice *m* bursátil; **Börsenjobber** *m* <-s, -> bolsista *mf*; **Börsenkammer** *f* <-, -n> cámara *f* bursátil; **Börsenkapitalisierung** *f* <-, -en> (WIRTSCH) capitalización *f* bursátil; **Börsenklima** *nt* <-s, -s *o* -klimate> (WIRTSCH) clima *m* en [*o* de] la Bolsa; **Börsenkonsortium** *nt* <-s, -konsortien> consorcio *m* bursátil; **Börsenkrach** *m* <-(e)s, -kräche> derrumbamiento *m* de la bolsa, caída *f* de la bolsa; **Börsenkreise** *mpl* círculos *mpl* bursátiles; **Börsenkurs** *m* <-es, -e> (FIN) cotización *f* bursátil [*o* de bolsa]; **~e manipulieren** manipular las cotizaciones (bursátiles)

Börsenmakler(in) *m(f)* <-s, -; -, -nen> corredor(a) *m(f)* de Bolsa, agente *mf* de cambio y bolsa; **vereidigter ~** corredor de Bolsa jurado; **Börsenmaklerkammer** *f* <-, -n> (WIRTSCH) Cámara *f* de corredores de Bolsa

Börsenmanöver *nt* <-s, -> maniobra *f* de bolsa; **Börsenneuling** *m* <-s, -e> principiante *mf* en bolsa

börsennotiert *adj* cotizado en bolsa

Börsennotierung *f* <-, -en> cotización *f* bursátil; **Börsenplatz** *m* <-es, -plätze> plaza *f* bursátil; **Börsenplazierung** *f* <-, -en> inversión *f* bursátil; **Börsenpreisbildung** *f* <-, -en> formación *f* del precio en bolsa; **Börsenrecht** *nt* <-(e)s, *ohne pl*> derecho *m* bursátil; **internationales ~** derecho bursátil internacional

Börsenschluss^{RR} *m* <-es, *ohne pl*> (FIN) cierre *m* de bolsa, clausura *f* de bolsa; **etw bei ~ bekannt geben** anunciar algo en el momento del cierre de la bolsa; **Börsenschlusskurs**^{RR} *m* <-es, -e> (FIN) cotización *f* de cierre de la Bolsa

Börsenspekulant(in) *m(f)* <-en, -en; -, -nen> (WIRTSCH) especulador(a) *m(f)* de bolsa; **Börsentermingeschäft** *nt* <-(e)s, -e> (WIRTSCH) operación *f* bursátil a plazo; **Börsentip** *m* <-s, -s> (*fam*) consejo *m* bursátil; **Börsentransaktion** *f* <-, -en> transacción *f* bursátil; **Börsenumsatz** *m* <-es, -sätze> volumen *m* de contratación; **Börsenumsatzsteuer** *f* <-, -n> (FIN) impuesto *m* sobre la negociación bursátil; **Börsenumsatzvolumen** *nt* <-s, -voluminа> (FIN) volumen *m* de cifra de negocio bursátil

Börsenverkehr *m* <-(e)s, *ohne pl*> contratación *f* bursátil; **Börsenvertreter** *m* <-s, -> (FIN) representante *mf* bursátil; **Börsenwert** *m* <-(e)s, -e> valor *m* bursátil; **Börsenzulassung** *f* <-, -en> admisión *f* en bolsa

Börsianer(in) [bœr'zjaːnɐ] *m(f)* <-s, -; -, -nen> (*fam*) bolsista *mf*

Borste ['bɔrstə] *f* <-, -n> (ZOOL: *künstlich*) cerda *f*

Borstentier *nt* <-(e)s, -e> (*fam*), **Borstenvieh** *nt* <-(e)s, *ohne pl*> (*fam*) animal *m* de bellota

borstig *adj* hirsuto

Borte ['bɔrtə] *f* <-, -n> ribete *m*

Borwasser *nt* <-s, *ohne pl*> agua *f* boricada

bös [bøːs] *adj s.* **böse**

bösartig [bøːsʔaːetɪç] *adj* ❶ (*Mensch, Tier*) malo, malvado, canijo *Am*; (*Bemerkung*) malicioso

❷ (*Krankheit*) pernicioso; (*Geschwulst*) maligno; (*Fieber, Husten*) fuerte

Bösartigkeit *f* <-, *ohne pl*> ❶ (*Bosheit*) maldad *f*, malicia *f*

❷ (MED) malignidad *f*, carácter *m* maligno

Böschung ['bœʃʊŋ] *f* <-, -en> ❶ (*an der Straße*) terraplén *m*

❷ (*Abhang*) declive *m*

böse ['bøːzə] **I.** *adj* ❶ (*schlecht*) malo; (*Kind*) maleducado; **das B~ ist überall** el mal está por todas partes; **er spielt im Film immer den B~n** siempre hace de malo en las películas; **erlöse uns von dem B~n** líbranos del mal

❷ (*unangenehm*) malo; **das wird ein ~s Erwachen geben** eso será una gran desilusión; **das wird ~ Folgen haben** eso tendrá graves consecuencias

❸ (*verärgert*) enfadado (*auf/mit* con), enojado (*auf/mit* con); **im B~n auseinander gehen** separarse por las malas; **ich bin (mit) ihm** [*o* **auf ihn**] **~ estoy** enojado con él

II. *adv* mal; **es wird ~ enden** eso terminará mal; **das sieht ~ aus** eso tiene mal aspecto; **die Sache kann ~ für uns ausgehen** la cosa puede acabar mal para nosotros; **die Krankheit hat ihn ~ mitgenommen** la enfermedad le ha afectado mucho

Böse *m* <-n, *ohne pl*> **der ~** (*geh: Teufel*) el Maligno

Bösewicht ['bøːzəvɪçt] *m* <-(e)s, -e *o* -er> bribón *m*, malvado *m*

bösgläubig *adj* (JUR) **~er Erwerb/Käufer** adquisición/comprador de mala fe

Bösgläubigkeit *f* <-, *ohne pl*> (JUR) mala fe *f*

boshaft ['boːshaft] *adj* malvado, pérfido

Bosheit *f* <-, -en> maldad *f*, malicia *f*

Boskop ['bɔskɔp] *m* <-s, -> (*Apfelsorte*) boskop *m* (*manzana invernizа*)

Bosnien ['bɔsniən] *nt* <-s> Bosnia *f*

Bosnien-Herzegowina [-hɛrtsego'goːvina] *nt* <-s> Bosnia-Herzegovina *f*

Bosnier(in) ['bɔsniɐ] *m(f)* <-s, -; -, -nen> bosnio, -a *m, f*

bosnisch ['bɔsnɪʃ] *adj* bosnio

Bosporus ['bɔspɔrʊs] *m* <-> Bósforo *m*

Boss^{RR} [bɔs] *m* <-es, -e>, **Boß** *m* <-sses, -sse> jefe *m*, trompa *m* *CSur: fam*

böswillig I. *adj* malévolo, malintencionado

II. *adv* con mala intención

Böswilligkeit *f* <-, -en> malevolencia *f*

bot [boːt] *3. imp von* **bieten**

Bot *nt* <-(e)s, -e> *s.* **Bot(t)**

Botanik [boˈtaːnɪk] *f* <-, *ohne pl*> botánica *f*

Botaniker(in) [boˈtaːnikɐ] *m(f)* <-s, -; -, -nen> botánico, -a *m, f*

botanisch *adj* botánico

botanisieren* [botaniˈziːrən] *vt* herborizar

Botanisiertrommel *f* <-, -n> caja *f* de herborista

Bote, -in ['boːtə] *m, f* <-n, -n; -, -nen> mensajero, -a *m, f*, recadero, -a *m, f*

Botendienst *m* <-(e)s, -e> recado *m*; (**für jdn**) **~ verrichten** [*o* **erledigen**] hacer un recado (a alguien); **Botengang** *m* <-(e)s, -gänge> recado *m*; **Botengänge machen** hacer recados; **Botenjunge** *m* <-n, -n> botones *m inv*; **Botenlohn** *m* <-(e)s, -löhne> gajes *mpl*

Botin ['boːtɪn] *f* <-, -nen> *s.* **Bote**

Botschaft ['boːtʃaft] *f* <-, -en> ❶ (*geh: Nachricht*) mensaje *m*, noticia *f*

❷ (POL) embajada *f*

Botschafter(in) *m(f)* <-s, -; -, -nen> embajador(a) *m(f)*

Bott [bɔt] *nt* <-(e)s, -e> (*Schweiz: Mitgliederversammlung*) asamblea *f* de socios

Böttcher(in) ['bœtçɐ] *m(f)* <-s, -; -, -nen> tonelero, -a *m, f*

Bottich ['bɔtɪç] *m* <-(e)s, -e> cuba *f*, tina *f*

Botulismus [botu'lɪsmʊs] *m* <-, *ohne pl*> (MED) botulismo *m*

Bouclé [buˈkleː] *nt* <-(s), -s> hilo con nudos (*para labores de punto*)

Bouillon [buˈljɔŋ, buˈljöː] *f* <-, -s> (GASTR, MED) caldo *m*

Bouillonwürfel *m* <-s, -> (GASTR) cubito *m* de caldo

Boulevard [bulə'vaːɐ] *m* <-s, -s> bulevar *m*

Boulevardblatt *nt* <-(e)s, -blätter> *s.* **Boulevardzeitung**; **Boulevardpresse** *f* <-, *ohne pl*> prensa *f* sensacionalista [*o* amarilla]; **Boulevardtheater** *nt* <-s, -> (THEAT) teatro *m* de comedia ligera; **ins ~ gehen** ir a la comedia; **Boulevardzeitung** *f* <-, -en> periódico *m* sensacionalista, tabloide *m* FAM

Bourgeois [bur'ʒoa] *m* <-, -> (*geh abw*) burgués *m*

Bourgeoisie [burʒoaˈziː] *f* <-, -n> (*geh*) burguesía *f*

Boutique [buˈtiːk] *f* <-, -n> boutique *f*

Bovist ['boːvɪst, boˈvɪst] *m* <-(e)s, -e> (BOT) bejín *m*

Bowle ['boːlə] *f* <-, -n> (GASTR) ponche *m* (*bebida hecha de vino, champán, azúcar y frutas*)

Bowling ['boːlɪŋ, 'bɔʊlɪŋ] *nt* <-s, *ohne pl*> bolos *mpl* americanos, bowling *m*

Bowlingkugel *f* <-, -n> bola *f* para jugar a los bolos

Box [bɔks] *f* <-, -en> ❶ (*für Pferde, Rennwagen*) box *m*

❷ (*Lautsprecher*) bafle *m*

❸ (*Behälter*) caja *f*

boxen ['bɔksən] **I.** *vi* (SPORT) boxear

II. *vt* (*schlagen*) pegar; **er boxte ihr freundschaftlich in die Seiten** le

dio un empujón amistoso en los costados; **jdn durch eine Prüfung ~** (*fam*) hacer pasar el examen a alguien a la fuerza
III. *vr*: **sich gegenseitig ~** boxearse; **sich durch die Menge/durch das Leben ~** (*fam*) abrirse paso a través de la multitud/en la vida
Boxen *nt* <-s, *ohne pl*> (SPORT) boxeo *m*
Boxer[1] *m* (*Hund*) bóxer *m*
Boxer(in)[2] *m(f)* <-s, -; -, -nen> (*Sportler*) boxeador(a) *m(f)*
Boxermotor *m* <-s, -en> (TECH) motor *m* de cilindros antagónicos
Boxernase *f* <-, -n> nariz *f* de boxeador; **Boxershorts** *pl*, **Boxer-Shorts** *pl* shorts *mpl*
Boxhandschuh *m* <-(e)s, -e> guante *m* de boxeo; **Boxkampf** *m* <-(e)s, -kämpfe> combate *m* de boxeo, box *m Am*; **Boxring** *m* <-(e)s, -e> (SPORT) ring *m*; **Boxsport** *m* <-(e)s, *ohne pl*> pugilismo *m*, boxeo *m*
Boy [bɔɪ] *m* <-s, -s> ① (*im Hotel*) botones *m inv* ② (*sl: junger Kerl*) chaval *m*
Boykott [bɔɪˈkɔt] *m* <-(e)s, -e o -s> boicot *m*; **zum ~ aufrufen** llamar al boicot
Boykottaufruf *m* <-(e)s, -e> convocatoria *f* de boicot
boykottieren* *vt* boicotear; **ein Land wirtschaftlich/politisch ~** boicotear un país económicamente/políticamente, someter un país a un boicot económico/político
Boykottmaßnahme *f* <-, -n> medida *f* de boicot; **Boykottverbot** *nt* <-(e)s, -e> prohibición *f* de boicot
Bozen [ˈboːtsən] *nt* <-s> Bolzano *m*
Bq (PHYS) *Abk. von* **Becquerel** becquerel *m*
Br (CHEM) *Abk. von* **Brom** Br
BR (RADIO) *Abk. von* **Bayerischer Rundfunk** Radio *f* Baviera
brabbeln [ˈbrabəln] *vt* (*fam*) masculiar
brach [braːx] I. *3. imp von* **brechen**
II. *adj* yermo, baldío
Brachfeld *nt* <-(e)s, -er> (AGR) barbecho *m*; **Brachfläche** *f* <-, -n> (AGR) campo *m* de barbecho, área *f* de barbecho
Brachialgewalt [braˈxjaːlɡəvalt] *f* <-, *ohne pl*> (*geh*) fuerza *f* bruta
Brachland *nt* <-(e)s, *ohne pl*> (AGR) barbecho *m*
brach|legen *vt* (AGR) dejar en barbecho, barbechar
brach|liegen *irr vi* ① (*Acker*) estar en barbecho
② (*Talent*) estar desaprovechado
Brachse [ˈbraksə] *f* <-, -n>, **Brachsen** *m* <-s, -> (ZOOL) tenca *f*
brachte [ˈbraxtə] *3. imp von* **bringen**
Brachvogel *m* <-s, -vögel> zarapito *m*, sarapico *m*
brackig *adj* (*Wasser*) salobre; (*Erde*) salobreño
Brackwasser [ˈbrakvasə] *nt* <-s, -> agua *f* salobre
Brahmane [braˈmaːnə] *m* <-n, -n> (REL) brahmán *m*
brahmanisch [braˈmaːnɪʃ] *adj* (REL) brahmánico
Braindrain[RR] [ˈbreɪndreɪn] *m* <-s, *ohne pl*> fuga *f* de cerebros; **Brainstorming** [ˈbreɪnstɔːmɪŋ] *nt* <-s, *ohne pl*> brainstorming *m*
Branche [ˈbrãːʃə] *f* <-, -n> ramo *m*, sector *m*; **konjunktursichere ~** sector insensible a las fluctuaciones coyunturales
branchenbedingt *adj* que depende del ramo, relativo al ramo
branchenfremd *adj* ajeno al ramo
Branchenführer *m* <-s, -> (WIRTSCH) directorio *m* comercial; **Branchenindex** *m* <-(es), -indizes *o* -e> índice *m* de actividades; **Branchenkartell** *nt* <-s, -e> (WIRTSCH) cartel *m* sectorial; **Branchenkenner(in)** *m(f)* <-s, -; -, -nen> conocedor(a) *m(f)* del ramo; **Branchenkenntnis** *f* <-, *ohne pl*> (COM) conocimientos *mpl* del ramo; **Branchenmesse** *f* <-, -n> feria *f* especializada
branchentypisch *adj* típico [*o* característico] del ramo
branchenüblich *adj* habitual [*o* usual] en el ramo
Branchenüblichkeit *f* <-, *ohne pl*> (WIRTSCH) costumbre *f* en el ramo; **Branchenverzeichnis** *nt* <-ses, -se> (TEL) páginas *fpl* amarillas
branchenweit *adj* en todos los ramos
Brand[1] [brant, *pl:* ˈbrɛndə] *m* <-(e)s, Brände> ① (*Feuer*) fuego *m*, incendio *m*; **etw in ~ setzen/stecken** pegar/prender fuego a algo; **in ~ geraten** prenderse, (empezar a) arder
② (*fam: Durst*) sed *f* abrasadora; **einen fürchterlichen ~ haben** tener una sed tremenda
Brand[2] *m* <-(e)s, *ohne pl*> (MED) gangrena *f*, necrosis *f inv*
brandaktuell [ˈ----] *adj* de gran actualidad
Brandanschlag *m* <-(e)s, -schläge> atentado *m* de incendio; **Brandbinde** *f* <-, -n> (MED) venda *f* especial para quemaduras; **einem Patienten eine ~ anlegen** aplicar a un paciente un vendaje para quemaduras; **Brandblase** *f* <-, -n> ampolla *f* de quemadura; **Brandbombe** *f* <-, -n> bomba *f* incendiaria; **Brandbrief** *m* <-(e)s, -e> (*fam*) carta *f* urgente, petición *f* urgente
brandeilig [ˈ-ˈ--] *adj* (*fam*) urgentísimo, apremiante
branden [ˈbrandən] *vi* (*geh: Wellen*) romper (*an/gegen* contra)
Brandenburg [ˈbrandənburk] *nt* <-s> Brandeburgo *m*
Brandfleck *m* <-(e)s, -e> quemadura *f*; **Brandgefahr** *f* <-, -en> peligro *m* de incendio; **Brandgeruch** *m* <-(e)s, -rüche> olor *m* a quemado; **Brandherd** *m* <-(e)s, -e> foco *m* del incendio
brandig *adj* ① (MED) gangrenoso
② (*Getreide*) atizonado
③ (*Wend*) **es riecht ~** huele a quemado
Brandkatastrophe *f* <-, -n> catástofe *f* causada por un incendio
Brandleger(in) *m(f)* <-s, -; -, -nen> (*Österr*) *s.* **Brandstifter**
Brandloch *nt* <-(e)s, -löcher>: **Rudi hat in meine Tischdecke ein ~ gemacht** Rudi me ha quemado el mantel, ahora tiene un agujero; **Brandmal** *nt* <-(e)s, -e *o* -mäler> (*geh*) señal *f* de quemadura; (*bei Zuchtvieh*) marca *f*
brandmarken [ˈbrantmarkən] *vt* denunciar públicamente
Brandmauer *f* <-, -n> cortafuego *m*; **Brandmeister(in)** *m(f)* <-s, -; -, -nen> jefe, -a *m, f* de bomberos
brandneu [ˈ-ˈ-] *adj* (*fam*) novísimo, flamante
Brandopfer *nt* <-s, -> ① (*Opfer eines Brandes*) víctima *f* de un incendio; **mehrere der ~ erlitten schwerste Verbrennungen** varias de las víctimas del incendio sufrieron gravísimas quemaduras ② (REL) *sacrificio religioso en el que se incineraba a un animal;* **in alten Zeiten waren ~ für die Götter üblich** antiguamente se acostumbraba ofrecer a los dioses animales incinerados en señal de sacrificio; **Brandrede** *f* <-, -n> discurso *m* incendiario; (*mahnend*) filípica *f*; **er hielt eine wahre ~ gegen abtrünnige Parteimitglieder** su discurso fue una veradera filípica contra los tránsfugas; **Brandrodung** *f* <-, -en> desmonte *m* por incendio; **Brandsalbe** *f* <-, -n> (MED) pomada *f* para quemaduras; **Brandsatz** *m* <-es, -sätze> bomba *f* incendiaria; **Brandschaden** *m* <-s, -schäden> daño *m* causado por un incendio
brandschatzen *vt* (HIST) *plündern*) saquear
Brandschutz *m* <-es, *ohne pl*> protección *f* contra incendios; **Brandschutzschneise** *f* <-, -n> pista *f* cortafuegos
Brandsohle *f* <-, -n> plantilla *f* del zapato, palmilla *f*; **Brandstelle** *f* <-, -n> lugar *m* del incendio
Brandstifter(in) *m(f)* <-s, -; -, -nen> incendiario, -a *m, f*; **Brandstiftung** *f* <-, -en> (JUR) incendio *m* doloso [*o* provocado]; **fahrlässige/vorsätzliche ~** delito de incendio negligente/premeditado; (*besonders*) **schwere ~** delito de incendio (especialmente) grave; **~ mit Todesfolge** delito de incendio seguido de muerte; **Brandteig** *m* <-(e)s, -e> (GASTR) masa *f* de buñuelos
Brandung [ˈbrandʊŋ] *f* <-, -en> embate *m* de las olas, oleaje *m*
Brandungserosion *f* <-, -en> (GEO) erosión *f* producida por el embate de las olas
Brandursache *f* <-, -n> causa *f* de un incendio; **die ~ ist noch ungeklärt** aún no se han aclarado las causas del incendio; **Brandversicherung** *f* <-, -en> seguro *m* contra incendios; **Brandwache** *f* <-, -n> ① (*Überwachung*) vigilancia *f* de un incendio ② (*Posten*) guardia *f* de incendio ③ (*Schweiz: Feuerwehr*) cuerpo *m* de bomberos; **Brandwunde** *f* <-, -n> quemadura *f*
Brandy [ˈbrɛndi] *m* <-s, -s> coñac *m*, brandi *m*
Brandzeichen *nt* <-s, -> marca *f* de fuego, fierro *m Am*, hierra *f Am*
brannte [ˈbrantə] *3. imp von* **brennen**
Branntkalk *m* <-(e)s, -e> cal *f* viva
Branntwein *m* <-(e)s, -e> aguardiente *m*; **Branntweinsteuer** *f* <-, -n> impuesto *m* sobre los alcoholes etílicos y bebidas alcohólicas
Brasilianer(in) [braziˈljaːne] *m(f)* <-s, -; -, -nen> brasileño, -a *m, f*
brasilianisch *adj* brasileño
Brasilien [braˈziːliən] *nt* <-s> Brasil *m*
Brasse [ˈbrasə] *f* <-, -n> ① (ZOOL) tenca *f* ② (NAUT) braza *f*
brät [brɛːt] *3. präs von* **braten**
Brät [brɛːt] *nt* <-s, *ohne pl*> (*reg:* GASTR) ≈picadillo *m* (*relleno para salchichas*)
Bratapfel *m* <-s, -äpfel> manzana *f* asada
braten [ˈbraːtən] <brät, briet, gebraten> *vt* asar; (*in der Pfanne*) freír
Braten *m* <-s, -> asado *m*; **einen ~ im Ofen haben** tener la carne en el horno; **den ~ riechen** (*fam*) oler el postre
Bratenfett *nt* <-(e)s, -e> grasa *f* del asado; **Bratensaft** *m* <-(e)s, -säfte> salsa *f*, jugo *m* del asado; **Bratensoße** *f* <-, -n> salsa *f* del asado; **Bratenwender** *m* <-s, -> paleta *f*
Bratfett *nt* <-(e)s, -e> grasa *f* para freír; **Bratfisch** *m* <-(e)s, -e> (*zum Braten bestimmt*) pescado *m* para asar; (*gebraten*) pescado *m* asado; **Brathähnchen** *nt* <-s, ->, **Brathendl** [ˈbraːtəndl] *nt* <-s, -n> (*Österr, südd*) pollo *m* asado; **Brathering** *m* <-s, -e> arenque *m* frito; **Brathuhn** *nt* <-(e)s, -hühner> gallina *f* asada
Bratkartoffeln *fpl* patatas cocidas y después salteadas con cebolla y especias; **Bratkartoffelverhältnis** *nt* <-ses, -se> (*iron*) relación *f* de pareja basada en que la mujer cocina y realiza otras tareas domésticas de lo que su amante se aprovecha
Bratpfanne *f* <-, -n> sartén *f*; **Bratröhre** *f* <-, -n> (*reg: Backofen*) horno *m*; **Bratrost** *m* <-(e)s, -e> parrilla *f*

Bratsche ['braːtʃə] f <-, -n> (MUS) viola f
Bratschist(in) [braˈtʃɪst] m(f) <-en, -en; -, -nen> (MUS) viola mf
Bratspieß m <-es, -e> asador m; **Bratwurst** f <-, -würste> salchicha f frita
Brauch [braʊx, pl: ˈbrɔɪçə] m <-(e)s, Bräuche> costumbre f, uso m; **hier ist es (so) ~, dass ...** aquí es costumbre que...; **wir feiern nach diesem alten ~** festejamos según esa vieja tradición; **so will es der ~** así lo requiere la tradición
brauchbar adj ❶ (nützlich) útil
❷ (geeignet) apropiado; (Schüler) capaz
Brauchbarkeitsminderung f <-, -en> (WIRTSCH) disminución f de la utilidad
brauchen ['braʊxən] vt ❶ (benötigen) necesitar, precisar; (Zeit) llevar; **wie lange brauchst du dafür** [o **dazu**]? ¿cuánto tiempo necesitas para esto?; **der Kuchen braucht noch eine halbe Stunde** el pastel todavía necesita media hora
❷ (fam: gebrauchen) utilizar, emplear; **kannst du die Sachen ~?** ¿te sirven estas cosas?; **ich kann jetzt keinen Besuch ~** no estoy para visitas ahora
❸ (verbrauchen) gastar, consumir
❹ (müssen) hacer falta (zu + inf, dass que + subj), ser necesario (zu + inf, dass que + subj); **du brauchst nicht gleich zu schreien** no es necesario [o no hace falta] que te pongas a chillar enseguida; **ich brauche heute nicht zu arbeiten** hoy no tengo que [o no necesito] trabajar; **das brauchst du gar nicht erst zu versuchen** ni siquiera lo intentes
❺ (Schweiz, südd: nötig sein): **es braucht etw/jdn** es necesario algo/alguien; **es braucht zwei Leute um diesen Karton zu heben** se necesitan dos personas para levantar esta caja
Brauchtum nt <-s, -tümer> costumbres fpl, usos mpl
Brauchwasser nt <-s, ohne pl> agua(s) f(pl) industrial(es)
Braue ['braʊə] f <-, -n> ceja f
brauen ['braʊən] vt ❶ (Bier) hacer, fabricar
❷ (fam: Kaffee) preparar
Brauer(in) m(f) <-s, -; -, -nen> cervecero, -a m, f
Brauerei f <-, -en> s. **Brauhaus**
Brauerin f <-, -nen> s. **Brauer**
Brauhaus nt <-es, -häuser> cervecería f, fábrica f de cerveza; **Braumeister(in)** m(f) <-s, -; -, -nen> maestro, -a m, f cervecero, -a
braun [braʊn] adj ❶ (Farbe) marrón, pancho Chil; (Haare) castaño; (Augen) marrón; (dunkel) oscuro; (Teint) moreno, bronceado; **~ gebrannt** bronceado; **~ werden** ponerse moreno
❷ (abw: nationalsozialistisch) nacionalsocialista, nazi
Braun nt <-s, -> marrón m
Braunalge f <-, -n> alga f marrón
braunäugig ['braʊnˈʔɔɪɡɪç] adj de ojos oscuros [o marrones]
Braunbär m <-en, -en> oso m pardo
Bräune ['brɔɪnə] f <-, ohne pl> bronceado m
bräunen I. vt ❶ (Körper) broncear
❷ (GASTR) dorar
II. vr: **sich ~** (sich sonnen) broncearse
Braunerde f <-, -n> tierra f parda
braungebrannt adj s. **braun 1.**
braunhaarig adj castaño, de pelo castaño [o marrón]; **sie ist ~ und er blond** ella es castaña y él rubio
Braunkohle f <-, ohne pl> lignito m; **Braunkohlekraftwerk** nt <-(e)s, -e> central f térmica [o termoeléctrica] por combustión de lignito
bräunlich adj pardusco, pardo
Braunschweig ['braʊnʃvaɪk] nt <-s> Brunswick m
Bräunung f <-, -en> bronceado m, (color m) tostado m; **das Arbeiten im Freien führt zu einer tiefen ~ des Gesichts** el trabajo al aire libre tuesta profundamente la cara; **eine gleichmäßige ~ des Körpers** un bronceado uniforme del cuerpo
Bräunungscreme f <-, -s, Schweiz, Österr: -n> crema f bronceadora; **~ auftragen** ponerse crema para el bronceado
Brause ['braʊzə] f <-, -n> ❶ (Dusche) ducha f
❷ (Limonade) (limonada f) gaseosa f
Brausekopf m <-(e)s, -köpfe> ❶ (Duschaufsatz) roseta f de la ducha
❷ (alt: Hitzkopf) botafuego mf; **ein ~ sein** tener malas pulgas
brausen vi ❶ (Wind) bramar; **~der Beifall** aplauso cerrado
❷ sein (rasen) ir a toda velocidad
Brausepulver nt <-s, -> polvos mpl efervescentes; **Brausetablette** f <-, -n> pastilla f efervescente
Braut [braʊt, pl: ˈbrɔɪtə] f <-, Bräute> novia f
Brautführer m <-s, -> padrino m de bodas
Bräutigam ['brɔɪtɪɡam] m <-s, -e> novio m
Brautjungfer f <-, -n> doncella f de honor; **Brautkleid** nt <-(e)s, -er> traje m de novia, vestido m de novia; **Brautkranz** m <-es, -kränze> corona f de la novia (equivalente a la corona de azahar, pero tejida con mirto); **Brautleute** pl s. **Brautpaar**; **Brautmutter** f <-, -mütter> madre f de la novia; **Brautpaar** nt <-(e)s, -e> (verlobt) novios mpl; (verheiratet) pareja f de recién casados; **Brautschau** f: **auf ~ gehen**, **~ halten** (iron) ir a buscar novia; **Brautschleier** m <-s, -> velo m de novia; **Brautvater** m <-s, -väter> padre m de la novia
brav [braːf] adj ❶ (Kind, Tier) bueno, bien educado; **der ~e Bürger** el buen ciudadano
❷ (Kleidung) serio; (fade) soso
bravo [ˈbraːvo] interj ¡bravo!, ¡bien!
Bravoruf m <-(e)s, -e> bravo m, vítor m
Bravour [braˈvuːɐ] f <-, ohne pl> ❶ (Tapferkeit) bravura f
❷ (Brillanz) brillantez f; **etw mit ~ bestehen** pasar [o acabar] algo con brillantez
Bravourleistung f <-, -en> derroche m de maestría, muestra f de valentía; **dieser Salto mortale war eine wirkliche ~** aquel salto mortal fue un verdadero derroche de maestría
bravourös [bravuˈrøːs] adj brillante
Bravourstück nt <-(e)s, -e> (geh) obra f sensacional; (Glanznummer) número m estelar; (MUS) pieza f para virtuosos
Bravur[RR] f <-, ohne pl> s. **Bravour**
Bravurleistung[RR] f <-, -en> s. **Bravourleistung**
bravurös[RR] adj s. **bravourös**
Bravurstück[RR] nt <-(e)s, -e> s. **Bravourstück**
BRD [beːʔɛrˈdeː] f (POL) Abk. von **Bundesrepublik Deutschland** RFA f
Breakdance [ˈbrɛɪkdɛːns] m <-(s), ohne pl> (MUS) breakdance m
Break-even-Punkt m <-(e)s, -e> (WIRTSCH) punto m muerto
Breccie f <-, -n> (GEO) brecha f
Brechbohnen fpl judías fpl verdes (tiernas)
Brechdurchfall m <-(e)s, -fälle> (MED) cólera m nostras
Brecheisen nt <-s, -> palanqueta f, alzaprima f
brechen ['brɛçən] <bricht, brach, gebrochen> I. vi ❶ sein (zerbrechen) romperse, quebrarse; **mir bricht das Herz** se me parte el corazón; **auf Biegen und B~** a toda costa, cueste lo que cueste
❷ (Freundschaft) romper (mit con)
❸ (fam: erbrechen) vomitar; **er musste ~** tuvo que vomitar
II. vt ❶ (durchbrechen) romper, partir; **in Stücke ~** romper en pedazos, despedazar; **sich** dat **einen Arm/ein Bein ~** romperse un brazo/una pierna; **das Eis ~** (fig) romper el hielo; **den Waffenstillstand ~** romper el alto el fuego; **das wird ihm das Genick ~** (fam) esto le va a dar el resto
❷ (Widerstand) romper; (Rekord) batir
❸ (nicht einhalten) violar, quebrantar; (Gesetz) infringir; (Streik) boicotear; **die Ehe ~** cometer adulterio; **sein Wort ~** faltar a su palabra
❹ (Wellen) romper; (Licht) refractar
❺ (geh: Blume) arrancar
III. vr: **sich ~** ❶ (Licht) refractarse
❷ (Wellen) romper
Brecher ['brɛçɐ] m <-s, -> cachón m, ola f grande
Brechmittel nt <-s, -> vomitivo m; **er ist ein ~ für mich** me resulta vomitivo; **Brechreiz** m <-es, -e> náuseas fpl, ganas fpl de vomitar
Brechstange f <-, -n> palanqueta f; **eine Tür mit einer ~ aufbrechen** [o **aufhebeln**] apalancar una puerta hasta forzarla
Brechung f <-, -en> ❶ (MED) fractura f
❷ (PHYS) refracción f
Bredouille [breˈdʊljə] f <-, ohne pl> apuro m, aprieto m; **in die ~ kommen** meterse en un aprieto; **in der ~ sein** estar en un aprieto
Bregenz ['breːɡɛnts] nt <-> Bregenz f
Brei [braɪ] m <-(e)s, -e> (für Kinder) papilla f; (Kartoffel~) puré m; **jdn zu ~ schlagen** moler a alguien a palos; **um den heißen ~ herumreden** (fam) andarse con rodeos; **jdm ~ ums Maul/um den Mund schmieren** (fam) dar jabón [o adular] a alguien
breiig ['braɪɪç] adj pastoso
Breisgau ['braɪsɡaʊ] m <-(e)s> Brisgovia f
breit [braɪt] adj ancho; (ausgedehnt) amplio, extenso; **etw weit und ~ verkünden** pregonar algo a los cuatro vientos; **der Fluss ist 20 m ~** el río tiene 20 m de ancho; **die ~e Öffentlichkeit** el gran público; **mit einem ~en Grinsen** con una amplia sonrisa; **er erzählte die Geschichte lang und ~** contó la historia con mucha prolijidad; **sich ~ machen** (sich ausbreiten) extenderse; (fam: Platz beanspruchen) acomodarse, arrellanarse; (fam: sich niederlassen) instalarse; **Unmut machte sich ~** se propagó el disgusto [o desacuerdo] entre la gente; **mach dich nicht so ~!** ¡no te arrellanes tanto!; **~ sein** (reg: fam) estar borracho
Breitband nt <-(e)s, -bänder> (TEL) banda f ancha; **Breitbandantibiotikum** nt <-s, -antibiotika> (MED) antibiótico m de amplio espectro; **Breitbandkabel** nt <-s, -> (TECH) cable m de banda ancha; **Breitbandnetz** nt <-es, -e> (TECH) red f de banda ancha
breitbeinig adj despatarrado
Breite ['braɪtə] f <-, -n> ancho m, anchura f; (Ausdehnung) extensión f; (GEO) latitud f; **in voller ~** extensamente, con todo detalle; **in unseren**

breiten 141 **Briefdrucksache**

~n en nuestras latitudes; **fünf Grad südlicher** ~ cinco grados latitud sur; **in die ~ gehen** (fam) engordar; **der Artikel geht zu sehr in die ~** el artículo es demasiado extenso

breiten I. vt ① (ausbreiten) extender; **die Sanitäter breiteten Decken über die Leichen/Opfer** los enfermeros extendieron mantas sobre las víctimas [o cubrieron a las víctimas con mantas]
② (spreizen) extender, desplegar; **ab und zu breitete einer der Geier seine Flügel** de cuando en cuando alguno de los buitres desplegaba sus alas
II. vr: **sich ~** (geh): **die Nacht breitete sich über das Land** la noche se extendió sobre por el campo

Breitenarbeit f <-, ohne pl> (a. SPORT) trabajo m de base [o en la base]; **Breitengrad** m <-(e)s, -e> (GEO) grado m de latitud; **Breitenkreis** m <-es, -e> (GEO) paralelo m; **Breitensport** m <-(e)s, ohne pl> (SPORT) deporte m de masas [o popular]; **Breitenwirkung** f <-, ohne pl> amplia repercusión f

breitkrempig adj de ala ancha; **einen ~en Hut tragen** llevar (un) sombrero de ala ancha

breit|machen vr: **sich ~** s. breit

Breitmaulfrosch m <-(e)s, -frösche> (BOT) rana f bocacha

breitrandig adj con bordes anchos

breit|schlagen irr vt (fam) engatusar; **du hast dich schon wieder von ihm ~ lassen** te has vuelto a dejar engatusar por él

breitschult(e)rig adj ancho de hombros [o de espaldas]

Breitseite f <-, -n> (MIL) andanada f, descarga f

breitspurig adj ① (EISENB, TECH) de vía ancha
② (abw: großspurig) fanfarrón; ~ **reden** ponerse bravucón

breit|treten irr vt (fam: Thema) tratar detallada y repetidamente; (Nichtigkeiten) dar más importancia de lo necesario

breit|walzen (fam abw) s. **breittreten**

Breitwand f <-, -wände> (FILM) cinemascope m, pantalla f ancha; **Breitwandfilm** m <-(e)s, -e> película f en Cinemascope; **Breitwandformat** nt <-(e)s, -e> (FILM) técnica f cinemascope; **ein Film im ~** una película en cinemascope

Brekzie ['brɛktsjə] f <-, -n> s. **Breccia**

Bremen ['breːmən] nt <-s> Brema f

Bremer¹ ['breːmɐ] adj inv relativo a Brema [o Bremen], de Brema [o Bremen]

Bremer(in)² m(f) <-s, -; -, -nen> habitante mf de Brema [o Bremen]

Bremer Klausel f <-, ohne pl> (JUR) Cláusula f de Bremen

Bremsbacke f <-, -n> (AUTO) zapata f de freno; **Bremsbelag** m <-(e)s, -läge> (AUTO) forro m de(l) freno, guarnición f de(l) freno

Bremse ['brɛmzə] f <-, -n> ① (AUTO) freno m
② (ZOOL) tábano m

bremsen vi, vt ① (Fahrzeug) frenar; **ich musste scharf ~ um das Auto rechtzeitig zum Stillstand zu bringen** tuve que frenar con fuerza para conseguir que el coche se detuviera a tiempo
② (fam: Entwicklung) refrenar; **er ist nicht zu ~** no hay quien le pare

Bremser(in) m(f) <-s, -; -, -nen> ① (fam: Verhinderer) rémora f
② (EISENB: alt) guardafrenos mf inv
③ (SPORT: Bobfahren) encargado, -a m, f del freno

Bremsfallschirm m <-(e)s, -e> (AERO) paracaídas m inv de aterrizaje; **Bremsflüssigkeit** f <-, -en> (AUTO) líquido m de frenos; **Bremshebel** m <-s, -> palanca f de freno; **Bremsklappe** f <-, -n> (AERO) aleta f de freno, freno m aerodinámico; **Bremsklotz** m <-es, -klötze> zapata f de freno, almohadilla f de freno

Bremskraftverstärker m <-s, -> (AUTO) aumentador m de la fuerza de frenado

Bremslicht nt <-(e)s, -er> luz f de freno; **Bremspedal** nt <-s, -e> pedal m de freno; **Bremsrakete** f <-, -n> retrocohete m; **Bremsschlauch** m <-(e)s, -schläuche> (AUTO) manguera f de freno, tubo m flexible de los frenos; **Bremsspur** f <-, -en> huella f de frenado

Bremsung f <-, -en> frenado m

Bremsvorrichtung f <-, -en> dispositivo m de freno [o de frenado], sistema m de frenos; **Bremsweg** m <-(e)s, -e> distancia f de frenado

brennbar adj combustible, inflamable

Brenndauer f <-, ohne pl> (TECH) duración f de combustión; **Brennelement** nt <-(e)s, -e> elemento m combustible

brennen ['brɛnən] <brennt, brannte, gebrannt> I. vi ① (Feuer) arder; (Material) quemarse, arder; (Zigarette, Licht) estar encendido; **es brennt!** ¡hay un incendio!; **lichterloh** ~ arder en llamas; **wie Zunder** ~ arder bien; **das brennt ja wie Zunder** esto arde como nada; **wo brennt's denn?** (fam) ¿cuál es el problema?; **darauf ~ etw zu tun** morirse por hacer algo
② (Wunde) arder, punzar; (Augen) escocer, picar; (Gewürz) quemar, picar; **meine Füße ~** me duelen [o arden] los pies
③ (Sonne) quemar
II. vt ① (Ziegel) cocer
② (Schnaps) destilar
③ (Kaffee) tostar

brennend adj ① (Holz) ardiente; (in Flammen) en llamas
② (Schmerz) punzante, agudo
③ (Problem, Frage) candente, actual; (Interesse) vivo, palpitante; **das interessiert mich ~** me interesa vivamente

Brenner m <-s, -> quemador m, mechero m

Brennerei f <-, -en> destilería f

Brennessel f <-, -n> s. **Brennnessel**

Brennglas nt <-es, -gläser> vidrio m ustorio; **Brennholz** nt <-es, ohne pl> leña f; **Brennkammer** f <-, -n> (TECH) cámara f de combustión; **Brennmaterial** nt <-s, -ien> combustible(s) m(pl); **Brennnessel**ᴿᴿ ['brɛnnɛsəl] f <-, -n> ortiga f; **Brennofen** m <-s, -öfen> horno m de calcinación; **Brennpunkt** m <-(e)s, -e> ① (PHYS) foco m ② (Mittelpunkt) centro m, primer plano m; **im ~ stehen** figurar en el primer plano; **ein sozialer ~** un foco social; **Brennschere** f <-, -n> (alt) tenacillas fpl, rizador m; **Brennspiegel** m <-s, -> (TECH) espejo m ustorio; **Brennspiritus** m <-, ohne pl> alcohol m para quemar; **Brennstab** m <-(e)s, -stäbe> (PHYS) barra f de combustible nuclear

Brennstoff m <-(e)s, -e> combustible m; **fossiler ~** combustible fósil; **rauchfreier ~** material combustible sin humo; **Brennstoffkreislauf** m <-(e)s, -läufe> (TECH) ciclo m de combustible

Brennweite f <-, -n> (PHYS, FOTO) distancia f focal

Brennwert m <-(e)s, -e> valor m calorífico; **physiologischer** ~ poder calorífico fisiológico

brenzlig ['brɛntslɪç] adj (fam) crítico, delicado; **die Sache wird langsam** ~ la cosa se está poniendo fea

Bresche ['brɛʃə] f <-, -n> brecha f; **eine ~ schlagen** abrir una brecha; **für jdn in die ~ springen** sustituir [o reemplazar] a alguien

Breslau ['brɛslaʊ] nt <-s> Breslau m, Wrocław m

Bretagne [breˈtanjə] f Bretaña f

Bretone, -in [breˈtoːnə] m, f <-n, -n; -, -nen> bretón, -ona m, f

bretonisch adj bretón

Brett [brɛt] nt <-(e)s, -er> ① (aus Holz) tabla f, tablón m, plancha f de madera; **schwarzes ~** cartelera f; (Schaukasten) tablón m de anuncios; **ein ~ vor dem Kopf haben** (fam) no ver más allá de sus narices; **die ~er, die die Welt bedeuten** (geh) el teatro, las tablas
② (Spiel~) tablero m
③ pl (Skier) esquí(e)s mpl

Brettchen nt <-s, -> (Küche) tabla f (para cortar)

Bretterboden m <-s, -böden> tablado m, suelo m de tablas; (auf einem Untergestell) entarimado m; **Bretterbude** f <-, -n> barraca f de tablas

brettern vi sein (fam) conducir como un loco, ir a toda hostia vulg; **mit dem Motorrad durch die Gegend ~** ir con la moto por ahí a toda pastilla

Bretterwand f <-, -wände> ① (Trennwand) tabique m de madera; (Schutzwand) valla f ② (Zaun) cercado m ③ (Balkon, Treppe) baranda f; **Bretterzaun** m <-(e)s, -zäune> valla f

Brettspiel nt <-(e)s, -e> juego m de tablero

Brevet [breˈveː] nt <-s, -s> (Schweiz: Ausweis) carné m, carnet m

brevetieren* [brevɛˈtiːrən] vt (Schweiz: einen Ausweis ausstellen) expedir un carnet

Brevier [breˈviːɐ] nt <-s, -e> ① (REL) breviario m
② (kurze Darstellung) guía f

Brezel ['breːtsəl] f <-, -n> rosquilla salada típica del sur de Alemania

bricht [brɪçt] 3. präs von **brechen**

Bridge [brɪtʃ] nt <-, ohne pl> bridge m; (INFOR, TEL) puente m

Brief [briːf] m <-(e)s, -e> carta f; **persönlicher** ~ carta personal; **ein offener/versiegelter** ~ una carta abierta/lacrada; **einen ~ zustellen/aufgeben** entregar/despachar [o enviar] una carta; **einen ~ mit einem Euro frankieren** franquear una carta con un sello de un euro; **unser ~ ist bisher unbeantwortet geblieben** nuestra carta hasta ahora no ha sido contestada; **der Inhalt dieses ~es ist vertraulich** el contenido de esta carta es confidencial; **einen blauen ~ bekommen** (SCH) recibir una carta del colegio con el aviso de que el alumno posiblemente tenga que repetir el curso; **als Antwort auf die Annonce kam eine Flut von ~en** en respuesta al anuncio llegaron montones de cartas; **ich gebe Ihnen ~ und Siegel darauf, dass ich es tun werde** le prometo solemnemente hacerlo

Briefablage f <-, -n> archivo m de correspondencia; **Briefbeschwerer** m <-s, -> pisapapeles m inv; **Briefblock** m <-s, -s o -blöcke> bloc m de cartas; **Briefbogen** m <-s, - o -bögen> pliego m de papel de cartas; **Briefbombe** f <-, -n> carta f bomba, carta-bomba f

Briefchen nt <-s, -> ① (flaches Päckchen) sobrecito m, paquetito m en forma de sobre
② (sl: Drogendosis) papelina f

Briefdrucksache f <-, -n> (envío m de) impresos mpl; **als ~ versenden** enviar como impresos

briefen vt (*eine Zusammenfassung geben*) informar brevemente [*o* resumidamente]

Briefeschreiber(in) *m(f)* <-s, -; -, -nen> persona *f* que escribe (muchas) cartas

Brieffreund(in) *m(f)* <-(e)s, -e; -, -nen> amigo, -a *m, f* por correspondencia; **Brieffreundschaft** *f* <-, -en> amistad *f* por correspondencia; **Briefgebühr** *f* <-, -en> franqueo *m* postal; **Briefgeheimnis** *nt* <-ses, *ohne pl*> secreto *m* postal [*o* epistolar]; **Briefgrundschuld** *f* <-, -en> (JUR) deuda *f* inmobiliaria de cédula; **Briefhypothek** *f* <-, -en> (FIN) hipoteca *f* de carta

Briefing ['bri:fɪŋ] *nt* <-s, -s> ❶ (MIL) breve conferencia *f* sobre la situación
❷ (*Informationsgespräch*) briefing *m*, intercambio *m* informativo entre una agencia publicitaria y su cliente

Briefkarte *f* <-, -n> tarjeta *f* postal (*que se envía en sobre*)

Briefkasten *m* <-s, -kästen> buzón *m* (de correo); **elektronischer ~** buzón (de correo) electrónico; **Briefkastenadresse** *f* <-, -n> dirección *f* postal; **Briefkastendomizil** *nt* <-s, -e> (*Schweiz*) domicilio *m* postal; **Briefkastenfirma** *f* <-, -firmen> empresa *f* buzón, compañía *f* fantasma

Briefkopf *m* <-(e)s, -köpfe> membrete *m*; **Briefkurs** *m* <-es, -e> (FIN) cotización *f* ofrecida

brieflich *adj* por carta, por escrito; **Einzelheiten werden wir Ihnen ~ mitteilen** le informaremos por escrito sobre los pormenores

Briefmarke *f* <-, -n> sello *m*, estampilla *f Am*; **er sammelt ~n** colecciona sellos; **Briefmarkenalbum** *nt* <-s, -alben> álbum *m* filatélico [*o* de sellos postales]; **Briefmarkenautomat** *m* <-en, -en> expendedor *m* de sellos de correo; **Briefmarkensammler(in)** *m(f)* <-s, -; -, -nen> filatelista *mf*, filatélico, -a *m, f*; **Briefmarkensammlung** *f* <-, -en> colección *f* de sellos de correo [*o* de estampillas]

Brieföffner *m* <-s, -> abrecartas *m inv*; **Briefpapier** *nt* <-s, -e> papel *m* de cartas; **Briefpartner(in)** *m(f)* <-s, -; -, -nen> correspondiente *mf*; **Briefporto** *nt* <-s, -s *o* -porti> franqueo *m*; **Briefpost** *f* <-, *ohne pl*> correo *m*; **Briefroman** *m* <-s, -e> novela *f* epistolar; **Briefschreiber(in)** *m(f)* <-s, -; -, -nen> persona *f* que escribe cartas; **sie ist eine passionierte ~in** escribe cartas con pasión; **Brieftasche** *f* <-, -n> cartera *f*, billetero *m*, billetera *f MAm, Arg, Chil*; **Brieftaube** *f* <-, -n> paloma *f* mensajera; **Briefträger(in)** *m(f)* <-s, -; -, -nen> cartero, -a *m, f*; **Briefumschlag** *m* <-(e)s, -schläge> sobre *m*, cierro *m Chil*; **verschlossener ~** sobre cerrado; **ein ~ für die Rückantwort liegt bei** adjuntamos un sobre para la respuesta; **Briefwaage** *f* <-, -n> pesacartas *m inv*; **Briefwahl** *f* <-, -en> voto *m* por correo; **Briefwähler(in)** *m(f)* <-s, -; -, -nen> (POL) votante *mf* por correo [*o* por correspondencia]; **Briefwechsel** *m* <-s, -> correspondencia *f*, carteo *m*; **in ~ mit jdm stehen** cartearse con alguien; **einen ~ mit jdm führen** escribirse con alguien; **Briefwerbeaktion** *f* <-, -en> acción *f* publicitaria por correo; **Briefwerbung** *f* <-, *ohne pl*> publicidad *f* por cartas; **Briefzusteller(in)** *m(f)* <-s, -; -, -nen> (*formal*) distribuidor(a) *m(f)* del correo, cartero, -a *m, f*

briet [bri:t] *3. imp von* **braten**

Brigade [bri'ga:də] *f* <-, -n> (MIL) brigada *f*

Brigadegeneral(in) *m(f)* <-s, -e *o* -räle; -, -nen> (MIL) general *mf* de brigada; **Brigadekommandeur(in)** *m(f)* <-s, -e; -, -nen> (MIL) comandante *mf* de brigada

Brigg [brɪk] *f* <-, -s> (NAUT) bergantín *m*

Brikett [bri'kɛt] *nt* <-s, -s> briqueta *f*

brillant [brɪ'ljant] *adj* excelente, magnífico

Brillant [brɪ'ljant] *m* <-en, -en> brillante *m*

Brillantine [brɪljan'ti:nə] *f* <-, -n> brillantina *f*

Brillantkollier [brɪl'jantkɔ'lie:] *nt* <-s, -s> collar *m* de brillantes, gargantilla *f* de brillantes; **Brillantring** *m* <-(e)s, -e> anillo *m* de brillantes; **Brillantschmuck** *m* <-(e)s, *ohne pl*> joyas *fpl* con brillantes

Brillanz [brɪ'ljants] *f* <-, *ohne pl*> brillantez *f*

Brille ['brɪlə] *f* <-, -n> ❶ (*Augenglas*) gafas *fpl*, anteojos *mpl Am*, lentes *mpl Am*; **eine ~ tragen/brauchen** llevar [*o* usar]/necesitar gafas; **etw durch eine rosarote/schwarze ~ sehen** ver algo de color de rosa/negro; **Brillenetui** *nt* <-(e)s, -s> estuche *m* para gafas; **Brillengestell** *nt* <-(e)s, -e> montura *f* de las gafas; **Brillenglas** *nt* <-es, -gläser> cristal *m* de gafas; **Brillenschlange** *f* <-, -n> ❶ (ZOOL) cobra *f*, serpiente *f* de anteojos *fam* ❷ (*fam abw:* Brillenträger) cuatrojos *mf inv*; **Brillenträger(in)** *m(f)* <-s, -; -, -nen> persona *f* que lleva gafas

brillieren* [brɪ'ji:rən] *vi* (*geh*) brillar (*mit con*), lucirse (*mit con*)

Brimborium [brɪm'bo:riʊm] *nt* <-s, *ohne pl*> (*fam abw*) ❶ (*Drumherum*) historias *fpl*; **lassen Sie dieses ~ und kommen Sie gleich zur Sache** déjese de historias y vaya al grano
❷ (*Aufheben*) montaje *m*; **das ganze ~ wegen des Jubiläums geht mir auf die Nerven** todo este montaje por el aniversario me pone de los nervios; **ein ~ um etw machen** hacer un mundo de algo

bringen ['brɪŋən] <bringt, brachte, gebracht> *vt* ❶ (*herbringen*) traer; (*hinbringen*) llevar; (*befördern*) transportar; (*begleiten*) acompañar, llevar; **soll ich dich nach Hause ~?** ¿quieres que te lleve a casa?; **es ist Zeit, die Kinder ins Bett zu ~** es hora de acostar a los niños; **das Essen auf den Tisch ~** poner la comida en la mesa; **etw in Ordnung ~** poner algo en orden; **wir werden ihn vor Gericht ~** lo llevaremos a juicio; **das wird uns noch viel Ärger ~** esto aún nos va a traer muchos problemas; **das soll Glück ~** esto dicen que trae buena suerte; **du hast ihn in Verlegenheit gebracht** lo has puesto en un apuro; **seine Ware an den Mann ~** (*fam*) vender sus mercancías; **etw an den Tag ~** revelar algo; **jdm etw nahe ~** despertar el interés de alguien por algo, hacer comprender algo a alguien; **die gemeinsame Tätigkeit hat sie einander nahe gebracht** el trabajo común los ha unido; **jdn auf die Palme ~** (*fam*) enfurecer a alguien, cabrear a alguien; **jdn auf Touren ~** acuciar a alguien; **jdn aus dem Konzept ~** confundir a alguien, hacer perder el hilo a alguien; **wir werden es zur Sprache [*o* auf den Tisch] ~** ya hablaremos de eso; **das sollte man zu Papier ~** esto habría que anotarlo; **etw auf den Markt ~** lanzar algo al mercado; **ein Kind zur Welt ~** dar a luz [*o* traer al mundo] un niño; **es zu etwas [*o* es weit] ~** hacer carrera; **etw mit sich ~** traer algo consigo; **das bringt das Alter so mit sich** esto es cosa de la edad; **etw hinter sich ~** conseguir terminar algo; **~ wir es hinter uns!** ¡acabémoslo de una vez!; **sie wollen sie unbedingt unter die Haube ~** la quieren casar a toda costa; **seine Schäfchen ins Trockene ~** (*fig*) llevar el agua a su molino; **jdn um die Ecke ~** (*fam*) cargarse a alguien; **du wirst mich noch unter die Erde [*o* ins Grab] ~** (*fam*) vas a matar como sigas así
❷ (*Ertrag, Gewinn*) rendir, producir un beneficio (de); **das Bild brachte 100 Euro** el cuadro produjo un beneficio de 100 euros; **diese Wertpapiere werden hohe Zinsen ~** estos títulos rendirán intereses muy altos; **das bringt's!** (*fam*) ¡esto es!; **was bringt das?** ¿qué se consigue con esto?; **das bringt doch überhaupt nichts** esto no conduce a nada; **er hat es weit gebracht in seinem Leben**, er hat es in seinem Leben zu etwas gebracht ha logrado [*o* subido] mucho en su vida
❸ (*fam: veröffentlichen*) traer, publicar; (*Wetterbericht, Nachrichten*) emitir; **die Zeitung hat nichts darüber gebracht** el periódico no ha publicado nada al respecto
❹ (*wegnehmen*) quitar (*um*); **jdn ums Leben ~** matar a alguien; **das bringt mich noch um den Verstand** esto aún me va a volver loco; **jdn um Haus und Hof ~** arruinar a alguien
❺ (*bekommen*) conseguir (*zu +inf*); **du bringst mich immer zum Lachen** siempre me haces reír; **sie brachte das Auto zum Stehen** consiguió parar el coche; **er war nicht aus der Fassung zu ~** no fue posible hacerle perder su sangre fría; **du bringst mich nicht dazu, das zu tun** no vas a conseguir que lo haga
❻ (*Wend*): **das kannst du doch nicht ~!** (*fam*) ¡no lo puedes hacer!; **nachdem er die Waffe an sich gebracht hatte, floh er** después de haberse apoderado del arma, huyó; **sie hat mich erst darauf gebracht** ella me dio la idea de hacerlo; **etw nicht über sich [*o* übers Herz] ~** no ser capaz de hacer algo

Bringschuld *f* <-, -en> ❶ (JUR) obligación *f* de aportar
❷ (*moralische Verpflichtung*) obligación *f* moral

brisant [bri'zant] *adj* explosivo; **ein ~es Thema** un tema explosivo

Brisanz¹ [bri'zants] *f* <-, *ohne pl*> (*Aktualität*) actualidad *f*

Brisanz² *f* <-, -en> (*Sprengkraft*) fuerza *f* explosiva

Brise ['bri:zə] *f* <-, -n> brisa *f*; **eine steife ~** una brisa fuerte

Britannien [bri'tanjən] *nt* <-s> Gran Bretaña *f*

britannisch [bri'tanɪʃ] *adj* (HIST) britano, británico; **die ~en Stämme** las tribus britanas [*o* británicas]

Brite, -in ['brɪtə, 'bri:tə] *m, f* <-n, -n; -, -nen> británico, -a *m, f*

britisch ['brɪtɪʃ] *adj* británico

Britpop ['brɪtpɔp] *m* <-s, *ohne pl*> (MUS) britpop *m*

Brixen ['brɪksən] *nt* <-s> Brixen *m*, Bressanone *m*

bröck(e)lig *adj* quebradizo, deleznable

bröckeln ['brœkəln] *vi sein* (*Steine*) desmoronarse; (*Putz, Lehm*) desmoronar; (*Brot*) desmigajarse

Brocken ['brɔkən] *m* <-s, -> trozo *m*, pedazo *m*; **ein paar ~ Spanisch sprechen** chapurrear el español; **ein paar ~ Spanisch verstehen** entender un poco de español; **die Prüfung ist ein harter ~ für ihn** el examen es muy duro para él; **da haben wir einen fetten ~ an Land gezogen** ¡vaya pedazo de pez hemos pescado!

brockenweise *adv* en pedazos, en trozos, troceado; (*fig*) a retazos; **sie gab den Schwänen das Brot ~** daba pan troceado [*o* en trozos] a los cisnes; **die letzten Jahre hatte er ~ Spanisch gelernt** en los últimos años había aprendido español a retazos

bröcklig *adj s.* **bröck(e)lig**

brodeln ['bro:dəln] *vi* ❶ (*Wasser*) hervir a borbotones; **in der Metallbranche brodelt es ganz schön** en la industria del metal hay bastantes tumultos
❷ (*Österr: fam: trödeln*) obrar con cachaza

Brodem ['bro:dəm] *m* <-s, *ohne pl*> (*geh*) vapores *mpl*; (*erstickend*)

miasma *f*; **ein stinkender ~** vapores pestilentes
Broiler ['brɔɪlɐ] *m* <-s, -> (*ostd*) pollo *m* asado
Brokat [bro'ka:t] *m* <-(e)s, -e> brocado *m*
Broker(in) ['bro:kɐ] *m(f)* <-s, -; -, -nen> (FIN) broker *mf*
Brokergeschäft *nt* <-(e)s, -e> (FIN) operación *f* de compraventa de valores mobiliarios (*en las bolsas anglosajonas*)
Brokerin *f* <-, -nen> *s.* **Broker**
Brokkoli ['brɔkoli] *pl* brécol *m*, bróculi *m*
Brom [bro:m] *nt* <-s, *ohne pl*> (CHEM) bromo *m*
Brombeere ['brɔmbe:rə] *f* <-, -n> ❶ (*Gewächs*) zarza *f*, zarzamora *f* ❷ (*Frucht*) (zarza)mora *f*
Brombeerstrauch *m* <-(e)s, -sträucher> zarzas *fpl*, zarzal *m*
bronchial [brɔnçi'a:l] *adj* (MED) bronquial
Bronchialasthma *nt* <-s, *ohne pl*> (MED) asma *m* bronquial; **Bronchialkarzinom** *nt* <-s, -e> (MED) carcinoma *m* bronquial; **Bronchialkatarr(h)**^RR *m* <-s, -e> (MED) catarro *m* bronquial
Bronchie ['brɔnçiə] *f* <-, -n> (ANAT) bronquio *m*
Bronchitis [brɔn'çi:tɪs] *f* <-, Bronchitiden> (MED) bronquitis *f inv*; **akute/chronische ~** bronquitis aguda/crónica
Bronchopneumonie [brɔnçɔpnɔymo'ni:] *f* <-, -n> (MED) bronquioneumonía *f*
Bronchoskopie [brɔnçosko'pi:] *f* <-, -n> (MED) broncoscopia *f*
Bronze ['brõ:sə] *f* <-, -n> bronce *m*
bronzefarben *adj* bronceado, de color de bronce
Bronzemedaille *f* <-, -n> (SPORT) medalla *f* de bronce
bronzen *adj* de bronce, broncíneo *geh*
Bronzezeit *f* <-, *ohne pl*> Edad *f* del Bronce
Brosche ['brɔʃə] *f* <-, -n> broche *m*
broschiert [brɔ'ʃi:ɐt] *adj* (*flexibel eingebunden*) (encuadernado) en rústica
Broschur¹ [brɔ'ʃu:ɐ] *f* <-, -en> (*Buch*) libro *m* empaquetado en una cubierta de cartón
Broschur² *f* <-, *ohne pl*> (*Broschieren*) encuadernamiento *m* en rústica
Broschüre [brɔ'ʃy:rə] *f* <-, -n> folleto *m*
Broschureinband *m* <-(e)s, -bände> cubierta *f* (en) rústica
Brösel ['brø:zəl] *m* <-s, -> miga *f*, migaja *f*
brös(e)lig *adj* que se hace migas, que se desmigaja; **der Kuchen ist ~** el pastel se desmigaja; **die Mauer ist ~ geworden** la pared se descascarilla
bröseln ['brø:zəln] *vi* ❶ (*bröckeln*) desmigajarse
❷ (*zerbröseln*) hacer(se) migas; **du bröselst immer so, leg dein Brot doch auf einen Teller** siempre haces tantas migas, pon tu pan en un plato
bröslig *adj s.* **brös(e)lig**
Brot [bro:t] *nt* <-(e)s, -e> pan *m*; **ein Laib ~** un pan; **sich** *dat* **sein ~ verdienen** ganarse el pan; **das ist mein tägliches ~** este es mi pan de cada día; **unser tägliches ~ gib uns heute** (REL) el pan nuestro de cada día dánoslo hoy; **das frisst kein ~** (*fig*) eso no pide pan; **für diesen Choleriker zu arbeiten, ist ein hartes ~** trabajar para este tipo colérico es muy duro
Brotaufstrich *m* <-(e)s, -e> todo cuanto se puede untar en el pan; **Brotbelag** *m* <-(e)s, *ohne pl*> fiambre, queso, chocolate... para poner en el pan; **Brotbeutel** *m* <-s, -> zurrón *m*
Brötchen ['brø:tçən] *nt* <-s, -> panecillo *m*; **belegte ~** bocadillos *mpl*; **kleine ~ backen** (*fam*) conformarse con poco; **sich** *dat* **seine ~ verdienen** (*fam*) ganarse la vida
Brötchengeber(in) *m(f)* <-s, -; -, -nen> (*fam*) patrono, -a *m, f*
Broteinheit *f* <-, -en> (MED) unidad *f* alimenticia; **Broterwerb** *m* <-(e)s, *ohne pl*> sustento *m*; **etw zum ~ betreiben** dedicarse a un negocio para ganar el pan; **Brotkasten** *m* <-s, -kästen> panera *f*; **Brotknörzel** ['bro:tknœrtsəl] *m* <-s, -> (*südd*) cantero *m* de pan; **Brotkorb** *m* <-(e)s, -körbe> cesta *f* del pan; **Brotkrume** *f* <-, -n>, **Brotkrümel** *m* <-s, -> miga *f* de pan, borona *f Am*; **Brotkruste** *f* <-, -n> corteza *f* de pan
brotlos *adj* en paro, sin empleo; **eine ~e Kunst** una profesión poco lucrativa
Brotmaschine *f* <-, -n> máquina *f* de cortar pan; **Brotmesser** *nt* <-s, -> cuchillo *m* para cortar pan, cuchillo *m* del pan; **Brotrinde** *f* <-, -n> corteza *f* de pan; **Brotröster** *m* <-s, -> (*Toaster*) tostador *m*, tostadora *f*; **Brotschneidemaschine** *f* <-, -n> máquina *f* de cortar pan; **Brotschnitte** *f* <-, -n> rebanada *f* de pan; **Brotsuppe** *f* <-, -n> sopa *f* de pan; **Brotteig** *m* <-(e)s, -e> masa *f* de pan; **Braten im ~** asado con gabardina, asado envuelto en masa de pan; **Brotvermehrung** *f:* **die wunderbare ~** (REL) la multiplicación de los panes (y los peces)
Brotzeit *f* <-, -en> (*reg*) hora *f* del bocadillo; **~ machen** hacer una pausa para comer un bocadillo
Brouter ['braʊtɐ] *m* <-s, -> (INFOR, TEL) puente-encaminador *m*, brouter *m*
Browser ['braʊzɐ] *m* <-s, -> (INFOR, TEL) browser *m*, navegador *m*, visualizador *m*; **~ für das Internet** explorador de Internet

brr [br] *interj* ❶ (*Befehl an Zugtiere: halt!*) ¡so!
❷ (*Ausruf bei Kälte*) ¡brrr!
BRT *Abk. von* Bruttoregistertonne tonelada *f* de registro [*o* de arqueo] bruto
Brucellose [brutsɛ'lo:zə] *f* <-, -n> (MED) brucelosis *f inv*
Bruch [brʊx, *pl*: 'brʏçə] *m* <-(e)s, Brüche> ❶ (*das Zerbrechen*) rotura *f*, fractura *f*; **zu ~** [*o* **in die Brüche**] **gehen** hacerse añicos [*o* trizas]; **ihre Ehe ging in die Brüche** su matrimonio fracasó
❷ (*Zerbrochenes*) despojos *mpl*; **das ist alles nur ~** son puros despojos
❸ (MED: *Knochen*) fractura *f*; (*Eingeweide*) hernia *f*; **ein eingeklemmter ~** una hernia estrangulada; **sich** *dat* **einen ~ heben** herniarse, quebrarse
❹ (MATH) fracción *f*; **wir müssen als Aufgabe diese Brüche lösen** tenemos como tarea sacar estas fracciones
❺ (*eines Verhältnisses, Vertrages*) ruptura *f*, rotura *f*; (*Gesetz*) infracción *f*; (*Eid*) perjurio *m*; (*Vertrauen*) indiscreción *f*, abuso *m* de confianza; **~ des Eheversprechens** ruptura de la promesa de matrimonio
Bruchband *nt* <-(e)s, -bänder> (MED) hernia *f*; **Bruchbude** *f* <-, -n> (*fam abw*) ruina *f*
bruchfest *adj* irrompible, resistente a la rotura
Bruchfläche *f* <-, -n> superficie *f* de rotura [*o* de fractura]; (*zum Ankleben*) superficie *f* a pegar; **Klebstoff dünn auf die beiden ~n auftragen** aplicar una fina capa de pegamento sobre las dos superficies a pegar
brüchig ['brʏçɪç] *adj* ❶ (*Gestein, Mauer*) resquebrajado, quebradizo; (*Glas*) frágil
❷ (*Stoff, Stimme*) cascado, quebradizo
Bruchlandung *f* <-, -en> aterrizaje *m* forzoso; **Bruchrechnen** *nt* <-s, *ohne pl*> (MATH) cálculo *m* de fracciones; **Bruchrechnung** *f* <-, -en> (MATH) cálculo *m* de fracciones [*o* de quebrados]
Bruchschaden *m* <-s, -schäden> rotura *f*; **Bruchschadenversicherung** *f* <-, -en> (JUR) seguro *m* de daños por rotura
Bruchschokolade *f* <-, -n> chocolate *m* partido (*que por ello se vende más barato*); **Bruchstelle** *f* <-, -n> (punto *m* de) rotura *f*; (*eines Knochens*) (punto *m* de) fractura *f*; **auf dem Röntgenbild war die ~ deutlich zu erkennen** en la radiografía se apreciaba perfectamente la fractura; **Bruchstrich** *m* <-(e)s, -e> (MATH) línea *f* de quebrado, raya *f*; **Bruchstück** *nt* <-(e)s, -e> fragmento *m*, trozo *m*
bruchstückhaft *adj* fragmentario
Bruchteil *m* <-(e)s, -e> fracción *f*; **im ~ einer Sekunde** en una fracción de segundo
Bruchteilseigentum *nt* <-s, *ohne pl*> (JUR) condominio *m*; **Bruchteilseigentümer(in)** *m(f)* <-s, -; -, -nen> (JUR) copropietario, -a *m, f* por cuotas; **Bruchteilsgemeinschaft** *f* <-, -en> (JUR) comunidad *f* por cuotas; **Bruchteilsveräußerung** *f* <-, -en> (JUR) enajenación *f* parcial o de cuota
Bruchzahl *f* <-, -en> (MATH) número *m* fraccionario [*o* quebrado]
Brücke ['brʏkə] *f* <-, -n> ❶ (ARCHIT, MED, SPORT, NAUT) puente *m*; **eine ~ zwischen den Völkern schlagen** tender un puente entre los pueblos [*o* las naciones]; **alle ~n hinter sich abbrechen** quemar las naves; **jdm eine ~ bauen** (*fig*) tender(le) un puente a alguien
❷ (*Teppich*) alfombra *f* corta
❸ (INFOR) puente *m*
Brückenbau *m* <-(e)s, *ohne pl*> construcción *f* de puentes; **Brückenbogen** *m* <-s, -bögen> arco *m* de puente; **Brückengebühr** *f* <-, -en> pontazgo *m*; **Brückengeländer** *nt* <-s, -> pretil *m*, baranda *f*; **Brückenkopf** *m* <-(e)s, -köpfe> (MIL) cabeza *f* de puente, cabecera *f* de puente; **Brückenpfeiler** *m* <-s, -> pilar *m* de puente, pila *f*; **Brückenschlag** *m* <-(e)s, -schläge> (*fig*) puente *m*; **das war ein historischer ~** se tendió un puente histórico; **die Reise des Außenministers war ein erster ~** el viaje del ministro de Exteriores ha tendido un primer puente; **Brückenspringen** *nt* <-s, *ohne pl*> puenting *m*; **Brückentag** *m* <-(e)s, -e> (día *m* de) puente *m*; **da nehme ich mir den ~ frei** voy a hacer puente, voy a tomarme un día de puente
Bruder ['bru:dɐ, *pl*: 'bry:dɐ] *m* <-s, Brüder> ❶ (*Verwandter*) hermano *m*; **mein großer/kleiner ~** mi hermano mayor/menor; **unter Brüdern** (*fam*) entre hermanos
❷ (*Ordens~*) fraile *m*, hermano *m*; (*vor dem Namen*) fray *m*
❸ (*fam abw: Kerl*) tipo *m*, tío *m*; **er ist ein gefährlicher ~** es un tío peligroso; **euch Brüder kenne ich** conozco a tipos de vuestra calaña
Bruderherz *nt* <-es, *ohne pl*> (*fam*) hermano *m*; **Bruderkrieg** *m* <-(e)s, -e> guerra *f* entre hermanos
brüderlich *adj* fraterno, fraternal; **etw ~ mit jdm teilen** compartir algo con alguien como buenos hermanos
Brüderlichkeit *f* <-, *ohne pl*> hermandad *f*
Brudermord *m* <-(e)s, -e> fratricidio *m*; **Brudermörder(in)** *m(f)* <-s, -; -, -nen> fratricida *mf*
Bruderschaft *f* <-, -en> hermandad *f*; (REL) congregación *f*, comunidad *f* religiosa
Brüderschaft *f* <-, *ohne pl*> relación *f* amistosa; **mit jdm ~ trinken**

ofrecerle el tuteo a alguien (*tomando una copa*)
Brügge ['brʏgə] *nt* <-s> Brujas
Brühe ['bry:ə] *f* <-, -n> ① (GASTR) caldo *m*, consomé *m* ② (*abw: Schmutzwasser*) agua *f* sucia
brühen *vt* (GASTR) escaldar
Brühkartoffeln *fpl* (GASTR) ragú *m* de patatas
brühwarm ['-'-] *adj* (*fam: Neuigkeit*) de última hora; **jdm eine Nachricht ~ weitererzählen** ir con la noticia fresca a alguien
Brühwürfel *m* <-s, -> pastilla *f* para caldo, cubito *m* de caldo; **Brühwurst** *f* <-, -würste> salchicha *f* cocida (*que se calienta en agua hirviendo*)
Brüllaffe *m* <-n, -n> (ZOOL) mono *m* aullador
brüllen ['brʏlən] *vi* ① (*Stier*) bramar; (*Raubtier*) rugir; (*Kalb*) berrear ② (*Mensch*) gritar, vociferar; **vor Schmerzen ~** gritar de dolor; **er hat wie am Spieß gebrüllt** gritó como un condenado; **sie brach in ~des Gelächter aus** se echó a reír a carcajadas
Brummbär *m* <-en, -en> (*fam*) gruñón *m*; **er ist ein alter ~** es un viejo gruñón; **Brummbass**^RR *m* <-es, -bässe> (*fam*) ① (MUS) bordón *m* ② (*Stimme*) voz *f* bronca, voz *f* de bajo
brummeln *vi: etw vor sich hin ~* refunfuñar [*o* mascullar] algo
brummen ['brʊmən] I. *vi* ① (*Bär, Mensch*) gruñir; (*Fliege, Motor*) zumbar; **mir brummt der Schädel** [*o der Kopf*] tengo la cabeza como un bombo ② (*falsch singen*) desentonar, desafinar ③ (*fam: in Haft sein*) estar en chirona II. *vt* refunfuñar, gruñir; **etw in seinen Bart ~** murmurar algo entre dientes
Brummer *m* <-s, -> (*fam*) ① (*Fliege*) moscardón *m* ② (*LKW*) camión *m* pesado
Brummi ['brʊmi] *m* <-s, -s> (*fam*) camión *m*
brummig *adj* (*fam*) gruñón
Brummkreisel *m* <-s, -> peonza *f* de hojalata (*que zumba al girar*); **Brummschädel** *m* <-s, -> (*fam*) dolor *m* de cabeza; **einen ~ haben** tener la cabeza como un bombo
Brunch [brantʃ] *m* <-(e)s, -(e)s *o* -e> brunch *m* (*combinación entre desayuno y almuerzo*)
brunchen ['brantʃən] *vi* combinar el desayuno con el almuerzo
Bruneck [bry'nɛk] *nt* <-s> Bruneck *m*
brünett [bry'nɛt] *adj* (*Mensch*) moreno, morocho *CSur*; (*Haar*) castaño
Brünette(r) [bry'nɛta, bry'nɛtə] *mf* <-n, -n; -n, -n> castaño, -a *m, f*; **wer ist denn der ~, mit dem Elke gekommen ist?** ¿quién es ese chico castaño con el que ha venido Elke?
Brunft [brʊnft] *f* <-, Brünfte> (época *f* de) celo *m*; **in der ~ sein** estar en celo
brunftig *adj* (ZOOL) en celo
Brunftplatz *m* <-es, -plätze> bramadero *m*; **Brunftschrei** *m* <-(e)s, -e> bramido *m* (del ciervo) en época de celo; **Brunftzeit** *f* <-, -en> época *f* de celo
Brunnen ['brʊnən] *m* <-s, -> ① (*Schöpf~*) pozo *m*, cachimba *f Urug*; **artesischer ~** pozo artesiano ② (*Spring~*) fuente *f* ③ (*Heilquelle*) fuente *f*, manantial *m*
Brunnenbauer(in) *m(f)* <-s, -; -, -nen> excavador(a) *m(f)* de pozos; **Brunnenbecken** *nt* <-s, -> pilón *m* de la fuente; **Brunnenfigur** *f* <-, -en> escultura *f* de una fuente, estatua *f* de una fuente; **Brunnenkresse** *f* <-, -n> berro *m* de fuente; **Brunnenkur** *f* <-, -en> (MED) terapia *f* con aguas termales, balneoterapia *f*; **eine ~ machen** tomar las aguas; **Brunnenschacht** *m* <-(e)s, -schächte> pozo *m*; **Brunnenvergifter(in)** *m(f)* <-s, -; -, -nen> persona *f* que envenena [*o que empozoña*] el agua de los pozos *geh*; **Brunnenvergiftung** *f* <-, -en> envenenamiento *m* de pozos, emponzoñamiento *m* de pozos; **Brunnenwasser** *nt* <-s, *ohne pl*> agua *f* de pozo
Brunst [brʊnst, *pl:* 'brʏnstə] *f* <-, Brünste> (época *f* de) celo *m*
brünstig ['brʏnstɪç] *adj* en celo, alunado *CRi*
Brunstschrei *m* <-(e)s, -e> bramido *m* en época de celo; **Brunstzeit** *f* <-, -en> época *f* de celo
brüsk [brʏsk] *adj* brusco, descortés
brüskieren* *vt* ofender, tratar con brusquedad
Brüskierung *f* <-, -en> ① (*das Brüskieren*) ofensa *f*, trato *m* ofensivo; **ich verbitte mir diese ~ meiner Person!** ¡no tolero que se me trate de un modo tan ofensivo! ② (*barscher Akt*) brusquedad *f*; **diese ständigen ~en nehme ich nicht mehr hin!** ¡no voy a seguir admitiendo un trato tan brusco!
Brüssel ['brʏsəl] *nt* <-s> Bruselas *f*
Brüsseler *adj inv*, **Brüssler**^RR *adj inv* bruselense; **~ Spitzen** encajes *de* Bruselas
Brust [brʊst, *pl:* 'brʏstə] *f* <-, Brüste> pecho *m*; (*Busen*) seno *m*, casco *m Peru*; (*Geflügel~*) pechuga *f*; **mit (vor Stolz) geschwellter ~** lleno de orgullo; **jdn an die ~ drücken** estrechar a alguien contra el pecho; **einen zur ~ nehmen** (*fam*) empinar el codo; **jdm die Pistole auf die ~ setzen** poner a alguien la pistola al pecho; **schwach auf der ~ sein** (*fam*) padecer del pecho; **aus voller ~ singen** cantar a pleno pulmón; **dem Säugling die ~ geben** dar el pecho al bebé
Brustbein *nt* <-(e)s, -e> esternón *m*, espuela *f Arg, Chil*; **Brustbeutel** *m* <-s, -> monedero colgado del cuello; **Brustbild** *nt* <-(e)s, -er> (KUNST) busto *m*; (FOTO) retrato *m* de medio cuerpo; **Brustdrüse** *f* <-, -n> (ANAT) glándula *f* mamaria
brüsten ['brʏstən] *vr: sich ~* (*abw*) vanagloriarse (*mit* de), presumir (*mit* de)
Brustentzündung *f* <-, -en> (MED) mastitis *f inv*
Brustfell *nt* <-(e)s, -e> (ANAT) pleura *f*; **Brustfellentzündung** *f* <-, -en> (MED) pleuritis *f inv*, pleuresía *f*
Brustflosse *f* <-, -n> (ZOOL) aleta *f* pectoral [*o* torácica]; **Brustgegend** *f* <-, -en> (ANAT) región *f* pectoral, zona *f* pectoral; **Brusthöhe** *f* <-, -n> altura *f* del pecho; **in ~** a la altura del pecho; **Brusthöhle** *f* <-, -n> (ANAT) tórax *m*, cavidad *f* torácica; **Brustkasten** *m* <-s, -kästen> (ANAT) tórax *m inv*, caja *f* torácica; **Brustknoten** *m* <-s, -> (MED) nódulo *m* en el seno; **Brustkorb** *m* <-(e)s, -körbe> (ANAT) tórax *m inv*; **Brustkrebs** *m* <-es, -e> cáncer *m* de mama; **Brustmuskel** *m* <-s, -n> (ANAT) músculo *m* pectoral; **Brustoperation** *f* <-, -en> (MED) operación *f* del seno; **Brustprothese** *f* <-, -n> (MED) prótesis *f* de pecho; **Brustschmerz** *m* <-es, -en> (MED) dolor *m* de pecho; **Brustschwimmen** *nt* <-s, *ohne pl*> (SPORT) estilo *m* braza; **Brustschwimmer(in)** *m(f)* <-s, -; -, -nen> (SPORT) nadador(a) *m(f)* de braza; **sie ist ~in** su especialidad es la braza; **Bruststimme** *f* <-, -n> (MUS) voz *f* de pecho; **Bruststück** *nt* <-(e)s, -e> ① (*am Hemd*) pechera *f*; (*am Kleid*) peto *m* ② (HIST: *an der Rüstung*) peto *m* ③ (GASTR) pechuga *f*; **Brusttasche** *f* <-, -n> bolsillo *m* interior; **Brustton** *m* <-(e)s, -töne> (MUS) do *m* de pecho; **etw im ~ der Überzeugung sagen** decir algo con mucho énfasis; **Brustumfang** *m* <-(e)s, -fänge> perímetro *m* torácico, ancho *m* del pecho
Brüstung ['brʏstʊŋ] *f* <-, -en> ① (*Balkon~*) pretil *m*, barandilla *f* ② (*Fenster~*) antepecho *m*
Brustwarze *f* <-, -n> (*bei Frauen*) pezón *m*; (*bei Männern*) tetilla *f*; **Brustwehr** *f* <-, -en> (MIL, HIST) parapeto *m*; **Brustweite** *f* <-, -n> *s.* Brustumfang; **Brustwirbel** *m* <-s, -> (ANAT) vértebra *f* dorsal
Brut[1] ['bru:t] *f* <-, -en> ① (*das Brüten*) incubación *f* ② (*Vogeljunge*) nidada *f*; (*Fische*) cría *f*, freza *f*
Brut[2] *f* <-, *ohne pl*> (*abw: Gesindel*) gentuza *f*
brutal [bru'ta:l] *adj* brutal
brutalisieren* [brutali'zi:rən] *vt* embrutecer, deshumanizar; **der lang andauernde Krieg hatte die Menschen brutalisiert** la larga guerra había deshumanizado a la gente
Brutalisierung *f* <-, *ohne pl*> embrutecimiento *m*
Brutalität [brutali'tɛ:t] *f* <-, -en> brutalidad *f*
Brutapparat *m* <-(e)s, -e> (AGR, MED) incubadora *f*
brüten ['bry:tən] *vi* ① (*Vögel*) empollar, incubar ② (*geh: Sonne*) quemar; **~de Hitze** calor aplastante ③ (*nachgrübeln*) meditar (*über* sobre), reflexionar (*über* sobre); **er brütet schon lange über dieser Aufgabe** lleva un buen tiempo meditando sobre este problema
brütendheiß *adj s.* **heiß 1.**
Brüter *m* <-s, -> (PHYS) reactor *m* (reproductor); **schneller ~** reactor rápido [*o* de neutrones rápidos]
Brutgebiet *nt* <-(e)s, -e> zona *f* de reproducción; **Bruthitze** *f* <-, *ohne pl*> (*fam*) calor *m* achicharrante, chicharrina *f*; **Brutkasten** *m* <-s, -kästen> (MED) incubadora *f*; **Brutpflege** *f* <-, *ohne pl*> (ZOOL) cuidados *mpl* de reproducción; **Brutplatz** *m* <-es, -plätze> (ZOOL) nidal *m*; **Brutreaktor** *m* <-s, -en> (PHYS) reactor *m* (reproductor); **Brutstätte** *f* <-, -n> lugar *m* de incubación
brutto ['brʊto] *adv* bruto; **2.000 Euro ~** 2.000 euros brutos
Bruttoaufschlag *m* <-(e)s, -schläge> margen *m* comercial; **Bruttobeitrag** *m* <-(e)s, -träge> cuota *f* bruta; **Bruttoeinkommen** *nt* <-s, -> ingresos *mpl* brutos; **Bruttoeinnahmen** *fpl* ingresos *mpl* brutos; **Bruttoergebnis** *nt* <-ses, -se> (WIRTSCH) resultado *m* bruto; **Bruttofinanzierung** *f* <-, -en> financiación *f* bruta; **Bruttogehalt** *nt* <-(e)s, -hälter> sueldo *m* bruto; **Bruttogewicht** *nt* <-(e)s, *ohne pl*> peso *m* (en) bruto; **Bruttogewinn** *m* <-(e)s, -e> (WIRTSCH) ganancia *f* bruta; **Bruttoinlandsprodukt** *nt* <-(e)s, -e> (WIRTSCH) producto *m* interior bruto; **nominales ~** producto interior bruto nominal; **Bruttolohn** *m* <-(e)s, -löhne> (WIRTSCH) salario *m* bruto; **Bruttomarge** *f* <-, -n> margen *m* bruto; **Bruttonießbrauch** *m* <-(e)s, *ohne pl*> (JUR) usufructo *m* bruto; **Bruttopreis** *m* <-es, -e> precio *m* bruto; **Brutto-Primärproduktion** *f* <-, -en> producción *f* primaria bruta; **Bruttoproduktionswert** *m* <-(e)s, -e> (WIRTSCH) valor *m* de producción bruto; **Bruttoraumzahl** *f* <-, -en> (TECH) tonelada *f* bruta de registro [*o* de arqueo bruto]; **Bruttoregistertonne** *f* <-, -n> (HIST, TECH) tonelada *f* bruta de registro [*o* de arqueo bruto]; **Bruttosatz** *m* <-es,

-sätze> tasa f bruta; **Bruttosozialprodukt** nt <-(e)s, -e> (WIRTSCH) producto m nacional bruto; **reales** ~ producto nacional bruto real
Bruttoumsatz m <-es, -sätze> ventas fpl brutas; **Bruttoumsatzerlös** m <-es, -e> (WIRTSCH) producto m de las ventas bruto
Bruttoverdienst m <-(e)s, -e> ingreso m bruto; **Bruttoverdienstspanne** f <-, -n> margen m de beneficio bruto
Bruttowert m <-(e)s, -e> valor m (en) bruto; **Bruttowertschöpfung** f <-, -en> (WIRTSCH) valor m añadido bruto
Bruttozeit f <-, -en> tiempo m (en) bruto; **Bruttozuwachs** m <-es, -wächse> (WIRTSCH) aumento m bruto, crecimiento m bruto
Brutzeit f <-, -en> tiempo m de reproducción
brutzeln ['brʊtsəln] **I.** vi freírse
II. vt (fam) freír
BSE [be:ʔɛs'ʔe:] Abk. von **Bovine Spongiforme Encephalopathie** (**Rinderwahnsinn**) locura f bovina, encefalopatía f bovina
BSG [be:ʔɛs'ge:] (MED) Abk. von **Blut(körperchen)senkungsgeschwindigkeit** velocidad f de sedimentación de los glóbulos rojos
BSHG [be:ɛsha:'ge:] nt <-, ohne pl> Abk. von **Bundessozialhilfegesetz** ley f del régimen de ayudas sociales
BSP [be:ʔɛs'pe:] nt <-, ohne pl> (WIRTSCH) Abk. von **Bruttosozialprodukt** PNB m
bt (INFOR) Abk. von **Bit** bit m
BTA [be:te:'ʔa:] Abk. von **biologisch-technische(r) Assistent(in)** auxiliar mf biotécnico, -a de laboratorio
btto Abk. von **brutto** bruto
Btx [be:te:'ʔɪks] nt <-, ohne pl> (TEL, INFOR) Abk. von **Bildschirmtext** videotexto m
Btx-Anschlussbox^RR f <-, -en> (INFOR, TEL) caja f de conexión para videotexto; **Btx-Decoder** m <-s, -> (INFOR, TEL) decodificador m para videotexto
Bub [bu:p] m <-en, -en> (südd, Österr, Schweiz) niño m, chico m
Bube ['bu:bə] m <-n, -n> (Spielkarte) sota f
Bubenstreich m <-(e)s, -e>, **Bubenstück** nt <-(e)s, -e> chiquillada f
Büberei f <-, -en> chiquillada f
Bubikopf ['bu:bi-] m <-(e)s, -köpfe> peinado m a lo garçon
Buch [bu:x, pl: 'by:çe] nt <-(e)s, Bücher> ❶ (LIT) libro m, obra f; (Dreh-~) guión m; **ein offenes** [o **aufgeschlagenes**] ~ un libro abierto; **sie sitzt ständig über ihren Büchern** siempre está estudiando; **er ist ein Gentleman wie er im -e steht** es un caballero como Dios manda; **er ist ein ~ mit sieben Siegeln für mich** es un enigma para mí; **das ~ der Bücher** la Biblia; **ich habe hier ein schlaues ~** (fam) aquí tengo un libro muy informativo; **er redet wie ein ~** (fam) habla como un libro; **das Goldene ~ der Stadt** el libro de oro de la ciudad
❷ (FIN) libro(s) m(pl); **über etw ~ führen** llevar la contabilidad de algo; **etw schlägt zu -e** (fig) algo tiene consecuencias; **die Bücher abschließen/schönen** cerrar/manipular los libros
Buchabschluss^RR m <-es, -schlüsse> (WIRTSCH) cierre m de los libros; **Buchauszug** m <-(e)s, -züge> (FIN) extracto m de cuenta; **Buchbesprechung** f <-, -en> recensión f, reseña f; **Buchbinder(in)** m(f) <-s, -; -, -nen> encuadernador(a) m(f), empastador(a) m(f) Am; **Buchbinderei** f <-, -en> taller m de encuadernación; **Buchbinderin** f <-, -nen> s. Buchbinder; **Buchblock** m <-(e)s, -blöcke o -s> bloque m de un libro; **Buchclub** m <-s, -s> club m de libros; **Buchdeckel** m <-s, -> tapa f, cubierta f de un libro; **Buchdruck** m <-(e)s, ohne pl> tipografía f, imprenta f; **Buchdrucker(in)** m(f) <-s, -; -, -nen> impresor(a) m(f), tipógrafo, -a m, f
Buchdruckerei^1 f <-, -en> (Betrieb) taller m de tipografía [o tipográfico], imprenta f
Buchdruckerei^2 f <-, ohne pl> (das Buchdrucken) tipografía f
Buchdruckerin f <-, -nen> s. Buchdrucker; **Buchdruckerkunst** f <-, ohne pl> artes fpl gráficas
Buche ['bu:xə] f <-, -n> haya f
Buchecker ['bu:xʔɛkɐ] f <-, -n> hayuco m
Bucheinsicht f <-, ohne pl> (FIN) examen m del libro
buchen ['bu:xən] vt ❶ (Reise, Platz) reservar, hacer una reserva (de); **wir möchten einen Flug nach Quito ~** queremos reservar un vuelo a Quito
❷ (COM) contabilizar; **der Betrag wurde zu Ihren Gunsten gebucht** la cantidad fue contabilizada a su favor; **diesen Betrag haben Sie irrtümlich zu seinen Lasten gebucht** esta cantidad se la ha cargado en cuenta equivocadamente; **das kannst du als Erfolg für dich ~** puedes apuntarte un tanto
Buchenholz nt <-es, -hölzer> (madera f de) haya f
Bücherbord nt <-(e)s, -e>, **Bücherbrett** nt <-(e)s, -er> estante m; **Bücherbus** m <-ses, -se> bibliobús m
Bücherei f <-, -en> biblioteca f
Büchereinsicht f <-, ohne pl> (FIN) examen m de los libros; **Bücherfreund(in)** m(f) <-(e)s, -e; -, -nen> bibliófilo, -a m, f, amante mf de los libros; **Büchernarr** m <-en, -en> (fam) ratón m de biblioteca, bibliómano, -a m, f; **Bücherregal** nt <-s, -e> estantería f de libros
Bücherschaft f <-(e)s, -schäfte> (Schweiz) s. Bücherregal
Bücherschrank m <-(e)s, -schränke> biblioteca f, librería f; **Büchersendung** f <-, -en> (Paket) paquete m con libros; (Versendungsart) envío m de libros
Buchersitzung f <-, -en> (JUR) ocupación f por registro
Bücherstütze f <-, -n> atril m; **Bücherwand** f <-, -wände> librería f, biblioteca f; **Bücherweisheit** f <-, -en> ciencia f libresca; **sein Wissen ist nur ~** todo lo que sabe lo aprendió en los libros; **Bücherwurm** m <-(e)s, -würmer> (fam) ratón m de biblioteca, bibliómano, -a m, f
Buchfink m <-en, -en> pinzón m
Buchforderung f <-, -en> (FIN) crédito m en cuenta; **Buchform** f: **in ~** (en forma de) libro, como libro; **eine Auswahl ihrer Artikel ist in ~ erschienen** una selección de sus artículos ha sido publicada como libro; **Buchführung** f <-, -en> contabilidad f, teneduría f de libros; **einfache/doppelte ~** contabilidad de partida simple/de partida doble; **maschinelle ~** contabilidad hecha a máquina; **selbständige ~** contabilidad independiente
Buchführungspflicht f <-, -en> (FIN, JUR) obligación f de llevanza de libros
Buchgeld nt <-es, -er> (FIN) moneda f escritural; **Buchgemeinschaft** f <-, -en> asociación f de amigos del libro; **Buchgewinn** m <-(e)s, -e> (FIN) beneficio m contable; **Buchgrundschuld** f <-, -en> (JUR) deudas fpl básicas a cobrar
Buchhalter(in) m(f) <-s, -; -, -nen> tenedor(a) m(f) de libros, contable mf
buchhalterisch adj (COM) relativo a la contabilidad
Buchhaltung f <-, ohne pl> contabilidad f, teneduría f de libros
Buchhaltungsbeleg m <-(e)s, -e> justificante m contable; **Buchhaltungsunterlagen** fpl documentación f contable, documentos mpl de contabilidad
Buchhandel m <-s, ohne pl> comercio m librero, librería(s) f(pl); **im ~ erhältlich** de venta en librerías; **Buchhändler(in)** m(f) <-s, -; -, -nen> librero, -a m, f
buchhändlerisch adj de librero; **sich** dat **~e Kenntnisse aneignen** adquirir conocimientos de librero
Buchhandlung f <-, -en> librería f; **Buchhülle** f <-, -n> envoltura f de un libro; **Buchhypothek** f <-, -en> (JUR) hipoteca f registral; **Buchklub** m <-s, -s> club m de libros
Buchmacher(in) m(f) <-s, -; -, -nen> corredor(a) m(f) de apuestas
Buchmalerei^1 f <-, ohne pl> (Kunst) iluminación f de manuscritos
Buchmalerei^2 f <-, -en> (Bild) miniatura f
Buchmarkt m <-(e)s, -märkte> (WIRTSCH) mercado m de libros
buchmäßig adj en términos contables
Buchmesse f <-, -n> feria f del libro; **etw auf der Frankfurter ~ ausstellen** exponer algo en la feria del libro de Frankfurt; **Buchprüfer(in)** m(f) <-s, -; -, -nen> contador(a) m(f) público, -a, revisor(a) m(f) de cuentas; **Buchprüfung** f <-, -en> revisión f de cuentas; **Buchrücken** m <-s, -> lomo m del libro
Buchs [bʊks] m <-es, -e> boj m
Buchsaldo f <-, -salden o -s o -saldi> (FIN) saldo m contable
Buchsbaum ['bʊksbaʊm] m <-(e)s, -bäume> boj m
Buchschuld f <-, ohne pl> (FIN) deuda f contable
Buchse ['bʊksə] f <-, -n> ❶ (TECH) cojinete m
❷ (ELEK) enchufe m
Büchse ['bʏksə] f <-, -n> ❶ (Behälter) bote m, caja f
❷ (Konservendose) lata f, bote m; **eine ~ Tomaten** una lata de tomates
❸ (fam: Sammel-~) hucha f
❹ (Gewehr) escopeta f
Büchsenfleisch nt <-es, ohne pl> carne f de conserva
Büchsenmacher(in) m(f) <-s, -; -, -nen> armero, -a m, f
Büchsenmilch f <-, ohne pl> leche f condensada [o enlatada]; **Büchsenöffner** m <-s, -> abrelatas m inv
Buchstabe ['bu:xʃta:bə] m <-n(s), -n> letra f; **in fetten ~n** en negrita; **in kursiven ~n** en bastardilla; **bitte setzen Sie den Betrag in ~n ein** escriba la cantidad en letras, por favor; **nach dem ~n des Gesetzes** según lo que dice la ley; **sich auf seine vier ~n setzen** (fam) sentarse sobre sus posaderas
buchstabengetreu adj al pie de la letra
Buchstabenkombination f <-, -en> combinación f de letras; **Buchstabenrätsel** nt <-s, -> logogrifo m; **Buchstabenschloss**^RR nt <-es, -schlösser> cerradura f de combinación alfabética [o de letras]; **Buchstabenschrift** f <-, -en> escritura f alfabética
buchstabieren* [bu:xʃta'bi:rən] vi, vt deletrear
buchstäblich ['bu:xʃtɛ:plɪç] adj literal, textual; **ich war ~ in Schweiß gebadet** estaba literalmente empapado en sudor; **die Papiere wurden ihm ~ aus der Hand gerissen** los papeles le fueron arrancados físicamente de la mano

Buchstütze *f* <-, -n> atril *m*
Bucht [buxt] *f* <-, -en> (GEO) bahía *f*; (*Meeresbusen*) golfo *m*
Buchteln ['buxtəln] *pl* (*Österr*) bollos *mpl* rellenos de mermelada
buchtenreich *adj* sinuoso; **im Süden des Landes ist die Küste sehr ~** al sur del país la costa es muy sinuosa
Buchtitel *m* <-s, -> ① (*Titel*) título *m* de un libro; **ich finde den ~ überhaupt nicht ansprechend** el título del libro no me parece en absoluto atractivo ② (*Buch*) título *m*, obra *f*; **im vergangenen Jahr haben wir 25 neue ~ verlegt** el pasado año editamos 25 nuevos títulos; **der neue ~ des Autors heißt ...** la nueva obra del autor se titula...; **Buchumschlag** *m* <-(e)s, -schläge> sobrecubierta *f*
Buchung ['bu:xʊŋ] *f* <-, -en> ① (FIN) cantidad *f*, asiento *m* ② (*Reservierung*) reserva *f*, inscripción *f*
Buchungsbeleg *m* <-(e)s, -e> (FIN) documento *m* contable, comprobante *m* de asientos; **Buchungscomputer** *m* <-s, -> ordenador *m* de contabilidad, computadora *f* de contabilidad; **Buchungsfehler** *m* <-s, -> (FIN) error *m* contable; **Buchungskarte** *f* <-, -n> (TEL) tarjeta telefónica que carga la llamada en la cuenta; **Buchungskontrolle** *f* <-, -n> (FIN) control *m* de asientos; **Buchungstag** *m* <-(e)s, -e> (FIN) fecha *f* del asiento
buchungstechnisch *adj*: **aus ~en Gründen** por motivos contables
Buchungsvorgang *m* <-(e)s, -gänge> (FIN) operación *f* contable
Buchweizen *m* <-s, *ohne pl*> alforfón *m*
Buchwert *m* <-(e)s, -e> (FIN, COM) valor *m* contable [*o* según libros]
Buchwertabfindung *f* <-, -en> (FIN, COM) compensación *f* del valor contable; **Buchwertfortführung** *f* <-, -en> (FIN, COM) continuidad *f* del valor contable
Buchwesen *nt* <-s, *ohne pl*> bibliografía *f*, ciencias *fpl* bibliográficas
Buckel ['bʊkəl] *m* <-s, -> ① (*fam: Rücken*) espalda *f*, chepa *f fam*; **mach nicht so einen ~!** ¡enderézate!; **er kann mir den ~ runterrutschen** se puede ir a freír espárragos; **seine 80 Jahre auf dem ~ haben** tener 80 años a cuestas; **ich habe schon genug auf dem ~!** ¡ya tengo suficiente trabajo! ② (ANAT) joroba *f*, corcova *f*; **einen ~ haben** tener una joroba
buck(e)lig *adj* (*Mensch*) jorobado, corcovado, cheposo *fam*
Buck(e)lige(r) *mf* <-n, -n; -n, -n> jorobado, -a *m, f*
buckeln *vi* (*fam*) ① (*Katze*) encorvarse ② (*abw: unterwürfig sein*) someterse (*vor* a); (*fig*) humillarse (*vor* ante); **nach oben ~ und nach unten treten** ser servil con los que están encima y maltratar a los que están debajo
Buckelrind *nt* <-(e)s, -er> cebú *m*
bücken ['bʏkən] *vr*: **sich ~** agacharse, inclinarse; **sich nach etw ~** agacharse para recoger algo
bucklig *adj s.* **buck(e)lig**
Bucklige(r) *mf* <-n, -n; -n, -n> *s.* **Buck(e)lige(r)**
Bückling *m* <-s, -e> ① (*Fisch*) arenque *m* ahumado ② (*fam: Verbeugung*) reverencia *f*; **einen ~ machen** hacer una reverencia
Budapest ['bu:dapɛst] *nt* <-s> Budapest *m*
buddeln ['bʊdəln] *vt* (*fam*) cavar
Buddha ['bʊda] *m* <-s, -s> (REL, KUNST) Buda *m*
Buddhismus [bʊ'dɪsmʊs] *m* <-, *ohne pl*> budismo *m*
Buddhist(in) *m(f)* <-en, -en; -, -nen> budista *mf*
buddhistisch *adj* budista
Bude ['bu:də] *f* <-, -n> ① (*Kiosk*) chiringuito *m*, trucha *f MAm* ② (*fam abw: Laden*) tenducho *m* ③ (*fam: Zimmer*) habitación *f*, cuarto *m*; **Leben in die ~ bringen** animar el ambiente; **jdm auf die ~ rücken** (*fam*) presentarse en casa de alguien; **die ~ auf den Kopf stellen** (*fam*) organizar un jolgorio; **jdm die ~ einrennen** [*o* **einlaufen**] (*fam*) dar la lata a alguien; **mir fällt die ~ auf den Kopf** (*fam*) se me cae la casa encima; **sturmfreie ~ haben** estar solo en casa y aprovechar para armar una juerga o encontrarse con su amante
Budget [bʏ'dʒe:, bʏ'dʒɛ] *nt* <-s, -s> (POL, COM) presupuesto *m*; **damit hast du dein ~ überschritten** te has gastado más de lo que tienes [*o* que te puedes permitir]
Budgetabweichung *f* <-, -en> (WIRTSCH) divergencia *f* del presupuesto; **Budgetausschuss**^RR *m* <-es, -schüsse> (POL, WIRTSCH) comisión *f* presupuestaria; **Budgetbedarf** *m* <-(e)s, *ohne pl*> (POL, WIRTSCH) demanda *f* presupuestaria; **Budgetbegrenzung** *f* <-, -en> (POL, WIRTSCH) restricción *f* presupuestaria; **Budgetberatung** *f* <-, -en> discusión *f* de presupuestos
budgetieren* [bʏdʒe'ti:rən, bʏdʒe'ti:rən] *vi, vt* (POL, WIRTSCH) elaborar un presupuesto, presupuestar
Budgetierung *f* <-, -en> (POL, WIRTSCH) presupuestación *f*
Budgetjahr *nt* <-(e)s, -e> (POL, WIRTSCH) año *m* presupuestario; **Budgetkontrolle** *f* <-, -n> (POL, WIRTSCH) control *m* presupuestario; **Budgetkürzung** *f* <-, -en> (POL, WIRTSCH) recorte *m* del presupuesto; **Budgetmittel** *ntpl* (POL, WIRTSCH) fondos *mpl* presupuestarios; **Budgetpolitik** *f* <-, *ohne pl*> (POL, WIRTSCH) política *f* presupuestaria; **Budget-**

recht *nt* <-(e)s, *ohne pl*> (JUR) derecho *m* presupuestario; **Budgetüberwachung** *f* <-, -en> (POL, WIRTSCH) supervisión *f* del presupuesto
Büfett [bʏ'fɛt, bʏ'fe:] *nt* <-(e)s, -e *o* -s> ① (*Anrichte*) bufet *m*; **kaltes ~** bufet frío ② (*Theke*) mostrador *m*
Büffel ['bʏfəl] *m* <-s, -> búfalo *m*
Büffelei [bʏfə'laɪ] *f* <-, -en> (*fam*) empolle *m*; **das Pauken von Geschichtszahlen ist eine einzige ~** aprenderse fechas históricas es puro empolle
Büffelherde *f* <-, -n> manada *f* de búfalos; **Büffelleder** *nt* <-s, *ohne pl*> cuero *m* de búfalo [*o* de bisonte]
büffeln ['bʏfəln] *vi, vt* (*fam*) empollar, chapar; **für die Schule ~** empollar las lecciones
Buffer ['bafe] *m* <-s, -> (INFOR) memoria *f* temporal [*o* intermedia], buffer *m*
Buffett *nt* <-s, -s>, **Büffett** *nt* <-s, -s> (*Österr, Schweiz*) *s.* **Büfett**
Buffo ['bʊfo, *pl*: 'bʊfi] *m* <-s, -s *o* Buffi> (MUS) bufo *m*
Bug [bu:k] *m* <-(e)s, -e> ① (NAUT) proa *f* ② (AERO) morro *m* ③ (INFOR) defecto *m*
Bügel ['by:gəl] *m* <-s, -> ① (*Kleider~*) percha *f* ② (*Griff*) manija *f*, asa *f* ③ (*Brillen~*) patilla *f* ④ (*Steig~*) estribo *m* ⑤ (*Geldbörse, Reisetasche*) estribo *m* ⑥ (*Gewehr*) fiador *m* ⑦ (*am Schlepplift*) estribo *m*
Bügelbrett *nt* <-(e)s, -er> tabla *f* de planchar; **Bügeleisen** *nt* <-s, -> plancha *f*; **Bügelfalte** *f* <-, -n> raya *f* del pantalón
bügelfrei *adj* no necesita plancha
Bügelmaschine *f* <-, -n> máquina *f* de planchar
bügeln *vi, vt* planchar; **glatt ~** planchar; **geschniegelt und gebügelt** (*iron*) acicalado, relamido
Buggy ['bagi] *m* <-s, -s> ① (*Kinderwagen*) cochecito *m* ② (AUTO) buggy *m*, todoterreno *m*
Bugrad *nt* <-(e)s, -räder> (AERO) rueda *f* en el tren *m* de aterrizaje delantero
bugsieren* [bʊ'ksi:rən] *vt* ① (NAUT: *schleppen*) sirgar ② (*fam: befördern*) empujar, remolcar
Bugspriet *nt* <-(e)s, -e> (NAUT) bauprés *m*
Bugwelle *f* <-, -n> (NAUT) ola *f* levantada por la proa; **das Rennboot schob eine mächtige ~ vor sich** *dat* **her** el bote levantaba una gran ola ante sí
buh [bu:] *interj* ¡fuera!
Buh [bu:] *nt* <-s, -s> (*fam*) abucheo *m*
buhen ['bu:ən] *vi* (*fam*) abuchear
buhlen ['bu:lən] *vi* (*geh abw*) luchar (*um* por), aspirar (*um* a)
Buhmann ['bu:man] *m* <-s, -männer> (*fam*) oveja *f* negra; **jdn zum ~ machen** cargar a alguien la culpa de todo; **er war der ~ der Nation** era la oveja negra de la nación
Buhne ['bu:nə] *f* <-, -n> dique *m*, tajamar *m MAm, Chil*
Bühne ['by:nə] *f* <-, -n> ① (THEAT) escenario *m*; **hinter der ~** detrás del escenario; (*fig*) entre bastidores; **die ~ verlassen** salir de escena; (*fig*) irse; **von der ~ (des Lebens) abtreten** desaparecer de escena, morirse; **etw über die ~ bringen** (*fam*) llevar algo a cabo; **etw geht gut über die ~** (*fam*) algo se resuelve sin problemas; **das Projekt ist gut über die ~ gegangen** finalizamos el proyecto sin problemas ② (*Schauspielhaus*) teatro *m* ③ (*Hebe~*) plataforma *f* elevadora
Bühnenarbeiter(in) *m(f)* <-s, -; -, -nen> tramoyista *mf*; **Bühnenaussprache** *f* (THEAT) pronunciación normativa del alemán estándar fijada para el teatro; **Bühnenbearbeitung** *f* <-, -en> adaptación *f* a la escena; **Bühnenbild** *nt* <-(e)s, -er> decorado *m*, escenografía *f*; **Bühnenbildner(in)** ['by:nənbɪltnɐ] *m(f)* <-s, -; -, -nen> escenógrafo, -a *m, f*
bühnenreif *adj* maduro para ser puesto en escena; **dein Auftritt war wirklich ~** (*iron*) tu actuación ha sido realmente digna de ser puesta en escena
Bühnensprache *f* <-, *ohne pl*> *s.* **Bühnenaussprache**; **Bühnenstück** *nt* <-(e)s, -e> pieza *f* de teatro
bühnenwirksam *adj* con gran efecto teatral
Buhruf ['bu:ru:f] *m* <-(e)s, -e> abucheo *m*
Buhrufer(in) *m(f)* <-s, -; -, -nen> persona *f* que abuchea; **sie ließ sich von den ~n nicht beirren und fuhr fort** no se dejó desconcertar por las personas que la abucheaban y prosiguió
buk (*alt*) 3. *imp von* **backen**
Bukarest ['bu:karɛst] *nt* <-s> Bucarest *m*
Bukett [bu'kɛt] *nt* <-(e)s, -e *o* -s> ① (*geh: Blumenstrauß*) ramo *m* ② (*von Wein*) bouquet *m*, aroma *m*

Buklee^RR *nt* <-s, -s> *s.* **Bouclé**
bukolisch [buˈkoːlɪʃ] *adj* (*geh*) bucólico
Bulette [buˈlɛta] *f* <-, -n> (*reg*) albóndiga *f;* **ran an die ~n!** (*fam*) ¡al trabajo!
Bulgare, -in [bʊlˈgaːrə] *m, f* <-n, -n; -, -nen> búlgaro, -a *m, f*
Bulgarien [bʊlˈgaːriən] *nt* <-s> Bulgaria *f*
Bulgarin *f* <-, -nen> *s.* **Bulgare**
bulgarisch *adj* búlgaro
Bulimie [buliˈmiː] *f* <-, *ohne pl*> (MED) bulimia *f*
Bullauge [ˈbʊlʔaʊgə] *nt* <-s, -n> portilla *f,* ojo *m* de buey
Bulldogge *f* <-, -n> (ZOOL) bulldog *m,* perrón *m* de presa
Bulldozer [ˈbʊldoːzɐ] *m* <-s, -> bulldozer *m*
Bulle [ˈbʊlə] *m* <-n, -n> ❶ (*Rind*) toro *m*
❷ (*fam abw: Mann*) tiarrón *m;* **er ist ein richtiger ~** es un pedazo de tío
❸ (*fam abw: Polizist*) madero *m;* **Achtung, die ~n kommen!** ¡cuidado, que vienen los maderos [*o* que viene la poli]!
Bullenhitze [ˈ--ˈ--] *f* <-, *ohne pl*> (*fam*) calor *m* sofocante [*o* infernal]
bullenstark [ˈ--ˈ-] *adj* (*fam*) súper, muy fuerte; **das ist ja ~!** ¡esto es genial!
Bullerei *f* <-, *ohne pl*> (*fam abw: Polizei*) maderos *mpl,* poli *f*
Bulletin [bylˈtɛ̃ː] *nt* <-s, -s> boletín *m*
bullig *adj* ❶ (*gedrungen*) fornido, fortachón
❷ (*Hitze*) sofocante
Bullterrier *m* <-s, -> bullterrier *m*
bum [bʊm] *interj* ❶ (*schießen*) ¡pum!; **draußen macht es ~** afuera se oye ¡pum, pum!
❷ (*Kind: hinfallen*) ¡catapum!, ¡cataplum!; **das Kind rannte los und ~, hingefallen!** el niño echó a correr y ¡catapum, se cayó (al suelo)!
❸ (*auffahren, stoßen*) ¡catapum!, ¡cataplum!; **~! – was war das?** ¡wieder ein Auffahrunfall? ¡cataplum! – ¿qué ha sido eso? ¿otra vez se ha chocado un coche?
Bumerang [ˈbʊməraŋ, ˈbuːməraŋ] *m* <-s, -e *o* -e> bumerán *m,* bumerang *m*
Bumerangeffekt *m* <-(e)s, -e> efecto *m* bumerang
Bummel [ˈbʊməl] *m* <-s, -> (*fam*) vuelta *f,* paseo *m;* **einen kleinen ~ durch die Stadt machen** dar una vuelta por la ciudad
Bummelant(in) [bʊməˈlant] *m(f)* <-en, -en; -, -nen> (*fam abw*) remolón, -ona *m, f*
Bummelei *f* <-, -en> (*fam*) ❶ (*Trödelei*) lentitud *f*
❷ (*Faulenzerei*) holgazanería *f,* haraganería *f*
bummelig *adj* (*fam a. abw*) tardón, remolón; **~ sein** hacerse el remolón
bummeln *vi* ❶ *sein* (*fam: spazieren gehen*) dar una vuelta, remoler *Chil, Peru;* **in die Stadt ~ gehen** ir a pasear a la ciudad, ir a dar una vuelta por la ciudad
❷ (*fam abw: trödeln*) remolonear; **musst du immer so ~?** ¿siempre tienes que tardar tanto?
Bummelstreik *m* <-s, -s> huelga *f* de celo; **Bummelzug** *m* <-(e)s, -züge> (*fam*) tren que para en todas las estaciones
Bummler(in) *m(f)* <-s, -; -, -nen> (*fam*) ❶ (*Spaziergänger*) paseante *mf*
❷ (*Bummelant*) remolón, -ona *m, f;* (*bei der Arbeit*) holgazán, -ana *m, f*
bums [bʊms] *interj* ¡zas!, ¡cataplún!
Bumsbomber *m* <-s, -> (*fam abw*) vuelo *m* de turismo sexual
bumsen [ˈbʊmzən] *vi* ❶ *sein* (*anprallen*) pegarse (*gegen* contra), darse (*gegen* contra)
❷ (*schlagen, klopfen*) dar (*gegen* contra)
❸ (*dumpf dröhnen*): **an der Ecke hat es gebumst** (*fam*) hubo un accidente en la esquina
❹ (*vulg: Geschlechtsverkehr haben*) joder, follar, coger *Am*
Bumslokal *nt* <-s, -e> (*fam abw*) puticlub *m*
Bumsmusik *f* <-, -en> (*fam abw*) charanga *f*
Bund¹ [bʊnt, *pl:* ˈbʏndə] *m* <-(e)s, Bünde> ❶ (*Vereinigung*) unión *f,* alianza *f;* **der ~ der Freundschaft** los lazos de amistad; **den ~ fürs Leben schließen, den ~ der Ehe eingehen** (*geh*) casarse; **mit jdm im ~e sein** estar aliado con alguien
❷ (*an Hosen*) pretina *f*
Bund² [bʊnt] *m* <-(e)s, -e> (*Karotten*) manojo *m*
Bund³ *m* <-(e)s, *ohne pl*> (POL) Estado *m* federal, confederación *f;* **~ und Länder** el Estado federal y los Länder
❷ (*fam: Bundeswehr*) mili *f;* **beim ~ sein** estar en la mili
BUND [beˈʔuːʔɛnˈdeː] *m* <-, *ohne pl*> (ÖKOL) *Abk. von* **Bund für Umwelt und Naturschutz Deutschland** Liga *f* Alemana para la Protección del Medio Ambiente y de la Naturaleza
Bündchen [ˈbʏntçən] *nt* <-s, -> (*Ärmel*) puño *m;* (*Halsausschnitt*) cuello *m*
Bündel [ˈbʏndəl] *nt* <-s, -> ❶ (*Packen*) lío *m,* fardo *m;* (*von Holz, Stroh*) haz *m;* **sie war ein kleines schreiendes ~** era una cosita menuda que gritaba; **die Opposition schlägt ein ganzes ~ an Maßnahmen vor** la oposición propone un paquete de medidas; **jeder hat sein ~ zu tragen** cada uno tiene que cargar con lo suyo
❷ (*von Akten*) legajo *m*
❸ (*Geldscheine*) fajo *m*
bündeln *vt* ❶ (*zusammenschnüren*) hacer fardos (de), atar; (*Stroh*) agavillar
❷ (*Strahlen*) enfocar, concentrar
Bündelpatent *nt* <-(e)s, -e> (JUR) patente *f* combinada
Bündelungsgebot *nt* <-(e)s, -e> (JUR) precepto *m* de combinación
bündelweise *adv* en manojos; (*Geld*) en fajos; **Radieschen werden ~ angeboten** los rabanitos se venden en manojos; **er holte ~ Banknoten aus der Tasche** se sacó del bolsillo fajos de billetes
Bundesamt *nt* <-(e)s, -ämter> (ADMIN) oficina *f* federal; **Bundesangestelltentarif** *m* <-(e)s, -e> (ADMIN) tarifa *f* salarial para empleados públicos; **Bundesanleihe** *f* <-, -n> (FIN) empréstito *m* federal; **Bundesanstalt** *f* <-, -en> instituto *m* federal; **die ~ für Arbeit** el instituto federal (para mediación) del trabajo; **~ für Flugsicherung** instituto federal para la seguridad de vuelos; **~ für Materialforschung und -prüfung** instituto federal para investigación y control de materiales; **Bundesanwalt, -wältin** *m, f* <-(e)s, -wälte; -, -nen> ❶ (*Deutschland*) fiscal *mf* federal ❷ (*Schweiz*) fiscal *mf* de la confederación helvética; **Bundesanwaltschaft** *f* <-, *ohne pl*> ❶ (*beim Bundesgerichtshof*) ≈Fiscalía *f* General del Estado ❷ (*beim Bundesverwaltungsgericht*) ≈Tribunal *m* de lo Contencioso-Administrativo; **Bundesanzeiger** *m* <-s, -> (PUBL: *Deutschland*) ≈Boletín *m* Oficial del Estado, ≈B.O.E. *m;* **Gesetze werden im ~ veröffentlicht** las leyes se publican en el B.O.E.; **Bundesarbeitsgericht** [-ˈ--ˈ--] *nt* <-(e)s, -e> (JUR) Corte *f* Federal de Trabajo; **Bundesauftragsverwaltung** *f* <-, -en> (JUR) administración *f* federal delegada; **Bundesausbildungsförderungsgesetz** *nt* <-es, -e> Ley *f* Federal de Promoción de la Enseñanza (*crédito oficial a estudiantes para sufragar los estudios*); **Bundesausfuhramt** *nt* <-(e)s, *ohne pl*> (JUR) oficina *f* federal de exportación; **Bundesausgaben** *fpl* gastos *mpl* federales; **Bundesausgleichsamt** *nt* <-(e)s, *ohne pl*> (JUR) oficina *f* federal de arbitraje; **Bundesausschuss**^RR *m* <-es, -schüsse> (JUR) comisión *f* federal; **Bundesautobahn** *f* <-, -en> autopista *f* federal (*en Alemania y Austria*); **Bundesbahn** *f* <-, -en> Ferrocarriles *mpl* Federales
Bundesbank *f* <-, *ohne pl*> Banco *m* Federal; **Bundesbankgesetz** *nt* <-es, *ohne pl*> (JUR) ley *f* del banco federal
Bundesbeamtengesetz *nt* <-es, *ohne pl*> (JUR) ley *f* federal de funcionarios; **Bundesbeamtenrecht** *nt* <-(e)s, *ohne pl*> (JUR) derecho *m* federal de funcionarios; **Bundesbeauftragte(r)** *mf* <-n, -n; -n, -n> (JUR) delegado, -a *m, f* federal; **~ für Ausländerfragen** delegado federal para asuntos de extranjeros; **~ für Asylangelegenheiten** delegado federal para asuntos de asilo; **~ für den Datenschutz** delegado federal para la protección de datos; **Bundesbehörde** *f* <-, -n> (ADMIN) autoridad *f* federal; **oberste ~** autoridad federal suprema; **Bundesbesoldungsgesetz** *nt* <-es, *ohne pl*> (JUR) ley *f* federal de retribuciones; **Bundes-Bodenschutzgesetz** *nt* <-es, *ohne pl*> (JUR) ley *f* federal sobre protección del suelo; **Bundesbürger(in)** *m(f)* <-s, -; -, -nen> ciudadano, -a *m, f* de la República Federal de Alemania, ciudadano, -a *m, f* federal; **Bundesdatenschutzgesetz** *nt* <-es, -e> (JUR) ley *f* federal sobre protección de datos
bundesdeutsch *adj* relativo a la República Federal de Alemania, de la República Federal de Alemania
Bundesdeutsche(r) *mf* <-n, -n; -n, -n> *s.* **Bundesbürger**; **Bundesdisziplinargericht** *nt* <-(e)s, *ohne pl*> (JUR) tribunal *m* federal disciplinario; **Bundesdisziplinarordnung** *f* <-, *ohne pl*> (JUR) orden *m* federal disciplinario; **Bundesebene** *f* <-, -n> nivel *m* federal; **diese Entscheidung wird auf ~ getroffen** esta decisión se tomará en el plano federal
bundeseigen *adj* (JUR) perteneciente a la República Federal de Alemania, federativo; **~e Verwaltung** administración federativa
Bundeseisenbahnvermögen *nt* <-s, *ohne pl*> (JUR) patrimonio *m* federal ferroviario; **Bundesfinanzhof** [-ˈ--ˈ--] *m* <-(e)s, *ohne pl*> (ADMIN) Tribunal *m* Federal Fiscal; **Bundesfinanzverwaltung** *f* <-, -en> (JUR) administración *f* federal de hacienda
bundesfreundlich *adj* (JUR): **~es Verhalten** comportamiento amistoso federal
Bundesgebiet *nt* <-(e)s, *ohne pl*> territorio *m* federal; **Bundesgebührenordnung** *f* <-, -en> (JUR) arancel *m* federal; **~ für Rechtsanwälte** arancel federal para abogados; **Bundesgenosse** *m* <-n, -n> (POL) confederado *m,* aliado *m*
Bundesgericht *nt* <-(e)s, -e> (*Schweiz:* JUR) Tribunal *m* de la Confederación Helvética; **Bundesgerichtshof** [-ˈ--ˈ--] *m* <-(e)s, *ohne pl*> (JUR) Tribunal *m* Federal Supremo; **~ in Strafsachen/Zivilsachen** Tribunal Federal Supremo para asuntos penales/civiles; **Bundesgesetzblatt** *nt* <-(e)s, *ohne pl*> (ADMIN, JUR) Boletín *m* Oficial del Estado; **Verkündung im ~** publicación en el Boletín Oficial del Estado; **Bundesgesetzgebung** *f* <-, *ohne pl*> (JUR) legislación *f* federal; **ausschließli-**

che/konkurrierende ~ legislación federal exclusiva/concurrente
Bundesgrenzschutz *m* <-es, *ohne pl*> policía *f* de fronteras de la República Federal de Alemania; **Bundesgrenzschutzbehörde** *f* <-, -n> (JUR) autoridad *f* federal de protección de fronteras; **Bundesgrenzschutzgesetz** *nt* <-es, *ohne pl*> (JUR) ley *f* federal sobre protección de las fronteras; **Bundeshauptstadt** *f* <-, -städte> capital *f* federal; **Bundeshaus** *nt* <-es, -häuser> ❶ (*Bundestagsgebäude*) edificio *m* del Bundestag [*o* del Parlamento (federal) alemán] ❷ (*Schweiz*) lugar *m* de reunión del consejo federal
Bundeshaushalt *m* <-(e)s, -e> presupuesto *m* federal; **Bundeshaushaltsgesetz** *nt* <-es, *ohne pl*> (JUR) ley *f* sobre el presupuesto federal; **Bundeshaushaltsordnung** *f* <-, *ohne pl*> (JUR) reglamento *m* del presupuesto federal
Bundesheer *nt* <-(e)s, *ohne pl*> (*Österr*) ejército *m* de la República Federal de Alemania; **Bundes-Immissionsschutzgesetz** *nt* <-es, *ohne pl*> (JUR) ley *f* federal sobre inmisión; **Bundesinnenminister(in)** [--'-----] *m(f)* <-s, -; -, -nen> (ADMIN) ministro, -a *m, f* de asuntos interiores; **Bundesintervention** *f* <-, -en> (JUR) intervención *f* federal; **Bundesjagdgesetz** *nt* <-es, *ohne pl*> (JUR) ley *f* federal de caza; **Bundeskabinett** *nt* <-s, -e> (POL) Gabinete *m* Federal (*consejo de ministros en Alemania*); **Bundeskanzler(in)** *m(f)* <-s, -; -, -nen> canciller *mf* federal
Bundeskanzleramt *nt* <-(e)s, *ohne pl*> Cancillería *f* Federal
Bundeskartellamt *nt* <-(e)s, -ämter> servicio *m* federal de defensa de la competencia; **Bundeskriminalamt** *nt* <-(e)s, *ohne pl*> (ADMIN) Oficina *f* Federal de Investigación Criminal
Bundeslade *f* <-, *ohne pl*> (REL) Arca *f* de la Alianza [*o* del Testamento]
Bundesland *nt* <-(e)s, -länder> estado *m* federal, land *m*; **Bundesliga** ['bʊndəsˌliːga] *f* <-, -ligen> (SPORT) primera división *f*; **Bundesligist** *m* <-en, -en> (SPORT) equipo *m* de la Liga Federal (*en Alemania*)
Bundesminister(in) *m(f)* <-s, -; -, -nen> ministro, -a *m, f* federal; **Bundesministergesetz** *nt* <-es, *ohne pl*> (JUR) ley *f* sobre ministros federales
Bundesministerium *nt* <-s, -ministerien> (ADMIN) ministerio *m* federal; **Bundesmittel** *ntpl* (JUR) medios *mpl* federales; **Bundesnachrichtendienst** *m* <-(e)s, *ohne pl*> servicio *m* secreto de la República Federal de Alemania; **Bundesnaturschutzgesetz** *nt* <-es, *ohne pl*> (JUR) ley *f* federal sobre protección de la vida silvestre; **Bundesnotarordnung** *f* <-, *ohne pl*> (JUR) ley *f* federal del notariado; **Bundesoberbehörde** *f* <-, -n> (JUR) autoridad *f* federal superior; **Bundesobligationen** *fpl* (FIN) obligaciones *fpl* del Estado Federal; **Bundesorgane** *ntpl* (JUR) órganos *mpl* federales; **Bundespatentgericht** *nt* <-(e)s, *ohne pl*> Tribunal *m* Federal de Patentes; **Bundespersonalausschuss**^RR *m* <-es, -schüsse> (JUR) junta *f* federal de personal; **Bundespersonalvertretungsgesetz** *nt* <-es, *ohne pl*> (JUR) ley *f* federal sobre representación de personal; **Bundespflegesatzverordnung** *f* <-, -en> reglamento *m* sobre tasas hospitalarias y de las residencias de ancianos
Bundespolizeibeamte(r) *mf* <-n, -n; -n, -n>, **-beamtin** *f* <-, -nen> (JUR) agente *mf* policial federal; **Bundespolizeibeamtengesetz** *nt* <-es, *ohne pl*> (JUR) ley *f* federal sobre efectivos policiales
Bundespost *f* <-, *ohne pl*> Correos *mpl* Federales; **Bundespräsident(in)** *m(f)* <-en, -en; -, -nen> ❶ (*in Deutschland*) Presidente, -a *m, f* de la República Federal de Alemania; (*in Österreich*) Presidente, -a *m, f* de la República ❷ (*Vorsitzender des Bundesrates in der Schweiz*) Presidente, -a *m, f* de la Confederación; **Bundesprüfstelle** *f* <-, -n> (JUR) oficina *f* federal de verificación; ~ **für jugendgefährdende Schriften** oficina federal de verificación de publicaciones peligrosas para la juventud; **Bundesrat** *m* <-(e)s, *ohne pl*> ❶ (*in Deutschland*) Bundesrat *m*, Cámara *f* Alta de la República Federal; (*in Österreich*) Cámara *f* de Representantes ❷ (*zentrale Regierung in der Schweiz*) Consejo *m* Federal; **Bundesrechnungshof** *m* <-(e)s, *ohne pl*> Tribunal *m* Federal de Cuentas; **Bundesrecht** *nt* <-s, *ohne pl*> derecho *m* federal; **Bundesrechtsanwaltskammer** *f* <-, -n> (JUR) colegio *m* federal de abogados; **Bundesrechtsanwaltsordnung** *f* <-, *ohne pl*> (JUR) reglamento *m* federal de abogados; **Bundesregierung** *f* <-, -en> gobierno *m* federal; **Bundesreisekostengesetz** *nt* <-es, *ohne pl*> (JUR) ley *f* federal de viáticos; **Bundesrepublik** *f* <-, *ohne pl*>: ~ **Deutschland** República Federal de Alemania
bundesrepublikanisch *adj* de la República Federal; **die ~e Gesetzgebung** la legislación de la República Federal
Bundesrichter(in) *m(f)* <-s, -; -, -nen> juez *mf* federal; **Bundesschatzbrief** *m* <-(e)s, -e> (FIN) valor *m* del Estado Federal, documento *m* del Estado Federal; **Bundesseuchengesetz** *nt* <-es, *ohne pl*> (JUR) ley *f* federal de epidemias; **Bundessozialgericht** *nt* <-(e)s, *ohne pl*, ADMIN) Corte *f* Federal de Asuntos de Seguridad Social; **Bundessozialhilfegesetz** *nt* <-es, *ohne pl*> (JUR) ley *f* federal de asistencia social
Bundesstaat *m* <-(e)s, -en> ❶ (*Mitgliedsstaat in einem Bund*) estado *m* (con)federado [*o* federal] ❷ (*Staatenbund*) confederación *f*; **Bundesstaatsprinzip** *nt* <-s, *ohne pl*> (JUR) principio *m* del estado federado
Bundesstatistikgesetz *nt* <-es, *ohne pl*> (JUR) ley *f* federal de estadística; **Bundesstraße** *f* <-, -n> carretera *f* federal; (*in Spanien*) ≈carretera *f* nacional
Bundestag *m* <-(e)s, *ohne pl*> Cámara *f* Baja del Parlamento alemán, Bundestag *m*; **Bundestagsabgeordnete(r)** *mf* <-n, -n; -n, -n> diputado, -a *m, f* en el Bundestag; **Bundestagsdebatte** *f* <-, -n> debate *m* parlamentario; **Bundestagsfraktion** *f* <-, -en> (ADMIN, POL) grupo *m* de la Asamblea Federal; **Bundestagsmitglied** *nt* <-(e)s, -er> (ADMIN) miembro *m* de la Asamblea Federal; **Bundestagspräsident(in)** *m(f)* <-en, -en; -, -nen> Presidente, -a *m, f* del Bundestag [*o* del Parlamento alemán]; **Bundestagswahl** *f* <-, -en> elección *f* al Parlamento alemán
Bundestrainer(in) *m(f)* <-s, -; -, -nen> (SPORT) entrenador(a) *m(f)* de la selección nacional, seleccionador(a) *m(f)* nacional
Bundestreue *f* <-, *ohne pl*> (JUR) fidelidad *f* federal; **Bundesverdienstkreuz** [---'----] *nt* <-es, -e> Cruz *f* Federal del Mérito
Bundesverfassung *f* <-, -en> constitución *f* federal; **Bundesverfassungsgericht** [---'-----] *nt* <-(e)s, *ohne pl*> (JUR) Tribunal *m* Constitucional Federal; **Bundesverfassungsgerichtsgesetz** *nt* <-es, -e> (JUR) ley *f* del tribunal constitucional federal; **Bundesverfassungsschutzgesetz** *nt* <-es, -e> (JUR) ley *f* sobre protección de la constitución federal
Bundesversammlung *f* <-, *ohne pl*> Asamblea *f* Federal; **Bundesversicherungsanstalt** *f* <-, -en> (ADMIN, POL): ~ **für Angestellte** institución alemana al cargo de las pensiones de jubilación para empleados
Bundesverwaltung *f* <-, -en> (JUR) administración *f* federal; **fakultative/obligatorische** ~ administración federal facultativa/obligatoria; **mittelbare/unmittelbare** ~ administración federal indirecta/directa; **Bundesverwaltungsgericht** [---'----] *nt* <-(e)s, *ohne pl*> (JUR) Tribunal *m* Contencioso-Administrativo Federal
Bundesvorstand *m* <-(e)s, -stände> comisión *f* ejecutiva federal; **Bundeswahlausschuss**^RR *m* <-es, -schüsse> (JUR) comisión *f* administrativa federal; **Bundeswahlgesetz** *nt* <-es, *ohne pl*> (JUR) ley *f* federal electoral; **Bundeswahlleiter(in)** *m(f)* <-s, -; -, -nen> (JUR) presidente *m* federal de la mesa electoral; **Bundeswahlordnung** *f* <-, *ohne pl*> (JUR) reglamento *m* electoral federal; **Bundeswasserstraßengesetz** *nt* <-es, *ohne pl*> (JUR) ley *f* federal de navegación fluvial
Bundeswehr *f* <-, *ohne pl*> ejército *m* de la República Federal de Alemania; **Bundeswehrverwaltung** *f* <-, *ohne pl*> (JUR) administración *f* federal del ejército
bundesweit *adj* en todo el territorio federal
Bundeszentralregister *nt* <-s, *ohne pl*> (JUR) registro *m* federal central; **Auszug aus dem** ~ extracto del registro federal central; **Eintragung im** ~ inscripción en el registro federal central; **Bundeszentralregistergesetz** *nt* <-es, *ohne pl*> (JUR) ley *f* federal del registro central
Bundeszwang *m* <-(e)s, *ohne pl*> (JUR) fuerza *f* federal
Bundfalte *f* <-, -n> pinza *f*; **ich finde Hosen mit ~n sehr bequem** los pantalones con [*o* de] pinzas me resultan muy cómodos; **Bundfaltenhose** *f* <-, -n> pantalón *m* de pinzas
Bundhose *f* <-, -n> pantalón *m* abrochado en la rodilla
bündig ['byndɪç] *adj* ❶ (*kurz, bestimmt*) conciso, preciso; **kurz und ~** sin rodeos
❷ (*überzeugend*) convincente
Bündigkeit *f* <-, *ohne pl*> concisión *f*; (*Bestimmtheit*) rotundidad *f*
Bündnis [byntnɪs] *nt* <-ses, -se> (POL) alianza *f*, pacto *m*; ~ **90/Die Grünen** Los Verdes (*partido ecologista de Alemania con representación en el Parlamento federal*)
Bündnisblock *m* <-(e)s, -blöcke> (POL) bloque *m* aliado; **Bündnisfraktion** *f* <-, -en> (POL) fracción *f* de la alianza; **Bündnisfreiheit** *f* <-, -en> libertad *f* de alianza; **Bündnisgrüne(r)** *mf* <-n, -n; -n, -n> (POL) partidario, -a *m, f* de Los Verdes; **Bündnispolitik** *f* <-, *ohne pl*> (POL) política *f* de alianzas; **Bündnissystem** *nt* <-s, -e> (POL) sistema *m* de alianzas; **Bündnistreue** *f* <-, *ohne pl*> (POL) fidelidad *f* a la alianza, lealtad *f* a la alianza
Bundweite *f* <-, -n> talla *f* de cintura; **er hat ~ 52** tiene la talla 52
Bungalow ['bʊŋɡalo] *m* <-s, -s> bungalow *m*, bóngalo *m* Am
Bungeejumping ['bandʒɪdʒampɪn] *nt* <-s, *ohne pl*>, **Bungeespringen** ['bandʒɪʃprɪŋən] *nt* <-s, *ohne pl*> bungee *m*, salto *m* elástico, puenting *m*
Bunker ['bʊŋkɐ] *m* <-s, -> ❶ (*Schutzraum*) refugio *m* antiaéreo, búnker *m*
❷ (*beim Golf*) búnker *m*
bunkern *vt* almacenar; **sie hat die Kohle unter der Matratze gebunkert** (*fam*) ha escondido la pasta debajo del colchón

Bunsenbrenner ['bʊnzənbrɛnɐ] *m* <-s, -> (TECH) mechero *m* de Bunsen

bunt [bʊnt] *adj* ❶ *(mehrfarbig)* de varios colores, multicolor; **~e Farben** colores vivos; **~ bemalt** pintado de colores; **~ kariert** de cuadros multicolores; **er ist bekannt wie ein ~er Hund** está más visto que el tebeo, es más conocido que la ruda
❷ *(abwechslungsreich)*: **~ gemischt** variado; **eine ~e Menge** una multitud abigarrada; **das wird ein ~er Abend** será una noche muy variada; **ein ~es Durcheinander** una mezcla
❸ *(wirr)* desordenado; **jetzt wird's mir aber zu ~!** *(fam)* ¡eso pasa de castaño oscuro!

buntbemalt *adj* s. bunt 1.
buntgemischt *adj* s. bunt 2.
Buntheit *f* <-, *ohne pl*> ❶ *(mehrfarbig)* colorido *m*, variedad *f* de colores; **im Sonnenschein erstrahlten die Blumenbeete in ihrer ganzen ~** al sol los macizos de flores deslumbraban con todo su colorido
❷ *(abwechslungsreich)* heterogeneidad *f*; **die Menschenmenge wirkte fröhlich in ihrer ~** la tan variopinta multitud resultaba alegre
buntkariert *adj* s. bunt 1.; **Buntmetall** *nt* <-s, -e> metal *m* no ferroso; **Buntpapier** *nt* <-s, -e> papel *m* de colores, papel *m* charol
Buntsandstein *m* <-(e)s, *ohne pl*> (GEO) arenisca *f* abigarrada
Buntspecht *m* <-(e)s, -e> pico *m* picapinos; **Buntstift** *m* <-(e)s, -e> lápiz *m* de color; **Buntwäsche** *f* <-, *ohne pl*> ropa *f* de color
Bünzli ['bʏntsli] *m* <-s, -> *(Schweiz: fam abw)* burgués *m*
Bürde ['bʏrdə] *f* <-, -n> *(geh)* carga *f*, peso *m*
Bure, -in ['buːrə] *m, f* <-n, -n; -, -nen> bóer *mf*
Bürette [bʏ'rɛtə] *f* <-, -n> (CHEM) bureta *f*
Bürettenklemme *f* <-, -n> (CHEM) abrazadera *f* de la bureta
Burg [bʊrk] *f* <-, -en> castillo *m*
Burganlage *f* <-, -n> fortaleza *f*
Bürge, -in ['bʏrgə] *m, f* <-n, -n; -, -nen> fiador(a) *m(f)*; **bedingt haftender ~** fiador limitadamente responsable; **gesamtschuldnerische ~n** fiadores solidarios; **als ~ haften** responder como garante
bürgen *vi* garantizar, avalar; **ich bürge für ihn** respondo de él; **der Name bürgt für Qualität** el nombre garantiza calidad
Burgenland *nt* <-(e)s> Burgenland *m*
Bürger(in) ['bʏrgɐ] *m(f)* <-s, -; -, -nen> ❶ *(Staats~)* ciudadano, -a *m, f*
❷ *(Einwohner)* habitante *mf*, vecino, -a *m, f*
❸ *(Bourgeois)* burgués, -esa *m, f*
Bürgerbegehren *nt* <-s, -> petición *f* cívica [*o* de los ciudadanos]; **Bürgerbewegung** *f* <-, -en> movimiento *m* ciudadano [*o* cívico], acción *f* ciudadana [*o* cívica]
bürgerfern *adj* alejado de los ciudadanos, de espaldas a la ciudadanía; **hier wird eine ~e Verkehrspolitik betrieben** esta política de tráfico se hace de espaldas a las necesidades de los ciudadanos
Bürgerfreiheit *f* <-, -en> *(Pol)* libertad *f* civil; **Bürgerhaus** *nt* <-es, -häuser> ❶ *(Gemeindehaus)* asociación *f* de vecinos, centro *m* cultural; **im ~ finden regelmäßig Konzerte statt** en el centro de la asociación de vecinos regularmente tienen lugar conciertos ❷ *(Haus eines Bürgers)* casa *f* de la alta burguesía; **um den Marktplatz gruppieren sich vornehme Bürgerhäuser** en torno a la Plaza Mayor se agrupan distinguidas casas de familias burguesas ❸ *(alt: bürgerliche Familie)* casa *f* burguesa, buena casa *f*; **er stammt aus einem alten Ulmer ~** procede de una antigua casa burguesa de Ulm
Bürgerin *f* <-, -nen> s. **Bürger**
Bürgerinitiative *f* <-, -n> iniciativa *f* ciudadana
Bürgerkrieg *m* <-(e)s, -e> guerra *f* civil
bürgerkriegsähnlich *adj* similar a una guerra civil, de preguerra civil; **nach dem Militärputsch herrschten in dem Land ~e Zustände** tras el golpe militar el país se encontraba en una situación de preguerra civil
Bürgerkriegsflüchtling *m* <-s, -e> refugiado *m* de la guerra civil
bürgerlich *adj* ❶ *(Schicht, Einstellung)* burgués ❷ (JUR) civil; **~e Gesellschaft** sociedad civil; **das B~e Gesetzbuch** el Código Civil
Bürgerliche(r) *mf* <-n, -n; -n, -n> burgués, -esa *m, f*; **er ist Graf, seine Frau eine ~** él es conde, su mujer burguesa
bürgerlich-rechtlich *adj* jurídico-privado
Bürgermeister(in) *m(f)* <-s, -; -, -nen> alcalde(sa) *m(f)*, regente *mf Mex*
Bürgermeisterverfassung *f* <-, -en> (JUR) constitución *f* municipal
bürgernah *adj* cerca del pueblo
Bürgernähe *f* <-, *ohne pl*> proximidad *f* al pueblo; **Bürgerpflicht** *f* <-, -en> deber *m* cívico; **Bürgerrecht** *nt* <-(e)s, -e> derecho *m* civil; **Bürgerrechtler(in)** *m(f)* <-s, -; -, -nen> defensor(a) *m(f)* de los derechos humanos y civiles
Bürgerrechtsbewegung *f* <-, -en> movimiento *m* por los derechos civiles; **Bürgerrechtsgesuch** *nt* <-(e)s, -e> *(Schweiz: POL)* petición *f* de ciudadanía
Bürgerrodel *m* <-s, -> *(Schweiz: Bürgerverzeichnis)* censo *m* de ciudadanos, padrón *m*
Bürgerschaft *f* <-, *ohne pl*> ciudadanía *f*, ciudadanos *mpl*; *(Bevölkerung)* población *f*; **Bürgerschaftswahl** *f* <-, -en> elecciones *fpl* al parlamento regional en los estados de Brema y Hamburgo
Bürgerschreck *m* <-s, *ohne pl*> persona que por su comportamiento fuera de lo convencional causa espanto entre los demás ciudadanos; **Bürgersteig** ['bʏrgɐʃtaɪk] *m* <-(e)s, -e> acera *f*, vereda *f Am*; **Bürgersteuer** *f* <-, -n> (HIST, WIRTSCH) impuesto *m* municipal
Bürgertum *nt* <-s, *ohne pl*> burguesía *f*
Bürgerversammlung *f* <-, -en> (ADMIN) reunión *f* vecinal
Burgfrieden *m* <-s, *ohne pl*> tregua *f*; **mit jdm ~ schließen** firmar [*o* acordar] una tregua con alguien; **Burggraben** *m* <-s, -gräben> *(Schloss)* foso *m* del castillo; *(Festung)* foso *m* de la fortaleza; **Burgherr(in)** *m(f)* <-(e)n, -en; -, -nen> (HIST) castellano, -a *m, f*, señor(a) *m(f)* de un castillo
Bürgin ['bʏrgɪn] *f* <-, -nen> s. **Bürge**
Bürgruine *f* <-, -n> castillo *m* en ruinas
Bürgschaft ['bʏrkʃaft] *f* <-, -en> ❶ (JUR) aval *m*, garantía *f*; **selbstschuldnerische ~** fianza solidaria; **Erlöschen der ~** caducación de la fianza; **für jdn eine ~ leisten** hacerse garante de alguien ❷ *(Betrag)* fianza *f*
Bürgschaftsbestellung *f* <-, -en> (JUR) establecimiento *m* de fianza; **Bürgschaftserklärung** *f* <-, -en> (JUR) promesa *f* de fianza [*o* garantía]
bürgschaftsfähig *adj* (JUR) capaz para prestar fianza
Bürgschaftsgebühr *f* <-, -en> (FIN) derechos *mpl* de fianza; **Bürgschaftskredit** *m* <-(e)s, -e> (FIN) crédito *m* de garantía; **Bürgschaftsnehmer** *m* <-s, -> (FIN) garante *mf*; **Bürgschaftsprovision** *f* <-, -en> (FIN) comisión *f* de garantía; **Bürgschaftssumme** *f* <-, -n> (FIN) cuantía *f* de la fianza; **Bürgschaftsübernahme** *f* <-, *ohne pl*> (FIN) asunción *f* de la fianza; **Bürgschaftsurkunde** *f* <-, -n> (FIN) documento *m* de garantía; **Bürgschaftsverpflichtung** *f* <-, -en> (FIN) obligación *f* de aval [*o* garantía]; **Bürgschaftsvertrag** *m* <-(e)s, -träge> (JUR) contrato *m* de fianza
Burgund [bʊr'gʊnt] *nt* <-s> Borgoña *f*
Burgunder[1] *m* <-s, -> *(Wein)* borgoña *m*
Burgunder(in)[2] *m(f)* <-s, -; -, -nen> *(Einwohner)* borgoñón, -ona *m, f*
burgundisch *adj* borgoñón
Burgverlies *nt* <-es, -e> mazmorra *f*
Burin ['buːrɪn] *f* <-, -nen> s. **Bure**
burlesk [bʊr'lɛsk] *adj* burlesco, jocoso
Burleske *f* <-, -n> (THEAT) farsa *f*, sainete *m*
Burnout ['bɜːnɁaʊt] *m* <-s, -s> (MED) burnout *m*, deterioro *m* prematuro a causa del exceso de trabajo; **sie leidet nun an ~** está quemada de tanto trabajar
Burnus ['bʊrnʊs, *pl:* 'bʊrnʊsə] *m* <-(ses), -se> chilaba *f*
Büro [by'roː] *nt* <-s, -s> oficina *f*, despacho *m*, archivo *m Kol*
Büroangestellte(r) *mf* <-n, -n; -n, -n> empleado, -a *m, f* de oficina, oficinista *mf*; **Büroarbeit** *f* <-, -en> trabajo *m* de oficina; **Büroausstattung** *f* <-, -en> mobiliario *m* de oficina, equipamiento *m* de oficina; **Büroautomation** *f* <-, *ohne pl*> ofimática *f*; **Bürobedarf** *m* <-s, *ohne pl*> artículos *mpl* de oficina, material *m* de oficina; **Büroeinrichtung** *f* <-, -en> mobiliario *m* de oficina; **Bürogebäude** *nt* <-s, -> edificio *m* de oficinas; **Bürogehilfe, -in** *m, f* <-n, -n; -, -nen> auxiliar *mf* administrativo, -a; **Bürohaus** *nt* <-es, -häuser> edificio *m* de oficinas; **Bürohengst** *m* <-(e)s, -e> *(abw)* chupatintas *m inv*; **Bürohilfe** *f* <-, -n> ayuda *f* en la oficina; **Bürokauffrau** *f* <-, -en> administrativa *f*; **Bürokaufmann** *m* <-(e)s, -männer> administrativo *m*; **Büroklammer** *f* <-, -n> sujetapapeles *m inv*, clip *m*, ataché *m MAm*, broche *m Chil, Peru, PRico*
Bürokommunikation *f* <-, *ohne pl*> comunicación *f* en la oficina; **Bürokommunikationssystem** *nt* <-s, -e> sistema *m* interior de comunicación (en las oficinas)
Bürokraft *f* <-, -kräfte> oficinista *mf*
Bürokrat(in) [byro'kraːt] *m(f)* <-en, -en; -, -nen> *(abw)* burócrata *mf*
Bürokratie [byrokra'tiː] *f* <-, *ohne pl*> burocracia *f*, oficialismo *m Arg*
Bürokratin *f* <-, -nen> s. **Bürokrat**
bürokratisch *adj* burocrático, oficialista *Am*
Bürokratismus *m* <-, *ohne pl*> *(abw)* burocratismo *m*
Büromaschine *f* <-, -n> aparato *m* de oficina; **Büromaterial** *nt* <-s, -ien> material *m* de oficina; **Büropersonal** *nt* <-s, *ohne pl*> personal *m* de oficina; **Büroraum** *m* <-(e)s, -räume> oficina *f*; **Büroschluss**[RR] *m* <-es, *ohne pl*> cierre *m* de oficina; **kurz vor ~ wurde er zum Chef gerufen** poco antes de cerrar el jefe lo llamó a su despacho; **nach ~ ist die Innenstadt wie ausgestorben** cuando cierran las oficinas el centro queda como muerto; **Bürostuhl** *m* <-(e)s, -stühle> silla *f* de oficina [*o* de escritorio]; **Bürostunden** *fpl* horas *fpl* de despacho [*o* de oficina]; **Büroturm** *m* <-(e)s, -türme> torre *f* de oficinas; **Bürovorsteher(in)** *m(f)* <-s, -; -, -nen> jefe, -a *m, f* de oficina; **Bürozeit** *f*

<-, -en> horario *m* de oficina; **außerhalb der ~** fuera del horario de oficina

Bursche ['bʊrʃə] *m* <-n, -n> chico *m*, chaval *m*, muchacho *m*

Burschenschaft *f* <-, -en> (*Studentenverbindung*) asociación *f* de estudiantes

Burschenschaft(l)er *m* <-s, -> (UNIV) miembro *m* de una asociación de estudiantes

burschikos [bʊrʃi'ko:s] *adj* (*Person*) campechano, jovial; (*ungezwungen*) desenvuelto

Bürste ['bʏrstə] *f* <-, -n> cepillo *m*

bürsten *vt* cepillar; **sich** *dat* **die Haare ~** cepillarse el pelo

Bürstenhaarschnitt *m* <-(e)s, -e> corte *m* en cepillo, corte *m* al rape, pelo *m* cepillo *fam*; **mit ~** atusado, tuso

Bürstenmacher(in) *m(f)* <-s, -; -, -nen> pincelero, -a *m, f*

Bürstenmassage *f* <-, -n> masaje *m* de cepillo; **Bürstenschnitt** *m* <-(e)s, -e> *s.* **Bürstenhaarschnitt**

Bürzel ['bʏrtsəl] *m* <-s -> (*beim Bär, Dachs, Wildschwein*) rabo *m*, cola *f*; (*beim Vogel*) rabadilla *f*, obispillo *m*

Bus [bʊs] *m* <-ses, -se> ❶ (*Fahrzeug*) autobús *m*, bus *m*, camión *m Mex*, guagua *f Cuba, PRico*
❷ (INFOR) conductor *m* común

Busbahnhof *m* <-(e)s, -höfe> terminal *m* de autobuses, estación *f* de autobuses

Busch [bʊʃ, *pl:* 'bʏʃə] *m* <-(e)s, Büsche> ❶ (*Strauch*) arbusto *m*, mata *f*; **auf den ~ klopfen** (*fam*) sondear el terreno; **hier ist etwas im ~** (*fam*) aquí hay gato encerrado; **sich in die Büsche schlagen** (*fam*) desaparecer a la chita callando; **mit etw hinterm ~ halten** callar [*o* no mencionar] algo
❷ (*in den Tropen*) selva *f*
❸ (*Feder~*) penacho *m*

Buschbohne *f* <-, -n> (BIOL) judía *f* enana

Büschel ['bʏʃəl] *nt* <-s, -> haz *m*, manojo *m*; (*Haare*) mechón *m*; **ein ~ Heu** un manojo de heno

büschelweise *adv* (*Haare*) a mechones; (*Gras, Heu*) en haces; **die Haare sind ihm ~ ausgegangen** el pelo se le cayó a mechones

Buschenschänkeᴿᴿ *f* <-, -n>, **Buschenschenke** *f* <-, -n> (*Österr*) taberna donde se toma el vino nuevo de la casa

Buschfeuer *nt* <-s, -> incendio *m* en la selva (tropical)

buschig *adj* peludo; **mit ~en Augenbrauen** cejudo, con cejas muy pobladas

Buschland *nt* <-(e)s, ohne *pl*> matorral *m*; **Buschmann** *m* <-(e)s, -männer> bosquimano *m*; **Buschmesser** *nt* <-s, -> machete *m*, colín *m MAm, Ant*, daga *f PRico*; **Buschsteppe** *f* <-, -n> estepa *f* de monte bajo; **Buschwerk** *nt* <-(e)s, ohne *pl*> maleza *f*

Buschwindröschen *nt* <-s, -> (BOT) anémona *f*, anemona *f*

Busen ['bu:zən] *m* <-s, -> pecho *m*, seno *m*; **am ~ der Natur** en la (misma) naturaleza, en el campo

Busenfreund(in) *m(f)* <-(e)s, -e; -, -nen> amigo, -a *m, f* íntimo, -a

Busfahrer(in) *m(f)* <-s, -; -, -nen> conductor(a) *m(f)* de autobús; **Bushaltestelle** *f* <-, -n> parada *f* de autobuses

Businessclassᴿᴿ ['bɪznɪskla:s] *f* <-, ohne *pl*>, **Business class** *f* <-, ohne *pl*> (AERO) business class *m*, clase *f* ejecutiva

Buslinie *f* <-, -n> línea *f* de autobuses

Bussard ['bʊsart] *m* <-s, -e> águila *f* ratonera

Buße ['bu:sə] *f* <-, -n> ❶ (REL) penitencia *f*; **~ tun** hacer penitencia
❷ (*a. Schweiz:* JUR) multa *f*; **eine ~ von 30 Euro zahlen** pagar una multa de 30 euros; **jdn für ein Vergehen mit einer hohen ~ belegen** multar a alguien con una suma muy alta por un delito; **jdn zu einer ~ verurteilen** condenar a alguien a pagar una multa

Bussel ['bʊsəl] *nt* <-s, -(n)> (*südd, Österr*) beso *m*

busseln *vi, vt* (*südd, Österr*) besar

büßen ['by:sən] *vt* ❶ (REL) expiar
❷ (*Tat*) pagar; **das wirst** [*o* **sollst**] **du mir ~** esto me lo vas a pagar
❸ (*Schweiz:* mit Geldbuße belegen) multar

Büßer(in) *m(f)* <-s, -; -, -nen> (REL) penitente, -a *m, f*

Büßergewand *nt* <-(e)s, -wänder> (REL) hábito *m* de penitente; (*bei einer Prozession*) hábito *m* de nazareno; **im ~** (*fig*) dándose golpes de pecho; **keinesfalls im ~** (*fig*) sin señales de arrepentimiento

Büßerin *f* <-, -nen> *s.* **Büßer**

Busserl ['bʊsərl] *nt* <-s, -(n)> (*südd, Österr*) beso *m*

busserln *vi, vt* (*südd, Österr*) besar

bußfertig *adj* (REL) arrepentido, contrito; **dem ~en Sünder wird Vergebung gewährt** al pecador contrito se le concede el perdón

Bußgang *m* <-(e)s, -gänge> acto *m* de contrición [*o* de expiación]; **einen ~ antreten** (*geh a. fig*) hacer acto de contrición, hacer penitencia

Bußgebet *nt* <-(e)s, -e> (oración *f* de) penitencia *f*; **nach der Beichte gab der Pfarrer ihr 10 Vaterunser als ~e auf** tras la confesión el párroco le mandó rezar 10 padrenuestros (en señal) de penitencia

Bußgeld ['bu:s-] *nt* <-(e)s, -er> (JUR) multa *f*; **ein ~ verhängen** imponer una multa; **Bußgeldandrohung** *f* <-, -en> (JUR) orden *f* de multa; **Bußgeldbescheid** *m* <-(e)s, -e> (JUR) aviso *m* de multa; **Bußgeldbestimmungen** *fpl* (JUR) disposiciones *fpl* sobre multas; **Bußgeldkatalog** *m* <-(e)s, -e> cuadro *m* de multas; **Bußgeldstelle** *f* <-, -n> departamento *m* de multas; **Bußgeldtatbestand** *m* <-(e)s, -stände> (JUR) hecho *m* sancionado con multa; **Bußgeldverfahren** *nt* <-s, -> (ADMIN, JUR) procedimiento *m* de imposición de sanciones económicas; **Bußgeldverhängung** *f* <-, -en> (ADMIN) imposición *f* de multa; **Bußgeldvorschrift** *f* <-, -en> (JUR) prescripción *f* de multas

Bussi ['bʊsi] *nt* <-s, -s> (*fam*) besito *m*

Bußpredigt *f* <-, -en> sermón *m* penitencial; **Bußtag** *m* <-(e)s, -e> (REL) día *m* de penitencia; **Buß- und Bettag** día *m* de ayuno [*o* de oración y penitencia] (*festividad protestante que se celebra el miércoles anterior a Todos los Santos*)

Büste ['bʏstə] *f* <-, -n> busto *m*

Büstenhalter *m* <-s, -> sostén *m*, sujetador *m*, corpiño *m CSur*

Bustier [bys'tje:] *nt* <-s, -s> bustier *m*

Busverbindung *f* <-, -en> enlace *m* de autobús, servicio *m* de autobús; **auf dem Land sind die ~en nicht gut** en el campo no hay un buen servicio de autobuses; **dahin gibt es keine ~** para ir allí no hay autobús

Butan [bu'ta:n] *nt* <-s, -> (CHEM) butano *m*

Butanflasche *f* <-, -n> botella *f* de butano; **Butangas** *nt* <-es, ohne *pl*> gas *m* butano

Butike *f* <-, -n> *s.* **Boutique**

Butt [bʊt] *m* <-(e)s, -e> (*Scholle*) platija *f*; (*Stein~*) rodaballo *m*

Bütt [bʏt] *f* <-, -en> (*reg*) podio en forma de tina desde el que se pronuncian discursos humorísticos en Carnaval; **in die ~ steigen** pronunciar un discurso carnavalesco

Butte ['bʊtə] *f* <-, -n> ❶ (*Tragebehälter*) cuévano *m*
❷ (*südd, Österr, Schweiz*) *s.* **Bütte**

Bütte ['bʏtə] *f* <-, -n> tina *f*

Büttel ['bʏtəl] *m* <-s, -> ❶ (*abw: Handlanger*) esbirro *m*, lacayo, -a *m, f*; **ich bin doch nicht dein ~!** ¡no soy tu lacayo!
❷ (*alt: Gerichtsbote*) esbirro *m*

Bütten ['bʏtən] *nt* <-s, ohne *pl*>, **Büttenpapier** *nt* <-s, -e> papel *m* de tina; **Büttenrede** *f* <-, -n> (*reg*) discurso *m* carnavalesco

Butter ['bʊtə] *f* <-, ohne *pl*> mantequilla *f*; **weich wie ~** más blando que manteca; (*fig*) indulgente; **wie ~ in der Sonne schmelzen** (*fig: Nahrungsmittel, Geld*) consumirse muy rápido; **es ist alles in ~** (*fam*) todo está en orden; **er gönnt ihm nicht die ~ auf dem Brot** le envidia todo

Butterberg *m* <-(e)s, -e> (AGR) montaña *f* de mantequilla (*por sobreproducción*); **Butterblume** *f* <-, -n> botón *m* de oro

Butterbrot *nt* <-(e)s, -e> (rebanada *f* de) pan *m* con mantequilla; **ein ~ mit Käse** un bocadillo de queso; **für ein ~ bekommen** (*fam*) recibir algo por un pedazo de pan; **für ein ~ arbeiten** (*fam*) trabajar por un pedazo de pan; **Butterbrotpapier** *nt* <-s, -e> papel *m* pergamino

Buttercreme *f* <-, -s> (GASTR) crema *f* de mantequilla; **Buttercremetorte** *f* <-, -n> pastel *m* de crema

Butterdose *f* <-, -n> mantequillera *f*, mantequera *f*; **Butterfahrt** *f* <-, -en> viaje *m* en barco durante el cual existe la posibilidad de comprar productos baratos y exentos de derechos; **Butterfass**ᴿᴿ *nt* <-es, -fässer> ❶ (*alt: zur Herstellung*) mantequera *f*; **gebuttert wurde früher im ~** antes se mazaba la leche no en una mantequera ❷ (*zur Aufbewahrung*) barril *m* de mantequilla, mantequera *f*

Butterfly[1] [ˈbatəflaɪ] *m* <-s, -> (*Eiskunstlauf, Turnen*) mariposa *f*

Butterfly[2] *m* <-s, ohne *pl*>, **Butterflystil** *m* <-s, ohne *pl*> (*Schwimmen*) estilo *m* mariposa

Butterkeks *m* <-es, -e> galleta *f* de mantequilla; **Buttermilch** *f* <-, ohne *pl*> suero *m* de leche, leche *f* batida

buttern I. *vi* mazar la leche, hacer mantequilla, hacer manteca *Am*
II. *vt* ❶ (*mit Butter bestreichen*) untar con mantequilla, untar con manteca *Am*
❷ (*fam: investieren*): **Geld in etw ~** meter dinero en algo

Butterpilz *m* <-es, -e> (BOT) boleto *m* comestible; **Buttersäure** *f* <-, -n> (CHEM) ácido *m* butírico; **Butterschmalz** *nt* <-es, ohne *pl*> mantequilla *f* derretida

butterweich ['--'-] *adj* (*Frucht*) como manteca, muy tierno; (*Metall, Plastik*) muy dúctil, muy maleable; (*Landung*) muy suave

Büttner(in) ['bʏtnə] *m(f)* <-s, -; -, -nen> (*reg*) tonelero, -a *m, f*

Button ['batən] *m* <-s, -s> insignia *f*

Button-down-Kragen [batən'daʊnkra:gən] *m* <-s, -> cuello de camisa que se fija por un botón a cada lado

Buttonleiste ['batən-] *f* <-, -n> (INFOR) barra *f* de botones

Butylhydroxytoluol [buty:lhydrɔksytolu'o:l] *nt* <-s, ohne *pl*> (CHEM) butilhidroxitoluol *m*

Butzenscheibe ['bʊtsən-] *f* <-, -n> vidrio abombado en el centro con el que se construyen ventanas emplomadas

BVG [beːfauˈgeː] *nt* <-, *ohne pl*> (JUR) *Abk. von* **Bundesverfassungsgericht** Tribunal *m* Constitutional Federal
b.w. *Abk. von* **bitte wenden** continúa al dorso
B-Waffe *f* <-, -n> (*biologische Waffe*) arma *f* biológica
BWL [beːveːˈʔɛl] *Abk. von* **Betriebswirtschaftslehre** teoría *f* de la empresa, economía *f* industrial
Bypass [ˈbaɪpaːs] *m* <-(es), -pässe> (MED) bypass *m inv*
Bypassoperation *f* <-, -en> (MED) injerto *m* de un bypass
Byte [baɪt] *nt* <-(s), -(s)> (INFOR) byte *m*
byzantinisch [bytsanˈtiːnɪʃ] *adj* (HIST) bizantino
Byzanz [byˈtsants] *nt* <-> Bizancio *m*
bzgl. *Abk. von* **bezüglich** respecto a
bzw. *Abk. von* **beziehungsweise** o sea, mejor dicho, respectivamente

C

C, c [tseː] *nt* <-, -> ❶ (*Buchstabe*) C, c *f*; ~ **wie Cäsar** C de Carmen ❷ (MUS) do *m*; **das hohe** ~ el do de pecho
C (CHEM) *Abk. von* **Kohlenstoff** C
C-14-Methode [tseːˈfɪrtseːn-] *f* <-, *ohne pl*> (GEO) método *m* del radiocarbono 14
ca. *Abk. von* **circa** cerca de, aproximadamente
Ca (CHEM) *Abk. von* **Calcium** Ca
Cabrio [ˈkaːbrio] *nt* <-s, -s>, **Cabriolet** [kabrioˈleː] *nt* <-s, -s> cabriolé *m*, descapotable *m*
Cache [kaʃ] *m* <-, *ohne pl*> (INFOR) caché *m*
Cache-Speicher [ˈkaʃ-] *m* <-s, -> (INFOR) memoria *f* caché [o de almacenamiento temporal]
CAD [kat] *nt Abk. von* **Computer Aided Design** CAD *m*
Caddie[1] [ˈkɛdi] *m* <-s, -s> (*beim Golf: Junge zum Schlägertragen*) cadi *m*; (*Wagen*) carrito *m* de golf
Caddie®[2] *m* <-s, -s> (*Einkaufswagen*) carrito *m* de la compra
Cadmium [ˈkatmiʊm] *nt* <-s, *ohne pl*> (CHEM) cadmio *m*
Café [kaˈfeː] *nt* <-s, -s> café *m*
Café complet [kaˈfe: kõˈplɛ] *m* <- -, -s -s> (*Schweiz*) café con leche y panecillo con mantequilla y mermelada
Cafeteria [kafeteˈriːa] *f* <-, Cafeterien> cafetería *f*
cal *Abk. von* **(Gramm)kalorie** cal
Calcium [ˈkaltsiʊm] *nt* <-s, *ohne pl*> (CHEM) calcio *m*
Calciumcarbonat [-karbonaːt] *nt* <-s, -e> (CHEM) carbonato *m* cálcico; **Calciumchlorid** *nt* <-s, -e> (CHEM) cloruro *m* cálcico
Caldera [kalˈdeːra] *f* <-, Calderen> (GEO) caldera *f*
Californium [kaliˈfɔrniʊm] *nt* <-s, *ohne pl*> (CHEM) californio *m*
Call [kɔːl] *m o nt* <-s, -s> Bolsa *f*
Callback [kɔːlˈbɛk] *nt* <-, *ohne pl*> (TEL) función *f* de rellamada (*de un módem*)
Callboy [ˈkɔːlbɔɪ] *m* <-s, -s> call-boy *m*
Callgirl [ˈkɔːlɡœːl] *nt* <-s, -s> call-girl *f*
Callgirlring *m* <-(e)s, -e> asociación *f* (no oficial) de prostitutas
CAM *nt* (INFOR) *Abk. von* **Computer Aided Manufacturing** FAO *f*
Camcorder [ˈkɛmkɔrdɐ] *m* <-s, -> camcórder *m*
Camembert [ˈkamɛbɛːɐ, ˈkaməmbɛːɐ] *m* <-s, -s> (GASTR) queso *m* camembert
Camion [kaˈmjõ] *m* <-s, -s> (*Schweiz*) camión *m*
Camionneur [ˈkamjɔnøːɐ, *pl:* -re] *m* <-s, -e> (*Schweiz: Spediteur*) transportista *m*
Camp [kɛmp] *nt* <-s, -s> campamento *m*, campo *m*
campen [ˈkɛmpən] *vi* (a)campar, hacer camping
Camper(in) [ˈkɛmpɐ] *m(f)* <-s, -; -, -nen> campista *mf*
campieren* *vi* acampar
Camping [ˈkɛmpɪŋ] *nt* <-s, *ohne pl*> camping *m*
Campingartikel *m* <-s, -> artículo *m* de camping; **für seinen Campingurlaub kaufte er allerlei** ~ compró todo tipo de artículos de camping para las vacaciones; **Campingausrüstung** *f* <-, -en> equipo *m* de camping; **Campingbus** *m* <-ses, -se> caravana *f*; **Campingführer** *m* <-s, -> guía *f* de campings; **Campingplatz** *m* <-es, -plätze> camping *m*; **Campingzubehör** *nt* <-(e)s, -e> artículos *mpl* de camping
Campus [ˈkampʊs] *m* <-, -> (UNIV) campus *m inv*
Canasta [kaˈnasta] *nt* <-s, *ohne pl*> (*Kartenspiel*) canasta *f*
Cancan [kãˈkã] *m* <-s, -s> cancán *m*
cand. (UNIV) *Abk. von* **candidatus** examinando, -a *m, f* de una carrera universitaria; ~ **phil./med.** examinando de filosofía/de medicina
Candela [kanˈdeːla] *f* <-, -> (PHYS) candela *f*
Cannabis [ˈkanabɪs] *m* <-, *ohne pl*> (BOT) cáñamo *m*; (*sl: Haschisch*) hachís *m inv*
Cannelloni *pl* (GASTR) canelones *mpl*; ~ **al forno** canelones gratinados
Canossa *nt* <-s, -s> (*geh*) ❶ (*Bittgang*) humillación *f*, petición *f* humillante ❷ (*Wend*): **Gang nach** ~ acto de humillación y de pedir perdón; **nach** ~ **gehen** humillarse y pedir perdón
Cañon [ˈkanjɔn] *m* <-s, -s> (GEO) cañón *m*
Cape [keɪp] *nt* <-s, -s> capa *f*, manto *m*
Cappuccino [kapuˈtʃiːno] *m* <-(s), -(s)> capuchino *m*
Capriccio *nt* <-s, -s> (KUNST, MUS) capricho *m*
Caquelon *nt* <-s, -s> (*Schweiz*) cacerola *f* para fondue
Car [kaːɐ] *m* <-s, -s> (*Schweiz*) autocar *m*
Caravan [ˈkaravan] *m* <-s, -s> ❶ (*Kombiwagen*) vehículo *m* compacto de carga, pick-up *m* ❷ (*Wohnwagen*) caravana *f*
Carepaket [ˈkɛːɐpakeːt] *nt* <-(e)s, -e> paquete con ayuda alimentaria de la organización CARE (*Cooperative for American Remittances to Europe*) en zonas de crisis
Carport [ˈkaːɐpɔɐt] *m* <-s, -s> aparcamiento *m* cubierto al aire libre
Carrier [ˈkɛrɪɐ] *m* <-s, -> (TEL) portadora *f*
Carsharing [ˈkaːɐʃɛrɪŋ] *nt* <-(s), *ohne pl*> carsharing *m*, coche *m* compartido
Carte blanche [kartəˈblãːʃ] *f* <- -; -s -s> carta *f* blanca
Cartoon [kaːɐˈtuːn] *m* <-(s), -s> ❶ (*Karikatur*) caricatura *f* ❷ (*Bildgeschichte*) historieta *f* de dibujos animados
Cartoonist(in) *m(f)* <-en, -en; -, -nen> caricaturista *mf*
Casanova [kazaˈnɔːva] *m* <-s, -s> casanova *m*; **er bricht alle Frauenherzen, dieser** ~! ¡este casanova es un rompecorazones!
Cäsar[1] [ˈtsɛːzar] *m* <-s> (*Staatsmann*) César *m*
Cäsar[2] *m* <-en, -en> (*Titel*) césar *m*
Cäsarenwahn *m* <-(e)s, *ohne pl*>, **Cäsarenwahnsinn** *m* <-(e)s, *ohne pl*> megalomanía *f*
cash [kɛʃ] *adv* en metálico, en efectivo; **stell dir vor, er hat sein neues Auto** ~ **bezahlt** imagínate, ha pagado su nuevo coche en efectivo
Cash *nt* <-, *ohne pl*> dinero *m* en metálico; **ich gebe dir lieber** ~ **als einen Scheck** prefiero pagarte en metálico que con (un) cheque
Cashewnuss[RR] [ˈkɛʃunʊs] *f* <-, -nüsse> anacardo *m*
Cashflow[RR] [ˈkɛʃfloʊ] *m* <-s, *ohne pl*> (WIRTSCH) cash-flow *m*
Cashflowsteuer[RR] *f* <-, -n> (WIRTSCH) impuesto *m* sobre los recursos generados
Cashgeschäft *nt* <-(e)s, -e> (WIRTSCH) negocio *m* al contado, operación *f* al contado
Casino [kaˈziːno] *nt* <-s, -s> casino *m*
Cäsium [ˈtsɛːziʊm] *nt* <-s, *ohne pl*> (CHEM) cesio *m*
Cassette *f* <-, -n> ❶ (*für Geld*) cajita *f*; (*für Schmuck*) joyero *m* ❷ (*Schutzhülle*) estuche *m* ❸ (*Musik~, Video~*) casete *m o f*; **unbespielte** ~ cinta virgen; **etw auf** ~ **haben** (*fam*) tener algo grabado
Castorbehälter [ˈkastoːɐ-] *m* <-s, -> contenedor *m* Castor
Castortransport *m* <-(e)s, -e> transporte *m* Castor
Casus Belli[RR] [ˈkaːzʊs ˈbɛli] *m* <- -, – -> (*geh*) casus belli *m*, caso *m* de guerra
Catch-as-catch-can *nt* <-, *ohne pl*> (SPORT) catch *m*
catchen *vi* (SPORT) luchar al catch (*gegen* contra); **heute Abend catcht er gegen den deutschen Meister** esta noche se enfrenta al campeón alemán de catch
Catcher(in) [ˈkɛtʃɐ] *m(f)* <-s, -; -, -nen> luchador(a) *m(f)* de catch
Catering [ˈkeɪtərɪŋ] *nt* <-s, *ohne pl*> (GASTR) catering *m*, abastecimiento *m*
Cateringservice *m* <-, -s> (GASTR) catering *m*, servicio *m* de comidas preparadas; **der** ~ **einiger Fluggesellschaften ist hervorragend** el catering de algunas compañías de aviación es excelente
Cayennepfeffer [kaˈjɛn-] *m* <-s, -> pimienta *f* de Cayena, cayena *f*, ají *m SAm*, Ant
CB-Funk [tseːˈbeːfʊŋk] *m* <-s, *ohne pl*> citizen band *f*; **CB-Funker(in)** *m(f)* <-s, -; -, -nen> radioaficionado, -a *m, f*
cbm (*alt*) *Abk. von* **Kubikmeter** m[3]
ccm (*alt*) *Abk. von* **Kubikzentimeter** cm[3]
cd (PHYS) *Abk. von* **Candela** cd
Cd (CHEM) *Abk. von* **Cadmium** Cd
CD [tseːˈdeː] *f* <-, -(s)> *Abk. von* **Compact Disc** CD *m*
CD-Brenner *m* <-s, -> grabador *m* de CD
CD-Platte *f* <-, -n> compact disc *m*, lector *m* de CD; **CD-Plattenspieler** *m* <-s, ->, **CD-Player** [tseːˈdeːplɛɪɐ] *m* <-s, -> compact disc *m*, tocadiscos *m inv* compacto
CD-ROM [tseːdeːˈrɔm] *f* <-, -(s)> (INFOR) *Abk. von* **Compact Disc Read Only Memory** CD-ROM *m*, cederrón *m*; **CD-ROM-Laufwerk** *nt* <-(e)s, -e> (INFOR) lector *m* de CD-ROM, reproductor *m* de CD-ROM
CD-Spieler *m* <-s, -> *s.* **CD-Player**

CDU [tseːdeːˈʔuː] f Abk. von **Christlich Demokratische Union** (**Deutschlands**) Partido m de la Unión Demócratacristiana de Alemania
C-Dur nt <-, ohne pl> (MUS) do m mayor
CD-Video nt <-s, -s> videodisco m; **CD-Videogerät** nt <-(e)s, -e> laserdisc m; **CD-Wechsler** m <-s, -> cargador m múltiple de compact-discs
Ce (CHEM) Abk. von **Cer** Ce
Cebit-Messe [ˈtseːbɪt-] f <-, -n> CeBIT f (feria de informática más grande de Europa que se celebra en Hannóver)
Celli pl von **Cello**
Cellist(in) [tʃɛˈlɪst] m(f) <-en, -en; -, -nen> violonc(h)elista mf
Cello [ˈtʃɛlo, pl: ˈtʃɛli, ˈtʃɛlos] nt <-s, Celli o -s> violonc(h)elo m
Cellophan® [tsɛloˈfaːn] nt <-s, ohne pl> celofán® m
Celsius [ˈtsɛlzius]: Grad ~ grado centígrado; **30 Grad ~** 30 grados centígrados
Celsiusskala f <-, -skalen> (PHYS) escala f Celsius
Cembalo [ˈtʃɛmbalo, pl: ˈtʃɛmbali, tʃɛmbalos] nt <-s, Cembali o -s> clavecín m, clavicémbalo m
Cer [tseːɐ] nt <-s, ohne pl> (CHEM) cerio m
Ces [tsɛs] nt <-, -> (MUS) do m bemol
Ceylon [ˈtsaɪlɔn] nt <-s> (HIST) Ceilán m
cf. Abk. von **confer** confer
Cf (CHEM) Abk. von **Californium** Cf
CH (GEO, POL) Abk. von **Confoederatio Helvetica** CH
Cha-Cha-Cha [ˈtʃatʃatʃa] m <-(s), -s> chachachá m; **der ~ war ursprünglich ein kubanischer Tanz** el chachachá era en sus orígenes un baile cubano
Chagrinleder [ʃaˈgrɛː-] nt <-s, -> piel f labrada
Chalet [ʃaˈleː, ʃaˈlɛ] nt <-s, -s> (Schweiz) chalet m
Chamäleon [kaˈmɛːleɔn] nt <-s, -s> (ZOOL: a. fig) camaleón m
Champagner [ʃamˈpanjɐ] m <-s, -> champaña m, champán m
Champignon [ˈʃampɪnjɔŋ] m <-s, -s> champiñón m
Champion [ˈtʃɛmpiən] m <-s, -s> (SPORT) campeón, -ona m, f
Chance [ˈʃãːs(ə)] f <-, -n> ① (Gelegenheit) oportunidad f (zu de), ocasión f (zu de); **eine ~ wahrnehmen** aprovechar una ocasión; **ich gebe dir noch eine letzte ~** aún te doy una última oportunidad
② (Aussicht) perspectiva f (auf/zu de); (Möglichkeit) posibilidad f (auf/zu de); **sich dat gute ~n ausrechnen** contar con buenas posibilidades; **~n auf einen Gewinn** perspectivas de ganar; **gute/geringe ~n haben** tener buenas/pocas posibilidades; **~n bei jdm haben** (fam) tener buenas posibilidades con alguien
Chancengleichheit f <-, ohne pl> igualdad f de oportunidades
chancenlos adj (ohne Aussichten) sin perspectivas; (ohne Möglichkeiten) sin posibilidades
changieren* [ʃãˈʒiːrən] vi (Stoff) irisar
Chanson [ʃãˈsõː] nt <-s, -s> canción f
Chansonnette [ʃãsɔˈnɛta] f <-, -n> (MUS) cantante f de canción francesa; **Edith Piaf war eine bekannte ~** Edith Piaf fue una famosa cantante de canción francesa
Chansonsänger(in) m(f) <-s, -; -, -nen> cantante mf de canción francesa
Chaos [ˈkaːɔs] nt <-, ohne pl> caos m inv, desorden m, confusión f, despelote m Am: fam; **Ordnung in das ~ bringen** poner orden en el caos; **auf der Straße herrschte ein ziemliches ~** en la calle hay una gran confusión; **ein ~ im Kopf haben** (fam) tener un bollo mental
Chaostheorie f <-, -n> teoría f del caos
Chaot(in) [kaˈoːt] m(f) <-en, -en; -, -nen> ① (unbeherrschter Mensch) persona f caótica
② (abw: Radikaler) extremista mf
chaotisch [kaˈoːtɪʃ] adj caótico; (unordentlich) desordenado; **es geht ~ zu** es un caos; **hier herrschen ~e Zustände** aquí reina el caos
Chapeau claque [ʃapoˈklak] m <- -, Chapeaux claques> sombrero m de copa plegable
Charakter [kaˈraktɐ, pl: karakˈteːrə] m <-s, -e> carácter m, naturaleza f; **er hat ~** tiene carácter; **sie sind ganz gegensätzliche ~e** son de naturaleza totalmente contraria; **etw formt [o prägt] den ~** algo forma el carácter; **die Unterredung hatte vertraulichen ~** la conversación ha sido de carácter confidencial
Charakteranlage f <-, -n> carácter m, natural m; **von ihrer ~ her ist sie sehr willensstark** tiene un carácter [o un modo de ser] muy voluntarioso; **Charakterdarsteller(in)** m(f) <-s, -; -, -nen> (FILM, THEAT) característico, -a m, f; **für die Verkörperung des Faust brauchen wir einen ~** para hacer de Fausto necesitamos un característico; **Charaktereigenschaft** f <-, -en> rasgo m característico; **Charakterfehler** m <-s, -> defecto m de (carácter)
charakterfest adj de carácter firme, firme de carácter
Charakterfestigkeit f <-, ohne pl> firmeza f de carácter, aplomo m; **seine ~ konnte nichts erschüttern, er blieb standhaft** nada podía sacudir su carácter firme, no dio su brazo a torcer
charakterisieren* [karaktɛriˈziːrən] vt caracterizar (als de); **dieser Film charakterisiert das 18. Jahrhundert** esta película caracteriza el siglo XVIII; **Stress und Lärm ~ das Stadtleben** el estrés y el ruido caracterizan la vida en las ciudades
Charakterisierung f <-, -en> caracterización f
Charakteristik [karaktɛˈrɪstɪk] f <-, -en> característica f
Charakteristikum [karaktɛˈrɪstɪkʊm] nt <-s, Charakteristika> (geh) rasgo m característico, característica f
charakteristisch adj característico (für de), típico (für de); **diese Antwort ist ~ für ihn** esta respuesta es típica de él
charakteristischerweise adv de modo característico; **~ bekommt er beim Lügen immer einen roten Kopf** es propio de él ponerse rojo cuando miente
Charakterkopf m <-(e)s, -köpfe>: **er hat einen ~** tiene una fisionomía muy expresiva
charakterlich adj de carácter; **er hat einige ~e Schwächen** tiene algunos defectos de carácter
charakterlos adj sin carácter
Charakterlosigkeit[1] f <-, -en> (schändliche Tat) canallada f, vileza f; **es ist eine ~, einen Freund so zu hintergehen** es una bajeza engañar así a un amigo
Charakterlosigkeit[2] f <-, ohne pl> (Niedertracht) falta f de escrúpulos, bajeza f; **seine ~ ist nicht mehr zu überbieten** no hay quien supere su falta de escrúpulos
Charaktermerkmal nt <-(e)s, -e> rasgo m característico
Charakterologie [karaktɛroloˈgiː] f <-, ohne pl> caracterología f
charakterologisch adj caracter(i)ológico; **eine ~e Studie über historische Persönlichkeiten** un estudio caracter(i)ológico sobre personalidades históricas
Charakterrolle f <-, -n> (FILM, THEAT) papel m de característico; **er hat sich zum Darsteller von ~n hochgearbeitet** con el tiempo ha llegado a convertirse en un actor de papeles de característico; **Charakterschauspieler(in)** m(f) <-s, -; -, -nen> actor m de carácter, actriz f de carácter; **Charakterschwäche** f <-, -n> debilidad f de carácter; **Charakterschwein** nt <-(e)s, -e> (fam) cerdo m; **wie konntest du ihn so linken? du bist ein wahres ~!** ¿pero cómo pudiste dársela de esta manera? ¡mira que eres cerdo!; **Charakterstärke** f <-, -n> fuerza f de carácter, entereza f; **Charakterstudie** f <-, -n> (PSYCH) análisis m inv del carácter
charaktervoll I. adj ① (anständig) íntegro, honrado; **auch in kritischen Situationen zeigt er ~es Verhalten** incluso en las situaciones críticas se comporta de manera íntegra
② (ausgeprägt) marcado, pronunciado; **sein ~es Kinn hat er von seinem Vater geerbt** ha heredado su pronunciada barbilla de su padre
II. adv íntegramente, honradamente; **er verhält sich seinen Freunden gegenüber sehr ~** con sus amigos es muy honrado
Charakterzug m <-(e)s, -züge> rasgo m (característico)
Charge [ˈʃarʒə] f <-, -n> ① (Amt, Rang) cargo m
② (THEAT) papel m secundario
Charisma [ˈkaːrɪsma] nt <-s, -ta o Charismen> (a. REL) carisma m
Charismatiker(in) m(f) <-s, -; -, -nen> (a. REL) persona f carismática
charismatisch adj carismático; **~e Ausstrahlung** poder carismático
Charleston [ˈtʃarlstn] m <-s, -s> charlestón m; **der ~ war in den zwanziger Jahren ein Modetanz** el charlestón fue en los años veinte un baile de moda
charmant [ʃarˈmant] adj encantador, simpático
Charme [ʃarm] m <-s, ohne pl> encanto m, gracia f; **seinen ganzen ~ aufbieten** servirse de todo su encanto
Charmeur [ʃarˈmøːɐ] m <-s, -e> lisonjero m, zalamero m
Charta [ˈkarta] f <-, -s> (POL) carta f constitucional, declaración f; **die ~ der Vereinten Nationen** la carta de las Naciones Unidas
Charter m <-s, -s> (a. WIRTSCH) fletamento m
Charterer [ˈtʃartərɐ] m <-s, -> (WIRTSCH) fletador m
Charterflug [ˈtʃartɐ-] m <-(e)s, -flüge> (AERO) (vuelo m) chárter m; **Charterfluggesellschaft** f <-, -en> (AERO) compañía f aérea de chárters; **Charterflugzeug** nt <-(e)s, -e> (AERO), **Chartermaschine** f <-, -> (AERO) (avión m) chárter m
chartern [ˈtʃartɐn] vt fletar
Charterpartie [ˈtʃartɐ-] f <-, -n> (WIRTSCH) carta f partida; **Chartervertrag** m <-(e)s, -träge> (WIRTSCH) contrato m de fletamento
Charts pl (MUS) (listas fpl de) superventas mpl; **in die ~ kommen** entrar en los superventas; **(ganz oben) in den ~ sein** estar en los primeros puestos de los superventas
Chassis [ʃaˈsiː] nt <-, -> ① (AUTO) chasis m inv
② (ELEK) placa f de base
Chat [tʃɛt] m <-s, -s> (INFOR, TEL: sl) charla f (por Internet), chat m
Chatroom [ˈtʃɛtruːm] m <-s, -s> (INFOR, TEL: sl) sala f de charla
chatten [ˈtʃɛtən] vi (INFOR: sl) chatear
Chauffeur(in) [ʃɔˈføːɐ] m(f) <-s, -e; -, -nen> chófer mf

chauffieren* *vt* conducir
Chaussee *f* <-, -n> avenida *f*
Chauvi [ˈʃoːvi] *m* <-s, -s> (*fam*) machista *m*
Chauvinismus [ʃoviˈnɪsmʊs] *m* <-, *ohne pl*> (*abw*) ① (*Nationalismus*) chovinismo *m*, patriotería *f*
② (*Sexismus*) machismo *m*
Chauvinist[1] *m* <-en, -en> (*abw: Sexist*) machista *m*, macho *m*
Chauvinist(in)[2] *m(f)* <-s, -en; -, -nen> (*abw: Nationalist*) chovinista *mf*
chauvinistisch *adj* (*abw*) ① (*nationalistisch*) chovinista, patriotero
② (*frauenfeindlich*) macho, machista
checken [ˈtʃɛkən] *vt* ① (*überprüfen*) revisar, chequear *Am*
② (*fam: kapieren*) captar; **das hat er nicht gecheckt** no lo ha captado
③ (*Eishockey*) empujar, estorbar
Check-in *m o nt* <-s, -s> (AERO) facturación *f*; **um 15.00 Uhr beginnt der** [*o das*] ~ a las tres se empieza a facturar (el equipaje)
Checkliste *f* <-, -n> ① (*Notizzettel*) recordatorio *m*
② (AERO) lista *f* de embarque
Checkpoint *m* <-s, -s> puesto *m* de control; **Charlie war der bekannteste Grenzübergang im geteilten Berlin** el "Checkpoint Charlie" era el paso fronterizo más conocido en el Berlín dividido
Check-up *m* <-s, -s> (MED) chequeo *m*; **Sie sollten sich einem regelmäßigen ~ unterziehen** debería hacerse regularmente un chequeo
Chef(in) [ʃɛf] *m(f)* <-s, -s; -, -nen> jefe, -a *m, f*, patrón, -ona *m, f*; **~ vom Dienst** jefe responsable
Chefarzt, -ärztin *m, f* <-es, -ärzte; -, -nen> (MED: *eines Krankenhauses*) director(a) *m(f)*; (*einer Station*) médico, -a *m, f* jefe; **Chefetage** *f* <-, -n> departamento *m* de ejecutivos; **Chefideologe, -in** *m, f* <-n, -n; -, -nen> principal ideólogo, -a *m, f* de un partido
Chefin *f* <-, -nen> *s.* **Chef**
Chefingenieur(in) *m(f)* <-s, -e; -, -nen> (TECH) ingeniero, -a *m, f* jefe; **Chefkoch, -köchin** *m, f* <-(e)s, -köche; -, -nen> cocinero, -a *m, f* jefe, jefe, -a *m, f* de cocina; **Chefredakteur(in)** *m(f)* <-s, -e; -, -nen> redactor(a) *m(f)* jefe; **Chefredaktion** *f* <-, -en> ① (*Aufgabe*) dirección *f*, cargo *m* de redactor jefe; **die ~ wurde Herrn Xaver Mikutsch übertragen** la dirección le fue encomendada al señor Xaver Mikutsch
② (*Büro*) despacho *m* del director [*o* del redactor jefe]; **Chefsache** *f* <-, -n> (*fam*): **diese Angelegenheit ist ~** la responsabilidad de esta cuestión la tiene el jefe; **Chefsekretär(in)** *m(f)* <-s, -e; -, -nen> secretario, -a *m, f* de dirección; **Chefunterhändler(in)** *m(f)* <-s, -; -, -nen> negociador(a) *m, f* jefe; **Chefzimmer** *nt* <-s, -> oficina *f* del director, despacho *m* del director
chem. *Abk. von* **chemisch** químico
Chemie [çeˈmiː] *f* <-, *ohne pl*> química *f*; **anorganische/organische ~** química inorgánica/orgánica
Chemiearbeiter(in) *m(f)* <-s, -; -, -nen> trabajador(a) *m(f)* del sector químico; **Chemiefaser** *f* <-, -n> fibra *f* química [*o* sintética]; **Chemieingenieur(in)** *m(f)* <-s, -e; -, -nen> ingeniero, -a *m, f* químico, -a; **Chemiekonzern** *m* <-s, -e> empresa *f* multinacional química; **Chemielaborant(in)** *m(f)* <-en, -en; -, -nen> ayudante *mf* de un laboratorio químico; **Chemiemüll** *m* <-s, *ohne pl*> residuos *mpl* químicos; **Chemieunfall** *m* <-(e)s, -fälle> accidente *m* con productos químicos [*o* con sustancias químicas]; **Chemiewaffe** *f* <-, -n> arma *f* química; **Chemiewerk** *nt* <-(e)s, -e> planta *f* química
Chemikalie [çemiˈkaːliə] *f* <-, -n> sustancia *f* química
Chemiker(in) [ˈçeːmikɐ] *m(f)* <-s, -; -, -nen> químico, -a *m, f*
Cheminée [ˈʃmɪneː] *nt* <-s, -s> (*Schweiz*) chimenea *f*
chemisch *adj* químico, -a; **~e Reinigung** limpieza en seco
Chemorezeptor *m* <-s, -en> (MED) quimioreceptor *m*
Chemotechnik *f* <-, *ohne pl*> (CHEM) quimiotécnica *f*
Chemotechniker(in) *m(f)* <-s, -; -, -nen> (CHEM) técnico, -a *m, f* químico, -a
Chemotherapeutikum *nt* <-s, -therapeutika> (MED) (fármaco *m*) quimioterapéutico *m*, (medicamento *m*) quimioterapéutico *m*
chemotherapeutisch *adj* (MED) quimioterapéutico
Chemotherapie [çemoteraˈpiː] *f* <-, -n> (MED) quimioterapia *f*
Cherub [ˈçeːrʊp, ˈkeːrʊp, *pl:* ˈkeːruːbiːm, çeruˈbiːnən] *m* <-s, Cherubim *o* Cherubinen> (REL) querubín *m*
Chiasmus *m* <-, *ohne pl*> (LING) quiasmo *m*
chic [ʃɪk] *adj* elegante, chic, paquete *Arg*; **sich ~ machen** vestirse elegantemente; **es gilt als ~, in dieses Lokal zu gehen** está de moda ir a este local
Chicago *nt* <-s> Chicago *m*
Chicorée [ʃikoˈreː] *m* <-s, *ohne pl*>, *f* <-, *ohne pl*> achicoria *f* (amarga), endivia *f*
Chiffon *m* <-s, -s> gasa *f* transparente
Chiffre [ˈʃɪfrə] *f* <-, -n> cifra *f*
Chiffreanzeige *f* <-, -n> anuncio *m* bajo cifra
chiffrieren* [ʃɪˈfriːrən] *vt* cifrar, poner en clave

Chiffriermaschine *f* <-, -n> máquina *f* para cifrar correspondencia; **Chiffrierschlüssel** *m* <-s, -> clave *f* cifrada; **nach vielen Versuchen fanden sie endlich den ~** tras muchos intentos encontraron finalmente la clave cifrada; **Chiffrierverfahren** *nt* <-s, -> cifrado *m*
Chikago *nt* <-s> *s.* **Chicago**
Chile [ˈçiːle, ˈtʃiːle] *nt* <-s> Chile *m*
Chilene, -in [çiˈleːnə] *m, f* <-n, -n; -, -nen> chileno, -a *m, f*
chilenisch *adj* chileno
Chili [ˈtʃili] *m* <-s, *ohne pl*> (GASTR: *Pfefferschote*) chile *m*, guindilla *f*, chilli *m Mex*; (*Pfeffersoße*) ajiaco *m*, ají *m*
Chili-Eintopf *m* <-(e)s, -töpfe> (GASTR) mole *m*; **Chili-Sauce** *f* <-, -n> (GASTR) chilmole *m*
Chimäre *f* <-, -n> (*a.* BIOL) quimera *f*
China [ˈçiːna] *nt* <-s> China *f*; **aus/in ~** de (la)/en (la) China
Chinakohl *m* <-(e)s, *ohne pl*> col *f* rizada; **Chinarestaurant** *nt* <-s, -s> restaurante *m* chino
Chinchilla[1] [tʃɪnˈtʃɪla] *f* <-, -s> (*Nagetier*) chinchilla *f*
Chinchilla[2] *nt* <-s, -s> (*Pelz*) chinchilla *f*
Chinese, -in [çiˈneːzə] *m, f* <-n, -n; -, -nen> chino, -a *m, f*
chinesisch *adj* chino
Chinesisch *nt* <-(s), *ohne pl*>, **Chinesische** *nt* <-n, *ohne pl*> chino *m*; **sprechen Sie ~?** ¿habla Ud. chino?; **einen Text ins ~e übersetzen** traducir un texto al chino
Chinin [çiˈniːn] *nt* <-s, *ohne pl*> (MED) quinina *f*
Chininvergiftung *f* <-, -en> envenenamiento *m* de quinina
Chip [tʃɪp] *m* <-s, -s> ① (*Spielmarke*) ficha *f*
② *pl* (*gebackene Kartoffelscheiben*) patatas *fpl* fritas
③ (INFOR) chip *m*
Chipkarte *f* <-, -n> (INFOR) tarjeta *f* chip, ficha *f* chip; **Chipsatz** *m* <-es, -sätze> (INFOR) juego *m* de chips, conjunto *m* de chips
Chiropraktik *f* <-, *ohne pl*> (MED) quiropráctica *f*, quiropraxia *f*
Chiropraktiker(in) [çiroˈpraktikɐ] *m(f)* <-s, -; -, -nen> (MED) quiropráctico, -a *m, f*
Chirurg(in) [çiˈrʊrk] *m(f)* <-en, -en; -, -nen> cirujano, -a *m, f*
Chirurgie[1] [çirʊrˈgiː] *f* <-, *ohne pl*> (*Fach*) cirugía *f*; **Facharzt für ~** médico especializado en cirugía; **plastische/kosmetische ~** cirugía plástica/estética
Chirurgie[2] *f* <-, -n> (*Abteilung*) sección *f* de cirugía
Chirurgin *f* <-, -nen> *s.* **Chirurg**
chirurgisch *adj* quirúrgico; **~er Eingriff** operación quirúrgica
Chitin [çiˈtiːn] *nt* <-s, *ohne pl*> (CHEM) quitina *f*
Chlor [kloːɐ] *nt* <-s, *ohne pl*> (CHEM) cloro *m*
Chlorakne *f* <-, -n> (MED) cloracné *m*
Chloratsprengstoff [kloˈraːt-] *m* <-(e)s, -e> (CHEM) cloratita *f*
chloren [ˈkloːrən] *vt* clorar
Chlorgas *nt* <-es, -e> (CHEM) gas *m* cloro; **Chlorgasanlage** *f* <-, -n> planta *f* de gas de cloro
chlorhaltig *adj* clorado; **das Wasser ist stark ~** esta agua contiene mucho cloro
Chlorid *nt* <-(e)s, -e> (CHEM) cloruro *m*
chlorieren [kloˈriːrən] *vt* (*a.* CHEM) clorar
chlorig *adj* clorado
Chlorit[1] *nt* <-s, -e> (CHEM) clorito *m*
Chlorit[2] *m* <-s, -e> (GEO) clorita *f*
Chlorkohlenwasserstoff [ˈ---ˈ---] *m* <-(e)s, -e> (CHEM) hidrocarburo *m* clorado
Chloroform [kloroˈfɔrm] *nt* <-s, *ohne pl*> cloroformo *m*
chloroformieren* *vt* (*alt*) cloroformizar
Chlorophyll [kloroˈfʏl] *nt* <-s, *ohne pl*> (BOT) clorofila *f*
chlororganisch [ˈkloːɐʔɔrgaˑnɪʃ] *adj* (CHEM): **~e Verbindungen** compuestos *mpl* orgánicos clorados
Chlorose [kloˈroːzə] *f* <-, -n> (BOT, MED) clorosis *f inv*
Chlorwasser *nt* <-s, *ohne pl*> (CHEM) agua *f* clórica; **Chlorwasserstoff** *m* <-(e)s, *ohne pl*> (CHEM) ácido *m* clorhídrico; **Chlorwasserstoffsäure** [ˈ-ˈ-----] *f* <-, -n> (CHEM) ácido *m* clorhídrico
Choke [tʃoːk] *m* <-s, -s> (AUTO) aire *m*, estárter *m*; **den ~ ziehen** sacar el aire
Cholera [ˈkoːlera, ˈkɔləra] *f* <-, *ohne pl*> (MED) cólera *m*
Choleraepidemie *f* <-, -n> epidemia *f* de cólera; **vor einigen Jahren wütete eine ~ in Peru** hace algunos años una epidemia de cólera causó estragos en Perú
Choleriker(in) [koˈleːrikɐ] *m(f)* <-s, -; -, -nen> colérico, -a *m, f*
cholerisch *adj* colérico, furioso
Cholesterin [kɔlɛsteˈriːn] *nt* <-s, *ohne pl*> (MED) colesterol *m*
Cholesterinspiegel *m* <-s, -> (MED) nivel *m* de colesterol
Chopsuey[RR] *nt* <-(s), -s> (GASTR) chop suey *m*
Chor [koːɐ, *pl:* ˈkøːrə] *m* <-(e)s, Chöre> (MUS, ARCHIT) coro *m*; **gemischter ~** coro mixto; **im ~ sprechen/singen** hablar/cantar a coro
Choral [koˈraːl, *pl:* koˈrɛːlə] *m* <-s, Choräle> (MUS) cántico *m*, (composi-

ción *f*) coral *m*
Choreograf(in)^RR [koreo'gra:f] *m(f)* <-en, -en; -, -nen> coreógrafo, -a *m*, *f*
Choreografie^RR [koreogra'fi:] *f* <-, -n> coreografía *f*
Choreografin^RR *f* <-, -nen> *s*. **Choreograf**
choreografisch^RR *adj* coreográfico
Choreograph(in) *m(f)* <-en, -en; -, -nen> *s*. **Choreograf**
Choreographie *f* <-, -n> *s*. **Choreografie**
Choreographin *f* <-, -nen> *s*. **Choreograf**
choreographisch *adj s*. **choreografisch**
Chorgesang *m* <-(e)s, -sänge> (MUS) canto *m* a coro; **Chorgestühl** ['koːɐɡəʃtyːl] *nt* <-(e)s, -e> sillería *f*; **Chorknabe** *m* <-n, -n> (MUS) niño *m* de coro; **Chorleiter(in)** *m(f)* <-s, -; -, -nen> (MUS) director(a) *m(f)* de coro; **Chorsänger(in)** *m(f)* <-s, -; -, -nen> (MUS) corista *mf*
Chose ['ʃoːzə] *f* <-, -n> (*fam*) ❶ (*Angelegenheit*) asunto *m*
❷ (*Dinge*) chismes *mpl*, trastos *mpl*; **die ganze ~** todos los trastos
Chr. *Abk. von* **Christus, Christi** Cristo *m*
Christ(in) [krɪst] *m(f)* <-en, -en; -, -nen> cristiano, -a *m*, *f*
Christbaum *m* <-(e)s, -bäume> árbol *m* de Navidad; **Christbaumschmuck** *m* <-(e)s, *ohne pl*> adornos *mpl* para el árbol de Navidad
Christdemokrat(in) *m(f)* <-en, -en; -, -nen> democratacristiano, -a *m*, *f*, cristianodemócrata *mf*
christdemokratisch *adj* democratacristiano, cristianodemócrata
Christenheit *f* <-, *ohne pl*> cristiandad *f*
Christenpflicht *f* <-, -en> deber *m* cristiano; **es war ihre ~, den Armen zu helfen** su obligación como buena cristiana era ayudar a los necesitados
Christentum *nt* <-s, *ohne pl*> cristianismo *m*
Christenverfolgung *f* <-, -en> (HIST) persecución *f* de los cristianos
Christfest *nt* <-(e)s, -e> (*reg*) (fiesta *f* de) Navidad *f*
Christi *gen von* **Christus**: **vor ~ Geburt** antes de Cristo; **~ Himmelfahrt** día de la Ascensión (del Señor)
christianisieren* *vt* cristianizar; **die Spanier wollten ganz Südamerika ~** los españoles quisieron cristianizar toda Sudamérica
Christianisierung [krɪstjani'ziːrʊŋ] *f* <-, -en> cristianización *f*
Christin *f* <-, -nen> *s*. **Christ**
Christkind *nt* <-(e)s, *ohne pl*> niño *m* Jesús; **er glaubt noch an das ~** todavía cree en los Reyes Magos
christlich *adj* cristiano; **~ handeln** actuar cristianamente; **den Rest teilten wir ~** repartimos el resto como cristianos
Christmesse *f* <-, -n> (REL), **Christmette** ['krɪstmɛta] *f* <-, -n> (REL) misa *f* de(l) gallo; **Christnacht** *f* <-, -nächte> Nochebuena *f*; **Christrose** *f* <-, -n> (BOT) eléboro *m* negro, rosa *f* de Navidad; **Christstollen** *m* <-s, -> (GASTR) bollo *m* de Navidad
Christus ['krɪstʊs] *m* <Christi> Cristo *m*, Jesucristo *m*; **vor ~** antes de Cristo
Chrom [kroːm] *nt* <-s, *ohne pl*> (CHEM) cromo *m*
Chromatik [kro'maːtɪk] *f* <-, *ohne pl*> (MUS, PHYS) cromática *f*
Chromatin [kroma'tiːn] *nt* <-s, -e> (BIOL) cromatina *f*
chromatisch *adj* (PHYS, MUS) cromático
Chromatograf [kromato'graːf] *m* <-en, -en> (CHEM) *s*. **Chromatograph**
Chromatografie [kromatogra'fi:] *f* <-, *ohne pl*> (CHEM) *s*. **Chromatographie**
Chromatograph *m* <-en, -en> (CHEM) cromatógrafo *m*
Chromatographie *f* <-, *ohne pl*> (CHEM) cromatografía *f*
Chromschichtbad *nt* <-(e)s, -bäder> (CHEM) baño *m* de cromado
chromblitzend *adj* cromado; **diese ~en amerikanischen Straßenkreuzer finde ich klasse!** ¡me encantan estos cochazos americanos cromados y relucientes!
Chromosom [kromo'zoːm] *nt* <-s, -en> (BIOL) cromosoma *m*
Chromosomensatz *m* <-es, -sätze> (BIOL) dotación *f* cromosómica
Chromstahl *m* <-(e)s, -stähle> (TECH) acero *m* inoxidable
Chronik ['kroːnɪk] *f* <-, -en> crónica *f*
chronisch *adj* crónico, pasmuno *PRico*; **ein ~er Husten** una tos crónica [*o* que no se va]; **~e Geldschwierigkeiten** problemas financieros crónicos
Chronist(in) [kro'nɪst] *m(f)* <-en, -en; -, -nen> cronista *mf*
Chronologie [kronolo'giː] *f* <-, -n> cronología *f*
chronologisch [krono'loːgɪʃ] *adj* cronológico; **in ~er Reihenfolge** por orden cronológico
Chronometer *m* <-s, -> (TECH) cronómetro *m*
Chrysantheme [kryzan'teːmə] *f* <-, -n> crisantemo *m*
Chur [kuːɐ] *nt* <-s> Coira *m*
Chuzpe ['xʊtspə] *f* <-, *ohne pl*> (*fam abw*) desfachatez *f*, desvergüenza *f*; **unerhört, mit welcher ~ er die Tat leugnet!** ¡hay que ver con qué morro niega el hecho!
CIA *f o m* <-, *ohne pl*> *Abk. von* **Central Intelligence Agency** CIA *f*
Cicerone [tʃitʃe'roːnə] *m* <-(s), -s *o* Ciceroni> (*alt*) ❶ (*iron: Person*) cicerone *m*
❷ (*Buch*) guía *f* de turismo
Cie. (*Schweiz*) *Abk. von* **Kompanie** Cía.
cif (WIRTSCH) *Abk. von* **cost, insurance, freight** CIF
Cineast(in) [sine'ast] *m(f)* <-en, -en; -, -nen> ❶ (*Filmschaffender*) cineasta *mf*
❷ (*Filmkritiker*) crítico, -a *m*, *f* cinematográfico, -a
❸ (*Filmkenner*) aficionado, -a *m*, *f* al cine
cineastisch *adj* cinematográfico; **Spielberg ist ein Meister der ~en Effekte** Spielberg es un maestro de los efectos cinematográficos
circa ['tsɪrka] *adv* cerca de, aproximadamente; **~ drei Stunden/75 Euro** tres horas/75 euros aproximadamente; **~ ein km** cerca de un km
Circulus vitiosus ['tsɪrkulʊs vi'tsjoːzʊs] *m* <-, Circuli vitiosi> (*geh: Teufelskreis*) círculo *m* vicioso
Circus *m* <-, -se> *s*. **Zirkus**
Cirrokumulus [tsɪro'kuːmulʊs] *m* <-, -kumuli> (METEO) cirrocúmulos *mpl*
Cirrostratus [tsɪro'straːtʊs, *pl:* -'straːti] *m* <-, -strati> (METEO) cirroestrato *m*
Cis [tsɪs] *nt* <-, -> (MUS) do *m* sostenido
City ['sɪti] *f* <-, -s> centro *m* económico y financiero (de una ciudad)
cl *Abk. von* **Zentiliter** cl
Cl (CHEM) *Abk. von* **Chlor** Cl
Clan *m* <-s, -s> clan *m*
Claqueur *m* <-s, -e> alabardero *m*
clausula rebus sic stantibus (JUR) cláusula *f* rebus sic stantibus
Clavicembalo [klavi'tʃɛmbalo] *nt* <-s, -s *o* -cembali> (MUS) clavicémbalo *m*
clean [kliːn] *adj* (*sl: nicht mehr drogenabhängig*): **~ werden** desengancharse; **er ist schon seit einiger Zeit ~** hace tiempo que no se pincha
Clearing *nt* <-s, -s> (WIRTSCH) compensación *f*, clearing *m*
Clearingabkommen *nt* <-s, -> (WIRTSCH) acuerdo *m* de compensación; **Clearing-Bank** *f* <-, -en> (WIRTSCH) banco *m* de compensación; **Clearingstelle** *f* <-, -n> (WIRTSCH) oficina *f* de clearing; **Clearingteilnehmer(in)** *m(f)* <-s, -; -, -nen> (WIRTSCH) participante *mf* de clearing
Clementine [klemɛn'tiːnə] *f* <-, -n> clementina *f*
clever ['klɛvɐ] *adj* (*fam*) hábil y astuto, emponchado *Am*
Cleverness^RR ['klɛvɐnɛs] *f* <-, *ohne pl*>, **Cleverneß** *f* <-, *ohne pl*> agudeza *f*, listeza *f*; (*abw*) sutileza *f*; **seine ~ zeigt sich in einer raschen Auffassungsgabe** se ve lo agudo que es en lo rápido que asimila las cosas; **bemerkenswert, mit welcher ~ dieser Intrigant arbeitet** es de destacar la sutileza con la que trabaja este intrigante
Client ['klaɪənt] *m* <-s, -s> (INFOR, TEL) cliente *m*
Client/Server ['klaɪənt'sœːvɐ] *m* <-s, -s> (INFOR, TEL) cliente/servidor *m*
Clinch [klɪntʃ] *m* <-(e)s, *ohne pl*> (*fam*) disputa *f*, querella *f*; **mit jdm im ~ liegen** (*fam*) andar a la greña con alguien
Clip [klɪp] *m* <-s, -s> ❶ (*Schmuck*) clip *m*, pinza *f*
❷ (*Verschluss*) cierre *m*
❸ (*Video~*) video-clip *m*
Clique ['klɪka] *f* <-, -n> ❶ (*Freunde*) pandilla *f*, percha *f Mex*
❷ (*abw: in der Politik*) camarilla *f*
Cliquenwesen *nt* <-s, *ohne pl*> (*abw*) exclusivismo *m*; **mit dem ~ in der Verwaltung muss aufgeräumt werden!** ¡hay que acabar con el exclusivismo en la administración!; **Cliquenwirtschaft** *f* <-, *ohne pl*> (*abw*) nepotismo *m*
Clochard [klo'ʃaːɐ] *m* <-s, -s> vagabundo *m*
Clostridium [klɔs'triːdium] *nt* <-s, *ohne pl*> (BIOL) clostridium *m*
Clou [kluː] *m* <-s, -s> (*fam*) atracción *f* principal; **das war der ~** eso fue lo mejor
Clown [klaʊn] *m* <-s, -s> payaso *m*, clown *m*; **den ~ spielen** hacer el payaso; **sich zum ~ machen** hacer el ridículo
Club [klʊp] *m* <-s, -s> club *m*
cm *Abk. von* **Zentimeter** cm
Cm (CHEM) *Abk. von* **Curium** Cm
c-Moll *nt* <-, *ohne pl*> (MUS) do *m* menor
Co (CHEM) *Abk. von* **Kobalt** Co
Co. *Abk. von* **Kompanie** Cía.
Coach [koʊtʃ] *m* <-(s), -s> entrenador(a) *m(f)*
COBOL ['koːbɔl] *nt* <-s, *ohne pl*> (INFOR) *Abk. von* **common business oriented language** Cobol *m*
COBOL-Programm *nt* <-s, -e> (INFOR) programa *m* (de aplicación) Cobol; **COBOL-Programmiersprache** *f* <-, -n> (INFOR) lenguaje *m* de programación Cobol
Coca ['koːka] *f* <-, -(s)>, *nt* <-(s), -(s)> (*fam*), **Coca-Cola**® *f* <-, -(s)>, *nt* <-(s), -(s)> refresco *m* de cola; **bitte ein Pils und zwei Coca-Cola** por favor, una cerveza y dos coca-colas
Cockerspaniel ['kɔkɐrspaːniəl] *m* <-s, -> (ZOOL) cocker spaniel *m*
Cockpit ['kɔkpɪt] *nt* <-s, -s> (AERO, AUTO) cabina *f* de pilotaje

Cocktail ['kɔktɛɪl] *m* <-s, -s> ❶ (*Party*) cóctel *m* ❷ (*Getränk*) cóctel *m*, copetín *m Arg*
Cocktailbar *f* <-, -s> coctelería *f*; **Cocktailkleid** *nt* <-(e)s, -er> vestido *m* de cóctel; **zum Abschlussball trug sie ein tief ausgeschnittenes ~** en la fiesta de fin de curso llevaba un vestido de cóctel muy escotado; **Cocktailparty** *f* <-, -s *o* -parties> cóctel *m*
Cocom *nt* <-> *Abk. von* **Coordinating Committee for East-West Trade Policy** Comité *m* de Coordinación de la Política Comercial entre el Este y Oeste
Code [koːt] *m* <-s, -s> código *m*, clave *f*; **maschinenlesbare ~s** (INFOR) códigos entendibles por el ordenador
Codex ['koːdɛks] *m* <-es, -e> ❶ (JUR) código *m* ❷ (*alte Handschriften*) códice *m*
codieren* [koˈdiːrən] *vt* ❶ (TECH) cifrar ❷ (LING) codificar
Codierung *f* <-, -en> codificación *f*
Cognac® *m* <-s, -s> coñac *m*, coñá *m*
Coiffeur, -euse [koaˈføːɐ] *m, f* <-s, -e; -, -n> (*Schweiz*) peluquero, -a *m, f*
Coiffeursalon *m* <-s, -s> (*Schweiz*) peluquería *f*
Coiffeuse *f* <-, -n> *s*. **Coiffeur**
Cola ['koːla] *f* <-, -(s)> *o nt* <-(s), -(s)> (*fam*) (refresco *m* de) cola *f*
Collage [kɔˈlaːʒə] *f* <-, -n> colage *m*
College *nt* <-(s), -s> (SCH, UNIV) instituto *m*
College-Mappe ['kɔlɪtʃ-] *f* <-, -n> cartera *f*
Collier [kɔˈlie] *nt* <-s, -s> collar *m*
Collision [kɔˈlɪʒən] *f* <-, -n> (INFOR, TEL) colisión *f*
Coloniakübel *m* <-s, -> (*Österr*) contenedor *m* grande de basura
Colorfilm *m* <-(e)s, -e> (FOTO) película *f* en color
Colt® [kɔlt] *m* <-s, -s> revólver *m*
Combo ['kɔmbo] *f* <-, -s> (MUS) combo *m*; **heute abend spielt in unserer Bar eine ~** esta noche toca un combo en nuestro bar
Comeback [kamˈbɛk] *nt* <-(s), -s>, **Come-back**RR *nt* <-(s), -s> vuelta *f*, regreso *m*; **sie feiert ihr ~** está celebrando sus nuevos éxitos; **ihm ist ein ~ auf der Bühne gelungen** ha logrado regresar a los escenarios
Comecon, COMECON *m o nt* <-> *Abk. von* **Council for Mutual Economic Assistance/Aid** Consejo *m* de Ayuda Mutua Económica
Comic ['kɔmɪk] *m* <-s, -s> cómic *m*, cartón *m Am*
Comicheft *nt* <-(e)s, -e> cómic *m*, tebeo *m*; **Comicstrip**RR *m* <-s, -s> *s*. **Comic**
Coming-out [kamɪŋˈaʊt] *nt* <-(s), -s> revelación *f*; **sein ~ haben** revelarse al público
Commonwealth ['kɔmənwɛlθ] *nt* <-, *ohne pl*> (POL) Commonwealth *f*
Compactdisc [kɔmˈpaktdɪsk] *f* <-, -s>, **Compact Disc** *f* <- -, - -s> disco *m* compacto, compact disc *m*
Compiler [kɔmˈpaɪlɐ] *m* <-s, -> (INFOR) compilador *m*
Compuserve ['kɔmpjusœːf] *nt* <-, *ohne pl*> (TEL) CompuServe *m*
Computer [kɔmˈpjuːtɐ] *m* <-s, -> ordenador *m*, computador *m*, computadora *f Am*; **auf ~ umstellen** informatizar
Computeranalyse *f* <-, -n> (INFOR) análisis *m inv* por ordenador; **Computeranimation** *f* <-, -en> animación *f* por ordenador; **Computerbetrug** *m* <-(e)s, *ohne pl*> fraude *m* por ordenador [*o* electrónico]; **Computerdatei** *f* <-, -en> archivo *m*; **Computerdiagnose** *f* <-, -n> (MED) diagnóstico *m* computerizado; **Computerdiagnostik** *f* <-, *ohne pl*> (MED) diagnóstico *m* por ordenador; **Computerentwurfsdaten** *pl* datos *mpl* de diseño por ordenador; **Computerfehler** *m* <-s, -> error *m* de ordenador; **Computerfreak** *m* <-s, -s> (*fam*) aficionado, -a *m*, *f* a la informática
computergesteuert *adj* controlado por ordenador
computergestützt *adj* informatizado, asistido por ordenador; **~es Lernen** enseñanza asistida por ordenador; **~er Unterricht** clases asistidas por ordenador
Computergrafik *f* <-, -en>, **Computergraphik** *f* <-, -en> gráfica *f* (del ordenador), gráfico *m* (del ordenador)
computerisieren* *vt* (INFOR) computerizar
Computerisierung *f* <-, *ohne pl*> computarización *f*, informatización *f*
Computerkasse *f* <-, -n> caja *f* registradora con escáner; **Computerkriminalität** *f* <-, *ohne pl*> (INFOR, JUR) criminalidad *f* en el campo informático
computerlesbar *adj* legible para el ordenador
Computerlinguist(in) *m(f)* <-en, -en; -, -nen> linguista *mf* informático, -a, especialista *mf* en lenguaje informático; **Computerlinguistik** *f* <-, *ohne pl*> procesamiento *m* lingüístico de datos; **Computerlinguistin** *f* <-, -nen> *s*. **Computerlinguist**; **Computermanipulation** *f* <-, -en> manipulación *f* de ordenador
computern* *vi* (*fam*) trabajar con (el) ordenador
Computernetz *nt* <-es, -e> red *f* de ordenador; **Computerprogramm** *nt* <-s, -e> programa *m* de ordenador; **Computersabotage** *f* <-, -n> sabotaje *m* de ordenador; **Computersimulation** *f* <-, -en> simulación *f* por ordenador; **Computerspiel** *nt* <-(e)s, -e> juego *m* de ordenador; **Computerspionage** *f* <-, *ohne pl*> espionaje *m* informático; **Computersprache** *f* <-, -n> lenguaje *m* informático; **Computersystem** *nt* <-s, -e> (INFOR) sistema *m* de ordenadores; **Computerterminal** *nt* <-s, -s> (INFOR) terminal *m*; **Computertisch** *m* <-(e)s, -e> mesa *f* para ordenador; **Computertomogramm** *nt* <-(e)s, -e> (MED) tomograma *m* computerizado; **Computertomograph** *m* <-en, -en> (MED) tomógrafo *m* computerizado; **Computertomographie** *f* <-, -n> (MED) tomografía *f* computerizada
computerunterstützt *adj* asistido por ordenadores; **~er Unterricht** clase asistida por ordenador; **~e Übersetzung** traducción asistida por ordenador
Computervirus *m* <-, -viren> (INFOR) virus *m inv* informático; **Computerzeitschrift** *f* <-, -en> revista *f* de computadores
Comtesse [kɔmˈtɛs] *f* <-, -n> condesa *f*
COM-Verfahren ['kɔm-] *nt* <-s, -> proceso *m* COM
Conditio sine qua non *f* <- - - -, *ohne pl*> (*geh*) condición *f* sine qua non
Conférencier [kõferɑ̃ˈsje:] *m* <-s, -s> presentador(a) *m(f)*, animador(a) *m(f)*
Confiserie *f* <-, -n> (*Schweiz*) confitería *f*
Conga *f* <-, -s> (*Tanz, Trommel*) conga *f*
Consulting [kɔnˈsaltɪŋ] *nt* <-s, *ohne pl*> (WIRTSCH) consulting *m*, asesoría *f*
Consultingfirma *f* <-, -firmen> (WIRTSCH) empresa *f* de consulting, consultora *f*
Consumer-Messe [kɔnˈsjuːme-] *f* <-, -n> feria *f* del consumidor
Container [kɔnˈteːnɐ] *m* <-s, -> contenedor *m*, container *m*
Containerbahnhof *m* <-(e)s, -höfe> terminal *m* para contenedores; **Containerdorf** *nt* <-(e)s, -dörfer> urbanización *f* de contenedores; **Containerschiff** *nt* <-(e)s, -e> portacontenedores *m inv*; **Containerterminal** *m o nt* <-s, -s> terminal *m* para contenedores, puerto *m* para contenedores; **Containerverkehr** *m* <-s, *ohne pl*> tráfico *m* de contenedores
Containment [kɔnˈteɪnmənt] *nt* <-s, -s> ❶ (*Schutzdämmung*) confinamiento *m* ❷ (*Eindämmungspolitik*) política *f* de contención
Contenance [kɔ̃taˈnɑ̃s(ə)] *f* <-, *ohne pl*> (*geh*) sobriedad *f*, continencia *f*
Contergan® [kɔntɐˈgaːn] *nt* <-s, *ohne pl*> talidomida *f*
Contergankind *nt* <-(e)s, -er> (*fam*) niño *m* con una discapacidad congénita por tomar la madre el medicamento Contergan® durante el embarazo
contra legem *adj* (JUR) contra legem
Controller [kɔnˈtroːlɐ] *m* <-s, -> (WIRTSCH) controller *mf*, interventor(a) *m(f)*
Controlling [kɔnˈtroːlɪŋ] *nt* <-s, *ohne pl*> (WIRTSCH) controlling *m*; **straffes ~** control rígido de la empresa
Controlling-Abteilung *f* <-, -en> (WIRTSCH) departamento *m* de control
cool [kuːl] *adj* (*fam*) tranqui
Copilot(in) ['koːpiloːt] *m(f)* <-en, -en; -, -nen> copiloto *mf*
Co-Prozessor ['koː-] *m* <-s, -en> (INFOR) coprocesador *m*; **mathematischer ~** coprocesador matemático
Copyright ['kɔpɪraɪt] *nt* <-s, -s> copyright *m*, derechos *mpl* de autor(a)
coram publico *adv* (*geh*) en público; **erklär es mir unter vier Augen und nicht ~** dímelo en privado y no en público [*o* delante de todo el mundo]
Cord [kɔrt] *m* <-(e)s, -e *o* -s> pana *f*
Cordjeans ['kɔrtdʒiːns] *f(pl)* vaqueros *mpl* de pana
Cordon bleu [kɔrdõˈbløː] *nt* <- -, -s -s> (GASTR) cordon bleu *m*
Corioliskraft [kɔrjoˈlɪs-] *f* <-, *ohne pl*> (PHYS) fuerza *f* de Coriolis
Corner ['kɔːnɐ] *m* <-s, -> (*Schweiz, Österr: Eckstoß im Fußball*) córner *m*
Cornflakes ['kɔːnflɛɪks] *pl* cereales *mpl*, copos *mpl* de maíz tostado
Cornichon [kɔrniˈʃõ:] *nt* <-s, -s> (GASTR) pepinillo *m*
Corpora *pl von* **Corpus**
Corporate Network ['kɔrpɔrɛɪt 'nɛtwœːk] *nt* <- -, - -s> (INFOR, TEL) red *f* corporativa
Corps *nt* <-, -> (MIL) cuerpo *m*
Corpus *nt* <-, Corpora> (LING) corpus *m inv*
Corpus DelictiRR ['kɔrpʊs deˈlɪkti] *nt* <- -, Corpora Delicti> (JUR) cuerpo *m* del delito
Cortison [kɔrtiˈzoːn] *nt* <-s, *ohne pl*> (MED) cortisona *f*
cos (MATH) *Abk. von* **Kosinus** cos
Costa Rica ['kɔsta ˈriːka] *nt* <- -s> Costa Rica *f*
Costaricaner(in) [kɔstariˈkaːnɐ] *m(f)* <-s, -; -, -nen> costarricense *mf*, costarriqueño, -a *m*, *f*

costaricanisch adj costarricense, costarriqueño
Couch [kaʊtʃ] f <-, -s o -en> diván m, sofá-cama m
Couchgarnitur f <-, -en> tresillo m; **Couchtisch** m <-(e)s, -e> mesilla f de tresillo
Couleur [ku'lœːɐ] f <-, ohne pl> color m; **Politiker jeder** ~ políticos de todas las ideologías
Countdown ['kaʊntdaʊn] m <-s, -s>, **Count-down**RR m <-s, -s> cuenta f atrás; **der** ~ **läuft** ha empezado la cuenta atrás
Coup [kuː] m <-s, -s> golpe m; **ein gelungener** ~ un golpe maestro; **einen** ~ **landen** dar el golpe
Coupé [ku'peː] nt <-s, -s> ❶ (AUTO) cupé m, berlina f
❷ (Österr: Zugabteil) compartimiento m
Coupon [ku'põː] m <-s, -s> ❶ (Beleg) resguardo m, cupón m
❷ (FIN) cupón m
❸ (Stoffabschnitt) retal m
Courage [ku'raːʒə] f <-, ohne pl> (fam) valor m, coraje m; ~ **zeigen** dar muestras de valor; **dazu fehlt ihm die** ~ para eso le falta el valor
couragiert [kuraˈʒiːɐt] adj valiente, valeroso
Courtage [kʊr'taːʒə] f <-, -n> (FIN) derechos mpl de mediación
Courtagerechnung f <-, -en> (FIN) factura f de corretaje
Cousin [ku'zɛ̃ː] m, **Cousine** f <-s, -s; -, -n> primo, -a m, f
Couvert [ku'veːɐ] nt <-s, -s> ❶ (Bettbezug) funda f (para el edredón)
❷ (reg: Briefumschlag) sobre m
❸ (geh: Gedeck) cubierto m
Cover ['kavɐ] nt <-s, -> (Schallplatte, Buch, Zeitschrift) portada f
Covergirl nt <-s, -s> chica f de portada (de revista); **das** ~ **ist Claudia Schiffer** la chica de la portada es Claudia Schiffer; **Coverversion** f <-, -en> (MUS) coverversion f
Cowboy ['kaʊbɔɪ] m <-s, -s> cowboy m, vaquero m
Cr (CHEM) Abk. von **Chrom** Cr
Crack[1] [krɛk] m <-s, -s> (Sportler) deportista mf de primera, crac m
Crack[2] [krɛk] m <-s, ohne pl> (Rauschgift) crack m, pasta f Am
Cracker m <-s, -(s)> cracker m
Crashkurs ['krɛʃkʊrs] m <-es, -e> (Schnellkurs) cursillo m intensivo
Credo ['kreːdo] nt <-s, -s> (a. fig REL) credo m
Creme f <-, -s> (a. GASTR) crema f
Crème [krɛːm] f <-, -s>: ~ **fraîche** nata fresca; **die** ~ **de la** ~ (geh) la flor y nata, lo mejorcito
cremefarben adj de color crema
Cremetorte f <-, -n> (GASTR) tarta f de crema
cremig ['kreːmɪç] adj cremoso
Crêpe[1] [krɛp] f <-, -s> (GASTR) s. **Krepp**[1]
Crêpe[2] m <-s, -s> (Stoff) crespón m; ~ **de Chine** crespón de China
Crescendo [krɛ'ʃɛndo] nt <-s, -s o Crescendi> (MUS) crescendo m; **schließlich steigerte sich die Musik zum** ~ al final la música acababa en un crescendo
Crew [kruː] f <-, -s> (NAUT, AERO) tripulación f
Croissant [kroa'sõː] nt <-s, -s> cruasán m, medialuna f Am
Cromargan® [kromar'gan] nt <-s, ohne pl> acero m inoxidable
Crosstalk ['krɔstɔːk] m <-s, -s> (TEL) diafonía f, intermodulación f
Croupier [kru'pjeː] m <-s, -s> crupier m
Crux [krʊks] f <-, ohne pl> (geh) ❶ (Kummer) cruz f; **es ist eine** ~ **mit dir!** ¡qué cruz tengo contigo!
❷ (Problem) problema m; **die** ~ **bei der Sache ist, dass ...** el problema del asunto es que...
Cs (CHEM) Abk. von **Cäsium** Cs
C-Schlüssel m <-s, -> (MUS) clave f de do
CSU [tseː?ɛsˈ?uː] f Abk. von **Christlich Soziale Union (Deutschlands)** Partido m de la Unión Cristiano-Social de Alemania
c.t. (UNIV) Abk. von **cum tempore** un cuarto de hora (académico) más tarde; **die Vorlesung beginnt um 9 Uhr** ~ la clase empieza a las 9 y cuarto
Cu (CHEM) Abk. von **Kupfer** Cu
culpa in contrahendo (JUR) culpa f in contrahendo, culpa f precontractual
cum grano salis [kʊm 'graːno 'zaːlɪs] adv (geh) no al pie de la letra; **bitte nehmen Sie meine Äußerung** ~ por favor no tome mis palabras al pie de la letra
cum laude adv (UNIV) cum laude
cum tempore adv (UNIV) un cuarto de hora (académico) más tarde
Cunnilingus [kʊniˈlɪŋɡʊs] m <-, Cunnilingi> cunnilingus m inv, cunilinguo m
Cup [kap] m <-s, -s> (SPORT) copa f; **den** ~ **verteidigen/erringen** defender/ganar la copa
Cupido [ku'piːdo] m <-s> cupido m
Curie [ky'riː] nt <-, -> (PHYS) curio m
Curium ['kuːriʊm] nt <-s, ohne pl> (CHEM) curio m
Curling nt <-s, ohne pl> (SPORT) curling m (deporte de invierno de procedencia escocesa)

Curriculum [kʊˈriːkulʊm] nt <-s, Curricula> (geh: Lehrplan) plan m de estudios, currículo m
Curry ['kœri] m o nt <-s, -s> curry m
Currywurst ['kœrivʊrst] f <-, -würste> salchicha f con salsa de curry
Cursor ['kœːzɐ] m <-s, -s> (INFOR) cursor m
Cursorposition f <-, -en> (INFOR) posición f del cursor
Cutaway ['kœtave, 'katəve] m <-s, -s> chaqué m
cutten ['katn] vt (FILM, RADIO, TV) montar; **die einzelnen Szenen müssen richtig gecuttet werden** hay que hacer el montaje correcto de cada una de las escenas
Cutter(in) ['katɐ] m(f) <-s, -; -, -nen> (FILM, RADIO, TV) montador(a) m(f)
CVJM [tseːvaʊjɔtˈ?ɛm] m Abk. von **Christlicher Verein Junger Menschen** Asociación f de Jóvenes Cristianos
CVP [tseːfaʊˈpeː] f (POL: in der Schweiz) Abk. von **Christlichdemokratische Volkspartei** Partido m Popular Cristiano-Demócrata
C-Waffe f <-, -n> arma f química
Cybercafé ['saɪbɐkafeː] nt <-s, -s> cibercafé m; **Cybercash** ['saɪbɐkɛʃ] nt <-, ohne pl>, **Cybergeld** nt <-(e)s, ohne pl> (INFOR) dinero m electrónico, cybercash m; **Cyberpatrol** ['saɪbɐpɛtrəl] m <-(s), -s> (INFOR, TEL) ciberpatrulla f; **Cybersex** ['saɪbɐsɛks] m <-(es), ohne pl> cibersexo m, sexo m virtual; **Cyberspace** ['saɪbɐspɛɪs] m <-, ohne pl> (INFOR) ciberespacio m, espacio m virtual

D

D, d [deː] nt <-, -> ❶ (Buchstabe) D, d f; ~ **wie Dora** D de Dolores
❷ (MUS) re m
da [daː] I. adv ❶ (dort) allí, allá; (hier) ahí, aquí; **hier und** ~ aquí y allá; **das Schiff liegt irgendwo** ~ **draußen** el barco está en alguna parte allí fuera; ~ **kommt er** allí viene; ~**, wo ...** allí donde...; ~ **drüben** allí enfrente; ~ **oben/unten** aquí arriba/abajo; **gehen sie** ~ **herum** vaya por allí; ~ **ist/sind ...** aquí hay...; **gibst du mir bitte mal das Buch?** – ~**!** por favor, ¿me das el libro? – ¡aquí tienes!
❷ (zeitlich) entonces; **es ist zwei Jahre her,** ~ **haben sie die Kirche restauriert** han pasado dos años desde que restauraron la iglesia; **als ich das machte,** ~ **...** mientras estaba haciendo esto...; ~ **fällt mir gerade ein, ...** a todo esto se me acaba de ocurrir que...; **von** ~ **an** desde entonces
❸ (in diesem Falle) en este caso; ~ **haben Sie aber nicht Recht** pero en este caso Ud. no tiene razón; **und** ~ **wagst du es noch zu kommen?** ¿y después de todo esto aún te atreves a venir?; ~ **hätte ich es besser selber machen können** en este caso lo hubiera podido hacer mejor solo
❹ (vorhanden): ~ **sein** estar presente; (vorrätig) haber; **es ist niemand** ~ no hay nadie; **ich bin gleich wieder** ~ vuelvo enseguida; **war Thomas gestern** ~? ¿estuvo Thomas ayer?; **ist noch Milch** ~? ¿queda [o hay] leche todavía?; **ich bin heute nicht ganz** ~ hoy estoy un poco atontado; **das stellt alles** ~ **Gewesene in den Schatten** esto es algo que no tiene precedentes; **wer ist noch** ~? ¿quién más está?; ~ **ist er** aquí está; **wer** ~? ¿quién va?
❺ (zur Verfügung): ~ **sein für jdn** estar a disposición de alguien; **er ist immer für mich** ~ siempre está ahí cuando lo necesito
II. konj ❶ (weil) ya que, puesto que, dado que, debido a que, como; **es geht nicht,** ~ **die Zeit nicht reicht** no se puede hacer, ya que no llega el tiempo; ~ **die Sache so ist ...** como está así la cosa...
❷ (geh: als, wenn) cuando; **sehnsüchtig erwartet er die Stunde,** ~ **sie bei ihm sein wird** ansiosamente espera la hora en la que ella estará junto a él
d.Ä. Abk. von **der Ältere** el Viejo
DAAD ['deː?a?aˈdeː] m Abk. von **Deutscher Akademischer Austauschdienst** organización f de las Universidades y Escuelas Superiores alemanas que fomenta el intercambio de científicos y estudiantes
da|behalten* irr vt quedarse (con); **jdn** ~ retener a alguien; **die Polizei hat ihn verhört und gleich** ~ la policía lo interrogó y lo retuvo allí de inmediato; **sie haben sie in der Klinik gleich** ~ la ingresaron en la clínica en el acto
dabei [daˈbaɪ, ˈdaːbaɪ] adv ❶ (örtlich) incluido, inclusive; **ein Haus mit Garten** ~ una casa con jardín incluido; **sind die Lösungen** ~? ¿trae las soluciones incluidas?
❷ (währenddessen) al mismo tiempo, simultáneamente; **er arbeitete und hörte** ~ **Radio** trabajaba y escuchaba la radio al mismo tiempo; **sie fühlt sich wohl** ~ se siente a gusto haciendo esto
❸ (bei dieser Sache) en esto, en ello; **ich bleibe** ~**, dass ...** mantengo que...; **das Schwierigste** ~ **ist** lo más difícil en esto; **wichtig** ~ **ist, dass ...** lo importante en esto es que...(+subj); **was hast du dir denn** ~ **gedacht?** ¿qué te imaginaste con esto?; ~ **kommt nichts heraus** de

esto no va a resultar nada; ~ darf man nicht vergessen, dass ... en ello no se puede olvidar que...

❹ (*außerdem*) a la vez, además; **sie ist reich und ~ bescheiden** es rica y a la vez modesta

❺ (*obgleich*) aunque, a pesar de que; **er ist traurig, ~ hat er gar keinen Grund dazu** está triste sin tener motivo para estarlo

❻ (*Wend*): **bei etw ~ sein** (*mitmachen*) asistir a algo, participar en algo; **~ sein ist alles** participar es lo más importante; **~ sein etw zu tun** estar haciendo algo; **sie war gerade ~ den Rasen zu mähen, als das Unwetter begann** estaba cortando el césped cuando comenzó la tormenta; **hast du die Hausaufgaben fertig? – nein, ich bin noch ~** ¿has terminado los deberes? – no, los estoy haciendo

dabei|bleiben *irr vi sein* (*Tätigkeit*) continuar (*bei* con); (*Mitgliedschaft*) permanecer (*bei* en), continuar (*bei* en)

dabei|haben *irr vt* (*Gegenstand*) tener [*o* llevar] consigo; **jdn bei etw ~ wollen** querer que alguien esté presente en [*o* durante] algo, querer que alguien participe en algo

dabei|sein *irr vi sein s.* **dabei 6.**

dabei|sitzen *irr vi* estar (presente) (*bei* en); **ich möchte mit ~** (*fam*) quiero estar yo también

dabei|stehen *irr vi* estar (ahí); **er stand dabei, als es passierte** estaba ahí cuando pasó

da|bleiben *irr vi sein* quedarse (ahí)

da capo [da 'ka:po] *adv* ❶ (*Zugabe*) bis; **~ spielen** tocar un bis, bisar; **~ rufen** pedir un bis; **~! erscholl es vielstimmig aus dem Publikum** ¡otra!, aclamaba el público

❷ (MUS) bis, da capo

Dach [dax, *pl*: 'dɛçɐ] *nt* <-(e)s, Dächer> techo *m*; (*Ziegel~*) tejado *m*; (*Schutz~, Vor~*) alero *m*, tejado *m* de protección; (AUTO) cubierta *f*, techo *m*; **unterm ~ wohnen** vivir en la buhardilla; **etw unter ~ und Fach bringen** rematar algo; **ein ~ über dem Kopf haben** tener una vivienda; **mit jdm unter einem ~ wohnen** vivir bajo un mismo techo con alguien; **eins aufs ~ kriegen** (*fam*) recibir una reprimenda; **jdm aufs ~ steigen** (*fam*) decir a alguien cuatro verdades

Dachantenne *f* <-, -n> (TECH, TV) antena *f* (para el tejado); **Dachbalken** *m* <-s, -> viga *f*; **Dachboden** *m* <-s, -böden> desván *m*

Dachdecker(in) *m(f)* <-s, -; -, -nen> tejador(a) *m(f)*; **das kannst du halten wie ein ~** (*fam*) lo puedes hacer como te dé la gana; **Dachfenster** *nt* <-s, -> tragaluz *m*; **Dachfirst** *m* <-(e)s, -e> caballete *m* del tejado; **Dachgarten** *m* <-s, -gärten> azotea *f* jardín; **Dachgepäckträger** *m* <-s, -> (AUTO) baca *f*, portaequipajes *m inv*; **Dachgeschoss**[RR] *nt* <-es, -e> ático *m*; **Dachgesellschaft** *f* <-, -en> (WIRTSCH) sociedad *f* dominante

Dachgleiche(nfeier) *f* <-, -n> (Österr: *Richtfest*) fiesta *f* de cubrir aguas, fiesta *f* de los tijerales *Am*

Dachkammer *f* <-, -n> guardilla *f*, buhardilla *f*; **Dachkännel** ['daxkɛnəl] *m* <-s, -> (Schweiz, reg: *Dachrinne*) canalón *m*, gotera *f*; **Dachlatte** *f* <-, -n> listón *m* del tejado; **Dachlawine** *f* <-, -n> nieve que se cae del tejado de una casa; **Dachluke** *f* <-, -n> tragaluz *m*, claraboya *f*; **Dachorganisation** *f* <-, -en> organización *f* central; **Dachpappe** *f* <-, -n> teja *f* asfáltica; **Dachpfanne** *f* <-, -n> teja *f*; **Dachrinne** *f* <-, -n> canalón *m*

Dachs [daks] *m* <-es, -e> tejón *m*; **so ein frecher ~!** (*fam*) ¡qué frescales!

Dachsbau *m* <-(e)s, -e> tejonera *f*

Dachschaden *m*: **einen ~ haben** (*fam*) no estar bien de la cabeza, andar mal de la azotea; **Dachschräge** *f* <-, -n> vertiente *f* del tejado; (*innen*) inclinación *f* del techo; **das Sofa stellen wir am besten unter die ~** lo mejor es que pongamos el sofá bajo el techo inclinado

Dächsin ['dɛksɪn] *f* <-, -nen> (ZOOL) tejón *m* hembra

Dachsparren *m* <-s, -> cabrio *m*; **Dachständer** *m* <-s, -> (AUTO) portaequipajes *m inv*, baca *f*; **Dachstube** *f* <-, -n> (reg) s. **Dachkammer**; **Dachstuhl** *m* <-s, -stühle> entramado *m* del tejado, armadura *f*

dachte ['daxtə] *3. imp von* **denken**

Dachterrasse *f* <-, -n> azotea *f*; **Dachträger** *m* <-s, -> (AUTO) baca *f*, portaequipajes *m inv*; **Dachverband** *m* <-(e)s, -bände> federación *f* central, holding *m*; **Dachwohnung** *f* <-, -en> ático *m*; **Dachziegel** *m* <-s, -> teja *f*; **Dachzimmer** *nt* <-s, -> *s.* **Dachkammer**

Dackel ['dakəl] *m* <-s, -> perro *m* salchicha

Dadaismus [dada'ɪsmʊs] *m* <-, *ohne pl*> (KUNST) dadaísmo *m*

Dadaist(in) [dada'ɪst] *m(f)* <-en, -en; -, -nen> (KUNST) dadaísta *mf*

dadurch [da'dʊrç] *adv* ❶ (*örtlich*) por allí, por ahí

❷ (*auf diese Weise*) con ello, de esta manera; **was willst du ~ erreichen?** ¿qué quieres conseguir con ello?; **~, dass ...** dado que...

dafür ['da:fy:ɐ, da'fy:ɐ] *adv* ❶ (*für das*) de esto, para esto; **etwas/nichts ~ können** tener/no tener la culpa; **~ kann ich nichts** no tengo la culpa de esto; **was kann ich dafür, dass ...?** no es culpa mía que... +*subj*; **wir haben kein Geld ~** no tenemos dinero para esto; **der Grund ~ ist, dass ...** la razón de esto es que...; **ich bin ~** estoy a favor; **alles spricht ~ todo está a favor

❷ (*zum Ausgleich*) en cambio; (*anstatt*) en lugar de ello; **in Englisch ist sie schlecht, ~ ist sie gut in Mathematik** es mala en inglés, pero en cambio sabe mucho de matemáticas

❸ (*im Hinblick darauf*) teniendo en cuenta que, contando con que; **~, dass er so klein ist, spielt er ganz gut Basketball** teniendo en cuenta lo bajo que es, juega muy bien al baloncesto

❹ (*weil*) por algo, para algo; **sie kennt sich in Grammatik aus, ~ war sie ja Linguistin** sabía mucho de gramática, por algo era lingüista

dafür|halten *irr vi* (*geh*) opinar; **nach meinem D~** a mi juicio

dafür|können *irr vi s.* **dafür 1.**

dafür|stehen *irr vi sein* (*Österr*: *sich lohnen*) valer la pena

DAG [de:?a:'ge:] *f Abk. von* **Deutsche Angestelltengewerkschaft** Sindicato *m* Alemán de los Empleados

dagegen ['da:ge:gən, da'ge:gən] *adv* ❶ (*räumlich*) contra ello

❷ (*ablehnend*) en contra; **haben Sie was ~, wenn ich rauche?** ¿le molesta si fumo?; **~ ist nichts einzuwenden** no tengo nada en contra; **wer ist dafür und wer ~, dass ...?** ¿quién está a favor y quién en contra de que...? +*subj*; **alles, was wir wissen, spricht ~, dass er schuldig ist** todo lo que sabemos indica que no es culpable; **spricht irgendetwas ~, dass wir den Plan in die Tat umsetzen?** ¿existe alguna razón por la que no podamos realizar el plan?

❸ (*als Gegenmaßnahme*) contra; **es gibt kein Mittel ~** contra eso no hay remedio

❹ (*vergleichen mit*) en comparación; (*im Gegensatz*) en cambio, por el contrario; **es war dort unglaublich kalt, der Winter hier ist nichts ~** allí hacía un frío increíble, en comparación con eso el invierno aquí no es nada; **er sprach fließend Spanisch, ~ konnte er kein Griechisch** hablaba español con fluidez, en cambio no sabía nada de griego

dagegen|halten *irr vt* objetar; **da kann man nichts ~** no hay nada que oponer

dagegen|setzen *vt* objetar, argumentar en contra; **da lässt sich nichts ~** no hay nada que objetar

dagegen|stellen *vr*: **sich ~** oponerse; **auch wenn die Firmenleitung dafür ist, kann sich der Betriebsrat ~** aunque la dirección esté a favor, el comité de empresa puede oponerse

dagegen|stemmen *vr*: **sich ~** oponer resistencia, oponerse con todas sus fuerzas; **sich ~, dass ...** resistirse [*o* oponerse] a que... +*subj*

da|haben *irr vt* ❶ (*fam*: *vorrätig*) tener; **haben wir genug Getränke für die Party da?** ¿tenemos suficientes bebidas para la fiesta?; **haben sie keine Tageszeitung mehr da?** ¿ya no les queda ningún diario?

❷ (*zu Besuch, im Haus*) tener (en casa); **wir haben heute Abend Freunde (zum Abendessen) da** esta noche tenemos amigos en casa (para cenar)

daheim [da'haɪm] *adv* (*südd*) en casa; **bei uns ~** en nuestra casa

Daheim *nt* <-s, *ohne pl*> (*südd*, *Österr*, *Schweiz*) hogar *m*; **mein/euer ~** mi/vuestra casa

Daheimgebliebene(r) *mf* <-n, -n; -, -n> persona *f* que se ha quedado en casa; **wenn die ~n nur wüssten, wie schön es hier ist, wären sie sicher auch mitgekommen!** si los que se han quedado en casa supieran lo bonito que es esto, ¡seguro que hubieran venido!

daher ['da:he:ɐ, da'he:ɐ] *adv* ❶ (*von dort her*) de ahí; **~ hast du das** de ahí te viene (eso); **das kommt ~, dass ...** esto viene de que...

❷ (*deshalb*) por eso; **~ weiß er, dass ... +*subj***; **er hat viel gelesen, ~ weiß er das** ha leído mucho, de ahí que lo sepa [*o* por eso lo sabe]

daher|bringen *irr vt* (*Österr*: *herbeibringen*) traer

dahergelaufene(r, s) *adj* (*abw*) cualquiera

daher|kommen *irr vi sein* (*fam*) venir, llegar; **jetzt kommt der schon wieder daher!** ¡ya viene ése otra vez!; **denkst du denn, du kannst einfach ~ und alles kaputtmachen?** ¿es que tú te crees que puedes llegar y cargártelo todo así porque sí?; **wie kommst du denn schon wieder daher?** pero, ¿con qué pintas vienes?; **er kommt immer völlig aufgeblasen daher** siempre se está haciendo el importante; **komm mir nicht so dumm daher!** ¡no me vengas haciéndote el tonto!

daher|reden **I.** *vi* (*fam*) hablar sin ton ni son, hablar a tontas y a locas; **red doch nicht so blöd daher!** ¡no digas tantos disparates! **II.** *vt* (*fam*) decir; **was (für einen Blödsinn) redest du denn schon wieder daher?** ¿pero, qué (tonterías) dices?

daherum *adv* (*para [o hacia]*) ahí, por ahí; **in welche Richtung soll ich gehen, hierherum oder ~?** ¿en qué dirección debo ir, para aquí o para ahí?

dahin ['da:hɪn, da'hɪn] *adv* ❶ (*an diesen Ort*) allí, ahí; **~ gehe ich nie wieder** allí no vuelvo nunca más

❷ (*in diese Richtung*) hacia allí, hacia ahí; **seine Bemühungen gehen ~, dass ...** todos sus esfuerzos van encaminados a... +*inf*; **~ gehend, dass ...** en el sentido de que; **er äußerte sich ~ gehend, dass ...** se expresó en el sentido de que...

❸ (*so weit*) a tal extremo, a tal punto; **es ist ~ gekommen, dass ...** se ha llegado a tal punto que...; **er wird es ~ bringen, dass ...** va a llegar a tal extremo que...

④ (*zeitlich*): **bis ~** hasta entonces; **es ist noch genug Zeit bis ~** hay tiempo suficiente hasta entonces

⑤ (*Wend*): **~ sein** estar perdido

dahinab [dahɪˈnap, *hinweisend:* ˈdaːhɪnap] *adv* (hacia) allá abajo
dahinauf [dahɪˈnaʊf, *hinweisend:* ˈdaːhɪnaʊf] *adv* (hacia) allá arriba
dahinaus [dahɪˈnaʊs, *hinweisend:* ˈdaːhɪnaʊs] *adv* por allí
dahin|dämmern *vi sein* vegetar
dahinein [dahɪˈnaɪn, *hinweisend:* ˈdaːhɪnaɪn] *adv* allí adentro
dahin|fallen *irr vi sein* (*Schweiz*) suprimirse
dahin|fliegen *irr vi sein* (*geh*) ① (*sich vorbeibewegen, vergehen*) volar, pasar volando [*o* al vuelo]; **aus ihrem Abteilfenster sah sie die Landschaft nur so ~** desde la ventana de su compartimento veía pasar al vuelo el paisaje; **die Tage fliegen dahin** los días vuelan [*o* pasan volando]

② (*wegfliegen*) alejarse volando [*o* al vuelo]; **die Zugvögel fliegen bereits dahin, der Herbst ist nahe** las aves migratorias ya se alejan, el otoño está cerca

dahin|geben *irr vt* (*geh: weggeben*) dar, entregar; (*opfern*) sacrificar; **sein Leben für das Vaterland ~** dar su vida por la patria; **ich gäbe alles dahin, ~** ... lo daría todo si...

Dahingegangene(r) *mf* <-n, -n; -, -n> (*geh*) finado, -a *m, f*, difunto, -a *m, f*; **kannten Sie den werten ~n?** ¿conocía usted al estimado difunto?

dahingegen [dahɪnˈgeːgən] *adv* (*geh*) por el contrario, sin embargo; **sie möchte in die Berge, ich ~ lieber ans Meer** ella quisiera ir a la montaña, yo por el contrario al mar

dahin|gehen *irr vi sein* (*geh*) ① (*vergehen*) pasarse (volando), volar; **die Zeit ist wie im Fluge dahingegangen** el tiempo se ha pasado volando; **die Stunden gehen dahin und sie ruft mich nicht an ...** pasan las horas y sigue sin llamarme...

② (*vorbeigehen*) pasar (por delante de)

③ (*fig: sterben*) finar, fallecer; **vergangene Nacht ist der alte Mann dahingegangen** la pasada noche falleció el anciano

dahingestellt [-ˈ---] *adj* indeciso; **etw bleibt ~** algo está en tela de juicio; **lassen wir es ~** (*sein*), **ob ...** nos abstenemos de decidir si...

dahin|raffen *vt* (*geh*) arrebatar, aniquilar; **die Krankheit raffte ihn dahin** la enfermedad lo mató

dahin|sagen [-ˈ---] *vt*: **etw nur so ~** no decir algo en serio
dahin|scheiden *irr vi sein* (*geh fig*) finar, fallecer
dahin|schleppen [-ˈ---] *vr*: **sich ~** (*Mensch*) arrastrarse; (*Zeit*) no pasar; (*Arbeit, Verhandlungen*) tardar mucho, no avanzar
dahin|schwinden [-ˈ---] *irr vi sein* (*geh*) pasar volando
dahin|siechen *vi sein* (*geh*) irse consumiendo, languidecer; **seit Monaten siecht er dahin und wartet auf sein Ende** desde hace meses se va consumiendo esperando su fin

dahin|stehen *irr vi* no estar decidido; (*noch offen sein*) estar por ver; **ob wir Erfolg haben werden, steht vorerst noch dahin** está aún por ver si tendremos el éxito esperado; **die Entscheidung darüber steht noch dahin** la decisión al respecto aún está por tomar

dahinten [daˈhɪntən] *adv* allí atrás, allá atrás
dahinter [daˈhɪntɐ] *adv* detrás; **sich ~ klemmen** [*o* **knien**] (*fam: sich anstrengen*) hacer un esfuerzo; **klemm dich ~!** ¡haz un esfuerzo!; **~ kommen** (*fam: herausfinden*) averiguar; (*verstehen*) enterarse, caer en la cuenta; **es wird vermutet, dass die Mafia ~ steckt** (*fam*) se supone que la Mafia tiene algo que ver con eso; **er redet viel, aber es steckt nichts ~** (*fam*) habla mucho, pero todo es paja; **da steckt doch was ~** (*fam fig*) aquí hay gato encerrado; **~ stehen** (*unterstützen*) apoyar; **da ist nichts ~** (*fam fig*) eso no tiene fondo

dahinterher [dahɪntɐˈheːɐ] *adj* (*fam*): **~ sein, dass ...** ir tras [*o* detrás] de que... +*subj*; **die Lieferung ist noch nicht eingetroffen, aber ich bin ~** el envío todavía no ha llegado, pero estoy detrás de ello; **muss man denn ständig nur ~ sein, dass ihr mal was macht?** ¿es que siempre hay que estar detrás de vosotros para que hagáis algo?

dahinter|klemmen *vr*: **sich ~** *s.* **dahinter**
dahinter|knien *vr*: **sich ~** *s.* **dahinter**
dahinter|kommen *irr vi sein s.* **dahinter**
dahinter|stecken *vi s.* **dahinter**
dahinter|stehen *irr vi s.* **dahinter**

dahinunter [dahɪˈnʊntɐ, *hinweisend:* ˈdaːhɪnʊntɐ] *adv* (hacia) allá abajo
dahin|vegetieren* *vi* vegetar
Dahlie [ˈdaːli̯ə] *f* <-, -n> (BOT) dalia *f*
DAK [deːʔaːˈkaː] *f Abk. von* **Deutsche Angestelltenkrankenkasse** *seguro de enfermedad para empleados*
Dakapo [daˈkaːpo] *nt* <-s, -s> (MUS) da capo *m*
Daktylo [ˈdaktylo] *f* <-, -s> (*Schweiz: Schreibkraft*) dactilógrafa *f*
da|lassen *irr vt* (*fam*) dejar; (*hier*) dejar aquí; (*dort*) dejar allí
da|liegen *irr vi* ① (*hingestreckt liegen*) quedar tendido, yacer

② (*hingelegt sein*): **hier wird nicht geklaut, du kannst alles offen ~ lassen** aquí no roban, puedes dejarlo todo ahí sin cerrar; **ihre Flugtickets liegen schon da** sus billetes de avión ya están aquí

③ (*sich erstrecken*) estar, extenderse

dalli [ˈdali] *adv* (*fam*) dale, anda, corre; **jetzt aber ~!** ¡vamos, de prisa!
Dalmatien [dalˈmaːtsi̯ən] *nt* <-s> Dalmacia *f*
Dalmatiner [dalmaˈtiːnɐ] *m* <-s, -> (perro *m*) dálmata *m*
damalige(r, s) *adj* de entonces, de aquel tiempo
damals [ˈdaːmaːls] *adv* entonces, en aquel tiempo; **seit ~** desde entonces; **~, als ...** en aquel tiempo, cuando...
Damast [daˈmast] *m* <-(e)s, -e> damasco *m* de seda
damasten [daˈmastən] *adj* (*geh*) de (tela de) damasco, (a)damascado; **~e Tischdecke** un damasco todo si...
Dame¹ [ˈdaːmə] *f* <-, *ohne pl*> (*Brettspiel*) juego *m* de damas
Dame² *f* <-, -n> ① (*Frau*) señora *f*, dama *f*; **eine ältere ~** una señora mayor; **meine ~n und Herren** señoras y señores; **die ~ des Hauses** la anfitriona, el ama (de la casa)

② (*im Schach, beim Damespiel, Spielkarte*) dama *f*

Damebrett *nt* <-(e)s, -er> tablero *m* de damas
Damenbart *m* <-(e)s, -bärte> bigote *m* de mujer; **Damenbegleitung** *f* <-, *ohne pl*>: **in ~** en compañía de una señora [*o* de mujeres]; **Damenbekanntschaft** *f* <-, -en> amistad *f* femenina; **~en haben** tener relaciones con mujeres; **eine ~ machen** conocer a una mujer, ligar con una chica *sl*; **Damenbesuch** *m* <-(e)s, -e> visita *f* femenina; **Damenbinde** *f* <-, -n> compresa *f*; **Damendoppel** *nt* <-s, -> (*Tennis*) doble *m* femenino; **Dameneinzel** *nt* <-s, -> (*Tennis*) individual *m* femenino; **Damenfahrrad** *nt* <-(e)s, -räder> bicicleta *f* de señora; **Damenfriseur(in)** *m(f)* <-s, -e; -, -nen> peluquero, -a *m, f* de señoras; **Damengesellschaft** *f* <-, -en> reunión *f* femenina [*o* de señoras]

damenhaft *adj* mujeril
Damenmannschaft *f* <-, -en> (SPORT) equipo *m* femenino [*o* de mujeres]; **Damenmode** *f* <-, -n> moda *f* femenina; **Damenoberbekleidung** *f* <-, *ohne pl*> ropa *f* exterior femenina, ropa *f* de mujer; **Damenrad** *nt* <-(e)s, -räder> bicicleta *f* de señora; **Damensattel** *m* <-s, -sättel> silla *f* de montar para señoras; **im ~ reiten** montar [*o* cabalgar] a (la) mujeriega; **Damensitz** *m* <-es, *ohne pl*> silla *f* de amazona, galápago *m* Hond, Peru, Ven; **im ~ reiten** montar a mujeriegas; **Damentoilette** *f* <-, -n> lavabos *mpl* para señoras, servicios *mpl* de señoras; **Damenwahl** *f* <-, *ohne pl*> baile en el cual son las mujeres las que sacan a bailar a los hombres; **Damenwäsche** *f* <-, *ohne pl*> ropa *f* interior femenina

Damespiel *nt* <-(e)s, -e> juego *m* de damas; **Damestein** *m* <-(e)s, -e> peón *m*
Damhirsch [ˈdamhɪrʃ] *m* <-(e)s, -e> (ZOOL) gamo *m*
damisch [ˈdaːmɪʃ] *adj* (*südd, Österr*) ① (*fam: dumm*) tonto, estúpido, baboso *Am*

② (*fam: schwindlig*) aturdido, atolondrado

damit [ˈdaːmɪt, daˈmɪt] I. *adv* con ello; **was soll ich ~?** ¿qué hago yo con eso?; **was meint er nur ~?** ¿qué es lo que quiere decir con eso?; **befasse ich mich nicht ~** no me ocupo de esto; **mit meine ~, dass ...** quiero decir con esto que...; **es fing ~ an, dass ...** empezó con que...; **weg ~!** ¡fuera con esto!; **was wollen Sie ~ sagen?** ¿qué quiere decir con esto?; **hör ~ auf!** ¡deja eso!, ¡acaba con esto!; **ich bin ~ zufrieden, dass ...** estoy contento de que... +*subj*

II. *konj* para +*inf*, para que +*subj*; **er beeilt sich, ~ er nicht zu spät kommt / ~ sie nicht warten müssen** se da prisa para no llegar tarde / para que no tengan que esperar

dämlich [ˈdɛːmlɪç] *adj* (*fam*) tonto, estúpido, baboso *Am*
Dämlichkeit¹ *f* <-, -en> (*fam abw: Handlung*) tontería *f*, bobada *f*; **lass doch diese ~en sein!** ¡déjate de bobadas!
Dämlichkeit² *f* <-, *ohne pl*> (*fam abw: Art, Verhalten*) tontería *f*, estupidez *f*; **deine ~ geht mir auf die Nerven!** ¡tu estupidez me saca de quicio!
Damm [dam, *pl:* ˈdɛmə] *m* <-(e)s, Dämme> ① (*Bahn-, Straßen-*) terraplén *m*; **wieder auf dem ~ sein** (*fam fig*) sentirse bien de nuevo

② (*Deich*) dique *m*

③ (ANAT) perineo *m*

Dammbruch *m* <-(e)s, -brüche> ① (*Deich*) ruptura *f* de dique

② (MED) desgarro *m* (perineal)

dämmen *vt* ① (*geh: aufstauen*) estancar, represar

② (TECH: *Schall*) absorber

dämm(e)rig *adj* crepuscular; **es wird ~** (*morgens*) amanece; (*abends*) atardece
Dämmerlicht [ˈdɛmɐ-] *nt* <-(e)s, *ohne pl*> penumbra *f*
dämmern [ˈdɛmɐn] I. *vi* ① (*anbrechen*): **der Abend dämmert** cae el día; **der Morgen dämmert** apunta el día

② (*fam: bewusst werden*): **es dämmert ihm, dass ...** se está dando cuenta de que...; **jetzt dämmert's (bei) mir** ahora me entero

II. *vunpers:* es dämmert (*morgens*) amanece, alborea; (*abends*) anochece, atardece
Dämmerschlaf *m* <-(e)s, *ohne pl*> (MED) sopor *m*; (*Halbschlaf*) entresueño *m*, duermevela *f*; **im ~** en estado de sopor; (*im Halbschlaf*) semidormido; **Dämmerstunde** *f* <-, -n> (*geh*) crepúsculo *m*, hora *f* crepuscular
Dämmerung ['dɛmərʊŋ] *f* <-, -en> crepúsculo *m*; (*Abend~*) crepúsculo *m* vespertino, ocaso *m*; (*Morgen~*) crepúsculo *m* matutino, alba *f*; **in der ~** en el crepúsculo; **bei Anbruch der ~** (*morgens*) al amanecer; (*abends*) al atardecer
Dämmerzustand *m* <-(e)s, -stände> ① (*Halbschlaf*) duermevela *m* o *f*; **etw im ~ mitbekommen** enterarse de algo entre sueños
② (MED: *Bewusstseinstrübung*) (estado *m* de) semiinconsciencia *f*; **der Patient befindet sich im ~** el paciente se encuentra semiinconsciente
dämmrig *adj s.* **dämm(e)rig**
Dammriss[RR] *m* <-es, -e> (MED) desgarro *m* perineal; **Dammschnitt** *m* <-(e)s, -e> (MED) incisión *f* del perineo
Dämmstoff *m* <-(e)s, -e> (TECH) material *m* aislante
Dämmung *f* <-, -en> (TECH) aislamiento *m*; (*Schall*) insonorización *f*
Damnationslegat *nt* <-(e)s, -e> (JUR) legado *m* per damnationem
Damnum *nt* <-s, Damna> (WIRTSCH) daño *m*, perjuicio *m*
Damoklesschwert ['da:mɔklɛsfve:ɐt] *nt* <-(e)s, -er> espada *f* de Damocles; **etw schwebt wie ein ~ über jdm** [*o* **über jds Haupt**] algo significa una amenaza permanente para alguien
Dämon ['dɛːmɔn, *pl:* dɛˈmoːnən] *m* <-s, -en> demonio *m*, diablo *m*
dämonisch *adj* demoníaco, diabólico
Dampf [dampf, *pl:* 'dɛmpfə] *m* <-(e)s, Dämpfe> vapor *m*; **unter ~ stehen** estar bajo presión; **jdm ~ machen** (*fam*) meter prisa a alguien; **~ ablassen** (*fam fig*) descargarse, desahogarse
Dampfbad *nt* <-(e)s, -bäder> baño *m* turco, baño *m* de vapor; **Dampfbügeleisen** *nt* <-s, -> plancha *f* de vapor; **Dampfdruck** *m* <-(e)s, -drücke> presión *f* del vapor
dampfen ['dampfən] *vi* ① (*Speisen*) echar humo, humear
② *sein* (*fahren*) salir echando humo; **der Zug dampfte aus dem Bahnhof** el tren salió de la estación echando humo
dämpfen ['dɛmpfən] *vt* ① (GASTR) cocinar al vapor
② (*Licht*) atenuar, rebajar; (*Lärm*) rebajar; (*Schall, Stoß*) amortiguar; (*Stimme*) bajar
③ (*Ärger*) calmar; (*Schmerzen*) mitigar
④ (WIRTSCH) frenar, disminuir, reducir; **eine Krise/die Konjunktur ~** frenar una crisis/la actividad económica
Dampfer ['dampfɐ] *m* <-s, -> buque *m* de vapor; **auf dem falschen/richtigen ~ sein** (*fam fig*) estar equivocado/en lo cierto
Dämpfer ['dɛmpfɐ] *m* <-s, -> (MUS) sordina *f*; **einen ~ bekommen** (*fam*) llevarse un chasco; **jdm einen ~ aufsetzen** bajar los humos a alguien; **etw** *dat* **einen ~ aufsetzen** poner reparos a algo
Dampferlinie *f* <-, -n> (NAUT) línea *f* de barcos
Dampfheizung *f* <-, -en> calefacción *f* a vapor
dampfig *adj* vaporoso, lleno de vapor
Dampfkessel *m* <-s, -> (TECH) caldera *f* de vapor; **Dampfkochtopf** *m* <-(e)s, -töpfe> olla *f* a presión
Dampfkraft *f* <-, *ohne pl*> fuerza *f* de vapor; **Dampfkraftwerk** *nt* <-(e)s, -e> central *f* termoeléctrica
Dampflok *f* <-, -s>, **Dampflokomotive** *f* <-, -n> locomotora *f* de vapor
Dampfmaschine *f* <-, -n> (TECH) máquina *f* de vapor
Dampfnudel *f* <-, -n> (GASTR) bollo *m* de masa de levadura hecho al vapor y con una costra de sal
Dampfschiff *nt* <-(e)s, -e> buque *m* de vapor; **Dampfschifffahrt**[RR] *f* <-, *ohne pl*> (NAUT) navegación *f* a vapor
Dampfturbine *f* <-, -n> turbina *f* a vapor
Dämpfung *f* <-, -en> ① (*Abschwächung*) reducción *f*; (*Schall*) amortiguamiento *m*
② (WIRTSCH: *Inflation, Nachfrage*) reducción *f*; (*Konjunktur*) debilitamiento *m*; **~ des Preisauftriebs** ralentización del movimiento alcista de los precios
Dampfventil *nt* <-s, -e> válvula *f* de vapor; **Dampfwalze** *f* <-, -n> apisonadora *f* de vapor; **Dampfwolke** *f* <-, -n> nube *f* de vapor
Damwild ['damvɪlt] *nt* <-(e)s, *ohne pl*> gamo *m*
danach ['daːnaːx, daˈnaːx] *adv* ① (*zeitlich*) después; (*später*) más tarde; (*anschließend*) a continuación; **kam der Wetterbericht** después vino el parte meteorológico; **bin ich dran** después me toca a mí
② (*räumlich*) después, detrás; **sie griff ~** lo cogió
③ (*dementsprechend*) como corresponde; **es sieht ganz ~ aus, als ob ...** tiene todo el aspecto como si +*subj*; **richte dich bitte ~!** ¡compórtate de acuerdo con eso [*o* como corresponde]!
Danaergeschenk *nt* <-(e)s, -e> (*geh*) regalo *m* de Satanás, manzana *f* envenenada; **für die afrikanischen Völker war die westliche Kultur ein ~** para los pueblos africanos la cultura occidental fue un regalo funesto
Dandy ['dɛndi] *m* <-s, -s> dandi *m*, dandy *m*, petimetre *m*
Dandyfieber *nt* <-s, *ohne pl*> fiebre *f* de Dandy
Däne, -in ['dɛːnə] *m, f* <-n, -n; -, -nen> danés, -esa *m, f*
daneben [daˈneːbən, 'daːneːbən] *adv* ① (*räumlich*) al lado, **links/rechts ~** al lado a la izquierda/derecha; **im Haus ~** en la casa de al lado; **ich stand direkt ~, als es passierte** estaba justamente al lado cuando sucedió
② (*verglichen mit*) en comparación; (*im Gegensatz dazu*) por el contrario, por contra
③ (*außerdem*) además, al mismo tiempo
④ (*Wend*): **~ sein** (*fam: verwirrt sein*) estar atontado; (*sich nicht wohl fühlen*) no estar muy católico, no andar (nada) bien; **seit drei Tagen ist mir übel, ich bin richtig ~** (*fam*) desde hace tres días me encuentro mal, no ando nada católico
daneben|benehmen* *irr vr:* **sich ~** (*fam*) meter la pata
daneben|gehen [-'----] *irr vi sein* ① (*Schuss*) errar el blanco
② (*fam: scheitern*) irse al traste, chingarse *Am*
daneben|geraten* *irr vi sein* salir mal
daneben|greifen *irr vi* equivocarse; **im Ton ~** (*fam*) equivocarse de tono
daneben|halten *irr vt* (*fam*) comparar; **wenn man die Ausgaben des Vorjahres danebenhält, haben wir 50.000 Euro eingespart** comparando los gastos con los [*o* comparado con los gastos] del año pasado hemos ahorrado 50.000 euros
daneben|hauen <haut daneben, haute *o* hieb daneben, danebengehauen> *vi* ① (*an etw vorbeihauen*) errar el golpe
② (*fam: sich irren*) equivocarse
daneben|liegen *irr vi* (*fam*) estar equivocado
daneben|schießen *irr vi* ① (*das Ziel verfehlen*) errar el tiro
② (*fam: falsch liegen*) no acertar, meter la pata
daneben|sein *irr vi sein s.* **daneben 4.**
daneben|treffen *irr vi* ① (*nicht treffen*) fallar; **sie traf nur knapp daneben** falló por muy poco
② (*sich unpassend äußern*) meter la pata; **mit einer Frage völlig ~** meter la pata hasta el fondo con una pregunta
③ (*falsch liegen*) equivocarse; **mit dieser Antwort hast du voll danebengetroffen** tu respuesta es totalmente equivocada; **der Kandidat trifft immer daneben** el concursante no da ni una
Dänemark ['dɛːnəmark] *nt* <-s> Dinamarca *f*
dang [daŋ] 3. *imp von* **dingen**
danieder|liegen *irr vi* (*geh*) ① (*krank sein*) estar postrado en cama
② (*nicht gedeihen*) estar en la ruina, ser improductivo
Dänin *f* <-, -nen> *s.* **Däne**
dänisch *adj* danés
Dänisch *nt* <-(s), *ohne pl*>, **Dänische** *nt* <-n, *ohne pl*> danés *m*, lengua *f* danesa; **sprichst du ~?** ¿hablas danés?
dank [daŋk] *präp* +*gen/dat* gracias a, merced a
Dank *m* <-(e)s, *ohne pl*> gracias *fpl*; **besten** [*o* **herzlichen**] **~!** ¡muchas gracias!; **mit bestem ~ zurück!** ¡se lo devuelvo con un millón de gracias!; **das ist nun der ~ dafür** así me lo pagan; **zum ~ für ...** en recompensa de...; **jdm ~ schulden** quedar agradecido a alguien; **ich bin Ihnen zu ~ verpflichtet, weil Sie ...** le estoy obligado [*o* agradecido] porque Ud....
Dankadresse *f* <-, -n> (*formal*) escrito *m* de agradecimiento [*o* de reconocimiento]
dankbar *adj* ① (*Mensch*) agradecido; **sich ~ zeigen** mostrarse agradecido; **ich bin Ihnen sehr ~** se lo agradezco mucho
② (*Aufgabe*) provechoso, satisfactorio
③ (*fam: strapazierfähig*) resistente
Dankbarkeit *f* <-, *ohne pl*> agradecimiento *m*, gratitud *f*; **aus ~ für etw** en agradecimiento por algo
danke *interj* ¡gracias!; **~ schön/vielmals!** ¡muchas/muchísimas gracias!; **nein, ~!** no ¡gracias!; **kann ich helfen? – ~, es geht schon!** ¿quiere que le ayude? – ¡gracias! no hace falta
danken *I. vi* (*Dank aussprechen*) dar las gracias (*für* por), agradecer (*für*); **wir ~ für die Einladung** agradecemos la invitación; **~d annehmen/ablehnen** aceptar/rechazar agradecido; **Betrag ~d erhalten** acusamos recibo del importe; **nichts zu ~!** ¡de nada!, ¡no hay de qué!
II. vt ① (*geh: verdanken*) agradecer; **nur dem rechtzeitigen Erscheinen der Feuerwehr ist es zu ~, dass ...** sólo gracias a la llegada a tiempo de los bomberos es de agradecer que... (+*subj*)
② (*belohnen*) agradecer; **die ganze Mühe dankt dir keiner** nadie te agradece el esfuerzo
dankenswert *adj* de agradecer, digno de agradecimiento; **es ist ~, dass er sich dafür zur Verfügung stellt** se agradece que esté dispuesto a ello
dankerfüllt *adj* agradecido, (lleno) de gratitud; **mit ~em Blick** con una mirada (llena) de gratitud; **sie blickte ihren Retter aus ~en Augen an** miró a su salvador con ojos agradecidos

Dankeschön nt <-s, ohne pl> gracias fpl; **ein herzliches ~ sagen** dar las gracias de corazón; **als kleines ~ für Ihre Bestellung erhalten Sie ein Geschenk** por haber hecho el pedido le entregamos un obsequio de agradecimiento

Dankesworte ntpl palabras fpl de agradecimiento

Dankgottesdienst m <-(e)s, -e> (REL: katholisch) misa f de acción de gracias, tedéum m; (evangelisch) oficio m de acción de gracias, servicio m de acción de gracias

Danksagung f <-, -en> agradecimiento m

Dankschreiben nt <-s, -> carta f de agradecimiento

dann [dan] adv ① (später) luego, más tarde; (Zeitpunkt) entonces; **~ und wann** de vez en cuando; **und was ~?** ¿y entonces qué?; **bis ~!** ¡hasta luego!
② (zu dem Zeitpunkt) en aquel momento; **das Telefon klingelt immer ~, wenn ich gerade dusche** el teléfono suena siempre cuando me estoy duchando
③ (außerdem) luego, además; **und ~ sagte er noch …** y luego aún dijo…
④ (unter diesen Umständen) entonces, en este caso; **~ eben nicht!** ¡entonces no!; **selbst ~, wenn …** incluso si… (+subj); **wenn nicht er, wer ~?** ¿si no él, quién entonces?; **~ ist ja alles in Ordnung** entonces todo va bien

dannen ['danən] adv: **von ~** (alt) de allí [o allá], del lugar; **nach ein paar Tagen zogen die Zigeuner wieder von ~** tras unos días los gitanos se marcharon nuevamente; **weiche von ~, Satan!** ¡aléjate (de aquí), Satanás!

dannzumal ['dantsuma:l] adv (Schweiz: formal) llegado el momento

Danzig ['dantsɪç] nt <-s> Danzig m, Gdansk m

daran [da'ran, 'da:ran] adv ① (räumlich) al lado, por allí; **dicht [o nahe] ~ muy cerca**; **wir kommen häufig ~ vorbei** pasamos muchas veces por allí; **du kannst dich ~ lehnen** puedes apoyarte en esto
② (zeitlich): **im Anschluss ~** a continuación; **er war nahe ~ das zu tun** estuvo a punto de hacerlo
③ (an dieses, an diesem) en esto; **ich muss immer ~ denken** pienso continuamente en esto; **man erkennt ~, dass …** se nota en esto que…; **~ sieht man, wie …** en esto se ve que…; **~ wird sich nichts ändern** esto no cambiará; **er ist ~ schuld** él tiene la culpa (de esto); **das Schöne ~ ist …** lo bueno que tiene es…

daran|geben irr vt (geh) dar; **für jdn alles ~** darlo todo por alguien; **ich würde viel ~, wenn …** daría mucho por…

daran|gehen [-'---] irr vi sein ponerse (zu a), empezar (zu a)

daran|machen [-'---] vr: **sich ~** (fam) ponerse (zu a), empezar (zu a)

daran|setzen [-'---] I. vt (einsetzen) hacer; **du musst alles ~, um …** tienes que hacer todo lo posible para…
II. vr: **sich ~** (fam: in Angriff nehmen) ponerse (zu a), empezar (zu a); **du musst dich endlich ~, die Rechnungen zu schreiben** por fin tienes que ponerte a escribir las facturas

darauf ['da:rauf, da'rauf] adv ① (räumlich) encima; **im Zimmer stand ein Tisch, ~ lagen Bücher** en la habitación había una mesa con libros encima
② (zeitlich) después; **bald ~** poco después; **am folgenden Tag, am Tag ~** al día siguiente; **~ sagte er …** a lo que dijo…
③ (deshalb) por lo que, en consecuencia
④ (auf dieses): **ich bin stolz ~, dass …** estoy orgulloso de que… (+subj); **sich ~ verlassen, dass …** contar con que… (+subj); **das kommt ~ an** depende; **lasst uns ~ anstoßen** brindemos por ello

darauffolgende(r, s) adj s. **darauf 2**.

daraufhin ['---] adv ① (danach) a continuación
② (infolgedessen) en consecuencia, a lo cual

daraus ['da:raus, da'raus] adv de ello; **~ folgt, dass …** de esto se deduce que…; **was soll ~ werden?** ¿qué va a resultar de esto?; **ich mache mir nichts ~** (fam) esto no me importa un comino; **was ist ~ geworden?** ¿qué ha sido de ello?

darben ['darbən] vi (geh) vivir en la miseria; (hungern) sufrir hambre

dar|bieten ['da:ɐbi:tən] irr I. vt (geh: vorführen) (re)presentar
II. vr: **sich ~** (geh: Gelegenheit) presentarse, ofrecerse

Darbietung f <-, -en> ① (geh: das Darbieten) presentación f
② (Vorstellung) representación f, función f

dar|bringen irr vt (geh: Lied) tocar; (Opfer) ofrendar; **ein Ständchen ~** dar una serenata

darein [da'raɪn, hinweisend: 'da:raɪn] adv (geh alt): **ein Tuch nehmen und etw ~ wickeln** coger un paño y envolver algo con el mismo; **sich ~ ergeben/fügen** entregarse/resignarse a una situación; **dies war ihr Schicksal, doch sie fügten sich nur widerstrebend ~** ése era su destino, pero se resistían a aceptarlo

darein|finden irr vr: **sich ~** (geh) resignarse; **sich ~ etw zu tun** resignarse a hacer algo

darein|setzen vt (geh) emplear; **seine ganze Energie ~ etw zu tun** emplear todas sus fuerzas en hacer algo; **seinen Ehrgeiz ~, dass …** ambicionar… +inf

darf [darf] 3. präs von **dürfen**

darin ['da:rɪn, da'rɪn] adv ① (räumlich) dentro
② (in dieser Beziehung) en esto, en eso; **~ ist er ganz groß** es un experto en esto; **wir stimmen ~ überein, dass …** estamos de acuerdo en que…

dar|legen ['da:ɐle:gən] vt ① (Plan, Ansichten) explicar
② (Gründe) exponer

Darlegung f <-, -en> exposición f, explicación f; **die ausführliche ~ der Ergebnisse/eines Planes** la exposición detallada de los hechos/de un plan

Darlegungslast f <-, ohne pl> (JUR) carga f de alegación; **Darlegungspflicht** f <-, ohne pl> (JUR) obligación f de expresión

Darlehen ['da:ɐle:ən] nt <-s, -> préstamo m, avío m Cuba, Chil, Peru; **~ gegen Sicherheit** préstamo con garantía; **~ mit bestimmter Laufzeit** préstamo con plazo fijo; **abgeschriebenes/befristetes/eingefrorenes ~** préstamo amortizado/a plazo/congelado; **jederzeit kündbares/unkündbares ~** préstamo rescindible en cualquier momento/no rescindible; **kapitalersetzendes ~** préstamo sustitutivo de capital; **kurzfristiges/langfristiges ~** préstamo a corto plazo/a largo plazo; **ungesichertes ~** préstamo con garantía inmobiliaria; **verzinsliches ~** préstamo que devenga intereses; **zinsfreies [o zinsloses] ~** préstamo sin intereses; **ein ~ aufnehmen/gewähren** tomar/conceder un préstamo; **ein ~ sichern** garantizar un préstamo

Darlehensantrag m <-(e)s, -träge> solicitud f de préstamo; **Darlehensbetrag** m <-(e)s, -träge> importe m del préstamo; **Darlehensfonds** m <-, -> fondo m de préstamos; **Darlehensforderung** f <-, -en> (FIN) reclamación f de préstamo; **Darlehensgeber(in)** m(f) <-s, -; -, -nen> (FIN) prestamista m/f; **Darlehensgeschäft** nt <-(e)s, -e> operaciones fpl de préstamos; **Darlehenshypothek** f <-, -en> (FIN) préstamo m hipotecario; **Darlehensnehmer(in)** m(f) <-s, -; -, -nen> (FIN) prestatario, -a m, f; **Darlehenssumme** f <-, -n> (FIN) importe m del préstamo, suma f del préstamo; **Darlehensverlauf** m <-(e)s, ohne pl> (FIN) transcurso m de la vida del préstamo; **Darlehensversprechen** nt <-s, -> (JUR) promesa f de préstamo; **Darlehensvertrag** m <-(e)s, -träge> contrato m de préstamo; **Darlehenszins** m <-es, -en> (FIN) réditos mpl

Darling ['da:elɪŋ] m <-s, -s> ① (Kosewort) cariño m
② (geliebter Mensch) ser m querido

Darm [darm, pl: 'dɛrmə] m <-(e)s, Därme> intestino m, tripa f; **nervöser ~** intestino nervioso

Darmausgang m <-(e)s, -gänge> ano m; **künstlicher ~** ano artificial [o contranatura]; **Darmentleerung** f <-, -en> evacuación f, defecación f; **Darmerkrankung** f <-, -en> (MED) enfermedad f intestinal; **Darmflora** f <-, ohne pl> (MED) flora f intestinal; **Darmgrippe** f <-, -n> (MED) gripe f intestinal; **Darminfektion** f <-, -en> (MED) infección f intestinal; **Darmkrebs** m <-es, -e> (MED) cáncer m intestinal; **Darmsaite** f <-, -n> (MUS, SPORT) cuerda f de tripa; **Darmschleimhaut** f <-, -häute> (MED) mucosa f intestinal; **Darmspülung** f <-, -en> (MED) enema m; **Darmtätigkeit** f <-, ohne pl> (MED) función f intestinal, actividad f intestinal; **Darmträgheit** f <-, ohne pl> (MED) (r)estreñimiento m; **Darmverschlingung** f <-, -en> (MED) vólvulo m; (Leiden) íleo m; **Darmverschluss**RR m <-es, -schlüsse> (MED) oclusión f intestinal

darnieder|liegen [dar'ni:dɐ-] irr vi s. **daniederliegen**

darob [da'rɔp, hinweisend: 'da:rɔp] adv (alt a. iron) por ello, por tal motivo; **~ ward er sehr erbost** se enfureció mucho por ello; **sich ~ wundern, dass …** sorprenderse de que… +subj

Darre ['darə] f <-, -n> ① (Trockengestell) secadero m
② (das Trocknen) secado m

dar|reichen ['da:ɐraɪçən] vt (geh: Speisen) servir, ofrecer; (Hand) dar

darren ['darən] vt (de)secar

darstellbar adj representable, descriptible

dar|stellen ['da:ɐʃtɛlən] I. vt ① (schildern) exponer, presentar; (beschreiben) describir; (schematisch) esquematizar; (durch Symbole) simbolizar
② (abbilden) representar; **wen soll dieses Bild ~?** ¿a quién se supone que representa este cuadro?
③ (THEAT) hacer el papel (de)
④ (bedeuten) significar, representar; **diese Arbeit stellt eine große Leistung dar** este trabajo significa un gran esfuerzo
II. vr: **sich ~** (zeigen) plantearse; **so wie sich mir die Sache darstellt** tal como se me plantea el asunto

Darsteller(in) m(f) <-s, -; -, -nen> actor m, actriz f

darstellerisch I. adj (THEAT, FILM) interpretativo; **sie gab eine Probe ihres ~en Könnens** dio una muestra de sus dotes interpretativas
II. adv (THEAT, FILM) desde el punto de vista interpretativo; **das Stück wies ~ einige Schwächen auf** la obra presentaba algunas deficiencias interpretativas

Darstellung *f* <-, -en> ❶ (THEAT: *Wiedergabe*) representación *f*
❷ (*Schilderung*) exposición *f*; (*Beschreibung*) descripción *f*; **falsche ~** falsedad *f*; **figürliche ~** representación figurativa
Darstellungsform *f* <-, -en> (THEAT) forma *f* de representación; **Darstellungsmittel** *nt* <-s, -> (KUNST) recurso *m* expresivo; **Darstellungsweise** *f* <-, -n> procedimiento *m* expresivo, modo *m* de representación
dar|tun *irr vt* (*geh*) *s.* **darlegen**
darüber [ˈdaːrybɐ, daˈryːbɐ] *adv* ❶ (*räumlich*) encima; **die Wohnung ~ steht leer** la vivienda de arriba está vacía; **mit der Hand ~ fahren** pasar la mano por encima; **hier liegt noch Staub, ich muss mal mit einem Tuch ~ fahren** aquí todavía hay polvo, tengo que pasar un paño por encima ❷ (*mehr*) más; **18 Jahre und ~** 18 años y más; **~ hinaus möchte ich noch bemerken, dass ...** además quisiera resaltar que...
❸ (*zeitlich*) en esto, mientras tanto; **~ verging die Zeit** en esto se nos pasó el tiempo
❹ (*über eine Angelegenheit*) de esto, sobre esto; **was denkst du ~?** ¿qué piensas de esto?; **er hat sich ~ beschwert** se quejó de eso; **sich ~ machen** (*fam*) ponerse a hacerlo; **~ nachdenken** pensarlo; **~ stehen** estar por encima
darüber|fahren *irr vi sein s.* **darüber 1.**
darüber|machen [-'----] *vr*: **sich ~** *s.* **darüber 4.**
darüber|stehen *irr vi s.* **darüber 4.**
darum [ˈdaːrʊm, daˈrʊm] *adv* ❶ (*deshalb*) por eso; **sie hat es nur ~ getan, weil ...** sólo lo hizo porque...; **warum? – ~!** ¿por qué? – ¡porque sí!
❷ (*räumlich*) en torno a, alrededor
❸ (*um diese Angelegenheit*): **es handelt sich ~, dass ...** se trata de que...; **~ geht es mir gar nicht** no es eso lo que me importa; **ich bitte dich ~** te lo pido; **red nicht lange ~ herum!** ¡no te vayas por otro camino!
darunter [ˈdaːrʊntɐ, daˈrʊntɐ] *adv* ❶ (*räumlich*) debajo; **sie nahm die Schachtel hoch und legte die Bücher ~** levantó la caja y puso los libros por debajo; **die Wohnung ~ steht leer** la vivienda de abajo está vacía; **~ fallen** (*dazugehören*) encontrarse en un grupo, pertenecer a una categoría; **gilt er als Flüchtling? – nein, er fällt nicht ~** ¿se le considera un refugiado? – no, no pertenece a ese grupo; **diese Ermäßigung gilt nur für Schwerbehinderte, fällst du etwa ~?** este descuento sólo es para minusválidos, ¿acaso tú lo eres?; **~ gehen** (*fam: passen*) caber debajo, tener sitio; **~ rühren** añadir removiendo; **das ist mein letztes Angebot, ich kann nicht ~ gehen** ésta es mi última oferta, no puedo bajar de ahí; **~ liegen** (*unter dem Niveau liegen*) quedar por debajo; **Ihre Preise sind mir zu hoch, die Konkurrenz liegt weit ~** sus precios me resultan demasiado altos, la competencia los tiene mucho más bajos; **etw ~ mischen** (entre)mezclar algo; **um sein Essen zu vergiften, mischte sie Arsen ~** para envenenar su comida mezcló arsénico con ella; **sich ~ mischen** (entre)mezclarse; **als der flüchtende Dieb die Menschenmenge sah, mischte er sich ~** cuando el ladrón que huía vio la multitud, se mezcló entre ella; **~ setzen** (*Unterschrift*) poner debajo; **so, der Brief ist fertig, du brauchst nur noch deine Unterschrift ~ zu setzen** bueno, la carta está lista, sólo tienes que firmar debajo
❷ (*weniger*) menos; **18 Jahre und ~** 18 años y menos
❸ (*dabei*) entre ellos; **es waren viele Kinder ~** había muchos niños entre ellos
❹ (*unter dieser Angelegenheit*): **er litt ~, dass ...** le apesadumbraba el que... +*subj*; **was versteht man ~?** ¿qué quiere decir esto?
darunter|fallen *irr vi sein s.* **darunter 1.**
darunter|gehen *irr vi sein s.* **darunter 1.**
darunter|liegen *irr vi s.* **darunter 1.**
darunter|mischen *vt, vr*: **sich ~** *s.* **darunter 1.**
darunter|setzen *vt s.* **darunter 1.**
Darwinismus [darviˈnɪsmʊs] *m* <-, *ohne pl*> (BIOL) darwinismo *m*
das [das] *art best o pron dem o pron rel s.* **der, die, das**
da|sein [ˈdaːzaɪn] *irr vi sein s.* **da I.4., I.5.**
Dasein [ˈdaːzaɪn] *nt* <-s, *ohne pl*> ❶ (*Vorhandensein*) existencia *f*
❷ (*Leben*) vida *f*, existencia *f*
❸ (*Anwesenheit*) presencia *f*
Daseinsberechtigung *f* <-, *ohne pl*> (*von Personen*) derecho *m* de vivir; (*von Dingen*) razón *f* de ser; **Daseinsfreude** *f* <-, *ohne pl*> alegría *f* de vivir, goce *m* vital; **Daseinsfürsorge** *f* <-, *ohne pl*> previsión *f* de asistencia social; **Daseinskampf** *m* <-(e)s, -kämpfe> lucha *f* por la vida [*o* la supervivencia]; **Daseinsvorsorge** *f* <-, *ohne pl*> previsión *f* de asistencia social
daselbst [daˈzɛlpst] *adv* (*alt*) allí (mismo); **geboren in Valencia, gestorben ~** nacido en Valencia y muerto en esta misma ciudad
da|sitzen *irr vi* estar sentado; **müde** [*o* **traurig**] [*o* **einfach so**] **~ estar sin ganas de nada**
dasjenige [ˈdasjeːnɪɡə] *pron dem s.* **derjenige, diejenige, dasjenige**

nige
dass[RR] [das] *konj*, **daß** *konj* que; **bis ~** hasta que +*subj*; **ohne ~** sin que +*subj*; **so ~ ...,** ~ **...,** tan(to)... que...; **er nicht zur Hilfe kam, ist nicht zu entschuldigen** el que no viniera a ayudar no tiene disculpa; **dadurch ~ ...** al +*inf*; **unter der Bedingung, ~ ...** bajo la condición (de) que +*subj*; **für den Fall, ~ ...** en el caso de que +*subj*; **das kommt daher, ~ ...** esto viene de que...; **es begann damit, ~ ...** empezó con que...; **die Party war so laut, ~ die Nachbarn nicht schlafen konnten** hicieron tanto barullo en la fiesta que los vecinos no podían dormir; **~ du mir pünktlich nach Hause kommst!** ¡que vuelvas pronto a casa!
dasselbe [dasˈzɛlbə] *pron dem s.* **derselbe, dieselbe, dasselbe**
dasselbige *pron dem* (*alt*) *s.* **derselbige, dieselbige, dasselbige**
da|stehen *irr vi* ❶ (*örtlich*) estar allí (de pie)
❷ (*in einer Situation*) estar, encontrarse; **gut/schlecht ~** (*Geschäft*) marchar bien/mal; **er steht gut da** está en una buena posición
DAT [dat] *nt* <-(s), -(s)> *Abk. von* **Digital Audio Tape** DAT *m* (*banda magnética que sirve de soporte para el registro digital del sonido*)
Database Marketing [ˈdaːtabɛɪs-] *nt* <-, *ohne pl*> (INFOR) marketing *m* con bases de datos
Datagramm [dataˈgram] *nt* <-s, -s> (INFOR) datagrama *m*; **Data Link** [ˈdaːtalɪŋk] *nt* <-(s), -s> (INFOR) enlace *m* (de transmisión) de datos
Datei [daˈtaɪ] *f* <-, -en> (INFOR) fichero *m*, archivo *m*
Datei(en)verwaltung *f* <-, *ohne pl*> (INFOR) gestión *f* de ficheros, manejo *m* de ficheros; **Dateigruppe** *f* <-, -n> (INFOR) grupo *m* de archivos; **Dateimarke** *f* <-, -n> (INFOR) marca *f* de archivo; **Dateiname** *m* <-ns, -n> (INFOR) nombre *m* del fichero; **Dateisystem** *nt* <-s, -e> (INFOR) sistema *m* de archivos; **Dateiverwaltungstool** *nt* <-s, -s> (INFOR) herramienta *f* de administración de archivos
Daten [ˈdaːtən] *pl* ❶ *pl von* **Datum**
❷ (*Angaben, a.* INFOR) datos *mpl*; **die ~ des Patienten** los antecedentes del paciente, los datos personales del paciente; **Schutz personenbezogener ~** protección *f* de los datos relativos a la persona; **unberechtigtes Verschaffen von ~** adquisición *f* indebida de datos; **ankommende/erzeugnisbezogene ~** datos que entran/datos referentes a los productos; **fehlende/verschlüsselte ~** datos que faltan/datos codificados; **statistische ~** datos estadísticos; **wirtschaftliche ~** datos económicos; **~ eingeben** introducir datos; **~ erheben** recabar datos
Datenabgleich *m* <-(e)s, -e> cruce *m* de datos; **Datenabruf** *m* <-s, *ohne pl*> (INFOR) consulta *f* de datos; **Datenaufbereitung** *f* <-, -en> (INFOR) elaboración *f* de datos; **Datenaufzeichnung** *f* <-, -en> registro *m* de datos; **Datenaustausch** *m* <-(e)s, *ohne pl*> (INFOR) intercambio *m* de datos; **Datenauswertung** *f* <-, -en> análisis *m inv* de datos; **Datenautobahn** *f* <-, -en> (INFOR, TEL) autopista *f* de datos
Datenbank *f* <-, -en> (INFOR) banco *m* de datos, base *f* de datos; **Datenbankverwaltung** *f* <-, -en> (INFOR) administración *f* de bancos de datos
Datenbasis *f* <-, -basen> (INFOR) base *f* de datos; **Datenbearbeitung** *f* <-, -en> (*a.* INFOR) elaboración *f* de datos; **Datenbereitstellung** *f* <-, -en> facilitación *f* de datos; **Datenbestand** *m* <-(e)s, -stände> (INFOR) datos *mpl* existentes, estado *m* de datos; **den ~ aktualisieren** actualizar los datos; **Datendurchlauf** *m* <-(e)s, -läufe> (INFOR) ejecución *f* de datos; **Dateneingabe** *f* <-, -n> (INFOR) entrada *f* de datos; **Datenelement** *nt* <-(e)s, -e> (INFOR) elemento *m* de datos; **Datenendgerät** *nt* <-(e)s, -e> (INFOR, TEL) periférico *m* de salida, dispositivo *m* de salida de datos; **Datenerfassung** *f* <-, -en> (INFOR) registro *m* de datos, recopilación *f* de datos; **Datenfeld** *nt* <-(e)s, -er> (INFOR) campo *m* de datos; **Datenfernübertragung** *f* <-, -en> (INFOR, TEL) transmisión *f* de datos, telecomunicación *f* de datos; **Datenfernverarbeitung** *f* <-, -en> (INFOR) tratamiento *m* de datos a larga distancia
Datenfluss[RR] *m* <-es, -flüsse> (INFOR) flujo *m* de datos; **Datenflussdiagramm**[RR] *nt* <-s, -e> (INFOR) diagrama *m* de flujo de datos; **Datenflusskontrolle**[RR] *f* <-, -n> (INFOR, TEL) control *m* de flujo de datos
Datenflut *f* <-, -en> (INFOR) flujo *m* de datos, afluencia *f* de datos; **Datenformat** *nt* <-(e)s, -e> (INFOR) formato *m* de datos; **Datengeheimnis** *nt* <-ses, *ohne pl*> secreto *m* de datos; **Datenhandschuh** *m* <-s, -e> (INFOR) guante *m* cibernético [*o* de datos]; **Dateninfobahn** [ˈdaːtənɪnfoːbaːn] *f* <-, -en> (INFOR) autopista *f* de la información; **Datenkompression** *f* <-, -en> (INFOR, TEL) compresión *f* de datos; **Datenkomprimierung** *f* <-, -en> (INFOR) compresión *f* de datos; **Datenkonvertierung** *f* <-, -en> (INFOR) conversión *f* de datos; **Datenmissbrauch**[RR] *m* <-s, -bräuche> abuso *m* de datos informáticos; **Datennetz** *nt* <-es, -e> (INFOR) red *f* de datos; **Datenpaket** *nt* <-(e)s, -e> (INFOR, TEL) bloque *m* de datos, paquete *m* de datos; **Datenpflege** *f* <-, *ohne pl*> (INFOR) mantenimiento *m* de datos; **Datenquelle** *f* <-, -n> (INFOR, TEL) fuente *f* de datos; **Datenrate** *f* <-, -n> (INFOR) velocidad *f* de transmisión de datos; **Datenreduktion** *f* <-, -en> (INFOR, TEL) reducción *f* de datos; **Datenregistrierung** *f* <-,

-en> registro *m* de datos; **Datensatz** *m* <-es, -sätze> (INFOR) juego *m* de datos
Datenschutz *m* <-es, *ohne pl*> (JUR) protección *f* de datos; **Datenschutzbeauftragte(r)** *mf* <-n, -n; -n, -n> encargado, -a *m, f* de la protección de datos
Datenschützer(in) *m(f)* <-s, -; -, -nen> (*fam*) *s.* **Datenschutzbeauftragte(r)**
Datenschutzgesetz *nt* <-es, -e> (JUR) ley *f* de protección de datos; **Datenschutzrecht** *nt* <-(e)s, *ohne pl*> régimen *m* de protección datos
Datensicherheit *f* <-, *ohne pl*> (INFOR) seguridad *f* de datos
Datensicherung *f* <-, *ohne pl*> aseguramiento *m* de datos; **Datensicherungssystem** *nt* <-s, -e> (INFOR) sistema *m* de aseguramiento de datos; ~ **mit Rückübertragung** realimentación de la información
Datensichtgerät *nt* <-(e)s, -e> (TECH) unidad *f* de representación [*o* de visualización] de datos; **Datenträger** *m* <-s, -> (INFOR) soporte *m* de datos; **Datentypist(in)** *m(f)* <-en, -en; -, -nen> operador(a) *m(f)* de un terminal (de datos); **Datenübermittlung** *f* <-, -en> (INFOR), **Datenübertragung** *f* <-, -en> (INFOR) transmisión *f* de datos; **Datenübertragungsgeschwindigkeit** *f* <-, -en>, **Datenübertragungsrate** *f* <-, -n> velocidad *f* de transmisión de datos; **Datenübertragungszeit** *f* <-, -en> (INFOR) tiempo *m* de transmisión de datos
Datenverarbeitung *f* <-, -en> (INFOR) tratamiento *m* de datos, procesamiento *m* de datos; **elektronische** ~ tratamiento electrónico de datos; **Datenverarbeitungsanlage** *f* <-, -n> (INFOR) instalación *f* informática, computadoras *fpl*
Datenverwaltung *f* <-, -en> (INFOR) administración *f* de datos, gestión *f* de datos; **Datenwiederherstellung** *f* <-, *ohne pl*> (INFOR) recuperación *f* de datos; **Datenwust** *m* <-(e)s, *ohne pl*> (*abw*) revoltijo *m* de datos, lío *m* de datos; **Datenzentrale** *f* <-, -n> (INFOR) central *f* de datos; **Datenzwischenspeicher** *m* <-s, -> (INFOR) memoria *f* intermedia de datos
datieren* [da'tiːrən] I. *vt* fechar, datar; **datiert sein auf ...** llevar fecha de...
II. *vi* datar (*aus* de)
Dativ ['daːtiːf] *m* <-s, -e> (LING) dativo *m;* **im** ~ **stehen** estar en dativo
Dativobjekt *nt* <-s, -e> (LING) complemento *m* indirecto
dato ['daːto] *adv: bis* ~ hasta la fecha (de hoy)
Datowechsel *m* <-s, -> (JUR) letra *f* a fecha fija
Datscha ['datʃa] *f* <-, Datschen> (*ostd*) dacha *f*
Dattel ['datəl] *f* <-, -n> dátil *m*
Dattelpalme *f* <-, -n> (BOT) palma *f* datilera
Datum ['daːtʊm] *nt* <-s, Daten> *o* Data; **äußerstes** ~ (WIRTSCH) fecha límite; **das Werk ist jüngeren ~s** la obra es de fecha reciente; **welches** ~ **haben wir heute?** ¿a qué fecha estamos hoy?; **mit** ~ **vom 10. Oktober** con fecha del 10 de octubre; ~ **des Poststempels** fecha del matasellos, fecha del timbre de correo *Am*
Datumsanzeige *f* <-, -n> (INFOR) fecha *f* en pantalla; **Datumsgrenze** *f* <-, -n> línea *f* de cambio de fecha; **Datum(s)stempel** *m* <-s, -> ① (*Gerät*) fechador *m* ② (*Datum*) fecha *f*
Daube ['daʊbə] *f* <-, -n> (*Fass-*) duela *f*
Dauer ['daʊə] *f* <-, *ohne pl*> duración *f;* (*Zeitspanne*) período *m;* ~ **der Haftung/eines Patents/des Vertrags** (JUR) duración de la responsabilidad/de una patente/del contrato; **festgesetzte** ~ período fijo; **mit unbestimmter** ~ con una duración indeterminada; **für die** ~ **eines Jahres** por un período de un año; **das war nicht von** ~ esto no duró mucho; **auf die** ~ a la larga
Dauerarbeitslose(r) *mf* <-n, -n; -n, -n> parado, -a *m, f* de larga duración; **Dauerarbeitslosigkeit** *f* <-, *ohne pl*> paro *m* de larga duración [*o* permanente]; **Dauerauftrag** *m* <-(e)s, -träge> (FIN) orden *f* permanente; **Dauerbehandlung** *f* <-, -en> (MED) tratamiento *m* continuo [*o* permanente]; **Dauerbelieferungsvertrag** *m* <-(e)s, -träge> (JUR) contrato *m* de suministro periódico; **Dauerbeschäftigung** *f* <-, -en> puesto *m* permanente; **in** ~ **bei einer Firma sein** tener un puesto fijo en una empresa; **Dauerbetreuung** *f* <-, *ohne pl*> (JUR) asistencia *f* permanente; **Dauerbetrieb** *m* <-(e)s, *ohne pl*> (TECH) régimen *m* continuo; **Dauerbrenner** *m* <-s, -> ① (*Ofen*) estufa *f* de combustión lenta ② (*fam: Erfolg*) éxito *m* permanente; **Dauereinrichtung** *f* <-, -en> institución *f* permanente; **Daueremission** *f* <-, -en> (FIN, PHYS) emisión *f* permanente; **Dauerremittent** *m* <-en, -en> (FIN, ÖKOL) emisor *m* permanente; **Dauererfolg** *m* <-(e)s, -e> éxito *m* permanente; **Dauerfeldbau** *m* <-(e)s, *ohne pl*> (AGR) labranza *f* continuada
Dauerfrost *m* <-(e)s, -fröste> helada *f* persistente; **Dauerfrostboden** *m* <-s, -böden> terreno *m* permanentemente congelado
Dauergast *m* <-(e)s, -gäste> ① (*Stammgast*) cliente *mf* fijo, -a; ~ **in einem Lokal sein** ser cliente fijo [*o* habitual] de un establecimiento ② (*im Hotel*) huésped *mf* fijo, -a, residente *mf* fijo, -a; **sich** (**bei jdm**) **als** ~ **einrichten** quedarse a vivir (en casa de alguien); **dein Bruder will sich wohl bei uns als** ~ **einrichten, er ist schon seit Wochen zu Besuch** parece que tu hermano quiere quedarse de huésped permanente, ya lleva semanas de visita, aquí, en nuestra casa
dauerhaft *adj* duradero, permanente
Dauerhaftigkeit *f* <-, *ohne pl*> ① (*Beständigkeit*) estabilidad *f* ② (*Haltbarkeit*) durabilidad *f*, permanencia *f*
Dauerkarte *f* <-, -n> (billete *m* de) abono *m*, pase *m;* **Dauerlauf** *m* <-(e)s, -läufe> (SPORT) carrera *f* de resistencia; **Dauerlutscher** *m* <-s, -> chupa-chups® *m inv*
dauern ['daʊən] I. *vi* durar; (*lange*) tardar; **das dauert und dauert** tarda horas y horas; **das dauert wieder!** ¡cómo tarda!; **das dauert mir zu lange** tarda demasiado; **wie lange dauert es denn noch?** ¿cuánto tiempo más va durar eso?; **es dauert noch, bis wir ankommen** hay para rato hasta que lleguemos; **es dauerte nicht lange, bis sie zurückkehrte** no tardó en volver; **die Verhandlungen** ~ **schon drei Tage** las negociaciones duran ya tres días
II. *vt* (*geh: leid tun*) dar pena [*o* lástima]; **das arme Tier dauerte mich** me dio lástima el pobre animal
dauernd ['daʊənt] *adv* a cada momento, sin cesar
dauernde(r, s) *adj* constante, permanente
Dauernutzungsrecht *nt* <-(e)s, -e> (JUR) derecho *m* de disfrute permanente
Dauerobst *nt* <-(e)s, *ohne pl*> fruta *f* de fuera de temporada, fruta *f* de todo el año duradero [*o* permanente]; **Dauerparker(in)** *m(f)* <-s, -; -, -nen> persona que aparca su coche por tiempo prolongado en un sitio determinado; **Dauerpfändung** *f* <-, -en> (JUR) embargo *m* permanente; **Dauerpflegschaft** *f* <-, -en> (JUR) pupilaje *m* permanente; **Dauerrechtsverhältnis** *nt* <-ses, -se> (JUR) relación *f* jurídica de tracto sucesivo; **Dauerregen** *m* <-s, *ohne pl*> (METEO) lluvia *f* continua; **Dauerschaden** *m* <-s, -schäden> (MED) daño *m* permanente; **Dauerschulden** *fpl* obligaciones *fpl* de tracto sucesivo; **Dauerschuldverhältnis** *nt* <-ses, -se> (JUR) relación *f* obligatoria de tracto sucesivo; **Dauerschuldzinsen** *mpl* intereses *mpl* de una obligación de tracto sucesivo; **Dauerstellung** *f* <-, -en> empleo *m* fijo; **Dauerstraftat** *f* <-, -en> (JUR) delito *m* permanente; **Dauerstress**[RR] *m* <-es, *ohne pl*> estrés *m* permanente; ~ **haben, im** ~ **sein** estar permanentemente estresado; **Dauerthema** *nt* <-s, -themen> tema *m* permanente; **Dauerton** *m* <-(e)s, -töne> (TEL, ELEK) tono *m* continuo; **Dauervertrag** *m* <-(e)s, -träge> (JUR) contrato *m* de tracto sucesivo; **Dauerverwaltungsakt** *m* <-(e)s, -e> (ADMIN) acto *m* administrativo permanente; **Dauerwelle** *f* <-, -n> permanente *f*; **Dauerwirkung** *f* <-, -en> efecto *m* duradero; **Dauerwohnrecht** *nt* <-(e)s, *ohne pl*> (JUR) derecho *m* de residencia permanente; **Dauerzustand** *m* <-(e)s, -stände> estado *m* permanente
Däumchen ['dɔɪmçən] *nt* <-s, ->: ~ **drehen** (*fam*) aburrirse
Daumen ['daʊmən] *m* <-s, -> (dedo *m*) pulgar *m;* **am** ~ **lutschen** chuparse el dedo; **jdm die** ~ **drücken** (*fam*) desearle suerte a alguien
Daumenabdruck *m* <-(e)s, -drücke> huella *f* del pulgar, impresión *f* digital del pulgar
daumenbreit *adj* del ancho de un pulgar
Daumenlutscher(in) *m(f)* <-s, -; -, -nen> (*abw*) niño, -a *m, f* que se chupa el dedo; **Daumennagel** *m* <-s, -nägel> (ANAT) uña *f* del pulgar; **Daumenregister** *nt* <-s, -> registro *m* digital; **Daumenschraube** *f* <-, -n> empulgueras *fpl*
Däumling ['dɔɪmlɪŋ] *m* <-s, *ohne pl*> (*winzige Märchengestalt*) Pulgarcito *m*
Daune ['daʊnə] *f* <-, -n> plumón *m*
Daunendecke *f* <-, -n> edredón *m*
daunenweich *adj* suave como el plumón; **der Stoff ist** ~ la tela es suave como el plumón
Daus [daʊs] *m: ei der* ~! (*alt*) ¡cáspita!
David(s)stern ['daːvɪt(s)-] *m* <-(e)s, -e> estrella *f* de David
Daviscup[RR] *m* <-s, *ohne pl*> (SPORT) copa *f* Davis
davon ['daːfɔn, da'fɔn] *adv* ① (*räumlich*) de aquí, de allí; **nicht weit** ~ no muy lejos de aquí; **einige Meter** ~ **entfernt** a unos metros de aquí; **er ist auf und** ~ tomó las de Villadiego
② (*Anteil*) de esto; **die Hälfte** ~ la mitad de esto
③ (*damit*) de esto; ~ **kann man eine Suppe kochen** de esto se puede preparar una sopa
④ (*Angelegenheit*) de ello, de esto; **hast du dich** ~ **erholt?** ¿te has recuperado de ello?; **was weißt du** ~? ¿qué sabes de esto?; **das hängt** ~ **ab, ob ...** esto depende de si...; **was habe ich denn** ~? ¿qué saco yo de esto?
⑤ (*dadurch*) ~ **kannst du krank werden** con eso te puedes enfermar; **ich bin** ~ **aufgewacht** me desperté por eso; **das kommt** ~, **dass ...** esto viene de que...
davon|eilen [-'---] *vi sein* (*geh*) salir corriendo

davon|fahren *irr vi sein* ❶ (*wegfahren*) alejarse; **im Auto/auf dem Fahrrad ~** marcharse en coche/en bicicleta; **das Auto fuhr mit quietschenden Reifen davon** el coche arrancó con chirrido de neumáticos; **sie schwang sich aufs Fahrrad und fuhr davon** se subió a la bici y se marchó
❷ (*schneller fahren*) adelantar; **jdm ~** pasar a alguien
davon|fliegen [-'---] *irr vi sein* alzar el vuelo, echar a volar
davon|gehen *irr vi sein* marcharse
davon|jagen I. *vi sein* (*sich entfernen*) marcharse como una flecha, salir pitando
II. *vt* (*vertreiben*) echar
davon|kommen *irr vi sein* librarse, salvarse; (*mit dem Leben*) salvarse, sobrevivir; **er ist noch mal davongekommen** se ha salvado de nuevo; **mit einem blauen Auge ~** (*fig*) salir sin mayores perjuicios; **mit dem Schrecken ~** llevarse (sólo) un susto; **sie kam mit einer Geldstrafe davon** le pusieron sólo una multa; **du kommst mir nicht ungeschoren davon** no te vas a salvar [*o* librar] (del castigo)
davon|laufen *irr vi sein* ❶ (*weglaufen*) echar a correr, huir; **als sie uns sahen, liefen sie davon** cuando nos vieron echaron a correr
❷ (*fam: verlassen*) escaparse; **von zu Hause ~** escaparse de casa
davon|machen *vr:* **sich ~** (*fam*) escaparse, largarse
davon|schleichen *irr* I. *vi sein* escurrirse, escabullirse; **bedrückt ist er davongeschlichen** se escabulló abatido de allí
II. *vr:* **sich ~** escurrirse, escaquearse; **sich auf leisen Sohlen ~** irse de puntillas
davon|stehlen *irr vr:* **sich ~** (*geh*) escabullirse, ausentarse disimuladamente
davon|tragen *irr vt* ❶ (*Dinge*) llevarse
❷ (*geh: Sieg*) conseguir
❸ (*Verletzungen*) sufrir
davon|ziehen *irr vi sein* ❶ (*weggehen*) partir, marcharse; **im Herbst ziehen die Vögel davon** en otoño se marchan [*o* migran] las aves
❷ (*einen Vorsprung gewinnen*) sacar ventaja; **im Schlussspurt gelang es ihm, den anderen Läufern davonzuziehen** en el sprint final consiguió sacar ventaja a los otros corredores; **im Automobilbau sind die Japaner davongezogen** en la construcción de automóviles llevan ventaja los japoneses
davor ['da:fo:ɐ, da'fo:ɐ] *adv* ❶ (*räumlich*) delante; **~ liegen** estar (tendido) delante; **~ sein** (*sich befinden*) estar delante; (*fam: verhindern*) interponerse; **wir wollten den Zaun abreißen, aber unser Nachbar war ~** queríamos arrancar la valla, pero se interpuso nuestro vecino; **~ stehen** estar (plantado) delante; **~ stellen** poner delante; **sich ~ stellen** plantarse delante
❷ (*zeitlich*) antes; **kurz ~** poco antes; **einige Stunden ~** algunas horas antes
❸ (*im Hinblick auf*) de esto, de ello; **er hat mich ~ gewarnt** me previno acerca de esto; **sie hat keine Angst ~** esto no le da miedo
davor|liegen *irr vi s.* **davor 1.**
davor|sein *irr vi sein s.* **davor 1.**
davor|stehen *irr vi s.* **davor 1.**
davor|stellen *vt, vr:* **sich ~** *s.* **davor 1.**
DAX *m* <-, *ohne pl*> (FIN) *Abk. von* **Deutscher Aktienindex** DAX *m* (Índice Alemán de las Acciones)
dazu ['da:tsu, da'tsu:] *adv* ❶ (*räumlich*) a esto; **wozu gehört das? – ~** ¿a qué pertenece esto? – a esto
❷ (*außerdem*) además, fuera de eso; **noch ~, wo ...** y además porque...
❸ (*dafür*) para esto, para eso; **ich brauche ~ einen Hammer** para esto me hace falta un martillo; **er/das ist ~ da, um ...** él/esto está para...; **~ bist du noch zu jung** aún eres demasiado joven para esto; **ich habe keine Lust ~** no tengo ganas
❹ (*darüber*) al respecto; **was meinst [***o* sagst**] du ~?** ¿qué opinas al respecto?
❺ (*Wend*): **das führt ~, dass ...** esto nos lleva a que... +*subj*; **wie komme ich denn ~?** (*warum bekomme ich das?*) ¿de dónde me viene eso?; **wie komme ich ~?** (*warum sollte ich es tun?*) ¿porqué (diablos) lo voy a hacer?, ¡no pienso hacerlo!; **wie kommt er ~?** (*auf diese Idee*) ¿cómo se le ocurre?
dazu|geben [-'---] *irr vt* añadir (*zu* a)
dazu|gehören *vi* formar parte (*zu* de); **das gehört eben auch dazu** esto también forma parte del asunto; **es gehört schon einiges dazu** se requiere cierta valentía para hacerlo
dazugehörige(r, s) *adj* correspondiente
dazu|gesellen* *vr:* **sich ~** unirse (*zu* a)
dazu|kommen *irr vi sein* ❶ (*ankommen*) llegar (en el momento en que)
❷ (*hinzugefügt werden*) agregarse (*zu* a); **dazu kommt noch, dass er gelogen hat** y a eso hay que añadir que mintió
dazu|legen I. *vt* añadir; **legen Sie mir bitte noch ein Stück Käse dazu** póngame también un trozo de queso, por favor

II. *vr:* **sich ~** acostarse al lado; **als das Kind allein nicht schlafen wollte, legte sie sich dazu** cuando el niño no quería dormir solo, se acostaba ella a su lado
dazu|lernen *vt* aprender; **man lernt ständig dazu** cada día se aprende algo nuevo
dazumal ['da:tsuma:l] *adv* (*alt*) por aquel entonces, en aquellos tiempos
dazu|rechnen *vt* añadir; **zur Endsumme muss man dann noch die Mehrwertsteuer ~** a la suma total aún hay que añadirle el IVA; **wenn ich dazurechne, wie viel Zeit fürs Fahren draufging, hat sich die Sache nicht gelohnt** si le sumo el tiempo que se fue en el viaje, el asunto no ha valido la pena
dazu|setzen I. *vt* ❶ (*zu jdm setzen*) sentar al lado; **darf ich meine Tochter ~?** ¿puedo sentar a mi hija a su lado?
❷ (*dazuschreiben*) añadir, escribir al lado; **möchtest du auf dieser Karte einen Gruß ~?** ¿quieres añadir un saludo en la postal?
II. *vr:* **sich ~** sentarse al lado; **ist hier noch Platz? – ja, setzen Sie sich dazu!** ¿queda sitio aquí [*o* está libre este sitio]? – ¡sí, siéntese a nuestro lado!
dazu|tun *irr vt* añadir, agregar
Dazutun [-'---] *nt: ohne sein* **~** sin su ayuda, sin su intervención
dazwischen ['da:tsvɪʃən, da'tsvɪʃən] *adv* ❶ (*räumlich*) en medio; **die Eltern saßen auf dem Sofa, die beiden Kinder ~** los padres estaban sentados en el sofá y los dos hijos entre ellos
❷ (*zeitlich*) en medio, de por medio; **es liegen einige Jahre ~** hay un par de años de por medio
dazwischen|fahren [-'----] *irr vi sein* (*eingreifen*) interferir; (*unterbrechen*) interrumpir
dazwischen|funken [-'----] *vi* (*fam*) interrumpir
dazwischen|kommen *irr vi sein* ❶ (*hineinreichen*) caber; **mit der Hand komme ich dazwischen** te cabe la mano
❷ (*Ereignis*) ocurrir; (*Problem, Aufgabe*) surgir; **mir ist leider etwas dazwischengekommen** desgraciadamente me ha surgido un imprevisto
dazwischen|reden *vi* interrumpir
dazwischen|rufen *irr vi* interrumpir; **während eines Vortrags ~** interrumpir un discurso [*o* una conferencia]
dazwischen|schlagen *irr vi* repartir golpes, golpear a diestro y siniestro; **als die Insassen nicht auseinander gehen wollten, schlug der Aufseher mit einem Knüppel dazwischen** al no querer disolverse los reclusos, el vigilante repartió golpes con una porra
dazwischen|stehen *irr vi* ❶ (*zwischen Personen, Dingen stehen*) estar (de pie) en medio; **rechts ist ihre Mutter, links ihr Vater und sie steht dazwischen** a la derecha está su madre, a la izquierda su padre y ella está en medio
❷ (*unentschieden sein*) estar a caballo [*o* a medio camino] entre dos extremos; **mit seiner Meinung ~** estar a caballo entre dos opiniones; **religiös neigt sie weder dem Katholizismus noch dem Luthertum zu, sie steht (irgendwo) dazwischen** en lo religioso no se inclina ni por el catolicismo ni por el luteranismo, está a medio camino entre ambos
❸ (*trennend sein*) interponerse; **sie hätten sich längst vertragen, stünde nicht dieses Missverständnis dazwischen** se hubieran reconciliado ya hace tiempo si no se interpusiera ese malentendido entre ellos
dazwischen|treten *irr vi* imponerse; (*eingreifen*) intervenir
dB [de:'be:] *Abk. von* **Dezibel** dB
DB [de:'be:] *f Abk. von* **Deutsche Bahn** Ferrocarriles *mpl* Alemanes; (HIST) *Abk. von* **Deutsche Bundesbahn** Ferrocarriles *mpl* Federales Alemanes
DBB *Abk. von* **Deutscher Beamtenbund** Unión *f* Alemana de Funcionarios
DBP¹ *f* (HIST) *Abk. von* **Deutsche Bundespost** Correo *m* Federal Alemán
DBP² *nt Abk. von* **Deutsches Bundespatent** Patente *f* Federal Alemana
DCC [de:tse:'tse:] *f* <-, -(s)> (TECH) *Abk. von* **Digital Compact Cassette** cas(s)et(t)e *m o f* compacto digital
DD [de:'de:] (INFOR) *Abk. von* **Double Density** DD
DD-Diskette *f* <-, -n> (INFOR) disquete *m* de doble densidad
DDR [de:de:'?ɛr] *f* <-> (HIST) *Abk. von* **Deutsche Demokratische Republik** RDA *f*; **die ehemalige** [*o* **frühere**] **~** la antigua RDA
DDR-Bürger(in) *m(f)* <-s, -; -, -nen> (HIST) ciudadano, -a *m, f* de la RDA
DDT® *nt* <-(s), *ohne pl*> (CHEM) *Abk. von* **Dichlordiphenyltrichloräthan** DDT® *m*
D-Dur *nt* <-, *ohne pl*> (MUS) re *m* mayor
deaktivieren* [de:?akti'vi:rən] *vt* desactivar
Deal ['di:l] *m* <-s, -s> (*sl*) acuerdo *m*; (*Geschäft*) negocio *m*; **mit jdm einen ~ machen** llegar a un acuerdo con alguien
dealen ['di:lən] *vi* traficar
Dealer(in) *m(f)* <-s, -; -, -nen> (*Drogen~*) traficante *mf* de droga(s), camello *m fam*
Debakel [de'ba:kəl] *nt* <-s, -> (*geh*) desastre *m*

Debatte [de'batə] *f* <-, -n> (a. POL) debate *m*, discusión *f*; **etw zur ~ stellen** poner algo a debate; **was steht zur ~?** ¿qué tenemos en el programa?

debattieren* *vi, vt* debatir (*über* sobre)

Debet ['de:bɛt] *nt* <-s, -s> (FIN) debe *m*, débito *m*; **jd ist** [*o* **steht**] **mit 500 Euro im ~** alguien debe 500 euros

Debetseite *f* <-, -n> (FIN) (lado *m* del) debe *m*

debil [de'bi:l] *adj* retrasado mental, oligofrénico

Debilität *f* <-, *ohne pl*> debilidad *f* mental

debitieren *vt* (FIN) adeudar, debitar

Debitor(in) ['de:bito:ɐ] *m(f)* <-s, -en; -, -nen> (FIN) deudor(a) *m(f)*

Debitorenziehung *f* <-, -en> (FIN) letra *f* librada (por un banco)

Debüt [de'by:] *nt* <-s, -s> estreno *m*, debut *m*; **sein ~ geben** hacer su debut

Debütant(in) [deby'tant] *m(f)* <-en, -en; -, -nen> debutante *mf*, principiante *mf*

Debütantin *f* <-, -nen> ❶ *s.* **Debütant**
❷ (*gesellschaftlicher Neuling*) debutante *f*, jovencita *f* en su puesta de largo, joven *f* que se presenta [*o* entra] en sociedad

debütieren* [deby'ti:rən] *vi* debutar; **als Hamlet/Sopranistin ~** debutar como Hamlet/soprano; **mit einem Werk ~** debutar con una obra

Dechant [dɛ'çant, 'dɛçant, *pl:* dɛ'çantən] *m* <-en, -en> (REL) deán *m*

dechiffrieren* [deʃɪ'fri:rən] *vt* descifrar

Dechiffrierung *f* <-, -en> desciframiento *m*

Deck [dɛk] *nt* <-(e)s, -s> (NAUT) cubierta *f*; **alle Mann an ~!** ¡todo el mundo a cubierta!; **an/unter ~ gehen** ir sobre/bajo cubierta

Deckadresse *f* <-, -n> dirección *f* ficticia [*o* falsa]

Deckaufbauten *mpl* (NAUT) superestructuras *fpl*, estructuras *fpl* sobre la cubierta de un barco

Deckbett *nt* <-(e)s, -en> ❶ (*Bettdecke*) colcha *f*, edredón *m*
❷ (*Schweiz: Bettbezug*) ropa *f* de cama

Deckblatt *nt* <-(e)s, -blätter> ❶ (PUBL: *Titelblatt*) portada *f*
❷ (BOT) bráctea *f*

Decke ['dɛkə] *f* <-, -n> ❶ (*Woll~*) frazada *f* (de lana), manta *f* (de lana); (*Bett~*) manta *f*, cobertor *m*; (*Tages~*) colcha *f*, sobrecama *f*; (*Pferde~*) manta *f* (para caballerías); **mit jdm unter einer ~ stecken** (*fam*) hacer causa común con alguien
❷ (*Tisch~*) mantel *m*
❸ (*Zimmer~*) techo *m*; **an die ~ gehen** (*fam*) subirse a la parra; **jdm fällt die ~ auf den Kopf** (*fam*) a alguien se le cae la casa encima
❹ (*Asphalt~*) pavimento *m* (de asfalto)
❺ (*Mantel eines Autoreifens*) cubierta *f*

Deckel ['dɛkəl] *m* <-s, -> ❶ (*von Gefäßen*) tapa *f*, tapadera *f*
❷ (*Buch~*) tapa *f*, sobrecubierta *f*
❸ (*fam: Hut*) sombrero *m*; **eins auf den ~ kriegen** (*fam*) llevarse una bronca; **jdm eins auf den ~ geben** (*fam*) echar a alguien una bronca

decken ['dɛkən] **I.** *vt* ❶ (*be~*) cubrir, tapar; **ein Tuch über etw ~** cubrir [*o* tapar] algo con un paño
❷ (*Bedarf*) cubrir; (*Nachfrage*) satisfacer
❸ (*Tisch*) poner; **es ist für sechs Personen gedeckt** se ha puesto la mesa para seis personas; **sich an den gedeckten Tisch setzen** (*fig*) encontrarlo todo preparado
❹ (SPORT) marcar
❺ (*ein Verbrechen*) cubrir
❻ (FIN: *Scheck*) cubrir; **der Scheck ist nicht gedeckt** el cheque no está cubierto
❼ (ZOOL: *weibliche Tiere*) cubrir; (*Stuten*) acaballar
II. *vr:* **sich ~** (*übereinstimmen*) coincidir; **ihre Aussagen ~ sich nicht mit seinen** sus declaraciones no coinciden con las de él

Deckenbeleuchtung *f* <-, -en> alumbrado *m* de techo; **Deckengemälde** *nt* <-s, -> (KUNST) fresco *m* de techo [*o* de cielo raso]; **Deckengewölbe** *nt* <-s, -> (ARCHIT) bóveda *f* de techo; **Deckenlampe** *f* <-, -n> lámpara *f* de techo; (*direkt angebracht*) plafón *m*

Deckfarbe *f* <-, -n> ❶ (*Wandfarbe*) pintura *f* que cubre bien
❷ (*Wasserfarbe*) témpera *f*

Deckflügel *m* <-s, -> (ZOOL) élitro *m*

Deckfrucht *f* <-, *ohne pl*> (AGR) fruto *m* de superficie

Deckgewebe *nt* <-s, -> (BIOL) tejido *m* de cubierta; **Deckhaar** *nt* <-(e)s, *ohne pl*> (ANAT) cabello *m*; (ZOOL) pelo *m*; **Deckhengst** *m* <-(e)s, -e> caballo *m* semental, padrote *m* MAm, Mex, padrillo *m* CSur; **Deckmantel** *m* <-s, -> (FIN) pretexto *m*; **unter dem ~ von … +***dat*, **unter dem ~ … +***gen* bajo pretexto de…; **Deckname** *m* <-ns, -n> nombre *m* falso [*o* fingido]

Deckoffizier *m* <-s, -e> (NAUT) ❶ (*alt: Dienstgrad*) antiguo grado de la Marina, entre suboficial y oficial
❷ (*Maat*) cabo *m* de cubierta

Deckung ['dɛkʊŋ] *f* <-, *ohne pl*> ❶ (MIL) defensa *f*; **jdm ~ geben** cubrir a alguien; **in ~ gehen** ponerse a cubierto
❷ (*eines Verbrechers*) encubrimiento *m*
❸ (*von Bedarf, Scheck*) cobertura *f*; **zusätzliche ~** cobertura adicional; **~ ist vorhanden** hay provisión de fondos
❹ (*Übereinstimmung*) armonía *f*, compatibilidad *f*; **unterschiedliche Standpunkte zur ~ bringen** armonizar diferentes puntos de vista
❺ (SPORT: *der Spieler*) marcaje *m*; (*Verteidigung*) defensa *f*

Deckungsauflage *f* <-, -n> (PUBL: *von Titeln*) tirada *f* de cobertura; **Deckungsbeitrag** *m* <-(e)s, -träge> (WIRTSCH) margen *m* bruto; **Deckungsgeschäft** *nt* <-(e)s, -e> (WIRTSCH) operación *f* de cobertura

deckungsgleich *adj* congruente

Deckungsgleichheit *f* <-, *ohne pl*> ❶ (MATH) congruencia *f* ❷ (*Übereinstimmung*) coincidencia *f*; **Deckungsgrad** *m* <-(e)s, -e> grado *m* de recubrimiento; **Deckungskapital** *nt* <-s, *ohne pl*> (WIRTSCH) capital *m* de cobertura; **Deckungskauf** *m* <-(e)s, -käufe> (WIRTSCH) compra *f* de reabastecimiento; **Deckungsrücklage** *f* <-, -n>, **Deckungsrückstellung** *f* <-, -en> (WIRTSCH) reservas *fpl* netas; **Deckungsschutz** *m* <-es, *ohne pl*> (JUR) protección *f* de garantía; **vorläufiger ~** protección provisional de garantía; **Deckungssumme** *f* <-, -n> (FIN) suma *f* asegurada; **Deckungsverhältnis** *nt* <-ses, -se> (FIN) índice *m* de cobertura; **Deckungsverkauf** *m* <-(e)s, -käufe> (WIRTSCH) venta *f* de cobertura; **Deckungsvorsorge** *f* <-, *ohne pl*> (JUR) previsión *f* de garantía; **Deckungszusage** *f* <-, -n> (WIRTSCH) nota *f* de cobertura; **vorläufige ~** nota de cobertura provisional

Deckweiß *nt* <-es, -> (KUNST) blanco *m* opaco

Deckwort *nt* <-(e)s, -wörter> (palabra *f* en) clave *m*

Decoder [di'ko:dɐ] *m* <-s, -> (INFOR, TV) decodificador *m*

decodieren* [deko'di:rən] *vt* (INFOR) decodificar

Decrescendo [dekrɛ'ʃɛndo, *pl:* dekrɛ'ʃɛndi] *nt* <-s, -s *o* Decrescendi> (MUS) decrescendo *m*

Dedikationsexemplar *nt* <-s, -e> ejemplar *m* dedicado [*o* con dedicatoria]

dediziert [dedi'tsi:ɐt] *adj* (INFOR) dedicado

Deduktion [dedʊk'tsjo:n] *f* <-, -en> deducción *f* (*aus* de)

deduktiv [dedʊk'ti:f] *adj* deductivo

deduzieren* [dedu'tsi:rən] *vt* deducir (*aus* de)

Deern [de:ɐn] *f* <-, -s> (*nordd: fam*) moza *f*

Deeskalation [deʔɛskala'tsjo:n] *f* <-, -en> (MIL) reducción *f* escalonada del armamento militar

de facto [de: 'fakto] *adv* de facto, de hecho

De-facto-Anerkennung *f* <-, -en> (JUR) reconocimiento *m* de facto

Defätismus [defɛ'tɪsmʊs] *m* <-, *ohne pl*> (*geh*) derrotismo *m*

Defätist(in) [defɛ'tɪst] *m(f)* <-en, -en; -, -nen> (*geh*) derrotista *mf*

defätistisch *adj* (*geh*) derrotista

Default [di'fɔ:lt] *nt* <-(s), -s> (INFOR) default *m*, definición *m* por defecto

defekt [de'fɛkt] *adj* defectuoso, averiado; **~er Sektor** (INFOR) sector defectuoso

Defekt *m* <-(e)s, -e> ❶ (TECH) avería *f*
❷ (MED) defecto *m*

defensiv [defɛn'zi:f] *adj* defensivo

Defensive [defɛn'zi:və] *f* <-, -n> defensiva *f*; **sich in die ~ begeben**, **in die ~ gehen** ponerse [*o* meterse] a la defensiva; **den Gegner in die ~ drängen** meter al enemigo a la defensiva

Defensivkrieg *m* <-(e)s, -e> (MIL) guerra *f* defensiva [*o* de defensa]; **Defensivnotstand** *m* <-(e)s, -stände> (JUR) emergencia *f* defensiva; **Defensivspiel** *nt* <-(e)s, -e> (SPORT) juego *m* defensivo

defilieren* [defi'li:rən] *vi* haben *o* sein desfilar

definierbar [defi'ni:ɐba:ɐ] *adj* definible; **etw ist nicht ~** (MATH) algo no puede ser definido, algo es indefinible

definieren* [defi'ni:rən] *vt* definir; **die Farbe ist schwer zu ~** es difícil definir el color

Definition [defini'tsjo:n] *f* <-, -en> definición *f*; **laut ~** según la definición

definitiv [defini'ti:f] *adj* definitivo

Defizit ['de:fitsɪt] *nt* <-s, -e> ❶ (WIRTSCH) déficit *m inv*; **~ des öffentlichen Sektors** déficit del sector público; **~ durch Steuersenkung** déficit provocado por la reducción fiscal; **rezessionbedingtes ~** déficit provocado por una fase recesiva [*o* por una recesión]; **wachsendes ~** déficit creciente; **ein ~ (ab)decken/ausgleichen** cubrir/equilibrar un déficit
❷ (*Mangel*) falta *f* (*an* de); **die Partei hat ein ~ an Popularität** el partido carece de popularidad

defizitär [defitsi'tɛ:ɐ] **I.** *adj* (*a.* WIRTSCH) deficitario
II. *adv* (WIRTSCH) deficitariamente, con tendencia al déficit; **im angelaufenen Geschäftsjahr entwickelt sich der Konzern ~** en el año en curso el consorcio presenta una evolución deficitaria [*o* hacia el déficit]

Defizitfinanzierung *f* <-, -en> (WIRTSCH) financiación *f* con déficit; **Defizithaushalt** *m* <-(e)s, -e> (WIRTSCH) presupuesto *m* deficitario; **Defizitware** *f* <-, -n> (WIRTSCH) mercancía *f* en descubierto; **Defizitwirtschaft** *f* <-, *ohne pl*> economía *f* deficitaria

Deflation [defla'tsjo:n] *f* <-, -en> (WIRTSCH) deflación *f*

deflationär *adj* (WIRTSCH) deflacionario, deflacionista
deflationistisch *adj* (WIRTSCH) deflacionario
Deflationsrate *f* <-, -n> (WIRTSCH) tasa *f* de deflación
Defloration [deflora'tsjo:n] *f* <-, -en> (MED) desfloración *f*
deflorieren* [deflo'ri:rən] *vt* desflorar
Deformation *f* <-, -en> deformación *f*
deformieren* [defɔr'mi:rən] *vt* deformar
Deformierung *f* <-, -en> ❶ (MED) deformación *f*; (*im Mutterleib*) malformación *f*
❷ (PHYS: *Verformung*) deformación *f*
Defroster [de'frɔstɐ] *m* <-s, -> (AUTO) descongelante *m*; (*Sprühmittel*) spray *m* antihielo
deftig ['dɛftɪç] *adj* ❶ (*Essen*) fuerte, substancioso
❷ (*Spaß*) fuerte; (*anzüglich*) verde
Deftigkeit[1] *f* <-, -en> (*derbe Äußerung*) grosería *f*
Deftigkeit[2] *f* <-, *ohne pl*> (*des Essens, einer Äußerung*) su(b)stancia *f*
Degen ['de:gən] *m* <-s, -> espada *f*
Degeneration *f* <-, -en> (*a.* BIOL, MED) degeneración *f*
Degenerationserscheinung *f* <-, -en> síntoma *m* de degeneración, señal *f* de degeneración
degenerieren* [degene'ri:rən] *vi sein* (*a.* BIOL, MED) degenerar
Degenfechten *nt* <-s, *ohne pl*> (SPORT) esgrima *f*
degradieren* [degra'di:rən] *vt* (*a.* MIL) degradar (*zu* a)
Degradierung *f* <-, -en> ❶ (MIL) degradación *f*; **das Kriegsgericht verfügte seine ~ (vom Major zum Unteroffizier)** el consejo de guerra dictaminó su degradación (de mayor a suboficial)
❷ (*Herabwürdigung*) degradación *f*, denigración *f*
degressiv [degrɛ'si:f] *adj* (FIN: *Abschreibung*) decreciente
Degustation [degusta'tsjo:n] *f* <-, -en> (GASTR: *geh*) degustación *f*
degustieren* [degus'ti:rən] *vt* (GASTR: *geh*) degustar
dehnbar ['de:nba:ɐ] *adj* ❶ (*Material*) elástico; (*in die Länge*) extensible; (PHYS) dilatable
❷ (*Begriff*) vago
Dehnbarkeit *f* <-, *ohne pl*> ❶ (*eines Materials*) elasticidad *f*, flexibilidad *f*
❷ (*eines Begriffs*) sentido *m* amplio
dehnen ['de:nən] I. *vt* ❶ (*Material*) estirar; (PHYS) dilatar; (MED: *Bänder*) extender
❷ (*Laute*) alargar
II. *vr*: **sich ~** ❶ (*weiter werden*) ensancharse
❷ (*sich recken*) estirarse, desperezarse
❸ (*lange dauern*) dilatarse
Dehnung *f* <-, -en> ❶ (*das Dehnen*) alargamiento *m*, prolongación *f*; (*Erweiterung*) extensión *f*; (*durch Ziehen*) estiramiento *m*
❷ (MED: *Weitung*) dilatación *f*; (*in der Länge*) elongación *f*
❸ (LING) alargamiento *m*
Dehydratation [de:hydrata'tsjo:n] *f* <-, -en> deshidratación *f*
dehydratisieren [dehydrati'zi:rən] *vt* (CHEM: *sl*) deshidratar, desecar; **dehydratisierte Lebensmittel** alimentos deshidratados [*o* liofilizados]
dehydrieren* [dehy'dri:rən] *vt* (CHEM) deshidratar, deshidrogenar
Dehydrierung *f* <-, -en> (CHEM) deshidrogenación *f*
Deibel ['daɪbəl] *m* <-s, -> (*nordd: fam*) diablo *m*
Deich [daɪç] *m* <-(e)s, -e> dique *m*
Deichrecht *nt* <-(e)s, *ohne pl*> (JUR) derecho *m* de diques
Deichsel ['daɪksəl] *f* <-, -n> lanza *f*, pértigo *m*
Deichselbruch ['daɪksəlbrʊx] *m* <-(e)s, -brüche> rotura *f* de lanza; **die Kutsche blieb wegen eines ~s liegen** la diligencia se quedó en el camino con la lanza rota
deichseln *vt* (*fam*) arreglar; **ich werde das schon** ~ ya lo arreglaré
Deichverband *m* <-(e)s, -bände> asociación *f* de diques (*corporación para el mantenimiento de diques protectores de una zona concreta*)
dein, deine, dein [daɪn] *pron poss* (*adjektivisch*) tu, tus *pl*; ~ **Mantel/Buch** tu abrigo/libro; ~**e Lehrerin** tu maestra; **der Wagen in der Einfahrt, ~e Freunde/Eltern** tus amigos/padres; **gehst du mit ~em Freund/~er Schwester/~en Nachbarn?** ¿vas con tu novio/tu hermana/tus vecinos?; **viele Grüße, ~ Peter** muchos saludos, Peter; **wie war noch mal ~ Name? – Tatjana** ¿cómo era tu nombre? – Tatjana; **du rauchst wohl auch so ~e drei Schachteln am Tag** tú también te fumarás unos tres paquetes al día
Deindustrialisierung *f* <-, -en> desindustrialización *f*
deine(r, s) ['daɪnə, -nɐ, -nəs] *pron poss* (*substantivisch*) (el) tuyo *m*, (la) tuya *f*, (los) tuyos *mpl*, (las) tuyas *fpl*; **der Wagen in der Einfahrt, ist das ~r?** el coche que está en la entrada, ¿es tuyo?; **meine Tochter ist kleiner als ~** mi hija es más baja que la tuya; *s. a.* **dein, deine, dein**
deiner *pron pers gen von* **du** de ti; **wir werden stets ~ gedenken** (*geh*) siempre pensaremos en ti
deinerseits ['daɪnɐzaɪts] *adv* de tu parte
deinesgleichen ['daɪnəs'glaɪçən] *pron indef* de tu condición, tus semejantes; ~ **kenne ich schon allzu gut** a los de tu calaña los conozco muy bien

deinethalben ['daɪnət'halbən] *adv* (*alt*), **deinetwegen** *adv* por ti; (*negativ*) por tu culpa
deinetwillen ['daɪnət'vɪlən] *adv*: **um ~** en consideración a ti, por ti
deinige ['daɪnɪgə] *pron poss*: **der/die/das ~** *geh für* **deine(r, s)** el tuyo/la tuya; **die ~n** [*o* **D~n**] los tuyos, las tuyas
deins *pron poss s.* **deine(r, s)**
Deismus [de'ɪsmʊs] *m* <-, *ohne pl*> (PHILOS) deísmo *m*
deistisch *adj* (PHILOS) deísta
Déjà-vu-Erlebnis [deʒa'vy:-] *nt* <-ses, -se> (PSYCH) sensación *f* de haber vivido una situación ya una vez
de jure [de:'ju:rə] *adv* (JUR) de jure, de derecho
De-jure-Anerkennung *f* <-, -en> (JUR) reconocimiento *m* de jure
Deka ['dɛka] *nt* <-(s), -> (*Österr*) *s.* **Dekagramm**
Dekade [de'ka:də] *f* <-, -n> década *f*
dekadent [deka'dɛnt] *adj* decadente
Dekadenz *f* <-, *ohne pl*> decadencia *f*; (LIT) decadentismo *m*
Dekaeder [deka'e:dɐ] *m* <-s, -> (MATH) decaedro *m*
Dekagramm [deka'gram] *nt* <-s, -e> decagramo *m*
Dekalog [deka'lo:k, *genitiv*: deka'lo:gəs] *m* <-(e)s, *ohne pl*> (REL) Decálogo *m*, decálogo *m*
Dekan[1] *m* <-s, -e> (REL) deán *m*
Dekan(in)[2] [de'ka:n] *m(f)* <-s, -e; -, -nen> (UNIV) decano, -a *m, f*
Dekanat [deka'na:t] *nt* <-(e)s, -e> (UNIV, REL) decanato *m*
Dekanin *f* <-, -nen> *s.* **Dekan**[2]
Dekartellierungsgesetz *nt* <-es, -e> ley *f* de descartelización; **Dekartellierungsrecht** *nt* <-(e)s, *ohne pl*> régimen *m* de descartelización
Deklamation *f* <-, -en> ❶ (*Vortrag*) declamación *f*; (*Gedichte*) recitación *f*
❷ (*pathetische Äußerung*) palabras *fpl* vacías [*o* huecas]; **seine Versprechungen waren nur ~en** sus promesas no eran más que palabras huecas
deklamatorisch [deklama'to:rɪʃ] *adj* declamatorio
deklamieren* [dekla'mi:rən] *vt* declamar
Deklaration [deklara'tsjo:n] *f* <-, -en> declaración *f*
deklarieren* [dekla'ri:rən] *vt* declarar
Deklarierung *f* <-, -en> (FIN) declaración *f* (de aduana)
deklassieren* [dekla'si:rən] *vt* descalificar, degradar; (SPORT) superar
Deklassierung *f* <-, -en> (SPORT) desclasificación *f*; **unser Sieg bedeutet eine ~ des Gegners** nuestra victoria supone la desclasificación del adversario
Deklination [deklina'tsjo:n] *f* <-, -en> ❶ (LING) declinación *f*, flexión *f* nominal
❷ (PHYS: *Missweisung*) declinación *f* magnética
deklinierbar *adj* (LING) declinable; **Zahlwörter sind nicht ~** los numerales no son declinables
deklinieren* [dekli'ni:rən] *vt* (LING) declinar
dekodieren* [deko'di:rən] *vt* (INFOR) descodificar
Dekolleté *nt* <-s, -s>, **Dekolletee**[RR] [dekɔl'te:] *nt* <-s, -s> escote *m*
dekolletiert *adj* escotado; **ein tief ~es Kleid** un vestido muy escotado; **eine (tief) ~e Bedienung** una camarera (muy) escotada
Dekompression *f* <-, -en> (PHYS) descompresión *f*
Dekompressionskammer *f* <-, -n> (PHYS) cámara *f* de descompresión
dekomprimieren* [de-] *vt* (INFOR) descomprimir
Dekomprimierung *f* <-, -en> (INFOR) descompresión *f*
Dekontamination *f* <-, -en> descontaminación *f*
dekontaminieren* [dekɔntami'ni:rən] *vt* descontaminar
Dekonzentration *f* <-, -en> desconcentración *f*
Dekonzentrierung *f* <-, -en> descentralización *f*
Dekor [de'ko:ɐ] *m o nt* <-s, -s *o* -e> decoración *f*, adorno *m*
Dekorateur(in) [dekora'tø:ɐ] *m(f)* <-s, -e; -, -nen> decorador(a) *m(f)*
Dekoration [dekora'tsjo:n] *f* <-, -en> decoración *f*, ornamentación *f*
dekorativ [dekora'ti:f] *adj* decorativo
dekorieren* [deko'ri:rən] *vt* decorar, adornar
Dekostoff ['de:koʃtɔf] *m* <-(e)s, -e> tela *f* para decoración
Dekret [de'kre:t] *nt* <-(e)s, -e> decreto *m*
dekretieren* [dekre'ti:rən] *vt* decretar; **Maßnahmen ~** decretar [*o* dictar] medidas
dekuvrieren* [deku'vri:rən] I. *vt* (*geh*) descubrir; **dunkle Machenschaften ~** sacar a la luz turbios manejos; **jdn ~** desenmascarar a alguien; **der scheinbar seriöse Geschäftsmann wurde als Betrüger dekuvriert** se descubrió que el aparentemente honorable hombre de negocios era un estafador
II. *vr*: **sich ~** (*geh*) descubrirse, quedar al descubierto; **sich als Betrüger/Hochstapler ~** resultar ser un impostor/un estafador
Deleatur(zeichen) [dele'a:tu:ɐ-] *nt* <-s, -> (TYPO: *Tilgungszeichen*) dele *m*, deleátur *m*
Delegation [delega'tsjo:n] *f* <-, -en> delegación *f*; ~ **von Kompeten-**

zen (JUR) delegación de competencias
Delegationsbefugnis f <-, -se> facultad f para delegar; **Delegationschef(in)** m(f) <-s, -s; -, -nen> jefe, -a m, f de delegación
de lege ferenda adv (JUR) de lege ferenda
de lege lata adv (JUR) de lege lata
delegieren* [dele'gi:rən] vt delegar (*an* en)
Delegierte(r) [dele'gi:ɐtə] mf <-n, -n; -n, -n> delegado, -a m, f
Delfin^RR m <-s, -e> s. **Delphin**
Delfinarium^RR [dɛlfi'na:riʊm] nt <-s, Delfinarien> s. **Delphinarium**
Delfinschwimmen^RR nt <-s, ohne pl> s. **Delphinschwimmen**
Delfter ['dɛlftɐ] adj inv (KUNST) de Delft; ~ **Porzellan**/**Kacheln** porcelana/azulejos de Delft
Delictum sui generis nt <Delicti - -, ohne pl> (JUR) delictum m sui generis
delikat [deli'ka:t] adj (geh) ❶ (*wohlschmeckend*) delicioso, exquisito ❷ (*heikel*) delicado
Delikatesse [delika'tɛsə] f <-, -n> ❶ (*Leckerbissen*) exquisitez f; (*Gericht*) plato m exquisito ❷ (geh: *Zartgefühl*) delicadeza f, finura f
Delikatessengeschäft nt <-(e)s, -e> tienda f de exquisiteces
Delikt [de'lɪkt] nt <-(e)s, -e> (JUR) delito m, felonía f Am; **zusammengesetztes ~** delito compuesto; **erfolgsqualifiziertes ~** delito con calificación de éxito
deliktfähig adj (JUR) capaz de delinquir
Delikt(s)fähigkeit f <-, ohne pl> (JUR) capacidad f delictiva; **Delikt(s)haftung** f <-, -en> (JUR) responsabilidad f criminal [o por delito]; **Delikt(s)recht** nt <-(e)s, ohne pl> (JUR) regulación f jurídica de los delitos; **Deliktstäter(in)** m(f) <-s, -; -, -nen> (JUR) autor(a) m(f) del delito
Delinquent(in) [delɪŋ'kvɛnt] m(f) <-en, -en; -, -nen> (geh) delincuente mf
Delirien pl von **Delirium**
delirieren* [deli'ri:rən] vi (MED) delirar
Delirium [de'li:riʊm] nt <-s, Delirien> delirio m; **~ tremens** delirio tembloroso, delírium trémens m
Delkredere [dɛl'kre:dərə] nt <-, -> (WIRTSCH) delcrédere m, garantía f; **~ anbieten**/**übernehmen** prestar/asumir una garantía
Delkredereagent(in) m(f) <-en, -en; -, -nen> (WIRTSCH) comisionista mf de delcrédere; **Delkrederefonds** f <-, -> (WIRTSCH) fondos mpl de garantía; **Delkredereehaftung** f <-, -en> (WIRTSCH) responsabilidad f del fiador; **Delkrederekommission** f <-, -en> (WIRTSCH) comisión f de garantía [o de delcrédere]; **Delkredereprovision** f <-, -en> (WIRTSCH) comisión f de garantía
Delle ['dɛlə] f <-, -n> (*reg*) abolladura f, bollo m
delogieren* [delo'ʒi:rən] vt (*Österr*) desalojar; **nicht auszugswillige Mieter wurden gewaltsam delogiert** se desalojó a la fuerza a los inquilinos que no querían desocupar la casa
Delphin [dɛl'fi:n] m <-s, -e> (ZOOL) delfín m, bufeo m Ant, Hond, Mex
Delphinarium nt <-s, Delphinarien> delfinario m
Delphinschwimmen nt <-s, ohne pl> (SPORT) estilo m mariposa
Delta¹ ['dɛlta] nt <-s, -s o Delten> (GEO) delta m
Delta² nt <-(s), -s> (*griechischer Buchstabe*) delta f
Deltaablagerung f <-, -en> (GEO) sedimento m delta
deltaförmig adj (a. MED) deltoides inv
Deltagleiter m <-s, -> ala f delta; **mit einem ~ fliegen** volar en [o con] ala delta; **Deltamündung** f <-, -en> (GEO) delta m, desembocadura f en forma de delta; **Deltastrahlen** mpl (PHYS) rayos mpl delta
Delten pl von **Delta**¹
De-Luxe-Ausführung [də'lyksaʊsfy:rʊŋ] f <-, -en> modelo m de lujo, versión f de lujo; **in ~** en versión de lujo
dem [de(:)m] art best o pron dem o pron rel dat von **der**, **das** s. **der, die, das**
Demagoge, -in [dema'go:gə] m, f <-n, -n; -, -nen> (*abw*) demagogo, -a m, f
Demagogie [demago'gi:] f <-, -n> (*abw*) demagogia f
Demagogin f <-, -nen> s. **Demagoge**
demagogisch adj (*abw*) demagógico
Demarche [de'marʃ(ə)] f <-, -n> (POL) gestión f; **bei jdm eine ~ unternehmen** hacer una gestión [o gestiones] ante alguien
Demarkation [demarka'tsjo:n] f <-, -en> demarcación f
Demarkationsabrede f <-, -n> (JUR) acuerdo m de demarcación; **Demarkationslinie** f <-, -n> (POL, MIL) línea f de demarcación
demaskieren* [demas'ki:rən] vt desenmascarar
Dementi [de'mɛnti] nt <-s, -s> mentís m inv
dementieren* vt desmentir
Dementierung f <-, -en> desmentido m, desmentida f, mentís m
dementsprechend ['de:m?ɛnt'ʃprɛçənt] **I.** adj correspondiente; **eine ~e Antwort erhalten** recibir la contestación correspondiente **II.** adv ❶ (*... entsprechend*): **sie wurden ~ behandelt** los trataron conforme a lo ocurrido ❷ (*demnach*) por consiguiente; **~ war sie als Erste zu Hause** por consiguiente fue la primera en llegar a casa
demgegenüber ['---'--] adv en cambio, por el contrario; **sie behauptete ~, dass ...** afirmó por el contrario que...
demgemäß ['de:mgəmɛ:s] adj o adv s. **dementsprechend**
demilitarisieren* vt (MIL) desmilitarizar
Demilitarisierung f <-, -en> (MIL) desmilitarización f
Demission [demɪ'sjo:n] f <-, -en> (POL: *Rücktritt*) demisión f
demissionieren* [demɪsjo'ni:rən] vi ❶ (POL) dimitir, renunciar a un cargo público ❷ (*Schweiz: kündigen*) rescindir el contrato de trabajo, despedirse del puesto de trabajo
demnach ['--] adv consiguientemente, por lo tanto; **es ist ~ unmöglich, dass ...** por lo tanto es imposible que...
demnächst [de:m'nɛ:kst] adv próximamente, dentro de poco
Demo ['de:mo] f <-, -s> (*fam*) mani f
demobilisieren* [demobili'zi:rən] vt (MIL, POL) desmovilizar
Demodulation [demodula'tsjo:n] f <-, -en> (INFOR, TEL) demodulación f
Demografie^RR [demogra'fi:] f <-, -n> demografía f
demografisch^RR adj demográfico
Demographie f <-, -n> s. **Demografie**
demographisch adj s. **demografisch**
Demökologie [demøkolo'gi:] f <-, ohne pl> demoecología f
Demokrat(in) [demo'kra:t] m(f) <-en, -en; -, -nen> demócrata mf
Demokratie [demokra'ti:] f <-, -n> democracia f; **konstitutionelle ~** democracia constitucional; **parlamentarische ~** democracia parlamentaria
Demokratieprinzip nt <-s, ohne pl> principio m democrático
Demokratin f <-, -nen> s. **Demokrat**
demokratisch [demo'kra:tɪʃ] adj democrático, demócrata; **~e Regierung** gobierno democrático
demokratisieren* [demokrati'zi:rən] vt democratizar
Demokratisierung f <-, -en> democratización f
demolieren* [demo'li:rən] vt demoler
Demonstrant(in) [demɔn'strant] m(f) <-en, -en; -, -nen> manifestante mf
Demonstration [demɔnstra'tsjo:n] f <-, -en> ❶ (*Protestmarsch*) manifestación f (*für* a favor de, *gegen* en contra de) ❷ (geh: *Bekundung*) demostración f; **~ militärischer Stärke** demostración de la fuerza militar
Demonstrationsmaterial nt <-s, -ien> material m de apoyo [o de enseñanza]; **Demonstrationsrecht** nt <-(e)s, ohne pl> derecho m de manifestación; **Demonstrationszug** m <-(e)s, -züge> manifestación f callejera
demonstrativ [demɔnstra'ti:f] **I.** adj demostrativo, ostensivo, ostensible **II.** adv ostensivamente
Demonstrativpronomen nt <-s, - o -pronomina> (LING) pronombre m demostrativo
demonstrieren* **I.** vi (*protestieren*) manifestarse (*für* a favor de, *gegen* en contra de) **II.** vt (*bekunden*) demostrar; **die Regierung demonstriert ihre Entschlossenheit** el gobierno demuestra su firmeza
Demontage [demɔn'ta:ʒə] f <-, -n> ❶ (*von Industrieanlagen*) desmantelamiento m ❷ (*von Maschinen*) desarme m, desmontaje m ❸ (*von Sozialleistungen*) desmontaje m
demontieren* vt desmontar, desarmar
Demoralisation f <-, ohne pl> desmoralización f
demoralisieren* [demorali'zi:rən] vt desmoralizar
Demoskop(in) [demo'sko:p] m(f) <-en, -en; -, -nen> especialista mf en demoscopia
Demoskopie¹ [demosko'pi:] f <-, ohne pl> (*Verfahren*) demoscopia f
Demoskopie² f <-, -n> (*Umfrage*) sondeo m de la opinión pública
Demoskopin f <-, -nen> s. **Demoskop**
demoskopisch adj demoscópico
demselben pron dem dat von **derselbe**, **dasselbe** s. **derselbe, dieselbe, dasselbe**
Demut ['de:mu:t] f <-, ohne pl> humildad f; **in ~** con humildad
demütig ['de:my:tɪç] adj humilde; (*unterwürfig*) sumiso
demütigen vt humillar; **etw ist (für jdn) ~d** algo es humillante (para alguien)
Demütigung f <-, -en> humillación f
demzufolge ['---'--] adv (*folglich*) por lo tanto, por consiguiente; **er lag zur fraglichen Zeit im Krankenhaus, ~ kann er nicht der Täter sein** durante el tiempo en cuestión estaba en el hospital, por lo tanto no

puede ser el culpable
den *art best o pron dem o pron rel akk von* **der** *dat von pl* **die** *s.* **der, die, das**
denaturieren* [denatuˈriːrən] *vt* (CHEM) desnaturalizar
Dendrit [dɛnˈdriːt] *m* <-en, -en> (ANAT, GEO) dendrita *f*
Dendrochronologie [dɛndro-] *f* <-, *ohne pl*> dendrocronología *f*
denen *pron dem o pron rel dat von pl* **die** *s.* **der, die, das**
dengeln [ˈdɛŋəln] *vt* martill(e)ar; *(schärfen)* afilar; **die Sense ~** afilar la guadaña
Denguefieber [ˈdɛŋgə-] *nt* <-s, *ohne pl*> (MED) fiebre *f* dengue
Den Haag *nt* <- -s> La Haya *f*
Denim® *nt o m* <-s, *ohne pl*> *(Textil)* tela *f* de vaquero azul
Denitrifikation [denitrifikaˈtsjoːn] *f* <-, *ohne pl*> (CHEM) desnitrificación *f*
Denkansatz *m* <-es, -sätze> punto *m* de partida; **ein interessanter ~, von dem Sie ausgehen!** ¡es interesante su punto de partida!; **Denkanstoß** *m* <-es, -stöße> estímulo *m* para reflexionar [*o* para pensar]; **Denkaufgabe** *f* <-, -n> problema *m* de lógica
denkbar I. *adj* imaginable, posible
II. *adv* *(sehr)* sumamente; **ein ~ günstiges Angebot** una oferta sumamente favorable
Denke *f* <-, *ohne pl*> *(sl: Denkart)* ideas *fpl* (políticas)
denken [ˈdɛŋkən] <denkt, dachte, gedacht> I. *vi* ❶ *(überlegen)* pensar *(an* en, *über/von* de); *(nach-)* meditar, reflexionar; *(logisch)* razonar; **ich denke, also bin ich** pienso, luego existo; **laut ~** *(fam)* pensar en voz alta; **das gibt mir zu ~** esto me da que pensar; **solange ich ~ kann** hasta donde mi memoria alcanza; **ich denke nicht daran, das zu tun!** ¡no pienso hacerlo!; **ich darf gar nicht daran ~** no quiero ni pensarlo; **ich denke daran, mir ein neues Fahrrad zu kaufen** pienso comprarme una bici nueva; **wie denkst du darüber?** ¿qué piensas tú de eso?
❷ *(sich erinnern)* acordarse *(an* de), recordar *(an)*; **denk daran!** ¡recuérdalo!, ¡no se te olvide!; **wenn ich so an früher denke** al recordar los tiempos pasados
❸ *(annehmen)* pensar, suponer; **wer hätte das gedacht** quién lo hubiera pensado; **man sollte ~, dass ...** debería suponerse que...; **ich denke schon** creo que sí; **wo ~ Sie hin?** ¿qué se ha figurado Ud.?
❹ *(wollen)* querer; **ganz wie Sie ~** como Ud. quiera; **mach, wie du denkst!** ¡hazlo como quieras!
II. *vt* *(sich vorstellen)* imaginarse, figurarse; **was denkst du gerade?** ¿qué estás pensando?; **das hätte ich nicht von ihm gedacht!** ¡no me hubiera imaginado esto de él!; **wie hast du dir das gedacht?** ¿cómo te lo has figurado?; **ich habe mir das anders gedacht** me lo imaginé de otra manera; **das kann ich mir ~** ya me lo imagino; **das hast du dir wohl so gedacht!** ¡eso te gustaría!; **ich denke mir meinen Teil** ya sacaré yo mis conclusiones; **ich habe mir nichts Böses dabei gedacht** no lo hice con mala intención; **wie ist das gedacht?** ¿qué sentido tiene esto?; **für jdn/etw gedacht sein** ser para alguien/algo
Denken *nt* <-s, *ohne pl*> ❶ *(Nach-)* reflexión *f*
❷ *(logisches ~)* raciocinio *m*, razonamiento *m*; **positives ~** pensamiento positivo
Denker(in) *m(f)* <-s, -; -, -nen> pensador(a) *m(f)*, filósofo, -a *m, f*
Denkerfalte *f* <-, -n> *(iron)* arrugas *fpl* de mucho [*o* tanto] pensar
Denkerin *f* <-, -nen> *s.* **Denker**
Denkerstirn *f* <-, -en> *(iron)* frente *f* amplia (de mucho pensar)
Denkfabrik *f* <-, -en> fábrica *f* de ideas
denkfaul *adj* lerdo
Denkfaulheit *f* <-, *ohne pl*> pereza *f* mental; **Denkfehler** *m* <-s, -> error *m* de lógica; **Denkgesetz** *nt* <-es, -e> (JUR) ley *f* de pensamiento; **Denkhilfe** *f* <-, -n> *ayuda para pensar y poder resolver un problema;* **jdm eine ~ geben** dar a alguien una pista
Denkmal [ˈdɛŋkmaːl] *nt* <-s, -mäler *o* -e> monumento *m;* **jdm ein ~ setzen** [*o* **errichten**] erigir un monumento a alguien
denkmalgeschützt *adj* integrado en el patrimonio nacional, protegido por la declaración de monumento histórico
Denkmalpflege *f* <-, *ohne pl*> conservación *f* de monumentos; **Denkmalpfleger(in)** *m(f)* <-s, -; -, -nen> conservador(a) *m(f)* de monumentos; **Denkmalschutz** *m* <-es, *ohne pl*> protección *f* de monumentos [*o* del patrimonio nacional]; **etw unter ~ stellen** declarar algo monumento nacional; **unter ~ stehen** ser declarado monumento nacional
Denkmalspflege *f* <-, *ohne pl*> *s.* **Denkmalpflege; Denkmalspfleger(in)** *m(f)* <-s, -; -, -nen> *s.* **Denkmalpfleger; Denkmalsschutz** *m* <-es, *ohne pl*> *s.* **Denkmalschutz**
Denkmodell *nt* <-s, -e> modelo *m* de pensamiento; **Denkpause** *f* <-, -n> pausa *f* para reflexionar; **eine ~ einlegen** hacer una pausa para la reflexión; **Denkpotential** *nt* <-s, -e> capacidad *f* mental; **Denkprozess**[RR] *m* <-es, -e> proceso *m* de entendimiento; **Denkschema** *nt* <-s, -s *o* -schemata *o* -schemen> esquema *m* mental; **in althergebrachte Denkschemata verfallen** caer en esquemas de pensamiento tradicionales; **Denkschrift** *f* <-, -en> memorándum *m*, memoria *f*
Denksport *m* <-(e)s, *ohne pl*> resolución *f* de problemas lógicos; **Denksportaufgabe** *f* <-, -n> rompecabezas *m inv*
denkste *interj (fam)* ¡y un jamón!
Denkübung *f* <-, -en> ejercicio *m* mental [*o* para la mente]; **Denkvermögen** *nt* <-s, *ohne pl*> ❶ *(Intelligenz)* capacidad *f* intelectual; **er hat nur ein sehr geringes ~** su capacidad intelectual es muy limitada
❷ *(Konzentration)* capacidad *f* de pensar, capacidad *f* de concentración; **nach vierzehn Stunden Arbeit ist mein ~ ziemlich eingeschränkt** tras catorce horas de trabajo, mi capacidad para pensar es bastante restringida; **Denkweise** *f* <-, -n> modo *m* de pensar
denkwürdig *adj* memorable, recordable
Denkwürdigkeit *f* <-, *ohne pl*> carácter *m* memorable; **Denkzettel** *m* <-s, -> lección *f;* **jdm einen ~ geben** [*o* **verpassen**] dar a alguien una lección
denn [dɛn] I. *part* pues; **was ist ~ passiert?** ¿qué ha pasado, pues?; **warum/wo ~?** pues ¿por qué/dónde?; **ist das ~ so schlimm?** ¿es tan grave, pues?; **wieso ~ nicht?** ¡cómo que no!; **kannst du ~ nicht aufpassen?** ¿pero no puedes prestar atención?; **geschweige ~** y menos
II. *konj* ❶ *(weil)* pues, puesto que, porque; **ich wollte gehen, ~ es wurde schon dunkel** quería irme, pues se estaba haciendo de noche
❷ *(einschränkend)*: **es sei ~, dass ...** a no ser que... +*subj*
❸ *(geh: als)* que; **mehr ~ je** más que nunca; **als treuer Freund bist du mir lieber ~ als Ehemann** te prefiero como amigo fiel que como marido
dennoch [ˈdɛnɔx] *adv* a pesar de todo, no obstante; **ich werde es ~ tun** a pesar de todo lo haré
Denominierung *f* <-, -en> denominación *f*
denselben *pron dem akk von* **derselben** *dat von* **dieselben** *s.* **derselbe, dieselbe, dasselbe**
dental [dɛnˈtaːl] *adj* (MED, LING) dental
Dental *m* <-s, -e> (LING) (sonido *m*) dental *f*
Denudation [denudaˈtsjoːn] *f* <-, -en> (GEO) denudación *f*
Denunziant(in) [denʊnˈtsjant] *m(f)* <-en, -en; -, -nen> *(abw)* denunciante *mf*, delator(a) *m(f)*
Denunziantentum *nt* <-s, *ohne pl*> *(abw)* modo *m* de ser del denunciante
Denunziantin *f* <-, -nen> *s.* **Denunziant**
Denunziation *f* <-, -en> *(abw)* denuncia *f*
denunzieren* [denʊnˈtsiːrən] *vt (abw)* denunciar, batir *CSur*
Deo [ˈdeːo] *nt* <-s, -s>, **Deodorant** [deodoˈrant] *nt* <-s, -e *o* -s> desodorante *m*
deodorierend I. *adj* desodorante; **~e Sprays** esprays desodorantes
II. *adv* con acción desodorante; **~ wirken** tener acción desodorante, desodorizar
Deoroller *m* <-s, -> desodorante *m* de bola; **Deospray** *nt o m* <-s, -s> desodorante *m* atomizador; **Deostift** *m* <-(e)s, -e> desodorante *m* en barra
Departement [departəˈmãː] *nt* <-s, -s> (ADMIN: *Frankreich, Schweiz*) departamento *m*
Dependance [depãˈdãs] *f* <-, -n> ❶ *(geh: Zweigstelle)* dependencia *f*
❷ *(Hotelnebengebäude)* anexo *m*
Dependenztheorie [depɛnˈdɛnts-] *f* <-, -n> (WIRTSCH) teoría *f* de la dependencia
Depesche [deˈpɛʃə] *f* <-, -n> telegrama *m*
deplatziert[RR] [deplaˈtsiːɐt] *adj*, **deplaziert** *adj* fuera de lugar, impropio
Deponie [depoˈniː] *f* <-, -n> vertedero *m*, basurero *m;* **geordnete ~** basurero clasificado
deponieren* *vt* depositar
Deponiesickerwasser *nt* <-s, *ohne pl*> agua *f* de filtración de basurero
Deportation [depɔrtaˈtsjoːn] *f* <-, -en> deportación *f*
Deportgeschäft [deˈpɔrt-] *nt* <-(e)s, -e> (FIN) venta *f* de acciones a plazo y a la baja, deport *m*
deportieren* [depɔrˈtiːrən] *vt* deportar
Deportierte(r) *mf* <-n, -n; -n, -n> deportado, -a *m, f*
Deportkurs *m* <-es, -e> (FIN) cotización *f* de deport, prima *f* de aplazamiento
Depositar *m* <-s, -e>, **Depositär** *m* <-s, -e> (JUR) depositario *m*
Depositen [depoˈziːtən] *ntpl* (FIN) depósitos *mpl*, fondos *mpl* depositados
Depositeneinlage *f* <-, -n> (FIN) depósito *m;* **Depositengeschäft** *nt* <-(e)s, -e> (FIN) operación *f* de depósito; **Depositenkasse** *f* <-, -n> (FIN) caja *f* de depósitos; **Depositenkonto** *nt* <-s, -konten> (FIN) cuenta *f* de depósitos; **Depositenquittung** *f* <-, -en> (FIN) recibo *m* de depósito; **Depositenschein** *m* <-(e)s, -e> (FIN) resguardo *m* de depósito
Depot [deˈpoː] *nt* <-s, -s> ❶ *(Sammellager)* depósito *m*, almacén *m*

Depotabrede ② (*einer Bank*) depósito *m* ③ (*Fahrzeugpark*) terminal *m* ④ (GASTR: *bei Wein*) bodega *f* ⑤ (*Schweiz: Flaschenpfand*) fianza *f* para el casco

Depotabrede *f* <-, -n> (JUR) pacto *m* de depósito; **Depotbesitz** *m* <-es, *ohne pl*> (FIN) posesión *f* de depósitos; **Depotbuch** *nt* <-(e)s, -bücher> (FIN) libreta *f* de depósitos; **Depotgeschäft** *nt* <-(e)s, -e> (FIN) operación *f* de depósito; **Depotgesetz** *nt* <-es, -e> (JUR) ley *f* de depósitos; **Depotrecht** *nt* <-(e)s, *ohne pl*> régimen *m* de depósito; **Depotstimmrecht** *nt* <-(e)s, *ohne pl*> (JUR) derecho *m* de voto de título en depósito; **Depotvertrag** *m* <-(e)s, -träge> (JUR) contrato *m* de depósito; **Depotwechsel** *m* <-s, -> (FIN) letra *f* de cambio de depósito

Depp [dɛp] *m* <-en *o* -s, -e(n)> (*abw*) tonto, -a *m, f*, imbécil *mf*

deppert ['dɛpɐt] **I.** *adj* (*südd, Österr: fam*) imbécil, idiota; **was soll diese ~e Frage?** ¿qué significa esa pregunta tan estúpida? **II.** *adv* (*südd, Österr: fam*) como un(a) idiota; **stell dich nicht so ~ an!** ¡no te comportes como un imbécil!

Depression [dɛprɛˈsjoːn] *f* <-, -en> (PSYCH, WIRTSCH, GEO) depresión *f*; **neurotische/psychotische ~en** depresiones neuróticas/sicópatas

depressiv *adj* ① (*Stimmung*) depresivo ② (WIRTSCH) recesivo

deprimieren* [depriˈmiːrən] *vt* deprimir; **er ist ganz deprimiert** está muy deprimido; **~d sein** ser deprimente

Deputat [depuˈtaːt] *nt* <-(e)s, -e> ① (SCH, UNIV) horas *fpl* lectivas (de un docente) ② (JUR) remuneración *f* en especie

Deputation *f* <-, -en> (*alt*) delegación *f*

deputieren* *vt* (MIL, POL) delegar, comisionar

Deputierte(r) [depuˈtiːɐtə] *mf* <-n, -n; -n, -n> (POL) diputado, -a *m, f*

der *art best o pron dem gen/dat von* **die** *gen von pl* **die** *s.* **der, die, das**

der, die, das [deːɐ, diː, das] <die> **I.** *art best* el *m*, la *f*, los *mpl*, las *fpl* **II.** *pron dem* ① (*adjektivisch: hier*) este, -a *m, f*, estos *mpl*, estas *fpl*; (*da*) ese, -a *m, f*, esos *mpl*, esas *fpl*; **das Kind dort** aquel niño ② (*substantivisch*) éste, -a *m, f*, esto *nt*, éstos *mpl*, éstas *fpl*; **was ist das?** ¿qué es eso?; **wer ist/sind die?** ¿quién es ésa/quiénes son ésos/ésas?; **das hier/da** éste (de aquí)/ese (de ahí); **~/die dort** el/la de allí; **~war es** fue éste; **das bin ich** éste soy yo; **~ mit dem Koffer** ése de la maleta; **ist das Ihr Auto?** ¿es (éste) su coche?; **nimm den hier** coge éste; **zu der und der Zeit** a tal y tal hora; **~ und arbeiten?** ¿ése, trabajar?; **auch das noch** lo que me faltaba; **weißt du noch das, was du mich fragen wolltest?** ¿te acuerdas de lo que me querías preguntar?; **wie dem auch sei** sea como sea; **ich bin mir dessen bewusst** soy consciente de esto; **wenn dem so ist ...** en este caso...; **nach dem, was ich gehört habe** según lo que me han dicho; **warst du diejenige, die ...?** ¿fuiste tú la que...?; *s. a.* **diese(r, s), jene(r, s), derjenige** **III.** *pron rel* que, quien, quienes *pl*, el/la cual, los/las cuales *pl*; **der Mensch, ~ das getan hat** la persona que lo ha hecho; **sie war/waren die Erste/Ersten, die ...** fue la primera/fueron los primeros que...; **der Mann, bei dem er wohnt** el hombre con quien [*o* con el cual] vive; **der Nachbar, dessen Hund so oft bellt** el vecino cuyo perro ladra tan a menudo

derart ['--] *adv* de tal manera, tanto; **er hat mich ~ geärgert, dass ...** me enfadó de tal manera que...

derartig I. *adj* de este tipo, semejante; **sie führt gern ~e Gespräche** le gusta mantener conversaciones de este tipo **II.** *adv* de tal manera, tanto; **er schnarchte ~, dass ...** roncaba de tal manera que...

derb [dɛrp] *adj* ① (*kräftig*) fuerte, recio ② (*stabil*) sólido ③ (*Ausdruck*) grosero, vulgar ④ (*Person*) grosero, pelado *Mex*

Derbheit¹ *f* <-, -en> (*derbe Äußerung*) grosería *f*, rudeza *f*, tosquedad *f*

Derbheit² *f* <-, *ohne pl*> ① (*derbes Wesen*) ordinariez *f*; **an der ~ seiner Manieren erkennt man gleich, aus welchem Milieu er stammt** en sus modales tan burdos se reconoce de inmediato su procedencia social ② (*feste Beschaffenheit*) solidez *f*

Derby ['dɛrbi] *nt* <-s, -s> (SPORT) derby *m*

Deregulierung [de-] *f* <-, -en> (FIN) desregulación *f*

dereinst [deːɐˈʔaɪnst] *adv* (*geh*) algún día, en un futuro

Dereliktion [derelɪkˈtsjoːn] *f* <-, -en> (JUR) derelicción *f*

derelinquiert *adj* (JUR) derelincuado; **~e Sache** cosa derelincuada, asunto derelincuado

deren ['deːrən] *pron dem o pron rel gen von* **die** *s.* **der, die, das**

derenthalben ['deːrəntˌhalbən] *adv* (*alt*), **derentwegen** ['deːrəntˈveːgən] *adv* (*relativisch*) por los cuales; (*demonstrativ*) por causa de ellos

derentwillen ['deːrəntˌvɪlən] *adv*: **um ~** (*ihr zuliebe*) por ella; (*ihnen zuliebe*) por ellos

derer ['deːrɐ] *pron dem gen von pl* **die** *s.* **der, die, das**

dergestalt [---] *adv* (*geh*) de tal manera; **~, dass ...** de tal manera que...

dergleichen [-ˈ--] *pron dem inv* semejante, parecido; **er tat nichts ~** no hizo nada parecido; **und ~ mehr** y más cosas parecidas

Derivat *nt* <-(e)s, -e> (BIOL, CHEM, LING) derivado *m*

derivativ *adj* (JUR) derivativo; **~er Anspruch** derecho derivativo

Derivativ *nt* <-s, -e> (LING) derivado *m*

derjenige, diejenige, dasjenige ['deːrjeːnɪɡə, 'diːjeːnɪɡə, 'dasjeːnɪɡə] <diejenigen> *pron dem* (*hier*) el, la, lo; (*weiter entfernt*) aquel, aquella, aquello; **er ist immer ~, der am lautesten schreit** él siempre es el que más alto grita; **~ Schüler, der das getan hat** aquel alumno que lo haya hecho; **ist das ~, welcher ...?** (*fam*) ¿es aquél que...?

derjenigen *pron dem dat/gen von* **diejenigen** *s.* **derjenige, diejenige, dasjenige**

derlei ['deːɐlaɪ] *pron dem inv s.* **dergleichen**

dermaßen ['deːɐˈmaːsən] *adv* tanto, de tal modo; **er hat mich ~ geärgert, dass ...** me ha enfadado de tal modo que...; **die Freude war ~ groß** la alegría fue tan grande

Dermatologe, -in *m, f* <-n, -n; -, -nen> (MED) dermatólogo, -a *m, f*

Dermatologie [dɛrmatoloˈɡiː] *f* <-, *ohne pl*> (MED) dermatología *f*

Dermatologin *f* <-, -nen> *s.* **Dermatologe**

Derogation [derogaˈtsjoːn] *f* <-, -en> (JUR) derogación *f*

derselbe, dieselbe, dasselbe [deːɐˈzɛlbə, diːˈzɛlbə, dasˈzɛlbə] <dieselben> *pron dem* el mismo, la misma, lo mismo (*wie* que); **er ist immer noch ganz ~** es el mismo de siempre; **es war ~, der ...** fue el mismo que...; **es ist immer dasselbe** es siempre lo mismo; **nochmal dasselbe, bitte!** ¡otra de lo mismo, por favor!; **das ist ~ Fehler, den ich schon gemacht habe** es el mismo error que ya hice; **das ist doch ein und dasselbe** pero si es exactamente lo mismo

derselbige [deːɐˈzɛlbɪɡə], **dieselbige, dasselbige** <dieselbigen> *pron dem* (*alt*) *s.* **derselbe, dieselbe, dasselbe**

derweil(en) ['deːɐˈvaɪl(ən)] **I.** *adv* mientras tanto, entretanto **II.** *konj* mientras (que)

Derwisch *m* <-(e)s, -e> (REL) derviche *m*

derzeit ['--] *adv* actualmente; **die ~ beste Methode** el mejor método actualmente

derzeitig *adj* actual; **der ~e Regierungschef** el actual jefe de gobierno

des [dɛs] *art best gen von* **der, das** *s.* **der, die, das**

Des [dɛs] *nt* <-, *ohne pl*> (MUS) re *m* bemol

desaktivieren* [dɛsʔaktiˈviːrən] *vt* desactivar

Desaster [deˈzastɐ] *nt* <-s, -> desastre *m*

desensibilisieren* [de-] *vt* (MED) desensibilizar

Deserteur(in) [dezɛrˈtøːɐ] *m(f)* <-s, -e; -, -nen> desertor(a) *m(f)*

desertieren* *vi haben o sein* desertar

Desertifikation [dezɛrtifikaˈtsjoːn] *f* <-, -en> (GEO) desertificación *f*

Desertion [dezɛrˈtsjoːn] *f* <-, -en> (MIL) deserción *f*, fuga *f*

desgleichen [dɛsˈɡlaɪçən] *adv* asimismo, igualmente

deshalb ['--] *adv* por eso, por este motivo; **ich habe das ~ getan, weil ...** lo hice porque...; **~ frage ich ja** por eso pregunto; **gerade ~** por eso mismo, casualmente por eso *Am*

Design [diˈzaɪn] *nt* <-s, -s> diseño *m*

designen* *vt* diseñar

Designer(in) *m(f)* <-s, -; -, -nen> diseñador(a) *m(f)*

Designerdroge *f* <-, -n> (*synthetische Droge*) droga *f* de diseño, droga *f* sintética

Designerin *f* <-, -nen> *s.* **Designer**

Designermöbel *nt* <-s, -> mueble *m* de diseño; **Designermode** *f* <-, -n> moda *f* de diseñador

designiert [deziˈɡniːɐt] *adj* designado

desillusionieren* [dɛsʔɪluzjoˈniːrən] *vt* desilusionar

Desillusionierung *f* <-, -en> desilusión *f*

Desinfektion [dɛsɪnfɛkˈtsjoːn] *f* <-, -en> desinfección *f*

Desinfektionsmittel *nt* <-s, -> desinfectante *m*

desinfizieren* *vt* desinfectar

Desinfizierung *f* <-, -en> desinfección *f*

Desinformation ['dɛs-] *f* <-, -en> desinformación *f*

Desinformationskampagne *f* <-, -n> campaña *f* de desinformación

Desintegration [dɛsʔɪnteɡraˈtsjoːn] *f* <-, -en> desintegración *f*; **die ~ eines Bündnisses/Reiches** la desintegración de una alianza/un imperio

Desinteresse ['dɛsʔɪntərɛsə] *nt* <-s, *ohne pl*> desinterés *m* (*an/für* por)

desinteressiert ['dɛsʔɪntərɛsiːɐt] *adj* desinteresado (*an* en/por)

Desktop ['dɛsktɔp] *m* <-s, -s> (INFOR) ordenador *m* de escritorio

Desktoppublishing[RR] *nt* <-, *ohne pl*>, **Desktop-Publishing**[RR] ['dɛsktɔp ˈpablɪʃɪŋ] *nt* <-, *ohne pl*> (INFOR, TYPO) tratamiento *m* de texto avanzado

desodorieren* [dɛsʔodoˈriːrən, dezodoˈriːrən] vt desodorizar
desolat [dezoˈlaːt] adj desolador, desastroso
desorientiert adj desorientado, desubicado Am
Desorientierung [ˈdɛsʔoriɛntiːruŋ] f <-, -en> desorientación f
Desoxidation [dɛsʔɔksidaˈtsjoːn] f <-, -en> (CHEM) desoxidación f
Desoxidationsmittel nt <-s, -> (CHEM) agente m desoxidante
Desoxyribonukleinsäure [dɛsʔɔksyribonukleˈʔiːn-] f <-, -n> (BIOL, MED) ácido m desoxirribonucleico
despektierlich [dɛspɛkˈtiːɐlɪç] adj (verächtlich) despectivo; (nicht ehrerbietig) irrespetuoso
Desperado [dɛspeˈraːdo] m <-s, -s> (geh) desesperado, -a m, f; (POL) ultrarradical, fanático, -a m, f
Despot(in) [dɛsˈpoːt] m(f) <-en, -en; -, -nen> déspota mf, tirano, -a m, f
despotisch adj despótico
desselben [-ˈ---] pron dem gen von **derselbe, dasselbe** s. **derselbe, dieselbe, dasselbe**
dessen [ˈdɛsən] pron dem o pron rel gen von **der, das** s. **der, die, das**
dessentwillen [ˈdɛsəntˌvɪlən] adv: **um ~** por cuya causa
dessenungeachtet [ˈdɛsənʔʊŋəˈʔaxtət] adv s. **ungeachtet**
Dessert [dɛˈsɛːɐ] nt <-s, -s> postre m
Dessertteller m <-s, -> plato m de postre
Dessin [dɛˈsɛ̃ː] nt <-s, -s> (Muster) estampado m, dibujo m; **Bettbezüge in farbenfrohen ~s** fundas de edredón con estampados de rico colorido
Dessous [dɛˈsuː] nt <-, -> ropa f interior
destabilisieren* [de-] vt desestabilizar
Destillat [dɛstɪˈlaːt] nt <-(e)s, -e> (CHEM) (producto m) destilado m
Destillation [dɛstɪlaˈtsjoːn] f <-, -en> (CHEM) destilación f; **fraktionierte ~** destilación fraccionada
Destillationsofen m <-s, -öfen> (CHEM) horno m de destilación
destillieren* [dɛstɪˈliːrən] vt (CHEM) destilar; **destilliertes Wasser** agua destilada
Destillierkolben m <-s, -> (a. CHEM) retorta f
desto [ˈdɛsto] konj (tanto) más, tanto; **~ besser!** ¡tanto mejor!; **je mehr ..., ~ mehr ...** cuanto más... (tanto) más...; **je früher, ~ besser** cuanto antes, mejor
destruktiv [dɛstrʊkˈtiːf, ˈ---] adj destructivo
deswegen [ˈdɛsˈveːgən] adv s. **deshalb**
Deszendent m <-en, -en> ① (Nachkomme) descendiente mf
② (ASTR) descendente m
Detail [deˈtaɪ, deˈtaːj] nt <-s, -s> detalle m; **ins ~ gehen** entrar en detalles
Detailfrage f <-, -n> cuestión f detallada, pregunta f en detalle; **Detailhandel** m <-s, ohne pl> comercio m al por menor, venta f al detalle; **Detailkenntnisse** fpl conocimiento(s) m(pl) detallado(s)
detaillieren* [detaˈjiːrən] vt (geh) pormenorizar, dar detalles (de)
detailliert [detaˈjiːrt] I. adj detallado; **~e Angaben** descripción muy detallada
II. adv en detalle, con pormenores; **~ beschreiben** describir en detalle [o detalladamente]
Detailliertheit f <-, ohne pl> minuciosidad f; **in aller ~ (von etw** dat **berichten)** (informar sobre algo) con todo detalle
Detaillist(in) m(f) <-en, -en; -, -nen> (Schweiz: Einzelhändler) detallista m
Detailplanung f <-, -en> planificación f detallada; **Detailzwischenhändler(in)** m(f) <-s, -; -, -nen> detallista mf intermediario, -a
Detektei f <-, -en> agencia f de informes
Detektiv(in) [detɛkˈtiːf] m(f) <-s, -e; -, -nen> detective mf
Detektivbüro nt <-s, -s> agencia f de detectives
Detektivin f <-, -nen> s. **Detektiv**
detektivisch adj detectivesco
Detektivroman m <-(e)s, -e> (LIT) novela f detectivesca
Detektor [deˈtɛktoɐ, pl: detɛkˈtoːrən] m <-s, -en> ① (TECH) detector m
② (im Funkwesen) receptor m de galena
Détente [deˈtãːt] f <-, ohne pl> (POL) distensión f
Detergens [deˈtɛrgɛns, pl: detɛrˈgɛntsia] nt <-, Detergentia o Detergenzien> ① (MED: Desinfektionsmittel) detergente m
② (seifenfreies Reinigungsmittel) agente m de dispersión
determinieren* [detɛrmiˈniːrən] vt (geh) determinar
Determinismus [detɛrmiˈnɪsmʊs] m <-, ohne pl> (PHILOS) determinismo m
deterministisch adj (PHILOS) determinista
Detonation [detonaˈtsjoːn] f <-, -en> detonación f
detonieren* vi sein detonar
Detritus [deˈtriːtʊs] m <-, ohne pl> (BIOL, GEO, MED) detrito m
Detritusfresser m <-s, -> (BIOL) devorador m de detritos
Deubel [ˈdɔɪbəl] m <-s, -> (reg) diablo m
deucht (alt) 3. präs von **dünken**
deuchte (alt) 3. imp von **dünken**

Deus ex machina [ˈdeːʊs ɛks ˈmaxina] m <- - -, Dei – –>, **Deus ex Machina**^{RR} m <- - -, Dei – –> (a. THEAT: geh) deus ex machina m
Deut [dɔɪt] m: **keinen [o nicht einen] ~** ni pizca
deutbar adj interpretable; **gut/schlecht ~ sein** ser fácilmente/difícilmente interpretable; **sein Verhalten ist psychologisch ~** su comportamiento tiene una interpretación [o explicación] psicológica
deuteln [ˈdɔɪtəln] vi interpretar quisquillosamente; **daran gibt es nichts zu ~** eso está seguro
deuten [ˈdɔɪtən] I. vi ① (zeigen) señalar (auf), indicar (auf); **er deutet mit dem Finger auf ihn** le señala con el dedo
② (hinweisen) indicar (auf), hacer suponer (auf); **alles deutet darauf hin, dass ...** todo indica que...
II. vt (Text) interpretar; (Sterne) leer (en); **er deutete ihr Nicken als Zustimmung** interpretó su señal de la cabeza como un apoyo
Deuterium [dɔɪˈteːriʊm] nt <-s, ohne pl> (CHEM) deuterio m
deutlich [ˈdɔɪtlɪç] I. adj ① (klar) claro; (Handschrift) legible; **jdm etw ~ machen** explicar algo a alguien; **jdm etw klar und ~ sagen** decir algo a alguien clara e inteligiblemente
② (eindeutig) obvio, evidente; **es wurde ~, dass ...** fue obvio que...
II. adv (spürbar) bastante; **hier ist es ~ kälter** aquí hace bastante más frío
Deutlichkeit f <-, ohne pl> ① (Klarheit) claridad f
② (Nachdruck) franqueza f; **etw mit aller ~ sagen** decir algo con toda franqueza
deutsch [dɔɪtʃ] adj alemán; **D~e Mark** marco alemán; **ein ~ sprechender Mann** un hombre que habla alemán
Deutsch nt <-(s), ohne pl>, **Deutsche** nt <-n, ohne pl> alemán m; **~ sprechen** hablar alemán; **~ sprechend** sein germanoparlante, hablar alemán; **er kann/lernt ~** sabe/aprende alemán; **~ für Ausländer** alemán para extranjeros; **auf gut ~ gesagt** dicho llanamente; **wir haben uns auf ~ unterhalten** conversamos en alemán; **etw ins ~e/aus dem ~en übersetzen** traducir algo al/del alemán
Deutsche(r) mf <-n, -n; -n, -n> alemán, -ana m, f
Deutsche Demokratische Republik f <-n -n -> (POL, HIST) República f Democrática Alemana
Deutschenfeind(in) m(f) <-(e)s, -e; -, -nen> antialemán, -ana m, f, germanófobo, -a m, f; **ein ~ sein** ser germanófobo [o antialemán]; **Deutschenfreund(in)** m(f) <-(e)s, -e; -, -nen> proalemán, -ana m, f, germanófilo, -a m, f; **ein ~ sein** ser germanófilo [o proalemán], simpatizar con los alemanes; **Deutschenhass**^{RR} m <-es, ohne pl> germanofobia f; **Deutschenhasser(in)** m(f) <-s, -; -, -nen> germanófobo, -a m, f; **ein ~ sein** ser germanófobo
Deutscher Aktienindex m <-n -(es), ohne pl> (FIN) Índice m Alemán de las Acciones
Deutsche Telekom [- ˈteːlekɔm] f <-n -, ohne pl> Compañía Telefónica Alemana, sucesora de Correos Federales
deutschfeindlich adj antialemán, germanófobo; **eine ~e Haltung einnehmen** adoptar una actitud antialemana [o germanófoba]
Deutschfeindlichkeit f <-, ohne pl> sentimiento m antialemán, germanofobia f
deutschfreundlich adj proalemán, germanófilo; **~e Äußerungen von sich** dat **geben** expresar opiniones proalemanas [o filoalemanas]
Deutschfreundlichkeit f <-, ohne pl> sentimiento m proalemán, germanofilia f
Deutschland nt <-s> Alemania f; **das vereinte [o vereinigte] ~** la Alemania unida [o reunificada]
Deutschlandfrage f <-, ohne pl> (HIST) cuestión f alemana; **Deutschlandlied** nt <-(e)s, ohne pl> himno m nacional de la República Federal de Alemania; **Deutschlandpolitik** f <-, -en> política f con respecto a Alemania
Deutschlehrer(in) m(f) <-s, -; -, -nen> (SCH) profesor(a) m(f) de alemán
deutschnational adj (HIST) nacionalista alemán; **~ sein** ser nacionalista alemán
Deutschordensritter m <-s, -> (HIST) caballero m de la Orden Teutónica
Deutschschweiz f <-> Suiza f germanohablante [o de habla alemana]; **Deutschschweizer(in)** m(f) <-s, -; -, -nen> suizo, -a m, f de lengua alemana
deutschschweizerisch adj suizo alemán
deutschsprachig [ˈdɔɪtʃʃpraːxɪç] adj germano-hablante, de habla alemana
deutschsprachlich adj de habla alemana; **~er Unterricht** clases en alemán
deutschsprechend adj s. **deutsch, Deutsch**
deutschstämmig [ˈdɔɪtʃʃtɛmɪç] adj de origen alemán
Deutschstämmige(r) mf <-n, -n; -n, -n> persona f de origen alemán
Deutschtum nt <-s, ohne pl> germanidad f
Deutung f <-, -en> interpretación f

Deutungsversuch m <-(e)s, -e> (LIT) intento m de interpretación [o de explicación]; (*Hypothese*) hipótesis f inv; **einen ~ machen** [o **unternehmen**] formular una hipótesis

Devaluation [devalua'tsjo:n] f <-, -en>, **Devalvation** [devalva'tsjo:n] f <-, -en> (FIN) devaluación f

Devise [de'vi:zə] f <-, -n> ❶ (*Wahlspruch*) lema m
❷ pl (*Währung*) moneda f extranjera, divisas fpl; **blockierte/freie ~n** divisas bloqueadas/libres; **harte ~n** divisas fuertes; **~n bringend** que reporta divisas; **zahlbar in ~n** pagadero en moneda extranjera

Devisenanlage f <-, -n> (FIN) inversión f en divisas; **Devisenausgabe** f <-, -n> (FIN) emisión f de divisas; **Devisenbestimmungen** fpl (JUR) disposiciones fpl legales sobre divisas

Devisenbewirtschaftung f <-, -en> (FIN, POL) control m de divisas; **Devisenbewirtschaftungsmaßnahme** f <-, -n> (FIN) medida f para el control de divisas

Devisenbilanz f <-, -en> (WIRTSCH) balanza f de divisas; **Devisenbörse** f <-, -n> (FIN) bolsa f de divisas

devisenbringend adj (WIRTSCH) s. **Devise**

Devisenbringer m <-s, -> (WIRTSCH) factor m de divisas; **Devisenclearing** nt <-s, -s> (WIRTSCH) clearing m con divisas; **Devisendefizit** nt <-s, -e> (WIRTSCH) déficit m inv de divisas; **Devisenerwirtschaftung** f <-, -en> (WIRTSCH) obtención f de divisas; **Devisengegenwert** m <-(e)s, -e> (FIN) cambio m; **Devisengeschäft** nt <-(e)s, -e> (WIRTSCH) operación f en divisas; **Devisengesetzgebung** f <-, ohne pl> (JUR) legislación f sobre divisas

devisengünstig adj (WIRTSCH) a cambio favorable

Devisenhandel m <-s, ohne pl> (WIRTSCH) comercio m de divisas, operaciones f de divisas pl; **intervalutarischer ~** arbitraje en las operaciones de divisas; **Devisenhändler(in)** m(f) <-s, -; -, -nen> (WIRTSCH) cambista mf; **Devisenkassakurs** m <-es, -e> (FIN) cotización f de divisas en efectivo; **Devisenkassamarkt** m <-es, -märkte> (FIN) mercado m de divisas al contado; **Devisen-Kaufoption** f <-, -en> (FIN) opción f de compra de divisas; **Devisenkonto** nt <-s, -konten> (FIN) cuenta f en divisas; **Devisenkontrakt** m <-(e)s, -e> (FIN) contrato m de cambio de divisas; **Devisenkontrolle** f <-, -n> (FIN) control m de cambios

Devisenkurs m <-es, -e> (FIN) tipo m de cambio; **zum gegenwärtigen ~** al cambio actual; **Devisenkurszettel** m <-s, -> (FIN) boletín m (de Bolsa) de divisas

Devisenmakler(in) m(f) <-s, -; -, -nen> (FIN) agente mf de cambio, broker mf

Devisenmarkt m <-(e)s, -märkte> (FIN) mercado m de divisas; **Devisenmarktkurs** m <-es, -e> (FIN) cotización f en el mercado de divisas

Devisenmittel ntpl (FIN) recursos mpl en divisas; **Devisenrechnung** f <-, ohne pl> (FIN: *Berechnung*) cálculo m en moneda extranjera; **Devisenrecht** nt <-(e)s, ohne pl> régimen m jurídico de las divisas; **Devisenregelung** f <-, -en> (FIN) ordenamiento m regulador de las divisas; **Devisenreglementierung** f <-, -en> (FIN) regulación f de divisas; **Devisenrentabilität** f <-, ohne pl> (FIN) rentabilidad f de divisas; **Devisenreserven** fpl (FIN) reservas fpl internacionales; **Devisenschieber(in)** m(f) <-s, -; -, -nen> (fam) traficante mf de divisas; **Devisenschmuggel** m <-s, ohne pl> (FIN) contrabando m de divisas; **Devisensperre** f <-, -n> (FIN) congelación f de divisas; **Devisenterminhandel** m <-s, ohne pl> (FIN) negocio m de divisas a plazo; **Devisenterminkontrakt** m <-(e)s, -e> (JUR) contrato m a plazo de divisas; **Devisenterminkurs** m <-es, -e> (FIN) cotización f del tipo de cambio a plazo; **Devisentransfer** m <-s, -s> (WIRTSCH) transferencia f de divisas; **Devisenumrechnungsfaktor** m <-s, -en> (FIN) tipo m de cambio de divisas; **Devisenverbindlichkeiten** fpl (JUR) obligaciones fpl en divisas; **Devisenvergehen** nt <-s, -> (JUR) delito m monetario en materia de divisas, infracción f en materia de divisas; **Devisenwert** m <-(e)s, -e> (FIN) valor m en divisas; **Devisenzuteilung** f <-, -en> (FIN) asignación f de divisas, adjudicación f de divisas

Devolutiveffekt m <-(e)s, -e> (JUR) efecto m devolutivo; **Devolutivwirkung** f <-, -en> (JUR) efecto m devolutivo

devot [de'vo:t] adj (geh abw) sumiso, servil

Devotionalien [devotsjo'na:liən] fpl (REL) objetos mpl de devoción

Dextrose [dɛks'tro:zə] f <-, ohne pl> (BIOL, CHEM) dextrosa f

Dezember [de'tsɛmbɐ] m <-(s), -> diciembre m; s. a. **März**

dezent [de'tsɛnt] adj ❶ (*taktvoll*) decente
❷ (*Farbe*) discreto

dezentral adj descentralizado

dezentralisieren* [de-] vt descentralizar

Dezentralisierung f <-, -en> descentralización f

Dezernat [detsɛr'na:t] nt <-(e)s, -e> negociado m, sección f administrativa

Dezernent(in) [detsɛr'nɛnt] m(f) <-en, -en; -, -nen> jefe, -a m, f de sección [o de negociado]

Dezibel ['de:tsibɛl, detsi'bɛl] nt <-s, -> (PHYS) decibel m

dezidiert [detsi'di:ɐt] adj (geh) decidido, enérgico

Dezigramm [detsi'gram, 'de:tsigram] nt <-s, -e, nach Zahlen: -> decigramo m

Deziliter ['de:tsili:tɐ, detsi'li:tɐ] m o nt <-s, -> decilitro m

dezimal [detsi'ma:l] adj decimal

Dezimalbruch m <-(e)s, -brüche> (MATH) fracción f decimal; **Dezimalrechnung** f <-, ohne pl> (MATH) cálculo m decimal; **Dezimalstelle** f <-, -n> (MATH) parte f decimal; **Dezimalsystem** nt <-s, ohne pl> (MATH) sistema m decimal; **Dezimalzahl** f <-, -en> (MATH) número m decimal

Dezime ['de:tsimə, de'tsi:mə] f <-, -n> (MUS) décima f

Dezimeter ['de:tsime:tɐ, detsi'me:tɐ] m o nt <-s, -> decímetro m

dezimieren* [detsi'mi:rən] vt diezmar

Dezimierung f <-, -en> diezmo m; **die Pest hatte eine ~ der Bevölkerung zur Folge** a consecuencia de la peste quedó diezmada la población

DFB m <-> (SPORT) Abk. von **Deutscher Fußball-Bund** Federación f Alemana de Fútbol

DFÜ [de:ʔɛf'?y:] f (INFOR, TEL) Abk. von **Datenfernübertragung** transmisión f de datos, telecomunicación f de datos

DGB [de:ge:'be:] m <-> Abk. von **Deutscher Gewerkschaftsbund** Confederación f de los Sindicatos Alemanes

dgl. Abk. von **dergleichen** semejante, parecido

d. Gr. Abk. von **der/die Große** el/la Grande; **Alexander ~** Alejandro Magno; **Karl ~** Carlomagno; **Katharina ~** Catalina la Grande; **Peter ~** Pedro el Grande

d. h. Abk. von **das heißt** o sea, esto es

d.i. Abk. von **das ist** esto es, es decir

Dia ['di:a] nt <-s, -s> diapositiva f

Diabetes [dia'be:tɛs] m <-, ohne pl> (MED) diabetes f inv

Diabetiker(in) [dia'be:tikɐ] m(f) <-s, -; -, -nen> (MED) diabético, -a m, f

diabetisch [dia'be:tɪʃ] adj (MED) diabético

diabolisch [dia'bo:lɪʃ] adj (geh) diabólico, maligno

diachron(isch) [dia'kro:n(ɪʃ)] adj (LING) diacrónico

Diadem [dia'de:m] nt <-s, -e> diadema f

Diadochen [dia'dɔxən] pl (HIST) diadocos mpl

Diadochenkämpfe mpl (geh) luchas fpl intestinas por el poder

Diagnose [dia'gno:zə] f <-, -n> (MED, PSYCH) diagnóstico m; **eine ~ stellen** establecer un diagnóstico

Diagnoseprogramm nt <-s, -e> (INFOR) programa m de diagnóstico; **Diagnosezentrum** nt <-s, -zentren> (MED) centro m de diagnóstico precoz

Diagnostik [dia'gnɔstɪk] f <-, ohne pl> (MED) diagnosis f inv

diagnostisch [dia'gnɔstɪʃ] adj (MED) (de) diagnóstico; **jeder Arzt hat seine eigene ~e Methode** cada médico tiene su propio sistema de diagnóstico

diagnostizieren* [diagnɔsti'tsi:rən] vt diagnosticar

diagonal [diago'na:l] adj diagonal; **etw ~ lesen** (fam) leer algo por encima

Diagonale f <-, -n> línea f diagonal

Diagramm [dia'gram] nt <-s, -e> diagrama m

Diakon¹ [dia'ko:n] m <-s o -en, -e o -en> (*katholisch, orthodox, anglikanisch*) diácono m

Diakon(in)² m(f) <-s o -en, -e o -en; -, -nen> (*evangelisch*) hermano, -a m, f de la caridad

Diakonie f <-, ohne pl> (REL) diaconía f

Diakonin f <-, -nen> s. **Diakon²**

Diakonisse [diako'nɪsə] f <-, -n>, **Diakonissin** f <-, -nen> (REL) diaconisa f

diakritisch [dia'kri:tɪʃ] adj (LING) diacrítico

Dialekt [dia'lɛkt] m <-(e)s, -e> dialecto m

dialektal adj (LING) dialectal

Dialektik f <-, ohne pl> (PHILOS) dialéctica f

dialektisch [dia'lɛktɪʃ] adj ❶ (PHILOS) dialéctico
❷ (LING) dialectal

Dialog [dia'lo:k] m <-(e)s, -e> (a. INFOR) diálogo m

Dialogbereitschaft f <-, ohne pl> disposición f a dialogar; **Dialogbetrieb** m <-(e)s, ohne pl> (INFOR) proceso m conversacional; **Dialogfähigkeit** f <-, ohne pl> capacidad f de dialogar [o de diálogo]; **Dialogfenster** nt <-s, -> (INFOR) ventana f de diálogo

Dialyse [dia'ly:zə] f <-, -n> (MED) hemodiálisis f inv

Dialysetechnik f <-, ohne pl> (MED) técnica f de la hemodiálisis

Diamant [dia'mant] m <-en, -en> diamante m

diamanten [dia'mantən] adj ❶ (*aus Diamant gearbeitet*) de diamante, diamantino geh; **eine ~e Bohrerspitze** un taladro con punta de diamante
❷ (*mit Diamanten besetzt*) de [o con] diamantes; **ein ~er Ring** un anillo de diamantes
❸ (*wie ein Diamant*) como (de) diamante, diamantino geh; **ein ~er**

Diamantring Schimmer reflejos diamantinos
Diamantring m <-(e)s, -e> anillo m de diamantes; **Diamantschleifer(in)** m(f) <-s, -; -, -nen> diamantista mf; **Diamantschliff** m <-(e)s, -e> talla f de diamante; **Diamantstaub** m <-(e)s, ohne pl> polvo m de diamante
diametral [diame'tra:l] adj diametral; ~ **entgegengesetzt** completamente opuesto
Diaphragma [dia'fragma] nt <-s, Diaphragmen o -s> (MED: Verhütungsmittel) diafragma m
Diapositiv [diapozi'ti:f, '-----] nt <-s, -e> (FOTO) diapositiva f
Diaprojektor ['-----] m <-s, -en> (FOTO) proyector m de diapositivas
Diarahmen m <-s, -> (FOTO) marco m de diapositiva
Diarrhö(e) [dia'rø:] f <-, -n> (MED) diarrea f
Diaspora [di'aspora] f <-, ohne pl> diáspora f; **in der ~ leben** vivir dispersados, vivir entre gentes de otras religiones
Diastole [di'astole, dia'sto:lə, pl: dia'sto:lən] f <-, -n> (MED) diástole f
diastolisch [dia'sto:lɪʃ] adj (MED) diastólico
Diät [di'ɛ:t] f <-, -en> ① (Abmagerungskur) dieta f, régimen m; **fettarme ~ dieta** pobre en grasas; **streng ~ leben** seguir un régimen estricto, mantener una dieta rígida; **eine ~ machen** seguir un régimen, hacer una dieta; **jdn auf ~ setzen** poner a alguien a dieta
② pl (POL) dietas fpl
Diätassistent(in) m(f) <-en, -en; -, -nen> (MED) especialista en regímenes que dirige al paciente nutricional y psicológicamente
Diätetik [diɛ'te:tɪk] f <-, -en> (MED) dietética f
diätetisch adj (a. MED) dietético; **~e Lebensmittel** alimentos dietéticos
Diätfahrplan m <-(e)s, -pläne> (fam) (plan m de) régimen m; **Diätkost** f <-, ohne pl> (a. MED) comida f de régimen; **jdn auf ~ setzen** poner a alguien a dieta [o a régimen]; **Diätkur** f <-, -en> (MED) régimen m dietético; **Diätmargarine** f <-, -n> margarina f dietética [o de régimen]
Diatonik [dia'to:nɪk] f <-, ohne pl> (MUS) diatonismo m
diatonisch [dia'to:nɪʃ] adj (MUS) diatónico
Diavortrag m <-(e)s, -träge> conferencia f con diapositivas
dich [dɪç] I. pron pers akk von **du** te; (betont) a ti (te); (mit Präposition) ti; **ich sehe ~ nachher** luego te veo; **~ wollte ich fragen** a ti quería preguntarte; **es geht um ~** se trata de ti; **pass auf ~ auf!** ¡cuídate!; **das betrifft ~ nicht** esto no va contigo
II. pron refl akk von **du** te; **rasierst du ~ jeden Morgen?** ¿te afeitas todas las mañanas?; **benimm ~!** ¡compórtate!; **du verstehst ~ gut mit ihnen, nicht wahr?** tú te entiendes bien con ellos, ¿verdad?
dicht [dɪçt] I. adj ① (Wald, Verkehr, Nebel) denso; (Haar) tupido; **~ behaart** velludo, peludo; **~ belaubt** frondoso; **~ besiedelt** densamente poblado; **~ bewölkt** (METEO) anubarrado, encapotado, cubierto; **~ gedrängt** apretado
② (undurchlässig) hermético, impermeable
③ (fam: geschlossen) cerrado
④ (Wend) **nicht ganz ~ sein** (fam fig) no estar muy bien de la cabeza
II. adv (nahe): **~ an** [o **bei**] cerca de, junto a; **~ an ~ stehen** estar uno junto al otro; **~ davor/daneben** justo delante/al lado
dichtauf adv muy (de) cerca; **noch war sein Sieg nicht sicher, die Verfolger lagen ~** su victoria aún no era segura, los perseguidores le iban pisando los talones; **in der Dunkelheit könnten wir uns verlieren, bleibt also alle ~** en la oscuridad podríamos perdernos, mantenos pegados unos a otros
dichtbehaart adj s. **dicht** I.1.
dichtbelaubt adj s. **dicht** I.1.
dichtbesiedelt adj s. **dicht** I.1.
dichtbewölkt ['--'] adj s. **dicht** I.1.
Dichte f <-, -n> (a. PHYS) densidad f; **relative/spezifische ~** densidad relativa/específica
dichten ['dɪçtən] vi, vt ① (verfassen) componer
② (Leck) tapar, impermeabilizar
Dichter(in) m(f) <-s, -; -, -nen> poeta m, poetisa f
dichterisch adj poético
Dichterlesung f <-, -en> (LIT) recital m de poesía; **eine ~ halten** dar un recital de poesía; **Dichterwort** nt <-(e)s, -worte> palabras fpl de un poeta; (Zitat) cita f poética
dichtgedrängt adj s. **dicht** I.1.
dicht|halten irr vi (fam) callarse, guardar un secreto; **er hat nicht dichtgehalten** se ha ido de la lengua
Dichtkunst f <-, -künste> poesía f
dicht|machen vi, vt (fam: Laden, Fabrik) cerrar; (Grenze, Strecke) bloquear
Dichtung[1] f <-, ohne pl> (LIT: Gattung) poesía f
Dichtung[2] f <-, -en> ① (LIT: Gedicht) poema m
② (TECH) junta f
Dichtungsmasse f <-, -n> (TECH) masilla f para juntas; **Dichtungsmittel** nt <-s, -> (ARCHIT) impermeabilizante m; **Dichtungsring** m <-(e)s, -e> (TECH) anillo m de junta; **Dichtungsscheibe** f <-, -n> (TECH) arandela f de guarnición
dick [dɪk] adj ① (beleibt) gordo, grueso, obeso; (umfangreich) voluminoso; **~ werden** engordar; **die Mauer ist einen Meter ~** el muro tiene un grosor de un metro; **ein ~es Fell haben** (fig) ser duro de pellejo; **~ auftragen** (fam abw: übertreiben) exagerar; **mit etw das ~e Geld machen** sacar un dineral de algo fam
② (fam: geschwollen) hinchado, entumecido
③ (Flüssigkeit) espeso; (Qualm, Nebel) espeso, denso; **es herrscht ~e Luft** (fam fig) el ambiente no está para bromas, está la atmósfera cargada; **das ist ein ~er Hund!** (fam fig) ¡eso sí que es fuerte!; **sie sind ~ befreundet** (fam) son íntimos amigos; **wenn es kommt, kommt's ~** (fam) las desgracias nunca vienen solas
dickbauchig adj panzudo; **eine ~e Flasche/Vase** una botella panzuda/un jarrón panzudo
dickbäuchig ['dɪkbɔıçıç] adj barrigudo, barrigón fam, pipón Ant, Arg, Ecua: fam
Dickdarm m <-(e)s, -därme> (ANAT) intestino m grueso
Dicke ['dɪkə] f <-, -n> (von Feststoffen) grosor m; (von Flüssigkeiten) espesor m
Dickerchen ['dɪkeçən] nt <-s, -> (fam) gordito, -a m, f
dickfellig ['dɪkfɛlɪç] adj (fam) insensible, indiferente
Dickfelligkeit f <-, ohne pl> (fam) insensibilidad f, indiferencia f; **deine ~ wird immer größer** cada vez te resbala más todo
dickflüssig adj espeso, consistente
Dickhäuter ['dɪkhɔıtɐ] m <-s, -> (Tier) paquidermo m; (Mensch) persona f insensible
Dickicht ['dɪkıçt] nt <-s, -e> maleza f, matorral m
Dickkopf m <-(e)s, -köpfe> (fam: Mensch) cabezón, -ona m, f, cabezota mf; **einen ~ haben** ser un cabezota
dickköpfig adj cabezota, terco
dickleibig adj ① (Mensch) grueso; (a. MED) obeso
② (Buch) grueso
Dickleibigkeit f <-, ohne pl> (a. MED) obesidad f
dicklich adj gordezuelo
dicklippig adj befo, bembudo Am
Dickmilch f <-, ohne pl> cuajada f; **Dickschädel** m <-s, -> s. **Dickkopf**
dickschalig adj de cáscara gruesa, cascarudo; **~ sein** tener mucha cáscara; **Walnüsse sind ~er als Erdnüsse** las nueces tienen más cáscara [o la cáscara más gruesa] que los cacahuetes
dickwandig adj ① (mit dicker Wand versehen) de [o con] paredes gruesas; **~ sein** tener las paredes gruesas; **eine ~e Vase** un jarrón de paredes gruesas
② (ARCHIT: eine starke Außenwand besitzend) de muros gruesos; **~ sein** tener los muros gruesos; **früher wurden Häuser ~er gebaut** antes se construían las casas con muros más gruesos que hoy en día
Dickwanst m <-(e)s, -wänste> (fam abw) panzón, -ona m, f, panzudo, -a m, f
Didaktik [di'daktɪk] f <-, ohne pl> didáctica f
didaktisch adj didáctico
die [di(:)] art best o pron dem o pron rel s. **der, die, das**
Dieb(in) [di:p, 'di:bɪn] m(f) <-(e)s, -e; -, -nen> ladrón, -ona m, f, malabrista mf Chil, chorro, -a m, f CSur: fam; **haltet den ~!** ¡al ladrón!
Dieberei f <-, -en> (fam abw) ratería f; **sie hielt sich durch kleine ~en über Wasser** se mantenía gracias a pequeños hurtos
Diebesbande f <-, -n> (abw) banda m de ladrones; **Diebesfalle** f <-, -n> trampa f para ladrones; **Diebesgut** ['di:bəsgu:t] nt <-(e)s, ohne pl> botín m; **Diebesnest** nt <-(e)s, -er> nido m de ladrones, guarida f de ladrones; **Diebespack** nt <-(e)s, ohne pl> (abw) hatajo m de ladrones
Diebin f <-, -nen> s. **Dieb**
diebisch adj ratero, ladrón
Diebsgesindel nt <-s, ohne pl> (abw) hatajo m de ladrones
Diebstahl m <-(e)s, -stähle> robo m; **einfacher ~** (JUR) hurto m; **schwerer ~** (JUR) robo m; **~ geistigen Eigentums** delito contra la propiedad intelectual, usurpación de la propiedad intelectual; **gewerbsmäßiger ~** robo profesional; **räuberischer ~** robo latrocinante; **Diebstahlsicherung** f <-, -en> aseguramiento m contra robos; **Diebstahlsvorsatz** m <-es, -sätze> (JUR) intención f de robo, dolo m de hurto; **Diebstahlversicherung** f <-, -en> seguro m contra el robo
diejenige(n) pron dem s. **derjenige, diejenige, dasjenige**
Dieldrin [diɛl'dri:n] nt <-s, ohne pl> (CHEM) dieldrina f
Diele ['di:lə] f <-, -n> ① (Brett) tabla f del suelo
② (Vorraum) vestíbulo m, hall m
dienen ['di:nən] vi ① (nützlich sein) servir (zu para, als de); **sein Ärmel diente ihm als Serviette** usaba su manga como servilleta; **das dient einem guten Zweck** esto es para una buena causa; **damit ist mir nicht gedient** esto no me sirve de ayuda; **womit kann ich ~?** ¿en qué puedo

servirle?; **ich weiß nicht, wozu das ~ soll** no sé qué sentido tiene eso, no sé de qué sirve eso; **lass dir das zur Warnung ~** que te sirva de advertencia

❷ (MIL) hacer el servicio militar, servir en el ejército

Diener¹ *m* <-s, -> (*fam: Verbeugung*) reverencia *f*

Diener(in)² *m(f)* <-s, -; -, -nen> criado, -a *m, f*, sirviente, -a *m, f*, mucamo, -a *m, f Am*

dienern ['di:nɐn] *vi* (*abw*) ❶ (*sich ständig verbeugen*) hacer reverencias (*vor* ante)

❷ (*sich unterwürfig verhalten*) hacer la pelota (*vor* a) *fam*

Dienerschaft *f* <-, -en> criados *mpl*, servidumbre *f*

dienlich *adj* útil; **jdm/etw ~ sein** ser útil a alguien/algo

Dienst [di:nst] *m* <-(e)s, -e> servicio *m*; (*Amt*) función *f*; (*Aufgabe*) oficio *m*; (*Arbeitsschicht*) turno *m*; (MIL) retirado *m*; **gehobener ~** cargo elevado; **öffentlicher ~** servicio público; **außer ~** jubilado; **zum ~ gehen** ir al trabajo; **~ haben, im ~ sein** estar de servicio; **~ habend** [*o* **tuend**] (MIL) de servicio; (*Arzt*) de turno, de servicio; **den ~ antreten** (*Schicht*) empezar el turno; (*Amt*) entrar en funciones; **den ~ quittieren** cesar en el cargo, dimitir del cargo; **in jds ~en stehen** estar al servicio de alguien; **jdn vom ~ suspendieren** suspender a alguien del cargo; **jdm einen schlechten ~ erweisen** hacerle a alguien un flaco favor; **sich in den ~ einer Sache stellen** ponerse al servicio de una causa; **seine Beine versagten ihm den ~** ya no pudo mantenerse de pie

Dienstabteil *nt* <-(e)s, -e> (EISENB) compartimiento *m* de servicio

Dienstag ['di:nsta:k] *m* <-(e)s, -e> martes *m*; *s. a.* **Montag**

Dienstagabend *m* <-s, -e> noche *f* del martes, martes *m* por la noche; *s. a.* **Montagabend**

dienstagabends^{RR} *adv* los martes por la noche; *s. a.* **montagabends**

Dienstagnachmittag *m* <-(e)s, -e> tarde *f* del martes, martes *m* por la tarde; *s. a.* **Montagnachmittag**

dienstags *adv* los martes; *s. a.* **montags**

Dienstalter *nt* <-s, *ohne pl*> antigüedad *f* (laboral), años *mpl* de servicio; **Dienstälteste(r)** *mf* <-n, -n; -n, -n> decano, -a *m, f* de servicio; **Dienstantritt** *m* <-(e)s, *ohne pl*> entrada *f* en funciones [*o* en servicio]; **bei/nach ~** al/tras entrar en funciones; **Dienstanweisung** *f* <-, -en> instrucción *f*, reglamento *m* de servicio; **Dienstauffassung** *f* <-, -en> espíritu *m* de trabajo

Dienstaufsicht *f* <-, -en> (JUR) inspección *f* jerárquica, vigilancia *f* oficial; **Dienstaufsichtsbeschwerde** *f* <-, -n> (JUR) recurso *m* jerárquico de queja

Dienstaufwandsentschädigung *f* <-, -en> (WIRTSCH) indemnización *f* por gastos de representación de un cargo

Dienstausweis *m* <-es, -e> tarjeta *f* de identidad

dienstbar *adj* sumiso, servil; **sich** *dat* **jdn ~ machen** ganarse [*o* aprovecharse de] los servicios de alguien

Dienstbarkeit *f* <-, -en> servidumbre *f*; (*beschränkte*) **persönliche ~** (JUR) servidumbre personal (limitada)

dienstbeflissen *adj* solícito, dispuesto

Dienstberechtigte(r) *mf* <-n, -n; -n, -n> (JUR) arrendatario, -a *m, f* de servicios

dienstbereit *adj* ❶ (*im Bereitschaftsdienst*) de guardia; **~ sein** tener turno de guardia; **weißt du, welche Apotheke heute ~ ist?** ¿sabes qué farmacia está hoy de guardia?

❷ (*alt: hilfsbereit*) solícito, servicial; **eine sehr ~e Frau, deine Tante!** ¡tu tía es una señora muy atenta!

Dienstbereitschaft *f* <-, *ohne pl*> ❶ (*für den Notfall*) servicio *m* de urgencia; (*ärztlich*) guardia *f*; **Arzt/Apotheke in ~** médico/farmacia de guardia; **in ~ sein** estar de guardia; **~ haben** tener guardia ❷ (*Hilfsbereitschaft*) solicitud *f*; **Dienstbezüge** *mpl* remuneración *f* (*en un puesto del Estado*)

Dienstbote, -in *m, f* <-n, -n; -, -nen> criado, -a *m, f*, doméstico, -a *m, f*; **Dienstboteneingang** *m* <-(e)s, -gänge> entrada *f* de servicio

Dienstbotin *f* <-, -nen> *s.* **Dienstbote**; **Diensteid** *m* <-(e)s, -e> (JUR) juramento *m* profesional; **etw auf seinen ~ nehmen** asumir toda la responsabilidad de algo; **einen auf den ~ nehmen** (*iron*) tomar una copa durante el trabajo; **Diensteifer** *m* <-s, *ohne pl*> celo *m*

diensteifrig *adj* solícito, dispuesto

Diensteinkommen *nt* <-s, -> ingresos *mpl* procedentes de una relación de servicio; **Dienstenthebung** *f* <-, -en> inhabilitación *f*; **vorläufige ~** inhabilitación provisional; **Diensterfindung** *f* <-, -en> invención *f* bajo contrato [*o* relación] de servicio; **Dienstflucht** *f* <-, *ohne pl*> abandono *m* de cargo

dienstfrei *adj* libre; **montags habe ich ~** los lunes tengo libre

Dienstgebrauch *m* <-(e)s, *ohne pl*> (ADMIN) uso *m* oficial; **nur für den ~** sólo para uso oficial; **Dienstgeheimnis** *nt* <-ses, -se> secreto *m* profesional; **Dienstgespräch** *nt* <-(e)s, -e> (TEL) llamada *f* de servicio

Dienstgrad *m* <-(e)s, -e> (MIL) grado *m*, graduación *f*; **Dienstgradabzeichen** *nt* <-s, -> (MIL) distintivo *m* de grado, galón *m*

diensthabend ['di:nstha:bənt] *adj s.* **Dienst**

Dienstherr *m* <-n, -en> (JUR: *Arbeitgeber*) patrón *m*; **öffentlich-rechtlicher ~** patrón público-legal; **Dienstjahr** *nt* <-(e)s, -e> año *m* de servicio [*o* de trabajo]; **Dienstkleidung** *f* <-, -en> uniforme *m* de servicio, ropa *f* de servicio; **in ~** de uniforme

Dienstleistung *f* <-, -en> (prestación *f* de) servicio *m*; **bezahlte/industrielle ~en** servicios remunerados/del sector industrial

Dienstleistungsabend *m* <-s, -e> (WIRTSCH) *horario comercial prolongado en Alemania, generalmente los jueves hasta las 21:00 horas*; **Dienstleistungsabkommen** *nt* <-s, -> (WIRTSCH) convenio *m* de prestación de servicios; **Dienstleistungsangebot** *nt* <-(e)s, -e> oferta *f* de servicios; **Dienstleistungsbereich** *m* <-(e)s, -e> sector *m* terciario; **Dienstleistungsberuf** *m* <-(e)s, -e> profesión *f* en el sector servicios; **Dienstleistungsbetrieb** *m* <-(e)s, -e> empresa *f* de servicios [*o* del sector terciario]; **Dienstleistungsbilanz** *f* <-, -en> (WIRTSCH) balanza *f* de servicios; **Dienstleistungsbündel** *nt* <-s, -> paquete *m* de servicios; **Dienstleistungserbringer(in)** *m(f)* <-s, -; -, -nen> prestador(a) *m(f)* de servicios; **Dienstleistungsfreiheit** *f* <-, *ohne pl*> libertad *f* de prestación de servicios; **Dienstleistungsgesellschaft** *f* <-, -en> (SOZIOL) sociedad *f* de servicios (*sociedad actual en la que las empresas del sector terciario juegan un papel fundamental*); **Dienstleistungsgewerbe** *nt* <-s, *ohne pl*> (industria *f* del) sector *m* terciario; **Dienstleistungsmarke** *f* <-, -n> marca *f* de prestación de servicios; **Dienstleistungsmonopol** *nt* <-s, -e> monopolio *m* de prestación de servicios; **Dienstleistungssektor** *m* <-s, -en> sector *m* servicios [*o* terciario]; **Dienstleistungsverkehr** *m* <-(e)s, *ohne pl*> circulación *f* de servicios; **Dienstleistungsvertrag** *m* <-(e)s, -träge> contrato *m* de (prestación de) servicios

dienstlich *adj* oficial; **~ unterwegs sein** estar de viaje por razones de trabajo

Dienstmädchen *nt* <-s, -> criada *f*, (empleada *f*) doméstica *f*, mucama *f Am*, muchacha *f Am*, china *f And, CSur*; **Dienstmütze** *f* <-, -n> gorra *f* de servicio; **Dienstpersonal** *nt* <-s, *ohne pl*> personal *m* de servicio; **Dienstpflicht** *f* <-, -en> deber *m*, obligación *f*; (MIL) obligación *f* de servir; **Dienstplan** *m* <-(e)s, -pläne> (*a.* MIL) horario *f* de servicio; **einen ~ aufstellen** [*o* **erstellen**] establecer un horario de servicio; **Dienstpostenbewertung** *f* <-, -en> (JUR) evaluación *f* de puestos; **Dienstprogramm** *nt* <-(e)s, -e> (INFOR) utilidad *f*; **Dienstrang** *m* <-(e)s, -ränge> (MIL) grado *m*, graduación *f*; **Dienstreise** *f* <-, -n> viaje *m* de trabajo; **Dienstsache** *f* <-, -n> ❶ (*Angelegenheit*) asunto *m* oficial ❷ (*Schreiben*) carta *f* oficial; **Dienstschluss**^{RR} *m* <-es, *ohne pl*> hora *f* de cierre; **Dienstsiegel** *nt* <-s, -> (ADMIN) sello *m* oficial; **Dienststelle** *f* <-, -n> departamento *m*, negociado *m*; **die zuständige ~** el departamento correspondiente; **Dienststempel** *m* <-s, -> (ADMIN) sello *m* oficial, estampilla *f* oficial *Am*; **Dienststunden** *fpl* horas *fpl* de oficina [*o* de servicio]

diensttauglich *adj* (MIL) apto para el servicio

diensttuend *adj s.* **Dienst**

dienstunfähig *adj* incapacitado para el servicio; **~ sein/werden** estar/quedar incapacitado

Dienstunfall *m* <-(e)s, -fälle> accidente *m* de trabajo [*o* en acto de servicio]

dienstuntauglich *adj* (MIL) exento por incapacidad, inútil para el servicio; **~ sein/werden** ser/quedar inútil; **etw macht jdn ~** algo deja inútil a alguien

Dienstvereinbarung *f* <-, -en> (JUR) pacto *m* de servicio público; **Dienstvergehen** *nt* <-s, -> falta *f* disciplinaria; **Dienstverhältnis** *nt* <-ses, -se> relación *f* de servicio (*entre el funcionario y la autoridad para la que trabaja*); **Dienstverhinderung** *f* <-, -en> obstaculización *f* del servicio

dienstverpflichten* *vt* (JUR) obligar a servir

Dienstverpflichtete(r) *mf* <-n, -n; -n, -n> (JUR) arrendador(a) *m(f)* de servicios

Dienstvertrag *m* <-(e)s, -träge> (JUR) contrato *m* de (arrendamiento de) servicios; **Dienstvertragsklausel** *f* <-, -n> (JUR) cláusula *f* del contrato de arrendamiento de servicios; **Dienstvertragsrecht** *nt* <-(e)s, *ohne pl*> régimen *m* legal del contrato de arrendamiento de servicios

Dienstvorgesetzte(r) *mf* <-n, -n; -n, -n> (ADMIN) superior *mf* jerárquico; **Dienstvorschrift** *f* <-, -en> (ADMIN, MIL) instrucción *f*, orden *f* jerárquica; **Dienstwagen** *m* <-s, -> coche *m* oficial [*o* de servicio]; **Dienstweg** *m* <-(e)s, -e> trámite *m* oficial [*o* reglamentario]; **den ~ beschreiten** proceder por (la) vía oficial

dienstwidrig *adj* en contra de las normas jerárquicas

Dienstwohnung *f* <-, -en> vivienda *f* de servicio [*o* de empresa]; **Dienstzeit** *f* <-, -en> ❶ (*Arbeitszeit*) horario *m* de trabajo ❷ (*Amtsdauer*) años *mpl* de servicio; **Dienstzeugnis** *nt* <-ses, -se> hoja *f* de servicio

dies [di:s] *pron dem s.* **diese(r, s)**

diesbezüglich ['----] I. *adj* correspondiente, al respecto
  II. *adv* en relación a esto, por lo que concierne a esto
diese(r, s) ['di:zə, -zɐ, -zəs] <diese> *pron dem* ❶ (*adjektivisch*) este, esta; (*weiter entfernt*) ese, esa; **~r Mann hier/da/dort** este hombre (de aquí)/ese hombre (de ahí)/aquel hombre (de allí); **Anfang ~s Jahres** a principios de este año; **ich fahre ~ Woche nach Berlin** viajo esta semana a Berlín; **~s wunderschöne Buch** este maravilloso libro; **am 12. ~s Monats** el doce del corriente
  ❷ (*substantivisch*) éste, ésta, esto; (*weiter entfernt*) ése, ésa, eso; **~r hier** éste de aquí; **dies und das** esto y lo otro; **~s und jenes** esto y aquello
Diesel¹ ['di:zəl] *m* <-s, *ohne pl*> (*fam*) *s.* **Dieselkraftstoff**
Diesel² *m* <-(s), -> (*fam: Motor, Auto*) diesel *m*, Diesel *m*; **er fährt einen ~** conduce un Diesel [*o* diesel]
Dieselantrieb *m* <-(e)s, -e> (AUTO) accionamiento *m* Diesel
dieselbe(n) *pron dem s.* **derselbe, dieselbe, dasselbe**
dieselbige(n) [di:'zɛlbɪgə(n)] *pron dem* (*alt*) *s.* **derselbige, dieselbige, dasselbige**
Dieselkraftstoff *m* <-(e)s, -e> gasóleo *m*, gasoil *m*, combustible *m* diesel; **Diesellok** *f* <-, -s>, **Diesellokomotive** *f* <-, -n> locomotora *f* Diesel; **Dieselmotor** *m* <-s, -en> motor *m* diesel [*o* de gasoil]; **Dieselöl** *nt* <-(e)s, -e> gasóleo *m*
diesig ['di:zɪç] *adj* calinoso, brumoso
diesjährige(r, s) *adj* de este año
diesmal *adv* esta vez
diesseitig *adj* de este lado; (*des Diesseits*) de este mundo
diesseits ['di:szaɪts] I. *präp +gen* a este lado de; (*bei Flüssen*) a esta orilla de
  II. *adv* a este lado; **~ vom Fluss** a esta orilla del río
Diesseits *nt* <-, *ohne pl*> este mundo *m*
Dietrich ['di:trɪç] *m* <-s, -e> (TECH) ganzúa *f*
dieweil [di:'vaɪl] I. *adv* (*alt: unterdessen*) entretanto, mientras tanto
  II. *konj* (*alt*) ❶ (*während*) mientras
  ❷ (*weil*) porque
  ❸ (*da*) ya que
diffamieren* [dɪfa'mi:rən] *vt* difamar, caluminar; **eine ~de Hetzkampagne** una campaña difamatoria
Diffamierung *f* <-, -en> difamación *f*
Differential [dɪfərɛn'tsja:l] *nt* <-s, -e> *s.* **Differenzial**
Differentialgetriebe *nt* <-s, -> *s.* **Differenzialgetriebe**; **Differentialgleichung** [dɪfərɛntsi'a:l-] *f* <-, -en> (MATH) *s.* **Differenzialgleichung; Differentialrechnung** *f* <-, -en> *s.* **Differenzialrechnung**
Differenz [dɪfə'rɛnts] *f* <-, -en> ❶ (*Fehlbetrag*) déficit *m inv*, diferencia *f;* **die Prüfung ergab eine ~ von fünfzig Euro** la inspección dio un déficit de cincuenta euros
  ❷ (*Streit*) disputa *f*; **es kam zu ~en zwischen ihnen** se produjeron disputas entre ellos
Differenzbetrag *m* <-(e)s, -träge> diferencia *f;* **Differenzgeschäft** *nt* <-(e)s, -e> (FIN) operación *f* a plazo; **Differenzhaftung** *f* <-, -en> (JUR) responsabilidad *f* diferencial
Differenzial^{RR} [dɪfərɛn'tsja:l] *nt* <-s, -e> (MATH) diferencial *f*
Differenzialgetriebe^{RR} *nt* <-s, -> (AUTO) (engranaje *m*) diferencial *m;* **Differenzialgleichung** *f* <-, -en> (MATH) ecuación *f* diferencial; **Poisson'sche ~** (CHEM) ecuación *f* de Poisson; **Differenzialrechnung**^{RR} *f* <-, -en> (MATH) cálculo *m* diferencial
differenzieren* *vt, vi* (a. BIOL, MATH) diferenciar
differenziert *adj* (*geh: fein unterscheidend*) detallado
Differenzierung *f* <-, -en> (a. BIOL, MATH, JUR) diferenciación *f*
Differenzierungstheorie *f* <-, *ohne pl*> (JUR) teoría *f* de la diferenciación
Differenzmargenbesteuerung *f* <-, -en> (JUR) tributación *f* sobre el margen diferencial; **Differenzschaden** *m* <-s, -schäden> (JUR) perjuicio *m* diferencial; **Differenztheorie** *f* <-, *ohne pl*> (JUR) teoría *f* de la diferencia; **Differenzzahlung** *f* <-, -en> (FIN) pago *m* de la diferencia
differieren* [dɪfə'ri:rən] *vi* (*geh*) diferir
diffizil [dɪfi'tsi:l] *adj* (*geh*) complicado
diffundieren* [dɪfʊn'di:rən] I. *vi sein* (CHEM) difundirse
  II. *vt* (PHYS) difundir
diffus [dɪ'fu:s] *adj* difuso
Diffusion [dɪfu'zjo:n] *f* <-, -en> (CHEM, PHYS) difusión *f*
digital [digi'ta:l] *adj* digital; **~es Fernsehen** televisión *f* digital; **~e Unterschrift** firma digital
digitalisieren* *vt* (INFOR) digitalizar
Digitalrechner *m* <-s, -> (INFOR) calculadora *f* digital; **Digitaltechnik** *f* <-, -en> (INFOR) técnica *f* digital; **Digitaluhr** *f* <-, -en> reloj *m* digital
Diglossie *f* <-, -n> (LING) diglosia *f*

Diktat [dɪk'ta:t] *nt* <-(e)s, -e> ❶ (*Nachschrift*) dictado *m;* **nach ~ schreiben** escribir al dictado
  ❷ (*Befehl*) mandamiento *m*, imposición *f;* (POL) tratado *m* impuesto
Diktator(in) [dɪk'ta:to:ɐ] *m(f)* <-s, -en; -, -nen> dictador(a) *m(f)*, tirano, -a *m, f*
diktatorisch *adj* dictatorial
Diktatur [dɪkta'tu:ɐ] *f* <-, -en> dictadura *f;* **die ~ des Proletariats** la dictadura del proletariado
diktieren* *vt* ❶ (*Text*) dictar
  ❷ (*geh: aufzwingen*) imponer
Diktiergerät *nt* <-(e)s, -e> dictáfono *m*
Diktion [dɪk'tsjo:n] *f* <-, -en> (*geh*) dicción *f*
dilatorisch [dila'to:rɪʃ] *adj* (*geh*) dilatorio; **~e Einrede** (JUR) excepción dilatoria
Dildo ['dɪldo] *m* <-s, -s> (*Kunstpenis*) consolador *m*
Dilemma [di'lɛma] *nt* <-s, -s *o* Dilemmata> dilema *m*
Dilettant(in) [dilɛ'tant] *m(f)* <-en, -en; -, -nen> ❶ (*Laie*) diletante *mf*, aficionado, -a *m, f*
  ❷ (*abw: Stümper*) chapucero, -a *m, f*
dilettantisch *adj* ❶ (*laienhaft*) diletante, aficionado
  ❷ (*abw: stümperhaft*) chapucero
Diligentia quam in suis *f* <Diligentiae - - -, *ohne pl*> (JUR) diligentia *f* quam in suis
Dill [dɪl] *m* <-s, -e> eneldo *m*
Dimension [dimɛn'zjo:n] *f* <-, -en> dimensión *f;* **etw nimmt ~en an ...** algo está adquiriendo dimensiones...
Diminutivform [diminu'ti:f-] *f* <-, -en> (LING) diminutivo *m*
Dimmer ['dɪmɐ] *m* <-s, -> interruptor *m* con regulador de voltaje
DIN [di:n, dɪn] *f Abk. von* **Deutsche Industrie-Norm(en)** normas *fpl* DIN; **~ A4/A5** formatos *mpl* DIN A4/A5
Dinar [di'na:ɐ] *m* <-s, -e> dinar *m*
Diner [di'ne:] *nt* <-s, -s> (*geh*) banquete *m*
DIN-Format *nt* <-(e)s, -e> formato *m* DIN (*según el Instituto de Normalización Alemán*)
Ding¹ [dɪŋ] *nt* <-(e)s, -e> ❶ (*Gegenstand*) objeto *m;* (*Sache*) cosa *f;* **aller guten ~e sind drei** (*prov*) a la tercera va la vencida; **gut ~ will Weile haben** (*prov*) las cosas de palacio van despacio
  ❷ (*Angelegenheit*) asunto *m;* **vor allen ~en** sobre todo; **über den ~en stehen** no preocuparse demasiado; **ich stehe über diesen ~en** estas cosas no me importan; **guter ~e sein** (*geh*) tener buen humor; **nach Lage der ~e** según el estado del asunto; **das geht nicht mit rechten ~en zu** aquí hay gato encerrado; **das ist ein ~ der Unmöglichkeit** es algo imposible; **so wie die ~e liegen ...** tal y como están las cosas...; **unverrichteter ~e wieder umkehren** volver sin haber conseguido nada
Ding² *nt* <-(e)s, -er> (*fam: unbestimmte Sache*) cosa *f*, chisme *m*; **krumme ~er** negocios turbios; **ein junges ~** una jovencilla inocente, un guayabo *fam*
Dingelchen ['dɪŋəlçən] *nt* <-s, -> chuchería *f*, cosilla *f*
dingen <dingt, dingte *o* dang, gedungen *o* gedingt> *vt* (*geh*) contratar; **einen Mörder ~** pagar un asesino
Dingens¹ ['dɪŋəns] *mf* <-, *ohne pl*> (*reg: fam*) *s.* **Dings¹**
Dingens² *nt* <-, *ohne pl*> (*reg: fam*) *s.* **Dings²**
dingfest *adj:* **jdn ~ machen** arrestar a alguien
Dingi ['dɪŋgi] *nt* <-s, -> (*Beiboot*) chinchorro *m*
dinglich *adj* real; **~e Klage** (JUR) acción real
Dings¹ [dɪŋs] *mf* <-, *ohne pl*> (*fam: Person*) fulano, -a *m, f*, mengano, -a *m, f*
Dings² *nt* <-, *ohne pl*> (*fam: Sache*) cosa *f*
Dingsbums¹ ['dɪŋsbʊms] *mf* <-, *ohne pl*> (*fam*) *s.* **Dings¹**
Dingsbums² *nt* <-, *ohne pl*> (*fam*) *s.* **Dings²**
Dingsda¹ ['dɪŋsda:] *mf* <-, *ohne pl*> (*fam*) *s.* **Dings¹**
Dingsda² *nt* <-, *ohne pl*> (*fam*) *s.* **Dings²**
dinieren* [di'ni:rən] *vi* (*geh: mittags*) almorzar, comer; (*abends*) cenar
Dinkel *m* <-s, -> (BOT) espelta *f*, escanda *f*
Dinosaurier [dino'zaʊriɐ] *m* <-s, -> dinosaurio *m*
Diode [di'o:də] *f* <-, -n> (ELEK) diodo *m*
Dioptrie [diɔp'tri:, *pl:* diɔp'tri:ən] *f* <-, -n> (*Optik*) dioptría *f*
Dioxid *nt* <-s, -e> (CHEM) dióxido *m*
Dioxin [diɔ'ksi:n] *nt* <-s, *ohne pl*> (CHEM) dioxina *f*
dioxinhaltig *adj* (CHEM) que contiene dioxina
Diözese [diø'tse:zə] *f* <-, -n> (REL, ADMIN) diócesis *f*
Diphtherie [dɪfte'ri:] *f* <-, -n> (MED) difteria *f*
Diphthong [dɪf'tɔŋ] *m* <-s, -e> (LING) diptongo *m*
Dipl. *Abk. von* **Diplom** diplomado *m*
Dipl.-Bibl. *Abk. von* **Diplombibliothekar(in)** bibliotecario, -a *m, f* diplomado, -a
Dipl.-Ing. *Abk. von* **Diplomingenieur(in)** ingeniero, -a *m, f* diplomado, -a

Dipl.-Kff. *Abk. von* **Diplomkauffrau** perita *f* mercantil
Dipl.-Kfm. *Abk. von* **Diplomkaufmann** perito *m* mercantil
Diplom [di'plo:m] *nt* <-s, -e> diploma *m;* **sein ~ machen** (**in** etw) licenciarse (en algo)
Diplomarbeit *f* <-, -en> tesina *f*
Diplomat(in) [diplo'ma:t] *m(f)* <-en, -en; -, -nen> diplomático, -a *m, f*
Diplomatenkoffer *m* <-s, -> valija *f* diplomática; **Diplomatenlaufbahn** *f* <-, -en> carrera *f* diplomática; **die ~ einschlagen** seguir la carrera diplomática, dedicarse a la diplomacia
Diplomatie [diploma'ti:] *f* <-, *ohne pl*> diplomacia *f*
Diplomatin *f* <-, -nen> *s.* **Diplomat**
diplomatisch *adj* diplomático; **~e Beziehungen zu ... unterhalten** mantener relaciones diplomáticas con...; etw **~ ausdrücken** decir algo de forma diplomática
Diplombibliothekar(in) *m(f)* <-s, -e; -, -nen> bibliotecario, -a *m, f*, diplomado, -a
diplomieren* [diplo'mi:rən] *vi* (*Schweiz*) diplomarse; (*Universität*) licenciarse, recibirse *Am;* **in** etw *dat* **~** diplomarse en algo, recibirse de algo *Am*
diplomiert *adj* diplomado; (*Universitätszeugnis*) licenciado; **~er Apotheker** farmacéutico diplomado; **~e Chemikerin** licenciada en (Ciencias) Químicas
Diplomierte(r) *mf* <-n, -n; -n, -n> diplomado, -a *m, f*
Diplomingenieur(in) *m(f)* <-s, -e; -, -nen> ingeniero, -a *m, f*, diplomado, -a; **Diplomkauffrau** *f* <-, -en> perita *f* mercantil; **Diplomkaufmann** *m* <-(e)s, -leute> perito *m* mercantil; **Diplomprüfung** *f* <-, -en> examen *m* de diplomatura; (*Universitätszeugnis*) examen *m* de licenciatura
Dipolzone ['di:po:l-] *f* <-, -n> (CHEM) zona *f* dipolar
dir [di:ɐ] **I.** *pron pers dat von* **du** te; (*betont*) a ti (te); (*mit Präposition*) ti; **ich habe ~ etw mitgebracht** te he traído una cosa; **~ verrate ich nicht, was ich vorhabe!** ¡a ti no te contaré mis planes!; **hinter/vor/ unter/über** detrás de/delante de/debajo de/encima de ti; **neben ~** a tu lado; **mit ~** contigo; **ein Freund von ~** un amigo tuyo; **gehört das ~?** ¿esto es tuyo?; **soll ich zu ~?** ¿quieres que vaya a tu casa?; **bei ~ ist es meistens etwas zu kalt** en tu casa casi siempre hace un poco de frío; **schau, dass es ~ nicht kaputtgeht!** ¡mira que no se te rompa!
II. *pron refl dat von* **du** te; **was hast du ~ gekauft?** ¿qué te has comprado?
direkt [di'rɛkt] **I.** *adj* ❶ (*ohne Umweg, unmittelbar*) directo; (*Frage*) sin rodeos; **~e Rede** (LING) estilo directo; **ein ~er Flug** un vuelo directo; **~ am Bahnhof** en la misma estación; **~ vor dem Haus** justo delante de la casa
❷ (*unverzüglich*) inmediato, directo
II. *adv* ❶ (*ohne Umweg*) derecho; **die Straße führt ~ ins Zentrum** la calle lleva directamente al centro; **~ übertragen** (RADIO, TV) tra(n)smitir en directo
❷ (*unverzüglich*) enseguida, directamente
❸ (*fam: ausgesprochen*) realmente; **das ist ja ~ gefährlich, was du machst** es realmente peligroso lo que haces
Direktabbuchung *f* <-, -en> cargo *m* directo en cuenta; **Direktabnehmer(in)** *m(f)* <-s, -> (WIRTSCH) comprador(a) *m(f)* directo, -a; **Direktabsatz** *m* <-es, -sätze> (WIRTSCH) venta *f* directa; **Direktabschluss**^RR *m* <-es, -schlüsse> (WIRTSCH, JUR) contratación *f* directa; **Direktanspruch** *f* <-(e)s, -sprüche> (JUR) acción *f* directa; **Direktausfuhr** *f* <-, *ohne pl*> exportación *f* directa; **Direktbegasung** *f* <-, -en> (CHEM) fumigación *f* directa; **Direktbelieferungsvorbehalt** *m* <-(e)s, -e> (JUR) reserva *f* de abastecimiento directo; **Direktbesteuerung** *f* <-, -en> imposición *f* directa; **Direktflug** *m* <-(e)s, -flüge> vuelo *m* directo; **Direktgeschäft** *nt* <-(e)s, -e> (WIRTSCH) operación *f* directa; **Direkthandel** *m* <-s, *ohne pl*> comercio *m* directo; **Direktinvestition** *f* <-, -en> (WIRTSCH) inversión *f* directa
Direktion [dirɛk'tsjo:n] *f* <-, -en> ❶ (*Leitung*) dirección *f*
❷ (*Schweiz: kantonales Ministerium*) departamento *m* cantonal, secretaría *f* cantonal
Direktionsrecht *nt* <-(e)s, *ohne pl*> derecho *m* de dirección; **Direktionsverhinderung** *f* <-, -en> obstaculización *f* a la dirección
Direktive [dirɛk'ti:və] *f* <-, -n> (*geh*) directiva *f*
Direktklage *f* <-, -n> demanda *f* directa; **Direktlieferung** *f* <-, -en> (WIRTSCH) entrega *f* directa (*an* en); **Direktmandat** *nt* <-(e)s, -e> mandato *m* directo
Direktor(in) *m(f)* <-s, -en; -, -nen> director(a) *m(f);* **geschäftsführende ~in** directora gerente
Direktorat *nt* <-(e)s, -e> (ADMIN: *Amt*) directorado *m;* (*Büro*) oficina *f* del director, despacho *m* del director
Direktorenstelle *f* <-, -n> puesto *m* de director
Direktorin *f* <-, -nen> *s.* **Direktor**
Direktorium [dirɛk'to:rium, *pl:* dirɛk'to:riən] *nt* <-s, Direktorien> directorio *m*

Direktrice [dirɛk'tri:sə] *f* <-, -n> sastra-directriz *f*
Direktübertragung *f* <-, -en> transmisión *f* en directo; **Direktverbindung** *f* <-, -en> (EISENB, AERO) comunicación *f* directa [*o* sin escalas]; **Direktverkauf** *m* <-(e)s, -käufe> (WIRTSCH) venta *f* directa; **Direktversicherer** *m* <-s, -> compañía *f* de seguros directos; **Direktvertrieb** *m* <-s, -e> venta *f* directa, distribución *f* directa; **Direktwahl** *f* <-, *ohne pl*> (TEL) marcación *f* directa de extensiones; **Direktwerbung** *f* <-, *ohne pl*> (WIRTSCH) publicidad *f* directa
Direktzugriff *m* <-s, -e> (INFOR) acceso *m* directo; **Direktzugriffsspeicher** *m* <-s, -> (INFOR) memoria *f* de acceso directo
Dirigent(in) [diri'gɛnt] *m(f)* <-en, -en; -, -nen> (*a.* MUS) director(a) *m(f)* de orquesta
Dirigentenstab *m* <-(e)s, -stäbe> batuta *f*
Dirigentin *f* <-, -nen> *s.* **Dirigent**
dirigieren* *vt* (*a.* MUS) dirigir
Dirigismus [diri'gɪsmʊs] *m* <-, *ohne pl*> (POL) dirigismo *m*
dirigistisch (WIRTSCH) dirigista
Dirndl ['dɪrnd(ə)l] *nt* <-s, ->, **Dirndlkleid** *nt* <-(e)s, -er> traje *m* tradicional tirolés, vestido *m* tradicional bávaro
Dirne ['dɪrnə] *f* <-, -n> prostituta *f*
Dirnenmilieu *nt* <-s, -s> mundo *m* de la prostitución
Dis [dɪs] *nt* <-, -> (MUS) re *m* sostenido
Disagio [dɪs'ʔa:dʒo] *nt* <-s, -s *o* Disagien> (FIN: *Kreditabschlag*) descuento *m*
Disagiobetrag *m* <-(e)s, -träge> (FIN) importe *m* del descuento; **Disagiogewinn** *m* <-(e)s, -e> (FIN) beneficio *m* del descuento; **Disagionachlass**^RR *m* <-es, -lässe *o* -e> (FIN) descuento *m* de disagio
Disassembler [dɪs-] *m* <-s, -> (INFOR) desensamblador *m*
Disco *f* <-, -s> *s.* **Disko**
Discountbroker(in) [dɪs'kaʊnt-] *m(f)* <-s, -; -, -nen> (FIN, WIRTSCH) agente *mf* libre; **Discountgeschäft** *nt* <-(e)s, -e>, **Discountladen** *m* <-s, -läden> (COM) tienda-discount *f*
Disharmonie [dɪsharmo'ni:, *pl:* dɪsharmo'ni:ən] *f* <-, -n> ❶ (MUS) disonancia *f*
❷ (*geh: Unstimmigkeit*) discordia *f*, desavenencia *f*
disharmonisch [dɪshar'mo:nɪʃ] *adj* (*a.* MUS) disonante
Diskant [dɪs'kant] *m* <-s, -e> (MUS: *Stimmlage*) tiple *m*
Disken *pl von* **Diskus**
Diskette [dɪs'kɛtə] *f* <-, -n> (INFOR) disquete *m*, diskette *f*
Diskettenbox *f* <-, -en> (INFOR) caja *f* para disquetes; **Diskettenlaufwerk** *nt* <-(e)s, -e> (INFOR) disquetera *f*, unidad *f* de disco
Diskjockey ['dɪskdʒɔki] *m* <-s, -s> pinchadiscos *mf inv*, disc-jockey *mf*
Disko ['dɪsko] *f* <-, -s> disco *f*
Diskont [dɪs'kɔnt] *m* <-s, -e> (FIN) descuento *m;* **abzüglich des ~s** menos [*o* deducido] el descuento; **einen ~ erhöhen/herabsetzen** aumentar/reducir el (tipo de) descuento; **etw mit ~ kaufen** comprar algo con descuento
Diskontabrechnung *f* <-, -en> (FIN) liquidación *f* de descuentos, compensación *f* de descuentos
diskontfähig *adj* (FIN) descontable
Diskontgeschäft *nt* <-(e)s, -e> (JUR) negocio *m* de descuento
diskontieren* *vt* (FIN) descontar
Diskontierung *f* <-, -en> (FIN) descuento *m*
Diskontinuität [dɪs-] *f* <-, -en> discontinuidad *f*
Diskontprovision *f* <-, -en> (FIN) comisión *f* del descuento; **Diskontsatz** *m* <-es, -sätze> (FIN) tipo *m* de descuento; **Diskontsenkung** *f* <-, -en> (FIN) reducción *f* de la tasa de descuento; **Diskontspesen** *fpl* (FIN) gastos *mpl* de descuento; **Diskontumsatz** *m* <-es, -sätze> (FIN) volumen *m* de descuento; **Diskontverbindlichkeit** *f* <-, -en> (FIN) obligación *f* de descuento; **Diskontwechsel** *m* <-s, -> (FIN) letra *f* al descuento; **Diskontwert** *m* <-(e)s, -e> (FIN) valor *m* del descuento
Diskothek [dɪsko'te:k] *f* <-, -en> discoteca *f*
diskreditieren* [dɪskredi'ti:rən] *vt* (*geh*) desacreditar
Diskrepanz [dɪskre'pants] *f* <-, -en> discrepancia *f*
diskret [dɪs'kre:t] *adj* discreto
Diskretion [dɪskre'tsjo:n] *f* <-, *ohne pl*> discreción *f*; (WIRTSCH) confidencialidad *f*, reserva *f* absoluta
diskriminieren* [dɪskrimi'ni:rən] *vt* discriminar
diskriminierend *adj* discriminatorio
Diskriminierung *f* <-, -en> discriminación *f*; **~ am Arbeitsplatz** discriminación laboral; **umgekehrte ~** discriminación negativa; **versteckte ~** discriminación encubierta
Diskriminierungsverbot *nt* <-(e)s, -e> (JUR) prohibición *f* de discriminación
Diskurs [dɪs'kʊrs] *m* <-es, -e> (*geh: Erörterung*) diálogo *m*, conversación *f*; (*Vortrag*) discurso *m*; (LING) *sprachliche Äußerung*) discurso *m*
Diskus ['dɪskʊs] *m* <-(-ses), -se *o* Disken> (SPORT) disco *m*
Diskussion [dɪskʊ'sjo:n] *f* <-, -en> discusión *f*, debate *m*, argumento

Diskussionsbeitrag *m Am;* **ein Thema zur ~ stellen** poner un tema a debate

Diskussionsbeitrag *m <-(e)s, -träge>* intervención *f* en un debate; **Professor Schlüter leistete einen interessanten ~** el profesor Schlüter realizó una interesante intervención; **Diskussionsteilnehmer(in)** *m(f) <-s, -; -, -nen>* participante *mf* en un debate

Diskuswerfen *nt <-s, ohne pl>* (SPORT) lanzamiento *m* de disco; **Diskuswerfer(in)** *m(f) <-s, -; -, -nen>* (SPORT) lanzador(a) *m(f)* de disco

diskutabel [dɪskuˈtaːbəl] *adj* discutible; **die Idee halte ich durchaus für ~** según mi opinión, esta idea merece ser discutida

diskutieren* [dɪskuˈtiːrən] *vi, vt* discutir (*über* de/sobre); **viel diskutiert** largamente [*o* ampliamente] debatido

Dismembration *f <-, -en>* (JUR) dismembración *f*

Dispache [dɪsˈpaʃə] *f <-, -n>* (WIRTSCH) liquidación *f* de averías

Dispacheur *m <-s, -e>*, **Dispatcher** [dɪsˈpɛtʃɐ] *m <-s, ->* (WIRTSCH) empleado gerente que se ocupa de controlar el proceso de producción de la empresa

Dispatchersystem *nt <-s, -e>* (WIRTSCH) control *m* de la producción en una empresa

Dispens [dɪsˈpɛns] *m <-es, -e>* (JUR) dispensa *f*

dispensieren* [dɪspɛnˈziːrən] *vt* (*geh*) dispensar (*von* de), eximir (*von* de)

dispergieren* [dɪspɛrˈgiːrən] *vt* dispersar

Dispergierungsmittel *nt <-s, ->* (CHEM) agente *m* de dispersión

Dispersion [dɪspɛrˈzjoːn] *f <-, -en>* (CHEM, PHYS) dispersión *f*

Dispersionsfarbe *f <-, -n>* pintura *f* de dispersión; **Dispersionsharz** [dɪspɛrˈzjoːns-] *nt <-es, -e>* (CHEM) resina *f* de dispersión

Display [dɪsˈplɛɪ] *nt <-s, -s>* (INFOR) display *m*

Dispokredit [ˈdɪspokrediːt] *m <-(e)s, -e>* (*fam*) *s.* **Dispositionskredit**

Disponent(in) *m(f) <-(e)s, -e>* (WIRTSCH) apoderado, -a *m, f,* gerente *mf*

disponibel *adj* (WIRTSCH) disponible

disponieren* [dɪspoˈniːrən] *vi* (*geh*) disponer (*über* de)

Disposition [dɪspoziˈtsjoːn] *f <-, -en>* (*geh*) ❶ (*Verwendung*) disposición *f;* (**jdm**) **zur ~ stehen** estar a disposición (de alguien); (**jdm**) **etw zur ~ stellen** poner algo a disposición (de alguien)
❷ (*Planung*) planes *mpl*
❸ (MED: *Anlage*) predisposición *f*

Dispositionsfreiheit *f <-, ohne pl>* (JUR) libertad *f* de disposición; **Dispositionsgrundsatz** *m <-es, ohne pl>* (JUR) principio *m* de disposición; **Dispositionskredit** *m <-(e)s, -e>* (FIN) crédito *m* disponible [*o* a disposición]; **Dispositionsmaxime** *f <-, ohne pl>* (JUR) principio *m* dispositivo; **Dispositionsrecht** *nt <-(e)s, ohne pl>* derecho *m* de disposición

Disput [dɪsˈpuːt] *m <-(e)s, -e>* (*geh*) disputa *f,* discusión *f*

disputieren* [dɪspuˈtiːrən] *vi* (*geh*) disputar (*über* sobre), discutir (*über* sobre)

Disqualifikation [dɪskvalifikaˈtsjoːn] *f <-, -en>* (*a.* SPORT) descalificación *f*

disqualifizieren* [dɪskvalifiˈtsiːrən] *vt* (*a.* SPORT) descalificar

Disqualifizierung *f <-, -en>* (*geh*) descalificación *f*

Dissens [ˈdɪsɛns] *m <-es, -e>* disentimiento *m,* disenso *m*

Dissertation [dɪsɛrtaˈtsjoːn] *f <-, -en>* tesis *f inv* doctoral

Dissident(in) [dɪsiˈdɛnt] *m(f) <-en, -en; -, -nen>* disidente *mf*

Dissimilation [dɪsimilaˈtsjoːn] *f <-, -en>* (LING) disimilación *f*

dissonant [dɪsoˈnant] *adj* (MUS) disonante

Dissonanz [dɪsoˈnants] *f <-, -en>* (*a.* MUS) disonancia *f*

Distanz [dɪsˈtants] *f <-, -en>* distancia *f;* **~ wahren** guardar las distancias; **auf ~ zu jdm gehen** distanciarse de alguien

Distanzdelikt *nt <-(e)s, -e>* (JUR) delito *m* a distancia; **Distanzgeschäft** *nt <-(e)s, -e>* (WIRTSCH) operación *f* a distancia

distanzieren* *vr:* **sich ~** distanciarse

distanziert I. *adj* (*geh*) distante; **~ sein** ser distante, tener un comportamiento distante; **Fremden gegenüber ist Sascha sehr ~** Sascha es muy distante con los desconocidos
II. *adv* (*geh*) de manera distante, con distancia; **sie verhält sich ~** se comporta de un modo distante

Distanzscheck *m <-s, -s>* (FIN) cheque *m* cobrado fuera de plazo; **Distanzwechsel** *m <-s, ->* (FIN) letra *f* trayecticia

Distel [ˈdɪstəl] *f <-, -n>* cardo *m*

Distelfink *m <-en, -en>* (ZOOL) jilguero *m*

distinguiert [dɪstɪŋˈgiːɐt] *adj* (*geh*) distinguido

Distribution [dɪstribuˈtsjoːn] *f <-, -en>* (WIRTSCH, COM) distribución *f,* reparto *m*

Distributionskosten *pl* (WIRTSCH, COM) costes *mpl* de distribución

Distrikt [dɪsˈtrɪkt] *m <-(e)s, -e>* distrito *m*

Disziplin¹ [dɪstsiˈpliːn] *f <-, ohne pl>* (*Strenge, Wille*) disciplina *f*

Disziplin² *f <-, -en>* (*einer Wissenschaft/Sportart*) disciplina *f*

Disziplinargericht *nt <-(e)s, -e>* (JUR) tribunal *m* disciplinario; **Disziplinargewalt** *f <-, ohne pl>* (JUR) potestad *f* disciplinaria

disziplinarisch [dɪstsipliˈnaːrɪʃ] *adj* disciplinario

Disziplinarmaßnahmen *fpl* medidas *fpl* disciplinarias; **Disziplinarrecht** *nt <-(e)s, ohne pl>* derecho *m* disciplinario; **Disziplinarstrafe** *f <-, -n>* castigo *m* disciplinario, pena *f* disciplinaria; **Disziplinarverfahren** *nt <-s, ->* (ADMIN) procedimiento *m* disciplinario; **Disziplinarverfügung** *f <-, -en>* (JUR) disposición *f* disciplinaria; **Disziplinarvorgesetzte(r)** *mf <-n, -n; -n, -n>* (JUR) superior(a) *m(f)* disciplinario, -a; **Disziplinarvorschrift** *f <-, -en>* (JUR) prescripción *f* disciplinaria

disziplinieren* [dɪstsipliˈniːrən] *vt* disciplinar

diszipliniert *adj* disciplinado

Diszipliniertheit *f <-, ohne pl>* (*geh*) disciplina *f,* carácter *m* disciplinado

disziplinlos *adj* indisciplinado

Disziplinlosigkeit *f <-, ohne pl>* (*Eigenschaft*) falta *f* de disciplina

dito [ˈdiːto] *adv* (*fam*) ídem, también

Diuretikum [diuˈreːtikʊm] *nt <-s, Diuretika>* (MED) diurético *m*

Diva [ˈdiːva] *f <-, -s o Diven>* diva *f*

Divergenz *f <-, -en>* (*a.* MATH) divergencia *f*

Divergenzberufung *f <-, -en>* (JUR) apelación *f* divergente; **Divergenzrevision** *f <-, -en>* (JUR) revisión *f* divergente; **Divergenzvorlage** *f <-, -n>* (JUR) presentación *f* divergente

divergieren* [divɛrˈgiːrən] *vi* (*a.* MATH) divergir; **die Auffassungen ~ in diesem Punkt** en este punto divergen las opiniones; **da divergiert ihre Meinung von seiner** en este punto, su opinión diverge de la de él

divers(e) *adj* (*geh*) ❶ (*mehrere*) diverso; **~e Möglichkeiten haben** tener diversas posibilidades
❷ (*verschiedene*) diferente, vario; **~er Ansicht sein** tener una opinión diferente

Diversifikation [divɛrzifikaˈtsjoːn] *f <-, -en>* (WIRTSCH) diversificación *f*

diversifizieren* *vt* (WIRTSCH) diversificar

Diversion *f <-, -en>* (WIRTSCH) diversión *f*

Dividend [diviˈdɛnt] *m <-en, -en>* (MATH) dividendo *m*

Dividende [diviˈdɛndə] *f <-, -n>* (FIN, WIRTSCH) dividendo *m;* **eine ~ ausschütten** repartir un dividendo; **eine ~ beschließen** fijar un dividendo

Dividendenaktie *f <-, -n>* (FIN, WIRTSCH) acción *f* de renta variable; **Dividendenanspruch** *m <-(e)s, -sprüche>* (FIN, WIRTSCH) derecho *m* a dividendo; **Dividendenausschüttung** *f <-, -en>* (FIN, WIRTSCH) reparto *m* de dividendos

dividendenberechtigt *adj* (FIN, WIRTSCH) con derecho a dividendo

Dividendencoupon *m <-s, -s>* (FIN, WIRTSCH) cupón *m* de dividendo; **Dividendenkürzung** *f <-, -en>* (FIN, WIRTSCH) recorte *m* del dividendo; **Dividendenpapier** *nt <-s, -e>* (FIN, WIRTSCH) título *m* de renta variable; **Dividendenrendite** *f <-, -n>* (FIN, WIRTSCH) réditos *mpl* de los dividendos; **Dividendenschein** *m <-(e)s, -e>* (FIN, WIRTSCH) cupón *m* de dividendo; **Dividendenwert** *m <-(e)s, -e>* (FIN, WIRTSCH) valor *m* de dividendo

dividieren* *vt* dividir (*durch* por)

Divis [diˈviːs] *nt <-es, -e>* (TYPO: *Bindestrich*) guión *m*

Division [diviˈzjoːn] *f <-, -en>* (MATH, MIL) división *f* (*durch* por)

Divisionär *m <-s, -e>* (*Schweiz:* MIL) general *m* de división

Divisionsstab *m <-(e)s, -stäbe>* (MIL) cuartel *m* general de división

Divisor [diˈviːzoːɐ] *m <-s, -en>* (MATH) divisor *m*

Diwan [ˈdiːvan] *m <-s, -e>* (*Liegesofa*) diván *m*

d. J. ❶ *Abk. von* **dieses Jahres** del año corriente, de este año
❷ *Abk. von* **der Jüngere** junior, hijo

DJH *nt <-(s)> Abk. von* **Deutsches Jugendherbergswerk** Asociación *f* de Albergues Juveniles Alemanes

DKP [deːkaːˈpeː] *f Abk. von* **Deutsche Kommunistische Partei** Partido *m* Comunista Alemán

dl *Abk. von* **Deziliter** dl

DLRG *f <-> Abk. von* **Deutsche Lebens-Rettungs-Gesellschaft** Sociedad *f* Alemana de Salvamento

dm *Abk. von* **Dezimeter** dm

d.M. *Abk. von* **dieses Monats** de este mes; „**Betr.: Ihr Schreiben vom 17. ~** " "Asunto: su escrito del 17 del corriente"

DM *f <-> Abk. von* **Deutsche Mark** marco *m* alemán

D-Mark [ˈdeːmark] *f <-, ohne pl>* marco *m* alemán

d-Moll *nt <-, ohne pl>* (MUS) re *m* menor

DNA *f <-> s.* **DNS**

DNA-Identitätsfeststellung *f <-, -en>* (JUR) identificación *f* A.D.N.

D-Netz [ˈdeːnɛts] *nt <-es, -e>* (TEL: *europaweites Mobilfunknetz*) sistema *m* de comunicación móvil europeo

DNS [deːʔɛnˈʔɛs] *f <-> Abk. von* **Desoxyribonukleinsäure** A.D.N. *m*

do. *Abk. von* **dito** íd.

doch [dɔx] I. *adv* ❶ (*dennoch*) sin embargo, a pesar de todo; **er hatte ~ Recht** a pesar de todo tenía razón
❷ (*aber*) pero; **du weißt ~, wie ich das meine** pero ya sabes qué

quiero decir; **das ist ~ nicht dein Ernst?** pero no lo dirás en serio, ¿no?; **das habe ich mir ~ gedacht** ya me lo había imaginado
❸ (*denn*) pues; **er sagte nichts, wusste er ~, dass sie Recht hatte** no dijo nada pues sabía que ella tenía razón
❹ (*Antwort*) sí, claro que sí; **kommst du nicht mit? – ~!** ¿no vienes? – pues claro que sí; **~, schon, aber ...** claro que sí, pero...
❺ (*Betonung*) sí que; **es schmeckt doch** sí que está bueno; **ich weiß es nicht – ~!** no lo sé – ¡sí que lo sabes!
II. *part* ❶ (*verstärkend*) pero, pues; **das ist ~ die Höhe!** ¡esto sí que es el colmo!; **nehmen Sie ~ Platz!** ¡pero tome asiento!; **versuch's ~ mal** pues inténtalo; **du hast ~ nicht etwa ...?** ¿no habrás...?; **wie hieß er ~ gleich?** ¿cómo se llamaba?
❷ (*auffordernd*): **gib ~ mal her!** ¡dámelo de una vez!; **soll er ~!** ¡que lo haga si quiere!
❸ (*Zustimmung fordernd*) no es así, verdad; **hier darf man ~ rauchen?** aquí se puede fumar, ¿verdad? [*o* ¿no es así]
III. *konj* (*aber*) pero, mas; **ich würde es gern tun, ~ ich traue mich nicht** me gustaría hacerlo pero no me atrevo
Docht [dɔxt] *m* <-(e)s, -e> mecha *f*, pabilo *m*
Dock [dɔk] *nt* <-(e)s, -s> dique *m*; **das Schiff liegt im ~** el barco se encuentra en dique
Dockarbeiter(in) *m(f)* <-s, -; -, -nen> cargador(a) *m(f)* de muelle
Docker(in) *m(f)* <-s, -; -, -nen> cargador(a) *m(f)* de muelle
Doge ['do:ʒə] *m* <-n, -n> (HIST) dux *m inv*; **der ~ von Venedig/Genua** el Dux de Venecia/Génova
Dogge ['dɔgə] *f* <-, -n> (*perro m*) dogo *m*; **dänische ~** gran danés *m*
Dogma ['dɔgma] *nt* <-s, Dogmen> dogma *m*; **etw zum ~ erheben** declarar algo como dogma
dogmatisch *adj* dogmático
Dogmatismus *m* <-s, *ohne pl*> dogmatismo *m*
Dogmen *pl von* **Dogma**
Dohle ['do:lə] *f* <-, -n> (ZOOL) grajilla *f*
Doktor(in) ['dɔkto:ɐ] *m(f)* <-s, -en; -, -nen> doctor(a) *m(f)*; (*a.* MED) médico, -a *m, f*; **Herr/Frau ~** doctor/doctora; **sie ist ~ der Philosophie** es doctora en filosofía; **den** [*o* **seinen**] **~ machen** hacer el doctorado
Doktorand(in) [dɔkto'rant] *m(f)* <-en, -en; -, -nen> (UNIV) doctorando, -a *m, f*
Doktorarbeit *f* <-, -en> (UNIV) tesis *f inv* doctoral; **Doktordiplom** *nt* <-s, -e> (UNIV) título *m* de doctor; **Doktorexamen** *nt* <-s, - *o* -examina> (UNIV) lectura *f* de tesis; **Doktorgrad** *m* <-(e)s, -e> (UNIV) grado *m* de doctor, doctorado *m*; **den ~ erwerben/verleihen** obtener/conceder el grado de doctor; **Doktorhut** *m* <-(e)s, -hüte> (UNIV) birrete *m* de doctor, bonete *m* de doctor; **den ~ erwerben** (*fam*) doctorarse
Doktorin *f* <-, -nen> *s.* **Doktor**
Doktormutter *f* <-, -mütter> (UNIV) directora *f* de tesis; **Doktorprüfung** *f* <-, -en> (UNIV) lectura *f* de tesis; **Doktortitel** *m* <-s, -> (UNIV) doctorado *m*, título *m* de doctor; **jdm den ~ verleihen** extender el título de doctor a alguien; **den ~ erwerben** doctorarse; **Doktorvater** *m* <-s, -väter> (UNIV) director *m* de tesis; **Doktorwürde** *f* <-, -n> (UNIV) *s.* **Doktortitel**
Doktrin [dɔk'tri:n] *f* <-, -en> doctrina *f*
doktrinär *adj* doctrinario
Dokument [doku'mɛnt] *nt* <-(e)s, -e> documento *m*; **~e gegen Akzept/gegen Zahlung** (COM, FIN) documentos contra aceptación/pago a la entrega de los documentos
Dokumentar(in) *m(f)* <-s, -e; -, -nen> documentalista *mf*, especialista *mf* en documentación
Dokumentaraufnahme *f* <-, -n> (*a.* FOTO) toma *f* documental; **Dokumentarfilm** *m* <-(e)s, -e> (película *f*) documental *m*
Dokumentarin *f* <-, -nen> *s.* **Dokumentar**
dokumentarisch *adj* documental
Dokumentation [dokumɛnta'tsjo:n] *f* <-, -en> documentación *f*
Dokumentationszentrum *nt* <-s, -zentren> centro *m* de documentación
Dokumentenakkreditiv *nt* <-s, -e> (FIN) crédito *m* documentario
dokumentenecht *adj* que respeta la integridad del documento; **~e Prospekthülle** funda que no afecta al texto escrito; **~er Klebestreifen** cinta adhesiva que no deja marcas; **~e Tinte** tinta indeleble
Dokumenteninkasso *nt* <-s, -s* Österr*-inkassi> (FIN) cobro *m* documentario; **Dokumentenmappe** *f* <-, -n> carpeta *f* para documentos; **Dokumententratte** *f* <-, -n> (FIN) letra *f* documentaria
dokumentieren* *vt* documentar
Dolcevita[RR] *f* <-, *ohne pl*>, **Dolce Vita**[RR] *nt o f* <-, *ohne pl*> dolce vita *f*
Dolch [dɔlç] *m* <-(e)s, -e> puñal *m*
Dolchstoß *m* <-es, -stöße> puñalada *f*
Dolchstoßlegende *f* <-, -n> (HIST) mito *m* de la puñalada

Dolde ['dɔldə] *f* <-, -n> (BOT) umbela *f*
doll [dɔl] I. *adj* (*fam*) ❶ (*unglaublich*) increíble
❷ (*großartig*) fantástico, fenomenal
II. *adv* (*fam: sehr*) mucho, enormemente
Dollar ['dɔla:ɐ] *m* <-(s), -s> dólar *m*; **amerikanischer/australischer/kanadischer ~** dólar americano/australiano/canadiense; **kursgesicherte ~s** dólares con garantía de cambio; **sinkender ~** dólar a la baja; **den ~ stützen** sostener el dólar
Dollaraufkommen *nt* <-s, -> (WIRTSCH) ingresos *mpl* en dólares; **Dollarguthaben** *nt* <-s, -> (FIN) activo *m* en dólares; **Dollarkurs** *m* <-es, -e> (FIN) cotización *f* del dólar; **Dollarland** *nt* <-(e)s, -länder> (WIRTSCH) país *m* donde el dólar es moneda paralela; **Dollarraum** *nt* <-(e)s, -räume> (FIN) área *f* del dólar; **Dollarverknappung** *f* <-, -en> (WIRTSCH) escasez *f* de dólares; **Dollarzeichen** *nt* <-s, -> signo *m* del dólar
dolmetschen ['dɔlmɛtʃən] I. *vi* hacer de intérprete
II. *vt* traducir (oralmente)
Dolmetscher(in) *m(f)* <-s, -; -, -nen> intérprete *mf*
Dolmetscherinstitut *nt* <-(e)s, -e>, **Dolmetscherschule** *f* <-, -n> Escuela *f* de Intérpretes
Dolomiten [dolo'mi:tən] *pl*: **die ~** los alpes dolomíticos, los dolomitas
dolos *adj* (JUR) doloso; **~es Werkzeug** instrumento doloso
Dolus *m* <-, *ohne pl*> (JUR) dolo *m*
Dom [do:m] *m* <-(e)s, -e> (*Kathedrale*) catedral *f*
Domäne [do'mɛ:nə] *f* <-, -n> ❶ (*Staatsgut*) finca *f* estatal
❷ (*Betätigungsfeld*) esfera *f*; (*Spezialgebiet*) especialidad *f*
domestizieren* [domɛsti'tsi:rən] *vt* domesticar
Domherr *m* <-(e)n, -en> (REL) canónigo *m*
Domina[1] ['do:mina] *f* <-, Dominä> (REL) superiora *f* (de un convento), abadesa *f*
Domina[2] ['do:mina] *f* <-, -s> (*Prostituierte*) mujer sádica a la que acuden los masoquistas
dominant [domi'nant] *adj* dominante
Dominante *f* <-, -n> (MUS, ÖKOL) dominante *f*
Dominanz [domi'nants] *f* <-, -en> (*a.* BIOL) dominancia *f*
dominieren* I. *vi* (*vorherrschen*) (pre)dominar, prevalecer; **eine ~de Stellung/Rolle innehaben** tener una posición/un papel predominante [*o* preponderante]
II. *vt* (*beherrschen*) dominar
Dominikaner(in) [domini'ka:nɐ] *m(f)* <-s, -; -, -nen> (REL) dominico, -a *m, f*
dominikanisch [domini'ka:nɪʃ] *adj* (REL) dominicano, de dominico; **der ~e Orden** la Orden de los Dominicos [*o* de Santo Domingo]
Dominikanische Republik *f* <-n -> República *f* Dominicana
Domino ['do:mino] *nt* <-s, -s> dominó *m*
Dominospiel *nt* <-(e)s, -e> dominó *m*; **Dominostein** *m* <-(e)s, -e> ❶ (*Spielstein*) ficha *f* de dominó ❷ (GASTR) dulce navideño compuesto de capas de pan de especias, mazapán y gelatina de frutas, bañado en chocolate
Domizil [domi'tsi:l] *nt* <-s, -e> (*geh*) domicilio *m*
domizilieren* [domitsi'li:rən] *vt* (FIN): **einen Wechsel ~** domiciliar una letra
Domizilprinzip *nt* <-s, *ohne pl*> (JUR) principio *m* del domicilio
Domkapitel *nt* <-s, -> (REL) cabildo *m* (de catedral); **Domkapitular** *m* <-s, -e> (REL) canónigo *m*
Dompfaff ['do:mpfaf] *m* <-s *o* -en, -en> (ZOOL) pardillo *m*, camachuelo *m*
Dompteur, -euse [dɔmp'tø:ɐ] *m, f* <-s, -e; -, -n> domador(a) *m(f)*
Donator [do'na:to:ɐ] *m(f)* <-s, -en; -, -nen> (*Schweiz: Schenker*) donador(a) *m(f)*
Donau ['do:nau] *f* <-> Danubio *m*
Donaumonarchie *f* <-, *ohne pl*> (HIST) monarquía *f* danubiana [*o* del Danubio] (*Imperio Austriaco*)
Dönerkebab *m* <-s, -s> döner kebab *m* (*especialidad turca de carne*)
Don Juan *m* <- -s, - -s> donjuán *m*, picaflor *m Am*
Donjuanismus [dɔnxua'nɪsmʊs] *m* <-, *ohne pl*> (PSYCH) donjuanismo *m*
Donner ['dɔnɐ] *m* <-s, -> trueno *m*, pillán *m Chil*; **wie vom ~ gerührt** atónito
Donnerbalken *m* <-s, -> (MIL: *sl*) cagatorio *m*, cagadero *m* (*retrete consistente en una viga de asiento y letrina*)
Donnerbüchse *f* <-, -n> (*iron*) escopeta *f*, trueno *m And: argot*
Donnergott *m* <-(e)s, -götter> Dios *m* del Trueno; **Donar war der ~ der alten Germanen** Donar era el dios del trueno para los antiguos germanos; **Donnergrollen** *nt* <-s, *ohne pl*> (*geh*) estruendo *m* del trueno
donnern ['dɔnɐn] I. *vunpers* (METEO) tronar; **es donnert** truena
II. *vi* (*lärmen*) retumbar; **mit ~dem Applaus** con un aplauso atronador
Donnerrollen *nt* <-s, *ohne pl*> estruendo *m* del trueno; **Donner-**

schlag *m* <-(e)s, -schläge> (estampido *m* del) trueno *m*, tronido *m*; **jdn wie ein ~ treffen** dejar a alguien de piedra [*o* fulminado]; **~!** (*fam alt*) ¡caray!, ¡arrea!

Donnerstag ['dɔnəsta:k] *m* <-(e)s, -e> jueves *m*; **langer ~** jueves largo (*día de apertura prolongada de las tiendas en Alemania*); *s. a.* **Montag**; **Donnerstagabend** *m* <-s, -e> noche *f* del jueves, jueves *m* por la noche; *s. a.* **Montagabend**

donnerstagabends^{RR} *adv* los jueves por la noche; *s. a.* **montagabends**

Donnerstagnachmittag *m* <-(e)s, -e> tarde *f* del jueves, jueves *m* por la tarde; *s. a.* **Montagnachmittag**

donnerstags *adv* los jueves; *s. a.* **montags**

Donnerwetter ['--'--] *nt* <-s, -> (*fam*) bronca *f*; **das wird ein schönes ~ geben!** ¡va a haber una buena bronca!; **zum ~!** ¡diablos!; **~, das ist eine Leistung!** ¡caramba, vaya rendimiento!

doof [do:f] <doofer *o* döfer, am doofsten *o* döfsten> *adj* (*fam abw*) tonto, estúpido, upa *Ecua, Peru*; **so was D-es!** ¡qué estupidez!; **unser ~er Englischlehrer** el estúpido de nuestro profesor de inglés; **dieser ~e Automat hat das Geld verschluckt** este aparato tonto se tragó todo el dinero; **das wird mir hier zu ~** esto me está resultando muy tonto

Doofheit¹ *f* <-, -en> (*fam abw: Handlung*) bobada *f*; (*stärker*) estupidez *f*

Doofheit² *f* <-, ohne *pl*> (*fam abw: Art*) bobería *f*; (*stärker*) estupidez *f*

Doofi *m* <-(s), -s> (*fam*) bobo, -a *m, f*, tontorrón, -ona *m, f*; **Klein ~** bobalicón *m*

Doofkopp *m* <-s, -köppe> (*fam*), **Doofmann** *m* <-(e)s, -männer> (*fam*) tonto *m*, estúpido *m*

Dope [do:p] *nt* <-s, ohne *pl*> (*sl: Haschisch*) chocolate *m*

dopen ['do:pən] **I.** *vt* (SPORT) dopar

II. *vi, vr*: **sich ~** (SPORT) doparse

Doping ['do:pɪŋ] *nt* <-s, -s> (SPORT) doping *m*, dopaje *m*

Dopingkontrolle *f* <-, -n> (SPORT) control *m* antidoping

Doppel ['dɔpəl] *nt* <-s, -> ❶ (*Duplikat*) copia *f*, duplicado *m* ❷ (SPORT) dobles *mpl*; **gemischtes ~** dobles mixtos

Doppelabtretung *f* <-, -en> (JUR) cesión *f* doble; **Doppeladler** *m* <-s, -> águila *f* bicéfala; **Doppelagent(in)** *m(f)* <-en, -en; -, -nen> espía *mf* doble, agente *mf* doble; **Doppelakte** *f* <-, -n> (JUR) acta *f* doble; **Doppelband** *m* <-(e)s, -bände> tomo *m* doble; **Doppelbelastung** *f* <-, -en> doble carga *f*; **Doppelbeschluss**^{RR} *m* <-es, -schlüsse> doble acuerdo *m*, doble resolución *f*

Doppelbesteuerung *f* <-, -en> (FIN) doble imposición *f*; **Doppelbesteuerungsabkommen** *nt* <-s, -> (FIN) convenio *m* de doble imposición

Doppelbett *nt* <-(e)s, -en> cama *f* de matrimonio; **Doppelbeurkundung** *f* <-, -en> (JUR) autentificación *f* documental doble

Doppelbock *nt o m* <-(e)s, -> cerveza estacional de alto contenido alcohólico

Doppelbuchstabe *m* <-n(s), -n> letra *f* doble; **im Spanischen gibt es praktisch keine ~n außer „rr"** en español no hay prácticamente más letras dobles que la "rr"; **Doppelcharakter** *m* <-s, ohne *pl*> doble naturaleza *f*, ambigüedad *f*; **der ~ der Arbeit** el carácter ambiguo del trabajo; **Doppeldecker** *m* <-s, -> ❶ (AERO) biplano *m* ❷ (*fam: Bus*) omnibús *m* de dos pisos

doppeldeutig ['dɔpəldɔɪtɪç] *adj* ambiguo, equívoco

Doppeldeutigkeit¹ *f* <-, -en> (*Äußerung*) doble sentido *m*, sentido *m* ambiguo; **der Text ist voll von ~en** el texto rebosa de palabras con doble sentido

Doppeldeutigkeit² *f* <-, ohne *pl*> (*Sinn*) ambigüedad *f*, equivocidad *f*; **die ~ einer Aussage/eines Orakels** la ambigüedad de una afirmación/de un oráculo

Doppelfehler *m* <-s, -> (*Tennis*) doble falta *f*; **Doppelfenster** *nt* <-s, -> ventana *f* de doble hoja; **Doppelgänger(in)** *m(f)* <-s, -; -, -nen> doble *mf*, sosia *mf*; **Doppelgesellschaft** *f* <-, -en> (WIRTSCH) sociedad *f* dual

doppelgleisig *adj* ❶ (EISENB) de vía doble ❷ (*fig: zwielichtig*) sospechoso

Doppelhaus *nt* <-es, -häuser> dos casas *fpl* adosadas; **Doppelhaushälfte** *f* <-, -n> ≈(*chalé m*) adosado *m*

Doppelhaushalt *m* <-(e)s, -e> doble presupuesto *m*; **Doppelkinn** *nt* <-(e)s, -e> papada *f*; **Doppelklick** *m* <-s, -s> (INFOR) doble clic *m*, doble pulsación *f*

doppel|klicken *vi, vt* (INFOR) hacer doble clic (sobre)

Doppelkonsonant *m* <-en, -en> (LING) consonante *f* doble; **Doppelkopf** *m* <-(e)s, ohne *pl*> (*Kartenspiel*) juego de cartas parecido al tresillo; **Doppelkorn** *m* <-s, -> ≈ aguardiente *m* de trigo; **Doppellaut** *m* <-(e)s, -e> (LING) ❶ (*Diphthong*) diptongo *m* ❷ (*Konsonant*) consonante *f* doble ❸ (*Vokal*) vocal *f* doble; **Doppelleben** *nt* <-s, -> doble vida *f*; **ein ~ führen** llevar una doble vida; **Doppelmoral** *f* <-, ohne *pl*> doble moral *f*; **Doppelmord** *m* <-(e)s, -e> doble asesinato *m* (an jdm

de); **Doppelname** *m* <-ns, -n> nombre *m* compuesto; **Doppelnatur** *f* <-, ohne *pl*> (JUR) doble naturaleza *f*; **~ von Staatsakten** doble naturaleza de actos estatales; **Doppelpass**^{RR} *m* <-es, -pässe> (SPORT) pared *f*; **Doppelpatentierung** *f* <-, -en> (JUR) acción *f* de doble patentar en doble; **Doppelpunkt** *m* <-(e)s, -e> dos puntos *mpl*; **Doppelrolle** *f* <-, -n> (FILM, THEAT) doble papel *m*; **Doppelsanktion** *f* <-, -en> (JUR) doble sanción *f*; **Doppelschicht** *f* <-, -en> turno *m* doble

doppelseitig I. *adj* ❶ (*auf einer Doppelseite*) de dos páginas, a doble página; **die Firma wirbt mit einer ~en Anzeige in der Zeitung** la empresa ha puesto en el periódico un anuncio a doble página ❷ (MED: *beidseitig*) doble; **~e Lähmung** hemiplejía bilateral; **~e Lungenentzündung** pulmonía doble ❸ (*mit zwei Seiten*) de dos caras; **eine ~e Jacke** una chaqueta reversible

II. *adv* por las dos caras; **ein ~ bedruckter Stoff** una tela estampada por las dos caras; **Karten ~ bedrucken** imprimir tarjetas por las dos caras; **er wurde ~ an den Nieren operiert** fue operado de ambos riñones

Doppelsinn *m* <-(e)s, ohne *pl*> doble sentido *m*

doppelsinnig *adj* ambiguo, equívoco

Doppelspiel *nt* <-(e)s, -e> (*abw*) doble juego *m*, juego *m* sucio; **mit jdm ein ~ treiben** jugar un doble juego con alguien, jugar sucio con alguien; **Doppelstecker** *m* <-s, -> (ELEK) enchufe *m* doble

doppelstöckig *adj* de dos pisos; **Zweifamilienhäuser sind meistens ~** las casas para dos familias tienen normalmente dos plantas; **London ist für seine ~en Busse berühmt** Londres es famoso por sus autobuses de dos pisos; **ein ~er Whiskey** (*fam*) un whisky doble

Doppelstunde *f* <-, -n> dos horas *fpl*; **heute habe ich eine ~ Erdkunde** hoy tengo dos horas de geografía

doppelt ['dɔpəlt] **I.** *adj* doble; **in ~er Ausführung** por duplicado; **ich bin so alt wie Hans** le doblo la edad a Hans; **mit jdm ein ~es Spiel treiben** hacer doble juego con alguien; **er bekommt das D~e** recibe el doble; **auf das D~e steigen** duplicarse; **um das D~e erhöhen** doblar **II.** *adv* repetido, dos veces; **die Briefmarke kleben ich ~** tengo este sello repetido; **so viel ~** el doble; **sehen ~** ver doble; **alles ~ und dreifach sagen müssen** tener que repetir todo treinta mil veces; **das ist ~ gemoppelt** (*fam*) esto es repetir el sentido de la palabra; **~ genäht hält besser!** (*prov*) lo que abunda no daña

Doppeltür *f* <-, -en> puerta *f* doble; **Doppelverdiener(in)** *m(f)* <-s, -; -, -nen> ❶ (*Einzelperson*) persona *f* con dos sueldos ❷ *pl* (*Paar*) matrimonio *m* con dos sueldos; **Doppelversicherung** *f* <-, -en> seguro *m* doble; **Doppelvokal** *m* <-s, -e> (LING) vocal *f* doble; **Doppelwährungsphase** *f* <-, -n> (FIN) período *m* de doble circulación; **Doppelwirkung** *f* <-, -en> efecto *m* doble; **Verwaltungsakt mit ~** acto administrativo con doble efecto; **Doppelzentner** *m* <-s, -> quintal *m* métrico; **Doppelzimmer** *nt* <-s, -> habitación *f* doble

doppelzüngig ['dɔpəltsʏnɪç] *adj* falso

Doppelzüngigkeit *f* <-, ohne *pl*> falsedad *f*, doblez *f*

Doppelzuständigkeit *f* <-, -en> (JUR) doble competencia *f*

Doppik ['dɔpɪk] *f* <-, ohne *pl*> (FIN) doble contabilidad *f*

Dopplereffekt ['dɔplərʔɛfɛkt] *m* <-s, -e> (PHYS) efecto *m* Doppler

Dorado [do'ra:do] *nt* <-s, -s> paraíso *m*, Eldorado *m*

Dorf [dɔrf, *pl*: 'dœrfə] *nt* <-(e)s, Dörfer> pueblo *m*, aldea *f*; **das olympische ~** la ciudad olímpica; **auf dem ~ wohnen** vivir en el pueblo; **vom ~ kommen** ser de pueblo; **das sind böhmische Dörfer für mich** esto es chino para mí; **es handelte sich lediglich um potemkinsche Dörfer** sólo se trataba de mentiras, no había nada detrás; **die Welt ist ein ~** (*prov*) el mundo es un pañuelo

Dorfälteste(r) *mf* <-n, -n; -n, -n> ❶ (*älteste Person*) más anciano, -a *m, f* del pueblo ❷ (*alt: Dorfvorsteher*) alcalde(sa) *m(f)* del pueblo; **Dorfbewohner(in)** *m(f)* <-s, -; -, -nen> aldeano, -a *m, f*, pueblerino, -a *m, f*; **Dorfjugend** *f* <-, ohne *pl*> juventud *f* rural [*o* lugareña]; **Dorfkrug** *m* <-(e)s, -krüge> (*nordd*) taberna *f*, venta *f*

dörflich *adj* ❶ (*des Dorfes*) del pueblo; **er war mit den ~en Sitten vertraut** estaba familiarizado con las costumbres del pueblo ❷ (*ländlich*) rural; **sie wuchs in einem ~en Milieu auf** creció en un entorno rural

Dorfplatz *m* <-es, -plätze> plaza *f* del pueblo

Dorfschaft *f* <-, -en> (*Schweiz*) aldea *f*, pueblo *m*

Dorfschöne *f* <-, -n>, **Dorfschönheit** *f* <-, -en> (*iron, a. abw*) belleza *f* del lugar; **Dorfschule** *f* <-, -n> escuela *f* del pueblo; **Dorfschulze** *m* <-n, -n> (HIST) alcalde *m*; **Dorftestament** *nt* <-(e)s, -e> (JUR) testamento *m* pedáneo; **Dorftrottel** *m* <-s, -> tonto *m*, -a *m, f* del pueblo

dorisch ['do:rɪʃ] *adj* (ARCHIT, MUS) dórico; **~e Säulen** columnas dóricas

Dorn¹ [dɔrn] *m* <-(e)s, -en> (BOT) espina *f*; **er war dem Chef schon lange ein ~ im Auge** hace tiempo que el jefe se sentía disgustado por él

Dorn² *m* <-(e)s, -e> (TECH: *Metallstift*) espiga *m*; (*Werkzeug*) mandril *m*; (*zum Lochen*) punzón *m*

Dornbusch *m* <-es, -büsche> zarzal *m*

Dornengestrüpp *nt* <-(e)s, -e> zarzal(es) *m(pl);* **Dornenhecke** *f* <-, -n> zarza *f*, seto *m* espinoso; **Dornenkrone** *f* <-, -n> corona *f* de espinas

dornig *adj* espinoso

Dornröschen [dɔrnˈrøːsçən] *nt* <-s, *ohne pl*> la Bella Durmiente

Dornröschenschlaf *m* <-(e)s, *ohne pl*> letargo *m* (*refiriéndose al sueño profundo de la Bella Durmiente*); **aus seinem ~ erwachen** despabilarse, recobrarse; **in einen ~ versinken** perder el sentido de la realidad

dorren [ˈdɔrən] *vi* (*geh*) secarse

dörren [ˈdœrən] *vt* secar

Dörrfisch *m* <-(e)s, -e> (GASTR) pescado *m* seco, ≈mojama *f*; **Dörrfleisch** *nt* <-(e)s, *ohne pl*> tocino *m* entrevelado; **Dörrobst** *nt* <-(e)s, *ohne pl*> (GASTR) frutos *mpl* secos; **Dörrpflaume** *f* <-, -n> ciruela *f* pasa

dorsal [dɔrˈzaːl] *adj* (MED, LING) dorsal

Dorsch [dɔrʃ] *m* <-(e)s, -e> (ZOOL) bacalao *m*, abadejo *m*

dort [dɔrt] *adv* allí, allá, ahí; **der Mann ~** el hombre allá; **~ oben/hinten** allí arriba/atrás; **ich komme gerade von ~** justamente vengo de allí; **von ~ aus ist es nicht mehr weit** desde allí ya no está lejos; **~ behalten** retener *fam;* **~ bleiben** quedarse

dort|behalten* *irr vt s.* **dort**

dort|bleiben *irr vi sein s.* **dort**

dorther [ˈ--ˈ-] *adv* de allí; **von ~** de allí

dorthin [ˈ--ˈ-] *adv* hasta allí, hacia ahí; **wie komme ich ~?** ¿cómo llego hasta allí?; **der Weg ~** el camino hacia ahí

dorthinab [(ˈ)dɔrthɪˈnap, *hinweisend:* ˈdɔrthɪnap] *adv* (hacia) allá abajo

dorthinauf *adv* (hacia) allá arriba

dorthinaus [ˈ--ˈ-] *adv* por allí; **bis ~** (*fam*) hasta el no va más

dorthinein [ˈ--ˈ-] *adv* allí dentro

dorthinunter *adv* (hacia) allá abajo

dortige(r, s) *adj* de allí

DOS [dɔs] (INFOR) *Abk. von* **Disk Operating System** DOS

Dose [ˈdoːzə] *f* <-, -n> ❶ (*Büchse*) caja *f*, bote *m*; (*Konserven~*) lata *f*; **eine ~ Kekse** una caja de galletas; **eine ~ Bier** una lata de cerveza ❷ (*Steck~*) enchufe *m*

Dosen *pl von* **Dose, Dosis**

dösen [ˈdøːzən] *vi* (*fam*) dormitar

Dosenbier *nt* <-(e)s, -e> cerveza *f* en lata; **Dosencontainer** *m* <-s, -> contenedor *m* de botes; **Dosenmilch** *f* <-, *ohne pl*> leche *f* condensada; **Dosenöffner** *m* <-s, -> abrelatas *m inv*; **Dosensuppe** *f* <-, -n> sopa *f* de lata [*o* enlatada]

dosierbar [doˈziːɐbaːɐ] *adj* dosificable

Dosiereinrichtung [doˈziː-] *f* <-, -en> dispositivo *m* de dosificación

dosieren* [doˈziːrən] *vt* dosificar

Dosiergefäß *nt* <-es, -e> recipiente *m* de dosificación; **Dosierspender** *m* <-s, -> dosificador *m*

Dosierung¹ *f* <-, *ohne pl*> (*das Dosieren*) dosificación *f*

Dosierung² *f* <-, -en> (*Dosis*) dosis *f inv*

dösig [ˈdøːzɪç] *adj* (*fam*) ❶ (*blöd*) bobo, tonto ❷ (*schläfrig*) soñoliento

Dosimeter [doziˈmeːtɐ] *nt* <-s, -> dosímetro *m*

Dosis [ˈdoːzɪs, *pl:* ˈdoːzən] *f* <-, Dosen> dosis *f inv*; **zulässige ~ dosis** permitida; **in kleinen Dosen** en pequeñas dosis

Döskopp *m* <-s, -köppe> (*nordd: fam*) tontorrón, -ona *m, f*

Dossier [dɔˈsjeː] *nt* <-s, -s> expediente *m*, dossier *m*

Dotation [dotaˈtsjoːn] *f* <-, -en> (*geh*) dotación *f*, donación *f*

dotieren* [doˈtiːrən] *vt* dotar (*mit* con/de); **gut dotiert** (*Stellung*) bien remunerado; **hoch dotiert** muy bien pagado [*o* retribuido]; **eine mit 2.200 Euro dotierte Stelle** un puesto dotado con 2.200 euros

Dotter [ˈdɔtɐ] *m o nt* <-s, -> yema *f*

Dotterblume *f* <-, -n> calta *f*

doubeln [ˈduːbəln] I. *vt* (FILM) hacer de doble (de) II. *vi* (FILM) hacer de doble (en un filme)

Double [ˈduːb(ə)l] *nt* <-s, -s> (FILM) doble *m*

Doublé [duˈbleː] *nt* <-s, -s> *s.* **Dublee**

Douglasfichte [ˈduːglas-] *f* <-, -n> abeto *m* douglasia

Douglasie [duˈglaːzjə] *f* <-, -n> douglasia *f*

Douglastanne [ˈduːglas-] *f* <-, -n> abeto *m* douglasia

Dow-Jones-Aktienindex *m* <-es, *ohne pl*>, **Dow-Jones-Index** [daʊˈdʒoʊnsˈʔɪndɛks] *m* <-es, *ohne pl*> (WIRTSCH) índice *m* Dow-Jones

down [daʊn] *adj* (*sl*) abatido, agotado

Downlink [ˈdaʊnlɪŋk] *nt* <-(s), -s> (TEL) enlace *m* descendente

Download [ˈdaʊnlɔʊt] *nt* <-(s), -s> (INFOR) carga *f* descendente [*o* por teleproceso], download *m* (*transferencia de un ordenador a otro*)

downloaden [ˈdaʊnlɔʊdən] *vt* (INFOR) descargar, bajar

Downsyndrom [ˈdaʊnzʏndroːm] *nt* <-s, *ohne pl*> (MED) mongolismo *m*

Dozent(in) [doˈtsɛnt] *m(f)* <-en, -en; -, -nen> profesor(a) *m(f)* universitario, -a

Dozentur [dɔtsɛnˈtuːɐ, *pl:* dɔtsɛnˈtuːrən] *f* <-, -en> (UNIV) puesto *m* de profesor(a) [*o* de docente] universitario

dozieren* [doˈtsiːrən] *vi* dar clases (magistrales) (*über* sobre)

dpa [deːpeːˈʔaː] *f Abk. von* **Deutsche Presse-Agentur** Agencia *f* de Prensa Alemana

dpt *Abk. von* **Dioptrie** dpt.

Dr. *m/f* <-, Dres.> *Abk. von* **Doktor** doctor(a) *m(f)*; **ihr Name ist ~ Christel Steinmetz** su nombre es doctora Christel Steinmetz; **guten Tag, Herr/Frau ~ Müller!** ¡buenos días, doctor/doctora Müller!; **~ med./rer. nat./pol./phil./h.c.** doctor(a) *m(f)* en medicina/en ciencias naturales/en política/en filosofía/honoris causa

Drache [ˈdraxə] *m* <-n, -n> dragón *m*

Drachen *m* <-s, -> ❶ (*aus Papier*) cometa *f*, barrilete *m Am*, volantín *m Am*; **~ steigen lassen** echar (a volar) cometas, hacer subir cometas ❷ (*fam abw: zänkische Frau*) furia *f*, arpía *f*

Drachenfliegen *nt* <-s, *ohne pl*> (SPORT) vuelo *m* en ala delta; **Drachenflieger(in)** *m(f)* <-s, -; -, -nen> (SPORT) deportista *mf* de ala delta

Drachme [ˈdraxmə] *f* <-, -n> (FIN) dracma *f*

Dragee [draˈʒeː] *nt* <-s, -s>, **Dragée** *nt* <-s, -s> (MED) gragea *f*

Dragoner [draˈɡoːnɐ] *m* <-s, -> ❶ (HIST) dragón *m* ❷ (*fam abw: resolute Frau*) marimacho *m*

Draht [draːt, *pl:* ˈdrɛːtə] *m* <-(e)s, Drähte> alambre *m*, hilo *m* metálico; **per ~ übermitteln** cablegrafiar, enviar por cable; **den ~ zu jdm nicht abreißen lassen** no perder el contacto con alguien; **einen ~ zu jdm haben** simpatizar con alguien; **der heiße ~** (POL) el teléfono rojo; **auf ~ sein** (*fam*) estar en buena forma

Drahtbürste *f* <-, -n> cepillo *m* de púas de metal; **Drahtesel** *m* <-s, -> (*fam*) bici *f*; **Drahtgeflecht** *nt* <-(e)s, -e> alambrada *f*, malla *f* metálica; **Drahtgitter** *f* <-s, -> alambrado *m*, alambrera *f*

drahtig *adj* (*Figur*) vigoroso

drahtlos I. *adj* sin hilos, inalámbrico II. *adv:* **~ telegrafieren** radiotelegrafiar

Drahtschere *f* <-, -n> cizalla *f*

Drahtseil *nt* <-(e)s, -e> cable *m* metálico [*o* de alambre]; **Drahtseilakt** *m* <-(e)s, -e> ❶ (*Zirkus*) número *m* en la cuerda floja ❷ (*fig: gewagtes Unterfangen*) empresa *f* peligrosa; **Drahtseilbahn** *f* <-, -en> teleférico *m*

Drahtverhau *m o nt* <-(e)s, -e> alambrada *f* de espino artificial; **Drahtzaun** *m* <-(e)s, -zäune> alambrado *m*

Drahtzieher(in) *m(f)* <-s, -; -, -nen> instigador(a) *m(f)*, maquinador(a) *m(f)* de intrigas

Drainage *f* <-, -n> *s.* **Dränage**

drainieren* *vt s.* **dränieren**

Draisine [draɪˈziːnə, drɛˈziːnə] *f* <-, -n> ❶ (EISENB) vagoneta *f* ❷ (HIST: *Fahrrad*) draisiana *f* (*aparato antecesor de la bicicleta*)

drakonisch [draˈkoːnɪʃ] *adj* draconiano

drall [dral] *adj* (*Person*) robusto, metido en carnes; (*Körperteil*) regordete

Drall *m* <-(e)s, *ohne pl*> (PHYS) rotación *f* sobre el propio eje; **einen ~ nach rechts haben** desviarse a la derecha

Dralon® [ˈdraːlɔn] *m* <-(s), *ohne pl*> dralón *m*

Drama [ˈdraːma, *pl:* ˈdraːmən] *nt* <-s, Dramen> tragedia *f*, drama *m*; **mach da doch kein ~ draus** (*fam*) no lo dramatices

Dramatik [draˈmaːtɪk] *f* <-, *ohne pl*> ❶ (LIT) poesía *f* dramática, dramaturgia *f* ❷ (*Spannung*) dramatismo *m*; **sie liebt ~** le encanta lo dramático

Dramatiker(in) [draˈmaːtikɐ] *m(f)* <-s, -; -, -nen> autor(a) *m(f)* dramático, -a

dramatisch *adj* (*a.* LIT) dramático

dramatisieren* *vt* ❶ (*Roman*) adaptar a la escena ❷ (*aufbauschen*) dramatizar

Dramatisierung *f* <-, -en> dramatización *f*

Dramaturg(in) [dramaˈtʊrk] *m(f)* <-en, -en; -, -nen> (THEAT, TV) asesor(a) *m(f)* artístico, -a

Dramaturgie [dramatʊrˈgiː] *f* <-, -n> dramaturgia *f*, dramática *f*

Dramaturgik *f* <-, -en> *s.* **Dramaturg**

dramaturgisch [dramaˈtʊrgɪʃ] *adj* dramatúrgico

Dramen *pl von* **Drama**

dran [dran] *adv* (*fam*): **du bist ~** es tu turno; **jetzt ist er ~** ahora le toca a él; **wer ist jetzt ~?** ¿a quién le toca ahora?; **sind Sie noch ~?** (*Telefon*) ¿todavía está en la línea?; **er ist schlecht/gut ~** le va mal/bien; **ich bin früh ~** todavía tengo tiempo; **ich bin spät ~** ya no tengo tiempo; **da was ~** hay algo de verdad en ello; **an dem Radio ist alles ~, was man braucht** la radio tiene todo lo que se necesita; **was ist denn an dem Auto ~?** (*kaputt*) ¿qué ocurre con el coche?; **an der Keule ist nicht viel ~** esta pierna casi no tiene carne; *s. a.* **daran**

Dränage [drɛˈnaːʒə] *f* <-, -n> ❶ (TECH) drenaje *m*, avenamiento *m* ❷ (MED) drenaje *m*

dran|bleiben *irr vi sein (fam)* ❶ *(verfolgen)* no soltar *(an)*, seguir la pista *(an* de); **ich bleibe an der Geschichte dran** no me perderé esta historia; **ich bleibe an ihm dran** no me despegaré de él
❷ *(Telefon)* no colgar *(an)*; **bleiben Sie bitte dran** no cuelgue, por favor
drang [draŋ] *3. imp von* **dringen**
Drang [draŋ] *m <-(e)s, ohne pl>* ❶ *(Trieb)* impulso *m; (Sehnsucht)* anhelo *m (nach/zu* de), ansia *f (nach/zu* de); **unwiderstehlicher ~** deseo irresistible; **aus innerem ~** por un impulso instintivo; **einen plötzlichen ~ nach etw verspüren** desear algo ardientemente
❷ *(Zwang)* apremio *m*
dran|geben *irr vt (fam: aufgeben)* renunciar a; *(opfern)* sacrificar; **ich würde dafür mein Leben ~** dejaría la vida por eso; **dran|gehen** *irr vi sein (fam: in Angriff nehmen)* emprender *(an)*, empezar *(an)*
Drängelei [drɛŋəˈlaɪ] *f <-, -en> (abw)* ❶ *(Schubsen)* apretujones *mpl*
❷ *(Bettelei)* ruegos *mpl* continuos y molestos
drängeln [ˈdrɛŋəln] *vi, vt (fam)* ❶ *(schieben)* empujar; **nur nicht ~!** ¡no empujen!
❷ *(betteln)* apremiar, pedir con insistencia; **„nun mach schon", drängelte sie (ihn)** "acaba ya de una vez" le apremió
drängen [ˈdrɛŋən] I. *vi* ❶ *(eilen)* urgir, correr prisa; **es drängt nicht** no corre prisa
❷ *(schieben)* apretar, empujar
❸ *(fordern)* insistir *(auf* en), instar *(auf* para que *+subj)*; **sie drängte auf eine rasche Entscheidung** instó para que se produjera una decisión rápida; **er drängt zur Eile** mete prisa
II. *vt* ❶ *(schieben)* empujar; *(durch die Menge)* abrirse paso
❷ *(antreiben)* apremiar *(zu* para que *+subj)*
III. *vr:* **sich ~** apiñarse
Drängen *nt <-s, ohne pl>* apremio *m*, insistencia *f;* **auf jds ~ (hin)** a ruegos de alguien
drängend *adj* ❶ *(Fragen, Probleme)* inaplazable, perentorio
❷ *(Tonfall, Stimme)* insistente
Drangsal [ˈdraŋzaːl] *f <-, -e> (geh)* pena *f*, sufrimientos *mpl*
drangsalieren* [draŋzaˈliːrən] *vt (abw)* torturar, martirizar
dran|halten *irr* I. *vt (fam: zum Vergleich)* acercar (para comparar)
II. *vr:* **sich ~** *(sich beeilen)* apurarse, apresurarse
dran|hängen I. *vt (fam: an etw befestigen)* colgar *(an* en), *(verlängern)* prolongar (por); **wir können an unseren Urlaub noch eine Woche ~** podemos prolongar nuestras vacaciones por una semana
II. *vi irr (fam: an etw hängen)* tener cariño *[o* apego] *(an* a)
III. *vr:* **sich ~** *(fam: verfolgen)* perseguir *(an)*
dränieren* [drɛˈniːrən] *vt* ❶ (MED) drenar
❷ *(Boden)* drenar, desaguar
dran|kommen *irr vi sein (fam)* ❶ *(an die Reihe kommen)* tocar, llegar el turno (de); **du kommst als Nächste dran** ahora te toca a ti
❷ (SCH: *aufgerufen werden)* ser llamado para decir la lección; **bist du heute drangekommen?** ¿te ha tocado decir la lección hoy?
❸ *(abgefragt werden)* tocar; **welches Thema kommt denn dran?** ¿qué tema toca hoy?
❹ *(erreichen)* alcanzar; **ich komme da nicht dran** no alcanzo ahí
dran|kriegen *vt (fam):* **jdn** *(schön)* **~** *(zu einer Leistung)* no dejar que alguien escurra el bulto; *(reinlegen)* jugársela a alguien
dran|lassen *irr vt (fam)* dejar puesto *(an* en)
dran|machen I. *vt (fam)* pegar *(an* a/en), fijar *(an* a); *(ankleben)* pegar *(an* en); **ein Etikett an eine Flasche ~** poner una etiqueta a una botella
II. *vr:* **sich ~** *(fam)* ponerse *(an* con); **sich an ein neues Projekt ~** ponerse con un nuevo proyecto
dran|nehmen *irr vt (fam: Schüler)* preguntar; *(Kunden, Patienten)* atender
dran|setzen *vt* ❶ *(einsetzen)* arriesgar, hacer; **ich werde alles ~ um ...** haré todo lo posible para...
❷ *(beschäftigen)* ocupar; **da kann ich den Lehrling ~** esto se lo dejo hacer al aprendiz
drapieren* [draˈpiːrən] *vt (schmücken)* adornar; *(aufwändig falten)* drapear *(um* por)
Drapierung *f <-, -en>* ❶ *(das Schmücken)* decoración *f* con tejidos drapeados
❷ *(der Schmuck)* drapeado *m*
❸ *(das Falten)* pliegue *m* (decorativo)
drastisch [ˈdrastɪʃ] *adj* drástico; **die Preise ~ reduzieren** fulminar los precios
drauf [draʊf] *adv (fam):* **gut ~ sein** estar de buenas; **ich bin heute schlecht ~** hoy estoy de mala leche; **wie ist der denn ~?** ¿a éste qué mosca le picó?; **~ und dran sein zu ...** estar a punto de...; **immer feste ~!** ¡sigue dándole duro!
drauf|bekommen* *irr vt (fam)* ❶ *(auf etw stehen)* conseguir poner *(auf* a); **versuch mal, ob du den Verschluss auf die Flasche draufbekommst** mira a ver si consigues ponerle el tapón a la botella

❷ *(Wend)* **eins ~** *(einen Klaps bekommen)* recibir un cachete; *(ausgeschimpft werden)* recibir una reprimenda
Draufgabe *f <-, -n> (Österr)* guantes *mpl*, adehala *f*
Draufgänger(in) [ˈdraʊfɡɛŋɐ] *m(f) <-s, -; -, -nen>* corajudo, -a *m, f*, atrevido, -a *m, f*
draufgängerisch [ˈdraʊfɡɛŋərɪʃ] *adj* arrojado, lanzado *fam*
drauf|gehen *irr vi sein (fam)* ❶ *(sterben)* palmarla
❷ *(Geld)* irse, volar
❸ *(Sache)* romperse, estropearse
Draufgeld *nt <-es, -er>* (JUR) sobreprecio *m*, adehala *f*
drauf|haben *irr vt (fam):* **etw ~** tener idea de algo
drauf|halten *irr* I. *vi (fam: schießen)* tomar como blanco *(auf);* **er hat einfach draufgehalten** sólo lo tomó como blanco
II. *vt (fam: Finger)* poner *(auf* en)
drauf|hauen *irr vi (fam)* dar porrazos *(auf* a); **einen ~** juerguearse, montar una juerga
drauf|kommen *irr vi sein (sich einfallen lassen):* **ich komme nicht drauf!** ¡no se me ocurre!; **wie bist du draufgekommen, dass das die Lösung ist?** ¿cómo se te ocurrió que es ésta la solución?
drauf|kriegen *vi (fam):* **eins ~** caerle a alguien una bronca
drauf|lassen *irr vt (fam)* dejar puesto *(auf* en)
drauf|legen *vt (fam)* ❶ *(Betrag)* añadir
❷ *(hinlegen)* poner encima *(auf* de)
drauflos [-ˈ-] *adv* sin darle más vueltas
drauflos|arbeiten *vi (fam)* ponerse a trabajar sin plan previo, liarse a trabajar sin orden ni concierto
drauflos|gehen *irr vi sein (fam)* echar a andar sin rumbo fijo; **wir packten unsere Rucksäcke und gingen einfach drauflos** tomamos nuestras mochilas y echamos simplemente a caminar
drauflos|reden *vi (fam: unüberlegt)* hablar sin pensar; *(ohne Scheu)* hablar sin cortarse
drauflos|schlagen *irr vi (fam)* liarse a golpes, golpear a diestro y siniestro
drauf|machen *vt (fam):* **einen ~** correrse una juerga
drauf|satteln *vt* (POL: *sl)* añadir; *(Geld)* dar [*o* conceder] adicionalmente; *(Bemerkung)* soltar (a bocajarro); **für dieses Geld arbeite ich nicht, da müssen Sie schon noch etwas ~** por ese dinero no trabajo, tendrá que ser un poco más generoso; **sie musste auch noch die Bemerkung ~, ich würde lügen** soltó, por si fuera poco, el comentario de que miento
drauf|sein *irr vi sein s.* **drauf**
drauf|setzen *vt (fam):* **jdn ~** *(versetzen)* dejar plantado a alguien; **und um noch eins draufzusetzen ...** y para colmo...
Draufsicht *f <-, -en>* vista *f* en planta [*o* de arriba]; *(Zeichnung)* proyección *f* horizontal
drauf|stehen *irr vi (fam)* ❶ *(auf etw stehen)* estar (puesto) encima *(auf* de); *(Mensch, Tier)* estar (subido) encima *(auf* de); **aua, du stehst genau auf meinem Fuß drauf!** ¡ay, me estás pisando el pie!
❷ *(geschrieben stehen)* estar puesto [*o* escrito] *(auf* en); **was steht auf dem Zettel drauf?** ¿qué pone [*o* hay escrito] en la nota?
drauf|stoßen *irr* I. *vi sein (fam)* ❶ *(aufstoßen)* llegar directamente *(auf* a), darse de narices [*o* de bruces] *(auf* con); **zum Bahnhof? – immer geradeaus, dann stoßen sie direkt drauf** ¿a la estación? – todo recto, llega usted directamente; **du hast es nicht gefunden? aber du hättest ~ müssen!** ¿que no lo has encontrado? ¡pero si tendrías que haberte dado de narices con ello!
II. *vt haben (fam):* **jdn auf etw ~** servir [*o* poner] algo en bandeja (de plata) a alguien
drauf|zahlen I. *vi (fam)* pagar más
II. *vt (fam)* añadir
draus [draʊs] *adv (fam) s.* **daraus**
draus|bringen *irr vt (Österr, Schweiz, südd: fam: aus dem Konzept bringen)* confundir, distraer
draus|kommen *irr vi sein (Österr, Schweiz, südd: fam: aus dem Konzept kommen)* perder el hilo, desconcertarse
draußen [ˈdraʊsən] *adv* ❶ *(außerhalb)* fuera; *(im Freien)* al aire libre; **nach ~** hacia fuera; **von ~** de [*o* desde] fuera; **bleib ~!** ¡quédate (a)fuera!; **~ im Garten** fuera en el jardín
❷ *(weit entfernt)* lejos (de aquí); **~ auf dem Lande** allá en el campo; **~ auf dem Meer** en alta mar
drechseln [ˈdrɛksəln] *vi, vt* tornear
Drechsler(in) [ˈdrɛkslɐ] *m(f) <-s, -; -, -nen>* tornero, -a *m, f*
Drechslerbank *f <-, -bänke>* torno *m* para madera
Drechslerei[1] *f <-, -en> (Werkstatt)* tornería *f*, taller *m* de tornero
Drechslerei[2] *f <-, ohne pl> (Handwerk)* tornería *f*
Drechslerin *f <-, -nen> s.* **Drechsler**
Dreck [drɛk] *m <-(e)s, ohne pl>* ❶ *(fam: Schmutz)* suciedad *f*, mugre *f*; *(Schlamm)* lodo *m*, barro *m; (Abfall)* basura *f*; **du hast wohl ~ in den Ohren?** *(fig)* ¿estás sordo o qué?; **jdn wie den letzten ~ behandeln**

(*fam*) tratar a alguien como a un perro, basurear a alguien *Arg, Urug;* **er hat ~ am Stecken** (*fig*) tiene las manos sucias; **jdn in den ~ ziehen** (*fam fig*) poner verde a alguien

❷ (*abw fam: Kleinigkeit*) asuntillo *m*; **sich um jeden ~ kümmern** meterse en todo; **die Nase in jeden ~ stecken** meter las narices en todas partes

❸ (*Wend, fam abw*): **sich einen ~ um etw kümmern** importarle algo a alguien un comino; **mach deinen ~ alleine!** ¡ocúpate tú de tus chanchullos!; **das geht dich einen ~ an** eso no te importa para nada; **die Sache ist einen ~ wert** eso no vale ni un duro

Dreckarbeit *f* <-, -en> (*abw*) *s.* **Dreck(s)arbeit**; **Dreckfinger** *m* <-s, -> (*fam*) dedo *m* sucio [*o* pringoso]; **fass mit deinen ~n bloß nichts an!** ¡no toques nada con esos dedos pringosos!; **Dreckfink** *m* <-en, -en> (*fam*) cochino, -a *m, f*, guarro, -a *m, f*

dreckig *adj* (*fam*) ❶ (*schmutzig*) sucio, mugriento, pichoso *Ven*; **sich ~ machen** ensuciarse

❷ (*unanständig*) obsceno, verde

❸ (*Wend*): **es geht mir ~** estoy fatal

Dreckkerl *m* <-(e)s, -e> (*fam abw*) *s.* **Dreck(s)kerl**; **Dreckloch** *nt* <-(e)s, -löcher> (*fam abw*) pocilga *f*, cuchitril *m*; **Drecknest** *nt* <-(e)s, -er> (*fam abw*) pueblo *m* de mala muerte; **Dreckpfote** *f* <-, -n> (*fam abw*) manaza *f*, mano *f* sucia; **Drecksack** *m* <-(e)s, -säcke> (*fam abw*) tipo *m* asqueroso

Dreck(s)arbeit *f* <-, -en> (*abw: die dreckig macht*) trabajo *m* sucio; (*die verabscheut wird*) trabajo *m* asqueroso

Drecksau *f* <-, -säue> (*vulg*) cerdo, -a *m, f*; **Dreckschleuder** *f* <-, -n> (*fam abw*) ❶ (*verleumderische Person*) víbora *f*; **überall intrigiert sie, diese ~!** ¡va intrigando por todas partes, esa (mala) víbora! ❷ (*Umweltverschmutzer*) persona *f* (*o cosa*) contaminadora [*o* contaminante]; **ein Auto ohne Katalysator ist die reinste ~** un coche sin catalizador es de lo más contaminante; **Dreckschwein** *nt* <-s, -e> (*vulg*) cerdo, -a *m, f*

Dreck(s)kerl *m* <-(e)s, -e> (*fam abw*) sinvergüenza *m*, hijo *m* de puta *vulg*

Dreckspatz *m* <-en, -en> (*fam a. abw*) marrano, -a *m, f*, cochino, -a *m, f*; **Dreckwetter** *nt* <-s, *ohne pl*> (*fam abw*) tiempo *m* de mil demonios

Dreh [dre:] *m* <-(e)s, -s *o* -e> (*fam*) truco *m*, maña *f*; **den ~ herausheben** conocer el truco

Dreharbeiten *fpl* (FILM) rodaje *m*

Drehbank *f* <-, -bänke> torno *m*

drehbar *adj* giratorio, rotatorio

Drehbewegung *f* <-, -en> movimiento *m* rotatorio, giro *m*; **eine ~ machen** hacer un movimiento giratorio [*o* un giro]; **Drehbleistift** *m* <-(e)s, -e> portaminas *m inv*; **Drehbrücke** *f* <-, -n> (TECH) puente *m* giratorio

Drehbuch *nt* <-(e)s, -bücher> guión *m*; **Drehbuchautor(in)** *m(f)* <-s, -en; -, -nen> guionista *mf*

Drehbühne *f* <-, -n> tarima *f* giratoria; (THEAT) escenario *m* giratorio

drehen ['dre:ən] I. *vt* ❶ (*um die Achse*) girar, dar vueltas (a); (*Schraube*) enroscar; **den Kopf ~** volver la cabeza; **das Radio leiser ~** (*fam*) bajar la radio; **wie man es auch dreht und wendet** por más vueltas que se le dé

❷ (*Strick*) torcer; (*Faden*) hilar; (*Pillen*) fabricar, hacer; (*Zigarette*) liar; **da kann man ihm einen Strick draus ~** (*fig*) ahí se le puede perjudicar

❸ (FILM) rodar, filmar

❹ (*fam abw: aussehen lassen*) influir (en); **vielleicht können wir die Sache so ~, dass ...** tal vez podamos influir en el asunto de manera que... +*subj*

II. *vi* ❶ (*Wind*) cambiar; (*Schiff*) virar; (*Auto*) dar la vuelta

❷ (*am Schalter, Steuerrad*) girar (*an*); **da muss doch jemand dran gedreht haben** (*fam fig*) aquí se debió meter alguien por medio

III. *vr*: **sich ~** ❶ (*rotieren*) girar, dar vueltas; **mir dreht sich alles im Kopf** la cabeza me da vueltas; **er drehte sich auf den Rücken** se puso boca arriba

❷ (*betreffen*) girar (*um* en torno a); **die ganze Diskussion drehte sich um diese Frage** toda la discusión giró en torno a esta pregunta; **es dreht sich nicht immer alles um dich** no te des tanta importancia

Dreher(in) *m(f)* <-s, -; -, -nen> tornero, -a *m, f*

Drehkartei *f* <-, -en> fichero *m* giratorio; **Drehkran** *m* <-(e)s, -e *o* -kräne> grúa *f* giratoria; **Drehkreuz** *nt* <-(e)s, -e> torniquete *m*; **Drehleiter** *f* <-, -n> escalera *f* rotativa; **Löschfahrzeuge besitzen eine ~** los coches de bomberos llevan una escala rotativa; **Drehmoment** *nt* <-(e)s, -e> (PHYS, AUTO) momento *m* de giro

Drehorgel *f* <-, -n> organillo *m*; **Drehorgelspieler(in)** *m(f)* <-s, -; -, -nen> organillero, -a *m, f*

Drehort *m* <-(e)s, -e> (FILM) lugar *m* de rodaje; **Drehpause** *f* <-, -n> (FILM) pausa *f* en el rodaje, descanso *m* del rodaje

Drehpunkt *m* <-(e)s, -e> centro *m* de rotación, eje *m*; **der Dreh- und Angelpunkt von etw sein** (*fig*) ser el punto de mira de algo; **Drehrestaurant** *nt* <-s, -s> restaurante *m* giratorio; **Drehschalter** *m* <-s, -> interruptor *m* giratorio; **Drehscheibe** *f* <-, -n> ❶ (EISENB) placa *f* giratoria ❷ (*des Töpfers*) torno *m* ❸ (*Zentrum*) plataforma *f*; **~ des Technologietranfers/Drogenhandels** plataforma de transferencia tecnológica/de tráfico de drogas; **Drehstrom** *m* <-(e)s, -ströme> (ELEK) corriente *f* trifásica; **Drehstuhl** *m* <-(e)s, -stühle> silla *f* giratoria; **Drehtür** *f* <-, -en> puerta *f* giratoria

Drehung *f* <-, -en> vuelta *f*, giro *m*; (*um die Achse*) rotación *f*; **eine ~ um 180 Grad** un giro de 180 grados

Drehwurm *m*: **einen ~ kriegen** marearse; **einen ~ haben** estar mareado

Drehzahl *f* <-, -en> número *m* de revoluciones; **~ pro Minute** número de revoluciones por minuto; **Drehzahlbereich** *m* <-(e)s, -e> gama *f* de revoluciones; **hoher/niedriger ~** alto/bajo espectro de revoluciones; **Drehzahlmesser** *m* <-s, -> cuentarrevoluciones *m inv*

drei [draɪ] *adj inv* tres; **~ Viertel** tres cuartos; **es ist ~ viertel zwei** (*südd*) son las dos menos cuarto; **die Heiligen D~ Könige** los tres Reyes Magos; **er tut so, als könne er nicht bis ~ zählen** (*fam*) hace como si ni supiera contar hasta diez; **wir haben keine ~ Worte gewechselt** no intercambiamos ni una palabra; **aller guten Dinge sind ~** (*prov*) a la tercera va la vencida; *s. a.* **acht**

Drei *f* <-, -en> tres *m*; (*Schulnote*) bien *m*

Dreiachteltakt [-'---] *m* <-(e)s, -e> (MUS) compás *m* de tres por ocho

dreiarmig *adj* de tres brazos

dreibändig *adj* en tres tomos [*o* volúmenes]

dreibeinig *adj* de tres patas

Dreibettzimmer *nt* <-s, -> habitación *f* triple

dreiblätt(e)rig *adj* de tres hojas

dreidimensional ['draɪdimɛnzjonaːl] *adj* tridimensional

Dreieck ['draɪʔɛk] *nt* <-(e)s, -e> triángulo *m*; **sie wird im ~ springen, wenn sie das hört** (*fam*) se volverá loca cuando se entere de esto

dreieckig *adj* triangular

Dreiecksbetrug *m* <-(e)s, *ohne pl*> (JUR) engaño *m* triangular; **Dreiecksgeschäft** *nt* <-(e)s, -e> (WIRTSCH) operación *f* triangular; **Dreiecks-tuch** *nt* <-(e)s, -tücher> pañuelo *m* doblado en pico; **Dreiecksverhältnis** *nt* <-ses, -se> ménage *m* à trois

dreieinhalb [draɪʔaɪn'halp] *adj inv* tres y medio

dreieinig *adj* (REL) trino; **der ~e Gott** Dios trino

Dreieinigkeit [-'---] *f* <-, *ohne pl*> (REL) Trinidad *f*

Dreier *m* <-s, -> (*Einheit aus drei Dingen*) trinca *f*; **einen flotten ~ machen** (*fam*) realizar el acto sexual de a tres, hacer el amor de a tres

Dreierkonferenz *f* <-, -en> (TEL) conferencia *f* a tres (*en RSDI*)

dreierlei ['draɪɐ'laɪ] *adj inv* de tres clases [*o* formas] diferentes, tres clases (diferentes) de; *s. a.* **achterlei**

Dreierreihe *f* <-, -n> fila *f* de a tres; **die Schüler stellten sich in ~n auf** los alumnos formaron filas de (a) tres

dreifach ['draɪfax] I. *adj* triple; **in ~er Ausfertigung** por triplicado; **das D~e** el triple

II. *adv* tres veces; *s. a.* **achtfach**

Dreifachstecker *m* <-s, -> (ELEK) enchufe *m* tripolar

dreifaltig *adj* (REL) trino; **der D~e** Dios trino

Dreifaltigkeit [draɪ'faltɪçkaɪt] *f* <-, *ohne pl*> (REL) Trinidad *f*; **die Heilige ~** la Santísima Trinidad

Dreifarbendruck[1] *m* <-(e)s, -e> (TYPO: *gedrucktes Werk*) lámina *f* tricroma

Dreifarbendruck[2] *m* <-(e)s, *ohne pl*> (TYPO: *Verfahren*) tricromía *f*

dreifarbig *adj*, **dreifärbig** *adj* (*Österr*) tricolor, de tres colores

Dreifelderwirtschaft *f* <-, *ohne pl*> (AGR) rotación *m* de cultivos [*o* de cosechas] trienal

Dreifuß *m* <-es, -füße> (*Schemel, Gestell*) trípode *m*; (*Gerät zum Kochen*) trébede *f*

dreifüßig *adj* de tres pies; (*Vers*) ternario

Dreiganggetriebe *nt* <-s, -> cambio *m* de tres marchas; **Dreigangschaltung** *f* <-, -en> cambio *m* de tres velocidades

dreigeschossig *adj* de tres pisos

Dreigespann *nt* <-(e)s, -e> troika *f*, troica *f*; (*fig*) trío *m*; **Dreigestirn** *nt* <-(e)s, -e> (ASTR) tres astros *mpl*; (*Dreiergruppe*) trinca *f*

Dreigroschenheft *nt* <-(e)s, -e> (*abw*) novela *f* de tres al cuarto, folletín *m*

dreihundert ['--'--] *adj inv* trescientos; *s. a.* **achthundert**

dreihundertjährig *adj* tricentenario, de trescientos años; *s. a.* **achthundertjährig**

dreihundertste(r, s) *adj* tricentésimo; *s. a.* **achthundertste(r, s)**

dreihunderttausend *adj inv* trescientos mil

dreijährig *adj* trienal; *s. a.* **achtjährig**

Dreijährige(r) *mf* <-n, -n; -, -n> niño, -a *m, f* de tres años

Dreikampf *m* <-(e)s, -kämpfe> (SPORT) triatlón *m*

Dreikäsehoch [-'---] *m* <-s, -s> (*fam*) tapón *m*, taponcito *m*

Dreiklang *m* <-(e)s, -klänge> (MUS) trítono *m*
Dreikönige [-'---] *pl:* **nach ~** después de Reyes
Dreikönigsfest *nt* <-(e)s, -e> (REL) festividad *f* de los Reyes Magos, día *m* de Reyes *fam;* **Dreikönigstag** *m* <-(e)s, -e> (REL) día *m* de Reyes; **in Spanien bekommen die Kinder am ~ Geschenke** en España los niños reciben regalos el día de Reyes
dreiköpfig *adj* de tres miembros; **heute Abend tritt hier eine ~e Band auf** hoy actúa un grupo compuesto por tres músicos [*o* miembros]
Dreiländereck [-'----] *nt* <-(e)s, *ohne pl*> punto *m* de encuentro de las fronteras de tres países
dreimal *adv* tres veces; **~ darfst du raten** (*fam*) ¿por qué preguntas si ya lo sabes?; *s. a.* **achtmal**
dreimalig *adj* triple; **erst nach ~er Aufforderung verließ er den Platz** no se marchó hasta que se lo exigieron tres veces; **unser geheimes Zeichen ist ~es Klopfen an der Tür** nuestra contraseña son tres golpes en la puerta; **nach ~em Versuch** tras un triple intento, tras tres intentos
Dreimaster ['draɪmastɐ] *m* <-s, -> (NAUT) buque *m* de tres palos
Dreimeilenzone [-'----] *f* <-, -n> zona *f* de las tres millas
Dreimeterbrett [-'---] *nt* <-(e)s, -er> (SPORT) trampolín *m* de tres metros
Dreimonatsgeld [-'---] *nt* <-es, -er> (FIN) depósito *m* a tres meses
drein [draɪn] *adv* (*fam*) *s.* **darein**
drein|blicken *vi:* **finster ~** poner mala cara; **traurig/ratlos ~** poner cara triste/desconcertada
drein|fügen *vr:* **sich ~** resignarse; **ihm gefiel die Entscheidung nicht, aber er musste sich ~** no le agradaba la decisión, pero tuvo que resignarse
drein|reden *vi* (*fam*) meterse (*in* en), meter baza (*in* en); **jdm während einer Rede ~** meterse [*o* meter baza] en el discurso de alguien; **bei meinen Entscheidungen lasse ich mir von niemandem ~** no permito que nadie se meta en mis decisiones
drein|schauen *vi s.* **dreinblicken**
drein|schlagen *irr vi* (*fam*) repartir golpes
Dreipersonenverhältnis *nt* <-ses, -se> (JUR) relación *f* tripartita
Dreiphasenstrom [-'----] *m* <-s, *ohne pl*> (ELEK) corriente *f* trifásica
Dreipunkt(sicherheits)gurt *m* <-(e)s, -e> (AUTO) cinturón *m* de seguridad con tres puntos de sujeción
Dreirad *nt* <-(e)s, -räder> ❶ (*für Kinder*) triciclo *m*
❷ (*Lieferwagen*) camioneta *f* de tres ruedas
dreiräd(e)rig *adj* de tres ruedas; **~ sein** tener tres ruedas
Dreisatz *m* <-es, -sätze> (MATH) regla *f* de tres; **Dreisatzrechnung** *f* <-, -en> (MATH) regla *f* de tres
dreiseitig *adj* ❶ (*a.* MATH: *mit drei Seiten*) de tres lados, trilátero, trilateral; **jedes Dreieck ist ~** todos los triángulos tienen tres lados
❷ (*drei Seiten lang*) de tres páginas; **einen ~en Aufsatz schreiben** escribir una redacción de tres páginas (de extensión)
dreisitzig *adj* de tres plazas [*o* asientos]; **eine ~e Reihe** una fila de tres asientos
dreispaltig *adj* (TYPO) a tres columnas; **ein ~er Artikel** un artículo de [*o* a] tres columnas
Dreispitz *m* <-es, -e> (HIST: *Hut*) tricornio *m*, sombrero *m* de tres picos; **Dreisprung** *m* <-(e)s, -sprünge> (SPORT) triple salto *m*
dreispurig *adj* de tres carriles
dreißig ['draɪsɪç] *adj inv* treinta; *s. a.* **achtzig**
dreißiger *adj inv* ❶ (*1930 bis 1939*) de los treinta, de la década [*o* de la añada] de los treinta
❷ (*von 1930*) del (año) treinta; *s. a.* **achtziger**
Dreißiger *m* <-s, -> ❶ (*Wein*) vino *m* (de la cosecha) del treinta
❷ (*Wend*): **in den ~n sein** andar por los treinta y tantos
Dreißigerjahre *ntpl:* **die ~** los (años) treinta
dreißigjährig ['draɪsɪçjɛːrɪç] *adj* de treinta años; **der D~e Krieg** la Guerra de los Treinta Años; *s. a.* **achtjährig**
Dreißigjährige(r) *mf* <-n, -n; -n, -n> treintañero, -a *m, f;* **als ~/~r** con treinta años
dreißigmal *adv* treinta veces; *s. a.* **achtmal**
Dreißigpfennigmarke *f* <-, -n> sello *m* de treinta pfennig
dreißigste(r, s) *adj* trigésimo; *s. a.* **achtzigste(r, s)**
Dreißigstel *adj* trigésimo, treintavo; *s. a.* **achtel**
Dreißigstel *nt* <-s, -> treintavo *m*, trigésima parte *f; s. a.* **Achtel**
dreist [draɪst] *adj* descarado, fresco
dreistellig *adj* de tres cifras
Dreistigkeit¹ ['draɪstɪçkaɪt] *f* <-, *ohne pl*> (*Art*) impertinencia *f,* insolencia *f*
Dreistigkeit² *f* <-, -en> (*Äußerung, Handlung*) impertinencia *f,* insolencia *f*
dreistimmig *adj* (MUS) a tres voces
dreistöckig ['draɪstœkɪç] *adj* (ARCHIT) de tres pisos
dreistrophig *adj* de tres estrofas

dreistufig *adj* de tres etapas
dreistündig ['draɪʃtʏndɪç] *adj* de tres horas
dreistündlich *adj* cada tres horas
Dreitagebart [-'----] *m* <-(e)s, -bärte> barba *f* de tres días
dreitägig *adj* de tres días (de duración); **an einer ~en Exkursion teilnehmen** participar en una excursión de tres días
dreitausend ['-'--] *adj inv* tres mil; *s. a.* **achttausend**
Dreitausender ['-'---] *m* <-s, -> (*Gipfel*) pico *m* de tres mil metros
Dreiteiler *m* <-s, -> ❶ (*Kleidung*) tres piezas *m inv*
❷ (TV) serie *f* en tres episodios
dreiteilig *adj* (*Service*) de tres piezas; (*Fernsehserie*) de tres capítulos
Dreiteilung *f* <-, -en> división *f* tripartita
Dreitürer *m* <-s, -> (AUTO) tres puertas *m;* **ich habe einen ~** tengo un tres puertas
dreitürig *adj* (AUTO) de tres puertas; **ein ~es Auto** un tres puertas
dreiundzwanzig *adj inv* veintitrés
dreiviertel ['draɪ'fɪrtəl] *adj inv s.* **drei**
Dreiviertelärmel *m* <-s, -> manga *f* (de) tres cuartos
dreiviertellang *adj* (*Rock, Hose*) de tres cuartos
Dreiviertelliterflasche *f* <-, -n> botella *f* de tres cuartos (de litro)
Dreiviertelmehrheit *f* <-, -en> (POL) mayoría *f* de tres cuartos; **Dreiviertelstunde** ['draɪvɪrtəl'ʃtʊndə] *f* <-, -n> tres cuartos *mpl* de hora; **in einer ~** en tres cuartos de hora; **Dreivierteltakt** [-'---] *m* <-(e)s, *ohne pl*> (MUS) compás *m* de tres por cuatro
Dreiwegekatalysator ['draɪ've:gə-] *m* <-s, -en> (AUTO) catalizador *m* de tres vías
dreiwertig *adj* (CHEM, LING) de triple valencia, con tres valencias, trivalente; **ein ~es Verb** un verbo de triple valencia; **nennen Sie ein ~es Element!** ¡nombre un elemento trivalente!
dreiwöchentlich *adj* cada tres semanas
dreiwöchig *adj* de tres semanas
Dreizack ['draɪtsak] *m* <-(e)s, -e> (*Stab mit drei Zinken*) tridente *m*
dreizehn ['--] *adj inv* trece; **jetzt schlägt's aber ~** (*fam*) esto es el colmo; *s. a.* **acht**
dreizehnte(r, s) *adj* decimotercero; *s. a.* **achte(r, s)**
Dreizehntel *nt* <-s, -> treceavo *m*, trezavo *m; s. a.* **Achtel**
Dreizeiler *m* <-s, -> (LIT) terceto *m*
dreizeilig *adj* de tres líneas; **bitte schreiben Sie mit ~em Abstand** por favor, escriba dejando un espacio interlineal de tres líneas
Dreizimmerwohnung [-'-----] *f* <-, -en> piso *m* de tres habitaciones
Dres. *pl Abk. von* **Doctores** doctores *mpl,* doctoras *fpl*
Dresche ['drɛʃə] *f* <-, *ohne pl*> (*fam*): **~ bekommen** recibir una paliza
dreschen <drischt, drosch, gedroschen> *vt* ❶ (*Getreide*) trillar; **Phrasen ~** hablar con clichés
❷ (*verprügeln*) zurrar
Drescher(in) *m(f)* <-s, -; -, -nen> (AGR) trillador(a) *m(f)*
Dreschflegel *m* <-s, -> (AGR) trillo *m*
Dreschmaschine *f* <-, -n> (AGR) trilladora *f*
Dresden ['dre:sdən] *nt* <-s> Dresde *m*
Dress^RR [drɛs] *m* <-es, -e> (*Österr:*), *f* <-, -en> (SPORT) traje *m* de deporte
Dreß *m* <-sses, -sse>, *Österr: f* <-, -ssen> *s.* **Dress**
dressieren* [drɛ'siːrən] *vt* (*Tier*) adiestrar
Dressing *nt* <-s, -s> (GASTR) aliño *m,* salsa *f* (para ensalada)
Dressman ['drɛsmən] *m* <-s, Dressmen> maniquí *m* masculino, modelo *m* masculino
Dressur [drɛ'suːɐ] *f* <-, -en> adiestramiento *m,* amaestramiento *m*
dribbeln ['drɪbəln] *vi* (SPORT) regatear, driblar
Dribbling ['drɪblɪŋ] *nt* <-s, -s> (SPORT) regate *m,* dribling *m*
Drift [drɪft] *f* <-, -en> corriente *f* provocada por el viento
driften ['drɪftən] *vi sein* (NAUT) derivar; **die Partei driftet immer mehr nach rechts außen** el partido deriva [*o* se inclina] cada vez más hacia el extremo de derechas
Driftströmung *f* <-, -en> corriente *f* de deriva
Drill [drɪl] *m* <-(e)s, *ohne pl*> (MIL) entrenamiento *m,* adiestramiento *m*
Drillbohrer *m* <-s, -> (TECH) parahúso *m,* broca *f* espiral de Arquímedes
drillen ['drɪlən] *vt* ❶ (TECH) taladrar
❷ (MIL) instruir (*auf* en)
Drillich *m* <-s, -e> dril *m,* cutí *m*
Drillichanzug *m* <-(e)s, -züge> traje *m* de dril, conjunto *m* de dril; **Drillichzeug** *nt* <-(e)s, *ohne pl*> ropa *f* de dril
Drilling ['drɪlɪŋ] *m* <-s, -e> (*Kind*) trillizo *m*
drin [drɪn] *adv* (*fam*) dentro; **ist in der Flasche noch was ~?** ¿todavía queda algo en la botella?; **es ist noch alles ~** (*fig*) todavía todo está dentro de lo posible; **das ist nicht ~** (*fig*) esto no está previsto; **nach vier Jahren müsste ein Gehaltserhöhung ~ sein, oder?** después de cuatro años debería tocar una subida de sueldo, ¿no?; *s. a.* **darin**
dringen ['drɪŋən] <dringt, drang, gedrungen> *vi* ❶ *sein:* **durch etw ~** atravesar [*o* penetrar] algo; **in etw ~** penetrar en algo, traspasar algo;

dringend · **182** · **drüben**

aus etw ~ (*Flüssigkeit, Gas*) escapar [*o salir*] de algo; (*Geräusch*) venir de algo; **in jdn** ~ asediar [*o acosar*] a alguien; **bis zu etw** ~ penetrar hasta algo; **das Geschrei drang bis in die hintersten Ecken des Hauses** el griterío penetró hasta los rincones más alejados de la casa; **an die Öffentlichkeit** ~ trascender al público

② (*verlangen*): **auf etw** ~ insistir en algo, exigir algo

dringend *adj* ① (*eilig*) urgente, apremiante; **die Sache ist sehr** ~ el asunto corre prisa; **ein** ~**er Fall** (MED) una urgencia

② (*nachdrücklich*) enérgico; ~ **davon abraten, etw zu tun** desaconsejar seriamente de hacer algo; ~ **verdächtig** altamente sospechoso

dringlich *adj* urgente, apremiante

Dringlichkeit *f* <-, -en> urgencia *f*; **von allerhöchster** ~ de máxima prioridad; **von großer** ~ **sein** ser urgentísimo

Dringlichkeitsanfrage *f* <-, -n> (POL) consulta *f* urgente; **Dringlichkeitsantrag** *m* <-(e)s, -träge> (POL) moción *f* de urgencia; **Dringlichkeitsvermerk** *m* <-(e)s, -e> nota *f* de urgencia

drin|hängen *irr vi* (*fam*): **mit** ~ (*ebenfalls beteiligt sein*) estar alguien (metido) en el ajo

Drink [drɪŋk] *m* <-s, -s> trago *m*

drinnen ['drɪnən] *adv* dentro; ~ **und draußen** dentro y fuera; **ich gehe nach** ~ voy adentro; **hier/dort** ~ aquí/allí dentro

drin|sein *irr vi sein* (*fam*) *s*. **drin**

drin|sitzen *irr vi* (*Österr, Schweiz, südd: fam: in der Patsche sitzen*) estar en un aprieto

drin|stecken *vi* (*fam*) ① (*beschäftigt sein*) estar (muy) metido (*in* en)

② (*investiert sein*) costar; **da steckt eine Menge Arbeit drin** ha costado mucho trabajo

③ (*verwickelt sein*) estar metido (*in* en)

drin|stehen *irr vi haben oder sein* (*fam: in Raum, Regal*) encontrarse (*in* en), estar (*in* en); (*in Buch, Zeitung*) poner (*in* en), decir (*in* en)

drischt [drɪʃt] *3. präs von* **dreschen**

dritt [drɪt] *adv*: **zu** ~ los tres

drittälteste(r, s) *adj* (*Gegenstand*) tercero de mayor antigüedad; (*Mensch*) tercero de mayor edad; **ich bin der** ~ **Sohn der Familie** soy el tercer hijo de la familia; **in meiner Sammlung ist dieses Exemplar das** ~ este es el tercer ejemplar más antiguo de mi colección

Drittaufwand *m* <-(e)s, *ohne pl*> (FIN) gasto *m* de tercero; **Drittbegünstigte(r)** *mf* <-n, -; -n, -n> (JUR) tercero *m* beneficiario; **Drittbegünstigung** *f* <-, -en> (JUR) beneficio *m* de tercero; **Drittbetroffenheit** *f* <-, *ohne pl*> (JUR) afectación *f* de terceros

dritte(r, s) ['drɪtə, -tɐ, -təs] *adj* tercero; **D**~ **Welt** tercer mundo; *s. a.* **achte(r, s)**

Dritte(r) *mf* <-n, -; -n, -n> tercero, -a *m, f*; **zugunsten eines** ~**n** a favor de un tercero [*o* una tercera personal]; **Leistung an/durch** ~ (JUR) servicio a/por terceros; **Vertrag zugunsten eines** ~**n** (JUR) contrato a favor de terceros

drittel *adj inv* tercio; *s. a.* **achtel**

Drittel ['drɪtəl] *nt* <-s, -> tercio *m*, tercera parte *f*; *s. a.* **Achtel**

Drittelbeteiligung *f* <-, -en> (WIRTSCH) participación *f* de un tercio

dritteln *vt* dividir en tres partes

drittens ['drɪtəns] *adv* en tercer lugar; (*bei einer Aufzählung*) tercero; *s. a.* **achtens**

Dritte-Welt-Laden ['--'--] *m* <-s, -Läden> (COM) negocio *m* que vende productos de los países del tercer mundo; **Dritte-Welt-Land** ['--'--] *nt* <-(e)s, -Länder> país *m* tercermundista

Drittgläubigeranspruch *m* <-(e)s, -sprüche> (JUR) acción *f* de acreedores terceros

drittgrößte(r, s) *adj* (*Gegenstand*) tercero mayor; (*Mensch*) tercero más alto; **er war der** ~ **Schüler in der Klasse** era el tercer alumno más alto de la clase

Dritthaftung *f* <-, -en> (JUR) responsabilidad *f* de tercero

dritthöchste(r, s) *adj* tercero más alto; **diese Kirche hat den** ~**n Kirchturm Deutschlands** esta iglesia tiene la tercera torre más alta de Alemania

drittklassig *adj* (*abw*) mal(o); (*Beschaffenheit*) de mala calidad

Drittklässler(in)^{RR} *m(f)* <-s, -; -, -nen>, **Drittkläßler(in)** *m(f)* <-s, -; -, -nen> (*südd, Schweiz*) alumno, -a *m, f* de tercer curso (de primaria)

Drittländer *ntpl s.* **Drittstaaten**

Drittlandsgebiet *nt* <-(e)s, -e> (EU) territorio *m* de país tercero

drittletzte(r, s) *adj* antepenúltimo; **auf der** ~**n Silbe betonte Wörter erhalten im Spanischen einen Akzent** en español, las palabras acentuadas en la antepenúltima sílaba llevan acento gráfico; **an** ~**r Stelle** en antepenúltimo lugar

Drittorganschaft *f* <-, -en> (WIRTSCH) ejercicio *m* por tercero de facultades sociales

Drittschaden *m* <-s, -schäden> (JUR) daños *mpl* a terceros; **Drittschadensliquidation** *f* <-, -en> (JUR) liquidación *f* de un siniestro de daños a terceros

Drittschuldner(in) *m(f)* <-s, -; -, -nen> (JUR) deudor(a) *m(f)* tercero, -a

Drittschuldnerprozess^{RR} *m* <-es, -e> (JUR) proceso *m* de deudor tercero

drittschützend *adj* (JUR) protector de terceros; ~**e Norm** norma protectora de terceros

Drittstaaten *mpl* (EU) países *m* terceros; **sichere** ~ países terceros seguros; **Drittverwahrung** *f* <-, -en> (JUR) custodia *f* a cargo de tercero; **Drittwiderklage** *f* <-, -n> (JUR) demanda *f* de tercería; **Drittwiderspruchsklage** *f* <-, -n> (JUR) tercería *f* de dominio; **Drittwirkung** *f* <-, -en> (JUR) efecto *m* hacia terceros; **mittelbare/unmittelbare** ~ efecto hacia terceros indirecto/directo; ~ **von Grundrechten** efecto hacia terceros de derechos fundamentales

DRK [de:ʔɛrˈkaː] *nt* <-> *Abk. von* **Deutsches Rotes Kreuz** Cruz *f* Roja Alemana

droben ['droːbən] *adv* (*geh*) arriba; **da** ~ ahí arriba

Droge ['droːɡə] *f* <-, -n> droga *f*, pichicata *f Arg*; **Sucht erzeugende** ~ droga productora de toxicomanía [*o* de vicio]; **synthetische** ~ droga sintética; ~**n nehmen** tomar drogas, drogarse

dröge ['drøːɡə] *adj* (*nordd: trocken*) seco, poco jugoso; (*langweilig*) monótono

Drögeler(in) ['drøːɡələ] *m(f)* <-s, -; -, -nen> (*Schweiz*) *s.* **Drogenabhängige(r)**

drogenabhängig *adj* drogadicto, drogodependiente

Drogenabhängige(r) *mf* <-n, -; -n, -n> drogadicto, -a *m, f*, toxicómano, -a *m, f*; **Drogenabhängigkeit** *f* <-, *ohne pl*> drogadicción *f*, toxicomanía *f*; **Drogenbekämpfung** *f* <-, *ohne pl*> lucha *f* contra la droga; **Drogenhandel** *m* <-s, *ohne pl*> narcotráfico *m*, tráfico *m* de drogas; **Drogenkonsum** *m* <-s, *ohne pl*> consumo *m* de drogas; **Drogenkonsument(in)** *m(f)* <-en, -en; -, -nen> consumidor(a) *m(f)* de drogas; **Drogenmissbrauch**^{RR} *m* <-(e)s, *ohne pl*> abuso *m* de drogas; **Drogensucht** *f* <-, *ohne pl*> *s.* **Drogenabhängigkeit**

drogensüchtig *adj s.* **drogenabhängig**

Drogensüchtige(r) *mf* <-n, -; -n, -n> *s.* **Drogenabhängige(r)**; **Drogenszene** *f* <-, -n> ambiente *m* de las drogas; **Drogentote(r)** *mf* <-n, -n; -n, -n> víctima *f* de drogas, muerto, -a *m, f* por drogas

Drogerie [droɡəˈriː] *f* <-, -n> droguería *f*

Drogist(in) *m(f)* <-en, -en; -, -nen> empleado, -a *m, f* de droguería, droguero, -a *m, f*

Drohbrief *m* <-(e)s, -e> carta *f* conminatoria

drohen ['droːən] *vi* ① (*einschüchtern*) amenazar; **sie drohte ihm mit der Polizei** le amenazaba con llamar a la policía; **sie drohte, ihn anzuzeigen** le amenazó con denunciarle

② (*bevorstehen*) amenazar, ser inminente; **ihm droht Gefängnis** la condena es inminente

③ (*zu befürchten sein*): **er drohte einzuschlafen** era de temer que se durmiera

drohend *adj* (*Haltung, Blick*) amenazador

② (*Gefahr, Krieg*) inminente

Drohgebärde *f* <-, -n> gesto *m* de amenaza

Drohne ['droːnə] *f* <-, -n> zángano *m*, abejorro *m*

dröhnen ['drøːnən] *vi* ① (*Geräusch*) retumbar, resonar; (*Schritte*) resonar; (*Ohren*) zumbar; **mir dröhnt der Kopf von all dem Lärm** tengo la cabeza como un bombo por el ruido; **vom Nachbartisch drang** ~**des Gelächter zu uns herüber** desde la mesa de al lado resonaban estruendosas carcajadas

② (*Wend*): **sich voll** ~ (*sl*) colocarse; **sich in der Disko voll** ~ **lassen** entontecerse en la discoteca

Drohung ['droːʊŋ] *f* <-, -en> amenaza *f*, intimidación *f*; **gewaltsame** ~ amenaza violenta; **das ist doch nur eine leere** ~ sólo es una amenaza jactanciosa

drollig ['drɔlɪç] *adj* ① (*Geschichte*) gracioso, divertido

② (*Kind*) salado, mono

Dromedar ['droːmedaːɐ, droməˈdaːɐ] *nt* <-s, -e> dromedario *m*

Drop-in [drɔpˈʔɪn] *m* <-(s), -s> (INFOR) aparición *f* casual

Drop-out [drɔpˈʔaʊt] *m* <-(s), -s> (INFOR) desaparición *f* casual

Drops [drɔps] *m* <-, -> caramelo *m* ácido

drosch [drɔʃ] *3. imp von* **dreschen**

Droschke ['drɔʃkə] *f* <-, -n> coche *m* de plaza, simón *m*

Drosophila [droˈzoːfila] *f* <-, -s> (ZOOL) drosófila *f*

Drossel ['drɔsəl] *f* <-, -n> (ZOOL) tordo *m*

drosseln ['drɔsəln] *vt* bajar; (*Tempo*) moderar; (*Inflation*) frenar; (*Ausgaben*) reducir

Drosselung *f* <-, -en> ① (WIRTSCH) disminución *f*, reducción *f*; **die Regierung erwägt eine** ~ **der Importe** el gobierno sopesa una reducción de las importaciones

② (TECH) estrangulación *f*, estrangulamiento *m*

Drosselventil *nt* <-s, -e> (TECH) válvula *f* de estrangulación

Drosslung^{RR} *f* <-, -en>, **Droßlung** *f* <-, -en> *s.* **Drosselung**

drüben ['dryːbən] *adv* al otro lado, enfrente; **hier/da** ~ aquí/allá enfrente; ~ **auf der anderen Seite** en el lado de enfrente

drüber ['dry:bɐ] *adv* (*fam*) *s.* **darüber**

Druck¹ [drʊk] *m* <-(e)s, *ohne pl*> ❶ (*das Drücken*) presión *f*; (*Beklemmung*) opresión *m*, prendimiento *m* Chil; **durch einen ~ auf den Knopf** pulsando el botón; **einen ~ im Kopf/Magen verspüren** sentir una presión en la cabeza/una pesadez en el estómago
❷ (*Zwang*) estrés *m*; **~ auf finanzielle Mittel** (WIRTSCH) presión de los medios financieros; **~ hinter etw machen** meter prisa a un asunto; **unter ~ stehen** estar en pleno estrés; **jdn unter ~ setzen, ~ auf jdn ausüben** presionar a alguien; **fürchterlich in ~ sein** [*o* **kommen**] estar terriblemente agobiado
❸ (*das Drucken*) impresión *f*; **in ~ gehen** ser imprimido; **etw in ~ geben** dar algo a imprimir

Druck² *m* <-(e)s, Drücke> ❶ (PHYS) presión *f*; **atmosphärischer/hydrostatischer/osmotischer ~** presión atmosférica/hidrostática/osmótica; **etw steht unter hohem ~** algo se encuentra bajo una fuerte presión
❷ (*sl: Schuss Rauschgift*) pinchazo *m*

Druck³ *m* <-(e)s, -e> (KUNST) grabado *m*

Druckabfall *m* <-(e)s, *ohne pl*> (PHYS) descenso *m* de presión; **Druckanstieg** *m* <-(e)s, *ohne pl*> (PHYS) aumento *m* de presión, ascenso *m* de presión; **Druckanzug** *m* <-(e)s, -züge> traje *m* presurizado; **Druckausgleich** *m* <-(e)s, *ohne pl*> (PHYS) compensación *f* de presión; **Druckausübung** *f* <-, *ohne pl*> ejercicio *m* de presión; **Druckbehälter** *m* <-s, -> recipiente *m* a presión

Druckbleistift *m* <-(e)s, -e> portaminas *m inv*

Druckbogen *m* <-s, -bögen> (TYPO) pliego *m* impreso; **Druckbuchstabe** *m* <-n(s), -n> letra *f* de imprenta [*o* de molde]

Drückeberger(in) ['drʏkəbɛrɡɐ] *m(f)* <-s, -; -, -nen> (*fam abw*) gandul(a) *m(f)*, persona *f* que se escaquea

Drückebergerei *f* <-, *ohne pl*> (*fam abw*) escaqueo *m*; (*Faulheit*) vaguería *f*

Drückebergerin *f* <-, -nen> *s.* **Drückeberger**

druckempfindlich *adj* sensible a la presión

drucken ['drʊkən] *vt* (TYPO) imprimir (*auf* en); **klein gedruckt** impreso en letras pequeñas; **das klein Gedruckte** la letra pequeña; **mit dieser Schreibmaschine sehen Briefe wie gedruckt aus** con esta máquina de escribir, las cartas parecen salidas de imprenta

drücken ['drʏkən] **I.** *vt* ❶ (*pressen*) apretar, trincar Am; (*Schalter*) pulsar; **er drückt auf den Knopf** pulsa el botón; **sie drückte ihre Nase an die Scheibe** pegó su nariz a la ventana; **jdm die Hand ~** estrecharle la mano a alguien; **jdm etw in die Hand ~** dar algo a alguien; **die Schulbank ~** (*fam*) ir al colegio
❷ (*wegschieben*) empujar, apartar; **er drückte sie zur Seite** la empujó a un lado; **„~"** (*an einer Tür*) "empujar"
❸ (*Kleidung*) apretar; **ich weiß, wo ihn der Schuh drückt** (*fig*) sé dónde le aprieta el zapato
❹ (*umarmen*) apretar entre los brazos
❺ (*Preise*) reducir, bajar
II. *vi* (*Kleidung, Last*) apretar; (*Hitze*) pesar; **das trübe Wetter drückt auf die Stimmung** el tiempo nubloso agobia
III. *vr:* **sich ~** (*fam*) escabullirse (*vor* de), escaquearse (*vor* de), despedirse a la francesa; **sie hat sich vor der** [*o* **um die**] **Arbeit gedrückt** se ha escaqueado del trabajo

drückend *adj* (*Sorgen, Last*) abrumador, agobiante; (*Wetter*) bochornoso; (*Hitze*) sofocante, agobiante; **~er Wettbewerb** (WIRTSCH) competencia gravosa

Drucker¹ *m* <-s, -> (INFOR) impresora *f*

Drucker(in)² *m(f)* <-s, -; -, -nen> impresor(a) *m(f)*, tipógrafo, -a *m*, *f*

Drücker¹ *m* <-s, -> ❶ (*Klinke*) picaporte *m*
❷ (*Tür~*) portero *m* automático
❸ (*am Gewehr*) gatillo *m*; **am ~ sein** [*o* **sitzen**] (*fam*) tener la decisión en la propia mano; **auf den letzten ~** (*fam*) en el último momento

Drücker(in)² *m(f)* <-s, -; -, -nen> (*fam: Zeitungswerber*) vendedor(a) *m(f)* ambulante (de revistas)

Druckerei *f* <-, -en> imprenta *f*, tipografía *f*

Druckerin *f* <-, -nen> *s.* **Drucker²**

Drückerin *f* <-, -nen> *s.* **Drücker²**

Druckerkabel *nt* <-s, -> (INFOR) cable *m* de impresora

Drückerkolonne *f* <-, -n> (*fam*) personas que venden a domicilio abonos a periódicos o revistas, a menudo con engaño

Druckerkonfiguration *f* <-, -en> (INFOR) configuración *f* de la impresora

Druckerlaubnis *f* <-, *ohne pl*> permiso *m* de impresión

Druckerpresse *f* <-, -n> prensa *f* tipográfica [*o* de imprimir]; **Druckerschwärze** ['drʊkɐʃvɛrtsə] *f* <-, *ohne pl*> tinta *f* de imprenta; **Druckertreiber** *m* <-s, -> (INFOR) controlador *m* de impresora; **Druckertyp** *m* <-s, -en> (INFOR) tipo *m* de impresora

Druckerzeugnis *nt* <-ses, -se> (TYPO) impreso *m*; **Druckfahne** *f* <-, -n> (TYPO) galerada *f*; **Druckfarbe** *f* <-, -n> (TYPO) tinta *f* de impresión [*o* de imprenta]; **Druckfehler** *m* <-s, -> (TYPO) errata *f*, error *m* de imprenta

druckfertig *adj* listo para imprimir

Druckformatvorlage *f* <-, -n> (INFOR) modelo *m* de formato de impresión

druckfrisch *adj* (TYPO) recién impreso

Druckgefühl *nt* <-s, -e> opresión *f*, sensación *f* de pesantez

Druckgeschwindigkeit *f* <-, -en> (INFOR) velocidad *f* de impresión; **Druckjob** *m* <-s, -s> (INFOR) tarea *f* de impresión

Druckkabine *f* <-, -n> (AERO) cabina *f* presurizada

Druckknopf *m* <-(e)s, -knöpfe> (*an Geräten*) botón *m* pulsador; (*an Kleidung*) botón *m* automático

Druckkosten *pl* gastos *mpl* de imprenta, costes *mpl* de impresión

Drucklegung *f* <-, -en> impresión *f*

Druckluft *f* <-, *ohne pl*> (PHYS) aire *m* a presión; **Druckluftbohrer** *m* <-s, -> (TECH) taladro *m* de aire comprimido; **Druckluftbremse** *f* <-, -n> (AUTO) freno *m* neumático [*o* de aire comprimido]

Druckmaschine *f* <-, -n> (TYPO) máquina *f* de imprimir

Druckmesser *m* <-s, -> (PHYS) manómetro *m*

Druckmittel *nt* <-s, -> ❶ (*Mittel*) medio *m* para ejercer presión
❷ (*Maßnahme*) medida *f* de presión; **als politisches ~** como medida de presión política

Druckplatte *f* <-, -n> (TYPO) plancha *f*, clisé *m*

Druckpumpe *f* <-, -n> (TECH) bomba *f* hidráulica [*o* impelente]; **Druckregler** *m* <-s, -> (TECH) regulador *m* de presión

druckreif *adj* listo para la imprenta

Drucksache *f* <-, -n> (TYPO) impreso *m*; **Druckschrift** *f* <-, -en> letra *f* de imprenta [*o* de molde]; **in ~ schreiben** escribir en letra de imprenta [*o* de molde]

drucksen ['drʊksən] *vi* (*fam*) titubear, hacerse el remolón

Druckstelle *f* <-, -n> huella *f* de presión

Drucktaste *f* <-, -n> pulsador *m*

Drucktype *f* <-, -n> (TYPO) tipo *m* (de impresión [*o* de imprenta])

druckunempfindlich *adj* ❶ (*Haut, Körperteil*) insensible a la presión
❷ (*Material*) resistente a la presión

Druckverband *m* <-(e)s, -bände> (MED) vendaje *m* compresivo

Druckverbot *nt* <-(e)s, -e> prohibición *f* de impresión; **Druckverfahren** *nt* <-s, -> (TYPO) procedimiento *m* tipográfico [*o* de impresión]; **Druckvorlage** *f* <-, -n> (TYPO) original *m*

Druckwasserreaktor *m* <-s, -en> reactor *m* de agua a presión; **Druckwelle** *f* <-, -n> (PHYS) onda *f* expansiva; (*bei einer Explosion*) onda *f* explosiva

Druckwerk *nt* <-(e)s, -e> obra *f* impresa

Drudenfuß *m* <-es, -füße> estrella *f* (mágica) de cinco puntas (*amuleto contra brujas*)

Druide [dru'i:də] *m* <-n, -n> (HIST) druida *m*

drum [drʊm] *adv* (*fam*): **sei's ~** sea; **mit allem D~ und Dran** con pelos y señales, con puntos y comas; *s. a.* **darum**

Drumherum [--'-] *nt* <-s, *ohne pl*> (*fam*): **das ganze ~** todo lo que hace parte

Drummer(in) *m(f)* <-s, -; -, -nen> (MUS) percusionista *mf*, batería *mf*

drunten ['drʊntən] *adv* (*südd, Österr*) abajo

drunter ['drʊntɐ] *adv* (*fam*): **es ging alles ~ und drüber** estaba todo revuelto; *s. a.* **darunter**

Drüse ['dry:zə] *f* <-, -n> glándula *f*

DSB [de:ʔɛs'be:] *m* <-> *Abk. von* **Deutscher Sportbund** Confederación *f* Alemana del Deporte

Dschungel ['dʒʊŋəl] *m* <-s, -> selva *f*, jungla *f*

Dschunke ['dʒʊŋkə] *f* <-, -n> junco *m*

DSG *f* <-> *Abk. von* **Deutsche Schlafwagen- und Speisewagen-Gesellschaft** Sociedad *f* Alemana de Coches-cama y Coches-restaurante

dt. *Abk. von* **deutsch** al.

dto. *Abk. von* **dito** íd.

DTP [de:te:'pe:] *nt* (INFOR) *Abk. von* **Desktoppublishing** tratamiento *m* de texto avanzado, autoedición *f*

dtsch. *Abk. von* **deutsch** al.

Dtzd. *Abk. von* **Dutzend** docena *f*

du [du:] *pron pers 2. Sg* tú; **~ Idiot!** ¡idiota!; **ich gehe heute schwimmen, und ~?** hoy voy a nadar, ¿y tú?; **bist ~ es?** ¿eres tú?; **ach ~ lieber Gott!** ¡Dios mío!; **~, ich schaff das nicht** oye, no me sale; **wenn ich ~ wäre** yo que tú

Du *nt* <-(s), -(s)> tú *m*; **jdm das ~ anbieten** ofrecer a alguien el tuteo; **mit jdm per ~ sein** tutear a alguien

dual [du'a:l] *adj* binario, dual; **das D~e System** (*Rücknahme von Verpackungen*) el sistema dual de reciclaje

Dualsystem *nt* <-s, -e> (MATH) sistema *m* binario; **Dualzahl** *f* <-, -en> (INFOR) número *m* binario

Dübel ['dy:bəl] *m* <-s, -> taco *m*, espiga *f*

dübeln *vi* espigar

dubios [du'bjo:s] *adj* dudoso
Dubiosa *pl* créditos *mpl* de cobro dudoso
Dublee [du'ble:] *nt* <-s, -s> ❶ (*Material*) chapado *m* (en oro), oro *m* chapado
❷ (*beim Billard*) doblete *m*
Dublette *f* <-, -n> ❶ (*doppeltes Exemplar*) duplicado *m*; (*in einer Sammlung*) ejemplar *m* repetido
❷ (LING) doblete *m*
❸ (*Edelsteinimitation*) doblete *m*
Dublin ['dabli̇n] *nt* <-s> Dublín *m*
ducken ['dʊkən] I. *vt* (*abw: demütigen*) humillar
II. *vr:* **sich ~** ❶ (*sich beugen*) agacharse, agazaparse; **in geduckter Stellung** agazapado
❷ (*unterwürfig sein*) doblegarse
Duckmäuser ['dʊkmɔɪzɐ] *m* <-s, -> (*fam abw*) cobarde *mf*, acoquinado, -a *m, f*
duckmäuserisch I. *adj* (*fam abw*) pusilánime
II. *adv* (*fam abw*) con pusilanimidad; **sich ~ verhalten** comportarse de manera pusilánime
Dudelei [du:də'laɪ] *f* <-, -en> (*abw*) murga *f*
dudeln ['du:dəln] *vi* (*fam*) ❶ (RADIO) sonar
❷ (*musizieren*) tocar un instrumento
Dudelsack ['du:dəlzak] *m* <-(e)s, -säcke> gaita *f*
Dudelsackspieler(in) *m(f)* <-s, -; -, -nen> (MUS) gaitero, -a *m, f*
Duell [du'ɛl] *nt* <-s, -e> ❶ (*mit Waffen*) duelo *m*, desafío *m*; **jdn zum ~ fordern** retar a alguien a duelo
❷ (SPORT) competición *f*, disputa *f*
Duellant(in) [duɛ'lant] *m(f)* <-en, -en; -, -nen> duelista *mf*
duellieren* *vr:* **sich ~** batirse en duelo
Duett [du'ɛt] *nt* <-(e)s, -e> (MUS) dúo *m*, dueto *m*
Dufflecoat ['dafəlkoʊt] *m* <-s, -s> duffle-coat *m*
Duft [dʊft, *pl:* 'dʏftə] *m* <-(e)s, Düfte> olor *m*; (*angenehm*) aroma *m*; (*unangenehm*) hedor *m*
dufte *adj* (*reg: fam*) guay, chévere *Am*
duften ['dʊftən] *vi* oler (*nach* a); **es duftet nach Rosen** huele a rosas
duftend *adj* oloroso, de buen olor; (*parfümiert*) perfumado
duftig *adj* vaporoso
Duftmarke *f* <-, -n> (*von Tieren*) marcación *f* del territorio con sustancias aromáticas; **Duftnote** *f* <-, -n> aroma *m*; **Duftstoff** *m* <-(e)s, -e> sustancia *f* aromática; **Duftwasser** *nt* <-s, -wässer> agua *f* de olor *alt*; **Duftwolke** *f* <-, -n> (*iron: Parfüm*) nube *f* de perfume; **sie ist immer in eine ~ gehüllt** va siempre envuelta en un halo de perfume
Dukaten [du'ka:tən] *m* <-s, -> (HIST) ducado *m*
Dukatenscheißer *m* (*fam*): **einen ~ haben** tener la gallina de los huevos de oro; **ein ~ sein** ser la gallina de los huevos de oro; **der ist aber ein echter ~** no sé de dónde saca el dinero ese tío, debe de ser la gallina de los huevos de oro
dulden ['dʊldən] *vt* ❶ (*zulassen*) tolerar, admitir; **die Sache duldet keinen Aufschub** el asunto no admite prórroga; **etw stillschweigend ~** hacer la vista gorda
❷ (*geh: ertragen*) aguantar, soportar
Dulder(in) *m(f)* <-s, -; -, -nen> (*geh*) sufridor *m(f)*; (REL: *a. fig*) mártir *mf*
Duldermiene *f* <-, -n> (*iron*) cara *f* de mártir; **eine ~ aufsetzen** poner cara de mártir
duldsam [dʊltza:m] *adj* (*nachsichtig*) indulgente (*gegen* con/para/para con); (*tolerant*) tolerante (*gegen* con)
Duldsamkeit *f* <-, *ohne pl*> tolerancia *f*; (*Geduld*) paciencia *f*
Duldung *f* <-, -en> tolerancia *f*; **stillschweigende ~** tolerancia tácita
Duldungsbescheid *m* <-(e)s, -e> (JUR) decisión *f* tácita; **Duldungsfiktion** *f* <-, -en> (JUR) ficción *f* de tolerancia; **Duldungspflicht** *f* <-, *ohne pl*> (JUR) deber *m* de tolerar; **Duldungsprokura** *f* <-, -prokuren> (JUR) apoderamiento *m* tácito; **Duldungstitel** *m* <-s, -> (JUR) título *m* de tolerancia; **Duldungsvollmacht** *f* <-, -en> (JUR) poder *m* tácito
Dumdumgeschoss^{RR} [dʊm'dʊm-] *nt* <-es, -e> (bala *f*) dumdum *f*, (bala *f*) dum-dum *f*
dumm [dʊm] *adj* <dümmer, am dümmsten> ❶ (*einfältig*) bobo, tonto, tonto, pendejo *Am*, bembo *Am*, acicuatado *Ant, Mex*, otario *Mex*, apantallado *Mex*, upa *Ecua, Peru*; **es Zeug reden** decir disparates; **sich ~ anstellen** hacerse el tonto; **ein ~es Gesicht machen** poner cara de bobo; **sich ~ und dämlich verdienen** (*fam*) ganar un dineral; **das ist gar nicht so ~** no es ninguna tontería; **ich lasse mich nicht für ~ verkaufen** (*fam*) no permito que me traten como un tonto
❷ (*unwissend*) ignorante
❸ (*unangenehm*) fastidioso, desagradable; **jdm ~ kommen** (*fam*) fastidiar a alguien; **so etwas D~es!** ¡qué fastidio!
dummdreist I. *adj* descarado; **~ sein** ser (un) descarado
II. *adv* con descaro; **er grinste ~** se sonrió con descaro

Dumme(r) *mf* <-n, -n; -, -n> (*fam*) tonto, -a *m, f*; **einen ~n finden** encontrar un tonto; **der ~ sein** ser el tonto; **die ~n sterben nicht aus** [*o* **werden nicht alle**] los tontos no se acaban, siempre habrá tontos en el mundo
Dummejungenstreich *m* <-(e)s, -e> (*fam*) pillería *f*; **das geht zu weit, das ist kein ~ mehr!** ¡esto va demasiado lejos, es más que una pillería!
Dummenfang *m* <-(e)s, *ohne pl*> (*abw*) caza *f* de tontos; **auf ~ ausgehen** [*o* **sein**] ir a la caza de algún inocente
dümmer ['dʏmɐ] *adj kompar von* **dumm**
dummerweise *adv* desafortunadamente, desgraciadamente
Dummheit¹ *f* <-, *ohne pl*> (*Mangel an Intelligenz*) estupidez *f*, necedad *f*; (*Unwissenheit*) ignorancia *f*
Dummheit² *f* <-, -en> (*Handlung*) estupidez *f*, tontería *f*, pendejada *f Am*, babosada *f MAm, Mex*, embarrada *f CSur*, arrachacada *f Kol*; **eine ~ machen** hacer una estupidez
Dummkopf *m* <-(e)s, -köpfe> (*abw*) tonto, -a *m, f*, estúpido, -a *m, f*, merlo *m Am*, otario, -a *m, f CSur*
dümmlich ['dʏmlɪç] *adj* poco inteligente
dümmste(r, s) ['dʏmstə, -te, -təs] *adj superl von* **dumm**
Dummy¹ ['dami] *m* <-s, -s *o* Dummies> (*Crashtest-Puppe*) muñeca *f* hinchable, maniquí *m* para ensayo de choque
Dummy² *m o nt* <-s, -s *o* Dummies> (*Werbeattrappe, Schaupackung*) muestra *f*, embalaje *m* vacío
dümpeln ['dʏmpəln] *vi* (NAUT) cabecear
dumpf [dʊmpf] *adj* ❶ (*Geräusch*) ronco, sordo
❷ (*stumpfsinnig*) apático
❸ (*Ahnung, Gefühl*) impreciso, vago; (*Schmerz*) sordo
❹ (*muffig*) enmohecido
Dumpfheit *f* <-, *ohne pl*> (*Teilnahmslosigkeit*) apatía *f*, abulia *f*
dumpfig ['dʊmpfɪç] *adj* con olor a humedad; **im Keller war es etwas ~** en el sótano olía un poco a humedad
Dumping ['dampɪŋ] *nt* <-s, *ohne pl*> (WIRTSCH) dumping *m*; **~ betreiben** incurrir en competencia desleal
Dumpingabwehr *f* <-, *ohne pl*> (WIRTSCH) defensa *f* contra la competencia desleal; **Dumpingpreis** *m* <-es, -e> (WIRTSCH) precio *m* dumping; **Dumpingverfahren** *nt* <-s, -> (WIRTSCH) proceso *m* de competencia desleal; **Dumpingware** *f* <-, -n> (WIRTSCH) mercancía *f* de dumping
Düne ['dy:nə] *f* <-, -n> duna *f*
Dung [dʊŋ] *m* <-(e)s, *ohne pl*> abono *m*, estiércol *m*
Düngemittel *nt* <-s, -> abono *m*, fertilizante *m*
düngen ['dʏŋən] *vt* abonar, fertilizar
Dünger *m* <-s, -> abono *m*, fertilizante *m*
Düngung *f* <-, -en> abono *m*; **mit diesem Dünger reicht eine einmalige ~ aus** con este fertilizante basta con abonar una sola vez
dunkel ['dʊŋkəl] *adj* ❶ (*finster*) oscuro; **es wird ~** está oscureciendo; **im D~n** a oscuras; **im D~n tappen** andar a tientas
❷ (*Farbe*) oscuro; **ein dunkles Rot** un rojo oscuro
❸ (*Ton*) bajo; (*Stimme*) grave
❹ (*unbestimmt*) vago; **sich ~ an etw erinnern** acordarse vagamente de algo; **etw liegt noch im D~n** algo está por aclarar
❺ (*rätselhaft*) misterioso, enigmático; **ich habe ihn über meine Motive im Dunklen gelassen** no le expliqué mis motivos
❻ (*abw: zwielichtig*) sospechoso, oscuro; **eine dunkle Vergangenheit haben** tener un pasado oscuro; **in dunkle Geschäfte verwickelt sein** estar metido en negocios oscuros
Dunkel *nt* <-s, *ohne pl*> ❶ (*geh: Dunkelheit*) oscuridad *f*
❷ (*Undurchschaubarkeit*) oscuridad *f*, misterio *m*
Dünkel ['dʏŋkəl] *m* <-s, *ohne pl*> (*abw: Anmaßung*) arrogancia *f*; (*Eitelkeit*) vanidad *f*, petulancia *f*; (*Hochmut*) soberbia *f*
dunkelblau *adj* azul oscuro
dunkelblond *adj* rubio oscuro
dunkelgrün *adj* verde oscuro, verdinegro
dunkelhaarig *adj* moreno
dünkelhaft *adj* (*geh*) arrogante, soberbio
dunkelhäutig ['dʊŋkəlhɔɪtɪç] *adj* moreno, de piel oscura
Dunkelheit *f* <-, *ohne pl*> oscuridad *f*; **bei Einbruch der ~** al anochecer
Dunkelkammer *f* <-, -n> (FOTO) laboratorio *m*
Dunkelmann *m* <-(e)s, -männer> (*abw*) hampón *m*
dunkeln I. *vi sein* (*Farbe*) ponerse más oscuro
II. *vi unpers* (*geh: Abend werden*) oscurecer
Dunkelraum *m*: **Faraday'scher ~** cámara *f* oscura de Faraday
dunkelrot *adj* rojo oscuro
Dunkelziffer *f* <-, -n> cifra *f* negra
dünken ['dʏŋkən] <dünkt *o* deucht, dünkte *o* deuchte, gedünkt *o* gedeucht> I. *vr:* **sich ~** (*geh, alt*) creerse; **er dünkt sich wohl schlau, aber weit gefehlt!** ¡se cree muy listo, pero de eso nada!

II. *vunpers* (*geh, alt*) parecer, antojarse; **jdm** [*o* **jdn**] **dünkt, dass ...** a alguien le parece que...; **ihr Vorschlag dünkt mir** [*o* **mich**] **etwas unpassend** tu propuesta se me antoja algo inoportuna

Dünkirchen ['dyːnkɪrçən] *nt* <-s> Dunkerque *m*

dünn [dʏn] *adj* ❶ (*Ast, Scheibe*) fino; **ein ~es Buch** un librito
❷ (*schlank*) delgado; (*mager*) flaco; **sie ist sehr ~ geworden** ha adelgazado mucho; **sich ~ machen** (*fam: Platz machen*) hacer sitio; (*abhauen*) largarse
❸ (*spärlich*) escaso, exiguo; (*Haar*) ralo; **~ besiedelt** [*o* **bevölkert**] poco poblado, escasamente poblado; **~ gesät** escaso; **Erfolge auf diesem Forschungsgebiet sind ~ gesät** los éxitos en este campo son escasos; **Butter ~ auftragen** poner un poco de mantequilla
❹ (*fein, zart*) fino; (*Stimme, Lachen*) débil
❺ (*Suppe*) aguado, claro; (*Kaffee, Tee*) flojo

dünnbesiedelt *adj*, **dünnbevölkert** *adj s.* **dünn 3.**
Dünnbrettbohrer *m* <-s, -> (*fam abw*) pazguato, -a *m, f*, necio, -a *m, f*
Dünndarm *m* <-(e)s, -därme> (ANAT) intestino *m* delgado
Dünndruckausgabe *f* <-, -n> (TYPO) edición *f* en papel biblia; **Dünndruckpapier** *nt* <-s, -e> (TYPO) papel *m* biblia
dünnemachen *vr*: **sich ~** (*fam*) escabullirse, zafarse
dünnflüssig *adj* (muy) fluido
dünngesät *adj s.* **dünn 3.**
dünnhäutig ['dʏnhɔʏtɪç] *adj* (*Haut*) de piel fina; (*Mensch*) sensible
dünnmachen *vr*: **sich ~** (*fam*) pirarse, pirárselas; **da kommen die Bullen, ich mach mich lieber dünn!** ¡ahí vienen los maderos, mejor será que me pire!
Dünnpfiff *m* <-(e)s, *ohne pl*> (*fam*) cagalera *f*, seguidillas *fpl*
Dünnsäure *f* <-, -n> (CHEM) ácido *m* diluido; **Dünnsäureverklappung** *f* <-, -en> (ÖKOL) descarga *f* de ácido diluido en el Mar del Norte
dünnschalig *adj* de cáscara fina; (*abw*) de cáscara demasiado delgada; **eine Pfirsich ist ~** un melocotón tiene la piel [*o* la cáscara] fina; **Batteriehühner legen ~e Eier** las gallinas de los ponederos automáticos ponen huevos de cáscara demasiado fina
Dünnschichtverdampfung *f* <-, -en> (CHEM) evaporación *f* de capa delgada
Dünnschissᴿᴿ *m* <-es, *ohne pl*>, **Dünnschiß** *m* <-sses, *ohne pl*> (*fam*) cagalera *f*
dünnwandig *adj* de paredes finas; **ein ~es Rohr/Glas** un tubo/una copa de paredes finas; **es ist in unserer Wohnung so kalt, weil das Haus zu ~ ist** en nuestro apartamento hace tanto frío porque la casa tiene las paredes muy finas
Dunst¹ [dʊnst, *pl:* 'dʏnstə] *m* <-(e)s, Dünste> (*Dampf*) vapor *m*; (*Ausdünstung*) vaho *m*; (*Rauch*) humo *m*
Dunst² *m* <-(e)s, *ohne pl*> (*Nebel*) bruma *f*, neblina *f*
Dunstabzugshaube *f* <-, -n> campana *f* extractora de humos
Dünste *pl von* **Dunst**¹
dünsten ['dʏnstən] *vt* (GASTR) rehogar
Dunstglocke *f* <-, -n> smog *m*
dunstig ['dʊnstɪç] *adj* ❶ (*neblig*) nebuloso, brumoso
❷ (*verräuchert*) cargado de humo
Dunstkreis *m* <-es, -e> (*geh: jds Umgebung*) ambiente *m*, atmósfera *f*; **Dunstschleier** *m* <-s, -> velo *m* de niebla; **Dunstwolke** *f* <-, -n> vaharada *f*, humareda *f*
Dünung ['dyːnʊŋ] *f* <-, -en> mar *m* o *f* de fondo
Duo ['duːo] *nt* <-s, -s> (MUS) dúo *m*, dueto *m*
Duodezimalsystem *nt* <-s, *ohne pl*> (MATH) sistema *m* duodecimal
düpieren* [dy'piːrən] *vt* (*geh*) embaucar, burlar
Duplex ['duːplɛks] *nt* <-, *ohne pl*> (INFOR, TEL) dúplex *m*
Duplikat [dupliˈkaːt] *nt* <-(e)s, -e> duplicado *m*, copia *f*
Dur [duːɐ] *nt* <-, *ohne pl*> (MUS) tono *m* mayor
durch [dʊrç] **I.** *präp +akk* ❶ (*örtlich*) por, a través de; **~ eine Straße gehen** ir por una calle; **~ das Fenster schauen** mirar por la ventana; **mitten ~ die Stadt** por el centro de la ciudad, cruzando la ciudad; **~ den Wald** por el bosque, cruzando el bosque
❷ (*mittels*) por (medio de), a través de; **ich habe ihn ~ Freunde kennen gelernt** lo he conocido por [*o* a través de] unos amigos; **~ Zufall** por casualidad
❸ (*infolge von*) a causa de, por; **das viele Rauchen** por fumar tanto
❹ (*zeitlich*) durante; **die ganze Nacht ~** durante toda la noche
❺ (*teilen*) por; (MATH) dividido por; **~ drei teilen** dividir por tres
❻ (*Agens*) por; **das Fahrzeug wird ~ Motoren getrieben** el vehículo es impulsado por motores
II. *adv* ❶ **es ist schon drei Uhr ~** ya son más de las tres [*o* las tres pasadas]; **der Zug ist gerade ~** el tren acaba de pasar; **ist das Gesetz schon ~?** ¿ya ha salido la ley?; **Ihr Kreditantrag ist ~** ya está (aprobado) su crédito; **Camembert ist erst dann ~, wenn er zu zerlaufen beginnt** el camembert no está bueno hasta que no empieza a deshacerse; **das Fleisch ist ~** la carne está a punto; **das Fleisch ist noch nicht ~** la carne todavía no está (hecha); **ich hab das Buch ~** he acabado de leer el libro; **mit der Zeitung bin ich ~** ya leí todo el periódico; **ein glatter Bruch: mit der Knochen ist ~** una fractura limpia: el hueso está partido; **die Sohle ist ~** la suela está gastada; **~ und ~** completamente, del todo

durchackern I. *vt* (*fam*) estudiar(se) enterito [*o* de cabo a rabo], investigar [*o* estudiar] a fondo; **er benötigte zwei Wochen, um die Unterlagen durchzuackern** necesitó dos semanas para estudiar a fondo los documentos; **vor der Prüfung muss ich noch mal die ganzen Skripte ~** antes del examen tengo que estudiarme de cabo a rabo los apuntes **II.** *vr*: **sich ~** (*fam*) currarse (*durch*); **drei Stunden lang ackerte er sich durch die Post durch** se pasó tres horas currándose el correo; **durcharbeiten I.** *vt* (*Buch*) estudiar a fondo **II.** *vi* (*ohne Pause*) trabajar sin descanso **III.** *vr*: **sich ~** (*Haufen Arbeit*) vencer (*durch*), acabar (*durch*); (*Dschungel, Berg*) abrirse paso (*durch* por/a través de)

durcharbeitet *adj* de trabajo; **nach zwei ~en Nächten brauchte sie einen freien Tag** tras haber pasado dos noches trabajando sin descanso necesitaba un día libre

durchatmen *vi* respirar hondo

durchaus ['--, -ˈ-] *adv* ❶ (*völlig*) absolutamente, por completo; **~ nicht** en absoluto; **bist du daran interessiert? – ~!** ¿estás interesado? – ¡y cómo!; **das ist ~ nicht leicht** no es nada fácil; **das lässt sich ~ machen** esto suena más que viable
❷ (*unbedingt*) de todas formas

durchbeißen *irr* **I.** *vt* (*zerbeißen*) partir con los dientes
II. *vr*: **sich ~** (*fam: Widerstände überwinden*) abrirse paso (*durch* por/a través de), superar (*durch*)

durchbekommen* *irr vt* (*fam*) ❶ (*entzweimachen*) (conseguir) partir; **das Seil bekommst du mit der Schere nicht durch** no puedes cortar esa cuerda con las tijeras
❷ (*durch Öffnung*) (conseguir) meter
❸ (*durch Kontrolle*) (conseguir) pasar
❹ (*durch eine Prüfung*) hacer pasar; **der Fahrlehrer hat diesmal all seine Schüler ~** esta vez el profesor de la autoescuela ha conseguido hacer pasar a todos sus alumnos
❺ (*durchsetzen*) (conseguir) imponer; **ich habe all meine Vorschläge bei der Chefin ~** he conseguido que mi jefa aceptara todas mis propuestas; **die Regierung konnte die Gesetzesänderung (im Parlament) ~** el Gobierno logró imponer la enmienda (en el Parlamento)

durchbiegen *irr vr*: **sich ~** (*Brett*) doblarse
Durchblasegase *ntpl* gases *mpl* de purga
durchblasen *irr* **I.** *vi* colarse (*durch* por); **der Wind bläst durch die Ritzen durch** el viento se cuela por las grietas
II. *vt* ❶ (*umwehen*) azotar; **an der Küste blies uns der Wind durch** en la costa nos azotaba el viento
❷ (*durch Blasen reinigen*) limpiar soplando; **jdm die Ohren ~** limpiar a alguien los oídos (soplando dentro); **ein verstopftes Rohr ~** soplar por un tubo para limpiarlo

durchblättern *vt* hojear
Durchblick *m* <-(e)s, -e> (*fam: Überblick*) visión *f* de conjunto; **den ~ haben/verlieren** (*auf dem Laufenden*) estar/no estar al corriente
durchblicken *vi* ❶ (*durchschauen*) mirar (*durch* por)
❷ (*fam: verstehen*) comprender, entender; **da blickt ja kein Mensch mehr durch** esto no lo entiende nadie; **etw ~ lassen** dejar entrever algo, dar algo a entender; **er ließ sein Einverständnis ~** dejó entrever que estaba de acuerdo

durchbluten* *vt* irrigar; **gut durchblutet werden** tener buena circulación
Durchblutung *f* <-, -en> riego *m* sanguíneo, circulación *f* de la sangre; **Durchblutungsstörung** *f* <-, -en> trastorno *m* circulatorio
durchbohren*¹ *vt* (*durchdringen*) atravesar; **von Kugeln durchbohrt** acribillado a balas; **ein ~der Blick** una mirada penetrante
durchbohren² *vt* (*Loch bohren*) taladrar
durchboxen I. *vt* (*fam: durchsetzen*) imponer
II. *vr*: **sich ~** (*fam*) ❶ (*sich durchsetzen*) imponerse
❷ (*einen Weg bahnen*) abrirse paso (*durch* por)
durchbraten *irr vt* (GASTR) asar bien; (*in der Pfanne*) freír bien; **ein gut durchgebratenes Steak** un bistec bien frito
durchbrausen *vi sein* atravesar a toda velocidad [*o* como una exhalación] (*durch* por); **der Fahrer brauste mit hohem Tempo durch die Straßensperre durch** el conductor atravesó a toda velocidad la barrera
durchbrechen*¹ *irr vt* ❶ (*durchdringen*) romper; (*Hindernis*) derribar
❷ (*Prinzip*) quebrantar
durchbrechen² *irr* **I.** *vi sein* ❶ (*entzweigehen*) romperse, quebrarse
❷ (*Zähne, Sonne*) salir
❸ (*Hass, Wut*) manifestarse
II. *vt* (*zerbrechen*) romper, quebrar
Durchbrechung *f* <-, -en> ruptura *f*; **den Demonstranten gelang die ~ der Blockade** los manifestantes lograron abrir brecha en el cordón; **Propellerflugzeuge sind nicht zur ~ der Schallmauer in der**

Lage los aviones de hélice no son capaces de romper la barrera del sonido
durch|brennen *irr vi sein* ❶ (*Birne, Sicherung*) fundirse
❷ (*fam: ausreißen*) escaparse
durch|bringen *irr vt* ❶ (*Kranke*) curar
❷ (*Prüfling*): jdn ~ conseguir que apruebe alguien
❸ (*ernähren*) sustentar; (*Kinder*) sacar adelante
❹ (*vergeuden*) derrochar, despilfarrar
durchbrochen I. *pp von* **durchbrechen**¹
II. *adj* (*Spitze*) quebrado
Durchbruch ['--] *m* <-(e)s, -brüche> ❶ (*eines Zahns*) aparición *f*; (*des Blinddarms*) rotura *f*
❷ (MIL) irrupción *f*
❸ (*Erfolg*) éxito *m*; jdm/etw *dat* zum ~ verhelfen fomentar el éxito de alguien/algo
❹ (*Stelle*) brecha *f*, boquete *m*
durch|checken *vt* ❶ (AERO: *bis zum Zielort abfertigen*) facturar hasta el destino
❷ (*fam: Patient*) chequear; (*Liste*) repasar
durchdacht *pp von* **durchdenken**
durchdenken* *irr vt* examinar a fondo [*o* minuciosamente]; **ein gut durchdachter Plan** un plan bien meditado [*o* bien pensado]; **wohl durchdacht** (*geh*) (muy) bien reflexionado
durch|diskutieren* *vt* discutir a fondo
durch|dränge(l)n *vr*: sich ~ (*fam*) abrirse paso (a empujones)
durch|drehen I. *vi sein* (*Räder*) derrapar
❷ *haben o sein* (*fam: die Nerven verlieren*) volverse loco, perder los estribos
II. *vt*: **das Fleisch durch den Wolf** ~ pasar la carne por la máquina de picar
durchdringen*¹ *irr vt* ❶ (*durchstoßen*) atravesar; (*Flüssigkeit*) penetrar, atravesar
❷ (*erfüllen*) llenar, obsesionar; **er ist von der Idee durchdrungen, dass ...** está obsesionado con la idea que ...
durch|dringen² *irr vi sein* ❶ (*Flüssigkeit, Kälte*) atravesar; (*Gerücht, Nachricht*) trascender; (*Sonne*) salir; **die Nachricht ist bis zu uns durchgedrungen** la noticia ha trascendido hasta nosotros
❷ (*hingelangen*) llegar (*bis zu* a)
durchdringend *adj* (*Kälte, Geruch*) penetrante; (*Schrei*) estridente
Durchdringung *f* <-, *ohne pl*> ❶ (*das Durchdringen*) penetración *f* (de)
❷ (*geistige Erfassung*) penetración *f* (de), comprensión *f* (de); **die (geistige)** ~ **eines Themas** la comprensión (intelectual) de una temática
durch|drücken *vt* ❶ (*Knie*) estirar
❷ (*fam: durchsetzen*) imponer, hacer pasar
❸ (*durch ein Sieb*) pasar (*durch* por)
durchdrungen *pp von* **durchdringen**¹
durch|dürfen *irr vi* (*fam*) poder pasar; **darf ich bitte mal durch?** ¿puedo pasar, por favor?
durcheinander [dʊrçʔaɪˈnandɐ] *adv* (*unordentlich*) revuelto, mezclado; (*verwirrt*) confuso, turbado; **ich bin noch ganz** ~ todavía estoy muy confuso; ~ **bringen** (*in Unordnung bringen*) revolver; (*verwechseln*) confundir; (*verwirren*) desconcertar, embarullar *fam*, abatatar *CSur*: *fam*, alburear *CRi*; ~ **geraten** (*in Unordnung geraten*) desordenarse, entreverarse *Am*; (*in Verwirrung geraten*) desorientarse, desconcertarse; **durch den Umzug sind die Akten alle** ~ **geraten** con la mudanza se han desordenado todos los documentos; **es kommt vor, dass mir Namen** ~ **geraten** puede ocurrir que confunda los nombres; **die Blätter sind** ~ **gewirbelt** las hojas revoloteaban; **ein kräftiger Windstoß hat die Blätter** ~ **gewirbelt** un fuerte golpe de viento hizo que las hojas revolotearan; **mit seinen Innovationen hat er die Branche** ~ **gewirbelt** con sus innovaciones levantó revuelo en el ramo; ~ **laufen** correr a trochemoche; ~ **liegen** estar revuelto; **muss hier immer alles so wild** ~ **liegen?** ¿es que siempre tiene que estar todo tan revuelto?; ~ **reden** hablar todos a la vez; ~ **werfen** (*fam: unordentlich hinwerfen*) tirar por ahí; (*verwechseln*) confundir
Durcheinander ['----] *nt* <-s, *ohne pl*> ❶ (*Unordnung*) desorden *m*, caos *m inv*, despelote *m Am*, mitote *m Mex*, boche *m And*
❷ (*Verwirrung*) caos *m inv*, confusión *f*
durcheinander|bringen *irr vt* s. **durcheinander**
durcheinander|geraten* *irr vi sein* s. **durcheinander**
durcheinander|kommen *irr vi sein* (*fam*) s. **durcheinandergeraten**
durcheinander|laufen *irr vi sein* s. **durcheinander**
durcheinander|liegen *irr vi* s. **durcheinander**
durcheinander|reden *vi* s. **durcheinander**
durcheinander|werfen *irr vt* s. **durcheinander**
durcheinander|wirbeln *vi sein, vt haben* s. **durcheinander**
durch|exerzieren* *vt* (*fam*) practicar de principio a fin
durchfahren*¹ *irr vt* ❶ (*bereisen*) recorrer
❷ (*durchqueren*) atravesar; (*Meer*) surcar
❸ (*durchzucken*): **ein Schreck durchfuhr ihn** se estremeció del susto; **ein Gedanke durchfuhr ihn** se le ocurrió una idea
durch|fahren² *irr vi sein* ❶ (*ohne Pause*) no parar; **er ist die ganze Nacht durchgefahren** condujo sin parar durante toda la noche; **fahren Sie bis zur nächsten Ampel durch** siga hasta el próximo semáforo
❷ (*durchqueren*) pasar (*durch* por)
Durchfahrt ['--] *f* <-, -en> paso *m*, pasaje *m*; ~ **freihalten!** ¡prohibido aparcar!; ~ **verboten!** ¡se prohibe el paso!; **auf der** ~ **sein** estar de paso; **Durchfahrtsrecht** *nt* <-(e)s, *ohne pl*> derecho *m* de paso; **Durchfahrtsstraße** *f* <-, -n> calle *f* de tránsito, arteria *f*
Durchfall *m* <-(e)s, *ohne pl*> (MED) diarrea *f*, obradera *f Kol, Guat, Pan*
durch|fallen *irr vi sein* ❶ (*durch ein Loch*) caer (*durch* por)
❷ (*fam: keinen Erfolg haben*) fracasar
❸ (*durch eine Prüfung*) suspender (*durch*)
durch|faulen *vi sein* pudrirse por completo; **die Brücke musste gesperrt werden, weil einige Balken durchgefault waren** hubo que cerrar el puente porque algunas traviesas estaban completamente podridas
durch|fechten *irr* I. *vt* (*sich einsetzen*) defender (con éxito); **seine Forderungen** ~ lograr imponer sus exigencias; **einen Prozess (durch sämtliche Instanzen)** ~ llevar un proceso hasta la última instancia
II. *vr*: **sich (im Leben)** ~ abrirse paso (en la vida), luchar por salir adelante (en la vida)
durch|feiern *vi* (*fam: ohne Pause feiern*) festejar sin parar
durch|feilen *vt* limar, cortar con una lima; **die Gefangenen versuchten die Gitterstäbe durchzufeilen** los presos trataron de cortar las rejas con una lima
durchfeuchten* *vt* empapar, humedecer; (**von etw** *dat*) **durchfeuchtet sein** estar empapado (de [*o* en] algo); **die Hauswand wird vom Regen durchfeuchtet** la pared de la casa se humedece por la lluvia
durch|finden *irr vr*: sich ~ ❶ (*zum Ziel*) encontrar (*zu*), llegar (*zu* a)
❷ (*sich zurechtfinden*): **bei diesem Durcheinander finde ich mich nicht mehr durch** en medio de este desorden no sé por donde empezar
durchfliegen*¹ *irr vt* ❶ (*fliegend durchqueren*) cruzar (volando)
❷ (*Strecke*) recorrer
durch|fliegen² *irr vi sein* ❶ (*ohne Pause*) volar sin hacer escala
❷ (*durch Wolken*) atravesar (volando) (*durch*)
❸ (*fam: bei einer Prüfung*) catear (*in*)
durchfließen*¹ *irr vt* pasar (por)
durch|fließen² *irr vi sein* pasar (*durch* por), correr (*durch* por)
durchflogen *pp von* **durchfliegen**¹
durchflossen *pp von* **durchfließen**¹
Durchflug *m* <-(e)s, -flüge> ❶ (*durch ein Gebiet*) sobrevuelo *m*, vuelo *m* que atraviesa; **ein** ~ **durch die Kriegsregion wäre sehr gefährlich** atravesar [*o* sobrevolar] la región en guerra sería muy peligroso
❷ (*Flug mit Zwischenstopp*): **Passagiere auf dem** ~ **werden gebeten, im Warteraum Platz zu nehmen** se ruega a los pasajeros en tránsito que tomen asiento en la sala de espera
Durchfluss^RR *m* <-es, -flüsse>, **Durchfluß** *m* <-sses, -flüsse> ❶ (TECH: *Öffnung*) paso *m*; (*durchfließende Menge*) circulación *f*; **Durchflussmesser**^RR *m* <-s, -> indicador *m* volumétrico
durchfluten* *vt* (*geh*) ❶ (*erhellen*) iluminar
❷ (*durchströmen*) pasar (por)
durchforschen* *vt* ❶ (*wissenschaftlich*) investigar a fondo
❷ (*Taschen*) registrar
❸ (*Land*) explorar a fondo
durchforsten* *vt* (*fam: eingehend durchsehen*) examinar, escudriñar
durch|fragen *vr*: sich ~ abrirse camino a preguntas
durch|fressen *irr vr*: sich ~ ❶ (*Korrosion*) corroer (*durch*)
❷ (*Nagetier, Ungeziefer*) atravesar royendo (*durch*)
❸ (*fam: schmarotzen*) vivir de gorra
Durchfuhr *f* <-, -en> (WIRTSCH) tránsito *m*
durchführbar *adj* realizable, factible
Durchfuhrbeschränkung *f* <-, -en> (WIRTSCH) limitación *f* del tránsito
durch|führen I. *vi* (*Weg*) llevar (*durch* por), ir (*durch* por)
II. *vt* ❶ (*verwirklichen*) llevar a cabo, realizar, implementar *Am*
❷ (*veranstalten*) efectuar
❸ (*geleiten*) guiar (*durch* por), llevar (*durch* por)
Durchfuhrerlaubnis *f* <-, -se> (WIRTSCH) permiso *m* de tránsito; **Durchfuhrfreiheit** *f* <-, *ohne pl*> (WIRTSCH) libertad *f* de tránsito; **Durchfuhrhandel** *m* <-s, *ohne pl*> (WIRTSCH) comercio *m* de tránsito; **Durchfuhrrecht** *nt* <-(e)s, *ohne pl*> (WIRTSCH) derecho *m* de tránsito
Durchführung *f* <-, -en> realización *f*, ejecución *f*; **zur** ~ **gelangen** [*o* **kommen**] **pasar** *m*; (*durchführende Menge*) llevarse a cabo
Durchführungsbefugnis *f* <-ses, -se> (ADMIN, JUR) potestad *f* ejecutiva; **Durchführungsübereinkommen** *nt* <-s, -> (ADMIN, JUR) convenio *m* de ejecución; **Durchführungsvorschriften** *fpl* (ADMIN, JUR)

normas *fpl* ejecutivas
Durchfuhrverbot *nt* <-(e)s, -e> (WIRTSCH) prohibición *f* de tránsito
durch|füttern *vt* (*fam*) dar de comer (a)
Durchgabe *f* <-, -n> transmisión *f*; **bei der ~ von Zahlen übers Telefon kommen oft Fehler vor** al transmitir cifras por teléfono se producen a menudo errores
Durchgang¹ *m* <-(e)s, *ohne pl*> (*das Durchgehen*) paso *m*; **~ verboten!** ¡prohibido el paso!
Durchgang² *m* <-(e)s, -gänge> ❶ (*Weg*) pasaje *m*, paso *m*; **den ~ versperren** cortar el paso
❷ (*einer Wahl, eines Wettkampfs*) vuelta *f*
durchgängig I. *adj* general, universal
II. *adv* en general
Durchgangsfracht *f* <-, -en> (WIRTSCH) flete *m* de tránsito; **Durchgangsfrachtbrief** *m* <-(e)s, -e> (WIRTSCH) conocimiento *m* de tránsito; **Durchgangsgebühr** *f* <-, -en> (WIRTSCH) derechos *mpl* de tránsito; **Durchgangskonnossement** *nt* <-(e)s, -e> (WIRTSCH) conocimiento *m* de tránsito [*o* directo]
Durchgangslager *nt* <-s, -> campo *m* de tránsito; **Durchgangsstraße** *f* <-, -n> carretera *f* de tránsito; **Durchgangsverkehr** *m* <-(e)s, *ohne pl*> (tráfico *m* de) tránsito *m*
Durchgasungsmittel *nt* <-s, -> agente *m* de gaseado en circulación
durch|geben *irr vt* dar (*durch* por), tra(n)smitir (*durch* por); **im Radio wurde durchgegeben, dass ...** por la radio han dado que...
durchgefroren *adj* completamente helado
durch|gehen *irr sein* I. *vi* ❶ (*durch Tür*) pasar (*durch* por), atravesar (*durch*); **der Zug geht durch** es un tren directo
❷ (*Gesetz, Antrag*) ser aprobado, pasar
❸ (*toleriert werden*) ser tolerado, pasar; **wir lassen das nicht länger ~** ya no lo toleramos más
❹ (*weglaufen*) escaparse, fugarse; (*Pferd*) desbocarse, disparar *Am*
❺ (*gehalten werden für*) pasar (*für* por)
❻ (*fam: dazwischenpassen*) caber (*durch/unter* por); **der Brief geht unter der Tür durch** la carta cabe por debajo de la puerta
II. *vt* (*Text*) examinar, revisar; **sie gingen den Text noch einmal durch** repasaron nuevamente el texto
durchgehend *adj* (*Zug*) directo; (*Öffnungszeiten*) continuo; **~ geöffnet** horario continuo
durchgeistigt *adj* (*geh*) espiritual(izado); **~e Gesichtszüge** rasgos sublimes; **sie sieht irgendwie ~ aus** tiene un aspecto como de estar en otra esfera
durchgeknallt *adj* (*fam: übergeschnappt*) tocado, chiflado
durch|gießen *irr vt* colar (*durch* por), echar (*durch* por); **etw durch ein Sieb ~** pasar algo por un colador
durch|graben *irr* I. *vt* cavar (*durch* por/a través de), abrir cavando (*durch* por/a través de); **die Diebe hatten einen Tunnel zur Bank durchgegraben** los ladrones habían cavado un túnel hasta el banco
II. *vr*: **sich ~** abrirse paso cavando (*durch* por/a través de); **Maulwürfe können sich auch unter Mauern und Zäunen zu anderen Grundstücken ~** los topos pueden pasar a otras fincas cavando por debajo de muros y vallas
durch|greifen *irr vi* ❶ (*einschreiten*) intervenir (enérgicamente), tomar medidas (rigurosas) (*gegen* contra)
❷ (*mit der Hand*) pasar la mano (*durch* por)
durchgreifend *adj* radical, severo
Durchgriff *m* <-(e)s, -e> viabilidad *f* directa, procedencia *f* directa
Durchgriffserinnerung *f* <-, -en> (JUR) recuerdo *m* por viabilidad; **Durchgriffshaftung** *f* <-, -en> (JUR) responsabilidad *f* directa [*o* velada]; **Durchgriffswirkung** *f* <-, -en> (JUR) efecto *m* de acción directa
durch|gucken *vi* (*fam*) mirar (*durch* por)
durch|haben *vt* (*fam*) ❶ (*durchgelesen haben*) haber acabado (de leer); **gibst du mir das Buch, wenn du es durchhast?** ¿me das el libro cuando lo hayas acabado?
❷ (*durchgearbeitet haben*) haber acabado (de estudiar); **endlich habe ich den Prüfungsstoff durch!** ¡por fin he terminado de estudiarme la materia para el examen!
❸ (*durchtrennt haben*): **mit einer Kettensäge hat man einen Ast schnell durch** con una sierra mecánica se corta rápidamente una rama
durch|hacken *vt* partir (con el hacha); **er hackte den Baumstamm durch** partió el tronco; **gelegentlich hacken Angler die Eisdecke durch** a veces los pescadores rompen la superficie helada
durch|halten *irr vi, vt* aguantar
Durchhalteparole *f* <-, -n> (*abw*) palabras *fpl* de aliento [*o* de ánimo]; (MIL) consignas *fpl* de aliento [*o* de ánimo]; **Durchhaltevermögen** *nt* <-s, *ohne pl*> capacidad *f* de resistencia
durch|hängen *irr vi* ❶ (*Seil*) combarse
❷ (*fam: erschlafft sein*) estar fatigado; (*deprimiert sein*) estar desanimado

Durchhänger *m* <-s, -> (*fam*) mala racha *f*
durch|hauen <haut durch, hieb *o* haute durch, durchgehauen> I. *vt* ❶ (*durch Schlagen zerteilen*) partir a golpes; (*durchschneiden*) cortar; **mit einem einzigen Schlag haute er das Brett durch** con [*o* de] un solo golpe partió la tabla; **einen Ast mit dem Beil ~** cortar una rama con el hacha
❷ (*fam: verprügeln*) dar una paliza
II. *vr*: **sich ~** abrirse paso (*durch* por/a través de); **um an den Fluss zu gelangen, mussten sie sich durch das Dickicht ~** para llegar al río tuvieron que abrirse paso por la espesura
durch|hecheln *vt* (*fam abw: tratschen*) contar cotilleos (sobre), cotillear (sobre); **habt ihr denn nichts Besseres zu tun, als ihre neuesten Affären durchzuhecheln?** ¿no tenéis nada mejor que hacer que cotillear sobre sus últimos líos amorosos?
durch|heizen I. *vi* ❶ (*gründlich heizen*) poner la calefacción fuerte
❷ (*ohne Unterbrechung heizen*) poner la calefacción en marcha sin interrupción; **bis Mai haben wir durchgeheizt** hasta mayo hemos tenido que tener la calefacción puesta todo el tiempo
II. *vt* (*gründlich heizen*) calentar bien; **der Kamin heizte das Wohnzimmer durch** la chimenea calentó toda la sala de estar
durch|helfen *irr vi* ❶ (*durch eine Öffnung*) ayudar a pasar (*durch* por); **nimm meine Hand, ich helfe dir durch das Fenster durch!** ¡toma mi mano, yo te ayudo a pasar por la ventana!
❷ (*durch eine Notlage*) ayudar a sobrevivir (*durch* en), sacar de apuros (*durch* en); **ihr Onkel half ihr durch die schwierige Zeit durch** su tío la ayudó a pasar los tiempos difíciles; **bis das Arbeitslosengeld kommt, muss er sich** *dat* **alleine ~** hasta que llegue el subsidio de desempleo tiene que arreglárselas solo
durch|hören *vt* ❶ (*heraushören*) sob(re)entender(se), notar [*o* percibir] (en el tono de voz), adivinar; **man konnte die Enttäuschung bei ihm/durch seine Worte ~** en el tono de voz empleado se notaba su desilusión
❷ (*durch etw hindurch*) oír; **durch die dünnen Wände konnte man jede Unterhaltung ~** se podía oír cualquier conversación a través de las finas paredes
durch|ixen *vt* (*fam*) tachar (con una equis, con la máquina de escribir); **fehlerhafte Wörter ixte die Sekretärin durch** la secretaria tachó las palabras incorrectas
durchkämmen*¹ *vt* (*Gelände*) registrar (a fondo)
durch|kämmen² *vt* (*Haare*) peinar
durch|kämpfen *vt* (*durchsetzen*) lograr imponer; **sein Recht/einen Anspruch ~** hacer valer su derecho/una reclamación; **ich konnte all meine Forderungen ~** logré imponer todas mis exigencias
II. *vr*: **sich ~** ❶ (*a. fig: sich einen Weg bahnen*) abrirse paso; **es gelang ihr, sich durch die Trümmer durchzukämpfen** logró abrirse paso entre los escombros; **wir müssen uns bis zur nächsten Stadt ~** tenemos que conseguir llegar a la próxima ciudad; **bis zur Prüfung muss ich mich durch all diese Bücher ~** hasta el examen tengo que empollarme todos estos libros
❷ (*sich behaupten*) abrirse paso (luchando); **sich im Leben ~** abrirse paso en la vida
❸ (*sich entschließen*) decidirse (tras una lucha interior) (*zu* a); **ich kann mich einfach nicht dazu ~** no logro decidirme a hacerlo
III. *vi* ❶ (*weiterkämpfen*) seguir luchando
❷ (*nicht aufgeben*) no ceder
durch|kauen *vt* ❶ (*essen*) masticar bien; **man sollte das Essen gut ~, bevor man schluckt** se debería masticar muy bien la comida antes de tragarla
❷ (*fam: besprechen*) dar vueltas; **wir haben das doch bereits tausendmal durchgekaut!** ¡pero si ya lo hemos dado mil vueltas a esto!
durch|klettern *vi sein* escalar (*durch* a través de/por); **durch einen schmalen Felsspalt ~** escalar por una estrecha grieta en la roca
durch|klingen *irr vi* ❶ (*Klang*) oírse con predominancia
❷ (*Einschätzung, Vorwurf*) manifestarse
durch|kneten *vt* ❶ (GASTR) amasar bien; **... dann kneten Sie den Teig mehrmals durch** ...entonces trabaje la masa amasándola varias veces
❷ (*fam: kräftig massieren*) masajear a fondo; **der Masseur knetete sie kräftig durch** el masajista le dio un masaje a fondo
durch|kommen *irr vi sein* ❶ (*durch einen Ort, die Menge*) pasar (*durch* por); **hier ist kein D~** aquí no hay salida
❷ (*fam: bei einer Prüfung*) aprobar; (*Antrag*) ser aprobado, pasar
❸ (*durchpassen*) caber (*durch* por)
❹ (*fam: überleben*) salvarse, sobrevivir
❺ (*Erfolg haben*) tener éxito (*mit* con); **damit kommst du bei mir nicht durch** con esto no logras nada conmigo
durch|können *irr vi* (*fam*) *s.* **durchdürfen**
durchkreuzen* *vt* cruzar, atravesar; (*Pläne*) estorbar, contrariar
durch|kriechen *irr vi sein* arrastrarse (*durch* por/a través de)
durch|kriegen *vt* (*fam*) *s.* **durchbekommen**

durch|laden *irr vi, vt* cargar; **die Soldaten luden (die Waffen) durch und schossen** los soldados cargaron (las armas) y dispararon
durch|langen I. *vi* (*fam*) estirar la mano (*durch* por); **sie langte durch den Zaun durch, um sich** *dat* **eine Blume zu pflücken** metió la mano por la valla para coger una flor
II. *vt* (*fam: durchreichen*) alcanzar (*durch* por); **kannst du mir bitte die Liege (durch das Fenster) ~?** ¿puedes por favor alcanzarme la tumbona (por la ventana)?
Durchlass[RR] *m* <-es, -lässe>, **Durchlaß** *m* <-sses, -lässe> paso *m*, pasaje *m*; **sich** *dat* **~ verschaffen** conseguir entrar, abrirse paso
durch|lassen *irr vt* ① (*Person, Licht*) dejar pasar; **würden Sie mich bitte ~?** ¿me deja pasar, por favor?
② (*fam: Taten*) dejar pasar, tolerar; **das kann ich ihm nicht ~** no se lo puedo tolerar
durchlässig ['dʊrçlɛsɪç] *adj* (*für Flüssigkeiten*) permeable; (*für Licht*) tra(n)slúcido, tra(n)sparente
Durchlässigkeit *f* <-, *ohne pl*> ① (*Porosität*) porosidad *f*, permeabilidad *f*; **wegen ihrer ~ sind Sandböden sehr trocken** debido a su gran porosidad los suelos arenosos son muy secos
② (*eines Systems*) permeabilidad *f*, flexibilidad *f*; **die weitgehende ~ der Grenzen erleichtert das Reisen** la amplia fluidez de las fronteras facilita los viajes
Durchlaucht ['dʊrçlaʊxt, -'-] *f* <-, -en> alteza *f*; **Euer ~** Su Alteza
Durchlauf *m* <-(e)s, -läufe> ① (INFOR) ejecución *f*
② (SPORT) vuelta *f*
durch|laufen[*1] *irr vt* ① (*Strecke*) recorrer
② (*absolvieren: Schule*) ir (a); (*Lehre*) hacer, seguir
durch|laufen[2] *irr* I. *vi sein* ① (*durch Tür, Ort*) pasar (corriendo) (*durch* por)
② (*ohne Unterbrechung*) correr (sin pausa)
③ (*Flüssigkeit*) colarse, filtrarse
II. *vt* (*Schuhe*) gastar, desgastar
durchlaufend *adj* continuo, corrido; **ein ~es Geländer** una barandilla corrida; **ein ~es Sims** una cornisa continua
Durchlauferhitzer ['-----] *m* <-s, -> calentador *m*; **Durchlaufkonto** *nt* <-s, -konten> (WIRTSCH) cuenta *f* puente, cuenta *f* transitoria; **Durchlaufzeit** *f* <-, -en> (WIRTSCH) tiempo-ciclo *m*
durch|lavieren* *vr:* **sich ~** (*fam*) salir adelante (*durch* por/en); **irgendwie schafft sie es immer sich durch das Leben durchzulavieren** de algún modo siempre consigue salir adelante en la vida
durchleben* *vt* vivir, pasar
durch|leiden* *irr vt* (*geh*) sufrir, pasar
durch|lesen *irr vt* leer
durchleuchten* *vt* ① (*Licht*) alumbrar
② (MED) radiografiar, examinar con rayos X
③ (*Angelegenheit*) dilucidar, analizar
Durchleuchtung *f* <-, -en> ① (MED: *das Röntgen*) radioscopia *f*
② (*Überprüfung*) examen *m*, investigación *f*
durch|liegen *irr* I. *vt* (*Bett, Matratze*) gastar
II. *vr:* **sich ~** (MED) decentarse, ulcerarse
durchlitten *pp von* **durchleiden**
durchlöchern* [dʊrç'lœçɐn] *vt* perforar, agujerear
durch|lotsen *vt* (*fam*) guiar (*durch* por)
durch|lüften *vt, vi* ventilar, airear
durch|machen I. *vi* (*fam*) ① (*durcharbeiten*) trabajar sin descanso
② (*durchfeiern*) festejar sin descanso
II. *vt* (*fam*) ① (*erleiden*) sufrir
② (*Kurs*) seguir
Durchmarsch *m* <-(e)s, -märsche> ① (MIL) marcha *f*; **auf dem ~ sein** estar de paso
② (*fam: Durchfall*) diarrea *f*, seguidillas *fpl*
durch|marschieren* *vi sein* (*fam*) pasar (*durch* por), marchar (*durch* por)
durchmessen* *irr vt* (*geh*) atravesar
Durchmesser *m* <-s, -> (MATH) diámetro *m*; **ein Meter im ~** un metro de diámetro
durchmischen* *vt* (*Teig, Brei*) entremezclar
durch|mogeln *vr:* **sich ~** (*fam abw*) apañarse, arreglárselas
durch|müssen *irr vi* (*fam*) ① (*durchgelangen*) pasar (*durch* por), entrar (*durch* por); **egal wie, aber die Leitung muss hier durch** no importa cómo, pero el cable tiene que pasar por aquí; **wir mussten durch das Kriegsgebiet durch** tuvimos que pasar por [*o* atravesar] la zona en guerra
② (*durchmachen*) pasar (*durch* por); **durch so eine Situation muss früher oder später jeder durch** por una situación como esa tiene que pasar todo el mundo antes o después; **ich kann dir nicht helfen, da musst du ganz alleine durch** yo no puedo ayudarte, tienes que pasar tú solo por ello
durch|nagen *vt* roer, partir royendo; **die Mäuse nagten die Kabel durch** los ratones royeron los cables hasta que acabaron partiéndolos

durch|nässen* *vt* empapar, calar, ensopar *Am*; **ich bin völlig durchnässt** estoy calado hasta los huesos
durch|nehmen *irr vt* (*Lektion, Thema*) estudiar, tratar
durch|nummerieren*[RR] *vt* numerar, paginar
durch|organisieren* *vt* organizar hasta el más mínimo detalle
durch|pauken *vt* (*fam*) ① (*durchsetzen*) imponer a la fuerza
② (*lernen*) empollar
durch|pausen ['dʊrçpaʊzən] *vt* calcar
durch|peitschen *vt* (*fam abw: Gesetz*) forzar la aprobación (de)
durch|pflügen*[1] *vt* (*durchfurchen*) surcar; **herrlich, wie der Katamaran die Wellen durchpflügt!** ¡es magnífico cómo surca el catamarán las olas!
durch|pflügen*[2] *vt* (AGR) arar a fondo
durch|plumpsen *vi sein* (*fam: durch eine Prüfung*) suspender (*durch*)
durch|probieren* *vt* (*testen*) probar uno a uno; **der Dieb probierte alle Zahlenkombinationen durch, bis er die richtige gefunden hatte** el ladrón probó todas las combinaciones numéricas, una tras otra, hasta que logró encontrar la correcta
durch|prügeln *vt* (*fam*) dar una paliza (a)
durch|pusten *vt* (*fam*) *s.* **durchblasen**
durchqueren* ['dʊrç'kve:rən] *vt* atravesar, cruzar
durch|quetschen I. *vt* (*fam*) estrujar (*durch*)
II. *vr:* **sich ~** (*fam*) abrirse paso (*durch* por/por entre); **nur mit Mühe konnte sie sich durch die Öffnung im Zaun ~** sólo con esfuerzo pudo pasar por la abertura de la valla
durch|rasen *vi sein* (*fam*) pasar a toda pastilla (*durch* por)
durch|rasseln *vi sein* (*fam: bei einer Prüfung*) suspender
durch|rechnen *vt* calcular detalladamente
durch|regnen *vunpers* ① (*den ganzen Tag*) no cesar de llover
② (*durch etw*) entrar agua (*durch* por); **es regnet durchs Dach durch** tenemos una gotera en el techo
Durchreiche ['dʊrçraɪçə] *f* <-, -n> ventanilla *f* pasaplatos
durch|reichen *vt* (*geben*) dar; (*weitergeben*) pasar
Durchreise ['---] *f* <-, -n> tránsito *m* (*durch* por), viaje *m* de paso (*durch* por); **auf der ~ sein** estar de paso
durch|reisen*[1] *vt* recorrer
durch|reisen[2] *vi sein* pasar sin detenerse (*durch* por)
Durchreisende(r) *mf* <-n, -n; -n, -n> pasajero, -a *m, f* en tránsito, viajero, -a *m, f* en tránsito
Durchreisevisum *nt* <-s, -visa *o* -visen> visado *m* de tránsito, visa *f* de tránsito *Am*
durch|reißen *irr* I. *vi sein* romperse, desgarrarse
II. *vt* romper, desgarrar
durch|rieseln*[1] *vt* (*geh*) sobrecoger; **ein Schauder durchrieselte sie** un escalofrío la sobrecogió
durch|rieseln[2] *vi sein* deslizar, resbalar; **verträumt ließ sie den Sand zwischen ihren Fingern ~** como en ensueños dejaba deslizar la arena entre sus dedos
durch|ringen *irr vr:* **sich ~** decidirse finalmente (*zu* a); **sich zu einem Entschluss ~** llegar a tomar una decisión
durch|rosten *vi sein* oxidarse (por completo)
durch|rufen *irr vi* (*fam: anrufen*) telefonear
durch|rühren *vt* mezclar bien
durch|rutschen *vi sein* pasar (*durch* por), deslizarse (*durch* a través); **unter etw ~** deslizarse por debajo de algo
durch|rütteln *vt* sacudir bien
durchs [dʊrçs] = **durch das** *s.* **durch**
durch|sacken *vi sein* (AERO) descender bruscamente
Durchsage ['dʊrçza:gə] *f* <-, -n> comunicado *m*, aviso *m*
durch|sagen *vt* (*im Radio*) tra(n)smitir, anunciar
durch|sägen *vt* serrar, aserrar
Durchsatz *m* <-es, -sätze> (INFOR) rendimiento *m* específico
durch|saufen *irr* I. *vi* (*fam*) ponerse ciego a beber, beber sin parar; **er ging nicht zur Arbeit, weil er die Nacht zuvor durchgesoffen hatte** no fue a trabajar porque se había pasado la noche anterior bebiendo
II. *vr:* **sich ~** (*fam*) pimplar(se) [*o* ponerse ciego a beber] (*bei* a costa de); **dieser Schmarotzer, immer säuft er sich bei uns durch!** ¡este gorrón, siempre se pimpla a nuestra costa!
durch|sausen *vi sein* (*fam: durch eine Prüfung*) suspender (*durch*)
durchschaubar ['---] *adj* accesible, penetrable; (*verständlich*) comprensible; **ein schwer/leicht ~er Mensch** una persona difícil/fácil de comprender
durchschauen*[1] *vt:* **jds Absichten** [*o* **jdn**] **~** descubrir(le) a alguien el juego
durch|schauen[2] *vi, vt* (*reg*) *s.* **durchsehen**
durch|scheinen *irr vi* ① (*Licht*) filtrarse (*durch* por)
② (*Schrift, Muster*) tra(n)sparentarse
durchscheinend *adj* tra(n)slúcido, transluciente; (*transparent*) transparente; **~ sein** tra(n)slucir, transparentar; **~e Stoffe waren im vergan-**

genen Sommer modern el verano pasado estuvieron de moda las telas transparentes
durch|scheuern *vt* rozar, gastar con el roce; (*Haut*) desollarse
durch|schieben *irr vt* deslizar (*durch* por, *unter* por debajo de)
durch|schießen *irr vi* disparar (*durch* a través de/por)
durch|schimmern *vi* ① (*Sonne*) filtrarse (*durch* por)
② (*Schrift*) tra(n)sparentarse
③ (*Zufriedenheit, Misstrauen*) manifestarse; **in seinen Worten schimmert Misstrauen durch** sus palabras denotan desconfianza
durch|schlafen *irr vi* dormir sin despertarse; **der Patient hat die ganze Nacht durchgeschlafen** el enfermo ha dormido toda la noche
Durch|schlag ['--] *m* <-(e)s, -schläge> ① (*Kopie*) copia *f*
② (*Sieb*) colador *m*
durchschlagen*¹ *irr vt* romper, atravesar
durch|schlagen² *irr* I. *vi sein* ① (*Sicherung*) fundirse
② (*Feuchtigkeit*) filtrarse
③ (*Eigenschaft*) salir
II. *vt* ① (*entzweischlagen*) partir (en dos)
② (*durch ein Sieb*) pasar (*durch* por)
③ (*Wand*) abrir
III. *vr:* **sich ~** (*durchkommen*) ir tirando, rebuscárselas *CSur*
durchschlagend *adj* (*Beweis*) irrefutable; (*Erfolg*) arrollador; (*Sieg*) aplastante; (*Maßnahme*) eficaz, eficiente; (*Argument*) contundente
Durchschlagpapier *nt* <-(e)s, -e> papel *m* carbón, papel *m* de calcar [o de calco]
Durchschlagkraft *f* <-, *ohne pl*> (*Geschoss*) fuerza *f* de percusión; (*Argument*) eficacia *f*
durchschlagkräftig *adj* contundente; (*überzeugend*) convincente; **~e Beweise** pruebas contundentes; **seine Argumentation erwies sich als ~** su argumentación resultó convincente
durch|schlängeln ['dʊrçʃlɛŋəln] *vr:* **sich ~** abrirse paso (*durch* a través de); (*fig*) mantenerse a flote
durch|schleppen I. *vt* (*fam*) ① (*durchhelfen*) tirar (de); **schwächere Schüler werden oft von leistungsstärkeren (mit) durchgeschleppt** a menudo los mejores alumnos tiran de los peores
② (*unterhalten*) sacar adelante; **da sein Bruder arbeitslos war, musste er auch noch dessen Familie (mit) ~** como su hermano estaba sin trabajo tenía que sacar adelante también a su familia
II. *vr:* **sich ~** (*fam*) ir tirando
durch|schleusen *vt* ① (*Schiff*) hacer pasar por una esclusa
② (*durch eine Kontrolle*) infiltrar (*durch* por), colar (*durch* por)
Durch|schlupf *m* <-(e)s, -schlüpfe> abertura *f*, portillo *m*
durch|schlüpfen *vi sein* deslizarse (*durch* por)
durch|schmecken I. *vi* sobresalir; **in diesem Salat schmeckt der Essig einfach zu sehr durch** en esta ensalada sobresale demasiado el sabor del vinagre
II. *vt* notar [o percibir] el sabor; **meiner Meinung nach schmeckt man das Kardamom zu stark durch** en mi opinión se nota demasiado el (sabor a) cardamomo
Durch|schmelzen *nt* <-s, *ohne pl*> fusión *f* completa
durch|schmuggeln *vt* pasar de contrabando (*durch* por); **trotz aller Kontrollen gelang es den Dealern, ihre Ware durch den Zoll durchzuschmuggeln** pese a todos los controles los traficantes lograron pasar su mercancía por la aduana
durch|schneiden*¹ *irr vt* ① (*geh: Meer*) surcar
② (*mit einem Messer*) cortar
③ (*Schrei*) romper
durch|schneiden² *irr vt* cortar; **er schnitt das Blatt in der Mitte durch** cortó la hoja por la mitad
Durch|schnitt ['dʊrçʃnɪt] *m* <-(e)s, -e> promedio *m*, término *m* medio; **im ~** por término medio; **über/unter dem ~ liegen** [o sein] estar por encima/por debajo del promedio; **das ist guter ~** está entre los mejores
durchschnitten *pp von* **durchschneiden¹**
durchschnittlich ['dʊrçʃnɪtlɪç] I. *adj* ① (*im Durchschnitt*) medio
② (*mittelmäßig*) mediano
③ (*gewöhnlich*) común, corriente
II. *adv* por término medio; **er arbeitet ~ acht Stunden am Tag** por término medio trabaja ocho horas al día
Durchschnittsalter *nt* <-s, -> promedio *m* de edad; **Durchschnittsbewertung** *f* <-, -en> valoración *f* promedio; **Durchschnittsbürger(in)** *m(f)* <-s, -; -, -nen> ciudadano, -a *m, f* medio, -a; **Durchschnittsehe** *f* <-, -n> matrimonio *m* medio; **eine ~ führen** llevar una vida de matrimonio normal y corriente; **Durchschnittseinkommen** *nt* <-s, -> ingreso(s) *m(pl)* medio(s); **Durchschnittsgeschwindigkeit** *f* <-, -en> velocidad *f* media; **Durchschnittsgesicht** *nt* <-(e)s, -er> cara *f* del montón; **Durchschnittsgröße** *f* <-, -n> tamaño *m* normal [o medio]; **Durchschnittskosten** *pl* coste *m* medio; **Durchschnittskurs** *m* <-es, -e> (FIN) cotización *f* media;

Durchschnittsmensch *m* <-en, -en> persona *f* adocenada, -a [o mediocre]; **Durchschnittsnotierung** *f* <-, -en> (FIN) cotización *f* media; **Durchschnittsproduktivität** *f* <-, *ohne pl*> (WIRTSCH) productividad *f* media; **Durchschnittsqualität** *f* <-, -en> calidad *f* mediana; **Durchschnittsschüler(in)** *m(f)* <-s, -; -, -nen> alumno, -a *m, f* medio; **Durchschnittssteuersatz** *m* <-es, -sätze> tipo *m* impositivo medio; **Durchschnittstemperatur** *f* <-, -en> temperatura *f* media; **Durchschnittsumsatz** *m* <-es, -sätze> volumen *m* medio de ventas; **Durchschnittsverbrauch** *m* <-(e)s, *ohne pl*> consumo *m* medio; **Durchschnittsware** *f* <-, -n> mercancía *f* de calidad mediana; **Durchschnittswert** *m* <-(e)s, -e> valor *m* medio
durchschnüffeln* *vt* (*fam abw*), **durch|schnüffeln** *vt* (*fam abw*) husmear; **wieso durchschnüffelst du meine Brieftasche?, wieso schnüffelst du meine Brieftasche durch?** ¿qué haces metiendo las narices en mi cartera?
Durchschreibeblock *m* <-(e)s, -blöcke *o* -s> (*mit Kopierpapier*) block *m* con papel de calco; (*mit beschichtetem Papier*) block *m* de papel carbón
durch|schreiben *irr vt* (*Formular*) calcar
Durchschreibepapier *nt* <-s, -e> papel *m* carbón
durchschreiten* *irr vt* (*geh*) atravesar a grandes pasos
Durchschrift *f* <-, -en> copia *f*
durchschritten *pp von* **durchschreiten**
Durchschuss^RR *m* <-es, -schüsse> ① (*Kugel*) penetración *f*
② (TYPO: *Zeilenzwischenraum*) espacio *m* interlineal, regleta *f*
③ (*Schussfaden*) trama *f*
durch|schütteln *vt* (*Kissen, Person*) sacudir (bien); (*Mischung*) agitar (bien); **wir wurden auf der Fahrt tüchtig durchgeschüttelt** nos menearon de lo lindo durante el viaje
durchschweifen* *vt* (*geh*) recorrer; **auf seinen Wanderungen durchschweifte er Wälder und Felder** en sus marchas recorría bosques y campos
durchschwimmen*¹ *irr vt* (*Kanal, See*) cruzar [o atravesar] a nado
durch|schwimmen² *irr vi* ① (*ohne Pause*) nadar sin hacer pausa
② (*durch einen Fluss*) pasar nadando (*durch* por)
durch|schwitzen *vt* empapar de sudor
durchschwommen *pp von* **durchschwimmen¹**
durchsegeln*¹ *vt* surcar en un barco de vela; **seit drei Jahren durchsegelt er die Weltmeere** lleva tres años surcando todos los océanos en su barco de vela
durch|segeln² *vi sein* ① (NAUT) cruzar [o atravesar] navegando; **zwischen gefährlichen Klippen ~** navegar (por) entre escollos
② (*fam: durch eine Prüfung*) suspender (*durch*)
durch|sehen *irr* I. *vi* (*hindurchschauen*) mirar (*durch* por)
II. *vt* ① (*überprüfen*) revisar, examinar; **eine Arbeit auf Fehler ~** corregir las faltas de un trabajo
② (*durchblättern*) hojear
durch|seihen *vt* (GASTR) pasar por un tamiz, tamizar, colar (*durch* por/con); **wenn du klare Brühe haben willst, musst du sie ~** si quieres un caldo limpio, tienes que colarlo
durch|sein *irr vi sein* (*fam*) *s.* **durch**
durchsetzbar *adj* realizable
Durchsetzbarkeit *f* <-, *ohne pl*> coercibilidad *f*
durchsetzen*¹ *vt* (*mit Spitzeln, Fehlern*) (entre)mezclar (*mit* con/de), introducir; **etw mit etw/jdm ~** introducir algo/a alguien en algo
durch|setzen² I. *vt* (*verwirklichen*) realizar, llevar a cabo; (*erreichen*) lograr, conseguir; (*Willen*) imponer; **sie muss immer ihren Kopf ~** siempre quiere salirse con la suya
II. *vr:* **sich ~** ① (*Person*) hacerse respetar, imponerse; **du musst dich gegen ihn ~** tienes que imponerte a él
② (*Idee, Trend*) imponerse
Durchsetzung *f* <-, *ohne pl*> consecución *f*, imposición *f*; **bei der ~ ihrer Forderungen fanden sie keine Unterstützung** no encontraron apoyo para imponer sus exigencias
Durchsetzungsvermögen *nt* <-s, *ohne pl*> capacidad *f* de imponerse
durchseuchen* *vt* (MED) infestar
Durchseuchung [·--·] *f* <-, -en> (MED) infestación *f*
Durchsicht *f* <-, *ohne pl*> inspección *f*, revisión *f*; **zur ~** para revisión
durchsichtig *adj* ① (*Material*) tra(n)sparente, tra(n)slúcido
② (*Lügen*) evidente, manifiesto
Durchsichtigkeit *f* <-, *ohne pl*> tra(n)sparencia *f*
durch|sickern *vi sein* ① (*Nachricht*) trascender, difundirse
② (*Flüssigkeit*) filtrarse (*durch* por/a través de)
durchsieben*¹ *vt* (*fam: mit Schüssen durchlöchern*) acribillar a balazos
durch|sieben² *vt* (*Sand, Mehl*) tamizar; (*Tee*) colar, filtrar; (*Bewerber*) seleccionar, entresacar
durch|spielen *vt* (*simulieren*) simular, reconstruir
durch|sprechen *irr vt* discutir punto por punto

durch|spülen vt (*Mund, Wäsche*) enjuagar
durch|starten vi sein (*Flugzeug*) elevarse de nuevo; (*Auto*) arrancar a toda velocidad
durchstechen* irr vt (*Pappe, Ohrläppchen, Brust*) perforar
durch|stecken vt meter (*durch* por), deslizar (*unter* por debajo de)
durch|stehen irr vt ❶ (*Prüfung, Krankheit*) aguantar
❷ (*Qualen*) sufrir
durch|steigen irr vi sein ❶ (*durch eine Öffnung*) pasar (*durch* por)
❷ (*fam: begreifen*) entender (*durch*); (*sich zurechtfinden*) aclararse; **da steigt ja kein Mensch durch** esto no lo entiende nadie
durch|stellen vi, vt (*verbinden*) comunicar; **ein Gespräch für Sie – danke, stellen Sie durch** hay una llamada para Ud. – gracias. Comuníqueme, por favor; **einen Moment noch, ich stelle Sie durch** un momento, ahora le comunico
Durchstieg m <-(e)s, -e> abertura f, paso m; **sie erweiterten die Lücke im Zaun zu einem schmalen ~** agrandaron el hueco en la valla hasta convertirlo en una estrecha abertura; **dieser Spalt ist der ~ zu einer anderen Tropfsteinhöhle** esta grieta da paso [*o* acceso] a otra cueva de estalactitas y estalagmitas
durchstöbern* vt (*fam: durchsuchen*) husmear, registrar
durchstochen pp von **durchstechen**
Durchstoß m <-es, -stöße> (MIL) avance m
durchstoßen*¹ irr vt (*stoßend durchdringen*) penetrar
durch|stoßen² irr I. vi sein (MIL) avanzar (*zu* hasta)
II. vt (*Gegenstand*) atravesar (*durch* por)
durchstreichen*¹ vt (*geh*) s. **durchstreifen**
durch|streichen² irr vt tachar
durchstreifen* vt ❶ (*wandern*) vagar (por), recorrer (sin rumbo fijo)
❷ (*Polizei*) rastrear
durchstrichen pp von **durchstreichen¹**
durchströmen* vt (*geh: Gefühl, Energie*) invadir, inundar
durch|stylen vt (*sl: Wohnung*) decorar en un solo estilo
durchsuchen [dʊrçˈzuːxən] vt ❶ (*Person*) cachear
❷ (*Gebäude, Gepäck*) registrar
Durchsuchung [-ˈ--] f <-, -en> (*von Personen*) cacheo m; (*von Gebäuden*) registro m; **Anordnung der ~** orden de registro; **~ zur Nachtzeit** registro nocturno
Durchsuchungsbefehl m <-(e)s, -e> (JUR) auto m de allanamiento, orden f judicial de entrada y registro; **Durchsuchungsgegenstand** m <-(e)s, -stände> (JUR) objeto m de registro; **Durchsuchungszeuge, -in** m, f <-n, -n; -, -nen> (JUR) testigo mf de registro; **Durchsuchungsziel** nt <-(e)s, -e> (JUR) objetivo m del registro
durchtanzen*¹ vt pasar(se) bailando; **das waren noch Zeiten als wir ganze Nächte durchtanzten!** ¡qué tiempos aquellos, cuando nos pasábamos noches enteras bailando!
durch|tanzen² I. vi (*pausenlos tanzen*) bailar sin parar; **wir tanzten bis zum frühen Morgen durch!** ¡estuvimos bailando sin parar hasta altas horas de la madrugada!
II. vt (*abnutzen*) desgastar bailando; **Schuhe/Sohlen ~** desgastar los zapatos/las suelas bailando
durch|trainieren* vt someter a entrenamiento, entrenar bien; **seinen Körper/seine Muskeln gut ~** entrenar bien su cuerpo/sus músculos; **gut/schlecht durchtrainiert sein** estar bien/mal entrenado
durchtränken* vt impregnar (*mit* con/de)
durchtrennen* vt, **durch|trennen** vt (*durchschneiden*) cortar, separar
durch|treten irr I. vi sein ❶ (*Gas, Flüssigkeit*) salir (*durch* por)
❷ (*fam: hineingehen*) pasar
II. vt (*Pedal*) pisar a fondo
durchtrieben [dʊrçˈtriːbən] adj astuto, pícaro
Durchtriebenheit f <-, ohne pl> (*abw*) astucia f, zorrería f fam; **mit großer ~ versuchte er Kunden für sein dubioses Projekt zu gewinnen** con gran astucia trataba de ganar adeptos para su dudoso [*o* sospechoso] proyecto
durch|tropfen vi sein gotear (*durch* por/a través de); **da tropft ja Wasser durch die Decke durch!** ¡gotea agua por el techo!
durchwachen* vt: **die Nacht ~** pasar la noche en vela
durchwachsen [dʊrçˈvaksən] adj ❶ (*Speck*) entreverado
❷ (*fam: mittelmäßig*) mediocre, regular
Durchwahl f <-, ohne pl> (TEL) ❶ (*Möglichkeit*) comunicación f automática, discado m directo Am
❷ (*fam: ~nummer*) número m directo
durch|wählen vi (TEL) marcar directamente
Durchwahlnummer f <-, -n> (TEL) número m de marcado directo
durchwandern*¹ vt recorrer caminando; **er wollte Argentinien zu Fuß ~** quería cruzar Argentina a pie
durch|wandern² vi sein caminar de un tirón (*bis zu* hasta); **wir können eine Pause machen oder aber bis zum Gasthof ~** podemos hacer una pausa o caminar de un tirón hasta el mesón

durch|waschen irr vt (*fam: Wäsche*) lavar
durch|waten vi vadear (*durch* por)
durchweben <durchwebt, durchwebte *o* durchwob, durchwebt *o* durchwoben> vt ❶ (*Stoff*) entretejer; **auf dem Markt erstand sie eine Tagesdecke, die mit Goldfäden durchwebt war** en el mercado adquirió una colcha que estaba entretejida con hilos de oro
❷ (*Rede*) entreverar; **ihre Erzählung war mit Motiven alter Märchen durchwoben** su relato estaba entreverado de anécdotas de cuentos antiguos
durchweg [ˈ--, -ˈ-] adv, **durchwegs** adv (*Österr: fam*) sin excepción, en su totalidad
durchwehen* vt (*geh*) enredarse (en); **der Wind durchwehte ihre Haare** el viento se enredaba en su cabello
durchweichen*¹ vt empapar, ablandar
durch|weichen² vi sein empaparse, ablandarse
durch|wetzen vt desgastar; **sich** dat **die Ärmel/den Hemdkragen ~** desgastar los puños/el cuello de la camisa
durch|winden irr vr: **sich ~** abrirse paso (*durch* entre)
durchwirken* vt (*geh*) s. **durchweben**
durchwoben pp von **durchweben**
durch|wollen irr vt (*fam*) querer pasar (*durch* por)
durchwühlen*¹ vt ❶ (*Erde*) revolver
❷ (*Gepäck, Schrank, Zimmer*) registrar, revolver (en)
durch|wühlen² I. vt (*Zimmer, Haus*) poner patas arriba
II. vr: **sich ~** (*fam: sich durcharbeiten*) abrirse paso (*durch* por entre)
durch|wurschteln vr: **sich ~** (*fam*), **durch|wursteln** vr: **sich ~** (*fam*) ir tirando
durch|zählen I. vi (*abzählen*) hacer un recuento
II. vt (*zählen*) contar
durchzechen* vt (*fam*), **durch|zechen** vi (*fam*) correrse una juerga [*o* francachela], estar de juerga [*o* de francachela]; **in diesem Weinkeller haben wir schon so manche Nacht durchzecht** ¡en esta bodega nos hemos corrido más de una noche de francachela!; **er hat mal wieder die ganze Nacht durchgezecht** ha estado otra vez toda la noche de juerga
durchziehen*¹ irr vt ❶ (*Land*) atravesar, recorrer
❷ (*sich erstrecken*) extenderse (por)
durch|ziehen² irr I. vt ❶ (*hindurchziehen*) hacer pasar (*durch* por)
❷ (*fam: beenden*) acabar, terminar
II. vi sein (*durchqueren*) atravesar, pasar (*durch* por)
durchzogen pp von **durchziehen¹**
durch|zucken vt (*Blitz*) cruzar
❷ (*Gedanke, Empfindung*) venir (a), surgir (a)
Durchzug¹ m <-(e)s, -züge> (*das Durchqueren*) paso m
Durchzug² m <-(e)s, ohne pl> (*Luftzug*) corriente f de aire
dürfen¹ [ˈdʏrfən] <darf, durfte, dürfen> vt (*Modalverb*) ❶ (*Erlaubnis haben*) poder, tener permiso (de/para); **darf ich etwas fragen?** ¿puedo preguntar una cosa?; **darf man hier rauchen?** ¿está permitido fumar aquí?; **wenn ich bitten darf** si me permite/permiten; **wir freuen uns Ihnen mitteilen zu ~, dass ...** nos alegramos de poder informarle/informarles de que...; **ich darf wohl sagen, dass ...** se me permitirá decir que...
❷ (*sollen*) deber, poder; **was darf es sein?** ¿qué desea?; **du darfst ihm das nicht übel nehmen** no debes tomárselo a mal; **das darf doch nicht wahr sein!** ¡no puede ser cierto!; **er darf nichts davon erfahren** no debe enterarse de nada; **sie ~ mir das ruhig glauben** puede creérmelo tranquilamente; **das dürfte Lucia sein** será Lucía; **das dürfte wohl das Beste sein** esto sería [*o* será] lo mejor
dürfen² [ˈdʏrfən] <darf, durfte, gedurft> vi poder, tener permiso; **ich habe nicht gedurft** no me han dejado, no me han dado permiso
durfte [ˈdʊrftə] 3. imp von **dürfen**
dürftig [ˈdʏrftɪç] adj ❶ (*Unterkunft*) pobre, mísero; (*Gehalt*) miserable
❷ (*Beweis, Kenntnisse, Unterricht*) insuficiente; (*Beleuchtung*) débil
Dürftigkeit f <-, ohne pl> mezquindad f; (*Verhältnisse, Ausstattung*) pobreza f; (*Einkommen*) escasez f; **er bemängelte die ~ der Unterkunft** criticó la pobreza del alojamiento; **bei der ~ meines Einkommens kann ich bald die Miete nicht mehr bezahlen** con tan escasos ingresos como tengo pronto no podré ni seguir pagando el alquiler
Dürftigkeitseinrede f <-, -n> (JUR) excepción f indigente
dürr [dʏr] adj ❶ (*vertrocknet*) seco
❷ (*Boden*) árido, estéril
❸ (*mager*) flaco
Dürre¹ [ˈdʏrə] f <-, ohne pl> (*das Ausgetrocknetsein*) sequedad f; (*des Bodens*) aridez f
Dürre² f <-, -n> (METEO) sequía f
Dürrejahr nt <-(e)s, -e> año m de sequía; **Dürrekatastrophe** f <-, -n> catástrofe f de la sequía; **Dürreperiode** f <-, -n> período m de sequía
Durst [dʊrst] m <-(e)s, ohne pl> sed f; **ich habe ~** tengo sed; **seinen ~**

löschen/stillen apagar/calmar su sed; **einen über den ~ trinken** (*fam*) beber más de la cuenta
dursten *vi* (*geh*) tener sed, estar sediento
dürsten ['dyrstən] I. *vunpers* (*geh*) ① (*Verlangen haben*) estar sediendo (*nach* de), anhelar (*nach*); **es dürstete ihn nach Gerechtigkeit** estaba sediento de justicia
② (*Durst haben*) tener sed; **mich dürstet** tengo sed
II. *vi sein* estar sediento (*nach* de), anhelar (*nach*); **er dürstet nach Macht** está sediento de poder
Durstgefühl *nt* <-(e)s, -e> sensación *f* de sed
durstig *adj* sediento (*nach* de); **~ sein** tener sed
durstlöschend *adj*, **durststillend** *adj* que apaga [*o* quita] la sed
Durststrecke *f* <-, -n> período *m* difícil; **Durststreik** *m* <-(e)s, -s> huelga *f* de sed; **in den ~ treten** ponerse en huelga de sed; **sich im ~ befinden** estar en huelga de sed
Dusche ['dy:ʃə, 'duʃə] *f* <-, -n> ducha *f*, regadera *f* *Kol, Mex*, lluvia *f* *Chil, Arg, Nic*; **unter die ~ gehen** ir a ducharse; **er ist unter der ~** se está duchando; **eine ~ nehmen** tomar una ducha
duschen ['du:ʃən, 'duʃən] I. *vi, vr*: **sich ~** duchar(se), tomar una ducha; **frisch geduscht kann man die Hitze noch ertragen** después de una ducha el calor todavía se puede soportar
II. *vt* duchar
Duschgel ['du:ʃgeːl] *nt* <-s, -e *o* -s> gel *m* de ducha; **Duschhaube** *f* <-, -n> gorro *m* de ducha; **Duschkabine** *f* <-, -n> cabina *f* de ducha; **Duschraum** *m* <-(e)s, -räume> (cuarto *m* de las) duchas *fpl*; **Duschvorhang** *m* <-(e)s, -hänge> cortina *f* de ducha
Düse ['dy:zə] *f* <-, -n> (*beim Flugzeug*) tobera *f*; (*Rohrstück*) boquilla *f*
Dusel ['du:zəl] *m* <-s, *ohne pl*> ① (*fam: Glück*) suerte *f*
② (*reg*): **im ~ sein** (*benommen, schläfrig*) estar medio dormido; (*Schweiz, südd: angetrunken*) estar un poco embriagado
dus(e)lig *adj* (*fam: benommen*) entorpecido, mareado; (*beschwipst*) un poco bebido, embriagado
duseln *vi* (*fam*) dormitar
düsen *vi sein* (*fam*) ir a toda mecha
Düsenantrieb *m* <-(e)s, -e> propulsión *f* reacción, turbopropulsor *m*; **mit ~** con turbopropulsor; **Düsenflugzeug** *nt* <-(e)s, -e> avión *m* a reacción, jet *m*; **Düsenjäger** *m* <-s, -> (MIL) cazarreactor *m*; **Düsentriebwerk** *nt* <-(e)s, -e> (TECH) turborreactor *m*, motor *m* de reacción *Am*
duslig *adj s.* **dus(e)lig**
Dussel ['dusəl] *m* <-s, -> (*fam*) zoquete *m*; (*Tollpatsch*) torpón, -ona *m, f*; **so ein ~! pass doch auf, wo du hintrittst!** ¡qué atolondrado! ¡fíjate por dónde pisas!
Düsseldorf ['dʏsəldɔrf] *nt* <-s> Düsseldorf *m*
dusselig ['dusəlɪç] *adj* (*einfältig*) simple; (*dumm*) tonto, bobo
Dusseligkeit *f* <-, *ohne pl*> (*fam: Dämlichkeit*) torpeza *f*; **du wirst das nie kapieren, du bei deiner ~!** ¡no lo entenderás nunca, tan zoquete [*o* tarugo/*o* torpe] como eres!
dusslig^{RR} *adj* (*fam*), **dußlig** *adj* (*fam*) *s.* **dusselig**
Dussligkeit^{RR} *f* <-, *ohne pl*> (*fam*), **Dußligkeit** *f* <-, *ohne pl*> (*fam*) *s.* **Dusseligkeit**
düster ['dy:stɐ] *adj* ① (*dunkel*) oscuro
② (*Ort*) sombrío; (*Zukunft*) negro, funesto
③ (*Wesen*) melancólico, triste; (*Stimmung*) tétrico
Düsterkeit *f* <-, *ohne pl*> ① (*Dunkelheit*) oscuridad *f*; (*bedrohlich*) tiniebla *f*, lobreguez *f*
② (*Schwermütigkeit*) melancolía *f*; **die ~ seiner Miene** su gesto sombrío
Dutt [dut] *m* <-(e)s, -s *o* -e> (*reg: Haarknoten*) moño *m*
Dutyfreeshop^{RR} *m* <-(s), -s>, **Duty-free-Shop** ['dju:ti'fri:ʃɔp] *m* <-(s), -s> tienda *f* libre de impuestos
Dutzend ['dutsənt] *nt* <-s, -e> docena *f*; **ein halbes ~** media docena; **ein gutes ~** una buena docena; **~e** [*o* d**~e**] **von Büchern** montones de libros
dutzendfach I. *adj* (*prädikativ*) una y mil veces; (*attributiv*) docenas de
II. *adv* a docenas
Dutzendgesicht *nt* <-(e)s, -er> (*abw*) cara *f* del montón; **Leute, die ein ~ haben, vergisst man schnell** a la gente que tiene una cara del montón se la olvida pronto
dutzendmal *adv* docenas de veces
Dutzendware *f* <-, -n> (*abw*) pacotilla *f*, género *m* de batalla
dutzendweise *adv* ① (*im Dutzend*) por docenas
② (*fam: in Mengen*) a docenas
duzen ['du:tsən] I. *vt* tutear; **ich duze sie** la tuteo
II. *vr*: **sich ~** tutearse; **ich duze mich mit ihm** me tuteo con él
Duzfreund(in) *m(f)* <-(e)s, -e; -, -nen> amigo, -a *m, f* a quien se tutea
Duzis (*Schweiz*): **mit jdm ~ machen** (*sich duzen*) tutearse con alguien
DV [de:'faʊ] *f* (INFOR) *Abk. von* **Datenverarbeitung** procesamiento *m* de datos

Dy (CHEM) *Abk. von* **Dysprosium** Dy
Dynamik [dy'na:mɪk] *f* <-, *ohne pl*> (*a.* PHYS) dinámica *f*
Dynamiker(in) *m(f)* <-s, -; -, -nen> persona *f* dinámica
dynamisch *adj* (*a.* PHYS) dinámico; **~es Unternehmen** empresa dinámica
dynamisieren* [dynami'zi:rən] *vt* (*geh*) dinamizar
Dynamisierung *f* <-, -en> dinamización *f*
Dynamit [dyna'mi:t, dyna'mɪt] *nt* <-s, *ohne pl*> dinamita *f*
Dynamo ['dy:namo] *m* <-s, -s> dinamo *f*, dínamo *f*
Dynamomaschine *f* <-, -n> máquina *f* dinamoeléctrica
Dynamometer [dynamo'me:tɐ] *nt* <-s, -> ① (*Kraftmesser*) dinamómetro *m*
② (PHYS: *Frequenzmesser*) medidor *m* de frecuencias
Dynastie [dynas'ti:] *f* <-, -n> dinastía *f*
dysphotisch [dʏs'fo:tɪʃ] *adj* disfótico
Dysprosium [dʏs'pro:ziʊm] *nt* <-s, *ohne pl*> (CHEM) disprosio *m*
dz *Abk. von* **Doppelzentner** q
D-Zug ['de:tsu:k] *m* <-(e)s, -Züge> tren *m* directo [*o* expreso]; **eine alte Frau ist doch kein ~** (*fam*) una anciana ya no está para muchos trotes
D-Zug-Tempo *nt*: **im ~** (*fam*) a toda velocidad

E

E, e [e:] *nt* <-, -> ① (*Buchstabe*) E, e *f*; **~ wie Emil** E de España
② (MUS) mi *m*
EAN [e:ʔa:ʔɛn] *f* (WIRTSCH) *Abk. von* **europäische Artikelnummerierung** Numeración *f* Europea de Artículos
Eau de Cologne [o: də ko'lɔnjə] *nt o f* <- - -, Eaux - -> agua *f* de colonia
Ebbe ['ɛbə] *f* <-, -n> marea *f* baja, bajamar *f*; **es ist ~** la marea está baja; **bei mir herrscht ~ (in der Kasse)** (*fam*) no tengo ni un duro
eben ['e:bən] I. *adj* ① (*flach*) raso, llano
② (*glatt*) liso
II. *adv* ① (*in diesem Augenblick*) en este momento, ahora mismo; **ich wollte dich ~ anrufen** estaba a punto de llamarte por teléfono
② (*gerade vorhin*) hace un instante [*o* momento]; **sie sind ~ angekommen** acaban de llegar
③ (*kurz*) un momento; **hilfst du mir ~ mal?** ¿me ayudas un momento?
④ (*knapp*) justo; **mit seinem Lohn kommt er so ~ aus** su sueldo le alcanza justo
⑤ (*nun mal*): **~!** ¡justamente!; **das ist ~ so** esto es así; **er ist ~ ein Idiot** es que es un idiota; **gut, dann ~ nicht** bien, pues entonces nada; **das ist es ja ~!** ¡pero si es eso precisamente!; **er ist nicht ~ schön** no es precisamente guapo
Ebenbild *nt* <-(e)s, -er> fiel retrato *m*, viva imagen *f*
ebenbürtig ['e:bənbʏrtɪç] *adj* igual, de igual clase; **sie ist ihm an Ausdauer ~** es igual de perseverante que él
ebenda ['e:bən'da:] *adv* (*in Verweisen*) íbidem; (*geh: genau dort*) allí mismo
ebendahin ['e:bənda'hɪn] *adv* allá mismo; **~ fahre ich ja** precisamente allí voy
ebendarum ['e:bənda'rʊm] *adv* por esto; **nein, ~ frage ich ja!** no, ¡(precisamente) por eso lo pregunto!
ebendas ['---] *pron dem s.* **ebender, ebendie, ebendas**
ebender, ebendie, ebendas <ebendie> *pron dem* (*genau der/die/das*) precisamente él/ella/eso, él mismo/ella misma/eso mismo; **es war ~ Ramses ...** fue el propio Ramsés...; **es war ebendas, was ich dir klarmachen wollte** precisamente esto quería explicarte
ebendeshalb ['---'--] *adv*, **ebendeswegen** ['---'--] *adv s.* **ebendarum**
ebendie ['---] *pron dem s.* **ebender, ebendie, ebendas**
ebendiese(r, s) *pron dem* (*geh: genau dieser/diese/dieses: adjektivisch*) precisamente es(t)e/es(t)a; (*substantivisch*) precisamente és(t)e/és(t)a/es(t)o
Ebene ['e:bənə] *f* <-, -n> ① (*Flachland*) llanura *f*, planicie *f*
② (*Niveau*) nivel *m*, escala *f*; **auf betrieblicher ~** a nivel empresarial; **auf höchster ~** al más alto nivel
③ (MATH) plano *m*; **schiefe ~** plano inclinado
ebenerdig ['e:bənʔe:ɐdɪç] *adj* a ras de suelo; (*Wohnung*) de planta baja
ebenfalls *adv* igualmente, asimismo
Ebenholz ['e:bən-] *nt* <-es, -hölzer> (*madera f de*) ébano *m*; **schwarz wie ~** negro como el ébano [*o* azabache]
ebenjene(r, s) *pron dem* (*geh: genau jener/jene/jenes: adjektivisch*) precisamente aquel/aquella; (*substantivisch*) precisamente aquél/aquélla/aquello

Ebenmaß nt <-es, -e> ❶ (*harmonisches Verhältnis*) armonía *f* ❷ (TECH) simetría *f*, proporción *f*, armonía *f*
ebenmäßig *adj* simétrico, proporcionado
ebenso ['---] *adv* igualmente, del mismo modo; ~ **wie** así como, igual que; ~ **gern** de igual manera; ~ **gern wie** igual que; ~ **gut wie** igual (de bien) que; ~ **lang(e) wie** igual (de largo) que, tan largo como; ~ **oft wie** con la misma frecuencia que; ~ **schön wie** tan bonito como; ~ **sehr** indistintamente; ~ **sehr wie** tanto como, lo mismo que; **ich vermisse dich** ~ **sehr wie du mich** te echo tanto de menos como tú a mí; ~ **viel wie** tanto como, lo mismo que, no menos que; **ich arbeite** ~ **viel wie er** yo trabajo tanto como él; ~ **wenig wie** tan poco como; **das weiß ich** ~ **wenig wie du** esto lo sé tan poco como tú
ebensogern ['----] *adv s.* **ebenso**
ebensogut *adv s.* **ebenso**
ebensolang(e) *adv s.* **ebenso**
ebensooft *adv s.* **ebenso**
ebensosehr *adv s.* **ebenso**
ebensoviel *adv s.* **ebenso**
ebensowenig *adv s.* **ebenso**
Eber ['eːbɐ] *m* <-s, -> verraco *m*, cerdo *m* macho
Eberesche *f* <-, -n> (BOT) serbal *m*
ebnen ['eːbnən] *vt* allanar; **jdm den Weg** ~ allanar(le) a alguien el camino
EC [eːˈtseː] *m* <-(s), -s> ❶ (EISENB) *Abk. von* **Eurocity(zug)** Eurocity *m* ❷ (FIN) *Abk. von* **Eurocheque** eurocheque *m*
E-Cash ['iː-kɛʃ] *nt* <-, *ohne pl*> dinero *m* electrónico
echauffieren* [eʃɔˈfiːrən] *vr:* **sich** ~ acalorarse (*über* por)
Echo ['ɛço] *nt* <-s, -s> eco *m*; **sein Vorschlag fand ein lebhaftes** ~ **su** propuesta tuvo un gran eco
Echolot *nt* <-(e)s, -e> (NAUT) sonar *m*; **Echolotung** [-loːtʊŋ] *f* <-, -en> (TECH) ecosondeo *m*; **Echoortung** *f* <-, -en> localización *f* por ecos; **Echopeilung** *f* <-, -en> orientación *f* por ecos
Echse ['ɛksə] *f* <-, -n> (ZOOL) lagarto *m*
echt [ɛçt] **I.** *adj* ❶ (*Dokument, Geldschein*) auténtico, (*Haar, Perle*) natural; (*Kunstwerk*) original; (*Farbe*) sólido; ~ **golden** de oro legítimo; **etw für** ~ **erklären** declarar algo auténtico ❷ (*Freundschaft, Problem*) auténtico, verdadero ❸ (*typisch*) típico, genuino **II.** *adv* (*fam*) realmente; ~? ¿de verdad?; **der Film war** ~ **gut** la película fue realmente buena; **das ist** ~ **ein Problem** de verdad que es un problema
Echtheit *f* <-, *ohne pl*> ❶ (*von Unterschrift, Dokument*) autenticidad *f* ❷ (*von Gefühlen*) sinceridad *f*, pureza *f* ❸ (*von Farben*) solidez *f*
Echtheitsbeweis *m* <-es, -e> prueba *f* de autenticidad; **Echtheitsprüfung** *f* <-, -en> comprobación *f* de la autenticidad; **Echtheitszeugnis** *nt* <-ses, -se> certificado *m* de autenticidad
Echtzeit *f* <-, -en> (INFOR) tiempo *m* real; **Echtzeitverarbeitung** *f* <-, -en> (INFOR) procesamiento *m* en tiempo real
Eck [ɛk] *nt* <-(e)s, -e> ❶ (*Öster, südd: Ecke*) esquina *f*; **über** ~ en triángulo ❷ (SPORT: *des Tores*) ángulo *m*; **das kurze/lange** ~ el ángulo corto/largo
EC-Karte [eˈtseː-] *f* <-, -n> (FIN) tarjeta *f* para eurocheques
Eckball *m* <-(e)s, -bälle> (SPORT) saque *m* de esquina, córner *m*; **Eckbank** *f* <-, -bänke> banco *m* (de) rinconera; **Eckdaten** *ntpl* datos *mpl* de referencia
Ecke ['ɛka] *f* <-, -n> ❶ (*außen*) esquina *f*; **er wohnt gleich um die** ~ vive a la vuelta de la esquina; **jdn um die** ~ **bringen** (*fam*) cargarse a alguien; **mit jdm um ein paar ~n verwandt/bekannt sein** ser pariente lejano de alguien/conocer a alguien lejanamente; **an allen ~n und Enden wird gespart** se ahorra en todas partes; **mit ~n und Kanten** áspero, difícil ❷ (*innen*) rincón *m*; **in der** ~ **stehen müssen** ponerse de cara a la pared; **sich nicht in eine bestimmte** ~ **stellen lassen** no dejarse encajonar ❸ (SPORT) córner *m*, saque *m* de esquina ❹ (*reg: Gegend*) rincón *m*, parte *f*; **aus welcher** ~ **kommst du?** ¿de qué parte vienes?
Ecker ['ɛkɐ] *f* <-, -n> (BOT) hayuco *m*
Eckfenster *nt* <-s, -> ventana *f* rinconera
Eckhaus *nt* <-es, -häuser> casa *f* que hace esquina
eckig *adj* ❶ (*Gegenstand*) cuadrado; (*Gesicht*) anguloso ❷ (*Bewegungen*) torpe, brusco
Eckkneipe *f* <-, -n> bar *m* de la esquina; **Ecklohn** *m* <-(e)s, -löhne> (WIRTSCH) salario *m* base; **Eckpfeiler** *m* <-s, -> (ARCHIT) pilastra *f* angular; (*eines Bogens*) estribo *m*; **Eckpfosten** *m* <-s, -> poste *m* de ángulo [*o* de esquina]; **Eckschrank** *m* <-(e)s, -schränke> rinconera *f*,

esquinera *f*; **Eckstein** *m* <-(e)s, -e> ❶ (ARCHIT) piedra *f* angular, ladrillo *m* angular; (*Prellstein*) guardacantón *m* ❷ (*Markstein*) hito *m*, jalón *m*; **Eckstoß** *m* <-es, -stöße> (SPORT) saque *m* de esquina, córner *m*; **einen** ~ **ausführen** sacar un córner; **einen** ~ **verwandeln** transformar un córner; **der Schiedsrichter entschied auf** ~ el árbitro pitó córner; **Eckstunde** *f* <-, -n> (SCH) primera y última clase (*del horario escolar*); **Eckwert** *m* <-(e)s, -e> valor *m* de referencia [*o* indicativo]; **Eckwurf** *m* <-(e)s, -würfe> (SPORT: *beim Handball*) saque *m* de esquina; **einen** ~ **ausführen** efectuar un saque de esquina; **Eckzahn** *m* <-(e)s, -zähne> colmillo *m*, (*diente m*) canino *m*; **Eckzins** *m* <-es, -en> (FIN) interés *m* de referencia
ECOFIN-Rat *m* <-(e)s, *ohne pl*> consejo *m* ECOFIN
Economiser [iˈkɔnəmizɐ] *m* <-s, -> economizador *m*
Economyclass [ɪˈkɔnəmi klaːs] *f* <-, *ohne pl*> (AERO) clase *f* económica
Ecstasy ['ɛkstəsi] *nt* <-s, *ohne pl*> (*Droge*) éxtasis *m inv*
Ecu *m* <-(s), -(s)> (FIN), **ECU** *m* <-(s), -(s)> (FIN) *Abk. von* **European Currency Unit** (*europäische Währungseinheit*) ECU *m*, ecu *m*
Ecuador [ekuaˈdoːɐ] *nt* <-s> Ecuador *m*
Ecuadorianer(in) [ekuadoriˈaːnɐ] *m(f)* <-s, -; -, -nen> ecuatoriano, -a *m, f*
ecuadorianisch *adj* ecuatoriano
ed., Ed. *Abk. von* **Edition** ed.
Edamer ['eːdamɐ] *m* <-s, -> (GASTR) queso *m* Edamer
edaphisch [eˈdaːfɪʃ] *adj* edáfico
edel [ˈeːdəl] *adj* ❶ (*Tier*) de pura raza ❷ (*geh: Mensch, Tat*) caballeroso, noble ❸ (*Stein, Metall*) precioso; (*Holz*) noble
Edelboutique *f* <-, -n> boutique *f* de lujo; **Edelfrau** *f* <-, -en> (HIST) noble *f*; **Edelgas** *nt* <-es, -e> (CHEM) gas *m* noble [*o* raro]; **Edelholz** *nt* <-es, -hölzer> madera *f* fina [*o* noble]; **Edelkastanie** *f* <-, -n> (BOT: *Baum*) castaño *m* (común); (*Frucht*) castaña *f* comestible; **Edelkitsch** *m* <-(e)s, *ohne pl*> (*fam*) kitsch *m* pretencioso; **Edelmann** *m* <-(e)s, -leute> (HIST) noble *m*; **Edelmetall** *nt* <-s, -e> metal *m* noble; **Edelmut** *m* <-(e)s, *ohne pl*> (*geh*) generosidad *f*, nobleza *f*, distinción *f*
edelmütig [ˈeːdəlmyːtɪç] *adj* noble, magnánimo
Edelpilzkäse *m* <-s, -> queso *m* azul
Edelschnulze *f* <-, -n> (*abw, iron*) melodrama *m* sentimentaloide
Edelstahl *m* <-(e)s, -e *o* -stähle> acero *m* fino [*o* afinado]; **Edelstein** *m* <-(e)s, -e> piedra *f* preciosa; **Edeltanne** *f* <-, -n> (BOT) abeto *m* blanco; **Edelweiß** *nt* <-(es), -e> leontopodio *m*
Eden [ˈeːdən] *nt* <-s, *ohne pl*> (*geh*) edén *m*; **der Garten** ~ el Jardín del Edén
EDI (INFOR, TEL) *Abk. von* **Electronic Data Interchange** EDI
edieren* [eˈdiːrən] *vt* (PUBL) publicar, editar
Edikt [eˈdɪkt] *nt* <-(e)s, -e> (HIST) edicto *m*
editieren* [ediˈtiːrən] *vt* (INFOR) editar
Edition [ediˈtsjoːn] *f* <-, -en> edición *f*
Editor[1] [ˈeːditoːɐ] *m* <-s, -en> (INFOR) editor *m*
Editor(in)[2] *m(f)* <-s, -en; -, -nen> (PUBL) editor(a) *m(f)*
Editorial [editoriˈaːl] *nt* <-(s), -s> (*Leitartikel*) editorial *m*
Editorin *f* <-, -nen> *s.* **Editor**[2]
editorisch [ediˈtoːrɪʃ] *adj* editorial
E-Dur *nt* <-, *ohne pl*> (MUS) mi *m* mayor
Edutainment [ˈɛdjuːteɪnmənt] *nt* <-s, *ohne pl*> (INFOR) edutainment *m*, edutenimiento *m*
EDV [eːdeːˈfaʊ] *f* <-, *ohne pl*> (INFOR) *Abk. von* **elektronische Datenverarbeitung** proceso *m* electrónico de datos, computación *f*; **Einsatz der** ~ uso [*o* aplicación] del ordenador
EDV-Anlage *f* <-, -n> (INFOR) ordenador *m*, computadora *f*; **EDV--Branche** *f* <-, -n> sector *m* del procesamiento electrónico de datos
EDV-gestützt *adj* (INFOR) asistido por ordenador, computerizado
EEG [eːʔeːˈgeː] *nt* <-s, -s> (MED) *Abk. von* **Elektroenzephalogramm** electroencefalograma *m*
Efeu [ˈeːfɔɪ] *m* <-s, *ohne pl*> (BOT) hiedra *f*, yedra *f*
Effeff [ɛfˈʔɛf] (*fam*): **etw aus dem** ~ **können** saber algo al dedillo
Effekt [ɛˈfɛkt] *m* <-(e)s, -e> efecto *m*; (*Ergebnis*) resultado *m*
Effekten [ɛˈfɛktən] *pl* (FIN) valores *mpl*, títulos *mpl*
Effektenabteilung *f* <-, -en> (FIN) sección *f* de negociación de efectos; **Effektenbörse** *f* <-, -n> (FIN) bolsa *f* de valores; **Effektenhandel** *m* <-s, *ohne pl*> (FIN) comercio *m* de efectos, negociación *f* de efectos; **Effektenmarkt** *m* <-(e)s, -märkte> (FIN) mercado *m* de valores
Effekthascherei *f* <-, -en> (*abw*) efectismo *m*, afán *m* de notoriedad
effektiv [ɛfɛkˈtiːf] *adj* ❶ (*wirksam*) efectivo, eficaz ❷ (*tatsächlich*) real, definitivo
Effektivgeschäft *nt* <-(e)s, -e> (WIRTSCH) operación *f* al contado
Effektivität [ɛfɛktiviˈtɛːt] *f* <-, *ohne pl*> efectividad *f*, eficacia *f*
Effektivitätsprinzip *nt* <-s, *ohne pl*> (JUR) principio *m* de la efectividad
Effektivleistung *f* <-, -en> rendimiento *m* efectivo; **Effektivlohn**

m <-(e)s, -löhne> salario *m* real; **Effektivpreis** *m* <-es, -e> precio *m* real; **Effektivverdienst** *m* <-(e)s, -e> ingresos *mpl* efectivos; **Effektivzins** *m* <-es, -en> (FIN) interés *m* efectivo
effektvoll *adj* de gran efecto
effizient [ɛfi'tsjɛnt] *adj* (geh) eficiente
Effizienz [ɛfi'tsjɛnts] *f* <-, -en> (geh) eficiencia *f*
Effusion [ɛfu'zjoːn] *f* <-, -en> (GEO) efusión *f*
EFTA *f Abk. von* **European Free Trade Association** (Europäische Freihandelsassoziation) AELC *f*, EFTA *f*
EG [eːˈgeː] *f Abk. von* **Europäische Gemeinschaft** CE *f*
egal [eˈgaːl] *adj* igual; **das ist mir ganz ~** (fam) me da lo mismo; **das kann dir doch ~ sein** (fam) ¿y a ti qué te importa?; **~ wie** (fam) sea como sea; **~ wer** (fam) sea quien sea; **~ was** (fam) sea lo que sea; **~ mit wem** (fam) con quien sea
EG-Behörde *f* <-, -n> autoridad *f* de la CE; **EG-Beitrittsvertrag** *m* <-(e)s, -träge> tratado *m* de adhesión a la CE
Egel [ˈeːɡəl] *m* <-s, -> (ZOOL) sanguijuela *f*
Egge [ˈɛɡə] *f* <-, -n> grada *f*, rastra *f*
eggen *vi*, *vt* rastrillar
EG-Kartellrecht *nt* <-(e)s, *ohne pl*> derecho *m* comunitario sobre el régimen de los carteles; **EG-Kommissar(in)** *m(f)* <-s, -e; -, -nen> comisario, -a *m, f* de la CE; **EG-Kommission** *f* <-, *ohne pl*> Comisión *f* de la CE; **EG-Ministerrat** *m* <-(e)s, *ohne pl*> Consejo *m* de Ministros de la CE; **EG-Mitgliedsland** *nt* <-(e)s, -länder> país *m* comunitario, país *m* miembro; **EG-Norm** *f* <-, -en> norma *f* comunitaria
Ego [ˈeːɡo] *nt* <-s, -s> (PSYCH) ego *m*
Egoismus [egoˈɪsmʊs] *m* <-, *ohne pl*> egoísmo *m*
Egoist(in) *m(f)* <-en, -en; -, -nen> egoísta *mf*, gorrón, -ona *m, f MAm*
egoistisch *adj* egoísta
Egomane, -in [egoˈmaːnə] *m, f* <-n, -n; -, -nen> ególatra *mf*
Egomanie *f* <-, *ohne pl*> egomanía *f*
Egomanin *f* <-, -nen> *s.* **Egomane**
Egotrip *m* <-s, -s> (fam) egocentrismo *m*, egolatría *f*; **auf dem ~ sein** comportarse egocéntricamente
Egozentriker(in) [egoˈtsɛntrikɐ] *m(f)* <-s, -; -, -nen> egocéntrico, -a *m, f*
egozentrisch *adj* egocéntrico
EG-Recht *nt* <-s, *ohne pl*> derecho *m* comunitario; **EG-Richtlinie** *f* <-, -n> directiva *f* comunitaria; **EG-Staat** *m* <-(e)s, -en> estado *m* comunitario; **EG-Vertrag** *m* <-(e)s, -träge> Tratado *m* CE; **EG-Wettbewerbsrecht** *nt* <-(e)s, *ohne pl*> derecho *m* comunitario regulador de la competencia
eh [eː] **I.** *konj s.* **ehe**
II. *adv* ❶ (*seit immer*): **seit ~ und je** desde siempre
❷ (*Österr, südd: fam: sowieso*) de todas formas
III. *interj* (fam) ❶ (*staunend*) ¡eh!, ¡er!
❷ (*als Anruf*) ¡eh!, ¡pst!
ehe [ˈeːə] *konj* antes de +*inf*, antes de que +*subj*; **~ ich es vergesse** antes de que se me olvide; **~ ich das Auto zur Werkstatt bringe, repariere ich es lieber selbst** antes de llevar el coche al taller, prefiero repararlo yo mismo
Ehe *f* <-, -n> matrimonio *m*; **~ ohne Trauschein** pareja de hecho; **nichtige ~** (JUR) matrimonio nulo; **meine Kinder aus erster ~** los hijos de mi primer matrimonio; **sie leben in wilder ~** viven amancebados; **mit jdm die ~ eingehen** [*o* **schließen**] unirse en [*o* contraer] matrimonio con alguien; **eine glückliche/unglückliche ~ führen** llevar una vida matrimonial feliz/infeliz; **die ~ brechen** cometer adulterio
eheähnlich *adj* (JUR) similar al matrimonio; **~e Gemeinschaft** cohabitación como marido y mujer
Eheaufhebung *f* <-, -en> (JUR) anulación *f* del matrimonio
Eheaufhebungsklage *f* <-, -n> (JUR) demanda *f* de anulación de matrimonio
Eheberater(in) *m(f)* <-s, -; -, -nen> consejero, -a *m, f* matrimonial; **Eheberatung** *f* <-, -en> orientación *f* matrimonial, consulta *f* matrimonial; **Ehebett** *nt* <-(e)s, -en> lecho *m* matrimonial, (*Doppelbett*) cama *f* de matrimonio
ehe|brechen *irr vi* (*alt*) cometer adulterio; **du sollst nicht ~!** (*Bibel*) ¡no cometerás adulterio!
Ehebrecher(in) *m(f)* <-s, -; -, -nen> adúltero, -a *m, f*
ehebrecherisch *adj* adúltero
Ehebruch *m* <-(e)s, -brüche> adulterio *m*; **~ begehen** cometer adulterio
ehedem [ˈeːədeːm] *adv* (geh) antes, antaño; **das Leben von ~** la vida de antes; **er ist so schnell wie ~** es tan rápido como antes
Ehefähigkeit *f* <-, *ohne pl*> (JUR) aptitud *f* matrimonial
Ehefähigkeitszeugnis *nt* <-ses, -se> (JUR) certificado *m* de capacidad matrimonial
Ehefrau *f* <-, -en> esposa *f*, mujer *f*
Ehegatte, -in *m, f* <-n, -n; -, -nen> (geh) esposo, -a *m, f*; (JUR) cónyuge *mf*; **die ~n** (*Eheleute*) el matrimonio

Ehegattenbesteuerung *f* <-, -en> tributación *f* conjunta de los cónyuges; **Ehegatten-Splitting** *nt* <-s, *ohne pl*> partición *f* de los impuestos entre cónyuges (*pagando cada uno de ellos sólo la mitad del impuesto sobre la renta*)
Ehegattin *f* <-, -nen> *s.* **Ehegatte**; **Ehegesetz** *nt* <-es, -e> (JUR) ley *f* de matrimonio; **Eheglück** *nt* <-(e)s, *ohne pl*> felicidad *f* matrimonial [*o* conyugal]
Eheguterrecht *nt* <-(e)s, -e> régimen *m* de bienes en el matrimonio; **Eheguterstand** *m* <-(e)s, *ohne pl*> bienes *mpl* matrimoniales; **Eheguvertrag** *m* <-(e)s, -träge> (JUR) contrato *m* de bienes matrimoniales; **Eheherstellungsklage** *f* <-, -n> (JUR) demanda *f* de establecimiento matrimonial; **Ehehindernis** *nt* <-ses, -se> (JUR) impedimento *m* matrimonial; **Ehekrach** *m* <-(e)s, *ohne pl*> bienes disputa *f* matrimonial, reyerta *f* conyugal; **Ehekrise** *f* <-, -n> crisis *f inv* matrimonial; **Ehekrüppel** *m* <-s, -> (fam) calzonazos *m inv*; **Eheleben** *nt* <-s, *ohne pl*> vida *f* matrimonial; **Eheleute** *pl* matrimonio *m*, cónyuges *mpl*
ehelich *adj* matrimonial, conyugal; (*Kind*) legítimo; **nicht ~** no legítimo, ilegítimo; **für ~ erklären** declarar hijo legítimo
ehelichen [ˈeːəlɪçən] *vt* contraer matrimonio (con)
Ehelicherklärung *f* <-, -en> (JUR) declaración *f* de legitimidad; **~ durch richterliche Verfügung** declaración de legitimación por disposición judicial; **~ durch nachfolgende Ehe** legitimación por matrimonio consecutivo
Ehelichkeitsanfechtung *f* <-, -en> (JUR) impugnación *f* de filiación
ehelos *adj* soltero
Ehelosigkeit *f* <-, *ohne pl*> celibato *m*, soltería *f*
ehemalige(r, s) [ˈeːəmaːlɪɡə, -ɡe, -ɡəs] *adj* antiguo, ex
ehemals [ˈeːəmaːls] *adv* antiguamente, antes
Ehemann *m* <-(e)s, -männer> esposo *m*, marido *m*; **Eheμündigkeit** *f* <-, *ohne pl*> (JUR) mayoría *f* de edad matrimonial; **Ehename** *m* <-ns, -n> (*formal*) apellido *m* (de un matrimonio)
Ehenichtigkeit *f* <-, *ohne pl*> (JUR) nulidad *f* del matrimonio; **Ehenichtigkeitsklage** *f* <-, -n> (JUR) demanda *f* de nulidad de matrimonio
Ehepaar *nt* <-(e)s, -e> matrimonio *m*; **Ehepartner(in)** *m(f)* <-s, -; -, -nen> pareja *f*, cónyuge *mf*; **Eheprozess**[RR] *m* <-es, -e> (JUR) proceso *m* matrimonial
eher [ˈeːɐ] *adv kompar von* **bald** ❶ (*früher*) antes (*als que*), más temprano; **ich komme nicht ~ als bis ...** no vengo antes de que... +*subj*; **warum hast du das nicht ~ gesagt!** ¡haberlo dicho (antes)!
❷ (*lieber*) antes (*als que*); **ich würde ~ zu Fuß gehen als den Bus zu nehmen** preferiría ir andando antes que tomar el autobús
❸ (*vielmehr*) más bien; **er ist ~ klein** es más bien pequeño
Eherecht *nt* <-(e)s, *ohne pl*> derecho *m* matrimonial; **Ehering** *m* <-(e)s, -e> alianza *f*, anillo *m* de boda
ehern [ˈeːɐn] *adj* (geh) ❶ (*aus Erz*) de bronce
❷ (*Gesetz, Wille*) férreo
Ehesache *f* <-, -n> (JUR) causa *f* matrimonial
Ehescheidung *f* <-, -en> (JUR) divorcio *m*; **Ehescheidungsklage** *f* <-, -n> (JUR) demanda *f* de divorcio
Eheschließung *f* <-, -en> casamiento *m*, enlace *m* matrimonial
ehest [ˈeːəst] *adv* (*Österr: baldigst*) lo antes posible, cuanto antes
Ehestand *m* <-(e)s, *ohne pl*> (geh) matrimonio *m*; **in den ~ treten** contraer matrimonio
eheste(r, s) [ˈeːəstə, -tɐ, -təs] *adj* (*wahrscheinlichster*) el/la más probable; **der ~ Gewinner wird Müller sein** el ganador más probable es Müller
ehesten *superl von* **bald**: **am ~** lo más pronto posible; **in Physik werde ich am ~ bestehen** lo que es más probable que apruebe es la física; **ich würde am ~ hier wohnen** lo que preferiría sería vivir aquí
ehestens [ˈeːəstəns] *adv* (*frühestens*) lo antes posible, cuanto antes
Ehestörungsklage *f* <-, -n> (JUR) demanda *f* por perturbación matrimonial; **Eheverkündigung** *f* <-, -en> (*Schweiz: Aufgebot*) proclama *f*, amonestación *f* matrimonial
Ehevermittlung *f* <-, -en> tramitación *f* matrimonial; **Ehevermittlungsinstitut** *nt* <-(e)s, -e> agencia *f* matrimonial; **er lernte seine Frau über ein ~ kennen** conoció a su mujer por medio de una agencia matrimonial
Eheversprechen *nt* <-s, -> promesa *f* de matrimonio; **Ehevertrag** *m* <-(e)s, -träge> (JUR) contrato *m* matrimonial, capitulaciones *fpl* matrimoniales; **einen ~ machen** [*o* **schließen**] concertar [*o* cerrar] un contrato matrimonial
Ehrabschneider(in) *m(f)* <-s, -; -, -nen> difamador(a) *m(f)*, calumniador(a) *m(f)*
Ehrabschneidung *f* <-, -en> difamación *f*
ehrbar [ˈeːɐbaːɐ] *adj* honorable, respetable; (*ehrlich*) honrado
Ehrbegriff *m* <-(e)s, -e> concepto *m* del honor

Ehre ['e:rə] f <-, -n> honor m; (Ansehen, Ruhm) honra f; **das Werk macht ihm alle ~** la obra le honra; **auf ~ und Gewissen** por mi palabra y mi honor; **dir zu ~n** para honrarte; **es ist mir eine große ~ Sie kennen zu lernen** es un gran honor para mí conocerle; **mit wem habe ich die ~?** ¿con quién tengo el honor?; **etw in ~n halten** honrar algo; **jdm die letzte ~ erweisen** rendirle a alguien el último homenaje; **wir geben uns die ~ zu ...** nos permitimos...; **etw gereicht jdm zur ~** algo le hace honor a alguien; **was verschafft mir die ~?** (fam) ¿a qué debo el honor (de esta visita)?; **jdn in seiner ~ kränken** herir a alguien en su honor; **jdn bei seiner ~ packen** apelar al honor de alguien; **~, wem ~ gebührt** (prov) a tal señor, tal honor

ehren vt honrar; (achten) respetar; **sehr geehrte Damen und Herren!** ¡distinguidos señores y señoras!; **Ihr Vertrauen ehrt mich** su confianza me honra; **ich fühle mich sehr geehrt** me siento muy honrado

Ehrenamt nt <-(e)s, -ämter> cargo m honorífico

ehrenamtlich adj honorífico, honorario; **~er Richter** juez honorífico

Ehrenbürger(in) m(f) <-s, -; -, -nen> ciudadano, -a m, f de honor, hijo, -a m, f adoptivo, -a [o predilecto, -a]; **Ehrenbürgerrecht** nt <-(e)s, -e> ciudadanía f de honor; **für seine Verdienste wurde ihm von der Stadt das ~ verliehen** le nombraron hijo predilecto de la ciudad [o ciudadano de honor] en reconocimiento a sus méritos

Ehrendoktor m <-s, -en> doctor m honoris causa; **Ehrendoktorwürde** f <-, -n> (UNIV) (título m de) doctor(a) m(f) honoris causa; **ihr wurde die ~ der Universität Wien verliehen** la Universidad de Viena le concedió el título de doctora honoris causa

Ehrenerklärung f <-, -en> ❶ (JUR: Widerruf) satisfacción f (pública), retractación f formal ❷ (des Vertrauens) declaración f de confianza; **Ehrenformation** f <-, -en> (MIL) formación f de honor; **Ehrengast** m <-(e)s, -gäste> huésped m de honor, invitado, -a m, f de honor; **Ehrengericht** nt <-(e)s, -e> (JUR) tribunal m de honor

ehrenhaft adj honorable

Ehrenhaftigkeit f <-, ohne pl> honorabilidad f, honradez f

ehrenhalber ['e:rənhalbɐ] adv por la honra, ad honórem; **Doktor ~** doctor honoris causa

Ehrenlegion f <-, -en> Legión f de Honor; **Ehrenloge** f <-, -n> palco m de honor; **Ehrenmal** nt <-(e)s, -e o -mäler> monumento m conmemorativo; **Ehrenmann** m <-(e)s, -männer> hombre m de honor; **Ehrenmitglied** nt <-(e)s, -er> miembro m honorífico [o de honor]; **Ehrenplatz** m <-es, -plätze> puesto m de honor

Ehrenpreis m <-es, -> (BOT) verónica f

Ehrenrechte ntpl (JUR): **bürgerliche ~** derechos mpl civiles honoríficos; **Ehrenrettung** f <-, -en> salvación f del honor; **zu seiner ~ muss ich einräumen, dass ...** debo reconocer en su favor que...; **Ehrenrunde** f <-, -n> (SPORT) vuelta f de honor; **eine ~ drehen** (die Schulklasse wiederholen) tener que repetir el curso; **Ehrensache** f <-, -n> cuestión f de honor; **Ehrensalve** f <-, -n> salva f de honor; **Ehrensold** m <-(e)s, -e> (JUR) honorario m; **Ehrentag** m <-(e)s, -e> día m memorable; **Ehrentor** nt <-(e)s, -e> (SPORT) gol m del honor; **Ehrentribüne** f <-, -n> tribuna f de honor; **auf der ~ sitzen** estar en la tribuna de honor; **Ehrenurkunde** f <-, -n> diploma m de honor

ehrenvoll adj honorable

Ehrenvorsitzende(r) mf <-n, -n; -n, -n> presidente, -a m, f de honor; **Ehrenwache** f <-, -n> (MIL) guardia f de honor; **die ~ halten** hacer la guardia de honor

ehrenwert adj honorable

Ehrenwort nt <-(e)s, -e> palabra f de honor; **mein ~!** ¡palabra (de honor)!

ehrerbietig ['e:rʔɛɐbi:tɪç] adj respetuoso, deferente

Ehrerbietung f <-, ohne pl> (geh) deferencia f, respeto m; **zeigen Sie etwas mehr ~!** ¡tenga algo más de deferencia!

Ehrfurcht f <-, ohne pl> (Achtung) profundo respeto m (vor hacia), reverencia f; (Verehrung) veneración f (vor por); **vor etw dat ~ haben** respetar algo; **~ gebietend** que impone respeto; **mit ~ gebietender Geste brachte er sie zum Schweigen** con un gesto solemne la hizo callar

ehrfurchtgebietend adj s. **Ehrfurcht**

ehrfürchtig ['e:ɐfʏrçtɪç] adj, **ehrfurchtsvoll** adj respetuoso, reverente

Ehrgefühl nt <-(e)s, ohne pl> sentimiento m del honor

Ehrgeiz m <-es, ohne pl> ambición f

ehrgeizig adj ambicioso

ehrlich adj honesto, honrado; (aufrichtig) sincero; **er meint es ~ mit uns** obra de buena fe con nosotros; **~ gesagt** a decir verdad, (dicho) sinceramente; **ich war krank, ~** (fam) estuve enfermo, de verdad; **wir haben ~ geteilt** compartimos honradamente; **~ währt am längsten** (prov) la verdad es perdurable

ehrlicherweise ['---'--] adv honradamente; (aufrichtigerweise) sinceramente

Ehrlichkeit f <-, ohne pl> honradez f, honestidad f; (Aufrichtigkeit) sinceridad f

ehrlos adj deshonrado, sin honor

Ehrlosigkeit f <-, ohne pl> falta f de honor, ignominia f

Ehrung ['e:rʊŋ] f <-, -en> homenaje m (a)

Ehrverletzung f <-, -en> injuria f, ultraje m

Ehrwürden: **Euer ~** Reverendo Padre

ehrwürdig adj venerable, respetable

Ehrwürdigkeit f <-, ohne pl> veneración f, reverencia f, respeto m; **bitte, haben Sie etwas mehr Respekt vor der ~ des Alters!** ¡por favor, tenga un poco más de respeto hacia las personas mayores!

ei [aɪ] interj (fam) ❶ (Kind: Verwunderung) ¡hombre!, ¡vaya!; **~, ~, wen haben wir denn da?** ¡vaya, vaya, mira quién viene por aquí! ❷ (Kind: Zärtlichkeit): **du darfst bei der Katze mal ~ ~ machen** puedes acariciar al gato

Ei [aɪ] nt <-(e)s, -er> ❶ (Vogel-, Hühner-) huevo m, blanquillo m Guat, Mex; **ein hartes/weiches ~** un huevo duro/pasado por agua; **aus dem ~ schlüpfen** salir del huevo; **wie aus dem ~ gepellt** (fam) de punta en blanco; **jdn wie ein rohes ~ behandeln** tratar a alguien con guante de seda; **das ~ des Kolumbus** el huevo de Colón; **sich dat gleichen wie ein ~ dem anderen** parecerse como un huevo a otro [o como dos gotas de agua]; **ach, du dickes ~!** (fam) ¡atiza!, ¡demonio! ❷ (Keimzelle) óvulo m ❸ pl (vulg: Hoden) huevos mpl, pelotas fpl ❹ pl (fam: Geld) pelas fpl

Eibe ['aɪbə] f <-, -n> tejo m

Eibisch ['aɪbɪʃ] m <-(e)s, -e> (BOT) altea f, malvavisco m

Eichamt ['aɪçʔamt] nt <-(e)s, -ämter> oficina f de pesos y medidas

Eiche ['aɪçə] f <-, -n> roble m

Eichel ['aɪçəl] f <-, -n> ❶ (BOT) bellota f ❷ (ANAT) glande m

Eichelentzündung f <-, -en> (MED) balanitis f inv

Eichelhäher ['aɪçəlhɛ:ɐ] m <-s, -> (ZOOL) arrendajo m

eichen ['aɪçən] vt (Maße) contrastar; (Waage, Instrumente) calibrar; (Fässer) marcar; (Messglas) graduar

Eichenholz nt <-es, -hölzer> madera f de roble; **Eichenlaub** nt <-(e)s, ohne pl> ❶ (Laub der Eiche) hojas fpl de encina ❷ (MIL) condecoración en forma de hojas de encina que se entrega conjuntamente con la Cruz de Caballero; **er bekam zum Ritterkreuz das ~ verliehen** le concedieron la Cruz de Caballero con las hojas de encina; **Eichenwald** m <-(e)s, -wälder> bosque m de robles

Eichgewicht nt <-(e)s, -e> pesa f de contraste, peso m patrón

Eichhörnchen nt <-s, -> (ZOOL), **Eichkätzchen** nt <-s, -> (ZOOL: reg) ardilla f

Eichmaß nt <-es, -e> (TECH) medida f de contraste; **Eichmeister(in)** m(f) <-s, -; -, -nen> funcionario, -a m, f encargado, -a de contrastar las pesas y medidas; (HIST) almotacén m; **Eichrecht** nt <-(e)s, ohne pl> régimen m de pesos y medidas [o de aforos]; **Eichstrich** m <-(e)s, -e> señal f de medida, graduación f

Eichung f <-, -en> contraste m; **die Anzeige der Waage wurde bei der letzten ~ überprüft** contrastaron el indicador de la balanza en la última revisión

Eid [aɪt] m <-(e)s, -e> juramento m; **an ~es statt erklären** (JUR) declarar bajo juramento; **unter ~ stehen** estar bajo juramento; **einen ~ ablegen [o leisten] [o schwören]** prestar juramento

Eidbruch m <-(e)s, -brüche> perjurio m; **einen ~ begehen** cometer perjurio

eidbrüchig adj perjuro; **~ werden** perjurar, cometer perjurio

Eidechse ['aɪdɛksə] f <-, -n> (ZOOL) lagarto m, iguana f Am

Eidechsenhaut f <-, -häute> piel f de lagarto

Eiderente f <-, -n> (ZOOL) eíder m, pato m de flojel

Eidesform f <-, -en> (JUR) forma f de juramento; **Eidesformel** ['aɪdəsfɔrməl] f <-, -n> (JUR) fórmula f de juramento

eidesgleich adj (JUR) similar a juramento; **~e Bekräftigung** afirmación similar a juramento

Eidesleistung f <-, -en> prestación m de juramento; **von dem neuen Präsidenten wird eine ~ verlangt** piden al nuevo presidente que preste juramento; **Eidesmündigkeit** f <-, ohne pl> (JUR) mayoría f de edad para jurar; **Eidespflicht** f <-, ohne pl> (JUR) fe f jurada; **~ leisten** prestar juramento de obediencia

eidesstattlich adj (JUR) jurado, declarado bajo juramento; **~e Erklärung**, **~e Versicherung** declaración jurada; **~e Verpflichtung** obligación de declarar bajo juramento; **etw ~ erklären** declarar algo bajo juramento

Eidesunfähigkeit f <-, ohne pl> (JUR) incapacidad f de jurar; **Eidesverweigerungsrecht** nt <-(e)s, -e> (JUR) derecho m de negación al juramento

Eidgenosse, -in m, f <-n, -n; -, -nen> confederado, -a m, f; (Schweizer Bürger) suizo, -a m, f; **Eidgenossenschaft** f <-, -en> confederación f; **Schweizerische ~** Confederación Helvética; **Eidgenossin** f <-,

-nen> s. **Eidgenosse**
eidgenössisch adj (schweizerisch) suizo; (im Gegensatz zu kantonal) confederado
eidlich I. adj jurado
II. adv bajo juramento
Eidotter ['aɪdɔtɐ] nt o m <-s, -> yema f de huevo
Eierbecher m <-s, -> huevero m, huevera f; **Eierbrikett** nt <-s, -s> (briqueta f) ovoide m; **Eierhandgranate** f <-, -n> (MIL) granada f de mano (ovoide); **Eierkocher** m <-s, -> hervidor m para huevos; **Eierkohle** f <-, -n> carbón m ovoide; **Eierkopf** m <-(e)s, -köpfe> (fam) ❶ (iron, a. abw: Kopf) cabeza f de huevo ❷ (abw: Intellektueller) intelectualoide m; **Eierkuchen** m <-s, -> (süß) tortita f, crepe f; **Eierlikör** m <-s, -e> licor m de huevo; **Eierlöffel** m <-s, -> cucharilla f para huevos
eiern ['aɪɐn] vi (fam) ❶ sein (Person) tambalearse ❷ (Sache): das Rad eiert la rueda está torcida
Eierpfannkuchen m <-s, -> crepe f de huevo; **Eierschale** f <-, -n> cascarón m, cáscara f de huevo; **Eierschneider** m <-s, -> cortahuevos m inv; **Eierschwamm** m <-(e)s, -schwämme> (Österr), **Eierschwammerl** nt <-s, -n> (Österr) cantarela f
Eierstock m <-(e)s, -stöcke> (ANAT) ovario m; **Eierstockentzündung** f <-, -en> (MED) inflamación f de ovario
Eiertanz m (fam): (um etw/jdn) einen (regelrechten) ~ aufführen expresarse a medias palabras (sobre algo/alguien); **mach nicht so einen ~!** ¡déjate de comedias!; **Eierteigwaren** fpl (GASTR) pastas fpl (a base de huevo); **Eieruhr** f <-, -en> ampolleta f, reloj m de arena (para medir el tiempo de cocción de los huevos)
Eifel ['aɪfəl] f <-> Eifel m
Eifer ['aɪfɐ] m <-s, ohne pl> celo m, afán m; (Streben) empeño m; **im ~ des Gefechts** en el calor de la disputa
Eiferer, -in m, f <-s, -; -, -nen> fanático, -a m, f
eifern ['aɪfɐn] vi ❶ (geh: streben) ambicionar (nach), ansiar (nach) ❷ (schmähen) clamar (gegen contra)
Eifersucht f <-, ohne pl> celos mpl; **aus ~** por celos
Eifersüchtelei f <-, -en> (escenas fpl de) celos mpl
eifersüchtig adj celoso (auf de); **jdn ~ machen** poner celoso a alguien; **auf jdn ~ sein** tener celos de alguien
Eifersuchtsszene f <-, -n> escena f de celos; **jdm eine ~ machen** montarle a alguien una escena de celos
Eiffelturm ['aɪfəl-] m <-(e)s> torre f Eiffel
eiförmig ['aɪfœrmɪç] adj ovoide, ovalado
eifrig ['aɪfrɪç] I. adj apasionado, (emsig) diligente, aplicado, (fleißig) aplicado, estudioso
II. adv con empeño; **er macht seine Arbeit immer sehr ~** siempre trabaja con mucho celo
Eigelb nt <-(e)s, -e, nach Zahlen: -> yema f; **zwei ~ hinzufügen** añadir dos yemas de huevo
eigen ['aɪgən] adj ❶ (zugehörig) propio; **etw mit ~en Augen gesehen haben** haber visto algo con sus propios ojos; **etw sein E~ nennen** (geh) declarar algo de su propiedad; **sich dat etw zu E~ machen** apropiarse de algo; **in ~er Person** personalmente; **im ~en Namen und für ~e Rechnung** (COM) en nombre y por cuenta propios; **~er Wechsel** (FIN) letra (girada) a la propia orden
❷ (unabhängig) propio, independiente; (gesondert) aparte; **eine ~e Meinung haben** tener una opinión propia; **sein ~er Herr sein** ser independiente
❸ (charakteristisch) característico (de), típico (de); **er antwortete mit dem ihm ~en Zynismus** contestó con el cinismo que le caracteriza ❹ (wunderlich) curioso, raro; **sie ist sehr ~** ella es muy suya
Eigenart[1] f <-, ohne pl> (Eigentümlichkeit) particularidad f
Eigenart[2] f <-, -en> ❶ (Besonderheit) peculiaridad f, singularidad f ❷ (Wesenszug) característica f
eigenartig adj raro, peculiar
Eigenbau m <-(e)s, ohne pl> ❶ (fam: Obst, Gemüse) cosecha f propia ❷ (Konstruktion) construcción f propia; **Marke ~** (fam) de fabricación casera
Eigenbedarf m <-(e)s, ohne pl> (an Gütern) consumo m propio; (einer Wohnung) necesidad f propia
Eigenbedarfsklage f <-, -n> (JUR) demanda f de resolución por propia necesidad; **Eigenbedarfskündigung** f <-, -en> (JUR) notificación f de resolución por propia necesidad
Eigenbericht m <-(e)s, -e> (PUBL) artículo m redactado por un periodista; **der ~ steht neben einer Meldung der Presseagentur** el artículo del periodista está al lado de una noticia de la agencia de prensa; **Eigenbesitz** m <-es, ohne pl> (JUR) posesión f civil; **Eigenbesitzer(in)** m(f) <-s, -; -, -nen> (JUR) poseedor, -a m, f a título de propitario; **Eigenbetrieb** m <-(e)s, -e> (JUR) empresa f municipal; **Eigenbewirtschaftung** f <-, -en> (AGR) explotación f propia; **Eigenblut** nt <-(e)s, ohne pl> (MED) sangre f propia

Eigenbrötler(in) ['aɪgənbrø:tlɐ] m(f) <-s, -; -, -nen> (abw) tipo, -a m, f raro, -a, persona f extraña
eigenbrötlerisch adj solitario
Eigendynamik f <-, ohne pl> dinámica f propia; **~ entwickeln** [o **entfalten**] desarrollar la propia dinámica, desplegar los propios recursos; **Eigenenergie** f <-, -n> (CHEM) energía f propia; **Eigenerzeugung** f <-, -en> producción f propia; **Eigenfinanzierung** f <-, -en> (FIN) autofinanciación f; **Eigengebrauch** m <-(e)s, ohne pl> uso m personal; **Eigengeschäftsführung** f <-, ohne pl> (JUR) dirección f de negocio propio
eigengesetzlich adj autónomo
Eigengewicht nt <-(e)s, -e> peso m propio; **Eigenhaftung** f <-, -en> (JUR) propia responsabilidad f; **Eigenhandel** m <-s, ohne pl> (WIRTSCH) comercio m por cuenta propia
eigenhändig ['aɪgənhɛndɪç] I. adj (Unterschrift) de su puño y letra; (Testament) (h)ológrafo
II. adv con sus propias manos; **etw ~ übergeben** entregar algo en propia mano
Eigenhändler(in) m(f) <-s, -; -, -nen> (WIRTSCH) comerciante mf por cuenta propia; **Eigenheim** nt <-(e)s, -e> casa f propia
Eigenheit f <-, -en> s. **Eigenart**[2]
Eigeninitiative f <-, -n> iniciativa f propia
Eigenkapital nt <-s, -e o -ien> (FIN) capital m propio; **Eigenkapitalbedarf** m <-(e)s, -e> (WIRTSCH) demanda f de capital propio; **Eigenkapitalbildung** f <-, -en> (WIRTSCH) formación f de capital propio; **Eigenkapitalkonto** nt <-s, -konten> (FIN) cuenta f de capital propio; **Eigenkapitalminderung** f <-, -en> (WIRTSCH) disminución f del capital propio
Eigenladung f <-, -en> (CHEM) carga f propia; **Eigenleben** nt <-s, ohne pl> ❶ (Privatleben) vida f privada; **bei meiner Arbeitszeit bleibt mir kaum noch ein ~** con el horario de trabajo que tengo apenas me queda tiempo para mí ❷ (selbständige Existenz) vida f independiente; **mein Mann und ich führen jeder ein ~** mi marido y yo tenemos cada uno su propia vida; **Eigenleistung** f <-, -en> ❶ (Geleistetes) mérito m personal ❷ (Beitrag) contribución f propia; **Eigenliebe** f <-, ohne pl> amor m propio; **Eigenlob** nt <-(e)s, -e> alabanza f propia, autoalabanza f; **~ stinkt!** (fam) ¡la alabanza propia envilece!; **Eigenmacht** f: verbotene ~ (JUR) privación f ilícita de la posesión
eigenmächtig I. adj arbitrario
II. adv sin autorización, por cuenta propia; **~ handeln** obrar por cuenta propia
Eigenmächtigkeit[1] f <-, -en> (Handlung) acto m arbitrario; **ihre ~en verärgerten alle** a todos les molestaba que actuara arbitrariamente [o sin consultar a los demás]
Eigenmächtigkeit[2] f <-, ohne pl> (Selbstherrlichkeit) arbitrariedad f; **wir kritisieren die ~ seines Vorgehens** criticamos la arbitrariedad de su (forma de) proceder
Eigenmittel ntpl (WIRTSCH) medios mpl propios; **Eigenmittelbeteiligung** f <-, -en> (FIN) participación f con fondos propios; **Eigenmittelfinanzierung** f <-, -en> (FIN) financiación f con fondos propios
Eigenname m <-ns, -n> nombre m propio
Eigennutz ['aɪgənnʊts] m <-es, ohne pl> interés m personal; **aus ~** por interés
eigennützig ['aɪgənnʏtsɪç] I. adj (Person) interesado, egoísta
II. adv por interés
eigens ['aɪgəns] adv expresamente, explícitamente
Eigenschaft f <-, -en> cualidad f, calidad f; (Merkmal) característica f; **zugesicherte ~** (JUR) calidad prometida; **verkehrswesentliche ~** (JUR) calidad esencial del tránsito; **in seiner ~ als Vorsitzender** en su calidad de presidente; **in treuhänderischer ~** (JUR) a título fiduciario
Eigenschaftsirrtum m <-s, -tümer> (JUR) error m sobre cualidades
Eigenschaftswort nt <-(e)s, -wörter> adjetivo m; **Eigenschaftszusicherung** f <-, -en> (JUR) aseguramiento m de cualidades
Eigensinn m <-(e)s, ohne pl> testarudez f, tozudez f
eigensinnig adj obstinado, testarudo
eigenstaatlich adj soberano; **seit langem kämpfen sie um ihre ~e Existenz** desde hace años luchan por su soberanía
Eigenstaatlichkeit f <-, ohne pl> soberanía f
eigenständig adj independiente
Eigenständigkeit f <-, ohne pl> independencia f, autonomía f
eigentlich ['aɪgəntlɪç] I. adj ❶ (wirklich) verdadero, real; **sein ~er Name lautet ...** su verdadero nombre es...; **die ~e Bedeutung eines Wortes** el sentido propio de una palabra
❷ (ursprünglich) original
II. adv (tatsächlich) realmente, en realidad; (im Grunde genommen) en el fondo, a decir verdad; **wolltest du nicht gestern kommen? – ~ schon** ¿no querías haber venido ayer? – en realidad sí; **was willst du ~?** ¿qué es lo que quieres en realidad?
Eigentor nt <-(e)s, -e> (SPORT) gol m en propia puerta [o meta]

Eigentum *nt* <-s, *ohne pl*> propiedad *f*; **bewegliches ~** propiedad mueble; **geistiges ~** propiedad intelectual; **gemeinschaftliches ~** propiedad mancomunada; **gemischtes ~** propiedad mixta; **kommerzielles ~** propiedad comercial; **öffentliches/staatliches ~** propiedad pública/estatal; **das Haus ist mein ~** la casa es de mi propiedad

Eigentümer(in) ['aɪgənty:mɐ] *m(f)* <-s, -; -, -nen> propietario, -a *m, f*, dueño, -a *m, f*

Eigentümergebrauch *m* <-(e)s, *ohne pl*> (JUR) uso *m* de propietario; **Eigentümergemeinschaft** *f* <-, -en> (JUR) comunidad *f* de propietarios; **Eigentümergrundschuld** *f* <-, -en> (JUR) carga *f* real, gravamen *m* real; **Eigentümerhypothek** *f* <-, -en> (JUR) hipoteca *f* independiente

eigentümlich *adj* ① (*charakteristisch*) típico, característico
② (*sonderbar*) extraño, curioso; **das E~e an der Sache ist, dass ...** lo curioso de este asunto es que... +*ind/subj*

Eigentümlichkeit[1] *f* <-, -en> (*Charakteristikum*) característica *f*, peculiaridad *f*

Eigentümlichkeit[2] *f* <-, *ohne pl*> (*Sonderbarkeit*) particularidad *f*, singularidad *f*

Eigentumsanteil *m* <-(e)s, -e> participación *f* en una propiedad; **Eigentumsbeschränkung** *f* <-, -en> limitación *f* de la propiedad; **Eigentumsbildung** *f* <-, -en> constitución *f* de un patrimonio; **Eigentumsbindung** *f* <-, -en> (JUR) afección *f* de la propiedad; **Eigentumsdelikt** *nt* <-(e)s, -e> (JUR) delito *m* de la propiedad; **Eigentumserwerb** *m* <-(e)s, *ohne pl*> adquisición *f* de la propiedad; **Eigentumserwerber** *m* <-s, ->: **unentgeltlicher ~** (JUR) adquirente *m* de propiedad a título gratuito; **Eigentumsfiktion** *f* <-, -en> (JUR) ficción *f* de propiedad; **Eigentumsförderung** *f* <-, -en> (WIRTSCH) fomento *m* de la propiedad; **Eigentumsherausgabeanspruch** *m* <-(e)s, -sprüche> (JUR) acción *f* reivindicatoria; **Eigentumsklage** *f* <-, -n> (JUR) demanda *f* petitoria, acción *f* petitoria; **Eigentumsnachweis** *m* <-es, -e> certificado *m* de propiedad, título *m* de propiedad; **Eigentumsordnung** *f* <-, *ohne pl*> (JUR) régimen *m* de propiedad; **Eigentumsrecht** *nt* <-(e)s, -e> (JUR) derecho *m* de propiedad, dominio *m*; **verbrieftes ~** derecho de propiedad documentado; **Eigentumsregelung** *f* <-, -en> (JUR) régimen *m* del derecho de propiedad; **Eigentumsschutz** *m* <-es, *ohne pl*> (JUR) tutela *f* de la propiedad; **Eigentumsstörung** *f* <-, -en> (JUR) perturbación *f* de la posesión; **Eigentumsstreuung** *f* <-, -en> difusión *f* de la propiedad; **Eigentumsübergang** *m* <-(e)s, -gänge> traspaso *m* del dominio; **Eigentumsübertragung** *f* <-, -en> transferencia *f* de la propiedad, transmisión *f* de la propiedad; **Eigentumsveräußerer** *m* <-s, ->: **unentgeltlicher ~** (JUR) enajenador *m* de la propiedad a título gratuito; **Eigentumsverhältnisse** *ntpl* (JUR) régimen *m* de tenencia; **Eigentumsverletzung** *f* <-, -en> (JUR) daño *m* a la propiedad; **Eigentumsverlust** *m* <-(e)s, -e> pérdida *f* de la propiedad; **Eigentumsvermutung** *f* <-, -en> (JUR) presunción *f* de dominio

Eigentumsvorbehalt *m* <-(e)s, -e> (JUR) reserva *f* de la propiedad, reserva *f* de dominio; **erweiterter ~** reserva de propiedad ampliada; **verlängerter ~** reserva de propiedad ampliada; **einfacher ~** reserva de propiedad; **Eigentumsvorbehaltskauf** *m* <-(e)s, -käufe> (JUR) compra *f* de reserva de dominio; **Eigentumsvorbehaltsklausel** *f* <-, -n> (JUR) cláusula *f* de reserva de propiedad; **Eigentumsvorbehaltsregister** *nt* <-s, -> (JUR) registro *m* de reservas de dominio

Eigentumswechsel *m* <-s, *ohne pl*> cambio *m* de propiedad; **Eigentumswohnung** *f* <-, -en> piso *m* propio [*o* en propiedad], condominio *m Am*

eigenverantwortlich I. *adj* de responsabilidad propia; **sie ist für die Planung des Wörterbuches ~ zuständig** es responsable directa de los planes para la realización del diccionario
II. *adv* por propia cuenta (y riesgo); **~ handeln** obrar por cuenta propia; **in meinem neuen Job kann ich ~ entscheiden** en mi nuevo trabajo puedo decidir por mi propia cuenta

Eigenverantwortlichkeit *f* <-, *ohne pl*> responsabilidad *f* propia; **Eigenverantwortung** *f* <-, *ohne pl*> responsabilidad *f* propia; **etw in ~ tun** hacer algo bajo su propia responsabilidad; **Eigenverbrauch** *m* <-(e)s, *ohne pl*> autoconsumo *m*; **Eigenverwaltung** *f* <-, -en> (JUR) administración *f* propia; **~ des Schuldners** administración propia del deudor; **Eigenwechsel** *m* <-s, -> (COM, FIN) letra *f* (girada) a la propia orden

eigenwillig *adj* ① (*egoistisch*) egoísta
② (*sonderbar*) raro, particular; (*unkonventionell*) original
③ (*eigensinnig*) caprichoso
④ (*störrisch*) testarudo, terco

Eigenwilligkeit *f* <-, *ohne pl*> ① (*Eigensinn*) testarudez *f*, tozudez *f*
② (*unkonventionelle Art*) falta *f* de convencionalidad, originalidad *f*; **sie kleidet sich mit einer ~, die nicht jedem gefällt** se viste de una forma tan original [*o* tan poco convencional], que no gusta a todo el mundo

eignen ['aɪgnən] *vr*: **sich für etw** [*o* **zu etw** *dat*] **~** (*Person*) reunir las cualidades necesarias para algo, ser apto para algo; (*Sache*) prestarse para algo, ser apropiado para algo; **er eignet sich nicht zum** [*o* **als**] **Lehrer** no tiene madera de profesor

Eigner(in) *m(f)* <-s, -; -, -nen> propietario, -a *m, f*

Eignung *f* <-, *ohne pl*> aptitud *f*, idoneidad *f*; **fachliche ~** cualificación especializada

Eignungsklausel *f* <-, -n> (JUR) cláusula *f* de idoneidad; **Eignungsprüfung** *f* <-, -en>, **Eignungstest** *m* <-(e)s, -s *o* -e> examen *m* de aptitud, prueba *f* de aptitud

Eiklar *nt* <-s, -> (*Österr, südd*) clara *f*

Eiland ['aɪlant, *pl*: 'aɪlandə] *nt* <-(e)s, -e> (*geh*) isla *f*

Eilavis ['aɪlʔavi(s)] *m o nt* <- *o* -es, - *o* -e> (COM) aviso *m* urgente; **Eilbote, -in** *m, f* <-n, -n; -, -nen> mensajero, -a *m, f*, recadero, -a *m, f*; **per** [*o* **durch**] **~** exprés; **Eilbrief** *m* <-(e)s, -e> carta *f* urgente

Eile ['aɪlə] *f* <-, *ohne pl*> (*Hast*) prisa *f*, apuro *m Am*; (*Dringlichkeit*) urgencia *f*; **in ~ sein** estar con prisa, tener prisa, estar apurado *Am*; **das hat keine ~** eso no corre prisa; **jdn zur ~ antreiben** meter prisa a alguien, acuciar a alguien; **in aller ~** a toda prisa

Eileiter *m* <-s, -> (ANAT) oviducto *m*, trompa *f* (de Falopio)

Eileiterentzündung *f* <-, -en> (MED) inflamación *f* de las trompas uterinas, salpingitis *f inv*; **Eileiterschwangerschaft** *f* <-, -en> (MED) embarazo *m* de trompa de Falopio; **Eileiterunterbindung** *f* <-, -en> (MED) ligadura *f* de trompas

eilen ['aɪlən] *vi* ① (*dringend sein*) urgir, correr prisa; **eilt!** ¡urgente!; **damit eilt es nicht** esto no corre prisa
② *sein* (*Mensch*) apresurarse, ir corriendo (*zu* a); **jdm zu Hilfe ~** acudir corriendo en socorro de alguien

eilends ['aɪlənts] *adv* deprisa; **ich muss ~ zur Post** tengo que ir de prisa y corriendo a Correos

eilfertig *adj* (*geh*) apresurado; **~ handeln** actuar con prisa [*o* apresuradamente]

Eilfertigkeit *f* <-, *ohne pl*> (*geh*) presteza *f*, prontitud *f*; **der Kellner war mit devoter ~ zur Stelle** el camarero estaba presente en actitud solícita y servicial; **Eilgut** *nt* <-(e)s, -güter> mercancías *fpl* urgentes

eilig ['aɪlɪç] *adj* ① (*schnell*) rápido, apurado *Am*; **es ~ haben** tener prisa, estar apurado *Am*
② (*dringend*) urgente; **die Sache ist ~** el asunto es urgente

eiligst *adv* a toda prisa; **er machte sich ~ auf den Weg** se fue a toda prisa

Eilmarsch *m* <-es, -märsche> (*a*. MIL) marcha *f* forzada; **jetzt gehen wir im ~ nach Hause** (*fig*) ahora iremos a marchas forzadas a casa; **Eilpäckchen** *nt* <-s, -> paquete *m* urgente; **Eilsendung** *f* <-, -en> (*Brief*) carta *f* urgente [*o* exprés]; (*Päckchen*) paquete *m* urgente [*o* exprés]; **Eiltempo** *nt* <-s, *ohne pl*>: **etw im ~ erledigen** [*o* **tun**] hacer algo a toda velocidad; **ich rannte im ~ zum Bahnhof** fui corriendo a toda velocidad a la estación; **Eilverfahren** *nt* <-s, -> (JUR) procedimiento *m* de urgencia; **Eilversammlung** *f* <-, -en> (JUR) reunión *f* urgente; **Eilzug** *m* <-(e)s, -züge> (tren *m*) expreso *m*; **Eilzustellung** *f* <-, -en> entrega *f* exprés [*o* urgente]

Eimer ['aɪmɐ] *m* <-s, -> cubo *m*; **die Uhr ist im ~** (*fam*) el reloj está escacharrado; **damit sind meine ganzen Pläne im ~** (*fam*) con eso se han ido al traste todos mis planes

eimerweise *adv* en grandes cantidades; **wir haben ~ Erdbeeren gepflückt** hemos cogido montones de fresas

ein [aɪn] *adv*: **E~/Aus** (*auf Geräten*) on/off; **bei jdm ~ und aus gehen** andar como Pedro por su casa; **nicht mehr ~ noch aus wissen** estar totalmente desconcertado

ein, eine, ein I. *adj* (*Zahlwort*) un, una; **das kostet ~en Euro** cuesta un euro; **es ist ~ Uhr** es la una; **sie ist sein E~ und Alles** ella lo es todo para él; **das ist doch ~ und dasselbe** pero si es exactamente lo mismo; **~ für allemal** de una vez por todas; **in ~em fort** de un tirón
II. *art unbest* un, una; **~es Tages** un día; **was für ~ Auto hast du?** ¿qué coche tienes?; **was für ~e Hitze!** ¡qué [*o* vaya] calor!

einachsig *adj* (TECH) de un solo eje; **manche Campingwagen sind ~, andere haben zwei Achsen** algunas caravanas tienen un solo eje, otras, dos

Einakter ['aɪnʔaktɐ] *m* <-s, -> pieza *f* (de teatro) en un acto

einander [aɪ'nandɐ] *pron refl* el uno al otro, mutuamente, recíprocamente; **sie helfen ~** se ayudan mutuamente; **zwei ~ widersprechende Aussagen** dos declaraciones contradictorias

einarbeiten I. *vt* ① (*Mitarbeiter*) iniciar (*in* en)
② (*einfügen*) introducir (*in* en), meter (*in* en)
II. *vr*: **sich ~** integrarse (*in* en); **er hat sich gut eingearbeitet** se ha integrado bien en el equipo de trabajo

Einarbeitungszeit *f* <-, -en> período *m* de adaptación

einarmig *adj* manco

einäschern ['aɪnʔɛʃɐn] *vt* (*Leichnam*) incinerar

Einäscherung *f* <-, -en> incineración *f*, cremación *f*
ein|atmen I. *vi* respirar
II. *vt* inspirar, inhalar
einäugig ['aɪnʔɔɪgɪç] *adj* tuerto; **unter den Blinden ist der E~e König** (*prov*) en el país de los ciegos el tuerto es el rey
Einbahnstraße *f* <-, -n> calle *f* de sentido único [*o* de dirección única]
ein|balsamieren* *vt* (*Leiche*) embalsamar
Einbalsamierung *f* <-, -en> embalsamamiento *m*
Einband *m* <-(e)s, -bände> encuadernación *f*, tapas *fpl*
einbändig ['aɪnbɛndɪç] *adj* en [*o* de] un tomo
Einbau¹ ['aɪnbaʊ] *m* <-(e)s, *ohne pl*> (*Montage*) montaje *m*, instalación *f*
Einbau² *m* <-(e)s, -ten> (*Teil*) módulos *mpl*
ein|bauen *vt* ❶ (*hineinmontieren*) montar (*in* en), incorporar (*in* en); (*installieren*) instalar (*in* en); **mit eingebautem Mikrofon** con micrófono incorporado
❷ (*einfügen*) insertar (*in* en)
Einbauküche *f* <-, -n> cocina *f* de módulos (intercambiables)
Einbaum *m* <-(e)s, -bäume> canoa *f*
Einbaumöbel *ntpl* muebles *mpl* empotrados; **Einbaumotor** *m* <-s, -en> motor *m* incorporado; **Einbauschrank** *m* <-(e)s, -schränke> armario *m* empotrado
ein|behalten* *irr vt* retener
Einbehaltung *f* <-, -en> retención *f*
einbeinig *adj* de una sola pierna; (*Fußballer*) que utiliza una sola pierna
Einbenennung *f* <-, -en> (JUR) otorgamiento *m* de apellidos
ein|berufen* ['aɪnbəru:fən] *irr vt* ❶ (*Versammlung*) convocar (*zu* a), citar (*zu* para)
❷ (MIL) llamar a filas
Einberufene(r) *mf* <-n, -n; -n, -n> (MIL) recluta *mf*
Einberufung *f* <-, -en> ❶ (*einer Versammlung*) convocatoria *f* (*zu* a)
❷ (MIL) llamamiento *m* a filas
Einberufungsbescheid *m* <-(e)s, -e> (MIL) notificación *f* del llamamiento a filas
ein|betonieren* *vt* empotrar en hormigón (a)
ein|betten *vt* intercalar (*in* en)
Einbettzimmer *nt* <-s, -> habitación *f* de una cama
ein|beulen [ʔaɪnbɔʏlən] *vt* abollar
ein|beziehen* *irr vt* incluir (*in* en)
Einbeziehung *f* <-, *ohne pl*> inclusión *f*; **ich schlage die ~ folgender Themen** (**in die Diskussion**) **vor**: ... propongo que se incluyan los siguientes temas en el debate): ...; **die ~ des Publikums in die Aufführung war neuartig** la participación del público en la representación fue una novedad; **unter ~ von** ... teniendo en cuenta..., considerando...
Einbeziehungspflicht *f* <-, *ohne pl*> (JUR) deber *m* de inclusión
Einbezug *m* <-(e)s, *ohne pl*> (*Schweiz*) *s.* **Einbeziehung**
ein|biegen *irr vi sein* doblar, girar; **nach links ~** doblar a la izquierda
ein|bilden *vr*: **sich ~** ❶ (*sich vorstellen*): **sich** *dat* **etw ~** imaginarse algo, creerse algo; **das bildest du dir nur ein** sólo te lo imaginas; **bilde dir nicht ein, dass ich dir das glaube!** ¡no te imagines que te creo!; **was bildest du dir eigentlich ein?** (*fam*) ¿qué te crees?
❷ (*stolz sein*): **sich** *dat* **etwas ~ auf** estar orgulloso de; **darauf können Sie sich etwas ~** tiene Ud. toda la razón del mundo para estar orgulloso; **darauf brauchst du dir nichts einzubilden!** ¡no has hecho nada del otro mundo!
Einbildung¹ *f* <-, -en> (*Trugbild*) ilusión *f*, quimera *f*
Einbildung² *f* <-, *ohne pl*> ❶ (*Vorstellung*) imaginación *f*, fantasía *f*
❷ (*Überheblichkeit*) presunción *f*, arrogancia *f*; **~ ist auch eine Bildung!** (*fam*) ¡de ilusión también se vive!
Einbildungskraft *f* <-, *ohne pl*> (poder *m* de) imaginación *f*, capacidad *f* imaginativa
ein|binden *irr vt* ❶ (*Buch*) encuadernar
❷ (*einbeziehen*) incluir (*in* en), integrar (*in* en)
Einbindung *f* <-, -en> integración *f*; **unser Wunsch ist die ~ aller Bürger** nuestro deseo es integrar a todos los ciudadanos
ein|bläuen^RR ['aɪnblɔʏən] *vt* inculcar
ein|blenden I. *vt* (*Geräusche, Musik*) intercalar (*in* en)
II. *vr*: **sich ~** (TV, RADIO) conectar (*in* con)
Einblendfenster *nt* <-s, -> (INFOR) ventana *f* intercalada; **Einblendmenü** *nt* <-s, -s> (INFOR) menú *m* intercalado
Einblendung *f* <-, -en> (FILM, TV, RADIO) ❶ (*das Einblenden*) inserción *f*; **die Sendung wurde für die ~ von Werbespots unterbrochen** interrumpieron el programa para meter [*o* insertar] unas cuñas (publicitarias)
❷ (*eingeblendeter Teil*) espacio *m* insertado, fundido *m*; **die Textzeile auf dem Bildschirm ist eine kurze ~** el texto en la pantalla es una breve sobreimpresión
ein|bleuen *vt s.* **einbläuen**
Einblick *m* <-(e)s, -e> ❶ (*Aussicht*) vista *f*, mirada *f*

❷ (*prüfendes Einsehen*) inspección *f*, examen *m*; **jdm ~ in etw gewähren** permitir a alguien que se entere de algo
❸ (*Einsicht, Kenntnis*) idea *f*; **einen ~ in etw gewinnen** [*o* bekommen] formarse una idea de algo
ein|brechen *irr vi* ❶ *sein* (*stürzen*) hundirse, caer; **sie ist auf dem Eis eingebrochen** se hundió en el hielo
❷ *sein* (*Dämmerung, Dunkelheit*) irrumpir
❸ *haben o sein* (*eindringen*) forzar la entrada, entrar a robar; **bei uns ist letzte Nacht eingebrochen worden** anoche nos entraron a robar
Einbrecher(in) *m(f)* <-s, -; -, -nen> ladrón, -ona *m, f*
ein|brennen *irr* I. *vt* marcar con hierro caliente, marcar al fuego
II. *vr*: **sich ins Gedächtnis ~** grabarse en la memoria
ein|bringen *irr* I. *vt* ❶ (*Ernte*) recolectar
❷ (*Gewinn*) rendir, rentar; (*Zinsen*) producir; (*Werte*) aportar (*in* a); **sie hat 20.000 Euro in die Firma eingebracht** ha aportado 20.000 euros a la empresa; **das bringt nichts ein** no merece la pena
❸ (*Gesetz, Antrag*) presentar; (*Vorschläge, Ideen*) aportar (*in* a); **er brachte viele Ideen in das Projekt ein** contribuyó con muchas ideas a la realización del proyecto
II. *vr*: **sich ~** participar (*in* en); **sich in die Diskussion ~** participar en la discusión
Einbringung *f* <-, *ohne pl*> ❶ (*eines Gesetzes, eines Antrags*) presentación *f*; **~ eines Gesetzentwurfes** presentación de un proyecto de ley
❷ (*Erwirtschaftung*) productividad *f*; **~ der Arbeitskraft** productividad de la mano de obra; **~ von Eigenkapital** aportación de capital propio
Einbringungsaktie *f* <-, -n> (FIN) acción *f* de aportación; **Einbringungsbilanz** *f* <-, -en> (FIN) balance *m* integrado
ein|brocken ['aɪnbrɔkən] *vt* (*fam*): **jdm etwas ~** meter a alguien en un lío; **da hast du dir ja was Schönes eingebrockt!** ¡en buen lío te has metido!
Einbruch *m* <-(e)s, -brüche> ❶ (*in Gebäude*) robo *m*
❷ (*Beginn*) comienzo *m*; **bei ~ der Dämmerung** a la caída de la tarde, al anochecer, al ponerse el sol; **bei ~ des Winters** al comienzo del invierno
❸ (*Einsturz*) derrumbamiento *m*, hundimiento *m*
❹ (*Niederlage*) catástrofe *f*, derrota *f*; (*Rückgang*) disminución *f*; **~ der Industrieproduktion** disminución de la producción industrial
Einbruch(s)diebstahl *m* <-(e)s, -stähle> (JUR) robo *m* con fractura
einbruch(s)sicher *adj* a prueba de robos; **durch neue Schlösser wurde die Haustür ~** con la nueva cerradura la puerta era a prueba de robos
Einbruch(s)werkzeug *nt* <-(e)s, -e> herramienta *f* utilizada para entrar a robar en una casa; **die Einbrecher hatten ihr ~ am Tatort zurückgelassen** los ladrones habían dejado en el lugar de los hechos las herramientas que habían utilizado para entrar en la casa
ein|buchten ['aɪnbʊxtən] *vt* (*fam*) encarcelar, meter en chirona
Einbuchtung *f* <-, -en> ensenada *f*, bahía *f*
ein|buddeln I. *vt* (*fam*) enterrar; **der Hund hatte schon viele Knochen im Garten eingebuddelt** el perro había enterrado [*o* escondido] ya muchos huesos en el jardín
II. *vr*: **sich ~** (*fam*) enterrarse, aislarse
ein|bürgern I. *vt* ❶ (*Person*) naturalizar, nacionalizar
❷ (*Tiere, Pflanzen*) aclimatar
❸ (*Brauch*) introducir
II. *vr*: **sich ~** (*Brauch, Fremdwort*) generalizarse
Einbürgerung *f* <-, -en> nacionalización *f*, naturalización *f*
Einbürgerungsstatistik *f* <-, -en> (JUR) estadística *f* de naturalización; **Einbürgerungsurkunde** *f* <-, -n> (JUR) carta *f* de naturaleza
Einbuße *f* <-, -n> pérdida *f*, merma *f*; **allgemeine ~n im Lebensstandard** merma generalizada en el nivel de vida; **~n an etw** *dat* **erleiden** sufrir pérdidas de algo
ein|büßen *vt* perder (*an* parte de); **er hat an Ansehen eingebüßt** perdió parte de su buena fama
Einbußeprinzip *nt* <-s, *ohne pl*> (JUR) principio *m* de pérdida
ein|checken I. *vi* (AERO: *Passagiere*) embarcar
II. *vt* (AERO: *Gepäck*) embarcar, facturar
ein|cremen ['aɪnkre:mən] I. *vt* aplicar [*o* dar] crema (en); **sich** *dat* **die Hände ~** darse crema en las manos
II. *vr*: **sich ~** darse crema
ein|dämmen *vt* ❶ (*beschränken*) limitar, restringir
❷ (*Fluss*) encauzar
ein|dämmern *vunpers* (*Schweiz: dunkel werden*) atardecer, anochecer
Eindämmung *f* <-, -en> contención *f*; **~ der Inflation** contención de la inflación; **das oberste Ziel Perus ist die ~ der Cholera** el objetivo prioritario de Perú es contener la propagación del cólera
Eindämmungspolitik *f* <-, -en> (POL) política *f* de contención
ein|dampfen *vt* (CHEM) evaporar
ein|decken I. *vt* (*fam: überhäufen*) colmar (*mit* de), llenar (*mit* de); **ich bin mit Arbeit eingedeckt** estoy abrumado de trabajo

Eindecker

II. *vr:* sich ~ (*versorgen*) abastecerse (*mit* de/con), aprovisionarse (*mit* de), premunirse (*mit* de) *Am*
Eindecker *m* <-s, -> (AERO) monoplano *m*
ein|deichen *vt* cerrar con dique
ein|dellen *vt* (*fam*) abollar; **mir hat jemand die Fahrertür eingedellt** alguien me ha hecho un bollo en la puerta del conductor; **diesen Hut müssen Sie in der Mitte ~** a este sombrero tiene que hundirle la copa por el centro
eindeutig ['aɪndɔɪtɪç] *adj* ❶ (*unmissverständlich*) inequívoco, unívoco ❷ (*deutlich*) claro, patente
Eindeutigkeit *f* <-, *ohne pl*> ❶ (*Unmissverständlichkeit*) claridad *f*, falta *f* de ambigüedad; **an der ~ seiner Absicht bestand kein Zweifel** su intención era clara [*o* inequívoca], en eso no había dudas ❷ (*Unzweifelhaftigkeit*) evidencia *f*
ein|deutschen *vt* alemanizar, germanizar
ein|dicken I. *vt* (GASTR: *sämiger machen*) (dejar) espesar, amelcochar *Arg, Mex, Par*
II. *vi sein* (*zähflüssiger werden*) espesar, hacerse más espeso
eindimensional ['aɪndimɛnzjona:l] *adj* unidimensional
ein|dolen ['aɪndo:lən] *vt* (*Schweiz: kanalisieren*) canalizar
ein|dosen *vt* enlatar; **im Vorratskeller steht eingedoste Wurst** en la despensa de la bodega hay salchichas en lata
ein|dösen *vi sein* (*fam*) adormecerse
ein|drängen *vi sein:* **auf jdn ~** acosar a alguien; (*fig: Erinnerungen*) volver a la memoria a alguien
ein|drecken I. *vi sein* (*fam*) ensuciarse; **wir müssen unsere Gardinen waschen, sie sind stark eingedreckt** tenemos que lavar las cortinas, están muy sucias
II. *vr:* sich ~ (*fam*) ponerse perdido
ein|drehen *vt* ❶ (*einschrauben*) enroscar (*in* en); **eine Glühbirne in die Fassung ~** enroscar una bombilla en el portalámparas ❷ (*auf Lockenwickler wickeln*): **sich** *dat* **die Haare ~** ponerse rulos
ein|dreschen *irr vi* (*fam*) aporrear (*auf*)
ein|dringen ['aɪndrɪŋən] *irr vi sein* penetrar (*in* en), entrar (*in* en/a); (MIL) invadir (*in*); **auf jdn ~** amenazar a alguien; **mit Fäusten/einem Messer auf jdn ~** pegar un puñetazo/asestar una cuchillada a alguien
Eindringen *nt* <-s, *ohne pl*> penetración *f*; **gewaltsames ~** intrusión *f*
eindringlich I. *adj* insistente
II. *adv* con insistencia
Eindringlichkeit *f* <-, *ohne pl*> insistencia *f*, energía *f*; **er warnte ihn mit großer ~ vor den Folgen** le advirtió muy enérgicamente de las consecuencias
Eindringling *m* <-s, -e> intruso, -a *m, f*, quitagusto *m Ecua, Peru*
Eindruck *m* <-(e)s, -drücke> ❶ (*Wirkung*) impresión *f*, sensación *f*; **ich habe den ~, dass ...** tengo la impresión de que...; **ich kann mich nicht des ~s erwehren, dass ...** (*geh*) no puedo dejar de pensar que...; **den ~ erwecken, dass ...** dar la impresión de que...; **(auf jdn) machen** impresionar (a alguien); **unter dem ~ von etw stehen** estar bajo la impresión de algo; **seinen ~ auf jdn nicht verfehlen** no equivocarse en lo que uno pensaba de alguien
❷ (*Druckstelle*) impresión *f*, huella *f*
ein|drücken *vt* ❶ (*Blech*) abollar; (*Scheibe*) romper
eindrücklich *adj* (*Schweiz*), **eindrucksvoll** *adj* impresionante
ein|dunkeln *vunpers* (*Schweiz*) *s.* **eindämmern**
eine ['aɪnə] I. *adj o art unbest s.* **ein, eine, ein**
II. *pron indef s.* **eine(r, s)**
eine(r, s) *pron indef* uno, una; **weder der ~ noch der andere** ni el uno ni el otro; **~r für alle, alle für ~n** todos para uno y uno para todos; **das ~ sag' ich dir ...** (*fam*) te digo una cosa...; **Männer denken ja immer nur an das ~!** ¡los hombres siempre piensan en lo mismo!; **was für ~r?** ¿cuál?, ¿de qué tipo?; **du bist mir vielleicht ~r** (*fam*) mira que eres; **und das soll ~r glauben** esto no se lo cree nadie; **jdm ~ kleben** [*o* **knallen**] (*fam*) pegar(le) una bofetada a alguien; **es kam ~s zum anderen** lo uno trajo como consecuencia lo otro
ein|ebnen *vt* nivelar, allanar
Einehe *f* <-, -n> monogamia *f*
eineiig ['aɪn'ʔaɪɪç] *adj* univitelino
eineinhalb ['aɪn'ʔaɪn'halp] *adj inv* uno y medio; **es hat ~ Stunden gedauert** ha durado hora y media
eineinhalbmal *adv* uno y medio; **er verdient ~ soviel wie sie** él gana la mitad [*o* un 50%] más que ella
Einelternfamilie *f* <-, -n> (SOZIOL) familia *f* monoparental
einen ['aɪnən] I. *vt* (*geh*) unir, unificar
II. *vr:* sich ~ (*geh*) unirse
ein|engen *vt* ❶ (*Kleidung*) apretar
❷ (*beschränken*) coartar, limitar; **er fühlte sich in seiner Freiheit eingeengt** se sentía coartado en su libertad
Einengung *f* <-, -en> ❶ (*Bedrängnis*) acoso *m*; **diese übertriebene Zuneigung empfand das Kind als ~** este cariño exagerado le resultaba agobiante al niño
❷ (*Beschränkung*) limitación *f*, restricción *f*; **die neue Verordnung bedeutete eine ~ seiner Kompetenz** el nuevo reglamento significaba un recorte de sus competencias
einer I. *art unbest gen/dat von* **eine** *s.* **ein, eine, ein**
II. *pron indef gen/dat von* **eine** *s.* **eine(r, s)**
Einer *m* <-s, -> ❶ (MATH) unidad *f*
❷ (SPORT) esquife *m*
einerlei *adj inv* ❶ (*gleichgültig*) igual, indiferente; **das ist mir ganz ~** me es igual, me da lo mismo
❷ (*gleichartig*) de la misma clase; *s. a.* **achterlei**
Einerlei ['aɪnɐ'laɪ] *nt* <-s, *ohne pl*> monotonía *f*; **das tägliche ~** la monotonía de todos los días
einerseits *adv* por una parte, por un lado; **~ bin ich neugierig, andererseits habe ich Angst davor** por una parte tengo curiosidad, por la otra tengo miedo
Einerzimmer *nt* <-s, -> (*Schweiz: Einzelzimmer*) habitación *f* individual [*o* sencilla]
einesteils *adv:* **~, ... ander(e)nteils ...** por una parte..., por otra...
einfach ['aɪnfax] I. *adj* ❶ (*nur einmal*) simple, sencillo; **eine ~e Fahrkarte** un billete de ida
❷ (*leicht*) sencillo, fácil; **du machst es dir zu ~** te lo haces demasiado fácil
❸ (*schlicht*) modesto, sencillo
II. *adv* simplemente, sencillamente; **das ist ~ zu dumm** es simplemente demasiado bobo; **es klappt ~ nicht** sencillamente no funciona; **du kannst doch nicht ~ verschwinden** no puedes irte así como así [*o* sin más]
Einfachheit *f* <-, *ohne pl*> sencillez *f*, simplicidad *f*; **der ~ halber** para simplificar
ein|fädeln ['aɪnfɛ:dəln] I. *vt* ❶ (*Nadel*) enhebrar; (*Faden*) meter [*o* pasar] por (el ojo de) la aguja
❷ (*fam: anbahnen*) maquinar, urdir
II. *vr:* sich ~ (*im Verkehr*) integrarse (*in* en)
ein|fahren *irr* I. *vi sein* (*Zug, Schiff*) entrar (*in* a/en), efectuar su entrada (*in* a/en)
II. *vt* ❶ (*beschädigen*) derribar; **einen Zaun ~** derribar una valla
❷ (*Ernte, Fahrwerk*) recoger
❸ (*Auto*) rodar
III. *vr:* sich ~ (*sich einspielen*) normalizarse, equilibrarse; **sich auf eingefahrenen Gleisen bewegen** vivir de manera convencional
Einfahrt¹ *f* <-, *ohne pl*> (*eines Zuges*) entrada *f* (*in* a/en); (*Ankunft*) llegada *f* (*in* a)
Einfahrt² *f* <-, -en> (*Weg*) entrada *f*; **~ freihalten!** ¡prohibido estacionar!
Einfall *m* <-(e)s, -fälle> ❶ (*Idee*) idea *f*, ocurrencia *f*; **sie hat manchmal seltsame Einfälle** a veces se le ocurren ideas raras
❷ (*von Licht*) incidencia *f*
❸ (MIL) invasión *f* (*in*)
ein|fallen *irr vi sein* ❶ (*in den Sinn kommen*) ocurrir; **was fällt Ihnen ein!** ¡qué se cree Ud.!; **das würde ihm nicht im Traum ~** no se le ocurriría ni en sueños; **du musst dir etwas ~ lassen** tienes que pensar algo, se te tiene que ocurrir algo
❷ (*in Erinnerung kommen*) venir a la memoria; **plötzlich fiel ihm sein Großvater wieder ein** de repente se acordó de su abuelo
❸ (*zusammenstürzen*) derrumbarse, venirse abajo
❹ (*Gesicht, Wangen*) hundirse
❺ (MIL) invadir, irrumpir (*in* en)
❻ (*einstimmen*) acompañar (*in*)
❼ (*Licht*) entrar
einfallslos *adj* sin imaginación; (*langweilig*) soso, aburrido
Einfallslosigkeit *f* <-, *ohne pl*> falta *f* de ideas; **die monotone Fassadengestaltung zeigt die ~ des Architekten** el diseño monótono de la fachada es un exponente de la falta de imaginación del arquitecto
einfallsreich *adj* ocurrente, imaginativo
Einfallsreichtum *m* <-(e)s, *ohne pl*> riqueza *f* de ideas, imaginación *f*; **der Garten wurde mit viel Kreativität und ~ gestaltet** el diseño del jardín se hizo con mucha creatividad e imaginación
Einfallswinkel *m* <-s, -> (PHYS) ángulo *m* de incidencia
Einfalt ['aɪnfalt] *f* <-, *ohne pl*> (*Naivität*) ingenuidad *f*, candidez *f*; (*Dummheit*) simpleza *f*
einfältig ['aɪnfɛltɪç] *adj* ❶ (*töricht*) simple, simplón; (*Dummkopf*) mentecato, pendejo *Am*, bembo *Am*
❷ (*naiv*) ingenuo, inocente
Einfaltspinsel *m* <-s, -> (*fam abw*) simplón, -ona *m, f*, panoli *mf*, guanaco, -a *m, f Am*
Einfamilienhaus *nt* <-es, -häuser> casa *f* unifamiliar
ein|fangen *irr vt* (*Tier, Verbrecher*) atrapar, capturar; **sich** *dat* **eine Ohrfeige/Erkältung ~** (*fam*) ganarse una bofetada/pillar un resfriado

ein|färben *vt* teñir
einfarbig *adj* unicolor, monocolor; (*Tier*) tapado *Am*
ein|fassen *vt* ❶ (*Gebiet*) limitar
❷ (*mit Borte*) orlar
❸ (*Edelstein*) engastar
Einfassung *f* <-, -en> ❶ (*das Einfassen*) cercado *m*
❷ (*Umgrenzung*) borde *m*, margen *m*
ein|fetten *vt* engrasar
ein|finden *irr vr:* **sich ~** presentarse (*in* en), acudir (*in* a); **bitte sich 30 Minuten vor Veranstaltungsbeginn ~** por favor, presentarse 30 minutos antes del comienzo del acto
ein|flechten *irr vt* (*Band*) trenzar; (*Bemerkung*) intercalar
ein|fliegen *irr* I. *vi sein* llegar en avión
II. *vt* (*Nachschub, Truppen*) hacer llegar en avión
ein|fließen *irr vi sein* (*Gelder*) entrar; (*Kaltluft*) entrar, llegar; **~ lassen, dass ...** decir de pasada que...
ein|flößen *vt* ❶ (*Medizin*) administrar
❷ (*Bewunderung*) causar; (*Furcht, Achtung*) infundir; (*Vertrauen*) inspirar
Einflugschneise ['aɪnfluːkʃnaɪzə] *f* <-, -n> (AERO) corredor *m* de entrada
Einfluss^RR *m* <-es, -flüsse>, **Einfluß** *m* <-sses, -flüsse> ❶ (*Einwirkung*) influencia *f* (*auf* sobre); **vulkanischer ~** influencia volcánica; **einen guten ~ auf jdn ausüben** ejercer una buena influencia sobre alguien; **darauf habe ich keinen ~** no puedo influir en eso
❷ (*Wirkung*) efecto *m;* **unter dem ~ von Alkohol stehen** estar bajo los efectos del alcohol
❸ (*Ansehen*) prestigio *m*, crédito *m*
Einflussbereich^RR *m* <-(e)s, -e> área *f* de influencia, zona *f* de influencia
einflusslos^RR *adj* que no tiene influencia; **ich bin nicht so ~ wie du denkst** no tengo tan poca influencia como crees
Einflussnahme^RR ['aɪnflʊsnaːmə] *f* <-, -n> influencia *f* (*auf* sobre)
einflussreich^RR *adj* influyente, de mucha influencia; cogotudo *M Am, Ant*
Einflusszone^RR *f* <-, -n> zona *f* de influencia
ein|flüstern *vt* ❶ (*abw: suggerieren*): **jdm etw ~** insinuarle algo a alguien; **sie flüstert dir diesen Verdacht ein um uns zu entzweien** te ha metido esta sospecha en la cabeza para enemistarnos
❷ (*flüsternd vorsagen*) decir al oído; **die Lösung hat dir dein Nebenmann eingeflüstert, gib's zu!** la solución te la ha soplado tu compañero, ¡admítelo!
Einflüsterung *f* <-, -en> (*abw*) insinuación *f*, sugerencia *f*; **er hatte ganz auf die ~en seiner Kollegen vertraut** había confiado plenamente en las sugerencias de sus compañeros
ein|fordern *vt* (*geh: Gutachten*) reclamar; (*Gelder*) reclamar, exigir el pago (de); **Kapital ~** reclamar capital
einförmig ['aɪnfœrmɪç] *adj* uniforme, monótono
Einförmigkeit *f* <-, -en> monotonía *f*
ein|frieden ['aɪnfriːdən] *vt* (*mit Mauer*) cercar, vallar; (*mit Grenzstein*) acotar
Einfriedung *f* <-, -en> ❶ (*das Einfrieden*) cercado *m*, vallado *m*
❷ (*Umzäunung*) cerca *f*, valla *f*; **die ~ des Parks besteht aus einem drei Meter hohen Zaun** la cerca del parque consiste en una valla de tres metros de altura
ein|frieren *irr* I. *vi sein* (*Wasserrohr*) congelarse, helarse
II. *vt* (*Lebensmittel, Löhne*) congelar; **das E~ der Gehälter** la congelación salarial
Einfrierung *f* <-, -en> (*der Löhne*) congelación *f*; (*der Beziehungen*) suspensión *f*
Einfügemarke *f* <-, -n> (INFOR) punto *m* de inserción; **Einfügemodus** *m* <-, -modi> (INFOR) modo *m* de inserción
ein|fügen I. *vt* ❶ (*einarbeiten*) insertar (*in* en); (*hinzufügen*) incluir (*in* en); **E~ in die nähere Umgebung** (JUR) inclusión en las inmediaciones
❷ (*bemerken*) añadir (*in* a); **E~ oder Überschreiben** (INFOR) intercalar o borrar
II. *vr:* **sich ~** (*anpassen*) adaptarse (*in* a); (*sich integrieren*) integrarse (*in* en)
Einfügetaste *f* <-, -n> (INFOR) tecla *f* de inserción
ein|fühlen *vr:* **sich ~** compenetrarse (*in* con), identificarse (*in* con)
einfühlsam *adj* (*Mensch*) comprensivo; (*Worte*) sugestivo
Einfühlungsvermögen *nt* <-s, *ohne pl*> sensibilidad *f*, compenetración *f*
Einfuhr ['aɪnfuːɐ] *f* <-, -en> importación *f*; **freie ~** importación libre
einführbar *adj* (WIRTSCH) importable
Einfuhrbedarf *m* <-(e)s, *ohne pl*> necesidad *f* de importación; **Einfuhrbereich** *m* <-(e)s, -e> sector *m* de importación; **Einfuhrbeschränkung** *f* <-, -en> restricción *f* a la importación; **Einfuhrbestimmung** *f* <-, -en> régimen *m* de importación

ein|führen *vt* ❶ (*anleiten*) iniciar (*in* en)
❷ (*hineinschieben*) introducir (*in* en)
❸ (COM) importar (*nach* a)
❹ (*bekannt machen*) introducir (*in* en), presentar (*bei* a)
❺ (*etw Neues*) introducir (*in* en); (*Ware*) lanzar (*in* a); (*System*) establecer (*in* en)
❻ (*Wend*): **wieder ~** (*Brauch*) restablecer; (*Ware*) reimportar
Einfuhrerschwerung *f* <-, -en> obstaculización *f* de las importaciones; **Einfuhrfreiheit** *f* <-, *ohne pl*> libertad *f* de importación; **Einfuhrfreiliste** *f* <-, -n> lista *f* de mercancías de libre importación; **Einfuhrgenehmigung** *f* <-, -en> permiso *m* de importación; **Einfuhrkartell** *nt* <-s, -e> (WIRTSCH) cartel *m* de importación; **Einfuhrkontingent** *m* <-(e)s, -e> (WIRTSCH) contingente *m* de importación; **Einfuhrkontingentierung** *f* <-, -en> (WIRTSCH) contingentación *f* de importaciones; **Einfuhrland** *nt* <-(e)s, -länder> (COM) país *m* de importación; **Einfuhrlizenz** *f* <-, -en> (WIRTSCH) licencia *f* de importación; **Einfuhrmonopol** *nt* <-s, -e> (WIRTSCH) monopolio *m* de importación; **Einfuhrregelung** *f* <-, -en> (WIRTSCH) regulación *f* de las importaciones; **Einfuhrsparte** *f* <-, -n> *s*. Einfuhrbereich; **Einfuhrsperre** *f* <-, -n> (COM) prohibición *f* de las importaciones; **Einfuhrumsatzsteuer** *f* <-, -n> arancel *m* a la importación
Einführung *f* <-, -en> ❶ (*Hineinschieben*) introducción *f*, implantación *f*
❷ (*von Maßnahmen*) adopción *f*; (*von Steuern*) imposición *f*
❸ (*Anleitung*) introducción *f*
❹ (*Vorstellung*) presentación *f*
Einführungsgesetz *nt* <-es, -e> (JUR) ley *f* introductoria; **~ zum BGB** ley introductoria al ≈CC; **Einführungspatent** *nt* <-(e)s, -e> (JUR) patente *f* de introducción; **Einführungspreis** *m* <-es, -e> precio *m* de lanzamiento
Einfuhrverbot *nt* <-(e)s, -e> prohibición *f* de importación; **Einfuhrzoll** *m* <-(e)s, -zölle> (WIRTSCH) derechos *mpl* de importación
ein|füllen *vt* echar (*in* en); **Wasser in eine Flasche ~** llenar una botella de [*o* con] agua
Einfüllöffnung *f* <-, -en> abertura *f* de llenado, boca *f* de carga; **Einfüllstutzen** *m* <-s, -> (AUTO) tubo *m*, embudo *m* (aplicable a un bidón)
Eingabe *f* <-, -n> ❶ (*Antrag*) petición *f*, solicitud *f;* **eine ~ an eine Behörde machen** presentar una solicitud a una autoridad
❷ (INFOR) entrada *f* de datos
Eingabeaufforderung *f* <-, -en> (INFOR) instrucción *f* de entrada; **Eingabedaten** *pl* (INFOR) datos *mpl* de entrada; **Eingabefeld** *nt* <-(e)s, -er> (INFOR) campo *m* de entradas; **Eingabegerät** *nt* <-(e)s, -e> (INFOR) dispositivo *m* de entrada; **Eingabemodus** *m* <-, -modi> (INFOR) modo *m* de entrada; **Eingabetaste** *f* <-, -n> (INFOR) tecla *f* de entrada
Eingang¹ *m* <-(e)s, -gänge> ❶ (*Tür*) entrada *f*
❷ *pl* (*Geld*) entradas *fpl*; (*Post*) correspondencia *f*
Eingang² *m* <-(e)s, *ohne pl*> (*von Post, Ware*) llegada *f*; (*von Geld*) entrada *f*; **~ vorbehalten** (FIN) salvo buen cobro; **~ der Klage bei Gericht** recepción de la demanda en el tribunal; **wir bestätigen den ~ Ihres Schreibens vom ...** acusamos recibo de su carta del...
eingängig ['aɪŋɡɛŋɪç] *adj* (*Erklärung*) clara; (*Melodie*) pegadizo
eingangs ['aɪŋɡaŋs] I. *präp* +*gen* al comienzo de, al principio de
II. *adv* al comienzo, al principio; **wie ich ~ erwähnte** como mencioné al principio
Eingangsabgaben *fpl* (FIN) derechos e impuestos que gravan la importación; **Eingangsbestätigung** *f* <-, -en> acuse *m* de recibo; **Eingangsbilanz** *f* <-, -en> (WIRTSCH) balance *m* de entrada; **Eingangsdatum** *nt* <-s, -daten> fecha *f* de entrada; **Eingangshalle** *f* <-, -n> vestíbulo *m*, hall *m*; **Eingangskontrolle** *f* <-, -n> control *m* de entrada; **Eingangsprüfung** *f* <-, -en> (ADMIN) control *m* de ingreso
ein|geben *irr vt* ❶ (INFOR) introducir (*in* en)
❷ (*Arznei*) administrar
❸ (*geh: Idee*) sugerir, inspirar
eingebildet *adj* (*abw*) ❶ (*hochmütig*) presuntuoso, presumido, facistol *Am*, cajetilla *CSur;* (*anmaßend*) engreído, arrogante
❷ (*nicht wirklich*) imaginario, ficticio
eingeboren *adj* nativo, indígena
Eingeborene(r) *mf* <-n, -n; -n, -n> aborigen *mf*, indígena *mf*
Eingeborenensprache *f* <-, -n> lengua *f* nativa
Eingebung ['aɪŋəbʊŋ] *f* <-, -en> (*geh*) inspiración *f*, idea *f;* **eine ~ haben** tener una idea; **göttliche ~** inspiración divina
eingedenk ['aɪŋədɛŋk] *adv:* **etw** *gen*/**jds ~ sein**/**bleiben** tener algo/a alguien presente, recordar algo/a alguien; **~ dieses Versprechens war er zuversichtlich** habida cuenta de esa promesa, estaba esperanzado
eingefahren *adj* arraigado
eingefallen *adj* enflaquecido, (muy) delgado; **~e Wangen** mejillas hundidas
eingefleischt ['aɪŋəflaɪʃt] *adj* arraigado; **ein ~er Junggeselle** un sol-

terón empedernido
eingefuchst [ˈaɪŋəfʊkst] *adj* (*reg*) experto, perito
ein|gehen *irr sein* I. *vi* ❶ (*sich auseinander setzen*) ocuparse (*auf* de); **auf diese Frage gehe ich später näher ein** me ocuparé de esta pregunta más adelante
❷ (*zustimmen*) aceptar (*auf*); **auf einen Vorschlag ~** aceptar una propuesta
❸ (*Post*) llegar
❹ (*Kleidung*) encoger
❺ (*fam: sterben*) morir(se); (*Betrieb*) cerrar
❻ (*fam: verstehen*) entrar; **es geht mir nicht ein, dass ...** no me entra que... +*subj*
❼ (*Wend*): **in die Geschichte ~** pasar a la historia
II. *vt* ❶ (*Vertrag*) concertar, ultimar
❷ (*Risiko*) correr, aceptar; **ich gehe jede Wette ein, dass er gewinnt** apuesto lo que sea a que gana él
❸ (*Ehe*) contraer; **eine Beziehung ~** comenzar una relación, meterse en relación *fam*
eingehend *adj* (*ausführlich*) exhaustivo, detallado
Eingehungsbetrug *m* <-(e)s, *ohne pl*> (JUR) estafa *f* contractual
Eingemachte(s) *nt* <-n, *ohne pl*> conservas *fpl*; **ans ~ gehen** (*fam fig*) ir al grano
ein|gemeinden* *vt* incorporar a un municipio
Eingemeindung *f* <-, -en> (ADMIN) incorporación *f* (de un municipio)
Eingemeindungsbeschluss^RR *m* <-es, -schlüsse> (JUR) acuerdo *m* contractual de incorporación (de un municipio); **Eingemeindungsgesetz** *nt* <-es, -e> (JUR) ley *f* de incorporación municipal
eingeschlechtig *adj* (BOT) unisexual
eingeschnappt *adj* (*fam abw*) mosqueado
eingeschossig [ˈaɪŋəʃɔsɪç] *adj* (ARCHIT) de un piso, de una planta
eingeschränkt [ˈaɪŋəʃrɛŋkt] *adj* limitado, restringido; **~ leben** vivir modestamente
eingeschrieben *adj* (*Brief*) certificado
eingesessen I. *pp von* **einsitzen**
II. *adj*: **die Friedrichs sind eine alt ~e Familie** los Friedrich son una familia que lleva (muchas) generaciones viviendo aquí [*o* una familia arraigada en este lugar]
Eingesottene(s) *nt* <-n, *ohne pl*> (*Österr*) *s*. **Eingemachte(s)**
eingespannt *adj* (*beschäftigt*) ocupado; **sehr ~ sein** estar muy ocupado
eingespielt *adj*: **aufeinander ~ sein** entenderse bien, estar armonizados
eingestandenermaßen [ˈaɪŋəʃtandənəˈmaːsən] *adv* cierto es que
Eingeständnis *nt* <-ses, -se> reconocimiento *m*, confesión *f*
ein|gestehen* *irr vt* confesar, admitir; **sich** *dat* **etw ~** reconocer [*o* admitir] algo
eingestellt *adj*: **ich bin gegen ihn ~** me es antipático, no me cae bien; **sind Sie konservativ ~?** ¿es conservador usted?; **auf etw ~ sein** estar preparado para (hacer) algo; **ich bin nicht auf Besuch ~** no estoy preparado para recibir visita; **mein ganzes Leben ist auf die Kinder ~** toda mi vida gira alrededor de los niños
eingetragen *adj* (*Mitglied*) inscrito; (*Verein*) registrado; **amtlich/gerichtlich ~** inscrito oficialmente/judicialmente; **handelsgerichtlich ~** inscrito en el registro mercantil; **nicht ~** no inscrito
Eingeweide [ˈaɪŋəvaɪdə] *ntpl* vísceras *fpl*, tripas *fpl*
Eingeweihte(r) [ˈaɪŋəvaɪtə] *mf* <-n, -n; -n, -n> iniciado, -a *m, f*
ein|gewöhnen* *vr*: **sich ~** acostumbrarse (*in* a), adaptarse (*in* a)
Eingewöhnung *f* <-, *ohne pl*> adaptación *f*
ein|gießen *irr vt* echar (*in* en), verter (*in* en)
ein|gipsen *vt* ❶ (*befestigen*) enyesar; **einen Dübel (in die Wand) ~** sujetar un taco con yeso (a la pared)
❷ (MED) enyesar, escayolar
eingleisig [ˈaɪŋlaɪzɪç] *adj* de una sola vía, de vía única
ein|gliedern *vt* incorporar (*in* a), integrar (*in* en); **wieder ~** reintegrar; (*Gefangene*) reinsertar
Eingliederung *f* <-, -en> (*Sozialisierung*) (re)integración *f* (*in* en); (ADMIN: *Behörden, besetzte Gebiete*) integración *f* (*in* en), incorporación *f* (*in* a)
Eingliederungsgeld *nt* <-(e)s, -er>, **Eingliederungshilfe** *f* <-, -n> ayuda *f* al retornado [*o* a la integración]
Eingliederungshilfe-Verordnung *f* <-, -en> disposición *f* sobre ayuda a la integración; **Eingliederungsverfahren** *nt* <-s, -> procedimiento *m* de integración
ein|graben *irr* I. *vt* (*vergraben*) enterrar (*in* en)
II. *vr*: **sich ~** (*Tier*) esconderse bajo tierra; **etw gräbt sich ins Gedächtnis ein** algo se graba en la memoria
ein|gravieren* *vt* grabar (*in* en)
ein|greifen *irr vi* ❶ (*Einfluss nehmen*) intervenir (*in* en); **E~ einer Behörde** intervención de una autoridad; **seinem E~ war es zu verdanken, dass ...** gracias a su intervención...
❷ (TECH) engranar (*in* en)
Eingreifkriterien *ntpl* criterios *mpl* de intervención; **Eingreiftruppe** *f* <-, -n>: **schnelle ~n** (*der NATO*) tropas *fpl* de intervención rápida (de la OTAN)
ein|grenzen *vt* (*Problem, Thema*) delimitar
Eingriff *m* <-(e)s, -e> ❶ (MED, JUR) intervención *f*; **enteignungsgleicher ~** intervención con efectos análogos a los expropiatorios; **faktischer ~** intervención de facto; **mittelbarer/unmittelbarer ~** intervención indirecta/directa; **gefährlicher ~ in den Straßenverkehr** intervención peligrosa en el tráfico vial; **restriktiver ~** intervención restrictiva
❷ (*Übergriff*) ingerencia *f* (*in* en), intromisión *f* (*in* en)
Eingriffsbefugnis *f* <-, -se> (JUR) facultad *f* de intervención; **Eingriffsermächtigung** *f* <-, -en> (JUR) facultad *f* de intervención; **Eingriffsklausel** *f* <-, -n> (JUR) cláusula *f* de intervención; **Eingriffsrechte** *ntpl* derechos *mpl* de intervención; **Eingriffsverwaltung** *f* <-, -en> administración *f* interventoria
ein|gruppieren* [ˈaɪŋɡrupiːrən] *vt* ❶ (*Gruppen bilden*) agrupar
❷ (*zuordnen*) clasificar (*in* en), asignar (*in* a)
Eingruppierung *f* <-, -en> clasificación *f*, asignación *f*
ein|haken I. *vi* (*fam: in Gespräch*) intervenir; **an dieser Stelle muss man ~** es necesario intervenir en este punto
II. *vt* (*befestigen*) enganchar (*in* en)
III. *vr*: **sich bei jdm ~** cogerse del brazo de alguien, tomar a alguien del brazo
Einhalt (*geh*): **jdm/etw** *dat* **~ gebieten** poner coto a alguien/a algo
ein|halten *irr* I. *vt* (*Termin, Bedingung*) atenerse (a), respetar; (*Versprechen*) cumplir (con); (*Richtung, Diät*) seguir; (*Abstand*) mantener
II. *vi* (*geh: aufhören*) parar; **mit** [*o* **in**] **der Arbeit ~** parar de trabajar
Einhaltung *f* <-, *ohne pl*> cumplimiento *m*; **~ von Vertragsklauseln** cumplimiento de las cláusulas de un contrato
ein|hämmern I. *vi* ❶ (*einschlagen*): **auf etw/jdn ~** golpear algo/a alguien, dar golpes a algo/a alguien
❷ (*dröhnend einwirken*): **auf jdn ~** retumbar en los oídos de alguien; **diese laute Musik hämmert ja auf einen ein, dass einem das Trommelfell platzen könnte!** ¡esta música alta es tan atronadora que le puede destrozar a uno los tímpanos!
II. *vt* (*einprägen*): **jdm etw ~** repetir algo a alguien con machaconería; **du musst dir die neuen Rechenformeln ~** tienes que machacar las nuevas fórmulas de cálculo; **sich** *dat* **~, dass ...** meterse en la cabeza que...
ein|handeln *vr* (*fam*): **sich** *dat* **etw ~** recibir algo; **dadurch habe ich mir heftige Kritik eingehandelt** con esto he tenido que soportar duras críticas
einhändig [ˈaɪnhɛndɪç] *adj* manco, con una sola mano
ein|händigen *vt* (*formal*): **jdm etw ~** entregar algo a alguien
ein|hängen I. *vt* (*Hörer*) colgar
II. *vt* (*Tür, Fenster*) enquiciar
III. *vr*: **sich bei jdm ~** cogerse del brazo de alguien, tomar a alguien del brazo
ein|hauchen *vt* (*geh: Lebensmut, Zuversicht*) inspirar, dar
ein|hauen *irr* I. *vi*: **auf jdn/etw ~** dar golpes a alguien/a algo
II. *vt* ❶ (*zerstören: Tür*) derribar; (*Fensterscheibe*) romper; **jdm etw ~** romperle algo a alguien (de un puñetazo/golpe)
❷ (*einmeißeln*) grabar (*in* en)
ein|heften *vt* archivar
einheimisch [ˈaɪnhaɪmɪʃ] *adj* (*Bevölkerung, Pflanzen*) autóctono, nativo *Am*; (*Produkt*) nacional
Einheimische(r) *mf* <-n, -n; -n, -n> (*eines Landes*) natural *mf*, habitante *m*, nativo, -a *m, f Am*; (*eines Ortes*) vecino, -a *m, f*
ein|heimsen [ˈaɪnhaɪmzən] *vt* (*fam*) embolsar(se)
Einheirat *f* <-, -en> acción *f* de emparentar [*o* de contraer parentesco] (*in* con) (*al contraer matrimonio con un miembro de la familia*); **seine ~ in die Firma erregte großes Aufsehen** su entrada en la empresa (al casarse con la hija del propietario) causó una gran sensación
ein|heiraten *vi* emparentar; **in eine wohlhabende Familie ~** emparentar con una familia acomodada
Einheit [ˈaɪnhaɪt] *f* <-, -en> ❶ (*a.* MIL, POL, JUR) unidad *f*; **~ der Rechtsordnung** unidad del ordenamiento jurídico; **untrennbare rechtliche ~** unidad jurídica indivisible; **die deutsche ~** la unidad alemana
❷ (TEL) paso *m* de contador
einheitlich *adj* ❶ (*in sich geschlossen*) unitario; (*homogen*) uniforme, homogéneo
❷ (*genormt*) normalizado, estandarizado; **E~e Europäische Akte** Acta Única Europea
Einheitliche Europäische Akte *f* <-, *ohne pl*> (JUR) Acta *f* de Uniformidad Europea
Einheitlichkeit *f* <-, *ohne pl*> ❶ (*Gleichheit*) uniformidad *f*, igualdad

f; ~ **der Erfindung** (JUR) unicidad de la invención; **die ~ ihrer Kleidung wies sie als Gruppe aus** el que todos fueran vestidos igual indicaba que formaban un grupo

❷ (*Geschlossenheit*) unidad *f;* **jeder hier hat eine andere Meinung, wir brauchen mehr ~** aquí cada uno tiene una opinión diferente, necesitamos estar más unificados

Einheitsbedingung *f* <-, -en> (JUR) condición *f* uniforme; **Einheitsbewertung** *f* <-, -en> (JUR) valoración *f* uniforme; **Einheitsfrachtsatz** *m* <-es, -sätze> flete *m* único; **Einheitsgebühr** *f* <-, -en> (*formal*) tarifa *f* unitaria; **Einheitskleidung** *f* <-, -en> uniforme *m;* **Einheitsliste** *f* <-, -n> (POL) lista *f* única; **Einheitsmaß** *nt* <-es, -e> medida *f* normalizada; **Einheitspreis** *m* <-es, -e> precio *m* único [*o* unificado]; **Einheitsprivatrecht** *nt* <-(e)s, *ohne pb*> (JUR) derecho *m* privado unificado; **Einheitssatz** *m* <-es, -sätze> tasa *f* unitaria; **Einheitsschlüssel** *m* <-s, -> llave *f* única; **Einheitsschule** *f* <-, -n> escuela *f* unificada

Einheitssteuer *f* <-, -n> impuesto *m* único; **Einheitssteuersatz** *m* <-es, -sätze> tipo *m* impositivo fijo

Einheitsstrafe *f* <-, -n> (JUR) pena *f* de uniformidad; **nachträgliche Bildung einer ~** formación posterior de una pena de uniformidad; **Einheitsstrafenprinzip** *nt* <-s, *ohne pb*> (JUR) principio *m* de pena de uniformidad

Einheitstarif *m* <-(e)s, -e> (WIRTSCH) tarifa *f* única [*o* unitaria]; **Einheitstäterbegriff** *m* <-(e)s, -e> (JUR) concepto *m* de delincuente uniforme; **Einheitstheorie** *f* <-, -n> (JUR) teoría *f* de la unidad; **Einheitsverpackung** *f* <-, -en> embalaje *m* normalizado; **Einheitsvertrag** *m* <-(e)s, -träge> contrato *m* uniforme; **Einheitswährung** *f* <-, -en> (FIN, POL) moneda *f* unitaria; **Einheitsware** *f* <-, -n> artículos *mpl* de precio único; **Einheitswert** *m* <-(e)s, -e> valor *m* base [*o* unitario]

ein|heizen I. *vi* (*fam: mahnen*): **jdm ~** cantar(le) a alguien las cuarenta II. *vt* (*Ofen, Zimmer*) calentar

Einheizer(in) *m(f)* <-s, -; -, -nen> telonero, -a *m, f*

einhellig ['aɪnhɛlɪç] I. *adj* unánime II. *adv* por unanimidad

Einhelligkeit *f* <-, *ohne pb*> unanimidad *f*

einher|gehen [-'---] *irr vi sein* (*geh*) ir acompañado (*mit* de)

ein|holen *vt* ❶ (*erreichen*) alcanzar

❷ (*wettmachen*) recuperar
❸ (*Netz*) recoger; (*Fahne, Segel*) arriar
❹ (*Auskunft, Rat*) pedir
❺ (*fam: einkaufen*) comprar

Einholung *f* <-, *ohne pb*> ❶ (*einer Fahne*) arriamiento *m*
❷ (*einer Genehmigung*) obtención *f;* (*eines Gutachtens*) consulta *f*

Einhorn *nt* <-(e)s, -hörner> unicornio *m*

ein|hüllen *vt* envolver (*in* en/con), (re)cubrir (*in* de/con)

einhundert ['-'--] *adj inv* cien; *s. a.* **achthundert**

einig ['aɪnɪç] *adj* ❶ (*geeint*) unido
❷ (*einer Meinung*) acorde, conforme; **mit jdm ~ gehen** estar de acuerdo con alguien; **ich bin mit ihm in zwei Punkten ~ gegangen** en dos puntos he coincidido con él; **sich** *dat* **über etw ~ sein/werden** estar/ponerse de acuerdo sobre algo

einige(r, s) ['aɪnɪgə, -gə, -gəs] *pron indef* algún *m,* alguno, -a *m, f,* algunos *mpl,* algunas *fpl,* unos *mpl,* unas *fpl;* **~ Mal(e)** algunas veces; **~ hundert** [*o* **Hundert**] **Menschen** algunos cientos de personas; **in ~n Tagen** dentro de algunos días; **nach ~r Zeit** después de algún tiempo; **in ~r Entfernung** a cierta distancia; **~ glaubten, dass ...** algunos pensaron que...; **das wird ~s kosten** esto va costar bastante; **dazu gehört schon ~s** hace falta bastante (valor) para hacerlo

ein|igeln ['aɪn?igəln] *vr: sich ~* ❶ (*Igel*) enroscarse
❷ (*Mensch*) aislarse
❸ (*Truppen*) atrincherarse

einigemal *adv s.* **einige(r, s)**

einigen ['aɪnɪgən] I. *vt* (*einig machen*) unificar; (*aussöhnen*) conciliar II. *vr: sich ~* ponerse de acuerdo (*über* sobre), llegar a un acuerdo (*über* sobre); **wir einigten uns auf einen Preis** llegamos a un acuerdo sobre el precio

einigermaßen ['aɪnɪgɐ'maːsən] *adv* hasta cierto punto; (*ziemlich*) bastante; **das ist ~ gut** es bastante bueno; **wie geht es dir? – so ~** ¿cómo estás? – regular

einig|gehen *irr vi sein s.* **einig 2.**

Einigkeit *f* <-, *ohne pb*> concordia *f,* conformidad *f;* **in diesem Punkt herrschte ~** hubo conformidad sobre este punto; **~ macht stark** la unión hace la fuerza

Einigung *f* <-, -en> ❶ (*Übereinstimmung*) acuerdo *m;* (*Versöhnung*) conciliación *f;* **außergerichtliche ~** conciliación extrajudicial; **gütliche ~** (JUR) arreglo amistoso; **zu einer ~ kommen** llegar a un acuerdo
❷ (*Vereinigung*) unión *f,* unificación *f*

einigungsbedingt *adj* (WIRTSCH, POL) condicionado por la reunificación

Einigungsmangel *m* <-s, -mängel> (JUR) disenso *m;* **Einigungsstelle** *f* <-, -n> (JUR) comisión *f* de conciliación; **Einigungsvertrag** *m* <-(e)s, *ohne pb*> (POL) Tratado *m* de Unificación; **Einigungszwang** *m* <-(e)s, -zwänge> (JUR) finalidad *f* de conciliación

ein|impfen *vt* (*fam*): **jdm etw ~** inculcar algo a alguien, meterle algo a alguien en la cabeza

ein|jagen *vt* dar, meter; **jdm Angst ~** infundir miedo a alguien; **damit willst du mir nur Angst ~** (con eso) sólo quieres meterme miedo; **das jagt mir Angst ein** (eso) me da miedo

einjährig ['aɪnjɛːrɪç] *adj* ❶ (*Kind, Kurs*) de un año; *s. a.* **achtjährig**
❷ (*Pflanze*) anual

ein|kalkulieren* *vt* incluir, contar (con)

Einkammersystem [-'----] *nt* <-s, -e> (POL) sistema *m* unicameral

ein|kapseln I. *vt* encapsular
II. *vr: sich ~* (MED) enquistarse

ein|kassieren* *vt* ❶ (*Geld*) cobrar
❷ (*fam: festnehmen*) detener
❸ (*fam: wegnehmen*) mangar, coger

Einkauf[1] *m* <-(e)s, -käufe> (*Kauf*) compra *f;* **Einkäufe machen** hacer compras

Einkauf[2] *m* <-(e)s, *ohne pb*> (COM: *Abteilung*) sección *f* de compras

ein|kaufen I. *vi, vt* (*Waren*) comprar; **~ gehen** ir de compras
II. *vr: sich ~* (*Teilhaber werden*) adquirir una parte (*in* de); **sich in eine Firma ~** adquirir parte de una empresa

Einkäufer(in) *m(f)* <-s, -; -, -nen> comprador(a) *m(f)*

Einkaufsbedingungen *fpl* condiciones *fpl* de compra; **Einkaufsbummel** *m* <-s, -> vuelta *f* por las tiendas; **einen ~ machen** ir de tiendas; **Einkaufsgemeinschaft** *f* <-, -en> (COM) comunidad *f* de compras; **Einkaufsgenossenschaft** *f* <-, -en> (COM): **~ des Großhandels** cooperativa *f* de compras (al por mayor); **Einkaufskartell** *nt* <-s, -e> (COM) cartel *m* de compras; **Einkaufskommission** *f* <-, -en> (COM) comisión *f* de compras; **Einkaufsleiter(in)** *m(f)* <-s, -; -, -nen> jefe, -a *m, f,* de compras; **Einkaufsmeile** *f* <-, -n> calle *f* comercial; **Einkaufspassage** *f* <-, -n> galería *f* comercial; **Einkaufspreis** *m* <-es, -e> precio *m* de compra [*o* de coste]; **Einkaufsquelle** *f* <-, -n>: **weißt du nicht eine gute ~ für Videorekorder?** ¿no sabes de alguna buena tienda donde vendan vídeos?; **Einkaufsselbstkosten** *pl* (WIRTSCH) precio *m* de coste; **Einkaufsstraße** *f* <-, -n> calle *f* comercial; **Einkaufssumme** *f* <-, -n> (*Schweiz*) precio *m* que un extranjero debe pagar para obtener en Suiza el permiso de trabajo; **Einkaufstasche** *f* <-, -n> bolsa *f* de la compra; **Einkaufstour** *f* <-, -en> vuelta *f* por las tiendas; **Einkaufswagen** *m* <-s, -> carrito *m* de la compra; **Einkaufszentrum** *nt* <-s, -zentren> centro *m* comercial; **virtuelles ~** centro comercial virtual; **Einkaufszettel** *m* <-s, -> lista *f* de la compra

Einkehr *f* <-, *ohne pb*> (*geh: Selbstbesinnung*) reflexión *f,* examen *m* de conciencia; **diese Berghütte ist der richtige Ort zur ~** esta cabaña es el lugar ideal para reflexionar [*o* para hacer un examen de conciencia]; **jdn zur ~ bringen** hacer reflexionar a alguien; **~ halten** reflexionar sobre uno mismo, hacer un examen de conciencia

ein|kehren *vi sein* ❶ (*geh: Ruhe, Frieden*) llegar
❷ (*in Gasthof*) ir a tomar algo, ir a un restaurante

ein|keilen ['aɪnkaɪlən] *vt* fijar con cuña

ein|kellern *vt* (*Kartoffeln, Kohlen*) almacenar en el sótano; (*Wein*) embodegar

ein|kerben *vt* grabar (con un objeto punzante) (*in* en)

Einkerbung ['aɪnkɛrbʊŋ] *f* <-, -en> (*am Stock*) incisión *f;* (*in Baumstamm*) muesca *f*

ein|kerkern *vt* (*geh*) recluir (en prisión), enviar a prisión

ein|kesseln *vt* rodear, acordonar

Einkesselung *f* <-, -en> (MIL) cerco *m*

einklagbar *adj* demandable

ein|klagen *vt* (JUR) demandar

Einklagung *f* <-, -en> (JUR) demandabilidad *f;* **~ der Vertragserfüllung** demandabilidad del cumplimiento contractual

ein|klammern *vt* poner entre paréntesis

Einklang *m* <-(e)s, *ohne pb*> ❶ (MUS) unisonancia *f*
❷ (*geh: Harmonie*) armonía *f;* **in ~ mit etw** *dat* **stehen** armonizar con algo; **etw mit etw** *dat* **in ~ bringen** compatibilizar [*o* armonizar] una cosa con otra

ein|kleben *vt* pegar (*in* en)

ein|kleiden *vt* ❶ (*Person*) vestir
❷ (*Rekruten*) equipar

Einkleidung *f* <-, -en> ❶ (MIL) entrega *f* del uniforme [*o* del equipo]
❷ (REL: *Nonne*) toma *f* de velo; (*Mönch*) toma *f* de hábito

ein|klemmen *vt* pillar; **ich habe mir den Finger in der Tür eingeklemmt** me he pillado el dedo con la puerta

ein|klinken I. *vt* cerrar; **eine Tür ~** cerrar una puerta con el picaporte; **den Gurt in das Schloss ~** abrochar el cinturón

einknicken

II. *vi sein* cerrarse; **er hörte die Tür ~** oyó cómo se cerraba la puerta
III. *vr:* **sich ~** (*a.* INFOR) engancharse; **sich in ein Gespräch ~** intervenir en una conversación; **sich in ein Geschäft ~** meterse en un negocio
ein|knicken I. *vi sein* ❶ (*umknicken: in/mit den Knien*) plegársele las piernas a alguien; (*in/mit dem Knöchel*) torcérsele a alguien el tobillo
❷ (*einen Knick bekommen*) doblar (*an* en/por)
❸ (*nachgeben*) ceder; **seine Popularität ist eingeknickt** su popularidad ha disminuido
II. *vt haben* ❶ (*umbiegen*) doblar (*an* en/por)
❷ (*fast zerbrechen*) romper sin partir; **er knickte einige Zweige ein um den Weg zu markieren** dobló algunas ramas para marcar el camino
einknöpfbar *adj* que se puede abotonar; **die Jacke hat ein ~es Innenfutter** la chaqueta tiene un forro interior de quita(i)pón que se sujeta con botones
ein|knöpfen *vt* abotonar (*in* a)
ein|knüppeln *vi:* **auf jdn ~** golpear (con una porra) a alguien
ein|kochen I. *vi sein* (*Soße*) espesarse (al fuego)
II. *vt* (*Obst*) confitar
ein|kommen *irr vi sein* (*formal*): **um etw ~** pedir algo; **sie kam bei ihrem Chef um eine Woche Sonderurlaub ein** fue a ver a su jefe para pedirle una semana de vacaciones
Einkommen *nt* <-s, -> ❶ (*Gehalt*) sueldo *m*, salario *m*
❷ (*Einkünfte*) renta *f*, ingresos *mpl*; **~ aus Arbeit/Handelstätigkeit/Kapital** renta del trabajo/de actividades comerciales/del capital; **~ aus selbständiger Tätigkeit** ingresos obtenidos de una actividad independiente; **~ vor Abzug der Steuern** renta antes de impuestos; **beitragspflichtiges ~** ingreso sujeto a contribución; **festes/steuerpflichtiges ~** renta fija/sujeta a impuestos; **nicht erarbeitetes ~** ingresos no obtenidos por el trabajo; **persönliches/permanentes ~** ingresos personales/permanentes; **steigendes ~** ingresos en aumento; **verfügbares persönliches ~** ingresos personales disponibles
Einkommensentwicklung *f* <-, -en> evolución *f* de los salarios; **Einkommensermittlung** *f* <-, -en> determinación *f* de rendimientos; **Einkommensgefälle** *nt* <-s, -> (WIRTSCH) desigualdad *f* de los ingresos; **Einkommensgrenze** *f* <-, -n> (WIRTSCH) límite *m* de ingresos; **Einkommensgruppe** *f* <-, -n> categoría *f* salarial; **Einkommensquelle** *f* <-, -n> fuente *f* de ingresos; **Einkommensrückgang** *m* <-(e)s, -gänge> disminución *f* de los ingresos; **Einkommen(s)schichtung** *f* <-, -en> clasificación *f* de ingresos
einkommen(s)schwach *adj* (WIRTSCH) de pocos ingresos
einkommen(s)stark *adj* (WIRTSCH) de ingresos altos
Einkommen(s)steuer *f* <-, -n> impuesto *m* sobre la renta; **Veranlagung der ~** liquidación del impuesto sobre la renta; **Einkommen(s)steueranteil** *m* <-(e)s, -e> cuota *f* del impuesto sobre la renta de las personas físicas; **Einkommen(s)steuererklärung** *f* <-, -en> declaración *f* del impuesto sobre la renta; **eine ~ abgeben** presentar la declaración del impuesto sobre la renta; **Einkommen(s)steuergruppe** *f* <-, -n> categoría *f* fiscal en el impuesto sobre la renta de las personas físicas
einkommen(s)steuerpflichtig *adj* sujeto a la declaración de la renta
Einkommen(s)steuersatz *m* <-es, -sätze> tipo *m* del impuesto sobre la renta; **niedrigster ~** tipo mínimo del impuesto sobre la renta
Einkommen(s)stufe *f* <-, -n> nivel *m* de ingresos; **Einkommensverhältnisse** *ntpl* ingresos *mpl*; **Einkommensverteilung** *f* <-, -en> distribución *f* de la renta, reparto *m* de la renta; **Einkommensverwendungssteuern** *fpl* imposición *f* sobre el consumo; **Einkommenszuschlag** *m* <-(e)s, -schläge> suplemento *m* a la renta
ein|kreisen *vt* cercar, rodear
Einkreisung *f* <-, -en> cerco *m*, rodeo *m*; **langsam kamen wir zur ~ des Problems** poco a poco íbamos llegando al meollo del problema
ein|kriegen *vr:* **sich ~** (*fam*) dominarse, contenerse; **sie kriegte sich vor Lachen gar nicht mehr ein** no consiguió contener su risa
ein|kringeln *vt* marcar con un círculo
Einkünfte ['aɪnkʏnftə] *pl* ingresos *mpl;* **außerordentliche/feste ~** rendimientos extraordinarios/fijos; **lohnsteuerpflichtige/steuerfreie ~** rendimientos sujetos al impuesto sobre la renta/exentos de impuestos; **~ aus selbständiger Arbeit** ingresos procedentes del trabajo por cuenta propia; **~ aus selbständiger und künstlerischer Tätigkeit** rendimientos de las actividades profesionales y artísticas; **~ aus nichtselbständiger Tätigkeit** rendimientos del trabajo, ingresos procedentes del trabajo por cuenta ajena; **~ aus beweglichem Vermögen** rendimientos del capital mobiliario; **~ aus Vermietung und Verpachtung** rendimientos del capital inmobiliario
Einkünfteerzielung *f* <-, *ohne pl*> obtención *f* de renta; **Einkünfteerzielungsabsicht** *f* <-, -en> ánimo *m* de obtención de rendimientos
Einkunftsart *f* <-, -en> tipo *m* de ingresos; **Einkunftsquellen** *fpl* fuentes *fpl* de ingresos
ein|kuppeln *vi* (AUTO) embragar

Einlad ['aɪnlaːt] *nt* <-(e)s, *ohne pl*> (*Schweiz*) *s.* **Einladung**
ein|laden *irr vt* ❶ (*Gäste*) invitar (*zu* a); **er hat mich zum Essen eingeladen** me ha invitado a comer; **ich lade dich auf ein Bier ein** te invito a una cerveza
❷ (*Ladung*) cargar (*in* en)
einladend *adj* (*verlockend*) tentador; (*verführerisch*) seductor
Einladung *f* <-, -en> invitación *f* (*zu* a)
Einladungskarte *f* <-, -n>, **Einladungsschreiben** *nt* <-s, -> invitación *f* por escrito
Einlage *f* <-, -n> ❶ (*im Schuh*) plantilla *f* ortopédica
❷ (*Zahn~*) empaste *m* provisional
❸ (*Slip~*) salvaslip *m*
❹ (*in der Zeitung*) suplemento *m*
❺ (THEAT) actuación *f* estelar
❻ (FIN: *Spar~*) depósito *m*; (*Kapital~*) inversión *f*; **~n in eine Gesellschaft** aportación social; **~n mit Kündigungsfrist** depósito con plazo de preaviso; **verzinsliche ~n** depósitos a interés
Einlagenbank *f* <-, -en> (FIN) banco *m* de depósitos; **Einlagengeschäft** *nt* <-(e)s, -e> (FIN) operación *f* de depósito; **Einlagensatz** *m* <-es, -sätze> (FIN) tasa *f* de depósitos; **Einlagensicherung** *f* <-, *ohne pl*> (FIN) garantía *f* de depósitos; **Einlagenzertifikat** *nt* <-(e)s, -e> (FIN) título *m* de depósitos; **Einlagenzufluss**ᴿᴿ *m* <-es, -flüsse> (FIN) entrada *f* de depósitos
ein|lagern *vt* almacenar
Einlagerung *f* <-, -en> ❶ (*das Einlagern*) almacenamiento *m*
❷ (BERGB) depósito *m*
ein|langen *vi sein* (*Österr: eintreffen*) llegar (*in* a)
Einlassᴿᴿ ['aɪnlas] *m* <-es, *ohne pl*>, **Einlaß** *m* <-sses, *ohne pl*> entrada *f*, admisión *f*; **sich** *dat* **~ in etw verschaffen** ser admitido en un lugar
ein|lassen *irr* I. *vt* ❶ (*hereinlassen*) hacer [*o* dejar] entrar (*in* en); **er ließ sich** *dat* **ein Bad ein** se preparó un baño
❷ (*zulassen*) admitir
❸ (*einpassen*) empotrar (*in* en)
II. *vr:* **sich ~** ❶ (*Umgang pflegen*) darse (*mit* con), mezclarse (*mit* con); **lass dich nicht mit diesem Ganoven ein** no te mezcles con este tunante
❷ (*mitmachen*) comprometerse (*auf* a), dejarse meter (*auf* en); **ich lasse mich auf keine Diskussion ein** no quiero discutir el tema para nada
❸ (JUR: *zu Klagepunkten*) contestar, manifestarse
einlässlichᴿᴿ ['aɪnlɛslɪç] *adj*, **einläßlich** *adj* (*Schweiz: ausführlich*) extenso, detallado
Einlassung ['aɪnlasʊŋ] *f* <-, -en> (JUR) contestación *f*, manifestación *f*
Einlassungsfrist *f* <-, -en> (JUR) plazo *m* de contestación; **Einlassungsschriftsatz** *m* <-es, -sätze> (JUR) alegaciones *fpl* de contestación
Einlauf *m* <-(e)s, -läufe> ❶ (MED) lavativa *f*, enema *m*
❷ (SPORT) llegada *f* (a la línea de meta)
ein|laufen *irr* I. *vi sein* ❶ (*Schiff, a.* SPORT) entrar (*in* en/a); (*Zug*) llegar (*in* a)
❷ (*Kleidung*) encoger; **garantiert kein E~!** ¡garantizamos que no encoge!
❸ (*zum Baden*): **das Wasser läuft ein** estoy llenando la bañera
II. *vt* ❶ (*Schuhe*) adaptar al pie
❷ (*Wend*): **jdm die Bude ~** (*fam*) no dejar en paz a alguien
III. *vr:* **sich ~** (SPORT) calentar, hacer ejercicios de precalentamiento
ein|läuten *vt* anunciar (con toque de campanas); **den Wahlkampf ~** abrir la campaña electoral
ein|leben *vr:* **sich ~** adaptarse (*in* a), aclimatarse (*in* a)
Einlegearbeit *f* <-, -en> (KUNST) ❶ (*Möbelstück*) pieza *f* de marquetería [*o* de taracea]
❷ (*Intarsie*) marquetería *f*, incrustación *f*
ein|legen *vt* ❶ (*hineintun*) meter; (*Film*) poner
❷ (FIN) depositar
❸ (*Berufung, Protest*) interponer; (*Pause*) intercalar; **ein gutes Wort für jdn ~** interceder por alguien, hablar en favor de alguien
❹ (*Haare*) marcar
❺ (GASTR) macerar; (*marinieren*) marinar; (*in Tunke*) adobar; (*in Essig*) poner en vinagre, escabechar
❻ (KUNST: *intarsieren*) taracear, incrustar
Einleger(in) *m(f)* <-s, -; -, -nen> (FIN) depositante *mf*
Einlegesohle *f* <-, -n> plantilla *f*
Einlegung *f* <-, *ohne pl*> (JUR): **~ von Rechtsmitteln** interposición de recursos legales
ein|leiten *vt* ❶ (*beginnen*) comenzar, empezar; **die entsprechenden Schritte ~ um zu ...** hacer las gestiones correspondientes para ...
❷ (*vorbereiten*) preparar, hacer preparativos (*zu* para); (*Geburt*) provocar; (*Verhandlungen*) entablar, iniciar; (*Prozess, Untersuchung*) instruir, entablar; **gegen ihn wurde ein Verfahren eingeleitet** instruyeron una

causa contra él
③ (*Flüssigkeit*) verter (*in* en/a)
einleitend I. *adj* (*einführend*) preliminar, introductorio
II. *adv:* ~ möchte ich erwähnen, dass ... para empezar quisiera mencionar que...
Einleitung *f* <-, -en> ① (*eines Textes, im Buch*) introducción *f*
② (*Eröffnung*) comienzo *m*, inicio *m*
③ (*eines Gerichtsverfahrens*) instrucción *f*, incoación *f*
④ (*Flüssigkeit*) encauzamiento *m*
Einleitungsformel *f* <-, -n> (JUR) encabezamiento *m;* **Einleitungsgrenzwert** *m* <-(e)s, -e> valor *m* límite del encauzamiento; **Einleitungsstandard** *m* <-s, -s> estándar *m* del encauzamiento
ein|lenken *vi* (*nachgeben*) ceder, transigir
ein|lesen *irr* **I.** *vt* (INFOR) leer
II. *vr:* sich ~ (*in ein Thema*) familiarizarse (*in* con), meterse (*in* en) *fam*
ein|leuchten *vi* ser obvio, saltar a la vista; **das will mir nicht** ~ esto no me convence
einleuchtend *adj* (*offensichtlich*) obvio, evidente; (*überzeugend*) convincente
ein|liefern *vt* entregar; (*Person*) ingresar (*in* en)
Einlieferung *f* <-, -en> entrega *f;* (*ins Krankenhaus*) ingreso *m* (*in* en), hospitalización *f;* (*ins Gefängnis*) entrada *f* (*in* en), ingreso *m* (*in* en)
Einlieferungsbefehl *m* <-(e)s, -e> (JUR) orden *f* de encarcelamiento; **Einlieferungsschein** *m* <-(e)s, -e> albarán *m* de entrega; (*Post*) resguardo *m*
ein|lochen *vt* ① (*fam: inhaftieren*) enchironar
② (*Golfball*) meter en el hoyo
ein|loggen ['aɪnlɔɡən] *vr:* sich ~ (INFOR) entrar (*in* en)
einlösbar *adj* (*Scheck*) cobrable; (*Gutschein*) canjeable
ein|lösen *vt* ① (*Pfand*) desempeñar
② (*Scheck*) cobrar; (*Gutschein*) canjear
③ (*geh: Versprechen*) cumplir
Einlösung *f* <-, -en> ① (*eines Schecks*) cobro *m*
② (*eines Pfands*) desempeño *m*
③ (*eines Versprechens*) cumplimiento *m*
Einlösungsfrist *f* <-, -en> plazo *m* de rescate; **Einlösungskurs** *m* <-es, -e> (FIN) precio *m* de amortización; **Einlösungsrecht** *nt* <-(e)s, -e> derecho *m* de rescate; **Einlösungstermin** *m* <-(e)s, -e> fecha *f* de vencimiento
ein|lullen *vt* (*fam*) ① (*schläfrig machen*) arrullar, adormecer
② (*willfährig machen*) aquietar
ein|machen *vt* ① (*Obst*) confitar, almibarar
② (*in Essig*) poner en vinagre, escabechar; **eingemachte Gurken** pepinillos en vinagre
Einmachglas *nt* <-es, -gläser> tarro *m* para conservas [*o* confituras]; **Einmachring** *m* <-(e)s, -e> goma *f* de la tapa de un tarro de conservas
einmal ['aɪnmaːl] *adv* ① (*ein Mal*) una vez; **ein- bis zweimal** entre una y dos veces; **noch** ~ otra vez; ~ **eins ist eins** uno por uno es uno; **auf** ~ de repente; ~ **ist keinmal** una vez no cuenta; ~ **mehr** una vez más; **ich möchte erst** ~ **hier bleiben** por ahora quiero quedarme aquí
② (*früher*) antes; **warst du schon** ~ **hier?** ¿ya has estado aquí antes?; **das war** ~ esto era antes; **es war** ~ ... érase una vez...
③ (*irgendwann*) alguna vez, un día; **besuchen Sie mich doch** ~! ¡venga a verme un día!
④ (*verstärkend*): **sag** ~, **stimmt das?** dime en serio, ¿es eso verdad?; **er hat sie nicht** ~ **besucht** ni siquiera la fue a visitar; **das ist nun** ~ **so** ¡qué se le va a hacer!; **wieder** ~ nuevamente
Einmaleins [aɪnmaːl'ʔaɪns] *nt* <-, *ohne pl*> tabla *f* de multiplicar; **das kleine/große** ~ la tabla de multiplicar hasta el 10/hasta el 20
einmalig ['---, ---] *adj* ① (*außergewöhnlich*) extraordinario, excepcional
② (*einzigartig*) único
Einmaligkeit *f* <-, *ohne pl*> unicidad *f*, carácter *m* único; **so eine Landschaft habe ich noch nie gesehen, sie ist von sagenhafter** ~ no he visto nunca un paisaje semejante; es fantástico, único
Einmallinsen *fpl* lentes *mpl* o *fpl* de contacto de un solo uso; **Einmalspritze** *f* <-, -n> jeringuilla *f* de un solo uso; **Einmalwindel** *f* <-, -n> pañal *m* de un solo uso
Einmannbetrieb ['----, -----] *m* <-(e)s, -e> ① (WIRTSCH) empresa *f* unipersonal ② (*Fahrer*) agente *mf* único, -a; **Einmanngesellschaft** *f* <-, -en> (WIRTSCH) sociedad *f* unipersonal; **Einmannkapelle** ['-----, -----] *f* <-, -n> (MUS) banda *f* de una sola persona
Einmarkstück *nt* <-(e)s, -e> moneda *f* de un marco
Einmarsch *m* <-(e)s, -märsche> entrada *f* (*in* en); (MIL) ocupación *f* (*in* de)
ein|marschieren* *vi sein* ① (*hineingehen*) entrar (*in* en)
② (*gewaltsam*) invadir (*in*); **feindliche Truppen marschieren in das Land ein** tropas enemigas invaden el país
ein|massieren* *vt* aplicar (dando un masaje) (*in* en); (*Creme, Sonnenöl*) poner (*in* en)

ein|mauern *vt* emparedar; (*einlassen*) empotrar; (*ummauern*) amurallar
Ein-Megabit-Chip *m* <-s, -s> (INFOR) chip *m* de un megabyte
ein|meißeln *vt* cincelar; (*eingravieren*) grabar
ein|mengen *vt* añadir poco a poco, entremezclar
Einmeterbrett [-'---] *nt* <-(e)s, -er> (SPORT) trampolín *m* de un metro
ein|mieten *vr:* sich ~ alojarse (*bei* en casa de, *in* en), hospedarse (*bei* en casa de, *in* en)
ein|mischen *vr:* sich ~ inmiscuirse (*in* en), (entro)meterse (*in* en); **misch dich bitte nicht in unser Gespräch ein** por favor, no te metas en nuestra conversación
Einmischung *f* <-, -en> intromisión *f*, injerencia *f;* ~ **in fremde Angelegenheiten** intromisión en asuntos ajenos
einmonatig *adj* de un mes
einmonatlich *adj* mensual
ein|montieren* *vt* (TECH) montar (*in* en)
einmotorig ['aɪnmotoːrɪç] *adj* (AERO) monomotor
ein|motten *vt* ① (*Kleidung*) guardar (a prueba de polillas)
② (*fam: Fahrzeug, Gerät*) poner fuera de servicio
ein|mumme(l)n ['aɪnmʊmə(l)n] **I.** *vt* (*fam*) abrigar bien
II. *vr:* sich ~ (*fam*) abrigarse bien
ein|münden *vi haben o sein* desembocar
Einmündung *f* <-, -en> (*a.* GEO) desembocadura *f*
einmütig ['aɪnmyːtɪç] **I.** *adj* unánime
II. *adv* por unanimidad
Einmütigkeit *f* <-, *ohne pl*> unanimidad *f*
ein|nachten ['aɪnnaxtən] *vunpers* (*Schweiz: dämmern*) anochecer, oscurecer
ein|nähen *vt* (*Reißverschluss, Tasche*) coser; (*enger machen*) estrechar
Einnahme[1] ['aɪnaːmə] *f* <-, *ohne pl*> ① (MIL) conquista *f*, toma *f*
② (MED) toma *f*
Einnahme[2] *f* <-, -n> (*Geld*) ingresos *mpl;* **außerordentliche ~n** ingresos extraordinarios; **übermäßige ~n** ingresos desmesurados
Einnahmeausfall *m* <-(e)s, *ohne pl*> (WIRTSCH) pérdida *f* de ingresos [*o* de beneficios]; **Einnahmeerwartung** *f* <-, -en> previsiones *fpl* de ingresos [*o* de beneficios]
Einnahme(n)rückgang *m* <-(e)s, -gänge> disminución *f* de ingresos; **Einnahme(n)überschuss**[RR] *m* <-es, -schüsse> superávit *m*
Einnahmequelle *f* <-, -en> fuente *f* de ingresos; **Einnahmerückgang** *m* <-(e)s, -gänge> disminución *f* de ingresos
ein|nehmen *irr vt* ① (*Geld*) cobrar; (*Steuern*) recaudar
② (*Arznei*) tomar; (*Mahlzeit*) comer, tomar
③ (*Standpunkt*) adoptar; (*Stellung, Posten*) ocupar; **seinen Platz** ~ tomar asiento
④ (*erobern*) tomar, conquistar
⑤ (*beanspruchen*) ocupar; **der Tisch nimmt zu viel Platz ein** la mesa ocupa demasiado espacio
⑥ (*Wend*) jdn für sich ~ ganarse las simpatías de alguien; **sie hat ein ~des Wesen** tiene un carácter seductor; **von sich** *dat*/**jdm eingenommen sein** tener un alto concepto de sí mismo/de alguien
einnehmend *adj* simpático, agradable; **sie hat etwas sehr E~** es una mujer que tiene gancho
Einnehmer(in) *m(f)* <-s, -; -, -nen> (FIN) cobrador(a) *m(f)*
ein|nicken *vi sein* (*fam*) echar una cabezada
ein|nisten *vr:* sich ~ anidar; (*abw: Person*) apalancarse (*bei* en casa de)
Einöde ['aɪnʔøːdə] *f* <-, -n> soledad *f;* (*Wüste*) desierto *m*
Einödhof *m* <-(e)s, -höfe> (AGR) granja *f* (situada en un lugar solitario)
ein|ölen *vt* ① (TECH) engrasar, lubricar
② (*Person*): **jdn/sich** ~ poner a alguien/ponerse aceite; **sich** *dat* **die Schultern** ~ (*mit Sonnenöl*) ponerse aceite bronceador en los hombros
ein|ordnen I. *vt* ordenar; (*in Regal*) poner en su sitio; (*in Gruppen*) clasificar; (*einfügen*) meter (*in* en)
II. *vr:* sich ~ ① (*sich unterordnen*) integrarse (*in* en)
② (AUTO) situarse en un carril; **sich links/falsch** ~ situarse en el carril de la izquierda/equivocarse de carril
ein|packen I. *vt* ① (*in Behälter, Koffer*) meter (*in* en); (*in Papier*) envolver (*in* en); (*zum Versand*) empaquetar
② (*fam: warm anziehen*) abrigar
II. *vi* (*fam fig*) **dann können wir** ~ en este caso apaga y vámonos; **pack ein!** ¡vete ya!
ein|parken *vt, vi* aparcar
ein|passen *vt* (*einsetzen*) encajar (*in* en); (*passend machen*) ajustar (*in* a)
ein|pauken *vt* (*fam*): **jdm etw** ~ hacer aprender de memoria algo a alguien
ein|pendeln *vr:* sich ~ estabilizarse
ein|pennen *vi sein* (*fam*) quedarse dormido
Einpersonengesellschaft *f* <-, -en> (JUR) sociedad *f* unipersonal; **Einpersonen-GmbH-Richtlinien** *fpl* (JUR) directivas *fpl* sobre sociedades unipersonales de responsabilidad limitada, **Einpersonenhaus-**

Einpersonenstückhalt [--'----] *m* <-(e)s, -e> hogar *m* formado por una persona; **Einpersonenstück** *nt* <-(e)s, -e> (THEAT) obra *f* de un solo actor
Einpfennigstück *nt* <-(e)s, -e> moneda *f* de un pfennig
ein|pferchen ['aɪnpfɛrçən] *vt* (*Vieh*) acorralar
ein|pflanzen *vt* ❶ (*Pflanze*) plantar
❷ (MED) implantar
Einphasenstrom *m* <-(e)s, -ströme> (PHYS, ELEK) corriente *f* monofásica
einphasig *adj* (PHYS, ELEK) monofásico
ein|pinseln *vt* (MED) pincelar; (GASTR) pintar
ein|planen *vt* tener en cuenta, contar (con); **das war nicht eingeplant** no contábamos con eso
ein|pökeln *vt* (GASTR) poner en salmuera
ein|prägen I. *vt* (*ins Bewusstsein*) inculcar; **sich** *dat* **etw ~** grabarse algo en la memoria; **ich habe den Kindern eingeprägt, dass ...** a los niños les he inculcado que... +*subj*
II. *vr:* **sich ~** (*Eindruck hinterlassen*) grabarse
einprägsam ['aɪnprɛːkzaːm] *adj* fácil de retener; (*Melodie*) pegadizo
ein|programmieren* *vt* (INFOR) programar
ein|prügeln I. *vi* (*fam*): **auf jdn ~** golpear a alguien, dar una paliza a alguien
II. *vt* (*fam*): **jdm etw ~** hacerle entrar algo a alguien a base de bastonazos; **... und wenn ich es dir ~ muss!** ¡... aunque sea a base de palos [*o* de bofetadas]!
ein|pudern *vt* empolvar; **einem Baby den Po ~** ponerle polvos de talco a un bebé en el culito; **sich** *dat* **das Gesicht ~** empolvarse la cara
ein|quartieren* ['aɪnkvartiːrən] I. *vt* ❶ (MIL) acuartelar
❷ (*unterbringen*) alojar (*bei* en casa de)
II. *vr:* **sich ~** hospedarse (*bei* en casa de); **er hat sich einfach bei uns einquartiert** simplemente se nos metió en casa
Einrad *nt* <-(e)s, -räder> (SPORT) monorrueda *f*
ein|rahmen *vt* poner en un marco, enmarcar
ein|rammen *vt* hincar
ein|rasten *vi sein* encajar
ein|räumen *vt* ❶ (*Bücher, Wäsche*) guardar (*in* en); (*Wohnung*) amueblar
❷ (*zugestehen*) admitir, (*Recht, Kredit*) conceder; **Sie werden mir doch wohl ~, dass ...** admitirá Ud. que...
Einräumung[1] *f* <-, ohne *pl*> (*Gewährung*) concesión *f*; **~ eines Kredits** concesión de un crédito; **~ von Gewährleistungsrechten** (JUR) concesión de derechos de garantía
Einräumung[2] *f* <-, -en> (*Zugeständnis*) concesión *f*; **~en machen** hacer concesiones
ein|rechnen *vt* incluir (en una cuenta); **ihn (mit) eingerechnet** él incluido
Einrede *f* <-, -n> (JUR) excepción *f*; **~ der mangelnden Sachbefugnis** excepción de facultades periciales deficientes; **~ der Nichterfüllung** excepción de incumplimiento; **~ der Rechtshängigkeit** excepción de litispendencia; **~ der Rechtskraft** excepción de la autoridad de cosa juzgada; **~ der Verjährung** excepción de la prescripción; **dilatorische ~** excepción dilatoria; **peremptorische ~** excepción perentoria; **prozessuale ~** excepción procesal; **aufschiebende ~** excepción dilatoria; **auf die ~ der Vorausklage verzichten** desistir de la excepción de la excusión
einredebehaftet *adj* (JUR) sujeto a excepción
ein|reden I. *vi:* **auf jdn ~** hablar con insistencia a alguien, tratar de convencer a alguien
II. *vt:* **jdm etw ~** hacer creer algo a alguien; **sich** *dat* **etw ~** meterse algo en la cabeza, insistir en algo; **wer hat dir denn den Blödsinn eingeredet?** ¿quién te ha metido estas tonterías en la cabeza?
ein|regnen *vunpers:* **es regnet sich ein** no para de llover
Einreibemittel *nt* <-s, -> linimento *m*, untura *f*
ein|reiben *vt* aplicar (en); (*mit Creme, Sonnenöl*) poner; **jdn mit etw** *dat* **~** dar a alguien fricciones con algo
Einreibung *f* <-, -en> fricción *f*, friega *f*
ein|reichen *vt* (*Antrag, Unterlagen*) entregar, presentar; (*Abschied, Scheidung*) pedir, solicitar
Einreichung *f* <-, -en> ❶ (ADMIN, JUR: *das Einreichen*) presentación *f*; **~ einer Klage** presentación de una demanda; **~ des Urteils** traslado de la sentencia
❷ (ADMIN: *die Beantragung*) solicitud *f*, petición *f*
ein|reihen I. *vt* colocar (*in* en), incluir (*in* en)
II. *vr:* **sich ~** unirse (*in* a)
Einreiher ['aɪnraɪɐ] *m* <-s, -> traje *m* con americana de un solo botón
einreihig ['aɪnraɪɪç] *adj* de una hilera
Einreise *f* <-, -n> entrada *f*
Einreisebestimmungen *fpl* disposiciones *fpl* de entrada (al país); **Einreisebewilligung** *f* <-, -en>, **Einreiseerlaubnis** *f* <-, -se>, **Einreisegenehmigung** *f* <-, -en> permiso *m* de entrada

ein|reisen *vi sein* entrar (*in/nach* en)
Einreiseverbot *nt* <-(e)s, -e> prohibición *f* de entrada en un país; **Einreisevisum** *nt* <-s, -visa *o* -visen> visado *m* de entrada
ein|reißen *irr* I. *vi sein* ❶ (*Papier*) romperse
❷ (*Unsitte, Übel*) arraigar, echar raíces; **so etwas darf man erst gar nicht ~ lassen** no debe permitirse que una cosa así se generalice
II. *vt* ❶ (*Papier*) rasgar; **ich habe mir den Rock am Zaun eingerissen** me he enganchado [*o* rasgado] la falda en la verja
❷ (*Haus*) derribar, demoler
ein|reiten *irr* I. *vi sein* entrar a caballo (*in* en)
II. *vt haben:* **ein Pferd ~** acostumbrar a un caballo a la silla de montar, amaestrar [*o* adiestrar] un caballo (acostumbrándolo a la silla de montar)
ein|renken ['aɪnrɛŋkən] *vt* ❶ (MED) encajar, componer
❷ (*fam: in Ordnung bringen*) arreglar, solucionar
ein|rennen *irr vt* ❶ (*Tor*) derribar, echar abajo
❷ (*fam: sich anstoßen*): **sich** *dat* **etw ~** golpearse en algo (*an* con); **ich habe mir den Kopf am Dachbalken eingerannt** me he dado un golpe en la cabeza con la viga
ein|richten I. *vt* ❶ (*gründen*) crear, fundar; (*Konto*) abrir
❷ (*Wohnung*) equipar; (*möblieren*) amueblar
❸ (*einstellen*) ajustar (*auf* a)
❹ (*arrangieren*) arreglar, organizar; **das lässt sich ~** esto se puede arreglar; **kannst du es so ~, dass ...** puedes arreglarlo de tal forma que... +*subj*
❺ (MED) reducir
❻ (*Verkehrslinie*) abrir, poner
II. *vr:* **sich ~** (*sich anpassen*) acomodarse (*auf* a); (*sich einstellen*) prepararse (*auf* para); **auf so viel Besuch war ich nicht eingerichtet** no estaba preparado para tanta visita
Einrichtezeit *f* <-, -en> (WIRTSCH) tiempo *m* de preparación
Einrichtung[1] *f* <-, -en> ❶ (*Mobiliar*) mobiliario *m*; (*Ausrüstung*) equipo *m*, equipamiento *m*
❷ (*Institution*) institución *f*
❸ (*Anlage*) instalación *f*; **arbeitssparende ~** instalación que ayuda a economizar trabajo
Einrichtung[2] *f* <-, ohne *pl*> (*Gründung*) fundación *f*; (*einer Verkehrslinie*) apertura *f*; **~ eines Kontos** apertura para abrir una cuenta
Einrichtungsgarantie *f* <-, -n> (JUR) garantía *f* de entidad; **Einrichtungsgegenstand** *m* <-(e)s, -stände> mueble *m*, objeto *m* de una casa; **Einrichtungshaus** *nt* <-es, -häuser> tienda *f* de muebles y decoración; **Einrichtungskosten** *pl* gastos *mpl* de instalación, costes *mpl* de instalación
ein|ritzen *vt* grabar (*in* en)
ein|rollen I. *vt* enrollar
II. *vr:* **sich ~** enrollarse
ein|rosten *vi sein* ❶ (*Schraube, Schloss*) oxidarse
❷ (*fam: Knochen*) entumecerse
❸ (*fam: geistig*) enmohecerse, anquilosarse
ein|rücken I. *vi sein* ❶ (*einmarschieren*) entrar (*in* en)
❷ (*eingezogen werden*) ser llamado a filas
II. *vt* ❶ (TYPO, INFOR) sangrar, correr a la derecha
❷ (*Anzeige*) insertar
ein|rühren *vt* mezclar (*in* con/en)
ein|rüsten *vt* (ARCHIT) montar un andamio alrededor de
eins [aɪns] *adj inv* ❶ (*Zahl*) uno; **Punkt ~** primer punto; *s. a.* **acht**
❷ (*Uhrzeit*): **sie kam um (Punkt) ~** vino a la una (en punto); *s. a.* **acht**
❸ (*verbunden*): **sie fühlen sich ~ miteinander** están totalmente de acuerdo el uno con el otro
❹ (*einerlei*): **das ist ~** (*fam*) da lo mismo
Eins *f* <-, -en> uno *m*; (*Schulnote*) sobresaliente *m*
ein|sacken ['aɪnzakən] I. *vi* (*fam: einsinken*) hundirse
II. *vt* (*fam: erbeuten*) embolsar(se)
ein|salben *vt* poner pomada (a)
ein|salzen *irr vt* salar, poner en salmuera
einsam ['aɪnzaːm] *adj* ❶ (*allein*) solo; (*verlassen*) abandonado; **sich ~ fühlen** sentirse solo; **~ und verlassen** solo y abandonado
❷ (*abgelegen*) aislado, apartado; **~e Spitze sein** ser genial
❸ (*menschenleer*) desierto, inhabitado
Einsamkeit *f* <-, ohne *pl*> soledad *f*
ein|sammeln *vt* recoger; (*Geld, Spenden*) recaudar
ein|sargen *vt* ❶ (*Tote*) poner en el ataúd
❷ (*Wend*): **sich mit etw** *dat* **~ lassen können** (*fam*) poder irse al diablo con algo; **was, 2.500 Euro für so eine miese Anlage? damit können Sie sich ~ lassen!** (*fam*) ¿qué?, ¿2.500 euros por este bodrio de equipo? ya puede ya, que le zurzan!
Einsatz[1] *m* <-es, -sätze> ❶ (*Teil*) pieza *f* insertada
❷ (*Geld*) apuesta *f*
❸ (MUS) entrada *f*
❹ (MIL) (entrada *f* en) acción *f*, ataque *m*

Einsatz² *m* <-es, *ohne pl*> ❶ (*das Einsetzen: von Fahrzeugen, Polizei*) movilización *f*; (SPORT) alineación *f*; **im ~ en acción; zum ~ kommen** entrar en acción
❷ (*Engagement*) esfuerzo *m*; **politischer ~** compromiso político; **unter ~ seines Lebens** arriesgando su vida; **~ zeigen** mostrar entrega

Einsatz-Ausstoß-Analyse *f* <-, -n> (WIRTSCH) análisis *m inv* de input-output

Einsatzbefehl *m* <-(e)s, -e> orden *f* de entrada en acción; **den ~ geben** dar la orden de entrar en acción

einsatzbereit *adj* listo; (TECH) dispuesto para funcionar; (MIL) listo para el combate

Einsatzbereitschaft *f* <-, *ohne pl*> disponibilidad *f*, disposición *f* para entrar en acción

einsatzfähig *adj* (SPORT, MIL) listo, disponible; (*Maschine, Gerät*) que se puede usar

Einsatzfolge *f* <-, -n> orden *m* de utilización; **Einsatzfreude** *f* <-, *ohne pl*> espíritu *m* emprendedor; **Einsatzgrad** *m* <-(e)s, -e> grado *m* de utilidad; **Einsatzkommando** *nt* <-s, -s>: **mobiles ~** comando *m* móvil; **Einsatzleiter(in)** *m(f)* <-s, -; -, -nen> jefe, -a *m*, *f* de operaciones; **Einsatzvorbereitung** *f* <-, -en> preparativos *mpl* para la entrada en acción; **Einsatzwagen** *m* <-s, -> (*der Polizei*) coche *m* celular

ein|saugen *vt irr* (*Luft*) aspirar; (*Flüssigkeit*) absorber, chupar

ein|scannen ['aɪnskɛnən] *vt* (INFOR) escanear

Einscannen *nt* <-s, *ohne pl*> (INFOR) escaneo *m*

ein|schalten I. *vt* ❶ (*Radio*) poner; (*Motor, Maschine*) poner en marcha; (*Licht, Strom*) encender, prender *Am*
❷ (*hinzuziehen*) llamar (a), recurrir (a)
II. *vr*: **sich ~** ❶ (*angehen*) ponerse en funcionamiento; (*Licht*) encenderse
❷ (*sich einmischen*) intervenir (*in* en); **der Staatsanwalt schaltete sich in die Ermittlungen ein** el fiscal intervino en las investigaciones

Einschaltquote *f* <-, -n> (RADIO, TV) índice *m* de audiencia

Einschaltung *f* <-, -en> ❶ (ELEK: *Radio, Fernseher*) conexión *f*; **es erfolgte die automatische ~ der Alarmanlage** la alarma saltó automáticamente
❷ (*Hinzuziehung*) intervención *f*; **in diesem Fall ist die ~ eines Anwalts ratsam** en este caso es recomendable que intervenga un abogado

ein|schärfen *vt* inculcar

ein|schätzen *vt* tasar, valorar; **wie ich die Lage einschätze** tal como yo veo la situación; **etw/jdn hoch ~** estimar algo/a alguien en mucho

Einschätzung *f* <-, -en> ❶ (*Meinung*) parecer *m*, opinión *f*
❷ (*Bewertung*) tasación *f*, evaluación *f*; **zu einer bestimmten ~ kommen** dar una evaluación determinada; **nach meiner ~** según mis estimaciones

Einschätzungsprärogative *f* <-, -n> (JUR) prerrogativa *f* de tasación; **Einschätzungsspielraum** *m* <-(e)s, *ohne pl*> (JUR) margen *m* de tolerancia para la tasación

ein|schenken *vt* servir

ein|schicken *vt* enviar (*an* a), mandar (*an* a)

ein|schieben *irr vt* ❶ (*hineinschieben*) meter (*in* en), introducir (*in* en)
❷ (*einfügen*) intercalar (*in* en)

Einschienenbahn *f* <-, -en> monorraíl *m*, monocarril *m*

ein|schießen *irr* I. *vi* ❶ *haben* (SPORT) marcar (*zu*); **er schoss zum 3:0 ein** marcó [*o* hizo] el 3 a 0
❷ *sein* (*Muttermilch*) subir (*in* a)
❸ *sein* (*Wasser*): **in etw ~** entrar (a chorro) dentro de algo
II. *vt haben* ❶ (*zerschießen: Fenster mit Fußball*) romper (de un pelotazo); (*Schloss mit Schußwaffe*) abrir (de/con un disparo)
❷ (*Schusswaffe*) probar
❸ (SPORT): **den Ball zum 3:0 ~** marcar [*o* hacer] el 3 a 0
❹ (TYPO) interfoliar
III. *vr*: **sich ~ haben** ❶ (MIL: *um treffsicher zu werden*) ejercitar el tiro, hacer ejercicios de tiro
❷ (*als Ziel wählen*): **sich auf etw/jdn ~** poner algo/a alguien en el centro de todas las críticas, convertir algo/a alguien en el objetivo de todos los ataques

ein|schiffen I. *vt* embarcar
II. *vr*: **sich ~** embarcarse (*nach* para)

Einschiffung *f* <-, -en> embarque *m*

Einschiffungshafen *m* <-s, -häfen> puerto *m* de embarque

ein|schirren *vt* enganchar

einschl. *Abk. von* **einschließlich** inclusive

ein|schlafen *irr vi sein* ❶ (*Person*) dormirse, quedarse dormido; (*Gliedmaßen*) dormirse
❷ (*Freundschaft*) entibiarse

ein|schläfern ['aɪnʃlɛːfɐn] *vt* ❶ (*zum Schlafen bringen*) adormecer
❷ (*narkotisieren*) narcotizar
❸ (*Tier*) matar

einschläfernd *adj* ❶ (*Geräusch*) adormecedor, soporífero
❷ (MED) somnífero

Einschlafstörungen *fpl* (MED) perturbaciones *fpl* en la conciliación del sueño

Einschlag *m* <-(e)s, -schläge> ❶ (*eines Geschosses, Blitzes*) impacto *m*, caída *f*
❷ (*Anteil*) matiz *m*, tono *m*

ein|schlagen *irr* I. *vi* ❶ (*Blitz, Bombe*) caer; (*Geschoss*) hacer impacto; **auf jdn ~** golpear a alguien
❷ (*Anklang finden*) tener eco; **das hat wie eine Bombe eingeschlagen** esto ha caído como una bomba
❸ (*Lenkrad*) girar el volante
II. *vt* ❶ (*Tür, Scheibe*) romper; (*Zähne*) partir; (*Schädel*) romper; **sie haben sich** *dat* **die Köpfe eingeschlagen** se rompieron [*o* se abrieron] la cabeza
❷ (*Nagel, Pfahl*) clavar (*in* en)
❸ (*einwickeln*) envolver (*in* en)
❹ (*Lenkrad*) girar
❺ (*Richtung*) tomar
❻ (*Stoff*) doblar

einschlägig ['aɪnʃlɛːgɪç] *adj* correspondiente; **~e Literatur** bibliografía especializada; **~ vorbestraft** con antecedentes penales

ein|schleichen *irr vr*: **sich ~** (*Person*) entrar a hurtadillas (*in* en), colarse (*in* en); (*Verdacht*) surgir (*in* en); (*Fehler*) escaparse (*in* en); **in meinen Bericht haben sich Fehler eingeschlichen** se me han escapado [*o* colado] faltas en el informe

ein|schleifen *irr* I. *vt* (*Verhaltensweisen*) inculcar
II. *vr*: **sich ~** establecerse, asentarse; **das hat sich mit der Zeit so eingeschliffen** eso se ha establecido así con el tiempo

ein|schleppen *vt* ❶ (*Krankheit, Ungeziefer*) transmitir, introducir
❷ (NAUT) remolcar

ein|schleusen *vt* (*Agenten*) infiltrar; (*Drogen*) introducir clandestinamente

ein|schließen *irr* I. *vt* ❶ (*einsperren*) encerrar (*in* en); **etw ~** guardar algo bajo llave
❷ (*umgeben*) rodear, cercar
❸ (*mit einbeziehen*) incluir (*in* en); **Trinkgelder eingeschlossen** propina incluida; **beide eingeschlossen** ambos inclusive
II. *vr*: **sich ~** encerrarse; **er hat sich in sein Zimmer eingeschlossen** se ha encerrado en su cuarto

einschließlich ['---] I. *präp +gen/dat* inclusive; **~ Frank** [*o* **Frank ~**] incluido Frank; **~ des Chefs** incluido el jefe; **~ Büchern und Briefen** libros y cartas inclusive
II. *adv* inclusive, incluido; **geöffnet vom 3. bis 8. Mai ~** abierto del 3 al 8 de mayo inclusive; **bis Nr. 50 ~** hasta el nº 50 incluido

ein|schlummern *vi sein* (*geh*) ❶ (*einschlafen*) dormirse
❷ (*fig: sterben*) morir, pasar a mejor vida

Einschluss^RR *m* <-es, -schlüsse>, **Einschluß** *m* <-sses, -schlüsse> ❶ (GEO) inclusión *f*
❷ (*Einbezug*): **mit** [*o* **unter**] **~ von etw** (*formal*) incluyendo algo

ein|schmeicheln *vr*: **sich ~** congraciarse (*bei* con), engatusar (*bei* a) *fam*

einschmeichelnd *adj* insinuante

ein|schmeißen *irr vt* (*fam: zertrümmern*): **eine Scheibe ~** romper un cristal (a pedradas)

ein|schmelzen *irr vt* (*Metall*) fundir

ein|schmieren I. *vt* (*fam: mit Fett*) untar (*mit* con); **die Hände mit Creme ~** dar crema a las manos
II. *vr*: **sich** (*mit Creme*) (*fam*) ponerse [*o* darse] crema

ein|schmuggeln *vt* introducir de contrabando (*in* en)

ein|schnappen *vi sein* ❶ (*Tür, Schloss*) encajar
❷ (*fam abw: beleidigt sein*) mosquearse, picarse

ein|schneiden *irr* I. *vi* (*in Haut*) clavarse (*in* en)
II. *vt* (*schneiden*) cortar

einschneidend *adj* incisivo, drástico

ein|schneien *vi sein* cubrirse de nieve; **eingeschneit sein** (*festsitzen*) quedar bloqueado por la nieve

Einschnitt *m* <-(e)s, -e> ❶ (*Schnitt*) corte *m*; (MED) incisión *f*
❷ (*im Leben*) hito *m*

ein|schnüren *vi*, *vt* (*einengen*) apretar

ein|schränken ['aɪnʃrɛŋkən] I. *vt* reducir, restringir; (*Freiheit*) coartar; **dem kann ich nur eingeschränkt zustimmen** sólo lo puedo aceptar con reservas; **jdn in seinen Rechten ~** coartar a alguien en sus derechos
II. *vr*: **sich ~** (*sparsam leben*) economizar, reducir los gastos

einschränkend I. *adj* restrictivo, limitativo
II. *adv* haciendo la salvedad; **ich muss ~ dazu sagen, dass …** tengo que hacer una salvedad a lo dicho y es que…

Einschränkung *f* <-, -en> ❶ (*Verringerung*) reducción *f*; (*von Rech-*

einschrauben

ten) limitación *f*, restricción *f*
❷ (*das Einsparen*) restricción *f*
❸ (*Vorbehalt*) reserva *f*; **ohne/mit** ~ sin/con reservas
ein|schrauben *vt* enroscar (*in* en)
Einschreibebrief *m* <-(e)s, -e> carta *f* certificada; **Einschreibegebühr** *f* <-, -en> ❶ (UNIV) tasa *f* de matriculación ❷ (*für Verein*) tasa *f* de inscripción; **es ist eine einmalige ~ von 5 Euro zu entrichten** ha de abonarse una tasa única de inscripción de 5 euros ❸ (*bei der Post*) tasa *f* por certificado
ein|schreiben *irr* I. *vt* (*eintragen*) apuntar (*in* en), inscribir (*in* en)
II. *vr:* **sich ~** (SCH, UNIV) matricularse (*in* en)
Einschreiben *nt* <-s, -> certificado *m*; **etw per ~ schicken** mandar algo certificado; **~ mit Rückschein** certificado con acuse de recibo
Einschreibesendung *f* <-, -en> envío *m* certificado
Einschreibung *f* <-, -en> inscripción *f*; (SCH, UNIV) matrícula *f*
ein|schreien *irr vi:* **auf jdn ~** gritarle a alguien (sin dejarle abrir la boca), echarle una bronca a alguien
ein|schreiten *irr vi sein* intervenir, tomar medidas (*gegen* contra)
Einschreiten *nt* <-s, *ohne pl*> intervención *f*
ein|schrumpeln *vi sein* (*fam: Frucht*) acorcharse, secarse; (*Haut*) arrugarse, acartonarse, apergaminarse
ein|schrumpfen *vi sein* arrugarse; (*einlaufen*) encoger
Einschub *m* <-(e)s, -schübe> inserción *f*, intercalación *f*
ein|schüchtern *vt* intimidar, amedrentar, abatatar *CSur; fam*, acarroñar *Kol*
Einschüchterung *f* <-, -en> intimidación *f*; **zur ~** para intimidar [*o* amedrentar]
Einschüchterungsversuch *m* <-(e)s, -e> intento *m* de intimidación
ein|schulen *vt* escolarizar
Einschulung *f* <-, -en> escolarización *f*
Einschuss[RR] *m* <-es, -schüsse>, **Einschuß** *m* <-sses, -schüsse>
❶ (*eines Geschosses*) impacto *m*
❷ (FIN) depósito *m* de dinero; **~ einer Aktie** depósito de una acción
Einschussloch[RR] *nt* <-(e)s, -löcher> orificio *m* de entrada; **Einschussstelle**[RR] *f* <-, -n> (*am Körper*) orificio *m* de bala; (*an der Wand*) impacto *m* de bala
ein|schütten *vt* echar (*in* en), verter (*in* en)
ein|schweißen *vt* (*in Folie*) plastificar; (TECH) soldar
Einschweißfolie *f* <-, -n> (TECH) plástico *m* (con que se plastifica)
ein|schwören *irr vt* obligar por juramento (*auf* a); **auf etw eingeschworen sein** estar obligado por juramento a algo; **eine eingeschworene Gemeinschaft** una comunidad cerrada [*o* unida]
ein|segnen *vt* (REL) ❶ (*konfirmieren*) confirmar
❷ (*Segen sprechen*) bendecir
Einsegnung *f* <-, -en> (REL) ❶ (*Konfirmation*) confirmación *f*
❷ (*Weihe*) bendición *f*
ein|sehen *irr vt* ❶ (*Gelände, Raum*) ver, abarcar con la vista
❷ (*Schriftstücke*) examinar, echar un vistazo (a)
❸ (*verstehen*) comprender; (*Irrtum, Notwendigkeit*) reconocer; **ich sehe nicht ein, warum ich das tun soll** no veo por qué he de hacerlo
Einsehen *nt:* **so haben Sie doch ein ~!** ¡pero trate de comprender [*o* de ser razonable]!; (*für etw*) **ein/kein ~ haben** tener/no tener comprensión (por algo)
ein|seifen *vt* (*mit Seife*) enjabonar; (*mit Schnee*) restregar (con nieve)
einseitig ['aɪnzaɪtɪç] *adj* ❶ (POL) unilateral; (*nur eine Person betreffend*) unipersonal
❷ (*Muster*) de un lado, de una cara; (*Lähmung*) de un lado
❸ (*parteiisch*) parcial; **eine ~e Sicht der Dinge** una visión unilateral del asunto
❹ (*Ernährung*) incompleto
❺ (INFOR): **~ beschreibbar** para escritura en un solo lado
Einseitigkeit *f* <-, -en> parcialidad *f*; (*der Ernährung*) desequilibrio *m*
ein|senden *irr vt* enviar (*an* a), remitir (*an* a)
Einsender(in) *m(f)* <-s, -; -, -nen> remitente *mf*
Einsendeschluss[RR] *m* <-es, *ohne pl*> plazo *m* de envío
Einsendung *f* <-, -en> envío *m*
Einser ['aɪnzɐ] *m* <-s, -> (SCH: *fam*) sobresaliente *m*
einsetzbar *adj* utilizable, que se puede emplear [*o* usar]
ein|setzen I. *vi* (*beginnen*) empezar, comenzar
II. *vt* ❶ (*einfügen*) poner (*in* en), colocar (*in* en); (*Pflanze*) plantar (*in* en)
❷ (*ernennen*) nombrar, designar; (*als Erben*) instituir (*in* en); (*in ein Amt*) instalar (*in* en); (*Ausschuss*) constituir; **wieder ~ reinstalar; E~ eines Begünstigten** (JUR) designación de beneficiario
❸ (*Hilfsmittel, Maschine*) emplear, usar; (*Bus, Zug*) poner
❹ (*Polizei*) movilizar
❺ (*Geld*) poner en juego; (*Leben*) arriesgar, jugarse
III. *vr:* **sich ~** (*sich anstrengen*) emplearse a fondo, dar todo de sí; **sich für etw/jdn ~** interceder a favor de algo/alguien
Einsetzung *f* <-, -en> (*in Amt*) investidura *f*; (*von Erben*) institución *f*;

Einspruchseinlegung

(*von Kommission*) constitución *f*
Einsicht[1] *f* <-, *ohne pl*> (*in Akten, Bücher*) vista *f* (*in* de), inspección *f* (*in* de); **~ nehmen** revisar, examinar; **jdm in etw gewähren** permitir a alguien el examen de algo
Einsicht[2] *f* <-, -en> ❶ (*Verständnis*) comprensión *f*; (*Vernunft*) razón *f*
❷ (*Erkenntnis*): **ich bin zu der ~ gekommen, dass ...** he llegado a la conclusión de que...; **neue ~en gewinnen** obtener nuevos conocimientos
einsichtig *adj* ❶ (*vernünftig*) comprensivo, razonable; **er war so ~, seinen Fehler zuzugeben** fue tan razonable que reconoció su error
❷ (*verständlich*) convincente, comprensible
Einsichtnahme ['aɪnzɪçtnaːmə] *f* <-, -n> (*formal*) inspección *f* (*in* de), examen *m* (*in* de)
Einsichtsfähigkeit *f* <-, *ohne pl*> (JUR) discernimiento *m*; **verminderte ~** discernimiento reducido
Einsichts- und Prüfungsrecht *nt* <-(e)s, *ohne pl*> derecho *m* de examen e inspección
ein|sickern *vi sein* infiltrarse (*in* en)
Einsiedler(in) *m(f)* <-s, -; -, -nen> eremita *mf*, ermitaño, -a *m, f*
einsiedlerisch I. *adj* solitario
II. *adv* de forma solitaria, como un ermitaño
einsilbig ['aɪnzɪlbɪç] *adj* ❶ (LING) monosilábico, monosílabo
❷ (*wortkarg*) seco, de pocas palabras
Einsilbigkeit *f* <-, *ohne pl*> taciturnidad *f*
ein|sinken *irr vi sein* hundirse (*in* en)
ein|sitzen *irr vi* (JUR: *im Gefängnis sein*) cumplir condena
ein|sortieren* *vt* ordenar (*in* en)
einspaltig I. *adj* (TYPO) de una columna
II. *adv* (TYPO) en una columna
ein|spannen *vt* ❶ (*Blatt*) introducir (*in* en); (*Werkstück*) fijar, sujetar
❷ (*Zugtiere*) uncir
❸ (*fam: arbeiten lassen*) hacer trabajar; **er hat ihn für seine Zwecke eingespannt** se ha valido de él para sus propios fines
Einspänner ['aɪnʃpɛnɐ] *m* <-s, -> ❶ (*Kutsche*) coche *m* de un caballo
❷ (*Österr: Kaffee mit Sahnehaube*) café *m* vienés [*o* con nata]
einspännig *adj* de un (solo) caballo; **~ fahren** ir con un carro tirado por un (solo) caballo
ein|sparen *vt* ahorrar, economizar
Einsparpflicht *f* <-, *ohne pl*> (FIN) deber *m* de ahorro
Einsparung *f* <-, -en> economía *f*, ahorro *m*; (*Verminderung*) reducción *f*
Einsparungseffekt *m* <-(e)s, -e> efecto *m* ahorro
Einsparziel *nt* <-(e)s, -e> (FIN) finalidad *f* de ahorro
ein|speichern *vt* (INFOR) almacenar (*in* en), introducir (*in* en)
ein|speisen *vt* ❶ (TECH) alimentar; **Strom in ein Netz ~** alimentar una red de corriente
❷ (INFOR) ingresar, introducir
Einspeisung *f* <-, -en> ❶ (TECH) alimentación *f*
❷ (INFOR) entrada *f*
ein|sperren *vt* ❶ (*einschließen*) encerrar
❷ (*fam: ins Gefängnis*) meter en chirona
ein|spielen I. *vt* ❶ (FILM, THEAT: *Geld*) rentar
❷ (RADIO, TV: *Beitrag*) intercalar, interpolar
II. *vr:* **sich ~** ❶ (MUS, SPORT) practicar, ejercitarse
❷ (*zur Gewohnheit werden*) normalizarse
❸ (*gut zusammenwirken*) compenetrarse; **das Team ist gut aufeinander eingespielt** el equipo se compenetra estupendamente
Einsprache *f* <-, -n> (*Schweiz:* JUR) *s*. **Einspruch**
einsprachig *adj* (*Wörterbuch*) monolingüe
ein|sprechen *irr vi:* **auf jdn ~** hablar con alguien (de forma insistente)
Einsprechende(r) *mf* <-n, -n; -, -n> (JUR) oponente *mf*
ein|sprengen *vt* (*Wäsche*) rociar; (*mit Weihrauch*) incensar
ein|springen *irr vi sein:* **für jdn ~** reemplazar a alguien, sustituir a alguien
ein|spritzen *vt* (*a.* AUTO) inyectar
Einspritzer *m* <-s, -> (AUTO), **Einspritzmotor** *m* <-s, -en> (AUTO) motor *m* de inyección; **Einspritzpumpe** *f* <-, -n> (AUTO) bomba *f* de inyección
Einspruch *m* <-(e)s, -sprüche> ❶ (*Protest*) protesta *f*
❷ (POL) veto *m*
❸ (JUR) recurso *m* (*bei* ante); **einen ~ abweisen** desestimar un recurso; **~ erheben** protestar; **~ einlegen** interponer recurso; **einem ~ stattgeben** admitir (el) recurso, estimar la oposición; **einem ~ nicht stattgeben** desestimar la oposición
Einspruchsabteilung *f* <-, -en> (JUR) sección *f* de reclamaciones
Einspruchsbegründung *f* <-, -en> (JUR) fundamentación *f* de la reclamación [*o* oposición]; **Einspruchsberechtigte(r)** *mf* <-n, -n; -n, -n> (JUR) legitimado, -a *m, f* para reclamar [*o* oponerse]; **Einspruchseinlegung** *f* <-, *ohne pl*> (JUR) interposición *f* de recurso [*o*

de oposición]; **Einspruchserklärung** f <-, -en> (JUR) anuncio m de oposición; **Einspruchserwiderung** f <-, -en> (JUR) réplica f en oposición; **Einspruchsfrist** f <-, -en> (JUR) plazo m de reclamación [o oposición]; **Einspruchsgesetz** nt <-es, -e> (JUR) ley f de oposición; **Einspruchsrecht** nt <-(e)s, -e> (JUR) derecho m de recurso
ein|sprühen vt rociar (completamente)
einspurig ['aɪnʃpuːrɪç] adj ❶ (Eisenbahn) de una sola vía; (Straße) de un solo carril
❷ (abw: Denken) de ideas fijas
einst ['aɪnst] adv (geh) ❶ (früher) antiguamente, antaño
❷ (zukünftig) algún día
ein|stampfen vt (Kartoffeln) hacer puré (de); (Papier, Bücher) reducir a pasta de papel
Einstand[1] m <-(e)s, -stände> (Arbeitsstelle) entrada f (en funciones), ingreso m; **seinen ~ geben** celebrar su ingreso (en un empleo)
Einstand[2] m <-(e)s, ohne pl> (SPORT: Tennis) iguales (a cuarenta)
Einstandspreis m <-es, -e> (WIRTSCH) precio m de compra
ein|stechen irr vt pinchar (in en); **er stach wie ein Verrückter auf sein Opfer ein** apuñaló a su víctima como un loco
ein|stecken vt ❶ (hineinstecken) introducir (in en), meter (in en); (Stecker) enchufar
❷ (mitnehmen) llevar; **vergiss nicht, das Geld einzustecken!** ¡no te olvides de llevar el dinero!
❸ (fam: Brief) echar
❹ (fam: überlegen sein) superar; **den steckst du doch zehnmal ein** a ese le das cien mil vueltas
❺ (ertragen) tragar(se)
ein|stehen irr vi ❶ (verantworten) responsabilizarse (für de), hacerse responsable (für de)
❷ (sich verbürgen): **für etw/jdn ~** garantizar algo/responder de alguien
ein|steigen irr vi sein ❶ (in Fahrzeug) subir (in a); **auf Gleis 7 bitte ~!** ¡pasajeros en vía 7 suban al tren!
❷ (fam: sich beteiligen) contribuir (mit con); **sie ist mit einer Million in die Firma eingestiegen** aportó a la empresa un millón
❸ (anfangen) entrar (in en); **er ist in die Politik eingestiegen** se ha metido en política
Einsteinium nt <-s, ohne pl> (CHEM) einstenio m
einstellbar adj (Sitz) ajustable; (Temperatur, Zeit) graduable
ein|stellen I. vt ❶ (hineinstellen) poner (in en), colocar (in en)
❷ (anstellen) contratar, dar empleo, conchabar Am; **jdn wieder ~** readmitir a alguien, volver a emplear a alguien
❸ (beenden) parar, dejar; (Kämpfe, Zahlung, Arbeit) suspender; (Produktion) parar, suspender; (JUR: Verfahren) sobreseer; **sie stellten die Arbeit ein** dejaron de trabajar; **die Zeitung hat ihr Erscheinen eingestellt** el periódico ha dejado de publicarse; **das Feuer ~** dar el alto el fuego
❹ (regulieren) ajustar, regular; (Sender) sintonizar; (FOTO) enfocar
❺ (SPORT: Rekord) igualar
II. vr: **sich ~** ❶ (erscheinen) aparecer; (Folgen) hacerse sentir; (Personen) acudir, presentarse
❷ (sich richten nach) adaptarse (auf a), acomodarse (auf a)
❸ (sich vorbereiten) prepararse (auf para)
einstellig adj de una cifra
Einstellplatz m <-es, -plätze> (plaza f de) aparcamiento m
Einstellung f <-, -en> ❶ (Anstellung) colocación f, contratación f
❷ (Beendigung) clausura f, suspensión f; **~ des Geschäftsbetriebs** cese de la actividad mercantil
❸ (JUR: Verfahren) sobreseimiento m; **einstweilige [o zeitweilige] ~** suspensión temporal
❹ (Regulierung) ajuste m, regulación f
❺ (FILM) enfoque m
❻ (Gesinnung) opinión f
Einstellungsbescheid m <-(e)s, -e> (JUR) decisión f de sobreseimiento; **Einstellungsbeschwerde** f <-, -n> (JUR) queja f de sobreseimiento; **Einstellungsgespräch** nt <-(e)s, -e> entrevista f de trabajo; **Einstellungspraktik** f <-, -en> prácticas fpl de contratación; **Einstellungsstopp** m <-s, -s> suspensión f de la contratación; **Einstellungstermin** m <-(e)s, -e> fecha f de inicio (de un trabajo); **Einstellungsurteil** nt <-s, -e> (JUR) sentencia f de sobreseimiento; **Einstellungsverfügung** f <-, -en> (JUR) orden f de sobreseimiento
Einstich m <-(e)s, -e> pinchazo m
Einstieg ['aɪnʃtiːk] m <-(e)s, -e> ❶ (das Einsteigen) entrada f (in en), subida f (in a)
❷ (in ein Thema) acceso m (in a)
Einstiegsdroge f <-, -n> primera droga f (que lleva a una posterior adicción)
einstige(r, s) ['aɪnstɪgə, -gɐ, -gəs] adj anterior, antiguo
ein|stimmen I. vi (MUS) unir su voz (in a)
II. vt ❶ (Instrument) afinar, templar
❷ (vorbereiten) preparar (auf para)
einstimmig I. adj ❶ (MUS) de una sola voz, unísono
❷ (ohne Gegenstimme) unánime
II. adv ❶ (MUS) al unísono
❷ (ohne Gegenstimme) por unanimidad
Einstimmigkeit f <-, ohne pl> unanimidad f
Einstimmigkeitsprinzip nt <-s, ohne pl> (JUR) principio m de unanimidad
Einstimmung f: **zur ~ auf etw** como preparación de cara a algo, para crear ambiente de cara a algo
einstmals [aɪnstmaːls] adv (geh) s. **einst**
einstöckig [aɪnʃtœkɪç] adj de un piso
ein|stöpseln vt (Stecker, Gerät) meter (in en/dentro de)
ein|stoßen irr vt (Tür) derribar de un golpe; (Fenster) romper de un golpe
Einstrahlung f <-, -en> (METEO) insolación f
ein|streichen irr vt ❶ (fam: Geld) embolsar
❷ (THEAT) abreviar
ein|streuen vt esparcir; (Bemerkungen) entremezclar
ein|strömen vi sein ❶ (Luft, Wasser) entrar
❷ (Menschen) afluir (in a), concurrir (in a)
einstrophig adj de una sola estrofa
ein|studieren vt (Rolle, Antwort) estudiar
ein|stufen vt clasificar (in en), encasillar (in en)
Einstufung f <-, -en> clasificación f; **nach der Leistungsfähigkeit** clasificación según la capacidad de rendimiento
einstündig ['aɪnʃtʏndɪç] adj de una hora
ein|stürmen vi sein: **auf jdn ~** (mit Fragen) acosar a alguien, bombardear a alguien; (Eindrücke) invadirle a alguien, sobrevenirle a alguien
Einsturz m <-es, -stürze> derrumbamiento m, caída f; **etw zum ~ bringen** derribar algo
ein|stürzen vi sein (Gebäude) derrumbarse, desmoronarse; (Dach) hundirse; **auf jdn ~** (Ereignisse) precipitarse sobre alguien
Einsturzgefahr f <-, ohne pl> peligro m de derrumbamiento
einstweilen ['aɪnstvaɪlən] adv ❶ (im Moment) por el momento, por ahora
❷ (unterdessen) entretanto, mientras tanto
einstweilig ['aɪnstvaɪlɪç] adj temporal, provisional; **~er Ruhestand** retiro temporal; **~e Verfügung** (JUR) recurso de urgencia
ein|suggerieren* vt: **jdm etw ~** insinuarle (con insistencia) algo a alguien; **jdm ~, dass ...** sugerirle a alguien que...; (stärker) comerle el coco a alguien para convencerle de algo
Ein-Tages-Engagement nt <-s, -s> contrata f de un día
eintägig ['aɪntɛːgɪç] adj de un día
Eintagsfliege ['----] f <-, -n> ❶ (ZOOL) cachipolla f, efímera f
❷ (fam: kurzer Erfolg) flor f de un día
ein|tätowieren* vt: **jdm etw ~** tatuarle algo a alguien; **jdm die Blutgruppe ~** tatuarle a alguien el grupo sanguíneo; **sich dat etw ~ lassen** mandarse tatuar algo; **auf ihrer Schulter sah man einen eintätowierten Schmetterling** en su espalda se veía una mariposa tatuada
ein|tauchen I. vi sein (untertauchen) sumergirse (in en)
II. vt sumergir (in en); (eintunken) meter (in en), mojar (in en)
Eintausch m <-(e)s, ohne pl> cambio m; **im ~ gegen etw** a cambio de algo
ein|tauschen vt cambiar (gegen por), canjear (gegen por)
eintausend ['-'--] adj inv mil
ein|teilen vt ❶ (untergliedern) dividir (in en); (in Klassen) clasificar (in en)
❷ (für Aufgabe) destinar (zu a), asignar (zu); **er wurde zum Nachtdienst eingeteilt** le destinaron al [o le asignaron el] turno de noche
❸ (Geld, Arbeit, Zeit) repartir, dividir; **teilt euch euren Proviant (gut) ein!** ¡repartíos bien la comida!
Einteiler m <-s, -> (SPORT) traje m de baño (de una sola pieza)
einteilig adj de una pieza
Einteilung f <-, -en> ❶ (Untergliederung) división f; (Einsortierung) clasificación f
❷ (von Vorräten) disposición f, organización f; (Verteilung) reparto m
❸ (für Arbeit) designación f
Eintel ['aɪntəl] nt, Schweiz a. m <-s, -> (MATH) entero m
ein|tippen vt (in Computer, Kasse) entrar (in en), meter
eintönig ['aɪntøːnɪç] adj monótono
Eintönigkeit f <-, ohne pl> monotonía f
Eintopf m <-(e)s, -töpfe> (GASTR), **Eintopfgericht** nt <-(e)s, -e> (GASTR) potaje m, cocido m, puchero m, hervido m SAm
Eintracht ['aɪntraxt] f <-, ohne pl> concordia f, armonía f
einträchtig ['aɪntrɛçtɪç] I. adj concorde, unánime
II. adv en armonía
Eintrag ['aɪntraːk, pl: 'aɪntrɛːgə] m <-(e)s, -träge> ❶ (in Liste) inscrip-

eintragen

ción *f*; (*im Wörterbuch*) entrada *f*
❷ (*Vermerk*) nota *f*
ein|tragen *irr* I. *vt* ❶ (*einschreiben*) inscribir (*in* en), apuntar (*in* en); (*einzeichnen*) marcar (*in* en); **amtlich ~** inscribir oficialmente; **bitte tragen Sie hier Ihren Namen ein!** ¡por favor, inscríbase aquí!
❷ (ADMIN) registrar; **eingetragener Verein** asociación registrada; **eingetragenes Warenzeichen** marca registrada
❸ (*Gewinn*) producir; (*Kritik*) originar
II. *vr*: **sich ~** inscribirse (*in* en)
einträglich ['aɪntrɛːklɪç] *adj* lucrativo, rentable
Eintragung *f* <-, -en> ❶ (a. JUR: *das Eintragen*) inscripción *f*, registro *m*; **amtliche ~** registro oficial; **~ der Klageschrift** registro de la papeleta de demanda; **~ ins Handelsregister** inscripción en el registro mercantil; **~ des Urteils** inscripción de sentencia; **~ (des Widerspruchs) in das Grundbuch** inscripción (de la anotación preventiva) en el Registro de la Propiedad; **~ in das Vereinsregister** inscripción en el Registro de Asociaciones; **~ einer Vormerkung** inscripción de una anotación preventiva
❷ (*Vermerk*) nota *f*
Eintragungsbescheinigung *f* <-, -en> certificado *m* de registro [*o* inscripción]
Eintragungsbewilligung *f* <-, -en> autorización *f* de la inscripción;
Eintragungsbewilligungsklage *f* <-, -n> (JUR) demanda *f* de autorización para inscripción
Eintragungsbuch *nt* <-(e)s, -bücher> libro *m* de registros
eintragungsfähig *adj* inscribible, registrable
Eintragungsgebühr *f* <-, -en> derechos *mpl* de inscripción; **Eintragungshindernis** *nt* <-ses, -se> impedimento *m* para la inscripción; **Eintragungsnummer** *f* <-, -n> número *m* de registro; **Eintragungspflicht** *f* <-, *ohne pl*> (JUR) obligación *f* de inscripción; **~ ins Grundbuch/Register** obligación de inscripción en el registro de la propiedad/en el registro
eintragungspflichtig *adj* (JUR) de inscripción obligatoria
ein|träufeln *vt* echar gota a gota
ein|treffen *irr vi sein* ❶ (*ankommen*) llegar (*in* a)
❷ (*sich bewahrheiten*) hacerse realidad, cumplirse
eintreibbar *adj* cobrable, exigible
ein|treiben *irr vt* ❶ (*Schulden*) cobrar; (*Steuern*) recaudar
❷ (*hineinschlagen*) clavar (*in* en), remachar (*in* en)
Eintreibung *f* <-, -en> cobro *m*; **~ ausstehender Schulden** cobro de deudas pendientes
ein|treten *irr* I. *vi sein* ❶ (*hineingehen*) entrar (*in* a/en)
❷ (*Ereignis*) suceder, ocurrir; **was wir befürchteten, trat ein** sucedió lo que nos temíamos; **plötzlich trat Stille ein** de pronto se hizo el silencio; **als der Tod eintrat, war der Patient bereits bewusstlos** cuando le sobrevino la muerte, el paciente ya estaba inconsciente
❸ (*Mitglied werden*) ingresar (*in* en)
❹ (*sich einsetzen*) abogar (*für* por)
II. *vt* (*zertrümmern*) derribar a patadas
Eintreten *nt* <-s, *ohne pl*> **jds ~ für jdn/etw** la acción [*o* la intervención] de alguien en defensa de alguien/algo
Eintretende(r) *mf* <-n, -n; -n, -n> (JUR) sobreveniente *mf*
ein|trichtern *vt* (*fam*) **jdm etw ~** meter algo a alguien con cuchara; **diese Ansichten wurden mir eingetrichtert** me metieron estas opiniones a machamartillo
Eintritt *m* <-(e)s, -e> ❶ (*in Zimmer, Gebäude*) entrada *f*
❷ (*in Armee*) incorporación *f*; (*in Verein*) ingreso *m*
❸ (*Beginn*) comienzo *m*; **~ in Vertragsverhältnisse/in ein Rechtsverhältnis** (JUR) comienzo de relaciones contractuales/de una relación jurídica; **bei ~ der Dunkelheit** al hacerse de noche
❹ (*~sgebühr*) entrada *f*; **~ frei!** ¡entrada libre!
Eintrittsbedingung *f* <-, -en> condición *f* de entrada, requisito *m* de admisión; **Eintrittsgeld** *nt* <-(e)s, -er> entrada *f*; **Eintrittskarte** *f* <-, -n> entrada *f*, billete *m*, boleto *m* *Am*; **Eintrittsklausel** *f* <-, -n> (JUR) cláusula *f* de admisión; **Eintrittspreis** *m* <-es, -e> precio *m* de entrada; **Eintrittsrecht** *nt* <-(e)s, *ohne pl*> derecho *m* de representación
ein|trocknen *vi sein* secarse
ein|trüben *vunpers* (METEO) **es trübt sich ein** se está nublando
Eintrübung *f* <-, -en> (METEO) nubosidad *f*
ein|trudeln *vi sein* (*fam*) aparecer
ein|tunken *vt* (*reg*) mojar (*in* en)
ein|üben *vt* practicar; (THEAT, MUS) ensayar
ein|verleiben* ['aɪnfɛɐlaɪbən] *vt* ❶ (*Besitz*) apropiarse (de), adueñarse (de)
❷ (*Speisen*) comerse
Einverleibung *f* <-, -en> ❶ (POL) *Landgebiete*) anexión *f*
❷ (WIRTSCH: *Unternehmen*) incorporación *f*
Einvernahme ['aɪnfɛɐnaːmə] *f* <-, -n> (*Österr, Schweiz:* JUR: *Vernehmung*) interrogatorio *m*
ein|vernehmen* *irr vt* (*Österr, Schweiz:* JUR: *verhören*) interrogar
Einvernehmen ['aɪnfɛɐneːmən] *nt* <-s, *ohne pl*> conformidad *f*, acuerdo *m*; **im ~ mit jdm** de acuerdo con alguien; **das ~ der Gemeinde** el acuerdo del Municipio
einvernehmlich *adj* de común acuerdo; **eine ~e Übereinkunft** una decisión de común acuerdo; **etw ~ beschließen** decidir algo de común acuerdo
einverstanden ['aɪnfɛɐʃtandən] *adj* de acuerdo (*mit* con), conforme (*mit* con); **~!** ¡de acuerdo!, ¡aceptado! *Am*; **sich mit etw** *dat* **~ erklären** declararse conforme con algo; **nicht ~ sein** estar en desacuerdo (*mit* con)
Einverständnis ['aɪnfɛɐʃtɛntnɪs] *nt* <-ses, -se> ❶ (*Billigung*) conformidad *f*, acuerdo *m*; **mündliches/schriftliches/stillschweigendes ~** consentimiento verbal/por escrito/tácito; **er erklärte sein ~ zu dem Plan** declaró su conformidad con el plan; **in gegenseitigem ~** de mutuo acuerdo
❷ (*Übereinstimmung*) consentimiento *m*
Einverständniserklärung *f* <-, -en> declaración *f* de mutua conformidad
Einwaage *f* <-, -n> (COM: *Reingewicht*) peso *m* neto; (*Gewichtsverlust*) pérdida *f* de peso
ein|wachsen¹ *vt* encerar
ein|wachsen² *irr vi sein* crecer para adentro (*in* en)
Einwahlknoten *m* <-s, -> (INFOR, TEL) nodo *m* de conmutación, punto *m* de enlace a la red
Einwand ['aɪnvant, *pl*: 'aɪnvɛndə] *m* <-(e)s, -wände> objeción *f* (*gegen* a), reparo *m* (*gegen* a); **Einwände gegen etw erheben** poner reparos a algo
Einwanderer, -wand(r)erin *m, f* <-s, -; -, -nen> inmigrante *mf*
ein|wandern *vi sein* inmigrar
Einwanderung *f* <-, -en> inmigración *f*
Einwanderungsgesetz *nt* <-es, -e> leyes *f* de inmigración
einwandfrei *adj* ❶ (*fehlerlos*) correcto
❷ (*tadellos*) impecable, intachable
❸ (*eindeutig*) claro, patente; **es steht ~ fest, dass ...** está claro que...
Einwandrerin ['aɪnvandrərɪn] *f* <-, -nen> *s.* **Einwanderer**
einwärts ['aɪnvɛrts] *adv* hacia dentro
Einwärtsschielen *nt* <-s, *ohne pl*> (MED) estrabismo *m* convergente
ein|weben *vt* entretejer
ein|wechseln *vt* cambiar (*gegen* por)
ein|wecken *vt* (GASTR) (en)confitar
Einwegerzeugnis *nt* <-ses, -se> producto *m* de un solo uso [*o* desechable]; **Einwegflasche** *f* <-, -n> botella *f* no retornable; **Einwegrasierer** *m* <-s, -> maquinilla *f* de afeitar de un solo uso; **Einwegspritze** *f* <-, -n> jeringuilla *f* desechable [*o* de un solo uso]; **Einwegverpackung** *f* <-, -en> embalaje *m* de un solo uso
ein|weichen *vt* poner en [*o* a] remojo, ensopar *SAm*
ein|weihen *vt* ❶ (*eröffnen*) inaugurar
❷ (*fam: erstmalig benutzen*) estrenar
❸ (*vertraut machen*) poner al corriente (*in* de); **sie ist eingeweiht** está al corriente
Einweihung *f* <-, -en> ❶ (*Eröffnung*) inauguración *f*
❷ (*in Geheimnis*) revelación *f* (*in* de)
Einweihungsfeier *f* <-, -n> fiesta *f* de inauguración
ein|weisen *irr vt* ❶ (*in Tätigkeit*) instruir (*in* en)
❷ (*Fahrzeug*) dirigir (*in* a)
❸ (*ins Krankenhaus*) hospitalizar
Einweisung *f* <-, -en> ❶ (*in Krankenhaus, Anstalt*) internamiento *m*; (*Krankenhaus*) hospitalización *f*
❷ (*in Tätigkeit*) instrucción *f*
ein|wenden *irr vt* objetar (*gegen* a), oponer (*gegen* a); **dagegen lässt sich nichts ~** no hay nada que objetar a esto
Einwendung *f* <-, -en> ❶ (*Einwand*) objeción *f*; **rechtshemmende ~** objeción inhibidora del derecho; **rechtshindernde ~** objeción impedidora del derecho; **rechtsvernichtende ~** objeción demoledora del derecho; **~en machen** hacer objeciones, objetar; **sich** *dat* **~en vorbehalten** reservarse el derecho de objeción
❷ (JUR: *Rechts~*) excepción *f*
Einwendungsausschluss[RR] *m* <-es, -schlüsse> (JUR) exclusión *f* de objeción; **Einwendungsdurchgriff** *m* <-(e)s, -e> (JUR) procedencia *f* de la objeción; **Einwendungserhebung** *f* <-, -en> (JUR) formulación *f* de oposición; **Einwendungspräklusion** *f* <-, -en> (JUR) preclusión *f* de la objeción; **materielle ~** preclusión de la objeción material; **Einwendungsverzicht** *m* <-(e)s, -e> (JUR) renuncia *f* a la objeción
ein|werfen *irr vt* ❶ (*Brief*) echar (*in* en); (*Geld*) insertar (*in* en), introducir (*in* en)
❷ (*zertrümmern*) destrozar, romper; **eine Scheibe ~** romper un vidrio (a pedradas)

einwertig 209 **einziehen**

③ (*bemerken*) mencionar; **er warf ein, dass ...** mencionó que..., dejó caer que...
④ (SPORT) sacar de banda
einwertig ['aɪnveːɐtɪç] *adj* (CHEM) monovalente, univalente
ein|wickeln *vt* ① (*einpacken*) envolver (*in* en)
② (*fam: überreden*) embaucar
Einwickelpapier *nt* <-s, -e> papel *m* para envolver
ein|willigen ['aɪnvɪlɪɡən] *vi* aprobar (*in*), estar conforme (*in* con); **in die Scheidung ~** acceder al divorcio
Einwilligung *f* <-, -en> consentimiento *m* (*in* para), aprobación *f* (*in* de); **~ des gesetzlichen Vertreters** consentimiento del representante legal; **~ in eine Körperverletzung** consentimiento de una lesión física; **mutmaßliche ~** consentimiento presuntivo; **vermutete ~** consentimiento supuesto; **seine ~ zu etw** *dat* **geben** dar su consentimiento para algo
Einwilligungslösung *f* <-, -en> (JUR) solución *f* de consentimiento; **Einwilligungstheorie** *f* <-, *ohne pl*> (JUR) teoría *f* del consentimiento; **Einwilligungsvorbehalt** *m* <-(e)s, -e> (JUR) reserva *f* de consentimiento
ein|wirken *vi* actuar (*auf* sobre); (*beeinflussen*) influir (*auf* en)
Einwirkung *f* <-, -en> influencia *f*; **unter der ~ von etw** *dat*/**jdm** bajo la influencia de algo/alguien
Einwirkungsfaktor *m* <-s, -en> factor *m* de influencia; **Einwirkungsmöglichkeit** *f* <-, -en> influencia *f*; **es gibt nur diese ~** es la única posibilidad de ejercer influencia
einwöchig ['aɪnvœçɪç] *adj* de una semana
Einwohner(in) *m(f)* <-s, -; -, -nen> habitante *m*
Einwohnermeldeamt ['---'---] *nt* <-(e)s, -ämter> oficina *f* de empadronamiento
Einwohnerschaft *f* <-, -en> habitantes *mpl*
Einwohnerzahl *f* <-, -en> número *m* de habitantes
Einwurf *m* <-(e)s, -würfe> ① (*das Hineinwerfen*) inserción *f*
② (*Bemerkung*) observación *f*
③ (*für Münzen*) ranura *f*
④ (SPORT) saque *m* de banda
ein|wurzeln *vi sein* (AGR, BOT) echar raíces
Einzahl *f* <-, -en> (LING) (número *m*) singular *m*
ein|zahlen *vt* pagar (*auf* a), ingresar (*auf* en), enterar Kol, Mex, CRi; **sie hat das Geld aufs Konto eingezahlt** ha ingresado el dinero en la cuenta
Einzahler(in) *m(f)* <-s, -; -, -nen> depositante *mf*
Einzahlung *f* <-, -en> pago *m* (*auf* a), ingreso *m* (*auf* en)
Einzahlungsaufforderung *f* <-, -en> requerimiento *m* de pago; **Einzahlungsbeleg** *m* <-(e)s, -e> recibo *m* de pago [*o* de ingreso]; **Einzahlungsformular** *nt* <-s, -e> impreso *m* de ingresos [*o* de depósitos]; **Einzahlungsfrist** *f* <-, -en> plazo *m* de pago [*o* de ingreso]; **Einzahlungspflicht** *f* <-, -en> obligación *f* de ingreso; **Einzahlungsschalter** *m* <-s, -> ventanilla *f* de ingresos; **Einzahlungsschein** *m* <-(e)s, -e> ① (*Quittung*) resguardo *m* de ingreso [*o* de depósito] ② (*Schweiz: Zahlkarte*) impreso *m* para giro postal
ein|zäunen ['aɪntsɔɪnən] *vt* cercar, vallar
Einzäunung *f* <-, -en> ① (*das Einzäunen*) cerca *f*, cercado *m*; **die ~ des Gartens kann durch einen Maschendrahtzaun erfolgen** el jardín se puede cercar con una tela metálica
② (*Zaun*) cerca *f*, valla *f*
ein|zeichnen *vt* marcar
einzeilig *adj* ① (*aus einer Zeile*) de una (sola) línea; **mit ~em Abstand schreiben** escribir con una separación de una línea
② (*Küche*) que ocupa una sola pared
Einzel ['aɪntsəl] *nt* <-s, -> (SPORT) (partido *m*) individual *m*
Einzelabschreibung *f* <-, -en> (WIRTSCH) amortización *f* individual; **Einzelaktionär(in)** *m(f)* <-s, -e; -, -nen> accionista *mf* único, -a; **Einzelanmelder(in)** *m(f)* <-s, -; -, -nen> solicitante *mf* individual; **~ für ein Patent** solicitante individual de patente; **Einzelarbeitsvertrag** *m* <-(e)s, -träge> contrato *m* individual de trabajo; **Einzelaufstellung** *f* <-, -en> relación *f* detallada; **Einzelausgabe** *f* <-, -n> (PUBL) volumen *m* suelto; **Einzelbefugnis** *f* <-, -se> facultad *f* singular; **Einzelbetrachtung** *f* <-, -en> (JUR) examen *m* individual; **Einzelbett** *nt* <-(e)s, -en> cama *f* individual; **Einzelbilanz** *f* <-, -en> balance *m* especial; **Einzelblatteinzug** *m* <-(e)s, -züge> (INFOR) alimentador *m* de hojas sueltas; **Einzelerfinder(in)** *m(f)* <-s, -; -, -nen> inventor(a) *m(f)* individual; **Einzelermächtigung** *f* <-, -en> autorización *f* individual; **Einzelfahrschein** *m* <-(e)s, -e> billete *m* sencillo
Einzelfall *m* <-(e)s, -fälle> ① (*konkreter Fall*) caso *m* concreto, caso *m* particular ② (*Ausnahme*) caso *m* especial; **Einzelfallentscheidung** *f* <-, -en> (JUR) decisión *f* sobre un caso particular; **Einzelfallgesetz** *nt* <-es, -e> (JUR) ley-medida *f*, ley *f* excepcional; **Einzelfallprüfung** *f* <-, -en> examen *m* de casos particulares [*o* de cada caso], consideración

f de casos particulares [*o* de cada caso]; **Einzelfallregelung** *f* <-, -en> regulación *f* de caso individual
Einzelfertigung *f* <-, -en> fabricación *f* individual; **Einzel- und Sonderfertigung** fabricación individual y especial
Einzelgänger(in) ['aɪntsəlɡɛŋɐ] *m(f)* <-s, -; -, -nen> solitario, -a *m, f*
Einzelgeschäftsführung *f* <-, *ohne pl*> dirección *f* unipersonal; **Einzelhaft** *f* <-, *ohne pl*> detención *f* en régimen de incomunicación
Einzelhandel *m* <-s, *ohne pl*> comercio *m* al por menor [*o* al detalle]; **Einzelhandelsgeschäft** *nt* <-(e)s, -e> negocio *m* al por menor; **Einzelhandelsgroßmarkt** *m* <-(e)s, -märkte> gran superficie *f*; **Einzelhandelskauffrau** *f* <-, -en> *s.* **Einzelhändler**; **Einzelhandelskaufmann** *m* <-(e)s, -leute> *s.* **Einzelhändler**; **Einzelhandelspreis** *m* <-es, -e> precio *m* minorista [*o* al por menor]; **Einzelhandelsspanne** *f* <-, -n> margen *m* del comercio al por menor; **Einzelhandelsumsatz** *m* <-es, -sätze> volumen *m* de ventas del comercio al por menor
Einzelhändler(in) *m(f)* <-s, -; -, -nen> detallista *mf*, minorista *mf*, comerciante *mf* al por menor
Einzelheit *f* <-, -en> ① (*einzelnes Teil*) elemento *m*
② (*Detail*) detalle *m*, pormenor *m*; **in allen ~en** con pelos y señales
Einzelkabine *f* <-, -n> (NAUT) camarote *m* individual; **Einzelkalkulation** *f* <-, -en> cálculo *m* individual; **Einzelkampf** *m* <-(e)s, -kämpfe> (SPORT) competición *f* individual; **Einzelkauffrau** *f* <-, -en> comerciante *f* individual; **Einzelkaufmann** *m* <-(e)s, -leute> comerciante *m* individual; **Einzelkind** *nt* <-(e)s, -er> hijo *m*, -a *m, f* único, -a
Einzeller ['aɪntsɛlɐ] *m* <-s, -> (BIOL) organismo *m* unicelular
einzellig ['aɪntsɛlɪç] *adj* (BIOL) unicelular
einzeln ['aɪntsəln] *adv* por separado, uno por uno; **bitte ~ eintreten** por favor, entren de uno en uno; **~ aufführen** enumerar uno por uno; **etw im E~en besprechen** discutir algo detalladamente
einzelne(r, s) *adj* ① (*allein*) único, solo; **jeder/jede E~** cada uno/una; **jede ~ Schülerin** cada una de las alumnas
② (*verschieden*) diferente, distinto; **die ~n Teile** las diferentes partes
③ (*speziell*) particular, especial
④ (*separat*) separado, aparte
⑤ *pl* (*einige*) algunos
Einzelperson *f* <-, -en> persona *f* sola; **für eine ~ ist die Wohnung zu groß** el piso es demasiado grande para una sola persona; **Einzelprokura** *f* <-, -prokuren> (JUR) poder *m* especial; **Einzelradaufhängung** *f* <-, -en> (AUTO) suspensión *f* independiente
Einzelrechtsnachfolge *f* <-, *ohne pl*> (JUR) sucesión *f* a título particular
Einzelrichter(in) *m(f)* <-s, -; -, -nen> juez *mf* unipersonal; **~ ohne Öffentlichkeit** juez unipersonal a puerta cerrada; **Übertragung der Sache auf den ~** traslado de la causa al juez unipersonal; **Einzelstatut** *nt* <-(e)s, -en> (JUR) estatuto *m* especial; **Einzelstrafe** *f* <-, -n> (JUR) pena *f* individual; **Einzelstück** *nt* <-(e)s, -e> pieza *f* única
Einzelteil *nt* <-(e)s, -e> elemento *m*, componente *m*; **etw in seine ~e zerlegen** desmontar algo en todos sus componentes; **Einzelteilfertigung** *f* <-, *ohne pl*> fabricación *f* de piezas
Einzeltheorie *f* <-, -n> (JUR) teoría *f* única; **Einzeltherapie** *f* <-, -n> (MED) terapia *f* personalizada; **Einzelunternehmen** *nt* <-s, -> empresa *f* individual; **Einzelverfügung** *f* <-, -en> (JUR) disposición *f* única
Einzelvertretungsbefugnis *f* <-, -se> (JUR) facultad *f* de representación exclusiva
Einzelwert *m* <-(e)s, -e> valor *m* individual; **Einzelzelle** *f* <-, -n> (*Gefängnis*) celda *f* individual; **Einzelzimmer** *nt* <-s, -> habitación *f* individual [*o* sencilla]; **Einzelzuständigkeit** *f* <-, -en> (JUR) competencia *f* personal; **Einzelzwangsvollstreckung** *f* <-, -en> (JUR) ejecución *f* a título singular
ein|zementieren* *vt* fijar con cemento (*in* en)
einziehbar *adj* ① (*Schulden*) cobrable; (*Steuern*) recaudable
② (*konfiszierbar*) confiscable; (*Führerschein*) retirable
③ (*Fahrgestell*) replegable
④ (*Fühler, Krallen*) retráctil
ein|ziehen *irr* **I.** *vi sein* ① (*beziehen*) mudarse (*in* a), instalarse (*in* en); **wir sind gestern in unsere neue Wohnung eingezogen** ayer nos mudamos a nuestro nuevo piso
② (*Einzug halten*) entrar (*in* a/en)
③ (*Flüssigkeit, Creme*) ser absorbido (*in* por), penetrar (*in* en)
II. *vt* ① (*Segel, Flagge*) arriar; (*Fahrgestell*) replegar; (*Kopf*) bajar; (*Bauch*) meter; (*Fühler, Krallen*) retraer; (*Papier*) sangrar
② (*Schulden*) cobrar; (*Steuern*) recaudar
③ (*beschlagnahmen*) confiscar; (*Führerschein, Geld*) retirar
④ (*Wand*) levantar; (*Decke*) construir; (*Balken*) poner
⑤ (*Rekruten*) llamar a filas
⑥ (*Erkundigungen*) pedir

Einziehung f <-, -en> ❶ (*Beschlagnahmung*) embargo m, confiscación f, (de)comiso m; ~ **von Gegenständen aus Straftaten** confiscación de objetos en causas penales
❷ (*von Banknoten, des Führerscheins*) retirada f
❸ (*von Beiträgen, Gebühren*) cobro m
Einziehungsbeteiligung f <-, -en> (JUR) participación f en la incautación; **Einziehungsgegenstand** m <-(e)s, -stände> (JUR) objeto m de la incautación; **Einziehungsverfahren** nt <-s, -> (FIN, JUR) proceso m de cobro; **Einziehungsverfügung** f <-, -en> (FIN, JUR) comisión f de cobranza
einzig ['aɪntsɪç] adj único, solo; **wir waren die ~en Gäste** nosotros éramos los únicos huéspedes; **~ und allein** únicamente; **das ist das ~ Wahre** esta es la única verdad; **ein ~es Mal** una sola vez
einzigartig adj único, sin par
Einzigartigkeit f <-, ohne pl> unicidad f
ein|zuckern vt azucarar
Einzug m <-(e)s, -züge> ❶ (*von Steuern*) recaudación f
❷ (*das Hineingehen*) entrada f (*in* en); (*ins Parlament*) ingreso m (*in* en); **beim ~ in die neue Wohnung** al instalarse en el nuevo piso
❸ (*Papier*) sangría f
Einzugsbereich m <-(e)s, -e> área f de influencia; **Einzugsermächtigung** f <-, -en> (FIN) domiciliación f bancaria; **Einzugsgebiet** nt <-(e)s, -e> ❶ (*Einzugsbereich*) cuenca f de captación ❷ (GEO) área f útil; **Einzugsgeschäft** nt <-(e)s, -e> (FIN) operación f de cobro; **Einzugsverfahren** nt <-s, -> (FIN) cobranzas fpl bancarias; **Einzugsverkehr** m <-(e)s, ohne pl> (WIRTSCH, FIN) domiciliación f bancaria de recibos
ein|zwängen ['aɪntsvɛnən] vt introducir [*o* meter] apretando
Einzylindermotor m <-s, -en> (AUTO) motor m de un cilindro
Eis [aɪs] nt <-es, ohne pl> ❶ (*gefrorenes Wasser*) hielo m; **Wodka auf ~** vodka con hielo; **etw auf ~ legen** (*fig*) suspender algo; **das ~ brechen** (*fig*) romper el hielo; **~ laufen** patinar sobre hielo
❷ (*Speise~*) helado m; **ein ~ am Stiel** un polo, una paleta MAm, Mex
Eisaufbruch m <-(e)s, -brüche> descongelación f; **Eisbahn** f <-, -en> pista f de patinaje sobre hielo; **Eisbär** m <-en, -en> oso m blanco [*o* polar]; **Eisbecher** m <-s, -> copa f de helado; **Eisbein** nt <-(e)s, -e> lacón m; **Eisberg** m <-(e)s, -e> iceberg m; **das ist nur die Spitze des ~s** esto es sólo la punta del iceberg; **Eisbeutel** m <-s, -> bolsa f de hielo; **Eisblock** m <-(e)s, -blöcke> bloque m de hielo; **Eisblume** f <-, -n> escarcha f en forma de flor (en las ventanas); **Eisbombe** f <-, -n> tarta f helada; **Eisbrecher** m <-s, -> rompehielos m inv
Eischnee m <-s, ohne pl> (GASTR) clara f a punto de nieve
Eiscreme f <-, -s> helado m; **Eisdecke** f <-, -n> capa f de hielo; **Eisdiele** f <-, -n> heladería f
Eisen ['aɪzən] nt <-s, -> hierro m, fierro m Am; **zwei ~ im Feuer haben** (*fam fig*) encender una vela a Dios y otra al diablo; **zum alten ~ gehören** (*fam fig*) ser de la vieja guardia; **ein heißes ~ anfassen** (*fig*) tocar un tema delicado; **man muss das ~ schmieden, solange es heiß ist** (*prov*) al hierro caliente, batir de repente
Eisenbahn f <-, -en> ferrocarril m, carril m Chil; **es ist höchste ~** (*fam*) ahora hay que darse prisa; **Eisenbahnbrücke** f <-, -n> ❶ (*für die Eisenbahn*) puente m de ferrocarril ❷ (*für Fußgänger*) puente m peatonal; **Eisenbahndirektion** f <-, -en> dirección f central de los ferrocarriles
Eisenbahner(in) m(f) <-s, -; -, -nen> ferroviario, -a m, f
Eisenbahnergewerkschaft f <-, -en> sindicato m de los ferroviarios
Eisenbahnerin f <-, -nen> s. Eisenbahner
Eisenbahnfähre f <-, -n> tra(n)sbordador m de trenes; **Eisenbahnfrachtbrief** m <-(e)s, -e> talón m de ferrocarril; **Eisenbahngesellschaft** f <-, -en> compañía f ferroviaria; **Eisenbahngesetz** nt <-es, -e> (JUR) ley f de ferrocarriles; **Eisenbahnknotenpunkt** m <-(e)s, -e> nudo m ferroviario; **Eisenbahnnetz** nt <-es, -e> red f ferroviaria; **Eisenbahntunnel** m <-s, -(s)> túnel m del tren; **Eisenbahnüberführung** f <-, -en> paso m elevado de un tren; **Eisenbahnunglück** nt <-(e)s, -e> accidente m de tren; **Eisenbahnunterführung** f <-, -en> paso m inferior de un tren; **Eisenbahnverkehrsverwaltung** f <-, -en> (JUR) administración f de ferrocarriles; **Eisenbahnwagen** m <-s, -> vagón m
Eisenbedarf m <-(e)s, -e> (MED) necesidad f de hierro; **Eisenbeschlag** m <-(e)s, -schläge> herraje m
eisenbeschlagen adj (*Truhe*) con herrajes; (*Stiefel*) con puntera y talón de acero
Eisenblech nt <-(e)s, -e> chapa f de hierro; **Eisendraht** m <-(e)s, -drähte> alambre m de acero; **Eisenerz** nt <-es, -e> mineral m de hierro, mena f; **Eisengehalt** m <-(e)s, -e> contenido m de hierro; **Eisengießerei** f <-, -en> fundición f de hierro, factoría f Am; **Eisengitter** nt <-s, -> rejilla f de hierro
eisenhaltig ['aɪzənhaltɪç] adj (*Flüssigkeit*) ferruginoso; (*Feststoff*) ferroso

Eisenhut m <-(e)s, -hüte> (BOT): **Blauer ~** acónito m; **Eisenhüttenwerk** nt <-(e)s, -e> planta f siderúrgica; **Eisenindustrie** f <-, -n> industria f del hierro; **Eisen- und Stahlindustrie** industria siderúrgica y metalúrgica; **Eisenmangel** m <-s, ohne pl> falta f de hierro; **Eisenoxid** nt <-(e)s, -e> (CHEM), **Eisenoxyd** nt <-(e)s, -e> (CHEM) óxido m de hierro; **Eisenpräparat** nt <-(e)s, -e> (MED) preparado m de hierro; **ein ~ einnehmen** tomar (un preparado de) hierro; **Eisenspäne** mpl virutas fpl de hierro
Eisenstadt nt <-s> Eisenstadt f
Eisenstange f <-, -n> vara f de hierro, varilla f de hierro; **Eisentablette** f <-, -n> (MED) comprimido m de hierro, tableta f de hierro; **Eisenträger** m <-s, -> (ARCHIT) soporte m de hierro; **Eisenverbindung** f <-, -en> (CHEM) compuesto m de hierro
Eisenwaren fpl utensilios mpl de ferretería; **Eisenwarenhändler(in)** m(f) <-s, -; -, -nen> ferretero, -a m, f; **Eisenwarenhandlung** f <-, -en> ferretería f, abarrotería f Am
eisern ['aɪzɐn] adj ❶ (*aus Eisen*) de hierro, férreo ❷ (*unnachgiebig*) rígido, inflexible; **~e Disziplin** disciplina férrea; **da bin ich ~!** (*fam*) ¡no hay quien me apee del burro!
❸ (*Wend*): **~e Reserve** última reserva
Eiseskälte ['aɪzəsˌkɛltə] f <-, ohne pl> frío m glacial
Eisfach nt <-(e)s, -fächer> congelador m (del frigorífico); **Eisfläche** f <-, -n> superficie f helada
eisfrei adj libre de hielo(s)
Eisgang m <-(e)s, -gänge> deshielo m
eisgekühlt adj helado
Eisglätte f <-, ohne pl> helada f, hielo m; **Eisheiligen** mpl: **die (drei) ~** fechas – en el Norte de Alemania del 11 al 13 de mayo y en el Sur del 12 al 15 – hasta las cuales son esperables bruscos descensos de temperatura; **Eishockey** ['aɪshɔki] nt <-s, ohne pl> (SPORT) hockey m sobre hielo
eisig ['aɪzɪç] adj ❶ (*Wasser*) helado; (*Kälte*) glacial
❷ (*Blick, Ton*) helado, reservado
Eiskaffee m <-s, -s, nach Zahlen: -> café m frío con helado y nata montada
eiskalt ['--] I. adj ❶ (*Wind, Tag*) helado
❷ (*abweisend*) frío, helado
II. adv con frialdad; **jdm ~ die Meinung sagen** (*fam*) decirle cuatro verdades a alguien
Eiskappe f <-, -n>: **polare ~** cubierta f de hielo polar; **Eiskratzer** m <-s, -> espátula f de rascar hielo; **Eiskristall** m <-s, -e> cristal m de hielo; **Eiskübel** m <-s, -> cubitera f para botellas, enfriadera f
Eiskunstlauf m <-(e)s, ohne pl> (SPORT) patinaje m artístico (sobre hielo); **Eiskunstläufer(in)** m(f) <-s, -; -, -nen> (SPORT) patinador(a) m(f) artístico, -a sobre hielo
eis|laufen irr vi s. Eis 1.
Eislaufen nt <-s, ohne pl> (SPORT) patinaje m sobre hielo; **Eisläufer(in)** m(f) <-s, -; -, -nen> patinador(a) m(f) sobre hielo; **Eismaschine** f <-, -n> heladora f; **Eismeer** nt <-(e)s, -e> (GEO) océano m glacial; **Nördliches/Südliches ~** Océano Glacial Ártico/Antártico; **Eispickel** m <-s, -> picahielo m
Eisprung m <-(e)s, -sprünge> (ZOOL, MED) ovulación f
Eisregen m <-s, -> (METEO) lluvia f helada; **Eisrevue** f <-, -n> (SPORT) espectáculo m de patinaje artístico; **Eisschießen** nt <-s, ohne pl> (SPORT) "curling" m
Eisschnelllauf^RR m <-(e)s, ohne pl> (SPORT) patinaje m de velocidad [*o* de carreras sobre hielo]; **Eisschnellläufer(in)**^RR m(f) <-s, -; -, -nen> (SPORT) patinador(a) m(f) de velocidad
Eisscholle f <-, -n> témpano m de hielo; **Eisschrank** m <-(e)s, -schränke> nevera f, frigorífico m, frigo m fam; **Eissport** m <-(e)s, ohne pl> deportes mpl sobre hielo; **Eisstadion** nt <-s, -stadien> (SPORT) pista f de hielo; **Eistanz** m <-es, -tänze> (SPORT) patinaje m artístico; **Eistorte** f <-, -n> tarta f helada; **Eisverkäufer(in)** m(f) <-s, -; -, -nen> heladero, -a m, f, piragüero, -a m, f PRico; **Eisvogel** m <-s, -vögel> martín m pescador; **Eiswaffel** f <-, -n> galleta f de helado, barquilla f PRico, DomR; **Eiswasser** nt <-s, ohne pl> agua f helada; **Eiswein** m <-(e)s, -e> (GASTR) vino dulce hecho con uvas congeladas; **Eiswürfel** m <-s, -> cubito m de hielo; **Eiszapfen** m <-s, -> carámbano m, calamaco m; **Eiszeit** f <-, -en> glaciación f, era f glacial
eiszeitlich adj (de la época) glacial, del período glacial
eitel ['aɪtəl] adj vanidoso, vano
Eitelkeit f <-, -en> vanidad f
Eiter ['aɪtɐ] m <-s, ohne pl> pus m, postema f Mex, maleza f Arg, Chil
Eiterbeule f <-, -n> ❶ (MED) forúnculo m, furúnculo m, divieso m ❷ (*abw: Übelstand*) cáncer m; **Eiterbildung** f <-, -en> (MED) supuración f, formación f de pus; **Eiterbläschen** ['aɪtɐblɛsçən] nt <-s, -> (MED) pústula f; **Eitererreger** m <-s, -> (MED) agente m piógeno; **Eiterherd** m <-(e)s, -e> (MED) foco m purulento

eit(e)rig ['aɪt(ə)rɪç] *adj* purulento
eitern ['aɪtən] *vi* supurar
Eiterpickel *m* <-s, -> (MED) pústula *f*
eitrig *adj* purulento
Eiweiß *nt* <-es, -e, *nach Zahlen:* -> ❶ (*vom Ei*) clara *f* ❷ (CHEM) albúmina *f* ❸ (BIOL) proteína *f*
eiweißarm I. *adj* pobre en proteínas
II. *adv:* sich ~ ernähren hacer una dieta pobre en proteínas
eiweißhaltig *adj* (CHEM, BIOL) albuminoso
Eiweißmangel *m* <-s, *ohne pl*> deficiencia *f* en proteínas
eiweißreich *adj* rico en proteínas
Eiweißspaltung *f* <-, -en> desdoblamiento *m* proteolítico
Eizelle *f* <-, -n> óvulo *m*
Ejakulat [ejaku'la:t] *nt* <-(e)s, -e> esperma *m* (eyaculado)
Ejakulation [ejakula'tsjo:n] *f* <-, -en> (BIOL, MED) eyaculación *f*
Ejakulationsstörung *f* <-, -en> (MED) problemas *mpl* de eyaculación
ejakulieren* [ejaku'li:rən] *vi* eyacular
EKD [e:ka:'de:] *f* (REL) *Abk. von* **Evangelische Kirche in Deutschland** Iglesia *f* Evangélica de Alemania
Ekel[1] ['e:kəl] *m* <-s, *ohne pl*> asco (*vor* a); (*Widerwille*) repugnancia *f* (*vor* a/de); ~ erregend (*widerwärtig*) asqueroso, repugnante, bascoso *Ecua, Kol*; (*gemein*) infame, asqueroso, imposible *Am*; ~ erregen dar asco
Ekel[2] *nt* <-s, -> (*fam: Person*) asqueroso, -a *m, f*
ekelerregend *adj s.* **Ekel**[1]
ekelhaft *adj*, **ek(e)lig** ['e:k(ə)lɪç] *adj* ❶ (*widerwärtig*) asqueroso, repugnante, bascoso *Ecua, Kol* ❷ (*gemein*) infame, asqueroso, imposible *Am*
ekeln I. *vr:* sich ~: ich ekele mich vor Ratten las ratas me dan [*o* me producen] asco
II. *vunpers:* es ekelt mich davor me da asco
Ekg, EKG [e:ka:'ge:] *nt* <-s, -s> (MED) *Abk. von* **Elektrokardiogramm** electrocardiograma *m*
Eklat [e'kla:] *m* <-s, -s> escándalo *m*; es kam zum ~ als ... el escándalo surgió cuando...
eklatant [ekla'tant] *adj* ❶ (*offensichtlich*) evidente ❷ (*Aufsehen erregend*) sensacional, espectacular
eklig *adj s.* **ek(e)lig**
Eklipse [ɛ'klɪpsə, e'klɪpsə] *f* <-, -n> (ASTR) eclipse *m*
Ekstase [ɛk'sta:zə] *f* <-, -n> éxtasis *m inv*; in ~ geraten über etw quedarse extasiado por algo
ekstatisch *adj* extático; in ~e Begeisterung geraten estar extasiado de entusiasmo; sie tanzte ~ zu den Trommelklängen bailaba extáticamente al son de los tambores
Ektoparasit [ɛktopara'zi:t] *m* <-en, -en> (BIOL, MED) ectoparásito *m*
Ekzem [ɛk'tse:m] *nt* <-s, -e> (MED) eczema *m*
Elaborat [elabo'ra:t] *nt* <-(e)s, -e> (*abw*) trabajo *m* (escrito) de mala calidad; dieses kurze ~ soll eine wissenschaftliche Arbeit sein? ¿a estos cuatro papeluchos le llamas un trabajo científico?
Elan [e'la:n] *m* <-s, *ohne pl*> (*geh*) brío *m*, ímpetu *m*
elastisch [e'lastɪʃ] *adj* elástico
Elastizität [elastitsi'tɛ:t] *f* <-, -en> elasticidad *f*
Elastizitätsgrenze *f* <-, -n> (PHYS, TECH) margen *m* de elasticidad
Elba ['ɛlba] *nt* <-s> Elba *m*
Elbe ['ɛlbə] *f* <-> (*Fluss*) Elba *m*
Elch [ɛlç] *m* <-(e)s, -e> (ZOOL) alce *m*, anta *f*
Eldorado [ɛldo'ra:do] *nt* <-s, -s> (*fig*) paraíso *m*
Electronic Banking [ɛlɛk'trɔnɪk 'bɛŋkɪŋ] *nt* <- -s, *ohne pl*> (FIN) banco *m* informatizado; **Electronic Cash** [ɛlək'trɔnɪk kɛʃ] *nt* <- -s, *ohne pl*> (FIN) efectivo *m* electrónico, moneda *f* electrónica; **Electronic Publishing** [ɛlək'trɔnɪk 'pʌblɪʃɪŋ] *nt* <- -s, *ohne pl*> (PUBL) autoedición *f* electrónica
Elefant [ele'fant] *m* <-en, -en> elefante *m*; wie ein ~ im Porzellanladen (*fam*) como un elefante en una cacharrería; aus einer Mücke einen ~en machen (*fam*) hacer una montaña de un grano de arena
Elefantenbaby *nt* <-s, -s> (ZOOL) cría *f* de elefante ❷ (*fam abw: dicklicher Teenager*) chico, -a *m, f* rechoncho, -a [*o* regordete]; **Elefantenbulle** *m* <-n, -n> (ZOOL) macho *m* del elefante; **Elefantenhochzeit** *f* <-, -en> (WIRTSCH) fusión *f* de grandes empresas; **Elefantenkuh** *f* <-, -kühe> elefanta *f*; **Elefantenrüssel** *m* <-s, -> trompa *f* (del elefante)
elegant [ele'gant] *adj* elegante
Eleganz *f* <-, *ohne pl*> elegancia *f*
Elegie [ele'gi:, *pl:* ele'gi:ən] *f* <-, -n> (LIT) elegía *f*
elegisch [e'le:gɪʃ] *adj* (LIT) elegíaco
elektrifizieren* [ɛlɛktrifi'tsi:rən] *vt* electrificar
Elektrifizierung *f* <-, -en> electrificación *f*
Elektrik [e'lɛktrɪk] *f* <-, -en> sistema *m* eléctrico
Elektriker(in) [e'lɛktrike] *m(f)* <-s, -; -, -nen> electricista *mf*
elektrisch [e'lɛktrɪʃ] *adj* eléctrico; ~e Fensterheber elevalunas eléctrico; ~er Stuhl silla eléctrica
elektrisieren* [ɛlɛktri'zi:rən] *vt* (a. *fig*) electrizar; wie elektrisiert como electrizado
Elektrizität [ɛlɛktritsi'tɛ:t] *f* <-, *ohne pl*> electricidad *f*
Elektrizitätsgesellschaft *f* <-, -en> compañía *f* productora de electricidad; **Elektrizitätsversorgung** *f* <-, *ohne pl*> suministro *m* de electricidad; **Elektrizitätswerk** *nt* <-(e)s, -e> central *f* eléctrica, compañía *f* eléctrica, usina *f Am*
Elektroakupunktur [e'lɛktro-] *f* <-, -en> (MED) acupuntura *f* eléctrica; **Elektroanalyse** *f* <-, -n> (CHEM) electroanálisis *m inv*; **Elektroantrieb** *m* <-(e)s, -e> tracción *f* eléctrica; **Elektroartikel** *m* <-s, -> electrodoméstico *m*; **Elektroauto** *nt* <-s, -s> coche *m* eléctrico, automóvil *m* eléctrico; **Elektrochemie** *f* <-, *ohne pl*> electroquímica *f*
elektrochemisch *adj* electroquímico
Elektrode [elɛk'tro:də] *f* <-, -n> electrodo *m*
Elektrodialysegefäß *nt* <-es, -e> recipiente *m* de electrodiálisis; **Elektroenergie** *f* <-, -n> energía *f* eléctrica; **Elektroenzephalogramm** *nt* <-s, -e> (MED) electroencefalograma *m*; **Elektrofahrzeug** *nt* <-(e)s, -e> Elektroauto; **Elektrofilter** *m o nt* <-s, -> filtro *m* eléctrico; **Elektrogerät** *nt* <-(e)s, -e> aparato *m* eléctrico; (*Haushaltsgerät*) electrodoméstico *m*; **Elektrogeschäft** *nt* <-(e)s, -e> tienda *f* de electrodomésticos; **Elektroherd** *m* <-(e)s, -e> cocina *f* eléctrica; **Elektroindustrie** *f* <-, -n> industria *f* eléctrica; **Elektroingenieur(in)** *m(f)* <-s, -e; -, -nen> ingeniero, -a *m, f* electrónico, -a; **Elektroinstallateur(in)** *m(f)* <-s, -e; -, -nen> electricista *mf*; **Elektrokardiogramm** [------'-] *nt* <-s, -e> (MED) electrocardiograma *m*; **Elektrokarren** *m* <-s, -> carro *m* eléctrico; **Elektrolok** [e'lɛktrɔlɔk] *f* <-, -s> locomotora *f* eléctrica; **Elektrolumineszenz** [-luminɛstsɛnts] *f* <-, -en> electroluminiscencia *f*
Elektrolyse [elɛktro'ly:zə] *f* <-, -n> (PHYS, CHEM) electrólisis *f inv*
Elektrolyt [elɛktro'ly:t] *m* <-en, -e(n)> (CHEM) electrólito *m*, electrolito *m*
Elektrolytgetränk *nt* <-(e)s, -e> (MED) bebida *f* electrolítica
elektrolytisch *adj* (CHEM) electrolítico
Elektromagnet [-'----] *m* <-en *o* -(e)s, -e *o* -en> electroimán *m*
elektromagnetisch [-'---'--] *adj* electromagnético
Elektromagnetismus *m* <-, *ohne pl*> (PHYS) electromagnetismo *m*; **Elektrometallurgie** *f* <-, *ohne pl*> electrometalurgia *f*
Elektrometer [elɛktro'me:te] *nt* <-s, -> (ELEK) electrómetro *m*
Elektromotor [-'----] *m* <-s, -en> (TECH) motor *m* eléctrico, electromotor *m*
Elektron ['e:lɛktrɔn, elɛk'tro:n] *nt* <-s, -en> (PHYS) electrón *m*
Elektronegativität *f* <-, *ohne pl*> (CHEM) electronegatividad *f*
Elektronenblitz [elɛk'tro:nən-] *m* <-es, -e> (FOTO), **Elektronenblitzgerät** *nt* <-(e)s, -e> (FOTO: *alt*) flash *m* electrónico
Elektronenhülle *f* <-, -n> (PHYS) capa *f* electrónica, envoltura *f* electrónica; **Elektronenmikroskop** *nt* <-s, -e> microscopio *m* electrónico; **Elektronenrechner** *m* <-s, -> (INFOR) calculadora *f* electrónica; **Elektronenröhre** *f* <-, -n> válvula *f* electrónica, tubo *m* electrónico; **Elektronenstrahl** *m* <-(e)s, -en> (PHYS) haz *m* electrónico
Elektronik [elɛk'tro:nɪk] *f* <-, *ohne pl*> electrónica *f*
Elektronikindustrie *f* <-, -n> industria *f* electrónica; **Elektronikmulti** *m* <-s, -s> multinacional *f* de la electrónica; **Elektronikschrott** *m* <-(e)s, -e> chatarra *f* electrónica
elektronisch [elɛk'tro:nɪʃ] *adj* electrónico; ~es Banking banking electrónico; ~er Briefkasten (INFOR, TEL) buzón electrónico; ~e Datenverarbeitung proceso electrónico de datos, computación *f*; ~e Erzeugnisse productos electrónicos; ~es Geld dinero electrónico; ~e Industrie industria electrónica; ~es Kaufhaus tienda *f* electrónica; ~e Post (INFOR, TEL) correo electrónico; ~e Publikation publicación electrónica, ~e Unterschrift, firma electrónica; ~er Zahlungsverkehr movimiento de pagos electrónico [*o* computerizado]; ~e Zeitschrift revista electrónica en el internet
Elektrorasierer *m* <-s, -> máquina *f* de afeitar eléctrica
Elektroschock *m* <-(e)s, -s> (MED) electrochoque *m*, electroshock *m*; **Elektroschockbehandlung** *f* <-, -en> (MED) tratamiento *m* de electrochoque
Elektrosmog *m* <-(s), -s> electrosmog *m*; **Elektrostatik** *f* <-, *ohne pl*> (PHYS) electrostática *f*
elektrostatisch [elɛktro'ʃtatɪʃ] *adj* electro(e)stático; ~e Aufladung carga electro(e)stática
Elektrotechnik *f* <-, *ohne pl*> electrotécnica *f*, electrotecnia *f*; **Elektrotechniker(in)** *m(f)* <-s, -; -, -nen> electrotécnico *mf*
elektrotechnisch *adj* electrotécnico
Elektrotherapie *f* <-, -n> (MED) electroterapia *f*
Element [ele'mɛnt] *nt* <-(e)s, -e> elemento *m*; subversive ~e elementos subversivos; hier ist er in seinem ~ (*fam*) aquí está en su elemento

elementar [elemɛn'taːɐ] *adj* elemental; *(grundlegend)* fundamental, primordial
Elementaranalyse *f* <-, -n> análisis *m inv* elemental; **Elementarbegriff** *m* <-(e)s, -e> concepto *m* básico [*o* elemental]; **Elementargewalt** *f* <-, -en> fuerza *f* natural; **Elementarkenntnisse** *fpl* conocimientos *mpl* elementales [*o* básicos]; **Elementarteilchen** *nt* <-s, -> (PHYS) partícula *f* elemental
Elementbau *m* <-s, *ohne pl*> *(Schweiz: Fertigbau)* construcción *f* prefabricada
elend *adj* ❶ *(armselig)* miserable, mísero
❷ *(beklagenswert)* miserable
❸ *(abw: gemein)* vil, miserable; **das ist eine ~e Lüge** eso es una mentira deplorable
❹ *(krank)* enfermizo
Elend ['eːlɛnt] *nt* <-(e)s, *ohne pl*> miseria *f*, indigencia *f*; **das heulende ~ haben** *(fam)* tener la depre, estar depre; **es ist ein ~ mit ihm** da pena verlo
elendig ['eːlɛndɪç, *nachdrücklich:* 'eːˈlɛndɪç] *adj* (*reg*) *s.* **elend**
elendiglich *adv* (*geh*) miserablemente; **~ zugrunde** [*o* **zu Grunde**] **gehen** sucumbir miserablemente; **du sollst ~ verrecken!** *(fam abw)* ¡ojalá revientes!
Elendsquartier *nt* <-s, -e> chabola *f*; **Elendsviertel** *nt* <-s, -> barrio *m* de chabolas, barriada *f* de chabolas *Am*, barrio *m* joven *Am*
elf [ɛlf] *adj inv* once; *s. a.* **acht**
Elf *f* <-, -en> *(Zahl, Fußballmannschaft)* once *m*
Elfe ['ɛlfə] *f* <-, -n> sílfide *f*, elfo *m*
Elfenbein ['ɛlfənbaɪn] *nt* <-(e)s, *ohne pl*> marfil *m*
elfenbeinern *adj* de marfil
elfenbeinfarben *adj* de color marfil
Elfenbeinküste *f* Costa *f* de Marfil; **Elfenbeinturm** *m* <-(e)s, -türme> torre *f* de marfil
Elfer *m* <-s, -> (SPORT: *sl*) penalti *m*
elfmal *adv* once veces; *s. a.* **achtmal**
Elfmeter [ɛlfˈmeːtɐ] *m* <-s, -> (SPORT) penalti *m*, penalty *m*; **den ~ schießen** tirar el penalti
Elfmetermarke *f* <-, -n> (SPORT) punto *m* de penalti; **Elfmeterschießen** *nt* <-s, *ohne pl*> (SPORT) tanda *f* de penaltis; **nach der Verlängerung kam es zum ~** después de la prórroga hubo (una) tanda de penaltis
elftausend ['-'--] *adj inv* once mil; *s. a.* **achttausend**
elfte(r, s) *adj* undécimo; *s. a.* **achte(r, s)**
elftel *adj inv* onceavo; *s. a.* **achtel**
Elftel ['ɛlftəl] *nt* <-s, -> undécimo, -a *m, f*, undécima parte *f*; *s. a.* **Achtel**
elftens *adv* en undécimo lugar; *(bei einer Aufzählung)* undécimo; *s. a.* **achtens**
eliminieren* [elimiˈniːrən] *vt* eliminar
Eliminierung *f* <-, -en> ❶ *(eines Gegners)* eliminación *f*; **nach ~ der Konkurrenten stand er an der Spitze** tras eliminar a la competencia estaba en primer lugar
❷ *(von Fehlern)* solución *f*, eliminación *f*; **sorgen Sie für die ~ dieser Fehler** solucione [*o* solvente] estos fallos
elisabethanisch [elizabeˈtaːnɪʃ] *adj* (HIST) **das E~e Zeitalter** la época Isabelina
elitär [eliˈtɛːɐ] *adj* elitista
Elite [eˈliːtə] *f* <-, -n> elite *f*
Eliteeinheit *f* <-, -en> (MIL), **Elitetruppe** *f* <-, -n> (MIL) tropa *f* de elite
Elixier [elɪkˈsiːɐ] *nt* <-s, -e> elixir *m*
Ellbogen ['ɛl-] *m* <-s, -> codo *m*; **die ~ aufstützen** apoyar los codos; **die ~ gebrauchen** *(fig)* abrirse paso a codazos
Ellbogenfreiheit *f* <-, *ohne pl*> *(fig)* libertad *f* de acción; **Ellbogengesellschaft** *f* <-, -en> sociedad *f* caracterizada por la ley de la selva [*o* la competitividad a ultranza]; **Ellbogenmensch** *m* <-en, -en> *(abw)* arribista *mf*, trepa *mf*
Elle ['ɛlə] *f* <-, -n> ❶ (MED) cúbito *m*
❷ *(Maß)* yarda *f*
Ellenbogen ['ɛlən-] *m* <-s, -> *s.* **Ellbogen**
Ellenbogenfreiheit *f* <-, *ohne pl*> *(fig) s.* **Ellbogenfreiheit**; **Ellenbogengesellschaft** *f* <-, -en> *s.* **Ellbogengesellschaft**; **Ellenbogenmensch** *m* <-en, -en> *(abw) s.* **Ellbogenmensch**
ellenlang *adj* *(fam)* larguísimo
Ellipse [ɛˈlɪpsə] *f* <-, -n> ❶ (MATH) elipse *f*
❷ (LING) elipsis *f inv*
elliptisch [ɛˈlɪptɪʃ] *adj* (MATH, LING) elíptico
Ellok ['ɛllɔk] *f* <-, -s>, **E-Lok** [ˈeːlɔk] *f* <-, -s> (EISENB) *Abk. von* **elektrische Lokomotive** locomotora *f* eléctrica
eloquent [eloˈkvɛnt] *adj* (*geh*) elocuente
Eloquenz [eloˈkvɛnts] *f* <-, *ohne pl*> (*geh*) elocuencia *f*
El Salvador [ɛl zalvaˈdoːɐ] *nt* <-s> El Salvador *m*
Elsass[RR] ['ɛlzas] *nt* <-(es)>, **Elsaß** *nt* <-(sses)> Alsacia *f*

Elsässer(in) [ˈɛlzɛsɐ] *m(f)* <-, -; -, -nen> alsaciano, -a *m, f*
elsässisch [ˈɛlzɛsɪʃ] *adj* alsaciano
Elsass-Lothringen[RR] ['ɛlzas 'loːtrɪŋən] *nt* <-s> Alsacia-Lorena *f*
Elster ['ɛlstɐ] *f* <-, -n> (ZOOL) urraca *f*
elterlich [ˈɛltɐlɪç] *adj* paterno, de los padres
Eltern ['ɛltɐn] *pl* padres *mpl*; **leibliche ~** padres naturales
Elternabend *m* <-s, -e> reunión *f* de padres de alumnos; **Elternbeirat** *m* <-(e)s, -räte> asociación *f* de padres de alumnos; **Elternhaus** *nt* <-es, -häuser> casa *f* paterna, hogar *m* paterno; **Elternliebe** *f* <-, *ohne pl*> amor *m* paternal
elternlos *adj* sin padres, huérfano
Elternrecht *nt* <-(e)s, -e> (JUR) libertad *f* discente, derecho *m* discente
Elternschaft *f* <-, -en> *(Gesamtheit der Eltern)* padres *mpl*; **die ~ war für die Einführung des schulfreien Samstags** los padres estaban a favor de que no hubiera clases los sábados
Elternsprechstunde *f* <-, -n> (SCH) hora *f* de consulta [*o* tutorías] para los padres; **Elternsprechtag** *m* <-(e)s, -e> día *m* de consulta de padres de alumnos y maestros; **Elternteil** *m* <-(e)s, -e> progenitor(a) *m(f)*; **ein ~** el padre o la madre, uno de los padres; **Elternurlaub** *m* <-(e)s, -e> *(Mutter)* baja *f* por maternidad; *(Vater)* baja *f* por paternidad
Email [eˈmaɪ] *nt* <-s, -s> *s.* **Emaille**
E-Mail [ˈiːmɛɪl] *f* <-, -s>, *nt* <-s, -s> (INFOR) correo *m* electrónico, e-mail *m*; **eine Nachricht per ~ verschicken** [*o* **übermitteln**] enviar [*o* transmitir] una noticia por correo electrónico
E-Mail-Adresse *f* <-, -n> dirección *f* de correo electrónico, dirección *f* electrónica
Emaillack *m* <-(e)s, -e> barniz *m* esmalte
Emaille [eˈmaljə, eˈmaɪ] *f* <-, -n> esmalte *m*
Emaillelack *m* <-(e)s, -e> barniz *m* esmalte; **Emailleschicht** *f* <-, -en> capa *f* de esmalte
emaillieren* [emalˈjiːrən, emaˈjiːrən] *vt* esmaltar
E-Mail-Programm *nt* <-s, -e> (INFOR, TEL) programa *m* de e-mail [*o* de correo electrónico]
Emanze [eˈmantsə] *f* <-, -n> *(fam abw)* feminista *f*
Emanzipation [emantsipaˈtsjoːn] *f* <-, -en> emancipación *f*
Emanzipationsbewegung *f* <-, -en> (SOZIOL, POL) movimiento *m* de liberación [*o* de emancipación] (de la mujer)
emanzipatorisch *adj* emancipatorio
emanzipieren* *vr:* **sich ~** emanciparse *(von* de)
emanzipiert *adj* emancipado
Emballage *f* <-, -n> (COM) embalaje *m*
Embargo [ɛmˈbargo] *nt* <-s, -s> (JUR, POL) embargo *m*; **ein ~ aufheben/verhängen** levantar/decretar un embargo; **einem ~ unterliegen** estar sujeto a embargo
Emblem [ɛmˈbleːm] *nt* <-s, -e *o* **Emblemata**> emblema *m*
Embolie [ɛmboˈliː] *f* <-, -n> (MED) embolia *f*
Embryo ['ɛmbryo] *m* <-s, -nen *o* -s> (MED, BIOL) embrión *m*
embryonal *adj* (MED, BIOL) embrional
Embryonen *pl von* **Embryo**
emeritieren* [emeriˈtiːrən] *vt* (UNIV) declarar emérito, jubilar
Emersion [emɛrˈzjoːn] *f* <-, -en> (GEO) emersión *f*
Emigrant(in) [emiˈgrant] *m(f)* <-en, -en; -, -nen> *(aus politischen Gründen)* emigrado, -a *m, f*, refugiado, -a *m, f*; *(aus wirtschaftlichen Gründen)* emigrante *mf*
Emigration [emigraˈtsjoːn] *f* <-, -en> emigración *f*
emigrieren* *vi sein* emigrar
eminent [emiˈnɛnt] *adj* (*geh*) eminente, extraordinario
Eminenz *f* <-, -en> (REL) eminencia *f*; **Seine/Eure ~** su Eminencia; **graue ~** eminencia gris
Emir [eˈmiːɐ] *m* <-s, -e> emir *m*
Emirat [emiˈraːt] *nt* <-(e)s, -e> emirato *m*; **Vereinigte Arabische ~e** Emiratos Árabes Unidos
Emission [emɪˈsjoːn] *f* <-, -en> (FIN, PHYS) emisión *f*
Emissionsanzeige *f* <-, -n> (FIN) aviso *m* de emisión; **Emissionsbank** *f* <-, -en> banco *m* emisor; **Emissionserklärung** *f* <-, -en> (JUR) declaración *f* de emisión; **Emissionsgeschäft** *nt* <-(e)s, -e> emisión *f* de valores; **Emissionskataster** *m o nt* <-s, -> (JUR) catastro *m* de emisión; **Emissionskosten** *pl* (FIN) costes *mpl* de emisión; **Emissionskredit** *m* <-(e)s, -e> crédito *m* sobre valores; **Emissionskurs** *m* <-es, -e> (FIN) tipo *m* de emisión; **Emissionsmarkt** *m* <-(e)s, -märkte> mercado *m* de emisiones; **Emissionsmodalitäten** *fpl* (FIN) modalidades *fpl* de emisión; **Emissionsmonopol** *nt* <-s, -e> (FIN) monopolio *m* de emisiones; **Emissionsnorm** *f* <-, -en> norma *f* de emisión; **Emissionsprämie** *f* <-, -n> (FIN) prima *f* de emisión; **Emissionsquelle** *f* <-, -n> (ÖKOL) origen *m* de emisión; **Emissionsrecht** *nt* <-(e)s, *ohne pl*> (FIN) derecho *m* de emisión; **Emissionsreserve** *f* <-, -n> (FIN) reserva *f* de emisión; **Emissionsstandard** *m* <-s, -s> estándar *m* de emisión; **Emissionsüberwachungsgerät** *nt* <-(e)s, -e> aparato *m* controlador de la emisión; **Emissionswert**

Emittent — **Empörung**

m <-(e)s, -e> (ÖKOL) grado *m* de emisión; (FIN) valor *m* de la emisión
Emittent [emɪˈtɛnt] *m* <-en, -en> (FIN, ÖKOL) emisor *m*
emittieren* [emɪˈtiːrən] *vt* (FIN, PHYS) emitir
Emmentaler [ˈɛməntaːlɐ] *m* <-s, -> (GASTR) queso *m* em(m)ental
e-Moll *nt* <-, *ohne pl*> (MUS) mi *m* menor
Emoticon [eˈmoːtikon] *nt* <-s, -s> (INFOR) emoticón *m*
Emotion [emoˈtsjoːn] *f* <-, -en> emoción *f*
emotional [emotsjoˈnaːl] *adj*, **emotionell** [emotsjoˈnɛl] *adj* emocional
emotionsgeladen *adj* emotivo; (*Atmosphäre*) cargado; (*Diskussion*) emocional
emotionslos *adj* insensible; **er zeigte keine Regung, war völlig ~** no manifestó ningún sobresalto, su gesto era completamente impasible
empfahl [ɛmˈpfaːl] *3. imp von* **empfehlen**
empfand [ɛmˈpfant] *3. imp von* **empfinden**
Empfang [ɛmˈpfaŋ, *pl*: ɛmˈpfɛŋə] *m* <-(e)s, -fänge> ❶ (*im Hotel*) recepción *f*
❷ (TECH, RADIO, TV) recepción *f*; **auf ~ schalten/gehen** poner en/ir a "recibir"
❸ (*von Waren*): **etw in ~ nehmen** recibir algo; **den ~ bestätigen** acusar recibo; **zahlbar bei ~** pagadero en destino
❹ (*Feier*) recepción *f*
❺ (*Begrüßung*) acogida *f*, recibimiento *m*
empfangen <empfängt, empfing, empfangen> *vt* ❶ (*Waren, a.* RADIO, TV) recibir
❷ (*Gast*) recibir, acoger
Empfänger[1] [ɛmˈpfɛŋɐ] *m* <-s, -> (RADIO, TV) (aparato *m*) receptor *m*
Empfänger(in)[2] *m(f)* <-s, -; -, -nen> receptor(a) *m(f)*; (*von Post*) destinatario, -a *m, f*; (*einer Summe*) perceptor(a) *m(f)*; (*einer Unterstützung*) beneficiario, -a *m, f*; (*von Waren*) consignatario, -a *m, f*; **unbekannt/verzogen** destinatario desconocido/ausente sin señas; **Fracht zahlt ~** (COM) portes debidos
Empfängerabschnitt *m* <-(e)s, -e> (FIN) espacio *m* para el receptor, resguardo *m* para el receptor; **Empfängerhorizont** *m* <-(e)s, -e> (JUR) horizonte *m* de consignatario
Empfängerin *f* <-, -nen> *s.* **Empfänger**[2]
Empfängerland *nt* <-(e)s, -länder> (WIRTSCH) país *m* receptor
empfänglich *adj* susceptible (*für* a), sensible (*für* a)
Empfängnis *f* <-, *ohne pl*> concepción *f*; **die Unbefleckte ~** (REL) la Inmaculada Concepción; **die ~ verhüten** impedir la concepción
empfängnisverhütend I. *adj* anticonceptivo
II. *adv* con efecto anticonceptivo; **manche Pflanzentees wirken ~** algunas infusiones de hierbas tienen un efecto anticonceptivo
Empfängnisverhütung *f* <-, -en> anticoncepción *f*; **natürliche ~** anticoncepción natural; **Empfängnisverhütungsmittel** *nt* <-s, -> anticonceptivo *m*
empfangsbedürftig *adj* (JUR) receptivo; **~es Geschäft** negocio receptivo; **~e Willenserklärung** declaración de voluntad receptiva
Empfangsbekenntnis *nt* <-ses, -se> (JUR) acuse *m* de recibo
empfangsberechtigt *adj* autorizado para recibir
Empfangsberechtigte(r) *mf* <-n, -n; -n, -n> persona *f* autorizada (para recibir algo); **Empfangsberechtigung** *f* <-, *ohne pl*> legitimación *f* de recepción; **Empfangsbescheinigung** *f* <-, -en> acuse *m* de recibo, resguardo *m*; (*Lieferschein*) albarán *m*; **Empfangsbestätigung** *f* <-, -en> acuse *m* de recibo, recibí *m*; **Empfangsbevollmächtigte(r)** *mf* <-n, -n; -n, -n> consignatario, -a *m, f*; **Empfangschef(in)** *m(f)* <-s, -s; -, -nen> jefe, -a *m, f* de recepción; **Empfangsdame** *f* <-, -n> recepcionista *f*; **Empfangsermächtigung** *f* <-, -en> autorización *f* para la recepción; **Empfangsgerät** *nt* <-(e)s, -e> (RADIO, TV: *formal*) aparato *m* receptor; **Empfangskonnossement** *nt* <-(e)s, -e> (WIRTSCH) conocimiento *m* recibido para embarque; **Empfangsschüssel** *f* <-, -n> (TV: *fam*) antena *f* parabólica; **Empfangsstation** *f* <-, -en> ❶ (TV, RADIO) estación *f* receptora ❷ (WIRTSCH) destino *m*; **Empfangsvermerk** *m* <-(e)s, -e> recibí *m*; **Empfangszimmer** *nt* <-s, -> sala *f* de recepciones; **Empfangszuständigkeit** *f* <-, -en> (JUR) competencia *f* para la recepción
empfängt [ɛmˈpfɛŋt] *3. präs von* **empfangen**
empfehlen [ɛmˈpfeːlən] <empfiehlt, empfahl, empfohlen> I. *vt* (*raten*) recomendar; **Ihr Geschäft ist mir empfohlen worden** me han recomendado su tienda
II. *vr*: **sich ~** ❶ (*geh: sich verabschieden*) despedirse; **ich empfehle mich** me despido de Ud./Uds./…
❷ (*geeignet sein*) ser apto (*als/für* para); **es empfiehlt sich das zu tun** conviene hacerlo
empfehlenswert *adj* recomendable
Empfehlung *f* <-, -en> ❶ (*Rat, Fürsprache*) recomendación *f*; **auf ~ von jdm** por recomendación de alguien
❷ (*geh: Gruß*) saludo *m* respetuoso; **mit den besten ~en** con mis mejores saludos

Empfehlungsschreiben *nt* <-s, -> carta *f* de recomendación; **Empfehlungsverbot** *nt* <-(e)s, -e> prohibición *f* de recomendación
empfiehlt [ɛmˈpfiːlt] *3. präs von* **empfehlen**
empfinden [ɛmˈpfɪndən] <empfindet, empfand, empfunden> *vt* sentir, experimentar
Empfinden *nt* <-s, *ohne pl*> (*Gespür*) sensación *f*, olfato *m*; **mein natürliches ~ sagt mir, dass hier etwas nicht stimmt** mi olfato [*o* mi sexto sentido] me dice que aquí hay algo que no cuadra; **jds ~ nach, für jds ~** según (la opinión de) alguien; **die Frisur ist für mein ~ etwas zu lang** a mí me parece que el peinado es demasiado largo
empfindlich [ɛmˈpfɪntlɪç] *adj* ❶ (*Person, Haut, Gerät*) sensible (*gegen* a); (*krankheitsanfällig, zerbrechlich*) delicado; **hoch ~** (TECH, FOTO) altamente sensible, suprasensible
❷ (*reizbar*) susceptible, quisquilloso; **jdn an seiner ~en Stelle treffen** tocar a alguien en su punto débil; **sei nicht so ~!** ¡no seas tan susceptible!
❸ (*Kälte*) intenso, penetrante
❹ (*Verlust*) doloroso
Empfindlichkeit *f* <-, *ohne pl*> ❶ (*Feinfühligkeit*) sensibilidad *f*
❷ (*Reizbarkeit*) susceptibilidad *f*
❸ (*Anfälligkeit*) propensión *f* (*gegen* a)
empfindsam [ɛmˈpfɪntzaːm] *adj* sensible
Empfindsamkeit *f* <-, *ohne pl*> ❶ (*Feinfühligkeit*) sensibilidad *f*
❷ (LIT: *Geistesströmung*) sentimentalismo *m*
Empfindung *f* <-, -en> ❶ (*Wahrnehmung*) sensación *f*
❷ (*Gefühl*) sentimiento *m*
empfindungslos *adj* insensible
Empfindungsvermögen *nt* <-s, *ohne pl*> sensibilidad *f*
empfing [ɛmˈpfɪŋ] *3. imp von* **empfangen**
empfohlen [ɛmˈpfoːlən] *pp von* **empfehlen**
empfunden [ɛmˈpfʊndən] *pp von* **empfinden**
Emphase [ɛmˈfaːzə] *f* <-, -n> (*geh*) énfasis *m inv*
emphatisch [ɛmˈfaːtɪʃ] *adj* (*geh*) enfático
Empire[1] [ˈɛmpaɪɐ] *nt* <-(s), *ohne pl*> (*britisches Weltreich*) imperio *m* británico
Empire[2] [ãˈpiːɐ] *nt* <-(s), *ohne pl*> (KUNST) estilo *m* imperio; **dieser Stuhl ist eindeutig ~** esta silla es sin duda de estilo imperio
Empirie [ɛmpiˈriː] *f* <-, *ohne pl*> (*geh*) empirismo *m*
empirisch [ɛmˈpiːrɪʃ] *adj* (*geh*) empírico; **~e Forschung** investigación empírica
empor [ɛmˈpoːɐ] *adv* (*geh*) hacia arriba
empor|arbeiten *vr*: **sich ~** (*geh*) ascender (*zu* a); **sie hat sich von einer einfachen Angestellten zur Abteilungsleiterin emporgearbeitet** ascendió de simple empleada a jefa de sección
empor|blicken *vi* (*geh*) levantar [*o* alzar] la vista (*zu* a), mirar hacia arriba (*zu* a)
Empore [ɛmˈpoːrə] *f* <-, -n> galería *f*, tribuna *f*
empören* [ɛmˈpøːrən] I. *vt* indignar, ofender; **ich bin empört** estoy indignado
II. *vr*: **sich ~** ❶ (*sich aufregen*) indignarse (*über* por), enfurecerse (*über* por)
❷ (*sich auflehnen*) sublevarse (*gegen* contra)
empörend *adj* escandaloso, indignante
empor|heben *irr vt* (*geh*) levantar (*zu* hacia/a), alzar (*zu* hacia/a)
empor|kommen *irr vi sein* (*geh*) ❶ (*vorankommen*) medrar, prosperar; **wenn du im Beruf ~ willst, musst du viel leisten** si quieres medrar [*o* mejorar tu posición] a nivel laboral tienes que trabajar mucho
❷ (*auftauchen*) salir a la superficie
❸ (*aufstehen können*) levantarse
Emporkömmling [ɛmˈpoːɐkœmlɪŋ] *m* <-s, -e> (*abw*) advenedizo, -a *m, f*, arribista *mf*
empor|lodern *vi sein* (*geh*) elevarse (*zu* hacia); **die Flammen loderten zum Himmel empor** las llamas se elevaban hacia el cielo
empor|ragen *vi* (*geh*) sobresalir, despuntar
empor|schwingen *irr* I. *vt* (*geh*): **vor Freude schwang er die Fahne empor** de alegría hacía ondear la bandera en lo alto
II. *vr*: **sich ~** (*geh*): **sie schwang sich zu ihrem Freund auf das Brückengeländer empor** se montó en el pretil del puente donde estaba su amigo; **er schwang sich zu Höchstleistungen empor, um das Finale zu erreichen** (*fig*) tuvo que rendir al máximo para llegar a la final
empor|steigen *irr* I. *vi sein* (*Rauch*) subir; (*Zweifel, Angst*) aparecer (*in* en)
II. *vt sein* (*Stufen*) subir
empört [ɛmˈpøːɐt] *adj* indignado
Empörung[1] [ɛmˈpøːrʊŋ] *f* <-, *ohne pl*> (*Entrüstung*) indignación *f*, irritación *f*; **seine ~ über sein Verhalten/über seine Schwester** su indignación a causa de su comportamiento/por su hermana
Empörung[2] *f* <-, -en> (*Aufstand*) sublevación *f* (*gegen* contra), levantamiento *m* (*gegen* contra)

empor|ziehen *irr vt* (*geh*) tirar hacia arriba; **mit einer Seilwinde können große Lasten emporgezogen werden** con un torno de cable se pueden levantar grandes pesos

emsig ['ɛmzɪç] *adj* laborioso, asiduo

Emsigkeit *f* <-, *ohne pl*> laboriosidad *f*; **erstaunlich, mit welcher ~ die Ameisen arbeiten** es sorprendente lo diligentes que son las hormigas trabajando; **dank ihrer rastlosen ~ konnte das Projekt fristgerecht abgeschlossen werden** gracias a que trabajó de firme pudo terminarse el proyecto en el plazo establecido

Emu ['e:mu] *m* <-s, -s> (ZOOL) emú *m*

Emulation [emula'tsjo:n] *f* <-, -en> (INFOR) emulación *f*

Emulator [emu'la:to:ɐ] *m* <-s, -en> (INFOR) emulador *m*

Emulgator [emʊl'ga:to:ɐ] *m* <-s, -en> (CHEM) emulsionante *m*

Emulgierbarkeit [emʊl'gi:ɐ-] *f* <-, *ohne pl*> (CHEM) emulsionabilidad *f*

emulgieren* [emʊl'gi:rən] *vt* (CHEM) emulsionar

emulieren* [emu'li:rən] *vt* (INFOR) emular

Emulsion [emʊl'zjo:n] *f* <-, -en> (*a.* CHEM) emulsión *f*

E-Musik *f* <-, *ohne pl*> (MUS) música *f* culta

en bloc [ã'blɔk] *adv* en bloque

Endabnehmer(in) ['ɛnt-] *m(f)* <-s, -; -, -nen> (WIRTSCH) comprador(a) *m(f)* final; **Endabrechnung** *f* <-, -en> (FIN) saldo *m* final; **Endalarm** *m* <-(e)s, -e> (*Schweiz: Entwarnung*) fin *m* de la alarma; **Endaufkommen** *nt* <-s, -> (WIRTSCH) rendimiento *m* final; **Endausscheidung** *f* <-, -en> (*a.* SPORT) (fase *f*) final *f*; **in die ~ gelangen** llegar a la final, ser finalista; **Endbahnhof** *m* <-(e)s, -höfe> *s.* **Endstation**; **Endbenutzer(in)** *m(f)* <-s, -; -, -nen> (INFOR) usuario, -a *m, f* final; **Endbestand** *m* <-(e)s, -stände> (WIRTSCH) últimas existencias *fpl*; **Endbetrag** *m* <-(e)s, -träge> total *m*, montante *m*; **Endbilanz** *f* <-, -en> (WIRTSCH) balance *m* final

Ende¹ ['ɛndə] *nt* <-s, *ohne pl*> ❶ (*Endpunkt*) final *m*, término *m*; (*Film, Buch*) fin *m*; **bis ans ~ der Welt** hasta el fin del mundo; **er wohnt am ~ der Welt** (*fam*) vive donde Cristo perdió la zapatilla [*o* el gorro]; **das war das ~ vom Lied** (*fam*) se acabó

❷ (*zeitlich*) fin *m*, final *m*; **~ des Jahres** a fines de año; **~ Mai** a fines de mayo

❸ (*fam: Strecke*): **wir haben noch ein ganzes ~ vor uns** aún nos queda un buen trecho

❹ (*Wend*): **zu ~** finalizado; **der Film ist zu ~** la película se ha acabado; **ein Buch zu ~ lesen** terminar de leer un libro; **der Tag geht zu ~** el día llega a su fin; **er ist ~ vierzig** ronda la cincuentena, tiene los cuarenta largos *fam*; **am ~ sein** (*fam*) estar en las últimas; **letzten ~s** al fin y al cabo; **bis zum bitteren ~** hasta el triste final; **ein gutes/böses ~ nehmen** acabar bien/mal; **am ~ seiner Kräfte sein** estar al límite de sus fuerzas; **etw** *dat* **ein ~ machen** (*geh*) poner fin a algo; **kein ~ finden** no acabar nunca; **kein ~ absehen** no ver el final; **seinem ~ zugehen** irse acabando; **das dicke ~ kommt noch** (*fam*) aún queda el rabo por desollar; **~ gut, alles gut!** (*prov*) bien está lo que bien acaba; **lieber ein ~ mit Schrecken als ein Schrecken ohne ~** (*prov*) más vale ponerse una vez colorado que veinte amarillo, entre dos males elegir el menor

Ende² *nt* <-s, -n> (*Endstück*) extremo *m*; (*Geweihspitze*) punta *f*; **am vorderen/hinteren ~ der Reihe** en el extremo superior/inferior de la hilera; **am anderen ~ der Stadt** en el otro extremo de la ciudad; **das ist das ~ der Fahnenstange** eso es el límite

Endeffekt *m* <-(e)s, -e> resultado *m*; **im ~** al fin y al cabo

Endeinkommen *nt* <-s, -> (WIRTSCH) renta *f* final

Endemie [ɛnde'mi:] *f* <-, -n> (MED) endemia *f*

endemisch [ɛn'de:mɪʃ] *adj* (BIOL, MED, ZOOL) endémico

enden ['ɛndən] *vi* terminar, acabar; (*Frist*) vencer; **das Programm endete mit einer Überraschung** el programa terminó con una sorpresa; **nicht ~ wollender Beifall** aplauso ininterrumpido; **wie wird das mit ihm ~?** ¿cómo va a acabar lo suyo?; **das wird böse ~** esto va a acabar mal

Endergebnis *nt* <-ses, -se> resultado *m* final [*o* definitivo]

en détail [ã de'taɪ] *adv* (COM) al detalle

En-détail-Handel *m* <-s, *ohne pl*> comercio *m* al detalle

Endgehalt *nt* <-(e)s, -hälter> (FIN) sueldo *m* final; **Endgerät** *nt* <-(e)s, -e> (INFOR) dispositivo *m* de salida; **Endgeschwindigkeit** *f* <-, -en> (AUTO) velocidad *f* máxima

endgültig *adj* definitivo; **jetzt ist ~ Schluss** ahora se acabó definitivamente; **etwas E~es lässt sich noch nicht sagen** aún no puede decirse nada definitivo

Endgültigkeit *f* <-, *ohne pl*> carácter *m* definitivo; **Endhaltestelle** *f* <-, -n> estación *f* final, última parada *f*; **Endhersteller** *m* <-s, -> productor *m* final

Endivie [ɛn'di:vjə] *f* <-, -n> escarola *f*

Endiviensalat *m* <-(e)s, -e> ensalada *f* de escarola

Endkampf *m* <-(e)s, -kämpfe> (SPORT) final *f*; **Endkontrolle** *f* <-, -n> (WIRTSCH, TECH) control *m* final (de calidad); **Endlager** *nt* <-s, -> depósito *m* final; **~ für atomare Abfälle** cementerio nuclear

endlagern *vt* depositar [*o* almacenar] (definitivamente)

Endlagerstätte *f* <-, -n> lugar *m* de almacenamiento definitivo

Endlagerung *f* <-, -en> almacenamiento *m* definitivo

endlich ['ɛntlɪç] I. *adj* ❶ (*begrenzt*) limitado

❷ (MATH) finito

II. *adv* por fin, finalmente; **komm doch ~!** ¡ven de una vez!; **hör ~ damit auf!** ¡deja eso de una vez!

endlos *adj* ilimitado, inacabable

Endlosigkeit *f* <-, *ohne pl*> (*räumlich*) infinito *m*; (*zeitlich*) eternidad *f*

Endlospapier *nt* <-s, -e> (INFOR) papel *m* continuo; **Endlospapiereinzug** *m* <-(e)s, -züge> (INFOR) dispositivo *m* de alimentación de papel continuo

Endlösung *f* <-, -en> solución *f* final; **die ~ der Judenfrage** (HIST) la exterminación de los judíos por los nazis

Endmoräne *f* <-, -n> (GEO) morena *f* terminal

endogen [ɛndo'ge:n] *adj* (MED, BOT, PSYCH, GEO) endógeno

endokrin [ɛndo'kri:n] *adj* (MED) endócrino; **~e Drüse** glándula endocrina

Endoparasit [ɛndo-] *f* <-en, -en> (BIOL, MED) endoparásito *m*

Endorphin [ɛndɔr'fi:n] *nt* <-s, -e> (MED) endorfina *f*

Endoskop [ɛndo'sko:p] *nt* <-s, -e> (MED) endoscopio *m*

Endoskopie [ɛndosko'pi:] *f* <-, -n> (MED) endoscopia *f*

Endphase *f* <-, -n> fase *f* final; **Endpreis** *m* <-es, -e> (COM) precio *m* final; **Endprodukt** *nt* <-(e)s, -e> producto *m* final; **Endpunkt** *m* <-(e)s, -e> punto *m* final; **Endreim** *m* <-(e)s, -e> (LIT) rima *f* consonante; **Endresultat** *nt* <-(e)s, -e> resultado *m* final; **das amtliche ~ einer Lotterieziehung** la lista oficial de números premiados de una lotería; **Endrunde** *f* <-, -n> (SPORT) finalísima *f*; **Endsaldo** *m* <-s, -salden *o* -s *o* -saldi> (WIRTSCH) balance *m* final

Endsieg *m* <-(e)s, -e> (HIST: *Nationalsozialismus*) victoria *f* final

Endsilbe *f* <-, -n> (LING) última sílaba *f*; **Endspiel** *nt* <-(e)s, -e> (SPORT) final *f*, partido *m* final; **Endspurt** *m* <-(e)s, -s *o* -e> (SPORT) sprint *m* final; **Endstadium** *nt* <-s, -stadien> última fase *f*; **Endstation** *f* <-, -en> (estación *f*) terminal *f*; **Endsumme** *f* <-, -n> suma *f* total

Endung *f* <-, -en> (LING) terminación *f*, desinencia *f*

Endurteil *nt* <-s, -e> (JUR) fallo *m* (de un tribunal), sentencia *f* definitiva

Endverbraucher(in) *m(f)* <-s, -; -, -nen> consumidor(a) *m(f)* final; **Endverbraucherpreis** *m* <-es, -e> precio *m* a pagar por el consumidor final

Endverkaufspreis *m* <-es, -e> (WIRTSCH) precio *m* de venta al público; **Endvermögen** *nt* <-s, -> (WIRTSCH) patrimonio *m* final; **Endwirt** *m* <-(e)s, -e> (BIOL) huésped *m* final; **Endzeit** *f* <-, *ohne pl*> (REL) final *m* de los tiempos

endzeitlich *adj* (REL) apocalíptico

Endzeitstimmung *f* <-, -en> estado *m* de ánimo apocalíptico

Endziel *nt* <-(e)s, -e> objetivo *m* final; **Endziffer** *f* <-, -n> última cifra *f*; **Endzustand** *m* <-(e)s, -stände> estado *m* final; **im ~ terminado, acabado**; **das ist noch nicht der ~, an dem Bild muss noch viel verändert werden** el cuadro no está terminado aún, hay que cambiar muchas cosas; **Endzweck** *m* <-(e)s, -e> finalidad *f*

Energie [enɛr'gi:] *f* <-, -n> energía *f*; **alternative ~n** energías alternativas; **erneuerbare ~n** energías renovables; **kriminelle ~** carga criminal; **thermonukleare ~** energía termonuclear; **~ sparen** ahorrar energía; **viel ~ haben** tener muchas energías

Energieaufwand *m* <-(e)s, *ohne pl*> consumo *m* de energía

energieaufwendig *adj* que consume mucha energía

Energiebedarf *m* <-(e)s, *ohne pl*> demanda *f* energética

energiebewusst[RR] *adj* (ÖKOL): **sich ~ verhalten** intentar gastar un mínimo de energía con el fin de economizarla

Energiebilanz *f* <-, -en> balance *m* energético [*o* de la energía]

Energiedrink *m* <-s, -s> bebida *f* energética; **Energieeinsparung** *f* <-, -en> ahorro *m* de energía; **Energieerzeugung** *f* <-, -en> generación *f* de energía, producción *f* de energía; **konventionelle ~** producción de energía convencional; **Energiefluss**[RR] *m* <-es, *ohne pl*> flujo *m* de energía; **Energiegewinnung** *f* <-, -en> obtención *f* de energía; **Energiehaftungsrecht** *nt* <-(e)s, *ohne pl*> régimen *m* de la responsabilidad energética; **Energiehaushalt** *m* <-(e)s, -e> (*des Körpers*) equilibrio *m* energético

energieintensiv *adj* que consume mucha energía

Energiekartellrecht *nt* <-(e)s, *ohne pl*> régimen *m* de los cárteles de empresas energéticas; **Energiekonzept** *nt* <-(e)s, -e> concepto *m* energético; **Energiekrise** *f* <-, -n> crisis *f* energética *inv*; **Energielieferungsvertrag** *m* <-(e)s, -träge> contrato *m* de suministro de energía; **Energiemarkt** *m* <-(e)s, -märkte> mercado *m* energético; **Energieordnung** *f* <-, *ohne pl*> ordenamiento *m* energético; **Energiepflanze** *f* <-, -n> planta *f* energética; **Energiepolitik** *f* <-, *ohne pl*> política *f* energética; **Energiepyramide** *f* <-, -n> pirámide *f* energética; **Energiequelle** *f* <-, -n> fuente *f* energética [*o* de energía]; **regenerative ~n** fuentes de energía renovables; **Energierecht** *nt* <-(e)s,

ohne pl⟩ régimen *m* de la energía; **Energieressourcen** *fpl* fuentes *fpl* de energía; **Energiesektor** *m* <-s, -en> sector *m* energético; **Energiesparen** *nt* <-s, *ohne pl*⟩ ahorro *m* de energía
energiesparend *adj* que ahorra energía
Energiesparlampe *f* <-, -n> lámpara *f* que ahorra energía; **Energiesparmaßnahme** *f* <-, -n> (WIRTSCH, ÖKOL) medida *f* para ahorrar energía; **Energiesparpotential** *nt* <-s, -e> potencial *m* de ahorro de energía
Energiesteuer *f* <-, -n> impuesto *m* sobre la energía; **Energieträger** *m* <-s, -> fuente *f* energética; **fossiler** ~ portador fósil de energía; **Energieumsatz** *m* <-es, -sätze> consumo *m* de energía; **Energieumwandlung** *f* <-, -en> transformación *f* de energía; **Energieverbrauch** *m* <-(e)s, *ohne pl*⟩ consumo *m* de energía; **Energievergeudung** *f* <-, -en> despilfarro *m* de energía; **Energieverlust** *m* <-(e)s, -e> pérdida *f* de energía
Energieverschwendung *f* <-, -en> despilfarro *m* de energía
Energieversorgung *f* <-, *ohne pl*⟩ abastecimiento *m* de energía, suministro *m* de energía; **Energieversorgungsunternehmen** *nt* <-s, -> empresa *f* abastecedora de energía, empresa *f* de suministros energéticos
Energievorkommen *nt* <-s, -> recursos *mpl* energéticos; **Energievorräte** *mpl* reservas *fpl* de energía; **nicht erneuerbare** ~ reservas agotables de energía; **Energiewert** *m* <-(e)s, -e> valor *m* energético
Energiewirtschaft *f* <-, *ohne pl*⟩ economía *f* de la energía; **Energiewirtschaftsgesetz** *nt* <-es, -e> ley sobre *f* economía energética; **Energiewirtschaftsrecht** *nt* <-(e)s, *ohne pl*⟩ régimen *m* económico de la energía
Energiezufuhr *f* <-, *ohne pl*⟩ alimentación *f* (de energía)
energisch [eˈnɛrgɪʃ] *adj* enérgico; (*entschlossen*) decidido
Enfant terrible [ãfãtɛˈribl] *nt* <- -, - -s -s> (*geh*) "enfant terrible" *m*
eng [ɛŋ] **I.** *adj* ❶ (*Straße, Zimmer*) estrecho, angosto
❷ (*Kleidung*) ajustado, ceñido; **sich** *dat* **ein Kleid ~er machen** estrecharse un vestido
❸ (*dicht*) denso; (*gedrängt*) apretado
❹ (*eingeschränkt*) estricto, limitado; **im ~eren Sinne** en sentido estricto; **in die ~ere Wahl kommen** llegar a la última selección
❺ (*Beziehung*) íntimo
II. *adv* ~ **anliegend** (*Kleid*) muy ajustado; **das Kleid liegt** ~ **an** el vestido queda ceñido [*o* ajustado]; ~ **bedruckt** compacto; **die Textseiten sind ~ bedruckt** las hojas con texto están realizadas en impresión compacta; ~ **befreundet sein** ser íntimos amigos; ~ **beschrieben** con letra muy apretada; **die Seite ist ~ beschrieben** la página está escrita con letra muy apretada; **die Hose sitzt sehr** ~ los pantalones quedan apretados [*o* justos]; **sie sitzen ~ beieinander** están sentados muy juntos; **sieh das doch nicht so** ~ no seas tan estricto
Engadin [ˈɛŋgadiːn, --ˈ-] *nt* <-s> Engadina *f*
Engagement[1] [ãgaʒəˈmãː] *nt* <-s, *ohne pl*⟩ compromiso *m*; (*Begeisterung*) entusiasmo *m*
Engagement[2] *nt* <-s, -s> (THEAT) contrata *f*
engagieren* [ãgaˈʒiːrən] **I.** *vt* (*Künstler*) contratar
II. *vr*: **sich** ~ (*sich einsetzen*) comprometerse (*in* en), intervenir (*für* a favor de); **er hat sich dafür engagiert, dass ...** intervino a favor de que... +*subj*
engagiert *adj* comprometido
enganliegend [ˈɛŋʔanliːgənt] *adj s.* **eng II.**
engbedruckt *adj s.* **eng II.**
engbefreundet *adj s.* **eng II.**
engbeschrieben *adj s.* **eng II.**
Enge[1] [ˈɛŋə] *f* <-, *ohne pl*⟩ (*räumlich*) estrechez *f*; **jdn in die ~ treiben** poner a alguien entre la espada y la pared
Enge[2] *f* <-, -n> (*Meer~*) estrecho *m*
Engel [ˈɛŋəl] *m* <-s, -> ángel *m*
Engelmacher(in) *m(f)* <-s, -; -, -nen> (*fam*) persona *f* que practica abortos clandestinos
Engelsgeduld [ˈ---ˈ-] *f* <-, *ohne pl*⟩ paciencia *f* de santo; **Engelszungen** *fpl*: **mit** ~ con persuasión; **ich habe mit** ~ **auf sie eingeredet, doch vergebens** he tratado de convencerla con todas mis dotes de persuasión, pero ha sido inútil
Engerling [ˈɛŋɐlɪŋ] *m* <-s, -e> (ZOOL) gusano *m* blanco
engherzig *adj* mezquino, egoísta
Engherzigkeit *f* <-, *ohne pl*⟩ mezquindad *f*, falta *f* de generosidad
engl. *Abk. von* **englisch** ingl.
England [ˈɛŋlant] *nt* <-s> Inglaterra *f*
Engländer[1] [ˈɛŋlɛndɐ] *m* <-s, -> (*Werkzeug*) llave *f* inglesa
Engländer(in)[2] [ˈɛŋlɛndɐ] *m(f)* <-s, -; -, -nen> inglés, -esa *m, f*
englisch [ˈɛŋlɪʃ] *adj* inglés; ~ **sprechend** que habla inglés
Englisch *nt* <-(s), *ohne pl*⟩, **Englische** *nt* <-n, *ohne pl*⟩ inglés *m*; **sprechen Sie** ~? ¿habla inglés?; **der Text wurde ins ~e übersetzt** tradujeron el texto al inglés; ~ **sprechend** que habla inglés, de habla inglesa; **wir suchen eine ~ sprechende Sekretärin** buscamos a una secretaria que hable inglés
englischsprechend *adj s.* **englisch, Englisch**
engmaschig *adj* de malla estrecha
Engpass[RR] *m* <-es, -pässe>, **Engpaß** *m* <-sses, -pässe> ❶ (*Stelle*) paso *m* estrecho, desfiladero *m*; (*eines Flusses*) pongo *m* *Ecua, Peru*
❷ (*in Versorgung*) dificultades *fpl*; **finanzieller** ~ dificultades económicas
❸ (WIRTSCH) cuello *m* de botella, estrangulamiento *m*
Engpassfaktor[RR] *m* <-s, -en> (WIRTSCH) situación *f* de escasez [*o* de cuello de botella]; **Engpassmaterial**[RR] *nt* <-s, -ien> (WIRTSCH) material *m* para situaciones de escasez
en gros [ãˈgroː] *adv* (COM) al por mayor
Engrosabnehmer(in) *m(f)* <-s, -; -, -nen> (WIRTSCH) comprador(a) *m(f)* al por mayor
engstirnig *adj* (*abw*) estrecho de miras
Engstirnigkeit *f* <-, *ohne pl*⟩ estrechez *f* de miras
Enjambement *nt* <-s, -s> (LIT) encabalgamiento *m*
Enkel(in) [ˈɛŋkəl] *m(f)* <-s, -; -, -nen> nieto, -a *m, f*
Enkelkind *nt* <-(e)s, -er> nieto, -a *m, f*; **Enkelsohn** *m* <-(e)s, -söhne> nieto *m*; **Enkeltochter** *f* <-, -töchter> nieta *f*
Enklave [ɛnˈklaːvə] *f* <-, -n> enclave *m*
en masse [ãˈmas] *adv* (*fam*) a montones
enorm [eˈnɔrm] *adj* enorme
en passant [ãpaˈsã] *adv* ❶ (*beiläufig*) de paso, de pasada
❷ (*im Vorübergehen*) al pasar (por ahí); **beim Spaziergang entdeckte ich ~ ein neues Café** paseando descubrí por casualidad una nueva cafetería
Enquete [ãˈkeːt(ə), ãˈkɛːt(ə)] *f* <-, -n> (*Österr: Arbeitstagung*) simposio *m* de trabajo
Enquetekommission *f* <-, -en> comisión *f* parlamentaria del Bundestag
Ensemble [ãˈsãːbəl] *nt* <-s, -s> ❶ (THEAT) compañía *f* de teatro; (MUS) orquesta *f*
❷ (*Kleidungsstück*) conjunto *m*
Ensilage [ãsiˈlaːʒə] *f* <-, *ohne pl*⟩ (AGR) ensilado *m*
entarten* [ɛntˈʔartən] *vi sein* degenerar
Entartung[1] *f* <-, -en> (*Erscheinungsform*) degeneración *f*
Entartung[2] *f* <-, *ohne pl*⟩ (*Abweichen von der Norm*) depravación *f*, perversión *f*
entäußern* *vr*: **sich etw** *gen* ~ (*geh*) desprenderse de algo
entbehren* [ɛntˈbeːrən] **I.** *vt* ❶ (*geh: vermissen*) echar de menos
❷ (*verzichten*) prescindir (de), privarse (de); **wir können ihn einfach nicht ~** sencillamente no podemos prescindir de él
II. *vi* (*geh: fehlen*) carecer (+*gen* de); **jeder Grundlage** ~ carecer de fundamento; **der Anblick entbehrte nicht einer gewissen Komik** la escena no careció de una cierta gracia
entbehrlich [ɛntˈbeːelɪç] *adj* prescindible; (*überflüssig*) superfluo
Entbehrung *f* <-, -en> privación *f*
entbehrungsreich *adj* lleno de privaciones; **etw ist** ~ algo obliga a sufrir (muchas) privaciones
entbieten* *irr vt* (*geh*) dirigir, ofrecer; **der Wanderer entbot den Vorübergehenden einen herzlichen Gruß** el excursionista hizo un saludo cordial a los que pasaban
entbinden* *irr* **I.** *vi* (*gebären*) dar a luz, acostar *MAm, Mex*, desembarazar *Chil*
II. *vt* ❶ (*von einer Pflicht*) desligar (*von* de), eximir (*von* de); **ich habe ihn von seinen Verpflichtungen entbunden** le he eximido de sus obligaciones
❷ (*Frau*) asistir en el parto
Entbindung *f* <-, -en> (MED) parto *m*
Entbindungsklinik *f* <-, -en> clínica *f* de maternidad; **Entbindungsstation** *f* <-, -en> (MED) sala *f* de maternidad [*o* de partos], paritorio *m*
entblättern* **I.** *vt* desfoliar
II. *vr*: **sich** ~ ❶ (*Blätter verlieren*) perder las hojas
❷ (*fig fam*) desnudarse
entblöden* *vr*: **sich nicht ~, etw zu tun** (*geh abw*) no darle vergüenza a alguien hacer algo, no avergonzarse alguien de hacer algo
entblößen* [ɛntˈbløːsən] **I.** *vt* (*Körperteil*) descubrir; **eine entblößte Schulter** unos hombros descubiertos; **musst du dich so entblößt zeigen!** ¡es necesario que vayas así, enseñándolo todo!
II. *vr*: **sich** ~ (*sich ausziehen*) desnudarse
Entblößung *f* <-, -en> desnudamiento *m*; **unsittliche** ~ desnudamiento inmoral
entboten *pp von* **entbieten**
entbrannt *pp von* **entbrennen**
entbrennen* *irr vi sein* (*geh: Kampf, Streit*) desencadenarse
entbunden *pp von* **entbinden**
entbürokratisieren* *vt* (WIRTSCH) desburocratizar

entdecken* vt ❶ (*Unbekanntes*) descubrir
❷ (*finden*) encontrar, hallar; **etw wieder ~** redescubrir algo
Entdecker(in) *m(f)* <-s, -; -, -nen> descubridor(a) *m(f)*
Entdeckung *f* <-, -en> descubrimiento *m*
Entdeckungsreise *f* <-, -n> viaje *m* de exploración
Ente ['ɛntə] *f* <-, -n> ❶ (ZOOL) pato *m*, ánade *mf*; **der ist eine lahme ~** (*fam*) es más lento que el caballo del malo
❷ (*Zeitungs-*) bulo *m*, camelo *m*, borrego *m* *Am*, echada *f* *Arg, Mex*, milonga *f* *And, CSur*
❸ (AUTO) dos caballos *m inv*
entehren* [ɛnt'ʔeːrən] *vt* deshonrar, desprestigiar
Entehrung *f* <-, -en> deshonra *f*, desprestigio *m*
enteignen* [ɛnt'ʔaɪɡnən] *vt* expropiar; **~er Eingriff** (JUR) intervención enajenable
Enteignung *f* <-, -en> expropiación *f*; **direkte/indirekte ~** expropiación directa/indirecta
Enteignungsbeschluss^RR *m* <-es, -schlüsse> (JUR) auto *m* de expropiación; **Enteignungsgesetz** *nt* <-es, -e> (JUR) ley *f* de expropiación forzosa
enteignungsgleich *adj* (JUR) igual a enajenación; **~er Eingriff** intervención igual a enajenación
Enteignungsrecht *nt* <-(e)s, ohne *pl*> derecho *m* de expropiación
enteignungsrechtlich *adj* (JUR) jurídico expropiatorio; **~e Vorwirkung** efecto previo del juicio expropiatorio
Enteignungsschutz *m* <-es, ohne *pl*> (JUR) tutela *f* frente a la expropiación; **Enteignungsverbot** *nt* <-(e)s, -e> (JUR) prohibición *f* de expropiación; **Enteignungsverfahren** *nt* <-s, -> (JUR) expediente *m* expropiatorio; **Enteignungsverfügung** *f* <-, -en> (JUR) orden *f* de expropiación; **Enteignungsvertrag** *m* <-(e)s, -träge> (JUR) contrato *m* de expropiación
enteilen* *vi sein* (*geh*) alejarse precipitadamente [*o* con rapidez]
enteisen* [ɛnt'ʔaɪzən] *vt* deshelar, descongelar
Enteisung *f* <-, -en> descongelación *f*
Entenbraten *m* <-s, -> (GASTR) pato *m* asado; **Entenei** *nt* <-(e)s, -er> huevo *m* de pata; **Entenküken** *nt* <-s, -> patito *m*, cría *f* de pato
Entente [ã'tã:t(ə), *pl:* ã'tã:tən] *f* <-, -n> (HIST) entente *f*
enterben* *vt* desheredar
Enterbung *f* <-, -en> desheredación *f*
Enterhaken *m* <-s, -> (HIST, NAUT) arpeo *m*
Enterich ['ɛntərɪç] *m* <-s, -e> pato *m* macho
entern ['ɛntɐn] *vt* abordar
Enterorezeptor [ɛntero-] *m* <-s, -en> (BIOL) enteroreceptor *m*
Entertainer(in) ['ɛntɐteːnɐ, 'ɛntɐtɛɪnɐ] *m(f)* <-s, -; -, -nen> animador(a) *m(f)*, entertainer *mf*
Enter-Taste ['ɛntɐtastə] *f* <-, -n> (INFOR) tecla *f* return [*o* retorno]
entfachen* [ɛnt'faxən] *vt* (*geh*) ❶ (*Feuer*) encender, atizar
❷ (*Leidenschaft, Hass*) desatar, encender; (*Krieg*) provocar
entfahren* *irr vi sein* (*Worte*) escaparse; **ihm ist ein Schimpfwort ~ se le ha escapado un taco
entfallen* *irr vi sein* ❶ (*wegfallen*) suprimirse; **der Anspruch auf Zuschüsse entfällt** se suprime el derecho a subvenciones
❷ (*erhalten*) tocar, corresponder; **auf die Losnummer 113 ~ 100.000 Euro** al número 113 le corresponden 100.000 euros
❸ (*geh: entgleiten*) escaparse
❹ (*vergessen*) olvidarse; **die Einzelheiten sind mir ~** se me olvidaron los detalles
entfalten* I. *vt* ❶ (*Papier, Serviette*) desdoblar, desplegar
❷ (*Plan, Gedankengang*) explicar, detallar
❸ (*Kräfte, Talent*) mostrar, revelar
II. *vr:* **sich ~** ❶ (*Knospe, Fallschirm*) abrirse, desplegarse
❷ (*Fähigkeiten*) desarrollar(se); **hier kann ich mich nicht richtig ~** aquí no puedo desarrollar bien mis facultades
Entfaltung *f* <-, -en> desarrollo *m*, desenvolvimiento *m*; **freie ~ der Persönlichkeit** despliegue libre de la personalidad; **zur ~ kommen** desarrollarse
entfärben* *vt* desteñir
Entfärber *m* <-s, ->, **Entfärbungsmittel** *nt* <-s, -> decolorante *m*
entfernen* [ɛnt'fɛrnən] I. *vt* ❶ (*Fleck, Schmutz*) quitar (*aus* de), sacar (*aus* a); (MED) extirpar, extraer
❷ (*abbringen*) alejar; **das entfernt uns vom Thema** esto nos aleja del tema
II. *vr:* **sich ~** ❶ (*weggehen*) irse, marcharse, alejarse; **die Schritte entfernten sich langsam** los pasos se alejaron lentamente; **unerlaubtes E~ vom Unfallort** (JUR) alejamiento indebido del lugar del accidente
❷ (*vom Thema, von der Wahrheit*) alejarse, apartarse
entfernt* [ɛnt'fɛrnt] *adj* ❶ (*fern*) distante, lejano; (*abgelegen*) apartado, alejado; **das Haus liegt (ca.) 300 Meter von hier ~** la casa está a (unos) 300 metros de aquí; **nicht im E~esten** en absoluto
❷ (*weitläufig*) lejano; **er ist ~ mit mir verwandt** es un pariente lejano

❸ (*Ähnlichkeit*) vago
Entfernung *f* <-, -en> ❶ (*Abstand*) distancia *f*; **aus der ~** de [*o* desde] lejos; **in einiger ~** a cierta distancia
❷ (*Wegnahme*) eliminación *f*; (*aus dem Amt*) destitución *f*; **~ des Angeklagten aus der Hauptverhandlung** (JUR) alejamiento del acusado de la vista oral
Entfernungsmesser *m* <-s, -> telémetro *m*
entfesseln* *vt* desencadenar, desatar; **bei diesem Unwetter schienen alle Naturgewalten entfesselt zu sein** en ese temporal parecía que se habían desencadenado [*o* desatado] todas las fuerzas de la naturaleza
entfetten* *vt* desengrasar
Entfettungskur *f* <-, -en> (*fam*) cura *f* de adelgazamiento; **eine ~ machen** hacer una cura de adelgazamiento
entfeuchten* *vt* deshumedecer
Entfeuchter *m* <-s, -> deshumificador *m*
Entfeuchtungsapparat *m* <-(e)s, -e> aparato *m* de deshumidificación
entflammbar [ɛnt'flamba:ɐ] *adj* inflamable
entflammen* I. *vi sein* ❶ (*Hass, Streit*) encenderse, desencadenarse
❷ (*sich begeistern*) apasionarse (*für* por), entusiasmarse (*für* por)
II. *vt* (*Hass, Liebe*) provocar
III. *vr:* **sich ~** (*Stoff, Gas*) inflamarse
entflechten* *irr vt* ❶ (*entwirren*) destejer
❷ (WIRTSCH) desconcentrar, descentralizar; (*ein Kartell*) disolver
Entflechtung *f* <-, -en> (WIRTSCH) desconcentración *f*; **~ von Unternehmen** desconcentración de empresas
Entflechtungsgesetz *nt* <-es, -e> (WIRTSCH, JUR) ley *f* de desconcentración de empresas
entfliegen* *irr vi sein* escapar (volando)
entfliehen* *irr vi sein* huir (*aus* de); **die Polizei sucht nach zwei entflohenen Sträflingen** la policía busca a dos presos fugados
entflochten *pp von* **entflechten**
entflogen *pp von* **entfliegen**
entflohen *pp von* **entfliehen**
entfremden* [ɛnt'frɛmdən] *vt* ❶ (*Person*) distanciar; **sein neues Amt hat ihn mir entfremdet** su nuevo cargo nos ha distanciado; **etw seinem Zweck ~** hacer mal uso de algo
❷ (PHILOS) alienar
Entfremdung *f* <-, -en> ❶ (*Abstand*) distancia *f*
❷ (PHILOS) alienación *f*
entfrosten* *vt* (AUTO) descongelar
Entfroster *m* <-s, -> ❶ (*beim Kühlschrank*) descongelador *m*
❷ (*Sprühmittel*) anticongelante *m*
❸ (AUTO) luneta *f* térmica
entführen* *vt* secuestrar, raptar, plagiar *Am*
Entführer(in) *m(f)* <-s, -; -, -nen> secuestrador(a) *m(f)*, raptor(a) *m(f)*
Entführung *f* <-, -en> secuestro *m*, rapto *m*, plagio *m* *Am*; **~ durch Außerirdische** abducción *f*
entgangen *pp von* **entgehen**
entgasen* *vt* desgasificar
entgegen [ɛnt'ɡeːɡən] I. *adv* ❶ (*Richtung*) en la dirección (de); **der Zukunft ~** hacia el futuro
❷ (*zuwider*) en contra; **meinem Wunsch ~** contrario a mi deseo
II. *präp +dat* (*im Gegensatz*) en oposición a, en contra de; **~ meinem Rat** en contra de mi consejo
entgegen|bringen *irr vt* (*Interesse*) mostrar, manifestar
entgegen|eilen *vi sein:* **jdm ~** ir corriendo hacia alguien, acudir corriendo al encuentro de alguien; **jdm entgegengeeilt kommen** salir corriendo al encuentro de alguien; **etw** *dat* **~** ir corriendo [*o* deprisa] hacia algo; **er eilt bereits der nächsten Konferenz entgegen** en estos momentos va a toda prisa camino de otra conferencia
entgegen|fahren *irr vi sein:* **jdm ~** ir (en coche) en dirección hacia alguien; **jdm entgegengefahren kommen** llegar (en coche) de la dirección contraria; **als sie schon fast da war, kam er ihr noch entgegengefahren** cuando ella ya casi había llegado, apareció él de la dirección contraria
entgegen|fiebern *vi* esperar con gran impaciencia
entgegen|gehen *irr vi sein* (*einer Person*) avanzar (hacia); **dem Ende ~** ir terminando, acercarse al final
entgegengesetzt *adj* ❶ (*gegenteilig*) opuesto, contrario; **in ~er Richtung** en sentido contrario; **am ~en Ende der Stadt** en el otro extremo de la ciudad
❷ (*widersprechend*) contradictorio
entgegen|halten *irr vt* ❶ (*darbieten*) ofrecer, presentar; (*entgegenstrecken*) extender; **jdm die Hand ~** (*a. fig*) tender la mano a alguien
❷ (*einwenden*) oponer
entgegen|kommen *irr vi sein* ❶ (*sich nähern: Person*) ir [*o* salir] al encuentro (de); (*Fahrzeug*) venir de frente, venir en dirección contraria

Entgegenkommen ❷ (*nachgeben*) hacer concesiones, dar facilidades ❸ (*entsprechen*) convenir, ajustarse (a); **dein Vorschlag kommt mir sehr entgegen** tu propuesta me conviene
Entgegenkommen *nt* <-s, *ohne pl*> ❶ (*Haltung*) buena voluntad *f*, amabilidad *f*
❷ (*Zugeständnis*) deferencia *f*, concesión *f*
entgegenkommend *adj* ❶ (*gefällig*) complaciente, servicial
❷ (*aufmerksam*) atento
❸ (*Fahrzeug, Verkehr*) en sentido opuesto
entgegenkommenderweise *adv* amablemente, atentamente; **die Rückzahlung des Darlehens wurde ihr ~ gestundet** tuvieron la atención de concederle una prórroga para devolver el préstamo; **wenn Sie mir ~ mal hierbei helfen könnten** si tuviera la amabilidad de ayudarme [*o* de echarme una mano] en esto
entgegen|laufen *irr vi sein* ❶ (*zulaufen*): **jdm ~** ir corriendo al encuentro de alguien; **jdm entgegengelaufen kommen** salir corriendo al encuentro de alguien
❷ (*im Gegensatz stehen*): **etw** *dat* **~** ser contrario a algo; **dein Plan läuft meiner Vorstellung entgegen** tu plan es contrario [*o* se opone] a la idea que yo tengo
Entgegennahme *f* <-, -n> (*formal*) recepción *f*, recibo *m*
Entgegennahmepflicht *f* <-, *ohne pl*> (JUR) deber *m* de aceptación
entgegen|nehmen *irr vt* (*Waren*) recibir; (*Aufgabe*) hacerse cargo (de)
entgegen|schlagen *irr vi sein*: **jdm ~** ir en dirección hacia alguien; **aus dem Keller schlug ihr eisige Kälte entgegen** notaba un frío helado que venía del sótano; **den Feuerwehrleuten schlugen hohe Flammen entgegen** los bomberos se enfrentaban a grandes llamas; **kaum erschien die beliebte Politikerin, schlug ihr Jubel entgegen** apenas apareció, la estimada política fue recibida con enorme júbilo
entgegen|sehen *irr vi* esperar, aguardar
entgegen|setzen *vt* oponer (a), contraponer (a); **er hat ihrem Vorschlag nichts Gleichwertiges entgegenzusetzen** no tiene nada equiparable que pueda oponer a su propuesta
entgegen|stehen *irr vi* ❶ (*hinderlich sein*) obstaculizar; **folgende Probleme stehen dem Plan entgegen** los siguientes problemas obstaculizan el plan
❷ (*im Gegensatz stehen*) oponerse (a); **dem steht nichts entgegen** no hay inconvenientes
entgegen|stellen *vr*: **sich jdm/etw** *dat* **~** (*sich in den Weg stellen*) oponerse a alguien/a algo; **sich der herrschenden Meinung/der Regierungspolitik ~** ir en contra de la opinión reinante/de la política del gobierno
entgegen|strecken *vt* tender; **jdm die Hände ~** tenderle a alguien las manos
entgegen|treten *irr vi sein*: **jdm ~** ir hacia alguien, acercarse a alguien; **etw** *dat* **~** (*Einhalt gebieten*) oponer resistencia a algo, oponerse a algo
entgegen|wirken *vi* contrarrestar; **die Regierung wirkt der Inflation entgegen** el gobierno lucha contra la inflación
entgegnen* [ɛntˈgeːgnən] *vt* contestar; (*schärfer*) replicar
Entgegnung *f* <-, -en> respuesta *f*, contestación *f*; (*Erwiderung*) réplica *f*
entgehen* *irr vi sein* ❶ (*einer Gefahr, Strafe*) escapar(se) (a)
❷ (*unbemerkt bleiben*) escaparse; **ihm entgeht einfach nichts** no se le escapa nada de nada
❸ (*Wend*): **sich** *dat* **etw (nicht) ~ lassen** (no) perderse algo; **das lasse ich mir nicht ~** eso no me lo pierdo
entgeistert *adj* estupefacto, atónito
Entgelt [ɛntˈgɛlt] *nt* <-(e)s, -e> ❶ (*Bezahlung*) retribución *f*, pago *m*; **ohne/gegen ~** gratis/pagando; **für ein geringes ~** a cambio de una pequeña cantidad de dinero; **vereinbartes ~** retribución acordada
❷ (*Entschädigung*) indemnización *f*
❸ (*Gebühr*) tasa *f*
Entgeltaufkommen *nt* <-s, -> (FIN) ingresos *mpl* retributivos
entgelten* *irr vt* (*geh*) pagar; (*mit Geld*) remunerar
entgiften* *vt* desintoxicar; (*reinigen*) purificar
Entgiftung *f* <-, -en> ❶ (*von Abgasen*) descontaminación *f*
❷ (MED: *des Körpers*) desintoxicación *f*; (*des Blutes*) purificación *f*; **sie musste zur ~ auf die Dialysestation** tuvo que ir a hacerse una hemodiálisis al hospital
Entgiftungsmittel *nt* <-s, -> desintoxicante *m*
entgleisen* [ɛntˈglaɪzən] *vi sein* ❶ (*Zug*) descarrilar, desrielar *Am*
❷ (*Mensch*) portarse mal, salirse de tono
Entgleisung *f* <-, -en> ❶ (*eines Zuges*) descarrilamiento *m*
❷ (*des Benehmens*) desliz *m*, salida *f* de tono
entgleiten* *irr vi sein* (*geh*) escurrirse, escaparse; **jdm entgleitet die Kontrolle über etw** alguien pierde el control sobre algo
entglitten *pp von* **entgleiten**
entgolten *pp von* **entgelten**
entgräten* [ɛntˈgrɛːtən] *vt* quitar las espinas (a/de)

enthaaren* [ɛntˈhaːrən] I. *vt* depilar
II. *vr*: **sich ~** depilarse
Enthaarung *f* <-, -en> depilación *f*
Enthaarungscreme *f* <-, -s> crema *f* depilatoria; **Enthaarungsmittel** *nt* <-s, -> depilatorio *m*; **Enthaarungswachs** *nt* <-es, *ohne pl*> cera *f* depilatoria
enthalten* *irr* I. *vt* (*beinhalten*) incluir, contener; **Frühstück ist im Preis ~** el desayuno está incluido en el precio
II. *vr*: **sich ~** (*geh a.* POL) abstenerse (de); (*verzichten*) contener; **sie enthielt sich (der Stimme)** se abstuvo (en la votación); **ich konnte mich dieser Bemerkung nicht ~** no pude reprimir el comentario
enthaltsam [ɛntˈhaltzaːm] *adj* abstinente; (*vom Alkohol*) abstemio; (*sexuell*) continente
Enthaltsamkeit *f* <-, *ohne pl*> abstinencia *f*; (*sexuell*) continencia *f*
Enthaltung *f* <-, -en> abstención *f*; **sie wurde mit sieben Jastimmen bei zwei ~en gewählt** ha sido votada con siete votos a favor y dos abstenciones
enthärten* *vt* (*Wasser*) rebajar el grado hidrométrico [*o* la dureza del agua]
enthaupten* [ɛntˈhaʊptən] *vt* decapitar
Enthauptung *f* <-, -en> decapitación *f*
enthäuten* *vt* (*Tier*) desollar; (*Zwiebel*) pelar
entheben* *irr vi* (*geh*): **jdn seines Amtes ~** cesar [*o* suspender] a alguien de su cargo
enthemmen* *vi, vt* desinhibir; **Alkohol enthemmt** el alcohol desinhibe
enthemmt *adj* (*Person*) desinhibido, descontrolado
Enthemmung *f* <-, *ohne pl*> desinhibición *f*
enthoben *pp von* **entheben**
enthüllen* *vt* ❶ (*Denkmal*) descubrir
❷ (*geh: Lüge*) descubrir, revelar; (*Skandal*) destapar
Enthüllung *f* <-, -en> ❶ (*von Denkmal*) inauguración *f*
❷ (*von Geheimnis*) revelación *f*; **~ vertraulicher Informationen** revelación de información confidencial
Enthüllungsjournalismus *m* <-, *ohne pl*> periodismo *m* de investigación
Enthusiasmus [ɛntuziˈasmʊs] *m* <-, *ohne pl*> entusiasmo *m*
Enthusiast(in) *m(f)* <-en, -en; -, -nen> entusiasta *mf*
enthusiastisch I. *adj* entusiasta
II. *adv* con entusiasmo
Entionisierung *f* <-, -en> (CHEM) deionización *f*
entjungfern* *vt* desvirgar, desflorar *geh*
Entjungferung *f* <-, -en> desfloración *f*
entkalken* *vt* descalcificar
entkeimen* *vt* purificar, depurar
entkernen* *vt* ❶ (*Kirschen*) deshuesar; (*Wassermelone*) quitar las pepitas (a/de)
❷ (ARCHIT) hacer más espacioso (quitando edificios)
entkleiden* I. *vt* (*geh*) desvestir
II. *vr*: **sich ~** (*geh*) desvestirse
entknoten* *vt* desanudar
entkoffeiniert [ɛntkɔfeiˈniːɐt] *adj* descafeinado
entkolonialisieren* *vt* (POL) descolonizar
Entkolonialisierung *f* <-, -en> (POL) descolonización *f*
entkommen* *irr vi sein* escaparse (*aus* de), huir (*aus* de); **aus dem Gefängnis ~** huir de la cárcel; **jdm ~** escapar(se) de alguien; **sie konnte ihren Verfolgern ~** pudo escapar de sus perseguidores
Entkommen *nt* <-, *ohne pl*> huida *f*, evasión *f*; **es gibt kein ~** no hay posibilidad de huida [*o* de evasión]; **aus der Lage gab es kein E~** no había salida a la situación
entkorken* *vt* descorchar, quitar el corcho (a/de)
entkräften* [ɛntˈkrɛftən] *vt* ❶ (*Person*) debilitar
❷ (*Behauptung, Verdacht*) invalidar, anular
Entkräftung *f* <-, -en> ❶ (*von Person*) debilitamiento *m*
❷ (*eines Verdachts*) nulidad *f*, anulación *f*
entkrampfen* I. *vt* (*Muskeln*) desagarrotar, distender
II. *vr*: **sich ~** (*Körper, Muskel*) desagarrotarse; (*Situation*) normalizarse; (*Atmosphäre*) relajarse
Entkrampfung *f* <-, -en> ❶ (*Muskeln*) desentumecimiento *m*; **die Massage dient der ~ der verspannten Muskulatur** el masaje sirve para desentumecer la musculatura (que está) tensa
❷ (*Atmosphäre, Lage*) distensión *f*; **ein unabhängiger Vermittler sorgte für die ~ der Gespräche** un mediador independiente procuró distender las conversaciones
entkriminalisieren* *vt* (JUR) descriminalizar
Entlad *m* <-(e)s, *ohne pl*> (*Schweiz: das Ausladen*) descarga *f*
entladen* *irr* I. *vt* (*LKW, Schiff*) descargar
II. *vr*: **sich ~** (*Batterie, Zorn*) descargarse
Entladung *f* <-, -en> (*a.* ELEK) descarga *f*

Entladungshafen m <-s, -häfen> puerto m de descarga
entlang [ɛnt'laŋ] I. präp +gen/dat a lo largo de; ~ **des Weges** [o **dem Weg**] a lo largo del camino
II. präp +akk a lo largo de; **die Wand** ~ a lo largo de la pared
III. adv: **am Fluss** ~ a lo largo del río; **hier** ~ (siguiendo) por aquí
entlang|fahren irr I. vi sein: **an etw** dat ~ pasar a lo largo de algo
II. vt sein (Straße) seguir, pasar (por)
entlang|gehen irr I. vi sein: **an etw** dat ~ caminar [o ir] a lo largo de algo
II. vt sein (Straße) pasar (por), seguir
entlarven* [ɛnt'larfən] vt descubrir, desenmascarar, poner al descubierto
Entlarvung f <-, -en> descubrimiento m
entlassen* irr vt ❶ (kündigen) despedir, fletar Arg, Chil, Urug; **er wurde fristlos** ~ fue despedido sin previo aviso
❷ (aus Krankenhaus) dar de alta; (aus Gefängnis) soltar, poner en libertad; (aus Armee) licenciar; (aus Schule) dejar; (aus Vertrag, Verpflichtung) librar
Entlassung f <-, -en> ❶ (aus Arbeitsverhältnis) despido m; **fristlose/grundlose/sofortige** ~ despido sin preaviso/inmotivado/inmediato; **unrechtmäßige** [o **widerrechtliche**] ~ despido improcedente
❷ (aus Gefängnis) excarcelación f, puesta f en libertad; **bedingte** ~ libertad condicional
Entlassungsabfindung f <-, -en> indemnización f por despido; **Entlassungsausgleich** m <-(e)s, -e> compensación f por despido; **Entlassungsentschädigung** f <-, -en> indemnización f por despido; **Entlassungsgrund** m <-(e)s, -gründe> causa f del despido, motivo m del despido; **Entlassungsschreiben** nt <-s, -> carta f de despido; **Entlassungssperre** f <-, -n> (JUR) bloqueo m de despido, prohibición m de despido; **Entlassungsverfahren** nt <-s, -> procedimiento m de despido; **Entlassungszeugnis** nt <-ses, -se> certificado m de despido
entlasten* vt ❶ (Balken, Achse) descargar; (Telefonleitung, Verkehr) descongestionar; (Person) aliviar, quitar; **er sollte den Chef etwas** ~ tendría que quitar trabajo al jefe; **die Bürger steuerlich** ~ reducir la presión fiscal sobre el ciudadano
❷ (Gewissen) aliviar, desahogar
❸ (Angeklagte) exculpar, exonerar
❹ (COM: Geschäftsführung billigen) aprobar; **den Vorstand** ~ aprobar la gestión de la junta directiva
❺ (FIN: ausgleichen) saldar; **ein Konto** ~ saldar una cuenta bancaria
Entlastung f <-, -en> ❶ (JUR) exculpación f; (COM, FIN) descarga f; ~ **des Vorstands/des Geschäftsführers** aprobación de la gestión del consejo de administración/del gerente; **steuerliche** ~ desgravación fiscal; **dem Aufsichtsrat** ~ **erteilen** aprobar la gestión del consejo de administración
❷ (des Verkehrsaufkommens) descongestión f
Entlastungsanlage f <-, -n> instalación f de descarga; **Entlastungsbeweis** m <-es, -e> (JUR) prueba f de descargo; **Entlastungsmaterial** nt <-s, -ien> (JUR) hechos mpl justificativos, pruebas fpl de descargo; **Entlastungszeuge, -in** m, f <-n, -n; -, -nen> testigo mf de descargo; **Entlastungszug** m <-(e)s, -züge> (EISENB) tren m adicional
entlauben* [ɛnt'laʊbən] I. vt (Wälder) defoliar
II. vr: **sich** ~ (Baum) perder las hojas
Entlaubungsmittel nt <-s, -> desfoliador m
entlaufen* irr vi sein (Mensch) escaparse; (Tier) extraviarse
entlausen* vt despiojar
entledigen* [ɛnt'le:dɪɡən] vr (geh): **sich etw** gen ~ liberarse de algo, deshacerse de algo; **sich seiner Kleidung/einer Verpflichtung** ~ quitarse la vestimenta/librarse de una obligación
entleeren* vt vaciar
Entleerung f <-, -en> ❶ (Container, Gefäß) vaciado m
❷ (Blase, Darm) evacuación f
entlegen [ɛnt'le:ɡən] adj (entfernt) distante, lejano; (abgelegen) retirado, alejado
entlehnen* vt tomar (aus de); (LING) tomar prestado (aus de)
Entlehnung f <-, -en> (LING: Lehnwort) préstamo m
entleihen* irr vt prestar, tomar prestado
Entleiher(in) m(f) <-s, -; -, -nen> prestatario, -a m, f
Entleihung f <-, -en> alquiler m
entliehen pp von **entleihen**
entloben* [ɛnt'lo:bən] vr: **sich** ~ disolver los esponsales, romper un compromiso matrimonial
Entlobung f <-, -en> rompimiento m del compromiso matrimonial
entlocken* vt: **jdm etw** ~ arrebatar algo a alguien
entlohnen* vt, **ent|löhnen*** vt (Schweiz) pagar un sueldo, remunerar
Entlohnung f <-, -en>, **Entlöhnung** f <-, -en> (Schweiz) ❶ (das Entlohnen) pago m, remuneración f
❷ (Lohn) salario m, sueldo m
entlüften* vt (TECH: Bremsleitung) ventilar; (Heizung) purgar
Entlüftung f <-, -en> ventilación f

entmachten* [ɛnt'maxtən] vt derrocar
Entmachtung f <-, -en> derrocamiento m
entmannen* vt (geh: kastrieren) castrar
entmenscht [ɛnt'mɛnʃt] adj inhumano, brutal
entmilitarisieren* vt desmilitarizar
Entmilitarisierung f <-, -en> desmilitarización f
entmündigen* [ɛnt'mʏndɪɡən] vt poner bajo tutela, inhabilitar
Entmündigte(r) mf <-n, -n; -n, -n> incapacitado, -a m, f
Entmündigung f <-, -en> incapacitación f, interdicción f civil
entmutigen* [ɛnt'mu:tɪɡən] vt desanimar, abatir; **sich nicht** ~ **lassen** no dejarse desanimar
Entmutigung f <-, -en> abatimiento m, desánimo m
Entnahme [ɛnt'na:mə] f <-, -n> toma f
Entnazifizierung [ɛntnatsifi'tsi:rʊŋ] f <-, -en> (HIST, POL) desnazificación f
entnehmen* irr vt ❶ (herausnehmen) tomar, sacar
❷ (folgern) deducir, derivar; **ich entnahm seiner Äußerung, dass** ... deduje de su observación que...
entnerven* vt enervar geh
entnervt adj (Blick) tenso, descompuesto; (Mensch) nervioso, crispado; **ich bin völlig** ~**!** ¡estoy hasta las narices [o a cien]!; **ganz** ~ **gab er schließlich das Rennen auf** harto a más no poder, abandonó finalmente la carrera
entnommen pp von **entnehmen**
entölen* vt (TECH) desaceitar
Entomogamie [ɛntomoɡa'mi:] f <-, ohne pl> (BOT) entomogamia f
Entomologie [ɛntomolo'ɡi:] f <-, ohne pl> entomología f
Entprivilegierung f <-, -en> desprivilegiación f
entpuppen* [ɛnt'pʊpən] vr: **sich** ~ descubrirse (als como); **er hat sich als Betrüger entpuppt** resultó ser un estafador
entrahmen* vt (GASTR) desnatar, descremar
entrahmt adj desnatado, descremado
enträtseln* vt (Schrift) descifrar; (Geheimnis) desvelar
entrechten* [ɛnt'rɛçtən] vt privar de sus derechos
Entrechtete(r) mf <-n, -n; -n, -n> persona f privada de sus derechos; **Robin Hood ist der Rächer der** ~**n** Robin Hood es el vengador de los desamparados
Entrechtung f <-, -en> privación f de los derechos
Entreicherung f <-, -en> empobrecimiento m
entreißen* irr vt ❶ (wegreißen): **jdm etw** ~ arrebatar [o arrancar] algo a alguien
❷ (geh: retten): **jdn einer Gefahr** ~ salvar a alguien de un peligro
entrichten* vt abonar, pagar; **Beiträge an die Sozialversicherung** ~ cotizar a la Seguridad Social; **eine Gebühr** ~ abonar una tasa; **Zoll auf etw** ~ pagar aduana sobre algo
Entrichtung f <-, -en> (formal) pago m; ~ **des Mietzinses** pago del alquiler
entringen* irr vt (geh): **jdm etw** ~ arrebatarle algo a alguien
entrinnen* irr vi sein (geh) salvarse (+dat de), escaparse (+dat de)
Entrinnen nt <-s, ohne pl> salvación f, escapatoria f; **es gibt kein** ~ no hay escapatoria
entrissen pp von **entreißen**
entrollen* vt (geh) desenrollar; (Fahne) desplegar
entronnen pp von **entrinnen**
Entropie [ɛntro'pi:] f <-, -n> (PHYS) entropía f
entrosten* vt desoxidar, quitar la herrumbre (a)
entrücken* vt (geh): **jdn etw** dat ~ apartar a alguien de algo; **die jahrelange Beschäftigung mit metaphysischen Dingen hatte sie ganz der Realität entrückt** su dedicación durante años a cuestiones metafísicas había hecho que perdiera completamente el contacto con la realidad; **diese Musik entrückt mich irgendwie der Gegenwart** esta música me hace olvidar de alguna manera el presente
entrückt [ɛnt'rʏkt] adj (Mensch) ensimismado; (Blick) extasiado
entrümpeln* [ɛnt'rʏmpəln] vt quitar los trastos viejos (de)
Entrümpelung f <-, -en> eliminación f de trastos
entrungen pp von **entringen**
entrüsten* [ɛnt'rʏstən] I. vt indignar
II. vr: **sich** ~ indignarse (über por), encolerizarse (über por)
entrüstet adj indignado (über por)
Entrüstung f <-, -en> indignación f (über por), enojo m (über por/contra)
entsaften* [ɛnt'zaftən] vt extraer el jugo (de); (Zitrusfrüchte) exprimir
Entsafter m <-s, -> exprimidor m
entsagen* vi (geh) renunciar (+dat a), abstenerse (+dat de)
Entsagung f <-, -en> (geh) renuncia f; **voller** ~ con abnegación
entsagungsvoll adj (geh) abnegado
entsalzen* vt desalar
Entsalzung f <-, -en> desalinización f
Entsalzungsanlage f <-, -n> planta f desalinizadora

entsandt pp von **entsenden**
entschädigen* vt indemnizar (*für* por), compensar (*für* de/por)
Entschädigung f <-, -en> indemnización f (*für* por), compensación f (*für* por/de); ~ **für Verdienstausfall** indemnización por falta de ingresos; **angemessene** ~ indemnización adecuada; **einmalige** ~ indemnización única
Entschädigungsangebot nt <-(e)s, -e> oferta f de indemnización; **schriftliches** ~ oferta de indemnización por escrito; **Entschädigungsanspruch** m <-(e)s, -sprüche> derecho m a indemnización; **Entschädigungsberechtigte(r)** mf <-n, -n; -n, -n> beneficiario, -a m, f de la indemnización; **Entschädigungsgesetz** nt <-es, -e> ley f de indemnización; **Entschädigungsklage** f <-, -n> acción f reclamatoria de daños y perjuicios; **Entschädigungsprämie** f <-, -n> prima f de indemnización; **Entschädigungssumme** f <-, -n> cuantía f de la indemnización; **Entschädigungsträger(in)** m(f) <-s, -; -, -nen> indemnizador(a) m(f); **Entschädigungsverpflichtete(r)** mf <-n, -n; -n, -n> obligado, -a m, f a prestar indemnización; **Entschädigungszahlung** f <-, -en> pago m de indemnización
entschärfen* vt ❶ (*Bombe*) desactivar
❷ (*Streit, Krise*) apaciguar, calmar
Entscheid [ɛntˈʃaɪt] m <-(e)s, -e> s. **Entscheidung**
entscheiden* irr I. vi, vt (*bestimmen*) decidir (*über* sobre), resolver; **ich habe das** [o **darüber**] **nicht zu** ~ no lo decido yo; **die Sache ist bereits entschieden** el asunto ya está decidido
II. vi (*Urteil fällen*) [o dictar] una sentencia
III. vr: **sich** ~ decidirse (*für* por, *gegen* en contra de); **ich kann mich nicht** ~ no me puedo decidir
entscheidend adj decisivo, determinante; (*wichtig*) crucial; **im** ~**en Augenblick** en el momento decisivo
Entscheidung f <-, -en> decisión f; (JUR) resolución f, fallo m; ~ **am grünen Tisch** decisión burocrática; ~ **nach Lage der Akten** decisión en base al estado de las actas; **außergerichtliche/gerichtliche** ~ decisión extrajudicial/judicial; **gebundene** ~ decisión controlada; **rechtskräftige** ~ decisión ejecutoria; **eine** ~ **anfechten/aufheben** apelar/anular una resolución; **eine** ~ **treffen/fällen** tomar/adoptar una decisión; **vor einer** ~ **stehen** estar a las puertas de una decisión
Entscheidungsbefugnis f <-, -se> poder m decisorio; (**keine**) ~ **haben** (no) tener poder decisorio; **jdm** ~ **erteilen** conceder a alguien poder decisorio; **Entscheidungsbehörde** f <-, -n> autoridad f decisoria; **Entscheidungsbereich** m <-(e)s, -e> ámbito m de decisión; **Entscheidungsebene** f <-, -n> nivel m de decisión; **Entscheidungseinklang** m <-(e)s, -en> (JUR) decisión f por unanimidad; **Entscheidungserheblichkeit** f <-, ohne pl> (JUR) relevancia f resolutoria; **Entscheidungsfindung** f <-, -en> proceso m de determinación; **Entscheidungsfreiheit** f <-, ohne pl> libertad f de decisión
entscheidungsfreudig adj enérgico, decidido
Entscheidungsgewalt f <-, -en> poder m de decisión; **Entscheidungsgrund** m <-(e)s, -gründe> motivo m de la decisión; **Entscheidungskompetenz** f <-, -en> (JUR) competencia f decisoria; **Entscheidungskonzentration** f <-, ohne pl> (JUR) concentración f resolutoria; **Entscheidungskriterium** nt <-s, -kriterien> criterio m de decisión; **Entscheidungsprozess**^RR m <-es, -e> proceso m de determinación; **Entscheidungsrecht** nt <-(e)s, ohne pl> (JUR) derecho m de decisión; **Entscheidungsreife** f <-, ohne pl> (JUR) madurez f de decisión; **Entscheidungsschlacht** f <-, -en> (MIL) batalla f decisiva; **Entscheidungsspiel** nt <-(e)s, -e> (SPORT) partido m de desempate; **Entscheidungsträger(in)** m(f) <-s, -; -, -nen> persona f con capacidad de decisión [o con poder decisorio]; **Entscheidungsverfügung** f <-, -en> (JUR) capacidad f de decisión; **Entscheidungsvorbehalt** m <-(e)s, -e> (JUR) reserva f de decisión; **Entscheidungszuständigkeit** f <-, -en> (JUR) competencia f decisoria
entschieden [ɛntˈʃiːdən] I. pp von **entscheiden**
II. adj (*entschlossen*) decidido, impositivo *CSur*; (*nachdrücklich*) rotundo, categórico; **ein** ~**er Gegner der Todesstrafe** un enemigo rotundo de la pena capital
Entschiedenheit f <-, ohne pl> firmeza f, decisión f; **etw mit aller** ~ **zurückweisen** rechazar algo categóricamente
entschlacken* vt (MED) desintoxicar
Entschlackung f <-, -en> (MED) depuración f, desintoxicación f
Entschlackungskur f <-, -en> (MED) cura f para depurar [o desintoxicar] el organismo
entschlafen* irr vi sein (geh fig) fallecer
Entschlafene(r) mf <-n, -n; -n, -n> (geh fig) difunto, -a m, f, finado, -a m, f
entschleiern* vt (geh) descubrir
entschließen* irr vr: **sich** ~ decidirse (*zu* a); **sich anders** ~ cambiar de opinión
Entschließung f <-, -en> decisión f; **gemeinsame** ~ decisión conjunta

Entschließungsantrag m <-(e)s, -träge> (POL) propuesta f de resolución
entschlossen [ɛntˈʃlɔsən] I. pp von **entschließen**
II. adj decidido, abicado *CSur*; **kurz** ~ sin vacilar, con decisión; **fest** ~ absolutamente decidido; **sie war zu allem** ~ estaba dispuesta a todo; **wild** ~ **sein etw zu tun** estar completamente decidido a hacer algo
Entschlossenheit f <-, ohne pl> resolución f, firmeza f
entschlummern* vi sein (geh) fallecer
entschlüpfen* vi sein salir del huevo; (fig) escaparse
Entschluss^RR m <-es, -schlüsse>, **Entschluß** m <-sses, -schlüsse> decisión f, resolución f; **einen** ~ **bestärken** apoyar una resolución; **einen** ~ **fassen** tomar una decisión
entschlüsseln* vt descifrar, descodificar
Entschlüsselung f <-, -en> de(s)codificación f, desciframiento m
Entschlussfähigkeit^RR f <-, ohne pl> capacidad f de decisión
entschlussfreudig^RR adj decidido
Entschlussfreudigkeit^RR f <-, ohne pl> decisión f, determinación f; **Entschlusskraft**^RR f <-, ohne pl> firmeza f, energía f, capacidad f de decisión
entschlusslos^RR I. adj indeciso
II. adv indeciso, sin decidirse
entschuldbar adj disculpable, perdonable
entschuldigen* [ɛntˈʃʊldɪgən] I. vt ❶ (*verzeihen*) disculpar, perdonar; (*rechtfertigen*) justificar; **das ist durch nichts zu** ~ no hay nada que pueda justificarlo; **bitte** ~ **Sie mich einen Moment** por favor, discúlpeme un momento; ~ **Sie bitte!** ¡disculpe Ud., por favor!
❷ (*um Verzeihung bitten*) disculpar (*bei* ante, *für* por); (*rechtfertigen*) justificar (*bei* ante); **meine Frau lässt sich** ~ mi mujer pide disculpas por no haber podido venir; **ich möchte das Fehlen meines Sohnes** ~ (SCH) quisiera disculpar la falta de asistencia de mi hijo a clase
II. vr: **sich** ~ disculparse (*für* por, *bei* ante), pedir excusas (*bei* a, *für* por); **ich möchte mich bei Ihnen für meine Verspätung** ~ quisiera disculparme por mi retraso
entschuldigend adj de disculpa
Entschuldigung f <-, -en> disculpa f, excusa f; (*Vorwand*) pretexto m; (*Bescheinigung für die Schule*) justificante m; ~! ¡perdón!; **jdn für etw um** ~ **bitten** pedir disculpas a alguien por algo; **was haben Sie als** [o **zu Ihrer**] ~ **vorzubringen?** ¿qué puede aducir en su defensa?
Entschuldigungsbrief m <-(e)s, -e> carta f de disculpa; (SCH) justificante m; **Entschuldigungsgrund** m <-(e)s, -gründe> (JUR) excluyente m
Entschuldung f <-, -en> (FIN) liquidación f de deudas, liberación f de cargas
entschweben* vi sein (geh iron) desaparecer (de)
entschwefeln* vt (CHEM) desazufrar, desulfurar
Entschwefelung f <-, -en> (CHEM) desazufración f, desulfuración f
Entschwefelungsanlage f <-, -n> planta f de desulfuración
entschwinden* irr vi sein (geh) ❶ (*Person*) alejarse, perderse
❷ (*Zeit*) volar
entschwunden pp von **entschwinden**
entseelt [ɛntˈzeːlt] adj (geh) exánime
Entseelte(r) mf <-n, -n; -n, -n> (geh) fallecido, -a m, f, finado, -a m, f
entsenden* irr vt (geh) enviar, mandar
Entsendung f <-, -en> (POL) envío m
entsetzen* vt horrorizar, espantar; **ich war völlig entsetzt** me quedé totalmente horrorizado
Entsetzen nt <-s, ohne pl> horror m, espanto m
Entsetzensschrei m <-(e)s, -e> grito m de horror
entsetzlich [ɛntˈzɛtslɪç] I. adj horrible, espantoso
II. adv (fam: sehr) terriblemente, tremendamente; ~ **viel Geld** un dineral terrible
entsetzt [ɛntˈzɛtst] adj horrorizado (*über* por); **ich bin** ~! ¡estoy horrorizado!
entseuchen* [ɛntˈzɔɪçən] vt (ÖKOL) descontaminar
entsichern* vt (*Waffe*) quitar el seguro (a/de)
Entsieg(e)lung f <-, -en> (JUR) rotura f de sello
entsinnen* [ɛntˈzɪnən] irr vr: **sich** ~ recordar, acordarse (de); **sich jds** [o **an jdn**] ~ recordar a alguien
entsonnen pp von **entsinnen**
entsorgen* vt (*Müll*) eliminar; (*Fabrik*) eliminar los desechos (de)
Entsorger m <-s, -> dispositivo m de eliminación de basuras
Entsorgung [ɛntˈzɔrgʊŋ] f <-, -en> eliminación f de basuras
Entsorgungsbetrieb m <-(e)s, -e> empresa f eliminadora de basuras; **Entsorgungsgrundsatz** m <-es, ohne pl> principio m de eliminación; **Entsorgungsleistung** f <-, -en> servicio m de eliminación de basuras; **Entsorgungspark** m <-s, -s> (WIRTSCH, ÖKOL) centro m de eliminación de basuras; **Entsorgungsträger** m <-s, -> organismo m eliminador; **öffentlich-rechtlicher** ~ organismo eliminador de derecho público; **Entsorgungsunternehmen** nt <-s, -> empresa f elimina-

dora de basuras; **Entsorgungsverpflichtung** *f* <-, -en> obligación *f* de evacuación
entspannen* I. *vt* ① (*Körper*) relajar
② (*Lage*) calmar
II. *vr:* **sich ~** ① (*Mensch*) relajarse; (*sich ausruhen*) descansar; **ich muss mich im Urlaub mal richtig ~** tengo que descansar a tope durante las vacaciones
② (*Lage*) normalizarse, distenderse
③ (*Muskeln*) relajarse
Entspannung *f* <-, -en> ① (*von Mensch*) relajación *f*, relajamiento *m*; **etw zur ~ tun** hacer algo para relajarse
② (POL) distensión *f*
Entspannungsmethode *f* <-, -en> método *m* de relajación; **Entspannungsmittel** *nt* <-s, -> producto *m* relajante; **Entspannungspolitik** *f* <-, -en> política *f* de distensión; **Entspannungstechnik** *f* <-, -en> técnica *f* de relajación; **Entspannungstherapie** *f* <-, -n> terapia *f* de relajación; **Entspannungsübung** *f* <-, -en> ejercicio *m* de relajación
entspinnen* *irr vr:* **sich ~** entablarse, entramarse
entsponnen *pp von* **entspinnen**
entsprechen* *irr vi* ① (*übereinstimmen*) corresponderse (+*dat* con), corresponder (+*dat* a); **das entspricht nicht den Tatsachen** esto no corresponde a los hechos
② (*Wunsch, Bitte*) acceder (+*dat* a); (*Anforderungen*) satisfacer (+*dat*)
entsprechend I. *adj* ① (*übereinstimmend*) correspondiente; (*sinngemäß*) análogo; (*jeweilig*) respectivo; **~es Vorjahresniveau** nivel correspondiente del año anterior
② (*angemessen*) adecuado, conveniente, acorde (con)
II. *adv* debidamente, adecuadamente; **sich ~ verhalten** actuar conforme a la situación
III. *präp* +*dat* según, conforme a; **~ einer Quote** correspondiente a una cuota; **~ deinem Rat** [*o* **deinem Rat ~**] de acuerdo con tu consejo, siguiendo tu consejo
Entsprechensklausel *f* <-, -en> (JUR) cláusula *f* de conformidad
Entsprechung *f* <-, -en> (*Übereinstimmung*) correspondencia *f*, concordancia *f*; (*Analogie*) analogía *f*; (*Äquivalent*) equivalente *m*
entspringen* *irr vi sein* ① (*Fluss*) nacer (*in* en)
② (*herrühren*) resultar (+*dat* de), originarse (+*dat* en)
entsprochen *pp von* **entsprechen**
entsprungen *pp von* **entspringen**
entstammen* *vi sein* proceder (+*dat* de); (*einer Familie*) descender (+*dat* de)
entstanden *pp von* **entstehen**
entstauben* *vt* desempolvar, quitar el polvo de
entstehen* *irr vi sein* ① (*Streit, Gerücht*) surgir (*aus* de), originarse (*aus* de), nacer (*aus* de); (*Gebäude*) construirse; (*Feuer*) producirse; **es werden für Sie keine Kosten daraus ~** a Ud. no le representará [*o* supondrá] gasto alguno; **für den entstandenen Schaden** por el daño ocasionado; **die Sache ist im E~ begriffen** el asunto está en pañales
② (*sich herleiten*) derivarse (*aus* de)
Entstehung *f* <-, -en> ① (*Ursprung*) origen *m*, comienzo *m*
② (*das Werden*) formación *f*
Entstehungsgeschichte *f* <-, -n> génesis *f inv*; **Entstehungsort** *m* <-(e)s, -e> lugar *m* de creación [*o* de producción]
entsteigen* *irr vi sein* salir (+*dat* de), surgir (+*dat* de); **einem Auto ~** salir de un coche; **dem Wasser ~** surgir del agua
entsteinen* *vt* deshuesar
entstellen* *vt* ① (*verunstalten*) deformar, desfigurar; **bis zur Unkenntlichkeit entstellt** totalmente desfigurado, deformado hasta resultar irreconocible
② (*Text, Sinn*) tergiversar, manipular
Entstellung *f* <-, -en> ① (*von Menschen*) desfiguración *f*, deformación *f*
② (*von Sachverhalten*) alteración *f*, tergiversación *f*
entsticken* *vt* (TECH, CHEM) eliminar el óxido de nitrógeno de
Entstickung [ɛntˈʃtɪkʊŋ] *f* <-, -en> (TECH, CHEM) eliminación *f* del óxido de nitrógeno
entstiegen *pp von* **entsteigen**
entstören* *vt* (RADIO, TEL, TECH) eliminar las interferencias (de)
Entstörer *m* <-s, -> (RADIO, TEL, TECH) dispositivo *m* antiparasitario, dispositivo *m* antiparásito *Am*
Entstörung *f* <-, -en> ① (TEL: *Leitung*) eliminación *f* de interferencias
② (ELEK: *Auto*) eliminación *f* de ruidos parásitos
Entstörungsstelle *f* <-, -n> (TEL) servicio *m* de averías telefónicas
Entstrickung *f* <-, -en> (JUR) descautivación *f*
entströmen* *vi sein* (*geh: Flüssigkeit*) fluir (+*dat* de), manar (+*dat* de); (*Gas*) escapar (+*dat* de); (*Menschen*) salir (+*dat* de)
enttabuisieren* *vt* destabuizar
enttarnen* *vt* desenmascarar; **man hat ihn als Betrüger enttarnt** han descubierto que era un estafador
enttäuschen* *vt* decepcionar, desilusionar; (*Hoffnung*) frustrar; **ich muss Sie leider ~** desgraciadamente tengo que desilusionarle
enttäuschend *adj* decepcionante
enttäuscht *adj* decepcionado, desilusionado
Enttäuschung *f* <-, -en> desilusión *f*, decepción *f*, chasco *m fam*; **jdm eine ~ bereiten** desilusionar a alguien; **zu meiner ~ kam er nicht** para mi gran decepción no acudió
entthronen* *vt* (*geh*) destronar
entvölkern* [ɛntˈfœlkən] *vt* despoblar
Entvölkerung *f* <-, ohne *pl*> despoblación *f*
entwachsen* *irr vi sein:* **unsere Tochter entwächst der elterlichen Fürsorge** nuestra hija se ha emancipado [*o* liberado de la autoridad paterna]; **mit 13 Jahren bist du diesen Kindereien doch wohl ~!** ¡con 13 años ya no tienes edad para hacer esas chiquilladas!
entwaffnen* [ɛntˈvafnən] *vt* (*a. fig*) desarmar
entwaffnend *adj* (*fig*) encantador, cautivador
Entwaffnung *f* <-, -en> desarme *m*
entwalden* *vt* despoblar; **ein weites Gebiet ~** despoblar una zona amplia de árboles
Entwaldungsmittel *nt* <-s, -> medio *m* de despoblación
entwarnen* *vi* avisar del cese de la alarma; **nach dem falschen Alarm wurde die Bevölkerung entwarnt** tras comprobarse que era una falsa alarma avisaron a la población del cese de la misma
Entwarnung *f* <-, -en> cese *m* de alarma; **~ geben** dar el toque de cese de alarma
entwässern* [ɛntˈvɛsən] *vt* (*Gelände, Moor*) drenar, desaguar; (MED) drenar; (*dehydratisieren*) deshidratar
Entwässerung *f* <-, -en> (*von Moor, Gelände*) drenaje *m*; (MED) drenaje *m*; (*Dehydratation*) deshidratación *f*
Entwässerungsgraben *m* <-s, -gräben> zanja *f* de drenaje; **Entwässerungsmittel** *nt* <-s, -> (MED) agente *m* de drenaje; **Entwässerungssystem** *nt* <-s, -e> red *f* de aguas residuales
Entwässrung[RR] *f* <-, -en>, **Entwäßrung** *f* <-, -en> *s.* **Entwässerung**
entweder [ˈɛntveːdɐ, -ˈ--] *konj:* **~ ... oder ...** o (bien)... o...
Entweder-oder[RR] *nt* <-, -> una de dos, lo tomas o lo dejas; **du musst dich entscheiden, es gibt nur ein ~** tienes que decidirte, una cosa u otra
entweichen* *irr vi sein* (*Person, Gas*) huir (*aus* de), escapar (*aus* de)
entweihen* *vt* profanar
Entweihung *f* <-, -en> profanación *f*, sacrilegio *m*
entwenden* *vt* (*geh*) sustraer, robar
entwerfen* *irr vt* ① (*in Gedanken, zeichnerisch*) proyectar, esbozar, diseñar; (*Plan*) trazar
② (*schriftlich*) hacer un borrador (de)
entwerten* *vt* ① (*Fahrschein*) cancelar, invalidar, picar *fam*
② (*im Wert mindern*) devaluar, depreciar
Entwerter *m* <-s, -> cancelador *m*, canceladora *f*
Entwertung *f* <-, -en> ① (*Wertminderung*) devaluación *f*, depreciación *f*
② (*von Fahrkarten*) cancelación *f*, picado *m fam*
entwichen *pp von* **entweichen**
entwickeln* I. *vt* ① (*Theorie, Plan*) desarrollar; **hoch entwickelt** muy desarrollado, de alto nivel
② (FOTO) revelar
II. *vr:* **sich ~** desarrollarse (*aus* de), evolucionar (*aus* de); (*Rauch*) producirse, formarse; **die Verhandlungen entwickelten sich günstig** las negociaciones se desarrollaron favorablemente; **sich zu etw** *dat* **~** transformarse en algo
Entwickler *m* <-s, -> (FOTO) revelador *m*
Entwicklung *f* <-, -en> ① (*Wachstum*) desarrollo *m*, evolución *f*; **konjunkturelle/mittelfristige/rückläufige ~** desarrollo coyuntural/a medio plazo/regresivo; **ökonomische ~en** desarrollos económicos; **stammesgeschichtliche ~** desarrollo histórico genealógico; **sich in der ~ befinden** estar en estado de desarrollo
② (*von Rauch*) formación *f*
③ (*einer Idee, Theorie*) desarrollo *m*, desenvolvimiento *m*
④ (FOTO) revelado *m*
⑤ (*neues Produkt*) desarrollo *m*, creación *f*; **computerunterstützte ~** creación asistida por ordenador
Entwicklungsabschnitt *m* <-(e)s, -e> fase *f* de desarrollo; **Entwicklungsdienst** *m* <-(e)s, -e> voluntariado *m* en países en vías de desarrollo
entwicklungsfähig *adj* susceptible de desarrollo [*o* de mejora] [*o* de evolución]
Entwicklungsgeschichte *f* <-, ohne *pl*> (BIOL) (historia *f* de la) evolución *f*
entwicklungsgeschichtlich *adj* (BIOL) ontogénico

Entwicklungshelfer(in) *m(f)* <-s, -; -, -nen> voluntario, -a *m, f* en los países en (vías de) desarrollo; **Entwicklungshilfe** *f* <-, ohne pl> ayuda *f* al [o para el] desarrollo; **Entwicklungsingenieur(in)** *m(f)* <-s, -e; -, -nen> ingeniero, -a *m, f* de desarrollo; **Entwicklungsjahre** *ntpl* pubertad *f*; **in den ~n sein** estar en la pubertad; **Entwicklungskosten** *pl* (WIRTSCH) gastos *mpl* de desarrollo; **Entwicklungsland** *nt* <-(e)s, -länder> país *m* en (vías de) desarrollo; **Entwicklungsmaßnahme** *f* <-, -n> medida *f* de desarrollo; **städtebauliche ~** medida de desarrollo urbanístico; **Entwicklungsplanung** *f* <-, -en> (POL) planificación *f* de desarrollo; **Entwicklungsprognose** *f* <-, -n> (WIRTSCH) pronóstico *m* del desarrollo; **Entwicklungssatzung** *f* <-, -en> (JUR) estatutos *mpl* de desarrollo

entwicklungsschwach *adj*: **~e Region** región *f* deprimida
Entwicklungsstadium *nt* <-s, -stadien> estadio *m* de desarrollo; **Entwicklungsstand** *m* <-(e)s, -stände> nivel *m* de desarrollo; **Entwicklungsstufe** *f* <-, -n> grado *m* de desarrollo, nivel *m* de desarrollo, **Entwicklungstempo** *nt* <-s, -s> velocidad *f* de desarrollo; **Entwicklungsverfahren** *nt* <-s, -> procedimiento *m* de desarrollo; **Entwicklungsvorhaben** *nt* <-s, -> plan *m* de desarrollo; **Entwicklungszeit** *f* <-, -en> ❶ (BIOL) época *f* de desarrollo, pubertad *f* ❷ (FOTO) tiempo *m* de revelado

entwinden* *irr* **I.** *vt* (*geh*): **jdm etw ~** quitarle algo a alguien, arrebatarle algo a alguien
II. *vr* (*geh*): **sich jdm/etw** *dat* **~** escaparse de alguien/algo, lograr soltarse de alguien/algo

entwirren* [ɛntˈvɪrən] *vt* (*geh*) ❶ (*Knoten, Fäden*) desenredar, desembrollar
❷ (*Unklarheiten*) aclarar, clarificar

entwischen* [ɛntˈvɪʃən] *vi sein* (*fam*) escapar(se), escabullirse
entwöhnen* [ɛntˈvøːnən] *vt* ❶ (*Säugling*) destetar
❷ (*geh: abbringen*) desacostumbrar, deshabituar

entworfen *pp von* **entwerfen**
entwunden *pp von* **entwinden**
entwürdigen* *vt* humillar, degradar
entwürdigend *adj* humillante, degradante
Entwürdigung *f* <-, -en> humillación *f*, degradación *f*
Entwurf *m* <-(e)s, -würfe> ❶ (*Konzept*) borrador *m*, esbozo *m*, esqueleto *m Chil*, machote *m Am*; (*Projekt*) proyecto *m*
❷ (*Zeichnung*) diseño *m*
❸ (*Skizze*) croquis *m inv*, bosquejo *m*

entwurzeln* *vt* arrancar de raíz, desarraigar
Entwurzelte(r) *mf* <-n, -n; -n, -n> desarraigado, -a *m, f*
Entwurzelung *f* <-, -en> desarraigo *m*
entzaubern* *vt* desencantar
entzerren* *vt* ❶ (*auseinander ziehen*) espaciar, distanciar
❷ (RADIO, TEL: *Empfangsqualität verbessern*) corregir, rectificar
Entzerrung *f* <-, -en> ❶ (*das Entzerren*) fluidez *f*; **ein zeitlich gestaffeltes Arbeitsende würde zu einer ~ des Verkehrs beitragen** un final de la jornada escalonado contribuiría a hacer más fluido [*o* a descongestionar] el tráfico
❷ (TECH, RADIO) corrección *f*, rectificación *f*

entziehen* *irr* **I.** *vi* (*fam: Süchtige*) desintoxicarse
II. *vt* ❶ (*Erlaubnis, Unterstützung*) quitar; (*Wort, Führerschein*) retirar
❷ (*Flüssigkeit, Nährstoffe*) extraer
❸ (*Hand*) quitar
III. *vr*: **sich ~** ❶ (*einer Verpflichtung*) sustraerse (a), rehuir; **sich der Festnahme ~** sustraerse a la detención
❷ (*einer Person*) rehuir; (*einer Umarmung*) evitar
❸ (*verborgen bleiben*) escaparse (a); **das entzieht sich meiner Kenntnis** esto se escapa a mi conocimiento

Entziehung *f* <-, -en> ❶ (*Wegnahme*) privación *f*; **~ des Grundbesitzes** desposeimiento *m*, expropiación *f*; **~ des Besitzes** privación de la propiedad; **(vorläufige) ~ der Fahrerlaubnis** retirada (provisional) del permiso de conducir; **~ eines Vermächtnisses** revocación de un legado
❷ (*~skur*) desintoxicación *f*

Entziehungsanstalt *f* <-, -en> centro *m* de desintoxicación; **Entziehungskur** *f* <-, -en> cura *f* de desintoxicación
entzifferbar *adj* legible; **eine nicht ~e Schrift** una letra ilegible
entziffern* [ɛntˈtsɪfɐn] *vt* descifrar, descodificar
Entzifferung *f* <-, -en> descifre *m*, desciframiento *m*
entzogen *pp von* **entziehen**
entzücken* *vt* encantar; (*begeistern*) entusiasmar
Entzücken [ɛnˈtsʏkən] *nt* <-s, ohne pl> (*geh*) encanto *m*; **jdn in ~ versetzen** encantar a alguien
entzückend *adj* encantador

Entzug *m* <-(e)s, ohne pl> ❶ (*von Rauschgift, Alkohol*) desintoxicación *f*; **er ist auf ~** (*sl*) está haciendo una cura de desintoxicación
❷ (*des Führerscheins*) retirada *f*; (*von Unterstützung*) supresión *f*; **~ der Fahrerlaubnis** retirada del permiso de conducir

❸ (*von Flüssigkeit*) extracción *f*
Entzugserscheinung *f* <-, -en> síntoma *m* de abstinencia; **~en** síndrome de abstinencia, mono *m sl*, pavo *m sl*; **Entzugsschmerzen** *mpl* (MED) dolores *mpl* de abstinencia; **Entzugssymptom** *nt* <-s, -e> (MED) síntoma *m* de abstinencia

entzündbar [ɛntˈtsʏntbaːɐ] *adj* inflamable
entzünden* **I.** *vr*: **sich ~** ❶ (*Feuer fangen*) incendiarse, inflamarse
❷ (MED) inflamarse; **mein Hals ist entzündet** tengo la garganta inflamada
❸ (*hervorgerufen werden*) producirse (*an* por), originarse (*an* por); **der Streit hatte sich daran entzündet, dass ...** la disputa se había originado porque...
II. *vt* (*geh: Feuer, Kerze, Leidenschaft*) encender

entzündet *adj* inflamado
entzündlich *adj* ❶ (MED: *entzündet*) inflamado; (*zu entzünden*) inflamatorio
❷ (*Gas, Brennstoff*) inflamable; **leicht ~** fácilmente inflamable
Entzündung *f* <-, -en> (MED) inflamación *f*
entzündungshemmend *adj* (MED) antiinflamatorio; **~ wirken** bajar la inflamación
Entzündungsherd *m* <-(e)s, -e> (MED) foco *m* inflamatorio
entzwei [ɛntˈtsvaɪ] *adj inv* ❶ (*kaputt*) roto, destrozado; **das Glas ist ~** la copa está rota
❷ (*gespalten*) partido

entzwei|brechen *irr* **I.** *vi sein* romperse
II. *vt haben* partir (en dos trozos); **er brach das Brötchen entzwei und gab jedem eine Hälfte** partió el pan por la mitad y dio un trozo a cada uno

entzweien* **I.** *vt* (*Familie, Freunde*) enemistar
II. *vr*: **sich ~** (*uneins werden*) enemistarse (*mit* con)
entzwei|gehen *irr vi sein* romperse (en pedazos)
Entzweiung *f* <-, -en> desavenencia *f*, desacuerdo *m*; **wegen einer Streitigkeit kam es zwischen ihnen zur ~** una disputa hizo que se desavinieran

Enumerationsprinzip *nt* <-s, ohne pl> (JUR) principio *m* de enumeración
E-Nummern [ˈeːnʊmɐn] *fpl* números *mpl* E
en vogue [ãˈvoːk] *adv* (*geh: in Mode*) en boga
Enzephalitis [ɛntsefaˈliːtɪs] *f* <-, Enzephalitiden> (MED) encefalitis *f inv*
Enzephalogramm [ɛntsefaloˈgram] *nt* <-s, -e> (MED) encefalograma *m*
Enzian [ˈɛntsiaːn] *m* <-s, -e> ❶ (BOT) genciana *f*
❷ (*Schnaps*) licor *m* de genciana
Enziklika *f* <-, Enzikliken> (REL) encíclica *f*
Enzyklopädie [ɛntsyklopɛˈdiː] *f* <-, -n> enciclopedia *f*
enzyklopädisch [ɛntsykloˈpɛːdɪʃ] *adj* enciclopédico
Enzym [ɛnˈtsyːm] *nt* <-s, -e> enzima *m o f*
Epen *pl von* **Epos**
ephemer [efeˈmeːɐ] *adj* (*a.* BOT, ZOOL) efímero
Epidemie [epideˈmiː] *f* <-, -n> epidemia *f*
Epidemiologe, -in [epidemioˈloːgə] *m, f* <-n, -n; -, -nen> (MED) epidemiólogo, -a *m, f*
Epidemiologie [epidemioloˈgiː] *f* <-, ohne pl> (MED) epidemiología *f*
Epidemiologin *f* <-, -nen> *s.* **Epidemiologe**
epidemiologisch *adj* (MED) epidemiológico
epidemisch [epiˈdeːmɪʃ] *adj* (MED) epidémico
Epigone [epiˈgoːnə] *m* <-n, -n> (LIT, KUNST: *geh*) epígono *m*
Epigramm [epiˈgram] *nt* <-s, -e> (LIT) epigrama *m*
Epik [ˈeːpɪk] *f* <-, ohne pl> (LIT) épica *f*, poesía *f* épica
Epikureer(in) [epikuˈreːɐ] *m(f)* <-s, -; -, -nen> (*geh a.* PHILOS) epicúreo, -a *m, f*
Epilepsie [epilɛˈpsiː] *f* <-, -n> (MED) epilepsia *f*
Epileptiker(in) [epiˈlɛptikɐ] *m(f)* <-s, -; -, -nen> epiléptico, -a *m, f*
epileptisch [epiˈlɛptɪʃ] *adj* epiléptico; **~er Anfall** ataque epiléptico
Epilimnion [epiˈlɪmniɔn] *nt* <-s, Epilimnien> epilimnio *m*
Epilog [epiˈloːk] *m* <-s, -e> epílogo *m*
Epirogenese [epiroɡeˈneːza] *f* <-, -n> (GEO) epirogénesis *f inv*
episch [ˈeːpɪʃ] *adj* épico
Episkopat [epɪskoˈpaːt] *nt o m* <-(e)s, -e> (REL) episcopado *m*
Episode [epiˈzoːdə] *f* <-, -n> episodio *m*
Epistel [eˈpɪstəl] *f* <-, -n> epístola *f*
Epitaph [epiˈtaːf] *nt* <-s, -e> (*geh*) ❶ (*Inschrift*) epitafio *m*, inscripción *f*
❷ (*Gedenktafel*) monumento *m*
Epithel [epiˈteːl] *nt* <-s, -e> (BIOL) epitelio *m*
Epizentrum [epiˈtsɛntrʊm] *nt* <-s, -zentren> (GEO) epicentro *m*
epochal *adj* ❶ (*Epoche machend*) memorable, que trasciende a su época; **eine ~e Entdeckung, eine Entdeckung von ~er Bedeutung**

un descubrimiento que hace época; **das ist wieder eine ihrer ~en Ideen** (*iron, abw*) es otra de esas geniales ocurrencias suyas
❷ (SCH): **~er Unterricht** enseñanza que, por motivos pedagógicos, se concentra durante un tiempo en una sola materia
Epoche [e'pɔxə] *f* <-, -n> época *f;* **~ machend** memorable
epochemachend *adj s.* **Epoche**
Epos ['e:pɔs] *nt* <-, Epen> (LIT) epopeya *f,* poema *m* épico
Epoxidharz [epɔ'ksi:t-] *nt* <-es, -e> resina *f* epoxi
Epstein-Barr-Virus [ˈɛpʃtaɪnˈbarviːrʊs] *nt o m* <-, -Viren> (MED) virus *m inv* Epstein Barr
Equipe [e'kɪp, *pl:* e'kɪpən] *f* <-, -n> (SPORT) equipo *m*
Equity-Recht ['ekwəti-] *nt* <-(e)s, *ohne pl*> (JUR) derecho *m* de equidad
er [eːɐ] *pron pers 3. Sg m* él; **da ist ~ ja!** ¡allí viene!; **wenn ich ~ wäre** si yo fuera él; **sie ist größer als ~** es más alta que él; **ist dein Hund ein E~ oder eine Sie?** ¿el tuyo es perro o perra?; **was ist mit dem Brief? ist ~ fertig?** ¿qué pasa con la carta? ¿ya está lista?
Er (CHEM) *Abk. von* **Erbium** Er
erachten* [ɛɐ'ʔaxtən] *vt* (*geh*) considerar, estimar (*für/als* como)
Erachten *nt* <-s, *ohne pl*>: **meines ~s** en mi opinión
erahnen* *vt* adivinar, entrever
erarbeiten* *vt* ❶ (*erstellen*) elaborar
❷ (*erlangen*): **sich** *dat* **~** (*Position, Vermögen*) alcanzar, lograr; (*Wissen*) adquirir
Erbadel ['ɛrp'ʔa:dəl] *m* <-s, *ohne pl*> nobleza *f* hereditaria
Erbanfall *m* <-(e)s, *ohne pl*> (JUR) delación *f* de la herencia; **Erbanfallsteuer** *f* <-, -n> (JUR) impuesto *m* sobre la apertura de la sucesión
Erbanlage *f* <-, -n> (BIOL) factor *m* hereditario; **Erbanspruch** *m* <-(e)s, -sprüche> derecho *m* a la herencia, derecho *m* sucesorio
Erbanteil *m* <-(e)s, -e> cuota *f* hereditaria; **Erbanteilsveräußerung** *f* <-, -en> (JUR) enajenación *f* de cuota hereditaria; **Erbantritt** *m* <-(e)s, *ohne pl*> adición *f* de la herencia
erbarmen* [ɛɐ'barmən] *vr:* **sich ~** compadecerse; **sich jds ~** tener compasión de alguien, compadecerse de alguien
Erbarmen [ɛɐ'barmən] *nt* <-s, *ohne pl*> compasión *f;* **mit jdm ~ haben** compadecerse de alguien; **kein ~ kennen** no sentir compasión; **ohne/aus ~** sin/por compasión
erbarmenswert *adj* lastimoso, lastimero; **das Elend in diesen Hütten ist ~** la miseria en estas barracas inspira compasión
erbärmlich [ɛɐ'bɛrmlɪç] *adj* ❶ (*elend*) miserable, pinchugo *Chil;* (*jämmerlich*) lamentable
❷ (*schlecht*) espantoso, miserable; **es tat ~ weh** dolió espantosamente
❸ (*gemein*) infame
Erbärmlichkeit *f* <-, *ohne pl*> ❶ (*Gemeinheit*) bajeza *f;* **er war sich** *dat* **der ~ seiner Tat bewusst** era consciente de la bajeza [*o* de lo ruin] de su acto
❷ (*einer Leistung*) pobreza *f;* **die ~ des Spiels wollte der Trainer nicht kommentieren** el entrenador no quiso comentar el juego lamentable
erbarmungslos *adj* despiadado, sin compasión
erbarmungsvoll I. *adj* compasivo, misericordioso; **als ~er Christ half er den Armen** ayudaba a los pobres, cristiano caritativo [*o* misericordioso] que era
II. *adv* lleno de compasión, con total misericordia
erbauen* I. *vt* ❶ (*Gebäude*) construir, levantar, edificar
❷ (*geh: erfreuen*) deleitar
II. *vr:* **sich ~** (*geh: erfreuen*) encontrar placer (*an* en), gozar (*an* de)
Erbauer(in) *m(f)* <-s, -; -, -nen> constructor(a) *m(f)*
erbaulich *adj* (*Literatur*) edificante
Erbauseinandersetzung *f* <-, -en> (JUR) partición *f* hereditaria; **Erbausgleich** *m* <-(e)s, *ohne pl*> (JUR) compensación *f* hereditaria; **Erbausschlagung** *f* <-, -en> (JUR) repudio *m* de herencia; **Erbausschließung** *f* <-, -en> (JUR) desheredamiento *m*
Erbauung *f* <-, -en> edificación *f*
Erbbaugrundbuch *nt* <-(e)s, *ohne pl*> (JUR) registro *m* de la propiedad de derecho de superficie
Erbbaurecht *nt* <-(e)s, *ohne pl*> (JUR) derecho *m* de superficie; **Erbbaurechtsverordnung** *f* <-, -en> (JUR) decreto *m* del derecho de superficie
Erbbauzins *m* <-es, -en> impuesto *m* del derecho de superficie
erbberechtigt *adj* (JUR) con derecho a herencia; **~ sein** tener derecho a la herencia
Erbberechtigung *f* <-, -en> (JUR) derecho *m* de sucesión [*o* sucesorio]
Erbbiologie *f* <-, *ohne pl*> genética *f*
erbbiologisch *adj* genético; **~e Untersuchung** análisis genético
Erbe[1] ['ɛrbə] *nt* <-s, *ohne pl*> herencia *f;* **das ~ antreten** tomar posesión de la herencia
Erbe, -in[2] *m, f* <-n, -n; -, -nen> heredero, -a *m, f;* **gesetzlicher** [*o* **rechtmäßiger**] **~** heredero legítimo; **pflichtteilsberechtigter ~** heredero legitimario; **jdn als ~n einsetzen** constituir heredero a alguien
erbeben* [-'---] *vi sein* temblar
Erbeinsetzung *f* <-, -en> (JUR) institución *f* de heredero
erben ['ɛrbən] *vi, vt* heredar (*von* de)
Erbengemeinschaft *f* <-, -en> (JUR) comunidad *f* sucesoria [*o* hereditaria]; **Erbenhaftung** *f* <-, -en> (JUR) responsabilidad *f* del heredero; **Erbenmehrheit** *f* <-, -en> (JUR) pluralidad *f* de herederos
Erbersatzanspruch *m* <-(e)s, -sprüche> (JUR) derecho *m* sucesorio del hijo ilegítimo; **Erbersatzsteuer** *f* <-, -n> (JUR) tributo *m* sobre la cuota hereditaria del hijo ilegítimo
erbeten *pp von* **erbitten**
erbetteln* *vt* mendigar
erbeuten* [ɛɐ'bɔytən] *vt* apresar, tomar como botín
Erbfähigkeit *f* <-, -en> (JUR) capacidad *f* sucesoria; **Erbfaktor** *m* <-s, -en> (BIOL) factor *m* hereditario; **Erbfall** *m* <-(e)s, -fälle> (JUR) muerte *f* del causante; **Erbfehler** *m* <-s, -> (BIOL) defecto *m* hereditario, vicio *m* hereditario; **Erbfeind(in)** *m(f)* <-(e)s, -e; -, -nen> (*Volk*) enemigo *m* histórico; (*Gegner*) enemigo *m* jurado; **Erbfolge** *f* <-, -n> sucesión *f;* **gesetzliche ~** sucesión legítima, sucesión ab intestato; **vorweggenommene ~** sucesión testamentaria; **Erbgesundheitsgesetz** *nt* <-es, -e> (JUR) ley *f* sobre salud hereditaria
Erbgut *nt* <-(e)s, *ohne pl*> (BIOL) patrimonio *m* hereditario, herencia *f;* **Erbgutschäden** *mpl* (MED) defectos *mpl* hereditarios
erbgutschädigend *adj* (MED) genéticamente dañino
erbieten* *irr vr:* **sich ~ etw zu tun** ofrecerse a [*o* para] hacer algo
Erbin ['ɛrbɪn] *f* <-, -nen> *s.* **Erbe**[2]
Erbinformation *f* <-, -en> (BIOL, MED) información *f* genética
erbitten* *irr vt* (*geh*): **etw von jdm ~** solicitar algo a alguien, pedir algo a alguien
erbittern* [ɛɐ'bɪtɐn] *vt* irritar, enfurecer
erbittert *adj* (*Kampf, Diskussion*) enconado
Erbitterung *f* <-, *ohne pl*> exasperación *f*
Erbium ['ɛrbiʊm] *nt* <-s, *ohne pl*> (CHEM) erbio *m*
Erbkrankheit *f* <-, -en> (MED) enfermedad *f* hereditaria
erblassen* *vi sein* palidecer; **vor Neid ~** ponerse pálido de envidia
Erblasser(in) ['ɛrplasɐ] *m(f)* <-s, -; -, -nen> (JUR) testador(a) *m(f)*
Erblast *f* <-, -en> problema *m* heredado
erbleichen* *vi sein* palidecer
erblich ['ɛrplɪç] *adj* hereditario; **~ belastet sein** tener una tara hereditaria
Erblichkeit *f* <-, *ohne pl*> herencia *f*
erblicken* *vt* (*geh*) ver; (*in der Ferne*) divisar, visualizar *Am*
erblinden* *vi sein* quedarse ciego, perder la vista
Erblindete(r) *mf* <-n, -n; -, -n> ciego, -a *m, f*
Erblindung *f* <-, -en> pérdida *f* de la vista; **zur ~ führen** causar ceguera
erblühen* *vi sein* florecer; (*Blüte*) abrirse
Erbmasse ['ɛrpmasə] *f* <-, -n> ❶ (JUR) (conjunto *m* de) bienes *mpl* de la herencia ❷ (BIOL) genotipo *m;* **Erbnachlasssteuer**[RR] *f* <-, -n> (JUR) impuesto *m* de sucesiones; **Erbonkel** *m* <-s, -> (*fam*) tío *m* rico, tío *m* de América
erbosen* [ɛɐ'boːzən] I. *vt* enfadar, enojar; **dein schlechtes Betragen hat sie sehr erbost** tu mal comportamiento la ha enfadado mucho; **über jdn/etw erbost sein** estar enfadado con alguien/por algo
II. *vr:* **sich ~ über jdn/etw** enfadarse con alguien/por algo
erbost [ɛɐ'boːst] *adj* (*geh*) furioso (*über* por)
erboten *pp von* **erbieten**
Erbpacht *f* <-, -en> (JUR) enfiteusis *f inv,* censo *m* enfitéutico [*o* enfiteuticario]; **das Grundstück wurde ihm zur ~ überschrieben** le transfirieron el terreno en censo enfitéutico; **Erbpachtrecht** *nt* <-(e)s, *ohne pl*> (JUR) derecho *m* enfitéutico
erbracht *pp von* **erbringen**
erbrechen* I. *vi* vomitar, debocar *Arg, Bol,* buitrear *Chil, Peru;* **bis zum E~** (*fam*) hasta la saciedad
II. *vt* (*geh: Siegel*) romper; (*Schloss*) forzar
Erbrecht[1] *nt* <-(e)s, -e> (JUR) derecho *m* de sucesión
Erbrecht[2] *nt* <-(e)s, *ohne pl*> (JUR) derecho *m* sucesorio
erbringen* *irr vt* (*Gewinne*) producir; (*Beweise*) aducir
Erbringung *f* <-, *ohne pl*> cumplimiento *m;* **~ der Leistungen** cumplimiento de las prestaciones
erbrochen *pp von* **erbrechen**
Erbrochene(s) *nt* <-n, *ohne pl*> vómito *m;* **auf dem Lätzchen des Babys war ~s** había manchas de vómitos en el babero del bebé
Erbschaft *f* <-, -en> herencia *f,* legado *m;* **eine ~ machen** heredar
Erbschaftsannahme *f* <-, -n> (JUR) aceptación *f* de herencia; **Erbschaftsanspruch** *m* <-(e)s, -sprüche> (JUR) derecho *m* de sucesión; **Erbschaftsanteil** *m* <-(e)s, -e> (JUR) cuota *f* hereditaria; **Erbschaftsausschlagung** *f* <-, -en> (JUR) repudio *m* de la herencia; **Erbschaftsbesitzer(in)** *m(f)* <-s, -; -, -nen> (JUR) poseedor(a) *m(f)*

hereditario, -a; **Erbschaftsgegenstand** *m* <-(e)s, -stände> (JUR) bien *m* hereditario; **Erbschaftskauf** *m* <-(e)s, -käufe> (JUR) compra *f* de herencia; **Erbschaftsklage** *f* <-, -n> (JUR) acción *f* de petición de herencia; **Erbschaftssache** *f* <-, -n> (JUR) cosa *f* integrante de la masa hereditaria

Erbschaft(s)steuer *f* <-, -n> impuesto *m* sobre la herencia; **Erbschaft(s)steuerveranlagung** *f* <-, -en> (JUR) liquidación *f* del impuesto de sucesiones

Erbschaftsübergang *m* <-(e)s, -gänge> (JUR) traspaso *m* de herencia; **Erbschaftsverwalter(in)** *m(f)* <-s, -; -, -nen> administrador(a) *m(f)* de la herencia

Erbschein *m* <-(e)s, -e> (JUR) declaración *f* de herederos; **Erbscheinerteilung** *f* <-, -en> (JUR) otorgamiento *m* de escritura de declaración de herederos

Erbschleicher(in) *m(f)* <-s, -; -, -nen> heredípeta *mf*; **Erbschleicherei** *f* <-, *ohne pl*> (JUR) captación *f* de herencias; **Erbschleicherin** *f* <-, -en> *s.* **Erbschleicher**

Erbse ['ɛrpsə] *f* <-, -n> guisante *m*, arveja *f Am*

erbsengroß *adj* como un guisante (de grande), del tamaño de un guisante

Erbsensuppe *f* <-, -n> (GASTR) sopa *f* de guisantes

Erbstück *nt* <-(e)s, -e> herencia *f*, objeto *m* heredado; **Erbsünde** *f* <-, -n> (REL) pecado *m* original; **Erbtante** *f* <-, -n> (*fam*) tía *f* rica, tía *f* de América

Erbteil *nt o m* <-(e)s, -e> (JUR) parte *f* hereditaria; **Erbteilsübertragung** *f* <-, -en> (JUR) transmisión *f* de cuota hereditaria

Erbteilungsvertrag *m* <-(e)s, -träge> (JUR) escritura *f* de partición; **Erbunwürdigkeit** *f* <-, *ohne pl*> (JUR) indignidad *f* sucesoria; **Erbvergleich** *m* <-(e)s, -e> (JUR) acuerdo *m* entre herederos; **Erbvermögen** *nt* <-s, -> (JUR) patrimonio *m* hereditario; **Erbvertrag** *m* <-(e)s, -träge> (JUR) pacto *m* hereditario; **Erbverzicht** *m* <-(e)s, *ohne pl*> (JUR) renuncia *f* a la herencia

Erdachse ['eːɐʔaksə] *f* <-, *ohne pl*> eje *m* terrestre

erdacht *pp von* **erdenken**

Erdanziehung *f* <-, *ohne pl*> gravedad *f*, fuerza *f* de atracción terrestre; **Erdapfel** *m* <-s, -äpfel> (*Österr, südd: Kartoffel*) patata *f*, papa *f Am*; **Erdarbeiten** *fpl* movimiento *m* de tierras, obras *fpl* de excavación; **Erdatmosphäre** *f* <-, *ohne pl*> atmósfera *f* terrestre; **Erdbahn** *f* <-, *ohne pl*> (ASTR) órbita *f* terrestre, órbita *f* de la Tierra; **Erdball** *m* <-(e)s, *ohne pl*> globo *m* terráqueo [*o* terrestre]

Erdbeben *nt* <-s, -> terremoto *m*, seísmo *m*; **schwaches** ~ terremoto suave; **Erdbebenherd** *m* <-(e)s, -e> (GEO) hipocentro *m*, foco *m* sísmico

erdbebensicher *adj* a prueba de terremotos, antisísmico

Erdbebenwarte *f* <-, -n> observatorio *m* sismográfico; **Erdbebenwelle** *f* <-, -n> onda *f* sísmica

Erdbeere *f* <-, -n> fresa *f*

erdbeerfarben *adj* (de color) fresa

Erdbeschleunigung *f* <-, *ohne pl*> (PHYS) aceleración *f* de la gravedad; **Erdbestattung** *f* <-, -en> enterramiento *m* bajo tierra; **Erdbevölkerung** *f* <-, *ohne pl*> población *f* mundial; **Erdbewohner(in)** *m(f)* <-s, -; -, -nen> habitante *mf* de la Tierra, terrícola *mf*; **Erdboden** *m* <-s, *ohne pl*> tierra *f*, suelo *m*; **wie vom** ~ **verschluckt** como si se lo/la hubiera tragado la tierra; **eine Stadt dem** ~ **gleich machen** arrasar una ciudad, no dejar piedra sobre piedra

Erde[1] ['eːɐdə] *f* <-, *ohne pl*> ① (*Welt*) tierra *f*, mundo *m*; **auf der** ~ en la tierra; **im Himmel und auf** ~**n** tanto en el cielo como en la tierra
② (*Boden*) suelo *m*, tierra *f*; **auf die** ~ **fallen** caer al suelo; **unter der** ~ subterráneo

Erde[2] *f* <-, -n> ① (*Erdreich*) tierra *f*; **jdn unter die** ~ **bringen** (*fam*) causar la muerte de alguien; ~ **zu** ~ (REL) de la tierra vienes y a la tierra vuelve
② (ELEK) toma *f* de tierra

erden *vt* (ELEK) colocar una toma de tierra (en)

Erdenbürger(in) *m(f)* <-s, -; -, -nen>: **ein neuer** [*o* **kleiner**] ~ (*iron*) un recién nacido

erdenken* *irr vt* idear, imaginar, inventar

erdenklich *adj* imaginable, concebible; **sich** *dat* **alle** ~**e Mühe geben** hacer todo lo posible

Erderwärmung *f* <-, -en> (ÖKOL) calentamiento *m* de la tierra; **zunehmende** ~ calentamiento progresivo de la tierra

erdfarben ['eːɐtfarbən] *adj* de color terroso [*o* tierra]

Erdgas *nt* <-es, -e> gas *m* natural

Erdgas-Förderabgabe *f* <-, -n> impuesto *m* sobre la explotación de gas natural; **Erdgasgewinnung** *f* <-, -en> explotación *f* de gas natural; **Erdgasleitung** *f* <-, -en> tubería *f* de gas; **Erdgasversorgung** *f* <-, *ohne pl*> abastecimiento *m* de gas natural

Erdgeruch *m* <-(e)s, -rüche> olor *m* a tierra; **Erdgeschichte** *f* <-, *ohne pl*> (GEO) geología *f*

erdgeschichtlich I. *adj* (GEO) geológico
II. *adv* (GEO) desde un punto de vista geológico; **der Trilobit stammt aus** ~ **neuerer Zeit** el trilobites es de un período geológico más reciente

Erdgeschoss[RR] *nt* <-es, -e> planta *f* baja; **Erdhaufen** *m* <-s, -> montón *m* de tierra, terraplén *m*; **Erdhörer** *m* <-s, -> geófono *m*; **Erdhülle** *f* <-, *ohne pl*> geosfera *f*

erdichten* *vt* (*geh*) inventar, imaginar

erdig ['eːɐdɪç] *adj* ① (*erdhaltig*) terroso, térreo
② (*Geschmack, Geruch*) a tierra

Erdinnere(s) *nt* <-n, *ohne pl*> interior *m* de la tierra; **Erdkabel** *nt* <-s, -> (TECH) cable *m* subterráneo; **Erdkarte** *f* <-, -n> (GEO) mapamundi *m*; **Erdkern** *m* <-(e)s, -e> (GEO) núcleo *m* terrestre; **Erdklumpen** *m* <-s, -> terrón *m*; **Erdkreis** *m* <-es, -e> (*geh*) mundo *m*, orbe *m*; **Frieden soll auf dem ganzen** ~ **sein** debería haber paz en todo el mundo; **Erdkruste** *f* <-, *ohne pl*> corteza *f* terrestre; **Erdkugel** *f* <-, *ohne pl*> globo *m* terráqueo; **Erdkunde** *f* <-, *ohne pl*> geografía *f*

erdkundlich *adj* geográfico

erdmagnetisch *adj* magnético terrestre

Erdmagnetismus *m* <-, *ohne pl*> (GEO) magnetismo *m* terrestre; **Erdmantel** *m* <-s, *ohne pl*> (GEO) manto *m* terrestre; **Erdmittelpunkt** *m* <-(e)s, *ohne pl*> centro *m* de la tierra

Erdnuss[RR] *f* <-, -nüsse> cacahuete *m*, maní *m*

Erdnussbutter[RR] *f* <-, *ohne pl*> mantequilla *f* de cacahuete

Erdoberfläche *f* <-, *ohne pl*> superficie *f* terrestre; **Erdöl** *nt* <-(e)s, -e> petróleo *m*, canfín *m MAm*; (WIRTSCH) crudo *m*; ~ **exportierend** exportador de petróleo; ~ **exportierende Staaten** países exportadores de petróleo; **nach** ~ **bohren** perforar en busca de petróleo, hacer prospecciones petrolíferas

erdolchen* [ɛɐ'dɔlçən] *vt* (*geh*) apuñalar

Erdölembargo *nt* <-s, -s> (POL) embargo *m* de petróleo

erdölexportierend *adj s.* **Erdöl**

Erdölgebiet *nt* <-(e)s, -e> región *f* petrolífera; **Erdölgewinnung** *f* <-, -en> explotación *f* petrolífera; **Erdölindustrie** *f* <-, -n> industria *f* de crudos de petróleo; **Erdölleitung** *f* <-, -en> oleoducto *m*, pipe-line *m*; **Erdölraffinerie** *f* <-, -n> refinería *f* petrolífera; **Erdölverarbeitung** *f* <-, -en> refinación *f* del petróleo; **Erdölverbrauch** *m* <-(e)s, -bräuche> consumo *m* de petróleo; **Erdölvorkommen** *nt* <-s, -> yacimiento *m* petrolífero; **Erdölzone** *f* <-, -n> zona *f* petrolífera

Erdreich *nt* <-(e)s, -e> tierra *f*

erdreisten* [ɛɐ'draɪstən] *vr*: **sich** ~ (*geh*) tener la desfachatez (*zu* de)

Erdrinde *f* <-, *ohne pl*> *s.* **Erdkruste**

erdröhnen* *vi sein* retumbar, tronar

erdrosseln* *vt* estrangular

Erdrosselte(r) *mf* <-n, -n; -, -n> estrangulado, -a *m, f*

Erdrosselungssteuer *f* <-, -n> (JUR) impuesto *m* estrangulador

erdrücken* *vt* ① (*zu Tode*) aplastar
② (*Sorgen, Schulden*) abrumar; ~**de Beweise** pruebas contundentes

Erdrutsch ['eːɐtrʊtʃ] *m* <-(e)s, -e> desprendimiento *m* de tierras

erdrutschartig *adj* ① (*wie ein Erdrutsch*) como un desprendimiento de tierras
② (*Sieg*) arrollador; (*Verlust*) inmenso

Erdrutschsieg *m* <-(e)s, -e> (POL) victoria *f* aplastante

Erdschicht *f* <-, -en> ① (*eine Schicht Erde*) capa *f* de tierra ② (GEO: *Ablagerungsschicht*) estrato *m*; **Erdscholle** *f* <-, -n> gleba *f*, terrón *m*; **Erdspalte** *f* <-, -n> grieta *f*; **Erdstoß** *m* <-es, -stöße> seísmo *m*, temblor *m* de tierra; **Erdstrahlen** *mpl* (PHYS) rayos *mpl* terráqueos; **Erdteil** *m* <-(e)s, -e> continente *m*

erdulden* *vt* aguantar, soportar

Erdumdrehung *f* <-, -en> rotación *f* de la tierra; **Erdumfang** *m* <-(e)s, -fänge> circunferencia *f* de la tierra; **Erdumkreisung** *f* <-, -en> vuelo *m* orbital; **Erdumlaufbahn** *f* <-, -en> órbita *f* de la tierra, trayectoria *f* de la tierra; **Erdumsegelung** *f* <-, -en> (SPORT) vuelta *f* al mundo en velero

Erdung ['eːɐdʊŋ] *f* <-, -en> (ELEK) toma *f* de tierra

Erdwall *m* <-(e)s, -wälle> terraplén *m*

Erdwärme *f* <-, *ohne pl*> geotermia *f*

Erdwärmeenergie *f* <-, *ohne pl*> energía *f* geotérmica; **Erdwärmekraftwerk** *nt* <-(e)s, -e>: **geothermisches** ~ central *f* eléctrica geotérmica

Erdzeitalter *nt* <-s, -> (GEO) era *f* geológica

ereifern* [ɛɐ'ʔaɪfɐn] *vr*: **sich** ~ apasionarse (*über* con), acalorarse (*über* por)

ereignen* [ɛɐ'ʔaɪɡnən] *vr*: **sich** ~ suceder, ocurrir

Ereignis *nt* <-ses, -se> acontecimiento *m*, suceso *m*; **kriegsauslösendes** ~ evento que provoca la guerra; **schädigendes** ~ acontecimiento perjudicial; **unabwendbares** ~ acontecimiento inevitable; **unvorhergesehene** ~**se** acontecimientos imprevistos; **ein freudiges** ~ un feliz acontecimiento; **das** ~ **des Jahres** el acontecimiento del año

ereignislos *adj* sin incidentes, aburrido

ereignisreich adj rico en acontecimientos, movido
ereilen* vt (geh) alcanzar, sorprender
Erektion [erɛk'tsjoːn] f <-, -en> erección f; **eine ~ haben** tener una erección
Erektionsstörung f <-, -en> (MED) perturbación f en la erección, problema f de erección
Eremit(in) [ere'miːt] m(f) <-en, -en; -, -nen> eremita mf, ermitaño, -a m, f
ererbt adj heredado
erfahren[1] I. pp von **erfahren**[2]
II. adj experimentado, entendido (in en)
erfahren*[2] irr vt ❶ (Nachricht) (llegar a) saber, enterarse (de); **wenn das dein Vater erfährt ...** si tu padre se entera de esto...; **wir haben ~, dass ...** supimos que...
❷ (geh: erleben) experimentar, vivir; (Leid) sufrir, padecer
Erfahrenheit f <-, ohne pl> (geh) experiencia f
Erfahrung f <-, -en> experiencia f; (praktische) práctica f; **aus (eigener) ~** por experiencia (propia); **eine ~ machen** tener una experiencia; **die ~ machen, dass ...** hacer la experiencia de que..., comprobar que...; **er hat damit schlechte/gute ~en gemacht** a él le ha dado malos/buenos resultados; **etw in ~ bringen** enterarse de algo; **nach meiner ~ ...** la experiencia que yo tengo es que...
Erfahrungsaustausch m <-(e)s, ohne pl> intercambio m de experiencias
erfahrungsgemäß adv por experiencia; **~ ist es ...** según muestra la experiencia,...
Erfahrungswert m <-(e)s, -e> valor m empírico
erfassbar[RR] adj, **erfaßbar** adj ❶ (PHILOS: begreifbar) comprehensible; **Gott ist denkbar, aber nicht ~** uno se puede imaginar a Dios, pero no es comprehensible
❷ (zu ermitteln: Naturerscheinung) comprobable, constatable
erfassen* vt ❶ (mit Händen) agarrar, sujetar
❷ (mitreißen) arrastrar; **er wurde von einem Auto erfasst** fue arrastrado por un coche
❸ (Angst, Freude) sobrevenir
❹ (begreifen) concebir, comprender
❺ (registrieren) registrar; (Daten, Texte) meter; **das ist statistisch erfasst** esto está registrado estadísticamente
❻ (einbeziehen) incluir; (berücksichtigen) considerar
Erfassung f <-, -en> ❶ (das Verstehen) comprensión f
❷ (das Registrieren) registro m; (von Bewohnern) empadronamiento m; (MIL) alistamiento m
❸ (INFOR: von Daten, Text) registro m
Erfassungsgruppe f <-, -n> grupo m registrado; **Erfassungsverfahren** nt <-s, -> método m de registro
erfinden* irr vt inventar; **die ganze Geschichte ist frei erfunden** toda la historia es una pura invención
Erfinder(in) m(f) <-s, -; -, -nen> inventor(a) m(f)
Erfinderberater(in) m(f) <-s, -; -, -nen> asesor(a) m(f) del inventor; **Erfindereigenschaft** f <-, -en> condición f de inventor; **Erfindergeist** m <-(e)s, ohne pl> ingenio m, inventiva f
Erfinderin f <-, -nen> s. **Erfinder**
erfinderisch adj ingenioso; **~ tätig werden** actuar con inventiva [o ingenio]
Erfindernennung f <-, -en> mención f del inventor; **Erfinderschein** m <-(e)s, -e> certificado m de invención
Erfindung f <-, -en> invención f; (Produkt) invento m; **Begriff der ~** concepto de la invención; **eine ~ machen** inventar algo; **die ~ mitteilen** comunicar la invención; **eine ~ vollständig offenbaren** revelar completamente una invención
Erfindungsgabe f <-, -n> ingenio m, inventiva f; **Erfindungsgegenstand** m <-(e)s, -stände> objeto m de invención; **Erfindungsgeist** m <-(e)s, ohne pl> ingenio m, inventiva f
erfindungsgemäß adj conforme a la invención
Erfindungshöhe f <-, -n> (JUR) grado m de patentabilidad; **Erfindungspatent** nt <-(e)s, -e> patente f de invención; **Erfindungsreichtum** m <-s, ohne pl> fantasía f, inventiva f; **Erfindungswert** m <-(e)s, -e> valor m de la invención
erflehen* vt (geh) suplicar; (Hilfe) implorar
Erfolg [ɛɐ'fɔlk] m <-(e)s, -e> éxito m; (Ergebnis) resultado m; (Folge) consecuencia f; (Wirkung) efecto m; **~ versprechend** prometedor; **ein voller ~** un éxito completo; **er hatte damit ~** tuvo éxito con ello; **mit dem ~, dass ...** con el efecto de que...; **seine Bemühungen blieben ohne ~** sus esfuerzos fueron en vano; **von ~ gekrönt** coronado por el éxito
erfolgen* vi sein suceder, realizarse; (Zahlung, Beitritt) efectuarse; **die Antwort erfolgte sofort** contestaron en seguida
erfolglos I. adj infructuoso; (nutzlos) ineficaz
II. adv sin éxito; (vergeblich) en vano

Erfolglosigkeit f <-, ohne pl> fracaso m
erfolgreich I. adj (Person) triunfante, afortunado; (Maßnahme) eficaz
II. adv con éxito
Erfolgsabwendungspflicht f <-, ohne pl> (JUR) obligación f de prevenir resultado
Erfolgsanteilsystem nt <-s, -e> (WIRTSCH) sistema m de participación en caso de beneficios
Erfolgsaussicht f <-, -en> perspectiva f de éxito; **Erfolgsautor(in)** m(f) <-s, -en; -, -nen> autor(a) m(f) de éxito; **Erfolgsbilanz** f <-, -en> balance m de resultados [o de éxitos]; **Erfolgsdelikt** nt <-(e)s, -e> (JUR) delito m de resultado; **Erfolgsdenken** nt <-s, ohne pl> manera f de pensar orientada hacia el éxito; **Erfolgserlebnis** nt <-ses, -se> (sensación f de) éxito m; **Erfolgshaftung** f <-, -en> (JUR) responsabilidad f de resultado; **Erfolgshonorar** nt <-s, -e> honorario m adicional en caso de éxito; **Erfolgskontrolle** f <-, -n> control m de los resultados; **Erfolgsmensch** m <-en, -en> triunfador(a) m(f); **Erfolgsort** m <-(e)s, -e> (JUR) lugar m de verificación del resultado de la prestación; **Erfolgsrelevanz** f <-, ohne pl> (JUR) relevancia f del resultado; **Erfolgsrezept** nt <-(e)s, -e> receta f para el éxito; **Erfolgsunrecht** nt <-(e)s, ohne pl> (JUR) ilicitud f del resultado; **Erfolgsunwert** m <-(e)s, ohne pl> desvalor m del resultado
erfolgversprechend adj prometedor; **höchst ~e Maßnahmen** medidas muy prometedoras
erforderlich [ɛɐ'fɔrdəlɪç] adj necesario, preciso; **unbedingt ~** indispensable; **die ~en Unterlagen** los documentos requeridos; **~ machen** hacer necesario; **es ist ~, dass ...** es necesario que... +subj
erfordern* vt requerir, precisar
Erfordernis nt <-ses, -se> necesidad f, exigencia f; (Voraussetzung) requisito m; **technische ~se** requisitos técnicos; **zwingende ~se** requisitos imperativos; **allen ~sen genügen** satisfacer todos los requisitos
erforschen* vt estudiar, investigar; (Land, Weltraum) explorar; (Meinung) sondear
Erforschung f <-, -en> investigación f; (von Land) exploración f; (von Meinung) sondeo m
erfragen* vt preguntar, averiguar
erfreuen* I. vt (Freude bereiten) alegrar; **sehr erfreut!** ¡encantado!; **über jdn/etw erfreut sein** alegrarse por alguien/por algo
II. vr: **sich ~** ❶ (sich freuen) alegrarse (an ante); **sie erfreuten sich an diesem Anblick** se alegraron ante esta perspectiva
❷ (geh: genießen) gozar (de); **sie erfreut sich bester Gesundheit** goza de una salud estupenda
erfreulich adj agradable; (Nachricht) grato; (befriedigend) satisfactorio; **ich habe Neuigkeiten – ~e?** tengo noticias – ¿buenas?
erfreulicherweise [-'---'--] adv por suerte, afortunadamente
erfrieren* irr vi sein ❶ (Person, Tier) morirse de frío
❷ (Pflanze, Körperteil) congelarse, helarse
Erfrierung f <-, -en> congelación f
erfrischen* I. vi, vt refrescar, reanimar
II. vr: **sich ~** refrescarse
erfrischend adj (Brise, Getränk) refrescante, reanimador; (Naivität) encantador, que da gusto
Erfrischung f <-, -en> ❶ (das Erfrischen) refrigeración f
❷ (Getränk) refresco m, fresco m Am, aparador m Hond
Erfrischungsgetränk nt <-(e)s, -e> refresco m; **Erfrischungsraum** m <-(e)s, -räume> bar m, cantina f; **Erfrischungsstand** m <-(e)s, -stände> tenderete m, fresquería f Am; **Erfrischungstuch** nt <-(e)s, -tücher> toallita f refrescante
erfroren pp von **erfrieren**
erfüllen* I. vt ❶ (aus-, anfüllen) llenar (mit de)
❷ (Bedingung) cumplir (con); (Versprechen) cumplir; (Wunsch, Bitte) corresponder (a); (Erwartungen) satisfacer; (Aufgabe) desempeñar, implementar Am; **das Gerät erfüllt seinen Zweck** el aparato cumple con su cometido
II. vr: **sich ~** (wahr werden) realizarse, verse cumplido
Erfüllung f <-, -en> ❶ (Befriedigung) satisfacción f
❷ (einer Aufgabe) ejecución f, desempeño m; (eines Vertrages, einer Pflicht) cumplimiento m; (eines Planes) realización f; **~ Zug um Zug** (JUR) cumplimiento contra entrega; **vergleichsweise ~** (einer Verbindlichkeit) (JUR) cumplimiento equiparable (de una obligación); **in ~ gehen** cumplirse; **jdn zur ~ eines Vertrages auffordern** requerir a alguien la ejecución de un contrato
Erfüllungsanspruch m <-(e)s, -sprüche> (JUR) pretensión f de cumplimiento; **Erfüllungsbegehren** nt <-s, ohne pl> (JUR) petición f de cumplimiento; **sofortiges ~** petición de cumplimiento inmediato; **Erfüllungsbetrug** m <-(e)s, ohne pl> (JUR) estafa f de cumplimiento; **Erfüllungsbürgschaft** f <-, -en> (JUR) garantía f de cumplimiento; **Erfüllungsgehilfe, -in** m, f <-n, -n; -, -nen> (JUR) auxiliar mf ejecutivo, -a; **sich zu jds ~n machen** convertirse en el segundón de alguien; **Erfüllungsgeschäft** nt <-(e)s, -e> (WIRTSCH) acto m de cumpli-

miento; **Erfüllungshaftung** f <-, -en> (JUR) responsabilidad f por incumplimiento
erfüllungshalber adv por razones de cumplimiento
Erfüllungsinteresse nt <-s, -n> (JUR) interés m en el cumplimiento; **Erfüllungsklage** f <-, -n> (JUR) demanda f de cumplimiento, acción f de cumplimiento; **Erfüllungsort** m <-(e)s, -e> (JUR) lugar m de cumplimiento [o de pago]; **Erfüllungstermin** m <-s, -e> (JUR, WIRTSCH) fecha f de cumplimiento; **Erfüllungsübernahme** f <-, -n> (JUR) asunción f de cumplimiento; **Erfüllungsverweigerung** f <-, -en> (JUR) denegación f de cumplimiento; **Erfüllungszeitpunkt** m <-(e)s, -e> (JUR) momento m de cumplimiento
erfunden pp von **erfinden**
Erg [ɛrk] nt <-s, -> (PHYS) ergio m
ergangen pp von **ergehen**
ergänzen* [ɛɐ̯'gɛntsən] I. vt (vervollständigen) complementar, completar; (hinzufügen) añadir
II. vr: **sich** ~ (zusammenpassen) complementarse
ergänzend I. adj adicional, complementario; **erlauben Sie mir eine ~e Bemerkung** permítame añadir algo
II. adv: **ich möchte ~ darauf hinweisen, dass ...** quisiera señalar, además, que...
Ergänzung f <-, -en> ❶ (Vervollständigung) complemento m
❷ (Zusatz) adición f, añadidura f; **zur ~ sei noch gesagt, dass ...** añádase a esto que...
❸ (LING) complemento m
Ergänzungsabgabe f <-, -n> (FIN) tasa f complementaria, contribución f supletoria; **Ergänzungsanspruch** m <-(e)s, -sprüche> (JUR) pretensión f complementaria; **Ergänzungsband** m <-(e)s, -bände> suplemento m; **Ergänzungshaushalt** m <-(e)s, -e> (WIRTSCH) presupuesto m complementario; **Ergänzungsrichter(in)** m(f) <-s, -; -, -nen> (JUR) juez mf suplente; **Ergänzungsschöffe, -in** m, f <-n, -n; -, -nen> (JUR) jurado, -a m, f suplente; **Ergänzungssteuer** f <-, -n> impuesto m complementario; **Ergänzungsurteil** nt <-s, -e> (JUR) sentencia f complementaria; **Ergänzungszuweisung** f <-, -en> asignación f complementaria
ergattern* [ɛɐ̯'gatɐn] vt (fam) hacerse (con), pescar
ergaunern* vt timar, estafar
ergeben¹ I. pp von **ergeben²**
II. adj ❶ (untertänig) sumiso; (demütig) devoto
❷ (treu) leal, fiel
ergeben*² irr I. vt (Ergebnis) dar como resultado; (MATH) dar por resultado; (Bilanz) arrojar; (Untersuchungen) demostrar, revelar; **die Umfrage hat ~, dass ...** la encuesta ha dado como resultado que...; **die Summe ergab 100 Euro** la suma ascendió a 100 euros
II. vr: **sich** ~ ❶ (kapitulieren) rendirse, capitular
❷ (sich herausstellen) producirse; (Schwierigkeit) surgir; **es hat sich nichts Neues ~** no se ha producido ninguna novedad
❸ (folgen) resultar (aus de), deducirse (aus de); **daraus ergibt sich, dass ...** de esto resulta que...
❹ (sich hingeben): **sich etw** dat/**jdm** ~ entregarse a algo/a alguien; **sich dem Alkohol ~** darse a la bebida
Ergebenheit f <-, ohne pl> ❶ (Anhänglichkeit) afección f, apego m
❷ (Treue) lealtad f
❸ (Fügsamkeit) devoción f, sumisión f
Ergebnis [ɛɐ̯'ge:pnɪs] nt <-ses, -se> resultado m; (Folge) consecuencia f; **die Untersuchung führte zu keinem ~** la investigación no dio ningún resultado; **wir sind zu dem ~ gekommen, dass ...** hemos llegado a la conclusión de que...
Ergebnisermittlung f <-, -en> (WIRTSCH) determinación f del resultado; **Ergebnisfeld** nt <-(e)s, -er> (INFOR) campo m de resultados
ergebnislos adj sin resultado, infructuoso; **~ bleiben** no dar resultado
ergebnisverantwortlich adj responsable del resultado
Ergebnisverbesserung f <-, -en> mejora f de los resultados; **Ergebnisverschlechterung** f <-, -en> empeoramiento m de los resultados
ergehen* irr I. vi sein (geh: Gesetz) publicarse; (Einladung, Rechnung) ser enviado
II. vunpers sein (geschehen): **ihr ist es dort gut/schlecht ergangen** le ha ido bien/mal allí; **etw über sich ~ lassen** soportar algo
III. vr: **sich** ~ (äußern) explayarse (in sobre)
ergiebig [ɛɐ̯'gi:bɪç] adj productivo, (Geschäft) lucrativo; (Boden) fértil, fecundo; **wirtschaftlich ~** económicamente productivo; **sehr ~ sein** rendir mucho; (Produkt) cundir
Ergiebigkeit f <-, ohne pl> eficacia f, rendimiento m; **ein Waschmittel mit verbesserter ~** un detergente con mayor rendimiento [o de mayor eficacia]
ergießen* irr vr: **sich** ~ derramarse (auf por, über sobre); (münden) desembocar (in en); (ins Meer) desaguar (in en)
erglänzen* vi sein (geh) brillar, relucir
erglühen* vi sein (vor Liebe, Zorn) arder (vor de/en)

ergo ['ɛrgo] adv (also) ergo
Ergometer [ɛrgo'me:tɐ] nt <-s, -> (MED) ergómetro m
Ergonomie [ɛrgono'mi:] f <-, ohne pl> ergonomía f
ergonomisch [ɛrgo'no:mɪʃ] adj ergonómico; **~e Tastatur** teclado ergonómico
ergossen pp von **ergießen**
Ergotherapeut(in) [ɛrgotera'pɔyt] m(f) <-en, -en; -, -nen> ergoterapeuta mf; **Ergotherapie** f <-, -n> ergoterapia f
Ergotismus [ɛrgo'tɪsmʊs] m <-, ohne pl> (MED) ergotismo m
ergötzen* [ɛɐ̯'gœtsən] I. vt (geh: vergnügen) divertir
II. vr: **sich** ~ divertirse (an en/con)
ergrauen* [ɛɐ̯'grauən] vi sein encanecer
ergreifen* irr vt ❶ (fassen) coger, agarrar; (Furcht, Ahnung) acometer, sobrevenir; (Maßnahmen, Macht, Partei) tomar; (Gelegenheit) aprovechar; **sie ergriff das Wort** tomó la palabra
❷ (festnehmen) detener
❸ (erschüttern) conmover, emocionar
ergreifend adj conmovedor, emocionante
Ergreifung f <-, -en> captura f, aprehensión f
ergriffen [ɛɐ̯'grɪfən] I. pp von **ergreifen**
II. adj conmovido, emocionado
Ergriffenheit f <-, ohne pl> (profunda) emoción f; **er stand stumm vor ~** se quedó sin palabras de la emoción
ergründen* vt averiguar, indagar
Erguss[RR] [ɛɐ̯'gʊs, pl: ɛɐ̯'gʏsə] m <-es, -güsse>, **Erguß** m <-sses, -güsse> ❶ (MED) derrame m
❷ (abw: Redeschwall) verborrea f
❸ (Samen~) eyaculación f
erhaben [ɛɐ̯'ha:bən] adj ❶ (erhöht) elevado, saliente
❷ (überlegen) por encima (über de); **über jeden Verdacht ~ sein** estar por encima de cualquier sospecha
❸ (feierlich) sublime, eminente
Erhabenheit f <-, ohne pl> elevación f, sublimidad f
Erhalt m <-(e)s, ohne pl> (formal) ❶ (Empfang) recibo m
❷ (Instandhaltung) mantenimiento m
erhalten* irr vt ❶ (bekommen) recibir; (Genehmigung) obtener; (Gehalt) cobrar; (Geldstrafe) recibir; **Betrag dankend ~** importe recibido; **ich habe meine Vermutung bestätigt ~** se ha confirmado mi sospecha
❷ (bewahren) conservar, mantener; **jdn am Leben ~** mantener a alguien con vida; **etw ist gut ~** algo está bien conservado; **sehr gut ~ aussehen** estar muy bien conservado
erhältlich [ɛɐ̯'hɛltlɪç] adj conseguible; (käuflich) en venta; **schwer ~** difícil de conseguir
Erhaltung f <-, ohne pl> conservación f, mantenimiento m
Erhaltungsaufwand m <-(e)s, ohne pl> costes mpl de mantenimiento; **Erhaltungsinteresse** nt <-s, -n> interés m de conservación; **Erhaltungsmaßnahme** f <-, -n> medida f de conservación [o de mantenimiento]; **Erhaltungsnahrung** f <-, ohne pl> alimento m de conservación; **Erhaltungsration** f <-, -en> ración f de conservación; **Erhaltungssatzung** f <-, -en> (JUR) estatutos mpl de conservación
erhängen* I. vt colgar, ahorcar; **Tod durch E~** muerte por ahorcamiento
II. vr: **sich** ~ ahorcarse
erhärten* vt ❶ (Material) endurecer
❷ (These, Vermutung) corroborar, confirmar
Erhärtung f <-, -en> ❶ (Behauptung, Aussage) corroboración f
❷ (von Gegenständen) endurecimiento m
erhaschen* [ɛɐ̯'haʃən] vt (Blick, Wort) captar, pescar fam
erheben* irr I. vt ❶ (hochheben) levantar, alzar, erguir; **erhobenen Hauptes** con la cabeza erguida; **hoch erhobenen Hauptes** con la cabeza bien alta; **er erhob sein Glas** alzó su vaso
❷ (Steuern) imponer; (Eintritt) cobrar; **es wird eine Teilnahmegebühr erhoben** se cobrará una tasa de inscripción
❸ (Geschrei, Protest) levantar; **die Stimme ~** levantar la voz
❹ (Daten) hacer constar
❺ (Einwände) poner (gegen a); (Forderungen) formular; **er erhob Anklage gegen ihn** le puso un pleito
II. vr: **sich** ~ ❶ (aufstehen) levantarse; (sich aufrecht halten) erguirse
❷ (Flugzeug, Vogel) emprender el vuelo
❸ (geh: Sturm) levantarse; (Frage) plantearse
❹ (sich auflehnen) sublevarse (gegen contra), rebelarse (gegen contra)
erhebend adj (geh) edificante; **ein ~er Augenblick** un momento edificante
erheblich [ɛɐ̯'he:plɪç] adj notable, considerable; (wichtig) importante; **~ besser** mucho mejor; **etw für ~ erklären** (Schweiz: mehrheitlich annehmen) aceptar algo mayoritariamente
Erhebung f <-, -en> ❶ (Anhöhe) elevación f; (Hügel) colina f
❷ (Aufstand) sublevación f
❸ (FIN: von Abgaben) cobro m, recaudación f; **einmalige/steuerliche**

~ recaudación única/fiscal

④ (*Umfrage*) sondeo *m*, encuesta *f*; **statistische ~** censo *m*; **statistische ~en machen** censar, recoger datos estadísticos

Erhebungsform *f* <-, -en> forma *f* de presentación; **Erhebungsverfahren** *nt* <-s, -> (FIN) procedimiento *m* de recaudación

erheitern* [ɛɐˈhaɪtən] **I.** *vt* (*geh*) regocijar

II. *vr:* **sich ~** (*geh*) regocijarse

Erheiterung *f* <-, -en> diversión *f*, regocijo *m*

erhellen* **I.** *vt* ① (*Raum*) iluminar, alumbrar

② (*Zusammenhänge*) aclarar, poner en claro

II. *vr:* **sich ~** ① (*Himmel*) despejarse

② (*Gesicht*) iluminarse

Erhellung *f* <-, -en> aclaración *f*, esclarecimiento *m*; **das brachte ein wenig ~ in die Angelegenheit** aquello arrojó un poco de luz en el asunto

erhitzen* [ɛɐˈhɪtsən] **I.** *vt* ① (*Speisen*) calentar

② (*erregen*) excitar

II. *vr:* **sich ~** ① (*Speisen*) calentarse

② (*sich erregen*) excitarse, acalorarse

Erhitzung *f* <-, -en> ① (*das Erhitzen*) calentamiento *m*

② (*Erregung*) acaloramiento *m*

erhoben *pp von* **erheben**

erhoffen* *vt* esperar; **was erhoffst du dir davon?** ¿qué esperas de esto?

erhöhen* [ɛɐˈhøːən] **I.** *vt* ① (*Damm, Mauer*) subir (*um* en)

② (*Spannung*) aumentar

③ (*Geschwindigkeit, Steuern*) aumentar, subir; **wir mussten den Preis auf vier Euro/um vier Euro ~** tuvimos que subir el precio a cuatro euros/en cuatro euros; **ich erhöhe um 50 Euro** (*Poker*) subo 50 euros

④ (MUS: *um einen Halbton*) elevar en un semitono

II. *vr:* **sich ~** (*Gehalt, Spannung*) aumentar; **die Preise ~ sich um fünf Prozent** los precios aumentan en un cinco por ciento

erhöht *adj* (*Wert, Blutdruck*) alto

Erhöhung *f* <-, -en> ① (*einer Mauer*) subida *f*

② (*der Preise, Geschwindigkeit*) aumento *m*

Erhöhungszeichen *nt* <-s, -> (MUS) sostenido *m*

erholen* *vr:* **sich ~** ① (*ausspannen*) reponerse (*von* de), recuperarse (*von* de), alentarse Hond, Mex; **er hat sich von seiner Krankheit erholt** se ha restablecido de su enfermedad

② (COM) recuperarse

erholsam [ɛɐˈhoːlzaːm] *adj* tranquilo, reposado

Erholung *f* <-, *ohne pl*> ① (*Ruhe*) descanso *m*, reposo *m*

② (*Genesung*) restablecimiento *m*; (*a. wirtsch*) recuperación *f*; **~ am Aktienmarkt** recuperación del mercado de acciones [*o* de renta variable]; **wirtschaftliche ~** recuperación económica

Erholungsaufenthalt *m* <-(e)s, -e> vacaciones *fpl*

erholungsbedürftig *adj* que necesita descanso [*o* reposo]; **die ~en Kurgäste hielten Mittagsruhe** los pacientes del balneario necesitados de reposo se echaron la siesta

Erholungsgebiet *nt* <-(e)s, -e> zona *f* de descanso; **Erholungsheim** *nt* <-(e)s, -e> clínica *f* de reposo; **Erholungskur** *f* <-, -en> cura *f* de reposo; **Erholungsort** *m* <-(e)s, -e> lugar *m* de reposo; **Erholungspause** *f* <-, -n> descanso *m*, pausa *f* de descanso; **Erholungsurlaub** *m* <-(e)s, -e> vacaciones *fpl* (de reposo); **Erholungswert** *m* <-(e)s, -e> (ÖKOL) valor *m* recreativo

erhören* *vt* (*geh: Bitte*) atender, corresponder (a)

erigieren* [eriˈgiːrən] *vi sein* ponerse erecto; **ein erigierter Penis** un pene erecto

Erika [ˈeːrika] *f* <-, -s *o* Eriken> (BOT) brezo *m*

erinnerlich *adj:* **jdm ~ sein** acordarse (de); **soviel mir ~ ist** por lo que yo recuerdo

erinnern* [ɛɐˈʔɪnɐn] **I.** *vi, vt* recordar (*an* a); **sie erinnert sehr an ihre Mutter** recuerda mucho a su madre; **ich sollte dich daran ~, dass ...** te tenía que recordar que...

II. *vr:* **sich ~** acordarse (*an* de), recordar (*an*); **erinnerst du dich?** ¿te acuerdas?; **soweit ich mich ~ kann** por lo que yo recuerdo

Erinnerung *f* <-, -en> ① (*Gedächtnis*) memoria *f*; **etw in guter ~ behalten** guardar buena memoria de algo; **sich bei jdm in ~ bringen** hacer que alguien se acuerde de uno

② (*Zurückdenken*) recuerdo *m* (*an* de)

③ (*Mahnung*) advertencia *f*

④ (*Andenken*) recuerdo *m*; **zur ~ an jdn** en recuerdo de alguien

⑤ (JUR) impugnación *f*; **~ gegen die Art und Weise der Zwangsvollstreckung** impugnación contra la modalidad de la ejecución forzosa; **~ gegen Entscheidungen des Rechtspflegers** impugnación contra la decisión del funcionario de la administración judicial

Erinnerungslücke *f* <-, -n> laguna *f* (en la memoria); **Erinnerungsstück** *nt* <-(e)s, -e> recuerdo *m*; **Erinnerungsvermögen** *nt* <-s, *ohne pl*> memoria *f*

erkalten* *vi sein* enfriarse

erkälten* [ɛɐˈkɛltən] *vr:* **sich ~** resfriarse, enfriarse, constiparse, acatarrarse, afluxionarse Kol, Cuba

erkältet *adj* resfriado

Erkältung *f* <-, -en> resfriado *m*, enfriamiento *m*, constipado *m*, catarro *m*; **eine ~ bekommen** resfriarse, enfriarse, constiparse, afluxionarse Kol, Cuba; **sich** *dat* **eine ~ holen** (*fam*) pillar un enfriamiento

Erkältungskrankheit *f* <-, -en> (MED) catarro *m*

erkämpfen* *vt* luchar (por); **sich** *dat* **etw ~** conseguir algo con esfuerzo

erkannt *pp von* **erkennen**

erkaufen* *vt* pagar (por); **das hast du dir teuer erkauft** has pagado un alto precio por ello

erkennbar *adj* reconocible (*an* por); (*wahrnehmbar*) perceptible

erkennen* *irr* **I.** *vt* ① (*wahrnehmen*) ver, distinguir

② (*identifizieren*) reconocer (*an* por), identificar (*an* por); **jdn an etw** *dat* **wieder ~** reconocer a alguien por [*o* en] algo; **er war nicht wieder zu ~** había cambiado totalmente; **ich habe ihn an der Stimme erkannt** le reconocí por la voz; **sich zu ~ geben** identificarse

③ (*Fehler, Irrtum*) reconocer, darse cuenta (de)

II. *vi* (JUR) condenar (*auf* a)

erkenntlich [ɛɐˈkɛntlɪç] *adj:* **sich (bei jdm) ~ zeigen** mostrarse agradecido (a alguien)

Erkenntlichkeit *f* <-, -en> agradecimiento *m*

Erkenntnis *f* <-, -se> conocimiento(s) *m(pl)*; (*Einsicht*) comprensión *f*; **zu der ~ kommen, dass ...** llegar a la conclusión de que...

Erkenntnisstand *m* <-(e)s, *ohne pl*> grado *m* de conocimiento; **Erkenntnisverfahren** *nt* <-s, -> (JUR) juicio *m* de cognición

Erkennungsdienst *m* <-(e)s, -e> departamento *m* de identificación de la policía

erkennungsdienstlich **I.** *adj* de la identificación (policial), del departamento de identificación de la policía; **~e Maßnahme** medida de identificación; **behindern Sie bitte nicht die ~en Untersuchungen!** ¡no dificulte los trabajos de identificación de la policía!

II. *adv:* **der Verdächtige wurde ~ behandelt** fotografiaron y tomaron huellas al sospechoso

Erkennungsmarke *f* <-, -n> chapa *f* de identificación [*o* de identidad]; **Erkennungsmelodie** *f* <-, -n> (MUS) sintonía *f*; **Erkennungszeichen** *nt* <-s, -> contraseña *f*, señal *f*

Erker [ˈɛrkɐ] *m* <-s, -> saledizo *m*, voladizo *m*

Erkerfenster *nt* <-s, -> ventana *f* de saledizo [*o* voladizo]; **Erkerzimmer** *nt* <-s, -> habitación *f* con saledizo [*o* voladizo]

erklärbar [ɛɐˈklɛːɐbaːɐ] *adj* explicable

erklären* **I.** *vt* ① (*erläutern*) explicar; (*deuten*) interpretar; **ich kann mir die Sache nur so ~, dass ...** sólo me lo puedo explicar en tanto que... +*ind/subj*; **wie erklärst du dir das?** ¿cómo te lo explicas?

② (*Unabhängigkeit, Krieg*) declarar; (*Rücktritt*) presentar; **ich erkläre die Ausstellung für eröffnet** declaro inaugurada la exposición; **für nichtig ~** (JUR) declarar la nulidad; **jdn für schuldig/vermisst/tot ~** declarar a alguien culpable/desaparecido/muerto; **etw für ungültig ~** declarar algo no válido

II. *vr:* **sich ~** ① (*folgen*) explicarse (*aus* por), deducirse (*aus* de); **das erklärt sich daraus, dass ...** esto es debido [*o* se debe] a que...

② (*sagen*) manifestarse (*für* a favor de, *gegen* contra), declararse (*für* a favor de, *gegen* contra); **sich einverstanden ~** manifestarse de acuerdo

erklärend **I.** *adj* explicativo, aclaratorio; **einige ~e Worte sprechen** decir una palabras aclaratorias

II. *adv:* **... fügte sie ~ hinzu** ...añadió a modo de aclaración

erklärlich *adj* claro, evidente; (*verständlich*) comprensible

erklärt *adj* (*Gegner, Ziel, Favorit*) declarado

Erklärung *f* <-, -en> ① (*Erläuterung*) explicación *f*; (*Deutung*) interpretación *f*; (*Grund*) motivo *m*, razón *f*

② (*Verlautbarung*) declaración *f*, comunicado *m* oficial; **~ der Anfechtung** exposición de la impugnación; **~ der Aufrechnung** definición de la compensación; **~ des Rücktritts** declaración de la dimisión; **eidesstattliche ~** declaración jurada; **eidliche ~** declaración bajo juramento; **öffentliche ~** declaración pública; **eine ~ abgeben** prestar declaración

Erklärungsbewusstsein[RR] *nt* <-s, *ohne pl*> (JUR) conciencia *f* de declaración; **Erklärungsbote** *m* <-n, -n> (JUR) emisario *m* para la declaración; **Erklärungsfrist** *f* <-, -en> (JUR) plazo *m* de declaración; **Erklärungsirrtum** *m* <-s, -tümer> (JUR) error *m* de la declaración; **Erklärungspflicht** *f* <-, -en> (JUR) obligación *f* de declarar; **Erklärungswille** *m* <-ns, *ohne pl*> (JUR) voluntad *f* de declarar

erklettern* *vt* escalar, trepar (a)

erklimmen [ɛɐˈklɪmən] <erklimmt, erklomm, erklommen> *vt* (*geh*) escalar

erklingen* *irr vi sein* sonar, resonar

erklomm [ɛɐˈklɔm] *3. imp von* **erklimmen**

erklommen [ɛɐˈklɔmən] *pp von* **erklimmen**

erklungen *pp von* **erklingen**

erkor *imp von* **erküren**
erkoren *pp von* **erküren**
erkranken* *vi sein* enfermar (*an de*)
Erkrankung *f* <-, -en> enfermedad *f*
erkühnen* [ɛɐ̯'kyːnən] *vr* (*geh*): **sich ~ etw zu tun** osar hacer algo, atreverse a hacer algo; **was ~ Sie sich?** ¡cómo se atreve!
erkunden* [ɛɐ̯'kʊndən] *vt* (*Geheimnis*) averiguar; (*Lage*) sondear; (*Gelände*) explorar
erkundigen* [ɛɐ̯'kʊndɪgən] *vr:* **sich ~** informarse (*nach/über* sobre), preguntar (*nach/über* por); **ich habe mich bei ihm nach dem Weg erkundigt** le pregunté por el camino
Erkundung *f* <-, -en> investigación *f*, información *f*; **~en** (**über jdn/etw**) **einziehen** informarse (sobre alguien/algo)
Erkundung *f* <-, -en> exploración *f*
erküren <erkürt, erkürte *o* erkor, erkürt *o* erkoren> *vt* escoger, elegir; **wieso wollt ihr mich zum Vorsitzenden ~?** ¿por qué queréis escogerme [*o* elegirme] a mí de presidente?; **wen habt ihr dieses Mal zum Sündenbock erkoren?** ¿esta vez, a quién habéis escogido como cabeza de turco?
Erlagschein [ɛɐ̯'laːkʃaɪn] *m* <-(e)s, -e> (*Österr: Zahlkarte*) impreso *m* para giro postal
erlahmen* *vi sein* ❶ (*Person*) cansarse, fatigarse
❷ (*geh: Interesse, Kraft*) decaer
erlangen* [ɛɐ̯'laŋən] *vt* (*bekommen*) obtener, conseguir; (*erreichen*) alcanzar
Erlass^RR [ɛɐ̯'las] *m* <-es, -e>, **Erlaß** *m* <-sses, -sse> ❶ (*Verfügung*) decreto *m*, orden *f*; (*eines Gesetzes*) promulgación *f*; **~ des Urteils** dictado de la sentencia
❷ (*von Schulden*) condonación *f*
❸ (*einer Strafe*) remisión *f*; **~ der Freiheitsstrafe** remisión de la pena de privación de libertad
erlassen* *irr vt* ❶ (*Gesetz, Haftbefehl*) promulgar; (*Amnestie*) decretar
❷ (*befreien von*): **jdm etw ~** (*Pflicht, Arbeit*) eximir a alguien de algo; (*Strafe, Schulden*) condonar algo a alguien
Erlassung *f* <-, -en> condonación *f*
Erlassvertrag^RR *m* <-(e)s, -träge> (JUR) contrato *m* de remisión
erlauben* [ɛɐ̯'laʊbən] *vt* permitir; (*behördlich*) autorizar; **ist es erlaubt hier zu rauchen?** ¿está permitido fumar aquí?; **~ Sie mal!** (*fam*) ¡pero qué se ha creído!; **~ Sie, dass ich mich vorstelle** ¿me permite que me presente?; **sich** *dat* **etw ~** permitirse algo; **wenn ich mir die Bemerkung ~ darf** si se me permite la observación; **was erlaubst du dir denn?** ¿qué te has creído?; **einen neuen Wagen können wir uns nicht ~** no nos podemos permitir (comprar) un coche nuevo
Erlaubnis *f* <-, -se> permiso *m*; (*behördlich*) autorización *f*; **allgemeine ~** autorización general; **eine ~ einholen** solicitar una licencia [*o* autorización] *f*; **jdn um ~ bitten** [*o* **fragen**] pedir permiso a alguien; **mit Ihrer ~** con su permiso
Erlaubnisantrag *m* <-(e)s, -träge> (JUR) solicitud *f* de licencia o autorización; **Erlaubnisfiktion** *f* <-, -en> (JUR) ficción *f* permisiva; **Erlaubnisirrtum** *m* <-s, -tümer> (JUR) error *m* permisivo; **Erlaubniskartell** *nt* <-s, -e> cartel *m* precisado de autorización; **Erlaubnispflicht** *f* <-, *ohne pl*> (JUR) deber *m* de autorización
Erlaubnisschein *m* <-(e)s, -e> pase *m*; **Erlaubnisscheininhaber(in)** *m(f)* <-s, -; -, -nen> (JUR) licenciatario, -a, *m*
Erlaubnisstatbestand *m* <-(e)s, -stände> (JUR) elementos *mpl* de la permisión; **Erlaubnisstatbestandsirrtum** *m* <-s, -tümer> (JUR) error *m* de elementos de la permisión
Erlaubnisvoraussetzung *f* <-, -en> (JUR) condición *f* de autorización; **Erlaubnisvorbehalt** *m* <-(e)s, -e> (JUR) reserva *f* de licencia
erlaucht [ɛɐ̯'laʊxt] *adj* ilustre, augusto
erläutern* [ɛɐ̯'lɔɪtɐn] *vt* explicar
erläuternd **I.** *adj* aclaratorio, explicativo; **eine ~e Zeichnung ist beigefügt** se añade un dibujo ilustrativo
II. *adv* aclarativamente, a modo de explicación; **zuerst möchte ich einige Dinge ~ anmerken** en primer lugar quisiera decir algunas cosas a modo de explicación
Erläuterung *f* <-, -en> explicación *f*; (*Kommentar*) comentario *m*
Erle ['ɛrlə] *f* <-, -n> (BOT) aliso *m*
erleben* *vt* ❶ (*Freude*) vivir; (*Leid, Niederlage*) sufrir; (*Enttäuschung*) llevarse
❷ (*mit~*) vivir, experimentar; **wenn du das tust, kannst du was ~** (*fam*) si lo haces te vas a acordar; **du wirst noch dein blaues Wunder ~** te vas a quedar de una pieza
❸ (*kennen lernen, dabei sein*) ver; **so habe ich ihn noch nie erlebt** nunca le había visto así; **dass ich das noch ~ muss!** ¡que tenga que vivir una cosa así!
Erlebensfallversicherung *f* <-, -en> seguro *m* de vida para caso de supervivencia
Erlebnis *nt* <-ses, -se> vivencia *f*; (*Erfahrung*) experiencia *f*; (*Ereignis*)

acontecimiento *m*; **das Konzert war ein ~** el concierto fue (todo) un acontecimiento
Erlebnisaufsatz *m* <-es, -sätze> (SCH) redacción *f* (sobre una experiencia personal)
erledigen* [ɛɐ̯'leːdɪgən] **I.** *vt* ❶ (*Auftrag, Geschäft*) hacer, llevar a cabo; (*Angelegenheit*) resolver; **erledigt!** ¡solucionado!; **ich habe noch etwas zu ~** aún tengo que hacer algo; **wird erledigt!** ¡se hará!; **ordnungsgemäß ~** diligencia debidamente; **die Sache ist für mich erledigt** para mí el asunto está concluido
❷ (*sl: töten*) liquidar, eliminar; (*ruinieren*) arruinar
II. *vr:* **sich ~** arreglarse, resolverse; **das hat sich erledigt** ya está resuelto
erledigt [ɛɐ̯'leːdɪçt] *adj* (*fam*) cansado; **ich bin völlig ~** estoy hecho polvo
Erledigterklärung *f* <-, -en> (JUR) declaración *f* de tramitado; **einseitige/übereinstimmende ~** declaración de tramitado unilateral/coincidente
Erledigung¹ *f* <-, -en> ❶ (*Besorgung*) compra *f*; **~en machen** hacer compras
❷ (JUR) cumplimiento *m*; **umgehende ~** tramitación inmediata; **gütliche ~** liquidación amigable; **~ der Hauptsache** cesación de la causa central; **~ des Rechtsstreits** cesación del litigio
Erledigung² *f* <-, *ohne pl*> (*das Erledigen*) tramitación *f*, arreglo *m*
Erledigungsgebühr *f* <-, -en> (JUR) derechos *mpl* de trámite
erlegen¹ *pp von* **erliegen**
erlegen*² [ɛɐ̯'leːgən] *vt* (*geh*) matar
erleichtern* [ɛɐ̯'laɪçtɐn] *vt* aliviar; (*um Gewicht*) aligerar; (*Arbeit, Verständnis*) facilitar; **sein Herz ~** desahogarse; **erleichtert atmete er auf** respiró con alivio; **die Nachricht erleichterte ihn** la noticia lo alivió; **jdn um 100 Euro ~** (*fam*) mangarle a alguien 100 euros
Erleichterung *f* <-, *ohne pl*> alivio *m*, desahogo *m*; **zu meiner großen ~** para mi gran alivio; **das Medikament wird ihm ~ verschaffen** el medicamento le aliviará
erleiden* *irr vt* (*Schmerzen*) soportar; (*Niederlage*) sufrir
Erlenmeyerkolben ['ɛrlənmaɪɐ-] *m* <-s, -> (CHEM) matraz *m* Erlenmeyer
erlernbar *adj* que se puede aprender; **leicht/schwer ~ sein** ser fácil/difícil de aprender
erlernen* *vt* aprender
erlesen *adj* escogido, selecto
erleuchten* *vt* iluminar, alumbrar
Erleuchtung *f* <-, -en> iluminación *f*, inspiración *f*; **eine ~ haben** tener una inspiración
erliegen* *irr vi sein* (*einer Versuchung*) sucumbir (+*dat* a); (*einem Irrtum*) caer (+*dat* en); **zum E~ kommen** quedar paralizado
erlischt 3. *präs von* **erlöschen**
erlitten *pp von* **erleiden**
Erlös [ɛɐ̯'løːs] *m* <-es, -e> ingreso *m*, beneficio *m*; **~ aus Kapitalvermögen** ingresos del capital; **~ des Geschäftes/eines Patents** ingresos de un negocio/de una patente
Erlösanspruch *m* <-(e)s, -sprüche> (JUR) derecho *m* sobre los beneficios
erlosch 3. *imp von* **erlöschen**
erloschen *pp von* **erlöschen**
erlöschen <erlischt, erlosch, erloschen> *vi sein* ❶ (*Flamme, Vulkan*) apagarse, extinguirse
❷ (*Anspruch*) prescribir; (*Interesse*) desaparecer
Erlöschen *nt* <-s, *ohne pl*> ❶ (*Flamme, Vulkan*) extinción *f*; **~ einer Firma** disolución de una empresa
❷ (*Anspruch*) expiración *f*, caducidad *f*; **~ der Handlungsvollmacht** expiración del poder mercantil; **~ der Verjährung** expiración de la prescripción; **bei ~ einer Sache** en caso de extinción de una cosa
Erlöschensgrund *m* <-(e)s, -gründe> (JUR) causa *f* de extinción
erlösen* *vt* librar (*von* de), salvar (*von* de); (REL) redimir
erlösend **I.** *adj* aliviante; **eine Inhalation kann bei Erkältung ~e Wirkung haben** una inhalación puede procurar alivio en caso de resfriado
II. *adv* que procura alivio
Erlöser *m* <-s, -> ❶ (*Retter*) salvador *m*
❷ (REL) Salvador *m*, Redentor *m*
Erlösung *f* <-, -en> (*Rettung*) salvación *f*; (*Befreiung*) liberación *f*; (REL) redención *f*
ermächtigen* [ɛɐ̯'mɛçtɪgən] *vt* autorizar (*zu* para), habilitar (*zu* para); **dazu bin ich nicht ermächtigt** no estoy autorizado para ello
Ermächtigung *f* <-, -en> (JUR) autorización *f* (*zu* para); **~ zum Erlass von Rechtsverordnungen** habilitación para el edicto de reglamentos jurídicos
Ermächtigungsgesetz *nt* <-es, *ohne pl*> (POL, HIST) ley *f* de autorización; **Ermächtigungsrecht** *nt* <-(e)s, *ohne pl*> (JUR) régimen *m* de autorización; **Ermächtigungsverfahren** *nt* <-s, -> (JUR) procedimiento *m* de autorización
ermahnen* *vt* reprender, exhortar (*zu* a); (*warnen*) advertir

Ermahnung *f* <-, -en> exhortación *f*; amonestación *f*; (*Warnung*) advertencia *f*
ermangeln* *vi* (*geh*) carecer (+*gen* de)
Ermangelung *f* <-, *ohne pl*> (*geh*): **in ~ einer Lösung** a falta de una solución
ermannen* *vr*: **sich ~** (*geh*) armarse de valor (*zu* para); **jetzt ermanne dich endlich zu einer Erklärung!** ¡ahora haz el esfuerzo de una vez y da una explicación!
ermäßigen* [ɛɛˈmɛːsɪɡən] I. *vt* reducir, disminuir
II. *vr*: **sich ~** bajar; **der Preis ermäßigt sich um 20 Prozent** el precio baja (en) un 20 por ciento
Ermäßigung *f* <-, -en> ① (*Senkung*) reducción *f*
② (*Preisnachlass*) rebaja *f*, descuento *m*
Ermäßigungsrecht *nt* <-(e)s, *ohne pl*> (JUR) derecho *m* de reducción
ermatten* [ɛɛˈmatən] I. *vi sein* (*geh*) perder las fuerzas, bajar el rendimiento; **nach 500 Metern begann der Schwimmer zu ~** tras 500 metros, el nadador empezó a mostrar síntomas de cansancio
II. *vt haben* (*geh*) agotar; (**von etw** *dat*) **ermattet sein** estar agotado (por algo)
ermessen* *irr vt* juzgar, evaluar
Ermessen *nt* <-s, *ohne pl*> parecer *m*, juicio *m*; **freies ~** (JUR) libre facultad; **nach menschlichem ~** según el parecer común; **in jds ~ liegen** quedar al libre albedrío de alguien
Ermessensausübung *f* <-, *ohne pl*> (JUR) ejercicio *m* del poder discrecional; **Ermessensfehler** *m* <-s, -> (JUR) defecto *m* en el ejercicio del poder discrecional
ermessensfehlerfrei *adj* (JUR) exento de defecto en el ejercicio del poder discrecional
Ermessensfehlgebrauch *m* <-(e)s, *ohne pl*> (JUR) desviación *f* de poder; **Ermessensfrage** *f* <-, -n> cuestión *f* de libre albedrío; **Ermessensgebrauch** *m* <-(e)s, *ohne pl*> (JUR) uso *m* discrecional
ermessensmäßig *adj* (JUR) con carácter discrecional
Ermessensmissbrauch^{RR} *m* <-(e)s, -bräuche> (JUR) desviación *f* de poder; **Ermessensrecht** *nt* <-(e)s, *ohne pl*> (JUR) derecho *m* facultativo; **Ermessensreduzierung** *f* <-, -en> (JUR) reducción *f* de la flexibilidad; **~ auf Null** reducción de la flexibilidad a cero; **Ermessensrichtlinie** *f* <-, -n> (JUR) directiva *f* discrecional; **Ermessensspielraum** *m* <-(e)s, -räume> (JUR) margen *m* de evaluación; **Ermessensüberschreitung** *f* <-, -en> (JUR) desviación *f* de poder; **Ermessensunterschreitung** *f* <-, -en> (JUR) desviación *f* de poder por defecto; **Ermessungsentscheidung** *f* <-, -en> (JUR) decisión *f* discrecional
ermitteln* [ɛɛˈmɪtəln] I. *vi* (JUR) proseguir las diligencias (*gegen* contra)
II. *vt* ① (*Täter, Adresse*) averiguar; **jds Aufenthaltsort ~** localizar a alguien
② (*Sieger*) determinar
③ (MATH) calcular
Ermittler(in) *m(f)* <-s, -; -, -nen> informante *mf*; (*Detektiv*) detective *mf*, agente *mf* de la policía; **verdeckter ~** agente secreto
Ermittlung *f* <-, -en> ① (*polizeilich*) investigación *f*, pesquisa *f*; **~en durchführen** [*o* **anstellen**] investigar un caso
② (*Feststellung*) descubrimiento *m*; **~ des Kapitalbedarfs** (WIRTSCH) determinación de las necesidades financieras
Ermittlungsausschuss^{RR} *m* <-es, -schüsse> comisión *f* investigadora; **Ermittlungsbeamte(r)** *mf* <-n, -n; -n, -n>, **-beamtin** *f* <-, -nen> inspector(a) *m(f)* de policía; **Ermittlungsergebnis** *nt* <-ses, -se> (JUR) resultado *m* de instrucciones; **wesentliches ~** resultado esencial de las instrucciones; **Ermittlungsgrundsatz** *m* <-es, -sätze> (JUR) principio *m* inquisitivo; **Ermittlungskommission** *f* <-, -en> comisión *f* investigadora; **Ermittlungsrichter(in)** *m(f)* <-s, -; -, -nen> (JUR) juez(a) *m(f)* instructor(a); **Ermittlungsverfahren** *nt* <-s, -> (JUR) sumario *m*; **ein ~ einleiten** incoar un sumario; **Ermittlungszeitraum** *m* <-(e)s, -räume> (*Bemessungszeitraum*) período *m* impositivo
ermöglichen* [ɛɛˈmøːklɪçən] *vt* hacer posible, posibilitar
ermorden* *vt* asesinar
Ermordete(r) *mf* <-n, -n; -n, -n> asesinado, -a *m, f*; (JUR) interfecto, -a *m, f*
Ermordung *f* <-, -en> asesinato *m*, homicidio *m*
ermüden* [ɛɛˈmyːdən] I. *vi sein* ① (*Person*) cansarse, fatigarse
② (TECH) fatigarse
II. *vt* (*Person*) cansar, fatigar
ermüdend *adj* fatigoso, cansador *Arg*
Ermüdung *f* <-, -en> cansancio *m*; (*a.* TECH) fatiga *f*
Ermüdungserscheinung *f* <-, -en> síntoma *m* de cansancio [*o* fatiga]
ermuntern* [ɛɛˈmʊntɐn] *vt* estimular, animar (*zu* a)
Ermunterung *f* <-, -en> ① (*das Ermuntern*): **zu jds ~** para levantarle el ánimo a alguien
② (*ermunternde Worte*) palabras *fpl* de ánimo

ermutigen* [ɛɛˈmuːtɪɡən] *vt* alentar (*zu* a), animar (*zu* a)
ermutigend I. *adj* que anima, que levanta el ánimo; **danke für deine ~en Worte** gracias por tus palabras de ánimo [*o* de aliento]
II. *adv* para animar; **er nickte ihr ~ zu** le hizo una seña para darle ánimos; **das klingt nicht sehr ~** esto no suena muy alentador
Ermutigung *f* <-, -en> ánimo(s) *m(pl)*, aliento *m*; **er sprach einige Worte der ~** pronunció unas palabras de aliento [*o* para infundir ánimo(s)]
ernähren* I. *vt* ① (*mit Nahrung*) alimentar
② (*sorgen für*) mantener, sustentar
II. *vr*: **sich ~** alimentarse (*von* de); **er ernährt sich nur von Brot** sólo se alimenta de pan, vive sólo de pan
Ernährer(in) *m(f)* <-s, -; -, -nen> sustentador(a) *m(f)* de la familia
Ernährung *f* <-, *ohne pl*> ① (*Nahrung*) alimentación *f*; **ausgewogene/falsche/richtige ~** alimentación equilibrada/incorrecta/correcta; **natriumarme ~** alimentación pobre en sodio
② (*Unterhalt*) sustento *m*
Ernährungsgewohnheiten *fpl* (MED) costumbres *fpl* alimenticias; **Ernährungsweise** *f* <-, -n> dieta *f*, tipo *m* de alimentación; **eine gesunde/ungesunde ~** una dieta [*o* una alimentación] sana/insana; **Ernährungswissenschaft** *f* <-, *ohne pl*> ciencia *f* de la nutrición, trofología *f*; **Ernährungswissenschaftler(in)** *m(f)* <-s, -; -, -nen> experto, -a *m, f* en nutrición, trofólogo, -a *m, f*, nutricionista *mf*
ernannt *pp von* **ernennen**
ernennen* *irr vt* nombrar, designar; **selbst ernannt** autodesignado
Ernennung *f* <-, -en> nombramiento *m* (*zu* para), designación *f* (*zu* para); **~ zum Beamten** nombramiento como funcionario
Ernennungsschreiben *nt* <-s, -> carta *f* de nombramiento; **Ernennungsurkunde** *f* <-, -n> nombramiento *m*
erneuerbar [ɛɛˈnɔɪebaːɐ] *adj* renovable; **~e Energiequellen** fuentes de energía renovables; **nicht ~e Ressourcen** recursos no renovables
Erneuerer, -in *m, f* <-s, -; -, -nen> renovador(a) *m(f)*
erneuern* [ɛɛˈnɔɪɐn] *vt* ① (*Gesuch, Vertrag*) renovar; (*Maschinenteil*) cambiar
② (*Gebäude*) restaurar
③ (*Freundschaft*) reavivar; (*Beziehungen*) reanudar
Erneuerung *f* <-, -en> ① (*das Auswechseln*) cambio *m*; **die Krankenschwester kümmerte sich um die ~ der Verbände** la ATS se ocupaba de renovar los vendajes; **die allwöchentliche ~ der Bettwäsche ist für sie selbstverständlich** para ella es normal cambiar la ropa de cama cada semana
② (*Renovierung, Restaurierung*) renovación *f*
③ (*Verlängerung der Gültigkeit*) renovación *f*
④ (*Wandel*) cambio *m*, renovación *f*
erneuerungsfähig *adj* susceptible de renovación
Erneuerungsschein *m* <-(e)s, -e> (JUR, COM) certificado *m* de renovación
erneut [ɛɛˈnɔɪt] *adv* de nuevo, otra vez
erniedrigen* [ɛɛˈniːdrɪɡən] I. *vt* ① (*demütigen*) humillar
② (*Druck*) disminuir; (*Preise*) bajar
③ (MUS) abemolar, bajar medio tono
II. *vr*: **sich ~** humillarse (*vor* ante), rebajarse (*vor* ante), achicarse (*vor* ante) *Am*, achucuyarse (*vor* ante) *MAm*, achucutarse (*vor* ante) *Kol, Ecua*
Erniedrigung *f* <-, -en> ① (*Demütigung*) humillación *f*
② (MUS) abemolado *m*
Erniedrigungszeichen *nt* <-s, -> (MUS) bemol *m*
ernst [ɛrnst] *adj* ① (*Mensch, Drohung, Gesicht*) serio; (*Absicht*) firme; **er bemühte sich, ~ zu bleiben** se esforzó por mantenerse serio [*o* guardar la seriedad]; **~e Bedenken haben** tener serias dudas; **jdn/etw ~ nehmen** tomar a alguien/algo en serio; **etw ~ meinen** decir algo en serio; **ein durchaus ~ gemeintes Angebot** una oferta totalmente seria [*o* hecha totalmente en serio]
② (*Lage, Krankheit*) grave; **es ist nichts E~es** no es nada grave
③ (*feierlich*) solemne; **~e Musik** música solemne
Ernst *m* <-es, *ohne pl*> ① (*Strenge, Nachdenklichkeit*) severidad *f*, rigor *m*
② (*ernster Wille*) seriedad *f*; **das ist mein voller ~** lo digo muy en serio; **mit etw** *dat* **~ machen** realizar algo; **im ~** en serio; **allen ~es** con toda seriedad
③ (*Gewichtigkeit*) gravedad *f*; **der ~ des Lebens** la cara seria de la vida
Ernstfall *m* <-(e)s, -fälle> caso *m* de urgencia, emergencia *f*; **im ~** en caso de urgencia
ernstgemeint *adj s.* **ernst 1.**
ernsthaft *adj* ① (*Verletzung*) grave
② (*Miene, Angebot*) serio
Ernsthaftigkeit *f* <-, *ohne pl*> seriedad *f*
ernstlich I. *adj* ① (*Bedenken*) serio; (*Gefahr*) grave
② (*Absicht, Wunsch*) firme
II. *adv* ① (*ermahnen*) en serio

Ernte ['ɛrntə] *f* <-, -n> ❶ (*Vorgang*) recolección *f*, recogida *f*; (*von Mais*) pizca *f Mex*
❷ (*das Geerntete*) cosecha *f*
Erntedankfest [--'--] *nt* <-(e)s, -e>, **Erntedanktag** *m* <-(e)s, -e> Día *m* de Acción de Gracias
Ernteertrag *m* <-(e)s, -träge> cosecha *f*; **Erntefläche** *f* <-, -n> superficie *f* a cosechar
ernten ['ɛrntən] *vt* ❶ (*Getreide*) cosechar, recolectar; (*Mais*) pizcar *Mex*
❷ (*Dank, Lob*) cosechar
Ernteschaden *m* <-s, -schäden> daños *mpl* en la cosecha
ernüchtern* [ɛɐ̯'nʏçtɐn] *vt* ❶ (*Betrunkene*) desembriagar
❷ (*enttäuschen*) desilusionar
Ernüchterung *f* <-, -en> desilusión *f*, desencanto *m*
Eroberer, -in [ɛ'Ɂo:bərə] *m, f* <-s, -; -, -nen> conquistador(a) *m(f)*
erobern* [ɛɐ̯'Ɂo:bɐn] *vt* ❶ (*Festung, Stadt*) conquistar
❷ (*Sympathien, Märkte*) conquistar, ganar
Eroberung *f* <-, -en> conquista *f*
Eroberungskrieg *m* <-(e)s, -e> guerra *f* de conquista
erodieren* [ero'di:rən] *vt* (GEO) erosionar
eröffnen* I. *vt* ❶ (*Konto, Geschäft*) abrir; (*einweihen*) inaugurar; (*Sitzung, Verhandlung*) dar comienzo (a); **etw wieder ~** volver a abrir algo; **etw für eröffnet erklären** declarar algo inaugurado
❷ (*Testament*) leer
❸ (JUR: *Verfahren*) establecer
❹ (MIL: *Angriff*) abrir; **das Feuer ~** abrir fuego
❺ (*mitteilen*): **jdm etw ~** comunicar algo a alguien, hacer saber algo a alguien
II. *vr*: **sich ~** (*Perspektiven*) abrirse
Eröffnung *f* <-, -en> ❶ (*von Geschäft*) apertura *f*; (*Einweihung*) inauguración *f*
❷ (*Mitteilung*) confidencia *f*; **jdm eine ~ machen** hacerle una confidencia a alguien
❸ (JUR) apertura *f*; **~ der Gesamtvollstreckung** inicio de la ejecución colectiva; **~ des Konkursverfahrens** apertura del procedimiento de quiebra; **~ des (gemeinschaftlichen) Testaments** apertura del testamento (mancomunal)
❹ (*Angriff, Schach*) apertura *f*
Eröffnungsansprache *f* <-, -n> discurso *m* inaugural; **Eröffnungsbeschluss**ᴿᴿ *m* <-es, -schlüsse> (JUR) auto *m* de apertura [*o* procesamiento]; **Eröffnungsbestand** *m* <-(e)s, -stände> (WIRTSCH) existencias *fpl* iniciales; **Eröffnungsbetrag** *m* <-(e)s, -träge> (WIRTSCH) importe *m* inicial; **Eröffnungsbilanz** *f* <-, -en> (WIRTSCH) balance *m* inicial; **Eröffnungsbuchung** *f* <-, -en> (WIRTSCH) asiento *m* de apertura; **Eröffnungsgebot** *nt* <-(e)s, -e> oferta *f* inicial; **Eröffnungskurs** *m* <-es, -e> (FIN) cotización *f* de apertura; **Eröffnungssitzung** *f* <-, -en> sesión *f* de apertura; **Eröffnungstermin** *m* <-s, -e> (WIRTSCH) fecha *f* de apertura; **~ für Angebote** (WIRTSCH) fecha de inauguración de las ofertas
erogen [ero'ge:n] *adj* erógeno; **~e Zone** zona erógena
erörtern* [ɛɐ̯'œrtɐn] *vt* discutir, debatir
Erörterung *f* <-, -en> ❶ (*das Erörtern*) discusión *f*; **rechtliche ~** discusión jurídica; **~ des Sach- und Streitstandes** discusión del estado de la causa y el litigio
❷ (*Text*) comentario *m*
Erörterungsgebühr *f* <-, -en> (JUR) derechos *mpl* de deliberación; **Erörterungstermin** *m* <-s, -e> (JUR) fecha *f* de deliberación
Eros ['e:rɔs] *m* <-, *ohne pl*> eros *m*
Eroscenterᴿᴿ *nt* <-s, -> burdel *m*
Erosion [ero'zjo:n] *f* <-, -en> (GEO) erosión *f*
Erosionsschutz *m* <-es, *ohne pl*> (ÖKOL) protección *f* contra la erosión
Erotik [e'ro:tɪk] *f* <-, *ohne pl*> erotismo *m*
Erotikon *nt* <-s, Erotika *o* Erotiken> (*erotische Literatur*) literatura *f* erótica
erotisch *adj* erótico
Erpel ['ɛrpəl] *m* <-s, -> pato *m* macho
erpicht [ɛɐ̯'pɪçt] *adj*: **auf etw ~ sein** estar ansioso por algo
erpressen* *vt* ❶ (*Person*) chantajear (*mit con*)
❷ (*Lösegeld, Geständnis*) extorsionar
Erpresser(in) *m(f)* <-s, -; -, -nen> chantajista *mf*, extorsionista *mf*
Erpresserbrief *m* <-(e)s, -e> carta *f* de chantaje
Erpresserin *f* <-, -nen> *s.* **Erpresser**
erpresserisch *adj* extorsionista; **~er Menschenraub** secuestro extorsivo
Erpressung *f* <-, -en> extorsión *f*, chantaje *m*; **~ im Amt** chantaje en el cargo; **~ von Schutzgeld** extorsión mediante la coacción a realizar pagos; **räuberische ~** chantaje latrocinante; **verbrecherische ~** chantaje criminal
Erpressungsversuch *m* <-(e)s, -e> (JUR) intento *m* de extorsión [*o* de chantaje]
erproben* *vt* probar, ensayar
erprobt *adj* probado, experimentado; **in ~er Weise** probado; **das Gerät ist noch nicht ~** el aparato no ha sido probado todavía; **er ist in solchen Dingen ~** tiene experiencia en esas cosas
Erprobung *f* <-, -en> prueba *f*, ensayo *m*
erquicken* [ɛɐ̯'kvɪkən] *vt* (*geh*) fortalecer, reanimar
erquicklich *adj* (*geh*) agradable
Erquickung *f* <-, -en> (*geh*) ❶ (*Erfrischung*) refrescamiento *m*, refresco *m*; **zur ~** para refrescarse
❷ (*Freude*) alegría *f*; **ihr jugendlicher Liebreiz ist eine ~ für mich** esa gracia juvenil que tiene la encuentro vivificante
Errata [ɛ'ra:ta] *pl von* **Erratum**
erraten* [ɛɐ̯'ra:tən] *irr vt* adivinar; **das errätst du nie** esto no lo adivinas en la vida
Erratum *nt* <-s, Errata> (TYPO) errata *f*
errechnen* *vt* calcular
erregbar [ɛɐ̯'re:kba:ɐ̯] *adj* excitable, irritable
Erregbarkeit *f* <-, *ohne pl*> susceptibilidad *f*, alterabilidad *f*
erregen* [ɛɐ̯'re:gən] I. *vt* ❶ (*emotional, sexuell*) excitar; **eine erregte Diskussion** una discusión acalorada
❷ (*hervorrufen*) provocar, causar; (*Interesse, Bewunderung*) despertar; (*Ärger*) desatar
❸ (*Fantasie*) estimular
II. *vr*: **sich ~** excitarse (*über* con); (*Gemüter*) acalorarse
Erreger *m* <-s, -> (MED) germen *m* patógeno
Erregung *f* <-, -en> excitación *f*, prendimiento *m Kol, Ven*
erreichbar *adj* alcanzable; (*Ort*) accesible; **schwer ~** (*Person*) difícil de localizar; **telefonisch ~ sein** ser localizable por teléfono
erreichen* *vt* ❶ (*Person*) localizar; **unter welcher Nummer kann ich Sie ~?** ¿en qué número de teléfono puedo localizarle?
❷ (*Zug, Alter*) alcanzar; (*Ort*) llegar (a); **ich kann es mit der Hand ~** llego con la mano
❸ (*zustande bringen*) conseguir, lograr
Erreichung *f* <-, *ohne pl*> consecución *f*; **bei ~ des 60. Lebensjahres kann man sich vorzeitig pensionieren lassen** cuando se cumplen 60 años se puede pedir la jubilación anticipada
erretten* *vt* (*geh*) salvar (*aus* de)
Erretter(in) *m(f)* <-s, -; -, -nen> (*geh*) liberador(a) *m(f)*
Errettung *f* <-, *ohne pl*> (*geh*) liberación *f* (*aus* de)
errichten* *vt* ❶ (*Gebäude*) levantar, construir, edificar; (*Denkmal*) erigir
❷ (*gründen*) fundar, establecer
Errichtung *f* <-, -en> ❶ (*Aufstellung: Barrikaden*) levantamiento *m*; (*Galgen*) construcción *f*; (*Plakatwand*) construcción *f*, montaje *m*
❷ (*Erbauung: Haus*) construcción *f*, levantamiento *m*
❸ (*Gründung*) establecimiento *m*
Errichtungskosten *pl* costes *mpl* de apertura; **Errichtungsverbot** *nt* <-(e)s, -e> (JUR) prohibición *f* de otorgamiento [*o* constitución]
erringen* *irr vt* conseguir, conquistar; (*Erfolg*) obtener
erröten* [ɛɐ̯'rø:tən] *vi* sein sonrojarse, ruborizarse; **jdn zum E~ bringen** hacer sonrojar a alguien
errungen *pp von* **erringen**
Errungenschaft [ɛɐ̯'rʊŋənʃaft] *f* <-, -en> conquista *f*, logro *m*; (*der Technik*) adelanto *m*; **geistige ~** adelanto intelectual; **harterkämpfte ~** conquista conseguida con mucho esfuerzo
ersaß 3. *imp von* **ersitzen**
Ersatz [ɛɐ̯'zats] *m* <-es, *ohne pl*> ❶ (*Auswechselung*) sustitución *f*
❷ (*Entschädigung*) indemnización *f*; (*Belohnung*) recompensa *f*; **~ von Aufwendungen** reposición de gastos; **~ von Verwendungen** restitución de utilizaciones; **jdm ~ leisten** indemnizar a alguien
Ersatzanspruch *m* <-(e)s, -sprüche> (JUR) acción *f* de resarcimiento; **Ersatzansprüche geltend machen** ejercer la acción de resarcimiento; **Ersatzaussonderung** *f* <-, -en> (JUR) separación *f* sustitutoria; **Ersatzbebauungsplan** *m* <-(e)s, -pläne> (JUR) plan *m* de urbanización sustitutivo; **Ersatzbefriedigung** *f* <-, -en> (PSYCH) satisfacción *f* sustitutoria, compensación *f*; **Ersatzbeschaffung** *f* <-, *ohne pl*> (WIRTSCH) reposición *f*; **Ersatzdienst** *m* <-(e)s, -e> prestación *f* sustitutoria; **Ersatzdroge** *f* <-, -n> (MED) sustitutivo *m* de la droga, sucedáneo *m* de la droga; **Ersatzerbe, -in** *m, f* <-n, -n; -, -nen> (JUR) heredero, -a *m, f* sustituto; **Ersatzerzeugnis** *nt* <-ses, -se> producto *m* sucedáneo; **Ersatzforderung** *f* <-, -en> (JUR) demanda *f* de indemnización; **Ersatzfreiheitsstrafe** *f* <-, -n> (JUR) prisión *f* subsidiaria; **Ersatzhehlerei** *f* <-, -en> (JUR) recepción *f* sustitutiva; **Ersatzinvestition** *f* <-, -en> (WIRTSCH) inversión *f* de renovación [*o* de reemplazo]; **Ersatzkasse** *f* <-, -n> caja *f* de enfermedad; **Ersatzland** *nt* <-(e)s, -länder> (JUR) país *m* sustitutivo
Ersatzlieferung *f* <-, -en> entrega *f* supletoria; **Ersatzlieferungsanspruch** *m* <-(e)s, -sprüche> (JUR) derecho *m* de entrega supletoria
Ersatzlösung *f* <-, -en> solución *f* sustitutiva; **Ersatzmann** *m*

<-(e)s, -männer> suplente *m*, sustituto *m*; (SPORT) reserva *m*; **Ersatzmittel** *nt* <-s, -> sustitutivo *m*; **Ersatzpflicht** *f* <-, *ohne pl*> (JUR) obligación *f* de reposición; **Ersatzrecht** *nt* <-(e)s, *ohne pl*> (JUR) derecho *m* supletorio; ~ **bei hinkenden Rechtsverhältnissen** derecho supletorio en caso de lagunas jurídicas; **Ersatzreifen** *m* <-s, -> rueda *f* de recambio; **Ersatzschlüssel** *m* <-s, -> llave *m* de repuesto; **Ersatzspieler(in)** *m(f)* <-s, -; -, -nen> reserva *mf*, suplente *mf*, jugador(a) *m(f)* suplente

Ersatzteil *nt* <-(e)s, -e> (pieza *f* de) repuesto *m*; **Ersatzteillager** *nt* <-s, -> almacén *m* de piezas de recambio; **Ersatzurkunde** *f* <-, -n> documento *m* sustitutivo; **Ersatzvermächtnis** *nt* <-ses, -se> (JUR) legado *m* facultativo; **Ersatzvornahme** *f* <-, -n> (JUR) ejecución *f* subsidiaria; **Ersatzwaren** *fpl* mercancías *fpl* de reposición

ersatzweise [ɛɐˈzatsvaɪzə] *adv* como alternativa; **er spielt ~ für Müller mit** juega en lugar de Müller

Ersatzzuständigkeit *f* <-, -en> (JUR) competencia *f* subsidiaria; **Ersatzzwangshaft** *f* <-, *ohne pl*> (JUR) arresto *m* subsidiario forzoso

ersaufen* *irr vi sein* (*fam*) ahogarse, morir ahogado
ersäufen* [ɛɐˈzɔɪfən] *vt* ahogar
erschaffen* *irr vt* (*geh*) crear
Erschaffung *f* <-, *ohne pl*> (*geh*) creación *f*
erschallen <erschallt, erscholl *o* erschallte, erschollen *o* erschallt> *vi sein* (*geh*) resonar; (*Gelächter*) estallar
erschaudern* *vi sein* (*geh*) sentir un escalofrío
erschauern* [ɛɐˈʃaʊən] *vi sein* (*geh*) estremecerse
erscheinen* *irr vi sein* ❶ (*sichtbar werden*) aparecer
❷ (*sich einfinden*) presentarse, aparecer; **als Zeuge vor Gericht ~** comparecer como testigo en el juzgado; **Anordnung persönlichen E~s vor Gericht** disposición de comparecencia personal ante el tribunal
❸ (*Buch, Zeitung*) publicarse, aparecer
❹ (*sich darstellen, scheinen*) parecer; **es erscheint mir wünschenswert, dass ...** me parece conveniente que... *+subj*

Erscheinen *nt* <-s, *ohne pl*> ❶ (*Gäste*) asistencia *f*; **ich danke Ihnen für Ihr zahlreiches ~** les agradezco su numerosa presencia
❷ (*vor Gericht*) comparecencia *f*; **persönliches ~ der Parteien** comparecencia personal de las partes
❸ (*das Sichtbarwerden*) aparición *f*
❹ (*Buch, Zeitung*) publicación *f*; **die Zeitung stellte ihr ~ ein** el periódico dejó de publicarse

Erscheinung *f* <-, -en> ❶ (*Tatsache*) fenómeno *m*; **in ~ treten** manifestarse
❷ (*Gestalt*) figura *f*; (*äußere*) aspecto *m*, apariencia *f*; **seiner äußeren ~ nach** según su apariencia
❸ (*Vision*) visión *f*; (*Gespenst*) aparición *f*

Erscheinungsbild *nt* <-(e)s, -er> aspecto *m*, imagen *f*; **gepflegtes ~** buena presencia; **sein äußeres ~ war immer sehr gepflegt** su aspecto exterior estaba siempre muy bien cuidado; **Erscheinungsform** *f* <-, -en> ❶ (*Erscheinung*) apariencia *f*, aspecto *m* ❷ (MED) forma *f* de manifestación; **Erscheinungsjahr** *nt* <-(e)s, -e> año *m* de publicación; **Erscheinungsort** *m* <-(e)s, -e> lugar *m* de publicación; **Erscheinungsweise** *f* <-, -n> *s.* **Erscheinungsform**

erschienen *pp von* **erscheinen**
erschießen* *irr vt* matar de un tiro, matar a tiros, balear *SAm*, tronar *Mex*; (*hinrichten*) fusilar
Erschießung *f* <-, -en> ejecución *f*, fusilamiento *m*
Erschießungskommando *nt* <-s, -s> piquete *m* de ejecución
erschlaffen* [ɛɐˈʃlafən] *vi sein* (*Muskeln*) relajarse
Erschlaffung *f* <-, -en> agotamiento *m*, debilitamiento *m*
erschlagen¹ I. *pp von* **erschlagen²**
II. *adj* (*fam*) ❶ (*erschöpft*) hecho polvo
❷ (*fassungslos*) atónito; **sie war wie ~** se quedó de piedra
erschlagen*² *irr vt* matar a golpes [*o* a palos]; **vom Blitz ~** fulminado por el rayo
erschleichen* *irr vt* (*abw: durch Täuschung*) conseguir capciosamente; (*durch List*) obtener por astucia
Erschleichung *f* <-, -en> (JUR) subrepción *f*; **~ von Beihilfen/günstigeren Rechts** subrepción de ayudas/de un derecho más favorable
erschlichen *pp von* **erschleichen**
erschließbar *adj* (*Bauland*) urbanizable
erschließen* *irr vt* ❶ (*Land, Bodenschätze*) explotar; (*Märkte*) abrir; (*Baugelände*) urbanizar; (*für den Tourismus*) urbanizar
❷ (*folgern*) deducir

Erschließung *f* <-, -en> ❶ (*von Bodenschätzen*) aprovechamiento *m*; **industrielle ~** desarrollo industrial; **~ von Reserven** explotación de reservas
❷ (*von Märkten*) apertura *f*; **industrielle ~** habilitación básica industrial
❸ (*von Baugelände*) urbanización *f*

Erschließungsbeitrag *m* <-(e)s, -träge> (JUR) contribución *f* a los costes de urbanización; **Erschließungskosten** *pl* (WIRTSCH) costes *mpl* de urbanización; **Erschließungsplan** *m* <-(e)s, -pläne> plan *m* de urbanización; **Erschließungsvertrag** *m* <-(e)s, -träge> (JUR) contrato *m* de urbanización

erschlossen *pp von* **erschließen**
erscholl [ɛɐˈʃɔl] *3. imp von* **erschallen**
erschollen [ɛɐˈʃɔlən] *pp von* **erschallen**
erschöpfbar *adj* agotable; **~e Rohstoffe** materias primas que se pueden agotar [*o* no renovables]
erschöpfen* I. *vt* ❶ (*verbrauchen*) agotar, gastar; **meine Geduld ist erschöpft** se me ha acabado la paciencia
❷ (*ermüden*) agotar, cansar; **sie ist völlig erschöpft** está totalmente agotada
❸ (*Thema*) tratar exhaustivamente
II. *vr:* **sich** ❶ (*Gesprächsstoff, Thema*) agotarse, acabarse
❷ (*beschränkt sein*) reducirse (*in* a), no pasar (*in* de)
erschöpfend *adj* agotador; **ein Thema ~ behandeln** tratar un tema a fondo, agotar un tema
Erschöpfung *f* <-, -en> agotamiento *m*; **~ des Patentrechts/der Rechtsmittel** (JUR) agotamiento del derecho de patente/de los recursos legales; **bis zur ~** hasta el agotamiento
Erschöpfungsgrundsatz *m* <-(e)s, *ohne pl*> (JUR) principio *m* de agotamiento; **Erschöpfungszustand** *m* <-(e)s, -stände> (estado *m* de) agotamiento *m*
erschossen *pp von* **erschießen**
Erschossene(r) *mf* <-n, -n; -n, -n> muerto, -a *m, f* de bala
erschrak *3. imp von* **erschrecken²**, **erschrecken³**
erschrecken*¹ *vt* asustar, dar un susto
erschrecken² <erschrickt, erschrak, erschrocken> *vi sein* asustarse (*über/vor* de), espantarse (*über/vor* de); **sie erschrak bei dem Gedanken, dass ...** se asustó al pensar que...; **ich war zu Tode erschrocken** me llevé un susto de muerte
erschrecken³ <erschreckt *o* erschrickt, erschreckte *o* erschrak, erschreckt *o* erschrocken> *vr:* **sich ~** (*fam*) asustarse (*über/vor* de), llevarse un susto, avisparse (*vor* de, *bei* de)
Erschrecken *nt* <-s, *ohne pl*> terror *m*
erschreckend *adj* espantoso, alarmante; **ein ~es Beispiel** un ejemplo alarmante
erschrickt *3. präs von* **erschrecken²**, **erschrecken³**
erschrocken [ɛɐˈʃrɔkən] I. *pp von* **erschrecken²**, **erschrecken³**
II. *adj* asustado, achuchado *CSur*
erschüttern* [ɛɐˈʃʏtɐn] *vt* ❶ (*Erdbeben, Explosion*) hacer temblar, sacudir
❷ (*Glauben, Gesundheit*) quebrantar; (*Vertrauen*) poner en duda
❸ (*Nachricht, Erlebnis*) conmover (profundamente), afectar, conmocionar; **er war erschüttert über diesen Vorfall** estaba conmocionado a causa de este incidente; **sie lässt sich durch nichts ~** no hay nada que la conmueva
erschütternd *adj* conmovedor
erschüttert *adj* conmovido, afectado
Erschütterung *f* <-, -en> ❶ (*Beben*) sacudida *f*, temblor *m*
❷ (*Ergriffenheit*) conmoción *f*, emoción *f*
erschweren* [ɛɐˈʃveːrən] *vt* dificultar; **unter erschwerten Bedingungen** bajo condiciones difíciles
erschwerend I. *adj* agravante; **~e Umstände** circunstancias agravantes
II. *adv:* **~ kommt hinzu, dass ...** por si fuera poco...
Erschwernis [ɛɐˈʃveːɐnɪs] *f* <-, -se> dificultad *f*, obstáculo *m*
Erschwerniszulage *f* <-, -n> plus *m* por trabajos penosos, paga *f* extra por trabajos penosos
Erschwerung *f* <-, -en> complicación *f*, obstrucción *f*
erschwindeln *vt* estafar, timar
erschwinglich [ɛɐˈʃvɪŋlɪç] *adj* asequible
ersehen* *irr vt* sacar (*aus* de), saber (*aus* por); (*folgern*) deducir (*aus* de); **das Geburtsdatum wirst du aus meinen Unterlagen ~** mi fecha de nacimiento la encontrará en mi documentación
ersehnen* *vt* suspirar (por), anhelar; **der ersehnte Augenblick** el momento anhelado
ersessen *pp von* **ersitzen**
ersetzbar *adj* sustituible; **jeder Mensch ist ~** cualquier persona es sustituible
ersetzen* *vt* ❶ (*Person*) reemplazar (*durch* por), sustituir (*durch* por)
❷ (*auswechseln*) cambiar (*durch* por); **~de Entscheidung** (JUR) decisión sustitutiva
❸ (*Ausgaben*) reintegrar, reembolsar
❹ (*a.* FIN: *Verlust*) indemnizar (*durch* por); **jdm einen Schaden ~** indemnizar a alguien por un daño
Ersetzung *f* <-, -en> sustitución *f*; **dingliche ~** (JUR) sustitución material
Ersetzungsbefugnis *f* <-, -se> (JUR) obligación *f* facultativa
ersichtlich [ɛɐˈzɪçtlɪç] *adj* evidente, obvio; **ohne ~en Grund** sin

ersinnen* *irr vt* (*geh*) idear, imaginar; (*erfinden*) inventar
ersitzen* *vt* ❶ (*abw: durch Anwesenheit erwerben*) adquirir por presencia (ininterrumpida); **er hat sich** *dat* **seine Beförderung nur ersessen** sólo consiguió el ascenso por no faltar nunca
❷ (JUR) usucapir
Ersitzung *f* <-, -en> (JUR) usucapión *f*
Ersitzungsrecht *nt* <-(e)s, -e> (JUR) régimen *m* de usucapión; **~e geltend machen** ejercer el derecho de usucapión
ersoffen *pp von* **ersaufen**
ersonnen *pp von* **ersinnen**
erspähen* *vt* (*den Feind*) espiar; (*ein Wild*) acechar; (*eine Person*) atisbar
ersparen* *vt* ❶ (*Ärger*) evitar, ahorrar; **~ Sie sich** *dat* **die Mühe** ahórrese la molestia; **ihr bleibt aber auch nichts erspart** (*fam*) a ella le toca todo
❷ (*Geld*) ahorrar
Ersparnis *f* <-, -se> ahorro *m* (*an de*); **~se der privaten Haushalte** ahorros de las economías domésticas
Ersparte(s) *nt* <-n, *ohne pl*> (FIN) ahorros *mpl*
ersprießlich *adj* (*geh*) fructífero, productivo
erst [eːɐst] **I.** *adv* ❶ (*zuerst*) primero; (*an ~er Stelle*) en primer lugar; **mach ~ einmal die Arbeit fertig** acaba primero con el trabajo
❷ (*zu Beginn*) al principio
❸ (*nicht früher als*) no hasta; **er kam ~ gestern** no vino hasta ayer
❹ (*nur*) sólo, solamente; **ich habe ~ drei Bier getrunken** sólo he bebido tres cervezas hasta ahora; **sie ist ~ zwei Jahre alt** tiene solamente dos años; **er tat es ~, als …** no lo hizo hasta…
II. *part:* **da ging's ~ richtig los** entonces empezó la fiesta de verdad; **gerade ~** ahora mismo; **er war gerade ~ hier** acaba de estar aquí; **~ gestern fragte sie …** ayer mismo preguntó…; **jetzt ~ recht!** ¡ahora más que nunca!; **wenn sie ~ weg sind** cuando hayan partido; **und ich ~!** ¡pues anda que yo!, ¿qué tendría que decir yo?
erstanden *pp von* **erstehen**
erstarken* [ɛɐˈʃtarkən] *vi sein* fortalecer(se)
erstarren* *vi sein* ❶ (*vor Kälte*) helarse, entumecerse, encalambrarse *Am*
❷ (*Flüssigkeit, Lava*) solidificar(se); (*Wasser*) helarse
❸ (*vor Schreck*) quedarse de piedra; (*Blut*) helarse
Erstarrung *f* <-, *ohne pl*> (*durch Kälte*) entumecimiento *m*, congelación *f*; (*einer Flüssigkeit, von Lava*) solidificación *f*
Erstarrungsgestein *nt* <-(e)s, -e> rocas *fpl* eruptivas
erstatten* [ɛɐˈʃtatən] *vt* (*Kosten*) reembolsar, devolver; **Anzeige** (*gegen jdn*) **~** poner una denuncia (a alguien); **Bericht ~ über etw/jdn** informar sobre algo/alguien
Erstattung *f* <-, -en> (*Rückzahlung*) reembolso *m*, devolución *f*; (*Rückgabe*) restitución *f*
Erstattungsanspruch *m* <-(e)s, -sprüche> (JUR) demanda *f* de restitución; **Erstattungsbetrag** *m* <-(e)s, -träge> importe *m* del reembolso
erstattungsfähig *adj* reembolsable; **nicht ~** no reembolsable
Erstattungsgesetz *nt* <-es, -e> (JUR) ley *f* de reintegro; **Erstattungsrecht** *nt* <-(e)s, *ohne pl*> derecho *m* de restitución; **Erstattungsregelung** *f* <-, -en> (JUR) régimen *m* de restitución
erstauf|führen *vt:* **das Musical wurde in Hamburg erstaufgeführt** el estreno del musical tuvo lugar en Hamburgo
Erstaufführung *f* <-, -en> (THEAT) estreno *m;* **Erstauflage** *f* <-, -n> (PUBL) primera edición *f*, primera tirada *f;* **~ in Höhe von 20.000 Exemplaren** una primera tirada de 20.000 ejemplares; **die ~ ist bereits vergriffen** la primera edición ya está agotada; **Erstauftrag** *m* <-(e)s, -träge> pedido *m* inicial
erstaunen* I. *vi sein* sorprenderse, quedar asombrado (*über* de/por)
II. *vt* sorprender, pasmar
Erstaunen *nt* <-s, *ohne pl*> (*Verwunderung*) asombro *m;* (*Überraschung*) sorpresa *f;* (*Befremden*) extrañeza *f;* **zu meinem größten ~** para mi gran sorpresa
erstaunlich *adj* (*verwunderlich*) asombroso, pasmoso; (*überraschend*) sorprendente, sorpresivo *Am;* (*bewundernswert*) admirable
erstaunlicherweise [-'----] *adv* sorprendentemente
erstaunt I. *adj* de sorpresa; **wieso machst du so ein ~es Gesicht?** ¿por qué pones esa cara de sorpresa?; **~ sein** estar sorprendido (*über* por)
II. *adv* sorprendido; **~ sah sie ihn an** le miraba sorprendida
Erstausfertigung *f* <-, -en> copia *f* original
Erstausgabe *f* <-, -n> primera edición *f;* **Erstausgabepreis** *m* <-es, -e> precio *m* de lanzamiento, precio *m* de la primera edición
Erstausstattung *f* <-, -en> equipamiento *m* inicial, instalación *f* inicial; (*für Babys*) canastilla *f;* **Erstausstrahlung** *f* <-, -en> (TV, RADIO) primer programa *m*, primera emisión *f;* **Erstberechtigung** *f* <-, *ohne pl*> (JUR) legitimación *f* original

erstbeste(r, s) *adj:* **die ~ Gelegenheit** la primera ocasión (que se presente); **der/die/das E~** el primero/la primera/lo primero (que aparezca)
Erstbesteigung *f* <-, -en> primera ascensión *f*
erste(r, s) [ˈeːɐstə, -tə, -təs] *adj* primero; **am ~n August** el primero de agosto; **im ~n Stock** en el primer piso; **als E~s muss ich sagen …** en primer lugar tengo que decir…; **das ~ Mal** la primera vez; **zum ~n Mal** por primera vez; **fürs E~** de momento; **~ Hilfe** primeros auxilios; **~ Klasse** primera clase; *s. a.* **achte(r, s)**
erstechen* *irr vt* acuchillar, matar a cuchilladas, carnear *Mex*
erstehen* *irr vt* adquirir
Erste-Hilfe-Kasten [--ˈ----] *m* <-s, -Kästen> (MED) botiquín *m* (de primeros auxilios); **Erste-Hilfe-Kurs** *m* <-es, -e> curso *m* de primeros auxilios; **Erste-Hilfe-Leistung** *f* <-, -en> primeros *mpl* auxilios
ersteigen* *irr vt* subir (a)
ersteigern* *vt* comprar en subasta, comprar regateando *fam*
Ersteigung *f* <-, -en> ascensión *f*
Erste-Klasse-Abteil *nt* <-(e)s, -e> (EISENB) departamento *m* de primera clase; **Erste-Klasse-Wagen** *m* <-s, -> (EISENB) vagón *m* de primera clase
erstellen* *vt* ❶ (*bauen*) edificar, construir
❷ (*Gutachten, Plan*) hacer, elaborar
❸ (INFOR) crear; **neu ~** recrear
Erstellung *f* <-, -en> ❶ (*formal: eines Gebäudes*) construcción *f;* **hier soll die ~ eines neuen Wohnhauses erfolgen** aquí se construirá un edificio de viviendas
❷ (*Anfertigung: Gutachten*) redacción *f;* (*Abrechnung, Konzept*) elaboración *f*
Erstellungsdatum *nt* <-s, -daten> (INFOR) fecha *f* de creación
erstemal [ˈeːɐstəmaːl] *adv s.* **erste(r, s)**
erstenmal [ˈeːɐstənˈmaːl] *adv s.* **erste(r, s)**
erstens [ˈeːɐstəns] *adv* en primer lugar; (*bei einer Aufzählung*) primero; *s. a.* **achtens**
erster [ˈeːɐstɐ] *adj s.* **erste(r, s)**
erstere(r, s) [ˈeːɐstərə, -rə, -rəs] *adj* (*erstgenannt*) primero; **der/die/das E~** el primero/la primera/lo primero
erstes *adj s.* **erste(r, s)**
erstgebärend [ˈeːɐstɡəbɛːrənt] *adj* primípara, primeriza *fam*
Erstgebärende *f* <-, -n> primípara *f*
erstgeboren [ˈeːɐstɡəboːrən] *adj* primogénito
Erstgeburt *f* <-, *ohne pl*> (JUR) primogenitura *f*
Erstgeburtsrecht *nt* <-(e)s, -e> (JUR) primogenitura *f*
erstgenannt [ˈeːɐstɡənant] *adj* primero, citado en primer lugar
Ersthypothek *f* <-, -en> primera hipoteca *f*
ersticken* [ɛɐˈʃtɪkən] **I.** *vi sein* (*Person*) ahogarse, sofocarse; **die Luft war zum E~** el aire era sofocante; **mit erstickter Stimme** con voz ahogada; **er erstickt noch in der Arbeit** se va a morir de tanto trabajo
II. *vt* ❶ (*töten*) ahogar, asfixiar
❷ (*Aufruhr, Gefahr*) sofocar; **etw im Keim ~** sofocar algo en su origen
❸ (*Feuer*) extinguir, apagar
Erstickte(r) *mf* <-n, -n; -n, -n> ahogado, -a *m, f*
Erstickung *f* <-, -en> (MED) asfixia *f*
Erstickungsanfall *m* <-(e)s, -fälle> (MED) ataque *m* de asfixia
erstiegen *pp von* **ersteigen**
erstklassig [ˈeːɐstklasɪç] *adj* ❶ (*ausgezeichnet*) excelente, de primera calidad [*o* clase], chévere *Am;* **~e Industriewerte** valores industriales superiores
❷ (SPORT) de primera categoría
Erstklässler(in)^{RR} [ˈeːɐstklɛslɐ] *m(f)* <-s, -; -, -nen>, **Erstkläßler(in)** *m(f)* <-s, -; -, -nen> (*südd, Schweiz*) alumno, -a *m, f* de la primera clase (de la escuela primaria)
Erstkommunikant(in) [ˈeːɐstkɔmunikant] *m(f)* <-en, -en; -, -nen> (REL) niño, -a *m, f* que recibe la Primera Comunión; **Erstkommunion** *f* <-, -en> (REL) Primera Comunión *f;* **Erstkunde, -in** *m, f* <-n, -n; -, -nen> primer(a) cliente, -a *m, f;* **Erstlagerung** *f* <-, -en> primer almacenamiento *m*
Erstling [ˈeːɐstlɪŋ] *m* <-s, -e> ❶ (KUNST, FILM) opera prima *f;* **auf der Buchmesse wurde der ~ der Autorin präsentiert** presentaron el primer libro de la autora en la feria del libro
❷ (*erstgeborenes Kind*) primer hijo *m*, primera hija *f*, primogénito, -a *m, f*
Erstlingswerk *nt* <-(e)s, -e> primera obra *f*
erstmalig [ˈeːɐstmaːlɪç] **I.** *adj* primero
II. *adv* por primera vez
erstmals [ˈeːɐstmaːls] *adv* por primera vez
erstochen *pp von* **erstechen**
Erstochene(r) *mf* <-n, -n; -n, -n> apuñalado, -a *m, f*
erstrahlen* *vi sein* (*geh*) brillar, resplandecer
erstrangig [ˈeːɐstraŋɪç] *adj* de primera clase; (FIN) preferente

erstreben* *vt* (*geh*) ambicionar, aspirar (a)
erstrebenswert *adj* que vale la pena, digno de esfuerzo
erstrecken* *vr:* **sich ~ ❶** (*betreffen*) referirse (*auf* a)
❷ (*räumlich*) extenderse (*über* por); **der Wald erstreckt sich über ein großes Gebiet** el bosque se extiende por una vasta región
❸ (*zeitlich*) durar (*über*)
Erstschlag *m* <-(e)s, -schläge> (MIL) primer ataque *m;* **Erststimme** *f* <-, -n> (POL) primer voto *m*
Ersttagsbrief *m* <-(e)s, -e> sobre o tarjeta especial con sello impresos por primera vez
Ersttäter(in) *m(f)* <-s, -; -, -nen> delincuente *mf* primario, -a
erstunken [ɛɐ̯ˈʃtʊŋkən] *adj* (*fam*): **das ist ~ und erlogen** eso es una solemne mentira [*o* una mentira como una casa]
erstürmen* *vt* tomar por asalto
Erstverbüßung *f* <-, ohne *pl*> (JUR) primera *f* expiación
Erstveröffentlichung *f* <-, -en> ❶ (*Veröffentlichung*) (primera) publicación *f* ❷ (*Werk*) publicación *f* nueva; **Erstveröffentlichungsrecht** *nt* <-(e)s, -e> (PUBL) derecho *m* de primera publicación
Erstvertrag *m* <-(e)s, -träge> (JUR) contrato *m* inicial
ersuchen* *vt:* **jdn um etw ~** pedir algo a alguien, solicitar algo a alguien
Ersuchen *nt* <-s, -> petición *f*, solicitud *f*
ersucht *adj: ~er Richter* juez *m* exhortado
ertappen* *vt* sorprender, pillar; **ich habe ihn auf frischer Tat ertappt** le sorprendí en flagrante; **ich ertappte mich bei dem Gedanken …** me sorprendí pensando que…
erteilen* *vt* (*Erlaubnis*) conceder, otorgar; (*Rat*) dar; (*Unterricht, Befehl*) impartir, dar; **sie erteilte ihm das Wort** le concedió la palabra
Erteilung *f* <-, -en> concesión *f*, otorgamiento *m;* **erneute ~ von Patenten** nueva concesión de patentes; **~ der Handlungsvollmacht** (JUR) otorgamiento de poder mercantil
Erteilungsantrag *m* <-(e)s, -träge> (JUR) solicitud *f* de concesión; **Erteilungsbeschluss**^RR *m* <-es, -schlüsse> (JUR) acuerdo *m* de concesión; **Erteilungsgebühr** *f* <-, -en> (JUR) tasa *f* de concesión; **Erteilungsverfahren** *nt* <-s, -> (JUR) procedimiento *m* de concesión
ertönen* [ɛɐ̯ˈtøːnən] *vi sein* sonar
Ertrag [ɛɐ̯ˈtraːk, *pl:* ɛɐ̯ˈtrɛːɡə] *m* <-(e)s, -träge> ❶ (*Produktmenge*) rendimiento *m*
❷ (*Gewinn*) beneficio *m*, ganancia *f*
❸ (AGR) cosecha *f;* **~ abwerfen** producir una cosecha
ertragen* *irr vt* soportar, aguantar
ertragfähig *adj s.* **ertragsfähig**
Ertragfähigkeit *f* <-, ohne *pl*> *s.* **Ertragsfähigkeit**
erträglich [ɛɐ̯ˈtrɛːklɪç] *adj* ❶ (*zu ertragen*) soportable, aguantable
❷ (*fam: recht gut*) regular, pasable
ertraglos *adj* improductivo
ertragreich *adj* productivo
Ertragsanteil *m* <-(e)s, -e> (WIRTSCH) participación *f* en el producto [*o* en las ganancias]; **Ertragsausgleich** *m* <-(e)s, ohne *pl*> (WIRTSCH) compensación *f* de beneficios; **Ertragsausschüttung** *f* <-, -en> (WIRTSCH) distribución *f* de beneficios; **Ertragsaussicht** *f* <-, -en> (WIRTSCH) perspectivas *fpl* de rendimiento; **Ertragsbilanz** *f* <-, -en> (WIRTSCH) balance *m* de resultados; **Ertragseinbruch** *m* <-(e)s, -brüche> (WIRTSCH) merma *f* de beneficios; **Ertragsentwicklung** *f* <-, -en> (WIRTSCH) evolución *f* de los beneficios; **Ertragserwartung** *f* <-, -en> (WIRTSCH) previsión *f* de rendimiento
ertragsfähig *adj* (WIRTSCH) productivo; **~er Boden** (AGR) tierra productiva
Ertragsfähigkeit *f* <-, ohne *pl*> ❶ (*des Bodens*) fertilidad *f* ❷ (*einer Geldanlage*) productividad *f;* **Ertragsgrenze** *f* <-, -n> (WIRTSCH) límite *m* de beneficios; **Ertragskraft** *f* <-, -kräfte> (WIRTSCH) rentabilidad *f;* **Ertragslage** *f* <-, -n> (WIRTSCH) situación *f* de rentabilidad; **Ertragsleistung** *f* <-, -en> (AGR) rendimiento *m* (agrícola); **Ertragsminderung** *f* <-, -en> (WIRTSCH) disminución *f* del rendimiento, baja *f* de la productividad; **Ertragsniveau** *nt* <-s, -s> ❶ (WIRTSCH) nivel *m* de rentabilidad ❷ (AGR) nivel *m* de rendimiento; **Ertragsrückgang** *m* <-(e)s, -gänge> (WIRTSCH) pérdida *f* de rendimiento; **Ertragsspanne** *f* <-, -n> (WIRTSCH) margen *m* de ganancias; **Ertragssteigerung** *f* <-, -en> (WIRTSCH) aumento *m* del rendimiento, incremento *m* de la productividad
Ertragssteuer *f* <-, -n> (FIN) impuesto *m* sobre (los) beneficios; **Ertragssteuerbilanz** *f* <-, -en> (WIRTSCH, FIN) balance *m* sobre el impuesto de beneficios [*o* de ganancias]; **Ertragssteuerrecht** *nt* <-(e)s, ohne *pl*> (JUR) régimen *m* tributario de los beneficios; **Ertragssteuerspaltung** *f* <-, -en> (JUR) fraccionamiento *m* por tramos del impuesto sobre los beneficios
Ertragswert *m* <-(e)s, -e> (WIRTSCH) valor *m* de la renta
ertränken* *vt* ahogar
erträumen* *vt* soñar (con); **das habe ich mir schon lange erträumt** he soñado con esto desde hace tiempo

ertrinken* *irr vi sein* ahogarse, morir ahogado
Ertrinken *nt* <-s, ohne *pl*> (muerte *f* por) ahogamiento *m*
ertrotzen* *vt* (*geh*) conseguir por obstinación
ertrunken *pp von* **ertrinken**
Ertrunkene(r) *mf* <-n, -n; -n, -n> ahogado, -a *m, f*
ertüchtigen* [ɛɐ̯ˈtʏçtɪɡən] *vr:* **sich ~** (*geh*) fortalecerse, robustecerse
Ertüchtigung *f* <-, -en> (*geh*) fortalecimiento *m;* **körperliche ~** fortalecimiento físico
erübrigen* [ɛɐ̯ˈyːbrɪɡən] **I.** *vt* ❶ (*übrig behalten*) ahorrar; **kannst du etwas Geld ~?** ¿puedes ahorrar un poco de dinero?
❷ (*haben*) tener; **das kommt darauf an, wie viel Zeit ich ~ kann** depende del tiempo que me sobre
II. *vr:* **sich ~** (*unnötig sein*) sobrar, ser superfluo; **das hat sich jetzt alles erübrigt** esto resulta superfluo ahora
eruieren [eruˈiːrən] *vt* (*geh: Sachverhalt*) averiguar; (*Österr, Schweiz: Täter, Halter*) seguir la pista (de)
Eruption [erupˈtsjoːn] *f* <-, -en> (GEO, MED) erupción *f*
Eruptionswolke *f* <-, -n> nube *f* de erupción
Eruptivgestein [erupˈtiːf-] *nt* <-(e)s, -e> (GEO) roca *f* volcánica
erwachen* *vi sein* (*geh*) despertar
Erwachen *nt* <-s, ohne *pl*> (*geh*) despertar *m;* **beim ~ musste sie an die bevorstehende Prüfung denken** cuando se despertó tuvo que pensar en el examen que le tocaba hacer dentro de poco; **das wird ein böses ~ geben** (*fig*) va a ser un duro despertar; **das war ein böses ~** (*fig*) fue una sorpresa desagradable
erwachsen¹ [ɛɐ̯ˈvaksən] **I.** *pp von* **erwachsen²**
II. *adj* adulto, mayor
erwachsen*² *irr vi sein* (*entstehen*) crecer; (*hervorgehen*) surgir (*aus* de), originarse (*aus* de)
Erwachsene(r) *mf* <-n, -n; -n, -n> adulto, -a *m, f*
Erwachsenenbildung *f* <-, ohne *pl*> educación *f* de adultos; **Erwachsenentaufe** *f* <-, -n> bautizo *m* de adultos
erwägen [ɛɐ̯ˈvɛːɡən] <erwägt, erwog, erwogen> *vt* considerar, sopesar, ponderar *geh*
Erwägung *f* <-, -en> consideración *f;* **etw in ~ ziehen** tomar algo en consideración
erwähnen* [ɛɐ̯ˈvɛːnən] *vt* mencionar; **unten erwähnt** abajo citado; **wie schon erwähnt** tal como ya ha sido mencionado (anteriormente); **ich vergaß zu ~, dass …** se me olvidó mencionar que…
erwähnenswert *adj* digno de mención; **ein ~es Detail** un detalle digno de mención; **~ wäre noch, dass …** aún habría que mencionar que…
Erwähnung *f* <-, -en> mención *f*
erwärmen* **I.** *vt* calentar, caldear
II. *vr:* **sich ~ ❶** (*warm werden*) calentarse
❷ (*sich begeistern*) entusiasmarse (*für* con)
Erwärmung *f* <-, -en> calentamiento *m*
erwarten* *vt* ❶ (*warten, hoffen*) esperar; **ein Kind ~** esperar un niño; **sie kann es kaum noch ~** casi no puede aguardar; **das war zu ~** esto era de esperar; **so was hatte ich (mir) nicht von ihm erwartet** no (me) esperaba algo así de él
❷ (*verlangen*) exigir
❸ (*erhoffen*) esperar; **er erwartet von uns, dass wir gehorchen** espera de nosotros que le obedezcamos; **ich habe mir mehr davon erwartet** esperaba más de eso; **es wurde wider E~ ein schöner Tag** al contrario de lo que parecía hizo un día agradable
Erwartung *f* <-, -en> esperanza *f*, expectativa *f;* **den ~en entsprechen** ser conforme a lo esperado; **hinter jds ~en zurückbleiben** quedar por debajo de [*o* defraudar] las expectativas de alguien; **mit gespannter ~ sahen sie dem Treffen entgegen** esperaban el encuentro con gran expectativa
Erwartungsdruck *m* <-(e)s, ohne *pl*> presión *f* de las expectativas
erwartungsgemäß *adv* según lo esperado
Erwartungshaltung *f* <-, -en> esperanza *f*, expectativa *f;* **Erwartungshorizont** *m* <-(e)s, ohne *pl*> expectativas *fpl*
erwartungsvoll I. *adj* ilusionado
II. *adv* lleno de expectación
erwecken* *vt* ❶ (*geh: aufwecken*) despertar
❷ (*hervorrufen*) producir, causar; (*Zweifel*) dar lugar (a); (*Vertrauen*) inspirar; **Vertrauen ~d** que inspira confianza; **einen Vertrauen ~den Eindruck machen** causar una impresión de gran confianza; **das erweckte den Anschein, als ob …** esto produjo la impresión como si… +*subj*
erwehren* *vr* (*geh*): **sich etw** *gen* **~** defenderse de algo, oponerse a algo; **ich konnte mich der Tränen nicht ~** no pude reprimir el llanto
erweichen* [ɛɐ̯ˈvaɪçən] *vt* ablandar; **er ließ sich nicht ~** no se dejó ablandar por mis ruegos
erweisen* [ɛɐ̯ˈvaɪzən] *irr* **I.** *vt* ❶ (*nachweisen*) comprobar, confirmar; **es gilt als erwiesen, dass …** se da por confirmado el hecho de que…

Erweislichkeit *+subj*
② (*Dienst, Gefallen*) hacer; (*Dankbarkeit*) mostrar
II. *vr:* sich ~ (*sich zeigen*) demostrar, resultar; **sie hat sich als sehr zuverlässig erwiesen** ha demostrado ser de fiar
Erweislichkeit *f* <-, *ohne pl*> (JUR) demostrabilidad *f*; ~ **von Tatsachen** demostrabilidad de los hechos
erweiterbar *adj* (INFOR) ampliable, expandible
erweitern* [ɛɐˈvaɪtɐn] I. *vt* ① (*Gebäude, Flugplatz, Kenntnisse*) ampliar; (*Straße*) ensanchar (*um* en)
② (*vermehren*) aumentar (*um* en)
II. *vr:* sich ~ ampliarse, ensancharse (*um* en); (*Blutgefäße, Pupille*) dilatarse
Erweiterung *f* <-, -en> ① (*Durchfahrt, Anlage, Kenntnisse*) ampliación *f*
② (*Kapazität, Angebot*) aumento *m*; ~ **des Fertigungsprogrammes** (WIRTSCH) ampliación del programa de fabricación
③ (*Pupillen, Gefäße*) dilatación *f*
④ (INFOR) ampliación *f*
Erweiterungsinvestition *f* <-, -en> (WIRTSCH) inversión *f* de expansión; **Erweiterungskarte** *f* <-, -n> (INFOR) tarjeta *f* de ampliación; **Erweiterungssteckplatz** *m* <-es, -plätze> (INFOR) ranura *f* de expansión
Erwerb [ɛɐˈvɛrp] *m* <-(e)s, -e> ① (*Anschaffung, Kauf*) compra *f*, adquisición *f*; ~ **von Beteiligungen** (WIRTSCH) adquisición de participaciones; **gutgläubiger** ~ (JUR) adquisición de buena fe; **redlicher** ~ (JUR) adquisición honesta
② (*Verdienst*) ganancia *f*
③ (*Arbeit*) trabajo *m*
erwerben* *irr vt* ① (*Waren, Kenntnisse*) adquirir; **etw käuflich** ~ comprar algo
② (*Anerkennung, Vertrauen*) ganarse
Erwerber(in) *m(f)* <-s, -; -, -nen> adquisidor(a) *m(f)*, adquirente *mf*
Erwerbermodell *nt* <-s, -e> (FIN) modelo para conseguir desgravación fiscal invirtiendo en propiedades
Erwerbsarbeit *f* <-, -en> trabajo *m* remunerado; **Erwerbsbeschränkung** *f* <-, -en> (WIRTSCH) incapacidad *f* laboral parcial; **Erwerbsbevölkerung** *f* <-, *ohne pl*> (POL, WIRTSCH) población *f* activa [*o* productiva]
erwerbsfähig *adj* capaz de ejercer una profesión
Erwerbsfähigkeit *f* <-, *ohne pl*> capacidad *f* adquisitiva; **Erwerbsgeschäft** *nt* <-(e)s, -e> (WIRTSCH) negocio *m* lucrativo; **Erwerbsgesellschaft** *f* <-, -en> (WIRTSCH) sociedad *f* con ánimo de lucro; **Erwerbsgrundlage** *f* <-, -n> base *f* de subsistencia, medio *m* de vida; **Erwerbsleben** *nt* <-s, *ohne pl*> (WIRTSCH) vida *f* profesional [*o* activa]
erwerbslos *adj* sin empleo, parado, cesante *Am*
Erwerbslose(r) *mf* <-n, -n; -, -n> parado, -a *m, f*, desempleado, -a *m, f*, cesante *mf Am*
Erwerbslosigkeit *f* <-, *ohne pl*> desempleo *m*
Erwerbsmöglichkeit *f* <-, -en> medio *m* de sustento; **Erwerbsperson** *f* <-, -en> persona *f* laboralmente activa, persona *f* que forma parte de la población activa; **Erwerbssteuer** *f* <-, -n> impuesto *m* de actividades renumeradas
erwerbstätig *adj* activo; ~ **sein** estar en activo
Erwerbstätige(r) [ɛɐˈvɛrpstɛːtɪɡə] *mf* <-n, -n; -, -n> asalariado, -a *m, f*
Erwerbstätigkeit *f* <-, -en> actividad *f* remunerada; **selbständige** ~ actividad autónoma; **vorübergehende** ~ trabajo temporal
Erwerbssteuer *f* <-, -n> (WIRTSCH) impuesto *m* de utilidades
Erwerbs- und Wirtschaftgenossenschaften *fpl* sociedad *f* cooperativa
erwerbsunfähig *adj* incapaz de ejercer una profesión, incapacitado para el trabajo
Erwerbsunfähigkeit *f* <-, *ohne pl*> incapacidad *f* laboral; **Erwerbsunfähigkeitsrente** *f* <-, -n> renta *f* por incapacidad laboral
Erwerbszweig *m* <-(e)s, -e> ramo *m* industrial
Erwerbung *f* <-, -en> adquisición *f*
erwidern* [ɛɐˈviːdɐn] *vt* ① (*antworten*) contestar (*auf* a), replicar (*auf* a); **darauf konnte er nichts** ~ a esto no pudo replicar nada
② (*Gruß, Besuch*) devolver; **jds Gefühle** ~ corresponder a los sentimientos de alguien
Erwiderung *f* <-, -en> ① (*Antwort*) contestación *f*, respuesta *f*; ~ **des Klägers** (JUR) réplica del demandante
② (*von Gefühlen*) reciprocidad *f*
Erwiderungsrecht *nt* <-(e)s, -e> derecho *m* de réplica
erwiesen *pp von* **erweisen**
erwiesenermaßen [ɛɐˈviːzənɐˈmaːsən] *adv* como ha sido comprobado, notoriamente
erwirken* *vt* obtener, conseguir

erwirtschaften* *vt* producir; **Gewinne** ~ generar beneficios
erwischen* *vt* (*fam*) ① (*ergreifen*) pillar, pescar; **es muss ausgerechnet immer mich** ~ es que siempre me tiene que tocar a mí
② (*ertappen*) pillar, atrapar, acapillar *Mex*; **sie hat ihn beim Stehlen erwischt** le pilló robando
erwog [ɛɐˈvoːk] 3. *imp von* **erwägen**
erwogen [ɛɐˈvoːɡən] *pp von* **erwägen**
erworben [ɛɐˈvɔrbən] I. *pp von* **erwerben**
II. *adj* adquirido; ~**er Herzfehler** (MED) lesión cardíaca adquirida
erwünscht [ɛɐˈvʏnʃt] *adj* deseado; **Spanischkenntnisse** ~ se requieren conocimientos de español; **du bist hier nicht** ~ aquí no eres persona grata
erwürgen* [ɛɐˈvʏrɡən] *vt* estrangular, ahogar
Erwürgte(r) *mf* <-n, -n; -, -n> estrangulado, -a *m, f*
Erythromycin® *nt* <-s, *ohne pl*> (MED) eritromicina® *f*
Erz [eːɐts, ɛrts] *nt* <-es, -e> mineral *m*, mena *f*; **armes/minderwertiges** ~ mineral pobre/de baja calidad
Erzader [ˈɛrtsʔaːdɐ] *f* <-, -n> veta *f* metalífera [*o* de mineral]
erzählen* *vt* contar, narrar; **etw wieder** ~ recontar algo; **erzähl mal, was/wie ...** cuéntame qué/cómo...; **wem erzählst du das?** (*fam*) ¿y a quién te crees que se lo cuentas?; **mir kannst du nichts** ~ (*fam*) a mí no me puedes engañar
Erzähler(in) *m(f)* <-s, -; -, -nen> narrador(a) *m(f)*
Erzählung *f* <-, -en> ① (LIT) narración *f*, cuento *m*
② (*Bericht*) relato *m*
Erzbischof, -bischöfin [ˈɛrts-] *m, f* <-s, -schöfe; -, -nen> arzobispo *mf*
erzbischöflich *adj* arzobispal
Erzbistum [ˈɛrtsbɪstuːm] *nt* <-s, -tümer> (REL), **Erzdiözese** *f* <-, -n> (REL) arzobispado *m*; **Erzengel** *m* <-s, -> arcángel *m*
erzeugen* *vt* ① (*herstellen*) producir, fabricar; (CHEM, PHYS) generar, producir
② (*hervorrufen*) provocar, generar
Erzeuger(in) *m(f)* <-s, -; -, -nen> ① (BIOL) progenitor(a) *m(f)*
② (AGR) productor(a) *m(f)*
Erzeugergemeinschaft *f* <-, -en> (WIRTSCH) agrupación *f* de productores
Erzeugerin *f* <-, -nen> *s.* **Erzeuger**
Erzeugerland *nt* <-es, -länder> país *m* productor; **Erzeugermarkt** *m* <-(e)s, -märkte> mercado *m* productor; **Erzeugerorganisation** *f* <-, -en> (WIRTSCH) organización *f* de productores; **Erzeugerpreis** *m* <-es, -e> precio *m* de fábrica; **Erzeugerrisiko** *nt* <-s, -risiken> riesgo *m* del productor
Erzeugnis *nt* <-ses, -se> producto *m*; ~ **mit Warenzeichen** producto con marca de fábrica; **branchenfremdes/branchentypisches** ~ producto ajeno al ramo/típico del ramo; **einheimische** ~**se** productos nacionales; **handelsübliches** ~ producto habitual (en el comercio); **unfertige** ~**se** productos [*o* artículos] semielaborados
Erzeugnisselbstkosten *pl* (WIRTSCH) coste *m* propio del producto; **Erzeugnissortiment** *nt* <-(e)s, -e> surtido *m* de productos; **Erzeugnisvorkalkulation** *f* <-, -en> cálculo *m* previo del coste del producto
Erzeugung *f* <-, -en> producción *f*
Erzeugungsdefizit *nt* <-s, -e> déficit *m inv* en la producción; **Erzeugungsquote** *f* <-, -n> cuota *f* de producción
Erzfeind(in) [ˈɛrts-] *m(f)* <-(e)s, -e; -, -nen> enemigo, -a *m, f* mortal
Erzgebirge [ˈeːɐts-, ˈɛrts-] *nt* <-s> Montes *mpl* Metálicos
Erzherzog(in) [ˈɛrts-] *m(f)* <-s, -zöge; -, -nen> (HIST) archiduque(sa) *m(f)*
erziehbar *adj* educable; **schwer** ~ difícil de educar
erziehen* *irr vt* educar (*zu* para), criar; **gut/schlecht erzogen sein** ser bien/mal educado
Erzieher(in) *m(f)* <-s, -; -, -nen> educador(a) *m(f)*, pedagogo, -a *m, f*; (*Kindergärtner*) maestro, -a *m, f* de un jardín de infancia, educador(a) *m(f)* de párvulos *Am*
erzieherisch *adj* educador, pedagógico
Erziehung *f* <-, *ohne pl*> educación *f*, enseñanza *f*
Erziehungsanstalt *f* <-, -en> correccional *m*; **Erziehungsbeihilfe** *f* <-, -n> (JUR) subsidio *m* de educación; **Erziehungsbeistand** *m* <-(e)s, -stände> (JUR) asistencia *f* educacional
erziehungsberechtigt *adj* titular de la patria potestad
Erziehungsberechtigte(r) *mf* <-n, -n; -, -n> titular *mf* de la patria potestad; **Erziehungsgeld** *nt* <-(e)s, *ohne pl*> ayuda *f* familiar por hijos; **Erziehungsjahr** *nt* <-(e)s, -e> (*Mutter*) baja *f* de un año por maternidad; (*Vater*) baja *f* de un año por paternidad; **Erziehungsmaßregel** *f* <-, -n> (JUR) medida *f* educativa; **Erziehungsmethode** *f* <-, -n> método *m* educativo; **Erziehungsrecht** *nt* <-(e)s, -e> (JUR) derecho *m* de educación; **Erziehungsurlaub** *m* <-(e)s, -e> (*Mutter*) baja *f* por maternidad; (*Vater*) baja *f* por paternidad; **Erziehungswe-**

sen *nt* <-s, *ohne pl*> instrucción *f* pública, educación *f*; **Erziehungswissenschaft** *f* <-, *ohne pl*> pedagogía *f*, ciencias *fpl* de la educación; **Erziehungswissenschaftler(in)** *m(f)* <-s, -; -, -nen> pedagogo, -a *m, f*

erzielen* *vt* obtener, lograr; (*Tor*) marcar; **eine Einigung ~** llegar a un acuerdo; **einen Gewinn ~** obtener un beneficio

erzittern* *vi sein* temblar; (*vibrieren*) vibrar

erzkonservativ *adj* ultraconservador; **ein Kind ~ erziehen** dar a un niño una educación ultraconservadora

Erzlager ['eːɐts-, 'ɛrts-] *nt* <-s, -> (GEO) veta *f* de minerales, panizo *m* Chil

erzogen *pp von* **erziehen**

erzreaktionär ['ɛrtsreaktsjoːnɛːɐ] *adj* (*abw*) ultrarreaccionario

erzürnen* [ɛɐ'tsʏrnən] *vt* (*geh: zornig machen*) irritar, encolerizar

erzwingbar *adj* (JUR) coercible

erzwingen* *irr vt* forzar, conseguir por la fuerza

Erzwingung *f* <-, *ohne pl*> forzamiento *m*, coacción *f*; **Erzwingungshaft** *f* <-, *ohne pl*> (JUR) detención *f* coactiva

erzwungen *pp von* **erzwingen**

es [ɛs] I. *pron pers 3. Sg nt* ❶ *Nominativ* ello; (*Mensch*) él, ella; **~ ist sehr hübsch** es muy bonito; **und das Kind? – ~ spielt im Garten** ¿y el niño? – está jugando en el jardín; **wie heißt das Mädchen? – ~ heißt Anne** ¿cómo se llama la chica? – se llama Anne
❷ *akk* lo; **ich weiß ~ nicht** no lo sé; **er hat ~ mir gegeben** me lo ha dado
II. (*unpers*): **~ gibt nichts mehr zu tun** no hay nada más que hacer; **~ hat gestern eine große Party stattgefunden** ayer hubo una gran fiesta; **ihr wurde ~ schlecht** se puso mala; **~ freut mich, dass ...** me alegra que... *+subj*, me alegro de que... *+subj*; **~ wurde getanzt** se bailó; **~ ist vier Uhr** son las cuatro; **~ hat geläutet** ha sonado el timbre; **~ regnet** llueve; **ich bin ~** soy yo; **sie hat ~ auf den Mantel abgesehen** la tomó con el abrigo

Es¹ (CHEM) *Abk. von* **Einsteinium** Es

Es² *nt* <-, -> (MUS) mi *m* bemol

ESA *f Abk. von* **European Space Agency** Agencia *f* Espacial Europea

Esche ['ɛʃə] *f* <-, -n> (BOT) fresno *m*

Eschenholz *nt* <-es, *ohne pl*> (madera *f* de) fresno *m*

Escudo [ɛs'kuːdo] *m* <-(s), -(s)> (FIN) escudo *m*

Esel(in) ['eːzəl] *m(f)* <-s, -; -, -nen> ❶ (ZOOL) burro, -a *m, f*, asno, -a *m, f*
❷ (*fam: Mensch*) estúpido, -a *m, f*, burro, -a *m, f*

Eselsbrücke *f* <-, -n> (*fam*) regla *f* mnemotécnica; **Eselsohr** *nt* <-(e)s, -en> (*fam*) doblez *m* (de la página de un libro), borde *m* redoblado

Eskalation [ɛskala'tsjoːn] *f* <-, -en> escalada *f*; (POL) escalación *f*

eskalieren* [ɛska'liːrən] *vi sein* agravarse

Eskapade [ɛska'paːdə] *f* <-, -n> aventura *f*

Eskimo ['ɛskimo] *m* <-s, -s> esquimal *m*

Eskimofrau *f* <-, -en> esquimal *f*

Eskorte [ɛs'kɔrtə] *f* <-, -n> escolta *f*

eskortieren* *vt* escoltar

Esoterik [ezo'teːrɪk] *f* <-, *ohne pl*> esoterismo *m*

esoterisch *adj* esotérico

Espe ['ɛspe] *f* <-, -n> (BOT) álamo *m* temblón

Espenlaub *nt* <-(e)s, *ohne pl*>: **wie ~ zittern** (*fam*) temblar como una hoja

Esperanto [ɛspe'ranto] *nt* <-(s), *ohne pl*> esperanto *m*

Espresso [ɛs'prɛso] *m* <-(s), -s *o* Espressi, *nach Zahlen*: -> café *m* solo [*o* exprés]

Espressomaschine *f* <-, -n> máquina *f* de café exprés

Esprit [ɛs'priː] *m* <-s, *ohne pl*> ingenio *m*, agudeza *f*

Essay ['ɛse, 'ɛseɪ] *m o nt* <-s, -s> (LIT) ensayo *m*

essbar^RR ['ɛsbaːɐ] *adj*, **eßbar** *adj* comestible

Essbesteck^RR *nt* <-(e)s, -e>, **Eßbesteck** *nt* <-(e)s, -e> cubertería *f* de mesa

Ess-Brech-Sucht^RR ['-'--] *f* <-, *ohne pl*>, **Eß-Brech-Sucht** *f* <-, *ohne pl*> (MED) bulimia *f*

Esse ['ɛsə] *f* <-, -n> ❶ (*Rauchfang*) campana *f* de chimenea
❷ (*reg: Schornstein*) chimenea *f*

essen ['ɛsən] <isst, aß, gegessen> *vi, vt* comer; **zu Abend/Mittag ~** cenar/almorzar; **in diesem Restaurant kann man gut ~** [*o* **isst man gut**] en este restaurante se come bien; **~ gehen** ir a comer (a un restaurante); **den Teller leer ~** acabar el plato; **das ist gegessen!** (*fam*) ¡ya está!

Essen *nt* <-s, -> comida *f*; (*Gericht*) plato *m*; **beim ~** durante la comida; **bleib doch zum ~** quédate a comer; **~ auf Rädern** servicio social de reparto de comida para personas ancianas

Essenausgabe¹ *f* <-, -n> (*Schalter*) mostrador *m* (de reparto) de comidas

Essenausgabe² *f* <-, *ohne pl*> (*Verteilung*) reparto *m* de comidas

Essenmarke *f* <-, -n> bono *m* para (la) comida, ficha *f* para (la) comida

Essensausgabe *f s*. **Essenausgabe**; **Essensmarke** *f* <-, -n> *s*. **Essenmarke**; **Essenszeit** *f* <-, -en> (*mittags*) hora *f* de comer [*o* de almorzar]; (*abends*) hora *f* de cenar

essentiell [ɛsɛn'tsjɛl] *adj s*. **essenziell**

Essenz [ɛ'sɛnts] *f* <-, -en> esencia *f*

essenziell^RR [ɛsɛn'tsjɛl] *adj* esencial

Esser(in) ['ɛsɐ] *m(f)* <-s, -; -, -nen>: **er ist ein guter/schlechter ~** es buen/mal comedor

Essgeschirr¹^RR *nt* <-(e)s, -e> (MIL) plato *m* de campaña

Essgeschirr²^RR *nt* <-(e)s, *ohne pl*> (*Gefäße*) vajilla *f*

Eßgeschirr *nt s*. **Essgeschirr**

Essgewohnheiten^RR *fpl*, **Eßgewohnheiten** *fpl* hábitos *mpl* alimentarios

Essig ['ɛsɪç] *m* <-s, -e> vinagre *m*; **mit dem Ausflug ist endgültig ~** (*fam*) la excursión se ha ido definitivamente al traste

Essigessenz *f* <-, -en> esencia *f* de vinagre; **Essiggurke** *f* <-, -n> pepinillo *m* en vinagre

essigsauer *adj* (CHEM) acético; **essigsaures Natrium** sodio en ácido acético; **essigsaure Salze** sales del ácido acético

Essigsäure *f* <-, *ohne pl*> ácido *m* acético

Esskastanie^RR *f* <-, -n>, **Eßkastanie** *f* <-, -n> castaña *f*; **Esskultur**^RR *f* <-, -en>, **Eßkultur** *f* <-, -en> gastronomía *f*

Esslöffel^RR *m* <-s, ->, **Eßlöffel** *m* <-s, -> cuchara *f*; **ein ~ Mehl** una cucharada de harina

esslöffelweise^RR *adv*, **eßlöffelweise** *adv* a cucharadas

Essstäbchen^RR ['ɛsʃtɛːpçən] *ntpl*, **Eßstäbchen** *ntpl* palillos *mpl* para comer; **Essstörung**^RR *f* <-, -en>, **Eßstörung** *f* <-, -en> (MED) trastorno *m* en los hábitos alimentarios; **Esssucht**^RR *f* <-, *ohne pl*> (MED) bulimia *f*; **Esstisch**^RR *m* <-(e)s, -e>, **Eßtisch** *m* <-(e)s, -e> mesa *f* de comedor; **Esswaren**^RR *fpl*, **Eßwaren** *fpl* comestibles *mpl*; **Esszimmer**^RR *nt* <-s, ->, **Eßzimmer** *nt* <-s, -> comedor *m*

Establishment [ɪs'tɛblɪʃmənt] *nt* <-s, -s> establishment *m*, sistema *m* (establecido)

Este, -in ['eːstə] *m, f* <-n, -n; -, -nen> estonio, -a *m, f*

Ester ['ɛstɐ] *m* <-s, -> (CHEM) éster *m*

Estin *f* <-, -nen> *s*. **Este**

Estland ['eːstlant] *nt* <-s> Estonia *f*

estnisch ['eːstnɪʃ] *adj* estonio

Estragon ['ɛstragɔn] *m* <-s, *ohne pl*> estragón *m*, dragoncillo *m*

Estremadura [ɛstrema'duːra] *f* <-> Extremadura *f*

Estrich ['ɛstrɪç] *m* <-s, -e> pavimento *m*, solado *m*

ESZB [eː?ɛstsɛt'beː] *Abk. von* **Europäisches System der Zentralbanken** SEBC *m*

Eszett [ɛs'tsɛt] *nt* <-, -> eszet *f*, ß *f*

etablieren* [eta'bliːrən] I. *vt* establecer, fundar
II. *vr*: **sich ~** establecerse

etabliert *adj* establecido

Etablissement [etablɪsə'mãː] *nt* <-s, -s> (*geh: Lokal*) establecimiento *m*

Etage [e'taːʒə] *f* <-, -n> planta *f*, piso *m*; **in** [*o* **auf**] **der zweiten ~** en la segunda planta

Etagenbett *nt* <-(e)s, -en> litera *f*; **Etagenheizung** *f* <-, -en> calefacción *f* individual por pisos; **Etagenwohnung** *f* <-, -en> apartamento *m*, piso *m*

et al. *Abk. von* **et alii** (**und andere**) y otros

Etappe [e'tapə] *f* <-, -n> ❶ (*a*. SPORT: *räumlich*, *zeitlich*) etapa *f*
❷ (MIL) retaguardia *f*

Etappensieg *nt* <-(e)s, -e> (SPORT) victoria *f* de una etapa; (*fig: Teilerfolg*) victoria *f* parcial; **Etappensieger(in)** *m(f)* <-s, -; -, -nen> (SPORT) ganador(a) *m(f)* de la etapa

Etat [e'taː] *m* <-s, -s> presupuesto *m*; **den ~ ausgleichen** equilibrar el presupuesto

Etatentwurf *m* <-(e)s, -würfe> proyecto *m* de presupuesto; **Etatjahr** *nt* <-(e)s, -e> (ADMIN) año *m* presupuestario

etatmäßig *adj*: **-e Ausgaben** gastos presupuestarios

Etatsrecht *nt* <-(e)s, *ohne pl*> (JUR) derecho *m* presupuestario; **Etatüberschuss**^RR *m* <-es, -schüsse> superávit *m inv* presupuestario

etc. [ɛtˈtseː] *Abk. von* **et cetera** etc.

etepetete ['eːtəpə'teːtə] *adj inv* (*fam*) remilgado, de mírame y no me toques

Eternit® [etɛr'niːt] *m o nt* <-s, *ohne pl*> eternita® *f*

Ethik ['eːtɪk] *f* <-, *ohne pl*> ética *f*

ethisch *adj* ético

ethnisch ['ɛtnɪʃ] *adj* étnico

Ethnobotanik *f* <-, *ohne pl*> etnobotánica *f*

Ethnografie^RR *f* <-, -n>, **Ethnographie** [ɛtnograˈfiː] *f* <-, -n> etnografía *f*

Ethnologe, -in [ɛtno'lo:gə] *m, f* <-n, -n; -, -nen> etnólogo, -a *m, f*
Ethnologie [ɛtnolo'gi:] *f* <-, *ohne pl*> etnología *f*
Ethnologin *f* <-, -nen> *s*. **Ethnologe**
Ethos ['e:tɔs] *nt* <-, *ohne pl*> ética *f*
Etikett [eti'kɛt] *nt* <-(e)s, -e(n)> etiqueta *f*, rótulo *m*
Etikette [eti'kɛtə] *f* <-, -n> etiqueta *f*
Etikettenschwindel *m* <-s, *ohne pl*> falsificación *f* de etiquetas
etikettieren* *vt* ❶ *(Dosen, Flaschen)* etiquetar
❷ *(fig: betiteln)* tachar *(als de)*
etliche(r, s) ['ɛtlɪçə, -çɐ, -çəs] *pron indef(geh)* algunos *mpl*, algunas *fpl*; ~ **Mal(e)** algunas veces; ~ **unter den Zuschauern** algunos espectadores; **er ist um ~s älter als ich** es bastante mayor que yo
etlichemal *adv s.* **etliche(r, s)**
Etrusker(in) [e'tʀʊskɐ] *m(f)* <-s, -; -, -nen> (HIST) etrusco, -a *m, f*
etruskisch [e'tʀʊskɪʃ] *adj* (HIST) etrusco
Etsch [ɛtʃ] *f* <-> Adigio *m*
Etüde [e'ty:də] *f* <-, -n> (MUS) estudio *m*
Etui [ɛt'vi:, ety'i:] *nt* <-s, -s> estuche *m*
etwa ['ɛtva] **I.** *adv* ❶ *(ungefähr)* aproximadamente, más o menos; **sie ist ~ dreißig** tiene unos treinta años; ~ **so** más o menos así
❷ *(beispielsweise)* por ejemplo; **wie ~ in diesem Fall** como por ejemplo en este caso
❸ *(Schweiz: ab und zu)* a veces, de vez en cuando; **nach der Reise haben wir uns noch ~ gesehen** después del viaje nos hemos visto alguna vez
II. *part (vielleicht)* quizá, tal vez; **willst du ~ schon gehen?** ¿es que te quieres ir ya?; **du willst doch nicht ~ behaupten, dass …?** ¿no querrás decir que…?; **… oder ~ nicht?** …, ¿o acaso no?; **das war keine Absicht, oder ~ doch?** no fue a propósito, ¿o sí?
etwaige(r, s) ['ɛtva:ɪç, -'--] *adj* eventual, posible; **haben Sie ~ Einwände?** ¿tiene algo que objetar?
Etwapreis *m* <-es, -e> precio *m* aproximativo
etwas ['ɛtvas] *pron indef* algo, *(ein bisschen)* un poco, algo; **hast du noch ~ Geld?** ¿te queda algo de dinero?; **ohne ~ zu sagen** sin decir nada; **das ist ~ anderes** esto es otra cosa; **aus ihm wird nie ~** nunca llegará a ser algo; **hast du ~ gegen mich?** ¿tienes algo contra mí?; **sie hat ~ mit ihm** *(fam)* está liada con él; **die Sache hat ~ für sich** el asunto tiene algo; **da ist ~ Wahres dran** hay algo de verdad en ello; **er versteht ~ davon** entiende algo de esto
Etwas *nt* <-, *ohne pl*> algo; **ein winziges ~ lag auf dem Weg** había una cosa diminuta en el camino; **sie hat das gewisse ~** tiene un no sé qué
etwelche(r, s) ['ɛtvɛlçɐ] *adj (Schweiz) s.* **etliche**
Etymologie [etymolo'gi:] *f* <-, -n> etimología *f*
etymologisch [etymo'lo:gɪʃ] *adj* etimológico
Eu (CHEM) *Abk. von* **Europium** *Eu*
EU [e:'ʔu:] *f* <-> *Abk. von* **Europäische Union** UE *f*
EU-Behörde *f* <-, -n> Autoridad *f* de la UE; **EU-Beitritt** *m* <-(e)s, -e> ingreso *m* en la UE; **EU-Bürger(in)** *m(f)* <-s, -; -, -nen> ciudadano, -a *m, f* de la UE; **EU-Bürgerschaft** *f* <-, *ohne pl*> ciudadanía *f* de la UE
euch [ɔɪç] **I.** *pron pers mfpl dat/akk von* **ihr** os; *(betont)* a vosotros/vosotras… (os); *(mit Präposition)* vosotros/vosotras; **wie habt ihr ~ in China verständigt?** ¿cómo os habéis entendido en China?; ~ **würde es interessieren/gefallen** a vosotros/vosotras os interesaría/gustaría; **Blumen für ~!** ¡flores para vosotros/vosotras!; **ein Freund von ~** un amigo vuestro; **gehören ~ die Räder?** ¿son vuestras las bicis?; **mit ~** con vosotros/vosotras; **bei ~ gefällt es mir sehr gut** me gusta estar en vuestra casa; **nächste Woche komme ich mal wieder zu ~** la semana que viene vendré a vuestra casa otra vez; **über ~ wohnt ein Bekannter von uns** encima de vosotros vive un conocido nuestro
II. *pron refl mfpl dat/akk von* **ihr** os; **setzt ~!** ¡sentaos!; **ihr könnt es ~ überlegen** os lo podéis pensar
Eucharistie [ɔɪçaʀɪs'ti:] *f* <-, -n> (REL) eucaristía *f*
euer ['ɔɪɐ] *pron pers pl gen von* **ihr** de vosotros/vosotras
euer, eu(e)re, euer *pron poss (adjektivisch)* vuestro, -a *m, f*, vuestros *mpl*, vuestras *fpl*; ~ **Hund/Sohn** vuestro perro/hijo; **eure Wohnung/Freunde/Blumen** vuestra casa/vuestros amigos/vuestras flores; **ihr wohnt bei eurem Bruder/eurer Mutter/euren Eltern** vivís en casa de vuestro hermano/vuestra madre/vuestros padres; **E~ Exzellenz** Vuestra Excelencia
eu(e)re(r, s) *pron poss (substantivisch)* (el) vuestro *m*, (la) vuestra *f*, (los) vuestros *mpl*, (las) vuestras *fpl*; **das große Stück ist eures** [*o* **euers**] el trozo grande es (el) vuestro; **meine Pläne sind anders als eure** mis planes son diferentes de los vuestros; *s. a.* **euer, eu(e)re, euer**
EU-Führerschein *m* <-(e)s, -e> permiso *m* de conducir de la UE
Eugenik [ɔɪ'ge:nɪk] *f* <-, *ohne pl*> (MED) eugenesia *f*
eugenisch [ɔɪ'ge:nɪʃ] *adj* (MED) eugenésico
EU-Gipfel *m* <-s, -> cumbre *f* comunitaria

Eukalyptus [ɔɪka'lʏptʊs] *m* <-, Eukalypten *o* -> (BOT) eucalipto *m*
Eukalyptusbonbon *m o nt* <-s, -s> caramelo *m* de eucalipto
EU-Kommissar(in) *m(f)* <-s, -e; -, -nen> (POL) comisario, -a *m, f* de la UE; **EU-Kommission** *f* <-, *ohne pl*> Comisión *f* de la UE; **EU-Land** *nt* <-(e)s, -Länder> país *m* comunitario
Eule ['ɔɪlə] *f* <-, -n> (ZOOL) lechuza *f*; ~**n nach Athen tragen** llevar leña al monte
Eulenspiegel *m* <-s, -> payaso *m*, bufón *m*
Eulenspiegelei *f* <-, -en> travesura *f*; **sie wurde Opfer einer ~** le hicieron una travesura
EU-Ministerrat *m* <-(e)s, *ohne pl*> Consejo *m* de Ministros de la UE; **EU-Mitgliedsland** *nt* <-(e)s, -länder> país *m* miembro de la UE; **EU-Norm** *f* <-, -en> Norma *f* de la UE
Eunuch [ɔɪ'nu:x] *m* <-en, -en> eunuco *m*
Euphemismus [ɔɪfe'mɪsmʊs] *m* <-, Euphemismen> eufemismo *m*
euphemistisch *adj* eufemístico
Euphorie [ɔɪfo'ri:] *f* <-, -n> euforia *f*
euphorisch [ɔɪ'fo:rɪʃ] *adj* eufórico
euphotisch [ɔɪ'fo:tɪʃ] *adj* eufótico; **der ~e Bereich** la región eufótica
Euratom [ɔɪʀa'to:m] *f Abk. von* **Europäische Atomgemeinschaft** Euratom *m*
eure(r, s) ['ɔɪʀə, -ʀe, -ʀəs] *pron poss o pron pers s.* **euer**
Eureka [jua'ri:ke] *f* <-> *Abk. von* **European Research Coordination Agency** Eureka *m*
eurer ['ɔɪʀɐ] *pron poss o pron pers s.* **euer**
eurerseits ['ɔɪʀezaɪts] *adv* por vuestra parte
eures ['ɔɪʀəs] *pron poss o pron pers s.* **euer**
euresgleichen ['--'--] *pron indef* de vuestra condición, vuestros semejantes; ~ **wollen wir hier nicht haben** no queremos aquí a gente de vuestra calaña
euretwegen ['ɔɪʀətve:gən] *adv* por vosotros; *(negativ)* por vuestra culpa
euretwillen ['ɔɪʀətvɪlən] *adv:* **um ~** por vosotros
Eurhythmie [ɔɪʀyt'mi:] *f* <-, *ohne pl*> euritmia *f*
eurige(r, s) ['ɔɪʀɪgə, -gɐ, -gəs] *pron poss geh für* **eu(e)re(r, s)**: **der/die/das ~** el vuestro/la vuestra; **die ~n** los vuestros/las vuestras
Euro ['ɔɪʀo] *m* <-(s), -(s)> (EU) euro *m*; **die Einführung des ~** la introducción del euro; **die Festsetzung des Wertes des ~** la fijación del valor del euro; **der Übergang zum ~** la transición al euro
Euroanleihe *f* <-, -n> (FIN) euroemisión *f*; **Eurobanknote** *f* <-, -n> billete *m* de euro; **Eurocent** *m* <-(s), -(s)> Céntimo *m* de euro
Eurocheque *m* <-s, -s> eurocheque *m*; **Eurochequekarte** *f* <-, -n> tarjeta *f* de eurocheque
Eurocity *m* <-s, -s>, **Eurocityzug** [ɔɪro'sɪtitsu:k] *m* <-(e)s, -züge> (EISENB) Eurocity *m* *(tren equivalente al Intercity que cubre también recorridos fuera de Alemania)*
Eurodevise *f* <-, -n> eurodivisa *f*; **Eurodollar** *m* <-s, -s> (WIRTSCH) eurodólar *m*; **Euro-Einführungsgesetz** *nt* <-es, -e> ley *f* de introducción del euro
Eurogeld *nt* <-(e)s, *ohne pl*> (EU) dinero *m* europeo; **Eurogeldhändler(in)** *m(f)* <-s, -; -, -nen> corredor(a) *m(f)* de eurodivisas; **Eurogeldmarkt** *m* <-(e)s, *ohne pl*> euromercado *m* de dinero
Eurokapitalmarkt *m* <-(e)s, *ohne pl*> euromercado *m* de capitales; **Eurokommunismus** *m* <-, *ohne pl*> (POL) eurocomunismo *m*
Eurokrat(in) *m(f)* <-en, -en; -, -nen> (POL) eurócrata *mf*
Eurokratie *f* <-, -n> (POL) eurocracia *f*
Eurokredit *m* <-(e)s, -e> eurocrédito *m*; **Euroland** *nt* <-es, -länder> país *m* euro; **Euromark** *f* <-, *ohne pl*> (FIN) euromarco *m*; **Euromarkt** *m* <-(e)s, *ohne pl*> euromercado *m*; **Euromünze** *f* <-, -n> moneda *f* de euro
Europa [ɔɪ'ro:pa] *nt* <-s> Europa *f*
Europaabgeordnete(r) *mf* <-n, -n; -, -n> eurodiputado, -a *m, f*; **Europacup** [ɔɪ'ro:pakap] *m* <-s, -s> (SPORT) copa *f* de Europa
Europäer(in) [ɔɪro'pɛ:ɐ] *m(f)* <-s, -; -, -nen> europeo, -a *m, f*
Europafrage *f* <-, -n> (POL) cuestión *f* europea
europäisch *adj* europeo; **E~e Atomgemeinschaft** Comunidad Europea de la Energía Atómica; **E~er Binnenmarkt** Mercado único europeo; **E~e Freihandelsassoziation** Asociación Europea de Libre Comercio; **E~e Gemeinschaft** Comunidad Europea; **E~er Gerichtshof** Tribunal de Justicia Europeo; **E~e Integration** Integración Europea; **E~e Investitionsbank** Banco Europeo de Inversiones; **E~e Kommission** Comisión Europea; **E~e Marktordnung** organización [*o* régimen] del mercado europeo; **E~es Parlament** Parlamento Europeo; **E~er Rat** Consejo Europeo; **E~er Rechnungshof** Tribunal Europeo de Cuentas; **E~es System der Zentralbanken** Sistema Europeo de Bancos Centrales; **E~e Union** Unión Europea; **E~e Währungseinheit** unificación monetaria europea; **E~es Währungsinstitut** Instituto Monetario Europeo; **E~es Währungssystem** Sistema Monetario Europeo; **E~e Wirtschaftsgemeinschaft** (HIST) Comunidad Económica Europea; **E~e Wirtschafts-

und Währungsunion Unión Económica y Monetaria Europea; **E~e Zahlungsunion** Unión Europea de Pagos; **E~e Zentralbank** Banco Central Europeo
europäisieren* vt europeizar
Europäisierung f <-, ohne pl> (POL) europeización f
Europameister(in) m(f) <-s, -; -, -nen> (SPORT) campeón, -ona m, f de Europa; **Europameisterschaft** f <-, -en> (SPORT) campeonato m de Europa, Eurocopa f; **Europaparlament** nt <-(e)s, ohne pl> (EU) Parlamento m Europeo; **Europapass**[RR] m <-es, -pässe> pasaporte m de la Unión Europea; **Europapokal** m <-s, -e> (SPORT) copa f de Europa; **Europapolitiker(in)** m(f) <-s, -; -, -nen> político, -a m, f europeísta; **Europarat** m <-(e)s, ohne pl> Consejo m de Europa; **Europarecht** nt <-(e)s, ohne pl> derecho m europeo; **Europastraße** f <-, -n> (AUTO) carretera f intereuropea; **Europawahlen** fpl elecciones fpl europeas
Europium [ɔ'ro:piʊm] nt <-s, ohne pl> (CHEM) europio m
Europol [ɔɪrɔpo:l] f <-, -en> (POL) Europol f
Eurosignal nt <-s, -e> (TEL) euroseñal f; **Euroskeptiker(in)** m(f) <-s, -; -, -nen> (POL) euroescéptico, -a m, f; **Eurotunnel** m <-s, ohne pl> eurotúnel m
Eurovision [----'-] f <-, ohne pl> Eurovisión f; **Eurovisionssendung** f <-, -en> (TV) programa m de Eurovisión
Eurowährung f <-, -en> (EU) moneda f europea; **Eurowährungsmarkt** m <-(e)s, -märkte> mercado m monetario del euro
euryhalin [ɔɪryha'li:n] adj (BIOL) eurihalino
euryphag [ɔɪry'fa:k] adj (BIOL) euráfago
eurytherm [ɔɪry'tɛrm] adj (BIOL) euritermo
Euter ['ɔɪtɐ] m <-s, -> ubre f
Euthanasie [ɔɪtana'zi:] f <-, ohne pl> eutanasia f
eutroph [ɔɪ'tro:f] adj eutrófico
Eutrophierung [ɔɪtro'fi:rʊŋ] f <-, -en> eutroficación f
EU-Verordnung f <-, -en> (EU) reglamento m europeo, decreto-(ley) m europeo
EU-Vertrag m <-(e)s, -träge> tratado m de la Unión Europea
ev. (REL) Abk. von **evangelisch** protestante
e.V., E.V. Abk. von **eingetragener Verein** sociedad f registrada; **Deutsche Krebshilfe** ~ Asociación alemana para la Lucha contra el Cáncer
Eva ['e:fa, 'e:va] f <-, -s> (fam iron: Frau) mujer f; **mit 13 war sie schon eine richtige** ~ con 13 años ya era toda una mujercita
Evakostüm ['e:fa-] nt <-(e)s, ohne pl> (fam) s. **Evaskostüm**
evakuieren* [evaku'i:rən] vt evacuar, desalojar
Evakuierte(r) mf <-n, -n; -n, -n> evacuado, -a m, f
Evakuierung f <-, -en> evacuación f, desalojo m
Evangelien pl von **Evangelium**
evangelisch [evaŋ'ge:lɪʃ] adj evangélico, protestante
Evangelist [evaŋ'ge:lɪst] m <-en, -en> (REL) evangelista m
Evangelium [evaŋ'ge:liʊm] nt <-s, Evangelien> evangelio m
Evaporation [evapora'tsjo:n] f <-, -en> evaporación f
Evaskostüm ['e:fas-] nt <-(e)s, ohne pl> (fam): **im** ~ como vino al mundo, como la parió su madre
Event [i'vɛnt] m o nt <-s, -s> (fam) evento m
Eventualantrag [evɛntu'a:l-] m <-(e)s, -träge> (JUR) petición f subsidiaria; **Eventualaufrechnung** f <-, -en> (JUR) compensación f eventual; **Eventualbegründung** f <-, -en> (JUR) fundamentación f eventual; **Eventualbeschwerde** f <-, -n> (JUR) queja f eventual; **Eventualfall** m <-(e)s, -fälle> eventualidad f; **im** ~ si se diera el caso; **für den** ~ **gibt es Katastrophenschutzpläne** en caso necesario existe un plan de control de catástrofes; **Eventualforderung** f <-, -en> acreencia f eventual
Eventualhaushalt m <-es, -e> presupuesto m de reserva
Eventualität [evɛntuali'tɛt] f <-, -en> eventualidad f, posibilidad f; **Eventualmaxime** f <-, ohne pl> (JUR) principio m de inmediación; **Eventualverbindlichkeit** f <-, -en> (JUR) pasivo m eventual; **Eventualwiderklage** f <-, -n> (JUR) reconvención f eventual
eventuell [evɛntu'ɛl] adj eventual, posible
Evergreen ['ɛvɐgri:n] m o nt <-s, -s> melodía f de siempre
evident [evi'dɛnt] adj (geh) evidente
Evidenztheorie f <-, ohne pl> (JUR) teoría f de la evidencia
Eviktion [evɪk'tsjo:n] f <-, -en> (JUR) evicción f
ev.-luth. (REL) Abk. von **evangelisch-lutherisch** protestante-luterano
Evokation f <-, -en> (JUR) evocación f
Evolution [evolu'tsjo:n] f <-, -en> evolución f
Evolutionstheorie f <-, -en> (BIOL) teoría f de la evolución
EVP Abk. von **Endverbraucherpreis** precio m a pagar por el consumidor final
evtl. Abk. von **eventuell** eventual, posible
E-Werk ['e:vɛrk] nt <-(e)s, -e> Abk. von **Elektrizitätswerk** central f eléctrica
EWG [e:ve:'ge:] f <-, ohne pl> (HIST) Abk. von **Europäische Wirtschaftsgemeinschaft** CEE f
EWI [e:ve:'ʔi:] nt <-s, ohne pl> Abk. von **Europäisches Währungsinstitut** IME m
ewig ['e:vɪç] adj ❶ (unendlich) eterno; **das** ~**e Leben** la vida eterna; ~**er Schnee** nieves perpetuas; **für immer und** ~ para siempre jamás ❷ (fam: ständig) continuo; (endlos) infinito; **das dauert ja** ~ (**und drei Tage**) esto dura una eternidad; **du warst ja** ~ **lange nicht hier** hace un montón de tiempo que no has venido por aquí
Ewiggestrige(r) ['e:vɪçgɛstrɪgə] mf <-n, -n; -n, -n> persona f que vive anclada en el pasado, carroza mf fam
Ewigkeit f <-, -en> eternidad f, perpetuidad f; (REL) eternidad f; **das dauert ja eine** ~ (fam) esto dura una eternidad; **bis in alle** ~ (fam) para siempre
EWS [e:ve:'ʔɛs] nt <-, ohne pl> (EU) Abk. von **Europäisches Währungssystem** SME m
EWU [e:ve:'ʔu:] f <-, ohne pl> (EU) Abk. von **Europäische Währungsunion** UME f
EWWU [e:ve:ve:'ʔu:] f <-, ohne pl> (EU) Abk. von **Europäische Wirtschafts- und Währungsunion** UEME f
EWWU-Teilnehmerland nt <-(e)s, -länder> país m miembro de la UEME; **EWWU-Teilnehmerstaat** m <-(e)s, -en> estado m miembro de la UEME
ex [ɛks] adv (fam): ~ **und hopp** ≈arriba, abajo, al centro y adentro; **etw auf** ~ **trinken** beber algo de un trago
Ex mf <-, -; -, -> (fam) ex mf
exakt [ɛ'ksakt] adj exacto; (Uhrzeit) en punto; (sorgfältig) esmerado, cuidadoso; **er kam** ~ **um 12 Uhr an** llegó a las 12 en punto
Exaktheit f <-, ohne pl> (Bild) exactitud f, precisión f; (Informationen, Darstellung) rigor m
exaltiert [ɛksal'ti:ɐt] adj (geh) exaltado
Examen [ɛ'ksa:mən, pl: ɛ'ksa:mina] nt <-s, – o Examina> examen m; ~ **machen, ins** ~ **gehen** examinarse; **das** ~ **mit zwei machen** sacar un notable en el examen
Examensangst f <-, -ängste> miedo m a los exámenes; **Examensarbeit** f <-, -en> tesina f; **Examenskandidat(in)** m(f) <-en, -en; -, -nen> candidato, -a m, f al examen final (de carrera)
Examina pl von **Examen**
examinieren* [ɛksami'ni:rən] vt ❶ (untersuchen) investigar, examinar ❷ (prüfen) examinar (in de, über sobre); **er wurde in Geschichte/über den Unabhängigkeitskrieg examiniert** le examinaron de historia/le hicieron un examen sobre la guerra de la independencia
Exegese [ɛkse'ge:zə] f <-, -n> (geh a. REL) exegesis f inv, exégesis f inv
exekutieren* [ɛkseku'ti:rən] vt ejecutar
Exekution [ɛkseku'tsjo:n] f <-, -en> ejecución f
Exekutionskommando nt <-s, -s> comando m de ejecución
Exekutive [ɛkseku'ti:və] f <-, -n> (JUR, POL) ejecutivo m
Exekutivgewalt f <-, -en> (POL) poder m ejecutivo; **Exekutivorder** f <-, -s o -n> (POL) orden f ejecutiva; **Exekutivorgan** nt <-s, -e> (POL) órgano m ejecutivo
Exempel [ɛ'ksɛmpəl] nt <-s, -> (geh) ejemplo m; **ein** ~ **statuieren** instituir un ejemplo, dar un escarmiento
Exemplar [ɛksɛm'pla:ɐ] nt <-s, -e> ejemplar m
exemplarisch [ɛksɛm'pla:rɪʃ] adj ejemplar; **jdn** ~ **bestrafen** castigar a alguien de forma ejemplar
Exemtion [ɛksɛm'tsjo:n] f <-, -en> (JUR) exención f
Exequaturverfahren [ɛksek'va:tu:ɐ-] nt <-s, -> (JUR) procedimiento m de exequátur
exerzieren* [ɛksɛr'tsi:rən] vi (MIL) hacer maniobras
Exerzierplatz [ɛksɛr'tsi:ɐ-] m <-es, -plätze> (MIL) campo m de instrucción [o de maniobras]
Exerzitien [ɛksɛr'tsi:tsiən] pl (REL) ejercicios mpl espirituales
Exhibitionismus [ɛkshibitsjo'nɪsmʊs] m <-, ohne pl> exhibicionismo m
Exhibitionist(in) m(f) <-en, -en; -, -nen> exhibicionista mf
exhumieren* [ɛkshu'mi:rən] vt exhumar
Exhumierung f <-, -en> exhumación f
Exil [ɛ'ksi:l] nt <-s, -e> exilio m; **im** ~ **leben** vivir en el exilio; **ins** ~ **gehen** exiliarse
Exilliteratur f <-, -en> (LIT) literatura f en el exilio; **Exilregierung** f <-, -en> gobierno m en el exilio
existent [ɛksɪs'tɛnt] adj existente
Existentialismus [ɛksɪstɛntsja'lɪsmʊs] m <-, ohne pl> (PHILOS) existencialismo m
Existentialist(in) [ɛksɪstɛntsja'lɪst] m(f) <-en, -en; -, -nen> (PHILOS) existencialista mf
existentialistisch adj (PHILOS) existencialista
existentiell [ɛksɪstɛn'tsjɛl] adj s. **existenziell**
Existenz[1] [ɛksɪs'tɛnts] f <-, ohne pl> (Dasein) existencia f
Existenz[2] f <-, -en> ❶ (berufliche Stellung) sustento m; **sich** dat **eine**

Existenzangst

~ **aufbauen** montar un negocio; **die ~ sichern** asegurarse la subsistencia

❷ (*abw: Mensch*) individuo *m*; **er ist eine verkrachte** [*o* **gescheiterte**] ~ es un fracaso (de persona)

Existenzangst *f* <-, -ängste> angustia *f* existencial

Existenzberechtigung *f* <-, -en> autojustificación *f*; **Existenzgründer(in)** *m(f)* <-s, -; -, -nen> fundador(a) *m(f)* de un negocio; **Existenzgrundlage** *f* <-, -n> base *f* de subsistencia; **Existenzgründung** *f* <-, -en> acción *f* de crearse una posición (para ganarse el sustento)

Existenzialismus [ɛksɪstɛntsja'lɪsmʊs] *m* <-, *ohne pl*> (PHILOS) existencialismo *m*

Existenzialist(in) [ɛksɪstɛntsja'lɪst] *m(f)* <-en, -en; -, -nen> (PHILOS) existencialista *mf*

existenzialistisch *adj* (PHILOS) existencialista

existenziell^RR [ɛksɪstɛn'tsjɛl] *adj* existencial

Existenzkampf *m* <-(e)s, -kämpfe> lucha *f* por la existencia; **Existenzminimum** *nt* <-s, *ohne pl*> mínimo *m* vital [*o* de subsistencia]; **Existenzsicherung** *f* <-, *ohne pl*> aseguramiento *m* de los medios de vida [*o* del sustento]; **das geringe Einkommen reicht gerade für unsere ~ aus** los reducidos ingresos apenas alcanzan para cubrir los gastos mínimos [*o* para ir tirando]

existieren* [ɛksɪs'tiːrən] *vi* ❶ (*vorhanden sein*) existir

❷ (*auskommen*) vivir (*von* de), sobrevivir (*von* con); **von den paar Mark kann ja niemand ~** nadie puede vivir de este par de duros

Exitus ['ɛksitʊs] *m* <-, *ohne pl*> (MED) muerte *f*

Exklave [ɛks'klaːvə] *f* <-, -n> (POL) exclave *m*

exklusiv [ɛksklu'ziːf] *adj* (*geh*) exclusivo

Exklusivbindung *f* <-, -en> (JUR) vinculación *f* exclusiva

exklusive [ɛksklu'ziːvə] I. *präp* +*gen* con exclusión de, excluyendo II. *adv* excluido, sin incluir

Exklusivität *f* <-, *ohne pl*> (*geh*) exclusividad *f*

Exklusivrecht *nt* <-(e)s, -e> (JUR) derecho *m* exclusivo; **Exklusivvereinbarung** *f* <-, -en> (JUR) convenio *m* de exclusividad; **Exklusivvermarktung** *f* <-, -en> (WIRTSCH) comercialización *f* exclusiva; **Exklusivvertrag** *m* <-(e)s, -träge> (COM) contrato *m* de exclusividad

Exkommunikation *f* <-, -en> (REL) excomunión *f*

exkommunizieren* *vt* (REL) excomulgar

Exkremente [ɛkskre'mɛntə] *ntpl* (*geh*) excrementos *mpl*, defecaciones *fpl*

Exkret [ɛks'kreːt] *nt* <-(e)s, -e> (MED, ZOOL) excreta *f*

Exkretion [ɛkskre'tsjoːn] *f* <-, -en> (MED, ZOOL) excreción *f*

Exkulpation *f* <-, -en> (JUR) exculpación *f*

Exkurs [ɛks'kʊrs] *m* <-es, -e> digresión *f*

Exkursion [ɛkskʊr'zjoːn] *f* <-, -en> excursión *f*

Exlibris [ɛks'liːbriːs] *nt* <-, -> ex libris *m inv*, exlibris *m inv*

Exmatrikulation [ɛksmatrikula'tsjoːn] *f* <-, -en> (UNIV) exmatriculación *f*

exmatrikulieren* *vt* (UNIV) borrar de la matrícula (de estudiantes)

Ex-nunc-Wirkung [ɛks'nʊŋk-] *f* <-, -en> (JUR) efecto *m* ex nunc

Exobiologie [-----'-] *f* <-, *ohne pl*> exobiología *f*

Exodus ['ɛksodʊs] *m* <-, -se> (*geh: Auszug*) éxodo *m*

ex officio *adj* (JUR) ex officio

exogen [ɛkso'geːn] *adj* (MED, BIOL, GEO) exógeno

exorbitant [ɛksɔrbi'tant] *adj* (*geh*) exorbitante

Exorzist(in) [ɛksɔr'tsɪst] *m(f)* <-en, -en; -, -nen> (REL) exorcista *mf*

Exosphäre [-'---] *f* <-, *ohne pl*> exosfera *f*

Exot(in) [ɛ'ksoːt] *m(f)* <-en, -en; -, -nen> ❶ (*Tier*) animal *m* exótico; (*Pflanze*) planta *f* exótica; (*Mensch*) persona *f* de un país exótico

❷ (*fam: kauziger Typ*) bicho *m* raro

exotisch [ɛ'ksoːtɪʃ] *adj* exótico

Expander *m* <-s, -> (SPORT) extensores *mpl*

expandieren* [ɛkspan'diːrən] *vi* (COM) expandir; (PHYS) dilatarse

Expansion [ɛkspan'zjoːn] *f* <-, -en> (*a.* POL, WIRTSCH) expansión *f*

Expansionsperiode *f* <-, -n> período *m* de expansión; **Expansionsplan** *m* <-(e)s, -pläne> plan *m* de expansión; **Expansionspolitik** *f* <-, -en> política *f* de expansión; **Expansionsrate** *f* <-, -n> tasa *f* de expansión; **Expansionsschwäche** *f* <-, *ohne pl*> debilidad *f* en la expansión; **Expansionsstrategie** *f* <-, -n> estrategia *f* de expansión; **forsche ~n** estrategias extremas de expansión; **Expansionstempo** *nt* <-s, -s> ritmo *m* de expansión

expansiv *adj* (WIRTSCH) expansionista; **~e Einflüsse** influencias expansionistas

Expedition [ɛkspedi'tsjoːn] *f* <-, -en> expedición *f*

Experiment [ɛksperi'mɛnt] *nt* <-(e)s, -e> experimento *m*

experimentell [ɛksperimɛn'tɛl] *adj* experimental

experimentieren* *vi* experimentar (*mit* con), hacer experimentos (*mit* con)

experimentierfreudig *adj* que le gusta hacer experimentos

Experte, -in [ɛks'pɛrtə] *m, f* <-n, -n; -, -nen> experto, -a *m, f*; (*Sachkundige*) perito, -a *m, f*

Expertenauffassung *f* <-, -en> opinión *f* de expertos; **nach ~** según la opinión de los expertos; **Expertenbefragung** *f* <-, -en> consulta *f* a expertos; **Experteneinschätzung** *f* <-, -en> estimación *f* de expertos; **Expertengruppe** *f* <-, -n> grupo *m* de expertos; **Expertengutachten** *nt* <-s, -> dictamen *m* de un experto, peritaje *m*; **Expertenrat** *m* <-(e)s, -räte> consejo *m* de expertos; **Expertensystem** *nt* <-s, -e> (INFOR) sistema *m* de experto(s); **Expertentreffen** *nt* <-s, -> encuentro *m* de expertos

Expertin *f* <-, -nen> *s.* **Experte**

Expertise [ɛkspɛr'tiːzə] *f* <-, -n> peritaje *m*

explizit [ɛkspli'tsiːt] *adj* explícito

explodieren* [ɛksplo'diːrən] *vi sein* ❶ (*Bombe*) explotar, estallar

❷ (*vor Zorn*) estallar, explotar

❸ (*Preise, Kosten*) dispararse; (*Bevölkerungszahl*) explotar

Exploitation [ɛksplɔıta'tsjoːn, ɛksplɔı'teıʃən] *f* <-, -en> (WIRTSCH) explotación *f*

Exploitationsgrad *m* <-(e)s, -e> (WIRTSCH) nivel *m* de explotación

Explosion [ɛksplo'zjoːn] *f* <-, -en> ❶ (*von Bombe*) explosión *f*, estallido *m*

❷ (*vor Zorn, von Bevölkerungszahl*) explosión *f*

explosionsartig *adj* ❶ (*einer Explosion ähnlich*) como una explosión

❷ (*rapide*) rápido

Explosionsgefahr *f* <-, -en> peligro *m* de explosión

explosiv [ɛksplo'ziːf] *adj* (*Material, a.* LING) explosivo; **er hat ein ~es Temperament** se enfada enseguida

Explosiv *m* <-s, -e>, **Explosivlaut** *m* <-(e)s, -e> (LING) explosiva *f*

Explosivstoff *m* <-(e)s, -e> (TECH) explosivo *m*

Exponat [ɛkspo'naːt] *nt* <-(e)s, -e> (KUNST) obra *f* expuesta

Exponent [ɛkspo'nɛnt] *m* <-en, -en> (MATH) exponente *m*

exponentiell [ɛkspontsjɛl] *adj* exponencial

exponieren* [ɛkspo'niːrən] I. *vt* (*geh*) exponer; **an exponierter Stelle** en un puesto muy comprometido

II. *vr*: **sich ~** exponerse, arriesgarse

Export [ɛks'pɔrt] *m* <-(e)s, -e> (*a.* INFOR) exportación *f*

Exportakkreditiv *nt* <-s, -e> (WIRTSCH) crédito *m* documentario de exportación; **Exportartikel** *m* <-s, -> artículo *m* de exportación; **Exportbeihilfen** *fpl* subvenciones *fpl* a la exportación

Exporteur(in) [ɛkspɔr'tøːɐ, *pl:* ɛkspɔr'tøːrə] *m(f)* <-s, -e; -, -nen> exportador(a) *m(f)*

Exportfinanzierung *f* <-, -en> (WIRTSCH) financiación *f* de la exportación; **Exportfirma** *f* <-, -firmen> casa *f* exportadora, empresa *f* exportadora

Exportförderung *f* <-, -en> (WIRTSCH) estímulo *m* a la exportación; **Exportförderungskredit** *m* <-(e)s, -e> (WIRTSCH, FIN) crédito *m* de ayuda a la exportación

Exportgemeinschaft *f* <-, -en> comunidad *f* de exportación; **Exportgenehmigung** *f* <-, -en> (WIRTSCH) autorización *f* de exportación, permiso *m* de exportación; **Exportgeschäft** *nt* <-(e)s, -e> negocio *m* de exportación; **Exporthandel** *m* <-s, *ohne pl*> comercio *m* exportador

exportieren* [ɛkspɔr'tiːrən] *vt* (*a.* INFOR) exportar

exportintensiv *adj* muy orientado a la exportación

Exportkartell *nt* <-s, -e> (WIRTSCH) cartel *m* de exportación; **Exportkauffrau** *f* <-, -en> técnico *f* en exportación; **Exportkaufmann** *m* <-(e)s, -leute> técnico *m* en exportación; **Exportkontingent** *nt* <-(e)s, -e> (WIRTSCH) contingente *m* de exportación; **Exportkredit** *m* <-(e)s, -e> (WIRTSCH) crédito *m* a la exportación; **Exportkundendienst** *m* <-es, -e> servicio *m* técnico del comercio de exportación

exportlastig *adj* con más exportaciones que importaciones

Exportlizenz *f* <-, -en> (WIRTSCH) licencia *f* de exportación

exportorientiert *adj* orientado a la exportación

Exportpreisliste *f* <-, -n> lista *f* de precios de exportación; **Exportquote** *f* <-, -n> cuota *f* de exportación; **Exportregelung** *f* <-, -en> reglamentación *f* de la exportación; **Exportrentabilität** *f* <-, *ohne pl*> rentabilidad *f* de la exportación; **Exportschlager** *m* <-s, -> gran éxito *m* de exportación; **Exportsendung** *f* <-, -en> envío *m* de exportación; **Exportsperre** *f* <-, -n> bloqueo *m* a la exportación; **Exporttratte** *f* <-, -n> (WIRTSCH, FIN) letra *f* de cambio de exportación; **Exportüberhang** *m* <-(e)s, -hänge> excedente *m* de exportación; **Exportüberschuss**^RR *m* <-es, -schüsse> excedente *m* de exportación; **Exportverbot** *nt* <-(e)s, -e> prohibición *f* de exportación; **Exportvertrag** *m* <-(e)s, -träge> (WIRTSCH) contrato *m* de exportación

Exposition [ɛkspozi'tsjoːn] *f* <-, -en> (*a.* GEO, MUS, FOTO) exposición *f*

Express^RR [ɛks'prɛs] *m* <-es, *ohne pl*>, **Expreß** *m* <-sses, *ohne pl*> (tren *m*) expreso *m*, (tren *m*) exprés *m*; **per ~** urgente

Expressgut^RR *nt* <-(e)s, -güter> (EISENB) envío *m* exprés; **Express-**

Expressgutabfertigung^{RR} *f* <-, -en> (EISENB) expedición *f* urgente de mercancías; **Expressgutverkehr**^{RR} *m* <-(e)s, ohne *pl*> (EISENB) tráfico *m* de mercancías por expreso

Expressionismus [ɛksprɛsjo'nɪsmʊs] *m* <-, ohne *pl*> (KUNST, MUS, LIT) expresionismo *m*

Expressionist(in) [ɛksprɛsio'nɪst] *m(f)* <-en, -en; -, -nen> (KUNST, LIT, MUS) expresionista *mf*

expressionistisch *adj* (KUNST, MUS, LIT) expresionista

expressis verbis [ɛks'prɛsiːs 'vɛrbiːs] *adv* (geh) expressis verbis

expressiv [ɛksprɛ'siːf] *adj* expresivo

Expressstraße^{RR} *f* <-, -n> (Schweiz: Schnellstraße) autovía *f*

exquisit [ɛkskvi'ziːt] *adj* exquisito

Extension [ɛkstɛn'zjoːn] *f* <-, -en> (INFOR) extensión *f*

extensiv [ɛkstɛn'ziːf] *adj* extensivo

Extensivierung [ɛstɛnzi'viːrʊŋ] *f* <-, -en> extensificación *f*

extern [ɛks'tɛrn] *adj* externo

Externe(r) *mf* <-n, -n; -n, -n> (SCH) (alumno, -a *m, f*) externo, -a *m, f*

exterritorial *adj* extraterritorial

Exterritorialität *f* <-, ohne *pl*> extraterritorialidad *f*

extra ['ɛkstra] I. *adj inv* (fam) ❶ (zusätzlich) adicional; **eine ~ Belohnung** una recompensa adicional
❷ (gesondert) aparte, separado; **auf einem ~ Blatt** en hoja aparte
II. *adv* ❶ (gesondert) aparte, separado
❷ (zusätzlich) extra
❸ (eigens) especialmente; **das hast du ~ gemacht** (fam) esto lo has hecho a propósito

Extra *nt* <-s, -s> extra *m*; **alle ~s inklusive** con todos los extras incluidos

Extraausgabe *f* <-, -n> ❶ (PUBL) edición *f* extraordinaria, extra(ordinario) *m* ❷ (FIN) gasto *m* extraordinario; **Extraausstattung** *f* <-, -en> equipamiento *m* adicional; **Extrablatt** *nt* <-(e)s, -blätter> edición *f* extra [*o* extraordinaria]; **Extrafahrt** *f* <-, -en> (Schweiz) viaje *m* extraordinario

extrafein *adj* (fam) superfino

extrahieren* [ɛkstra'hiːrən] *vt* (MED) extraer (aus de)

extrakorporal [ɛkstrakɔrpo'raːl, -----] *adj* (MED) extracorporal

Extrakt [ɛks'trakt] *m o nt* <-(e)s, -e> extracto *m*, esencia *f*

Extraktion [ɛkstrak'tsjoːn] *f* <-, -en> (CHEM) extracción *f*

Extraktionseinsatz *m* <-es, ohne *pl*> (CHEM) empleo *m* de extracción

extrauterin [ɛkstra'uteːrɪn] *adj* (MED) extrauterino

extravagant ['ɛkstravagant, ----] *adj* extravagante, excéntrico

Extravaganz ['ɛkstravagants, ----'] *f* <-, -en> extravagancia *f*

extravertiert [ɛkstravɛr'tiːɐt] *adj* (PSYCH) *s.* **extrovertiert**

Extrawurst *f* <-, -würste> (fam): **Mensch, du kriegst immer eine ~!** ¡chico, a ti hay que echarte de comer aparte!; **Extrazug** *m* <-(e)s, -züge> (Schweiz: Sonderzug) tren *m* especial

extrem [ɛks'treːm] I. *adj* extremo
II. *adv* en extremo

Extrem *nt* <-s, -e> extremo *m*

Extremfall *m* <-(e)s, -fälle> caso *m* extremo; **im ~** en último extremo

Extremismus [ɛkstre'mɪsmʊs] *m* <-, Extremismen> extremismo *m*

Extremist(in) *m(f)* <-en, -en; -, -nen> extremista *mf*, ultra *mf fam*

extremistisch *adj* extremista, ultra

Extremitäten [ɛkstremi'tɛːtən] *fpl* extremidades *fpl*

Extremsport *m* <-(e)s, -e>, **Extremsportart** *f* <-, -en> deporte *m* de alto riesgo

Extremwert *m* <-(e)s, -e> (MATH) valor *m* extremo

extrovertiert [ɛkstrovɛr'tiːɐt] *adj* extravertido, extrovertido

ex tunc *adv* (JUR) ex tunc

exzellent [ɛktsɛ'lɛnt] *adj* excelente

Exzellenz [ɛkstsɛ'lɛnts] *f* <-, -en> Excelencia *f*; **(Euer) ~ (Su) Excelencia**

exzentrisch [ɛks'tsɛntrɪʃ] *adj* (a. MATH) excéntrico

exzerpieren* [ɛkstsɛr'piːrən] *vt* (geh) extractar

Exzerpt [ɛks'tsɛrpt] *nt* <-(e)s, -e> (geh) extracto *m*

Exzess^{RR} [ɛks'tsɛs] *m* <-es, -e>, **Exzeß** *m* <-sses, -sse> exceso *m*, abuso *m*; **etw bis zum ~ treiben** excederse en algo

exzessiv [---'-] *adj* (geh) excesivo, desmesurado

Eyeliner ['aɪlaɪnɐ] *m* <-s, -> delineador *m* de ojos

EZB [eːtsɛt'beː] *f Abk. von* **Europäische Zentralbank** BCE *m*

EZU [eːtsɛt'ʔuː] *f* <-, ohne *pl*> (POL, WIRTSCH) *Abk. von* **Europäische Zahlungsunion** UEP *f*

E-Zug ['eːtsuːk] *m* <-(e)s, -Züge> (EISENB) *Abk. von* **Eilzug** (tren *m*) expreso *m*

F

F, f [ɛf] *nt* <-, -> ❶ (Buchstabe) F, f *f*; **~ wie Friedrich** F de Francia
❷ (MUS) fa *m*

f. ❶ *Abk. von* **folgende (Seite)** y (página) siguiente; **die Erläuterungen stehen auf S. 17~** las explicaciones se encuentran en la página 17 y siguiente
❷ *Abk. von* **für** para

Fa. *Abk. von* **Firma** firma *f*, casa *f*

Fabel ['faːbəl] *f* <-, -n> fábula *f*

fabelhaft *adj* fabuloso, formidable, fain *MAm, Kol, Mex, PRico*; **ist sie nicht ~?** ¿no es maravillosa?

fabeln I. *vi* fantasear (von con); **ihr Mann spricht im Fieber, er fabelt irgendetwas von einem vergrabenen Schatz!** su marido delira, cuenta algo sobre un tesoro enterrado; **glaubt ihm nichts, Kinder, euer Onkel fabelt mal wieder!** ¡no le creáis una palabra, niños, vuestro tío se está inventando fábulas [*o* batallitas]!
II. *vt* desbarrar, desvariar; **du fabelst mal wieder nur dummes Zeug!** ¡ya estás otra vez contando burradas!; **was fabelst du da? nie und nimmer habe ich dir einen solchen Auftrag erteilt!** ¡no desvaríes!, nunca jamás te he encargado algo semejante

Fabeltier *nt* <-(e)s, -e> animal *m* fabuloso [*o* mitológico]; **Fabelwesen** *nt* <-s, -> ser *m* fabuloso

Fabrik [fa'briːk] *f* <-, -en> fábrica *f*; **ab ~** (WIRTSCH) ex fábrica; **er geht in die ~** (fam) trabaja en una fábrica

Fabrikabfälle *mpl* residuos *mpl* de las fábricas; **Fabrikabsatz** *m* <-es, -sätze> (COM) venta *f* desde la fábrica; **Fabrikangestellte(r)** *mf* <-n, -n; -n, -n> empleado, -a *m, f* en una fábrica

Fabrikant(in) [fabri'kant] *m(f)* <-en, -en; -, -nen> fabricante *mf*

Fabrikarbeiter(in) *m(f)* <-s, -; -, -nen> obrero, -a *m, f* de fábrica [*o* industrial]

Fabrikat [fabri'kaːt] *nt* <-(e)s, -e> ❶ (Produkt) producto *m*, artículo *m*; **ausländisches/einheimisches ~** producto extranjero/del país
❷ (Marke) marca *f*

Fabrikation [fabrika'tsjoːn] *f* <-, -en> fabricación *f*, producción *f*; **die ~ einstellen/wieder aufnehmen** suspender/reanudar la fabricación

Fabrikationsbetrieb *m* <-(e)s, -e> fábrica *f*, planta *f* de producción, factoría *f*; **Fabrikationsfehler** *m* <-s, -> defecto *m* de fabricación [*o* de fábrica]; **Fabrikationsnummer** *f* <-, -n> número *m* de fabricación

Fabrikbesitzer(in) *m(f)* <-s, -; -, -nen> fabricante *mf*; **Fabrikgelände** *nt* <-s, -> terreno *m* de la fábrica; **Fabrikhalle** *f* <-, -n> nave *f* industrial

Fabrikler(in) *m(f)* <-s, -; -, -nen> (Schweiz) obrero, -a *m, f* de fábrica

fabrikmäßig *adj* en serie; **~ hergestellt** fabricado en serie

fabrikneu *adj* (recién salido) de fábrica, (totalmente) nuevo; (fam) flamante

Fabrikware *f* <-, -n> producto *m* fabricado; **das ist reine ~** (abw) esto no es de marca

fabrizieren* [fabri'tsiːrən] *vt* (fam) fabricar, hacer; **was hast du da schon wieder fabriziert?** ¿qué has armado otra vez?

fabulieren* [fabu'liːrən] *vi* ❶ (erzählen) contar cuentos
❷ (lügen) contar cuentos (chinos), contar trolas

Facelifting ['feɪslɪftɪŋ] *nt* <-s, -s> ❶ (MED) operación *f* de cirugía estética, "lifting" *m*; **sich einem ~ unterziehen** someterse a una operación de cirugía estética, hacerse un "lifting"
❷ (Verschönerungsaktion) remozamiento *m*; **dieses Gebäude braucht dringend ein ~** este edificio necesita ser remozado urgentemente

Facette [fa'sɛtə] *f* <-, -n> faceta *f*

Facettenauge *nt* <-s, -n> (ZOOL) ojo *m* compuesto

Fach [fax, *pl*: 'fɛçə] *nt* <-(e)s, Fächer> ❶ (in einem Koffer, einer Tasche) bolsillo *m*; (im Bücherregal, Schrank) casilla *f*, anaquel *m*; (Schublade) cajón *m*; (Post~) casilla *f*
❷ (Berufszweig) ramo *m*, especialidad *f*; (Wissensgebiet) especialidad *f*, campo *m*; (Unterrichts~) materia *f*, asignatura *f*; **vom ~ sein** ser del ramo

Fachabteilung *f* <-, -en> departamento *m* especializado

Facharbeiter(in) *m(f)* <-s, -; -, -nen> obrero, -a *m, f* cualificado, -a [*o* especializado, -a]; **Facharbeiterbrief** *m* <-(e)s, -e> título *m* de trabajador cualificado

Facharbeiterin *f* <-, -nen> *s.* **Facharbeiter; Facharzt, -ärztin** *m, f* <-es, -ärzte; -, -nen> (médico, -a *m, f*) especialista *mf*

fachärztlich I. *adj* (Behandlung, Untersuchung) por un especialista; (Attest) de un (médico) especialista; **sich in ~e Behandlung begeben** ponerse en manos de un especialista *fam*
II. *adv* por un especialista; **bei Problemen mit den Nieren sollten Sie sich unbedingt ~ behandeln/untersuchen lassen** en caso de problemas renales debería llevarle/verle sin falta un especialista

Fachausdruck *m* <-(e)s, -drücke> término *m* técnico; **Fachbereich** *m* <-(e)s, -e> ❶ (*Fachgebiet*) especialidad *f* ❷ (UNIV) facultad *f*; **Fachblatt** *nt* <-(e)s, -blätter> publicación *f* especializada; **Fachbuch** *nt* <-(e)s, -bücher> libro *m* técnico [*o* especializado]; **Fachbuchhandlung** *f* <-, -en> librería *f* especializada
fächeln ['fɛçəln] **I.** *vt* abanicar
 II. *vr:* **sich** ~ abanicarse
Fächer¹ ['fɛçɐ] *m* <-s, -> abanico *m*
Fächer² *pl von* **Fach**
Fächerpalme *f* <-, -n> (BOT) latania *f*, palmera *f* de abanico
fächerübergreifend *adj* interdisciplinario
Fachfrau *f* <-, -en> especialista *f*, experta *f*
fachfremd *adj* lego en la materia, ajeno al ramo; ~ **unterrichten** dar clases sin estar especializado
Fachgebiet *nt* <-(e)s, -e> especialidad *f*; **Fachgebietsleiter(in)** *m(f)* <-s, -; -, -nen> jefe, -a *m*, *f* de sección
fachgebunden ['faxɡəbʊndən] *adj* vinculado al ramo
fachgerecht I. *adj* (*Ausbildung*) (realizado) por profesores especializados [*o* por profesionales del ramo]; (*Erledigung*) (realizado) por personal competente [*o* de manera profesional]; (*Ausführung*) profesional
 II. *adv* de manera profesional; **der Bezug des Sofas wurde von einem Polsterer** ~ **ausgeführt** el tapizado del sofá fue hecho por un tapicero (de manera) profesional
Fachgeschäft *nt* <-(e)s, -e> tienda *f* especializada (*für* en); **Fachgruppe** *f* <-, -n> ❶ (*Fachleute*) grupo *m* de especialistas, comisión *f* de expertos; **er arbeitet in einer vom Verkehrsminister beauftragten** ~ **für Sicherheit im Straßenverkehr** trabaja en una comisión de expertos en seguridad vial creada por orden del Ministro de Transportes ❷ (*Studenten*) grupo *m* de trabajo especializado; **Fachhandel** *m* <-s, *ohne pl*> comercio *m* especializado; **Fachhändler(in)** *m(f)* <-s, -; -, -nen> comerciante *mf* especializado, -a; **Fachhochschule** *f* <-, -n> escuela *f* técnica superior; ~ **für Ernährungswissenschaften** escuela superior de ciencias de la alimentación; **Fachidiot(in)** *m(f)* <-en, -en; -, -nen> (*abw*) especialista *mf* (limitado, -a a su campo laboral); **Fachjargon** *m* <-s, -s> jerga *f* de los expertos; **Fachkenntnisse** *fpl* conocimientos *mpl* técnicos [*o* especializados]; **Fachkraft** *f* <-, -kräfte> experto, -a *m*, *f*, especialista *mf*; **Fachkreise** *mpl* círculos *mpl* competentes; **er gilt in ~n als Scharlatan** entre los especialistas se le considera un charlatán
fachkundig ['faxkʊndɪç] *adj* competente, experto
fachkundlich *adj* de una especialidad
Fachlehrer(in) *m(f)* <-s, -; -, -en> (SCH) profesor(a) *m(f)* de una especialidad; **Fachlehrgang** *m* <-(e)s, -gänge> curso *m* de especialización; **Fachleiter(in)** *m(f)* <-s, -; -, -nen> profesor(a) *m(f)* titular (*que asiste a un profesor en prácticas*); **Fachleute** *pl von* **Fachmann**
fachlich *adj* profesional, técnico, factual; **dafür ist er** ~ **nicht qualifiziert** para ello no está cualificado
Fachliteratur *f* <-, *ohne pl*> literatura *f* técnica [*o* especializada]; **Fachmann** *m* <-(e)s, -leute *o* -männer> especialista *m*, experto *m*
fachmännisch ['faxmɛnɪʃ] *adj* competente, profesional; **das sieht recht** ~ **aus** parece el trabajo de un profesional
Fachmesse *f* <-, -n> feria *f* especializada; **Fachorgan** *nt* <-s, -e> órgano *m* especializado; **Fachplanungsverfahren** *nt* <-s, -> (JUR) procedimiento *m* de planificación técnica; **Fachpresse** *f* <-, *ohne pl*> prensa *f* especializada; **Fachrichtung** *f* <-, -en> rama *f*, especialización *f* (académica); **die** ~ **Physik an der Universität Köln** la facultad de física de la universidad de Colonia
Fachschaft *f* <-, -en> ❶ (UNIV) organización *f* estudiantil, junta *f* de estudiantes
 ❷ (*Berufsgruppe*) organización *f* profesional
Fachschule *f* <-, -n> instituto *m* de formación profesional [*o* técnica]; **Fachschulreife** *f* <-, *ohne pl*> título *m* que da acceso a una Escuela Técnica Superior; **nachdem sie die** ~ **erworben hatte, studierte sie an der Fachhochschule** tras sacarse el título de acceso estudió en la Escuela Técnica Superior
Fachsimpelei [faxzɪmpəˈlaɪ] *f* <-, -en> (*fam*) conversaciones *fpl* sobre la propia profesión; **wenn sich Medizinstudenten privat treffen, geht es nicht ohne ~ ab** cuando los estudiantes de medicina se reúnen en privado nunca dejan de hablar de temas médicos; **ewig diese ~en, könnt ihr euch nicht mal über ein normales Thema unterhalten?** siempre hablando del trabajo, ¿no podríais tocar algún día un tema normal?
fachsimpeln ['-zɪmpəln] *vi* (*fam*) hablar de asuntos profesionales [*o* de negocios]
Fachsprache *f* <-, -n> lenguaje *m* técnico, jerga *f*
fachsprachlich I. *adj* del [*o* en] lenguaje técnico
 II. *adv* en términos técnicos
Fachtext *m* <-(e)s, -e> texto *m* especializado [*o* técnico]
fachübergreifend *adj* interdisciplinario

Fachwelt *f* <-, *ohne pl*> expertos *mpl*, medios *mpl* competentes
Fachwerk *nt* <-(e)s, -e> (ARCHIT) entramado *m*; **Fachwerkhaus** *nt* <-es, -häuser> casa *f* de paredes entramadas
Fachwissen *nt* <-s, *ohne pl*> *s.* **Fachkenntnisse**; **Fachwort** *nt* <-(e)s, -wörter> término *m* técnico; (LING) tecnolecto *m*; **Fachwörterbuch** *nt* <-(e)s, -bücher> diccionario *m* técnico [*o* de tecnicismos]; **Fachzeitschrift** *f* <-, -en> revista *f* especializada; **wissenschaftliche** ~ revista científica
Fackel ['fakəl] *f* <-, -n> antorcha *f*; **wie eine** ~ **brennen** arder como una tea
fackeln *vi* (*fam*) vacilar, titubear; **da wird nicht lange gefackelt** ahí no se andan con contemplaciones
Fackelschein *m* <-(e)s, *ohne pl*> luz *f* de la antorcha; **bei** ~ **konnten die Besucher nur wenig von der Tropfsteinhöhle erkennen** iluminados por antorchas, los visitantes pudieron ver poca cosa de la cueva de estalactitas; **Fackelzug** *m* <-(e)s, -züge> procesión *f* de antorchas
Factoring ['fɛktərɪŋ] *nt* <-s, *ohne pl*> (WIRTSCH) factoring *m*; **echtes/verdecktes** ~ factoring auténtico/encubierto
Factoringvertrag *m* <-(e)s, -träge> (WIRTSCH) contrato *m* de factoring
fad(e) [faːt, ˈfaːdə] *adj* (*abw*) ❶ (*Speise*) insípido, de poco sabor, soso
 ❷ (*langweilig*) aburrido, soso
fädeln ['fɛːdln] *vt:* **etw in etw** ~ enhebrar algo en [*o* por] algo; **etw auf etw** ~ ensartar algo en [*o* por] algo; **es ist nicht leicht, einen dicken Faden durch ein enges Nadelöhr zu** ~ no es fácil pasar un hilo grueso por un ojo de aguja estrecho
Faden [ˈfaːdən, *pl:* ˈfɛːdən] *m* <-s, Fäden> ❶ (*Näh-*) hilo *m*; **der rote** ~ (*fig*) el hilo conductor; **die Fäden in der Hand haben** [*o* **halten**] (*fig*) tener la sartén por el mango; **sein Schicksal hängt am seidenen** ~ su vida pende de un hilo; **den** ~ **verlieren** (*fig*) perder el hilo, írsele el santo al cielo; **nach Strich und** ~ (*fam*) totalmente; **keinen guten** ~ **an jdm lassen** poner a alguien como un trapo; **keinen trockenen** ~ **mehr am Leib haben** estar hecho una sopa
 ❷ (MED) punto *m*; **die Fäden ziehen** quitar los puntos
Fadenkreuz *nt* <-es, -e> (TECH) retícula *f*; **ins** ~ **geraten** (*fig*) ser blanco de las críticas [*o* acusaciones]; **jdn/etw im** ~ **haben** (*fig*) tener a alguien/algo en el punto de mira; **Fadennudeln** *fpl* (GASTR) fideos *mpl*
fadenscheinig [ˈfaːdənʃaɪnɪç] *adj* (*abw: Argument*) poco convincente, sin fuerza, ralo *CSur*
Fadenwurm *m* <-(e)s, -würmer> filaria *f*
Fadheit *f* <-, *ohne pl*> insipidez *f*
Fagott [faˈɡɔt] *nt* <-(e)s, -e> fagot *m*
Fagottbläser(in) *m(f)* <-s, -; -, -nen> (MUS) fagot(ista) *mf*; **sie spielt als ~in im Salzburger Stadtorchester** es la fagotista de [*o* toca el fagot en] la orquesta municipal de Salzburgo
Fagottist(in) [faɡɔˈtɪst] *m(f)* <-en, -en; -, -nen> (MUS) *s.* **Fagottbläser**
fähig [ˈfɛːɪç] *adj* ❶ (*imstande*) capaz (*zu* de); **zu allem** ~ **sein** ser capaz de todo
 ❷ (*begabt*) inteligente
 ❸ (*geschickt*) hábil
 ❹ (*befähigt*) cualificado (*zu* para)
 ❺ (*geeignet*) idóneo (*zu* para)
Fähigkeit¹ *f* <-, *ohne pl*> (*das Imstandesein*) habilidad *f* (*zu* para), capacidad *f* (*zu* para)
Fähigkeit² *f* <-, -en> (*Begabung*) talento *m*; (*geistig*) facultad *f*
fahl [faːl] *adj* (*Farbe*) pálido; (*Gesichtsfarbe*) lívido; (*Licht*) mortecino; **das ~e Licht des Mondes** la luz mortecina de la luna; **er ist ganz** ~ **im Gesicht** está más blanco que el papel
fahnden [ˈfaːndən] *vi:* **nach etw/jdm** ~ buscar algo/a alguien
Fahndung *f* <-, -en> búsqueda *f* (*nach* de), pesquisas *fpl*
Fahndungsfoto *nt* <-s, -s> foto *f* de búsqueda, foto *f* de: se busca *fam*; **Fahndungsliste** *f* <-, -n> lista *f* de personas buscadas; **auf der** ~ **stehen** figurar en la lista de personas buscadas por la policía
Fahne¹ [ˈfaːnə] *f* <-, -n> ❶ (*Flagge*) bandera *f*, estandarte *m*; (NAUT) pabellón *m*; **mit fliegenden ~n** con las banderas desplegadas; **etw auf seine** ~ **schreiben** (*fig*) fijarse algo como meta; **seine** ~ **nach dem Wind drehen** [*o* **hängen**] cambiar de camisa
 ❷ (TYPO) galerada *f*, prueba *f*
Fahne² *f* <-, *ohne pl*> (*fam: Atem*) tufo *m* de [*o* a] alcohol; **eine** ~ **haben** apestar a alcohol
Fahnenabzug *m* <-(e)s, -züge> (TYPO) galerada *f*, prueba *f*; **Fahneneid** *m* <-(e)s, -e> (MIL) jura *f* de la bandera; **Fahnenflucht** *f* <-, *ohne pl*> (MIL) deserción *f*
fahnenflüchtig *adj* (MIL) desertor; ~ **werden** desertar
Fahnenflüchtige(r) *mf* <-n, -n; -, -n> (MIL) desertor(a) *m(f)*; (*Wehrpflichtiger*) prófugo *m*; **Fahnenhalter** *m* <-s, -> (MIL) portabandera *f*; **Fahnenmast** *m* <-(e)s, -e> asta *f* de la bandera; **Fahnenstange** *f* <-, -n> asta *f* (de una bandera); **Fahnenträger(in)** *m(f)* <-s, -; -, -nen> abanderado, -a *m*, *f*

Fähnrich ['fɛːnrɪç] *m* <-s, -e> (MIL) aspirante *m* a oficial (*en el ejército alemán*); **~ zur See** guardiamarina *m*, guardia *m* marina

Fahrausweis *m* <-es, -e> ❶ (*Fahrkarte*) billete *m*, pasaje *m*, boleto *m* Am ❷ (*Schweiz: Führerschein*) carné *m* de conducir, permiso *m* de conducir; **Fahrausweisautomat** *m* <-en, -en> expendedor *m* automático de billetes

Fahrbahn *f* <-, -en> vía *f*; **das Auto war von der ~ abgekommen** el coche se salió de la carretera; **Fahrbahnverengung** *f* <-, -en> (AUTO) estrechamiento *m* de la vía

fahrbar *adj* (TECH) móvil, con ruedas *fam*; **ein ~er Untersatz** (*fam*) bicicleta, coche *u* otro vehículo

fahrbereit *adj* (AUTO) en condiciones (de poder funcionar); **der Wagen stand in leicht beschädigtem, aber noch ~em Zustand auf dem Hof** el coche estaba en el patio, tenía ligeros desperfectos pero funcionaba aún

Fahrbereitschaft[1] *f* <-, -en> (*Dienststelle*) parque móvil de coches y conductores oficiales de una institución

Fahrbereitschaft[2] *f* <-, *ohne pl*> (*Bereitschaftsdienst*) servicio *m* de conductor; **~ haben** estar de servicio como conductor

Fahrdienstleiter(in) *m(f)* <-s, -; -, -nen> (EISENB) jefe, -a *m, f* de estación

Fähre ['fɛːrə] *f* <-, -n> transbordador *m*, ferry *m*; **die ~ nach England nehmen** coger [*o* tomar] el ferry hacia Inglaterra

fahren ['faːrən] <fährt, fuhr, gefahren> I. *vi sein* ❶ (*los~*) salir; **der Zug fährt in 5 Minuten** el tren sale dentro de 5 minutos
❷ (*sich fortbewegen*) ir (*mit* en); (*Fahrzeug*) estar en marcha; **mit dem Motorrad ~** ir en moto; **Rollschuh ~** patinar; **Ski ~** esquiar; **Karussell ~** montar(se) en el tiovivo; **geradeaus ~** seguir recto; **wie schnell fährt dein Auto?** ¿qué velocidad puede alcanzar tu coche?; **wie schnell fährst du?** ¿a qué velocidad vas?
❸ (*verkehren*) pasar, circular; **die Straßenbahn fährt alle 10 Minuten/durch das Zentrum** el tranvía pasa cada 10 minutos/por el centro; **die Züge ~ nicht am Wochenende** los trenes no circulan los fines de semana
❹ (*reisen*) ir (*nach* a)
❺ (*durch/über etw streichen*): **sie fuhr ihm durch die Haare** le pasó la mano por el pelo
❻ (*fam: zurechtkommen*) llevarse bien; **er ist mit ihm immer gut ge~** siempre se ha llevado bien con él
❼ (*Wend*): **der Schreck fuhr ihm in die Glieder** el susto le atravesó de parte a parte; **~ lassen** (*loslassen*) soltar; (*aufgeben*) abandonar, dejar; **er ließ das Seil ~ und stürzte in die Tiefe** soltó [*o* se desasió de] la cuerda y se precipitó al vacío; **lass diesen Kerl doch ~, der ist es nicht wert, dass du weiter an ihm festhältst!** ¡deja al tipo ese, no se merece que sigas con él!
II. *vt* ❶ *haben o sein* (*Straße, Umleitung*) ir (por)
❷ (*befördern*) transportar, llevar; (*Personen*) llevar; **ich fahre dich nach Hause** te llevo a casa
❸ (*steuern*) conducir, manejar Am; **lass mich ~** déjame conducir a mí
❹ (SPORT): **ein Rennen ~** participar en una carrera (de automóviles); **eine gute Zeit ~** conseguir buenos resultados en una carrera
❺ (*Produktion*): **Sonderschichten ~** hacer turnos extras; **die Produktion wird vorübergehend mit 50 % ge~** la producción se reducirá temporalmente a un 50 %
III. *vr*: **sich ~** (*Fahrzeug*) marchar, funcionar; **dein Wagen fährt sich immer noch gut** tu coche aún está en buenas condiciones

fahrend *adj* (HIST: *Musikant*) ambulante; **~es Volk** pueblo errante; **früher spielten ~e Musikanten auf Festen auf** antiguamente los músicos ambulantes tocaban en las fiestas

Fahrenheit ['faːrənhaɪt] *f* (PHYS): **20 Grad ~** 20 grados Fahrenheit

fahren lassen* *irr vt s.* **fahren I.7.**

Fahrensmann *m* <-(e)s, -leute *o* -männer> (*nordd: Seemann*) marinero *m*

Fahrer(in) ['faːrɐ] *m(f)* <-s, -; -, -nen> (*Auto~, Bus~*) conductor(a) *m(f)*, chófer *mf*; (*Motorrad~*) motociclista *mf*; (*Fahrrad~*) ciclista *mf*

Fahrerei [faːrəˈraɪ] *f* <-, *ohne pl*> (*abw*) conducir *m* constantemente, viajar *m* constantemente; **er hatte die ständige ~ von München nach Augsburg satt** (*fam*) estaba harto de viajar constantemente de Múnich a Augsburgo

Fahrerflucht *f* <-, *ohne pl*> huida *f* del lugar del accidente (*y omisión de socorro*); **~ begehen** huir del lugar del accidente; **Fahrerhaus** *nt* <-es, -häuser> cabina *f* del conductor

Fahrerin *f* <-, -nen> *s.* **Fahrer**

Fahrerlaubnis *f* <-, -se> (*formal*) ❶ (*Genehmigung*) permiso *m* de conducir
❷ (*Führerschein*) carné *m* de conducir

Fahrersitz *m* <-es, -e> (AUTO, EISENB) asiento *m* del conductor

Fahrgast *m* <-(e)s, -gäste> pasajero, -a *m, f*; **Fahrgeld** *nt* <-(e)s, *ohne pl*> precio *m* del billete, tarifa *f*; **das ~ zurückerstatten** r(e)embol-

sar el precio del billete; **Fahrgelegenheit** *f* <-, -en> ❶ (*zum Mitfahren*) oportunidad *f* de viajar con alguien en su coche ❷ (*Verkehrsverbindung*) comunicación *f*; **Fahrgemeinschaft** *f* <-, -en> grupo de personas que se juntan para ir al trabajo en un sólo vehículo, para economizar gasolina y proteger el medio ambiente; **sie bildeten eine ~ zur Arbeit** se juntaron para ir al trabajo en un coche; **Fahrgeschwindigkeit** *f* <-, -en> velocidad *f* (en la conducción de un vehículo); **durch überhöhte ~ kommt es häufig zu Unfällen** el exceso de velocidad es causa frecuente de accidentes; **Fahrgestell** *nt* <-(e)s, -e> ❶ (AUTO) chasis *m inv* ❷ (AERO) tren *m* de aterrizaje

fahrig ['faːrɪç] *adj* ❶ (*unruhig*) inquieto, nervioso
❷ (*zerstreut*) distraído

Fahrkarte *f* <-, -n> billete *m*, pasaje *m*, boleto *m Am*; **eine ~ hin und zurück** un billete de ida y vuelta; **eine ~ lösen** comprar un billete; **Fahrkartenausgabe** *f* <-, -n> *s.* **Fahrkartenschalter**; **Fahrkartenautomat** *m* <-en, -en> distribuidor *m* automático de billetes; **Fahrkartenschalter** *m* <-s, -> ventanilla *f* de venta de billetes, despacho *m* de billetes

Fahrkomfort *m* <-s, *ohne pl*> (AUTO) comodidad *f*

fahrlässig ['faːrlɛsɪç] *adj* descuidado, negligente; **~e Tötung** (JUR) homicidio imprudente; **grob ~** gravemente negligente; **~ handeln** obrar con imprudencia [*o* con descuido]

Fahrlässigkeit *f* <-, -en> ❶ (*Verhalten*) descuido *m*
❷ (JUR) negligencia *f*, imprudencia *f*; **bewusste ~** negligencia consciente; **grobe/schuldhafte ~** imprudencia temeraria/culposa; **leichte/strafbare ~** negligencia leve/punible

Fahrlässigkeitsgrad *m* <-(e)s, -e> (JUR) grado *m* de negligencia [*o* imprudencia]; **Fahrlässigkeitstat** *f* <-, -en> (JUR) delito *m* de culpa

Fahrlehrer(in) *m(f)* <-s, -; -, -nen> profesor(a) *m(f)* de autoescuela

Fährmann ['fɛːr-] *m* <-(e)s, -männer *o* -leute> barquero *m*

Fahrnis *f* <-, -se>, *nt* <-ses, -se> (JUR) bienes *mpl* muebles

Fahrplan *m* <-(e)s, -pläne> horario *m*; **Fahrplanauszug** *m* <-(e)s, -züge> nota *f* de un horario, extracto *m* de un horario

fahrplanmäßig *adj* conforme al horario previsto; **~ abfahren/ankommen** salir/llegar a la hora prevista

Fahrpraxis *f* <-, *ohne pl*> experiencia *f* en conducir con el coche; **er hat erst wenig ~** aún tiene poca práctica con el coche; **sie muss erst ~ erlangen** todavía tiene que adquirir práctica con el coche

Fahrpreis *m* <-es, -e> precio *m* del trayecto [*o* del billete]; **Fahrpreisermäßigung** *f* <-, -en> rebaja *f* en el precio del billete

Fahrprüfung *f* <-, -en> (*examen m*) práctico *m* de conducir; **die ~ ablegen** hacer un examen práctico de conducir

Fahrrad ['faːraːt] *nt* <-(e)s, -räder> bicicleta *f*, bici *f fam*, ciclo *m* Cuba; **(mit dem) ~ fahren** ir en bicicleta

Fahrradfahrer(in) *m(f)* <-s, -; -, -nen> ciclista *mf*; **Fahrradkette** *f* <-, -n> cadena *f* de la bicicleta; **Fahrradkurier** *m* <-s, -e> mensajero, -a *m, f* exprés en bicicleta; **Fahrradständer** *m* <-s, -> aparcamiento *m* para bicicletas; **Fahrradtourist(in)** *m(f)* <-en, -en; -, -nen> cicloturista *mf*; **Fahrradweg** *m* <-(e)s, -e> pista *f* para ciclistas; (*in der Stadt*) carril *m* para bicicletas

Fahrrichtung *f* <-, -en> (*Schweiz*) *s.* **Fahrtrichtung**; **Fahrrinne** *f* <-, -n> (AUTO) ranura *f* de la vía; (NAUT) trayecto *m* navegable

Fahrschein *m* <-(e)s, -e> *s.* **Fahrkarte**; **Fahrscheinautomat** *m* <-en, -en> *s.* **Fahrkartenautomat**; **Fahrscheinentwerter** *m* <-s, -> máquina *f* canceladora de billetes

Fährschiff *nt* <-(e)s, -e> *s.* **Fähre**

Fahrschule *f* <-, -n> autoescuela *f*; **Fahrschüler(in)** *m(f)* <-s, -; -, -nen> persona *f* que está sacando el permiso de conducir; **Fahrspur** *f* <-, -en> (AUTO) vía *f*; **Fahrstil** *m* <-(e)s, -e> estilo *m* de conducción; **manche Autofahrer haben einen aggressiven ~** algunos conductores tienen un estilo de conducción agresivo; **dein ~ geht mir auf die Nerven!** ¡me pone frenético cómo conduces!; **bei ihrem riskanten ~ wundert es mich, dass sie noch keinen Unfall gehabt hat!** conduciendo de esa manera tan arriesgada como lo hace, ¡me sorprende que aún no haya tenido ningún accidente!

Fahrstuhl *m* <-(e)s, -stühle> ascensor *m*; (*für Lasten*) montacargas *m inv*; **Fahrstuhlführer(in)** *m(f)* <-s, -; -, -nen> ascensorista *mf*; **Fahrstuhlschacht** *m* <-(e)s, -schächte> hueco *m* del ascensor, caja *f* del ascensor

Fahrstunde *f* <-, -n> clase *f* de conducir; **~n nehmen** tomar clases de conducir

Fahrt [faːt] *f* <-, -en> ❶ (*Reise*) viaje *m*; (*Ausflug*) excursión *f*; (*Strecke*) trayecto *m*; **nach drei Stunden ~** después de tres horas de viaje; **auf der ~** durante el viaje; **eine ~ antreten** irse de viaje; **gute ~!** ¡buen viaje!; **freie ~ haben** tener el paso libre
❷ (*Geschwindigkeit*) velocidad *f*, marcha *f*; **in voller ~** a toda velocidad; **er kommt richtig in ~** (*fam fig*) se está animando
❸ (FILM: *Kamera~*) movimiento *m* de la cámara

fährt [fɛːt] *3. präs von* **fahren**

Fahrtantritt *m* <-(e)s, -e> comienzo *m* de un viaje; **ein verantwortungsbewusster Autofahrer kontrolliert vor ~, ob sein Auto in Ordnung ist** un conductor responsable comprueba que su coche está en condiciones antes de ponerse en camino; **Fahrscheine für die Straßenbahn sind vor ~ am Automaten zu lösen** los billetes deben sacarse en las máquinas expendedoras antes de subir al tranvía

fahrtauglich *adj* en condiciones de conducir; **~ sein** estar en condiciones de conducir

Fahrtauglichkeit *f* <-, *ohne pl*> capacidad *f* para conducir; **der Arzt bescheinigte ihre ~** el médico certificó que está en condiciones de conducir

Fahrtdauer *f* <-, *ohne pl*> duración *f* del viaje [*o* del recorrido]; **nach einer ~ von drei Stunden gelangten sie an ihr Ziel** después de haber estado viajando tres horas llegaron finalmente a su destino

Fährte ['fɛːɐtə] *f* <-, -n> rastro *m*, pista *f*; **auf der falschen ~ sein** seguir una falsa pista; **auf der richtigen ~ sein** ir por el buen camino; **jdn auf die richtige ~ bringen** poner a alguien sobre la buena pista

Fahrtenbuch *nt* <-(e)s, -bücher> (AUTO) libro *m* de ruta; **Fahrtenmesser** *nt* <-s, -> cuchillo *m* de excursionista [*o* de funda]; **Fahrtenschreiber** *m* <-s, -> (AUTO) tacógrafo *m*, tacómetro *m*

Fahrtkosten *pl* gastos *mpl* de viaje; **die ~ voll erstatten** r(e)embolsar íntegramente los gastos de viaje

Fahrtrichtung *f* <-, -en> sentido *m* de marcha [*o* de trayecto]; **entgegen der ~** en sentido contrario; **in ~** en sentido [*o* dirección] de marcha; **in ~ Süden** en dirección al Sur; **Fahrtrichtungsanzeiger** *m* <-s, -> (AUTO) indicador *m* de dirección

fahrtüchtig *adj* ❶ (*Person*) capaz de conducir
❷ (*Fahrzeug*) en estado de marcha, a punto, en buen estado

Fahrtüchtigkeit *f* <-, *ohne pl*> ❶ (*Person*) capacidad *f* de conducir ❷ (*Fahrzeug*) estado *m* de marcha

Fahrtunterbrechung *f* <-, -en> interrupción *f* del viaje, parada *f* en medio del viaje; **Fahrtwind** *m* <-(e)s, -e> (*Gegenwind*) viento *m* en contra

fahruntüchtig ['faːɐʔʊntʏçtɪç] *adj* ❶ (*Person*) incapaz de conducir
❷ (*Fahrzeug*) no apto para el transporte

Fahruntüchtigkeit *f* <-, *ohne pl*> (JUR) ineptitud *f* para la conducción; **absolute/relative ~** ineptitud para la conducción absoluta/relativa; **Fahrverbot** *nt* <-(e)s, -e> retirada *f* del permiso de conducir; **ein ~ von drei Monaten verhängen** retirar el carné de conducir por tres meses; **Fahrverhalten** *nt* <-s, *ohne pl*> ❶ (*Person*) conducta *f* en el tráfico ❷ (*Fahrzeug*) cualidades *fpl* ruteras; **Fahrwasser** *nt* <-s, *ohne pl*> aguas *fpl* navegables; (*Durchfahrt*) canal *m* de navegación; **in jds ~ schwimmen** (*fam fig*) seguirle la corriente a alguien; **Fahrweise** *f* <-, -n> *s.* **Fahrstil**; **Fahrwerk** *nt* <-(e)s, -e> (AERO) tren *m* de aterrizaje; **Fahrwind** *m* <-(e)s, -e> (NAUT) viento *m* en popa [*o* a favor] ❷ *s.* **Fahrtwind**; **Fahrzeit** *f* <-, -en> duración *f* del trayecto; **nach einer ~ von drei Stunden** después de tres horas de viaje

Fahrzeug *nt* <-(e)s, -e> vehículo *m*; **Fahrzeugbau** *m* <-(e)s, *ohne pl*> construcción *f* de vehículos; **Fahrzeugbrief** *m* <-(e)s, -e> permiso *m* de circulación; **Fahrzeughalter(in)** *m(f)* <-s, -; -, -nen> titular *mf* del vehículo, proprietario, -a *m, f* del vehículo; **Fahrzeugindustrie** *f* <-, -n> (WIRTSCH) industria *f* automovilística; **Fahrzeuglenker(in)** *m(f)* <-s, -; -, -nen> (*Schweiz: Fahrer*) conductor(a) *m(f)* (del vehículo); **Fahrzeugnummer** *f* <-, -n> número *m* de bastidor; **Fahrzeugpapiere** *ntpl* documentación *f* del vehículo, papeles *mpl* del coche *fam*; **Fahrzeugpark** *m* <-s, -s> *s.* **Fuhrpark**; **Fahrzeugschein** *m* <-(e)s, -e> documentación *f* del vehículo; **Fahrzeugzulassung** *f* <-, -en> matriculación *f* (del vehículo)

Faible ['fɛɪblə] *nt* <-s, -s> (*geh*) afición *f* (*für* a), inclinación *f* (*für* por); **ein ~ für etw haben** tener un flaco por algo *fam*

fair [fɛːɐ] *adj* (*anständig*) correcto; (*gerecht*) justo; (SPORT) limpio; **~ spielen** jugar limpio; **sich ~ verhalten** comportarse correctamente

Fairness[RR] ['fɛːɐnɛs] *f* <-, *ohne pl*>, **Fairneß**[alt] *f* <-, *ohne pl*> comportamiento *m* leal; (SPORT) juego *m* limpio

Fairnessgebot[RR] *nt* <-(e)s, -e> (JUR) precepto *m* de buena fe

Fairplay ['fɛːɐ'pleɪ] *nt* <-, *ohne pl*> (*a.* SPORT) fair play *m*

Fairtrial-Grundsatz *m* <-es, *ohne pl*> (JUR) principio *m* de fair-trial

Fäkalien [fɛˈkaːli̯ən] *fpl* (*formal*) heces *fpl*, excrementos *mpl*

Fäkalienschlamm *m* <-(e)s, -e *o* -schlämme> cieno *m* fecal

Fakir [faˈkiːɐ] *m* <-s, -e> faquir *m*

Faksimile [fakˈziːmile] *nt* <-s, -s> facsímil *m*

Faksimileausgabe *f* <-, -n> edición *f* facsímil; **er besaß eine ganze Reihe ~n von mittelalterlichen Handschriften** poseía una serie completa de facsímiles de manuscritos medievales; **Faksimilestempel** *m* <-s, -> (JUR) estampilla *F*

Fakten ['faktən] *pl von* **Fakt**, **Faktum**

faktisch ['faktɪʃ] **I.** *adj* real, efectivo; **~e Handlung** (JUR) acción *f* de facto; **~er Vertrag** (JUR) contrato *m* de facto; **~e Vollziehung** (JUR) implementación *f* de facto

II. *adv* de hecho

Faktor ['faktoːɐ] *m* <-s, -en> ❶ (*Umstand*) factor *m*
❷ (MATH) coeficiente *m*, factor *m*

Faktorenmatrix *f* <-, -matrizes *o* -matrizen> (WIRTSCH) matriz *f* factorial

Faktorgeschäft *nt* <-(e)s, -e> (FIN, WIRTSCH) comercio *m* de los factores; **Faktorkosten** *pl* (FIN, WIRTSCH) coste *m* de los factores

Faktorproportionentheorem *nt* <-s, *ohne pl*> (WIRTSCH) teorema *m* Heckscher-Ohlin

Faktotum [fakˈtoːtʊm] *nt* <-s, -s *o* Faktoten> ❶ (*Arbeitskraft*) factótum *m*; **sie ist Mädchen für alles, eben das ~ im Haus** es la chica para todo, por así decirlo, el factótum de la casa
❷ (*fam: schrulliger Mensch*) viejecito *m* singular

Faktum ['faktʊm] *nt* <-s, Fakten> hecho *m*; **sich auf die Fakten stützen** basarse en los hechos

fakturieren* [faktuˈriːrən] *vt* (FIN, WIRTSCH) facturar

Fakultas [faˈkʊltas, *pl*: fakʊlˈtɛːtn] *f* <-, Fakultäten>: **die ~ für etw haben** tener el diploma de aptitud para impartir algo; **die Universität sucht eine Lehrkraft mit ~ in Spanisch und Italienisch** la Universidad busca docente cualificado para impartir español e italiano

Fakultät [fakʊlˈtɛːt] *f* <-, -en> ❶ (UNIV) facultad *f*; **die medizinische ~** la facultad de medicina
❷ (MATH) factorial *f*

Fakultäten *pl von* **Fakultas**, **Fakultät**

fakultativ [fakʊltaˈtiːf] *adj* (*geh*) facultativo

Falange [faˈlaŋɡə] *f* (POL, HIST) Falange *f* Española y de las JONS

Falbe ['falbə] *m* <-n, -n> (ZOOL) caballo *m* bayo

Falke ['falkə] *m* <-n, -n> (ZOOL) halcón *m*

Falkner(in) ['falknɐ] *m(f)* <-s, -; -, -nen> halconero, -a *m, f*

Fall[1] [fal] *m* <-(e)s, *ohne pl*> (*das Fallen, a.* PHYS) caída *f*; **freier ~** caída libre; **zu ~ kommen** (*geh*) caerse; (*fig*) fracasar; **er hat ihn zu ~ gebracht** (*geh fig*) le ha hecho fracasar

Fall[2] [fal, *pl*: ˈfɛlə] *m* <-(e)s, Fälle> ❶ (*Umstand, a.* MED, LING) caso *m*; **für den ~, dass ...** en caso de que... +*subj*; **gesetzt den ~, dass ...** pongamos por caso que... +*subj*; **auf gar keinen ~** de ninguna manera; **auf jeden ~** en cualquier caso; **im schlimmsten/günstigsten ~** en el peor/mejor de los casos; **er ist ein hoffnungsloser ~** es un caso perdido; **ein (leichter/schwerer) ~ von ...** un caso (leve/grave) de...; **besonders schwerer ~** caso especialmente grave; **in diesem ~** en este caso; **der vorliegende ~** el presente caso; **von ~ zu ~** caso por caso; **auf alle Fälle** para todos los casos; **für alle Fälle** por si acaso
❷ (JUR: *Rechtsfall*) caso *m*; (*Rechtssache*) causa *f*; **schwebender ~** caso pendiente [*o* sub iudice]; **einen ~ verhandeln** llevar un pleito

Fallback [ˈfɔːlˈbɛk] *nt* <-(s), -s> (TEL) fallback *m*

Fallbeil *nt* <-(e)s, -e> guillotina *f*

Falle ['falə] *f* <-, -n> ❶ (*Hinterhalt, Fanggerät*) trampa *f*; **in der ~ sitzen** haber caído en la trampa, haber mordido el anzuelo; **jetzt schnappt die ~ zu** ahora se cierra la trampa; **jdm eine ~ stellen** tender(le) [*o* poner(le)] a alguien una trampa
❷ (*Schweiz: Türklinke*) picaporte *m*
❸ (*fam: Bett*) cama *f*, catre *m*; **in die ~ gehen** ir a la cama

Fälle *pl von* **Fall**[2]

fallen ['falən] <fällt, fiel, gefallen> *vi sein* ❶ (*hinab~, sich stürzen, a.* MIL) caer; **~ lassen** (*Dinge*) dejar caer; (*Masche*) dejar escapar, perder; (*Plan*) abandonar; (*Person*) abandonar (en la estacada); **Vorsicht, fall nicht!** ¡cuidado, no te caigas!; **sie ließ sich in einen Sessel ~** se dejó caer en un sillón; **die Tür fiel ins Schloss** la puerta se engatilló; **es fällt Schnee** nieva; **es fällt Regen** llueve; **er ließ den Plan ~** renunció al proyecto; **sie fiel in tiefen Schlaf** cayó en un profundo sueño; **er fällt von einem Extrem ins andere** va de un extremo a otro; **jdm um den Hals ~** echar(le) los brazos al cuello a alguien; **sie ist nicht auf den Mund ge~** (*fam*) tiene buenas salidas; **sie ist nicht auf den Kopf ge~** (*fam fig*) no tiene un pelo de tonta; **er fiel ihr ins Wort** la interrumpió
❷ (*sinken*) bajar, descender; **die Temperatur ist um 10 Grad ge~** la temperatura descendió 10 grados; **im Preis ~** bajar de precio; **der Dollar fällt immer noch** el dólar sigue bajando
❸ (*sich richten, treffen*) recaer (*auf* sobre, *an* en); **die Wahl fiel auf ihn** fue nombrado él, salió elegido él; **die Erbschaft fiel an die Kinder** la herencia les tocó a los hijos; **da fiel sein Blick auf den Kalender** entonces, dirigió la mirada hacia el [*o* al] calendario
❹ (*erfasst werden*) entrar (*in/unter* en), estar incluido (*in/unter* en); **das fällt auch in diese Kategorie** esto también entra en esta categoría; **das fällt nicht unter diese Bestimmung** esto no está incluido en estas disposiciones
❺ (*Licht*) penetrar, caer
❻ (*Entscheidung*) ser tomado; (*Urteil*) ser fallado, ser dictado
❼ (*verlauten*): **eine Bemerkung ~ lassen** dejar caer un comentario; **sein Name ist nicht ge~** su nombre no fue mencionado; **darüber ist noch kein Wort ge~** sobre eso no se ha dicho aún ni palabra

⑧ (*sich ereignen*): **kurz danach fiel das Tor zum 3:0** poco después se produjo el gol del 3 a 0; **sein Geburtstag fällt dieses Jahr auf einen Montag** su cumpleaños cae este año en lunes; **es fielen drei Schüsse** se oyeron tres disparos

⑨ (*sein*): **das fällt ihm schwer/leicht** esto le resulta difícil/fácil; **Chemie ist mir nie leicht ge~** la química siempre me ha costado trabajo; **es dürfte dir schwer ~, das zu beweisen** te costará probar eso; **es ist mir sehr schwer ge~, das zu sagen** me ha costado mucho decirlo

fällen ['fɛlən] *vt* ❶ (*Baum, Holz*) talar, tumbar *Am*

❷ (*Entscheidung*): **ein Urteil ~** (JUR) fallar, dictar sentencia; **ein Urteil über jdn ~** juzgar a alguien, emitir un juicio sobre alguien

❸ (MATH: *Lot*) trazar; **das Lot auf einer Geraden ~** trazar la perpendicular sobre una recta

fallen|lassen *irr vt s.* **fallen 1., 7.**

Fallensteller(in) *m(f)* <-s, -; -, -nen> cazador(a) *m(f)* que utiliza trampas

Fallfrist *f* <-, -en> (JUR) plazo *m* de vencimiento; **Fallgerechtigkeit** *f* <-, *ohne pl*> (JUR) justicia *f* casuística

Fallgeschwindigkeit *f* <-, -en> (PHYS) velocidad *f* de caída; **Fallgesetz** *nt* <-es, -e> (PHYS) ley *f* de la gravedad; **Fallgrube** *f* <-, -n> trampa *f*, hoyo *m*

fällig ['fɛlɪç] *adj* ❶ (FIN: *Zinsen*) pagadero, vencido; **~e Forderung** obligación exigible; **~e Rechnung** cuenta pendiente de pago; **morgen wird die Zahlung ~** mañana se cumple el plazo; **am** [*o zum*] **20. Oktober ~ sein** vencer el 20 de octubre; **noch nicht ~** por vencer; **das Schiff ist ~ am ...** se espera que el barco llegue al...

❷ (*notwendig*) necesario

Fälligkeit *f* <-, -en> (FIN, JUR) vencimiento *m*; **~ des Anspruchs** vencimiento de la reivindicación; **~ der Forderung** vencimiento del derecho de crédito; **bei/nach/vor ~ al/después/antes del vencimiento; Zahlung vor Eintritt der ~** pago antes del vencimiento

Fälligkeitsanspruch *m* <-(e)s, -sprüche> (JUR) derecho *m* a la reclamación de un vencimiento; **Fälligkeitsklausel** *f* <-, -n> (JUR) cláusula *f* de vencimiento anticipado; **Fälligkeitssteuern** *fpl* impuestos *mpl* de devengo [*o* de vencimiento]; **Fälligkeitstag** *m* <-(e)s, -e> día *m* del vencimiento; **Fälligkeitstermin** *m* <-s, -e> fecha *f* de vencimiento; **Fälligkeitszinsen** *mpl* (FIN) intereses *mpl* al vencimiento

Falliment [fali'mɛnt] *nt* <-s, -e> (WIRTSCH) quiebra *f*

Fallobst *nt* <-es, *ohne pl*> frutas *fpl* caídas (del árbol)

Fallout ['fɔːl'?aʊt] *m* <-s, -s>, **Fall-out**[RR] *m* <-s, -s> precipitación *f* radi(o)activa, lluvia *f* radi(o)activa; **nach dem Unglück von Tschernobyl ging der ~ auch in Deutschland nieder** tras el accidente de Chernóbil, se registró también en Alemania lluvia radiactiva

Fallreep ['falreːp] *nt* <-s, -s> (NAUT) escalerilla *f* de portalón

falls [fals] *konj* en caso de que +*subj*, si; **~ du Lust hast, komm mit si tienes ganas, vente**

Fallsammlung *f* <-, -en> (JUR) casuística *f*

Fallschirm *m* <-(e)s, -e> paracaídas *m inv*; **mit dem ~ abspringen** lanzarse en paracaídas; **Fallschirmabsprung** *m* <-(e)s, -sprünge> salto *m* en paracaídas; **Fallschirmjäger(in)** *m(f)* <-s, -nen> (MIL) paracaidista *mf*; **Fallschirmspringen** *nt* <-s, *ohne pl*> paracaidismo *m*; **Fallschirmspringer(in)** *m(f)* <-s, -; -, -nen> paracaidista *mf*

Fallstrick *m* <-(e)s, -e> trampa *f*, ardid *m*; **im Kleingedruckten von Verträgen sind häufig ~e versteckt** en la letra pequeña [*o* menuda] de los contratos a menudo se esconden trampas; **jdm ~e legen** engañar a alguien, tender a alguien una trampa

Fallstudie *f* <-, -n> estudio *m* científico (de un caso concreto)

fällt [fɛlt] *3. präs von* **fallen, fällen**

Falltür *f* <-, -en> trampilla *f*; (NAUT) escotilla *f*

Fällung *f* <-, -en> ❶ (*eines Baumes*) tala *f*

❷ (*eines Urteils, Schiedsspruchs*) pronunciamiento *m*

❸ (CHEM: *eines Stoffes*) precipitación *f*

Fallwind *m* <-(e)s, -e> (METEO) viento *m* descendente

Falsa Demonstratio[RR] *f* <- -, *ohne pl*> (JUR) falsa demonstratio *f*

falsch [falʃ] I. *adj* ❶ (*verkehrt*) equivocado, erróneo; **in den ~en Zug einsteigen** equivocarse de tren; **~er Alarm** falsa alarma; **bei jdm an den F~en geraten** equivocarse con alguien; **etw in den ~en Hals bekommen** malentender algo y tomarlo a mal

❷ (*gefälscht*) falsificado, falso; (*Zähne*) postizo; (*Schmuck*) falso, de imitación

❸ (*unpassend*) erróneo; **nur keine ~e Bescheidenheit** todo, menos falsa modestia

❹ (*hinterhältig*) falso, alevoso; **~e Versprechungen machen** hacer promesas en vano

II. *adv* mal; **~ berechnen/darstellen** calcular/exponer mal; **Sie sind ~ verbunden** (TEL) se ha equivocado Ud. de número; **das hast du ~ verstanden** lo has entendido mal; **das hat er ~ aufgefasst** esto lo ha entendido mal, esto le ha sentado mal *fam*; **damit liegst du ~** estás equivocado; **mit dieser Antwort liegst du total ~** esta contestación es completamente falsa; **~ parken** aparcar en lugar prohibido; **da sind Sie hier ~** se ha equivocado Ud. de lugar; **~ spielen** (*betrügen*) hacer trampas (en el juego)

Falschaussage *f* <-, -n> (JUR) falso testimonio *m*, declaración *f* falsa; **uneidliche ~** declaración falsa sin juramento; **Falschbeurkundung** *f* <-, -en> (JUR) falsedad *f* de declaración; (**schwere**) **mittelbare ~** falsedad de declaración (grave) indirecta; **Falschdarstellung** *f* <-, -en> (JUR) falsedad *f*; **wissentliche/unwissentliche ~** falsedad deliberada/no deliberada; **Falscheid** *m* <-(e)s, -e> (JUR) juramento *m* falso

fälschen ['fɛlʃən] *vt* falsificar; **Geld/Urkunden ~** falsificar dinero/documentos

Fälscher(in) *m(f)* <-s, -; -, -nen> falsificador(a) *m(f)*

Falschfahrer(in) *m(f)* <-s, -; -, -nen> conductor(a) *m(f)* suicida

Falschgeld *nt* <-(e)s, *ohne pl*> dinero *m* falso; (*Münze*) moneda *f* falsa; (*Schein*) billete *m* falso; **Falschgeldherstellung** *f* <-, *ohne pl*> (*Geldscheine*) falsificación *f* de billetes

Falschheit *f* <-, -en> falsedad *f*; (*Hinterhältigkeit*) alevosía *f*

fälschlich ['fɛlʃlɪç] *adj* erróneo, equivocado; **~ beschuldigt werden** ser culpado injustamente [*o* por error]

fälschlicherweise ['---'--] *adv* ❶ (*irrtümlicherweise*) por error

❷ (*zu Unrecht*) injustamente

Falschlieferung *f* <-, -en> entrega *f* de cosa de género distinto

falsch|liegen *irr vi s.* **falsch II.**

Falschmeldung *f* <-, -en> noticia *f* errónea, borrego *m Am*; **Falschmünzer(in)** ['falʃmʏntsɐ] *m(f)* <-s, -; -, -nen> (JUR) falsificador(a) *m(f)* de monedas; **Falschmünzerei** *f* <-, *ohne pl*> falsificación *f* de moneda; **Falschmünzerin** *f* <-, -nen> *s.* **Falschmünzer**; **Falschparker** ['falʃparkɐ] *m* <-s, -> persona *f* que aparca en zona prohibida

falsch|spielen *vi s.* **falsch II.**

Falschspieler(in) *m(f)* <-s, -; -, -nen> fullero, -a *m, f*, tahúr, -ura *m, f*, tramposo, -a *m, f fam*

Fälschung ['fɛlʃʊŋ] *f* <-, -en> ❶ (*Tätigkeit*) falsificación *f*, falseamiento *m*

❷ (*Gegenstand*) falsificación *f*

fälschungssicher *adj* que no se puede falsificar; **ein ~er Ausweis** un documento de identificación infalsificable

Falsett [fal'zɛt] *nt* <-(e)s, -e> (MUS) falsete *m*

Falsifikat [falzifi'kaːt] *nt* <-(e)s, -e> (*geh*) falsificación *f*

Falsifikation [falzifika'tsjoːn] *f* <-, -en> (*geh*) ❶ (*Widerlegung*) refutación *f*

❷ (*Verfälschung*) falsificación *f*

falsifizieren* [falzifi'tsiːrən] *vt* ❶ (*widerlegen*) refutar

❷ (*verfälschen*) falsificar

Falsus Procurator[RR] *m* <- -, *ohne pl*> (JUR) falsus procurator *m*

Faltblatt *nt* <-(e)s, -blätter> prospecto *m*, folleto *m*; **Faltboot** *nt* <-(e)s, -e> bote *m* hinchable; **Faltdach** *nt* <-(e)s, -dächer> techo *m* plegable

Falte ['faltə] *f* <-, -n> ❶ (*in Stoff, Papier*) pliegue *m*, doblez *m*; **etw in ~n legen** doblar algo; **~n werfen** hacer pliegues

❷ (*Haut~*) arruga *f*; **ich bekomme ~n** me están saliendo arrugas; **die Stirn in ~n legen** fruncir el ceño

falten ['faltən] *vt* ❶ (*Papier, Stoff*) doblar, plegar

❷ (*Hände*) juntar

faltenfrei *adj* (*Gesicht*) sin arrugas; (*Stoffart*) que no se arruga

Faltengebirge *nt* <-s, -> (GEO) montañas *fpl* plegadas

faltenlos *adj* sin arrugas, liso; **ihre ~e Haut ist das Ergebnis ihres zweiten Faceliftings!** ¡la tersura de su piel es el resultado de su segundo "lifting"!

faltenreich *adj* (*Gesicht*) lleno de arrugas, ajado; (*Stoff*) arrugado

Faltenrock *m* <-(e)s, -röcke> falda *f* plisada [*o* de tablas]; **Faltenwurf** *m* <-(e)s, *ohne pl*> (*Stoff*) (efecto *m* del) pliegue *m*, caída *f*

Falter ['faltɐ] *m* <-s, -> (ZOOL) mariposa *f*

faltig *adj* ❶ (*Gesicht*) arrugado

❷ (*Stoff*) con muchos pliegues, plisado; (*zerknittert*) arrugado

Faltkarton *m* <-s, -s *o* -e> caja *f* de cartón plegable; **Faltprospekt** *m* <-(e)s, -e> folleto *m*, tríptico *m*; **Faltschachtel** *f* <-, -n> caja *f* plegable

Falz [falts] *m* <-es, -e> ❶ (*Buchbinderei*) pliegue *m*

❷ (ARCHIT) renvalso *m*; (*Kerbschnitt*) muesca *f*, rebajo *m*

falzen ['faltsən] *vt* ❶ (*Papier*) plegar

❷ (*Holz*) ensamblar

Fam. *Abk. von* **Familie** familia *f*

familiär [fami'ljɛːɐ] *adj* familiar; **er musste wegen ~er Angelegenheiten weg** tuvo que irse por asuntos familiares

Familie [fa'miːljə] *f* <-, -n> familia *f*; **eine ~ gründen** fundar un hogar; **er gehört zur ~** es de la familia; **das liegt in der ~** es cosa de familia; **das kommt in den besten ~n vor** en todos los sitios cuecen habas, eso pasa en las mejores familias; **das bleibt in der ~** esto queda entre nosotros

Familienangehörige(r) *mf* <-n, -n; -n, -n> familiar *mf*, pariente *mf*; **Familienanschluss**^RR *m* <-es, *ohne pl*> acogida *f* (de un extraño) en una familia; **Familienanzeige** *f* <-, -n> anuncio *m* (*de bodas, bautizos, etc.*); **sie gaben ihre Hochzeit durch eine ~ bekannt** dieron a conocer su enlace matrimonial mediante un anuncio en el periódico; **Familienasyl** *nt* <-s, -e> (JUR) asilo *m* familiar; **Familienbesitz** *m* <-es, -e> patrimonio *m* familiar; **in ~ sein** ser propiedad familiar; **die Ländereien befinden sich seit Generationen in ~** las tierras son desde generaciones propiedad de la familia; **nach dem Tod des Vaters wurde der ~ unter den Kindern aufgeteilt** tras la muerte del padre se repartieron las propiedades de la familia entre los hijos; **Familienbesteuerung** *f* <-, -en> tributación *f* de la unidad familiar; **Familienbetrieb** *m* <-(e)s, -e> empresa *f* de explotación familiar, empresa *f* familiar; **Familienbuch** *nt* <-(e)s, -bücher> libro *m* de familia; **Familiendiebstahl** *m* <-(e)s, -stähle> (JUR) robo *m* familiar; **Familienfeier** *f* <-, -n> fiesta *f* familiar; **Familienfest** *nt* <-(e)s, -e> fiesta *f* familiar, reunión *f* familiar; **anlässlich seines 50. Geburtstages kamen sie alle zum ~** con motivo de su 50 cumpleaños, toda la familia se reunió para celebrarlo; **Familiengericht** *nt* <-(e)s, -e> (JUR) tribunal *m* familiar; **Familiengesellschaft** *f* <-, -en> (JUR, WIRTSCH) sociedad *f* familiar; **Familien-GmbH** *f* <-, -s> (JUR) sociedad *f* familiar de responsabilidad limitada

Familienheim *nt* <-(e)s, -e> hogar *m* familiar; **Familienheimgesetz** *nt* <-es, -e> (JUR) ley *f* familiar secreta; **Familienkapitalgesellschaft** *f* <-, -en> (JUR) sociedad *f* de capital familiar; **Familienkreis** *m* <-es, -e> familia *f*, seno *m* de la familia; **im engsten ~** (*privat*) en la más estricta intimidad; **Familienleben** *nt* <-s, *ohne pl*> vida *f* de familia [*o* familiar]; **Familienmitglied** *nt* <-(e)s, -er> miembro *m* de la familia; **Familienname** *m* <-ns, -n> apellido *m*; **Familienoberhaupt** *nt* <-(e)s, -häupter> cabeza *f* de familia; **Familienplanung** *f* <-, *ohne pl*> planificación *f* familiar; **Familienpolitik** *f* <-, *ohne pl*> política *f* familiar

Familienrecht *nt* <-(e)s, *ohne pl*> (JUR) derecho *m* de familia; **Familienrechtsänderungsgesetz** *nt* <-es, -e> (JUR) ley *f* modificadora del derecho de familia

Familienrichter(in) *m(f)* <-s, -; -, -nen> (JUR) juez *mf* de asuntos familiares; **Familienstand** *m* <-(e)s, *ohne pl*> estado *m* civil; **Familientragödie** *f* <-, -n> tragedia *f* familiar; **Familienunternehmen** *nt* <-s, -> empresa *f* familiar; **Familienvater** *m* <-s, -väter> padre *m* de familia; **Familienverhältnisse** *ntpl* situación *f* familiar; **Familienvertrag** *m* <-(e)s, -träge> (JUR) contrato *m* familiar; **Familienvorstand** *m* <-(e)s, -stände> cabeza *f* de familia; **Familienzusammenführung** *f* <-, -en> reunificación *f* de la familia; **Familienzusatzdarlehen** *nt* <-s, -> (JUR) préstamo *m* familiar adicional; **Familienzuschlag** *m* <-(e)s, -schläge> (JUR) suplemento *m* familiar; **Familienzuwachs** *m* <-(e)s, *ohne pl*> aumento *m* de la familia; **wir bekommen ~** vamos a tener familia

famos [fa'moːs] *adj* (*fam*) estupendo, excelente

Famulatur [famula'tuːɐ] *f* <-, -en> (MED) período de prácticas que los estudiantes de medicina tienen que realizar en un hospital

Famulus ['faːmulʊs, *pl*: 'faːmuli] *m* <-, Famuli> (*geh*) ① (MED) estudiante *m* de medicina en prácticas ② (HIST) ayudante *m* de profesor de universidad

Fan [fɛn, fɛːn] *m* <-s, -s> fan *mf*, aficionado, -a *m, f*; (*Fußball-*) hincha *mf*

Fanal [fa'naːl] *nt* <-s, -e> (*geh*) señal *f*; **mit seinem Selbstmordversuch hatte er ein ~ setzen wollen** con su intento de suicidio había querido llamar la atención

Fanatiker(in) [fa'naːtikɐ] *m(f)* <-s, -; -, -nen> fanático, -a *m, f*

fanatisch [fa'naːtɪʃ] *adj* fanático

fanatisiert *adj* fanatizador

Fanatismus [fana'tɪsmʊs] *m* <-, *ohne pl*> fanatismo *m*

Fanclub *m* <-s, -s> *s.* **Fanklub**

fand [fant] *3. imp von* **finden**

Fanfare [fan'faːrə] *f* <-, -n> clarín *m*, charanga *f*

Fang [faŋ] *m* <-(e)s, *ohne pl*> ① (*von Vierbeinern*) caza *f*; (*von Fischen*) pesca *f*
② (*Beute*) presa *f*, captura *f*; (*Fische*) redada *f*; **einen guten ~ machen** hacer una buena presa

Fangarm *m* <-(e)s, -e> tentáculo *m*

Fänge ['fɛŋə] *mpl* (*Fangarme*) tentáculos *mpl*; (*Krallen*) garras *fpl*; (*Reißzähne*) colmillos *mpl*; **in jds ~ geraten** (*fam*) caer en manos de alguien; **jdn in seinen ~n haben** (*fam*) tener a alguien en sus manos

Fangeinrichtung *f* <-, -en> (TEL) dispositivo *m* de intercepción de llamadas (anónimas)

fangen ['faŋən] <fängt, fing, gefangen> I. *vt* ① (*Ball*) coger, agarrar *Am*; **du wirst dir gleich eine ~** (*fam*) te vas a ganar una bofetada; **jdn durch Versprechungen ~** ganarse a alguien con promesas; **so leicht lässt er sich nicht ~** (*überlisten*) no es tan fácil de engañar; **Feuer ~** prender fuego; (*fig*) entusiasmarse; **mit Speck fängt man Mäuse** (*prov*) cebo haya en el palomar, que palomas no faltarán
② (*Tier*) cazar; (*Fisch*) pescar
③ (*Verbrecher*) apresar, coger
II. *vr*: **sich ~** (*Gleichgewicht wiederfinden*) mantener el equilibrio; (*seelisch*) dominarse

Fangflotte *f* <-, -n> (NAUT) flota *f* de pesca; **Fangfrage** *f* <-, -n> pregunta *f* capciosa; **jdm eine ~ stellen** comprometer a alguien con una pregunta; **Fanggründe** *mpl* caladeros *mpl* de pesca; **die ~ vor der Küste/auf hoher See** los caladeros de la costa/de alta mar; **Fangleine** *f* <-, -n> (NAUT) amarra *f*

Fanglomerat [faŋlomeˈraːt] *nt* <-(e)s, -e> (GEO) fango *m* de aluvión, fanglomerado *m*

Fangnetz *nt* <-es, -e> red *f* de pesca; **Fangquote** *f* <-, -n> cuota *f* de pesca; **Japans ~ wurde vergangenes Jahr erhöht** el año pasado aumentó la cuota pesquera de Japón; **Fangschaltung** *f* <-, -en> (TEL) dispositivo *m* de intercepción; **Fangschiff** *nt* <-(e)s, -e> barco *m* de pesca, (barco *m*) pesquero *m*; **Fangschuss**^RR *m* <-es, -schüsse> tiro *m* de gracia; **der Jäger gab einen ~ ab, um den Hirsch vollends zu erlegen** el cazador remató definitivamente al ciervo con un tiro de gracia

fängt [fɛŋt] *3. präs von* **fangen**

Fangvorrichtung *f* <-, -en> ① (*von Kabinen*) mecanismo *m* de seguridad, dispositivo *m* de seguridad; (*von Aufzügen*) paracaídas *m inv*
② (TEL) *s.* **Fangeinrichtung**; **Fangzahn** *m* <-(e)s, -zähne> colmillo *m*

Fanklub *m* <-s, -s> club *m* de fans; **Fanpost** *f* <-, *ohne pl*> cartas *fpl* de admiradores

Fantasie [fanta'ziː] *f* <-, -n> fantasía *f*, imaginación *f*; **sie hat eine blühende ~** tiene una fantasía desbordante; **eine schmutzige ~ haben** tener una imaginación sucia; **in seiner ~** en su imaginación; **das regt die ~ an** esto estimula la imaginación; **da musst du deine ~ spielen lassen** tienes que echar tu imaginación a volar

fantasiebegabt^RR *adj* con mucha imaginación

Fantasiegebilde^RR *nt* <-s, -> fantasía *f*, quimera *f*

fantasielos^RR *adj* falto de imaginación [*o* de fantasía], sin imaginación

Fantasielosigkeit^RR *f* <-, *ohne pl*> falta *f* de imaginación; **Fantasiepreis**^RR *m* <-es, -e> (*fam*) precio *m* prohibitivo

fantasieren* ^RR [fanta'ziːrən] *vi* fantasear; (*träumen*) soñar (*von* con); (MED) delirar

fantasievoll^RR *adj* lleno de fantasía, con mucha imaginación

Fantast(in)^RR [fan'tast] *m(f)* <-en, -en; -, -nen> (*abw*) soñador(a) *m(f)*

Fantasterei^RR *f* <-, -en> (*abw*) ilusiones *fpl*, fantasías *fpl*

Fantastin^RR *f* <-, -nen> *s.* **Fantast**

fantastisch^RR *adj* ① (*nicht realistisch*) fantástico; **es mag ~ klingen, aber…** puede que suene a cuento, pero…
② (*fam: großartig*) fantástico, estupendo; (*unglaublich*) increíble; **es schmeckt ~** está riquísimo

FAQ *fpl* (INFOR) *Abk. von* **Frequently Asked Questions** FAQ *fpl*

Farad [fa'raːt] *nt* <-(s), -> (PHYS) farad(io) *m*

Farbabzug *m* <-(e)s, -züge> (FOTO) copia *f* en color; **Farbaufnahme** *f* <-, -n> (FOTO) fotografía *f* en color

Farbband *nt* <-(e)s, -bänder> cinta *f* mecanográfica; **Farbbandkassette** *f* <-, -n> cartucho *m* de la cinta mecanográfica

Farbbeutel *m* <-s, -> bolsa *f* llena de pintura; **Farbbildschirm** *m* <-(e)s, -e> (INFOR, TV) monitor *m* en color; **Farbdruck** *m* <-(e)s, -e> (TYPO) impresión *f* en color [*o* polícroma]

Farbe ['farba] *f* <-, -n> ① (*Farbton*) color *m*; (*Gesichts-*) tez *f*; **~ bekommen** ponerse moreno; **war der Film in ~?** la película, ¿era en color?; **etw in den dunkelsten ~n schildern** describir algo cargando mucho las tintas
② (*zum Anstreichen*) pintura *f*
③ (*zum Färben*) tinte *m*
④ (*Spielkarten-*) palo *m*; **~ bekennen** (*fig*) manifestar sus verdaderas inclinaciones, quitarse la careta

farbecht *adj* (*de color*) sólido

Farbechtheit *f* <-, *ohne pl*> solidez *f* de color

Färbemittel *nt* <-s, -> tinte *m*, (sustancia *f*) colorante *m*

färben ['fɛrbən] I. *vi* (*ab~*) desteñir, decolorar
II. *vt* (*Stoff, Haare*) teñir, colorar; **rot ~** teñir de rojo
III. *vr*: **sich ~** (*Laub, Himmel*) colorearse (de), teñirse (de); **sich rot ~** colorearse de rojo; **die Pflaumen ~ sich schon** las ciruelas están tomando color

farbenblind *adj* daltónico, daltoniano

Farbenblindheit *f* <-, *ohne pl*> daltonismo *m*, acromatopsia *f*; **Farbendruck** *m* <-(e)s, -e> (TYPO) *s.* **Farbdruck**

farbenfreudig *adj*, **farbenfroh** *adj* de rico colorido, abigarrado

Farbenkasten *m* <-s, -kästen> caja *f* de colores; **Farbenlehre** *f* <-, -n> (KUNST, PHYS) teoría *f* de los colores; **Farbenpalette** *f* <-, -n> ① (*des Malers*) paleta *f* ② (*Auswahl an Farben*) gama *f* de colores, variedad *f* de colores; **Farbenpracht** *f* <-, *ohne pl*> riqueza *f* de colores

farbenprächtig *adj* (*geh*) de gran colorido, de vivos colores

Farbenreichtum *m* <-s, *ohne pl*> riqueza *f* de colores; **Farbenspiel** *nt* <-(e)s, -e> juego *m* de colores
Färber(in) ['fɛrbɐ] *m(f)* <-s, -; -, -nen> tintorero, -a *m, f*
Färberei *f* <-, -en> tintorería *f*, batán *m Chil*
Färberin *f* <-, -nen> *s*. **Färber**
Farbfernsehen *nt* <-s, *ohne pl*> televisión *f* en color; **Farbfernseher** *m* <-s, ->, **Farbfernsehgerät** *nt* <-(e)s, -e> televisor *m* en color; **Farbfilm** *m* <-(e)s, -e> (FILM) película *f* en color; (FOTO) carrete *m* de color; **Farbfilter** *m* o *nt* <-s, -> (FOTO) filtro *m* cromático; **Farbfoto** *nt* <-s, -s> foto *f* en color; **Farbfotografie** *f* <-, -n> fotografía *f* en color
Farbgebung *f* <-, -en> coloración *f*, colorido *m*
farbig ['farbɪç] *adj* ❶ (*bunt*) de colores; **eine ~e Postkarte** una postal en color
❷ (*Hautfarbe*) de color, trigueño *Am*
❸ (*lebhaft*) pintoresco, vivo
färbig *adj* (*Österr*) *s*. **farbig**
Farbige(r) ['farbɪgə] *mf* <-n, -n; -n, -n> ciudadano, -a *m, f* de color, trigueño, -a *m, f Am*
Farbkasten *m* <-s, -kästen> *s*. **Farb(en)kasten**; **Farbkopierer** *m* <-s, -> (foto)copiadora *f* en color; **Farblehre** *f* <-, -n> *s*. **Farbenlehre**
farblich I. *adj* relativo a los colores
II. *adv* de los colores; **Rock und Bluse waren nicht ~ aufeinander abgestimmt** el color de la falda no armonizaba [*o* no hacía juego] con el de la blusa
farblos *adj* ❶ (*ohne Farbe*) descolorido, sin color; (*blass*) pálido; (*Lack*) tra(n)sparente
❷ (*langweilig*) aburrido
Farbmonitor *m* <-s, -e> monitor *m* en color; **Farbphotographie** *f* <-, -n> *s*. **Farbfotografie**; **Farbpigment** *nt* <-(e)s, -e> pigmento *m* colorante; **Farbscanner** *m* <-s, -> escáner *m* de [*o* en] color; **Farbskala** *f* <-, -skalen> gama *f* de colores; **Farbstift** *m* <-(e)s, -e> lápiz *m* de color; **Farbstoff** *m* <-(e)s, -e> colorante *m*; **Farbton** *m* <-(e)s, -töne> matiz *m* (de color), tono *m*; **ein dunkler/heller ~** un tono de color oscuro/claro; **Farbtupfer** *m* <-s, -> manchita *f* de color, brote *m* de color
Färbung ['fɛrbʊŋ] *f* <-, -en> ❶ (*das Färben*) teñido *m*
❷ (*Tönung*) matiz *m*, tinte *m*
❸ (POL) tendencia *f* política
Farce [fars] *f* <-, -n> ❶ (THEAT) farsa *f*; **eine ~ als Theaterstück** una farsa como pieza de teatro
❷ (GASTR) relleno *m*
Farm [farm] *f* <-, -en> finca *f*, granja *f*; (AGR) explotación *f* agropecuaria, hacienda *f Am*, estancia *f Am*
Farmer(in) *m(f)* <-s, -; -, -nen> ganadero, -a *m, f*, granjero, -a *m, f*, ranchero, -a *m, f Am*, estanciero, -a *m, f Am*
Farmerlunge *f* <-, -n> (MED) pulmón *m* de agricultor
Farmhaus *nt* <-es, -häuser> casa *f* de una granja
Farn [farn] *m* <-(e)s, -e>, **Farnkraut** *nt* <-(e)s, -kräuter> helecho *m*
Färse ['fɛrzə] *f* <-, -n> (ZOOL) novilla *f*; (*jünger als ein Jahr*) becerra *f*
Fasan [fa'za:n] *m* <-s, -e *o* -en> faisán *m*
Fasanerie [fazanə'ri:, *pl:* fazanə'ri:ən] *f* <-, -n> ❶ (*Gehege*) faisanería *f*
❷ (HIST: *Gebäude*) edificio *m* de una faisanería (*construido en el S.XVII-XVIII y caracterizado por su gran lujo*)
faschieren* [fa'ʃi:rən] *vt* (*Österr:* GASTR) picar, moler
Faschierte(s) *nt* <-n, *ohne pl*> (*Österr*) carne *f* picada
Fasching ['faʃɪŋ] *m* <-s, -s *o* -e> (*Österr, südd*) carnaval *m*
Faschingsdienstag ['faʃɪŋs-, --'--] *m* <-(e)s, -e> martes *m* de carnaval
Faschismus [fa'ʃɪsmʊs] *m* <-, *ohne pl*> (POL) fascismo *m*
Faschismustheorie *f* <-, -n> (POL) teoría *f* del fascismo; **marxistisch-leninistische ~** teoría marxista-leninista del fascismo
Faschist(in) [fa'ʃɪst] *m(f)* <-en, -en; -, -nen> fascista *mf*
faschistisch [fa'ʃɪstɪʃ] *adj* fascista, facha *fam*
Faselei [fa:zə'laɪ] *f* <-, -en> (*fam abw*) sandeces *fpl*
faseln ['fa:zəln] I. *vi* (*fam abw*) decir tonterías (*von/über* de), desvariar
II. *vt* (*fam abw*): **dummes Zeug ~** decir tonterías; **was faselt er da nur vor sich hin?** ¿qué disparates está diciendo ahora?
Faser ['fa:zɐ] *f* <-, -n> fibra *f*
Faserholz *nt* <-es, *ohne pl*> madera *f* fibrosa
fas(e)rig *adj* ❶ (*voller Fasern*) fibroso, hebroso
❷ (*zerfasert*) deshilachado
fasern ['fa:zɐn] *vi* deshila(cha)rse; **minderwertige Textilien ~ schon nach der ersten Wäsche** los tejidos de baja calidad se deshilachan ya tras el primer lavado
Faserschreiber *m* <-s, ->, **Faserstift** *m* <-(e)s, -e> rotulador *m* de fibra, marcador *m Arg*
Fasnacht ['fasnaxt] *f* <-, *ohne pl*> (*reg*) *s*. **Fastnacht**
fasrig *adj s*. **fas(e)rig**

Fass^RR [fas, *pl:* 'fɛsə] *nt* <-es, Fässer>, **Faß** *nt* <-sses, Fässer> barril *m*; (*größer*) tonel *m*; (*kleiner*) cuba *f*; (*für Chemikalien*) bidón *m*; **Bier vom ~** cerveza de barril; **ein ~ anstechen** espitar un barril; **ein ~ aufmachen** (*fig*) celebrar algo; **ein ~ ohne Boden** (*fig*) un pozo sin fondo; **etw bringt das ~ zum Überlaufen** (*fig*) algo es la gota que colma el vaso; **voll wie ein ~ sein** (*fam*) estar borracho como una cuba; **das schlägt dem ~ den Boden aus** eso pasa de castaño oscuro
Fassade [fa'sa:də] *f* <-, -n> fachada *f*; **das ist doch nur ~** no es más que fachada
fassbar^RR *adj*, **faßbar** *adj* concreto, comprensible
Fassbier^RR *nt* <-(e)s, -e> cerveza *f* de barril
fassen ['fasən] I. *vt* ❶ (*ergreifen*) coger, tomar, agarrar *Am*; **er fasste ihre Hand** cogió su mano; **sie fasst ihn an** [*o bei*] **der Hand** le tomó de la mano; **er bekam das Seil zu ~** llegó a coger [*o* agarrar] la cuerda; **da kann man sich nur an den Kopf ~** (*fam*) es para llevarse las manos a la cabeza
❷ (*festnehmen*) apresar, detener
❸ (*aufnehmen*) tener capacidad (para)
❹ (*Vertrauen*) coger; **Mut ~** armarse de valor
❺ (*Vorsatz, Entschluss*) tomar; **ich kann keinen klaren Gedanken ~** no puedo pensar con claridad; **etw ins Auge ~** tomar algo en consideración
❻ (*begreifen*) comprender, entender; **es ist nicht zu ~!** ¡es increíble!
❼ (*Edelstein*) engastar; (*Bild*) enmarcar
❽ (*ausdrücken*) expresar (*in* con); **wie soll ich das in Worte ~?** ¿cómo voy a expresarlo con palabras?
II. *vr*: **sich ~** (*sich beruhigen*) calmarse, serenarse
Fässer *pl von* **Fass, Faß**
fässerweise *adv* (*in Fässern*) por barriles; (*in großen Mengen*) en grandes cantidades; **auf dem Volksfest wurde ~ Bier ausgeschenkt** en la fiesta popular se sirvió cerveza en abundancia
Fassette^RR *f* <-, -n> *s*. **Facette**
Fassettenauge^RR *nt* <-s, -n> *s*. **Facettenauge**
fasslich^RR *adj*, **faßlich** *adj* comprensible, fácil de entender
Fasson [fa'sõ:] *f* <-, -s> (*normale Form*) forma *f*; (*Machart*) hechura *f*; **jeder soll nach seiner ~ selig werden** cada uno que viva a su manera; **aus der ~ geraten** (*fam*) engordar
Fassreifen^RR *m* <-s, -> cincho *m*, fleje *m*
Fassung¹ ['fasʊŋ] *f* <-, -en> ❶ (*eines Edelsteins*) engaste *m*, engarce *m*; (*Brille*) montura *f*
❷ (*Glühbirne*) portalámparas *m inv*
❸ (*Text, Buch*) versión *f*
Fassung² *f* <-, *ohne pl*> (*Beherrschung*) serenidad *f*, dominio *m* de sí mismo; **die ~ verlieren/bewahren** perder la/guardar calma; **etw mit ~ tragen** llevar algo con serenidad; **jdn aus der ~ bringen** sacar de quicio a alguien; **völlig außer ~ geraten** salirse completamente de sus casillas
Fassungskraft *f* <-, *ohne pl*> capacidad *f* de comprensión
fassungslos *adj* desconcertado, perplejo; (*außer sich*) fuera de sí; (*verwirrt*) confuso
Fassungslosigkeit *f* <-, *ohne pl*> perplejidad *f*
Fassungsvermögen *nt* <-s, *ohne pl*> ❶ (*Auffassungsgabe*) capacidad *f* de comprensión; **das übersteigt mein ~** esto sobrepasa mi capacidad de comprensión
❷ (*räumlich*) capacidad *f*, tonelaje *m*
Fasswein^RR *m* <-(e)s, -e> vino *m* de barril; **in manchen Lokalen wird ~ ausgeschenkt** en algunos restaurantes sirven vino de barril
fassweise^RR *adv* por barriles
fast [fast] *adv* casi; **~ nie** casi nunca; **~ nichts** casi nada; **~ alle waren da** la mayoría ha venido, estuvieron casi todos
fasten ['fastən] *vi* ayunar; **drei Tage ~** ayunar durante tres días
Fastenkur *f* <-, -en> régimen *m* (alimenticio); **Fastenzeit** *f* <-, -en> período *m* de ayuno; (*im Christentum*) cuaresma *f*
Fastfood^RR *nt* <-(s), *ohne pl*>, **Fast Food**^RR [faːst fuːt] *nt* <- -(s), *ohne pl*> comida *f* rápida, fast food *m o inv*
Fastnacht *f* <-, *ohne pl*> carnaval *m*
Fasttag *m* <-(e)s, -e> día *m* de ayuno [*o* de abstinencia]; **einen ~ einlegen** [*o* **machen**] ayunar durante un día
Faszination [fatsina'tsjoːn] *f* <-, *ohne pl*> fascinación *f*; **eine ~ auf jdn ausüben** atraer [*o* fascinar] mucho a alguien
faszinieren* [fatsi'niːrən] *vt* fascinar
faszinierend *adj* fascinante
fatal [fa'taːl] *adj* fatal
Fatalismus [fata'lɪsmʊs] *m* <-s, *ohne pl*> fatalismo *m*
Fatalist(in) [fata'lɪst] *m(f)* <-en, -en; -, -nen> fatalista *mf*
fatalistisch [fata'lɪstɪʃ] *adj* fatalista
Fata Morgana ['faːta mɔrˈgaːna] *f* <- -, - -s *o* Morganen> espejismo *m*
Fatzke ['fatskə] *m* <-n *o* -s, -n *o* -s> (*fam abw*) vano, -a *m, f*, vanidoso,

fauchen ['fauxən] *vi* ❶ (*Katze*) bufar ❷ (*abw: Mensch*) gruñir, refunfuñar

faul [faul] *adj* ❶ (*verdorben*) podrido; (*verwesend*) putrefacto; (*Zahn*) cariado ❷ (*träge*) perezoso, vago, bausán *Am*, poncho *Am;* **so ein ~er Kerl!** ¡qué tío más vago!; **sich auf die ~e Haut legen** tumbarse a la bartola ❸ (*fam abw: zweifelhaft*) dudoso, sospechoso; **an der Sache ist was ~** aquí hay gato encerrado; **eine ~e Ausrede** una excusa ridícula; **das ist doch alles ~er Zauber** es todo mentira ❹ (*FIN: Kunde, Kredit*) moroso

Faulbecken *nt* <-s, -> pila *f* de putrefacción; **Faulbehälter** *m* <-s, -> tanque *m* de fermentación

Fäule ['fɔɪlə] *f* <-, *ohne pl*> (*geh*) putrefacción *f*, corrupción *f*

faulen ['faulən] *vi haben o sein* pudrirse, podrirse; (*Zahn*) cariarse

faulenzen ['faulɛntsən] *vi* holgazanear, no dar golpe, achancharse *SAm*, apandorgarse *Peru*, apolismar *CRi*

Faulenzer(in) *m(f)* <-s, -; -, -nen> holgazán, -ana *m, f*, vago, -a *m, f*, manganzón, -ona *m, f Am*

Faulenzerei *f* <-, *ohne pl*> holgazanería *f*, pereza *f*

Faulenzerin *f* <-, -nen> *s.* **Faulenzer**

faulfähig *adj* pudrible

Faulfähigkeit *f* <-, *ohne pl*> pudribilidad *f*; **Faulgas** *nt* <-es, -e> biogás *m*

Faulheit *f* <-, *ohne pl*> pereza *f*; **aus ~ etw nicht tun** no hacer algo por pereza; **vor ~ stinken** (*fam*) ser más vago que la chaqueta de un guardia

faulig *adj* podrido; (*Obst*) picado

Fäulnis ['fɔɪlnɪs] *f* <-, *ohne pl*> podredumbre *f*, putrefacción *f;* **~ erregend** sapógeno; **in ~ übergehen** pudrirse, descomponerse

fäulniserregend *adj s.* **Fäulnis**

fäulnisfähig *adj* putrefactivo

Fäulnisprozess[RR] *m* <-es, -e> proceso *m* de descomposición

Faulpelz *m* <-es, -e> (*fam abw*) perezoso, -a *m, f*, vago, -a *m, f*; **Faulschlamm** *m* <-(e)s, -schlämme> sapropelo *m*; **Faultier** *nt* <-(e)s, -e> ❶ (ZOOL) perezoso *m*, aí *m Arg, Par* ❷ (*fam: Faulpelz*) vago, -a *m, f*

Faulung *f* <-, -en> putrefacción *f*

Faun *m* <-(e)s, -e> fauno *m*

Fauna ['fauna] *f* <-, Faunen> fauna *f*

Faust [faust, *pl:* 'fɔɪstə] *f* <-, Fäuste> puño *m*; **die ~ ballen** cerrar el puño; **auf eigene ~ handeln** actuar por su propia cuenta; **die Fäuste in der Tasche ballen** (*fig*) tragar saliva; **mit der ~ auf den Tisch hauen** (*fig*) imponerse con resolución y energía; **das passt wie die ~ aufs Auge** (*fig*) eso no pega ni con cola; **die ~ im Nacken spüren** (*fig*) sentirse presionado

Faustball *m* <-(e)s, *ohne pl*> (SPORT) variante de voleibol

Fäustchen ['fɔɪstçən] *nt:* **sich** *dat* **ins ~ lachen** reírse taimadamente

faustdick ['--] *adj* (*fam*): **es ~ hinter den Ohren haben** no haber nacido ayer; **eine ~e Lüge** una mentira como una casa

Fäuste *pl von* **Faust**

Fäustel ['fɔɪstl] *m* <-s, -> mazo *m*, mallo *m*

Faustfeuerwaffe *f* <-, -n> arma *f* de fuego manual

faustgroß *adj* grande como un puño

Fausthandschuh *m* <-(e)s, -e> manopla *f*; **Faustkeil** *m* <-(e)s, -e> pico *m* (de puño)

Fäustling ['fɔɪstlɪŋ] *m* <-s, -e> manopla *f*

Faustpfand *nt* <-(e)s, -pfänder> prenda *f*; **Faustpfandrecht** *nt* <-(e)s, *ohne pl*> (JUR) derecho *m* pignoraticio

Faustrecht *nt* <-(e)s, *ohne pl*> ley *f* del más fuerte; **Faustregel** *f* <-, -n> regla *f* general; **Faustschlag** *m* <-(e)s, -schläge> puñetazo *m*, impacto *m Am*, trompicón *m MAm, Ant*

Fautfracht ['faut-] *f* <-, -en> (COM) flete *m* falso, carga *f* muerta

Fauxpas [fo'pa] *m* <-, -> metedura *f* de pata, falta *f* de tacto; **einen ~ begehen** meter la pata

favorisieren* [favori'ziːrən] *vt* ❶ (*bevorzugen*) favorecer, preferir ❷ (SPORT) considerar (como) favorito (a)

Favorit(in) [favo'riːt] *m(f)* <-en, -en; -, -nen> favorito, -a *m, f*

Fax [faks] *nt* <-, -(e)> (TEL) fax *m inv*; **per ~** por fax; **~ on Demand** (servicio de) fax bajo demanda

Faxabruf *m* <-(e)s, -e> (TEL) servicio *m* de fax bajo demanda

faxen I. *vi* (TEL) mandar un fax
II. *vt* (TEL) mandar por fax, faxear

Faxen ['faksən] *fpl* (*fam*) aspavientos *mpl*, payasadas *fpl*; (*Ausflüchte*) pretextos *mpl*; **mach bloß keine ~!** ¡déjate de bromas!; **die ~ dicke haben** estar hasta las narices (de las tonterías)

Faxkarte *f* <-, -n> (TEL) placa *f* de fax, tarjeta *f* de fax; **Faxlogbuch** *nt* <-(e)s, -bücher> (TEL) protocolo *m* de mensajes de fax, informe *m* de actividades; **Faxmailing** [-mɛɪlɪŋ] *nt* <-, *ohne pl*> (TEL) faxmailing *m* (*publicidad por fax*); **Faxmodem** *nt* <-s, -s> (TEL) fax-módem *m*; **Faxphone** [-fɔʊn] *nt* <-(s), -s> (TEL) combinación *f* entre fax y teléfono; **Faxpolling** [-pɔʊlɪŋ] *nt* <-, *ohne pl*> (TEL) servicio *m* de fax bajo demanda; **Faxpost** *f* <-, *ohne pl*> (TEL) correo *m* por fax; **Faxserver** *m* <-s, -> (INFOR, TEL) servidor *m* de fax; **Faxsoftware** *f* <-, -s> (INFOR, TEL) software *m* de fax

Fayence [fa'jãːs, *pl:* fa'jãːsn] *f* <-, -n> porcelana *f* de Faenza; **die Ausstellung zeigt wunderschöne ~n** la exposición muestra espléndidas piezas de porcelana de Faenza

Fazialisparese [fa'tsjaːlɪsparezə] *f* <-, -n> (MED: *Gesichtslähmung*) paresia *f* facial

Fazit ['faːtsɪt] *nt* <-s, -s> (*Ergebnis*) resultado *m*, resumen *m*; (*Schlussfolgerung*) conclusión *f*; **das ~ aus etw ziehen** sacar las conclusiones de algo

FBI [ɛfbiː'ʔaɪ] *m o nt Abk. von* **Federal Bureau of Investigation** FBI *m*

FC [ɛf'tseː] *m* <-(s)> (SPORT) *Abk. von* **Fußballclub** C.F. *m*

FCKW [ɛftseːka'veː] *nt Abk. von* **Fluorchlorkohlenwasserstoff** CFC *m*

FCKW-frei *adj* sin CFC

FDGB *m* (HIST: *in der ehemaligen DDR*) *Abk. von* **Freier Deutscher Gewerkschaftsbund** Asociación *f* Libre de Sindicatos Alemanes

FDJ *f* (HIST: *in der ehemaligen DDR*) *Abk. von* **Freie Deutsche Jugend** Juventudes *fpl* Libres Alemanas

FDP [ɛfdeː'peː] *f* ❶ (*Deutschland*) *Abk. von* **Freie Demokratische Partei** Partido *m* Demócrata Liberal (de Alemania) ❷ (*Schweiz*) *Abk. von* **Freisinnig-Demokratische Partei** Partido *m* Demócrata Liberal (de Suiza)

F-Dur ['ɛfduːɐ] *nt* <-, *ohne pl*> (MUS) fa *m* mayor

Fe (CHEM) *Abk. von* **Ferrum** Fe

Feature ['fiːtʃɐ] *nt* <-s, -s> ❶ (*Sendung*) reportaje *m*, documental *m* ❷ (*Merkmal*) rasgo *m*, característica *f*

Feber ['feːbɐ] *m* <-s, -> (*Österr*) *s.* **Februar**

Februar ['feːbruaːɐ] *m* <-(s), -e> febrero *m*; *s. a.* **März**

fechten ['fɛçtən] <ficht, focht, gefochten> *vi* ❶ (SPORT) practicar la esgrima; **Florett ~** practicar esgrima con florete ❷ (*kämpfen*) luchar (*gegen* contra)

Fechten *nt* <-s, *ohne pl*> (SPORT) esgrima *f*

Fechter(in) *m(f)* <-s, -; -, -nen> esgrimidor(a) *m(f)*

Fechtlehrer(in) *m(f)* <-s, -; -, -nen>, **Fechtmeister(in)** *m(f)* <-s, -; -, -nen> profesor(a) *m(f)* de esgrima; **Fechtsaal** *m* <-(e)s, -säle> sala *f* de esgrima; **Fechtsport** *m* <-(e)s, *ohne pl*> esgrima *f* (como disciplina deportiva)

Feder ['feːdɐ] *f* <-, -n> ❶ (*eines Vogels*) pluma *f*; **~n lassen** (*fam fig*) salir perjudicado; **in den ~n liegen** (*fam*) estar en la cama; **sich mit fremden ~n schmücken** adornarse con los méritos de otros ❷ (*Schreibgerät*) pluma *f*; **zur ~ greifen** tomar la pluma; **das kann nicht aus der ~ eines Fachmanns stammen** esto no lo puede haber escrito un entendido [*o* profesional] ❸ (TECH) resorte *m*, muelle *m*

Federball[1] *m* <-(e)s, *ohne pl*> (SPORT) badminton *m*, bádminton *m;* **~ spielen** jugar al badminton

Federball[2] *m* <-(e)s, -bälle> (*Ball*) pelota *f* de badminton [*o* de bádminton]

Federballschläger *m* <-s, -> (SPORT) raqueta *f* de badminton [*o* de bádminton]

Federbein *nt* <-(e)s, -e> (TECH, AUTO) riostra *f* telescópica

Federbett *nt* <-(e)s, -en> edredón *m*, plumón *m*; **Federboa** *f* <-, -s> boa *f* de plumas; **Federbusch** *m* <-(e)s, -büsche> plumero *m*; **Federdecke** *f* <-, -n> *s.* **Federbett**

Federfuchser(in) *m(f)* <-s, -; -, -nen> (*abw*) oficinista *mf* que se excede en sus competencias; **Beamte haben den Ruf, ~ zu sein** los funcionarios tienen fama de excederse en sus funciones [*o* de extralimitarse en sus competencias]

federführend *adj* responsable, competente; **~ in etw** *dat* **sein** ser el que lleva la batuta en algo; **Federführung** *f* <-, *ohne pl*> competencia *f*, responsabilidad *f*; **bei diesem Projekt hat die Gesellschaft „Meier GmbH" die alleinige ~** en este proyecto, la sociedad "Meier GmbH" tiene la responsabilidad exclusiva; **unter der ~ +***gen* bajo la dirección de; **das Projekt wird unter der ~ des Bundesbauministers realisiert** el proyecto se realiza bajo la dirección del Ministro Federal de Obras Públicas; **Federgewicht** *nt* <-(e)s, *ohne pl*> peso *m* pluma

Federgewichtler(in) *m(f)* <-s, -; -, -nen> (SPORT) peso *m(f)* pluma

Federhalter *m* <-s, -> portaplumas *m inv*

Federkernmatratze *f* <-, -n> colchón *m* de muelles

Federkiel *m* <-(e)s, -e> cañón *m* de la pluma; **Federkissen** *nt* <-s, -> almohada *f* de plumas, cojín *m* de plumas; **Federkohl** *m* <-(e)s, *ohne pl*> (*Schweiz: Grünkohl*) col *f* rizada [*o* de Milán]

federleicht ['---] *adj* ligero como una pluma

Federlesen *nt:* **nicht viel ~(s) machen** no andarse con rodeos; **um etw nicht viel ~(s) machen** tratar un asunto sin mucha ceremonia; **Federmäppchen** *nt* <-s, -> (SCH) portaplumas *m inv*

federn I. *vi* (*schwingen*) ser elástico

II. *vt* ❶ (AUTO) equipar con una suspensión
❷ (*rupfen*) desplumar
federnd *adj* elástico; (*Gang*) ligero; **einen ~en Gang haben** ir a paso ligero
Federstrich *m* <-(e)s, -e> plumada *f*; **mit speziellen Schönschreibfedern kann man verschiedene ~e üben** con plumas especiales para caligrafía se pueden practicar diversas plumadas; **mit einem ~** (*kurzerhand*) de un plumazo
Federung *f* <-, -en> ❶ (*bei Möbeln*) muelles *mpl*
❷ (AUTO) suspensión *f*
Federvieh *nt* <-(e)s, *ohne pl*> (*fam*) volatería *f*
Federweiße(r) *m* <-n, -n> (GASTR) vino *m* joven
Federwolke *f* <-, -n> (METEO) cirro *m*
Federzeichnung *f* <-, -en> dibujo *m* a pluma
Fee [feː, *pl:* ˈfeːən] *f* <-, -n> hada *f*; **die gute/böse ~** el hada madrina/mala
Feedback *nt* <-s, -s>, **Feed-back**^RR [ˈfiːtbɛk] *nt* <-s, -s> ❶ (TV, RADIO) feed-back *m*, comunicación *f*, retroacción *f*
❷ (*in der Kybernetik*) feed-back *m*, retroalimentación *f*
Feeder [ˈfiːdɐ] *m* <-s, -> (TECH) línea *f* de alimentación
Feeling [ˈfiːlɪŋ] *nt* <-s, *ohne pl*> feeling *m* (*für* por); **gutes ~** buenas vibraciones
feenhaft [ˈfeːənhaft] *adj* (LIT) (como) de hadas
Fegefeuer [ˈfeːgə-] *nt* <-s, *ohne pl*> (REL) purgatorio *m*
fegen [ˈfeːgən] **I.** *vi* ❶ (*kehren*) barrer, pasar la escoba; (*Schweiz: feucht wischen*) fregar, pasar un paño húmedo
❷ *sein* (*rasen*) ir a toda mecha; (*Wind*) soplar con fuerza
II. *vt* ❶ (*Zimmer, Straße*) barrer; (*Schweiz: feucht wischen*) fregar
❷ (*Schornstein*) deshollinar
Fehde [ˈfeːdə] *f* <-, -en> querella *f*, altercado *m*
Fehdehandschuh *m*: **jdm den ~ hinwerfen** lanzar el guante a alguien
fehl [feːl] *adv*: **~ am Platz sein** (*Person*) estar de más; (*Bemerkung*) no venir al caso
Fehl *m*: **ohne ~ (und Tadel)** (*geh*) sin defectos, sin tacha; (*Charakter*) intachable; (*Haut*) sin imperfecciones, tersa
Fehlalarm *m* <-(e)s, -e> falsa alarma *f*; **Fehlanpassung** *f* <-, -en> adaptación *f* errónea; **Fehlanzeige** *f* <-, -n> (*fam*) resultado *m* negativo; **hast du sie gefunden? – nein, ~!** ¿la encontraste? – no, falsa alarma
fehlbar *adj* ❶ (*nicht gegen Fehler gefeit*) falible; **~ sein** no ser infalible, ser falible
❷ (*Schweiz:* JUR: *schuldig*) culpable
Fehlberechnung *f* <-, -en> cálculo *m* erróneo; **Fehlbesetzung** *f* <-, -en> (FILM, THEAT) mal reparto *m* de papeles; **Fehlbestand** *m* <-(e)s, -stände> falta *f* de existencias; **Fehlbetrag** *m* <-(e)s, -träge> déficit *m inv*; **einen ~ ausgleichen** compensar un importe deficitario; **Fehlbildung** *f* <-, -en> (BIOL) formación *f* defectuosa; **Fehldatierung** *f* <-, -en> fecha *f* equivocada; **Fehldiagnose** *f* <-, -n> diagnóstico *m* erróneo; **eine ~ stellen** hacer un diagnóstico erróneo; **Fehldisposition** *f* <-, -en> planificación *f* incorrecta; **Fehleinschätzung** *f* <-, -en> estimación *f* falsa
fehlen [ˈfeːlən] **I.** *vi* ❶ (*abwesend sein*) faltar, estar ausente
❷ (*nicht vorhanden sein, mangeln*) faltar; **es fehlte nicht viel, und …** no faltó mucho para que… +*subj*
❸ (*vermisst werden*) ser echado de menos, faltar; **du hast mir sehr gefehlt** te he echado mucho de menos; **das hat uns gerade noch gefehlt!** (*fam*) ¡lo que nos faltaba!
❹ (*gesundheitlich*) pasar, tener; **was fehlt dir?** ¿qué te pasa?
❺ (*Wend*): **weit gefehlt!** (*geh*) ¡nada al derecho!
II. *vunpers* faltar; **es fehlt an allen Ecken und Kanten** falta de todo; **es soll ihr an nichts ~** (*geh*) que no le falte de nada; **an mir soll es nicht ~** que por mí no sea
Fehlentscheidung *f* <-, -en> decisión *f* equivocada
Fehler [ˈfeːlɐ] *m* <-s, -> ❶ (*Irrtum*) error *m*, falta *f*; (*Tipp~*) errata *f*; **nicht behebbare ~** (INFOR) errores no eliminables; **einen ~ machen** [*o* **begehen**] incurrir en un error, cometer un error; **~ beseitigen** eliminar errores, depurar; **mir ist ein ~ unterlaufen** he cometido un error
❷ (*Mangel*) defecto *m*; **~ der Sache beim Kauf** fallo del objeto en el momento de la compra; **sichtbarer ~** defecto visible; **jeder hat (seine) ~** todos tenemos (nuestros) fallos [*o* nuestras faltas]
❸ (*Schuld*) culpa *f*; **das war nicht dein ~** no fue culpa tuya
fehleranfällig *adj* propenso a errores
Fehleranzeige *f* <-, -n> (INFOR) *s.* **Fehlermeldung**; **Fehlerbehebung** *f* <-, -en> (INFOR) eliminación *f* de errores; **Fehlerbeseitigung** *f* <-, *ohne pl*> eliminación *f* de errores; **Fehlereingrenzung** *f* <-, -en> delimitación *f* de errores; **Fehlererkennung** *f* <-, -en> (INFOR) detección *f* de errores, reconocimiento *m* de errores
fehlerfrei *adj* correcto, sin faltas [*o* errores]; (*makellos*) perfecto, impecable

Fehlergrenze *f* <-, -n> margen *m* de error
fehlerhaft *adj* ❶ (*kaputt*) defectuoso
❷ (*falsch*) incorrecto, falso
Fehlerhaftigkeit *f* <-, *ohne pl*> deficiencia *f*
Fehleridentität *f* <-, -en> (JUR) identidad *f* de error; **Fehlerkorrektur** *f* <-, -en> corrección *f* de errores
fehlerlos *adj s.* **fehlerfrei**
Fehlermeldung *f* <-, -en> (INFOR) aviso *m* de error, indicación *f* de error; **Fehlernachricht** *f* <-, -en> (INFOR) mensaje *m* de error
Fehlernährung [ˈfeːlʔɛɐ̯-] *f* <-, *ohne pl*> falsa alimentación *f*
Fehlerprotokoll *nt* <-s, -e> (INFOR) protocolo *m* de errores; **Fehlerquelle** *f* <-, -n> fuente *f* de errores; **Fehlerquote** *f* <-, -n> cuota *f* de errores; **Fehlersuche** *f* <-, -n> (*a.* INFOR) búsqueda *f* de errores; **Fehlersuchprogramm** *nt* <-(e)s, -e> (INFOR) programa *m* de diagnóstico de errores; **Fehlertoleranz** *f* <-, -en> ❶ (TECH) tolerancia *f* en el error
❷ (INFOR) tolerancia *f* con las averías; **Fehlerwahrscheinlichkeit** *f* <-, *ohne pl*> probabilidad *f* de errores
Fehlfabrikat *nt* <-(e)s, -e> (WIRTSCH) producto *m* defectuoso; **Fehlfarbe** *f* <-, -n> ❶ (*im Kartenspiel*) fallo *m* ❷ (*Zigarre*) puro *m* (*con las hojas o capas exteriores descoloridas*); **Fehlfunktion** *f* <-, -en> (TECH) mal funcionamiento *m*; **Fehlgeburt** *f* <-, -en> aborto *m* involuntario; **eine ~ haben** abortar involuntariamente
fehl|gehen *irr vi sein* (*geh*) equivocarse; **in einer Annahme ~** no acertar al suponer algo
Fehlgewicht *nt* <-(e)s, *ohne pl*> falta *f* de peso; **Fehlgriff** *m* <-(e)s, -e> medida *f* equivocada, desacierto *m*; **Fehlinformation** *f* <-, -en> falsa información *f*, información *f* equivocada; **Fehlinvestition** *f* <-, -en> (WIRTSCH) inversión *f* equivocada; **Fehlkalkulation** *f* <-, -en> cálculo *m* equivocado, error *m* en el cálculo; **Fehlkonstruktion** *f* <-, -en> (*abw*) construcción *f* defectuosa; **Fehlleistung** *f* <-, -en> ❶ (*Lapsus*) lapsus *m inv*, desliz *m* ❷ (PSYCH) acto *m* fallido; **Freudsche ~** acto fallido freudiano; **Fehlleitung** *f* <-, -en> mala dirección *f*; **Fehlmenge** *f* <-, -n> (WIRTSCH) falta *f*; **Fehlpass**^RR *m* <-es, -pässe> (SPORT) pase *m* errado; **Fehlplanung** *f* <-, -en> planificación *f* incorrecta; **Fehlprodukt** *nt* <-(e)s, -e> (WIRTSCH) producto *m* defectuoso; **Fehlschaltung** *f* <-, -en> (ELEK) conexión *f* errónea; (TEL) mala conexión *f*; **Fehlschlag** *m* <-(e)s, -schläge> (*Misserfolg*) fracaso *m*, fallo *m*
fehl|schlagen *irr vi sein* fracasar, fallar; **das Unternehmen ist fehlgeschlagen** el plan se fue al garete *fam*
Fehlschluss^RR *m* <-es, -schlüsse> falsa conclusión *f*, conclusión *f* equivocada; **aus seiner Antwort zog sie den ~, dass er nicht mit ihr ausgehen wolle** de su repuesta sacó la falsa conclusión de que él no quería salir con ella; **Fehlspekulation** *f* <-, -en> (FIN, WIRTSCH) especulación *f* equivocada; **Fehlstart** *m* <-(e)s, -s *o* -e> (TECH, SPORT) salida *f* nula; **Fehltritt** *m* <-(e)s, -e> paso *m* en falso; **Fehlurteil** *nt* <-s, -e> (JUR) sentencia *f* equivocada; **Fehlverhalten** *nt* <-s, *ohne pl*> comportamiento *m* incorrecto; **vorsätzliches ~** comportamiento incorrecto premeditado; **Fehlzündung** *f* <-, -en> (TECH) encendido *m* defectuoso
Feier [ˈfaɪɐ] *f* <-, -n> ❶ (*Fest*) fiesta *f*; **zur ~ des Tages** para celebrar el día
❷ (*Zeremonie*) festividad *f*, acto *m* solemne
Feierabend *m* <-s, -e> fin *m* del trabajo; (*von Geschäften*) hora *f* de cierre; **am ~** después del trabajo; **~ haben** salir del trabajo; **~ machen** terminar la jornada; **jetzt ist aber ~!** (*fam fig*) ¡ahora se acabó!
feierlich *adj* solemne, ceremonioso; (*förmlich*) formal; **das ist schon nicht mehr ~** (*fam*) esto ya pasa de castaño oscuro
Feierlichkeit[1] *f* <-, *ohne pl*> (*Feierlichsein*) solemnidad *f*
Feierlichkeit[2] *f* <-, -en> (*Fest*) acto *m* solemne
feiern [ˈfaɪɐn] **I.** *vt* ❶ (*Party, Weihnachten*) celebrar, festejar; **Wiedersehen ~** celebrar el reencuentro; **das muss gefeiert werden** esto hay que celebrarlo
❷ (*umjubeln*) elogiar, aplaudir; **eine gefeierte Sängerin** una cantante muy aplaudida
II. *vi* estar de fiesta, farrear *CSur*
Feierschicht *f* <-, -en> (*a.* BERGB) turno *m* no trabajado, turno *m* de descanso; **eine ~ einlegen** saltar [*o* eliminar] un turno
Feierstunde *f* <-, -en> acto *m* solemne, momento *m* solemne; **Feiertag** *m* <-(e)s, -e> día *m* festivo, fiesta *f*; **gesetzlicher/kirchlicher ~** fiesta oficial/religiosa
feiertags *adv* los festivos; **sonn- und ~** domingos y festivos
Feiertagszulage *f* <-, -n> plus *m* por trabajar en días festivos
feig(e) [faɪk, ˈfaɪgə] *adj* (*abw: ohne Mut*) cobarde, gallina *fam*, flojo *Am*, bizcocho *Mex*, amargo *Arg*, gurrumino *Bol*
Feige [ˈfaɪgə] *f* <-, -n> ❶ (*Frucht*) higo *m*
❷ (*Baum*) higuera *f*
Feigenbaum *m* <-(e)s, -bäume> (BOT) higuera *f*; **Feigenblatt** *nt* <-(e)s, -blätter> (BOT) hoja *f* de higuera
Feigheit [ˈfaɪkhaɪt] *f* <-, *ohne pl*> cobardía *f*, pendejada *f Am: fam*

Feigling ['faɪklɪŋ] *m* <-s, -e> (*abw*) cobarde *mf*, gallina *mf*, naco *m* MAm, chota *mf* PRico
Feile ['faɪlə] *f* <-, -n> lima *f*
feilen ['faɪlən] *vt* limar; (*vervollkommnen*) pulir, retocar; **an einer Rede** ~ dar los últimos toques a un discurso
Feilhalten *nt* <-s, *ohne pl*> (COM) puesta *f* a la venta
feilschen ['faɪlʃən] *vi* (*abw*) regatear (*um*)
Feilspäne *mpl* (TECH) limaduras *fpl*
fein [faɪn] *adj* ❶ (*zart*) fino, delicado; (*Strich*) delgado; (*Gewebe*) fino; ~e Unterschiede pequeñas diferencias
❷ (*Sand, Staub, Regen*) menudo; (*Nebel*) poco espeso; ~ **gemahlen** bien molido
❸ (*exquisit*) exquisito; (*erlesen*) selecto; **das F~ste vom F~sten** lo mejorcito; **dieser Wein ist vom F~sten** este es un vino selecto
❹ (*feinsinnig*) fino; (*vornehm*) fino, distinguido; (*elegant*) elegante, refinado; **du bist dir wohl zu ~ dafür** te crees demasiado fino para esto; **er hat sich ~ gemacht** se ha puesto de punta en blanco *fam*
❺ (*genau*) preciso, exacto; ~ **säuberlich** nítidamente; **eine ~e Nase haben** tener un olfato muy fino; **ein ~es Gehör haben** tener un oído muy fino; **hier lässt sich die Temperatur ganz ~ einstellen** ahí se puede ajustar la temperatura con mucha precisión
❻ (*fam: erfreulich, anständig*) bueno; ~! ¡maravilloso!; ~, **dass du wieder da bist** qué bien que ya hayas vuelto
❼ (*Wend*) **er ist jetzt ~ heraus** le han salido bien las cosas; **ein ~er Kerl** un gran tipo
Feinabstimmung *f* <-, -en> (TECH) ajuste *m* fino [*o* preciso]; (RADIO) sintonización *f* exacta; **Feinarbeit** *f* <-, -en> trabajo *m* de precisión; **erst werden die Formen der Skulptur im Groben aus dem Stein gemeißelt, dann folgt die** ~ primero se esculpen en la piedra las formas de la escultura a grandes rasgos y luego se pasa a trabajar los detalles; **Feinauszeichnung** *f* <-, -en> clasificación *f* exacta; **Feinbäckerei** *f* <-, -en> pastelería *f*
Feind(in) [faɪnt] *m(f)* <-(e)s, -e; -, -nen> enemigo, -a *m, f*, adversario, -a *m, f*; **zum** ~ **überlaufen** pasarse al enemigo; **sich** *dat* **jdn zum** ~ **machen** enemistarse con alguien
Feindbild *nt* <-(e)s, -er> concepto de lo que consideramos enemigo
Feindesland ['faɪndəslant] *nt* <-(e)s, *ohne pl*> (MIL) país *m* enemigo
Feindin *f* <-, -nen> *s*. **Feind**
feindlich *adj* enemigo, hostil; **jdm gegenüber** ~ **gesinnt sein** sentir hostilidad hacia alguien, querer mal a alguien
Feindschaft *f* <-, *ohne pl*> enemistad *f*
feindselig [-zeːlɪç] *adj* hostil, enemigo
Feindseligkeit *f* <-, *ohne pl*> enemistad *f*, hostilidad *f*
Feindseligkeiten *fpl* hostilidades *fpl*
Feineinstellung *f* <-, -en> (TECH, RADIO) *s*. **Feinabstimmung**
feinfühlend *adj* con tacto
feinfühlig *adj* sensible, delicado
Feingefühl *nt* <-(e)s, *ohne pl*> tacto *m*, sensibilidad *f*; **Feingehalt** *m* <-(e)s, -e> quilate *m*
feinglied(e)rig ['faɪngliːd(ə)rɪç] *adj* (*Hände, Gestalt*) grácil, fino
Feingold *nt* <-(e)s, *ohne pl*> oro *m* de ley
Feinheit[1] *f* <-, *ohne pl*> ❶ (*Beschaffenheit, Qualität*) fineza *f*, finura *f*
❷ (*Vornehmheit*) distinción *f*, refinamiento *m*
Feinheit[2] *f* <-, -en> ❶ (*Nuance*) detalle *m*, pormenor *m*; **bis in alle ~en** hasta en los más mínimos detalles
❷ (*Subtilität*) sutileza *f*
feinkörnig *adj* de grano fino
Feinkost *f* <-, *ohne pl*> (GASTR) exquisiteces *fpl*; **Feinkostgeschäft** *nt* <-(e)s, -e> tienda *f* de ultramarinos de primera calidad
feinmaschig *adj* de malla fina
Feinmechanik *f* <-, *ohne pl*> (TECH) mecánica *f* de precisión
Feinmechaniker(in) *m(f)* <-s, -; -, -nen> mecánico *mf* de precisión; **sie ist eine der wenigen Frauen, die eine Lehre zur ~in machen** es de las pocas mujeres que hacen un aprendizaje para mecánico de precisión
Feinschmecker(in) *m(f)* <-s, -; -, -nen> gourmet *mf*, sibarita *mf*
Feinsilber *nt* <-s, *ohne pl*> plata *f* de ley
feinsinnig ['faɪnzɪnɪç] *adj* sensible, refinado
Feinunze *f* <-, -n> onza *f* (para oro y plata de ley); **Feinwäsche** *f* <-, *ohne pl*> ropa *f* delicada; **Feinwaschmittel** *nt* <-s, -> detergente *m* suave
feist [faɪst] *adj* gordo, obeso
feixen ['faɪksən] *vi* reír sarcásticamente
Felchen ['fɛlçən] *m o nt* <-s, -> (ZOOL) corégono *m*
Feld [fɛlt] *nt* <-(e)s, -er> ❶ (*Acker, Bereich*) campo *m*, tablón *m* Am; **auf freiem** ~ en pleno campo; **das ist ein weites** ~ (*fig*) ese es un tema que da mucho de sí; **das** ~ **bestellen** labrar las tierras
❷ (MIL) campo *m* de batalla; **gegen jdn zu ~e ziehen** (*fig geh*) lanzarse en una campaña contra alguien; **das** ~ **räumen** dejar el campo libre
❸ (*auf einem Spielbrett*) casilla *f*; (*auf dem Schachbrett*) escaque *m*; (*auf einem Formular, in einem Muster*) casilla *f*
❹ (INFOR: *Teil des Datensatzes*) campo *m*
❺ (SPORT: *Spiel~*) terreno *m* de juego; (*beim Radrennen*) pelotón *m*; **er führte das** ~ **der Verfolger an** encabezaba el pelotón
❻ (ELEK) campo *m*
❼ (*Wend*): **Argumente ins** ~ **führen** traer una serie de argumentos a colación
Feldahorn *m* <-s, -e> (BOT) arce *m* campestre; **Feldarbeit** *f* <-, -en> (AGR) faena *f*; **Feldbeobachtungen** *fpl* observaciones *fpl* de campo; **Feldbett** *nt* <-(e)s, -en> somier *m* plegable; (MIL) cama *f* de campaña; **Feldblume** *f* <-, -n> (BOT) flor *f* campestre; **Feldflasche** *f* <-, -n> cantimplora *f*; **Feldflur** *f* <-, *ohne pl*> parcela *f* rural; **Feldforschung** *f* <-, *ohne pl*> (AGR) estudio *m* de campo; ~ **betreiben** realizar estudios de campo; **Feldfrucht** *f* <-, -früchte> (AGR) fruto *m* del campo; **Feldgeistliche(r)** *m* <-n, -n> (MIL) capellán *m* militar [*o* castrense]; **Feldherr** *m* <-n, -en> comandante *m* (en jefe); (*Stratege*) estratega *m*; **Feldhockey** *nt* <-s, *ohne pl*> (SPORT) hockey *m* sobre hierba
Feldjäger[1] *mpl* (MIL: *Truppe*) policía *f* militar
Feldjäger(in)[2] *m(f)* <-s, -; -, -nen> (MIL: *Angehöriger der* ~) policía *mf* militar
Feldküche *f* <-, -n> (MIL) cocina *f* de campo; **Feldlager** *nt* <-s, -> (*a*. MIL) campamento *m*; **Feldlazarett** *nt* <-(e)s, -e> (MIL) ambulancia *f*, hospital *m* de primera sangre; **Feldmarschall** *m* <-s, -schälle> (MIL) mariscal *m* de campo; **Feldmaus** *f* <-, -mäuse> (ZOOL) ratón *m* de campo; **Feldpost** *f* <-, *ohne pl*> (MIL) correo *m* militar; **Feldsalat** *m* <-(e)s, -e> rapónchigo *m*, ruiponce *m*; **Feldspat** ['fɛltʃpaːt] *m* <-(e)s, -e *o* -späte> (*Mineral*) feldespato *m*; **Feldstärke** *f* <-, -n> (PHYS) intensidad *f* de campo; **Feldstecher** ['fɛltʃtɛçɐ] *m* <-s, -> gemelos *mpl*, prismáticos *mpl*; **Feldstudie** *f* <-, -n> *s*. Feldforschung; **Feldtheorie** *f* <-, -n> (PHYS) teoría *f* del campo; **Feldversuch** *m* <-(e)s, -e> ensayo *m* de campo; **Feldwebel** ['fɛltveːbəl] *m* <-s, -> sargento *m* (mayor); **Feldweg** *m* <-(e)s, -e> camino *m* vecinal; **Feldweibel** *m* <-s, -> (*Schweiz*) *s*. Feldwebel; **Feldzug** *m* <-(e)s, -züge> (*a. fig*) campaña *f*; (MIL) expedición *f* militar; **einen** ~ **gegen etw/jdn unternehmen** lanzar una campaña contra algo/alguien
Felge ['fɛlgə] *f* <-, -n> ❶ (*vom Rad*) llanta *f*
❷ (SPORT) molinete *m*
Felgenbremse *f* <-, -n> (TECH) freno *m* de la llanta
Fell [fɛl] *nt* <-(e)s, -e> piel *f*, pellejo *m*; **einem Tier das** ~ **abziehen** desollar un animal; **ein dickes** ~ **haben** (*fam fig*) tener una coraza en lugar de piel; **jdm das** ~ **über die Ohren ziehen** (*fam*) engañar a alguien, aprovecharse de alguien; **seine ~e wegschwimmen sehen** (*fig*) perder las esperanzas
Fellache [fɛˈlaxə] *m* <-n, -n> felá *m*, fellah *m*
Fellatio [fɛˈlaːtsjo] *f* <-, *ohne pl*> felación *f*
Fels[1] [fɛls] *m* <-ens, -en> (*geh: Felsen*) roca *f*, peña *f*; (*größer*) peñasco *m*; **wie ein** ~ **in der Brandung stand sie da** (*fig*) se mantuvo al pie del cañón
Fels[2] *m* <-, *ohne pl*> (*Gestein*) roca *f*
Felsblock *m* <-(e)s, -blöcke>, **Felsbrocken** *m* <-s, -> roca *f*
Felsen ['fɛlzən] *m* <-s, -> *s*. Fels
felsenfest ['--'-] *adj* firme, sólido; **ich bin** ~ **davon überzeugt, dass ...** estoy firmemente convencido de que...
Felsenriff *nt* <-(e)s, -e> (GEO) arrecife *m*; **Felsenschlucht** *f* <-, -en> garganta *f* escarpada, quebrada *f*
Felsgestein *nt* <-(e)s, -e> roca *f*
felsig ['fɛlzɪç] *adj* ❶ (*mit Felsen*) rocoso, peñascoso
❷ (*aus Felsgestein*) rocoso
Felsmalerei *f* <-, -en> pintura *f* rupestre; **Felsmassiv** *nt* <-s, -e> macizo *m* rocoso; **Felsspalte** *f* <-, -n> grieta *f* (entre las rocas); **Felsvorsprung** *m* <-(e)s, -sprünge> saliente *m* de una roca; **Felswand** *f* <-, -wände> peña *f* escarpada, pared *f* de una roca
Feme [feːmə] *f* <-, -n>, **Femegericht** *nt* <-(e)s, -e> (HIST) tribunal *f* de la Vehma; **Fememord** *m* <-(e)s, -e> asesinato *m* político (ejecutado por los miembros de la propia organización)
Feminat *nt* <-(e)s, -e> ❶ (*eines Gremiums*) ocupación de los cargos directivos de un organismo sólo por mujeres
❷ (*System*) sistema *m* matriarcal
feminin [femiˈniːn] *adj* femenino
Femininum [femiˈniːnʊm, '----] *nt* <-s, Feminina> femenino *m*
Feminismus [femiˈnɪsmʊs] *m* <-, *ohne pl*> feminismo *m*
Feminist(in) [femiˈnɪst] *m(f)* <-en, -en; -, -nen> feminista *mf*; ~**innen und ~en streben eine grundsätzliche Veränderung der traditionellen Rollenverteilung an** los feministas y las feministas abogan por una profunda reforma de los papeles desempeñados tradicionalmente por el hombre y la mujer
feministisch *adj* feminista
Fenchel ['fɛnçəl] *m* <-s, -> hinojo *m*

Fenster ['fɛnstɐ] *nt* <-s, -> ❶ (*in Gebäuden, a.* INFOR) ventana *f*; (*an Fahrzeugen*) ventanilla *f*; **zum ~ hinausschauen** mirar por la ventana; **jd ist weg vom ~** (*fig*) alguien ha desaparecido del panorama; **das Geld zum ~ hinauswerfen** tirar el dinero por la ventana ❷ (*eines Briefumschlags*) ventanilla *f*
Fensterbank *f* <-, -bänke>, **Fensterbrett** *nt* <-(e)s, -er> antepecho *m*; **Fensterbriefumschlag** *m* <-(e)s, -schläge> sobre *m* de ventanilla; **Fensterflügel** *m* <-s, -> hoja *f* de la ventana; **Fensterglas** *nt* <-es, *ohne pl*> vidrio *m*, cristal *m*; **Fenstergröße** *f* <-, -n> (INFOR) tamaño *m* de ventana; **Fensterheber** ['fɛnstɐheːbɐ] *m* <-s, -> (AUTO) elevalunas *m inv*; **elektrischer ~** elevalunas automático; **Fensterkitt** *m* <-(e)s, -e> masilla *f* (de cristalero); **Fensterkreuz** *nt* <-es, -e> cruz *f* de la ventana; **Fensterkurbel** *f* <-, -n> (*a.* AUTO) manivela *f* elevalunas; **Fensterladen** *m* <-s, -läden> postigo *m*, contraventana *f*; **Fensterleder** *nt* <-s, -> gamuza *f*
fensterln ['fɛnstɐln] *vi* (*südd, Österr*) pelar la pava (*colarse el amante en la habitación de su amada por la ventana*)
fensterlos *adj* sin ventanas; **wenn das Bad ein ~er Raum ist, muss es besonders gut gelüftet werden** si el baño no tiene ventanas debe estar muy bien ventilado
Fensternische *f* <-, -n> nicho *m* de ventana; **Fensterplatz** *m* <-s, -plätze> asiento *m* de ventanilla; **Fensterputzer(in)** *m(f)* <-s, -; -, -nen> limpiador(a) *m(f)* de cristales; **Fensterrahmen** *m* <-s, -> marco *m* de la ventana
Fensterrede *f* <-, -n> discurso *m* altisonante
Fensterscheibe *f* <-, -n> vidrio *m*, cristal *m*, (*Auto, Schaufenster*) luna *f*; **Fenstersims** *m o nt* <-es, -e> poyete *m* de la ventana; **Fensterstock** *m* <-(e)s, -stöcke> (*Österr*) *s.* **Fensterrahmen**; **Fenstersturz** *m* <-es, -stürze> ❶ (ARCHIT) dintel *m* de ventana, umbral *m* de ventana ❷ (*Sturz aus einem Fenster*) caída *f* por la ventana ❸ (HIST) **Prager ~** defenestración *f* de Praga; **Fenstertechnik** *f* <-, -en> (INFOR) técnica *f* de ventana
Ferien ['feːriən] *pl* vacaciones *fpl*; **die großen ~** las vacaciones de verano; **in die ~ fahren** ir(se) de vacaciones; (*im Sommer*) ir de veraneo; **~ machen/haben** estar de/tener vacaciones
Feriendorf *nt* <-s, -dörfer> urbanización *f* turística; **Feriengast** *m* <-(e)s, -gäste> turista *mf*; (*Sommergast*) veraneante *mf*; **Ferienhaus** *nt* <-es, -häuser> chalet *m* para las vacaciones, chalé *m* para las vacaciones; **Ferienheim** *nt* <-s, -e> residencia *f* de vacaciones, colonia *f* de vacaciones; **die Kinder verbrachten ihre Sommerferien in einem ~** los niños pasaron sus vacaciones en una colonia de verano; **Ferienkurs** *m* <-es, -e> curso *m* de vacaciones; **Ferienlager** *nt* <-s, -> campamento *m* de vacaciones; **Ferienort** *m* <-(e)s, -e> centro *m* turístico; **Ferienreise** *f* <-, -n> viaje *m* turístico; **Feriensache** *f* <-, -n> (JUR) negociado *m* de vacaciones; **Ferientag** *m* <-(e)s, -e> día *m* de vacaciones; **Ferienwohnung** *f* <-, -en> apartam(i)ento *m* para las vacaciones; **Ferienzeit** *f* <-, *ohne pl*> (época *f* de) vacaciones *fpl*
Ferkel ['fɛrkəl] *nt* <-s, -> ❶ (ZOOL) lechón *m* ❷ (*fam: Mensch*) cochino, -a *m, f*, guarro, -a *m, f*
Ferkelei *f* <-, -en> (*fam abw*) cochinada *f*
ferkeln *vi* ❶ (ZOOL) parir (*o* tener cochinillos| (la cerda) ❷ (*fam abw: Dreck machen*) hacer cochinadas; (*stärker*) hacer guarradas |*o* el guarro|
Fermate [fɛr'maːtə] *f* <-, -n> (MUS) fermata *f*
Ferment [fɛr'mɛnt] *nt* <-(e)s, -e> (BIOL) fermento *m*
Fermentierung [fɛrmɛnti'ːruŋ] *f* <-, -en> (CHEM) fermentación *f*
Fermium ['fɛrmiʊm] *nt* <-s, *ohne pl*> (CHEM) fermio *m*
fern [fɛrn] **I.** *adj* (*räumlich, zeitlich*) lejano, distante; **eines ~en Tages werden wir uns wieder sehen** llegará el día en el que nos volveremos a ver; **der F~e Osten** el Extremo Oriente
II. *adv* lejos; **von ~** de lejos; **~ von hier** lejos de aquí; **von ~ betrachtet** visto desde lejos; **(sich) ~ halten von etw/jdm** (*geh*) mantener(se) alejado de algo/alguien; **ich hielt mich von ihr ~** me mantuve alejado de ella; **ihr liegt jdm ~** alguien no quiere algo en absoluto; **es liegt mir ~, zu ...** no tengo la intención de...; **nichts liegt mir ~er, als ...** nada más lejos de mi voluntad que...; **etw** *dat* **~ stehen** (*geh*) sentir desapego hacia algo; **einem Plan ~ stehen** distanciarse de un plan; **jdm ~ stehen** no tener relación con alguien; **es steht mir ~, das zu sagen** |lejos de mí el decir algo así|
Fernamt *nt* <-(e)s, -ämter> (TEL) central *f* telefónica; **um von Quito nach München zu telefonieren, muss das ~ ein Auslandsgespräch vermitteln** para poder hacer una llamada de Quito a Múnich la operadora tiene que establecer la conferencia; **Fernbahn** *f* <-, -en> tren *m* de largo recorrido; **Fernbedienung** *f* <-, -en> mando *m* a distancia, telemando *m*
fern|bleiben *irr vi sein* (*geh*) no asistir (a), no tomar parte (en); **er ist der Schule ferngeblieben** no asistió a clase
Fernbleiben *nt* <-s, *ohne pl*> ausencia *f*; (*von der Arbeit*) absentismo *m* laboral; (*vom Unterricht*) no asistencia *f* a los cursos; **Fernblick** *m* <-(e)s, *ohne pl*> vista *f* panorámica
ferne *adv* (*geh*) *s.* **fern**
Ferne ['fɛrnə] *f* <-, *ohne pl*> (*räumlich, zeitlich*) lejanía *f*, distancia *f*; **aus der ~ betrachtet** visto de lejos; **in die ~ ziehen** (*geh*) irse por esos mundos de Dios; **der Prüfungstermin lag noch in weiter ~** la fecha del examen estaba todavía lejos
Fernempfang *m* <-(e)s, *ohne pl*> (RADIO) recepción *f* a distancia
ferner ['fɛrnɐ] **I.** *konj* (*außerdem*) aparte de eso, además; **~ möchte ich darauf hinweisen, dass ...** además quiero señalar que...
II. *adv* (*künftig*) en adelante, en lo sucesivo
fernerhin *adv o konj s.* **ferner**
Fernerkundung *f* <-, -en> teledetección *f*; **Fernfahrer(in)** *m(f)* <-s, -; -, -nen> camionero, -a *m, f*; **Fernfahrt** *f* <-, -en> largo recorrido *m* (de un transportista en camión); **Fernflug** *m* <-(e)s, -flüge> (AERO) vuelo *m* de (larga) distancia; **Ferngas** *nt* <-es, -e> gas-ciudad *m* (*obtenido lejos de donde se consume*); **Ferngespräch** *nt* <-(e)s, -e> (*Inland*) llamada *f* interurbana; (*Ausland*) llamada *f* internacional; **ein ~ führen** (*Ausland*) llamar al extranjero; (*Inland*) llamar a provincias
ferngesteuert ['fɛrngəʃtɔɪɐt] *adj* teledirigido
Fernglas *nt* <-es, -gläser> gemelos *mpl*, prismáticos *mpl*
fern|gucken *vi* ❶ (*fam*) mirar |*o* ver| la tele
fern|halten *irr* **I.** *vt s.* **fern II.**
II. *vr*: **sich ~** *s.* **fern II.**
Fernhandel *m* <-s, *ohne pl*> (COM) comercio *m* a distancia; **Fernheizung** *f* <-, -en> (sistema *m* de) calefacción *f* a distancia; **Fernkopie** *f* <-, -n> (TEL) fax *m inv*, telecopia *f*
fernkopieren* **I.** *vi* (TEL) enviar un fax
II. *vt* (TEL) enviar por fax
Fernkopierer *m* <-s, -> (TEL) telefax *m inv*, telecopiadora *f*; **Fernkursus** *m* <-, -kurse> (SCH) curso *m* por correspondencia; **Fernlaster** *m* <-s, -> (*fam*) camión *m* de transportes de largo recorrido
Fernlastverkehr *m* <-(e)s, *ohne pl*> transporte *m* internacional por carretera; **ein Großteil der Güter wird im ~ befördert** una gran parte de las mercancías se transporta al extranjero por carretera; **Fernlastwagen** *m* <-s, -> camión *m* TIR; **Fernlastzug** *m* <-(e)s, -züge> (AUTO) tráiler *m*
Fernleihe ['fɛrnlaɪə] *f* <-, -n> servicio *m* de préstamo interbibliotecario entre dos ciudades
Fernleitung *f* <-, -en> línea *f* a gran distancia; **Fernleitungsnetz** *nt* <-es, -e> (TEL) red *f* de líneas de larga distancia
fern|lenken *vt* teledirigir
Fernlenkung[1] *f* <-, -en> (*Apparat*) telemando *m*, teledirección *f*
Fernlenkung[2] *f* <-, *ohne pl*> (*das Lenken*) telecontrol *f*
Fernlicht *nt* <-(e)s, *ohne pl*> (AUTO) luz *f* larga [*o* de carretera]
fern|liegen *irr vi s.* **fern II.**
Fernmeldeamt *nt* <-(e)s, -ämter> (TEL) central *f* telefónica, Telefónica *f*; **Fernmeldedienst** *m* <-(e)s, -e> (TEL) servicio *m* de telecomunicación; **Fernmeldegeheimnis** *nt* <-ses, *ohne pl*> (JUR) secreto *m* de telecomunicación; **Fernmeldesatellit** *m* <-en, -en> (TEL) satélite *m* para [*o* de] telecomunicaciones; **Fernmeldetechnik** *f* <-, *ohne pl*> (TEL) técnica *f* de telecomunicaciones; **Fernmeldewesen** *nt* <-s, *ohne pl*> (TEL) telecomunicaciones *fpl*
fernmündlich *adj* (TEL) por teléfono
Fernost [fɛrn'ɔst]: **aus/in ~** del/en el Extremo Oriente
fernöstlich ['---] *adj* del Extremo Oriente
Fernrohr *nt* <-(e)s, -e> telescopio *m*; **Fernruf** *m* <-(e)s, -e> (TEL: *formal*) número *m* de teléfono; **Fernschnellzug** *m* <-(e)s, -züge> (EISENB) tren *m* rápido; **Fernschreiben** *nt* <-s, -> (*Text*) télex *m inv*, teletipo *m*
Fernschreiber[1] *m* <-s, -> (*Apparat*) télex *m inv*, teletipo *m*
Fernschreiber(in)[2] *m(f)* <-s, -; -, -nen> persona *f* encargada de accionar el teletipo
Fernschreibnetz *nt* <-es, -e> (TEL) red *f* de télex [*o* teletipográfica]
fernschriftlich *adj* (TEL) (transmitido) por télex
Fernsehansager(in) *m(f)* <-s, -; -, -nen> locutor(a) *m(f)* de televisión; **Fernsehanstalt** *f* <-, -en> cadena *f* de televisión; **die öffentlich-rechtlichen ~en** las cadenas de televisión de titularidad pública; (*in Spanien*) el Ente; **Fernsehantenne** *f* <-, -n> antena *f* de televisión; **Fernsehapparat** *m* <-(e)s, -e> televisor *m*; **Fernsehaufnahme** *f* <-, -n> grabación *f* de televisión
fern|sehen *irr vi* ver la tele(visión)
Fernsehen *nt* <-s, *ohne pl*> televisión *f*; **etw kommt im ~** dan algo en la televisión; **im ~ übertragen** televisar, transmitir por televisión; **er arbeitet beim ~** trabaja para [*o* en] la televisión; **bekannt aus Film und ~** conocido del cine y de la televisión; **am ~** (*Schweiz*) en la televisión
Fernseher *m* <-s, -> (*fam: Gerät*) tele *f*; **den ganzen Tag vor dem ~ sitzen** pasarse el día entero delante de la tele
Fernsehfilm *m* <-(e)s, -e> película *f* de televisión; **Fernsehgebühr** *f* <-, -en> impuesto *m* por el uso de un televisor; **Fernsehgerät**

<-(e)s, -e> televisor m, aparato m de televisión; **Fernsehinterview** nt <-s, -s> entrevista f en televisión; **Fernsehjournalist(in)** m(f) <-en, -en; -, -nen> periodista mf de televisión; **Fernsehkamera** f <-, -s> cámara f de televisión
Fernsehmüll m <-s, ohne pl> (fam) telebasura f; **Fernsehnachrichten** fpl (TV) noticias fpl de la televisión [o televisadas]; **die ~ haben darüber nicht berichtet** en las noticias de la tele no han dicho nada de eso; **deine Schule war gestern in den ~** ayer salió tu escuela en las noticias de la tele; **Fernsehnetz** nt <-es, -e> red f de (emisoras de) televisión; **Fernsehprediger(in)** m(f) <-s, -; -, -nen> telepredicador(a) m(f); **Fernsehprogramm** nt <-(e)s, -e> programa m de televisión; **Fernsehrechte** ntpl (JUR, TV) derechos mpl de televisión; **Fernsehsatellit** m <-en, -en> satélite m de televisión; **Fernsehsender** m <-s, -> canal m de televisión; **Fernsehsendung** f <-, -en> emisión f de televisión; **Fernsehspiel** nt <-(e)s, -e> película f de televisión, telefilm m; **Fernsehstudio** nt <-s, -s> estudio m de televisión; **Fernsehtechnik** f <-, ohne pl> técnica f de la televisión; **Fernsehtechniker(in)** m(f) <-s, -; -, -nen> técnico, -a m, f en [o de] televisión; **Fernsehteilnehmer(in)** m(f) <-s, -; -, -nen> (formal) abonado, -a m, f a la televisión, telespectador(a) m(f); **Fernsehturm** m <-(e)s, -türme> torre f de televisión, pirulí m fam; **Fernsehübertragung** f <-, -en> retransmisión f televisiva; **Fernsehwerbung** f <-, ohne pl> publicidad f en la televisión; **Fernsehzeitschrift** f <-, -en> revista f de televisión; **Fernsehzuschauer(in)** m(f) <-s, -; -, -nen> telespectador(a) m(f)
Fernsicht f <-, ohne pl> vista f panorámica
Fernsprechamt nt <-(e)s, -ämter> central f telefónica; **Fernsprechanlage** f <-, -n> instalación f telefónica; **Fernsprechansagedienst** m <-(e)s, -e> servicio m de anuncios telefónicos; **Fernsprechanschluss**^RR m <-es, -schlüsse> enganche m a la red telefónica; **Fernsprechapparat** m <-(e)s, -e> teléfono m, aparato m telefónico; **Fernsprechauskunft** f <-, -künfte> información f (telefónica)
Fernsprecher m <-s, -> teléfono m
Fernsprechgebühr f <-, -en> tarifa f telefónica; **Fernsprechnetz** nt <-es, -e> (TEL) red f telefónica; **Fernsprechteilnehmer(in)** m(f) <-s, -; -, -nen> usuario, -a m, f de la red telefónica; **Fernsprechverkehr** m <-(e)s, ohne pl> (TEL) telefonía f; **Fernsprechvermittlung** f <-, -en> (TEL) central f telefónica; **Fernsprechzelle** f <-, -n> (TEL) cabina f telefónica; **Fernsprechzentrale** f <-, -n> (TEL) central f telefónica
fern|stehen irr vi s. **fern** II.
fern|steuern vt dirigir con mando a distancia, teledirigir
Fernsteuerung¹ f <-, -en> (Apparat) mando m a distancia, telemando m
Fernsteuerung² f <-, ohne pl> (das Steuern) telecontrol m
Fernstraße f <-, -n> (AUTO) ≈carretera f nacional; **Fernstudium** nt <-s, -studien> carrera f a distancia; **Fernüberwachung** f <-, -en> vigilancia f a distancia; **~ per Video** vigilancia por cámaras de vídeo; **Fernuniversität** f <-, -en> universidad f a distancia
Fernverkehr m <-s, ohne pl> ① (Eisenbahn) servicio m de largo recorrido; (Auto) tráfico m de largo recorrido ② (Telefon) servicio m interurbano; **Fernverkehrsstraße** f <-, -n> (AUTO) s. **Fernstraße**
Fernwärme f <-, ohne pl> sistema m de calefacción a distancia; **Fernwärmeversorgung** f <-, ohne pl> abastecimiento m de calor a distancia
Fernweh ['fɛrnveː] nt <-(e)s, ohne pl> (geh) nostalgia f de países lejanos; **Fernwirken** nt <-s, ohne pl> (INFOR, TEL) telecontrol m; **Fernziel** nt <-(e)s, -e> (fig) objetivo m a largo plazo; **Fernzug** m <-(e)s, -züge> tren m de largo recorrido
Ferse ['fɛrzə] f <-, -n> (a. Strumpf-) talón m; **jdm (dicht) auf den ~n sein** ir pisando los talones a alguien; **sich an die ~n von jdm hängen** [o **heften**] perseguir a alguien con insistencia
Fersenbein nt <-(e)s, -e> (ANAT) calcáneo m; **Fersengeld** nt <-es, ohne pl> **~ geben** (fam) piráraselas
fertig ['fɛrtɪç] adj ① (beendet) terminado, acabado; (vollendet) listo; **halb ~** a medio hacer; **das Essen ist ~** la comida está lista; **bist du mit Duschen?** ¿has acabado de ducharte?; **er hat die Hausaufgaben schon ~** ya terminó los deberes; **mit dir bin ich endgültig ~** no quiero tener nada más que ver contigo; **etw ~ bekommen** [o **bringen**], **etw ~ kriegen** (fam: vollenden) acabar algo, terminar algo; **der bringt es nicht ~, ihm das zu sagen** (fam) no es capaz de decírselo; **etw ~ kaufen** comprar algo ya preparado [o hecho]; **etw ~ machen** (beenden) acabar [o finalizar] algo; **etw ~ stellen** concluir algo; **wirst du rechtzeitig ~?** ¿acabarás a tiempo?; **jdn ~ machen** (fam: zurechtweisen) echar una bronca a alguien; (zermürben) desmoralizar a alguien; (töten) acabar con alguien, liquidar a alguien; (ruinieren) arruinar a alguien; **das macht mich total ~** eso me hace polvo; **sie machten ihn ~** acabaron con él; **mit jdm ~ werden** (fam) arreglárselas con alguien; **sieh zu, wie du damit ~ wirst** (fam fig) arréglatelas como puedas
② (bereit) listo (zu para), preparado (zu para); **~ zur Abfahrt** listo para irse; **(sich) ~ machen** (fam) arreglar(se), preparar(se); **mach dich ~, wir müssen los!** prepárate, ¡tenemos que irnos!; **auf die Plätze, ~, los!** ¡preparados, listos, ya!
③ (fam: erschöpft) rendido, frito; **mit den Nerven ~ sein** tener los nervios destrozados; **ich bin völlig** [o **fix und**] **~** estoy hecho polvo
Fertigbau m <-(e)s, -ten>, **Fertigbauweise** f <-, ohne pl> construcción f prefabricada; **Fertigbearbeitung** f <-, -en> acabado m
fertig|bekommen* irr vt s. **fertig** 1.
Fertigbeton m <-s, -e o -s> hormigón m prefabricado
fertig|bringen irr vt s. **fertig** 1.
fertigen ['fɛrtɪɡən] vt elaborar, fabricar
Fertigerzeugnis nt <-ses, -se> producto m acabado; **Fertigfabrikat** nt <-(e)s, -e> (WIRTSCH) s. **Fertigprodukt**; **Fertiggericht** nt <-(e)s, -e> plato m preparado [o precocinado]; **Fertighaus** nt <-es, -häuser> casa f prefabricada
Fertigkeit f <-, -en> ① (Geschicklichkeit) habilidad f, destreza f ② pl (Fähigkeit) aptitudes fpl; (Kenntnis) conocimientos mpl
Fertigkleidung f <-, ohne pl> ropa f de confección
fertig|kriegen vt s. **fertig** 1.
fertig|machen I. vt s. **fertig** 1.
II. vr: **sich ~** s. **fertig** 2.
Fertigmontage f <-, -n> montaje m acabado; **Fertigprodukt** nt <-(e)s, -e> (WIRTSCH) producto m elaborado [o manufacturado]
fertig|stellen vt s. **fertig** 1.
Fertigstellung f <-, -en> conclusión f; **bei pünktlicher ~ der Arbeit** terminando puntualmente el trabajo
Fertigstellungsgarantie f <-, -n> (JUR) garantía f de terminación [o conclusión] de la obra; **Fertigstellungspflicht** f <-, ohne pl> (JUR) deber m de terminación [o conclusión] de la obra; **Fertigstellungstermin** m <-s, -e> fecha f de terminación
Fertigteil nt <-(e)s, -e> elemento m prefabricado
Fertigung f <-, -en> fabricación f, producción f; **~ nach Maß** producción a medida
Fertigungsabschnitt m <-(e)s, -e> fase f de producción; **Fertigungsanlage** f <-, -n> (TECH, WIRTSCH) planta f de fabricación; **Fertigungsbetrieb** m <-(e)s, -e> planta f de producción; **Fertigungskosten** pl (FIN, WIRTSCH) costes mpl de producción; **Fertigungsmuster** nt <-s, -> (TECH, WIRTSCH) muestra f de fabricación; **Fertigungsserie** f <-, -n> (TECH, WIRTSCH) serie f de producción; **Fertigungsstandort** m <-(e)s, -e> (WIRTSCH) lugar m de producción; **Fertigungsstraße** f <-, -n> (TECH, WIRTSCH) vía f de fabricación [o producción]; **Fertigungsteil** nt <-(e)s, -e> (TECH, WIRTSCH) pieza f de producción; **Fertigungsverfahren** nt <-s, -> (TECH, WIRTSCH) proceso m de fabricación
Fertigware f <-, -n> (WIRTSCH) producto m manufacturado [o elaborado]
Fertilität [fɛrtiliˈtɛːt] f <-, ohne pl> (BIOL, MED) fertilidad f
Fes¹ [fɛs] m <-(s), -(es)> fez m
Fes² [fɛs] nt <-, -> (MUS) fa m bemol
fesch [fɛʃ] adj ① (fam: schick) elegante; (hübsch) guapo ② (Österr: nett) amable
Fessel [ˈfɛsəl] f <-, -n> ① (zum Festbinden) atadura f; (Kette) cadena f, hierros mpl; **jdm ~n anlegen** poner a alguien los grilletes
② (ANAT: vom Pferd) espolón m
③ (ANAT: beim Menschen) empeine m (del pie)
Fesselballon m <-s, -s> globo m cautivo
fesseln [ˈfɛsəln] vt ① (festbinden) atar; (an den Händen) maniatar; **jdn an Händen und Füßen ~** atar a alguien de manos y pies; **ans Bett gefesselt sein** (fig) tener que guardar cama
② (faszinieren) fascinar; **er war von ihr gefesselt** ella le fascinaba
fesselnd adj (faszinierend: Bericht, Erzählung) fascinante; (Mensch) atractivo, cautivador; **der Roman war so ~, dass er ihn in einem Zug verschlang** la novela era tan emocionante que se la leyó de un tirón; **der Anblick von Picassos Bildern ist immer wieder ~** mirar los cuadros de Picasso resulta una y otra vez una experiencia fascinante
fest [fɛst] adj ① (kompakt) sólido, compacto; (hart) duro; **~ werden** ponerse sólido, solidificarse
② (stabil) robusto
③ (stark, kräftig) fuerte; **die Tür ~ schließen** cerrar la puerta con fuerza; **etw ~ anziehen/zudrehen** enroscar/cerrar algo fuertemente; **sie hatte schon ~ geschlafen** ya estaba profundamente dormida
④ (unerschütterlich) firme, inconmovible; **sie ist ~ entschlossen** está firmemente decidida; **~ umrissen** perfectamente definido [o claro]; **sich** dat **etw ~ vornehmen** tener la firme intención de hacer algo; **etw nimmt langsam ~e Formen an** algo va tomando forma lentamente; **jdn ~ anblicken** fijar la mirada en alguien; **das hat er ~ versprochen** lo prometió solemnemente
⑤ (ständig) fijo; (dauerhaft) permanente, constante; **~es Gehalt** sueldo

fijo; ~ **angestellt** con empleo fijo; **jdn ~ anstellen** contratar a alguien como fijo; **einen ~en Wohnsitz haben** tener un domicilio fijo; **es gibt dafür keine ~en Regeln** para esto no existen reglas fijas; **er ist in ~en Händen** (*fam*) tiene novia; **er hat seit einem Jahr eine ~e Freundin** desde hace un año tiene novia; **in diesem Haus hat alles seinen ~en Platz** en esta casa cada cosa tiene su sitio
⑥ (*Schweiz: rundlich*) rollizo
Fest [fɛst] *nt* <-(e)s, -e> fiesta *f*, pachanga *f Am: fam*, milonga *f And, CSur*; **man muss die ~e feiern, wie sie fallen** hay que celebrar las fiestas tal y como caen; **Frohes ~!** ¡Felices Fiestas!
Festakt *m* <-(e)s, -e> acto *m* solemne
Festangebot *nt* <-(e)s, -e> (WIRTSCH) oferta *f* en firme
festangestellt *adj s.* **fest 5.**
Festangestellte(r) *mf* <-n, -n; -n, -n> empleado, -a *m, f* fijo, -a; **die Mitarbeiter des Verlages setzen sich aus 17 ~n und 45 Freien zusammen** en la editorial trabajan 17 trabajadores en plantilla y 45 eventuales
Festansprache *f* <-, -n> *s.* **Festrede**
Festanstellung *f* <-, -en> contrato *m* indefinido, empleo *m* fijo; **Festauftrag** *m* <-(e)s, -träge> (WIRTSCH) pedido *m* en firme
fest|beißen *irr vr:* **sich ~** ① (*Hund*): **sich (an** [*o* **in**] **der Beute) ~** morder y no soltar la presa
② (*nicht weiterkommen*) atascarse (*an* en); **sich an etw ~** aferrarse en algo
Festbeleuchtung *f* <-, -en> iluminación *f* para la(s) fiesta(s); (*fam iron*) iluminación *f* exagerada, demasiadas luces *fpl* encendidas
Festbetrag *m* <-(e)s, -träge> cantidad *f* fija; **Festbewertung** *f* <-, -en> (FIN) valoración *f* fija; **Festbezüge** *mpl* (FIN, WIRTSCH) ingresos *mpl* fijos
fest|binden *irr vt* atar (*an* a), anudar (*an* a), pegar *Mex*
fest|bleiben *irr vi sein* quedar firme, no ceder
Festbrennstoff *m* <-(e)s, -e> combustible *m* sólido
feste *adv* (*fam: nach Kräften: feiern*) de lo lindo; (*arbeiten, mithelfen*) de firme; **immer ~ druff!** (*schlagen*) ¡dale fuerte!
Feste *f* <-, -n> (*alt*) *s.* **Festung**
festen ['fɛstən] *vi* (*Schweiz*) *s.* **feiern**
Festessen *nt* <-s, -> comida *f* de gala, banquete *m*
fest|fahren *irr vr:* **sich ~** ① (*stecken bleiben*) atascarse (*in* en); (*Schiff*) embarrancar, tocar fondo
② (*Verhandlungen*) paralizarse, estancarse
fest|frieren *irr vi sein* estar helado [*o* congelado] y pegarse (*an* a)
Festgelage *nt* <-s, -> (*geh*) festín *m*, banquete *m*
Festgeld *nt* <-(e)s, -er> (FIN) depósito *m* a plazo fijo; **Festgeldanlage** *f* <-, -n> (FIN) dinero *m* a término fijo
fest|haken I. *vt* enganchar (*an* en), sujetar (*an* en)
II. *vr:* **sich ~** engancharse, quedarse enredado
Festhalle *f* <-, -n> salón *m* de fiestas
fest|halten *irr* I. *vi* aferrarse (*an* a); **er hält an seiner Meinung fest** no da su brazo a torcer
II. *vt* ① (*halten*) sujetar; **sie hielt ihn am Arm fest** lo agarró por el brazo
② (*zurückhalten*) detener, retener
③ (*aufzeichnen*) retener; (*mit Kamera*) fotografiar; (*mit Tonband*) grabar
III. *vr:* **sich ~** sujetarse (*an* en/a), agarrarse (*an* a)
festigen ['fɛstɪɡən] I. *vt* reforzar, consolidar; **ein gefestigter Charakter** un carácter estable
II. *vr:* **sich ~** reforzarse, consolidarse
Festiger *m* <-s, -> (*Haar~*) fijador *m* (para el pelo)
Festigkeit *f* <-, *ohne pl*> ① (*Widerstandsfähigkeit*) solidez *f*, resistencia *f*; (*Stabilität*) estabilidad *f*
② (*Entschlossenheit*) firmeza *f*
③ (*Standhaftigkeit*) perseverancia *f*, constancia *f*
Festigung *f* <-, -en> consolidación *f*, afianzamiento *m*
Festival ['fɛstɪvəl] *nt* <-s, -s> festival *m*
fest|klammern I. *vt* sujetar (con pinzas); **die Wäsche an der (Leine) ~** sujetar [*o* tender] la ropa (en la cuerda) con pinzas
II. *vr:* **sich ~** agarrarse (*an* a/en)
fest|kleben I. *vi sein* estar pegado (*an* en/a)
II. *vt* pegar (*an* a/en)
Festkomma *nt* <-s, -s *o* -kommata> (INFOR) coma *f* fija
Festkörper *m* <-s, -> (PHYS) cuerpo *m* sólido; **Festkosten** *pl* gastos *mpl* fijos
fest|krallen *vr:* **sich ~** agarrarse fuertemente [*o* con las uñas] (*an* de/a)
Festland[1] *nt* <-(e)s, -länder> (*Kontinent*) continente *m*
Festland[2] *nt* <-(e)s, *ohne pl*> (*im Gegensatz zum Meer*) tierra *f* firme
Festland(s)sockel *m* <-s, -> plataforma *f* continental, "schelf" *m*
fest|legen I. *vt* ① (*bestimmen*) fijar, establecer; **es wurde schriftlich festgelegt, dass ...** se estableció por escrito que ...

② (FIN) invertir a plazo fijo
③ (*verpflichten*) comprometer (*auf* a)
II. *vr:* **sich ~** (*sich binden*) comprometerse (*auf* a), prometer (*auf*); **ich kann mich noch nicht ~** aún no puedo prometer nada
Festlegung *f* <-, -en> establecimiento *m*, fijación *f*
festlich ['fɛstlɪç] *adj* de fiesta; (*feierlich*) solemne, ceremonioso; **der Saal ist ~ geschmückt** la sala está decorada de fiesta; **etw ~ begehen** celebrar algo
Festlichkeit[1] *f* <-, -en> (*Ereignis*) festividad *f*, acto *m* solemne
Festlichkeit[2] *f* <-, *ohne pl*> (*das Festlichsein*) solemnidad *f*
fest|liegen *irr vi* ① (*bestimmt sein*) estar fijado, estar establecido; **der Termin liegt nun fest** la fecha ya está fijada
② (NAUT) embarrancar; **das Schiff liegt seit Wochen im Hafen fest** hace semanas que el barco está atracado en el puerto [*o* no puede salir del puerto]
③ (FIN) estar inactivo [*o* invertido]
fest|machen I. *vi* (NAUT) amarrar
II. *vt* ① (*vereinbaren*) fijar, concertar; **ein Geschäft ~** concertar un negocio
② (*befestigen*) fijar (*an* en/a), sujetar (*an* en/a), pegar *Mex*
Festmahl *nt* <-(e)s, -e *o* -mähler> (*geh*) banquete *m*, festín *m*
Festmeter *m o nt* <-s, -> metro *m* cúbico de madera; **liefern Sie mir bitte sieben ~ Kaminholz** envíeme por favor siete metros cúbicos de leña
fest|nageln *vt* ① (*Bretter*) clavar (*an* a/en)
② (*fam: festlegen*) comprometer (*auf* a); **ich ließ mich darauf nicht ~** yo no me quise comprometer con eso
Festnahme ['fɛstnaːmə] *f* <-, -n> detención *f*, arresto *m*; **~ auf frischer Tat** detención en flagrante; **vorläufige ~** detención provisional
fest|nehmen *irr vt* detener, arrestar; **sich ~ lassen** entregarse; **jdn vorläufig ~** detener provisionalmente a alguien
Festplatte *f* <-, -n> (INFOR) disco *m* duro; **etw auf der ~ abspeichern** grabar algo en el disco duro; **Festplattenlaufwerk** *nt* <-(e)s, -e> (INFOR) unidad *f* del disco duro; **externes ~** (INFOR) unidad externa de disco duro
Festplatz *m* <-es, -plätze> recinto *m* ferial, real *m* de la feria
Festpreis *m* <-es, -e> (WIRTSCH) precio *m* fijo
Festpreisabrede *f* <-, -n> (WIRTSCH) pacto *m* de precio cerrado; **Festpreisgarantie** *f* <-, -n> (WIRTSCH) garantía *f* de precio cerrado; **Festpreiskartell** *nt* <-s, -e> (WIRTSCH) cartel *m* de precios fijos; **Festpreisvereinbarung** *f* <-, -en> (WIRTSCH) convenio *m* de precios fijos; **Festpreisvertrag** *m* <-(e)s, -träge> (JUR) contrato *m* de precio cerrado
Festrede *f* <-, -n> discurso *m* solemne; **eine ~ anlässlich des 100. Todestages von jdm halten** pronunciar un discurso en homenaje al centenario de la muerte de alguien; **Festredner(in)** *m(f)* <-s, -; -, -nen> orador(a) *m(f)*; **Festsaal** *m* <-(e)s, -säle> salón *m* de fiestas
fest|saugen *vr:* **sich ~** agarrarse [*o* adherirse] succionando (*an* a)
fest|schnallen *vr:* **sich ~** amarrar el cinturón
fest|schrauben *vt* ① (*anziehen*) apretar
② (*anschrauben*) atornillar (*an* a/en)
fest|schreiben *irr vt* establecer, fijar
Festschrift *f* <-, -en> escrito-homenaje *m*, publicación *f*
fest|setzen I. *vt* ① (*bestimmen*) fijar, convenir; **vertraglich festgesetzt** estipulado por contrato; **das Treffen wurde auf 11 Uhr festgesetzt** el encuentro fue fijado para las 11; **zur festgesetzten Zeit** a la hora convenida
② (*festnehmen*) arrestar, encarcelar
II. *vr:* **sich ~** ① (*Staub, Schmutz*) pegarse (*auf* a, *in* en)
② (*Gedanke*) arraigarse
Festsetzung *f* <-, -en> determinación *f*, fijación *f*
Festsetzungsfrist *f* <-, -en> (JUR) plazo *m* de liquidación; **Festsetzungsverjährung** *f* <-, -en> (JUR) prescripción *f* del derecho a presentar liquidación
fest|sitzen *irr vi* ① (*befestigt sein*) estar fijo, estar bien sujeto
② (*Schmutz*) estar pegado (*auf* a)
③ (*Fahrzeug*) estar atascado (*in* en); (*Schiff*) estar encallado; **nach den Schneefällen saßen wir drei Tage fest** después de las fuertes nevadas estuvimos sin poder movernos del sitio durante tres días
Festspiele *ntpl* festival *m*; **Festspielhaus** *nt* <-es, -häuser> gran teatro *m* (apropiado para festivales)
fest|stecken I. *vi haben o südd, Österr, Schweiz: sein* (*stecken bleiben*) quedar(se) atascado (*in* en); **schon nach kurzer Fahrt steckten sie in einem Stau fest** tras pocos kilómetros se quedaron atascados en una caravana
II. *vt* (*befestigen*) fijar, sujetar; **die junge Frau hat sich** *dat* **ihre Haare kunstvoll festgesteckt** la jovencita se ha sujetado el cabello con mucho arte
fest|stehen *irr vi* ① (*festgelegt sein*) estar decidido, estar fijado

❷ (*sicher sein*) ser seguro; **fest steht, dass ...** lo que es seguro es que...; **eines steht fest ...** una cosa es segura...
feststellbar *adj* (*ermittelbar*) comprobable, constatable; **seine Identität war nicht ~** no se pudo comprobar su identidad
fest|stellen *vt* ❶ (*arretieren*) fijar, bloquear
❷ (*ermitteln*) averiguar; (*Personalien*) tomar; (*Krankheit*) diagnosticar; **das wird sich ~ lassen** eso ya se averiguará
❸ (*bemerken*) notar, comprobar
❹ (*sagen*) manifestar, declarar; **ich möchte ~, dass ...** quiero manifestar que...
Feststelltaste *f* <-, -n> tecla *f* fijadora
Feststellung *f* <-, -en> ❶ (*Ermittlung*) averiguación *f*, investigación *f* ❷ (*Konstatierung*) comprobación *f*, verificación *f*; (*Beobachtung*) observación *f*; **~ eines Rechtsverhältnisses** (JUR) constatación de una relación jurídica; **wir mussten leider die ~ machen, dass ...** lamentablemente tuvimos que comprobar que...; **wir sind zu der ~ gekommen, dass ...** hemos llegado a la conclusión de que... ❸ (*Aussage*) declaración *f*, constatación *f*; **gerichtliche ~** (JUR) constancia [*o* declaración] judicial; **ich lege Wert auf die ~, dass ...** quisiera constatar que...
Feststellungsbescheid *m* <-(e)s, -e> (JUR) acto *m* declarativo; **Feststellungsbeschluss**^RR *m* <-es, -schlüsse> (JUR) decisión *f* constatativa; **Feststellungsduldungspflicht** *f* <-, *ohne pl*> (JUR) obligación *f* de consentimiento de la constatación; **Feststellungsfrist** *f* <-, -en> (JUR) plazo *m* de la constatación; **Feststellungsinteresse** *nt* <-s, -n> (JUR) interés *m* declaratorio; **Feststellungsklage** *f* <-, -n> (JUR) acción *f* declarativa; **negative/positive ~** acción declarativa negativa/positiva; **vorbeugende ~** acción declarativa preventiva; **Feststellungsprinzip** *nt* <-s, *ohne pl*> (JUR) principio *m* declarativo; **Feststellungsurteil** *nt* <-s, -e> (JUR) sentencia *f* declarativa; **Feststellungsverfahren** *nt* <-s, -> (JUR) juicio *m* declarativo; **Feststellungsverjährung** *f* <-, -en> (JUR) prescripción *f* declarativa; **Feststellungswirkung** *f* <-, -en> (JUR) efecto *m* declarativo; **~ ausländischer Urteile** efecto declarativo de las sentencias extranjeras
Feststimmung *f* <-, *ohne pl*> ambiente *m* de domingo; **in ~ sein** tener cara de domingo; **auf dem Marktplatz herrschte ~** en la Plaza Mayor reinaba un ambiente de fiesta
Feststoff *m* <-(e)s, -e> sustancia *f* sólida; **schwebende ~e** sustancias sólidas flotantes
Festtafel *f* <-, -n> (*geh*) mesa *f* del banquete; **zu Weihnachten war die ~ reichlich gedeckt** el día de Navidad en la mesa no faltaba de nada
Festtag *m* <-(e)s, -e> día *m* festivo
festtags *adv* en días festivos
Festtagsstimmung *f* <-, *ohne pl*> ambiente *m* de domingo; **in ~ sein** tener cara de domingo; **auf dem Marktplatz herrschte ~** en la Plaza Mayor reinaba un ambiente de fiesta
fest|treten *irr* I. *vt* pisar; **ein festgetretener kleiner Fußweg** un caminito formado por el paso continuo de gente
II. *vr*: **das tritt sich fest!** (*iron: als Trost*) ¡no pasa nada, se recoge y ya está!; (*als Scherz*) ¡creo que se te ha caído algo!
festumrissen *adj s.* **fest 4.**
Festung ['fɛstʊŋ] *f* <-, -en> fortaleza *f*, fuerte *m*; **die ~ stürmen** asaltar el fuerte
festverzinslich ['fɛstfɛɐtsɪnslɪç] *adj* (FIN) a [*o* de] renta fija
Festwährung *f* <-, -en> (FIN) moneda *f* estable; **Festwert** *m* <-(e)s, -e> valor *m* fijo
Festwiese *f* <-, -n> *s.* **Festplatz**; **Festzelt** *nt* <-(e)s, -e> carpa *f*; (*auf einem Volksfest*) entoldado *m*
fest|ziehen *irr vt* asegurar, fijar
Festzins *m* <-es, -en> (FIN) intereses *mpl* fijos
Festzug *m* <-(e)s, -züge> desfile *m*, cabalgata *f*
fest|zurren *vt* amarrar
Fete ['feːtə, 'fɛːtə] *f* <-, -n> (*fam*) guateque *m*, fiesta *f*, bochinche *m* Mex
Feten *pl von* **Fete**, **Fetus**
Fetisch ['feːtɪʃ] *m* <-(e)s, -e> fetiche *m*
Fetischismus *m* <-, *ohne pl*> fetichismo *m*
Fetischist(in) *m(f)* <-en, -en; -, -nen> fetichista *mf*
fett *adj* ❶ (*Speisen*) graso, grasiento; **~ essen** comer comidas grasas
❷ (*Mensch*) gordo, grueso, seboso *abw*; (*Haut, Haare*) graso; **~ werden** (*abw*) engordar
❸ (*ertragreich*) lucrativo, abundante; **~e Beute machen** (*fam fig*) conseguir un gran botín
❹ (TYPO) en negrilla; **~ gedruckt** (impreso) en negrilla
Fett *nt* <-(e)s, -e> grasa *f*; **tierische/pflanzliche ~e** grasas animales/vegetales; **sein ~ abkriegen** (*fam*) recibir su merecido; **~ ansetzen** (*fam*) echar tripa [*o* carnes]
Fettansatz *m* <-es, -sätze> obesidad *f*, gordura *f*; **zu ~ neigen** tener tendencia a la obesidad; **du solltest auf Süßigkeiten verzichten, weil du zu ~ neigst** no deberías tomar dulces porque tienes tendencia a engordar
fettarm *adj* pobre en grasas
Fettauge *nt* <-s, -n> ojo *m* de grasa [*o* de aceite]; **Fettbauch** *m* <-(e)s, -bäuche> (*fam abw*) ❶ (*fetter Bauch*) tripa *f* ❷ (*fetter Mann*) barrigón *m*, seboso *m*; **Fettcreme** *f* <-, -s> crema *f* grasa; **Fettdepot** *nt* <-s, -s> (ANAT) depósito *m* de grasa
Fettdruck *m* <-(e)s, *ohne pl*> (TYPO) impresión *f* en negrilla
Fettembolie *f* <-, -n> (MED) embolia *f* grasosa
fetten I. *vi* ser grasiento
II. *vt* engrasar
Fettfilm *m* <-(e)s, -e> película *f* grasa; **die Creme hinterlässt einen ~ auf der Haut** la crema deja una película grasa sobre la piel; **Fettfleck** *m* <-(e)s, -e>, **Fettflecken** *m* <-s, -> mancha *f* de grasa
fettgedruckt ['fɛtɡədrʊkt] *adj s.* **fett 4.**
Fettgehalt *m* <-(e)s, -e> contenido *m* en grasa; **Fettgewebe** *nt* <-(e)s, *ohne pl*> (ANAT, MED) tejido *m* adiposo
fetthaltig *adj* graso
fettig *adj* graso, grasiento; (*schmierig*) pringoso
Fettkloß *m* <-es, -klöße> (*fam*) gordo, -a *m*, *f*; **Fettklumpen** *m* <-s, -> ❶ (*Ansammlung von Fett*) grumo *m* de grasa; **dicke ~ schwammen in der Suppe** en la sopa flotaban grumos grandes de grasa ❷ (*fam abw: fetter Mensch*) (gordo *m*) seboso *m*; **Fettleber** *f* <-, -n> (MED) hígado *m* adiposo
fettleibig ['fɛtlaɪbɪç] *adj* obeso, gordo
Fettleibigkeit *f* <-, *ohne pl*> obesidad *f*, gordura *f*
fettlöslich *adj* soluble en grasa
Fettlösungsmittel *nt* <-s, -> disolvente *m* de grasas; **Fettnäpfchen** ['fɛtnɛpfçən] *nt* <-s, -> (*fam*): **ins ~ treten** meter la pata; **Fettpflanze** *f* <-, -n> (BOT) crasulácea *f*; **Fettpolster** *nt* <-s, -> (ANAT) panículo *m*; **Fettpresse** *f* <-, -n> (TECH) pistola *f* de engrasar, bomba *f* de engrasar
fettreich I. *adj* graso
II. *adv* rico en grasa; **viele Menschen leiden an Gicht, weil sie sich zu ~ ernähren** muchas personas padecen gota porque su alimentación es demasiado grasa
Fettrückgewinnung *f* <-, -en> recuperación *f* de grasas; **Fettsack** *m* <-(e)s, -säcke> (*fam abw: fetter Mensch*) seboso *m*; **was ist er für ein ~!** ¡qué tipo más seboso!; **Fettsalbe** *f* <-, -n> pomada *f*
Fettsäure *f* <-, -n> ácido *m* graso; **essentielle ~** ácido graso esencial; **mehrfach ungesättigte ~** ácido de plurirradicales no saturados; **ungesättigte/gesättigte ~n** ácidos grasos no saturados/saturados; **Fettsäureester** *m* <-s, -> (CHEM) ester *m* de ácido graso
Fettschicht *f* <-, -en> capa *f* de grasa; (ANAT) panículo *m* adiposo; **Fettsucht** *f* <-, *ohne pl*> (MED) obesidad *f*, adiposis *f inv*
fetttriefend *adj* chorreante de grasa; **~e Pommes** patatas fritas chorreando grasa
Fettwanst ['fɛtvanst] *m* <-(e)s, -wänste> (*fam abw*) barrigón, -ona *m*, *f*, barrigudo, -a *m*, *f*
Fetus ['feːtʊs] *m* <-(ses), - *o* Feten> (MED) feto *m*
fetzen ['fɛtsən] I. *vi* (*fam*) ❶ (*abreißen*) arrancar (*von* de)
❷ (*Musik*) molar
II. *vr*: **sich ~** (*fam: sich streiten*) pelearse
Fetzen ['fɛtsən] *m* <-s, -> ❶ (*Stoff-*) jirón *m*, retazo *m*; (*Papier-*) pedazo *m*, jirón *m*; **in ~ gekleidet sein** ir cubierto de harapos [*o* andrajos]; **etw in ~ reißen** hacer trizas algo; **sich streiten, dass die ~ fliegen** (*fam*) reñir acaloradamente
❷ (*Gesprächs-*) pedazo *m*
fetzig *adj* (*fam: Musik*) marchoso
feucht [fɔɪçt] *adj* húmedo; **~ werden** humedecerse; **eine ~e Aussprache haben** (*fam*) escupir al hablar; **~e Umschläge machen** preparar compresas húmedas; **er hat ganz ~e Augen bekommen, als er davon sprach** al hablar de aquello, se le llenaron los ojos de lágrimas; **das geht dich einen ~en Kehricht an** (*fam*) esto te importa un comino
Feuchtbiotop *m* <-s, -e> (ÖKOL) biotopo *m* húmedo; **Feuchtboden** *m* <-s, -böden> (GEO) terreno *m* húmedo
feuchteln *vi* (*Schweiz: feucht riechen*) oler a moho [*o* a húmedo]
feuchtfröhlich *adj* (*fam*) alegre y animado; **eine ~e Party** una fiesta con buen ambiente y con bebidas (alcohólicas)
Feuchtgebiet *nt* <-(e)s, -e> zona *f* húmeda
feuchtheiß *adj* caliente y húmedo; **das ~e Klima der Tropen** el clima caluroso y húmedo de los trópicos
Feuchtigkeit *f* <-, *ohne pl*> humedad *f*; **hohe/niedrige ~** alto/bajo grado de humedad; **vor ~ schützen** proteger contra la humedad
feuchtigkeitsbeständig *adj* resistente a la humedad, hidrófugo
Feuchtigkeitscreme *f* <-, -s> crema *f* hidratante; **Feuchtigkeitsemulsion** *f* <-, -en> emulsión *f* hidratante; **Feuchtigkeitsgehalt** *m* <-(e)s, -e> grado de humedad, contenido *m* de humedad; **Feuchtigkeitslotion** *f* <-, -en> loción *f* hidratante; **Feuchtigkeitspflege** *f* <-, *ohne pl*> tratamiento *m* hidratante
feuchtigkeitssicher *adj*: **~e Isolierung/Verpackung** aislamiento/

feuchtkalt ['-'-] *adj* de frío húmedo
feuchtwarm ['-'-] *adj* de calor húmedo; (*schwül*) bochornoso
Feuchtwiese *f* <-, -n> pradera *f* húmeda
feudal [fɔɪˈdaːl] *adj* ❶ (POL) feudal
❷ (*fam: prächtig*) bien, elegante
Feudalherr *m* <-n, -en> señor *m* feudal; **Feudalherrschaft** *f* <-, *ohne pl*> feudalismo *m*
Feudalismus [fɔɪdaˈlɪsmʊs] *m* <-s, *ohne pl*> feudalismo *m*
Feudel [ˈfɔɪdəl] *m* <-s, -> (*nordd*) trapo *m* de fregar
feudeln *vt* (*nordd*) fregar
Feuer¹ [ˈfɔɪɐ] *nt* <-s, *ohne pl*> ❶ (MIL) fuego *m*; ~ frei! ¡fuego!; das ~ eröffnen abrir [*o* romper] fuego; **das ~ einstellen** cesar el fuego
❷ (*Hitze*): **die Wunde brennt wie ~** la herida arde muchísimo; **die beiden sind wie ~ und Wasser** los dos son totalmente diferentes
❸ (*Temperament*): **dieses Pferd hat viel ~** este caballo tiene mucho temperamento
Feuer² *nt* <-s, -> ❶ (*vom Menschen kontrolliert*) fuego *m*; **das olympische ~** la llama olímpica; **~ machen** encender [*o* hacer] (el) fuego; **~ speien** vomitar fuego; **~ speiend** (*Drache, Vulkan*) que escupe fuego, ignívomo *geh*; **jdm ~ geben** dar fuego a alguien; **haben Sie ~?** ¿tiene fuego?; **mit dem ~ spielen** (*fig*) jugar con fuego; **für jdn/etw seine Hand ins ~ legen** poner la mano en el fuego por alguien/algo; **jdm unterm Hintern machen** (*fam*) meter prisa a alguien
❷ (*Brand*) fuego *m*, incendio *m*; **an etw** *akk* **~ legen** incendiar algo; **~ bricht aus** se declara un incendio; **~ fangen** (*in Brand geraten*) incendiarse; (*sich begeistern*) entusiasmarse; **~ und Flamme für etw sein** (*fam*) entusiasmarse por algo; **für jdn durchs ~ gehen** dejarse matar por alguien; **zwei Eisen im ~ haben** (*fig*) tener dos posibilidades abiertas; **gebranntes Kind scheut das ~** (*prov*) gato escaldado del agua fría huye
Feueralarm *m* <-(e)s, -e> alarma *f* de incendio; **Feueranzünder** *m* <-s, -> encendedor *m*; **Feuerball** *m* <-(e)s, -bälle> bola *f* de fuego; **Feuerbefehl** *m* <-s, -e> (MIL) orden *f* de fuego
feuerbeständig *adj* resistente al fuego
Feuerbestattung *f* <-, -en> cremación *f*, incineración *f*; **Feuereifer** *m* <-s, *ohne pl*> celo *m*, fervor *m*; **etw mit ~ betreiben** hacer algo con mucho entusiasmo; **Feuereinstellung** *f* <-, -en> (MIL) alto *m* el fuego; **der Kommandeur gab den Befehl zur ~** el comandante dio la orden de alto el fuego
feuerfest *adj* a prueba de fuego; (*beständig*) resistente al fuego; (PHYS, CHEM) incombustible; (*Stein*) refractario
Feuergefahr *f* <-, -en> peligro *m* de incendio
feuergefährlich *adj* inflamable, combustible
Feuergefecht *nt* <-(e)s, -e> (MIL) tiroteo *m*; **Feuerhaken** *m* <-s, -> atizador *m*; **Feuerholz** *nt* <-es, *ohne pl*> leña *f*
Feuerland *nt* <-(e)s> Tierra *f* del Fuego
Feuerleiter *f* <-, -n> ❶ (*am Haus*) escalera *f* de incendios ❷ (*der Feuerwehr*) escalera *f* de bomberos; **Feuerlöscher** *m* <-s, -> extintor *m* de incendios; **Feuermal** *nt* <-(e)s, -e> (MED) quemadura *f*; **Feuermelder** *m* <-s, -> teléfono *m* para avisar a los bomberos
feuern **I.** *vi* ❶ (*schießen*) disparar
❷ (*heizen*) calentar
II. *vt* ❶ (*einheizen*) calentar
❷ (*fam: entlassen*) despedir con cajas destempladas, bombear *Kol*
❸ (*fam: hinschleudern*) tirar
❹ (*Wend*): **jdm eine ~** (*fam*) pegarle a alguien una bofetada
Feuerpause *f* <-, -n> (MIL) alto *m* al fuego, tregua *f*; **eine ~ einlegen/vereinbaren/brechen** imponer/acordar/romper un alto el fuego; **Feuerpolizei** *f* <-, -en> autoridades *fpl* encargadas de la protección contra incendios (*en España: ICONA*); **Feuerprobe** *f* <-, -n> prueba *f* del fuego; **eine ~ bestehen** pasar la prueba de fuego; **Feuerqualle** *f* <-, -n> (ZOOL) ortiga *f* de mar, acalefo *m*
feuerrot ['-'-] *adj* rojo encendido; **er wurde ~** se puso más colorado que un tomate
Feuersalamander *m* <-s, -> (ZOOL) salamandra *f* común
Feuersbrunst [ˈfɔɪɐsbrʊnst] *f* <-, -brünste> (*geh*) incendio *m*, fuego *m*
Feuerschein *m* <-(e)s, -e> resplandor *m* del fuego
Feuerschiff *nt* <-(e)s, -e> (NAUT) buque *m* faro
Feuerschlucker(in) *m(f)* <-s, -; -, -nen> hombre *m* tragafuegos, mujer *f* tragafuegos
Feuerschutz *m* <-es, *ohne pl*> ❶ (*Maßnahmen gegen Brandgefahr*) medidas *fpl* preventivas contra incendios ❷ (MIL) fuego *m* de apoyo; **Feuerschutzbestimmungen** *fpl* disposiciones *fpl* sobre la protección contra incendios; **Feuerschutzsteuer** *f* <-, -n> impuesto *m* contra incendios
Feuersgefahr *f* <-, -en> *s.* **Feuergefahr**
feuersicher *adj* ❶ (*feuerfest*) resistente al fuego, incombustible
❷ (*geschützt*) protegido contra el fuego
feuerspeiend *adj s.* **Feuer² 1.**
Feuerspritze *f* <-, -n> bomba *f* de [*o* contra] incendios; **Feuerstein** *m* <-(e)s, -e> (*Gesteinsart*) pedernal *m*, flint *m*; (*im Feuerzeug*) piedra *f* de mechero; **Feuerstelle** *f* <-, -n> (*am Herd*) fogón *m*, brasero *m Am*; **Feuertaufe** *f* <-, -n> (MIL) bautismo *m* de fuego; **Feuertod** *m* <-(e)s, -e> (HIST) muerte *f* en la hoguera; **Hexen und Ketzer wurden früher zum ~ verurteilt** antiguamente las brujas y los herejes eran condenadas a morir en la hoguera; **Feuertreppe** *f* <-, -n> escalera *f* de incendios; **Feuertür** *f* <-, -en> puerta *f* de incendios, escape *m* de incendios
Feuerung *f* <-, *ohne pl*> fuego *m*
Feuerversicherung *f* <-, -en> seguro *m* contra incendios
feuerverzinkt *adj* galvanizado al fuego
Feuerwache *f* <-, -n> puesto *m* de bomberos; **Feuerwaffe** *f* <-, -n> arma *f* de fuego; **Feuerwasser** *nt* <-s, *ohne pl*> (*fam*) aguardiente *m*
Feuerwehr [ˈfɔɪɐveːɐ] *f* <-, -en> ❶ (*Institution*) cuerpo *m* de bomberos; **die freiwillige ~** los bomberos voluntarios ❷ (*fam: ~einheit*) bomberos *mpl*; **schnell wie die ~** volando; **Feuerwehrauto** *nt* <-s, -s> coche *m* de los bomberos; (*groß*) camión *m* de los bomberos; **Feuerwehrfrau** *f* <-, -en> bombera *f*; **Feuerwehrleiter** *f* <-, -n> escalera *f* de bomberos; **Feuerwehrmann** *m* <-(e)s, -männer *o* -leute> bombero *m*; **Feuerwehrschlauch** *m* <-(e)s, -schläuche> manguera *f* de incendios; **Feuerwehrübung** *f* <-, -en> ejercicio *m* de prácticas de los bomberos
Feuerwerk *nt* <-(e)s, -e> fuegos *mpl* artificiales
Feuerwerker(in) *m(f)* <-s, -; -, -nen> pirotécnico, -a *m, f*
Feuerwerkskörper *m* <-s, -> (*Rakete*) cohete *m*; (*Knallkörper*) petardo *m*
Feuerzange *f* <-, -n> tenazas *fpl*; **Feuerzangenbowle** *f* <-, -n> (GASTR) ponche con un pilón de azúcar rociado con ron para encenderlo
Feuerzeug *nt* <-(e)s, -e> encendedor *m*, mechero *m*; **Feuerzeugbenzin** *nt* <-s, -e> gasolina *f* para encendedores [*o* mecheros]; **Feuerzeuggas** *nt* <-es, -e> gas *m* para encendedores
Feuilleton [fœjəˈtõː] *nt* <-s, -s> ❶ (*Zeitungsteil*) suplemento *m* cultural
❷ (*Artikel*) artículo *m* para el suplemento cultural
Feuilletonist(in) *m(f)* <-en, -en; -, -nen> folletinista *mf*
feurig [ˈfɔɪrɪç] *adj* ❶ (*temperamentvoll*) vivo, impetuoso; (*leidenschaftlich*) apasionado
❷ (*Rede*) vehemente
❸ (*Auge*) centelleante
Fez [feːts] *m* <-es, *ohne pl*> (*fam: Spaß*) jarana *f*; **wir haben viel ~ gemacht** nos lo hemos pasado en grande
ff. *Abk. von* **folgende** (**Seiten**) y (páginas) siguientes; **die Erläuterungen stehen auf S.17** las explicaciones se encuentran en la página 17 y siguientes
FH [ɛfˈhaː] *f Abk. von* **Fachhochschule** escuela *f* técnica superior
Fiaker [ˈfjakɐ] *m* <-s, -> (*Österr*) ❶ (*Kutsche*) coche *m* de alquiler, (coche *m*) simón *m*
❷ (*Kutscher*) (cochero *m*) simón *m*
Fiasko [ˈfjasko] *nt* <-s, -s> fracaso *m*; **ein ~ erleben** fracasar
Fibel [ˈfiːbəl] *f* <-, -n> ❶ (*Schul~*) abecedario *m*
❷ (*Lehrbuch*) manual *m*
Fiber [ˈfiːbɐ] *f* <-, -n> (MED, BIOL) fibra *f*
FIBOR *m* <-s, *ohne pl*> (FIN) *Abk. von* **Frankfurt Interbank Offered Rate** FIBOR *m*
Fibrin [fiˈbriːn] *nt* <-s, *ohne pl*> (MED) fibrina *f*
Fibrom [fiˈbroːm] *nt* <-s, -e> (MED) fibroma *m*
Fibrose [fiˈbroːzə] *f* <-, -n> (MED) fibrosis *f inv*
Fiche [fiːʃ] *m o nt* <-s, -s> ❶ (*Filmkarte*) ficha *f*
❷ (*Schweiz: Kartei, Datei*) ficha *f*
ficht [fɪçt] *3. präs von* **fechten**
Fichte [ˈfɪçtə] *f* <-, -n> abeto *m* rojo [*o* falso], pícea *f*; **kanadische ~** pino canadiense
fichten *adj* de (madera de) pícea
Fichtennadelextrakt *m* <-(e)s, -e> esencia *f* de pino
Fichtenzapfen *m* <-s, -> (BOT) piña *f*
Fick [fɪk] *m* <-s, -s> (*vulg*) follaje *m*, polvo *m*
ficken [ˈfɪkən] *vi, vt* (*vulg*) joder, follar, coger *Am*
fick(e)rig *adj* (*reg: fam*) inquieto, nervioso
Fideikommiss^RR *nt* <-es, -e> (JUR) fideicomiso *m*; **~ auflösen** extinguir un fideicomiso; **als ~ besitzen** poseer fideicomisariamente
fidel [fiˈdeːl] *adj* (*fam*) alegre, de buen humor
Fidibus [ˈfiːdibʊs] *m* <-(ses), -(se)> (*alt*) trozo de papel que se utiliza para encender algo; **mit dem ~ steckte er sich** *dat* **seine Pfeife an** con el trozo de papel se encendió la pipa
Fidschiinseln [ˈfɪtʃiˀɪnzəln] *fpl* Islas *fpl* Fidji
fiduziarisch *adj* (JUR) fiduciario; **~es Geschäft** negocio fiduciario

Fieber ['fiːbɐ] *nt* <-s, -> fiebre *f*; (40 Grad) ~ **haben** tener (40 grados de) fiebre; **soll ich dir ~ messen?** ¿quieres que te mida la fiebre?
Fieberanfall *m* <-(e)s, -fälle> ataque *m* de fiebre; **Fieberblasen** *fpl* ampollas *fpl* de la fiebre; **Fieberfantasie**RR *f* <-, -n> delirio *m*; **während ihrer Malariaanfälle wurde sie von ~n gequält** durante los ataques de malaria sufría delirios
fieberfrei *adj* sin fiebre
fieberhaft *adj* febril; **wir haben ~ nach ihm gesucht** lo hemos buscado como locos [*o* por todas partes]
fieb(e)rig ['fiːb(ə)rɪç] *adj* febril, achuchado *CSur*
fieberkrank *adj* calenturiento
Fieberkurve *f* <-, -n> curva *f* de (la) temperatura; **Fiebermittel** *nt* <-s, -> (MED) medicamento *m* contra la fiebre
fiebern *vi* ❶ (*Fieber haben*) tener fiebre
❷ (*erregt sein*): **vor Erregung ~** temblar de exitación
❸ (*verlangen*) temblar de ansiedad (*nach* por); **er fieberte danach, sie kennen zu lernen** se moría por conocerla
Fieberphantasie *f* <-, -n> *s.* **Fieberfantasie**
fiebersenkend *adj* antipirético; **ein ~es Mittel** un antipirético
Fieberthermometer *nt* <-s, -> termómetro *m*
fiebrig *adj s.* **fieb(e)rig**
Fiedel ['fiːdəl] *f* <-, -n> (MUS) violín *m*
fiedeln I. *vt* (*abw*) rascar
II. *vi* (*abw*) rascar el violín
fiel [fiːl] *3. imp von* **fallen**
fiepen ['fiːpən] *vi* ❶ (*Jägersprache*) agamitar
❷ (*Hund, Vogel*) gemir, gimotear
❸ (*Alarm, Fernseher*) chirriar
fies [fiːs] *adj* (*fam*) ❶ (*abstoßend*) asqueroso, repugnante
❷ (*charakterlich*) asqueroso, antipático; (*lästig*) desagradable, pesado; **so ein ~er Charakter** que tipo más desagradable
Fiesling ['fiːslɪŋ] *m* <-s, -e> (*fam abw*) tipo *m* asqueroso; **ein richtiger ~!** ¡un asqueroso de mierda!
Fifa, FIFA *f* <-, *ohne pl*> *Abk. von* Fédération Internationale de Football Association FIFA *f*
Fifo-Verfahren ['fiːfo-] *nt* <-s, -> (WIRTSCH) procedimiento *m* Fifo
fifty-fifty ['fɪftɪ'fɪftɪ] *adv* (*fam*): **~ machen** hacer mitad y mitad
Figaro ['fiːgaro] *m* <-s, -s> (*iron*) barbero *m*, fígaro *m elev*
fighten ['faɪtən] *vi* (SPORT) pelear duramente, luchar a brazo partido
Figur [fi'guːɐ] *f* <-, -en> ❶ (*Gestalt*) figura *f*; **auf seine ~ achten** cuidar la línea; **er machte eine gute ~** causó una buena impresión
❷ (*Persönlichkeit, a. LIT*) personaje *m*, figura *f*
❸ (*Spielstein*) pieza *f*
❹ (*Abbildung*) ilustración *f*
figurativ [figura'tiːf] *adj* figurado, metafórico; (KUNST) figurativo
figürlich [fi'gyːɐlɪç] *adj* ❶ (*figurmäßig*) en cuanto a la figura
❷ (*figurativ*) figurado, metafórico, figurativo
Fiktion [fɪk'tsjoːn] *f* <-, -en> ficción *f*; **gesetzliche/juristische ~** ficción legal/jurídica; **~ des Zugangs** ficción del acceso
Fiktionstheorie [fɪk'tsjoːns-] *f* <-, -n> (JUR) teoría *f* de la ficción
fiktiv [fɪk'tiːf] *adj* ficticio
Fiktivkaufmann *m* <-(e)s, -leute> (JUR) comerciante *m* ficticio
File-Server ['faɪl-sœːvɐ] *m* <-s, -> (INFOR) servidor *m* de archivos
Filet [fi'leː] *nt* <-s, -s> (GASTR) filete *m*
Filetbraten *m* <-s, -> solomillo *m* asado; **Filetsteak** *nt* <-s, -s> solomillo *m*, bife *m* de lomo *Arg*
Filialabteilung *f* <-, -en> (WIRTSCH) departamento *m* de la sucursal; **Filialbank** *f* <-, -en> sucursal *f*; **Filiale** [fi'ljaːlə] *f* <-, -n> sucursal *f*, filial *f*; **eine ~ eröffnen/schließen** abrir/cerrar una sucursal
Filialgeschäft *nt* <-(e)s, -e> (WIRTSCH) comercio *m* de sucursales múltiples; **Filialleiter(in)** *m(f)* <-s, -; -, -nen> jefe, -a *m, f* de sucursal; **Filialprokura** *f* <-, -prokuren> (JUR) poder *m* mercantil restringido al ámbito de una sucursal
filigran *adj* de filigrana
Filigran *nt* <-s, -e> filigrana *f*
Filigranarbeit *f* <-, -en> filigrana *f*; **das Diadem zeugt von beeindruckender ~** la diadema es una muestra impresionante de (trabajo de) filigrana
Filipino, -a [fili'piːno] *m, f* <-s, -s; -, -s> filipino, -a *m, f*
Filius *m* <-, -se> (*iron*) retoño *m*, vástago *m geh*; **darf ich Ihnen meinen Herrn ~ vorstellen?** ¿me permiten, señores, presentarles a mi vástago?
Film[1] [fɪlm] *m* <-(e)s, -e> ❶ (*dünne Schicht*) película *f*
❷ (FOTO) carrete *m*; **einen ~ entwickeln lassen** llevar a revelar un carrete de fotos
❸ (TV) película *f*, filme *m*; **in einen ~ gehen** ir a ver una película; **einen ~ drehen** rodar una película; **einen ~ vorführen/anschauen** proyectar/ver una película

Film[2] *m* <-(e)s, *ohne pl*> (*Branche*) cine *m*; **sie ist beim ~** trabaja en el cine; **ich gehe zum ~** voy a ser actor de cine
Filmarchiv *nt* <-s, -e> archivo *m* de películas; **Filmatelier** *nt* <-s, -s> estudio *m* cinematográfico; **Filmaufnahme** *f* <-, -n> toma *f*; **Filmdiva** *f* <-, -diven> estrella *f* de cine [*o* de la pantalla]
Filmemacher(in) *m(f)* <-s, -; -, -nen> director(a) *m(f)* de cine
filmen ['fɪlmən] I. *vt* rodar, filmar
II. *vi* rodar una película, filmar
Filmfestival *nt* <-s, -s>, **Filmfestspiele** *ntpl* festival *m* de cine; **Filmgeschäft** *nt* <-(e)s, *ohne pl*> industria *f* del cine [*o* cinematográfica]; **Filmheld(in)** *m(f)* <-en, -en; -, -nen> héroe *m* de la película, heroína *f* de la película; **Filmindustrie** *f* <-, -n> industria *f* cinematográfica
filmisch *adj* cinematográfico
Filmkamera *f* <-, -s> cámara *f* de cine; **Filmkunst** *f* <-, *ohne pl*> cinematografía *f*; **Filmmusik** *f* <-, -en> banda *f* sonora (de una película); **Filmproduzent(in)** *m(f)* <-en, -en; -, -nen> productor(a) *m(f)* cinematográfico, -a; **Filmprojektor** *m* <-s, -en> proyector *m* de cine; **Filmprüfstelle** *f* <-, -n> oficina *f* de censura; **Filmregisseur(in)** *m(f)* <-s, -e; -, -nen> realizador(a) *m(f)*, director(a) *m(f)* de cine; **Filmreportage** *f* <-, -n> ❶ (*Reportage mit Film*) reportaje *m* cinematográfico ❷ (*mit Hilfe filmischer Mittel produziert*) reportaje *m* filmado; **Filmriss**RR *m* <-es, -e> ❶ (TV) corte *m* de la película ❷ (*Black-out*) fallo *m* repentino de la memoria; **ich hatte einen ~** (*fam*) me quedé en blanco, me falló la memoria; **Filmrolle** *f* <-, -n> ❶ (*Part*) papel *m* en una película; **der junge Schauspieler bekam seine erste ~** angeboten al joven actor le ofrecieron su primer papel ❷ (*Spule*) rollo *m* de película
Filmsatz *m* <-es, *ohne pl*> (TYPO) fotocomposición *f*
Filmschaffende(r) *mf* <-n, -n; -n, -n> cineasta *mf*
Filmschauspieler(in) *m(f)* <-s, -; -, -nen> actor *m* de cine, actriz *f* de cine; **Filmspule** *f* <-, -n> bobina *f* cinematográfica; **Filmstar** *m* <-s, -s> estrella *f* de cine; **Filmstudio** *nt* <-s, -s> estudio *m* cinematográfico; **diese Szene wurde in einem ~ gedreht** esta escena fue rodada en un estudio; **Filmtheater** *nt* <-s, -> cine *m*; **Filmverleih** *m* <-(e)s, -e> distribuidora *f* cinematográfica; **Filmvorführer(in)** *m(f)* <-s, -; -, -nen> operador(a) *m(f)* de cine; **Filmvorführgerät** *nt* <-(e)s, -e> proyector *m* de cine; **Filmvorführung** *f* <-, -en> presentación *f* de película; **Filmvorschau** *f* <-, -en> tráiler *m*, avance *m* de una película; **Filmvorstellung** *f* <-, -en> ❶ (*das Vorstellen*) presentación *f* de película ❷ (*Kinovorstellung*) función *f* (de cine); **Filmzensur** *f* <-, *ohne pl*> censura *f* de películas
Filou [fi'luː] *m* <-s, -s> (*fam*) pillo *m*
Filter ['fɪltɐ] *m* <-s, -> filtro *m*; **eine Zigarette ohne ~** un cigarrillo sin filtro
Filteranlage *f* <-, -n> (TECH) instalación *f* de filtraje; **Filterbecken** *nt* <-s, -> pila *f* filtrante; **Filtereinsatz** *m* <-es, -sätze> (TECH) cartucho *m* filtrante; **Filterkaffee** *m* <-s, *ohne pl*> café *m* de filtro; **Filtermundstück** *nt* <-(e)s, -e> boquilla *f*
filtern *vt* filtrar
Filterpapier *nt* <-s, -e> (papel *m* de) filtro *m*; **Filterrückstand** *m* <-(e)s, -stände> residuo *m* de filtración; **Filtertüte** *f* <-, -n> filtro *m*; **Filterzigarette** *f* <-, -n> cigarrillo *m* con filtro
Filtrat [fɪl'traːt] *nt* <-(e)s, -e> (TECH) filtrado *m*, materia *f* filtrada
Filtration [fɪltra'tsjoːn] *f* <-, -en> (TECH) filtrado *m*
filtrieren* [fɪl'triːrən] *vt* (TECH) filtrar
Filtrierflasche [fɪl'triːɐ-] *f* <-, -n> frasco *m* de filtración
Filz [fɪlts] *m* <-es, -e> ❶ (*Gewebe*) fieltro *m*
❷ (POL) nepotismo *m*
filzen ['fɪltsən] I. *vi* (*Wolle*) apelmazarse
II. *vt* (*fam*) ❶ (*durchsuchen*) registrar, cachear
❷ (*bestehlen*) dejar limpio
Filzhut *m* <-(e)s, -hüte> sombrero *m* de fieltro, callampa *f Chil*
filzig *adj* ❶ (*samtig*) afelpado, aterciopelado; **die Blätter mancher Bäume haben eine ~e Unterseite** las hojas de algunos árboles tienen una cara inferior aterciopelada [*o* tomentosa]
❷ (*verfilzt*) enmarañado; **ungepflegte Haare können schnell ~ werden** el cabello descuidado se enmaraña [*o se* enreda] con mucha facilidad
Filzlaus *f* <-, -läuse> ladilla *f*
Filzokratie [fɪltsokra'tiː] *f* <-, -n> ≈enchufismo *m*
Filzpantoffel *m* <-s, -n> pantufla *f* de fieltro, zapatilla *f* de fieltro; **Filzschreiber** *m* <-s, ->, **Filzstift** *m* <-(e)s, -e> rotulador *m*
Fimmel ['fɪməl] *m* <-s, -> (*fam abw*) manía *f*, idea *f* fija; **einen ~ für etw haben** sentir gran afición por algo; **er hat einen ~** le falta un tornillo
final *adj* (*geh*) final; **die Planungen treten jetzt in ihre ~e Phase** las planificaciones entran ahora en la fase final; **Krebs im ~en Stadium** cáncer terminal
Finale [fi'naːlə] *nt* <-s, -> final *f*; (*a.* SPORT) finalísima *f*; **ins ~ kommen**

Finalsatz llegar a la final
Finalsatz *m* <-es, -sätze> (LING) oración *f* final
Finanzabkommen *nt* <-s, -> acuerdo *m* financiero; **Finanzabteilung** *f* <-, -en> departamento *m* de finanzas; **Finanzamt** [fi'nants-] *nt* <-(e)s, -ämter> Delegación *f* de Hacienda, impositiva *f Am;* **Finanzanlage** *f* <-, -n> activo *m* fijo financiero; **Finanzausgleich** *m* <-(e)s, -e> compensación *f* financiera; **Finanzausschuss**RR *m* <-es, -schüsse> comisión *f* de hacienda; **Finanzausstattung** *f* <-, -en> dotación *f* financiera; **Finanzautonomie** *f* <-, -n> autonomía *f* fiscal; **Finanzbeamte(r)** *mf* <-n, -n; -n, -n>, **-beamtin** *f* <-, -nen> funcionario, -a *m, f* de Hacienda, agente *mf* fiscal; **Finanzbehörde** *f* <-, -n> delegación *f* de Hacienda, Agencia *f* Tributaria; **Finanzberater(in)** *m(f)* <-s, -; -, -nen> asesor(a) *m(f)* fiscal y financiero, -a; **Finanzbericht** *f* <-(e)s, -e> informe *m* financiero; **Finanzbuchhalter(in)** *m(f)* <-s, -; -, -nen> contable *mf* financiero, -a; **Finanzchef(in)** *m(f)* <-s, -s; -, -nen> director(a) *m(f)* financiero, -a; **Finanzdienstleistung** *f* <-, -en> servicio *m* financiero; **Finanzeinnahme** *f* <-, -n> ingreso *m* fiscal
Finanzen [fi'nantsən] *pl* finanzas *fpl;* **die ~ sanieren** sanear las finanzas; **das übersteigt meine ~** *(fam)* esto está por encima de mis posibilidades
Finanzerträge *mpl* ingresos *mpl* financieros; **Finanzexperte, -in** *m, f* <-n, -n; -, -nen> experto, -a *m, f* financiero, -a; **Finanzgebaren** *nt* <-s, *ohne pl*> manera *f* de administrar las finanzas; **Finanzgenie** *nt* <-s, -s> genio *m* de las finanzas
Finanzgericht *nt* <-(e)s, -e> (JUR) tribunal *m* de Hacienda; **Finanzgerichtsordnung** *f* <-, -en> (JUR) reglamento *m* del tribunal económico-administrativo
Finanzgeschäfte *ntpl* operaciones *fpl* financieras; **Finanzhaushalt** *m* <-(e)s, -e> presupuesto *m* financiero; **Finanzhilfe** *f* <-, -n> ayuda *f* financiera, apoyo *m* financiero; **Finanzhoheit** *f* <-, *ohne pl*> (JUR) soberanía *f* financiera; **Finanzholdinggesellschaft** *f* <-, -en> (JUR) sociedad *f* de holding financiero
finanziell [finan'tsjɛl] *adj* financiero, económico; **~ gesund/leistungsfähig** económicamente sano/potente; **~ schlecht gestellt sein** estar mal de dinero; **jdn ~ unterstützen** apoyar a alguien financieramente; **in ~e Schwierigkeiten geraten** tener problemas económicos; **sich ~ an etw beteiligen** participar financieramente en algo
Finanzier [finan'tsje:] *m* <-s, -s> financiero, -a *m, f*
finanzieren* [finan'tsi:rən] *vt* financiar, costear; **frei finanzierter Wohnungsbau** construcción de viviendas de financiación privada
Finanzierung *f* <-, -en> financiación *f;* **~ mit staatlichen Mitteln** financiación mediante fondos estatales; **langfristige/mittelfristige/kurzfristige ~** financiación a largo plazo/a medio plazo/a corto plazo
Finanzierungsaufwand *m* <-(e)s, *ohne pl*> gastos *mpl* de financiación; **Finanzierungsbank** *f* <-, -en> banco *m* de financiación; **Finanzierungsbeitrag** *m* <-(e)s, -träge> contribución *f* a la financiación; **Finanzierungsdefizit** *nt* <-(e)s, -e> déficit *m inv* financiero; **Finanzierungsform** *f* <-, -en> método *m* de financiación; **Finanzierungsfunktion** *f* <-, -en> función *f* de financiación; **Finanzierungsgarantie** *f* <-, -n> garantía *f* de financiación; **Finanzierungsgeschäft** *nt* <-(e)s, -e> negocio *m* de financiación; **Finanzierungsgesellschaft** *f* <-, -en> sociedad *f* de financiación; **Finanzierungsinstitut** *nt* <-(e)s, -e> entidad *f* de financiación; **Finanzierungsinstrument** *nt* <-(e)s, -e> disposiciones *fpl* y medidas *fpl* financieras; **Finanzierungskauf** *m* <-(e)s, -käufe> compra *f* financiera; **Finanzierungsleasing** *nt* <-s, -s> leasing *m* de financiación; **Finanzierungsmittel** *ntpl* medios *mpl* de financiación; **Finanzierungsmöglichkeit** *f* <-, -en> medio *m* de financiación; **Finanzierungspaket** *nt* <-(e)s, -e> paquete *m* de financiación; **Finanzierungsplan** *m* <-(e)s, -pläne> plan *m* de financiación; **Finanzierungsquelle** *f* <-, -n> recursos *mpl* financieros; **Finanzierungsvereinbarung** *f* <-, -en> convenio *m* de financiación
Finanzinstitut *nt* <-(e)s, -e> instituto *m* financiero; **Finanzkalkül** *o m* <-s, -e> cálculo *m* financiero; **Finanzkonsortium** *nt* <-s, -konsortien> consorcio *m* financiero; **Finanzkontrolle** *f* <-, -n> control *m* presupuestario
finanzkräftig *adj* con capacidad financiera
Finanzlage *f* <-, -n> situación *f* financiera [*o* económica]; **das Unternehmen befindet sich in einer schwierigen ~** la empresa se encuentra en una situación financiera difícil; **Finanzlast** *f* <-, -en> carga *f* financiera; **Finanzmakler(in)** *m(f)* <-s, -; -, -nen> intermediario, -a *m, f* financiero, -a; **Finanzmanager(in)** *m(f)* <-s, -; -, -nen> gerente *mf* financiero, -a; **Finanzmarkt** *m* <-(e)s, -märkte> mercado *m* financiero; **Finanzminister(in)** *m(f)* <-s, -; -, -nen> ministro, -a *m, f* de Hacienda; **Finanzministerium** *nt* <-s, -ministerien> ministerio *m* de Hacienda; **Finanzmonopol** *nt* <-s, -e> monopolio *m* fiscal [*o* financiero]; **Finanzplan** *m* <-(e)s, -pläne> plan *m* de finanzas
Finanzplanung *f* <-, -en> planificación *f* financiera; **mittelfristige ~** planificación financiera a medio plazo; **Finanzplanungsrat** *m* <-(e)s, -räte> consejo *m* de planificación financiera
Finanzplatz *m* <-es, -plätze> centro *m* financiero; **Finanzpolitik** *f* <-, -en> (a. WIRTSCH) política *f* financiera; **konjunkturneutrale ~** política financiera independiente de la coyuntura
finanzpolitisch *adj* político-financiero
Finanzprognose *f* <-, -n> pronóstico *m* financiero; **Finanzprüfung** *f* <-, -en> revisión *f* financiera
finanzschwach *adj* sin capacidad económica [*o* financiera]
Finanzspritze *f* <-, -n> apoyo *m* financiero
finanzstark *adj s.* **finanzkräftig**
finanztechnisch *adj* financiero; **aus ~en Gründen** por razones técnico-financieras
Finanztermingeschäft *nt* <-(e)s, -e> operación *f* financiera a plazo fijo; **Finanztransfer** *m* <-s, -s> transferencia *f* financiera; **Finanzübersicht** *f* <-, -en> síntesis *f* financiera *inv;* **Finanzverfassungsrecht** *nt* <-(e)s, *ohne pl*> (JUR) derecho *m* constitucional financiero; **Finanzverhältnisse** *ntpl* condiciones *fpl* económicas; **Finanzverwalter(in)** *m(f)* <-s, -; -, -nen> administrador(a) *m(f)* fiscal
Finanzverwaltung *f* <-, -en> administración *f* financiera; **Finanzverwaltungsgesetz** *nt* <-es, -e> (JUR) ley *f* de la administración tributaria
Finanzwelt *f* <-, *ohne pl*> mundo *m* de las finanzas; **Finanzwesen** *nt* <-s, *ohne pl*> hacienda *f;* **Finanzwirtschaft** *f* <-, *ohne pl*> (WIRTSCH) economía *f* financiera; **Finanzwissenschaft** *f* <-, -en> ciencia *f* de la administración de las finanzas; **Finanzzusammenschluss**RR *m* <-es, -schlüsse> (WIRTSCH) unión *f* financiera, fusión *f* financiera
Findelkind ['fɪndəlkɪnt] *nt* <-(e)s, -er> expósito, -a *m, f*
finden ['fɪndən] <findet, fand, gefunden> I. *vt* ① *(allgemein)* encontrar; *(unvermutet)* dar con; **wieder ~** *(Dinge)* encontrar; *(Person)* reencontrar; *(Mut, Sprache)* recobrar; **er war nirgends zu ~** no lo encontramos en ninguna parte; **ihr Haus ist gut/schlecht zu ~** su casa es fácil/difícil de encontrar; **Anklang ~** encontrar aprobación; **Beachtung ~** recibir atención; **ich muss zu mir selbst ~** necesito un momento de tranquilidad; **sie fand ihn schlafend/bei der Arbeit** se lo encontró durmiendo/en el trabajo; **sie fand keine Ruhe** no halló reposo; **sie findet Freude an der Arbeit** le gusta su trabajo; **ich finde es hier ganz angenehm** encuentro este sitio muy agradable; **ich finde nichts Schlimmes dabei** no encuentro nada de malo en ello; **kein Ende ~** no acabar nunca; **Verwendung ~** poder ser utilizado; **wer sucht, der findet** *(prov)* quién busca encuentra
② *(meinen)* opinar; **ich finde, dass ...** opino que...; **~ Sie nicht auch, dass ...?** ¿no opina Ud. también que...?; **ich finde es gut, dass ...** me parece bien que...
II. *vr:* **sich ~** ① *(zum Vorschein kommen)* aparecer; **der Schlüssel wird sich schon (wieder) ~** ya aparecerá la llave
② *(in Ordnung kommen)* arreglarse; **das wird sich alles ~** todo se arreglará
Finder(in) *m(f)* <-s, -; -, -nen> persona *f* que encuentra algo
Finderlohn *m* <-(e)s, *ohne pl*> gratificación *f*
Fin de siècle [fɛ̃d'sjɛkl] *nt* <- - -, *ohne pl*> (KUNST, LIT) época *f* de finales de siglo XIX, "fin de siècle" *m*
findig *adj* ingenioso, listo
Findigkeit *f* <-, *ohne pl*> ingeniosidad *f*, inventiva *f*
Findling ['fɪntlɪŋ] *m* <-s, -e> (GEO) roca *f* errática
Finesse[1] ['fi'nɛsə] *f* <-, *ohne pl*> *(geh: Schlauheit)* finura *f*
Finesse[2] *f* <-, -n> *(geh)* ① *(Detail)* detalle *m*
② *(Trick)* truco *m*, artimaña *f;* **mit allen ~n** con todo tipo de artimañas
fing [fɪŋ] *3. imp von* **fangen**
Finger ['fɪŋɐ] *m* <-s, -> dedo *m;* **der kleine ~** el (dedo) meñique; **mit dem ~ auf jdn zeigen** señalar con el dedo a alguien; **jdm auf die ~ klopfen** *(fam fig)* echar a alguien un rapapolvo; **das kann man sich doch an den (fünf) ~n abzählen!** *(fam)* ¡es evidente!; **~ weg!** ¡no lo toques!; **er hat überall die ~ drin** *(fam fig)* mete sus narices en todo; **da solltest du lieber die ~ von lassen** *(fam fig)* será mejor que no te metas en esto; **jdn (genau) auf die ~ schauen** *(fig)* controlar a alguien; **jdn in die ~ bekommen** coger [*o* agarrar] a alguien; **lange ~ machen** *(fam)* ser largo [*o* suelto] de manos; **sich** *dat* **die ~ verbrennen** *(fig)* pillarse los dedos; **sich** *dat* **etw aus den ~n saugen** sacarse algo de la manga; **keinen ~ rühren für jdn** *(fam)* no mover ni un dedo por alguien; **jdn um den ~ wickeln** *(fam)* ganarse a alguien; **sich** *dat* **die ~ nach etw lecken** *(fam)* morirse de ganas por obtener algo; *(beim Essen)* chuparse los dedos por algo; **keinen ~ krumm machen** *(fam)* no dar un golpe
Fingerabdruck *m* <-(e)s, -drücke> huella *f* digital, impresión *f* dactilar; **genetischer ~** característica genética, imprenta genética; **Fingerabdrücke nehmen** tomar las huellas dactilares
Fingerbreit *m* <-, ->: **keinen ~ nachgeben** no ceder ni un ápice

fingerdick ['--'-] adj del grueso de un dedo
Fingerfarbe f <-, -n> pintura f para pintar con los dedos
fingerfertig adj hábil, mañoso; **~ sein** ser un manitas fam
Fingerfertigkeit f <-, ohne pl> habilidad f manual; **Fingergelenk** nt <-(e)s, -e> nudillo m; **Fingerglied** nt <-(e)s, -er> (ANAT) falange f
Fingerhakeln nt <-s, ohne pl> (Österr, Schweiz, südd) lucha f de dedos (prueba deportiva en la que dos competidores, sujetándose mutuamente el dedo corazón, intentan desplazar el uno al otro haciendo fuerza, empujando...)
Fingerhandschuh m <-(e)s, -e> guante m; **Fingerhut** m <-(e)s, -hüte> ① (beim Nähen) dedal m ② (BOT) dedalera f; **Fingerknöchel** m <-s, -> nudillo m; **Fingerknochen** m <-s, -> falange f; **Fingerkuppe** f <-, -n> yema f (del dedo)
Fingerling ['fɪŋəlɪŋ] m <-s, -e> ① (MED) dedil m ② (eines Fingerhandschuhs) dedo m
fingern I. vi manosear (an)
II. vt (fam) hurgar
Fingernagel m <-s, -nägel> uña f; **an den Fingernägeln kauen** comerse las uñas
Fingerspitze f <-, -n> punta f del dedo, yema f del dedo; **mir juckt es in den ~n!** (fig) estoy muy ansioso [o impaciente]; **Fingerspitzengefühl** nt <-s, ohne pl> tacto m, diplomacia f; **er hat dazu das nötige ~** tiene la delicadeza necesaria para ello
Fingerübung f <-, -en> (MUS) ejercicio m de velocidad
Fingerzeig ['fɪŋətsaɪk] m <-s, -e> señal f; **das war ein ~ des Schicksals** fue una advertencia del destino
fingieren* [fɪnˈɡiːrən] vt fingir, simular
Finish ['fɪnɪʃ] nt <-s, -s> ① (Politur) acabado m; **Sie können den Schrank wahlweise in mattem oder hochglänzendem ~ bekommen** pueden escoger el armario con acabado mate o brillante ② (SPORT: Endspurt) sprint m (final); **nach einem atemberaubenden ~ ging er als erster durchs Ziel** tras un impresionante sprint cruzó en primer lugar la línea de meta
Fink [fɪŋk] m <-en, -en> (ZOOL) pinzón m
Finken ['fɪŋkən] m <-s, -> (Schweiz: Hausschuh) zapatilla f, pantufla f; **die ~ klopfen** tomar las de Villadiego
Finne, -in ['fɪnə] m, f <-n, -n; -, -nen> finlandés, -esa m, f
finnisch adj finlandés; **~e Sprache** finés m f
Finnisch nt <-(s), ohne pl>, **Finnische** nt <-n, ohne pl> finlandés m, finés m; **sprechen Sie ~?** ¿habla finlandés [o finés]?; **sie hat den Text ins ~e übersetzt** ha traducido el texto al finés [o finlandés]
Finnland ['fɪnlant] nt Finlandia f
Finnlandisierung f <-, ohne pl> (POL: abw) finlandización f
finster ['fɪnstɐ] adj ① (dunkel) oscuro; (düster) tenebroso, lóbrego; **es sieht ~ aus** tiene muy mal aspecto; **im F~n tappen** andar a tientas ② (anrüchig) dudoso, sospechoso ③ (mürrisch) huraño, ceñudo; **jdn ~ ansehen** mirar a alguien con un aire sombrío
Finsterling m <-s, -e> (fam abw) gruñón, -ona m, f
Finsternis f <-, -se> oscuridad f; **partielle/totale ~** oscuridad parcial/total
Finte ['fɪntə] f <-, -n> ① (Vorwand) ardid m, artimaña f, treta f, manganeta f Hond ② (SPORT) finta f
Firlefanz ['fɪrləfants] m <-es, ohne pl> (fam: Krempel) cachivache m; **~ reden** decir sandeces
firm [fɪrm] adj: **in etw ~ sein** estar versado en algo, ser experto en algo
Firma ['fɪrma, pl: ˈfɪrmən] f <-, Firmen> empresa f, firma f; (Fabrik) fábrica f; **eingetragene ~** empresa inscrita en el Registro Mercantil; **erloschene ~** empresa extinguida [o firma]; **führende ~** empresa líder
Firmament [fɪrmaˈmɛnt] nt <-(e)s, ohne pl> (geh) firmamento m
firmen ['fɪrmən] vt (REL) confirmar
Firmen pl von **Firma**
Firmenansehen nt <-s, ohne pl> reputación f de la empresa; **Firmenausschließlichkeit** f <-, ohne pl> (JUR, WIRTSCH) exclusividad f de una empresa, derecho m exclusivo de una empresa; **Firmenbeständigkeit** f <-, ohne pl> (WIRTSCH) constancia f del nombre comercial; **Firmenchef(in)** m(f) <-s, -s; -, -nen> jefe, -a m, f de una empresa
firmeneigen adj perteneciente a la empresa
Firmeneintragung f <-, -en> (JUR, WIRTSCH) inscripción f de la empresa; **Firmenfortführung** f <-, -en> (WIRTSCH) continuación f del nombre comercial; **Firmengründer(in)** m(f) <-s, -; -, -nen> fundador(a) m(f) de la empresa; **Firmengründung** f <-, -en> fundación f de empresa; **Firmeninhaber(in)** m(f) <-s, -; -, -nen> titular mf de una empresa
firmenintern adj interno de la firma
Firmenleitung f <-, -en> gerencia f; **Firmenname** m <-ns, -n> nombre m comercial; **Firmenpleite** f <-, -n> quiebra f de una empresa; **Firmenrechte** ntpl derechos mpl de empresa; **Firmenre-**gister nt <-s, -> registro m comercial; **Firmenschild** nt <-(e)s, -er> rótulo m de una empresa; **Firmenschutz** m <-es, ohne pl> (JUR) protección f del nombre comercial; **Firmensiegel** nt <-s, -> sello m de la casa; **Firmensitz** m <-es, -e> (JUR, WIRTSCH) sede f social, domicilio m comercial; **Firmensprecher(in)** m(f) <-s, -; -, -nen> portavoz mf de una empresa; **Firmenstempel** m <-s, -> sello m de la empresa; **Firmenübernahme** f <-, -n> adquisición f de una empresa; **Firmenvermögen** nt <-s, -> patrimonio m de una empresa; **Firmenvorstand** m <-(e)s, -stände> dirección f de la empresa; **Firmenwagen** m <-s, -> coche m de la empresa; **Firmenwert** m <-(e)s, -e> (WIRTSCH) fondo m de comercio; **Firmenzeichen** nt <-s, -> marca f de una fábrica; **eingetragenes ~** marca registrada; **Firmenzusammenschluss**RR m <-es, -schlüsse> fusión f de empresas; **Firmenzusatz** m <-es, -sätze> (JUR) adición f al nombre comercial; **täuschender/unterscheidender ~** adición engañosa/diferenciadora al nombre comercial
firmieren* [fɪrˈmiːrən] vi signar (als como, mit con)
Firmling ['fɪrmlɪŋ] m <-s, -e> (REL) confirmando, -a m, f
Firmung ['fɪrmʊŋ] f <-, -en> (REL) confirmación f
Firn [fɪrn] m <-(e)s, ohne pl> ① (Schnee) nieve f endurecida ② (Gletscher) ventisquero m
Firnis ['fɪrnɪs] m <-ses, -se> barniz m
firnissen ['fɪrnɪsn] vt barnizar
First [fɪrst] m <-(e)s, -e> ① (Dach) caballete m, cumbrera f ② (Gipfel) cumbre f
Firstziegel m <-s, -> teja f de caballete
Fis [fɪs] nt <-, -> (MUS) fa m sostenido
Fisch [fɪʃ] m <-(e)s, -e> ① (ZOOL) pez m; (Ware, Gericht) pescado m; **~ verarbeitende Industrie** industria pesquera; **stumm sein wie ein ~** no decir esta boca es mía; **sich wie im Wasser fühlen** sentirse como pez en el agua; **das ist weder ~ noch Fleisch** (fam fig) esto está a medias; **das sind kleine ~e für mich** (fam) eso está chupado; **ein dicker ~ sein** (fam fig) ser un pez gordo ② (ASTR) piscis m inv; **er ist ~ (ein) ~** es (un) piscis
Fischadler m <-s, -> (ZOOL) águila f pescadora
fischarm adj pobre en peces; **wegen der Wasserverschmutzung sind viele Flüsse heute ~** debido a la contaminación del agua, muchos ríos tienen hoy en día pocos peces
Fischauge nt <-s, -n> ① (ZOOL) ojo m del pez ② (FOTO) ojo m de pez; **Fischbein** nt <-(e)s, ohne pl> (barba f de) ballena f; **Fischbestand** m <-(e)s, -stände> existencia f de peces; **Fischbesteck** nt <-(e)s, -e> cubierto m para pescado; **Fischblase** f <-, -n> (ZOOL) vejiga f natatoria; **Fischdampfer** m <-s, -> vapor m pesquero
fischen vi, vt pescar; **mit dem Netz ~** pescar con la red; **im Trüben ~** pescar en río revuelto
Fischenz ['fɪʃɛnts] f <-, -en> (Schweiz: Fischpacht) arrendamiento m por el que se obtiene el derecho de pesca
Fischer(in) m(f) <-s, -; -, -nen> pescador(a) m(f)
Fischerboot nt <-(e)s, -e> barco m pesquero; **Fischerdorf** nt <-(e)s, -dörfer> pueblo m que vive de la pesca
Fischerei f <-, ohne pl> pesca f
Fischereiaufsichtsbehörde f <-, -n> (ADMIN) autoridad f para la supervisión de la pesca; **Fischereibetrieb** m <-(e)s, -e> empresa f pesquera; **Fischereierlaubnis** f <-, -se> licencia f de pesca; **Fischereihafen** m <-s, -häfen> puerto m pesquero; **Fischereipachtvertrag** m <-(e)s, -träge> (JUR) contrato m de arrendamiento de pesca; **Fischereistreit** m <-(e)s, -e> conflicto m pesquero; **Fischereiwesen** nt <-s, ohne pl> economía f pesquera; **Fischereizone** f <-, -n> zona f de pesca
Fischerin f <-, -nen> s. **Fischer**
Fischernetz nt <-es, -e> red f para pescar
Fischfang m <-(e)s, ohne pl> pesca f; **auf ~ gehen** ir de pesca; **vom ~ leben** vivir de la pesca; **Fischfangflotte** f <-, -n> flota f pesquera; **Fischfanggebiet** nt <-(e)s, -e> zona f pesquera, área f de pesca; **~ vor der Küste** zona costera de pesca
Fischfilet nt <-s, -s> (GASTR) filete m de pescado, lomo m de pescado; **Fischfutter** nt <-s, ohne pl> comida f para peces; **Fischgeruch** m <-(e)s, -rüche> olor m a pescado; **Fischgeschäft** nt <-(e)s, -> pescadería f
Fischgräte f <-, -n> espina f de pescado; **Fischgrätenmuster** nt <-s, -> dibujo m de espiga
Fischgründe mpl caladero m; **Fischhandel** m <-s, ohne pl> comercio m de pescado; **Fischhändler(in)** m(f) <-s, -; -, -nen> pescadero, -a m, f; **Fischkonserve** f <-, -n> conserva f de pescado; **Fischkultur** f <-, -en> piscicultura f; **Fischkutter** m <-s, -> cúter m pesquero; **Fischlaich** m <-(e)s, -e> huevas fpl de los peces, freza f; **Fischmarkt** m <-(e)s, -märkte> mercado m de pescado, (am Hafen) lonja f; **Fischmehl** nt <-(e)s, -e> harina f de pescado; **Fischmesser** nt <-s, -> cuchillo m para el pescado; **Fischnetz** nt <-es, -e> red f

Fischotter para pescar; **Fischotter** *m* <-s, -> nutria *f*
fischreich *adj* rico en pesca; **~es Gewässer** aguas ricas en pesca
Fischreichtum *m* <-s, *ohne pl*> riqueza *f* pesquera; **Fischreiher** *m* <-s, -> (ZOOL) garza *f* real, ceniciento *f*; **Fischreuse** *f* <-, -n> nasa *f*, nansa *f*; **Fischrogen** *m* <-s, -> (ZOOL) huevas *fpl* de pescado; **Kaviar ist gesalzener ~ des Störs** el caviar es la hueva salpresa del esturión; **Fischschwarm** *m* <-(e)s, -schwärme> banco *m* de peces, cardume(n) *m*; **Fischstäbchen** ['fɪʃʃtɛːpçən] *nt* <-s, -> (GASTR) barrita *f* de pescado; **Fischsterben** *nt* <-s, *ohne pl*> mortandad *f* piscícola; **Fischsuppe** *f* <-, -n> sopa *f* de pescado; **Fischteich** *m* <-(e)s, -e> vivero *m* de peces, criadero *m* de peces
fischverarbeitend *adj s.* **Fisch 1.**
Fischvergiftung *f* <-, -en> intoxicación *f* (por consumo) de pescado; **Fischweg** *m* <-(e)s, -e> ruta *f* de los peces; **Fischwilderei** *f* <-, -en> (JUR) infracción *f* de pesca; **Fischwirtschaft** *f* <-, *ohne pl*> industria *f* pesquera; **Fischzucht** *f* <-, *ohne pl*> piscicultura *f*; **Fischzug** *m* <-(e)s, -züge> (*gewinnbringende Unternehmung*) negocio *m* provechoso, collo *m fam*; **der Besuch des Flohmarktes stellte sich als lohnender ~ heraus** la visita al mercadillo [*o* al rastro] resultó de lo más provechosa; **einen (guten) ~ machen** hacer un buen negocio [*o* una buena compra]; **in Schottland machte er einen guten ~ für seine Antiquitätensammlung** en Escocia hizo una buena adquisición para su colección de antigüedades
Fisimatenten [fizima'tɛntən] *pl* (*fam*) rodeos *mpl*, excusas *fpl*; **mach keine ~!** ¡al grano!
Fiskalgeltung *f* <-, *ohne pl*> (JUR) validez *f* fiscal; **~ der Grundrechte** validez fiscal de las garantías constitucionales
fiskalisch [fɪs'kaːlɪʃ] *adj* fiscal; **~er Anreiz** incentivo fiscal; **~es Hilfsgeschäft** negocio auxiliar fiscal
Fiskaljahr *nt* <-(e)s, -e> (FIN, WIRTSCH) ejercicio *m* fiscal; **Fiskalpolitik** *f* <-, -en> (FIN, POL) política *f* fiscal
Fiskus ['fɪskʊs] *m* <-, *ohne pl*> Hacienda *f*, fisco *m*
Fiskustheorie *f* <-, *ohne pl*> (JUR) teoría *f* de la Hacienda
Fisolen [fi'zoːlən] *fpl* (*Österr: grüne Bohnen*) judías *fpl*, frijoles *mpl Am*
Fission [fɪ'sjoːn] *f* <-, -en> (PHYS) fisión *f*
Fissur [fɪ'suːɐ] *f* <-, -en> (MED) fisura *f*; **bei zu trockenen Lippen kann es zu ~en kommen** cuando los labios están excesivamente (re)secos se pueden producir grietas
Fistel ['fɪstəl] *f* <-, -n> (MED) fístula *f*
Fistelstimme *f* <-, -n> (*voz f de*) falsete *m*
fit [fɪt] *adj* en (buena) forma; **sich ~ halten** mantenerse en forma
Fitness[RR] ['fɪtnɛs] *f* <-, *ohne pl*>, **Fitneß** *f* <-, *ohne pl*> buena forma *f*
Fitnesscenter[RR] *nt* <-s, -> (*engl*) gimnasio *m*; **Fitnessraum**[RR] *m* <-(e)s, -räume> gimnasio *m*; **Fitnessstudio**[RR] *nt* <-s, -s> gimnasio *m*; **Fitnesstraining**[RR] *nt* <-s, -s> práctica *f* deportiva, entrenamiento *m*; **regelmäßiges ~ hält gesund** practicar deporte con regularidad mantiene a uno sano
Fittich ['fɪtɪç] *m* <-(e)s, -e> (*geh*) ala *f*; **jdn unter seine ~e nehmen** ocuparse [*o* cuidar] de alguien
Fitzel *m o nt* <-s, -> (*reg*) pedazo *m* pequeño, trozo *m* pequeño; **von dem Käse ist leider nur noch ein ~ übrig** del queso sólo queda un pedacito
fix [fɪks] *adj* ❶ (*Gehalt, Kosten*) fijo; **eine ~e Idee** una obsesión, una idea fija
❷ (*fam: schnell*) rápido; (*gewandt*) vivo; **~ und fertig sein** (*erschöpft*) estar para el arrastre; **jdn ~ und fertig machen** hacer polvo a alguien
❸ (*reg: abw: bei Verstand*): **nicht ganz ~ sein** no estar en su (sano) juicio
Fixa *pl von* **Fixum**
Fixbelastung *f* <-, -en> (FIN, WIRTSCH) carga *f* fija
fixen ['fɪksən] *vi* (*sl*) pincharse
Fixer(in) *m(f)* <-s, -; -, -nen> (*sl*) ❶ (*Abhängiger*) drogadicto, -a *m, f*, toxicómano, -a *m, f*
❷ (FIN) bajista *mf*
Fixerbesteck *nt* <-(e)s, -e> (*fam*) utensilios *mpl* de un drogodependiente (*jeringa, cucharilla, etc.*)
Fixerin *f* <-, -nen> *s.* **Fixer**
fixfertig *adj* (*Schweiz: fix und fertig*) *s.* **fix**
Fixgeschäft *nt* <-(e)s, -e> negocio *m* fijo
Fixierbad *nt* <-(e)s, -bäder> (FOTO) baño *m* de fijación, fijador *m*
fixieren* [fɪ'ksiːrən] *vt* ❶ (*befestigen*) fijar (*an a/en*)
❷ (*schriftlich festhalten*) concertar, fijar por escrito; **jdn ~** clavar los ojos en alguien; **auf etw fixiert sein** (PSYCH) depender emocionalmente de algo
❸ (FOTO) fijar
Fixiermittel [fɪ'ksiːɐ-] *nt* <-s, -> (TECH) agente *m* de fijación
Fixierung *f* <-, -en> fijación *f*
Fixigkeit *f* <-, *ohne pl*> (*fam*) rapidez *f*
Fixing ['fɪksɪŋ] *nt* <-s, -s> (FIN) fixing *m*

Fixkauf *m* <-(e)s, -käufe> (WIRTSCH) compra *f* fija; (*Börsentermingeschäft*) compra *f* a la baja; **Fixkosten** *pl* costes *mpl* fijos; **Fixpunkt** *m* <-(e)s, -e> punto *m* fijo; **Fixstern** *m* <-(e)s, -e> (ASTR) estrella *f* fija
Fixum ['fɪksʊm, *pl:* 'fɪksa] *nt* <-s, Fixa> sueldo *m* fijo
Fjord [fjɔrt] *m* <-(e)s, -e> fiordo *m*
FKK [ɛfkaː'kaː] *Abk. von* **Freikörperkultur** nudismo *m*
FKK-Anhänger(in) *m(f)* <-s, -; -, -nen> nudista *mf*; **~ sein** ser nudista; **ich wusste gar nicht, dass du ein ~ bist** no sabía que practicabas el nudismo; **FKK-Strand** *m* <-(e)s, -Strände> playa *f* nudista
flach [flax] *adj* ❶ (*eben*) llano, plano; **mit der ~en Hand** con la palma de la mano; **sich ~ hinlegen** tenderse; **auf dem ~en Land** en el campo
❷ (*niedrig*) bajo, playo *CSur*; (*Gewässer*) poco profundo; (*Teller*) llano
❸ (*abw: oberflächlich*) banal, superficial
Flachbildschirm *m* <-(e)s, -e> (INFOR, TV) pantalla *f* plana
flachbrüstig *adj* de pecho plano
Flachdach *nt* <-(e)s, -dächer> tejado *m* plano; **Flachdruck** *m* <-(e)s, -e> (TYPO) impresión *f* plana
Fläche ['flɛçə] *f* <-, -n> ❶ (*Gebiet*) superficie *f*; (*Bauwesen*) terreno *m*; **~n ausweisen** delimitar zonas; **forstwirtschaftliche ~** zona forestal
❷ (MATH: *Grund-~*) plano *m*; (*eines Würfels*) cara *f*
Flacheisen *nt* <-s, -> ❶ (*Eisen*) pletina *f*
❷ (*Werkzeug*) escoplo *m*
Flächenausdehnung *f* <-, -en> extensión *f* de la superficie; **Flächenbrand** *m* <-(e)s, -brände> incendio *m* de rápida propagación
flächendeckend *adj* que cubre totalmente un campo determinado [*o* una zona determinada]
flächengleich *adj* de la misma superficie, de [*o* con] la misma área; **konstruiere zwei ~e Dreiecke mit einer übereinstimmenden Seitenlänge** (MATH) construye dos triángulos con la misma área y cuyos lados tengan la misma longitud
Flächengleiter *m* <-s, -> (SPORT) parapente *m*; **Flächeninhalt** *m* <-(e)s, -e> (MATH) área *f*; **Flächenland** *nt* <-(e)s, -länder> territorio *m* extenso y de baja densidad de población; **Flächenmaß** *nt* <-es, -e> (MATH) medida *f* de superficie; **Flächennutzungsplan** *m* <-(e)s, -pläne> (ADMIN, GEO) plan *m* para el aprovechamiento del suelo; **Flächenpreis** *m* <-es, -e> precio *m* del suelo; **Flächenstaat** *m* <-(e)s, -en> *s.* **Flächenland**; **Flächenstilllegung**[RR] *f* <-, -en> (ADMIN, AGR) reducción *f* de las áreas agrarias; **Flächentarifvertrag** *m* <-(e)s, -träge> (WIRTSCH) contrato *m* colectivo global
flachfallen *irr vi sein* (*fam*) suspenderse
Flachglas *nt* <-es, -gläser> vidrio *m* (en placas)
Flachhang *m* <-(e)s, -hänge> vaguada *f*
Flachheit *f* <-, *ohne pl*> ❶ (GEO) llanura *f*, planicie *f*
❷ (*fam*) Oberflächlichkeit, superficialidad *f*
flächig ['flɛçɪç] *adj* llano, plano
Flachküste *f* <-, -n> costa *f* llana; **Flachland** *nt* <-(e)s, *ohne pl*> llanura *f*, llano *m*
flachlegen I. *vt* (*fam: hinstrecken*) echar al suelo
II. *vr:* **sich ~** (*fam*) echarse un rato a dormir
flachliegen *irr vi* (*fam: krank sein*) estar enfermo
Flachmann *m* <-(e)s, -männer> (*fam*) botellín *m* de aguardiente para el bolsillo
Flachs [flaks] *m* <-es, *ohne pl*> ❶ (BOT) lino *m*
❷ (*fam: Spaß*) burla *f*
flachsblond ['-'-] *adj* rubio platino
Flachschlitzschraubenzieher *m* <-s, -> (TECH) destornillador *m* para tornillos con cabeza ranurada
Flachse ['flaksə] *f* <-, -n> (*Österr, südd: Sehne*) tendón *m*
flachsen ['flaksən] *vi* (*fam*) bromear
Flachsinn *m* <-(e)s, *ohne pl*> tontería *f*, disparate *m*
Flachzange *f* <-, -n> alicates *mpl* de boca plana
flackern ['flakɐn] *vi* ❶ (*Feuer*) llamear, flamear
❷ (*Licht*) titilar, centellear; **der Bildschirm flackert** la pantalla centellea
Fladen ['flaːdən] *m* <-s, -> ❶ (*Pfannkuchen*) filloa *f*, torta *f*
❷ (*Kuhdung*) boñigo *m*, boñiga *f*
Fladenbrot *nt* <-(e)s, -e> pan *m* árabe
Flagge ['flagə] *f* <-, -n> bandera *f*; **die ~ hissen/einholen/streichen** enarbolar/arriar/abatir la bandera; **das Schiff fährt unter spanischer ~** el barco navega con pabellón español; **~ zeigen** (*fig*) tomar partido
flaggen *vi:* **halbmast ~** ondear la bandera a media asta
Flaggenalphabet *nt* <-(e)s, *ohne pl*> (NAUT) Código *m* (Internacional) de Señales; **Flaggenmast** *m* <-(e)s, -e(n)> asta *f*; **am ~ wurde die Staatsflagge gehisst** hizaron la bandera nacional en el asta; **Flaggenmissbrauch**[RR] *m* <-(e)s, -bräuche> abuso *m* de pabellón; **Flaggensignal** *nt* <-(e)s, -e> señal *f* de bandera; **Flaggenwechsel** *m* <-s, -> (NAUT, COM) transferencia *f* de pabellón
Flaggschiff ['flak-] *nt* <-(e)s, -e> (MIL) buque *m* insignia, capitana *f*
flagrant [fla'grant] *adj* (*geh*) flagrante

flagranti [fla'granti]: **in ~** con las manos en la masa
Flair [flɛːɐ] nt o m <-s, ohne pl> (von Menschen) encanto m, aire m; (von Sachen) ambiente m, atmósfera f; **eine Weltstadt mit ~** una gran capital con carácter
Flak [flak] f <-, -(s)> (MIL) Abk. von **Flugzeugabwehrkanone** cañón m antiaéreo
Flakhelfer m <-s, -> (HIST) auxiliar m de artillería antiaérea
Flakon [fla'kõː] m o nt <-s, -s> (geh) frasco m
flambieren* [flam'biːrən] vt flamear
Flame, -in ['flaːmə], [f <-n, -n>; -, -nen>] flamenco, -a m, f
Flämin ['flɛːmɪn] f <-, -nen> flamenca f
Flamingo [fla'mɪŋgo] m <-s, -s> (ZOOL) flamenco m
flämisch ['flɛːmɪʃ] adj flamenco
Flämisch [f <-(s), ohne pl>], **Flämische** nt <-n, ohne pl> flamenco m
Flamme ['flamə] f <-, -n> ❶ (vom Feuer) llama f; **in ~n aufgehen** arder, incendiarse; **in ~n stehen** estar en llamas; **etw den ~n übergeben** echar algo a las llamas; **Feuer und ~ sein** arder de entusiasmo
❷ (Gas~) fuego m; **etw auf kleiner ~ kochen** cocinar algo a fuego lento
❸ (am Gasherd) fogón m de gas
flammend adj (Inferno) ardiente; (Worte, Blicke) apasionado
Flammenmeer nt <-(e)s, -e> (geh) mar m de llamas; **Flammenschutz** m <-es, ohne pl> (TECH) guardafuego m; **Flammentod** m <-(e)s, -e> (geh) muerte f en la hoguera; **den ~ erleiden** morir en la hoguera; **angeblichen Hexen drohte früher der ~** sobre las presuntas brujas pendía antiguamente la amenaza de la muerte en la hoguera; **Flammenwerfer** m <-s, -> (MIL) lanzallamas m inv
Flandern ['flandɐn] nt <-s> Flandes m
flandrisch ['flandrɪʃ] adj flamenco; **sie verbrachten ihren Urlaub an der ~en Küste** pasaron sus vacaciones en la costa de Flandes
Flanell [fla'nɛl] m <-s, -e> franela f
flanieren* [fla'niːrən] vi haben o sein callejear
Flanke ['flaŋkə] f <-, -n> ❶ (ANAT) flanco m; (Pferd) ijada f, verija f Am
❷ (MIL) flanco m, ala f
❸ (SPORT: Sprung) volteo m; (Pass) entrega f, pase m; **eine hohe ~ schlagen** centrar por alto
flanken vi (SPORT) centrar
Flankenschutz m <-es, ohne pl> (MIL): **der General entsandte die Brigade als ~** el general envió a la brigada para cubrir los flancos; **jdm ~ geben** dar protección a alguien
flankieren* vt acompañar, flanquear; **~de Maßnahmen** medidas adicionales; **von zwei Polizisten flankiert** flanqueado [o acompañado] por dos policías
Flansch [flanʃ] m <-(e)s, -e> (TECH) brida f
Flappe ['flapə] f <-, -n> (nordd) boca f (torcida); **eine ~ ziehen** poner [o torcer] morro; **schau dir ihre ~ an!** ¡mira qué cara pone!
flapsig ['flapsɪç] adj (fam) grosero, fresco
Fläschchen nt <-s, -> (Baby~) biberón m
Fläschchenwärmer m <-s, -> calientabiberones m inv
Flasche ['flaʃə] f <-, -n> ❶ (Gefäß) botella f; (für Babys) biberón m, mamadera f Am; **eine ~ Baby die ~ geben** dar el biberón a un bebé; **aus der ~ trinken** beber de la botella, beber a morro fam; **zur ~ greifen** (fig) darse a la bebida; **etw in ~n füllen** [o **auf ~n ziehen**] embotellar algo; **drei ~n Bier** tres botellas de cerveza; **zu tief in die ~ schauen** (fig) beber demasiado
❷ (fam: Versager) cero m a la izquierda, berzotas mf inv
Flaschenbier nt <-(e)s, -e> cerveza f en botella(s) [o embotellada]; **Flaschenbürste** f <-, -n> cepillo m para limpiar botellas; **Flaschengärung** f <-, -en> fermentación f en botella; **Flaschengas** nt <-es, -e> gas m de botella; **Flaschengestell** nt <-(e)s, -e> botellero m; **Flaschenhals** m <-es, -hälse> gollete m; **Flaschenkind** nt <-(e)s, -er> niño m criado con biberón; **Flaschenkürbis** m <-ses, -se> calabaza f vinatera; **Flaschennahrung** f <-, -en> alimento m para biberones; **Flaschenöffner** m <-s, -> abrebotellas m inv; **Flaschenpfand** nt <-(e)s, ohne pl> (precio m del) envase m, casco m; **Flaschenpost** f <-, ohne pl> botella f arrojada al mar (con un mensaje)
Flaschentomate f <-, -n> (BOT) tomate m de pera [o de botella]
flaschenweise adv ❶ (Flasche um Flasche) botella tras botella, en grandes cantidades; **nach dem Sportunterricht trank er die Cola ~** después de la clase de gimnasia se bebió litros y litros de coca-cola
❷ (COM: in einzelnen Flaschen) botella a botella, por botellas; **erfolgt die Lieferung ~, erheben wir einen Aufpreis** si el suministro se efectúa por botellas se carga un sobreprecio
Flaschenzug m <-(e)s, -züge> aparejo m, sistema m de poleas
Flaschner(in) ['flaʃnɐ] m(f) <-s, -; -, -nen> (südd, Schweiz) hojalatero, -a m, f, fontanero, -a m, f
Flatter ['flatɐ] f: **die ~ machen** pirárselas
flatterhaft adj (abw) veleidoso, inconstante; **ein ~es Wesen** una persona caprichosa

Flatterhaftigkeit f <-, ohne pl> veleidad f, inconstancia f
Flattermann m <-(e)s, -männer> (fam) ❶ (Hähnchen) pollo m asado
❷ (nervöser Mensch) persona f nerviosa, neura mf
❸ (Nervosität) neura f, nerviosismo m; **vor der nächsten Prüfung bekommt er wieder einen ~** en el próximo examen estará otra vez con la neura
flattern ['flatɐn] vi ❶ sein (Tier) revolotear
❷ (Hände) temblar
❸ sein (Fahne) ondear; (Papier) revolotear
Flattersatz m <-es, ohne pl> (TYPO) composición f a pedazos; **in ~** no alineado
flau [flaʊ] adj ❶ (schwach) flojo, débil; **mir ist ~ im Magen** me mareo
❷ (FIN) flojo
Flauheit f <-, ohne pl> mareo m, vahído m
Flaum [flaʊm] m <-(e)s, ohne pl> ❶ (Federn) plumón m
❷ (Härchen) pelusa f, pelusilla f, vello m; (Bartwuchs) bozo m
Flaumfeder f <-, -n> plumón m
flaumig ['flaʊmɪç] adj plumoso, velloso; **das Gefieder der jungen Vögel ist noch ganz ~** las plumas de los pájaros jóvenes están aún totalmente cubiertas de pelusa
Flausch [flaʊʃ] m <-(e)s, -e> flojel m
flauschig adj blando, suave
Flause f <-, -n> (fam) ❶ (Unsinn) bobada f, tontería f; **sie hat nur ~n im Kopf** no tiene más que pájaros en la cabeza; **dir werde ich die ~n austreiben** ya te despabilaré
❷ (Ausflucht) pretexto m, excusa f
Flaute ['flaʊtə] f <-, -n> ❶ (NAUT) calma f chicha; **es herrscht absolute ~** no hay marcha
❷ (FIN) periodo m de crisis [o de poca actividad], depresión f; **~ am Aktienmarkt/im Auslandsgeschäft** depresión en el mercado de renta variable/en los negocios con el extranjero; **geschäftliche ~** estancamiento de los negocios; **wirtschaftliche ~** depresión económica; **es herrscht absolute ~** el negocio está paralizado
❸ (Wend): **die Party war eine ~** (fam) la fiesta fue un chasco
fläzen ['flɛːtsn] vr: **sich ~** (fam) repantigarse (in/auf en), (ar)repanchigarse (in/auf en), arrellanarse (in/auf en); **fläz dich nicht so in den Sessel!** ¡no te repantigues así en el sillón!
Flechse f <-, -n> (Sehne) tendón m
Flechte ['flɛçtə] f <-, -n> ❶ (BOT) liquen m
❷ (MED) herpes m o f
flechten ['flɛçtn̩] <flicht, flocht, geflochten> vt tejer; (Haare) trenzar; **einen Blumenkranz ~** hacer una corona de flores
Flechtwerk nt <-(e)s, -e> malla f
Fleck [flɛk] m <-(e)s, -e> ❶ (Schmutz~, Farb~) mancha f; **ein blauer ~** un moratón; **einen ~ entfernen** quitar una mancha; **ein weißer ~ auf der Landkarte** (fig) un territorio sin explorar
❷ (fam: Stelle) lugar m, sitio m; **sich nicht vom ~ rühren** no moverse del sitio; **nicht vom ~ kommen** no avanzar [o adelantar]; **das Herz auf dem rechten ~ haben** tener el corazón en su sitio
Fleckchen nt <-s, -> (Gegend) lugar m; **ein schönes ~ Erde habt ihr euch da ausgesucht!** ¡vaya lugar de ensueño que habéis escogido!
Flecken ['flɛkn̩] m <-s, -> ❶ (Schmutz~, Farb~) mancha f
❷ (Dorf) pueblo m, aldea f
Fleckenentferner m <-s, -> quitamanchas m inv
fleckenlos adj sin manchas
Fleckentferner m <-s, ->, **Fleckenwasser** nt <-s, -wässer> quitamanchas m inv
Fleckerlteppich m <-s, -e> (Österr, südd) s. **Flickenteppich**
Fleckfieber nt <-s, -> (MED) tifus m inv exantemático, tabardillo m
fleckig ['flɛkɪç] adj manchado, con manchas; (Obst) picado; (Tierfell) a pintas
Flecktyphus m <-, ohne pl> (MED) s. **Fleckfieber**
fleddern ['flɛdɐn] vt (fam abw: durchwühlen) revolver; (Leiche) despojar, expoliar
Fledermaus ['fleːdɐmaʊs] f <-, -mäuse> murciélago m
Fleece nt <-, ohne pl> fleece m
Fleet [fleːt] nt <-(e)s, -e> canal m (en ciudades)
Flegel ['fleːgəl] m <-s, -> (abw) grosero, -a m, f, bruto, -a m, f
Flegelalter nt <-s, ohne pl> edad f del pavo
Flegelei f <-, -en> (abw) grosería f, gamberrada f
flegelhaft adj (abw: Benehmen) grosero; (Kind) mal educado
Flegeljahre ntpl edad f del pavo
flegeln vr: **sich ~** (fam) repantigarse (auf/in en), (ar)repanchigarse (auf/in en), arrellanarse (auf/in en); **flegel dich nicht so auf die Bank, sitz gerade!** ¡no te pongas [o te repantigues] así en el banco, siéntate recto!
flehen ['fleːən] vi implorar, suplicar; **um Gnade ~** implorar el perdón; **zu Gott ~** rogar a Dios
flehentlich ['fleːəntlɪç] **I.** adj (geh) fervoroso, ferviente

Fleisch

II. *adv* (*geh*) encarecidamente; **jdn ~ bitten** rogar encarecidamente a alguien

Fleisch [flaɪʃ] *nt* <-(e)s, *ohne pl*> carne *f*; (*Frucht~*) pulpa *f*; **~ fressend** carnívoro; **vom ~ fallen** (*fam*) quedarse en los huesos; **sich** *dat/akk* **ins eigene ~ schneiden** (*fig*) echar piedras contra el propio tejado; **ihm ist das Gesetz schon in ~ und Blut übergegangen** ya ha asimilado la ley; **ihr eigen(es) ~ und Blut** (*geh*) su hijo

Fleischbeschauer(in) *m(f)* <-s, -; -, -nen> inspector(a) *m(f)* de matadero

Fleischbrühe *f* <-, -n> caldo *m* de carne, consomé *m*; **Fleischbrühwürfel** *m* <-s, -> (GASTR) cubitos *mpl* de caldo de carne

Fleischeinwaage *f* <-, -n> peso *m* de la carne

Fleischer(in) *m(f)* <-s, -; -, -nen> carnicero, -a *m, f*

Fleischerbeil *nt* <-(e)s, -e> hacha *f* de carnicero

Fleischerei *f* <-, -en> carnicería *f*

Fleischerin *f* <-, -nen> s. Fleischer

Fleischermesser *nt* <-s, -> cuchillo *m* de carnicero

Fleischesser(in) *m(f)* <-s, -; -, -nen> persona *f* que come carne; **im Gegensatz zu ~n ernähren sich Vegetarier ganz ohne Fleisch** al contrario de las personas que comen carne, los vegetarianos prescinden totalmente de ella en su alimentación; **Fleischextrakt** *m* <-(e)s, -e> (GASTR) extracto *m* de carne

fleischfarben *adj* rosado, color carne

fleischfressend *adj s.* **Fleisch**

Fleischfresser *m* <-s, -> (ZOOL) carnívoro *m*

Fleischhauer(in) *m(f)* <-s, -; -, -nen> (*Österr*) carnicero, -a *m, f*

Fleischhauerei *f* <-, -en> (*Österr*) carnicería *f*

Fleischhauerin *f* <-, -nen> *s.* **Fleischhauer**

Fleischhygienegesetz *nt* <-es, -e> (JUR) ley *f* sobre higiene de la carne

fleischig *adj* carnoso; (*Frucht*) pulposo; (*Person*) rollizo

Fleischkäse *m* <-, -> queso *m* de cerdo; **Fleischklopfer** *m* <-s, -> ablandador *m*; **Fleischkloß** *m* <-es, -klöße> ① (GASTR) albóndiga *f*
② (*fam abw: dicker Mensch*) seboso, -a *mf*; **Fleischklößchen** ['flaɪʃ-kløːsçən] *nt* <-s, -> albóndiga *f*, albondiguilla *f*

fleischlich *adj* ① (*Kost*) cárnico, de carne
② (*Begierde*) carnal

fleischlos *adj* (*Nahrung*) sin carne, vegetariano; **~ essen** alimentarse de vegetales

Fleischpastete *f* <-, -n> (GASTR) paté *m* de carne; **Fleischsalat** *m* <-(e)s, -e> ≈salpicón *m*; **Fleischspieß** *m* <-es, -e> broqueta *m* de carne, brocheta *f* de carne, pincho *m* moruno, anticucho *m Peru*; **Fleischtomate** *f* <-, -n> tomate *m* de ensalada; **Fleischtopf** *m* <-(e)s, -töpfe> olla *f*, ≈puchero *m*, ≈cocido *m*; **Fleischvergiftung** *f* <-, -en> (MED) intoxicación *f* (por consumo) de carne; **Fleischvogel** *m* <-s, -vögel> (*Schweiz*: GASTR: *Roulade*) carne *f* arrollada, niños *mpl* envueltos *RíoPl*; **Fleischwaren** *fpl* carne *f*, productos *mpl* cárnicos; **Fleischwolf** *m* <-(e)s, -wölfe> máquina *f* de picar carne; **etw ausdrehen** desmenuzar algo; **Fleischwunde** *f* <-, -n> herida *f* profunda; **Fleischwurst** *f* <-, -würste> embutido *m*

Fleiß [flaɪs] *m* <-es, *ohne pl*> aplicación *f*, diligencia *f*; (*Eifer*) empeño *m*; **ohne ~ kein Preis** (*prov*) no hay atajo sin trabajo

fleißig I. *adj* ① (*arbeitsam*) aplicado, trabajador
② (*fam: regelmäßig*) regular
II. *adv* ① (*arbeitsam*) con empeño, con diligencia
② (*fam: regelmäßig*) a menudo

flektieren* [flɛkˈtiːrən] *vt* (LING: *Verb*) conjugar; (*Substantiv*) declinar

flennen ['flɛnən] *vi* (*fam abw*) llorar

fletschen ['flɛtʃən] *vt*: **die Zähne ~** regañar los dientes

Fleurop® ['flɔɪrɔp] *f* <-, *ohne pl*> Interflora® *f*; **er ließ ihr zum Geburtstag über ~ Blumen zukommen** le envió un ramo de flores por su cumpleaños a través de Interflora

flexibel [flɛˈksiːbəl] *adj* flexible

flexibilisieren* [flɛksibiliˈziːrən] *vt* flexibilizar

Flexibilisierung *f* <-, -en> flexibilización *f*

Flexibilität [flɛksibiliˈtɛːt] *f* <-, *ohne pl*> flexibilidad *f*

Flexion [flɛˈksjoːn] *f* <-, -en> (LING) flexión *f*

Flexionsendung *f* <-, -en> (LING) desinencia *f*

flicht [flɪçt] *3. präs von* **flechten**

Flickarbeit *f* <-, -en> remiendo *m*, apaño *m*

flicken ['flɪkən] *vt* (*Reifen*) echar parches (a), reparar; (*Kleidung*) recoser, remendar

Flicken *m* <-s, -> remiendo *m*; **einen ~ aufsetzen** echar un remiendo

Flickenteppich *m* <-s, -e> alfombrilla *f* de retazos

Flickschuster(in) <-s, -; -, -nen> *m(f)* ① (*fam: Stümper*) chapucero, -a *m, f* ② (*alt: Schuster für Ausbesserungen*) zapatero, -a *m, f* remendón, -ona; **Flickschusterei** *f* <-, -en> (*fam*) parche *m*, chapucería *f*; **~ betreiben** chapucear, poner parches; **Flickschusterin** *f* <-, -nen> *s.* Flickschuster; **Flickwerk** *nt* <-(e)s, *ohne pl*> (*abw*) chapuza *f*, chapucería *f*; **die Reform war reinstes ~** la reforma fue una verdadera chapuza; **Flickwort** *nt* <-(e)s, -wörter> (LING) partícula *f* expletiva; **Flickzeug** *nt* <-(e)s, *ohne pl*> (*allgemein*) estuche *m* de reparación; (*Fahrrad, Reifen*) caja *f* de parches; (*Nähzeug*) avíos *mpl* de coser, costurero *m*

Flieder ['fliːdɐ] *m* <-s, -> (BOT) lila *f*

Fliederbusch *m* <-(e)s, -büsche> (BOT) lila *f*, lilo *f*

fliederfarben *adj* (*color*) lila

Fliege ['fliːgə] *f* <-, -n> ① (ZOOL) mosca *f*; **er tut keiner ~ was zuleide** [*o* **zu Leide**] no es capaz de hacerle daño ni a una mosca; **zwei ~n mit einer Klappe schlagen** (*fam*) matar dos pájaros de un tiro; **sie starben wie die ~n** cayeron como moscas; **sag ihm, er soll 'ne ~ machen** (*fam*) dile que se largue
② (*Krawatte*) pajarita *f*

fliegen ['fliːgən] <fliegt, flog, geflogen> I. *vi sein* ① (*Tier, Flugzeug*) volar; (*Person*) ir en avión; **wann fliegt die nächste Maschine nach Mallorca?** ¿cuándo sale el próximo avión hacia Mallorca?; **was machst du im Urlaub? – ich fliege nach Mexico** ¿qué vas a hacer en las vacaciones? – me voy a México; **wie lange fliegt man von Wien nach Buenos Aires?** ¿cuánto tiempo tarda el vuelo de Viena a Buenos Aires?; **bist du schon mal geflogen?** ¿ya has ido en avión alguna vez?; **ich kann doch nicht ~** no soy un reactor
② (*Ball, Stein*) volar; (*geworfen werden*) ser lanzado, ser arrojado; **der Ball flog über das Tor** la pelota voló por encima de la portería; **ein Stein flog durchs Fenster** arrojaron una piedra contra la ventana; **plötzlich kam ein Schneeball geflogen und traf ihn am Kopf** de repente llegó una bola de nieve que le golpeó en la cabeza; **in die Luft ~** estallar por los aires; **sie flog ihm um den Hals** se le echó al cuello
③ (*fam: hinausgeworfen werden*): **ich bin geflogen** me han echado; **er ist** (**auf die Straße**) **geflogen** le pusieron de patitas en la calle
④ (*fam: durchfallen*): **durchs Examen ~** cargar el examen
⑤ (*fam: angezogen werden*) (*auf por*); **er fliegt auf neue Autos** se pirra por coches nuevos
II. *vt* ① (*Flugzeug*) pilotar
② (*Güter, Passagiere*) transportar por aire
③ (*Route*) cubrir; **musst du morgen arbeiten? – ja, ich fliege Düsseldorf – New York** ¿tienes que trabajar mañana? – sí, me toca la ruta Düsseldorf – Nueva York

fliegend *adj* volador, volante; **in ~er Eile** volando; **~e Händler** vendedores *mpl* ambulantes; **der F~e Holländer** (*Sage*) el holandés errante; (*Oper*) el buque fantasma

Fliegendreck *m* <-s, *ohne pl*> cagada *f* de mosca; **Fliegenfänger** *m* <-s, -> atrapamoscas *m inv*; **Fliegenfenster** *nt* <-s, -> alambrera *f*, mosquitera *f*; **Fliegengewicht** *nt* <-(e)s, -e> (SPORT) peso *m* mosca; **Fliegengewichtler(in)** *m(f)* <-s, -; -, -nen> (SPORT) peso *mf* mosca; **Fliegengitter** *nt* <-s, -> alambrera *f*; **Fliegenklatsche** ['fliːgənklatʃə] *f* <-, -n>, **Fliegenpatsche** *f* <-, -n> matamoscas *m inv*; **Fliegenpilz** *m* <-es, -e> amanita *f* muscaria

Flieger¹ ['fliːgɐ] *m* <-s, -> (*fam: Flugzeug*) avión *m*

Flieger(in)² *m(f)* <-s, -; -, -nen> (*Pilot*) piloto *mf*

Fliegeralarm *m* <-(e)s, -e> alarma *f* aérea; **Fliegerangriff** *m* <-(e)s, -e> ataque *m* aéreo

Fliegerei *f* <-, *ohne pl*> volar *m*, pilotar *m* (un avión), ir *m* en avión; **sie musste die ~ aufgeben, weil ihr Sehvermögen nachließ** tuvo que dejar de pilotar (el avión) porque perdió vista

Fliegerhorst *m* <-(e)s, -e> (MIL) base *f* aérea

Fliegerin *f* <-, -nen> *s.* Flieger

fliegerisch *adj* aeronáutico; **die Kunstflugstaffel stellt ihr ~es Können unter Beweis** la escuadrilla de aviones hace una demostración de sus habilidades acrobáticas

Fliegerstaffel *f* <-, -n> (MIL) escuadrilla *f*

fliehen ['fliːən] <flieht, floh, geflohen> *vi sein* huir (*vor* de), correrse; (*aus dem Gefängnis*) escaparse (*aus* de); **er flieht vor der Polizei/vor dem Gewitter/ins Ausland** huye de la policía/de la tormenta/al extranjero; **zu jdm ~** refugiarse en casa de alguien

Fliehkraft *f* <-, -kräfte> (PHYS) fuerza *f* centrífuga

Fliese ['fliːzə] *f* <-, -n> (*aus Stein*) baldosa *f*, baldosín *m*; (*Kachel*) azulejo *m*; **~n auslegen** poner baldosas [*o* mosaico]

fliesen ['fliːzn] *vt* (*Fußboden*) (em)baldosar; (*Wand*) cubrir con azulejos, azulejar; **das Bad war ganz in weiß gefliest** todo el baño tenía baldosas y azulejos blancos; **sie bevorzugt gefliste Böden** prefiere el suelo de baldosa

Fliesenboden *m* <-s, -böden>, **Fliesenfußboden** *m* <-s, -böden> suelo *m* embaldosado [*o* de baldosa], baldosado *m Kol, Chil*; **Fliesenleger(in)** *m(f)* <-s, -; -, -nen> solador(a) *m(f)*, embaldosador(a) *m(f)*

Fließband *nt* <-(e)s, -bänder> cadena *f* de fabricación; **am ~ arbeiten** [*o* **stehen**] trabajar en la cadena; **wie am ~** en cadena; **Fließbandarbeit** *f* <-, -en> trabajo *m* en cadena (de fabricación); **Fließbandfertigung** *f* <-, *ohne pl*> fabricación *f* en cadena

fließen ['fliːsən] <fließt, floss, geflossen> vi sein (*Fluss, Gelder, Spenden, Verkehr*) fluir; (*Tränen*) correr; (*heraus~*) salir; **das Wasser fließt nur spärlich** sale poca agua; **die Elbe fließt in die Nordsee** el Elba desemboca en el Mar del Norte; **der Sekt floss in Strömen** el champán corrió a litros; **es ist genug Blut geflossen** ya se ha derramado bastante sangre; **alles fließt** (PHILOS) todo cambia

fließend I. adj ❶ (*Wasser*) corriente; **~es Gewässer** agua viva; **ein Zimmer mit ~ Wasser** una habitación con agua corriente; **~er Verkehr** tráfico fluido
❷ (*Grenze, Übergang*) difuso
II. adv con soltura, con fluidez; **sie spricht ~ Katalanisch** habla catalán con fluidez

Fließfähigkeit f <-, ohne pl> (CHEM) fluidez f; **Fließfertigung** f <-, -en> (TECH, WIRTSCH) fabricación f en cadena; **Fließheck** nt <-(e)s, -s o -e> (AUTO) parte f trasera aerodinámica; **Fließpapier** nt <-s, -e> (papel m) secante m; **Fließpunkt** m <-(e)s, -e> (CHEM) punto m de fluidez; **Fließsystem** nt <-s, -e> (WIRTSCH) sistema m de montaje

flimmerfrei adj (*Bildschirm*) sin centelleo
Flimmerkiste f <-, -n> (fam abw) tele f, caja f tonta
flimmern ['flɪmɐn] vi brillar, relucir; (*Sterne*) centellear; **über den Bildschirm ~** ser retransmitido por televisión; **es flimmert mir vor den Augen** se me va la vista
flink [flɪŋk] adj ❶ (*lebhaft*) vivo, despabilado
❷ (*schnell*) rápido; **~ wie ein Wiesel** rápido [o veloz] como una liebre; **mit etw ~ bei der Hand sein** ser muy ágil en algo
❸ (*geschickt*) hábil
Flinte ['flɪntə] f <-, -n> fusil m, escopeta f; **die ~ ins Korn werfen** (fam fig) arrojar la toalla
Flintenweib nt <-(e)s, -er> (abw) ❶ (*alt: bewaffnete Frau*) mujer f armada
❷ (*rigorose Frau*) mujer f de armas tomar
Flipchart[RR] ['flɪptʃaːɐt] m o nt <-s, -s>, **Flip-chart** m o nt <-s, -s> flip-chart m, pizarra f magnética
Flipper ['flɪpɐ] m <-s, -> (fam), **Flipperautomat** m <-en, -en> flipper m, flíper m
flippern vi (fam) jugar al flipper
flippig ['flɪpɪç] adj (fam) desenfadado, pasota
flirren ['flɪrən] vi (*Luft, Hitze*) cintilar, centellear
Flirt [flɪrt, flœrt] m <-s, -s> ligue m, coqueteo m
flirten ['flɪrtən, 'flœrtən] vi flirtear, ligar, afilar *Par, RíoPl*
Flittchen ['flɪtçən] nt <-s, -> (fam abw) mujerzuela f
Flitter[1] ['flɪtɐ] m <-s, -> (*Paillette*) lentejuela f
Flitter[2] m <-s, ohne pl> (abw: Tand) oropel m, adorno m
Flittergold nt <-(e)s, ohne pl> oropel m
Flitterwochen fpl luna f de miel; **in die ~ fahren** irse de luna de miel
Flitzebogen ['flɪtsə-] m <-s, - o -bögen> (fam) arco m (de flecha); **er war gespannt wie ein ~** se moría de curiosidad (por saberlo)
flitzen ['flɪtsən] vi sein (fam) ir volando, ir pitando
Flitzer m <-s, -> (fam) coche m deportivo; **da kommt Karin in ihrem roten ~** por allí viene Karin en su deportivo rojo
floaten ['floːtn, 'floʊtn] vi (FIN) fluctuar; **flexible Wechselkurse ~ innerhalb gewisser Bandbreiten** los tipos de cambio flexibles oscilan dentro de determinadas bandas de fluctuación
Floating ['floʊtɪŋ] nt <-s, ohne pl> (FIN) flotación f
flocht [flɔxt] 3. imp von **flechten**
Flocke ['flɔkə] f <-, -n> copo m; **der Schnee fiel in dichten ~n** la nieve cayó en copos gruesos
flockig adj coposo
Flockungsmittel nt <-s, -> (CHEM) agente m floculante
flog [floːk] 3. imp von **fliegen**
floh [floː] 3. imp von **fliehen**
Floh [floː, pl: 'flœːə] m <-s, Flöhe> ❶ (ZOOL) pulga f; **Flöhe haben** tener pulgas; **es ist leichter, einen Sack Flöhe zu hüten, als ...** cualquier otra cosa es más fácil que...; **jdm einen ~ ins Ohr setzen** (fam) ponerle a alguien la mosca detrás de la oreja; **die Flöhe husten hören** (fam) sentir crecer la hierba
❷ pl (fam: Geld) pelas fpl, cuartos mpl
Flohmarkt m <-(e)s, -märkte> rastro m, mercadillo m; **Flohzirkus** m <-, -se> exhibición f de pulgas amaestradas
Flokati [flo'kaːti] m <-(s), -s> alfombra f de lana
Flom [floːm] m <-(e)s, **Flomen** ['floːmən] m <-s, ohne pl> grasa f de riñón de cerdo (*para elaborar manteca*)
Flop [flɔp] m <-s, -s> fracaso m; **der Film war ein ~** la película fue un fracaso
Floppydisk[RR] f <-, -s>, **Floppy Disk**[RR] ['flɔpɪdɪsk] f <- -, - -s> (INFOR) disco m flexible
Flor [floːɐ] m <-s, -e o Flöre> (*dünnes Gewebe*) velo m, crespón m; (*Teppich, Samt*) velludillo m
Flora ['floːra, pl: 'floːrən] f <-, Floren> flora f

Flöre pl von **Flor**
Floren pl von **Flora**
Florentiner m <-s, -> ❶ (GASTR) "florentina" f (*torta por una parte cubierta de chocolate y por la otra de almendras troceadas*)
❷ (*Strohhut*) sombrero m de paja ancho de alas
florentinisch adj florentino
Florenz [flo'rɛnts] nt <-> Florencia f
Florett [flo'rɛt] nt <-(e)s, -e> florete m; **~ fechten** practicar esgrima de florete
Florettfechten nt <-s, ohne pl> (SPORT) florete m
florieren[*] [flo'riːrən] vi florecer, prosperar; **die Wirtschaft/das Geschäft floriert** la economía/el negocio está en pleno auge
Florist(in) [flo'rɪst] m(f) <-en, -en; -, -nen> florista mf
Floskel ['flɔskəl] f <-, -n> fórmula f de cortesía; **nichts als abgedroschene ~n!** ¡pura retórica!, ¡palabras huecas!
floss[RR], **floß** [flɔs] 3. imp von **fließen**
Floß [floːs, pl: 'flœːsə] nt <-es, Flöße> balsa f
Flosse ['flɔsə] f <-, -n> ❶ (*vom Fisch, Taucher*) aleta f
❷ (NAUT) orza f fija
❸ (fam: Hand) mano f
flößen ['flœːsn] vt ❶ (*befördern*) acarrear [o transportar] por el río; **die gefällten Tropenbäume wurden am Amazonas zum nächsten Sägewerk geflößt** los árboles tropicales talados fueron acarreados por el Amazonas hasta el próximo aserradero
❷ (*ein~*) administrar (*in* en); **der Patientin wurde die Fleischbrühe schluckweise in den Mund geflößt** a la paciente le daban el caldo cuchara a cuchara
Flößer(in) m(f) <-s, -; -, -nen> almadiero, -a m, f, balsero, -a m, f
Flotationsanlage [flota'tsjoːns-] f <-, -n> (TECH) instalación f de flotación
Flöte ['fløːtə] f <-, -n> ❶ (MUS) flauta f; **~ spielen** tocar la flauta
❷ (*Sektglas*) copa f de champán
flöten I. vi ❶ (*Flöte spielen*) tocar la flauta; (*Vogel, Mensch*) gorjear, gorgoritear; (*fam: süßlich sprechen*) hablar con voz meliflua
❷ (*fam: verloren gehen*): **~ gehen** irse al traste; **mein ganzes Geld ist ~ gegangen** he perdido todo mi dinero
II. vt (*auf der Flöte spielen*) tocar con la flauta; (*pfeifen*) silbar
Flötenbläser(in) m(f) <-s, -; -, -nen> flautista mf
flöten|gehen irr vi s. **flöten** I.2.
Flötenkessel m <-s, -> hervidor m de silbato; **Flötenspiel** nt <-(e)s, ohne pl> música f de flauta; **Flötenspieler(in)** m(f) <-s, -; -, -nen> flautista mf; **Flötenton** m <-(e)s, -töne>: **jdm die Flötentöne beibringen** (fig) inculcar a alguien los buenos modales
Flötist(in) [fløˈtɪst] m(f) <-en, -en; -, -nen> (MUS) flautista mf
flott [flɔt] adj ❶ (fam: rasch) rápido; **aber ein bisschen ~!** ¡date prisa!
❷ (fam: Person) atractivo; (*Kleidung*) de moda, chic; (*Musik*) marchoso; **ein ~er junger Mann** un chico que quita el hipo; **ein ~es Leben führen** llevar una vida muy relajada
❸ (*lebenslustig*) alegre
❹ (*einsatzbereit*) a punto, arreglado; (NAUT) a flote; **der Wagen ist wieder ~** el coche ya está arreglado
Flotte ['flɔtə] f <-, -n> armada f, flota f
Flottenabkommen nt <-s, -> (POL) acuerdo m naval; **Flottenstützpunkt** m <-(e)s, -e> (MIL) base f naval; **Flottenverband** m <-(e)s, -bände> (MIL) división f naval
Flottille [flɔˈtɪl(j)ə] f <-, -n> ❶ (MIL) flotilla f
❷ (NAUT) flota f de pesca
flott|machen vt ❶ (*Schiff*) desencallar, desembarrancar
❷ (*fam: Fahrzeug*) poner a punto
flottweg adv (fam) de una tirada, de un tirón, sin interrupción; **arbeitet mal ~, dann sind wir früh fertig!** ¡trabajad de un tirón [o sin parar] y así terminaremos pronto!
Flöz [fløːts] nt <-es, -e> (BERGB) filón m, veta f
Fluch [fluːx, pl: 'flyːçə] m <-(e)s, Flüche> ❶ (*Verwünschung*) maldición f; **ein ~ lastet auf unserer Familie** una maldición pesa sobre nuestra familia; **einen ~ ausstoßen** lanzar una maldición
❷ (*Schimpfwort*) taco m, palabrota f, puteada f *CSur: vulg*
fluchbeladen adj (geh) maldito
fluchen ['fluːxən] vi soltar [o echar] tacos, dar puteadas *CSur: vulg*; **auf [o über] etw ~** maldecir algo
Flucht[1] [fluxt] f <-, ohne pl> (*das Fliehen*) huida f (*aus/vor* vor), fuga f (*aus* de); **vor jdm/etw die ~ ergreifen** huir de alguien/algo; **jdn in die ~ schlagen** hacer que alguien emprenda la huida; **auf der ~ sein** huir, andar fugitivo, andar de agache *Kol*; **jdm zur ~ verhelfen** proporcionar a alguien los medios para que huya; **nach geglückter ~** después de lograr la huida; **die ~ nach vorn antreten** emprender una huida hacia delante
Flucht[2] f <-, -en> ❶ (ARCHIT) punto m de fuga
❷ (*geh: Zimmer~*) serie f de habitaciones

fluchtartig I. *adj* precipitado
  II. *adv* de prisa y corriendo, a la desbandada; **die Gaststätte ~ verlassen** salir corriendo [*o* pitando] del restaurante, salir precipitadamente del restaurante
Fluchtauto *nt* <-s, -s> coche *m* utilizado en la huida
flüchten ['flʏçtən] I. *vi sein* huir (*aus/vor* de), fugarse (*aus* de); (*aus dem Gefängnis*) evadirse (*aus* de)
  II. *vr:* **sich ~** (*Schutz suchen*) refugiarse (*in* en), cobijarse (*in* en); **sich in den Alkohol ~** refugiarse en la bebida
Fluchtfahrzeug *nt* <-(e)s, -e> vehículo *m* utilizado en la huida; **Fluchtgefahr** *f* <-, *ohne pl*> (JUR) peligro *m* de fuga; **es besteht ~** existe peligro de fuga; **Fluchtgelder** *ntpl* (WIRTSCH) evasión *f* de fondos; **Fluchthelfer(in)** *m(f)* <-s, -; -, -nen> persona *que* ayuda a alguien a huir; **die ~ ermöglichten den Menschen die Grenze zu passieren** los que les ayudaron a huir facilitaron a las personas traspasar la frontera; **Fluchthilfe** *f* <-, -n> ayuda *f* para huir; **~ leisten** prestar ayuda para huir
flüchtig ['flʏçtɪç] *adj* ❶ (*flüchtend*) fugitivo; **ein ~er Verbrecher** un delincuente fugitivo de la justicia
  ❷ (*kurz*) rápido; **einen ~en Blick auf jdn/etw werfen** dar [*o* echar] un vistazo a alguien/algo
  ❸ (*oberflächlich*) superficial; **ich kenne ihn nur ~** lo conozco sólo de vista; **etw ~ lesen** leer algo por encima
  ❹ (CHEM) volátil
Flüchtige(r) *mf* <-n, -n; -n, -n> fugitivo, -a *m*, *f*; **nach der Tat fehlte von dem ~ jede Spur** tras el suceso no había ni rastro del fugitivo
Flüchtigkeit¹ *f* <-, *ohne pl*> ❶ (*Oberflächlichkeit*) superficialidad *f*
  ❷ (*Ungenauigkeit*) imprecisión *f*
  ❸ (CHEM) volatilidad *f*
Flüchtigkeit² *f* <-, -en> (*~sfehler*) descuido *m*
Flüchtigkeitsfehler *m* <-s, -> descuido *m*; (*Auslassung*) olvido *m*
Fluchtkapital *nt* <-s, -e *o* -ien> (WIRTSCH) evasión *f* de capitales
Flüchtling *m* <-s, -e> refugiado, -a *m*, *f*, desplazado, -a *m*, *f*, corrido, -a *m*, *f* And; **politischer ~** refugiado político
Flüchtlingsausweis *m* <-es, -e> (ADMIN) carnet *m* (acreditativo de la condición) de refugiado; **Flüchtlingslager** *nt* <-s, -> campo *m* de refugiados; **Flüchtlingsstrom** *m* <-(e)s, -ströme> flujo *m* de refugiados
Fluchtpunkt *m* <-(e)s, -e> punto *m* de fuga; **Fluchtverdacht** *m* <-(e)s, *ohne pl*> (JUR) sospecha *f* de fuga; **Fluchtversuch** *m* <-(e)s, -e> tentativa *f* de evasión, intento *m* de fuga; **einen ~ unternehmen** intentar la fuga; **Fluchtweg** *m* <-(e)s, -e> ❶ (*Verbrecher*) camino *m* de fuga, trayecto *m* de la fuga; **jdm den ~ abschneiden** cortar el paso a quien escapa ❷ (*in Schulen, Firmen*) lugar *m* destinado a la huida en caso de fuego
Flug [fluːk, *pl:* ˈflyːgə] *m* <-(e)s, Flüge> vuelo *m*; **die Zeit verging wie im ~e** el tiempo pasó volando
Flugabwehr *f* <-, *ohne pl*> (MIL) defensa *f* antiaérea; **Flugabwehrkanone** *f* <-, -n> (MIL) cañón *m* antiaéreo; **Flugabwehrkörper** *m* <-s, -> (MIL) cuerpo *m* antiaéreo; **Flugabwehrrakete** *f* <-, -n> (MIL) cohete *m* antiaéreo
Flugangst *f* <-, -ängste> miedo *m* de [*o* a] volar; **Flugasche** *f* <-, *ohne pl*> (AERO) cenizas *fpl* volantes; **Flugaufkommen** *nt* <-s, *ohne pl*> (AERO) volumen *m* de vuelos; **Flugbahn** *f* <-, -en> trayectoria *f*; **von der ~ abkommen** desviarse de la trayectoria; **Flugbegleiter(in)** *m(f)* <-s, -; -, -nen> auxiliar *mf* de vuelo; **Flugbenzin** *nt* <-s, -e> gasolina *f* para los aviones; **Flugbetrieb** *m* <-(e)s, *ohne pl*> servicio *m* aéreo; **Flugblatt** *nt* <-(e)s, -blätter> octavilla *f*, volante *m*; **Flugboot** *nt* <-(e)s, -e> hidroavión *m*; **Flugdatenschreiber** *m* <-s, -> (AERO) caja *f* negra; **Flugdauer** *f* <-, *ohne pl*> duración *f* del vuelo; **die ~ beträgt vier Stunden** el vuelo durará cuatro horas; **Flugdrachen** *m* <-s, -> (SPORT) aerodeslizador *m*; **Flugechse** *f* <-, -n> pterosaurio *m*, reptil *m* fósil volador
Flügel ['flyːgəl] *m* <-s, -> ❶ (*eines Vogels, Flugzeugs*) ala *f*; **mit den ~n schlagen** batir las alas, aletear; **etw verleiht jdm ~** algo da alas a alguien; **die ~ hängen lassen** (*fam*) andar alicaído; **jdm die ~ stutzen** cortar las alas [*o* los vuelos] a alguien
  ❷ (*von Gebäuden, Truppe, Spielfeld, Partei*) ala *f*; **der linke ~** el ala izquierda
  ❸ (*einer Windmühle*) aspa *f*; (*eines Propellers*) pala *f*
  ❹ (*Fenster-, Tür-*) hoja *f*
  ❺ (MUS) piano *m* de cola; **auf dem ~ spielen** tocar el piano
Flügelaltar *m* <-s, -e> retablo *m*; **Flügelfenster** *nt* <-s, -> (ARCHIT) ventana *f* de dos batientes; **Flügelhorn** *nt* <-(e)s, -hörner> (MUS) "flügelhorn" *m* (*bugle soprano en si bemol*); **Flügelkämpfe** *mpl* (POL) debates *mpl* entre las corrientes [*o* entre los grupos]
flügellahm *adj* ❶ (*Vogel*) aliquebrado
  ❷ (*Mensch*) alicaído
Flügelmann *m* <-(e)s, -männer *o* -leute> ❶ (SPORT: *fútbol*) extremo *m*; (*baloncesto*) ala *m* ❷ (MIL) cabo *m* de fila, guía *m*; **Flügelmutter** *f* <-, -n> tuerca *f* de mariposa; **Flügelschlag** *m* <-(e)s, -schläge> aletazo *m*, aleteo *m*; **Flügelschraube** *f* <-, -n> palomilla *f*; **Flügeltür** *f* <-, -en> puerta *f* de dos hojas
Flugfeld *nt* <-(e)s, -er> aeródromo *m*, campo *m* de aviación; **Fluggast** *m* <-(e)s, -gäste> pasajero, -a *m*, *f* de un avión
flügge ['flʏgə] *adj* ❶ (*Vogel*) volantón
  ❷ (*fam: Kind*): **~ werden** independizarse
Fluggepäck *nt* <-(e)s, *ohne pl*> equipaje *m* (en un viaje en avión)
Fluggerät¹ *nt* <-(e)s, -e> (AERO: *Luftfahrzeug*) aparato *m* volador, artefacto *m* volador; **Gleitschirme, Ballons, Drachen und andere ~e** parapentes, globos, alas delta y otros artefactos voladores
Fluggerät² *nt* <-(e)s, *ohne pl*> (a. MIL: *Gesamtheit aller Luftfahrzeuge*) flota *f* aérea; **das ~ der Bundeswehr wird inspiziert** la flota aérea del ejército alemán está siendo revisada
Fluggeschwindigkeit *f* <-, -en> velocidad *f* de vuelo; **Fluggesellschaft** *f* <-, -en> línea *f* aérea, compañía *f* aérea; **Flughafen** *m* <-s, -häfen> aeropuerto *m*; **auf dem ~** en el aeropuerto; **Flughöhe** *f* <-, -n> altura *f* de vuelo; **die ~ beträgt 10.000 Meter** la altura de vuelo es de 10.000 metros; **Flughörnchen** *nt* <-s, -> (ZOOL) ardilla *f* voladora; **Flughund** *m* <-(e)s, -e> (ZOOL) zorro *m* volador [*o* volante]; **Flugkapitän** *m* <-s, -e> comandante *mf* (de un avión), piloto *mf*; **Flugkilometer** *m* <-s, -> kilómetro *m* (aéreo); **bis Timbuktu sind es etwa 1300 ~** hasta Tumbuctú hay unos 1300 kilómetros (aéreos); **Flugkörper** *m* <-s, -> misil *m*; **Fluglärm** *m* <-(e)s, *ohne pl*> ruido *m* de aviones; **Fluglehrer(in)** *m(f)* <-s, -; -, -nen> piloto *mf*, instructor(a) *m(f)* de vuelo; **Fluglleitsystem** *nt* <-s, -e> sistema *m* de control del tráfico aéreo; **Flugleitung** *f* <-, -en> control *m* de tráfico aéreo; **Fluglinie** *f* <-, -n> línea *f* aérea; **Fluglotse, -in** *m*, *f* <-n, -n; -, -nen> controlador(a) *m(f)* aéreo, -a; **Flugnetz** *nt* <-es, -e> red *f* de rutas aéreas; **die Lufthansa hat in Europa ein besonders dichtes ~** Lufthansa tiene en Europa una red particularmente amplia de rutas aéreas; **Flugnummer** *f* <-, -n> número *m* de vuelo; **Flugobjekt** *nt* <-(e)s, -e> objeto *m* volante; **unbekanntes ~** objeto volante no identificado, ovni *m*; **Flugpersonal** *nt* <-s, *ohne pl*> personal *m* de vuelo; **Flugplan** *m* <-(e)s, -pläne> horario *m* de vuelos; **Flugplatz** *m* <-es, -plätze> aeródromo *m*; **Flugraum** *m* <-(e)s, -räume> espacio *m* aéreo; **der Frankfurter ~ ist überlastet** el espacio aéreo de Frankfurt está saturado; **Flugreise** *f* <-, -n> viaje *m* aéreo [*o* en avión]; **Flugrichtung** *f* <-, -en> dirección *f* del vuelo; **Flugroute** *f* <-, -n> ruta *f* aérea; **die ~ von Paris nach Madrid führt über die Pyrenäen** en la ruta aérea entre París y Madrid se sobrevuelan los Pirineos
flugs [fluks] *adv* (*geh*) en seguida, en un abrir y cerrar de ojos
Flugsand *m* <-(e)s, *ohne pl*> arena *f* movediza; **Flugschein** *m* <-(e)s, -e> ❶ (*Lizenz*) carné *m* de piloto ❷ (*Flugticket*) billete *m* de avión, pasaje *m* de avión *Am*; **Flugschneise** *f* <-, -n> (AERO) corredor *m* aéreo; **Flugschreiber** *m* <-s, -> (AERO) caja *f* negra, registrador *m* de datos de vuelo
Flugschrift *f* <-, -en> *s.* **Flugblatt**
Flugschule *f* <-, -en> escuela *f* de aviación; **Flugschüler(in)** *m(f)* <-s, -; -, -nen> alumno, -a *m*, *f* piloto; **Flugsicherheit** *f* <-, *ohne pl*> (AERO) seguridad *f* de vuelo; **Flugsicherung** *f* <-, -en> (AERO) protección *f* de vuelo; **Flugsimulator** *m* <-s, -en> simulador *m* de vuelos; **Flugstaub** *m* <-(e)s, -e *o* -stäube> polvo *m* volátil; **Flugsteig** *m* <-(e)s, -e> (AERO) puerta *f*; **Passagiere für den Flug nach Kingston bitte zum ~ acht!** pasajeros del vuelo a Kingston, diríjanse por favor a la puerta (número) ocho; **Flugstrecke** *f* <-, -n> tramo *m* de vuelo; **Flugstunde** *f* <-, -n> ❶ (*Zeit*) hora *f* de vuelo ❷ (*Unterricht*) clase *f* de aviación
flugtauglich *adj* apto para el vuelo
Flugtechnik¹ *f* <-, -en> (AERO: *Technik des Fliegens*) aeronáutica *f*
Flugtechnik² *f* <-, *ohne pl*> (AERO: *Technik des Flugzeugbaus*) ingeniería *f* aeronáutica
Flugticket *nt* <-s, -s> billete *m* de avión, pasaje *m* de avión *Am*; **Flugverbindung** *f* <-, -en> (AERO) línea *f* aérea
Flugverbot *nt* <-(e)s, -e> prohibición *f* de vuelo; **ein ~ über Bosnien verhängen** declarar Bosnia como zona de exclusión aérea; **Flugverbotszone** *f* <-, -n> zona *f* de exclusión aérea, zona *f* que está prohibido sobrevolar
Flugverkehr *m* <-(e)s, *ohne pl*> tráfico *m* aéreo; **Flugwaffe** *f* <-, -n> (*Schweiz: Luftwaffe*) aviación *f*; **Flugwesen** *nt* <-s, *ohne pl*> (AERO) aviación *f*; **Flugzeit** *f* <-, -en> duración *f* del vuelo; **Flugzettel** *m* <-s, -> (*Österr*) *s.* **Flugblatt**
Flugzeug ['fluːktsɔɪk] *nt* <-(e)s, -e> avión *m*; **mit dem/im/per ~** en/en el/por avión; **einmotoriges/mehrmotoriges ~** avión monomotor/multimotor; **Flugzeugabsturz** *m* <-es, -stürze> caída *f* de un avión, accidente *m* de aviación; **Flugzeugbau** *m* <-(e)s, *ohne pl*> construcción *f* aeronáutica; **Flugzeugbesatzung** *f* <-, -en> tripulación *f*; **Flugzeugentführer(in)** *m(f)* <-s, -; -, -nen> pirata *mf* aéreo, -a;

Flugzeugentführung *f* <-, -en> secuestro *m* de un avión; **Flugzeugfabrik** *f* <-, -en> fábrica *f* de aviones; **Flugzeugführer(in)** *m(f)* <-s, -; -, -nen> piloto *mf*; **Flugzeughalle** *f* <-, -n> hangar *m*; **Flugzeugindustrie** *f* <-, -n> industria *f* aeronáutica; **Flugzeugkatastrophe** *f* <-, -n> catástrofe *f* aérea; **Flugzeugkonstrukteur(in)** *m(f)* <-s, -e; -, -nen> constructor(a) *m(f)* de aviones; **Flugzeugladung** *f* <-, -en> carga *f* del avión; **Flugzeugmechaniker(in)** *m(f)* <-s, -; -, -nen> mecánico, -a *m, f* de aviones; **Flugzeugmodell** *nt* <-s, -e> aeromodelo *m*; **Flugzeugträger** *m* <-s, -> portaaviones *m inv*; **Flugzeugtyp** *m* <-s, -en> tipo *m* de avión, clase *f* de avión; **Flugzeugunglück** *nt* <-(e)s, -e> accidente *m* aéreo; **Flugzeugwrack** *nt* <-(e)s, -s> escombros *mpl* de avión

Flugziel *nt* <-(e)s, -e> destino *m* (de vuelo); **wir erreichen Buenos Aires, unser ~, in 14 Stunden** llegaremos a Buenos Aires, nuestro destino final, en 14 horas

Fluidum ['flu:idʊm] *nt* <-s, Fluida> efluvio *m*

Fluktuation [flʊktua'tsjo:n] *f* <-, -en> fluctuación *f*; **~ der Arbeitskräfte** fluctuación de mano de obra; **natürliche ~** fluctuación natural; **in diesem Verein gibt es eine starke ~ der Mitglieder** en esta asociación los miembros varían muy a menudo

Fluktuationsarbeitslosigkeit *f* <-, *ohne pl*> (WIRTSCH) paro *m* fluctuante; **Fluktuationskosten** *pl* (WIRTSCH) costes *mpl* de fluctuación

fluktuieren* [flʊktu'iːrən] *vi* fluctuar, oscilar

Flunder ['flʊndɐ] *f* <-, -n> (ZOOL) platija *f*; **platt sein wie eine ~** (fig) quedarse de piedra

Flunkerei [flʊŋkə'raɪ] *f* <-, -en> (fam) trola *f*, cuento *m* chino, pepa *f And*

flunkern ['flʊŋkɐn] *vi* (fam) contar una trola

Flunsch [flʊnʃ] *m* <-(e)s, -e> (fam): **einen ~ machen** [*o* **ziehen**] poner cara de circunstancias, poner mala cara

Fluor ['fluːoɐ] *nt* <-s, *ohne pl*> (CHEM) flúor *m*

Fluorchlorkohlenwasserstoff *m* <-(e)s, -e> (CHEM) hidrocarburo *m* fluoroclorado

Fluoreszenz [fluorɛs'tsɛnts] *f* <-, *ohne pl*> fluorescencia *f*

fluoreszieren* [fluorɛs'tsiːrən] *vi* brillar

fluoreszierend *adj* (CHEM) fluorescente

Fluorgel *nt* <-s, -e> gel *m* de flúor

Fluorid [fluo'riːt] *nt* <-(e)s, -e> fluoruro *m*

fluoridieren* [fluori'diːrən] *vt* (*a.* CHEM) fluorar

Fluorkohlenwasserstoff *m* <-(e)s, -e> (CHEM) fluorocarbono *m*; **Fluorlack** *m* <-(e)s, -e> (MED) esmalte *m* de flúor; **Fluortablette** *f* <-, -n> (MED) tableta *f* de flúor

Flur¹ [fluːɐ] *m* <-(e)s, -e> (*im Haus*) pasillo *m*, corredor *m*

Flur² *f* <-, -en> (*geh: Land*) campo *m*, campiña *f*; **Feld und ~** los campos; **allein auf weiter ~** (*fig*) más solo que el uno

Flurbereinigung *f* <-, -en> concentración *f* parcelaria; **Flureinteilung** *f* <-, -en> (AGR) parcelación *f*; **Flurname** *m* <-ns, -n> nombre propio que se la da a un campo determinado; **Flurschaden** *m* <-s, -schäden> daño *m* de las cosechas [*o* de los campos]

Fluse ['fluːzə] *f* <-, -n> pelusa *f*

Fluss¹ᴿᴿ [flʊs, *pl:* 'flʏsə] *m* <-es, Flüsse> (*Gewässer*) río *m*; **unten am ~ abajo**, a orillas del río

Fluss²ᴿᴿ *m* <-es, *ohne pl*> (*das Fließen*) flujo *m*; (*Verlauf*) curso *m*; **die Dinge sind im ~** las cosas siguen su curso; **die Verhandlungen kamen langsam in ~** las negociaciones se pusieron en marcha poco a poco

Fluß *m s.* **Fluss**

flussabwärtsᴿᴿ [-'--] *adv* río abajo

Flussarmᴿᴿ *m* <-(e)s, -e> brazo *m* de río; (*Zufluss*) afluente *m*; **toter ~** afluente pobre [*o* muerto]

flussaufwärtsᴿᴿ [-'--] *adv* río arriba

Flussbegradigungᴿᴿ *f* <-, -en> encauzamiento *m*; **Flussbett**ᴿᴿ *nt* <-(e)s, -en> cauce *m*

Flussdiagrammᴿᴿ *nt* <-s, -e> (INFOR) diagrama *m* de flujo

Flüsse *pl von* **Fluss**¹

Flussfischᴿᴿ *m* <-(e)s, -e> (ZOOL) pez *m* de río; (GASTR) pescado *m* de río

flüssig ['flʏsɪç] *adj* ❶ (*nicht fest*) líquido; **~ machen** licuefacer; **~ werden** licuarse

❷ (*Stil, Verkehr*) fluido; **~ lesen/sprechen** leer/hablar con soltura

❸ (*Geld, Kapital*) disponible; **~ machen** liquidar; **ich bin im Moment nicht ~** (*fam*) de momento no tengo capital disponible

Flüssigei *nt* <-s, *ohne pl*> masa *f* líquida del huevo; **Flüssigerdgas** *nt* <-es, -e> gas *m* natural licuado; **Flüssiggas** *nt* <-es, -e> gas *m* licuado (de petróleo)

Flüssigkeit¹ *f* <-, -en> (*Stoff*) líquido *m*

Flüssigkeit² *f* <-, *ohne pl*> (*Zustand*) fluidez *f*

Flüssigkeitsersatz *m* <-es, *ohne pl*> (MED) sustitutivo *m* líquido; **Flüssigkeitsmaß** *nt* <-es, -e> medida *f* de capacidad; **Flüssigkeitsmenge** *f* <-, -n> cantidad *f* de líquido(s)

Flüssigkleber *m* <-s, -> pegamento *m*, adhesivo *m*

Flüssigkristall *m* <-s, -e> cristal *m* líquido; **Flüssigkristallanzeige** *f* <-, -n> (INFOR) pantalla *f* de cristal líquido

flüssig|machen *vt s.* **flüssig 1., 3.**

Flüssigseife *f* <-, -n> jabón *m* líquido; **Flüssigwaschmittel** *nt* <-s, -> detergente *m* líquido

Flusskraftwerkᴿᴿ *nt* <-(e)s, -e> central *f* hidroeléctrica (*que se nutre de una corriente de agua*); **Flusskrebs**ᴿᴿ *m* <-es, -e> cangrejo *m* de río, jaiba *f Am*; **Flusslandschaft**ᴿᴿ *f* <-, -en> ❶ (GEO) zona *f* fluvial ❷ (KUNST) paisaje *m* fluvial; **Flusslauf**ᴿᴿ *m* <-(e)s, -läufe> curso *m* de un río; **Flussmündung**ᴿᴿ *f* <-, -en> desembocadura *f* (de un río), bocana *f Am*, barra *f Mex, Ven*; **Flussniederung**ᴿᴿ *f* <-, -en> vega *f*; **Flusspferd**ᴿᴿ *nt* <-(e)s, -e> hipopótamo *m*; **Flussregulierung**ᴿᴿ *f* <-, -en> regulación *f* de un río; **Flussschifffahrt**ᴿᴿ *f* <-, *ohne pl*> navegación *f* fluvial

Flussspatᴿᴿ *m* <-(e)s, -e> (CHEM) espato *m* flúor, fluorina *f*, fluorita *f*

Flusssteuerungᴿᴿ *f* <-, -en> (INFOR, TEL) control *m* de flujo (de datos)

Flussuferᴿᴿ *nt* <-s, -> orilla *f* de un río, ribera *f* de un río, margen *m* de un río

flüstern ['flʏstɐn] *vi, vt* susurrar, cuchichear; **das kann ich dir ~** (*fam*) puedes confiar en ello; **dem werde ich was ~** (*fam*) a este le voy a cantar las cuarenta; **jdm etw leise ins Ohr ~** susurrar a alguien algo al oído

Flüsterpropaganda *f* <-, *ohne pl*> propaganda *f* clandestina; **Flüsterstimme** *f* <-, -n> voz *f* apagada [*o* susurrada]; **während ihrer Kehlkopfentzündung hatte sie nur eine ~** mientras tuvo la infección de garganta sólo hablaba en susurros; **mit ~ (sprechen)** (hablar) en voz baja; **Flüsterton** *m* <-(e)s, -töne> voz *f* baja; **im ~ reden** hablar en voz baja; **Flüstertüte** *f* <-, -n> (*fam iron*) megáfono *m*

Flut¹ [fluːt] *f* <-, *ohne pl*> (*im Gezeitenwechsel*) marea *f* alta, pleamar *f*; **es ist ~** hay marea alta; **die ~ geht zurück** la marea está bajando

Flut² *f* <-, -en> ❶ (*geh: Wassermassen*) raudal *m*; (*Wellen*) olas *fpl*; **sich in die ~en stürzen** lanzarse contra las olas

❷ (*Menge*) aluvión *m*, oleada *f*; **eine ~ von Briefen** una montaña de cartas

fluten I. *vi sein* (*geh: Wasser, Licht*) inundar (*in*)

II. *vt* (NAUT) llenar, anegar

Flutkatastrophe *f* <-, -n> inundación *f*

Flutlicht *nt* <-(e)s, *ohne pl*> iluminación *f* con proyectores; **Flutlichtanlage** *f* <-, -n> torres *fpl* de iluminación

flutschen ['flʊtʃən] *vi sein* (*fam*) ❶ (*Tätigkeit*) ir a las mil maravillas

❷ (*Gegenstand*): **aus der Hand ~** resbalarse de la mano

Flutwelle *f* <-, -n> ola *f* de pleamar

fluvial [flu'vjaːl] *adj* (GEO) fluvial

fm, Fm *Abk. von* **Festmeter** m³

f-Moll *nt* <-, *ohne pl*> (MUS) fa *m* menor

fob [fɔp] (COM) *Abk. von* **free on board** FOB; **~ Hamburg** FOB Hamburgo

Fobkalkulation *f* <-, -en> (COM) cálculo *m* FOB; **Fobklausel** *f* <-, -n> (COM) cláusula *f* FOB; **Foblieferung** *f* <-, -en> (COM) suministro *m* FOB; **Fobpreis** *m* <-es, -e> (COM) precio *m* FOB

focht [fɔxt] *3. imp von* **fechten**

Fock [fɔk] *f* <-, -en> (NAUT) trinquete *m*

Fockmast *m* <-(e)s, -e(n)> (NAUT) (palo *m* de) trinquete *m*; **Focksegel** *nt* <-s, -> (NAUT) trinquete *m*

Föderalismus [fødera'lɪsmʊs] *m* <-, *ohne pl*> (POL) federalismo *m*

föderalistisch *adj* (POL) federalista

Föderation [fødera'tsjoːn] *f* <-, -en> (POL) federación *f*

föderativ [fødera'tiːf] *adj* (ADMIN, POL) federativo

fohlen ['foːlən] *vi* (ZOOL) parir un potro

Fohlen ['foːlən] *nt* <-s, -> potro *m*, potranco *m*

Föhn [føːn] *m* <-(e)s, -e> ❶ (METEO) viento cálido al norte y sur de los Alpes

❷ (*Haartrockner*) secador *m* de pelo

föhnenᴿᴿ ['føːnən] *vt* secar (con el secador)

Föhnfestigerᴿᴿ *m* <-s, -> fijador *m* para el pelo; **Föhnfrisur**ᴿᴿ *f* <-, -en> peinado *m* hecho con el secador

föhnig ['føːnɪç] *adj* (METEO) de [*o* con] "foehn" (*viento cálido y seco de los Alpes*); **die Luftströme, die von den Alpen kommen, bescheren München ~es Wetter** las corrientes de aire procedentes de los Alpes hacen que haya "foehn" en Múnich

Föhre ['føːrə] *f* <-, -n> (*reg*) pino *m* silvestre

Fokus ['foːkʊs] *m* <-, -se> (*Brennpunkt*) foco *m*; (*Krankheitsherd*) foco *m* (infeccioso)

Folge ['fɔlɡə] *f* <-, -n> ❶ (*Wirkung*) consecuencia *f*, repercusiones *fpl*; (*Ergebnis*) resultado *m*; **der Vorfall blieb nicht ohne ~n** el incidente tuvo consecuencias; **dies hatte zur ~, dass ...** esto tuvo como consecuencia que ... (+*subj*); **das kann böse ~n haben** esto puede tener graves consecuencias; **sie muss die ~n tragen** tiene que cargar con las consecuencias; **an den ~n einer Krankheit sterben** morir de enfermedad; **an den ~n eines Unfalls sterben** morir a causa de las heridas de

Folgeauftrag

un accidente; **einem Befehl ~ leisten** (*formal*) cumplir una orden ❷ (RADIO, TV) capítulo *m*; (*Zeitung*) número *m*; **ein Fernsehspiel in drei ~n** una serie de televisión en tres capítulos ❸ (*Aufeinander~*) serie *f*; **in rascher ~** sucesivamente

Folgeauftrag *m* <-(e)s, -träge> orden *f* de enlace, pedido *m* consecutivo; **Folgebedarf** *m* <-(e)s, *ohne pl*> (WIRTSCH) demanda *f* consecutiva; **Folgebescheid** *m* <-(e)s, -e> (JUR) acto *m* consiguiente; **Folgeerscheinung** *f* <-, -en> consecuencia *f*, efecto *m*; (MED) secuela *f*; **Folgegeschäft** *nt* <-(e)s, -e> (WIRTSCH) operación *f* sucesiva; **Folgeinvestition** *f* <-, -en> (FIN, WIRTSCH) inversión *f* sucesiva

Folgekostenvertrag *m* <-(e)s, -träge> (WIRTSCH) contrato *m* de costes derivados

folgen ['fɔlgən] *vi* ❶ *sein* (*nachgehen*) seguir; **können Sie mir ~?** ¿me comprende?; **er folgte ihrem Beispiel/ihrem Rat** siguió su ejemplo/su consejo; **jdm auf den Fersen ~** pisar a alguien los talones ❷ *sein* (*zeitlich*) seguir, continuar; **Fortsetzung folgt** continuará; **wie folgt** como sigue ❸ *sein* (*sich ergeben*) deducirse (*aus* de), derivarse (*aus* de); **daraus folgt, dass ...** de ahí se deduce que... ❹ (*gehorchen*) obedecer

Folgenbeseitigung *f* <-, -en> supresión *f* de las consecuencias; **Folgenbeseitigungslast** *f* <-, -en> (JUR) cargas *fpl* de eliminación de consecuencias

folgend *adj* siguiente; **Seite 17 und ~e** página 17 y siguientes; **es handelt sich um F~es** se trata de lo siguiente; **im F~en** a continuación, en lo sucesivo

folgendermaßen ['fɔlgəndə(')ma:sən] *adv*, **folgenderweise** *adv* de la siguiente manera, como sigue; **die Sache hat sich ~ zugetragen** la cosa fue así [*o* de la siguiente manera]

Folgenentschädigungsanspruch *m* <-(e)s, -sprüche> (JUR) derecho *m* a indemnización de consecuencias; **Folgenersatzanspruch** *m* <-(e)s, -sprüche> (JUR) derecho *m* a reposición de consecuencias

folgenlos *adj* sin consecuencias

folgenschwer *adj* de graves consecuencias, grave

Folgeprämie *f* <-, -n> prima *f* sucesiva [*o* renovante]; **Folgeprovision** *f* <-, -en> comisión *f* de cobranza; **Folgerecht** *nt* <-(e)s, *ohne pl*> derecho *m* derivado, derecho *m* de participación del autor

folgerichtig *adj* consecuente, lógico

Folgerichtigkeit *f* <-, *ohne pl*> consecuencia *f*

folgern ['fɔlgən] *vt* deducir (*aus* de), sacar la conclusión (*aus* de)

Folgerung *f* <-, -en> conclusión *f* (*aus* de), deducción *f* (*aus* de)

Folgesachen *fpl* (JUR) asuntos *mpl* consecuentes; **Folgesatz** *m* <-es, -sätze> (LING) oración *f* consecutiva; **Folgeschaden** *m* <-s, -schäden> daño *m* resultante; **Folgeschreiben** *nt* <-s, -> carta *f* consecutiva; **Folgevertrag** *m* <-(e)s, -träge> (JUR) contrato *m* sucesivo

folgewidrig *adj* inconsecuente, ilógico

Folgezeit *f* <-, *ohne pl*> porvenir *m*; **in der ~** en lo sucesivo

folglich ['fɔlklɪç] *adv* en consecuencia, por lo tanto

folgsam ['fɔlkza:m] *adj* obediente; (*gefügig*) dócil

Folgsamkeit *f* <-, *ohne pl*> obediencia *f*

Foliant [fo'ljant] *m* <-en, -en> libro *m* tamaño folio

Folie ['fo:liə] *f* <-, -n> (*Plastik~*) plástico *m* (*para alimentos, etc*); (*aus Metall*) lámina *f*

Folien *pl von* **Folie**, **Folio**

Folienschweißgerät *nt* <-(e)s, -e> máquina *f* de envasado al vacío

Folio *nt* <-s, -s *o* Folien> (TYPO) folio *m*; **der Kunstband wurde in ~ gedruckt** el tomo de arte fue impreso en folios

Folklore [fɔlk'lo:rə] *f* <-, *ohne pl*> folclore *m*, folklore *m*

folkloristisch [fɔlklo'rɪstɪʃ] *adj* folclórico, folklórico

Folksänger(in) ['fɔlk-] *m(f)* <-s, -; -, -nen> cantante *mf* de folk; **Folksong** *m* <-s, -s> canción *f* popular, copla *f Am*

Follikel [fɔ'li:kəl] *m* <-s, -> (BIOL, MED) folículo *m*

Follikelsprung *m* <-(e)s, -sprünge> (BIOL, MED) ovulación *f*

Folsäure ['fo:l-] *f* <-, *ohne pl*> ácido *m* fólico

Folter ['fɔltə] *f* <-, -n> tormento *m*, tortura *f*; **jdn auf die ~ spannen** (*fig*) tener a alguien en vilo

Folterbank *f* <-, -bänke> caballete *m* de tortura

Folterer *m* <-s, -> torturador *m*

Folterinstrument *nt* <-(e)s, -e> instrumento *m* de tortura; **Folterkammer** *f* <-, -n> cámara *f* de tortura; **Folterknecht** *m* <-(e)s, -e> torturador(a) *m(f)*; **Foltermethode** *f* <-, -n> método *m* de tortura

foltern *vt* torturar

Folteropfer *nt* <-s, -> torturado, -a *m*, *f*; (REL) mártir *mf*

Folterung *f* <-, -en> tortura *f*

Folterwerkzeug *nt* <-(e)s, -e> instrumento *m* de tortura

Fon^{RR} *nt* <-s, -s> *s*. **Phon**

Fön® *m* <-(e)s, -e> secador *m* de pelo

Fond [fõ:] *m* <-s, -s> ❶ (GASTR) caldo *m* concentrado ❷ (*Hintergrund*) fondo *m* ❸ (AUTO: *geh*) asientos *mpl* traseros; **im ~ sitzen** estar sentado atrás

Fonds [fõ:(s)] *m* <-, -> ❶ (*Geldreserve*) fondo *m*; **unteilbarer ~** fondo indivisible; **einen ~ einrichten** [*o* **gründen**] crear un fondo ❷ *pl* (FIN: *Schuldverschreibung*) obligación *f*, fondo *m*; **öffentliche ~** fondos públicos

Fondsertrag *m* <-(e)s, -träge> (FIN) rendimiento *m* del fondo; **Fondsgesellschaft** *f* <-, -en> (FIN, WIRTSCH) sociedad *f* de fondos; **Fondssparer(in)** *m(f)* <-s, -; -, -nen> (FIN) ahorrador(a) *m(f)* de fondos

Fondue [fõ'dy:] *nt* <-s, -s> (GASTR) fondue *f*

fönen *vt s*. **föhnen**

Fönfestiger *m* <-s, -> *s*. **Föhnfestiger**; **Fönfrisur** *f* <-, -en> *s*. **Föhnfrisur**

Fonotypist(in)^{RR} *m(f)* <-en, -en; -, -nen> *s*. **Phonotypist**

Font [fɔnt] *m* <-s, -s> (INFOR, TYPO) grupo *m* de caracteres; **Drucker~** grupo de caracteres de la impresora

Fontäne [fɔn'tɛ:nə] *f* <-, -n> ❶ (*Wasserstrahl*) surtidor *m* ❷ (*Springbrunnen*) fuente *f*

Fontanelle [fɔnta'nɛlə] *f* <-, -n> (ANAT) fontanela *f*

foppen ['fɔpən] *vt* tomar el pelo (a)

Fora *pl von* **Forum**

Force majeure [fɔrs ma'ʒœ:r] *f* <- -, *ohne pl*> (JUR) fuerza *f* mayor

forcieren* [fɔr'si:rən] *vt* ❶ (*steigern*) aumentar ❷ (*erzwingen*) forzar, imponer; **ein Projekt ~** forzar un plan

forciert *adj* (*geh*: *Lächeln*) forzado; (*Gebärden*) estudiado; (*Höflichkeit*) falto de naturalidad; **sie verzog das Gesicht zu einem ~en Lächeln** puso una sonrisa forzada en sus labios

Förde ['fœ:ɐdə] *f* <-, -n> (GEO) ría *f*

Förderanlage *f* <-, -n> instalación *f* de extracción; **Förderband** *nt* <-(e)s, -bänder> (TECH) cinta *f* transportadora, correa *f* transportadora

Förderer, -in *m*, *f* <-s, -; -, -nen> promotor(a) *m(f)*, patrocinador(a) *m(f)*; (LIT, KUNST) mecenas *mf inv*

Fördergebiet *nt* <-(e)s, -e> (WIRTSCH, BERGB) zona *f* de extracción; **Förderkorb** *m* <-(e)s, -körbe> (BERGB) jaula *f* de extracción; **Förderkosten** *pl* (FIN, BERGB) costes *mpl* de extracción

Förderkurs *m* <-es, -e> (SCH) curso *m* de refuerzo, clases *fpl* especiales

Förderleistung *f* <-, -en> (BERGB) capacidad *f* de extracción [*o* de transporte], volumen *m* de extracción; (*Pumpe*) caudal *m*

förderlich *adj* conveniente (para), favorable (a); **das ist der Sache nicht gerade ~** no es precisamente lo más adecuado para este fin

Fördermenge *f* <-, -n> ❶ (BERGB) cantidad *f* extraída ❷ (TECH) caudal *m*; **Fördermittel** *ntpl* ❶ (WIRTSCH) subvenciones *fpl*, medios *mpl* de subvención; **öffentliche/staatliche ~** subvenciones públicas ❷ (BERGB) medios *mpl* de extracción

fordern ['fɔrdən] *vt* ❶ (*verlangen*) exigir (*von* de), reclamar (*von* de); **der Unfall forderte fünf Menschenleben** el accidente costó la vida a cinco personas; **jds Kopf ~** reclamar la cabeza de alguien ❷ (*Leistung*) exigir; **zu viel von jdm ~** exigir demasiado de alguien ❸ (*Rechte*) reivindicar

fördern ['fœrdən] *vt* ❶ (*Bodenschätze*) explotar, extraer ❷ (*unterstützen*) fomentar, promover, pilotear *Am*; (*Künstler*) patrocinar, proteger; (*Talent*) activar, hacer prosperar; (*Wachstum, Umsatz*) potenciar, impulsar; (*begünstigen*) favorecer

fordernd *adj* (*Haltung, Beruf*) exigente

Förderschacht *m* <-(e)s, -schächte> (BERGB) pozo *m* de extracción; **Förderseil** *nt* <-(e)s, -e> (BERGB) cable *m* de extracción [*o* de transporte]

Förderstufe *f* <-, -n> (SCH) quinto y sexto cursos de la educación primaria alemana -correspondientes al Tercer Ciclo de la española- que sirven de orientación para decidir luego el camino a seguir: bien el Gymnasium, bien la Realschule, etc.

Förderturm *m* <-(e)s, -türme> (BERGB) torre *f* de extracción, torreta *f* de extracción

Forderung *f* <-, -en> ❶ (*Anspruch*) exigencia *f*, demanda *f*; **eine ~ anmelden/einklagen** reclamar/demandar una pretensión; **die ~en erfüllen** cumplir las exigencias; **hohe ~en an etw/jdn stellen** ser muy exigente con algo/alguien ❷ (FIN, WIRTSCH: *Betrag*) deuda *f*; **~en an das Ausland** reclamación al extranjero; **~en aus Lieferungen und Leistungen** reclamación resultante de entregas y prestaciones efectuadas; **ausstehende ~en** deudas pendientes; **marktfähige ~** crédito negociable; **uneinbringliche ~** crédito irrecuperable [*o* incobrable]; **eine ~ regulieren** pagar una deuda ❸ (*von Rechten*) reivindicación *f*

Förderung *f* <-, -en> ❶ (*von Bodenschätzen*) explotación *f*, extracción *f* ❷ (*Unterstützung*) promoción *f*, fomento *m*; (*finanziell*) subsidio *m*, ayuda *f* económica; **wirtschaftliche ~** fomento económico; **Maßnahmen zur ~ von etw ergreifen** [*o* **einleiten**] adoptar medidas para la promoción de algo

Forderungsabtretung *f* <-, -en> (JUR) cesión *f* de créditos; **Forde-**

rungsberechtigte(r) *mf* <-n, -n; -n, -n> (JUR) titular *mf* de una pretensión; **Forderungseinziehung** *f* <-, -en> (FIN) cobro *m* de deudas; **Forderungsenteignung** *f* <-, -en> (FIN, JUR) expropiación *f* de créditos; **Forderungserlass**^RR *m* <-es, -e> (FIN, JUR) condonación *f* de créditos
Förderungsgebiet *nt* <-(e)s, -e> zona *f* favorecida [*o* de fomento]
Forderungskauf *m* <-(e)s, -käufe> (JUR) compra *f* a crédito; **Forderungsmehrheit** *f* <-, ohne pl> (JUR) mayoría *f* de exigibles; **Forderungspfändung** *f* <-, -en> (JUR) embargo *m* de derechos; **Forderungssurrogat** *nt* <-(e)s, -e> (JUR) subrogación *f* de derechos
Förderungstheorie *f* <-, ohne pl> (JUR) teoría *f* de la promoción
Forderungsübergang *m* <-(e)s, -gänge> (JUR) traspaso *m* de crédito; **Forderungsübertragung** *f* <-, -en> (JUR) transmisión *f* de créditos; **Forderungsverletzung** *f* <-, -en> (JUR) vulneración *f* de obligaciones, perjuicio *m* del derecho de crédito; **Forderungsverzichtsklausel** *f* <-, -n> (JUR) cláusula *f* de renuncia a la reclamación
Förderunterricht *m* <-(e)s (SCH) curso *m* de refuerzo [*o* de apoyo]
Förderwagen *m* <-s, -> (BERGB) vagoneta *f*
Forelle [fo'rɛlə] *f* <-, -n> trucha *f*; **~ blau** (GASTR) trucha cocida
Foren *pl von* **Forum**
forensisch [fo'rɛnzɪʃ] *adj* (JUR) forense; **~e Medizin** medicina forense
forfaitieren [fɔrfɛ'tiːrən] *vt* (WIRTSCH) operar sin recursos
Forfaitierung [fɔrfɛ'tiːrʊŋ] *f* <-, -en> (WIRTSCH) forfaiting *m*, cómputo *m* a tanto alzado
Forfaitierungsgeschäft *nt* <-(e)s, -e> (WIRTSCH) operación *f* a tanto alzado
Forfaitiervertrag *m* <-(e)s, -träge> (WIRTSCH) contrato *m* a tanto alzado
Forke ['fɔrkə] *f* <-, -n> (nordd) horca *f*
Form¹ [fɔrm] *f* <-, -en> ❶ (*Gestalt*) forma *f*; **etw in ~ bringen** dar forma a algo; **aus der ~ geraten** deformarse; **weibliche ~en** curvas femeninas; **es hat die ~ eines Dreiecks/einer Kugel** tiene forma de triángulo/de esfera; **das Projekt nimmt feste ~en an** el proyecto se está concretando
❷ (*Art und Weise*) manera *f*, forma *f*; **~ der Geltendmachung/der Klage** (JUR) forma del ejercicio/de la demanda; **die ~en des Zusammenlebens** las formas de convivencia
❸ (*Back-, Gieß-*) molde *m*
❹ (*Umgangs-*) formas *fpl*, modales *mpl*; **die ~ wahren** guardar las formas; **der ~ halber** por mor a las formalidades; **in aller ~** en debida forma
Form² *f* <-, ohne pl> (*Kondition*) forma *f*; **in ~ kommen/sein** ponerse/estar en forma
formal [fɔr'maːl] *adj* formal
Formalbeleidigung *f* <-, -en> (JUR) injuria *f*
Formaldehyd ['fɔrmʔaldehyːt] *nt* <-s, ohne pl> (CHEM) formaldehido *m*
Formalie [fɔr'maːljə] *f* <-, -n> formalidad *f*
Formalismus¹ [fɔrma'lɪsmʊs] *m* <-, Formalismen> (*Handlung*) formalidad *f*
Formalismus² *m* <-, ohne pl> (*Richtung, Vorgehen*) formalismo *m*
Formalität [fɔrmali'tɛːt] *f* <-, -en> ❶ (ADMIN) formalidad *f*, trámite *m*; **die ~en erledigen** tramitar las formalidades
❷ (*Äußerlichkeit*) formalidad *f*
formaljuristisch *adj* jurídico-formal
Formalprüfung *f* <-, -en> (JUR) examen *m* formal
Format¹ [fɔr'maːt] *nt* <-(e)s, -e> (*Größe*) tamaño *m*, formato *m*; **im DIN-A4-~** en formato DIN A4
Format² *nt* <-(e)s, ohne pl> ❶ (*Persönlichkeit*) personalidad *f*; **sie hat ~** tiene personalidad
❷ (*Niveau*) nivel *m*; (*Bedeutung*) importancia *f*
formatieren* [fɔrma'tiːrən] *vt* (INFOR) formatear
Formatierung *f* <-, -en> (INFOR) formateo *m*
Formation [fɔrma'tsjoːn] *f* <-, -en> formación *f*
formbar *adj* moldeable
Formbarkeit *f* <-, ohne pl> plasticidad *f*
formbeständig *adj* de forma estable
Formblatt *nt* <-(e)s, -blätter> (hoja *f* del) formulario *m*, (hoja *f* del) impreso *m*; **Formbrief** *m* <-(e)s, -e> carta *f* formal
Formel ['fɔrməl] *f* <-, -n> (*a.* MATH, CHEM) fórmula *f*; (*Redewendung*) modismo *m*, giro *m*; **eine chemische ~** una fórmula química; **die ~ 1** (SPORT) la Fórmula uno; **etw auf eine ~ bringen** (fig) resumir algo
Formel-1-Pilot(in) *m(f)* <-en, -en; -, -nen> (SPORT) piloto *mf* de Fórmula 1; **Formel-1-Rennen** *nt* <-s, -> (SPORT) carrera *f* de Fórmula 1; **Formel-1-Wagen** *m* <-s, -> (SPORT) (coche *m* de) Fórmula 1 *m*
Formelkram *m* <-(e)s, ohne pl> (*fam abw*) (gran cantidad *f* de) fórmulas *fpl*; **das Fach Physik interessierte mich schon, wenn nur der ganze ~ nicht wäre!** la física me interesaría, ¡si no fuera por el montón de fórmulas!

formell [fɔr'mɛl] *adj* formal; **er ist immer sehr ~** siempre es muy formal
Formelsammlung *f* <-, -en> formulario *m*
formen ['fɔrmən] *vt* moldear, formar
Formenlehre *f* <-, -n> (LING, BIOL, MUS) morfología *f*
formenreich *adj* con gran variedad de formas
Former(in) *m(f)* <-s, -; -, -nen> moldeador(a) *m(f)*
Formerei *f* <-, -en> moldeo *m*
Formerin *f* <-, -nen> *s.* **Former**
Formfehler *m* <-s, -> (JUR) defecto *m* de forma; **Formfreiheit** *f* <-, ohne pl> libertad *f* de forma; **Formgebung** *f* <-, -en> (*Möbel, Skulptur*) modelado *m*
formgerecht *adj* (JUR) en debida forma
Formhandelsgesellschaft *f* <-, -en> (JUR) sociedad *f* mercantil formal
formieren* [fɔr'miːrən] *vt* formar; **Truppen ~** formar tropas
Formierung *f* <-, -en> formación *f*
Formkaufmann *m* <-(e)s, -leute> (JUR) comerciante *m* formal
Formkrise *f* <-, -n> (SPORT) etapa *f* de baja forma
förmlich ['fœrmlɪç] **I.** *adj* ❶ (*offiziell*) formal, oficial
❷ (*steif*) formal
II. *adv* (*regelrecht*) casi, por así decirlo; **er ging ~ in die Knie** casi se arrodilló
Förmlichkeit *f* <-, -en> formalidad *f*; **bitte nur keine ~en!** ¡por favor, no se anden con muchos cumplidos!
formlos *adj* ❶ (*ohne Form*) informe, amorfo
❷ (*zwanglos*) informal, sin ceremonias; (*Antrag*) informal
Formlosigkeit *f* <-, ohne pl> ❶ (*Gestaltlosigkeit*) falta *f* de forma, amorfismo *m*; **im Nebel verschwammen die Konturen der Bäume zur ~** en la niebla, los contornos de los árboles se desdibujaban hasta ser irreconocibles
❷ (*Zwanglosigkeit*) naturalidad *f*, informalidad *f*; **die ~ der Hochzeitsfeier sorgte für eine gute Stimmung bei den Gästen** la informalidad de la boda propició que hubiera un buen ambiente entre los invitados
Formmangel *m* <-s, -mängel> (JUR) defecto *m* de forma; **Heilung des ~s** curación del defecto de forma; **Formsache** *f* <-, -n> formalidad *f*; **das ist reine ~** eso es pura formalidad
formschön *adj* de forma elegante
Formschwäche *f* <-, -n> falta *f* de forma, (estado *m* de) baja forma *f*; **wegen einer ~ konnte die Läuferin sich nicht unter den besten zehn Teilnehmern platzieren** debido a su baja forma, la corredora no pudo estar entre los diez primeros clasificados; **Formtief** *nt* <-s, -s> (SPORT) baja forma *f*; **sich in einem ~ befinden, ein ~ durchmachen** encontrarse bajo de forma [*o* en baja forma]
Formular [fɔrmu'laːɐ] *nt* <-s, -e> formulario *m*, impreso *m*, esqueleto *m Am*; **ein ~ ausfüllen** cumplimentar un formulario
Formularspesen *pl* costes *mpl* de los impresos; **Formularsteuerung** *f* <-, -en> (INFOR) control *m* de papeles; **Formularvertrag** *m* <-(e)s, -träge> (JUR) contrato *m* uniforme; **Formularvorschub** *m* <-(e)s, -schübe> (INFOR) salto *m* de página
formulieren* [fɔrmu'liːrən] *vt* formular, expresar; **eine Bemerkung ~** formular una observación; **hast du schon den Text formuliert?** ¿ya has redactado el escrito?
Formulierung *f* <-, -en> ❶ (*Vorgang*) redacción *f*
❷ (*Ergebnis*) formulación *f*, expresión *f*
Formung¹ *f* <-, -en> (*Form*) forma *f*, diseño *m*
Formung² *f* <-, ohne pl> (*das Formen*) formación *f*, modelación *f*; **die ~ des Charakters beginnt schon in frühester Kindheit** la formación [*o* la modelación] del carácter empieza en los primeros años de la niñez
formvollendet *adj* de forma perfecta
Formvorschrift *f* <-, -en> (JUR) precepto *m* formal
formwidrig *adj* que no respeta la forma, contrario a la forma
forsch [fɔrʃ] *adj* resuelto, enérgico; **~ voranschreiten** avanzar con determinación
förscheln ['fœrʃəln] *vi* (*Schweiz*) averiguar cuidadosamente (*nach*)
forschen ['fɔrʃən] *vi* investigar; **nach etw ~** indagar algo
forschend I. *adj* escrutador, escudriñador; **er musterte ihn mit einem ~en Blick** le examinó con una escudriñadora mirada
II. *adv* escrutadoramente; **sie betrachtete sich ~ im Spiegel** se miró de forma escrutadora en el espejo
Forscher(in) *m(f)* <-s, -; -, -nen> investigador(a) *m(f)*
Forscherdrang *m* <-(e)s, ohne pl> afán *m* de investigación
Forscherin *f* <-, -nen> *s.* **Forscher**
Forscherteam *nt* <-s, -s> equipo *m* investigador
Forschheit *f* <-, ohne pl> resolución *f*, energía *f*; **mit großer ~ stellte sie ihn zur Rede** con gran resolución le llamó a capítulo
Forschung¹ *f* <-, -sprojekt> investigación *f*
Forschung² *f* <-, ohne pl> (*das Forschen, die Wissenschaft*) investigación *f*; **~ und Entwicklung** investigación y desarrollo; **~ und Lehre**

investigación y docencia
Forschungsabteilung *f* <-, -en> departamento *m* de investigación; **Forschungsanstalt** *f* <-, -en> instituto *m* de investigación; **Forschungsarbeit** *f* <-, -en> trabajo *m* de investigación (científica), labor *f* investigadora; **Forschungsauftrag** *m* <-(e)s, -träge> encargo *m* (de un proyecto) de investigación; **der ~ brachte dem Institut neue Arbeitsplätze** el contrato de investigación aportó nuevos puestos de trabajo al Instituto; **Forschungsbericht** *m* <-(e)s, -e> informe *m* de una investigación; **der ~ fasst alle gewonnenen Ergebnisse zusammen** el informe de la investigación resume todos los resultados obtenidos; **Forschungsbudget** *nt* <-s, -s> presupuesto *m* de investigación; **Forschungsergebnis** *nt* <-ses, -se> resultado *m* de la investigación; **Forschungsfonds** *m* <-, -> fondo *m* de investigación; **betrieblicher ~** fondo empresarial de investigación; **Forschungsgebiet** *nt* <-(e)s, -e> campo *m* de investigación; **Forschungsgemeinschaft** *f* <-, -en> equipo *m* investigador; **Forschungsinstitut** *nt* <-(e)s, -e> instituto *m* de investigación; **Forschungsinvestition** *f* <-, -en> inversión *f* para la investigación; **Forschungslabor** *nt* <-s, -s o -e> laboratorio *m* de investigación; **Forschungsmittel** *ntpl* recursos *mpl* para la investigación; **Forschungsökonomie** *f* <-, -n> economía *f* de la investigación; **Forschungsprogramm** *nt* <-(e)s, -e> programa *m* de investigaciones; **Forschungsprojekt** *nt* <-(e)s, -e> proyecto *m* de investigación; **Forschungsreise** *f* <-, -n> viaje *m* de exploración, expedición *f* de investigación; **Forschungsreisende(r)** *mf* <-n, -n; -n, -n> explorador(a) *m(f)*; **Forschungssatellit** *m* <-en, -en> satélite *m* de exploración; **Forschungssektor** *m* <-s, -en> sector *m* de investigación; **Forschungsstation** *f* <-, -en> observatorio *m*; **Forschungsvorhaben** *nt* <-s, -> proyecto *m* de investigación; **Forschungszentrum** *nt* <-s, -zentren> centro *m* de investigación; **Forschungszweig** *m* <-(e)s, -e> rama *f* científica; **die Lebensmittelchemie ist einer von vielen ~en der Chemie** la química alimentaria es una de las múltiples ramas de la química

Forst [fɔrst] *m* <-(e)s, -e(n)> bosque *m*, monte *m*
Forstamt *nt* <-(e)s, -ämter> dirección *f* general de la política forestal [*o* de montes]; **Forstarbeiter(in)** *m(f)* <-s, -; -, -nen> obrero, -a *m*, *f* forestal; **Forstaufseher(in)** *m(f)* <-s, -; -, -nen> *s*. **Förster**; **Forstbeamte(r)** *mf* <-n, -n; -n, -n>, **-beamtin** *f* <-, -nen> funcionario, -a *m*, *f* de montes; **Forstbewirtschaftung** *f* <-, -en> cultivo *m* forestal; **Forstdiebstahl** *m* <-(e)s, -stähle> (JUR) hurto *m* forestal
Förster(in) ['fœrstɐ] *m(f)* <-s, -; -, -nen> guarda *mf* forestal, guardabosque *mf*; (*Forstwirt*) ingeniero, -a *m*, *f* de montes
Försterei *f* <-, -en> casa *f* del guardabosque
Förstern *f* <-, -nen> *s*. **Förster**
Forstfrevel *m* <-s, -> delito *m* forestal, hurto *m* forestal; **Forsthaus** *nt* <-es, -häuser> casa *f* del guardabosque; **Forstrecht** *nt* <-(e)s, ohne *pl*> derecho *m* forestal; **Forstrevier** *nt* <-s, -e> territorio *m* forestal, distrito *m* forestal; **Forstschaden** *m* <-(e)s, -schäden> daño *m* forestal; **Forstschädling** *m* <-(e)s, -e> parásito *m* forestal; **die meisten Borkenkäfer sind ~e** la mayoría de barrenillos son dañinos para el bosque; **Forstverwaltung** *f* <-, -en> administración *f* forestal [*o* de montes]; **Forstwesen** *nt* <-s, ohne *pl*> régimen *m* forestal; **Forstwiderstand** *m* <-(e)s, -stände> (JUR) resistencia *f* forestal; **Forstwirt(in)** *m(f)* <-(e)s, -e; -, -nen> ingeniero, -a *m*, *f* de montes; **Forstwirtschaft** *f* <-, ohne *pl*> silvicultura *f*, explotación *f* forestal; **Forstwissenschaft** *f* <-, -en> silvicultura *f*; **Forstwissenschaftler(in)** *m(f)* <-s, -; -, -nen> científico, -a *m*, *f* forestal
Forsythie [fɔrˈzyːtsjə, fɔrˈzyːtjə] *f* <-, -n> (BOT) forsythia *f* (suspensa)
fort [fɔrt] *adv* ❶ (*weg*) fuera; (*verschwunden*) desaparecido; (*verloren*) perdido; **er will ~ von uns** quiere irse de nuestro lado; **~ mit ihm!** ¡fuera con él!; **seine Freunde sind schon ~** sus amigos ya se han ido; **weit ~** muy lejos
❷ (*weiter*): **und so ~** etcétera; **in einem ~** continuamente, sin parar
Fort [foːɐ] *nt* <-s, -s> fuerte *m*
fortan [fɔrtˈʔan] *adv* de aquí en adelante, en lo sucesivo
fort|begeben* *irr vr*: **sich ~** (*geh*) irse, marcharse
Fortbestand *m* <-(e)s, ohne *pl*> continuidad *f*; (*der Arten*) perpetuación *f*
fort|bestehen* *irr vi* persistir, perdurar
Fortbestehen *nt* <-s, ohne *pl*>: **~ des Erfüllungsanspruchs** (JUR) subsistencia de la pretensión de cumplimiento; **~ des Zahlungsanspruchs** (JUR) subsistencia de la reclamación de pago
fort|bewegen* I. *vt* mover, desplazar
II. *vr*: **sich ~** desplazarse, moverse
Fortbewegung *f* <-, -en> movimiento *m*, locomoción *f*; **Fortbewegungsmittel** *nt* <-s, -> medio *m* de locomoción
fort|bilden I. *vt* perfeccionar
II. *vr*: **sich ~** perfeccionarse
Fortbildung *f* <-, -en> perfeccionamiento *m*; **berufliche/betriebliche ~** capacitación profesional/laboral; **Fortbildungskurs** *m* <-es, -e> curso *m* de capacitación, curso *m* de ampliación de estudios; **Fortbildungsseminar** *nt* <-(e)s, -e> seminario *m* de perfeccionamiento
fort|bleiben *irr vi sein* no volver; **nur kurz/jahrelang ~** estar fuera por poco tiempo/durante años; **nach dem Streit ist er fortgeblieben** no ha vuelto desde la pelea
Fortbleiben *nt* <-s, ohne *pl*> ausencia *f*; **sein langes ~ war nicht zu entschuldigen** su larga ausencia no tenía excusa
fort|bringen *irr vt* llevar(se)
Fortdauer *f* <-, ohne *pl*> perduración *f*, continuación *f*; **~ der Untersuchungshaft** (JUR) perpetuación de la prisión preventiva
fort|dauern *vi* persistir, continuar
fortdauernd *adv* continuamente, de continuo
forte ['fɔrtə] *adv* (MUS) forte
fort|entwickeln* I. *vt* seguir desarrollando; **in der Entwicklungsabteilung werden die Geräte ständig verbessert und fortentwickelt** en el departamento de desarrollo, los instrumentos se mejoran y perfeccionan constantemente
II. *vr*: **sich ~** continuar desarrollándose, seguir evolucionando; **dieser Veränderungsprozess ist noch nicht abgeschlossen, sondern wird sich ~** este proceso de transformación aún no está finalizado, sino que seguirá evolucionando [*o* desarrollándose]
Fortentwicklung *f* <-, ohne *pl*> desarrollo *m* posterior, evolución *f*
fort|fahren *irr* I. *vi sein* ❶ (*wegfahren*) marcharse, salir
❷ (*weitermachen*) continuar, seguir; **~ etw zu tun** continuar haciendo algo
II. *vt* (*wegtransportieren*) llevar(se), transportar
Fortfall *m* <-(e)s, ohne *pl*> supresión *f*, eliminación *f*
fort|fallen *irr vi sein* suprimirse, omitirse
fort|fliegen *vi irr sein* salir [*o* escaparse] volando; **der Kanarienvogel war fortgeflogen, als die Käfigtür offen stand** el canario se había escapado cuando la puerta de la jaula estaba abierta; **ein Windstoß kam, und alle Blätter, die auf dem Tisch lagen, flogen fort** vino un golpe de viento y todas las hojas que estaban sobre la mesa salieron volando; **halte deinen Hut fest, sonst fliegt er (dir) fort** sujétate el sombrero o se (te) lo llevará el viento
fort|führen *vt* ❶ (*wegbringen*) llevar(se)
❷ (*fortsetzen*) continuar, seguir
Fortführung *f* <-, -en> proseguimiento *m*, prosecución *f*; **die ~ des Projektes ist gesichert** la continuación del proyecto está asegurada; **Fortführungsinvestition** *f* <-, -en> inversión *f* de ampliación
Fortgang *m* <-(e)s, ohne *pl*> ❶ (*das Weggehen*) salida *f*, partida *f*; **nach seinem ~ war es sehr still hier** cuando se marchó todo quedó en silencio
❷ (*der Verlauf*) marcha *f*, curso *m*; **seinen ~ nehmen** seguir su curso
fort|geben *vt irr* dar
fort|gehen *irr vi sein* ❶ (*weggehen*) partir, marcharse
❷ (*sich fortsetzen*) continuar, seguir
fort|gelten *irr vi* (a. JUR) pervivir, seguir vigente
Fortgeltung *f* <-, ohne *pl*> (a. JUR) pervivencia *f*, vigencia *f* continuada
fortgeschritten ['fɔrtɡəʃrɪtn̩] I. *pp von* **fortschreiten**
II. *adj* avanzado; (*entwickelt*) desarrollado; **zu ~er Stunde** a altas horas de la mañana
Fortgeschrittene(r) *mf* <-n, -n; -n, -n> (SCH, UNIV) estudiante *mf* avanzado, -a; **Kurse für Anfänger und ~** cursos para principiantes y avanzados; **Deutschkurs für ~** curso superior de alemán; **Fortgeschrittenenkurs** *m* <-es, -e> (SCH, UNIV) curso *m* para avanzados
fortgesetzt ['fɔrtɡəzɛtst] *adj* continuo, repetido
fort|jagen *vt* ❶ (*Person*) echar
❷ (*Tier*) ahuyentar
fort|kommen *irr vi sein* ❶ (*wegkommen*) irse, marcharse; **mach, dass du fortkommst** ¡lárgate!
❷ (*weggebracht werden*) ser llevado
❸ (*Fortschritte machen*) avanzar, adelantar
❹ (*abhanden kommen*) perderse, extraviarse
Fortkommen *nt* <-s, ohne *pl*>: **berufliches ~** desarrollo profesional
fort|können *vi irr* poder ir(se) [*o* marchar(se)]; **kann ich jetzt endlich fort?** ¿puedo irme ya de una vez?; **geh du doch bitte ans Telefon, ich kann gerade nicht fort** ¿puedes coger el teléfono?, en estos momentos estoy ocupado [*o* yo no puedo ir ahora]
fort|lassen *irr vt* ❶ (*weggehen lassen*) dejar ir(se), dejar salir
❷ (*auslassen*) suprimir, omitir
fort|laufen *irr vi sein* ❶ (*weglaufen*) echar a correr
❷ (*ausreißen*) escaparse (*von* de); **mein Hund ist fortgelaufen** mi perro se escapó [*o* se perdió]
fortlaufend I. *adj* (*aufeinander folgend*) consecutivo; (*ununterbrochen*) continuo, ininterrumpido
II. *adv* sin cesar
fort|leben *vi* seguir (viviendo)
fort|müssen *vi irr* ❶ (*weggehen müssen*) tener que marcharse [*o* salir];

ich muss fort, mein Bus wartet nicht! ¡tengo que irme, el autobús no espera!
❷ (*weggebracht werden müssen: Brief*) tener que echar al correo; (*Abfall*) tener que tirar (al contenedor de la basura); **die Briefe müssen heute noch fort** tengo que ir a echar las cartas (al correo) hoy sin falta
fort|nehmen *vt irr* quitar; **Klaus nimmt seiner kleinen Schwester das Spielzeug fort** Klaus le quita el juguete a su hermana pequeña
fort|pflanzen *vr:* **sich ~** ❶ (*Menschen, Tiere*) reproducirse, multiplicarse
❷ (*Schall, Gedanke*) propagarse, transmitirse
Fortpflanzung *f* <-, *ohne pl*> (MED, BIOL) reproducción *f*, procreación *f*
fortpflanzungsfähig *adj* capaz de reproducirse
Fortpflanzungsfähigkeit *f* <-, *ohne pl*> capacidad *f* reproductora; **Fortpflanzungsorgan** *nt* <-(e)s, -e> órgano *m* genital [*o* de reproducción]
fort|räumen *vt* quitar, recoger, guardar; **könntest du wohl deine Sachen ~?** ¿sería posible que quitaras tus cosas?
fort|reißen *vt irr* llevarse [*o* arrastrar]; **das Haus wurde von der Flut fortgerissen** la inundación se llevó la casa por delante; **die Fluten rissen Häuser und Autos mit sich** *dat* **fort** las inundaciones se llevaron casas y coches por delante; **sich von seinen Gefühlen/von der allgemeinen Begeisterung ~ lassen** dejarse llevar por los sentimientos/por la emoción general
fort|rennen *vi irr sein* irse [*o* marcharse] corriendo; **sie wollte den Taschendieb noch festhalten, doch der war bereits fortgerannt** quería coger al ladrón, pero éste ya se había ido corriendo
Fortsatz *m* <-es, -sätze> (*a.* ANAT) apéndice *m*
fort|schaffen *vt* quitar (*o* sacar) (de en medio); **die Kisten müssen heute noch fortgeschafft werden!** ¡las cajas tenemos que sacarlas hoy (de aquí)!
fort|scheren ['fɔrtʃeːrən] *vr:* **sich ~** (*fam*) marcharse volando; **scher dich fort!** ¡desaparece!
fort|schicken *vt* (*Person*) mandar a casa, echar; (*entlassen*) despedir; (*Post*) enviar, mandar
fort|schreiben *irr vt* (*fortlaufend ergänzen*) complementar, ajustar; (*weiterführen*) actualizar
Fortschreibung *f* <-, -en> ❶ (*das Ergänzen*) actualización *f*; **die ~ der Kassenbestände muss regelmäßig überprüft werden** la actualización del saldo de caja debe ser revisada con regularidad
❷ (*Weiterführung*) continuación *f*; **die Grünen sind gegen eine ~ der bisherigen Wirtschafts- und Umweltpolitik** los Verdes están en contra de que continúe la actual política económica y medioambiental
fort|schreiten *irr vi sein* ❶ (*vorangehen*) avanzar, adelantar; (*Zeit*) pasar; (*Entwicklung*) seguir; **~de Automatisierung der Produktionsprozesse** automatización progresiva de los procesos de producción
❷ (*Verschmutzung*) extenderse; **die Ausbreitung der Epidemie schreitet weiter fort** la epidemia sigue propagándose
Fortschritt *m* <-(e)s, -e> progreso *m*, mejora *m*; **investitionsabhängiger technischer ~** desarrollo técnico dependiente de inversiones; **gute ~e machen** hacer importantes progresos
fortschrittlich *adj* avanzado, progresista, progre *fam*
Fortschrittlichkeit *f* <-, *ohne pl*> ❶ (*Einstellung*) ideas *fpl* progresistas [*o* avanzadas]
❷ (*Verfahren*) progresismo *m*; **die ~ der neuen Operationsmethode ist umstritten** es discutible que el nuevo método de operación suponga un adelanto [*o* un progreso]
fortschrittsfeindlich *adj* antiprogresista; **diese Politikerin hat eine ~e Einstellung** esta política tiene unas ideas antiprogresistas
Fortschrittsglaube *m* <-ns, *ohne pl*> fe *f* en el progreso
fortschrittsgläubig *adj* que cree [*o* tiene fe] en el progreso; **~ sein** creer [*o* tener fe] en el progreso
fort|setzen I. *vt* (*weitermachen*) proseguir, continuar; **unser Spielfilm wird am nächsten Samstag fortgesetzt** nuestro largometraje continuará el próximo sábado
II. *vr:* **sich ~** (*sich ausdehnen*) extenderse, prolongarse
Fortsetzung *f* <-, -en> continuación *f*; **~ der mündlichen Verhandlung** (JUR) continuación de la vista oral; **~ folgt** continuará
Fortsetzungsbeschluss^{RR} *m* <-es, -schlüsse> (JUR) acuerdo *m* de continuación; **Fortsetzungsfeststellungsantrag** *m* <-(e)s, -träge> (JUR) solicitud *f* de constatación continuada; **Fortsetzungsfeststellungsklage** *f* <-, -n> (JUR) demanda *f* de constatación continuada; **Fortsetzungsfeststellungswiderspruch** *m* <-(e)s, *ohne pl*> (JUR) oposición *f* a la constatación continuada; **Fortsetzungsgefahr** *f* <-, *ohne pl*> (JUR) peligro *m* de prosecución; **Fortsetzungsgeschichte** *f* <-, -n> novela *f* por entregas; **Fortsetzungsklausel** *f* <-, -n> (JUR) cláusula *f* de continuación; **Fortsetzungsroman** *m* <-(e)s, -e> *s.* **Fortsetzungsgeschichte**; **Fortsetzungstermin** *m* <-s, -e> (JUR) fecha *f* de continuación; **Fortsetzungsvorsatz** *m* <-es, -sätze> (JUR) dolo *m* de continuación; **Fortsetzungswider-**

spruch *m* <-(e)s, *ohne pl*> (JUR) oposición *f* a la continuación; **Fortsetzungszusammenhang** *m* <-(e)s, -hänge> (JUR) conexión *f* continuada
fort|stehlen *irr vr:* **sich ~** escabullirse
fort|tragen *irr vt* trasladar
fort|treiben *irr* I. *vi sein* ser arrastrado (por la corriente); **das Papierboot trieb mit der Strömung fort** el barco de papel se alejaba arrastrado por la corriente; **das Boot trieb immer weiter fort** la corriente arrastraba el bote cada vez más y más lejos
II. *vt haben* (*verjagen*) expulsar; **er trieb die heulenden Hunde fort** ahuyentó a los perros que aullaban
Fortuna [fɔr'tuːna] *f* <-> Fortuna *f*; **dieser Tempel war ~ geweiht** este templo estaba consagrado a la diosa Fortuna
Fortüne [fɔr'tyːnə] *f* <-, *ohne pl*> (*geh*) suerte *f*, fortuna *f*; **keine ~ haben** no tener suerte
fortwährend I. *adj* continuo, ininterrumpido
II. *adv* sin cesar
fort|werfen *vt irr* tirar, botar *Am*
fort|wirken *vi* continuar influyendo
Fortwirkungszuständigkeit *f* <-, -en> (JUR) competencia *f* de la subsistencia
fort|wollen *vi irr* querer marcharse [*o* salir] (*aus/von* de)
fort|ziehen *irr* I. *vi sein* (*umziehen*) mudarse, trasladarse
II. *vt* (*wegzerren*) apartar, arrastrar
Forum ['foːrʊm] *nt* <-s, Foren *o* Fora> foro *m*
Forumsdiskussion *f* <-, -en> foro *m*, coloquio *m*; **die Politiker kamen zu einer öffentlichen ~ zusammen** los políticos se reunieron para tomar parte en un foro abierto al público; **Forumsgespräch** *nt* <-(e)s, -e> foro *m*, coloquio *m*
fossil [fɔ'siːl] *adj* (GEO) fósil
Fossil [fɔ'siːl, *pl:* fɔ'siːljən] *nt* <-s, -ien> fósil *m*
fossil(is)ieren* [fɔsiˈliːrən, fɔsiliˈziːrən] *vi sein* fosilizarse
Föten *pl von* **Fötus**
Foto¹ ['foːto] *nt* <-s, -s> (*Bild*) foto *f*; **von jdm/etw ein ~ machen** sacar una foto de alguien/algo
Foto² *m* <-s, -s> (*fam: ~apparat*) máquina *f* (fotográfica)
Fotoalbum *nt* <-s, -alben> álbum *m* de fotos; **Fotoamateur(in)** *m(f)* <-s, -e; -, -nen> fotógrafo, -a *m, f* aficionado, -a; **Fotoapparat** *m* <-(e)s, -e> cámara *f* fotográfica, máquina *f* fotográfica; **Fotoatelier** *nt* <-s, -s> estudio *m* fotográfico; **Foto-CD** *f* <-, -(s)> disco *m* compacto para fotos; **Fotochemikalie** [----'---] *f* <-, -n> producto *m* fotoquímico; **Fotoecke** *f* <-, -n> ángulo *m* (*para álbum de fotos*)
fotogen [fotoˈgeːn] *adj* fotogénico
Fotograf(in) [fotoˈgraːf] *m(f)* <-en, -en; -, -nen> fotógrafo, -a *m, f*
Fotografie [fotograˈfiː] *f* <-, -n> fotografía *f*
fotografieren* *vi, vt* fotografiar; **er lässt sich nicht gerne ~** no le gusta que le saquen fotos
Fotografin *f* <-, -nen> *s.* **Fotograf**
fotografisch *adj* fotográfico; **sie hat ein ~es Gedächtnis** tiene una memoria fotográfica, tiene muy buena memoria
Fotokopie [fotokoˈpiː] *f* <-, -n> fotocopia *f*; **~n machen** sacar fotocopias
fotokopieren* *vi, vt* fotocopiar
Fotokopierer *m* <-s, ->, **Fotokopiergerät** *nt* <-(e)s, -e> fotocopiadora *f*; **Fotolabor** *nt* <-s, -e *o* -s> laboratorio *m* fotográfico; **Fotomodell** *nt* <-s, -e> modelo *mf* de fotos; **Fotomontage** [----'---] *f* <-, -n> montaje *m* fotográfico; **Fotopapier** *nt* <-(e)s, -e> papel *m* fotográfico; **Fotoreportage** *f* <-, -n> reportaje *m* fotográfico; **Fotoreporter(in)** *m(f)* <-s, -; -, -nen> reportero, -a *m, f* fotográfico, -a; **Fotosatz** *m* <-es, *ohne pl*> (TYPO) fotocomposición *f*
Fotosynthese^{RR} [foto-] *f* <-, *ohne pl*> (BIOL) fotosíntesis *f*
Fotothek *f* <-, -en> fototeca *f*
Fotovoltaik^{RR} [fotovɔl'taːɪk] *f* <-, *ohne pl*> fotovoltaica *f*
Fötus ['føːtʊs] *m* <-(ses), -se *o* Föten> (MED) feto *m*
Fotze ['fɔtsə] *f* <-, -n> (*vulg*) coño *m*, conejo *m*
Fötzel ['fœtsəl] *m* <-, -> (*Schweiz*) gandul *m*
Foul [faʊl] *nt* <-s, -s> (SPORT) falta *f*, penal *m Am*
Foulelfmeter ['faʊlɛlfmeːtɐ] *m* <-s, -> (SPORT) penalti *m*
foulen ['faʊlən] *vt, vi* (SPORT) hacer una falta; **jdn ~** hacerle una falta a alguien
foutieren* *vr:* **sich ~** (*Schweiz: abw*) pasar ampliamente (*um* de)
Foxtrott ['fɔkstrɔt] *m* <-s, -s *o* -e> fox-trot *m*
Foyer [foaˈjeː] *nt* <-s, -s> hall *m*, vestíbulo *m*
Fr (CHEM) *Abk. von* **Francium** Fr
Fr. *Abk. von* **Frau** Sra.
Fracht [fraxt] *f* <-, -en> ❶ (*Ladung*) carga *f*; (NAUT) cargamento *m*, flete *m*; **durchgehende/volle ~** flete corrido/completo; **~ aufnehmen** tomar carga; **etw in ~ nehmen** fletar algo; **~ gegen Nachnahme** porte [*o* carga] contra reembolso

Frachtbrief   266   **frankophon**

❷ (*Gebühr*) porte *m*, gastos *mpl* de transporte
Frachtbrief *m* <-(e)s, -e> carta *f* de porte; (NAUT) guía *f* de carga; (AERO) carta *f* de porte aéreo; **durchgehender** ~ carta de porte directo; **Frachtempfänger(in)** *m(f)* <-s, -; -, -nen> receptor(a) *m(f)* de la carga
Frachtenbahnhof *m* <-(e)s, -höfe> (*Österr: Güterbahnhof*) estación *f* de mercancías, estación *f* de carga *Am*
Frachter *m* <-s, -> buque *m* de carga, carguero *m*
Frachtflugzeug *nt* <-(e)s, -e> avión *m* de carga
frachtfrei *adj* (COM) a porte pagado, franco de porte; **die Lieferung wird ~ zugestellt** el envío se enviará a portes pagados
Frachtführer(in) *m(f)* <-s, -; -, -nen> transportista *mf*; **Frachtgarantie** *f* <-, -n> (COM) garantía *f* de transporte; **Frachtgebühr** *f* <-, -en> flete *m*, derechos *mpl* de transporte; **Frachtgeschäft** *nt* <-(e)s, -e> transacción *f* de carga; **Frachtgut** <-(e)s, -güter> carga *f*, mercancía *f*, flete *m Am*; **etw als ~ schicken** [*o* **versenden**] mandar algo en [*o* por] pequeña velocidad; **Frachtkahn** *m* <-(e)s, -kähne> (NAUT) gabarra *f*, chalana *f*; **Frachtkosten** *pl* portes *mpl*, gastos *mpl* de transporte; **Fracht- und Löschungskosten** costes de carga *f*, transporte; **Frachtlohn** *m* <-(e)s, -löhne> (COM) porte *m*, flete *m*; **Frachtnachnahme** *f* <-, -n> porte *m* contra reembolso; **Frachtnachteil** *m* <-(e)s, -e> (WIRTSCH) desventaja *f* en la carga [*o* en el tráfico de mercancías]; **Frachtraum** *m* <-(e)s, -e> *ohne pl*> bodega *f* de carga; **Frachtrecht** *nt* <-(e)s, *ohne pl*> régimen *m* legal del contrato de transporte; **Frachtschiff** *nt* <-(e)s, -e> buque *m* de carga, carguero *m*; **Frachtstück** *nt* <-(e)s, -e> bulto *m*, paquete *m*; **Frachttarif** *m* <-(e)s, -e> (WIRTSCH) tarifa *f* de carga; **Frachtverkehr** *m* <-s, *ohne pl*> tráfico *m* de mercancías [*o* de carga]; **Frachtversender(in)** *m(f)* <-s, -; -, -nen> expedidor(a) *m(f)*; **Frachtversicherung** *f* <-, -en> seguro *m* de fletes; **Frachtvertrag** *m* <-(e)s, -träge> contrato *m* de transporte [*o* fletamento]; **Frachtzuschlag** *m* <-(e)s, -schläge> sobretasa *f* de transporte
Frack [frak, *pl:* 'frɛkə] *m* <-(e)s, Fräcke> frac *m*, fraque *m*; **die Herren waren alle im ~** (erschienen) los caballeros vinieron todos en frac
Fracksausen *nt:* ~ **haben/bekommen** (*fam: Angst*) tener [*o* pasar] canguelo [*o* canguis]
Frackzwang *nt* <-(e)s, *ohne pl*> obligación *f* de llevar frac; **es herrscht kein ~** no es obligatorio llevar frac [*o* ir de etiqueta]
Frage ['fra:gə] *f* <-, -n> pregunta *f*; (*Problem*) cuestión *f*; **eine ~ zu etw haben** tener una pregunta con respecto a algo; **eine ~ an jdn richten** dirigir una pregunta a alguien; **jdm eine ~ stellen** hacer una pregunta a alguien; **etw in ~ stellen** (*zweifeln*) cuestionar algo; (*gefährden*) poner algo en peligro; **auf eine ~ antworten** responder a una pregunta; **eine ~ beantworten** contestar una pregunta; **vor der ~ stehen, ob ...** encontrarse ante la cuestión [*o* duda], de si...; **das kommt nicht in ~** (*ist ungeeignet*) esto no se puede tomar en cuenta; (*wird auf keinen Fall gemacht*) ¡ni hablar!, ¡de eso nada!; **das ist die (große) ~** esa es la cuestión; **das steht außer ~**, **das ist keine ~** de eso no cabe duda; **gibt es noch ~n?** ¿queda alguna pregunta?; **haben Sie noch ~n?** ¿todavía tiene alguna pregunta?; **eine gute ~!** ¡buena pregunta!; **~ und Antwort stehen** rendir cuentas; **das ist eine ~ des Geldes** es una cuestión de dinero; **auf eine dumme ~ (bekommt man) eine dumme Antwort** ≈ preguntas necias, oídos sordos; **(das ist) ohne ~ eine gute Idee!** ¡sin duda (es) una buena idea!
Fragebogen *m* <-s, -bögen> cuestionario *m*; **einen ~ ausfüllen** cumplimentar un cuestionario; **Fragebogenaktion** *f* <-, -en> campaña *f* de reparto de cuestionarios, operación *f* de reparto de cuestionarios
Fragefürwort *nt* <-(e)s, -wörter> (LING) pronombre *m* interrogativo
frägeln ['frɛːgln] *vi* (*Schweiz*) preguntar algo con tacto o también utilizando cualquier tipo de ardid
fragen ['fra:gən] **I.** *vi, vt* preguntar (*nach* por); **jdn nach dem Weg ~** preguntar a alguien por el camino; **jdn nach dem Ausweis ~** pedir a alguien el documento de identidad; **hat jemand nach mir gefragt?** ¿preguntó alguien por mí?; **ich habe ihn nach seiner Meinung gefragt** le pregunté su opinión; **um Erlaubnis/Rat ~** pedir permiso/un consejo; **sie warf mir einen ~den Blick zu** me miró interrogativamente; **wie alt sind Sie, wenn ich ~ darf?** ¿qué edad tiene Ud., si me permite la pregunta?; **man wird ja wohl noch ~ dürfen** (*fam*) se podrá preguntar, ¿no?; **weißt du, ob sie pünktlich gewesen ist?** – **frag mich nicht** ¿sabes si ha sido puntual? – (a mí) no me digas; **ohne viel zu ~** sin muchos rodeos; **frag nicht so dumm!** ¡no hagas preguntas tan tontas!; **da fragst du noch?** ¿y aún lo preguntas?; **~ kostet nichts** preguntar no cuesta nada; **da fragst du mich zu viel** (*fam*) a eso no te puedo contestar; **jdm Löcher in den Bauch ~** acribillar a alguien a preguntas; **sein Typ ist sehr gefragt** es una persona muy requerida
II. *vr:* **sich ~** preguntarse; **ich frage mich, wie er das gemeint hat** me pregunto qué es lo que ha querido expresar con eso; **es fragt sich, ob ...** habría que ver si...; **da fragt man sich (wirklich), ob das sinnvoll ist** ahí se pregunta uno si eso tiene algún sentido

Fragepronomen *nt* <-s, - *o* -pronomina> pronombre *m* interrogativo; **Fragerecht** *nt* <-(e)s, *ohne pl*> (JUR) derecho *m* de pregunta; **Fragerei** [fra:gə'raɪ] *f* <-, -en> (*abw*) interrogatorio *m*
Fragesatz *m* <-es, -sätze> frase *f* interrogativa; **Fragesteller(in)** *m(f)* <-s, -; -, -nen> encuestador(a) *m(f)*, interrogador(a) *m(f)*; **Fragestellung** *f* <-, -en> ❶ (*Formulierung*) planteamiento *m* de un problema ❷ (*Problem*) problema *m*; **Fragestunde** *f* <-, -n> (POL) hora *f* de interpelaciones; **Fragewort** *nt* <-(e)s, -wörter> partícula *f* interrogativa; **Fragezeichen** *nt* <-s, -> (signo *m* de) interrogación *f*
fragil [fra'giːl] *adj* (*geh*) frágil
Fragilität *f* <-, *ohne pl*> (*geh*) fragilidad *f*
fraglich ['fra:klɪç] *adj* ❶ (*zweifelhaft*) dudoso; (*ungewiss*) incierto; **es ist ~, ob ...** no se sabe si...
❷ (*betreffend*) en cuestión; **zur ~en Zeit** a la hora en cuestión
fraglos *adv* sin duda alguna, sin lugar a dudas
Fragment [fra'gmɛnt] *nt* <-(e)s, -e> fragmento *m*
fragmentarisch [fragmɛn'taːrɪʃ] *adj* fragmentario; **die Handschrift ist nur ~ erhalten** sólo quedan fragmentos del manuscrito
fragwürdig *adj* dudoso; (*verdächtig*) sospechoso; **ein ~es Lokal** un bar de mala reputación
Fragwürdigkeit *f* <-, -en> (*Geschäft*) carácter *m* turbio [*o* sospechoso], licitud *f* dudosa; (*Angelegenheit*) oscuridad *f*; (*Lokal*) mala reputación *f*; **es kursieren Gerüchte über die ~ dieses Politikers** circulan rumores que ponen en entredicho la credibilidad de este político
Fraktion [frak'tsjoːn] *f* <-, -en> ❶ (CHEM, MATH) fracción *f*
❷ (POL) grupo *m* parlamentario, fracción *f* parlamentaria
Fraktionsführer(in) *m(f)* <-s, -; -, -nen> jefe, -a *m, f* de (un) grupo (parlamentario)
fraktionslos *adj* (POL) no adscrito a ningún grupo parlamentario; **nach ihrem Austritt aus der Partei blieb sie ~** al darse de baja de su partido también se quedó sin grupo parlamentario
Fraktionssitzung *f* <-, -en> reunión *f* de un grupo parlamentario; **Fraktionsvorsitzende(r)** *mf* <-n, -n; -n, -n> presidente, -a *m, f* de un grupo parlamentario; **Fraktionszwang** *m* <-(e)s, *ohne pl*> disciplina *f* de voto; **unter ~ abstimmen** votar de acuerdo con lo decidido por el partido
Fraktur¹ [frak'tuːɐ] *f* <-, -en> (MED) fractura *f*
Fraktur² *f* <-, *ohne pl*> (TYPO) letra *f* gótica; **mit jdm ~ reden** decir a alguien cuatro verdades
Frame [freɪm] *m o nt* <-s, -s> (INFOR) estructura *f* de subventanas, frame *m*
Franc [frãː] *m* <-(s), -s> franco *m*
Franchise¹ [frãːˈfiːzə] *f* <-, -n> (*im Versicherungswesen*) franquicia *f*
Franchise² [ˈfrɛntʃaɪz] *nt* <-, *ohne pl*> (WIRTSCH) franquicia *f*
Franchisebasis *f* (WIRTSCH); **etw auf ~ vergeben** adjudicar algo a base de franquicia; **Franchisegeber(in)** *m(f)* <-s, -; -, -nen> (WIRTSCH) franquiciador(a) *m(f)*; **Franchisegebühr** *f* <-, -en> (WIRTSCH) derechos *mpl* de franquicia; **Franchisekonzept** *nt* <-(e)s, -e> (WIRTSCH) concepto *m* de franquicia; **Franchisemakler(in)** *m(f)* <-s, -; -, -nen> (WIRTSCH) agente *mf* de franquicias; **Franchisenehmer(in)** *m(f)* <-s, -, -nen> (WIRTSCH) franquiciado, -a *m, f*; **Franchiseprodukt** *nt* <-(e)s, -e> (WIRTSCH) producto *m* de franquicia
Franchisevertrag *m* <-(e)s, -träge> (JUR) contrato *m* de franquicia
Franchising ['frɛntʃaɪzɪŋ] *nt* <-s, *ohne pl*> (WIRTSCH) franquicia *f*
Francium ['frantsjʊm] *nt* <-s, *ohne pl*> (CHEM) francio *m*
frank [fraŋk] *adv:* **~ und frei** con franqueza, con toda sinceridad
Franke ['fraŋkə] *m*, **Fränkin** *f* <-n, -n; -, -nen> franco, -a *m, f*
Franken¹ ['fraŋkən] *nt* <-s> Franconia *f*
Franken² ['fraŋkən] *m* <-s, -> (*Währung*) franco *m* suizo
Frankfurt ['fraŋkfʊrt] *nt* <-s> Francfort *m*; **~ am Main** Francfort del Main; **an der Oder** Francfort del Oder
Frankfurter *f* <-, -> (GASTR) (salchicha *f* de) frankfurt *m*; **ein Paar ~ mit Senf und Kartoffelsalat, bitte!** ¡un par de frankfurts con mostaza y ensaladilla de patatas, por favor!
frankieren* [fraŋ'kiːrən] *vt* franquear
Frankiermaschine [fraŋ'kiːɐ-] *f* <-, -n> franqueadora *f*
Frankierung *f* <-, -en> franqueo *m*
Fränkin *f* <-, -nen> *s.* **Franke**
fränkisch ['frɛŋkɪʃ] *adj* franco, de Franconia
franko ['fraŋko] *adv* (COM) porte pagado
Frankobrief *m* <-(e)s, -e> carta *f* franca de porte
Frankokanadier(in) *m(f)* <-s, -; -, -nen> francocanadiense *mf*
frankokanadisch *adj* [-----] francocanadiense
frankophil [fraŋko'fiːl] *adj* (*geh*) francófilo
Frankophilie *f* <-, *ohne pl*> (*geh*) francofilia *f*; **musst du denn immer französische Musik hören? deine ~ geht mittlerweile zu weit!** ¿tienes que escuchar siempre música francesa? ¡esta pasión tuya por lo francés es exagerada!
frankophon [fraŋko'foːn] *adj* francófono

Frankopreis *m* <-es, -e> (WIRTSCH) precio *m* franco; **Frankovermerk** *m* <-(e)s, -e> (COM, WIRTSCH) nota *f* de franco transporte
Frankreich ['fraŋkraɪç] *nt* <-s> Francia *f*; **leben wie Gott in ~** vivir como Dios [*o* como un rey]
Franse ['franzə] *f* <-, -n> ❶ (*Decke*) fleco *m* ❷ (*Haar*) flequillo *m*
fransen *vi* deshilacharse
fransig *adj* ❶ (*mit Fransen*) con flecos ❷ (*ausgefranst*) deshilachado
Franzbranntwein ['frants-] *m* <-(e)s, *ohne pl*> alcohol *m* para fricciones
Franziskaner(in) [frantsɪsˈkaːnɐ] *m(f)* <-s, -; -, -nen> (REL) franciscano, -a *m, f*
Franziskanerorden *m* <-s, -> (REL) orden *f* franciscana
Franzose, -zösin [franˈtsoːzə] *m, f* <-n, -n; -, -nen> francés, -esa *m, f*
Franzosenkrankheit *f* <-, *ohne pl*> (*alt*) sífilis *f inv*
französisch [franˈtsøːzɪʃ] *adj* francés
Französisch *nt* <-(s), *ohne pl*>, **Französische** *nt* <-n, *ohne pl*> francés *m*; **er ist in Frankreich, um ~ zu lernen** está en Francia para aprender francés; **sie hat den Text aus dem ~en übersetzt** ha traducido el texto del francés; **~ sprechend** francófono
französischsprachig *adj* de habla francesa, francófono
frappant [fraˈpant] *adj* (*geh*) sorprendente, pasmoso, chocante; **die Ähnlichkeit der Geschwister ist geradezu ~** el parecido de los hermanos es sorprendente [*o* asombroso]
frappieren* [fraˈpiːrən] *vt* ❶ (*überraschen*) asombrar, sorprender ❷ (GASTR) helar
Fräse ['frɛːzə] *f* <-, -n> fresa *f*, fresadora *f*
fräsen ['frɛːzən] *vt* fresar
Fräser ['frɛːzɐ] *m* <-s, -> fresa *f*
Fräsmaschine *f* <-, -n> (máquina *f*) fresadora *f*
fraß [fraːs] *3. imp von* **fressen**
Fraß [fraːs] *m* <-es, -e> ❶ (*für Raubtiere*) comida *f*, alimento *m*; **einem Tier etw zum ~ vorwerfen** echar algo de comer a un animal ❷ (*fam abw: Essen*) bazofia *f*, porquería *f*
fraternisieren* *vi* (*geh*): **mit jdm ~** (con)fraternizar con alguien; **ihm wurde vorgeworfen, er habe mit dem Feind fraternisiert** le acusaron de confraternizar con el enemigo
Fraternisierung *f* <-, *ohne pl*> (*geh*) (con)fraternidad (*mit* con); **den Truppen war jede ~ mit der Bevölkerung verboten** a las tropas les estaba prohibido establecer cualquier tipo de confraternidad con la población
Fratz [frats] *m* <-es, -e> (*fam*) muñeco, -a *m, f*; **ein süßer ~** una monada de niño
Fratze ['fratsə] *f* <-, -n> (*fam*) ❶ (*abw: Gesicht*) facha *f* ❷ (*Grimasse*) mueca *f*; **eine ~ schneiden** [*o* **ziehen**] hacer muecas
frau [frau] *pron indef* una; **da braucht ~ nichts mehr dazu zu sagen** a eso una ya no tiene que añadir nada más
Frau [frau] *f* <-, -en> ❶ (*allgemein*) mujer *f*; **zur ~ werden** hacerse mujer; **eine ~ von Welt** una mujer de mundo ❷ (*Ehe-*) mujer *f*, esposa *f*; **seine geschiedene ~** su ex-mujer; **seine zukünftige ~** su futura mujer ❸ (*Anrede: vor dem Nachnamen*) señora *f*; (*vor dem Vornamen*) doña *f*; **~ Doktor** doctora; **Unsere Liebe ~** (REL) Nuestra Señora, la Santísima Virgen
Frauchen ['frauçən] *nt* <-s, -> (*Haustierbesitzerin*) dueña *f*; **sei ein braver Hund und komm zu ~!** ¡sé (un perro) bueno y ven con tu ama!
fraudulös [fraudu'løːs] *adj* fraudulento
Frauenarbeit[1] *f* <-, -en> (*typische Arbeit einer Frau*) trabajo *m* para mujeres; **die Arbeit am Presslufthammer ist keine ~** el trabajo con el martillo neumático no es para mujeres
Frauenarbeit[2] *f* <-, *ohne pl*> ❶ (*Erwerbstätigkeit von Frauen*) trabajo *m* de (una) mujer; **in vielen Firmen wird ~ niedriger entlohnt als vergleichbare Arbeit von Männern** en muchas empresas, el trabajo que ejecutan las mujeres está menos remunerado que el que en comparación realizan los hombres ❷ (*Arbeit zugunsten der Frau*) trabajo *m* en pro de la mujer
Frauenarzt, -ärztin *m, f* <-es, -ärzte; -, -nen> ginecólogo, -a *m, f*; **Frauenbeauftragte(r)** *mf* <-n, -n; -, -n> (POL) delegado, -a *m, f* de la mujer; **Frauenberuf** *m* <-(e)s, -e> profesión *f* de mujer; **Erzieherin ist immer noch ein typischer ~** la de educadora continúa siendo una típica profesión de mujer; **Frauenbewegung** *f* <-, *ohne pl*> movimiento *m* feminista
frauenfeindlich *adj* misógino
Frauenförderung *f* <-, *ohne pl*> fomento *m* de las mujeres; **Frauenfrage** *f* <-, -n> cuestión *f* de los derechos de la mujer; **Frauenschichten** *fpl* (*fam*) rollos *mpl* con mujeres; **Frauengruppe** *f* <-, -n> (*Verband*) organización *f* feminista; (*kleine Gruppe*) grupo *m* de mujeres (*que se reúne para discutir sus problemas*); **Frauenhaar** *nt* <-(e)s, -e> ❶ (*das Haar einer Frau*) cabello *m* de una mujer ❷ (BOT) culantrillo *m* (dorado); **Frauenhand** *f* <-, -hände> mano *f* de una mujer; **von (zarter) ~** por una mano femenina (y suave); **Frauenhaus** *nt* <-es, -häuser> casa *f* refugio para mujeres (maltratadas); **Frauenheilkunde** *f* <-, *ohne pl*> (MED) ginecología *f*; **Fachärztin für ~ und Geburtshilfe** médica especialista en ginecología y obstetricia, ginecóloga y tocóloga; **Frauenheld** *m* <-en, -en> Don Juan (Tenorio) *m*, tenorio *m*; **Frauenkenner** *m* <-s, -> conocedor *m* de las mujeres, entendido *m* en mujeres; **er hält sich für einen ~** se cree que conoce a las mujeres; **Frauenklinik** *f* <-, -en> clínica *f* ginecológica; **Frauenleiden** *nt* <-s, -> enfermedad *f* de la mujer; **Frauenmörder** *m* <-s, -> asesino *m* de mujeres; **Jack the Ripper war einer der berüchtigsten ~** Jack el Destripador fue uno de los más tristemente famosos asesinos de mujeres; **Frauenpolitik** *f* <-, *ohne pl*> política *f* de la mujer; **Frauenquote** *f* <-, -n> cuota *f* femenina
Frauenrechtler(in) ['frauənreçtlɐ] *m(f)* <-s, -; -, -nen> feminista *mf*
Frauenschuh *m* <-(e)s, -e> (BOT) zapato *m* de Venus, cipripedio *m*; **Frauenstimme** *f* <-, -n> voz *f* de mujer; **Frauentaxi** *nt* <-s, -s> taxi *m* para mujeres; **Frauenüberschuss**[RR] *m* <-es, -schüsse> número *m* superior de mujeres; **Frauenwahlrecht** *nt* <-(e)s, *ohne pl*> derecho *m* de voto de la mujer; **Frauenzeitschrift** *f* <-, -en> revista *f* femenina; **Frauenzimmer** *nt* <-s, -> (*abw*) mujerzuela *f*, chancleta *f Am*
Fräulein ['frɔɪlaɪn] *nt* <-s, -> señorita *f*
fraulich *adj* femenino
Fraulichkeit *f* <-, *ohne pl*> femin(e)idad *f*
frdl. *Abk. von* **freundlich** amable
Freak [friːk] *m* <-s, -s> (*fam*) pasota *mf*
freakig *adj* (*fam*) pasota; (*spleenig*) tocado; (*exzentrisch*) extravagante; (*seltsam*) raro
frech [frɛç] *adj* ❶ (*respektlos*) insolente, impertinente, conchudo *Am*, fregado *Am*, pechugón *Am*, zafado *Am*, cachafaz *SAm*, impávido *Chil*; **halt deinen ~en Mund!** ¡cierra el pico!; **~ werden** ponerse impertinente; **jdm ~ kommen** ser descarado con alguien; **sich ~ benehmen** ser insolente; **er ist ~ wie Oskar** es un frescales, es un caradura ❷ (*keck*) desvergonzado, atrevido; (*Kleidung*) descocado
Frechdachs *m* <-es, -e> (*fam*) sinvergüenza *mf*, fresco, -a *m, f*
Frechheit[1] *f* <-, *ohne pl*> impertinencia *f*, desfachatez *f*
Frechheit[2] *f* <-, *ohne pl*> (*Frechsein*) impertinencia *f*, desfachatez *f*, lisura *f Am*, concha *f Am*, pechuga *f Am*, impavidez *f Chil*; **das ist der Gipfel der ~** eso es el colmo de la impertinencia; **die ~ haben** [*o* **besitzen**] **zu ...** tener la cara de ...
Freeclimbing[RR] *nt* <-s, *ohne pl*>, **Free Climbing**[RR] ['friː klaɪmɪŋ] *nt* <- -s, *ohne pl*> escalada *f* libre
Freesie ['freːzjə] *f* <-, -n> (BOT) iris *m* germánico, lirio *m* cárdeno
Fregatte [freˈgatə] *f* <-, -n> (MIL) fragata *f*
Fregattenkapitän *m* <-s, -e> capitán *m* de fragata
frei [fraɪ] *adj* ❶ (*unabhängig*) libre; (*in Freiheit*) en libertad; **~er Mitarbeiter** colaborador *m*; **das ist alles ~ erfunden** eso es pura invención; **~ lebend** (que vive) en libertad; **~e Hand haben** tener carta blanca; **jdm ~e Hand lassen** dejar vía libre a alguien; **aus ~en Stücken** voluntariamente; **~ sprechen** hablar sin papeles; **sie kann ~ wählen** puede escoger libremente; **~e und geheime Wahlen** elecciones libres y secretas; **~ laufende Hühner** gallinas criadas en libertad; **der Verbrecher läuft noch ~ herum** el criminal anda suelto todavía; **für Kinder ab 12 Jahren** permitido para niños a partir de los 12 años; **sich** *dat* **einen ~en Tag nehmen**, **sich** *dat* **einen Tag ~ nehmen** pedir [*o* tomar] un día libre; **Donnerstag ist ~** el jueves es festivo ❷ (*befreit*) libre (*von* de), exento (*von* de); **der ~e Fall** la caída libre; **sie ist ~ von Vorurteilen** está libre de prejuicios; **jdn auf ~en Fuß setzen** poner [*o* dejar] a alguien en libertad; **für etw ~e Fahrt geben** dar luz verde a algo ❸ (*offen*) abierto, descubierto; **unter ~em Himmel** al aire libre; **~ lassen** (*nicht besetzen*) dejar libre, no ocupar; (*nicht beschreiben*) dejar en blanco; **~ stehen** (*Haus, Baum*) estar aislado; (*Spieler*) estar descubierto ❹ (*Stuhl*) libre; (*Arbeitsstelle*) vacante; **ist hier ~?** ¿está libre?; **Zimmer ~!** se alquila habitación; **einen Platz ~ machen** hacer sitio ❺ (*kosten*) gratuito, libre de gastos; **~ an Bord** (COM) franco a bordo; **~ Längsseite Seeschiff** (COM) franco al costado del buque; **Eintritt ~** entrada gratuita; **wir liefern ~ Haus** suministramos franco domicilio; **zur ~en Verfügung stehen** estar a libre disposición ❻ (*Ansichten*) liberal ❼ (*~mütig*) franco, abierto; **ich bin so ~** me tomo la libertad
Freibad *nt* <-(e)s, -bäder> piscina *f* (descubierta)
frei|bekommen* *irr* I. *vi* (*Freizeit*) tener (el día) libre; **wegen einer Besprechung haben alle Schüler ~** a causa de una reunión les han dado el día libre a todos los alumnos; **könnte ich am Freitag ~?** ¿podría tomarme el viernes libre?; **ich habe heute von meinem Chef den Nachmittag ~** hoy el jefe me ha dado la tarde libre

Freiberufler

II. *vt* (conseguir) liberar; **einen Gefangenen** ~ liberar a un prisionero; **einen festgefahrenen Wagen** ~ liberar un coche atrapado
Freiberufler(in) *m(f)* <-s, -; -, -nen> profesional *mf* libre; **als ~ arbeiten** ejercer una profesión liberal
freiberuflich *adj* de profesión liberal; **~ tätig sein** trabajar por cuenta propia, trabajar como autónomo
Freibetrag *m* <-(e)s, -träge> importe *m* libre de impuestos
Freibeuter *m* <-s, -> (HIST) filibustero *m*
Freibeuterei *f* <-, *ohne pl*> (HIST) piratería *f*, filibusterismo *m*
Freibeweis *m* <-es, -e> (JUR) prueba *f* libre
Freibier *nt* <-s, *ohne pl*> cerveza *f* gratuita
freibleibend *adj* (WIRTSCH) sin compromiso; **~es Angebot** oferta sin compromiso; **etw ~ anbieten** ofrecer algo sin ningún compromiso
Freibrief *m* <-(e)s, -e> **kein ~ für etw sein** no ser una carta blanca [*o* un cheque en blanco] para algo
Freiburg ['fraɪbʊrk] *nt* <-s> Friburgo *m*
Freidenker(in) *m(f)* <-s, -; -, -nen> librepensador(a) *m(f)*
Freie ['fraɪə] *nt* <-n, -n> aire *m* libre; **im ~n** al aire libre; **ins ~ gehen** salir al aire libre
freien I. *vi* (*alt*): **um jdn** ~ cortejar a alguien
II. *vt* (*alt*) matrimoniar, casarse con; **sie kannten sich erst wenige Wochen, als er sie freite** apenas se conocían unas semanas cuando contrajo matrimonio con ella
Freier ['fraɪɐ] *m* <-s, -> (*fam*) cliente *m* de una prostituta
Freiersfüße *mpl*: **auf ~n wandeln** [*o* **gehen**] (*iron*) ir a la caza de una mujer casadera
Freiexemplar *nt* <-(e)s, -e> ejemplar *m* gratuito; **Freifahrt** *f* <-, -en> viaje *m* gratuito; **Freifläche** *f* <-, -n> superficie *f* libre
Freifrau *f* <-, -en> (*a.* HIST) baronesa *f*
Freigabe *f* <-, -n> ① (*von Personen*) liberación *f*; **die ~ eines Mitarbeiters/eines Spielers** la liberación de un trabajador/de un jugador; **die ~ eines Gefangenen** la puesta en libertad de un preso
② (*beschlagnahmter Sachen*) desembargo *m*, levantamiento *m* del embargo
③ (*verbotener Sachen*) autorización *f*, liberalización *f*; **die ~ leichter Drogen fordern** exigir la liberalización de las drogas blandas
④ (*gesperrten Guthabens*) desbloqueo *m*
⑤ (*bisher festgesetzter Sachen*) descongelación *f*; (*von Preisen*) liberalización *f*; **die ~ des Aktienkurses** el desbloqueo de la cotización de las acciones
⑥ (*nicht zugänglicher Bereiche*) apertura *f*; **die ~ einer Straße für den Verkehr** la apertura al tráfico de una calle
Freigabeanspruch *m* <-(e)s, -sprüche> (JUR) derecho *m* de restitución; **Freigabefiktion** *f* <-, -en> (JUR) restitución *f* ficticia; **Freigabeklausel** *f* <-, -n> (JUR) cláusula *f* de restitución; **Freigabeversprechen** *nt* <-s, -> (JUR) promesa *f* de restitución
Freigang *m* <-(e)s, -gänge> (JUR) (salida *f* de) permiso *m* (cuando se tiene régimen abierto)
Freigänger(in) ['fraɪɡɛŋɐ] *m(f)* <-s, -; -, -nen> (JUR) recluso, -a *m, f* en régimen abierto
freigeben *irr* vt ① (*Gefangene*) poner en libertad
② (*Guthaben*) desbloquear
③ (*Straße*) abrir al tráfico; **den Weg ~** franquear el paso
④ (*Arzneimittel, Film*) autorizar; **etw zum Verkauf ~** autorizar la venta de algo
⑤ (*Preise*) liberalizar
II. *vi*: **jdn ~** dar libre a alguien; **ich gebe Ihnen zwei Stunden frei** le doy dos horas libres
freigebig ['fraɪɡeːbɪç] *adj* desprendido, generoso, obsequioso *Mex*
Freigebigkeit *f* <-, *ohne pl*> generosidad *f*, liberalidad *f*
Freigehege *nt* <-s, -> espacio *m* al aire libre (*donde los animales pueden ser observados en su hábitat natural*)
Freigeist *m* <-es, -er> *s.* **Freidenker**
freigelassen *adj*: **bedingt ~** (JUR) en libertad condicional
Freigelassene(r) *mf* <-n, -n; -, -n> (HIST) liberto, -a *m, f*, manumiso, -a *m, f*
Freigepäck *nt* <-(e)s, *ohne pl*> equipaje *m* permitido
Freigrenze *f* <-, -n> (FIN) límite *m* de exención, límite *m* exento; (*für Zollwaren*) cantidad *f* máxima (que se puede pasar por aduana sin pagar tasas); (*für Gepäck*) límite *m* permitido de peso
freihaben *irr vi* (*fam*) tener libre, librar
Freihafen *m* <-s, -häfen> puerto *m* franco
freihalten *irr vt* ① (*reservieren*) guardar
② (*Durchgang*) dejar libre; **Ausfahrt ~** no aparcar; **jdm den Rücken ~** respaldar a alguien
③ (*Zeche*) pagar, cargar con los gastos
Freihandel *m* <-s, *ohne pl*> (WIRTSCH) comercio *m* libre; **Freihandelsabkommen** *nt* <-s, -> (WIRTSCH) tratado *m* de libre comercio; **Freihandelszone** *f* <-, -n> (WIRTSCH) zona *f* de libre comercio

freimachen

freihändig ['fraɪhɛndɪç] *adj* (*Fahrrad fahren*) sin manos; (*schießen*) sin apoyo
Frei-Haus-Lieferung *f* <-, -en> (COM) entrega *f* franca a domicilio
Freiheit¹ ['fraɪhaɪt] *f* <-, *ohne pl*> libertad *f*; (*Unabhängigkeit*) independencia *f*; **seine ~ verlieren** perder su independencia; **jdm die ~ schenken** poner a alguien en libertad
Freiheit² ['fraɪhaɪt] *f* <-, -en> (*Recht*) libertad *f*; **dichterische ~** licencia poética; **staatsbürgerliche ~en** libertades civiles; **wirtschaftliche ~** libertad económica; **~ des Wettbewerbs/des Zahlungsverkehrs** libertad de competencia/del tráfico monetario; **alle ~en haben** [*o* **genießen**] tener todas las libertades; **sich** *dat* **die ~ nehmen etw zu tun** tomarse la libertad de hacer algo
freiheitlich *adj* liberal; **~ demokratische Grundordnung** (JUR) orden fundamental libre democrática
Freiheitsberaubung *f* <-, -en> (JUR) privación *f* de la libertad individual, detención *f* ilegal; **Freiheitsdrang** *m* <-(e)s, *ohne pl*> sed *f* de libertad
freiheitsentziehend *adj* (JUR) privador de libertad; **~e Maßregeln** medidas privadoras de libertad
Freiheitsentzug *m* <-(e)s, *ohne pl*> (JUR) reclusión *f*; **Freiheitskampf** *m* <-(e)s, -kämpfe> lucha *f* por la independencia; **Freiheitskämpfer(in)** *m(f)* <-s, -; -, -nen> persona *f* que lucha por la libertad [*o* la independencia]; **Freiheitskrieg** *m* <-(e)s, -e> guerra *f* de independencia
freiheitsliebend *adj* amante de la libertad; **Katzen sind ~e Tiere** los gatos son animales que aman la libertad
Freiheitsrecht *nt* <-(e)s, -e> (JUR) derecho *m* de libertad; **Freiheitsschutz** *m* <-es, *ohne pl*> protección *f* de la libertad; **Freiheitsstatue** *f*: **die (amerikanische) ~** la estatua de la Libertad; **Freiheitsstrafe** *f* <-, -n> (JUR) reclusión *f*; **lebenslängliche ~** prisión [*o* cadena] perpetua; **Aussetzung der ~ zur Bewährung** suspensión condicional de la privación de libertad; **erstvollzogene ~** ejecución de la primera privación de libertad; **kurzfristige ~** pena de privación de libertad a corto plazo; **lebenslange ~** pena de privación de libertad perpetua; **zeitige ~** pena de privación de libertad temporal; **er wurde zu einer ~ verurteilt** le han impuesto pena privativa de libertad; **er muss eine ~ von drei Jahren abbüßen** lo condenaron a tres años de prisión; **Freiheitsverbürgung** *f* <-, -en> (JUR) fianza *f* de libertad condicional; **Freiheitsvermutung** *f* <-, -en> (JUR) presunción *f* de libertad
freiheraus *adv* directamente, sin tapujos; **etw ~ sagen** decir algo con toda franqueza; **etw ~ zugeben** reconocer algo abiertamente
Freiherr *m* <-(e)n, -en> (*a.* HIST) barón *m*
freiherrlich *adj* relativo al barón y/o a la baronesa; **Anette von Droste-Hülshoff stammt aus einer westfälischen ~en Familie** Anette von Droste-Hülshoff procede de una familia de barones westfalianos; **er zog sich auf seine ~en Güter zurück** se retiró a su baronía
Freikarte *f* <-, -n> entrada *f* gratuita
freikaufen *vt* pagar el rescate (para)
Freikirche *f* <-, -n> (REL) Iglesia *f* libre (*iglesia protestante independiente del Estado o del land*)
Freiklettern *nt* <-s, *ohne pl*> escalada *f* libre
freikommen *vi irr sein* ser puesto en libertad (*aus de*); **endlich kamen die Geiseln frei** los rehenes fueron puestos finalmente en libertad
Freikörperkultur *f* <-, *ohne pl*> nudismo *m*, desnudismo *m*
Freikorps *nt* <-, -> (HIST, MIL) cuerpo *m* de voluntarios
Freiland *nt* <-(e)s, *ohne pl*> (AGR) campo *m* (de cultivo); **auf/im ~** al descubierto, al aire libre; **Freilandgemüse** *nt* <-s, -> (AGR) hortalizas *fpl* cultivadas al descubierto; **Freilandkultur** *f* <-, -en> (AGR) cultivo *m* al aire libre (*y no en invernaderos*)
freilassen *irr vt* dejar en libertad, soltar
Freilassung *f* <-, -en> puesta *f* en libertad, liberación *f*
Freilauf *m* <-(e)s, -läufe> (TECH) (*Werkzeug*) rueda *f* libre; (*Auto, Fahrrad*) piñón *m* libre
==freilaufend== *adj s.* **frei 1.**
==freilebend== *adj s.* **frei 1.**
freilegen *vt* poner al descubierto; **antike Ruinen ~** descubrir [*o* excavar] ruinas antiguas
Freilegung *f* <-, -en> (*Ruinen*) excavación *f*; (*Trümmer*) limpieza *f*
Freileitung *f* <-, -en> cable *m* de alta tensión (aéreo)
freilich ['fraɪlɪç] *adv* ① (*allerdings*) sin embargo, de hecho; **es scheint ~ nicht leicht zu sein** sin embargo, no parece ser fácil
② (*südd: selbstverständlich*) naturalmente, claro que sí
Freilichtbühne *f* <-, -n> teatro *m* al aire libre; **Freilichtkino** *nt* <-s, -s> cine *m* al aire libre; **Freilichttheater** *nt* <-s, -> teatro *m* al aire libre
Freilos *nt* <-es, -e> ① (SPORT) exento *m*
② (*Lotterielos*) billete *m* de lotería gratuito
freimachen I. *vt* ① (*frankieren*) franquear
② (*fam: nicht arbeiten*) tomar vacaciones; **eine Woche ~** tomar una

semana de vacaciones
II. *vr:* **sich** ~ (*beim Arzt*) desnudarse, quitarse la ropa
Freimaurer *m* <-s, -> masón *m*
Freimaurerei *f* <-, *ohne pl*> (franc)masonería *f*
freimaurerisch *adj* (franc)masón
Freimaurerloge *f* <-, -n> logia *f* (masónica)
Freimut *m* <-(e)s, *ohne pl*> franqueza *f*, sinceridad *f*
freimütig ['fraimy:tɪç] I. *adj* franco, sincero
II. *adv* con franqueza
Freimütigkeit *f* <-, *ohne pl*> franqueza *f*, sinceridad *f*
frei|nehmen *irr vt, vi* tomarse libre; (**sich** *dat*) **eine Woche** ~ tomar(se) una semana libre
Freiplatz *m* <-es, -plätze> ❶ (*kostenloser Platz*) invitación *f*; **ich habe zwei Freiplätze für das Konzert, möchtest du mit?** tengo dos invitaciones para el concierto, ¿quieres venir?
❷ (*Stipendium*) beca *f*
frei|pressen *vt:* **jdn** ~ conseguir la libertad de alguien (utilizando el chantaje); **die Terroristen versuchten ihren Anführer freizupressen** los terroristas, a través del chantaje, intentaron conseguir la puesta en libertad de su cabecilla
Freiraum *m* <-(e)s, *ohne pl*> (PSYCH) libertad *f* de movimiento [*o* de acción]
freireligiös *adj* (*Einstellung*) aconfesional; (*Gemeinschaft*) de religión libre
freischaffend *adj* independiente; **~er Künstler** artista independiente
Freischaffende(r) *mf* <-n, -n; -n, -n> "freelance" *mf*, trabajador(a) *m(f)* autónomo, -a
Freischärler(in) *m(f)* <-s, -; -, -nen> guerrillero, -a *m, f*; **Regierungseinheiten und** ~ **lieferten sich** *dat* **erbitterte Kämpfe** hubo luchas encarnizadas entre la guerrilla y las tropas gubernamentales
frei|schaufeln *vt* abrir a golpe de pala; (*einen Gegenstand*) sacar a golpe de pala; **einen Schatz** ~ desenterrar un tesoro; **einen verschütteten Eingang** ~ desembarazar de escombros una entrada; **eine zugeschneite Straße** ~ hacer transitable una calle cegada por la nieve
frei|schießen *vt irr:* **sich** *dat* **den Weg** ~ abrirse paso a tiros
frei|schwimmen *irr vr:* **sich** ~ (*selbständig werden*) independizarse
Freischwimmen *m:* **den** ~ **machen** hacer un examen oficial de natación; **Freischwimmerzeugnis** *nt* <-ses, -se> título *m* de natación (*que acredita haber superado la prueba de los 15 minutos de natación*)
frei|setzen *vt* (*Energie*) liberar
Freisetzung *f* <-, -en> liberación *f*
freisinnig ['fraizinɪç] *adj* liberal
frei|sprechen *irr vt* (JUR) absolver, declarar inocente; **er wurde wegen erwiesener Unschuld freigesprochen** fue absuelto después de haber probado su inocencia
Freispruch *m* <-(e)s, -sprüche> (JUR) absolución *f*; ~ **aus Mangel an Beweisen** absolución por falta de pruebas; ~ **wegen erwiesener Unschuld** absolución por inocencia probada; **auf** ~ **plädieren** abogar por la absolución
Freistaat *m* <-(e)s, -en> estado *m* libre; **der** ~ **Bayern** el estado libre de Baviera
Freistatt *f* <-, -stätten>, **Freistätte** *f* <-, -n> (geh) refugio *m*
frei|stehen *irr vi* ❶ (*leer stehen*) estar desocupado [*o* deshabitado]
❷ (*überlassen sein*): **etw steht jdm frei** alguien es libre de decidir algo; **es steht Ihnen frei, das zu tun** Ud. es el que decide si hacerlo o no
frei|stellen *vt* ❶ (*befreien*) eximir (*von* de), dispensar (*von* de); **jdn von etwas** ~ eximir a alguien de algo; **er wurde zwei Tage für diese Arbeit freigestellt** le dispensaron por dos días para que realizara aquel trabajo
❷ (*anheim stellen*) dejar optar [*o* elegir]; **es wurde uns freigestellt, daran teilzunehmen** nos dejaron elegir si queríamos participar o no
Freistellung *f* <-, -en> excedencia *f*, exención *f*; ~ **abgestimmter Verhaltensweisen** (JUR) dispensa de determinada conducta; ~ **von Haftung** (JUR) exoneración de responsabilidad; ~ **vom Wehrdienst** exención del servicio militar
Freistellungsanspruch *m* <-(e)s, -sprüche> (JUR) derecho *m* a la liberación; **Freistellungsbescheid** *m* <-(e)s, -e> (JUR) resolución *f* de exención; **Freistellungsklausel** *f* <-, -n> (JUR) cláusula *f* de exención; **Freistellungspflicht** *f* <-, *ohne pl*> (JUR) deber *m* de exención; **Freistellungsregelung** *f* <-, -en> (JUR) régimen *m* de exenciones; **Freistellungsschein** *m* <-(e)s, -e> (JUR) certificado *m* de exención; **Freistellungsvoraussetzung** *f* <-, -en> (JUR) requisito *m* de exención; **Freistellungszeitraum** *m* <(e)s, -räume> (JUR) periodo *m* de exención
Freistempel *m* <-s, -> (sello *m* del) franqueo *m*
Freistil *m* <-(e)s, *ohne pl*> (SPORT) estilo *m* libre; **Freistilringen** *nt* <-s, *ohne pl*> (SPORT) lucha *f* libre; **Freistilschwimmen** *nt* <-s, *ohne pl*> (SPORT) natación *f* (de estilo) libre
Freistoß *m* <-es, -stöße> (SPORT) (lanzamiento *m* de) falta *f*; **direkter/indirekter** ~ falta directa/indirecta
Freistunde *f* <-, -n> (SCH) hora *f* libre; **eine** ~ **haben** tener una hora libre
Freitag ['fraita:k] *m* <-(e)s, -e> ❶ (*Wochentag*) viernes *m;* ~ **der 13.** viernes trece; (*Unglückstag*) martes y trece; *s. a.* **Montag**
❷ (*Schweiz: Feiertag*) día *m* festivo
freitags *adv* los viernes
Freitod *m* <-(e)s, -e> suicidio *m;* **den** ~ **wählen** suicidarse; **Freiton** *m* <-(e)s, -töne> (TEL) tono *m* de marcar [*o* de llamada]
freitragend *adj* (ARCHIT) sin soportes, sin columnas; (*Brücke*) suspendido; **das Dach der Festhalle war eine ~e Konstruktion aus Stahl und Glas** el techo de la sala de fiestas era una construcción a base de acero y cristal desprovista de columnas
Freitreppe *f* <-, -n> (ARCHIT) escalinata *f;* **Freiübung** *f* <-, -en> (SPORT) gimnasia *f* (sin aparatos)
Freiumschlag *m* <-(e)s, -schläge> sobre *m* franqueado; **benutzen Sie bitte den beigefügten** ~ utilicen por favor el sobre franqueado que se adjunta
Freiverkehr *m* <-(e)s, *ohne pl*> (FIN) mercado *m* extraoficial [*o* libre]; **geregelter** ~ mercado libre regulado; **Freiverkehrshändler(in)** *m(f)* <-s, -; -, -nen> (FIN) corredor(a) *m(f)*
freiweg *adv* (*fam*) directamente, con franqueza; **sag mir nur** ~**, was los ist** dime sin ambages [*o* sin rodeos] qué es lo que pasa
Freiwild *nt* <-(e)s, *ohne pl*> caza *f* libre
freiwillig *adj* voluntario; **~e Feuerwehr** cuerpo voluntario de bomberos; **etw** ~ **tun** hacer algo voluntariamente; **sich** ~ **zu etw melden** apuntarse voluntariamente a algo
Freiwillige(r) ['fraivilɪɡə] *mf* <-n, -n; -n, -n> voluntario, -a *m, f*; ~ **vor!** ¡que se presenten los voluntarios!
Freiwilligkeit *f* <-, *ohne pl*> espontaneidad *f*
Freiwurf *m* <-(e)s, -würfe> (SPORT) tiro *m* libre; **Freizeichen** *nt* <-s, -> (TEL) señal *f* para marcar
Freizeichnung *f* <-, -en> (JUR) exoneración *f* (de responsabilidad)
Freizeichnungsklausel *f* <-, -n> (JUR) cláusula *f* de exoneración de responsabilidad; **Freizeichnungsverbot** *nt* <-(e)s, -e> (JUR) prohibición *f* de exoneración, prohibición *f* de limitación de responsabilidad
Freizeit¹ *f* <-, *ohne pl*> (*arbeitsfreie Zeit*) tiempo *m* libre [*o* de ocio]; **in meiner** ~ en mi tiempo de ocio
Freizeit² *f* <-, -en> (*Zeltlager*) campamento *m*
Freizeitaktivität *f* <-, -en> actividad *f* de tiempo libre; **Freizeitausgleich** *m* <-(e)s, *ohne pl*> tiempo libre como compensación de la tensión sufrida durante las horas de trabajo; **Freizeitbekleidung** *f* <-, -en> *s.* **Freizeitkleidung**; **Freizeiteinrichtungen** *fpl* centros *mpl* de ocio; **Freizeitgesellschaft** *f* <-, *ohne pl*> (SOZIOL) sociedad *f* del ocio; **Freizeitgestaltung** *f* <-, -en> planificación *f* del tiempo libre; **Freizeithemd** *nt* <-(e)s, -en> camisa *f* de ocio; **Freizeitindustrie** *f* <-, -n> industria *f* del ocio; **Freizeitkleidung** *f* <-, -en> ropa *f* de andar por casa *fam*; **Freizeitpark** *m* <-(e)s, -s> parque *m* de atracciones; **Freizeitweltmeister** *m* <-s, -> (*fam*) campeón *m* mundial del ocio; **Freizeitwert** *f* <-, *ohne pl*>: **eine Anlage mit hohem** ~ una instalación de alto valor para actividades de ocio
Freizone *f* <-, -n> (COM) zona *f* franca
freizügig ['fraitsy:ɡɪç] *adj* ❶ (*großzügig*) generoso
❷ (*Film, Buch*) liberal
Freizügigkeit *f* <-, *ohne pl*> ❶ (*Großzügigkeit*) generosidad *f*, desprendimiento *m*
❷ (*Ungezwungenheit: im Umgang*) desenfado *m*, desparpajo *m*; (*des Moralbegriffs*) liberalidad *f*; (*der Kleidung*) atrevimiento *m*; **die geltende Moral ist im Vergleich zu früher von größerer** ~ la moral reinante es, comparada con la de tiempos atrás, mucho más liberal; **die** ~ **ihres Ausschnitts war ihr bei dem unerwarteten Zusammentreffen etwas peinlich** el atrevido escote que llevaba le resultó embarazoso en su encuentro casual
❸ (*Freiheit in der Wahl des Wohnortes*) libertad *f* en la elección del lugar de residencia
fremd [frɛmt] *adj* ❶ (*ausländisch*) extranjero; (*aus anderem Ort*) forastero; **ich bin hier** ~ no soy de aquí; ~**e Sprachen lernen** aprender idiomas
❷ (*anderen gehörend*) ajeno, de otro(s); **in ~em Namen und für ~e Rechnung** (COM) en nombre y por cuenta ajena; **sich in ~e Angelegenheiten einmischen** meterse en asuntos ajenos; **ohne ~e Hilfe** sin ayuda de otro(s); **ein Buch unter ~em Namen herausgeben** publicar un libro bajo un seudónimo; **etw geht in ~e Hände über** algo pasa a manos ajenas; **sich mit ~en Federn schmücken** (*fig*) adornarse con los méritos de otro(s)
❸ (*unbekannt*) desconocido; **das ist mir** ~ no lo conocía
❹ (*~artig*) extraño
fremdartig ['frɛmtaːɐ̯tɪç] *adj* (*ungewöhnlich*) extraño, raro; (*fremd*) extranjero

Fremdartigkeit f <-, ohne pl> extrañeza f, exotismo m
Fremdaufwendungen fpl (FIN) gastos mpl extraordinarios; **Fremdbeleg** m <-(e)s, -e> (WIRTSCH) justificante m por terceros; **Fremdbesitzerexzess**^RR m <-es, -e> (JUR) exceso m de posesión natural
Fremdbestäubung f <-, -en> (BOT) alogamia f
fremdbestimmt adj determinado por fuerzas ajenas
Fremde^1 ['frɛmdə] f <-, ohne pl> (geh: Land) (país m) extranjero m; **in der ~** en el extranjero; **in die ~ gehen** irse al extranjero
Fremde(r)^2 mf <-n, -n; -n, -n> ① (aus einem anderem Land) extranjero, -a m, f; (aus einem anderem Ort) forastero, -a m, f
② (Unbekannter) desconocido, -a m, f
fremdeln vi (Kind) ser tímido con extraños
fremden ['frɛmdən] vi (Schweiz) s. **fremdeln**
fremdenfeindlich adj xenófobo, hostil hacia los extranjeros
Fremdenfeindlichkeit f <-, ohne pl> xenofobia f, hostilidad f hacia los extranjeros
Fremdenführer^1 m <-s, -> (Buch) guía f turística
Fremdenführer(in)^2 m(f) <-s, -; -, -nen> (Person) guía mf turístico, -a
Fremdenlegion f <-, ohne pl> (MIL) legión f extranjera, tercio m extranjero; **Fremdenlegionär** m <-s, -e> (MIL) legionario m; **Fremdenrecht** nt <-(e)s, ohne pl> (JUR) derecho m de extranjería
Fremdensorger m <-s, -> empresa f de terceros que elimina residuos
Fremdenverkehr m <-(e)s, ohne pl> turismo m; **Fremdenverkehrsamt** nt <-(e)s, -ämter> oficina f de turismo; **Fremdenverkehrssteuern** fpl impuesto m sobre el turismo; **Fremdenverkehrsverein** m <-(e)s, -e> s. **Fremdenverkehrsamt**; **Fremdenverkehrszentrum** nt <-s, -zentren> oficina f de turismo
Fremdenzimmer nt <-s, -> ① (Hotelzimmer) habitación f
② (Gästezimmer) cuarto m de huéspedes, habitación f de huéspedes
fremdfinanzieren vt financiar con recursos ajenos
Fremdfinanzierung f <-, -en> (FIN) financiación f externa; **Fremdgefährdung** f <-, -en> (JUR) riesgo m ajeno
fremd|gehen irr vi sein (fam) ser infiel, tener una aventurita, poner los cuernos a alguien abw
Fremdgeld nt <-(e)s, ohne pl> recursos mpl ajenos; **Fremdgeschäftsführungswille** m <-ns, ohne pl> deseo m de gerencia ajena; **Fremdhaftung** f <-, -en> (JUR) responsabilidad f ajena
Fremdheit f <-, ohne pl> extrañeza f, exotismo m
Fremdherrschaft f <-, ohne pl> (POL) dominación f extranjera; **Fremdinvestition** f <-, -en> (FIN, WIRTSCH) inversión f en empresas ajenas; **Fremdkapital** nt <-s, ohne pl> (WIRTSCH) capital m ajeno, recursos mpl de terceros; **Fremdkörper** m <-s, -> (MED, BIOL) cuerpo m extraño
fremdländisch ['frɛmtlɛndɪʃ] adj extranjero; (exotisch) exótico
Fremdling m <-s, -e> (alt) forastero m
Fremdmittel ntpl (FIN) recursos mpl ajenos
Fremdsprache f <-, -n> lengua f extranjera, idioma m extranjero; **eine ~ erlernen/beherrschen** aprender/dominar un idioma (extranjero); **Fremdsprachenkorrespondent(in)** m(f) <-en, -en; -, -nen> secretario, -a m, f con idiomas; **Fremdsprachensekretär(in)** m(f) <-s, -e; -, -nen> secretario, -a m, f con idiomas; **Fremdsprachenunterricht** m <-(e)s, -e> clases fpl de idiomas [o de lengua extranjera]; **~ geben** dar clases de idiomas
fremdsprachig adj (Literatur) escrito en otro idioma; (Mensch) que habla un idioma extranjero; (Unterricht) en un idioma extranjero
fremdsprachlich adj (Wort) extranjero; (Unterricht) de idioma extranjero
Fremdstoff m <-(e)s, -e> sustancia f extraña; **Fremdvermutung** f <-, -en> presunción f ajena [o de tercero]; **Fremdverschulden** nt <-s, ohne pl> (JUR) culpa f ajena
fremdverschuldet ['frɛmtvɛɐ̯ʃʊldət] adj (JUR) por culpa ajena; **ein ~er Unfall** un accidente causado por culpa ajena
Fremdvornahme f <-, -n> (JUR) formación f ajena de negociados
Fremdwährung f <-, -en> (FIN) moneda f extranjera; **Fremdwährungskonto** nt <-s, -konten> (FIN) cuenta f en moneda extranjera; **Fremdwährungsschuld** f <-, -en> (FIN, JUR) deuda f pública exterior; **Fremdwährungsverbindlichkeiten** fpl (JUR) obligaciones fpl en moneda extranjera
Fremdwort nt <-(e)s, -wörter> extranjerismo m; **Höflichkeit ist für ihn ein ~** (fig) no sabe lo que es la cortesía; **Fremdwörterbuch** nt <-(e)s, -bücher> diccionario m de extranjerismos
frenetisch [fre'ne:tɪʃ] adj (geh) frenético, apasionado
frequentieren* [frekvɛn'ti:rən] vt (geh) frecuentar; **das Restaurant war gut frequentiert** el restaurante estaba muy concurrido
Frequenz [fre'kvɛnts] f <-, -en> ① (PHYS) frecuencia f de onda
② (MED) frecuencia f
③ (einer Veranstaltung) asistencia f; **eine Straße mit starker ~** una calle muy transitada
Fresko ['frɛsko] nt <-s, Fresken> (KUNST) fresco m

Freskomalerei^1 f <-, ohne pl> (KUNST: Gattung) pintura f al fresco
Freskomalerei^2 f <-, -en> (KUNST: Werk) fresco m
Fressalien [frɛ'sa:liən] pl (fam) vituallas fpl
Fresse ['frɛsə] f <-, -n> (fam: Mund, Gesicht) jeta f, morro m; **die ~ halten** cerrar el pico; **eine große ~ haben** (fig) ser un farolero; **jdm die ~ polieren** partirle los morros a alguien; **ach du meine ~!** ¡ay Dios mío!
fressen ['frɛsən] <frisst, fraß, gefressen> I. vi, vt ① (Tier) comer; (fam: Mensch: gierig) tragar, devorar; **sich voll ~** (Tier) hartarse; (fam: Person) atiborrarse, llenarse la panza; **sie gab dem Hund etw zu ~** le dió algo de comer al perro; **ich fresse einen Besen, wenn ...** que me muera si...; **er wird dich schon nicht ~** (fam) no te preocupes que no te va a comer; **den habe ich ge~** (fam fig) no lo puedo tragar; **jdn zum F~ gern haben** (fam) querer mucho a alguien; **er frisst mir die Haare vom Kopf** (fam) ¡me come el alma!; **einen Narren an jdm ge~ haben** beber los vientos por alguien; **er frisst ihr quasi aus der Hand** (fig) hace prácticamente todo lo que dice; **die hat wohl die Weisheit mit Löffeln ge~** esta se cree muy sabihonda
② (Benzin, Zeit, Geld) comer, tragar
II. vr: **sich ~** (Bohrer) penetrar (in en, durch por); (Säure, Rost) corroer (durch)
Fressen ['frɛsən] nt <-s, ohne pl> ① (Futter) pasto m, forraje m; **das ist ein gefundenes ~ für ihn** (fam fig) esto le viene a las mil maravillas [o de perilla]
② (fam abw: Essen) bodrio m, rancho m
Fresser(in) m(f) <-s, -; -, -nen> (fam abw) comilón, -ona m, f, glotón, -ona m, f; **ein unnützer ~** una boca de más
Fresserei f <-, -en> (fam abw: Gelage) comilona f; **Weihnachten war wieder eine einzige ~** como siempre en Navidad nos pusimos las botas
Fresserin f <-, -nen> s. **Fresser**
Fressgier^RR f <-, ohne pl>, **Freßgier** f <-, ohne pl> (abw) glotonería f; **Fresskorb**^RR m <-(e)s, -körbe>, **Freßkorb** m <-(e)s, -körbe> (fam: Picknick) cesta f de picnic; (Geschenk) cesta f de regalo (con comestibles); **Fressnapf**^RR m <-(e)s, -näpfe>, **Freßnapf** m <-(e)s, -näpfe> comedero m; **Fresspaket**^RR m <-(e)s, -e>, **Freßpaket** nt <-(e)s, -e> (fam) paquete m de comida; **Fresssack**^RR m <-(e)s, -säcke>, **Freßsack** m <-(e)s, -säcke> (fam abw) comilón, -ona m, f, glotón, -ona m, f; **Fresssucht**^RR f <-, ohne pl>, **Freßsucht** f <-, ohne pl> glotonería f, voracidad f; **Fresswerkzeuge**^RR ntpl, **Freßwerkzeuge** ntpl (ZOOL: Insekten) palpos mpl (maxilares); **Fresszelle**^RR f <-, -n>, **Freßzelle** f <-, -n> (BIOL, MED) fagocito m
Frettchen ['frɛtçən] nt <-s, -> hurón m
Freude ['frɔydə] f <-, -n> alegría f (über por); (Wonne) gozo m; (innere ~) satisfacción f; **vor ~ strahlen/weinen** resplandecer/llorar de alegría; **~ an etw haben** alegrarse de algo; **daran hat er seine helle ~** le gusta mucho; **das Kind macht ihm viel ~** el niño le produce mucha alegría; **jdm eine ~ bereiten/machen** causarle/darle una alegría a alguien; **das ist aber eine ~!** ¡pero qué alegría!; **vor ~ an die Decke springen** (fam) dar botes de alegría; **jdm die ~ verderben** aguar la fiesta a alguien; **zu meiner größten ~** para mi gran satisfacción; **aus Spaß an der ~** (fam) por pura alegría; **es ist mir eine ~, Sie hier begrüßen zu dürfen** es una gran placer para mí el poderle saludar aquí; **Schadenfreude ist die schönste ~** (prov) la alegría por el mal ajeno es la que más gusta
Freuden fpl (geh: Vergnügen) placer m; **das tue ich mit ~** lo hago con placer; **die kleinen ~ des Lebens** los pequeños placeres de la vida
Freudenbotschaft f <-, -en> grata noticia f; **die Nachricht von ihrem Lottogewinn war eine große ~** la noticia de que le había tocado la lotería fue una gran alegría; **Freudenfest** nt <-(e)s, -e> celebración f; **sie feiern ein großes ~** están haciendo una celebración por todo lo alto; **Freudenfeuer** nt <-s, -> hoguera f, fogata f; **Freudengeschrei** nt <-s, ohne pl> gritos mpl de alegría; **Freudenhaus** nt <-es, -häuser> casa f de citas; **Freudenmädchen** nt <-s, -> (geh) prostituta f; **Freudenschrei** m <-(e)s, -e> chillido m de alegría, grito m de alegría; **in ~e ausbrechen** chillar [o gritar] de alegría; **Freudensprung** m <-(e)s, -sprünge> salto m de alegría; **einen ~ machen** saltar de alegría; **Freudentag** m <-(e)s, -e> día m de júbilo; **Freudentanz** m <-es, -tänze> einen ~ aufführen saltar y brincar de alegría; **Freudentaumel** m <-s, ohne pl> arrebato m de alegría; **sie verfiel in einen wahren ~** cayó en un verdadero paroxismo de alegría; **Freudentränen** fpl lágrimas fpl de alegría
freudestrahlend adj (geh) radiante (de alegría)
freudig ['frɔydɪç] I. adj ① (froh) contento; (fröhlich) alegre
② (Ereignis) feliz
II. adv (begeistert) con alegría; (erfreut) de buen grado; **~ überrascht sein** estar sorprendido de alegría; **jdn ~ stimmen** alegrar a alguien
freudlos ['frɔytlo:s] adj triste
Freudlosigkeit f <-, ohne pl> tristeza f
freuen ['frɔyən] I. vr: **sich ~** alegrarse; **ich freue mich sehr über dein Geschenk** tu regalo me gusta mucho; **ich freue mich, dass du**

kommst me alegro de que vengas; **ich freue mich darauf, dich wieder zu sehen** tengo ilusión de verte; **ich freue mich mit dir** comparto tu alegría; **ich freue mich für dich** [*o* **mit dir**], **dass du gewonnen hast** me alegro por ti que hayas ganado; **da hast du dich zu früh gefreut** (*fam*) te has alegrado antes de tiempo; **sie freute sich schon sehr auf das Fest** esperaba ansiosamente [*o* impacientemente] que llegara el día de la fiesta; **wenn zwei sich streiten, freut sich der Dritte** (*prov*) peleándose dos, el tercero gana
II. *vt* alegrar; **Ihr Besuch hat mich sehr gefreut** su visita me ha alegrado mucho; **es freut mich, Sie kennen zu lernen** encantado de conocerle; **das freut mich** (esto) me alegra; **es freut mich, zu sehen, dass ...** me alegra ver que... (+*subj*)

Freund(in) [frɔɪnt] *m(f)* <-(e)s, -e; -, -nen> ❶ (*Kamerad*) amigo, -a *m*, *f*, chamaco, -a *m*, *f Mex*; **viele ~e haben** tener muchos amigos; **unter ~en** entre amigos; **gute ~e werden** hacerse buenos amigos; **jdn zum ~ gewinnen** trabar amistad con alguien; **ein schöner ~!** (*iron*) ¡vaya amigo!, ¡valiente amigo, ese! *Am*, ¡lindo amigo, ese! *Am*; **mein lieber ~!** (*iron*) ¡amigo mío!; **~e erkennt man in der Not** (*prov*) en la necesidad se ve la amistad
❷ (*fester ~*) novio, -a *m*, *f*
❸ (*Anhänger, Förderer*) amigo, -a *m*, *f*; (KUNST, SPORT) aficionado, -a *m*, *f* (*von* a); **er/sie ist kein ~ von großen Worten** es persona de pocas palabras; **ich bin kein ~ von Hunden** no soy muy amigo de los perros

Freundchen ['frɔɪntçən] *nt* <-s, -> amiguito *m*; **komm mal her, mein ~!** (*iron*) ¡ven aquí, amiguito!

freundeidgenössisch ['frɔɪntʔaɪtgənœsɪʃ] *adj* (*Schweiz: geh*) prosuizo

Freundeskreis ['frɔɪndəs-] *m* <-es, -e> círculo *m* de amigos, grupo *m* de amigos; **wir feiern nur im engsten ~** celebramos sólo con los amigos más íntimos, haben tener muchos amigos

Freund-Feind-Denken *nt* <-s, *ohne pl*> (SOZIOL) actitud en la que una persona o bien es amigo o bien enemigo de otra persona

Freundin *f* <-, -nen> *s.* **Freund**

freundlich ['frɔɪntlɪç] *adj* ❶ (*wohlwollend, liebenswürdig*) amable; (*herzlich*) cordial, cariñoso; **jdm ~ gesinnt sein** ser amable con alguien; **mit ~en Grüßen** (*am Briefende*) muy atentamente le saluda; **~ zu jdm sein** ser amable con alguien; **das ist sehr ~ von Ihnen** esto es muy amable de su parte; **seien Sie bitte so ~ und kommen Sie zu mir** hágame el favor de venir a verme; **bitte recht ~!** ¡sonría!
❷ (*angenehm*) agradable; (*Zimmer*) acogedor; (*Gegend*) ameno; (*Wetter, Himmel*) claro, agradable
❸ (FIN) favorable

freundlicherweise ['---'--] *adv* amablemente; **sie kam mich ~ besuchen** tuvo la amabilidad de venir a visitarme

Freundlichkeit¹ *f* <-, *ohne pl*> (*Verhalten*) cordialidad *f*, afabilidad *f*; **würden Sie (wohl) die ~ haben das zu tun?** ¿tendría Ud. la amabilidad de hacer eso?

Freundlichkeit² *f* <-, -en> (*Handlung*) favor *m*; (*Bemerkung*) amabilidad *f*; **jdm ~en erweisen** hacer favores a alguien

Freundschaft *f* <-, -en> amistad *f*; **mit jdm ~ schließen** trabar amistad con alguien; **jdm die ~ kündigen** romper la amistad con alguien; **aus alter ~** como viejo amigo; **da hört die ~ auf** (*fam*) ahí se acaba la amistad; **kleine Geschenke erhalten die ~** con pequeños regalos se conservan las amistades

freundschaftlich *adj* amistoso; **jdm ~ gesinnt sein** querer bien a alguien; **jdm ~ verbunden sein** ser amigo de alguien

Freundschaftsbande *ntpl* (*geh*) lazos *mpl* de amistad, vínculos *mpl* de amistad; **~ mit jdm knüpfen** establecer lazos de amistad con alguien; **Freundschaftsbesuch** *m* <-(e)s, -e> visita *f* de amistad; **Freundschaftsdienst** *m* <-(e)s, -e> favor *m* (entre amigos); **jdm einen ~ erweisen** hacer un favor a alguien; **Freundschaftspreis** *m* <-es, -e> precio *m* de amigo; **ich mache dir einen ~** te lo vendo a un buen precio [*o* a precio de amigo]; **Freundschaftsspiel** *nt* <-(e)s, -e> (SPORT) partido *m* amistoso; **Freundschaftsvertrag** *m* <-(e)s, -träge> (POL) pacto *m* de amistad

Frevel ['fre:fəl] *m* <-s, -> (*geh*) crimen *m*; (REL) sacrilegio *m*, profanación *f*

frevelhaft *adj* (*geh: verbrecherisch*) criminal; (REL) sacrílego

Frevelhaftigkeit *f* <-, *ohne pl*> (*geh*) bajeza *f*; (*einer Tat*) atrocidad *f*, depravación *f*

freveln *vi* (*geh*) cometer un delito; (REL) pecar

Freveltat *f* <-, -en> (*geh*) atrocidad *f*; **eine ~ begehen** cometer una atrocidad

Frevler(in) ['fre:flɐ] *m(f)* <-s, -; -, -nen> criminal *mf*; (REL) sacrílego, -a *m*, *f*

frevlerisch ['fre:flərɪʃ] *adj s.* **frevelhaft**

Friede *m* <-ns, *ohne pl*>: **~ sei mit Euch!** (REL) ¡la paz sea con vosotros!; **~ seiner Asche!** (REL) ¡descanse en paz!; *s. a.* **Frieden**

Frieden *m* <-s, *ohne pl*> paz *f*; **~ schließen** hacer las paces; **~ stiften** poner paz; **in ~ leben** vivir en paz; **lasst mich doch in ~!** (*fam*) ¡dejádme en paz!; **um des lieben ~s willen** por la paz; **ich traue dem ~ nicht** no me fío de la paz

Friedensbedingungen *fpl* (POL) condiciones *fpl* de paz; **die Sieger diktierten den Unterlegenen ihre ~** los vencedores impusieron sus condiciones de paz a los vencidos; **Friedensbemühungen** *fpl* (POL) esfuerzos *mpl* por la paz; **Friedensbewegung** *f* <-, -en> movimiento *m* pacifista; **Friedensbruch** *m* <-(e)s, -brüche> violación *f* de la paz

Friedensforschung *f* <-, -en> investigación *f* sobre la paz; **Friedensforschungsinstitut** *nt* <-(e)s, -e> instituto *m* de investigación sobre la paz

Friedensgespräche *ntpl* negociaciones *fpl* de paz; **Friedensgrenze** *f* <-, -n> frontera *f* de la paz; **Friedensinitiative** *f* <-, -n> ❶ (*Handlung*) iniciativa *f* para la paz ❷ (*Friedensbewegung*) movimiento *m* pacifista; **Friedenskonferenz** *f* <-, -en> conferencia *f* sobre la paz; **Friedensmarsch** *m* <-es, -märsche> marcha *f* por la paz; **Friedensnobelpreis** *m* <-es, -e> premio *m* Nobel de la paz; **Friedensordnung** *f* <-, *ohne pl*> reglas *fpl* que rigen en tiempos de paz; **Friedenspfeife** *f* <-, -n> pipa *f* de la paz; **die ~ rauchen** fumar la pipa de la paz; **Friedenspflicht** *f* <-, -en> (JUR) obligación *f* de respetar la paz social; **die ~ verletzen** atentar contra la paz social; **Friedensplan** *m* <-(e)s, -pläne> plan *m* de paz; **einen ~ ausarbeiten/vorlegen** elaborar/presentar un plan de paz; **Friedenspolitik** *f* <-, -en> política *f* en pro de la paz; **Friedensprozess**ᴿᴿ *m* <-es, -e> proceso *m* de paz [*o* de pacificación]; **Friedensrichter(in)** *m(f)* <-s, -; -, -nen> ❶ (JUR) juez *mf* de paz ❷ (*Schweiz: Laienrichter*) juez *mf* sin la formación jurídica universitaria; **Friedensschluss**ᴿᴿ *m* <-es, *ohne pl*> conclusión *f* del tratado de paz; **Friedenssicherung** *f* <-, -en> mantenimiento *m* de la paz, consolidación *f* de la paz; **Friedensstärke** *f* <-, -n> (MIL) efectivos *mpl* en tiempos de paz

friedensstiftend *adj* pacificador

Friedensstifter(in) *m(f)* <-s, -; -, -nen> pacificador(a) *m(f)*; **bei einem Konflikt ~ sein** [*o* **als ~ tätig werden**] actuar como pacificador en un conflicto; **Friedenstaube** *f* <-, -n> paloma *f* de la paz

Friedenstifter(in) *m(f)* <-s, -; -, -nen> *s.* **Friedensstifter**

Friedenstruppe *f* <-, -n> tropa *f* pacificadora; **Friedensverhandlung** *f* <-, -en> negociación *f* de paz; **Friedensverrat** *m* <-(e)s, *ohne pl*> traición *f* a la paz; **Friedensvertrag** *m* <-(e)s, -träge> tratado *m* de paz; **Friedenszeit** *f* <-, -en> período *m* de paz, periodo *m* de paz; **in ~en** en tiempos de paz

friedfertig ['fri:fɛrtɪç] *adj* pacífico

Friedfertigkeit *f* <-, *ohne pl*> carácter *m* apacible [*o* pacífico]

Friedhof ['fri:tho:f] *m* <-(e)s, -höfe> cementerio *m*, camposanto *m*, panteón *m Am*; **Friedhofskapelle** *f* <-, -n> capilla *f* del cementerio; **Friedhofsruhe** *f* <-, *ohne pl*> (*fig: völlige Stille*) silencio *m* sepulcral; **es herrscht ~** hay un silencio sepulcral

friedlich *adj* (*ruhig*) tranquilo; **nun sei ~!** ¡estáte tranquilo!

friedliebend ['fri:tli:bənt] *adj* pacífico, amante de la paz

frieren [fri:rən] <friert, fror, gefroren> I. *vi* ❶ *sein* (*Wasser, Boden*) helarse
❷ (*Mensch, Tier*) tener frío; **ich friere** tengo frío; **ich friere an den Zehen** tengo frío en los dedos de los pies; **wie ein Schneider ~** morirse de frío
II. *vunpers* helar; **mich friert** me estoy helando; **es hat heute Nacht gefroren** esta noche ha helado

Fries [fri:s] *m* <-es, -e> (ARCHIT) friso *m*

Friese, -in ['fri:zə] *m*, *f* <-n, -n; -, -nen> frisio, -a *m*, *f*, frisón, -ona *m*, *f*

friesisch *adj* frisio, frisón

Friesland ['fri:slant] *nt* <-s> Frisia *f*

frigid(e) [fri'gi:t, fri'gi:də] *adj* (MED) frígido

Frigidität [frigidi'tɛ:t] *f* <-, *ohne pl*> frigidez *f*

Frikadelle [frika'dɛlə] *f* <-, -n> (GASTR), **Frikandelle** [frikan'dɛlə] *f* <-, -n> (GASTR: *reg*) albóndiga *f*, almóndiga *f*, hamburguesa *f*

Frikassee [frika'se:] *nt* <-s, -s> (GASTR) fricasé *m*

Frikativ *m* <-s, -e>, **Frikativlaut** *m* <-(e)s, -e> (LING) sonido *m* fricativo, fricativa *f*

Friktion *f* <-, -en> (TECH) fricción *f*

Frisbee® *nt* <-s, -s> frisbee® *m*, plato *m* volador; **~ spielen** jugar al frisbee

Frisbeescheibe *f* <-, -n> disco *m* "frisbee"

frisch [frɪʃ] I. *adj* ❶ (*Lebensmittel, Wind, Erinnerung*) fresco; (*Kräfte*) nuevo; **~e Luft schöpfen** [*o* **schnappen**] tomar aire fresco; **jdn an die ~e Luft setzen** (*fam*) poner a alguien de patitas en la calle; **~ und munter sein** (*fam*) estar rebosando de salud; **jdn auf ~er Tat ertappen** pillar a alguien in fraganti; **im Bundestag weht ein ~er Wind** el ambiente en el Parlamento Federal se está animando; **das ist mir noch in ~er Erinnerung** me acuerdo muy bien de eso; **~ gewagt ist halb gewonnen** (*prov*) obra empezada, medio acabada
❷ (*sauber*) limpio; **das Bett ~ beziehen** mudar la cama; **sich ~**

Frische 272 **Frosch**

machen asearse
❸ (*fam: unbenutzt*) nuevo; **ein ~es Blatt Papier nehmen** coger una hoja nueva de papel
❹ (*Farbe*) vivo
II. *adv* (*eben erst*) recién; **~ gestrichen** recién pintado; **~ gebacken** (*fig*) flamante; (*Ehemann*) recién casado; **~ gebackenes Brot** pan recién salido del horno

Frische ['frɪʃə] *f* <-, *ohne pl*> ❶ (*Kühle*) frescor *m*, frescura *f*; **dann sehen wir uns in alter ~ wieder** (*iron*) ya nos veremos (tan frescos y sanos como siempre)
❷ (*von Farben*) viveza *f*

Frischfleisch *nt* <-(e)s, *ohne pl*> carne *f* fresca
frischgebacken *adj s.* **frisch II.**
Frischgemüse *nt* <-s, -> verdura *f* fresca
Frischhaltebeutel *m* <-s, -> bolsa *f* de plástico (para guardar y preservar alimentos); **Frischhaltebox** *f* <-, -en> fresquera *f*; **Frischhaltefolie** *f* <-, -n> celofán *m*; **Frischhaltepackung** *f* <-, -en> envase *m* al vacío
Frischkäse *m* <-s, -> queso *m* fresco
Frischling *m* <-s, -e> jabato *m*
Frischluft *f* <-, *ohne pl*> aire *m* fresco; **Frischmilch** *f* <-, *ohne pl*> leche *f* fresca
Frischwarenmarkt *m* <-(e)s, -märkte> mercado *m* de productos frescos
frischweg *adv* despreocupadamente; **die Kinder fingen ~ an zu singen** los niños se pusieron espontáneamente a cantar; **sie erzählte ~, was ihr auf der Seele lag** contó sin tapujos lo que la agobiaba
Frischzelle *f* <-, -n> (MED) célula *f* fresca
Friseur(in) [fri'zøːɐ] *m(f)* <-s, -e; -, -nen> peluquero, -a *m*, *f*; **zum ~ gehen** ir al peluquero [*o* a la peluquería]
Friseursalon *m* <-s, -s> peluquería *f*
Friseuse [fri'zøːzə] *f* <-, -n> peluquera *f*
frisieren* [fri'ziːrən] *vt* ❶ (*Haar: kämmen*) peinar; (*formen*) moldear; (*Person*) peinar
❷ (*fam: ändern*) retocar; **die Bilanzen ~** retocar los balances
❸ (AUTO: *fam*) aumentar la cilindrada (de)
Frisierkommode *f* <-, -n> (*alt*) tocador *m*; **Frisiermantel** *m* <-s, -mäntel> peinador *m*; **Frisiersalon** *m* <-s, -s> (*alt*) peluquería *f*; **Frisierspiegel** *m* <-s, -> espejo *m* del tocador
Frisör *m*, **Frisöse** *f* <-s, -e; -, -n> *s.* **Friseur**
frisstᴿᴿ [frɪst], **frißt** *3. präs von* **fressen**
Frist [frɪst] *f* <-, -en> ❶ (*Zeitraum*) plazo *m*; **letzte ~** último plazo; **gesetzliche/richterliche ~** plazo legal/judicial; **uneigentliche ~** plazo impropio; **vertragliche ~** plazo contractual; **eine ~ einhalten** cumplir un plazo; **innerhalb kürzester ~** en el más breve plazo; **nach/vor Ablauf der ~** cumplido el plazo/antes de cumplirse el plazo; **nach/vor Ablauf der gesetzlich festgelegten ~** antes/después del vencimiento del plazo legalmente establecido; **Sie haben eine ~ von sieben Tagen** tiene un plazo de siete días; **die ~ läuft ab** el plazo expira; **eine ~ festsetzen/verlängern/verstreichen lassen** fijar/prolongar/dejar pasar un plazo
❷ (*Aufschub*) prórroga *f*; **er gewährte ihm eine ~ von drei Tagen** le concedió una prórroga de tres días
❸ (*Zeitpunkt*) fecha *f*
Fristablauf *m* <-(e)s, -läufe> vencimiento *m* del plazo; **Fristbeginn** *m* <-(e)s, *ohne pl*> comienzo *m* del plazo; **Fristbestimmung** *f* <-, -en> determinación *f* del plazo; **Fristeinhaltung** *f* <-, *ohne pl*> observancia *f* del plazo; **Fristeinlage** *f* <-, -n> (FIN) depósito *m* a plazo fijo
fristen ['frɪstən] *vt*: **sein Leben** [*o* **Dasein**] **~** ir tirando
Fristenkalender *m* <-s, -> (JUR) agenda *f* de plazos; **Fristenkontrolle** *f* <-, -n> (JUR) control *m* de plazos; **Fristenlösung** *f* <-, -en>, **Fristenregelung** *f* <-, -en> (JUR) ley *f* del aborto (*que permite la interrupción del embarazo durante los tres primeros meses de gestación*)
fristgemäß *adj* dentro de plazo
fristgerecht *adj* a tiempo; **etw ~ liefern** suministrar algo en el plazo debido
Fristklausel *f* <-, -n> (JUR) cláusula *f* de plazo
fristlos I. *adj* inmediato, sin plazo
II. *adv* sin preaviso, inmediatamente; **er wurde ~ entlassen** fue despedido de inmediato; **jdm ~ kündigen** despedir a alguien sin preaviso
Fristsetzung *f* <-, -en> fijación *f* de un plazo; **Fristverlängerung** *f* <-, -en> moratoria *f*, aplazamiento *m*; **Fristversäumnis** *nt* <-ses, -se>, *f* <-, -se> (JUR) inobservancia *f* del plazo; **Fristwahrung** *f* <-, *ohne pl*> (JUR) observancia *f* de plazo; **Fristwechsel** *m* <-s, -> (COM, FIN) letra *f* a plazo
Frisur [fri'zuːɐ] *f* <-, -en> peinado *m*; (*Haarschnitt*) corte *m* de pelo
Friteuse *f* <-, -n> *s.* **Fritteuse**
fritieren* *vt s.* **frittieren**

Fritten ['frɪtən] *fpl* (*fam: Pommes frites*) patatas *fpl* fritas, papas *fpl* fritas *Am*
Frittenbude *f* <-, -n> (*nordd: fam*) puesto *m* de salchichas
Fritteuseᴿᴿ [fri'tøːzə] *f* <-, -n> freidora *f*
frittieren*ᴿᴿ [fri'tiːrən] *vt* (GASTR) freír (con mucho aceite)
frivol [fri'voːl] *adj* ❶ (*leichtfertig*) frívolo
❷ (*anzüglich*) picante, indecente
Frivolität¹ *f* <-, -en> (*frivole Äußerung*) expresión *f* obscena [*o* indecente]
Frivolität² *f* <-, *ohne pl*> ❶ (*Anzüglichkeit: Anspielung, Bemerkung*) atrevimiento *m*; (*Witz*) obscenidad *f*
❷ (*Leichtfertigkeit*) ligereza *f*, frivolidad *f*
Frl. *Abk. von* **Fräulein** Srta.
froh [froː] *adj* ❶ (*fröhlich*) alegre; (*glücklich*) feliz; **~ gelaunt** alegre; **~ gestimmt** de (buen) humor; **das stimmte ihn ~** esto le alegró; **F~e Weihnachten!** ¡Feliz Navidad!
❷ (*fam: zufrieden*) satisfecho, contento; **du kannst ~ sein, dass ...** puedes estar contento de que... (+*subj*); **ich bin ~, dass ...** me alegro de que... +*subj*; **~ über etw sein** estar contento por algo; **seines Lebens nicht mehr ~ werden** no hallar sosiego
❸ (*erfreulich*) bueno, agradable
frohgelaunt *adj s.* **froh 1.**
frohgestimmt *adj s.* **froh 1.**
fröhlich ['frøːlɪç] *adj* alegre
Fröhlichkeit *f* <-, *ohne pl*> alegría *f*, buen humor *m*
frohlocken *vi* (*geh*) ❶ (*triumphieren*) alegrarse mucho (*especialmente del mal ajeno*) (*über* de/por)
❷ (*jubeln*) gritar con entusiasmo (*über* por), celebrar con júbilo (*über*)
Frohnatur *f* <-, -en> persona *f* alegre [*o* risueña]; **Frohsinn** *m* <-(e)s, *ohne pl*> alegría *f*, alborozo *m*
fromm [frɔm] *adj* <frommer *o* frömmer, am frommsten *o* am frömmsten> devoto, piadoso; **das ist wohl nur ein ~er Wunsch** esto seguramente no es más que un deseo piadoso
Frömmelei¹ [frœmə'laɪ] *f* <-, *ohne pl*> (*abw: das Frömmeln*) santurronería *f*
Frömmelei² *f* <-, -en> (*abw: Handlung*) muestra *f* exagerada de devoción
frömmeln ['frœməln] *vi* (*abw*) santurronear
frömmer *adj kompar von* **fromm**
Frömmigkeit ['frœmɪçkaɪt] *f* <-, *ohne pl*> religiosidad *f*, devoción *f*
Frömmler(in) *m(f)* <-s, -; -, -nen> beato, -a *m*, *f*, santurrón, -ona *m*, *f*
frömmste(r, s) *adj superl von* **fromm**
Fron [froːn] *f* <-, -en>, **Fronarbeit** *f* <-, -en> ❶ (*geh: Arbeit*) trabajo *m* ímprobo ❷ (HIST) servidumbre *f* feudal
Fronde ['frõːdə] *f* <-, -n> (POL) partido *m* de la oposición
Frondienst *m* <-(e)s, -e> (HIST) servidumbre *f* feudal
fronen ['froːnən] *vi* (*geh: hart arbeiten*) trabajar duro
frönen ['frøːnən] *vi* (*geh*) entregarse, darse; **einer Leidenschaft/einem Laster ~** entregarse a una pasión/a un vicio
Fronleichnam [froːn'laɪçnaːm] *m* <-(e)s, *ohne pl*> el día del Corpus vamos Christi; **(an) ~ fahren wir nach Hamburg** (en) el día del Corpus vamos a Hamburgo; **Fronleichnamsfest** *nt* <-(e)s, -e> (REL) fiesta *f* del Corpus; **Fronleichnamsprozession** *f* <-, -en> (REL) procesión *f* del Corpus
Front [frɔnt] *f* <-, -en> ❶ (ARCHIT) frente *m*, fachada *f*
❷ (MIL, METEO) frente *m*; **in vorderster ~ stehen** (MIL) combatir en primera fila; **gegen jdn ~ machen** oponerse [*o* hacer frente] a alguien
❸ *pl* (*Position*) posiciones *fpl*, posturas *fpl*; **klare ~en schaffen** establecer posiciones claras; **die ~en haben sich verhärtet** las posturas se han endurecido
Frontabschnitt *m* <-(e)s, -e> (MIL) sector *m* del frente
frontal [frɔn'taːl] *adj* frontal, de frente
Frontalangriff *m* <-(e)s, -e> (MIL) ataque *m* frontal; **Frontalunterricht** *m* <-(e)s, *ohne pl*> (SCH) enseñanza *f* frontal; **Frontalzusammenstoß** *m* <-es, -stöße> choque *m* de frente, colisión *f* frontal
Frontantrieb *m* <-(e)s, -e> (AUTO) tracción *f* delantera
Frontbericht *m* <-(e)s, -e> (MIL) informe *m* del frente
Frontmotor *m* <-s, -en> (AUTO) motor *m* frontal; **mit ~** con el motor delante; **Frontscheibe** *f* <-, -n> (AUTO) parabrisas *m inv*
Frontsoldat(in) *m(f)* <-en, -en; -, -nen> (MIL) soldado, -a *m*, *f* en el frente
Frontspoiler *m* <-s, -> (AUTO) spoiler *m* delantero
Fronturlaub *m* <-(e)s, -e> (MIL) permiso *m* de vacaciones (para los soldados en el frente)
Frontwand *f* <-, -wände> (ARCHIT) pared *f* frontal
Frontwechsel *m* <-s, -> cambio *m* de bando; **~!** (*fig*) ¡cambio de escenario!
fror [froːɐ] *3. imp von* **frieren**
Frosch [frɔʃ, *pl*: 'frœʃə] *m* <-(e)s, Frösche> rana *f*; **einen ~ im Hals**

haben (fam) estar ronco; **sei kein ~!** (fam) ¡no seas gallina!
Froschkönig m <-s, -e> príncipe m encantado; **Froschlaich** m <-(e)s, -e> huevas fpl de rana; **Froschmann** m <-(e)s, -männer> hombre-rana m, submarinista mf; **Froschperspektive** f <-, -n> vista f desde abajo; **etw aus der ~ betrachten** mirar algo desde abajo; **Froschschenkel** m <-s, -> (GASTR) anca f de rana
Frost [frɔst, pl: 'frœstə] m <-(e)s, Fröste> helada f; **es herrscht strenger ~** hay fuertes heladas; **zehn Grad ~** diez grados bajo cero
Frostbeule f <-, -n> sabañón m; **Frostboden** m <-s, -böden> suelo m helado
fröstelig adj helado (de frío)
frösteln ['frœstəln] I. vi tiritar de frío, temblar de frío
II. vunpers: **es fröstelt mich** tengo frío
frostempfindlich adj sensible a las heladas [o a las bajas temperaturas]
frostfrei I. adj sin heladas; **die Nacht war ~ und sternklar** ha sido una noche sin heladas y con el cielo estrellado
II. adv (ARCHIT) protegido contra las heladas
Frostgefahr f <-, ohne pl> (METEO) peligro m de heladas; **bei ~ en caso de heladas; es besteht keine ~ mehr für Niederbayern** ha desaparecido el peligro de heladas en la Baja Baviera; **Frostgrenze** f <-, -n> (METEO) límite m de heladas
frostig adj ❶ (Luft, Wetter) helado, frío
❷ (unfreundlich) frío, glacial; **eine ~e Atmosphäre** un ambiente glacial
Frostigkeit f <-, ohne pl> ❶ (METEO) clima m glacial
❷ (abweisende Kühle) frialdad f, insensibilidad f
frostklar adj (METEO) claro y helado; **bei ~er Nacht** en una noche clara y helada
fröstlig adj s. **fröstelig**
Frostpunkt m <-(e)s, -e> punto m de congelación
frostresistent adj resistente a las heladas
Frostsalbe f <-, ohne pl> ungüento m para sabañones; **Frostschaden** m <-s, -schäden> daño m causado por la helada; **Frostschutzmittel** nt <-s, -> anticongelante m; **Frostwetter** nt <-s, ohne pl> (METEO) (tiempo m de) heladas fpl
Frotté m <-o nt <-(s), -s>, **Frottee** ['frɔte:] m o nt <-(s), -s> rizo m
Frotteehandtuch nt <-(e)s, -tücher> (fam) s. **Frottier(hand)tuch**
frottieren* [frɔ'tiːrən] vt frotar, restregar
Frottier(hand)tuch [frɔ'tiːə-] nt <-(e)s, -tücher> toalla f de rizo
Frotzelei¹ f <-, ohne pl> (fam: Behandlung) guasa f; **hör doch mit der ewigen ~ auf!** ¡ya vale de tanta guasa!
Frotzelei² f <-, -en> (fam: Bemerkung) guasa f; **deine ~en gehen mir auf die Nerven!** ¡esas guasitas tuyas me revientan!
frotzeln ['frɔtsəln] vi (fam) meterse (über con)
Frucht¹ [frʊxt, pl: 'fryçtə] f <-, Früchte> ❶ (BOT) fruto m; (Obst) fruta f; **verbotene Früchte** (fig) fruta prohibida; **Früchte tragen** dar fruto
❷ (Embryo) embrión m, feto m
❸ (Ergebnis) fruto m, resultado m; **jdn um die Früchte seiner Arbeit bringen** quitarle a alguien los frutos de su trabajo
Frucht² f <-, ohne pl> (reg: Getreide) cereales mpl, mies f
fruchtbar adj fértil, fecundo
Fruchtbarkeit f <-, ohne pl> fertilidad f, fecundidad f
Fruchtblase f <-, -n> (ANAT) bolsa f amniótica, amnios m inv
Früchtchen ['fryçtçən] nt <-s, -> (fam abw) **ein sauberes ~!** ¡menuda alhaja [o pieza]!; **du bist mir vielleicht ein schönes ~!** ¡buena pieza estás tú hecho!
Früchtebrot nt <-(e)s, -e> (GASTR) pan m de frutas
fruchten ['frʊxtən] vi ser útil, dar frutos; **all das fruchtet doch sowieso nichts** todo eso es en vano
Früchtetee m <-s, -s> infusión f de frutas; **Früchteziehung** f <-, -en> (JUR) percepción f de los frutos; **~ bei Zahlungsverzug** percepción de los frutos en caso de mora en el pago
Fruchtfleisch nt <-(e)s, ohne pl> pulpa f; **Fruchtfliege** f <-, -n> (ZOOL) drosófila f; **Fruchtfolge** f <-, -n> (AGR) rotación f de cultivos
Fruchtifikationszeit [frʊxtifika'tsjoːns-] f <-, -en> tiempo m de fructificación
fruchtig adj (Duft) con olor a fruta; (Geschmack) con sabor a fruta
Fruchtkapsel f <-, -n> (BOT) folículo m; **Fruchtknoten** m <-s, -> (BOT) ovario m
fruchtlos adj (vergeblich) infructuoso, inútil
Fruchtlosigkeit f <-, ohne pl> infructuosidad f, esterilidad f
Fruchtlosigkeitsbescheinigung f <-, -en> (JUR) certificado m de infertilidad
Fruchtmark nt <-s, ohne pl> pulpa f de fruta; **Fruchtpresse** f <-, -n> exprimidor m, exprimidora f; **Fruchtsaft** m <-(e)s, -säfte> zumo m de frutas, jugo m de frutas; **Fruchtstand** m <-(e)s, -stände> (BOT) fructificación f
Fruchtwasser nt <-s, ohne pl> (MED) líquido m amniótico; **Fruchtwasserspiegelung** f <-, -en> (MED) amnioscopia f; **Fruchtwasseruntersuchung** f <-, -en> (MED) examen m del líquido amniótico

Fruchtwechsel m <-s, -> (AGR) rotación f de cultivos
Fruchtzucker m <-s, -> fructosa f
frugal [fru'gaːl] I. adj (geh) frugal
II. adv (geh) con sencillez; **sie leben sehr ~** viven con mucha sencillez
früh [fryː] I. adj ❶ (nicht spät) temprano; **in ~ester Kindheit** a temprana edad; **~ am Morgen** de madrugada; **~ im Jahr** a principios de año; **es ist noch ~** todavía es temprano; **er geht's nicht** no es posible antes; **das hättest du ~er sagen müssen** lo deberías haber dicho antes; **so ~ wie möglich** cuanto antes
❷ (~zeitig) prematuro; **ein ~er Tod** una muerte prematura; **~er oder später** tarde o temprano; **er hat schon ~ erkannt, dass ...** muy pronto se dió cuenta de (que)...; **~ übt sich, was ein Meister werden will** (prov) el que ha de ser bachiller, menester ha de aprender
II. adv (morgens) (por la) mañana; **heute ~** esta mañana; **Dienstag ~** el martes por la mañana; **um 6 Uhr ~** a las 6 de la mañana; **~ aufstehen** madrugar; **von ~ bis spät arbeiten** trabajar de sol a sol [o sin parar]
Frühankömmling m <-s, -e> (Frühgeborenes) prematuro, -a m, f
frühauf adv: **von ~** desde la niñez, desde pequeño
Frühaufsteher(in) m(f) <-s, -; -, -nen> madrugador(a) m(f)
Frühbeet nt <-(e)s, -e> almajara f
Frühchen ['fryːçən] nt <-s, -> (fam) (niño, -a m, f) prematuro, -a m, f
frühchristlich adj (HIST) paleocristiano; (REL) del cristianismo primitivo
Frühdienst m <-(e)s, -e> turno m de mañana; **~ haben** estar de turno de mañana
Frühe ['fryːə] f <-, ohne pl>: **in aller ~** de madrugada
früher ['fryːe] I. kompar von **früh**
II. adj ❶ (ehemalig) ex, antiguo; (vorhergehend) anterior; **seine ~en Freunde** sus antiguos amigos; **der ~e Besitzer** el dueño anterior
❷ (vergangen) pasado; **in ~en Zeiten** en tiempos pasados
III. adv ❶ (vorher) antes, anteriormente; **wir kennen uns von ~** nos conocemos de antes; **genau wie ~** igual que antes
❷ (ehemals) antiguamente, en otros tiempos
Früherkennung f <-, -en> (MED) diagnóstico m precoz
frühestens ['fryːəstəns] adv como muy temprano; **~ in einer Woche** en una semana como muy temprano
frühestmöglich ['fryːəstmøːklɪç] adj próximo (posible); **zum ~en Termin** cuanto antes (posible)
Frühgeburt f <-, -en> ❶ (Geburt) parto m prematuro ❷ (Kind) (niño, -a m, f) prematuro, -a m, f; **Frühgemüse** nt <-s, -> hortalizas fpl tempranas; **Frühgeschichte** f <-, ohne pl> ❶ (HIST) protohistoria f (período entre la prehistoria y la historia propiamente dicha) ❷ (einer Bewegung) inicios mpl, fase f inicial; **Frühherbst** m <-(e)s, -e> otoño m temprano, principio m del otoño; **im ~** a comienzos del otoño
frühherbstlich adj de principios de otoño
frühindustriell adj protoindustrial
Frühjahr nt <-(e)s, -e> primavera f; **im nächsten ~** la próxima primavera; **Frühjahrsmüdigkeit** f <-, ohne pl> cansancio m primaveral [o de primaveral]; **Frühjahrsputz** m <-es, ohne pl> limpieza f de primavera
Frühkartoffeln fpl patatas fpl tempranas
frühkindlich adj (PSYCH: Entwicklung, Erlebnis) de la primera infancia
Frühkultur f <-, -en> (HIST) período inicial de una cultura; **der Grabhügel war ein Überrest aus der Zeit der keltischen ~** el túmulo era un resto de la época inicial de la cultura celta
Frühling ['fryːlɪŋ] m <-s, -e> primavera f
Frühlingsanfang m <-(e)s, -fänge> comienzo m de la primavera; **heute ist ~** hoy comienza la primavera; **Frühlingsgefühle** ntpl: **~ bekommen** enamorarse (a una edad ya avanzada)
frühlingshaft adj primaveral
Frühlingsrolle f <-, -n> (GASTR) rollito m de primavera (masa frita rellena de legumbres y carne o pescado); **Frühlingssuppe** f <-, -n> (GASTR) sopa f de verduras, menestra f; **Frühlingszeit** f <-, ohne pl> (geh) primavera f
frühmorgens [fryː'mɔrgəns] adv por la mañana temprano, de madrugada, en la amanezpara Mex, PRico
Frühnebel m <-s, -> niebla f matinal, neblina f matutina; **Frühobst** nt <-(e)s, ohne pl> fruta f temprana; **Frühpensionierung** f <-, -en> jubilación f anticipada
frühreif adj ❶ (Kind) precoz
❷ (Obst, Gemüse) temprano
Frühreife f <-, ohne pl> precocidad f; **Frührentner(in)** m(f) <-s, -; -, -nen> pensionista mf que cobra la renta antes de lo que le correspondería; **Frühschicht** f <-, -en> turno m de mañana; **ich habe heute ~** hoy me toca el turno de mañana; **Frühschoppen** m <-s, -> aperitivo m; **zum ~ gehen** ir a tomar el aperitivo; **Frühsommer** m <-s, -> verano m temprano, principio m del verano; **im ~** a comienzos del verano; **bei uns ist jetzt ~, wir haben jetzt ~** aquí está empezando el verano
frühsommerlich adj veraniego; **~e Temperaturen** temperaturas vera-

niegas
Frühsport *m* <-(e)s, *ohne pl*> deporte *m* matinal; **Frühstadium** *nt* <-s, -stadien> fase *f* inicial; **einen Tumor im ~ erkennen** detectar un tumor en estadio temprano; **Frühstart** *m* <-(e)s, -s> (SPORT) salida *f* en falso [*o* no válida]
Frühstück *nt* <-(e)s, -e> desayuno *m;* **was möchtest du zum ~?** ¿qué quieres desayunar?; **das ~ machen** preparar el desayuno
frühstücken *vi, vt* desayunar
Frühstücksbrett *nt* <-(e)s, -er> tabla *f* de desayuno; **Frühstücksbrot** *nt* <-(e)s, -e> bocadillo *m* (para desayunar); **Frühstücksbüfett** *nt* <-s, -s> buffet-desayuno *m;* **Frühstücksfernsehen** *nt* <-s, *ohne pl*> programación *f* televisiva matinal; **Frühstückspause** *f* <-, -n> hora *f* del desayuno; **~ machen** hacer la hora del desayuno
Frühwarnsystem *nt* <-s, -e> (MIL) sistema *m* de alarma preventiva; **Frühwerk** *nt* <-(e)s, -e> obra *f* temprana; **Frühzeit** *f* <-, *ohne pl*> comienzos *mpl*
frühzeitig I. *adj* ❶ (*früh*) temprano
❷ (*vorzeitig*) prematuro, precipitado
II. *adv* (*vorzeitig*) antes de tiempo
Frust [frʊst] *m* <-(e)s, *ohne pl*> (*fam*) chasco *m;* **seinen ~ abreagieren** descargarse del frustre
frusten *vt* (*fam*) frustrar, decepcionar
Frustration [frʊstraˈtsjoːn] *f* <-, -en> (*a.* PSYCH) frustración *f*
frustrieren* [frʊsˈtriːrən] *vt* (*a.* PSYCH) frustrar
frustrierend *adj* (*a.* PSYCH) frustrante
Frustrierungsgedanke *m* <-ns, -n> (JUR) idea *f* de frustración
frz. *Abk. von* **französisch** fr.
F-Schlüssel [ˈɛfʃlʏsəl] *m* <-s, -> (MUS) clave *f* de fa
Fuchs [fʊks, *pl:* ˈfʏksə] *m* <-es, Füchse> ❶ (*Tier*) zorro *m,* grulla *f Mex;* **wo sich ~ und Igel gute Nacht sagen** donde Cristo dió las tres voces
❷ (*Pelz*) piel *f* de zorro
❸ (*fam: Person*) zorro, -a *m, f;* **ein alter ~ sein** ser zorro viejo; **schlau wie ein ~ sein** ser más listo que un coyote
❹ (*Pferd*) alazán *m*
Fuchsbau *m* <-(e)s, -e> zorrera *f*
fuchsen [ˈfʊksən] I. *vt* fastidiar, cabrear *sl;* **die Sache hat mich sehr gefuchst** el asunto me fastidió un montón
II. *vr: sich ~* enfadarse (*über* por), cabrearse (*über* por) *sl*
Fuchsie [ˈfʊksjə] *f* <-, -n> (BOT) fucsia *f*
fuchsig [ˈfʊksɪç] *adj* ❶ (*fuchsrot*) bermejo
❷ (*ungeduldig*) impaciente
❸ (*fam: wütend*) hecho una furia
Füchsin [ˈfʏksɪn] *f* <-, -nen> zorra *f*
Fuchsjagd *f* <-, -en> caza *f* del zorro; **auf die ~ gehen** ir a la caza del zorro; **Fuchspelz** *m* <-es, -e> (piel *f* de) zorro *m*
fuchsrot *adj* fucsia
Fuchsschwanz *m* <-es, -schwänze> ❶ (*eines Fuchses*) cola *f* de zorro
❷ (BOT) cola *f* de zorra
❸ (*Werkzeug*) serrucho *m*
fuchsteufelswild [ˈ-ˈ-ˈ-ˈ-] *adj* (*fam*) rabioso, furibundo; **~ sein** estar loco de rabia, estar hecho un basilisco *Am*
Fuchtel[1] [ˈfʊxtəl] *f* <-, *ohne pl*> (*fam: Herrschaft*): **unter jds ~ stehen** estar bajo la férula [*o* a las órdenes] de alguien
Fuchtel[2] *f* <-, -n> (*reg: Person*) camorrista *f,* pendenciera *f*
fuchteln *vi* (*fam*) gesticular; **mit den Armen ~** bracear
fuchtig [ˈfʊxtɪç] *adj* (*fam: wütend*) hecho una furia; **er wurde sehr ~, als ich ihm absagte** se puso hecho una furia [*o* se subió por las paredes] cuando le dije que no
Fuder [ˈfuːdɐ] *nt* <-s, -> ❶ (*Wagenladung*) carretada *f*
❷ (*Hohlmaß für Wein*) cuba *f*
❸ (*Wend*): **das ~ überladen** (*Schweiz: des Guten zu viel tun*) exagerar, cargar las tintas
fuderweise *adv* (*fam*) a montones, en grandes cantidades; **die Schüler vertilgten ~ Frikadellen** los escolares se zamparon cantidad de hamburguesas
fuffzig [ˈfʊftsɪç] *adj inv* (*reg*) cincuenta
Fuffziger [ˈfʊftsɪgɐ] *m* <-s, -> (*reg: Fünfzigpfennigstück*) moneda *f* de cincuenta pfennis; (*Fünfzigmarkschein*) billete *m* de cincuenta marcos; **ein falscher ~** (*fam*) una persona hipócrita, un Judas
Fug [fuːk] *m:* **mit ~ und Recht** con todo el derecho del mundo, con razón
Fuge [ˈfuːgə] *f* <-, -n> ❶ (*Ritze*) ranura *f,* hendidura *f;* **aus den ~n geraten ein** estar fuera de quicio; **es kracht in allen ~n** cruje por todas las ranuras
❷ (MUS) fuga *f*
fügen [ˈfyːgən] I. *vr: sich ~* ❶ (*unterordnen*) someterse (*a*), resignarse (*in* a); **sich in sein Schicksal ~** conformarse con su destino
❷ (*passen*) ajustarse (*in* a), ensamblarse (*in* con)

❸ (*geh: geschehen*) suceder, ocurrir; **es fügte sich, dass ... sucedió que... +subj**
II. *vt* juntar (*an/in* con/en); (*ineinander*) encajar
fugenlos I. *adj* sin juntas
II. *adv* sin dejar juntas
fügsam *adj* dócil, dúctil
Fügsamkeit *f* <-, *ohne pl*> docilidad *f,* obediencia *f*
Fügung *f* <-, -en> coincidencia *f;* (*göttlich*) providencia *f;* **das war eine ~ des Schicksals** fue un lance de fortuna; **durch eine glückliche ~ trafen wir uns wieder** nos volvimos a encontrar por una feliz casualidad
fühlbar *adj* ❶ (*merklich*) notable, patente
❷ (*tastbar*) palpable
fühlen [ˈfyːlən] I. *vt, vi* ❶ (*empfinden*) sentir; **zart ~d** delicado, tierno; **sie fühlte kein Mitleid mit ihm** no sintió compasión por él
❷ (*tasten*) palpar, tocar; **sie fühlte ihm den Puls** le tomó el pulso; **jdm auf den Zahn ~** tantear a alguien
II. *vr: sich ~* ❶ (*empfinden*) sentirse; **ich fühle mich für dich verantwortlich** me siento responsable de tu persona; **sich in seinem Element ~** estar en su salsa; **sich versucht ~ etw zu tun** sentir la tentación de hacer algo; **sich wie neu geboren ~** sentirse como nuevo
❷ (*sich halten für*) tenerse (*als* por), creerse (*als*); **er fühlt sich als Held** se cree (que es) un héroe
Fühler *m* <-s, -> antena *f;* **seine ~ ausstrecken** (*fam fig*) tantear el terreno
Fühlung *f* <-, *ohne pl*> contacto *m;* **mit jdm in ~ bleiben** quedar en contacto con alguien
Fühlungnahme *f* <-, -n> toma *f* de contacto
fuhr [fuːɐ] *3. imp von* **fahren**
Fuhre [ˈfuːrə] *f* <-, -n> ❶ (*Ladung*) carga *f;* **eine ~ Sand** un porte de arena
❷ (*Taxieinsatz*) viaje *m* (en taxi)
führen [ˈfyːrən] I. *vi* ❶ (*in Führung liegen*) ir a la cabeza; (SPORT) llevar ventaja; **X führt 1:0 (gegen Y)** X va ganando por 1:0 (a Y)
❷ (*verlaufen*) ir, llevar; **diese Straße führt nach Münster** esta carretera lleva a Münster
❸ (*ergeben*) llevar (*zu* a), conducir (*zu* a); **das führt nur zu Streitigkeiten** esto sólo conduce a disputas; **das führt doch zu nichts** esto no lleva a nada; **das führt zu weit** esto va demasiado lejos
II. *vt* ❶ (*leiten*) dirigir, llevar; (*Gruppe, Mannschaft*) encabezar, guiar
❷ (*geleiten*) llevar, guiar; (*begleiten*) acompañar; **ich führe Sie zum Chef** le llevo a ver al jefe; **was führt Sie zu mir?** ¿qué le trae por aquí?
❸ (*Auto*) llevar, conducir, manejar *Am*
❹ (*hinbewegen*) llevar (*zu/in* a); **den Löffel zum Mund ~** llevar la cuchara a la boca; **seine Beobachtung führte die Polizei auf eine Spur** su observación hizo que la policía encontrara una pista; **das wird uns in den Ruin ~** esto nos llevará a la ruina; **etw mit sich** *dat* **~** llevar algo consigo
❺ (*Titel*) tener; (*Namen*) llevar
❻ (*Geschäftsbücher, Tagebuch*) llevar
❼ (*Waren*) vender, tener a la venta
❽ (*Gespräch*) sostener, tener; **Verhandlungen ~** negociar; (**bei etw**) **Regie ~** dirigir (algo)
III. *vr: sich ~* (*sich benehmen*) comportarse; **er führt sich tadellos** se comporta impecablemente
führend *adj* ❶ *e Zeichen* (INFOR) carácter guía, primero, más importante; **die Firma ist ~ auf ihrem Gebiet** esta empresa es la primera de su ramo; **~e Persönlichkeiten** altos cargos
Führer[1] [ˈfyːrɐ] *m* <-s, -> (*Buch*) guía *f*
Führer(in)[2] *m(f)* <-s, -; -, -nen> ❶ (*Leiter*) líder *mf,* dirigente *mf,* capo *m* *Arg*
❷ (*Fremden~*) guía *mf* (turístico, -a)
Führerausweis *m* <-es, -e> (*Schweiz*) *s.* **Führerschein;** **Führerflucht** *f* <-, *ohne pl*> (*Schweiz:* JUR: *Fahrerflucht*) huida del lugar del accidente (*y omisión de socorro*); **Führerhaus** *nt* <-es, -häuser> cabina *f* del conductor
Führerin *f* <-, -nen> *s.* **Führer**[2]
führerlos *adj* ❶ (*Gruppe, Partei*) sin líder
❷ (*Wagen*) sin conductor
Führerschein *m* <-(e)s, -e> permiso *m* de conducir, carné *m* de conducir, licencia *f Am,* carné *m* de manejo *Am;* **jdm den ~ entziehen** retirarle a alguien el permiso de conducir; **den ~ machen** sacar el carné (de conducir); **Führerscheinentzug** *m* <-(e)s, *ohne pl*> (JUR) privación *f* del permiso de conducir; **Führerscheinprüfung** *f* <-, -en> examen *m* de conducir
Führerstand *m* <-(e)s, -stände> (*Zug, Straßenbahn*) cabina *f* del conductor
Fuhrmann[1] *m* <-(e)s, -leute *o* -männer> (*alt: Kutscher*) cochero *m*
Fuhrmann[2] *m* <-(e)s, *ohne pl*> (ASTR) Auriga *m*

Fuhrpark *m* <-s, -s> parque *m* móvil [*o* de vehículos]

Führung[1] ['fy:rʊŋ] *f* <-, ohne *pl*> ❶ (*Leitung*) dirección *f*; **~ der Geschäfte** gestión de los negocios; **unter jds ~** bajo la dirección de alguien

❷ (SPORT): **in ~ liegen** estar a la cabeza; **die ~ übernehmen, in ~ gehen** llevar la delantera

❸ (*Benehmen*) comportamiento *m*; **wegen guter ~ auf Bewährung entlassen** poner en libertad condicional por buen comportamiento

Führung[2] *f* <-, -en> (*Besichtigung*) visita *f* (guiada)

Führungsanspruch *m* <-(e)s, -sprüche> pretensión *f* de encabezar [*o* de liderar] (*una organización, etc.*); **die Abstimmung in der Partei soll seinen ~ untermauern** la votación en el partido debe corroborar su voluntad de liderar el mismo; **Führungsaufgabe** *f* <-, -n> función *f* directiva, tarea *f* ejecutiva; **Führungsaufsicht** *f* <-, ohne *pl*> (JUR) supervisión *f* de conducta; **Führungsbereich** *m* <-(e)s, -e> área *f* de gestión; **Führungsebene** *f* <-, -n> dirección *f*; **Führungseigenschaften** *fpl* cualidades *fpl* de liderazgo; **Führungsetage** *f* <-, -n> departamento *m* de ejecutivos; **in den ~n deutscher Unternehmen** entre los ejecutivos de las empresas alemanas; **Führungsgeschick** *nt* <-(e)s, ohne *pl*> dotes *fpl* de liderazgo; **Führungskraft** *f* <-, -kräfte> directivo, -a *m, f*, ejecutivo, -a *m, f*; **Führungskrise** *f* <-, -n> crisis *f inv* en la dirección; **Führungsmannschaft** *f* <-, -en> equipo *m* directivo; **Führungsnachwuchs** *m* <-es, ohne *pl*> jóvenes *mpl* directivos; **Führungsposition** *f* <-, -en> puesto *m* directivo, posición *f* de dirigente; **Führungsqualitäten** *fpl* dotes *fpl* de liderazgo; **Führungsrolle** *f* <-, ohne *pl*> (*Führungsposition*) liderazgo *m*; **Führungsschicht** *f* <-, -en> capa *f* directiva; **Führungsschiene** *f* <-, -n> (TECH) riel *m* de guía, carril *m* de guía; **Führungsschwäche** *f* <-, -n> ❶ (*mangelnde Fähigkeit zu führen*) falta *f* de dotes de mando ❷ (*Schwäche bei der Führung*) debilidad *f* en el desempeño de un mando; **Führungsspitze** *f* <-, -n> ❶ (*Unternehmen*) cúpula *f* directiva, altos ejecutivos *mpl* ❷ (*Partei*) dirigentes *mpl* del partido, ejecutiva *f*; **Führungsstab** *m* <-(e)s, -stäbe> (MIL) estado *m* mayor (operativo); **Führungsstärke** *f* <-, -n> ❶ (*Stärke zu führen*) fuerte capacidad *f* de mando ❷ (*Stärke bei der Führung*) fortaleza *f* en el desempeño de un mando; **Führungsstil** *m* <-(e)s, -e> estilo *m* de dirección; **Führungsstruktur** *f* <-, -en> estructura *f* directiva; **Führungswechsel** *m* <-s, -> cambio *m* en la ejecutiva; **Führungszeugnis** *nt* <-ses, -se> certificado *m* de buena conducta; **polizeiliches ~** certificado policial de buena conducta

Fuhrunternehmen *nt* <-s, -> empresa *f* de transportes; **Fuhrunternehmer(in)** *m(f)* <-s, -; -, -nen> transportista *mf*; **Fuhrwerk** *nt* <-(e)s, -e> carruaje *m*

fuhrwerken *vi* (*fam*) trabajar bulliciosamente (*mit* con), manejar torpemente (*mit*); **mit den Armen ~** mover los brazos de aquí para allá; **mit Geräten ~** trajinar aparatos sin parar; **was fuhrwerkst du da in der Küche, dass alle Töpfe so scheppern?** ¿qué es ese trajín en la cocina que no cesa el ruido de los cacharros?

Fülle ['fʏlə] *f* <-, ohne *pl*> ❶ (*Körper-*) corpulencia *f*
❷ (*Menge*) montón *m*, abundancia *f*, cardume(n) *m CSur*; **eine ~ von Anregungen** un montón de sugerencias; **in Hülle und ~** a montones

füllen ['fʏlən] I. *vt* ❶ (*voll machen*) llenar (*mit* de/con)
❷ (GASTR) rellenar (*mit* de/con)
❸ (*ein-*) echar (*in* en); **Wein in Flaschen ~** embotellar vino
❹ (*Zahn*) empastar

II. *vr*: **sich ~** (*voll werden*) llenarse (*mit* con/de); **der Saal füllte sich mit Gästen** la sala se llenó de invitados; **ihre Augen füllten sich mit Tränen** (*geh*) sus ojos se le llenaron de lágrimas

Füllen *nt* <-s, -> (*geh*) *s*. **Fohlen**

Füller ['fʏlɐ] *m* <-s, -> (*fam*) pluma *f*, lapicera *f Arg*

Füllfederhalter *m* <-s, -> pluma *f* estilográfica

Füllgewicht *nt* <-(e)s, -e> peso *m* neto; **Füllgut** *nt* <-(e)s, ohne *pl*> (WIRTSCH) envases *mpl*; **Füllhorn** *nt* <-(e)s, -hörner> cuerno *m* de la abundancia

füllig *adj* relleno, gordo; (*Haar*) voluminoso

Füllmaterial *nt* <-s, -ien> material *m* de relleno

Füllsel ['fʏlzəl] *nt* <-s, -> ❶ (*Material*) relleno *m*
❷ (*Wort*) ripio *m*

Füllung *f* <-, -en> ❶ (*Zahn-*) empaste *m*, emplomadura *f Am*
❷ (GASTR) relleno *m*
❸ (*für Matratzen, Polster*) relleno *m*
❹ (*bei Türen*) entrepaño *m*

Füllwort *nt* <-(e)s, -wörter> (LING) partícula *f* expletiva

fulminant [fʊlmi'nant] *adj* brillante, espléndido

Fumarsäure [fu'maːɐ̯-] *f* <-, ohne *pl*> (CHEM) ácido *m* fumárico

Fummel ['fʊməl] *m* <-s, -> (*fam*) harapos *mpl*, pingo *m*

Fummelei *f* <-, -en> (*fam: umständliche Handhabung*) manejo *m* fastidioso; **so eine ~ bis ich mal den Faden durch das Nadelöhr gezogen habe** ¡qué fastidio!, ¡mira que he estado tiempo hasta que he conseguido pasar el hilo por el ojo de la aguja!

fummeln ['fʊməln] *vi* ❶ (*fam: herumtasten*) manosear (*an*), jugar (*an* con)
❷ (*fam: streicheln*) meter mano; **ich bitte dich, hör auf zu ~!** por favor, ¡deja de sobarme!; **sie ~ se** acarician
❸ (SPORT: *sl*) regatear, driblar

Fund[1] [fʊnt] *m* <-(e)s, -e> (*~stück*) hallazgo *m*; **einen ~ machen** hacer un hallazgo

Fund[2] *m* <-(e)s, ohne *pl*> (*das Finden*) hallazgo *m*; (*Entdecken*) descubrimiento *m*

Fundament [fʊnda'mɛnt] *nt* <-(e)s, -e> ❶ (ARCHIT) cimientos *mpl*
❷ (*Grundlage*) fundamento *m*, base *f*; **die ~e für etw schaffen/zu etw legen** crear/construir las bases para algo

fundamental *adj* fundamental

Fundamentalismus [fʊndamɛnta'lɪsmʊs] *m* <-, ohne *pl*> fundamentalismo *m*

Fundamentalist(in) *m(f)* <-en, -en; -, -nen> fundamentalista *mf*, integrista *mf*

fundamentalistisch *adj* fundamentalista, integrista

Fundbüro *nt* <-s, -s> oficina *f* de objetos perdidos; **Fundeigentum** *nt* <-s, ohne *pl*> (JUR) propiedad *f* de un hallazgo; **Fundgrube** *f* <-, -n> mina *f*; **der Laden ist eine ~ für alte Bücher** la tienda es una mina de libros viejos

Fundi ['fʊndi] *m* <-s, -s>, *f* <-, -s> (POL: *sl*) verde *mf* con una ideología fundamentalista

fundieren* [fʊn'diːrən] *vt* fundamentar; **eine fundierte Beurteilung** una valoración bien fundada

fündig ['fʏndɪç] *adj*: **~ werden** (*finden*) encontrar lo que se buscaba; (*herausfinden*) descubrir lo que se quería saber

Fundort *m* <-(e)s, -e> (*a.* JUR) lugar *m* del hallazgo; **die Polizei untersuchte den ~ der Leiche** la policía registró el lugar en el que se encontró el cadáver; **Fundsache** *f* <-, -n> objeto *m* perdido; **Fundstätte** *f* <-, -n> (*geh*) *s*. **Fundort**; **Fundunterschlagung** *f* <-, -en> (JUR) hurto *m* de hallazgo

Fundus ['fʊndʊs] *m* <-, -> ❶ (*an Erfahrungen, Wissen*) fondo *m*, caudal *m*
❷ (FILM, THEAT: *für Kostüme*) vestuario *m*; (*für Requisiten*) almacén *m*

fünf [fʏnf] *adj inv* cinco; **es ist ~ Minuten vor zwölf** son las doce menos cinco; **~(e) gerade sein lassen** (*fam*) hacer la vista gorda; **seine ~ Sinne beisammenhaben** estar atento, estar en su sano juicio; **das kannst du dir an den ~ Fingern abzählen** (*fam*) eso está más claro que el agua; *s. a.* **acht**

Fünf *f* <-, -en> ❶ (*Zahl, Buslinie, Würfelaugen*) cinco *m*
❷ (SCH: *mangelhaft*) insuficiente *m*

Fünfeck *nt* <-(e)s, -e> pentágono *m*

fünfeckig *adj* pentagonal

Fünfer ['fʏnfɐ] *m* <-s, -> (*fam*) ❶ (*Fünfpfennigstück*) moneda *f* de cinco pfennigs [*o* peniques]
❷ (*Fünfmarkstück*) moneda *f* de cinco marcos
❸ (*Schweiz, Österr, südd*) cinco *m*; **ich will den ~ und das Weggeli** (*Schweiz*) quiero todo para mí (y para los otros, nada)

fünferlei ['fʏnfɐlaɪ] *adj inv* de cinco clases [*o* formas] diferentes, cinco clases (diferentes) de; *s. a.* **achterlei**

fünffach I. *adj* quíntuplo; **das F~** el quíntuplo
II. *adv* cinco veces; *s. a.* **achtfach**

Fünfganggetriebe *nt* <-s, -> (AUTO) engranaje *m* de cinco marchas

fünfhundert ['-'--] *adj inv* quinientos; *s. a.* **achthundert**

fünfhundertjährig *adj* de quinientos años; *s. a.* **achtjährig**

fünfhundertste(r, s) ['-'----] *adj* quingentésimo; *s. a.* **achthundertste(r, s)**

Fünfjahresplan [-'---] *m* <-(e)s, -pläne> (POL) plan *m* quinquenal

fünfjährig *adj* (*fünf Jahre alt*) de cinco años; (*fünf Jahre dauernd*) de cinco años de duración; *s. a.* **achtjährig**

Fünfjährige(r) *mf* <-n, -n; -n, -n> niño, -a *m, f* de cinco años; **sie kam bereits als ~ in die Schule** fue ya a la escuela a la edad de cinco años

Fünfkampf *m* <-(e)s, -kämpfe> (SPORT) pentatlón *m*

fünfköpfig *adj* (*Familie*) de cinco miembros; (*Fabelwesen*) de cinco cabezas

Fünfling *m* <-s, -e> quintillizo *m*

fünfmal *adv* cinco veces; *s. a.* **achtmal**

fünfmalig *adj* cinco veces repetido; **nach ~er Aufforderung bequemte er sich zu kommen** después de pedírselo cinco veces accedió a venir

Fünfmarkschein *m* <-(e)s, -e> billete *m* de cinco marcos

Fünfmarkstück [-'--] *nt* <-(e)s, -e> moneda *f* de cinco marcos

Fünfpfennigstück [-'---] *nt* <-(e)s, -e> moneda *f* de cinco pfennigs [*o* peniques]

Fünfprozenthürde ['--'---] *f* <-, -n> (POL) obstáculo *m* (de la cláusula) del cinco por ciento; **Fünfprozentklausel** ['--'---] *f* <-, -n> (POL) cláu-

fünfseitig

sula *f* del cinco por ciento
fünfseitig *adj* de cinco páginas
fünfstellig *adj* de cinco cifras
fünfstöckig *adj* de cinco pisos
fünfstündig *adj* de cinco horas
fünfstündlich *adj* cada cinco horas
fünft: zu ~ (en grupos de) cinco; *s. a.* **acht**[2]
Fünftagewoche [-'----] *f* <-, -n> semana *f* laboral de cinco días
fünftägig *adj* de cinco días; **er besuchte einen ~en Weiterbildungskurs** tomó parte en un curso de perfeccionamiento de cinco días de duración
fünftausend ['-'---] *adj inv* cinco mil; *s. a.* **achttausend**
Fünftausender *m* <-s, -> (GEO) cinco mil *m;* **im Himalaya gibt es eine ganze Reihe von ~n** en el Himalaya hay un gran número de picos con más de cinco mil metros de altura
fünfte(r, s) *adj* quinto; **das ~ Rad am Wagen sein** (*fig*) ir de pegote [*o* de carabina]; *s. a.* **achte(r, s)**
fünfteilig *adj* (*Serie*) de cinco capítulos
fünftel *adj inv* quinto; *s. a.* **achtel**
Fünftel ['fʏnftəl] *nt* <-s, -> quinto, -a *m, f,* quinta parte *f*; *s. a.* **Achtel**
fünftens ['fʏnftəns] *adv* en quinto lugar; (*bei einer Aufzählung*) quinto; *s. a.* **achtens**
fünftletzte(r, s) *adj* (SPORT) en quinta posición empezando por la cola; *s. a.* **achtletzte(r, s)**
fünftürig *adj* de cinco puertas; **ein ~es Auto** un cinco puertas; **ist der Wagen ~?** ¿el coche es un cinco puertas?
Fünfuhrtee *m* <-s, -s> té *m* que se toma a las cinco de la tarde
Fünfunddreißigstundenwoche [----'----] *f* <-, -n> semana *f* laboral de treinta y cinco horas
fünfwöchentlich *adj* cada cinco semanas
fünfwöchig *adj* de cinco semanas
fünfzehn *adj inv* quince; *s. a.* **acht**
fünfzehnte(r, s) *adj* decimoquinto; *s. a.* **achte(r, s)**
fünfzehntel *adj inv* quinceavo; *s. a.* **achtel**
Fünfzeiler *m* <-s, -> poema *m* de cinco versos
fünfzeilig *adj* de cinco líneas
fünfzig ['fʏnftsɪç] *adj inv* cincuenta; *s. a.* **achtzig**
fünfziger *adj inv* ❶ (*1950 bis 1959*) de los (años) cincuenta ❷ (*von 1950*) del año cincuenta; *s. a.* **achtziger**
Fünfziger ['fʏnftsɪgɐ] *m* <-s, -> ❶ (*Wein*) vino *m* de la añada de los cincuenta ❷ (*fam: Fünfzigmarkschein*) billete *m* de cincuenta marcos; (*Fünfzigpfennigstück*) moneda *f* de cincuenta pfennigs
Fünfzigerjahre *ntpl*: **die ~** los años cincuenta
fünfzigjährig *adj* (*fünfzig Jahre alt*) de cincuenta años; (*fünfzig Jahre dauernd*) de cincuenta años de duración; *s. a.* **achtjährig**
Fünfzigjährige(r) *mf* <-n, -n; -n, -n> persona *f* de cincuenta años
Fünfzigmarkschein [--'--] *m* <-(e)s, -e> billete *m* de cincuenta marcos
Fünfzigpfennigstück [--'---] *nt* <-(e)s, -e> moneda *f* de cincuenta pfennigs
fünfzigste(r, s) *adj* quincuagésimo; *s. a.* **achtzigste(r, s)**
fünfzigstel *adj inv* cincuentavo; *s. a.* **achtel**
Fünfzimmerwohnung *f* <-, -en> piso *m* de cinco habitaciones [*o* de cuatro habitaciones más salón]
fungieren* [fʊŋ'giːrən] *vi* hacer (*als* de), trabajar (*als* de)
Fungistatikum [fʊŋgi'staːtikʊm] *nt* <-s, Fungistatika> (MED) fungistático *m*
Fungizid [fʊŋgi'tsiːt] *nt* <-(e)s, -e> fungicida *m*
Funk [fʊŋk] *m* <-s, *ohne pl*> ❶ (*Übertragung*) radiotelegrafía *f*, telegrafía *f* sin hilos; **über ~ sprechen** hablar por radio ❷ (*Rund~*) radio *f*; **er ist bekannt durch ~ und Fernsehen** es conocido por la radio y la televisión
Funkamateur(in) *m(f)* <-s, -e; -, -nen> radioaficionado, -a *m, f*; **Funkausstellung** *f* <-, -en> exposición *f* de radio y televisión
Fünkchen *nt*: **ein/kein ~ ...** una/ni una pizca de...; **kein ~ Anstand/Ehre** ni una pizca de decencia/de honor; **an der Geschichte ist kein ~ Wahrheit!** ¡en esta historia no hay un ápice de verdad!
Funke ['fʊŋkə] *m* <-ns, -n> chispa *f*; **~n sprühen** echar chispas; **ein ~ sprang über** saltó una chispa; **der zündende ~** la chispa; **ein ~ Hoffnung** un rayito de esperanza; **keinen ~n Anstand im Leib haben** no tener ni pizca de educación; **tanzen, dass die ~n fliegen** bailar como loco
funkeln ['fʊŋkəln] *vi* brillar, resplandecer
funkelnagelneu ['--'--'-] *adj* (*fam*) flamante, novísimo
funken ['fʊŋkən] **I.** *vt* (*Nachricht*) radiar, retransmitir por radio **II.** *vi* (*Funken sprühen*) chispear, echar chispas **III.** *vunpers* (*fam: verstehen*): **endlich hat es bei ihm gefunkt** por fin se le encendió la bombilla

für

Funken *m* <-s, -> *s.* **Funke**
Funkenflug *m* <-(e)s, -flüge> proyección *f* de chispas
funkentstört *adj* antiparásito
Funker(in) *m(f)* <-s, -; -, -nen> radiotelegrafista *mf*
Funkfeuer *nt* <-s, -> (AERO, NAUT) radiofaro *m;* **Funkgerät** *nt* <-(e)s, -e> aparato *m* de radio, radio *f;* **Funkhaus** *nt* <-es, -häuser> emisora *f* de radio(difusión); **Funkkolleg** *nt* <-s, -s> enseñanza *f* por radio; **Funknavigation** *f* <-, *ohne pl*> (AERO, NAUT) radionavegación *f*; **Funknetz** *nt* <-es, -e> (AERO, NAUT) red *f* de estaciones de radio; **Funkpeilung** *f* <-, -en> (RADIO) radiogoniometría *f*
Funkrufempfänger *m* <-s, -> (TEL) receptor *m* de llamada
Funkschatten *m* <-s, -> (TEL) falta *f* de cobertura; **Funksignal** *nt* <-s, -e> señal *f* radioeléctrica [*o* radiotelegráfica]; **Funksprechgerät** *nt* <-(e)s, -e> transmisor-receptor *m* radiofónico, walkie-talkie *m;* **Funksprechverkehr** *m* <-(e)s, *ohne pl*> (TEL) radiotelefonía *f;* **Funkspruch** *m* <-(e)s, -sprüche> mensaje *m* de radio; **Funkstation** *f* <-, -en> estación *f* radiotelegráfica; (*Sendestation*) estación *f* emisora; (*Empfangsstation*) estación *f* receptora; **Funkstille** *f* <-, *ohne pl*> ❶ (*Sendepause*) silencio *m* de radio ❷ (*fam: im zwischenmenschlichen Bereich*) falta *f* de noticias, silencio *m;* **es herrscht ~** no se oye nada
Funkstreife *f* <-, -n> radiopatrulla *f;* **Funkstreifenwagen** *m* <-s, -> coche *m* radiopatrulla
Funktaxi *nt* <-s, -s> radiotaxi *m;* **Funktechnik** *f* <-, *ohne pl*> radiotécnica *f;* **Funktelefon** *nt* <-s, -e> radioteléfono *m*, teléfono *m* celular
Funktion[1] [fʊŋk'tsjoːn] *f* <-, *ohne pl*> (*einer Maschine*) funcionamiento *m;* **in ~ treten** ponerse en funcionamiento; **etw außer ~ setzen** dejar algo fuera de funcionamiento
Funktion[2] *f* <-, -en> ❶ (*Amt, Aufgabe*) cargo *m;* (*Ausübung eines Amtes*) función *f;* **ausübende ~** función ejecutiva; **eine ~ haben/ausüben** tener/ejercer un cargo; **sie übt die ~en einer Ministerin aus** ejerce las funciones de ministra
❷ (*Zweck, Leistungsmerkmal, a.* TECH, INFOR) función *f;* **hat dieser Schalter irgendeine ~?** ¿tiene esta ventanilla alguna función?
❸ (MATH) función *f*
funktional [fʊŋktsjoˈnaːl] *adj* funcional
Funktionär(in) [fʊŋktsjoˈnɛːɐ] *m(f)* <-s, -e; -, -nen> funcionario, -a *m, f*
funktionell *adj* (*a.* MED) funcional
Funktionenlehre *f* <-, *ohne pl*> doctrina *f* de las funciones
funktionieren* *vi* funcionar; **von ganz allein ~** funcionar sólo
Funktionsbild *nt* <-(e)s, -er> (ELEK) esquema *m* funcional
funktionsfähig *adj* apto para funcionar
funktionsgerecht *adj* (TECH) adaptado a la función
Funktionsnachfolge *f* <-, *ohne pl*> (JUR) sucesión *f* funcional; **Funktionsstörung** *f* <-, -en> (MED) disfunción *f*, trastorno *m* funcional; **~en der Nieren können zu einer Blutvergiftung führen** la disfunción de los riñones puede causar septicemia; **Funktionstaste** *f* <-, -n> (INFOR) tecla *f* de función; **Funktionstheorie** *f* <-, *ohne pl*> teoría *f* funcional
funktionstüchtig *adj* que funciona bien
Funktionsverb *nt* <-s, -en> (LING) verbo *m* funcional (*en una construcción pluriverbal pierde su significado propio*)
Funkturm *m* <-(e)s, -türme> torre *f* de radiodifusión; **Funkverbindung** *f* <-, -en> comunicación *f* por radio; **Funkverkehr** *m* <-s, *ohne pl*> radiocomunicaciones *fpl;* **Funkwagen** *m* <-s, -> coche *m* radiopatrulla; **Funkzelle** *f* <-, -n> (TEL) celda *f* de radioemisión, célula *f* de radioemisión
Funzel ['fʊntsəl] *f* <-, -n> (*fam abw*) lámpara *f* que apenas alumbra
für [fyːɐ] *präp +akk* ❶ (*zugunsten von*) para, por; **das ist nichts ~ mich** esto no es para mí; **die Sachen sind ~ mich** estas cosas son para mí; **kann ich noch etw ~ Sie tun?** ¿puedo hacer algo más por Ud.?; **ich bin ~ deine Idee** estoy a favor de tu idea; **sich ~ etw entscheiden** decidirse por algo; **die Sache hat was ~ sich** el asunto tiene un algo especial
❷ (*im Verhältnis zu*) para; **er ist sehr groß ~ sein Alter** está muy alto para su edad; **das ist eine Sache ~ sich** esto es cosa aparte
❸ (*zeitlich*) por; **ich gehe ~ zwei Jahre ins Ausland** me voy por dos años al extranjero; **immer ~ para siempre**; **~ Erste** por ahora; **~ den Fall, dass ...** en caso de que... *+subj*; **Tag ~ Tag** día tras día; **Schritt ~ Schritt** paso a paso; **~ ganz** (*Schweiz*) para siempre
❹ (*wegen*) a causa de, por; **ich möchte mich ~ mein Verhalten entschuldigen** quisiera disculparme por mi comportamiento; **ich ~ meine Person** en cuanto a mí; **~ einmal** (*Schweiz: ausnahmsweise*) por una vez, por excepción
❺ (*zum Zweck*) para; **~ diese Arbeit brauche ich zwei Wochen** necesito dos semanas para realizar este trabajo; **ein Mittel ~ Kopfschmerzen** (*fam*) un remedio para [*o* contra] el dolor de cabeza; **~ nichts und wieder nichts** absolutamente para nada
❻ (*im Austausch*) por; (*anstelle von*) en lugar de, por; **ich bin ~ ihn**

eingesprungen fui en su lugar; **was verlangen Sie ~ den Anzug?** ¿cuánto pide por el traje?

❼ (*mit Fragepronomen*): **was ~ ...?** ¿qué...?; **was ~ ein Pilz ist das?** ¿qué clase de seta es?; **was ~ eine komische Idee!** ¡menuda ocurrencia!

Für *nt*: **das ~ und Wider** el pro y el contra, los pros y los contras; **das ~ und Wider dieser Vorschläge wurde diskutiert** se discutieron los pros y los contras de esta propuesta

Furan *nt* <-s, -e> (CHEM) furano *m*, furfurano *m*

Fürbitte ['---] *f* <-, -n> (*Bitte*) intercesión *f* (*für* a favor de), intervención *f* (*für* a favor de); (REL) ruego *m*; **für jdn ~ einlegen** interceder a favor de alguien

Furche ['fʊrçə] *f* <-, -n> ❶ (*Acker~*) surco *m*
❷ (*im Gesicht*) arruga *f*

furchen *vt* (*geh: Boden*) surcar; **mit gefurchter Stirn** con la frente arrugada

Furcht [fʊrçt] *f* <-, ohne *pl*> miedo *m* (*vor* a/de), temor *m* (*vor* a/de); (*stärker*) terror *m* (*vor* a/de); **~ einflößend** [*o* **erregend**] espantoso; **jdm ~ einflößen** infundir miedo a alguien; **vor jdm/etw ~ haben** tener miedo a [*o* de] alguien/algo; **jdn in ~ versetzen** atemorizar [*o* meter miedo] a alguien; **vor ~ erblassen** ponerse blanco del susto, palidecer de miedo

furchtbar I. *adj* ❶ (*schrecklich*) horroroso, horrible
❷ (*fam: sehr groß*) enorme, tremendo; **einen ~en Hunger haben** estar muerto de hambre
II. *adv* (*fam: sehr*) muy; **~ nett** simpatiquísimo; **sich ~ blamieren** meter la pata hasta el fondo

furchteinflößend *adj s.* **Furcht**

fürchten ['fʏrçtən] I. *vi* (*sich sorgen*) temer (*um/für* por); **ich fürchte um sein Leben** temo por su vida; **zum F~ aussehen** tener un aspecto espantoso; **jdn das F~ lehren** amedrentar a alguien
II. *vt* temer, tener miedo (a/de); **ich fürchte, dass ...** (*befürchte*) temo que... +*subj*; **ich fürchte ihn nicht** no le tengo miedo; **weder Tod noch Teufel ~** no temer a nada
III. *vr*: **sich ~** tener miedo (*vor* a/de), corcovear *Mex*; **ich fürchte mich nicht vor ihm** no le tengo miedo; **er fürchtet sich bei Gewitter** le asusta la tormenta

fürchterlich ['fʏrçtɐlɪç] *adj s.* **furchtbar**

furchterregend *adj s.* **Furcht**

furchtlos *adj* sin temor, intrépido

Furchtlosigkeit *f* <-, ohne *pl*> intrepidez *f*, valentía *f*

furchtsam *adj* miedoso, medroso

Furchtsamkeit *f* <-, ohne *pl*> miedo *m*, temor *m*, pendejada *f Am: fam*

füreinander [fyːɐˈnandɐ] *adv* uno para el otro; **~ da sein** estar el uno para el otro; **sie sind wie ~ geschaffen** están hechos el uno para el otro

Furie ['fuːriə] *f* <-, -n> furia *f*; **wie von ~n gejagt sprang er aus dem Bett** saltó de la cama a toda furia; **sie gingen wie ~n aufeinander los** se liaron a palos hechos unas furias

Furnier [fʊrˈniːɐ] *nt* <-s, -e> chapa *f* de madera

furnieren* [fʊrˈniːrən] *vt* enchapar, chapear

Furore [fuˈroːrə] *f* <-, ohne *pl*>: **~ machen** causar sensación

Fürsorge ['---] *f* <-, ohne *pl*> ❶ (*Betreuung*) asistencia *f*, cuidado *m*; **öffentliche ~** asistencia social
❷ (*fam: finanzielle Unterstützung*) pensión *f*, ayuda *f* del Estado; **von der ~ leben** vivir de la asistencia social [*o* de la caridad estatal]

Fürsorgeamt *nt* <-(e)s, -ämter> (*Schweiz: Sozialamt*) oficina *f* de asistencia social; **Fürsorgepflicht** *f* <-, ohne *pl*> (JUR) deber *m* de protección [*o* asistencia]; **~ des Arbeitgebers/Dienstherrn** deber de asistencia del empresario/patrón; **Fürsorgeprinzip** *nt* <-s, -ien *o* -e> principio *m* de asistencia

Fürsorger(in) *m(f)* <-s, -; -, -nen> (*alt*) asistente *mf* social

fürsorglich *adj* cuidadoso, cariñoso

Fürsorglichkeit *f* <-, ohne *pl*> atención *f*, cuidado *m*; **dank der ~ meiner lieben Frau bin ich wieder genesen** gracias a los cuidados de mi querida esposa he recobrado la salud

Fürsprache *f* <-, -n> intercesión *f*; **für jdn ~ einlegen** interceder por [*o* a favor de] alguien

Fürsprech *m* <-s, -e> ❶ (*alt*) *s.* **Fürsprecher**
❷ (*Schweiz: Rechtsanwalt*) abogado *m*

Fürsprecher(in) *m(f)* <-s, -; -, -nen> intercesor(a) *m(f)*; **in jdm einen ~ haben** tener en alguien a un valedor

Fürst(in) [fʏrst] *m(f)* <-en, -en; -, -nen> príncipe *m*, princesa *f*; **leben wie ein ~** vivir como un rey

Fürstengeschlecht *nt* <-(e)s, -er>, **Fürstenhaus** *nt* <-es, -häuser> dinastía *f*; **er stammt aus einem uralten ~** procede de una dinastía muy antigua

Fürstentum *nt* <-s, -tümer> principado *m*; **das ~ Monaco** el principado de Monaco

Fürstin *f* <-, -nen> *s.* **Fürst**

fürstlich *adj* ❶ (*prächtig*) regio, ostentoso; (*Essen*) opíparo; **~ bewirtet/empfangen werden** ser recibido como un rey
❷ (*einen Fürsten betreffend*) principesco

Furt [fʊrt] *f* <-, -en> vado *m*

Furtum Usus *nt* <- -, ohne *pl*> (JUR) furtum usus *m*

Furunkel [fuˈrʊŋkəl] *m o nt* <-s, -> forúnculo *m*

fürwahr *adv* (*geh, alt*) en verdad, realmente; **wohlan, das ist ~ eine gute Nachricht!** ¡ea, esta sí que es realmente una buena noticia!

Fürwort *nt* <-(e)s, -wörter> (LING) pronombre *m*

Furz [fʊrts, *pl*: ˈfʏrtsə] *m* <-es, Fürze> (*fam*) pedo *m*; **einen ~ lassen** soltar un pedo

furzen *vi* (*fam*) soltar un pedo

Fusel ['fuːzəl] *m* <-s, ohne *pl*> (*fam abw: Branntwein*) matarratas *m inv*

Fusion [fuˈzjoːn] *f* <-, -en> fusión *f*; **~ durch Neugründung/Übernahme** fusión por nueva creación/por absorción

fusionieren* [fuzjoˈniːrən] *vi* fusionarse

Fusionierung *f* <-, -en> fusión *f*

Fusionsbilanz *f* <-, -en> (WIRTSCH) balance *m* de fusión; **Fusionsenergie** *f* <-, -n> (PHYS) energía *f* de fusión

Fusionskontrolle *f* <-, -n> control *m* de fusiones; **europäische/präventive ~** control europeo/preventivo de las fusiones; **Fusionskontrollorgan** *nt* <-s, -e> (WIRTSCH) órgano *m* de control de fusiones; **Fusionsreaktor** *m* <-s, -en> (PHYS) reactor *m* de fusión; **Fusionsrichtlinie** *f* <-, -n> (JUR) directiva *f* sobre las fusiones; **Fusionsverbot** *nt* <-(e)s, -e> prohibición *f* de fusión; **Fusionsvereinbarung** *f* <-, -en> (WIRTSCH) acuerdo *m* de fusión; **Fusionsvertrag** *m* <-(e)s, -träge> (WIRTSCH) contrato *m* de fusión

Fuß [fuːs, *pl*: ˈfyːsə] *m* <-es, Füße> pie *m*; **am ~ des Berges** al pie de la montaña; **zu ~ gehen** ir andando [*o* a pie]; **zu ~ sein** haber venido andando; **gut zu ~ sein** poder caminar bien; **er ist schlecht zu ~** le cuesta caminar; **sich** *dat* **die Füße vertreten** pasearse un poco para estirar las piernas; **sich** *dat* **die Füße wund laufen** despellejarse los pies; **festen Boden unter die Füße bekommen** (*fig*) empezar a tener la vida asegurada; **jdm den Boden unter den Füßen wegziehen** despojar a alguien de su base existencial; **heute bin ich mit dem linken ~ zuerst aufgestanden** (*fig*) hoy me levanté con el pie izquierdo; **die Sache hat Hand und ~** el asunto tiene pies y cabeza; **auf großem ~ leben** vivir a lo grande; **auf eigenen Füßen stehen** (*fig*) ser independiente; **mit jdm auf gutem ~e stehen** llevarse bien con alguien; **das Publikum lag ihr zu Füßen** (*geh*) el público estaba a sus pies; **sie bekam kalte Füße** (*fam fig*) le entró miedo; **jdm etw vor die Füße werfen** (*fig*) tirarle algo a alguien a la cara; **~ fassen** consolidarse [*o* afirmarse]; **jdn auf freien ~ setzen** liberar a alguien; **mit einem ~ im Grab stehen** estar con un pie en la tumba; **die Strafe folgte auf dem ~e** no tardó en llegar el castigo; **bei ~!** (*perro*) ¡aquí!

Fußabdruck *m* <-(e)s, -drücke> huella *f* (del pie), pisada *f*; **Fußabstreifer** *m* <-s, -> (*reg*), **Fußabtreter** *m* <-s, -> (*reg*) felpudo *m*; **Fußangel** *f* <-, -n> (*a. fig*) cepo *m*; **achten Sie bei Vertragsabschluss auf ~n!** (*fig*) ¡fíjese en la letra pequeña [*o* menuda] cuando estipule el contrato!; **Fußbad** *nt* <-(e)s, -bäder> baño *m* de pies; (MED) pediluvio *m*

Fußball¹ *m* <-(e)s, -bälle> (SPORT) fútbol *m*, balompié *m*; **~ spielen** jugar al fútbol

Fußball² *m* <-(e)s, -bälle> (*Ball*) pelota *f* de fútbol

Fußballclub *m* <-s, -s> *s.* **Fußballklub**

Fußballer(in) *m(f)* <-s, -; -, -nen> futbolista *mf*, jugador(a) *m(f)* de fútbol

Fußballfan *m* <-s, -s> hincha *mf*; **Fußballklub** *m* <-s, -s> club *m* deportivo de fútbol, fútbol-club *m*; **Fußballmannschaft** *f* <-, -en> equipo *m* de fútbol; **Fußballmeisterschaft** *f* <-, -en> campeonato *m* (de liga) de fútbol; **Fußballplatz** *m* <-es, -plätze> campo *m* de fútbol; **Fußballrowdy** *m* <-s, -s> hooligan *m*; **Fußballspiel** *nt* <-(e)s, -e> partido *m* de fútbol; **Fußballspieler(in)** *m(f)* <-s, -; -, -nen> *s.* **Fußballer(in)**; **Fußballstadion** *nt* <-s, -stadien> estadio *m* de fútbol; **Fußballtoto** *m o nt* <-s, ohne *pl*> quiniela *f* (de futbol); **Fußballverein** *m* <-s, -e> club *m* de fútbol; **Fußballweltmeisterschaft** *f* <-, -en> copa *f* mundial de fútbol, mundial *m* de fútbol

Fußbank *f* <-, -bänke> banquillo *m*, escabel *m*

Fußboden *m* <-s, -böden> suelo *m*, piso *m*; **Fußbodenbelag** *m* <-(e)s, -läge> pavimento *m*, revestimiento *m* del suelo; **Fußbodenheizung** *f* <-, -en> calefacción *f* de suelo

Fußbreit *m* <-, ohne *pl*> pie *m*; **er wich keinen ~ zurück** no retrocedió ni un palmo

Fußbremse *f* <-, -n> freno *m* de pie

Füße *pl von* **Fuß**

Fussel ['fʊsəl] *m* <-s, ->, *f* <-, -n> mota *f*, pelusa *f*

fusselig *adj* ❶ (*fusselnd*) que deja pelusas
❷ (*voller Fusseln*) lleno de pelusas

③ (*ausgefranst*) deshilachado; **sich** *dat* **den Mund ~ reden** (*fam*) gastar saliva en balde
fusseln *vi* soltar pelo, deshilacharse
fußen ['fuːsən] *vi* apoyarse (*auf*en), basarse (*auf*en)
Fußende *nt* <-s, -n> pie *m* de la cama; **Fußfesseln** *fpl* grillos *mpl*; **der Häftling wurde mit ~ in den Gerichtssaal geführt** el preso fue conducido con grillos en los pies a la sala de audiencias
Fußgänger(in) ['fuːsɡɛŋɐ] *m(f)* <-s, -; -, -nen> peatón, -ona *m, f*; **Fußgängerbrücke** *f* <-, -n> puente *m* peatonal
Fußgängerin *f* <-, -nen> *s*. **Fußgänger**
Fußgängerstreifen *m* <-s, -> (*Schweiz*), **Fußgängerübergang** *m* <-(e)s, -gänge>, **Fußgängerüberweg** *m* <-(e)s, -e> paso *m* de peatones; **Fußgängerzone** *f* <-, -n> zona *f* peatonal
Fußgelenk *nt* <-(e)s, -e> articulación *f* del pie; **Fußgymnastik** *f* <-, ohne *pl*> gimnasia *f* de los pies
fußhoch I. *adj* de un pie de altura; **sie wanderten durch fußhohen Schnee** caminaban con la nieve hasta los tobillos
II. *adv* de un pie de altura; **das Wasser stand ~ im überfluteten Keller** el agua llegaba a los tobillos en el sótano inundado
fußkalt *adj* frío; **auf ~en Böden sollte man nicht barfuß laufen** por un suelo frío no se debería andar descalzo
Fußleiste *f* <-, -n> rodapiés *m inv*
fusslig^RR *adj*, **fußlig** *adj s*. **fusselig**
Fußmarsch *m* <-(e)s, -märsche> caminata *f*; **Fußmatte** *f* <-, -n> felpudo *m*, estera *f*; **Fußnagel** *m* <-s, -nägel> uña *f* del pie; **Fußnote** *f* <-, -n> nota *f* a pie de página; **Fußpfad** *m* <-(e)s, -e> sendero *m*; **durch den Dschungel führte nur ein unwegsamer ~** sólo un sendero intransitable conducía a través de la jungla; **Fußpflege** *f* <-, ohne *pl*> pedicura *f*; **Fußpfleger(in)** *m(f)* <-s, -; -, -nen> pedicuro, -a *m, f*; **Fußpilz** *m* <-es, ohne *pl*> (MED) micosis *f inv* en los pies; **Fußpuder** *m* <-s, -> polvos *mpl* para los pies
Fußreflexzonenmassage *f* <-, -n> (MED) masaje *m* de las zonas de reflejos de los pies
Fußschalter *m* <-s, -> (TECH: *Nähmaschine*, *Stehlampe*) interruptor *m* de pedal; **Fußschaltung** *f* <-, -en> (AUTO) pedal *m* de cambio de velocidades; **Fußschweiß** *m* <-es, ohne *pl*> sudor *m* de pies; **Fußsohle** *f* <-, -n> planta *f* del pie; **Fußspitze** *f* <-, -n> punta *f* del pie; **Fußspur** *f* <-, -en> pista *f*, huella *f* del pie; **Fußstapfen** *m* <-s, -> huella *f* (del pie), pisada *f*; **in jds ~ treten** (*fig*) seguir el ejemplo de alguien; **Fußstütze** *f* <-, -n> apoyapiés *m inv*; **Fußtritt** *m* <-(e)s, -e> (*von Menschen*) puntapié *m*, patada *f*; (*von Tieren*) coz *f*; **jdm einen ~ geben** dar un puntapié a alguien; **einen ~ bekommen** recibir un puntapié; **Fußvolk** *nt* <-(e)s, ohne *pl*> ① (MIL) infantería *f*, peonaje *m* ② (*abw: breite Masse*) los del montón *mpl*, masa *f*; **Fußweg** *m* <-(e)s, -e> ① (*Weg*) camino *m*, vereda *f Am*; (*Bürgersteig*) acera *f*, vereda *f Am* ② (*Entfernung*) camino *m*; **15 Minuten ~** 15 minutos andando; **Fußzeile** *f* <-, -n> (INFOR) pie *m* de página
futsch [fʊtʃ] *adj inv* (*fam*) perdido; **das Geld ist ~** es dinero volado
Futter¹ ['fʊtɐ] *nt* <-s, ohne *pl*> (*Nahrung*) alimento *m*, comida *f*; **gut im ~ stehen** estar bien cebado
Futter² *nt* <-s, -> ① (*in Kleidung, Briefumschlag*) forro *m*
② (*Tür~*) revestimiento *m*
Futteral [fʊtə'raːl] *nt* <-s, -e> funda *f*
Futtergebiet *nt* <-(e)s, -e> zona *f* forrajera; **Futterkrippe** *f* <-, -n> pesebre *m*; **an der ~ sitzen** (*fig*) tener un puestazo
Futtermittel *nt* <-s, -> alimento *m* para animales; **Futtermittelindustrie** *f* <-, -n> (AGR, WIRTSCH) industria *f* de alimentos para animales
füttern ['fʏtɐn] *vt* ① (*Tier*) dar de comer (a); (*Baby*) dar de comer (a), alimentar; „**F~ verboten**" "prohibido dar de comer"
② (*Computer*) alimentar
③ (*Kleidung*) forrar
futtern ['fʊtɐn] *vi, vt* (*fam*) papar
Futternapf *m* <-(e)s, -näpfe> comedero *m*; **Futterneid** *m* <-(e)s, ohne *pl*> ① (*von Tier, Mensch*) rivalidad *f* por la comida ② (*fam: beruflich*) envidia *f* profesional; **Futterpflanze** *f* <-, -n> (AGR) planta *f* forrajera; **Futterrübe** *f* <-, -n> (AGR) remolacha *f* forrajera, betabel *m* forrajero *Mex*; **Futtersack** *m* <-(e)s, -säcke> morral *m*
Futterstoff *m* <-(e)s, -e> tela *f* para forros
Futtertrog *m* <-(e)s, -tröge> comedero *m*
Fütterung¹ ['fʏtəʀʊŋ] *f* <-, -en> (*Tier~*) forraje *m*
Fütterung² *f* <-, ohne *pl*> (*das Auskleiden*) revestimiento *m*
Futterwirtschaft *f* <-, ohne *pl*> (AGR) economía *f* forrajera
Futur [fu'tuːɐ] *nt* <-s, -e> (LING) futuro *m*
Futuresmarkt *m* <-(e)s, -märkte> (FIN) mercado *m* de futuros
Futurismus [futu'ʀɪsmʊs] *m* <-, ohne *pl*> (LIT, KUNST, POL) futurismo *m*
futuristisch *adj* futurista
Futurologe, -in [futuʀo'loːɡə] *m, f* <-n, -n; -, -nen> futurólogo, -a *m, f*
Futurologie [futuʀolo'ɡiː] *f* <-, ohne *pl*> futurología *f*
Futurologin *f* <-, -nen> *s*. **Futurologe**

G

G, g [ɡeː] *nt* <-, -> G, g *f*; **~ wie Gustav** G de Granada
g *Abk. von* **Gramm** gr
gab [ɡaːp] *3. imp von* **geben**
Gabardine ['ɡabardiːn, ɡabar'diːn(ə)] *m* <-s, ohne *pl*>, *f* <-, ohne *pl*> gabardina *f*
Gabe [ɡaːbə] *f* <-, -n> ① (*Geschenk*) regalo *m*, obsequio *m*; **milde ~** limosna *f*
② (*Talent*) don *m*, dotes *fpl*
③ (MED) dosis *f inv*
④ (*Schweiz: Preis*) premio *m*
Gabel ['ɡaːbəl] *f* <-, -n> ① (*vom Besteck*) tenedor *m*
② (*vom Telefon, Fahrrad*) horquilla *f*
③ (AGR) horca *f*
Gabelbissen *m* <-s, -> (GASTR) ① (*Stück Heringsfilet*) pinchito *m* de arenque en escabeche
② (*Appetithappen*) tapa *f* de arenque en escabeche
gabeln ['ɡaːbəln] *vr*: **sich ~** bifurcarse
Gabelstapler *m* <-s, -> carretilla *f* elevadora (de horquilla)
Gabelung *f* <-, -en> bifurcación *f*
Gabentisch *m* <-(e)s, -e> (mesa *f* de los) regalos *mpl* de Navidad; **zur Bescherung wurden die Kinder an den ~ geführt** con ocasión de la Navidad los niños fueron conducidos a la mesa donde se encontraban sus regalos
gackern ['ɡakɐn] *vi* ① (*Huhn*) cacarear
② (*fam: Mensch*) reírse
Gadolinium [ɡado'liːniʊm] *nt* <-s, ohne *pl*> (CHEM) gadolinio *m*
gaffen ['ɡafən] *vi* (*abw*) mirar boquiabierto
Gaffer(in) *m(f)* <-s, -; -, -nen> (*abw*) papamoscas *mf inv*, papanatas *mf inv*
Gag [ɡɛk] *m* <-s, -s> ① (FILM, THEAT) truco *m*, gag *m*
② (*Witz*) salida *f* chistosa
Gage ['ɡaːʒə] *f* <-, -n> honorario *m*, sueldo *m*
gähnen ['ɡɛːnən] *vi* bostezar; **eine ~de Leere** un vacío absoluto
GAL [ɡal] *f Abk. von* **Grün-Alternative Liste** lista electoral formada por los Verdes y otros partidos alternativos
Gala¹ ['ɡaːla] *f* <-, ohne *pl*> (*festliche Kleidung*) vestido *m* de gala; **sich in ~ werfen** engalanarse, vestirse de gala
Gala² *f* <-, -s> *s*. **Galavorstellung**
Galaabend *m* <-s, -e> noche *f* de gala; **Galaanzug** *m* <-(e)s, -züge> traje *m* de etiqueta; **zum Empfang erschienen die Herren im ~** en la recepción los caballeros iban de etiqueta; **Galadiner** *nt* <-s, -s> banquete *m* (de gala); **Galaempfang** *m* <-(e)s, -fänge> recepción *f* de gala
galaktisch [ɡa'laktɪʃ] *adj* (ASTR) galáctico
galant [ɡa'lant] *adj* galante
Galauniform *f* <-, -en> (MIL) uniforme *m* de gala; **Galavorstellung** *f* <-, -en> función *f* de gala
Galaxie [ɡalak'siː] *f* <-, -n> (ASTR) galaxia *f*
Galaxien *pl von* **Galaxie, Galaxis**²
Galaxis¹ [ɡa'laksɪs] *f* <-, ohne *pl*> (ASTR: *Milchstraße*) Vía *f* Láctea
Galaxis² *f* <-, Galaxien> (ASTR: *Galaxie*) galaxia *f*
Galeere [ɡa'leːʀə] *f* <-, -n> galera *f*
Galeerensklave *m* <-n, -n> (HIST) galeote *m*; **Galeerensträfling** *m* <-s, -e> (HIST) condenado *m* a galeras
Galenit [ɡale'niːt] *m* <-s, -e> galena *f*
Galeone [ɡale'oːnə] *f* <-, -n> (HIST) galeón *m*
Galerie [ɡalə'ʀiː] *f* <-, -n> ① (ARCHIT) galería *f*
② (*Gemälde~*) galería *f* de arte
③ (*Schweiz, Österr: Tunnel mit Öffnungen*) galería *f*
Galerist(in) [ɡalə'ʀɪst] *m(f)* <-en, -en; -, -nen> galerista *mf*
Galgen ['ɡalɡən] *m* <-s, -> patíbulo *m*; **jdn an den ~ bringen** llevar a alguien al patíbulo
Galgenfrist *f* <-, -en> plazo *m* perentorio; **Galgenhumor** *m* <-s, ohne *pl*> humor *m* negro; **Galgenvogel** *m* <-s, -vögel> (*fam abw: Strolch*) rufián *m*
Galicien [ɡa'liːtsiən] *nt* <-s> Galicia *f*
Galicier(in) *m(f)* <-s, -; -, -nen> gallego, -a *m, f*
galicisch *adj* gallego
Galiläa [ɡali'lɛːa] *nt* <-s> (HIST) Galilea *f*
Galionsfigur [ɡa'ljoːnsfiɡuːɐ] *f* <-, -en> (NAUT) mascarón *m* de proa
Gallapfel *m* <-s, -äpfel> (BOT) bugalla *f*, cecidia *f*
Galle ['ɡalə] *f* <-, -n> ① (*menschliches Sekret*) bilis *f inv*; (*tierisches Sekret*) hiel *f*
② (*Organ*) vesícula *f* biliar
gallenbitter *adj* amargo como la hiel; **der Hustensaft ist ~** el jarabe (para la tos) es amargo como la hiel

Gallenblase f <-, -n> (ANAT) vesícula f biliar; **Gallenblasenoperation** f <-, -en> operación f de la vesícula biliar
Gallengang m <-(e)s, -gänge> (ANAT) conducto m biliar; **Gallengrieß** m <-es, -e> (MED) arenillas f (biliares) pl; **Gallenkolik** f <-, -en> cólico m hepático [o biliar]; **Gallenleiden** nt <-s, -> padecimiento m biliar; **Gallenstein** m <-(e)s, -e> cálculo m vesicular
Gallert ['galərt] nt <-(e)s, -e> gelatina f, jalea f
gallertartig ['galɛrtʔa:ɐtɪç] adj gelatinoso
Gallerte [ga'lɛrtə] f <-, -n> gelatina f, jalea f
Gallien ['galjən] nt <-s> (HIST) Galia f
Gallier(in) ['galiɐ] m(f) <-s, -; -, -nen> (HIST) galo, -a m, f
gallig ['galɪç] adj (bitter) agrio, mordaz; **mein Bruder hat einen sehr ~en Humor** mi hermano tiene un humor muy agrio
gallisch ['galɪʃ] adj galo, de la Galia
Gallium ['galiʊm] nt <-s, ohne pl> (CHEM) galio m
Gallone [ga'lo:nə] f <-, -n> galón m
Galopp [ga'lɔp] m <-s, -e o -s> galope m; ~ **reiten** ir a(l) galope
galoppieren* vi haben o sein galopar; **~de Inflation** inflación galopante
galt [galt] 3. imp von **gelten**
Galvanisation f <-, -en> (MED) galvanización f
galvanisch [gal'va:nɪʃ] adj (ELEK) galvánico
Galvaniseur(in) m(f) <-s, -e; -, -nen> galvanizador(a) m(f)
Galvanisierbad nt <-(e)s, -bäder> (CHEM) baño m de galvanoplastia
galvanisieren* [galvani'zi:rən] vt (TECH) galvanizar
Galvanometer [galvano'me:tɐ] nt <-s, -> (TECH) galvanómetro m
Gamasche [ga'maʃə] f <-, -n> (alt) polaina f
Gambe ['gambə] f <-, -n> (MUS) viola f de gamba, bajoncillo m
Gameboy® ['gɛɪmbɔɪ] m <-s, -s> gameboy® m; **Gameshow** f <-, -s> (TV) programa-concurso m, concurso m televisivo; **eine ~ leiten** presentar un concurso en televisión
Gamma ['gama] nt <-(s), -s> gamma f
Gammastrahlen mpl (PHYS, MED) rayos mpl gamma; **Gammastrahlung** f <-, -en> (PHYS) radiación f de rayos gamma
gamm(e)lig ['gam(ə)lɪç] adj (fam) ❶ (Nahrungsmittel) malo, podrido ❷ (Kleidung) desaliñado, descuidado
gammeln ['gaməln] vi (fam) ❶ (Lebensmittel) estropearse ❷ (Person) gandulear, holgazanear
Gammler(in) ['gamlɐ] m(f) <-s, -; -, -nen> (fam alt a. abw) beat mf, inadaptado, -a m, f; **die vielen ~ waren ein Ärgernis für die Bürger** la gran cantidad de inadaptados eran una molestia para los ciudadanos
gammlig adj s. **gamm(e)lig**
Gams [gams] f <-, -(en)> (Österr, südd: ZOOL) s. **Gämse**ᴿᴿ
Gamsbart m <-(e)s, -bärte> adorno m de pelos de gamuza (en forma de mechón y aplicado generalmente a un sombrero); **Gamsbock** m <-(e)s, -böcke>, **Gämsbock**ᴿᴿ m <-(e)s, -böcke> (ZOOL) gamuza f (macho), rebeco m (macho)
Gämseᴿᴿ ['gɛmzə] f <-, -n> (ZOOL) gamuza f, rebeco m
Gamsgras ['gamsgra:s] nt <-es, -gräser> (BOT) hierba f alpina [o de gamuza]; **Gamsleder** nt <-s, -> (piel f de) gamuza f
gang [gaŋ]: **~ und gäbe** usual, normal, corriente
Gang¹ [gaŋ, pl: 'gɛŋə] m <-(e)s, Gänge> ❶ (Gehweise) (modo m de) andar m; **aufrechter ~** posición erguida; **einen aufrechten ~ haben** andar erguido
❷ (Spazier~) paseo m; (Weg) camino m; **auf ihrem ~ zum Arzt sah sie ...** (de) camino al médico vio…; **ein schwerer ~** un paso difícil; **der ~ an die Börse** el curso de la bolsa; **ein ~ nach Kanossa** (fig) una penitencia humillante
❸ (Betrieb) marcha f; **eine Maschine in ~ setzen** poner en marcha una máquina; **den Motor in ~ halten** mantener el motor en marcha; **Verhandlungen in ~ bringen** iniciar negociaciones
❹ (Ablauf) curso m, marcha f; **der ~ der Ereignisse** la marcha de los acontecimientos; **etw geht seinen (gewohnten) ~** algo sigue su marcha (acostumbrada); **es ist etwas im ~** algo flota en el aire; **etw ist in vollem ~(e)** algo está en plena marcha [o actividad]
❺ (TECH, AUTO) marcha f; **im zweiten ~ fahren** ir en segunda; **in den dritten ~ schalten** cambiar a tercera; **den ~ herausnehmen** poner el motor en ralentí
❻ (Flur) pasillo m, corredor m; **draußen auf dem [o im] ~** fuera en el pasillo
❼ (GASTR) plato m
Gang² [gɛŋ] f <-, -s> ❶ (Bande) banda f, trinca f And, CSur ❷ (Clique) cuadrilla f, percha f Mex
Gangart f <-, -en> (modo m de) andar m, paso m, andares mpl fam
gangbar adj (Weg, Brücke) transitable; (Lösung) viable
Gängelband nt <-(e)s, -bänder> andadores mpl
Gängelei f <-, -en> (fam abw) tutela f; **hör endlich mit der ~ auf, ich kann auf eigenen Füßen stehen!** deja de querer organizarme la vida, sé valerme por mí mismo
gängeln ['gɛŋəln] vt (fam abw) tener bajo su tutela
Ganggestein nt <-(e)s, -e> (GEO) roca f filoniana
gängig ['gɛŋɪç] adj ❶ (üblich) normal, usual; (geläufig) corriente ❷ (viel gekauft) de buena venta
Ganglion ['gaŋ(g)liɔn] nt <-s, Ganglien> (ANAT) ganglio m
Gangschaltung f <-, -en> (TECH: im Auto) (caja f de) cambios mpl; (Fahrrad) marchas fpl
Gangster ['gɛŋstɐ] m <-s, -> (abw) gángster m, pistolero m
Gangstermethoden fpl (abw) métodos mpl sucios [o mafiosos]
Gangway f <-, -s> escalera f (para subir a bordo), escalerilla f (para subir a bordo), rampa f de acceso
Ganove, -in [ga'no:və] m, f <-n, -n; -, -nen> (fam abw) tunante mf, golfo, -a m, f
Gans [gans, pl: 'gɛnzə] f <-, Gänse> (ZOOL) ganso m; (Weibchen) oca f; **blöde ~** idiota f, cretina f
Gänseblümchen ['gɛnzəbly:mçən] nt <-s, -> (BOT) maya f, margarita f silvestre; **Gänsebraten** m <-s, -> asado m de ganso; **Gänsebrust** f <-, -brüste> (GASTR) pechuga f de ganso; **Gänsefüßchen** ['gɛnzəfy:sçən] nt <-s, -> (fam) comilla f; **in ~** entre comillas; **Gänsehaut** f <-, ohne pl> carne f de gallina; **Gänsekiel** m <-(e)s, -e> pluma f de ganso [o de oca]
Gänseklein nt <-s, ohne pl> (GASTR) menudillos mpl de ganso
Gänseleberpastete f <-, -n> (GASTR) paté m de ganso
Gänsemarsch m <-(e)s, ohne pl>: **im ~** en fila india
Gänserich ['gɛnzərɪç] m <-s, -e> (ZOOL) ganso m macho
Gänseschmalz nt <-es, -e> (GASTR) manteca f de ganso; **Gänsewein** m <-(e)s, ohne pl> (fam iron) agua f
Ganter m <-s, -> (norddt: ZOOL) s. **Gänserich**
ganz [gants] I. adj ❶ (gesamt) todo, entero; (vollständig) completo; **die ~e Zeit über** durante todo el tiempo; **die ~e Wahrheit** toda la verdad; **~ Europa** toda Europa; **eine ~e Zahl/Note** un número entero/una nota redonda; **eine ~e Drehung** un giro completo; **das ist eine ~e Menge** eso es bastante; **das dauert eine Weile** esto dura bastante; **sie hat ~e Arbeit geleistet** (fam iron) lo destrozó todo; **im G~en war ich dreimal hier** en total he estado tres veces aquí
❷ (fam: unbeschädigt) en buenas condiciones, intacto; **etw wieder ~ machen** reparar algo
❸ (fam: bloß) sólo; **das Buch hat ~e drei Euro gekostet** el libro ha costado sólo tres euros
II. adv ❶ (völlig) totalmente, completamente; **etw ~ allein machen** hacer algo totalmente solo; **das ist ~ meine Meinung** comparto totalmente esta opinión; **das ist ~ sein Stil** es típico de él; **das ist etwas ~ anderes** esto es algo totalmente distinto; **~ und gar** completamente; **und gar nicht** nada de nada; **~ im Gegenteil** todo lo contrario
❷ (vollständig) del todo, por completo; **etw ~ aufessen** comerse algo del todo; **~ hinten/vorn** detrás/delante del todo; **wie Sie meinen** como Ud. quiera, lo que Ud. mande; **~ gleich, wie es ist** sea como sea; **du hast ~ Recht** tienes toda la razón
❸ (ziemlich) bastante; **das gefällt mir ~ gut** esto me gusta bastante
❹ (sehr) muy; **ein kleiner Rest** un resto minúsculo; **ein klein wenig** muy poco; **~ viel Geld** muchísimo dinero
Gänze ['gɛntsə] f: **zur ~** totalmente, en su totalidad
Ganze(s) nt <-n, ohne pl> total m, conjunto m; **etw als ~s betrachten** considerar algo en conjunto; **das ist nichts Halbes und nichts ~s** esto no es ni fu ni fa; **aufs ~ gehen** (fam) jugarse el todo por el todo; **es geht ums ~** todo está en juego
Ganzfabrikat nt <-(e)s, -e> producto m acabado
Ganzheit f <-, -en> totalidad f, globalidad f; **in seiner ~** en su totalidad
ganzheitlich adj global; **~e Medizin** medicina integral [o global]
Ganzheitsmedizin f <-, ohne pl> (MED) medicina f (p)sicosomática; **viele Menschen vertrauen der ~ mehr als der Schulmedizin** mucha gente confía más en la medicina psicosomática que en la medicina convencional; **Ganzheitsmethode** f <-, ohne pl> método m integral
ganzjährig adj durante todo el año; **eine ~e Öffnung des Hotels wäre unrentabel** no resultaría rentable mantener abierto el hotel durante todo el año; **das Schwimmbad hat [o ist] ~ geöffnet** la piscina tiene abierto [o está abierta] durante todo el año
gänzlich ['gɛntslɪç] I. adj total, completo
II. adv del todo, por completo
ganzseitig adj de página entera
ganztägig ['gantstɛ:gɪç] I. adj de todo el día
II. adv todo el día; **~ arbeiten** trabajar jornada completa
Ganztagsschule f <-, -n> colegio m de jornada completa
gar [ga:ɐ] I. adj (Speise): **~ sein** estar hecho (a punto), estar en su punto; **~ kochen** cocer; **den Eintopf muss man auf kleiner Flamme ~ kochen** el cocido debe hacerse [o cocerse] a fuego lento
II. adv ❶ (überhaupt): **~ nichts** nada de nada; **~ keiner** ninguno; **auf keinen Fall** en ningún caso, bajo ningún concepto; **das ist ~ nicht schlecht** no está nada mal

❷ (*sogar*) incluso, por lo demás; **und nun will sie ~ ...** y ahora quiere incluso...; **du hast doch nicht ~ die Polizei angerufen?** ¿no habrás llamado a la policía?

Garage [ga'ra:ʒə] *f* <-, -n> garaje *m*, establo *m Cuba;* (*Wagenstellplatz*) cochera *f*

garagieren* [ga'ra:ʒi:rən] *vt* (*Österr: in die Garage stellen*) meter [*o* guardar] en el garaje; **bitte ~ Sie den Rolls-Royce!** ¡por favor, aparque el "Rolls" en el garaje!

Garagist(in) [gara'ʒɪst] *m(f)* <-en, -en; -, -nen> (*Schweiz: Werkstattbesitzer*) propietario, -a *m, f* de un taller de coches

Garant(in) [ga'rant] *m(f)* <-en, -en; -, -nen> garante *mf*

Garantenpflicht *f* <-, -en> (JUR) deber *m* de garante; **Garantenstellung** *f* <-, *ohne pl*> (JUR) posición *f* de garante

Garantie [garan'ti:] *f* <-, -n> garantía *f*; **die Kamera hat ein Jahr ~** la cámara tiene un año de garantía; **die Reparatur geht auf ~** la reparación entra dentro de la garantía; **unter ~** (*fam*) con seguridad, con garantía

Garantieabkommen *nt* <-s, -> (JUR, WIRTSCH) convenio *m* de garantía; **Garantiebetrag** *m* <-(e)s, -träge> (FIN, JUR, WIRTSCH) importe *m* de garantía; **Garantieempfänger(in)** *m(f)* <-s, -; -, -nen> (JUR, WIRTSCH) garantizado, -a *m, f*, beneficiario, -a *m, f* de la garantía; **Garantieerklärung** *f* <-, -en> (JUR, WIRTSCH) declaración *f* de garantía; **Garantiefonds** *m* <-, -> (FIN) depósito *m* de garantía; **Garantiefrist** *f* <-, -en> (JUR, WIRTSCH) plazo *m* de garantía; **Garantiehaftung** *f* <-, -en> (JUR) responsabilidad *f* por garantía; **Garantiekapital** *nt* <-s, -e *o* -ien> (JUR, FIN, WIRTSCH) capital *m* de garantía; **Garantiekonsortium** *nt* <-s, -konsortien> (WIRTSCH, FIN) consorcio *m* de garantía; **Garantiepflicht** *f* <-, -en> (JUR, WIRTSCH) obligación *f* de garantía

garantieren* *vi, vt* garantizar (*für*), abogar (*für* por)

garantiert *adv* con toda seguridad; **ich komme ~ zu deinem Geburtstag** ten por seguro [*o* te aseguro] que vendré el día de tu cumpleaños; **glaubst du er kommt? – ~ !** ¿crees que vendrá? – ¡seguro!

Garantieschein *m* <-(e)s, -e> (resguardo *m* de) garantía *f*; **Garantietatbestand** *m* <-(e)s, -stände> (JUR) resultandos *mpl* de garantía

Garantie- und Gewährleistungszusage *f* <-, -n> (JUR) declaración *f* de garantía y saneamiento

Garantievereinbarung *f* <-, -en> (JUR) convenio *m* de garantía; **Garantieverletzung** *f* <-, -en> (JUR, WIRTSCH) incumplimiento *m* de la garantía; **Garantieverpflichtung** *f* <-, -en> (FIN, JUR, WIRTSCH) obligación *f* garantizada; **Garantievertrag** *m* <-(e)s, -träge> (JUR) contrato *m* de garantía; **Garantiewartung** *f* <-, -en> (JUR) mantenimiento *m* de garantía; **Garantiewechsel** *m* <-s, -> (FIN) letra *f* de garantía; **Garantiezusage** *f* <-, -n> (JUR) declaración *f* de garantía

Garantin *f* <-, -nen> *s.* **Garant**

Garaus ['ga:ɐ̯ʔaʊs] *m* (*fam*): **jdm/etw** *dat* **den ~ machen** cargarse a [*o* acabar con] alguien/algo

Garbe ['garbə] *f* <-, -n> ❶ (*von Korn*) haz *m*, gavilla *f*
❷ (*von Schüssen*) ráfaga *f*

Gardasee ['gardaze:] *m* <-s> lago *m* de Garda

Garde ['gardə] *f* <-, -n> guardia *f*

Gardemaß *nt* <-es, *ohne pl*> (HIST) altura *f* (*requerida para ser admitido en las tropas de élite o la guardia de Corps*); **für Offiziere der Elitetruppen galt ein ~ von mindestens 1,90 Meter** los oficiales de las tropas de élite debían tener una estatura de al menos 1 metro 90; **~ haben** (*iron: sehr groß sein*) ser alto como un pino; **mit 1,87 Meter hat deine Freundin ja geradezu ~!** ¡1,87!, ¡tu amiga es más alta que un pino!; **Garderegiment** *nt* <-(e)s, -er> (HIST) ❶ (*Elitetruppe*) cuerpo *m* de élite ❷ (*Truppe eines Monarchen*) guardia *f* de Corps

Garderobe[1] [gardə'ro:bə] *f* <-, *ohne pl*> (*Kleidung*) ropa *f*, guardarropa *m*; **für ~ wird nicht gehaftet** la empresa no responde de los objetos personales

Garderobe[2] *f* <-, -n> ❶ (*Kleiderablage*) percha *f*, perchero *m*
❷ (*Raum*) guardarropa *m*
❸ (*Ankleideraum*) camerino *m*, vestuario *m*

Garderobenfrau *f* <-, -en> guardarropa *f*, mujer *f* que trabaja en un guardarropa; **Garderobenhaken** *m* <-s, -> colgador *m*; **häng deinen Mantel bitte an den ~!** ¡pon tu abrigo en el colgador, por favor!; **Garderobenmann** *m* <-(e)s, -männer> guardarropa *m*, hombre *m* que trabaja en un guardarropa; **Garderobenmarke** *f* <-, -n> ficha *f* del guardarropa; **sie gab ihre ~ ab, um im Gegenzug ihren Mantel entgegenzunehmen** entregó la ficha para que le dieran, a cambio, su abrigo; **Garderobenschrank** *m* <-(e)s, -schränke> armario *m*, ropero *m*; **Garderobenständer** *m* <-s, -> percha *f*, perchero *m*

Garderobier(e) [gardəro'bieː] *m(f)* <-s, -s; -, -n> (THEAT) ayudante *mf* de camerino

Gardine [gar'di:nə] *f* <-, -n> cortina *f*; **hinter schwedischen ~n** (*fam*) entre rejas

Gardinenleiste *f* <-, -n> riel *m* (para cortinas); **Gardinenpredigt** *f* <-, -en> (*fam*) sermoneo *m*; **Gardinenstange** *f* <-, -n> barra *f* para cortinas; (*Leiste*) riel *m*

Gardist *m* <-en, -en> ❶ (*in einer Elitetruppe*) miembro *m* de las tropas de élite
❷ (*in einer königlichen Garde*) miembro *m* de la guardia de Corps; **er war ~ in der königlichen Garde** fue miembro de la guardia de Corps

garen ['ga:rən] *vt* (GASTR) cocer; **auf kleiner Flamme ~** cocer a fuego lento

gären ['gɛ:rən] <gärt, gor *o* gärte, gegärt *o* gegoren> I. *vi haben o sein* fermentar
II. *vt* fermentar

Garette *f* <-, -n> (*Schweiz: Schubkarren*) carretilla *f*

gar|kochen *vt s.* **gar** I.

Garn [garn] *nt* <-(e)s, -e> hilo *m*; **jdm ins ~ gehen** caer en las redes de alguien

Garnele [gar'ne:lə] *f* <-, -n> (ZOOL) gamba *f*; (*kleiner*) camarón *m*

garni [gar'ni:]: **Hotel ~** hotel tipo "bed and breakfast"

garnieren* [gar'ni:rən] *vt* guarnecer; (GASTR) adornar

Garnierung *f* <-, -en> guarnición *f*, decoración *f*; **der Jungkoch war für die ~ der Speisen zuständig** el joven cocinero era el encargado de decorar los platos; **die ~ des Kuchens bestand aus kandierten Kirschen** el pastel estaba decorado [*o* adornado] con cerezas confitadas

Garnison [garni'zo:n] *f* <-, -en> (MIL) guarnición *f*

Garnisonsstadt *f* <-, -städte> (MIL) plaza *f* militar

Garnitur [garni'tu:ɐ̯] *f* <-, -en> juego *m*, conjunto *m*

Garnknäuel *m o nt* <-s, -> ovillo *m*; **Garnrolle** *f* <-, -n> bobina *f* de hilo

Garotte *f* <-, -n> (*alt*) garrote *m* (vil); **der Mörder wurde zur ~ verurteilt** el asesino fue condenado a morir en el garrote

gar|sein *irr vi sein s.* **gar** I.

garstig ['garstɪç] *adj* ❶ (*frech*) malo, desvergonzado
❷ (*hässlich*) feo; (*abstoßend*) asqueroso

Garten ['gartən, *pl:* 'gɛrtən] *m* <-s, Gärten> jardín *m*; (*Nutz~*) huerto *m*; **botanischer/zoologischer ~** jardín botánico/parque zoológico; **der ~ Eden** el jardín del Edén

Gartenarbeit *f* <-, -en> trabajo *m* en el jardín; **Gartenarchitekt(in)** *m(f)* <-en, -en; -, -nen> arquitecto, -a *m, f* de jardines; **Gartenbau** *m* <-(e)s, *ohne pl*> jardinería *f*, horticultura *f*; **Gartenblume** *f* <-, -n> flor *f* de jardín; **Gartenfest** *nt* <-(e)s, -e> fiesta *f* en el jardín; **Gartengerät** *nt* <-(e)s, -e> utensilio *m* de jardinería; **Gartenhag** ['gartənha:k, *pl:* 'gartənhɛːgə] *m* <-(e)s, -häge> (*Schweiz*) *s.* **Gartenhecke**; **Gartenhaus** *nt* <-es, -häuser> pabellón *m*; **Gartenhecke** *f* <-, -n> seto *m* (de jardín); **Gartenlaube** *f* <-, -n> cenador *m*; **Gartenlokal** *nt* <-(e)s, -e> restaurante *m* con terraza, café *m* con terraza; **Gartenmesser** *nt* <-s, -> podadera *f*; **Gartenmöbel** *ntpl* muebles *mpl* de jardín; **Garten-Sauerampfer** *m* <-s, -> (BOT) acedilla *f* jardinera; **Gartenschau** *f* <-, -en> feria *f* de jardinería; **Gartenschere** *f* <-, -n> tijeras *fpl* de podar, podadora *f*; **Gartenschlauch** *m* <-(e)s, -schläuche> manguera *f* de riego; **Gartensitzplatz** *m* <-es, -plätze> (*Schweiz: Terrasse*) terraza *f*; **Gartenstadt** *f* <-, -städte> ciudad *f* jardín; **Gartentor** *nt* <-(e)s, -e> portal *m* (del jardín); **Gartenzaun** *m* <-(e)s, -zäune> seto *m* vivo; **Gartenzwerg** *m* <-(e)s, -e> enanito de decoración que se pone en el jardín

Gärtner(in) ['gɛrtnɐ] *m(f)* <-s, -; -, -nen> jardinero, -a *m, f*

Gärtnerei [gɛrtnə'raɪ] *f* <-, -en> jardinería *f*; (*für Nutzpflanzen*) establecimiento *m* de horticultura

Gärtnerin *f* <-, -nen> *s.* **Gärtner**

gärtnerisch I. *adj* (*Ausbildung*) de jardinero; (*Gestaltung*) del jardín; (*Kenntnisse*) de jardinería; **nach der Schule begann sie eine ~e Ausbildung** después de la escuela empezó estudios de jardinería
II. *adv* (*ausbilden*) en jardinería; (*gestalten*) en forma de jardín; **der verwilderte Park soll ~ neu gestaltet werden** el parque abandonado será ajardinado de nuevo

gärtnern *vi* dedicarse a la jardinería, trabajar en el jardín; **ich gärtnere leidenschaftlich gerne** a mí me encanta la jardinería

Gärung ['gɛ:rʊŋ] *f* <-, -en> fermentación *f*; **alkoholische ~** fermentación alcohólica; **in ~ übergehen** fermentar

Gas[1] [ga:s] *nt* <-es, -e> (CHEM) gas *m*

Gas[2] *nt* <-es, *ohne pl*> (AUTO): **~ geben** acelerar, pisar el acelerador; **~ wegnehmen** levantar el pie del acelerador

Gasanzünder *m* <-s, -> encendedor *m* de gas; **Gasaustausch** *m* <-(e)s, *ohne pl*> (BIOL) intercambio *m* gaseoso; **Gasbehälter** *m* <-s, -> depósito *m* de gas; **Gasbeleuchtung** *f* <-, -en> alumbrado *m* de gas; **Gasbrenner** *m* <-s, -> mechero *m* de gas; **Gasfeuerzeug** *nt* <-(e)s, -e> encendedor *m* de gas, mechero *m* de gas; **Gasflamme** *f* <-, -n> llama *f* de gas; **Gasflasche** *f* <-, -n> bombona *f* de gas

gasförmig *adj* gaseoso, gasiforme

Gashahn *m* <-(e)s, -hähne> llave *f* del gas; **Gashebel** *m* <-s, -> (TECH) palanca *f* del gas; **Gasheizung** *f* <-, -en> calefacción *f* de gas; **Gasherd** *m* <-(e)s, -e> cocina *f* de gas; **Gashülle** *f* <-, -n> capa *f* gaseosa; **Gaskammer** *f* <-, -n> cámara *f* de gas; **Gaskocher** *m* <-s,

-> hornillo *m* de gas; **Gaslampe** *f* <-, -n> lámpara *f* de gas; **Gaslaterne** *f* <-, -n> farol *m* de gas; **Gasleitung** *f* <-, -en> conducción *f* del gas; **Gasmann** *m* <-(e)s, -männer> (*fam*) hombre *m* del gas, gasista *f* (*Ableser*) verificador *m;* **Gasmaske** *f* <-, -n> careta *f* antigás, máscara *f* antigás; **Gasofen** *m* <-s, -öfen> horno *m* de gas

Gasolin [gazo'li:n] *nt* <-s, *ohne pb*> gasolina *f*

Gasometer *m* <-s, -> (*alt*) gasómetro *m*

Gaspedal *nt* <-s, -e> acelerador *m;* **Gaspistole** *f* <-, -n> pistola *f* de gas; **Gasrohr** *nt* <-(e)s, -e> conducto *m* del gas

Gasse ['gasə] *f* <-, -n> ❶ (*kleine Straße*) callejón *m,* callejuela *f;* **jdm eine ~ bilden** abrirle el paso a alguien

❷ (*Österr: Straße*) calle *f;* **über die ~** (*zum Mitnehmen*) para llevar

Gassenhauer *m* <-s, -> (*MUS: fam*) cancioncilla *f,* coplilla *f;* **Gassenjunge** *m* <-n, -n> pilluelo *m*

Gassi (*fam*): (**mit dem Hund**) **~ gehen** bajar al perro, sacar al perro; **war der Hund heute schon ~?** ¿ya ha salido el perro hoy?; **komm Rex, (wir gehen) ~!** ¡ven, Rex, vamos a la calle!

Gast [gast, *pl:* 'gɛstə] *m* <-(e)s, Gäste> huésped *mf;* (*eingeladener*) invitado, -a *m, f;* (*von Lokal*) cliente *mf;* **ungebetene Gäste** intrusos *mpl;* **bei jdm zu ~ sein** estar invitado a casa de alguien

Gastarbeiter(in) *m(f)* <-s, -; -, -nen> trabajador(a) *m(f)* extranjero, -a, inmigrante *mf;* **Gastdozent(in)** *m(f)* <-en, -en; -, -nen> profesor *mf* temporal (de otra universidad)

Gästebuch *nt* <-(e)s, -bücher> libro *m* de huéspedes, álbum *m* de visitantes; **sich in das ~ eintragen** inscribirse en el libro de huéspedes; **Gästehaus** *nt* <-es, -häuser> casa *f* de huéspedes; **das ~ unserer Firma** la residencia para invitados de nuestra empresa; **Gästezimmer** *nt* <-s, -> cuarto *m* de huéspedes, habitación *f* de invitados

gastfreundlich *adj* hospitalario

Gastfreundschaft *f* <-, *ohne pb*> hospitalidad *f;* **jdm ~ gewähren** ofrecer hospitalidad a alguien; **Gastgeber(in)** *m(f)* <-s, -; -, -nen> anfitrión, -ona *m, f;* **Gastgeschenk** *nt* <-(e)s, -e> agasajo *m,* regalo *m;* **als Dankeschön für die Einladung brachte sie ein ~ mit** ella llevó un pequeño detalle como muestra de agradecimiento por la invitación; **Gasthaus** *nt* <-es, -häuser>, **Gasthof** *m* <-(e)s, -höfe> ❶ (*zum Übernachten*) fonda *f,* casa *f* de huéspedes; (*höhere Kategorie*) hostal *m,* pensión *f* ❷ (*nur Essen*) mesón *m;* **Gasthörer(in)** *m(f)* <-s, -; -, -nen> (*UNIV*) oyente *mf*

gastieren* [gas'ti:rən] *vi* actuar (como compañía de teatro invitada)

Gastland *nt* <-(e)s, -länder> país *m* de acogida

gastlich *adj* hospitalario; **jdn ~ aufnehmen** acoger a alguien cordialmente

Gastmannschaft *f* <-, -en> equipo *m* visitante; **Gastprofessor(in)** *m(f)* <-s, -en; -, -nen> catedrático, -a *m, f* invitado, -a; **Gastrecht** *nt* <-(e)s, *ohne pb*> normas *fpl* de hospitalidad

Gastritis [gas'tri:tɪs] *f* <-, Gastritiden> (*MED*) gastritis *f inv*

Gastroenteritis [gastro?ɛnte'ri:tɪs] *f* <-, -enteritiden> (*MED*) gastroenteritis *f inv*

Gastrolle *f* <-, -n> (*THEAT, TV*) aparición *f* como estrella invitada; **in einer ~ sehen wir heute ...** hoy tenemos como estrella invitada a...

Gastronom(in) *m(f)* <-en, -en; -, -nen> gastrónomo, -a *m, f*

Gastronomie [gastrono'mi:] *f* <-, *ohne pb*> gastronomía *f*

Gastronomin *f* <-, -nen> *s.* **Gastronom**

gastronomisch [gastro'no:mɪʃ] *adj* gastronómico

Gastspiel *nt* <-(e)s, -e> actuación *f* de una compañía teatral invitada

Gaststätte *f* <-, -n> restaurante *m*

Gaststättenerlaubnis *f* <-, *ohne pb*> (*JUR*) permiso *m* de establecimiento público; **Gaststättengewerbe** *nt* <-s, *ohne pb*> gastronomía *f,* (ramo *m* de la) hostelería *f;* **das Hotel- und ~** el ramo de la hostelería (y restauración); **im ~ arbeiten** trabajar en la hostelería; **Gaststättenrecht** *nt* <-(e)s, *ohne pb*> (*JUR*) régimen *m* de establecimientos de restauración

Gaststube *f* <-, -n> (*Getränke*) bar *m;* (*Speisen*) comedor *m*

Gasturbine *f* <-, -n> (*TECH*) turbina *f* de gas

Gastvorlesung *f* <-, -en> clase *f* impartida por un catedrático invitado; **Gastwirt(in)** *m(f)* <-s, -e; -, -nen> dueño, -a *m, f* de un restaurante, fondista *mf Am;* **Gastwirtschaft** *f* <-, -en> mesón *m,* taberna *f,* fonda *f Am;* **Gastzimmer** *nt* <-s, -> ❶ *s.* **Gästezimmer** ❷ (*Gaststube*) comedor *m* (de un restaurante)

Gasuhr *f* <-, -en> contador *m* de gas; **Gasverbrauch** *m* <-(e)s, *ohne pb*> consumo *m* de gas; **Gasvergiftung** *f* <-, -en> intoxicación *f* por gas [*o* de gas]; **Gasversorgung** *f* <-, *ohne pb*> suministro *m* de gas; **Gaswerk** *nt* <-(e)s, -e> central *f* de gas, usina *f Am;* **Gaszähler** *m* <-s, -> contador *m* de gas

Gateway ['geɪtweɪ] *m* <-s, -s> (*INFOR, TEL*) pasarela *f,* gateway *m*

GATT [gat] *nt* <-s> (*POL, WIRTSCH*) *Abk. von* **General Agreement on Tariffs and Trade** (**Allgemeines Zoll- und Handelsabkommen**) GATT *m*

Gatte, -in ['gatə] *m, f* <-n, -n; -, -nen> (*geh*) esposo, -a *m, f,* cónyuge *mf*

Gatter ['gatɐ] *nt* <-s, -> vallado *m*

Gattin ['gatɪn] *f* <-, -nen> *s.* **Gatte**

GATT-Liberalisierung *f* <-, -en> (*POL, WIRTSCH*) liberalización *f* del GATT; **GATT-Raum** *m* <-(e)s, -Räume> (*POL, WIRTSCH*) espacio *m* del GATT

Gattung ['gatʊŋ] *f* <-, -en> ❶ (*BIOL*) especie *f* ❷ (*MUS, LIT*) género *m;* (*KUNST*) estilo *m*

Gattungsbegriff *m* <-(e)s, -e> nombre *m* genérico, término *m* genérico; **Gattungskauf** *m* <-(e)s, -käufe> (*JUR*) compraventa *f* de cosa genérica; **Gattungsname** *m* <-ns, -n> (*BIOL, ZOOL*) género *m,* nombre *m* genérico; **Rotwild und Damwild sind auch unter dem ~n Rehwild bekannt** el venado y el gamo son también conocidos bajo el nombre genérico de venado; **Gattungsschenkung** *f* <-, -en> (*JUR*) donación *f* genérica; **Gattungsschuld** *f* <-, -en> (*JUR*) obligación *f* genérica; **Gattungsvermächtnis** *nt* <-ses, -se> (*JUR*) legado *m* genérico

GATT-Vereinbarungen *fpl* (*POL, WIRTSCH*) acuerdos *mpl* del GATT

Gau [gau] *m o reg: nt* <-(e)s, -e> ❶ (*HIST*) comarca *f;* (*größer*) provincia *f* ❷ (*HIST: Nationalsozialismus*) circunscripción *f* territorial (*en tiempos de los nazis*) ❸ (*Bezirk*) circunscripción *f,* zona *f*

GAU [gau] *m* <-(s), -s> *Abk. von* **größter anzunehmender Unfall** máximo accidente *m* previsible

Gaucho ['gautʃo] *m* <-(s), -s> gaucho *m*

Gauchomesser *nt* <-s, -> terne *m Arg*

Gaudi ['gaudi] *f* <-, *ohne pb*> (*fam*) jolgorio *m;* (*Lärm*) bulla *f*

Gaukler(in) ['gauklɐ] *m(f)* <-s, -; -, -nen> prestidigitador(a) *m(f);* (*Betrüger*) estafador(a) *m(f)*

Gaul [gaul, *pl:* 'gɔylə] *m* <-(e)s, Gäule> (*abw*) rocín *m,* jamelgo *m,* cuaco *m Mex;* **einem geschenkten ~ schaut man nicht ins Maul** (*prov*) a caballo regalado no le mires el dentado

Gauleiter(in) *m(f)* <-s, -; -, -nen> (*HIST: Nationalsozialismus*) jefe, -a *m, f* de una circunscripción territorial

Gaullismus *m* <-, *ohne pb*> (*HIST*) gaullismo *m*

Gaullist(in) *m(f)* <-en, -en; -, -nen> (*HIST*) gaullista *mf*

Gaumen ['gaumən] *m* <-s, -> paladar *m;* **einen feinen ~ haben** (*geh*) tener un paladar fino

Gaumenfreude *f* <-, -n> delicia *f,* manjar *m* (de dioses); **das Essen war eine wahre ~** la comida fue una verdadera delicia [*o* estuvo deliciosa]; **Gaumenkitzel** *m* <-s, -> (*geh*) *s.* **Gaumenfreude; Gaumenlaut** *m* <-(e)s, -e> (*LING*) sonido *m* gutural; **Gaumensegel** *nt* <-s, -> (*ANAT*) paladar *m* blando, velo *m* del paladar; **Gaumenzäpfchen** *nt* <-s, -> (*ANAT*) úvula *f,* campanilla *f*

Gauner(in) ['gaunɐ] *m(f)* <-s, -; -, -nen> ❶ (*abw: Betrüger*) estafador(a) *m(f),* timador(a) *m(f);* (*Dieb*) ladrón, -ona *m, f,* bribón, -ona *m, f,* ficha *f Am* ❷ (*fam: durchtriebener Mensch*) pícaro, -a *m, f,* pillo, -a *m, f*

Gaunerei *f* <-, -en> ❶ (*Betrug*) estafa *f* ❷ (*Machenschaften*) picaresca *f* ❸ (*böser Streich*) mala jugada *f,* mala pasada *f*

Gaunerin *f* <-, -nen> *s.* **Gauner**

Gaunersprache *f* <-, -n> germanía *f;* **das Rotwelsch ist eine deutsche ~** el "rotwelsch" es una germanía alemana

Gazastreifen ['ga:za-] *m* <-s> franja *f* de Gaza

Gaze ['ga:zə] *f* <-, -n> gasa *f*

Gazelle [ga'tsɛlə] *f* <-, -n> (*ZOOL*) gacela *f*

G-Dur ['ge:'du:ɐ] *nt* <-, *ohne pb*> (*MUS*) sol *m* mayor

Geächtete(r) *mf* <-n, -n; -n, -n> desterrado, -a *m, f*

geädert [gə'?ɛ:dɐt] *adj* (*Blätter*) veteado, (*Haut*) estriado

geartet [gə'?a:rtət] *adj* constituido; **das Problem ist so ~, dass ...** el problema es de tal índole que...

Geäst [gə'?ɛst] *nt* <-(e)s, *ohne pb*> ramaje *m*

geb. *Abk. von* **geboren** nacido; **Luise Reimann, ~ Klein** Luise Reimann, de soltera Klein

Gebäck [gə'bɛk] *nt* <-(e)s, -e> (*Kekse*) galletas *fpl,* factura *f Arg;* (*Tee~*) pastas *fpl*

gebacken [gə'bakən] *pp von* **backen**

Gebälk [gə'bɛlk] *nt* <-(e)s, -e> vigas *fpl,* viguería *f*

geballt [gə'balt] *adj* concentrado

gebannt [gə'bant] *adj* fascinado, cautivado; **sie starrten mich an wie ~** me miraban como embobados

gebar [gə'ba:ɐ] *3. imp von* **gebären**

Gebärde [gə'bɛ:ɐdə] *f* <-, -n> gesto *m,* ademán *m*

gebärden* *vr:* **sich ~** comportarse, portarse

Gebärdensprache *f* <-, *ohne pb*> lenguaje *m* de señas

Gebaren [gə'ba:rən] *nt* <-s, *ohne pb*> comportamiento *m,* conducta *f*

gebären [gə'bɛ:rən] <gebiert *o* gebärt, gebar, geboren> *vt* parir, desocupar *Am;* (*Mensch*) dar a luz, alumbrar; **lebend ~d** (*ZOOL*) vivíparo; **wo sind Sie geboren?** ¿dónde nació Ud.?

gebärfähig [gəˈbɛːɐ̯-] *adj* fecundo; **Frauen im ~en Alter** mujeres en edad fecunda [*o* de procrear]
Gebärmutter *f* <-, -mütter> (ANAT) matriz *f*, útero *m*
Gebärmutterhals *m* <-es, -hälse> (ANAT) cuello *m* uterino; **Gebärmutterkrebs** *m* <-es, -e> (MED) cáncer *m* de útero; **Gebärmuttermund** *m* <-(e)s, -münder> (ANAT) orificio *m* del útero; **Gebärmutterschleimhaut** *f* <-, -häute> (MED) mucosa *f* uterina
gebauchpinselt *adj* (*fam*): **sich ~ fühlen** sentirse halagado
Gebäude [gəˈbɔɪdə] *nt* <-s, -> ❶ (*Bauwerk*) edificio *m*
❷ (*Gefüge*) sistema *m*
Gebäudebewirtschaftung *f* <-, -en> (WIRTSCH) gestión *f* de edificios; **Gebäudeertragswert** *m* <-(e)s, -e> (WIRTSCH) valor *m* de renta del edificio; **Gebäudegrundbuchblatt** *nt* <-(e)s, *ohne pl*> (JUR) folio *m* registral del edificio; **Gebäudekomplex** *m* <-es, -e> complejo *m* arquitectónico; **Gebäudenormalherstellungswert** *m* <-(e)s, -e> (WIRTSCH) coste *m* estándar de edificación; **Gebäudereinigung** *f* <-, -en> ❶ (*das Reinigen*) limpieza *f* de edificios; **die ~ wurde von einer Fachfirma durchgeführt** una empresa especializada llevó a cabo la limpieza del edificio ❷ (*Betrieb*) empresa *f* de limpieza de edificios; „Frischmann & Söhne, ~" "Frischmann & Söhne, limpieza de edificios"; **Gebäudeteil** *m* <-(e)s, -e> parte *f* de un edificio; **Gebäudeübereignung** *f* <-, -en> (JUR) transmisión *f* de edificio; **Gebäudeveräußerung** *f* <-, -en> (JUR) enajenación *f* de edificio
Gebäudewert *m* <-(e)s, -e> valor *m* de la edificación; **Gebäudewertermittlung** *f* <-, -en> tasación *f* de edificio
Gebäulichkeit [gəˈbɔɪlɪçkaɪt] *f* <-, -en> (*Schweiz: Gebäude*) edificio *m*
gebaut *adj*: **gut/muskulös ~ sein** tener una buena constitución física/una constitución musculosa; **so wie du ~ bist, ist es für dich ganz einfach** (*fam iron: veranlagt*) con tu talento no tendrás ninguna dificultad
Gebeine [gəˈbaɪnə] *ntpl* (*geh*) esqueleto *m*, osamenta *f*
Gebell(e) [gəˈbɛl(ə)] *nt* <-s, *ohne pl*> ladridos *mpl*
geben [ˈɡeːbən] <gibt, gab, gegeben> I. *vt* ❶ (*reichen*) dar; (*aushändigen*) entregar; (*verteilen*) repartir, distribuir; (*schenken*) regalar; (*beim Telefonieren*) pasar; **~ Sie mir bitte Herrn Müller** páseme al Señor Müller, por favor; **was darf ich Ihnen ~?** ¿qué le doy?; (*beim Essen*) ¿qué le sirvo?; **gibst du mir bitte mal das Brot?** ¿me pasas el pan, por favor?; **~ Sie mir bitte die Speisekarte?** ¿podría darme la carta?; **er ließ sich die Speisekarte ~** pidió la carta; **jdm die [*o* seine] Telefonnummer ~** darle [*o* pasarle] a alguien el número de teléfono; **sie gab ihm eine Ohrfeige** le dio una bofetada; **du hast mir drei Joker ge~** (*beim Kartenspiel*) me has dado tres comodines; **das Dach gibt ihnen Schutz vor dem Regen** el techo les protege de la lluvia; **ihre Reaktion gab ihm wieder Hoffnung** su reacción le dio de nuevo esperanzas; **er würde viel darum ~, …** lo que daría él por… +*inf*; **ich würde alles darum ~, ihn noch einmal zu sehen** daría cualquier cosa por verle otra vez; **jdm etw zu verstehen ~** dar a entender algo a alguien; **etw von sich** *dat* **~** (*sprechen*) decir algo; **es jdm ~** (*die Meinung sagen*) decirle a alguien lo que uno piensa; (*verprügeln*) darle a alguien una paliza
❷ (*verkaufen*) vender; (*bieten*) dar, ofrecer; (*bezahlen*) dar, pagar; **was darf ich Ihnen ~?** ¿qué le pongo?; **~ Sie mir bitte fünf Brötchen** deme cinco panecillos, por favor; **darf ich Ihnen sonst noch etwas ~?** ¿algo más?; **ich gebe Ihnen 500 Euro für das Bild** le doy 500 euros por el cuadro
❸ (*gewähren*) dar; (*Frist, Kredit*) conceder; **jdm Recht ~** dar(le) la razón a alguien; **jdm/etw einen Namen ~** ponerle un nombre a alguien/algo; **jdm einen Preis ~** darle [*o* concederle] un premio a alguien; **jdm eine Verwarnung ~** amonestar a alguien; **jdm Mut/Hoffnung ~** dar ánimos/esperanzas a alguien; **es ist mir nicht ge~, die Dinge leicht zu nehmen** no sé tomarme las cosas a la ligera; **einen Freistoß ~** pitar falta
❹ (*er~*) dar, producir; **das gibt keinen Sinn** esto no tiene (ningún) sentido; **Rotwein gibt Flecken** el vino tinto mancha; **sieben mal sieben gibt neunundvierzig** siete por siete es igual a cuarenta y nueve
❺ (*veranstalten*) hacer, dar; (TV) dar, poner; **ein Theaterstück ~** representar una obra de teatro; **ein Fest/eine Konferenz ~** dar [*o* organizar] una fiesta/una conferencia
❻ (*unterrichten*) dar (clases de); (*erteilen*) dar; **sie gibt Englisch da clases de inglés**; **Nachhilfestunden ~** dar repaso; **das wird ihm für die nächsten Wochen zu tun ~** esto le tendrá ocupado las próximas semanas; **das sollte ihr zu denken ~** eso debería darle que pensar
❼ (*Bedeutung beimessen*): **er gibt nichts auf ihr Urteil** su juicio le tiene sin cuidado; **ich gebe nicht viel auf die Gerüchte** no hago mucho caso de los rumores; **ich gab nichts auf sein Gerede** hice caso omiso de lo que dijo; **sie ~ viel/wenig auf gutes Essen** les gusta comer bien/no le dan importancia a la comida
❽ (*bringen, abgeben*): **sein Auto in Reparatur ~** llevar el coche al taller; **sein Kind in ein Internat ~** internar a un hijo; **dürfen wir während des Urlaubs unsere Katze zu euch ~?** ¿podríamos dejaros al gato durante las vacaciones?
❾ (*reg: tun*): **etw zu etw** *dat* **~** añadir algo a algo; **etw ins Essen ~** ponerle [*o* añadirle] algo a la comida
II. *vi unpers* ❶ (*existieren, vorkommen*) haber, suceder; **wo gibt es Briefmarken?** ¿dónde hay sellos?; **gibt es noch Eintrittskarten?** ¿quedan todavía entradas?; **es gibt keine blauen Hunde** los perros azules no existen; **das gibt's doch gar nicht!** ¡imposible!; **das gibt es nicht, dass du einfach meinen Wagen nimmst!** ¡pero cómo es posible que te atrevas a coger mi coche!; **was es nicht alles gibt!** ¡lo que hay que ver!; **das hat es ja noch nie ge~!** ¡eso no ha pasado nunca!; **seine Lieder sind einmalig, da gibt es nichts** sus canciones son únicas, eso es indiscutible
❷ (*sich ereignen, passieren*) darse; **es wird Regen ~** tendremos lluvia; **das gibt noch ein Unglück!** ¡esto acabará mal!; **wann gibt es (et)was zu essen?** ¿cuándo estará la comida?; **was gibt es zum Frühstück?** ¿qué hay para desayunar?; **es gibt heute Fisch** hoy hay pescado; **was gibt's?** (*fam*) ¿qué hay?; **gleich gibt's was!** (*fam*) ¡ahora se va armar una!; **was wird [*o* soll] das noch ~?** ¿pero qué es lo que haces [*o* intentas]?
III. *vi* ❶ (*bei Kartenspiel*) dar; **wer gibt?** ¿quién da?; **du hast lange genug gemischt, jetzt gib endlich!** ya está bien de barajar, reparte de una vez
❷ (SPORT: *Aufschlag haben*) sacar; **du gibst!** tú sacas
IV. *vr*: **sich ~** ❶ (*nachlassen*) pasar, desaparecer; (*sich erledigen*) arreglarse; (*sich finden, sich ergeben*) haber; **das gibt sich mit der Zeit** esto se pasa [*o* soluciona] con el tiempo; **die Kopfschmerzen werden sich bald ~** los dolores de cabeza pasarán pronto; **manches gibt sich von selbst wieder** hay cosas que se arreglan por sí solas
❷ (*sich benehmen*) dárselas (*als* de); **er gab sich als Experte** se las daba de experto; **sie gab sich sehr überrascht** hizo como que estaba muy sorprendida; **er gibt sich stets freundlich** siempre está simpático; **sie gibt sich, wie sie ist** se muestra tal como es; **sich von der besten Seite ~** mostrarse uno desde su mejor lado

Gebenedeite *f* <-n, *ohne pl*> (REL): **die ~** la Santísima Virgen
Geber(in) *m(f)* <-s, -; -, -nen> (*Kartenspiel*) mano *mf*; **wer ist bei der nächsten Runde der ~?** ¿quién es mano en la próxima partida?
Geberland *nt* <-(e)s, -länder> (POL, WIRTSCH) país *m* donador; **Geberlaune** *f* <-, *ohne pl*> ganas *fpl* de mostrarse generoso [*o* espléndido]; **in ~ sein** sentirse generoso [*o* espléndido]
Gebet [gəˈbeːt] *nt* <-(e)s, -e> oración *f*; **sein ~ wurde erhört** su oración fue escuchada; **jdn ins ~ nehmen** (*fam*) echar(le) un sermón a alguien
Gebetbuch *nt* <-(e)s, -bücher> devocionario *m*, libro *m* de oraciones
gebeten [gəˈbeːtən] *pp von* **bitten**
Gebetsmühle *f* <-, -n> (REL) molino *m* de oración
gebetsmühlenhaft *adj* constante, continuo; **die ~e Wiederholung ihrer Aussage überzeugte den Richter nicht** la repetición constante de su declaración no convenció al juez
Gebetsteppich *m* <-s, -e> (REL) alfombrilla *f* para oraciones
gebiert [gəˈbiːɐ̯t] 3. *präs von* **gebären**
Gebiet [gəˈbiːt] *nt* <-(e)s, -e> ❶ (*Fläche: Gesamt~*) territorio *m*; (*Teil~*) zona *f*, región *f*; **ländliches ~** zona rural; **strahlenverseuchtes ~** zona contaminada por radiaciones; **weite ~e waren überschwemmt** amplias zonas quedaron inundadas
❷ (*Sachbereich*) campo *m*, terreno *m*; **auf diesem ~** en este campo; **seine Kenntnisse auf einem ~ vertiefen** profundizar sus conocimientos en un campo
gebieten* [gəˈbiːtən] *irr* I. *vt* (*geh*) ❶ (*befehlen*) mandar
❷ (*verlangen*) requerir, exigir; **das gebietet besondere Aufmerksamkeit** esto requiere especial atención
II. *vi* (*geh*) ❶ (*verfügen*) disponer (*über* de); **über etw ~** disponer de algo
❷ (*befehlen*) mandar (*über*); **über ein Land ~** mandar un país
Gebieter(in) *m(f)* <-s, -; -, -nen> señor(a) *m(f)*; (HIST: *Regent*) soberano, -a *m, f*
gebieterisch *adj* (*geh*) imperioso, imperativo
Gebietsabgrenzung *f* <-, -en> delimitación *f* territorial
Gebietsänderungsvertrag *m* <-(e)s, -träge> (JUR) contrato *m* de desarrollo zonal; **Gebietsansässige(r)** *mf* <-n, -n; -n, -n> residente *mf*; **Gebietsanspruch** *m* <-(e)s, -sprüche> reivindicación *f* territorial; **Gebietsaufteilung** *f* <-, -en> segregación *f* territorial; **Gebietsentwicklungsplan** *m* <-(e)s, -pläne> plan *m* de desarrollo zonal; **Gebietsfremde(r)** *mf* <-n, -n; -n, -n> no residente *mf*; **Gebietshochverrat** *m* <-(e)s, *ohne pl*> (JUR) alta traición *f* territorial; **Gebietshoheit** *f* <-, *ohne pl*> soberanía *f* territorial; **~ besitzen** tener la soberanía territorial; **Gebietskartell** *nt* <-s, -e> (WIRTSCH) cartel *m* territorial; **Gebietskörperschaft** *f* <-, -en> (JUR) corporación *f* terri-

torial [*o* local]; **Gebietsleiter(in)** *m(f)* <-s, -; -, -nen> jefe, -a *m, f* de zona; **Gebietsreform** *f* <-, -en> (ADMIN) reforma *f* sectorial [*o* territorial]

Gebietsschutz *m* <-es, *ohne pl*> protección *f* territorial; **Gebietsschutzabkommen** *nt* <-s, -> (JUR) convenio *m* de protección territorial; **Gebietsschutzabrede** *f* <-, -n> (JUR) acuerdo *m* de protección territorial; **Gebietsschutzvertrag** *m* <-(e)s, -träge> (JUR) tratado *m* de protección territorial

gebietsweise *adv* (METEO) por [*o* en] zonas

gebig *adj* (*Schweiz*) ❶ (*praktisch*) práctico; **die neuen Skischuhe sind ~, mit einem Griff sind sie zugeschnallt** las nuevas botas de esquiar son prácticas, se cierran con un solo movimiento

❷ (*prima*) fantástico; **das war eine ~e Idee** fue una idea fantástica; **was, du kommst nicht mit? das finde ich aber nicht ~** ¿qué?, ¿que no vienes? eso sí que no me parece bien

Gebilde [gə'bɪldə] *nt* <-s, -> ❶ (*Bild*) figura *f*, imagen *f*; **ein merkwürdiges ~** un objeto raro

❷ (*Form*) forma *f*

❸ (*Schöpfung*) creación *f*

❹ (*Gefüge*) estructura *f*; **nichtrechtsfähiges ~** (JUR) formación sin personalidad jurídica

❺ (*der Fantasie, Erzeugnis*) producto *m*; **ein ~ seiner Fantasie** un producto de su imaginación

❻ (*Werk*) obra *f*

gebildet [gə'bɪldət] *adj* culto, ilustrado

Gebildete(r) *mf* <-n, -n; -n, -n> persona *f* culta; **die ~n** las personas cultas

Gebimmel [gə'bɪməl] *nt* <-s, *ohne pl*> (*fam abw*) campanilleo *m*, tintineo *m*

Gebinde [gə'bɪndə] *nt* <-s, -> (*Blumen~*) ramo *m*, ramillete *m*

Gebirge [gə'bɪrgə] *nt* <-s, -> sierra *f*, montes *mpl*, montaña *f*; **im/ins ~** en [*o* por]/a la sierra [*o* montaña]

gebirgig *adj* montañoso

Gebirgsbahn [gə'bɪrks-] *f* <-, -en> (EISENB) tren *m* de montaña; **Gebirgsbildung** *f* <-, -en> (GEO) orogenia *f*; **Gebirgsdorf** *nt* <-(e)s, -dörfer> aldea *f* de montaña; **Gebirgsjäger(in)** *m(f)* <-s, -; -, -nen> (MIL) soldado *mf* de montaña; **Gebirgslandschaft** *f* <-, -en> ❶ (GEO) zona *f* de montaña, paisaje *m* montañoso ❷ (KUNST) paisaje *m* de montaña; **Gebirgsmassiv** *nt* <-s, -e> macizo *m* montañoso; **Gebirgsrücken** *m* <-s, -> (GEO) cresta *f* de la montaña; **über den ~ führt ein beliebter Wanderweg** hay un sendero en la cresta de la montaña que gusta mucho; **Gebirgsstraße** *f* <-, -n> carretera *f* de montaña; **Gebirgszug** *m* <-(e)s, -züge> cordillera *f*, sierra *f*

Gebiss^RR [gə'bɪs] *nt* <-es, -e>, **Gebiß** *nt* <-sses, -sse> dentadura *f*; (*künstliches*) dentadura *f* postiza, prótesis *f inv* dental

gebissen [gə'bɪsən] *pp von* **beißen**

Gebläse [gə'blɛːzə] *nt* <-s, -> (TECH) fuelle *m* mecánico; (AUTO) ventilación *f*, refrigeración *f*

geblasen [gə'blaːzən] *pp von* **blasen**

geblichen (*alt*) *pp von* **bleichen**²

geblieben [gə'bliːbən] *pp von* **bleiben**

Geblödel [gə'bløːdəl] *nt* <-s, *ohne pl*> (*fam*) boberías *fpl*; **der Komiker brachte die Zuschauer mit seinem ~ zum Lachen** el cómico hizo reír al público con sus bobadas

geblümt [gə'blyːmt] *adj* floreado, con flores

Geblüt *nt* (*geh*): **von edlem ~ sein** tener sangre azul

gebogen [gə'boːgən] I. *pp von* **biegen**

II. *adj* doblado, torcido

geboren [gə'boːrən] I. *pp von* **gebären**

II. *adj*: **ich bin ein ~er Dortmunder** soy natural de Dortmund; **er ist der ~e Wissenschaftler** nació para (ser) científico; **Katharina Schmidt, ~e Schulze** Katharina Schmidt, de soltera Schulze

geborgen [gə'bɔrgən] I. *pp von* **bergen**

II. *adj* protegido, a salvo; **sich ~ fühlen** sentirse protegido

Geborgenheit *f* <-, *ohne pl*> seguridad *f*, (sensación *f* de) protección *f*

geborsten [gə'bɔrstən] *pp von* **bersten**

Gebot [gə'boːt] *nt* <-(e)s, -e> ❶ (*Grundsatz*) mandamiento *m*; (*Vorschrift*) precepto *m*; (*Befehl*) orden *f*; **die Zehn ~e** los Diez Mandamientos, el Decálogo; **Sicherheit ist oberstes ~** la seguridad ante todo

❷ (*Erfordernis*) necesidad *f*; **Vernunft ist das ~ der Stunde** la razón es la necesidad del momento

❸ (*bei Auktion*) oferta *f*; **ein ~ machen** hacer una oferta

geboten [gə'boːtən] I. *pp von* **bieten, gebieten**

II. *adj* ❶ (*ratsam*) aconsejable, conveniente; **erhöhte Vorsicht ist ~** aconsejamos mucha precaución

❷ (*notwendig*) necesario

Gebotserfüllungsversuch *m* <-(e)s, -e> (JUR) intento *m* de cumplimiento de orden; **Gebotsirrtum** *m* <-s, -tümer> (JUR) error *m* de orden; **Gebotsschild** *nt* <-(e)s, -er> señal *f* de prohibición

Gebr. (WIRTSCH) *Abk. von* **Gebrüder** Hnos.

Gebrabbel *nt* <-s, *ohne pl*> (*fam abw*) farfulla *f*; **sprich deutlich, was soll immer dies ~!** habla claro, ¡es que no puedes dejar de farfullar!

gebracht [gə'braxt] *pp von* **bringen**

gebrannt [gə'brant] I. *pp von* **brennen**

II. *adj* ❶ (*Mandel*) garapiñado

❷ (*prov*): **~es Kind scheut das Feuer** gato escaldado del agua fría huye

gebraten [gə'braːtən] *pp von* **braten**

Gebratene(s) *nt* <-n, *ohne pl*> (GASTR) asado *m*

Gebräu [gə'brɔɪ] *nt* <-(e)s, -e> (*abw*) brebaje *m*, mejunje *m*

Gebrauch [gə'braʊx] *m* <-(e)s, -e> ❶ (*Benutzung*) uso *m*; (*Verwendung*) empleo *m*, utilización *f*; **übermäßiger ~** empleo excesivo; **vertragsmäßiger/vertragswidriger ~** (JUR) uso debido/indebido del contrato; **für den eigenen ~** de uso personal; **sparsam im ~** económico; **zum äußeren ~** para uso externo; **aus dem ~ kommen** caer en desuso; **von etw** *dat* **~ machen** hacer uso de algo; **etw in ~ haben** usar algo, tener algo en uso; **vor ~ gut schütteln** agítese antes de usar

Gebräuche [gə'brɔɪçə] *mpl* usos *mpl*, costumbres *fpl*; **Sitten und ~** usos y costumbres

gebrauchen* [gə'braʊxən] *vt* ❶ (*Werkzeug, Auto*) usar, utilizar; (*List, Verstand*) emplear; **zum ersten Mal ~** estrenar; **Gewalt ~** recurrir a la fuerza; **etw gebraucht kaufen** comprar algo de segunda mano

❷ (*nützlich sein*) servir; **das kann ich gut/gar nicht ~** esto me sirve de mucho/no me sirve de nada; **er ist zu nichts zu ~** no sirve para nada

gebräuchlich [gə'brɔɪçlɪç] *adj* común, corriente; **nicht mehr ~** fuera de uso

Gebrauchsabnahme *f* <-, -n> análisis *m* de utilidad; **Gebrauchsabnahmebescheinigung** *f* <-, -en> (JUR) certificado *m* de análisis de utilidad

Gebrauchsanleitung *f* <-, -en> instrucciones *fpl* de uso, modo *m* de empleo; **Gebrauchsanmaßung** *f* <-, -en> (JUR) usurpación *f* de uso; **Gebrauchsanweisung** *f* <-, -en> *s.* **Gebrauchsanleitung**; **Gebrauchsartikel** *m* <-s, -> artículo *m* de uso; **Gebrauchsdiebstahl** *m* <-(e)s, -stähle> (JUR) robo *m* de uso; **Gebrauchseigenschaften** *fpl* características *fpl* de empleo

gebrauchsfertig *adj* listo para ser utilizado; **~ sein** estar a punto

Gebrauchsgegenstand *m* <-(e)s, -stände> artículo *m* de uso; **Gebrauchslizenz** *f* <-, -en> (JUR) licencia *f* de explotación

Gebrauchsmuster *nt* <-s, -> (JUR) modelo *m* de utilidad; **eingetragenes ~** modelo de utilidad registrado; **Gebrauchsmustergesetz** *nt* <-es, -e> (JUR) ley *f* de modelos de utilidad; **Gebrauchsmusterhilfsanmeldung** *f* <-, -en> (JUR) solicitud *f* provisional de modelo de utilidad; **Gebrauchsmusterrolle** *f* <-, -n> (JUR) registro *m* de modelos de utilidad; **Gebrauchsmusterschutz** *m* <-es, *ohne pl*> (JUR) protección *f* de modelos de utilidad; **Gebrauchsmusterstelle** *f* <-, -n> (JUR) sección *f* de modelos de utilidad; **Gebrauchsmusterzertifikat** *nt* <-(e)s, -e> (JUR) certificado *m* de modelo de utilidad

Gebrauchsort *m* <-(e)s, -e> (JUR) lugar *m* de uso [*o* de ejercicio]; **~ (der Vollmacht)** lugar de uso [*o* de ejercicio] (del poder); **Gebrauchsrecht** *nt* <-(e)s, -e> (JUR) derecho *m* de uso; **Gebrauchsregelung** *f* <-, -en> (JUR) régimen *m* de uso; **Gebrauchsüberlassungsvertrag** *m* <-(e)s, -träge> (JUR) contrato *m* de cesión de uso; **Gebrauchsvorteil** *m* <-(e)s, -e> (JUR) utilidad *f*

Gebrauchswert *m* <-(e)s, -e> valor *m* útil [*o* de uso]; **Gebrauchswert-Kostenanalyse** *f* <-, -n> (FIN, WIRTSCH) análisis *m inv* de costes del valor útil; **Gebrauchswertminderung** *f* <-, -en> reducción *f* del valor útil

gebraucht [gə'braʊxt] *adj* usado, de segunda mano

Gebrauchtwagen *m* <-s, -> coche *m* usado [*o* de segunda mano]

Gebrauchtwarenhandel *m* <-s, *ohne pl*> negocio *m* de productos de segunda mano

gebrechen* [gə'brɛçən] *vunpers irr* (*geh*): **jdm gebricht es an etw** *dat* alguien carece de algo; **obwohl sie viel verdient, gebricht es ihr immer an Geld** aunque gana mucho, siempre anda escasa de dinero

Gebrechen *nt* <-s, -> (*geh*) dolencia *f*, achaque *m*

gebrechlich [gə'brɛçlɪç] *adj* (*schwach*) débil, tronchado And; (*altersschwach*) decrépito; (*kränklich*) achacoso

Gebrechlichkeit *f* <-, *ohne pl*> (*Schwäche*) debilidad *f*; (*Altersschwäche*) decrepitud *f*

gebrochen [gə'brɔxən] I. *pp von* **brechen, gebrechen**

II. *adj* (*Mensch*) afligido; (*Stimme*) entrecortado; **~ deutsch sprechen** chapurrear el alemán

Gebrüder [gə'bryːdə] *mpl* (WIRTSCH) hermanos *mpl*

Gebrüll [gə'brʏl] *nt* <-(e)s, *ohne pl*> (*von Menschen*) vocerío *m*, griterío *m*; (*von Tieren*) rugido *m*, bramido *m*

Gebrumm(e) *nt* <-s, *ohne pl*> ❶ (*Geräusch: Bär*) rugido *m*

❷ (*Protest*) gruñido *m*; **das ~ des Sohnes über den täglichen Aufwasch ärgerte die Mutter sehr** a la madre le fastidiaba mucho que su hijo rezongara [*o* refunfuñara] cada día a la hora de fregar los platos

Gebühr [gə'by:ɐ] f <-, -en> tasa f; (Abgabe) derechos mpl; (Telefon~) tarifa f; (Post~) porte m; (Vermittlungs~) comisión f; (Autobahn~) peaje m; **amtliche/fällige/symbolische** ~ tasa oficial/pagadera/simbólica; **eine ~ berechnen** levantar una tasa; **~en einziehen** cobrar derechos; **eine ~ erheben** introducir una tasa; **~ zahlt Empfänger** porte a cargo del destinatario; **über** ~ más de lo debido

gebühren* [gə'by:rən] **I.** vi (geh) corresponder; **seiner Leistung gebührt Anerkennung** su rendimiento merece ser reconocido
II. vr: **sich** ~ (geh) ser apropiado, ser conveniente; **für einen Geistlichen gebührt es sich nicht kurze Hosen zu tragen** no es apropiado que un religioso lleve pantalones cortos; **wie es sich gebührt** tal como debe ser

Gebührenaufkommen nt <-s, -> (FIN) afluencia f de derechos
gebührend I. adj debido, conveniente
II. adv como es debido
Gebühreneinheit f <-, -en> (TEL) paso m de contador; **Gebührenerhöhung** f <-, -en> aumento m de las tasas; **Gebührenerlass**RR m <-es, -e> exención f de tasas; **Gebührenermäßigung** f <-, -en> rebaja f de tarifas; **Gebührenermittlung** f <-, -en> (TEL) información f de tarificación
gebührenfrei adj exento de tasas; **~er Anruf** llamada sin recargo
Gebührenfreiheit f <-, ohne pl> (JUR) franquicia f de derechos; **Gebührengrundsatz** m <-es, ohne pl> (JUR) derechos mpl básicos; **Gebührenkalkulation** f <-, -en> (FIN) cálculo m de tasas; **Gebührenmarke** f <-, -n> (ADMIN) timbre m; **Gebührenordnung** f <-, -en> (ADMIN, FIN) arancel m, tarifa f arancelaria; **verbindliche ~** tarifa oficial
gebührenpflichtig adj sujeto a tasas; (Autobahn) de peaje; **eine ~e Verwarnung** una multa
Gebührenpolitik f <-, -en> política f tarifaria; **Gebührenstreitwert** m <-(e)s, -e> (JUR) cuantía f del litigio de derechos; **Gebührentabelle** f <-, -n> arancel m; **Gebührentransparenz** f <-, ohne pl> transparencia f arancelaria; **Gebührenüberhebung** f <-, -en> (JUR) exacción f ilegal; **Gebührenumsatz** m <-es, -sätze> (JUR) giro m de derechos; **Gebührenverzeichnis** nt <-ses, -se> (JUR) lista f de tarifas; **Gebührenvorschuss**RR m <-es, -schüsse> (JUR) anticipo m de derechos; **Gebührenzähler** m <-s, -> (TEL) contador m (de pasos telefónicos)

gebunden [gə'bʊndən] **I.** pp von binden
II. adj ❶ (verpflichtet) sujeto (an a), ligado (an a); **anderweitig ~ sein** tener otros compromisos; **an einen Ort ~ sein** estar obligado a quedarse en un (determinado) sitio
❷ (Kapital, Preise) controlado

Geburt [gə'buːɐt] f <-, -en> ❶ (Entbindung) parto m; **ambulante ~** parto ambulatorio; **eine leichte/schwere ~** un parto fácil/difícil; **bei der ~** durante el parto
❷ (das Geborenwerden) nacimiento m; **von ~ an** desde el nacimiento; **blind von ~ an** ciego de nacimiento; **vor/nach Christi ~** antes/después de Cristo
❸ (Abstammung) origen m; **von hoher ~** de noble cuna

Geburtenbeschränkung f <-, -en> control m de natalidad; **ohne ~en wird die Erdbevölkerung sprunghaft zunehmen** si no se llevan a cabo controles de natalidad, la población mundial se disparará
Geburtenbuch nt <-(e)s, -bücher> (JUR) registro m de nacimientos; **Geburtenkontrolle** f <-, ohne pl> control m de natalidad; **Geburtenrate** f <-, -n> tasa f de natalidad; **Geburtenregelung** f <-, ohne pl> control m de natalidad; **Geburtenrückgang** m <-(e)s, -gänge> descenso m del número de nacimientos, disminución f de la natalidad
geburtenschwach adj (de tasa) de natalidad baja; **ein ~er Jahrgang** un año de natalidad baja
geburtenstark adj (de tasa) de natalidad alta
GeburtenüberschussRR m <-es, -schüsse> exceso m de natalidad; **Geburtenzahl** f <-, -en> natalidad f; **in den Ländern Afrikas ist mit steigenden ~en zu rechnen** es de esperar que la natalidad aumente en los países africanos; **Geburtenziffer** f <-, -n> índice m de natalidad
Geburtenzuwachs m <-es, -wächse> aumento m de la natalidad; **Geburtenzuwachsrate** f <-, -n> tasa f de incremento de la natalidad

gebürtig [gə'bʏrtɪç] adj natural (aus de); **er ist aus Valencia ~** es natural de Valencia; **die ~en Kölner** los naturales de Colonia
Geburtsanzeige f <-, -n> anuncio m de nacimiento; **~n** nacimientos mpl; **Geburtsdatum** nt <-s, -daten> fecha f de nacimiento; **Geburtseinleitung** f <-, -en> (MED) provocación f del parto; **Geburtsfehler** m <-s, -> defecto m congénito; **Geburtshaus** nt <-es, -häuser> casa f natal; **in Marbach steht Schillers ~** se encuentra la casa donde nació Schiller; **Geburtshelfer(in)** m(f) <-s, -; -, -nen> (MED) obstetra m f, tocólogo, -a m, f; **Geburtshilfe** f <-, ohne pl> (MED) ayuda f médica en el parto, asistencia f médica en el parto; **Geburtsjahr** nt <-(e)s, -e> año m de(l) nacimiento; **Geburtsland** nt <-(e)s, -länder> país m natal; **sind Sie aus Spanien? – nein, mein ~ ist Argentinien** ¿es usted español? – no, nací en Argentina; **Geburtsort** m <-(e)s, -e> lugar m de nacimiento; **Geburtspositionen** fpl (MED) posiciones fpl de parto; **Geburtsschein** m <-(e)s, -e> (JUR) partida f de nacimiento; **Geburtsstadt** f <-, -städte> ciudad f natal; **Geburtsstation** f <-, -en> maternidad f, nursery f Arg
Geburtstag m <-(e)s, -e> ❶ (Jahrestag) cumpleaños m inv, aniversario m; **herzlichen Glückwunsch zum ~!** ¡feliz cumpleaños!; **~ feiern** celebrar el cumpleaños; **~ haben** cumplir años, estar de cumpleaños; **wann hast du ~?** ¿cuándo es tu cumpleaños? ❷ (Tag der Geburt) fecha f de nacimiento; **Geburtstagsgeschenk** nt <-(e)s, -e> regalo m de cumpleaños, ahorca f Ven; **Geburtstagskarte** f <-, -n> tarjeta f de (felicitación de) cumpleaños; **Geburtstagskind** nt <-(e)s, -er> persona f que cumple años
Geburtstermin m <-s, -e> fecha f del parto; **Geburtsurkunde** f <-, -n> acta f de nacimiento; **Geburtsvorbereitung** f <-, -en> (MED) preparación f al parto; **Geburtswehen** fpl (MED) contracciones fpl del parto

Gebüsch [gə'bʏʃ] nt <-(e)s, -e> matorral m; (Dickicht) maleza f
Geck [gɛk] m <-en, -en> (abw) petimetre m; **mit deinem Seidentüchlein siehst du aus wie ein ~** con tu pañuelito de seda pareces un fantoche
Gecko ['gɛko] m <-s, -s> (ZOOL) salamanquesa f
gedacht [gə'daxt] pp von denken, gedenken
Gedächtnis [gə'dɛçtnɪs] nt <-ses, -se> ❶ (Erinnerungsvermögen) memoria f; **aus dem ~** de memoria; **ein gutes/schlechtes ~ haben** (für etw) tener buena/mala memoria (para algo); **wenn mich mein ~ nicht trügt** si no me falla la memoria; **jdn/etw im ~ behalten** retener a alguien/algo en la memoria; **sich dat etw ins ~ zurückrufen** recordar algo, acordarse de algo; **ein ~ wie ein Sieb** (fam) una memoria de grillo; **sein ~ verlieren** perder la memoria
❷ (Gedenken) recuerdo m (an de), memoria f (an de); **ein Mahnmal zum ~ an die Toten** un monumento en memoria de los muertos
Gedächtnishilfe f <-, -n> ayuda f para la memoria; **Gedächtnislücke** f <-, -n> laguna f en la memoria; **Gedächtnisprotokoll** nt <-s, -e> acta f (redactada tras una reunión, junta, etc. a base de memoria); **Gedächtnisschwund** m <-(e)s, ohne pl> (MED) pérdida f de memoria; **Gedächtnisstütze** f <-, -n> recurso m mnemotécnico; **Gedächtnisverlust** m <-(e)s, -e> (MED) pérdida f de memoria
gedämpft [gə'dɛmpft] adj (Geräusch, Farbe) apagado; (Licht) suave; **mit ~er Stimme** en voz baja

Gedanke [gə'daŋkə] m <-ns, -n> ❶ (Idee, Absicht) idea f; (Einfall) ocurrencia f; **mir kommt da der ~, dass ...** se me ocurre que...; **sich mit dem ~n tragen etw zu tun** (geh) abrigar la idea de hacer algo; **sie kam auf den ~n, dass ...** tuvo la idea de que..., se le ocurrió que...; **mit dem ~n spielen zu ...** jugar con la idea de...; **jdn auf einen ~n bringen** hacer pensar a alguien en algo; **auf dumme ~n kommen** hacer disparates
❷ (Überlegung) pensamiento m, reflexión f; **sich dat ~n machen** pensar, reflexionar; **der bloße ~ macht mich verrückt** con sólo pensarlo me vuelvo loco; **in ~n vertieft** absorto [o sumido] en sus pensamientos; **jdn auf andere ~n bringen** distraer a alguien
❸ (Begriff) concepto m
Gedankenaustausch m <-(e)s, ohne pl> intercambio m de ideas, cambio m de impresiones; **Gedankenblitz** m <-es, -e> (fam) idea f repentina, ocurrencia f; **Gedankenfreiheit** f <-, ohne pl> libertad f de pensamiento; **Gedankengang** m <-(e)s, -gänge> razonamiento m, raciocinio m; **Gedankengebäude** nt <-s, -> (geh) pensamiento m; **Gedankengut** nt <-(e)s, ohne pl> (Ideologie) ideología f; (Gedanken) pensamiento m; **das kommunistische ~** el ideario comunista; **das islamische ~** el pensamiento islámico; **der Autor wurde heftig für sein reaktionäres ~ kritisiert** el autor fue muy criticado por su ideología reaccionaria
gedankenlos adj ❶ (unüberlegt) irreflexivo; **etw ~ tun** hacer algo sin pensar
❷ (zerstreut) distraído
Gedankenlosigkeit f <-, ohne pl> ❶ (Unüberlegtheit) irreflexión f
❷ (Zerstreutheit) distracción f
Gedankensprung m <-(e)s, -sprünge> salto m de una idea a otra; **Gedankenstrich** m <-(e)s, -e> guión m, raya f; **Gedankenübertragung** f <-, -en> telepatía f
gedankenverloren adj ensimismado (en sus ideas)
gedankenvoll adj pensativo; **ganz ~ saß sie vor ihrem Schreibtisch** estaba sentada frente a su mesa absorta completamente en sus pensamientos
Gedankenwelt f <-, -en> mundo m interior; **er lebt in seiner eigenen ~** vive en su propio mundo
gedanklich adj (Anstrengung) mental, intelectual

Gedärm [gəˈdɛrm] *nt* <-(e)s, -e> intestinos *mpl*, tripas *fpl fam*
Gedeck [gəˈdɛk] *nt* <-(e)s, -e> cubierto *m*; (*Kaffee~*) servicio *m* de café
gedeckt [gəˈdɛkt] *adj* (*Farbe*) apagado
Gedeih [gəˈdaɪ] *auf* ~ **und Verderb** pase lo que pase, para bien o para mal
gedeihen [gəˈdaɪən] <gedeiht, gedieh, gediehen> *vi sein*
① (*Pflanze*) crecer, darse bien; (*Kinder*) desarrollarse bien
② (*vorankommen*) avanzar, prosperar, chapearse *Chil*; **die Sache ist so weit gediehen, dass ...** el asunto ha avanzado tanto que...
Gedeihen *nt* <-s, *ohne pl*> (*geh*) éxito *m*; (*Wirtschaft*) buena marcha *f*; **jdm gutes ~ wünschen** desearle a alguien mucho éxito
gedeihlich *adj* (*geh: erfolgreich: Haltung*) útil, saludable; (*Verhandlungen*) exitoso; (*Zusammenarbeit*) fructífero; **die bisher geführten Gespräche waren sehr ~** las conversaciones mantenidas hasta el momento han sido muy fructíferas
gedenken* *irr vi* (*geh*) ① (*erinnern*) recordar (+*gen*), pensar (+*gen* en); (*feierlich*) conmemorar (+*gen*); **der Toten ~** recordar a los muertos
② (*vorhaben*) pensar, tener la intención (de); **ich gedenke morgen abzureisen** tengo la intención de salir mañana
Gedenken *nt* <-s, *ohne pl*> recuerdo *m* (*an* de), conmemoración *f* (*an* de); **zum/im ~ an jdn** en recuerdo de alguien; **zum/im ~ an etw** en conmemoración de algo
Gedenkfeier *f* <-, -n> acto *m* conmemorativo; **Gedenkmarke** *f* <-, -n> sello *m* conmemorativo; **auf dem Brief klebte eine ~ zum 20. Todestag von Carl Zuckmayer** la carta llevaba un sello conmemorativo del 20 aniversario de la muerte de Carl Zuckmayer; **Gedenkminute** *f* <-, -n> minuto *m* de silencio; **eine ~ einlegen** guardar un minuto de silencio; **Gedenkmünze** *f* <-, -n> moneda *f* conmemorativa; **Gedenkrede** *f* <-, -n> discurso *m* conmemorativo; **anlässlich des 100. Geburtstages des berühmten Komponisten wurde eine ~ gehalten** pronunciaron un discurso en conmemoración del primer centenario del nacimiento del famoso compositor; **Gedenkstätte** *f* <-, -n> lugar *m* conmemorativo; **Gedenkstein** *m* <-(e)s, -e> lápida *f* (conmemorativa); **Gedenkstunde** *f* <-, -n> acto *m* conmemorativo [*o* solemne]; **Gedenktafel** *f* <-, -n> placa *f* conmemorativa; **Gedenktag** *m* <-(e)s, -e> aniversario *m*
gedeucht (*alt*) *pp von* **dünken**
Gedicht [gəˈdɪçt] *nt* <-(e)s, -e> poema *m*, poesía *f*; **ein ~ aufsagen** recitar un poema; **das ist ein ~** (*fig*) esto es un poema
Gedichtsammlung *f* <-, -en> antología *f* de poesía; **eine ~ spanischer Lyriker** una antología de la lírica española
gediegen [gəˈdiːgən] *adj* ① (*von guter Qualität*) bien hecho, sólido
② (*Charakter*) íntegro; (*Kenntnisse*) sólido
③ (*rein*) puro; (*Silber, Gold*) de ley
Gediegenheit *f* <-, *ohne pl*> ① (*Solidität: Einrichtung*) buena construcción *f*; (*Gegenstand*) solidez *f*, estabilidad *f*, resistencia *f*
② (*Gründlichkeit: Kenntnisse*) solidez *f*
gedieh [gəˈdiː] *3. imp von* **gedeihen**
gediehen [gəˈdiːən] *pp von* **gedeihen**
Gedöns [gəˈdœːns] *nt* <-es, *ohne pl*> (*reg*) ① (*Getue*) aspaviento *m*
② (*Zeug, Ding*) trasto *m*
Gedränge [gəˈdrɛŋə] *nt* <-s, *ohne pl*> ① (*Drängelei*) apreturas *fpl*; **am Einkaufssamstag herrscht immer so ein ~** los sábados siempre hay muchas apreturas
② (*Menschenmenge*) gentío *m*, muchedumbre *f*
Gedrängel *nt* <-s, *ohne pl*> (*fam*): **sobald der Sommerschlussverkauf startet, beginnt auch das ~ an den Wühltischen** tan pronto comienzan las rebajas de verano, la gente se arremolina en los mostradores de ocasión
gedrängt [gəˈdrɛŋt] *adj* (*gerafft*) conciso, (*knapp*) breve; **ein ~er Stil** un estilo conciso; **der Bus war ~ voll** el autobús iba a tope
Gedröhne *nt* <-s, *ohne pl*> fragor *m*; **das ~ der Maschine** el estruendo de las máquinas
gedroschen [gəˈdrɔʃən] *pp von* **dreschen**
gedrückt [gəˈdrʏkt] *adj* (*niedergeschlagen*) deprimido
Gedrücktheit *f* <-, *ohne pl*> (*Niedergeschlagenheit: Mensch*) abatimiento *m*; (*Stimmung*) desaliento *m*; **hast du schlechte Nachrichten bekommen oder was ist der Grund für deine ~?** ¿has recibido malas noticias o a qué se debe tu abatimiento?
gedrungen [gəˈdrʊŋən] I. *pp von* **dringen**
II. *adj* rechoncho, regordete
Gedrungenheit *f* <-, *ohne pl*> cualidad *f* de rechoncho; **seine unvorteilhafte Kleidung unterstrich noch die ~ seines Körperbaus** la ropa, poco favorecedora, resaltaba aún más su figura rechoncha
Gedudel *nt* <-s, *ohne pl*> (*fam abw: auf einem Instrument*) cencerreo *m*; **das ~ des Radios** el runrún de la radio; **sein ~ auf der Flöte geht mir auf die Nerven** me pone de los nervios con tanto darle a la flauta
Geduld [gəˈdʊlt] *f* <-, *ohne pl*> paciencia *f*; **die ~ verlieren** perder la paciencia; **mit jdm/etw ~ haben** tener paciencia con alguien/algo; **meine ~ ist erschöpft** se me ha agotado la paciencia; **jds ~ auf die Probe stellen** poner a prueba la paciencia de alguien; **jdn um ~ bitten** pedir a alguien que tenga paciencia
gedulden* [gəˈdʊldən] *vr: sich ~** tener paciencia; (*warten*) esperar
geduldig I. *adj* paciente; **Papier ist ~** (*fam*) el papel todo lo aguanta
II. *adv* con paciencia; **~ warten** esperar con paciencia
Geduldsfaden *m*: **jetzt reißt mir aber der ~!** (*fam*) ¡ahora se me acabó la paciencia!; **Geduldsprobe** *f* <-, -n> prueba *f* de paciencia; **Geduldsspiel** *nt* <-(e)s, -e> juego *m* de paciencia
gedungen *pp von* **dingen**
gedunsen [gəˈdʊnzən] *adj* abota(r)gado; **durch die Einnahme von Kortison bekommen viele Patienten ein ~es Gesicht** a muchos pacientes se les abotarga la cara al tomar cortisona
gedurft [gəˈdʊrft] *pp von* **dürfen**
geehrt [gəˈʔeːɐt] *adj* (*in Briefen*) estimado; **sehr ~er Herr X/sehr ~e Frau Y** estimado Sr. X/estimada Sra. Y; **(meine) sehr ~e(n) Damen und Herren** muy Sres. míos
geeignet [gəˈʔaɪɡnət] *adj* ① (*Mensch*) apto (*für* para), idóneo (*für* para); **er ist für diese Arbeit nicht ~** no es apto para este trabajo; **jdn für ~ halten** considerar a alguien competente
② (*Material*) adecuado (*für* para), apto (*für* para)
③ (*zweckmäßig*) oportuno, apropiado; **im ~en Augenblick** en el momento oportuno
Geest [ɡeːst] *f* <-, *ohne pl*>, **Geestland** [ˈɡeːstlant] *nt* <-(e)s, *ohne pl*> (GEO) Geestland *m* (*brezal arenoso del norte de Alemania*)
Gefahr [ɡəˈfaːɐ] *f* <-, -en> peligro *m* (*für* para); (*Wagnis*) riesgo *m*; **~ im Verzug** peligro en la demora; **dringende ~** peligro apremiante; **gegenwärtige ~** peligro actual; **gemeine ~** peligro común; **konkrete ~** peligro concreto; **unmittelbare ~** peligro inmediato; **auf eigene ~** por propia cuenta y riesgo; **auf ~ des Absenders/Eigentümers** por cuenta y riesgo del remitente/propietario; **auf jede ~ hin** a todo riesgo; **auf die ~ hin, dass ...** a riesgo de que ... +*subj*; **außer ~ sein** estar fuera de peligro; **in ~ schweben** correr peligro; **~ laufen etw zu tun** correr el riesgo de hacer algo; **sich in ~ begeben, sich einer ~ aussetzen** exponerse a un peligro; **es besteht die ~, dass ...** existe el peligro de que ... +*subj*; **ihm droht keine ~** no corre peligro
gefährden* [ɡəˈfɛːɐdən] *vt* poner en peligro; (*bedrohen*) amenazar; (*aufs Spiel setzen*) arriesgar; **sein Leben ist gefährdet** corre peligro de muerte
Gefährdung *f* <-, -en> amenaza *f* (*für* para, *durch* a causa de/por parte de); **~ des Straßenverkehrs** puesta en peligro del tráfico rodado
Gefährdungsdelikt *nt* <-(e)s, -e> (JUR) delito *m* de peligro; **abstraktes/konkretes ~** delito de puesta en peligro abstracto/concreto; **Gefährdungshaftung** *f* <-, -en> (JUR) responsabilidad *f* objetiva [*o* por riesgo]; **Gefährdungsvorsatz** *m* <-es, -sätze> (JUR) dolo *m* de peligro
gefahren [ɡəˈfaːrən] *pp von* **fahren**
Gefahrengebiet *nt* <-(e)s, -e> región *f* peligrosa; **obwohl der Hindukusch als politisches ~ deklariert ist, reisen immer wieder Touristen dorthin** muchos turistas siguen viajando al Hindukush, aunque por motivos políticos está considerado como zona peligrosa; **Gefahrengemeinschaft** *f* <-, -en> (JUR) comunidad *f* de peligros; **Gefahrenherd** *m* <-(e)s, -e> foco *m* de peligro; **Gefahrenklausel** *f* <-, -n> (JUR) cláusula *f* sobre riesgos; **Gefahrenmoment** *nt* <-(e)s, -e> momento *m* de peligro, peligro *m* potencial; **Leitern und rutschende Teppiche sind typische ~e im Haushalt** las escaleras de mano y las alfombras resbaladizas son las causas típicas de los accidentes domésticos; **Gefahrenquelle** *f* <-, -n> fuente *f* de peligro; **Gefahrenstelle** *f* <-, -n> lugar *m* peligroso; **eine unübersichtliche Einmündung ist immer eine ~** una desembocadura con poca [*o* escasa] visibilidad siempre es un peligro; **Gefahrenübertragung** *f* <-, -en> transmisión *f* del riesgo; **Gefahrenverdacht** *m* <-(e)s, -e> sospecha *f* de peligro; **Gefahrenzone** *f* <-, -n> zona *f* de peligro; **Gefahrenzulage** *f* <-, -n> suplemento *m* por peligro
Gefahrerforschungseingriff *m* <-(e)s, -e> (JUR) intervención *f* en la investigación del peligro; **Gefahrerforschungsmaßnahme** *f* <-, -n> (JUR) medida *f* investigativa del peligro
Gefahrerhöhung *f* <-, -en> elevación *f* del riesgo
Gefahrgut *nt* <-(e)s, -güter> mercancías *fpl* peligrosas; **Gefahrguttransport** *m* <-(e)s, -e> transporte *m* de mercancías peligrosas
gefährlich [ɡəˈfɛːɐlɪç] *adj* peligroso; (*gewagt*) arriesgado; (*Krankheit*) grave
Gefährlichkeit *f* <-, *ohne pl*> peligrosidad *f*; (*von Krankheit*) gravedad *f*
gefahrlos *adj* sin peligro
Gefährt [ɡəˈfɛːɐt] *nt* <-(e)s, -e> vehículo *m*
Gefährte, -in [ɡəˈfɛːɐtə] *m, f* <-n, -n; -, -nen> (*geh*) compañero, -a *m, f*, camarada *mf*
Gefahrtragung *f* <-, *ohne pl*> atribución *f* del riesgo; **Gefahrtra-**

gungsregeln *fpl* (JUR) normas *fpl* sobre atribución de riesgos
Gefahrübergang *m* <-(e)s, ohne *pl*> (JUR) cesión *f* de riesgos; **Gefahrübernahme** *f* <-, ohne *pl*> (JUR, WIRTSCH) asunción *f* de riesgo
gefahrvoll *adj* (*Leben*) lleno de peligros, arriesgado; (*Reise*) azaroso; (*Unternehmung*) arriesgado; **Sprengstoffexperten führen ein ~es Leben** la vida de los artificieros está expuesta constantemente al peligro
Gefälle [gəˈfɛlə] *nt* <-s, -> ❶ (*Neigung*) pendiente *f*, declive *m*; **eine Straße mit starkem ~** una carretera de fuerte declive
❷ (*Unterschied*) desnivel *m*, diferencia *f*
gefallen¹ [gəˈfalən] I. *pp von* **fallen, gefallen**
II. *adj* (*gestorben*) caído
gefallen*² *irr vi* gustar, agradar; **das gefällt mir (nicht)** (no) me gusta; **wie gefällt dir mein Rock?** ¿qué te parece mi falda?; **wie gefällt es dir in Deutschland?** ¿te gusta Alemania?; **es gefällt mir gar nicht, dass ...** no me gusta nada que... +*subj*; **sich** *dat* **etw ~ lassen** (*fam*) aguantar algo
Gefallen¹ *nt* <-s, ohne *pl*> (*Freude*) gusto *m*; **an etw** *dat*/**jdm ~ finden** tomarle gusto a algo/encontrar a alguien simpático
Gefallen² *m* <-s, -> (*Gefälligkeit*) favor *m*; **jdm einen ~ tun** hacer un favor a alguien; **jdn um einen ~ bitten** pedir un favor a alguien; **tu mir den ~ und sei ruhig!** ¡hazme el favor y cállate!
Gefallene(r) *mf* <-n, -n; -n, -n> (soldado *m*) caído, -a *m, f*
Gefallenendenkmal *nt* <-(e)s, -mäler *o* -e> monumento *m* a los caídos
gefällig [gəˈfɛlɪç] *adj* ❶ (*hilfsbereit*) complaciente, servicial; **sich ~ zeigen** mostrarse servicial; **jdm ~ sein** ser servicial con alguien, hacer un favor a alguien
❷ (*ansprechend*) agradable
❸ (*erwünscht*) **ein Stück Kuchen ~?** ¿le apetece un trozo de tarta?
Gefälligkeit¹ *f* <-, -en> (*Freundschaftsdienst*) servicio *m*, favor *m*; **jdm eine ~ erweisen** hacer un favor a alguien
Gefälligkeit² *f* <-, ohne *pl*> amabilidad *f*; (*Entgegenkommen*) deferencia *f*; **etw aus reiner ~ tun** hacer algo por complacer
Gefälligkeitsakzept *nt* <-(e)s, -e> (JUR) aceptación *f* de complacencia; **Gefälligkeitsflagge** *f* <-, -n> (WIRTSCH) pabellón *m* de conveniencia [*o* complacencia]; **Gefälligkeitsvereinbarung** *f* <-, -en> (JUR) convenio *m* de trato de favor; **~ ohne Rechtsbindungswille** convenio de trato de favor sin voluntad de vinculación jurídica; **Gefälligkeitsverhältnis** *nt* <-ses, -se> (JUR) relación *f* de complacencia; **Gefälligkeitswechsel** *m* <-s, -> (FIN) letra *f* de favor, aceptación *f* de acomodación
gefälligst [gəˈfɛlɪçst, gəˈfɛlɪkst] *adv* (*fam*): **lass mich ~ in Ruhe!** ¡haz el favor de dejarme en paz!; **benimm dich ~ anständig!** ¡a ver si te comportas como es debido!
Gefällstrecke *f* <-, -n> pendiente *f*
gefangen [gəˈfaŋən] I. *pp von* **fangen**
II. *adj* ❶ (*in Gefangenschaft*): **~ halten** tener encarcelado; **~ gehalten werden** estar preso; **ein Tier in einer Kiste ~ halten** tener encerrado un animal en una caja; **~ nehmen** tomar preso, capturar; (*Kriegsgefangene*) hacer prisionero
❷ (*gebannt*) cautivado; **jds Aufmerksamkeit ~ halten** (*geh*) cautivar la atención de alguien
Gefangene(r) *mf* <-n, -n; -n, -n> ❶ (*Kriegs~*) prisionero, -a *m, f* de guerra; **~ machen** hacer prisioneros
❷ (*Häftling*) preso, -a *m, f*, detenido, -a *m, f*
Gefangenenaustausch *m* <-(e)s, ohne *pl*> intercambio *m* de prisioneros; **Gefangenenbefreiung** *f* <-, ohne *pl*> liberación *f* de presos; **Gefangenenlager** *nt* <-s, -> campamento *m* de prisioneros; **Gefangenenmeuterei** *f* <-, -en> motín *m* carcelario; **Gefangenentransportwagen** *m* <-s, -> furgón *m* celular
gefangen|halten *irr vt s.* **gefangen II.1., II.2.**
Gefangennahme [gəˈfaŋənnaːmə] *f* <-, ohne *pl*> detención *f*, captura *f*
gefangen|nehmen *irr vt s.* **gefangen II.1.**
Gefangenschaft *f* <-, -en> prisión *f*, cautiverio *m*; **in ~ lebende Tiere** animales en cautividad; **in ~ geraten** caer prisionero
Gefängnis [gəˈfɛŋnɪs] *nt* <-ses, -se> ❶ (*Gebäude*) prisión *f*, cárcel *f*; **jdn ins ~ bringen** meter a alguien en prisión [*o* en la cárcel]; **ins ~ kommen** ir a la cárcel; **im ~ sitzen** estar en la cárcel; **sie wurde aus dem ~ entlassen** fue puesta en libertad
❷ (*Strafe*) prisión *f*, (pena *f* de) cárcel *f*; **ein Jahr ~ bekommen** ser condenado a un año de cárcel
Gefängnisaufseher(in) *m(f)* <-s, -; -, -nen> carcelero, -a *m, f*; **Gefängnisdirektor(in)** *m(f)* <-s, -en; -, -nen> director(a) *m(f)* de la cárcel; **Gefängnishof** *m* <-(e)s, -höfe> patio *m* de la cárcel; **Gefängnisinsasse, -in** *m, f* <-n, -n; -, -nen> recluso, -a *m, f*; **Gefängnisstrafe** *f* <-, -n> pena *f* de cárcel [*o* de prisión]; **jdn zu einer ~ verurteilen** condenar a alguien a prisión; **Gefängniswärter(in)** *m(f)* <-s, -; -, -nen> carcelero, -a *m, f*; **Gefängniszelle** *f* <-,

-n> celda *f*
Gefasel [gəˈfaːzəl] *nt* <-s, ohne *pl*> (*fam abw*) sandeces *fpl*
Gefäß [gəˈfɛːs] *nt* <-es, -e> ❶ (*Behälter*) vasija *f*, recipiente *m*
❷ (BIOL, MED, BOT) vaso *m*
gefäßerweiternd *adj* (MED) vasodilatador
Gefäßkrankheit *f* <-, -en> (MED) enfermedad *f* vascular
gefasst^{RR} [gəˈfast] *adj*, **gefaßt** *adj* ❶ (*beherrscht*) contenido, sereno
❷ (*eingestellt*) preparado (*auf* para); **auf etw ~ sein** esperar algo; **sich auf etw ~ machen** prepararse para algo; **er kann sich auf etw ~ machen!** (*fam*) ¡ya se puede ir preparando!
Gefasstheit^{RR} *f* <-, ohne *pl*>, **Gefaßtheit** *f* <-, ohne *pl*> aplomo *m*, serenidad *f*; **das Urteil nahm er mit großer ~ entgegen** escuchó el fallo con mucho aplomo
gefäßverengend *adj* (MED) vasoconstrictor
Gefäßverkalkung *f* <-, -en> (MED) arterioesclerosis *f inv*, calcificación *f* arterial
Gefecht [gəˈfɛçt] *nt* <-(e)s, -e> combate *m*; **jdn außer ~ setzen** poner a alguien fuera de combate; **im Eifer des ~s** en el ardor del combate
Gefechtsausbildung *f* <-, -en> (MIL) instrucción *f* de combate
gefechtsbereit *adj* (MIL) preparado [*o* dispuesto] para el combate; **etw ~ machen** disponer algo para el combate; **die Geschütze wurden ~ gemacht** se dispusieron los cañones para el combate
gefechtsklar *adj* (MIL) en zafarrancho de combate; **ein Schiff ~ machen** poner un barco en zafarrancho de combate; **Alarm! das Schiff sofort ~ machen!** ¡alarma!, ¡zafarrancho de combate!
Gefechtskopf *m* <-(e)s, -köpfe> (MIL) cabeza *f* de una bomba; **Gefechtsstand** *m* <-(e)s, -stände> (MIL) puesto *m* de mando
gefeit [gəˈfaɪt] (*geh*): **gegen etw ~ sein** estar a salvo de algo
Gefiedel [gəˈfiːdəl] *nt* <-s, ohne *pl*> (*fam abw*) rasgueo *m* del violín; **dein ständiges ~ mit der Geige geht mir auf die Nerven!** ¡que no dejes de rasgar el violín me pone de los nervios!
Gefieder [gəˈfiːdɐ] *nt* <-s, -> plumaje *m*
gefiedert *adj* ❶ (*mit Federn*) emplumado, con plumas, plumífero *fam*
❷ (BOT) pinnado
Gefilde [gəˈfɪldə] *nt* <-s, -> (*geh*) campos *mpl*, campiña *f*
gefinkelt [gəˈfɪŋkəlt] *adj* (*Österr: durchtrieben*) listo, agudo
Geflecht [gəˈflɛçt] *nt* <-(e)s, -e> (*Netz*) red *f*; (*Korb~*) labor *f* de mimbre
gefleckt [gəˈflɛkt] *adj* moteado
Geflimmer *nt* <-s, ohne *pl*> ❶ (*einer Lichtquelle*) centelleo *m*; (*eines Sterns*) titileo *m*
❷ (INFOR, FILM, TV) resplandor *m*
❸ (*der Hitze, Luft*) resplandor *m*; (*des Wassers*) cabrilleo *m*
❹ (*unscharfe Sicht*) chiribitas *fpl*; **ich bekam Kopfschmerzen und das ~ vor meinen Augen wurde immer schlimmer** me dio dolor de cabeza y cada vez veía más chiribitas
geflissentlich [gəˈflɪsəntlɪç] *adv* a propósito, adrede; **etw ~ überhören** hacerse el sordo a propósito
geflochten [gəˈflɔxtən] *pp von* **flechten**
geflogen [gəˈfloːɡən] *pp von* **fliegen**
geflohen [gəˈfloːən] *pp von* **fliehen**
geflossen [gəˈflɔsən] *pp von* **fließen**
Geflügel *nt* <-s, ohne *pl*> ❶ (*als Haustiere*) aves *fpl* de corral
❷ (*Fleisch*) carne *f* de ave [*o* de pluma]
Geflügelfleisch *nt* <-(e)s, ohne *pl*> carne *f* de ave; **Geflügelsalat** *m* <-(e)s, -e> ensalada *f* de carne de ave; **Geflügelschere** *f* <-, -n> tijeras *fpl* para aves
geflügelt *adj* alado, con alas; **ein ~es Wort** un dicho
Geflügelzucht *f* <-, -en> avicultura *f*
Geflunker [gəˈflʊŋkɐ] *nt* <-s, ohne *pl*> (*fam abw*) embuste *m*, mentiras *fpl*, volado *m* MAm
Geflüster [gəˈflʏstɐ] *nt* <-s, ohne *pl*> cuchicheo *m*, susurro *m*
gefochten [gəˈfɔxtən] *pp von* **fechten**
Gefolge *nt* <-s, -> séquito *m*, cortejo *m*
Gefolgschaft¹ *f* <-, -en> (*Treue*) vasallaje *m*
Gefolgschaft² *f* <-, -en> (*Anhänger*) seguidores *mpl*; (SPORT) aficionados *mpl*
Gefolgsfrau *f* <-, -en> ❶ (*Anhängerin*) seguidora *f* ❷ (HIST) vasalla *f*; **Gefolgsmann** *m* <-(e)s, -leute *o* -männer> ❶ (*Anhänger*) seguidor *m* ❷ (HIST) vasallo *m*
Gefrage *nt* <-s, ohne *pl*> (*abw*) preguntas *fpl* continuas [*o* molestas]
gefragt [gəˈfraːkt] *adj* (*Künstler*) solicitado; (*Ware*) de gran demanda
gefräßig [gəˈfrɛːsɪç] *adj* (*abw*) voraz; (*verfressen*) glotón, comilón, tragón *fam*
Gefräßigkeit *f* <-, ohne *pl*> voracidad *f*, glotonería *f*
Gefreite(r) [gəˈfraɪtə] *mf* <-n, -n; -n, -n> (MIL) cabo *m*
gefressen [gəˈfrɛsən] *pp von* **fressen**
Gefrieranlage [gəˈfriː-] *f* <-, -n> instalación *f* frigorífica; **Gefrierbeutel** *m* <-s, -> bolsa *f* para congelados
gefrieren* [gəˈfriːrən] *irr vi sein* helarse, congelarse; (*in der Kühltruhe*)

congelarse
Gefrierfach *nt* <-(e)s, -fächer> congelador *m*; **Gefrierfleisch** *nt* <-(e)s, *ohne pl*> carne *f* congelada; **Gefriergemüse** *nt* <-s, -> verduras *fpl* congeladas
gefriergetrocknet *adj* liofilizado
Gefrierpunkt *m* <-(e)s, -e> (PHYS) punto *m* de congelación; **Temperaturen um den/unter dem/über dem ~** temperaturas alrededor de/bajo/sobre cero grados; **Gefrierschrank** *m* <-(e)s, -schränke> congelador *m*; **Gefriertrocknung** *f* <-, *ohne pl*> liofilización *f*; **Gefriertruhe** *f* <-, -n> congelador *m*
gefroren [gə'fro:rən] I. *pp von* frieren, gefrieren
II. *adj* helado, congelado; **hart ~** congelado
Gefuchtel *nt* <-s, *ohne pl*> (*fam abw*) acción de agitar nerviosamente algo en el aire; **lass das ~ mit dem Messer!** ¡deja ya de juguetear [*o* de hacer figuras] con el cuchillo en la mano!
Gefüge [gə'fy:gə] *nt* <-s, -> ❶ (*Struktur*) estructura *f*; (*System*) sistema *m*; **soziales ~** sistema [*o* entramado] social
❷ (*das Zusammengefügte*) construcción *f*
gefügig *adj* (*abw*) dócil, sumiso; **sich** *dat* **jdn ~ machen** doblegarse a alguien
Gefügigkeit *f* <-, *ohne pl*> docilidad *f*, sumisión *f*; **die ~ des Hundes ist beachtlich** la docilidad del perro es asombrosa
Gefühl[1] [gə'fy:l] *nt* <-(e)s, -e> ❶ (*körperliche Wahrnehmung*) sensación *f*; **ohne ~** insensible; **kein ~ in den Fingern haben** no tener sensibilidad en los dedos; **etw mit ~ machen** hacer algo con finura
❷ (*seelische Empfindung*) sentimiento *m*; **das Höchste der ~e** el non plus ultra; **er nahm die Nachricht mit gemischten ~en auf** la noticia le produjo desasosiego; **sie erwiderte seine ~e nicht** no respondía a sus sentimientos
Gefühl[2] *nt* <-(e)s, *ohne pl*> ❶ (*Ahnung*) sensación *f*, impresión *f*; **ich habe das ~, dass er lügt** tengo la sensación de que miente, me da la impresión de que miente; **ich habe ein ungutes ~ bei dieser Sache** hay algo en este asunto que no veo claro; **sie wird das ~ nicht los beobachtet zu werden** tiene continuamente la sensación de ser observada; **etw im ~ haben** intuir algo
❷ (*Sinn*) sentido *m*; **ein ~ für Gerechtigkeit** sentido de la justicia
gefühllos *adj* insensible; (*hartherzig*) impasible
Gefühllosigkeit *f* <-, *ohne pl*> insensibilidad *f*; (*Hartherzigkeit*) impasibilidad *f*
Gefühlsanwandlung *f* <-, -en> brote *m* de sentimientos; **Gefühlsausbruch** *m* <-(e)s, -brüche> arrebato *m* de sentimientos
gefühlsbetont *adj* sentimental
Gefühlsduselei [gəfy:lsdu:zə'laɪ] *f* <-, -en> (*fam abw*) sensiblería *f*, sentimentalismo *m*
gefühlsecht *adj* (*Kondom*) sensitivo
Gefühlshaushalt *m* <-(e)s, *ohne pl*> vida *f* emocional; **der Typ hat meinen ~ total durcheinandergebracht** (*fam*) ese tío ha trastocado mi vida emocionalmente
gefühlskalt *adj* frío, impasible; (*frigide*) frígido
Gefühlskälte *f* <-, *ohne pl*> frialdad *f*; (*Frigidität*) frigidez *f*; **Gefühlsleben** *nt* <-s, *ohne pl*> estado *m* emocional
gefühlsmäßig *adj* ❶ (*seelisch*) sentimental
❷ (*intuitiv*) intuitivo
Gefühlsmensch *m* <-en, -en> sentimental *mf*; **als reiner ~ lässt er sich stark von Sympathien leiten** tan sentimental como es se deja llevar fácilmente por las simpatías; **Gefühlsregung** *f* <-, -en> emoción *f*, sentimiento *m*; **Gefühlssache** *f* <-, -n> sensación *f*; **das ist reine ~** se trata de una mera sensación
gefühlvoll *adj* sentimental; (*empfindsam*) sensible; (*liebevoll*) cariñoso; (*zärtlich*) tierno, afectuoso
Gefummel *nt* <-s, *ohne pl*> (*fam*) ❶ (*schwierige Arbeit*) trabajo *m* (fastidioso); **das ist vielleicht immer ein ~ bis ich den Faden durch das Nadelöhr gezogen habe!** ¡qué pérdida de tiempo hasta que he logrado enhebrar la aguja!
❷ (*Berührung*) toqueteo *m*; (*sexuell*) manoseo *m*, sobe *m*; **lass endlich das ~ an meiner Kleidung, es ist mir doch egal, ob meine Fliege schief sitzt oder nicht** deja ya de retocarme la ropa, me da igual si la pajarita está bien puesta o no; **hör endlich mit dem ~ auf und nimm deine Hände weg!** ¡para ya de sobarme y quítame las manos de encima!
gefunden [gə'fʊndən] *pp von* **finden**
Gegacker [gə'gakɐ] *nt* <-s, *ohne pl*> ❶ (*der Hühner*) cacareo *m*; **was hat dieses laute ~ im Hühnerhaus zu bedeuten?** ¿pero qué es ese cacareo en el gallinero?
❷ (*fam: Gekicher*) risitas *fpl*, risas *fpl* tontas; **hört mit dem ~ auf, ihr albernen Backfische!** ¡dejad de reír de esa manera tan tonta, chiquillas!
gegangen [gə'gaŋən] *pp von* **gehen**
gegeben [gə'ge:bən] I. *pp von* **geben**
II. *adj* ❶ (*vorhanden*) dado; **unter den ~en Umständen** dadas las circunstancias

❷ (*geeignet*) apropiado, oportuno; **zu ~er Zeit** en el momento oportuno, en su momento
gegebenenfalls [gə'ge:bənənfals] *adv* dado el caso, en caso necesario
Gegebenheit *f* <-, -en> (*Umstand*) circunstancia *f*
gegen ['ge:gən] I. *präp* +*akk* ❶ (*entgegen, feindlich*) en contra de, contra; (*im Gegensatz zu*) contrario a; **ich habe nichts ~ dich** no tengo nada contra ti [*o* en contra tuya]; **das ist ~ das Gesetz** esto va contra la ley; **jede Erwartung/Hoffnung** contra toda expectativa/esperanza
❷ (*angelehnt*) contra; **~ die Wand** contra la pared; **etw ~ das Licht halten** mantener algo contra la luz
❸ (*zur Bekämpfung von*) contra; **haben Sie etwas ~ Kopfschmerzen?** ¿tiene algo contra el dolor de cabeza?
❹ (*Richtung*) hacia
❺ (*verglichen mit*) en comparación con; **~ ihn erschien er klein** en comparación con él parecía pequeño
❻ (*im Austausch für*) contra, por; **Lieferung nur ~ bar** entrega contra pago al contado; **~ Vorlage des Personalausweises** presentando el carné de identidad
❼ (*zeitlich*) sobre, a eso de; **~ Abend** al anochecer; **sie kam ~ 10** vino sobre las 10
II. *adv* (*etwa*) alrededor de, más o menos; **~ 15 Personen** alrededor de 15 personas
Gegenangebot *nt* <-(e)s, -e> contraoferta *f*; **Gegenangriff** *m* <-(e)s, -e> ❶ (MIL) contraofensiva *f* ❷ (SPORT) contraataque *m*; **Gegenanschließung** *f* <-, *ohne pl*> (JUR) adhesión *f* opuesta; **Gegenanspruch** *m* <-(e)s, -sprüche> (JUR) contrademanda *f*; **Gegenanzeige** *f* <-, -n> (MED) contraindicación *f*; **Gegenargument** *nt* <-(e)s, -e> contraargumento *m*; **Gegenaufrechnung** *f* <-, -en> compensación *f* opuesta; **Gegenbehauptung** *f* <-, -en> aseveración *f* contraria, contraargumento *m*; **Gegenbeispiel** *nt* <-(e)s, -e> contraejemplo *m*, ejemplo *m* contrario; **Gegenberufung** *f* <-, -en> (JUR) oposición *f* en apelación; **~ einlegen** formular oposición en apelación; **Gegenbesuch** *m* <-(e)s, -e> visita *f* que se hace para devolver una primera visita a alguien; **einen ~ machen** devolver una visita; **jdm einen ~ abstatten** devolverle a alguien una visita; **morgen werde ich dir einen ~ abstatten** mañana iré yo a tu casa [*o* a verte]; **Gegenbeweis** *m* <-es, -e> prueba *f* en contra, contraprueba *f*; **den ~ antreten** presentar la contraprueba; **den ~ erbringen** probar lo contrario; **Gegenbuchung** *f* <-, -en> (FIN) contrapartida *f*; **Gegenbürgschaft** *f* <-, -en> (JUR) contrafianza *f*, caución *f* subsidiaria
Gegend ['ge:gənt] *f* <-, -en> ❶ (*Gebiet*) región *f*, zona *f*; (*Stadtviertel*) barrio *m*; **in der ~ von Hamburg** cerca de Hamburgo; **sie zeigte in die ~, aus der die Geräusche gekommen waren** señaló la dirección de donde habían venido los ruidos; **komm, wir machen die ~ unsicher** (*fam*) venga, vamos de juerga
❷ (*Umgebung*) alrededores *mpl*; **die ~ um Madrid** los alrededores de Madrid
❸ (*Wend*): **durch die ~ fahren** (*fam*) dar una vuelta (en coche); **durch die ~ laufen** (*fam*) dar un paseo; **durch die ~ schreien** (*fam*) ir gritando por ahí; **in die ~ gucken** (*fam*) dejar vagar la mirada
Gegendarstellung *f* <-, -en> rectificación *f*; **Gegendarstellungsrecht** *nt* <-(e)s, *ohne pl*> derecho *m* de réplica
Gegendemonstration *f* <-, -en> contramanifestación *f*; **Gegendienst** *m* <-(e)s, -e> favor *que se hace para devolver otro*; **jdm einen ~ erweisen** devolver un favor a alguien; **ich bin gerne bereit, dich jetzt zu decken, aber irgendwann erwarte ich einen ~ von dir** estoy dispuesto a defenderte ahora, pero espero que alguna vez me devuelvas el favor; **Gegendruck** *m* <-(e)s, *ohne pl*> ❶ (*Reaktion*) reacción *f* ❷ (TECH) contrapresión *f* ❸ (TYPO) contraprueba *f*
gegeneinander [ge:gən?aɪ'nandɐ] *adv* uno contra otro; **Fotos/Bilder ~ halten** cotejar fotos/cuadros; **Original und Fälschung ~ halten** cotejar el original con la falsificación; **~ prallen** (*Fahrzeuge*) chocar de frente; **~ stehen** (*einander widersprechen*) ser contradictorios, contradecirse; **~ stoßen** (*gegeneinander prallen: Kugeln, Autoskooter*) chocar (entre sí); **sie haben etwas ~** (*fam*) están enfrentados
Gegeneinander *nt* <-s, *ohne pl*> confrontación *f*; **das politische ~ von Regierung und Opposition** el enfrentamiento político entre gobierno y oposición
gegeneinander|halten *irr vt s.* gegeneinander
gegeneinander|prallen *vi sein s.* gegeneinander
gegeneinander|stehen *irr vi s.* gegeneinander
gegeneinander|stoßen *irr vi sein s.* gegeneinander
Gegeneinrede *f* <-, -n> (JUR) excepción *f* contraria; **Gegenerklärung** *f* <-, -en> (JUR) contradeclaración *f*; **Gegenerwiderung** *f* <-, -en> (JUR) dúplica *f*; **~ (des Beklagten)** dúplica (del demandado); **Gegenfahrbahn** *f* <-, -en> carril *m* contrario; **Gegenfinanzierung** *f* <-, -en> (FIN) refinanciación *f*; **Gegenforderung** *f* <-, -en> (JUR) contrarreclamación *f*; **eine ~ erheben** entablar una contrarreclamación, formular una pretensión opuesta; **Gegenfrage** *f* <-, -n>: **eine ~**

stellen contestar una pregunta con otra; **Gegengebot** *nt* <-(e)s, -e> (WIRTSCH) contraoferta *f*; **Gegengerade** *f* <-n, -n> (SPORT) recta *f* contraria; **nachdem der Läufer 200 m gerannt war, gelangte er auf der ~n ins Ziel** tras haber corrido 200 metros, el atleta llegó a la meta situada en la recta opuesta; **Gegengeschäft** *nt* <-(e)s, -e> (WIRTSCH) compensación *f*; **Gegengewalt** *f* <-, *ohne pl*> violencia generada en respuesta a otra acción violenta; **Gewalt erzeugt ~** la violencia genera más violencia; **Gegengewicht** *nt* <-(e)s, -e> contrapeso *m*; **als ~ zu etw** *dat* como contrapeso a algo; **Gegengift** *nt* <-(e)s, -e> (MED) antídoto *m*; **Gegengutachten** *nt* <-s, -> contradictamen *m*, dictamen *m* contrario

gegen|halten *vi irr* oponer resistencia; **bei zu starker Seitenströmung muss man das Kanu mit dem Paddel ~** cuando la corriente lateral es demasiado fuerte hay que mantener la canoa de través con ayuda del remo

Gegenkampagne *f* <-, -n> contracampaña *f*; **Gegenkandidat(in)** *m(f)* <-en, -en; -, -nen> candidato, -a *m, f* de la oposición; **Gegenklage** *f* <-, -n> (JUR) reconvención *f*; **Gegenkläger(in)** *m(f)* <-s, -; -, -nen> (JUR) demandante *mf* de reconvención; **Gegenkonto** *nt* <-s, -konten> (FIN) contracuenta *f*; **Gegenkopplung** *f* <-, -en> (ELEK) realimentación *f*

gegenläufig *adj* (*Entwicklung*) contrario, (TECH) en sentido contrario, opuesto

Gegenleistung *f* <-, -en> contrapartida *f*, contraprestación *f*; **als ~ für etw** como contrapartida a algo; **erbrachte ~** contraprestación efectuada; **Gegenleistungsgefahr** *f* <-, *ohne pl*> (JUR) peligro *m* de contrapartida

gegen|lenken *vi* girar el volante en sentido contrario; (*Fahrrad*) mover el manillar en dirección contraria; **wegen des Aquaplanings musste sie ~ um nicht von der Fahrbahn abzukommen** debido al aquaplaning tuvo que girar el volante en sentido contrario para no salirse de la calzada

gegen|lesen *irr vt* releer, repasar

Gegenlicht *nt* <-(e)s, *ohne pl*> (FOTO) contraluz *f*; **bei/im ~** a contraluz; **Gegenlichtaufnahme** *f* <-, -n> (FOTO) fotografía *f* a contraluz

Gegenliebe *f* <-, *ohne pl*> amor *m* recíproco; **auf (wenig) ~ stoßen** ser (poco) correspondido; **Gegenmaßnahme** *f* <-, -n> contramedida *f*; **Gegenmehr** *nt* <-, *ohne pl*> (*Schweiz: Gegenstimmen*) voto *m* en contra; **Gegenmittel** *nt* <-s, -> (*gegen eine Krankheit*) vacuna *f* (*gegen* contra); (*gegen ein Gift*) antídoto *m* (*gegen* contra); **bislang ist noch kein wirksames ~ gegen Aids gefunden worden** aún no se ha descubierto ningún antivirus efectivo contra el sida; **Gegenoffensive** *f* <-, -n> contraofensiva *f*; **Gegenpapst** *m* <-(e)s, -päpste> (HIST) antipapa *m*; **Gegenpartei** *f* <-, -en> ❶ (*Gruppe mit anderem Standpunkt*) oposición *f*; **die ~ ergreifen** pasarse al bando contrario; **der Richter hörte sich** *dat* **auch die Argumente der ~ an** el juez también escuchó los argumentos de la parte contraria ❷ (*gegnerische Gruppe*) equipo *m* contrario; **Gegenpol** *m* <-(e)s, -e> polo *m* contrario; **den ~ zu etw** *dat*/**zu jdm bilden** ser el polo opuesto de algo/de alguien; **Gegenprobe** *f* <-, -n> contraprueba *f*; **Gegenrechnung** *f* <-, -en> ❶ (*Nachprüfung*) verificación *f* de una cuenta ❷ (FIN) contrapartida *f*; **durch ~ ausgleichen** compensar por contrapartida; **Gegenrede** *f* <-, -n> (*Widerrede*) réplica *f*; **obwohl er den Film nicht sehen wollte, ging er ohne ~ mit ins Kino** aunque no quería ver la película fue al cine sin rechistar; **Gegenreform** *f* <-, -en> contrarreforma *f*; **Gegenreformation** *f* <-, *ohne pl*> (HIST) Contrarreforma *f*; **Gegenrichtung** *f* <-, -en> dirección *f* opuesta, sentido *m* opuesto; **Gegenrüge** *f* <-, -n> (JUR) contrarreprobación *f*; **Gegensaldo** *m* <-s, -salden *o* -saldi> (WIRTSCH, FIN) contrasaldo *m*

Gegensatz *m* <-es, -sätze> ❶ (*Verschiedenheit*) oposición *f*; **im ~ zu etw** *dat* **stehen** estar en oposición con algo; **im ~ zu dir habe ich keine Schulden** a diferencia de ti [*o* al contrario que tú] yo no tengo deudas ❷ (*Unterschied*) contraste *m*; **einen ~ zu etw** *dat* **bilden** contrastar con algo; **Gegensätze ziehen sich an** los extremos se atraen; **unüberbrückbare Gegensätze** diferencias insuperables ❸ (*Widerspruch*) contradicción *f* (*zu* con); **seine Worte stehen im ~ zu seinen Taten** sus palabras están en contradicción con sus actos

gegensätzlich ['gəganzɛtslɪç] *adj* (*entgegengesetzt*) contrario; (*widersprüchlich*) opuesto

Gegensätzlichkeit *f* <-, *ohne pl*> divergencia *f*, contraposición *f*

Gegenschlag *m* <-(e)s, -schläge> contragolpe *m*, contraataque *m*; **Gegenseite** *f* <-, -n> ❶ (*räumlich*) lado *m* opuesto ❷ (POL) (partido *m* de la) oposición *f* ❸ (JUR) parte *f* contraria

gegenseitig ['ge:gənzaɪtɪç] *adj* mutuo, recíproco; **in ~em Einverständnis** de mutuo acuerdo; **sich** *dat* **~ helfen** ayudarse el uno al otro

Gegenseitigkeit *f* <-, *ohne pl*> reciprocidad *f*; **das beruht auf ~** esto es recíproco; **ein Vertrag auf ~** (JUR) un contrato sobre la base de la reciprocidad

Gegenseitigkeitsabkommen *nt* <-s, -> (JUR, WIRTSCH) convenio *m* de reciprocidad; **Gegenseitigkeitsgeschäft** *nt* <-(e)s, -e> (JUR, WIRTSCH) transacción *f* de reciprocidad; **Gegenseitigkeitsgesellschaft** *f* <-, -en> (JUR, WIRTSCH: *Versicherungswesen*) sociedad *f* de seguros mutuos; **Gegenseitigkeitsprinzip** *nt* <-s, *ohne pl*> (JUR, WIRTSCH) principio *m* de reciprocidad; **Gegenseitigkeitsvertrag** *m* <-(e)s, -träge> (JUR, WIRTSCH) contrato *m* de reciprocidad, tratado *m* de reciprocidad

Gegensinn *m*: **im ~** en sentido contrario; **die Glühbirne muss im ~ in die Fassung gedreht werden** la bombilla debe enroscarse en el portalámparas en sentido contrario; **Gegenspieler(in)** *m(f)* <-s, -; -, -nen> adversario, -a *m, f*, contrincante *mf*; **Gegenspionage** *f* <-, *ohne pl*> contraespionaje *m*

Gegensprechanlage *f* <-, -n> interfono *m*, dúplex *m*

Gegenstand *m* <-(e)s, -stände> ❶ (*Körper*) objeto *m*; (*Ding*) cosa *f*; **Gegenstände des täglichen Bedarfs** utensilios de primera necesidad; **vererbliche Gegenstände** (JUR) bienes transmisibles mortis causa ❷ (*Thema*) tema *m*, objeto *m*; **~ der Klage/des Vertrags** objeto de la demanda/del contrato ❸ (*Ziel*) objeto *m*; **zum ~ allgemeiner Bewunderung werden** convertirse en objeto de admiración general

gegenständlich ['ge:gənʃtɛntlɪç] *adj* (KUNST) figurativo

gegenstandslos *adj* ❶ (*hinfällig*) nulo, sin validez; (*überflüssig*) superfluo; **betrachten Sie dieses Schreiben als ~** considere este escrito nulo ❷ (*unbegründet*) sin fundamento, injustificado ❸ (KUNST) abstracto

Gegenstandswert *m* <-(e)s, *ohne pl*> (JUR) cuantía *f* del asunto

gegen|steuern *vi s.* **gegenlenken**

Gegenstimme *f* <-, -n> ❶ (*bei einer Abstimmung*) voto *m* en contra; **ohne ~** por unanimidad ❷ (*Meinung*) opinión *f* contraria; **Gegenstoß** *m* <-es, -stöße> (MIL) contraataque *m*; **einen ~ führen** contraatacar; **Gegenstromprinzip** *nt* <-s, *ohne pl*> (WIRTSCH) principio *m* de contracorriente; **Gegenströmung** *f* <-, -en> ❶ (*einer Flüssigkeit*) contracorriente *f* ❷ (*entgegengesetzte Entwicklung*) movimiento *m* de reacción; **der Expressionismus entwickelte sich als ~ zum Naturalismus** el expresionismo surgió como reacción al naturalismo; **Gegenstück** *nt* <-(e)s, -e> ❶ (*Gegensatz*) lo contrario (*zu* de) ❷ (*Pendant*) equivalente *m* (*zu* de); **Gegenteil** *nt* <-(e)s, -e> lo contrario (*von* de); **(ganz) im ~!** ¡todo lo contrario!, ¡al contrario!; **sich vom ~ überzeugen** convencerse de lo contrario

gegenteilig *adj* contrario, opuesto; **~er Meinung sein** tener opiniones opuestas

Gegentor *nt* <-(e)s, -e> (SPORT) gol *m* en contra; **Gegentreffer** *m* <-s, -> (SPORT) gol *m* en contra; **einen ~ erzielen** hacer un gol; **einen ~ hinnehmen** [*o* **einstecken**] **müssen** (*fam*) tener que encajar un gol; **sie selbst erzielten 6 Tore, mussten dafür aber auch 4 ~ einstecken** ellos mismos marcaron 6 goles pero, a cambio, encajaron 4; **Gegentreuhänder(in)** *m(f)* <-s, -; -, -nen> (JUR) fiduciario, -a *m, f* subsidiario, -a

gegenüber [gegən'?yːbɐ] **I.** *präp + dat* ❶ (*örtlich*) frente a, enfrente de; **er wohnt mir ~** vive enfrente de mí; **ich wohne dem Kino ~** [*o* **dem Kino**] vivo enfrente del cine ❷ (*einer Person*) frente a, por lo que respecta a; (*in Gegenwart*) delante de; (*angesichts*) ante, de cara a; **das wäre ihm ~ unfair** sería injusto por lo que a él respecta ❸ (*im Vergleich zu*) en comparación con

II. *adv* enfrente; **das Haus ~** la casa de enfrente; **~ von ...** enfrente de...; **schräg ~** casi enfrente

Gegenüber *nt* <-s, -> el *m* de enfrente, la *f* de enfrente; (*Nachbar*) vecino, -a *m, f* de enfrente

gegenüber|liegen *irr vt* **haben** *o* **sein** estar (situado) (enfrente de/ frente a); **die Kirche liegt dem Friedhof schräg gegenüber** la iglesia está situada casi frente al cementerio; **die Truppen liegen sich in den Gräben gegenüber** las tropas están situadas en las trincheras unas frente a las otras

gegenüberliegend *adj* de enfrente; **auf der ~en Seite** en el lado opuesto

gegenüber|sehen *vt irr*: **sich etw** *dat*/**jdm ~** (*vor sich sehen*) verse frente a [*o* enfrente de] algo/alguien; (*sich konfrontiert sehen*) afrontar algo/hacer frente a alguien; **plötzlich sah sie sich ihrem Chef gegenüber** de repente se vio frente a su jefe; **er sieht sich einer großen Herausforderung gegenüber** tiene que afrontar un gran desafío

gegenüber|sitzen *irr vi* **haben** *o* **sein**: **etw** *dat*/**jdm ~** estar sentado frente a [*o* enfrente de] algo/alguien; **sich** *dat* **~** estar sentado frente a frente [*o* cara a cara]; **bei der Familienfeier saßen sich die Geschwister gegenüber** en la fiesta familiar los hermanos estaban sentados uno frente a otro

gegenüber|stehen *irr vi*: **jdm positiv/negativ ~** tener simpatía/antipatía hacia alguien; **etw** *dat* **positiv/negativ ~** defender/rechazar algo

gegenüber|stellen vt ❶ (*Person*) confrontar (+*dat* con); (JUR) carear (+*dat* con); **der Zeuge wurde dem Angeklagten gegenübergestellt** hubo un careo entre el testigo y el acusado
❷ (*vergleichen*) contraponer (+*dat* a), comparar (+*dat* con)
Gegenüberstellung *f* <-, -en> ❶ (*von Personen*) confrontación *f*; (JUR) careo *m*
❷ (*Vergleich*) contraposición *f*, comparación *f*
gegenüber|treten vi *irr sein:* jdm ~ (*vor jdn hintreten*) presentarse delante de alguien; **etw** *dat*/**jdm ~** (*die Stirn bieten*) hacer frente a algo/alguien; **in diesem Zustand kannst du niemandem ~** en este estado no puedes presentarte delante de nadie; **er trat seinem Schicksal mutig gegenüber** afrontó su destino con valor
Gegenverkehr *m* <-(e)s, *ohne pl*> tráfico *m* en contra; **Gegenverpflichtung** *f* <-, -en> (JUR) contraobligación *f*
gegen|versichern vt reasegurar
Gegenversprechen *nt* <-s, -> contrapromesa *f*; **Gegenversuch** *m* <-(e)s, -e> experimento *m* de control; **Gegenvormund** *m* <-(e)s, -e *o* -münder> (JUR) protutor *m*; **Gegenvorschlag** *m* <-(e)s, -schläge> contrapropuesta *f*, contraproposición *f*; **Gegenvorstellung** *f* <-, -en> reconvención *f*
Gegenwart ['ge:gənvart] *f* <-, *ohne pl*> ❶ (*Jetztzeit*) actualidad *f*, presente *m*; **die Kunst der ~** el arte actual [*o* contemporáneo]
❷ (LING) presente *m*
❸ (*Anwesenheit*) presencia *f*; **in ~ der Gäste** en presencia de los invitados
gegenwärtig ['ge:gənvɛrtɪç] *adj* actual, presente; (*aus dieser Zeit*) contemporáneo; **etw ist jdm nicht ~** alguien no tiene presente algo; **sein Name ist mir im Moment nicht ~** ahora mismo no me acuerdo de su nombre
gegenwartsbezogen *adj* actual, contemporáneo; (*Mensch*) que vive el presente; **die Themen seiner Romane sind immer sehr ~** los temas de sus novelas están siempre estrechamente relacionados con la actualidad
Gegenwartsform *f* <-, -en> (LING) presente *m*
gegenwartsnah I. *adj* (*Bericht*) de actualidad, actual; (*Film, Erzählung*) moderno; **diese ~e Analyse trifft den Puls der Zeit** este análisis de actualidad recoge el espíritu de la época
II. *adv* (*denken, schreiben*) acorde con los tiempos actuales; (*unterrichten*) adaptado a la realidad actual [*o* presente]; **er unterrichtet die Schüler sehr ~ und mit den modernsten Methoden** enseña a sus alumnos con los métodos más modernos basándose en las tendencias más actuales
Gegenwartssprache *f* <-, -n> lengua *f* actual; **die deutsche ~ ist in diesem Wörterbuch gut repräsentiert** el alemán actual [*o* de hoy] está bien recogido en este diccionario
Gegenwechsel *m* <-s, -> (FIN) contragiro *m*; **Gegenwehr** *f* <-, -en> (*Verteidigung*) defensa *f*; (*Widerstand*) resistencia *f*; **~ leisten** ofrecer resistencia; **Gegenwert** *m* <-(e)s, -e> contravalor *m*; **~ eines Schecks/Wechsels** contravalor de un cheque/de una letra (de cambio); **Gegenwind** *m* <-(e)s, -e> viento *m* en contra
gegen|zeichnen vt refrendar
Gegenzeichnung *f* <-, -en> (JUR) refrendación *f*; **~ von Gesetzen** refrendación de leyes; **Gegenzeuge, -in** *f, m* <-n, -n; -, -nen> (JUR) testigo *mf* de cargo; **Gegenzug** *m* <-(e)s, -züge> ❶ (*Schach*) (jugada *f* de) respuesta *f* ❷ (*Reaktion*) reacción *f* a la contra; **im ~ (zu)** como compensación (por) ❸ (EISENB) tren *m* en dirección contraria
gegessen [gə'gɛsən] *pp von* **essen**
geglichen [gə'glɪçən] *pp von* **gleichen**
geglitten [gə'glɪtən] *pp von* **gleiten**
geglommen [gə'glɔmən] *pp von* **glimmen**
Gegner(in) ['gɛgnɐ] *m(f)* <-s, -; -, -nen> enemigo, -a *m, f*, adversario, -a *m, f*, oponente *mf*
gegnerisch *adj* contrario; **die ~en Parteien** los partidos contrarios; **der ~e Anwalt/Torwart** el abogado de la parte contraria/el portero contrario
Gegnerschaft *f* <-, -en> oposición *f*
gegolten [gə'gɔltən] *pp von* **gelten**
gegoren [gə'go:rən] *pp von* **gären**
gegossen [gə'gɔsən] *pp von* **gießen**
gegr. *Abk. von* **gegründet** fundado
gegraben [gə'gra:bən] *pp von* **graben**
gegriffen [gə'grɪfən] *pp von* **greifen**
Gegröle [gə'grø:lə] *nt* <-s, *ohne pl*> (*fam abw*) griterío *m*, vocerío *m*; **durch das ~ der Besoffenen wurden die Anwohner geweckt** la batahola que armaban los borrachos despertó a los vecinos
Gehabe [gə'ha:bə] *nt* <-s, *ohne pl*> (*abw*) pose *f*; (*Gestik*) ademanes *mpl*; **er ging mir mit seinem albernen ~ auf die Nerven** me puso frenética con sus tonterías
Gehackte(s) [gə'haktəs] *nt* <-n, *ohne pl*> carne *f* picada

Gehalt[1] [gə'halt] *m* <-(e)s, -e> ❶ (*Anteil*) contenido *m* (*an* de); (*prozentual*) porcentaje *m*; (CHEM) concentración *f*, grado *m*
❷ (*Alkohol-~*) graduación *f*, grados *mpl*
❸ (*geistig*) sustancia *f*
Gehalt[2] [gə'halt, *pl:* gə'hɛltɐ] *nt* <-(e)s, -hälter> salario *m*; **ein überdurchschnittliches ~** una retribución superior a la media; **festes ~** sueldo fijo; **ein ~ beziehen** cobrar un sueldo
gehalten [gə'haltən] *pp von* **halten**
gehaltlos *adj* ❶ (*Metall*) pobre (*an* en); (*Essen*) sin sustancia
❷ (*oberflächlich*) insustancial, insignificante
Gehaltsabrechnung *f* <-, -en> liquidación *f* de la nómina; **Gehaltsansprüche** *mpl*: **~ stellen** reclamar un aumento de sueldo; **die Gewerkschaft will höhere ~ geltend machen** el sindicato quiere reclamar salarios más altos; **an meinen früheren Arbeitgeber habe ich noch ~ in Höhe von 1356,98 Euro** mi último patrono me debe aún 1356,98 euros en concepto de salarios; **Gehaltsaufbesserung** *f* <-, -en> mejora *f* salarial; **Gehaltsbescheinigung** *f* <-, -en> nómina *f*; **vor Bewilligung des Kredites bitten wir noch um Vorlage einer ~ des Arbeitgebers** antes de conceder el crédito deberá presentar una nómina de su empresa; **Gehaltsempfänger(in)** *m(f)* <-s, -; -, -nen> asalariado, -a *m, f*; **Gehaltserhöhung** *f* <-, -en> aumento *m* salarial; **Gehaltsforderung** *f* <-, -en> (*Einforderung*) pretensiones *fpl* económicas; **die ~ des Bewerbers als überhöht zurückweisen** rechazar las pretensiones económicas del solicitante por ser demasiado elevadas; **Gehaltsfortzahlung** *f* <-, -en> (WIRTSCH) pago *m* continuado del salario; **die ~ im Krankheitsfall** la continuidad en el pago del salario en caso de enfermedad; **Gehaltsgruppe** *f* <-, -n> grupo *m* salarial, categoría *f* salarial; **jdn in eine höhere ~ einstufen** asignar a alguien a un grupo salarial más elevado; **Gehaltshöhe** *f* <-, *ohne pl*> cuantía *f* del salario; **leistungsbedingte ~** salario según rendimiento; **Gehaltsklasse** *f* <-, -n> (WIRTSCH) categoría *f* salarial; **Gehaltskonto** *nt* <-s, -konten> cuenta-salario *f*; **Gehaltskürzung** *f* <-, -en> (WIRTSCH) recorte *m* de salarios; **eine ~ vornehmen** recortar los salarios; **Gehaltsliste** *f* <-, -n> (WIRTSCH) nómina *f*; **Gehaltsnachzahlung** *f* <-, -en> pago *m* del resto del sueldo; **Gehaltspfändung** *f* <-, -en> (JUR, WIRTSCH) embargo *m* del salario; **Gehaltsrevision** *f* <-, -en> revisión *f* salarial; **Gehaltsscheck** *m* <-s, -s> cheque *m* del sueldo [*o* del salario]; **Gehaltsstufe** *f* <-, -n> *s.* **Gehaltsgruppe**. **Gehaltstabelle** *f* <-, -n> (WIRTSCH) tabla *f* de salarios; **Gehaltsverhandlung** *f* <-, -en> negociación *f* salarial, ronda *f* salarial; **nach zähen ~en kam sie in eine höhere Gehaltsgruppe** tras duras negociaciones le asignaron un grupo salarial más elevado; **Gehaltsvorrückung** *f* <-, -en> (*Österr*) *s.* **Gehaltserhöhung**; **Gehaltsvorschuss**[RR] *m* <-es, -schüsse> anticipo *m* sobre el sueldo; **Gehaltsvorstellung** *f* <-, -en> aspiraciones *fpl* económicas; **bitte geben Sie Ihre ~en im Indicator por favor** aspiraciones económicas; **Gehaltswunsch** *m* <-(e)s, -wünsche> pretensiones *fpl* económicas; **wir können Ihren Gehaltswünschen leider nicht nachkommen** lamentablemente no podemos satisfacer sus pretensiones económicas; **Gehaltszahlung** *f* <-, -en> pago *m* de la nómina; **ist die ~ schon auf meinem Konto eingegangen?** ¿me han ingresado ya la nómina?; **Gehaltszulage** *f* <-, -n> sobresueldo *m*
gehaltvoll *adj* ❶ (*Essen*) sustancioso, nutritivo
❷ (*Buch*) valioso
Gehämmer [gə'hɛmɐ] *nt* <-s, *ohne pl*> (*abw*) martilleo *m*
gehandikapt [gə'hɛndikɛpt] *adj* en desventaja
gehangen [gə'haŋən] *pp von* **hängen**
Gehängte(r) *mf* <-n, -n; -n, -n> ahorcado, -a *m, f*
Gehänsel *nt* <-s, *ohne pl*> (*fam abw*) pitorreo *m*; **sie lässt sich nicht anmerken, wie sehr sein ~ sie trifft** no deja que se le note lo mucho que le afectan sus burlas
geharnischt [gə'harnɪʃt] *adj* enérgico, violento; **einen ~en Brief schreiben** escribir una carta enérgica
gehässig [gə'hɛsɪç] *adj* (*abw*) odioso, lleno de odio; (*böswillig*) malévolo; (*feindselig*) hostil
Gehässigkeit[1] *f* <-, *ohne pl*> (*Böswilligkeit*) malevolencia *f*; (*Feindseligkeit*) hostilidad *f*
Gehässigkeit[2] *f* <-, -en> (*Bemerkung*) grosería *f*
gehauen [gə'hauən] *pp von* **hauen**
gehäuft [gə'hɔyft] *adj* ❶ (*Auftreten*) frecuente
❷ (*voll*) lleno; **ein ~er Löffel** una cucharada colmada
Gehäuse [gə'hɔyzə] *nt* <-s, -> carcasa *f*; (*von Uhr*) caja *f*; (AUTO) cárter *m*; (INFOR) caja *f*; (*vom Obst*) corazón *m*
gehbehindert ['ge:bəhɪndɐt] *adj* inválido
Gehege [gə'he:gə] *nt* <-s, -> cercado *m*; **jdm ins ~ kommen** entrometerse en los planes de alguien
geheiligt *adj* sagrado; **sie ließen sich** *dat* **ihre ~e Sonntagsruhe nicht stören** (*a. iron*) su descanso dominical era sagrado para ellos (y no permitían que nadie les molestase)

geheim [gə'haɪm] *adj* secreto; (*Kräfte*) oculto; (*vertraulich*) confidencial; **im G~en** (*heimlich*) clandestinamente; (*insgeheim*) en secreto; **streng ~** altamente secreto; **etw ~ halten** mantener algo en secreto, guardar silencio sobre algo; **etw vor jdm ~ halten** ocultar algo a alguien; **~ tun** (*fam*) hacerse el misterioso

Geheimagent(in) *m(f)* <-en, -en; -, -nen> agente *mf* secreto, -a; **Geheimbehandlung** *f* <-, -en> tratamiento *m* confidencial; **~ (einer Erfindung)** tratamiento confidencial (de una invención); **Geheimbund** *m* <-(e)s, -bünde> asociación *f* secreta; **Geheimdienst** *m* <-(e)s, -e> servicio *m* secreto [*o* de inteligencia]

Geheimdienstler(in) *m(f)* <-s, -; -, -nen> (*fam*) agente *mf* del servicio secreto; **die ~** el servicio secreto; **man munkelt, er sei früher mal ~ gewesen** dicen que había formado parte del servicio secreto

Geheimfach *nt* <-(e)s, -fächer> cajón *m* secreto

geheim|halten *irr vt s.* **geheim**

Geheimhaltung *f* <-, *ohne pl*> ocultación *f*; **unter strengster ~** con la máxima discreción

geheimhaltungsbedürftig *adj* que precisa confidencialidad

Geheimhaltungsklausel *f* <-, -n> (JUR) cláusula *f* de confidencialidad; **Geheimhaltungspflicht** *f* <-, -en> (JUR) obligación *f* de guardar secreto

Geheimkonto *nt* <-s, -konten> (FIN) cuenta *f* secreta

Geheimnis *nt* <-ses, -se> secreto *m*; (*Unerforschtes*) misterio *m*; **jdm ein ~ anvertrauen** confiar a alguien un secreto; **ein ~ verraten** revelar un secreto; **ein ~ wahren** guardar un secreto; **ein offenes ~** un secreto a voces; **ein ~ vor jdm haben** ocultarle algo a alguien; **er macht kein ~ daraus, dass er es wusste** no oculta que lo sabía; **das ist das ganze ~** no hay más secreto que ese; **jdn in die ~se des Angelns einweihen** iniciar a alguien en los secretos de la pesca

Geheimniskrämer(in) *m(f)* <-s, -; -, -nen> (*fam abw*) secretista *mf*; **Geheimniskrämerei** *f* <-, *ohne pl*> (*fam abw*) secreteo *m*; **Geheimniskrämerin** *f* <-, -nen> *s.* **Geheimniskrämer**; **Geheimnisträger(in)** *m(f)* <-s, -; -, -nen> (POL, MIL) persona *f* con acceso a los secretos de Estado; **als Staatssekretär war er zugleich ~** en su calidad de secretario de Estado tenía acceso a los secretos de Estado

Geheimnistuer(in) *m(f)* <-s, -; -, -nen> (*fam abw*) persona *f* que disfruta teniendo secretos; **jetzt sag schon, was los ist, du ~!** ¡dime de una vez lo que sucede y no me vengas con secretos!

Geheimnistuerei [---tuːə'raɪ] *f* <-, *ohne pl*> (*fam abw*) secreteo *m*

Geheimnistuerin *f* <-, -nen> *s.* **Geheimnistuer**

geheimnisumwittert *adj* (*geh*) lleno de misterios; **um das ~e Schloss ranken sich viele düstere Geschichten** sobre el misterioso castillo se cuentan muchas historias lúgubres

Geheimnisverrat *m* <-(e)s, *ohne pl*> (JUR) divulgación *f* de secretos, revelación *f* de secretos

geheimnisvoll *adj* misterioso

Geheimnummer *f* <-, -n> número *m* secreto; **Geheimpatent** *nt* <-(e)s, -e> (JUR) patente *f* secreta; **Geheimpolizei** *f* <-, -en> policía *f* secreta; **Geheimpolizist(in)** *m(f)* <-en, -en; -, -nen> policía *mf* secreto, -a

Geheimrat, -rätin *m, f* <-(e)s, -räte; -, -nen> (HIST) consejero,-a *m, f* privado, -a; **Geheimratsecken** *fpl* (*fam*) entradas *fpl*

Geheimrezept *nt* <-(e)s, -e> receta *f* secreta; **die Salatsoße ist nach einem ~ meiner Großmutter** la salsa para la ensalada es una receta secreta de mi abuela; **Geheimsache** *f* <-, -n> asunto *m* confidencial; **Geheimschrift** *f* <-, -en> escritura *f* cifrada, criptografía *f*; **Geheimschutzordnung** *f* <-, -en> (JUR) ordenamiento *m* sobre protección de secretos; **Geheimstellung** *f* <-, *ohne pl*> (geh) cargo *m* confidencial; **Geheimtipp**^RR *m* <-s, -s> soplo *m*

geheim|tun *irr vi* (*fam*) *s.* **geheim**

Geheimtür *f* <-, -en> puerta *f* secreta; **Geheimverfahren** *nt* <-s, -> (JUR) procedimiento *m* secreto; **Geheimwaffe** *f* <-, -n> (MIL) arma *f* secreta; **Geheimwettbewerb** *m* <-(e)s, *ohne pl*> competencia *f* clandestina; **Geheimzahl** *f* <-, -en> número *m* secreto; **Geheimziffer** *f* <-, -n> código *m* secreto

Geheiß [gə'haɪs] *nt* <-es, *ohne pl*> (*geh*) orden *f*; **etw auf jds ~ tun** hacer algo por orden de alguien

geheißen *pp von* **heißen**

Geheißerwerb *m* <-(e)s, -e> (JUR) adquisición *f* por mandato

gehemmt I. *adj* cohibido; **Sie sind doch hoffentlich in meiner Gegenwart nicht ~?** ¿espero que no se sienta cohibido por mi presencia? II. *adv* cohibidamente, con inseguridad; **in Gesellschaft benimmt er sich sehr ~** en sociedad se comporta con mucha inseguridad

gehen ['geːən] <geht, ging, gegangen> I. *vi sein* ❶ (*sich fortbewegen*) ir; (*zu Fuß*) andar, caminar; **zu Fuß ~** ir a pie; **wir!** ¡vamos ya!; **~ wir (zu Fuß) oder fahren wir mit dem Auto?** ¿vamos andando o en coche?; **ich gehe mal raus, frische Luft schnappen** salgo un poco a tomar el aire; **tanzen/schwimmen/schlafen ~** ir a bailar/a nadar/a dormir; **wo man geht und steht** (*fam*) sea donde sea; **an die Arbeit ~** empezar a trabajar; **an Land ~** bajar a tierra; **an die Uni ~** (*studieren*) ir a [*o* estudiar en] la universidad; **ans Telefon ~** coger el teléfono; (**im Zimmer) auf und ab ~** ir de un lado al otro (de la habitación); **auf die andere Straßenseite ~** pasar al otro lado de la calle; **aufs Gymnasium ~** ir al instituto; **auf einen Lehrgang ~** hacer un cursillo de formación; **in Urlaub ~** ir de vacaciones; **in die Industrie/Politik ~** ir [*o* pasarse a] la industria/la política; **in Zivil/in Schwarz ~** ir de paisano/de luto; **ins Bett ~** acostarse, irse a la cama; **über die Grenze ~** pasar la frontera; **unter die Politiker/Künstler ~** (*iron*) pasarse a la política/hacerse artista; **zu einem Vortrag ~** ir a una conferencia; **ich gehe am Arzt vorbei** voy al médico; **kannst du für mich zum Bäcker ~?** ¿puedes irme a la panadería?; **sie ging zum Film** se hizo actriz; **wie lange geht man bis zur Haltestelle?** ¿cuánto se tarda en llegar a la parada?; **mit der Zeit ~** estar al día; **gehst du noch mit ihm?** (*fam*) ¿todavía sales con él?; **über Leichen ~** (*fig*) no tener escrúpulos; **mit jdm durch dick und dünn ~** (*fam*) apoyar a alguien contra viento y marea; **wo sie geht und steht** (*fam*) en todas partes

❷ (*weggehen*) irse, marcharse; (*Zug, Schiff*) salir (**um** a, **nach** para); **auf Reisen ~** salir de viaje; **ich muss jetzt ~** tengo que irme; **wann geht der nächste Zug?** ¿cuándo sale el próximo tren?; **heute geht leider keine Fähre mehr** hoy ya no sale ningún transbordador más; **jdn ~ lassen** dejar a alguien que se vaya; **er ist von uns gegangen** (*geh*) nos ha dejado; **zur Konkurrenz ~** pasarse a la competencia; (**ach**) **geh, das kann doch nicht dein Ernst sein!** (*fam*) ¡venga hombre, no lo dirás en serio!; **geh (fort), so was kannst du sonst wem erzählen!** (*fam*) ¡venga va, cuéntaselo a otro eso!; **geh, was du nicht sagst!** (*südd, Österr*) ¡no me digas!

❸ (*funktionieren*) funcionar, marchar; (*Uhr*) andar, marchar; **die Uhr geht (falsch)** el reloj anda (mal); **glatt ~** (*fam*) salir bien; **das ist noch einmal glatt gegangen!** (*fam*) ¡nos hemos vuelto a librar por los pelos!; **gut ~** ir [*o* salir] bien; **ich zeige dir, wie das geht** te enseño cómo se hace; **kann ich helfen? – danke, es geht schon** ¿te ayudo? – gracias, ya está; **hoffentlich geht das gut!** ¡ojalá salga bien!; **wenn alles gut geht, ...** si todo va [*o* sale] bien...; **kannst du mir erklären, wie das Spiel geht?** ¿me puedes decir cómo funciona el juego?; **was geht hier vor sich?** (*fam*) ¿qué es lo que pasa aquí?; **versuch's einfach, es geht ganz leicht** pruébalo, es muy fácil; **zur Zeit geht alles drunter und drüber** por el momento hay bastante caos; **wie ist die Prüfung gegangen?** ¿qué tal el examen?; **schief ~** (*fam*) fracasar; **wird schon ~!** (*fam iron*) ¡todo se arreglará!

❹ (*sich gut verkaufen*) tener buena salida, venderse bien; **gut ~d** (*laufen, florieren*) próspero, floreciente; **nicht ~** tener mala salida, venderse mal; **diese teuren Zigarren ~ nicht gut** estos puros caros no se venden nada bien; **wie ~ die Geschäfte?** ¿cómo van los negocios?; **der Export geht nur noch schleppend** las exportaciones van flojas; **das Essen geht auf mich** la comida corre de mi cuenta

❺ (*sich bewegen*) moverse; (*Teig*) subir; (*Wind*) soplar; **ich hörte, wie die Tür ging** escuché la puerta; **diese Schublade geht schwer** este cajón no se abre bien; **in Stücke ~** romperse

❻ (*lauten*) ser; **weißt du noch, wie das Lied ging?** ¿te acuerdas de cómo era la canción?; **wie geht nochmal der Spruch?** ¿cómo es el dicho?

❼ (*führen*) dar; (*reichen*) llegar (*bis* hasta); **das Wasser ging ihm bis zum Knie** el agua le llegaba hasta las rodillas; **das geht in die Tausende** [*o* **tausende**] esto asciende a varios miles; **das Fenster geht aufs Meer** la ventana da al mar; **der Balkon geht nach Süden/auf einen Platz** el balcón da al sur/a una plaza; **die Brücke geht über den Fluss** el puente atraviesa el río; **die Straße, die nach Oberstdorf geht** la calle que va a Oberstdorf; **der Rundweg geht über die Höhen des Schwarzwaldes** el circuito pasa por los altos de la Selva Negra

❽ (*hindurchpassen*) caber (*durch* por, *in* en); **das geht nicht in meinen Kopf** no me cabe en la cabeza; **das geht mir nicht in den Kopf** (*verstehen*) eso no me entra en la cabeza; (*akzeptieren*) no quiero aceptarlo; **in das neue Theater ~ über 450 Besucher** el nuevo teatro tiene un aforo superior a los 450 espectadores; **wie viele Leute ~ in deinen Wagen?** ¿cuántos caben en tu coche?

❾ (*andauern*) durar; **dieser Film geht drei Stunden** esta película dura tres horas; **wie lange geht das denn noch?** ¿y cuánto tiempo va a durar esto todavía?; **das geht schon eine halbe Stunde** ya hace media hora que ha empezado

❿ (*beeinträchtigen*) afectar; **das geht mir ganz schön an die Nerven** esto me empieza a crispar bastante los nervios; **das geht an die Kraft** [*o* **Substanz**] esto cansa mucho; **Rauchen geht auf die Lunge** el fumar afecta a los pulmones; **das Klettern geht ganz schön auf die Pumpe** hacer escalada es un ejercicio agotador; **jdm nahe ~** afectar a alguien; **der Tod der Mutter geht ihr sehr nahe** le ha afectado mucho la muerte de la madre

⑪ (*überschreiten*) superar; **das geht zu weit** eso es demasiado, eso pasa de la raya; **über jds Geduld ~** agotar la paciencia de alguien; **das geht über meine Kräfte** esto sobrepasa mis fuerzas; **das geht einfach über meine finanziellen Möglichkeiten** esto supera mis posibilidades económicas; **das Kind geht mir über alles** el niño es lo más importante para mí

⑫ (*gerichtet sein, sich richten*): **an jdn ~** ir dirigido a alguien; **gegen jdn/etw ~** ir contra alguien/algo; **das geht gegen mich** esto va contra mí; **das geht gegen meine Prinzipien/Überzeugung** esto va contra mis principios/convicciones; **in sich ~** reflexionar, meditar; **Mensch, geh in dich!** ¡piénsalo un poco!

⑬ (*urteilen*) juzgar, opinar; **danach kann man nicht ~** uno no se puede guiar por eso; **man kann nicht danach ~, was er sagt** de lo que él dice no se puede fiar uno

⑭ (*loslassen*): **~ lassen** (*fam: in Ruhe lassen*) dejar tranquilo [o en paz]; **du solltest ihn ~ lassen** deberías dejarle tranquilo [o en paz]; **sich ~ lassen** descuidarse, abandonarse; **lass dich nicht so ~!** ¡no te abandones tanto!

⑮ (*sich kleiden*): **in etw** *dat* **~** (*gekleidet sein*) ir con algo; **als etw ~** (*verkleidet sein*) ir (disfrazado) de algo; **bei dem Regen würde ich nicht ohne Schirm ~** con lo que está lloviendo no iría sin paraguas; **sie geht auch im Winter stets mit dunkler Brille ~** en invierno lleva siempre también gafas oscuras; **gehe besser nicht in Jeans dorthin** mejor que no vayas con vaqueros

⑯ (*antasten*): **an etw ~** tocar algo; **sie musste an ihr Erspartes ~** tuvo que recurrir a sus ahorros; **bist du etwa an meinen Computer gegangen?** ¿me has tocado por casualidad el ordenador?; **geh nicht an den Kuchen!** (*fam*) ¡no toques el pastel!

⑰ (*zufallen*): **an jdn ~** ir a parar a alguien; **das Erbe/der Punkt ging an sie** la herencia/el punto fue a parar a ella

⑱ (*fam: akzeptabel sein*) tener un pase; **er geht gerade noch, aber seine Frau ist furchtbar** él tiene aún un pase, pero su mujer es fatal

II. *vunpers sein* ❶ (*sich befinden*): **wie geht's?** ¿qué tal?; **wie geht es Ihnen?** ¿qué tal está?; **wie geht's denn so?** ¿cómo va todo?; **es geht mir gut** me va bien; **es geht ihm schon wieder besser** ya está mejor; **warum soll es dir besser ~ als mir?** ¿por qué te tiene que ir mejor a ti que a mí?; **mir ist es schon mal besser gegangen!** ¡he tenido mejores épocas!; **lass es dir gut ~!** ¡que te vaya bien!; **sie ließen es sich** *dat* **gut ~** se permitieron algunos lujos; **es geht mir schlecht** me encuentro mal; **mir ist es genauso gegangen** a mí me pasó lo mismo; **wie war der Film? – es geht** (*fam*) ¿qué tal la película? – regular; **wie ist das Hotel? – es geht (so)** ¿qué tal el hotel? – pasable; **bist du wieder gesund? – es geht** (*fam*) ¿ya estás bien? – voy tirando; **wie ~ die Geschäfte? – es geht** (*fam*) ¿qué tal andan los negocios?; **geht's noch?** (*iron*) ¿estás loco?

❷ (*verlaufen*): **es ging ganz gut** fue muy bien; **so geht das nicht weiter** esto no puede seguir así; **auf geht's!** ¡venga, en marcha [o manos a la obra]!; **vor sich ~** (*fam*) ocurrir, suceder

❸ (*sich handeln um*) tratarse de; (*betreffen*) tratarse (*um* de); **worum geht es denn?** ¿de qué se trata?; **es geht um Leben und Tod** es cuestión de vida o muerte; **darum geht es mir nicht** eso no es lo que me interesa [o importa]; **worum geht es in diesem Film?** ¿de qué va [o trata] la película?; **es geht um meinen guten Ruf!** ¡mi honor está en juego!; **es geht dabei um Millionen** hay millones en juego; **es geht hier um eine wichtige Entscheidung** se trata de una decisión importante; **wenn es nur um ein paar Minuten geht, können wir warten** si sólo se trata de dos minutos podemos esperar

❹ (*wichtig sein*): **worum geht es hier eigentlich?** ¿qué es lo que importa aquí?; **dem geht es nur ums Geld** para él sólo es importante el dinero; **es geht mir ums Prinzip** para mí es una cuestión de principios; **es geht mir um die Wahrheit** lo que me importa es la verdad; **mir geht nichts über meinen Urlaub** para mí no hay nada más importante que las vacaciones

❺ (*möglich sein*) ser posible; **es wird schon ~** todo saldrá bien; **nichts geht mehr** (*im Kasino*) no va más; (*hoffnungslos sein*) ya no hay esperanza; **das geht doch nicht!** ¡imposible!; **sehen wir uns morgen? – nein, das geht (bei mir) nicht** ¿nos vemos mañana? – no, mañana no puedo

❻ (*sich machen lassen*): **geht das so?** ¿va así?; **das wird kaum ~** no creo que se pueda [o que pueda funcionar]; **ich werde arbeiten, solange es geht** trabajaré todo lo que pueda; **geht es, oder soll ich dir tragen helfen?** ¿puedes o quieres que te ayude a llevarlo?; **wenn es nach mir ginge, ...** si dependiera de mí...; **es kann nicht immer alles nach dir ~** no se puede hacer siempre lo que dices tú

❼ (*führen*): **wo geht es hier zum Bahnhof?** ¿cómo se va a la estación?; **es geht immer geradeaus** es todo seguido; **dort geht es rechts ab** allí gira a la derecha; **wohin geht es im Urlaub?** ¿a dónde vas/vais de vacaciones?; **im Sommer geht es immer in den Süden** en verano vamos siempre al sur; **auf Leute, es geht wieder nach Hause** venga, volvemos a casa

❽ (*laufen*): **es geht sich schlecht hier** se va mal por aquí; **in den neuen Schuhen geht es sich sehr bequem** los zapatos nuevos son muy cómodos

III. *vt sein* ❶ (*Strecke, Kilometer*) recorrer; **sie haben noch 10 Kilometer zu ~** aún les quedan 10 kilómetros para llegar; **ich gehe immer diese Straße** siempre paso por esta calle

❷ (*Person*): **sie ist gegangen worden** (*fam*) la han echado a la calle

Gehen *nt* <-s, *ohne pl*> ❶ (*zu Fuß*) andar *m*; **mit 95 Jahren fiel ihm das ~ immer schwerer** a sus 95 años le resultaba cada vez más difícil andar

❷ (*das Weggehen, a.* SPORT) marcha *f*; **sein vorzeitiges ~ wurde von allen sehr bedauert** todos lamentaron su marcha prematura; **er gewann die Goldmedaille im ~** ganó la medalla de oro en marcha

Gehenkte(r) [gə'hɛŋktə] *mf* <-n, -n; -, -n> *s.* **Gehängte(r)**

gehen|lassen *irr* I. *vr:* **sich ~** *s.* **gehen** I.13.
II. *vt s.* **gehen** I.13.

Geher(in) ['ge:ɐ] *m(f)* <-s, -; -, -nen> (SPORT) atleta *mf* de marcha, marchador(a) *m(f)*

gehetzt [gə'hɛtst] *adj* ajetreado, atosigado; **du siehst so ~ aus, stehst du so sehr unter Stress?** tienes cara de angustia, ¿es que estás estresado?

geheuer [gə'hɔɪɐ] *adj:* **nicht (ganz) ~ sein** (*verdächtig*) ser sospechoso; **das ist mir nicht ~** (*unheimlich*) me da algo de miedo

Geheul(e) *nt* <-s, *ohne pl*> ❶ (*fam abw: Weinen, von Kindern*) lloriqueo *m*, gimoteo *m*; **hör mit dem ~ auf!** ¡deja de lloriquear!

❷ (*fam abw: (Be)klagen*) lloriqueo *m*

❸ (*von Tieren*) gimoteo *m*

❹ (*von Wind, Sturm*) gemido *m;* (*laut*) aullido *m*

❺ (*eines Gerätes*) chirrido *m*

Gehilfe, -in [gə'hɪlfə] *m, f* <-n, -n; -, -nen> ❶ (*geh: Hilfskraft*) asistente *mf*, ayudante *mf*; **kaufmännischer ~** técnico comercial

❷ (JUR) colaborador(a) *m(f)*

Gehilfenbrief *m* <-(e)s, -e> diploma *m* de asistente; **Gehilfenprüfung** *f* <-, -en> examen *m* para la obtención del diploma de técnico comercial

Gehilfenschaft *f* <-, *ohne pl*> (*Schweiz:* JUR: *Beihilfe*) complicidad *f*; **er wurde der ~ bezichtigt** lo acusaron de complicidad

Gehilfenvorsatz *m* <-es, -sätze> (JUR) dolo *m* de cómplice

Gehilfin *f* <-, -nen> *s.* **Gehilfe**

Gehirn [gə'hɪrn] *nt* <-(e)s, -e> cerebro *m*

Gehirnakrobatik *f* <-, *ohne pl*> (*fam*) gimnasia *f* mental; **diese Theorie zur Raumzeitstruktur ist die reinste ~** esta teoría sobre la estructura espacio-temporal es un auténtico rompecabezas

gehirnamputiert *adj* (*fam: sehr dämlich*) tonto de remate

Gehirnblutung *f* <-, -en> (MED) derrame *m* cerebral; **Gehirnchirurgie** *f* <-, *ohne pl*> (MED) cirugía *f* cerebral; **Gehirndurchblutungsstörung** *f* <-, -en> (MED) perturbación *f* de la irrigación cerebral; **Gehirnerschütterung** *f* <-, -en> (MED) conmoción *f* cerebral; **Gehirnflüssigkeit** *f* <-, -en> (MED) líquido *m* cerebral

Gehirnhaut *f* <-, -häute> (ANAT) meninge *f*; **Gehirnhautentzündung** *f* <-, -en> (MED) meningitis *f inv*

Gehirnprellung *f* <-, -en> (MED) contusión *f* cerebral; **Gehirnschlag** *m* <-(e)s, -schläge> (MED) derrame *m* cerebral, apoplejía *f*; **Gehirnsubstanz** *f* <-, *ohne pl*> (ANAT) sus(b)stancia *f* encefálica; **Gehirntumor** *m* <-s, -e> (MED) tumor *m* cerebral; **Gehirnwäsche** *f* <-, -n> lavado *m* de cerebro; **Gehirnzelle** *f* <-, -n> (ANAT) célula *f* cerebral

gehoben [gə'ho:bən] I. *pp von* **heben**
II. *adj* ❶ (*Stellung*) elevado, alto; **~er Dienst** funcionariado de alto grado

❷ (*Ausdrucksweise*) elevado, culto

❸ (*Stimmung*) festivo, alegre

Gehöft [gə'hø:ft] *nt* <-(e)s, -e> granja *f*

geholfen [gə'hɔlfən] *pp von* **helfen**

Gehölz [gə'hœlts] *nt* <-es, -e> ❶ (*Baumbestand*) bosquecillo *m*

❷ *pl* (*Holzgewächse*) plantas *fpl* leñosas

Gehör [gə'hø:ɐ] *nt* <-(e)s, *ohne pl*> ❶ (*Hörvermögen*) oído *m*; **absolutes ~** (MUS) oído perfecto; **nach dem ~ spielen** tocar de oído

❷ (*Aufmerksamkeit*) atención *f*; **Anspruch haben auf ~** (JUR) tener derecho legal al trámite de audiencia; **jdm ~ schenken** prestar atención a alguien; **~ finden** ser escuchado; **sich** *dat* **~ verschaffen** hacerse escuchar

gehorchen* *vi* obedecer; **jdm nicht ~** desobedecer a alguien; **der Hund gehorchte ihm aufs Wort** el perro le obedeció enseguida; **seine Stimme/seine Hand gehorchte ihm nicht** su voz/su mano no le respondió

gehören* I. *vi* ❶ (*als Eigentum*) pertenecer (a), ser (de); **das Auto gehört ihm** el coche es suyo, es su coche

❷ (*zugewandt sein*) ser partidario (de); **dem Verlierer gehört meine** ganze Sympathie el perdedor merece mi mayor simpatía; **sein Herz gehört dem Rennsport** su corazón está en las carreras

❸ (*zählen zu*) ser (*zu* de), formar parte (*zu* de); **das gehört zu seinen Pflichten** es parte de sus deberes; **er gehört jetzt zur Familie** ahora forma parte de la familia; **dieser Wein gehört zu den Besten des Landes** es uno de los mejores vinos del país

❹ (*seinen Platz haben*) tener su sitio (*in* en); **Frauen ~ nicht mehr in die Küche** el lugar de las mujeres ya no es la cocina; **solches Gesindel gehört in den Knast** gentuza como ésta debería estar en la cárcel; **dieses Thema gehört nicht hierhin** este tema no viene al caso; **er gehört ins Bett** debería acostarse; **wo gehört das hin?** ¿dónde se pone esto?

❺ (*nötig sein*) hacer falta, requerir; **dazu gehört Mut** esto requiere valentía; **er gehört verprügelt** se merece una paliza; **dazu gehört nicht viel/schon einiges** (*fam*) para hacer eso no hace falta nada/hay que tener algo especial

II. *vr*: **sich ~** convenir, ser conveniente; **das gehört sich nicht** esto no se hace; **wie es sich gehört** como es debido

Gehörfehler *m* <-s, -> defecto *m* auditivo; **einen ~ haben** tener un defecto auditivo; **hast du einen ~?** (*fam iron*) ¿es que estás sordo?;
Gehörgang *m* <-(e)s, -gänge> (ANAT) conducto *m* auditivo

gehörig I. *adj* ❶ (*gehörend*) perteneciente (*zu* a), correspondiente (*zu* a); **nicht zur Sache ~** que no corresponde al asunto

❷ (*angemessen*) debido; (*erforderlich*) necesario; **er behandelt sie mit dem ~en Respekt** la trata con el respeto debido

❸ (*fam: gründlich*) fuerte, solemne; **eine ~e Tracht Prügel** una buena paliza

II. *adv* ❶ (*gebührend*) convenientemente, como es debido; **ich habe ihm ~ die Meinung gesagt** le dije mi opinión como se merecía

❷ (*gründlich*) mucho; **er wurde ~ verprügelt** le dieron una soberana paliza

gehörlos *adj* sordo
Gehörlose(r) *mf* <-n, -n; -n, -n> sordo, -a *m, f*
Gehörlosigkeit *f* <-, ohne *pl*> sordera *f*
Gehörnerv *m* <-s, -en> (ANAT) nervio *m* auditivo
gehörnt [gəˈhœrnt] *adj* (*Tier*) cornudo, astado; (*Ehemann*) cornudo
gehorsam *adj* obediente
Gehorsam [gəˈhoːɐ̯zaːm] *m* <-s, ohne *pl*> obediencia *f*; **sich** *dat* **~ verschaffen** hacerse obedecer; **jdm den ~ verweigern** negar obediencia a alguien
Gehorsamspflicht *f* <-, ohne *pl*> (JUR) deber *m* de obediencia
Gehörschaden *m* <-s, -schäden> (MED) defecto *m* auditivo; **Gehörschutz** *m* <-es, ohne *pl*> protección *f* de los oídos; **Gehörsinn** *m* <-(e)s, ohne *pl*> (sentido *m* del) oído *m*
Gehrung [ˈgeːrʊŋ] *f* <-, -en> (TECH) inglete *m*; **auf ~ sägen** sesgar
Gehsteig [ˈgeːʃtaɪk] *m* <-(e)s, -e> acera *f*, vereda *f Am*, banqueta *f Guat, Mex*
Gehtnichtmehr (*fam*): **bis zum ~** hasta más no poder, hasta la saciedad; **ich habe ihr das bis zum ~ erklärt, aber sie begreift es einfach nicht** se lo he explicado cien mil veces pero sencillamente no alcanza a entenderlo
Gehtraining *nt* <-s, -s> (MED) ejercicio *m* de andar, entrenamiento *m* de andar
Gehupe [gəˈhuːpə] *nt* <-s, ohne *pl*> pitada *f*
Gehweg *m* <-(e)s, -e> ❶ (*Bürgersteig*) acera *f*
❷ (*Fußweg*) camino *m*
Geier [ˈgaɪɐ] *m* <-s, -> (ZOOL) buitre *m*; **weiß der ~!** (*fam*) ¡sabe Dios!
Geifer [ˈgaɪfɐ] *m* <-s, ohne *pl*> espumarajo *m*
geifern *vi* ❶ (*sabbern*) babear; **eine ~de Dogge stand hinter dem Tor** un dogo echando babas estaba detrás de la puerta
❷ (*abw: Gehässigkeiten ausstoßen*) estar rabioso; **meine missgünstige Nachbarin geifert wieder gegen mich** la envidiosa de mi vecina vuelve a despotricar contra mí
Geige [ˈgaɪɡə] *f* <-, -n> violín *m*; **die erste ~ spielen** (*fam fig*) llevar la voz cantante; **nach jds ~ tanzen** (*fam fig*) bailar al son que toca alguien
geigen *vi* (*fam*) tocar el violín; **jdm seine Meinung ~** decirle a alguien cuatro verdades
Geigenbogen *m* <-s, -bögen> arco *m* de violín; **Geigenkasten** *m* <-s, -kästen> funda *f* de violín
Geiger(in) *m(f)* <-s, -; -, -nen> violinista *mf*
Geigerzähler [ˈgaɪɡɐ-] *m* <-s, -> (PHYS) contador *m* (de) Geiger
geil [gaɪl] *adj* ❶ (*fam: großartig*) guay, genial; (*toll*) demasiado, de puta madre; **ein ~er Typ** un tipo de puta madre
❷ (*lüstern*) cachondo; **~ werden/machen** ponerse/poner cachondo; **der ist doch bloß ~ auf dich** solamente te tiene ganas
Geilheit *f* <-, ohne *pl*> (*Lüsternheit, a. abw*) cachondez *f vulg*
Geisel [ˈgaɪzəl] *f* <-, -n> rehén *mf*; **~n nehmen** tomar rehenes
Geiselgangster *m* <-s, -> *s.* **Geiselnehmer**; **Geiselhaft** *f* <-, ohne *pl*> cautiverio *m* de los rehenes

Geiselnahme [ˈ--naːmə] *f* <-, -n> toma *f* de rehenes
Geiselnehmer(in) *m(f)* <-s, -; -, -nen> secuestrador(a) *m(f)*
Geisha [ˈgeːʃa] *f* <-, -s> geisha *f*
Geiß [gaɪs] *f* <-, -en> (*südd, Österr, Schweiz: Ziege*) cabra *f*
Geißblatt *nt* <-(e)s, ohne *pl*> (BOT) madreselva *f*
Geißbock *m* <-(e)s, -böcke> (*südd, Österr, Schweiz: Ziegenbock*) macho *m* cabrío
Geißel [ˈgaɪsəl] *f* <-, -n> (*fig*) azote *m*
geißeln I. *vt* fustigar, condenar
II. *vr*: **sich ~** (*fig: peitschen*) fustigarse
Geißeltierchen *nt* <-s, -> (BIOL) flagelado *m*
Geißelung *f* <-, -en> ❶ (*Anprangerung*) denuncia *f* feroz, flagelo *m geh*; **die ~ der politischen Missstände führte zu keinem Erfolg** la denuncia de la mala situación política no obtuvo ningún éxito
❷ (*Peinigung*) flagelación *f*; **im Mittelalter war die ~ ein häufiges Mittel der Selbstkasteiung** en la Edad Media la flagelación era un medio frecuente de autopenitencia; **die Cholera war eine ~ für die Menschen Perus** (*fig geh*) el cólera azotó sin piedad la población de Perú
Geist[1] [gaɪst] *m* <-(e)s, -er> ❶ (*Denker*) espíritu *m*
❷ (*Gespenst*) fantasma *m*, espíritu *m*, azoro *m Am*, celaje *m MAm, And, Ant*; **von allen guten ~ern verlassen sein** (*fam*) perder la cabeza, hacer algo sin pies ni cabeza
Geist[2] *m* <-(e)s, ohne *pl*> ❶ (*Verstand*) mente *f*; **etw im ~e vor sich** *dat* **sehen** imaginarse algo vivamente
❷ (*Scharfsinn*) espíritu *m*; (*Witz*) gracia *f*
❸ (*Seele*) espíritu *m*; **der Heilige ~** el Espíritu Santo; **den ~ aufgeben** (*fam*) estropearse, chingarse *Am*; **mein altes Auto hat seinen ~ aufgegeben** (*fam*) mi viejo coche ya no tira más
❹ (*Gesinnung*) espíritu *m*
Geisterbahn *f* <-, -en> tren *m* fantasma; **Geisterbild** *nt* <-(e)s, -er> (TV) imagen *f* fantasma; **Geisterfahrer(in)** *m(f)* <-s, -; -, -nen> conductor(a) *m(f)* (de coche) kamikaze; **Geisterglaube** *m* <-ns, ohne *pl*> creencia *f* en los espíritus; **der Glaube an Hexen und Teufel hat seine Wurzeln im germanischen ~n** la creencia en brujas y demonios tiene sus raíces en la misma que los germanos tenían en los espíritus
geisterhaft *adj* ❶ (*geheimnisvoll*) misterioso
❷ (*gespenstisch*) espectral
Geisterhand *f*: **wie von ~** como por arte de magia
geistern *vi sein* ❶ (*herumgehen*): **durch etw ~** deambular por algo, rondar por algo; **nachts geistert er durchs Haus, weil er nicht schlafen kann** por la noche da vueltas por la casa porque no puede conciliar el sueño
❷ (*spuken*): **durch etw ~** rondar por algo; **der Film geistert mir immer noch durch den Kopf** la película no deja de rondarme por la cabeza
Geisterseher(in) *m(f)* <-s, -; -, -nen> visionario, -a *m, f*; **Geisterstadt** *f* <-, -städte> (*verlassene Stadt*) ciudad *f* fantasma; **Geisterstimme** *f* <-, -n> voz *f* espectral; **Geisterstunde** *f* <-, -n> hora *f* bruja [*o* de los fantasmas]
geistesabwesend *adj* ausente, distraído
Geistesabwesenheit *f* <-, ohne *pl*> distracción *f*; **Geistesblitz** *m* <-es, -e> (*fam*) ocurrencia *f*, salida *f*; **Geistesgegenwart** *f* <-, ohne *pl*> presencia *f* de ánimo
geistesgegenwärtig *adj* animoso, con presencia de ánimo
Geistesgeschichte *f* <-, ohne *pl*> historia *f* del pensamiento
geistesgestört *adj* perturbado mental, desequilibrado mental
Geistesgestörte(r) *mf* <-n, -n; -n, -n> loco, -a *m, f*, demente *mf*;
Geistesgestörtheit *f* <-, ohne *pl*> desequilibrio *m* mental
Geistesgröße[1] *f* <-, -n> (*Mensch*) eminencia *f*
Geistesgröße[2] *f* <-, ohne *pl*> (*Befähigung*) facultades *fpl*
Geisteshaltung *f* <-, -en> mentalidad *f*
geisteskrank *adj* enfermo mental
Geisteskranke(r) *mf* <-n, -n; -n, -n> loco, -a *m, f*, demente *mf*; **wie ein ~r** (*fam*) como un loco; **Geisteskrankheit** *f* <-, -en> enfermedad *f* mental; **Geistesleben** *nt* <-s, ohne *pl*> vida *f* intelectual; **Geistesstörung** *f* <-, -en> trastorno *m* mental
geistesverwandt *adj* congenial
Geistesverwirrung *f* <-, -en> trastorno *m* mental; **Geisteswissenschaften** *fpl* ciencias *fpl* humanas, humanidades *fpl*, letras *fpl fam*; **Geisteswissenschaftler(in)** *m(f)* <-s, -; -, -nen> hombre *m* de letras, mujer *f* de letras, humanista *mf*
geisteswissenschaftlich *adj* humanístico, de letras
Geisteszustand *m* <-(e)s, ohne *pl*> estado *m* mental; **normaler ~** estado mental normal
Geistheiler(in) *m(f)* <-s, -; -, -nen> santero, -a *m, f*, curandero, -a *m, f*
geistig [ˈgaɪstɪç] *adj* ❶ (*Kräfte, Arbeit*) mental; **~ behindert** deficiente mental; **~ gesund sein** gozar de buena salud mental
❷ (*Mensch*) intelectual; **~es Eigentum** propiedad intelectual

❸ (*vorgestellt*) espiritual
Geistigkeitstheorie *f* <-, *ohne pl*> teoría *f* de la espiritualidad
geistlich ['gaɪstlɪç] *adj* espiritual; (*klerikal*) clerical; (*kirchlich*) eclesiástico; **~e Musik** música sacra; **~e Dichtung** poesía religiosa; **~er Beistand** apoyo espiritual
Geistliche(r) *mf* <-n, -n; -n, -n> eclesiástico *m*, clérigo *m*
Geistlichkeit *f* <-, *ohne pl*> clero *m*
geistlos *adj* trivial, insustancial; (*einfallslos*) poco ingenioso, (*dumm*) tonto; (*langweilig*) aburrido, sin gracia
Geistlosigkeit[1] *f* <-, -en> (*Äußerung*) banalidad *f*, simpleza *f*; **verschon mich bitte in Zukunft mit deinen ~en!** ¡ahórrame tus simplezas en el futuro, por favor!
Geistlosigkeit[2] *f* <-, *ohne pl*> (*Art*) vaciedad *f*, trivialidad *f*; **sie ärgerte sich über die ~ der Unterhaltungsshows** la ponía mala la trivialidad de los "shows" televisivos
geistreich *adj* ingenioso, con chispa, con gracia
geisttötend *adj* monótono, aburrido
geistvoll *adj* ❶ (*scharfsinnig*) ingenioso; **ihren ~en Bemerkungen war nichts hinzuzufügen** nada había que añadir a sus agudas observaciones
❷ (*anspruchsvoll*) profundo, de gran nivel (intelectual); **dieser Philosoph hat ein sehr ~es Buch geschrieben** este filósofo ha escrito un libro muy profundo
Geiz [gaɪts] *m* <-es, *ohne pl*> avaricia *f*, tacañería *f*
geizen *vi* cicatear (*mit* con)
Geizhals *m* <-es, -hälse> (*abw*) avaro, -a *m*, *f*, tacaño, -a *m*, *f*, bacalao *m Chil*
geizig *adj* avaro, tacaño, cicatero, amarrado *CSur, PRico*, coño *Chil*
Geizkragen *m* <-s, -> (*fam abw*) *s.* **Geizhals**
Gejammer [gə'jamɐ] *nt* <-s, *ohne pl*> (*fam abw*) lamentaciones *fpl*, quejas *fpl*
Gejohle [gə'joːlə] *nt* <-s, *ohne pl*> (*fam abw*) griterío *m*
gekannt [gə'kant] *pp von* **kennen**
Gekeife [gə'kaɪfə] *nt* <-s, *ohne pl*> (*abw*) griterío *m*, vocerío *m*; **der Dieb wurde vom wütenden ~ der Marktfrauen verfolgt** al ladrón le perseguían los gritos enfurecidos de las vendedoras del mercado
Gekicher [gə'kɪçɐ] *nt* <-s, *ohne pl*> (*fam abw*) risitas *fpl*
Gekläff(e) *nt* <-(e)s, *ohne pl*> (*fam abw*) ladridos *mpl*
Geklapper [gə'klapɐ] *nt* <-s, *ohne pl*> (*fam abw*) traqueteo *m*; (*mit den Zähnen*) castañeteo *m*; (*von Schreibmaschine*) tecle(te)o *m*
Geklimper *nt* <-s, *ohne pl*> tecleteo *m*; **ich kann sein ~ (auf dem Klavier) nicht mehr hören!** ¡ya no aguanto más que siga aporreando el piano!
Geklingel *nt* <-s, *ohne pl*> (*fam abw*) tintineo *m*
Geklirr [gə'klɪr] *nt* <-s, *ohne pl*> (*abw*) retintín *m*, tintineo *m*
geklommen *pp von* **klimmen**
geklont [gə'kloːnt] *adj* clónico
geklungen [gə'klʊŋən] *pp von* **klingen**
Geknatter [gə'knatɐ] *nt* <-s, *ohne pl*> (*abw*) estruendo *m*
geknickt [gə'knɪkt] *adj* (*fam: niedergeschlagen*) deprimido, afligido
gekniffen [gə'knɪfən] *pp von* **kneifen**
Geknister [gə'knɪstɐ] *nt* <-s, *ohne pl*> (*Papier*) crujido *m*; (*Feuer*) crepitación *f*
gekommen [gə'kɔmən] *pp von* **kommen**
gekonnt [gə'kɔnt] **I.** *pp von* **können**
II. *adj* conseguido, bien hecho; **das war sehr ~** ha estado muy bien (conseguido)
Gekrächze [gə'krɛçtsə] *nt* <-s, *ohne pl*> graznidos *mpl*
Gekrakel [gə'kraːkəl] *nt* <-s, *ohne pl*> (*fam abw*) ❶ (*krakelige Schrift*) garabato *m*; **dein ~ kann ja keiner lesen!** ¡no hay quien pueda leer tus garabatos!
❷ (*dauerndes Krakeln*) garabateo *m*; **kannst du mal mit dem ~ aufhören?** ¿puedes dejar de garabatear de una vez?
Gekreuzigte(r) *mf* <-n, -n; -n, -n> crucificado, -a *m*, *f*; **beim Völkermord gab es Hunderte von ~n** en el genocidio fueron crucificados cientos de personas; (*Jesus,*) **der ~** Jesús Crucificado
Gekritzel [gə'krɪtsəl] *nt* <-s, *ohne pl*> (*abw*) garabatos *mpl*
gekrochen [gə'krɔxən] *pp von* **kriechen**
Gekröse [gə'krøːzə] *nt* <-s, *ohne pl*> (ANAT) mesenterio *m*
gekünstelt [gə'kʏnstəlt] *adj* (*abw*) amanerado; (*Stil*) rebuscado, afectado; (*Lächeln*) artificial
Gel [geːl] *nt* <-s, -e> gel *m*
Gelaber [gə'laːbɐ] *nt* <-s, *ohne pl*> (*abw*) palabrería *f*
Gelächter [gə'lɛçtɐ] *nt* <-s, -> risa *f*, carcajada *f*; **in ~ ausbrechen** estallar en carcajadas
gelackmeiert [gə'lakmaɪɐt] *adj* (*fam*) embromado, engañado
geladen [gə'laːdən] **I.** *pp von* **laden**
II. *adj* (*fam: zornig*) furioso, rabioso; **eine ~e Atmosphäre** un ambiente cargado

Gelage [gə'laːgə] *nt* <-s, -> banquete *m*, comilona *f*
gelähmt [gə'lɛːmt] *adj* paralizado, paralítico; **halbseitig ~** hemipléjico
Gelähmte(r) *mf* <-n, -n; -n, -n> paralítico, -a *m*, *f*, impedido, -a *m*, *f*
Gelände [gə'lɛndə] *nt* <-s, -> terreno *m*, playa *f Am*; (*Ausstellungs-~*) recinto *m*; (*Fabrik-~*) zona *f* industrial; **bebaubares/bebautes/unbebautes ~** terreno edificable/edificado/sin edificar; **auf freiem ~** a campo abierto
Geländeabschnitt *m* <-(e)s, -e> sección *f* de un terreno; **Geländefahrt** *f* <-, -en> viaje *m* en un todoterreno; **mit dem Jeep machten sie eine ~ quer durch den Wald** atravesaron el bosque de punta a punta en el jeep; **Geländefahrzeug** *nt* <-(e)s, -e> (vehículo *m*) todo terreno *m*
geländegängig *adj* (AUTO) todo terreno
Geländelauf *m* <-(e)s, -läufe> (SPORT) (carrera *f* de) cross *m*, carrera *f* a campo traviesa; **der ~ führte über Feld- und Waldwege** la carrera de cross atravesaba todo tipo de caminos y bosques
Geländer [gə'lɛndɐ] *nt* <-s, -> barandilla *f*, baranda *f*; (*Treppen-~*) pasamanos *m inv*; **sich am ~ festhalten** agarrarse a la barandilla
Geländerennen *nt* <-s, -> (SPORT) carrera *f* a campo traviesa, cros *m inv*; **Geländeübung** *f* <-, -en> (MIL) maniobras *fpl* (al aire libre); **Geländewagen** *m* <-s, -> (vehículo *m*) todo terreno *m*
gelang [gə'laŋ] *3. imp von* **gelingen**
gelangen* [gə'laŋən] *vi sein* ❶ (*ankommen*) llegar (*zu/nach/an* a)
❷ (*erreichen*) lograr (*zu*), alcanzar (*zu*); **zu einer Überzeugung ~** llegar a una conclusión; **zur Ausführung ~** llegar a realizarse
❸ (*Schweiz: sich wenden*) dirigirse (*an* a)
gelangweilt [gə'laŋvaɪlt] **I.** *adj* aburrido; **das ~e Publikum fing an zu buhen** el público, aburrido, profirió en abucheos; **die meisten Zuhörer lauschten dem Redner mit ~ er Miene** la mayoría de los espectadores miraban al orador con cara de aburrimiento
II. *adv* (*dasitzen, zuhören*) con aburrimiento; **er gähnte ~** bostezó de aburrimiento
gelassen [gə'lasən] **I.** *pp von* **lassen**
II. *adj* (*ruhig*) sereno, sosegado; (*unerschütterlich*) imperturbable
III. *adv* con calma; **~ bleiben** no perder la calma
Gelassenheit *f* <-, *ohne pl*> sosiego *m*, serenidad *f*
Gelatine [ʒelaˈtiːnə] *f* <-, *ohne pl*> gelatina *f*
gelaufen [gə'laʊfən] *pp von* **laufen**
geläufig [gə'lɔɪfɪç] *adj* corriente; **dieses Wort ist mir nicht ~** no conozco esta palabra
gelaunt [gə'laʊnt] *adj*: **übel ~** de mal humor, malhumorado; **gut ~ sein** estar de buen humor; **schlecht ~ sein** estar de mal humor, estar alebrestado *Mex*
Geläut(e) [gə'lɔɪt(ə)] *nt* <-(e)s, *ohne pl*> toque *m* de campanas, repique *m* de campanas
gelb [gɛlp] *adj* amarillo; **~ werden** amarillear; **das ist nicht das G~e vom Ei** (*fam*) eso no es lo mejor
Gelb *nt* <-s, -> amarillo *m*; **die Ampel stand auf ~** el semáforo estaba en amarillo
gelbbraun *adj* (color) mostaza
Gelbfieber *nt* <-s, *ohne pl*> (MED) fiebre *f* amarilla; **Gelbfilter** *m o nt* <-s, -> (FOTO) filtro *m* amarillo
gelbgrün *adj* verde amarillento
gelblich *adj* amarillento
Gelbsucht *f* <-, *ohne pl*> (MED) ictericia *f*; **infektiöse ~** ictericia infecciosa
gelbsüchtig *adj* (MED) ictérico
Gelbwurzel *f* <-, -n> (BOT) cúrcuma *f*
Geld [gɛlt] *nt* <-(e)s, *ohne pl*> dinero *m*, plata *f Am*, pisto *m MAm*, burata *f Ven*, agüita *f Peru*; **gegen bares ~** a cambio de dinero contante y sonante; **effektives/flüssiges/hartes ~** dinero en efectivo/líquido/en metálico; **~ einfrieren** bloquear el capital; **~ locker machen** soltar la mosca; **(viel/wenig) ~ kosten** costar (mucho/poco) dinero; **etw zu ~ machen** sacar dinero de algo; **um ~ spielen** jugar por dinero; **~ zuschießen** contribuir con dinero; **das ~ zum Fenster rauswerfen** (*fam*) tirar los cuartos por la ventana; **im ~ schwimmen** (*fam*) nadar en oro, estar forrado de dinero; **jdm das ~ aus der Tasche ziehen** (*fam*) timar a alguien; **~ waschen** blanquear dinero; **das geht ganz schön ins ~** esto cuesta un montón; **sie hat ~ wie Heu** (*fam*) le sale el dinero hasta por las orejas; **nicht für ~ und gute Worte** (*fam*) por nada del mundo; **~ stinkt nicht** (*prov*) tener dinero no hace daño
Geldabfluss[RR] *m* <-es, *ohne pl*> (FIN, WIRTSCH) salida *f* de dinero; **Geldabwertung** *f* <-, -en> (FIN) devaluación *f*; **Geldakkumulation** *f* <-, -en> (FIN) acumulación *f* de capital; **Geldangelegenheit** *f* <-, -en> asunto *m* de dinero; **Geldanlage** *f* <-, -n> (FIN) inversión *f* de capital; **Geldanleihe** *f* <-, -n> (FIN) préstamo *m* financiero; **Geldanweisung** *f* <-, -en> (FIN) giro *m*; **telegrafische ~** giro telegráfico; **Geldautomat** *m* <-en, -en> cajero *m* automático; **Geldbedarf** *m* <-(e)s, *ohne pl*> (FIN, WIRTSCH) demanda *f* de dinero; **Geldbeschaf-**

fungskosten *pl* costes *mpl* de captación de recursos; **Geldbestand** *m* <-(e)s, -stände> reservas *fpl* monetarias; **Geldbetrag** *m* <-(e)s, -träge> suma *f*, importe *m*; **Geldbeutel** *m* <-s, -> monedero *m*, portamonedas *m inv Chil, Ven*; **tief in den ~ greifen** (*fam*) sacudirse el bolsillo; **Geldbewegung** *f* <-, -en> (FIN, WIRTSCH) movimiento *m* financiero; **Geldbombe** *f* <-, -n> caja (fuerte) *f* de noche; **Geldbörse** *f* <-, -n> *s*. Geldbeutel; **Geldbuße** *f* <-, -n> multa *f*; **jdn zu einer ~ verurteilen** condenar a alguien a la pena de multa; **Geldeingänge** *mpl* (FIN, WIRTSCH) entradas *fpl*; **Geldeinlage** *f* <-, -n> (FIN) aportación *f* en dinero; **Geldeinwurf** *m* <-(e)s, -würfe> ranura *f*; **Geldemission** *f* <-, -en> (FIN) emisión *f* de moneda; **Geldempfänger** *m* <-s, -> beneficiario, -a *m, f*; **Geldentschädigung** *f* <-, -en> (JUR) indemnización *f* pecuniaria; **Geldentwertung** *f* <-, -en> devaluación *f* monetaria [*o* de la moneda], desmonetización *f*

Gelder *ntpl* (*Mittel*) fondos *mpl*; **ausstehende ~** fondos pendientes; **kurzfristige/festliegende ~** fondos a corto plazo/inmovilizados; **fremde ~** capital ajeno, fondos ajenos; **öffentliche ~** fondos públicos; **~ veruntreuen** malversar fondos

Gelderwerb *m* <-(e)s, *ohne pl*> ingreso *m*; **einem ~ nachgehen** practicar un oficio; **sie muss keinem ~ nachgehen, weil sie viel Geld geerbt hat** no le hace falta trabajar porque ha heredado mucho dinero; **ist das Taxifahren Ihr einziger ~?** ¿el trabajo de taxista es su única fuente de ingresos?; **Geldflüssigkeit** *f* <-, *ohne pl*> (FIN) liquidez *f* del mercado de dinero; **Geldforderung** *f* <-, -en> (FIN, JUR) crédito *m* pecuniario; **Geldgeber(in)** *m(f)* <-s, -; -, -nen> patrono, -a *m, f*, financiero, -a *m, f*; **Geldgeschäft** *nt* <-(e)s, -e> (FIN) transacción *f* financiera, negocio *m*; **Geldgeschenk** *nt* <-(e)s, -e> donación *f* en dinero; **Geldgier** *f* <-, *ohne pl*> (*abw*) avidez *f* de dinero

geldgierig *adj* (*abw*) codicioso

Geldgürtel *m* <-s, -> gato *m*; **Geldhahn** *m*: **jdm den ~ zudrehen** cerrar el grifo (del dinero) a alguien; **Geldheirat** *f* <-, -en> (*abw*) matrimonio *m* de conveniencia; **Geldinstitut** *nt* <-s, -e> (FIN, WIRTSCH) institución *f* bancaria; **Geldkarte** *f* <-, -n> tarjeta *f* de crédito; **Geldknappheit** *f* <-, *ohne pl*> (WIRTSCH) escasez *f* de dinero [*o* de fondos]; **die Erhöhung des Diskontsatzes könnte zu einer ~ führen** el aumento del tipo de descuento podría causar una escasez de fondos; **Geldkreislauf** *m* <-(e)s, -läufe> (FIN, WIRTSCH) circulación *f* monetaria; **Geldkrise** *f* <-, -n> (FIN, WIRTSCH) crisis *f inv* monetaria; **Geldkurs** *m* <-es, -e> (FIN) cotización *f*; **Geldleistung** *f* <-, -en> (*formal*) pago *m*; **Geld- und Sachleistungen** prestaciones en dinero y materiales

geldlich *adj* financiero; **~ gesehen steht er sich gut** desde el punto de vista financiero está bien situado

Geldmangel *m* <-s, *ohne pl*> escasez *f* de dinero

Geldmarkt *m* <-(e)s, -märkte> (FIN) mercado *m* monetario [*o* de dinero]; **knapper ~** mercado monetario deficitario; **Geldmarktfonds** *m* <-, -> (FIN) fondo *m* de inversión mobiliaria; **Geldmarktpolitik** *f* <-, *ohne pl*> política *f* monetaria [*o* del mercado monetario]; **Geldmarktsatz** *m* <-es, -sätze> tasa *f* del mercado monetario; **Geldmarktschwankungen** *fpl* (FIN, WIRTSCH) fluctuaciones *fpl* del mercado de dinero

Geldmenge *f* <-, -n> **①** (*Summe*) *s*. Geldbetrag **②** (*im Umlauf*) volumen *m* de dinero; **Geldmengenaggregat** *nt* <-s, -e> (WIRTSCH) agregado *m* monetario; **Geldmengenausweitung** *f* <-, -en> (WIRTSCH) ampliación *f* de la masa monetaria [*o* de las disponibilidades líquidas]; **Geldmengenindikator** *m* <-s, -en> (WIRTSCH) indicador *m* del volumen de dinero; **Geldmengenpolitik** *f* <-, *ohne pl*> (FIN, POL) política *f* del volumen monetario; **Geldmengenziel** *nt* <-s, -e> (WIRTSCH) objetivo *m* de crecimiento monetario

Geldmittel *ntpl*: **fehlende ~** falta *f* de recursos financieros; **Geldnachfrage** *f* <-, -n> (WIRTSCH) demanda *f* de dinero

Geld- oder Wertzeichenfälschung *f* <-, -en> (JUR) falsificación *f* de dinero o de valores

Geldpolitik *f* <-, *ohne pl*> (FIN) política *f* monetaria; **entspannungsorientierte ~** política monetaria orientada a evitar crisis; **Geldquelle** *f* <-, -n> fuente *f* de financiación; **Geldrecht** *nt* <-(e)s, *ohne pl*> (JUR): **internationales ~** derecho monetario internacional; **Geldrente** *f* <-, -n> renta *f* pecuniaria; **Geldreserve** *f* <-, -n> reservas *fpl* de dinero; **Geldrolle** *f* <-, -n> cartucho *m* de monedas; **Geldschein** *m* <-(e)s, -e> billete *m* de banco; **Geldschöpfung** *f* <-, -en> (WIRTSCH) creación *f* de dinero; **Geldschrank** *m* <-(e)s, -schränke> caja *f* de caudales; **Geldschuld** *f* <-, -en> (FIN, JUR) obligación *f* pecuniaria; **Geldschwierigkeiten** *fpl*: **in ~ sein** [*o* stecken] tener problemas *mpl* económicos; **Geldsorgen** *fpl* problemas *mpl* de dinero [*o* financieros]

Geldsorte *f* <-, *ohne pl*> (geh) clase *f* de dinero; **Geldsortenschuld** *f* <-, -en> (JUR) deuda *f* en efectivo

Geldspende *f* <-, -n> donativo *m*; **eine ~ leisten** hacer un donativo; **Geldspielautomat** *m* <-en, -en> tragaperras *f inv*; **Geldstrafe** *f* <-, -n> multa *f*, pena *f* pecuniaria; **zu einer ~ verurteilen, mit einer ~**

belegen poner una multa; **Geldstrom** *m* <-(e)s, -ströme> (FIN, WIRTSCH) flujo *m* monetario; **Geldstück** *nt* <-(e)s, -e> moneda *f*; **Geldsumme** *f* <-, -n> suma *f*, importe *m*; **Geldtasche** *f* <-, -n> monedero *m*, billetero *m*; **Geldtransfer** *m* <-s, -s> (FIN, WIRTSCH) transferencia *f* monetaria; **GeldüberflussRR** *m* <-es, *ohne pl*> (WIRTSCH) exceso *m* de dinero; **Geldüberhang** *m* <-s, -hänge> (FIN, WIRTSCH) abundancia *f* de dinero; **Geldumlauf** *m* <-s, *ohne pl*> (WIRTSCH) circulación *f* de dinero

Geld- und Kreditwesen *nt* <-s, *ohne pl*> sistema *m* monetario y de crédito; **Geldverkehr** *m* <-(e)s, *ohne pl*> operaciones *fpl* monetarias; **Geldverknappung** *f* <-, -en> (WIRTSCH) escasez *f* de dinero; **Geldverlegenheit** *f* <-, *ohne pl*> apuros *mpl* (económicos); **in ~ sein** estar en un apuro, pasar estrecheces; **ich bin wegen unvorhergesehener Ausgaben in ~** estoy en un apuro debido a (unos) gastos imprevistos; **Geldverleiher(in)** *m(f)* <-s, -; -, -nen> prestamista *mf*; **Geldvermehrung** *f* <-, -en> (FIN, WIRTSCH) aumento *m* de capital; **Geldvermögensbildung** *f* <-, -en> (FIN) formación *f* de riqueza monetaria; **Geldvermögensneubildung** *f* <-, -en> (FIN) nueva formación *f* de riqueza monetaria; **Geldverschwendung** *f* <-, *ohne pl*> despilfarro *m* (de dinero); **Geldvolumen** *nt* <-s, -> (FIN, WIRTSCH) volumen *m* monetario; **Geldvorrat** *m* <-(e)s, -räte> (FIN, WIRTSCH) reserva *f* de dinero; **Geldwaschanlage** *f* <-, -n> (*fam*) tapadera *f* para el blanqueo de dinero; **einige italienische Restaurants sollen ~n der Mafia sein** dicen que algunos restaurantes italianos son las tapaderas de la mafia para blanquear dinero; **Geldwäsche** *f* <-, *ohne pl*> (FIN) blanqueo *m* de dinero, lavado *m* de dinero; **Geldwäscher(in)** *m(f)* <-s, -; -, -nen> (*fam*) persona *f* que se dedica al blanqueo de dinero; **Geldwechsel** *m* <-s, -> (FIN) cambio *m*; **Geldwechsler(in)** *m(f)* <-s, -; -, -nen> (FIN) cambista *mf*; **Geldwert** *m* <-(e)s, *ohne pl*> valor *m* monetario; **Geldwesen** *nt* <-s, *ohne pl*> (WIRTSCH, FIN) sistema *m* monetario

geldwirtschaftlich *adj* (FIN, WIRTSCH) enonómico-monetario

Geldzuwendung *f* <-, -en> ayuda *f* económica; **für das Studium erhält sie von ihren Eltern monatliche ~en** para la financiación de su carrera [*o* de sus estudios (universitarios)] recibe mensualmente dinero de sus padres

geleckt *adj*: **wie ~ aussehen** (*fam*: *fein gekleidet*) ir de punta en blanco; (*sauber*) estar como los chorros del oro; **in diesem maßgeschneiderten Anzug siehst du wie ~ aus** con este traje a medida vas hecho un figurín

Gelee [ʒeˈleː] *m o nt* <-s, -s> jalea *f*, gelatina *f*

Gelege [ɡəˈleːɡə] *nt* <-s, -> (*Eier*) nidada *f*, puesta *f*; **ein ~ von zehn Eiern** una nidada [*o* puesta] de diez huevos; **Wilderer nehmen immer wieder die ~ von Wildenten aus** los cazadores furtivos roban una y otra vez los huevos de los patos silvestres

gelegen [ɡəˈleːɡən] I. *pp von* liegen

II. *adj* **①** (*örtlich*) situado; **gut/zentral ~** bien situado/céntrico **②** (*passend*) conveniente, oportuno

III. *adv* a propósito, de perlas *fam*; **Ihr Angebot kommt mir sehr ~** su oferta me viene muy a propósito; **mir ist viel/wenig daran ~, dass ...** considero muy/poco importante que... + *subj*

Gelegenheit *f* <-, -en> ocasión *f* (*zu* para); (*günstige*) oportunidad *f*; **die ~ haben etw zu tun** tener la ocasión de hacer algo; **ich hatte noch keine ~ ihn zu fragen** todavía no he tenido (la) ocasión de preguntarle; **bei dieser ~** en esta ocasión; **wenn sich die ~ bietet** si se presenta la oportunidad; **die ~ beim Schopfe fassen** aprovechar la ocasión; **~ macht Diebe** (*prov*) la ocasión hace al ladrón

Gelegenheitsarbeit *f* <-, -en> trabajo *m* ocasional [*o* transitorio], changa *f Arg*; **Gelegenheitsarbeiter(in)** *m(f)* <-s, -; -, -nen> obrero, -a *m, f* de ocasión, changador(a) *m(f) Arg*; **Gelegenheitsdieb(in)** *m(f)* <-(e)s, -e; -, -nen> descuidero, -a *m, f*; **Gelegenheitsgeschäft** *nt* <-(e)s, -e> negocio *m* de ocasión; **Gelegenheitskauf** *m* <-(e)s, -käufe> (COM) ocasión *f*, ganga *f fam*; **Gelegenheitsschiedsgericht** *nt* <-(e)s, -e> tribunal *m* arbitral casual; **Gelegenheitstat** *f* <-, -en> (JUR) delito *m* ocasional

gelegentlich I. *adj* esporádico, ocasional

II. *adv* **①** (*bei Gelegenheit*) cuando sea oportuno **②** (*manchmal*) de vez en cuando

gelehrig [ɡəˈleːrɪç] *adj* inteligente, que aprende fácilmente

Gelehrigkeit *f* <-, *ohne pl*> facultades *fpl* para el aprendizaje, facilidad *f* de comprensión; **bei deiner ~ wirst du diese Vorgänge bald verstehen** con lo rápido que entiendes tú las cosas captarás rápidamente estos procesos; **es heißt, dass Hunde eine bessere ~ besitzen als Katzen** se dice que los perros aprenden con más facilidad que los gatos

gelehrsam *adj* (*geh*) *s*. gelehrt

Gelehrsamkeit *f* <-, *ohne pl*> (*geh*) *s*. Gelehrtheit

gelehrt [ɡəˈleːɐt] *adj* sabio, erudito

Gelehrte(r) *mf* <-n, -n; -n, -n> sabio, -a *m, f*, erudito, -a *m, f*, hombre *m* de letras, mujer *f* de letras; (*Wissenschaftler*) científico, -a *m, f*; **darüber streiten sich die ~n** este asunto sigue siendo motivo de discusión (cien-

Gelehrtheit *f* <-, *ohne pl*> sabiduría *f*, erudición *f*; **seine ~ ist in Fachkreisen bekannt** la vastedad de su ciencia [*o* de su saber] es conocida en los círculos especializados
Geleise [gəˈlaɪzə] *nt* <-s, -> (*Österr, Schweiz*: geh) ❶ (EISENB) vía *f* ❷ (*Schiene*) raíl *m*
Geleit [gəˈlaɪt] *nt* <-(e)s, -e> ❶ (*geh: Begleitung*) acompañamiento *m*; **freies ~** salvoconducto *m*; **jdm das letzte ~ geben** asistir al entierro de alguien ❷ (*Eskorte*) escolta *f*; (NAUT) convoy *m*
geleiten* *vt* (*geh*) llevar, conducir; (*begleiten*) acompañar; (*eskortieren*) escoltar
Geleitschutz *m* <-es, *ohne pl*> escolta *f*; **~ geben** escoltar; **Geleitwort** *nt* <-(e)s, -e> prefacio *m*; **Geleitzug** *m* <-(e)s, -züge> (MIL) convoy *m* (escolta)
Gelenk [gəˈlɛŋk] *nt* <-(e)s, -e> (ANAT, TECH) articulación *f*
Gelenkbus *m* <-ses, -se> (AUTO) ómnibus *m inv* articulado; **Gelenkentzündung** *f* <-, -en> (MED) artritis *f inv*; **Gelenkfahrzeug** *nt* <-(e)s, -e> (AUTO) vehículo *m* articulado; **Gelenkflüssigkeit** *f* <-, -en> (MED) líquido *m* articular
gelenkig *adj* (*Person*) ágil
Gelenkigkeit *f* <-, *ohne pl*> flexibilidad *f*
Gelenkkapsel *f* <-, -n> (ANAT) cápsula *f* articular; **Gelenkkopf** *m* <-(e)s, -köpfe> (ANAT), **Gelenkkugel** *f* <-, -n> (ANAT) cóndilo *m*; **Gelenkpfanne** *f* <-, -n> (ANAT) cótila *f*; **Gelenkrheumatismus** *m* <-, -rheumatismen> (MED) reumatismo *m* articular; **Gelenkschmiere** *f* <-, -n> (ANAT) líquido *m* sinovial, sinovia *f*; **Gelenkwelle** *f* <-, -n> (TECH) árbol *m* de transmisión
gelernt *adj* (*Arbeiter*) cualificado, especializado; **~e Arbeiter beschäftigen** contratar trabajadores cualificados
gelesen [gəˈleːzən] *pp von* **lesen**
Gelichter [gəˈlɪçtɐ] *nt* <-s, *ohne pl*> (*abw*) gentuza *f*; **um die Hafenkneipen treibt sich viel übles ~ herum** por los bares del puerto merodea mucha gente de mala calaña
Geliebte(r) [gəˈliːptə] *mf* <-n, -n; -n, -n> amante *mf*, querido, -a *m, f*, camote *m Am*
geliefert [gəˈliːfɐt] *adj* (*fam*): **~ sein** estar jodido *vulg*; **wenn er das erfährt, bin ich ~** si se entera de esto estoy jodido
geliehen [gəˈliːən] *pp von* **leihen**
gelieren* [ʒeˈliːrən] *vi* (GASTR) gelatinizar
gelind(e) [gəˈlɪnt, geˈlɪndə] *adj* ❶ (*geh: mild*) suave ❷ (*fam: Schauer, Wut*) suave, moderado; **~e gesagt** dicho con buenas palabras
gelingen [gəˈlɪŋən] <gelingt, gelang, gelungen> *vi sein* salir (bien), lograr; **allen gelang die Flucht** todos lograron huir; **ich hoffe, es gelingt mir** espero lograrlo [*o* que me salga]
Gelingen *nt* <-s, *ohne pl*> éxito *m*; **gutes ~!** ¡mucho éxito!; **auf gutes ~!** ¡por el éxito!
gelitten [gəˈlɪtən] *pp von* **leiden**
gell(e) [gɛl] *interj* (*südd, Schweiz*): **~?** ¿verdad?, ¿no (es cierto)?
gellen [ˈgɛlən] *vi* ❶ (*dröhnen*) retumbar; **ein Schrei gellte durch die Stille der Nacht** un chillido rompió el silencio de la noche ❷ (*nachhallen*) resonar
gellend *adj* penetrante
geloben* *vt* (*geh: versprechen*) prometer (solemnemente); (*schwören*) jurar
Gelöbnis [gəˈløːpnɪs] *nt* <-ses, -se> (*geh*) promesa *f* solemne; **ein ~ ablegen** prometer solemnemente
gelockt [gəˈlɔkt] *adj* (*lockig: Haar*) rizado; (*Mensch*) con el pelo rizado; **sie hatte langes ~es Haar** tenía el cabello largo y rizado; **seine Frau war schwarzhaarig und ~** su mujer tenía el pelo negro y rizado
gelogen [gəˈloːgən] *pp von* **lügen**
gelöst [gəˈløːst] *adj* relajado
Gelse [ˈgɛlzə] *f* <-, -n> (*Österr: Stechmücke*) mosquito *m*
gelt [gɛlt] *interj* (*südd, Schweiz, Österr*) *s.* **gell**
Gelte [ˈgɛltə] *f* <-, -n> (*Schweiz*) cubo *m* de ordeñar
gelten [ˈgɛltən] <gilt, galt, gegolten> *vi* ❶ (*gültig sein*) tener validez, ser válido; (JUR) estar vigente [*o* en vigor]; **die Wette gilt** la apuesta es válida; **etw ~ lassen** dejar pasar algo, dejar en vigor algo; **das gilt nicht** eso no vale; **die Beschränkung gilt auch für Mitglieder** la limitación también es válida para los socios ❷ (*zutreffen*) valer (*für* para) ❸ (*eingeschätzt werden*) ser considerado (*als* como), pasar (*als* por); **es gilt als sicher, dass …** es seguro que… ❹ (*bestimmt sein*) estar destinado (*o* dirigido) (+*dat* a), ir por (+*dat*) *fam*; **der Anschlag galt dem Präsidenten** el atentado estaba destinado al presidente; **~ für jdn/für etw** (*betreffen*) afectar a alguien/a algo; **und das gilt auch für dich** y esto también va por ti
geltend *adj* (*üblich*) general; (JUR) vigente, en vigor; **einen Anspruch ~ machen** hacer valer una pretensión; **Forderungen ~ machen** formular demandas; **Gründe ~ machen** alegar razones (*für* para)
Geltendmachung *f* <-, *ohne pl*> (JUR: *formal*) validación *f*, ejercicio *m*; **~ von Ansprüchen** ejercicio de derechos; **~ von Verfahrens- und Formfehlern** alegación de vicios de procedimiento y de forma; **die ~ Ihrer Forderung ist noch bis Jahresende möglich** tiene la posibilidad de presentar la reclamación hasta finales de año
Geltung *f* <-, *ohne pl*> ❶ (*Gültigkeit*) validez *f*; **~ haben** ser válido ❷ (*Bedeutung*) importancia *f*, peso *m*; (*Ansehen*) prestigio *m*, respeto *m*; (*Einfluss*) influencia *f*; **sich** *dat* **/etw** *dat* **~ verschaffen** hacerse respetar/hacer respetar algo; **zur ~ kommen** resaltar; **etw zur ~ bringen** acentuar algo, hacer resaltar algo ❸ (JUR) vigencia *f*, vigor *m*; **~ eines Gesetzes** vigencia de una ley; **unmittelbare ~** vigencia inmediata; **allgemeine ~ haben** tener vigencia general
Geltungsanspruch *m* <-(e)s, -sprüche> (JUR) pretensión *f* de validez; **Geltungsbedürfnis** *nt* <-ses, *ohne pl*> afán *m* de notoriedad [*o* de protagonismo]
geltungsbedürftig *adj* deseoso de figurar [*o* de hacerse notar]; **als ~er Typ muss er immer im Mittelpunkt stehen** es un figurón, siempre tiene que ser el centro de atención
Geltungsbereich *m* <-(e)s, -e> ❶ (*einer Vorschrift*) ámbito *m* de aplicación; (*Gültigkeit*) ámbito *m* de vigencia [*o* de validez]; **in den ~ eines Gesetzes fallen** (JUR) caer dentro del ámbito de vigencia de una ley ❷ (*einer Fahrkarte*) zona *f* de validez; **an dieser Haltestelle endet der ~ der Fahrkarte** el billete pierde su validez a partir de esta parada; **Geltungsdauer** *f* <-, *ohne pl*> plazo *m* de validez; **Geltungssucht** *f* <-, *ohne pl*> afán *m* de protagonismo, necesidad *f* de sentirse admirado y respetado; **seine ~ macht ihn bei allen Freunden unbeliebt** su afán de protagonismo hace que goce de pocas simpatías entre todos sus amigos; **Geltungstrieb** *m* <-(e)s, *ohne pl*> *s.* **Geltungsbedürfnis**
Gelübde [gəˈlʏpdə] *nt* <-s, -> (*geh*) voto *m*; **ein ~ ablegen** [*o* **leisten**] hacer un voto
gelungen [gəˈlʊŋən] I. *pp von* **gelingen**
II. *adj* (*gut*) estupendo; (*erfolgreich*) exitoso; **sehr ~** muy conseguido; **etw ist gut/schlecht ~** algo ha salido bien/mal
Gelüst *nt* <-(e)s, -e> (*geh*) deseo *m*; (*nach Speisen*) apetito *m*; (*sexuell*) apetito *m*, deseos *mpl*
gelüsten* *vunpers* (*geh*): **jdn gelüstet es nach etw** *dat* alguien tiene un antojo [*o* ganas] de algo; **mich gelüstet (es) nach einem großen Eis** me muero por tomarme un gran helado; **mich gelüstet es (danach), ihm die Meinung zu sagen** me muero de ganas de decirle lo que pienso
GEMA [ˈgeːma] *f Abk. von* **Gesellschaft für musikalische Aufführungs- und mechanische Vervielfältigungsrechte** sociedad alemana para derechos de ejecución musical y reproducción mecánica
gemach [gəˈmaːx] *interj* (con) calma!; **~, ~, eins nach dem anderen!** ¡calma, cada cosa a su tiempo!
Gemach [gəˈmaːx] *nt* <-(e)s, -mächer> (*geh*) aposento *m*
gemächlich [gəˈmɛ(ː)çlɪç] *adj* (*ruhig*) tranquilo, sosegado; (*langsam*) lento, parsimonioso
Gemahl(in) [gəˈmaːl] *m(f)* <-(e)s, -e; -, -nen> (*geh*) esposo, -a *m, f*
gemahlen [gəˈmaːlən] *pp von* **mahlen**
Gemahlin *f* <-, -nen> *s.* **Gemahl**
gemahnen* *vi, vt* (*geh*) recordar (*an* a)
Gemälde [gəˈmɛːldə] *nt* <-s, -> cuadro *m*
Gemäldegalerie *f* <-, -n> ❶ (*Sammlung*) colección *f* de cuadros ❷ (*Gebäude*) pinacoteca *f*; **Gemäldesammlung** *f* <-, -en> colección *f* de cuadros
Gemarkung [gəˈmarkʊŋ] *f* <-, -en> término *m* municipal, demarcación *f*
gemasert [gəˈmaːzɐt] *adj* veteado; **dieses Holz ist sehr schön ~** esta madera tiene muy bellas vetas preciosas
gemäß [gəˈmɛːs] I. *präp* +*dat* según, conforme a, de acuerdo con; **~ der Information, der Information ~** según la información; **~ Art. 5 des Gesetzes** conforme al artículo 5 de la ley
II. *adj* conforme, adecuado; **eine den Umständen ~e Reaktion** una reacción conforme a las circunstancias
gemäßigt [gəˈmɛːsɪçt] *adj* moderado; (*Klima*) templado
Gemäuer [gəˈmɔyɐ] *nt* <-s, -> (*geh*) murallas *fpl* en ruina; **ein altes ~** un edificio en ruinas
Gemecker [gəˈmɛkɐ] *nt* <-(e)s, *ohne pl*> ❶ (*fam abw: von Mensch*) critiqueo *m* ❷ (*von Ziege*) balido *m*
gemein [gəˈmaɪn] *adj* ❶ (*niederträchtig*) infame, amarrado *CSur, PRico*; (*hinterhältig*) pérfido; (*unverschämt*) descarado, bascoso *Kol, Ecua*; **das war ~** eso fue una canallada; **so ein ~er Kerl!** ¡qué canalla! ❷ (*ordinär*) vulgar; (*unanständig*) indecente, obsceno ❸ (*fam: ärgerlich*) fastidioso ❹ (*gemeinsam*) común; **etw mit jdm ~ haben** tener algo en común

con alguien

Gemeinbesitz m <-es, ohne pl> propiedad f común [o colectiva]; **etw in ~ überführen** colectivizar algo, socializar algo; **die Grünflächen in der Siedlung befinden sich in ~** las zonas verdes de la urbanización son propiedad colectiva

Gemeinde [gəˈmaɪndə] f <-, -n> ❶ (ADMIN) municipio m, comuna f Am; (Einwohner) comunidad f ❷ (REL) parroquia f; (Menschen) feligreses mpl

Gemeindeabgabe f <-, -n> impuesto m municipal; **Gemeindeammann** m <-(e)s, -männer> (Schweiz) ❶ (Gemeindevorsteher) alcalde m ❷ (Vollstreckungsbeamter) ejecutor m; **Gemeindeamt** nt <-(e)s, -ämter> (ADMIN) administración f municipal; **Gemeindebann** m <-(e)s, -e> (Schweiz: Gemeindegebiet) término m municipal; **Gemeindebeamte(r)** mf <-n, -n; -n, -n>, **-beamtin** f <-, -nen> (ADMIN) funcionario, -a m, f municipal; **Gemeindebezirk** m <-(e)s, -e> (ADMIN) ❶ (zugehöriges Gebiet) término m municipal ❷ (Österr: Wiener Bezirk) municipio m vienés

gemeindeeigen adj comunal

Gemeindehaus nt <-es, -häuser> casa f parroquial; **Gemeindehaushaltsrecht** nt <-(e)s, ohne pl> (JUR) régimen m de las haciendas locales; **Gemeindehelfer(in)** m(f) <-s, -; -, -nen> diácono, -a m, f; **Gemeindeland** nt <-(e)s, -länder> terreno m municipal; **Gemeindemitglied** nt <-(e)s, -er> (REL) feligrés, -esa m, f; **Gemeindeordnung** f <-, -en> reglamento m municipal; **Gemeindepflegestation** f <-, -en> servicio m municipal de cuidados sanitarios; **Gemeindepräsident(in)** m(f) <-en, -en; -, -nen> (Schweiz) alcalde(sa) m(f)

Gemeinderat[1] m <-(e)s, -räte> (Gremium) concejo m municipal, consistorio m reg; (a. REL) cabildo m

Gemeinderat, -rätin[2] m, f <-(e)s, -räte; -, -nen> (Person) concejal(a) m(f)

Gemeinderecht nt <-(e)s, ohne pl> (JUR) derecho m municipal; **Gemeindesaal** m <-(e)s, -säle> (REL) sala f (de actos) de la parroquia; **Gemeindeschwester** f <-, -n> diaconisa f; **Gemeindesteuer** f <-, -n> impuesto m municipal; **Gemeindetestament** nt <-(e)s, -e> (JUR) testamento m municipal; **Gemeindeverband** m <-(e)s, -bände> (JUR) entidad f intermunicipal; **Gemeindeverfassungsrecht** nt <-(e)s, ohne pl> (JUR) derecho m constitucional municipal; **Gemeindeverfassungsstreitigkeit** f <-, -en> (JUR) contienda f constitucional municipal; **Gemeindeversammlung** f <-, -en> ❶ (REL) reunión f parroquial [o de feligreses] ❷ (Schweiz) junta f de vocales de una comunidad; **Gemeindeverwaltung** f <-, -en> administración f municipal; **Gemeindevorstand** m <-(e)s, -stände> (ADMIN) ❶ (Verwaltungsgremium) concejo m municipal ❷ (Bürgermeister) alcalde, -esa m, f; **Gemeindevorsteher(in)** m(f) <-s, -; -, -nen> (ADMIN) alcalde, -esa m, f; **Gemeindewahl** f <-, -en> (POL) elecciones fpl locales, ≈elecciones fpl municipales

Gemeindewirtschaft f <-, ohne pl> economía f municipal; **Gemeindewirtschaftsrecht** nt <-(e)s, ohne pl> (JUR) régimen m económico municipal

Gemeindezentrum nt <-s, -zentren> (der Kirche) centro m parroquial; (der Kommune) centro m municipal

Gemeineigentum nt <-s, ohne pl> (POL, WIRTSCH) propiedad f pública [o comunitaria]; **Gemeingebrauch** m <-(e)s, ohne pl> (JUR) uso m común; **Gemeingefährdung** f <-, -en> (JUR) peligrosidad f común; **fahrlässige ~** peligrosidad común negligente

gemeingefährlich adj que constituye un peligro público; **~e Straftat** (JUR) delito de peligro común

Gemeingut nt <-(e)s, ohne pl> (geh) patrimonio m público

Gemeinheit[1] f <-, ohne pl> (Gesinnung) infamia f, vileza f

Gemeinheit[2] f <-, -en> ❶ (Handlung) canallada f; **so eine ~!** ¡qué canallada! ❷ (fam: Ärgernis) fastidio m

gemeinhin [-ˈ--] adv normalmente, generalmente

Gemeinkosten pl (WIRTSCH) gastos mpl generales

Gemeinnutz m <-es, ohne pl> utilidad f común

gemeinnützig adj de utilidad pública

Gemeinnützigkeit f <-, ohne pl> utilidad f pública

Gemeinplatz m <-es, -plätze> tópico m, lugar m común

gemeinsam I. adj común; (Erklärung, Pressekonferenz) conjunto; **~e Gerichte** tribunales comunes; **~er Markt** mercado común; **~er Senat** senado común; **mit jdm ~e Sache machen** hacer causa común con alguien
II. adv en común; (zusammen) juntos; **etw ~ benutzen** utilizar algo conjuntamente; **sie haben viel ~** tienen mucho en común

Gemeinsamkeit f <-, -en> característica f común, punto m en común

Gemeinschaft f <-, -en> comunidad f; (Verbindung) unión f; **~ nach Bruchteilen** (JUR) comunidad por fracciones; **häusliche ~** comunidad hogareña; **eheähnliche ~** cohabitación como marido y mujer, matrimonio de uso; **die Europäische ~** la Comunidad Europea; **in ~ mit jdm** en cooperación con alguien

gemeinschaftlich I. adj común.
II. adv conjuntamente, en común

Gemeinschaftsantenne f <-, -n> antena f colectiva; **Gemeinschaftsarbeit** f <-, -en> trabajo m en equipo [o en comunidad]; **Gemeinschaftsaufgabe** f <-, -n> (JUR) tarea f comunitaria; **Gemeinschaftseigentum** nt <-s, ohne pl> ❶ (der Gemeinschaft) propiedad f colectiva ❷ (einer Gemeinde) propiedad f comunal; **Gemeinschaftsfinanzierung** f <-, -en> (FIN) financiación f comunitaria; **Gemeinschaftsgefühl** nt <-(e)s, ohne pl> sentimiento m de comunidad; **Gemeinschaftsgeist** m <-(e)s, ohne pl> sentido m cívico, conciencia f cívica

Gemeinschaftsgenehmigung f <-, -en> (JUR) autorización f comunitaria; **Gemeinschaftsgenehmigungsverfahren** nt <-s, -> (JUR) procedimiento m de autorización comunitaria

Gemeinschaftsinteressen ntpl (EU) intereses mpl comunitarios; **Gemeinschafts-Kartellrecht** nt <-s, ohne pl> (EU) régimen m comunitario de carteles; **Gemeinschaftskonto** nt <-s, -konten> (FIN) cuenta f conjunta; **Gemeinschaftskunde** f <-, ohne pl> sociología f

Gemeinschaftspatent nt <-(e)s, -e> (JUR) patente f comunitaria; **Gemeinschaftspatentübereinkommen** nt <-s, -> (JUR) convenio m sobre patentes comunitarias

Gemeinschaftspraxis f <-, -praxen> consultorio m colectivo; **Gemeinschaftsproduktion** f <-, -en> coproducción f; **Gemeinschaftsraum** m <-(e)s, -räume> sala f común; **Gemeinschaftsrecht** nt <-(e)s, ohne pl> (JUR, EU) derecho m comunitario; **Vorrang des ~** prioridad del derecho comunitario; **europäisches ~** derecho comunitario europeo; **primäres/sekundäres ~** derecho comunitario primario/secundario; **Gemeinschaftssteuern** fpl (JUR) impuestos mpl comunes; **Gemeinschaftsübereinkommen** nt <-s, -> (JUR) convenio m comunitario; **Gemeinschaftsunternehmen** nt <-s, -> empresa f en comunidad; (EU) empresa f común comunitaria; **Gemeinschaftsvertrag** m <-(e)s, -träge> (JUR) tratado m comunitario; **Gemeinschaftswährung** f <-, -en> (EU, FIN) moneda f única; **Gemeinschaftszelle** f <-, -n> celda f común

Gemeinsinn m <-(e)s, ohne pl>; **fehlender ~** actitud f incívica; **Gemeinsprache** f <-, ohne pl> (LING) lengua f común

gemeinverständlich adj inteligible, al alcance de todos

Gemeinwerk nt <-(e)s, -e> (Schweiz: ehrenamtliche Arbeit) trabajo m de voluntario; **Gemeinwesen** nt <-s, -> comunidad f; **Gemeinwirtschaft** f <-, -en> economía f colectiva; **Gemeinwohl** nt <-(e)s, ohne pl> bien m común, interés m público; **dem ~ dienen** servir al bien común, ser de interés público

Gemeinwohlvorbehalt m <-(e)s, -e> (JUR) reserva f de utilidad pública

Gemenge [gəˈmɛŋə] nt <-s, -> ❶ (Mischung) mezcla f ❷ (Durcheinander) mezcla f; (von Menschen) multitud f

gemessen [gəˈmɛsən] I. pp von **messen**
II. adj (geh) parsimonioso, mesurado; (förmlich) formal; (langsam) acompasado; **~en Schrittes** a paso lento

Gemetzel [gəˈmɛtsəl] nt <-s, -> (abw) matanza f, carnicería f

gemieden [gəˈmiːdən] pp von **meiden**

Gemisch [gəˈmɪʃ] nt <-(e)s, -e> mezcla f; **mageres/fettes ~** (AUTO) mezcla de porcentaje bajo/alto

gemischt [gəˈmɪʃt] adj mezclado, mixto; **mit ~en Gefühlen** con sentimientos encontrados

gemischtsprachig adj plurilingüe

Gemischtwarenhandlung f <-, -en> (COM: alt) bazar m

Gemme [ˈgɛmə] f <-, -n> camafeo m

gemocht [gəˈmɔxt] pp von **mögen**

gemolken [gəˈmɔlkən] pp von **melken**

gemoppelt [gəˈmɔpəlt] (fam): **das ist doppelt ~** eso es una redundancia

Gemotze [gəˈmɔtsə] nt <-s, ohne pl> (fam abw) crítica f; **hör mit dem ewigen ~ auf!** ¡deja ya de echar pestes!

Gemsbock m <-(e)s, -böcke> (ZOOL) s. **Gämsbock**

Gemse f <-, -n> (ZOOL) s. **Gämse**

Gemunkel [gəˈmʊŋkəl] nt <-s, ohne pl> rumores mpl

Gemurmel [gəˈmʊrməl] nt <-s, ohne pl> murmullo m

Gemüse [gəˈmyːzə] nt <-s, -> verdura f, hortalizas fpl, yuyos mpl Peru; (Hülsenfrüchte) legumbres fpl; **das junge ~** (fig fam) la gente menuda

Gemüseanbau m <-(e)s, ohne pl> (AGR) cultivo m de hortalizas [o de verduras]; **Gemüsefach** nt <-(e)s, -fächer> (im Kühlschrank) cajón m de la verdura; **Gemüsefrau** f <-, -en> verdulera f, gatera f Bol, Ecua, Peru; **Gemüsegarten** m <-s, -gärten> (groß) huerta f; (klein) huerto m; **Gemüsegärtner(in)** m(f) <-s, -; -, -nen> horticultor(a) m(f); **Gemüsehändler(in)** m(f) <-s, -; -, -nen> verdulero, -a m, f; **Gemüseladen** m <-s, -läden> verdulería f; **Gemüsesaft** m

<-(e)s, -säfte> zumo *m* de verduras; **Gemüseschäler** *m* <-s, -> pelaverduras *m inv*; **Gemüsesuppe** *f* <-, -n> (*mit frischem Gemüse*) sopa *f* de verduras; (*mit getrocknetem Gemüse*) sopa *f* juliana; **Gemüsezwiebel** *f* <-, -n> cebolla *f*

gemusst[RR] [gə'mʊst], **gemußt** *pp von* **müssen**

gemustert [gə'mʊstɐt] *adj* con dibujos, estampado

Gemüt [gə'my:t] *nt* <-(e)s, -er> ❶ (*Psyche*) ánimo *m*; **die Entscheidung erregte die ~er** la decisión excitó los ánimos
❷ (*Charakter*) carácter *m*, naturaleza *f*
❸ (*Seele*) alma *f*, corazón *m*; **das ist ihm aufs ~ geschlagen** esto le ha deprimido; **das ist etwas fürs ~** es algo para el corazón; **sich** *dat* **etw zu ~e führen** (*etw beherzigen*) tomar algo en consideración; (*fam: sich etw gönnen*) obsequiarse con algo

gemütlich I. *adj* ❶ (*angenehm*) agradable; (*einladend*) acogedor; (*bequem*) cómodo; **mach's dir ~** ponte cómodo; **in ~em Tempo** a un ritmo agradable
❷ (*gemächlich*) lento, tranquilo
❸ (*Person*) bonachón
II. *adv* a gusto

Gemütlichkeit *f* <-, *ohne pl*> (*Bequemlichkeit*) comodidad *f*, confort *m*; (*Behaglichkeit*) bienestar *m*, confortabilidad *f*; **in aller ~** a sus anchas; **da hört die ~ aber auf!** (*fam*) ¡hasta ahí podíamos llegar!

Gemütsart *f* <-, -en> carácter *m*, manera *f* de ser; **meine Freundin hat eine ruhige ~** mi amiga tiene una manera de ser tranquila; **Gemütsbewegung** *f* <-, -en> emoción *f*, conmoción *f*

gemütskrank *adj* con trastornos mentales

Gemütskranke(r) *mf* <-n, -n; -n, -n> enfermo, -a *m, f* psíquico, -a; **Gemütskrankheit** *f* <-, -en> enfermedad *f* psíquica; **Gemütslage** *f* <-, -n> estado *m* de ánimo; **je nach ~** según el estado de ánimo; **Gemütsmensch** *m* <-en, -en> (*fam*) buenazo, -a *m, f*, bonachón, -ona *m, f*; **Gemütsregung** *f* <-, -en> *s.* **Gemütsbewegung**; **Gemütsruhe** *f* <-, *ohne pl*> serenidad *f* de ánimo; **in aller ~** con toda tranquilidad; **Gemütsverfassung** *f* <-, -en>, **Gemütszustand** *m* <-(e)s, -stände> estado *m* de ánimo

gemütvoll *adj* sentimental; **du bist wirklich ein ~er Mensch, wenn du jetzt schon anfängst zu weinen** mira que eres sentimental si te echas ya ahora a llorar

gen [gɛn] *präp + akk* (*alt*) hacia; **sehnsuchtsvoll blickte sie ~ Himmel** miró hacia el cielo con ojos melancólicos

Gen [ge:n] *nt* <-s, -e> (BIOL) gen(e) *m*; **mutiertes ~** gen mutado

genannt [gə'nant] *pp von* **nennen**

genarbt [gə'narpt] *adj* granular; **die Aktentasche ist aus ~em Leder** el maletín es de cuero granular

genas [gə'na:s] *3. imp von* **genesen**

genau [gə'nau] **I.** *adj* ❶ (*exakt*) exacto, justo, mero *Mex*
❷ (*sorgfältig*) escrupuloso, esmerado; **er ist sehr ~** es muy escrupuloso
❸ (*ausführlich*) detallado; **ich weiß nichts G~eres darüber** no sé nada más concreto acerca de ello
II. *adv* (*exakt*) exactamente, precisamente, casualmente *Am*; (*Uhrzeit*) en punto; **~ dasselbe** exactamente lo mismo; **~ das Gegenteil** justo lo contrario; **~ ihn kenne ich** ~ le conozco como si le hubiera parido; **es ist ~ 10 Uhr** son las diez en punto; **so ~ wollte ich es nicht wissen!** ¡tan detalladamente no quería saberlo!; **meine Uhr geht ~** mi reloj va bien [*o* en punto]; **etw ~ nehmen** tomar algo al pie de la letra; **~ genommen ist das nicht richtig** en sentido estricto esto no es correcto

genaugenommen *adv s.* **genau II.**

Genauigkeit *f* <-, *ohne pl*> ❶ (*Exaktheit*) exactitud *f*, precisión *f*; (*in der Wiedergabe*) fidelidad *f*
❷ (*Sorgfalt*) esmero *m*

genauso [gə'nauzo:] *adv* de igual modo, de la misma manera; **~ gut** (*mit dem gleichen Ergebnis*) de la misma manera, de manera análoga; (*auch*) igualmente; **~ gut könnte ich behaupten, dass ...** de manera análoga podría afirmar que...; **du hättest ~ gut zu Hause bleiben können** lo mismo hubieses podido quedarte en casa; **~ gut wie** igualmente bien que, igual de bien que; **~ viel wie** tanto como, lo mismo que; **sie verdient ~ viel** ella gana lo mismo; **~ wenig wie** tan poco como; **er verdient ~ wenig** él tampoco gana más; **man kann ~ wenig behaupten, dass ...** tampoco se puede afirmar que... +*subj*; **~ wie** así como, igual que

genausogut *adv s.* **genauso**
genausoviel *adv s.* **genauso**
genausowenig *adv s.* **genauso**

Genbank *f* <-, -en> banco *m* de genes

Gendarm [ʒan'darm] *m* <-en, -en> (*Österr*) gendarme *m*

Gendarmerie [ʒandarmə'ri:] *f* <-, -n> (*Österr*) gendarmería *f*

Genealoge, -in [genea'lo:gə] *m, f* <-n, -n; -, -nen> genealogista *mf*

Genealogie *f* <-, *ohne pl*> genealogía *f*

Genealogin *f* <-, -nen> *s.* **Genealoge**

genealogisch *adj* genealógico

genehm [gə'ne:m] *adj* (*geh*) grato, agradable; **ist es (Ihnen) ~, wenn ...?** ¿sería de su agrado si +*subj*...?, ¿le agradaría que +*subj*...?

genehmigen* [gə'ne:mɪgən] *vt* autorizar; (*erlauben*) permitir; (*bewilligen*) conceder; (*Antrag*) aprobar; **nicht genehmigt** no autorizado; **sich** *dat* **etw ~** (*fam*) permitirse algo; **sich** *dat* **einen ~** (*fam*) tomarse una copa

Genehmigung *f* <-, -en> autorización *f*; (*Erlaubnis*) permiso *m*, licencia *f*; (*eines Antrags*) aprobación *f*; **mit amtlicher ~** con autorización oficial; **eine ~ beantragen/einholen/erhalten** solicitar/recabar/recibir una autorización

Genehmigungsantrag *m* <-(e)s, -träge> (JUR) solicitud *f* de autorización

genehmigungsbedürftig *adj* (JUR, ADMIN) precisado de autorización

Genehmigungsbehörde *f* <-, -n> (JUR, ADMIN) autoridad *f* otorgante de la autorización; **Genehmigungserfordernis** *nt* <-ses, -se> (JUR) condición *f* de autorización; **Genehmigungsfiktion** *f* <-, -en> (JUR) ficción *f* aprobatoria; **Genehmigungskartell** *nt* <-s, -e> (JUR) cartel *cuya constitución precisa autorización o aprobación previas*; **Genehmigungspflicht** *f* <-, *ohne pl*> (ADMIN, JUR) **einer ~ unterliegen** estar sujeto a una licencia legal; **jeder Neubau unterliegt der ~** (*durch die zuständige Baubehörde*) toda obra está sujeta a la licencia de obras (*por parte de la autoridad competente*)

genehmigungspflichtig *adj* (ADMIN, JUR) sujeto a autorización

Genehmigungsstelle *f* <-, -n> (ADMIN) oficina *f* de expedición de licencias; **Genehmigungsverfahren** *nt* <-s, -> procedimiento *m* de autorización [*o* aprobación]; **Genehmigungsvorbehalt** *m* <-(e)s, -e> (JUR) reserva *f* de autorización; **Genehmigungszertifikat** *nt* <-(e)s, -e> certificado *m* de autorización

geneigt [gə'naɪkt] *adj*: **zu etw** *dat* **~ sein** estar dispuesto a hacer algo

Geneigtheit *f* <-, *ohne pl*> (*geh*) ❶ (*Wohlwollen*) afecto *m*, simpatía *f*; **dass er sich so intensiv für deine Belange eingesetzt hat, zeigt seine ~** (*dir gegenüber*) haber defendido tus intereses con tanta vehemencia es una muestra de la simpatía que él siente por ti
❷ (*Bereitwilligkeit*) predisposición *f*, inclinación *f*; **mit einem kleinen Trinkgeld wächst seine ~, mal ein Auge zuzudrücken** a cambio de una pequeña propina está más predispuesto a hacer la vista gorda

Genera *pl von* **Genus**

General(in) [genə'ra:l] *m(f)* <-s, -e *o* -räle; -, -nen> general *mf*

Generalamnestie *f* <-, -n> (JUR) amnistía *f* general; **Generalbevollmächtigte(r)** *mf* <-n, -n; -n, -n> (JUR, WIRTSCH) apoderado, -a *m, f* general; (POL) plenipotenciario, -a *m, f*; **Generalbundesanwalt, -wältin** *m, f* <-(e)s, -wälte; -, -nen> fiscal *mf* general federal; **Generaldirektor(in)** *m(f)* <-s, -en; -, -nen> director(a) *m(f)* general

Generalhandlungsvollmacht *f* <-, -en> (JUR, WIRTSCH) poder *m* mercantil general

Generalin *f* <-, -nen> *s.* **General**

Generalinspekteur(in) *m(f)* <-s, -e; -, -nen> (MIL) inspector(a) *m(f)* general del Ejército alemán (*militar de más alto rango en el Ejército alemán por debajo solamente del Ministro de Defensa*); **Generalintendant(in)** *m(f)* <-en, -en; -, -nen> (THEAT) director(a) *m(f)* artístico, -a

generalisieren* *vt* (*geh*) generalizar; **dieser Fall darf nicht generalisiert werden** este caso no se puede generalizar

Generalist(in) *m(f)* <-en, -en; -, -nen> generalista *mf*; **kulturwissenschaftliche Studien bilden zum ~en aus** las carreras de letras forman generalistas

Generalität *f* <-, -en> (MIL) generalato *m*

Generalklausel *f* <-, -n> (JUR) cláusula *f* general; **Generalkonsul(in)** *m(f)* <-s, -n; -, -nen> cónsul *mf* general; **Generalkonsulat** *nt* <-(e)s, -e> (POL) consulado *m* general

Generalleutnant *m* <-s, -s> (MIL) teniente *m* general; **Generalmajor** *m* <-s, -e> (MIL) teniente *m* general

Generalprävention *f* <-, -en> (JUR) prevención *f* general; **Generalprobe** *f* <-, -n> (THEAT) ensayo *m* general

generalrevidieren* *vt* (*Schweiz*) *s.* **generalüberholen**

Generalsekretär(in) *m(f)* <-s, -e; -, -nen> (POL) secretario, -a *m, f* general; **Generalstaatsanwalt, -wältin** *m, f* <-(e)s, -wälte; -, -nen> (JUR) fiscal *mf* general

Generalstab *m* <-(e)s, -stäbe> (MIL) Estado *m* Mayor; **Generalstabskarte** *f* <-, -n> mapa *m* oficial en el antiguo Reich alemán (*con una escala de 1:100.000*)

generalstabsmäßig *adv* de forma detallada y perfeccionista; **das Fest war ~ vorbereitet** la fiesta estaba organizada hasta el mínimo detalle

Generalstreik *m* <-(e)s, -s> huelga *f* general

generalüberholen* *vt* (TECH) revisar; **etw ~ lassen** hacer una revisión general de algo; **mein Auto wurde gerade generalüberholt** acabo de hacer una revisión general del coche

Generalüberholung *f* <-, -en> (TECH) revisión *f* general; **Generalunternehmervertrag** *m* <-(e)s, -träge> (JUR, WIRTSCH) contrato *m* de obra del contratista principal; **Generaluntersuchung** *f* <-, -en> (MED) examen *m* general, chequeo *m* *Am;* **Generalversammlung** *f* <-, -en> asamblea *f* general; **Generalvertreter(in)** *m(f)* <-s, -; -, -nen> (COM) representante *mf* general; **Generalvertretung** *f* <-, -en> (POL, WIRTSCH) representación *f* general; **Generalvollmacht** *f* <-, -en> (JUR) poder *m* general

Generation [genəraˈtsjoːn] *f* <-, -en> generación *f;* **seit ~en** desde hace (varias) generaciones

Generationenvertrag *m* <-(e)s, *ohne pl*> contrato *m* generacional

Generationskonflikt *m* <-(e)s, -e> conflicto *m* generacional; **Generationswechsel** *m* <-s, -> (BIOL) generación *f* alternante

Generator [genəˈraːtoːɐ] *m* <-s, -en> ❶ (*zur Stromerzeugung*) generador *m*

❷ (*Gas~*) gasógeno *m*

generell [genəˈrɛl] I. *adj* general

II. *adv* en [*o* por lo] general; **ich habe ~ nichts dagegen einzuwenden, dass ...** en general no tengo nada en contra de que... +*subj*

generieren* *vt* (INFOR: *hervorbringen*) generar

Generikum *nt* <-s, Generika> (medicamento *m*) genérico *m*

generös *adj* (*geh*) generoso

Genese *f* <-, -n> (*a.* MED) génesis *f inv;* **die ~ dieser Viruserkrankung ist noch nicht erforscht** la génesis de esta enfermedad viral no ha sido investigada aún

genesen [gəˈneːzən] <genest, genas, genesen> *vi sein* (*geh*) sanar (*von* de), restablecerse, convalecer

Genesis *f* <-> (REL) Génesis *m*

Genesung *f* <-, -en> (*geh*) restablecimiento *m*, convalecencia *f*

Genesungsurlaub *m* <-(e)s, -e> (MIL) permiso *m* por convalecencia

Genetik [geˈneːtɪk] *f* <-, *ohne pl*> (BIOL) genética *f*

Genetiker(in) [geˈneːtɪkɐ] *m(f)* <-s, -; -, -nen> (BIOL) genético, -a *m, f*

genetisch [geˈneːtɪʃ] *adj* (BIOL) genético; **~ signifikante Dosis** dosis genéticamente significativa; **~es Profil** perfil genético

Genf [gɛnf] *nt* <-s> Ginebra *f*

Genfer *adj* ginebrino; **der ~ See** el lago Lemán; **die ~ Konvention** la convención de Ginebra

Genforscher(in) *m(f)* <-s, -; -, -nen> genetista *mf;* **Genforschung** *f* <-, *ohne pl*> investigación *f* genética

genial [geˈnjaːl] *adj* genial

Genialität *f* <-, *ohne pl*> genialidad *f*

Genick [gəˈnɪk] *nt* <-(e)s, -e> nuca *f;* **das bricht ihm das ~** (*fam*) esto le va a matar

Genickschuss[RR] *m* <-es, -schüsse> tiro *m* en la nuca; **Genickstarre** *f* <-, *ohne pl*> (MED) tortícolis *f inv*

Genie [ʒeˈniː] *nt* <-s, -s> ❶ (*Person, Fähigkeit*) genio *m;* **ein verkanntes ~** un genio desconocido

❷ (*Schweiz:* MIL) tropa *f* de zapadores

Genien *pl von* **Genius**

genieren* [ʒeˈniːrən] *vr:* **sich ~** sentir vergüenza, avergonzarse, cortarse *fam;* **~ Sie sich nicht** no le dé vergüenza

genießbar *adj* comestible; **etw ist nicht ~** algo no sabe bien

genießen [gəˈniːsən] <genießt, genoss, genossen> *vt* ❶ (*auskosten*) gozar (de), disfrutar (de); **jds Vertrauen ~** gozar de la confianza de alguien

❷ (*zu sich nehmen*) tomar; (*essen*) comer; (*trinken*) beber; (*mit Genuss*) saborear; **das ist mit Vorsicht zu ~** hay que tener cuidado con esto; **er ist heute nicht zu ~** (*fam*) está de un humor de perros hoy

❸ (*Ausbildung, Erziehung*) recibir

Genießer(in) *m(f)* <-s, -; -, -nen> sibarita *mf*

genießerisch *adj* con placer

Geniestreich [ʒeˈniː-] *m* <-(e)s, -e> genialidad *f*

Genietruppe [ʒeˈniː-] *f* <-, -n> (*Schweiz:* MIL) cuerpo *m* de ingenieros del ejército

genital [geniˈtaːl] *adj* (MED) genital

Genitalbereich *m* <-(e)s, -e> zona *f* genital, genitales *mpl*

Genitalien [geniˈtaːliən] *ntpl* (MED) (órganos *mpl*) genitales *mpl*

Genitiv [geˈniːtiːf] *m* <-s, -e> (LING) genitivo *m*

Genius [ˈgeːnius, *pl:* ˈgeːniən] *m* <-, Genien> (*geh*) genio *m*

Genmanipulation *f* <-, -en> (BIOL) manipulación *f* de genes, manipulación *f* genética; **Genmutation** *f* <-, -en> (BIOL) mutación *f* de genes

Genom [geˈnoːm] *nt* <-s, -e> (BIOL) genoma *m*

genommen [gəˈnɔmən] *pp von* **nehmen**

genormt [gəˈnɔrmt] *adj* normalizado, estandarizado

genoss[RR] [gəˈnɔs], **genoß** *3. imp von* **genießen**

Genosse, -in [gəˈnɔsə] *m, f* <-n, -n; -, -nen> compañero, -a *m, f*

genossen [gəˈnɔsən] *pp von* **genießen**

Genossenschaft *f* <-, -en> cooperativa *f;* **eingetragene ~** cooperativa registrada

Genossenschaftler(in) *m(f)* <-s, -; -, -nen> cooperativista *mf*

genossenschaftlich *adj* cooperativo; **~ organisiert sein** estar organizado en cooperativas

Genossenschaftsbank *f* <-, -en> banco *m* cooperativo; **Genossenschaftsrecht** *nt* <-, *ohne pl*> (WIRTSCH) régimen *m* de cooperativa; **Genossenschaftsregister** *nt* <-s, -> (WIRTSCH) registro *m* de cooperativas; **Genossenschaftsverband** *m* <-(e)s, -bände> (WIRTSCH) federación *f* de cooperativas

Genossin *f* <-, -nen> *s.* **Genosse**

genötigt *adj:* **~ sein etw zu tun** estar obligado a hacer algo; **sich ~ sehen etw zu tun** verse obligado [*o* forzado] a hacer algo; **angesichts der Flutkatastrophe sah man sich ~ die Anzahl der Helfer im Notstandsgebiet zu erhöhen** en vista de las inundaciones fue necesario incrementar el número de ayudantes en la zona afectada

Genozid [genoˈtsiːt] *m o nt* <-(e)s, -e *o* -ien> genocidio *m*

Genre [ˈʒãːrə] *nt* <-s, -s> género *m*

Genrebild *nt* <-(e)s, -er> (KUNST) pintura *f* de género, obra *f* (pictórica) de género; **Genremalerei** *f* <-, *ohne pl*> pintura *f* de género

Gensoja *nt* <-s, *ohne pl*> soja *f* transgénica

Gent [gɛnt] *nt* <-s> Gante *m*

Gentechnik *f* <-, *ohne pl*> (BIOL) ingeniería *f* genética; **Gentechniker(in)** *m(f)* <-s, -; -, -nen> (BIOL) genetista *mf;* **Gentechnikgesetz** *nt* <-es, -e> ley *f* sobre técnica genética

gentechnisch *adj* (BIOL) tecnogenético

Gentechnologie *f* <-, *ohne pl*> (BIOL) ingeniería *f* genética

Gentleman's Agreement [ˈdʒɛntəlmeːns əˈgriːmənt] *nt* <- -, – -s>, **Gentlemen's Agreement** *nt* <- -, – -s> pacto *m* de caballeros

Gentransfer *m* <-s, -s> (BIOL) transferencia *f* de genes

Genua [ˈgeːnua] *nt* <-s> Génova *f*

genug [gəˈnuːk] *adv* bastante, suficiente; **es ist ~ Platz** hay sitio suficiente; **dazu bin ich alt ~** soy lo suficientemente mayor para esto; **er kann nie ~ kriegen** nunca tiene bastante; **das Beste ist für ihn gerade gut ~** sólo se conforma con lo mejor; **das ist ~ für mich** con esto me basta; **jetzt ist es aber ~!** ¡ya basta!; **ich habe ~ von der ewigen Schufterei** ya estoy harto de tanto curre; **das ist wenig ~** esto es bien poco

Genüge [gəˈnyːgə] *zur ~* bastante; **jdm/einer Aufgabe ~ tun** (*geh*) satisfacer a alguien/cumplir con una tarea

genügen* [gəˈnyːgən] *vi* bastar, ser suficiente; **den Anforderungen ~** satisfacer las exigencias

genügend *adj* bastante, suficiente

genügsam *adj* contentadizo, modesto

Genügsamkeit *f* <-, *ohne pl*> (*Bescheidenheit*) modestia *f;* (*Mäßigung*) moderación *f*

Genugtuung [gəˈnuːktuʊŋ] *f* <-, -en> satisfacción *f*

Genugtuungsfunktion *f* <-, *ohne pl*> (JUR) función *f* de satisfacción

Genus [ˈgɛnus, ˈgeːnus] *nt* <-, Genera> (LING) género *m*

Genuss[1 RR] [gəˈnʊs] *m* <-es, *ohne pl*> ❶ (*Konsum*) consumo *m*

❷ (*Nutznießung*) disfrute *m*, usufructo *m;* **in den ~ von etw** *dat* **kommen** (llegar a) disfrutar de algo

Genuss[2 RR] [*pl:* gəˈnʏsə] *m* <-es, -nüsse> (*Vergnügen*) placer *m;* (*stärker*) goce *m*, deleite *m;* **der Anblick war ein ~ für mich** la vista me deparó un sumo placer

Genuß [gəˈnʊs] *m s.* **Genuss**

genüsslich[RR], **genüßlich** I. *adj* gozoso II. *adv* con fruición

Genussmensch[RR] *m* <-en, -en> sibarita *m;* **als typischer ~ kostet Micha alle Vergnügungen aus, die sich ihm bieten** como todo sibarita, Micha se apunta a todas las diversiones que se le presentan; **Genussmittel**[RR] *nt* <-s, -> estimulante *m;* **Genussrecht**[RR] *nt* <-(e)s, -e> (WIRTSCH) derecho *m* de disfrute; **Genussschein**[RR] *m* <-(e)s, -e> (WIRTSCH) bono *m* de disfrute; **Genusssucht**[RR] *f* <-, *ohne pl*> (*a. abw*) hedonismo *m;* **in ihrer ~ vergisst sie alles andere** (sumida) en su hedonismo se olvida de todo lo demás

genusssüchtig[RR] *adj* entregado a los placeres

genussvoll[RR] *adj* con placer

Geochemie [---ˈ-] *f* <-, *ohne pl*> geoquímica *f*

Geodäsie [geodɛˈziː] *f* <-, *ohne pl*> geodesia *f*

Geodreieck® [ˈgeːo-] *nt* <-(e)s, -e> escuadra *f*

Geodynamik [geodyˈnaːmɪk] *f* <-, *ohne pl*> (GEO) geodinámica *f*

Geograf(in)[RR] *m(f)* <-en, -en; -, -nen> *s.* **Geograph**

Geografie[RR] *f* <-, *ohne pl*> *s.* **Geographie**

Geografin[RR] *f* <-, -nen> *s.* **Geograf**

geografisch[RR] *adj s.* **geographisch**

Geograph(in) [geoˈgraːf] *m(f)* <-en, -en; -, -nen> geógrafo, -a *m, f*

Geographie [geograˈfiː] *f* <-, *ohne pl*> geografía *f*

Geographin *f* <-, -nen> *s.* **Geograph**

geographisch *adj* geográfico

Geologe, -in [geoˈloːgə] *m, f* <-n, -n; -, -nen> geólogo, -a *m, f*

Geologie [geoloˈgiː] *f* <-, *ohne pl*> geología *f*

Geologin *f* <-, -nen> *s.* **Geologe**

geologisch *adj* geológico

geomagnetisch [---'--] *adj* geomagnético
Geometrie [geome'tri:] *f <-, ohne pl>* geometría *f*
geometrisch [geo'me:trɪʃ] *adj* geométrico
Geomorphologie *f <-, ohne pl>* (GEO) geomorfología *f*
Geoökologie *f <-, ohne pl>* (GEO) geoecología *f*
Geophon [geo'fo:n] *nt <-s, -e>* geófono *m*
Geophysik *f <-, ohne pl>* (PHYS) geofísica *f*
Geopolitik *f <-, ohne pl>* geopolítica *f*
geopolitisch *adj* geopolítico
Georgien [ge'ɔrgiən] *nt <-s>* Georgia *f*
Georgier(in) *m(f) <-s, -; -, -nen>* georgiano, -a *m, f*
georgisch *adj* georgiano
Geosphäre [--'--] *f <-, ohne pl>* geosfera *f*
Geothermik *f <-, ohne pl>* (GEO) geotermia *f*
geothermisch *adj* (GEO) geotérmico
Geowissenschaften ['ge:o-] *fpl* geociencias *fpl*
geozentrisch *adj* (ASTR) geocéntrico
Gepäck [gə'pɛk] *nt <-(e)s, ohne pl>* equipaje *m*, bultos *mpl fam;* **sein ~ aufgeben** facturar su equipaje; **diplomatisches ~** valija diplomática
Gepäckabfertigung[1] *f <-, -en> (Schalter)* taquilla *f* de facturación
Gepäckabfertigung[2] *f <-, ohne pl> (das Abfertigen)* facturación *f* de equipajes
Gepäckablage *f <-, -n>* portaequipaje(s) *m (inv)*
Gepäckannahme[1] *f <-, ohne pl> (Schalter)* depósito *m* de equipajes
Gepäckannahme[2] *f <-, ohne pl> (das Annehmen)* recepción *f* de equipajes
Gepäckaufbewahrung *f <-, -en>* consigna *f;* **Gepäckaufbewahrungsschein** *m <-(e)s, -e>* resguardo *m* de la consigna
Gepäckaufgabe[1] *f <-, -n> (Schalter)* mostrador *m* de facturación
Gepäckaufgabe[2] *f <-, ohne pl> (das Aufgeben)* facturación *f*
Gepäckaufkleber *m <-s, ->* etiqueta *f* para equipaje; **Gepäckausgabe** *f <-, -n>* entrega *f* de equipajes; **Gepäckkarren** *m <-s, ->* carr(it)o *m* (para el equipaje); **Gepäckkontrolle** *f <-, -n>* control *m* de equipajes; **Gepäcknetz** *nt <-es, -e>* rejilla *f* portaequipajes; **Gepäckschein** *m <-(e)s, -e>* resguardo *m* de consigna [*o* de equipaje]; **Gepäckschließfach** *nt <-(e)s, -fächer>* consigna *f* automática; **Gepäckständer** *m <-s, ->* portaequipaje(s) *m (inv);* **Gepäckstück** *nt <-(e)s, -e>* bulto *m*
Gepäckträger[1] *m <-s, -> (am Fahrrad)* portaequipajes *m inv*, portapaquetes *m inv*
Gepäckträger(in)[2] *m(f) <-s, -; -, -nen> (Person)* mozo, -a *m, f* de equipajes
Gepäckwagen *m <-s, ->* ① *(im Bahnhof)* carrito *m* portaequipajes ② *(des Zuges)* furgón *m* de equipajes
Gepard ['ge:part] *m <-s, -e>* (ZOOL) guepardo *m*
gepfeffert [gə'pfɛfɛt] *adj (fam)* ① *(Preise)* exorbitante, desmesurado ② *(Kritik)* duro; *(Strafe)* severo ③ *(schwierig)* duro, difícil
gepfiffen [gə'pfɪfən] *pp von* **pfeifen**
gepflegt [gə'pfle:kt] *adj* cuidado, *(Restaurant, Kleidung)* elegante; *(Atmosphäre)* cuidado, sofisticado; *(Ausdrucksweise)* culto; **~ essen gehen** ir a comer a un restaurante de lujo
Gepflegtheit *f <-, ohne pl> (Mensch)* compostura *f*, refinamiento *m*; *(Garten, Haus)* cuidado *m*
Gepflogenheit [gə'pflo:gənhaɪt] *f <-, -en> (geh)* costumbre *f*
Geplänkel [gə'plɛŋkəl] *nt <-s, ->* escaramuza *f*
Geplapper [gə'plapɐ] *nt <-s, ohne pl> (fam)* cháchara *f*, palabrería *f*
Geplärre *nt <-s, ohne pl> (fam: abw)* ① *(Weinen, Klagen)* lloriqueo *m*, gimoteo *m;* **hör endlich mit dem ~ auf!** ¡deja de lloriquear de una vez! ② *(Geschrei)* berridos *mpl* ③ *(eines Radios)* pitido *m*
Geplätscher [gə'plɛtʃɐ] *nt <-s, ohne pl> (des Wassers)* murmullo *m*
Geplauder [gə'plaʊdɐ] *nt <-s, ohne pl>* charla *f*, conversación *f;* **bei angenehmem ~ vergeht die Zeit wie im Fluge** cuando la conversación es agradable el tiempo se pasa volando
Gepolter [gə'pɔltɐ] *nt <-s, ->* estrépito *m*, estruendo *m*
Gepräge [gə'prɛ:gə] *nt <-s, ohne pl> (geh)* carácter *m*, colorido *m;* **die Universitätsstadt hat durch die vielen Studenten ein ganz besonderes ~** el gran número de estudiantes le confiere a la ciudad universitaria un carácter muy particular
gepriesen [gə'pri:zən] *pp von* **preisen**
gepunktet [gə'pʊŋktət] *adj (Linie)* de puntos, *(Muster)* con puntos
gequält [gə'kvɛːlt] *adj (Lächeln)* forzado
Gequassel *nt <-s, ohne pl> (fam abw)* habladurías *fpl*
Gequatsche [gə'kvatʃə] *nt <-s, ohne pl> (fam abw)* cháchara *f*, palique *m;* **wegen eures ~s habe ich von dem Vortrag kein Wort mitbekommen** como os habéis pasado el tiempo de palique no me he enterado ni de una palabra de la conferencia
gequollen [gə'kvɔlən] *pp von* **quellen**

gerade [gə'ra:də] I. *adj* ① *(geradlinig, nicht krumm)* recto; *(aufrecht)* derecho; **~ biegen** *(verbogenes Teil)* enderezar, poner recto; **~ halten** *(senkrecht halten: Pfahl)* mantener recto [*o* en vertical]; *(Kopf, Oberkörper)* poner derecho; *(waagerecht halten)* mantener derecho; **sich ~ halten** mantener el equilibrio; **~ sitzen** sentarse con la espalda recta [*o* derecha]; **sitz ~!** ¡siéntate derecho!; **~ stehen** estar [*o* tenerse] derecho ② *(Charakter)* sincero, franco ③ (MATH) par; **die ~n Zahlen** los números pares
II. *adv* ① *(soeben)* ahora mismo, recién *Am;* **er ist ~ eben gekommen** acaba de llegar; **sie duscht ~** se está duchando; **wo Sie ~ da sind ...** ya que está Ud. aquí... ② *(knapp)* justo; **er kam ~ noch rechtzeitig** llegó justo a tiempo; **das hat mir ~ noch gefehlt!** ¡lo que me faltaba! ③ *(ausgerechnet, genau)* precisamente; **deshalb rufe ich Sie an** precisamente por eso le llamo; **das ist es ja ~!** ¡eso es precisamente!; **~ du solltest das verstehen** precisamente tú deberías entenderlo; **er ist nicht ~ eine Schönheit** *(fam)* no es precisamente una belleza; **warum ~ ich?** ¿por qué precisamente yo?
Gerade [gə'ra:də] *f <-n, -n>* ① (MATH) (línea *f*) recta *f* ② (SPORT) recta *f* ③ *(Boxen)* directo *m;* **eine rechte/linke ~** un directo con la derecha/con la izquierda
geradeaus [---'--] *adv* seguido, recto, derecho; **immer ~** todo seguido [*o* recto] [*o* derecho]
gerade|biegen[1] *irr vt (fam: in Ordnung bringen)* arreglar
gerade|biegen[2] *irr vt (verbogenes Teil)* s. **gerade I.1.**
gerade|halten *irr vt, vr:* **sich ~** s. **gerade I.1.**
geradeheraus [-'----] *adv (fam)* abiertamente, francamente
gerädert [gə'rɛːdɐt] *adj (fam)* hecho polvo; **wie ~ sein** estar hecho polvo
gerade|sitzen *irr vi* s. **gerade I.1.**
gerade|stehen[1] *irr vi:* **für etw ~** responder de algo
gerade|stehen[2] *irr vi* s. **gerade I.1.**
geradewegs [-'---] *adv* directamente, sin rodeos
geradezu [-'---] *adv* verdaderamente, realmente; **das ist ~ lächerlich** es realmente ridículo
Geradheit *f <-, ohne pl>* sinceridad *f*, franqueza *f*
geradlinig [gə'ra:tli:nɪç] *adj (Straße)* recto; *(Abstammung)* directo; *(Charakter)* sincero, franco
Geradlinigkeit *f <-, ohne pl> (a. fig)* rectitud *f;* *(Charakter)* sinceridad *f*
gerammelt [gə'raməlt] *adv (fam):* **~ voll** atestado, hasta los topes
Gerangel *nt <-s, ohne pl> (fam)* ① *(Balgerei)* peleas *fpl (um por)* ② *(fig: Kampf)* forcejeo *m (um por)* ③ *(abw: Diskussion)* tira y afloja *m (um por)*
Geranie [ge'ra:niə] *f <-, -n>* (BOT) geranio *m*
gerann [gə'ran] 3. *imp von* **gerinnen**
gerannt [gə'rant] *pp von* **rennen**
Gerant(in) [ʒe'rant] *m(f) <-en, -en; -, -nen> (Schweiz)* gerente *mf*
Gerassel [gə'rasəl] *nt <-s, ohne pl> (fam: Ketten)* ruido *m* de cadenas; *(Schlüsselbund)* tintineo *m;* **mit lautem ~ bewegte er die schweren Ketten** movía las pesadas cadenas estrepitosamente
Gerät[1] *nt <-(e)s, -e>* ① *(allgemein)* utensilio *m*, implemento *m Am* ② (TECH) *Apparat)* aparato *m;* *(Instrument)* instrumento *m* ③ (SPORT) aparato *m* de gimnasia
Gerät[2] *nt <-(e)s, ohne pl>* útiles *mpl*, utillaje *m;* *(Ausrüstung)* equipo *m*
Gerätekonfiguration *f <-, -en>* (INFOR) configuración *f* de dispositivos
geraten[1] [gə'ra:tən] *pp von* **geraten**[2], **raten**
geraten[2] *irr vi sein* ① *(gelangen)* llegar *(nach* a), ir a parar *(nach* a); **in Verlegenheit ~** sentir vergüenza; **in Brand ~** incendiarse; **in Schwierigkeiten ~** caer en una situación difícil; **unter ein Auto ~** ser atropellado por un coche; **er ist an den Falschen ~** dio con alguien que no era; **in Gefangenschaft ~** caer preso; **wir sind in ein Gewitter ~** nos sorprendió una tormenta; **das ist längst in Vergessenheit ~** hace tiempo que esto cayó en el olvido; **in Wut ~** enfurecerse; **in Not ~** verse en apuros; **ins Stocken ~** *(beim Sprechen)* perder el hilo; *(Verkehr)* quedarse parado; **aus dem Takt ~** salirse de sus casillas ② *(gelingen)* salir; **gut/schlecht ~** salir bien/mal; **das ist etwas lang/kurz ~** eso ha quedado algo largo/corto; **nach jdm ~** salir a alguien
Geräteraum *m <-(e)s, -räume>* (SPORT) sala *f* de material de gimnasia; **Geräteschuppen** *m <-s, ->* cobertizo *m;* **Gerätesicherheitsgesetz** *nt <-es, -e>* ley *f* sobre seguridad de enseres; **Geräteturnen** *nt <-s, ohne pl>* gimnasia *f* por aparatos
Geratewohl [gə'ra:təvo:l, ---'--] *nt (fam):* **aufs ~** al azar, a la buena de Dios, a destajo *Arg, Chil*
Gerätschaften *fpl* aperos *mpl*
Geratter [gə'ratɐ] *nt <-s, ohne pl> (fam abw: Güterwaggon)* traqueteo *m*, triquitraque *m;* *(Moped)* matraqueo *m*, ruido *m* ensordecedor

Geräucherte(s) [gəˈrɔɪçətə] nt <-n, ohne pl> (GASTR) carne f ahumada; **es gab Erbseneintopf mit ~m** había puchero de guisantes con carne ahumada
geraum [gəˈraʊm] adj (geh): **seit ~er Zeit** desde hace algún tiempo; **es dauerte eine ~e Zeit** duró algún tiempo
geräumig [gəˈrɔɪmɪç] adj espacioso, amplio
Geräumigkeit f <-, ohne pl> (Haus, Wohnung) amplitud f, espaciosidad f; (Schrank) capacidad f; **sie staunten über die ~ ihres Hotelzimmers** se maravillaron por lo espaciosa que era su habitación del hotel
Geräusch [gəˈrɔɪʃ] nt <-(e)s, -e> ruido m
geräuscharm adj de poco ruido
geräuschdämmend adj (TECH) insonorizante
geräuschempfindlich adj sensible al ruido
Geräuschkulisse f <-, -n> ruido m ambiente
geräuschlos adj sin ruido, silencioso
Geräuschminderung f <-, -en> disminución f del ruido; **Geräuschpegel** m <-s, -> nivel m de ruido
geräuschvoll I. adj ruidoso, alborotado
II. adv con mucho ruido
Geräusper [gəˈrɔɪspɐ] nt <-s, ohne pl> carraspeo m, carraspera f; **mit lautstarkem ~ machte er auf sich aufmerksam** para llamar la atención carraspeó con fuerza
gerben [ˈɡɛrbən] vt curtir, curar
Gerber(in) m(f) <-s, -; -, -nen> curtidor(a) m(f)
Gerberei f <-, -en> curtiduría f, tenería f, curtiembre f Am
Gerberin f <-, -en> s. **Gerber**
Gerbsäure f <-, -n> tanino m, ácido m tánico
gerecht [gəˈrɛçt] adj ❶ (Person, Urteil) justo; (Strafe) merecido
❷ (berechtigt) justificado, fundado; **jdm/etw** dat **~ werden** valorar debidamente a alguien/corresponder a algo; **er wurde den hohen Erwartungen nicht ~** no estuvo a la altura de las expectativas
gerechterweise [-'--'--] adv para ser justos, en justicia
gerechtfertigt adj justificado
Gerechtigkeit f <-, ohne pl> justicia f; **jdm ~ widerfahren lassen** hacer justicia a alguien; **... und die ~ nimmt ihren Lauf** ... y la justicia se impone; **das ist ausgleichende ~** esto hace justicia (a una injusticia anterior)
Gerechtigkeitsgefühl nt <-(e)s, ohne pl> sentido m de la justicia; **dieses Urteil widerstrebt meinem ~** esta sentencia atenta contra mi sentido de la justicia; **Gerechtigkeitsliebe** f <-, ohne pl> amor m a la justicia
gerechtigkeitsliebend adj con sentido de la justicia; **als ~er Mensch kann ich diese ungerechte Behandlung einfach nicht hinnehmen** mi sentido de la justicia me impide aceptar este trato injusto
Gerechtigkeitssinn m <-(e)s, ohne pl> sentido m de la justicia
Gerede [gəˈreːdə] nt <-s, ohne pl> ❶ (Geschwätz) perorata f, pelambre m Am
❷ (Klatsch) habladurías fpl; **ins ~ kommen** andar en lenguas; **jdn ins ~ bringen** hablar mal de alguien
geregelt adj ❶ (geordnet: Mahlzeiten) regular; (Leben) ordenado; **sich an ~e Arbeitszeiten gewöhnen** acostumbrarse a un horario laboral fijo
❷ (Wend): **~er Katalysator** (AUTO) catalizador m asistido por ordenador
gereichen* vi (geh): **jdm zur Ehre ~** ser un honor para alguien; **jdm zum Nutzen/zum Nachteil ~** ser provechoso/perjudicial para alguien
gereizt [gəˈraɪtst] adj irritado m; (nervös) nervioso
Gereiztheit f <-, ohne pl> irritabilidad f, susceptibilidad f
Geriater(in) m(f) <-s, -; -, -nen> (MED) geriatra mf
Geriatrie [ɡeriaˈtriː] f <-, ohne pl> (MED) geriatría f
geriatrisch adj (MED) geriátrico; **eine intensive ~e Behandlung** un tratamiento geriátrico intensivo
Gericht [gəˈrɪçt] nt <-(e)s, -e> ❶ (Speise) comida f, plato m
❷ (Institution) tribunal m (de justicia), juzgado m; **~ erster/letzter Instanz** juzgado [o tribunal] de primera/última instancia; **bei/vor ~** ante el juzgado/en juicio; **vor ~ gehen** presentarse a juicio; **jdn vor ~ stellen** llevar a alguien a juicio; **jdn/einen Fall vor ~ bringen** llevar a alguien/un caso a los tribunales; **jdn vor ~ verteidigen** defender a alguien en juicio, adosar a alguien Am; **wegen etw vor ~ kommen/stehen** ir a/comparecer en juicio por algo; **Hohes ~** Tribunal Supremo; **das Jüngste ~** (REL) el Juicio Final; **über jdn zu ~ sitzen** (geh) juzgar a alguien; **mit jdm ins ~ gehen** (fig) criticar a alguien
❸ (Gebäude) palacio m de justicia, juzgado m
gerichtlich I. adj judicial, forense; **auf ~em Wege** por vía judicial
II. adv: **etw ~ anordnen** decretar algo judicialmente; **etw ~ einklagen** interponer una demanda judicial; **gegen jdn ~ vorgehen** presentar demanda judicial contra alguien, proceder contra alguien judicialmente; **jdn ~ verfolgen** iniciar un pleito contra alguien
Gerichtsakte f <-, -n> expediente m judicial; **Gerichtsarzt, -ärztin** m, f <-es, -ärzte; -, -nen> médico, -a m, f forense
gerichtsärztlich adj (JUR): **~er Dienst** servicio forense

Gerichtsbarkeit f <-, ohne pl> (JUR) jurisdicción f; **ausländische ~** jurisdicción extranjera; **deutsche ~** jurisdicción alemana; **freiwillige ~** jurisdicción voluntaria; **ordentliche ~** jurisdicción ordinaria
Gerichtsbeamte(r) mf <-n, -n; -n, -n>, **-beamtin** f <-, -nen> oficial mf de justicia; **Gerichtsbescheid** f <-(e)s, -e> providencia f judicial; **Gerichtsbeschluss**[RR] m <-es, -schlüsse> sentencia f, resolución f judicial; **Gerichtsbezirk** m <-(e)s, -e> jurisdicción f, distrito m jurisdiccional; **Gerichtsdiener(in)** m(f) <-s, -; -, -nen> ujier m; **Gerichtsdolmetscher(in)** m(f) <-s, -; -, -nen> (JUR) intérprete mf jurado, -a; **Gerichtsentscheid** m <-(e)s, -e>, **Gerichtsentscheidung** f <-, -en> resolución f judicial, decisión f judicial; **Gerichtsferien** pl vacaciones fpl judiciales; **Gerichtshilfe** f <-, -n> (JUR) asistencia f judicial; **Gerichtshof** m <-(e)s, -höfe> tribunal m de justicia, corte f Am; **~ der Europäischen Gemeinschaften** Tribunal de Justicia de las Comunidades Europeas; **der Europäische ~** el Tribunal de Justicia Europeo; **der Internationale ~** el Tribunal Internacional de Justicia; **der Oberste ~** el Tribunal Supremo; **Gerichtshoheit** f <-, ohne pl> (JUR) potestad f jurisdiccional; **Gerichtskasse** f <-, -n> (JUR) caja f del tribunal
Gerichtskosten pl gastos mpl judiciales, costas fpl procesales; **Gerichtskostengesetz** nt <-es, -e> (JUR) ley f de costas procesales; **Gerichtskostenvorschuss**[RR] m <-es, -schüsse> (JUR) anticipo m para las costas
Gerichtsmedizin f <-, ohne pl> medicina f forense [o legal]; **Gerichtsmediziner(in)** m(f) <-s, -; -, -nen> médico, -a m, f forense
gerichtsmedizinisch I. adj forense; **der ~e Befund ergab, dass die Leiche vergiftet worden war** el examen del médico forense constató que la muerte se había producido por envenenamiento
II. adv por un médico forense; **die Leiche wurde ~ untersucht** el cadáver fue examinado por un médico forense
Gerichtsorganisation f <-, ohne pl> organización f tribunalicia; **Gerichtsort** m <-(e)s, -e> lugar m de jurisdicción, fuero m; **Gerichtsperson** f <-, -en> miembro m del personal judicial; **Gerichtsreferendar(in)** m(f) <-s, -e; -, -nen> pasante mf de tribunales; **Gerichtssaal** m <-(e)s, -säle> sala f de audiencia; **Gerichtsschreiber(in)** m(f) <-s, -; -, -nen> (Schweiz) escribano, -a m, f; **Gerichtsschutz** m <-es, ohne pl> (JUR) tutela f judicial; **effektiver ~** tutela judicial efectiva; **Gerichtssiegel** nt <-s, -> sello m judicial; **Gerichtssitzung** f <-, -en> audiencia f (judicial)
Gerichtsstand m <-(e)s, -stände> (JUR) jurisdicción f; **~ am Erfüllungsort** jurisdicción del lugar de cumplimiento; **~ des Vermögens** jurisdicción territorial; **allgemeiner ~** jurisdicción general; **ausschließlicher ~** jurisdicción exclusiva; **besonderer ~** jurisdicción especial; **dinglicher ~** jurisdicción realista; **exorbitanter ~** jurisdicción exorbitante; **fliegender ~** jurisdicción provisional; **~ ist B.** el lugar de jurisdicción será B.; **Gerichtsstandsklausel** f <-, -n> (JUR) cláusula f de sumisión jurisdiccional; **Gerichtsstandvereinbarung** f <-, -en> (JUR) pacto m de sumisión jurisdiccional; **Gerichtstafel** f <-, -n> tablilla f del juzgado; **Gerichtstermin** m <-s, -e> fecha f de la vista, día m de la vista; **der ~ wurde von dem zuständigen Richter festgesetzt** la fecha de la vista fue determinada por el juez competente; **Gerichtsurteil** nt <-s, -e> sentencia f judicial; **Gerichtsverfahren** nt <-s, -> pleito m judicial, juicio m; **ordentliches ~** juicio ordinario [o plenario]; **gegen jdn ein ~ einleiten** abrir un pleito contra alguien
Gerichtsverfassung f <-, -en> planta f judicial, organización f judicial; **Gerichtsverfassungsgesetz** nt <-es, -e> (JUR) ley f orgánica de la justicia
Gerichtsverhandlung f <-, -en> juicio m, vista f; **Gerichtsverwaltung** f <-, -en> administración f judicial; **Gerichtsvollzieher(in)** m(f) <-s, -; -, -nen> agente mf ejecutivo, -a, alguacil m ejecutor; **Gerichtswesen** nt <-s, ohne pl> justicia f
gerieben [gəˈriːbən] pp von **reiben**
gering [gəˈrɪŋ] adj ❶ (klein) pequeño; (wenig) poco; (knapp) escaso; (beschränkt) limitado; (Preis, Temperatur) bajo; (Entfernung) corto; **Material von ~er Qualität** material de baja calidad; **etw/jdn ~ achten** [o **schätzen**] menospreciar algo/a alguien; (verachten) despreciar algo/a alguien
❷ (unbedeutend) insignificante, mínimo; **die ~ste Kleinigkeit regt ihn auf** la pequeñez más nimia le enfada; **das stört mich nicht im G~sten** no me molesta lo más mínimo; **kein G~erer als ...** nada menos que...
geringachten vt s. **gering** 1.
geringelt adj (Socken) con rayas horizontales; (Schlange) enroscado; (Schwänzchen) en espiral, enroscado
geringfügig [gəˈrɪŋfyːɡɪç] I. adj mínimo, insignificante, nimio
II. adv ligeramente
Geringfügigkeit f <-, -en> nimiedad m; **Einstellung des Verfahrens wegen ~** (JUR) sobreseimiento del procedimiento por insignificancia
Geringfügigkeitsprinzip nt <-s, ohne pl> (JUR) principio m de la

insignificancia
gering|schätzen vt s. **gering 1.**
geringschätzig adj despectivo, desdeñoso
Geringschätzung f <-, ohne pl> desprecio m, menosprecio m
geringwertig adj de poco valor
gerinnen* [gəˈrɪnən] irr vi sein (Milch) cuajar(se); (Blut) coagular(se)
Gerinnsel [gəˈrɪnzəl] nt <-s, -> coágulo m (de sangre)
Gerinnung f <-, -en> coagulación f
Gerinnungsmittel nt <-s, -> (MED) coagulante m
Gerippe [gəˈrɪpə] nt <-s, -> ❶ (Skelett) esqueleto m ❷ (von Schiff) cuadernas fpl, armazón m o f; (von Flugzeug) costilla f ❸ (Aufsatz) estructura f
gerippt adj ❶ (a. ARCHIT) acanalado, estriado; **ein ~er Pulli** un jersey de canalé ❷ (BOT) nervado
gerissen [gəˈrɪsən] I. pp von **reißen**
II. adj (fam: schlau) astuto, taimado, gaucho CSur; jaiba Ant, Mex
Gerissenheit f <-, ohne pl> astucia f, zorrería f
geritten [gəˈrɪtən] pp von **reiten**
Germ [gɛrm] m <-(e)s, -e> (Österr, südd) levadura f
Germane, -in [gɛrˈmaːnə] m, f <-n, -n; -, -nen> germano, -a m, f
Germania f <-> Germania f
Germanien [gɛrˈmaːniən] nt <-s> (HIST) Germania f
Germanin f <-, -nen> s. **Germane**
germanisch adj (HIST, LING) germánico
Germanist(in) [gɛrmaˈnɪst] m(f) <-en, -en; -, -nen> germanista mf
Germanistik [gɛrmaˈnɪstɪk] f <-, ohne pl> Germánicas fpl, filología f germánica [o alemana]
Germanistin f <-, -nen> s. **Germanist**
germanistisch adj de germánicas, de filología germánica; **das ~e Studium hat sie mit der Promotion abgeschlossen** ha concluido sus estudios de Germánicas realizando el doctorado
Germanium nt <-s, ohne pl> (CHEM) germanio m
gern(e) [ˈgɛrn(ə)] <lieber, am liebsten> adv con (mucho) gusto; **sehr ~!** ¡con mucho gusto!; **ich möchte zu ~ wissen, ob ...** me gustaría muchísimo saber si...; **sie liest ~** le gusta leer; **er hat es ~, wenn ...** le gusta que... +subj; **ein ~ gesehener Gast** un invitado bienvenido; **du bist hier immer ein ~ gesehener Gast** en esta casa siempre eres bienvenido; **das wird hier nicht ~ gesehen** esto no se ve con buenos ojos aquí; **kommst du mit? – ja,** ¿te vienes? – sí, con mucho gusto; **~ geschehen!** ¡no hay de qué!; **das glaube ich ~** sí que me lo creo; **du kannst ~ mitkommen** puedes venir si te apetece; **ich hätte ~ den Chef gesprochen** quisiera hablar con el jefe; **ich hätte ~ ein Pfund Spinat** quisiera medio kilo de espinacas; **dieses Modell wird sehr ~ genommen** este modelo tiene muy buena aceptación; **du kannst mich mal ~ haben** (fam) no te quiero ver ni en pintura
Gernegroß [ˈ---] m <-, -e> (fam abw) fanfarrón, -ona m, f, farolero, -a m, f
gerngesehen adj s. **gern**
Geröchel [gəˈrϩçəl] nt <-s, ohne pl> estertor m geh
gerochen [gəˈrɔxən] pp von **riechen**
Geröll [gəˈrœl] nt <-(e)s, -e> grava f, gravilla f; (Rollsteine) cantos mpl rodados; (Kiesel) guijarros mpl; (Reste) rocalla f
geronnen [gəˈrɔnən] pp von **gerinnen, rinnen**
Gerontologe, -in m, f <-n, -n; -, -nen> (MED) gerontólogo, -a m, f
Gerontologie [gerɔntoloˈgiː] f <-, ohne pl> (MED) gerontología f
Gerontologin f <-, -nen> s. **Gerontologe**
Gerste [ˈgɛrstə] f <-, -n> cebada f
Gerstenkorn nt <-(e)s, -körner> ❶ (BOT) grano m de cebada ❷ (MED) orzuelo m; **Gerstensaft** m <-(e)s, ohne pl> (fam: Bier) cerveza f
Gerte [ˈgɛrtə] f <-, -n> (Stock) vara f; (Peitsche) fusta f
gertenschlank adj ❶ (gertig) cimbreño ❷ (sehr schlank) delgadísimo; (abw) escuálido; (Mädchen) escurrido; (dürr) enjuto, seco de carnes
Geruch¹ [gəˈrʊx, pl: gəˈrʏçə] m <-(e)s, -rüche> (Sinneseindruck) olor m (nach a)
Geruch² m <-(e)s, ohne pl> (~ssinn) olfato m
geruchlos adj sin olor, inodoro
Geruchsbekämpfung f <-, -en> control m de los malos olores; **Geruchsbelästigung** f <-, -en> molestia f por malos olores
Geruchsempfindung¹ f <-, -en> (Wahrnehmung) olfato m
Geruchsempfindung² f <-, ohne pl> (Geruchssinn) (sentido m del) olfato m
Geruchsnerv m <-s, -en> nervio m olfativo [o olfatorio]; **Geruchsorgan** m <-s, -e> órgano m olfativo; **Geruchssinn** m <-(e)s, ohne pl> olfato m; **Geruchsverschluss**[RR] m <-es, -schlüsse> (TECH) sifón m (inodoro)
Gerücht [gəˈryçt] nt <-(e)s, -e> rumor m, boquilla f Ecua; **es geht das ~, dass ...** circula el rumor de que..., corre la voz de que...; **das halte ich für ein ~** para mí, esto son rumores; **ein ~ in die Welt setzen** difundir un rumor, correr la voz
Gerüchteküche f <-, -n> fábrica f de rumores
gerufen [gəˈruːfən] pp von **rufen**
geruhen* [gəˈruːən] vi (geh, alt): **~ etw zu tun** dignarse a hacer algo; **würdest du jetzt mal endlich ~ aufzustehen!** (iron) ¡te dignarías a levantarte de una vez!
geruhsam [gəˈruːzaːm] adj sosegado, tranquilo
Gerümpel [gəˈrʏmpəl] nt <-s, ohne pl> (abw) trastos mpl, cachivaches mpl, traste m Am
Gerundium [geˈrʊndiʊm, pl: geˈrʊndiən] nt <-s, Gerundien> (LING) gerundio m
Gerundiv nt <-s, -e> (LING) gerundivo m
Gerundivum [gerʊnˈdiːvʊm, pl: gerʊnˈdiːva] nt <-s, Gerundiva> (LING) gerundivo m
gerungen [gəˈrʊŋən] pp von **ringen**
Gerüst [gəˈryst] nt <-(e)s, -e> ❶ (Bau~) andamio m, armazón m o f ❷ (Aufbau) estructura f
Gerüstbau m <-(e)s, ohne pl> montaje m de andamios; „**August Schlüter KG, ~**" "August Schlüter KG, constructor de andamios"; **Gerüstbauer(in)** m(f) <-s, -; -, -nen> constructor(a) m(f) de andamios; **Gerüstbaufirma** f <-, -firmen> (empresa f) constructora f de andamios
gerüttelt adj: **~ voll** (alt) lleno a rebosar, atestado
Ges [gɛs] nt <-, -> (MUS) sol m bemol
gesalzen [gəˈzaltsən] I. pp von **salzen**
II. adj (fam) ❶ (mit Salz) salado ❷ (Preis) alto, exorbitante ❸ (Brief) duro
gesammelt adj ❶ (komplett) completo ❷ (konzentriert) concentrado; **mit ~er Aufmerksamkeit verfolgte er das Autorennen** toda su atención se centraba en la carrera de coches; **diese Aufgabe wird unsere ~e Kraft erfordern** para realizar esta tarea tendremos que utilizar toda nuestra energía
gesamt [gəˈzamt] adj todo; (völlig) total; (vollständig) completo, entero; **die ~e Familie war da** estuvo toda la familia
Gesamtaktiva pl (FIN, WIRTSCH) activos mpl totales; **Gesamtanalyse** f <-, -n> análisis m inv global; **Gesamtansicht** f <-, -en> vista f general [o de conjunto]; **Gesamtanzeige** f <-, -n> (INFOR) pantalla f completa; **Gesamtarbeitsvertrag** m <-(e)s, -träge> (Schweiz) contrato m colectivo; **Gesamtauflage** f <-, -en> tirada f total; **diese Zeitschrift erscheint in einer ~ von 1,5 Mio. Exemplaren** la tirada de esta revista es de 1,5 millones de ejemplares; **Gesamtaufwand** m <-(e)s, ohne pl> (FIN) gastos mpl en total; **Gesamtausgabe** f <-, -n> obras fpl completas, edición f completa; **Gesamtbedarf** m <-(e)s, ohne pl> demanda f agregada; **Gesamtbetrachtungslehre** f <-, ohne pl> teoría f de la consideración global; **Gesamtbetrag** m <-(e)s, -träge> importe m total; **Gesamtbevölkerung** f <-, ohne pl> población f total; **Gesamtbilanz** f <-, -en> (FIN, WIRTSCH) balance m consolidado; **Gesamtbild** nt <-(e)s, -er> visión f de conjunto, idea f general; **aus den wenigen Informationen kann ich mir kein ~ machen** con tan poca información no puedo hacerme ninguna idea general; **Gesamtbruttoerlös** m <-es, -e> (WIRTSCH) ingresos mpl brutos totales; **Gesamtbürgschaft** f <-, -en> (JUR) garantía f global
Gesamtdeckungsprinzip nt <-s, ohne pl> (JUR) principio m de cobertura global
gesamtdeutsch adj de toda Alemania
Gesamteigentum nt <-s, ohne pl> propiedad f comunitaria; **Gesamteigentümer(in)** m(f) <-s, -; -, -nen> propietario, -a m, f solidario, -a; **Gesamteindruck** m <-(e)s, -drücke> impresión f final [o definitiva]; **Gesamteinkünfte** pl ingresos mpl totales; **Gesamtergebnis** nt <-ses, -se> resultado m final [o definitivo]; **im ~** en total; **Gesamtgeldstrafe** f <-, -n> multa f global en efectivo; **Gesamtgeschäftsführer(in)** m(f) <-s, -; -, -nen> gestor(a) m(f) colectivo, -a; **Gesamtgeschäftsführungsbefugnis** f <-, -se> facultad f de gestión colectiva; **Gesamtgewicht** nt <-(e)s, -e> peso m bruto; **zulässiges ~** (AUTO) peso máximo total; **Gesamtgewinn** m <-(e)s, -e> ganancia f global; **Gesamtgläubiger(in)** m(f) <-s, -; -, -nen> acreedor(a) m(f) solidario, -a; **Gesamtgrundschuld** f <-, -en> carga f real solidaria
Gesamtgut nt <-(e)s, -güter> bien m común, patrimonio m común; **Gesamtgutsverwaltung** f <-, -en> administración f global de un cortijo; **gemeinschaftliche ~** administración global de un cortijo mancomunadamente
Gesamtgutverbindlichkeiten fpl (JUR) obligaciones fpl del patrimonio común
gesamthaft I. adj (Schweiz: gesamt) total
II. adv (Schweiz: insgesamt) en total
Gesamthänder m <-s, -> (JUR) mancomunero m

gesamthänderisch *adj* (JUR) de mancomún
Gesamthandlungsvollmacht *f* <-, -en> (JUR) poder *m* mercantil colectivo
Gesamthand(s)eigentum *nt* <-s, *ohne pl*> (JUR) propiedad *f* mancomunada; **Gesamthandseigentümer(in)** *m(f)* <-s, -; -, -nen> (JUR) propietario, -a *m, f* mancomunado, -a; **Gesamthandsgläubiger(in)** *m(f)* <-s, -; -, -nen> (JUR) acreedor(a) *m(f)* mancomunado, -a; **Gesamthandsverhältnis** *nt* <-ses, -se> (JUR) relación *f* de mancomunidad; **Gesamthandsvermögen** *nt* <-s, -> (JUR) patrimonio *m* mancomunado
Gesamtheit *f* <-, *ohne pl*> totalidad *f*, conjunto *m*; **in seiner/ihrer ~** en su totalidad
Gesamthochschule *f* <-, -n> universidad *f* integrada, universidad *f* politécnica; **Gesamthypothek** *f* <-, -en> (WIRTSCH) hipoteca *f* solidaria; **Gesamtindex** *m* <-es, -indizes> (WIRTSCH) índice *m* general; **Gesamtkosten** *pl* (WIRTSCH) costes *mpl* totales; **Gesamtkunstwerk** *nt* <-(e)s, -e> (KUNST, MUS) obra *f* de arte integral; **Gesamtnutzungsdauer** *f* <-, *ohne pl*> (WIRTSCH) vida *f* útil total; **Gesamtpersonalrat** *m* <-(e)s, -räte> consejo *m* personal general; **Gesamtplanung** *f* <-, -en> planificación *f* global; **Gesamtpreis** *m* <-es, -e> precio *m* total; **Gesamtprodukt** *nt* <-(e)s, -e> producto *m* global; **Gesamtproduktion** *f* <-, -en> (WIRTSCH) producción *f* total; **Gesamtprokura** *f* <-, -prokuren> (JUR) poder *m* colectivo; **Gesamtrechnungsbetrag** *m* <-(e)s, -träge> (WIRTSCH, FIN) importe *m* total de la factura; **Gesamtrechtsnachfolge** *f* <-, *ohne pl*> (JUR) sucesión *f* universal; **Gesamtrechtsnachfolger(in)** *m(f)* <-s, -; -, -nen> (JUR) sucesor(a) *m(f)* universal; **Gesamtrentenschuld** *f* <-, -en> (WIRTSCH) obligación *f* solidaria de renta vitalicia; **Gesamtsaldierung** *f* <-, -en> (FIN) saldo *m* general; **Gesamtschaden** *m* <-s, -schäden> daños *mpl* totales; **Gesamtschuld** *f* <-, -en> (JUR) obligación *f* solidaria
Gesamtschuldner(in) *m(f)* <-s, -; -, -nen> (JUR) deudor(a) *m(f)* solidario, -a; **Gesamtschuldnerausgleich** *m* <-(e)s, *ohne pl*> (JUR) liquidación *f* entre codeudores solidarios
gesamtschuldnerisch *adj* (JUR) obligado solidariamente; **~ haftbar** responsable mancomunadamente
Gesamtschuldverhältnis *nt* <-ses, -se> (JUR) relación *f* obligacional solidaria
Gesamtschule *f* <-, -n> escuela *f* integrada, *que engloba a la "Hauptschule", la "Realschule" y el "Gymnasium" en una única unidad*; **Gesamtsieger(in)** *m(f)* <-s, -; -, -nen> (SPORT) vencedor(a) *m(f)*, campeón, -ona *m, f*
Gesamtstrafe *f* <-, -n> (JUR) pena *f* total; **Gesamtstrafenbildung** *f* <-, -en> (JUR) acumulación *f* (de penas), formación *f* de pena total; **nachträgliche ~** formación de pena total posterior; **Gesamtstrafenprinzip** *nt* <-s, *ohne pl*> (JUR) principio *m* de pena total
Gesamtsumme *f* <-, -n> importe *m* total; **~ der laufenden Erträge** suma total de los beneficios en curso; **~ der Aktiva/Passiva/des Eigenkapitals** suma total del activo/del pasivo/del capital propio; **Gesamttheorie** *f* <-, *ohne pl*> teoría *f* de la totalidad; **Gesamtüberschuss**RR *m* <-es, -schüsse> (FIN, WIRTSCH) superávit *m* total *inv*; **Gesamtübersicht** *f* <-, -en> vista *f* general, visión *f* de conjunto; **Gesamtumfang** *m* <-(e)s, -fänge> volumen *m* global; **Gesamturkunde** *f* <-, -n> (JUR) documento *m* general; **Gesamtverbindlichkeiten** *fpl* <-, -en> obligaciones *fpl* solidarias; **Gesamtverbrauch** *m* <-(e)s, *ohne pl*> consumo *m* global; **Gesamtvereinbarung** *f* <-, -en> acuerdo *m* global; **Gesamtverfügung** *f* <-, -en> (JUR) disposición *f* general; **Gesamtvergleich** *m* <-(e)s, -e> (JUR) transacción *f* general
Gesamtvermögen *nt* <-s, -> totalidad *f* del patrimonio, patrimonio *m* global; **Gesamtvermögensstrafe** *f* <-, -n> (JUR) pena *f* pecuniaria total
Gesamtvertretung *f* <-, -en> representación *f* colectiva; **Gesamtverwaltung** *f* <-, -en> administración *f* colectiva; **Gesamtvollstreckung** *f* <-, -en> ejecución *f* colectiva [*o* universal]; **Gesamtvolumen** *nt* <-s, -> volumen *m* total; **Gesamtvorräte** *mpl* (GEO) reservas *fpl* últimas; **Gesamtvorsatz** *m* <-es, -sätze> (JUR) dolo *m* total; **Gesamtwerk** *nt* <-(e)s, -e> obra *f* completa; **Gesamtwert** *m* <-(e)s, -e> valor *m* total; **Gesamtwertung** *f* <-, -en> (SPORT) puntuación *f* final; **Gesamtzusammenhang** *m* <-(e)s, -hänge> conexión *f* total
gesandt [gəˈzant] *pp von* **senden**
Gesandte(r) [gəˈzantə] *mf* <-n, -n; -n, -n>, **Gesandtin** *f* <-, -nen> enviado, -a *m, f*; (HIST) legado, -a *m, f*; **bevollmächtigter ~r** enviado extraordinario; **päpstlicher ~r** legado papal, nuncio *m*
Gesandtschaft *f* <-, -en> legación *f*; **päpstliche ~** nunciatura *f*
Gesang[1] [gəˈzaŋ] *m* <-(e)s, *ohne pl*> (*das Singen*) canto *m*, cantar *m*
Gesang[2] [gəˈzaŋ, *pl:* gəˈzɛŋə] *m* <-(e)s, -sänge> (*Lied*) canción *f*, canto *m*; (REL) cántico *m*; **gregorianische Gesänge** canto gregoriano

Gesangbuch *nt* <-(e)s, -bücher> libro *m* de cánticos; **Gesanglehrer(in)** *m(f)* <-s, -; -, -nen> profesor(a) *m(f)* de canto
gesanglich *adj* (*Talent*) para el canto
Gesangstunde *f* <-, -n> clase *f* de canto; **~n geben/nehmen** dar/recibir clases de canto; **Gesangunterricht** *m* <-(e)s, -e> clases *fpl* de canto; **Gesangverein** *m* <-(e)s, -e> orfeón *m*, asociación *f* coral
Gesäß [gəˈzɛːs] *nt* <-es, -e> trasero *m*, posaderas *fpl*
Gesäßbacke *f* <-, -n> nalga *f*; **Gesäßmuskel** *m* <-s, -n> (ANAT) glúteo *m*; **Gesäßtasche** *f* <-, -n> bolsillo *m* trasero
gesättigt *adj* (CHEM) saturado; **~e Fettsäuren** ácidos grasos saturados
Gesäusel [gəˈzɔyzəl] *nt* <-s, *ohne pl*> ❶ (*anhaltendes Säuseln: Blätter*) susurro *m*, murmullo *m*; (*Wind*) susurro *m*, runruneo *m*
❷ (*iron: einschmeichelndes Reden*): **hör mit dem ~ auf, damit erreichst du bei mir gar nichts!** ¡deja ya de poner esa voz melosa, así no conseguirás nada de mí!
Geschädigte(r) *mf* <-n, -n; -n, -n> perjudicado, -a *m, f*
geschaffen [gəˈʃafən] *pp von* **schaffen**
Geschäft[1] [gəˈʃɛft] *nt* <-(e)s, -e> ❶ (*Handel*) negocio *m*; **~ des Lebensbedarfs** negocio de las necesidades vitales; **~ für den, den es angeht** negocio para aquel a quien concierna; **das ~ mit der Angst** el negocio del miedo; **ein ~ abschließen** [*o* **abwickeln**] cerrar un negocio; **mit jdm ~e machen** hacer negocios con alguien; **mit jdm ins ~ kommen** establecer relaciones comerciales con alguien; **~e mit etw** *dat* **machen** hacer negocios con algo; **die ~e für jdn führen** llevar los negocios de alguien; **wie gehen die ~e?** ¿cómo van los negocios?
❷ (*Firma*) empresa *f* comercial; **morgen gehe ich nicht ins ~** (*fam*) mañana no voy al trabajo
❸ (*Laden*) tienda *f*, negocio *m*
❹ (*Aufgabe*) trabajo *m*; **er versteht sein ~** conoce el negocio; **seinen ~en nachgehen** atender sus negocios
❺ (*Schweiz: Angelegenheit*) ocasión *f*
❻ (*fam: Notdurft*): **sein ~ verrichten** [*o* **machen**] hacer sus necesidades
Geschäft[2] *nt* <-(e)s, -e> (*Gewinn*) negocio *m*; **ein gutes/schlechtes ~ machen** hacer un buen/mal negocio
Geschäftemacher(in) *m(f)* <-s, -; -, -nen> (*abw*) negociante *mf*; (*Wucherer*) usurero, -a *m, f*
Geschäftemacherei *f* <-, -en> (*abw*) afán *m* por obtener siempre beneficios; **immer diese ~!** ¡tu doch einmal etwas, ohne gleich Profit daraus schlagen zu wollen! ¡siempre pensando en hacer negocios! ¡haz algo de forma altruista!
geschäften* *vi* (*Schweiz: Handel treiben*) comerciar
geschäftig *adj* diligente
Geschäftigkeit *f* <-, *ohne pl*> trajín *m*, ajetreo *m*
geschäftlich *adj* comercial, de negocios; **~ unterwegs sein** estar en viaje de negocios; **wir haben G~es zu besprechen** tenemos que hablar de negocios
GeschäftsabschlussRR *m* <-es, -schlüsse> transacción *f*, cierre *m* de un negocio; **Geschäftsabzeichen** *nt* <-s, -> rótulo *m* del establecimiento; **Geschäftsaktivitäten** *fpl* (WIRTSCH) actividades *fpl* comerciales; **Geschäftsanmaßung** *f* <-, -en> (JUR) usurpación *f* de negocio
Geschäftsanteil *m* <-(e)s, -e> participación *f* (en el negocio); **Geschäftsanteilhaftung** *f* <-, -en> (JUR) responsabilidad *f* limitada a la cuota de participación
Geschäftsaufgabe *f* <-, -n>, **Geschäftsauflösung** *f* <-, -en> cese *m* de negocio; **Geschäftsbank** *f* <-, -en> (FIN) banco *m* comercial; **Geschäftsbedingungen** *fpl* (COM) términos *mpl* comerciales, condiciones *fpl* de contrato; **allgemeine ~** condiciones generales de contrato; **Geschäftsbereich** *m* <-(e)s, -e> (POL: *eines Ministers*) (ámbito *m* de) competencias *fpl*; **Geschäftsbericht** *m* <-(e)s, -e> (COM) informe *m* comercial, memoria *f* comercial; **Geschäftsbesorgungsvertrag** *m* <-(e)s, -träge> (COM) contrato *m* de gestión de negocios; **Geschäftsbesuch** *m* <-(e)s, -e> visita *f* de negocios; **Geschäftsbetrieb** *m* <-(e)s, *ohne pl*> actividad *f* comercial; **laufender ~** actividad comercial en curso; **Geschäftsbezeichnung** *f* <-, -en> enseña *f* comercial; **Geschäftsbeziehung** *f* <-, -en> (WIRTSCH) relación *f* comercial; **en mit dem Ausland unterhalten** mantener relaciones comerciales con el extranjero; **Geschäftsbrief** *m* <-(e)s, -e> carta *f* comercial; **Geschäftsbücher** *ntpl* libros *mpl* de cuentas [*o* de contabilidad]; **Geschäftsessen** *nt* <-s, -> comida *f* de negocios
geschäftsfähig *adj* (JUR) capaz (para [*o* de] contratar); **beschränkt ~** limitadamente capaz para contratar
Geschäftsfähigkeit *f* <-, *ohne pl*> (JUR) capacidad *f* contractual, capacidad *f* negocial; **beschränkte ~** capacidad negocial limitada; **Geschäftsfortführung** *f* <-, -en> continuación *f* del negocio [*o* de la actividad mercantil]; **Geschäftsfrau** *f* <-, -en> mujer *f* de negocios; **Geschäftsfreund(in)** *m(f)* <-(e)s, -e; -, -nen> colega *mf*, compañero, -a *m, f*

geschäftsführend adj gestor; **~e Gesellschafterin** socia gestora; **~er Teilhaber** socio gerente
Geschäftsführer(in) m(f) <-s, -; -, -nen> ❶ (von Unternehmen) gerente mf
❷ (von Organisation) secretario, -a m, f general
Geschäftsführerhaftung f <-, -en> (JUR) responsabilidad f del gestor de negocios; **Geschäftsführervergütung** f <-, -en> retribución f del gestor de negocios
Geschäftsführung f <-, ohne pl> ❶ (Vorgang) gerencia f, gestión f; **~ ohne Auftrag** gestión de negocios sin mandato; **außerordentliche ~** gerencia extraordinaria
❷ (Personal) gerentes mpl, gestores mpl
Geschäftsführungsbefugnis f <-, -se> (JUR) facultad f de gestión [o administración]; **Geschäftsführungspflicht** f <-, ohne pl> (JUR) deber m de gestión [o administración]
Geschäftsgang¹ m <-(e)s, -gänge> (geschäftlicher Gang) gestión m de negocios, trámitación f
Geschäftsgang² m <-(e)s, ohne pl> (Gang der Geschäfte) marcha f de los negocios; **ordnungsmäßiger ~** marcha normal de los negocios
Geschäftsgebaren nt <-s, ohne pl> métodos mpl comerciales, gestión f; **betrügerisches ~** métodos comerciales fraudulentos, práctica comercial fraudulenta; **unlauteres** [o **unsauberes**] **~** práctica comercial desleal; **Geschäftsgebühr** f <-, -en> derechos mpl comerciales; **Geschäftsgeheimnis** nt <-ses, -se> secreto m comercial; **Geschäftsgepflogenheit** f <-, -en> costumbre f comercial, práctica f comercial; **Geschäftsgewinn** m <-(e)s, -e> beneficio m comercial; **Geschäftsgrundlage** f <-, -n> base f del negocio; **Wegfall der ~** desaparición de la base del negocio; **Geschäftshaus** nt <-es, -häuser> ❶ (Gebäude) establecimiento m comercial ❷ (Firma) empresa f; **Geschäftsherrenhaftung** f <-, ohne pl> (JUR) responsabilidad f del titular del negocio; **Geschäftsinhaber(in)** m(f) <-s, -; -, -nen> propietario, -a m, f de un negocio; **Geschäftsinteresse** nt <-s, -n> interés m comercial; **Geschäftsjahr** nt <-(e)s, -e> ejercicio m, año m económico; **im laufenden ~** en el ejercicio actual [o corriente]; **Geschäftskapital** nt <-s, -e o -ien> capital m social; **Geschäftskonto** nt <-s, -konten> cuenta f de negocios; **Geschäftskorrespondenz** f <-, -en> correspondencia f comercial; **Geschäftskosten** pl gastos mpl comerciales; **auf ~ a cuenta de la empresa**; **Geschäftslage** f <-, -n> ❶ (wirtschaftlich) situación f comercial, estado m de los negocios; **gute ~** estado favorable de los negocios ❷ (geographisch) emplazamiento m de un negocio, situación f geográfica de un negocio; **Geschäftsleben** nt <-s, ohne pl> vida f comercial; **im ~ stehen** estar metido en la vida comercial; **Geschäftsleiter(in)** m(f) <-s, -; -, -nen> gerente mf; **Geschäftsleitung** f <-, -en> dirección f, gerencia f; **Geschäftsleute** pl von **Geschäftsmann**; **Geschäftsliste** f <-, -n> (Schweiz: Tagesordnung) orden m del día
Geschäftslosigkeit f <-, ohne pl> inactividad f comercial
Geschäftsmann m <-(e)s, -leute o -männer> hombre m de negocios
geschäftsmäßig I. adj de negocios; **eine ~e Unterredung** una reunión de negocios; **einen ~en Ton anschlagen** hablar con un tono frío e impersonal
II. adv (por motivo) de negocios, debido a los negocios; **er ist nicht zum Vergnügen nach Dublin geflogen, sondern ~** no se ha ido de vacaciones a Dublín, sino en viaje de negocios
Geschäftsmethode f <-, -n> prácticas fpl comerciales; **mit unlauteren ~n arbeiten** practicar la competencia desleal; **Geschäftsneubau** m <-(e)s, -bauten> construcción nueva f de un negocio [o de una empresa]; **Geschäftsordnung** f <-, -en> reglamento m; **Geschäftspartner(in)** m(f) <-s, -; -, -nen> ❶ (Beteiligter) socio, -a m, f ❷ (Handelspartner) socio, -a m, f comercial; **Geschäftspolitik** f <-, ohne pl> política f de la compañía; **Geschäftspraktiken** fpl prácticas fpl comerciales; **wettbewerbsbeschränkende ~** prácticas comerciales que limitan la libre competencia; **Geschäftsraum** m <-(e)s, -räume> (Büro) oficina f; (Laden) local m comercial; **Geschäftsrecht** nt <-(e)s, ohne pl> derecho m de régimen interno; **Geschäftsreise** f <-, -n> viaje m de negocios; **auf ~ sein** estar de viaje de negocios; **Geschäftsreputation** f <-, -en> reputación f comercial; **Geschäftsrückgang** m <-(e)s, -gänge> regresión f de los negocios; **allgemeiner ~** regresión generalizada de los negocios
geschäftsschädigend adj perjudicial para el negocio
Geschäftsschädigung f <-, -en> perjuicio m comercial; **die Bank drohte, ihrem Mitarbeiter wegen ~ zu kündigen** el banco amenazó con despedir al trabajador acusándole de perjuicio comercial; **Geschäftsschluss**^RR m <-es, ohne pl> (hora f de) cierre m de los comercios; **nach ~** después del cierre de los comercios; **Geschäftssinn** m <-(e)s, ohne pl> habilidad f para los negocios, sentido m para los negocios; **Geschäftsstatut** nt <-(e)s, -en> (JUR) estatuto m comercial; **Geschäftsstelle** f <-, -n> (Büro) despacho m, oficina f; (Filiale) sucursal f; (Gericht) secretaría f del juzgado; **Geschäftsstockung** f <-, -en> estancamiento m de los negocios, paralización f de los negocios; **Geschäftsstraße** f <-, -n> calle f comercial; **Geschäftsstunden** fpl (bei Verwaltung) horas fpl de oficina; (bei Läden) horario m comercial; **Geschäftstätigkeit** f <-, ohne pl> actividad f comercial; **allgemeine ~** actividad comercial general; **Geschäftstendenz** f <-, -en> tendencia f comercial; **Geschäftsträger(in)** m(f) <-s, -; -, -nen> encargado, -a m, f de negocios
geschäftstüchtig adj hábil para el comercio, ducho en los negocios
Geschäftsübernahme f <-, -n> adquisición f de un negocio
geschäftsunfähig adj (JUR) incapaz (para [o de] contratar); **für ~ erklären** declarar incapaz para contratar; **~ werden** devenir incapaz para contratar
Geschäftsunfähige(r) mf <-n, -n; -n, -n> (JUR) incapaz mf para contratar; **Geschäftsunfähigkeit** f <-, ohne pl> (JUR) incapacidad f (para [o de] contratar); **Geschäftsveräußerung** f <-, -en> (JUR) traspaso m del negocio; **Geschäftsverbindung** f <-, -en> (WIRTSCH) relación f comercial; **~en pflegen** mantener relaciones comerciales; **Geschäftsverkehr** m <-(e)s, -e> relaciones fpl comerciales; **Geschäftsvermittler(in)** m(f) <-s, -; -, -nen> intermediario, -a m, f
Geschäftsverteilung f <-, -en> reparto m de asuntos; **Geschäftsverteilungsplan** m <-(e)s, -pläne> plan m de reparto de asuntos
Geschäftsverweigerung f <-, -en> rechazo m del negocio; **Geschäftsviertel** nt <-s, -> zona f comercial, barrio m comercial; **Geschäftsvolumen** nt <-s, -> (WIRTSCH) volumen m de negocios; **Geschäftsvorgang** m <-(e)s, -gänge> operación f comercial; **abgewickelte Geschäftsvorgänge** operaciones realizadas; **Geschäftsvorjahr** nt <-(e)s, -e> ejercicio m anterior; **Geschäftswagen** m <-s, -> coche m de la empresa; **Geschäftswelt** f <-, ohne pl> mundo m empresarial; **Geschäftswert** m <-(e)s, -e> (WIRTSCH) valor m añadido de una empresa; **Geschäftswille** m <-ns, ohne pl> (WIRTSCH) voluntad f de negocio; **Geschäftszeit** f <-, -en> horario m comercial; **Geschäftszimmer** nt <-s, -> oficina f, despacho m; **Geschäftszweck** m <-(e)s, -e> (WIRTSCH) objeto m del negocio; **Geschäftszweig** m <-(e)s, -e> ramo m comercial
geschah [gəˈʃa:] 3. imp von **geschehen**
Geschaukel [gəˈʃaʊkəl] nt <-s, ohne pl> (Kind) balanceo m; (Bus, Straßenbahn) tambaleo m, meneo m; **das war ein ~ mit dem alten Bus durch die Pyrenäen!** ¡vaya triquitraque el del viejo autobús al cruzar los Pirineos!
gescheckt [gəˈʃɛkt] adj (Pferd) pío; (Hund, Rind) con manchas; **Dalmatiner sind schwarz-weiß ~e Hunde** los dálmatas son perros con manchas blancas y negras
geschehen [gəˈʃeːən] <geschieht, geschah, geschehen> vi sein pasar, ocurrir, suceder; **wie konnte das ~?** ¿cómo pudo pasar esto?; **als ob nichts ~ wäre** como si no hubiera pasado nada; **was geschieht mit diesen Flaschen?** ¿qué hacemos con estas botellas?; **es ist um jdn ~** alguien está perdido; **es muss etwas ~** tiene que pasar algo; **er wusste nicht, wie ihm geschah, als plötzlich das Licht ausging** no sabía lo que estaba sucediendo cuando, de repente, la luz se apagó; **nach all dem G~en** después de todo lo ocurrido, después de todo lo que ha pasado
Geschehen nt <-s, -> (geh) sucesos mpl, acontecimientos mpl
Geschehnis nt <-ses, -se> (geh) suceso m, acontecimiento m
gescheit [gəˈʃaɪt] adj inteligente, listo; (vernünftig) sensato
Geschenk [gəˈʃɛŋk] nt <-(e)s, -e> regalo m, obsequio m; **ein ~ des Himmels** regalo llovido [o caído] del cielo; **jdm ein ~ machen** regalar algo a alguien; **kleine ~e erhalten die Freundschaft** (prov) los pequeños regalos ayudan a conservar la amistad
Geschenkartikel m <-s, -> artículo m de regalo; **Geschenkboutique** f <-, -n> tienda f de regalos; **Geschenkgutschein** m <-s, -e> vale m de regalo; **Geschenkpackung** f <-, -en> cajita f de regalo, envoltorio m de regalo; **Geschenkpapier** nt <-s, -e> papel m de regalo
Geschichte¹ [gəˈʃɪçtə] f <-, ohne pl> (Entwicklungsprozess) historia f; **Alte/Mittlere/Neue ~** Historia Antigua/de la Edad Media/Moderna; **~ machen** hacer época; **in die ~ eingehen** pasar a la historia
Geschichte² f <-, -n> ❶ (Erzählung) cuento m
❷ (fam: Angelegenheit) asunto m, cosa f, cuestión f Am; **das ist ja eine schöne ~** pues vaya una historia; **was machst du für ~n?** ¿pero qué estás haciendo?; **mach keine ~n!** ¡no hagas tonterías!
Geschichtenerzähler(in) m(f) <-s, -; -, -nen> cuentista mf
geschichtlich adj histórico
Geschichtsatlas m <- o -ses, -atlanten o -se> atlas m inv histórico; **Geschichtsbewusstsein**^RR nt <-s, ohne pl> conciencia f histórica; **Geschichtsbuch** nt <-(e)s, -bücher> libro m de historia; **Geschichtsepoche** f <-, -n> época f histórica; **Geschichtsfälschung** f <-, -en> falsedad f de hechos históricos; **in totalitären Staaten sind die Geschichtsbücher oft nichts anderes als ~en** en los Estados totalitarios, los libros de historia a menudo no son más que pura falacia; **Geschichtskenntnisse** fpl conocimientos mpl de historia;

geschichtslos *adj* (*Dasein*) sin conciencia histórica; (*Mensch, Volk*) sin raíces históricas
Geschichtsschreiber(in) *m(f)* <-s, -; -, -nen> historiador(a) *m(f)*, historiógrafo, -a *m, f*; **Geschichtsschreibung** *f* <-, *ohne pl*> historiografía *f*; **Geschichtswissenschaft** *f* <-, *ohne pl*> historia *f*, historiología *f*; **Geschichtswissenschaftler(in)** *m(f)* <-s, -; -, -nen> historiador(a) *m(f)*; **Geschichtszahl** *f* <-, -en> fecha *f* histórica
Geschick¹ [gəˈʃɪk] *nt* <-(e)s, -e> (*geh: Schicksal*) suerte *f*, fortuna *f*
Geschick² *nt* <-(e)s, *ohne pl*> habilidad *f*, destreza *f*
Geschicklichkeit *f* <-, *ohne pl*> habilidad *f*, destreza *f*
geschickt *adj* hábil, diestro, mañoso *fam*; **sich bei etw** *dat* ~ **anstellen** ser hábil [*o* diestro] en algo, darse maña en algo *fam*
Geschicktheit *f* <-, *ohne pl*> habilidad *f*, destreza *f*
geschieden [gəˈʃiːdən] *pp von* **scheiden**
Geschiedene(r) *mf* <-n, -n; -n, -n> divorciado, -a *m, f*; **ihr ~r/seine ~** (*fam*) su ex (marido)/su ex (mujer)
geschieht [gəˈʃiːt] *3. präs von* **geschehen**
geschienen [gəˈʃiːnən] *pp von* **scheinen**
Geschirr¹ [gəˈʃɪr] *nt* <-(e)s, -e> ❶ (*Ess~*) vajilla *f*; (*Kaffee~*) juego *m* de café
❷ (*Pferde~*) arreos *mpl*
Geschirr² *nt* <-(e)s, *ohne pl*> (*Gesamtheit*) platos *mpl*, vajilla *f*
Geschirrablage *f* <-, -n> escurreplatos *m inv*; **Geschirraufzug** *m* <-(e)s, -züge> montaplatos *m inv*; **Geschirrschrank** *m* <-(e)s, -schränke> aparador *m*, alacena *f*; **Geschirrspülen** *nt* <-s, *ohne pl*> lavado *m* de los platos; **das ~ erledigt mal sie, mal ihr Mann** los platos los friega unas veces ella, otras, su marido; **Geschirrspüler** *m* <-s, -> (*fam*), **Geschirrspülmaschine** *f* <-, -n> lavaplatos *m inv*, lavavajillas *m inv*; **Geschirrspülmittel** *nt* <-s, -> (líquido *m*) lavavajillas *m inv*; **Geschirrtuch** *nt* <-(e)s, -tücher> trapo *m* (para secar la vajilla), paño *m* de cocina; **Geschirrwaschmaschine** *f* <-, -n> (*Schweiz*) s. **Geschirrspülmaschine**
geschissen [gəˈʃɪsən] *pp von* **scheißen**
geschlafen [gəˈʃlaːfən] *pp von* **schlafen**
geschlagen [gəˈʃlaːgən] *pp von* **schlagen**
Geschlecht¹ [gəˈʃlɛçt] *nt* <-(e)s, *ohne pl*> ❶ (BIOL) sexo *m*; **beiderlei ~s** de ambos sexos
❷ (*~steil*) sexo *m*, órgano *m* genital
Geschlecht² *nt* <-(e)s, -er> ❶ (*Gesamtheit der Lebewesen*): **das andere ~** el otro sexo; **das schwache/starke ~** (*fam*) el sexo débil/fuerte; **das schöne ~** (*fam*) el bello sexo
❷ (*Gattung, a.* LING) género *m*
❸ (*Familie*) familia *f*
❹ (*Generation*) generación *f*
Geschlechterrolle *f* <-, -n> rol *m* sexual [*o* por sexos]
geschlechtlich *adj* sexual
geschlechtlos *adj s.* **geschlechtslos**
Geschlechtsakt *m* <-(e)s, -e> acto *m* sexual [*o* carnal], coito *m*; **Geschlechtsgenosse, -in** *m, f* <-n, -n; -, -nen> persona *f* del mismo sexo; **Geschlechtshormon** *nt* <-s, -e> hormona *f* sexual
geschlechtskrank *adj* que padece una enfermedad venérea
Geschlechtskranke(r) *mf* <-n, -n; -n, -n> persona *f* que padece una enfermedad venérea; **Geschlechtskrankheit** *f* <-, -en> enfermedad *f* venérea; **Geschlechtsleben** *nt* <-s, *ohne pl*> vida *f* sexual; **seine Schwester führt ein sehr freies ~** su hermana lleva una vida sexual muy liberal
geschlechtslos *adj* ❶ (BIOL) asexual
❷ (*abw: Person*) asexuado
Geschlechtsorgan *nt* <-s, -e> órgano *m* sexual
geschlechtsreif *adj* (BIOL): **~ sein** haber alcanzado la madurez sexual
Geschlechtsreife *f* <-, *ohne pl*> madurez *f* sexual; **Geschlechtsteil** *nt* <-(e)s, -e> órgano *m* sexual [*o* genital]; **Geschlechtstrieb** *m* <-(e)s, -e> (BIOL) instinto *m* sexual; **Geschlechtsumwandlung** *f* <-, -en> cambio *m* de sexo, operación *f* de sexo; **Geschlechtsverkehr** *m* <-(e)s, *ohne pl*> relaciones *fpl* sexuales; **mit jdm ~ haben** tener relaciones sexuales con alguien; **Geschlechtswort** *nt* <-(e)s, -wörter> (LING) artículo *m*
geschlichen [gəˈʃlɪçən] *pp von* **schleichen**
geschliffen [gəˈʃlɪfən] I. *pp von* **schleifen**
II. *adj* (*Ausdrucksweise*) pulido, refinado
geschlossen [gəˈʃlɔsən] I. *pp von* **schließen**
II. *adj* ❶ (*zusammenhängend*) compacto; **~e Gesellschaft** reunión privada; **50 km/h innerhalb ~er Ortschaften** 50 km/h dentro de las poblaciones
❷ (*Vokal*) cerrado
III. *adv* colectivamente; **wir standen ~ hinter ihm** le apoyamos colectivamente; **~ für/gegen etw stimmen** votar por unanimidad a favor de/contra algo

Geschlossenheit *f* <-, *ohne pl*> unidad *f*; **das gemeinsame Auftreten der Politiker bot ein Bild der ~** la aparición conjunta de los políticos ofrecía una imagen de unidad
geschlungen [gəˈʃlʊŋən] *pp von* **schlingen**
Geschmack¹ [gəˈʃmak] *m* <-(e)s, *ohne pl*> (*~ssinn*) gusto *m*
Geschmack² *m* <-(e)s, -schmäcke; *fam:* -schmäcker> ❶ (*einer Speise*) sabor *m* (*nach* a), gusto *m* (*nach* a); **in Bezug auf etw auf den ~ gekommen sein** haber cogido el gusto a algo
❷ (*ästhetisches Empfinden*) gusto *m*; **für meinen ~ para mi gusto; das ist nicht nach meinem ~** no es de mi gusto; **an etw** *dat* **finden** cogerle el gusto a algo; **je nach ~** según gusto; **guten/keinen (guten) ~ haben** tener buen/no tener (buen) gusto; **über ~ lässt sich (nicht) streiten** (*prov*) sobre gustos no hay nada escrito, para gustos se hicieron los colores
geschmacklich I. *adj* de gusto, de sabor; **bei diesem Wein merke ich sofort einen ~en Unterschied** en este vino aprecio en seguida un sabor diferente
II. *adv* en lo referente al gusto [*o* al sabor]; **etwas Rotwein würde die Soße ~ abrunden** un poco de vino tinto le daría el toque final a la salsa
geschmacklos *adj* ❶ (*Speisen*) sin gusto, sin sabor
❷ (*taktlos*) de mal gusto
Geschmacklosigkeit¹ *f* <-, -en> (*Bemerkung*) observación *f* soez, comentario *m* de mal gusto
Geschmacklosigkeit² *f* <-, *ohne pl*> (*Eigenschaft*) falta *f* de gusto
Geschmackssache *f* <-, -n> *s.* **Geschmacksfrage**
Geschmacksfrage *f* <-, -n> cuestión *f* de gusto; **eine ~ sein** ser cuestión de gusto; **in ~n** en cuestiones de gusto
Geschmacksmuster *nt* <-s, -> modelo *m* artístico de aplicación industrial; **Geschmacksmusterrecht** *nt* <-(e)s, *ohne pl*> (JUR) régimen *m* de los modelos artísticos de aplicación industrial; **Geschmacksmusterschutz** *m* <-es, *ohne pl*> (JUR) protección *f* de los modelos artísticos de aplicación industrial
Geschmacksnerv *m* <-s, -en> nervio *m* gustativo; **Geschmacksrichtung** *f* <-, -en> gusto *m*, sabor *m*; **Eis gibt es in verschiedenen ~en** hay helados de distintos sabores; **Vanille ist genau meine ~!** (*fam*) ¡la vainilla es el sabor que más me gusta!; **Geschmackssache** *f* <-, -n> cuestión *f* de gusto; **das ist meine ~** es pura cuestión de gusto; **Geschmackssinn** *m* <-(e)s, *ohne pl*> (*Sinn*) (sentido *m* del) gusto *m*; **Geschmacksverirrung** *f* <-, -en> (*abw*) mal gusto *m*; **unter ~ leiden** (*fam*) no tener gusto; **Geschmacksverstärker** *m* <-s, -> reforzante *m* del sabor
geschmackvoll I. *adj* de buen gusto
II. *adv* con gusto
Geschmeide [gəˈʃmaɪdə] *nt* <-s, -> (*geh*) joyas *fpl*
geschmeidig [gəˈʃmaɪdɪç] *adj* ❶ (*biegsam*) flexible, elástico; (*weich*) suave, blando
❷ (*Körper*) ágil
Geschmeidigkeit *f* <-, *ohne pl*> ❶ (*Biegsamkeit*) flexibilidad *f*, elasticidad *f*; (*Weichheit*) suavidad *f*
❷ (*des Körpers*) agilidad *f*
Geschmeiß [gəˈʃmaɪs] *nt* <-es, *ohne pl*> (*abw*) ❶ (*Ungeziefer*) bicho *m*, bicharrajo *m*
❷ (*Menschen*) chusma *f*
Geschmier(e) [gəˈʃmiːr(ə)] *nt* <-(e)s, *ohne pl*> (*fam abw*) ❶ (*unleserliche Handschrift*) garabatos *mpl*; **dieses ~ kann niemand lesen** no hay quien lea estos garabatos
❷ (*kritisierter Artikel*) bodrio *m* de artículo; **dass so ein ~ überhaupt gedruckt wird! dieser schäbige Artikel steckt ja voll von Lügen** ¡que tal bodrio se publique! el artículo está repleto de mentiras
❸ (*schlechte Malerei*) pintarrajo *m*
geschmissen [gəˈʃmɪsən] *pp von* **schmeißen**
geschmolzen [gəˈʃmɔltsən] *pp von* **schmelzen**
Geschmuse [gəˈʃmuːzə] *nt* <-s, *ohne pl*> (*fam*) hacer caricias; **sobald im Kino der Film anfing, ging das ~ auf den hinteren Plätzen los** tan pronto empezó la película en el cine, los de las filas de atrás empezaron a besuquearse
Geschnatter *nt* <-s, *ohne pl*> ❶ (*von Gänsen*) graznidos *mpl*
❷ (*fam abw: von Menschen*) parloteo *m*
Geschnetzelte(s) [gəˈʃnɛtsəltəs] *nt* <-n, *ohne pl*> (*reg:* GASTR) especie de ragú servido con una salsa espesa
geschniegelt [gəˈʃniːgəlt] *adj* (*fam abw*) emperifollado; **~ und gestriegelt** [*o* **gebügelt**] de punta en blanco
geschnitten [gəˈʃnɪtən] *pp von* **schneiden**
geschnoben (*alt*) *pp von* **schnauben**
geschoben [gəˈʃoːbən] *pp von* **schieben**
gescholten [gəˈʃɔltən] *pp von* **schelten**
Geschöpf [gəˈʃœpf] *nt* <-(e)s, -e> criatura *f*; **ein ~ der Fantasie** una creación de la fantasía
geschoren [gəˈʃoːrən] *pp von* **scheren**

GeschossRR [gəˈʃɔs] *nt* <-es, -e>, **Geschoß** *nt* <-sses, -sse> ❶ (*von Waffen*) proyectil *m* ❷ (*Etage*) piso *m*, planta *f*
GeschossbahnRR *f* <-, -en> trayectoria *f* (del proyectil)
geschossen [gəˈʃɔsən] *pp von* **schießen**
geschraubt [gəˈʃraʊpt] *adj* (*fam abw: Stil*) rebuscado, amanerado
Geschrei *nt* <-s, *ohne pl*> gritos *mpl*, griterío *m*; **viel ~ um etw machen** (*fam*) poner el grito en el cielo por algo
geschrieben [gəˈʃriːbən] *pp von* **schreiben**
geschrie(e)n [gəˈʃriː(ə)n] *pp von* **schreien**
geschritten [gəˈʃrɪtən] *pp von* **schreiten**
geschunden [gəˈʃʊndən] *pp von* **schinden**
Geschütz [gəˈʃʏts] *nt* <-es, -e> boca *f* de fuego, cañón *m*; **schweres ~ auffahren** (*fam*) disparar toda la artillería
Geschützfeuer *nt* <-s, -> (MIL) fuego *m* de artillería
Geschwader [gəˈʃvaːdɐ] *nt* <-s, -> (MIL) escuadra *f*
Geschwafel [gəˈʃvaːfəl] *nt* <-s, *ohne pl*> (*fam abw*) palabrería *f*, verborrea *f*
Geschwätz [gəˈʃvɛts] *nt* <-es, *ohne pl*> (*fam abw*) ❶ (*Gerede*) perorata *f*, palabrería *f* ❷ (*Klatsch*) cotilleo *m*
geschwätzig *adj* (*abw*) chismoso
Geschwätzigkeit *f* <-, *ohne pl*> (*abw*) verborrea *f*, verbosidad *f*
geschweift [gəˈʃvaɪft] *adj* (TYPO): **~e Klammer** corchete *m*
geschweige [gəˈʃvaɪɡə] *konj* ni mucho menos, y menos aún, por no hablar de; **er hat kein Geld für eine Wohnung, ~ denn für ein Haus** no tiene dinero para pagar un piso, y menos aún para pagar una casa
geschwiegen [gəˈʃviːɡən] *pp von* **schweigen**
geschwind [gəˈʃvɪnt] *adj* (*reg*) rápido, veloz
Geschwindigkeit [gəˈʃvɪndɪçkaɪt] *f* <-, -en> velocidad *f*, viada *f* *And*; **mit einer ~ von X km/h** a una velocidad de X km/h; **wegen überhöhter ~** por exceso de velocidad
Geschwindigkeitsbegrenzung *f* <-, -en>, **Geschwindigkeitsbeschränkung** *f* <-, -en> límite *m* de velocidad; **Geschwindigkeitskontrolle** *f* <-, -n> control *m* de velocidad; **Geschwindigkeitsüberschreitung** *f* <-, -en> exceso *m* de velocidad
Geschwister [gəˈʃvɪstɐ] *pl* hermanos *mpl*; (*Schwestern*) hermanas *fpl*
geschwisterlich I. *adj* fraternal; **eine gewisse ~e Ähnlichkeit zwischen den beiden Kindern lässt sich nicht leugnen** no se puede negar que hay un cierto parecido entre los dos hermanos II. *adv* como hermanos, de manera fraternal
Geschwisterliebe *f* <-, *ohne pl*> ❶ (*Zuneigung*) amor *m* de hermanos [*o* fraternal] ❷ (*Beziehung*) amor *m* (incestuoso) entre hermanos; **Geschwisterpaar** *nt* <-(e)s, -e> hermanos *mpl*, hermano y hermana; **Hänsel und Gretel sind ein ~** Hansel y Gretel son hermanos
geschwollen [gəˈʃvɔlən] I. *pp von* **schwellen** II. *adj* (*abw: Stil*) exagerado, ampuloso; **~ reden** hablar ampulosamente
geschwommen [gəˈʃvɔmən] *pp von* **schwimmen**
geschworen [gəˈʃvoːrən] *pp von* **schwören**
Geschworene(r) [gəˈʃvoːrənə] *mf* <-n, -n; -, -n> jurado, -a *m, f*; **~r sein** actuar como miembro del jurado
Geschworenenbank *f* <-, -bänke> estrado *m* del jurado; **Geschworenengericht** *nt* <-(e)s, -e> tribunal *m* de jurados; **Geschworenenliste** *f* <-, -n> lista *f* de jurados, panel *m Cuba, PRico*; **die ~ aufstellen** disponer la lista de los miembros del jurado; **Geschworenenspruch** *m* <-(e)s, -sprüche> veredicto *m*; **einstimmiger ~** veredicto unánime
Geschwulst [gəˈʃvʊlst] *f* <-, -schwülste> tumor *m*; (*Schwellung*) tumefacción *f*
geschwunden [gəˈʃvʊndən] *pp von* **schwinden**
geschwungen [gəˈʃvʊŋən] *pp von* **schwingen**
Geschwür [gəˈʃvyːɐ] *nt* <-(e)s, -e> (MED) úlcera *f*
gesegnet *adj* (*geh*) feliz; **~es Weihnachtsfest!** ¡feliz Navidad!; **~ Ostern!** ¡felices Pascuas!; **~e Mahlzeit!** damos gracias al Señor por los alimentos que vamos a tomar
gesehen [gəˈzeːən] *pp von* **sehen**
Geselchte(s) [ɡəˈzɛlçtəs] *nt* <-n, *ohne pl*> (*südd, Österr*: GASTR: *Rauchfleisch*) carne *f* ahumada
Geselle[1] [gəˈzɛlə] *m* <-n, -n> (*Bursche*) muchacho *m*, tío *m sl*
Geselle, -in[2] *m, f* <-n, -n; -, -nen> (*Handwerker*) oficial *mf*
gesellen* [ɡəˈzɛlən] *vr*: **sich ~** juntarse (*zu* con)
GesellenausschussRR *m* <-es, -schüsse> comisión *f* de oficiales
Gesellenbrief *m* <-(e)s, -e> título *m* de oficial; **Gesellenprüfung** *f* <-, -en> examen *m* para obtener el título de oficial; **Gesellenstück** *nt* <-(e)s, -e> pieza *f* artesanal (*que se presenta para obtener el título de oficial*)
gesellig *adj* (*Mensch*) sociable, comunicativo; **ein ~es Beisammensein** una velada amigable
Geselligkeit[1] *f* <-, -en> (*Anlass*) velada *f*
Geselligkeit[2] *f* <-, *ohne pl*> (*eines Menschen*) sociabilidad *f*
Gesellin *f* <-, -nen> *s.* **Geselle**[2]
Gesellschaft [ɡəˈzɛlʃaft] *f* <-, -en> ❶ (SOZIOL) sociedad *f* ❷ (*Organisation*) asociación *f*, sociedad *f*; (WIRTSCH) sociedad *f*, compañía *f*; **~ mit beschränkter Haftung** sociedad de responsabilidad limitada; **~ bürgerlichen Rechts, bürgerlich-rechtliche ~** sociedad civil; **abhängige ~** sociedad dependiente; **offene ~** sociedad colectiva; **stille ~** contrato de cuentas en participación; **eine ~ gründen** fundar una sociedad ❸ (*Begleitung, Umgang*) compañía *f*; **jdm ~ leisten** hacer compañía a alguien; **er ist in schlechte ~ geraten** ha caído en malas compañías ❹ (*Fest*) fiesta *f*; (*Gäste*) círculo *m*, grupo *m*; **geschlossene ~** círculo privado, reunión privada
Gesellschafter(in) *m(f)* <-s, -; -, -nen> ❶ (*Unterhalter*) compañero, -a *m, f*, acompañante *mf* ❷ (WIRTSCH) socio, -a *m, f*; **beherrschender ~** socio dominante; **beschränkt haftender ~** sociedad limitada, socio limitadamente responsable; **unbeschränkt haftender ~** socio de responsabilidad ilimitada, socio no dominante; **persönlich haftender ~** socio con responsabilidad personal; **stiller ~** socio participante
Gesellschafteranteil *m* <-(e)s, -e> (JUR, WIRTSCH) parte *f* social; **Gesellschafterausschuss**RR *m* <-es, -schüsse> (JUR, WIRTSCH) comisión *f* de socios; **Gesellschafterbeschluss**RR *m* <-es, -schlüsse> (WIRTSCH) acuerdo *m* social; **Gesellschafterbilanz** *f* <-, -en> (WIRTSCH) balance *m* social; **Gesellschafterdarlehen** *nt* <-s, -> (WIRTSCH) préstamo *m* de socio; **Gesellschafterforderung** *f* <-, -en> (WIRTSCH) crédito *m* de socio; **Gesellschafterversammlung** *f* <-, -en> (WIRTSCH) junta *f* de socios; **Einberufung der ~** convocación de la junta de socios; **Gesellschaftervertrag** *m* <-(e)s, -träge> (WIRTSCH, JUR) contrato *m* de socios; **Gesellschafterwechsel** *m* <-s, -> (WIRTSCH) cambio *m* de socios
gesellschaftlich *adj* social
Gesellschaftsanteil *m* <-(e)s, -e> (FIN, WIRTSCH) participación *f* (social); **Gesellschaftsauseinandersetzung** *f* <-, -en> (WIRTSCH) disolución *f* de la sociedad; **Gesellschaftsbeschluss**RR *m* <-es, -schlüsse> (JUR) acuerdo *m* social; **Gesellschaftsbilanz** *f* <-, -en> (WIRTSCH) balance *m* social
gesellschaftsfähig *adj* ❶ (*Mensch*) presentable ❷ (*Benehmen*) socialmente aceptable
Gesellschaftsform *f* <-, -en> ❶ *s.* **Gesellschaftsordnung** ❷ (COM: *Betriebsform*) persona *f* jurídica; **für unsere Firma haben wir die ~ einer GmbH gewählt** para nuestra empresa hemos escogido la persona jurídica de S.L.; **Gesellschaftsgläubiger(in)** *m(f)* <-s, -; -, -nen> (FIN, WIRTSCH) acreedor(a) *m(f)* social; **Gesellschaftsgründung** *f* <-, -en> (JUR, WIRTSCH) constitución *f* de una sociedad; **Gesellschaftskapital** *nt* <-s, -e *o* -ien> (FIN, WIRTSCH) capital *f* social; **Gesellschaftskonkurs** *m* <-es, -e> (FIN, WIRTSCH) quiebra *f* de la sociedad; **Gesellschaftskritik** *f* <-, -en> crítica *f* social; **Gesellschaftsordnung** *f* <-, -en> orden *m* social; **Gesellschaftsorgan** *nt* <-s, -e> (JUR) órgano *m* social; **Gesellschaftspolitik** *f* <-, *ohne pl*> política *f* social
Gesellschaftsrecht[1] *nt* <-(e)s, -e> (COM: *Anspruch*) derechos *mpl* de una sociedad
Gesellschaftsrecht[2] *nt* <-s, *ohne pl*> (JUR: *Rechtsordnung*) derecho *m* de sociedades; **internationales ~** derecho de sociedades internacional
Gesellschaftsregister *nt* <-s, -> (JUR, WIRTSCH) registro *m* de sociedades; **Gesellschaftsschicht** *f* <-, -en> capa *f* social; **Gesellschaftsschulden** *fpl* (FIN, WIRTSCH) deudas *fpl* sociales; **Gesellschaftsspiel** *nt* <-(e)s, -e> juego *m* de sociedad; **Gesellschaftsstatut** *nt* <-(e)s, -en> (JUR) estatuto *m* social; **Gesellschaftssteuer** *f* <-, -n> (WIRTSCH) impuesto *m* de sociedades; **Gesellschaftstanz** *m* <-es, -tänze> baile *m* de salón; **Gesellschaftsverbindlichkeiten** *fpl* (JUR) obligaciones *fpl* sociales; **Gesellschaftsvermögen** *nt* <-s, -> (FIN, WIRTSCH) patrimonio *m* social; **Gesellschaftsversammlung** *f* <-, -en> junta *f* general de la sociedad; **Gesellschaftsvertrag** *m* <-(e)s, -träge> (WIRTSCH, JUR) contrato *m* social [*o* de sociedad]; **Gesellschaftswissenschaft** *f* <-, -en> sociología *f*
gesessen [gəˈzɛsən] *pp von* **sitzen**
Gesetz [gəˈzɛts] *nt* <-es, -e> ley *f*; **das ~ der Schwerkraft** la ley de la gravedad; **einfaches ~** ley simple; **formelles ~** ley formal; **geltendes ~** ley vigente; **nachkonstitutionelles ~** ley postconstitucional; **ein ungeschriebenes ~** una ley no escrita; **nach Maßgabe des ~es** en la medida de la ley; **vor dem ~** ante la ley; **~e erlassen** dictar leyes; **das ~ hüten** respetar la ley; **ein ~ einbringen** originar una ley; **ein ~ umgehen** eludir [*o* burlar] una ley, incurrir en fraude de ley; **ein ~ verabschieden** aprobar una ley; **etw zum ~ erklären** hacer ley de algo; **mit dem ~ in Konflikt geraten** entrar en conflicto con la ley
Gesetzblatt *nt* <-(e)s, -blätter> (ADMIN) boletín *m* oficial; **Gesetzbuch** *nt* <-(e)s, -bücher> código *m*; **Bürgerliches ~** ≈Código Civil; **Gesetzentwurf** *m* <-(e)s, -würfe> proyecto *m* de ley; **einen ~ ein-

bringen presentar un proyecto de ley; **einen ~ verabschieden** aprobar un proyecto de ley

Gesetzesalternativität *f* <-, *ohne pl*> (JUR) alternativa *f* legal; **Gesetzesanwendung** *f* <-, -en> (JUR) aplicación *f* legal; **Gesetzesauslegung** *f* <-, -en> (JUR) interpretación *f* legal; **Gesetzesbeschluss**^{RR} *m* <-es, -schlüsse> decisión *f* legal; **Gesetzesbestimmungen** *fpl* disposiciones *fpl* legales; **Gesetzesbezeichnung** *f* <-, -en> (JUR) denominación *f* legal; **Gesetzesbindung** *f* <-, -en> (JUR) vinculación *f* legal; **~ der Verwaltung** vinculación legal de la administración; **Gesetz(es)blatt** *nt* <-(e)s, -blätter> boletín *m* oficial; **Gesetzesbrecher(in)** *m(f)* <-s, -; -, -nen> infractor(a) *m(f)* de la ley; **Gesetzeseinheit** *f* <-, *ohne pl*> unidad *f* legal; **Gesetzesentwurf** *m* <-(e)s, -würfe> (*Schweiz*) proyecto *m* de ley; **einen ~ vorlegen/einbringen** presentar/aportar un proyecto de ley; **Gesetzesfiktion** *f* <-, -en> ficción *f* legal; **Gesetzeshüter(in)** *m(f)* <-s, -; -, -nen> (*iron: Polizist*) policía *mf*, guardián, -ana *m, f* de la ley; **Gesetzesinitiative** *f* <-, -n> (POL) iniciativa *f* de ley; **Gesetzeskonflikt** *m* <-(e)s, -e> conflicto *m* de leyes; **Gesetzeskraft** *f* <-, *ohne pl*> fuerza *f* de ley; **volle ~** pleno vigor; **Gesetzeslücke** *f* <-, -n> vacío *m* legal; **Gesetzespaket** *nt* <-(e)s, -e> paquete *m* de leyes; **Gesetzessammlung** *f* <-, -en> recopilación *f* de leyes; **Gesetzestext** *m* <-(e)s, -e> texto *m* legal

gesetzestreu *adj* fiel a la ley

Gesetzesübertretung *f* <-, -en> infracción *f* de ley; **Gesetzesumgehung** *f* <-, -en> fraude *m* de ley; **Gesetzesverletzung** *f* <-, -en> infracción *f* de ley; **Gesetzesverzeichnis** *nt* <-ses, -se> repertorio *m* legal

Gesetzesvollzug *m* <-(e)s, *ohne pl*> ejecución *f* de la ley; **Gesetzesvollzugsanspruch** *m* <-(e)s, -sprüche> derecho *m* de implementación legal; **Gesetzesvorbehalt** *m* <-(e)s, -e> (JUR) reserva *f* de ley; **Gesetzesvorlage** *f* <-, -n> proyecto *m* de ley, proposición *f* de ley; **Gesetzesvorrang** *m* <-(e)s, *ohne pl*> supremacía *f* de la ley; **Gesetzeszweck** *m* <-(e)s, -e> voluntad *f* de la ley

gesetzgebend [gə'zɛtsge:bənt] *adj* legislativo

Gesetzgeber *m* <-s, -> legislador *m*

Gesetzgebung *f* <-, *ohne pl*> legislación *f*; **ausschließliche/konkurrierende ~** legislación exclusiva/concurrente

Gesetzgebungskompetenz *f* <-, -en> competencia *f* legislativa; **Gesetzgebungsnotstand** *m* <-(e)s, *ohne pl*> emergencia *f* legislativa; **Gesetzgebungsorgan** *nt* <-s, -e> órgano *m* legislativo; **Gesetzgebungsverfahren** *nt* <-s, -> trámite *m* legislativo

gesetzlich I. *adj* legal; (*rechtmäßig*) legítimo; **~er Feiertag** fiesta oficial; **~e Regelungen/Bestimmungen** reglamentos/normas legales II. *adv* legalmente; **~ erlaubt/geschützt** legalmente permitido/protegido por la ley; **~ vorgeschrieben** prescrito legalmente [*o* por la ley]; **etw ~ verfügen** decretar algo por fuerza de ley; **~ verpflichtet** obligado por la ley

Gesetzlichkeit *f* <-, *ohne pl*> ❶ (*Rechtmäßigkeit*) legitimidad *f*, legalidad *f* ❷ (*Rechtsordnung*) ordenamiento *m* jurídico, legalidad *f*

Gesetzlichkeitsprinzip *nt* <-s, *ohne pl*> principio *m* de la juridicidad

gesetzlos *adj* anárquico

Gesetzlosigkeit[1] *f* <-, -en> (*Missachtung der Gesetze*) inobservancia *f* de las leyes

Gesetzlosigkeit[2] *f* <-, *ohne pl*> (*Fehlen von Gesetzen*) anarquía *f*

gesetzmäßig *adj* ❶ (*rechtmäßig*) legal, legítimo ❷ (*regelmäßig*) regular

Gesetzmäßigkeit[1] *f* <-, -en> (JUR) legitimidad *f*, legalidad *f*; **~ der Verwaltung** legitimidad de la administración

Gesetzmäßigkeit[2] *f* <-, -en> (*Regelmäßigkeit*) regularidad *f*

gesetzt [gə'zɛtst] *adj* (*ruhig*) sosegado, sereno; (*ernst*) serio

Gesetztheit *f* <-, *ohne pl*> serenidad *f* (de espíritu), sosiego *m*

gesetzwidrig *adj* ilegal

Gesetzwidrigkeit *f* <-, -en> ilegalidad *f*, actuación *f* ilegal; **nach langen Ermittlungen kamen die ~en ans Licht** tras largas investigaciones salieron todas las irregularidades a la luz

ges. gesch. (*Marke*) *Abk. von* **gesetzlich geschützt** reg.

gesichert [gə'zɪçɐt] *adj* asegurado

Gesicht [gə'zɪçt] *nt* <-(e)s, -er> ❶ (*Körperteil, Miene*) cara *f*; **sein wahres ~ zeigen** quitarse la careta, enseñar el cobre *Am*; **etw zu ~ bekommen** llegar a ver algo; **das ~ wahren** salvar la cara; **sein ~ verlieren** perder prestigio, quedar mal; **es steht ihm ins ~ geschrieben** lo lleva escrito en la frente; **jdm etw ins ~ sagen** decirle a alguien algo a la cara; **jdm wie aus dem ~ geschnitten sein** ser el vivo retrato de alguien; **der Realität ins ~ sehen** ver las cosas como son; **ein unfreundliches ~ machen** poner cara de mal humor; **ein langes ~ machen** poner cara larga; **ein ~ machen wie drei Tage Regenwetter** (*fam*) poner cara de acelga

❷ (*Anblick*) aspecto *m*; **die Sanierung hat dem Viertel ein neues ~ verliehen** el saneamiento le ha dado un nuevo aspecto al barrio

Gesichtsausdruck *m* <-(e)s, -drücke> (expresión *f* de la) cara *f*; **Gesichtscreme** *f* <-, -s> crema *f* facial; **Gesichtsfarbe** *f* <-, -n> color *m* del rostro; (*Teint*) tez *f*; **Gesichtsfeld** *nt* <-(e)s, -er> (*Blickfeld*) campo *m* visual; **Gesichtskontrolle** *f* <-, -n> (*fam a. iron*) control *m* del aspecto externo; **in der neuen Disco machen sie jeden Abend eine ~** en la discoteca nueva controlan cada noche cómo vas vestido; **Gesichtskreis** *m* <-es, -e> ❶ (*Blickfeld*) campo *m* visual ❷ (*geistig*) horizontes *mpl*; **Gesichtslähmung** *f* <-, -en> (MED) parálisis *f inv* facial

gesichtslos *adj* ❶ (*ohne Gesicht*) sin cara, sin rostro ❷ (*Mensch*) sin substancia

Gesichtsmaske *f* <-, -n> mascarilla *f* facial; **Gesichtsmilch** *f* <-, *ohne pl*> leche *f* facial; **Gesichtspunkt** *m* <-(e)s, -e> punto *m* de vista; **unter diesem ~** desde [*o* bajo] este punto de vista; **Gesichtsrose** *f* <-, -n> (MED) rosa *f* facial; **Gesichtsverlust** *m* <-(e)s, -e> pérdida *f* de imagen (pública); **Gesichtswasser** *nt* <-s, -wässer> loción *f* para la cara; **Gesichtswinkel** *m* <-s, -> ángulo *m* visual; (*fig*) punto *m* de vista, enfoque *m*; **Gesichtszüge** *mpl* rasgos *mpl*, facciones *fpl*

Gesims [gə'zɪms] *nt* <-es, -e> moldura *f*

Gesindel [gə'zɪndəl] *nt* <-s, *ohne pl*> (*abw*) chusma *f*, purria *f*, gentuza *f*, pacotilla *f Am*; **mit diesem ~ möchte ich nichts zu tun haben!** ¡no quiero tener nada que ver con esta chusma!

gesinnt [gə'zɪnt] *adj*: **gleich ~** de la misma manera de pensar; **jdm freundlich/übel ~ sein** sentir simpatía/antipatía por alguien

Gesinnung [gə'zɪnʊŋ] *f* <-, -en> (*Denkart*) modo *m* de pensar, ideas *fpl*; (*Überzeugung*) convicciones *fpl*; **politische ~** credo político; **seine ~ wechseln** cambiar de opinión

Gesinnungsgenosse, -in *m, f* <-n, -n; -, -nen> correligionario, -a *m, f*, simpatizante *mf*

gesinnungslos *adj* (*abw*) sin principios, desleal; **dieser ~e Schuft hat seine Freunde verraten** este canalla sin principios ha traicionado a sus amigos

Gesinnungswandel *m* <-s, *ohne pl*>, **Gesinnungswechsel** *m* <-s, -> cambio *m* de opinión, chaqueteo *m fam pey*

gesittet [gə'zɪtət] *adj* (*anständig*) decente; (*gut erzogen*) bien educado; **sich ~ aufführen** comportarse bien

Gesöff [gə'zœf] *nt* <-(e)s, -e> (*fam abw*) brebaje *m*, mejunje *m*

gesoffen [gə'zɔfən] *pp von* **saufen**

gesogen [gə'zo:gən] *pp von* **saugen**

gesondert [gə'zɔndɐt] I. *adj* separado, aparte II. *adv* por separado, aparte; **etw ~ verpacken** envolver algo por separado

gesonnen [gə'zɔnən] I. *pp von* **sinnen** II. *adj*: **~ sein etw zu tun** tener la intención de hacer algo

gesotten [gə'zɔtən] *pp von* **sieden**

gespalten [gə'ʃpaltən] *pp von* **spalten**

Gespan [gə'ʃpa:n] *m* <-en, -en> (*Schweiz: Kamerad*) compañero *m*

Gespann [gə'ʃpan] *nt* <-(e)s, -e> ❶ (*Wagen*) tiro *m*; (*Ochsen und Joch*) yunta *f* ❷ (*Personen*) pareja *f*

gespannt [gə'ʃpant] *adj* ❶ (*neugierig*) curioso (*auf* por); **ich bin ~, was daraus wird** tengo mucha curiosidad por ver qué pasa con esto ❷ (*aufmerksam*) atento ❸ (*Lage*) tenso

Gespanntheit *f* <-, *ohne pl*> ❶ (*Neugierigkeit*) curiosidad *f* ❷ (*Aufmerksamkeit*) atención *f* ❸ (*Gereiztheit*) tensión *f*

Gespenst [gə'ʃpɛnst] *nt* <-(e)s, -er> fantasma *m*, espanto *m Am*, azoro *m MAm*; (*von Toten*) aparecido *m*; **~er sehen** (*a. iron*) ver visiones

Gespenstergeschichte *f* <-, -n> historia *f* de fantasmas

gespensterhaft *adj* fantasmal, espectral; **~e Schatten tauchten im Nebel auf** de entre la niebla surgieron sombras espectrales

gespenstig *adj*, **gespenstisch** *adj* fantasmal

gespie(e)n [gə'ʃpi:(ə)n] *pp von* **speien**

gespielt [gə'ʃpi:lt] *adj* (*vorgetäuscht*) simulado, fingido

gespien [gə'ʃpi:n] *pp von* **speien**

Gespinst *nt* <-(e)s, -e> hilado *m*

gesponnen [gə'ʃpɔnən] *pp von* **spinnen**

Gespött [gə'ʃpœt] *nt* <-(e)s, *ohne pl*> sarcasmo *m*, burla *f*; **sich zum ~ der Leute machen** ser el hazmerreír de la gente

Gespräch [gə'prɛ:ç] *nt* <-(e)s, -e> ❶ (*Unterhaltung*) conversación *f* (*über* de/sobre); (*Plauderei*) charla *f* (*über* sobre); (*mit jdm*) **ein ~ führen** conversar [*o* mantener una conversación] (con alguien); **mit jdm ins ~ kommen** trabar conversación con alguien; **das ~ auf etw bringen** llevar la conversación a algo; **im ~ sein** estar en boca de todos; **die ~e haben sich festgefahren** las conversaciones se han estancado [*o* paralizado]

❷ (TEL) conferencia *f*; (*Anruf*) llamada *f* (telefónica); **ein ~ anmelden**

pedir línea
gesprächig adj comunicativo, locuaz
Gesprächigkeit f <-, ohne pl> locuacidad f, facilidad f de palabra
gesprächsbereit adj dispuesto a conversar
Gesprächsdauer f <-, ohne pl> duración f de una conversación; (TEL) duración f de una llamada; **nach dreistündiger ~ wurden die Verhandlungen abgebrochen** al cabo de tres horas se interrumpieron las negociaciones; **Gesprächseinheit** f <-, -en> (TEL) unidad f; **Gesprächsfaden** m <-s, -fäden> hilo m (de una conversación); **den ~ abreißen lassen** hacer perder el hilo de una conversación; **Gesprächsnotiz** f <-, -en> apunte m, nota f; **Gesprächspartner(in)** m(f) <-s, -; -, -nen> interlocutor(a) m(f); **Gesprächsstoff** m <-(e)s, -e> tema m de conversación; **Gesprächsteilnehmer(in)** m(f) <-s, -; -, -nen> tertuliano, -a m, f, contertulio, -a m, f; **wie viele ~ kommen zu unserer Diskussionsrunde?** ¿cuánta gente participará en el debate?; **Gesprächsthema** nt <-s, -themen> tema m de conversación; **Gesprächstherapie** f <-, ohne pl> (PSYCH) terapia f conversacional
gespreizt [gəˈʃpraɪtst] adj (abw) afectado, amanerado
gesprenkelt [gəˈʃprɛŋkəlt] adj con puntos, moteado
Gespritzte(r) [gəˈʃprɪtstə] m <-n, -n> (südd, Österr: GASTR) vino con agua mineral con gas
gesprochen [gəˈʃprɔxən] pp von **sprechen**
gesprossen [gəˈʃprɔsən] pp von **sprießen**
gesprungen [gəˈʃprʊŋən] pp von **springen**
Gespür [gəˈʃpyːɐ] nt <-s, ohne pl> sentido m (für de), olfato m (für para)
gest. Abk. von **gestorben** fallecido
Gestade [gəˈʃtaːdə] nt <-s, -> (geh: Küste) costa f; (Ufer) orilla f
Gestagen [gɛstaˈgeːn] nt <-s, -e> (Hormon) gestágeno m
Gestalt [gəˈʃtalt] f <-, -en> ❶ (äußere Erscheinung) aspecto m; (Wuchs) talla f, estatura f
❷ (Form) forma f, figura f; **etw zeigt sich in seiner wahren ~** algo se muestra en su verdadero aspecto; **~ annehmen** tomar cuerpo; **etw dat ~ verleihen** dar forma a algo; **in ~ von** en forma de
❸ (Persönlichkeit) personaje m; **Dracula ist eine düstere ~** Drácula es un personaje tenebroso
❹ (Person) persona f; **zwei armselige ~en** dos pobres hombres
gestalten* I. vt ❶ (Wohnung) distribuir; (Vortrag, Unterricht) elaborar; (Freizeit, Leben) organizar
❷ (ARCHIT, KUNST) formar; (Bild, Figur, Entwurf) hacer, crear
II. vr: **sich ~** (geh) formarse; **der Ablauf wird sich folgendermaßen ~** el desarrollo será de la siguiente manera; **die Bergung gestaltete sich schwieriger als erwartet** el rescate resultó más difícil de lo esperado
Gestalter(in) m(f) <-s, -; -, -nen> diseñador(a) m(f)
gestalterisch adj creativo
Gestaltpsychologie f <-, ohne pl> (PSYCH) psicología f de la forma
Gestaltung f <-, -en> (Wohnung) distribución f; (von Thema, Veranstaltung) presentación f; (Freizeit) organización f; (Aufbau) estructuración f; (schöpferisch) creación f
Gestaltungsfreiheit f <-, ohne pl> planerische ~ libertad f planificadora de la configuración; **Gestaltungsklage** f <-, -en> (JUR) demanda f dispositiva; **Gestaltungsmissbrauch**ᴿᴿ m <-(e)s, -bräuche> (JUR) abuso m de facultades dispositivas; **Gestaltungsrecht** nt <-(e)s, ohne pl> derecho m dispositivo; **Gestaltungsurteil** nt <-s, -e> (JUR) sentencia f dispositiva; **Gestaltungswirkung** f <-, -en> (JUR) efecto m constitutivo
Gestammel [gəˈʃtaməl] nt <-s, ohne pl> (abw) tartamudeo m
gestanden [gəˈʃtandən] pp von **gestehen, stehen**
geständig [gəˈʃtɛndɪç] adj confeso; **~ sein** confesar
Geständnis [gəˈʃtɛntnɪs] nt <-ses, -se> confesión f; **ein ~ ablegen** confesar; **ich muss dir ein ~ machen!** ¡tengo que confesarte algo!
Geständnisfiktion f <-, -en> (JUR) ficción f confesional
Gestänge [gəˈʃtɛŋə] nt <-s, -> varillaje m
Gestank [gəˈʃtaŋk] m <-(e)s, ohne pl> (abw) hedor m, mal olor m, peste f fam, berrinche m Mex, fortaleza f Chil
Gestapo [gɛˈstaːpo] f (des NS-Regimes) Abk. von **Geheime Staatspolizei** Gestapo f
gestatten* [gəˈʃtatən] vt permitir; (offiziell) autorizar; **jdm etw ~** autorizar a alguien (para) algo; **es ist Ihnen nicht gestattet, das Land zu verlassen** no se le permite abandonar el país; **wenn ich mir die Bemerkung ~ darf** si me permite la observación; **Sie ~?** (con) permiso; **~, Meier** con permiso, Meier; **er gestattete sich dat einen Kognak** se permitió un coñac
Geste [ˈgeːstə, ˈgɛstə] f <-, -n> gesto m
Gesteck [gəˈʃtɛk] nt <-(e)s, -e> centro m de mesa
gestehen* irr vt ❶ confesar
❷ (zugeben) admitir, reconocer; **offen gestanden weiß ich es nicht** a decir verdad no lo sé
Gestein [gəˈʃtaɪn] nt <-(e)s, -e> mineral m; (Fels) roca f; **vulkanisches ~** roca volcánica
Gesteinsprobe f <-, -n> (GEO) muestra f de roca; **Gesteinsschicht** f <-, -en> (GEO) estrato m de roca
Gestell [gəˈʃtɛl] nt <-(e)s, -e> ❶ (Unterbau) armazón m o f; (Stütze) soporte m
❷ (AUTO) chasis m inv
❸ (Brillen~) montura f
gestellt [gəˈʃtɛlt] adj (Szene) montado; (Foto) poco natural
Gestellung f <-, -en> (JUR) presentación f
gestern [ˈgɛstɐn] adv ayer; **~ Abend/Morgen** ayer por la noche/por la mañana; **~ vor einer Woche** ayer hace ocho días; **ich bin doch nicht von ~** (fam) no nací ayer
Gestern nt <-, ohne pl> (Vergangenheit) ayer m
gestiefelt [gəˈʃtiːfəlt] adj con botas (puestas); **er ist für den Ausritt ~** se ha puesto las botas para salir a montar; **der G~e Kater** el Gato con Botas; **~ und gespornt** (fam iron) listo para salir
gestiegen [gəˈʃtiːgən] pp von **steigen**
Gestik [ˈgeːstɪk, ˈgɛstɪk] f <-, ohne pl> gestos mpl, ademanes mpl
Gestikulation f <-, -en> gesticulación f
gestikulieren* [gɛstikuˈliːrən, gestikuˈliːrən] vi gesticular, hacer gestos
Gestirn [gəˈʃtɪrn] nt <-(e)s, -e> (JUR) astro m
gestoben [gəˈʃtoːbən] pp von **stieben**
gestochen [gəˈʃtɔxən] I. pp von **stechen**
II. adj (sorgfältig) esmerado; (Handschrift) claro; **~ scharf** (Foto) muy nítido
gestohlen [gəˈʃtoːlən] pp von **stehlen**
Gestöhn(e) [gəˈʃtøː(ə)n] nt <-(e)s, ohne pl> (fam) gemidos mpl, quejidos mpl; **unter viel ~ hat er mir dann doch geholfen** después de mucho quejarse accedió a ayudarme; **aus dem Nebenzimmer ertönte das ~ des frisch verliebten Pärchens** en la habitación contigua se oían los jadeos de la pareja de enamorados
gestorben [gəˈʃtɔrbən] pp von **sterben**
gestört [gəˈʃtøːɐt] adj ❶ (PSYCH: Verhältnis) perturbado; (Kind) problemático; **geistig/psychisch ~** perturbado
❷ (fam: verrückt) chiflado
gestoßen [gəˈʃtoːsən] pp von **stoßen**
Gestotter nt <-s, ohne pl> (fam abw) tartamudeo m
Gesträuch [gəˈʃtrɔɪç] nt <-(e)s, -e> arbustos mpl
gestreift [gəˈʃtraɪft] adj a rayas, rayado; **grünweiß ~** a rayas verdes y blancas; **grau ~e Anzüge sind wieder modern** los trajes a rayas de color gris vuelven a estar de moda
gestreng adj (alt) severo; **er war ein ~er, aber gerechter Herrscher** era un gobernante duro, pero justo
gestresstᴿᴿ [gəˈʃtrɛst] adj, **gestreßt** adj estresado
gestrichen [gəˈʃtrɪçən] I. pp von **streichen**
II. adj (Maßangabe) raso, rasado; **ein ~er Teelöffel voll Zucker** una cucharilla rasa de azúcar; **ich hab die Schnauze ~ voll** (fam) estoy hasta las narices
gestrig [ˈgɛstrɪç] adj de ayer; **die ewig G~en** los chapados a la antigua, los carrozas
gestritten [gəˈʃtrɪtən] pp von **streiten**
Gestrüpp [gəˈʃtrʏp] nt <-(e)s, -e> broza f, maleza f, pajonal m Am
gestuft I. pp von **stufen**
II. adj escalonado; **~es Verfahren** (JUR) procedimiento escalonado
gestunken [gəˈʃtʊŋkən] pp von **stinken**
Gestürm nt <-s, ohne pl> (Schweiz) ❶ (Lärm) ruido m
❷ (Aufruhr) revuelo m
❸ (Geschwätz) cháchara f
Gestüt [gəˈʃtyːt] nt <-(e)s, -e> criadero m de caballos
Gesuch [gəˈzuːx] nt <-(e)s, -e> solicitud f, petición f, aplicación f Am, presentación f Am; **ein ~ einreichen** presentar una solicitud; **einem ~ entsprechen** acceder a una solicitud
gesucht [gəˈzuːxt] adj ❶ (gekünstelt) amanerado, rebuscado
❷ (begehrt) solicitado
Gesülze nt <-s, ohne pl> (fam abw) conversación f que carece de fundamento; **so ein ~ kann ich mir nicht anhören!** ¡estoy harto de tantas bobadas!
Gesumm(e) [gəˈzʊm(ə)] nt <-(e)s, ohne pl> zumbido m
gesund [gəˈzʊnt] adj <gesünder o gesunder, am gesündesten o am gesundesten> sano; (heilsam) saludable; **~e Ernährung** alimentación sana; **der ~e Menschenverstand** el sentido común; **~es Misstrauen** desconfianza razonable; **wieder ~ werden** recobrar la salud; **ich bin ~ und munter** estoy sano y salvo; **Vitamin C ist ~** la vitamina C es buena para la salud; **Sport hält ~** el deporte mantiene en forma; **~ aussehen** tener buen aspecto; **~e Anschauungen haben** tener ideas sanas
Gesunde(r) mf <-n, -n; -, -> persona f sana
gesunden* [gəˈzʊndən] vi sein (geh) ❶ (Mensch) sanar, recuperarse
❷ (Wirtschaft) recuperarse
gesünder [gəˈzʏndɐ] adj kompar von **gesund**

gesündeste(r, s) [gəˈzʏndəstə, -tɐ, -təs] adj superl von **gesund**
Gesundheit f <-, ohne pl> ❶ (des Menschen) salud f; **geistige ~** salud mental; **etw für seine ~ tun** hacer algo por su salud; **auf Ihre ~!** ¡a su salud!; **bei guter ~ sein** tener [o gozar de] buena salud; **~!** (beim Niesen) ¡Jesús!, ¡salud!
❷ (der Wirtschaft) prosperidad f
gesundheitlich adj ❶ (die Gesundheit betreffend) de salud; (Institution) sanitario; **aus ~en Gründen** por razones de salud
❷ (der Gesundheit dienend) saludable
Gesundheitsamt nt <-(e)s, -ämter> Departamento m de Sanidad; **Gesundheitsapostel** m <-s, -> (iron) apóstol m de la vida sana; **Gesundheitsbeschädigung** f <-, -en> deterioro m de la salud
gesundheitsbewusstRR adj consciente de la salud
GesundheitsbewusstseinRR nt <-s, ohne pl> conciencia f de la salud; **Gesundheitsdezernent(in)** m(f) <-en, -en; -, -nen> jefe, -a m, f de negociado en la administración de Sanidad
gesundheitsfördernd adj saludable
Gesundheitsminister(in) m(f) <-s, -; -, -nen> ministro, -a m, f de Sanidad; **Gesundheitsministerium** nt <-s, -ministerien> Ministerio m de Sanidad
gesundheitsschädlich adj perjudicial para la salud
Gesundheitsvorsorge f <-, ohne pl> previsión f de la salud; **Gesundheitswelle** f <-, -n> ola f de salud; **Gesundheitswesen** nt <-s, ohne pl> sanidad f; **Gesundheitszeugnis** f <-ses, -se> (ADMIN, MED) certificado m médico; **Gesundheitszustand** m <-(e)s, -stände> estado m de salud
gesundǀschreibenRR irr vt dar de alta
gesundǀschrumpfen vt (fam) sanear, racionalizar
gesundǀstoßen irr vr: **sich ~** (fam) hacer su agosto
Gesundung f <-, ohne pl> ❶ (MED) curación f, restablecimiento m
❷ (WIRTSCH: einer Firma) recuperación f; (der Staatsfinanzen) saneamiento m
gesungen [gəˈzʊŋən] pp von **singen**
gesunken [gəˈzʊŋkən] pp von **sinken**
getan pp von **tun**
Getier [gəˈtiːɐ] nt <-(e)s, ohne pl> bichos mpl
getigert [gəˈtiːɡɐt] adj atigrado; **eine ~e Katze** un gato atigrado; **ein ~es Fell** una piel atigrada
Getöse [gəˈtøːzə] nt <-s, ohne pl> estrépito m, estruendo m, chivateo m Am
getragen [gəˈtraːɡən] I. pp von **tragen**
II. adj ❶ (Musik) lento
❷ (Kleidung) usado, de segunda mano
Getrampel nt <-s, ohne pl> (fam abw) ruido m de pasos, zapateo m, pataleo m
Getränk [gəˈtʁɛŋk] nt <-(e)s, -e> bebida f
Getränkeautomat m <-en, -en> máquina f automática de bebidas; **Getränkedose** f <-, -n> lata f de bebida; **Getränkekarte** f <-, -n> (GASTR) carta f de bebidas; **Getränkemarkt** m <-(e)s, -märkte> supermercado m de bebidas; (innerhalb eines Supermarktes) sección f de bebidas; **Getränkesteuer** f <-, -n> impuesto m sobre (las) bebidas
Getrappel [gəˈtʁapl] nt <-s, ohne pl> (Schritte) ruido m de pisadas; (Hufe) trápala f; **emsiges ~ war auf den Fluren zu hören** en los pasillos se oía un continuo ruido de pisadas
Getratsch(e) [gəˈtʁaːtʃ(ə)] nt <-(e)s, ohne pl> (fam abw) chismorreo m, chismes mpl; **geht das ~ schon wieder los?** ¿otra vez chismorreando?
getrauen* vr: **sich ~** atreverse (zu a); **ich getraue mich nicht mehr Gehalt zu fordern** no me atrevo a pedir un aumento de sueldo
Getreide [gəˈtʁaɪdə] nt <-s, -> cereales mpl o fpl
Getreideanbau m <-(e)s, ohne pl> cultivo m de cereales; **Getreideart** f <-, -en> variedad f de cereal; **Getreideernte** f <-, -n> cosecha f de cereales; **Getreidekorn** nt <-(e)s, -körner> grano m (de cereal)
Getreideland¹ nt <-(e)s, -länder> (Staat) país m productor de cereales
Getreideland² nt <-(e)s, -e> (Ackerland) campo m de cereales
Getreidemarktordnung f <-, -en> régimen m del mercado de cereales
Getreidemühle f <-, -n> molino m harinero; **Getreidpflanze** f <-, -n> planta f cereal; **Getreideprodukt** nt <-(e)s, -e> producto m a base de cereales; **Getreidesilo** o nt <-s, -s>, **Getreidespeicher** m <-s, -> silo m de cereales, granero m
getrennt [gəˈtʁɛnt] I. adj separado
II. adv por separado; **~ leben** vivir separados; **schreibt man das ~?** ¿eso se escribe separado?
Getrenntschreibung f <-, -en> (LING) escritura f en dos palabras [o separada]; **zu beachten ist die ~ von „zu Hause"** obsérvese que "zu Hause" se escribe separado; **Getrenntveranlagung** f <-, -en> (FIN) tributación f individual

getreten pp von **treten**
getreu [gəˈtʁɔy] I. adj (geh) fiel
II. präp +dat fiel a; **~ den Regeln** fiel a las reglas
Getreue(r) mf <-n, -n; -, -n> (geh) incondicional mf, leal mf; **seine ~n hielten bis kurz vor dem Schluss zu ihm** sus partidarios le apoyaron incondicionalmente hasta el final
Getriebe [gəˈtʁiːbə] nt <-s, -> (an Maschine) engranaje m, mecanismo m; (AUTO) caja f de cambios
getrieben pp von **treiben**
Getriebeöl nt <-(e)s, -e> (AUTO) aceite m lubricante; **Getriebeschaden** m <-s, -schäden> (AUTO) avería f en la caja de cambios
getroffen pp von **treffen**
getrogen pp von **trügen**
Getrommel nt <-s, ohne pl> (auf einer Trommel) ruido m del tambor; (mit den Fingern) tamborileo m, tabaleo m
getrost [gəˈtʁoːst] adv ❶ (vertrauensvoll) con confianza, sin miedo
❷ (ohne Bedenken) sin objeción alguna, tranquilamente; **man darf ~ behaupten, dass die Geschäfte gut gehen** se puede afirmar sin objeción alguna que los negocios van bien
getrübt [gəˈtʁyːpt] adj turbio, enturbiado
getrunken pp von **trinken**
Getto [ˈɡɛto] nt <-s, -s> gueto m, ghetto m
gettoisieren* vt ❶ (zum Getto machen) convertir en un gueto
❷ (geh: absondern) aislar, separar
Getue [gəˈtuːə] nt <-s, ohne pl> (fam abw) pose f; **ein zimperliches ~** remilgos mpl
Getümmel [gəˈtʏml] nt <-s, -> tumulto m, alboroto m
getüpfelt [gəˈtʏpflt] adj moteado
Getuschel nt <-s, ohne pl> (fam abw) cuchicheos mpl (über sobre)
geübt [gəˈʔyːpt] adj (erfahren) experto; (geschickt) hábil; **im Reden sein** tener facilidad de palabra
Gew. Abk. von **Gewerkschaft** sindicato m
GEW [ɡeːʔeːˈveː] f Abk. von **Gewerkschaft für Erziehung und Wissenschaft** sindicato m de profesores
Gewächs [gəˈvɛks] nt <-es, -e> ❶ (Pflanze) planta f, vegetal m
❷ (Geschwulst) tumor m
gewachsen [gəˈvaksən] I. pp von **wachsen**¹
II. adj: **jdm/etw dat ~ sein** estar a la altura de alguien/algo
Gewächshaus nt <-es, -häuser> invernadero m
gewagt [gəˈvaːkt] adj ❶ (riskant) arriesgado, peligroso
❷ (moralisch bedenklich) osado, atrevido
gewählt [gəˈvɛːlt] adj (Stil) culto; (elegant) elegante
gewahr [gəˈvaːɐ] adj (geh): **etw gen/akk/jds** [o **jdn**] **~ werden** apercibirse de algo/alguien
Gewähr [gəˈvɛːɐ] f <-, ohne pl> garantía f; **ohne ~** sin garantía; **jdm die ~ dafür bieten, dass …** garantizarle a alguien que…
gewährbar adj concesible, otorgable
gewahren* vt (geh) percatarse de, darse cuenta de; **seine Freunde gewahrten ihn nicht** sus amigos no se percataron de él; **er gewahrte die schemenhaften Umrisse der Burg** vislumbró el contorno espectral del castillo
gewähren [gəˈvɛːrən] I. vt (bewilligen) otorgar, conceder; (geben) dar, proporcionar; (erlauben) permitir
II. vi: **jdn ~ lassen** dejar plena libertad a alguien
Gewährfrist f <-, -en> (JUR) plazo m de garantía
gewährleisten* vt asegurar, garantizar
Gewährleistung f <-, -en> ❶ (a. JUR: Sicherstellung, Mängelhaftung) garantía f; **~ des Herstellers** garantía del fabricante; **~ wegen Sachmangels** saneamiento por vicios; **die ~ übernehmen** hacerse cargo del saneamiento
❷ (Schweiz: Genehmigung) permiso m
Gewährleistungsanspruch m <-(e)s, -sprüche> (JUR, WIRTSCH) derecho m de garantía; **Gewährleistungsausschluss**RR m <-es, -schlüsse> (JUR, WIRTSCH) exclusión f de la garantía de saneamiento; **Gewährleistungsfrist** f <-, -en> (JUR, WIRTSCH) plazo m de garantía; **Gewährleistungshaftung** f <-, -en> (JUR, WIRTSCH) responsabilidad f de saneamiento; **Gewährleistungsklage** f <-, -n> (JUR, WIRTSCH) demanda f de saneamiento; **Gewährleistungspflicht** f <-, -en> (JUR, WIRTSCH) obligación f de garantía, deber m de saneamiento; **Ablauf der ~** expiración del deber de saneamiento; **gesetzliche ~** deber legal de saneamiento; **Gewährleistungsrecht** nt <-(e)s, ohne pl> régimen m de garantía; **Gewährleistungsrisiko** nt <-s, -s o -risiken> (JUR, WIRTSCH) riesgo m de saneamiento
Gewährleistungs- und Interventionsklage f <-, -n> (JUR) demanda f de garantía e intervención
Gewährleistungsverpflichtung f <-, -en> (JUR, WIRTSCH) obligación f de saneamiento; **Gewährleistungszusage** f <-, -n> (JUR, WIRTSCH) declaración f de saneamiento
Gewahrsam [gəˈvaːɐzaːm] m <-s, ohne pl> ❶ (Obhut) custodia f; **etw**

Gewahrsamsbruch

in ~ **nehmen** tomar algo en custodia
② (*Gefangenschaft*) arresto *m*; **jdn in ~ nehmen** arrestar a alguien
Gewahrsamsbruch *m* <-(e)s, -brüche> (JUR) infracción *f* de la custodia
Gewährsmann *m* <-(e)s, -männer *o* -leute> garante *m*, avalador *m*
Gewährung *f* <-, -en> concesión *f*; (*Erlaubnis*) permiso *m*
Gewalt[1] [gə'valt] *f* <-, -en> (*Macht*) poder *m*; **elterliche ~** patria potestad; **gesetzgebende ~** poder legislativo; **höhere ~** (caso de) fuerza mayor; **öffentliche ~** poder público; **richterliche ~** poder judicial; **mit aller ~** a toda costa; **die ~ über Leben und Tod** el poder sobre la vida y la muerte; **sich in der ~ haben** dominarse, mantener el control sobre sí mismo; **jdn in seiner ~ haben** tener a alguien en su poder; **in jds ~ geraten** caer en poder de alguien; **er verlor die ~ über seinen Wagen** perdió el control de su coche; **alle ~ geht vom Volk aus** todo el poder emana del pueblo
Gewalt[2] *f* <-, ohne pl> ① (~*tätigkeit*) violencia *f*, fuerza *f*; **mit ~** por fuerza, con violencia, a la brava *Am*, por las bravas *Am*; **~ anwenden** recurrir a la fuerza; **sich** *dat* **~ antun** forzarse
② (*Heftigkeit*) fuerza *f*, vehemencia *f*
Gewaltakt *m* <-(e)s, -e> acto *m* de violencia [*o* violento]; **Gewaltanwendung** *f* <-, -en> empleo *m* de la violencia
gewaltbereit *adj* dispuesto a la violencia
Gewaltbereitschaft *f* <-, ohne pl> disposición *f* a la violencia
Gewaltenteilung *f* <-, ohne pl> separación *f* de poderes, división *f* de poderes
gewaltfrei I. *adj* no violento
II. *adv* sin violencia
Gewaltherrschaft *f* <-, ohne pl> tiranía *f*, dictadura *f*; **Gewaltherrscher(in)** *m(f)* <-s, -; -, -nen> tirano, -a *m, f*
gewaltig I. *adj* ① (*mächtig*) poderoso
② (*riesig*) enorme, inmenso
II. *adv* (*fam: sehr*) tremendamente; **sich ~ irren** estar en un gran error
Gewaltkriminalität *f* <-, ohne pl> criminalidad *f* violenta
gewaltlos *adj* sin violencia, pacífico; **~er Widerstand** resistencia pacífica
Gewaltlosigkeit *f* <-, ohne pl> renuncia *f* a la violencia
Gewaltmarsch *m* <-(e)s, -märsche> marcha *f* forzada
Gewaltmaßnahme *f* <-, -n> coacción *f*
Gewaltmonopol *nt* <-s, ohne pl> monopolio *m* del poder
gewaltsam I. *adj* violento
II. *adv* a la fuerza, a viva fuerza; **eine Tür ~ öffnen** forzar una puerta
Gewalttat *f* <-, -en> acto *m* violento; (*Verbrechen*) crimen *m*; **Gewalttäter(in)** *m(f)* <-s, -; -, -nen> criminal *mf* peligroso, -a
gewalttätig *adj* violento, brutal
Gewalttätigkeit[1] *f* <-, ohne pl> (*Eigenschaft*) brutalidad *f*, violencia *f*
Gewalttätigkeit[2] *f* <-, -en> *s.* **Gewalttat**
Gewaltverbrechen *nt* <-s, -> crimen *m* violento; **Gewaltverbrecher(in)** *m(f)* <-s, -; -, -nen> *s.* **Gewalttäter**; **Gewaltverhältnis** *nt* <-ses, -se> relación *f* de fuerza; **besonderes ~** relación de fuerza especial; **Gewaltverherrlichung** *f* <-, ohne pl> apología *f* de la violencia, exaltación *f* de la violencia
Gewaltverzicht *m* <-(e)s, -e> renuncia *f* a la violencia [*o* al uso de la fuerza]; **Gewaltverzichtsabkommen** *nt* <-s, -> (POL) convenio *m* de renuncia a la violencia
Gewaltwelle *f* <-, -n> onda *f* de violencia
Gewand [gə'vant, *pl:* gə'vɛndə] *nt* <-(e)s, -wänder> ① (*geh: Kleidungsstück*) vestimenta *f*; (*Umhang*) manto *m*, capa *f*; **in neuem ~** (*fig*) con una nueva presentación
② (*Schweiz: Kleidung*) vestido *m*
gewandet *adj* (*iron alt*) vestido, ataviado
gewandt [gə'vant] I. *pp von* **wenden**[2]
II. *adj* hábil, diestro; (*Auftreten*) seguro; (*Stil*) fluido
Gewandtheit *f* <-, ohne pl> (*im Auftreten*) seguridad *f*, soltura *f*; (*der Bewegungen*) destreza *f*, agilidad *f*; **seine Ausdrucksweise zeugt von großer ~ (im Stil)** su forma de expresarse da fe de una gran precisión y riqueza
gewann [gə'van] *3. imp von* **gewinnen**
gewärtig [gə'vɛrtɪç] *adj* (*geh*): **etw** *gen* **~ sein** hacerse a la idea de algo, esperar algo, estar preparado para algo; **er ist einer Prüfung ~** está preparado para un examen; **ich bin ~, dass sie jeden Moment anruft** espero a que llame en cualquier momento
gewärtigen* *vt* (*geh*) ① (*erhoffen*): **etwas/nichts (von jdm) ~** esperar algo/no esperar nada (de alguien); **von ihm wirst du keine Nachsicht zu ~ haben** no esperes de él que sea indulgente
② (*sich gefasst machen auf*): **etw zu ~ haben** estar preparado para algo; **etw ~ müssen** contar con algo, esperarse algo; **für diese Verkehrsübertretung werden Sie ein Bußgeld zu ~ haben** hágase a la idea de que tendrá que pagar una multa por esta infracción de tráfico; **du musst zum Chef; ob du etwas Unangenehmes/Vorhaltungen zu ~ hast?** el jefe dice que vayas, ¿esperas acaso que suceda algo desagradable/que te recrimine algo?
Gewäsch [gə'vɛʃ] *nt* <-(e)s, ohne pl> (*fam abw*) tonterías *fpl*, bobadas *fpl*; **wie lange muss ich mir dieses ~ noch anhören?** ¿tengo que seguir aguantando estas bobadas todavía mucho rato?
gewaschen [gə'vaʃən] *pp von* **waschen**
Gewässer [gə'vɛsɐ] *nt* <-s, -> agua(s) *f(pl)*; **ein fließendes/stehendes ~** aguas corrientes/estancadas [*o* muertas]
Gewässerinstandhaltung *f* <-, -en> (ÖKOL) conservación *f* de las aguas; **Gewässerkunde** *f* <-, ohne pl> hidrografía *f*; **Gewässerreinhaltung** *f* <-, ohne pl> (ÖKOL), **Gewässerschutz** *m* <-es, ohne pl> protección *f* de aguas; **Gewässerverschmutzung** *f* <-, -en> contaminación *f* de las aguas
Gewebe [gə'veːbə] *nt* <-s, -> (*a.* MED, BIOL) tejido *m*
Gewebsflüssigkeit *f* <-, -en> (MED) líquido *m* del tejido; **Gewebstransplantation** *f* <-, -en> (MED) transplantación *f* de tejido
Gewehr [gə'veːɐ̯] *nt* <-(e)s, -e> fusil *m*
Gewehrkolben *m* <-s, -> culata *f* del fusil; **Gewehrkugel** *f* <-, -n> bala *f* de fusil; **Gewehrlauf** *m* <-(e)s, -läufe> cañón *m* del fusil
Geweih [gə'vaɪ] *nt* <-(e)s, -e> cornamenta *f*, cuernos *mpl*
Gewerbe[1] [gə'vɛrbə] *nt* <-s, -> (*Tätigkeit*) oficio *m*, profesión *f*; **erlaubnisfreies ~** negocio exento de permiso; **handwerksähnliches ~** negocio de índole artesanal; **produzierendes ~** industria manufacturera; **stehendes ~** negocio existente; **zulassungspflichtiges ~** negocio sujeto a aprobación; **ein ~ anmelden** solicitar la licencia profesional, registrar un negocio; **ein ~ (be)treiben** dedicarse a un oficio
Gewerbe[2] *nt* <-s, ohne pl> (*Betrieb*) empresa *f* (mediana)
Gewerbeanmeldung *f* <-, -en> inscripción *f* industrial
Gewerbeaufsicht *f* <-, -en> inspección *f* de trabajo; **Gewerbeaufsichtsamt** *nt* <-(e)s, -ämter> Departamento *m* de Inspección Industrial; **Gewerbeaufsichtsbehörde** *f* <-, -n> autoridad *f* de inspección industrial
Gewerbeausübung *f* <-, ohne pl> ejercicio *m* de una actividad industrial [*o* económica]; **Gewerbeberechtigung** *f* <-, -en> (JUR, WIRTSCH) licencia *f* profesional; **Gewerbebetrieb** *m* <-(e)s, -e> empresa *f* industrial [*o* comercial]; **eingerichteter und ausgeübter ~** empresa instituida y ejercida; **stehender ~** empresa existente
Gewerbeertrag *m* <-(e)s, -träge> beneficio *m* industrial; **Gewerbeertragssteuer** *f* <-, -n> (FIN, WIRTSCH) impuesto *m* sobre el beneficio industrial
Gewerbefläche *f* <-, -n> superficie *f* industrial; **Gewerbefreiheit** *f* <-, -en> (WIRTSCH) libertad *f* de industria; **Gewerbegebiet** *nt* <-(e)s, -e> polígono *m* industrial; **Gewerbegeheimnis** *nt* <-ses, ohne pl> secreto *m* comercial; **Gewerbekapitalsteuer** *f* <-, -n> (FIN, WIRTSCH) impuesto *m* sobre el capital industrial; **Gewerbelegitimationskarte** *f* <-, -n> (JUR, WIRTSCH) carta *f* de legitimación profesional; **Gewerbenutzung** *f* <-, ohne pl> uso *m* industrial; **Gewerbeordnung** *f* <-, -en> reglamento *m* industrial [*o* de industrias]; **Gewerbepark** *m* <-(e)s, -s> parque *m* industrial; **Gewerberecht** *nt* <-(e)s, ohne pl> (WIRTSCH) derecho *m* industrial; **Gewerbeschein** *m* <-(e)s, -e> licencia *f* profesional, patente *f* industrial
Gewerbesteuer *f* <-, -n> impuesto *m* industrial; **Gewerbesteuerbelastung** *f* <-, -en> (FIN, WIRTSCH) imposición *f* sobre las actividades económicas; **Gewerbesteuerfreiheit** *f* <-, ohne pl> (FIN, WIRTSCH) exención *f* del impuesto de actividades económicas; **Gewerbesteuermessbescheid**[RR] *m* <-(e)s, -e> (FIN, WIRTSCH) acto *m* de liquidación tributaria del impuesto industrial; **Gewerbesteuerpflicht** *f* <-, ohne pl> (WIRTSCH, JUR) sujeción *f* al impuesto de actividades económicas; **Gewerbesteuerschuld** *f* <-, -en> (FIN, WIRTSCH) deuda *f* tributaria del impuesto de actividades económicas; **Gewerbesteuerumlage** *f* <-, -n> (WIRTSCH, FIN) cuota *f* tributaria del impuesto de actividades económicas
Gewerbetreibende(r) *mf* <-n, -n; -, -n> industrial *mf*
Gewerbeunternehmer(in) *m(f)* <-s, -; -, -nen> empresario, -a *m, f* industrial; **Gewerbeverbot** *nt* <-(e)s, -e> (WIRTSCH) prohibición *f* comercial; **Gewerbezentralregister** *nt* <-s, -> (WIRTSCH) registro *m* comercial central; **Gewerbezentrum** *nt* <-s, -zentren> (WIRTSCH) centro *m* industrial; **Gewerbezulassung** *f* <-, -en> licencia *f* profesional; **Gewerbezweig** *m* <-(e)s, -e> ramo *m* industrial [*o* comercial]
gewerblich [gə'vɛrplɪç] *adj* comercial; (*industriell*) industrial; (*beruflich*) profesional; **~er Arbeitnehmer** trabajador industrial; **~e Hilfskasse** caja auxiliar industrial; **~er Rechtsschutz** garantía jurídica industrial; **etw ~ nutzen** usar algo con fines comerciales
gewerbsmäßig *adj* profesional
Gewerbsmäßigkeit *f* <-, ohne pl> profesionalidad *f*; **~ der Tatbegehung** (JUR) profesionalidad de la comisión del delito
Gewerkschaft [gə'vɛrkʃaft] *f* <-, -en> sindicato *m*; **in der ~ sein** estar sindicado; **in die ~ gehen** sindicarse
Gewerkschaft(l)er(in) *m(f)* <-s, -; -, -nen> sindicalista *mf*

gewerkschaftlich *adj* sindical; **~ organisiert** organizado sindicalmente [*o* en sindicatos]
Gewerkschaftsbewegung *f* <-, -en> movimiento *m* sindical; **Gewerkschaftsboss**^RR *m* <-es, -e> (*fam a. abw*) dirigente *mf* sindical; **Gewerkschaftsbund** *m* <-(e)s, -e> confederación *f* de sindicatos; **Gewerkschaftsführer(in)** *m(f)* <-s, -; -, -nen> líder *m* sindical; **Gewerkschaftsfunktionär(in)** *m(f)* <-s, -; -, -nen> funcionario, -a *m*, *f* sindical; **Gewerkschaftsmitglied** *nt* <-(e)s, -er> sindicalista *mf*; **Gewerkschaftsverband** *m* <-(e)s, -bände> federación *f* sindical; **Gewerkschaftswesen** *nt* <-s, *ohne pl*> sindicalismo *m*
gewesen [gəˈveːzən] *pp von* **sein**
gewichen [gəˈvɪçən] *pp von* **weichen**
Gewicht¹ [gəˈvɪçt] *nt* <-(e)s, *ohne pl*> ❶ (*Schwere, a.* PHYS) peso *m*; **frachtpflichtiges ~** peso sujeto a tarifa; **spezifisches ~** peso específico; **sein ~ halten** mantener su peso; **für jdn sein ganzes ~ in die Waagschale werfen** hacer uso de toda su autoridad [*o* influencia] en favor de alguien; **der Preis geht nach ~** el precio va según peso
❷ (*Bedeutung*) peso *m*, importancia *f*; **(nicht) ins ~ fallen** (no) tener importancia; **auf etw ~ legen** dar importancia a algo
Gewicht² *nt* <-(e)s, -e> (*für Waage, Uhr, a.* SPORT) pesa *f*
gewichten* *vt* (*Bedeutung beimessen*) atribuir la debida [*o* correspondiente] importancia (a)
Gewichtheben *nt* <-s, *ohne pl*> (SPORT) levantamiento *m* de pesas [*o* de pesos]; **Gewichtheber(in)** *m(f)* <-s, -; -, -nen> levantador(a) *m(f)* de pesas [*o* de pesos]
gewichtig *adj* ❶ (*bedeutungsvoll*) importante, de peso
❷ (*iron: dick*) obeso
Gewichtsabnahme *f* <-, -n> pérdida *f* de peso; **Gewichtsangabe** *f* <-, -n> indicación *f* del peso; **Gewichtsklasse** *f* <-, -n> (SPORT) categoría *f*; **Gewichtskontrolle** *f* <-, -n> control *m* del peso; **Gewichtsverlust** *m* <-(e)s, -e> pérdida *f* de peso; **Gewichtszunahme** *f* <-, -n> aumento *m* de peso
Gewichtung *f* <-, -en> baremo *m*; **auf Grund veränderter Voraussetzungen musste eine andere ~ der Projekte vorgenommen werden** al variar las condiciones de los proyectos tuvo que ser modificado a su vez el baremo
gewieft [gəˈviːft] *adj* (*fam*), **gewiegt** [gəˈviːkt] *adj* (*fam*) astuto, ladino
Gewieher [gəˈviːɐ] *nt* <-s, *ohne pl*> ❶ (*Pferd*) relincho *m*
❷ (*abw: Gelächter*) carcajada *f*
gewiesen [gəˈviːzən] *pp von* **weisen**
gewillt [gəˈvɪlt] *adj*: **~ sein etw zu tun** estar dispuesto a hacer algo
Gewimmel *nt* <-s, *ohne pl*> gentío *m*, enjambre *m*
Gewimmer [gəˈvɪmɐ] *nt* <-s, *ohne pl*> gimoteo *m*, lloriqueo *m*; **aus dem Kinderzimmer drang kläglichges ~** se oía un gimoteo lastimero en la habitación de los niños
Gewinde [gəˈvɪndə] *nt* <-s, -> (TECH) rosca *f*
Gewindebohrer *m* <-s, -> (TECH) macho *m* de roscar; **Gewindegang** *m* <-(e)s, -gänge> (TECH) vuelta *f* de rosca; **Gewindeschneider** *m* <-s, -> (TECH) peine *m* de terrajar
Gewinn¹ [gəˈvɪn] *m* <-(e)s, -e> ❶ (WIRTSCH) beneficio *m*, ganancia *f*; **~ aus Sachanlagen** beneficio procedente del material inmovilizado; **~ nach/vor Steuern** beneficios después/antes de impuestos; **anfallender/effektiver ~** beneficio acumulado/efectivo; **entgangener ~** beneficio perdido; **erzielter/reiner ~** beneficio obtenido/neto; **steuerpflichtiger ~** ganancia sujeta a tributación; **thesaurierter ~** ganancia atesorada; **~ abwerfen** producir beneficios; **am ~ beteiligt sein** participar en los beneficios; **mit ~ arbeiten/verkaufen** trabajar/vender con beneficios; **~ machen** obtener beneficios
❷ (*in Lotterie*) premio *m*
Gewinn² *m* <-(e)s, *ohne pl*> (*Nutzen*) provecho *m*; **~ bringend** lucrativo; (*vorteilhaft*) ventajoso; **aus etw *dat* ~ schlagen** sacar provecho de algo
Gewinnabführung *f* <-, -en> (FIN, WIRTSCH) transferencia *f* de beneficios; **Gewinnabgrenzung** *f* <-, -en> (FIN, WIRTSCH) delimitación *f* de beneficios; **Gewinnabschöpfung** *f* <-, -en> (FIN, WIRTSCH) absorción *f* del excedente de beneficios; **Gewinnanspruch** *m* <-(e)s, -sprüche> (FIN, WIRTSCH) derecho *m* a beneficios
Gewinnanteil *m* <-(e)s, -e> participación *f* en los beneficios; **Gewinnanteilschein** *m* <-(e)s, -e> cupón *m* de dividendo
Gewinnausfall *m* <-(e)s, -fälle> (FIN, WIRTSCH) pérdida *f* de beneficios; **Gewinnausschüttung** *f* <-, -en> (WIRTSCH) reparto *m* de dividendos [*o* beneficios], distribución *f* de beneficios; **verdeckte ~** reparto oculto de beneficios
gewinnberechtigt *adj* (FIN, WIRTSCH) con derecho a participar [*o* a participación] en los beneficios
Gewinnberechtigung *f* <-, *ohne pl*> (FIN, JUR) derecho *m* a la participación en beneficios; **Gewinnbesteuerung** *f* <-, -en> (FIN, WIRTSCH) tributación *f* de beneficios; **Gewinnbeteiligung** *f* <-, -en> participación *f* en los beneficios
gewinnbezogen *adj* (FIN) en relación a los beneficios
Gewinnbezugsrecht *nt* <-(e)s, -e> (FIN, JUR) derecho *m* a la percepción de beneficios
gewinnbringend *adj* lucrativo; (*vorteilhaft*) ventajoso; **~es Unternehmen** empresa lucrativa; **~ investieren** invertir para obtener ganancias
Gewinnchance *f* <-, -n> oportunidad *f* de ganar; **günstige ~n** condiciones favorables para obtener beneficios; **Gewinneinbruch** *m* <-(e)s, -brüche> (WIRTSCH) reducción *f* notable de beneficios; **Gewinneinbußen** *fpl* disminución *f* del beneficio; **Gewinneinkünfte** *pl* rendimientos *mpl* por beneficios; **Gewinneinkunftsarten** *fpl* tipos *mpl* de rendimientos por beneficios
gewinnen [gəˈvɪnən] <gewinnt, gewann, gewonnen> I. *vt* ❶ (*Krieg, Spiel, Medaille*) ganar; **sie hat den Hochsprung gewonnen** ha ganado el salto de altura
❷ (*erhalten*) ganar, obtener; **Zeit/Boden ~** ganar tiempo/terreno; **Abstand ~** distanciarse, tomar distancia; **damit ist nichts gewonnen** con esto no se gana nada; **jds Sympathie ~** ganarse las simpatías de alguien; **jdn zum Freund ~** ganarse la amistad de alguien; **jdn für etw ~** ganar(se) a alguien para algo; **Einblick in etw ~** llegar a conocer algo; **wie gewonnen, so zerronnen** (*prov*) lo que el agua trae, el agua se lleva
❸ (*Rohstoff*) sacar, obtener; (*erzeugen*) elaborar; (*Energie*) producir; (*Kohle*) extraer; **aus diesen Trauben wird Wein gewonnen** de estas uvas se hace vino
II. *vi* ❶ (*siegen*) vencer, ganar (*bei* en); (*in Lotterie*) ganar; **die Mannschaft gewann 1:3** el equipo ganó por 1 a 3; **ich habe im Lotto gewonnen** me ha tocado la primitiva
❷ (*zunehmen, besser werden*) ganar (*an* en); **an Höhe/an Bedeutung ~** ganar en altura/en importancia
❸ (*besser wirken*) ganar (*durch* con), mejorar (*durch* con)
gewinnend *adj* (*Wesen*) agradable, simpático
Gewinner(in) *m(f)* <-s, -; -, -nen> ganador(a) *m(f)*; (*bei Lotterie, Preisausschreiben*) agraciado, -a *m*, *f*; (*Lotto*) acertante *mf*; (*Sieger*) vencedor(a) *m(f)*; (SPORT) ganador(a) *m(f)*
Gewinnerhöhung *f* <-, -en> (FIN, WIRTSCH) aumento *m* de los beneficios [*o* las ganancias]
Gewinnermittlung *f* <-, -en> cálculo *m* de los beneficios; **Gewinnermittlungszeitraum** *m* <-(e)s, -räume> (FIN, WIRTSCH) periodo *m* de referencia para la determinación de los beneficios
Gewinnerstraße *f*: **auf der ~ sein** (SPORT) estar camino de la victoria
Gewinnerwartung *f* <-, -en> (FIN, WIRTSCH) expectativas *fpl* de beneficio
Gewinnerzielung *f* <-, -en> (WIRTSCH) obtención *f* de beneficios; **Gewinnerzielungsabsicht** *f* <-, -en> (WIRTSCH) ánimo *m* de lucro
Gewinnfeststellung *f* <-, -en> (WIRTSCH) determinación *f* de los beneficios; **Gewinnfeststellungsbescheid** *m* <-(e)s, -e> (JUR) acto *m* de determinación de la base imponible de los beneficios
Gewinngemeinschaft *f* <-, -en> comunidad *f* de ganancias; **Gewinnherausgabe** *f* <-, *ohne pl*> entrega *f* de las ganancias; **Gewinnkartell** *nt* <-s, -e> (FIN, WIRTSCH) cartel *m* de beneficios; **Gewinnklasse** *f* <-, -n> categoría *f* de premios; **Gewinnlos** *nt* <-es, -e> boleto *m* premiado; **Gewinnmaximierung** *f* <-, -en> (WIRTSCH) maximización *f* del beneficio; **Gewinnmitnahme** *f* <-, -n> (WIRTSCH) toma *f* de beneficios; **Gewinnnummer**^RR *f* <-, -n> número *m* ganador; **Gewinnpotential** *nt* <-s, -e> (FIN, WIRTSCH) potencial *m* de beneficio
Gewinnrealisierung *f* <-, -en> (FIN, WIRTSCH) realización *f* de plusvalías; **Gewinnrealisierungstatbestand** *m* <-(e)s, -stände> (WIRTSCH, JUR) supuesto *m* de realización de plusvalías
Gewinnrückgang *m* <-(e)s, -gänge> (FIN, WIRTSCH) contracción *f* de los beneficios; **Gewinnrücklage** *f* <-, -n> (FIN, WIRTSCH) reserva *f* de (los) beneficios; **Gewinnschuldverschreibung** *f* <-, -en> (FIN, WIRTSCH) título *m* obligacional de beneficios; **Gewinnspanne** *f* <-, -n> (WIRTSCH) margen *m* de beneficio; **Gewinnstreben** *nt* <-s, *ohne pl*> ánimo *m* de lucro, deseo *m* de lucro; **Gewinnsucht** *f* <-, -süchte> codicia *f*, ansia *f* de ganar (siempre); **aus ~** por codicia, por afán de lucro; **aus reiner ~ hat er Steuern hinterzogen** ha defraudado a Hacienda: simplemente para obtener más dinero
gewinnsüchtig *adj* codicioso, deseoso de ganar (siempre)
Gewinnteilung *f* <-, -en> (FIN, WIRTSCH) reparto *m* de beneficios
gewinnträchtig *adj* beneficioso
Gewinntransparenz *f* <-, *ohne pl*> (FIN, WIRTSCH) transparencia *f* de los beneficios
Gewinnummer *f* <-, -n> *s.* **Gewinnnummer**
Gewinnumverteilung *f* <-, -en> (FIN, WIRTSCH) redistribución *f* de los beneficios
Gewinn- und Verlustrechnung *f* <-, -en> (FIN, WIRTSCH) cuenta *f* de pérdidas y ganancias

Gewinnung *f* <-, -en> ① (*von Rohstoffen*) obtención *f*, explotación *f*; (*von Kohle*) extracción *f*
② (*Erzeugung*) producción *f*, elaboración *f*
Gewinnungsbetrieb *m* <-(e)s, -e> (WIRTSCH) empresa *f* de producción
Gewinnverlagerung *f* <-, -en> (FIN, WIRTSCH) desviación *f* de ganancias; **Gewinnverlust** *m* <-(e)s, -e> (FIN, WIRTSCH) pérdida *f* de ganancias
Gewinnverteilung *f* <-, -en> (FIN, WIRTSCH) reparto *m* de beneficios, distribución *f* de beneficios; **Gewinnverteilungsabrede** *f* <-, -n> (FIN, JUR) pacto *m* de distribución de beneficios; **Gewinnverteilungsbeschluss**^{RR} *m* <-es, -schlüsse> (FIN, JUR) acuerdo *m* de distribución de beneficios
Gewinnverwirklichung *f* <-, -en> (FIN, WIRTSCH) realización *f* de beneficios; **Gewinnvortrag** *m* <-(e)s, -träge> (WIRTSCH) remanente *m* de beneficios; **Gewinnzahl** *f* <-, -en> número *m* premiado; **die ~en im Samstagslotto lauten ...** los números premiados en la lotería del sábado son el...; **Gewinnzone** *f* <-, -n> margen *m* (de ganancias); **dem Unternehmen droht der Abstieg aus der ~** puede que la empresa no obtenga el margen de beneficios esperado
Gewinsel *nt* <-s, *ohne pl*> (*abw*) ① (*von Tier*) aullido *m*, gañido *m*
② (*Klagen*) lamentaciones *fpl*
Gewirr [gəˈvɪr] *nt* <-s, *ohne pl*> maraña *f*, enredo *m*; (*von Stimmen*) confusión *f*; (*von Straßen*) laberinto *m*
Gewisper *nt* <-s, *ohne pl*> cuchicheo *m*; **der Lehrer regte sich sehr über das ~ seiner Schüler auf** al profesor le molestaban mucho los cuchicheos de sus alumnos
gewiss^{RR}, **gewiß** [gəˈvɪs] I. *adj* ① (*sicher*) seguro; **sich** *dat* **einer Sache ~ sein** (*geh*) estar seguro de una cosa
② (*bestimmt*) tal, cierto; **hier ist ein ~er Herr Müller** aquí está un tal Señor Müller; **in ~em Maße** en cierta medida
II. *adv* (*sicher*) seguramente; (*zweifellos*) indudablemente; **aber ~ doch!** ¡seguro que sí!; **sie denken ~, dass ich übertreibe** indudablemente piensan que exagero
Gewissen [gəˈvɪsən] *nt* <-s, -> conciencia *f*; **ein gutes/schlechtes ~ haben** tener buena/mala conciencia; **kein ~ haben** no tener conciencia [*o* escrúpulos]; **jdn/etw auf dem ~ haben** tener a alguien/algo sobre su conciencia; **jdm ins ~ reden** apelar a la conciencia de alguien; **sein ~ erleichtern** descargar la conciencia; **ein gutes ~ ist ein sanftes Ruhekissen** (*prov*) la mejor almohada es una conciencia tranquila
gewissenhaft *adj* concienzudo; (*penibel*) escrupuloso
Gewissenhaftigkeit *f* <-, *ohne pl*> escrupulosidad *f*; (*Sorgfalt*) esmero *m*
gewissenlos *adj* sin escrúpulo(s); **~ handeln** obrar de mala fe
Gewissenlosigkeit *f* <-, *ohne pl*> falta *f* de conciencia
Gewissensbisse *mpl* remordimientos *mpl* (de conciencia); **ich habe** [*o* **bekomme**] **~** tengo remordimientos de conciencia, me remuerde la conciencia; **Gewissensentscheidung** *f* <-, -en> cuestión *f* de conciencia; **Gewissenserforschung** *f* <-, -en> (REL) examen *m* de conciencia; **Gewissensfrage** *f* <-, -n> cuestión *f* de conciencia; **Gewissensfreiheit** *f* <-, *ohne pl*> libertad *f* de conciencia; **Gewissensgründe** *mpl* razones *fpl* de conciencia, causas *fpl* de conciencia; **Gewissenskonflikt** *m* <-(e)s, -e> conflicto *m* de conciencia, problema *m* de conciencia; **Gewissenspflicht** *f* <-, -en> deber *m* de conciencia
gewissermaßen [-'--'--] *adv* en cierto sentido, por decirlo así, hasta cierto punto
Gewissheit^{RR} *f* <-, -en>, **Gewißheit** *f* <-, -en> certeza *f*, certidumbre *f*; **~ haben über etw** estar seguro de algo; **sich** *dat* **über etw verschaffen** cerciorarse de algo
Gewitter [gəˈvɪtɐ] *nt* <-s, -> tormenta *f*
Gewitterfront *f* <-, -en> (METEO) frente *m* tormentoso; **in der Nacht nähert sich Deutschland von Nordwesten her eine ~** por la noche se acercará a Alemania un frente tormentoso procedente del noroeste; **Gewitterhimmel** *m* <-s, -> cielo *m* tormentoso
gewitt(e)rig *adj* de tormenta, tormentoso
gewittern* *vunpers* haber tormenta
Gewitterregen *m* <-s, -> lluvia *f* tormentosa; **Gewitterschauer** *m* <-s, -> chaparrón *m*; **Gewitterstimmung** *f* <-, -en> cerrazón *f*; **Gewittersturm** *m* <-(e)s, -stürme> tormenta *f* de viento fuerte; **Gewitterwolke** *f* <-, -n> nube *f* de tormenta, nubarrón *m*
gewittrig *adj s.* **gewitt(e)rig**
gewitzigt *adj*: **~ sein** (**durch etw**) salir escarmentado (de algo)
gewitzt [gəˈvɪtst] *adj* listo, ladino, fregado *Am*, pendejo *And*
Gewitztheit *f* <-, *ohne pl*> listeza *f*
gewoben [gəˈvoːbən] *pp von* **weben**
gewogen [gəˈvoːɡən] I. *pp von* **wiegen**
II. *adj* (*geh*): **etw** *dat* **~ sein** ser propicio a algo; **jdm ~ sein** tener simpatía por alguien
Gewogenheit *f* <-, *ohne pl*> (*geh*) afecto *m*; **um seine ~ dir gegenüber zu erhalten, solltest du alles tun** deberías hacer todo lo que está en tus manos para conservar el afecto que te tiene
gewöhnen* [ɡəˈvøːnən] I. *vt* acostumbrar (*an* a); (*an Klima*) aclimatar (*an* a)
II. *vr*: **sich ~** acostumbrarse (*an* a), imponerse (*an* a); (*vertraut machen*) familiarizarse (*an* con); (*an Klima*) aclimatarse (*an* a); **er konnte sich nur schwer daran ~ früh aufzustehen** le costaba acostumbrarse a levantarse temprano
Gewohnheit [gəˈvoːnhaɪt] *f* <-, -en> costumbre *f*, hábito *m*; **aus** (**alter**) **~** por (pura) costumbre; **sich** *dat* **etw zur ~ machen** acostumbrarse a algo, convertir algo en una costumbre; **jdm zur ~ werden** convertirse en un hábito para alguien; **aus der ~ kommen** perder la costumbre
gewohnheitsmäßig I. *adj* acostumbrado, habitual
II. *adv* de costumbre, habitualmente
Gewohnheitsmäßigkeit *f* <-, *ohne pl*> habitualidad *f*; **~ der Tat** (JUR) habitualidad del delito
Gewohnheitsmensch *m* <-en, -en> persona *f* rutinaria; **Gewohnheitsrecht** *nt* <-(e)s, -e> (JUR) derecho *m* consuetudinario
gewohnheitsrechtlich *adj* (JUR) consuetudinario
Gewohnheitstäter(in) *m(f)* <-s, -; -, -nen> delincuente *mf* habitual; **Gewohnheitstier** *nt* <-(e)s, -e> (*iron*) persona *f* de costumbres; **Gewohnheitstrinker(in)** *m(f)* <-s, -; -, -nen> bebedor(a) *m(f)* habitual; **Gewohnheitsverbrecher(in)** *m(f)* <-s, -; -, -nen> delincuente *mf* habitual
gewöhnlich [gəˈvøːnlɪç] I. *adj* ① (*gewohnt*) habitual, acostumbrado
② (*alltäglich*) corriente, común
③ (*ordinär*) ordinario, vulgar
II. *adv* (*normalerweise*) normalmente; **wie ~** como siempre; **für ~** normalmente
gewohnt [gəˈvoːnt] *adj* ① (*daran gewöhnt*) habituado, acostumbrado; **ich bin es ~ lange zu arbeiten** estoy acostumbrado a trabajar hasta tarde
② (*vertraut*) familiar; **die ~e Umgebung** el ambiente familiar
gewohntermaßen *adv* como de costumbre; **er stand ~ um 7 Uhr auf** se levantó a las 7 como de costumbre
Gewöhnung [gəˈvøːnʊŋ] *f* <-, *ohne pl*> habituación *f* (*an* a); (*an Klima*) aclimatación *f* (*an* a); **das ist eine Frage der ~** es cuestión de habituarse
Gewöhnungssache *f* <-, *ohne pl*> cuestión *f* de costumbre
Gewölbe [gəˈvœlbə] *nt* <-s, -> bóveda *f*
gewölbt [gəˈvœlpt] *adj* arqueado; (*Decke*) abovedado
gewonnen [gəˈvɔnən] *pp von* **gewinnen**
geworben [gəˈvɔrbən] *pp von* **werben**
geworden [gəˈvɔrdən] *pp von* **werden**¹
geworfen [gəˈvɔrfən] *pp von* **werfen**
gewrungen [gəˈvrʊŋən] *pp von* **wringen**
Gewühl [gəˈvyːl] *nt* <-(e)s, *ohne pl*> (*Gedränge*) multitud *f*, mogollón *m fam*
gewunden [gəˈvʊndən] I. *pp von* **winden**
II. *adj* (*Flusslauf, Straße*) sinuoso, tortuoso; (*Ausdrucksweise*) retorcido
gewunken [gəˈvʊŋkən] *pp von* **winken**
Gewürm [gəˈvʏrm] *nt* <-(e)s, -e> gusanos *mpl*; (*Ungeziefer*) bichos *mpl*, sabandijas *fpl*
Gewürz [gəˈvʏrts] *nt* <-es, -e> especia *f*, condimento *m*
Gewürzbord *nt* <-(e)s, -e> especiero *m*; **Gewürzgurke** *f* <-, -n> pepinillo *m* en vinagre; **Gewürzkraut** *nt* <-(e)s, -kräuter> hierba *f* de condimento, yuyo *m PRico, Urug, Ven*; **Gewürzmischung** *f* <-, -en> mezcla *f* de especias; **Gewürznelke** *f* <-, -n> clavo *m*; **Gewürzpflanze** *f* <-, -n> planta *f* aromática, especia *f*; **Gewürzständer** *m* <-s, -> especiero *m*
Gewusel [gəˈvuːzl] *nt* <-s, *ohne pl*> (*reg*) *s.* **Gewimmel**
gewusst^{RR} [gəˈvʊst], **gewußt** *pp von* **wissen**
Geysir [ˈɡaɪziːɐ] *m* <-s, -e> géiser *m*
gez. *Abk. von* **gezeichnet** fdo.
gezackt [gəˈtsakt] *adj* con picos; (TECH, BOT) dentado
gezahnt [gəˈtsaːnt] *adj*, **gezähnt** [gəˈtsɛːnt] *adj* (TECH, BOT) dentado
Gezänk [gəˈtsɛŋk] *nt* <-(e)s, *ohne pl*> (*abw*), **Gezanke** *nt* <-s, *ohne pl*> (*abw*) pelea *f*, riña *f*
gezeichnet [gəˈtsaɪçnət] *adj* ① (*im Brief*) firmado
② (*von Krankheit, Stress*): **von etw** *dat* **~ sein** estar marcado por algo
Gezeiten [gəˈtsaɪtən] *pl* marea *f*
Gezeitenenergie *f* <-, *ohne pl*> energía *f* mareomotriz; **Gezeitenkraftwerk** *nt* <-(e)s, -e> central *f* mareomotriz
Gezeitenstrom *m* <-(e)s, -ströme> corriente *f* de marea; **Gezeitenstromanlage** *f* <-, -n> central *f* mareomotriz flotante
Gezeitentafel *f* <-, -n> calendario *m* de las mareas; **Gezeitenwechsel** *m* <-s, -> cambio *m* de marea; **Gezeitenzone** *f* <-, -n> zona *f* de entremareas
Gezerre [gəˈtsɛrə] *nt* <-s, *ohne pl*> (*abw: Streiterei*) rencillas *fpl*, disputas *fpl*; **ich bin dieses ~ leid, soll er doch meinetwegen das Haus**

erben! ¡estoy harta de tantas rencillas, por mí que herede él la casa!
Gezeter [gə'tseːtɐ] *nt* <-s, *ohne pl*> (*abw*) griterío *m*, alboroto *m*
gezielt [gə'tsiːlt] *adj* encauzado, dirigido a un fin; (*genau*) preciso; (*überlegt*) bien calculado; ~ **nachfragen** preguntar con precisión
geziemen* [gə'tsiːmən] *vr*: **sich ~ convenir**; **das geziemt sich nicht!** ¡eso no se hace!
geziemend *adj* (*geh*) debido; **er begegnete dieser Persönlichkeit mit der ihr ~en Hochachtung** recibió a esta personalidad con el debido respeto
geziert [gə'tsiːɐt] *adj* (*abw*) afectado
Gezirpe [gə'tsɪrpə] *nt* <-s, *ohne pl*> (*Grillen*) canto *m*; (*Zikaden*) chirrido *m*
gezogen [gə'tsoːgən] *pp von* **ziehen**
Gezücht [gə'tsʏçt] *nt* <-(e)s, -e> (*abw*) ❶ (*geh: Gesindel*) chusma *f*, gente *f* de mala calaña
❷ (*alt: widerliche Kriechtiere*) bichos *mpl*, bicharracos *mpl*
Gezweig [gə'tsvaɪk] *nt* <-(e)s, *ohne pl*> (*geh*) ramaje *m*
Gezwitscher [gə'tsvɪtʃɐ] *nt* <-s, *ohne pl*> gorjeo *m*, trinos *mpl*
gezwungen [gə'tsvʊŋən] I. *pp von* **zwingen**
II. *adj* forzado
gezwungenermaßen [-'----] *adv* por obligación, forzosamente
ggf. *Abk. von* **gegebenenfalls** en su caso, en caso necesario
Ghana ['gaːna] *nt* <-s> Ghana *f*
Ghanaer(in) ['gaːnaɐ] *m(f)* <-s, -; -, -nen> ghanés, -esa *m*, *f*
ghanaisch ['gaːnaɪʃ] *adj* ghanés
Ghetto ['gɛto] *nt* <-s, -s> *s.* **Getto**
ghettoisieren* *vt s.* **gettoisieren**
Ghostwriter(in) ['goʊstraɪtɐ] *m(f)* <-s, -; -, -nen> negro *m*
GHz *Abk. von* **Gigahertz** GHz
Gibbon [gɪ'boːn] *m* <-s, -s> (ZOOL) gibón *m*
Gibraltar [gi'braltaːɐ, --'-] *nt* <-s> Gibraltar *m*
Gibraltarer(in) [gibral'taːrɐ] *m(f)* <-s, -; -, -nen> gibraltareño, -a *m*, *f*
gibt [giːpt] *3. präs von* **geben**
Gicht [gɪçt] *f* <-, *ohne pl*> (MED) gota *f*
Gichtanfall *m* <-(e)s, -fälle> (MED) ataque *m* de gota; **Gichtknoten** *m* <-s, -> (MED) nodo *m* gotoso
gichtkrank *adj* (MED) gotoso
Gichtkranke(r) *mf* <-n, -n; -n, -n> (MED) gotoso, -a *m*, *f*
Giebel ['giːbəl] *m* <-s, -> (ARCHIT) frontón *m*
Giebeldach *nt* <-(e)s, -dächer> (ARCHIT) tejado *m* a dos vertientes; **Giebelfenster** *nt* <-s, -> ventana *f* en el frontón de un edificio; **Giebelhaus** *nt* <-es, -häuser> casa *f* con frontón; **Giebelseite** *f* <-, -n> fachada *f* con frontón; **Giebelwand** *f* <-, -wände> fachada *f* lateral con frontón; **Giebelzimmer** *nt* <-s, -> buhardilla *f*, desván *m*; **wir haben auf dem Dachboden ein kleines ~ ausgebaut** hemos habilitado una pequeña habitación en el desván
Gier [giːɐ] *f* <-, *ohne pl*> avidez *f* (*nach* de), codicia *f* (*nach* de); (*Fress~*) voracidad *f*, gula *f*
gieren ['giːrən] *vi* ❶ (*geh*) codiciar (*nach*)
❷ (NAUT: *hin und hergehen*) guiñar
gierig *adj* ávido (*nach* de); (*hab~*) codicioso; (*gefräßig*) voraz; ~ **essen/trinken** comer/beber con gula [*o* como un glotón]
gießen ['giːsən] <gießt, goss, gegossen> I. *vt* ❶ (*Pflanzen*) regar
❷ (*Metall, Glas*) fundir
❸ (*herstellen*) moldear; (*Glocken, Statue*) fundir; (*Kerzen*) hacer, elaborar
❹ (*hinein~*) servir, echar; **voll ~** llenar (hasta el borde); **sie goss sich** *dat* **noch etwas Wein ins Glas** se sirvió un poco más de vino
❺ (*verschütten*) verter
II. *v unpers* (*fam: regnen*) llover mucho; **es gießt in Strömen** llueve a cántaros
Gießer(in) *m(f)* <-s, -; -, -nen> fundidor(a) *m(f)*; **in dieser Gießerei sind 14 ~ beschäftigt** en esta fundición trabajan 14 fundidores
Gießerei[1] *f* <-, *ohne pl*> (*Vorgang*) fundición *f*
Gießerei[2] *f* <-, -en> (*Betrieb*) (taller *m* de) fundición *f*
Gießereiarbeiter(in) *m(f)* <-s, -; -, -nen> fundidor(a) *m(f)*; **Gießereibetrieb** *m* <-(e)s, -e> (taller *m* de) fundición *f*
Gießerin *f* <-, -nen> *s.* **Gießer**
Gießform *f* <-, -en> (TECH) molde *m* de fundición
Gießkanne *f* <-, -n> regadera *f*; **Gießkannenprinzip** *nt* <-s, *ohne pl*>: **etw nach dem ~ austeilen** (*fam*) repartir algo a partes iguales
Gift [gɪft] *nt* <-(e)s, -e> veneno *m*; (MED) tóxico *m*; **das ist ~ für ihn** eso es muy perjudicial para él; **darauf kannst du ~ nehmen** (*fam*) apuesto la cabeza; **sein ~ verspritzen** hablar con lengua viperina; **~ und Galle spucken** (*fam*) echar sapos y culebras
Giftbecher *m* <-s, -> copa *f* de veneno; **nach seiner Verurteilung wurde Sokrates der ~ mit dem Schierlingstrank gereicht** tras su condena le ofrecieron a Sócrates la copa que contenía cicuta; **Giftdrüse** *f* <-, -n> (ZOOL) glándula *f* que segrega veneno

giften *vi* (*fam*) echar [*o* decir] pestes (*gegen* de); **die Abgeordneten giften gegen die Radikalreformer** los diputados echaban pestes de los reformistas radicales
Giftfracht *f* <-, -en> mercancía *f* tóxica
Giftgas *nt* <-es, -e> gas *m* tóxico; **Giftgasattacke** *f* <-, -n> ataque *m* con gases tóxicos
giftgrün *adj* verde cardenillo
gifthaltig *adj*, **gifthältig** *adj* (*Österr*) venenoso
giftig *adj* ❶ (*Substanz*) venenoso, tóxico
❷ (*fam: boshaft*) mordaz, malicioso
Giftigkeit *f* <-, *ohne pl*> ❶ (*einer Substanz*) venenosidad *f*, toxicidad *f*
❷ (*fam: einer Person*) malicia *f*
Giftküche *f* <-, -n> (*fam iron*) taller *m* de alquimista; **Giftmischer(in)** *m(f)* <-s, -; -, -nen> (*fam*) ❶ (*abw: jd, der Gift zubereitet*) persona *f* que elabora venenos ❷ (*iron: Apotheker*) boticario, -a *m*, *f*, farmacéutico, -a *m*, *f*; **Giftmord** *m* <-(e)s, -e> asesinato *m* por envenenamiento, homicidio *m* por envenenamiento; **er soll mit Hilfe von geheimnisvollen Pflanzengiften mehrere ~e begangen haben** se dice que ha cometido varios asesinatos utilizando el veneno de unas plantas secretas; **Giftmörder(in)** *m(f)* <-s, -; -, -nen> asesino, -a *m*, *f* (que utiliza veneno para sus crímenes); **diese ~in hat drei Ehemänner mit Strychnin umgebracht** esta asesina ha matado a tres maridos con estricnina
Giftmüll *m* <-(e)s, *ohne pl*> (ÖKOL) desechos *mpl* tóxicos, residuos *mpl* tóxicos; **Giftmülldeponie** *f* <-, -n> vertedero *m* de residuos tóxicos; **Giftmüllexport** *m* <-(e)s, -e> (ÖKOL) exportación *f* de residuos tóxicos; **Giftmüllverbrennungsanlage** *f* <-, -n> (ÖKOL) planta *f* incineradora de basuras tóxicas [*o* de residuos tóxicos]
Giftnotrufzentrale *f* <-, -n> central *f* asesora para intoxicaciones
Giftnudel *f* <-, -n> (*fam: gehässiger Mensch*) víbora *f*; **intrigant und boshaft, diese ~!** además de intrigante, mala, ¡vaya víbora!; **Giftpfeil** *m* <-(e)s, -e> flecha *f* envenenada; **Giftpflanze** *f* <-, -n> (BOT) planta *f* venenosa; **Giftpilz** *m* <-es, -e> (BOT) seta *f* venenosa; **Giftschlange** *f* <-, -n> serpiente *f* venenosa; **Giftschrank** *m* <-(e)s, -schränke> armario *m* de los venenos; **Giftspritze** *f* <-, -n> (*fam*) *s.* Giftnudel; **Giftstoff** *m* <-(e)s, -e> sustancia *f* tóxica; **Giftviper** *f* <-, -n> víbora *f* venenosa, equis *f inv* Kol; **Giftwolke** *f* <-, -n> nube *f* tóxica; **Giftzwerg** *m* <-(e)s, -e> (*fam abw*) víbora *f*
Gigabyte ['giːgabaɪt] *nt* <-(s), -(s)> (INFOR) gigabyte *m*
Gigant(in) [gi'gant] *m(f)* <-en, -en; -, -nen> gigante, -a *m*, *f*
gigantisch *adj* gigantesco, gigante
Gigantomanie [gigantoma'niː] *f* <-, *ohne pl*> gigantomanía *f*
Gigawatt *nt* <-s, -> (PHYS, TECH) gigavatio *m*; **Gigawattstunde** *f* <-, -n> gigavatiohora *f*
Gigerl ['giːgɐl] *m o nt* <-s, -(n)> (*Österr: fam*) *s.* **Geck**
Gigolo ['ʒiːgolo, 'ʒigolo] *m* <-s, -s> gigoló *m*
gilben ['gɪlbn] *vi sein* (*geh*) amarillear
Gilde ['gɪlda] *f* <-, -n> gremio *m*
gilt [gɪlt] *3. präs von* **gelten**
Gimpel ['gɪmpəl] *m* <-s, -> ❶ (ZOOL) camachuelo *m* (común)
❷ (*fam abw: Mensch*) bobo, -a *m*, *f*, papanatas *mf inv*
Gin [dʒɪn] *m* <-s, -s> ginebra *f*; **~ Tonic** gin tonic
ging [gɪŋ] *3. imp von* **gehen**
Ginseng ['gɪnzɛŋ] *m* <-s, -s> (BOT) ginseng *m*
Ginster ['gɪnstɐ] *m* <-s, -> (BOT) retama *f*, genista *f*
Gipfel ['gɪpfəl] *m* <-s, -> ❶ (*eines Berges*) cumbre *f*, cima *f*
❷ (*Höhepunkt*) culminación *f*, apogeo *m*; **das ist doch der ~!** ¡esto es el colmo!
❸ (POL) cumbre *f*
Gipfeli *m* <-s, -> (*Schweiz: Hörnchen*) cruasán *m*
Gipfelkonferenz *f* <-, -en> (POL) (conferencia *f*) cumbre *f*; **Gipfelkreuz** *nt* <-es, -e> cruz *f* en la cima de una montaña; **gleich haben wir das ~ erreicht** pronto habremos llegado a la cruz de la cima
gipfeln *vi* culminar (*in* en); **seine Rede gipfelte in der Behauptung, dass ...** su discurso culminó con la afirmación de que...
Gipfelpunkt *m* <-(e)s, -e> punto *m* culminante, cenit *m*; **Gipfeltreffen** *nt* <-s, -> (POL) reunión *f* cumbre *f*
Gips [gɪps] *m* <-es, -e> ❶ (*Baumaterial*) yeso *m*
❷ (MED) escayola *f*; **er hat den Fuß in ~** tiene el pie enyesado [*o* escayolado]
Gipsabdruck *m* <-(e)s, -drücke> (*durch Eindrücken*) impresión *f* en yeso; (*Abguss*) moldeado *m* en yeso; **Gipsabguss**[RR] *m* <-es, -güsse> (KUNST) vaciado *m* en yeso, modelo *m* en yeso; **bevor das Kunstwerk in Metall gegossen wurde, musste ein ~ genommen werden** antes de fundir la escultura en metal fue necesario hacer un molde de yeso; **Gipsarm** *m* <-(e)s, -e> (*fam*) brazo *m* enyesado; **wegen seines ~es konnte er nicht am Examen teilnehmen** como tenía el brazo enyesado no pudo hacer el examen; **Gipsbein** *nt* <-(e)s, -e> (*fam*) pierna *f* enyesada [*o* escayolada]

gipsen vt ❶ (*Wand*) enyesar, encalar
❷ (*fam: Arm, Bein*) enyesar, escayolar
Gipser(in) *m(f)* <-s, -; -, -nen> yesero, -a *m, f*; (*für Stuckarbeiten*) estuquista *mf*, estucador(a) *m(f)*
gipsern *adj* de [*o* en] yeso
Gipsfigur *f* <-, -en> figura *f* de yeso; **Gipskorsett** *nt* <-(e)s, -e> (MED) corsé *m* de escayola; **Gipsverband** *m* <-(e)s, -bände> escayola *f*
Giraffe [gi'rafə] *f* <-, -n> jirafa *f*
Giralgeld [ʒi'ra:l-] *nt* <-es, -er> (FIN) dinero *m* en cuenta
Girant(in) [ʒi'rant] *m(f)* <-en, -en; -, -nen> (FIN) endosante *mf*
girieren* [ʒi'ri:rən] *vt* (FIN): **einen Scheck/Wechsel ~** girar un cheque/una letra de cambio
Girlande [gɪr'landə] *f* <-, -n> guirnalda *f*, festón *m*
Giro [ˈʒi:ro] *nt* <-s, -s> (FIN) giro *m*; **~ fehlt** falta giro
Giroauftrag *m* <-(e)s, -träge> (FIN) orden *f* de giro; **Giroeinlagen** *fpl* (FIN) depósitos *mpl* en cuentas corrientes; **Girokonto** [ˈʒi:rokɔnto] *nt* <-s, -s *o* -konten> cuenta *f* corriente; **Giroscheck** *m* <-s, -s> cheque *m* cruzado; **Giroverkehr** *m* <-(e)s, *ohne pl*> (FIN) operaciones *fpl* de giros; **Girovertrag** *m* <-(e)s, -träge> (FIN) contrato *m* de giros; **Girozentrale** *f* <-, -n> (oficina *f*) central *f* de transacción de pagos
girren [ˈgɪrən] *vi* arrullar; **ich konnte nicht schlafen, weil die Tauben girrten** no pude dormir porque oía arrullar a las palomas; **wenn sie mit ihrem Freund sprach, flötete und girrte sie immerzu** cuando hablaba con su amigo, más que hablar se deshacía en suspiros
Gis [gɪs] *nt* <-, -> (MUS) sol *m* sostenido
Gischt [gɪʃt] *f* <-, -en> espuma *f* de las olas
Gitarre [gi'tarə] *f* <-, -n> guitarra *f*
Gitarrenspiel *nt* <-(e)s, *ohne pl*> música *f* de guitarra; **Gitarrenspieler(in)** *m(f)* <-s, -; -, -nen> guitarrista *mf*
Gitarrist(in) *m(f)* <-en, -en; -, -nen> guitarrista *mf*
Gitter [ˈgɪtɐ] *nt* <-s, -> ❶ (*Fenster~, Tür~*) reja *f*; (*für Pflanzen*) enrejado *m*; **hinter ~ kommen** (*fam*) ir a la cárcel; **hinter ~n sitzen** (*fam*) estar entre rejas
❷ (CHEM) red *f* cristalina, retículo *m* cristalino
❸ (GEO, MATH) cuadrícula *f*
Gitterbett *nt* <-(e)s, -en> cuna *f*; **Gitterfenster** *nt* <-s, -> ventana *f* enrejada
gitterförmig *adj* en forma de rejilla; (*Tabelle*) cuadriculado
Gitterrost *m* <-(e)s, -e> (*am Ofen*) parrilla *f*; (*Abdeckung*) reja *f*; **Gitterstab** *m* <-(e)s, -stäbe> barrote *m*; **Gittertor** *nt* <-(e)s, -e> portón *m* enrejado; **Gitterwerk** *nt* <-(e)s, -e> reja *f*, enrejado *m*; **Gitterzaun** *m* <-(e)s, -zäune> enverjado *m*
Glace [gla:s] *f* <-, -n> (*Schweiz: Speiseeis*) helado *m*
Glaceehandschuhᴿᴿ *m* <-(e)s, -e>, **Glacéhandschuh** [gla'se:hantʃu:] *m* <-(e)s, -e> guante *m* de cabritilla; **jdn mit ~en anfassen** (*fam fig*) tratar a alguien con guante de seda
Glacis [gla'si] *nt* <-, -> (MIL) glacis *m*, explanada *f*
Gladiator [gladi'a:to:ɐ] *m* <-s, -en> (HIST) gladiador *m*
Gladiole [gla'djo:lə] *f* <-, -n> (BOT) gladiolo *m*, gladíolo *m*
Glamour [ˈglɛmɐ] *m o nt* <-s, *ohne pl*> glamour *m*
Glamourgirl [ˈglɛmɐgœrl] *nt* <-s, -s> estrella *f* de la pantalla
Glanz [glants] *m* <-es, *ohne pl*> ❶ (*von Fläche, Haaren, Augen*) brillo *m*; (*Schimmer*) resplandor *m*
❷ (*Pracht*) esplendor *m*; **mit ~ und Gloria** (*fam*) con todos los honores; **oh, welch ~ in meiner Hütte!** (*fam*) ¡cuánto honor en mi humilde morada!
Glanzabzug *m* <-(e)s, -züge> (FOTO) papel *m* brillante; **ich möchte die Bilder nicht matt, sondern auf ~** las fotos no las quiero mates, sino con brillo
glänzen [ˈglɛntsən] **I.** *vi* ❶ (*Glanz haben*) brillar; (*strahlen*) resplandecer
❷ (*in einem Fach*) resplandecer (*durch* por), brillar (*durch* por); **durch Abwesenheit ~** brillar por su ausencia
II. *vt* (*Schweiz: zum G~ bringen*) dar brillo (a)
glänzend I. *adj* ❶ (*Lack, Augen*) brillante; (*Foto*) en brillo
❷ (*fam: sehr gut*) genial, espléndido
II. *adv* de maravilla, de lo lindo; **wir haben uns ~ amüsiert** nos divertimos de lo lindo
Glanzleder *nt* <-s, -> charol *m*; **Glanzleistung** *f* <-, -en> actuación *f* brillante; **Glanzlicht** *nt* <-(e)s, -er> ❶ (*glänzendes Licht*) luz *f* brillante ❷ (*Wend*) **etw** *dat* **ein ~/~er aufsetzen** darle a algo un toque especial; **einer Show (durch etw) ~er aufsetzen** darle a un espectáculo un toque especial (mediante algo); **der Auftritt dieses berühmten Sängers setzte der Show noch ein ~ auf** la actuación de este famoso cantante supuso otro momento estelar del espectáculo
glanzlos *adj* sin brillo
Glanznummer *f* <-, -n> número *m* sensacional, atracción *f* principal, actuación *f* estelar; **Glanzpapier** *nt* <-s, -e> papel *m* satinado;

Glanzpolitur *f* <-, -en> abrillantador *m*
glanzvoll *adj* ❶ (*ausgezeichnet*) brillante, espléndido
❷ (*prunkhaft*) suntuoso
Glanzzeit *f* <-, -en> época *f* de esplendor [*o* dorada]
Glarus [ˈgla:rʊs] *nt* <-es> (*Kanton und Stadt*) Glarus *m*
Glas¹ [gla:s] *nt* <-es, *ohne pl*> (*Material*) vidrio *m*, cristal *m*; **geblasenes ~** vidrio soplado; **„Vorsicht ~!"** "¡frágil!"; **die Stücke waren hinter/unter ~ zu bewundern** los objetos se podían ver detrás de un cristal/en una vitrina
Glas² [gla:s] *nt* <-es, Gläser> ❶ (*Trinkgefäß*) vaso *m*; (*mit Stiel*) copa *f*; (*~behälter*) frasco *m*; (*Schraub~*) tarro *m*; **ein ~ über den Durst trinken** (*fam*) tomar una copa de más; **zu tief ins ~ gucken** (*fam*) empinar el codo
❷ (*Fern~, Opern~*) prismáticos *mpl*
❸ (*Brillen~*) cristal *m*
Glas³ [gla:s] *nt* <-es, -en> (NAUT) media hora *f*; **es schlägt acht ~en** la campana ha sonado ocho veces
Glasauge *nt* <-s, -n> ojo *m* de cristal; **Glasbaustein** *m* <-(e)s, -e> (ARCHIT) ladrillo *m* de vidrio; **Glasbläser(in)** *m(f)* <-s, -; -, -nen> vidriero, -a *m, f*, soplador(a) *m(f)* de vidrio
Glasbläserei *f* <-, -en> vidriería *f*
Glasbläserin *f* <-, -nen> *s.* **Glasbläser**
Glasbruch *m* <-(e)s, -brüche> pedazos *mpl* de vidrio
Gläschen [ˈglɛːsçən] *nt* <-s, ->: **bringst du bitte noch ein paar ~ Alete mit?** ¿me puedes traer unos potitos de Alete?; **noch ein ~ (Wein/Schnaps)?** ¿otro chupito (de vino/de aguardiente)?; **darauf müssen wir ein ~ trinken** eso tenemos que mojarlo *fam*
Glascontainer *m* <-s, -> (*für Altglas*) contenedor *m* de vidrio
Glaser(in) *m(f)* <-s, -; -, -nen> vidriero, -a *m, f*
Glaserei *f* <-, -en> (*Betrieb*) cristalería *f*, vidriería *f*
Glaserin *f* <-, -nen> *s.* **Glaser**
gläsern [ˈglɛːzɐn] *adj* de vidrio, de cristal; (*fig: transparent*) transparente
Glasfabrik *f* <-, -en> vidriería *f*, fábrica *f* de vidrio
Glasfaser *f* <-, -n> fibra *f* de vidrio; **Glasfaserkabel** *nt* <-s, -> (TECH) cable *m* fibroóptico
Glasfiberstab *m* <-(e)s, -stäbe> (SPORT) pértiga *f* de fibra de vidrio
Glasglocke *f* <-, -n> ❶ (*Glocke aus Glas*) campana *f* de cristal ❷ (*Käseglocke*) quesera *f* de cristal; **Glashaus** *nt* <-es, -häuser> invernadero *m*; **wer im ~ sitzt, soll nicht mit Steinen werfen** (*prov*) el que tiene tejado de vidrio, no tire piedras al de su vecino; **Glashütte** *f* <-, -n> taller *m* de vidrio, vidriería *f*
glasieren* [gla'zi:rən] *vt* ❶ (*Keramik*) vidriar
❷ (GASTR) glasear
glasig [ˈglaːzɪç] *adj* ❶ (*Blick*) vidrioso
❷ (GASTR) sofrito
Glaskasten *m* <-s, -kästen> vitrina *f*
glasklar [ˈ--] *adj* ❶ (*durchsichtig, hell*) claro, transparente
❷ (*deutlich*) claro como el agua
Glasknochenkrankheit *f* <-, *ohne pl*> (MED) enfermedad *f* cartilaginosa
Glaskolben *m* <-s, -> matraz *m* (de cristal)
Glaskörpertrübung *f* <-, -en> (MED) enturbación *f* del cuerpo vítreo [*o* cristalino]; **~ des Auges** enturbación del cuerpo vítreo [*o* cristalino] del ojo
Glasmalerei *f* <-, *ohne pl*> pintura *f* sobre vidrio
Glasnost [ˈglasnɔst] *f* <-, *ohne pl*> (POL) glasnost *f*
Glasnudel *f* <-, -n> (GASTR) fideos *mpl* chinos (*transparentes, hechos de arroz*); **Glasperle** *f* <-, -n> perla *f* de vidrio; **Glasplatte** *f* <-, -n> placa *f* de vidrio; **Glasröhre** *f* <-, -n> cristal *m*, vidrio *m*; **Glasscherbe** *f* <-, -n> fragmento *m* de vidrio; **~n** vidrios rotos; **Glasschleifer(in)** *m(f)* <-s, -; -, -nen> ❶ (*jd, der Gläser verziert*) vidriero, -a *m, f* ❷ (*jd, der Glas bearbeitet*) pulidor(a) *m(f)* de vidrio; **Glasschneider** *m* <-s, -> cortavidrios *m inv*; **Glasschrank** *m* <-(e)s, -schränke> vitrina *f*, cristalera *f*; **Glassplitter** *m* <-s, -> astilla *f* de vidrio, esquirla *f* de vidrio; **Glastür** *f* <-, -en> puerta *f* vidriera [*o* de vidrio], mampara *f Peru*
Glasur [gla'zu:ɐ] *f* <-, -en> ❶ (*auf Keramik*) esmalte *m*
❷ (GASTR: *aus Schokolade*) cobertura *f* de chocolate
Glasversicherung *f* <-, -en> seguro *m* de rotura de cristales; **Glaswaren** *fpl* objetos *mpl* de vidrio [*o* cristal]; **Glaswolle** *f* <-, *ohne pl*> lana *f* de vidrio, vidrio *m* hilado
glatt [glat] <*glatter, fam*: glatter, am glattesten, *fam*: am glättesten>
I. *adj* ❶ (*eben*) plano, (*nicht rau*) liso; (*Haut*) suave; (*Haare*) liso
❷ (*rutschig*) resbaladizo
❸ (*reibungslos*) perfecto
❹ (*fam: eindeutig*) claro, rotundo; **das macht ~e 1000 Euro** son exactamente 1000 euros; **ich habe eine ~e Eins bekommen** recibí nada menos que un sobresaliente

❺ (*Typ*) empalagoso
II. *adv* ❶ (*problemlos*) sin problemas, sin obstáculos
❷ (*rundweg*) rotundamente; (*einfach*) sencillamente; **das habe ich doch ~ vergessen** sencillamente se me ha olvidado

glatt|bügeln *vt s.* **bügeln**
Glätte ['glɛtə] *f* <-, *ohne pl*> ❶ (*Ebenheit*) llanura *f*; (*nicht rau*) lisura *f* ❷ (*von Straßen*) estado *m* resbaladizo
Glatteis *nt* <-es, *ohne pl*> hielo *m*, superficie *f* helada; „**Vorsicht ~!**" "peligro, placas de hielo"; **jdn aufs ~ führen** (*fig*) poner a alguien en un aprieto; **Glatteisgefahr** *f* <-, *ohne pl*> peligro *m* de (formación de) hielo
glätten ['glɛtən] **I.** *vt* ❶ (*eben machen*) alisar; (*Falten*) desfruncir, desarrugar; **die Wogen ~** (*fig*) calmar los ánimos
❷ (*Schweiz: bügeln*) planchar
II. *vr:* **sich ~** (*Meer, Sturm*) calmarse; **ihre Stirn glättete sich** desarrugó la frente
glätter ['glɛtɐ] *adj kompar von* **glatt**
glätteste(r, s) ['glɛtəstə, -te, -təs] *adj* (*fam*) *superl von* **glatt**
glatt|gehen *irr vi sein* (*fam*) *s.* **gehen I.3.**
glatt|kämmen *vt s.* **kämmen**
glattrasiert *adj s.* **rasieren I.**
glatt|schleifen *irr vt s.* **schleifen**² 2.
glatt|streichen *irr vt s.* **streichen I.5.**
glattweg ['glatvɛk] *adv* (*fam: rundweg*) rotundamente; (*völlig*) completamente; **das ist ~ gelogen** esto es una mentira de cabo a rabo
Glatze ['glatsə] *f* <-, -n> calva *f*, pelada *f CSur*; **eine ~ haben/bekommen** ser/quedarse calvo
Glatzenbildung *f* <-, -en> (MED) alopecia *f*
Glatzkopf *m* <-(e)s, -köpfe> (*fam*) calvo, -a *m, f*
glatzköpfig ['glatskœpfɪç] *adj* calvo, pelado
Glaube ['glaʊbə] *m* <-ns, *ohne pl*> ❶ (REL) fe *f* (*an* en), creencias *fpl*; **der christliche ~** la fe cristiana; **vom ~n abfallen** apostatar de la fe; **jüdischen ~ns** de religión judía
❷ (*Vertrauen*) fe *f* (*an* en), creencia *f*, crédito *m;* (*Meinung*) opinión *f;* (*Überzeugung*) convicción *f;* **böser/guter ~** mala/buena fe; **öffentlicher ~** fe pública; **in dem ~n sein, dass ...** estar en la creencia de que...; **jdn in dem ~n belassen, dass er Recht hat** dejar a alguien creyendo que tiene razón; **etw** *dat* **~n/keinen ~n schenken** dar/no dar crédito a algo; **in gutem ~n handeln** actuar de buena fe
❸ (*Zuversicht*) confianza *f* (*an* en); **den ~n an etw verlieren** perder la confianza en algo
glauben ['glaʊbən] **I.** *vt* ❶ (*meinen*) creer(se), pensar; **ich glaube, ja/nein** creo que sí/que no; **ich glaube nicht, dass es gelingt** no creo que se pueda hacer esto; **sie glaubte ihn in Schwierigkeiten** (*geh*) le creía en dificultades; **sich/jdn im Recht ~** creerse uno que tiene la razón/creer que alguien tiene la razón; **einer musste daran ~** (*fam fig*) uno estiró la pata
❷ (*für wahr halten*) creer(se); **das glaubst du doch selber nicht** eso no te lo crees ni tú; **es ist nicht zu ~!** ¡es increíble!; **ich glaube dir** te creo; **ich glaube es dir** creo lo que dices; **sie glaubte ihr kein Wort** no le creyó ni una palabra; **glaubst du so was von mir?** (*fam*) ¿me crees capaz de una cosa así?; **ob du es glaubst oder nicht, ich habe gewonnen** te lo creas o no, he ganado; **sie machten uns ~, es sei Nacht** (*geh*) nos hicieron creer que era de noche
II. *vi* ❶ (REL) creer (*an* en); **ich glaube an Gott** creo en Dios
❷ (*vertrauen*) creer (*an* en), confiar (*an* en); **ich glaube an dich** creo en ti
Glauben *m* <-s, *ohne pl*> *s.* **Glaube**
Glaubensbekenntnis *nt* <-ses, -se> (REL, POL) credo *m;* **Glaubensfrage** *f* <-, -en> (REL) cuestión *f* de fe; **in ~n** en lo que respeta a cuestiones de fe; **Glaubensfreiheit** *f* <-, *ohne pl*> libertad *f* de culto(s); **Glaubensgemeinschaft** *f* <-, -en> comunidad *f* de creyentes; **Glaubenszweifel** *m* <-s, -> (REL) duda *f* de fe
glaubhaft *adj* creíble, fidedigno; **jdm etw ~ machen** presentar algo de forma convincente a alguien
Glaubhaftigkeit *f* <-, *ohne pl*> credibilidad *f*
Glaubhaftmachung *f* <-, *ohne pl*> acreditación *f*
gläubig ['glɔɪbɪç] *adj* (REL) creyente; (*fromm*) pío, piadoso
Gläubige(r) *mf* <-n, -n; -n, -n> (REL) creyente *mf*
Gläubiger(in) *m(f)* <-s, -; -, -nen> (WIRTSCH) acreedor(a) *m(f);* **ungesicherter ~** acreedor sin garantía
Gläubigeranfechtung *f* <-, -en> (JUR, WIRTSCH) impugnación *f* (por parte) de los acreedores; **Gläubigerantrag** *m* <-(e)s, -träge> (WIRTSCH, JUR) solicitud *f* de un acreedor; **Gläubigerausgleich** *m* <-(e)s, *ohne pl*> (WIRTSCH, JUR) liquidación *f* de acreedores; **Gläubigerausschuss**^{RR} *m* <-es, -schüsse> (WIRTSCH) comisión *f* de acreedores; **Gläubigerbank** *f* <-, -en> (WIRTSCH) banco *m* acreedor; **Gläubigerbegünstigung** *f* <-, -en> (JUR, WIRTSCH) favorecimiento *m* de acreedores; **Gläubigerforderung** *f* <-, -en> (WIRTSCH, JUR) reclamación *f* del acreedor; **sonstige ~en** y demás reclamaciones del acreedor
Gläubigerin *f* <-, -nen> (WIRTSCH) *s.* **Gläubiger**
Gläubigerinteresse *nt* <-s, -n> (WIRTSCH) interés *m* de los acreedores; **Gläubigerkündigung** *f* <-, -en> (WIRTSCH) resolución *f* por parte del acreedor
Gläubigerland *nt* <-(e)s, -länder> (WIRTSCH) país *m* acreedor; **Gläubigermehrheit** *f* <-, *ohne pl*> (WIRTSCH) mayoría *f* de acreedores; **Gläubigerschutz** *m* <-es, *ohne pl*> (WIRTSCH, JUR) tutela *f* de los acreedores; **Gläubigerstreit** *m* <-(e)s, -e> (WIRTSCH) conflicto *m* entre acreedores; **Gläubigerversammlung** *f* <-, -en> (WIRTSCH) junta *f* de acreedores; **Gläubigervertrag** *m* <-(e)s, -träge> (JUR, WIRTSCH) contrato *m* de acreedores; **Gläubigerverzeichnis** *nt* <-ses, -se> (WIRTSCH, JUR) lista *f* de acreedores; **Gläubigerverzug** *m* <-(e)s, *ohne pl*> (WIRTSCH, JUR) mora *f* del acreedor, mora *f* accipiendi
glaublich *adj:* **kaum/wenig ~ sein** ser apenas/poco creíble; **die Zeugenaussage klingt kaum ~** la declaración del testigo es muy poco creíble
glaubwürdig *adj* digno de crédito [*o* de fe], creíble
Glaubwürdigkeit *f* <-, *ohne pl*> credibilidad *f*
Glaubwürdigkeitsbewertung *f* <-, -en> (JUR) estimación *f* de la credibilidad; **Glaubwürdigkeitsgutachten** *nt* <-s, -> (JUR) peritaje *m* de credibilidad
Glaukom [glaʊ'ko:m] *nt* <-s, -e> (MED) glaucoma *m*
glazial [gla'tsja:l] *adj* (GEO) glaciar, glacial
Glaziallandschaft *f* <-, -en> (GEO) paisaje *m* glacial [*o* glaciar]
Glaziologie [glatsjolo'gi:] *f* <-, *ohne pl*> glaciología *f*
gleich [glaɪç] **I.** *adj* ❶ (*a.* MATH: *gleichwertig*) igual; (*identisch*) idéntico; **~e Dreiecke** triángulos idénticos; **~e Rechte/Pflichten** los mismos derechos/las mismas obligaciones; **er hat das ~e Fahrrad wie du** tiene la misma bicicleta que tú; **das sieht ihm ~** es típico de él; **der Lehrer behandelt alle Kinder ~** el maestro trata a todos los niños por igual; **ihr seid doch alle ~!** ¡todos sois iguales!; **alle Menschen sind ~, nur einige sind ~er** (*iron*) todos los hombres son iguales, sólo que algunos lo son más; **das Gleiche wie ...** lo mismo que...; **das läuft auf das Gleiche hinaus** esto viene a ser lo mismo; **in ~er Weise** de la misma manera; **Gleiches mit Gleichem vergelten** pagar con la misma moneda; **zu ~en Teilen** a partes iguales; **zur ~en Zeit** a la misma hora; **zwei mal zwei (ist) ~ vier** dos por dos (es) igual a cuatro
❷ (*unverändert*): **der/die/das Gleiche (...) wie** el mismo/la misma/lo mismo (...) que; **er ist immer noch der Gleiche wie vor zehn Jahren** es el mismo que hace 10 años
❸ (*ähnlich*) parecido, similar; **Gleich und Gleich gesellt sich gern** cada oveja con su pareja
❹ (*gleichgültig*): **das ist mir ~** (*fam*) me da igual; **es ist mir ~, ob ...** me da lo mismo si...; **ganz ~ was er sagt** no importa lo que él diga
II. *adv* ❶ (*sofort*) ahora mismo, inmediatamente; (*demnächst*) pronto; **ich komme ~** ahora voy; **ich komme ~ wieder** vuelvo dentro de poco; **es ist ~ 8 Uhr** van a dar las 8; **bis ~** hasta ahora; **~ danach hat sie ~ gesehen** acto seguido [*o* inmediatamente después] la vio; **~ darauf** a poco rato; **~ heute** hoy mismo; **ich werde sie ~ morgen besuchen** iré a verla mañana mismo; **na komm schon! – ~!** ¡venga, ven ya! – ¡voy, voy!; **wann machst du das? – ~!** ¿cuándo lo harás? – ¡ahora mismo!; **es muss nicht ~ sein** no hace falta que lo hagas ahora; **sie hat ~ verstanden, was ich meinte** ha entendido en el acto lo que quería decir; **sie ist ~ zurück** vuelve en seguida; **habe ich es nicht ~ gesagt?** ¿qué te dije?; **das dachte ich mir ~** ya me lo imaginaba; **wie hieß sie doch ~?** ¿cómo se llamaba?
❷ (*dicht daneben*) justo, directamente; **~ daneben** al lado mismo, justo al lado; **der Schrank steht ~ neben der Tür** el armario está justo al lado de la puerta; **hier ~** aquí mismo
❸ (*ebenso, unverändert*) igual; **(sich)** *dat* **~ bleiben** mantenerse, no cambiar; **der Preis ist seit zehn Jahren ~ geblieben** el precio no ha cambiado desde hace 10 años; **das bleibt sich doch ~** lo mismo da; **seine Leistungen waren in letzter Zeit ~ bleibend gut** sus resultados han sido en los últimos tiempos constantemente buenos; **es geht dem Patienten ~ bleibend schlecht** el paciente sigue igual de mal; **~ groß** del mismo tamaño; **~ lautend** idéntico; **~ schnell** igual de rápido; **beide Teilnehmer sind ~ stark** ambos participantes son igual de fuertes; **~ teuer** igual de caro; **~ viel** la misma cantidad; **du musst sie beide ~ behandeln** los debes tratar igual; **~ gelagert** equiparable, comparable; **die Probleme sind keineswegs ~ gelagert** los problemas no son en absoluto equiparables; **beide Taschen sind ~ schwer** las dos bolsas pesan igual; **~ gesinnt** [*o* **denkend**] con las mismas ideas; „**Ehepaar sucht ~ Gesinnte**" "matrimonio busca pareja con intereses afines"; **~ gestimmte Seelen** almas gemelas
❹ (*zugleich*): **sie kauft sich immer ~ zwei Packungen** siempre se compra dos paquetes; **sie hat ~ drei paar Schuhe gekauft!** ¡se ha comprado de golpe tres pares de zapatos!
III. *part* ❶ (*in Aussagesätzen*): **dann lass es doch ~ bleiben!** ¡déjalo

estar entonces!; **deswegen braucht man nicht ~ so viel auszugeben** esa no es razón para gastarse tanto dinero; **du brauchst deswegen nicht ~ zu weinen** no tienes por qué llorar

②(*in Fragesätzen: noch*): **wie war das doch ~?** ¿cómo ha dicho?; **wie war doch ~ Ihr Name?** ¿cómo ha/has dicho que se llamaba?; **woher kenne ich ihn doch ~ wieder?** ¿de qué le conoceré?

IV. *präp + dat* (*geh: wie*) igual a; **~ einem Schmetterling** cual una mariposa; **der Drachen flog ~ einem Vogel** la cometa volaba igual que un pájaro

gleichaltrig ['glaɪçaltrɪç] *adj* de la misma edad; **sie sind ~** tienen la misma edad

gleichartig *adj* de la misma especie, similar

Gleichartigkeit *f* <-, *ohne pl*> similitud *f*; **~ von Forderungen** (JUR) similitud de derechos

gleichauf *adv* (SPORT) ①(*auf gleicher Höhe*) igualado, a la misma altura; **im Endspurt lag der Verfolger ~ mit dem Meister** en la recta final el contrincante se puso a la misma altura que el campeón

②(*punktgleich*) empatado (a puntos)

gleichbedeutend *adj* equivalente (*mit* a)

Gleichbehandlung *f* <-, *ohne pl*> igualdad *f* de trato; **Gleichbehandlungsgebot** *nt* <-(e)s, -e> (JUR) imperatividad *f* de la igualdad de trato

gleichberechtigt *adj* con los mismos derechos

Gleichberechtigung *f* <-, *ohne pl*> igualdad *f* de derechos

Gleichberechtigungsgesetz *nt* <-es, -e> ley *f* de igualdad jurídica

gleich|bleiben *irr* I. *vi sein s.* **bleiben 2**.
II. *vr:* **sich ~** *sein s.* **bleiben 2**.

gleichbleibend *adj s.* **bleiben 2**.

gleichen ['glaɪçən] <gleicht, glich, geglichen> *vi* parecerse (a); **sie gleicht ihrer Schwester** se parece a su hermana; **sie ~ einander wie ein Ei dem anderen** se parecen como un huevo a otro, se parecen como dos gotas de agua

gleichentags *adv* (*Schweiz*) el mismo día

gleichermaßen ['--'--] *adv*, **gleicherweise** *adv* de la misma manera, igualmente

gleichfalls *adv* igualmente; **danke ~!** ¡gracias, igualmente!

gleichfarbig *adj* del mismo color; **Fenster und Wände ~ streichen** pintar las ventanas del mismo color que las paredes

gleichförmig *adj* uniforme, igual; (*eintönig*) monótono

Gleichförmigkeit *f* <-, *ohne pl*> uniformidad *f*, igualdad *f*

gleichgelagert *adj s.* **gleich I.2**.

gleichgeschlechtig *adj* del mismo sexo

gleichgeschlechtlich *adj* ①(*von gleichem Geschlecht*) del mismo sexo

②(*homosexuell*) homosexual

gleichgesinnt ['glaɪçɡəzɪnt] *adj s.* **gesinnt**

Gleichgewicht *nt* <-(e)s, *ohne pl*> (*a.* PSYCH) equilibrio *m*; **~ der Kräfte** equilibrio de fuerzas; **gesamtwirtschaftliches ~** equilibrio general de la economía; **natürliches/ökologisches ~** equilibrio natural/ecológico; **monetäres ~** equilibrio monetario; **aus dem ~ kommen/bringen** perder el equilibrio/desequilibrar; **im ~ sein** estar equilibrado

gleichgewichtig *adj* ①(*ausgeglichen*) equilibrado
②(*gleich wichtig*) de igual importancia, del mismo peso

Gleichgewichtsorgan *nt* <-s, -e> (ANAT) órgano *m* del equilibrio; **Gleichgewichtssinn** *m* <-(e)s, -e> sentido *m* del equilibrio; **Gleichgewichtsstörung** *f* <-, -en> (MED) perturbación *f* del sentido del equilibrio

gleichgültig *adj* ①(*ohne Anteilnahme*) indiferente (*gegenüber* a)
②(*unwichtig*) insignificante; **das ist mir ~** eso me da igual

Gleichgültigkeit *f* <-, *ohne pl*> indiferencia *f* (*gegenüber* frente a); (*Desinteresse*) desinterés *m* (*gegenüber* frente a)

Gleichheit *f* <-, *ohne pl*> igualdad *f*; (*Übereinstimmung*) conformidad *f*; **~ vor dem Gesetz** igualdad ante la ley

Gleichheitsgebot *nt* <-(e)s, -e> (JUR) precepto *m* de igualdad; **allgemeines/spezielles ~** precepto de igualdad general/especial; **Gleichheitsrecht** *nt* <-(e)s, -e> derecho *m* de igualdad; **Gleichheitszeichen** *nt* <-s, -> signo *m* de igualdad

gleich|kommen *irr vi sein* ①(*gleichen*) equivaler (a); **die Antwort kommt fast einer Beleidigung gleich** la respuesta equivale casi a una ofensa

②(*mit Leistung*) igualar (*an* en)

Gleichlaufprinzip *nt* <-s, *ohne pl*> (JUR) principio *m* de paralelismo

gleichlautend *adj s.* **lauten**

gleich|machen *vt* igualar, nivelar; **etw dem Erdboden ~** no dejar piedra sobre piedra, arrasar algo

Gleichmacherei *f* <-, -en> (*abw*) falta *f* de sentido crítico, generalización *f*; **der hat einen Hang zur ~** ése mide todo por el mismo rasero

Gleichmaß *nt* <-es, *ohne pl*> ①(*Ebenmaß*) simetría *f*, proporción *f*
②(*geh*) *s.* **Gleichmäßigkeit**

gleichmäßig *adj* ①(*gleichförmig*) uniforme
②(*regelmäßig*) regular, constante
③(*ausgeglichen*) equilibrado
④(*ebenmäßig*) simétrico

Gleichmäßigkeit *f* <-, *ohne pl*> ①(*Gleichförmigkeit*) uniformidad *f*
②(*Regelmäßigkeit*) regularidad *f*, constancia *f*; **mit schöner ~** con gran regularidad
③(*Ausgeglichenheit*) equilibrio *m*
④(*in der Form*) simetría *f*

Gleichmut *m* <-(e)s, *ohne pl*> impasibilidad *f*, ecuanimidad *f*

gleichmütig *adj* impasible, imperturbable; **wie kannst du angesichts dieser brutalen Szenen so ~ bleiben?** ¡cómo puedes permanecer impertérrito ante estas escenas tan brutales!; **was regst du dich so auf? bleib ~er, das ist besser für die Nerven!** ¿por qué te exaltas tanto? ¡tranquilízate, es mejor para tus nervios!

gleichnamig ['glaɪçnaːmɪç] *adj* homónimo, del mismo nombre; **ein Film nach dem ~en Roman von ...** una película según la novela del mismo título de...

Gleichnis *nt* <-ses, -se> parábola *f*

Gleichordnungskonzern *m* <-s, -e> (WIRTSCH) consorcio *m* de coordinación; **Gleichordnungsverhältnis** *nt* <-ses, -se> (JUR) relación *f* de coordinación

gleichrangig ['glaɪçraŋɪç] *adj* del mismo rango, de igual categoría; (*gleichwertig*) equivalente

Gleichrichter *m* <-s, -> (ELEK) rectificador *m* (de corriente)

gleichsam *adv* (*geh*) en cierto modo; **~ als ob ...** como si... *+subj*

gleich|schalten *vt* (POL: *abw*) obligar a pensar de la misma manera

Gleichschaltung *f* <-, -en> (POL: *abw*) unificación *f* política forzada, obligación *f* de defender una misma línea política; **durch die ~ aller Parteien war gewährleistet, dass eine einheitliche Parteienmeinung vertreten wurde** unificando por la fuerza a todos los partidos, se garantizaba la defensa de una opinión de partido unitaria

gleichschenk(e)lig *adj* (MATH): **~es Dreieck** triángulo *m* isósceles

Gleichschritt *m* <-(e)s, *ohne pl*> marcha *f* al compás; **im ~ marschieren** marchar al compás

gleich|sehen *irr vi* ①(*ähnlich sehen*): **etw** *dat*/**jdm ~** parecerse a algo/a alguien; **sieht sie nicht ihrer Oma gleich?** ¿no se parece a su abuela?; **dieses Auto sieht einem Sportwagen gleich** este coche parece de carreras

②(*fam: typisch sein für*): **jdm ~** ser propio [*o* característico] de alguien; **sie ist wieder zu spät gekommen? – das sieht ihr gleich!** ¿ha vuelto a llegar tarde? – ¡es habitual en ella!

gleichseitig *adj* (MATH) equilátero

gleich|setzen *vt* ①(*vergleichen*) equiparar (*mit* a/con)
②(*als gleichwertig einstufen*) igualar (*mit* a/con)

Gleichsetzung *f* <-, -en> ①(*im Vergleich*) equiparación *f* ②(*gleichwertiger Dinge*) igualación *f*; **Gleichspannung** *f* <-, -en> (ELEK) voltaje *m* continuo; **Gleichstand** *m* <-(e)s, *ohne pl*> (SPORT) empate *m*

gleich|stehen *irr vi:* **etw** *dat*/**jdm ~** tener el mismo valor que algo/alguien, ser equivalente a algo/a alguien; **hinsichtlich ihrer Stellung im Verlag stehen sie sich** *dat* **gleich** en lo que respecta a su posición en la editorial poseen la misma categoría

gleich|stellen *vt* igualar (*mit* a/con); (JUR) conceder los mismos derechos (*mit* que)

Gleichstellung *f* <-, *ohne pl*> igualdad *f*; **~ nichtehelicher Kinder** (JUR) equiparación de los hijos no legítimos; **die ~ der Frau mit dem Mann** la equiparación de la mujer con el hombre; **Gleichstellungsbeauftragte(r)** *mf* <-n, -n; -, -n> (POL) delegado, -a *m, f* para la equiparación de derechos; **Gleichstellungsklausel** *f* <-, -n> (JUR) cláusula *f* de equiparación

Gleichstrom *m* <-(e)s, -ströme> (ELEK) corriente *f* continua; **Gleichstufigkeit** *f* <-, *ohne pl*> igualdad *f* de nivel

gleich|tun *irr vi:* **es jdm ~** (*nachahmen*) imitar a alguien (en algo), hacer lo mismo que alguien; (*in Leistung*) competir con alguien

Gleichung *f* <-, -en> (MATH) ecuación *f*; **eine ~ n-ten Grades** una ecuación de grado x

gleichviel [glaɪçˈfiːl] *adv* no importa, da igual; **Argumente hin, Argumente her, ~, die Entscheidung bleibt bestehen** sea lo que sea, la decisión se mantiene firme; **~ ob er will oder nicht, er muss das Geld zurückzahlen** (da igual que) quiera o no: el dinero lo tiene que devolver

gleichwertig *adj* del mismo valor, equivalente

Gleichwertigkeit *f* <-, -en> equivalencia *f*

gleichwie *konj* (*geh*) igual que si, como si

gleichwink(e)lig *adj* isógono, equiángulo

gleichwohl ['-'-] *adv* no obstante, sin embargo

gleichzeitig I. *adj* simultáneo
II. *adv* al mismo tiempo, simultáneamente

Gleichzeitigkeit *f* <-, *ohne pl*> simultaneidad *f*; **mit dem Gerundium wird die ~ von Handlungen dargestellt** a través del

gerundio se expresa la simultaneidad de acciones
gleich|ziehen *irr vi* igualar, alcanzar; **in den Ergebnissen mit anderen Unternehmen ~** igualar los resultados de otras empresas
Gleis [glaɪs] *nt* <-es, -e> vía *f*; **auf ~ zehn** en la vía diez; **aus dem ~ kommen** [*o* **geraten**] (*fig*) perder el ritmo acostumbrado; **die Sache kommt schon wieder ins rechte ~** las aguas vuelven a su cauce
Gleisanlage *f* <-, -n> ramal *m* ferroviario; **Gleisanschluss**[RR] *m* <-es, -schlüsse> vía *f* de empalme, ramal *m* por vía férrea; **der Chemiekonzern hat einen eigenen ~** el consorcio químico tiene su propio ramal por vía férrea; **Gleisarbeiten** *fpl* trabajos *mpl* en la vía férrea
gleißen ['glaɪsən] *vi* (*geh*) relumbrar, resplandecer; **~des Licht** luz deslumbrante
Gleitboot *nt* <-(e)s, -e> hidroplano *m*
gleiten ['glaɪtən] <gleiten, glitt, geglitten> *vi* ① *sein* (*fliegen*) planear
② *sein* (*rutschen*) deslizarse
③ *sein* (*sich bewegen*) deslizarse (*über* por), resbalar (*über* por/sobre); (*Blick, Hand*) pasar (*über* por)
④ (*fam: bei Arbeitszeit*) tener un horario flexible
Gleitflug *m* <-(e)s, -flüge> planeo *m*; **im ~** planeando; **Gleitflugzeug** *nt* <-(e)s, -e> planeador *m*; **Gleitkufe** *f* <-, -n> patín *m* de aterrizaje; **auf seinen ~n landen** aterrizar frenando con los patines; **Gleitmittel** *nt* <-s, -> (MED) lubricante *m*
Gleitschirm *m* <-(e)s, -e> parapente *m*; **Gleitschirmfliegen** *nt* <-s, *ohne pl*> (SPORT) parapente *m*; **Gleitschirmflieger(in)** *m(f)* <-s, -; -, -nen> (SPORT) persona *f* que hace parapente
Gleitschutz *m* <-es, *ohne pl*> (AUTO) mecanismo *m* antideslizante, dispositivo *m* antideslizante
Gleitzeit *f* <-, *ohne pl*> horario *m* (de trabajo) flexible
Glencheck ['glɛntʃɛk] *m* <-s, -s> (*Karomuster*) dibujo *m* a cuadros; **bei uns ist ~ ganz aus der Mode gekommen** los cuadros (en la ropa) están pasados totalmente de moda
Gletscher ['glɛtʃɐ] *m* <-s, -> glaciar *m*
Gletscherbrand *m* <-(e)s, -bränd> insolación *que se produce/sufre en las montañas*; **Gletscherkunde** *f* <-, *ohne pl*> glaciología *f*; **Gletscherspalte** *f* <-, -n> grieta *f* de glaciar
Glibber ['glɪbɐ] *m* <-s, *ohne pl*> (*nordd: fam*) mucosidad *f*, viscosidad *f*
glibberig ['glɪbərɪç] *adj* (*nordd: fam: gallertartig*) gelatinoso
glich [glɪç] *3. imp von* **gleichen**
Glied [gliːt] *nt* <-(e)s, -er> ① (*Körperteil*) miembro *m*; **der Schreck saß ihm in den ~ern** el susto le llegó hasta la médula
② (*Finger~*) falange *f*
③ (*Penis*) miembro *m* (viril), pene *m*
④ (*Ketten~*) eslabón *m*
⑤ (*Teil*) miembro *m*
Gliederfüßer *m* <-s, -> (ZOOL) artrópodo *m*
gliedern ['gliːdɐn] I. *vt* ① (*ordnen*) clasificar, estructurar
② (*unterteilen*) (sub)dividir (*in* en)
II. *vr*: **sich ~** (*sich teilen*) dividirse (*in* en); **der Text gliedert sich in drei Abschnitte** el texto se divide en tres párrafos
Gliederpuppe *f* <-, -n> muñeca *f* articulada
Gliederschmerz *m* <-es, -en> dolor *m* articular
Gliederung *f* <-, -en> ① (*das Gliedern*) clasificación *f*, estructuración *f*; (*Einteilung*) división *f* (*in* en)
② (*Aufbau*) estructura *f*
Gliedmaßen ['gliːtmaːsən] *pl* miembros *mpl*, extremidades *fpl*
Gliedstaat *m* <-(e)s, -en> Estado *m*, provincia *f Arg*
glimmen ['glɪmən] <glimmt, glomm *o* glimmte, geglommen *o* geglimmt> *vi* arder (sin llama)
Glimmer ['glɪmɐ] *m* <-s, -> ① (BERGB) mica *f*
② (*Schimmer*) destello *m*, resplandor *m*
glimmern ['glɪmɐn] *vi* centellear, destellar, resplandecer
Glimmstängel[RR] *m* <-s, ->, **Glimmstengel** *m* <-s, -> (*fam*) pitillo *m*
glimpflich ['glɪmpflɪç] I. *adj* (*mild*) suave; (*Strafe*) leve
II. *adv* ① (*ohne Schaden*) bien parado; **wir sind noch ~ davongekommen** aún salimos bien parados del asunto
② (*nachsichtig*) con indulgencia, sin perjuicio
glitschen *vi sein* (*fam*) resbalarse, escurrirse; **mir ist die Seife aus der Hand geglitscht** se me ha resbalado el jabón de las manos; **der Fisch glitschte vom Tisch** el pez se escurrió de la mesa
glitschig ['glɪtʃɪç] *adj* (*fam: Weg*) resbaladizo, resbaloso; (*Fisch*) escurridizo
glitt [glɪt] *3. imp von* **gleiten**
glitzern ['glɪtsɐn] *vi* destellar, centellear
global [gloˈbaːl] *adj* global
Globalabkommen *nt* <-s, -> acuerdo *m* global; **Globalbetrag** *m* <-(e)s, -träge> importe *m* global; **Globalbewertung** *f* <-, -en> evaluación *f* global; **Globalbezugnahme** *f* <-, -n> referencia *f* global; **Globalentschädigung** *f* <-, -en> indemnización *f* global; **Globalgenehmigung** *f* <-, -en> autorización *f* global
Globalisierung *f* <-, -en> globalización *f*
Globalkredit *m* <-(e)s, -e> (FIN) crédito *m* global; **Globalmodell** *nt* <-s, -e> modelo *m* global; **Globalsteuerung** *f* <-, -en> (WIRTSCH) concertación *f* económica; **Globalstrahlung** *f* <-, -en> (METEO) radiación *f* global; **Globalzession** *f* <-, -en> (JUR) cesión *f* global
Globen *pl von* **Globus**
Globetrotter(in) ['gloːbətrɔtɐ] *m(f)* <-s, -; -, -nen> trotamundos *mf inv*
Globus ['gloːbʊs] *m* <-(ses), -se *o* Globen> globo *m*
Glocke ['glɔkə] *f* <-, -n> ① (*in Kirchen*) campana *f*; **etw an die große ~ hängen** (*fam fig*) echar las campanas al vuelo; **wissen, was die ~ geschlagen hat** (*fam fig*) saber a qué atenerse
② (*reg: Klingel*) timbre *m*
③ (*Käse~*) quesera *f*
Glockenbalken *m* <-s, -> brazo *m* de la campana; **Glockenblume** *f* <-, -n> campánula *f*, campanilla *f*
glockenförmig *adj* acampanado
Glockengeläute *nt* <-s, *ohne pl*> toque *m* de campanas; **Glockengießer(in)** *m(f)* <-s, -; -, -nen> campanero, -a *m, f*, fundidor(a) *m(f)* de campanas; **Glockenklang** *m* <-(e)s, -klänge> tañido *m* (de campanas); **Glockenläuten** *nt* <-s, *ohne pl*> toque *m* de campanas; **Glockenrock** *m* <-(e)s, -röcke> falda *f* con vuelo; **heute trägt kein junges Mädchen mehr einen ~** hoy en día ninguna chica lleva ya una falda con vuelo; **Glockenschlag** *m* <-(e)s, -schläge> campanada *f*; **Glockenspiel** *nt* <-(e)s, -e> carillón *m*; **Glockenstuhl** *m* <-(e)s, -stühle> armazón *m o f* de campana, melena *f* de campana; **Glockenturm** *m* <-(e)s, -türme> campanario *m*
glockig *adj* acampanado
Glöckner(in) ['glœknɐ] *m(f)* <-s, -; -, -nen> campanero, -a *m, f*; **„der ~ von Notre Dame"** "el jorobado de Notre Dame"
glomm [glɔm] *3. imp von* **glimmen**
Glorie ['gloːriə] *f* <-, *ohne pl*> (*geh: Ruhm*) gloria *f*
Glorienschein *m* <-(e)s, -e> aureola *f*
glorifizieren* [glorifiˈtsiːrən] *vt* glorificar
Glorifizierung *f* <-, -en> glorificación *f*, enaltecimiento *m*; **die ~ dieses Mörders ist ein Skandal** es un escándalo que se glorifique a este asesino
Gloriole [gloˈrioːlə] *f* <-, -n> (*geh*) aureola *f*
glorios [gloˈrioːs] *adj*, **glorreich** ['gloːɐraɪç] *adj* glorioso
Glossar [glɔˈsaːɐ] *nt* <-s, -e> glosario *m*
Glosse ['glɔsə] *f* <-, -n> glosa *f*, comentario *m*
glossieren* *vt* ① (PUBL: *kurz kommentieren*) comentar, glosar
② (*spöttisch kommentieren*) hacer comentarios sarcásticos respecto a, criticar sarcásticamente
Glotzaugen *ntpl* (*fam*) ojos *mpl* saltones; **~ machen** poner ojos de besugo; **der wird ~ machen, wenn er meinen neuen Wagen sieht!** ¡se le van a salir los ojos de las órbitas cuando vea mi nuevo coche!; **mit ~ starrte er die Kinder an** miraba fijamente a los niños
Glotze *f* <-, -n> (*fam*: *TV*) caja *f* tonta
glotzen ['glɔtsən] *vi* (*fam*) ① (*anstarren*) mirar, clavar la vista (*auf* en); **glotz nicht so!** ¡no mires así!
② (*fernsehen*) ver la tele
Glück [glʏk] *nt* <-(e)s, *ohne pl*> suerte *f*, fortuna *f*, pegada *f CSur*; zapallo *m Arg, Chil*; (*Glücklichsein*) felicidad *f*; **~ haben** tener suerte, pegarla *Am: sl*; **kein ~ haben** tener mala suerte; **jdm zu etw** *dat* **~ wünschen** desear suerte a alguien para algo; **sein ~ versuchen** probar fortuna; **jdm ~ bringen** traer suerte a alguien; **sie kann von ~ sagen, dass nichts passiert ist** ha tenido la suerte de que no ha pasado nada; **zum ~** por suerte; **~ auf!** (*Bergarbeitergruß*) ¡buena suerte!; **viel ~!** ¡mucha suerte!; **ein ~!** (*fam*) ¡qué suerte!; (**das ist**) **dein ~!** (*fam*) ¡vaya suerte la tuya!; **sie weiß noch nichts von ihrem ~** todavía no sabe la que le ha caído en suerte; **~ im Unglück haben** dentro de lo malo, lo mejor; **mehr ~ als Verstand haben** tener más suerte que entendimiento; **auf gut ~** a la buena de Dios; **jeder ist seines ~es Schmied** (*prov*) cada uno es el artífice de su ventura; **~ und Glas, wie leicht bricht das** (*prov*) lo que te ha tocado por suerte, no lo tengas por fuerte
Glucke ['glʊkə] *f* <-, -n> (gallina *f*) clueca *f*
glücken ['glʏkən] *vi sein* salir (bien), dar buen resultado
gluckern ['glʊkɐn] *vi* borbot(e)ar, gorgotear
glücklich I. *adj* ① (*vom Glück begünstigt*) dichoso, afortunado; **die ~e Gewinnerin** la afortunada ganadora; **wer ist der/die G~e?** ¿quién es el afortunado/la afortunada?
② (*günstig*) feliz; **ein ~er Zufall** una feliz coincidencia
③ (*froh*) **er ist wunschlos ~** es enormemente feliz; **sie kann sich ~ schätzen, dass ...** puede considerarse satisfecha de que... +*subj*
II. *adv* ① (*gut, mit Glück*) felizmente, bien
② (*froh*) felizmente; **~ verheiratet sein** ser feliz en su matrimonio, estar felizmente casado

glücklicherweise ['---'--] *adv* felizmente, por suerte
glücklos *adj* sin suerte, infeliz
Glücksbringer *m* <-s, -> talismán *m*
glückselig [-'--, '---] *adj* muy feliz
Glückseligkeit¹ *f* <-, -en> (*Ereignis*) acontecimiento *m* lleno de dicha
Glückseligkeit² *f* <-, *ohne pl*> (*Zustand*) dicha *f*, felicidad *f*; **vor lauter ~ brachte sie kein Wort heraus** de la emoción se había quedado sin habla [*o* muda]
glucksen *vi* ❶ (*Flüssigkeit, Gewässer*) borbot(e)ar
❷ (*Person*) barbot(e)ar
Glücksfall *m* <-(e)s, -fälle> golpe *m* de fortuna [*o* de suerte]; **Glücksgefühl** *nt* <-(e)s, -e> sentimiento *m* de felicidad; **Glücksgöttin** *f* <-, -nen> diosa *f* Fortuna; **ich habe im Lotto gewonnen – die ~ war mir hold!** (*fig*) me ha tocado la lotería – ¡la fortuna me ha sonreído!; **Glückskind** *nt* <-(e)s, -er> afortunado, -a *m, f*; **Glücksklee** *m* <-s, *ohne pl*> trébol *m* de cuatro hojas; **Glückspfennig** *m* <-s, -e> centavo *m* de la suerte; **Glückspilz** *m* <-es, -e> (*fam*) suertudo, -a *m, f*; **Glücksrad** *nt* <-(e)s, -räder> rueda *f* de la fortuna; **Glücksritter** *m* <-s, -> (*a. abw*) vividor(a) *m(f)*, aventurero *m*; **der lebt in den Tag hinein wie ein ~** es un vividor que vive sin pensar en el día de mañana; **Glückssache** *f* <-, *ohne pl*> cuestión *f* de suerte; **Glücksschweinchen** *nt* <-s, -> figura en forma de cerdo símbolo de la buena suerte; **zur bevorstehenden Prüfung schenkte Karin ihrem Freund ein dickes ~ aus Marzipan** ante el inminente examen, Karin le regaló a su novio un cerdito grande de mazapán (para desearle suerte); **Glücksspiel** *nt* <-(e)s, -e> juego *m* de azar; **Glücksspieler(in)** *m(f)* <-s, -; -, -nen> jugador(a) *m(f)* de azar; **Glückssträhne** *f* <-, -n> racha *f* de suerte; **Glückstag** *m* <-(e)s, -e> día *m* de suerte
glückstrahlend *adj* radiante
Glückstreffer *m* <-s, -> golpe *m* de suerte, batacazo *m CSur*; **Glückszahl** *f* <-, -en> número *m* de la suerte
Glückwunsch *m* <-(e)s, -wünsche> (*~karte*) felicitación *f*; (*als Wunsch*) enhorabuena *f*; **herzlichen ~!** ¡felicidades!; **herzlichen ~ zum Geburtstag!** ¡feliz cumpleaños!; **herzlichen ~ zum Examen!** ¡enhorabuena por el (examen) aprobado!; **Glückwunschkarte** *f* <-, -n> tarjeta *f* de felicitación; **Glückwunschtelegramm** *nt* <-(e)s, -e> telegrama *m* de felicitación
Gluconsäure [glu'ko:n-] *f* <-, *ohne pl*> (CHEM) ácido *m* glucónico
Glucose [glu'ko:zə] *f* <-, *ohne pl*> (CHEM) glucosa *f*
Glühbirne *f* <-, -n> bombilla *f*, foco *m Am*, ampolleta *f Arg*
glühen ['gly:ən] *vi* ❶ (*Kohlen*) arder (sin llama)
❷ (*Metall*) ponerse al rojo (vivo); (*Wangen, Körper*) arder
❸ (*geh: erregt sein*) arder (*vor* de); **er glühte vor Eifer** ardía de entusiasmo
glühend *adj* (*Metall*) candente, al rojo (vivo); (*Wangen*) enrojecido; (*Hass, Verehrer*) ardiente; **~ heiß** abrasador; **rot ~** candente; **weiß ~** incandescente, candente; **~e Kohlen** carbones encendidos; **wie auf ~en Kohlen sitzen** (*fig*) estar en ascuas
Glühfaden *m* <-s, -fäden> filamento *m* incandescente; **Glühlampe** *f* <-, -n> lámpara *f* incandescente; **Glühwein** *m* <-(e)s, -e> vino *m* tinto caliente aromatizado con especias; **Glühwürmchen** ['-vʏrmçən] *nt* <-s, -> luciérnaga *f*, cocuyo *m Am*
Glukose [glu'ko:zə] *f* <-, *ohne pl*> (CHEM) glucosa *f*
Glupschauge ['glʊpʃaʊgə] *nt* <-s, -n> (*nordd*) ojo *m* saltón; **~n machen** mirar pasmado
Glut [gluːt] *f* <-, -en> (*von Kohlen*) brasa *f*, ascua *f*; (*von Zigarette*) ceniza *f* ardiente
Glutamat [gluta'maːt] *nt* <-(e)s, -e> (CHEM) glutamato *m*
Glutamin [gluta'miːn] *nt* <-s, -e> (CHEM) glutamina *f*
Glutaminsäure *f* <-, -n> (CHEM) ácido *m* glutamínico
Glutarsäure [glu'taːɐ̯-] *f* <-, *ohne pl*> (CHEM) ácido *m* glutárico
glutäugig *adj* (*geh*) de ojos ardientes; **eine ~e Zigeunerin tanzte den Flamenco** una gitana de mirada fogosa bailaba flamenco
Gluthitze ['-'--] *f* <-, *ohne pl*> calor *m* abrasador
glutrot ['-'-] *adj* rojo candente
Glykol [gly'koːl] *nt* <-s, -e> (CHEM) glicol *m*
Glykolsäure *f* <-, *ohne pl*> (CHEM) ácido *m* glicólico
Glyzerin [glytse'riːn] *nt* <-s, *ohne pl*> (CHEM) glicerina *f*
GmbH [geːʔɛmbeːˈhaː] *f* <-, -s> *Abk. von* **Gesellschaft mit beschränkter Haftung** S.L. *f*
GmbH-Geschäftsführer(in) *m(f)* <-s, -; -, -nen> gerente *mf* de una sociedad de responsabilidad limitada; **GmbH-Gesetz** *nt* <-es, -e> (JUR) ley *f* de sociedades de responsabilidad limitada; **GmbH-Recht** *nt* <-(e)s, *ohne pl*> régimen *m* jurídico de las sociedades de responsabilidad limitada; **GmbH-Vertrag** *m* <-(e)s, -träge> (JUR) contrato *m* de sociedad de responsabilidad limitada
g-Moll ['geːˈmɔl] *nt* <-, *ohne pl*> (MUS) sol *m* menor
Gnade ['gnaːdə] *f* <-, -n> ❶ (*a*. REL) gracia *f*
❷ (*Barmherzigkeit*) misericordia *f*
❸ (*Milde*) clemencia *f*; (*Nachsicht*) indulgencia *f*; **für jdn um ~ bitten** pedir clemencia para alguien; **~ vor Recht ergehen lassen** optar por la clemencia; **von Gottes ~n** por la gracia de Dios
Gnadenakt *m* <-(e)s, -e> (JUR) derecho *m* de gracia, indulto *m*; **auf Grund eines ~es wurde er vorzeitig entlassen** gracias a un indulto fue puesto en libertad antes de tiempo; **Gnadenbrot** *nt* <-(e)s, *ohne pl*> manutención *f* caritativa (*para ancianos y personas necesitadas*); **Gnadenerweis** *m* <-es, -e> (JUR) gracia *f*; **Gnadenfrist** *f* <-, -en> plazo *m* de gracia; **Gnadengesuch** *nt* <-(e)s, -e> (JUR) petición *f* de gracia, solicitud *f* de gracia
gnadenlos *adj* sin piedad
Gnadenschuss^RR *m* <-es, -schüsse> tiro *m* de gracia; **Gnadenstoß** *m* <-es, -stöße> golpe *m* de gracia; **den ~ geben** rematar, despenar *Am*; **Gnadentheorie** *f* <-, *ohne pl*> (JUR) teoría *f* de la gracia; **Gnadentod** *m* <-(e)s, -e> (*geh*) muerte *f* sin sufrimiento físico, muerte *f* digna; **Gnadenweg** *m* <-(e)s, *ohne pl*> (JUR) procedimiento *m* para la concesión del indulto; **auf dem ~** a título de gracia
gnädig ['gnɛːdɪç] *adj* ❶ (*gütig*) benigno; (*barmherzig*) misericordioso; (*wohlwollend*) benévolo
❷ (*mild*) clemente; (*nachsichtig*) indulgente
❸ (*herablassend*) condescendiente
❹ (*Wend*) **~es Fräulein/~e Frau/~er Herr** señorita/señora/señor
Gneis [gnaɪs] *m* <-es, -e> gneis *m inv*
Gnom [gnoːm] *m* <-en, -en> gnomo *m*, duende *m*
Gnostik ['gnɔstɪk] *f* <-, *ohne pl*> (REL) gnosticismo *m*
Gnostiker(in) *m(f)* <-s, -; -, -nen> (REL) (g)nóstico, -a *m, f*
gnostisch *adj* (REL) gnóstico
Gnu [gnuː] *nt* <-s, -s> (ZOOL) ñu *m*
Goal [goːl] *nt* <-s, -s> (*Österr, Schweiz*: SPORT: *Tor*) gol *m*
Gobelin [gobə'lɛ̃ː] *m* <-s, -s> tapiz *m*
Gockel ['gɔkəl] *m* <-s, -> (*südd: fam*) gallo *m*
Gokart^RR *m* <-(s), -s>, **Go-Kart** *m* <-(s), -s> ❶ (SPORT: *Rennwagen*) cart *m*, kart *m*
❷ (*für Kinder*) coche *m* de juguete con pedales
Gold [gɔlt] *nt* <-(e)s, *ohne pl*> oro *m*; **schwarzes ~** (*Kohle*) carbón *m*; (*Erdöl*) oro negro; **treu wie ~** de fiar; **~ wert sein** valer su peso en oro; **nicht für alles ~ der Welt** ni por todo el oro del mundo; **~ holen** (SPORT) llevarse el oro, conseguir el oro; **es ist nicht alles ~, was glänzt** (*prov*) no es oro todo lo que reluce
Goldader *f* <-, -n> filón *m* de oro; **Goldalge** *f* <-, -n> alga *f* dorada; **Goldammer** ['gɔlt?amɐ] *f* <-, -n> (ZOOL) escribano *m* cerillo; **Goldbarren** *m* <-s, -> lingote *m* de oro, barra *f* de oro; **Goldbarsch** *m* <-(e)s, -e> (ZOOL) gallineta *f* nórdica; **Goldbestand** *m* <-(e)s, -stände> reservas *fpl* de oro
goldbestickt *adj* con bordados de oro
Golddeckung *f* <-, -en> (FIN) reserva-oro *f*; **Golddistel** *f* <-, -n> (BOT) abrojo *m* dorado, cardo *m* dorado; **Golddoublé** ['gɔltdubleː] *nt* <-s, -s>, **Golddublee** *nt* <-s, -s> oro *m* chapado
golden ['gɔldən] *adj* ❶ (*aus Gold*) de oro; **~e Schallplatte** disco de oro; **ein ~es Herz haben** tener un corazón de oro; **das ~e Zeitalter** (*Mythologie*) la Edad de Oro; (LIT) el Siglo de Oro; **die ~e Mitte wählen** optar por el justo medio
❷ (*goldfarben*) dorado, de color oro
Goldesel *m* <-s, -> asno *m* de oro; **Goldfaden** *m* <-s, -fäden> hilo *m* de oro, hilo *m* briscado; **die Decke war mit Gold- und Silberfäden durchwirkt** la colcha tenía un briscado de oro y plata
goldfarben *adj*, **goldfarbig** *adj* dorado
Goldfarn *m* <-(e)s, -e> (BOT) helecho *m* rubio; **Goldfasan** *m* <-(e)s, -e *o* -en> (ZOOL) faisán *m* dorado; **Goldfisch** *m* <-(e)s, -e> (ZOOL) pez *m* rojo, ciprino *m* dorado; **Goldgehalt** *m* <-(e)s, -e> contenido *m* en oro
goldgelb *adj* amarillo dorado
Goldgier *f* <-, *ohne pl*> avidez *f* de oro
goldgierig *adj* ávido de oro
Goldgräber(in) ['-grɛːbɐ] *m(f)* <-s, -; -, -nen> buscador(a) *m(f)* de oro; **Goldgrube** *f* <-, -n> (*a. fig fam*) mina *f* de oro; **Goldhaar** *nt* <-(e)s, -e> (BOT) culantrillo *m*; **Goldhafer** *m* <-s, -> (BOT) avena *f* carmelitana
goldhaltig *adj*, **goldhältig** *adj* (*Österr*) con oro, aurífero; **die neu entdeckte Goldader ist ~er als die alte** la nueva veta que han descubierto es más rica en oro que la vieja
Goldhamster *m* <-s, -> hámster *m*
goldig *adj* (*fam: niedlich*) mono, rico
Goldjunge *m* <-n, -n> (*fam*) ❶ (*Kosewort*) niño *m* preferido; **was für ein ~ ihr Sohn ist!** ¡qué hijo más precioso [*o* majo] tiene! ❷ (SPORT: *Goldmedaillengewinner*) medallista *m* de oro; **Goldklumpen** *m* <-s, -> terrón *m* de oro; **Goldlack** *m* <-(e)s, -e> (BOT) alhelí *m*; **Goldmädchen** *nt* <-s, -> (*fam*) ❶ (*Kosewort*) niña *f* preferida; **Ihre Tochter ist ein wahres ~!** ¡su hija es una auténtica preciosidad! ❷ (SPORT: *Goldmedaillengewinnerin*) medallista *f* de oro
Goldmedaille *f* <-, -n> (SPORT) medalla *f* de oro; **Goldmedaillenge-**

winner(in) *m(f)* <-s, -; -, -nen> (SPORT) ganador(a) *m(f)* de la medalla de oro

Goldmine *f* <-, -n> mina *f* de oro; (*gutes Geschäft*) mina *f* de dinero, tronchado *m Mex*; **Goldmünze** *f* <-, -n> moneda *f* de oro; **Goldpapier** *nt* <-(e)s, -e> papel *m* dorado; **Goldplombe** *f* <-, -n> empaste *m* de oro; **Goldrahmen** *m* <-s, -> marco *m* de oro; **Goldrand** *m* <-(e)s, -ränder> borde *m* de oro; **eine Brille mit ~** gafas con una montura bañada en oro; **Goldrausch** *m* <-(e)s, ohne *pl*> fiebre *f* del oro; **Goldregen** *m* <-s, -> ❶ (BOT) borne *m* ❷ (*Wohlstand*) riquezas *fpl* inesperadas, maná *m fam*; **Goldreif** *m* <-(e)s, -e> (*geh*) brazalete *m* de oro; **Goldreserve** *f* <-, -n> (FIN) reserva *f* en oro

goldrichtig ['--] *adj* (*fam*) absolutamente correcto; **ihre Entscheidung war ~** su decisión fue un pleno acierto

Goldschatz *m* <-es, -schätze> ❶ (*Schatz*) tesoro *m* de oro ❷ (*Kosewort*) tesoro *m*

Goldschmied(in) *m(f)* <-(e)s, -e; -, -nen> orfebre *mf*; **Goldschmiedearbeit** *f* <-, -en> trabajo *m* de orfebrería; **Goldschmiedekunst** *f* <-, ohne *pl*> orfebrería *f*

Goldschmiedin *f* <-, -nen> *s.* Goldschmied; **Goldschnitt** *m* <-(e)s, -e> canto *m* dorado; **Goldstaub** *m* <-(e)s, -e *o* -stäube> oro *m* en polvo; **Goldstück** *nt* <-(e)s, -e> ❶ (*Münze*) moneda *f* de oro ❷ (*fam: Mensch*) tesoro *m*, cielo *m*; **Goldsucher(in)** *m(f)* <-s, -; -, -nen> buscador(a) *m(f)* de oro; **Goldvorkommen** *nt* <-s, -> yacimiento *m* de oro; **Goldwaage** *f* <-, -n> balanza *f* para oro; **jedes Wort auf die ~ legen** (*fam*) tomar todo lo que se dice al pie de la letra; **Goldwährung** *f* <-, -en> (WIRTSCH) patrón-oro *m*, patrón *m* de divisas de oro; **Goldwäscher(in)** *m(f)* <-s, -; -, -nen> buscador(a) *m(f)* de oro

Golf¹ [gɔlf] *m* <-(e)s, -e> (GEO) golfo *m*

Golf² *nt* <-s, ohne *pl*> (SPORT) golf *m*

Golfer(in) *m(f)* <-s, -; -, -nen> golfista *mf*

Golfkrieg *m* <-(e)s, -e> guerra *f* del Golfo

Golf Open [gɔlf 'əʊpən] *ntpl* abierto *m* de golf; **Golfplatz** *m* <-es, -plätze> campo *m* de golf; **Golfschläger** *m* <-s, -> palo *m* de golf; **Golfspieler(in)** *m(f)* <-s, -; -, -nen> jugador(a) *m(f)* de golf

Golfstaat *m* <-(e)s, -en> Estado *m* del Golfo; **Golfstrom** *m* <-(e)s, ohne *pl*> (GEO) corriente *f* del golfo

Golftasche *f* <-, -n> bolsa *f* de los palos de golf

Golgatha ['gɔlgata] *nt* <-s> Gólgota *m*

Goliath ['goːliat] *m* <-s, -s> ❶ (REL) Goliat *m* ❷ (*fam: riesiger Mensch*) gigante *m*; **mit seinen zwei Meter zehn ist er ein richtiger ~** mide dos metros diez, ¡es un auténtico gigante!

Gondel ['gɔndəl] *f* <-, -n> ❶ (*Boot*) góndola *f* ❷ (*am Ballon*) barquilla *f*; (*von Seilbahn*) cabina *f*

Gondelbahn *f* <-, -en> (*Schweiz*) funicular *m* aéreo, teleférico *m*

gondeln *vi sein* (*fam*) deambular (*mit einem Boot*) remar lentamente (*mit* en); **mit dem Fahrrad gondelte er durch die Stadt** daba vueltas en bicicleta por la ciudad; **manchmal ~ wir (mit dem Boot) über den friedlichen See** a veces damos un paseo en barca por las tranquilas aguas del lago

Gondoliere [gɔndo'ljeːrə, *pl:* gɔndo'ljeːri] *m* <-, Gondolieri> gondolero *m*

Gong [gɔŋ] *m* <-s, -s> gong *m*, batintín *m*

gongen ['gɔŋən] **I.** *v unpers* sonar el gong **II.** *vi* (*den Gong schlagen*) hacer sonar el gong

Gongschlag *m* <-(e)s, -schläge> golpe *m* de gong; **beim ~ wird es genau sieben Uhr!** ¡cuando suene el gong serán las siete!

gönnen ['gœnən] *vt* no envidiar, conceder de buen grado; **das gönne ich ihm** se lo merece; **jdm etw nicht ~** envidiar algo a alguien; **ich gönne ihr, dass sie eine Stelle gefunden hat** me alegro que haya encontrado trabajo; **sich** *dat* **etw ~** permitirse algo; **man gönnt sich ja sonst nichts** un día es un día; **es sei dir gegönnt!** (*von mir aus*) ¡por mí sí!

Gönner(in) *m(f)* <-s, -; -, -nen> patrocinador(a) *m(f)*; (*von Künstler*) mecenas *mf inv*

gönnerhaft *adj* (*abw*) displicente

Gönnerin *f* <-, -nen> *s.* **Gönner**

Gönnerlaune *f* <-, ohne *pl*> *s.* Geberlaune; **Gönnermiene** *f* <-, -n> (*abw*) displicencia *f*, aire *m* de superioridad

Gonokokkus [gono'kɔkʊs] *m* <-, Gonokokken> (MED) gonococo *m*

Gonorrhöe [gono'røː, *pl:* gono'røːən] *f* <-, -n> (MED) gonorrea *f*

Goodwill ['gʊdwɪl] *m* <-s, ohne *pl*> ❶ (WIRTSCH: *Firmenwert*) fondo *m* de comercio ❷ (*Ansehen*) renombre *m*, buen nombre *m* ❸ (*freundliche Gesinnung*) buena voluntad *f*

Goodwilltour *f* <-, -en> viaje *m* oficial (para estrechar los contactos diplomáticos); **der Minister begab sich auf eine ~, um Kreditzusagen für sein Land zu erhalten** el ministro emprendió un viaje oficial con el fin de obtener créditos para su país

gor [goːɐ] *3. imp von* **gären**

Göre ['gøːrə] *f* <-, -n> (*nordd*) ❶ (*Kind*) chiquillo, -a *m, f* ❷ (*freches Mädchen*) mocosa *f*, descarada *f*

Gorilla [go'rɪla] *m* <-s, -s> gorila *m*

Gospel ['gɔspəl] *m o nt* <-s, -s> (REL, MUS) gospel *m*

Gospelsänger(in) *m(f)* <-s, -; -, -nen> cantante *mf* de gospel; **Gospelsong** *m* <-s, -s> *s.* Gospel

goss[RR] [gɔs], **goß** *3. imp von* **gießen**

Gosse ['gɔsə] *f* <-, -n> ❶ (*Rinnstein*) arroyo *m* ❷ (*abw: üble Verhältnisse*) arroyo *m*; **in der ~ landen** [*o* **enden**] acabar en el arroyo; **jdn aus der ~ holen** sacar a alguien del arroyo

Gote, -in ['goːtə] *m, f* <-n, -n; -, -nen> godo, -a *m, f*

Gotik ['goːtɪk] *f* <-, ohne *pl*> gótico *m*

Gotin *f* <-, -nen> *s.* Gote

gotisch *adj* gótico

Gott¹ [gɔt] *m* <-es, ohne *pl*> (*monotheistisch*) Dios *m*; **der liebe ~**, **Dios**, Nuestro Señor; **lieber ~, ...** Dios, Nuestro Señor...; **an ~ glauben** creer en Dios; **zu ~ beten** rezar a Dios; **mit ~es Hilfe** con la ayuda de Dios; **grüß ~!** (*reg*) ¡buenos días!, ¡buenas tardes!, ¡buenas noches!; **mein ~!**, **o ~!** ¡Dios mío!; **um ~es willen!** ¡por el amor de Dios!, ¡por Dios!; **~ sei Dank!** (*fam*) ¡gracias a Dios!; **~ hab ihn selig** Dios le tenga en su gloria; **wenn ..., dann gnade dir ~** ¡Dios te guarde si...!; **~ weiß was/wie viel/wann ...** (*fam*) Dios sabe qué/cuánto/cuando...; **ich schwöre bei ~** lo juro por Dios; **weiß ~ nicht** (*fam*) Dios sabe que no; **in ~es Namen** en nombre de Dios, por Dios, por desgracia; **~ bewahre!** ¡Dios no lo quiera!; **über ~ und die Welt reden** hablar de lo divino y de lo humano; **leben wie ~ in Frankreich** vivir a cuerpo de rey; **den lieben ~ einen guten Mann sein lassen** dejarlo todo a la ventura de Dios

Gott² [gɔt, *pl:* 'gœtə] *m*, **Göttin** *f* <-es, Götter; -, -nen> (*polytheistisch*) dios(a) *m(f)*; **die griechischen/römischen Götter** los dioses griegos/romanos; **ein Bild für die Götter** un espectáculo divino

Gotte ['gɔtə] *f* <-, -n> (*Schweiz*) madrina *f*

Gotterbarmen *nt*: **zum ~** (*fam: mitleiderregend*) desgarradamente; (*jämmerlich schlecht*) terriblemente; **draußen war es so bitterkalt, dass ich zum ~ gefroren habe** fuera hacía un frío tan terrible que casi me quedo congelado; **lass ihn nicht singen, denn er singt zum ~!** ¡no le dejes cantar que lo hace de pena!

Götterbild *nt* <-(e)s, -er> ídolo *m*; **Götterbote** *m* <-n, -n> mensajero *m* de los dioses; **Hermes, ~ des Zeus** Hermes, el mensajero de Zeus; **Götterdämmerung** *f* <-, ohne *pl*> crepúsculo *m* de los dioses; **Göttergatte, -in** *m, f* <-n, -n; -, -nen> (*fam iron*) marido *m*, esposa *f*; **darf ich vorstellen: das ist mein ~** permítanme que les presente a mi pareja [*o* a mi media naranja]

gottergeben I. *adj* fatalista, resignado; **sei doch nicht so ~; nimm dein Schicksal selber in die Hand** no seas tan fatalista y lleva tú mismo las riendas de tu destino **II.** *adv* resignadamente, sumisamente; **statt sich zu widersetzen, fügte er sich ~ in sein Schicksal** en lugar de oponer resistencia aceptó su destino con resignación

Götterspeise *f* <-, -n> gelatina *f*

Gottesacker *m* <-s, -äcker> (*alt*) camposanto *m*, cementerio *m*; **Gottesanbeterin** *f* <-, -nen> (ZOOL) mantis *f inv* religiosa; **Gottesdienst** *m* <-(e)s, -e> culto *m*; (*evangelisch*) servicio *m* religioso; (*katholisch*) misa *f*; **Gottesfurcht** *f* <-, ohne *pl*> temor *m* de Dios

gottesfürchtig *adj* temeroso de Dios

Gotteshaus *nt* <-es, -häuser> (REL) casa *f* de Dios; (*Kirche*) iglesia *f*; **Gotteslästerer, -in** *m, f* <-s, -; -, -nen> blasfemo, -a *m, f*

gotteslästerlich *adj* blasfemo

Gotteslästerung *f* <-, -en> blasfemia *f*, sacrilegio *m*; **Gottesmutter** *f* <-, ohne *pl*> (REL): **Maria, die ~** María, la Madre de Dios; **heilige ~, hilf!** ¡Virgen Santísima, ayúdame!; **Gottessohn** *m* <-(e)s, ohne *pl*> (REL): **Jesus Christus, der ~** Jesucristo, el Hijo de Dios; **der ~ ist auf die Erde herabgestiegen, um die Menschen zu retten** el Hijo de Dios bajó a la Tierra para salvar a la humanidad; **Gottesurteil** *nt* <-s, -e> (HIST) juicio *m* de Dios

Gottheit *f* <-, -en> dios *m*, deidad *f*

Götti ['gœti] *m* <-s, -> (*Schweiz*) padrino *m*

Göttin ['gœtɪn] *f* <-, -nen> *s.* Gott²

Göttingen ['gœtɪŋən] *nt* <-s> Gotinga *f*

göttlich *adj* ❶ (*auf Gott bezogen*) divino ❷ (*fam: herrlich*) divino, maravilloso

gottlob ['gɔtloːp] *adv* gracias a Dios; **das müssen wir ~ nicht machen** gracias a Dios no tenemos que hacerlo

gottlos *adj* ❶ (*Gott nicht achtend*) impío, profano ❷ (*atheistisch*) ateísta, ateo

Gottlosigkeit *f* <-, ohne *pl*> ❶ (*Nichtachtung Gottes*) impiedad *f* ❷ (*Unglaube*) ateísmo *m*

Gottseibeiuns *m* <-, ohne *pl*> (*alt*): **der (leibhaftige) ~** el Diablo (en

persona)
gottserbärmlich I. *adj* (*fam*) espantoso; **ich halte diese ~e Hitze nicht mehr aus** ya no soporto este espantoso calor
II. *adv* (*fam*) muchísimo; **in dieser Kälte friere ich ~** con este frío me congelo
Gottvater *m* <-s, *ohne pl*> (REL) Dios *m* Padre; **~, Sohn und Heiliger Geist** Dios Padre, Hijo y Espíritu Santo
gottverdammt *adj* (*fam*) maldito, jodido *vulg*; **kannst du einmal mit diesem ~en Geld aufhören!** ¡no puedes dejar de una vez el jodido dinero!
gottverlassen *adj* (*fam*) abandonado, en el quinto pino
Gottvertrauen *nt* <-s, *ohne pl*> confianza *f* en Dios
Götze ['gœtsə] *m* <-n, -n> ídolo *m*, fetiche *m*
Götzenbild *nt* <-(e)s, -er> ídolo *m*; **Götzendiener(in)** *m(f)* <-s, -; -, -nen> idólatra *mf*; **Götzendienst** *m* <-(e)s, *ohne pl*> idolatría *f*
Götzzitat *nt* <-(e)s, *ohne pl*>: **das ~** "que le den por el culo"; **voller Wut antwortete er mit dem ~** lleno de rabia respondió: "¡Que te den por el culo!"
Gourmand [gʊr'mã:] *m* <-s, -s> gourmet *m*
Gourmet [gʊr'me:] *m* <-s, -s> gourmet *m*
Gouvernante [guvɛr'nantə] *f* <-, -n> (*alt*) institutriz *f*
Gouvernement [guvɛrnə'mã:] *nt* <-s, -s> ❶ (HIST) gobernación *f* ❷ (*Verwaltungsbezirk*) municipio *m*
Gouverneur(in) [guvɛr'nø:ɐ, guvɛ'nø:ɐ] *m(f)* <-s, -e; -, -nen> gobernador(a) *m(f)*
Grab [gra:p, *pl:* 'grɛ:bə] *nt* <-(e)s, Gräber> sepultura *f*, tumba *f*, ancuviña *f* *Chil*; (*~mal*) sepulcro *m*; **jdn zu ~e tragen** (*geh*) dar sepultura [*o* sepultar] a alguien; **verschwiegen wie ein ~ sein** (*fam*) ser callado como una tumba; **mit einem Bein im ~ stehen** tener un pie en el hoyo [*o* la sepultura]; **jdn ins ~ bringen** llevar a alguien al sepulcro; **das bringt mich noch ins ~!** (*fam*) ¡esto me matará!; **er würde sich im ~ umdrehen** se revolvería en su tumba; **ein Geheimnis mit ins ~ nehmen** llevarse un secreto a la tumba; **sich** *dat* **sein eigenes ~ schaufeln** cavar su propia tumba
Grabbeigabe *f* <-, -n> ofrenda *f* funeraria; **die Gräber ägyptischer Pharaonen enthalten reiche ~n** las tumbas de los faraones contienen abundantes ofrendas funerarias
Grabbeltisch *m* <-(e)s, -e> (*reg: fam*) mostrador *m* con ofertas (de ocasión)
graben ['gra:bən] <gräbt, grub, gegraben> **I.** *vi* ❶ (*um~*) cavar ❷ (*nach Gold, Kohle*) buscar (*nach*), extraer (*nach*)
II. *vt* (*ausheben*) cavar; (*Brunnen, Graben*) abrir
III. *vr*: **sich jdm ins Gedächtnis ~** grabarse en la memoria de alguien
Graben ['gra:bən] *m* <-s, Gräben> ❶ (*für Rohr, Kabel*) zanja *f*; (*Bewässerungs-*) acequia *f*; (*Straßen-*) cuneta *f*
❷ (GEO) fosa *f*, cepa *f* *Mex*; (*Bodensenkung*) falla *f*
❸ (*Burg-, Orchester-*) foso *m*
❹ (*Schützen-*) trinchera *f*
Grabenbruch *m* <-(e)s, -brüche> (GEO) zona *f* de hundimiento tectónico
Grabesrand *m* <-(e)s, -ränder> borde *m* de una tumba; **die Hinterbliebenen standen am ~ und warfen eine Schaufel Erde auf den Sarg** los parientes del difunto estaban al pie de la tumba y arrojaban una palada de tierra sobre el ataúd; **Grabesruhe** *f* <-, *ohne pl*>, **Grabesstille** *f* <-, *ohne pl*> silencio *m* sepulcral; **in der dunklen Krypta des Domes herrschte ~** en la oscura cripta de la catedral reinaba un silencio sepulcral; **Grabesstimme** *f* <-, *ohne pl*> (*fam*) voz *f* sepulcral; **mit ~** con voz sepulcral
Grabgewölbe *nt* <-s, -> ❶ (*Krypta*) cripta *f* ❷ (*Gruft*) bóveda *f*, cripta *f*; **Grabhügel** *m* <-s, -> túmulo *m*; **Grabinschrift** *f* <-, -en> epitafio *m*, inscripción *f* sepulcral; **Grabkammer** *f* <-, -n> cámara *f* mortuoria; **Grabkreuz** *nt* <-es, -e> cruz *f* de la tumba; **nur ein kleines ~ erinnerte an den Verstorbenen** sólo una pequeña cruz en la tumba evocaba al fallecido; **Grabmal** *nt* <-(e)s, -e *o* -mäler> sepulcro *m*; **Grabplatte** *f* <-, -n> losa *f* sepulcral; **Grabräuber(in)** *m(f)* <-s, -; -, -nen> ladrón, -ona *m, f* de sepulturas; **Grabrede** *f* <-, -n> oración *f* fúnebre, responso *m*; **Grabschänder(in)** ['-ʃɛndɐ] *m(f)* <-s, -; -, -nen> profanador(a) *m(f)* de tumbas; **Grabschändung** *f* <-, -en> violación *f* de sepulturas
grabschen *vi, vt s.* **grapschen**
Grabstätte *f* <-, -n> fosa *f*, tumba *f*; **Grabstein** *m* <-(e)s, -e> lápida *f*, piedra *f* sepulcral; **Grabstelle** *f* <-, -n> (lugar *m* en el que se encuentra una) tumba *f*
gräbt [grɛpt] 3. *präs von* **graben**
Grabung *f* <-, -en> excavación *f*
Gracht [graxt] *f* <-, -en> canal *m*
Grad [gra:t] *m* <-(e)s, -e> grado *m*; **akademischer ~** título académico; **ein Winkel von 60 ~** un ángulo de 60 grados; **bei fünf ~ Kälte** a cinco grados bajo cero; **das Thermometer zeigt sieben ~** el termómetro

marca siete grados; **minus drei ~** tres grados bajo cero; **Verbrennungen dritten ~es** quemaduras de tercer grado; **Verwandte zweiten ~es** parientes de segundo grado; **er war im höchsten ~ nervös** estaba sumamente nervioso; **bis zu einem gewissen ~** hasta cierto punto
grade *adj o adv* (*fam*) *s.* **gerade**
Gradeinteilung *f* <-, -en> división *f* en grados, graduación *f*
Gradient [gradi'ɛnt] *m* <-en, -en> (PHYS, MATH) gradiente *m*
Gradmesser *m* <-s, -> escala *f* graduada; **die Popularität ist kein ~ für Qualität** la popularidad no es sinónimo de calidad
Gradualismus [gradua'lɪsmʊs] *m* <-, *ohne pl*> (WIRTSCH) gradualismo *m*
graduell [gradu'ɛl] *adj* gradual
graduiert [gradu'i:rt] *adj* (SCH) graduado
Graf [gra:f] *m*, **Gräfin** *f* <-en, -en; -, -nen> conde(sa) *m(f)*
Graffito [gra'fi:to, *pl:* gra'fi:ti] *m o nt* <-(s), Graffiti> grafito *m*, pintada *f*
Grafik¹ ['gra:fɪk] *f* <-, *ohne pl*> (KUNST) artes *fpl* gráficas, diseño *m* gráfico
Grafik² *f* <-, -en> ❶ (*Kunstwerk*) dibujo *m* gráfico, litografía *f* ❷ (*Schaubild*) gráfico *m*, gráfica *f*
Grafikdrucker *m* <-s, -> (INFOR) impresora *f* gráfica
Grafiker(in) ['gra:fikɐ] *m(f)* <-s, -; -, -nen> grafista *mf*, diseñador(a) *m(f)* gráfico, -a
Grafikkarte *f* <-, -n> (INFOR) tarjeta *f* gráfica [*o* de gráficos]; **Grafikmodus** *m* <-, -modi> (INFOR) modo *m* de gráficos; **Grafikprogramm** *nt* <-(e)s, -e> (INFOR) programa *m* gráfico; **Grafiktablett** *nt* <-(e)s, -e> (INFOR) tabla *f* de gráficos
Gräfin ['grɛ:fɪn] *f* <-, -nen> *s.* **Graf**
grafisch *adj* gráfico
Grafitᴿᴿ *m* <-s, -e> *s.* **Graphit**
gräflich ['grɛ:flɪç] *adj* (*einem Grafen gehörend*) condal
Grafologe, -inᴿᴿ *m, f* <-n, -n; -, -nen> *s.* **Graphologe**
Grafologieᴿᴿ *f* <-, *ohne pl*> *s.* **Graphologie**
Grafologinᴿᴿ *f* <-, -nen> *s.* **Grafologe**
Grafschaft *f* <-, -en> condado *m*
Grahambrot ['gra:hambro:t] *nt* <-(e)s, -e> (tipo *m* de) pan *m* de molde integral
Gral [gra:l] *m* <-s, -s>: **der Heilige ~** el Santo Grial
Gralshüter(in) *m(f)* <-s, -; -, -nen> (LIT) defensor(a) *m(f)*, paladín *m*; **die ~ einer Lehre/eines Gesetzes** (*fig*) los paladines de una doctrina/de una ley
gram [gra:m] *adj* (*geh*): **jdm ~ sein** guardar rencor a alguien
Gram [gra:m] *m* <-s, *ohne pl*> (*geh*) aflicción *f*, pesar *m*
grämen ['grɛ:mən] *vr*: **sich ~** (*geh*) afligirse (*über por*), entristecerse (*über por/con*)
gramerfüllt *adj* (*geh*) afligido, compungido, pesaroso; **mit ~er Stimme sprach sie von ihrem verstorbenen Sohn** con voz afligida habló de su hijo fallecido
Gramm [gram] *nt* <-s, -e, *nach Zahlen:* -> gramo *m*
Grammatik [gra'matɪk] *f* <-, -en> (LING) gramática *f*
grammatikalisch [gramati'ka:lɪʃ] *adj* (LING) gramatical
Grammatikregel *f* <-, -n> regla *f* gramatical
grammatisch *adj* (LING) gramatical, gramático; **~ richtig** gramaticalmente correcto
Grammel ['graməl] *f* <-, -n> (*Österr; südd*) chicharrón *m*, chicharro *m*
Grammofonᴿᴿ *nt* <-s, -e>, **Grammophon®** [gramo'fo:n] *nt* <-s, -e> gramófono *m*
gramvoll *adj s.* **gramerfüllt**
Granat [gra'na:t] *m* <-(e)s, -e> ❶ (*Garnele*) cigala *f* ❷ (*Mineral*) granate *m*
Granatapfel *m* <-s, -äpfel> (BOT) granada *f*
Granate [gra'na:tə] *f* <-, -n> (MIL) granada *f*, obús *m*
Granatfeuer *nt* <-s, -> (MIL) fuego *m* de granadas; **Granatsplitter** *m* <-s, -> (MIL) casco *m* de granada; **von einem ~ getroffen werden** ser alcanzado por un casco de granada; **Granatwerfer** *m* <-s, -> (MIL) lanzagranadas *m inv*
Grand Canyon [grɛnt 'kɛnjən] *m* <- -(s)> (Gran) Cañón *m* del Colorado
Grande ['grandə] *m* <-n, -n> grande *m* de España
Grandhotel ['grã:hotɛl] *nt* <-s, -s> hotel *m* de lujo
grandios [gran'djo:s] *adj* grandioso
Grand Prix [grã'priː] *m* <- -; -, -> (SPORT) gran premio *m*
Granit [gra'niːt] *m* <-s, -e> granito *m*; **bei jdm auf ~ beißen** dar en hueso con alguien
Granne ['granə] *f* <-, -n> (BOT) arista *f*, barba *f*; **Gerste hat besonders lange, typische ~n** la cebada tiene aristas especialmente largas y muy particulares
grantig ['grantɪç] *adj* (*reg: fam*) malhumorado, gruñón
Granulat [granu'la:t] *nt* <-(e)s, -e> granulado *m*

granulieren I. *vi haben o sein* (MED: *Körnchen bilden*) granularse II. *vt haben* (*körnig machen*) granular
granulös [granu'lø:s] *adj* granuloso
Grapefruit ['gre:pfru:t, 'grɛɪpfru:t] *f* <-, -s> (BOT) pomelo *m*, toronja *f Am*
Grapefruitsaft *m* <-(e)s, -säfte> zumo *m* de pomelo
Graph [gra:f] *m* <-en, -en> (MATH) gráfico *m*
Graphik ['gra:fɪk] *f s.* **Grafik**
Graphikdrucker *m* <-s, -> *s.* **Grafikdrucker**
Graphiker(in) *m(f)* <-s, -; -, -nen> *s.* **Grafiker**
Graphikkarte *f* <-, -n> *s.* **Grafikkarte**; **Graphikmodus** *m* <-, -modi> *s.* **Grafikmodus**; **Graphikprogramm** *nt* <-(e)s, -e> *s.* **Grafikprogramm**; **Graphiktablett** *nt* <-s, -e> *s.* **Grafiktablett**
graphisch *adj s.* **grafisch**
Graphit [gra'fi:t] *m* <-s, -e> grafito *m*, plombagina *f*
Graphologe, -in *m, f* <-n, -n; -, -nen> grafólogo, -a *m, f*
Graphologie [grafolo'gi:] *f* <-, ohne *pl*> grafología *f*
Graphologin *f* <-, -nen> *s.* **Graphologe**
grapschen I. *vt* (*fam*) ❶ (*nehmen*) agarrar, pillar; **sich** *dat* **etw ~** agarrar algo, cogerse algo
❷ (*südd: stehlen*) escamotear, mangar
❸ (*packen*) agarrar, pillar; (*festnehmen*) echar el guante (a); **der Bankräuber grapschte sich einen Bankbesucher und nahm ihn als Geisel** el atracador agarró a un cliente del banco y lo tomó como rehén; **ich werde mir den Schuldigen schon noch ~** ya agarraré [*o* pillaré] yo al culpable; **die Polizei hat sich den Kidnapper gegrapscht** la policía ha echado el guante [*o* ha pillado] a los secuestradores
❹ (*für sich gewinnen*) ligarse; **er hat sich meine Schwester gegrapscht** se ha ligado a mi hermana
II. *vi* ❶ (*greifen*) agarrar; **nach etw ~** echar mano a algo
❷ (*anfassen*) agarrar; (*abw: betatschen*) toquetear; (*sexuell*) meter mano; **sich** *dat* **an die Nase ~** estarse toqueteando la nariz; **er grapscht der Kellnerin immer an den Hintern** siempre le toca [*o* mete mano en] el culo a la camarera
Gras¹ [gra:s, *pl:* 'grɛ:zə] *nt* <-es, Gräser> (*Pflanze*) hierba *f*
Gras² *nt* <-es, ohne *pl*> (*Rasen*) hierba *f*, césped *m*; **sich ins ~ legen** tumbarse sobre la hierba; **das ~ wachsen hören** (*fam*) tener un sexto sentido; **über etw ~ wachsen lassen** (*fam*) echar tierra sobre algo; **ins ~ beißen** (*fam*) irse al otro barrio
grasbewachsen *adj* herboso, cubierto de hierba; **die alte Mauer war nach all den Jahren ~** el viejo muro estaba tras tantos años cubierto de hierba
Grasbüschel *nt* <-s, -> manojo *m* de hierba; **beim Jäten der Beete riss sie ganze ~ heraus** al escardar los arriates arrancaba manojos de hierba enteros; **Grasdecke** *f* <-, -n> césped *m*
grasen ['gra:zən] *vi* pacer, pastar
Grasfrosch *m* <-(e)s, -frösche> rana *f* verde
grasgrün ['-'-] *adj* verde intenso
Grashalm *m* <-(e)s, -e> brizna *f* de hierba, paja *f*; **Grashüpfer** ['gra:shʏpfɐ] *m* <-s, -> (*fam*) saltamontes *m inv*; **Grasland** *nt* <-(e)s, ohne *pl*> (AGR) pastizal *m*, pradera *f*; **Graslilie** *f* <-, -n> (BOT) azucena *f* silvestre; **Grasmücke** *f* <-, -n> (ZOOL) curruca *f*; **Grasnarbe** *f* <-, -n> capa *f* de césped; **Grasnelke** *f* <-, -n> (BOT) clavel *m* de París; **Graspflanze** *f* <-, -n> hierba *f*
Grass *nt* <-, ohne *pl*> (*sl*) hierba *f*; **die Polizei hat ihn mit 20 Gramm ~ erwischt** la policía lo ha pillado con 20 gramos de hierba
Grassamen *m* <-s, -> (BOT) semilla *f* de hierba
grassieren* [gra'si:rən] *vi* extenderse, propagarse
grässlichᴿᴿ ['grɛslɪç] *adj,* **gräßlich** *adj* ❶ (*schrecklich*) horrible, espantoso; (*abscheulich*) atroz, horrendo
❷ (*fam: unangenehm, schlimm*) terrible, espantoso; **wir haben uns ~ gelangweilt** nos aburrimos terriblemente
Grässlichkeit¹ᴿᴿ *f* <-, -en> (*Tat*) atrocidad *f*, monstruosidad *f*
Grässlichkeit²ᴿᴿ *f* <-, ohne *pl*> (*grässliche Art: Anblick*) repugnancia *f*; (*Blutbad, Verbrechen*) atrocidad *f*, horror *m*; (*Film*) horror *m*
Gräßlichkeit *f s.* **Grässlichkeit**
Grassteppe *f* <-, -n> estepa *f* de hierba
Grat [gra:t] *m* <-(e)s, -e> (*a.* ARCHIT) cresta *f*
Gräte ['grɛ:tə] *f* <-, -n> espina *f*
Gratifikation [gratifika'tsjo:n] *f* <-, -en> gratificación *f*
gratinieren* [grati'ni:rən] *vt* (GASTR) gratinar
gratis ['gra:tɪs] *adv* gratis, de coca *Mex: fam*
Gratisaktie *f* <-, -n> (FIN) acción *f* gratuita; **~n ausgeben** emitir acciones gratuitas; **Gratisanzeiger** *m* <-s, -> (*Schweiz*) periódico *m* de anuncios; **Gratisprobe** *f* <-, -n> muestra *f* gratuita
Grätsche *f* <-, -n> (SPORT) salto *m* con las piernas abiertas
grätschen ['grɛtʃən] I. *vi sein* (SPORT) **über etw ~** saltar por encima de algo con las piernas abiertas; **die Turner grätschten der Reihe nach über den Kasten** los gimnastas saltaban el plinton con las piernas abiertas uno tras otro; **im Turnunterricht übten die Schüler das G~** en la clase de gimnasia, los practicaron el salto con las piernas abiertas II. *vt* (SPORT): **die Beine ~** abrir las piernas; **die Beine zum Spagat ~** abrir las piernas hasta hacer el "spagat"
Grätschsprung *m* <-(e)s, -sprünge> (SPORT) salto *m* con las piernas abiertas
Gratulant(in) [gratu'lant] *m(f)* <-en, -en; -, -nen> congratulante *mf*, felicitante *mf*
Gratulation [gratula'tsjo:n] *f* <-, -en> felicitación *f*, congratulaciones *fpl*
gratulieren* *vi* felicitar (*zu* por), dar la enhorabuena (*zu* por); **gratuliere!** ¡felicidades!, ¡enhorabuena!
Gratwanderung *f* <-, -en> excursión *f* de alta montaña; **sich auf einer ~ befinden** (*fig*) estar en la cuerda floja
grau [grau] *adj* ❶ (*Farbe*) gris; **die ~en Zellen** la materia [*o* substancia] gris; **~e Haare** canas *fpl;* **er hat ~e Haare bekommen** le han salido canas; **alt und ~ werden** volverse viejo y canoso; **~ in ~** gris, lóbrego
❷ (*trostlos, öde*) monótono; **der ~e Alltag** la monotonía cotidiana
❸ (*ungewiss*) incierto; **in ~er Vorzeit** en un pasado remoto
Grau *nt* <-s, -> ❶ (*Farbe*) gris *m*
❷ (*Trostlosigkeit*) monotonía *f*
grauäugig ['grau'ɔɪgɪç] *adj* de ojos grises
Graubart *m* <-(e)s, -bärte> (*fam*) hombre *m* barbicano [*o* barbiblanco]
graubärtig *adj* barbicano, barbiblanco
graublau *adj* gris azulado; **die Farbe ihrer Augen war ~** sus ojos eran de color gris azulado
graubraun ['-'-] *adj* marrón gris
Graubrot *nt* <-(e)s, -e> (*reg*) pan *m* moreno
Graubünden [grau'bʏndən] *nt* <-s> (GEO) cantón *m* de los Grisones
Graubündner(in) *m(f)* <-s, -; -, -nen> grisón, -ona *m, f*
Gräuelᴿᴿ ['grɔɪəl] *m* <-s, -> (*geh*) ❶ (*Abscheu*) horror *m*
❷ (*Tat*) atrocidad *f*
Gräuelmärchenᴿᴿ *nt* <-s, -> historia *f* de horror, atrocidad *f* inventada; **Gräueltat**ᴿᴿ *f* <-, -en> atrocidad *f*
grauen ['grauən] *vunpers* horrorizar; **mir graut** [*o* **es graut mir**] **vor der Prüfung** el examen me horroriza
Grauen¹ ['grauən] *nt* <-s, ohne *pl*> espanto *m*, horror *m;* **~ erregend** espantoso
Grauen² *nt* <-s, -> horror *m;* **die ~ des Krieges** los horrores de la guerra
grauenerregend *adj* horroroso, espantoso
grauenhaft *adj,* **grauenvoll** *adj* ❶ (*Anblick, Unfall*) espeluznante, aterrador
❷ (*fam: unangenehm*) espantoso, terrible
Graugans *f* <-, -gänse> (ZOOL) ánsar *m* común
graugestreift *adj s.* **gestreift**
graugrün *adj* gris verdoso; **die neuen Uniformen waren ~** los nuevos uniformes eran de color gris verdoso
grauhaarig *adj* canoso, cano *geh*
graulen ['graulən] I. *vt* (*fam*): **jdn aus etw** *dat* **~** expulsar a alguien de algo; **niemand konnte ihn leiden und so wurde er schließlich aus seinem Amt gegrault** nadie le aguantaba, por eso le echaron al final de su puesto
II. *vr:* **sich ~** (*fam*) tener miedo (*vor* de); **kleine Kinder ~ sich meist vor der Dunkelheit** los niños pequeños tienen normalmente miedo de la oscuridad
III. *vunpers* (*fam*): **jdm** [*o* **jdn**] **grault es vor etw** *dat*/**jdm** alguien tiene miedo de algo/alguien, alguien teme algo/a alguien; **mir** [*o* **mich**] **grault schon vor der nächsten Steuerprüfung** la próxima inspección fiscal me da miedo ya
gräulich¹ ['grɔɪlɪç] *adj* (*Farbe*) grisáceo
gräulich²ᴿᴿ *adj* ❶ (*schrecklich*) horrible, espantoso; (*abscheulich*) atroz, horrendo
❷ (*fam: unangenehm, schlimm*) terrible, espantoso; **wir haben uns ~ gelangweilt** nos aburrimos terriblemente
Graupe ['graupə] *f* <-, -n> cebada *f*
Graupel ['graupəl] *f* <-, -n> granizo *m* fino
Graupelschauer *m* <-s, -> granizada *f*, chaparrón *m* de granizo fino
Graupensuppe *f* <-, -n> sopa *f* de cebada
Graus [graus] *m* <-es, ohne *pl*> horror *m*, espanto *m;* **es ist ein ~ mit etw** *dat*/**jdm** algo/alguien es un desastre; **o ~!** (*iron*) ¡uy, qué miedo!
grausam ['grauzam] *adj* ❶ (*brutal*) cruel, brutal
❷ (*schrecklich*) terrible
Grausamkeit *f* <-, -en> crueldad *f*
Grauschimmel¹ *m* <-s, -> (ZOOL) caballo *m* tordo
Grauschimmel² *m* <-s, ohne *pl*> (*Belag*) moho *m*
Grauschleier *m* <-s, -> (*Wäsche*) color *m* grisáceo, capa *f* de suciedad
grausen ['grauzən] *vunpers* dar miedo, espantar; **es graust ihn vor Ratten** las ratas le dan miedo, tiene miedo a [*o* de] las ratas; **es graust mich** me horroriza, tengo miedo; **da kann es einem ja ~** se le ponen a

uno los pelos de punta
Grausen ['grauzən] *nt* <-s, *ohne pl*> horror *m*, espanto *m*; **ihn packte das kalte ~** se horrorizó
grausig *adj s.* **grauenhaft**
grauslich *adj* (*Österr*) *s.* **grässlich**
Grauspecht *m* <-(e)s, -e> (ZOOL) pito *m* cano; **Graustufe** *f* <-, -n> (TV, INFOR) tono *m* gris
Grauwacke *f* <-, -n> (GEO) meta-grauvaca *f*
Grauzone *f* <-, -n> zona intermedia entre legalidad e ilegalidad
Graveur(in) [gra'vø:ɐ] *m(f)* <-s, -e; -, -nen> grabador(a) *m(f)*
Gravierarbeit *f* <-, -en> ❶ (*das Gravieren*) grabado *m*, acción *f* de grabar
❷ (*gravierter Gegenstand*) (objeto *m*) grabado *m*
gravieren* [gra'vi:rən] *vt* grabar (*in* en)
gravierend *adj* (*Umstände*) agravante; (*Fehler*) grave
Gravierung *f* <-, -en> grabado *m*
Gravimeter [gravi'me:tɐ] *nt* <-s, -> (PHYS) gravímetro *m*
Gravimetrie [gravime'tri:] *f* <-, *ohne pl*> (PHYS, CHEM) gravimetría *f*
Gravis ['gra:vɪs] *m* <-, -> (LING) acento *m* grave
Gravitation [gravita'tsjo:n] *f* <-, *ohne pl*> (PHYS) gravitación *f*
Gravitationsfeld *nt* <-(e)s, -er> (PHYS) campo *m* gravitacional; **Gravitationsgesetz** *nt* <-es, -e> (PHYS) ley *f* de la gravedad; **Gravitationskraft** *f* <-, -kräfte> (PHYS) fuerza *f* gravitacional
gravitätisch [gravi'tɛ:tɪʃ] *adj* solemne, grave
Gravur [gra'vu:ɐ] *f* <-, -en> grabado *m*
Graz [gra:ts] *nt* <-> Graz *m*
Grazie ['gra:tsjə] *f* <-, *ohne pl*> gracia *f*, donaire *m*, quimba *f Am*
grazil [gra'tsi:l] *adj* grácil, esbelto
graziös [gra'tsjø:s] *adj* garboso, airoso; **~e Bewegungen** movimientos garbosos [*o* con gracia]
Greenpeace-Aktivist(in) ['gri:npi:s-] *m(f)* <-en, -en; -, -nen> activista *mf* de Greenpeace
Greenwicher Zeit ['grɪnɪdʒɐ-, 'grɪnɪtʃɐ-] *f* <- -, *ohne pl*> hora *f* de Greenwich
gregorianisch [gregori'a:nɪʃ] *adj* (MUS) gregoriano
Greif *m* <-(e)s *o* -en, -e(n)> ❶ (*in der Mythologie*) grifo *m*
❷ *s.* **Greifvogel**
Greifarm *m* <-(e)s, -e> (TECH) (brazo *m*) manipulador *m*; **Greifbagger** *m* <-s, -> (TECH) excavadora *f* de cuchara
greifbar *adj* ❶ (*zur Hand*) accesible, a mano; **in ~er Nähe sein** estar al alcance de la mano
❷ (*konkret*) concreto
greifen <greift, griff, gegriffen> I. *vi* ❶ (TECH) engarzar; **ineinander ~** engranar
❷ (*wirksam werden*) surtir efecto; **tief ~d** profundo; **um sich ~** propagarse, extenderse
❸ (*fassen*) agarrar (*nach*), asir (*nach*), tocar (*an*); (*ergreifen*) echar mano (*zu de/a*); (*zu bestimmten Mitteln*) hacer uso (*zu* de), recurrir (*zu* a); **zum G~ nah** a un paso; **er musste tief in die Tasche ~** tuvo que rascarse el bolsillo; **zu einem Buch ~** echar mano a un libro; **zu den Waffen ~** recurrir a las armas; **das ist aus der Luft gegriffen** esto carece de base; **sich** *dat* **an den Kopf ~** llevarse las manos a la cabeza, no poder creerlo; **zu härteren Mitteln ~** recurrir a medidas más drásticas
II. *vt* (*nehmen*) coger, tomar *Am*; (*packen*) agarrar, asir
Greifer *m* <-s, -> (TECH) cuchara *f*
Greiftrupp *m* <-s, -s> (policía *f*) antidisturbios *mpl*; **Greifvogel** *m* <-s, -vögel> ave *f* de presa; **Greifzange** *f* <-, -n> tenaza(s) *f(pl)*, napoleón *m Chil*
greinen ['graɪnən] *vi* (*fam abw*) llorar, lloriquear; **ich kann dieses klägliche G~ nicht mehr hören!** ¡no soporto más ese lloriqueo lastimero!
greis [graɪs] *adj* (*geh*) anciano
Greis(in) [graɪs] *m(f)* <-es, -e; -, -nen> (*geh*) anciano, -a *m, f*
Greisenalter *nt* <-s, *ohne pl*> edad *f* senil, vejez *f*, senectud *f*
greisenhaft *adj* decrépito; **sie sah verlebt, ja fast ~ aus** tenía un aspecto ajado, casi decrépito
Greisin *f* <-, -nen> *s.* **Greis**
grell [grɛl] *adj* ❶ (*Licht, Farbe*) chillón; **~ beleuchtet** con (una) luz deslumbrante [*o* cegadora]
❷ (*Stimme*) chillón; (*Schrei*) estridente, penetrante
grellbeleuchtet *adj s.* **grell**
Grelle *f* <-, *ohne pl*> ❶ (*des Lichts*) luz *f* deslumbrante [*o* cegadora]
❷ (*eines Tones*) estridencia *f*, agudeza *f*
❸ (*einer Farbe*) colorido *m* chillón
grellrot I. *adj* (*de color*) rojo fuerte [*o* intenso]; **sein neues Sportcabrio war ~** su nuevo deportivo descapotable era de un rojo intenso
II. *adv* con un color rojo subido [*o* intenso]; **das Mädchen hatte sich** *dat* **die Lippen ~ geschminkt** la chica se había pintado los labios de un rojo intenso

Gremium ['gre:mium] *nt* <-s, Gremien> gremio *m*, comisión *f*
Grenzabmarkung *f* <-, -en> (JUR) deslinde *m*; **Grenzbereich** *m* <-(e)s, -e> área *f* fronteriza; (*fig*) límites *mpl*; **Grenzbewohner(in)** *m(f)* <-s, -; -, -nen> persona *f* que vive en una zona fronteriza; **Grenzbezirk** *m* <-(e)s, -e> zona *f* fronteriza; **Grenzdichte** *f* <-, -n> (PHYS) densidad *f* límite
Grenze ['grɛntsə] *f* <-, -n> ❶ (*Staats-*) frontera *f* (*zu* con); **die ~ zu Belgien** la frontera con Bélgica; **grüne ~** paso de frontera no vigilado; **frei ~ Lieferland** (COM) franco frontera país proveedor
❷ (*Begrenzung*) límite *m*; **etw** *dat* **~n setzen** poner límites a algo; **das liegt an der ~ des Erlaubten** esto roza la ilegalidad; **an ~n stoßen** llegar a sus límites; **alles hat seine ~n** todo tiene su límite; **die oberste/unterste ~** el límite superior/inferior; **sich in ~n halten** mantenerse dentro de los límites; **ihre Großzügigkeit kennt keine ~n** su generosidad no tiene límites
grenzen *vi* ❶ (*Grenze haben*) limitar (*an* con), lindar (*an* con)
❷ (*fig: nahe kommen*) rayar (*an* en), rozar (*an*); **das grenzt an Betrug** eso roza el fraude
grenzenlos *adj* ❶ (*räumlich*) sin límites, ilimitado
❷ (*sehr groß*) inmenso, enorme
Grenzenlosigkeit *f* <-, *ohne pl*> ❶ (*ungeheure Weite*) inmensidad *f*; **die ~ der Pampa ist unfassbar** la inmensidad [*o* vastedad] de la pampa es increíble
❷ (*Maßlosigkeit: Dummheit*) grandiosidad *f*; (*Vertrauen, Verachtung*) desmesura *f*; **dies ist nur durch die ~ ihrer Naivität zu erklären** esto sólo se puede explicar por su enorme ingenuidad
Grenzer(in) *m(f)* <-s, -; -, -nen> (*fam*) ❶ (*Zöllner*) aduanero, -a *m, f*
❷ (*Grenzsoldat*) soldado, -a *m, f* fronterizo, -a
Grenzerlös *m* <-es, -e> (FIN, WIRTSCH) beneficio *m* marginal; **Grenzertrag** *m* <-(e)s, -träge> (FIN, WIRTSCH) rendimiento *m* marginal; **Grenzfall** *m* <-(e)s, -fälle> caso *m* extremo
grenzflächenaktiv *adj* (CHEM, PHYS): **~e Stoffe** sustancias interfacialmente activas
Grenzgänger(in) ['grɛntsgɛŋɐ] *m(f)* <-s, -; -, -nen> trabajador(a) *m(f)* fronterizo, -a; **Grenzgängerkarte** *f* <-, -n> tarjeta *f* de fronterizo
Grenzgebiet *nt* <-(e)s, -e> zona *f* fronteriza; **Grenzkonflikt** *m* <-(e)s, -e> (POL) conflicto *m* fronterizo; **Grenzkontrolle** *f* <-, -n> control *m* de fronteras; **Grenzkosten** *pl* (FIN, WIRTSCH) coste *m* marginal; **Grenzland** *nt* <-(e)s, -länder> zona *f* fronteriza; **Grenzlinie** *f* <-, -n> línea *f* fronteriza; (*sport*) línea *f*; **Grenzmauer** *f* <-, -n> pared *f* medianera
grenznah *adj* cerca de la frontera
Grenzpfahl *m* <-(e)s, -pfähle> mojón *m*; **Grenzposten** *m* <-s, -> puesto *m* fronterizo; **Grenzscheidungsklage** *f* <-, -n> (JUR) acción *f* de demarcación; **Grenzschutz** *m* <-es, *ohne pl*> protección *f* de la frontera; **Grenzsituation** *f* <-, -en> (*fig*) situación *m* límite; **Grenzstadt** *f* <-, -städte> ciudad *f* fronteriza; **Grenzstein** *m* <-(e)s, -e> mojón *m* (fronterizo), hito *m* (fronterizo); **Grenzsteuersatz** *m* <-es, -sätze> (FIN, WIRTSCH) tipo *m* impositivo marginal; **Grenzstreitigkeit** *f* <-, -en> (POL) conflicto *m* fronterizo; **Grenzübergang** *m* <-(e)s, -gänge> paso *m* fronterizo, puesto *m* fronterizo
grenzüberschreitend *adj* (*Handel, Verkehr*) transfronterizo, internacional
Grenzübertritt *m* <-(e)s, -e> paso *m* de frontera(s); **Grenzverhältnis** *nt* <-ses, -se> índice *m* marginal; **Grenzverkehr** *m* <-(e)s, *ohne pl*> tráfico *m* fronterizo; **kleiner ~** tráfico fronterizo regular; **Grenzverlauf** *m* <-(e)s, -läufe> línea *f* fronteriza; **Peru und Ecuador können sich nicht auf einen ~ einigen** Perú y Ecuador no se ponen de acuerdo a la hora de establecer sus fronteras; **Grenzverletzung** *f* <-, -en> violación *f* de frontera; **Grenzverrückung** *f* <-, -en> alteración *f* de lindes; **Grenzverwirrung** *f* <-, -en> trastorno *m* de la demarcación; **Grenzwert** *m* <-(e)s, -e> (MATH) valor *m* límite; **oberer/unterer ~** valor mínimo/máximo; **Grenzzeichen** *nt* <-s, -> hito *m* fronterizo, mojón *m*; **Grenzzwischenfall** *m* <-(e)s, -fälle> incidente *m* en la frontera; **als jemand illegal die Grenze überqueren wollte, kam es zu einem ~** hubo un incidente en la frontera cuando alguien intentó cruzarla de forma ilegal
Gretchenfrage *f* <-, *ohne pl*> (*geh*) pregunta *f* delicada pero crucial (*en alusión al "Fausto" de Goethe*)
Greuel *m* <-s, -> *s.* **Gräuel**
Greuelmärchen *nt* <-s, -> *s.* **Gräuelmärchen**; **Greueltat** *f* <-, -en> *s.* **Gräueltat**
greulich *adj s.* **gräulich²**
Greyerzer ['graɪɛtsɐ] *m* <-s, -> (GASTR): **~ (Käse)** (queso *m* de) gruyere *m*
Griebe ['gri:bə] *f* <-, -n> chicharrón *m*, chicharro *m*
Griebenschmalz *nt* <-es, -e> (GASTR) manteca *f* con chicharrones
Grieche, -in ['gri:çə] *m, f* <-n, -n; -, -nen> griego, -a *m, f*

Griechenland *nt* <-s> Grecia *f*
Griechin *f* <-, -nen> *s.* **Grieche**
griechisch *adj* griego; **~-orthodox** ortodoxo griego; **~-römisch** (KUNST, HIST, SPORT) grecorromano, greco-romano
Griechisch *nt* <-(s), ohne pl>, **Griechische** *nt* <-n, ohne pl> griego *m*; **sprechen Sie ~?** ¿habla griego?; **letztes Jahr wurde der Text ins ~e übersetzt** el año pasado tradujeron el texto al griego
grienen ['gri:nən] *vi* (*nordd: fam: grinsen*) sonreír; **was grienst du mich so blöde an?** ¿y tú por qué sonríes de esa manera tan tonta?
Griesgram ['gri:sgra:m] *m* <-(e)s, -e> (*abw*) cascarrabias *mf inv*
griesgrämig I. *adj* huraño; (*Miene*) avinagrado
II. *adv* con gesto huraño; **er blickt immer so ~ drein** tiene siempre una mirada huraña
Grieß [gri:s] *m* <-es, -e> sémola *f*
Grießbrei *m* <-(e)s, -e> papilla *f* de sémola; **Grießkloß** *m* <-es, -klöße> albóndiga *f* de sémola; **Grießpudding** *m* <-s, -e *o* -s> pudin *m* de sémola, budín *m* de sémola
griff [grɪf] *3. imp von* **greifen**
Griff [grɪf] *m* <-(e)s, -e> ❶ (*das Greifen*) agarre *m*; **einen ~ nach etw** *dat* **tun** agarrar algo; **mit jdm/etw** *dat* **einen guten ~ getan haben** haber tenido suerte con alguien/algo; **etw im ~ haben** dominar algo; **etw in den ~ bekommen** conseguir dominar algo
❷ (*Stiel, Messer~*) mango *m*; (*Schubladen-, Fenster~*) tirador *m*; (*Klinke*) picaporte *m*; (*Henkel, Koffer~*) asa *f*; (*Knauf, Fahrrad~*) puño *m*
❸ (*Hand~*) maniobra *f*; **mit wenigen ~en hatte sie das Pferd gesattelt** ensilló el caballo en un abrir y cerrar de ojos; **bei ihr sitzt jeder ~** es muy mañosa
❹ (MUS: *Fingerstellung*) digitación *f*
❺ (SPORT) presa *f*
griffbereit *adj* al alcance de la mano; **etw ~ haben** tener algo al alcance de la mano
Griffbrett *nt* <-(e)s, -er> mango *m*; (MUS) diapasón *m*
Griffel ['grɪfəl] *m* <-s, -> ❶ (*Stift*) estilete *m*, gis *m Kol*
❷ (BOT) estilo *m*, pistilo *m*
Griffelkasten *m* <-s, -kästen> (SCH) plumier *m*
griffig *adj* ❶ (*Maschine*) manejable
❷ (*Boden*) antideslizante
❸ (*Gewebe*) agradable al tacto
Griffloch *nt* <-(e)s, -löcher> (MUS) agujero *m* (de un instrumento de música)
Grill [grɪl] *m* <-s, -s> ❶ (*Bratrost*) parrilla *f*; **vom ~** a la parrilla
❷ (AUTO: *Kühler~*) rejilla *f* del radiador, parrilla *f*
Grille ['grɪlə] *f* <-, -n> (ZOOL) grillo *m*
grillen ['grɪlən] I. *vt* asar a la parrilla
II. *vi* hacer una barbacoa
Grillgericht *nt* <-(e)s, -e> (GASTR: *Fleisch*) plato *m* de carne a la parrilla [*o* a la brasa]; (*Fisch*) plato *m* de pescado a la parrilla [*o* a la brasa]; **Grillrestaurant** *nt* <-s, -s> restaurante *m* especializado en carnes a la brasa
Grimasse [grɪ'masə] *f* <-, -n> mueca *f*, mohín *m*; **~n schneiden** hacer muecas
Grimm [grɪm] *m* <-(e)s, ohne pl> (*geh*) rabia *f*, furia *f*; **diese Unterstellung erfüllte ihn mit ungeheuerlichem ~** esta imputación le ha puesto terriblemente furioso; **voller ~ (auf jdn) sein** estar furioso (con alguien)
grimmig *adj* ❶ (*Person*) furioso; (*stärker*) rabioso
❷ (*Kälte*) crudo
Grind [grɪnt] *m* <-(e)s, -e> ❶ (*fam: Kruste, Schorf*) tiña *f*
❷ (*südd, Schweiz: Kopf*) coco *m*
grinsen ['grɪnzən] *vi* sonreír(se), esbozar una sonrisa
Grinsen *nt* <-s, ohne pl> (*spöttisch*) sonrisa *f* burlona; (*ironisch*) sonrisa *f* irónica; **sein höhnisches ~ war unerträglich** su sonrisa sádica era insoportable; **ein schadenfrohes ~** una sonrisa maliciosa
grippal [grɪ'pa:l] *adj* (MED) gripal; **ein Infekt** afección gripal
Grippe ['grɪpə] *f* <-, -n> gripe *f*, gripa *f Kol, Urug, Ven*; **asiatische ~** gripe [*o* influenza] asiática; **(die) ~ haben** tener (la) gripe
Grippe-Impfstoff *m* <-(e)s, -e> (MED) vacuna *f* contra la gripe; **Grippemittel** *nt* <-s, -> (MED) antigripal *m*; **Grippevirus** *m o nt* <-, -viren> (MED) virus *m inv* de la gripe; **Grippewelle** *f* <-, -n> epidemia *f* de gripe
Grips [grɪps] *m* <-es, -e> (*fam*) sesos *mpl*, caletre *m*; **seinen ~ anstrengen** estrujarse los sesos
Grislibär[RR] *m* <-en, -en>, **Grizzlybär** *m* <-en, -en> (ZOOL) (oso *m*) grizzly *m*; **die ~en** los osos grizzly
grob [gro:p] *adj* <gröber, am gröbsten> ❶ (*Sand, Kaffee, Mehl*) grueso; (*Papier*) áspero; (*Gewebe*) basto; **~ gemahlen** de grano grueso
❷ (*Gesichtszüge*) tosco; (*Arbeit*) sucio
❸ (*Fehler*) grave; **er Unfug** abuso grave; **aus dem Gröbsten heraus sein** (*fam*) haber pasado lo peor

❹ (*ungefähr*) aproximativo; **~ gerechnet** contado aproximadamente; **in ~en Zügen** a grandes rasgos
❺ (*abw: barsch*) basto, tosco, zafio, concho *MAm*, guaso *SAm*, gaucho *Arg, Urug*, faíno *Cuba*; **sei nicht so ~ zu mir** no seas tan grosero conmigo
Grobauszeichnung *f* <-, -en> clasificación *f* aproximada; **Grobberechnung** *f* <-, -en> cálculo *m* aproximativo
gröber ['grø:bɐ] *adj kompar von* **grob**
grobfaserig *adj* (*Holz, Papier*) de fibra gruesa; (*Stoff*) basto
grobgemahlen *adj s.* **grob 1.**
Grobheit[1] *f* <-, -en> (*Äußerung, Benehmen*) grosería *f*
Grobheit[2] *f* <-, ohne pl> (*Art*) tosquedad *f*, zafiedad *f*
Grobian ['gro:bia:n] *m* <-(e)s, -e> (*abw*) grosero *m*, zafio *m*, morral *m Kol*
grobknochig *adj* huesudo, con los huesos marcados; **sie hat ein hageres, ~es Gesicht** tiene una cara chupada y huesuda
grobkörnig *adj* de grano grueso
gröblich ['grø:plɪç] *adj* (*geh*) grave; **jdn ~ beleidigen** injuriar groseramente a alguien
grobmaschig *adj* de mallas gruesas
grobschlächtig *adj* (*abw*) tosco, recio; **mit ihren 90 Kilo ist sie ein ~es Frauenzimmer** con sus 90 kilos esa mujerzuela es toda una tiarrona
gröbste(r, s) ['grø:pstə, -tɐ, -təs] *adj superl von* **grob**
Grog [grɔk] *m* <-s, -s> grog *m*
groggy ['grɔgi] *adj* (*fam*) grogui, hecho polvo
grölen ['grø:lən] *vi* (*fam* *abw*) gritar, chillar
Groll [grɔl] *m* <-s, ohne pl> (*geh*) rencor *m*; **einen ~ gegen jdn hegen** guardar rencor a alguien
grollen *vi* (*geh*) ❶ (*Donner*) retumbar
❷ (*Person*) guardar rencor (+*dat* a), estar enfadado (+*dat* con); **sie grollt (mit) ihrem Bruder** está enfadada con su hermano
Grönland ['grø:nlant] *nt* <-s> Groenlandia *f*
Grönländer(in) ['grø:nlɛndɐ] *m(f)* <-s, -; -, -nen> groenlandés, -esa *m, f*
grönländisch *adj* groenlandés
Gros [gro:, *gen, pl*: gro:s] *nt* <-, -> mayoría *f*, grueso *m*; **das ~ der Studenten** la mayoría de los estudiantes
Groschen ['grɔʃən] *m* <-s, -> (*fam*) moneda *f* de diez pfennigs; **der ~ ist bei ihm gefallen** (*fam*) ha caído en la cuenta
Groschenblatt *nt* <-(e)s, -blätter> (*fam*) periodicucho *m*, periódico *m* de tres al cuarto; **Groschengrab** *nt* <-(e)s, -gräber> (*alt iron*) máquina *f* tragaperras; **jetzt spiele ich schon zwei Stunden und habe immer noch nichts gewonnen – so ein ~!** llevo ya dos horas jugando y aún no he ganado un duro – ¡esto sí que es una "máquina traga perras"!; **Groschenheft** *nt* <-(e)s, -e> (*abw*) folletín *m*; **Groschenroman** *m* <-s, -e> (*abw*) novela *f* folletinesca
groß [gro:s] <größer, am größten> *adj* ❶ (*allgemein*) gran(de); (*geräumig*) espacioso; (*Fläche*) extenso, vasto; (*dick*) grueso; **die Hose ist mir zwei Nummern zu ~** el pantalón es dos tallas demasiado grande para mí; **eine ~e Koalition** una gran coalición; **mit dem größten Vergnügen** con el mayor placer; **~en Wert auf etw legen** dar gran importancia a algo; **sie war seine ~e Liebe** fue su gran amor; **~ in Mode sein** estar muy de moda; **ich habe ~e Lust zu gehen** tengo muchas ganas de irme; **was soll ich ~ dazu sagen?** (*fam*) ¿qué quieres que diga?; **was kann man schon ~ machen?** (*fam*) ¿qué se puede hacer?; **er hat es mir ~ und breit erzählt** me lo ha contado con pelos y señales
❷ (*hoch, hoch gewachsen*) alto; **wie ~ bist du?** ¿cuánto mides?; **er ist fast zwei Meter ~** mide casi dos metros
❸ (*zeitlich*) largo; **die ~en Ferien** las vacaciones de verano
❹ (*älter*) mayor; (*erwachsen*) adulto; **meine ~e Schwester** mi hermana mayor; **hier bin ich ~ geworden** aquí crecí; **wenn ich ~ bin** cuando sea grande [*o* mayor]; **ein Vergnügen für G~ und Klein** una diversión para grandes y pequeños
❺ (*Menge*) numeroso; **eine ~e Familie** una familia numerosa; **sie verdient jetzt das ~e Geld** ahora gana un dineral; **im G~en und Ganzen** en general
❻ (*bedeutend*) grande; (*wichtig*) importante; **~ angelegt** amplio, a gran escala; **etw ~ schreiben** (*fig*) conceder gran importancia a algo; **~e Worte machen, ~e Reden schwingen** (*fam: angeben*) presumir; **ich bin kein ~er Redner** no soy un gran orador; **ganz ~ rauskommen** (*fam*) hacerse famoso; **Karl der G~** Carlomagno; **sein Geburtstag wurde ~ gefeiert** (*fam*) su cumpleaños fue celebrado por todo lo alto
Großabnehmer(in) *m(f)* <-s, -; -, -nen> comprador(a) *m(f)* al mayor; **Großaktionär(in)** *m(f)* <-s, -e; -, -nen> (WIRTSCH) accionista *mf* mayoritario, -a; **Großalarm** *m* <-(e)s, -e> alarma *f* general
großangelegt ['gro:s?angəlɛkt] *adj s.* **groß 6.**
Großangriff *m* <-(e)s, -e> (MIL) ataque *m* a gran escala; **Großanlage** *f* <-, -n> (INFOR) instalación *f* de grandes dimensiones
großartig *adj* grandioso; (*prächtig*) magnífico; (*ausgezeichnet*) exce-

lente; **das ist ja ~!** ¡eso (sí que) es excelente!
Großartigkeit *f* <-, *ohne pl*> grandiosidad *f*; (*Pracht*) magnificencia *f*
Großaufnahme *f* <-, -n> ❶ (FOTO) foto *f* de primer plano ❷ (FILM) primer plano *m*; **Großauftrag** *m* <-(e)s, -träge> (WIRTSCH) pedido *m* de gran volumen; **Großbetrieb** *m* <-(e)s, -e> ❶ (WIRTSCH) gran empresa *f* ❷ (AGR) explotación *f* a gran escala; **Großbildschirm** *m* <-(e)s, -e> (INFOR) pantalla *f* grande; **Großbrand** *m* <-(e)s, -brände> gran incendio *m*; **Großbritannien** [gro:sbri'tanjən] *nt* <-s> Gran Bretaña *f*; **Großbuchstabe** *m* <-n(s), -n> (letra *f*) mayúscula *f*, letra *f* capital *Am*; **in ~n** en mayúsculas
großbürgerlich ['-'---] *adj* de la alta burguesía
Großbürgertum *nt* <-s, *ohne pl*> alta burguesía *m*; **Großcomputer** *m* <-s, -> ordenador *m* central
Größe ['grø:sə] *f* <-, -n> ❶ (*Ausdehnung*) dimensión *f*, extensión *f*; (*Format*) tamaño *m*; (*Rauminhalt*) volumen *m*; **das hängt von der ~ der Gruppe ab** esto depende del tamaño del grupo [*o* de lo grande que sea el grupo]; **plötzlich sah ich ihn in voller ~ vor mir** de repente lo vi frente a mí de cuerpo entero
❷ (*Höhe*) altura *f*; (*Körper~*) estatura *f*; **eine Frau mittlerer ~** una mujer de mediana estatura
❸ (*für Kleidung*) talla *f*; (*Schuhe*) número *m*; **Schuhe in ~ 38** zapatos del (número) 38; **Anzüge in allen ~n** trajes de todas las tallas
❹ (PHYS, MATH) magnitud *f*; **unbekannte ~** magnitud desconocida
❺ (*Bedeutsamkeit*) importancia *f*; (*Großartigkeit*) grandeza *f*, grandiosidad *f*
❻ (*Persönlichkeit*) autoridad *f*
Großeinkauf *m* <-(e)s, -käufe> compra *f* en grandes cantidades; **Großeinsatz** *m* <-es, -sätze> gran operación *f*, despliegue *m*
großelterlich *adj* relativo a los abuelos
Großeltern *pl* abuelos *mpl*
Größendegression *f* <-, -en> (FIN, WIRTSCH) regresión *f* de magnitud; **Großenkel(in)** *m(f)* <-s, -; -, -nen> bisnieto, -a *m, f*
Größenordnung *f* <-, -en> dimensión *f*
großenteils ['gro:sən(')taɪls] *adv* en su mayoría, en su mayor parte
Größenunterschied *m* <-(e)s, -e> diferencia *f* de tamaño; (*Höhe, Körpergröße*) diferencia *f* de altura; **obwohl sie beide zehn sind, besteht zwischen ihnen ein beachtlicher ~** aunque los/las dos tienen diez años, existe una considerable diferencia de altura entre ellos/ellas; **Größenverhältnis** *nt* <-ses, -se> proporción *f*; **Größenwahn** *m* <-(e)s, *ohne pl*> (*abw*), **Größenwahnsinn** *m* <-s, *ohne pl*> (*abw*) megalomanía *f*
größenwahnsinnig *adj* megalómano
größer ['grø:sɐ] *adj kompar von* **groß**
Großfahndung *f* <-, -en> gran redada *f*; **die Polizei leitete eine ~ ein** la policía inició una gran redada; **Großfamilie** *f* <-, -n> familia *f* numerosa; **Großfläche** *f* <-, -n> (COM) gran superficie *f*
großflächig ['gro:sflɛçɪç] *adj* grande; (*geräumig*) amplio, extenso
Großformat *nt* <-(e)s, -e> gran tamaño *m*, formato *m* grande
großformatig *adj* de gran tamaño
Großfusion *f* <-, -en> (WIRTSCH) fusión *f* de grandes empresas [*o* sociedades]
Großglockner *m* <-s> Grossglockner *m* (*montaña más alta de Austria*)
Großgrundbesitz *m* <-es, *ohne pl*> latifundio *m*; **Großgrundbesitzer(in)** ['-'----] *m(f)* <-s, -; -, -nen> latifundista *mf*
Großhandel *m* <-s, *ohne pl*> comercio *m* al por mayor; **Großhandelsbetrieb** *m* <-(e)s, -e> (COM) empresa *f* mayorista; **Großhandelspreis** *m* <-es, -e> (COM, FIN) precio *m* al por mayor; **Großhandelsrabatt** *m* <-(e)s, -e> (COM, FIN) descuento *m* al por mayor
Großhändler(in) *m(f)* <-s, -; -, -nen> comerciante *m* al por mayor, mayorista *mf*; **Großhandlung** *f* <-, -en> almacén *m* de venta al por mayor; **er arbeitet in einer ~ für Tabak** trabaja en un almacén de tabacos de venta al por mayor
großherzig *adj* (*geh*) magnánimo
Großherzigkeit *f* <-, *ohne pl*> generosidad *f*
Großherzog(in) *m(f)* <-s, -zöge; -, -nen> gran duque(sa) *m(f)*; **Großherzogtum** *nt* <-s, -tümer> Gran Ducado *m*
Großhirn *nt* <-(e)s, -e> (ANAT) cerebro *m*; **Großhirnrinde** *f* <-, -n> (ANAT) corteza *f* cerebral
großindustriell *adj* de la gran industria
Großindustrielle(r) *m(f)* <-n, -en; -, -n, -n> gran industrial *mf*
Grossist(in) *m(f)* <-en, -en; -, -nen> (WIRTSCH) mayorista *mf*
Großkapitalist(in) *m(f)* <-en, -en; -, -nen> gran capitalista *mf*; **was bist du für ein ~!** (*fam iron: hast du viel Geld!*) ¡tú sí que eres un capitalista!
Großkind *nt* <-(e)s, -er> (*Schweiz: Enkelkind*) nieto, -a *m, f*
großkotzig ['gro:skɔtsɪç] *adj* (*fam abw*) fanfarrón, farolero
Großküche *f* <-, -n> (GASTR) cocina *f* de restaurante
Großkundgebung *f* <-, -en> manifestación *f* masiva, acto *m* multitudinario; **Großmacht** *f* <-, -mächte> gran potencia *f*; **Großmama** ['gro:smama:] *f* <-, -s> (*fam*) abuelita *f*; **Großmarkt** *m* <-(e)s, -märkte> mercado *m* central, mercado *m* de abasto *Arg*; **Großmast** *m* <-(e)s, -e(n)> (NAUT) palo *m* mayor; **Großmaul** *nt* <-(e)s, -mäuler> (*fam abw*) fanfarrón, -ona *m, f*, farolero, -a *m, f*
großmäulig *adj* (*fam abw*) fanfarrón; **~e Ankündigungen** fanfarronadas *fpl*
großmehrheitlich *adj* (*Schweiz*) por mayoría
Großmut *f* <-, *ohne pl*> generosidad *f*, magnanimidad *f*
großmütig ['gro:smy:tɪç] *adj* generoso, magnánimo
Großmutter *f* <-, -mütter> abuela *f*, nanoya *f Guat*; **das kannst du deiner ~ erzählen** (*fam*) eso se lo cuentas a tu abuela
großmütterlich *adj* ❶ (*der Großmutter gehörend*) relativo a la abuela; **als Kind verbrachte sie ihre Ferien im ~en Haus** de niño pasaba las vacaciones en casa de la abuela
❷ (*in der Art einer Großmutter*) como (haría) una abuela; **mit ~er Fürsorge kümmerte sie sich um die Waise** cuidó del huérfano con el desvelo de una abuela
Großneffe *m* <-n, -n> sobrino *m* nieto; **Großnichte** *f* <-, -n> sobrina *f* nieta; **Großoffensive** *f* <-, -n> gran ofensiva *f*; **Großonkel** *m* <-s, -> tío *m* abuelo; **Großpapa** ['gro:spapa:] *m* <-s, -s> (*fam*) abuelito *m*; **Großrat** *m*, **-rätin** *f* <-(e)s, -räte; -, -nen> (*Schweiz*) miembro *m* de un parlamento cantonal
Großraum *m* <-(e)s, -räume> área *f*; **im ~ Köln** en el área de Colonia; **Großraumabteil** *nt* <-(e)s, -e> (EISENB) compartim(i)ento *m* colectivo; **Großraumbüro** *nt* <-s, -s> oficina *f* colectiva; **Großraumflugzeug** *nt* <-(e)s, -e> avión *m* de gran capacidad
großräumig ['gro:srɔɪmɪç] *adj* (*geräumig*) amplio, espacioso; (*großflächig*) grande
Großraumwagen *m* <-s, -> coche *m* de gran capacidad; (EISENB) coche *m* sin compartimentos, vagón *m* sin compartimentos
Großrechner *m* <-s, -> (INFOR) macrocomputador *m*; **Großreinemachen** [-'----] *nt* <-s, *ohne pl*> (*fam*) limpieza *f* general [*o* a fondo]; **Großschnauze** *f* <-, -n> (*fam*) jactancioso, -a *m, f*, bravucón, -ona *m, f*
groß|schreiben^RR *irr vt* escribir con mayúsculas
Großschreibung *f* <-, -en> (empleo *m* de) mayúsculas *fpl*; **Großsegel** *nt* <-s, -> (NAUT) vela *f* mayor; **Großserienfertigung** *f* <-, -en> (WIRTSCH) fabricación *f* a gran escala
großspurig ['gro:sʃpu:rɪç] *adj* (*abw*) arrogante, presumido
Großstadt *f* <-, -städte> gran ciudad *f*, metrópoli(s) *f* (*inv*); **Großstadtbevölkerung** *f* <-, -en> población *f* de una gran ciudad
Großstädter(in) *m(f)* <-s, -; -, -nen> habitante *mf* de una gran ciudad
großstädtisch *adj* propio de una ciudad grande, metropolitano
Großstadtmensch *m* <-en, -en> habitante *m* de una gran ciudad [*o* de una metrópoli(s)] *m*; **als typischer ~ braucht sie Hektik und Trubel** es una persona muy metropolitana: necesita del trajín y del ruido
Großtante *f* <-, -n> tía *f* abuela; **Großtat** *f* <-, -en> proeza *f*, hazaña *f*
größte(r, s) ['grø:stə, -tɐ, -təs] *adj superl von* **groß**
großtechnisch *adj* (*Anlage*) a escala industrial; (*Projekt*) a gran escala
Großteil *m* <-(e)s, -e> mayor parte *f*, mayoría *f*; **zu einem ~** en su mayor parte
größtenteils ['grø:stən(')taɪls] *adv* en su mayor parte, mayoritariamente
größtmöglich *adj* (el, la) mayor posible
Großtuerei [gro:stu:ə'raɪ] *f* <-, *ohne pl*> (*abw*) fanfarronería *f*; (*Angeberei*) aires *mpl* de grandeza
groß|tun *irr* I. *vi* (*abw*) fanfarronear, compadrear *CSur*
II. *vr*: **sich ~** (*abw*) darse importancia (*mit* de), jactarse (*mit* de)
Großunternehmen *nt* <-s, -> (WIRTSCH) empresa *f* grande; **Großunternehmer(in)** *m(f)* <-s, -; -, -nen> gran empresario, -a *m, f*; **Großvater** *m* <-s, -väter> abuelo *m*
großväterlich *adj* ❶ (*dem Großvater gehörend*) relativo al abuelo; **er hat den ~en Betrieb übernommen** se ha hecho cargo de la empresa del abuelo
❷ (*in der Art eines Großvaters*) como (haría) un abuelo; **mit ~er Liebe kümmerte er sich um seinen Enkel** con amor de abuelo cuidaba de su nieto
Großveranstaltung *f* <-, -en> acto *m* multitudinario; **Großverbraucher** *m* <-s, -> gran consumidor *m*; **Großverdiener(in)** *m(f)* <-s, -; -, -nen> persona *f* con altos ingresos; **Großvertrieb** *m* <-(e)s, *ohne pl*> (COM) venta *f* al por mayor; **Großwetterlage** *f* <-, -n> (METEO) situación *f* meteorológica general
Großwild *nt* <-(e)s, *ohne pl*> (pieza *f* de) caza *f* mayor; **Großwildjagd** *f* <-, -en> caza *f* mayor
groß|ziehen *irr vt* ❶ (*Kinder*) educar, criar
❷ (*Tiere*) criar
großzügig ['gro:stsy:gɪç] *adj* ❶ (*freigebig*) generoso
❷ (*tolerant*) tolerante, liberal
❸ (*weiträumig*) amplio, extenso

Großzügigkeit *f* <-, *ohne pl*> ❶ (*Freigebigkeit*) generosidad *f* ❷ (*Toleranz*) liberalidad *f*, tolerancia *f*
grotesk [gro'tɛsk] *adj* grotesco
Grotte ['grɔtə] *f* <-, -n> gruta *f*
Groupie ['gru:pi] *nt* <-s, -s> groupie *f*
grub [gru:p] *3. imp von* **graben**
Grübchen ['gry:pçən] *nt* <-s, -> hoyuelo *m*
Grube ['gru:bə] *f* <-, -n> fosa *f*, hoyo *m*; (BERGB) mina *f*; **wer andern eine ~ gräbt, fällt selbst hinein** (*prov*) quien fosa cava, en ella caerá
Grübelei *f* <-, -en> cavilación *f*
grübeln ['gry:bəln] *vi* cavilar, rumiar; **ins G~ geraten** darle vueltas a algo
Grubenarbeiter(in) *m(f)* <-s, -; -, -nen> (BERGB) minero, -a *m, f*
Grubenbetrieb[1] *m* <-(e)s, -e> (BERGB: *Unternehmen*) empresa *f* minera
Grubenbetrieb[2] *m* <-(e)s, *ohne pl*> (BERGB: *Aktivitäten*) explotación *f* minera
Grubenexplosion *f* <-, -en> explosión *f* minera; **Grubenförderung** *f* <-, -en> (BERGB) extracción *f* minera; **Grubengas** *nt* <-es, -e> grisú *m*; **Grubenlampe** *f* <-, -n> lámpara *f* de seguridad (de los mineros); **Grubenotter** *f* <-, -n> (ZOOL) víbora *f* de cascabel [*o* de la cruz], yararé *f SAm*; **Grubenunglück** *nt* <-(e)s, -e> accidente *m* minero, catástrofe *f* minera
Grübler(in) *m(f)* <-s, -; -, -nen> persona *f* meditabunda e introvertida
grüblerisch ['gry:blərɪʃ] *adj* caviloso, pensativo
grüezi [gry'ɛtsi] *interj* (*Schweiz*) ¡hola!
Gruft [gruft, *pl:* 'gryftə] *f* <-, Grüfte> (*geh*) panteón *m*; (*in der Kirche*) cripta *m*
grummeln ['grʊməln] *vi* ❶ (*Mensch*) gruñir ❷ (*Donner*) bramar
Grummet ['grʊmət] *nt* <-s, *ohne pl*> (AGR) heno que se obtiene tras la segunda o tercera siega
grün [gry:n] *adj* ❶ (*Farbe, a.* POL) verde; **G~er Punkt** (ÖKOL) el punto verde (*marca de materiales reciclables*); **~e Grenze** frontera no vigilada; **~e Bohnen** judías verdes; **~er Salat** lechuga *f*; **jdn ~ und blau schlagen** (*fam*) moler a alguien a palos; **sich ~ und blau ärgern** (*fam*) ponerse furioso; **~es Licht geben** dar luz verde; **auf keinen ~en Zweig kommen** no salir adelante ❷ (*unreif*) inmaduro, verde ❸ (*abw: unerfahren*) novato, bisoño; **ein ~er Junge** un mozalbete; **jdm nicht ~ sein** (*fam*) no caer bien a alguien
Grün[1] *nt* <-s, -> (*Farbe*) verde *m*; **die Ampel steht auf ~** el semáforo está en verde; **ich hatte ~** (*fam*) tenía verde; (**das ist**) **dasselbe in ~** (eso es) prácticamente lo mismo
Grün[2] *nt* <-s, *ohne pl*> ❶ (*Pflanzen*) verde *m*; (*~fläche, Rasen*) zona *f* verde; **in der Stadt gibt es wenig ~** en la ciudad no hay muchas zonas verdes ❷ (*junge Triebe*) verdor *m*
Grünalge *f* <-, -n> (BOT) alga *f* verde
grün-alternativ ['----'-] *adj* (POL) de los Verdes-alternativos
Grün-Alternative Liste *f* <-, -n> (POL) lista electoral formada por los Verdes y otros partidos alternativos
Grünanlage *f* <-, -n> parque *m*
grünäugig ['gry:nʔɔɪɡɪç] *adj* de ojos verdes
grünblau ['-'-] *adj* verde azulado
Grund[1] [grʊnt] *m* <-(e)s, *ohne pl*> ❶ (*Erdboden*) suelo *m*; **~ und Boden** terrenos *mpl*; **jdn in ~ und Boden reden** abrumar a alguien con argumentos ❷ (*eines Gewässers, Gefäßes*) fondo *m*; **auf ~ laufen** encallar; **im ~e** (**genommen**) en el fondo; **im ~e seines Herzens** en el fondo de su corazón; **zu ~e gehen** irse a pique, fundirse *Am*; **etw** *dat* **auf den ~ gehen** averiguar algo; **jdn/etw zu ~e richten** arruinar a alguien/estropear algo ❸ (*Grundlage*) fundamento *m*, base *f*; **den ~ zu etw** *dat* **legen** poner las bases para algo, sentar las bases de algo; **von ~ auf** desde el principio; **etw zu ~e legen** tomar algo por base; **zu ~e liegen** basarse en; **zu ~e liegend** que sirve de base
Grund[2] [grʊnt, *pl:* 'grʏndə] *m* <-(e)s, Gründe> (*Ursache*) razón *f*, motivo *m*; **hinreichender ~** motivo suficiente; **zwingende Gründe** motivos imperativos; **aus gesundheitlichen Gründen** por razones de salud; **aus dem einfachen ~e, dass ...** por la simple razón de que ...; **ohne ~** sin razón; **auf ~ von** a causa de; **aus guten Gründen** por razones fundadas; **aus gutem ~** por una buena razón; **aus unerfindlichen Gründen** por razones inexplicables; **das ist doch kein ~** eso no es ninguna razón; **es besteht kein ~ zur Klage** no hay motivo de queja; **ich habe dafür meine Gründe** tengo mis motivos para ello
Grundabgabe *f* <-, -n> (FIN) contribución *f* territorial; **Grundabtretung** *f* <-, -en> (JUR) cesión *f* de suelo
grundanständig ['-'---] *adj* muy honrado

Grundausbildung *f* <-, -en> (MIL) instrucción *f* (militar); **Grundausstattung** *f* <-, -en> equipamiento *m* básico (*an* de); **Grundbedeutung** *f* <-, -en> ❶ (LING) significado *m* primitivo ❷ (*Hauptaussage*) idea *f* fundamental, significado *m* básico; **Grundbedingung** *f* <-, -en> condición *f* básica; **Grundbegriff** *m* <-(e)s, -e> ❶ (*Begriff*) término *m* básico, concepto *m* básico ❷ *pl* (*Grundlagen*) elementos *mpl* fundamentales, fundamentos *mpl*
Grundbesitz *m* <-es, *ohne pl*> bienes *mpl* raíces, propiedad *f* inmobiliaria; **den ~ entziehen** expropiar; **landwirtschaftlicher/städtischer ~** propiedad rústica/urbana; **vererbbarer ~** propiedad inmobiliaria hereditable; **Grundbesitzabgaben** *fpl* (JUR, FIN) tributos *mpl* sobre el patrimonio inmobiliario
Grundbesitzer(in) *m(f)* <-s, -; -, -nen> latifundista *mf*, hacendado, -a *m, f*, terrateniente *mf*
grundbesitzlos *adj* sin propiedades
Grundbestand *m* <-(e)s, -stände> existencias *fpl* base; **Grundbestandteil** *m* <-(e)s, -e> elemento *m* básico [*o* base]
Grundbetrag *m* <-(e)s, -träge> cantidad *f* base, importe *m* base
Grundbuch *nt* <-(e)s, -bücher> (ADMIN, JUR) registro *m* de la propiedad; **Grundbuchabschrift** *f* <-, -en> (ADMIN, JUR) copia *f* del registro de la propiedad; **Grundbuchabteilung** *f* <-, -en> (ADMIN, JUR) casilla *f* registral; **~ für Grunddienstbarkeiten** casilla registral para servidumbres reales; **Grundbuchamt** *nt* <-(e)s, -ämter> (ADMIN, JUR) (oficina *f* del) registro *m* de la propiedad; **Grundbuchauszug** *m* <-(e)s, -züge> extracto *m* del registro de la propiedad, copia *f* del registro de la propiedad; **Grundbuchbeamte(r)** *mf* <-n, -n; -n, -n>, **-beamtin** *f* <-, -nen> (ADMIN, JUR) oficial *mf* del registro de la propiedad; **Grundbuchberichtigung** *f* <-, -en> (ADMIN, JUR) rectificación *f* registral; **Grundbuchbezirk** *m* <-(e)s, -e> (ADMIN, JUR) circunscripción *f* territorial del registro; **Grundbuchblatt** *nt* <-(e)s, -blätter> (ADMIN, JUR) hoja *f* registral; **Grundbucheinsicht** *f* <-, *ohne pl*> (ADMIN, JUR) manifestación *f* de los libros; **Grundbucheintragung** *f* <-, -en> inscripción *f* en el registro de la propiedad; **eine ~ vornehmen** realizar una inscripción registral; **Grundbuchlöschung** *f* <-, -en> cancelación *f* registral; **Grundbuchordnung** *f* <-, -en> (JUR) ordenanza *f* hipotecaria
Grunddienstbarkeit *f* <-, -en> (JUR) servidumbre *f* real
grundehrlich *adj* absolutamente sincero
Grundeigentümer(in) *m(f)* <-s, -; -, -nen> propietario, -a *m, f* (de inmuebles); **Grundeigentumsurkunde** *f* <-, -n> certificado *m* de propiedad inmobiliaria
gründen ['ɡrʏndən] I. *vt* ❶ (*Stadt, Fabrik, Institution*) fundar; (*schaffen*) crear ❷ (*stützen*) apoyar (*auf* en)
II. *vr*: **sich ~** basarse (*auf* en), fundarse (*auf* en); **worauf ~ sich seine Ansprüche?** ¿en qué se basan sus exigencias?
Grundentlastung *f* <-, -en> desgravación *f* principal
Gründer(in) *m(f)* <-s, -; -, -nen> fundador(a) *m(f)*
Gründeraktie *f* <-, -n> (FIN) acción *f* de fundador; **Gründergeneration** *f* <-, -en> generación *f* fundadora; **Gründerhaftung** *f* <-, *ohne pl*> (FIN, JUR) responsabilidad *f* del fundador
Gründerin *f* <-, -nen> *s.* **Gründer**
Gründerjahre *ntpl s.* **Gründerzeit**
Grundertragssteuer *f* <-, -n> (FIN) impuesto *m* sobre la renta territorial
Grunderwerb *m* <-(e)s, -e> (JUR) adquisición *f* de bienes raíces [*o* inmuebles]; **Grunderwerbssteuer** *f* <-, -n> impuesto *m* sobre la adquisición de bienes inmuebles
Gründerzeit *f* <-, -en> (HIST, ARCHIT) años de gran expansión industrial en Alemania a partir de 1871
grundfalsch ['-'-] *adj* absolutamente falso
Grundfarbe *f* <-, -n> ❶ (*Rot, Gelb, Blau*) color *m* primario [*o* fundamental] ❷ (*Untergrund*) fondo *m*
Grundfesten ['grʊntfɛstən] *pl*: **an den ~ von etw** *dat* **rütteln, etw bis in die ~ erschüttern** hacer tambalear las bases de algo
Grundfläche *f* <-, -n> (*eines Körpers*) base *f*; (*eines Gebietes*) superficie *f*; **Grundforderung** *f* <-, -en> reivindicación *f* básica; **Grundform** *f* <-, -en> (*elementare Form*) forma *f* elemental; (LING) forma *f* primitiva; (*des Verbes*) infinitivo *m*; **Grundfreibetrag** *m* <-(e)s, -träge> (FIN, JUR) deducción *f* general; **Grundgebühr** *f* <-, -en> tarifa *f* básica [*o* fija]; **Grundgedanke** *m* <-ns, -n> idea *f* fundamental; **Grundgehalt** *nt* <-(e)s, -hälter> salario *m* base
Grundgesetz[1] *nt* <-es, -e> (*Grundsatz*) principio *m* básico
Grundgesetz[2] *nt* <-es, *ohne pl*> (POL) ley *f* orgánica [*o* fundamental]; (*Verfassung*) Constitución *f*
grundgesetzwidrig *adj* (POL) anticonstitucional
Grundhaltung *f* <-, -en> posición *f* fundamental; **Grundhandelsgewerbe** *nt* <-s, *ohne pl*> (WIRTSCH) industria *f* mercantil básica

grundieren* [grʊnˈdiːrən] *vt* dar la primera capa (a)
Grundierung *f* <-, -en> (*Grundfarbe*) capa *f* de fondo [*o* de imprimación]
Grundimmunisierung *f* <-, -en> (MED) inmunización *f* de base; **Grundinvestition** *f* <-, -en> inversión *f* básica; **Grundkapital** *nt* <-s, -e *o* -ien> (WIRTSCH) capital *m* inicial; **genehmigtes ~** capital social autorizado; **Grundkenntnisse** *fpl* conocimientos *mpl* básicos, nociones *fpl*; **~ in allgemeiner Buchführung** nociones de contabilidad general; **Grundkosten** *pl* coste *m* básico; **Grundkurs** *m* <-es, -e> ❶ (SCH) ≈asignatura *f* optativa (en BUP y COU) ❷ (*in einer Fremdsprache*) curso *m* elemental
Grundlage *f* <-, -n> base *f*, fundamento *m*; **die ~n für etw schaffen** sentar las bases para algo; **auf der ~ dieser Erkenntnisse** sobre la base de estos conocimientos; **diese Behauptung entbehrt jeder ~** esa afirmación carece de fundamento
Grundlagenabkommen *nt* <-s, -> (JUR) acuerdo *m* de bases; **Grundlagenforschung** *f* <-, -en> investigación *f* pura; **Grundlagenvertrag** *m* <-(e)s, -träge> (POL) acuerdo *m* básico
Grundlasten *fpl* cargas *fpl* hipotecarias
grundlegend [ˈɡrʊntleːɡənt] *adj* fundamental, básico
Grundleistung *f* <-, -en> prestación *f* principal
gründlich [ˈɡrʏntlɪç] I. *adj* (*sorgfältig*) cuidadoso; (*eingehend*) detenido, minucioso; (*gewissenhaft*) concienzudo
II. *adv* (*fam: sehr*) a fondo, profundamente; **da hat sie sich ~ getäuscht** ahí se ha equivocado del todo
Gründlichkeit *f* <-, ohne *pl*> (*Genauigkeit*) minuciosidad *f*; (*Sorgfalt*) esmero *m*, cuidado *m*
Gründling [ˈɡrʏntlɪŋ] *m* <-s, -e> (ZOOL) gobio *m*
Grundlinie *f* <-, -n> ❶ (SPORT) línea *f* de fondo ❷ (*Geometrie*) base *f*; **Grundlinienspiel** *nt* <-(e)s, -e> (SPORT: *Tennis*) juego *m* (desde la línea) de fondo
Grundlohn *m* <-(e)s, -löhne> sueldo *m* base
grundlos *adj* sin fundamento, inmotivado
Grundmauer *f* <-, -n> cimientos *mpl*; **bis auf die ~n niederbrennen/zerstören** quemar/destruir hasta los cimientos
Grundmoräne *f* <-, -n> (GEO) morena *f* de fondo
Grundnahrungsmittel *nt* <-s, -> alimento *m* básico, producto *m* alimenticio básico
Gründonnerstag [-ˈ---] *m* <-(e)s, -e> Jueves *m* Santo
Grundordnung *f* <-, -en> orden *m* básico; **Grundpfandgläubiger(in)** *m(f)* <-s, -; -, -nen> (JUR, FIN) acreedor(a) *m(f)* hipotecario, -a; **Grundpfandrecht** *nt* <-(e)s, -e> derecho *m* de hipoteca inmobiliaria; **Grundpfeiler** *m* <-s, -> ❶ (*tragender Pfeiler*) puntal *m*, pilar *m* de fundamento, pilote *m* de fundamento ❷ (*wesentliches Element*) piedra *f* angular; **Grundpflicht** *f* <-, -en> (JUR): **hierarchische ~** deber fundamental jerárquico; **völkerrechtliche ~** deber fundamental de derecho internacional; **Grundprodukt** *nt* <-(e)s, -e> producto *m* básico; **Grundrechenart** *f* <-, -en> (MATH) regla *f* aritmética
Grundrecht *nt* <-(e)s, -e> derecho *m* fundamental; **~ im formellen/materiellen Sinn** derecho fundamental en sentido formal/material; **normgeprägtes ~** derecho fundamental sujeto a la norma; **rechtsgeprägtes ~** derecho fundamental sujeto a la ley; **schulisches ~** derecho fundamental escolar; **spezielles ~** derecho fundamental especial; **vorbehaltsloses ~** derecho fundamental sin reservas; **Grundrechtsart** *f* <-, -en> tipo *m* de derecho fundamental; **Grundrechtsausübung** *f* <-, ohne *pl*> ejercicio *m* del derecho fundamental; **Grundrechtsbeeinträchtigung** *f* <-, -en> agravio *m* del derecho fundamental; **Grundrechtsbegrenzung** *f* <-, -en> delimitación *f* del derecho fundamental; **Grundrechtsberechtigung** *f* <-, ohne *pl*> legitimación *f* del derecho fundamental; **Grundrechtsbeschränkung** *f* <-, -en> limitación *f* del derecho fundamental; **Grundrechtsbindung** *f* <-, -en> vinculación *f* al derecho fundamental; **Grundrechtseingriff** *m* <-(e)s, -e> intervención *f* en el derecho fundamental; **Grundrechtseinschränkung** *f* <-, -en> reducción *f* del derecho fundamental; **Grundrechtsfähigkeit** *f* <-, ohne *pl*> aptitud *f* del derecho fundamental; **Grundrechtsgebrauch** *m* <-(e)s, ohne *pl*> uso *m* del derecho fundamental; **Grundrechtsgefährdung** *f* <-, ohne *pl*> puesta *f* en peligro del derecho fundamental; **Grundrechtsgewährleistung** *f* <-, -en> garantía *f* del derecho fundamental
grundrechtsgleich *adj* igual al derecho fundamental; **~es Recht** derecho igual al derecho fundamental
Grundrechtskern *m* <-(e)s, ohne *pl*> núcleo *m* del derecho fundamental; **Grundrechtskollision** *f* <-, -en> colisión *f* con el derecho fundamental; **Grundrechtsmündigkeit** *f* <-, ohne *pl*> mayoría *f* de edad para el derecho fundamental; **Grundrechtsprüfung** *f* <-, -en> control *m* del derecho fundamental; **Grundrechtsschranke** *f* <-, -n> barrera *f* del derecho fundamental; **Grundrechtsschutz** *m* <-es, ohne *pl*> (JUR) protección *f* de los derechos fundamentales; **Grundrechtstatbestand** *m* <-(e)s, -stände> (JUR) resultandos *mpl* del derecho fundamental; **Grundrechtstheorie** *f* <-, ohne *pl*> teoría *f* del derecho fundamental; **Grundrechtsträgerschaft** *f* <-, ohne *pl*> titularidad *f* del derecho fundamental

grundrechtstypisch *adj* típico del derecho fundamental; **~e Gefährdungslage** situación peligrosa típica del derecho fundamental
Grundrechtsverbürgung *f* <-, -en> afianzamiento *m* del derecho fundamental; **Grundrechtsverkürzung** *f* <-, -en> acortamiento *m* del derecho fundamental; **Grundrechtsverletzung** *f* <-, -en> infracción *f* del derecho fundamental; **Grundrechtsverpflichtete(r)** *mf* <-n, -n; -n, -n> obligado, -a *m*, *f* al derecho fundamental; **Grundrechtsverstoß** *m* <-es, -e> violación *f* del derecho fundamental; **Grundrechtsverzicht** *m* <-(e)s, -e> renuncia *f* al derecho fundamental
Grundregel *f* <-, -n> regla *f* fundamental [*o* básica]; **Grundrente** *f* <-, -n> (*Mindestrente*) renta *f* básica; **Grundriss**ᴿᴿ *m* <-es, -e> ❶ (ARCHIT) planta *f* ❷ (*kurze Abhandlung*) esbozo *m* ❸ (*Lehrbuch*) manual *m*
Grundsatz *m* <-es, -sätze> principio *m*; **an seinen Grundsätzen festhalten** mantener sus principios; **sich** *dat* **etw zum ~ machen** tomar algo como divisa
Grundsatzberufung *f* <-, -en> (JUR) recurso *m* de principio; **Grundsatzbeschluss**ᴿᴿ *m* <-es, -schlüsse> (JUR) resolución *f* principal; **Grundsatzentscheidung** *f* <-, -en> decisión *f* de principio
grundsätzlich [ˈɡrʊntzɛtslɪç] I. *adj* ❶ (*Frage, Unterschied, Bedeutung*) básico, fundamental
❷ (*aus Prinzip*) de principio
II. *adv* (*immer*) por principio; (*eigentlich*) en principio; **~ ist das verboten** en principio eso está prohibido
Grundsatzpapier *nt* <-s, -e> (POL) documento-guía *m*; **ein ~ verfassen** redactar un documento-guía; **Grundsatzposition** *f* <-, -en> (*a.* POL) posición *f* fundamental; **Grundsatzrevision** *f* <-, -en> (JUR) revisión *f* de principio; **Grundsatzvereinbarung** *f* <-, -en> (*a.* POL) acuerdo *m* de principio; **Grundsatzvorlage** *f* <-, -n> (JUR) presentación *f* de principio
Grundschrift *f* <-, -en> (TYPO) tipo *m* de) letra *f* base
Grundschuld *f* <-, -en> (FIN) deuda *f* hipotecaria; **Grundschuldbrief** *m* <-(e)s, -e> (FIN, JUR) gravamen *m* real
Grundschule *f* <-, -n> escuela *f* primaria [*o* básica]; **Grundschüler(in)** *m(f)* <-s, -; -, -nen> alumno, -a *m*, *f* de primaria; **zur Einschulung bekommen die ~ eine große Schultüte** el primer día de escuela, a los niños se les da un enorme cucurucho con chucherías; **Grundschullehrer(in)** *m(f)* <-s, -; -, -nen> maestro, -a *m*, *f* de escuela primaria
Grundstein *m* <-(e)s, -e> base *f*, cimientos *mpl*; **den ~ zu etw** *dat* **legen** sentar las bases de algo; **Grundsteinlegung** *f* <-, -en> (ARCHIT) colocación *f* de la primera piedra
Grundstellung *f* <-, -en> ❶ (SPORT: *Turnen*) posición *f* de salida
❷ (*Schach*) posición *f* inicial
Grundsteuer *f* <-, -n> (FIN) contribución *f* territorial, impuesto *m* territorial; **Grundsteuermessbescheid**ᴿᴿ *m* <-(e)s, -e> (FIN, WIRTSCH) acto *m* de liquidación del impuesto sobre bienes inmuebles; **Grundsteuermessbetrag**ᴿᴿ *m* <-(e)s, -träge> (FIN, WIRTSCH) cuota *f* líquida del impuesto sobre bienes inmuebles; **Grundsteuerpflicht** *f* <-, ohne *pl*> (FIN, JUR) sujeción *f* al impuesto sobre bienes inmuebles; **Grundsteuerveranlagung** *f* <-, -en> (FIN) amillaramiento *m*
Grundstock *m* <-(e)s, -stöcke> base *f*
Grundstoff *m* <-(e)s, -e> (*Rohstoff*) materia *f* prima; (*Element*) elemento *m*; (*Zutaten*) ingrediente *m*; **Grundstoffindustrie** *f* <-, -n> industria *f* de materias primas
Grundstoffwechsel *m* <-s, -> (BIOL) metabolismo *m* básico
Grundstück *nt* <-(e)s, -e> terreno *m*; **Grundstücksabschreibung** *f* <-, -en> (FIN, WIRTSCH) amortización *f* de una propiedad inmobiliaria; **Grundstücksbelastung** *f* <-, -en> hipoteca *f* de un terreno; **Grundstücksbesitzer(in)** *m(f)* <-s, -; -, -nen> terrateniente *mf*; (*von viel Land*) latifundista *mf*; **Grundstückseigentum** *nt* <-s, ohne *pl*> propiedad *f* inmobiliaria; **Grundstückserwerb** *m* <-(e), -e> adquisición *f* inmobiliaria
grundstücksgleich *adj* (JUR) similar a predio; **~e Rechte** derechos similares a predio
Grundstückskauf *m* <-(e)s, -käufe> compra *f* inmobiliaria; **Grundstückslasten** *fpl* cargas *fpl* de un inmueble; **Grundstücksmakler(in)** *m(f)* <-s, -; -, -nen> agente *mf* inmobiliario, -a; **Grundstücks- und Immobilienmakler** agente de la propiedad inmobiliaria; **Grundstückspacht** *f* <-, -en> arrendamiento *m* rústico; **Grundstückspreis** *m* <-es, -e> precio *m* del terreno; **Grundstücksrechte** *ntpl* derechos *mpl* reales; **Grundstücksüberlassung** *f* <-, -en> cesión *f* inmobiliaria
Grundstücksübertragung *f* <-, -en> (JUR) transmisión *f* inmobiliaria; **Grundstücksübertragungsurkunde** *f* <-, -n> (JUR) escritura *f* de

transmisión inmobiliaria
Grundstücks- und Immobilienfirma *f* <-, -firmen> agencia *f* inmobiliaria
Grundstücksveräußerung *f* <-, -en> (JUR) enajenación *f* inmobiliaria
Grundstücksverkehr *m* <-(e)s, *ohne pl*> tráfico *m* de la propiedad rústica; **Grundstücksverkehrsgesetz** *nt* <-es, *ohne pl*> ley *f* sobre el tráfico de la propiedad rústica
Grundstückswert *m* <-(e)s, -e> valor *m* inmobiliario; **Grundstückszubehör** *nt o m* <-(e)s, -e> accesorios *mpl* de la propiedad rústica; **Grundstudium** *nt* <-s, *ohne pl*> (UNIV) ≈primer ciclo *m* (de los estudios superiores); **Grundstufe** *f* <-, -n> (SCH) primer ciclo del Gymnasium alemán correspondiente al segundo ciclo de la primaria española; **Grundtarif** *m* <-s, -e> tarifa *f* base; **Grundton** *m* <-s, -töne> ❶ (MUS) tono *m* fundamental [*o* básico] ❷ (Farbe) fondo *m*; **Grundübel** *nt* <-s, -> vicio *m* capital, fuente *f* de todos los males; **Grundumsatz** *m* <-es, -sätze> (MED) metabolismo *m* basal
Gründung ['grʏndʊŋ] *f* <-, -en> ❶ (eines Unternehmens, Vereins) fundación *f*, establecimiento *m*; (einer Familie) fundación *f*; (Schaffung) creación *f*
❷ (Gebäudeteil) cimientos *mpl*
Gründünger *m* <-s, -> abono *m* verde
Gründungsakt *m* <-(e)s, -e> acto *m* de constitución; **Gründungsaktie** *f* <-, -n> (FIN) acción *f* de fundación; **Gründungsbilanz** *f* <-, -en> balance *m* de fundación; **Gründungseinlage** *f* <-, -n> (FIN, WIRTSCH) aportación *f* inicial; **Gründungsgesellschaft** *f* <-, -en> (WIRTSCH) sociedad *f* en formación; **Gründungsgesellschafter(in)** *m(f)* <-s, -; -, -nen> (WIRTSCH) socio, -a *m, f* originario, -a; **Gründungsinvestition** *f* <-, -en> (FIN, WIRTSCH) inversión *f* inicial; **Gründungskapital** *nt* <-s, -e *o* -ien> (FIN, WIRTSCH) capital *m* de fundación; **Gründungskosten** *pl* (FIN, WIRTSCH) gastos *mpl* de establecimiento; **Gründungsmehraufwand** *m* <-(e)s, *ohne pl*> (FIN, WIRTSCH) gastos *mpl* extraordinarios de constitución; **Gründungsmitglied** *nt* <-(e)s, -er> miembro *m* fundador; **Gründungsphase** *f* <-, -n> fase *f* de constitución; **Gründungsrecht** *nt* <-(e)s, *ohne pl*> derecho *m* de constitución; **Gründungsurkunde** *f* <-, -n> (JUR) escritura *f* de constitución; **Gründungsverantwortlichkeit** *f* <-, -en> (JUR) responsabilidad *f* de la constitución; **Gründungsvertrag** *m* <-(e)s, -träge> contrato *m* de constitución, contrato *m* fundacional; **Auszug aus dem ~** extracto del contrato fundacional; **Hinterlegung des ~es in beglaubigter Abschrift** depósito del contrato fundacional en copia certificada; **Gründungsvollmacht** *f* <-, -en> (JUR) poder *m* constituyente; **Gründungsvorgang** *m* <-(e)s, -gänge> procedimiento *m* de constitución
Grundurteil *nt* <-s, -e> (JUR) sentencia *f* sobre el fondo y no sobre el monto; **Grundverfügung** *f* <-, -en> (JUR) disposición *f* básica; **Grundvergütung** *f* <-, -en> remuneración *f* básica; **Grundverhältnis** *nt* <-ses, -se> (JUR) relación *f* básica; **Grundvermögen** *nt* <-s, -> bienes *mpl* inmuebles
grundverschieden ['--'--] *adj* radicalmente diferente
Grundvertrag *m* <-(e)s, -träge> contrato *m* base, tratado *m* fundamental
Grundwasser *nt* <-s, *ohne pl*> aguas *fpl* subterráneas, capa *f* freática; **Grundwasserabsenkung** *f* <-, -en> rebajamiento *m* de la capa freática [*o* del nivel de las aguas]; **Grundwasserleiter** *m* <-s, -> conducto *m* de aguas subterráneas; **Grundwassersperrschicht** *f* <-, -en> capa *f* barrera de las aguas subterráneas; **Grundwasserspiegel** *m* <-s, -> nivel *m* de aguas subterráneas [*o* de la capa freática]; **Grundwasserversalzung** *f* <-, -en> salinización *f* de las aguas subterráneas; **Grundwasservorkommen** *nt* <-s, -> acuífero *m*
Grundwehrdienst *m* <-(e)s, *ohne pl*> instrucción *f* militar básica; **Grundwerkstoff** *m* <-(e)s, -e> material *m* básico; **Grundwort** *nt* <-(e)s, -wörter> (LING) raíz *f*, radical *m*; **Grundwortschatz** *m* <-es, -schätze> (LING) vocabulario *m* básico; **Grundzahl** *f* <-, -en> ❶ (Kardinalzahl) número *m* cardinal ❷ (MATH: Basis) base *f*; **Grundzins** *m* <-es, -en> canon *m*
grundzinspflichtig *adj* sujeto a canon
Grundzug *m* <-(e)s, -züge> rasgo *m* fundamental; **etw in den Grundzügen darstellen** representar [*o* explicar] algo esquemáticamente
Grüne(r) *mf* <-n, -n; -, -n> (POL) miembro *m* del Partido Ecologista; **die ~n** los Verdes
Grüne(s) *nt* <-n, *ohne pl*> ❶ (in Blumensträußen) verde *m*
❷ (fam: Rohkost) verduras *fpl*
❸ (Natur) naturaleza *f*; **ins ~ fahren** ir al campo; **im ~n wohnen** vivir en el campo
grünen *vi* (geh) verdecer, verdear
Grünfink *m* <-en, -en> (ZOOL) verderón *m* común; **Grünfläche** *f* <-, -n> zona *f* verde, espacio *m* verde; **Grünfutter** *nt* <-s, *ohne pl*> (AGR) herbaje *m*, forraje *m*

Grunge [grantʃ] *m* <-s, *ohne pl*> (MUS) grunge *m*
Grüngürtel *m* <-s, -> cinturón *m* verde; **Grünkern** *m* <-(e)s, -e> (GASTR) harina *f* de escanda; **Grünkohl** *m* <-(e)s, -e> (GASTR) col *f* rizada; **Grünland** *nt* <-(e)s, *ohne pl*> (AGR) prado *m*, pastizal *m*
grünlich *adj* verdoso
Grünpflanze *f* <-, -n> planta *f* (de interior) sin flores; **Grünschnabel** *m* <-s, -schnäbel> (abw) mocoso, -a *m, f*, pipiolo, -a *m, f*; **Grünspan** *m* <-(e)s, *ohne pl*> cardenillo *m*, verdete *m*; **Grünspecht** *m* <-(e)s, -e> (ZOOL) pico *m* verde; **Grünstich** *m* <-(e)s, -e> (FOTO) matiz *m* verdoso; **Grünstreifen** *m* <-s, -> franja *f* de césped
grunzen ['grʊntsən] *vi* (a. Mensch) gruñir
Grünzeug *nt* <-(e)s, *ohne pl*> (fam) ❶ (Kräuter) hierbas *fpl* ❷ (Rohkost) verdura *f* fresca; **Grünzone** *f* <-, -n> zona *f* verde
Gruppe ['grʊpə] *f* <-, -n> grupo *m*; (von Leuten) grupo *m*, tropilla *f* CSur; (Arbeits~) equipo *m*; (Konzern) grupo *m*; (Kategorie) grupo *m*; (SPORT: bei Meisterschaft) grupo *m*
Gruppenarbeit *f* <-, *ohne pl*> trabajo *m* en grupo [*o* de equipo]; **Gruppenaufnahme** *f* <-, -n> retrato *m* de grupo; **zur Hochzeit wurde eine ~ von der ganzen Familie gemacht** el día de la boda hicieron una foto de toda la familia; **Gruppenbild** *nt* <-(e)s, -er> retrato *m* de grupo; **Gruppenbildung** *f* <-, -en> formación *f* de grupos; **Gruppenbuchung** *f* <-, -en> reserva *f* para grupos; **Gruppendynamik** *f* <-, *ohne pl*> (PSYCH) dinámica *f* de grupo(s)
gruppendynamisch *adj* (PSYCH) dinámico-grupal
Gruppenfoto *nt* <-s, -s> foto *f* de grupo; **Gruppenfreistellung** *f* <-, -en> (JUR, EU) exención *f* por categorías; **Gruppenführer(in)** *m(f)* <-s, -; -, -nen> ❶ (Arbeitsgruppe) jefe, -a *m, f* de grupo ❷ (Jugendgruppe) monitor(a) *m(f)* (de un grupo) ❸ (HIST: Nationalsozialismus) jefe, -a *m, f* de compañía de la SS (equivalente a un general del ejército); **Gruppenklage** *f* <-, -n> (JUR) demanda *f* colectiva; **Gruppenleiter(in)** *m(f)* <-s, -; -, -nen> (in Firma) jefe, -a *m, f*; (Jugendgruppe) jefe, -a *m, f* del grupo, monitor(a) *m(f)*; **Gruppenreise** *f* <-, -n> viaje *m* en grupo; **Gruppensex** *m* <-(es), *ohne pl*> cama *f* redonda; **Gruppensieg** *m* <-(e)s, -e> (SPORT) victoria *f* de grupo; **Gruppentarif** *m* <-s, -e> tarifa *f* colectiva; **Gruppentherapie** *f* <-, -n> (PSYCH, MED) terapia *f* de grupo; **Gruppenunterricht** *m* <-(e)s, *ohne pl*> ❶ (in Gruppen) clase *f* por grupos ❷ (von einer Gruppe) clase *f* en grupo
gruppenweise *adv* por grupos, en grupos
gruppieren* [grʊ'pi:rən] I. *vt* agrupar
II. *vr*: **sich ~** agruparse
Gruppierung *f* <-, -en> agrupación *f*
Grus *m* <-es, -e> (a. GEO) escombros *mpl*
Gruselfilm *m* <-(e)s, -e> película *f* de horror; **Gruselgeschichte** *f* <-, -n> historia *f* de miedo
grus(e)lig ['gru:z(ə)lɪç] *adj* horripilante, terrorífico
gruseln I. *vr*: **sich ~** horrorizarse (vor dat); **ich grusel mich vor Spinnen** las arañas me producen horror; **ich grusel mich davor, nachts alleine zu Hause zu bleiben** me horroriza [*o* me da pánico] quedarme solo en casa de noche
II. *vunpers*: **jdn** [*o* **jdm**] **gruselt (es) vor etw** *dat* a alguien le horroriza algo; **mich** [*o* **mir**] **gruselt (es) in solch unheimlichen Gemäuern** las ruinas lúgubres me producen escalofríos; **gruselt (es) dich** [*o* **dir**] **auch?** ¿a ti también te da miedo?; **auf diesem Friedhof kann man nachts das G~ lernen** en este cementerio se puede llegar a sentir lo que es el verdadero horror
Gruselstimmung *f* <-, -en> ambiente *m* escalofriante
gruslig *adj s.* **grus(e)lig**
Gruß [gru:s, *pl*: 'gry:sə] *m* <-es, Grüße> saludo *m*; **jdm die Hand zum ~ reichen** estrecharle a alguien la mano para saludarle; **viele Grüße an deine Eltern!** ¡recuerdos a tus padres!; **jdm Grüße bestellen** saludar a alguien; **mit freundlichen Grüßen** atentamente; **einen ~ erwidern** devolver un saludo
Grußadresse *f* <-, -n>, **Grußbotschaft** *f* <-, -en> saludo *m* (en una comunicación escrita)
grüßen ['gry:sən] *vt* saludar; **grüß deinen Vater von uns** saluda a tu padre de nuestra parte; **grüß dich!** ¡hola!; **sie lässt (dich) schön ~** te manda saludos
Grußformel *f* <-, -n> fórmula *f* de despedida (en una comunicación escrita); **„Mit freundlichen Grüßen" ist eine übliche ~ am Schluss eines Briefes** "Atentamente" es una fórmula de despedida usual en una carta
grußlos *adv* sin saludar
Grußwort *nt* <-(e)s, -e> saludo *m*
Grütze ['grʏtsə] *f* <-, -n> (GASTR) sémola *f*; **rote ~** especie de jalea de frutas
GTI [ge:te:'ʔi:] *m* <-s, -s> (AUTO) getei *m*
Guano [gu'a:no] *m* <-s, *ohne pl*> guano *m*
Guatemala [guate'ma:la] *nt* <-s> Guatemala *f*
Guatemalteke, -in [guatemal'te:kə] *m, f* <-n, -n; -, -nen> guatemal-

teco, -a *m, f*
guatemaltekisch *adj* guatemalteco
Guave [gu'a:və] *f* <-, -n> (BOT) guayaba *f*
gucken ['gʊkən, 'kʊkən] **I.** *vi* (*fam*) mirar, ver; (*hervor-*) asomar; **guck mal!** ¡mira!; **das Hemd guckt ihm aus der Hose** le asoma la camisa por el pantalón; **aus dem Fenster ~** asomarse a la ventana
II. *vt* (*fam*) ver; **Fernsehen ~** ver la televisión
Guckloch *nt* <-(e)s, -löcher> mirilla *f*
Guerilla [ge'rɪlja] *f* <-, -s> guerrilla *f*
Guerillakämpfer(in) *m(f)* <-s, -; -, -nen> guerrillero, -a *m, f*; **Guerillakrieg** *m* <-(e)s, -e> guerra *f* de guerrillas
Gugelhopf ['gu:gəlhɔpf] *m* <-(e)s, -e> (*Schweiz*), **Gugelhupf** ['gu:gəlhʊpf] *m* <-(e)s, -e> (*südd, Österr: Napfkuchen*) pastel *m* de molde
Güggeli ['gʏgəli] *nt* <-s, -> (*Schweiz: Brathähnchen*) pollo *m* asado
Guillotine [gɪljo'ti:nə, gijo'ti:nə] *f* <-, -n> guillotina *f*
guillotinieren* *vt* (HIST) guillotinar
Guinea [gi'ne:a] *nt* <-s> Guinea *f*
Guineer(in) [gi'ne:ɐ] *m(f)* <-s, -; -, -nen> guineano, -a *m, f*
guineisch [gi'ne:ɪʃ] *adj* guineano
Gulasch ['gʊlaʃ] *m* o *nt* <-(e)s, -e o -s> (GASTR) gulasch *m*, estofado *m* de carne
Gulaschkanone *f* <-, -n> (*iron: beim Militär*) cocina *f* de campaña; **Gulaschsuppe** *f* <-, -n> sopa *f* húngara
Gulden ['gʊldən] *m* <-s, -> florín *m*
gülden ['gʏldn] *adj* (*geh*) de oro
Gülle ['gʏlə] *f* <-, ohne *pl*> (AGR) estiércol *m* líquido
Gully ['gʊli] *m* o *nt* <-s, -s> sumidero *m*
gültig ['gʏltɪç] *adj* válido; (*Gesetz*) vigente; (*Münze*) de curso legal; **nach den Bestimmungen** según las disposiciones vigentes; **der Fahrplan ist ab 1. Oktober ~** el horario es válido a partir del primero de octubre; **die Fahrkarte ist nicht mehr ~** el billete está caducado
Gültigkeit *f* <-, ohne *pl*> ① (*von Geld, Fahrkarte*) validez *f*; **allgemeine ~** validez universal; **die ~ verlieren** perder la validez ② (*von Gesetz, Vertrag*) vigor *m*, vigencia *f*; **~ ausländischen Rechts** eficacia del derecho extranjero; **die ~ eines Urteilsspruches anfechten** impugnar la validez del fallo de una sentencia
Gültigkeitsdauer *f* <-, ohne *pl*> período *m* de validez, plazo *m* de vigencia; **Gültigkeitserklärung** *f* <-, -en> convalidación *f*; **Gültigkeitsirrtum** *m* <-s, -tümer> error *m* de validez; **Gültigkeitsvermerk** *m* <-(e)s, -e> mención *f* de validez
Gummi[1] ['gʊmi] *m* o *nt* <-s, -(s)> (*Material*) goma *f*
Gummi[2] *m* o *nt* <-s, -s> (*fam: Kondom*) goma *f*
Gummi[3] *m* <-s, -s> (*Radier-*) goma *f* (de borrar)
Gummi[4] *nt* <-s, -s> (*fam: ~ band*) goma *f*
Gummiball *m* <-(e)s, -bälle> pelota *f* de goma; **Gummiband** *nt* <-(e)s, -bänder> goma *f*, cinta *f* elástica; **Gummibärchen** ['gʊmibɛːɐçən] *nt* <-s, -> caramelo *m* de goma (en forma de osito); **Gummibaum** *m* <-(e)s, -bäume> ① (*Kautschukbaum*) árbol *m* del caucho, gomero *m* *Am* ② (*Zierpflanze*) ficus *m inv*
gummieren* *vt* engomar; **Selbstklebeetiketten sind bereits vom Hersteller gummiert** las etiquetas autoadhesivas ya vienen engomadas de fábrica
Gummierung *f* <-, -en> ① (*Vorgang*) engomado *m* ② (*Klebstoffschicht*) engomado *m*, goma *f*
Gummigeschoss[RR] *nt* <-es, -e> proyectil *m* de goma; **Gummihandschuh** *m* <-(e)s, -e> guante *m* de goma; **Gummiknüppel** *m* <-s, -> porra *f*; **Gummiparagraph** *m* <-en, -en> (*fam*) parágrafo *m* (de interpretación) flexible, norma *f* flexible; **Gummireifen** *m* <-s, -> (AUTO) neumático *m*; **Gummiring** *m* <-(e)s, -e> arandela *f* de goma; **Gummischuhe** *mpl* zapatos *mpl* de goma, ahulados *mpl* *MAm*; **Gummisohle** *f* <-, -n> suela *f* de goma; **Gummistiefel** *m* <-s, -> bota *f* de goma (o de agua); **Gummistrumpf** *m* <-(e)s, -strümpfe> media *f* de compresión; **Gummizelle** *f* <-, -n> celda *f* de seguridad; **Gummizug** *m* <-(e)s, -züge> goma *f* (elástica)
Gunst [gʊnst] *f* <-, ohne *pl*> (*Wohlwollen*) simpatía *f*, favor *m*; **zu ~en ... +***gen* a favor de..., en beneficio de...; **ein Irrtum zu meinen ~en** un error a mi favor; (**hoch**) **in jds ~ stehen** gozar (mucho) de las simpatías de alguien; **er erkannte die ~ der Stunde** supo aprovechar el momento
Gunstbeweis *m* <-es, -e>, **Gunstbezeigung** *f* <-, -en> prueba *f* de simpatía
günstig ['gʏnstɪç] *adj* favorable, propicio, (*Augenblick*) oportuno; **es trifft sich ~, dass ...** resulta oportuno que... *+subj*; **im ~sten Fall** en el mejor de los casos; **zu ~en Bedingungen** en condiciones favorables
Günstigkeitsprinzip *nt* <-s, ohne *pl*> (JUR) principio *m* de la norma más favorable
günstigstenfalls *adv* en el mejor de los casos
Günstling ['gʏnstlɪŋ] *m* <-s, -e> (*abw*) favorito, -a *m, f*

Günstlingswirtschaft *f* <-, ohne *pl*> (*abw*) favoritismo *m*
Gupf [gʊpf] *m* <-(e)s, -e> (*südd, Österr, Schweiz: fam*) cima *f*
Guppy ['gʊpi] *m* <-s, -s> (ZOOL) pez *m* de colores (de acuario)
Gurgel ['gʊrgəl] *f* <-, -n> gaznate *m*, garganta *f*; **jdm an die ~ springen** saltar al cuello de alguien
Gurgelmittel *nt* <-s, -> producto *m* para hacer gárgaras
gurgeln *vi* ① (*Wasser, Fluss*) borbotear ② (*Person*) hacer gárgaras, gargarear *Chil, Guat, Peru*
Gurgelwasser *nt* <-s, -wässer> líquido *m* para hacer gárgaras, gargarismo *m*
Gurke ['gʊrkə] *f* <-, -n> pepino *m*; **saure ~n** pepinillos en vinagre
Gurkensalat *m* <-(e)s, -e> ensalada *f* de pepinos
gurren ['gʊrən] *vi* (*a. Mensch*) arrullar
Gurt [gʊrt] *m* <-(e)s, -e> (*Riemen*) correa *f*; (*Sicherheits-*) cinturón *m*; (*Sattel-*) cincha *f*; **den ~ anlegen** abrocharse el cinturón
Gürtel ['gʏrtəl] *m* <-s, -> ① (*an Kleidung*) cinturón *m*; **den ~ enger schnallen** (*fam*) apretarse el cinturón ② (*Zone*) cinturón *m*, zona *f*
Gürtellinie *f* <-, ohne *pl*> cintura *f*; **ein Schlag unter die ~** (*fam a. fig*) un golpe bajo; **Gürtelreifen** *m* <-s, -> neumático *m* radial [o de cinturón]; **Gürtelrose** *f* <-, ohne *pl*> (MED) culebrilla *f*; **Gürtelschnalle** *f* <-, -n> hebilla *f* de cinturón
Gürteltasche *f* <-, -n> riñonera *f*; **Gürteltier** *nt* <-(e)s, -e> (ZOOL) armadillo *m*, peludo *m* *CSur*
Gurtmuffel *m* <-s, -> (*fam*) persona que no se pone el cinturón de seguridad; **Gurtpflicht** *f* <-, ohne *pl*> obligatoriedad *f* del uso del cinturón de seguridad; **es besteht ~** es obligatorio ponerse el cinturón de seguridad; **Gurtspanner** ['-ʃpanɐ] *m* <-s, ->, **Gurtstraffer** ['-ʃtrafɐ] *m* <-s, -> (AUTO) pretensor *m* de(l) cinturón (de seguridad)
Guru ['gu:ru] *m* <-s, -s> ① (REL) gurú *m* ② (*fam*) líder *m*
GUS [gʊs] *f* (POL) *Abk. von* **Gemeinschaft Unabhängiger Staaten** CEI *f*
Guss[RR] [gʊs, *pl:* 'gʏsə] *m* <-es, Güsse>, **Guß** *m* <-sses, Güsse> ① (*von Metall*) fundición *f*; **wie aus einem ~** como de una pieza ② (*fam: Regen-*) chaparrón *m*, aguacero *m* ③ (*Zucker-*) baño *m* de azúcar
Gusseisen[RR] *nt* <-s, ohne *pl*> hierro *m* fundido [o colado]
gusseisern[RR] *adj* de hierro fundido
Gussform[RR] *f* <-, -en> molde *m* de fundición; **Gussstahl**[RR] *m* <-(e)s, -stähle> acero *m* fundido
Gusto ['gʊsto] *m* <-s, -s> gusto *m*; **mit ~** con gusto; **nach eigenem ~** según el gusto propio; **ganz nach ~** al gusto (de cada uno)
gut [gu:t] <besser, am besten> **I.** *adj* ① (*allgemein*) buen(o); **ein ~er Freund** un buen amigo; **~e Besserung!** ¡que te mejores!; **ist die Milch noch ~?** ¿está buena la leche todavía?; **er ist in Mathe sehr ~** es muy bueno en mates; **das ist ja alles ~ und schön, aber ...** todo eso está muy bien pero...; **es wird wieder ~** todo se arreglará; **G~ und Böse auseinander halten** separar el bien del mal; **die G~en und die Bösen** los buenos y los malos; **findest du Strandurlaub ~?** ¿te gusta pasar las vacaciones en la playa?; **ich glaube, der Typ findet dich ~** (*fam*) creo que le molas a ese tío; **lassen wir es damit ~ sein** (*fam*) dejémoslo estar
② (*Mensch*) bondadoso; **ein ~er Mensch sein** ser (una) buena persona; **sei so ~ und ...** haz el favor de... *+inf*; **~ zu jdm sein** ser bueno con alguien
③ (*richtig*) correcto
④ (*nützlich*) útil; **wer weiß, wozu das ~ ist?** ¿quién sabe para qué sirve esto?
⑤ (*für Gesundheit*) saludable (*für* para); **das ist ~ gegen Husten** esto es bueno contra la tos
⑥ (*vorteilhaft*) ventajoso
⑦ (*angemessen*) adecuado; **das ist auch ~ so** así es como debe ser; **er ist immer für eine Überraschung ~** (*fam*) siempre está dispuesto a dar una sorpresa
⑧ (*reichlich*) buen; **eine ~e Stunde** una hora larga; **ein ~es Pfund Mehl** medio kilo de harina bien pesado
⑨ (SCH) *Note* notable
II. *adv* bien; **schon ~!** ¡bueno, está bien!; **das schmeckt ~** esto sabe bien; **sein Geschäft geht nicht ~** el negocio le va mal; **etw ~ können** saber hacer algo bien; **das verkauft sich ~** esto se vende bien; **er hat es dort ~** allí le va bien; **~ so!** ¡así está bien!; **gemacht!** ¡bien hecho!; **du bist ~!** ¡ésta sí que es buena!; **das kann ~ sein** es posible; **du hast ~ reden** tú bien puedes hablar; **so ~ wie nichts** (*fam*) casi nada; **die Sitzung dauerte ~ und gern drei Stunden** (*fam*) la sesión duró tres horas como poco; **mach's ~!** ¡que te vaya bien!; **ich kann ihn nicht ~ im Stich lassen** (*fam*) no me parece bien dejarle en la estacada; **er stellt sich ~ mit dir, weil er dein Auto braucht** te hace la rosca porque necesita tu coche; **du tust ~ daran, hier erst mal zu verschwinden**

más vale que te largues de aquí

Gut nt <-(e)s, Güter> ❶ (*Besitz*) bienes *mpl;* **mein Hab und ~** todo lo que poseo; **bewegliche Güter** bienes muebles; **unbewegliche Güter** (JUR) bienes inmuebles; **irdische Güter** bienes terrenales
❷ (*Land~*) finca *f,* hacienda *f Am*
❸ (*Ware*) mercancía *f;* **gefährliches ~** mercancía peligrosa; **leicht verderbliche/kurzlebige Güter** mercancías perecederas/de poca duración

Gutachten ['gu:ʔaxtən] nt <-s, -> dictamen *m* (pericial), peritaje *m;* **~ eines Sachverständigen** dictamen de un perito; **ein ~ erstellen** emitir un dictamen

Gutachter(in) *m(f)* <-s, -; -, -nen> ❶ (*Sachkundiger*) experto, -a *m, f,* perito, -a *m, f*
❷ (UNIV) examinador(a) *m(f)*

Gutachterausschuss^{RR} *m* <-es, -schüsse> comisión *f* técnica de calificación

gutartig *adj* ❶ (*Wesen, Tier*) bueno
❷ (MED) benigno

gutaussehend *adj s.* **aussehen**
gutbezahlt *adj s.* **bezahlen**
gutbürgerlich ['-'---] *adj* (*a.* GASTR) burgués
gutdotiert *adj s.* **dotieren**

Gutdünken ['gu:tdʏŋkən] nt <-s, *ohne pl*> **nach ~ (verfahren)** (proceder) a discreción

Gute(s) nt <-n, *ohne pl*> bueno nt; **das ~ im Menschen** lo bueno de la persona; **~s tun** hacer el bien; **von ihm ist nichts ~s zu erwarten** no hay que esperar nada bueno de él; **das ~ daran** lo bueno de eso; **alles ~!** ¡que vaya bien!; **es hat alles auch sein ~s** (*prov*) todo tiene su lado bueno

Güte ['gy:tə] *f* <-, *ohne pl*> ❶ (*Freundlichkeit*) bondad *f,* amabilidad *f;* **wenn Sie die ~ hätten mir zu helfen** si tuviese la bondad de ayudarme; **ein Vorschlag zur ~** un compromiso; **ach du liebe ~!, meine ~!** (*fam*) ¡ay, Dios mío!
❷ (*Qualität*) calidad *f;* **von erster ~** de primera calidad; **das war ein Reinfall erster ~** (*fam*) fue un fracaso de primera

Güteantrag *m* <-(e)s, -träge> (JUR) demanda *f* de conciliación; **Güteeigenschaften** *fpl* propiedades *fpl* de calidad; **Güteklasse** *f* <-, -n> (WIRTSCH) clase *f,* calidad *f;* **diese Eier sind ~ A** estos huevos son de clase A; **Gütemerkmal** nt <-(e)s, -e> distintivo *m* de calidad

Gutenachtgeschichte [--'----] *f* <-, -n> cuento *m* para dormir; **Gutenachtkuss**^{RR} *m* <-es, -küsse> beso *m* de buenas noches; **jetzt gibt Papi dir noch einen ~ und dann schläfst du** ahora papá te dará un beso de buenas noches y luego a dormir

Güteprüfung *f* <-, -en> control *m* de calidad

Güterabfertigung *f* <-, -en> (EISENB) ❶ (*Vorgang*) expedición *f* de mercancías ❷ (*Stelle*) terminal *f* de carga; **Güterabsatz** *m* <-es, -sätze> (COM) venta *f* de mercancías; **Güterbahnhof** *m* <-(e)s, -höfe> estación *f* para trenes de carga; **Güterbeförderungsvertrag** *m* <-(e)s, -träge> contrato *m* de transporte de mercancías; **Güterfernverkehr** ['-'----] *m* <-(e)s, *ohne pl*> transporte *m* de mercancías a larga distancia; **Gütergemeinschaft** *f* <-, -en> (JUR) comunidad *f* de bienes; **fortgesetzte ~** comunidad (conyugal) de bienes continuada; **in ~ leben** vivir en comunidad de bienes; **Güterkraftverkehrsgesetz** nt <-es, -e> (JUR) ley *f* sobre transporte de mercancías; **Güternahverkehr** *m* <-(e)s, *ohne pl*> transporte *m* de mercancías a corta distancia **Güterrecht** nt <-(e)s, *ohne pl*> régimen *m* patrimonial [*o* de bienes]; **eheliches/gesetzliches ~** régimen patrimonial del matrimonio/legal de bienes; **Güterrechtsregister** nt <-s, -> (JUR) registro *m* de bienes privativos del matrimonio; **Güterrechtsstatus** *m* <-, -> (JUR) situación *f* del régimen patrimonial del matrimonio

Güterstand *m* <-(e)s, *ohne pl*> (JUR) régimen *m* económico; **gesetzlicher ~** régimen económico legal; **vereinbarter ~** régimen convencional del patrimonio conyugal; **Gütertransport** *m* <-(e)s, -e> transporte *m* de mercancías; **Gütertrennung** *f* <-, -en> (JUR) separación *f* de bienes; **gerichtliche ~** separación judicial de bienes; **in ~ leben** vivir en separación de bienes; **Güterumlauf** *m* <-(e)s, *ohne pl*> (WIRTSCH) circulación *f* de mercancías; **freier ~** libre circulación de mercancías **Güter- und Interessenkollision** *f* <-, -en> (WIRTSCH) colisión *f* de mercancías e intereses

Güterverkehr *m* <-(e)s, *ohne pl*> transporte *m* de mercancías, tráfico *m* de mercancías; **Bundesamt für ~** oficina federal para el tráfico de mercancías; **Güterverkehrsfreiheit** *f* <-, *ohne pl*> libertad *f* de tráfico de mercancías; **Güterwagen** *m* <-s, -> vagón *m* de carga; **Güterzug** *m* <-(e)s, -züge> tren *m* de carga [*o* de mercancías], tren *m* carguero *CSur*

Güteschutzgemeinschaft *f* <-, -en> (WIRTSCH) agrupación *f* para la defensa de la calidad

Gütesiegel nt <-s, -> (WIRTSCH) sello *m* de calidad, marchamo *m* de calidad; **Gütestellenvergleich** *m* <-(e)s, -e> (JUR) compensación *f* amistosa; **Güteverfahren** nt <-s, -> (JUR) procedimiento *m* de conciliación; **Güteverhandlung** *f* <-, -en> (JUR) acto *m* de conciliación; **Gütevorschrift** *f* <-, -en> (WIRTSCH) prescripción *f* de calidad

Gütezeichen nt <-s, -> etiqueta *f* de calidad; **Gütezeichengemeinschaft** *f* <-, -en> (WIRTSCH) agrupación *f* de sello de calidad

gut|gehen *irr vi sein s.* **gehen I.1., I.3.**
gutgehend *adj s.* **gehen I.4.**
gutgelaunt *adj s.* **gelaunt**
gutgemeint ['gu:tgəmaɪnt] *adj s.* **meinen 5.**
Gutglauben *m* <-s, *ohne pl*> (JUR) buena fe *f*
Gutglaubenserwerb *m* <-(e)s, -e> (JUR) adquisición *f* de buena fe; **Gutglaubensschutz** *m* <-es, *ohne pl*> (JUR) protección *f* de la buena fe

gutgläubig *adj* de buena fe; **~er Besitzer/Erwerb** (JUR) propietario/adquisición de buena fe

Gutgläubigkeit *f* <-, *ohne pl*> buena fe *f*

gut|haben *irr vt:* **etw ~ (bei jdm)** poder pedir algo (a alguien) (*porque con anterioridad se le ha hecho algún favor*); **du hast noch ein Bier bei mir gut** te debo aún una cerveza

Guthaben ['gu:tha:bən] nt <-s, -> (FIN) haber *m,* saldo *m* activo; **eingefrorenes/gesperrtes ~** activo congelado/cuenta bloqueada

Guthabenüberschuss^{RR} *m* <-es, -schüsse> superávit *m*

gut|heißen *irr vt* aprobar, dar por bueno

gutherzig *adj* bondadoso

gütig ['gy:tɪç] *adj* bondadoso; (*freundlich*) amable; (*nachsichtig*) indulgente

gütlich ['gy:tlɪç] *adj* amistoso; **sich ~ einigen** llegar a un acuerdo amistoso; **sich an etw** *dat* **~ tun** comer algo con gusto

gut|machen *vt* (*Schaden*) reparar; (*Fehler*) enmendar, corregir; **wieder ~** (*Fehler*) enmendar, subsanar; (*Schaden*) reparar, subsanar; (*Verlust*) resarcir; **das ist gar nicht wieder gutzumachen** esto apenas se puede enmendar; **ich habe einiges bei dir gutzumachen** tengo que devolverte algunos favores

gutmütig ['gu:tmy:tɪç] *adj* bondadoso
Gutmütigkeit *f* <-, *ohne pl*> bondad *f*
Gutsbesitzer(in) *m(f)* <-s, -; -, -nen> propietario, -a *m, f* de una finca, terrateniente *mf*
Gutschein *m* <-(e)s, -e> vale *m*
gut|schreiben *irr vt* abonar, acreditar; **jdm etw gutschreiben** abonar algo a alguien en cuenta
Gutschrift *f* <-, -en> abono *m* en cuenta
Gutschriftsanzeige *f* <-, -n> (FIN) nota *f* de crédito
Gutshaus nt <-es, -häuser> finca *f;* **Gutsherr(in)** *m(f)* <-en, -en; -, -nen> hacendado, -a *m, f;* **Gutshof** *m* <-(e)s, -höfe> granja *f,* finca *f,* hacienda *f Am,* fundo *m Am*
gutsituiert ['gu:tzitu'i:et] *adj s.* **situieren**
Gutsverwalter(in) *m(f)* <-s, -; -, -nen> administrador(a) *m(f)*
gut|tun *irr vi s.* **tun I.**
guttural [gʊtu'ra:l] *adj* (LING) gutural
gutunterrichtet *adj s.* **unterrichten 2.**
gutverdienend *adj s.* **verdienen 1.**
gutwillig **I.** *adj* complaciente, amable
II. *adv* de buen grado, de buena voluntad

gymnasial [gʏmna'zia:l] *adj* (SCH) del bachillerato, de la educación secundaria; **die ~e Oberstufe umfasst die letzten drei Klassen des Gymnasiums** el "oberstufe" alemán comprende los últimos tres cursos de la educación secundaria

Gymnasiallehrer(in) *m(f)* <-s, -; -, -nen> (SCH) profesor(a) *m(f)* de Enseñanza Media [*o* de instituto]; **Gymnasialprofessor(in)** *m(f)* <-s, -en; -, -nen> (*Österr*) *s.* **Gymnasiallehrer**

Gymnasiast(in) [gʏmnazi'ast] *m(f)* <-en, -en; -, -nen> alumno, -a *m, f* de Enseñanza Media [*o* de instituto]

Gymnasium [gʏm'na:ziʊm] nt <-s, Gymnasien> instituto *m* de Enseñanza Media, liceo *m Am*

Gymnastik [gʏm'nastɪk] *f* <-, *ohne pl*> gimnasia *f*
Gymnastikanzug *m* <-(e)s, -züge> (SPORT) mallas *fpl*
gymnastisch *adj* gimnástico; **er macht jeden Morgen seine ~en Übungen** cada día por la mañana hace ejercicios de gimnasia
Gynäkologe, -in [gʏnɛko'lo:gə] *m, f* <-n, -n; -, -nen> (MED) ginecólogo, -a *m, f*
Gynäkologie [gʏnɛkolo'gi:] *f* <-, *ohne pl*> (MED) ginecología *f*
Gynäkologin *f* <-, -nen> (MED) *s.* **Gynäkologe**
gynäkologisch *adj* (MED) ginecológico

H

H, h [ha:] *nt* <-, -> ❶ (*Buchstabe*) H, h *f*; ~ **wie Heinrich** H de Huelva ❷ (MUS) si *m*
h ❶ (*Uhrzeit*) *Abk. von* **Uhr** h; **um 12.00** ~ a las 12.00 h ❷ (*bei Maßeinheiten*) *Abk. von* **Stunde**: **120 km/**~ 120 km/h
H (CHEM) *Abk. von* **Wasserstoff** H
ha¹ [ha, ha:] *interj* ¡ja!, ¡ah!
ha² *Abk. von* **Hektar** hectárea *f*
hä [hɛ] *interj* (*fam*) ¿qué?; ~**, was hast du da gerade gesagt** ¿qué?, ¿qué acabas de decir?
Haar [ha:ɐ] *nt* <-(e)s, -e> ❶ (*Kopf~*) pelo *m*, cabello *m*, moño *m Chil*; (*Körper~, Tier~*) pelo *m*; **blondes/dunkles** ~ pelo rubio/oscuro; **trockenes/fettiges** ~ cabello seco/graso; **sich** *dat* **die** [*o* **seine**] ~**e waschen** lavarse el pelo; **sich** *dat* **die** ~**e schneiden lassen** cortarse el pelo; **mir stehen die** ~**e zu Berge** (*fam*) se me ponen los pelos de punta; **kein gutes** ~ **an jdm lassen** (*fam*) poner a alguien de vuelta y media; **sich** *dat* **in die** ~**e geraten** (*fam*) tener una bronca; **sich** *dat* **in den** ~**en liegen** (*fam*) andar [*o* estar] a la greña; **sich** *dat* **aufs** ~ **gleichen** parecerse como un huevo a otro; **sich** *dat* **die** ~**e raufen** tirarse de los pelos; **deswegen lasse ich mir keine grauen** ~**e wachsen** (*fam*) eso me tiene sin cuidado; **jdm die** ~**e vom Kopf fressen** (*fam*) salir a alguien caro [*o* más caro que un hijo tonto]; ~**e auf den Zähnen haben** no tener pelos en la lengua; **jdm kein** ~ **krümmen** (*fam*) no tocar (ni) un pelo a alguien; **das ist an den** ~**en herbeigezogen** (*fam*) esto no tiene ni pies ni cabeza; **immer ein** ~ **in der Suppe finden** (*fam*) poner pegas a todo; **sich** *dat* **durch die** ~**e fahren** andarse en el pelo
❷ (*fig: ein bisschen*) ni un pelo; **um kein** ~ **besser** (*fam*) ni una pizca mejor; **um ein** ~ (*fam*) por los pelos
Haaransatz *m* <-es, -sätze> parte de la frente donde comienza la cabellera; **Haarausfall** *m* <-(e)s, *ohne pl*> caída *f* del cabello; (MED) alopecia *f*; **Haarband** *nt* <-(e)s, -bänder> cinta *f* para el pelo
Haarbreit *nt*: **nicht (um) ein** ~, **um kein** ~ ni un ápice, ni lo más mínimo; **wir werden um kein** ~ **nachgeben** no cederemos ni un ápice [*o* ni un milímetro]
Haarbürste *f* <-, -n> cepillo *m* del pelo; **Haarbüschel** *nt* <-s, -> mechón *m* de pelo; **Haar-Curler** ['-kœ:lɐ] *m* <-s, -> moldeador *m*
haaren ['ha:rən] *vi, vr*: **sich** ~ (*Tier*) perder el pelo
Haarentferner *m* <-s, ->, **Haarentfernungsmittel** *nt* <-s, -> (*Creme*) crema *f* depilatoria, (*Wachs*) cera *f* depilatoria
Haaresbreite *f* <-, -n>: **um** ~ por poco, por un pelo; **er hat sein Ziel um** ~ **verfehlt** falló por un pelo
Haarfarbe *f* <-, -n> color *m* del pelo; **Haarfestiger** *m* <-s, -> fijador *m* para el pelo; **Haargefäß** *nt* <-es, -e> (ANAT) (vaso *m*) capilar *m*
haargenau ['--'--] *adv* (*fam*) exactamente; (*ausführlich*) con pelos y señales; **stimmt** ~! ¡justamente eso!; **jdm etw** ~ **erklären** explicar algo a alguien con pelos y señales
haarig ['ha:rɪç] *adj* ❶ (*behaart*) peludo
❷ (*heikel*) peliagudo, escabroso, peludo *MAm: fam*
Haarklammer *f* <-, -n> horquilla *f* (para el pelo)
haarklein ['--] *adv* con pelos y señales, con puntos y comas; **er hat mir alles** ~ **erzählt** me lo ha contado todo con pelos y señales
Haarklemme *f* <-, -n> horquilla *f* (para el pelo); **Haarknoten** *m* <-s, -> moño *m*; **meine Oma trägt einen** ~ mi abuela lleva moño; **Haarlack** *m* <-(e)s, -e> laca *f* para el pelo
haarlos *adj* (*Mensch*) lampiño, (*Baby*) pelón, (*Schädel*) calvo, (*Tier*) sin pelo
Haarnadel *f* <-, -n> horquilla *f* (de moño), gancho *m Am*; **Haarnadelkurve** *f* <-, -n> curva *f* muy cerrada
Haarnetz *nt* <-es, -e> redecilla *f* para el pelo; **Haarpflege** *f* <-, *ohne pl*> cuidado *m* del cabello; **Haarpracht** *f* <-, -en> mata *f* de pelo, melena *f*; **was für eine** ~! ¡qué mata de pelo!; **Haarreif** *m* <-(e)s, -e> diadema *f*; **Haarriss**RR *m* <-es, -e> grieta *f* muy fina, hendidura *f* muy fina
haarscharf ['--] **I.** *adj* (*genau*) agudísimo, muy exacto
II. *adv* ❶ (*nahe*) muy cerca
❷ (*präzise*) exactamente
Haarschleife *f* <-, -n> lazo *m*; **Haarschnitt** *m* <-(e)s, -e> corte *m* de pelo, peinado *m*; **Haarschopf** *m* <-(e)s, -schöpfe> cabellera *f*, mechón *m* de pelo; **er packte ihn beim** ~ **und warf ihn hinaus** le cogió por los pelos y le echó fuera
Haarspalterei [----'-] *f* <-, -en> (*abw*) sutileza *f*; ~ **betreiben** rizar el rizo
Haarspange *f* <-, -n> pasador *m* (para el pelo); **Haarspitze** *f* <-, -n> punta *f* del cabello; **gespaltene/abgebrochene** ~**n** puntas abiertas/ partidas; **Haarspray** *m o nt* <-s, -s> laca *f*; **Haarsträhne** *f* <-, -n> mechón *m*, guedeja *f*
haarsträubend ['ha:ʃtrɔɪbənt] *adj* espeluznante, horripilante

Haarteil *nt* <-(e)s, -e> postizo *m*; (*Toupet*) tupé *m*; **Haartracht** *f* <-, -en> (*alt, geh*) peinado *m*, tocado *m*; **Haartrockner** *m* <-s, -> secador *m* (de mano); **Haarwäsche** *f* <-, -n> lavado *m* de pelo; **Haarwaschmittel** *nt* <-s, -> champú *m*; **Haarwasser** *nt* <-s, -wässer> loción *f* capilar; **Haarwild** *nt* <-(e)s, *ohne pl*> caza *f* de pelo
Haarwuchs *m* <-es, *ohne pl*> ❶ (*das Wachsen*) crecimiento *m* del pelo ❷ (*Haare*) cabellera *f*, melena *f*; **Haarwuchsmittel** *nt* <-s, -> regenerador *m* del pelo
Haarwurzel *f* <-, -n> (ANAT) raíz *f* capilar
Hab [ha:p]: ~ **und Gut** (*geh*) todos los bienes
Habachtstellung *f* <-, -en> (MIL) porte *m* marcial; **in** ~ **gehen** ponerse firme, cuadrarse
Habe ['ha:bə] *f* <-, *ohne pl*> (*geh*) bienes *mpl*, propiedad *f*; **persönliche/unbewegliche** ~ tenencias personales/bienes inmuebles
Habeaskorpusakte [ha:beas'kɔrpus?aktə] *f* <-, *ohne pl*> (JUR) acta *f* de hábeas corpus
haben ['ha:bən] <hat, hatte, gehabt> **I.** *vt* ❶ (*besitzen*) tener, poseer; (*verfügen über*) disponer de; **etw** ~ **wollen** querer algo; **lieber** ~ preferir; **wir** ~ **zwei Autos** tenemos dos coches; ~ **wir noch etwas Käse?** ¿queda algo de queso?; **ich habe kein Geld dabei** no llevo dinero; **er hat außergewöhnliche Fähigkeiten** tiene unas facultades extraordinarias; **hast du heute Abend ein Stündchen Zeit für mich?** ¿tendrás esta noche un momento para mí?; **wir** ~ **noch Zeit bis Ende März** tenemos tiempo hasta finales de marzo; **das Haus hat sogar einen Swimmingpool** la casa dispone incluso de piscina; **wo hast du die Bücher stehen/das Bild hängen?** ¿dónde tienes puestos los libros/ has colgado el cuadro?; **hast du Lust, mit ins Theater zu kommen?** ¿te apetece venir al teatro conmigo?; **er hat keine Lust mehr** ya no tiene ganas; **wir** ~ **heute schönes Wetter** hoy hace buen tiempo; **in Australien** ~ **sie jetzt Winter** en Australia ahora es invierno; **in Bayern** ~ **wir seit Tagen strengen Frost** en Baviera hace días que tenemos fuertes heladas; **den Wievielten** ~ **wir heute?** ¿a cuántos [*o* a qué día] estamos hoy?; **morgen** ~ **wir Mittwoch** mañana es miércoles; **die/wir** ~'**s ja!** (*iron*) ¡ellos sí que pueden (permitírselo)/nosotros sí que podemos (permitírnoslo)!; **ich hab's!** ¡ya lo tengo!; **hast du (et)was?** (*fam*) ¿te pasa algo?; **was hat er/sie denn?** ¿qué le pasa?; **was der/die nur wieder hat!** ¿y ahora qué le pasa otra vez?; **wie gehabt** como de costumbre; **es ist alles noch wie gehabt** todo es igual que antes
❷ (*erhalten, bekommen*) recibir (*von* de); **hier hast du das Buch** aquí tienes el libro; **da hast du 5 Euro – und Schluss damit!** aquí tienes los 5 euros, ¡y ya basta!; **also gut, da** ~ **Sie das Geld** bueno, tome el dinero; **da** ~ **wir's, genau wie ich es vorausgesagt hatte!** en buena nos hemos metido, ¡tal como lo había dicho!; **da** ~ **wir den Salat/die Bescherung** (*fam*) aquí tenemos el lío/el embrollo; **kann ich bitte den Zucker** ~? ¿me das el azúcar, por favor?; **sie will 50 Euro für das Material** ~ pide 50 euros por el material; **eine Fünf in Englisch** ~ tener un insuficiente en inglés; **sie hat immer gute Noten gehabt** siempre ha sacado buenas notas; **wen habt ihr eigentlich in Mathe?** ¿a quién tenéis en mates?; **wir** ~ **morgen keine Schule** mañana no hay clase; **ich hätte gerne ...** quisiera...; **ich hätte gern eine größere Wohnung** me gustaría tener un piso más grande; **ich hätte gern ein Pfund Zucker/ein Bier** póngame una libra de azúcar/una cerveza; **wie hätten Sie's denn gern, geschnitten oder am Stück?** ¿cómo lo quiere, en lonchas o entero?; **das Buch ist noch zu** ~/**nicht mehr zu** ~ el libro se puede comprar aún; **er ist noch zu** ~ (*fam*) aún está libre
❸ (*erfüllt sein von*): **ich habe Hunger/Durst** tengo hambre/sed; **hast du Fieber?** ¿tienes fiebre?; **ich habe schon zwei Erkältungen hinter mir** ya he pasado dos catarros; **du brauchst keine Angst zu** ~ no tengas miedo; **ich habe einige Bedenken, diesen Vertrag zu unterschreiben** tengo mis dudas en firmar este contrato; **was hast du?** ¿qué te pasa?; **ich hab's an der Blase** (*fam*) estoy enferma de la vejiga; **ich kann das nicht** ~ (*fam*) eso no lo soporto; **er kann diese Ausdrücke nicht** ~ a él no le gustan estas expresiones
❹ (*aufweisen*): **ein Meter hat 100 Zentimeter** un metro tiene 100 centímetros; **das Grundstück dürfte über 4.000 Quadratmeter** ~ el terreno debe tener más de 4.000 metros cuadrados
❺ (*mit Dat*): **nimm dir ein Kissen, damit du es bequemer hast** toma un cojín para ponerte más cómodo; **bei ihm wirst du es gut** ~ con él estarás bien [*o* te irá bien]; **sie hat es nicht leicht mit ihm** no lo tiene fácil con él; **schön hast du es hier** lo tienes todo muy bonito; **sie hat es weit nach Hause** tiene un largo camino hasta su casa
❻ (*mit präp*): **das hat sie so an sich** eso es típico de ella; **sie hat etwas an sich, das sie sehr anziehend macht** tiene algo que la hace muy atractiva; **du weißt gar nicht, was du an ihr hast!** ¡no tienes ni idea de la suerte que tienes de tenerla a ella!; **das hat das Meer so an sich, dass es salzig ist** (*iron*) el mar suele ser salado; **was hat es damit auf sich?** ¿qué significa esto?; **er hat etwas auf dem Herzen**

algo le pasa; **etw dagegen ~** estar en contra de algo; **sie hat nichts dagegen** no tiene nada en contra; **für etw zu ~/nicht zu ~ sein** querer hacer algo/no querer hacer algo; **dafür ist er nicht zu ~** para eso no hay quien le convenza, eso no le va; **dafür bin ich schon immer zu ~ gewesen** para algo así siempre estoy dispuesto; **der Vorschlag hat etwas für sich** es una buena propuesta; **ich habe nichts gegen ihn** no me cae mal; **hast du etwas gegen mein neues Kleid?** ¿tienes algo que decir de mi nuevo vestido?; **etw hinter sich ~** (*fig*) haber superado algo; **heute habe ich es wieder im Rücken** hoy me vuelve a doler la espalda; **das hat es in sich** (*fam*) es un asunto difícil; **dieser Wein hat es in sich** este vino es bastante fuerte, este vino pega bastante *fam*; **dieser Trick hat es in sich!** ¡este truco tiene lo suyo!; **sie hat etwas mit dem Tennislehrer** tiene un lío (amoroso) con el profesor de tenis; **das Kleid habe ich von meiner Schwester** este vestido lo tengo de mi hermana; **die Ohren hat sie vom Vater** tiene las orejas de su padre; **von wem hast du die schlechten Manieren?** ¿quién te ha enseñado estos malos modales?; **die Kinder ~ bisher wenig von ihrem Vater gehabt** los niños han visto poco a su padre hasta ahora; **das Haus hat etwas von einem Schloss** la casa tiene un algo de castillo; **und was habe ich davon?** ¿y qué saco yo de eso?; **das hast du jetzt davon** ¿ves?, ¡eso es lo que has sacado!; **das hast du nun von deiner Kompromisslosigkeit!** ¡eso te pasa por no comprometerte a nada!; **ich habe noch viel vor mir** aún me queda mucho; **du hast noch das ganze Leben vor dir** tienes toda la vida por delante; **Sie wissen wohl nicht, wen Sie vor sich ~?** al parecer no sabe delante de quién está

❼ (*müssen, sollen*) deber, tener que; **ich habe noch zu arbeiten** aún tengo que trabajar; **Sie ~ sich nicht zu beschweren!** ¡no se quejará!; **hast du etwas dazu zu sagen?** ¿tienes algo que decir sobre esto?; **jetzt hast du zu schweigen** ahora lo que tienes que hacer es callarte; **ich habe noch sehr viel zu tun** aún tengo mucho que hacer; **keine Widerrede, du hast zu tun, was ich sage!** ¡no me repliques y haz lo que te digo!

II. *vr*: **sich ~** (*fam abw*: *sich anstellen*) andarse con remilgos; **hab dich nicht so!** ¡no te pongas así!; **damit hat sich die Sache** con esto se acabó

III. *vunpers* ❶ (*wieder in Ordnung sein*) arreglarse; **er gab ihr einen Kuss, und es hatte sich wieder** le dio un beso y todo se arregló otra vez; **hat es sich wieder, oder bist du immer noch wütend?** ¿ya te ha pasado o aún estás furioso?; **hier sind noch einmal 100 Euro, und damit hat es sich!** aquí tiene otros 100 euros, ¡y en paz!

❷ (*südd, Österr: geben*): **hier hat es viele alte Häuser** aquí hay muchas casas viejas; **heute hat es 30 Grad im Schatten** hoy estamos a 30 grados a la sombra

IV. *aux* haber; **ich habe das nicht getan** yo no lo he hecho; **ich will nichts gesagt ~, aber …** no quiero decir nada, pero…, no es por nada, pero…; **sie will ihn gestern gesehen ~** dice que lo vio ayer; **also, ich hätte das nicht gehört** bueno, yo no lo hubiera hecho; **das hätten wir (geschafft)!** ¡ya está (listo)!, ¡lo hemos logrado!; **ich hätte gerne Herrn Müller gesprochen** desearía hablar con el Sr. Müller; **hätten Sie das nicht voraussehen können?** ¿no lo podría haber previsto antes?

Haben *nt* <-s, *ohne pl*> (WIRTSCH) haber *m*; **im ~ buchen** anotar al haber
Habenichts ['ha:bənɪçts] *m* <-(es), -e> (*abw*) pobre diablo *m*, muerto, -a *m*, *f* de hambre
Habenseite *f* <-, -n> (FIN) haber *m*, lado *m* acreedor; **Habenzinsen** *mpl* (FIN) intereses *mpl* acreedores
Habgier *f* <-, *ohne pl*> (*abw*) codicia *f*, angurria *f Am*
habgierig *adj* (*abw*) codicioso, angurriento *Am*
habhaft *adj* (*geh*): **etw** *gen* ~ **werden** apropiarse de algo; **jds ~ werden** apropiarse de alguien, hacerse con alguien
Habicht ['ha:bɪçt] *m* <-s, -e> (ZOOL) azor *m* (común)
habil. (UNIV) *Abk. von* habilitatus capacitado para acceder a una cátedra
Habilitation [habilitaˈtsjoːn] *f* <-, -en> (UNIV) capacitación *f* para acceder a una cátedra de universidad
Habilitationsschrift *f* <-, -en> (UNIV) disertación escrita con la que se obtiene la capacitación para acceder a una cátedra de universidad
habilitieren *vi, vr*: **sich ~** (UNIV) capacitarse para acceder a una cátedra
Habit [haˈbiːt] *nt o m* <-s, -e> ❶ (REL) hábito *m*
❷ (*geh, a. abw: Aufzug*) pinta *f*
Habitat [habiˈtaːt] *nt* <-s, -e> (BIOL) hábitat *m*
Habsburger(in) ['ha:psbʊrɡɐ] *m(f)* <-s, -; -, -nen> (HIST) Habsburgo *mf*
habsburgisch ['ha:psbʊrɡɪʃ] *adj* (HIST) de los Habsburgo
Habseligkeiten ['ha:pzeːlɪçkaɪtən] *fpl* efectos *mpl* personales
Habsucht *f* <-, *ohne pl*> (*abw*) codicia *f*, angurria *f Am*
habsüchtig *adj* (*abw*) ávido, codicioso, angurriento *Am*
hach [hax] *interj* ¡qué bien!
Hachel ['haxəl] *f* <-, -n> (*Österr: Küchenhobel*) raspador *m*, instrumento *m* para raspar verduras
hacheln ['haxəln] *vt* (*Österr: hobeln*): **das Gemüse ~** partir la verdura en trozos pequeños [*o* en láminas]
Hachse ['haksə] *f* <-, -n> (*reg*) ❶ (*Schweinefleisch*) pierna *f* de cerdo; (*Kalbsfleisch*) pierna *f* de ternera
❷ (*fam iron: Bein*) pata *f*; **zieh deine langen ~n ein!** ¡quita esas zancas!
Hackbeil *nt* <-(e)s, -e> macheta *f*, hachuela *f*; **mit dem ~ zertrennte der Metzger die Koteletts** el carnicero partió las costillas con la macheta; **Hackblock** *m* <-(e)s, -blöcke> tajo *m*; **Hackbraten** *m* <-s, -> (GASTR) asado *m* de carne picada; **Hackbrett** *nt* <-(e)s, -er> ❶ (*Küchengerät*) tabla *f* de cortar ❷ (MUS) clavicémbalo *m*, clavicímbano *m*
Hacke ['hakə] *f* <-, -n> ❶ (*Gartengerät*) azada *f*
❷ (*reg: Ferse, am Strumpf*) talón *m*
❸ (*reg: am Schuh*) tacón *m*; **sich** *dat* **die ~n nach etw** *dat* **ablaufen** recorrer medio mundo para conseguir algo
Hackebeil *nt* <-(e)s, -e> (*reg*) *s.* **Hackbeil**
hacken ['hakən] I. *vt* ❶ (*Holz*) cortar, partir; (*Zwiebeln*) picar; **etw klein ~** picar algo; (*Holz*) partir algo (en trozos pequeños); **etw in Stücke ~** hacer pedazos algo
❷ (*Boden, Garten*) mullir; (*Loch*) cavar
II. *vi* ❶ (*Vogel*) dar picotazos, picotear
❷ (INFOR) violar datos
Hackepeter *m* <-s, *ohne pl*> (*nordd*) *s.* **Hackfleisch**
Hacker ['hakɐ, 'hɛkɐ] *m* <-s, -> (INFOR) hacker *m*, intruso *m* informatico, cracker *m*
Hackfleisch *nt* <-(e)s, *ohne pl*> carne *f* picada; **aus jdm ~ machen** (*fam*) hacer picadillo a alguien; **Hackklotz** *m* <-es, -klötze> tajo *m*; **Hackordnung** *f* <-, -en> (ZOOL) jerarquía *f* de picoteo, orden *m* de picoteo; (*fig*) ley *f* del más fuerte
Häcksel ['hɛksəl] *m o nt* <-s, *ohne pl*> (AGR) paja *f* cortada
Hacksteak *nt* <-s, -s> filete *m* de carne picada, hamburguesa *f*; **Hackstock** *m* <-(e)s, -stöcke> (*Österr*) tajo *m*
Hader ['haːdɐ] *m* <-s, *ohne pl*> (*geh: Zwist*) discordia *f*; **mit jdm in ~ leben** estar enemistado con alguien, andar a la greña con alguien; **begrabt euren ~ und vertragt euch!** ¡enterrad vuestras discordias y haced las paces!
Haderlump *m* <-en, -en> (*Österr, südd: abw*) desharrapado *m*, miserable *m*; **dass du nicht diesen ~en heiratest!** ¡y que no se te ocurra casarte con ese perdido!
hadern ['haːdɐn] *vi* (*geh*) ❶ (*streiten*) reñir (*mit* con); **mit dem Schicksal ~** luchar contra su destino
❷ (*unzufrieden sein*) estar descontento (*mit* con/de); **mit seinem Schicksal ~** estar descontento de su destino
Hades ['haːdɛs] *m* <-, *ohne pl*> (LIT) Hades *m*
Hafen ['haːfən, *pl*: 'hɛːfən] *m* <-s, Häfen> puerto *m*; **in den ~ einlaufen** entrar en el puerto; **aus dem ~ auslaufen** salir del puerto; **einen ~ ansteuern** poner rumbo a un puerto; **im sicheren ~** a salvo; **der ~ der Ehe** el matrimonio
Hafenamt *nt* <-(e)s, -ämter> oficina *f* del puerto, autoridades *fpl* portuarias; **Hafenanlagen** *fpl* instalaciones *fpl* portuarias, dársenas *fpl*; **Hafenarbeiter(in)** *m(f)* <-s, -; -, -nen> obrero, -a *m*, *f* portuario, -a, estibador(a) *m(f)*; **Hafenbecken** *nt* <-s, -> zona *f* portuaria; **Hafenbehörde** *f* <-, -n> junta *f* del puerto, autoridades *fpl* marítimas; **Hafeneinfahrt** *f* <-, -en> entrada *f* del puerto, boca *f* del puerto; **Hafengebühr** *f* <-, -en> derechos *mpl* portuarios, anclaje *m*; **Hafenkneipe** *f* <-, -n> taberna *f* portuaria; **Hafenkonnossement** *nt* <-(e)s, -e> (COM) conocimiento *m* de puerto; **Hafenliegegeld** *nt* <-es, -er> (COM, FIN) gastos *mpl* de estadía en el puerto; **Hafenliegezeit** *f* <-, -en> (COM) estadía *f* en el puerto; **Hafenmeister(in)** *m(f)* <-s, -; -, -nen> capitán *m* de puerto; **Hafenpolizei** *f* <-, *ohne pl*> servicio *m* de vigilancia portuaria; **Hafenrundfahrt** *f* <-, -en> vuelta *f* por el puerto; **Hafensperre** *f* <-, -n> (COM) cierre *m* de puerto; **Hafenstadt** *f* <-, -städte> ciudad *f* portuaria; **Hafenverwaltung** *f* <-, -en> administración *f* portuaria; **Hafenviertel** *nt* <-s, -> barrio *m* portuario; (*fam: Kneipenviertel*) barrio *m* de bares nocturnos
Hafer ['haːfɐ] *m* <-s, -> avena *f*; **ihn sticht der ~** (*fam*) está enloquecido
Haferbrei *m* <-(e)s, -e> papilla *f* de avena; **Haferflocke** *f* <-, -n> copo *m* de avena; **Hafergrütze** *f* <-, -n> especie *f* de sémola de avena; **Haferkorn** *nt* <-(e)s, -körner> grano *m* de avena; **Hafermehl** *nt* <-s, *ohne pl*> harina *f* de avena; **Hafersack** *m* <-(e)s, -säcke> saco *m* de avena; **den Pferden wurden Hafersäcke umgehängt** les colgaron sacos de avena a los caballos; **Haferschleim** *m* <-(e)s, -e> (GASTR) papilla *f* de avena
Haff [haf] *nt* <-(e)s, -s *o* -e> (GEO) lago *m* de agua dulce en la costa meridional del Báltico
Hafnium ['ha(ː)fniʊm] *nt* <-s, *ohne pl*> (CHEM) hafnio *m*

Haft [haft] *f* <-, *ohne pl*> arresto *m;* **in ~ sein/nehmen** estar en/poner bajo arresto; **jdn aus der ~ entlassen** poner en libertad a alguien
Haftanordnung *f* <-, -en> (JUR) orden *f* de detención; **Haftanstalt** *f* <-, -en> penitenciaría *f*, centro *m* de reclusión; **Haftaufschub** *m* <-(e)s, -schübe> (JUR) aplazamiento *m* de la detención; **Haftaussetzung** *f* <-, -en> (JUR) suspensión *f* provisional del arresto
haftbar *adj* (JUR) responsable; **jdn für etw ~ machen** hacer a alguien responsable de algo; **für etw ~ gemacht werden** incurrir en responsabilidad de [*o* por] algo; **nebeneinander (zusätzlich) ~ sein** ser corresponsable (adicionalmente)
Haftbefehl *m* <-(e)s, -e> (JUR) orden *f* de detención [*o* de arresto], requisitoria *f Arg;* **einen ~ gegen jdn ausstellen** dictar auto de prisión contra alguien; **jdn mit** [*o per*] **~ suchen** buscar a alguien con orden de detención; **Haftbefehlsantrag** *m* <-(e)s, -träge> (JUR) demanda *f* de orden de detención
Haftbeschwerde *f* <-, -n> (JUR) recurso *m* contra el auto de prisión; **Haftdauer** *f* <-, -n> tiempo *m* (transcurrido) en prisión; **nach dreijähriger ~ wurde sie vorzeitig entlassen** tras tres años de cárcel salió en libertad antes de cumplir íntegramente la condena; **Hafteinlage** *f* <-, -n> (FIN, JUR) aportación *f* limitadamente responsable; **nachrangige ~** aportación limitadamente responsable subordinada
Haftel ['haftəl] *nt* <-s, -> (*südd, Österr*) corchete *m*
Haftelmacher *m* <-s, -> (*südd, Österr*): **aufpassen wie ein ~** prestar mucha atención, abrir bien los ojos
haften ['haftən] *vi* ① (*kleben*) pegar (*an* a/en)
② (*Schmutz*) pegarse (*an* a/en); **etw bleibt jdm im Gedächtnis ~** algo se le graba a alguien en la memoria
③ (JUR: *aufkommen*) responder (*für* de/por, *mit* con), hacerse cargo (*für* de); **für etw beschränkt/unbeschränkt ~** responder de algo limitadamente/ilimitadamente; **für jdn ~** responder por alguien; **für Garderobe wird nicht gehaftet** la dirección no se responsabiliza del guardarropa
haften|bleiben *irr vi sein s.* **haften 2.**
Haftende(r) *mf* <-n, -n; -n, -n> (JUR) responsable *mf*
Haftentlassung *f* <-, -en> puesta *f* en libertad, excarcelación *f;* **bedingte ~** libertad condicional; **Haftentschädigung** *f* <-, -en> (JUR) indemnización *f* por privación ilegal de libertad; **Hafterneuerung** *f* <-, -en> (JUR) renovación *f* de la prisión
haftfähig *adj* ① (JUR) apto para el arresto, en condiciones de ser encarcelado
② (*leicht haftend*) (con buen poder) adherente
Haftfähigkeit *f* <-, *ohne pl*> ① (TECH, PHYS) adherencia *f;* **diese Reifen besitzen eine gute ~ auf nasser Fahrbahn** estos neumáticos tienen una buena adherencia cuando la calzada está mojada ② (JUR) ausencia *f* de contraindicación médica para el encarcelamiento; **Haftfortdauer** *f* <-, *ohne pl*> (JUR) prolongación *f* de la prisión preventiva; **Haftgrund** *m* <-(e)s, -gründe> (JUR) causa *f* de la detención
Häftling ['hɛftlɪŋ] *m* <-s, -e> preso, -a *m, f*, detenido, -a *m, f;* **politischer ~** preso político
Haftnotiz *f* <-, -en> "post-it" *m*
Haftpflicht *f* <-, *ohne pl*> responsabilidad *f* civil; **gesetzliche ~** responsabilidad civil legal
Haftpflichtgesetz *nt* <-es, -e> ley *f* de responsabilidad civil
haftpflichtig *adj* responsable
haftpflichtversichert *adj:* **~ sein** tener seguro de responsabilidad civil [*o* contra daños a terceros]; **bei welcher Versicherung sind Sie ~?** ¿cuál es la compañía de su seguro (de responsabilidad civil)?
Haftpflichtversicherung *f* <-, -en> seguro *m* de responsabilidad civil
Haftprüfung *f* <-, -en> (JUR) revisión *f* del encarcelamiento; **weitere ~en** otras revisiones del encarcelamiento; **Haftprüfungstermin** *m* <-s, -e> (JUR) fecha *f* de examen del mantenimiento de la prisión preventiva
Haftreifen *m* <-s, -> (AUTO) neumático *m* de invierno
Haftrichter(in) *m(f)* <-s, -; -, -nen> juez(a) *m(f)* de instrucción
Haftschale *f* <-, -n> lente *f* de contacto, lentilla *f* de contacto
Haftstrafe *f* <-, -n> (JUR) condena *f;* **eine ~ verbüßen** cumplir una condena [*o* una pena de prisión]
Haftsumme *f* <-, -n> (JUR) fianza *f;* **Haftsummenerhöhung** *f* <-, -en> (JUR) aumento *m* de la fianza; **Haftsummenherabsetzung** *f* <-, -en> (JUR) rebaja *f* del importe de la fianza
haftunfähig *adj* (JUR) que no puede ser encarcelado (por contraindicación médica [*o* por razones de salud]); **erkrankte Angeklagte können für ~ erklärt werden** los procesados enfermos, por contraindicación médica, pueden quedar exentos de su encarcelamiento
Haftung[1] *f* <-, *ohne pl*> (TECH, PHYS) adherencia *f*
Haftung[2] *f* <-, -en> (JUR) responsabilidad *f;* **~ für Arbeitsunfälle** responsabilidad por accidentes laborales; **~ bei Mitverschulden** responsabilidad por tanto de culpa; **~ gegenüber Dritten** responsabilidad frente a terceros; **arbeitsrechtliche ~** responsabilidad en materia laboral; **außervertragliche ~** responsabilidad extracontractual; **beschränkte/unbeschränkte ~** responsabilidad limitada/ilimitada; **deliktische ~** responsabilidad delictiva; **gesamtschuldnerische ~** responsabilidad solidaria; **persönliche ~** responsabilidad personal; **verschuldensunabhängige ~** responsabilidad independiente de culpabilidad; **vertragliche ~** responsabilidad contractual; **vorvertragliche ~** responsabilidad precontractual; **die ~ übernehmen** asumir la responsabilidad
Haftungsabgrenzung *f* <-, -en> (JUR) delimitación *f* de responsabilidades; **Haftungsablehnung** *f* <-, -en> (JUR) declinación *f* de responsabilidad; **Haftungsanspruch** *m* <-(e)s, -sprüche> (JUR) derecho *m* a exigir responsabilidad
Haftungsausschluss[RR] *m* <-es, -schlüsse> (JUR) exoneración *f* de responsabilidad; **Haftungsausschlussklausel**[RR] *f* <-, -n> (JUR) cláusula *f* de exoneración de responsabilidad
Haftungsbegrenzung *f* <-, -en> (JUR) limitación *f* de responsabilidad; **~ für pauschalierte Minderungsansprüche** limitación de responsabilidad para las pretensiones de rebaja global; **Haftungsbegrenzungsklausel** *f* <-, -n> (JUR) cláusula *f* de limitación de responsabilidad
Haftungsbescheid *m* <-(e)s, -e> (JUR) acto *m* declarativo de responsabilidad; **Haftungsbeschränkung** *f* <-, -en> (JUR) limitación *f* de la responsabilidad; **Eintragung einer ~ in das Handelsregister** inscripción de una limitación de responsabilidad en el registro mercantil; **Haftungsfähigkeit** *f* <-, *ohne pl*> (JUR) capacidad *f* para responder; **Haftungsfreistellung** *f* <-, -en> (JUR) liberación *f* de responsabilidad, exoneración *f* de responsabilidad; **~ des Verkäufers** liberación de responsabilidad del vendedor; **Haftungsfreizeichnung** *f* <-, -en> (JUR) cláusula *f* de exoneración, limitación *f* de responsabilidad; **Haftungsfrist** *f* <-, -en> (JUR) plazo *m* de garantía; **Haftungsgrenze** *f* <-, -n> (JUR) límite *m* de responsabilidad; **Haftungsgrundlage** *f* <-, -n> (JUR) fundamento *m* de la responsabilidad; **Haftungshöchstbetrag** *m* <-(e)s, -träge> (JUR) suma *f* máxima de responsabilidad; **Haftungsinteresse** *nt* <-s, -n> (JUR) interés *m* de la responsabilidad; **Haftungsklausel** *f* <-, -n> (JUR) cláusula *f* de responsabilidad; **Haftungsmilderung** *f* <-, *ohne pl*> (JUR) atenuación *f* de la responsabilidad; **Haftungsminderung** *f* <-, -en> (JUR) minoración *f* de la responsabilidad; **Haftungsobergrenze** *f* <-, -n> (JUR) límite *m* superior de responsabilidad; **Haftungsordnung** *f* <-, *ohne pl*> (JUR) régimen *m* de responsabilidad; **Haftungsrisiko** *nt* <-s, -s *o* -risiken> (JUR) riesgo *m* de responsabilidad; **Haftungsschuldner(in)** *m(f)* <-s, -; -, -nen> (JUR) responsable *mf* subsidiario, -a; **Haftungssystem** *nt* <-s, -e> (JUR) sistema *m* de responsabilidad; **Haftungstatbestand** *m* <-(e)s, -stände> (JUR) supuesto *m* de responsabilidad; **konkurrierender ~** supuesto de responsabilidad concurrente; **Haftungsübergang** *m* <-(e)s, -gänge> (JUR) transmisión *f* de responsabilidad; **bei Übergangsstichtag** transmisión de responsabilidad en la fecha de transmisión; **Haftungsumfang** *m* <-(e)s, *ohne pl*> (JUR) ámbito *m* de responsabilidad; **Haftungsverhältnis** *nt* <-ses, -se> (JUR) relación *f* de responsabilidad; **Haftungsvorbehalt** *m* <-(e)s, -e> (JUR) reserva *f* de responsabilidad; **Haftungszeitraum** *m* <-(e)s, -räume> (JUR) periodo *m* de responsabilidad
Haftunterbrechung *f* <-, -en> (JUR) interrupción *f* del encarcelamiento; **Hafturlaub** *m* <-(e)s, -e> (JUR) permiso *m* eventual, vacaciones *fpl* carcelarias; **Haftverkürzung** *f* <-, -en> (JUR) reducción *f* de la detención [*o* del arresto]; **Haftverschonung** *f* <-, -en> (JUR) suspensión *f* de la ejecución de la orden de prisión, no ejecución *f* del auto de prisión; **Haftvollzug** *m* <-(e)s, *ohne pl*> (JUR) ejecución *f* de la pena de prisión; **Haftzeit** *f* <-, -en> pena *f* de reclusión; **jds ~ verkürzen** reducir la pena a alguien
Hag [ha:k] *m* <-s, -e *o* Häge> (*Schweiz*) seto *m;* **jd ist am ~** alguien está perplejo
Hagebutte ['ha:gəbʊtə] *f* <-, -n> (fruto *m* del) escaramujo *m*, tapaculo *m fam*
Hagebuttentee *m* <-s, -s> infusión *f* de escaramujo
Hagedorn *m* <-(e)s, -e> (*nordd*) espino *m* albar [*o* blanco]
Hagel ['ha:gəl] *m* <-s, *ohne pl*> granizo *m;* (*Schauer*) granizada *f*
Hagelkorn *nt* <-(e)s, -körner> ① (METEO) granizo *m*
② (MED: *Geschwulst*) chalazión *m*
hageln ['ha:gəln] I. *vunpers* granizar; **es hagelt** graniza, está granizando
II. *vi, vunpers* (*Fragen, Vorwürfe*) llover
Hagelschaden *m* <-s, -schäden> daño *m* causado por el granizo; **der ~ wurde mit 5000 Euro beziffert** los daños causados por el granizo ascendieron a 5000 euros; **Hagelschauer** *m* <-s, -> granizada *f;* **Hagelschlag** *m* <-(e)s, -schläge> ① (*Schauer*) granizada *f* ② (*Schaden*) daños *mpl* causados por el granizo
hager ['ha:gɐ] *adj* flaco, flamenco *Hond, PRico*
Hagestolz *m* <-es, -e> (*alt iron*) solterón *m* empedernido; **als 50jähriger ~ entschloss er sich zu heiraten** después de toda una vida de soltería, tomó la decisión de casarse a los 50 años
Hagiografie[RR] [hagiogra'fi:] *f* <-, -n>, **Hagiographie** *f* <-, -n>

hagiografía *f*

haha [ha'ha(:)] *interj* ❶ (*Lachen*) ¡ja ja ja!
❷ (*aha*) ¡ajá!, ¡ajajá!

Häher ['hɛːɐ] *m* <-s, -> (ZOOL) arrendajo *m*

Hahn [haːn, *pl:* 'hɛːnə] *m* <-(e)s, Hähne> ❶ (*Tier*) gallo *m*; **er ist der ~ im Korb** (*fam*) es el dueño del cotarro; **nach jdm/etw** *dat* **kräht kein ~ mehr** (*fam*) alguien/algo ya no le interesa a nadie
❷ (*Wasser~*) grifo *m*, bitoque *m Mex*, *RíoPl*; (*Gas~*) llave *f*; **der ~ tropft** el grifo gotea; **jdm den ~ zudrehen** cortarle la ayuda económica a alguien
❸ (*an Schusswaffen*) gatillo *m*

Hähnchen ['hɛːnçən] *nt* <-s, -> pollo *m*

Hahnenfuß *m* <-es, *ohne pl*> (BOT) francesilla *f*, marimoña *f*; **Hahnenfußgewächs** *nt* <-es, -e> espuela *f* de caballero, consólida *f* real

Hahnenkamm *m* <-(e)s, -kämme> cresta *f* (del gallo); **Hahnenkampf** *m* <-(e)s, -kämpfe> pelea *f* de gallos, tapado *m Am*; **Hahnenschrei** *m* <-(e)s, -e> canto *m* del gallo; **beim** [*o* **mit dem**] **ersten ~** cuando despunta el día; **sie steht immer mit dem ersten ~ auf** siempre se levanta a primera hora del día

Hahnentritt *m* <-(e)s, -e> (BIOL) galladura *f*; **Hahnentrittmuster** *nt* <-s, -> pata *f* de gallo

Hahnium ['haːnɪʊm] *nt* <-s, *ohne pl*> (CHEM) hahnio *m*

Hahnrei ['haːnraɪ] *m* <-s, -e> (*alt iron*, *a. abw*) cornudo *m*; **jdn zum ~ machen** ponerle los cuernos a alguien

Hai [haɪ] *m* <-(e)s, -e>, **Haifisch** *m* <-(e)s, -e> tiburón *m*

Haifischflosse *f* <-, -n> aleta *f* de tiburón; **Haifischflossensuppe** *f* <-, -n> sopa *f* de aleta de tiburón

Hain [haɪn] *m* <-(e)s, -e> (*geh*) soto *m*; (*Wäldchen*) bosquecillo *m*

Hainbuche *f* <-, -n> carpe *m*

Haiti [ha'iːti] *nt* <-s> Haití *m*

Haitianer(in) [hai'tjaːnɐ] *m(f)* <-s, -; -, -nen> haitiano, -a *m*, *f*

haitianisch *adj* haitiano

Häkchen ['hɛːkçən] *nt* <-s, -> ❶ (*Zeichen*) señal *f* de conforme (en forma de V); **hinter jedem Namen machte er ein ~** detrás de cada nombre hacía una señal
❷ (*fam: diakritisches Zeichen*) signo *m* diacrítico
❸ (*Wend*) **was ein ~ werden will, krümmt sich beizeiten** (*prov*) no hay nada como empezar de jovencito

Häkelarbeit *f* <-, -en> labor *f* de ganchillo; **Häkelgarn** *nt* <-(e)s, -e> hilo *m* de ganchillo

häkeln ['hɛːkəln] I. *vi* hacer ganchillo
II. *vt* hacer a ganchillo; **einen Pullover ~** hacer un jersey a ganchillo

Häkelnadel *f* <-, -n> (aguja *f* de) ganchillo *m*

haken ['haːkən] I. *vt* (*einhängen*) enganchar
II. *vi* (*klemmen*) atascarse; (*Tür*) cerrar mal; **da hakt es** (*fam*) ahí está la pega

Haken ['haːkən] *m* <-s, -> ❶ (*zum Aufhängen*) gancho *m*, garfio *m*; (*Zeichen*) gancho *m*; **~ schlagen** (*Hase*) rehurtarse, huir en zigzag; (*fig*) cambiar (repentinamente) de rumbo; **mit ~ und Ösen** (*fam*) a toda costa
❷ (*Boxen*) gancho *m*
❸ (*fam: Schwierigkeit*) inconveniente *m*, intríngulis *m inv*; **die Sache hat nur einen ~** es que la cosa tiene un inconveniente

hakenförmig *adj* en [*o* de] forma de gancho, ganchudo

Hakenkreuz *nt* <-es, -e> cruz *f* gamada; **Hakennase** *f* <-, -n> nariz *f* aguileña

Halali [hala'liː] *nt* <-s, -(s)> halalí *m* (*señal que da por concluida la caza*); **zum ~ blasen** tocar halalí

halb [halp] I. *adj* medio; **eine ~e Stunde** media hora; **eine ~e Note** (MUS) una nota blanca; **ein ~er Ton** un semitono; **eine ~e Stelle** (trabajo *m* de) media jornada; **die ~e Wahrheit** la verdad a medias; **sich auf ~em Wege treffen** encontrarse a medio camino; **zum ~en Preis** a mitad de precio; **es ist ~ drei** son las dos y media; **~ Hamburg** medio Hamburgo; **mein Mann ist schon selbst ein ~er Arzt** mi marido tiene tanta afición a la medicina que parece un médico; **nichts H~es und nichts Ganzes** ni chicha ni limoná [*o* limonada]; **keine ~en Sachen machen** no hacer las cosas a medias; **das sind ja noch ~e Kinder** pero si aún son unos chiquillos; **das dauert ja eine ~e Ewigkeit** esto tarda una eternidad; **~ und ~** mitad y mitad; **mit jdm ~e-~e machen** (*fam*) ir a medias con alguien
II. *adv* a medias, medio; **er hat die Arbeit nur ~ getan** ha hecho el trabajo sólo a medias; **nur ~ zuhören** escuchar sólo a medias; **~ öffnen** entreabrir; **das Zimmer ist ~ so groß/so teuer wie das andere** el cuarto es la mitad de grande/cuesta la mitad que el otro; **das ist ~ so schlimm** no es para tanto; **sie ist ~ taub** está medio sorda; **sich ~ totlachen** morirse de risa; **er war ~ verhungert** estaba medio muerto de hambre

Halbaffe *m* <-n, -n> ❶ (ZOOL) lémur *m*
❷ (*fam abw: Idiot*) imbécil *m*

halbamtlich *adj* (POL, PUBL) semioficial

halbautomatisch *adj* semiautomático

Halbbildung *f* <-, *ohne pl*> (*abw*) conocimientos *mpl* superficiales

halbbitter *adj* semiamargo; **eine Tafel ~e Schokolade** una tableta de chocolate semiamargo

Halbblut *nt* <-(e)s, *ohne pl*> ❶ (*Mischling*) mestizo *m* ❷ (*Pferd*) media sangre *m*; **Halbbruder** *m* <-s, -brüder> hermanastro *m*, medio hermano *m*; **Halbbyte** *nt* <-(s), -(s)> (INFOR) nibble *m*, mitad *f* de un byte; **Halbdunkel** *nt* <-s, *ohne pl*> penumbra *f*; **Halbduplex** *nt* <-, *ohne pl*> (INFOR, TEL) semidúplex *m*

Halbe ['halbə] *m o nt o f* <-n, -n, *nach Zahlen*: -> (*fam*) tanque *m* (de cerveza); **drei ~ bitte!** ¡tres tanques, por favor!

Halbedelstein *m* <-(e)s, -e> piedra *f* semipreciosa

halbe-halbe *adv* mitad y mitad; (**mit jdm**) **~ machen** ir a medias (con alguien)

halber ['halbɐ] *präp* +*gen* (*geh*) por, por causa de; **der Ordnung ~** por el orden

halberwachsen *adj* casi adulto; **~ sein** ser un adolescente

Halbfabrikat *nt* <-(e)s, -e> (WIRTSCH) artículo *m* semimanufacturado, producto *m* semiacabado

halbfertig *adj s.* **fertig 1.**

Halbfertigprodukt *nt* <-(e)s, -e> (WIRTSCH) producto *m* semielaborado

halbfest *adj* (*Käse*) semiduro; (*Honig*) semisólido

halbfett *adj* ❶ (TYPO) media negrilla, seminegrita
❷ (*Lebensmittel*) semigraso

Halbfinale *nt* <-s, -> (SPORT) semifinal *f*

halbflüssig *adj* medio líquido, semilíquido

halbgebildet *adj* (*abw*) con una formación deficitaria; **~ sein** tener una formación deficitaria

Halbgeschwister *ntpl* medios hermanos *mpl*, hermanastros *mpl*; **Halbgott, -göttin** *m*, *f* <-(e)s, -götter; -, -nen> (*a. fig*) semidiós, -osa *m*, *f*

Halbheit *f* <-, -en> (*abw: Unzulänglichkeit*) insuficiencia *f*; (*Maßnahme*) medida *f* poco eficaz; **mach keine ~en!** ¡no hagas las cosas a medias!

halbherzig *adj* poco decidido, poco entusiasmado

Halbherzigkeit *f* <-, *ohne pl*> falta *f* de entusiasmo

halbieren* [hal'biːrən] *vt* ❶ (*teilen*) partir por la mitad, dividir (en dos partes iguales)
❷ (*reduzieren*) reducir a la mitad

Halbierung *f* <-, -en> reducción *f* a la mitad [*o* en un 50%]; **wir streben eine ~ des Preisanstiegs an** nuestro objetivo es reducir a la mitad el incremento de los precios

Halbinsel *f* <-, -n> península *f*

Halbjahr *nt* <-(e)s, -e> semestre *m*; **das erste ~** la primera mitad del año; **Halbjahresbericht** [-'----] *m* <-(e)s, -e> (WIRTSCH) informe *m* semestral; **Halbjahresumsatz** *m* <-es, -sätze> (WIRTSCH) volumen *m* semestral de ventas

halbjährig *adj* (*ein halbes Jahr dauernd*) semestral; (*ein halbes Jahr alt*) de seis meses; **ein ~er Kurs** un curso semestral; **ein ~es Baby** un bebé de seis meses

halbjährlich I. *adj* semestral; **meine ~e Untersuchung** mi revisión semestral
II. *adv* cada seis meses; **ich lasse mich ~ untersuchen** cada seis meses me hago una revisión

Halbjude, -jüdin *m*, *f* <-n, -n; -, -nen> medio judío, -a *m*, *f* (*persona cuyo padre o cuya madre es judío o judía*); **mein Opa ist Jude, mein Vater ~** mi abuelo es judío, mi padre es judío sólo por parte de padre; **Halbkanton** *m* <-(e)s, -e> (*Schweiz:* POL) semicantón *m*; **Halbkreis** *m* <-es, -e> semicírculo *m*, hemiciclo *m*; **Halbkugel** *f* <-, -n> ❶ (MATH) semiesfera *f* ❷ (GEO) hemisferio *m*; **die nördliche/südliche ~** el hemisferio norte/sur

halblang (*Rock*) que llega a media pierna; (*Haar*) media melena; **nun mach mal ~!** (*fam*) ¡frénate!, ¡deja de exagerar tanto!

halblaut *adj* a media voz

Halblederband *m* <-(e)s, -bände> (encuadernación *f* en) media pasta *f*

Halbleinenband *m* <-(e)s, -bände> encuadernación *f* en tela mixta

Halbleiter *m* <-s, -> (ELEK, INFOR) semiconductor *m*

halblinks [-'--] *adj s.* **links I.**

halbmast *adv:* **auf ~** a media asta; **~ flaggen** poner la bandera a media asta

Halbmesser *m* <-s, -> (*Radius*) radio *m*; **Halbmetall** *nt* <-s, -e> (CHEM) semimetal *m*; **Halbmond** *m* <-(e)s, -e> media luna *f*

halbmondförmig *adj* en forma de hoz [*o* de medialuna]

halbnackt ['--'-] *adj s.* **nackt**

halboffen ['--'--] *adj s.* **offen 1.**

halbpart ['halppart] *adv:* (**mit jdm**) **~ machen** (*fam*) ir a medias (con alguien)

Halbpension *f* <-, *ohne pl*> media pensión *f*
halbrechts ['-'-] *adj s*. **rechts I**.
halbrund *adj* semicircular
Halbschatten *m* <-s, -> media luz *f*, semisombra *f*; (*a.* ASTR) penumbra *f*; **Halbschlaf** *m* <-(e)s, *ohne pl*> sueño *m* ligero, duermevela *f*; **im ~ liegen** estar medio dormido [*o* en duermevela]; **Halbschuh** *m* <-(e)s, -e> zapato *m* abotinado; **Halbschwergewicht** *nt* <-(e)s, *ohne pl*> (SPORT) peso *m* semipesado; **Halbschwergewichtler(in)** *m(f)* <-s, -; -, -nen> (SPORT) peso *mf* semipesado, -a; **Halbschwester** *f* <-, -n> hermanastra *f*, media hermana *f*
halbseitig *adj* ❶ (MED): **~e Lähmung** hemiplejía *f*
❷ (*Anzeige*) de media página
Halbstarke(r) *mf* <-n, -n; -n, -n> (*fam abw*) gamberro, -a *m*, *f*
halbstündig ['halpʃtʏndɪç] *adj* de media hora
halbstündlich ['halpʃtʏntlɪç] *adj* cada media hora
Halbstürmer(in) *m(f)* <-s, -; -, -nen> (SPORT) centrocampista *mf*, mediocampista *mf*
halbtags ['halpta:ks] *adv* media jornada; **~ arbeiten** trabajar media jornada
Halbtagsarbeit *f* <-, -en>, **Halbtagsbeschäftigung** *f* <-, -en> trabajo *m* de media jornada; **Halbtagskraft** *f* <-, -kräfte> empleado, -a *m*, *f* de media jornada
Halbton *m* <-(e)s, -töne> (MUS) semitono *m*
halbtot ['-'-] *adj s.* **tot**
Halbvokal *m* <-(e)s, -e> (LING) semivocal *f*
halbvoll ['-'-] *adj s.* **voll I**.
halbwach ['-'-] *adj s.* **wach 1**.
Halbwahrheit *f* <-, -en> media verdad *f*, verdad *f* a medias; **Halbwaise** *f* <-, -n> huérfano, -a *m*, *f* (de padre o de madre); **Halbwaren** *fpl* productos *mpl* semielaborados
halbwegs ['halpve:ks] *adv* más o menos, casi
Halbwelt *f* <-, *ohne pl*> bajos fondos *mpl*, (mundo *m* del) hampa *f*
Halbwertszeit *f* <-, -en> (PHYS) vida *f* media radiactiva
Halbwissen *nt* <-s, *ohne pl*> (*abw*) conocimientos *mpl* superficiales
halbwüchsig *adj* adolescente; **eine ~e Tochter erziehen** educar a una adolescente
Halbwüchsige(r) ['-vy:ksɪgə] *mf* <-n, -n; -n, -n> adolescente *mf*
Halbzeit *f* <-, -en> (SPORT): **erste/zweite ~** primer/segundo tiempo *m*; **in der ~** en el descanso
Halde ['haldə] *f* <-, -n> (BERGB: *Abraum-*) escombrera *f*; (*Kohle-*) existencias *fpl* de carbón en bocamina; (*Müll-*) montaña *f* de desperdicios [*o* de basura]; **auf ~ legen/produzieren** almacenar/producir en stock
half [half] *3. imp von* **helfen**
Hälfte ['hɛlftə] *f* <-, -n> mitad *f*; **Kinder zahlen die ~** los niños pagan la mitad; **in der gegnerischen ~** (SPORT) en el campo contrario; **um die ~ größer/ kleiner** la mitad más grande/pequeño; **nur die ~ verstehen** entender sólo la mitad; **meine bessere ~** (*fam*) mi media naranja; **auf der ~ des Weges** a mitad de camino
hälften ['hɛlftən] *vt s.* **halbieren**
Halfter¹ ['halftɐ] *m o nt* <-s, -> (*für Tiere*) cabestro *m*, ronzal *m*, bozal *m* *Am*
Halfter² *nt* <-s, ->, *f* <-, -n> (*für Pistolen*) pistolera *f*, cañonera *f Am*
Hall [hal] *m* <-(e)s, -e> (*Klang, Echo*) resonancia *f*
Halle ['halə] *f* <-, -n> (*Fabrik-, Lager-*) nave *f*; (*Bahnhofs-*) vestíbulo *m*; (*Flughafen-*) terminal *f*; (*Hangar*) hangar *m*; (*Ausstellungs-*) pabellón *m*; (*Messe-*) recinto *m* ferial; (*Hotel-*) hall *m*; (*Turn-*) gimnasio *m*; **in diesen heiligen ~n** (*fam iron*) en estos sagrados recintos; **in der ~** (SPORT) en pista cubierta
halleluja(h) [hale'lu:ja] *interj* ¡aleluya!
Halleluja(h) *nt* <-s, -s> (REL) aleluya *m o f*; **das ~ anstimmen** entonar el aleluya
hallen ['halən] *vi* resonar, retumbar
Hallenbad *nt* <-(e)s, -bäder> piscina *f* cubierta; **Hallensport** *m* <-(e)s, -e> deporte *m* en pista cubierta; **Hallenturnen** *nt* <-s, *ohne pl*> gimnasia *f* deportiva
Hallig ['halɪç, *pl:* 'halɪgən] *f* <-, -en> (GEO) pequeña isla frente a las costas de Schleswig-Holstein no protegida por dique
Hallimasch ['halimaʃ] *m* <-(e)s, -e> (BOT) hongo *m* color de miel
hallo ['halo, ha'lo:] *interj* ❶ (*Gruß*) ¡hola!
❷ (*Zuruf*) ¡oiga!, ¡eh!; **~, Sie!** ¡oiga Ud.!
Hallo ['halo, ha'lo:] *nt* <-s, -s> ❶ (*Freude*) alegría *f*
❷ (*reg: Aufsehen*) barullo *m*, jaleo *m*; **es gab ein großes ~** había un gran barullo
Hallodri [ha'lo:dri] *m* <-s, -s> (*Österr, südd*) alborotador *m*, alborotapueblos *m inv*
Halluzination [halutsina'tsjoːn] *f* <-, -en> alucinación *f*
halluzinogen *adj* (BIOL, CHEM) alucinógeno; **~e Drogen stehen unter Strafe** los alucinógenos están penalizados
Halluzinogen [halutsino'ge:n] *nt* <-s, -e> (MED) alucinógeno *m*

Halm [halm] *m* <-(e)s, -e> paja *f*; **auf dem ~ verkaufen** (AGR) vender antes de la cosecha
Halmtaxe *f* <-, -n> (JUR) tasa *f* pendiente
Halo ['ha:lo, *pl:* ha'lo:nən] *m* <-(s), -s *o* Halonen> (PHYS) halo *m*
halobio(n)tisch [halobi'ɔntɪʃ, halobi'o:tɪʃ] *adj* (BIOL) halobiótico
Halogen [halo'ge:n] *nt* <-s, -e> (CHEM) halógeno *m*
Halogenbirne *f* <-, -n> bombilla *f* halógena; **Halogenlampe** *f* <-, -n>, **Halogenleuchte** *f* <-, -n> lámpara *f* halógena; **Halogenscheinwerfer** *m* <-s, -> (AUTO) faro *m* halógeno
Halonen *pl von* **Halo**
Halophyt [halo'fy:t] *m* <-en, -en> (BOT) halófito *m*
Hals [hals, *pl:* 'hɛlzə] *m* <-es, Hälse> ❶ (ANAT) cuello *m*; (*Kehle*) garganta *f*; **den ~ recken** estirar el cuello; **sich** *dat* **nach jdm den ~ verrenken** (*fam*) esperar a alguien ansiosamente; **das Wasser steht ihm bis zum ~** está con el agua al cuello; **~ über Kopf** (*fam: plötzlich*) de golpe y porrazo; (*unüberlegt*) de cabeza; **jdm um den ~ fallen** arrojarse al cuello de alguien; **sich jdm an den ~ werfen** (*fam*) pegarse a [*o* colgarse de] alguien; **sich** *dat* **den ~ brechen** (*fam*) romperse el cuello; (*fig*) estrellarse; **jdm den ~ umdrehen** (*fam*) arruinar (económicamente) a alguien; **wer hat uns die Polizei auf den ~ gehetzt?** (*fam*) ¿quién nos ha echado encima la policía?; **sich** *dat* **jdn/etw vom ~ schaffen** (*fam*) quitarse a alguien/algo de encima; **aus vollem ~** a voz en cuello, a grito pelado; **das Wort blieb ihm im ~(e) stecken** la palabra se le quedó atragantada en la garganta; **er hat viel am ~** (*fam*) tiene muchas preocupaciones; **bleib mir mit deinen Problemen vom ~** (*fam*) ¡déjame tranquilo con tus problemas!; **das hängt mir zum Heraus** (*fam*) estoy hasta el gorro; **etw in den falschen ~ bekommen** (*fam*) entender mal algo; **sie kann den ~ nicht voll kriegen** (*fam*) no se conforma con nada
❷ (*Flaschen-*) cuello *m*
❸ (*von Instrument*) mango *m*
Halsabschneider(in) *m(f)* <-s, -; -, -nen> (*fam abw*) usurero, -a *m*, *f*
Halsausschnitt *m* <-(e)s, -e> escote *m*, canesú *m SAm*; **Halsband** *nt* <-(e)s, -bänder> ❶ (*für Hunde, Katzen*) collar *m* ❷ (*Samt-*) gargantilla *f*
halsbrecherisch ['halsbrɛçərɪʃ] *adj* peligrosísimo, arriesgado
Halsbund *m* <-(e)s, -bünde> ribete *m* del cuello; **Halsentzündung** *f* <-, -en> inflamación *f* de garganta, faringitis *f inv*; **Halskette** *f* <-, -n> collar *m*, cadena *f* del cuello; (*Kollier*) gargantilla *f*; **Halskrause** ['-krauzə] *f* <-, -n> (*gefältelter Kragen*) gorguera *f*, lechuguilla *f*; (*bei Vögeln*) collar *m*; (MED) collarín *m*
Hals-Nasen-Ohren-Arzt, -Ärztin [---'---] *m*, *f* <-es, -Ärzte; -, -nen> otorrinolaringólogo, -a *m*, *f*, otorrino, -a *m*, *f fam*
Halsschlagader *f* <-, -n> (arteria *f*) carótida *f*; **Halsschmerzen** *mpl* dolor *m* de garganta; **ich habe ~** me duele la garganta; **Halsschmuck** *m* <-(e)s, *ohne pl*> collares *mpl*
halsstarrig *adj* (*abw*) tozudo, cabezón
Halsstarrigkeit *f* <-, *ohne pl*> (*abw*) terquedad *f*, testarudez *f*, cabezonería *f*
Halstuch *nt* <-(e)s, -tücher> pañuelo *m* (del cuello), golilla *f Bol, Urug*; (*Foulard*) fular *m*
Hals- und Beinbruch *interj* ¡buena suerte!; **~ für deinen Wettkampf!** ¡buena suerte en la competición!
Halsweite *f* <-, -n> talla *f* de cuello [*o* de camisa]; **welche ~ haben Sie?** ¿qué talla de cuello usa?; **Halswirbel** *m* <-s, -> vértebra *f* cervical
halt [halt] **I.** *adv* (*Schweiz, Österr, südd: eben*) pues; **wir müssen es ~ versuchen** pues no tenemos más remedio que intentarlo; **die Dinge sind ~ so** (pues) es que las cosas son así
II. *interj* ❶ (*zum Anhalten*) ¡alto!
❷ (*zum Aufhören*) ¡basta!
Halt¹ *m* <-(e)s, *ohne pl*> (*Stütze*) apoyo *m*, sostén *m*; **~ suchen/finden** buscar/encontrar apoyo; **den ~ verlieren** perder el equilibrio; **keinen ~ haben** estar sin amparo; **innerer ~** equilibrio espiritual
Halt² *m* <-(e)s, -e *o* -s> ❶ (*Stopp*) parada *f*; **ohne ~ durchfahren** viajar sin efectuar paradas; **~ machen** parar, detenerse; **vor nichts ~ machen** no retroceder ante nada
❷ (*Schweiz: Grundstücksgröße*) área *f* (de superficie)
hält [hɛlt] *3. präs von* **halten**
haltbar *adj* ❶ (*Lebensmittel*) conservable; **begrenzt ~** conservable por tiempo limitado; **mindestens ~ bis 10. August** consumir preferentemente antes del 10 de agosto; **~ machen** conservar
❷ (*strapazierfähig*) resistente, duradero
❸ (*Behauptung, Theorie*) sostenible
❹ (SPORT) parable; **der Schuss war ~** el tiro se hubiese podido parar
Haltbarkeit *f* <-, *ohne pl*> ❶ (*von Lebensmitteln*) tiempo *m* de conservación, durabilidad *f*
❷ (*Strapazierfähigkeit*) resistencia *f*
Haltbarkeitsdatum *nt* <-s, -daten> fecha *f* de caducidad
Haltbarmachung *f* <-, *ohne pl*> (GASTR) conservación *f*

Haltegriff *m* <-(e)s, -e> asidero *m*, agarradero *m*

halten ['haltən] <hält, hielt, gehalten> **I.** *vi* ❶ (*stehen bleiben*) parar, detenerse; ~ **Sie bitte an der Ecke** pare en la esquina, por favor; **halt mal, ich wollte dir noch (et)was sagen** (*fam*) espera, quería decirte otra cosa

❷ (*festsitzen*) estar fijo; (*ganz bleiben*) estar entero; (*haltbar sein*) aguantar; **die Klebung hält endlich** el pegamento funciona por fin; **das muss gelötet werden, sonst hält das nicht** hay que soldarlo, sino no aguantará; **das Seil hat nicht ge~** la cuerda no ha aguantado; **die Schuhe ~ lange** los zapatos aguantan mucho; **ihre Freundschaft hat nicht lange ge~** su amistad no aguantó mucho

❸ (*festhalten*) aguantar; **hier, halt mal!** ¡agarra aquí!; **kannst du mal einen Moment ~?** ¿puedes aguantar un momento?

❹ (*erhalten*) mantener; (*widerstandsfähig sein*) resistir, ser resistente; **Sport hält jung** el deporte mantiene en forma

❺ (*zielen*) apuntar; **mit dem Bogen mehr nach links/nach oben ~** apuntar más a la izquierda/derecha con el arco

❻ (*dauern*) durar; (*Stoff, Konserven*) conservarse; (*Wetter*) mantenerse; **die Zwiebeln ~ nicht mehr lange** las cebollas no aguantarán mucho

❼ (*mit präp*): **an sich ~** contenerse, dominarse; **ich musste an mich ~, um nicht zu lachen** tuve que contenerme para no reír; **streng auf Ordnung ~** mantener un orden severo; **sie hält sehr auf gute Tischmanieren** le da mucha importancia a los modales en la mesa; **auf sich ~** cuidar uno su imagen [*o* fama]; **wer etwas auf sich hält, kann sich dort nicht sehen lassen** si uno se precia un poco no se deja caer por allí; **zu jdm ~** apoyar a alguien; **auch in der größten Bedrängnis hat er zu mir ge~** incluso en las situaciones más comprometidas me ha apoyado

II. *vt* ❶ (*festhalten*) sostener, sujetar; (*hineinhalten*) poner, meter; **hältst du mir mal den Hut?** ¿me puedes aguantar [*o* sostener] el sombrero?; **sich** *dat* **den Bauch vor Lachen ~** (*fam*) agarrarse la barriga de tanto reír; **die Beine ins Wasser ~** meter las piernas en el agua; **er hielt den Arm in die Höhe** tenía el brazo levantado; **¿was hältst du den Kopf so gesenkt, bist du müde?** ¿por qué agachas tanto el cabeza? ¿es que estás cansado?; **halte den Rücken gerade!** mantén la columna recta; **halt den Mund!** (*fam*) ¡cierra el pico!

❷ (*zurückhalten*) retener; (*aufhalten*) detener; (SPORT) tener, parar; **bitte geh, ich halte dich nicht!** ¡vete, no quiero retenerte!; **mich hält hier nichts mehr** nada me retiene aquí; **wenn ihr Rockidol auftritt, ist sie nicht mehr zu ~** cuando aparece su ídolo de rock, ya no hay quien la pare; **der Pfeiler konnte die Brücke nicht mehr ~** el pilar no pudo sostener el puente; **der Tormann hat den Ball ge~** el portero ha parado la pelota

❸ (*besitzen*) tener; (*beschäftigen*) tener (empleado); (*behandeln*) tratar; **einen Hund ~** tener un perro; **bei unserem Einkommen können wir das Auto nicht mehr ~** con lo que ganamos no podemos mantener el coche; **Anteile ~** tener acciones; **sich** *dat* **einen Chauffeur ~** tener un chófer; **die Kriegsgefangenen wurden wie Vieh ge~** los prisioneros fueron tratados como animales; **er hält seine Kinder sehr streng** educa a sus hijos con severidad

❹ (*weiter innehaben, behalten*) mantener; (*verteidigen*) defender; **ein Land besetzt ~** mantener ocupado un país; **diese Position wird auf die Dauer nicht zu ~ sein** esta posición no se podrá sostener a a la larga; **hoffentlich kann ich den Weltrekord ~** espero poder mantener el récord del mundo; **wir hielten Kurs auf Hamburg** manteníamos rumbo a Hamburgo; **die Verteidiger hielten ihre Stellungen weiterhin** los defensores siguieron aguantando las líneas

❺ (*einhalten, erfüllen*) cumplir; (*abhalten: Rede*) pronunciar; (*Unterricht*) dar, dictar *Am*; (*handhaben*) manejar; **er hielt eine kurze Rede** pronunció un breve discurso; **er hat seine Versprechen noch nie ge~** nunca ha mantenido sus promesas; **was man verspricht, muss man auch ~** lo prometido es deuda; **der Film hält nicht, was er Titel verspricht** la película es menos buena de lo que promete; **wir ~ es ähnlich** tenemos una opinión parecida; **wie hältst du es mit der Erziehung deiner Kinder?** ¿cuál es tu concepción de la educación de tus hijos?; **das kannst du ~, wie du willst** hazlo como quieras

❻ (*gestalten*) decorar; (*erhalten*) guardar; **das Zimmer ganz in Weiß ~** decorar la habitación de blanco; **sie hält die Fußböden immer peinlich sauber** siempre tiene el suelo como una patena; **kannst du deine Kleidung nicht in besserem Zustand ~?** ¿no podrías cuidar un poco más tu ropa?; **würden Sie mir diesen Platz bitte besetzt ~?** ¿puede guardarme el sitio?

❼ (*erachten*): **etw/jdn für etw ~** tomar algo/a alguien por algo; **ich habe sie für deine Schwester ge~** la tomé por [*o* confundí con] tu hermana; **ich halte sie für ziemlich intelligent** le considero bastante inteligente; **ich hätte sie für ehrlicher ge~** pensaba que era más sincera; **das halte ich nicht für möglich** no lo considero posible; **viel/nichts von jdm ~** tener mucha/no tener ninguna fe en alguien; **von diesem Vorschlag halte ich viel** esta propuesta me parece muy interesante; **vom Sparen scheint er nicht viel zu ~** parece que el ahorro no es lo suyo; **wofür ~ Sie mich?** ¿por quién me toma Ud.?; **was ~ Sie davon?** ¿qué le parece?; **was hieltest du davon, wenn wir heute Abend essen gingen?** ¿qué te parecería si saliéramos a cenar esta noche?

III. *vr*: **sich** ❶ (*bleiben*) mantenerse; (*haltbar sein*) conservarse; **dein Vater hat sich aber gut ge~** tu padre se ha conservado muy bien; **du hast dich in der Prüfung hervorragend ge~** lo has hecho muy bien en el examen; **wenn sie sich weiter so wacker hält, wird sie siegen** si sigue aguantando así, ganará; **im Kühlschrank hält sich die Milch gut drei Tage** en la nevera, la leche puede conservarse hasta tres días; **der Nebel hielt sich bis zum Mittag** la niebla se mantuvo hasta el mediodía; **trotz der hauchdünnen Mehrheit hielt sich die Regierung noch über ein Jahr** a pesar de la precaria minoría, el gobierno aguantó todavía un año; **ich halte mich lieber an Mineralwasser** prefiero seguir tomando agua mineral; **ich halte mich lieber an ihn, auf ihn kann man sich verlassen** prefiero hacerle caso a él, es alguien de quien uno se puede fiar; **wenn du hier etwas erreichen willst, musst du dich an den Chef ~** si quieres conseguir algo aquí, tienes que tener buenas relaciones con el jefe

❷ (*sich orientieren*) atenerse (an a); ~ **Sie sich links/Richtung Norden** siga por la izquierda/en dirección norte; **ich halte mich immer an die Vorschriften** siempre respeto el reglamento; **er hält sich für besonders klug** se cree especialmente listo

❸ (*sich aufrecht halten*) mantenerse; (*festhalten*) tenerse, agarrarse; **sich auf den Beinen ~** tenerse en pie; **sich im Gleichgewicht ~** mantener el equilibrio; **er hält sich schlecht/gut** aguanta bien/mal; **ich kann mich nicht mehr ~** ya no consigo tenerme; **halte dich gerade!** ¡mantente derecho!

Halteplatz *m* <-es, -plätze> parada *f*; **Haltepunkt** *m* <-(e)s, -e> parada *f*

Halter(in) *m(f)* <-s, -; -, -nen> (*Fahrzeug~, Tier~*) dueño, -a *m, f*

Halterhaftung *f* <-, *ohne pl*> (JUR) responsabilidad *f* del tenedor

Halterung *f* <-, -en> soporte *m*

Haltestelle *f* <-, -n> parada *f*

Halteverbot *nt* <-(e)s, -e> estacionamiento *m* prohibido; **absolutes/eingeschränktes ~** estacionamiento prohibido/limitado; **hier ist ~** aquí está prohibido estacionar; **im ~ stehen/parken** estacionar/aparcar en zona prohibida; **Halteverbot(s)schild** *nt* <-(e)s, -er> señal *f* de estacionamiento prohibido

haltlos *adj* ❶ (*Mensch*) inconstante, veleidoso

❷ (*Theorie*) inconsistente; (*Argument*) endeble; (*Behauptung*) insostenible

Haltlosigkeit *f* <-, *ohne pl*> ❶ (*von Mensch*) inconstancia *f*, volubilidad *f*

❷ (*von Theorie*) inconsistencia *f*

halt|machen *vi s.* **Halt**² **1.**

Haltung¹ *f* <-, *ohne pl*> ❶ (*Fassung*) serenidad *f*, dominio *m* de sí (mismo); **~ bewahren** mantener la serenidad

❷ (*von Tieren*) tenencia *f*; (*Tierzucht*) cría *f*

Haltung² *f* <-, -en> ❶ (*Körper~*) postura *f*, porte *m*; (*Stellung*) posición *f*; **in gebückter ~** encorvado; **eine gute/schlechte ~ haben** mantenerse derecho/mal; **~ annehmen** [*o* **einnehmen**]! (MIL) ¡firmes!

❷ (*Einstellung*) posición *f*, actitud *f*; **eine klare ~ zu einer Frage einnehmen** adoptar una posición clara frente a una cuestión

❸ (*Benehmen*) comportamiento *m*, conducta *f*

Haltungsfehler *m* <-s, -> ❶ (SPORT) postura *f* errónea ❷ (MED) mala postura *f*; **Haltungsschaden** *m* <-s, -schäden> (MED) lesión *f* por mala postura; **er bekam einen ~, weil er immer schief lief** tenía una lesión que se debía a un defecto por andar siempre ladeado [*o* torcido]

Halunke [ha'lʊŋkə] *m* <-n, -n> canalla *m*, granuja *m*

Hämatit [hɛma'tiːt] *m* <-s, -e> (GEO) hematites *f inv*

Hämatom [hɛma'toːm] *nt* <-s, -e> (MED) hematoma *m*

Hamburg ['hambʊrk] *nt* <-s> Hamburgo *m*

Hamburger¹ ['hambʊrɡɐ] *m* <-s, -> (GASTR) hamburguesa *f*

Hamburger² *adj inv* de Hamburgo, hamburgués

Hamburger(in)³ *m(f)* <-s, -; -, -nen> hamburgués, -esa *m, f*

hamburgisch ['hambʊrɡɪʃ] *adj* de Hamburgo, hamburgués; **ein bekannter ~er Stadtteil** un barrio conocido de Hamburgo

Häme ['hɛːmə] *f* <-, *ohne pl*> malicia *f*, malevolencia *f*; **voller ~ erzählt sie von dem Unglück ihrer Nachbarn** hablaba con toda la malicia [*o* malevolencia] del mundo del accidente de su vecino

hämisch ['hɛːmɪʃ] *adj* malicioso

Hammel ['haməl] *m* <-s, -> ❶ (*Schafbock*) carnero *m*

❷ (*vulg: Mensch*) imbécil *mf*, gilipollas *mf inv*; **blöder ~!** ¡gilipollas!

Hammelbeine *ntpl*: **jdm die ~ langziehen** (*fam*) echarle un rapapolvo a alguien; **jdn bei den ~n kriegen** [*o* **nehmen**] (*fam*) pedirle cuentas a alguien, llamar [*o* traer] a alguien a capítulo; **Hammelbraten** *m* <-s, -> asado *m* de carnero; **Hammelfleisch** *nt* <-(e)s, *ohne pl*> carne *f* de carnero; **Hammelherde** *f* <-, -n> rebaño *m* de carneros; **sie benehmen sich wie eine ~!** (*fam abw*) ¡se comportan como si fueran una manada de cabras!; **diese ~!** (*fam abw*) ¡vaya una caterva de gente!; **Hammelkeule** *f* <-, -n> pata *f* de carnero; **Hammelkotelett** *nt* <-s, -s> chuleta *f* de carnero; **Hammelrücken** *m* <-s, -> (GASTR) lomo *m* de carnero; **Hammelsprung** *m* <-(e)s, -sprünge> (POL: *Abstimmungsverfahren*) votación *f* por grupos

Hammer ['hamɐ, *pl:* 'hɛmɐ] *m* <-s, Hämmer> ❶ (*Werkzeug, a.* SPORT) martillo *m*; **unter den ~ kommen** subastarse

❷ (ANAT) martillo *m*

❸ (MUS) macillo *m*

❹ (*fam: Fehler*) burrada *f*, error *m* garrafal; **in seinem Diktat waren einige dicke Hämmer** en su dictado había algunos errores garrafales; **einen ~ haben** (*fam*) estar sonado

❺ (*fam: Zumutung*): **das ist ja der ~!** ¡esto es el colmo!

hämmern ['hɛmɐn] I. *vi* ❶ (*Maschine, Person*) martillear

❷ (*Puls, Herz*) palpitar

❸ (*mit den Fäusten*) golpear con los puños

II. *vt* ❶ (*Metall, Blech*) golpear, martillear

❷ (*fam: Melodie*) martillear, machacar

Hammerschlag *m* <-(e)s, -schläge> golpe *m* de martillo; **Hammerstiel** *m* <-(e)s, -e> mango *m* de un martillo; **Hammerwerfen** *nt* <-s, *ohne pl*> (SPORT) lanzamiento *m* de martillo; **Hammerwerfer(in)** *m(f)* <-s, -; -, -nen> (SPORT) lanzador(a) *m(f)* de martillo; **Hammerzehe** *f* <-, -n> (MED) dedo *m* en forma de martillo

Hammondorgel *f* <-, -n> (MUS) órgano *m* electrónico

Hämoglobin [hɛmoɡloˈbiːn] *nt* <-s, *ohne pl*> (MED) hemoglobina *f*

Hämophilie [hɛmofiˈliː, *pl:* hɛmofiˈliːən] *f* <-, -n> (MED) hemofilia *f*

Hämorrhoiden [hɛmoroˈiːdən] *pl*, **Hämorriden**[RR] *pl* (MED) hemorroides *fpl*

Hampelmann ['hampəlman] *m* <-(e)s, -männer> ❶ (*Spielzeug*) muñeco de madera que mueve brazos y piernas al tirar de un cordel

❷ (*fam abw: Mensch*) fantoche *m*, mamarracho *m*

hampeln *vi* (*fam*) no parar quieto; **hör auf zu ~!** ¡estáte quieto!

Hamster ['hamstɐ] *m* <-s, -> (ZOOL) hámster *m*

Hamsterbacken *fpl* (*fam*) mofletes *mpl*; **iss nicht so viel Schokolade, du hast ja schon richtige ~!** ¡no comas más chocolate que ya tienes unos buenos mofletes!

Hamsterer, -in *m, f* <-s, -; -, -nen> (*fam*) acaparador(a) *m(f)*; **wenn es Sonderangebote gibt, kommen die ~** cuando hay rebajas vienen los que lo quieren acaparar todo

Hamsterkauf *m* <-(e)s, -käufe> acaparamiento *m*

hamstern *vt* acaparar, amontonar

Hand [hant, *pl:* 'hɛndə] *f* <-, Hände> mano *f*; **die öffentliche ~** el sector público; **an ~ von** por medio de; **von ~** a mano; **jdm die ~ geben/schütteln** dar/estrechar la mano a alguien; **linker/rechter ~** a mano izquierda/derecha; **linker/rechter ~ sehen Sie ...** a su izquierda/derecha pueden observar...; **von ~ verarbeiten** elaborar a mano; **aus erster/zweiter ~** de primera/segunda mano; **eine ~ voll** un puñado; **eine ~ voll Zuschauer** un puñado de espectadores; **alle Hände voll zu tun haben** (*fam*) estar agobiado de trabajo; **etw aus der ~ legen** soltar algo; **etw in die ~ nehmen** coger [*o* tomar] algo con la mano; (*fig*) hacerse cargo de algo; **in die Hände klatschen** dar palmadas [*o* palmas]; **etw zur ~ haben** tener algo a mano; **jds rechte ~ sein** ser el brazo derecho de alguien; **zwei linke Hände haben** (*fam*) ser un manazas; **sich mit Händen und Füßen verständigen** (*fam*) entenderse por señas; **sich mit Händen und Füßen gegen etw wehren** (*fam*) defenderse con uñas y dientes contra algo; **ein gutes Blatt auf der ~ haben** tener buenas cartas; **~ und Fuß haben** tener pies y cabeza; **weder ~ noch Fuß haben** no tener pies ni cabeza; **seine Hände in Unschuld waschen** (*geh*) lavarse las manos; **die Hände über dem Kopf zusammenschlagen** (*fam*) llevarse las manos a la cabeza; **die ~ im Spiel haben** andar en el ajo; **es lässt sich nicht von der ~ weisen, dass ...** no se puede negar que...; **~ in ~** (cogidos) de la mano; **~ in ~ mit jdm arbeiten** trabajar mano a mano con alguien, complementarse en el trabajo; **~ anlegen** echar una mano; **freie ~ haben** tener plena libertad (*zu* para); **das liegt auf der ~** es obvio; **man konnte nicht die ~ vor Augen sehen** estaba tan oscuro que no se podía ver ni la mano delante de los ojos; **für etw/jdn die ~** [*o* **seine**] **~ ins Feuer legen** poner la mano en el fuego por algo/alguien; **von der ~ in den Mund leben** vivir al día; **er ist bei ihnen in guten Händen** con ellos está en buenas manos; **in festen Händen sein** (*fam*) estar comprometido, tener un compromiso; **etw von langer ~ planen** planear algo con mucha antelación; **etw unter der ~ verkaufen** vender algo bajo mano; **mit etw** *dat* **schnell bei der ~ sein** (*fam*) no vacilar en hacer o decir algo; **jdm etw zu treuen Händen übergeben** dejar algo en manos de alguien, encomendar algo a alguien; **jdm etw in die ~ drücken** ponerle a alguien algo en la mano; **jdm in die Hände fallen** caer en manos de alguien; **etw aus der ~ geben** dejar algo en manos de otro; **jdn an der ~ haben** (*fam*) conocer a alguien que puede ser útil; **jdn in der ~ haben** tener a alguien en un puño; **jdm aus der ~ lesen** leer la mano a alguien; **jdm die ~ auflegen** bendecir a alguien; **an jdn ~ anlegen** pegar a alguien; **wehe, du legst ~ an mich!** ¡ay de ti como me pongas la mano encima!; **in die Hände spucken** (*fig*) poner manos a la obra; **jdn auf Händen tragen** llevar en palmas [*o* palmitas] a alguien, hacer todo por alguien; **zu jds Händen, zu Händen von jdm** a la atención de alguien, a manos de alguien; **Hände hoch!** ¡arriba las manos!; **Hände weg!** ¡no tocar!, ¡quita las manos de ahí!; **eine ~ wäscht die andere** (*prov*) amor con amor se paga

Handakte *f* <-, -n> (JUR) acta *f* de mano; **Handänderung** *f* <-, -en> (*Schweiz: Besitzerwechsel*) cambio *m* de propietario; **Handapparat** *m* <-(e)s, -e> libros *mpl* (especializados) de consulta; **der ~ der Romanisten steht in der Bibliothek** los libros de consulta para los estudiantes de Hispánicas están en la biblioteca

Handarbeit[1] *f* <-, *ohne pl*> (*Tätigkeit*) trabajo *m* manual; **etw in ~ anfertigen** hacer algo a mano

Handarbeit[2] *f* <-, -en> ❶ (*Gegenstand*) objeto *m* hecho a mano; (*kunstgewerblich*) artesanía *f*

❷ (*textile ~*) labores *fpl*

Handaufheben *nt* <-s, *ohne pl*>: **durch ~** a mano alzada

Handauflegen *nt* <-s, *ohne pl*>: **durch ~** poniendo la(s) mano(s) encima; **Wundertäter sollen Menschen durch bloßes ~ heilen** se dice de los milagreros que curan a la gente tocándola simplemente con las manos

Handball *m* <-(e)s, *ohne pl*> (*Spiel*) balonmano *m*; **Handballen** *m* <-s, -> (ANAT) pulpejo *m*

Handballer(in) *m(f)* <-s, -; -, -nen> (*fam*) *s.* **Handballspieler**

Handballspiel *nt* <-(e)s, -e> partido *m* de balonmano; **Handballspieler(in)** *m(f)* <-s, -; -, -nen> jugador(a) *m(f)* de balonmano

Handbedienung *f* <-, -en> mando *m* manual; **mit ~** (que funciona) manualmente; **Handbetrieb** *m* <-(e)s, *ohne pl*> accionamiento *m* manual; **Handbewegung** *f* <-, -en> movimiento *m* de la mano; **Handbibliothek** *f* <-, -en> biblioteca *f* manual; **Handbohrer** *m* <-s, -> taladro *m*

handbreit I. *adj* de un palmo; **ein ~er Spalt** una rendija de un palmo

II. *adv*: **die Tür ließ sich nur ~ öffnen** la puerta sólo se podía abrir un palmo

Handbreit *f* <-, -> palmo *m*

Handbremse *f* <-, -n> (AUTO) freno *m* de mano; **die ~ ziehen** echar el freno de mano; **Handbuch** *nt* <-(e)s, -bücher> manual *m*

Händchen ['hɛntçən] *nt* <-s, -> (*fam*): **~ halten** hacer manitas; **sieh mal, wer uns da ~ haltend entgegenkommt!** ¡mira quién viene hacia nosotros haciendo manitas!; **ein ~ für etw haben** tener buena mano para algo

händchenhaltend *adj o adv s.* **Händchen**

Handcreme *f* <-, -s> crema *f* de manos; **Handdiktiergerät** *nt* <-(e)s, -e> dictáfono *m* portátil

Händedruck *m* <-s, -drücke> apretón *m* de manos

Handel ['handəl] *m* <-s, *ohne pl*> ❶ (*Gewerbe*) comercio *m*; (*Markt*) mercado *m*; (*verbotener ~*) tráfico *m*; **der ~ in unnotierten Werten/mit dem Dollarraum** el comercio de títulos no cotizados/en el área del dólar; **der ~ mit Edelsteinen** el comercio de piedras preciosas; **freier ~** libre comercio; **etw in den ~ bringen** sacar algo al mercado; **etw aus dem ~ ziehen** retirar algo del mercado; **mit etw** *dat*/**jdm ~ treiben** comerciar con algo/alguien; **im ~ sein** estar a la venta

❷ (*Geschäft*) negocio *m*

Händel ['hɛndəl] *mpl* (*geh*) contienda *f*, disputa *f*, reyerta *f*

handeln ['handəln] I. *vi* ❶ (*agieren*) actuar, obrar; (JUR) intervenir; **H~ in eigenem Namen** intervención en nombre propio; **H~ in fremdem Namen** intervención por cuenta ajena; **H~ unter fremdem Namen** intervención bajo nombre ajeno

❷ (*Handel treiben*) comerciar (*mit* con); (*unerlaubt*) traficar (*mit* con); **er handelt mit Drogen** trafica con drogas

❸ (*feilschen*) regatear; **da lasse ich nicht mit mir ~** yo no regateo

❹ (*Buch*) tratar (*von* de, *über* sobre)

II. *vunpers*: **sich ~** tratarse (*um* de); **es handelt sich wohl um ein Versehen** debe tratarse de un error; **worum handelt es sich?** ¿de qué se trata?

III. *vt* vender, distribuir; **diese Aktien werden nicht an der Börse gehandelt** estas acciones no se cotizan en bolsa; **der Spinat wird für 2 Euro gehandelt** las espinacas se venden a dos euros; **er wird als ihr Nachfolger gehandelt** se está barajando la posibilidad de que él la suceda

Handelnde(r) *mf* <-n, -n; -, -n> agente *mf*

Handelndenhaftung *f* <-, -en> (JUR) responsabilidad *f* del agente

Handelsabkommen *nt* <-s, -> convenio *m* comercial, acuerdo *m*

comercial; **Handelsakademie** f <-, -n> (SCH) escuela f superior de comercio; **Handelsakzept** nt <-(e)s, -e> (COM, FIN) letra f comercial de cambio aceptada; **Handelsartikel** m <-s, -> género m mercantil; **Handelsattaché** m <-s, -s> (POL) agregado m comercial; **Handelsauskunftei** f <-, -en> (WIRTSCH, COM) agencia f de informaciones comerciales; **Handelsbank** f <-, -en> (WIRTSCH) banco m comercial; **Handelsbedingungen** fpl condiciones fpl comerciales; **Handelsbeeinträchtigung** f <-, -en> perjuicio m comercial; **Handelsbeschränkung** f <-, -en> restricción f del comercio; **en aufheben/verhängen** levantar/decretar restricciones comerciales; **Handelsbevollmächtigte(r)** mf <-n, -n; -n, -n> (COM) agente mf comercial, apoderado m mercantil; **Handelsbeziehungen** fpl relaciones fpl comerciales

Handelsbilanz f <-, -en> balanza f comercial; **aktive/passive ~** saldo favorable/desfavorable; **Handelsbilanzdefizit** nt <-s, -e> (COM, FIN) déficit m inv de la balanza comercial; **Handelsbilanzüberschuss**ᴿᴿ m <-es, -schüsse> (WIRTSCH, FIN) superávit m comercial

Handelsblock m <-(e)s, -blöcke> (WIRTSCH, COM) bloque m comercial; **Handelsbrauch** m <-(e)s, -bräuche> usanza f comercial, uso m comercial; **internationaler ~** uso comercial internacional; **Handelsbücher** ntpl libros mpl de comercio; **Handelsdefizit** nt <-s, -e> (WIRTSCH) déficit m inv comercial; **Handelseinbuße** f <-, -n> pérdida f comercial

handelseinig adj: **~ sein/werden** estar/ponerse de acuerdo
Handelsembargo nt <-s, -s> embargo m comercial; **ein ~ verhängen** ordenar un embargo comercial; **Handelsfirma** f <-, -firmen> casa f comercial; **Handelsflagge** f <-, -n> (NAUT) bandera f de marina mercante; **Handelsflotte** f <-, -n> marina f mercante, flota f mercante; **Handelsfreiheit** f <-, -en> (WIRTSCH) libertad f de comercio [o comercial]

handelsgängig adj de fácil venta
Handelsgebiet nt <-(e)s, -e> (WIRTSCH) área f comercial, zona f comercial; **Handelsgehilfe, -in** m, f <-n, -n; -, -nen> dependiente, -a m, f de comercio; **Handelsgenossenschaft** f <-, -en> cooperativa f comercial; **Handelsgericht** nt <-(e)s, -e> (JUR) tribunal m comercial; **Handelsgeschäft** nt <-(e)s, -e> operación f comercial [o mercantil]; **einseitiges ~** operación comercial [o mercantil] unilateral; **Handelsgesellschaft** f <-, -en> sociedad f comercial [o comercial]; **offene ~** sociedad colectiva, sociedad comercial abierta

Handelsgesetz nt <-es, -e> ley f mercantil; **Handelsgesetzbuch** nt <-(e)s, -bücher> (JUR) código m de comercio
Handelsgewerbe nt <-s, ohne pl> industria f comercial [o comercial]; **Handelsgewinn** m <-(e)s, -e> (WIRTSCH, COM) beneficio m comercial; **Handelsgewohnheitsrecht** nt <-(e)s, -e> (JUR) derecho m consuetudinario mercantil; **Handelshafen** m <-s, -häfen> puerto m comercial; **Handelshemmnis** nt <-ses, -se> (WIRTSCH, COM) obstáculo m para el comercio, traba f comercial; **Handelskammer** f <-, -n> Cámara f de Comercio; **Industrie- und ~** Cámara de Industria y Comercio; **Handelskauf** m <-(e)s, -käufe> compraventa f mercantil; **Handelskette** f <-, -n> cadena f de comercios; **Handelsklasse** f <-, -n> (COM, WIRTSCH) clase f, categoría f; **die Tomaten sind ~ I** los tomates son de primera (clase); **Handelsklauseln** fpl: **Internationale ~** cláusulas fpl de comercio internacionales; **Handelsmakler(in)** m(f) <-s, -; -, -nen> corredor(a) m(f) de comercio; **Handelsmarine** f <-, -n> s. Handelsflotte; **Handelsmarke** f <-, -n> marca f registrada [o comercial]; **Handelsmesse** f <-, -n> feria f comercial; **Handelsmethoden** fpl métodos mpl comerciales; **unlautere ~** métodos comerciales desleales; **Handelsmission** f <-, -en> (POL) misión f comercial; **Handelsmonopol** nt <-s, -e> (WIRTSCH) monopolio m comercial; **Handelsname** m <-ns, -n> (WIRTSCH) nombre m comercial, razón f comercial; **Handelsniederlassung** f <-, -en> (WIRTSCH) factoría f; **Handelsordnung** f <-, ohne pl> (WIRTSCH) reglamento m de comercio; **Handelspartner(in)** m(f) <-s, -; -, -nen> socio, -a m, f comercial; **Handelspolitik** f <-, -en> política f comercial; **Handelspraktik** f <-, -en> práctica f comercial; **unerlaubte ~en** prácticas comerciales prohibidas; **Handelsrecht** nt <-(e)s, ohne pl> derecho m mercantil; **europäisches/internationales ~** derecho mercantil europeo/internacional; **Handelsrechtsreformgesetz** nt <-es, -e> ley f de reforma del derecho mercantil; **Handelsregel** f <-, -n> (COM) reglamento m mercantil

Handelsregister nt <-s, -> registro m mercantil; **Auszug aus dem ~** extracto del registro mercantil; **Eintragung ins ~** inscripción en el registro mercantil; **Löschung aus dem ~** cancelación en el registro mercantil; **Handelsregisterfreiheit** f <-, ohne pl> libertad f de acceso al registro mercantil; **Handelsregisterführung** f <-, ohne pl> llevanza f del registro mercantil; **Handelsregisterverfügung** f <-, -en> (JUR) reglamento m del registro mercantil

Handelsrichter(in) m(f) <-s, -; -, -nen> (JUR) juez(a) m(f) mercantil; **Handelssachen** fpl asuntos mpl mercantiles; **Handelsschiedsvertrag** m <-(e)s, -träge> (JUR) contrato m arbitral comercial; **Handelsschiff** nt <-(e)s, -e> barco m mercante; **Handelsschranke** f <-, -n> barrera f comercial; **~n errichten** levantar barreras comerciales; **Handelsschule** f <-, -n> academia f de comercio, escuela f de comercio; **höhere ~** escuela superior de comercio; **Handelsspanne** f <-, -n> margen m comercial; **Handelsstreit** m <-(e)s, -e> controversia f comercial

handelsüblich adj habitual en el comercio; **~es Erzeugnis** producto de uso comercial; **~e Größe** tamaño habitual
Handelsüblichkeit f <-, ohne pl> hábito m mercantil; **Handelsverband** m <-(e)s, -bände> asociación f comercial; **Handelsverbot** nt <-(e)s, -e> prohibición f de comerciar; **Handelsverkehr** m <-(e)s, ohne pl> intercambio m comercial; **mehrseitiger ~** intercambio comercial multilateral; **Handelsvertrag** m <-(e)s, -träge> contrato m comercial

Handelsvertreter(in) m(f) <-s, -; -, -nen> representante mf (comercial), agente mf comercial; **Handelsvertreterrecht** nt <-(e)s, ohne pl> (JUR) derecho m de representación comercial
Handelsvolumen nt <-s, -> (WIRTSCH) volumen m de intercambio; **Handelsvorschrift** f <-, -en> (COM) prescripción f comercial; **Handelsware** f <-, -n> mercancía f; **Handelswechsel** m <-s, -> (COM, FIN) letra f de cambio comercial; **Handelswert** m <-(e)s, -e> valor m comercial; **Handelszeichen** nt <-s, -> marca f comercial; **Handelszentrum** nt <-s, -zentren> centro m comercial; **Handelszweig** m <-(e)s, -e> (WIRTSCH) rama f del comercio, sector m comercial

Handeltreibende(r) mf <-n, -n; -n, -n> (WIRTSCH) comerciante mf, negociante mf

händeringend ['hɛndərɪŋənd] adj desesperado
Händeschütteln nt <-s, ohne pl> apretón m de manos; **hier ist es üblich, dass man sich durch ~ begrüßt** aquí es normal saludarse dándose la mano; **Händetrockner** m <-s, -> secador m de manos; **Händewaschen** nt <-s, ohne pl>: **nach dem ~** tras lavarse las manos
Handfeger ['feːgɐ] m <-s, -> escobilla f; **Handfertigkeit** f <-, -en> habilidad f manual

handfest adj ❶ (Mensch) robusto, forzudo
❷ (Mahlzeit) fuerte, sustancioso
❸ (Beweis, Argument) contundente; (Skandal, Krach) tremendo, de aúpa fam
❹ (Vorschlag) viable, concreto

Handfeuerlöscher m <-s, -> extintor m de mano; **Handfeuerwaffe** f <-, -n> arma f de fuego portátil; **Handfläche** f <-, -n> palma f (de la mano); **Handfunkgerät** nt <-(e)s, -e> radio f portátil
handgearbeitet ['hantɡəʔarbaɪtət] adj elaborado [o hecho] a mano
Handgeld nt <-(e)s, -er> ❶ (Vertrag) arras fpl ❷ (Arbeitsvertrag) anticipo m; **Handgelenk** nt <-(e)s, -e> muñeca f; **etw aus dem ~ schütteln** (fam) hacer algo con soltura
handgemacht adj hecho a mano
handgemalt adj pintado a mano
handgemein adj: **(mit jdm) ~ werden** enzarzarse en una pelea (con alguien); **miteinander ~ werden** llegar a las manos
Handgemenge nt <-s, -> riña f, pelea f, bulla f SAm; **in ein ~ geraten** llegar a las manos; **Handgepäck** nt <-(e)s, ohne pl> equipaje m de mano
handgeschrieben adj escrito a mano
handgestrickt adj calcetado a mano, tejido a mano
Handgranate f <-, -n> granada f de mano
handgreiflich adj ❶ (gewalttätig) violento; **~ werden** llegar a las manos
❷ (Erfolg) evidente, palpable; (Beweis) palmario
Handgreiflichkeit f <-, -en> violencia f; **nach der hitzigen Diskussion kam es zu ~en** tras la acalorada discusión llegaron a las manos
Handgriff m <-(e)s, -e> ❶ (zum Festhalten, Tragen) asidero m; (Stiel) mango m, manija f
❷ (Bewegung) maniobra f; **mit ein paar ~en** con pocas maniobras
Handhabe f <-, -n> motivo m; **(k)eine gesetzliche [o juristische] ~ haben** (no) tener motivo jurídico
handhaben ['hanthaːbən] vt ❶ (Gesetz) aplicar
❷ (bedienen) manejar; (gebrauchen) usar
❸ (verfahren) proceder; **etw betrügerisch ~** gestionar algo fraudulentamente
Handhabung f <-, -en> ❶ (Bedienung) manejo m
❷ (Anwendung) aplicación f
Handharmonika f <-, -s o -harmoniken> acordeón m
Handicap nt <-s, -s> s. Handikap
handicapen vt s. handikapen
Handikap ['hɛndɪkɛp] nt <-s, -s> hándicap m
handikapen ['hɛndɪkɛpən] vt perjudicar, estorbar; **sein Gipsarm handikapt ihn sehr** el brazo enyesado le estorba [o le molesta] mucho
händisch ['hɛndɪʃ] adj (Österr: manuell) manual

Handkante *f* <-, -n> canto *m* de la mano; **Handkantenschlag** *m* <-(e)s, -schläge> golpe *m* con el canto de la mano; **mit einem ~ schlug er das Brett entzwei** partió la tabla en dos con (el canto de) la mano

Handkarren *m* <-s, -> carretilla *f*; **Handkäse** *m* <-s, -> (*reg*) tipo de queso alemán en forma redonda; **Handkäs' mit Musik** queso en escabeche; **Handkauf** *m* <-(e)s, -käufe> (COM) compraventa *f* al contado; **Handkoffer** *m* <-s, -> maleta *f* pequeña; **Handkuss**^RR *m* <-es, -küsse> besamanos *m inv*

Handlanger(in) ['-laŋɐ] *m(f)* <-s, -; -, -nen> ❶ (*Hilfsarbeiter*) peón *m*, obrero, -a *m, f* no cualificado, -a ❷ (*abw: Verbündeter*) cómplice *mf*; **Handlangerdienst** *m* <-es, -e> (*abw*) trabajo *m* sucio; **jdm ~e leisten** prestar ayuda a alguien (en un asunto sucio)

Handlangerin *f* <-, -nen> *s.* **Handlanger**

Handlauf *m* <-(e)s, -läufe> pasamano(s) *m* (*inv*); **die alte Frau stützte sich auf den ~** la anciana se apoyaba en el pasamano

Händler(in) ['hɛndlɐ] *m(f)* <-s, -; -, -nen> comerciante *mf*; (*Verkäufer*) vendedor(a) *m(f)*; **fliegender ~** vendedor ambulante

Händlermarke *f* <-, -n> (COM) marca *f* comercial; **Händlerrabatt** *m* <-(e)s, -e> (COM, FIN) descuento *m* de comerciante

Handlesekunst *f* <-, -künste> quiromancia *f*, quiromancía *f*; **viele Zigeuner beherrschen die ~** muchos gitanos dominan la quiromancia

handlich ['hantlɪç] *adj* manejable, de fácil manejo

Handlichkeit *f* <-, *ohne pl*> manejabilidad *f*

Handlinie *f* <-, -n> línea *f* de la mano; **jds ~n lesen** leer (las líneas de) la mano a alguien; **Handliniendeutung** *f* <-, -en> quiromancia *f*, quiromancía *f*; **meine ~ war vielversprechend** la interpretación que me hicieron de las rayas de la mano era muy prometedora

Handlung ['handlʊŋ] *f* <-, -en> ❶ (*Tat, a.* JUR) acción *f*, acto *m*; **deliktsähnliche ~** acto cuasidelictivo; **fortgesetzte ~** acto continuado; **notarielle/unerlaubte/verbrecherische ~** acto notarial/ilícito/criminal; **rechtserhebliche ~** acto relevante en derecho; **strafbare ~** acción punible; **Recht der unerlaubten ~en** régimen legal del ilícito civil; **Ort der ~** lugar de los hechos; **eine unerlaubte ~ begehen** incurrir en un ilícito civil ❷ (*von Buch, Film*) argumento *m*

Handlungsablauf *m* <-(e)s, -läufe> (LIT, THEAT) desarrollo *m* de la acción; **Handlungsanweisung** *f* <-, -en> (COM) giro *m* comercial, libranza *f* comercial; **Handlungsbedarf** *m* <-(e)s, *ohne pl*> (*a.* POL) necesidad *f* de actuar; **im Moment besteht dringender/kein ~** en este momento es necesario actuar urgentemente/no es necesario actuar; **Handlungsbevollmächtigte(r)** *mf* <-n, -n; -, -n> apoderado, -a *m, f* (singular); **Handlungseinheit** *f* <-, *ohne pl*> (JUR) unidad *f* de hecho; **natürliche ~** unidad natural de hecho; **rechtliche ~** unidad legal de hecho; **tatbestandliche ~** unidad delictiva de hecho

handlungsfähig *adj* capaz de actuar

Handlungsfähigkeit *f* <-, *ohne pl*> capacidad *f* de actuar [*o* obrar]; **Handlungsform** *f* <-, -en> forma *f* de actuación; **Handlungsfreiheit** *f* <-, *ohne pl*> libertad *f* de acción; **allgemeine ~** libertad general de acción; **Handlungsfrist** *f* <-, -en> (JUR) plazo *m* de actuación; **Handlungsgehilfe, -in** *m, f* <-n, -n; -, -nen> (COM) auxiliar *mf* mercantil; **Handlungslehre** *f* <-, -n> teoría *f* finalista; **finale ~** teoría finalista final; **kausale ~** teoría finalista causal; **soziale ~** teoría finalista social; **Handlungsmarge** *f* <-, -n> (WIRTSCH) margen *m* de acción; **Handlungsort** *m* <-(e)s, -e> lugar *m* de actuación; **Handlungspflicht** *f* <-, *ohne pl*> deber *m* de actuar; **Handlungsspielraum** *m* <-(e)s, -räume> libertad *f* de acción; (**keinen**) **~ haben** (no) tener libertad de acción

handlungsunfähig *adj* incapaz de actuar

Handlungsunrecht *nt* <-(e)s, *ohne pl*> (COM, JUR) injusticia *f* de actuación; **Handlungsunwert** *m* <-(e)s, *ohne pl*> (COM, JUR) desvalor *m* de actuación; **Handlungsvollmacht** *f* <-, -en> (COM, JUR) poder *m* mercantil; **stillschweigende ~** poder mercantil tácito; **Handlungsweise** *f* <-, -n> modo *m* de actuar, procedimiento *m*; **Handlungswille** *m* <-ns, *ohne pl*> voluntad *f* de obrar

Handmehr *nt* <-s, *ohne pl*> (*Schweiz*) votación *f* a mano alzada; **Handorgel** *f* <-, -n> (*Schweiz: Drehorgel*) organillo *m*; (*Ziehharmonika*) acordeón *m*

Handout [hɛnt'ʔaʊt] *nt* <-s, -s>, **Hand-out**^RR *nt* <-s, -s> papeleta *f*

Handpflege *f* <-, *ohne pl*> manicura *f*; **eine Creme zur ~** una crema para (el cuidado de) las manos; **Handpuppe** *f* <-, -n> títere *m*; **Handreichung** *f* <-, -en> ❶ (*Hilfeleistung*) (prestación *f* de) ayuda *f*, servicio *m* ❷ (*Richtlinien*) orientación *f*, instrucción *f*; **Handrücken** *m* <-s, -> dorso *m* de la mano; **Handsatz** *m* <-es, *ohne pl*> (TYPO) composición *f* a mano; **ein Buch im ~ herstellen** hacer un libro componiéndolo a mano; **Handschellen** *fpl* esposas *fpl*; **jdm ~ anlegen** esposar a alguien; **mit ~ gefesselt** esposado; **Handschlag** *m* <-(e)s, -schläge> apretón *m* de manos; **keinen ~ tun** (*fam*) no mover un dedo; **mit [o per] [o durch] ~ besiegeln** sellar [*o* pactar] con un apretón de manos;

Handschreiben *nt* <-s, -> carta *f* autógrafa

Handschrift *f* <-, -en> ❶ (*einer Person*) letra *f*; **eine (gut) leserliche ~ haben** tener buena letra; **das war seine ~** (*fig*) lleva su sello ❷ (*Text*) manuscrito *m*; **Handschriftendeutung** *f* <-, -en> grafología *f*

handschriftlich I. *adj* escrito a mano, manuscrito II. *adv* a mano, por escrito

Handschuh *m* <-(e)s, -e> guante *m*; **Handschuhfach** *nt* <-(e)s, -fächer>, **Handschuhkasten** *m* <-s, -kästen> guantera *f*

Handshake ['hɛntʃeɪk] *m* <-s, -s> (INFOR, TEL) establecimiento *m* de comunicación, handshake *m*

Handspiegel *m* <-s, -> espejo *m* de mano; **Handspiel** *nt* <-(e)s, -e> (SPORT) mano *f*

Handstand *m* <-(e)s, -stände> pino *m*; **Handstandüberschlag** *m* <-(e)s, -schläge> (SPORT) paloma *f*; **einen ~ machen** hacer una paloma

Handstreich *m* <-(e)s, -e> (MIL) **in einem ~** en un golpe de mano; **im ~ wurde der Diktator gestürzt** en un golpe de mano derrocaron al dictador

handstreichartig *adj* por sorpresa; **die ~e Einnahme einer Festung** la toma por sorpresa de una fortaleza

Handtasche *f* <-, -n> bolso *m* de mano; **Handteller** *m* <-s, -> palma *f* de la mano

Handtuch *nt* <-(e)s, -tücher> toalla *f*, enjuagamanos *m inv Am*; **das ~ werfen** (*fam*) tirar la toalla; **Handtuchhalter** *m* <-s, -> toallero *m*; **Handtuchspender** *m* <-s, -> toallero *m* automático

Handumdrehen *nt*: **im ~** en un santiamén, en menos que canta un gallo

handverlesen *adj* ❶ (*Früchte, Nüsse*) seleccionado a mano ❷ (*iron: Gäste, Zuhörer*) (cuidadosamente) seleccionado

Handvoll *f* <-, -> *s.* **Hand**

Handwagen *m* <-s, -> carretilla *f*

handwarm ['-'-] *adj* tibio

Handwaschbecken *nt* <-s, -> lavabo *m*; **Handwäsche** *f* <-, *ohne pl*> (*Waschen*) lavado *m* a mano; (*Wäsche*) ropa *f* para lavar a mano

Handwerk¹ *nt* <-(e)s, -e> (*Beruf*) oficio *m* (manual); **sein ~ verstehen** saber su oficio; **jdm das ~ legen** poner fin a las actividades de alguien; **jdm ins ~ pfuschen** hacer la competencia a alguien

Handwerk² *nt* <-(e)s, *ohne pl*> (*~erschaft*) artesanado *m*

Handwerker(in) *m(f)* <-s, -; -, -nen> trabajador(a) *m(f)* manual; (*Kunst~*) artesano, -a *m, f*; **die ~ im Haus haben** estar de obras en casa; **Handwerkerinnung** *f* <-, -en> corporación *f* de artesanos

handwerklich *adj* artesanal

Handwerksberuf *m* <-(e)s, -e> oficio *m* manual [*o* de artesano]; **den ~ des Schreiners ausüben** dedicarse al oficio de carpintero; **Handwerksbetrieb** *m* <-(e)s, -e> taller *m* de artesanía, empresa *f* artesanal; **Handwerkskammer** *f* <-, -n> Cámara *f* de Artesanía, Gremio *m* de Artesanos; **Handwerkskarte** *f* <-, -n> (JUR) tarjeta *f* de artesanía; **Handwerksmeister(in)** *m(f)* <-s, -; -, -nen> maestro, -a *m, f* de artesanía; **Handwerksordnung** *f* <-, *ohne pl*> (JUR) reglamento *m* de la actividad artesanal; **Handwerksrecht** *nt* <-(e)s, *ohne pl*> derecho *m* artesanal; **Handwerksrolle** *f* <-, -n> (JUR) registro *m* de oficios; **Handwerkszeug** *nt* <-(e)s, *ohne pl*> herramientas *fpl*

Handwurzel *f* <-, -n> (ANAT) carpo *m*; **Handwurzelknochen** *m* <-s, -> (ANAT) (hueso *m* del) carpo *m*

Handy ['hɛndi] *nt* <-s, -s> (teléfono *m*) móvil *m*

Handzeichen *nt* <-s, -> señal *f* que se da con la mano; (*Schriftzug*) rúbrica *f*; **beglaubigtes ~** (JUR) rúbrica certificada; **Abstimmung durch ~** votación a mano alzada; **Handzeichnung** *f* <-, -en> dibujo *m* a mano; **Handzettel** *m* <-s, -> volante *m*

hanebüchen ['ha:nəby:çən] *adj* (*geh fig*) inaudito, pasmoso

Hanf [hanf] *m* <-(e)s, *ohne pl*> (BOT) cáñamo *m*

Hänfling ['hɛnflɪŋ] *m* <-s, -e> ❶ (ZOOL) pardillo *m* común ❷ (*fam: schwächlicher Mensch*) enclenque *m*

Hang¹ [haŋ, *pl:* 'hɛŋə] *m* <-(e)s, Hänge> (*Abhang*) pendiente *f*, cuesta *f*, guindo *m Guat*

Hang² *m* <-(e)s, *ohne pl*> (*Tendenz*) inclinación *f*, propensión *f*; **einen ~ zu etw** *dat* **haben** tener propensión a algo

Hanganbau *m* <-(e)s, *ohne pl*> cultivo *m* en pendiente

Hangar ['haŋɡaːɐ, -'-] *m* <-s, -s> (AERO) hangar *m*

Hängebrücke *f* <-, -n> puente *m* colgante; **Hängegleiter** *m* <-s, -> (SPORT) ala *f* delta; **Hängelampe** *f* <-, -n> lámpara *f* colgante

hangeln ['haŋəln] *vi, vr*: **sich ~** moverse colgado de las manos

Hängematte *f* <-, -n> hamaca *f*

hangen [haŋən] *vi* (*Schweiz*) *s.* **hängen**¹

hängen¹ ['hɛŋən] <hängt, hing, gehangen> *vi* ❶ (*herunter~*) colgar (*an de/en*), pender (*an de*); **sein Schicksal hängt an einem seidenen Faden** su destino pende de un hilo; **Spannung hing in der Luft** la tensión flotaba en el ambiente; **der Schrank hängt voller Kleider** el armario está lleno de ropa; **den ganzen Tag vor dem Fernseher ~** (*fam*) estar todo el día colgado de la tele; **an der Flasche ~** (*fam*) estar colgado

hängen

de la botella

② (*haften*) estar adherido (*an* a); **er hing an ihren Lippen** se pegó a sus labios; **an jdm/am Leben ~** querer a alguien/amar la vida; **sich an jdn ~** pegarse a alguien

③ (*schief sein*) estar inclinado (*nach* hacia)

hängen² vt ① (*auf~*) colgar; **die Fahne** [*o* **den Mantel**] **nach dem Wind ~** arrimarse al sol que más calienta

② (*befestigen*) fijar; (*an Haken*) enganchar

③ (*Verbrecher*) ahorcar, colgar

hängen|bleiben irr vi sein s. **bleiben 1.**
hängen|lassen* irr I. vt s. **lassen 1.**
II. vr: **sich ~** s. **lassen 1.**

Hängeohr nt <-(e)s, -en> oreja f caída; **die ~en verleihen dem Basset ein trauriges Aussehen** las orejas caídas le dan al basset un aspecto triste

Hängepartie f <-, -n> (*Schach*) partida f de ajedrez con interrupciones

Hänger ['hɛŋɐ] m <-s, -> (*fam*) remolque m

Hängeschrank m <-(e)s, -schränke> armario m suspendido

Hängeschultern fpl hombros mpl caídos; **sitz gerade, sonst bekommst du ~!** ¡siéntate recto o se te encorvará la espalda!

hängig adj (*Schweiz*) ① (JUR: *anhängig*) pendiente

② (*unerledigt*) pendiente (de arreglar), sin despachar

Hanglage f <-, -n> ① (*Lage*) ladera f, falda f; **ein Haus in ~** una casa (situada) en una ladera ② pl (*Gebiet*) laderas fpl; **dieser Wein wird in den ~n um Stuttgart angebaut** este vino se cultiva en las laderas de los alrededores de Stuttgart; **Hangwind** m <-(e)s, -e> viento m ascendente dinámico

Hannover [ha'noːfɐ] nt <-s> Hannover m

Hannoveraner¹ [hanovəˈraːnɐ] m <-s, -> (ZOOL) caballo m hannoveriano

Hannoveraner(in)² m(f) <-s, -; -, -nen> habitante mf de Hannover

hannover(i)sch, hannöver(i)sch [ha'noːfər(ɪ)ʃ, ha'nøːfər(ɪ)ʃ] adj de Hannover

Hansaplast® [hanzaˈplast, ˈhanzaplast] nt <-(e)s, ohne pl> tira f de esparadrapo; **gib mir bitte ein ~, ich habe mich geschnitten** dame una tirita que me he cortado

Hansdampf [hansˈdamf] m <-(e)s, -e>: **~ (in allen Gassen)** (*fam*) metomentodo m

Hanse [ˈhanzə] f <-, ohne pl> (HIST) Hansa f, Ansa f

Hanseat(in) [hanzeˈaːt] m(f) <-en, -en; -, -nen> ① (*Einwohner*) habitante mf de una ciudad hanseática (*Bremen, Hamburgo y Lübeck*); **die Bremer ~en haben heute gewählt** los habitantes de Bremen han votado hoy

② (HIST) comerciante mf de una ciudad hanseática; **die Hanse vertrat die Interessen der ~en** la Hansa defendía los intereses de sus comerciantes

hanseatisch [hanzeˈaːtɪʃ] adj (h)anseático

Hänselei f <-, -en> guasa f, pitorreo m; **lass diese ewige ~!** ¡deja ya de guasearte [*o* de pitorrearte] todo el rato!

hänseln [ˈhɛnzəln] vt: **jdn ~** tomar el pelo a alguien, burlarse de alguien

Hansestadt [ˈhanzə-] f <-, -städte> ciudad f (h)anseática

Hanswurst [-ˈ-, ˈ--] m <-(e)s, -e *o* -würste> ① (THEAT) arlequín m, polichinela m

② (*Narr*) payaso m

Hantel [ˈhantəl] f <-, -n> pesas fpl

hantieren* [hanˈtiːrən] vi trabajar (*mit* con)

hapern [ˈhaːpən] vi ① (*fehlen*) faltar (*an* de)

② (*schlecht sein*) tener dificultades (*mit* con); **es hapert bei ihm mit der Aussprache** lo que le falla es la pronunciación

häppchenweise [ˈhɛpçənvaɪzə] adv (*fam*) a bocados

Happen [ˈhapən] m <-s, -> (*fam*) bocado m, piscolabis m inv, puntal m Am; **schnell einen ~ essen** tomar un bocado rápido

Happening [ˈhɛpənɪŋ] nt <-s, -s> happening m

happig [ˈhapɪç] adj (*fam*) exagerado; (*Preis*) exorbitante

happy [ˈhɛpi] adj inv (*fam*) feliz y contento; **nach dem Telefonat war er (ganz) ~** después de la llamada por teléfono estaba como unas pascuas

Happyendᴿᴿ nt <-(s), -s>, **Happy End**ᴿᴿ nt <- -(s), - -s> final m feliz; **ein Film mit ~** una película con un final feliz; **Happyhour**ᴿᴿ f <-, -s>, **Happy Hour**ᴿᴿ [ˈhɛpi(ʔ)aʊɐ] f <- -, - -s> hora f feliz

Harakiri [haraˈkiːri] nt <-(s), -s> haraquiri m, harakiri m; **~ begehen** hacerse el haraquiri

Harassᴿᴿ m <-es, -e>, **Haraß** m <-sses, -sse> (*Lattenkiste*) cajón m enrejado; (*Getränkekiste*) caja f de refrescos [*o* de bebidas]

Hardcopy f <-, -s>, **Hard Copy**ᴿᴿ [ˈhaːtkɔpi] f <- -, - -s> (INFOR) impresión f de datos, salida f impresa; **Hardcore** [ˈhaːɐtkɔːɐ] m <-s, ohne pl> hard-core m; **Hardcover**ᴿᴿ nt <-s, -s>, **Hard Cover**ᴿᴿ [ˈhaːtkavɐ] nt <- -s, - -s> (*Buchausgabe*) encuadernación f en cartoné

Harddisk f <-, -s>, **Hard Disk**ᴿᴿ [ˈhaːtdɪsk] f <- -, - -s> (INFOR)

hart

disco m duro; **Hardliner** [ˈhaːtlaɪnɐ] m <-s, -> (persona f) intransigente mf; **Hardrock**ᴿᴿ m <-s, ohne pl>, **Hard Rock** [ˈhaːtrɔk] m <- -s, ohne pl> (MUS) rock m duro; **Hardtop** [ˈhaːtdɔp] nt *o* m <-s, -s> (AUTO) ① (*Dach*) capota f dura ② (*Sportwagen*) descapotable m con capota dura

Hardware [ˈhaːtwɛːɐ] f <-, -s> (INFOR) hardware m, equipo m físico; **Hardwarefehler** m <-s, -> (INFOR) error m de hardware; **Hardwarekomponente** f <-, -n> (INFOR) componente m de hardware; **Hardwarekonfiguration** f <-, -en> (INFOR) configuración f de hardware

Harem [ˈhaːrɛm] m <-s, -s> harén m

Häresie [hɛreˈziː] f <-, -n> (a. REL) herejía f

Häretiker(in) [hɛˈreːtikɐ] m(f) <-s, -; -, -nen> (a. REL) hereje mf

häretisch [hɛˈreːtɪʃ] adj (a. REL) herético

Harfe [ˈharfə] f <-, -n> arpa f

Harfenist(in) [harfəˈnɪst] m(f) <-en, -en; -, -nen> (MUS) arpista mf

Harfenspiel nt <-(e)s, ohne pl> (MUS) concierto m de arpa

Harke [ˈharkə] f <-, -n> rastrillo m, rastro m; **jdm zeigen, was eine ~ ist** (*fam*) cantarle a alguien las cuarenta, echar un sermón a alguien

harken vt rastrillar

Harlekin [ˈharlekiːn] m <-s, -e> arlequín m

härmen [ˈhɛrmən] vr: **sich ~** (*geh*) afligirse, entristecerse

harmlos [ˈharmloːs] adj inofensivo; (*arglos*) inocente; (*Verletzung, Krankheit*) leve, ligero; (*Tier*) manso; (*Medikament*) inocuo; **es fing alles ganz ~ an** todo empezó sin ningún problema; **ein ~es Vergnügen** una distracción inofensiva

Harmlosigkeit¹ f <-, -en> (*Arglosigkeit*) inocencia f, ingenuidad f; **in aller ~** inocentemente, sin malicia

Harmlosigkeit² f <-, ohne pl> (*Ungefährlichkeit: Wunde*) levedad f; (*Erkrankung*) levedad f, benignidad f; (*Droge, Medikament*) inocuidad f; **der Arzt bestätigte die ~ der Infektion** el médico confirmó que la infección no era grave

Harmonie [harmoˈniː] f <-, -n> armonía f

Harmonien pl von **Harmonie, Harmonium**

harmonieren* vi armonizar (*mit* con); **sie ~ sehr gut** se llevan muy bien

Harmonika [harˈmoːnika] f <-, -s *o* Harmoniken> (MUS: *Mund~*) armónica f; (*Zieh~*) acordeón m

harmonisch [harˈmoːnɪʃ] adj ① (MUS) armónico

② (*zusammenpassend*) armonioso; **eine ~e Ehe führen** llevar un matrimonio en armonía

harmonisieren* vt armonizar; **verschiedene Konzepte/Systeme ~** armonizar conceptos/sistemas distintos

Harmonisierung f <-, -en> (a. WIRTSCH) armonización f; **~ des Zollwesens** armonización de las aduanas

Harmonisierungsrichtlinien fpl (WIRTSCH) directivas fpl de armonización

Harmonium [harˈmoːnium] nt <-s, -s *o* Harmonien> (MUS) armonio m

Harn [harn] m <-(e)s, -e> orina f

Harnblase f <-, -n> (ANAT) vejiga f de la orina; **Harndrang** m <-(e)s, ohne pl> ① (*Bedürfnis*) ganas fpl de orinar; **~ verspüren** tener ganas de orinar ② (a. MED: *mit Schmerz*) pujo m, tenesmo m

harnen [ˈharnən] vi (*alt*) orinar

Harnisch [ˈharnɪʃ] m <-(e)s, -e> ① (HIST) arnés m

② (*Wend*): **jdn in ~ bringen** sacar a alguien de sus casillas; **in ~ geraten** [*o* **kommen**] subirse por las paredes; (*wegen etw gen/dat*) **in ~ sein** estar furioso (por algo)

Harnlassen nt <-s, ohne pl> (*formal*) acción f de orinar; **ständiges ~ kann Zeichen einer Blasenentzündung sein** la necesidad de orinar constantemente puede ser un síntoma de cistitis; **Harnleiter** m <-s, -> (ANAT) uréter m; **Harnröhre** f <-, -n> (ANAT) uretra f; **Harnsäure** f <-, -n> ácido m úrico; **Harnstoff** m <-(e)s, -e> urea f

harntreibend adj diurético

Harnvergiftung f <-, -en> (MED) uremia f; **Harnwege** mpl (ANAT) vías fpl urinarias

Harpune [harˈpuːnə] f <-, -n> arpón m; (*Haken*) garfio m

Harpunier [harpuˈniːɐ] m <-s, -e> arponero m

harpunieren* [harpuˈniːrən] vt arponear

harren [ˈharən] vi (*geh*) esperar (con impaciencia) (*+gen*)

harsch [harʃ] adj ① (*Schnee*) duro, helado

② (*geh: barsch*) áspero, rudo

Harsch [harʃ] m <-(e)s, ohne pl> nieve f dura

harschig adj (*Schnee*) helado

hart [hart] <härter, am härtesten> I. adj ① (*nicht weich*) duro; **~e Drogen** drogas duras; **~ werden** endurecerse; (*Brot*) ponerse duro; (*Mensch*) hacerse [*o* volverse] duro; **Eier ~ kochen** cocer los huevos duros; **sie schläft gerne ~** le gusta dormir en cama dura

② (*Währung*) sólido, estable

③ (*Wasser*) crudo, duro

❹ (*widerstandsfähig*) resistente; ~ **im Nehmen sein** encajar bien los golpes
❺ (*schwer*) duro, difícil; (*Kampf*) duro, encarnizado; (*Arbeit*) duro, ímprobo; (*Aufprall*) fuerte; **das war ein ~er Schlag für ihn** fue un duro golpe para él
❻ (*~herzig*) duro, insensible; **jdn ~ anfassen** tratar a alguien con dureza
❼ (*streng*) severo, riguroso; **~ bedrängt** muy acosado [*o* presionado]; **~ durchgreifen** adoptar medidas rigurosas; **~ bleiben** mantenerse firme; **jdm ~ zusetzen** apremiar a alguien; **es geht ~ auf ~** luchan a brazo partido
II. *adv* (*nahe*) muy cerca (*an* de); **~ an der Grenze des Erlaubten** muy cerca del límite de lo permitido
hartbedrängt *adj s.* **hart I.7.**
Härte ['hɛrtə] *f* <-, -n> ❶ (*Festigkeit*) dureza *f*
❷ (*Stabilität*) estabilidad *f*, solidez *f*
❸ (*Kalkgehalt*) dureza *f*
❹ (*Widerstandsfähigkeit*) resistencia *f*
❺ (*Schwierigkeitsgrad*) dureza *f*, dificultad *f*
❻ (*Strenge*) rigor *m*, severidad *f*; **besondere ~** (JUR) rigor especial
❼ (*Gefühllosigkeit*) insensibilidad *f*; (*Grausamkeit*) crueldad *f*; **der Schicksalsschlag traf ihn in seiner ganzen ~** el revés de la fortuna le afectó con toda su crudeza; **soziale ~n** injusticias sociales; **in seinem Gesicht lag ein Zug von unbeugsamer ~** su cara reflejaba una dureza inflexible
❽ (*Heftigkeit*) violencia *f*, fuerza *f*
Härteausgleich *m* <-(e)s, *ohne pl*> (JUR) compensación *f* de dureza; **Härtefall** *m* <-(e)s, -fälle> caso *m* extremo; **Härtefonds** *m* <-, -> (FIN) fondo *m* (para situaciones de emergencia; **für die Opfer wurde ein ~ bereitgestellt** se creó un fondo de emergencia para ayudar a las víctimas; **Härtegrad** *m* <-(e)s, -e> (TECH) grado *m* de dureza; **Härteklausel** *f* <-, -n> (JUR) cláusula *f* de inconveniencia [*o* de rigor]
härten ['hɛrtən] I. *vi, vt* endurecer
II. *vr:* **sich ~** endurecerse
härter ['hɛrtɐ] *adj kompar von* **hart**
Härteskala *f* <-, -skalen> (BERGB) escala *f* de dureza
härteste(r, s) ['hɛrtəstə, -tɐ, -təs] *adj superl von* **hart**
Härtetest *m* <-(e)s, -s *o* -e> prueba *f* de resistencia
Hartfaserplatte *f* <-, -n> tablero *m* aglomerado
hartgefroren *adj s.* **gefroren II.**
hartgekocht *adj s.* **kochen I.2.**
Hartgeld *nt* <-(e)s, *ohne pl*> moneda *f* en metálico; **Hartgeldwährung** *f* <-, -en> (FIN) moneda *f* fuerte
hartgesotten ['hartgəzɔtən] *adj* ❶ (*unsensibel*) duro
❷ (*verstockt*) duro de pelar [*o* de cabeza]
Hartgummi *m o nt* <-s, -(s)> goma *f* dura, vulcanita *f*, ebonita *f*
hartherzig *adj* duro de corazón
Hartherzigkeit[1] *f* <-, -en> (*hartherzige Tat*) crueldad *f*
Hartherzigkeit[2] *f* <-, *ohne pl*> (*Gefühllosigkeit*) insensibilidad *f*, dureza *f* de corazón
Hartholz *nt* <-es, -hölzer> madera *f* dura; **Hartkäse** *m* <-s, -> queso *m* de pasta dura
hartleibig *adj* (*stur*) testarudo, tozudo
Hartleibigkeit *f* <-, *ohne pl*> (*Sturheit*) testarudez *f*, tozudez *f*
hartnäckig ['hartnɛkɪç] *adj* ❶ (*stur*) obstinado, terco
❷ (*ausdauernd*) tenaz
❸ (*Krankheit*) pertinaz; (*Fleck*) resistente
Hartnäckigkeit *f* <-, *ohne pl*> ❶ (*Sturheit*) obstinación *f*, terquedad *f*
❷ (*Ausdauer*) tenacidad *f*, remache *m* Kol
❸ (*von Krankheit*) pertinacia *f*
Hartplatz *m* <-es, -plätze> (SPORT) superficie *f* dura; **ich spiele lieber auf einem Aschenplatz als auf einem ~** prefiero jugar en una pista de ceniza que en una pista dura
Hartschalenkoffer *m* <-s, -> maleta *f* de cobertura dura
Härtung ['hɛrtʊŋ] *f* <-, -en> (TECH) endurecimiento *m*
Hartweizen *m* <-s, -> trigo *m* duro; **Hartwurst** *f* <-, -würste> embutido *m* (curado o ahumado)
Harz[1] [haːɐ̯ts] *nt* <-es, -e> resina *f*
Harz[2] *m* <-es> (GEO) **der ~** el Harz
harzen ['haːɐ̯tsən] I. *vi* segregar resina; **der Weihnachtsbaum harzt** del árbol de Navidad sale resina, el árbol de Navidad segrega resina
II. *vt* tratar con resina; **einen Wein ~** tratar un vino con resina
Harzer ['haːɐ̯tsɐ] *m* <-s, ->, **Harzer Käse** *m* <- -s, - -> (GASTR) queso *m* "harz" (*queso magro de fuerte olor*)
Harzer Roller *m* <- -s, - -> ❶ (GASTR) queso *m* "harz" (*queso magro de fuerte olor*)
❷ (ZOOL) canario muy cantor
harzig *adj* ❶ (*Harz enthaltend*) resinoso
❷ (*Schweiz: mühsam*) dificultoso

Harzleim *m* <-(e)s, -e> cola *f* de resina; **Harzöl** *nt* <-(e)s, -e> aceite *m* de resina
Hasard [ha'zart] *nt* <-s, *ohne pl*> ❶ (*Glücksspiel*) juego *m* de azar
❷ (*Wend*): **mit etw** *dat* **~ spielen** (*geh*) jugarse [*o* arriesgar] algo a la ligera
Hasardeur(in) [hazar'døːr] *m(f)* <-s, -e; -, -nen> (*abw*) jugador(a) *m(f)*
Hasardspiel *nt* <-(e)s, -e> ❶ *s.* **Hasard**
❷ (*Unternehmung*) empresa *f* arriesgada; **die vereisten Straßen machen jede Fahrt zum ~** las carreteras heladas convierten cualquier viaje en una empresa arriesgada
Hasch [haʃ] *nt* <-s, *ohne pl*> (*fam*) hachís *m inv*
Haschee [ha'ʃeː] *nt* <-s, -s> (GASTR) carne *f* picada en salsa
haschen ['haʃən] *vi* (*fam*) fumar porros
Häschen [hɛːsçən] *nt* <-s, -> (*Kosename*): **wollen wir eine Radtour machen, (mein) ~?** ¿qué te parece si damos un paseo en bicicleta, cariñito mío?
Häscher ['hɛʃɐ] *m* <-s, -> (*alt*) esbirro *m*
Hascherl ['haʃɐl] *nt o nt* <-s, -(n)> (*Österr: fam*) pobre criatura *f*; **dass du so geärgert wirst, du armes ~!** ¡pobrecito mío, qué enfadado que está él!
haschieren* [ha'ʃiːrən] *vt* (GASTR) picar (muy fino)
Haschisch ['haʃɪʃ] *m o nt* <-s, *ohne pl*> hachís *m inv*
Hase ['haːzə] *m* <-n, -n> liebre *f*; **falscher ~** (*Hackbraten*) asado de carne picada; **sehen** [*o* **wissen**], **wie der ~ läuft** (*fam*) saber por donde van los tiros; **da liegt der ~ im Pfeffer** (*fam*) ahí está la madre del cordero, ahí está el quid de la cuestión
Hasel ['haːzəl] *f* <-, -n> (BOT) avellano *m*
Haselbusch *m* <-es, -büsche> (BOT) avellano *m*; **Haselkätzchen** *nt* <-s, -> (BOT) amento *m* de avellano; **Haselmaus** *f* <-, -mäuse> (ZOOL) lirón *m*
Haselnuss[RR] ['haːzəlnʊs] *f* <-, -nüsse> avellana *f*; **Haselnussstrauch**[RR] *m* <-(e)s, -sträucher> (BOT) avellano *m*
Hasenbraten *m* <-s, -> (GASTR) liebre *f* asada; **Hasenfuß** *m* <-es, -füße> (*fam abw*) cagueta *mf*; **sei kein ~ und mach mit!** ¡no seas cagueta y participa!; **Hasenpanier** *nt*: **das ~ ergreifen** (*alt*) tomar [*o* coger] las de Villadiego; **Hasenpfeffer** *m* <-s, -> (GASTR) lebrada *f*; **Hasenscharte** ['haːzənʃartə] *f* <-, -n> labio *m* leporino
Häsin ['hɛːzɪn] *f* <-, -nen> liebre *f* hembra
Haspel ['haspəl] *f* <-, -n> rodillo *m*, bobina *f* para enrollar
haspeln I. *vi* (*fam*) barbullar, barbot(e)ar
II. *vt* devanar
Hass[RR] [has] *m* <-es, *ohne pl*>, **Haß** *m* <-sses, *ohne pl*> odio *m*; **~ auf jdn haben** odiar a alguien; **sich** *dat* **jds ~ zuziehen** granjearse el odio de alguien
hassen ['hasən] *vt* odiar; **ich hasse ihn wie die Pest** (*fam*) le odio a muerte
hassenswert *adj* odioso
hasserfüllt[RR] *adj* lleno de odio
hässig ['hɛsɪç] *adj* (*Schweiz: übellaunig*) de mal humor
hässlich[RR] ['hɛslɪç] *adj*, **häßlich** *adj* ❶ (*Aussehen*) feo, macaco *Cuba, Chil*; (*Wetter*) malo
❷ (*gemein*) feo, malo; **~ von jdm sprechen** hablar mal de alguien
❸ (*unangenehm*) desagradable
Hässlichkeit[1][RR] *f* <-, *ohne pl*> (*des Aussehens*) fealdad *f*
Hässlichkeit[2][RR] *f* <-, -en> (*Gemeinheit*) maldad *f*
Häßlichkeit *f s.* **Hässlichkeit**.
Hassliebe[RR] *f* <-, *ohne pl*> amor-odio *m*; **Hasstirade**[RR] *f* <-, -n> (*abw*) invectiva *f* llena de odio; **dem Redner wurden ~n entgegegeschrien** al conferenciante le lanzaron palabras llenas de odio
hassverzerrt[RR] *adj*: **ein ~es Gesicht** una cara descompuesta de ira
Hast [hast] *f* <-, *ohne pl*> (*Eile*) prisa *f*, apresuramiento *m*; (*Überstürzung*) precipitación *f*
haste = **hast du** (*fam*) tienes; **~ mal 'ne Mark?** ¿tienes un marco?; (*was*) **~, was kannste** a toda mecha; **~ was, biste was** (*prov*) tanto vales, cuanto tienes, tanto tienes, tanto vales
hasten ['hastən] *vi sein* (*geh*) ir a toda prisa, apresurarse; (*sich überstürzen*) precipitarse
hastig I. *adj* apresurado; (*überstürzt*) precipitado
II. *adv* (*schnell*) a toda prisa; (*überstürzt*) precipitadamente; **nicht so ~!** ¡no tan deprisa!
hat [hat] *3. präs von* **haben**
hätscheln ['hɛːtʃəln] *vt* ❶ (*liebkosen*) acariciar
❷ (*abw: bevorzugen*) mimar
hatschi [ha'tʃiː], 'hatʃi] *interj* ¡achís!
hatte ['hatə] *3. imp von* **haben**
Hattrick ['hɛtrɪk] *m* <-s, -s> (SPORT) "hattrick" *m* (*tres tantos en un solo partido o tres victorias consecutivas*)
❷ (*Dreifacherfolg*) triple éxito *m*
Hatz [hats] *f* <-, -en> ❶ (*südd, Österr: Hetze*) precipitación *f*

❷ (*Hetzjagd*) caza *f* con jauría [*o* de montería]; (*auf Menschen*) persecución *f* (encarnizada)
Haube ['haʊbə] *f* <-, -n> ❶ (*Kopfbedeckung*) cofia *f*; **jdn unter die ~ bringen** (*fam*) casar a alguien
❷ (AUTO) capó *m*
❸ (*von Vögeln*) copete *m*
❹ (*Trocken~*) secador *m*
Haubenlerche *f* <-, -n> (ZOOL) cogujada *f* común; **Haubenmeise** *f* <-, -n> (ZOOL) herrerillo *m* capuchino; **Haubentaucher** *m* <-s, -> (ZOOL) somorgujo *m* lavanco [*o* moñudo]
Haubitze *f* <-, -n> ❶ (MIL) obús *m*; **eine ~ in Stellung bringen** emplazar un obús
❷ (*Wend*): **voll wie eine ~ sein** estar como una cuba
Hauch [haʊx] *m* <-(e)s, -e> (*geh*) ❶ (*Atem*) aliento *m*
❷ (*Luftzug*) soplo *m*, aire *m*; **ein kühler ~** un aire fresco
❸ (*Anflug, Duft*) matiz *m*, toque *m*
hauchdünn ['--] *adj* finísimo; **sie erhielten eine ~e Mehrheit** ganaron por los pelos
hauchen ['haʊxən] I. *vi* (*ausatmen*) espirar, respirar
II. *vt* (*Worte*) susurrar
Hauchlaut *m* <-(e)s, -e> (LING) sonido *m* aspirado
hauchzart ['--] *adj* (*dünn*) muy fino, muy delgado; (*fein*) delicado, suave
Haudegen ['haʊdeːɡən] *m* <-s, -> veterano *m* (de guerra); **ein alter ~** un viejo veterano de guerra
Haue[1] ['haʊə] *f* <-, *ohne pl*> (*fam: Schläge*) paliza *f*, zurra *f*; **~ kriegen** recibir una paliza
Haue[2] *f* <-, -n> (*südd, Österr, Schweiz: Hacke*) azada *f*
hauen[1] ['haʊən] <haut, haute *o* hieb, gehauen> I. *vt* (*fam: schlagen*) sacudir, arrear; (*verprügeln*) dar una paliza; **er hat ihn grün und blau ge~** le ha dado [*o* arreado] una buena paliza
II. *vi* (*schlagen*): **er haute [*o* hieb] mit der Faust auf den Tisch** dio [*o* pegó] un puñetazo en la mesa
hauen[2] ['haʊən] <haut, haute, gehauen> I. *vi* (*Wend*): **auf die Pauke ~** (*fig*) ir de juerga
II. *vt* ❶ (*meißeln*) esculpir; **er haut eine Figur in Stein** esculpe una figura en piedra
❷ (*fam: Nagel*) clavar (*in* en)
❸ (BERGB) extraer
III. *vr:* **sich ~** (*fam*) pegarse (*mit* con)
Hauer *m* <-s, -> ❶ (*Bergmann*) picador *m* (de minas)
❷ (*Eckzahn*) colmillo *m*
Häufchen ['hɔɪfçən] *nt* <-s, -> montoncito *m*; **er kam wie ein ~ Elend nach Hause** volvió a casa hecho una miseria [*o* una lástima]
häufeln ['hɔɪfəln] *vt* ❶ (AGR) aporcar; **nach dem Pflanzen wird Spargel gehäufelt** una vez plantados, los espárragos se aporcan
❷ (*aufschichten*) amontonar; **der Bauer häufelt das Heu zum Trocknen** el campesino amontona el heno para que se seque
Haufen ['haʊfən] *m* <-s, -> ❶ (*Anhäufung*) montón *m*, cerro *m And*; (*Stapel*) pila *f*; **jdn über den ~ rennen/fahren** (*fam*) tumbar/derribar a alguien; **jdn über den ~ schießen** (*fam*) matar a tiros a alguien; **etw über den ~ werfen** (*fam*) arrojar por la borda algo
❷ (*fam: Menge*) montón *m*, cúmulo *m*, percha *f CSur*, tendal *m CSur*; **einen ~ Arbeit haben** tener un montón de trabajo; **ein ~ Probleme** un cúmulo de problemas
❸ (*Schar*) gentío *m*, muchedumbre *f*; (*Gruppe*) cuadrilla *f*; **wir sind ein toller ~** somos una cuadrilla fantástica
häufen ['hɔɪfən] I. *vt* acumular, amontonar; **zwei gehäufte Esslöffel Zucker** dos cucharadas colmadas de azúcar
II. *vr:* **sich ~** amontonarse, acumularse
Haufendorf *nt* <-(e)s, -dörfer> pueblo *m* de casas desperdigadas
haufenweise *adv* (*fam*) a montones; **da lagen ~ Bücher** había montones de libros
Haufenwolke *f* <-, -n> cúmulo *m*
häufig ['hɔɪfɪç] I. *adj* frecuente; (*wiederholt*) repetido
II. *adv* a menudo, con frecuencia; **~ besuchen** frecuentar
Häufigkeit *f* <-, -en> frecuencia *f*
Häufigkeitszahl *f* <-, -en>, **Häufigkeitsziffer** *f* <-, -n> frecuencia *f*
Häufung *f* <-, -en> acumulación *f*; (*Verkehrsunfälle*) aumento *m*, incremento *m*; **es kam zu einer ~ von Cholerafällen** se produjo un aumento de casos de cólera
Haupt [haʊpt, *pl*: 'hɔɪptə] *nt* <-(e)s, Häupter> (*geh*) ❶ (*Kopf*) cabeza *f*; **gesenkten/erhobenen ~es** cabizbajo/con la cabeza alta
❷ (*Anführer*) jefe, -a *m, f*
Hauptaktionär(in) *m(f)* <-s, -e; -, -nen> (WIRTSCH) accionista *mf* principal; **Hauptakzent** *m* <-(e)s, -e> ❶ (LING) acento *m* principal
❷ (*Schwerpunkt*) énfasis *m inv* principal; **den ~ auf etw legen** poner el énfasis en algo; **Hauptaltar** *m* <-s, -täre> altar *m* mayor

hauptamtlich *adj* de carrera; (*angestellt*) contratado
Hauptangeklagte(r) *mf* <-n, -n; -n, -n> (JUR) acusado, -a *m, f* principal; **Hauptanmeldung** *f* <-, -en> solicitud *f* principal; **~ eines Patentes** (JUR) solicitud principal de una patente; **Hauptanschluss**[RR] *m* <-es, -schlüsse> (TEL) línea *f* principal; **Hauptanspruch** *m* <-(e)s, -sprüche> (JUR) pretensión *f* principal; **Hauptantrag** *m* <-(e)s, -träge> (JUR) reclamación *f* principal; **Hauptaspekt** *m* <-(e)s, -e> aspecto *m* principal; **Hauptaufgabe** *f* <-, -n> tarea *f* principal; **Hauptaugenmerk** *nt* <-s, *ohne pl*>: **sein ~ auf etw/jdn richten** fijarse especialmente en algo/alguien; **Hauptausgang** *m* <-(e)s, -gänge> salida *f* principal; **Hauptbahnhof** *m* <-(e)s, -höfe> estación *f* central; **Hauptbedingung** *f* <-, -en> condición *f* principal; **Hauptberuf** *m* <-(e)s, -e> profesión *f* principal, primer oficio *m*
hauptberuflich I. *adj* profesional
II. *adv* profesionalmente, como profesión principal
Hauptberufung *f* <-, -en> (JUR) apelación *f* principal; **Hauptbeschwerde** *f* <-, -n> (JUR) recurso *m* principal; **Hauptbestandteil** *m* <-(e)s, -e> parte *f* integrante, componente *m* principal, elemento *m* fundamental; **etw in seine ~e zerlegen** descomponer algo en sus elementos principales; **Hauptbetriebszeit** *f* <-, -en> horas *fpl* punta; **Hauptbilanz** *f* <-, -en> (FIN, WIRTSCH) balance *m* general; **Hauptbuch** *nt* <-(e)s, -bücher> (FIN, COM) libro *m* mayor; **~ für Sachkonten** libro mayor para cuentas de materiales; **Hauptdarsteller(in)** *m(f)* <-s, -; -, -nen> protagonista *mf*; **Hauptdeck** *nt* <-(e)s, -s> (NAUT) cubierta *f* principal; **Haupteingang** *m* <-(e)s, -gänge> entrada *f* principal; **Haupteinnahmequelle** *f* <-, -n> fuente *f* principal de ingresos
Häuptel ['hɔɪptəl] *nt* <-s, -(n)> (*Österr: Salatkopf*) lechuga *f*; (*Kohlkopf*) repollo *m*
Häuptelsalat *m* <-(e)s, -e> (*südd, Österr*) lechuga *f*
Haupterzeugnis *nt* <-ses, -se> (WIRTSCH) producto *m* principal
Haupteslänge *f*: **jdn um ~ überragen** (*geh*) ganar a alguien un palmo en altura
Hauptfach *nt* <-(e)s, -fächer> (SCH, UNIV) asignatura *f* principal, especialidad *f* principal; **Hauptfigur** *f* <-, -en> personaje *m* principal, protagonista *mf*; **Hauptfilm** *m* <-(e)s, -e> película *f* principal; **Hauptforderung** *f* <-, -en> (JUR) reclamación *f* principal; **Hauptgang** *m* <-(e)s, -gänge> ❶ (GASTR) segundo plato *m*; **im ~ servieren wir ...** de segundo plato tenemos... ❷ (ARCHIT) corredor *m* central ❸ *s.* **Hauptwaschgang**; **Hauptgebäude** *nt* <-s, -> edificio *m* principal; **Hauptgericht** *nt* <-(e)s, -e> plato *m* principal, segundo plato *m*; **Hauptgeschäftsbereich** *m* <-(e)s, -e> (WIRTSCH) campo *m* principal de actividades comerciales; **Hauptgeschäftsstelle** *f* <-, -n> (*a.* WIRTSCH) oficina *f* principal; **Hauptgeschäftszeit** *f* <-, -en> (WIRTSCH) horas *fpl* punta, horas *fpl* de mayor afluencia; **Hauptgewicht** *nt* <-(e)s, -e> énfasis *m inv* principal; **das ~ auf etw legen** poner el énfasis en algo; **Hauptgewinn** *m* <-(e)s, -e> primer premio *m*, gordo *m fam*; **sie hat den ~ gezogen** le ha tocado el gordo; **Hauptgläubiger(in)** *m(f)* <-s, -; -, -nen> (FIN, WIRTSCH) acreedor(a) *m(f)* principal; **Hauptgruppe** *f* <-, -n> (INFOR) grupo *m* principal
Haupthaar *nt* <-(e)s, *ohne pl*> (*geh*) cabellera *f*
Haupthahn *m* <-(e)s, -hähne> grifo *m* principal, llave *f* principal; **Haupthandelspartner** *m* <-s, -> (WIRTSCH) país *o* socio con el que se tienen relaciones comerciales principalmente; **Hauptinformant(in)** *m(f)* <-en, -en; -, -nen> informante *mf* principal; **Hauptklage** *f* <-, -n> (JUR) demanda *f* principal; **Hauptkommissar(in)** *m(f)* <-s, -e; -, -nen> comisario, -a *m, f* (jefe); **Hauptkundengruppe** *f* <-, -n> (WIRTSCH) clientela *f* principal; **Hauptlast** *f* <-, -en> carga *f* principal; **die ~ der Arbeit lag bei ihr alleine** la mayor carga del trabajo recaía sobre ella sola; **Hauptleistungspflicht** *f* <-, *ohne pl*> (JUR) deber *m* de prestación principal; **Hauptleitung** *f* <-, -en> (*für Wasser, Gas*) tubería *f* principal; (*für Strom, Telefon*) línea *f* principal
Hauptleute *pl von* **Hauptmann**
Hauptlieferant *m* <-en, -en> (WIRTSCH) proveedor *m* principal
Häuptling ['hɔɪptlɪŋ] *m* <-s, -e> jefe *m* de tribu, cacique *m*
Hauptmahlzeit *f* <-, -en> comida *f* principal; **Hauptmangel** *m* <-s, -mängel> (JUR) vicio *m* principal [*o* redhibitorio]
Hauptmann *m* <-(e)s, -leute> ❶ (MIL) capitán *m*
❷ (*Schweiz: Gemeindevorsteher*) alcalde *m*
Hauptmenü *nt* <-s, -s> (INFOR) menú *m* principal; **Hauptmerkmal** *nt* <-(e)s, -e> característica *f* principal; **Hauptmieter(in)** *m(f)* <-s, -; -, -nen> inquilino, -a *m, f* principal; **Hauptnahrungsmittel** *nt* <-s, -> alimento *m* básico; **Hauptnenner** *m* <-s, -> (MATH) denominador *m* común; **Hauptniederlassung** *f* <-, -en> (WIRTSCH) agencia *f* principal, establecimiento *m* principal
Hauptpachtvertrag *m* <-(e)s, -träge> (JUR) contrato *m* de arrendamiento principal; **Hauptpartei** *f* <-, -en> (JUR) partido *m* principal; **Hauptpatent** *nt* <-(e)s, -e> (JUR) patente *f* principal; **Hauptperson** *f* <-, -en> personaje *m* principal, protagonista *mf*; **Hauptplatine** *f* <-, -n> (INFOR, ELEK) platina *f* principal; **Hauptportal** *nt* <-s, -e> entrada *f*

Hauptpost f <-, ohne pl> central f de correos; **Hauptpostamt** nt <-(e)s, -ämter> oficina f central de Correos, administración f central de Correos

Hauptproblem nt <-s, -e> problema m principal; **Hauptprozess**RR m <-es, -e> (JUR) proceso m plenario; **Hauptquartier** nt <-s, -e> (MIL) cuartel m general; **Hauptrechner** m <-s, -> (INFOR) ordenador m central; **Hauptreisezeit** f <-, -en> días de máximo tráfico durante un período vacacional; **zur ~ stecken viele Urlauber im Stau** en los días de vacaciones en los que el tráfico es más intenso se producen muchas caravanas; **Hauptrolle** f <-, -n> papel m principal [o protagonista]; **Hauptsache** f <-, -n> ① (Wesentliches) punto m principal; **die ~ ist, dass ...** lo principal es que... +subj; **~, du bist gesund/es klappt** lo principal es que estés sano/que salga bien; **in der ~** principalmente; **zur ~ kommen** llegar a lo principal ② (JUR) fondo m del litigio; **zur ~ verhandeln** oponerse al fondo del litigio; **die ~ für erledigt erklären** declarar resuelto el fondo del litigio

hauptsächlich ['haʊptzɛçlɪç] I. adj principal, fundamental; (wesentlich) esencial
II. adv sobre todo, principalmente; **~ deshalb, weil ...** principalmente porque...

Hauptsaison f <-, -s> temporada f alta; **Hauptsatz** m <-es, -sätze> (LING) oración f principal; **Hauptschalter** m <-s, -> (ELEK) interruptor m principal; **Hauptschiff** nt <-(e)s, -e> (ARCHIT) nave f central; **Hauptschlagader** f <-, -n> (ANAT) aorta f; **Hauptschlüssel** m <-s, -> llave f maestra

Hauptschulabgänger(in) m(f) <-s, -; -, -nen> ≈graduado, -a m, f escolar; s. a. **Hauptschüler**

Hauptschuld f <-, ohne pl> culpa f principal; **jdn trifft die ~ an etw** dat sobre alguien recae la mayor parte de culpa de algo; **jd trägt die ~ an etw** dat alguien es el principal culpable de algo; **Hauptschuldige(r)** mf <-n, -n; -n, -n> culpable mf principal; **Hauptschuldner(in)** m(f) <-s, -; -, -nen> (JUR) deudor(a) m(f) principal; **Hauptschule** f ≈escuela f de Enseñanza General Básica (formación escolar mínima obligatoria que comprende entre los 10 y los 16 años de edad); **Hauptschüler(in)** m(f) <-s, -; -, -nen> ≈alumno, -a m, f de Enseñanza General Básica; s. a. **Hauptschule**; **Hauptschullehrer(in)** m(f) <-s, -; -, -nen> profesor(a) m(f) de una "Hauptschule" (profesor de tercer ciclo de primaria y de primer curso de la ESO); **Hauptschwierigkeit** f <-, -en> dificultad f principal; **Hauptseminar** nt <-s, -e> (UNIV) seminario m especializado, ≈asignatura f de especialidad [o segundo ciclo]; **Hauptsendezeit** f <-, -en> (TV) tiempo m de máxima audiencia; **Hauptsicherung** f <-, -en> (ELEK) fusible m principal; **Hauptsitz** m <-es, -e> sede f principal; **Hauptspeicher** m <-s, -> (INFOR) memoria f central; **Hauptspeise** f <-, -n> (GASTR) plato m principal; **Hauptstadt** f <-, -städte> capital f

hauptstädtisch adj de la capital, capitalino

Hauptstatut nt <-(e)s, -en> (JUR) estatuto m principal; **Hauptstraße** f <-, -n> calle f principal, ≈Calle f Mayor, coso m reg; **Hauptstrecke** f <-, -n> (EISENB) vía f principal; **die ~ Hannover-München war gesperrt** la vía principal entre Hannover y Munich estaba cerrada; **Hauptstudium** nt <-s, ohne pl> (UNIV) ≈segundo ciclo m (de los estudios superiores); **Haupttäter(in)** m(f) <-s, -; -, -nen> autor(a) m(f) principal; **Hauptteil** m <-(e)s, -e> parte f principal, mayor parte f; **der ~ der Arbeit ist schon erledigt** la mayor parte del trabajo ya está hecha; **Hauptteilhaber(in)** m(f) <-s, -; -, -nen> (JUR, WIRTSCH) socio, -a m, f principal; **Haupttermin** m <-s, -e> (JUR) vista f plenaria; **Haupttreffer** m <-s, -> s. **Hauptgewinn**; **Hauptursache** f <-, -n> motivo m principal

hauptverantwortlich adj principal responsable

Hauptverfahren nt <-s, -> plenario m; **Eröffnung des ~s** apertura del (procedimiento) plenario

Hauptverhandlung f <-, -en> (JUR) juicio m oral, vista f oral (de la causa); **Leitung der ~** conducción de la vista oral; **Hauptverhandlungshaft** f <-, ohne pl> (JUR) arresto m en vista de causa

Hauptverkehrsstraße f <-, -n> calle f principal, arteria f principal; **Hauptverkehrszeit** f <-, -en> hora f punta; **Hauptverpflichtung** f <-, -en> (JUR) obligación f principal; **Hauptversammlung** f <-, -en> asamblea f general; **Hauptvertrag** m <-(e)s, -träge> (JUR) contrato m principal [o definitivo]; **Hauptvertreter(in)** m(f) <-s, -; -, -nen> representante mf general; **Hauptverwaltung** f <-, -en> administración f central; **Hauptverzeichnis** nt <-ses, -se> (INFOR) directorio m principal; **Hauptvorstand** m <-(e)s, -stände> (WIRTSCH) dirección f general; **Hauptwache** f <-, -n> comisaría f central de la policía; **Hauptwarengruppe** f <-, -n> (WIRTSCH) grupo m de mercancías principales; **Hauptwäsche** f <-, -n> lavado m principal; **Hauptwaschgang** m <-(e)s, -gänge> fase f principal de lavado; **Hauptwirt** m <-(e)s, -e> (BIOL) huésped m principal; **Hauptwohnsitz** m <-es, -e> domicilio m principal; **Hauptwort** nt <-(e)s, -wörter> (LING) sustantivo m; **Hauptzeuge, -in** m, f <-n, -n; -, -nen> (JUR) testigo mf principal

hau ruck [haʊˈrʊk] interj ¡fuer-za!, ¡a la una, a las dos y a las tres!

Haus [haʊs, pl: ˈhɔɪzə] nt <-es, Häuser> ① (Wohn~, Heim) casa f; (Gebäude) edificio m; **von ~ zu ~ gehen** ir de casa en casa; **wir wohnen ~ an ~** vivimos puerta con puerta; **aus dem ~ gehen** salir de casa; **seit der Sohn aus dem ~ ist** desde que el hijo está fuera de casa; **der Herr des ~es** el señor de la casa; **ein Freund des ~es** un amigo de la casa; **außer ~ essen** comer fuera (de casa); **ins ~ liefern** entregar a domicilio; **etw steht ins ~** algo es de esperar, algo está al caer; **~ und Hof verspielen** perder hasta la camisa; **jdn nach ~ bringen/schicken** acompañar/enviar a alguien a su casa; **nirgendwo zu ~e sein** ser un extraño en todas partes; **fühlen Sie sich wie zu ~e!** ¡siéntase como en su casa!; **nach ~e kommen** volver a casa; **er ist nicht zu ~e** no está en casa; **bei uns zu ~e** en nuestra casa; **wie geht's zu ~e?** ¿qué tal está la familia?; **in etw** dat **zu ~e sein** (fam) conocer bien algo; **vor ausverkauftem ~ spielen** actuar con el teatro repleto de público; **frei ~** (COM) franco (a) domicilio; **hallo, altes ~** (fam) ¡hola, amigote!; **~ halten** economizar
② (geh: Herkunft) familia f, casa f; **er ist aus gutem ~e** es de buena familia [o casa]; **von ~e aus** originalmente, desde siempre
③ (Unternehmen) casa f, empresa f; **das erste ~ am Platz** la empresa de mejor reputación
④ (Dynastie) casa f, dinastía f
⑤ (Schnecken~) concha f, casita f del caracol
⑥ (ASTR) casa f (celeste)
⑦ (POL) Cámara f

Hausaltar m <-s, -täre> (REL) oratorio m; **Hausangestellte(r)** mf <-n, -n; -n, -n> criado, -a m, f, empleado, -a m, f (del hogar); **Hausanschluss**RR m <-es, -schlüsse> (TECH) acometida f; (TEL) comunicación f interior, teléfono m interior [o interno]; **Hausantenne** f <-, -n> antena f de casa; **Hausanwalt, -wältin** m, f <-(e)s, -wälte; -, -nen> abogado, -a m, f de familia; **Hausanzug** m <-(e)s, -züge> traje m de casa; **Hausapotheke** f <-, -n> botiquín m; **Hausarbeit** f <-, -en> ① (im Haushalt) trabajo m de la casa, quehaceres mpl domésticos ② (SCH) deberes mpl; (UNIV) trabajo m escrito (hecho en casa); **Hausarrest** m <-(e)s, -e> arresto m domiciliario; **Hausarzt, -ärztin** m, f <-es, -ärzte; -, -nen> médico, -a m, f de cabecera; **Hausaufgabe** f <-, -n> (SCH) trabajo m para casa; **~n** deberes mpl; **Hausaufsatz** m <-es, -sätze> (SCH) redacción f (que se hace como deber escolar)

hausbacken adj ① (Hausmittel) casero
② (abw: bieder) aburguesado; (langweilig) aburrido

Hausbar f <-, -s> mueble-bar m

Hausbau m <-(e)s, ohne pl> construcción f de una casa; **im Frühjahr beginnen sie mit dem ~** en primavera empiezan con la construcción de la casa

Hausbesetzer(in) m(f) <-s, -; -, -nen> okupa mf sl; **Hausbesetzerszene** f <-, -n> movimiento m okupa, okupas mpl

Hausbesetzung f <-, -en> okupación f; **Hausbesitz** m <-es, ohne pl> propiedad f inmobiliaria; **Hausbesitzer(in)** m(f) <-s, -; -, -nen> propietario, -a m, f de una casa; **Hausbesorger(in)** m(f) <-s, -; -, -nen> (Österr: Hausmeister) conserje mf, portero, -a m, f; **Hausbesuch** m <-(e)s, -e> visita f domiciliaria; **Hausbewohner(in)** m(f) <-s, -; -, -nen> vecino, -a m, f de una casa; **Hausboot** nt <-(e)s, -e> barco m vivienda; **Hausbrand** m <-(e)s, ohne pl> combustible m para uso doméstico; **Hausbriefkasten** m <-s, -kästen> buzón m

Häuschen [ˈhɔɪsçən] nt <-s, -> casita f; **ganz aus dem ~ sein** (fam) estar completamente fuera de sí

Hausdame f <-, -n> ama f de llaves; **die ~ meldete den Besuch an** el ama de llaves anunció la visita; **Hausdetektiv(in)** m(f) <-s, -e; -, -nen> detective mf privado (de grandes almacenes, casinos, etc.); **Hausdiener** m <-s, -> (im Privathaus) criado m; (im Hotel) mozo m; **Hausdrachen** m <-s, -> (fam abw) arpía f, tarasca f

Hausdurchsuchung f <-, -en> (Österr, Schweiz) registro m domiciliario; **Hausdurchsuchungsbefehl** m <-s, -e> (JUR) orden f de registro domiciliario

hauseigen adj propio de la casa, que pertenece a la casa; **das Hotel verfügt über ein ~es Schwimmbad** el hotel dispone de piscina privada

Hauseigentümer(in) m(f) <-s, -; -, -nen> propietario, -a m, f de la casa; **Hauseinfahrt** f <-, -en> entrada f; **die ~ ist freizuhalten!** ¡no aparcar delante de la entrada!, ¡dejar libre la entrada!; **Hauseingang** m <-(e)s, -gänge> entrada f de la casa

hausen [ˈhaʊzən] vi (fam) ① (abw: wüten) causar estragos, devastar
② (wohnen) vivir (in en)

Häuserblock m <-s, -s o -blöcke> manzana f, cuadra f Am; **Häuserfront** f <-, -en> frente m de varias casas, fachadas fpl de varias casas; **Häusermakler(in)** m(f) <-s, -; -, -nen> (WIRTSCH) agente mf inmobiliario, -a; **Häusermeer** nt <-(e)s, -e> (geh) conjunto m de edifi-

cios de una ciudad vistos desde un punto elevado; **sie schauten über das endlose ~ der Stadt** contemplaban el inmenso panorama que ofrecía la ciudad (a sus pies); **Häuserreihe** *f* <-, -n>, **Häuserzeile** *f* <-, -n> hilera *f* de casas; **die Freundinnen wohnen in derselben ~** las amigas viven en la misma acera

Hausflur *m* <-(e)s, -e> pasillo *m*

Hausfrau *f* <-, -en> ❶ (*Haushalt führende Frau*) ama *f* de casa ❷ (*Österr, südd: Zimmerwirtin*) alquiladora *f* de habitaciones; **Hausfrauenart** *f* <-, *ohne pl*> estilo *m* casero; **nach** [*o* **auf**] **~** (al modo) casero

hausfraulich *adj* doméstico; **-e Tätigkeiten** tareas domésticas

Hausfreund *m* <-(e)s, -e> ❶ (*der Familie*) amigo *m* de la casa ❷ (*Geliebter*) alegraesposas *m inv*

Hausfriede *m* <-ns, *ohne pl*> paz *f* del hogar [*o* doméstica]; **Hausfriedensbruch** *m* <-(e)s, *ohne pl*> (JUR) allanamiento *m* de morada; **schwerer ~** allanamiento de morada grave

Hausgebrauch *m* <-(e)s, *ohne pl*> uso *m* doméstico; **für den ~** para uso doméstico; **Hausgeburt** *f* <-, -en> parto *m* en casa; **Hausgehilfin** *f* <-, -nen> *s.* **Haushaltshilfe**

hausgemacht ['haʊsɡəmaxt] *adj* casero, de fabricación casera

Hausgemeinschaft *f* <-, -en> ❶ (*im Haushalt*) comunidad *f* ❷ (*Hausbewohner*) vecindad *f*, comunidad *f* de vecinos; **Hausgötter** *mpl* lares *mpl*; **Hausgüter** *ntpl* (JUR) bienes *mpl* del hogar

Haushalt ['haʊshalt] *m* <-(e)s, -e> ❶ (*Hausgemeinschaft*) casa *f*; **jdm den ~ führen** llevar(le) la casa a alguien; **einen ~ gründen/auflösen** poner/levantar casa; **im ~ helfen** ayudar en casa ❷ (*Familie*) hogar *m*, familia *f*; **die privaten -e** los hogares ❸ (POL: *Etat*) presupuesto *m*; **kommunaler/öffentlicher ~** hacienda local/pública

haus|**halten** *irr vi* economizar (*mit*)

Haushälterin ['haʊshɛltərɪn] *f* <-, -nen> ama *f* de llaves

haushälterisch *adj* económico, ahorrativo

Haushaltsabfall *m* <-(e)s, -fälle> basura *f* doméstica, residuos *mpl* domésticos; **Haushaltsabstriche** *mpl* (FIN, WIRTSCH) recortes *mpl* presupuestarios; **Haushaltsabwässer** *mpl* aguas *fpl* residuales domésticas; **Haushaltsartikel** *m* <-s, -> artículo *m* doméstico [*o* de menaje]; **Haushaltsausgaben** *fpl* (FIN, WIRTSCH) gastos *mpl* presupuestarios; **Haushaltsausgleich** *m* <-(e)s, *ohne pl*> (FIN, WIRTSCH) equilibrio *m* presupuestario; **Haushaltsbelastung** *f* <-, -en> (FIN, WIRTSCH) carga *f* presupuestaria; **Haushaltsberatung** *f* <-, -en> (FIN, POL, WIRTSCH) discusión *f* sobre el presupuesto; **Haushaltsbesteuerung** *f* <-, -en> (FIN) tributación *f* presupuestaria; **Haushaltsbuch** *nt* <-(e)s, -bücher> libreta *f* de las cuentas de la casa; **als ordentliche Hausfrau führt sie ein ~** como buena ama de casa anota todos los gastos domésticos en una libreta; **Haushaltsdebatte** *f* <-, -n> (POL) debate *m* sobre el presupuesto; **Haushaltsdefizit** *nt* <-s, -e> (POL) déficit *m inv* presupuestario; **Haushaltsentwurf** *m* <-(e)s, -würfe> (FIN, POL, WIRTSCH) proyecto *m* de presupuesto

haushaltsfinanziert *adj* financiado [*o* costeado] por el presupuesto

Haushaltsführung *f* <-, -en> gobierno *m* de la casa; (FIN) gestión *f* presupuestaria; **doppelte ~** (FIN) doble ingreso; **Haushaltsgeld** *nt* <-(e)s, *ohne pl*> dinero *m* para los gastos domésticos; **Haushaltsgerät** *nt* <-(e)s, -e> aparato *m* doméstico; **Haushaltsgesetz** *nt* <-es, -e> (FIN, POL) ley *f* presupuestaria; **Haushaltsgrundsätzegesetz** *nt* <-es, -e> (FIN, POL) ley *f* de principios presupuestarios; **Haushaltshilfe** *f* <-, -n> empleada *f* de hogar, asistenta *f*; **Haushaltsjahr** *nt* <-(e)s, -e> (POL) año *m* presupuestario; **Haushaltskasse** *f* <-, *ohne pl*> presupuesto *m* familiar; **Haushaltskosten** *pl* gastos *mpl* de la unidad familiar; **Haushaltsloch** *nt* <-(e)s, -löcher> (FIN) agujero *m* presupuestario, déficit *m inv* presupuestario; **das ~ stopfen** cubrir el agujero presupuestario; **Haushaltsmittel** *ntpl* (POL) fondos *mpl* presupuestarios; **Haushaltsnachtrag** *m* <-(e)s, -träge> (FIN, POL, WIRTSCH) complemento *m* presupuestario; **Haushaltsneutralität** *f* <-, *ohne pl*> (FIN, WIRTSCH) neutralidad *f* presupuestaria; **Haushaltspackung** *f* <-, -en> (WIRTSCH) paquete *m* familiar, envase *m* familiar; **wenn Reis im Angebot ist, kaufe ich gleich eine ~** cuando el arroz está de oferta compro el paquete familiar

Haushaltsplan *m* <-(e)s, -pläne> (POL) presupuesto *m*; **Haushaltsplanentwurf** *m* <-(e)s, -würfe> (POL) proyecto *m* de presupuesto

Haushaltspolitik *f* <-, *ohne pl*> (FIN, POL, WIRTSCH) política *f* presupuestaria

haushaltspolitisch *adj* en términos de política presupuestaria

Haushaltsrecht *nt* <-(e)s, *ohne pl*> (FIN, JUR) derecho *m* presupuestario; **Haushaltsreiniger** *m* <-s, -> producto *m* de limpieza (para el hogar); **Haushaltsreserve** *f* <-, -n> (FIN, WIRTSCH) reserva *f* presupuestaria; **Haushaltssicherungskonzept** *nt* <-(e)s, -e> (FIN, POL, WIRTSCH) concepto *m* de seguridad presupuestaria; **Haushaltsüberschuss**[RR] *m* <-es, -schüsse> (FIN, POL, WIRTSCH) superávit *m inv* presupuestario; **Haushaltsverbrauch** *m* <-(e)s, -bräuche> uso *m* doméstico; **Haushaltsverfahren** *nt* <-(e)s, -> (FIN, POL) procedimiento *m* presupuestario; **Haushaltsvorlage** *f* <-, -n> (FIN, POL) proyecto *m* de presupuesto; **Haushaltsvorstand** *m* <-(e)s, -stände> (WIRTSCH) cabeza *mf* de familia; **Haushaltswaage** *f* <-, -n> balanza *f* de cocina; **Haushaltsware** *f* <-, -n> artículo *m* doméstico [*o* de menaje]; **Haushaltswirtschaft** *f* <-, *ohne pl*> régimen *m* presupuestario

Haushaltung *f* <-, -en> ❶ (*Haushalt*) hogar *m* ❷ (*Haushaltsführung*) gobierno *m* de la casa

Haus-Haus-Verkehr *m* <-(e)s, *ohne pl*> transporte *m* de puerta a puerta

Hausherr(in) *m(f)* <-(e)n, -en; -, -nen> dueño, -a *m, f* de la casa, señor(a) *m(f)* de la casa

haushoch ['--] *adj* (*groß*) como una casa, enorme; (*außergewöhnlich*) descomunal; **jdm ~ überlegen sein** dar(le) cien vueltas a alguien; **jdn ~ schlagen** derrotar a alguien aplastantemente

hausieren* [haʊˈziːrən] *vi* trabajar como vendedor ambulante, ir vendiendo de casa en casa; **mit etw** *dat* **~ gehen** (*fam*) contar algo a todo el mundo, divulgar algo

Hausierer(in) *m(f)* <-s, -; -, -nen> vendedor(a) *m(f)* ambulante, pacotillero, -a *m, f Am*

Hausjacke *f* <-, -n> chaqueta *f* de estar por casa; **Hauskapelle** *f* <-, -n> (REL) capilla *f* privada; **Hauskauf** *m* <-(e)s, -käufe> compra *f* de una casa; **seine Bank gewährt ihm einen Kredit für den ~** su banco le ha concedido un crédito para comprar la casa; **Hauskleid** *nt* <-(e)s, -er> bata *f*, vestido *m* de estar por casa; **Hauskonzert** *nt* <-(e)s, -e> velada *f* musical; **Hauslehrer(in)** *m(f)* <-s, -; -, -nen> preceptor *m*, institutriz *f*; (*Privatlehrer*) profesor(a) *m(f)* particular

Häuslerrecht *nt* <-(e)s, -e> derecho *m* del asalariado

häuslich ['hɔɪslɪç] *adj* ❶ (*Arbeiten, Pflichten*) doméstico; (*Familie betreffend*) familiar ❷ (*Familienleben liebend*) casero; **sich ~ niederlassen** (*fam*) poner casa

Häuslichkeit *f* <-, *ohne pl*> vida *f* hogareña; **~ ist ihr verhasst; sie geht lieber aus** detesta quedarse en casa; prefiere salir

Hausmacherart ['haʊsmaxəˌʔaːet] *f* (GASTR): **nach ~** según receta casera; **Hausmacherkost** *f* <-, *ohne pl*> (GASTR) cocina *f* casera; **unsere Oma kocht gute ~** nuestra abuela hace unos sabrosos platos caseros

Hausmacht *f* <-, *ohne pl*> ❶ (POL) base *f* de poder; **die ~ hielt dem Minister den Rücken frei** el entorno próximo al ministro le cubrió las espaldas ❷ (HIST) alodio *m*

Hausmädchen *nt* <-s, -> sirvienta *f*

Hausmann *m* <-(e)s, -männer> amo *m* de casa; **Hausmannskost** *f* <-, *ohne pl*> comida *f* casera

Hausmantel *m* <-s, -mäntel> batín *m*; **Hausmarke** *f* <-, -n> ❶ (*einer Einzelhandelsfirma*) marca *f* de la casa ❷ (*fam*: *bevorzugte Marke*) marca *f* favorita; **das ist meine ~** es mi marca favorita; **Hausmeister(in)** *m(f)* <-s, -; -, -nen> ❶ (*in Wohnhaus*) conserje *mf*, portero, -a *m, f*; (*in öffentlichen Gebäuden*) bedel(a) *m(f)* ❷ (*Schweiz: Hausbesitzer*) propietario, -a *m, f* de la casa; **Hausmitteilung** *f* <-, -en> ❶ (*Mitteilung*) aviso *m* interno ❷ (WIRTSCH: *Druckschrift*) boletín *m* de la empresa; **Hausmittel** *nt* <-s, -> remedio *m* casero; **Hausmüll** *m* <-s, *ohne pl*> basura *f* doméstica; **Hausmusik** *f* <-, -en> música *f* de aficionados; **Hausmutter** *f* <-, -mütter> directora *f*, gobernanta *f*; **die ~ der Jugendherberge** la directora del albergue juvenil; **Hausmütterchen** *nt* <-s, -> (*abw*) =maruja *f*; **Hausnummer** *f* <-, -n> número *m* de (la) casa [*o* de la calle]; **Hausordnung** *f* <-, -en> reglamento *m* interno [*o* de la casa]; **Hausputz** *m* <-es, *ohne pl*> limpieza *f* (general) de la casa; **jedes Frühjahr ist er größer ~ bei uns** cada año por primavera hacemos una limpieza general de la casa

Hausrat *m* <-(e)s, *ohne pl*> menaje *m*, mobiliario *m* y enseres *mpl* del hogar

Hausratsverordnung *f* <-, -en> (JUR) prescripción *f* sobre mobiliario

Hausratsverteilung *f* <-, -en> distribución *f* del ajuar doméstico

Hausratversicherung *f* <-, -en> seguro *m* del hogar

Hausräuke ['-ɔɪkə] *f* <-, -n> (*Schweiz: Einweihungsfeier*) fiesta *f* de inauguración; **Hausrecht** *nt* <-(e)s, -e> (JUR) derecho *m* de propietario; **von seinem ~ Gebrauch machen** hacer uso de sus derechos de propietario; **Haussammlung** *f* <-, -en> recolecta *f* a domicilio; **die nächste ~ ist für die Kriegshinterbliebenen** la próxima recolecta que haremos por las casas es para las viudas y huérfanos de guerra; **Hausschlachtung** *f* <-, -en> matanza *f* casera; **die Wurst ist aus unserer ~** el embutido es de matanza propia; **Hausschlüssel** *m* <-s, -> llave *f* de (la) casa; **Hausschuh** *m* <-(e)s, -e> zapatilla *f*; **Hausschwamm** *m* <-(e)s, -schwämme> hongo *m* destructor, hupe *f*; **dem ~ kann durch Holzschutz vorgebeugt werden** la hupe se puede evitar protegiendo la madera

Hausse [hoːs, ˈhoːsə, oːs] *f* <-, -n> (FIN) alza *f*; **auf ~ spekulieren** especular [*o* jugar] al alza

Haussegen *m:* der ~ hängt (bei jdm) schief (*fam*) alguien tiene líos en casa
Haussegeschäft *nt* <-(e)s, -e> (FIN) negocio *m* al alza; ~**e tätigen** hacer negocios al alza
Hausspekulant(in) *m(f)* <-en, -en> especulador(a) *m(f)* al alza, alcista *mf*;
Haussier *m* <-s, -e> (FIN) alcista *mf*
Hausstand *m* <-s, -stände> (*geh*) casa *f;* **einen (eigenen) ~ gründen** poner casa (propia)
Haussuchung *f* <-, -en> (JUR) registro *m* domiciliario; **Haussuchungsbefehl** *m* <-(e)s, -e> (JUR) orden *f* de registro, mandato *m* de registro domiciliario
Haustarif *m* <-(e)s, -e> (WIRTSCH) convenio *m* de la empresa; **Haustelefon** *nt* <-s, -e> interfono *m;* **Haustier** *nt* <-(e)s, -e> animal *m* doméstico
Haustür *f* <-, -en> puerta *f* de (la) casa; **Haustürgeschäft** *nt* <-(e)s, -e>, **Haustürverkauf** *m* <-(e)s, -käufe> (COM) venta *f* a domicilio, negocio *m* concluido a la puerta de casa
Haustyrann(in) *m(f)* <-en, -en; -, -nen> (*fam: Vater, Mutter*) (padre *m* de familia) tirano *m,* (madre *f* de familia) tirana *f;* (*Ehemann, -frau*) marido *m* tirano, esposa *f* tirana; **als ~ duldet er keinen Widerspruch** como padre de familia/como marido es un tirano y no tolera ninguna protesta
Haus- und Familienbetrug *m* <-(e)s, *ohne pl*> (JUR) engaño *m* de hogar y familia; **Haus- und Familiendiebstahl** *m* <-(e)s, -stähle> (JUR) robo *m* de hogar y familia
Hausvater *m* <-s, -väter> director *m;* **der ~ der Jugendherberge** el director del albergue juvenil; **Hausverbot** *nt* <-(e)s, -e> prohibición *f* de entrar en un sitio determinado; **Hausvermögen** *nt* <-s, *ohne pl*> (JUR) patrimonio *m* particular; **Hausverwalter(in)** *m(f)* <-s, -; -, -nen> administrador(a) *m(f)* de una casa; **Hausverwaltung** *f* <-, -en> administración *f* de la casa; **Haus- und Grundstücksverwaltung** administración de fincas; **Hauswart(in)** *m(f)* <-(e)s, -e; -, -nen> (*Österr: in Wohnhäusern*) conserje *mf,* portero, -a *m, f;* (*in öffentlichen Gebäuden*) bedel(a) *m(f);* **Hauswirt(in)** *m(f)* <-(e)s, -e; -, -nen> propietario, -a *m, f,* de una casa, casero, -a *m, f;* **Hauswirtschaft** *f* <-, *ohne pl*> economía *f* doméstica
hauswirtschaftlich *adj* de la economía doméstica; (*Kurs*) de economía doméstica
Hauswirtschaftsschule *f* <-, -n> escuela *f* de economía doméstica
Hauszelt *nt* <-(e)s, -e> tienda *f* (de campaña) familiar
Haus-zu-Haus-Verkauf *m* <-(e)s, -käufe> (COM) venta *f* a domicilio,
Haus-zu-Haus-Verkehr *m* <-(e)s, *ohne pl*> (COM) transporte *m* puerta a puerta
Haut [haʊt, *pl:* ˈhɔʏtə] *f* <-, Häute> ❶ (*von Mensch, Tier, Obst*) piel *f,* pellejo *m abw;* (*Gesichts~*) cutis *m inv;* **nass bis auf die ~** calado hasta los huesos; **nur ~ und Knochen sein** (*fam*) no ser más que piel y huesos, estar en los huesos; **seine ~ zu Markte tragen** (*sich prostituieren*) prostituirse, venderse; (*für jdn ein Risiko eingehen*) jugarse la piel (*für* por); **seine ~ so teuer wie möglich verkaufen** (*fam*) vender caro su pellejo; **sich seiner ~ wehren** (*fam*) defender su pellejo; **versuchen, seine ~ zu retten** intentar salvar el pellejo; **aus der ~ fahren** (*fam*) salirse de sus casillas; **er kann nicht aus seiner ~ heraus** (*fam*) la cabra siempre tira al monte; **ihm ist nicht wohl in seiner ~** (*fam*) no se siente a gusto; **in ihrer ~ möchte ich nicht stecken** (*fam*) no quisiera estar en su pellejo; **mit heiler ~ davonkommen** (*fam*) salvar la piel; **mit ~ und Haaren** (*fam*) completamente; **das geht (mir) unter die ~** (*fam*) esto me llega al alma; **auf der faulen ~ liegen** (*fam*) estar tumbado a la bartola; **eine ehrliche ~** (*fam*) una persona honrada
❷ (*auf Flüssigkeit*) tela *f,* telilla *f*
Hautabschürfung *f* <-, -en> excoriación *f;* **Hautarzt, -ärztin** *m, f* <-es, -ärzte; -, -nen> dermatólogo, -a *m, f;* **Hautatmung** *f* <-, *ohne pl*> (MED, ZOOL) respiración *f* cutánea; **Hautausschlag** *m* <-(e)s, -schläge> (MED) erupción *f* cutánea, alfombrilla *f Cuba;* **Hautcreme** *f* <-, -s> crema *f* para la piel
HautecoutureRR *f* <-, *ohne pl*>, **Haute Couture** *f* <- -, *ohne pl*> alta costura *f*
häuten [ˈhɔʏtən] I. *vt* pelar, despellejar
II. *vr: sich ~* (*Reptilien*) mudar la piel; (*fam: Mensch*) pelarse
hauteng [ˈ-ˈ-] *adj* muy ceñido, pegado al cuerpo
Hautevolee [(h)otˈvoːleː] *f* <-, *ohne pl*> (*abw, iron*) alta sociedad *f*
Hautfarbe *f* <-, -n> color *m* de la piel; (*Teint*) tez *f*
hautfarben *adj* (de) color carne
hautfreundlich *adj* (*Stoff*) agradable a la piel; (*Seife, Reiniger*) saludable para la piel
Hautklinik *f* <-, -en> clínica *f* dermatológica; **Hautkontakt** *m* <-(e)s, -e> contacto *m* con la piel; **bei** [*o* **mit**] **dieser Substanz sollte man jeden ~ vermeiden** se ha de evitar todo contacto de esta substancia con la piel; **Hautkrankheit** *f* <-, -en> enfermedad *f* de la piel, dermatosis *f inv;* **Hautkrebs** *m* <-es, -e> cáncer *m* de piel [*o* cutáneo]

hautnah [ˈ-ˈ-] I. *adj* ❶ (*fam: Schilderung*) muy realista
❷ (SPORT) estrecho
II. *adv* desde muy cerca; **etw ~ miterleben** presenciar algo desde muy cerca; **er wurde ~ gedeckt** (SPORT) fue marcado estrechamente
Hautpflege *f* <-, *ohne pl*> cuidado *m* de la piel; **Hautpilz** *m* <-es, -e> hongo *m* de la piel; (MED) dermatófito *m*
hautschonend *adj* cuidadoso con la piel, que no irrita la piel
Hauttransplantation *f* <-, -en> (MED) trasplante *m* de piel
Häutung *f* <-, -en> (ZOOL) muda *f*
Havanna¹ [haˈvana] *nt* <-s> La Habana *f*
Havanna² *f* <-, -s>, **Havannazigarre** *f* <-, -n> habano *m*
Havarie [havaˈriː] *f* <-, -n> (AERO, NAUT) avería *f;* **besondere ~** avería simple [*o* particular]; **große ~** avería gruesa [*o* común]
Havariegutachten *nt* <-s, -> (AERO, NAUT) dictamen *m* de avería
havarieren* [havaˈriːrən] *vi* ❶ (NAUT) sufrir un accidente; **der havarierte Frachter lag tagelang auf der Sandbank fest** el carguero estuvo varios días varado en el banco de arena
❷ (*Österr: verunglücken*) tener un accidente
Haverei *f* <-, -en> (AERO, NAUT) siniestro *m*
Hawaiigitarre *f* <-, -n> guitarra *f* hawaiana
Haxe [ˈhaksə] *f* <-, -n> (*südd*) pata *f*
Hazienda [haˈtsjɛnda] *f* <-, -s> hacienda *f,* estancia *f Am*
Hbf. *Abk. von* **Hauptbahnhof** estación *f* central
H-Bombe *f* <-, -n> (MIL) bomba *f* H, bomba *f* de hidrógeno
h.c. *Abk. von* **honoris causa** honoris causa
HD [haːˈdeː] (INFOR) *Abk. von* **High Density** HD
HD-Diskette [haːdeːdɪsˈkɛtə] *f* <-, -n> (INFOR) disquete *m* HD, diskette *m* HD
HDE [haːdeːˈʔeː] *Abk. von* **Hauptverband des deutschen Einzelhandels** asociación *f* general de los minoristas alemanes
HDTV [haːdeːteːˈvaʊ] *nt* <-s, *ohne pl*> *Abk. von* **High Definition Television** televisión *f* de alta definición
H-Dur [ˈhaːˈduːɐ] *nt* <-, *ohne pl*> (MUS) si *m* mayor
he [heː] *interj* ¡eh!, ¡oiga!, ¡epa! *MAm;* **~, Sie da!** ¡eh, Ud.!
He (CHEM) *Abk. von* **Helium** He
Headhunter(in) [ˈhɛthantɐ] *m(f)* <-s, -; -, -nen> (WIRTSCH) cazatalentos *mf inv,* cazacerebros *mf inv*
Hearing [ˈhiːrɪŋ] *nt* <-(s), -s> (POL) audición *f* (pública)
heavy [ˈhɛvi] *adj inv* (*sl*) fuerte; **das ist echt ~, die haben mich einfach rausgeschmissen** es muy fuerte, sencillamente me han echado
HeavymetalRR *nt* <-(s), *ohne pl*> (MUS) heavy metal *m;* **Heavymetal-Band**RR *f* <-, -s> grupo *m* de heavy (metal), banda *f* de heavy (metal); **Heavymetalfan**RR *m* <-s, -s> fan *mf* del heavy metal, heavy *m*
Hebamme [ˈheːbamə] *f* <-, -n> partera *f,* comadrona *f*
Hebebühne *f* <-, -n> (TECH) plataforma *f* elevadora; **Hebegebühr** *f* <-, -en> derechos *mpl* de recaudación
Hebel [ˈheːbəl] *m* <-s, -> palanca *f;* **einen ~ ansetzen** aplicar una palanca; **alle ~ in Bewegung setzen** (*fam*) tocar todas las teclas; **am längeren ~ sitzen** tener la sartén por el mango
Hebelarm *m* <-(e)s, -e> (PHYS) palanca *f;* **Hebelgriff** *m* <-(e)s, -e> (SPORT) llave *f;* **(bei jdm) einen ~ ansetzen** hacer una llave (a alguien); **Hebelkraft** *f* <-, -kräfte> (PHYS) momento *m* de la palanca; **Hebelwirkung** *f* <-, -en> efecto *m* de palanca, acción *f* de palanca; **~ der Finanzstruktur** (WIRTSCH) efecto de palanca de la estructura financiera
heben [ˈheːbən] <hebt, hob, gehoben> I. *vt* ❶ (*hoch~*) alzar, levantar; (*Schatz, Wrack*) subir, levantar; **die Stimme ~** elevar la voz; **einen Wagen auf die Bühne ~** subir un vehículo al escenario; **einen ~ gehen** (*fam*) ir de copas
❷ (*steigern*) aumentar; (*verbessern*) mejorar; **den Umsatz ~** aumentar el volumen de operaciones
❸ (*südd: halten*) sujetar
II. *vr: sich ~* ❶ (*Nebel, Vorhang*) levantarse
❷ (*sich verbessern*) mejorarse; **seine Stimmung hob sich gleich** su ánimo se levantó enseguida
III. *vi* (*südd: haltbar sein*) conservarse
Heber [ˈheːbɐ] *m* <-s, -> (CHEM) tubo *m* sifón; (*Pipette*) pipeta *f*
Heberecht *nt* <-(e)s, *ohne pl*> derecho *m* de recaudación
Hebesatz *m* <-es, -sätze> (FIN, WIRTSCH) tipo *m* estimativo; **~ von Steuern** tipo de gravamen de impuestos; **Hebesatzerhöhung** *f* <-, -en> (FIN, WIRTSCH) incremento *m* del tipo de gravamen; **~ von Steuern** incremento del tipo de gravamen de impuestos
Hebräer(in) [heˈbrɛːɐ] *m(f)* <-s, -; -, -nen> hebreo, -a *m, f*
hebräisch [heˈbrɛːɪʃ] *adj* hebreo, hebraico
Hebräisch *nt* <-(s), *ohne pl*>, **Hebräische** *nt* <-n, *ohne pl*> hebreo *m;* **sprechen Sie ~?** ¿habla hebreo?; **einen Text ins ~e/aus dem ~en übersetzen** traducir un texto al hebreo/del hebreo
Hebung [ˈheːbʊŋ] *f* <-, -en> ❶ (*das Hinaufbefördern*) levantamiento *m;* (*Anstieg, Verbesserung*) mejora *f,* realce *m*
❷ (LIT: *Versmaß*) sílaba *f* marcada

hecheln ❸ (GEO) elevación *f*
hecheln ['hɛçəln] *vi* (*Hund*) jadear
Hecht [hɛçt] *m* <-(e)s, -e> ❶ (*Fisch*) lucio *m;* **er ist ein ~ im Karpfenteich** (*fam*) alborota el cotarro
❷ (*fam: Mann*): **ein toller ~!** ¡vaya tío!
hechten ['hɛçtən] *vi sein* (SPORT) saltar en plancha; **vom Sprungbrett ~** saltar en plancha desde el trampolín; **über den Kasten/das Pferd ~** hacer un salto en plancha en el plinto/caballo; **ins Wasser ~** tirarse en plancha al agua; **nach etw** *dat* ~ tirarse en plancha para coger algo
Hechtrolle *f* <-, -n> (SPORT) voltereta *f* con salto de carpa; **Hechtsprung** *m* <-(e)s, -sprünge> (*Turnen*) salto *m* con el cuerpo extendido; (*Schwimmen*) salto *m* de la carpa; **Hechtsuppe** *f:* **es zieht wie ~** (*fam*) sopla [*o* corre] un biruji, hay una corriente fuertísima
Heck [hɛk] *nt* <-(e)s, -e *o* -s> (NAUT) popa *f;* (AUTO, AERO) parte *f* trasera
Heckantrieb *m* <-s, -e> (AUTO) accionamiento *m* trasero
Hecke ['hɛkə] *f* <-, -n> seto *m*
Heckenrose *f* <-, -n> escaramujo *m*, rosal *m* silvestre; **Heckenschere** *f* <-, -n> cortasetos *m inv;* **Heckenschütze, -in** *m, f* <-n, -n; -, -nen> francotirador(a) *m(f)*
Heckfenster *nt* <-s, -> (AUTO) luneta *f* (trasera); **Heckflosse** *f* <-, -n> (AUTO) alerón *m* (trasero); **Heckklappe** *f* <-, -n> (AUTO) quinta puerta *f*, puerta *f* del maletero
hecklastig *adj* (*Schiff*) apopado; (*Auto*) cargado de atrás; **mit so viel Gepäck muss der Wagen ~ werden** con tanto equipaje se cargará la parte trasera del coche [*o* se cargará de cola el coche]
Heckmeck ['hɛkmɛk] *m* <-s, ohne *pl*> (*fam*) **mach jetzt keinen ~!** (*keine Umstände*) ¡no te tomes ninguna molestia!; **wir bekommen eine Revision, aber macht bloß keinen ~** (*kein Aufheben*) van a pasar a hacernos una revisión, pero no montéis ningún número
Heckmotor *m* <-s, -en> (TECH) motor *m* trasero
Heckscheibe *f* <-, -n> (AUTO) cristal *m* trasero, luneta *f* trasera; **heizbare ~** luneta trasera térmica; **Heckscheibenheizung** *f* <-, -en> (AUTO) aire *m* caliente de la luneta (trasera); **Heckscheibenwaschanlage** *f* <-, -n> (AUTO) lava-limpia luneta *f* trasera; **Heckscheibenwischer** *m* <-s, -> (AUTO) limpiaparabrisas *m inv* (de la luneta trasera)
Heckspoiler *m* <-s, -> (AUTO) spoiler *m* trasero, alerón *m;* **Hecktür** *f* <-, -en> (AUTO) puerta *f* trasera
heda ['he:da] *interj* ¡eh!
Hedgegeschäft ['hɛtʃ-] *nt* <-(e)s, -e> (WIRTSCH) negocio que resulta de la oscilación de precios en el mercado
Hedonismus [hedo'nɪsmʊs] *m* <-, ohne *pl*> (PHILOS) hedonismo *m*
hedonistisch *adj* (*geh*) hedonista
Heer [he:ɐ] *nt* <-(e)s, -e> ❶ (MIL) ejército *m;* **das stehende ~** el ejército activo permanente
❷ (*Menge*) sinnúmero *m*, manada *f;* **ein ~ von Touristen** un ejército de turistas
Heeresbericht *m* <-(e)s, -e> (MIL) parte *m* militar; **Heeresleitung** *f* <-, -en> (MIL) alto mando *m* militar; **Heereszug** *m* <-(e)s, -züge> (MIL) *s.* **Heerzug**
Heerführer *m* <-s, -> (HIST) jefe *m* del ejército; **Heerlager** *nt* <-s, -> (HIST) campamento *m* militar; **Heerscharen** *fpl* ❶ (*fam: große Anzahl*) multitudes *fpl;* **~ von Touristen besuchen im Sommer die Altstadt** multitudes de turistas recorren en verano el casco viejo ❷ (*Wend*) **die himmlischen ~** (REL) los ejércitos celestiales; **Heerstraße** *f* <-, -n> (HIST) camino *m* militar; **Heerzug** *m* <-(e)s, -züge> (MIL) ❶ (*Feldheer*) ejército *m* en campaña ❷ (*Feldzug*) campaña *f* (militar), expedición *f* militar
Hefe ['he:fə] *f* <-, -n> levadura *f*
Hefegebäck *nt* <-(e)s, -e> pastas *fpl* (elaboradas con una masa de levadura); **Hefekuchen** *m* <-s, -> pastel *m* (elaborado con una masa de levadura); **Hefepilz** *m* <-es, -e> levadura *f;* **Hefeteig** *m* <-(e)s, -e> masa *f* de levadura; **Hefeteilchen** *nt* <-s, -> pastel *m* (individual) (elaborado con una masa de levadura)
Heft [hɛft] *nt* <-(e)s, -e> ❶ (*Schreib~*) cuaderno *m*
❷ (*einer Zeitschrift*) número *m*
❸ (*Broschüre*) folleto *m*
❹ (*geh: von Waffen*) puño *m;* **das ~ in der Hand haben** llevar las riendas; **das ~ in die Hand nehmen** tomar las riendas; **das ~ aus der Hand geben** abandonar la dirección; **jdm das ~ aus der Hand nehmen** arrebatar el poder a alguien
heften ['hɛftən] I. *vt* ❶ (*anbringen*) fijar (*an* en), colgar (*an* en); (*mit Heftklammer*) grapar
❷ (*Buch*) encuadernar
❸ (*Stoffe*) hilvanar
❹ (*Blick, Augen*) clavar (*auf* en), fijar (*auf* en); **er heftete seine Augen auf ihr Gesicht** clavó la mirada en su cara
❺ (*Schweiz: Wunde: nähen*) suturar; (*verbinden*) vendar; (*pflastern*) poner una tirita [*o* un esparadrapo]
II. *vr:* **sich ~** (*Blick*) clavarse (*auf* en), fijarse (*auf* en); (*Verfolger*) pegarse (*an* a); **sich an jds Fersen ~** pegarse a los talones de alguien; **sein Blick heftete sich auf sie** su mirada se clavó en ella
Hefter *m* <-s, -> ❶ (*Mappe*) clasificador *m*
❷ (*Heftmaschine*) grapadora *f*
Heftfaden *m* <-s, ->, **Heftgarn** *nt* <-(e)s, -e> hilván *m*, hilo *m* de hilvanar; **Heftgerät** *nt* <-(e)s, -e> grapadora *f*
heftig ['hɛftɪç] *adj* ❶ (*stark*) fuerte; (*gewaltig*) vehemente, violento; (*ungestüm*) impetuoso; (*Leidenschaft*) ardiente; (*Kälte*) intenso; (*Sehnsucht, Abneigung*) profundo; (*Widerstand*) duro; (*Kampf*) encarnizado
❷ (*unbeherrscht*) colérico; (*Ton*) duro
Heftigkeit *f* <-, ohne *pl*> ❶ (*Wucht*) violencia *f;* (*Ungestüm*) vehemencia *f*
❷ (*Ungestüm*) ímpetu *m*, impetuosidad *f*
Heftklammer *f* <-, -n> ❶ (*für Heftmaschine*) grapa *f* ❷ (*Büromer*) clip *m;* **Heftklammernentferner** *m* <-s, -> quitagrapas *m inv*
Heftmaschine *f* <-, -n> grapadora *f;* **Heftpflaster** *nt* <-s, -> tirita *f;* **Heftstreifen** *m* <-s, -> tira *f* de plástico (para archivar); **Heftzange** *f* <-, -n> grapadora *f;* **Heftzwecke** *f* <-, -n> chincheta *f*, chinche *f*
Hege ['he:gə] *f* <-, ohne *pl*>: **~ des Wildes** protección *f* de la caza mayor
Hegemonie [hegemo'ni:] *f* <-, -n> hegemonía *f*
hegen ['he:gən] *vt* ❶ (*Wild, Pflanzen*) guardar
❷ (*geh*) abrigar; **Misstrauen/Zweifel/Hoffnung ~** abrigar desconfianza/dudas/esperanzas; **für etw/jdn Achtung ~** estimar algo/a alguien; **ein lang gehegter Wunsch** un deseo acariciado desde tiempo atrás; **eine lang gehegte Illusion** una ilusión alimentada durante largo tiempo
Hehl [he:l] *m o nt:* **kein(en) ~ aus etw** *dat* **machen** no hacer un secreto de algo
Hehler(in) *m(f)* <-s, -; -, -nen> encubridor(a) *m(f)*
Hehlerei *f* <-, -en> (JUR) encubrimiento *m;* **gewerbsmäßige ~** alcahuetería profesional
hehr [he:ɐ] *adj* (*geh*) elevado, sublime, venerable
hei [haɪ] *interj* ¡ostras!, ¡caray!; **~, macht das einen Spaß!** ¡ostras tú, es alucinante!
Heia ['haɪa] *f* <-, -(s)> (*fam*) cama *f;* **jetzt geht's ab in die ~!** ¡y ahora a la cama!
Heide[1] ['haɪdə] *f* <-, -n> (*Landschaft*) brezal *m;* **die Lüneburger ~** las landas de Lüneburg
Heide, -in[2] *m, f* <-n, -n; -, -nen> (REL) pagano, -a *m, f*
Heidekraut *nt* <-(e)s, ohne *pl*> (BOT) brezo *m*
Heideland *nt* <-(e)s, ohne *pl*> brezal *m*
Heidelbeere ['haɪdəlbe:rə] *f* <-, -n> arándano *m*
Heidelberg ['haɪdəlbɛrk] *nt* <-s> Heidelberg *m*
Heidenangst ['--'-] *f* <-, ohne *pl*> (*fam*) miedo *m* cerval, pavor *m;* **eine ~ vor etw** *dat* **haben** tener un miedo cerval a algo; **Heidenarbeit** *f* <-, ohne *pl*> (*fam*) trabajo *m* de negros, trabajo *m* de mil demonios; **es ist eine ~ zu ...** hay que trabajar como un negro para...; **Kinder machen eine ~!** ¡los niños dan un trabajo de mil demonios!; **Heidengeld** ['--'-] *nt* <-(e)s, ohne *pl*> (*fam*) dineral *m;* **ein ~** algo cuesta un ojo de la cara; **Heidenlärm** ['--'-] *m* <-(e)s, ohne *pl*> (*fam*) ruido *m* infernal; **Heidenspaß** ['--'-] *m* <-es, ohne *pl*> (*fam*) jolgorio *m*, jarana *f;* **einen ~ haben** pasarlo bomba
Heidentum *nt* <-s, ohne *pl*> paganismo *m*
Heidin *f* <-, -nen> *s.* **Heide**[2]
heidnisch ['haɪdnɪʃ] *adj* pagano
Heidschnucke ['haɪtʃnʊkə] *f* <-, -n> (ZOOL) oveja pequeña criada en las landas de Lüneburg
heikel ['haɪkəl] *adj* ❶ (*Angelegenheit*) delicado
❷ (*reg: wählerisch*) exigente; (*schwer zufrieden zu stellen*) difícil de contentar
heil [haɪl] *adj* ❶ (*unverletzt*) ileso, sano y salvo; **~ ankommen** llegar sano y salvo; **etw ~ überstehen** salir ileso de algo; **mit ~er Haut davonkommen** salir bien librado
❷ (*wieder gesund*) curado
❸ (*intakt*) intacto, entero; **etw wieder ~ machen** reparar algo; **die ~e Welt** el paraíso terrenal
Heil *nt* <-(e)s, ohne *pl*> ❶ (*Wohlergehen*) prosperidad *f;* (*Glück*) fortuna *f;* **Petri ~!** ¡buena pesca!; **sein ~ in etw** *dat* **suchen** buscar su salvación en algo
❷ (REL: *Erlösung*) salvación *f*
Heiland ['haɪlant] *m* <-(e)s, ohne *pl*> (REL) **der/unser ~** El Salvador/nuestro Redentor
Heilanstalt *f* <-, -en> ❶ (*Sanatorium*) sanatorio *m* ❷ (*Irrenanstalt*) clínica *f* (p)siquiátrica; **Heilbad** *nt* <-(e)s, -bäder> ❶ (*medizinisches Bad*) baño *m* medicinal ❷ (*Kurort*) estación *f* hidrotermal
heilbar *adj* curable
Heilbarkeit *f* <-, ohne *pl*> curabilidad *f*
Heilbutt ['haɪlbʊt] *m* <-(e)s, -e> (ZOOL) rodaballo *m*

heilen ['haɪlən] **I.** *vi sein* (*Wunde*) cicatrizarse; (*Verletzung*) curarse, sanar
II. *vt* (*Patienten, Krankheit*) curar (*von* de), sanar (*mit* con)
Heilerfolg *m* <-(e)s, -e> (MED) éxito *m* terapéutico; **Heilfasten** *nt* <-s, *ohne pl*> (MED) ayuno *m* terapéutico
heilfroh ['--] *adj* (*fam*) contentísimo, aliviado; **sie war ~, dass ...** estaba contentísima de que... +*subj*
Heilgymnastik *f* <-, *ohne pl*> (MED) gimnasia *f* terapéutica; **Heilhaut** *f* <-, *ohne pl*>: **eine gute/schlechte ~ haben** tener buena/mala encarnadura
heilig ['haɪlɪç] *adj* santo, sagrado; **die H~e Dreifaltigkeit** la Santísima Trinidad; **der H~e Stuhl** la Santa Sede; **die H~e Jungfrau** la Santísima Virgen; **der H~e Geist/der ~e Vater** el Espíritu Santo/el Santo Padre; **die H~en Drei Könige** los Reyes Magos; **die H~e Schrift** la Sagrada Escritura; **H~er Abend** Nochebuena *f*; **jd hält etw ~** algo es sagrado para alguien; **~ sprechen** (REL) canonizar; **dir ist aber auch nichts ~** para ti no hay nada sagrado; **etw hoch und ~ versprechen** prometer algo por lo más sagrado
Heiligabend [haɪlɪç'ʔa:bənt] *m* <-s, -e> Nochebuena *f*
Heilige(r) *mf* <-n, -n; -n, -n> santo, -a *m, f*
heiligen ['haɪlɪgən] *vt* santificar; **der Zweck heiligt die Mittel** el fin justifica los medios
Heiligenbild *nt* <-(e)s, -er> (REL: *eines Heiligen*) (imagen *f* de un) santo *m*; (*einer Heiligen*) (imagen *f* de una) santa *f*; **die Frauen beteten vor dem ~** las mujeres rezaban frente al santo; **Heiligenschein** *m* <-(e)s, -e> aureola *f*; **Heiligenverehrung** *f* <-, *ohne pl*> (REL) veneración *f* de los santos
heilig|halten *irr vt s.* **heilig**
Heiligkeit *f* <-, *ohne pl*> santidad *f*; **Eure/Seine ~** Vuestra/Su Santidad
heilig|sprechen *irr vt* (REL) *s.* **heilig**
Heiligsprechung *f* <-, -en> (REL) canonización *f*
Heiligtum *nt* <-(e)s, -tümer> santuario *m*; (*Reliquie*) reliquia *f*; (*a. fig*) objeto *m* de culto
Heilklima *nt* <-s, -s *o* -klimate> clima *m* saludable; **Heilkraft** *f* <-, -kräfte> fuerza *f* curativa
heilkräftig *adj* (*Stoff*) curativo, saludable
Heilkraut *nt* <-(e)s, -kräuter> hierba *f* medicinal; **Heilkunde** *f* <-, *ohne pl*> (ciencia *f* de la) medicina *f*
heilkundig *adj* entendido en medicina [*o* en tratamientos curativos]
Heilkundige(r) *mf* <-n, -n; -n, -n> médico, -a *m, f*, experto, -a *m, f* en medicina
heillos *adj* terrible, infernal
Heilmittel *nt* <-s, -> remedio *m*, medicina *f*; **Heilpflanze** *f* <-, -n> planta *f* medicinal; **Heilpraktiker(in)** *m(f)* <-s, -; -, -nen> médico, -a *m, f* homeópata, -a; **Heilquelle** *f* <-, -n> aguas *fpl* medicinales
heilsam *adj* (*Methode*) curativo
Heilsarmee *f* <-, *ohne pl*> Ejército *m* de Salvación
Heilschlaf *m* <-(e)s, *ohne pl*> (MED) sueño *m* terapéutico; **Heilstätte** *f* <-, -n> (MED) sanatorio *m*; **eine bekannte ~ für Lungenkranke** un sanatorio famoso para tuberculosos
Heilung *f* <-, -en> ❶ (MED) curación *f*, cura *f*
❷ (JUR) subsanación *f*; **~ der Nichtigkeit** subsanación de la nulidad; **~ des Formmangels/von Formfehlern** subsanación del defecto de forma/de vicios de forma; **von Zustellungsmängeln** subsanación de defectos de la notificación
Heilungskosten *pl* (JUR) gastos *mpl* de asistencia facultativa; **Heilungsmöglichkeit** *f* <-, -en> (JUR) posibilidad *f* de subsanación; **~ von Fehlern** posibilidad de subsanación de errores; **Heilungsprozess**[RR] *m* <-es, -e> (MED) proceso *m* curativo
Heilverfahren *nt* <-s, -> terapia *f*, tratamiento *m* terapéutico
heim [haɪm] *adv* a casa
Heim *nt* <-(e)s, -e> ❶ (*Zuhause*) hogar *m*, casa *f*
❷ (*Studenten~, Alters~*) residencia *f*; (*Obdachlosen~*) asilo *m*; (*Kinder~*) hogar *m*
❸ (*Erholungs~*) sanatorio *m*
Heimabend *m* <-s, -e> velada *f* (*en una residencia, un hospital, etc.*); **Heimarbeit** *f* <-, -en> trabajo *m* a domicilio; **Heimarbeiter(in)** *m(f)* <-s, -; -, -nen> persona *f* que trabaja desde casa
Heimat ['haɪma:t] *f* <-, -en> ❶ (*~land*) patria *f*; (*~region*) tierra *f* (natal); **seine zweite ~** su segunda patria; **jd zur ~ werden** llegar a ser la segunda patria de alguien
❷ (*Herkunftsland*) país *m* de origen
Heimatabend *m* <-s, -e> nocturna popular y tradicional
heimatberechtigt *adj* (*wohnberechtigt*) con derecho a domicilio; (*Schweiz: Bürgerrecht in einem Ort besitzend*) con derecho de vecindad cantonal
Heimatdichter(in) *m(f)* <-s, -; -, -nen> poeta *mf* regional [*o* local]; **Heimaterde** *f* <-, *ohne pl*> tierra *f* natal; **Heimatfilm** *m* <-(e)s, -e> película *f* popular [*o* regional]; **Heimatflughafen** *m* <-s, -häfen> aeropuerto *m* (de mi ciudad); **Heimathafen** *m* <-s, -häfen> puerto *m* de origen; **Heimatkunde** *f* <-, *ohne pl*> (SCH) estudios *mpl* de la geografía e historia regional; **Heimatland** *nt* <-(e)s, -länder> patria *f*
heimatlich *adj* ❶ (*aus der Heimat*) de la patria, de la tierra natal
❷ (*an Heimat erinnernd*) que recuerda la patria
Heimatliebe *f* <-, *ohne pl*> apego *m* a la tierra natal; **seine ~ zieht ihn immer wieder an die Ostsee** el apego que tiene a su terruño le lleva una y otra vez al mar Báltico
heimatlos *adj* sin patria, apátrida
Heimatlose(r) *mf* <-n, -n; -n, -n> apátrida *mf*
Heimatmuseum *nt* <-s, -museen> museo *m* de historia local; **Heimatort** *m* <-(e)s, -e> lugar *m* de nacimiento [*o* de origen], pago *m* Arg, Peru; **Heimatrecht** *nt* <-(e)s, -e> (JUR) derecho *m* nacional [*o* de domicilio]; **Heimatschein** *m* <-(e)s, -e> (*Schweiz*) certificado *m* de ciudadanía; **Heimatstadt** *f* <-, -städte> ciudad *f* de origen
heimatvertrieben *adj* expulsado (de su tierra natal); **die ~en Deutschen verließen ihre Siedlungsgebiete** los alemanes expulsados de su tierra natal abandonaron sus asentamientos
Heimatvertriebene(r) *mf* <-n, -n; -n, -n> personas que habitaban los territorios del Este entonces pertenecientes al Reich y que después de 1945 tuvieron que emigrar
heim|begeben* *irr vr*: **sich ~** irse a casa
heim|bringen *irr vt* ❶ (*begleiten*) llevar a casa
❷ (*mitbringen*) traer a casa
Heimchen ['haɪmçən] *nt* <-s, -> ❶ (ZOOL) grillo *m* doméstico
❷ (*Wend*): **~ am Herd** (*abw*) ama *f* de casa; **sie mauserte sich vom ~ am Herd zur emanzipierten Frau** pasó de ser una simple ama de casa a ser una mujer emancipada
Heimcomputer *m* <-s, -> (INFOR) ordenador *m* personal
heimelig ['haɪməlɪç] *adj* acogedor; **im Winter ist es schön ~ am Kamin** en invierno es muy acogedor sentarse frente a la chimenea; **das Kätzchen fühlt sich bei uns schon ganz ~** el gato se siente con nosotros como en casa
heim|fahren *irr* **I.** *vi sein* ir [*o* regresar] a casa
II. *vt* llevar a casa
Heimfahrt *f* <-, -en> regreso *m* a casa, vuelta *f* a casa
Heimfall *m* <-(e)s, *ohne pl*> (JUR) reversión *f*; **~ an den Staat** reversión al Estado
Heimfallanspruch *m* <-(e)s, -sprüche> (JUR) derecho *m* de reversión; **Heimfallrecht** *nt* <-(e)s, *ohne pl*> derecho *m* de reversión
Heimfallsklage *f* <-, -n> (JUR) demanda *f* de reversión; **Heimfallsklausel** *f* <-, -n> (JUR) cláusula *f* de reversión
heim|finden *irr vi* encontrar el camino de vuelta a casa; **soll ich dich begleiten? – nein danke, ich finde alleine heim** ¿te acompaño? – no, gracias, ya sabré encontrar el camino de vuelta
heim|führen *vt* ❶ (*nach Hause bringen*) acompañar a casa; **die Pflegerin führte den Blinden heim** la asistenta acompañó al ciego a su casa
❷ (*geh: nach Hause ziehen*) llevar (de nuevo) a casa; **die Sorge um sein Kind führte ihn heim** la preocupación que tiene por su hijo le hizo volver a casa
❸ (*geh, alt: heiraten*): **ein Mädchen ~** tomar a una mujer por esposa
heim|gehen *irr vi sein* volver [*o* regresar] a casa
heimisch *adj* ❶ (*einheimisch*) nacional, del país; **die ~e Fauna** la fauna indígena [*o* regional] [*o* nacional]; **~ machen** nacionalizar; **~ sein in einer Gegend** ser propio de una región
❷ (*vertraut*) familiarizado; **sich ~ fühlen** sentirse como en su casa
Heimkehr ['haɪmke:ɐ] *f* <-, *ohne pl*> regreso *m* a casa, vuelta *f* a casa
heim|kehren *irr vi sein* volver [*o* regresar] a casa
Heimkehrer(in) *m(f)* <-s, -; -, -nen> repatriado, -a *m, f*
Heimkind *nt* <-(e)s, -er> expósito, -a *m, f*, inclusero, -a *m, f*
Heimkino *nt* <-s, -s> ❶ (*Filmvorführung*) cine *m* en casa
❷ (*Ausrüstung*) equipo *m* para proyectar cine en casa
heim|kommen *irr vi sein* volver [*o* regresar] a casa
Heimleiter(in) *m(f)* <-s, -; -, -nen> director(a) *m(f)* de una residencia
heim|leuchten *vi* (*fam*): **jdm ~** cantar a alguien las cuarenta
heimlich ['haɪmlɪç] **I.** *adj* secreto; (*unerlaubt*) clandestino; (*verstohlen*) furtivo
II. *adv* en secreto, a escondidas; **~ tun** (*abw*) adoptar un aire enigmático, andar con tapujos; **sich ~ mit jdm treffen** encontrarse en secreto con alguien; **~, still und leise** (*fam*) a la chita callando
Heimlichkeit[1] *f* <-, -en> (*Geheimnis*) secreto *m*
Heimlichkeit[2] *f* <-, *ohne pl*> (*Verborgenheit*) clandestinidad *f*
Heimlichtuer(in) *m(f)* <-s, -; -, -nen> (*abw*) persona *f* que anda con secretismos
Heimlichtuerei [-----'-] *f* <-, -en> (*abw*) secreteo *m*
Heimlichtuerin *f* <-, -nen> *s.* **Heimlichtuer**
heimlich|tun *irr vt* (*abw*) *s.* **heimlich II.**
heim|müssen *irr vi* tener que ir a casa; **ich muss heim, sonst schimpfen meine Eltern** tengo que irme a casa, si no habrá bronca con mis

padres
Heimniederlage f <-, -n> (SPORT) derrota f en casa [o en campo propio]; **Heimreise** f <-, -n> viaje m de regreso; **die ~ antreten** emprender el viaje de regreso
heim|reisen vi sein ir a casa; **während der Internatsferien durfte sie ~** durante las vacaciones del internado podía ir a casa
heim|schicken vt enviar a casa
Heimsieg m <-(e)s, -e> (SPORT) victoria f en casa [o en campo propio]; **Heimspiel** nt <-(e)s, -e> (SPORT) partido m en campo propio [o en casa]; **Heimstätte** f <-, -n> (JUR) hogar m familiar
heim|suchen vt (Krankheit) afectar, atacar; (Katastrophe) devastar; (Wahnvorstellungen, Alpträume) invadir
Heimsuchung f <-, -en> ❶ (Schicksalsschlag) golpe m del destino, revés m de la fortuna
❷ (REL) prueba f divina; (Strafe) castigo m divino
Heimtrainer m <-s, -> (SPORT) bicicleta f estática
heim|trauen vr: sich ~ atreverse a volver a casa; **sich mit etw** dat **nicht ~** no atreverse a volver a casa con algo
Heimtücke f <-, ohne pl> perfidia f, malicia f; (JUR) alevosía f
heimtückisch adj pérfido, malicioso; (JUR) alevoso, con alevosía
Heimvorteil m <-(e)s, ohne pl> (SPORT) ventaja f de jugar en casa [o en campo propio]
heimwärts ['haɪmvɛrts] adv (en dirección) a casa
Heimweg m <-(e)s, -e> camino m de regreso; **sich auf den ~ machen** emprender el camino de regreso
Heimweh nt <-s, ohne pl> nostalgia f, añoranza f, morriña f reg; **~ haben nach etw** dat/jdm tener nostalgia de algo/alguien, añorar algo/a alguien; **meine Tochter bekam ~** le entró nostalgia a mi hija
heimwehkrank adj nostálgico, con morriña
heimwerken vi dedicarse al bricolaje
Heimwerker(in) m(f) <-s, -; -, -nen> artesano, -a m, f aficionado, -a, aficionado, -a m, f al bricolaje; **Heimwesen** nt <-s, -> (Schweiz: Anwesen) finca f, propiedad f rural
heim|wollen irr vi querer ir a casa; **wollt ihr schon so früh heim?** ¿ya queréis iros tan pronto a casa?
heim|zahlen vt vengarse; **jdm etw ~** hacer pagar algo a alguien; **das zahl ich dir heim!** ¡me lo vas a pagar caro!, ¡me las pagarás!
heim|ziehen irr I. vi sein (geh) volver a casa; **erschöpft von ihrer Wanderung zogen sie wieder heim** agotados por la excursión emprendieron de nuevo el camino de vuelta a casa
II. vunpers haben (geh): **es zieht jdn heim** alguien tiene ganas de volver a casa; **den Weltenbummler zog es wieder heim** el trotamundos quería volver a casa
heim|zünden vt (Schweiz) s. **heimleuchten**
Heini ['haɪni] m <-s, -s> (fam) idiota m, tonto m del bote
Heinzelmännchen ['haɪntsəlmɛnçən] nt <-s, -> (Märchen) duendecillo m (trabajador), geniecillo m (trabajador)
Heirat ['haɪraːt] f <-, -en> matrimonio m; (Hochzeit) boda f
heiraten ['haɪraːtən] vi, vt casarse (con), contraer matrimonio (con), amarrarse Am; **kirchlich ~** casarse por la iglesia; **sie hat in eine reiche Familie geheiratet** se casó con uno de familia rica
Heiratsabsichten fpl intenciones fpl de casarse, proyectos mpl matrimoniales; **Heiratsalter** nt <-s, ohne pl> (JUR) edad f núbil, edad f casadera; **im besten ~ sein** (fam) estar en la mejor edad para casarse; **Heiratsantrag** m <-(e)s, -träge> propuesta f de matrimonio; **Heiratsanzeige** f <-, -n> ❶ (Karte, Bekanntgabe) anuncio m de boda ❷ (für Partnersuche) anuncio m matrimonial; **Heiratsbuch** nt <-(e)s, -bücher> (JUR) registro m matrimonial
heiratsfähig adj núbil, casadero; **sie haben zwei Töchter im ~en Alter** tienen dos hijas casaderas [o en edad de merecer]
Heiratskandidat(in) m(f) <-en, -en; -, -nen> (iron) pretendiente, -a m, f fam; **Heiratsschwindler(in)** m(f) <-s, -; -, -nen> timador(a) m(f) matrimonial, estafador(a) m(f) matrimonial; **Heiratsurkunde** f <-, -n> partida f de matrimonio, certificado m de matrimonio; **Heiratsvermittler(in)** m(f) <-s, -; -, -nen> asesor(a) m(f) matrimonial, consultor(a) m(f) matrimonial; **Heiratsvermittlung** f <-, -en> (das Vermitteln) arreglo m de casamientos; (Vermittlungsinstitut) agencia f matrimonial
heischen ['haɪʃən] vt (geh) exigir; **der Schauspieler verbeugte sich Beifall ~d** el actor se inclinó buscando el aplauso del público [o su aprobación]
heiser ['haɪzɐ] adj ronco; (stimmlos) afónico
Heiserkeit f <-, ohne pl> ronquera f; (Stimmlosigkeit) afonía f
heiß [haɪs] adj ❶ (von hoher Temperatur) caliente; (Wetter) caluroso; (GEO) cálido; **brütend ~** achicharrante; **es ist** (brütend) **~** hace (un) calor (achicharrante); **kochend ~** hirviente, hirviendo; **mir ist ~** tengo calor; **Vorsicht, das ist ~!** ¡cuidado, que quema!; **das Essen ~ machen** calentar la comida; **es läuft mir ~ und kalt den Rücken hinunter** tengo escalofríos; **eine ~e Spur** una pista segura; **ein ~er**

Tipp (fam) algo muy recomendable; **der ~e Draht** el teléfono rojo; **es wird nichts so ~ gegessen, wie es gekocht wird** (prov) no es tan fiero el león como lo pintan; **was ich nicht weiß, macht mich nicht ~** (prov) ojos que no ven, corazón que no siente
❷ (Kampf) encarnizado; (Debatte) violento, fuerte; **sich** dat **die Köpfe ~ reden** discutir ardientemente; **in der Metallindustrie ist ein ~er Herbst zu erwarten** para la industria metalúrgica pronostican un otoño muy conflictivo [o lleno de conflictos laborales]
❸ (leidenschaftlich) ardiente; **~ ersehnt** muy deseado; **~ geliebt** adorado; **jdn ~ und innig lieben** querer a alguien ardientemente; **~ umkämpft** ardorosamente [o muy] disputado; **~ umstritten** muy cuestionado; **eine ~ umstrittene Frage** una pregunta que despierta gran controversia; **er ist ganz ~ darauf, diesen Film zu sehen** (fam) se muere de ganas de ver esta película
❹ (fam: heikel) delicado; **~e Ware** contrabando m; **ein ~es Eisen anfassen** tocar una cuestión delicada
❺ (fam: rollig, läufig) en celo
❻ (fam: großartig) de putamadre sl; **~e Rhythmen** ritmos calientes; **ein ~er Schlitten** un cochazo
heißa ['haɪsa] interj (alt) s. **hei**
heißblütig ['haɪsblyːtɪç] adj (leidenschaftlich) apasionado, ardiente; (impulsiv) impulsivo, impetuoso
heißen ['haɪsən] <heißt, hieß, geheißen> I. vi ❶ (Namen haben) llamarse; **wie ~ Sie?** ¿cómo se llama Ud.?; **ich weiß nicht, wie die Straße heißt** no sé cómo se llama la calle; **was heißt „Kuss" auf griechisch?** ¿cómo se dice "beso" en griego?
❷ (bedeuten) significar, querer decir; **das heißt** es decir; **was heißt das** [o soll das ~]? ¿qué significa esto?; **was heißt „mesa"?** ¿qué significa "mesa"?; **das heißt so viel wie ...** lo cual viene a significar que...; **dass er angerufen hat, will (schon) etwas/noch nichts ~** que haya llamado (ya) quiere decir algo/no quiere decir nada
❸ (geh: behauptet werden) decirse; (verlauten) correr la voz; (zu lesen sein) estar escrito, decir; **es heißt, er sei sehr krank** se dice que está muy enfermo; **aus dem Weißen Haus heißt es, man werde abwarten** en [o desde] la Casa Blanca dicen [o informan] que aguardarán los sucesos; **auf Seite acht heißt es: „..."** en la página ocho pone lo siguiente: "..."
II. vt (geh) ❶ (nennen) llamar, calificar (de), tachar (de); **sie hieß ihn einen Lügner** le llamó mentiroso
❷ (befehlen) ordenar, mandar; **sie hieß ihn schweigen** le ordenó que se callara
III. vunpers (geh: nötig sein) haber que; **nun heißt es schnell handeln** ahora hay que obrar rápidamente
heißersehnt adj s. **heiß 3**.
heißgeliebt adj (fam) s. **heiß 3**.
Heißhunger m <-s, ohne pl> hambre f canina
heißhungrig I. adj hambrón, que tiene un hambre canina
II. adv con un hambre canina
heiß|laufen irr vi sein (TECH) recalentarse
Heißluft f <-, ohne pl> aire m caliente; **Heißluftheizung** f <-, -en> calefacción f de aire caliente; **Heißluftherd** m <-(e)s, -e> cocina f de aire caliente; **Heißlufttrockner** m <-s, -> secador m de aire caliente
Heißmangel f <-, -n> calandria f en caliente
Heißsporn m <-(e)s, -e> persona f impetuosa
heißumkämpft adj s. **heiß 3**.
heißumstritten adj s. **heiß 3**.
Heißwasserbereiter m <-s, -> calentador m de agua, generador m de agua caliente
Heißwasserspeicher m <-s, -> depósito m de agua caliente
heiter ['haɪtɐ] adj ❶ (fröhlich) alegre; (lustig) divertido; **das kann ja ~ werden** (fam) esto se puede poner bien
❷ (unbeschwert) sereno; (Tag, Himmel) sereno, despejado; **das Wetter bleibt ~** sigue el tiempo soleado; **~ bis wolkig** nubosidad con claros; **wie aus ~em Himmel** (plötzlich) de golpe y porrazo; (unerwartet) como caído del cielo
Heiterkeit f <-, ohne pl> alegría f, buen humor m; (Ausgeglichenheit) serenidad f, tranquilidad f Am
Heizanlage f <-, -n> (instalación f de) calefacción f
heizbar adj con calefacción; **~e Heckscheibe** (AUTO) luneta trasera térmica
Heizdecke f <-, -n> manta f eléctrica
heizen ['haɪtsən] I. vi encender la calefacción [o la estufa]; **ab Oktober wird geheizt** la calefacción se enciende a partir de octubre; **wir ~ mit Gas** tenemos calefacción a gas
II. vt (Raum) calentar; **unser Schlafzimmer ist nicht geheizt** en nuestro dormitorio la calefacción no está puesta
Heizer(in) m(f) <-s, -; -, -nen> (Beruf) fogonero, -a m, f
Heizgerät nt <-(e)s, -e> calefactor m, (aparato m de) calefacción f; **Heizkessel** m <-s, -> caldera f de calefacción; **Heizkissen** nt <-s,

-> almohadilla *f* eléctrica; **Heizkörper** *m* <-s, -> radiador *m*; **Heizkosten** *pl* gastos *mpl* de calefacción; **Heizkraftwerk** *nt* <-(e)s, -e> central *f* de producción combinada de calor y electricidad; **Heizlüfter** *m* <-s, -> termoventilador *m*, calefactor *m* de aire caliente; **Heizmaterial** *nt* <-s, -ien> combustible *m*; **Heizofen** *m* <-s, -öfen> estufa *f*; **Heizöl** *nt* <-(e)s, *ohne pl*> fuel *m* combustible, gasóleo *m* de calefacción; **Heizsonne** *f* <-, -n> estufa *f* de radiación; **Heizstrahler** *m* <-s, -> radiador *m* eléctrico
Heizung[1] *f* <-, *ohne pl*> (*das Heizen*) calefacción *f*
Heizung[2] *f* <-, -en> ❶ (*fam: Heizkörper*) radiador *m*
❷ *s.* **Heizanlage**
Heizungsanlage *f* <-, -n> *s.* **Heizanlage**; **Heizungskeller** *m* <-s, -> cuarto *m* de calderas (*espacio en el sótano donde se encuentra la instalación de calefacción*); **Heizungsmonteur(in)** *m(f)* <-s, -e; -, -nen> calefactor(a) *m(f)*; **Heizungsrohr** *nt* <-(e)s, -e> tubo *m* de calefacción
Heizwerk *nt* <-(e)s, -e> central *f* productora de calor; **Heizwert** *m* <-(e)s, -e> potencia *f* calorífica, poder *m* calorífico
Hektar ['hɛkta:ɐ] *nt o m* <-s, -e, *nach Zahlen:* ->, **Hektare** ['hɛkta:rə] *f* <-, -n> (*Schweiz*) hectárea *f*
Hektik ['hɛktɪk] *f* <-, *ohne pl*> ajetreo *m*, trajín *m*; **nur keine ~!** ¡con calma!
hektisch ['hɛktɪʃ] *adj* inquieto, nervioso
Hektograf [hɛkto'graːf] *m* <-en, -en> (TYPO) hectógrafo *m*
Hektografie[1RR] [hɛktograˈfiː] *f* <-, *ohne pl*> (TYPO: *Verfahren*) hectografía *f*
Hektografie[2RR] *f* <-, -n> (TYPO: *Abzug*) multicopia *f*, hectografía *f*
hektografieren* [hɛktograˈfiːrən] *vt* (TYPO) multicopiar, hectografiar
Hektograph *m* <-en, -en> (TYPO) *s.* **Hektograf**
Hektographie *f* (TYPO) *s.* **Hektografie**
hektographieren* *vt* (TYPO) *s.* **hektografieren**
Hektoliter ['hɛktoliːtɐ] *m o nt* <-s, -> hectolitro *m*
helau [heˈlaʊ] *interj* ¡viva! (*exclusivamente durante el carnaval*)
Held(in) [hɛlt] *m(f)* <-en, -en; -, -nen> héroe *m*, heroína *f*; **der ~ des Tages** el hombre del día; **den ~en spielen** echárselas [*o* dárselas] de valiente
Heldendarstellung *f* <-, -en> (THEAT) papel *m* de protagonista masculino; **Heldendichtung** *f* <-, *ohne pl*> (LIT) poesía *f* épica [*o* de gesta]; **Heldenepos** *nt* <-, -epen> (LIT) epopeya *f*; **Heldengedicht** *nt* <-(e)s, -e> (LIT) poema *m* épico [*o* heroico]
heldenhaft *adj* heroico
Heldenlied *nt* <-(e)s, -er> (LIT) poema *m* épico; **Heldenmut** *m* <-(e)s, *ohne pl*> heroísmo *m*; **mit wahrem ~ bestand er das Abenteuer** resistió la aventura de forma heroica
heldenmütig *adj* heroico
Heldenrolle *f* <-, -n> (THEAT) papel *m* de héroe [*o* de protagonista]; **Heldensage** *f* <-, -n> leyenda *f* heroica; **Heldentat** *f* <-, -en> heroicidad *f*, acto *m* heroico, gracia *f Kol*; **Heldentenor** *m* <-s, -nöre> (MUS, THEAT) tenor *m* dramático; **Heldentod** *m* <-(e)s, -e> (*geh*) muerte *f* heroica; **den ~ sterben** morir como un héroe [*o* por la patria]
Heldentum *nt* <-s, *ohne pl*> heroísmo *m*
Heldin *f* <-, -nen> *s.* **Held**
helfen ['hɛlfən] <hilft, half, geholfen> *vi* ❶ (*Hilfe leisten*) ayudar (+*dat* a alguien, *bei* en); (*in Not*) auxiliar (+*dat*); (*beistehen*) asistir (+*dat*), echar una mano (+*dat*); **kann ich Ihnen ~?** ¿le puedo ayudar?; **soll ich dir/Ihnen ~?** ¿te/le ayudo?; **er half ihr aus dem Mantel** le ayudó a quitarse el abrigo; **ihm ist nicht zu ~** no tiene remedio; **die Ärzte können ihr nicht ~** los médicos no pueden hacer nada por ella [*o* no pueden salvarla]; **ich kann mir nicht ~, aber ...** no hay más vuelta de hoja, pero...; **man muss sich *dat* zu ~ wissen** hay que saber salir del paso; **ich weiß mir vor lauter Arbeit nicht zu ~** no sé qué hacer con tanto trabajo; **dir werde ich ~!** ¡ya te apañaré yo!
❷ (*heilsam sein*) ser bueno (*gegen* para); **hat das Medikament geholfen?** ¿ha dado resultados [*o* ha servido] el medicamento?
❸ (*nützen*) servir (+*dat*); **es hilft uns nicht, wenn ...** no nos sirve de nada, si...; **was hilft's?** ¿qué le vamos a hacer?; **es hilft alles nichts** no hay remedio; **da hilft kein Jammern und kein Klagen** en esto no valen ni quejas ni lloros
❹ (*Schweiz: mitmachen*) participar
Helfer(in) *m(f)* <-s, -; -, -nen> ayudante *mf*, asistente *mf*; **ein ~ in der Not** un salvador
Helfershelfer(in) *m(f)* <-s, -; -, -nen> (JUR) cómplice *mf* (encubridor(a))
Helfersyndrom *nt* <-s, -e> manía *f* de querer siempre ayudar; **Helferzelle** *f* <-, -n> (MED) célula *f* colaboradora
Helgoland ['hɛlgolant] *nt* <-s> Hel(i)goland *f*
Heli ['heːli] *m* <-s, -s> (*Schweiz: fam*), **Helikopter** [heliˈkɔptɐ] *m* <-s, -> helicóptero *m*
Heliophyt [heljoˈfyːt] *m* <-en, -en> (BOT) heliófita *f*

Helium ['heːliʊm] *nt* <-s, *ohne pl*> (CHEM) helio *m*
Heliumkern *m* <-(e)s, -e> núcleo *m* del helio
hell [hɛl] *adj* ❶ (*Licht, Farbe, Haut, Augen*) claro; (*Haar*) claro, rubio; **~es Bier** cerveza *f* rubia; **es wird ~** amanece; **es bleibt jetzt länger ~** ya no anochece tan temprano; **ist es dir ~ genug?** ¿tienes suficiente luz?; **in ~en Flammen** en llamas; **~ leuchtend** vivo, intenso; **eine Bluse von ~ leuchtendem Rot** una blusa de un rojo vivo
❷ (*voller Licht*) luminoso; (*erleuchtet*) iluminado; **mein Zimmer ist sehr ~** mi cuarto tiene mucha luz [*o* es muy luminoso]
❸ (*Ton*) agudo
❹ (*klug*) listo, inteligente; **ein ~er Kopf** una cabeza inteligente; **der ~e Wahnsinn** una locura absoluta; **in ~en Scharen** en masa; **von etw *dat* ~ begeistert sein** estar totalmente entusiasmado por algo; **seine ~e Freude an etw *dat* haben** disfrutar mucho con algo
hellauf ['hɛlˈʔaʊf] *adv* totalmente, absolutamente; **~ begeistert** totalmente entusiasmado
hellblau ['-'-] *adj* azul claro
hellblond ['-'-] *adj* rubio claro
helldunkel *adj* (KUNST) claro y oscuro, en [*o* de] claroscuro
Helle ['hɛlə] *f* <-, *ohne pl*> (*geh*) claridad *f*, clareza *f*, lucidez *f*
Helle(s) *nt* <-n, -n, *nach Zahlen:* -> (GASTR) cerveza *f* dorada
Hellebarde [hɛləˈbardə] *f* <-, -n> (HIST) alabarda *f*
Hellene, -in [hɛˈleːnə] *m, f* <-n, -n; -, -nen> (HIST) heleno, -a *m, f*
hellenisch *adj* (HIST: *Philosophen, Bauwerke*) helénico
Hellenismus [hɛleˈnɪsmʊs] *m* <-, *ohne pl*> (HIST) helenismo *m*
hellenistisch *adj* (HIST: *Kunst, Zeit*) helenístico
Heller ['hɛlɐ] *m* <-s, -> (HIST) antigua moneda alemana de plata o cobre; **bis auf den letzten ~** (*fam*) hasta el último céntimo; **auf ~ und Pfennig** (*fam*) completamente, hasta el último céntimo; **keinen [*o* nicht einen] ~ wert sein** (*fam*) no valer un céntimo
helleuchtend *adj s.* **hell 1.**
hellhaarig *adj* rubio, de cabellos rubios, de pelo rubio
hellhäutig ['-hɔɪtɪç] *adj* de piel blanca
hellhörig *adj* ❶ (*Raum*) que se oye todo, de paredes finas
❷ (*Mensch*) de buen oído; **~ werden** aguzar el oído
hellicht *adj s.* **helllicht**
Helligkeit *f* <-, *ohne pl*> ❶ (*Helle*) claridad *f*
❷ (*Lichtstärke*) luminosidad *f*
Helligkeitseinstellung *f* <-, -en> ajuste *m* de brillo; **Helligkeitsregler** *m* <-s, -> (ELEK) regulación *f* de la claridad
helllicht[RR] ['hɛlˌlɪçt] *adj*: **am ~en Tag** en pleno día
Hellraumprojektor *m* <-s, -en> (*Schweiz: Tageslichtprojektor*) retroproyector *m*
hellsehen *vi* prever (el futuro), tener visiones; **kann ich (etwa) ~?** ¿te crees que lo sé todo?
Hellseher(in) *m(f)* <-s, -; -, -nen> vidente *mf*, pitonisa *f*
Hellseherei *f* <-, *ohne pl*> (*abw*) clarividencia *f*
Hellseherin *f* <-, -nen> *s.* **Hellseher**
hellseherisch I. *adj* telepático, de vidente
II. *adv* con propiedades de vidente [*o* telepáticas]
hellwach ['-'-] *adj* totalmente despierto
Helm [hɛlm] *m* <-(e)s, -e> (*Schutz~, Sturz~*) casco *m*; **Vorrichtung für den ~** **Helm** (AUTO) portacasco *m*
Helmbusch *m* <-(e)s, -büsche> (HIST) penacho *m*; **Helmpflicht** *f* <-, *ohne pl*> obligatoriedad *f* del uso del casco; **Helmschmuck** *m* <-(e)s, *ohne pl*> (HIST: *Helmbusch*) penacho *m*; (*Phantasiereten*) cimera(s) *f(pl)*
Helsinki ['hɛlzɪŋki] *nt* <-s> Helsinki *m*
Helvetien [hɛlˈveːtsjən] *nt* <-s> Helvecia *f*
Hemd [hɛmt] *nt* <-(e)s, -en> camisa *f*; **etw wie sein ~ wechseln** (*fam abw*) cambiar algo como de camisa; **jdn bis aufs ~ ausziehen** (*fam*) dejar a alguien sin camisa; **das ~ ist mir näher als der Rock** (*fig*) primero son mis clientes que mis parientes
Hemdbluse *f* <-, -n> camisa *f*, blusa *f*; **Hemdblusenkleid** *nt* <-(e)s, -er> vestido *m* camisero
Hemdbrust *f* <-, -brüste> pechera *f*
Hemdenknopf *m* <-(e)s, -knöpfe> botón *m* de camisa
Hemdenmatz *m* <-es, -e *o* -mätze> (*fam iron: kleines Kind*) crío que lleva simplemente una camisita; **na, komm her, du/mein kleiner ~!** ¡venga, ven aquí, pequeñajo mío [*o* renacuajo]!
Hemdenstoff *m* <-(e)s, -e> tela *f* para camisas; **Baumwolle ist ein gängiger ~** el algodón es un material habitual en la confección de camisas
Hemdkragen *m* <-s, -> cuello *m* de camisa
Hemdsärmel *m* <-s, -> manga *f* de camisa; **in ~n** (*fam*) en mangas de camisa
hemdsärmelig *adj* en mangas de camisa; (*fig*) desenfadado, campechano, de andar por casa *fam*
Hemisphäre [hemiˈsfɛːrə] *f* <-, -n> (GEO) hemisferio *m*; **die nördliche/südliche ~** el hemisferio norte/sur

hemmen ['hɛmən] *vt* ❶ (*aufhalten*) parar, detener
❷ (*hindern*) obstaculizar, impedir; **jdn in seiner Entwicklung ~** impedir el desarrollo de alguien
❸ (PSYCH) inhibir, cohibir

Hemmnis *nt* <-ses, -se> obstáculo *m*, impedimento *m*; **mittelbares/unmittelbares ~** impedimento indirecto/directo; **rechtliches ~** impedimento jurídico

Hemmnisbeseitigungsgesetz *nt* <-es, -e> (JUR) ley *f* de remoción de obstáculos

Hemmschuh *m* <-(e)s, -e> zapata *f* (de freno); (*fig*) traba *f*; **etw** *dat* **einen ~ in den Weg legen** poner trabas a algo; **Hemmschwelle** *f* <-, -n> barrera *f* (p)sicológica

Hemmung *f* <-, -en> ❶ (*Beeinträchtigung*) impedimento *m*; **~ der Verjährung** (JUR) suspensión de la prescripción
❷ (PSYCH) inhibición *f*, cohibición *f*
❸ (*Bedenken*) escrúpulos *mpl*; **~en haben** tener escrúpulos; **ich habe ~en** me da corte *fam*; **nur keine ~en!** ¡sin vergüenza!, ¡no te cortes! *fam*

hemmungslos *adj* ❶ (*zügellos*) desenfrenado
❷ (*bedenkenlos*) sin escrúpulos

Hemmungslosigkeit *f* <-, *ohne pl*> ❶ (*Zügellosigkeit*) desenfreno *m*
❷ (*Bedenkenlosigkeit*) falta *f* de escrúpulos

Hemmungswirkung *f* <-, -en> (JUR) efecto *m* suspensivo

Hendl ['hɛnd(ə)l] *nt* <-s, -(n)> (*Österr: Hähnchen*) pollo *m* (asado)

Hengst [hɛŋst] *m* <-(e)s, -e> semental *m*, padrillo *m* SAm

Henkel ['hɛŋkəl] *m* <-s, -> asa *f*

Henkelglas *nt* <-es, -gläser> vaso *m* de asa; **Henkelkorb** *m* <-(e)s, -körbe> cesta *f* con asas; **Henkelkrug** *m* <-(e)s, -krüge> jarra *f*; **Henkelmann** *m* <-(e)s, -männer> (*fam*) fiambrera *f*, táper *m*; **nimm dir zur Schichtarbeit deinen ~ mit!** ¡llévate la fiambrera para hacer tu trabajo de turno!

henken ['hɛŋkən] *vt* (*alt*) ahorcar

Henker ['hɛŋkɐ] *m* <-s, -> verdugo *m*; **was zum ~ machst du hier?** ¿qué demonios estás haciendo aquí?

Henker(s)beil *nt* <-(e)s, -e> (HIST) hacha *f* del verdugo; **Henkersknecht** *m* <-(e)s, -e> (HIST) ayudante *m* del verdugo; **Henkersmahlzeit** *f* <-, -en> última comida *f* del condenado a muerte; (*fam*) comida *f* de despedida

Henna ['hɛna] *f* <-, *ohne pl*>, *nt* <-(s), *ohne pl*> (BOT) alheña *f*

Henne ['hɛnə] *f* <-, -n> gallina *f*

Hepatitis [hepa'tiːtɪs, *pl:* hepati'tiːdən] *f* <-, Hepatitiden> (MED) hepatitis *f inv*

her [heːɐ] *adv* ❶ (*räumlich*) hacia aquí [*o* acá]; **wo kommen Sie ~?** ¿de dónde es Ud.?; **von weit ~** de muy lejos; **komm ~!** ¡ven aquí!; **gib ~!** ¡trae!; **Geld ~!** (*fam*) ¡el dinero!; **~ damit!** (*fam: du*) ¡dámelo!; (*Sie sg*) ¡démelo!; **irgendwo ~ sein** ser [*o* provenir] de alguna parte; **hinter jdm/etw** *dat* **~ sein** (*fam*) ir detrás de alguien/algo, perseguir a alguien/algo; **die Katze ist hinter der Maus ~** (*fam*) el gato corre detrás del ratón; **das ist genau der Teppich, hinter dem ich schon lange ~ bin** (*fam*) esta es exactamente la alfombra que andaba buscando
❷ (*zeitlich*) hace; **ich kenne ihn von früher ~** le conozco de antes; **wie lange ist das ~?** ¿cuánto tiempo hace?; **das ist schon lange ~** de eso hace ya tiempo
❸ (*Wend*) **von ... ~** (*betreffend*) en cuanto a, por lo que respecta a; **von der Idee ~ ist das nicht schlecht** en cuanto a la idea, no está mal; **mit jdm/etw** *dat* **ist es nicht weit ~** (*fam*) alguien/algo no vale mucho

herab [hɛ'rap] *adv* (*geh*) (hacia) abajo; **von oben ~** despectivamente

herab|blicken *vi* (*geh*) mirar (hacia) abajo; **auf jdn ~** mirar a alguien por encima del hombro

herab|fallen *irr vi sein* caerse

herab|flehen *vt* (*geh*) rogar a Dios

herab|fließen *irr vi sein* fluir (hacia abajo) (*von* de, *an* por); **der Bergbach floss (die Hänge) herab ins Tal** el torrente de la montaña bajaba (por la pendiente) hasta el valle

herab|hängen *irr vi* pender, colgar

herab|lassen *irr* I. *vt* (*geh*) bajar; (*an Seil*) descolgar
II. *vr: sich ~* ❶ (*an Seil*) descolgarse; **er ließ sich an einem Seil die Mauer herab** se descolgó por el muro a través de una cuerda
❷ (*sich bereit erklären*) rebajarse (*zu* a); **sie ließ sich herab uns zu helfen** se rebajó a ayudarnos

herablassend I. *adj* desdeñoso
II. *adv* con aire de desdén, despectivamente

Herablassung *f* <-, *ohne pl*> actitud *f* desdeñosa, desprecio *m*

herab|mindern *vt* ❶ (*abwerten*) despreciar, hablar mal de; **jds Arbeit ~** despreciar el trabajo de alguien
❷ (*bagatellisieren*) menospreciar; **eine Gefahr ~, um niemanden zu beunruhigen** quitarle [*o* restarle] importancia a un peligro para no intranquilizar a nadie
❸ (*reduzieren*) disminuir; **die Qualität der Produkte ~** disminuir la calidad de los productos

herab|sehen *vi s.* **herabblicken**

herab|setzen *vt* ❶ (*senken*) reducir, bajar
❷ (*schmälern*) desacreditar, despretigiar; **~de Bemerkung** comentario despectivo; **~de Werbung** publicidad despreciativa

Herabsetzung *f* <-, -en> ❶ (*a.* FIN, JUR) reducción *f*, disminución *f*; **~ des Schadensersatzes** reducción de la indemnización; **~ des Strafmaßes** reducción de la escala de penas ❷ (*von Preisen*) rebaja *f* ❸ (*von Menschen*) descrédito *m*, desprestigio *m*; **Herabsetzungsbeschluss**^RR *m* <-es, -schlüsse> (JUR) acuerdo *m* de reducción

herab|steigen *irr vi sein* bajar (*von* de); **steig jetzt endlich von deinem Thron herab!** (*fig*) ¡bájate de una vez del pedestal!

Herabstufung *f* <-, -en> reducción *f* de grado

herab|würdigen *vt* denigrar, desacreditar

Herabwürdigung *f* <-, -en> descrédito *m*, desprestigio *m*; **eine schmähliche Beurteilung als ~ empfinden** considerar una crítica ultrajante una ofensa

Heraldik [he'raldɪk] *f* <-, *ohne pl*> heráldica *f*

heraldisch [he'raldɪʃ] *adj* heráldico

heran [hɛ'ran] *adv* por aquí; **nur ~!** ¡acérquense!

heran|arbeiten *vr: sich ~* acercarse con esfuerzos (*an* a); **im Gespräch arbeitete man sich langsam an den Kern des Problems heran** en las conversaciones se iba llegando poco a poco al fondo del problema

heran|bilden I. *vt* (*ausbilden*) formar (*zu*); (*erziehen*) educar (*zu* para)
II. *vr: sich ~* ❶ (*sich entwickeln*) perfeccionarse (*zu* como)
❷ (*ausgebildet werden*) formarse (*zu* como), estudiar (*zu* para)

heran|bringen *irr vt* (*Dinge*) acercar

heran|fahren *irr vi sein* acercarse (*an* a), aproximarse (*an* a)

heran|führen *vt* ❶ (*näher bringen*) conducir (*an* hasta), llevar (*an* hasta)
❷ (*an Thema*) iniciar (*an* en)

heran|gehen *irr vi sein* ❶ (*näher treten*) aproximarse (*an* a), acercarse (*an* a)
❷ (*an Problem*) abordar; (*an Aufgabe*) acometer

Herangehensweise *f* <-, -n> forma *f* de proceder

heran|kommen *irr vi sein* ❶ (*sich nähern*) acercarse (*an* a), aproximarse (*an* a); **etw an sich ~ lassen** dejar que algo se acerque; (*fig*) dejar que llegue algo; **nichts an sich ~ lassen** no dejarse afectar por nada, no dejar que nada le llegue a uno
❷ (*heranreichen*) alcanzar
❸ (*Zugang haben*) tener acceso (*an* a); (*kaufen*) poder comprar, poder adquirir; **kommst du günstig an einen Computer heran?** ¿tienes posibilidades para adquirir un ordenador a buen precio?

heran|machen *vr: sich ~* (*fam*) ❶ (*beginnen*) emprender, ponerse (a +*inf*)
❷ (*an Person*) mosconear, rondar

heran|nahen *vi sein* (*geh*) ❶ (*näher kommen*) aproximarse (*an* a); (MIL) avanzar
❷ (*bevorstehen*) amenazar, ser inminente; **ein Gewitter/Unglück naht heran** amenaza tormenta/la desgracia es inminente

heran|reichen *vi* ❶ (*an Regal*) alcanzar
❷ (*gleichkommen*) igualarse (*an* a), equipararse (*an* con)

heran|reifen *vi sein* (*geh: Früchte*) ir madurando; (*Menschen, Pläne*) desarrollarse, madurar; **der Jugendliche ist zu einem Mann herangereift** el adolescente se ha hecho (un) hombre; **die Pläne ~ lassen** dejar que los planes tomen forma [*o* se concreten] [*o* maduren]

heran|rücken I. *vi sein* aproximarse (*an* a), acercarse (*an* a); **mit einem Stuhl an den Kamin ~** acercarse con la silla a la chimenea
II. *vt* acercar (*an* a)

heran|schaffen *vt* traer, acercar, aproximar

heran|schleichen *irr* I. *vi sein* aproximarse sin ser visto [*o* furtivamente] (*an* a)
II. *vr: sich ~* aproximarse sin ser visto [*o* furtivamente] (*an* a)

heran|tasten *vr: sich ~* tantear; **sich an etw ~** acercarse a algo con mucho cuidado [*o* precaución]

heran|tragen *irr vt* ❶ (*Dinge*) traer, acercar
❷ (*Anliegen*) presentar

heran|treten *irr vi sein* ❶ (*näher kommen*) acercarse (*an* a), aproximarse (*an* a)
❷ (*sich wenden*) dirigirse (*an* a)

heran|wachsen *irr vi sein* crecer

Heranwachsende(r) *mf* <-n, -n; -n, -n> (*Teenager*) adolescente *mf*; (JUR) joven *mf* entre 18 y 21 años

heran|wagen *vr: sich ~* ❶ (*räumlich*) atreverse a acercarse (*an* a)
❷ (*an Problem*) atreverse a abordar (*an*); (*an Aufgabe*) atreverse a acometer (*an* a)

heran|ziehen *irr* I. *vi sein* (*näher kommen*) acercarse, aproximarse
II. *vt* ❶ (*näher holen*) acercar(se); **er zog den Hocker zu sich heran** (se) acercó el taburete

herauf [hɛˈraʊf] *adv* hacia arriba; **hier ~!** ¡por aquí arriba!; **den Berg ~** cuesta arriba

herauf|beschwören* *irr vt* ❶ (*Erinnerung*) evocar
❷ (*verursachen*) causar, provocar

herauf|bringen *irr vt* ❶ (*Gegenstand*) traer; **vergiss nicht mir die Zeitung heraufzubringen!** ¡no te olvides [*o* que no se te olvide] traerme el periódico!
❷ (*Person*) llevar (arriba); **bring deinen Freund mit herauf in die Wohnung!** ¡sube a tu amigo al piso!

herauf|führen *vi, vt* conducir [*o* llevar] hacia arriba

herauf|holen *vt* subir; **kannst du mir bitte Kartoffeln ~?** ¿me puedes subir patatas (del sótano [*o* de abajo])?

herauf|kommen *irr vi sein* (*Person*) subir

herauf|setzen *vt* (*Preise*) subir; (*Geschwindigkeit*) aumentar

herauf|steigen *irr vi sein* ❶ (*nach oben steigen*) subir; **einen Berg/ eine Treppe ~** subir una montaña/una escalera
❷ (*geh: aufsteigen*) levantarse, subir; **Nebelschwaden steigen herauf** se está levantando niebla

Heraufstufung *f* <-, -en> graduación *f* redondeando hacia arriba

herauf|ziehen *irr* I. *vi sein* (*Gewitter*) levantarse
II. *vt* subir (tirando)

heraus [hɛˈraʊs] *adv* (hacia) fuera, afuera; **~ da!** ¡fuera de ahí!; **~ mit ihm!** ¡afuera con él!; **von innen ~** desde dentro; **aus einer Notlage ~** debido a un apuro; **aus der Überzeugung ~ handeln, dass …** obrar con la convicción de que…; **mit der Sprache ~** ¡suelta la lengua!; **wir wohnen zur Straße ~** nuestro piso da a la calle; **~ sein** (*Blinddarm*) haber sido extirpado; (*Buch*) haber sido publicado; (*entschieden sein*) haberse decidido; (*bekannt sein*) saberse; **ist die neu angekündigte Zeitschrift eigentlich schon ~?** ¿ya ha salido la revista que han anunciado?; **das ist noch nicht ~** eso no se sabe todavía; **aus dem Alter bin ich ~** ya se me ha pasado la edad

heraus|arbeiten I. *vt* (*Unterschiede*) poner de relieve, hacer resaltar; (*fam: Arbeitszeit*) adelantar [*o* recuperar] horas de trabajo
II. *vr: sich ~* salir, abrirse paso; **sich aus etw** *dat* **~** conseguir salir de algo, abrirse paso poco a poco

heraus|bekommen* *irr vt* ❶ (*Wechselgeld*) recibir la vuelta; **Sie bekommen noch 80 Pfennig heraus** tenga, 80 pfennig de vuelta
❷ (*Rätsel, Aufgabe*) resolver; (*Geheimnis*) descubrir; (MATH, *fam*) sacar
❸ (*Fleck*) poder eliminar [*o* quitar]; (*Nagel*) poder sacar
❹ (*erfahren*) llegar a saber

heraus|bilden *vr: sich ~* formarse (*aus* de)

heraus|brechen *irr* I. *vi sein*: **aus jdm ~** (*Schrei*) salir (de la boca) de alguien; (*Hass, Wut*) salir fuera de alguien
II. *vt haben* extraer (*aus* de), arrancar (*aus* de)

heraus|bringen *irr vt* ❶ (*nach draußen bringen*) sacar, llevar afuera
❷ (*Buch*) publicar; (*Ware*) sacar al mercado, lanzar; **wir bringen dich ganz groß heraus** (*fam*) te promocionaremos por todo lo alto
❸ (*erfahren*) llegar a saber; **aus ihm war nichts herauszubringen** no hubo forma de sacarle nada

heraus|drehen *vt* (*Glühbirne*) desenroscar (*aus* de); (*Schraube*) destornillar (*aus* de)

heraus|drücken *vt* ❶ (*hervorkommen lassen*) sacar apretando [*o* haciendo presión] (*aus* de)
❷ (*vorwölben*) sacar; **die Brust/den Brustkorb ~** sacar pecho

heraus|fahren *irr vi sein* salir (*aus* de)

heraus|filtern *vt* (TECH) separar filtrando; (*Informationen*) escoger, entresacar

heraus|finden *irr vt* ❶ (*aus Gebäude, Ort*) saber salir
❷ (*entdecken*) descubrir

heraus|fischen *vt* (*fam*) sacar, pescar

heraus|fliegen *irr* I. *vi sein* ❶ (*Vogel*) salir volando; **der Wagen flog aus der Kurve heraus** (*fam*) el coche se salió de la curva
❷ (*fam: aus Arbeitsstelle*) ser despedido, ser echado del trabajo; (*aus Ausscheidungsrunde*) ser descalificado
II. *vt* (*wegbringen*) echar fuera (*aus* de), tirar, desechar

Herausforderer, -in *m, f* <-s, -; -, -nen> desafiador(a) *m(f)*; (*Provokateur*) provocador(a) *m(f)*

heraus|fordern *vt* (*a.* SPORT) desafiar, retar; (*provozieren*) provocar (*zu* a); **er hat das Schicksal förmlich herausgefordert** realmente desafió al destino

herausfordernd *adj* desafiante, retador; (*provozierend*) provocador

Herausforderung *f* <-, -en> desafío *m*; (SPORT) desafío *m*, reto *m*; (*Provokation*) provocación *f*; (*Bewährungsprobe*) prueba *f*; **eine ~ annehmen** responder a un reto; **eine ~ darstellen** [*o* **sein**] ser un desafío; **sich einer ~ stellen** enfrentarse a un desafío

heraus|führen I. *vi* conducir hacia fuera (*aus* de); **nur ein Weg führt (aus dem Labyrinth) wieder heraus** un solo camino conduce a la salida (del laberinto)
II. *vt* acompañar fuera (*aus* de)

Herausgabe *f* <-, *ohne pl*> ❶ (*Übergabe*) entrega *f*; **der Ware** entrega de las mercancías; **auf ~ klagen** demandar la entrega; **die ~ verlangen** reclamar la entrega
❷ (*eines Buches*) edición *f*
❸ (*von Aktien*) emisión *f*
❹ (JUR) restitución *f*

Herausgabeanspruch *m* <-(e)s, -sprüche> (JUR) derecho *m* a la restitución; **~ bei Zahlungsverzug** derecho a la restitución en caso de mora en el pago; **Herausgabeklage** *f* <-, -n> (JUR) acción *f* de reivindicación; **Herausgabepflicht** *f* <-, *ohne pl*> (JUR) deber *m* de entrega

heraus|geben *irr vt* ❶ (*herausreichen*) entregar, dar
❷ (*aushändigen*) entregar, dejar
❸ (*Wechselgeld*) dar la vuelta; **sie haben mir falsch herausgegeben** me han dado mal la vuelta; **ich kann nicht ~** no tengo cambio
❹ (*Buch*) editar
❺ (*Aktien*) emitir
❻ (JUR) restituir

Herausgeber(in) *m(f)* <-s, -; -, -nen> ❶ (*von Buch*) editor(a) *m(f)*
❷ (*von Zeitung*) director(a) *m(f)*

heraus|gehen *irr vi sein* (*Person, Fleck*) salir (*aus* de); (*Fenster*) dar (*auf* a); **aus sich** *dat* **~** abrirse, soltarse

Herausgeld *nt* <-(e)s, *ohne pl*> (*Schweiz: Wechselgeld*) cambio *m*

heraus|greifen *irr vt* entresacar

heraus|gucken *vi* (*fam*) ❶ (*heraussehen*) mirar hacia afuera, asomarse; **aus dem Fenster ~** asomarse a la ventana
❷ (*sichtbar sein*) verse; **dein Unterhemd guckt heraus** se te ve la camiseta

heraus|haben *irr vt* (*fam: Splitter, Trick, Lösung*) haber sacado; **ich habe den Trick heraus!** ¡he sacado el truco!; **ich habe es heraus!** ¡ya lo tengo!

heraus|halten *irr* I. *vt* ❶ (*nach draußen halten*) sacar, mantener por fuera
❷ (*fam: fern halten*) mantener alejado [*o* a distancia]
II. *vr: sich ~* mantenerse alejado (*aus* de); **sich aus etw** *dat* **~** no meterse en algo

heraus|hängen *vt* (*fam*): **etw ~** dárselas de algo

heraus|hauen <haut heraus, haute heraus, herausgehauen> *vt* (*fam*) salvar, sacar de un apuro

heraus|heben *irr vt* ❶ (TECH) sacar (*aus* de)
❷ (*hervorheben*) destacar, poner de relieve

heraus|helfen *irr vi* ❶ (*beim Herauskommen, a. fig*) ayudar a salir; (*beim Aussteigen*) ayudar a bajar (*aus* de); **jdm aus der Klemme ~** sacar a alguien del atolladero
❷ (*beim Ausziehen*) ayudar a quitarse; **jdm aus dem Mantel ~** ayudar a alguien a quitarse el abrigo

heraus|holen *vt* ❶ (*nach draußen holen, befreien*) sacar (*aus* de); **das Letzte aus sich** *dat* **~** dar lo máximo
❷ (*Vorteil ziehen*) sacar provecho (*aus* de)
❸ (*fam: erfahren*) sacar (*aus* de), sonsacar; **aus ihm ist nichts herauszuholen** no hay forma de sonsacarle nada
❹ (SPORT: *Zeit*) recuperar; (*guten Platz*) conseguir, lograr, sacar

heraus|hören *vt* (*Stimme, Instrument*) oír [*o* percibir] entre otros sonidos; (*Enttäuschung*) percibir [*o* notar] en el tono de voz

heraus|kehren *vt* (*Überlegenheit*) presumir (de), echárselas (de), dárselas (de); **wenn er den Chef herauskehrt, kann ich ihn nicht leiden** cuando se las echa de jefe no lo aguanto

heraus|kommen *irr vi sein* ❶ (*aus Haus, Krankenhaus*) salir (*aus* de); **er ist noch nie aus seinem Dorf herausgekommen** no ha salido nunca de su pueblo; **sie kam aus dem Lachen nicht mehr heraus** no pudo parar de reír
❷ (*fam: Resultat sein*) ser el resultado (*bei* de); (*sich ergeben*) resultar (*bei* de), salir (*bei* de); **was soll dabei ~?** ¿qué va a resultar de ello?, ¿qué provecho se saca de eso?; **es kommt nichts dabei heraus** no tiene sentido, no conduce a nada; **es kommt auf dasselbe heraus** da lo mismo
❸ (*fam: Geheimnis, Wahrheit*) descubrirse, llegarse a saber; **wenn das herauskommt, …** si esto sale a la luz…; **ganz groß ~** tener mucho éxito; **mit der Sprache ~** desembuchar
❹ (*Modell, Buch*) salir; **unsere Firma kommt mit einem neuen Wagen heraus** nuestra empresa va a lanzar un coche nuevo al mercado
❺ (*Kartenspiel*) ser mano

heraus|kriegen *vt* (*fam*) *s.* **herausbekommen**

heraus|kristallisieren* I. *vt* (CHEM) cristalizar; (*klar herausarbeiten*) concretar
II. *vr: sich ~* (CHEM) cristalizarse; (*fig*) concretarse (*als* como)

heraus|lassen *irr vt* ❶ (*nach draußen*) dejar salir, sacar (*aus* de); (*loslassen*) soltar (*aus* de); **die Sau ~** (*fam fig*) sacar el animal que se lleva dentro
❷ (*fam: mitteilen*) soltar; **so sehr ich sie bearbeite, sie lässt nichts heraus** por más que me la trabajé, no soltó prenda
❸ (*fam: weglassen*) no mencionar (*aus* en); **lassen sie bei ihrem Bericht bitte alle Namen heraus** por favor, omita en su informe todos los nombres
❹ (*fam: nicht einbeziehen*) dejar fuera; **ich bitte euch, mich aus eurem Streit herauszulassen** os ruego que me dejéis fuera de vuestra discusión; **seine persönliche Meinung aus einem Artikel ~** dejar su opinión personal aparte en un artículo

heraus|laufen *irr vi sein* correr hacia afuera, salir corriendo (*aus* de); (*Flüssigkeit*) derramarse

heraus|lesen *irr vt* (*aus Text, Miene*) descubrir (*aus* en)

heraus|locken *vt* (*Geheimnis*) sonsacar, descubrir con artimañas

heraus|lösen *vt* eliminar

heraus|machen I. *vt* (*fam: Dorn, Fleck*) sacar, quitar
II. *vr: sich ~* (*fam: sich entwickeln*) medrar, hacer progresos; **er hat sich prächtig herausgemacht** medró estupendamente

heraus|müssen *irr vi* (*fam*) ❶ (MED: *Organ*) tener que ser extirpado
❷ (*gesagt werden müssen*) tener que ser dicho
❸ (*nach draußen müssen*) tener que salir (*aus* de); **ich muss hier endlich heraus!** ¡tengo que salir de aquí de una vez!

herausnehmbar *adj* extraíble

heraus|nehmen *irr vt* sacar (*aus* de); **ein Kind aus der Schule ~** sacar a un niño del colegio; **sich** *dat* **den Blinddarm ~ lassen** operarse del apéndice; **sich** *dat* **~ etw zu tun** tomarse la libertad de [*o* atreverse a] hacer algo; **sich** *dat* **viel ~** (*fam*) pasarse un montón

heraus|pauken *vt* (*fam*) sacar (*aus* de); **Ihr Prozess ist verfahren, aber ich pauke Sie da heraus** su proceso está encallado, pero yo le sacaré de esta

heraus|picken *vt* ❶ (*mit dem Schnabel*) picotear (*aus* de)
❷ (*nehmen*) sacar (*aus* de); (*auswählen*) seleccionar; **der Nationaltrainer pickt** (**sich** *dat*) **die besten Spieler heraus** el seleccionador nacional se queda con los mejores jugadores; **sich** *dat* **die Rosinen aus dem Kuchen ~** (*fig*) llevarse [*o* cogerse] lo mejor

heraus|platzen *vi sein* (*fam*) ❶ (*lachen*) prorrumpir en risas
❷ (*spontan sagen*): **mit etw** *dat* **~** salir [*o* descolgarse] con algo; **musstest du mit unserem Plan ~?** ¿era necesario descolgarte descubriendo nuestro plan?

heraus|putzen I. *vt* (*schmücken*) acicalar
II. *vr: sich ~* acicalarse, engalanarse, empavonarse *MAm*, apirularse *Chil*

heraus|ragen *vi* sobresalir (*aus* de), destacarse (*aus* de)

heraus|reden *vr: sich ~* (*fam*) buscar pretextos, poner excusas

heraus|reißen *irr vt* arrancar, quitar

heraus|rücken I. *vi sein* (*fam: zugeben*) soltar, desembuchar; **rück mit der Wahrheit heraus!** ¡desembucha ya!
II. *vt* (*fam: hergeben*) soltar, espichar *Chil*; **rück mal etwas Geld heraus!** ¡suelta un par de duros!

heraus|rutschen *vi sein* salirse; (*Wort*) escaparse; **das ist mir nur so herausgerutscht** (*fam*) se me escapó

heraus|schälen *vr: sich ~* manifestarse

heraus|schauen *vi* ❶ (*aus Fenster*) mirar (*aus* por)
❷ (*fam: bei Geschäft*) salir (*bei* de); **was schaut für mich dabei heraus?** ¿qué saco yo de esto?

heraus|schlagen *irr vt* ❶ (*Wand*) quitar
❷ (*fam: Gewinn, Vorteil*) ganar, sacar; (*Frist*) conseguir

heraus|schleudern *vt* ❶ (*Gegenstand*) arrojar (*aus* por)
❷ (*Person*): **aus etw** *dat* **herausgeschleudert werden** salir despedido de algo; **bei dem Aufprall wurde der Fahrer herausgeschleudert** el conductor salió despedido al producirse el choque
❸ (*Worte*) echar, soltar; **plötzlich schleuderte er viele Vorwürfe heraus** de repente empezó a soltar una sarta de reproches

heraus|schlüpfen *vi sein* ❶ (*nach draussen kommen*) salir; (*ausziehen*) sacarse el abrigo/los zapatos; (*fig*) escaparse; **aus einem Mantel/den Schuhen ~** sacarse el abrigo/los zapatos; **es tut mir leid, dass ist mir nur so herausgeschlüpft** lo siento, se me ha escapado
❷ (*verlassen*) salir (*aus* de); **das Küken ist** (**aus dem Ei**) **herausgeschlüpft** el pollito ha salido (del huevo)

heraus|schmecken I. *vt* notar el sabor, sacar el sabor; **aus dieser Suppe kann man die Zutaten kaum ~** de esta sopa sopa casi no se puede sacar el sabor de los ingredientes
II. *vi* sobresalir, notarse; **da schmeckt der Pfeffer zu stark heraus** sabe demasiado a pimienta

heraus|schneiden *irr vt* recortar; (MED) extirpar

heraus|schreiben *irr vt* copiar (fragmentos de un texto) (*aus* de), extractar

heraus|schreien *irr vt* gritar; **seine Wut/seine Angst ~** gritar de rabia/de miedo

heraus|sein *irr vi sein s.* **heraus**

heraußen [hɛˈraʊsən] *adv* (*südd, Österr: hier draußen*) aquí afuera

heraus|springen *irr vi sein* ❶ (*nach draußen springen*) saltar afuera; **aus dem Fenster ~** arrojarse [*o* tirarse] por la ventana
❷ (*Sicherung*) saltar
❸ (*fam: Gewinn*) sacar provecho (*bei* de); **und was springt dabei für mich heraus?** ¿y qué saco yo de esto?

heraus|spritzen *vi sein* salir a chorro

heraus|sprudeln I. *vi sein* brotar (*aus* de), manar (*aus* de)
II. *vt haben* (*Worte*) salir a borbotones; **nun mal langsam und hübsch der Reihe nach, nicht alles so herausgesprudelt!** ¡ahora despacito y por orden y sin hablar a borbotones!

heraus|stehen *irr vi* sobresalir (*aus* de)

heraus|stellen I. *vt* ❶ (*nach draußen stellen*) sacar, poner afuera
❷ (*hervorheben*) destacar, poner de relieve
II. *vr: sich ~* (*sich erweisen*) resultar, comprobarse; **die Vermutung hat sich als richtig herausgestellt** la suposición resultó ser cierta; **es stellte sich heraus, dass ...** se ha comprobado que...; **es wird sich ~, wer/ob ...** se comprobará quién/si...; **das muss sich erst noch ~** aún se tiene que comprobar

heraus|strecken *vt* (*Arm, Zunge*) sacar (*aus/zu* de); (*Kopf*) asomar (*aus/zu* por)

heraus|streichen *irr vt* ❶ (*durchstreichen*) tachar, borrar
❷ (*loben*) poner de relieve, resaltar

heraus|stürzen *vi sein* salir corriendo (*aus* de), salir precipitadamente (*aus* de)

heraus|suchen *vt* escoger, seleccionar

heraus|treten *irr vi sein* salir (*aus* de)

heraus|tröpfeln *vi sein* (*fam*) gotear (*aus* de), caer gotas (*aus* de)

heraus|wagen *vr: sich ~* atreverse a salir (*aus* de)

heraus|werfen *irr vt* arrojar, echar; (*hinauswerfen*) echar fuera

heraus|winden *irr vr: sich ~* salir (*aus* de); **sich aus einer heiklen Lage ~** salir de una situación comprometida

heraus|wirtschaften *vt* obtener [*o* sacar] (un beneficio)

heraus|wollen *irr vi* querer salir (*aus* de); **nicht mit der Sprache ~** no querer decir nada

heraus|ziehen *irr vt* sacar (*aus* de)

herb [hɛrp] *adj* ❶ (*Geschmack*) acerbo, acre; (*Wein*) seco
❷ (*Enttäuschung*) amargo; (*Verlust*) doloroso
❸ (*Charakter*) rudo, seco
❹ (*Worte, Kritik*) duro

Herbarium [hɛrˈbaːriʊm] *nt* <-s, Herbarien> herbario *m*

herbei [hɛɐˈbaɪ] *adv* por aquí, hacia aquí

herbei|bringen *irr vt* (*Gegenstand*) traer; (*Beweise*) procurar, conseguir

herbei|führen *vt* causar, provocar; (*Gelegenheit*) proporcionar; **das H~ einer Straftat** (JUR) la provocación de un delito

herbei|holen *vt* hacer [*o* mandar] venir; **holen Sie bitte rasch den Rettungswagen/einen Arzt herbei!** ¡llame deprisa a una ambulancia/vaya deprisa a buscar a un médico!

herbei|lassen *irr vr: sich zu etw* *dat* **~** dignarse a (hacer) algo; **sich** (**dazu**) **~ etw zu tun** dignarse a hacer algo, tener a bien hacer algo

herbei|reden *vt* atraer (una desgracia) con palabras; **du hast den Unfall herbeigeredet** has hablado tanto del accidente que al final sucedió

herbei|rufen *irr vt* llamar, hacer venir

herbei|schaffen *vt* (*fam*) ❶ (*bringen*) traer; **geh hin und schaff ihn mir herbei!** ¡ve y tráemelo aquí!
❷ (*besorgen*) conseguir; **die Teile hat mir ein Bekannter aus der Werkstatt herbeigeschafft** las piezas me las ha conseguido un conocido del taller

herbei|sehnen *vt: jdn/etw ~* sentir la ausencia de [*o* añoranza por] alguien/algo; **diesen Augenblick hatten die Geschundenen jahrelang herbeigesehnt** las personas maltratadas habían estado esperando muchos años este momento

herbei|strömen *vi sein* acudir en masa; **Schaulustige strömten neugierig herbei** un gran número de curiosos acudieron a presenciar el acto

herbei|winken *vt* llamar haciendo señas; **den Kellner ~** llamar al camarero haciendo una seña; **ein Taxi ~** hacer una seña para parar un taxi

herbei|wünschen *vt* desear que llegue

her|bekommen* *irr vt* (*fam*) conseguir, procurar; **wo soll ich um diese Zeit Rosen ~?** ¿de dónde saco yo rosas a estas horas?

her|bemühen* I. *vt* (*geh*) hacer venir; **ich muss dich leider ~** lo siento, pero tengo que hacerte venir
II. *vr: sich ~* (*geh*) molestarse en venir; **Sie müssen sich nicht persönlich ~** no tiene que molestarse en venir personalmente

Herberge [ˈhɛrbɛrɡə] *f* <-, -n> albergue *m*

Herbergseltern *pl* directores *mpl* de un albergue; **Herbergsmutter** *f* <-, -mütter> directora *f* de un albergue juvenil; **Herbergsvater** *m* <-s, -väter> director *m* de un albergue juvenil

her|bestellen* ['heːe-] *vt* hacer venir, citar

her|beten *vt* (*abw*) decir de corrido, repetir de memoria

Herbheit *f* <-, *ohne pl*> (*Geschmack*) sabor *m* acre; (*Duft*) acrimonia *f*; (*Wein*) gusto *m* acerbo, acidez *f*

her|bitten *irr vt* hacer venir

herbivor [hɛrbiˈvoːɐ] *adj* herbívoro

Herbizid [hɛrbiˈtsiːt] *nt* <-(e)s, -e> herbicida *m*

her|bringen *irr vt* traer

Herbst [hɛrpst] *m* <-(e)s, -e> otoño *m*

Herbstäquinoktium [ˈhɛrpstʔɛkvinɔktsjʊm] *nt* <-s, -äquinoktien> equinoccio *m* de otoño

Herbstaster *f* <-, -n> (BOT) aster *m* (*que florece en otoño*); **Herbstfarben** *fpl* colores *mpl* otoñales; **Herbstferien** *pl* vacaciones *fpl* de otoño

herbstlich *adj* otoñal

Herbstmonat *m* <-s, -e> mes *m* otoñal; **Herbstwetter** *nt* <-s, *ohne pl*> tiempo *m* otoñal [*o* de otoño]

Herbstzeitlose *f* <-, -n> (BOT) cólquico *m*

Herculaneum [hɛrkuˈlaːneʊm] *nt* <-s> Herculano *m*

Herd [heːɐt] *m* <-(e)s, -e> ❶ (*in Küche*) cocina *f*; **den ganzen Tag am ~ stehen** (*fam*) estar todo el día metido en la cocina; **eigener ~ ist Goldes wert** (*prov*) el tener un hogar propio no se paga ni con oro
❷ (*Brand~, a.* MED) foco *m*

Herde [ˈheːɐdə] *f* <-, -n> (*Schafe, Rinder*) rebaño *m*, hato *m*; (*Schweine*) piara *f*; (*wilde Tiere*) manada *f*

Herdenmensch *m* <-en, -en> persona *f* gregaria; **Herdentier** *nt* <-(e)s, -e> ❶ (*Tier*) animal *m* gregario ❷ (*abw: Person*) persona *f* gregaria; **Herdentrieb** *m* <-(e)s, -e> (*fig a.* ZOOL) instinto *m* gregario, gregarismo *m*

Herdplatte *f* <-, -n> placa *f* (eléctrica)

Heredität [herediˈtɛːt] *f* <-, -en> ❶ (MED: *Erblichkeit*) herencia *f*
❷ (JUR: *Erbfolge*) heredad *f*

herein [hɛˈraɪn] *adv* adentro, hacia dentro; **~!** ¡adelante!, ¡pase!

herein|bekommen* *irr vt* (*fam: Ware, Sender*) recibir

herein|bitten *irr vt* hacer pasar; **der Arzt bat den nächsten Patienten (zu sich) herein** el médico hizo pasar al siguiente paciente

herein|brechen *irr vi sein* ❶ (*Wassermassen*) irrumpir
❷ (*geh: Unglück*) sobrevenir; (*Nacht, Dämmerung*) caer (*über* sobre)

herein|bringen *vt* ❶ (*nach drinnen bringen*) entrar, llevar adentro
❷ (*fam: Unkosten, Verluste*) eliminar

herein|dürfen *irr vi* (*fam*) poder entrar (*in* en)

herein|fahren *irr* I. *vi sein* entrar (con un vehículo)
II. *vt haben* entrar (con un vehículo) (*in* en); **bitte vorsichtig, wenn Sie den Kran hier ~!** ¡vaya con cuidado por favor cuando entre con la grúa aquí!

herein|fallen *irr vi sein* ❶ (*in Loch*) caer (*in* en); (*Licht*) entrar (*in* en/a)
❷ (*fam: sich täuschen lassen*) dejarse engañar (*auf* por), caer en la trampa
❸ (*fam: erfolglos sein*) llevarse un chasco (*mit* con)

herein|führen *vt* acompañar [*o* llevar] adentro (*in* en); **bitte führen Sie die alte Frau (zu mir) herein** haga pasar, por favor, a la anciana; **die Mafiosi wurden gefesselt (in den Gerichtssaal) hereingeführt** llevaron a los mafiosos encadenados (a la sala de audiencias)

herein|holen *vt* entrar, meter; **jdn ~** hacer entrar a alguien

herein|kommen *irr vi sein* entrar (*in* a/en); **bitte kommen Sie doch herein!** ¡entre, por favor!

herein|kriegen *vt* (*fam*) *s.* **hereinbekommen**

herein|lassen *irr vt* dejar entrar

herein|legen *vt* ❶ (*nach drinnen legen*) poner adentro
❷ (*fam: betrügen*) engañar, embaucar, carnear *Chil*

herein|nehmen *irr vt* ❶ (*nach drinnen nehmen*) entrar
❷ (*in Liste, Angebot*) incluir (*in* en)

herein|platzen *vi sein* (*fam*) entrar de sorpresa y sin previo aviso (*in* en), meterse, colarse, irrumpir (*in* en); **in eine Besprechung ~** entrar en una conferencia así como así

herein|regnen *vunpers:* **es regnet herein** la lluvia entra aquí

herein|reiten *irr* I. *vi sein* entrar (montando a caballo) (*in* en); **er ritt zu uns/in die Manege herein** vino hacia nosotros montando a caballo/ entró a caballo en la pista del circo
II. *vt haben* (*fig fam*) meter (en un apuro); **er steckte schon in der Klemme, durch ihren Leichtsinn hat sie ihn nur noch tiefer hereingeritten** ya tenía suficientes apuros y, con su descuido, no hizo más que empeorar su situación
III. *vr: sich ~ haben* (*fam*) meterse (en un apuro); **zügeln Sie Ihre Zunge, Sie reiten sich nur noch tiefer herein!** ¡contenga su lengua o la pringará aún más!

herein|rufen *irr vt* ❶ (*nach drinnen holen*) hacer entrar; **rufen Sie bitte den nächsten Patienten zu mir herein!** ¡haga pasar al siguiente paciente!; **geh mal an die Tür und ruf die Kinder (zum Essen) herein** asómate a la puerta y diles a los niños que entren (a comer)
❷ (*nach drinnen rufen*) decir en voz alta; **jdm etw ~** decirle en voz alta algo a alguien (desde la calle)

herein|schauen *vi* ❶ *s.* **hereinsehen**
❷ (*fam: besuchen*) visitar (*bei* a), pasar(se) (*bei* por casa de)

herein|schneien I. *vunpers:* **es schneit herein** la nieve entra por la ventana [*o* puerta]
II. *vi sein* (*fam: Besuch*) venir [*o* entrar] de rondón, colarse; (*Brief*) llegar de sorpresa [*o* desprevenidamente]

herein|sehen *irr vi* mirar para el interior [*o* para dentro]

herein|spazieren* *vi sein* (*fam*) ir entrando (*in* en)

herein|stecken *vt* introducir (*in* en, *zu* hacia/por); **schau mal, wer da den Kopf (zu uns) hereinsteckt!** ¡mira a ver quién asoma la cabeza (por nuestra puerta [*o* ventana])!

herein|strömen *vi sein* ❶ (*Wasser*) entrar (a chorro) (*in/zu* en)
❷ (*Fans, Besucher*) acudir (de todas partes) (*in/zu* a)

herein|stürzen *vi sein* entrar atropelladamente (*in/zu* a)

herein|wagen *vr: sich ~* atreverse a entrar (*in* en, *zu* a); **hier sind wir sicher, sie werden sich nicht zu uns ~** aquí estamos seguros, no se atreverán a venir a buscarnos

herein|wollen *vi* (*fam*) querer entrar (*in* en, *zu* a)

her|fahren *irr* I. *vi sein* ❶ (*gefahren kommen*) venir (en un vehículo), llegar (en un vehículo)
❷ (*entlangfahren*): **hinter jdm/etw** *dat* **~** seguir (en un vehículo) detrás de alguien/algo, perseguir (en un vehículo) a alguien/algo; **vor jdm/etw** *dat* **~** conducir delante de alguien/de algo
II. *vt haben:* **jdn/etw ~** traer a alguien/algo (en un vehículo)

Herfahrt [ˈheːe-] *f* <-, -en> venida *f*; **auf der ~** a la venida

her|fallen *irr vi sein* ❶ (*angreifen*) atacar (*über*), asaltar (*über*); (*mit Fragen*) acosar a preguntas (*über*)
❷ (*kritisieren*) atacar (*über*), criticar duramente (*über*); **über etw** *akk* **~** caer sobre algo

her|finden *irr vi* encontrar el camino

Hergang [ˈheːe-] *m* <-(e)s, -gänge> acontecimientos *mpl*, lo ocurrido; **den ~ schildern** contar lo que pasó

her|geben *irr* I. *vt* ❶ (*herausgeben*) dar, entregar; **gib her!** ¡dame!; **geben Sie her!** ¡déme!
❷ (*taugen*) valer; **das Buch gibt nicht viel her** el libro no vale mucho
II. *vr: sich ~* prestarse (*für* a); **gib dich für so etwas nicht her!** ¡no te prestes a una cosa así!

hergebracht [ˈheːɐɡəbraxt] *adj* tradicional

her|gehen *irr vi sein* ❶ (*begleiten*): **neben/vor/hinter jdm ~** ir al lado de/delante de/detrás de alguien
❷ (*fam: zugehen*): **es ging heiß** [*o* **hoch**] **her** hubo mucho jaleo
❸ (*südd, Österr*) *s.* **herkommen**

her|gehören* *vi s.* **hierher**

hergelaufene(r, s) *adj* (*abw*) cualquiera

her|haben *irr vt* (*fam*) haber sacado; **wo hast du denn diese Manieren/diese Ausdrucksweise her?** ¿de dónde has sacado esos modales/ esa expresión?; **wo hast du bloß diesen Charakter her?** ¿pero de dónde habrás sacado tú ese carácter?

her|halten *irr* I. *vt* acercar
II. *vi* servir (*als* de); **als Entschuldigung ~** servir de excusa; **er muss immer ~** siempre tiene que pagar el pato

her|holen *vt* ir a buscar, ir (por); **der Vergleich ist weit hergeholt** el ejemplo es muy rebuscado

her|hören *vi* escuchar

Hering [ˈheːrɪŋ] *m* <-s, -e> ❶ (*Fisch*) arenque *m*; **dünn wie ein ~** flaco como un espárrago
❷ (*Zeltpflock*) estaquilla *f*

Heringssalat *m* <-(e)s, -e> (GASTR), **Heringstopf** *m* <-(e)s, -töpfe> (GASTR) ensalada *f* de arenques

herinnen [hɛˈrɪnən] *adv* (*südd, Österr: drinnen, innen*) aquí adentro

Herisau [ˈheːrizaʊ] *nt* <-s> Herisau *m*

her|jagen I. *vi sein:* **hinter jdm/etw** *dat* **~** correr a toda velocidad detrás de alguien/de algo, perseguir a toda velocidad a alguien/algo; **die Hunde jagten hinter dem Hasen her** los perros perseguían a la liebre
II. *vt haben* perseguir y traer (*zu* hacia), perseguir pisándole los talones (*vor* a)

her|kommen *irr vi sein* ❶ (*hierher kommen*) venir; (*sich nähern*) aproximarse, acercarse
❷ (*stammen*) venir (*aus* de), ser (*aus* de); **wo kommen Sie her?** ¿de dónde es Ud.?
❸ (*herrühren*) venir (*von* de), resultar (*von* de)

herkömmlich [ˈheːɐkœmlɪç] *adj* tradicional; (*konventionell*) convencional

Herkules ['hɛrkulɛs] *m* <-, -se>: **ein** (**wahrer**) ~ un (auténtico) hércules

Herkulesarbeit *f* <-, -en> obra *f* de romanos, trabajo *m* de chinos *fam*

Herkunft ['he:ekʊnft] *f* <-, *ohne pl*> origen *m*; (**von**) **zweifelhafter** ~ de oscuro origen, de procedencia dudosa; **das Wort ist arabischer** ~ la palabra es de origen árabe

Herkunftsangabe *f* <-, -n> (a. COM) indicación *f* de procedencia; **Herkunftsbescheinigung** *f* <-, -en> (COM) certificado *m* de origen; **Herkunftsbezeichnung** *f* <-, -en> (COM) denominación *f* de origen; **Herkunftsland** *nt* <-(e)s, -länder> país *m* de origen; **Herkunftsstaat** *m* <-(e)s, -en> país *m* de origen; **sicherer** ~ país de origen seguro; **Herkunftszeichen** *nt* <-s, -> (COM) marca *f* de procedencia; **Herkunftszertifikat** *nt* <-(e)s, -e> (COM) certificado *m* de origen

her|laufen *irr vi sein* ① (*entlanglaufen*) pasar, recorrer ② (*gelaufen kommen*) venir corriendo (*zu* a/hacia) ③ (*begleiten*): **hinter/neben/vor jdm** ~ correr detrás de/al lado de/delante de alguien

her|leiten I. *vt* (*ableiten*) deducir (*aus* de), derivar (*aus* de) II. *vr*: **sich** ~ (*herrühren*) derivar (*aus* de)

her|machen I. *vi* importar; **das macht viel her** esto causa buena impresión II. *vr*: **sich** ~ (*fam*) emprender (*über*); **sich über die Arbeit** ~ poner manos a la obra; **sich über das Essen** ~ abalanzarse sobre la comida; **sie machten sich über das kalte Büfett her** se abalanzaron sobre el bufé frío

Hermaphrodit [hɛrmafro'di:t] *m* <-en, -en> hermafrodita *m*

Hermelin [hɛrmə'li:n] *m* <-s, -e> armiño *m*

Hermeneutik [hɛrmə'nɔytɪk] *f* <-, *ohne pl*> hermenéutica *f*

hermeneutisch [hɛrmə'nɔytɪʃ] *adj* hermenéutico

hermetisch [hɛr'me:tɪʃ] *adj* hermético; **ein Gebäude** ~ **abriegeln** cerrar un edificio herméticamente

hernach [hɛɐ'na:x] *adv* (*reg*) después, más tarde

her|nehmen *irr vt* tomar, sacar

hernieder [hɛɐ'ni:dɐ] *adv* (*geh*) s. **herab**

Heroen *pl von* **Heros**

Heroin [hero'i:n] *nt* <-s, *ohne pl*> heroína *f*

Heroine [hero'i:nə] *f* <-, -n> (THEAT) heroína *f*

heroisch [he'ro:ɪʃ] *adj* (*geh*) heroico

Heroismus [hero'ɪsmʊs] *m* <-, *ohne pl*> (*geh*) heroísmo *m*

Herold ['he:rɔlt] *m* <-(e)s, -e> (a. HIST) heraldo *m*

Heros ['he:rɔs, *pl*: he'ro:ən] *m* <-, **Heroen**> ① (*geh*: *Held*) héroe *m* ② (*in der Mythologie*) semidiós *m*

Herpes ['hɛrpɛs] *m* <-, *ohne pl*> (MED) herpe(s) *m*; ~ **genitalis/simplex** herpe(s) genital/simplex

Herpesvirus *nt o m* <-, -viren> (MED) virus *m inv* del herpe(s)

her|plappern *vt* (*fam*) decir al (buen) tuntún

Herr¹ [hɛr] *m* <-(e)n, -en> ① (*Mann*) señor *m*, caballero *m*; **den großen ~en markieren** darse aires de gran señor; **der ~ der Schöpfung** el rey de la creación, el ser humano; **die ~en der Schöpfung** (*iron: die Männer*) los hombres; „**Herren**" "caballeros" ② (*Anrede*) señor *m*; ~ **Meier** el señor Meier; **der** ~ **wünschen?** ¿qué desea el señor?; ~ **Ober!** ¡camarero! ③ (REL) Señor *m*

Herr(in)² *m(f)* <-(e)n, -en; -, -nen> (*Gebieter*) amo, -a *m, f*, patrón, -ona *m, f*; ~ **im Hause sein** llevar la batuta en casa; **er war nicht** ~ **der Lage** no era dueño de la situación; ~ **seiner Sinne sein** ser dueño de sí mismo; **nicht mehr** ~ **seiner Sinne sein** no ser dueño de sus actos; **sein eigener** ~ **sein** ser su propio amo, no depender de nadie; ~ **über Leben und Tod** Dios (todopoderoso); **aus aller ~en Länder** de todos los países, de todos los rincones del mundo; **wie der** ~, **so's Gescherr** (*prov*) a tal amo tal criado

Herrchen *nt* <-s, -> (*Hundebesitzer*) amo *m*, dueño *m*

Herrenartikel *m* <-s, -> artículo *m* de caballero; **Herrenausstatter** *m* <-s, -> tienda *f* de ropa de caballero; **Herrenbegleitung** *f* <-, *ohne pl*> compañía *f* masculina; **in** ~ en compañía masculina; **Herrenbekanntschaft** *f* <-, -en>: **eine** ~ **machen** (*fam*) conocer a un hombre; **Herrenbekleidung** *f* <-, *ohne pl*> ropa *f* de caballero; **Herrenbesuch** *m* <-(e)s, -e> ① (*Besucher*) visitante *m* (masculino) ② (*Besuch*) visita *f* (masculina); **Herrendoppel** *nt* <-s, -> (SPORT) doble *m* masculino; **Herreneinzel** *nt* <-s, -> (SPORT) individual *m* masculino; **Herrenfahrrad** *nt* <-(e)s, -räder> bicicleta *f* de caballero; **Herrenfriseur(in)** *m(f)* <-s, -e; -, -nen> peluquero, -a *m, f* para caballeros

Herrengesellschaft¹ *f* <-, -en> (*Runde von Herren*) reunión *f* (exclusivamente) de caballeros

Herrengesellschaft² *f* <-, *ohne pl*> (*Herrenbegleitung*): **in** ~ en compañía de un hombre

Herrenhaus *nt* <-es, -häuser> casa *f* señorial

herrenlos *adj* sin dueño, realengo *Am*

Herrenmode *f* <-, -n> moda *f* masculina; **Herrensalon** *m* <-s, -s> peluquería *f* para caballeros; **Herrensitz** *m* <-es, -e> casa *f* señorial; **Herrentoilette** *f* <-, -n> servicio *m* de caballeros, aseos *mpl* para caballeros; **Herrenwitz** *m* <-es, -e> chiste *m* verde

Herrgott ['-'-] *m* <-(e)s> Señor *m*, Dios Nuestro Señor *m*; ~ **noch mal!** (*fam*) ¡Dios mío!; **Herrgottsfrühe** *f*: **in aller** ~ (*fam*) muy de mañana, de madrugada; **Herrgottsschnitzer(in)** *m(f)* <-s, -; -, -nen> (*südd, Österr*) imaginero, -a *m, f*; **Herrgottswinkel** *m* <-s, -> (*südd, Österr*) en una habitación de un caserío, rincón con crucifijo y otros objetos religiosos

her|richten *vt* ① (*vorbereiten*) preparar, arreglar ② (*reparieren*) arreglar

Herrin ['hɛrɪn] *f* <-, -nen> s. **Herr²**

herrisch *adj* imperioso, autoritario

herrje(h) [hɛr'je:] *interj*, **herrjemine** [hɛr'je:mine] *interj* ¡por Dios!, ¡Jesús!

herrlich *adj* espléndido; (*wunderbar*) maravilloso; (*ausgezeichnet*) excelente

Herrlichkeit *f* <-, -en> esplendor *m*, suntuosidad *f*, magnificencia *f*

Herrschaft *f* <-, *ohne pl*> ① (*Macht*) poder *m* (*über* sobre), dominio *m* (*über* sobre); (*Regierung*) gobierno *m* ② (*Kontrolle*) control *m* (*über* de); **er verlor die** ~ **über sein Auto** perdió el control de su coche

Herrschaften *fpl* señores *mpl*; **die** ~ **wollen zahlen?** ¿los señores desean la cuenta?

herrschaftlich *adj* señorial

Herrschaftsanspruch *m* <-(e)s, -sprüche> pretensión *f* de poder; **der Thronfolger will seinen** ~ **geltend machen** el príncipe heredero quiere hacer valer sus poderes; **Herrschaftsbereich** *m* <-(e)s, -e> ámbito *m* de poder; **Herrschaftswille** *m* <-ns, *ohne pl*> voluntad *f* de dominio

herrschen ['hɛrʃən] *vi* ① (*Macht haben*) dominar; (*regieren*) gobernar; (*König*) reinar (*über* en/sobre), mandar (*über* en/sobre) ② (*bestehen*) existir; (*Freude, Angst, Chaos*) reinar; (*Not, Nebel, Verkehr*) haber; (*Meinung, Ansicht*) predominar; **im Zimmer herrschte bedrückende Stille** en la habitación reinaba un silencio opresivo; **es herrschte allgemeine Ratlosigkeit** reinaba un desconcierto general

herrschend *adj* reinante; **die ~e Klasse** la clase dirigente; **die ~e Meinung** la opinión dominante

Herrscher(in) *m(f)* <-s, -; -, -nen> soberano, -a *m, f*, gobernante *mf*

Herrschergeschlecht *nt* <-(e)s, -er>, **Herrscherhaus** *nt* <-es, -häuser> (POL, HIST) dinastía *f*

Herrscherin *f* <-, -nen> s. **Herrscher**

Herrschsucht *f* <-, *ohne pl*> despotismo *m*, tiranía *f*

herrschsüchtig *adj* despótico, dominante

her|rufen *irr vt* ① (*herbeirufen*) llamar (para que venga) ② (*nachrufen*): **etw hinter jdm** ~ gritar algo detrás de alguien

her|rühren *vi* resultar (*von* de)

her|sagen *vt* recitar

her|schauen *vi* (*reg*) ① (*hersehen*) mirar (aquí) (*zu* hacia) ② (*Wend*): **da schau her!** (*Österr: fam: sieh mal an!*) ¡quién lo hubiera dicho!

her|schicken *vt* ① (*zu jdm schicken*) mandar (a alguien que vaya) (*zu* a); **schicken Sie ihn bitte gleich zu mir her!** ¡hágale venir en seguida! ② (*nachschicken*): **jdn hinter jdm/etw** *dat* ~ mandar a alguien que vaya a por alguien/algo

her|schieben *irr vt* arrimar empujando; **etw vor sich** *dat* ~ dejar algo para otro día

her|sehen *irr vi* ① (*in jds Richtung sehen*) mirar (en dirección) (*zu* a/hacia) ② (*nachsehen*): **hinter jdm/etw** *dat* ~ seguir a alguien/algo con la mirada

her|sein *irr vi sein* s. **her**

her|stammen *vi* ser (*aus* de), ser oriundo [*o* natural] (*aus* de); **wo stammst du her?** ¿de dónde eres (oriundo)?

her|stellen *vt* ① (*erzeugen*) producir, fabricar ② (*schaffen*) crear; (*Verbindung*) establecer ③ (*an einen Ort*) poner

Hersteller(in) *m(f)* <-s, -; -, -nen> productor(a) *m(f)*, fabricante *mf*; (*in Verlag*) encargado, -a *m, f* de la producción de libros

Herstellerfirma *f* <-, -firmen> (*empresa f*) fabricante *m*; **Herstellerhaftung** *f* <-, *ohne pl*> (WIRTSCH, JUR) responsabilidad *f* del fabricante

Herstellerin *f* <-, -nen> s. **Hersteller**

Herstellerleasing *nt* <-s, -s> (JUR, WIRTSCH) leasing *m* del productor; **Herstellerpflicht** *f* <-, -en> (JUR, WIRTSCH) deber *m* del productor; **Herstellerpreis** *m* <-es, -e> precio *m* de fábrica

Herstellung *f* <-, *ohne pl*> fabricación *f*, producción *f*; (*in Verlag*) producción *f* de libros; **serienmäßige** ~ producción en serie

Herstellungsanspruch *m* <-(e)s, -sprüche> (WIRTSCH, JUR) derecho *m* de producción; **sozialrechtlicher** ~ derecho de producción en derecho social; **Herstellungsaufwand** m <-(e)s, ohne pl> (WIRTSCH, FIN) coste m de fabricación; **Herstellungsfehler** m <-s, -> fallo m de fábrica, defecto m de fábrica; **Herstellungsgang** m <-(e)s, -gänge> (TECH, WIRTSCH) ciclo m de fabricación; **Herstellungsgarantie** f <-, -n> (WIRTSCH, JUR) garantía f de fabricación; **Herstellungsklage** f <-, -n> (JUR) demanda f de producción; **Herstellungskosten** pl costes mpl de fabricación, gastos mpl de producción; Erstattung der ~ reposición de los gastos de producción; **Herstellungsland** nt <-(e)s, -länder> país m productor; **Herstellungslizenz** f <-, -en> (WIRTSCH, JUR) licencia f de fabricación; **Herstellungsmuster** nt <-s, -> (TECH, WIRTSCH) muestra f de fabricación; **Herstellungsprozess**^RR m <-es, -e> (TECH, WIRTSCH) proceso m de fabricación

her|tragen irr vt ❶ (herbeitragen) traer (zu a/hacia (aquí))
❷ (entlangtragen): etw hinter/neben/vor jdm ~ llevar [o cargar con] algo detrás de/al lado de/delante de alguien

her|trauen vr: sich ~ atreverse a ir (zu hacia), atreverse a venir (zu hacia/a casa de); **komm doch, trau dich ruhig her, ich fress dich doch nicht!** ¡ven, no tengas miedo, que no como a nadie!

Hertz [hɛrts] nt <-, -> (PHYS) hertz m, hercio m

herüben [hɛˈry:bən] adv (südd, Österr: auf dieser Seite) aquí, en este lugar

herüber [hɛˈry:bɐ] adv hacia aquí, hacia acá

herüber|bitten irr vt pedir que venga (zu a/hacia); **gehen Sie mal an den Nachbartisch und bitten Sie die junge Dame zu uns herüber!** ¡acérquese a la mesa de al lado y pídale a la joven que venga a nuestra mesa!

herüber|bringen irr vt traer (zu a/hacia aquí); **würden Sie mir wohl bitte mal den Mantel ~?** ¿sería tan amable de traerme el abrigo?

herüber|dürfen irr vi (fam) poder ir (zu a)

herüber|fahren irr I. vi sein venir (en vehículo) (zu a/hacia)
II. vt haben traer aquí (en vehículo)

herüber|geben irr vt dar, pasar; **gib doch bitte mal den Braten (zu mir) herüber!** ¡pásame el asado, por favor!

herüber|holen vt ir a buscar; **er holte das Kind zu sich** dat **ins Arbeitszimmer herüber** fue a buscar al niño y se lo llevó a su estudio

herüber|kommen irr vi sein llegar (hasta aquí); (hierher gelangen) ir a parar (aquí) (zu hacia); **kommen Sie doch bitte mal (zu mir) herüber, ich muss Sie was fragen!** ¡haga el favor de venir, tengo que preguntarle algo!

herüber|lassen irr vt dejar pasar [o entrar] [o venir]

herüber|laufen irr vi sein venir corriendo (zu hacia aquí); **wer von euch zuerst zu mir herübergelaufen ist, hat gewonnen** el primero que llegue adonde yo estoy habrá ganado

herüber|reichen I. vi llegar hasta; **über den Zaun ~** sobrepasar la valla; **Nachbars Kirschbaum reicht bis in unseren Garten herüber** el cerezo de los vecinos invade nuestro jardín
II. vt (geh) s. herübergeben

herüber|retten vt s. hinüberretten

herüber|schicken vt mandar [o traer] aquí (zu hacia); **der Chef schickt mich (zu Ihnen) herüber** vengo (a verle) de parte del jefe

herüber|schwimmen irr vi sein venir nadando (zu hacia aquí, über por)

herüber|sehen irr vi mirar (zu en dirección a)

herüber|werfen irr vt lanzar [o tirar] (aquí) (zu en dirección a)

herüber|wollen irr vi (fam) querer venir (zu hacia aquí), querer pasar (über por)

herüber|ziehen irr vt llevarse (tirando) consigo [o con uno] (zu a); **sie zogen den Verwundeten zu sich** dat **in den Unterstand herüber** arrastraron al herido consigo al refugio subterráneo

herum [hɛˈrʊm] adv ❶ (rings) alrededor, en los alrededores; **um ... ~** alrededor de...; **die Gegend um Berlin ~** los alrededores de Berlín; **hier ~** por aquí; **links/rechts ~** por la izquierda/derecha; **anders ~** al revés, por el otro lado; **verkehrt ~** al revés, del revés, cabeza abajo; **~ sein** (fam: beendet) haberse terminado [o acabado]; (bekannt) ser de dominio público; **um jdn ~ sein** (fam) estar cerca de [o próximo a] alguien
❷ (fam: ziellos) por ahí
❸ (fam): **um ... ~** (ungefähr) alrededor de...; (Menge, Alter) aproximadamente, más o menos; (Uhrzeit) sobre, hacia; **so um die fünfzig Euro ~** unos cincuenta euros

herum|albern vi (fam) hacer el bobo, tontear

herum|ärgern vr: sich ~ (fam) enfadarse (mit con); (sich anstrengen) fastidiarse (mit con)

herum|bekommen* irr vt (fam: überreden) convencer, hacer cambiar de opinión

herum|blättern vi: in etw dat ~ hojear algo

herum|brüllen vi (fam) dar gritos, vociferar

herum|bummeln vi (fam) ❶ sein (spazieren) callejear, aplanar Arg, Chil, PRico

❷ (faulenzen) vagar, gandulear; **sie hat den ganzen Morgen nur herumgebummelt** anduvo gandulando toda la mañana por ahí

herum|doktern vi (fam) ❶ (zu kurieren versuchen): **an jdm ~** tratar de curar a alguien; **geh doch lieber zum Spezialisten, dein unfähiger Hausarzt hat lange genug an dir herumgedoktert** mejor será que vayas al especialista, tu incompetente médico de cabecera ya ha hecho demasiadas pruebas contigo
❷ (zu reparieren versuchen): **an etw** dat **~** tratar (infructuosamente) de reparar [o arreglar] algo

herum|drehen I. vi trastear; **nun dreh doch nicht dauernd am Radio herum** deja la radio tranquila de una vez
II. vt (wenden) dar vuelta(s) (a); (Kopf) volver; **jdm das Wort im Mund ~** dar la vuelta a las palabras de alguien; **den Schlüssel zweimal ~** dar dos vueltas a la llave
III. vr: sich ~ darse la vuelta; **sie drehten sich im Kreis herum** dieron vueltas

herum|drücken vr: sich ~ ❶ (fam: sich drücken) escaquearse (vor de)
❷ (abpassen) rondar, merodear; **er drückt sich vor meinem Haus herum** ronda mi casa

herum|drucksen vi (fam) andarse con rodeos

herum|erzählen* vt (fam) ir contando; **wir wollen im Mai heiraten, aber bitte erzähl das nicht gleich herum!** ¡queremos casarnos en mayo, pero, por favor, no lo vayas a contar en seguida por ahí!

herum|fahren irr I. vi sein ❶ (umfahren) dar la vuelta (um a); (um eine Ecke) doblar
❷ (fam: ziellos) dar una vuelta, pasear
❸ (sich umdrehen) volverse (de repente); **vor Schreck ~** volverse del susto
II. vt (fam: umherfahren) pasear (en coche) (in por)

herum|flegeln vr: sich ~ (fam abw) repanchi(n)garse, estar sentado de mala manera; **flegele dich nicht so auf dem Sofa herum!** ¡no te repanchigues así en el sofá!

herum|fragen vi (fam) preguntar por todas partes, preguntar a todo el mundo; **er hat ja herumgefragt und trotzdem nichts mitgekriegt** ha estado preguntando a todo el mundo y sigue sin enterarse de nada

herum|fuchteln vi (fam) gesticular; **mit etw** dat **~** no parar quieto con algo; **mit den Armen ~** bracear

herum|führen I. vi (Straße, Mauer) dar la vuelta (um alrededor de), rodear (um)
II. vt: **jdn ~** (als Führer) servir de guía a alguien, hacer de guía para alguien; **jdn in der Stadt ~** llevar a alguien por la ciudad; **jdn an der Nase ~** (fam) tomar el pelo a alguien

herum|fuhrwerken vi (fam): **mit etw** dat **~** manejar algo, manipular algo

herum|fummeln vi (fam) ❶ (handwerklich) hacer (unos) arreglos (an en); **hör bitte auf, an dem Gerät herumzufummeln, überlass diese Arbeit lieber einem Fachmann!** por favor, ¡deja ya de hacerte el manitas queriendo arreglar el aparato, mejor será que lo repare un profesional!
❷ (anfassen): **an etw** dat/jdm **~** sobar algo/a alguien; **Mutti, hör doch endlich auf, an meinen Haaren herumzufummeln!** ¡mamá, deja ya de sobarme el pelo!

herum|geben irr vt pasar, hacer circular; **eine Anwesenheitsliste ~** pasar una lista de asistencia

herum|gehen irr vi sein ❶ (herumspazieren) dar una vuelta (um por); (fam: ziellos) pasearse, ir por ahí; **ich gehe um den See herum** doy una vuelta por el lago; **das geht mir schon lange im Kopf herum** hace tiempo que esto me da vueltas en la cabeza
❷ (fam: Zeit) pasar
❸ (fam: Gerücht, Nachricht) circular, propagarse

herum|geistern [-ˈgaɪstɐn] vi sein (fam) andar pululando

herum|hacken vi (fam): **auf jdm ~** meterse con alguien, criticar constantemente a alguien

herum|hängen irr vi estar colgado, estar sin hacer nada; **in der Gegend ~** estar tirado por ahí

herum|horchen vi (fam) curiosear, escuchar aquí y allá

herum|huren vi (sl abw) tirarse (mit a); **lass lieber die Finger von Hildegard, die hurt doch mit jedem herum!** ¡mejor que te alejes de Hildegard, esa va por ahí tirándose a todos los tíos!

herum|irren vi sein errar, vagar

herum|kommandieren* vt (fam) mandonear

herum|kommen irr vi sein (fam) ❶ (reisen) viajar, correr mundo; **sie ist viel in der Welt herumgekommen** ha corrido mucho mundo
❷ (vermeiden können) poder evitar (um); **darum ~ etw zu tun** poder evitar hacer algo
❸ (umgehen): **um die Ecke ~** doblar la esquina

herum|kramen vi (fam) revolver por todas partes

herum|krebsen vi (fam) ir tirando (más mal que bien); **beruflich verbessert er sich nicht, sondern krebst nur so herum** a nivel laboral no mejora, sino que va tirando como puede

herum|kriegen *vt (fam)* ❶ *(Zeit)* pasar

❷ *(überreden)*: **jdn ~** convencer a alguien, persuadir a alguien

❸ *(verführen)* ligarse; **sie hat ihn gleich herumgekriegt** se lo ha ligado enseguida; **eine Frau ~** pasar a una por la piedra *vulg*

herum|kutschieren* *vt (fam)* dar una vuelta *(in* por*)*, llevar en coche *(in* por*)*

herum|laufen *irr vi sein* ❶ *(fam: ziellos)* correr de un lado para otro; *(spazieren gehen)* pasear, dar una vuelta *(por)*

❷ *(um etw)* dar una vuelta (corriendo) *(um* a*)*, correr *(um* alrededor de*)*; **so kannst du doch nicht ~!** ¡así no puedes andar por ahí!

herum|liegen *irr vi (fam)* ❶ *(Sache)* estar tirado

❷ *(Person)* estar tumbado

herum|lungern [-'-lʊŋən] *vi (fam)* haraganear, andar ocioso

herum|machen I. *vi (fam)* ❶ *(herumtasten)*: **an etw** *dat* **~** toquetear algo

❷ *(herumnörgeln)*: **an jdm/etw** *dat* **~** meterse con alguien/algo

II. *vt (fam)*: **etw um etw ~** poner algo alrededor de algo; **eine Schleife um das Geschenk ~** ponerle un lazo al regalo

herum|meckern *vi (fam)* quejarse por todo, poner reparos a todo; **ständig an allem ~** estar siempre criticándolo todo

herum|nörgeln *vi (fam)* meterse *(an* con*)*, poner reparos *(an* a*)*

herum|pröbeln [-'-prø:bəln] *vi (Schweiz: sich versuchen)* aventurarse *(an* con*)*, experimentar

herum|quälen *vr: sich ~ (fam)* ❶ *(sich qualvoll befassen)*: **sich mit jdm/etw** *dat* **~** tener que aguantar a alguien/romperse los cascos [*o* la cabeza] con algo

❷ *(qualvoll leiden)* atormentarse *(mit* con*)*

herum|rätseln *vi* discurrir, hacerse cábalas; **an etw** *dat* **~** dar vueltas a algo; **wir haben tagelang (daran) herumgerätselt, wer …** nos hemos pasado días enteros cavilando quién…; **es wird viel über die Ursache des Unfalls herumgerätselt** se han hecho muchas cábalas sobre las causas del accidente

herum|reden *vi (fam)* ❶ *(belangloses Zeug reden)* decir simplezas [*o* necedades]; **der redet nur so herum** no dice más que tonterías; **es war ein Scherz, ich habe nur so herumgeredet!** ¡era una broma, sólo hablaba por hablar!

❷ *(ausweichend reden)*: **um etw ~** hablar con rodeos de algo

herum|reichen *vt* hacer circular; *(Speisen)* ofrecer

herum|reisen *vi sein* ❶ *(auf Reisen sein)* viajar constantemente

❷ *(bereisen)* viajar; **in Südamerika ~** viajar por Sudamérica, recorrer Sudamérica

herum|reißen *irr vt* hacer una maniobra brusca (en sentido contrario) (con); **sie konnte das Lenkrad gerade noch ~** en el último momento pudo girar el volante

herum|reiten *irr vi sein (fam)* ❶ *(ziellos)* pasear a caballo

❷ *(auf etw bestehen)* emperrarse *(auf* en*)*, empecinarse *(auf* en*)*

herum|rennen *irr vi sein (fam)* ❶ *(umherrennen)* dar vueltas (corriendo) *(auf/in* por/en*)*; **die Kinder rannten auf dem Schulhof herum** los niños correteaban por el patio de la escuela

❷ *(umkreisen)*: **um etw ~** dar una vuelta corriendo a algo, correr alrededor de algo

herum|scharwenzeln* *vi sein (fam abw)*: **um jdn ~** hacerle la pelota a alguien

herum|schlagen *irr vr (fam)*: **sich mit jdm/etw** *dat* **~** luchar con alguien/algo

herum|schleppen *vt (fam: Sachen, Person)* llevar, arrastrar; **jdn in der ganzen Stadt ~** llevar a alguien por toda la ciudad; **etw mit sich** *dat* **~** llevar algo a cuestas; *(Problem)* andar preocupado con algo

herum|schnüffeln *vi (fam abw)* husmear, hurguetear *Am;* **im Haus ~** husmear por la casa

herum|schreien *irr vi sein (fam)* pegar gritos; **warum schreist du hier so laut herum?** ¿por qué vas dando esos gritos?

herum|sein *irr vi sein s.* **herum 1.**

herum|sitzen *irr vi* ❶ *(fam: untätig dasitzen)* estar (sentado) sin hacer nada

❷ *(im Kreis sitzen)*: **um jdn/etw ~** estar sentado alrededor de alguien/algo

herum|spielen *vi*: **mit etw** *dat* **~** andar jugueteando con algo

herum|sprechen *irr vr: sich ~ (Nachricht)* divulgarse

herum|springen *irr vi sein (fam)* saltar, brincar *(um* alrededor de*)*

herum|spuken I. *vi* trasguear; **ihm spukt die Idee noch immer im Kopf herum** esta idea aún le ronda por la cabeza

II. *vunpers*: **es spukt im Haus herum** hay fantasmas en la casa

herum|stehen *irr vi (fam)* estar por ahí *(um* alrededor de*)*; **in der Küche stehen überall Flaschen herum** en la cocina hay botellas por todas partes; **um jdn ~** rodear a alguien

herum|stöbern *vi (fam)*: **in etw** *dat* **~** revolver algo, rebuscar en algo

herum|stochern *vi (fam)*: **in etw** *dat* **~** hurgar en algo; **in den Zähnen ~** escarbar en los dientes; **im Essen ~** comer sin apetito; **in jds Vergangenheit ~** *(fig)* escarbar en el pasado de alguien

herum|stoßen *irr vt* mandar de un sitio para otro; **er wurde in seiner Jugend viel herumgestoßen** en su niñez le llevaron de aquí para allá

herum|streiten *irr vr: sich ~ (fam)* andar (constantemente) a la greña *(mit* con*)*; **ich will mich jetzt gar nicht mit dir ~, du darfst nicht gehen, damit basta** no quiero discutir ahora contigo, no puedes ir y punto [*o* y se acabó]

herum|streunen *vi sein (abw)* andar vagabundeando; **~de Hunde fanden bei ihr ein neues Zuhause** los perros vagabundos encontraron un nuevo hogar en su casa

herum|suchen *vi (fam)* rebuscar, buscar por todas partes; **ich habe schon überall herumgesucht** ya he rebuscado por todas partes

herum|tanzen *vi (fam)* bailar *(um* alrededor de*)*; **jdm auf der Nase ~** manejar a alguien a su antojo

herum|toben *vi (fam)* ❶ *sein o haben (ausgelassen spielen)* retozar; *(lauter)* alborotar; **die Kinder tobten im Zimmer herum** los niños retozaban [*o* armaban alboroto] en la habitación

❷ *haben (schimpfen)* hacer ruido y bramar; **hörst du den Lärm? unser Nachbar tobt wieder herum** ¿oyes el ruido? nuestro vecino la está armando de nuevo

herum|tragen *irr vt (fam)* ❶ *(bei sich tragen)*: **etw mit sich** *dat* **~** llevar algo (siempre) consigo

❷ *(abw: weitererzählen)* divulgar, contar a otros

herum|trampeln *vi sein (fam a. fig)* pisotear *(auf)*; **jdm auf dem Kopf ~** *(fig)* volver loco a alguien, poner de los nervios a alguien; **auf jdm ~** pisotear a alguien; **auf jds Nerven/Gefühlen ~** destrozar los nervios/pisotear los sentimientos de alguien

herum|treiben *irr vr: sich ~ (fam abw)* vagabundear; *(auf der Straße)* callejear; **wo hast du dich wieder herumgetrieben?** ¿por dónde te has metido?

Herum|treiber(in) *m(f)* <-s, -; -, -nen> *(fam)* vagabundo, -a *m, f,* merodeador(a) *m(f)*

herum|trödeln *vi (fam)* ❶ *(herumschlendern)* andar por ahí

❷ *(langsam sein)* perder el tiempo; **wenn ihr nicht immer so ~ würdet, wären wir schon längst fertig** si no perdierais tanto el tiempo, ya habríamos terminado hace tiempo

❸ *(nichts tun)* rascarse la barriga, mirar a las musarañas; **ich habe den ganzen Morgen nur herumgetrödelt** me ha pasado toda la mañana tumbado a al bartola; **wenn du weiterhin so herumtrödelst, wirst du es zu nichts bringen** si sigues sin dar palo, no llegarás a nada

herum|turnen *vi sein (fam)* (saltar y) hacer el indio *(auf/in* encima de*)*

herum|werfen *irr vt* ❶ *(Dinge)* desparramar

❷ *(Kopf)* volver; **das Ruder/Steuer ~** dar un golpe de timón/de volante

herum|wickeln *vt* envolver *(um* alrededor de*)*; **die Kordel um das Paket ~** atar el paquete con el cordel

herum|wieseln *vi sein (fam)* estar atareado; **um jdn ~** trajinar alrededor de alguien; **ich weiß nicht wo er ist, irgendwo wird er wieder ~** no sé dónde está, por ahí andará trajinando otra vez; **ich kann Restaurants nicht leiden, wo ständig Kellner um einen ~** no soporto los restaurantes donde los camareros no paran de dar vueltas a tu alrededor sirviéndote

herum|wühlen *vi (fam)* revolver *(in* en*)*

herum|zeigen *vt (fam)* enseñar a todo el mundo, lucir; **etw überall ~** ir enseñando algo por todas partes; **etw/jdn voller Stolz ~** ir presumiendo de algo/de alguien, ir luciendo algo/a alguien

herum|ziehen *irr* I. *vi sein (fam: ziellos)* vagar, vagabundear; **in der Welt ~** vagar por el mundo

II. *vr: sich ~ (begrenzen)* extenderse *(um* alrededor de*)*, rodear *(um)*

herunten [hɛˈrʊntən] *adv (südd, Österr: hier unten)* aquí abajo

herunter [hɛˈrʊntɐ] *adv* (hacia) abajo; **den Berg ~** monte abajo; **~ sein** *(fam: Jalousie)* estar bajado; *(Fieber)* haber bajado; **bist du wohl bald vom Baum ~!** *(fam)* ¡a ver si bajas de una vez del árbol!

herunter|bekommen* *vt (fam)* ❶ *(schlucken können)* poder tragar

❷ *(entfernen können)* poder quitar

❸ *(heruntertransportieren können)* poder bajar

herunter|berichtigen *vt* corregir redondeando hacia abajo

herunter|brennen *irr vi* ❶ *sein (Kerze)* quemarse, consumirse

❷ *(Sonne)* caer de plano *(auf* en*)*

herunter|bringen *irr vt* ❶ *(Gegenstand)* bajar

❷ *(fam: ruinieren)* arruinar

herunter|drücken *vt* ❶ *(Hebel, Taste)* oprimir

❷ *(fam: Preise, Niveau)* rebajar

herunter|fahren *irr* I. *vi sein* bajar, descender *(de un vehículo)*

II. *vt (nach unten bringen)* bajar, descender

❷ *(Maschine)* parar

herunter|fallen *irr vi sein* caerse

herunter|geben *irr vt* pasar (hacia abajo); **der Meister gab seinem Lehrling den Eimer herunter** el jefe le pasó el cubo al aprendiz

herunter|gehen *irr vi sein* (*a. Preis, Temperatur*) bajar; **er ging die Treppe herunter** bajó la escalera
heruntergekommen *adj* (*fam*) venido a menos
herunter|handeln *vt* (*fam*) regatear
herunter|hängen *irr vi* (*Lampe, Haare*) colgar
herunter|hauen <haut herunter, haute *o* hieb herunter, heruntergehauen> *vi* (*fam*) sacudir, arrear; **jdm eine ~** soltar a alguien un sopapo
herunter|holen *vt* bajar; (MIL: *Flugzeug*) derribar
herunter|klappen *vt* plegar hacia abajo
herunter|klettern *vi sein* bajar (*von* de); **kletterst du wohl sofort (vom Apfelbaum) herunter!** ¡haces el favor de bajar en seguida (del manzano)!
herunter|kommen *irr vi sein* ❶ (*nach unten kommen*) bajar
❷ (*fam: verwahrlosen*) venir a menos, decaer; (*Person*) envilecerse, hundirse; (*Gesundheit*) deteriorarse
herunter|können *irr vi* (*fam*) poder bajar (*von* de)
herunter|kriegen *vt* (*fam*) *s.* **herunterbekommen**
herunter|kurbeln *vt* bajar (con una manilla); **das Autofenster ~** bajar la ventanilla del coche
herunter|laden *irr vt* (INFOR) descargar, bajar
herunter|lassen *irr* I. *vt* ❶ (*abseilen*) bajar con una cuerda; **langsam ließ er die Kiste aus dem Hubschrauber herunter** fue desColgando despacio la caja desde el helicóptero
❷ (*Jalousie*) bajar
II. *vr*: **sich ~** bajar atado (*an* a), descolgarse (*an* con)
herunter|laufen *irr vi sein* (*Person*) bajar corriendo
herunter|leiern *vt* (*fam abw*) soltar un rollo; **eine Rede auswendig ~** soltar un discurso de memoria
herunter|machen *vt* (*fam: kritisieren*) criticar; (*schlecht machen*) difamar; **jdn ~** dejar a alguien como un trapo
herunter|nehmen *irr vt* quitar (*von* de)
herunter|purzeln *vi sein* (*fam*) caer (de lo alto)
herunter|putzen *vt* (*fam*) *s.* **heruntermachen**
herunter|rasseln *vt* (*fam*) decir de corrido
herunter|reichen I. *vi* llegar (*bis zu* hasta); **der Zweig reichte fast auf den Boden herunter** la rama llegaba casi hasta el suelo
II. *vt* pasar (hacia abajo); **ich reiche dir jetzt das Bild herunter** ahora te paso el cuadro
herunter|reißen *irr vt* arrancar, desprender
herunter|schalten *vi* (AUTO) cambiar, bajar (*in* a)
herunter|schießen *irr vt* (*Vogel*) abatir a tiros; (*Flugzeug*) derribar
herunter|schlucken *vt* (*fam*) ❶ (*Bissen*) tragar
❷ (*Ärger, Wut*) tragarse
herunter|schrauben *vt* ❶ (*Deckel*) destornillar
❷ (*Niveau*) rebajar; (*Ansprüche*) reducir
herunter|sehen *irr vi* mirar (hacia) abajo; **an jdn ~** mirar a alguien de arriba abajo; **auf jdn ~** mirar a alguien por encima del hombro
herunter|sein *irr vi sein* (*fam*) *s.* **herunter**
herunter|setzen *vt* bajar
herunter|springen *irr vi sein* saltar (*von* de); (*aus großer Höhe*) tirarse (*von* de)
herunter|steigen *irr vi sein* bajar, descender (*von* de)
herunter|stufen *vt* (*Gehaltsgruppe*) bajar el sueldo
herunter|stürzen I. *vi sein* ❶ (*herunterfallen*) caerse
❷ (*fam: hereinereilen*) bajar a toda prisa
II. *vt* ❶ (*herunterwerfen*) derribar
❷ (*fam: trinken*) beber de un trago
herunter|werfen *irr vt* tirar abajo
herunter|wirtschaften *vt* (*fam abw: Firma, Staat*) arruinar (económicamente)
herunter|wollen *irr vi* (*fam*) querer bajar (*von* de); **er wollte zu ihr herunter** quería bajar adonde estaba ella
herunter|ziehen *irr vt* tirar hacia abajo, bajar tirando
hervor [hɛɐ̯ˈfoːɐ̯] *adv* (*geh*) hacia delante; (*heraus*) fuera
hervor|bringen *irr vt* ❶ (*erzeugen*) producir
❷ (*Wort*) decir; (*Melodie*) tocar
hervor|gehen *irr vi sein* (*geh: sich ergeben*) deducirse (*aus* de), desprenderse (*aus* de); **sie ging als Siegerin aus dem Wettkampf hervor** resultó vencedora en el campeonato
hervor|gucken *vi* (*fam*) salir, sobresalir; **der Unterrock guckt unter dem Kleid hervor** la enagua sobresale por debajo del vestido; **das Hemd guckt aus der Hose hervor** la camisa sobresale del pantalón; **das Kind guckt hinter seiner Mutter hervor** el niño se asoma por detrás de su madre
hervor|heben *irr vt* poner de relieve, realzar
Hervorhebung *f* <-, -en> (*a.* INFOR) resalte *m*
hervor|holen *vt* sacar (*aus* de)
hervor|kehren *vt* (*geh*) presumir (de), hacer alarde (de); **er kehrt gern den Chef hervor** le gusta hacer alarde de su condición de jefe
hervor|kommen *irr vi sein* salir; **unter dem Tisch ~** salir de debajo de la mesa
hervor|locken *vt* hacer salir
hervor|ragen *vi* ❶ (*räumlich*) sobresalir, resaltar
❷ (*Person*) distinguirse (*durch* por)
hervorragend *adj* ❶ (*räumlich*) saliente
❷ (*ausgezeichnet*) excelente, fabuloso
hervor|rufen *irr vt* (*bewirken*) provocar, dar lugar (a); (*Bewunderung, Eindruck*) causar; (*Streit, Protest*) promover; **seine Bemerkung rief große Heiterkeit hervor** su observación provocó mucha risa
hervor|sehen *irr vi* asomar; **dein Rock sieht unter dem Mantel hervor** te asoma la falda por debajo del abrigo
hervor|springen *irr vi sein* ❶ (*hervorkommen*) salir de repente (*hinter* de detrás de)
❷ (*hervorragen*) sobresalir, resaltar
hervor|stechen *irr vi* destacar, llamar la atención
hervor|stehen *irr vi* sobresalir
hervor|stoßen *irr vt* proferir, lanzar
hervor|treten *irr vi sein* ❶ (*heraustreten*) salir (*hinter* de detrás de)
❷ (*Kontraste*) destacarse; (*Umrisse*) dibujarse; (*Ader*) marcarse; **~de Augen** ojos saltones
hervor|tun *irr vr*: **sich ~** ❶ (*durch Leistung*) distinguirse
❷ (*angeben*) darse importancia (*mit* con)
hervor|wagen *vr*: **sich ~** atreverse a salir
hervor|zaubern *vt* sacar por sorpresa [*o* de repente] (*aus* de)
hervor|ziehen *irr vt* sacar
her|wagen *vr*: **sich ~** atreverse a venir aquí
Herweg *m* <-(e)s, -e> camino *m* hacia aquí
Herz¹ [hɛrts] *nt* <-ens, -en> ❶ (*Organ*) corazón *m*; (*Seele*) alma *f*; **im Grunde seines ~ens** en el fondo de su corazón; **von ~en gern** con mil amores; **mir blutet das ~** se me parte el corazón; **ich tue es leichten ~ens** lo haré con mucho gusto; **schweren ~ens** sintiéndolo en el alma, con el corazón dolorido; **das ~ schlägt ihm bis zum Halse** tiene el corazón en un puño; **ein ~ und eine Seele sein** ser uña y carne; **ein ~ aus Stein haben** tener un corazón de piedra; **ein gutes/goldenes ~ haben** tener un gran corazón/un corazón de oro; **sich** *dat* **etw zu ~en nehmen** tomarse algo a pecho; **etw nicht über's ~ bringen** no ser capaz de algo, no tener el coraje (*o* el valor) para algo; **ihm geht das Schicksal der Frau zu ~en** le llega al alma el destino de la mujer; **etw auf dem ~en haben** estar afligido por algo; **etw auf ~ und Nieren prüfen** (*fam*) examinar algo detenidamente; **jdm sein ~ ausschütten** abrir el corazón a alguien; **jdm das ~ brechen** (*geh*) partir el corazón [*o* el alma] a alguien; **aus ganzem ~en** de todo corazón; **Hand aufs ~** con el corazón en la mano; **mir ist ein Stein vom ~en gefallen** se me quitó un peso de encima; **ihr wurde warm ums ~** se emocionó; **mir fällt das ~ in die Hose** (*fam*) se me cae el alma a los pies; **sich** *dat* **ein ~ fassen** hacer de tripas corazón; **jdm etw ans ~ legen** entregar algo al cuidado personal de alguien; **jdm am ~en liegen** ser muy importante para alguien; **jdn ins ~ schließen** cogerle cariño a alguien; **aus seinem ~en keine Mördergrube machen** llevar el corazón en la mano; **alles, was das ~ begehrt** todo lo que se pueda desear; **er hat ein ~ für Tiere/Kinder** le gustan los animales/los niños; **haben Sie doch ein ~!** ¡tenga compasión!
❷ (*Zentrum*) corazón *m*, centro *m*; (*Inneres*) núcleo *m*; **sie stießen zum ~en des Kontinents vor** avanzaron hasta el corazón del continente; **verwenden Sie nur das ~ der Artischocke** utilice solamente el corazón de la alcachofa
❸ (*~form*) forma *f* de corazón, figura *f* de corazón
Herz² *nt* <-ens, -> (*Kartenspiel*) corazones *mpl*, ≈copas *fpl*; **~ ist Trumpf** pinta en copas
herzallerliebst *adj*: **ist dieses Baby nicht ~?** ¿no es este bebé un verdadero encanto?; **mein ~er Schatz!** ¡cariño mío del alma!
Herzallerliebste(r) *mf* <-n, -n; -n, -n> querido, -a *m, f*, cariño *m*; **wie geht es meiner ~n?** ¿cómo está el cariño de mi alma?; **Herzanfall** *m* <-(e)s, -fälle> (MED) ataque *m* cardíaco [*o* al corazón]; **Herzbeschwerden** *fpl* trastornos *mpl* cardíacos [*o* de corazón]; **Herzbeutel** *m* <-s, -> (ANAT) pericardio *m*
herzbewegend *adj* conmovedor
Herzblatt *nt* <-(e)s, -blätter> ❶ (BOT) hoja *f* de retoño; (*bei Salat*) cogollo *m*
❷ (*fam: Schatz*) cariño *m*, tesoro *m*
Herzblut *nt*: **jd gäbe sein ~ für jdn hin** (*geh*) alguien daría el alma por alguien; **etw mit seinem ~ schreiben** (*geh*) escribir algo con el corazón en la mano; **Herzbube** *m* <-n, -n> sota *f* de corazones
Herzchen *nt* <-s, -> ❶ (*fam: Schatz*): **komm, mein ~!** ¡ven, corazón mío!
❷ (*abw: naiver Mensch*) inocente *m*; **was bist du mir für ein ~!** ¡pero mira que eres inocente!

Herzchirurg(in) *m(f)* <-en, -en; -, -nen> cardiocirujano, -a *m, f*; **Herzchirurgie** *f* <-, *ohne pl*> cirugía *f* cardíaca; **Herzchirurgin** *f* <-, -nen> *s.* Herzchirurg; **Herzdame** *f* <-, -n> dama *f* de corazones

her|zeigen *vt (fam)* dejar ver, mostrar; **zeig mir doch mal deine neuen Schuhe her** déjame ver tus zapatos nuevos

herzen ['hɛrtsən] *vt (geh)* acariciar, mimar

Herzensangelegenheit *f* <-, -en> ❶ (*wichtiges Anliegen*) cuestión *f* importante; **es ist mir eine ~, es ihm selber zu sagen** para mí es muy importante decírselo personalmente ❷ (*Liebesangelegenheit*) asunto *m* del corazón; **Herzensbedürfnis** *nt*: **jdm ein ~ sein** ser un asunto de gran importancia para alguien; **Herzensbildung** *f* <-, *ohne pl*> (*geh*) tacto *m*, sensibilidad *f*; **Herzensbrecher(in)** *m(f)* <-s, -; -, -nen> rompecorazones *mf inv*

herzensgut ['--'-] *adj (fam)* muy bondadoso, de gran corazón

Herzensgüte *f* <-, *ohne pl*> (*geh*) bondad *f* de corazón, buen corazón *m*; **Herzenslust** *f* <-, *ohne pl*>: **nach ~** a pedir de boca, a placer; **Herzenswunsch** *m* <-es, -wünsche> sueño *m* dorado

herzergreifend *adj* conmovedor, emocionante

herzerweichend *adj* conmovedor

Herzfehler *m* <-s, -> lesión *f* cardíaca; **Herzflattern** *nt* <-s, *ohne pl*> aleteo *m* cardíaco [*o* del corazón]; **plötzlich bekam sie heftiges ~ de** repente le empezó a palpitar el corazón muy rápidamente; **Herzflimmern** *nt* <-s, *ohne pl*> (MED) fibrilación *f* (cardíaca)

herzförmig *adj* en forma de corazón, cordiforme; **dieser Baum hat ~e Blätter** este árbol tiene hojas cordiformes

Herzfrequenz *f* <-, -en> (MED) frecuencia *f* cardíaca; **Herzgeräusche** *ntpl* (MED) soplo *m* cardíaco

herzhaft *adj (a.* GASTR: *kräftig)* fuerte; *(deftig)* sabroso; **~ lachen** reírse con ganas

her|ziehen *irr* I. *vi sein* ❶ (*umziehen*) venirse a vivir aquí
❷ (*gehen*): **hinter/vor/neben jdm/etw** *dat* ~ marchar [*o* ir] detrás de/delante de/al lado de alguien/algo
❸ (*reden über*): **über jdn ~** hablar mal de alguien
II. *vt (fam: heranziehen)* acercar *(zu* a); **etw hinter sich** *dat* **~** arrastrar algo detrás de sí

herzig ['hɛrtsɪç] *adj* mono, rico

Herzinfarkt *m* <-(e)s, -e> infarto *m* de miocardio; **Herzinsuffizienz** *f* <-, -en> (MED) insuficiencia *f* cardíaca; **Herzjagen** *nt* <-s, *ohne pl*> (MED) taquicardia *f*; **Herzkammer** *f* <-, -n> ventrículo *m* (del corazón); **Herzkirsche** *f* <-, -n> (BOT) cereza *f* garrafal

Herzklappe *f* <-, -n> válvula *f* del corazón; **künstliche ~** válvula artificial del corazón; **Herzklappenfehler** *m* <-s, -> (MED) lesión *f* valvular

Herzklopfen *nt* <-s, *ohne pl*> latido *m* del corazón, palpitaciones *fpl*; **~ haben** sentir palpitaciones; **Herzkönig** *m* <-s, -e> rey *m* de corazones

herzkrank *adj* enfermo del corazón

Herzkrankheit *f* <-, -en> enfermedad *f* cardíaca, cardiopatía *f*; **Herzkranzgefäß** *nt* <-es, -e> vaso *m* coronario

Herz-Kreislauf-Erkrankung *f* <-, -en> (MED) enfermedad *f* cardiovascular; **Herz-Kreislauf-System** *nt* <-s, -e> (MED) sistema *m* cardiocirculatorio

Herzleiden *nt* <-s, -> (MED) enfermedad *f* cardíaca

herzlich I. *adj (liebevoll)* afectuoso, cariñoso; (*Gruß*) cordial; **~e Grüße von ...** saludos cordiales de...; **~en Dank** muchísimas gracias
II. *adv* de todo corazón; **~ willkommen!** ¡bienvenido!; **~ gern!** ¡con mucho gusto!; **das ist ja ~ wenig** es bastante poco

Herzlichkeit *f* <-, *ohne pl*> cordialidad *f*, cariño *m*

herzlos *adj* sin corazón; (*grausam*) cruel

Herzlosigkeit *f* <-, *ohne pl*> insensibilidad *f*; (*Grausamkeit*) crueldad *f*

Herz-Lungen-Maschine *f* <-, -n> (MED) corazón-pulmón *m* artificial, máquina *f* cardiopulmonar

Herzmassage *f* <-, -n> (MED) masaje *m* cardíaco; **Herzmittel** *nt* <-s, -> (MED: *fam*) cardiotónico *m*; **Herzmuskel** *m* <-s, -n> miocardio *m*

Herzog(in) ['hɛrtso:k] *m(f)* <-s, -zöge; -, -nen> duque(sa) *m(f)*

herzoglich ['hɛrtso:klɪç] *adj* ducal; **über dem Tor prangt das ~e Wappen** sobre la puerta luce el blasón ducal

Herzogtum *nt* <-s, -tümer> ducado *m*

Herzpatient(in) *m(f)* <-en, -en; -, -nen> (MED) enfermo, -a *m, f* del corazón; **viele ~en warten auf ein Spenderherz** muchos cardiópatas esperan la donación de un corazón; **Herzrasen** *nt* <-s, *ohne pl* (*fam*) taquicardia *f*

Herzrhythmus *m* <-, -rhythmen> (MED) ritmo *m* cardíaco; **Herzrhythmusstörung** *f* <-, -en> (MED) arritmia *f* cardíaca

Herzschlag *m* <-(e)s, -schläge> ❶ (*einzelner Schlag*) latido *m* cardíaco [*o* del corazón] ❷ (*Herzstillstand*) ataque *m* cardíaco; **Herzschrittmacher** *m* <-s, -> (MED) marcapasos *m inv*; **Herzschwäche** *f* <-, -n> (MED) insuficiencia *f* cardíaca; **Herzspezialist(in)** *m(f)* <-en, -en; -, -nen> (MED) cardiólogo, -a *m, f*

herzstärkend I. *adj* cardiotónico
II. *adv*: **dieses Präparat wirkt ~** este preparado tiene efectos cardiotónicos

Herzstiche *mpl* puntadas *fpl* en el corazón, punzadas *fpl* en el corazón; **Herzstillstand** *m* <-(e)s, *ohne pl*> (MED) paro *m* cardíaco

Herzstück *nt* <-(e)s, -e> parte *f* central, corazón *m*

Herztätigkeit *f* <-, *ohne pl*> (MED) acción *f* cardíaca; **Herztod** *m* <-(e)s, -e> (MED) muerte *f* cardíaca; **Herzton** *m* <-(e)s, -töne> (MED) ruido *m* cardíaco, sonido *m* cardíaco; **Herztransplantation** *f* <-, -en> tra(n)splante *m* de corazón; **Herzversagen** *nt* <-s, *ohne pl*> fallo *m* cardíaco

herzzerreißend I. *adj* desgarrador
II. *adv* que le parte a uno el corazón; **er weinte ~** lloraba tanto que se le partía a uno el corazón

Hesse, -in ['hɛsə] *m, f* <-n, -n; -, -nen> habitante *m* de Hesse

Hessen *nt* <-s> Hesse *f*

Hessin *f* <-, -nen> *s.* **Hesse**

hessisch *adj* de Hesse

heterogen [hetero'ge:n] *adj* heterogéneo

Heterogenität [heterogeni'tɛːt] *f* <-, *ohne pl*> heterogeneidad *f*

Heterosexualität *f* <-, *ohne pl*> heterosexualidad *f*

heterosexuell [hetero zɛksu'ɛl, heterosɛksu'ɛl] *adj* heterosexual

heterotroph [hetero'tro:f] *adj* (BIOL) heterótrofo

Het(h)iter(in) [hɛ'tiːtɐ] *m(f)* <-s, -; -, -nen> (HIST) hitita *mf*

Hetzblatt *nt* <-(e)s, -blätter> (*abw: Zeitung*) periódico *m* demagógico; (*Zeitschrift*) revista *f* demagógica

Hetze ['hɛtsə] *f* <-, *ohne pl*> ❶ (*Eile*) prisa *f* ❷ (*abw: Hetzkampagne*) campaña *f* de difamación

hetzen ['hɛtsən] I. *vi* ❶ *sein* (*sich beeilen*) darse prisa, apurarse
❷ (*abw: aufwiegeln*) agitar los ánimos (*gegen* contra)
II. *vt* ❶ (*jagen*) acosar, perseguir, ajotar *MAm, Ant*
❷ (*antreiben*) meter prisa
III. *vr*: **sich** ~ darse prisa, apurarse

Hetzer(in) ['hɛtsɐ] *m(f)* <-s, -; -, -nen> (*abw*) agitador(a) *m(f)*, provocador(a) *m(f)*

Hetzerei¹ *f* <-, -en> (*fam abw: Hetzreden*) instigación *f*, difamación *f*

Hetzerei² *f* <-, *ohne pl*> (*Eile*) prisas *fpl*; **diese ständige ~ macht mich noch ganz krank** estas prisas continuas me matan

Hetzerin *f* <-, -nen> *s.* **Hetzer**

hetzerisch *adj* difamador

Hetzjagd *f* <-, -en> ❶ (*Verfolgung*) persecución *f* ❷ (*Jagd*) caza *f* de acoso ❸ (*große Eile*) prisas *fpl*; **Hetzkampagne** *f* <-, -n> campaña *f* difamatoria

Heu [hɔy] *nt* <-(e)s, *ohne pl*> heno *m*; **~ machen** henificar; **Geld wie ~ haben** (*fam*) estar forrado de dinero; **sie haben ihr ~ nicht auf derselben Bühne** (*Schweiz*) no son de la misma opinión

Heuboden *m* <-s, -böden> (AGR) henil *m*

Heuchelei [hɔyçəˈlaɪ] *f* <-, -en> (*abw*) hipocresía *f*, fallutería *Arg, Urug: fam*; (*Scheinheiligkeit*) mojigatería *f*

heucheln ['hɔyçəln] *vi, vt* simular, fingir

Heuchler(in) ['hɔyçlɐ] *m(f)* <-s, -; -, -nen> hipócrita *mf*; (*Scheinheiliger*) mojigato, -a *m, f*

heuchlerisch *adj* hipócrita, falluto *Arg, Urug: fam*

heuen ['hɔyən] *vi* (AGR: *reg*) henificar, hacer heno; **wir waren den ganzen Tag beim H~** estuvimos todo el día haciendo heno

heuer ['hɔyɐ] *adv* (*Schweiz, Österr, südd*) este año

Heuer ['hɔyɐ] *f* <-, -n> (NAUT) paga *f* de los marineros

Heuernte *f* <-, -n> ❶ (*das Ernten*) henificación *f* ❷ (*geerntetes Heu*) heno *m*; **Heugabel** *f* <-, -n> horca *f*, horcón *m*; (*aus Holz*) bieldo *m*; **Heuhaufen** *m* <-s, -> montón *m* de heno

Heuloje *f* <-, -n> (NAUT) baliza *f* acústica

heulen ['hɔylən] *vi* ❶ (*fam: weinen*) llorar; **ich könnte ~ vor Wut** podría llorar de rabia
❷ (*Tier, Motor, Sirene, Wind*) aullar

Heuler *m* <-s, -> ❶ (ZOOL) cría *f* de foca, foca *f* joven
❷ (*Wend*): **das ist ja der letzte ~!** (*fam: unerhört*) ¡(esto) es la hostia (de increíble)!; (*klasse*) ¡(esto) es una pasada de guay!

Heulsuse ['hɔylzuːzə] *f* <-, -n> (*fam abw*) llorona *f*; **Heulton** *m* <-(e)s, -töne> aullido *m*; (*einer Sirene*) sirena *f*

heurig ['hɔyrɪç] *adj* (*Österr*) de este año

Heurige(r) ['hɔyrɪgə] *m* <-n, -n> (*Österr: neuer Wein*) vino *m* joven [*o* de la última cosecha]

Heuschnupfen *m* <-s, -> fiebre *f* del heno, alergia *f* al polen; **Heuschober** *m* <-s, -> (*südd, Österr, Schweiz*) almiar *m* grande; **Heuschrecke** ['hɔyʃrɛkə] *f* <-, -n> saltamontes *m inv*, langosta *f*; **Heustadel** *m* <-s, -> (*südd, Österr, Schweiz*) henal *m*, henil *m*

heut *adv* (*fam*) hoy

heute ['hɔytə] *adv* hoy; (*heutzutage*) hoy (en) día; **~ Morgen** [*o* **früh**]/ **Abend** esta mañana/noche; **~ Nacht habe ich schlecht geträumt** anoche tuve pesadillas; **~ Nacht soll es regnen** dicen que esta noche va a llover; **hast du die Zeitung von ~?** ¿tienes el periódico de hoy?;

heutig Schluss für ~ basta por hoy; ~ **vor acht Tagen** hace ocho días; **von auf morgen** de la noche a la mañana; **lieber ~ als morgen** mejor hoy que mañana; **die Jugend von ~** la juventud de hoy; **er hat sich bis ~ nicht wieder gemeldet** hasta ahora no ha vuelto a llamar [o a dar noticias de sí]; **was du ~ kannst besorgen, das verschiebe nicht auf morgen** (prov) no dejes para mañana lo que puedas hacer hoy

heutig ['hɔɪtɪç] adj de hoy; (gegenwärtig) actual; **unser ~es Schreiben** nuestra carta de hoy; **am ~en Tag** en el día de hoy; **am ~en Abend** esta noche; **die ~e Zeitung** el periódico de hoy; **in der ~en Zeit** en nuestros tiempos; **mit dem ~en Datum** con fecha de hoy

heutzutage ['hɔɪtsutaːgə] adv hoy (en) día

Heuwender m <-s, -> (AGR) tractor m cargado de heno; **Heuwender** m <-s, -> (AGR) henificadora f

Hexachlorbenzol [hɛksaˈkloːɛbɛntsoːl] nt <-s, ohne pl> (CHEM) hexaclorobenzol m

Hexadezimalsystem [hɛksadetsiˈmaːlzʏsteːm] nt <-s, ohne pl> (INFOR, MATH) sistema m hexadecimal; **Hexadezimalzahl** f <-, -en> (INFOR, MATH) número m hexadecimal

Hexaeder [hɛksaˈʔeːdɐ] nt <-s, -> (MATH: Würfel) hexaedro m

hexagonal [hɛksagoˈnaːl] adj (MATH: sechseckig) hexagonal

Hexameter [hɛksaˈmeːtɐ] m <-s, -> (LIT) hexámetro m

Hexe ['hɛksə] f <-, -n> bruja f

hexen ['hɛksən] vi hacer brujerías; **ich kann doch nicht ~** (fam) no puedo hacer milagros

Hexenhäuschen nt <-s, -> (GASTR) figura de pan de especias que representa una casa; **zu Weihnachten wünsche ich mir ein ~** estas Navidades quiero que me traigan una casita de chocolate; **Hexenjagd** f <-, -en> (abw) caza f de brujas; **Hexenkessel** m <-s, -> infierno m; **das Stadion war ein wahrer ~** el estadio era un auténtico infierno; **Hexenmeister** m <-s, -> (alt) hechicero m; **Hexenprozess**^RR m <-es, -e> (HIST) proceso m contra las brujas; **Hexenschuss**^RR m <-es, ohne pl> (fam) lumbago m; **Hexenverbrennung** f <-, -en> (HIST) quema f de brujas; **Hexenwahn** m <-(e)s, ohne pl> (HIST) obsesión f por creer erróneamente en la existencia de brujas

Hexer m <-s, -> brujo m

Hexerei f <-, -en> brujería f, payé m CSur

hg. Abk. von **herausgegeben** ed.

Hg (CHEM) Abk. von **Hydrargyrum** Hg

Hg. Abk. von **Herausgeber(in)** (eines Buches) editor(a) m(f); (einer Zeitung) director(a) m(f)

HG [haːˈgeː] f <-, -s> Abk. von **Handelsgesellschaft** sociedad f mercantil

HGB [haːgeːˈbeː] nt <-(e)s, ohne pl> (JUR) Abk. von **Handelsgesetzbuch** C. Com. m

Hibernation [hibɛrnaˈtsjoːn] f <-, -en> (MED) hibernación f

Hibiskus [hiˈbɪskʊs, pl: hiˈbɪskən] m <-, Hibisken> (BOT) hibisco m

hick [hɪk] interj (fam) ¡hip!; **was machst du ständig ~, hast du getrunken?** no paras de tener hipo [o de hipar], ¿has estado bebiendo?

Hickhack ['hɪkhak] m o nt <-s, -s> (fam) discusión f estéril; **ewig dieses ~, jetzt euch doch endlich!** siempre dándole vueltas a la noria, ¡a ver si llegáis a un acuerdo!

Hickory ['hɪkori] m <-s, -s> hícoris m inv, hickory m

hie [hiː] adv: **~ und da** de vez en cuando, esporádicamente

hieb [hiːp] 3. imp von **hauen**

Hieb [hiːp] m <-(e)s, -e> ① (Schlag) golpe m; (mit Peitsche) latigazo m; (mit Faust) puñetazo m
② (Wunde) herida f
③ pl (fam: Prügel) palos mpl, paliza f; **gleich setzt es ~e** te voy a dar una buena paliza
④ (Bemerkung) pulla f

hieb- und stichfest adj (fig) contundente, invulnerable

Hiebwaffe f <-, -n> arma f blanca

hielt [hiːlt] 3. imp von **halten**

hier [hiːɐ] adv ① (räumlich) aquí; (bei Aufruf) ¡presente!; **~ entlang** por aquí; **das Haus ~** esta casa; **~ in der Nähe** aquí cerca; **~ und da** aquí y allá; **dieser ~** éste de aquí; **~ oben/unten/hinten** aquí arriba/abajo/atrás; **etw ~ behalten** quedarse con algo; **kann ich das Buch ~ behalten?** ¿me puedo quedar con el libro?; **~ bleiben** quedarse aquí; **~ geblieben!** ¡alto ahí!, ¡ni un paso más!; **~ lassen** dejar aquí; **~ sein** estar aquí; **deine Brille ist ~** tus gafas están aquí; **der Bus wird bald ~ sein** el autobús llegará pronto; **~ bin ich!** ¡aquí estoy!; **ich bin nicht von ~** no soy de aquí; **du hast ~ gar nichts zu sagen** aquí no tienes nada que decir; **~ hast du das Geld** aquí tienes el dinero; **guten Tag, ~ spricht [o ist] Müller** (am Telefon) buenos días, el Sr./la Sra. Müller al habla [o al aparato]; **das steht mir bis ~** (fam) estoy hasta aquí
② (zeitlich) ahora; **von ~ an** desde ahora
③ (an diesem Punkt) en este punto, aquí; **~ muss ich dir Recht geben** en este punto te tengo que dar la razón

hieran ['hiːran, ˈ-ˈ-] adv ① (räumlich) aquí (mismo)
② (an dieser Sache) en esto, en ello; **sieht man, dass ...** en esto se ve que...; **~ zweifle ich** lo pongo en duda; **~ werde ich mich noch lange erinnern** de esto me acordaré por mucho tiempo

Hierarchie [hierarˈçiː] f <-, -n> jerarquía f

hierarchisch [hieˈrarçɪʃ] adj jerárquico

hierauf ['hiːraʊf, ˈ-ˈ-] adv ① (räumlich) sobre esto
② (sodann) acto seguido, a continuación

hieraus ['hiːraʊs, ˈ-ˈ-] adv ① (räumlich) de aquí
② (aus dieser Sache) de esto, de ello

hier|behalten* irr vt s. **hier 1.**

hierbei ['hiːɐbaɪ] adv ① (währenddessen) en esto, con esto
② (in diesem Fall) en este caso, a este respecto

hier|bleiben irr vi sein s. **hier 1.**

hierdurch ['hiːɐdʊrç, ˈ-ˈ-] adv ① (räumlich) por aquí
② (auf Grund) por ello, a causa de esto

hierfür ['hiːɐfyːɐ, ˈ-ˈ-] adv ① (zu diesem Zweck) para esto
② (als Gegenwert) por ello, a cambio

hiergegen [(ˈ)hiːɐˈgeːgən, hinweisend: ˈhiːɐgeːgən] adv ① (gegen diesen Gegenstand) contra esto, aquí; **der Wagen ist ~, gegen diesen Baum, geprallt** el coche ha chocado aquí, contra este árbol
② (an diese Stelle) aquí; **ich drücke mal ~, tut das weh?** (si) aprieto aquí, ¿te hace daño?
③ (gegen diesen Sachverhalt) contra esto; **~ werde ich Beschwerde einlegen** recurriré contra esto

hierher ['hiːɐheːɐ, ˈ-ˈ-] adv ① (hacia) aquí; (örtlich) para acá; **~!** ¡aquí!; **bis ~ und nicht weiter!** ¡hasta aquí y ni un paso más!; **~ bringen** traer (hacia) aquí; **~ gehören** (an diesen Ort gehören) pertenecer a este lugar [o aquí]; (relevant sein) venir al caso; **das gehört nicht ~** esto no entra aquí; **~ holen** (Person) hacer venir aquí; (Gegenstand) traer aquí; **~ kommen** venir (para) aquí; **~d schaffen** traer (hacia) aquí; **~ schicken** enviar aquí; **~ setzen** poner aquí; **sich ~ setzen** sentarse aquí; **~ stellen** poner aquí; **sich ~ stellen** ponerse aquí

hierherauf [(ˈ)hiːɐhɛˈraʊf, hinweisend: ˈhiːɐhɛraʊf] adv hacia aquí arriba; **bis ~ habe ich es geschafft** hasta aquí (arriba) [o hasta esta altura] he llegado; **komm ~, zwei Menschen trägt das Ross sicher!** ¡sube aquí arriba, el caballo seguro que aguanta a dos personas!

hierher|bringen irr vt s. **hierher**
hierher|gehören* vi s. **hierher**
hierher|holen vt s. **hierher**
hierher|kommen irr vi sein s. **hierher**
hierher|schaffen vt s. **hierher**
hierher|schicken vt s. **hierher**
hierher|setzen vt, vr: **sich ~** s. **hierher**
hierher|stellen vt, vr: **sich ~** s. **hierher**

hierherum ['hiːɐhɛrʊm, ˈ-ˈ-] adv por aquí

hierin ['hiːɐɪn, ˈ-ˈ-] adv aquí; **~ und dorthin** aquí y allá; **bis ~** hasta aquí

hierhinab adv hacia abajo, de aquí abajo; **der Weg zum See führt ~** el camino hacia el lago sigue a partir de aquí cuesta abajo

hierhinauf adv hacia arriba, de aquí arriba; **wir müssen ~ klettern** tenemos que escalar aquí hacia arriba

hierhinaus adv (de aquí) afuera

hierhinein adv (de aquí) adentro; **ich glaube, er ist ~ gegangen** creo que ha entrado (por) aquí

hierhinter adv aquí detrás; **die Münzen sind ~ gefallen** las monedas han caído aquí detrás

hierhinunter adv s. **hierhinab**

hierin ['hiːrɪn, ˈ-ˈ-] adv ① (örtlich) aquí dentro
② (in dieser Beziehung) en este punto, por lo que respecta a esto; **~ muss ich dir Recht geben** en este punto te tengo que dar la razón

hier|lassen irr vt s. **hier 1.**

hiermit ['hiːɐmɪt, ˈ-ˈ-] adv con esto; (im Brief) por la presente; **~ teilen wir Ihnen mit, dass ...** por la presente le comunicamos que...

hiernach ['hiːɐnaːx, ˈ-ˈ-] adv ① (danach) a continuación
② (zufolge) según esto

Hieroglyphe [hieroˈglyːfə] f <-, -n> jeroglífico m

hier|sein irr vi sein s. **hier 1.**

hierüber ['hiːryːbɐ, ˈ-ˈ-] adv ① (örtlich) encima de esto; (Richtung) por aquí
② (ein Thema betreffend) sobre esto; **~ sprechen wir noch** ya hablaremos sobre esto

hierum [(ˈ)hiːˈrʊm, hinweisend: ˈhiːrʊm] adv ① (um diese Angelegenheit) sobre esto, respecto de esto; **es geht ~, sieh dir die Akte an!** se trata de esto, ¡mírate el expediente!
② s. **hierherum**

hierunter ['hiːrʊntɐ, ˈ-ˈ-] adv ① (örtlich) debajo de esto
② (wegen) a causa de esto
③ (in dieser Gruppe) entre estas cosas
④ (Wend) **~ versteht man ...** esto quiere decir...

hiervon ['hi:fɔn, '-'-] adv de esto; ~ **hätte ich gern noch ein bisschen mehr** quisiera un poco más de esto

hiervor ['hi:ɛfo:ɐ, '-'-] adv ❶ (räumlich) delante de esto
❷ (zeitlich) antes de esto

hierzu ['hi:ɐtsu:, '-'-] adv ❶ (für diesen Zweck) para ello; ~ **brauchen wir ...** para ello necesitamos...
❷ (betreffend) con respecto a esto, a propósito de esto; ~ **möchte ich sagen, dass ...** con respecto a esto quisiera decir que...
❸ (zugehörig) a esto, a ello

hierzulande ['hi:ɐtsu(')landə] adv en este país, aquí

hiesig ['hi:zɪç] adj de aquí

Hiesige(r) mf <-n, -n; -n, -n> uno, -a m, f de aquí fam (persona del país, de la ciudad o del pueblo); **Franz hat eine ~ geheiratet** Franz se ha casado con una de aquí

hieß [hi:s] 3. imp von **heißen**

hieven ['hi:fən, 'hi:vən] vt ❶ (NAUT) izar; **Anker ~ levar anclas**
❷ (fam) subir

Hi-Fi ['haɪfi, haɪ'fi:] Abk. von **High-Fidelity** alta fidelidad

Hi-Fi-Anlage ['haɪfiʔanla:gə] f <-, -n> equipo m de alta fidelidad

Hifthorn ['hɪfthɔrn] nt <-(e)s, -hörner> trompa f de caza

high [haɪ] adj inv (berauscht) colocado; (mit Drogen) moco, grifo Mex

Highlife ['haɪ(')laɪf] nt <-s, ohne pl> (fam): **bei Schmitz ist** [o **herrscht**] **wieder ~** en casa de los Schmitz hay movida otra vez; **Highsociety^RR** f <-, ohne pl>, **High Society^RR** [haɪ sə'saɪəti] f <-, ohne pl> alta sociedad f; **Hightech^RR** nt <-(s), ohne pl>, f <-, ohne pl>, **High Tech^RR** [haɪ 'tɛk] nt <-(s), ohne pl>, f <-, ohne pl> alta tecnología f

hihi [hi'hi:, 'hi'hi] interj ¡je, je!

hijacken ['haɪdʒɛkən] vt (fam) secuestrar; **ein Flugzeug ~** secuestrar un avión

Hijacker(in) ['haɪdʒɛkɐ] m(f) <-s, -; -, -nen> pirata mf aéreo, -a

Hilfe ['hɪlfə] f <-, -n> ayuda f; (~leistung) socorro m, auxilio m; (INFOR) ayuda f; **~!** ¡socorro!; **ärztliche ~** asistencia médica; **erste ~** primeros auxilios; **humanitäre ~** ayuda humanitaria; **jdn um ~ bitten** pedir ayuda a alguien; **~ leisten** prestar ayuda; **~ holen** ir a buscar ayuda; **jdm zu ~ kommen** acudir en auxilio de alguien; **etw zu ~ nehmen** servirse de algo como ayuda, ayudarse con algo; **um ~ rufen** pedir socorro; **~ suchend** en busca de ayuda; **das war eine große ~** fue una gran ayuda; **du warst mir eine/keine große ~** fuiste/no fuiste una gran ayuda, me ayudaste/no me ayudaste mucho; **mit ~ von** con ayuda de

Hilfeleistung f <-, -en> prestación f de auxilio; **unterlassene ~** (JUR) omisión de auxilio; **er wurde wegen unterlassener ~ angezeigt** le denunciaron por no prestar auxilio; **Hilfemenü** nt <-s, -s> (INFOR) menú m de ayuda; **Hilferuf** m <-(e)s, -e> grito m de socorro; **Hilfeschrei** m <-(e)s, -e> grito m de socorro [o de auxilio]; **Hilfestellung** f <-, -en> (SPORT) ayuda f; (Anleitung, Unterstützung) apoyo m

hilfesuchend adj s. **Hilfe**

Hilfesuchende(r) mf <-n, -n; -n, -n> persona f en busca de socorro [o que busca ayuda]; **Hilfesystem** nt <-s, -e> (INFOR) sistema m de ayuda; **Hilfetaste** f <-, -n> (INFOR) tecla f de ayuda

hilflos adj (allein) desamparado, indefenso; (ratlos) desorientado; (unbeholfen) torpe

Hilflosigkeit f <-, ohne pl> desamparo m, abandono m; (Ratlosigkeit) desorientación f

hilfreich adj (geh) ❶ (hilfsbereit) servicial
❷ (nützlich) útil; **er/es war uns sehr ~** nos sirvió de mucha ayuda

Hilfsaktion f <-, -en> acción f de socorro; **Hilfsanschließung** f <-, ohne pl> (JUR) adhesión f subsidiaria; **Hilfsanspruch** m <-(e)s, -sprüche> (JUR) pretensión f subsidiaria; **Hilfsarbeiter(in)** m(f) <-s, -; -, -nen> trabajador(a) m(f) auxiliar, peón, -ona m, f; **Hilfsaufrechnung** f <-, -en> (JUR) compensación f subsidiaria; **Hilfsbeamte(r)** mf <-n, -n; -n, -n>, **-beamtin** f <-, -nen> ayudante, -a m, f; **~r der Staatsanwaltschaft** ayudante de la fiscalía

hilfsbedürftig adj menesteroso, necesitado

Hilfsbedürftigkeit f <-, ohne pl> indigencia f, falta f de medios para vivir

Hilfsbegründung f <-, -en> (JUR) fundamentación f subsidiaria

hilfsbereit adj servicial, solícito, (bien) dispuesto, dispuesto a ayudar, comedido Am

Hilfsbereitschaft f <-, ohne pl> solicitud f, buena disposición f, comedimiento m Am; **seine ~ ist bekannt** es sabido lo muy servicial que es

Hilfsbetrieb m <-(e)s, -e> servicio m auxiliar; **Hilfsdatei** f <-, -en> (INFOR) fichero m auxiliar; **Hilfsdienst** m <-(e)s, -e> servicio m de auxilio; (MED) servicio m de urgencias; **Hilfsfunktion** f <-, -en> (INFOR) función f de auxilio; **Hilfsgebrauchsmuster** nt <-s, -> (WIRTSCH) modelo m de utilidad auxiliar [o subsidiario]; **Hilfskammer** f <-, -n> (JUR) cámara f auxiliar; **Hilfskasse** f <-, -n> (FIN) fondo m de previsión; **Hilfskonto** nt <-s, -konten> (FIN) cuenta f auxiliar; **Hilfskraft** f <-, -kräfte> auxiliar mf, ayudante mf; **studentische ~** ayudante estudiantil; **wissenschaftliche ~** asistente universitario; **Hilfsmittel** nt <-s, -> recurso m, medio m; **Hilfsmotor** m <-s, -en> motor m auxiliar; **Hilfspfändung** f <-, -en> (JUR) embargo m subsidiario; **Hilfspolizist(in)** m(f) <-en, -en; -, -nen> policía mf auxiliar; **Hilfsprogramm** nt <-s, -e> utilidad f, programa m de ayuda; **Hilfsrichter(in)** m(f) <-s, -; -, -nen> (JUR) juez(a) m(f) suplente, magistrado, -a m, f suplente; **Hilfsschöffe, -in** m, f <-n, -n; -, -nen> (JUR) escabino m suplente; **Hilfsstatsache** f <-, -n> (JUR) hecho m auxiliar; **Hilfstrupp** m <-s, -s> refuerzos mpl, tropa f auxiliar; **Hilfsverb** nt <-s, -en> (LING) verbo m auxiliar

hilfsweise adv subsidiariamente; **einen Anspruch ~ geltend machen** (JUR) hacer valer un derecho subsidiariamente; **Hilfswerk** nt <-(e)s, -e> institución f benéfica

hilfswillig adj dispuesto a ayudar; **~e Mitbürger unterstützten die Rettungsarbeiten** ciudadanos voluntarios cooperaron en las operaciones de salvamento

Hilfswillige(r) mf <-n, -n; -, -n> ayudante mf voluntario, -a

hilft [hɪlft] 3. präs von **helfen**

Himbeere ['hɪmbe:rə] f <-, -n> frambuesa f

Himbeergeist ['hɪmbe:ɐ-] m <-(e)s, ohne pl> aguardiente m de frambuesa; **Himbeersaft** m <-(e)s, -säfte> zumo m de frambuesa; **Himbeersirup** m <-s, -e> jarabe m de frambuesa; **Himbeerstrauch** m <-(e)s, -sträucher> frambueso m

Himmel ['hɪməl] m <-s, -> ❶ (METEO, ASTR, REL) cielo m; **am ~** en el cielo; **im ~** en la gloria, en el reino de los cielos; **der Opa ist im ~** (Kindersprache) el abuelito está en el cielo; **in den ~ kommen** ir al cielo; **~ und Hölle** (Kinderspiel) ≈rayuela f; **~ und Hölle in Bewegung setzen** (fam) remover el cielo y la tierra, tocar todos los resortes; **aus heiterem ~** (plötzlich) de sopetón, de golpe y porrazo; (unerwartet) como llovido [o caído] del cielo, inesperadamente; **unter freiem ~** a cielo raso [o abierto]; **zwischen ~ und Erde** en el aire, sobrenatural; **der ~ hängt voller Geigen für jdn, jd ist im siebten ~** alguien se siente como en el séptimo cielo; **dieses Unrecht schreit zum ~** esa injusticia clama al cielo; **um ~s willen!** ¡cielo santo!, ¡santo cielo!; **dem ~ sei Dank!** ¡gracias a Dios!; **ach du lieber ~!** (fam) ¡cielo santo!, ¡Santo Dios!; **~, Arsch und Zwirn!** (vulg) ¡me cago en diez!, ¡me cago en la leche!; **es ist noch kein Meister vom ~ gefallen** (prov) la práctica hace al maestro
❷ (beim Bett, Thron) dosel m

himmelangst adj: **jdm ist ~** alguien está muerto de miedo; **jdm wird ~** a alguien le entra un miedo de muerte

Himmelbett nt <-(e)s, -en> cama f con dosel

himmelblau ['-'-] adj azul cielo

Himmeldonnerwetter interj: **~ noch (ein)mal!** (fam) ¡mecachis!

Himmelfahrt f (REL): **Christi ~** Ascensión f (de Nuestro Señor); **Mariä ~** (fiesta f de la) Asunción f; **an Christi ~** el día de la Ascensión; **Himmelfahrtskommando** nt <-s, -s> (fam) ❶ (Unternehmen) operación f suicida
❷ (Truppe) comando m suicida; **Himmelfahrtsnase** f <-, -n> (fam iron) nariz f respingona; **Himmelfahrtstag** m <-(e)s, -e> (REL) día m de la Ascensión

Himmelherrgott interj: **~ noch (ein)mal!** (fam) ¡hombre!, ¡joder! vulg

himmelhoch I. adj altísimo
II. adv ❶ (sehr weit) en mucho; **unsere Mannschaft war ~ überlegen** nuestro equipo ha sido superior con diferencia
❷ (Wend): **~ jauchzend, zu Tode betrübt** primero muy animado, luego, muy deprimido

Himmelreich nt <-(e)s, ohne pl> (REL) reino m de los cielos, gloria f, paraíso m; **ins ~ kommen** ir al paraíso

himmelschreiend adj que clama al cielo

Himmelskörper m <-s, -> (ASTR) cuerpo m celeste, astro m; **Himmelsrichtung** f <-, -en> punto m cardinal; **die vier ~en** los cuatro puntos cardinales; **sie kommt aus dieser ~** viene de esta dirección; **sie kamen aus allen ~en angerannt** venían corriendo de todas las direcciones [o de todos lados]; **Himmelsschlüssel** m o nt <-s, -> (BOT) primavera f; **Himmelszelt** nt <-(e)s, ohne pl> (geh) firmamento m

himmelweit ['-'-] adj (fam) enorme, inmenso; **ein ~er Unterschied** una diferencia enorme

himmlisch ['hɪmlɪʃ] adj ❶ (vom Himmel) celestial; (göttlich) divino; **der ~e Vater** el Padre celestial
❷ (wunderbar) divino, maravilloso

hin [hɪn] I. adv ❶ (in Richtung auf) hacia allá; (entlang) a lo largo; **bis ... ~ hasta...**; **zum Haus ~** hacia la casa; **nichts wie ~!** ¡vamos ya!, ¡en marcha!; **~ und zurück** (Fahrkarte) ida y vuelta; **~ und her** de un lado para otro; **Sonntag ~, Sonntag her, ich muss die Arbeit beenden** sea domingo o no, tengo que terminar el trabajo; **nach außen ~ tat er so, als ob ...** de cara al exterior hizo como si...; **die Schlafzimmer liegen zur Straße ~** los dormitorios dan [o miran] a la calle; **vor sich ~ träumen/schreiben/gucken** estar distraído/escribiendo algo para sí/con la mirada distraída; **wo ist sie ~?** (fam) ¿adónde se ha ido?
❷ (zeitlich): **das ist noch lange ~** aún falta [o queda] mucho tiempo;

zum Frühjahr/Jahresende ~ para la primavera/para fin de año; ~ **und wieder** de vez en cuando

❸ (*daraufhin*): **auf ... ~** en relación a...; **auf meine Bitte ~** en relación a mi solicitud; **auf die Gefahr ~, dass ...** a riesgo de que... +*subj*

II. *adj* (*fam*) ❶ (*kaputt*) roto; **der Motor ist ~** el motor está averiado; **sein guter Ruf ist ~** su buena reputación está arruinada; **~ ist ...** lo roto, roto está

❷ (*Wend*): **von jdm ganz ~ sein** estar prendado de alguien

Hin [hɪn] *nt*: **~ und Her** ir y venir *m*; (*Hickhack*) tira y afloja *m*; **nach langem ~ und Her** después de darle muchas vueltas

hinab [hɪˈnap] *adv* (hacia) abajo; **den Berg ~** monte abajo

hin|arbeiten *vi*: **auf etw ~** tener algo como meta, aspirar a algo

hinauf [hɪˈnaʊf] *adv* arriba; **da ~!** ¡por allí arriba!; **~ und hinab** arriba y abajo; **den Fluss ~** río arriba

hinauf|begleiten* *vt* acompañar arriba

hinauf|bringen *irr vt* (*Person*) acompañar arriba; (*Gegenstand*) subir arriba; **gleich bringe ich dir dein Frühstück hinauf** ahora mismo te subo el desayuno

hinauf|fahren *irr* I. *vi sein* subir
II. *vt* subir

hinauf|führen I. *vi* (*Weg*) subir
II. *vt* llevar arriba, conducir arriba

hinauf|gehen *irr vi sein* subir

hinauf|klettern *vi sein* subir arriba (escalando); **eine Leiter ~** subir una escalera; **auf einen Baum ~** trepar a un árbol

hinauf|kommen *irr vi sein* subir

hinauf|laufen *irr vi sein* subir arriba (corriendo); **die Stufen ~** subir (corriendo) los escalones

hinauf|reichen I. *vi* llegar (*bis zu* hasta (arriba)); **mit dem Pinsel bis zur Decke ~** alcanzar [*o* llegar hasta] el techo con el pincel
II. *vt*: **jdm etw ~** pasar algo a alguien (hacia arriba); **ich reiche dir das Werkzeug auf die Leiter hinauf** te paso las herramientas a la escalera

hinauf|schauen *vi* (*reg*) mirar (hacia arriba)

hinauf|schrauben *vt* subir, aumentar; **jedes Jahr wird unsere Miete hinaufgeschraubt** cada año nos suben el alquiler

hinauf|sehen *irr vi* mirar (hacia arriba)

hinauf|setzen *vt* (*Preise*) aumentar, subir

hinauf|steigen *irr vi sein* subir

hinauf|tragen *irr vt* subir; **warte, ich trage dir die Kiste hinauf** espera, te subo la caja (arriba)

hinauf|treiben *irr vt* hacer subir

hinaus [hɪˈnaʊs] *adv* fuera, afuera; **~ mit dir!** ¡fuera contigo!; **zur Tür ~** por la puerta; **wo geht es ~?** ¿por dónde se sale?; **dort ~** saliendo por allí; **auf Jahre ~** durante años; **über das Ziel ~** más allá de lo previsto; **darüber ~** aparte de esto; **über die 30 ~** por encima de los 30; **über die 30 ~ sein** haber pasado los 30; **über diese Ansichten bin ich jetzt lange ~** estas ideas hace tiempo que las abandoné; **über die Abfahrt (der Autobahn) ~ sein** (*fam*) haber pasado de largo la salida (de la autopista); **als ich ihn fragen wollte, war er schon ~** (*fam*) cuando quise preguntarle, ya había salido de casa

hinaus|befördern* *vt* llevar hacia fuera; (*hinauswerfen*) echar fuera

hinaus|begleiten* *vt* acompañar hacia fuera

hinaus|beugen I. *vt* asomar; **den Kopf ~** asomar [*o* sacar] la cabeza
II. *vr*: **sich ~** asomarse (*aus/zu* por/a); **beug dich nicht so weit aus dem [*o* zum] Fenster hinaus!** ¡no te asomes tanto por [*o* a] la ventana!

hinaus|blicken *vi* mirar (afuera) (*zu* por)

hinaus|bringen *irr vt* ❶ (*Person*) acompañar afuera; **warten Sie, ich bringe Sie noch zur Tür hinaus** espere, le acompañaré a la puerta
❷ (*Gegenstand*) sacar afuera; **kannst du bitte den Abfall ~?** ¿puedes sacar la basura (afuera)?

hinaus|drängen I. *vi* amontonarse para salir (*aus* de)
II. *vt* expulsar (*aus* de)

hinaus|dürfen *irr vi* poder salir (*aus* de); **Mama, darf ich noch ein bisschen hinaus?** mamá, ¿puedo salir un poquito?

hinaus|ekeln *vt* (*fam*): **jdn ~** hacer la vida imposible a alguien (hasta que se va)

hinaus|fahren *irr* I. *vi sein* salir (*aus* de); **rückwärts aus der Parklücke ~** salir marcha atrás del aparcamiento
II. *vt* ❶ (*Person*) llevar para afuera
❷ (*Fahrzeug*) sacar

hinaus|finden *irr vi* encontrar la salida (*aus* de)

hinaus|fliegen *irr vi sein* ❶ (*Vogel*) salir volando (*aus* de)
❷ (*fam: Person*) ser echado (*aus* de)

hinaus|führen I. *vi* ❶ (*nach draußen führen*) llevar [*o* conducir] afuera (*aus* de)
❷ (*überschreiten: Plan*) superar; (*über das vertretbare Maß*) exceder
II. *vt* acompañar afuera

hinaus|gehen *irr vi sein* ❶ (*aus Raum*) salir (*aus* de)
❷ (*Zimmer, Fenster*) dar (*auf* a)

❸ (*überschreiten*) exceder (*über*), sobrepasar (*über*); **das geht über meine Befugnisse hinaus** esto excede a mis competencias

hinaus|geleiten* *vt* (*geh*) acompañar afuera

hinaus|gucken *vi* (*fam*) mirar (afuera) (*zu* por)

hinaus|halten *irr vt* sostener hacia el exterior; **der Beifahrer hielt den Arm zum Fenster hinaus** el acompañante extendía el brazo por fuera de la ventanilla

hinaus|hängen *vt* colgar; **die Wäsche auf die Leine ~** colgar la colada en el tendedero (exterior)

hinaus|jagen I. *vi sein* salir corriendo [*o* a toda mecha] (*aus* de)
II. *vt* echar (*aus* de)

hinaus|katapultieren* *vt* (POL: *sl*) expulsar (*aus* de)

hinaus|klettern *vi sein* salir trepando; **aus einer Grube ~** salir de una fosa; **aus dem [*o* zum] Fenster ~** salir trepando por la ventana; **ins Freie ~** salir al aire libre

hinaus|kommen *irr vi sein* ❶ (*nach draußen kommen*) salir (*aus* de, *zu* a)
❷ (*überschreiten*) sobrepasar (*über*)
❸ (*fam: hinauslaufen*) terminar (*auf* en), acabar (*auf* en); **das kommt auf dasselbe hinaus** da lo mismo

hinaus|komplimentieren* *vt* acompañar afuera con buenas palabras

hinaus|lassen *irr vt* ❶ (*nach draußen lassen*) dejar salir (afuera) (*aus* de)
❷ (*hinausbegleiten*) acompañar afuera

hinaus|laufen *irr vi sein* ❶ (*nach draußen laufen*) salir (corriendo) (*aus* de)
❷ (*als Ergebnis haben*) terminar (*auf* en), acabar (*auf* en); **es läuft darauf hinaus, dass ...** esto terminará en que...

hinaus|lehnen *vr*: **sich ~** asomarse (*aus* por)

hinaus|posaunen* *vt* (*fam*) propagar a los cuatro vientos

hinaus|ragen *vi* ❶ (*nach oben ragen*) descollar (*über* por encima de); **dieser Turm ragt hoch über die Häuser hinaus** esta torre descuella sobre las casas
❷ (*nach außen ragen*) sobresalir (*auf* hacia); **die Fahnenstange ragt auf die Straße hinaus** el mástil de la bandera se inclina sobre la calle
❸ (*übertreffen*): **über jdn/etw ~** sobresalir entre alguien/algo; **dieser Intellektuelle ragt über seine Zeitgenossen hinaus** este intelectual sobresale entre sus contemporáneos

hinaus|reichen I. *vi* ❶ (*bis nach draußen reichen*): **bis zu etw** *dat* **~** llegar hasta algo; **reicht das Kabel bis zur Steckdose hinaus?** ¿llega [*o* alcanza] el cable hasta la enchufe?
❷ (*weiterhin reichen*): **über etw ~** alcanzar [*o* ser suficiente] hasta más allá de algo; **das Haushaltsgeld reicht über den Monat hinaus** el dinero del presupuesto alcanza hasta pasado este mes
II. *vt* entregar; **ich reichte ihm den Umschlag durch den Türschlitz hinaus** le entregó [*o* le pasó] el sobre por la rendija de la puerta

hinaus|rennen *irr vi sein* salir corriendo; **sobald es klingelte, rannten die Kinder auf den Schulhof hinaus** tan pronto sonó el timbre, los niños salieron pitando al patio

hinaus|schaffen *vt* echar (fuera) (*aus* de); **schaffen Sie (mir) den Kerl hinaus!** ¡saque a este tipo de mi casa!

hinaus|schauen *vi* (*reg*) mirar (afuera) (*zu* por)

hinaus|schicken *vt*: **jdn ~** mandar salir a alguien

hinaus|schieben *irr vt* ❶ (*Termin*) aplazar, prorrogar
❷ (*Person, Gegenstand*) sacar empujando

hinaus|schießen *irr vi* ❶ (*mit Gewehr*) disparar hacia fuera
❷ *sein* (*fam: hinausrennen*) salir corriendo; **über das Ziel ~** (*fig*) pasar de la raya

hinaus|schmeißen *irr vt* (*fam*) echar (*aus* de)

Hinausschmiss[RR] *m* <-es, -e>, **Hinausschmiß** *m* <-sses, -sse> (*fam*) despido *m*; **die zweite Abmahnung bedeutete für den Mitarbeiter den ~** a la segunda sanción pusieron al trabajador de patitas en la calle

hinaus|schmuggeln *vt* sacar de contrabando (*aus* de), pasar ilegalmente (*aus* de); **die Flüchtlinge wurden aus ihrem Land hinausgeschmuggelt** ayudaron a salir ilegalmente de su país a los refugiados

hinaus|schreien I. *vi* gritar (*zu* por); **zum Fenster ~** gritar (sacando la cabeza) por la ventana
II. *vt* (*geh*) gritar; **seine Trauer/Wut ~** gritar de dolor/de rabia

hinaus|schwimmen *irr vi sein* nadar (mar adentro) (*zu* en dirección a)

hinaus|sehen *irr vi* mirar (afuera) (*zu* por)

hinaus|sein *irr vi sein s.* **hinaus**

hinaus|setzen I. *vt* ❶ (*nach draußen stellen*) poner afuera
❷ (*fam: hinauswerfen*) echar, despedir
II. *vr*: **sich ~** sentarse afuera; **ich setze mich auf die Terrasse/in den Garten** me siento fuera en la terraza/en el jardín

hinaus|stehlen *vr*: **sich ~** salir a hurtadillas; **sich aus dem Zimmer ~** salir a hurtadillas de la habitación; **sich aus der [*o* zur] Tür ~** escabullirse por la puerta; **er konnte sich in den Hof ~** logró salir a escondidas

al patio
hinaus|steigen *irr vi sein* salir afuera; **der Einbrecher stieg durch das Fenster** [*o* **zum Fenster**] **hinaus** el ladrón salió de la casa (trepando) por la ventana
hinaus|stellen *vt* colocar fuera; **stell bitte der Katze ihre Milch hinaus auf den Hof!** ¡ponle la leche al gato en el patio!
hinaus|strecken *vt* sacar afuera; **neugierig streckte er den Kopf zur Tür hinaus** por curiosidad asomó la cabeza por la puerta
hinaus|stürmen *vi sein* salir corriendo
hinaus|stürzen I. *vi sein* ❶ (*hinausfallen*) caer
❷ (*hinauseilen*) salir precipitadamente; **zur** [*o* **aus der**] **Tür ~** salir precipitadamente por la puerta; **wütend stürzte er auf die Straße hinaus** rabioso, salió atolondradamente de casa a la calle
II. *vr:* **sich ~ haben** tirarse (*aus/zu* por); **sich aus dem Fenster** [*o* **zum Fenster**] **~** tirarse por la ventana
hinaus|tragen *irr vt* ❶ (*nach draußen tragen*) llevar afuera; **trag den Liegestuhl auf die Terrasse hinaus** saca la tumbona a la terraza
❷ (*verbreiten*) expandir, difundir
❸ (*weiter tragen*) llevar (más allá de); **sein Schwung trug ihn über die Achtmetermarke hinaus** su impulsó le catapultó más allá de los ocho metros
hinaus|treiben *irr vt* (*aus dem Haus*) echar (*aus* de); (*aus dem Stall*) sacar (*aus* de); **im Frühjahr wird das Vieh wieder auf die Weide hinausgetrieben** en primavera, el ganado se lleva de nuevo a apacentar al campo
hinaus|treten *irr vi sein* salir afuera; **zur** [*o* **aus der**] **Tür ~** salir afuera (de la habitación, de la casa...); **auf die Straße/in den Garten ~** salir a la calle/al jardín
hinaus|wachsen *irr vi sein:* **über sich selbst ~** superarse a sí mismo; **über seine Grenzen ~** superar sus limitaciones; **die Bereitschaft über sich selbst hinauszuwachsen** el afán de superación
hinaus|wagen *vr:* **sich ~** atreverse a salir; **sich zur** [*o* **aus der**] **Tür ~** atreverse a salir afuera (de la habitación, de la casa...); **sich auf den Hof/in den Garten ~** atreverse a salir al patio/al jardín
hinaus|werfen *irr vt* ❶ (*Sache*) tirar (*zu/aus* por); **einen Blick ~** echar un vistazo por la ventana; **Geld zum Fenster ~** (*fam*) echar la casa por la ventana
❷ (*Person*) echar (*aus* de), fletar *Arg, Chil,* bombear *Kol*
hinaus|wollen *irr vi* (*fam*) ❶ (*abzielen*) pretender (*auf*); **worauf willst du hinaus?** ¿qué es lo que pretendes?; **hoch ~** tener grandes ambiciones [*o* altas miras]
❷ (*nach draußen wollen*) querer salir (*aus* de)
hinaus|ziehen *irr* I. *vi sein* salir (*aus* de); **in die Welt ~** ir a (re)correr mundo
II. *vt* ❶ (*nach draußen ziehen*) sacar (*aus* de)
❷ (*verzögern*) retardar, atrasar
III. *vr:* **sich ~** ❶ (*sich in die Länge ziehen*) no acabar nunca, ir para largo
❷ (*sich verzögern*) atrasarse
hinaus|zögern I. *vt* aplazar, dilatar
II. *vr:* **sich ~** retrasarse, atrasarse
Hinauszögerung *f* <-, -en> demora *f*
hin|bekommen* *irr vt s.* **hinkriegen**
hin|bestellen* *vt* hacer venir
hin|biegen *irr vt* (*fam*) amañar; **das biegen wir schon hin** ya nos las arreglaremos para conseguirlo
hin|blättern *vt* (*fam*) soltar dinero, pagar a tocateja
Hinblick *m:* **im ~ auf ...** (*in Bezug auf*) en cuanto a...; (*angesichts*) con vistas a...; **im ~ darauf, dass ...** considerando que...
hin|breiten *vt* (*geh*) extender, exponer
hin|bringen *irr vt* llevar; (*a. Waren*) transportar
hin|denken *irr vi:* **wo denkst du hin!** ¡pero tú qué te crees!; **wo denken Sie hin!** ¡pero usted qué se piensa!
hinderlich ['hɪndəlɪç] *adj* molesto; **~ sein** ser un estorbo (*für* para)
hindern ['hɪndɐn] *vt* ❶ (*abhalten*) impedir; **ich will Sie nicht daran ~** no quiero ponerle trabas; **was hindert dich daran dort hinzugehen?** ¿qué te impide ir allí?
❷ (*behindern*) estorbar
Hindernis ['hɪndɐnɪs] *nt* <-ses, -se> (*a.* SPORT) obstáculo *m;* **ein ~ überwinden** salvar un obstáculo; **jdm ~se in den Weg legen** poner trabas a alguien
Hindernislauf *m* <-(e)s, -läufe> (SPORT) carrera *f* de obstáculos; **Hindernisläufer(in)** *m(f)* <-s, -; -, -nen> (SPORT) corredor(a) *m(f)* de obstáculos; **Hindernisrennen** *nt* <-s, -> (SPORT) carrera *f* de obstáculos
Hinderung *f* <-, -en> abstención *f*
Hinderungsgrund *m* <-(e)s, -gründe> razón *f* en contra, impedimento *m*
hin|deuten *vi* ❶ (*zeigen*) señalar (con el dedo) (*auf*)
❷ (*hinweisen*) indicar (*auf*); **nichts deutet darauf hin, dass ...** nada indica que... +*subj*

Hindi ['hɪndi] *nt* <-, *ohne pl*> (LING) hindi *m*
Hindin ['hɪndɪn] *f* <-, -nen> (*geh*) cierva *f*
hin|drehen *vt* (*fam*) arreglar, montarse; **er dreht immer alles so hin, wie es ihm passt** se lo monta [*o* se las arregla] siempre de la manera que le conviene
Hindu ['hɪndu] *m* <-(s), -(s)> hindú *mf*
Hinduismus [hɪndu'ɪsmʊs] *m* <-, *ohne pl*> hinduismo *m*
hinduistisch *adj* hinduista
hindurch [hɪn'dʊrç] *adv* ❶ (*räumlich*) por en medio, a través; **mitten ~** por el mismo medio
❷ (*zeitlich*) durante; **das ganze Jahr ~** durante todo el año
hindurch|gehen *irr vi sein* ❶ (*durchschreiten*) pasar (*durch* por); **unter einer Brücke ~** pasar por debajo de un puente
❷ (*durchdringen*): **durch etw/jdn ~** atravesar algo/a alguien
❸ (*durch etw bewegt werden können*) pasar (*durch* por); **der neue Schrank geht nicht durch die Tür hindurch** el armario nuevo no pasa por la puerta
hin|dürfen *irr vi* (*fam*): **zu jdm/etw** *dat* **~** poder ir a casa de alguien/a ver algo; **dürfen wir zur Kirmes hin?** ¿podemos ir a la feria?
hin|eilen *vi sein* **~** ir corriendo (*zu* a); **ich bin sofort zu ihm ins Krankenhaus hingeeilt** he ido en seguida corriendo a verle al hospital; **he, wo eilst du so schnell hin?** ¡eh, tú!, ¿adónde vas tan deprisa?
hinein [hɪ'naɪn] *adv* (hacia) adentro; **da ~** (por) allí adentro; **~ mit dir!** ¡adentro contigo!; **er fiel mitten in die Pfütze ~** se cayó en medio del charco; **bis tief in die Nacht ~** hasta bien entrada la noche
hinein|begeben* *irr vr:* **sich ~** (*geh*) dirigirse (*in* a); **Sie dürfen sich schon in den Saal ~** pueden entrar ya en la sala
hinein|bekommen* *irr vt* conseguir meter; **in diese Kneipe bekommst du mich nicht hinein!** ¡no conseguirás que entre en ese bar!
hinein|blicken *vi* mirar (*in* hacia adentro de); **durch die Vorhänge (in das Zimmer) ~** echar una mirada a través de las cortinas (dentro de la habitación)
hinein|bringen *irr vt* ❶ (*hineintragen*) llevar (*in* adentro de); **er brachte dem Patienten das Essen ins Zimmer hinein** le llevaba la comida a la habitación al paciente
❷ *s.* **hineinbekommen**
hinein|bugsieren* *vt* (*fam*) meter a la fuerza (*in* en/dentro de); **wir bugsierten das Möbelstück in den Anhänger hinein** metimos con esfuerzos [*o* conseguimos meter] el mueble en el remolque
hinein|denken *irr vr:* **sich in jdn** [*o* **jds Lage**] **~** ponerse en el lugar [*o* la situación] de alguien
hinein|deuten *vt:* **etw in etw ~** interpretar algo en algo; **man sollte in diese Bemerkung nicht allzu viel ~** no debería atribuirse demasiada importancia a este comentario; **viele Interpretatoren versuchten, in diese Textstelle eine besondere Absicht hineinzudeuten** muchos críticos quisieron ver [*o* interpretar] una intención especial en este pasaje
hinein|drängen I. *vi sein* entrar empujando (*in* en); **die Besucher drängten in die Festhalle hinein** los espectadores entraron a empujones en la sala de fiestas
II. *vt haben* empujar (*in* dentro de)
III. *vr:* **sich ~ haben** entrar a empujones; **sich am Eingang ~** abrirse paso a empujones en la entrada
hinein|fallen *irr vi sein* caer (*in* dentro de)
hinein|finden *irr* I. *vi* encontrar el camino (*in* hacia)
II. *vr:* **sich ~** ❶ (*sich vertraut machen*) familiarizarse (*in* con)
❷ (*sich abfinden*) adaptarse (*in* a), conformarse (*in* con)
hinein|fressen *irr* I. *vt* (*fam*): **etw in sich ~** devorar algo; (*Gefühle*) reprimir algo; **seinen Ärger/Frust in sich ~** reprimir [*o* tragarse] su enfado/su frustración
II. *vr:* **sich in etw ~** carcomer algo; **die Holzwürmer hatten sich in das Möbelstück hineingefressen** la carcoma había carcomido el mueble
hinein|gehen *irr vi sein* ❶ (*eintreten*) entrar (*in* en/a)
❷ (*hineinpassen*) caber (*in* en), tener sitio (*in* en); **hier geht kein Mensch mehr hinein** aquí no hay sitio para nadie más
hinein|geraten* *irr vi sein* ir a parar (*in* a)
hinein|gießen *irr vt* verter (*in* dentro de); **etw in sich ~** apiparse [*o* apiporrarse] de algo
hinein|greifen *irr vi* meter la mano (*in* en)
hinein|gucken *vi* (*fam*) echar una mirada [*o* una ojeada] (*in* a)
hinein|halten *irr* I. *vi* (*fam*): **in etw ~** apuntar a algo
II. *vt* meter (*in* dentro de)
hinein|interpretieren* *vt* (*geh*) sobreinterpretar
hinein|klettern *vi* entrar (trepando); **durch ein Kellerfenster (ins Haus) ~** entrar (en la casa) por una ventana del sótano
hinein|knien *vr:* **sich ~** (*fam*) meterse de lleno, dedicarse por completo (*in* en)
hinein|kommen *irr vi sein* ❶ (*hineingelangen können*) entrar (*in* en)

hineinkomplimentieren ❷ (*fam: deponiert werden*): **in etw ~** ponerse en [*o* dentro de] algo; **der Müll kommt in diesen Abfalleimer hinein!** ¡la basura va en este cubo!

hinein|komplimentieren* *vt* hacer pasar (*in* a)

hinein|kriegen *vt* (*fam*) *s.* **hineinbekommen**

hinein|lachen *vi:* **in sich ~** reírse para sus adentros

hinein|lassen *irr vt* dejar entrar (*in* a/en)

hinein|laufen *irr vi sein* ❶ (*in etw laufen*) entrar (corriendo) (*in* en), ir (corriendo) (*in* a/hacia)

❷ (*fließen*): **etw in sich ~ lassen** apiparse de algo, empinar el codo con algo

hinein|legen *vt* ❶ (*nach innen legen*) meter (*in* en), poner (*in* en); (*aufbewahren*) guardar (*in* en)

❷ (*fam: betrügen*) engañar, timar

❸ (*Gefühl*) poner

hinein|manövrieren* I. *vt* ❶ (*in etw manövrieren*) meter (maniobrando) (*in* en); **der Kapitän manövrierte den Tanker in das Hafenbecken hinein** el capitán maniobró el petrolero para entrar en la dársena

❷ (*in eine missliche Situation*): **jdn in etw ~** meter a alguien en algo; **durch deine Blödheit hast du uns in eine tolle Lage hineinmanövriert!** ¡en buena nos has metido con tu estupidez!

II. *vr:* **sich in etw ~** meterse en algo; **du hast dich in eine ausweglose Lage hineinmanövriert!** ¡te has metido en un callejón sin salida!

hinein|passen *vi* ❶ (*Platz haben*) caber (*in* en), tener sitio (*in* en)

❷ (*passend sein*) caber (*in* en), encajar (*in* en)

❸ (*in Gruppe, Umgebung*) cuadrar (*in* con), armonizar (*in* con)

hinein|pfuschen *vi* (*fam*) meterse, entrometerse; **pfusch mir doch nicht immer in meine Arbeit hinein!** ¡deja de meterte siempre en el trabajo!

hinein|platzen *vi sein* (*fam*) entrar (de sorpresa, por equivocación, etc.) (*in* en)

hinein|pressen *vt* meter a presión (*in* en)

hinein|pumpen *vt* introducir bombeando (*in* en)

hinein|ragen *vi:* **in etw ~** sobresalir en algo, adentrarse en algo

hinein|reden *vi* ❶ (*unterbrechen*) interrumpir

❷ (*abw: sich einmischen*) meterse (en asuntos de otros); **er will mir immer in alles ~** siempre quiere meterse en mis asuntos

hinein|regnen *vunpers:* **es regnet hinein** la lluvia está entrando (*in* en); **es hat durch das Dach hineingeregnet** la lluvia ha entrado a través del techo

hinein|reichen I. *vi* ❶ (*ausreichen*): **in etw ~** alcanzar hasta algo, ser suficiente hasta algo; **unsere Vorräte reichen bis in den Sommer hinein** nuestras provisiones alcanzan hasta el verano

❷ (*sich erstrecken*) llegar (*bis in* hasta)

II. *vt* entregar

hinein|reißen *irr vt* (*fam*) meter (*in* en); **in was für eine Situation hast du uns hineingerissen?** ¿en qué situación nos has metido?

hinein|reiten *irr* I. *vi sein* entrar a caballo (*in* en)

II. *vt haben* (*fam*) meter (*in* en); **jetzt hast du mich auch noch in den Schlamassel hineingeritten!** ¡ahora me has metido también a mí en el embrollo!

hinein|rennen *irr vi sein* (*fam*) entrar (corriendo) (*in* en), ir (corriendo) (*in* a/hacia)

hinein|riechen *irr* (*fam*): **in etw ~** hacerse una idea de algo

hinein|schaffen *vt* llevar (*in* adentro de); **mit Mühe schafften wir die schwere Truhe (ins Haus) hinein** con muchos esfuerzos conseguimos meter el pesado baúl (en la casa)

hinein|schauen *vi* ❶ (*fam: einen Besuch machen*) pasar a saludar (*bei* a), ir a ver (*bei* a); **schau doch ruhig mal hinein, wenn du wieder mal in Dohlenfulda bist!** ¡pásate por aquí cuando vuelvas por Dohlenfulda!

❷ (*reg*) *s.* **hineinsehen**

hinein|schlagen *irr vt* (*Nagel*) clavar (*in* en)

hinein|schleichen *irr* I. *vi sein* meterse [*o* entrar] a hurtadillas (*in* en)

II. *vr:* **sich ~ haben** meterse [*o* entrar] a hurtadillas (*in* en)

hinein|schlingen *irr vt* (*Essen*) engullir, devorar

hinein|schlittern *vi sein* (*fam*) ❶ (*in Graben*) caer deslizándose (*in* en)

❷ (*fam: in Situation*) ir a parar (*in* en)

hinein|schlüpfen *vi sein* ❶ (*in ein Kleidungsstück*) ponerse (*in*), meterse (*in* en)

❷ (*in ein Gebäude*) meterse (*in* en)

hinein|schmuggeln I. *vt* pasar de contrabando (*in* a/en)

II. *vr:* **sich ~** colarse (*in* en)

hinein|schreiben *irr vt* escribir (*in* en)

hinein|schütten *vt* poner (*in* dentro de), echar (*in* en), verter (*in* en)

hinein|sehen *irr vi* mirar (*in* dentro de)

hinein|setzen I. *vt* poner (*in* en/dentro de)

II. *vr:* **sich ~** meterse (*in* en), sentarse (*in* en); **sie setzten sich in das Karussell hinein** se montaron en el tiovivo

hinein|spazieren* *vi sein* entrar (*in* en); **nur hineinspaziert!** ¡pasen, pasen!

hinein|spielen *vi* intervenir; **da spielen noch andere Gesichtspunkte mit hinein** aquí intervienen además otros factores

hinein|stecken *vt* (*fam*) ❶ (*hineinlegen, -stellen*) meter (*in* en), introducir (*in* en)

❷ (*investieren*) invertir (*in* en); **er hat viel Arbeit hineingesteckt** ha invertido mucho trabajo

hinein|steigern *vr:* **sich ~** (*in Kummer, Wut*) dejarse llevar (*in* por); (*in Vorstellung*) obsesionarse (*in* con); (*in Streit, Problem*) enfrascarse (*in* en); **er hat sich in den Gedanken so hineingesteigert, dass ...** se obsesionó tanto con la idea que ...

hinein|stopfen *vt* (*fam*) ❶ (*hineinstecken*) meter apretadamente (*in* en)

❷ (*essen*): **etw in sich ~** atiborrarse de algo

hinein|stoßen *irr vt* empujar (*in* adentro de); (*Schwert*) clavar (*in* adentro de)

hinein|strömen *vi sein* penetrar (*in* en), entrar (*in* en)

hinein|stürzen I. *vi sein* caer (*in* dentro de); **pass auf, du könntest ~!** ¡cuidado, podrías caer dentro!

II. *vt haben* empujar (*in* adentro de)

III. *vr:* **sich ~ haben** caer (*in* dentro de), precipitarse (*in* dentro de)

hinein|tappen *vi sein* (*fam*) entrar a tientas (*in* en); **in eine Falle ~** (*fig*) caer en una trampa

hinein|tragen *irr vt* llevar (*in* adentro de), entrar (*in* en)

hinein|tun *irr vt* (*fam*) meter (*in* en); **ich tu dir etwas in die Sparbüchse hinein** te meto algo en la hucha; **einen Blick in etw ~** (*fig*) echar un vistazo a algo

hinein|versetzen* *vr:* **sich in jdn** [*o* **jds Lage**] **~** ponerse en el lugar [*o* en la situación] de alguien; **versetz dich doch mal in meine Lage hinein!** ¡pero intenta ponerte en mi lugar!

hinein|wachsen *irr vi sein* acostumbrarse (*in* a), familiarizarse (*in* con)

hinein|wagen *vr:* **sich ~** atreverse a ir (*zu* hacia), atreverse a entrar (*in* en)

hinein|wollen *irr vi* querer entrar (*in* a/en); **das will nicht in meinen Kopf hinein** (*fam*) esto no me cabe [*o* entra] en la cabeza

hinein|ziehen *irr* I. *vi sein* entrar (*in* a)

II. *vt* ❶ (*Dinge*) tirar hacia dentro, arrastrar hacia dentro

❷ (*in Verbrechen*) implicar (*in* en), enredar (*in* en)

hinein|zwängen I. *vt* embutir (*in* en)

II. *vr:* **sich ~** embutirse; **in diese Hose muss ich mich regelrecht ~** para meterme estos pantalones tengo que embutirme de veras

hinein|zwingen *irr vt* obligar a entrar (*in* en), introducir por la fuerza (*in* en)

hin|fahren *irr* I. *vi sein* ir (en coche)

II. *vt* (*Person*) llevar, conducir; (*Dinge*) llevar, transportar

Hinfahrt *f* <-, -en> (*viaje m de*) ida *f*; **Hin- und Rückfahrt** (viaje *m* de) ida y vuelta *f*; **auf der ~** a la ida

hin|fallen *irr vi sein* caerse; **er fiel der Länge nach hin** se cayó cuan largo era; **wo die Liebe hinfällt** por donde cae el amor

hinfällig *adj* ❶ (*gebrechlich*) caduco; (*schwach*) débil

❷ (*ungültig*) nulo

Hinfälligkeit *f* <-, *ohne pl*> ❶ (*a.* JUR) caducidad *f*

❷ (*Ungültigkeit*) nulidad *f*

hin|finden *irr vi* saber llegar, encontrar (el camino); **findest du allein hin?** ¿sabrás llegar solo?, ¿lo encontrarás?

hin|fläzen *vr:* **sich ~**, (*fam abw*) (ar)repanchigarse, repanti(n)garse; **sitz gerade und fläz** [*o* **flegel**] **dich nicht so hin!** ¡siéntate recto y no te arrepanchigues así!

hin|fliegen *irr* I. *vi sein* ❶ (*im Flugzeug*) ir en avión

❷ (*fam: hinfallen*) caerse de bruces, romperse las narices

II. *vt* (*Personen, Waren*) transportar en avión

Hinflug *m* <-(e)s, -flüge> vuelo *m* de ida; **Hin- und Rückflug** viaje de ida y vuelta

hin|führen *vi*, *vt* llevar, conducir; **wo soll das ~?** ¿adónde irá a parar esto?

hing [hɪŋ] *3. imp von* **hängen**[1]

Hingabe *f* <-, *ohne pl*> ❶ (*Begeisterung*) entusiasmo *m*, pasión *f*

❷ (*Selbstlosigkeit*) entrega *f*

hin|geben *irr* I. *vt* (*geh: opfern*) sacrificar, consagrar

II. *vr:* **sich ~** (*sich widmen*) entregarse; **sich falschen Hoffnungen ~** abrigar falsas esperanzas

Hingebung *f* <-, *ohne pl*> entrega *f*

hingebungsvoll *adj* (*selbstlos*) abnegado, entregado

hingegen [-'--] *adv* por el contrario, en cambio

hingegossen *adj* (*fam*): **wie ~ dasitzen** repanchigarse [*o* repantigarse] del todo (sentado); **wie ~ daliegen** repanchigarse [*o* repantigarse] del todo (tumbado)

hin|gehen *irr vi sein* ❶ (*an Ort*) ir (*zu* a); **wo geht es hier hin?** ¿adónde se va por aquí?; **etw ~ lassen** hacer la vista gorda
❷ (*Zeit*) pasar, transcurrir
hin|gehören* *vi* (*fam*) tener su sitio (*zu* en), pertenecer (*zu* a); **wo gehören die Bücher hin?** ¿dónde hay que poner los libros?
hin|geraten* *irr vi sein* ir a parar; **wie sind Sie denn nach Bayern ~?** ¿cómo han ido a parar, pues, a Baviera?; **wo bin ich denn hier ~?** (*fam: was geht hier vor?*) ¿pero qué demonios pasa aquí?
hingerissen ['hɪŋgərɪsən] I. *pp von* **hinreißen**
II. *adj* encantado, maravillado; **er war ganz ~** estaba totalmente pasmado
hin|gucken *vi* (*fam*) mirar; **guck mal genau hin!** ¡míralo bien!
hin|halten *irr vt* ❶ (*Gegenstand*) ofrecer; (*Hand*) tender; **sie hielt mir die Hand hin** me tendió la mano
❷ (*warten lassen*) dar largas, hacer esperar; **du hast mich nun lange genug hingehalten** ya me has dado bastantes largas
Hinhaltetaktik *f* <-, -en> táctica *f* dilatoria
hin|hauen <haut hin, haute hin, hingehauen> I. *vi* (*fam: klappen*) funcionar; **das hat hingehauen** ha funcionado; **das haut schon hin** es verdad
II. *vt* (*fam abw: Arbeit*) chapucear
III. *vr:* **sich ~** (*fam: schlafen legen*) acostarse
hin|hören *vi* escuchar; **du hast nicht richtig hingehört** no has escuchado bien
hin|kauern *vr:* **sich ~** acuclillarse
Hinkebein *nt* <-(e)s, -e> (*fam*) ❶ (*Bein*) pata *f* coja
❷ (*Mensch*) cojo, -a *m, f*
Hinkelstein *m* <-(e)s, -e> (*fam*) menhir *m*
hinken ['hɪŋkən] *vi* ❶ cojear, ser cojo; **er hinkt auf dem linken Fuß** cojea del pie izquierdo; **dieser Vergleich hinkt** esta comparación está coja
hin|knallen I. *vi sein* (*fam*) caerse de bruces
II. *vt haben* (*fam*) arrojar con fuerza; **... und damit knallte er seinem Chef die Kündigung hin** ... y le arrojó a su jefe la carta de despido en la mesa
hin|knien *vi, vr:* **sich ~** arrodillarse (*auf* en, *vor* ante)
hin|kommen *irr vi sein* ❶ (*an Ort*) llegar, ir
❷ (*fam: stimmen*) ser correcto; **das kommt ungefähr hin** es más o menos así
❸ (*fam: auskommen*) alcanzar; **kommen wir mit drei Flaschen Wein hin?** ¿nos alcanzará con tres botellas de vino?
hin|kriegen *vt* (*fam*) ❶ (*fertig bringen*) lograr, conseguir; **das hast du toll hingekriegt!** ¡qué bien te ha salido!
❷ (*in Ordnung bringen*) arreglar; **das kriegen wir schon (wieder) hin** esto ya lo arreglaremos [*o* solucionaremos]
hin|langen *vi* (*fam*) ❶ (*zupacken*) agarrar, coger
❷ (*zuschlagen*) pegar, golpear
hinlänglich *adj* suficiente, bastante; **~ bekannt sein** ser suficientemente conocido
hin|lassen *irr vt* (*fam*) dejar ir; **meine Eltern lassen mich nicht zur Disco hin** mis padres no me dejan ir a la discoteca
hin|laufen *irr vi sein* ❶ (*rennen*) correr, ir corriendo (hacia)
❷ (*reg: fam: zu Fuß gehen*) ir(se) andando, ir(se) a pie
hin|legen I. *vt* ❶ (*Dinge*) dejar, poner
❷ (*Verletzte, Kind*) acostar
❸ (*fam: darbieten*) ejecutar grandiosamente; **sie hat einen tollen Tanz hingelegt** ejecutó un baile fantástico
II. *vr:* **sich ~** ❶ (*auf Boden*) tumbarse (*auf* en)
❷ (*ins Bett gehen*) acostarse
❸ (*fam: hinfallen*) caerse, dar con la nariz en el suelo
hin|lümmeln *vr:* **sich ~** (*fam*) *s.* **hinfläzen**
hin|machen I. *vi* (*fam*) ❶ (*Notdurft*) hacer sus necesidades
❷ (*reg: sich beeilen*) darse prisa; **mach hin! gleich fährt der Bus ab** ¡date prisa!, el autobús sale en seguida
II. *vt* (*fam*) colocar; **machen Sie mir die Lampe bitte da hin!** ¡coloque la lámpara ahí, por favor!
hin|morden *vt* (*abw*) asesinar de forma brutal
hin|müssen *irr vi* (*fam*) tener que ir (*zu* a)
Hinnahme *f* <-, *ohne pl*> aceptación *f*; **für Fatalisten ist die ~ des Schicksals etwas Selbstverständliches** aceptar el destino es para los fatalistas algo evidente
hin|nehmen *irr vt* (*Tatsache*) aceptar; (*erdulden*) aguantar; (*tolerieren*) tolerar
hin|neigen I. *vt:* **etw zu jdm ~** inclinar algo hacia alguien
II. *vr:* **sich ~** inclinarse (*zu* hacia)
hinnen ['hɪnən] *adv* (*alt*) **von: ~** fuera de aquí; **von ~ gehen** [*o* **scheiden**] marcharse de aquí
hin|pfeffern *vt* (*fam*) ❶ (*hinschleudern*) arrojar (violentamente); **er pfefferte seinem Vermieter die Kündigung hin** le arrojó a su casero el aviso de desahucio
❷ (*Kritik*) decir en tono brusco, soltar, espetar; **er bekam eine schneidende Antwort hingepfeffert** le espetaron [*o* soltaron] una respuesta brusca e incisiva
hin|plumpsen *vi sein* (*fam*) caer pesadamente
hin|raffen *vt* arrebatar, aniquilar
hin|reichen I. *vi* alcanzar, ser suficiente; **wie lange werden unsere Vorräte ~?** ¿hasta cuándo alcanzarán nuestras provisiones?
II. *vt:* **jdm etw ~** entregar algo a alguien
hinreichend ['hɪnraɪçənt] *adj* suficiente
Hinreise *f* <-, -n> (viaje *m* de) ida *f*
hin|reißen *irr vt:* **sich (von jdm/etw** *dat*) **zu etw** *dat* **~ lassen** dejarse seducir [*o* llevar] (por algo/alguien) a algo; **sich dazu ~ lassen etw zu tun** dejarse convencer a hacer algo
hinreißend *adj* fascinante, magnífico; **~ schön** de una belleza fascinante
hin|rennen *irr vi sein* correr (*zu* hacia)
hin|richten *vt* ajusticiar, ejecutar
Hinrichtung *f* <-, -en> ejecución *f*
hin|rotzen *vt* (*fam: nachlässig anfertigen*) hacer de cualquier manera; **ein hingerotzter Artikel** un artículo mal redactado
hin|schaffen *vt* llevar (*zu* a)
hin|schauen *vi* mirar (*zu* a); **wenn man genau hinschaut, sieht man den Fehler** si uno se fija bien se ve la falta
hin|scheiden *irr vi sein* (*geh*) fallecer
hin|schicken *vt* mandar (*zu* a)
Hinschied ['hɪnʃiːt] *m* <-(e)s, -e> (*Schweiz: geh: Tod*) muerte *f*, defunción *f*
hin|schlagen *irr vi sein s.* **hinfallen**
hin|schleichen *irr vi sein, vr:* **sich ~ haben** avanzar a hurtadillas, acercarse sigilosamente
hin|schleppen I. *vt* arrastrar
II. *vr:* **sich ~** (*Veranstaltung*) hacerse largo; (*Zeit*) pasar lentamente
hin|schmeißen *irr vt* (*fam*) ❶ (*hinwerfen*) arrojar al suelo
❷ (*aufgeben*) dejar, abandonar; **manchmal möchte ich alles ~ und gehen** a veces quisiera dejarlo todo y marcharme
hin|schmelzen *irr vi sein* ❶ (*Gegenstand*) derretirse, fundirse
❷ (*fam iron: Person*) derretirse; **vor Rührung ~** derretirse de emoción
hin|schmieren *vt* (*fam*) ❶ (*Schmutz*) pringar (*an* en, *auf* en)
❷ (*abw: malen, schreiben*) garabatear, emborronar (*auf/an*); **der Aufsatz ist einfach nur schnell hingeschmiert** la redacción está escrita de cualquier manera
hin|schreiben *irr* I. *vi* (*fam: an jdn*) escribir (una carta)
II. *vt* escribir; **das können Sie ruhig so ~** lo puede escribir así, tal cual
hin|sehen *irr vi* mirar (*zu* hacia); **bei genauerem H~** mirándolo de cerca
hin|sein *irr vi sein* (*fam*) *s.* **hin II.**
hin|setzen I. *vt* ❶ (*abstellen*) poner, colocar
❷ (*Kind*) sentar
II. *vr:* **sich ~** sentarse; **setz dich gerade hin!** ¡siéntate derecho!
Hinsicht *f* <-, -en>: **in ~ auf ...** en cuanto a...; **in dieser ~** en relación a esto; **in jeder/gewisser ~** a todas luces/en cierto modo; **in finanzieller/beruflicher ~** con respecto al dinero/a la profesión
hinsichtlich *präp +gen* con respecto a, en cuanto a
hin|sinken *irr vi sein* (*geh*) hundirse
hin|sitzen *irr vi sein* (*südd, Schweiz*) sentarse
Hinspiel *nt* <-(e)s, -e> (SPORT) partido *m* de ida, encuentro *m* de ida
hin|stehen *irr vi sein* (*südd, Schweiz*) ponerse, plantarse
hin|stellen I. *vt* ❶ (*Gegenstand*) poner, colocar
❷ (*bezeichnen*) calificar (*als* de); **er stellte ihn als Betrüger hin** le calificó de estafador
II. *vr:* **sich ~** ponerse, plantarse; **stell dich gerade hin!** ¡ponte derecho!
hin|steuern *vi:* **auf etw ~** (*fig*) tener algo como meta
hin|strömen *vi sein* acudir en masa [*o* en tropel] (*zu* a); **alle Fans strömten zum Stadion hin** todos los seguidores acudieron en masa al estadio
hin|stürzen *vi sein* ❶ (*hinfallen*) caerse
❷ (*hineilen*) precipitarse (*zu* hacia)
hintan|stellen *vt* (*geh: zurückstellen*) posponer
hinten ['hɪntən] *adv* atrás, detrás; (*im hinteren Teil*) en la parte posterior, al fondo; **ein Schlag von ~** un golpe por detrás; **von ~ anfangen** empezar desde atrás; **sich ~ anstellen** ponerse a la cola; **ganz ~ im Buch** al final del libro; **das stimmt ~ und vorne nicht, das ist doch von ~ bis vorn gelogen** (*fam fig*) esto es una mentira de cabo a rabo; **ihr Gehalt reicht vorne und ~ nicht** (*fam*) su sueldo no alcanza para nada; **ich weiß schon nicht mehr, wo ~ und vorne ist** (*fam*) ya no sé si voy o vengo
hintendran [--'-] *adv* (*fam: hinten an etw*) detrás
hintendrauf [--'-] *adv* (*fam: hinten auf etw*) atrás; **etw/jdn ~ nehmen/haben** (*im Auto*) llevar/tener algo/a alguien detrás; **er kriegt**

noch eins ~ le van a dar (un azote) en el culo

hintenherum ['----] *adv* ❶ (*gehen, kommen*) por detrás ❷ (*fam: heimlich*) por detrás; (*illegal*) clandestinamente

hintennach [--'-] *adv* (*südd, Schweiz*) detrás

hintenrum ['---] *adv* (*fam*) s. **hintenherum**

hintenüber [--'--] *adv* (*fallen*) para atrás

hinter ['hɪntɐ] **I.** *präp* +*dat* ❶ (*da~*) detrás de, tras; (*am Ende von*) al final de; **drei Kilometer ~ Granada** a tres kilómetros de Granada; **das Schlimmste hast du schon ~ dir** ya has pasado lo peor; **~ etw kommen** (*fam*) descubrir algo ❷ (*zeitlich*) después de ❸ (*Reihenfolge*) atrás; **er ließ ihn weit ~ sich** *dat* le dejó muy atrás; **~ der Entwicklung zurückbleiben** quedarse atrás en el desarrollo **II.** *präp* +*akk* (hacia) atrás, detrás de; **stell das Buch ~ die anderen** pon el libro detrás de los otros; **das muss ich noch ~ mich bringen** tengo que acabar con esto

Hinterachse *f* <-, -n> eje *m* trasero; **Hinterausgang** *m* <-(e)s, -gänge> salida *f* trasera; **Hinterbacke** *f* <-, -n> (*fam*) nalga *f*

Hinterbänkler(in) *m(f)* <-s, -; -, -nen> (POL: *sl abw*) diputado sin cargo específico ni en el gobierno ni en la oposición

Hinterbein *nt* <-(e)s, -e> pata *f* trasera; **sich auf die ~e stellen** (*fam fig*) mostrar los dientes

Hinterbliebene(r) [hɪntɐ'bli:bənə] *mf* <-n, -n; -n, -n> pariente *mf* del difunto; **wir ~n** los que aquí quedamos; **Hinterbliebenenrente** *f* <-, -n> (FIN) pensión *f* del superviviente [*o* de supervivencia], pensión *f* familiar; **Hinterbliebenenversorgung** *f* <-, ohne *pl*> (FIN) previsión *f* de los supérstites

hinterbracht *pp von* **hinterbringen**

hinterbringen* *irr vt* (*geh*): **jdm etw ~** decir secretamente algo a alguien; **in ihrer Anwesenheit sollten wir darüber besser nicht reden, die hinterbringt sicher wieder alles dem Chef** delante de ella mejor que no hablemos de ello, seguro que se lo cuenta después todo al jefe

Hinterdeck *nt* <-(e)s, -s> (NAUT) cubierta *f* de popa

hinterdrein [hɪntɐ'draɪn] *adv* (*dahinter folgend*) detrás

hintere(r, s) ['hɪntərə, -re, -rəs] *adj* de atrás, trasero

hintereinander [hɪntɐʔaɪ'nandɐ] *adv* ❶ (*räumlich*) uno detrás de otro, en fila india; **~ fahren** viajar [*o* ir] uno detrás de otro; **~ gehen** ir uno detrás de otro, en fila; **~ stehen** estar en fila ❷ (*zeitlich*) uno después de otro; **vier Wochen ~** cuatro semanas seguidas; **dreimal ~** tres veces seguidas

hintereinander|fahren *irr vi sein* s. **hintereinander 1.**

hintereinander|gehen *irr vi sein* s. **hintereinander 1.**

hintereinanderher [-----'-] *adv* (*gehen*) uno detrás de otro, en fila india; (*einer nach dem anderen*) de uno en uno

hintereinander|stehen *irr vi* s. **hintereinander 1.**

Hintereingang *m* <-(e)s, -gänge> entrada *f* trasera, puerta *f* de atrás

hinterfotzig *adj* (*reg: vulg*) venenoso, con mala leche; **frag doch nicht so ~!** ¡no preguntes con tan mala leche!

hinterfragen* *vt* indagar

Hinterfuß *m* <-es, -füße> (ZOOL) pata *f* posterior

hintergangen *pp von* **hintergehen**

Hintergaumenlaut *m* <-(e)s, -e> (LING) (sonido *m*) velar *f*

Hintergebäude *nt* <-s, -> edificio *m* posterior [*o* de atrás]

Hintergedanke *m* <-ns, -n> segunda intención *f*

hintergehen* *irr vt* engañar, embaucar

Hintergrund *m* <-(e)s, -gründe> fondo *m*; (*Ursache*) causas *fpl*; **in den ~ treten** perder importancia; **im ~ bleiben/stehen** mantenerse/permanecer en la sombra; **der politische/soziale ~** el fondo político/social; **der Mord hat politische Hintergründe** el asesinato tiene un fondo político; **vor dem ~ dieser Ereignisse** con estos hechos de fondo

hintergründig ['--grʏndɪç] *adj* enigmático, recóndito

Hintergrundmusik *f* <-, -en> música *f* de fondo; **Hintergrundprogramm** *nt* <-s, -e> (INFOR) programa *m* de fondo; **Hintergrundprozess**^RR *m* <-es, -e> (INFOR) proceso *m* de fondo

hinter|haken *vi* (*fam*) investigar en profundidad

Hinterhalt *m* <-(e)s, -e> emboscada *f*; **im ~ liegen** estar emboscado; **jdn aus dem ~ überfallen** atacar a alguien por la espalda; **in einen ~ geraten** caer en una emboscada; **jdn in einen ~ locken** meter a alguien en una emboscada, hacer caer a alguien en una trampa

hinterhältig ['hɪntɐhɛltɪç] *adj* alevoso, insidioso

Hinterhältigkeit *f* <-, ohne *pl*> alevosía *f*, felonía *f*

Hinterhand *f* <-, -hände> (ZOOL) cuarto *m* trasero; **etw in der ~ haben** tener algo en reserva; **Hinterhaus** *nt* <-es, -häuser> edificio *m* posterior [*o* de atrás]

hinterher [--'-, '---] *adv* ❶ (*räumlich*) detrás ❷ (*zeitlich*) después, posteriormente; **~ tut es dir leid** después lo vas a sentir

hinterher|fahren [hɪntɐ'he:ɐ-] *irr vi sein* seguir (con el coche), ir detrás (con el coche)

hinterher|hinken *vi sein* ❶ (*hinkend verfolgen*) ir detrás [*o* perseguir] cojeando ❷ (*zu langsam folgen*) seguir con atraso; **die Gesetzgebung hinkt der sozialen Entwicklung hinterher** la legislación va a remolque del desarrollo social

hinterher|kommen *irr vi sein* ❶ (*folgen*) seguir ❷ (*danach kommen: Konsequenz*) venir detrás, seguir luego; **so kommst du nicht davon, da kommt noch etwas hinterher** esto no se queda así, ya verás lo que te espera

hinterher|laufen *irr vi sein* (*dahinter gehen*) ir detrás (de), seguir; (*rennen*) correr detrás (de); **jdm ~** (*fam*) perseguir a alguien

hinterher|schicken *vt* mandar; **sie schickten den Schülern eine Aufsichtsperson hinterher** mandaron a un vigilante a que fuera tras los alumnos

Hinterhof *m* <-(e)s, -höfe> patio *m* trasero; **Hinterkopf** *m* <-(e)s, -köpfe> cogote *m*, región *f* occipital; **etw im ~ haben** tener algo en (la) mente; **Hinterlader** *m* <-s, -> arma *f* de retrocarga; **Hinterlage** *f* <-, -n> (*Schweiz: Kaution*) fianza *f*, caución *f*; **Hinterland** *nt* <-(e)s, ohne *pl*> interior *m* de un país

hinterlassen* *irr vt* dejar, legar, dejar en herencia; **~e Werke** obras póstumas; **das Opfer hinterlässt drei Kinder** la víctima deja tres hijos

Hinterlassenschaft *f* <-, -en> herencia *f*, legado *m*

Hinterlassung *f* <-, ohne *pl*> (*formal*): **sie ist ohne ~ ihrer neuen Anschrift verzogen** se fue sin dejar su nueva dirección

hinterlegen* *vt* depositar

Hinterleger(in) *m(f)* <-s, -; -, -nen> (a. JUR) depositador(a) *m(f)*, depositante *mf*

Hinterlegung *f* <-, -en> (JUR) depósito *m*, consignación *f*; **~ bei Gericht** depósito judicial; **~ einer Barsicherheit** consignación de una fianza en metálico

Hinterlegungsbeleg *m* <-(e)s, -e> (JUR) comprobante *m* de depósito; **Hinterlegungsbescheinigung** *f* <-, -en> (JUR) certificado *m* de depósito

hinterlegungsfähig *adj* (JUR) depositable, consignable

Hinterlegungsgebühr *f* <-, -en> (JUR) tasa *f* de depósito; **Hinterlegungskasse** *f* <-, -n> (JUR) caja *f* de depósito; **Hinterlegungsordnung** *f* <-, ohne *pl*> (JUR) ordenanza *f* de depósito; **Hinterlegungsort** *m* <-(e)s, -e> (JUR) lugar *m* de depósito; **Hinterlegungspflicht** *f* <-, -en> obligatoriedad *f* de depósito; **~ bei Einfuhren** (WIRTSCH) obligatoriedad de depósito en importaciones; **Hinterlegungsrecht** *nt* <-(e)s, ohne *pl*> derecho *m* de consignación; **Hinterlegungsschein** *m* <-(e)s, -e> (JUR) resguardo *m* de depósito; **Hinterlegungsstelle** *f* <-, -n> (JUR) oficina *f* de depósitos; **Hinterlegungsverfügung** *f* <-, -en> (JUR) diligencia *f* de consignación; **Hinterlegungsvertrag** *m* <-(e)s, -träge> (JUR) contrato *m* de depósito; **Hinterlegungszeit** *f* <-, -en> (JUR) tiempo *m* del depósito

Hinterlist *f* <-, -en> perfidia *f*, insidia *f*

hinterlistig *adj* pérfido, insidioso

hinterm ['hɪntɐm] (*fam*) = **hinter dem** detrás de; **die Garage ist ~ Haus** el garaje está detrás de la casa

Hintermann *m* <-(e)s, -männer> ❶ (*räumlich*) persona *f* que está [*o* va] detrás ❷ (*Drahtzieher*) maquinador *m*; **Hintermannschaft** *f* <-, -en> (SPORT) defensa *f*

hintern ['hɪntɐn] (*fam*) = **hinter den** detrás de; **stell dich ~ Baum** ponte detrás del árbol

Hintern ['hɪntɐn] *m* <-s, -> (*fam*) trasero *m*, culo *m*, poto *m* And; **jdm den ~ versohlen** dar a alguien unos azotes en el culo; **ein Tritt in den ~** una patada en el culo; **sich auf den ~ setzen** (*hinfallen*) caerse de culo; (*lernen*) empollar, ponerse a trabajar; **jdm in den ~ kriechen** lamer a alguien el culo; **ich könnte mir [*o* mich] in den ~ beißen** ¡tengo [*o* me da] una rabia!

Hinterpfote *f* <-, -n> (ZOOL) pata *f* posterior

Hinterrad *nt* <-(e)s, -räder> rueda *f* trasera; **Hinterradantrieb** *m* <-(e)s, -e> (AUTO) tracción *f* trasera

hinterrücks ['hɪntɐrʏks] *adv* (*abw*) por la espalda

hinters ['hɪntɐs] (*fam*) = **hinter das** detrás de; **es ist ~ Regal gefallen** se cayó (por) detrás de la estantería

Hinterseite *f* <-, -n> ❶ (*Rückseite*) parte *f* trasera, parte *f* de atrás; (*eines Gebäudes*) espalda *f*; (*einer Münze*) reverso *m* ❷ (*fam: Hintern*) trasero *m*; **Hintersinn** *m* <-(e)s, -e> sentido *m* oculto

hintersinnen* *irr vr*: **sich ~** (*Schweiz: grübeln*) cavilar, reflexionar

hintersinnig *adj* críptico; **eine ~e Bemerkung** una observación críptica

Hintersitz *m* <-es, -e> asiento *m* trasero

hintersonnen *pp von* **hintersinnen**

hinterste(r, s) *adj superl von* **hintere(r, s)**

Hintersteven *m* <-s, -> (*nordd: iron: Gesäß*) trasero *m*; **Hinterteil** *nt* <-(e)s, -e> ❶ (*fam: Gesäß*) trasero *m*, nalgas *fpl* ❷ (*Teil*) parte *f* trasera;

Hintertreffen nt (fam): **ins ~ geraten** perder terreno
hintertreiben* irr vt hacer fracasar, frustrar
Hintertreppe f <-, -n> escalera f de servicio
hintertrieben pp von **hintertreiben**
Hintertupfingen ['hɪntəˈtʊpfɪŋən] nt <-s, ohne pl> (fam: rückständiger Ort) pueblo m muy apartado y retrasado (nombre inventado)
Hintertür f <-, -en>, **Hintertürl** ['--ty:el] nt <-s, -(n)> (Österr) ❶ (Tür) puerta f trasera ❷ (Ausweg) puerta f de atrás; **sich** dat **eine ~ offenhalten** asegurarse una salida; **durch die ~** (auf illegalen Umwegen) con medios [o vías] ilegales
Hinterwäldler(in) ['hɪntɐvɛltlɐ] m(f) <-s, -; -, -nen> (abw) provinciano, -a m, f
hinterwäldlerisch adj (abw) provinciano
hinterziehen* irr vt defraudar; **Steuern ~** defraudar impuestos [o a Hacienda]
Hinterziehung f <-, -en> (JUR) fraude m, ocultación f
Hinterziehungszinsen mpl (FIN) intereses mpl sobre los rendimientos no declarados
Hinterzimmer nt <-s, -> habitación f de atrás
hinterzogen pp von **hinterziehen**
hin|tragen irr vt llevar (zu a/hasta)
hin|treten irr vi sein: **zu etw** dat **~** acercarse a algo; **vor jdn ~** plantarse delante de alguien
hin|tun irr vt (fam) poner, meter
hinüber [hɪˈnyːbɐ] adv ❶ (gegenüber) al otro lado, enfrente; (nach dort) hacia allá; **da ~!** ¡(por) allí enfrente!
❷ (Wend): **~ sein** (fam: verdorben) estar pasado; (kaputt) estar estropeado [o roto], estar chingado Am: fam; (ganz hingerissen sein) quedarse maravillado; (tot sein) estar muerto
hinüber|blicken vi echar un vistazo (zu a), mirar (zu a)
hinüber|bringen irr vt llevar (zu a), transportar (zu a)
hinüber|fahren irr I. vi sein ir [o viajar] (al otro lado); **wir sind mit der Fähre (über die Wolga) hinübergefahren** cruzamos (el Volga) con el transbordador
II. vt haben pasar [o cruzar] (al otro lado)
hinüber|führen I. vi atravesar, cruzar; **die Brücke führt über den Rhein/auf die andere Seite hinüber** el puente cruza el Rin/lleva hacia el otro lado
II. vt acompañar [o llevar] (hacia el otro lado); **jdn auf die andere Straßenseite ~** ayudar a alguien a cruzar la calle
hinüber|gehen irr vi sein ir (hacia allí/hacia el otro lado); **in ein Nebenzimmer ~** pasar a una habitación lateral; **ich geh mal kurz hinüber (in die Küche) und koche uns einen Kaffee** voy en un momento (a la cocina) a preparar un café
hinüber|helfen irr vi ayudar a pasar (al otro lado); **jdm über den Zebrastreifen ~** ayudar a alguien a cruzar el paso de cebra
hinüber|kommen irr vi sein ir (hacia el otro lado/hacia allí); **warte, ich komme gleich zu dir ins Büro hinüber** espera, voy a verte enseguida a tu despacho
hinüber|lassen irr vt dejar pasar; **man ließ ihn über die Grenze (zu seinen Freunden) hinüber** le dejaron cruzar la frontera (para ir a ver a sus amigos)
hinüber|reichen I. vi llegar (hasta), alcanzar (hasta); **die Zweige reichen über den Zaun hinüber** las ramas llegan por encima de la valla hasta el otro lado; **die Flöze reichen in das Nachbarland hinüber** los filones [o vetas] se adentran en el país vecino
II. vt pasar, alcanzar
hinüber|retten I. vt salvar; (in spätere Zeit) conservar, salvar (in para)
II. vr: **sich ~** (über Brücke, Grenze) salvarse (über por); (fig) aguantar (bis hasta)
hinüber|schwimmen irr vi sein pasar nadando; **zum anderen Ufer ~** ir nadando hasta la otra orilla
hinüber|sein irr vi sein s. **hinüber 2.**
hinüber|setzen vt (über Fluss) llevar al otro lado
hinüber|springen irr vi sein saltar (al otro lado)
hinüber|steigen irr vi sein pasar por encima
hinüber|werfen irr vt lanzar (al otro lado); **einen Ball in den Nachbargarten ~** lanzar una pelota al jardín del vecino
hinüber|wollen irr vi (fam) querer ir [o pasar] al otro lado; **willst du auch hinüber nach Sylt?** ¿tú también quieres ir a (la isla de) Sylt?
hin- und her|bewegen* vt, vr: **sich ~** mover(se) adelante y atrás [o de aquí para allá]; **hin- und her|fahren** irr vi sein viajar de acá para allá; **zwischen Regensburg und Nürnberg ~** hacer el camino de ida y vuelta entre Ratisbona y Núremberg; **diese Kerle auf ihren Motorrädern fahren ständig hin und her, um uns zu terrorisieren!** estos tipos van con sus motos calle arriba y abajo con la intención de atemorizarnos
Hinundhergerede nt <-s, ohne pl> (a. abw) parloteo m, charloteo m
hinunter [hɪˈnʊntɐ] adv (hacia) abajo; **bis ~ zum Fluss** hasta (abajo) el río; **den Berg ~** monte abajo
hinunter|blicken vi mirar hacia abajo
hinunter|bringen irr vt ❶ (nach unten bringen) llevar abajo; **etw in den Keller ~** llevar algo al sótano
❷ (fam: Essen) poder tragar
hinunter|fahren irr I. vi sein bajar, descender
II. vt bajar, descender
hinunter|fallen irr vi sein caerse; **mir ist die Vase hinuntergefallen** se me ha caído el jarrón; **sie ist die Treppe hinuntergefallen** se ha caído por la escalera
hinunter|fließen irr vi sein fluir, correr; **die Abwässer fließen den Rhein hinunter** las aguas residuales fluyen por el Rin
hinunter|gehen irr vi sein bajar
hinunter|kippen vt ❶ (Müll) arrojar, tirar
❷ (fam: trinken) beber de un trago
hinunter|klettern vi sein bajar, descender
hinunter|lassen irr vt bajar; **etw zu den Verletzten ~** bajar algo hasta donde están los heridos fam
hinunter|laufen irr vi sein bajar; **die Stufen ~** bajar los peldaños
hinunter|reichen I. vi llegar (bis zu hasta)
II. vt: **jdm etw ~** pasarle [o entregarle] algo a alguien
hinunter|schalten vi (AUTO) poner una marcha más corta; **in einen niedrigeren Gang ~** poner una marcha más corta
hinunter|schauen vi (reg) mirar (hacia) abajo
hinunter|schlingen irr vt (fam a. abw) zampar, tragar
hinunter|schlucken vt ❶ (Speise) tragar
❷ (Beleidigung, Kritik) tragarse, aguantar
hinunter|schmeißen irr vt (fam) tirar (hacia abajo)
hinunter|schütten vt (fam: trinken) beber (de un trago), verter; **musst du den Wein so ~?** ¿tienes que beber el vino de esta manera?
hinunter|sehen irr vi mirar (hacia) abajo
hinunter|spülen vt (fam: hinunterschlucken) tragar; (Ärger) tragarse; **etw den Ausguss ~** verter algo por el desagüe
hinunter|stürzen I. vt ❶ (Person) precipitar, arrojar
❷ (Getränk) beber de un trago
II. vi sein (hinunterfallen) precipitarse, caerse (in a); (eilen) bajar corriendo
III. vr: **sich ~** arrojarse (in a, aus por), tirarse (in a, aus por)
hinunter|werfen irr vt tirar, arrojar
hinunter|würgen vt (Essen) tragar a duras penas
hinunter|ziehen irr I. vi sein (fam: umziehen): **ins Erdgeschoss ~** mudarse a la planta baja; **in den Süden ~** trasladarse [o mudarse] al sur
II. vt haben tirar hacia abajo; **jdn zu sich** dat **~** tirar de alguien hacia abajo
III. vr: **sich ~ haben** extenderse (bis hasta)
hin|wagen vr: **sich ~** atreverse a ir (zu a)
hinweg [hɪnˈvɛk] adv (geh) ❶ (räumlich) fuera; **~ mit euch!** ¡fuera con vosotros!; **über jdn/etw ~** por encima de alguien/algo
❷ (zeitlich) durante; **über viele Jahre ~** durante muchos años
Hinweg ['hɪnveːk] m <-(e)s, -e> ida f; **Hin- und Rückweg** camino de ida y vuelta; **auf dem ~** a la ida
hinweg|bringen irr vt: **jdn über etw ~** ayudar a alguien a superar algo
hinweg|gehen irr vi sein: **über etw ~** pasar algo por alto
hinweg|helfen irr vi: **jdm über etw ~** consolar a alguien, animar a alguien; **sie halfen mir über die schlimme Zeit hinweg** me ayudaron a superar los tiempos difíciles
hinweg|kommen irr vi sein: **über etw ~** sobreponerse a algo, olvidar algo
hinweg|raffen vt (geh) causar la muerte (de), llevar a la tumba; **die Pest raffte Millionen Menschen hinweg** la peste causó la muerte de millones de personas
hinweg|sehen irr vi ❶ (schauen): **über etw ~** mirar por encima de algo
❷ (nicht beachten) no hacer caso de algo; **er sah darüber hinweg, dass ...** hizo la vista gorda a que... +subj
hinweg|setzen vr: **sich über etw ~** pasar por alto algo, no hacer caso a algo
hinweg|täuschen vt engañar (über); **sein Lächeln konnte nicht über seine Enttäuschung ~** su sonrisa no podía disimular su decepción; **das kann uns nicht über die Lage ~** eso no nos hace olvidar la situación
hinweg|trösten I. vt consolar, ayudar a sobreponerse; **jdn über einen Verlust ~** consolar a alguien de una pérdida
II. vr: **sich ~** consolarse, sobreponerse; **sich über eine Niederlage ~** sobreponerse a una derrota; **sie hat sich schnell über ihn hinweggetröstet** se ha consolado pronto de haberle perdido
Hinweis ['hɪnvaɪs] m <-es, -e> ❶ (Tipp) indicación f, advertencia f; **~e für den Benutzer** indicaciones para el usuario; **unter ~ auf ...** refiriéndose a..., señalando..., haciendo hincapié en...

❷ (*Anzeichen*) indicio *m*; **es gibt nicht den geringsten ~ dafür, dass ...** no existe el más pequeño indicio de que...
hin|weisen *irr* I. *vi* indicar (*auf*), advertir (*auf*); **er wies ausdrücklich darauf hin, dass ...** advirtió expresamente que...
II. *vt*: **jdn auf etw ~** indicar algo a alguien
Hinweispflicht *f* <-, *ohne pl*> (JUR) deber *m* de advertencia; **gerichtliche ~** deber de advertencia judicial; **Hinweisschild** *nt* <-(e)s, -er>, **Hinweistafel** *f* <-, -n> letrero *m* indicador
hin|wenden *irr* I. *vt* (*Kopf*) volver (*zu* hacia)
II. *vr*: **sich ~** dirigirse (*zu* a)
Hinwendung *f* <-, -en>: **eine ~ zum Besseren** un giro favorable, un mejoramiento
hin|werfen *irr* I. *vt* ❶ (*wegwerfen*) tirar, echar
❷ (*fam: aufgeben*) dejar, abandonar
❸ (*Bemerkung*) hacer, dejar caer
❹ (*Zeichnung*) bosquejar, esbozar
II. *vr*: **sich ~** tirarse al suelo
hin|wirken *vi*: **bei jdm auf etw ~** intentar convencer a alguien de algo; **darauf ~, dass ...** intentar conseguir que... +*subj*
hin|wollen *irr vi* (*fam*) querer ir (*zu* a)
Hinz [hɪnts] (*fam*): **~ und Kunz** fulano y mengano
hin|zaubern *vt* (*fam*) improvisar
hin|ziehen *irr* I. *vt* ❶ (*heranziehen*) atraer, tirar (*zu* hacia); **sich zu jdm hingezogen fühlen** sentirse atraído por alguien
❷ (*verzögern*) atrasar
II. *vr*: **sich ~** ❶ (*andauern*) ser interminable, ir para largo
❷ (*sich erstrecken*) extenderse (*bis* hasta)
III. *vi sein* (*umziehen*) irse a vivir (a)
hin|zielen *vi* ❶ (*anspielen*): **auf etw ~** hacer alusión a algo; **ich möchte wissen, auf was deine Andeutung hinzielte** me gustaría saber a qué te referías con tu insinuación
❷ (*anstreben*): **auf etw ~** aspirar a algo; **ihre Politik zielt auf die Einführung der Demokratie hin** con su política aspiran a introducir la democracia
hinzu [hɪn'tsuː] *adv* aparte de esto; (*überdies*) además
hinzu|fügen *vt* añadir (*zu* a), agregar (*zu* a)
Hinzufügung *f* <-, -en> añadido *m*, añadidura *f*; **unter ~ einer kurzen Erklärung** añadiendo una breve aclaración
hinzu|geben *irr vt* ❶ (*zusätzlich geben*): **jdm etw ~** darle a alguien algo suplementario [*o* de regalo]
❷ (*beigeben*) añadir; **der Bratensoße einen Schuss Rotwein ~** añadir a la salsa un chorrito de vino tinto
hinzu|gewinnen* *irr vt* ganar, captar
hinzu|kommen *irr vi sein* ❶ (*Person*) venir, llegar
❷ (*Sache*) agregarse (*zu* a); **kommt noch etwas hinzu?** ¿desea algo más?; **es kommt noch hinzu, dass ...** hay que añadir que...
hinzu|rechnen *vt* añadir a la cuenta
Hinzurechnung *f* <-, -en> adición *f* al cómputo
Hinzurechnungsbesteuerung *f* <-, -en> (FIN) tributación *f* de los incrementos
hinzu|setzen I. *vt* (*hinzufügen*) añadir (*zu* a), agregar (*zu* a)
II. *vr*: **sich ~** (*geh: dazusetzen*) sentarse (a la mesa) (*zu* con)
hinzu|zählen *vt* añadir, sumar
hinzu|ziehen *irr vt* (*einbeziehen*) incluir (*zu* en); (*um Rat fragen*) consultar; **man sollte einen Fachmann ~** habría que consultar a un experto
Hinzuziehungsklausel *f* <-, -n> (JUR) cláusula *f* de consulta
Hiobsbotschaft ['hiːɔps-] *f* <-, -en> mala noticia *f*, noticia *f* funesta; **eine ~ überbringen** traer una mala noticia
Hip-Hop ['hɪphɔp] *m* <-s, *ohne pl*> (MUS) hip-hop *m*
hipp, hipp, hurra ['hɪp'hɪphuˈraː] *interj* ¡hurra!, ¡viva!; **der Sieger lebe hoch! – ~!** ¡viva el vencedor! – ¡viva!
Hipphipphurra *nt* <-s, -s> hurra *m*, viva *m*; **der Sieg muss gefeiert werden, also ein dreifaches ~ auf unsere siegreiche Mannschaft!** tenemos que celebrar la victoria, así que vi(c)toreemos a nuestro equipo campeón
Hippie ['hɪpi] *m* <-s, -s> hippy *mf*, hippie *mf*
Hirn [hɪrn] *nt* <-(e)s, -e> ❶ (GASTR) sesos *mpl*
❷ (*fam: Verstand*) cerebro *m*, sesos *mpl*; **jds ~ entspringen** salir de la mente de alguien
Hirnanhangdrüse *f* <-, -n> (ANAT) hipófisis *f inv*
Hirnerschütterung *f* <-, -en> (*Schweiz*: MED) conmoción *f* cerebral; **Hirngespinst** ['hɪrnɡəʃpɪnst] *nt* <-(e)s, -e> (*abw*) quimera *f*, fantasmagoría *f*
Hirnhaut *f* <-, -häute> (ANAT) meninge *f*; **Hirnhautentzündung** *f* <-, -en> (MED) meningitis *f inv*
hirnlos *adj* (*fam*) descabellado, desatinado
Hirnrinde *f* <-, -n> (ANAT) corteza *f* cerebral, córtex *m*
hirnrissig ['-rɪsɪç] *adj* (*fam*) descabellado

Hirnschlag *m* <-(e)s, -schläge> (MED) derrame *m* cerebral, apoplejía *f*; **Hirntod** *m* <-(e)s, -e> (MED) muerte *f* cerebral
hirntot *adj* (MED) clínicamente muerto; **~ sein** estar clínicamente muerto
Hirntote(r) *mf* <-n, -n; -n, -n> (MED) persona *f* clínicamente muerta; **Hirntumor** *m* <-s, -e(n)> (MED) tumor *m* cerebral
hirnverbrannt *adj* (*abw*) descerebrado
Hirnwindung *f* <-, -en> (ANAT) circunvolución *f* cerebral
Hirsch [hɪrʃ] *m* <-(e)s, -e> (ZOOL) ciervo *m*
Hirschfänger *m* <-s, -> cuchillo *m* largo de monte; **Hirschgeweih** *nt* <-(e)s, -e> cornamenta *f* del ciervo; **Hirschhorn** *nt* <-(e)s, *ohne pl*> cuerno *m* de ciervo; **Hirschkäfer** *m* <-s, -> (ZOOL) ciervo *m* volante; **Hirschkalb** *nt* <-(e)s, -kälber> (ZOOL) cervato *m*; **Hirschkeule** *f* <-, -n> (GASTR) pierna *f* de venado; **Hirschkuh** *f* <-, -kühe> cierva *f*; **Hirschleder** *nt* <-s, -> (piel *f* de) ante *m*
Hirse ['hɪrzə] *f* <-, -n> mijo *m*
Hirsebrei *m* <-(e)s, -e> papilla *f* de mijo; **Hirsekorn** *nt* <-(e)s, -körner> grano *m* de mijo
Hirt *m* <-en, -en> (*alt*) pastor *m*
Hirte, -in ['hɪrtə] *m, f* <-n, -n; -, -nen> pastor(a) *m(f)*; **der Gute ~** (REL) el Buen Pastor
Hirtenbrief *m* <-(e)s, -e> (REL) carta *f* pastoral; **Hirtenflöte** *f* <-, -n> flauta *f* de pastor; (*des Gottes Pan*) flauta *f* de Pan, siringa *f*; **Hirtenhund** *m* <-(e)s, -e> perro *m* (de) pastor; **Hirtenstab** *m* <-(e)s, -stäbe> (*geh a.* REL) cayado *m*
Hirtentäschel *nt* <-s, *ohne pl*>, **Hirtentäschelkraut** *nt* <-(e)s, *ohne pl*> (BOT) bolsa *f* de pastor
Hirtin *f* <-, -nen> *s.* **Hirte**
His [hɪs] *nt* <-, -> (MUS) si *m* sostenido
Hisbollah *f* <-, *ohne pl*> hezbollah *m*
Hispanist(in) [hɪspaˈnɪst] *m(f)* <-en, -en; -, -nen> hispanista *mf*
Hispanistik *f* <-, *ohne pl*> filología *f* hispánica, Hispánicas *fpl*
Hispanistin *f* <-, -nen> *s.* **Hispanist**
hissen ['hɪsən] *vt* izar; (*schwingen*) enarbolar
Histamin [hɪstaˈmiːn] *nt* <-s, -e> (MED) histamina *f*
Histochemie [hɪsto-] *f* <-, *ohne pl*> histoquímica *f*
Histogramm [hɪstoˈgram] *nt* <-s, -e> histograma *m*
Histologie [hɪstoloˈgiː] *f* <-, *ohne pl*> (MED) histología *f*
histologisch [hɪstoˈloːgɪʃ] *adj* (MED) histológico
Historiker(in) [hɪsˈtoːrikɐ] *m(f)* <-s, -; -, -nen> historiador(a) *m(f)*
Historiographie [hɪstorioɡraˈfiː] *f* <-, *ohne pl*> (*geh*) historiografía *f*
historisch [hɪsˈtoːrɪʃ] *adj* histórico
Hit [hɪt] *m* <-(s), -s> (*fam*) ❶ (MUS) éxito *m* (musical), hit *m*
❷ (*Verkaufsschlager*) hit *m*, éxito *m* de ventas
❸ (INFOR) hit *m*
Hitliste *f* <-, -n> lista *f* de éxitos, ranking *m*; **Hitparade** *f* <-, -n> (*Musiksendung*) programa *m* de éxitos musicales; (*Hitliste*) lista *f* de éxitos musicales
Hitze ['hɪtsə] *f* <-, *ohne pl*> ❶ (*Temperatur*) calor *m*; **eine drückende ~** un calor agobiante; **etw bei starker/mittlerer ~ backen** cocer algo a horno fuerte/moderado
❷ (*Erregung*) acaloramiento *m*; **sich in ~ reden** acalorarse al hablar
hitzebeständig *adj* resistente al calor
Hitzebeständigkeit *f* <-, *ohne pl*> resistencia *f* al calor, termorresistencia *f*; **Hitzebläschen** *nt* <-s, -> (MED) sarpullido *m*
hitzeempfindlich *adj* termosensible, sensible al calor
Hitzeflimmern *nt* <-s, *ohne pl*> centelleo *m* de calor
hitzefrei *adj* (SCH): **~ haben** no tener clase debido al fuerte calor; **wenn es noch zwei Grad wärmer wird, bekommen wir ~** dos grados más y nos dan libre
Hitzeperiode *f* <-, -n> período *m* de calor; **Hitzeschild** *m* <-(e)s, -e> (TECH) escudo *m* protector del calor; **Hitzewallungen** *fpl* (MED) sofocos *mpl*; **Hitzewelle** *f* <-, -n> ola *f* de calor
hitzig ['hɪtsɪç] *adj* ❶ (*leidenschaftlich*) apasionado; (*jähzornig*) colérico; (*heftig*) vehemente
❷ (*Debatte*) acalorado
Hitzkopf *m* <-(e)s, -köpfe> botafuego *mf*, cascarrabias *mf inv*
hitzköpfig *adj* exaltado
Hitzschlag *m* <-(e)s, -schläge> insolación *f*; **einen ~ haben/bekommen** tener/sufrir una insolación
HIV [haːʔɪˈfaʊ] *nt* <-(s), *ohne pl*> (MED) *Abk. von* **human immunodeficiency virus** VIH *m*; **~ positiv/negativ** seropositivo/seronegativo
HIV-infiziert *adj* (MED) seropositivo; **HIV-Test** *m* <-(e)s, -s *o* -e> (MED) test *m* del SIDA
Hiwi ['hiːvi] *m* <-s, -s; -, -s> (UNIV: *fam*) *Abk. von* **Hilfswissenschaftler(in)** asistente *mf* científico, -a
Hizbullah *f* <-, *ohne pl*> hezbollah *m*
hl *m Abk. von* **Hektoliter** hl
hl. *adj Abk. von* **heilig** Sto., Sta.
Hl. *Abk. von* **Heilige(r)** S(to)., Sta.

hm [hm] *part* ① (*Zustimmung auf Frage*) sí, hum; (*im Gespräch*) ya, ya ② (*Nachdenklichkeit*) mmm; ~, **das ist schwierig** mmm, esto es difícil
H-Milch ['haːmɪlç] *f* <-, *ohne pl*> leche *f* U.H.T.
h-Moll ['haːmɔl] *nt* <-, *ohne pl*> (MUS) si *m* menor
HNO *m* <-s, -s> (MED) *Abk. von* **Hals-Nasen-Ohren-Arzt** otorrino *m*
HNO-Arzt, -Ärztin [haːʔɛnˈʔoː-] *m*, *f* <-es, -Ärzte; -, -nen> otorrino, -a *m*, *f*
Ho (CHEM) *Abk. von* **Holmium** Ho
hob [hoːp] *3. imp von* **heben**
Hobby ['hɔbi] *nt* <-s, -s> hobby *m*
Hobbyraum *m* <-(e)s, -räume> espacio donde uno practica un pasatiempo; **für seine Bastelarbeiten hat er im Keller einen ~** en el sótano tiene una habitación para hacer bricolaje
Hobel ['hoːbəl] *m* <-s, -> cepillo *m* de carpintero
Hobelbank *f* <-, -bänke> banco *m* de carpintero
hobeln ['hoːbəln] *vi*, *vt* ① (*Bretter*) cepillar ② (GASTR) partir en láminas, rallar
Hobelspan *m* <-(e)s, -späne> viruta *f*
hoch [hoːx] <höher, am höchsten> **I.** *adj* ① (*räumlich, Geschwindigkeit, Temperatur, Lebensstandard*) alto; **das ist drei Meter ~** tiene una altura de tres metros; **ein hohes Amt bekleiden** ocupar un alto cargo; **ein hoher Beamter** un alto funcionario; **~ gestellt** de alta categoría, de alto rango; **es handelt sich um einen ~ gestellten Funktionär** se trata de un alto funcionario; **im hohen Norden** en el extremo norte; **das hohe Haus** la Cámara Alta; **er ist ein hohes Tier** (*fam*) es un pez gordo; **das ist mir zu ~** (*fam*) eso no me cabe en la cabeza; **auf dem hohen Ross sitzen** tener muchos humos ② (*Ton*) agudo, alto ③ (*Zahl, Preis*) elevado; (*Alter*) avanzado; (*Geldstrafe*) fuerte; **in hohem Alter sein** ser de edad avanzada; **hohe Steuern** impuestos altos ④ (*Bedeutung*) grande; **hoher Besuch** una visita importante; **hohe Ehre** un gran honor; **hohe Ansprüche stellen** tener grandes exigencias; **mit hoher Wahrscheinlichkeit** casi con toda seguridad, altamente probable
II. *adv* ① (*nach oben*) (hacia) arriba; **er zeigte ~ zum 12. Stock** indicó hacia el 12º piso; **~ hinauswollen** (*fam*) tener altas miras; **wenn es ~ kommt** (*fam*) como mucho; **die Treppe ~ fallen** (*fig*) salir beneficiado ② (*in einiger Höhe*) en lo a] lo alto; **~ gelegen** elevado; **im ~ gelegenen Gebirgstal** en lo alto de las montañas; **der höchst gelegene Ort eines Landes** el punto más alto de un país; **~ am Himmel** en lo alto del cielo; **~ oben** muy arriba; **wir fliegen 13.000 Meter ~** volamos a una altura de 13.000 metros; **es geht ~ her** hay mucho jaleo; **~ pokern** (*fig*) arriesgarse mucho; **~ setzen** [*o* **spielen**] pujar alto ③ (*sehr*) muy, mucho; (*stark*) altamente; (*äußerst*) sumamente; **jdn ~ achten** sentir gran aprecio por alguien; **~ angesehen** de gran prestigio; **sie ist dort ~ geachtet** allí la aprecian mucho; **er ist ~ betagt** es de edad muy avanzada; **sie ist ~ begabt** es altamente dotada, tiene mucho talento; **jdn/etw ~ einschätzen** estimar mucho a alguien/algo; **~ geehrt** (*geh*) muy apreciado; **~ geehrter Herr Präsident!** ¡apreciado Señor Presidente!; **~ gelobt** muy elogiado; **~ geschätzt** muy valorado; **~ gespannte Erwartungen** (*fam*) gran expectación; **~ gesteckte Ziele** fines [*o* objetivos] altos; **~ motiviert** muy motivado; **~ verschuldet** muy endeudado; **~ versichert sein** tener un seguro muy alto, estar muy bien asegurado; **etw ~ und heilig versprechen** (*fam*) prometer solemnemente algo; **das rechne ich dir ~ an** valoro mucho esto (que has hecho) ④ (MATH) elevado; **drei ~ sieben** tres elevado a siete
Hoch *nt* <-s, -s> ① (*~ruf*) viva *m*; **ein ~ auf jdn ausbringen** dar un viva en honor de alguien ② (METEO) anticiclón *m*, altas presiones *fpl*
Hochachtung *f* <-, *ohne pl*> respeto *m*, gran aprecio *m*; **mit vorzüglicher ~** atentamente; **bei aller ~ vor Ihrer Leistung …** con todos los respetos por su trabajo…
hochachtungsvoll *adv* (*im Brief*) atentamente
Hochadel *m* <-s, *ohne pl*> alta nobleza *f*; **dem europäischen ~ entstammen** proceder de la alta aristocracia europea
hochaktuell ['---'-] *adj* de gran actualidad
Hochaltar *m* <-s, -täre> altar *m* mayor; **Hochamt** *nt* <-(e)s, -ämter> (REL) misa *f* mayor
hochangesehen ['-'-----] *adj s.* **hoch II.3.**
hochanständig ['-'---] *adj* (*Handlung*) muy noble
hocharbeiten *vr*: **sich ~** ascender (a fuerza de trabajo), trabajarse un puesto *fam*
hochauflösend *adj* (INFOR, TV: *Bildschirm*) de alta definición
Hochbahn *f* <-, -en> tren *m* elevado
Hochbau¹ *m* <-(e)s, *ohne pl*> (*Bauwesen*) construcción *f* sobre tierra; **Hoch- und Tiefbau** construcción de edificios y obras públicas
Hochbau² *m* <-(e)s, -ten> (*Bauwerk*) edificio *m* alto
hochbegabt ['-'--'] *adj s.* **begabt**
hochbeladen *adj s.* **beladen I.**

hochberühmt ['-'--'] *adj* muy famoso
hochbetagt ['-'--'] *adj* de edad muy avanzada
Hochbetrieb *m* <-(e)s, *ohne pl*> (*fam*) mucha actividad *f*, intensa actividad *f*; **es herrschte ~** reinaba intensa actividad
hochbezahlt ['-'--'] *adj s.* **bezahlen**
hoch|binden *irr vt* (*Haare*) recoger; (*Pflanze*) recoger [*o* atar] (las ramas)
Hochblüte *f* <-, -n> (*wirtschaftlich, geistig*) prosperidad *f*, florecimiento *m*
hoch|bocken *vt* (AUTO) levantar [*o* elevar] sobre un gato
hoch|bringen *irr vt* (*fam*) ① (*nach oben bringen*) llevar (arriba); **die Tochter durfte keinen Jungen mit ~** (*fam*) la hija no podía llevar a ningún chico (arriba) a su habitación ② (*zuversichtlich machen*) levantar el ánimo; (*aufpäppeln*) cuidar, atender ③ (*eine Erektion bekommen*): **einen/keinen ~** empalmarse/no empalmarse
Hochburg *f* <-, -en> baluarte *m*
hochdeutsch *adj* alto alemán
Hochdeutsch *nt* <-(s), *ohne pl*> alto alemán *m*, alemán *m* estándar
hochdotiert *adj s.* **dotieren**
hoch|drehen *vt* (AUTO) revolucionar
Hochdruck *m* <-(e)s, *ohne pl*> ① (TYPO: *Verfahren*) impresión *f* en relieve ② (PHYS) presión *f* alta; **mit** [*o* **unter**] **~ arbeiten** (*fam fig*) trabajar a toda máquina ③ (METEO) altas presiones *fpl*; **Hochdruckgebiet** *nt* <-(e)s, -e> (METEO) zona *f* de altas presiones, anticiclón *m*
Hochebene *f* <-, -n> meseta *f*, altiplano *m*
hochempfindlich ['-'--'] *adj s.* **empfindlich 1.**
hochentwickelt ['-'--'] *adj s.* **entwickeln I.1.**
hocherfreut ['-'--'] *adj* encantado
hocherhoben *adj s.* **erheben I.1.**
hochexplosiv ['-'--'] *adj* altamente explosivo
hoch|fahren *irr* **I.** *vi sein* ① (*fam: nach oben fahren*) subir ② (*aufbrausen*) perder los estribos, subirse a la parra ③ (*aufschrecken*) sobresaltarse **II.** *vt* ① (TECH: *Maschine*) cebar ② (*fam*) subir
hochfahrend *adj* (*geh*) arrogante, altivo
Hochfinanz *f* <-, *ohne pl*> altas finanzas *fpl*; **Hochfläche** *f* <-, -n> *s.* **Hochebene**
hoch|fliegen *irr vi sein* ① (*Vogel*) alzar el vuelo ② (*Trümmer einer Explosion*) saltar por los aires
hochfliegend *adj* ambicioso; (*enthusiastisch*) entusiástico; **~e Pläne** planes de altos vuelos
Hochform *f* <-, *ohne pl*> plena forma *f*; **in ~ sein** estar en plena forma; **Hochformat** *nt* <-(e)s, -e> formato *m* vertical; **Hochfrequenz** *f* <-, -en> (PHYS) alta frecuencia *f*; **Hochfrisur** *f* <-, -en> peinado *m* alto; **das Haar zu einer ~ hochstecken** peinar el pelo en alto; **Hochgarage** *f* <-, -n> garaje *m* elevado; **Hochgebirge** *nt* <-s, -> alta montaña *f*; **Hochgefühl** *nt* <-(e)s, -e> emoción *f*, entusiasmo *m*, exaltación *f*
hoch|gehen *irr vi sein* ① (*Vorhang*) levantarse; (*Person, Preise*) subir ② (*fam: Bombe*) estallar ③ (*fam: gefasst werden*) ser descubierto
hochgeistig ['-'---'] *adj* de alto nivel intelectual
hochgelehrt *adj* erudito, de una vasta cultura
Hochgenussᴿᴿ *m* <-es, -nüsse> delicia *f*, goce *m*; **es ist mir ein ~** es una delicia para mí
hochgeschlossen *adj* (*Bluse*) cerrado hasta el cuello
Hochgeschwindigkeitscomputer *m* <-s, -> computadora *f* de alta velocidad, ordenador *m* de alta velocidad; **Hochgeschwindigkeitstrasse** *f* <-, -n> (EISENB) trazado *m* de alta velocidad; **Hochgeschwindigkeitszug** *m* <-(e)s, -züge> tren *m* de alta velocidad
hochgestellt ['-'--'] *adj* (*Persönlichkeit*) *s.* **hoch I.1.**
hochgestochen *adj* (*fam abw: Stil, Rede*) amanerado, rebuscado; (*Person*) pretencioso
hochgewachsen *adj s.* **wachsen¹**
Hochglanz *m* <-es, *ohne pl*> brillo *m* intenso, lustre *m*; **in ~** (*Foto*) en brillo; **etw auf ~ bringen** dar lustre a algo
hochgradig ['hoːxgraːdɪç] *adj* extremo
hoch|gucken *vi* (*fam*) *s.* **hochsehen**
hochhackig ['hoːxhakɪç] *adj* de tacones altos
hoch|halten *irr vt* ① (*in die Höhe halten*) mantener en lo alto, levantar ② (*schätzen*) estimar (mucho); (*bewahren*) conservar
Hochhaus *nt* <-es, -häuser> edificio *m* alto, edificio *m* de varios pisos, casa *f* de altos *RíoPl, Hond, PRico*; (*Wolkenkratzer*) rascacielos *m inv*
hoch|heben *irr vt* levantar, alzar
hochherzig *adj* (*geh*) generoso; **~ sein** ser generoso
Hochherzigkeit *f* <-, *ohne pl*> (*geh*) generosidad *f*
hochindustrialisiert ['-'------'] *adj s.* **industrialisieren**

hochintelligent ['----'-] *adj* muy inteligente, inteligentísimo
hochinteressant ['----'-] *adj* muy interesante, interesantísimo; ~ **klingen** sonar [*o* parecer] muy interesante
hoch|jagen *vt* ❶ (*fam: sprengen*) volar
❷ (AUTO: *sl: Motor*) revolucionar
❸ (*aufscheuchen*) espantar; **die Rebhühner wurden von dem Hund hochgejagt** el perro espantó las perdices
hoch|jubeln *vt* (*fam*) ensalzar [*o* elogiar] exageradamente
hochkant ['hoːkant] *adv*, **hochkantig** *adv* de canto; **jdn ~ rauswerfen** (*fam*) echar a alguien con cajas destempladas
hochkarätig ['-kaːrɛtɪç] *adj* de muchos quilates; ~**er Wissenschaftler** científico de gran peso
hochklappbar *adj* (*Luke*) que se abre hacia arriba; (*Sitz*) que se pliega hacia arriba
hoch|klappen I. *vi sein* plegarse hacia arriba
II. *vt haben* (*Klappe*) plegar hacia arriba; (*Kragen*) subir
hoch|klettern *vi sein* subir (*an a*), trepar (*an a*)
hoch|kommen *irr vi sein* (*fam*) ❶ (*heraufkommen*) subir; **er kommt die Treppe hoch** viene subiendo la escalera
❷ (*Erinnerungen*) venir a la memoria
❸ (*beruflich*) ascender, tener éxito
❹ (*gesund werden*) restablecerse
❺ (*erbrechen*) vomitar, devolver; **das Essen kommt mir hoch** voy a vomitar
Hochkonjunktur *f* <-, -en> (WIRTSCH) coyuntura *f* favorable, período *m* de gran prosperidad económica; **Nachlassen der ~** descenso de la alta coyuntura
hoch|können *irr vi* (*fam*) ❶ (*sich erheben können*) poder levantarse; **hilf ihr beim Aufstehen, sie kann alleine nicht hoch** ayúdala a levantarse, no puede hacerlo sola
❷ (*hochklettern können*) poder subir [*o* trepar] (*auf* a)
hochkonzentriert ['----'-] *adj* ❶ (*Mensch*) muy concentrado
❷ (*Flüssigkeit*) *s.* **konzentriert**
Hochkostenland *nt* <-es, -länder> país *m* de costes elevados
hoch|krempeln *vt* arremangar
hoch|kriegen *vt* (*fam*) ❶ (*heben können*) poder levantar
❷ (*Wend*): **einen/keinen ~** (*fam*) empalmarse/no empalmarse
Hochkultur *f* <-, -en> civilización *f* muy desarrollada
hoch|kurbeln *vt* (*fam*) subir (con una manilla); **das Autofenster ~** subir la ventanilla del coche
hoch|laden *vt* (INFOR) cargar
Hochland *nt* <-(e)s, -länder> altiplano *m*, altiplanicie *f*
hoch|leben *vi*: **er/sie lebe hoch!** ¡viva(él/ella)!; **jdn ~ lassen** dar vivas a alguien, vivar a alguien *Am*
hoch|legen *vt* (*Beine, Kopf*) colocar en alto
Hochleistung *f* <-, -en> alto rendimiento *m*; **Hochleistungschip** *m* <-s, -s> (INFOR) chip *m* de alto rendimiento; **Hochleistungssport** *m* <-(e)s, -e> deporte *m* de alto rendimiento
Hochlohnland *nt* <-(e)s, -länder> (WIRTSCH) país *m* de salarios [*o* sueldos] altos
hochmodern ['----] *adj* ultramoderno, supermoderno
Hochmoor *nt* <-(e)s, -e> (GEO) pantano *m* alto
Hochmut *m* <-(e)s, *ohne pl*> soberbia *f*, arrogancia *f*; ~ **kommt vor dem Fall** (*prov*) al que al cielo escupe, en la cara le cae, aunque la garza vuela muy alta, el halcón la mata
hochmütig ['-myːtɪç] *adj* soberbio; (*herablassend*) desdeñoso
Hochmütigkeit *f* <-, *ohne pl*> *s.* **Hochmut**
hochnäsig ['-nɛːzɪç] *adj* (*fam abw: eingebildet*) engreído, creído; (*arrogant*) arrogante
Hochnäsigkeit *f* <-, *ohne pl*> (*fam abw*) altanería *f*
Hochnebel *m* <-s, -> (METEO) niebla *f* de altura
hoch|nehmen *irr vt* ❶ (*heben*) levantar, subir
❷ (*fam: necken*) tomar el pelo, meterse (con)
Hochofen *m* <-s, -öfen> (TECH) altos hornos *mpl*; **Hochparterre** *nt* <-s, -s> entresuelo *m*; **Hochplateau** ['-plato] *nt* <-s, -s> meseta *f*, altiplano *m*
hochprozentig *adj* (*Säure*) de alta concentración; (*Alkohol*) de alta graduación
hoch|puschen *vt* (*sl*) aumentar; **durch einen Strohmann ließ sie den Preis ~** hizo aumentar el precio utilizando un hombre de paja
hochqualifiziert ['----'-] *adj s.* **qualifizieren I.1.**
hoch|ragen *vi* sobresalir, descollar; ~**de Wolkenkratzer prägen das Bild von Manhattan** los elevados rascacielos configuran la imagen de Manhattan
hochrangig *adj* de alto rango
hoch|rechnen *vt* (*Statistik*) computar aproximadamente, realizar el cómputo aproximado
Hochrechnung *f* <-, -en> cómputo *m* aproximado
hoch|reißen *irr vt* levantar de golpe

Hochrelief *nt* <-s, -s> (KUNST) altorrelieve *m*
hochrot *adj* rojo encendido, rojo vivo; ~ **vor Erregung sein** estar rojo como la grana de excitación
Hochruf *m* <-(e)s, -e> vítor *m*, viva *m*
hoch|rüsten I. *vi* (MIL) proveerse de armas en exceso, hacer preparativos de guerra
II. *vt* (*technisch verbessern*) proveer de tecnología moderna
Hochrüstung *f* <-, -en> (MIL) armamento *m* excesivo
hoch|rutschen *vi sein* (*fam*) subirse; **dieser Rock rutscht** (**mir**) **immer hoch** esta falda se me sube todo el tiempo
Hochsaison *f* <-, -s, *südd, Österr:* -en> temporada *f* alta
hoch|schätzen *vt s.* **schätzen 1.**
hoch|schaukeln *vt, vr:* **sich ~** ir acalorándose
hoch|schießen *irr vi sein* ❶ (AGR: *Saat*) crecer rápido
❷ (*fam: hinaufrasen*) subir corriendo
hoch|schlagen *irr vt* (*Kragen*) subir
hoch|schnellen *vi sein* (*Sprungfeder*) saltar hacia arriba; (*Mensch*) levantarse dando un respingo
hoch|schrauben *vt* ❶ (*Stuhl*) subir
❷ (*Preise, Ansprüche*) aumentar
hoch|schrecken¹ *vt haben* asustar, levantar de un susto; **die Vögel ~** asustar a los pájaros, hacer levantar el vuelo a los pájaros; **das Telefon schreckte mich aus dem Schlaf hoch** me desperté de un brinco al sonar el teléfono
hoch|schrecken² <schrickt hoch, schreckte hoch *o* schrak hoch, hochgeschreckt> *vi sein* levantarse de un susto; **aus dem Schlaf ~** despertarse de un susto; **sie schreckt beim kleinsten Geräusch hoch** da un respingo al más mínimo ruido
Hochschulabschluss^{RR} *m* <-es, -schlüsse> licenciatura *f*, título *m* universitario; **Hochschulabsolvent(in)** *m(f)* <-en, -en; -, -nen> licenciado, -a *m, f* (universitario, -a), egresado, -a *m, f Arg, Chil*; **Hochschulbildung** *f* <-, *ohne pl*> estudios *mpl* universitarios
Hochschule *f* <-, -n> escuela *f* superior, universidad *f*, colegio *m* mayor *Am;* **Technische ~** Escuela Técnica Superior; **Pädagogische ~** Escuela de Magisterio; ~ **für Musik** Conservatorio Superior de Música
Hochschüler(in) *m(f)* <-s, -; -, -nen> (estudiante *mf*) universitario, -a *m, f*
Hochschullehrer(in) *m(f)* <-s, -; -, -nen> profesor(a) *m(f)* universitario, -a; **Hochschulrahmengesetz** *nt* <-es, -e> ley *f* básica universitaria; **Hochschulreife** *f* <-, *ohne pl*> especie de selectividad que capacita para una carrera técnica; **Hochschulstudium** *nt* <-s, -studien> estudios *mpl* superiores, carrera *f* universitaria; **mit abgeschlossenem ~** con licenciatura (universitaria); **Hochschulwesen** *nt* <-s, *ohne pl*> enseñanza *f* superior [*o* universitaria]; **Hochschulzulassung** *f* <-, -en> título *m* de acceso a una carrera universitaria
hochschwanger *adj* en avanzado estado de gestación
Hochsee *f* <-, *ohne pl*> alta mar *f*; **Hochseefischerei** *f* <-, *ohne pl*> pesca *f* de altura
hochseetüchtig *adj* (NAUT) en buen estado de navegabilidad por alta mar
hoch|sehen *irr vi* (*fam*) levantar la vista [*o* los ojos]
Hochseil *nt* <-(e)s, -e> cuerda *f* floja; **Hochseilakt** *m* <-(e)s, -e> número *m* de equilibrismo
hochsensibel ['--'--] *adj* muy sensible, hipersensible
Hochsicherheitsgefängnis *nt* <-ses, -se> cárcel *f* de máxima [*o* alta] seguridad
Hochsitz *m* <-es, -e> (*Jagd*) puesto *m* elevado, mirador *m* (de cazadores); **Hochsommer** *m* <-s, -> pleno verano *m*
hochsommerlich I. *adj* veraniego, canicular; ~ **sein** ser veraniego [*o* de verano]
II. *adv* de pleno verano, plenamente veraniego; **draußen ist es ~ heiß** fuera hace un calor canicular [*o* plenamente veraniego]
Hochspannung *f* <-, -en> (ELEK) alta tensión *f*; **Vorsicht ~!** ¡cuidado, alta tensión!; **Hochspannungsleitung** *f* <-, -en> línea *f* de alta tensión; **Hochspannungsmast** *m* <-(e)s, -e(n)> poste *m* de alta tensión
hoch|spielen *vt* (*aufbauschen*) inflar, exagerar, aumentar la importancia (de)
Hochsprache *f* <-, -n> (LING) lenguaje *m* culto
hoch|springen *irr vi sein* ❶ (*aufspringen*) levantarse de golpe; **aufgeregt sprang er von seinem Stuhl hoch** irritado se levantó de golpe de la silla
❷ (*nach oben springen*) saltar (hacia arriba); **pass auf, dass der Hund nicht wieder an mir hochspringt!** ¡vigila que el perro no me salte otra vez encima!
❸ (SPORT) practicar el salto de altura
Hochspringer(in) *m(f)* <-s, -; -, -nen> (SPORT) saltador(a) *m(f)* de altura; **Hochsprung** *m* <-(e)s, *ohne pl*> (SPORT) salto *m* de altura
höchst [høːkst, høːçst] *adv* altamente, sumamente, de lo más *fam*
Höchstalter *nt* <-s, -> edad *f* máxima

Hochstand *m* <-(e)s, -stände> puesto *m* elevado, mirador *m* (de cazadores)

hoch|stapeln *vi* (*abw*) timar, estafar, embaucar

Hochstapler(in) *m(f)* <-s, -; -, -nen> impostor(a) *m(f)*; (*Betrüger*) estafador(a) *m(f)*

Höchstbeanspruchung *f* <-, -en> esfuerzo *m* máximo

Höchstbedarf *m* <-(e)s, *ohne pl*> demanda *f* máxima

Höchstbetrag *m* <-(e)s, -träge> importe *m* máximo; **Höchstbetragshypothek** *f* <-, -en> (FIN, JUR) hipoteca *f* cerrada

Höchstbietende(r) *mf* <-n, -n; -n, -n> licitador(a) *m(f)* más alto, -a

höchste(r, s) ['høːkstə, -tə, -təs, 'høːçstə, -tə, -təs] *adj superl von* **hoch**
① (*räumlich*) más alto; **am ~n** lo más alto
② (*in Hierarchie*) superior; **die ~ Instanz** la instancia suprema; **ich werde mich an ~r Stelle beschweren** me quejaré a las instancias superiores
③ (*äußerst*) extremo; **in ~m Maß(e)** extremadamente; **etw in den ~n Tönen loben** elogiar mucho algo; **das ist das H~ der Gefühle** esto es lo máximo; **das ~ Gut** el más alto bien

hoch|stecken *vt* (*Haare*) sujetar

hochstehend *adj s.* **stehen I.2.**

hoch|steigen *irr vi sein* subir; (*in die Luft*) elevarse, ascender

hoch|stellen *vt* ① (*an einen höheren Ort*) poner en un sitio elevado
② (INFOR, TYPO) superindexar

höchstens ['høːkstəns, 'høːçstəns] *adv* ① (*nicht mehr als*) como mucho, no más de; **es waren ~ zehn Minuten** fueron como mucho diez minutos
② (*außer*) excepto, en todo caso; **~ wenn ...** a no ser que... +*subj*, como mucho si..., en todo caso si...

Höchstfall *m*: **im ~** como máximo; **Höchstform** *f* <-, *ohne pl*> (SPORT) plena forma *f*; **in ~** en plena forma; **Höchstfrist** *f* <-, -en> plazo *m* máximo; **Höchstgebot** *nt* <-(e)s, -e> mayor postura *f*; **Höchstgeschwindigkeit** *f* <-, -en> velocidad *f* máxima; **zulässige ~** velocidad máxima permitida; **Höchstgewicht** *nt* <-(e)s, *ohne pl*> peso *m* máximo; **Höchstgewinn** *m* <-(e)s, -e> beneficio *m* máximo; **Höchstgrenze** *f* <-, -n> límite *m* máximo

hoch|stilisieren* *vt* realzar inmerecidamente

Höchststimmung *f* <-, *ohne pl*> entusiasmo *m*, euforia *f*

Höchstkurs *m* <-es, -e> cotización *f* máxima; (SPORT) récord *m*; **Höchstleistung** *f* <-, -en> rendimiento *m* máximo; (SPORT) récord *m*; **Höchstmaß** *nt* <-es, -e> máximo *m*, dimensión *f* máxima (*an de*); **ein ~ an Präzision** un máximo de precisión; **~ der zeitigen Freiheitsstrafe** (JUR) dimensión máxima de la pena de privación de libertad temporal; **Höchstmenge** *f* <-, -n> cantidad *f* máxima; **zulässige ~** cantidad máxima permitida

höchstpersönlich ['–--'--] *adv* en persona

Höchstpreis *m* <-es, -e> precio *m* máximo; **Höchstpreisbindung** *f* <-, -en> (FIN, JUR) precio *m* máximo vinculante; **Höchstpreisvorschriften** *fpl* (FIN, JUR) disposiciones *fpl* sobre precios máximos

höchstrichterlich ['–-'----] *adj* del Tribunal Supremo, de la Corte Suprema de Justicia; **eine ~e Entscheidung** una decisión del Tribunal Supremo

Höchststand *m* <-(e)s, -stände> altura *f* máxima; **Höchststimmrecht** *nt* <-(e)s, *ohne pl*> derecho *m* de voto limitado; **Höchststrafe** *f* <-, -n> pena *f* máxima; **die ~ fordern** pedir la pena máxima

höchstwahrscheinlich ['–--'--'] *adv* con toda probabilidad, muy probablemente

Höchstwert *m* <-(e)s, -e> valor *m* máximo; **der ~ der Strahlenbelastung ist überschritten** se ha sobrepasado el valor máximo de exposición a la radiación

hoch|stylen *vt* acicalar, poner a la última

höchstzulässig ['–-'----] *adj* máximo permitido; **~es Gesamtgewicht** tara máxima (permitida)

Hochtechnologie *f* <-, -n> (TECH) alta tecnología *f*; **Hochtechnologieindustrie** *f* <-, -n> (WIRTSCH) industria *f* de alta tecnología

Hochtemperaturreaktor *m* <-s, -en> reactor *m* de alta temperatura

Hochtour *f* <-, -en> ① (*Bergtour*) excursión *f* alpina
② (*Höchstmaß*): **auf ~en laufen** [*o* **arbeiten**] trabajar a toda marcha; **jd/etw auf ~en bringen** (*fam*) calentar a algo/a alguien al máximo

hochtourig ['-tu:rɪç] *adj* (TECH) con el motor muy revolucionado

hochtrabend ['-traːbənt] *adj* (*abw*) altisonante, rimbombante

hoch|treiben *irr vt* (*Kosten*) hacer subir [*o* aumentar]

hochverehrt *adj* muy estimado

Hochverrat *m* <-(e)s, *ohne pl*> (JUR) alta traición *f*

hochverzinslich *adj* (FIN) de alto tipo de interés

Hochwald *m* <-(e)s, -wälder> monte *m* alto

Hochwasser *nt* <-s, -> ① (*bei Flut*) marea *f* alta ② (*eines Flusses*) crecida *f*, riada *f*; **der Fluss führt ~** el río ha sufrido una crecida ③ (*Überschwemmung*) inundación *f*; **Hochwassergefahr** *f* <-, -en> peligro *m* de inundación; **Hochwasserschaden** *m* <-s, -schäden> daños *mpl* por inundación; **Hochwasserschutz** *m* <-es, *ohne pl*> protección *f* contra las inundaciones; **Hochwasserstand** *m* <-(e)s, -stände> nivel *m* de la crecida [*o* riada]

hoch|werfen *irr vt* lanzar al aire; **wirf mir bitte meine Brieftasche hoch, sie ist mir hinuntergefallen** tírame la cartera, que se me ha caído

hochwertig *adj* de alta calidad, fain *Am*

Hochwild *nt* <-(e)s, *ohne pl*> caza *f* mayor

hochwillkommen *adj* especialmente bienvenido

Hochzahl *f* <-, -en> (MATH) exponente *m*

Hochzeit[1] ['hɔxtsaɪt] *f* <-, -en> (*Heirat*) boda *f*, casamiento *m*; **silberne/goldene/diamantene ~ feiern** celebrar las bodas de plata/de oro/de diamante; **man kann nicht auf zwei ~en tanzen** (*fam fig*) no se puede repicar y estar en misa [*o* en la procesión]

Hochzeit[2] ['hoːxtsaɪt] *f* <-, -en> (*geh: Blütezeit*) apogeo *m*, auge *m*

Hochzeitsfeier *f* <-, -n> boda *f*; **Hochzeitsgast** *m* <-(e)s, -gäste> invitado, -a *m*, *f* a una boda; **Hochzeitsgeschenk** *nt* <-(e)s, -e> regalo *m* de boda; **jdm etw zum ~ machen** regalar algo a alguien para su boda; **Hochzeitskleid** *nt* <-(e)s, -er> vestido *m* de novia; **Hochzeitsnacht** *f* <-, -nächte> noche *f* de bodas; **Hochzeitsreise** *f* <-, -n> viaje *m* de novios [*o* de luna de miel]; **Hochzeitstag** *m* <-(e)s, -e> ① (*Tag der Heirat*) día *m* de la boda ② (*Jahrestag*) aniversario *m* de boda

hoch|ziehen *irr vt* ① (*emporziehen*) subir; (*Nase*) aspirar, sorber(se los mocos) *fam*; (*Augenbrauen*) enarcar
② (*fam: Gebäude, Wand*) levantar

Hochzinsphase *f* <-, -n> (FIN) fase *f* de intereses altos [*o* elevados]

Hocke ['hɔkə] *f* <-, -n> posición *f* en cuclillas; **in die ~ gehen** acuclillarse, ponerse en cuclillas; **in der ~ sitzen** estar en cuclillas

hocken ['hɔkən] *vi* ① (*in Hocke*) estar en cuclillas
② (*fam: sitzen*) estar sentado
③ (SPORT: *hockend springen*) saltar agachado (*über*)

Hocker ['hɔkɐ] *m* <-s, -> taburete *m*; **jdn vom ~ hauen** [*o* **reißen**] (*begeistern*) chiflar algo a alguien

Höcker ['hœkɐ] *m* <-s, -> ① (*bei Kamelen*) joroba *f*, giba *f*
② (*im Gelände*) elevación *f*, eminencia *f*

Hockey ['hɔki] *nt* <-s, *ohne pl*> hockey *m*

Hockeyschläger *m* <-s, -> (SPORT) stick *m* de hockey

Hoden ['hoːdən] *m* <-s, -> testículo *m*

Hodensack *m* <-(e)s, -säcke> bolsa *f* testicular, escroto *m*

Hof [hoːf, *pl*: 'høːfə] *m* <-(e)s, Höfe> ① (*Innen~, Hinter~*) patio *m* (interior)
② (*Bauern~*) finca *f*, granja *f*
③ (*Gerichts~, Königs~*) corte *f*; **am ~e Karls V.** en la corte de Carlos V; **bei ~e** en la corte
④ (*um Sonne, Mond*) halo *m*, corona *f*

Hofdame *f* <-, -n> cortesana *f*

hoffen ['hɔfən] *vi*, *vt* esperar; (*vertrauen*) confiar (*auf en*); **wir ~ auf baldige Besserung** confiamos en una rápida mejora; **~ wir das Beste!** ¡esperemos lo mejor!; **da kann man nur ~** sólo se puede esperar; **es bleibt zu ~, dass ...** queda por esperar que... +*subj*; **wir ~, dass ...** esperamos que... +*subj*; **ich will nicht ~, dass ...** espero que no... +*subj*; **H~ und Harren macht manchen zum Narren** (*prov*) quien espera desespera

hoffentlich ['hɔfəntlɪç] *adv* ojalá +*subj*; **~ kommt er bald** ojalá venga pronto; **du bist mir doch ~ nicht böse?** espero que no estés enfadado conmigo

Hoffnung ['hɔfnʊŋ] *f* <-, -en> esperanza *f*; **in der ~, dass ...** con la esperanza de que... +*subj*; **jdm/sich** *dat* **~en machen** dar esperanzas a alguien/tener esperanzas; **mach dir keine ~en** no te hagas ilusiones; **die ~ aufgeben/verlieren** abandonar/perder la esperanza; **neue ~ schöpfen** cobrar nuevas esperanzas; **seine ~en auf jdn/etw setzen** depositar sus esperanzas en alguien/algo; **eine ~ zerstören** defraudar una esperanza; **sich falschen ~en hingeben** hacerse falsas esperanzas; **es besteht noch ~ auf ...** todavía hay [*o* queda la] esperanza de que... +*subj*; **etw berechtigt zu der ~, dass ...** algo da motivos para esperar que... +*subj*; **du bist meine einzige/letzte ~** eres mi única/última esperanza

Hoffnungsfunke *m* <-ns, -n> rayo *m* de esperanza

hoffnungslos *adj* ① (*verzweifelt*) sin esperanza, desesperado
② (*fam: unverbesserlich*) sin remedio; **du bist ~** no tienes remedio

Hoffnungslosigkeit *f* <-, *ohne pl*> desesperanza *f*, desesperación *f*

Hoffnungsschimmer *m* <-s, -> rayo *m* de esperanza; **Hoffnungsträger(in)** *m(f)* <-s, -; -, -nen> esperanza *f*; **die neue Bürgermeisterin ist die ~in der Partei** la nueva alcaldesa es la esperanza del partido, el partido tiene puestas todas sus esperanzas en la nueva alcaldesa

hoffnungsvoll *adj* ① (*zuversichtlich*) esperanzado, lleno de esperanza; **~ in die Zukunft blicken** mirar al futuro lleno de esperanza
② (*Erfolg versprechend*) esperanzador, prometedor

Hofhund *m* <-(e)s, -e> perro *m* guardián

hofieren* [hoˈfiːrən] *vt* ❶ (*geh: den Hof machen*) hacer la corte, galantear, cortejar
❷ (*fam: den Chef*) hacer la pelota [*o* la rosca]

höfisch [ˈhøːfɪʃ] *adj* (HIST) de la corte, cortesano; ~e **Dichtung** poesía cortesana

höflich [ˈhøːflɪç] *adj* cortés; (*liebenswürdig*) amable; **wir bitten Sie ~ …** le rogamos amablemente…

Höflichkeit *f* <-, -en> cortesía *f*; **aus reiner ~** por pura cortesía

Höflichkeitsbesuch *m* <-(e)s, -e> visita *f* de cortesía [*o* de cumplido]; **Höflichkeitsfloskel** *f* <-, -n> fórmula *f* de cortesía

Hoflieferant(in) *m(f)* <-en, -en; -, -nen> proveedor(a) *m(f)* de palacio

Höfling [ˈhøːflɪŋ] *m* <-s, -e> cortesano *m*, palaciego *m*

Hofmarschall *m* <-s, -schälle> mayordomo *m* mayor

Hofnarr *m* <-en, -en> (HIST) bufón *m*; **Hofrat** *m* <-(e)s, -räte> (*Österr: Ehrentitel*) consejero *m* áulico (*título honorífico para funcionarios con méritos*); **Hofstaat** *m* <-(e)s, ohne pl> (HIST) corte *f*

Hoftor *nt* <-(e)s, -e> puerta *f* que da al patio

hohe(r, s) [ˈhoːə, ˈhoːɐ, ˈhoːəs] *adj s.* **hoch**

Höhe [ˈhøːə] *f* <-, -n> ❶ (*räumlich, a.* MUS) altura *f*; **an ~ gewinnen/verlieren** ganar/perder altura; **die Läufer liegen auf gleicher ~** los corredores están a la misma altura; **in die ~ gehen** (*Preise*) subir; (*fam*) enfurecerse; **das Schiff liegt auf der ~ von Gibraltar** el barco está a la altura de Gibraltar; **die ~n und Tiefen des Lebens** los altibajos de la vida; **die ~ eines Tons/einer Stimme** la altura de un tono/de una voz; **~n und Bässe** altos y bajos; **auf der ~ der Zeit** a la altura de los tiempos; **auf der ~ der Zeit sein** estar al día; **auf der ~ sein** (*fam*) estar en plena forma; **das ist doch die ~!** (*fam*) ¡esto es el colmo!
❷ (*An~*) alto *m*, elevación *f*
❸ (*Betrag*) importe *m*; **bis zur ~ von 1.000 Euro** hasta el importe de 1.000 euros; **der Gewinn in ~ von 20.000 Euro geht an …** el ganador del premio de 20.000 euros es…; **das hängt von der ~ der Temperatur/des Gehaltes ab** depende de la temperatura/del sueldo; **etw in die ~ treiben** hacer subir algo
❹ (*~punkt*) cima *f*; **sie war auf der ~ ihrer Karriere** estaba en la cima de su carrera

Hoheit [ˈhoːhaɪt] *f* <-, ohne pl> ❶ (*Staatsgewalt*) soberanía *f*; (*Würde*) grandeza *f*
❷ (*Anrede*) Alteza; **Königliche ~** Alteza Real

hoheitlich *adj* (POL) soberano; **die Zollkontrolle ist ein ~er Akt** el control de las fronteras es un acto de soberanía

Hoheitsadler *m* <-s, -> (POL) águila *f* de una bandera; **der Stander an der Limousine trug den deutschen ~** el estandarte de la limusina llevaba el águila de la bandera alemana; **Hoheitsakt** *m* <-(e)s, -e> (POL) acto *m* de soberanía; **Hoheitsgebiet** *nt* <-(e)s, -e> territorio *m* nacional; **Hoheitsgewalt** *f* <-, -en> (POL: *Jurisdiktion*) jurisdicción *f*, soberanía *f*; **Hoheitsgewässer** *ntpl* aguas *fpl* jurisdiccionales [*o* territoriales]; **außerhalb der ~** fuera de las aguas jurisdiccionales; **Hoheitsrecht** *nt* <-(e)s, -e> (derecho *m* de) soberanía *f*; **Hoheitsträger** *m* <-s, -> titular *m* soberano, órgano *m* soberano

hoheitsvoll *adj* (*geh*) soberano, supremo

Hoheitszeichen *nt* <-s, -> emblema *m* nacional

Höhenangabe *f* <-, -n> especificación *f* de altura; **Höhenangst** *f* <-, -ängste> miedo *m* a las alturas, vértigo *m*; **Höhenflug** *m* <-(e)s, -flüge> (AERO) vuelo *m* de altura; **geistiger ~** auge espiritual; **Höheninversion** *f* <-, -en> (METEO) inversión *f* de alturas; **Höhenkrankheit** *f* <-, ohne pl> (MED) mal *m* de las alturas, soroche *m Am*, puna *f SAm*; **Höhenleitwerk** *nt* <-(e)s, -e> (AERO) estabilizador *m* (de elevación) horizontal, empenaje *m* horizontal; **Höhenlinie** *f* <-, -n> (GEO) curva *f* de nivel; **Höhenmesser** *m* <-s, -> altímetro *m*; **Höhenruder** *nt* <-s, -> (AERO) timón *m* de profundidad; **Höhensonne** *f* <-, -n> lámpara *f* ultravioleta; **Höhenunterschied** *m* <-(e)s, -e> diferencia *f* de altura

höhenverstellbar *adj* de altura regulable

Höhenzug *m* <-(e)s, -züge> (GEO) cordillera *f*

Hohepriester *m* <-s, -> (REL) sumo sacerdote *m*

Höhepunkt *m* <-(e)s, -e> ❶ (*allgemein*) punto *m* culminante, culmen *m*; (*Gipfel*) cima *f*, apogeo *m*; (*eines Dramas*) clímax *m inv*; (*der Sonne, eines Himmelskörpers*) cenit *m*; **der ~ einer Karriere/der Macht** el apogeo de una carrera/la cima del poder; **der ~ der Kurve** el vértice de la curva; **den ~ erreichen** culminar, llegar al máximo; **seinen ~ überschreiten** superar [*o* exceder] la cumbre de su carrera
❷ (*Orgasmus*) orgasmo *m*; **zum ~ kommen** llegar al orgasmo, alcanzar [*o* conseguir] el orgasmo

höher [ˈhøːɐ] *adj kompar von* **hoch** más alto (*als que*); (*Stellung*) superior (*als a*); (*vor Zahlen*) más (*als de*); **~e Führungskraft** cuadro superior *m*; **~e Gewalt** fuerza mayor; **~ gestellt** (de categoría) superior; **~ schrauben** aumentar (progresivamente); **die Steuern werden jedes Jahr ~ geschraubt** los impuestos aumentan cada año; **~ stufen** aumentar de categoría; **die Mitarbeiterin wurde um zwei Gehaltsstufen ~ gestuft** a la compañera de trabajo le subieron dos categorías (de sueldo)

höhergestellt *adj s.* **höher**
höherschrauben *vt s.* **höher**
höherstufen *vt s.* **höher**

höherwertig *adj kompar von* **hochwertig**

hohl [hoːl] *adj* ❶ (*leer*) hueco
❷ (*konkav*) cóncavo; (*Wangen*) hundido
❸ (*Klang, Stimme*) hueco
❹ (*abw: geistlos*) vacío; **~es Geschwätz** conversación vacía

hohläugig *adj* de [*o* con los] ojos hundidos

Höhle [ˈhøːlə] *f* <-, -n> ❶ (*in Felsen*) cueva *f*; (*Grotte*) gruta *f*; (*Hohlraum*) hueco *m*
❷ (*Augen~*) órbita *f*, cuenca *f* de los ojos
❸ (*Tier~*) madriguera *f*; **sich in die ~ des Löwen begeben** meterse en la boca del lobo

Höhlenbewohner(in) *m(f)* <-s, -; -, -nen> ❶ (ZOOL) animal *m* cavernícola ❷ *s.* **Höhlenmensch**; **Höhlenforscher(in)** *m(f)* <-s, -; -, -nen> espeleólogo, -a *m, f*; **Höhlenforschung** *f* <-, -en> espeleología *f*; **Höhlenkunde** *f* <-, ohne pl> espeleología *f*; **Höhlenmalerei** *f* <-, -en> pintura *f* rupestre; **Höhlenmensch** *m* <-en, -en> (HIST) cavernícola *m*, troglodita *m*

Hohlheit *f* <-, ohne pl> ❶ (*hohle Beschaffenheit*) calidad *f* de hueco, oquedad *f*
❷ (*abw: Geistlosigkeit*) oquedad *f*, vaciedad *f*; **sie war sich** *dat* **der ~ seiner Phrasen bewusst** era consciente de lo huero de sus grandes palabras

Hohlkopf *m* <-(e)s, -köpfe> (*abw*) cabeza *mf* hueca, cabeza *mf* de chorlito; **Hohlkörper** *m* <-s, -> cuerpo *m* hueco; **Hohlkreuz** *nt* <-es, -e> lordosis *f inv*; **Hohlmaß** *nt* <-es, -e> medida *f* de capacidad; **Hohlmauer** *f* <-, -n> muro *m* hueco

Hohlraum *m* <-(e)s, -räume> cavidad *f*; **Hohlraumversiegelung** *f* <-, -en> (AUTO) tratamiento *m* anticorrosivo

Hohlsaum *m* <-(e)s, -säume> vainica *f*; **Hohlspiegel** *m* <-s, -> espejo *m* cóncavo; **Hohlstunde** *f* <-, -n> (SCH) hueco *m*; **eine ~ haben** tener un hueco entre clases

Höhlung *f* <-, -en> hueco *m*, concavidad *f*

Hohlwand *f* <-, -wände> pared *f* hueca; **Hohlweg** *m* <-(e)s, -e> (GEO) camino *m* hondo; **Hohlziegel** *m* <-s, -> (ARCHIT) ladrillo *m* hueco

Hohn [hoːn] *m* <-(e)s, ohne pl> (*Spott*) burla *f*, pifia *f And*; (*bitterer ~*) sarcasmo *m*; (*Verachtung*) desprecio *m*; **das ist der reinste ~** es una verdadera ironía; **~ und Spott ernten** cosechar burlas

höhnen [ˈhøːnən] **I.** *vi* (*geh*) burlarse, guasear
II. *vt* (*geh*) burlarse (de), guasearse (de)

Hohngelächter *nt* <-s, -> risa *f* guasona

höhnisch [ˈhøːnɪʃ] *adj* burlón, sarcástico

hohnlachen *vi* reír burlonamente

hohnsprechen *irr vi: etw* *dat* **~** estar en absoluta contradicción con algo; **sein Vorgehen spricht der Vernunft hohn** su manera de actuar va contra toda lógica

hoho [hoˈhoː] *interj*: **er will mich besiegen? ~, das soll er mal versuchen!** ¿me quiere ganar? ¡sí, sí [*o* je, je], que lo intente!; **~, jetzt mal ganz langsam, erst reden wir darüber!** ¡bueno, bueno, despacito, eh!, primero hablamos del tema

hoi [hɔɪ] *interj* (*Schweiz: hallo*) ¡hola!

Hokuspokus [hoːkʊsˈpoːkʊs] *m* <-, ohne pl> ❶ (*Zauberwort*) abracadabra *m*; **~ Fidibus** abracadabra, pata de cabra
❷ (*Trick*) juego *m* de manos
❸ (*abw: Getue*) farsa *f*, teatro *m*

hold [hɔlt] *adj* ❶ (*fam iron*): **~e Gattin** dulce esposa
❷ (*geh: wohlgesonnen*) benévolo, clemente; **Fortuna blieb ihrem Schicksal ~** la diosa de la fortuna le era favorable

Holder [ˈhɔldɐ] *m* <-s, -> (*südd, Schweiz*) *s.* **Holunder**

Holding [ˈhɔldɪŋ] *f* <-, -s> (WIRTSCH) holding *m*

Holdinggesellschaft *f* <-, -en> (WIRTSCH) holding *m*

holen [ˈhoːlən] *vt* ❶ (*herbringen*) (ir a) buscar; (*herbeischaffen*) traer; (*wegschaffen*) recoger; (*Arzt, Polizei*) llamar; **jdn aus dem Bett ~** sacar a alguien de la cama; **Atem** [*o* **Luft**] **~** coger aire; **bei ihm ist nichts zu ~** no se puede conseguir nada de él; **ich hole ihn an den Apparat** le paso con él, ahora se pone; **soll ich uns Eis ~?** (*kaufen*) ¿voy a por helado?; **ich hole uns etwas zu trinken** voy (a) por algo de beber; **sich** *dat* **bei jdm einen Rat ~** pedir un consejo a alguien
❷ (*fam: zuziehen*) coger, pillar; **ich habe mir eine Erkältung geholt** he cogido un catarro

holla [ˈhɔla] *interj* ¡epa!

Holland [ˈhɔlant] *nt* <-s> Holanda *f*

Holländer(in) *m(f)* <-s, -; -, -nen> holandés, -esa *m, f*; **„der Fliegende ~"** "el holandés errante", "el buque fantasma"

holländisch *adj* holandés

Hölle [ˈhœlə] *f* <-, ohne pl> infierno *m*; **die ~ auf Erden** la miseria absoluta; **in die ~ kommen** ir al infierno; **es war die (reinste) ~** fue un (verdadero) infierno; **jdm das Leben zur ~ machen** hacer a alguien la vida imposible; **jdm die ~ heiß machen** (*fam*) atormentar a alguien; **es war die ~ los** (*fam*) ahí andaba el diablo suelto; **fahr zur ~!** ¡vete al diablo!; **zur ~ mit dir!** ¡al diablo contigo!

Höllenangst ['---] *f* <-, -ängste> (*fam*) miedo *m* cerval; **Höllenfürst** *m* <-en, -en> (*geh*) príncipe *m* de las tinieblas; **Höllenhund** *m* <-(e)s, -e> can *m*, cancerbero *m*; **Höllenlärm** ['---] *m* <-(e)s, *ohne pl*> (*fam*) ruido *m* infernal; **Höllenmaschine** *f* <-, -n> (*fam*) máquina *f* infernal [*o* fragorosa]; **Höllenqual** ['---] *f* <-, -en> (*fam*) tormenta *f*, tortura *f*

Höllenstein *m* <-(e)s, *ohne pl*> (CHEM) nitrato *m* de plata

Holler ['hɔlɐ] *m* <-s, -> (*südd*, *Österr*) *s*. **Holunder**

höllisch *adj* ❶ (*die Hölle betreffend*) infernal

❷ (*fam: schrecklich*) infernal, endemoniado, atroz; **das tut ~ weh** (*Schmerz*) esto duele endemoniadamente; **~e Angst haben** tener un miedo infernal

❸ (*fam: groß*) enorme, tremendo; **die Soße ist ~ scharf** la salsa es tremendamente picante; ~ **aufpassen** prestar extremada atención

Hollywoodschaukel ['hɔlivʊdˈʃaʊkəl] *f* <-, -n> balancín *m*

Holm [hɔlm] *m* <-(e)s, -e> ❶ (*Geländer*, *Barren*) madero *m* de cabeza

❷ (*Axt*) mango *m* del hacha

❸ (*Leiter*) larguero *m* de la escalera

❹ (TECH) larguero *m*

Holmium ['hɔlmiʊm] *nt* <-s, *ohne pl*> (CHEM) holmio *m*

Holocaust ['hoːlokaʊst] *m* <-(s), -s> holocausto *m*

Holografie^{RR} [hologra'fiː] *f* <-, -n> (PHYS) holografía *f*

Hologramm [holo'gram] *nt* <-s, -e> (PHYS) holograma *m*, holografía *f*

Holographie *f* <-, -n> (PHYS) *s*. **Holografie**

holp(e)rig ['hɔlp(ə)rɪç] *adj* ❶ (*Weg*) desigual, lleno de baches

❷ (*Stil*) tosco; ~ **lesen** leer a trancas y barrancas

holpern ['hɔlpɐn] *vi* ❶ (*Auto*) ir a trompicones

❷ (*beim Lesen, Sprechen*) atrancarse, atropellarse

holprig *adj s*. **holp(e)rig**

Holschuld *f* <-, -en> (JUR) obligación *f* de entrega, entrega *f* reclamable

holterdiepolter ['hɔltɐdiˈpɔltɐ] *adv* precipitadamente, de golpe y porrazo

Holunder [hoˈlʊndɐ] *m* <-s, -> saúco *m*

Holunderbaum *m* <-(e)s, -bäume> saúco *m*; **Holunderbeere** *f* <-, -n> baya *f* de saúco; **Holunderbusch** *m* <-(e)s, -büsche>, **Holunderstrauch** *m* <-(e)s, -sträucher> saúco *m*; **Holunderwein** *m* <-(e)s, -e> vino *m* de saúco

Holz¹ [hɔlts] *nt* <-es, *ohne pl*> (*Material*) madera *f*; (*Brenn~*) leña *f*; ~ **hacken/sägen** cortar leña/serrar madera; ~ **verarbeitend** maderero *m*; **aus demselben/anderem** [*o* **einem anderen**] ~ **geschnitzt sein** (*fig*) estar/no estar hechos de la misma madera

Holz² [hɔlts, *pl*: 'hœltsə] *nt* <-es, Hölzer> palo *m*

Holzalkohol *m* <-s, -e> alcohol *m* de madera; **Holzapfel** *m* <-s, -äpfel> manzana *f* silvestre; **Holzart** *f* <-, -en> tipo *m* de madera; **Holzauge** *nt*: ~, **sei wachsam!** (*fam iron*) ¡ten cuidado!

Holzbau¹ *m* <-(e)s, -ten> (*Gebäude*) edificio *m* de madera

Holzbau² *m* <-(e)s, *ohne pl*> (*das Bauen*) construcción *f* en [*o* de] madera

Holzbearbeitung *f* <-, -en> trabajo *m* de la madera; **Holzbearbeitungsindustrie** *f* <-, -n> industria *f* de la madera

Holzbein *nt* <-(e)s, -e> pierna *f* de palo, pata *f* de palo; **Holzbläser(in)** *m(f)* <-s, -; -, -nen> (MUS) músico, -a *m*, *f* que toca instrumentos de viento madera; **Holzblasinstrument** *nt* <-(e)s, -e> (MUS) instrumento *m* de viento madera; **Holzbock** *m* <-(e)s, -böcke> ❶ (*Stützgestell*) caballete *m* ❷ (*Zecke*) garrapata *f* común; **Holzbohrer** *m* <-s, -> barrena *f* para madera, taladro *m* para madera

Hölzchen ['hœltsçən] *nt*: **vom ~ aufs Stöckchen kommen** irse por las ramas

holzen ['hɔltsən] *vi* (SPORT: *sl*) dar leña; **beim Match wurde mächtig geholzt: fünf gelbe und zwei rote Karten!** en el partido se repartió leña de lo lindo: cinco tarjetas amarillas y dos rojas

hölzern ['hœltsɐn] *adj* ❶ (*aus Holz*) de madera

❷ (*Haltung, Bewegung*) torpe, desmañado

Holzerzeugung *f* <-, -en> producción *f* de madera

Holzfäller(in) ['hɔltsfɛlɐ] *m(f)* <-s, -; -, -nen> leñador(a) *m(f)*

Holzfaser *f* <-, -n> fibra *f* de madera; **Holzfaserplatte** *f* <-, -n> tablero *m* de conglomerado

holzfrei *adj* (*Papier*) sin madera, sin celulosa

Holzgeist *m* <-es, -e> alcohol *m* metílico; **Holzhacker(in)** *m(f)* <-s, -; -, -nen> (*Österr*) *s*. **Holzfäller**

holzhaltig *adj* (*Papier*) que contiene pasta de madera

Holzhammer *m* <-s, -hämmer> mazo *m* de madera; **jdm etw mit dem ~ beibringen** (*fam*) enseñar algo a alguien a lo bruto; **Holzhammermethode** *f* <-, -n>: **mit der ~** (*gewaltsam*) a golpes, a patadas; (*plump*) a puñetazos; **die ~ ist doch nicht der beste Weg** la mejor manera no es hacerlo a golpes

Hoizhandel *m* <-s, *ohne pl*> maderería *f*; **Holzhändler(in)** *m(f)* <-s, -; -, -nen> comerciante *mf* de maderas, maderero, -a *m*, *f*; **Holzhaus** *nt* <-es, -häuser> casa *f* de madera

holzig ['hɔltsɪç] *adj* (*Gemüse*) lleno de hebras

Holzkitt *m* <-s, *ohne pl*> masilla *f* (para madera); **Holzklotz** *m* <-es, -klötze> bloque *m* de madera, tarugo *m*; **Holzkohle** *f* <-, *ohne pl*> carbón *m* vegetal; **Holzkopf** *m* <-(e)s, -köpfe> ❶ (*geschnitzt*) cabeza *f* de madera ❷ (*fam abw: Mensch*) tarugo *m*; **Holzlager** *nt* <-s, -> maderería *f*; **Holzleim** *m* <-(e)s, -e> cola *f* para madera; **Holzmasse** *f* <-, -n> pasta *f* de madera; **Holzofen** *m* <-s, -öfen> horno *m* de leña; **Holzscheit** *nt* <-(e)s, -e> haz *m* de leña; **Holzschnitt** *m* <-(e)s, -e> xilografía *f*

holzschnittartig I. *adj* simplista, simplicista

II. *adv* con simpleza, con simplismo

Holzschnitzer(in) *m(f)* <-s, -; -, -nen> escultor(a) *m(f)* en madera, tallista *mf* de madera

Holzschnitzerei¹ *f* <-, -en> (*Arbeit aus Holz*) talla *f* en madera; **für unsere Weihnachtskrippe kaufen wir ~en** para nuestro belén navideño compramos figuras de madera

Holzschnitzerei² *f* <-, *ohne pl*> (*das Schnitzen*) xilografía *f*

Holzschnitzerin *f* <-, -nen> *s*. **Holzschnitzer**; **Holzschraube** *f* <-, -n> tornillo *m* de madera; **Holzschuh** *m* <-(e)s, -e> zueco *m*; **Holzschutzmittel** *nt* <-s, -> impregnante *m* para madera; **Holzspiritus** *m* <-, -se> alcohol *m* metílico de madera; **Holzsplitter** *m* <-s, -> astilla *f* (de madera); **Holzstich** *m* <-(e)s, -e> (KUNST) grabado *m* en madera; **Holzstoß** *m* <-es, -stöße> pila *f* de leña; **Holztechnik** *f* <-, *ohne pl*> técnica *f* de la madera

holzverarbeitend *adj s*. **Holz**¹

Holzwaren *fpl* artículos *mpl* de madera; **Holzweg** *m*: **auf dem ~ sein, sich auf dem ~ befinden** estar equivocado; **Holzwolle** *f* <-, *ohne pl*> virutas *fpl*; **Holzwurm** *m* <-(e)s, -würmer> carcoma *f*

Homebanking ['hoʊmbɛŋkɪŋ] *nt* <-, *ohne pl*> (INFOR, FIN) banca *f* en casa, telebanca *f*, homebanking *m*; **Homecomputer** ['hoʊmkɔmpjuːtɐ] *m* <-s, -> (INFOR) ordenador *m* para el hogar; **Homepage** ['hoʊmpeɪdʒ] *f* <-, -s> (INFOR) Home Page *f*, página *f* principal, página *f* inicial

homerisch [hoˈmeːrɪʃ] *adj* (LIT) homérico

Homeshopping ['hoʊmʃɔpɪŋ] *nt* <-, *ohne pl*> (INFOR) telecompra *f*, homeshopping *m*; **Hometrainer** *m* <-s, ->, **Home-Trainer**^{RR} ['hoʊmtrɛɪnɐ] *m* <-s, -> (SPORT) entrenador *m* domiciliario, bicicleta *f* estática

Homo ['hoːmo] *m* <-s, -s> (*fam*) homosexual *m*

homogen [homoˈgeːn] *adj* homogéneo

homogenisieren* [homogeniˈziːrən] *vt* homogeneizar

Homogenität *f* <-, *ohne pl*> homogeneidad *f*

Homogenitätsgebot *nt* <-(e)s, -e> (JUR) precepto *m* de homogenidad; **bundesstaatliches ~** precepto de homogeneidad federal

Homograf^{RR} [homoˈgraːf] *nt* <-s, -e>, **Homograph** *nt* <-s, -e> (LING) palabra *f* homógrafa, homógrafo *m*

homonym [homoˈnyːm] *adj* (LING) homónimo

Homonym [homoˈnyːm] *nt* <-s, -e> (LING) homónimo *m*

Homöopath(in) [homøoˈpaːt] *m(f)* <-en, -en; -, -nen> homeópata *mf*

Homöopathie [homøopaˈtiː] *f* <-, *ohne pl*> homeopatía *f*

Homöopathin *f* <-, -nen> *s*. **Homöopath**

homöopathisch [homøoˈpaːtɪʃ] *adj* homeopático

Homophon [homoˈfoːn] *nt* <-s, -e> (LING) palabra *f* homófona, homófono *m*

Homo sapiens ['hoːmo ˈzaːpiɛns] *m* <- -, *ohne pl*> homo *m* sapiens

Homosexualität *f* <-, *ohne pl*> homosexualidad *f*

homosexuell *adj* homosexual

Homosexuelle(r) *mf* <-n, -n; -, -n> homosexual *mf*

Honduraner(in) [hɔnduˈraːnɐ] *m(f)* <-s, -; -, -nen> hondureño, -a *m*, *f*

honduranisch *adj* hondureño

Honduras [hɔnˈduːras] *nt* <-> Honduras *m*

Hongkong ['hɔŋkɔŋ] *nt* <-s> Hong Kong *m*

Honig ['hoːnɪç] *m* <-s, -e> miel *f*; **türkischer ~** dulce de origen turco, similar a el turrón duro; **süß wie ~** dulce como la miel; **jdm ~ um den Bart** [*o* **ums Maul**] **schmieren** (*fam*) lisonjear a alguien

Honigbiene *f* <-, -n> abeja *f* (obrera)

honigfarben *adj*, **honiggelb** *adj* melado, de color miel

Honigkuchen *m* <-s, -> bizcocho *m* de miel; **Honigkuchenpferd** *nt*: **wie ein ~ grinsen** [*o* **strahlen**] (*fam iron*) sonreír de oreja a oreja

Honiglecken *nt*: **etw ist kein ~** (*fam*) no ser plato de gusto, no ser algo para chuparse los dedos; **Honigmelone** *f* <-, -n> melón *m*

honigsüß ['---] *adj* (*abw*, *a. fig*) empalagoso, dulzón; (*Stimme*) meliflua

Honigtau *m* <-(e)s, -e> ligamaza *f*; **Honigwabe** *f* <-, -n> panal *m*; **Honigwein** *m* <-(e)s, -e> bebida alcohólica hecha a base de aguamiel y plantas aromáticas

Honorar [honoˈraːɐ] *nt* <-s, -e> honorarios *mpl*; **gegen ~ arbeiten** tra-

bajar a destajo
Honorarabrede *f* <-, -n> (FIN, JUR) acuerdo *m* sobre costas; **Honorarkonsularbeamte(r)** *mf* <-n, -n; -n, -n>, **-beamtin** *f* <-, -nen> (JUR) cónsul *mf* honorario; **Honorarprofessor(in)** *m(f)* <-s, -en; -, -nen> (UNIV) catedrático, -a *m, f* honorario, -a de universidad; **Honorarstufe** *f* <-, -n> escala *f* de honorarios; **Honorarverdiener(in)** *m(f)* <-s, -; -, -nen> perceptor(a) *m(f)* de honorarios; **Honorarvertrag** *m* <-(e)s, -träge> contrato *m* de honorarios
Honoratioren [honora'tsjo:rən] *pl* notables *mpl*
Honoratiorenpartei *f* <-, ohne pl> (HIST) partido alemán del S.XIX compuesto por miembros de la burguesía
honorieren* [hono'ri:rən] *vt* ❶ (*anerkennen*) reconocer ❷ (*bezahlen*) remunerar
honorig [ho'no:rɪç] *adj* (*alt: ehrenhaft*) honesto; **ein ~er Bürger** un ciudadano honorable [*o* honesto]
honoris causa [ho'no:rɪs 'kaʊza] *adv* honoris causa; **Doktor ~** doctor honoris causa
Hooligan ['hu:lɪgən] *m* <-s, -s> (*Fußballrowdy*) hincha *mf*
Hopfen ['hɔpfən] *m* <-s, -> lúpulo *m*; **bei jdm ist ~ und Malz verloren** (*fam*) alguien es un caso perdido
Hopfenstange *f* <-, -n> ❶ (AGR) rodrigón *m* de lúpulo ❷ (*Wend*) **eine (richtige) ~ sein** (*fam*) ser una persona espigada
hopp [hɔp] *interj* (*fam: los, rasch*) ¡vamos!; **~, ~!** ¡arriba!, ¡de prisa!
hoppeln ['hɔpəln] *vi sein* (*Hase*) brincar
hoppla ['hɔpla] *interj* ❶ (*beim Stolpern*) ¡cuidado!, ¡ay! ❷ (*Aufmerksamkeit erregen*) ¡eh!; **~, jetzt komm' ich!** ¡eh, que ahora me toca a mí!
hops [hɔps] *interj* (*beim Springen*) ¡aúpa!; **~ sein** (*tot*) estar frito; (*verloren*) estar perdido
hopsala ['hɔpsala] *interj*, **hopsasa** ['hɔpsasa] *interj* ¡aúpa!, ¡upa!
hopsen ['hɔpsən] *vi sein* dar brincos [*o* saltos]
Hopser *m* <-s, -> (*fam*) saltito *m*
hops|gehen *irr vi sein* (*fam: sterben*) morirse; (*verloren gehen*) perderse
hörbar ['hø:ɐba:ɐ] *adj* audible; **kaum ~** apenas audible
Hörbrille *f* <-, -n> gafas *fpl* con varilla auditiva
horchen ['hɔrçən] *vi* escuchar (*an* en); (*angestrengt*) aguzar el oído
Horcher(in) *m(f)* <-s, -; -, -nen> fisgón, -ona *m, f*; curioso, -a *m, f*; **der ~ an der Wand hört seine eigne Schand!** (*prov*) quien escucha, su mal oye
Horchposten *m* <-s, -> (MIL) puesto *m* de escucha; **auf ~ sein** (*fam iron*) estar a la escucha
Horde ['hɔrdə] *f* <-, -n> ❶ (*Volksstamm, wilde Schar*) horda *f*; (*Tiere*) banda *f* ❷ (*Obstlattengestell*) cañizo *m*, rejilla *f*
hören ['hø:rən] I. *vt, vi* ❶ (*allgemein*) oír; **ich hörte ihn kommen** le oí llegar; **man höre und staune!** ¡se queda uno boquiabierto!; **na, ~ Sie mal!** ¡pero, oiga!; **hör mal, …** oye,…; **ich habe sagen ~, dass …** he oído decir que…; **du hörst wohl schlecht!** ¿es que no oyes?; **wie ich höre, sind Sie auch eingeladen** según he oído, usted ha sido invitado a Ud.; **das lässt sich schon eher ~** (*fam*) eso ya suena mejor; **was muss ich da ~?** (*fam*) ¿de qué me estoy enterando ahí?; **kennst du einen Peter Müller? – nie gehört!** (*fam*) ¿conoces a un tal Peter Müller? – ¡no lo he oído en mi vida!; **das H~ la audición; …, dass jdm H~ und Sehen vergeht …**, que deja a alguien estupefacto ❷ (*zu-, hin-*) escuchar; **Radio ~** escuchar la radio; **er hört sich gern reden** le gusta oírse; **eine Vorlesung ~** asistir a una conferencia; **vorher muss noch der Sachverständige gehört werden** antes hay que escuchar al experto; **ich kann das nicht mehr ~** ya no lo puedo escuchar más ❸ (*erfahren*) (llegar a) saber, enterarse; **du hast lange nichts mehr von dir ~ lassen** hace mucho que no tenemos noticias tuyas; **von etw** *dat* **nichts ~ wollen** no querer saber nada de algo; **ich will davon nichts ~!** ¡déjame tranquilo con eso! ❹ (*erkennen*) notar (*an* por); **sie hörte an seiner Stimme, dass er gleich weinen würde** se dio cuenta [*o* notó] por su voz que se echaría a llorar; **woran hörst du das?** ¿cómo [*o* en qué] lo notas?
II. *vi* (*gehorchen*) obedecer; (*auf Rat*) seguir, hacer caso (*auf* a); **alles hört auf mein Kommando** yo tengo el mando; **der Hund hört auf den Namen Bello** el perro responde al nombre de Bello; **wer nicht ~ will, muss fühlen** (*prov*) a oídos sordos palos de ciego
Hörensagen ['----] *nt*: **vom ~** de oídas
Hörer¹ *m* <-s, -> auricular *m*, audífono *m Am*, tubo *m Am*; **den ~ abnehmen/auflegen** contestar/colgar
Hörer(in)² *m(f)* <-s, -; -, -nen> oyente *mf*; (*Radio~*) radioyente *mf*
Hörerbrief *m* <-(e)s, -e> (RADIO) carta *f* de un radioyente
Hörerin *f* <-, -nen> *s*. **Hörer²**
Hörerschaft *f* <-, -en> audiencia *f*, oyentes *mpl*
Hörfehler *m* <-s, -> defecto *m* en el oído; **Hörfolge** *f* <-, -n> (RADIO) serial *m* radiofónico; **Hörfunk** *m* <-(e)s, ohne pl> radio *f*, radiodifusión *f*; **Hörgerät** *nt* <-(e)s, -e> audífono *m*
hörig *adj*: **jdm ~ sein** ser dependiente de alguien, estar sometido a alguien; (*sexuell*) estar encoñado con alguien *vulg*
Hörige(r) *mf* <-n, -n; -n, -n> (HIST) siervo, -a *m, f*
Hörigkeit *f* <-, -en> (*Abhängigkeit*) dependencia *f*; (*Unterwerfung*) sumisión *f*
Horizont [hori'tsɔnt] *m* <-(e)s, -e> horizonte *m*; **am ~** en el horizonte; **einen engen ~ haben** ser de estrechos horizontes; **das geht über meinen ~** eso está fuera de mis alcances
horizontal [horitsɔn'ta:l] *adj* horizontal; **das ~e Gewerbe** (*fam*) la prostitución, la carrera
Horizontale *f* <-n, -n> ❶ (MATH) línea *f* horizontal ❷ (*Lage*) posición *f* horizontal
Horizontalkonzern *m* <-s, -e> (WIRTSCH) consorcio *m* horizontal
Hormon [hɔr'mo:n] *nt* <-s, -e> hormona *f*; **follikelstimulierendes ~** (MED) hormona estimulante de folículo; **mit ~en behandeln** hormonar
hormonal [hɔrmo'na:l] *adj*, **hormonell** [hɔrmo'nɛl] *adj* hormonal
Hormonhaushalt *m* <-(e)s, -e> función *f* hormonal; **Hormonpräparat** *nt* <-(e)s, -e> preparado *m* hormonal
Hörmuschel *f* <-, -n> auricular *m*
Horn¹ [hɔrn, *pl:* 'hœrnə] *nt* <-(e)s, Hörner> ❶ (*beim Tier*) cuerno *m*, asta *f*; **jdm Hörner aufsetzen** (*fam*) poner los cuernos a alguien; **sich** *dat* **die Hörner abstoßen** (*fam*) sentar la cabeza; **den Stier bei den Hörnern packen** agarrar al toro por los cuernos ❷ (MUS) cuerno *m*, trompa *f*; **ins gleiche ~ stoßen** (*fam*) estar de acuerdo ❸ (AUTO) bocina *f* ❹ (GEO): **das ~ von Afrika** el Cuerno de África; **das Goldene ~** el Bósforo
Horn² *nt* <-(e)s, -e> (*Material*) concha *f*, cuerno *m*; **ein Kamm aus ~** un peine de concha
Hornbläser(in) *m(f)* <-s, -; -, -nen> (MUS) trompa *mf*
Hornblende *f* <-, -n> (GEO) hornablenda *f*
Hornbrille *f* <-, -n> gafas *fpl* de concha
Hörnchen ['hœrnçən] *nt* <-s, -> ❶ (*Gebäck*) cruasán *m* ❷ (ZOOL: *Erd~*) perrito *m* de la pradera
Hörnerklang *m* <-(e)s, -klänge> toque *m* de corneta
Hörnerv *m* <-s, -en> (ANAT) nervio *m* auditivo
Horngestell *nt* <-(e)s, -e> (*Brille*) montura *f* de concha
Hornhaut *f* <-, -häute> ❶ (*Schwiele*) callo(s) *m(pl)*, callosidad *f* ❷ (*am Auge*) córnea *f*; **Hornhautentzündung** *f* <-, -en> (MED) queratitis *f inv*, inflamación *f* de la córnea (transparente)
Hornisse [hɔr'nɪsə] *f* <-, -n> avispón *m*
Hornist(in) *m(f)* <-en, -en; -, -nen> (MUS) trompa *mf*
Hornochse *m* <-n, -n> (*fam*) estúpido *m*, imbécil *m*
Horoskop [horo'sko:p] *nt* <-s, -e> horóscopo *m*
horrend [hɔ'rɛnt] *adj* exagerado; **~er Preis** precio exorbitante
Hörrohr *nt* <-(e)s, -e> estetoscopio *m*
Horror ['hɔro:ɐ] *m* <-s, ohne pl> horror *m* (*vor* a)
Horrorfilm *m* <-(e)s, -e> película *f* de terror [*o* de horror]; **Horrorszenarium** *nt* <-s, -szenarien> escenario *m* de horror; **Horrorszene** *f* <-, -n> (FILM) escena *f* de terror [*o* de horror]; **Horrortrip** *m* <-s, -s> (*fam*) viaje *m* infernal
Hörsaal *m* <-(e)s, -säle> aula *f* (universitaria), sala *f*
Hors d'œuvre [ɔr'dø:vrə] *nt* <-s, -s> (GASTR) entremés *m*
Hörspiel *nt* <-(e)s, -e> pieza *f* radiofónica
Horst [hɔrst] *m* <-(e)s, -e> (*Greifvogelnest*) nido *m* de aves de rapiña
Hörsturz *m* <-es, -stürze> (MED) pérdida *f* (repentina) del oído
Hort [hɔrt] *m* <-(e)s, -e> ❶ (*geh: Zufluchtsort*) refugio *m* ❷ (*Kinder~*) guardería *f*
horten ['hɔrtən] *vt* acopiar, acaparar, abarcar *Am*
Hortensie [hɔr'tɛnzjə] *f* <-, -n> hortensia *f*
Hörvermögen *nt* <-s, ohne pl> oído *m*, facultad *f* auditiva; **Hörweite** *f* <-, -n> alcance *m* del oído; **sich in/außer ~ befinden** estar al alcance/fuera del alcance del oído
Höschenwindel ['hø:sçən-] *f* <-, -n> pañal *m*
Hose ['ho:zə] *f* <-, -n> pantalón *m*, pantalones *mpl*, calzones *mpl Am*; **kurze ~n** pantalones cortos; **sie hat die ~n an** (*fam*) ella lleva los pantalones; **etw geht in die ~** (*fam*) algo sale mal; **sich** *dat* **vor Angst in die ~ machen** (*fam*) cagarse de miedo; **das ist Jacke wie ~** (*fam*) da lo mismo; **hier ist heute tote ~** (*sl*) aquí no hay marcha hoy
Hosenanzug *m* <-(e)s, -züge> traje *m* de chaqueta y pantalón; **Hosenaufschlag** *m* <-(e)s, -schläge> vuelta *f* del patalón
Hosenband *nt* <-(e)s, -bänder> cinturilla *f* a la altura de la rodilla (del pantalón); **Hosenbandorden** *m* <-s, -> ❶ (*Samtband*) cinta *f* de terciopelo ❷ (*Orden*) orden *f* de la Jarretera
Hosenbein *nt* <-(e)s, -e> pernera *f* (del pantalón); **Hosenboden** *m* <-s, -böden> fondillos *mpl* (del pantalón); **jdm den ~ versohlen** (*fam*)

calentarle las posaderas a alguien; **sich auf den ~ setzen** (*fam*) ponerse a trabajar, empollar; **Hosenbügel** *m* <-s, -> percha *f* de pantalón; **Hosenbund** *m* <-(e)s, -bünde> cinturilla *f*, pretina *f* (del pantalón); **Hosenklammer** *f* <-, -n> pinza *f* para pantalón; **Hosenlatz** *m* <-es, -lätze, *Österr:* -e> ❶ (*einer Latzhose*) peto *m* ❷ (*reg: Hosenschlitz*) bragueta *f*

Hosenmatz *m* <-es, -e *o* -mätze> (*fam iron*): **komm zu mir, du kleiner ~!** ¡ven aquí, pequeñajo!

Hosennaht *f* <-, -nähte> costura *f* del pantalón; **Hosenrock** *m* <-(e)s, -röcke> falda-pantalón *f*; **Hosensack** *m* <-(e)s, -säcke> (*reg, Schweiz*) *s.* Hosentasche; **Hosenscheißer** *m* <-s, -> (*vulg*) cobarde *mf*, cagueta *mf*; **Hosenschlitz** *m* <-es, -e> bragueta *f*; **Hosenspanner** *m* <-s, -> percha *f* de pantalón; **Hosenstall** *m* <-(e)s, -ställe> (*fam iron*) bragueta *f*; **Hosentasche** *f* <-, -n> bolsillo *m* del pantalón; **Hosenträger** *mpl* tirantes *mpl*, tiradores *mpl Arg, Urug*; **Hosentür** *f* <-, -en> (*fam iron*) bragueta *f*

hosianna [ho'ziana] *interj* (REL) ¡hosanna!
Hospital [hɔspi'ta:l, *pl:* hɔspi'tɛ:lə] *nt* <-s, -e *o* -täler> hospital *m*
Hospitalismus [hɔspita'lɪsmʊs] *m* <-, ohne *pl*> (MED) hospitalismo *m*
Hospitant(in) [hɔspi'tant] *m(f)* <-en, -en; -, -nen> ❶ (SCH) profesor(a) en prácticas que asiste de oyente a las clases de su mentor ❷ (UNIV) oyente *mf* ❸ (POL) diputado, -a *m, f* sin grupo parlamentario concreto (*que se adhiere a uno que le es afín*)
hospitieren* [hɔspi'ti:rən] *vi* asistir a un curso en calidad de oyente
Hospiz [hɔs'pi:ts] *nt* <-es, -e> ❶ (*Heim*) hospicio *m* ❷ (*Sterbeheim*) casa *f* mortuoria
Host [hoʊst] *m* <-s, -s> (INFOR) host *m*, ordenador *m* central
Host-Anwendung *f* <-, -en> (INFOR) aplicación *f* de ordenador central; **Hostbetreiber(in)** ['hoʊstbətraɪbɐ] *m(f)* <-s, -; -, -nen> (INFOR) distribuidor(a) *m(f)* de documentación
Hostess [hɔs'tɛs] *f* <-, -en>, **Hosteß** *f* <-, -ssen> azafata *f* de congreso
Hostie ['hɔstjə] *f* <-, -n> (REL) hostia *f*
Host-Übertragung *f* <-, -en> (INFOR) transmisión *f* por ordenador central
Hotdog^RR *m o nt* <-s, -s>, **Hot Dog**^RR ['hɔt 'dɔ(:)k] *m o nt* <- -s, - -s> perro *m* caliente, perrito *m* caliente, hot dog *m*
Hotel [ho'tɛl] *nt* <-s, -s> hotel *m*; **~ garni** hotel con desayuno (solamente)
Hotelbesitzer(in) *m(f)* <-s, -; -, -nen> propietario, -a *m, f* de hotel; **Hotelboy** [-'-bɔɪ] *m* <-s, -s> botones *m inv*
Hotelfach *nt* <-s, ohne *pl*> sector *m* hotelero; **Hotelfachschule** *f* <-, -n> Escuela *f* Superior de Hostelería
Hotelführer *m* <-s, -> guía *f* de hoteles; **Hotelgast** *m* <-(e)s, -gäste> cliente *mf* (de un hotel), huésped *mf*; **Hotelgewerbe** *nt* <-s, -> hostelería *f*; **Hotel- und Gaststättengewerbe** hostelería *f*
Hotelier [hotə'lje:, hotɛ'lje:] *m* <-s, -s> hotelero *m*
Hotelkette *f* <-, -n> (WIRTSCH) cadena *f* de hoteles; **Hotelrechnung** *f* <-, -en> cuenta *f* del hotel; **Hotelzimmer** *nt* <-s, -> habitación *f* de hotel
Hotline ['hɔtlaɪn] *f* <-, -s> línea *f* caliente
Hotmelt-Beschichtung ['hɔtmɛlt-] *f* <-, -en> (CHEM) recubrimiento *m* por adhesivo termosellable
hott [hɔt] *interj* ¡arre!
h.p. *Abk. von* **horsepower** CV
Hr. *Abk. von* **Herr** Sr.
HR *Abk. von* **Hessischer Rundfunk** radio *f* de Hesse
Hrn *Abk. von* **Herrn** (al) Sr.
hrsg. *Abk. von* **herausgegeben** editado
Hrsg. *Abk. von* **Herausgeber(in)** editor(a) *m(f)*, director(a) *m(f)*
HTML (INFOR) *Abk. von* **Hypertext Markup Language** HTML
HTTP (INFOR, TEL) *Abk. von* **Hypertext Transport Protokoll** HTTP
hu [hu:] *interj* (*Schaudern*) ¡puf!, ¡fuchi!; *Am;* (*Kälte*) ¡jo!; **~, was für eine eklige Spinne!** ¡puf, qué araña más asquerosa!; **~, ist das kalt draußen!** ¡jo, qué frío hace ahí fuera!
hü [hy:] *interj* (*fam*): **mal ~, mal hott** una vez así, otra vez asá; **mal ~, mal hott sagen** cambiar siempre de opinión
Hub[1] [hu:p, *pl:* 'hy:bə] *m* <-(e)s, Hübe> (TECH) elevación *f*
Hub[2] [hap] *m* <-(s), -s> (INFOR) hub *m*, elemento *m* central
Hubbel ['hʊbəl] *m* <-s, -> (*reg*) bache *m*
hubbelig ['hʊbəlɪç] *adj* (*reg*) lleno de baches
Hubble-Teleskop *nt* <-(e)s, -e> telescopio *m* (espacial) de Hubble
hubblig *adj* (*reg*) *s.* **hubbelig**
Hubbrücke *f* <-, -n> puente *m* levadizo
hüben ['hy:bən] *adv:* **~ und** [*o* **wie**] **drüben** aquí y allá, tanto aquí como allá
Hubraum *m* <-(e)s, -räume> (TECH) cilindrada *f*
hübsch [hʏpʃ] **I.** *adj* ❶ (*Aussehen*) guapo; (*schön*) bonito; (*niedlich*) mono; **sich ~ machen** ponerse guapo ❷ (*fam: beträchtlich*) bonito; **ein ~es Vermögen/Sümmchen** un bonito capital/una bonita suma ❸ (*iron: unangenehm*): **eine ~e Geschichte/Bescherung** ¡bonita historia/sorpresa!; **da hast du dir was H~es eingebrockt** mira la que has armado **II.** *adv* (*ziemlich*) bastante; **sei ~ artig!** ¡pórtate bien!; **das wirst du ~ bleiben lassen!** ¡deja eso!; **immer ~ der Reihe nach!** ¡así, uno detrás del otro!
Hubschrauber *m* <-s, -> helicóptero *m*
Hubschrauberlandeplatz *m* <-es, -plätze> (AERO) helipuerto *m*
huch [hʊx, hu(:)x] *interj* ¡huy!
Hucke ['hʊkə] *f* <-, -n> carga *f*; **ich hau dir die ~ voll** (*fam*) te voy a medir las costillas; **jdm die ~ voll lügen** (*fam*) decir a alguien una sarta de mentiras; **sich** *dat* **die ~ voll saufen** (*fam*) emborracharse como una cuba
huckepack ['hʊkəpak] *adv* (*fam*): **jdn/etw ~ nehmen** llevar a alguien/algo a caballito, llevar a alguien/algo a babucha *RíoPl*
Huckepackverfahren *nt* <-s, -> (EISENB) sistema *m* de transporte combinado de ferrocarril y carretera; **Huckepackverkehr** *m* <-(e)s, ohne *pl*> (EISENB) transporte *m* combinado de ferrocarril y carretera; **Beförderung von LKWs im ~** transporte de camiones mediante el sistema combinado de ferrocarril y carretera
hudeln ['hu:dəln] *vi* (*südd, Österr: fam*) chapucear
Hudler(in) ['hu:dlɐ] *m(f)* <-s, -; -, -nen> (*südd, Österr: fam*) chapucero, -a *m, f*
hudlig ['hu:dlɪç] **I.** *adj* (*südd, Österr: fam*) chapucero **II.** *adv* (*südd, Österr: fam*) en plan chapucero
Huf [hu:f] *m* <-(e)s, -e> (*der Pferde*) casco *m*, pecueca *f Kol, Ecua, Ven;* (*der Spalthufer*) pezuña *f*
Hufeisen *nt* <-s, -> herradura *f*
hufeisenförmig *adj* en forma de herradura
Hüferl ['hy:fɐl] *nt* <-s, -> (*Österr*) cadera *f*
Huflattich ['hu:f-, -latɪç] *m* <-s, -e> (BOT) fárfara *f*, uña *f* de caballo
Hufnagel *m* <-s, -nägel> clavo *m* de herradura; **Hufschlag** *m* <-(e)s, -schläge> ❶ (*Getrappel*) trápala *f*; **der ~ der Pferde kündigte ihre Ankunft an** el ruido de los caballos trapaleando anunciaba su llegada ❷ (*Stoß*) coz *f*; **Hufschmied** *m* <-(e)s, -e> herrador *m*
Hüftbein ['hʏft-] *nt* <-(e)s, -e> (ANAT) *s.* **Hüftknochen**
Hüfte ['hʏftə] *f* <-, -n> cadera *f*; **die Arme in die ~n stemmen** poner los brazos en jarras; **die ~n wiegen** mover las caderas; **aus der ~ schießen** desenfundar y disparar
Hüftgelenk *nt* <-s, -e> (ANAT) articulación *f* de la cadera; **künstliches ~** cadera artificial; **Hüftgürtel** *m* <-s, -> liguero *m*; **Hüfthalter** *m* <-s, -> faja *f*
hüfthoch I. *adj* que llega hasta la cintura; **das Wasser im Teich ist ~** el agua del estanque llega hasta la cintura **II.** *adv* hasta la cintura; **sie wateten ~ durch das Wasser** andaban por el agua que les llegaba a la cintura
Huftier *nt* <-(e)s, -e> (ZOOL) ungulado *m*
Hüftknochen *m* <-s, -> (ANAT) (hueso *m*) ilíaco *m*, ilion *m*; **Hüftleiden** *nt* <-s, -> (MED) problemas *mpl* de cadera; **Hüftsteak** *nt* <-s, -s> (GASTR) filete *m* de cadera
Hügel ['hy:gəl] *m* <-s, -> colina *f*, cerro *m*
hüg(e)lig *adj* con colinas, con altibajos
Hügelkette *f* <-, -n> cadena *f* de colinas; **Hügelland** *nt* <-(e)s, -länder> terreno *m* montuoso
Hugenotte, -in [hugə'nɔtə] *m, f* <-n, -n; -, -nen> (HIST) hugonote, -a *m, f*
hüglig *adj s.* **hüg(e)lig**
huh [hu:] *interj s.* **hu**
hüh [hy:] *interj s.* **hü**
Huhn [hu:n, *pl:* 'hy:nə] *nt* <-(e)s, Hühner> ❶ (*Gattung, Gericht*) pollo *m*; **da lachen ja die Hühner** (*fam*) esto es ridículo; **mit den Hühnern aufstehen/zu Bett gehen** levantarse/acostarse con las gallinas; **ein blindes ~ findet auch (mal) ein Korn** (*prov*) a veces suena la flauta por casualidad ❷ (*Henne*) gallina *f*; **freilaufende Hühner** gallinas criadas en el campo [*o* al aire libre]; **du dummes ~!** (*fam*) ¡gilipollas!; **ein verrücktes ~ sein** (*fam*) estar más loco que una cabra
Hühnchen ['hy:nçən] *nt* <-s, -> (GASTR) pollo *m*; **mit jdm ein ~ rupfen** (*fam*) cantar las cuarenta a alguien
Hühnerauge *nt* <-s, -n> (MED) callo *m*; **Hühneraugenpflaster** *nt* <-s, -> (MED) apósito *m* anticallos
Hühnerbatterie *f* <-, -n> batería *f* de gallinas; **Hühnerbouillon** *f* <-, -s>, **Hühnerbrühe** *f* <-, -n> caldo *m* de pollo [*o* de gallina]; **Hühnerbrust** *f* <-, -brüste> ❶ (GASTR) pechuga *f* de pollo ❷ (MED) pecho *m* de gallina; **Hühnerei** ['hy:nɐʔaɪ] *nt* <-s, -er> huevo *m* de gallina, blanquillo *m Guat, Mex;* **Hühnerfarm** *f* <-, -en> granja *f* avícola; **Hüh-**

nerhabicht *m* <-(e)s, -e> azor *m*; **Hühnerhof** *m* <-(e)s, -höfe> gallinero *m*; **mein Nachbar hat einen ~** mi vecino tiene un corral con gallinas
Hühnerklein *nt* <-s, *ohne pl*> (GASTR) menudillos *mpl*
Hühnerleiter *f* <-, -n> ❶ (*für Hühner*) escalera *f* del gallinero ❷ (*iron: schmale Treppe*) escalera *f* estrecha; **Hühnerstall** *m* <-(e)s, -ställe> gallinero *m*, paraíso *m Mex*; **Hühnerstange** *f* <-, -n> percha *f* del gallinero; **Hühnersuppe** *f* <-, -n> sopa *f* de pollo; **Hühnerzucht** *f* <-, *ohne pl*> avicultura *f*, cría *f* de pollos
huhu [huˈhuː] *interj* ¡yuju!
hui [huɪ] *interj* ❶ (*Sausen*) ¡puf!; **~, was für ein Sturm!** ¡puf, vaya tormenta!
❷ (*Wend*): **im** [*o* **in einem**] **H~** (*fam*) en menos que canta un gallo, en un abrir y cerrar de ojos
Huld [hʊlt] *f* <-, *ohne pl*> (*alt*) afecto *m*; (*eines Herrschers*) favor *m*
huldigen [ˈhʊldɪɡən] *vi* (*geh*) ❶ (*anhängen*) venerar (+*dat*), acatar (+*dat*), rendir homenaje (+*dat* a)
❷ (*frönen*) entregarse (+*dat* a), ser aficionado (+*dat* a)
Huldigung *f* <-, -en> homenaje *m*
huldvoll I. *adj* (*alt*) altanero, altivo; **mit einer ~en Geste** con un gesto altanero
II. *adv* (*alt*) de forma altanera; **~ lächelnd** con una sonrisa altanera; **tu nicht so ~, das hättest du mir ohnehin geben müssen!** (*iron*) ¡no me vengas con tantas monsergas, eso me lo tendrías que haber dado sin más!
Hülle [ˈhʏlə] *f* <-, -n> funda *f*; **die sterbliche ~** (*geh*) los restos mortales; **die ~n fallen lassen** (*fam*) desvestirse; **in ~ und Fülle** (*fam*) a porrillo, a patadas
hüllen [ˈhʏlən] *vt* (*geh*) envolver (**in** en); **sich in Schweigen ~** no despegar los labios, guardar silencio
hüllenlos *adj* (*fam*) en cueros, en pelotas
Hülse [ˈhʏlzə] *f* <-, -n> ❶ (*Etui*) estuche *m*; (*Geschoss~*) cartucho *m* ❷ (BOT) vaina *f*
Hülsenfrucht *f* <-, -früchte> (*Pflanze*) planta *f* leguminosa; (*Frucht*) legumbre *f*
human [huˈmaːn] *adj* humano
Humangenetik *f* <-, *ohne pl*> genética *f* humana
Humanisierung [humaniˈziːrʊŋ] *f* <-, *ohne pl*> humanización *f*; **~ der Arbeitswelt** humanización del trabajo
Humanismus [humaˈnɪsmʊs] *m* <-, *ohne pl*> humanismo *m*
Humanist(in) *m(f)* <-en, -en; -, -nen> humanista *mf*
humanistisch *adj* humanista; **~e Bildung** educación humanista
humanitär [humaniˈtɛːɐ] *adj* humanitario; **~e Ziele/Hilfe** fines humanitarios/ayuda humanitaria
Humanität *f* <-, *ohne pl*> humanidad *f*
Humanitätsduselei *f* <-, -en> (*abw*) humanitarismo *m* excesivo [*o* mal entendido]
Humankapital *nt* <-s, *ohne pl*> (WIRTSCH) capital *m* humano; **Humanmedizin** *f* <-, *ohne pl*> medicina *f* humana; **Humanmediziner(in)** *m(f)* <-s, -; -, -nen> médico, -a *m, f*; **Humanökologie** [huˈmaːn-] *f* <-, *ohne pl*> ecología *f* humana
Humbug [ˈhʊmbuːk] *m* <-s, *ohne pl*> (*fam abw: Unsinn*) tontería *f*, bobada *f*; (*Schwindel*) patraña *f*
humid [huˈmiːt] *adj* húmedo
Humifizierung [humifiˈtsiːrʊŋ] *f* <-, *ohne pl*> (BIOL) humificación *f*
Huminsäure [huˈmiːn-] *f* <-, -n> *s.* **Humussäure**
Hummel [ˈhʊməl] *f* <-, -n> abejorro *m*; **~n im Hintern haben** (*fam*) no parar, no poder estarse quieto
Hummer [ˈhʊmɐ] *m* <-s, -> langosta *f*
Hummercocktail *m* <-s, -s> (GASTR) cóctel *m* de langosta
Humor [huˈmoːɐ] *m* <-s, *ohne pl*> humor *m*; **schwarzer ~** humor negro; **er hat (keinen) Sinn für ~** (no) tiene sentido del humor; **etw mit ~ nehmen/tragen** tomar/llevar algo con humor; **~ ist, wenn man trotzdem lacht** (*prov*) humor es cuando te ríes aunque no haya motivo
Humoreske [humoˈrɛskə] *f* <-, -n> ❶ (LIT) narración *f* humorística ❷ (MUS) pieza *f* humorística
Humorist(in) [humoˈrɪst] *m(f)* <-en, -en; -, -nen> (*a.* LIT) humorista *mf*
humoristisch [humoˈrɪstɪʃ] *adj* humorístico
humorlos *adj* sin humor
Humorlosigkeit *f* <-, *ohne pl*> falta *f* de humor; **kein Wunder, dass er so ernst reagiert, bei seiner ~!** no me sorprende que haya reaccionado tan seriamente, ¡con el poco humor que tiene!
humorvoll *adj* lleno de humor; (*witzig*) jocoso
humpeln [ˈhʊmpəln] *vi sein* cojear
Humpen [ˈhʊmpən] *m* <-s, -> jarra *f*, jarro *m*; **ein ~ Bier** una jarra de cerveza
Humus [ˈhuːmʊs] *m* <-, *ohne pl*> humus *m*
Humusboden *m* <-s, -böden>, **Humuserde** *f* <-, -n> humus *m*, tierra *f* vegetal; **Humussäure** *f* <-, -n> ácido *m* húmico
Hund [hʊnt] *m*, **Hündin** *f* <-(e)s, -e; -, -nen> perro, -a *m, f*; **ein räudiger ~** un perro sarnoso; **~e an die Leine nehmen** lleven los perros de la correa; **Vorsicht, bissiger ~!** ¡cuidado con el perro!; **sie sind wie ~ und Katze** (*fam*) se llevan como el perro y el gato; **jdn wie einen ~ behandeln** (*fam*) tratar a alguien como a un perro; **auf den ~ gekommen sein** (*fam*) estar hecho polvo; **vor die ~e gehen** (*fam*) arruinarse, irse al concho *CSur*; **da liegt der ~ begraben** (*fam*) ahí está el quid de la cuestión; **damit lockt man keinen ~ hinterm Ofen hervor** con eso no se logrará llamar la atención de nadie; **keine schlafenden ~e wecken** no llamar la atención sobre hechos que podrían traer desventajas; **bekannt sein wie ein bunter ~** ser más conocido que la ruda, estar más visto que el tebeo; **er ist ein armer ~** (*fam*) es un pobre desgraciado; **das ist ja ein dicker ~!** (*fam*) esto sí que es fuerte; **er ist ein gerissener ~** (*fam*) es un caradura; **ein falscher/feiger ~** (*fam*) un falso/cobarde; **du blöder/gemeiner ~!** (*fam*) ¡imbécil!/¡qué perro eres!; **viele ~e sind des Hasen Tod** (*prov*) uno solo contra muchos está perdido; **~e, die bellen, beißen nicht** (*prov*) perro ladrador poco mordedor
Hundebiss^{RR} *m* <-es, -e> mordedura *f* de perro
hundeelend [ˈ--ˈ--] *adj* (*fam*): **mir ist ~** me siento fatal
Hundefänger(in) *m(f)* <-s, -; -, -nen> perrero, -a *m, f*; **Hundefutter** *nt* <-s, *ohne pl*> alimento *m* para perros; **Hundegebell** *nt* <-(e)s, *ohne pl*> ladrido *m* de perro; **durch lautes/wütendes ~ wurde er geweckt** le despertaron unos fuertes/furiosos ladridos de perro; **Hundehalsband** *nt* <-(e)s, -bänder> collar *m* de perro; **Hundehalter(in)** *m(f)* <-s, -; -, -nen> (*formal*) propietario, -a *m, f* de un perro; **Hundehaltung** *f* <-, -en> (*formal*) posesión *f* de un perro; **jede ~ muss der Gemeinde angezeigt werden** todo aquel que posea un perro debe declararlo al municipio; **Hundehütte** *f* <-, -n> caseta *f* del perro, perrera *f*; **Hundekälte** [ˈ--ˈ--] *f* <-, *ohne pl*> (*fam*) frío *m* de perros; **Hundekuchen** *m* <-s, -> galleta *f* para perros; **Hundeleben** *nt* <-s, *ohne pl*> (*fam abw*) vida *f* de perro; **ein ~ führen** llevar una vida de perro; **Hundeleine** *f* <-, -n> correa *f* del perro; **Hundelohn** *m* <-(e)s, -löhne> (*fam abw*) sueldo *m* de miseria; **Hundemarke** *f* <-, -n> ❶ (*Hundesteuermarke*) chapa que lleva el perro en el collar como señal de que su dueño ha pagado el impuesto sobre perros ❷ (*sl: von Polizist, Soldat*) chapa *f* de identificación
hundemüde [ˈ--ˈ--] *adj* (*fam*) muerto de cansancio
Hunderasse *f* <-, -n> raza *f* canina
hundert [ˈhʊndɐt] *adj inv* cien, ciento; **einige ~** [*o* **H~**] **Menschen** algunos cientos de personas; **einer unter ~** uno entre cien; **die Chance steht eins zu ~** la posibilidad es mínima, hay una posibilidad de uno entre cien; **da war ich auf ~** (*fam*) estaba a cien; *s. a.* **achthundert**
Hundert¹ *f* <-, -en> (*Zahl*) cien *m*
Hundert² *nt* <-s, -> (*Maßeinheit*) centenar *m*; **zehn vom ~** diez por ciento
Hunderte *ntpl* (*große Anzahl*) cientos *mpl*; **es geht in die ~** (*fam*) son unos cientos; **~ von Menschen** cientos de personas; **einer unter ~n** uno entre cientos; **sie kamen zu ~n** llegaron a centenares
Hunderter *m* <-s, -> ❶ (MATH) centena *f* ❷ (*fam: Geldschein*) billete *m* de cien; **auf einen ~ herausgeben** dar la vuelta de un billete de cien
hunderterlei *adj inv* (*fam*) de cien clases [*o* formas] diferentes, cien clases (diferentes); **ich habe ~ Dinge zu tun** tengo mil cosas que hacer; *s. a.* **achterlei**
hundertfach I. *adj* céntuplo; **die ~e Menge** el céntuplo; **eine ~e Vergrößerung** una ampliación cien veces mayor
II. *adv* cien veces; *s. a.* **achtfach**
hundertfünfzigprozentig *adj* (*fam*) fanático; **eine ~e Kommunistin/Sektenanhängerin** una comunista acérrima/una fanática adepta de la secta; **ein H~er sein** (*abw*) ser un defensor a ultranza [*o* acérrimo] de una ideología
Hundertjahrfeier [--ˈ---] *f* <-, -n> centenario *m*
hundertjährig *adj* (*hundert Jahre alt*) centenario, de cien años; (*hundert Jahre dauernd*) de cien años de duración; *s. a.* **achtjährig**
Hundertjährige(r) *mf* <-n, -n; -n, -n> centenario, -a *m, f*; *s. a.* **Achtjährige(r)**
hundertmal *adv* cien veces; **ich habe dir das schon ~ gesagt** ya te lo he dicho cien veces; *s. a.* **achtmal**
Hundertmarkschein [--ˈ--] *m* <-(e)s, -e> billete *m* de cien marcos
Hundertmeterlauf [--ˈ---] *m* <-(e)s, -läufe> (SPORT) carrera *f* de cien metros
hundertprozentig [ˈ---(ˈ)--] **I.** *adj* ❶ (*als Anteil*) del cien por cien; (*Alkohol*) puro ❷ (*fam: völlig*) total; (*zuverlässig*) seguro
II. *adv* al cien por cien, completamente; **Sie haben ~ Recht** tiene Ud. toda la razón; **ich bin mir ~ sicher** estoy completamente seguro
Hundertsatz *m* <-es, -sätze> (*formal*) porcentaje *m*

Hundertschaft f <-, -en> (Polizeieinheit) centuria f
hundertste(r, s) ['hʊndɐtstə, -te, -tɐs] adj centésimo; **zum ~n Mal** por centésima vez; **~r Geburtstag/Todestag von ...** centenario del nacimiento/de la muerte de...; s. a. **achtzigste(r, s)**
hundertstel ['hʊndɐtstəl] adj inv centésimo; s. a. **achtel**
Hundertstel nt <-s, -> centésima f, centésima parte f; s. a. **Achtel**
Hundertstelsekunde ['----(')--] f <-, -n> (SPORT) centésima f de segundo
hunderttausend ['--'--] adj inv cien mil; s. a. **achttausend**
Hunderttausend nt <-s, -e> cien mil mpl; **das erste ~ wurde verkauft** los primeros cien mil fueron vendidos; **sie kamen zu ~en** vinieron por cientos de miles; **die Schäden gehen in die ~e** los daños se elevan a varios cientos de miles
hunderttausendstel ['--'---] adj inv cienmilésimo; s. a. **achtel**
Hunderttausendstel nt <-s, -> cienmilésima f, cienmilésima parte f; s. a. **Achtel**
Hundesalon m <-s, -s> peluquería f canina; **Hundescheiße** f <-, ohne pl> (vulg) caca f de perro; **verdammt, ich bin in ~ getreten!** ¡hostia, he pisado mierda de perro!; **Hundeschlitten** m <-s, -> trineo m de perros; **Hundeschnauze** f <-, -n> hocico m de perro; **kalt wie eine ~ sein** (fam) ser frío como el hielo; **Hundesohn** m <-(e)s, -söhne> (abw) hijo m de perra; **Hundesteuer** f <-, -n> impuesto m sobre los perros; **Hundewetter** nt <-s, ohne pl> (fam) tiempo m de perros; **Hundezwinger** m <-s, -> perrera f
Hündin ['hʏndɪn] f <-, -nen> s. **Hund**
hündisch adj (abw: unterwürfig) servil, adulón
hundsgemein adj (fam) infame, canalla; **es tut ~ weh** duele horrores; **er kann ~ sein/werden** puede ser/puede convertirse en un diablo
hundsmiserabel adj (fam) ❶ (niederträchtig) despreciable; **du hundsmiserabler Kerl, diese Niedertracht wirst du büßen** tú, perro miserable, esta canallada la vas a pagar
❷ (schlecht) fatal, malísimo; **ein hundsmiserabler Film** una película de pena; **sich ~ fühlen** sentirse fatal [o de pena]
Hundstage mpl canícula f, caniculares mpl
Hüne ['hy:nə] m <-n, -n> gigante m
Hünengrab nt <-(e)s, -gräber> (fam) tumba f megalítica
hünenhaft adj muy robusto, gigantesco
Hunger ['hʊŋɐ] m <-s, ohne pl> hambre f; **~ haben** tener hambre; **ich habe ~ auf Schokolade** me apetece chocolate; **~ wie ein Wolf haben** tener un hambre canina [o de lobo]; **ich bekomme ~** me está entrando hambre; **seinen ~ stillen** matar el hambre; **ich sterbe [o komme um] vor ~** me muero de hambre; **~ leiden** sufrir hambre; **~ ist der beste Koch** (prov) a buen hambre no hay pan duro
Hungergefühl nt <-(e)s, -e> sensación f de hambre, ganas fpl de comer; **~ verspüren** sentir hambre; **Hungerjahr** nt <-(e)s, -e> año m de hambre; **Hungerkünstler(in)** m(f) <-s, -; -, -nen> ayunador(a) m(f) profesional; **Hungerkur** f <-, -en> régimen m, dieta f absoluta; **Hungerleider(in)** m(f) <-s, -; -, -nen> (fam abw) muerto, -a m, f de hambre; **Hungerlohn** m <-(e)s, -löhne> (abw) (sueldo m de) miseria f, sueldo m de hambre; **Hungermarsch** m <-(e)s, -märsche> manifestación f de hambre
hungern ['hʊŋɐn] vi ❶ (Hunger leiden) sufrir [o pasar] hambre
❷ (fasten) ayunar, hacer una dieta; **sich zu Tode ~** dejarse morir de hambre; **sich schlank ~** adelgazar pasando hambre, hacer dieta
❸ (geh: sich sehnen) anhelar (nach), estar ávido (nach de); **er hungert nach Anerkennung** anhela que reconozcan su mérito; **ihn hungert nach Macht** está ávido de poder
Hungerregion f <-, -en> región f de hambre; **Hungersnot** f <-, -nöte> hambre f, hambruna f Am; **Hungerstreik** m <-(e)s, -s> huelga f de hambre; **in den ~ treten** declararse en huelga de hambre; **Hungertod** m <-(e)s, ohne pl> muerte f por inanición; **Hungertuch** nt <-(e)s, -tücher>: **am ~ nagen** (fam) morirse de hambre
hungrig ['hʊŋrɪç] adj hambriento, filoso Hond; **nach etw dat [o auf etw] sein** tener ganas de algo; **sehr ~ sein** estar muy hambriento, tener mucha hambre
Hunne, -in ['hʊnə] m, f <-n, -n; -, -nen> (HIST) huno, -a m, f
Hunsrück ['hʊnsrʏk] m <-s> "Hunsrück" m (grupo montañoso en Renania-Palatinado y el Sarre); **wir fahren in den ~** nos vamos al "Hunsrück"
Hupe ['hu:pə] f <-, -n> claxon m, bocina f
hupen ['hu:pən] vi tocar el claxon [o la bocina]
hupfen ['hʊpfən] vi sein (südd) ❶ s. **hüpfen**
❷ (Wend): **das ist gehupft wie gesprungen** (fam) lo mismo da
hüpfen ['hʏpfən] vi sein brincar, dar saltos
Hupfer m <-s, -> (südd), **Hüpfer** m <-s, -> saltito m
Hupkonzert nt <-(e)s, -e> (fam) bocinazos mpl, concierto m de bocinas; **Hupsignal** nt <-(e)s, -e> (AUTO) señal f de bocina, bocinazo m; **Hupton** m <-(e)s, -töne> (AUTO) bocinazo m; **Hupzeichen** nt <-s, -> (AUTO) s. **Hupsignal**

Hurde ['hʊrdə] f <-, -n> (südd, Schweiz: Lattengestell) enrejado m
Hürde ['hʏrdə] f <-, -n> (SPORT: a. fig) valla f; **eine ~ nehmen** saltar [o pasar] una valla; (fig) superar una dificultad
Hürdenlauf m <-(e)s, -läufe> (SPORT) carrera f de vallas; **Hürdenläufer(in)** m(f) <-s, -; -, -nen> (SPORT) corredor(a) m(f) de obstáculos; **Hürdenrennen** nt <-s, -> (SPORT) concurso m hípico
Hure ['hu:rə] f <-, -n> (vulg) puta f, ramera f
huren ['hu:rən] vi (abw fam) ir de putas; **er soff und hurte nächtelang** durante noches enteras bebía y se iba de putas
Hurenbock m <-(e)s, -böcke> (vulg) putero m; **Hurensohn** m <-(e)s, -söhne> (vulg) hijo m de puta
hurra [hu'ra:, hʊ'ra:] interj ¡hurra!
Hurrapatriotismus m <-, ohne pl> (abw) patriotería f exagerada; **Hurraruf** m <-(e)s, -e> (grito m de) hurra m
Hurrikan ['hʊrika(:)n] m <-s, -e o -s> huracán m
hurtig ['hʊrtɪç] I. adj (alt) rápido
II. adv (alt) rápido, deprisa; ~, ~! **ich habe nicht endlos Zeit!** ¡deprisa, deprisa, que no tengo todo el tiempo del mundo!
Husar [hu'za:ɐ̯] m <-en, -en> (HIST) húsar m
husch [hʊʃ] interj ¡zas!; **und ~!** ¡y zas!
huschen ['hʊʃən] vi sein deslizarse rápidamente
hüsteln ['hy:stəln] vi toser ligeramente
husten ['hu:stən] vi toser; **denen werde ich was ~** (fam) ya se pueden ir preparando
Husten ['hu:stən] m <-s, -> tos f
Hustenanfall m <-(e)s, -fälle> acceso m de tos, ataque m de tos; **Hustenbonbon** nt <-s, -s> caramelo m contra la tos; **Hustenmittel** nt <-s, -> antitusígeno m; **Hustenreiz** m <-es, ohne pl> picor m de garganta, ganas fpl de toser; **Hustensaft** m <-(e)s, -säfte> jarabe m contra la tos
hustenstillend adj contra la tos; (MED) béquico, pectoral
Hustentee m <-s, -s> infusión f antitusígena; **Hustentropfen** mpl gotas fpl antitusígenas
Hut¹ [hu:t, pl:'hy:tə] m <-(e)s, Hüte> ❶ (Kopfbedeckung) sombrero m; **mir geht der ~ hoch** (fam) esto ya pasa de la raya; **seinen ~ nehmen** (fam) dimitir; **alles unter einen ~ bringen** (fam) compaginar; (harmonisieren) encontrar un denominador común; **etw aus dem ~ zaubern** (fam) sacar algo del sombrero; **das ist ein alter ~** (fam) es lo de siempre; **mit etw dat/jdm nichts am ~ haben** (fam) no (querer) tener nada que ver con algo/alguien; **das kannst du dir an den ~ stecken** (fam) te lo puedes meter donde te quepa; (das kannst du dir abschminken) ya te puedes ir olvidando de eso
❷ (von Pilzen) sombrerete m
Hut² [hu:t] f <-, ohne pl> (geh: Schutz) protección f; **vor jdm/etw dat auf der ~ sein** tener cuidado [o andar con cuidado] con alguien/algo; **in guter [o sicherer] ~ sein** estar a buen recaudo
Hutablage f <-, -n> percha f; **Hutband** nt <-(e)s, -bänder> cinta f del sombrero
hüten ['hy:tən] I. vt (Vieh) pastorear, cuidar; (Kinder) cuidar, achichiguar Mex; (Geheimnis) guardar; **das Haus/Bett ~** cuidar la casa/guardar cama; **hüte deine Zunge!** ¡cuida esa lengua!
II. vr: **sich ~** (sich vorsehen) tener cuidado (vor con), andar con cuidado; **hüte dich vor ihm!** ¡ten cuidado con él!; **hüte dich das zu tun!** ¡ni se te ocurra hacerlo!; **ich werde mich ~!** (fam) ¡me cuidaré mucho!
Hüter(in) m(f) <-s, -; -, -nen> (geh) guardián, -ana m, f; **der ~ des Gesetzes** el guardián de la ley
Hutfeder f <-, -n> pluma f del sombrero; **Hutgeschäft** nt <-(e)s, -e> sombrerería f; **Hutkrempe** f <-, -n> ala f de sombrero; **Hutmacher(in)** m(f) <-s, -; -, -nen> sombrerero, -a m, f; **Hutnadel** f <-, -n> aguja f de sombrero
Hutsche ['hʊtʃə] f <-, -n> (Österr) ❶ (Schaukel) columpio m
❷ (fam: Schimpfwort) fulana f, golfa f
hutschen I. vi (Österr: schaukeln) columpiarse, mecerse (en el columpio)
II. vr: **sich ~** (Österr: fam) largarse; **hutsch dich, dass du fortkommst!** ¡fuera de aquí!
Hutschnur f: **das geht mir über die ~** (fam) esto pasa de la raya; **Hutständer** m <-s, -> percha f para sombreros
Hütte ['hʏtə] f <-, -n> ❶ (Haus) choza f, cabaña f; (Berg~, Ski~) refugio m
❷ (Industrieanlage) planta f siderúrgica
Hüttenarbeiter m <-s, -> obrero m metalúrgico; **Hüttenindustrie** f <-, -n> industria f siderúrgica; **Hüttenkäse** m <-s, -> queso m fresco granulado, cottage cheese m; **Hüttenkunde** f <-, ohne pl> metalurgia f; **Hüttenschuh** m <-(e)s, -e> zapatilla f de lana (en forma de calcetín); **Hüttenwerk** nt <-(e)s, -e> planta f siderúrgica
hutzelig ['hʊtsəlɪç] adj (alter Mensch) arrugado, viejecito
H-Vollmilch ['ha:fɔlmɪlç] f <-, ohne pl> leche f U.H.T.
Hyäne [hy'ɛ:nə] f <-, -n> (ZOOL) hiena f

Hyazinthe [hya'tsɪntə] *f* <-, -n> jacinto *m*
hybrid [hy'bri:t] *adj* híbrido; **~e Netze** (INFOR, TEL) redes híbridas
Hybridadapter *m* <-s, -> (INFOR, TEL) adaptador *m* híbrido; **Hybridantrieb** *m* <-(e)s, -e> (TECH) accionamiento *m* híbrido
Hybride [hy'bri:də] *m* <-n, -n>, *f* <-, -n> (BIOL) híbrido *m*
Hybridisierung [hybridi'zi:rʊŋ] *f* <-, -en> (BIOL) hibridización *f*
Hybridschaltung [hy'bri:t-] *f* <-, -en> (ELEK, INFOR) circuito *m* híbrido
Hybris ['hy:brɪs] *f* <-, *ohne pl*> (*geh*) altanería *f*, orgullo *m* desmesurado
Hydra[1] ['hy:dra] *f* <-, *ohne pl*> (*Fabelwesen*) Hidra *f*
Hydra[2] *f* <-, Hydren> (*Polyp*) hidra *f*
Hydrant [hy'drant] *m* <-en, -en> boca *f* de incendio [*o* de riego]
Hydraulik [hy'draʊlɪk] *f* <-, *ohne pl*> (TECH) hidráulica *f*
hydraulisch *adj* (TECH) hidráulico
Hydren *pl von* **Hydra**[2]
hydrieren* [hy'dri:rən] *vt* (CHEM) hidrogenar
Hydrodynamik ['hy:drodyna:mɪk, hydrody'na:mɪk] *f* <-, *ohne pl*> (PHYS) hidrodinámica *f*
hydroelektrisch ['---'--] *adj* (PHYS, TECH, MED) hidroeléctrico
Hydrographie [hydrogra'fi:] *f* <-, *ohne pl*> hidrografía *f*
Hydrokultur ['----, ---'-] *f* <-, -en> hidrocultivo *m*
Hydrologie [hydrolo'gi:] *f* <-, *ohne pl*> hidrología *f*
Hydrolyse [hydro'ly:zə] *f* <-, -n> (CHEM) hidrólisis *f inv*
Hydrolyseanlage *f* <-, -n> instalación *f* de hidrólisis
Hydrometer [--'--] *nt* <-s, -> hidrómetro *m*
Hydrophyt [hydro'fy:t] *m* <-en, -en> (BOT) hidrófito *m*
Hydrosphäre [----- *f* <-, *ohne pl*> (GEO) hidrosfera *f*; **Hydrotechnik** ['----] *f* <-, *ohne pl*> hidrotecnia *f*
hydrotechnisch *adj* hidrotécnico, hidráulico
hydrotherapeutisch *adj* (MED) hidroterápico
Hydrotherapie ['------, ----'-] *f* <-, -n> hidroterapia *f*
Hygiene [hy'gje:nə] *f* <-, *ohne pl*> higiene *f*
Hygienemaßnahme *f* <-, -n> medida *f* higiénica; **Hygienepapier** *nt* <-s, -e> papel *m* higiénico; **Hygienevorschrift** *f* <-, -en> norma *f* de higiene
hygienisch *adj* higiénico; **~ einwandfrei** en condiciones higiénicas impecables
Hygrometer [hygro'me:tɐ] *nt* <-s, -> (METEO) higrómetro *m*
hygroskopisch [hygro'sko:pɪʃ] *adj* (CHEM) higroscópico
Hymen ['hy:mən] *m o nt* <-s, -> (ANAT) himen *m*
Hymne ['hʏmnə] *f* <-, -n> himno *m*; **die spanische ~** el himno español
hyperaktiv ['hy:pɐ-] *adj* hiperactivo
Hyperbel [hy'pɛrbəl] *f* <-, -n> ❶ (MATH) hipérbola *f*
❷ (*a.* LING) hipérbole *f*
hyperbolisch *adj* (LING, MATH) hiperbólico; **etwas ~ ausdrücken** expresar algo hiperbólicamente
hyperkorrekt ['hy:pɛkɔrɛkt] *adj* supercorrecto; (LING) hipercorrecto; **~es Verhalten** comportamiento supercorrecto
Hyperlink ['haɪpɐlɪŋk, 'hy:pɐ-] *m* <-s, -s> (INFOR, TEL) hiperenlace *m*, hyperlink *m*; **Hypermedia** ['haɪpɐmi:dia] *ntpl* (INFOR) hipermedios *mpl*
hypermodern [hypɐmo'dɛrn, 'hy:pɐmodɛrn] **I.** *adj* (*fam*) supermoderno, hipermoderno, ultramoderno
II. *adv* (*fam*) de forma supermoderna [*o* hipermoderna]; **ihr seid wirklich ~ eingerichtet!** ¡os habéis montado la casa en plan auténticamente moderno!
hypersensibel ['hy:pɐ-] *adj* hipersensible
Hypertext ['hy:pɐ-] *m* <-es, -e> (INFOR) hipertexto *m*
Hypertonie [hypɐto'ni:] *f* <-, -n> (MED) ❶ (*Bluthochdruck*) hipertensión *f*
❷ (*erhöhte Muskelspannung*) hipertonía *f*
hypertroph [hypɐ'tro:f] *adj* (MED) hipertrofiado
Hypertrophie [hypɐtro'fi:] *f* <-, *ohne pl*> (MED) hipertrofia *f*
Hypnose [hʏp'no:zə] *f* <-, -n> hipnosis *f inv*; **unter ~ stehen** estar bajo hipnosis
hypnotisch [hʏp'no:tɪʃ] *adj* hipnótico
Hypnotiseur(in) [hʏpnoti'zø:ɐ] *m(f)* <-s, -e; -, -nen> hipnotizador(a) *m(f)*
hypnotisierbar *adj* hipnotizable; **er ist leicht ~** es fácil hipnotizarle
hypnotisieren* [hʏpnoti'zi:rən] *vt* hipnotizar; **sie blieb wie hypnotisiert stehen** se detuvo como si la hubieran hipnotizado
Hypochonder [hypo'xɔndɐ] *m* <-s, -> hipocondríaco, -a *m, f*
Hypochondrie [hypoxɔn'dri:] *f* <-, *ohne pl*> (MED) hipocondría *f*
Hypolimnion [hypo'lɪmnion, *pl:* hypo'lɪmniən] *nt* <-s, Hypolimnien> (GEO) hipolimnion *m*
Hypophyse [hypo'fy:zə] *f* <-, -n> (ANAT) hipófisis *f inv*
Hypotenuse [hypote'nu:zə] *f* <-, -n> (MATH) hipotenusa *f*
Hypothek [hypo'te:k] *f* <-, -en> (FIN) hipoteca *f*; **~ auf Grund und Boden** hipoteca sobre terrenos, hipoteca inmobiliaria por naturaleza; **formlose/nachstehende ~** hipoteca informal/posterior; **Rang der ~** rango de la hipoteca; **eine ~ aufnehmen** imponer una hipoteca; **eine ~ eintragen** registrar una hipoteca; **eine ~ tilgen** cancelar una hipoteca; **etw mit einer ~ belasten** gravar algo con una hipoteca; **das Haus mit einer ~ belasten** hipotecar la casa
hypothekarisch *adj* hipotecario; **~ belasten** hipotecar, gravar con una hipoteca
Hypothekenaufnahme *f* <-, -n> (FIN) suscripción *f* de una hipoteca
Hypothekenbank *f* <-, -en> banco *m* hipotecario; **Hypothekenbankrecht** *nt* <-(e)s, *ohne pl*> (FIN, JUR) derecho *m* bancario hipotecario
Hypothekenbelastung *f* <-, -en> (FIN) carga *f* hipotecaria; **Hypothekenbeschaffung** *f* <-, *ohne pl*> (FIN, JUR) obtención *f* de una hipoteca; **Hypothekenbestellung** *f* <-, -en> (FIN, JUR) constitución *f* de (una) hipoteca; **formelle ~** constitución formal de hipoteca; **Hypothekenbrief** *m* <-(e)s, -e> (JUR) título *m* hipotecario, carta *f* hipotecaria; **Hypothekendarlehen** *nt* <-s, -> (FIN) préstamo *m* hipotecario; **Hypothekenforderung** *f* <-, -en> (FIN) crédito *m* hipotecario
hypothekenfrei *adj* (FIN) libre de hipotecas
Hypothekengläubiger(in) *m(f)* <-s, -; -, -nen> (WIRTSCH) acreedor(a) *m(f)* hipotecario, -a; **Hypothekenklage** *f* <-, -n> (FIN, JUR) acción *f* hipotecaria; **Hypothekenpfandbrief** *m* <-(e)s, -e> (FIN) cédula *f* hipotecaria; **Hypothekenschuld** *f* <-, -en> deuda *f* hipotecaria; **Hypothekenschuldner(in)** *m(f)* <-s, -; -, -nen> (FIN) deudor(a) *m(f)* hipotecario, -a; **Hypothekentilgung** *f* <-, -en> (FIN) reembolso *m* de hipotecas, amortización *f* de hipotecas; **Hypothekenübernahme** *f* <-, -en> (WIRTSCH) subrogación *f* hipotecaria; **Hypothekenzins** *m* <-es, -en> (WIRTSCH) interés *m* hipotecario
Hypothese [hypo'te:zə] *f* <-, -n> hipótesis *f inv*; **eine ~ aufstellen/widerlegen** formular/rebatir una hipótesis
hypothetisch [hypo'te:tɪʃ] *adj* hipotético
Hypotonie [hypoto'ni:] *f* <-, -n> (MED) ❶ (*niedriger Blutdruck*) hipotensión *f*
❷ (*herabgesetzte Muskelspannung*) hipotonía *f*
Hypozentrum [hypo-] *nt* <-s, -zentren> (GEO) hipocentro *m*
Hysterie [hʏste'ri:] *f* <-, -n> histeria *f*
hysterisch [hʏs'te:rɪʃ] *adj* histérico
Hz *Abk. von* **Hertz** hz

I

I, i [i:] *nt* <-, -> I, i *f*; **~ wie Ida** I de Inés; **das Tüpfelchen auf dem ~** el punto sobre la i; (*Krönung*) el último detalle, el remate
i [i:] *interj* ¡puaj!; **~, das stinkt!** ¡puaj, qué peste!; **~ wo!** ¡ni en sueños!
i.A. *Abk. von* **im Auftrag** p.o.
IAA[1] [i:ʔa:'ʔa:] *nt* <-(s)> *Abk. von* **Internationales Arbeitsamt** Oficina *f* Internacional del Trabajo
IAA[2] *f Abk. von* **Internationale Automobil-Ausstellung** Exposición *f* Internacional del Automóvil
iah ['i:ʔa:] *interj* (*Esel*) ¡ía!
i.Allg.[RR] *Abk. von* **im Allgemeinen** en general
Iambus *m* <-, Iamben> (LIT) yambo *m*
ib. *Abk. von* **ibidem** ibid.
iberisch [i'be:rɪʃ] *adj* ibérico; **die I~e Halbinsel** la Península Ibérica
ibid. *Abk. von* **ibidem** ibid.
IC [i:'tse:] *m* <-(s), -s> *Abk. von* **Intercity(zug)** Intercity *m*
ICE [i:tse:'ʔe:] *m* <-(s), -s> *Abk. von* **Intercityexpress** ≈AVE *m* (*tren de alta velocidad*)
ICE-Zuschlag *m* <-(e)s, -schläge> (EISENB) suplemento *m* del ICE
ich [ɪç] *pron pers 1. Sg* yo; **~ Idiot!** ¡idiota de mí!; **immer ~!** ¡siempre yo!; **wer hat gerufen? – ~** ¿quién ha llamado? – yo; **wer ist da? – ~ bin's** ¿quién está ahí? – soy yo
Ich *nt* <-(s), -s> yo *m*; **mein anderes/zweites/besseres ~** mi otro/segundo/mejor yo; **das eigene ~ verleugnen** negar su propio yo
ichbezogen ['ɪçbəzo:gən] *adj* egocéntrico
Icherzählung[RR] *f* <-, -en>, **Ich-Erzählung** *f* <-, -en> (LIT) narrativa *f* escrita en primera persona; **Ichform** *f* <-, -en> (LING, LIT) primera persona *f*; **in der ~ geschrieben** escrito en primera persona
Ichthyol® [ɪçty'o:l] *nt* <-s, *ohne pl*> ictiol *m*
Ichthyolsalbe *f* <-, -n> pomada *f* de ictiol
Icon ['aɪkən] *nt* <-s, -s> (INFOR) icono *m*
IC-Zuschlag *m* <-(e)s, -schläge> suplemento *m* para el Intercity
IDA [i'da] *Abk. von* **International Development Association** (*Internationale Entwicklungsvereinigung*) Asociación *f* Internacional de Desarrollo
ideal [ide'a:l] *adj* ideal; **diese Wohnung ist ~ für uns** este piso es ideal

para nosotros
Ideal *nt* <-s, -e> ideal *m*
Idealbild *nt* <-(e)s, -er> ideal *m*, prototipo *m;* **er ist das ~ eines Ehemannes** él es el prototipo de marido [*o* el marido ideal]
idealerweise *adv* en el caso ideal, en el mejor de los casos; **für diese Arbeit sind Sie ~ zweisprachig aufgewachsen** lo ideal para este trabajo es que sea bilingüe
Idealfall *m* <-(e)s, -fälle> caso *m* ideal; **im ~ würde ich 60 Kilo wiegen** mi peso ideal son 60 kilos; **Idealgewicht** *nt* <-(e)s, -e> peso *m* ideal
idealisieren* [ideali'zi:rən] *vt* idealizar
Idealisierung *f* <-, -en> idealización *f*
Idealismus [idea'lɪsmʊs] *m* <-, *ohne pl*> idealismo *m*
Idealist(in) *m(f)* <-en, -en; -, -nen> idealista *mf*
idealistisch *adj* idealista
Ideallösung *f* <-, -en> solución *f* ideal; **Idealvorstellung** *f* <-, -en> concepto *m* ideal
Idee [i'de:, *pl.* i'de:ən] *f* <-, -n> ❶ (*Vorstellung, Einfall*) idea *f;* **gute ~!** ¡buena idea!; **er/sie kam auf eine ~** se le ocurrió algo [*o* una idea]; **wie kommst du denn auf die ~?** ¿cómo se te ocurre esto?; **ich habe eine ~** tengo una idea; **eine ~ haben, warum/wie/wo ...** tener idea (de) por qué/cómo/dónde...; **die ~ zu etw** *dat* **haben** tener la idea para algo; **jdn auf die ~ bringen etw zu tun** dar a alguien la idea de hacer algo; **jdn auf andere ~n bringen** distraer a alguien; **du machst dir keine ~ davon, wie/wie viel ich ...** no te puedes hacer una idea de cómo/de cuánto yo ...; **ich habe nicht die leiseste ~ davon** (*fam*) no tengo ni la más remota idea de esto; **das ist bei ihm eine fixe ~** eso es una idea fija [*o* una obsesión] suya
❷ (*fam: ein bisschen*) pizca *f,* poquitín *m;* **eine ~ Salz** una pizca de sal; **keine ~ besser** ni una pizca mejor; **er ist eine ~ zu doof** es más bien tonto
ideell [ide'ɛl] *adj* ideal; **der ~e Wert eines Geschenkes** el valor ideal de un regalo
ideenarm *adj* con [*o* de] pocas ideas, falto de ideas, poco imaginativo; **obwohl er in einer Werbeagentur arbeitet, ist er sehr ~** a pesar de trabajar en una agencia publicitaria no es nada creativo
ideenlos *adj* (*Mensch*) sin ideas; (*Gestaltung*) poco innovador; **die Gestaltung der neuen Fassade ist wirklich ~** el diseño de la nueva fachada no es nada innovador
Ideenlosigkeit *f* <-, *ohne pl*> (*Mensch*) falta *f* de ideas; (*Konzeption*) falta *f* de originalidad; **pfiffige Einfälle darf man bei ihrer ~ nicht erwarten** no esperes de ella ideas fantásticas con la poca inventiva que tiene
ideenreich [i'de:ən-] *adj* creativo
Ideenreichtum *m* <-s, *ohne pl*> inventiva *f,* facultad *f* imaginativa
Iden ['i:dən] *pl* (HIST) idus *mpl;* **die ~ des März** los idus de marzo
Identifikation [idɛntifika'tsjo:n] *f* <-, -en> (PSYCH) identificación *f*
Identifikationsfigur *f* <-, -en> (*fam*) personaje *m* de identificación
identifizieren* [idɛntifi'tsi:rən] **I.** *vt* identificar
II. *vr:* **sich ~** identificarse
Identifizierung *f* <-, -en> (*Leiche, Täter*) identificación *f*
identisch [i'dɛntɪʃ] *adj* idéntico (*mit* a), individual (*mit* a) And, CSur
Identität [idɛnti'tɛ:t] *f* <-, -en> identidad *f;* **seine ~ nachweisen** identificarse
Identitätsabweichung *f* <-, -en> discrepancia *f* de la identidad; **Identitätsirrtum** *m* <-s, -tümer> error *m* de la identidad; **Identitätskarte** *f* <-, -n> (*Schweiz: Personalausweis*) carné *m* de identidad; **Identitätskrise** *f* <-, -n> crisis *f inv* de identidad; **Identitätsnachweis** *m* <-es, -e> prueba *f* de identidad; **Identitätstäuschung** *f* <-, -en> (JUR) engaño *m* de identidad; **Identitätsverlust** *m* <-(e)s, -e> (PSYCH) pérdida *f* de identidad
Ideologe, -in [ideo'lo:gə] *m, f* <-n, -n; -, -nen> ideólogo, -a *m, f*
Ideologie [ideolo'gi:] *f* <-, -n> ideología *f*
Ideologiekritik *f* <-, -en> (SOZIOL) crítica *f* ideológica
ideologiekritisch *adj* (SOZIOL) de la crítica ideológica
Ideologin *f* <-, -nen> *s.* **Ideologe**
ideologisch *adj* ideológico
Idiom [i'djo:m] *nt* <-s, -e> ❶ (LING) (*Jargon*) idiolecto *m*
❷ (*Wendung*) giro *m*
Idiomatik *f* <-, *ohne pl*> ❶ (LING) idiomática *f*
❷ (*Redewendungen*) expresiones *fpl* idiomáticas
idiomatisch [idjo'ma:tɪʃ] *adj* (LING) idiomático; **~e Wendung** giro idiomático
idiomorph [idjo'mɔrf] *adj* (GEO) idiomorfo
Idiot(in) [i'djo:t] *m(f)* <-en, -en; -, -nen> (*fam abw*) idiota *mf,* merlo *m* Am
Idiotenhügel *m* <-s, -> (*fam iron*) pista *f* de esquí para principiantes; **er fuhr nicht einmal den ~ hinunter** no se atrevió ni tan siquiera con la pista para principiantes

idiotensicher I. *adj* (*fam iron: Verschluss*) superfácil de manejar; **die ~ere Gebrauchsanweisung verstehst du auch** estas instrucciones de uso son supersencillas y también las entenderás tú
II. *adv* (*fam*) sin problemas; **die Fernbedienung lässt sich ~ handhaben** el mando a distancia es superfácil de manejar
Idiotie [idjo'ti:] *f* <-, -n> ❶ (MED) idiocia *f,* idiotez *f*
❷ (*fam abw: Dummheit*) idiotez *f*
Idiotin *f* <-, -nen> *s.* **Idiot**
idiotisch *adj* (*fam abw*) idiota
Idol [i'do:l] *nt* <-s, -e> ídolo *m*
Idyll *nt* <-s, -e>, **Idylle** [i'dʏlə] *f* <-, -n> idilio *m*
idyllisch *adj* idílico
i.e. *Abk. von* **id est** (**das heißt**) i.e.
IE [i:'?e:] *f* (CHEM) *Abk. von* **Internationale Einheit** Unidad *f* Internacional
Ifo ['i:fo] *Abk. von* **Institut für Wirtschaftsforschung** instituto *m* de investigación económica
IG [i:'ge:] *f* ❶ *Abk. von* **Industriegewerkschaft** sindicato *m* industrial
❷ *Abk. von* **Interessengemeinschaft** comunidad *f* de intereses
Igel ['i:gəl] *m* <-s, -> (ZOOL) erizo *m*
igitt(igitt) [i'gɪt(igɪt)] *interj* (*reg*) ¡puaj!, ¡qué asco!
Iglu ['i:glu] *m o nt* <-s, -s> iglú *m*
Ignorant(in) [igno'rant, igno'rant] *m(f)* <-en, -en; -, -nen> (*abw*) ignorante *mf*
Ignoranz *f* <-, *ohne pl*> (*abw*) ignorancia *f*
ignorieren* *vt* ignorar, no hacer caso (a/de), pasar por alto (de)
Iguana [i'gua:na] *f* <-, -s> (ZOOL) iguana *f,* caimán *m* Bol
IHK [i:ha:'ka:] *f Abk. von* **Industrie- und Handelskammer** Cámara *f* de Industria y Comercio
ihm [i:m] *pron pers dat von* **er, es** le; (*betont: Mensch*) a él... (le); (*mit Präposition: Mensch*) él; **sie hat ~ nichts gesagt** no le ha dicho nada; **bleibt das Fahrrad da? – ja, da kann ~ nichts passieren** ¿la bici se queda ahí? – sí, ahí no puede pasarle nada; **~ kommt so etwas gar nicht lustig vor** a él una cosa así no le parece divertida; **hinter/vor/unter/über** ~ detrás/delante/debajo/encima de él; **neben** ~ a su lado; **mit ~** con él; **das Auto gehört ~** el coche es suyo; **heute gehen wir zu ~/sind wir bei ~ zum Essen eingeladen** hoy vamos a su casa/estamos invitados a comer en su casa; **ein Freund von ~** un amigo suyo; **das Problem ist ~ zu groß geworden** el problema se le ha hecho demasiado grande
ihn [i:n] *pron pers 3. Sg m akk von* **er** lo; (*betont: Mensch*) a él... (le, lo) Am; (*betont*) a él... (lo, le); **ich treffe ~ heute Abend** [*o* lo] veo esta noche; **was hältst du von diesem Artikel? – ich habe ~ noch nicht gelesen** ¿qué te parece este artículo? – aún no lo he leído; **sie ist nett, aber ~ kann ich echt nicht leiden** ella es maja, pero a él de verdad que no lo aguanto; **den Kuchen habe ich für ~ gebacken** el pastel lo he hecho para él
ihnen ['i:nən] *pron pers mfpl dat von* **sie** les; (*betont: Mensch*) a ellos/ellas... (les), a ellas... (les) Am... (les), a ellas (les) Am... (les); (*mit Präposition: Menschen*) ellos/ellas; **niemand half** ~ no les ayudó nadie; **stehen deine Blumen immer draußen? – ja, die frische Luft tut** ~ **gut** ¿siempre tienes las plantas fuera? – sí, el aire fresco les sienta bien; **~ wäre das zu teuer** a ellos/ellas les resultaría demasiado caro; **hinter/vor/unter/über** ~ detrás/delante/debajo/encima de ellos/ellas; **neben** ~ a su lado; **mit** ~ con ellos/ellas; **ein Freund von** ~ un amigo suyo; **das Haus gehört** ~ la casa es suya; **bei** ~ **wird immer gut gegessen** en su casa siempre se come bien; **ich möchte mal zu** ~ me gustaría ir alguna vez a su casa; **die Tochter ist** ~ **ins Kloster gegangen** se les ha ido la hija al convento
Ihnen *pron pers (Höflichkeitsform) dat von* **Sie** le *sg,* les *pl;* (*betont*) a usted... (le)/a ustedes... (les), a Ud.... (le)/a Uds.... (les); (*mit Präposition*) usted/ustedes, Ud./Uds.; **wir wollten** ~ **eine Freude machen** queríamos darle/darles una alegría; ~ **hätte es bestimmt auch gefallen** a Ud./Uds. seguro que también le/les habría gustado; **hinter/vor/unter/über** ~ detrás/delante/debajo/encima de Ud./Uds.; **neben** ~ a su lado; **mit** ~ con Ud./Uds.; **ein Freund von** ~ un amigo suyo; **gehört** ~ **dieser Hund?** ¿es suyo este perro?; **wohnen Ihre Kinder noch bei** ~? ¿sus hijos viven todavía en su casa?; **wenn Sie nicht kommen können, gehen wir gerne zu** ~ si no puede/pueden venir Ud./Uds., iremos con mucho gusto a su casa
ihr [i:ɐ] **I.** *pron pers* ❶ *2. pl mf* vosotros *mpl,* vosotras *fpl,* ustedes Am; ~ **beiden/drei** vosotros/vosotras dos/tres; ~ **Lieben!** ¡queridos/queridas!
❷ *dat von sg* **sie** le; (*betont: Mensch*) a ella... (le); (*mit Präposition: Mensch*) ella; **ich habe** ~ **noch nichts gegeben** todavía no le he dado nada; **lässt du die Soße in der Sonne? schadet** ~ **die Hitze nicht?** ¿dejas la salsa al sol? ¿no le afecta el calor?; ~ **solltest du was Besseres anbieten** a ella deberías ofrecerle algo mejor; **hinter/vor/unter/über** ~ detrás/delante/debajo/encima de ella; **neben** ~ a su lado; **mit** ~ con ella; **ein Freund von** ~ un amigo suyo; **wem gehört das Bild? –** ~ ¿de

quién es el cuadro? – suyo; **gehst du häufig zu ~?** ¿vas mucho a su casa?; **bei ~ war ich noch nie** no he estado nunca en su casa; **ich soll dich von ~ grüßen** me ha dicho que te salude de su parte
II. *pron poss s.* **ihr, ihre, ihr**

ihr, ihre, ihr *pron poss* (*adjektivisch*) su *sg*, sus *pl;* (*einer Frau*) de ella; (*mehrerer Menschen*) de ellos/ellas; ~ **Unterricht/Projekt** su clase/ proyecto; **~e Tochter/Bekannten** su hija/sus conocidos; **sie macht/ machen viel aus ~em Urlaub/~er Zeit/~en Möglichkeiten** saca/ sacan mucho partido de sus vacaciones/su tiempo/sus posibilidades

Ihr, Ihre, Ihr *pron poss* (*adjektivisch: Höflichkeitsform*) su *sg*, sus *pl;* (*einer Person*) de usted, de Ud.; (*mehrerer Menschen*) de ustedes, de Uds.; **~ Beruf/Kind** su profesión/hijo; **~e Zeit/Schuhe** su tiempo/sus zapatos; **was halten Sie von ~em Kollegen/~er Chefin/~en Mitbürgern?** ¿qué opina Ud./opinan Uds. de su compañero/su jefa/sus conciudadanos?

ihre(r, s) ['iːrə, -re, -rəs] *pron poss substantivisch* (el) suyo *m*, (la) suya *f*, (los) suyos *mpl*, (las) suyas *fpl;* (*einer Frau*) de ella; (*mehrerer Menschen*) de ellos/ellas; **dieses Geschenk ist ~s** este regalo es (el) suyo; **unsere Kinder sind mit ~n befreundet** nuestros hijos son amigos de los suyos; *s. a.* **ihr, ihre, ihr**

Ihre(r, s) *pron poss* (*substantivisch: Höflichkeitsform*) (el) suyo *m*, (la) suya *f*, (los) suyos *mpl*, (las) suyas *fpl;* (*einer Person*) de usted, de Ud.; (*mehrerer Menschen*) de ustedes, de Uds.; **ist dieser Wagen ~r?** ¿es suyo este coche?; **unser Haus ist doch nicht so groß wie ~s** nuestra casa no es tan grande como la suya; *s. a.* **Ihr, Ihre, Ihr**

ihrer ['iːre] *pron pers* ① *gen von sg* **sie** de ella
② *pl gen von pl* **sie** de ellos/ellas

Ihrer *pron pers gen von* **Sie** (*Höflichkeitsform*) de usted *sg*, de ustedes *pl*

ihrerseits ['iːrezaɪts] *adv* ① *Sg* por parte de ella, por su parte; **sie hat sich ~ anders entschlossen** ella por su parte ha tomado otra decisión
② *pl* por parte de ellos/de ellas, por su parte; **wenn sie ~ nichts dagegen einzuwenden haben** si ellos/ellas por su parte no tienen nada que objetar

Ihrerseits *adv* ① *Sg* por parte de usted, por su parte
② *pl* por parte de ustedes, por su parte

ihresgleichen ['---] *pron indef* sus semejantes, de su condición; **er hatte noch nie ~ kennen gelernt** nunca había conocido a una chica como ella; **sie fühlen sich nur unter ~ wohl** sólo se sienten a gusto entre los de su clase

Ihresgleichen *pron indef* sus semejantes, de su condición; **~ benimmt sich anders** las personas como Ud./Uds. se comportan de otra manera

ihrethalben *adv* (*alt*) *s.* **ihretwegen**

Ihrethalben *adv* (*alt*) *s.* **Ihretwegen**

ihretwegen ['iːrətˈveːgən] *adv* ① *Sg* por ella; **ich habe es nur ~ getan** lo hice solamente por ella
② *pl* por ellos, por ellas; **es ist ~ geschehen** pasó por culpa de ellos/de ellas, pasó por su culpa

Ihretwegen *adv* ① *Sg* por usted
② *pl* por ustedes

ihretwillen ['iːrətˈvɪlən] *adv* ① *Sg:* **um ~** por consideración a ella, por ella
② *pl:* **um ~** por consideración a ellos/a ellas, por ellos/por ellas

Ihretwillen *adv* ① *Sg:* **um ~** por consideración a usted, por usted
② *pl:* **um ~** por consideración a ustedes, por ustedes

ihrige *pron poss geh für* **ihre(r, s):** **der/die/das ~** el suyo/la suya; (*einer Frau*) el/la de ella; (*mehrerer Menschen*) el/la de ellos/ellas; **die ~n** los suyos/las suyas; (*einer Frau*) los/las de ella; (*mehrerer Menschen*) los/las de ellos/ellas

Ihrige *pron poss* (*Höflichkeitsform*) *geh für* **Ihre(r, s): der/die/das ~** el suyo/la suya, el/la de usted *sg*, el/la de ustedes *pl;* **die ~n** los suyos/las suyas, los/las de usted *sg*, los/las de ustedes *pl*

i.J. *Abk. von* **im Jahre:** ~ **1807** en el año 1807

Ikone [iˈkoːnə] *f* <-, -n> icono *m*

Ikonenwand *f* <-, wände> iconostasio *m*

IKRK [iːkaːʔɛrˈkaː] *nt Abk. von* **Internationales Komitee vom Roten Kreuz** Comité *m* Internacional de la Cruz Roja

Ikterus ['ɪkterʊs] *m* <-, *ohne pl*> (MED) ictericia *f*

illegal ['ɪlegaːl] *adj* ilegal

Illegalität *f* <-, -en> ilegalidad *f;* **formelle/materielle ~** (JUR) ilegalidad formal/material

illegitim ['ɪlegitiːm] *adj* ilegítimo

illiquid ['ɪlikviːt] *adj* (FIN) ilíquido

Illit *m* <-s, -e> (GEO) illita *f*

illoyal ['ɪlɔɪaːl] *adj* (*geh*) desleal

Illoyalität *f* <-, *ohne pl*> (*geh*) deslealtad *f*

Illumination [ɪluminaˈtsjoːn] *f* <-, -en> (*a.* REL) iluminación *f*

illuminieren* *vt* (*a.* KUNST) iluminar

Illusion [ɪluˈzjoːn] *f* <-, -en> ilusión *f;* **sich der ~ hingeben, dass ...** hacerse la ilusión de que...; **sich** *dat* **über etw (keine) ~en machen** (no) hacerse ilusiones sobre algo; **jdm die ~en rauben** quitar la ilusión a alguien

illusionär [ɪluzjoˈnɛːɐ] *adj* utópico, irreal

illusionslos *adj* desilusionado

illusorisch [ɪluˈzoːrɪʃ] *adj* ilusorio; (*trügerisch*) engañoso; **es ist völlig ~ zu glauben, dass ...** es totalmente ilusorio pensar que... +*ind/subj*

illuster [ɪˈlʊste] *adj* (*geh*) ilustre

Illustration [ɪlʊstraˈtsjoːn] *f* <-, -en> ilustración *f*

illustrativ [ɪlʊstraˈtiːf] *adj* (*anschaulich*) ilustrativo

Illustrator(in) [ɪlʊsˈtraːtoːɐ] *m(f)* <-s, -en; -, -nen> ilustrador(a) *m(f)*

illustrieren* [ɪlʊsˈtriːrən] *vt* ilustrar

Illustrierte [ɪlʊsˈtriːɐtə] *f* <-n, -n> revista *f*

Illustrierung *f* <-, -en> ilustración *f*

Iltis ['ɪltɪs] *m* <-ses, -se> (ZOOL) turón *m*

im [ɪm] = **in dem** en el/en la; ~ **Haus/Garten** en la casa/en el jardín; ~ **Gehen** al andar, andando; ~ **Liegen/Sitzen** acostado/sentado; *s. a.* **in**

IM [iːˈʔɛm] *mf* <-(s), -(s); -, -(s)> *Abk. von* **informelle(r) Mitarbeiter(in)** colaborador(a) *m(f)* informal (*del Servicio de Seguridad del Estado* (*STASI*) *de la República Democrática Alemana*)

Image ['ɪmɪtʃ] *nt* <-(s), -s> imagen *f* (pública), prestigio *m*

Imagepflege *f* <-, *ohne pl*> cuidado *m* de la imagen [o del prestigio]; **~ betreiben** cultivar el cuidado de la imagen; **Imageverlust** *m* <-(e)s, -e> pérdida *f* de la imagen [o del prestigio]

imaginär [imagiˈnɛːɐ] *adj* imaginario

Imagination [imaginaˈtsjoːn] *f* <-, -en> (*geh*) imaginación *f*

Imam [iˈmaːm] *m* <-s, -e> (REL) imam *m*, imán *m*

Imbezillität [ɪmbetsɪliˈtɛːt] *f* <-, *ohne pl*> imbecilidad *f*

Imbiss[RR] ['ɪmbɪs] *m* <-es, -e>, **Imbiß** *m* <-sses, -sse> ① (*Häppchen*) piscolabis *m inv*, colación *f*, ≈tapa *f*, causa *f* Chil, Peru
② (*Verkaufsstelle*) bar *m*, snack-bar *m*

Imbissstand[RR] *m* <-(e)s, -stände> merendero *m*, chiringuito *m;* **Imbissstube**[RR] *f* <-, -n> bar *m*, snack-bar *m*

Imitat [imiˈtaːt] *nt* <-(e)s, -e> imitación *f*

Imitation [imitaˈtsjoːn] *f* <-, -en> imitación *f*

Imitator(in) [imiˈtaːtoːɐ] *m(f)* <-s, -en; -, -nen> imitador(a) *m(f)*

imitieren* [imiˈtiːrən] *vt* imitar

Imker(in) ['ɪmke] *m(f)* <-s, -; -, -nen> apicultor(a) *m(f)*, colmenero, -a *m, f*

Imkerei[1] *f* <-, *ohne pl*> (*Tätigkeit*) apicultura *f*

Imkerei[2] *f* <-, -en> (*Betrieb*) establecimiento *m* de apicultura

Imkerin *f* <-, -nen> *s.* **Imker**

immanent [imaˈnɛnt] *adj* (PHILOS) inmanente

Immanenz [imaˈnɛnts] *f* <-, *ohne pl*> (PHILOS) inmanencia *f*

Immaterialeigentum *nt* <-, *ohne pl*> (JUR) propiedad *f* inmaterial

Immaterialgüter *ntpl* (JUR) bienes *mpl* inmateriales; **Immaterialgüterrecht** *nt* <-(e)s, *ohne pl*> (JUR) derecho *m* de bienes inmateriales

Immaterialschaden *m* <-s, -schäden> (JUR) daño *m* moral

immateriell ['ɪmaterjɛl, ---'-] *adj* inmaterial

Immatrikulation [ɪmatrikulaˈtsjoːn] *f* <-, -en> matriculación *f*, matrícula *f*

immatrikulieren* [ɪmatrikuˈliːrən] I. *vt* ① (UNIV: *einschreiben*) matricular (*für* en), inscribir (*für* en)
② (*Schweiz: Fahrzeug zulassen*) matricular
II. *vr:* **sich ~** (UNIV) matricularse (*für* en), inscribirse (*für* en)

Imme ['ɪmə] *f* <-, -n> (*geh: Biene*) abeja *f*

immens [ɪˈmɛns] *adj* inmenso

immer ['ɪme] *adv* siempre; (*unaufhörlich*) continuamente, permanentemente; **es ist ~ dasselbe** siempre ocurre lo mismo; **für ~** para siempre; **~ mit der Ruhe!** ¡con calma!; **~ geradeaus** todo seguido; **sie arbeitet ~ noch dort** sigue trabajando ahí; **er ist ~ noch nicht da** aún [o todavía] no ha llegado; **~ wenn ...** siempre que...; **~ wieder** de nuevo; **wie ~** como siempre; **~ besser** cada vez mejor; **~ mehr** cada vez más; **~ drei auf einmal** de tres en tres; **wer auch ~ ...** quienquiera que... +*subj*; **was auch ~** sea lo que sea; **wo/wie auch ~ ...** dondequiera/ comoquiera que... +*subj*; **~ mal** (*fam*) de vez en cuando; **~ während** (*geh*) perpetuo

immerdar *adv* (*geh*) para siempre; **er wollte ihr ~ die Treue halten** quería serle fiel hasta el fin de sus días

immerfort ['---] *adv* continuamente, ininterrumpidamente

immergrün *adj* perenne

Immergrün *nt* <-s, -e> (BOT) siempreviva *f*

immerhin ['---] *adv* por lo menos, al fin y al cabo

immerwährend *adj* (*geh*) *s.* **immer**

immerzu ['---] *adv* (*fam*) continuamente, sin interrupción

Immigrant(in) [imiˈgrant] *m(f)* <-en, -en; -, -nen> inmigrante *mf*

Immigration [ɪmigraˈtsjoːn] *f* <-, -en> inmigración *f*

immigrieren* *vi sein* inmigrar

Immissionen [ɪmɪˈsjoːnən] *fpl* inmisiones *fpl*

Immissionsschaden *m* <-s, -schäden> (ÖKOL) daño *m* por inmisión

Immissionsschutz *m* <-es, *ohne pl*> protección *f* contra las inmisiones; **anlagenbezogener/verhaltensbezogener** ~ protección contra inmisiones inherente a la instalación/al comportamiento; **Immissionsschutzbeauftragte(r)** *mf* <-n, -n; -n, -n> (ÖKOL) delegado, -a *m, f* para inmisiones; **Immissionsschutzgesetz** *nt* <-es, -e> ley *f* sobre protección contra inmisiones; **Immissionsschutzrecht** *nt* <-(e)s, *ohne pl*> derecho *m* sobre protección contra inmisiones
immobil *adj* (*geh*) inmóvil; **ohne Auto bin ich** ~ sin coche no puedo ir a ninguna parte
Immobiliarbesitz [ɪmobiˈljaːɐ-] *m* <-es, *ohne pl*> propiedad *f* inmueble; **Immobiliarkredit** *m* <-(e)s, -e> (FIN) crédito *m* inmobiliario; **Immobiliarvertrag** *m* <-(e)s, -träge> (JUR) contrato *m* inmobiliario; **Immobiliarvollstreckung** *f* <-, -en> (FIN, JUR) embargo *m* inmobiliario
Immobilien [ɪmoˈbiːli̯ən] *fpl* (bienes *mpl*) inmuebles *mpl*
Immobilienbesitz *m* <-es, *ohne pl*> propiedad *f* inmueble; **Immobilienfonds** *m* <-, -> (FIN) fondo *m* inmobiliario; **Immobiliengesellschaft** *f* <-, -en> (WIRTSCH) sociedad *f* inmobiliaria; **Immobilienhändler(in)** *m(f)* <-s, -; -, -nen> agente *mf* de la propiedad inmobiliaria; **Immobilienholding** *f* <-, -s> (WIRTSCH) holding *m* inmobiliario; **Immobilienklage** *f* <-, -n> (JUR) acción *f* inmobiliaria; **Immobilien-Leasing-Vertrag** *m* <-(e)s, -träge> (JUR) contrato *m* de leasing inmobiliario; **Immobilienmakler(in)** *m(f)* <-s, -; -, -nen> agente *mf* inmobiliario, -a; **Immobilienmarkt** *m* <-(e)s, -märkte> mercado *m* inmobiliario; **Immobilienverwaltung** *f* <-, -en> administración *f* de fincas
Immortelle [ɪmɔrˈtɛlə] *f* <-, -n> (BOT) perpetua *f*
immun [ɪˈmuːn] *adj* (MED, JUR) inmune (*gegen* a/contra)
Immunabwehr *f* <-, *ohne pl*> resistencia *f* inmunológica [*o* inmunitaria]
Immundefekt *m* <-(e)s, -e> (MED) defecto *m* de inmunidad; **Immundefekt-Virus** *nt o m* <-, -Viren> (MED) virus *m inv* de defecto de inmunidad
Immunglobulin [ˈɪmuːnɡlobuliːn] *nt* <-s, -e> (MED) inmunoglobulina *f*
immunisieren* [ɪmuniˈziːrən] *vt* (MED) inmunizar (*gegen* contra)
Immunisierung *f* <-, -en> (MED) inmunización *f* (*gegen* contra)
Immunität *f* <-, -en> (MED, JUR) inmunidad *f* (*gegen* a/contra); **erworbene/natürliche** ~ inmunidad adquirida/natural; **diplomatische** ~ inmunidad diplomática; **parlamentarische** ~ **genießen** gozar de inmunidad parlamentaria; **jds** ~ **aufheben** levantar la inmunidad de alguien
Immunkörper *m* <-s, -> cuerpo *m* inmune
Immunologe, -in [ɪmunoˈloːɡə] *m, f* <-n, -n; -, -nen> (MED) inmunólogo, -a *m, f*
immunologisch *adj* (MED) inmunológico
Immunschwäche *f* <-, -n> (MED) inmunodeficiencia *f*; **Immunschwächekrankheit** *f* <-, -en> (MED) enfermedad *f* por inmunodeficiencia
Immunserum *nt* <-s, -sera *o* -seren> (MED) suero *m* inmune; **Immunsystem** *nt* <-s, -e> (MED) sistema *m* inmunológico [*o* inmunitario]; **Immuntherapie** *f* <-, -n> (MED) inmunoterapia *f*
Impedanz [ɪmpeˈdants] *f* <-, -en> (ELEK) impedancia *f*
imperativ *adj* imperativo; **ein Mandat** (POL) mandato imperativo; **etw** ~ **verlangen** exigir algo de forma imperativa
Imperativ [ˈɪmperatiːf] *m* <-s, -e> (LING) imperativo *m*
Imperator [ɪmpeˈraːtoːɐ] *m* <-s, -en> (HIST) emperador *m*
Imperfekt [ˈɪmpɛrfɛkt] *nt* <-s, -e> (LING) imperfecto *m*
Imperialismus [ɪmperiaˈlɪsmʊs] *m* <-, *ohne pl*> imperialismo *m*
Imperialismustheorie *f* <-, -n> (POL) teoría *f* del imperialismo
Imperialist(in) *m(f)* <-en, -en; -, -nen> imperialista *mf*
imperialistisch *adj* imperialista
Imperium [ɪmˈpeːrium, *pl:* ɪmˈpeːri̯ən] *nt* <-s, Imperien> (*geh*) imperio *m*
impermeabel [ɪmpɛrmeˈaːbəl] *adj* (MED) impermeable
impertinent [ɪmpɛrtiˈnɛnt] *adj* (*geh*) impertinente
Impertinenz [ɪmpɛrtiˈnɛnts] *f* <-, -en> (*geh*) insolencia *f*, impertinencia *f*
Impfausweis *m* <-es, -e> certificado *m* de vacunación
impfen [ˈɪmpfən] *vt* vacunar (*gegen* contra); **bist du gegen Tetanus geimpft?** ¿estás vacunado contra el tétanos?
Impfling *m* <-s, -e> (MED) persona que debe ser/que ha sido vacunada
Impfpass^RR *m* <-es, -pässe> carnet *m* de vacunación; **Impfpflicht** *f* <-, *ohne pl*> vacunación *f* obligatoria; **Impfpistole** *f* <-, -n> pistola *f* de vacunar; **Impfschaden** *m* <-s, -schäden> secuelas *fpl* de la vacuna; **Impfschein** *m* <-(e)s, -e> certificado *m* de vacunación; **Impfstoff** *m* <-(e)s, -e> vacuna *f*
Impfung *f* <-, -en> vacunación *f*
Impfzwang *m* <-(e)s, -zwänge> (MED) vacunación *f* obligatoria
Implantat [ɪmplanˈtaːt] *nt* <-(e)s, -e> (MED) injerto *m*
Implantation [ɪmplantaˈtsi̯oːn] *f* <-, -en> (MED) implantación *f*, injerto *m*

implantieren* [ɪmplanˈtiːrən] *vt* (TECH, MED) implantar
implementieren* [ɪmplɛmɛnˈtiːrən] *vt* (INFOR) implementar
Implementierung *f* <-, -en> (INFOR) implementación *f*
implizieren* [ɪmpliˈtsiːrən] *vt* implicar
implizit [ɪmpliˈtsiːt] *adj* implícito; **etw** ~ **ausdrücken** expresar algo de manera implícita
implodieren* [ɪmploˈdiːrən] *vi sein* (TECH) implotar
Implosion *f* <-, -en> (TECH) implosión *f*
Imponderabilien [ɪmpɔnderaˈbiːli̯ən] *pl* (*geh*) imponderables *mpl*, imprevisiones *fpl*; **auch die** ~ **müssen berücksichtigt werden** los imponderables también deben tenerse en cuenta
imponieren* [ɪmpoˈniːrən] *vi* imponer, infundir respeto; **es imponiert mir, wie sie das schafft** me impresiona cómo lo hace
imponierend *adj* (*Mensch*) impresionante, imponente
Imponiergehabe [ɪmpoˈniːɐ-] *nt* <-s, *ohne pl*> pavoneo *m*; (*Angeberei*) presunción *f*
Import [ɪmˈpɔrt] *m* <-(e)s, -e> ❶ (*Wareneinfuhr*) importación *f* ❷ (*Waren*) importaciones *fpl* ❸ (INFOR) importación *f*
Importabgaben *fpl* (COM, FIN) derechos *mpl* de importación; **Importbardepot** *nt* <-s, -s> (COM, FIN) depósito *m* de un importe en metálico; **Importbeschränkung** *f* <-, -en> (WIRTSCH) limitación *f* de importaciones
Importeur(in) [ɪmpɔrˈtøːɐ] *m(f)* <-s, -e; -, -nen> importador(a) *m(f)*
Importfinanzierung *f* <-, -en> (COM, FIN) financiación *f* de las importaciones; **Importgenehmigung** *f* <-, -en> (COM, JUR) permiso *m* de importación; **Importgut** *nt* <-(e)s, -güter> (WIRTSCH) importaciones *fpl*, mercancía *f* importada; **Importhafen** *m* <-s, -häfen> (COM) puerto *m* de importación; **Importhandel** *m* <-s, *ohne pl*> (COM) comercio *m* de importación
importieren* [ɪmpɔrˈtiːrən] *vt* (COM) importar
Importkapazität *f* <-, -en> (COM) capacidad *f* de importación; **Importkartell** *nt* <-s, -e> (COM) cartel *m* de importación; **Importkonnossement** *nt* <-s, -e> (COM) conocimiento *m* de importación; **Importkontingent** *nt* <-(e)s, -e> (COM) contingente *m* de importación; **Importlizenz** *f* <-, -en> (COM, JUR) licencia *f* de importación; **Importmonopol** *nt* <-s, -e> (COM) monopolio *m* de importación; **Importprämie** *f* <-, -n> (COM, FIN) prima *f* de importación; **Importquote** *f* <-, -n> (COM) cuota *f* de importación; **Importrestriktion** *f* <-, -en> (COM, POL) restricción *f* de la importación; **Importsubvention** *f* <-, -en> (COM, FIN, POL) subvención *f* a la importación; **Importziffer** *f* <-, -n> (COM) cifra *f* de importaciones; **Importzoll** *m* <-(e)s, -zölle> (WIRTSCH) derecho *m* de importación
imposant [ɪmpoˈzant] *adj* impresionante, imponente; (*iron*) ridículo
impotent [ˈɪmpotɛnt] *adj* impotente
Impotenz [ˈɪmpotɛnts] *f* <-, *ohne pl*> impotencia *f*
imprägnieren* [ɪmprɛˈɡniːrən] *vt* impregnar; (*Stoff*) impermeabilizar
Imprägnierung *f* <-, -en> impermeabilización *f*
Impressen *pl von* **Impressum**
Impression [ɪmprɛˈsi̯oːn] *f* <-, -en> impresión *f*, sensación *f*, efecto *m*
Impressionismus [ɪmprɛsi̯oˈnɪsmʊs] *m* <-, *ohne pl*> (KUNST) impresionismo *m*
Impressionist(in) *m(f)* <-en, -en; -, -nen> (KUNST) impresionista *mf*
impressionistisch *adj* (KUNST) impresionista
Impressum [ɪmˈprɛsʊm, *pl:* ɪmˈprɛsən] *nt* <-s, Impressen> (PUBL) pie *m* de imprenta
Improvisation [ɪmproviza'tsi̯oːn] *f* <-, -en> (*a.* MUS) improvisación *f*
Improvisator(in) [ɪmproviˈzaːtoːɐ] *m(f)* <-s, -en; -, -nen> improvisador(a) *m(f)*
improvisieren* [ɪmproviˈziːrən] *vt* improvisar
Impuls [ɪmˈpʊls] *m* <-es, -e> impulso *m*; **jdm/etw** *dat* **neue** ~ **geben** darle a alguien/algo un nuevo impulso
Impulsgenerator *m* <-s, -en> (ELEK) generador *m* de electricidad
impulsiv [ɪmpʊlˈziːf] *adj* impulsivo
Impulsmodulation *f* <-, -en> (INFOR, TEL) modulación *f* por codificación de impulsos; **Impulswahlverfahren** *nt* <-s, -> (TEL) marcación *f* por (codificación de) impulsos
imstande [ɪmˈʃtandə] *adv* capaz; ~ **sein etw zu tun** ser capaz de hacer algo
in [ɪn] **I.** *präp* +*dat* ❶ (*wo*) en; (*darin*) dentro de; ~ **Magdeburg/~ diesem Buch** en Magdeburgo/en este libro; ~ **der Hand** en la mano; ~ **der Schule** en el colegio; ~ **Mathe ist er schwach** está flojo en mates; **gibt es das Kleid auch** ~ **Grün?** ¿tienen el vestido también en verde?; ~ **einer bestimmten Absicht** con una intención determinada; ~ **dieser Situation** en esta situación; ~ **Betrieb sein** estar en funcionamiento; **die Klausur/der Schnaps hat es** ~ **sich** *dat* es todo un examen/un aguardiente ❷ (*zeitlich: während*) en, durante; (*binnen*) dentro de, en; ~ **den Ferien** en las vacaciones; ~ **drei Tagen kommt ihr Mann wieder** su

marido vuelve dentro de tres días; ~ **drei Jahren lernt man sich gut kennen** en tres años uno se llega a conocer bien; ~ **der nächsten Woche** la semana que viene; **morgen ~ vierzehn Tagen** dentro de quince días; **im nächsten Jahr** (en) el año que viene; **im Jahr(e) 1977** en (el año) 1977; ~ **der Nacht** por la noche; **im Januar** en enero
II. *präp* +*akk* (*Richtung*) a; ~ **die Schweiz/~s Ausland fahren** ir a Suiza/al extranjero; **wir ziehen ~ eine andere Stadt** nos mudamos a otra ciudad; **sie geht ~ den Garten/~s Kino** va al jardín/al cine; **ich gehe jetzt ~s Bett** me voy a la cama [*o* a acostar]; ~ (**den**) **Urlaub fahren** ir(se) de vacaciones; ~ **Gefahr/~ eine Falle geraten** correr peligro/caer en una trampa; **~s Rutschen geraten** resbalar
III. *adj* (*fam*): ~ **sein** estar de moda; **Tango ist wieder ~** el tango está otra vez de moda

In (CHEM) *Abk. von* **Indium** In
inaktiv ['ɪnʔaktif] *adj* inactivo
inaktivieren* [ɪnʔakti'viːrən] *vt* inactivar; (INFOR) desactivar
Inaktivierung *f* <-, -en> (INFOR) desactivación *f*
Inaktivität *f* <-, *ohne pl*> (*a.* CHEM, MED) inactividad *f*
inakzeptabel *adj* inaceptable
Inangriffnahme [ɪn'ʔangrɪfnaːmə] *f* <-, -n> (*formal*) comienzo *m*, iniciación *f*
Inanspruchnahme [-'----] *f* <-, -n> (*eines Gerätes*) uso *m*, utilización *f*; (*eines Hilfsmittels*) empleo *m*; (*eines Menschen*) ocupación *f*; ~ **fremder Leistungen** utilización de prestaciones ajenas
Inaugenscheinnahme *f* <-, -n> inspección *f*; **richterliche ~** (JUR) inspección judicial
Inbegriff ['ɪnbəgrɪf] *m* <-(e)s, -e> ❶ (*Verkörperung, Musterbeispiel*) encarnación *f*, prototipo *m*
❷ (*Gesamtheit*): ~ **von Sachen** (JUR) conjunto de objetos; ~ **der Verhandlung** (JUR) conjunto de la vista oral
inbegriffen ['----] *adj* incluido; **die Bedienung ist im Preis ~** el servicio está incluido en el precio
Inbesitzhalten *nt* <-s, *ohne pl*> (JUR) retención *f* (de la posesión)
Inbesitznahme *f* <-, -n> (*formal*) toma *f* de posesión
Inbetriebnahme [-'-'----] *f* <-, -n> puesta *f* en servicio; (*einer Maschine*) puesta *f* en marcha
Inbrunst ['ɪnbrʊnst] *f* <-, *ohne pl*> (*geh*) fervor *m*, ardor *m*
inbrünstig ['ɪnbrʏnstɪç] *adj* (*geh*) fervoroso, ferviente, ardiente
Inbusschlüssel® ['ɪnbʊs-] *m* <-s, -> (TECH) llave *f* con macho hexagonal; **Inbusschraube®** *f* <-, -n> (TECH) tornillo *m* con hembra hexagonal
Incoterms ['ɪŋkɔtœːms] *pl* (WIRTSCH) *Abk. von* **International Commercial Terms** incoterms *mpl*
Indebitum [ɪnˈdeːbitʊm] *nt* <-s, Indebita> (JUR) indebitum *m*
Indefinitpronomen [ɪndefiˈniːt-, ˈɪndefiniːt-] *nt* <-s, -> (LING) pronombre *m* indefinido
indem [ɪn'deːm] *konj* ❶ (*während*) mientras, al +*inf*; ~ **sie das sagte ...** (según iba) diciendo esto...
❷ (*dadurch dass*): **sie sparte Geld, ~ sie ihre Kleidung selbst machte** ahorraba dinero haciéndose ella misma la ropa
Indemnitätsbrief [ɪndɛmniˈtɛːts-] *m* <-(e)s, -e> (JUR) estatuto *m* de inmunidad
Inder(in) ['ɪndɐ] *m(f)* <-s, -; -, -nen> indio -a *m, f* (de la India), hindú *mf fam*; **zum ~ essen gehen** ir al restaurante indio
indes *adv*, **indessen** [ɪn'dɛsən] *adv* ❶ (*inzwischen*) entretanto, mientras tanto
❷ (*jedoch*) sin embargo; **er blieb ~ lieber** él, sin embargo, prefirió quedarse
Index¹ ['ɪndɛks, *pl:* 'ɪnditseːs] *m* <-(es), -e *o* Indizes> (*Register*) índice *m*
Index² ['ɪndɛks, *pl:* 'ɪnditseːs] *m* <-(es), Indizes> (WIRTSCH, MATH, PHYS, LING) índice *m*
Index³ ['ɪndɛks] *m* <-(es), -e> (REL) índice *m* (expurgatorio); **auf den setzen/dem ~ stehen** poner/figurar en el índice de los libros prohibidos [*o* en el expurgatorio]
Indexbildung *f* <-, -en> (WIRTSCH) indexación *f*
indexieren *vt* (*geh*) indexar
Indexlohn *m* <-(e)s, -löhne> (WIRTSCH) salario *m* índice
Indianer(in) [ɪndiˈaːnɐ] *m(f)* <-s, -; -, -nen> indígena *mf*, indio, -a *m, f* (americano, -a)
Indianerstamm *m* <-(e)s, -stämme> tribu *f* india
indianisch *adj* indígena, indio
Indien ['ɪndiən] *nt* <-s> (la) India *f*
indifferent ['ɪndɪfərɛnt, ---'-] *adj* indiferente (*gegenüber* a)
Indifferenz ['ɪndɪfərɛnts] *f* <-, *ohne pl*> indiferencia *f* (*gegenüber* a), desinterés *m* (*gegenüber* frente a)
indigniert [ɪndɪˈgniːɐt] *adj* (*geh*) indignado, enojado
Indigo ['ɪndigo] *m o nt* <-s, -s> índigo *m*
indigoblau ['----] *adj* azul índigo, azul añil
Indikation [ɪndikaˈtsjoːn] *f* <-, -en> (MED, JUR) indicación *f*; **embryopa-**

thische ~ indicación embriopática; **ethische ~** indicación ética; **kriminologische ~** indicación criminológica
Indikationenlösung *f* <-, -en> (JUR) solución *f* de indicaciones
Indikativ ['ɪndikatiːf] *m* <-s, -e> (LING) indicativo *m*
Indikator [ɪndiˈkaːtoːɐ] *m* <-s, -en> indicador *m* (*für* de), índice *m*; **monetärer ~** (WIRTSCH) índice monetario
Indikatorbereich *m* <-(e)s, -e> margen *m* del indicador; **Indikatorpflanze** *f* <-, -n> planta *f* indicadora
Indio ['ɪndjo] *m* <-s, -s> indígena *mf*, indio *m* (americano)
indirekt ['ɪndirɛkt] *adj* indirecto; **~e Rede** estilo indirecto; **~e Steuer/Wahl** impuesto/sufragio indirecto
indisch ['ɪndɪʃ] *adj* indio, de la India
indiskret ['ɪndɪskreːt] *adj* indiscreto
Indiskretion ['----, ---'-] *f* <-, -en> indiscreción *f*; **eine ~ begehen** cometer una indiscreción
indiskutabel ['-----, ---'--] *adj* indiscutible
Indium ['ɪndiʊm] *nt* <-s, *ohne pl*> (CHEM) indio *m*
Individualabrede [ɪndividuˈaːl-] *f* <-, -n> (JUR) acuerdo *m* individual; **Individualanspruch** *m* <-(e)s, -sprüche> (JUR) derecho *m* individual; **Individualentscheidung** *f* <-, -en> (JUR) decisión *f* individual
Individualismus [ɪndividuaˈlɪsmʊs] *m* <-, *ohne pl*> individualismo *m*
Individualist(in) [ɪndividuaˈlɪst] *m(f)* <-en, -en; -, -nen> individualista *mf*
individualistisch *adj* individualista
Individualität *f* <-, -en> individualidad *f*
Individualschutz *m* <-es, *ohne pl*> (JUR) tutela *f* individual; **Individualverkehr** *m* <-(e)s, *ohne pl*> (*formal*) circulación *f* individual; **Individualvertrag** *m* <-(e)s, -träge> (JUR) contrato *m* individual; **Individualwucher** *m* <-s, *ohne pl*> (JUR) usura *f* individual
individuell [ɪndividuˈɛl] *adj* individual; **etw ~ gestalten** realizar algo individualmente
Individuendichte *f* <-, -n> (ÖKOL) densidad *f* de individuos
Individuum [ɪndiˈviːduʊm, *pl:* ɪndiˈviːduən] *nt* <-s, Individuen> individuo *m*
Indiz [ɪn'diːts] *nt* <-es, -ien> indicio *m* (*für* de)
Indizes *pl von* **Index¹, Index²**
Indizienbeweis *m* <-es, -e> (JUR) prueba *f* indiciaria [*o* basada en indicios]; **Indizienprozess**ᴿᴿ *m* <-es, -e> (JUR) proceso *m* judicial indiciario [*o* basado en indicios]
indizieren* [ɪndiˈtsiːrən] *vt* ❶ (MED) indicar
❷ (REL) poner en el índice (de libros prohibidos)
❸ (MATH) aplicar un índice (a)
❹ (INFOR) indexar
Indizwirkung *f* <-, -en> (JUR) efecto *m* de indicio
Indochina [ɪndoˈçiːna] *nt* <-s> Indochina *f*
indoeuropäisch ['ɪndoʔɔɪroˈpɛːɪʃ] *adj* (LING, HIST) indoeuropeo
indogermanisch ['----'--] *adj* (LING, HIST) indogermánico, indoeuropeo
Indogermanistik [ɪndogɛrmaˈnɪstɪk] *f* <-, *ohne pl*> (LING) lingüística *f* indoeuropea
Indoktrination *f* <-, -en> (*a.* POL: *abw*) adoctrinamiento *m*
indoktrinieren* [ɪndɔktriˈniːrən] *vt* (*abw*) adoctrinar, indoctrinar
Indonesien [ɪndoˈneːziən] *nt* <-s> Indonesia *f*
Indonesier(in) *m(f)* <-s, -; -, -nen> indonesio, -a *m, f*
indonesisch *adj* indonesio
Indossament [ɪndɔsaˈmɛnt] *nt* <-(e)s, -e> (FIN) endoso *m*; **gefälschtes/unbefugtes ~** endoso falsificado/ilícito; **mit einem ~ versehen** endosar
Indossant(in) [ɪndɔˈsant] *m(f)* <-en, -en; -, -nen> (FIN) endosante *mf*, endosador(a) *m(f)*
Indossat(in) [ɪndɔˈsaːt] *m(f)* <-en, -en; -, -nen>, **Indossatar(in)** [ɪndɔsaˈtaːɐ] *m(f)* <-s, -e; -, -nen> (FIN) endosado, -a *m, f*, endosatario, -a *m, f*
indossieren* [ɪndɔˈsiːrən] *vt* endosar; **einen Wechsel ~** endosar una letra
in dubio mitius (JUR) in dubio mitius
in dubio pro reo (JUR) in dubio pro reo
Induktanz [ɪndʊkˈtants] *f* <-, *ohne pl*> (ELEK) inductancia *f*
Induktion [ɪndʊkˈtsjoːn] *f* <-, -en> (ELEK, PHILOS) inducción *f*
induktiv [ɪndʊkˈtiːf] *adj* (ELEK, PHILOS) inductivo
Induktor [ɪn'dʊktoːɐ] *m* <-s, -en> (PHYS) inductor *m*
industrialisieren* [ɪndʊstrialiˈziːrən] *vt* industrializar; **hoch industrialisiert** altamente industrializado
Industrialisierung *f* <-, -en> industrialización *f*
Industrie [ɪndʊsˈtriː] *f* <-, -n> industria *f*; **chemische/Metall verarbeitende ~** industria química/metalúrgica; **herstellende ~** industria de producción
Industrieabfälle *mpl* residuos *mpl* industriales, desechos *mpl* industriales; **Industrieabwasser** *nt* <-s, -wässer> aguas *fpl* residuales de la industria; **Industrieaktie** *f* <-, -n> acción *f* industrial

Industrieanlage *f* <-, -n> instalación *f* industrial, planta *f* industrial; **Industrieanlagenvertrag** *m* <-(e)s, -träge> (WIRTSCH, JUR) contrato *m* de instalación industrial
Industrieballung *f* <-, -en> aglomeración *f* industrial; **Industriebereich** *m* <-(e)s, -e> área *f* industrial; **Industriebetrieb** *m* <-(e)s, -e> empresa *f* industrial; **staatseigener** ~ empresa industrial del Estado; **Industriebörse** *f* <-, -n> bolsa *f* de mercancías (*sobre todo de la industria textil*); **Industriedesign** *nt* <-s, -s> diseño *m* industrial; **Industrieerzeugnis** *nt* <-ses, -se> producto *m* industrial [*o* manufacturado]; **Industriegebiet** *nt* <-(e)s, -e>, **Industriegelände** *nt* <-s, -> zona *f* industrial, polígono *m* industrial; **Industriegesellschaft** *f* <-, -en> sociedad *f* industrial; **Industriegewerkschaft** *f* <-, -en> sindicato *m* (obrero) industrial; **Industriegrundstück** *nt* <-(e)s, -e> finca *f* industrial; **Industriekauffrau** *f* <-, -en> perito *f* industrial; **Industriekaufmann** *m* <-(e)s, -leute> perito *m* industrial; **Industriekomplex** *m* <-es, -e> complejo *m* industrial; **Industriekonzern** *m* <-s, -e> grupo *m* industrial; **Industrieland** *nt* <-(e)s, -länder> país *m* industrial; **führende westliche Industrieländer** países industriales líder del mundo occidental [*o* de Occidente]; **Industrielandschaft** *f* <-, -en> paisaje *m* industrial
industriell [ɪndʊstriˈɛl] *adj* industrial; **die ~e Revolution** la revolución industrial; **~e Fertigung** fabricación industrial
Industrielle(r) [ɪndʊstriˈɛlə] *mf* <-n, -n; -n, -n> industrial *mf*
Industriemacht *f* <-, -mächte> potencia *f* industrial; **Industriemelanismus** *m* <-, -melanismen> (ÖKOL) melanismo *m* industrial; **Industriemesse** *f* <-, -n> feria *f* industrial; **Industriemüll** *m* <-s, *ohne pl*> residuos *mpl* industriales; **Industrienation** *f* <-, -en> país *m* industrializado; **Industrienorm** *f* <-, -en> (TECH) estándar *m* industrial; **Deutsche ~** Norma Industrial Alemana (*consejo regulador de estándar industrial en Alemania*); **Industriepark** *m* <-s, -s> parque *m* industrial; **Industrieproduktion** *f* <-, -en> producción *f* industrial; **Industrierecht** *nt* <-(e)s, *ohne pl*> derecho *m* industrial; **Industrieroboter** *m* <-s, -> robot *m* industrial; **Industrieschuldverschreibung** *f* <-, -en> obligación *f* industrial; **Industriesektor** *m* <-s, -en> sector *m* industrial; **Industriespionage** *f* <-, *ohne pl*> espionaje *m* industrial; **Industriestaat** *m* <-(e)s, -en> estado *m* industrializado; **Industriestadt** *f* <-, -städte> ciudad *f* industrial; **Industriestandort** *m* <-(e)s, -e> punto *m* (de concentración) industrial
Industrie- und Handelsbank *f* <-, -en> (FIN) banco *m* de industria y comercio
Industrieverband *m* <-(e)s, -bände> asociación *f* industrial; **Industrievereinigung** *f* <-, -en> organización *f* industrial; **Industrievertrieb** *m* <-(e)s, *ohne pl*> distribución *f* industrial; **Industriewirtschaft** *f* <-, -en> economía *f* industrial; **Industriezentrum** *nt* <-s, -zentren> centro *m* industrial; **Industriezone** *f* <-, -n> zona *f* industrial; **Industriezweig** *m* <-(e)s, -e> ramo *m* de (la) industria, sector *m* industrial
induzieren* [ɪnduˈtsiːrən] *vt* (PHILOS, MED, ELEK) inducir
ineffektiv [ˈɪn-] *adj* inefectivo, ineficaz
ineffizient *adj* ineficiente, ineficaz
Ineffizienz *f* <-, -en> ineficiencia *f*, ineficacia *f*
ineinander [ɪn(ʔ)aɪˈnandɐ] *adv* uno en otro; **sich ~ verlieben** enamorarse uno del otro
<ins>ineinander|greifen</ins> *irr vi s.* **greifen I.1.**
<ins>ineinander|schieben</ins> *irr vt s.* **schieben I.2.**
inert [iˈnɛrt] *adj* inerte; **~es Gas** gas inerte
infam [ɪnˈfaːm] *adj* (*abw*) infame
Infamie [ɪnfaˈmiː] *f* <-, -n> (*abw*) infamia *f*
Infanterie [ɪnfantəˈriː, '----] *f* <-, -n> (MIL) infantería *f*
Infanterieregiment *nt* <-(e)s, -er> (MIL) regimiento *m* de infantería
Infanterist [ɪnfantəˈrɪst] *m* <-en, -en> (MIL) soldado *m* de infantería
infantil [ɪnfanˈtiːl] *adj* (PSYCH) infantil; (*abw*) infantiloide, infantil
Infarkt [ɪnˈfarkt] *m* <-(e)s, -e> (MED) infarto *m*
Infekt [ɪnˈfɛkt] *m* <-(e)s, -e> (MED) infección *f*; **ein grippaler ~** una infección gripal
Infektion [ɪnfɛkˈtsjoːn] *f* <-, -en> (MED) infección *f*
Infektionsgefahr *f* <-, -en> (MED) peligro *m* de infección; **Infektionsherd** *m* <-(e)s, -e> (MED) foco *m* infeccioso; **Infektionskrankheit** *f* <-, -en> (MED) enfermedad *f* infecciosa
infektiös [ɪnfɛkˈtsjøːs] *adj* (MED) infeccioso
infernalisch [ɪnfɐˈnaːlɪʃ] **I.** *adj* (*geh*) ❶ (*Geheul*) infernal; (*Gelächter*) maldito, endemoniado
 ❷ (*Gestank*) apestoso, que huele a demonios
II. *adv* (*geh*) ❶ (*lachen*) de forma siniestra [*o* diabólica]
 ❷ (*stinken*) a demonios
Inferno [ɪnˈfɛrno] *nt* <-s, *ohne pl*> infierno *m*
Infertilität [----ˈ-, '-----] *f* <-, *ohne pl*> (MED) infecundidad *f*
Infestation [ɪnfɛstaˈtsjoːn] *f* <-, -en> infestación *f*

Infiltration [ɪnfɪltraˈtsjoːn] *f* <-, -en> (POL, GEO, MED) infiltración *f*
Infiltrationskapazität *f* <-, -en> capacidad *f* de infiltración
infiltrieren* [ɪnfɪlˈtriːrən] *vt* (*geh*) ❶ (*a.* MED, TECH) infiltrar, infiltrarse (en)
 ❷ (*unterwandern*) infiltrar(se) (en)
Infinitiv [ˈɪnfinitiːf] *m* <-s, -e> (LING) infinitivo *m*
infizieren* [ɪnfiˈtsiːrən] **I.** *vt* (MED) infectar, contagiar; (INFOR) contaminar (*con un virus informático*)
II. *vr*: **sich ~** (MED) ❶ (*krank werden*) contagiarse
 ❷ (*sich anstecken*) coger *fam*; **sie hat sich mit Aids infiziert** ha cogido el sida
in flagranti [ɪn flaˈɡranti] *adv* in fraganti
Inflation [ɪnflaˈtsjoːn] *f* <-, -en> (WIRTSCH) inflación *f*; **anhaltende/niedrige ~** inflación persistente/baja [*o* moderada]; **galoppierende/schleichende ~** inflación galopante/reptante; **lohnkosteninduzierte ~** inflación provocada por los costes salariales; **verdeckte ~** inflación oculta; **die ~ bekämpfen** combatir [*o* luchar contra] la inflación; **die ~ eindämmen** detener la inflación; **die ~ in den Griff bekommen** controlar la inflación
inflationär [ɪnflatsjoˈnɛːɐ] *adj* (WIRTSCH) inflacionista, inflacionario; **~e Geldpolitik** política monetaria inflacionista
inflationistisch *adj* (POL, WIRTSCH: *inflationär*) inflacionario; (*des Inflationismus*) inflacionista; **sich ~ entwickeln** desarrollarse con tendencia inflacionista; **sich ~ auswirken** tener consecuencias inflacionarias
Inflationsbarometer *nt* <-s, -> barómetro *m* de la inflación; **Inflationsbeherrschung** *f* <-, *ohne pl*> control *m* de la inflación; **Inflationsbekämpfung** *f* <-, -en> lucha *f* contra la inflación; **Inflationsdruck** *m* <-(e)s, *ohne pl*> presión *f* inflacionaria; **Inflationserscheinung** *f* <-, -en> fenómeno *m* inflacionario; **Inflationsmarge** *f* <-, -n> margen *m* de inflación; **Inflationsrate** *f* <-, -n> (WIRTSCH) tasa *f* de inflación; **Inflationsschutz** *m* <-es, *ohne pl*> (WIRTSCH) protección *f* contra la inflación; **Inflationsspirale** *f* <-, -n> (WIRTSCH) espiral *f* inflacionista
inflatorisch [ɪnflaˈtoːrɪʃ] *adj* (WIRTSCH) inflacionario
inflexibel *adj* (*geh*) inflexible, rígido; **so ~ wie du bist, findest du nie eine Anstellung** con lo inflexible que eres no encontrarás nunca un empleo
Infloreszenz [ɪnflorɛsˈtsɛnts] *f* <-, -en> (BOT) inflorescencia *f*
Influenzavirus [ɪnfluˈɛntsa-] *nt o m* <-, -viren> (MED) virus *m inv* de la gripe
Info [ˈɪnfo] *nt* <-s, -s> (*fam*) folleto *m* (informativo)
Infobahn *f* <-, -en> (INFOR, TEL) autopista *f* de la información
infolge [ɪnˈfɔlɡə] *präp* +*gen* a [*o* como] consecuencia de, a [*o* por] causa de; **~ eines Unfalls** como consecuencia de un accidente; **~ Nebels** a causa de la niebla
infolgedessen [---'--] *adv* en consecuencia, por consiguiente
Informant(in) [ɪnfɔrˈmant] *m(f)* <-en, -en; -, -nen> informante *mf*, informador(a) *m(f)*
Informatik [ɪnfɔrˈmaːtɪk] *f* <-, *ohne pl*> informática *f*
Informatiker(in) [ɪnfɔrˈmaːtikɐ] *m(f)* <-s, -; -, -nen> informático, -a *m, f*
Information [ɪnfɔrmaˈtsjoːn] *f* <-, -en> ❶ (*Nachricht*) información *f* (*über* acc sobre); **fehlende ~** falta de información; **das Recht der Bürger auf ~** el derecho de los ciudadanos a la información; **zu Ihrer ~** para su información; **nach neuesten ~en** según información reciente; **die genetische ~** la información genética
 ❷ (*Empfang*) información *f*; **wenden Sie sich bitte an die ~** diríjase a información, por favor
informationell [ɪnfɔrmatsjoˈnɛl] *adj* informativo; **Recht auf ~e Selbstbestimmung** (JUR) derecho a la autodeterminación informacional
Information Highway [ɪnfɔrˈmeɪʃənhaɪweɪ] *m* <- -s, - -s> (INFOR) autopista *f* de la información
Informationsaustausch *m* <-(e)s, *ohne pl*> intercambio *m* de información; **Informationsblatt** *nt* <-(e)s, -blätter> hoja *f* de información [*o* informativa]; **Informationsdienst** *m* <-(e)s, -e> servicio *m* de información; **Informationsfluss**[RR] *m* <-es, *ohne pl*> flujo *m* de comunicaciones; **Informationsflut** *f* <-, -en> avalancha *f* de información; **Informationsfreiheit** *f* <-, *ohne pl*> libertad *f* de información; **Informationsgesellschaft** *f* <-, -en> sociedad *f* de la información; **Informationsindustrie** *f* <-, -n> industria *f* de la información; **Informationsmaterial** *nt* <-s, -ien> material *m* informativo; **Informationspflicht** *f* <-, -en> obligación *f* de información; **Informationsquelle** *f* <-, -n> fuente *f* de información; **Informationsrecht** *nt* <-(e)s, *ohne pl*> derecho *m* de información
Informationsstand[1] *m* <-(e)s, *ohne pl*> (*Kenntnisstand*) nivel *m* informativo
Informationsstand[2] *m* <-(e)s, -stände> (*Auskunftsschalter*) (stand *m* de) información *f*
Informationssystem *nt* <-s, -e> (INFOR) sistema *m* de información;

Informationstechnik f <-, ohne pl> técnica f de la información; **Informationstechnologie** f <-, -n> tecnología f de la información
Information Superhighway [ɪnfɔr'meɪʃən'sjuːpehaɪweɪ] m <- -s, –-s> (INFOR) superautopista f de la información
Informationsverbreitung f <-, ohne pl> difusión f de información; **Informationsvorsprung** m <-(e)s, -sprünge> adelanto m de informaciones
informativ [----'-] adj informativo
Informator(in) [ɪnfɔr'maːtoːɐ] m(f) <-s, -en; -, -nen> informador(a) m(f)
informatorisch [ɪnfɔrma'toːrɪʃ] adj (geh) informativo; ~e Befragung (JUR) interrogación informatoria
informell ['ɪnfɔrmɛl, --'-] adj ① (ohne Formalitäten) informal; ~es Verwaltungshandeln actuación administrativa informal
② (informatorisch) informativo
informieren* [ɪnfɔr'miːrən] I. vt informar (über sobre/de); **da bist du falsch informiert worden** te han informado mal; **(gut) informierte Kreise** círculos (bien) informados
II. vr: **sich** ~ informarse (über sobre/de), enterarse (über de); **ich werde mich darüber** ~ me informaré sobre esto
Informierung f <-, -en> información f
Infotainment [ɪnfo'teɪnmənt] nt <-s, -s> infotainment m
infrage^RR: ~ **kommen** entrar en consideración; **das kommt nicht** ~ (ist ungeeignet) esto no se puede tomar en cuenta; **etw** ~ **stellen** poner algo en duda
infrarot [ɪnfra'roːt] adj (PHYS) infrarrojo
Infrarotbestrahlung f <-, -en> (MED) tratamiento m con lámpara de infrarrojos; **Infrarotlicht** nt <-(e)s, ohne pl> luz f infrarroja; **Infrarotscheinwerfer** m <-s, -> (TECH) proyector m infrarrojo; **Infrarotstrahlen** mpl rayos mpl infrarrojos; **Infrarotstrahler** m <-s, -> radiador m infrarrojo; **Infrarotstrahlung** f <-, -en> (PHYS, TECH) radiación f infrarroja
Infraschall ['ɪnfra-] m <-(e)s, ohne pl> (PHYS) infrasonido m; **Infrastruktur** ['----] f <-, -en> infraestructura f
Infusion [ɪnfu'zjoːn] f <-, -en> (MED) infusión f
Ing. Abk. von **Ingenieur(in)** ing.
Ingangsetzungskosten pl costes mpl de puesta en marcha
Ingenieur(in) [ɪnʒe'njøːɐ] m(f) <-s, -e; -, -nen> ingeniero, -a m, f
Ingenieurbüro nt <-s, -s> oficina f técnica
Ingenieurin f <-, -nen> s. **Ingenieur**
Ingenieurschule f <-, -n> Escuela f (Superior) de Ingenieros
Ingerenz [ɪnɡe'rɛnts] f <-, -en> (JUR) injerencia f
Ingewahrsamnahme f <-, -n> (JUR) puesta f bajo custodia
Ingredienz [ɪnɡre'djɛnts] f <-, -en> (a. CHEM) ingrediente m
Ingrimm ['ɪnɡrɪm] m <-(e)s, ohne pl> (geh, alt) rabia f contenida
Ingwer ['ɪŋvɐ] m <-s, ohne pl> jengibre m
Inh. ① Abk. von **Inhaber(in)** propietario, -a m, f
② Abk. von **Inhalt** contenido m
Inhaber(in) ['ɪnhaːbɐ] m(f) <-s, -; -, -nen> (Eigentümer) propietario, -a m, f, dueño, -a m, f; (eines Kontos, Amtes, Passes) titular mf; (von Aktien) tenedor(a) m(f), poseedor(a) m(f), portador(a) m(f)
Inhaberaktie f <-, -n> (FIN) acción f al portador; **Inhabergrundschuld** f <-, -en> (FIN) deuda f inmobiliaria al portador; **Inhaberhypothek** f <-, -en> (FIN) hipoteca f al portador
Inhaberin f <-, -nen> s. **Inhaber**
Inhaberindossament nt <-s, -e> (FIN) endoso m al portador; **Inhaberpapier** nt <-s, -e> (FIN) valor m al portador; **hinkendes** ~ valor al portador ranqueante; **Inhaberpolice** f <-, -n> (FIN) póliza f al portador; **Inhabercheck** m <-s, -s> (FIN) cheque m al portador; **Inhaberschuldverschreibung** f <-, -en> (FIN) obligación f al portador; **Inhaberwechsel** m <-s, -> ① (FIN) letra f al portador ② (WIRTSCH: Besitzerwechsel) cambio m de titular; **Inhaberzeichen** nt <-s, -> (FIN) signo m al portador
inhaftieren* [ɪnhaf'tiːrən] vt detener, encarcelar
Inhaftierte(r) mf <-n, -n; -n, -n> preso, -a m, f, detenido, -a m, f
Inhaftierung f <-, -en> detención f
Inhalation [ɪnhala'tsjoːn] f <-, -en> (MED) inhalación f
Inhalationsmittel nt <-s, -> inhalador m
inhalieren* [ɪnha'liːrən] I. vt inhalar
II. vi hacer inhalaciones
Inhalt ['ɪnhalt] m <-(e)s, -e> ① (allgemein) contenido m
② (MATH: Fläche) área f; (Raum) volumen m, capacidad f
inhaltlich I. adj del contenido
II. adv en cuanto al contenido
Inhaltsanalyse f <-, -n> análisis m inv de contenido; **Inhaltsangabe** f <-, -n> resumen m, sumario m; **Inhaltsbestimmung** f <-, -en> determinación f de contenido; **ausgleichspflichtige** ~ determinación de contenido sujeto a compensación; **Inhaltserklärung** f <-, -en> declaración f del contenido; **Inhaltsirrtum** m <-s, -tümer> error m en el contenido de la declaración; **Inhaltskontrolle** f <-, -n> control m de legalidad; ~ (**von allgemeinen Geschäftsbedingungen**) (JUR) control de legalidad (de condiciones generales de contratación)
inhaltslos adj vacío, sin contenido
inhaltsreich adj denso, de mucho contenido
inhaltsschwer adj tra(n)scendental, de gran importancia (informativa)
Inhaltsstoff m <-(e)s, -e> contenido m; **Inhaltsübersicht** f <-, -en>, **Inhaltsverzeichnis** nt <-ses, -se> tabla f de materias, índice m
Inhibitorium [ɪnhibi'toːriʊm] nt <-s, Inhibitorien> (JUR) inhibitorio m
inhomogen adj no homogéneo, desigual
inhuman adj (geh) inhumano
Inhumanität f <-, -en> (geh) inhumanidad f, crueldad f, dureza f
Initiale [initsj'aːlə] f <-, -n> (letra f) inicial f
initialisieren* [initsjali'ziːrən] vt (INFOR) inicializar
Initialisierung f <-, -en> (INFOR) inicialización f
Initialzündung [i'niːtsjal-] f <-, -en> ① (TECH) impulso m
② (Idee) empuje m, iniciativa f
Initiation [initsja'tsjoːn] f <-, -en> (a. REL, SOZIOL) iniciación f
Initiationsritus m <-, -riten> (a. REL, SOZIOL) rito m de iniciación
initiativ adj con iniciativa, emprendedor; ~**er Mitarbeiter gesucht** se busca persona emprendedora; ~ **sein** tener iniciativa, ser emprendedor; (**in etw** dat) ~ **werden** tomar la iniciativa (en algo)
Initiative [initsja'tiːvə] f <-, -n> ① (allgemein) iniciativa f; **die** ~ **ergreifen** tomar la iniciativa; **aus eigener** ~ **tun** hacer algo por iniciativa propia; ~ **entfalten** emprender la iniciativa
② (Schweiz: Volksbegehren) iniciativa f popular
Initiativvermittlung f <-, -en> (JUR) determinación f de iniciativa; **Initiativrecht** nt <-(e)s, ohne pl> (POL) derecho m de iniciativa
Initiator(in) [ini'tsjaːtoːɐ] m(f) <-s, -en; -, -nen> iniciador(a) m(f)
initiieren* [initsi'iːrən] vt iniciar
Injektion [ɪnjɛk'tsjoːn] f <-, -en> (MED) inyección f
Injektionsnadel f <-, -n> (MED) cánula f; **Injektionsspritze** f <-, -n> (MED) jeringa f
injizieren* [ɪnji'tsiːrən] vt (MED) inyectar
Inka ['ɪŋka] mf <-(s), -(s); -, -(s)> (HIST) inca mf
Inkarnation [ɪnkarna'tsjoːn] f <-, -en> (a. REL) encarnación f
Inkasso [ɪn'kaso] nt <-s, -s o Inkassi> (FIN) cobro m; **zum** ~ **a cobrar**
Inkassoakzept nt <-(e)s, -e> (FIN) aceptación f de un cobro; **Inkassoanspruch** m <-(e)s, -sprüche> (FIN) derecho m a cobro; **Inkassobeauftragte(r)** mf <-n, -n; -n, -n> (FIN) cobrador(a) m(f); **Inkassoberechtigung** f <-, ohne pl> (FIN) autorización f de cobro; **Inkassobüro** nt <-s, -s> (FIN, WIRTSCH) agencia f de cobro; **Inkassoermächtigung** f <-, -en> (FIN, JUR) habilitación f de cobro; **Inkassofirma** f <-, -firmen> (FIN, WIRTSCH) empresa f de cobro; **Inkassoforderung** f <-, -en> (FIN, JUR) partida f de caja sin cobrar; **Inkassogemeinschaft** f <-, -en> (FIN, WIRTSCH) comunidad f de ingresos; **Inkassoindossament** nt <-s, -e> (FIN) endoso m al cobro; **Inkassovollmacht** f <-, -en> (FIN, JUR) poder m de cobro; **Inkassowechsel** m <-s, -> (FIN) letra f al cobro; **Inkassozession** f <-, -en> (FIN, WIRTSCH) cesión f de cobranza
Inkaufnahme f <-, ohne pl> (formal) aceptación f, asunción f; **ohne** ~ **höherer Kosten können wir nicht schneller liefern** si no se asumen costos mayores no podemos distribuir más rápido
inkl. Abk. von **inklusive** inclusive, incluido
Inklination [ɪnklina'tsjoːn] f <-, -en> (GEO) inclinación f magnética
inklusive [ɪnklu'ziːvə] I. präp +gen inclusive, incluido; ~ **der Bearbeitungsgebühr** incluidos derechos de gestión
II. adv inclusive, incluido; **bis 28. November** ~ hasta el 28 de noviembre inclusive; **alles** ~ todo incluido
Inklusivpreis [ɪnklu'ziːf-] m <-es, -e> precio m global
inkognito [ɪn'kɔgnito] adv (geh) de incógnito; **der Schauspieler reiste** ~ el actor viajó de incógnito
Inkognito nt <-s, -s> (geh) incógnito m; **sein** ~ **wahren** permanecer en [o guardar el] anonimato
inkohärent ['----, ---'-] adj incoherente
Inkohärenz ['----, ---'-] f <-, -en> incoherencia f
Inkohlung ['ɪnkoːlʊŋ] f <-, ohne pl> (GEO) carbonización f
inkompatibel ['-----, ---'--] adj (INFOR, JUR) incompatible
Inkompatibilität [ɪnkɔmpatibili'tɛːt] f <-, -en> (INFOR, JUR) incompatibilidad f
inkompetent ['ɪnkɔmpetɛnt] adj incompetente
Inkompetenz ['ɪnkɔmpetɛnts] f <-, -en> incompetencia f; **fachliche** ~ incompetencia profesional
inkongruent ['----, ---'-] adj (MATH) incongruente
inkonsequent adj inconsecuente
Inkonsequenz ['----, ---'-] f <-, -en> inconsecuencia f
inkonsistent ['----, ---'-] adj (a. PHILOS) inconsistente
Inkonsistenz ['----, ---'-] f <-, -en> (a. PHILOS) inconsistencia f

Inkontinenz ['ɪnkɔntinɛnts, ---'-] f <-, -en> (MED) incontinencia f
inkorrekt ['---] adj incorrecto
Inkraftsetzung [-'----] f <-, -en> (formal) puesta f en vigor
Inkrafttreten [-'----] nt <-s, ohne pl>, **In-Kraft-Treten**^RR nt <-s, ohne pl> entrada f en vigor; ~ **eines Gesetzes** entrada en vigor de una ley
inkriminieren* [ɪnkrimi'niːrən] vt incriminar
Inkubation [ɪnkuba'tsjoːn] f <-, -en> (MED, ZOOL) incubación f
Inkubationszeit f <-, -en> (MED) tiempo m de incubación
Inkubator [ɪnku'baːtoːɐ] m <-s, -en> (MED) incubadora f
Inkurssetzung [-'----] f <-, -en> (FIN) puesta f en circulación
Inland ['ɪnlant] nt <-(e)s, ohne pl> ❶ (Gegensatz zu Ausland) país m; **im In- und Ausland** dentro y fuera del país; **im ~ hergestellte Waren** productos nacionales
❷ (Gegensatz zu Küste) interior m (del país)
Inlandeis nt <-es, ohne pl> glaciar m continental
Inländerdiskriminierung f <-, -en> (JUR, WIRTSCH) discriminación f de los nacionales; **Inländerprivilegierung** f <-, -en> (JUR, WIRTSCH) otorgamiento m de privilegios a los nacionales
Inlandflug m <-(e)s, -flüge> vuelo m nacional
inländisch ['ɪnlɛndɪʃ] adj nacional, interior
Inlandsabsatz m <-es, -sätze> (COM) ventas fpl en el mercado nacional; **Inlandsauftrag** m <-(e)s, -träge> (COM) pedido m del mercado interior; **Inlandsbank** f <-, -en> (COM) banco m nacional; **Inlandsbeteiligung** f <-, -en> (COM) participación f nacional; **Inlandskartell** nt <-s, -e> (COM) cartel m nacional; **Inlandsmarkt** m <-(e)s, -märkte> (WIRTSCH) mercado m nacional [o interior]; **Inlandsmonopol** nt <-s, -e> (WIRTSCH) monopolio m nacional; **Inlandsnachfrage** f <-, -n> (COM) demanda f interna; **Inlandsorder** f <-, -s> (COM) pedido m del mercado interior; **Inlandspatent** nt <-(e)s, -e> (COM) patente f nacional; **Inlandsporto** nt <-s, -s o -porti> franqueo m nacional; **Inlandsproduktion** f <-, ohne pl> (WIRTSCH) producción f nacional; **Inlandsverbrauch** m <-(e)s, -bräuche> (WIRTSCH) consumo m nacional; **Inlandsverschuldung** f <-, -en> (FIN, WIRTSCH) endeudamiento m interno; **Inlandsvertreter(in)** m(f) <-s, -; -, -nen> representante mf nacional; **Inlandswechsel** m <-s, -> (FIN) letra f interior
Inlaut m <-(e)s, -e> (LING) sonido m en posición intermedia (de una sílaba o palabra)
Inlay ['ɪnleɪ] nt <-s, -s> (MED) empaste m
Inlett ['ɪnlɛt] nt <-(e)s, -e o -s> funda f (del edredón); **ein mit Gänsedaunen gefülltes ~** un edredón relleno de plumas de ganso
inliegend adj (Österr: beiliegend) adjunto
Inliner ['ɪnlaɪnɐ] m <-s, ->, **Inlineskate** ['ɪnlaɪnskeɪt] m <-s, -s> patín m en línea [o in-line]
inmitten [ɪn'mɪtən] präp +gen (geh) en medio de
Inn [ɪn] m <-(s)> Inn m
in natura [ɪn na'tuːra] ❶ (in Wirklichkeit) en realidad; **er sieht ~ ganz anders aus als im Film** en la realidad no se parece en nada a la persona que interpreta en la película
❷ (fam: in Naturalien) en especie(s)
inne|haben ['ɪnə-] irr vt (Amt) ocupar, desempeñar; (geh: besitzen) poseer
inne|halten irr vi interrumpir; (in Bewegung) detenerse
innen ['ɪnən] adv (por) dentro, en el interior; ~ **drin** dentro; ~ **und außen** (por) dentro y por fuera; **die Tür geht nach ~ auf** la puerta se abre hacia dentro; **wie sieht das Haus von ~ aus?** ¿cómo es la casa por dentro?
Innenansicht f <-, -en> vista f interior; **Innenantenne** f <-, -n> antena f colectiva; **Innenarchitekt(in)** m(f) <-en, -en; -, -nen> arquitecto, -a m, f de interiores; **Innenarchitektur** f <-, ohne pl> arquitectura f interior [o de interiores]; **Innenaufnahme** f <-, -n> (FOTO) fotografía f de interiores; **Innenauftrag** m <-(e)s, -träge> (WIRTSCH) pedido m nacional; **Innenausbau** m <-(e)s, ohne pl> ampliación f del interior (de una casa); **Innenausstattung** f <-, -en> decoración f interior; **der Raum hat eine interessante ~** la habitación tiene una decoración interesante; **Innenbahn** f <-, -en> (SPORT) pista f interior, calle f interior; **Innenbeleuchtung** f <-, -en> (Raum) iluminación f interior; (Fahrzeug) luz f interior; **Innendienst** m <-(e)s, -e> servicio m interno; **im ~ sein/arbeiten** estar/trabajar en el servicio interno; **Inneneinrichtung** f <-, -en> decoración f interior [o de interiores], interiorismo m; **Innengesellschaft** f <-, -en> (WIRTSCH) sociedad f interna; **Innenhof** m <-(e)s, -höfe> patio m, solar m MAm, Ant; **Innenkompetenz** f <-, -en> (JUR) competencia f interna; **Innenkurve** f <-, -n> curva f interior; **Innenleben** nt <-s, ohne pl> ❶ (eines Menschens) vida f interior ❷ (fam: eines Gerätes) interiores mpl; **Innenminister(in)** m(f) <-s, -; -, -nen> (POL) ministro, -a m, f del Interior; **Innenministerium** nt <-s, -ministerien> (POL) Ministerio m del Interior; **Innenohr** nt <-(e)s, -en> (ANAT) oído m interno; **Innenpolitik** f <-, -en> política f interior

innenpolitisch adj de la política interior
Innenraum m <-(e)s, -räume> (espacio m) interior m
Innenrecht nt <-s, ohne pl> derecho m interno; **Innenrechtsverhältnis** nt <-ses, -se> relación f de derecho interno
Innenschmarotzer m <-s, -> (BIOL) parásito m interno; **Innenseite** f <-, -n> (parte f) interior m, (cara f) interior m; **Innenspiegel** m <-s, -> (AUTO) espejo m retrovisor; **Innenstadt** f <-, -städte> centro m de la ciudad; **Innentasche** f <-, -n> bolsillo m interior; **Innentemperatur** f <-, -en> temperatura f interior; **Innenverkleidung** f <-, -en> recubrimiento m interior, revestimiento m interior; **Innenvollmacht** f <-, -en> (JUR) poder m interno; **Innenwand** f <-, -wände> tabique m
innerbetrieblich ['ɪnɐ-] adj intraempresarial, interno
innerdeutsch adj (HIST) Angelegenheit, Handel) interalemán; **die ~e Grenze** la frontera interalemana
innere(r, s) ['ɪnərə, -re, -rəs] adj ❶ (räumlich) interior, interno; **Einmischung in die ~n Angelegenheiten** intromisión en asuntos internos
❷ (MED) interno; **Facharzt für ~ Krankheiten** médico especializado en enfermedades internas
❸ (geistig, seelisch) interior; **eine ~ Stimme** una voz interior
Innere(s) ['ɪnərəs] nt <-n, ohne pl> interior m; **Minister des ~n** ministro del Interior; **in ihrem tiefsten ~n** en lo más hondo [o profundo]
Innereien [ɪnə'raɪən] pl vísceras fpl, asaduras fpl, achuras fpl CSur, Bol; (bei Geflügel) menudillos mpl
innerhalb ['ɪnɐhalp] I. präp +gen ❶ (örtlich) dentro de
❷ (zeitlich) dentro de, en el plazo de; ~ **dieser/einer Woche muss es fertig sein** tiene que estar acabado esta misma semana/en (el plazo de) una semana
II. adv dentro; ~ **von** dentro de
innerlich adj ❶ (innen) por dentro; (MED) interno; **das Medikament ist ~ anzuwenden** es un medicamento para uso interno
❷ (geistig, seelisch) interior
Innerlichkeit f <-, ohne pl> intimidad f, espiritualidad f
innerorts adj (Schweiz) dentro del pueblo [o de la ciudad]
innerparteilich adj dentro del propio partido; ~**e Auseinandersetzungen** conflictos internos del partido
innerste(r, s) ['ɪnəstə, -te, -rəs] adj superl von **innere(r, s)** el/la/lo más interior; (fig) el más íntimo/la más íntima/lo más íntimo; **die ~ der drei Mauern** el muro más interior de los tres, el más interior de los tres muros; **sein ~s Wesen** su modo de ser más íntimo, su naturaleza más íntima
Innerste(s) nt <-n, ohne pl> (bei Personen) lo más íntimo, corazón m; (bei Dingen) fondo m, interior m; **ihr ~s blieb ihm verborgen** lo más íntimo de su ser le quedó oculto
innert ['ɪnɐt] präp +gen (Schweiz, Österr) s. **innerhalb**
inne|wohnen ['ɪnə-] vi (geh): **jdm/etw ~** ser inherente a alguien/algo
innig ['ɪnɪç] adj (tief) profundo; (herzlich) cordial; (inbrünstig) ferviente, ardiente; **mein ~ster Wunsch** mi deseo más ardiente; **jdn heiß und ~ lieben** amar a alguien con toda el alma
Innigkeit f <-, ohne pl> (Dank, Wunsch) sinceridad f; (Freude, Zuneigung) profundidad f; (Beziehung, Freundschaft) intimidad f
inniglich adv (geh: lieben) profundamente, sinceramente; **jdm tief und ~ verbunden sein** estar íntimamente unido a alguien
Innovation [ɪnova'tsjoːn] f <-, -en> innovación f
Innovationskraft f <-, -kräfte> potencia f innovadora, fuerza f innovadora
innovativ [ɪnova'tiːf] adj (Denken) innovador
innovatorisch [ɪnova'toːrɪʃ] adj (Mensch) innovador
Innsbruck ['ɪnsbrʊk] nt <-s> Innsbruck m
Innung ['ɪnʊŋ] f <-, -en> corporación f, gremio m
Innungskrankenkasse f <-, -n> una de las principales cajas de seguro en Alemania
inoffiziell ['ɪnʔɔfitsjɛl] adj extraoficial, oficioso; **jdm etw ~ mitteilen** comunicar algo a alguien de manera extraoficial
inoperabel adj (MED) inoperable; ~ **sein** ser inoperable
inopportun adj (geh) inoportuno; **es wäre ~ in den Konflikt einzugreifen** sería inoportuno intervenir en el conflicto
in petto [ɪn 'pɛto] adv (fam): **etw (gegen jdn) ~ haben** tener algo en la manga (para utilizarlo contra alguien)
in puncto [ɪn 'pʊŋkto] präp +nom/gen en [o por] lo que se refiere a
Input ['ɪnpʊt] m o nt <-s, -s> (INFOR) input m, inducto m
Input-Output-Analyse ['ɪnpʊt'aʊtpʊt-] f <-, -n> (WIRTSCH) análisis m inv de input-output
Inquisition [ɪnkvizi'tsjoːn] f <-, -en> (HIST) Inquisición f
Inquisitionsgrundsatz m <-es, ohne pl> (JUR) principio m inquisitivo
Inquisitionsmaxime f <-, ohne pl> (JUR) principio m inquisitivo
Inquisitor [ɪnkvi'ziːtoːɐ] m <-s, -en> (HIST) inquisidor m
inquisitorisch [ɪnkvizi'toːrɪʃ] adj (geh: Methode, Verhör) inquisitorial

ins [ɪns] = **in das** al/a la; **wir gehen ~ Kasino** vamos al casino; *s. a.* **in**
Insasse, -in [ˈɪnzasə] *m, f* <-n, -n; -, -nen> (*eines Fahrzeugs*) ocupante *mf*; (*eines Heims*) residente *mf*; (*eines Gefängnisses*) preso, -a *m, f*, recluso, -a *m, f*
Insassenunfallversicherung *f* <-, -en> seguro *m* de ocupantes
Insassin *f* <-, -nen> *s.* **Insasse**
insbesondere [ɪnsbəˈzɔndərə] *adv* especialmente, en particular; **das gilt ~ dann, wenn …** esto es válido especialmente cuando…
Inschrift [ˈ--] *f* <-, -en> inscripción *f*
Insekt [ɪnˈzɛkt] *nt* <-(e)s, -en> insecto *m*
Insektenbekämpfung *f* <-, -en> desinsectación *f*; **Insektenbekämpfungsmittel** *nt* <-s, -> insecticida *m*
Insektenfresser *m* <-s, -> devorador *m* de insectos; **Insektengift** *nt* <-(e)s, -e> insecticida *m*; **Insektenkunde** *f* <-, *ohne pl*> (ZOOL) entomología *f*; **Insektenplage** *f* <-, -n> plaga *f* de insectos; **Insektenpulver** *nt* <-s, -> (polvo *m*) insecticida *m*; **Insektenstich** *m* <-(e)s, -e> picadura *f* de (un) insecto
Insektenvernichtungsmittel *nt* <-s, ->, **Insektenvertilgungsmittel** *nt* <-s, ->, **Insektizid** [ɪnzɛktiˈtsiːt] *nt* <-s, -e> insecticida *m*
Insel [ˈɪnzəl] *f* <-, -n> ① (*Land*) isla *f*; **die Kanarischen ~n** las Islas Canarias
② (*fig*) remanso *m*; **eine ~ der Ruhe** un remanso de paz
Inselbewohner(in) *m(f)* <-s, -; -, -nen> habitante *m* de una isla, isleño, -a *m, f*, insular *mf*; **Inselgruppe** *f* <-, -n> archipiélago *m*; **Inselwelt** *f* <-, -en> conjunto *m* de islas; (*Inselgruppen*) conjunto *m* de archipiélagos; **die ~ des Pazifiks** los archipiélagos del Pacífico
Insemination [ɪnzeminaˈtsjoːn] *f* <-, -en> (MED, ZOOL) inseminación *f*
Inserat [ɪnzeˈraːt] *nt* <-(e)s, -e> (PUBL) anuncio *m*, aviso *m* *Am*; **ein ~ aufgeben** poner un anuncio
Inseratenteil *m* <-(e)s, -e> (PUBL) rúbrica *f* de anuncios
Inserent(in) [ɪnzeˈrɛnt] *m(f)* <-en, -en; -, -nen> (PUBL) anunciante *mf*
inserieren* [ɪnzeˈriːrən] *vi* (PUBL) poner un anuncio (*in* en)
insgeheim [ˈ---] *adv* en secreto, a escondidas; **~ hat sie sich amüsiert** se divirtió en secreto
insgesamt [ˈ---] *adv* en total, en conjunto
In-sich-Geschäft *nt* <-(e)s, -e> (JUR) negocio *m* (concluido) consigo mismo, autocontratación *f*; **In-sich-Prozess**^RR *m* <-es, -e> proceso *m* consigo mismo
Insider(in) [ˈɪnsaɪdɐ] *m(f)* <-s, -; -, -nen> persona *f* enterada
Insiderhandel *m* <-s, *ohne pl*> operación *f* con información privilegiada
Insigne [ɪnˈziːgnə, *pl*: ɪnˈziːgniən] *nt* <-s, Insignien> insignia *f*
insistieren* [ɪnzɪsˈtiːrən] *vi* (*geh*) insistir (*auf* en)
Inskription [ɪnskrɪpˈtsjoːn] *f* <-, -en> (*Österr: Kursbelegung*) inscripción *f*
inskünftig [ˈɪnskʏnftɪç] *adv* (*Schweiz: künftig*) en el futuro
insofern [--ˈ-, --ˈ-] I. *adv* en este sentido, en este aspecto; **~ sind wir einverstanden** hasta ahí estamos de acuerdo; **er hat ~ Recht, als …** tiene razón en el sentido de que…
II. *konj* ① (*für den Fall*) con tal que +*subj*, siempre que +*subj*, en tanto que +*subj*
② (*in dem Maß*) en la medida que +*subj*
insolvent [ˈ---, --ˈ-] *adj* (FIN) insolvente
Insolvenz [ˈ----, ----ˈ-] *f* <-, -en> (FIN) insolvencia *f*
Insolvenzanfechtung *f* <-, -en> (FIN, JUR) impugnación *f* de insolvencia; **Insolvenzeröffnungsantrag** *m* <-(e)s, -träge> (FIN, JUR) solicitud *f* de apertura de insolvencia; **Abweisung des ~s mangels Masse** rechazo de la solicitud de apertura de insolvencia por falta de masa; **Insolvenzforderung** *f* <-, -en> (FIN) demanda *f* de insolvencia; **Insolvenzgericht** *nt* <-(e)s, -e> tribunal *f* de insolvencia; **Insolvenzgläubiger(in)** *m(f)* <-s, -; -, -nen> (FIN) acreedor(a) *m(f)* de insolvencia; **Insolvenzmasse** *f* <-, -n> (FIN) masa *f* de la insolvencia; **Insolvenzordnung** *f* <-, -en> (JUR) reglamentación *f* de la insolvencia; **Insolvenzplan** *m* <-(e)s, -pläne> (FIN) plan *m* de insolvencia; **bedingter ~** plan condicionado de insolvencia; **Insolvenzrecht** *nt* <-(e)s, *ohne pl*> (FIN, JUR) regulación *f* jurídica de la insolvencia; **Insolvenzrisiko** *nt* <-s, -s *o* -risiken> (FIN, WIRTSCH) riesgo *m* de insolvencia; **Insolvenzstraftat** *f* <-, -en> (FIN, JUR) delito *m* de insolvencia; **Insolvenzverfahren** *nt* <-s, -> (FIN, JUR) procedimiento *m* de insolvencia; **Einstellung des ~s** suspensión del procedimiento de insolvencia; **Eröffnung des ~s** apertura del procedimiento de insolvencia; **schifffahrtsrechtliches ~** procedimiento de insolvencia naviera; **vereinfachtes ~** procedimiento simplificado de insolvencia; **Insolvenzverwalter(in)** *m(f)* <-s, -; -, -nen> (FIN) administrador(a) *m(f)* de insolvencia
insoweit [--ˈ-, --ˈ-] *adv o konj s.* **insofern**
in spe [ɪn ˈspeː] *adj inv* futuro; **meine Schwiegereltern ~** mis futuros suegros
Inspektion [ɪnspɛkˈtsjoːn] *f* <-, -en> ① (*allgemein*) inspección *f*, chequeo *m Am*

② (AUTO) revisión *f*; **das Auto zur ~ bringen** llevar el coche a la revisión
Inspektionsreise *f* <-, -n> viaje *m* de inspección
Inspektor(in) [ɪnˈspɛktɔːɐ] *m(f)* <-s, -en; -, -nen> inspector(a) *m(f)*
Inspiration [ɪnspiraˈtsjoːn] *f* <-, -en> inspiración *f*
inspirieren* [ɪnspiˈriːrən] *vt* inspirar (*zu* a)
Inspizient(in) [ɪnspiˈtsjɛnt] *m(f)* <-en, -en; -, -nen> (THEAT, TV) regidor(a) *m(f)*
inspizieren* [ɪnspiˈtsiːrən] *vt* inspeccionar, controlar
instabil [ˈ---, --ˈ-] *adj* inestable
Instabilität [ˈ-----, -----ˈ-] *f* <-, -en> inestabilidad *f*
Installateur(in) [ɪnstalaˈtøːɐ] *m(f)* <-s, -; -, -nen> instalador(a) *m(f)*; (*Klempner*) fontanero, -a *m, f*
Installation [ɪnstalaˈtsjoːn] *f* <-, -en> (*a.* INFOR, TECH) instalación *f*
Installationsdiskette *f* <-, -n> (INFOR) disquete *m* de instalación; **Installationsprogramm** *nt* <-s, -e> (INFOR) programa *m* de instalación
installieren* [ɪnstaˈliːrən] *vt* (TECH) instalar, montar; (INFOR) instalar; **Anlagen ~** montar instalaciones
instand [ɪnˈʃtant] *adv*: **jdn ~ setzen etw zu tun** poner a alguien en condiciones de hacer algo; **etw ~ setzen/halten** arreglar/conservar algo; **gut ~ sein** estar en buen estado
instand|besetzen* *vt s.* **besetzen 1.**
Instandhaltung *f* <-, -en> mantenimiento *m*, conservación *f*; **laufende ~** mantenimiento corriente; **Instandhaltungskosten** *pl* costes *mpl* de conservación [*o* de mantenimiento]; **die ~ wurden auf die Miete umgelegt** los costes de conservación se cargaron en el alquiler; **Instandhaltungspflicht** *f* <-, *ohne pl*> deber *m* de conservación
inständig [ˈɪnʃtɛndɪç] I. *adj* ① (*dringlich*) urgente
② (*nachdrücklich*) fervoroso
II. *adv* encarecidamente, insistentemente; **etw ~ hoffen** tener puestas todas las esperanzas en algo, esperar algo de todo corazón
Instandsetzung [-ˈ---] *f* <-, -en> arreglo *m*, saneamiento *m*
Instandsetzungsvertrag *m* <-(e)s, -träge> (JUR) contrato *m* de reparación
Instantkaffee [ɪnˈstant-] *m* <-s, -s> café *m* instantáneo
Instanz [ɪnˈstants] *f* <-, -en> ① (*Behörde*) autoridad *f* competente
② (JUR) instancia *f*; **in erster/zweiter ~** en primera/segunda instancia; **bis zur letzten ~ gehen** ir hasta la última instancia
Instanzenweg *m* <-(e)s, -e> trámites *mpl* administrativos, gestiones *fpl* burocráticas; **der ~ in der Behörde ist kompliziert** los trámites a seguir en la administración son complicados; **Instanzenzug** *m* <-(e)s, *ohne pl*> (JUR) tramitación *f* de instancias, vía *f* de instancias
Instinkt [ɪnˈstɪŋkt] *m* <-(e)s, -e> instinto *m*; **der tierische/mütterliche ~** el instinto animal/maternal; **für etw ~ beweisen** demostrar un buen instinto para algo, tener intuición para algo
instinktiv [ɪnstɪŋkˈtiːf] *adj* instintivo; **~ nahm sie die Hand weg** instintivamente retiró la mano
instinktmäßig *adj* de forma instintiva, por instinto
Institut [ɪnstiˈtuːt] *nt* <-(e)s, -e> (UNIV) facultad *f*
Institution [ɪnstituˈtsjoːn] *f* <-, -en> institución *f*
institutionell [ɪnstitutsjoˈnɛl] *adj* institucional; **~e Garantie** (JUR) garantía institucional
Institutionsschutz *m* <-es, *ohne pl*> (JUR) protección *f* institucional
Institutsgarantie *f* <-, -n> (JUR) garantía *f* institucional
instruieren* [ɪnstruˈiːrən] *vt* ① (*informieren*) informar
② (*anweisen*) dar instrucciones
③ (JUR) instruir
Instruktion [ɪnstrʊkˈtsjoːn] *f* <-, -en> ① (*Anweisung*) directiva *f*, orden *f*
② (*Anleitung*) instrucción *f*
Instruktionsfehler *m* <-s, -> error *m* de instrucción
instruktiv [ɪnstrʊkˈtiːf] *adj* instructivo
Instrument [ɪnstruˈmɛnt] *nt* <-(e)s, -e> (*a.* MUS) instrumento *m*; **finanzpolitische/konjunkturpolitische ~e** (WIRTSCH) recursos político--financieros/de política coyuntural
instrumental [ɪnstrumɛnˈtaːl] *adj* (*a.* MUS) instrumental
Instrumentalbegleitung *f* <-, -en> (MUS) acompañamiento *m* instrumental; **mit/ohne ~ singen** cantar con/sin acompañamiento instrumental
instrumentalisieren* [ɪnstrumɛntaliˈziːrən] *vt* ① (*geh: als Instrument benutzen*) instrumentalizar
② (MUS) instrumentar
Instrumentalist(in) *m(f)* <-en, -en; -, -nen> (MUS) instrumentista *mf*
Instrumentalmusik *f* <-, -en> música *f* instrumental; **Instrumentalstück** *nt* <-(e)s, -e> (MUS) pieza *f* instrumental
Instrumentarium [ɪnstrumɛnˈtaːriʊm, *pl*: ɪnstrumɛnˈtaːriən] *nt* <-s, Instrumentarien> (*a.* MUS) instrumental *m*
Instrumentenflug *m* <-(e)s, -flüge> (AERO) vuelo *m* por instrumentos
instrumentieren* [ɪnstrumɛnˈtiːrən] *vt* (MUS) instrumentar, orquestar

Insuffizienz ['ɪnzʊfitsjɛnts, ---'-] *f* <-, -en> ❶ (*Unvermögen*) incapacidad *f*, incompetencia *f*
❷ (MED) insuficiencia *f*
Insulaner(in) [ɪnzu'la:nɐ] *m(f)* <-s, -; -, -nen> isleño, -a *m, f,* insular *mf*
Insulin [ɪnzu'li:n] *nt* <-s, ohne pl> (MED) insulina *f*
Insulinspritze *f* <-, -n> (MED) inyección *f* de insulina
inszenieren* [ɪnstse'ni:rən] *vt* (THEAT) poner en escena, escenificar
Inszenierung *f* <-, -en> ❶ (THEAT) puesta *f* en escena, escenificación *f*
❷ (*abw: in Politik, Öffentlichkeit*) trama *f*
intakt [ɪn'takt] *adj* intacto, íntegro
Intarsia *f* <-, Intarsien>, **Intarsie** [ɪn'tarziə] *f* <-, -n> taracea *f,* marquetería *f*
integer [ɪn'te:gɐ] *adj* (*geh*) íntegro
Integral [ɪnte'gra:l] *nt* <-s, -e> (MATH) integral *f*
Integralhelm *m* <-(e)s, -e> (AUTO) casco *m* integral
Integralrechnung *f* <-, -en> (MATH) cálculo *m* integral
Integration [ɪntegra'tsjo:n] *f* <-, -en> (*a.* MATH) integración *f;* ~ **der Zuwanderer** integración de los inmigrantes
Integrationsfigur *f* <-, -en> (SOZIOL) figura *f* integradora; **Integrationsgeneralprävention** *f* <-, -en> (JUR) prevención *f* general de integración
integrativ [ɪntegra'ti:f] *adj* integrativo
integrieren* [ɪnte'gri:rən] *vt* (*a.* MATH) integrar; **wieder in die Gesellschaft ~** reintegrar [*o* reinsertar] en la sociedad
Integrierung *f* <-, -en> integración *f*
Integrist(in) [ɪnte'grɪst] *m(f)* <-en, -en; -, -nen> integrista *mf*
Integrität [ɪntegri'tɛ:t] *f* <-, ohne pl> integridad *f*
Integritätsinteresse *nt* <-s, -n> (JUR) interés *m* de la integridad
Intellekt [ɪntɛ'lɛkt] *m* <-(e)s, ohne pl> intelecto *m*
intellektuell [ɪntɛlɛktu'ɛl] *adj* intelectual
Intellektuelle(r) *mf* <-n, -n; -n, -n> intelectual *mf*
intelligent [ɪntɛli'gɛnt] *adj* inteligente
Intelligenz [ɪntɛli'gɛnts] *f* <-, ohne pl> ❶ (*Denkfähigkeit*) inteligencia *f;* **künstliche ~** (INFOR) inteligencia artificial
❷ (*Gebildete*) intelectuales *mpl*
Intelligenzbestie *f* <-, -n> (*fam*) genio *m,* monstruo *m* de inteligencia
Intelligenzija *f* <-, ohne pl> intelligentsia *f*
Intelligenzquotient *m* <-en, -en> cociente *m* intelectual, coeficiente *m* de inteligencia; **Intelligenztest** *m* <-(e)s, -s *o* -e> test *m* de nivel intelectual [*o* de inteligencia]
Intendant(in) [ɪntɛn'dant] *m(f)* <-en, -en; -, -nen> (RADIO, TV, THEAT) director(a) *m(f)* artístico, -a
Intendantur [ɪntɛndan'tu:ɐ, *pl:* -ren] *f* <-, -en> (*alt a.* MIL) intendencia *f*
Intendanz [ɪntɛn'dants] *f* <-, -en> (RADIO, TV, THEAT: *Amt*) cargo *m* de director(a) artístico, -a; (*Büro*) oficina *f* del director artístico/de la directora artística
intendieren* [ɪntɛn'di:rən] *vt* (*geh*) pretender, proponerse
Intensität [ɪntɛnzi'tɛ:t] *f* <-, -en> intensidad *f*
Intensitätsrechnung *f* <-, -en> cálculo *m* de la intensidad
intensiv [ɪntɛn'zi:f] *adj* ❶ *gründlich*) intensivo
❷ (*Farbe, Schmerz*) intenso
intensivieren* [ɪntɛnzi'vi:rən] *vt* intensificar
Intensivierung *f* <-, -en> intensificación *f*
Intensivkurs *m* <-es, -e> curso *m* intensivo; **Intensivmedizin** *f* <-, ohne pl> medicina *f* intensiva; **Intensivnutzung** *f* <-, -en> landwirtschaftliche ~ utilización *f* agraria intensiva; **Intensivstation** *f* <-, -en> (MED) unidad *f* de cuidados intensivos, unidad *f* de vigilancia intensiva; **Intensivtierhaltung** *f* <-, ohne pl> explotación *f* intensiva de ganado; **Intensivwirtschaft** *f* <-, ohne pl> (AGR) agricultura *f* intensiva
Intention [ɪntɛn'tsjo:n] *f* <-, -en> intención *f*
intentional [ɪntɛntsjo'na:l] *adj* intencional
interaktiv [ɪntɛ'ʔak'ti:f] *adj* (*a.* INFOR) interactivo; **~es Fernsehen** (INFOR) televisión interactiva
Interbanken-Einlage *f* <-, -n> (FIN) depósitos *mpl* interbancarios
Intercity [ɪntɐ'sɪti] *m* <-s, -s> (EISENB) tren *m* rápido interurbano, Intercity *m*
IntercityexpressRR *m* <-es, -e> (EISENB) ≈AVE *m*
interdependent [ɪntɐdepɛn'dɛnt] *adj* interdependiente
Interdependenz *f* <-, -en> interdependencia *f*
interdisziplinär [ɪntɐdɪstsɪpli'nɛ:ɐ] *adj* interdisciplinario
interessant [ɪnt(ə)rɛ'sant] *adj* interesante; **sich ~ machen** hacerse el interesante
interessanterweise [ɪnt(ə)rɛ'santə'vaɪzə] *adv* curiosamente
Interesse [ɪntə'rɛsə, ɪn'trɛsə] *nt* <-s, -n> interés *m* (*an/für* en/por); **berechtigtes ~** interés justificado; (**besonderes**) **öffentliches ~** interés público (especial); **negatives/positives ~** interés negativo/positivo; **persönliches ~** interés personal; **rechtliches ~** interés legal; **rechtlich geschützte ~n** intereses jurídicamente protegidos; **überwiegendes ~** interés mayoritario; **versicherbare ~n** intereses asegurables; **versicherte ~n** intereses asegurados; **im ~ des Friedens** en beneficio de la paz; **mit wachsendem ~** con creciente interés; **~ haben/zeigen** tener/mostrar interés; **jds ~ für etw wecken** [*o* **gewinnen**] despertar el interés de alguien por algo; **er vertritt meine ~n** defiende mis intereses; **es liegt in deinem eigenen ~** es en tu propio interés [*o* beneficio]
interessehalber [ɪntə'rɛsəhalbɐ, ɪn'trɛsə-] *adv* por interés
interesselos *adj* sin interés
Interessenabwägung *f* <-, -en> (*a.* JUR, WIRTSCH) ponderación *f* de intereses; **Interessenausgleich** *m* <-(e)s, ohne pl> (*a.* JUR, WIRTSCH) compensación *f* de intereses; **Interessengebiet** *nt* <-(e)s, -e> ámbito *m* de intereses, especialidad *f*; **Interessengemeinschaft** *f* <-, -en> comunidad *f* de intereses; **Interessengruppe** *f* <-, -n> grupo *m* de interesados; **Interessenkollision** *f* <-, -en> colisión *f* de intereses; **Interessenkonflikt** *m* <-(e)s, -e> conflicto *m* de intereses; **Interessenschutz** *m* <-es, ohne pl> protección *f* de intereses; **Interessensphäre** *f* <-, -n> (POL) esfera *f* de intereses [*o* de influencia]
Interessent(in) [ɪnt(ə)rɛ'sɛnt] *m(f)* <-en, -en; -, -nen> interesado, -a *m, f* (*an/für* en/por)
Interessentheorie *f* <-, ohne pl> teoría *f* de los intereses; **Interessenverband** *m* <-(e)s, -bände> asociación *f* de intereses; **Interessenvereinigung** *f* <-, -en> agrupación *f* de interés económico; **europäische wirtschaftliche ~** agrupación europea de interés económico; **Interessenversicherung** *f* <-, -en> seguro *m* de intereses; **Interessenvertretung** *f* <-, -en> representación *f* de intereses; **Interessenwahrnehmung** *f* <-, -en> salvaguardia *f* de intereses
Interessenwahrung *f* <-, ohne pl> salvaguardia *f* de intereses; **Interessenwahrungspflicht** *f* <-, ohne pl> (JUR) deber *m* de salvaguardia de intereses
Interessenwegfall *m* <-(e)s, ohne pl> pérdida *f* de los intereses; **Interessenzusammenführung** *f* <-, -en> conjunción *f* de intereses
interessieren* [ɪnt(ə)rɛ'si:rən] I. *vr:* **sich ~** interesarse (*für* por), tener interés (*für* en/por); **sie interessiert sich für moderne Literatur** le interesa la literatura moderna
II. *vt* interesar; **das würde ihn ~!** ¡esto le interesaría!; **das hat dich nicht zu ~** esto no te interesa, esto no es asunto tuyo; **jdn für etw ~** interesar a alguien por algo, despertar el interés de alguien por algo
interessiert [ɪnt(ə)rɛ'si:ɐt] I. *adj* interesado; **kulturell ~ sein** tener intereses intelectuales; **an etw** *dat*/**jdm ~ sein** estar interesado en [*o* por] algo/alguien; **sich ~ zeigen** mostrarse interesado; **ich bin nicht daran ~, dass ...** no me interesa que... +*subj*
II. *adv* con interés; **~ zuhören** escuchar con interés
Interface ['ɪntɐfeɪs] *nt* <-, -s> (INFOR) interfase *f,* interface *f*
Interferenz [ɪntɐfe'rɛnts] *f* <-, -en> (PHYS, TECH) interferencia *f*
Interferon [ɪntɐfe'ro:n] *nt* <-s, -e> (BIOL, MED) interferón *m*
intergalaktisch [ɪntɐga'laktɪʃ] *adj* (ASTR) intergaláctico
Interieur [ɛ̃te'rjø:ɐ] *nt* <-s, -s *o* -e> interior *m*
Interim ['ɪnterɪm] *nt* <-s, -s> (*geh*) solución *f* provisional, ínterin *m;* **diese Regelung ist nur ein dreiwöchiges ~** esta reglamentación es sólo una solución provisional para tres semanas
Interimsabkommen ['ɪnterɪms-] *nt* <-s, -> acuerdo *m* interino; **Interimsaktie** *f* <-, -n> (FIN) talón *m* provisional de acciones; **Interimshaushalt** *m* <-(e)s, -e> (FIN, WIRTSCH) presupuesto *m* provisional; **Interimskonto** *nt* <-s, -konten> (FIN) cuenta *f* provisional; **Interimskredit** *m* <-(e)s, -e> (FIN, WIRTSCH) crédito *m* provisional; **Interimslösung** *f* <-, -en> solución *f* interina [*o* provisional]; **Interimsregelung** *f* <-, -en> reglamentación *f* interina [*o* provisional]; **Interimsregierung** *f* <-, -en> (POL) gobierno *m* interino [*o* provisional]; **Interimsschein** *m* <-(e)s, -e> (WIRTSCH) resguardo *m* provisional (de la acción); **Interimszahlung** *f* <-, -en> (FIN, WIRTSCH) pago *m* a cuenta
Interjektion [ɪntɐjɛk'tsjo:n] *f* <-, -en> (LING) interjección *f*
interkontinental [ɪntɐ-] *adj* intercontinental
Interkontinentalrakete *f* <-, -n> (MIL) misil *m* intercontinental
interkulturell *adj* intercultural
interlokal *adj* interlocal; **~es Strafrecht** (JUR) derecho penal interlocal
intermediär [ɪntɐme'djɛ:ɐ] *adj* intermediario
Intermezzo [ɪntɐ'mɛtso] *nt* <-s, -s *o* -mezzi> (*a.* MUS, THEAT) intermezzo *m*
intern [ɪn'tɛrn] *adj* interno
Interna *pl* (*geh*) información *f* restringida [*o* reservada]; **~ aus dem Ministerium wurden publik** se ha hecho pública información restringida del ministerio
Internalisierung [ɪntɐnali'zi:rʊŋ] *f* <-, -en> apropiación *f*
Internat [ɪntɐ'na:t] *nt* <-(e)s, -e> internado *m,* colegio *m* de internos
international [ɪntɐnatsjo'na:l] *adj* internacional; **I~es Arbeitsamt** Oficina Internacional del Trabajo; **I~e Automobilausstellung** Exposición Internacional del Automóvil; **I~er Gerichtshof** Tribunal Internacio-

nal de Justicia; **I~es Olympisches Komitee** Comité Olímpico Internacional; **I~er Währungsfonds** Fondo Monetario Internacional
Internationale *f* <-, *ohne pl*> (POL) Internacional *f*
internationalisieren* [ɪntɛnatsjonali'ziːrən] *vt* (POL, JUR) internacionalizar
internationalistisch [ɪntɛnatsjona'lɪstɪʃ] *adj* (POL) internacionalista
Internatsschüler(in) *m(f)* <-s, -; -, -nen> alumno, -a *m, f* de un internado, internado, -a *m, f*
Internet ['ɪntɛnɛt] *nt* <-s, *ohne pl*> (INFOR) Internet *m*
Internetadresse *f* <-, -n> (INFOR) dirección *f* en Internet; **Internetcafé** *nt* <-s, -s> (INFOR) cibercafé *m*, café *m* Internet, Internet café *m*; **Internetprovider** *m* <-s, -> (INFOR) proveedor *m* de Internet; **Internetsurfer(in)** *m(f)* <-s, -; -, -nen> (INFOR) internauta *mf*, navegante *m* de Internet; **Internet-Terminal** *nt* <-s, -s> (INFOR) terminal *m* de Internet
internieren* [ɪntɛ'niːrən] *vt* internar
Internierte(r) [ɪntɛ'niːɐtɛ] *mf* <-n, -n; -n, -n> (MIL, MED) internado, -a *m, f*
Internierung *f* <-, -en> ❶ (MIL) internamiento *m* ❷ (MED) ingreso *m*; **Internierungslager** *nt* <-s, -> campo *m* de concentración
Internist(in) [ɪntɛ'nɪst] *m(f)* <-en, -en; -, -nen> (MED) internista *mf*
inter omnes (JUR) inter omnes
interparlamentarisch *adj* (POL) interparlamentario
inter partes (JUR) inter partes
Interpellationsrecht [ɪntɛpɛla'tsjoːns-] *nt* <-(e)s, *ohne pl*> (POL, JUR) derecho *m* de interpelación
interplanetar *adj* (ASTR) interplanetario
Interpol ['ɪntɛpoːl] *f* Interpol *f*, Organización *f* Internacional de Policía Criminal
Interpolation [ɪntɛpola'tsjoːn] *f* <-, -en> (MATH) interpolación *f*
interpolieren* [ɪntɛpo'liːrən] *vt* (MATH) interpolar
Interpret(in) [ɪntɛ'preːt] *m(f)* <-en, -en; -, -nen> (MUS) intérprete *mf*
Interpretation [ɪntɛpreta'tsjoːn] *f* <-, -en> interpretación *f*; **falsche ~** interpretación equivocada [*o* falsa]
interpretatorisch [ɪntɛpreta'toːrɪʃ] *adj* interpretatorio
Interpreter *m* <-s, -> (INFOR) interpretadora *f*
interpretieren* [ɪntɛpre'tiːrən] *vt* interpretar; **da hast du mich falsch interpretiert** en esto me has interpretado mal
Interpretin *f* <-, -nen> *s.* **Interpret**
interpunktieren* [ɪntɛpʊŋk'tiːrən] *vt* (LING) puntuar, poner los signos de puntuación (en)
Interpunktion [ɪntɛpʊŋk'tsjoːn] *f* <-, *ohne pl*> (LING) puntuación *f*
Interpunktionsregel *f* <-, -n> reglas *fpl* de puntuación, normas *fpl* de puntuación; **Interpunktionszeichen** *nt* <-s, -> signo *m* de puntuación
Interrailkarte ['ɪntɛʀɛɪlkaʀtə] *f* <-, -n> (EISENB) billete *m* Interrail
Interregio [ɪntɛ'reːgio] *m* <-s, -s> (EISENB) tren *m* rápido interregional
Interregnum [ɪntɛ'rɛgnʊm] *nt* <-s, -regnen *o* -regna> (HIST) interregno *m*
Interrogativpronomen *nt* <-s, - *o* -pronomina> (LING) pronombre *m* interrogativo; **Interrogativsatz** [ɪntɛroga'tiːfzats] *m* <-es, -sätze> (LING) frase *f* interrogativa
interstellar [ɪntɛstɛ'laːɐ] *adj* (ASTR) interestelar
interterritorial *adj* interterritorial; **I~er Kompensationsfonds** (FIN, POL) Fondo de Compensación Interterritorial
Intervall [ɪntɛ'val] *nt* <-s, -e> (*a.* MUS) intervalo *m*
Intervallschaltung *f* <-, -en> conexión *f* de intervalos; **Intervalltraining** *nt* <-s, -s> (SPORT) interval *m*, entrenamiento *m* por intervalos
intervenieren* [ɪntɛve'niːrən] *vi* (MIL, POL) intervenir
Intervention [ɪntɛvɛn'tsjoːn] *f* <-, -en> (MIL, POL) intervención *f*; **~ zur Stützung des US-Dollars/zur Kurssicherung** (FIN, WIRTSCH) intervención para sostener el dólar americano/para garantizar los cambios
Interventionskasse *f* <-, -n> (JUR) acción *f* de intervención; **Interventionspflicht** *f* <-, *ohne pl*> (FIN, JUR) deber *m* de intervención; **Interventionspreis** *m* <-es, -e> (EU, WIRTSCH) precio *m* de intervención; **Interventionsrecht** *nt* <-(e)s, *ohne pl*> (JUR) derecho *m* de intervención; **Interventionsstelle** *f* <-, -n> (JUR) organismo *m* de intervención; **Interventionsverbot** *nt* <-(e)s, -e> (JUR) prohibición *f* de intervención; **Interventionswirkung** *f* <-, -en> (JUR, WIRTSCH) efecto *m* de la intervención
Interview [ɪntɐ'vjuː, 'ɪntɐvju] *nt* <-s, -s> entrevista *f*, interviú *m o f*; **ein ~ geben/machen** conceder/hacer una entrevista
interviewen* [ɪntɐ'vjuːən] *vt* entrevistar, reportear *Am*
Interviewer(in) [ɪntɐ'vjuːɐ] *m(f)* <-s, -; -, -nen> entrevistador(a) *m(f)*
Interzessionsverbot *nt* <-(e)s, -e> (JUR) prohibición *f* de intercesión; **Interzessionsversprechen** *nt* <-s, -> (JUR) promesa *f* de intercesión
Inthronisation [ɪntroniza'tsjoːn] *f* <-, -en> (*geh*) entronización *f*
Intifada *f* <-, *ohne pl*> (POL): **die ~ (der Palästinenser)** la intifada (de los palestinos)

intim [ɪn'tiːm] *adj* íntimo; **mit jdm ~ werden** tener relaciones sexuales con alguien
Intima *f* <-, Intimä> ❶ (ANAT) íntima *f*
❷ (*geh alt iron*) *s.* **Intimus**
Intimbereich *m* <-(e)s, -e> (*a. fig*) genitales *mpl*, zona *f* íntima; **Intimfeind(in)** *m(f)* <-(e)s, -e; -, -nen> (*geh*) enemigo, -a *m, f* íntimo, -a; **Intimhygiene** *f* <-, *ohne pl*> higiene *f* íntima
Intimi *pl von* **Intimus**
Intimität [ɪntimi'tɛːt] *f* <-, -en> intimidad *f*
Intimkontakt *m* <-(e)s, -e> relaciones *fpl* íntimas [*o* sexuales]; **ihren ersten ~ hatte sie mit 16 Jahren** tuvo su primera relación sexual a los 16 años; **Intimlotion** *f* <-, -en> loción *f* íntima; **Intimpartner(in)** *m(f)* <-s, -; -, -nen> compañero, -a *m, f* íntimo, -a; **Intimsphäre** *f* <-, -n> esfera *f* íntima, intimidad *f* personal; **Intimspray** *nt* <-s, -s> spray *m* vaginal
Intimus ['ɪntimʊs, *pl:* 'ɪntimi] *m*, **Intima** *f* <-, Intimi; -, Intimä> (*geh alt iron*) (amigo, -a *m, f*) íntimo, -a *m, f*
Intimverkehr *m* <-(e)s, *ohne pl*> relaciones *fpl* íntimas
intolerant ['----] *adj* intolerante
Intoleranz ['----] *f* <-, *ohne pl*> intolerancia *f*
Intonation [ɪntona'tsjoːn] *f* <-, -en> (MUS, LING) entonación *f*
intonieren* *vt* (MUS) entonar; **ein Fis ~** entonar un fa sostenido
intramuskulär [ɪntramʊsku'lɛːɐ] *adj* (MED) intramuscular
Intranet ['ɪntranɛt] *nt* <-s, -s> (INFOR) intranet *m* (*difusión de información dentro de una compañía*)
intransitiv ['----] *adj* (LING) intransitivo
intrauterin [ɪntraʔuteˈriːn] *adj* (MED) intrauterino
Intrauterinpessar *nt* <-(e)s, -e> (MED) dispositivo *m* intrauterino, diu *m*
intravenös [ɪntrave'nøːs] **I.** *adj* (MED: *Injektion*) intravenoso **II.** *adv* (MED: *ernähren*) por vena
intrigant [ɪntri'gant] *adj* intrigante
Intrigant(in) [--'-] *m(f)* <-en, -en; -, -nen> intrigante *mf*
Intrige [ɪn'triːgə] *f* <-, -n> intriga *f*; **~n spinnen** urdir intrigas
intrigieren* [ɪntri'giːrən] *vi* (*gegen* contra)
Introduktion [ɪntrodʊk'tsjoːn] *f* <-, -en> (*a.* MUS, MED) introducción *f*
introvertiert ['ɪntrovɛrtiːɐt] *adj* introvertido
Intrusion [ɪntru'zjoːn] *f* <-, -en> (GEO) intrusión *f*
Intuition [ɪntui'tsjoːn] *f* <-, -en> intuición *f*
intuitiv [ɪntui'tiːf] *adj* intuitivo
intus ['ɪntʊs] *adj inv* (*fam*): **etw ~ haben** (*auswendig können*) tener algo memorizado; (*verstanden haben*) haber comprendido algo; (*zu sich genommen haben*) haber tomado algo; **ein paar Gläser Wein ~ haben** haberse bebido algunas copas de vino; **er hat schon drei Teller Suppe ~** ya se ha comido tres platos de sopa
invalid(e) [ɪnva'liːt, ɪnva'liːdə] *adj* inválido
Invalide, -in *m, f* <-n, -n; -, -nen> inválido, -a *m, f*, minusválido, -a *m, f*
Invalidenrente *f* <-, -n> pensión *f* de invalidez
Invalidin *f* <-, -nen> *s.* **Invalide**
Invalidität [ɪnvalidi'tɛːt] *f* <-, *ohne pl*> invalidez *f*
invariabel ['ɪnvaria'bəl] *adj* invariable
Invariante [ɪnvari'antə] *f* <-, -n> (MATH, PHYS) invariante *f*
Invasion [ɪnva'zjoːn] *f* <-, -en> invasión *f*
Invasor(in) [ɪn'vaːzoːɐ] *m(f)* <-s, -en; -, -nen> (MIL) invasor(a) *m(f)*
Inventar [ɪnvɛn'taːɐ] *nt* <-s, -e> ❶ (COM: *Firmenvermögen*) bienes *mpl* de una empresa; (*Gegenstände*) mobiliario *m*; **festes/aktives ~** inventario fijo/en activo; **lebendes/totes ~** inventario vivo/muerto; **der gehört hier (schon) zum ~** (*fam*) este ya pertenece al mobiliario ❷ (*Verzeichnis*) inventario *m*; **das ~ aufstellen** inventariar, hacer inventario; **etw ins ~ aufnehmen** incluir algo en el inventario
Inventarerrichtung *f* <-, -en> (COM) formación *f* de inventario; **Inventarerstellung** *f* <-, -en> (COM) confección *f* de inventario; **vereinfachte ~** confección simplificada de inventario; **Inventarfrist** *f* <-, -en> (COM) plazo *m* de inventario
inventarisieren [ɪnvɛntari'ziːrən] *vt* inventariar, hacer un inventario
Inventarrecht *nt* <-(e)s, *ohne pl*> (COM) beneficio *m* de inventario; **Inventarübernahme** *f* <-, -n> (COM) recepción *f* de inventario; **Inventarverfehlung** *f* <-, -en> (COM) incumplimiento *m* de inventario
Inventur [ɪnvɛn'tuːɐ] *f* <-, -en> inventario *m*, recuento *m* de existencias; **~ machen** inventariar, hacer inventario
Inventurbogen *m* <-s, -bögen> hoja *f* del inventario; **Inventurdifferenz** *f* <-, -en> diferencias *fpl* de inventario; **Inventurvereinfachungsverfahren** *nt* <-s, -> (WIRTSCH) método *m* simplificado de inventario
Inverkehrbringen *nt* <-s, *ohne pl*> puesta *f* en circulación; **~ von Falschgeld** puesta en circulación de dinero falso
Inversion [ɪnvɛr'zjoːn] *f* <-, -en> (METEO, CHEM, MATH, LING) inversión *f*
Inversionsschicht *f* <-, -en> (METEO) capa *f* inversora; **Inversions-**

wetterlage f <-, -n> (METEO) (estado m de) inversión f térmica
invertieren* [ɪnvɛrˈtiːrən] vt (INFOR) invertir
Inverzugsetzung f <-, -en> (JUR) constitución f en mora
investieren* [ɪnvɛsˈtiːrən] vt invertir (in en); **sie hat viel Geld/Energie in das Unternehmen investiert** ha invertido mucho dinero/mucha energía en la empresa
Investition [ɪnvɛstiˈtsjoːn] f <-, -en> inversión f; **beihilfefähige ~** inversión susceptible de una subvención; **kurzfristige/langfristige ~en** inversiones a corto/a largo plazo; **laufende ~en** inversiones continuas; **risikofreie** [o **sichere**] **~** inversiones sin riesgo
Investitionsanleihe f <-, -n> (FIN) empréstito m de inversión; **Investitionsanreiz** m <-es, -e> (WIRTSCH) incentivos mpl de inversión; **~e schaffen** crear incentivos para invertir [o la inversión]; **Investitionsausgabe** f <-, -n> (FIN, WIRTSCH) gastos mpl de inversión; **Investitionsbank** f <-, -en> (WIRTSCH) banco m de inversiones; **Investitionsförderung** f <-, -en> (WIRTSCH) ayuda f a la inversión; **öffentliche ~** ayudas públicas a la inversión
investitionsfreudig adj (WIRTSCH) propenso a la inversión
Investitionsgüter ntpl (WIRTSCH) bienes mpl de capital; **Investitionsgüterindustrie** f <-, -n> (WIRTSCH) industria f de bienes de inversión [o de bienes de equipo]; **Investitionsgütermarkt** m <-(e)s, -märkte> (WIRTSCH) mercado m de bienes de inversión; **Investitionsgüternachfrage** f <-, -n> (WIRTSCH) demanda f de bienes de inversión
Investitionshilfe f <-, -n> (FIN, WIRTSCH) ayuda f a la inversión; **Investitionshochkonjunktur** f <-, -en> (WIRTSCH) alta coyuntura f en inversiones; **Investitionsklima** nt <-s, -s> (FIN, WIRTSCH) clima m inversionista; **günstiges ~** clima inversionista favorable; **Investitionskosten** pl (FIN, WIRTSCH) gastos mpl de inversión; **Investitionsneigung** f <-, -en> (WIRTSCH) propensión f a invertir; **Investitionspolitik** f <-, -en> (FIN, POL, WIRTSCH) política f de inversiones; **Investitionsprämie** f <-, -n> (WIRTSCH) prima f a la inversión; **steuerliche ~** aliciente fiscal para la inversión; **Investitionsprojekt** nt <-(e)s, -e> proyecto m de inversión; **Genehmigung eines ~s** aprobación de un proyecto de inversión; **Investitionsquote** f <-, -n> (WIRTSCH) tasa f de inversión; **Investitionsrücklage** f <-, -n> (FIN, WIRTSCH) provisión f de inversión; **Investitionsschub** m <-(e)s, -schübe> (WIRTSCH) aumento m de la inversión, empuje m de la inversión; **Investitionsschutzvertrag** m <-(e)s, -träge> (FIN, JUR) tratado m de protección de las inversiones; **bilateraler ~** tratado bilateral de protección de las inversiones; **Investitionsstau** m <-(e)s, -s o -e> (FIN, WIRTSCH) estancamiento m de las inversiones; **Investitionssteuer** f <-, -n> (FIN, WIRTSCH) impuesto m sobre las inversiones; **Investitionstätigkeit** f <-, -en> (WIRTSCH) actividad f inversora; **Investitionsträger(in)** m(f) <-s, -; -, -nen> (FIN, WIRTSCH) inversionista mf; **Investitionsvorhaben** nt <-s, -> (WIRTSCH) proyecto m de inversión; **~ zurückstellen** aplazar [o posponer] proyectos de inversión; **Investitionszulage** f <-, -n> (FIN) prima f de inversión
Investment [ɪnˈvɛstmənt] nt <-s, -s> (FIN) inversión f
Investmentbank f <-, -en> (FIN) banco m de inversión; **Investmentfonds** m <-, -> (FIN) fondo m de inversión [o de inversión mobiliaria]; **offener ~** fondo de inversión con participación ilimitada; **Investmentgesellschaft** f <-, -en> (FIN) sociedad f de inversiones [o de inversión de capitales]; **Investmentsparen** nt <-s, ohne pl> (FIN) ahorro m por inversiones; **Investmenttrust** m <-s, -s> (FIN) trust m de inversión de capitales; **Investmentzertifikat** nt <-(e)s, -e> (FIN) certificado m de inversión
Investor(in) [ɪnˈvɛstoːɐ] m(f) <-s, -en; -, -nen> (WIRTSCH) inversor(a) m(f), inversionista mf
Investruine f <-, -n> (WIRTSCH) ruina f inversionista
invitatio ad offerendum (JUR) invitatio ad offerendum
in vitro adv (MED) in vitro
In-vitro-Fertilisation [ɪn ˈviːtro fɛrtilizaˈtsjoːn] f <-, -en> (MED) fecundación f in vitro, fertilización f in vitro
involvieren* [ɪnvɔlˈviːrən] vt incluir (in en), comprender (in en)
inwendig [ˈɪnvɛndɪç] I. adj interior, interno
II. adv por dentro; **etw in- und auswendig kennen** (fam) conocer algo al dedillo
inwiefern [--ˈ-], **inwieweit** [--ˈ-] adv en qué medida, hasta qué punto
Inzahlungnahme f <-, -n> (COM, FIN) admisión f como pago; **bei ~ Ihres alten Fahrzeugs kostet der neue Wagen immer noch 10.000 Euro** dando en pago su coche viejo, el nuevo aún cuesta 10.000 euros
Inzest [ˈɪntsɛst] m <-(e)s, -e> incesto m
Inzidentantrag m <-(e)s, -träge> (JUR) demanda f incidental; **Inzidententscheidung** f <-, -en> (JUR) decisión f incidental; **Inzidentfeststellungsklage** f <-, -n> (JUR) demanda f de constatación incidente; **Inzidentkontrolle** f <-, -n> (JUR) control m incidente; **Inzidentzwischenfeststellungsklage** f <-, -n> (JUR) demanda f de declaración incidental
Inzucht [ˈɪntsʊxt] f <-, -en> procreación f consanguínea

inzwischen [-ˈ--] adv entretanto, mientras tanto
IO-Adresse [iːˈʔoː-] f <-, -n> (INFOR) dirección f de E/S (entrada/salida)
IOK [iːʔoːˈkaː] nt <-(s)> Abk. von **Internationales Olympisches Komitee** COI m
Ion [ˈiːɔn] nt <-s, -en> (PHYS, CHEM) ion m
Ionenaustausch m <-(e)s, ohne pl> (CHEM, PHYS) intercambio m iónico; **Ionenfluss**^RR m <-es, -flüsse> (CHEM, PHYS) flujo m iónico; **Ionenladung** f <-, -en> (CHEM) carga f iónica
Ionisation [ionizaˈtsjoːn] f <-, -en> (PHYS, CHEM) ionización f
Ionisationsenergie f <-, -n> (CHEM) energía f de ionización
ionisch [ˈioːnɪʃ] adj (CHEM) iónico
ionisieren* [ioniˈziːrən] vi, vt (CHEM) ionizar
Ionosphäre [ionoˈsfɛːrə] f <-, ohne pl> ionosfera f
i-Punkt^RR [ˈiːpʊŋkt] m <-(e)s, -e> (LING) punto m sobre la i; **bis auf den ~** hasta (en) el más mínimo detalle
IQ [iːˈkuː] m <-(s), -(s)> Abk. von **Intelligenzquotient** CI m
Ir (CHEM) Abk. von **Iridium** Ir
i.R. Abk. von **im Ruhestand** jubilado, en retiro
IRA f Abk. von **Irish Republican Army** IRA m
Irak [iˈraːk] m <-s> Iraq m, Irak m
Iraker(in) m(f) <-s, -; -, -nen> iraquí mf
irakisch adj iraquí
Iran [iˈraːn] m <-s> Irán m
Iraner(in) m(f) <-s, -; -, -nen> iraní mf
iranisch adj iraní
irden [ˈɪrdən] adj de barro
irdisch [ˈɪrdɪʃ] adj ① (zur Erde gehörend) terrestre
② (Gegensatz zum Himmel) terrenal
Ire, **-in** [ˈiːrə] m, f <-n, -n; -, -nen> irlandés, -esa m, f
irgend [ˈɪrgənt] adv **... oder ~ so etwas ...** o cualquier cosa por el estilo; **wenn ~ möglich** a ser posible, de alguna manera
irgendein [ˈ---] pron indef s. **irgendeine(r)**
irgendeine(r) [ˈ--ˈ-] pron indef ① (einer) algún, alguno m, alguna f; **haben Sie noch ~n Wunsch?** ¿tiene algún otro deseo?
② (ein beliebiges) cualquier(a); **ich gehe nicht mit ~m aus** yo no salgo con cualquiera
irgendeinmal adv alguna vez; **besucht mich doch ~ wieder!** ¡venid a verme en otra ocasión!
irgendeins pron indef s. **irgendeine(r)**
irgendetwas^RR [ˈ--ˈ-] pron indef algo; **ohne ~** sin nada
irgendjemand^RR [ˈ--ˈ-] pron indef alguien
irgendwann [ˈ--ˈ-] adv algún día, en cualquier momento; **~ einmal** alguna vez; **~ nächste Woche** en cualquier momento la semana que viene
irgendwas [ˈ--ˈ-] pron indef (fam) ① (etwas) algo, alguna cosa; **fällt dir noch ~ ein?** ¿se te ocurre alguna otra cosa?
② (Beliebiges) cualquier cosa; **falls du ~ brauchst ...** si necesitas cualquier cosa...
irgendwelche [ˈ--ˈ-] pron indef ① (manche) algunos mpl, algunas fpl; **~ Leute meinten ...** algunos [o algunas personas] opinaron...
② (beliebige) cualquier(a); **solltest du ~ Probleme haben ...** si tienes cualquier problema...
irgendwer [ˈ--ˈ-] pron indef ① (jemand) alguien; **~ muss das machen** alguien tiene que hacerlo
② (eine beliebige Person) cualquier persona, cualquiera; **er ist schließlich nicht ~** no es un cualquiera
irgendwie [ˈ--ˈ-] adv de alguna manera, de una forma o de otra
irgendwo [ˈ--ˈ-] adv en alguna parte
irgendwoher [ˈ----] adv de cualquier parte, de algún lugar
irgendwohin [ˈ----] adv a algún lugar, a cualquier parte
Iriden, **Irides** pl von **Iris**²
Iridium [iˈriːdiʊm] nt <-s, ohne pl> (CHEM) iridio m
Irin [ˈiːrɪn] f <-, -nen> s. **Ire**
Iris¹ [ˈiːrɪs] f <-, -> (BOT) iris m, lirio m
Iris² f <-, - o **Iriden** o **Irides**> (ANAT: des Auges) iris m
irisch [ˈiːrɪʃ] adj irlandés
IRK [iːʔɛrˈkaː] nt <-(s)> Abk. von **Internationales Rotes Kreuz** Cruz f Roja Internacional
Irland [ˈɪrlant] nt <-s> Irlanda f
Ironie [iroˈniː] f <-, -n> ironía f; **eine ~ des Schicksals** una ironía del destino
ironisch [iˈroːnɪʃ] adj irónico
irr adj s. **irre**
irrational [ˈ----, ---ˈ-] adj irracional
irre [ˈɪrə] adj ① (verwirrt) desorientado, confuso; **du machst mich ganz ~** (fam) me vuelves loco
② (geistesgestört) loco; **jdn für ~ halten** tomar a alguien por loco
③ (fam: toll) loco, tremendo, de putamadre sl; **~ gut/hübsch** súper

bien/guapo; **ein ~s Interesse an etw** *dat* **haben** tener un interés loco por algo
Irre[1] ['ɪrə] *f* <-, *ohne pl*>: **jdn in die ~ führen** (*betrügen*) engañar a alguien; (*falschen Weg angeben*) despistar a alguien
Irre(r)[2] ['ɪrɐ] *mf* <-n, -n; -n, -n> (*Geistesgestörte*) loco, -a *m, f*; **ein armer ~r** un pobre loco
irreal ['---, --'-] *adj* (*geh*) irreal
Irrealität *f* <-, *ohne pl*> (*geh*) irrealidad *f*
irre|führen ['ɪrə-] *vt* engañar
irreführend *adj* que conduce a error; (*missverständlich*) equívoco, confuso; (*betrügerisch*) engañoso
Irreführung *f* <-, -en> engaño *m*; **~ im Wettbewerb** competencia engañosa
Irreführungsverbot *nt* <-(e)s, -e> prohibición *f* de inducir a error
irre|gehen *irr vi sein* (*geh*) ❶ (*sich irren*) ir equivocado, equivocarse; **~ in der Vermutung, dass ...** ir equivocado al sospechar que...
❷ (*sich verlaufen*) equivocarse; **mit diesem Stadtplan können Sie nicht ~** con este plano de la ciudad no puede perderse
irregulär ['ɪrəgulɛːɐ, ---'-] *adj* irregular
Irregularität [ɪregulariˈtɛːt] *f* <-, -en> irregularidad *f*
irre|leiten *vt* (*geh*) ❶ (*falsch leiten*) desviar (del camino), guiar mal
❷ (*zu falschem Tun verleiten*) inducir a error, desorientar
Irreleitung *f* <-, *ohne pl*> (*zu falschem Tun verleiten*) inducción *f* a error
irrelevant ['ɪrelevant] *adj* irrelevante
Irrelevanz[1] *f* <-, *ohne pl*> (*geh: mangelnde Bedeutung*) irrelevancia *f*
Irrelevanz[2] *f* <-, -n> (*geh: Bemerkung*) irrelevancia *f*
irre|machen *vt* (*unsicher machen*) desconcertar; (*durcheinander bringen*) confundir; (*nervös machen*) volver loco, poner de los nervios *fam*; (*irreführen*) conducir a error
irren ['ɪrən] I. *vr:* **sich ~** equivocarse; **ich habe mich im Tag geirrt** me he equivocado de día; **Sie ~ sich** está Ud. equivocado; **sie haben sich in ihm geirrt** se han equivocado con él; **wenn ich mich nicht irre** si no me equivoco; **I~ ist menschlich** (*prov*) errar es humano
II. *vi sein* (*umherstreifen*) errar (*durch* por), vagar (*durch* por)
Irrenanstalt *f* <-, -en> *s.* **Irrenhaus**; **Irrenarzt, -ärztin** *m, f* <-es, -ärzte; -, -nen> (*fam*) médico, -a *m, f* de locos; **Irrenhaus** *nt* <-es, -häuser> manicomio *m*; **hier geht es zu wie im ~** (*fam*) esto parece un manicomio
irreparabel ['ɪrepaːrabəl] *adj* irreparable
irre|reden *vi* desvariar
Irresein *nt* <-s, *ohne pl*> (*alt*) demencia *f*, locura *f*
irreversibel ['ɪreverziˑbəl, ---'--] *adj* irreversible
Irrfahrt ['ɪr-] *f* <-, -en> odisea *f*, viaje *m* con muchas vueltas; **Irrgang** *m* <-(e)s, -gänge> laberinto *m*; **der ~ schien kein Ende zu nehmen** el laberinto parecía no tener fin; **Irrgarten** *m* <-s, -gärten> laberinto *m*; **Irrglaube** *m* <-ns, *ohne pl*>, **Irrglauben** *m* <-s, *ohne pl*> ❶ (*falsche Auffassung*) opinión *f* errónea, concepto *m* erróneo ❷ (REL) heterodoxia *f*
irrgläubig *adj* (REL) hereje; **~ sein** ser un hereje
irrig ['ɪrɪç] *adj* equivocado, erróneo
irrigerweise ['ɪrɪgɐˈvaɪzə] *adv* por error, por equivocación
Irritation [ɪritaˈtsjoːn] *f* <-, -en> (*geh*) irritación *f*
irritieren* [ɪriˈtiːrən] *vt* desconcertar; (*stören*) molestar
Irrläufer *m* <-s, -> envío *m* equivocado [*o* mal dirigido]; **Irrlehre** *f* <-, -n> (*a.* PHILOS) doctrina *f* errónea; (REL) doctrina *f* herética; **Irrlicht** *nt* <-(e)s, -er> fuego *m* fatuo, luz *f* mala *Arg, Urug*; **Irrsinn** *m* <-s, *ohne pl*> locura *f*, demencia *f*
irrsinnig *adj* ❶ (*verrückt*) loco, demente
❷ (*fam: groß*) loco, tremendo; (*toll*) de putamadre *sl*
Irrtum *m* <-s, -tümer> ❶ (*a.* JUR) error *m*, yerro *m geh*, equívoco *m Am*, aberración *f Am*, pelada *f MAm, And, Ant*; **~ über die Person** error sobre la persona; **~ über Tatsachen** error sobre los hechos; **~ bei der Willensäußerung** error en la exteriorización de la voluntad; **rauschbedingter ~** error condicionado por ebriedad; **rechtlicher ~** error jurídico; **umgekehrter ~** error inverso; **vermeidbarer ~** error evitable; **einen ~ einsehen/erkennen** reconocer/percibir un error; **einem ~ unterliegen** incurrir en error; **sich im ~ befinden** estar en un error; **ihr ist ein ~ unterlaufen** cometió un error; **Irrtümer und Auslassungen vorbehalten** salvo error u omisión
irrtümlich ['ɪrtyːmlɪç] I. *adj* erróneo, equivocado
II. *adv* por error
irrtümlicherweise *adv* ❶ (*sich irrend*) equivocadamente, erróneamente
❷ (*aus Versehen*) por error, por equivocación
Irrtumsanfechtung *f* <-, -en> (JUR) impugnación *f* de errores
Irrweg *m* <-(e)s, -e> camino *m* equivocado
Irrwisch ['ɪrvɪʃ] *m* <-es, -e> (*fam*) trasto *m*, niño, -a *m, f* revoltoso, -a; **kannst du mal still sitzen, du kleiner ~?** ¿eres un trasto!, ¿no puedes estarte sentado, quietecito?

ISBN [iːʔɛsbeːˈʔɛn] *f* <-, -> *Abk. von* **Internationale Standardbuchnummer** ISBN *m*
Ischias ['ɪʃias] *m o nt* <-, *ohne pl*> (MED) ciática *f*
Ischiasnerv *m* <-s, -en> nervio *m* ciático
ISDN [iːʔɛsdeːˈʔɛn] *nt* <-> (TEL) *Abk. von* **Integrated Services Digital Network** RDSI *f*
ISDN-Anschlussʳʳ *m* <-es, -schlüsse> (TEL) conexión *f* RDSI; **ISDN-Backup** *nt* <-(s), -s> (TEL) backup *m* de RDSI; **ISDN-Karte** *f* <-, -n> (TEL) tarjeta *f* de RDSI, adaptador *m* RDSI; **ISDN-Netz** *nt* <-es, *ohne pl*> Red *f* Digital de Servicios Integrados; **~ mit hoher Übertragungsrate** Red Digital de Servicios Integrados de alta velocidad
Islam [ɪsˈlaːm] *m* <-(s), *ohne pl*> (REL) islam *m*
islamisch *adj* (REL) islámico; **I~e Heilsfront** Frente Islámico de Salvación
islamisieren* [ɪslamiˈziːrən] *vt* (REL) islamizar
Islamisierung *f* <-, -en> (REL) islamización *f*
Island ['iːslant] *nt* <-s> Islandia *f*
Isländer(in) ['iːslɛndɐ] *m(f)* <-s, -; -, -nen> islandés, -esa *m, f*
isländisch *adj* islandés
ISO ['iːzo] *f* (WIRTSCH) *Abk. von* **International Organization for Standardization** ISO *f*
Isobare [izoˈbaːrə] *f* <-, -n> (METEO) isobara *f*
isochron [izoˈkroːn] *adj* (INFOR, TEL) isócrono; **~er Datenverkehr** transferencia isócrona de datos
Isolation [izolaˈtsjoːn] *f* <-, -en> (*allgemein*) aislamiento *m*; (*von Gefangenen*) incomunicación *f*
Isolationismus [izolatsjoˈnɪsmʊs] *m* <-, *ohne pl*> (POL) aislacionismo *m*
isolationistisch *adj* (POL) aislacionista
Isolationshaft *f* <-, *ohne pl*> incomunicación *f*; **in ~ sein** estar incomunicado
Isolator [izoˈlaːtoːɐ] *m* <-s, -en> (PHYS, ELEK) aislador *m*
Isolierband [izoˈliːɐ-] *nt* <-(e)s, -bänder> cinta *f* aislante
isolieren* [izoˈliːrən] *vt* ❶ (*absondern*) aislar (*von* de); (*Häftlinge*) incomunicar
❷ (*abdichten*) aislar (*gegen* contra)
Isolierkanne *f* <-, -n> termo *m*; **Isoliermasse** *f* <-, -n>, **Isoliermaterial** *nt* <-(e)s, -ien> (material *m*) aislante *m*; **Isolierschicht** *f* <-, -en> capa *f* aislante; **Isolierstation** *f* <-, -en> (MED) estación *f* aislada
isoliert I. *adj* aislado, fuera de contexto; **~e Anfechtung(sklage)** (JUR) acción aislada de anulabilidad (de la demanda); **diese Sichtweise ist zu ~** este punto de vista es demasiado aislado [*o* inconexo]
II. *adv* ❶ (*abgeschlossen*) aislado; **sie lebte ganz ~ auf einem Bauernhof** vivía totalmente aislada en una casa de campo
❷ (*zusammenhanglos*) fuera de contexto; **diese Tat kann nicht ~ gesehen werden** este hecho no puede verse fuera de contexto
Isolierung *f* <-, -en> aislamiento *m* (*gegen* contra); (*von Gefangenen*) incomunicación *f*
Isomatte® ['iːzomatə] *f* <-, -n> (colchoneta *f*) aislante *m*
ISO-Norm *f* <-, -en> (WIRTSCH) norma *f* ISO
Isotherme [izoˈtɛrmə] *f* <-, -n> (METEO) isoterma *f*
Isotop [izoˈtoːp] *nt* <-s, -e> (CHEM) isótopo *m*
Isotropie [izotroˈpiː] *f* <-, *ohne pl*> (PHYS, CHEM) isotropía *f*
Israel ['ɪsraeːl, ˈɪsraeːl] *nt* <-s> Israel *m*
Israeli *mf* <-(s), -(s); -, -(s)> israelí *mf*
israelisch [ɪsraˈeːlɪʃ, ɪsraˈeːlɪʃ] *adj* israelí
Israelit(in) [ɪsraeˈliːt] *m(f)* <-en, -en; -, -nen> israelita *mf*
israelitisch *adj* israelita
isstʳʳ [ɪst], **ißt** 3. *präs von* **essen**
ist [ɪst] 3. *präs von* **sein**
Istabrechnungʳʳ *f* <-, -en> (FIN, WIRTSCH) compensación *f* real
Istanbul ['ɪstanbuːl] *nt* <-s> Estambul *m*
Istaufwandʳʳ *m* <-(e)s, *ohne pl*> (FIN, WIRTSCH) gastos *mpl* efectivos; **Istbeschaffenheit**ʳʳ *f* <-, *ohne pl*> (FIN, WIRTSCH) condición *f* real; **Istbestand**ʳʳ ['ɪstbəʃtant] *m* <-(e)s, -stände> (*Geld*) saldo *m*, efectivo *m* en caja; (*Waren*) existencias *fpl* de mercancías; **Istbesteuerung**ʳʳ *f* <-, -en> (FIN, WIRTSCH) tributación *f* efectiva; **Istbilanz**ʳʳ *f* <-, -en> (FIN, WIRTSCH) balance *m* real; **Isteinnahmen**ʳʳ *fpl* (FIN, WIRTSCH) ingresos *mpl* efectivos; **Istgewinn**ʳʳ *m* <-(e)s, -e> (FIN, WIRTSCH) ganancia *f* real
Isthmus ['ɪstmʊs] *m* <-, Isthmen> (GEO) istmo *m*
Istkaufmannʳʳ *m* <-(e)s, -leute> (WIRTSCH) comerciante *m* de facto; **Iststärke**ʳʳ *f* <-, -n> (MIL) efectivos *mpl*; **Istwert** ['ɪstveːɐt] *m* <-(e)s, -e> (INFOR, MATH) valor *m* actual; **Istzahlen**ʳʳ *fpl* (WIRTSCH) reales *mpl*
Italien [iˈtaːliən] *nt* <-s> Italia *f*
Italiener(in) [itaˈljeːnɐ] *m(f)* <-s, -; -, -nen> italiano, -a *m, f*
italienisch *adj* italiano

Italienisch *nt* <-(s), *ohne pl*>, **Italienische** *nt* <-n, *ohne pl*> italiano *m*; **sprechen Sie ~?** ¿habla Ud. italiano?; **einen Text ins ~e übersetzen** traducir un texto al italiano

Italowestern *m* <-s, -> (FILM) espagueti-western *m*, italowestern *m*

iterativ ['i:terati:f, itera'ti:f] *adj* iterativo; **~e Tatbestandsverwirklichung** (JUR) consumación iterativa de los hechos

i.Tr. *Abk. von* **in der Trockenmasse** en extracto seco

i-Tüpfelchen^{RR} ['i:typfəlçən] *nt* <-s, -> punto *m* sobre la i; (*Krönung*) último detalle *m*, remate *m*

i.V. *Abk. von* **in Vertretung** p.d.

IWF [i:ve:'ʔɛf] *m* <-(s)> *Abk. von* **Internationaler Währungsfonds** FMI *m*

J

J, j [jɔt] *nt* <-, -> J, j *f*; **~ wie Julius** J de Juan

J (CHEM) *Abk. von* **Jod** J

ja [ja:] *adv* ❶ (*zustimmend*) sí; **zu etw** *dat* **~ sagen** decir sí a algo; **ich glaube ~** creo que sí; **wenn ~, dann ...** en caso afirmativo...; **ach ~** ah sí; **aber ~** pero claro que sí; **~ doch!** ¡que sí!; **das ist ~ richtig, aber ...** sí que es cierto, pero...; **das ist schwer, ~ sogar unmöglich** es difícil, sí, imposible incluso; **zu allem ~ und amen sagen** decir amén [*o* que sí] a todo

❷ (*fragend*) sí; **du bist also einverstanden, ~?** o sea que estás de acuerdo, ¿sí?; **ich habe ihn gestern gesehen – ~?** lo he visto ayer – ¿de veras?

❸ (*doch*): **es ist ~ bekannt, dass ...** pues ya se sabe que...; **das sage ich ~** eso es precisamente lo que yo digo, pues eso es lo que estoy diciendo; **da kommt er ~** ahí viene

❹ (*aber*): **das ist ~ fürchterlich** pero eso es realmente terrible; **es ist ~ noch früh** pero si aún es temprano; **~, weißt du das denn nicht?** ¡oye!, ¿es que no lo sabes?

❺ (*bloß*): **komm ~ pünktlich!** ¡que llegues puntual!, ¡como vengas tarde!; **mach das ~ nicht!** ¡que no lo hagas!, ¡como lo hagas!

Ja *nt* <-(s), -(s)> sí *m*; **eine Frage mit ~ beantworten** contestar una pregunta con un sí [*o* afirmativamente]; **mit (einem) ~ stimmen** votar (por el) sí

Jacht [jaxt] *f* <-, -en> yate *m*

Jachtklub *m* <-s, -s> club *m* náutico

Jacke ['jakə] *f* <-, -n> chaqueta *f*; (*für Herren*) americana *f*, saco *m Am*; (*Wind~*) cazadora *f*; **das ist ~ wie Hose** (*fam*) da lo mismo perro que gato; **jdm die ~ voll hauen** (*fam*) zurrar la badana a alguien

Jackentasche *f* <-, -n> bolsillo *m* de la chaqueta

Jacketkrone *f* <-, -n> (MED) funda *f*

Jackett [ʒa'kɛt] *nt* <-s, -s> chaqueta *f*, americana *f*, saco *m Am*

Jackpot ['dʒɛkpɔt] *m* <-s, -s> (*im Lotto*) bote *m*; **diesen Sonntag sind 50.000 Euro im ~** este domingo hay 50.000 euros de bote

Jade ['ja:də] *f* <-, *ohne pl*> jade *m*

Jagd [ja:kt] *f* <-, -en> ❶ (*von Wild, a. fig*) caza *f*; **auf der ~ sein** estar de caza; **~ auf etw machen** dar caza a algo, cazar algo; **er ist auf der ~ nach einer guten Stelle** anda a la caza de un buen puesto

❷ *s.* **Jagdrevier**

Jagdaufseher(in) *m(f)* <-s, -; -, -nen> guardabosque(s) *mf* (*inv*); **Jagdbehörde** *f* <-, -n> autoridad *f* de caza; **Jagdbeute** *f* <-, *ohne pl*> caza *f*, presa *f* de caza; **Jagdbezirk** *m* <-(e)s, -e> distrito *m* de caza, coto *m* de caza; **Jagdbomber** *m* <-s, -> (MIL) (bombardero *m*) caza *m*; **Jagdflinte** *f* <-, -n> *s.* **Jagdgewehr**; **Jagdflugzeug** *nt* <-(e)s, -e> (MIL) avión *m* de caza; **Jagdgeschwader** *nt* <-s, -> (MIL) escuadrón *m* de caza, cazabombarderos *m inv*; **Jagdgesellschaft** *f* <-, -en> participantes *mpl* en una cacería, (grupo *m* de) cazadores *mpl*; **Jagdgewehr** *nt* <-(e)s, -e> escopeta *f* de caza, fusil *m* de caza; **Jagdglück** *nt* <-(e)s, *ohne pl*> suerte *f* en la cacería; **das ~ war uns hold, denn wir erlegten 24 Fasane** la suerte nos ha sonreído, hemos cazado 24 faisanes; **Jagdgründe** *mpl*: **in die ewigen ~ eingehen** entregar el alma, pasar a mejor vida; **Jagdhaftpflichtversicherung** *f* <-, -en> (JUR) seguro *m* de responsabilidad civil para caza; **Jagdhaus** *nt* <-es, -häuser> cabaña *f* de caza; **Jagdhorn** *nt* <-(e)s, -hörner> corneta *f* de monte; **Jagdhund** *m* <-(e)s, -e> perro *m* de caza; **Jagdhütte** *f* <-, -n> cabaña *f* del montero; **Jagdmesser** *nt* <-s, -> cuchillo *m* de monte; **Jagdpächter** *m* <-s, -> arrendatario *m* de caza; **Jagdpachtvertrag** *m* <-(e)s, -träge> (JUR) contrato *m* sobre arrendamiento de caza; **Jagdrevier** *nt* <-s, -e> coto *m* de caza, cazadero *m*; **Jagdschein** *m* <-(e)s, -e> licencia *f* de caza; **den ~ haben** (*fam fig*) haber sido declarado judicialmente falto de juicio [*o* como irresponsable]; **Jagdschloss**^{RR} *nt* <-es, -schlösser> pabellón *m* de caza; **Jagdwilderei** *f* <-, *ohne pl*> (JUR) caza *f* furtiva; **Jagdzeit** *f* <-, -en> tiempo *m* de caza

jagen ['ja:gən] I. *vt* ❶ (*Tier*) cazar, dar caza (a); (*Mensch*) perseguir; **jdm** *dat* **eine Kugel durch den Kopf ~** (*fam*) pegarle a alguien un tiro en la cabeza/pegarse un tiro (en la cabeza)

❷ (*ver~*) ahuyentar; **jdn in die Flucht/aus dem Haus ~** poner a alguien en fuga/echar a alguien de casa; **mit Fleisch kann man ihn ~** (*fam*) la carne le repele

II. *vi* ❶ (*auf Jagd gehen*) ir [*o* estar] de caza

❷ *sein* (*rasen*) correr a toda velocidad

❸ (*ersehnen*) ansiar, anhelar; **nach Geld/Ruhm ~** ansiar dinero/la gloria

Jagen *nt* <-s, -> (*Forstwirtschaft*) sección *f* forestal

Jäger¹ ['jɛ:gɐ] *m* <-s, -> (MIL) (bombardero *m*) caza *m*

Jäger(in)² ['jɛ:gɐ] *m(f)* <-s, -; -, -nen> (*Person*) cazador(a) *m(f)*; **ein passionierter ~** un cazador apasionado

Jägerei *f* <-, *ohne pl*> (*das Jagen*) caza *f*; **ich als Tierschützerin verurteile deine ~** como protector de los animales condeno que practiques la caza

Jägerin *f* <-, -nen> *s.* **Jäger**²

Jägerlatein *nt* <-s, *ohne pl*> (*fam*) jerga *f* de los cazadores; **Jägerschnitzel** *nt* <-s, -> (GASTR) escalope (*sin rebozar*) *con salsa de champiñones*; **Jägerzaun** *m* <-(e)s, -zäune> verja *f* de maderas entrecruzadas

Jaguar ['ja:gua:ɐ] *m* <-s, -e> jaguar *m*, tigre *m Am*

jäh [jɛ:] *adj* (*geh*) ❶ (*plötzlich*) repentino, súbito; (*überstürzt*) precipitado; (*Entschluss*) rápido

❷ (*Abgrund*) escarpado

jählings ['jɛ:lɪŋs] *adv* (*geh*) ❶ (*urplötzlich*) de repente, de golpe; **vor Schreck fuhr sie ~ auf** del susto dio un respingo

❷ (*steil: abfallen*) en precipicio, en escarpa; **der Wasserfall stürzte ~ ins Tal** la cascada caía desde lo alto hacia el valle

Jahr [ja:ɐ] *nt* <-(e)s, -e> año *m*; **das alte/neue ~** el año viejo/nuevo; **die neunziger ~e** los años noventa; **alle ~e wieder** todos los años; **einmal im ~** una vez al año; **jedes zweite/dritte ~** cada dos/tres años; **auf ~e hinaus** para (muchos) años; **das ganze ~ (über)** (durante) todo el año; **das Buch/der Sportler des ~es** el libro/deportista del año; **steuerfreie ~e** ejercicios libres de impuestos; **seit ~ und Tag** desde siempre; **nächstes/vergangenes ~** el año próximo/pasado; **von ~ zu ~** de año en año; **vor einem ~** hace un año; **jdm ein frohes neues ~ wünschen** desear a alguien (un) feliz año nuevo; **in jungen ~en** de jóvenes; **sie ist 18 ~e alt** tiene 18 años; **mit 30 ~en** a los 30 años; **in die ~e kommen** entrar en años; **in den besten ~en sein** estar en los mejores años; **er ist um ~e gealtert** ha envejecido mucho; **die sieben fetten/mageren ~e** los siete años de abundancia/de carestía

jahraus [ja:ɐ'ʔaʊs] *adv*: **~, jahrein** año tras año

Jahrbuch *nt* <-(e)s, -bücher> anuario *m*, crónica *f*

jahrelang ['ja:rəlaŋ] I. *adj* de muchos años

II. *adv* durante (muchos) años

jähren ['jɛ:rən] *vr*: **sich ~** celebrarse el aniversario (de); **es jährt sich heute zum 10. Mal, dass ...** hoy hace 10 años que...

Jahresabonnement ['ja:rəs-] *nt* <-s, -s> abono *m* anual; (*einer Zeitung*) suscripción *f* anual; **Jahresabrechnung** *f* <-, -en> (WIRTSCH) liquidación *f* de fin de año

Jahresabschluss^{RR} *m* <-es, -schlüsse> (WIRTSCH) balance *m* anual, liquidación *f* de fin de año; **Jahresabschlussbericht**^{RR} *m* <-(e)s, -e> (WIRTSCH) memoria *f* anual, informe *m* anual; **Jahresabschlussbilanz**^{RR} *f* <-, -en> (WIRTSCH) balance *m* anual; **Jahresabschlussprüfung**^{RR} *f* <-, -en> (WIRTSCH) revisión *f* del balance anual

Jahresanfang *m* <-(e)s, -fänge> principios *mpl* del año; **Jahresaufkommen** *nt* <-s, -> (WIRTSCH) rendimiento *m* anual; **Jahresausgaben** *fpl* (WIRTSCH) gastos *mpl* anuales; **Jahresbasis** *f* <-, -basen> base *f* anual; **Jahresbeginn** *m* <-(e)s, *ohne pl*> *s.* **Jahresanfang**; **Jahresbeitrag** *m* <-(e)s, -träge> cuota *f* anual; **Jahresbericht** *m* <-(e)s, -e> (WIRTSCH) informe *m* sobre el año [*o* anual]; **Jahresbestzeit** *f* <-, -en> (SPORT) mejor marca *f* de la temporada; **er ließ die diesjährige ~** hizo la mejor marca de la temporada; **Jahresbilanz** *f* <-, -en> (WIRTSCH) balance *m* del año [*o* anual]; **Jahresbudget** *nt* <-s, -s> (WIRTSCH) presupuesto *m* anual; **Jahresdurchschnitt** *m* <-(e)s, -e> promedio *m* anual; **Jahreseinkommen** *nt* <-s, -> renta *f* anual; **Jahresende** *nt* <-s, *ohne pl*> fin *m* de año; **Jahresetat** *m* <-s, -s> (WIRTSCH) presupuesto *m* anual; **Jahresfrist** *f* <-, *ohne pl*> (JUR) plazo *m* de un año; **vor ~** antes de acabar el año; **Jahresgehalt** *nt* <-(e)s, -hälter> salario *m* anual; **Jahreshauptversammlung** *f* <-, -en> (WIRTSCH) junta *f* general anual (de accionistas); **Jahreshaushaltsgesetz** *nt* <-es, -e> (POL) ley *f* de presupuestos generales; **Jahreskarte** *f* <-, -n> abono *m* anual; **die Verkehrsbetriebe empfehlen eine ~ für Pendler** las empresas de transporte recomiendan sacarse un abono anual para aquellos que se desplazan a diario; **Jahresplaner** *m* <-s, ->

agenda *f* anual; **Jahresprämie** *f* <-, -n> prima *f* anual; **Jahresrente** *f* <-, -n> renta *f* anual; **Jahresring** *m* <-(e)s, -e> (BOT) anillo *m* anual; **Jahressteuergesetz** *nt* <-es, -e> (WIRTSCH, JUR) ley *f* tributaria anual; **Jahrestag** *m* <-(e)s, -e> aniversario *m*; **Jahresüberschuss**[RR] *m* <-es, -schüsse> (WIRTSCH) beneficio *m* neto total; **Jahresumsatz** *m* <-es, -sätze> (WIRTSCH) cifra *f* anual de negocios; **Jahresurlaub** *m* <-(e)s, -e> vacaciones *fpl* del año; **Jahreswagen** *m* <-s, -> (AUTO) coche nuevo, adquirido a precio rebajado por un empleado en la industria automovilística, que puede ser revendido al cabo de un año; **Jahreswechsel** *m* <-s, -> año *m* nuevo; **zum ~ alles Gute!** ¡próspero año nuevo!; **Jahreswende** *f* <-, -n> cambio *m* de año; **Jahreswirtschaftsbericht** *m* <-(e)s, -e> (JUR) informe *m* económico anual; **Jahreszahl** *f* <-, -en> año *m*, fecha *f*; **Jahreszeit** *f* <-, -en> estación *f* (del año), época *f* del año; **für die ~ ist es zu kalt** hace demasiado frío para esta época del año

jahreszeitlich *adj* de la temporada, estacional; **~ bedingt sein** deberse a la temporada

Jahreszins *m* <-es, -en> tipo *m* anual; **effektiver ~** (FIN) tipo anual efectivo

Jahrgang *m* <-(e)s, -gänge> ❶ (*Geburtsjahr*) año *m* natal, generación *f*; **er ist ~ 1970** nació en el año 1970; **er ist mein** [*o* **wir sind ein**] **~** somos de la misma generación
❷ (*von Wein*) cosecha *f*
❸ (*von Zeitschrift*) año *m*
❹ (UNIV) promoción *f*

Jahrhundert ['--] *nt* <-s, -e> siglo *m*
jahrhundertealt *adj* (*Möbel, Buch*) secular, de (muchos) siglos
jahrhundertelang *adj* (*Entwicklung, Tradition*) secular, de (muchos) siglos
Jahrhundertwende *f* <-, -n> fin *m* de siglo
jährlich ['jɛːɐlɪç] *adj* anual
Jahrmarkt *m* <-(e)s, -märkte> feria *f*; **Jahrmarktsbude** *f* <-, -n> caseta *f* de feria, barraca *f* de feria
Jahrmillionen [--'--] *fpl* millones *mpl* de años
Jahrtausend ['--'-] *nt* <-s, -e> milenio *m*
jahrtausendelang I. *adj* de miles de años, milenario
II. *adv* (durante) miles de años
Jahrtausendwende *f* <-, -n> fin *m* de milenio
Jahrzehnt [jaːɐˈtseːnt] *nt* <-s, -e> década *f*, decenio *m*
jahrzehntelang *adj* de varias décadas, de muchos decenios
Jähzorn ['jɛːtsɔrn] *m* <-(e)s, ohne *pl*> ❶ (*Eigenschaft*) iracundia *f*, irascibilidad *f*
❷ (*Anfall*) arrebato *m* de cólera
jähzornig *adj* irascible, iracundo, berrinchudo *Am*
Jakobiner(in) [jakoˈbiːnɐ] *m(f)* <-s, -; -, -nen> (HIST) jacobino, -a *m, f*
Jakobinermütze *f* <-, -n> (HIST) gorro *m* frigio
Jakobsleiter ['jaːkɔps-] *f* <-, -n> (NAUT) escala *f* de gato; **Jakobsmuschel** *f* <-, -n> ❶ (REL) venera *f*, concha *f* de peregrino *fam* ❷ (GASTR) vieira *f*
Jalousie [ʒaluˈziː, *pl:* ʒaluˈziːən] *f* <-, -n> persiana *f*
Jambus ['jambʊs] *m* <-, Jamben> (LIT) yambo *m*
Jammer ['jamɐ] *m* <-s, ohne *pl*> ❶ (*Wehklagen*) lamento *m*, llanto *m*
❷ (*Elend*) miseria *f*, calamidad *f*; **ein Bild des ~s bieten** ofrecer un aspecto mísero; **es ist ein ~, dass ...** (*fam*) es una lástima que ... +*subj*
Jammerbild *nt* <-(e)s, -er> escena *f* lastimosa; **Jammergeschrei** *nt* <-s, ohne *pl*> (*geh*) grito *m* lastimero; **Jammergestalt** *f* <-, -en> (*bedauernswerter Mensch*) figura *f* lastimosa [*o* lastimera]; **Jammerlappen** *m* <-s, -> (*fam abw*) calzonazos *m inv*, persona *f* apocada [*o* pusilánime]
jämmerlich ['jɛmɐlɪç] *adj* (*Zustand, Aussehen*) lamentable, deplorable; (*elend*) miserable, rabón *Mex*; (*herzzerreißend*) desgarrador
jammern ['jamɐn] *vi* lamentarse (*über* de); (*klagen*) quejarse (*über* de); **nach jdm/etw** *dat* ~ preguntar lloriqueando por alguien/pedir algo lloriqueando; **jdm die Ohren voll ~** soltarle la llorera a alguien
jammerschade ['--'--] *adj:* **~ sein** (*fam*) ser una verdadera pena
Janker ['jaŋkɐ] *m* <-s, -> (*südd, Österr: Strickjacke*) rebeca *f*; (*Trachtenjacke*) chaqueta *f* folclórica
Jänner ['jɛnɐ] *m* <-s, -> (*Österr: Januar*) enero *m*; *s. a.* **März**
Januar ['januaːɐ] *m* <-(s), -e> enero *m*; *s. a.* **März**
Japan ['jaːpan, 'jaˈpaːn] *nt* <-s> Japón *m*
Japaner(in) [jaˈpaːnɐ] *m(f)* <-s, -; -, -nen> japonés, -esa *m, f*
japanisch *adj* japonés
Japanisch *nt* <-(s), ohne *pl*>, **Japanische** *nt* <-n, ohne *pl*> japonés *m*; **sprechen Sie ~?** ¿habla Ud. japonés?; **ins ~e übersetzen** traducir al japonés
Japanologie [japanoloˈgiː] *f* <-, ohne *pl*> filología *f* japonesa
japsen ['japsən] *vi* (*fam*): (**nach Luft**) **~** jadear
Jargon [ʒarˈgõː] *m* <-s, -s> jerga *f*, jerigonza *f*
Jarowisation [jarovizaˈtsjoːn] *f* <-, -en> (AGR) jarovización *f*

Jasager(in) ['jaːzaːgɐ] *m(f)* <-s, -; -, -nen> (*abw*) conformista *mf*
Jasmin [jasˈmiːn] *m* <-s, -e> jazmín *m*
Jaspis ['jaspɪs] *m* <- *o* -ses, -se> jaspe *m*
Jass[RR] [jas] *m* <-, ohne *pl*>, **Jaß** *m* <-sses, ohne *pl*> (Schweiz) "jass" *m* (*juego de cartas*)
jassen *vi* (Schweiz) jugar al "jass"
Jastimme ['jaːʃtɪmə] *f* <-, -n> voto *m* afirmativo
jäten ['jɛːtən] *vt* escardar, desherbar, carpir *Am*, chapear *Am*; **Unkraut ~** arrancar las malas hierbas
Jauche ['jaʊxə] *f* <-, -n> estiércol *m* líquido, purín *m*
Jauchegrube *f* <-, -n> pozo *m* de purín
jauchen ['jaʊxən] I. *vi* (AGR) abonar (la tierra) con estiércol, echar estiércol (a las tierras); **was für ein Gestank, da jaucht jemand!** ¡qué peste!, seguro que alguien está echando estiércol
II. *vt* (AGR) abonar con estiércol, estercolar; **der Mais wird kräftig gejaucht** el maíz se abona mucho con estiércol
jauchzen ['jaʊxtsən] *vi* lanzar gritos de júbilo
Jauchzer *m* <-s, -> grito *m* de júbilo
jaulen ['jaʊlən] *vi* (*Hund*) aullar
Jause ['jaʊzə] *f* <-, -n> (*Österr: Zwischenmahlzeit*) merienda *f*, colación *f*
jausen ['jaʊzən] *vi* (*Österr*) merendar, tomar un tentempié
jawohl [jaˈvoːl] *part* claro, ciertamente; **antreten! – ~!** (MIL) ¡preséntese! – ¡a la orden!; **kommst du heute Abend? – ~!** ¿vienes esta noche? – ¡por supuesto!
jawoll *interj* (*fam a. iron: zu Befehl!*) ¡a sus órdenes!
Jawort ['jaːvɔrt] *nt* <-(e)s, -e> consentimiento *m*, asentimiento *m*; **jdm das ~ geben** dar el sí a alguien
Jazz [dʒɛːs] *m* <-, ohne *pl*> jazz *m*
Jazzgymnastik *f* <-, ohne *pl*> gym-jazz *m*; **Jazzkapelle** *f* <-, -n> grupo *m* de jazz; **Jazzkeller** *m* <-s, -> club *m* de jazz
je [jeː] I. *adv* ❶ (*jemals*) alguna vez; **wer hätte das ~ gedacht!** ¡quién lo hubiera imaginado!; **es ist schlimmer denn ~** es peor que nunca; **seit eh und ~** desde tiempos inmemoriales
❷ (*jeweils*) cada; **ich gebe euch ~ zwei Stück** os doy dos trozos a cada uno; **es können ~ zwei Personen eintreten** pueden entrar de dos en dos; **für ~ drei Exemplare** por cada tres ejemplares; **~ beteiligter Student** por cada estudiante que participe
II. *präp* +*akk* (*pro*) por; **7 Euro ~ Stunde** 7 euros por hora; **~ Erwachsenen** por (cada) adulto
III. *konj*: **~ er wird vernünftiger, ~ älter er wird** cuanto mayor se hace, más sensato se vuelve; **~ nachdem** según; **~ nachdem, ob/wie ...** según si/cómo...; **~ nach Größe** según el tamaño; **~ nach den Umständen** según las circunstancias; **~ mehr ... desto** [*o* **um so**] **mehr ...** cuanto más... (tanto) más...; **~ eher ihr kommt, desto** [*o* **um so**] **besser** cuanto antes vengáis, (tanto) mejor; **~ eher, desto** [*o* **um so**] **lieber** cuanto antes mejor; **~ mehr, desto** [*o* **um so**] **besser** cuanto más, (tanto) mejor
IV. *interj*: **oh ~!** ¡ay!, ¡madre mía!; **oh ~ oh ~!** ¡ay, ay, ay!, ¡ay, Jesús!
Jeans [dʒiːns] *f(pl)* vaquero(s) *m(pl)*, tejano(s) *m(pl)*, jeans *m(pl) Am*
Jeansanzug *m* <-(e)s, -züge> traje *m* vaquero [*o* tejano]; **Jeanshose** *f* <-, -n> pantalón *m* vaquero [*o* tejano]; **Jeansjacke** *f* <-, -n> chaqueta *f* vaquera, cazadora *f* vaquera; **Jeansrock** *m* <-(e)s, -röcke> falda *f* vaquera
Jeck [jɛk] *m* <-en, -en> (*reg: Karnevalsnarr*) máscara *f*; **jeder ~ ist anders** (*fig*) cada uno tiene su manera de vivir
jede(r, s) ['jeːdɐ, -də, -dəs] *pron indef* ❶ (*substantivisch*) cada uno/una; **~r von uns** cada uno de nosotros; **ein ~r** cualquiera; **alles und ~s** todos y cada uno; **~m das seine** a cada cual lo suyo; **~ zweite** una de cada dos; **~r für sich** cada uno para sí; **~r gegen ~n** todos contra todos
❷ (*adjektivisch*) cada; (*all*) todo; (*ein beliebiges*) cualquier(a); **das weiß doch ~s Kind** eso lo saben todos los niños; **auf ~n Fall** en todo caso; **ohne ~n Grund** sin ninguna razón; **um ~n Preis** a toda costa, a cualquier precio; **es kann ~n Augenblick passieren** puede suceder en cualquier momento; **ohne ~ Hoffnung** sin esperanza alguna
jedenfalls ['jeːdənfals] *adv* en todo caso, sea como sea; **er hat ~ nichts davon gesagt** en todo caso no dijo nada al respecto
jedermann ['---] *pron indef* todos, cada uno; **das ist nicht ~s Sache** esto no es para todos los gustos; **das würde nicht ~ tun** eso no lo hace cualquiera
Jedermannsrecht *nt* <-(e)s, ohne *pl*> (JUR) derecho *m* de todo mundo
jederzeit ['--'-] *adv* siempre, a cualquier hora
jedesmal ['--'-] *adv* cada vez, siempre; **~, wenn ...** cada vez que..., siempre que...
jedoch [jeˈdɔx] *konj* pero, sin embargo; **ich habe ihm mehrmals geschrieben, er hat ~ nie geantwortet** le he escrito varias veces y, sin embargo, no me ha contestado nunca
jedwede(r, s) *pron indef* (*alt*) cualquier(a); **das sagt nicht ~m zu** esto no le gusta a todo el mundo

Jeep® [dʒiːp] *m* <-s, -s> jeep *m*
jegliche(r, s) [ˈjeːklɪçɐ, -çɐ, -çəs] *pron indef* cualquier tipo [*o* clase] de; **ich verbiete mir ~ Einmischung/Kritik** no admito entrometimiento alguno/no acepto ningún tipo de crítica
jeher [ˈjeːheːɐ, ˈ-ˈ-] *adv:* **von** [*o* **seit**] **~** desde siempre, desde tiempos inmemoriales
jein *adv* (*iron*) sí pero no; **J~ sagen** no decir ni (que) sí ni (que) no
Jelängerjelieber [jeˈlɛŋɐjeˈliːbɐ] *nt* <-s, -> (BOT) madreselva *f*
jemals [ˈjeːmaːls] *adv* alguna vez, jamás; **hat man ~ so etwas gesehen?** ¿habráse visto semejante cosa?
jemand [ˈjeːmant] *pron indef* alguien; (*verneinent*) nadie; **ist hier ~?** ¿hay alguien aquí?; **~ anderes** otra persona; **ohne ~en zu sehen** sin ver a nadie; **~ Fremdes** algún extraño
Jena [ˈjeːna] *nt* <-s, *ohne pl*> Jena *f*
jene(r, s) [ˈjeːnə, -nə, -nəs] *pron dem* (*geh*) ❶ (*adjektivisch: da*) ese, esa; (*dort*) aquel, aquella; **in ~n Tagen** en aquellos días
❷ (*substantivisch: da*) ése, ésa, eso; (*dort*) aquél, aquélla, aquello; **wir sprachen von diesem und ~m** hablamos de esto y aquello
jenseitig [ˈjeːnzaɪtɪç] *adj* del otro lado
jenseits [ˈjeːnzaɪts] **I.** *präp* +*gen* al otro lado de, más allá de
II. *adv* **en el** [*o* **al**] otro lado, más allá; **~ von Gut und Böse** más allá del bien y del mal
Jenseits *nt* <-, *ohne pl*> más allá *m*, otro mundo *m;* **jdn ins ~ befördern** mandar a alguien al otro mundo
Jersey [ˈdʒœːsi] *m* <-(s), -s> (*Kleiderstoff*) jersey *m*, tricot *m*
Jerusalem [jeˈruːzalɛm] *nt* <-s> Jerusalén *m*
Jesses [ˈjɛsəs] *interj* (*fam*) ¡Dios!; **~, dass ich das vergessen konnte!** ¡Dios, que pueda habérseme olvidado!
Jesuit [jezuˈiːt] *m* <-en, -en> (REL) jesuita *m*
Jesuitenorden *m* <-s, -> (REL) orden *f* de los jesuitas
Jesuitentum *nt* <-s, *ohne pl*> (REL) jesuitismo *m*
Jesus [ˈjeːzʊs] *m* <Jesu> (REL) Jesús *m;* **~ Christus** Jesucristo *m*
Jesuskind *nt* <-(e)s, *kein, KUNST*) niño *m* Jesús; **Maria mit dem ~** (la Virgen) María con el niño Jesús; **Jesuslatschen** *pl* (*fam iron o abw*) sandalias *fpl* muy sencillas, alpargatas *fpl*
Jet [dʒɛt] *m* <-(s), -s> jet *m*, avión *m* a reacción
Jetlag [ˈdʒɛtlɛk] *m* <-s, -s> (AERO) jet lag *m*
Jeton [ʒəˈtõː] *m* <-s, -s> ficha *f;* „**drei ~s auf Rot**" "tres fichas al rojo"
JetsetRR *m* <-s, -s>, **Jet-set** *m* <-s, -s> jet(-set) *f*, alta sociedad *f;* **Jetstream** [ˈdʒɛtstriːm] *m* <-(s), -s> (METEO) corriente *f* de chorro
jetten [ˈdʒɛtən] *vi* (*fam*) viajar en jet
jetzige(r, s) *adj* actual, presente
jetzt [jɛtst] *adv* ahora; (*augenblicklich*) en este momento; **~ gleich** ahora mismo; **bis ~** hasta ahora; **~ oder nie** ahora o nunca; **von ~ an** a partir de ahora; **~ schon?** ¿ya?; **war er ~ der Mörder oder nicht?** al final, ¿era el asesino o no?
Jetzt *nt* <-, *ohne pl*> (*geh: Gegenwart*) ahora *m*, presente *m;* **im Hier und ~** aquí y ahora
Jetztzeit *f* <-, *ohne pl*> tiempo *m* presente
jeweilige(r, s) *adj* correspondiente, respectivo; (*augenblicklich*) actual
jeweils [ˈjeːvaɪls] *adv* (*jedesmal*) cada vez; **~ am Monatsersten** cada primero de mes; **die ~ Größten aus jeder Gruppe** los más altos de cada grupo; **~ vier Personen** cada vez cuatro personas
Jg. (*Zeitschrift*) *Abk. von* **Jahrgang** año *m*
Jh. *Abk. von* **Jahrhundert** siglo *m*
JH *Abk. von* **Jugendherberge** albergue *m* juvenil
jiddisch [ˈjɪdɪʃ] *adj* judeoalemán, yiddish
Jiu-Jitsu [ˈdʒiːuˈdʒɪtsu] *nt* <-(s), *ohne pl*> (SPORT) jiu-jitsu *m*
Job [dʒɔp] *m* <-s, -s> ❶ (*fam: Arbeit*) trabajo *m*, pega *f* CSur, Mex
❷ (INFOR) tarea *f*
jobben [ˈdʒɔbən] *vi* (*fam*) currar (*als* de), tener un curre
Jobber(in) [ˈdʒɔbɐ] *m(f)* <-s, -; -, -nen> ❶ (FIN) especulador(a) *m(f)* de bolsa, agiotista *mf*
❷ (*fam: Gelegenheitsarbeiter*) trabajador(a) *m(f)* temporal
Jobbörse *f* <-, -n> bolsa *f* de trabajo
JobhoppingRR [ˈdʒɔphɔpɪŋ] *nt* <-s, -s> jobhopping *m*
JobsharingRR [ˈdʒɔpʃɛːrɪŋ] *nt* <-(s), *ohne pl*> jobsharing *m*
Jobsuche *f* <-, -n> (*fam*) búsqueda *f* de trabajo; **Jobverlust** *m* <-(e)s, -e> pérdida *f* del empleo; **Jobvermittlung** *f* <-, -en> tramitación *f* de empleos
Joch [jɔx] *nt* <-(e)s, -e> (*Last*) yugo *m*
Jochbein *nt* <-(e)s, -e> (ANAT) pómulo *m*
Jockei *m* <-s, -s>, **Jockey** [ˈdʒɔki] *m* <-s, -s> (SPORT) yoquei *m*, jockey *m*
Jod [joːt] *nt* <-(e)s, *ohne pl*> (*a.* CHEM) yodo *m*
jodeln [ˈjoːdəln] *vi* cantar a la tirolesa
jodhaltig *adj* yodado
Jodler(in) [ˈjoːdlɐ] *m(f)* <-s, -; -, -nen> (MUS) cantador(a) *m(f)* a la tirolesa

Jodmangel *m* <-s, *ohne pl*> (MED) falta *f* de yodo; **Jodsalz** *nt* <-es, *ohne pl*> sal *f* yodada; **Jodtinktur** *f* <-, -en> (MED, CHEM) tintura *f* de yodo
Joga [ˈjoːga] *m o nt* <-(s), *ohne pl*> yoga *m*
joggen [ˈdʒɔgən] *vi sein* hacer footing
Jogger(in) *m(f)* <-s, -; -, -nen> persona *f* que practica footing
Jogging [ˈdʒɔgɪŋ] *nt* <-s, *ohne pl*> footing *m*
Jogginganzug *m* <-(e)s, -züge> chándal *m*
Joghurt [ˈjoːgʊrt] *m o nt* <-(s), -(s)> yogur *m*
Joghurtbecher *m* <-s, -> vasito *m* de yogur, tarrina *f*
Jogi [ˈjoːgi] *m* <-s, -s> yogui *m*
JogurtRR *m o nt* <-(s), -(s)> *s.* **Joghurt**
JogurtbecherRR *m* <-s, -> *s.* **Joghurtbecher**
Johannesevangelium *nt* <-s, *ohne pl*> (REL) evangelio *m* según San Juan
Johannisbeere [joˈhanɪsbeːrə] *f* <-, -n> grosella *f;* **schwarze ~** casis *f inv;* **Johannisbeerstrauch** *m* <-(e)s, -sträucher> (BOT) grosellero *m*
Johannisbrot *nt* <-(e)s, *ohne pl*> (BOT) algarroba *f;* **Johannisbrotbaum** *m* <-(e)s, -bäume> (BOT) algarrobo *m*
Johanniskäfer *m* <-s, -> luciérnaga *f;* **Johannistag** *m* <-(e)s, -e> (REL) día *m* de San Juan
johlen [ˈjoːlən] *vi* (*abw*) gritar, dar voces; **~de Kinder** niños ruidosos
Joint [dʒɔɪnt] *m* <-s, -s> (*fam*) porro *m*, canuto *m sl*
Jointventure *nt* <-(s), -s>, **Joint Venture**RR [ˈdʒɔɪntvɛntʃɐ] *nt* <- -(s), - -s> (WIRTSCH) joint venture *f*
Jo-Jo [ˈjoːjo] *nt* <-s, -s> yoyó *m*
Joker [ˈdʒoːkɐ] *m* <-s, -> comodín *m*
Jokerzeichen *nt* <-s, -> (INFOR) comodín *m*
Jolle [ˈjɔlə] *f* <-, -n> ❶ (*Ruderboot*) yola *f*
❷ (*Segelboot*) yate *m* de vela
Jongleur(in) [ʒõˈgløːɐ, ʒɔŋˈløːɐ] *m(f)* <-s, -e; -, -nen> malabarista *mf*
jonglieren* I. *vt* hacer juegos malabares (con)
II. *vi* hacer juegos malabares (*mit* con); (*fig: mit Begriffen, Formeln*) manejar con mucha habilidad (*mit*), hacer malabarismos (*mit* con)
Joppe [ˈjɔpə] *f* <-, -n> (*reg*) chaqueta *f* sin cuello
Jordan [ˈjɔrdan] *m* <-s> Jordán *m;* **über den ~ gehen** (*fig*) irse de este mundo; **jdn über den ~ gehen lassen** (*fig*) mandar a alguien al otro barrio
Jordanien [jɔrˈdaːniən] *nt* <-s> Jordania *f*
Jordanier(in) *m(f)* <-s, -; -, -nen> jordano, -a *m, f*
jordanisch *adj* jordano
Jot [jɔt] *nt* <-, -> (*Buchstabe*) jota *f*
Jota [ˈjoːta] *nt* <-(s), -s> (*griechischer Buchstabe*) iota *f;* **kein** [*o* **nicht ein**] **~ verändern** (*fig*) no cambiar ni una coma
Joule [dʒuːl, dʒaʊl] *nt* <-(s), -> (PHYS) julio *m*
Jour fixe [ʒuːɐ ˈfɪks] *m* <- -, - -s -s> día *m* fijo [*o* fijado]
Journal [ʒʊrˈnaːl] *nt* <-s, -e> ❶ (PUBL: *geh*) revista *f*
❷ (NAUT) diario *m* de a bordo
❸ (WIRTSCH) diario *m*
Journalismus [ʒʊrnaˈlɪsmʊs] *m* <-, *ohne pl*> periodismo *m*
Journalist(in) *m(f)* <-en, -en; -, -nen> periodista *mf*
Journalistik *f* <-, *ohne pl*> (UNIV) periodismo *m;* **ein Studium der ~ abschließen** licenciarse en periodismo
Journalistin *f* <-, -nen> *s.* **Journalist**
journalistisch *adj* periodístico
jovial [joˈvjaːl] *adj* alegre, jovial
Jovialität *f* <-, *ohne pl*> jovialidad *f*
Joystick [ˈdʒɔɪstɪk] *m* <-s, -s> (INFOR) palanca *f* de mando, joystick *m*
jr. *Abk. von* **junior** júnior *m*, hijo *m*
Jubel [ˈjuːbəl] *m* <-s, *ohne pl*> júbilo *m*, regocijo *m*, elación *f* Am; **in ~ ausbrechen** prorrumpir en júbilo; **~, Trubel, Heiterkeit** alborozo y alegría
Jubelgeschrei *nt* <-s, *ohne pl*> grito *m* de júbilo; **in lautes ~ ausbrechen** prorrumpir en gritos de júbilo; **Jubelhochzeit** *f* <-, -en> (*fam*) aniversario *m* de boda (*en fechas muy señaladas, como son las Bodas de Plata, las de Oro, etc.*)*;* **Jubeljahr** *nt* <-(e)s, -e> año *m* jubilar; **nur alle ~e einmal** (*fam*) de higos a brevas
jubeln [ˈjuːbəln] *vi* dar gritos de júbilo
Jubelruf *m* <-(e)s, -e> grito *m* de júbilo
Jubiläen *pl von* **Jubiläum**
Jubilar(in) [jubiˈlaːɐ] *m(f)* <-s, -e; -, -nen> homenajeado, -a *m, f*
Jubiläum [jubiˈlɛːʊm] *nt* <-s, Jubiläen> aniversario *m*, fiesta *f* conmemorativa; **zehnjähriges ~** décimo aniversario; **fünfzigjähriges ~** cincuentenario *m;* **hundertjähriges ~** centenario *m*
Jubiläumsausgabe *f* <-, -en> edición *f* conmemorativa
jubilieren* *vi* (*geh*) ❶ (*jubeln*) gritar de júbilo (*über* por)
❷ (*frohlocken*) alegrarse (*über* de)
juchhe [jʊxˈheː] *interj*, **juchheisa** *interj*, **juchheißa** *interj*, **juchhu**

interj ¡yupi!; **~, ich werde Vater!** ¡yupi, voy a ser padre!
juchzen ['juxtsən] *vi* (*fam*) soltar un grito de alegría
jucken ['jʊkən] **I.** *vi, vt* ❶ (*Juckreiz verursachen*) picar, hormiguear; **mir juckt der Kopf, es juckt mich am Kopf** me pica la cabeza
❷ (*fam: reizen*) tener ganas, apetecer; **das juckt mich doch nicht** no me interesa [*o* atrae] nada
II. *vt* (*fam: reizen*) apetecer, atraer; (*kümmern*) interesar
III. *vr:* **sich ~** rascarse
IV. *vunpers* tener ganas; **mir juckt es in den Fingern zu ...** tengo unas ganas enormes de...
Juckpulver *nt* <-s, -> (*fam*) polvos *mpl* picapica
Juckreiz *m* <-es, -e> picor *m*, picazón *f*
juckreizlindernd *adj* (MED) aliviador de la picazón
Judas ['ju:das] *m* <-, -se> (*abw*) judas *m*; **du hast geplaudert? du ~!** ¿te has ido de la boca? ¡eres un judas!
Judaskuss^{RR} *m* <-es, -küsse> beso *m* de Judas; **Judaslohn** *m* <-(e)s, -löhne> dinero *m* obtenido a cambio de una traición; **diesen ~ kannst du für dich behalten!** ¡te puedes quedar con ese dinero sucio!
Jude ['ju:də] *m*, **Jüdin** *f* <-n, -n; -, -nen> judío, -a *m, f*
Judenhass^{RR} *m* <-es, *ohne pl*> odio *m* a los judíos; **Judenstern** *m* <-(e)s, -e> (HIST) estrella *f* de David (*signo distintivo que debían llevar los judíos en la ropa durante el nacionalsocialismo*)
Judentum *nt* <-s, *ohne pl*> judaísmo *m*, religión *f* judía
Judenverfolgung *f* <-, -en> (HIST) persecución *f* de los judíos; **Judenvernichtung** *f* <-, *ohne pl*> (HIST) exterminio *m* de los judíos
Judikatur [judika'tu:ɐ] *f* <-, -en> (JUR) judicatura *f*
Jüdin ['jy:dɪn] *f* <-, -nen> *s.* **Jude**
jüdisch ['jy:dɪʃ] *adj* judío
Judo ['ju:do] *nt* <-(s), *ohne pl*> (SPORT) judo *m*, yudo *m*
Judoka *mf* <-(s), -(s); -, -(s)> (SPORT) judoka *mf*, yudoka *mf*
Jugend ['ju:gənt] *f* <-, *ohne pl*> ❶ (*Altersstufe*) juventud *f*, adolescencia *f*; **von ~ an** desde joven; **seine früheste ~** los primeros años de su adolescencia; **er verlebte seine ~ auf dem Land** pasó su juventud en el campo
❷ (*junge Leute*) juventud *f*, jóvenes *mpl*; **die heutige ~** la juventud de hoy
Jugendamt *nt* <-(e)s, -ämter> oficina *f* de protección de menores; **Jugendarbeit** *f* <-, *ohne pl*> trabajo *m* con jóvenes; **Jugendarbeitslosigkeit** *f* <-, *ohne pl*> paro *m* juvenil, desempleo *m* juvenil; **Projekte zur Bekämpfung der ~** proyectos para luchar contra el desempleo juvenil
Jugendarrest *m* <-(e)s, -e> arresto *m* juvenil; **Jugendarrestanstalt** *f* <-, -en> correccional *m* de menores
Jugendaustausch *m* <-(e)s, *ohne pl*> intercambio *m* juvenil; **Jugendbande** *f* <-, -n> tribu *f* urbana; **Jugendbewegung** *f* <-, -en> (SOZIOL) movimiento *m* juvenil; **die ~** (HIST) movimiento del cambio de siglo que propugnaba la vida sencilla y natural y el retorno a las raíces populares; **Jugendbild** *nt* <-(e)s, -er> foto *f* de juventud; **das ist ein ~ von mir, da war ich 13** esta es una foto de cuando era joven, tenía entonces 13 años; **Jugendbildnis** *nt* <-ses, -se> (KUNST) retrato *m* de juventud *m*; **das Gemälde ist ein ~ Dürers** es un retrato del joven Durero; **Jugendbuch** *nt* <-(e)s, -bücher> libro *m* juvenil
jugendfrei *adj* apto para menores; (FILM) apto para todos los públicos
Jugendfreund(in) *m(f)* <-(e)s, -e; -, -nen> amigo, -a *m, f* de juventud
jugendgefährdend *adj* no apto para menores
Jugendgericht *nt* <-(e)s, -e> (JUR) tribunal *m* de menores; **Jugendgerichtsgesetz** *nt* <-es, -e> (JUR) ley *f* de tribunal de menores; **Jugendgerichtshilfe** *f* <-, -n> (JUR) ayuda *f* del tribunal de menores; **Jugendgruppe** *f* <-, -n> grupo *m* juvenil; **sie betreut zwei ~n** se ocupa de dos grupos juveniles; **Jugendhelfer(in)** *m(f)* <-s, -; -, -nen> monitor(a) *m(f)*, asistente, -a *m, f* (social) de menores; **Jugendherberge** *f* <-, -n> albergue *m* juvenil; **Jugendhilfe** *f* <-, *ohne pl*> asistencia *f* (social) a los menores; **Jugendhilfeausschuss**^{RR} *m* <-es, -schüsse> (JUR) comisión *f* de asistencia a la juventud; **Jugendjahre** *ntpl* años *mpl* mozos [*o* de juventud]; **Jugendkammer** *f* <-, -n> (JUR) cámara *f* de menores; **Jugendkriminalität** *f* <-, *ohne pl*> delincuencia *f* juvenil
jugendlich *adj* ❶ (*Altersstufe*) joven, adolescente
❷ (*jung wirkend, durch Jugend bedingt*) juvenil; **sich ~ kleiden** vestirse de forma juvenil; **~er Leichtsinn** imprudencia juvenil
Jugendliche(r) *mf* <-n, -n; -n, -n> joven *mf*, adolescente *mf*; **~ unter 16 Jahren** menores de 16 años
Jugendlichkeit *f* <-, *ohne pl*> ❶ (*Alter*) juventud *f*; **seine ~ konnte das Vergehen nicht entschuldigen** su juventud no disculpaba el delito cometido
❷ (*Erscheinungsbild*) aspecto *m* juvenil; **sportlichere Kleidung würde deine ~ unterstreichen** la ropa deportiva acentuaría tu aspecto juvenil
Jugendliebe *f* <-, -n> primer amor *m*, amor *m* juvenil; **Jugendmannschaft** *f* <-, -en> (SPORT) equipo *m* juvenil; **in der ~ spielen** jugar con los juveniles; **Jugendpflege** *f* <-, *ohne pl*> (*alt*) *s.* **Jugendhilfe**; **Jugendpolitik** *f* <-, *ohne pl*> política *f* juvenil; **Jugendrichter(in)** *m(f)* <-s, -; -, -nen> juez(a) *m(f)* de menores
Jugendschöffe, -in *m, f* <-n, -n; -, -nen> (JUR) jurado, -a *m, f* de menores; **Jugendschöffengericht** *nt* <-(e)s, -e> (JUR) tribunal *m* juvenil de jurados
Jugendschutz *m* <-es, *ohne pl*> protección *f* de menores; **Jugendschutzbeauftragte(r)** *mf* <-n, -n; -, -n> (JUR) delegado, -a *m, f* para la protección de la infancia; **Jugendschutzgesetz** *nt* <-es, -e> (JUR) ley *f* promotora de la infancia; **Jugendschutzkammer** *f* <-, -n> (JUR) cámara *f* de protección de menores; **Jugendschutzsachen** *fpl* (JUR) asuntos *mpl* de la protección de menores
Jugendsekte *f* <-, -n> secta *f* juvenil [*o* de jóvenes]; **sich einer ~ anschließen** adherirse a una secta juvenil; **Jugendstaatsanwalt, -wältin** *m, f* <-(e)s, -wälte; -, -nen> (JUR) fiscal *mf* de menores
Jugendstil *m* <-(e)s, *ohne pl*> (KUNST, ARCHIT) Modernismo *m*
Jugendstrafanstalt *f* <-, -en> (JUR) centro *m* penitenciario de menores, correccional *m*
Jugendstrafe *f* <-, -n> (JUR) pena *f* juvenil [*o* de prisión para menores]; **Jugendstrafrecht** *nt* <-(e)s, *ohne pl*> (JUR) derecho *m* penal juvenil; **Jugendstrafsachen** *fpl* (JUR) asuntos *mpl* penales juveniles; **Jugendstraftäter(in)** *m(f)* <-s, -; -, -nen> (JUR) delincuente *mf* juvenil; **Jugendstrafverfahren** *nt* <-s, -> (JUR) proceso *m* penal juvenil; **Jugendstrafvollzug** *m* <-(e)s, *ohne pl*> (JUR) régimen *m* penitenciario juvenil
Jugendsünde *f* <-, -n> pecado *m* de juventud; **Jugendtorheit** *f* <-, -en> muchachada *f*; **Jugendtraum** *m* <-(e)s, -träume> sueño *m* de juventud; **Jugendverfahren** *nt* <-s, -> (JUR) proceso juvenil; **vereinfachtes ~** proceso juvenil simplificado; **Jugendwohlfahrtsausschuss**^{RR} *m* <-es, -schüsse> (JUR) comisión *f* de beneficiencia juvenil; **Jugendwohlfahrtsgesetz** *nt* <-es, -e> (JUR) ley *f* de beneficiencia juvenil; **Jugendwohnheim** *nt* <-(e)s, -e> residencia *f* (de estudiantes); **in den Ferien steht das ~ leer** durante las vacaciones la residencia está vacía; **Jugendzeit** *f* <-, *ohne pl*> tiempo *m* de la juventud, juventud *f*; **Jugendzentrum** *nt* <-s, -zentren> centro *m* juvenil [*o* de la juventud]
Jugoslawe, -in [jugo'sla:və] *m, f* <-n, -n; -, -nen> yugoslavo, -a *m, f*
Jugoslawien [jugo'sla:viən] *nt* <-s> Yugoslavia *f*
Jugoslawin *f* <-, -nen> *s.* **Jugoslawe**
jugoslawisch *adj* yugoslavo
Julei ['ju:laɪ, ju'laɪ] *m* <-(s), -s>, **Juli** ['ju:li] *m* <-(s), -s> julio *m; s. a.* **März**
Jumbo *m* <-s, -s>, **Jumbojet**^{RR} *m* <-(s), -s>, **Jumbo-Jet** ['jʊmbo-, 'dʒambo-] *m* <-(s), -s> (AERO) jumbo(-jet) *m*
Jumper ['dʒampɐ] *m* <-s, -> (INFOR) puente *m*
jun. *Abk. von* **junior** júnior *m*, hijo *m*
jung [jʊŋ] *adj* <jünger, am jüngsten> joven; **J~ und Alt** jóvenes y viejos; **von ~ auf** desde joven; **sie ist 18 Jahre ~** sólo tiene 18 años; **~ heiraten/sterben** casarse/morir joven
Jungbrunnen *m* <-s, -> fuente *f* de la juventud [*o* de rejuvenecimiento]
Junge¹ ['jʊŋə] *m* <-n, -n> ❶ (*Knabe*) niño *m*, gurrumino *m* Mex
❷ (*junger Mann*) muchacho *m*, chico *m*, chamaco *m* Mex, pibe *m* Arg; **alter ~!** (*fam*) ¡hombre!; **~, ~!** (*fam*) ¡vaya, vaya!; **jdn wie einen dummen ~n behandeln** tratar a alguien como a un niño bobo
Junge(s)² *nt* <-n, -n> cría *f*; (*von Hunden, Raubtier*) cachorro *m*; (*von Vögeln*) pollo *m*, polluelo *m*; **die Katze hat ~ gekriegt** la gata ha parido
Jungengesicht *nt* <-(e)s, -er> cara *f* de niño
jungenhaft *adj* de muchacho, amuchachado
jünger ['jʏŋɐ] *adj kompar von* **jung** más joven, menor; **~ sein als** ser más joven que; **ihr ~er Bruder** su hermano menor; **~en Datums sein** ser de fecha reciente; **sich ~ machen** quitarse años
Jünger(in) ['jʏŋɐ] *m(f)* <-s, -; -, -nen> discípulo, -a *m, f*
Jüngere(r) *mf* <-n, -n; -n, -n> ❶ (*jüngerer Mensch*) joven *mf*; **in unserem Kurs sind auch ~** en nuestro curso hay también gente joven
❷ (*junior*): **der ~/die ~** el Joven/la Joven; **ein Gemälde von Cranach dem ~n** una pintura de Cranach el Joven
Jungfer ['jʊŋfɐ] *f* <-, -n> ❶ (*alt: Fräulein*) señorita *f*
❷ (*Wend*): **eine alte ~** (*abw*) una solterona
Jungfernfahrt *f* <-, -en> viaje *m* inaugural, primer viaje *m*; **Jungfernflug** *m* <-(e)s, -flüge> vuelo *m* inaugural, primer vuelo *m*; **1967 startete diese Maschine zu ihrem ~** este avión hizo su viaje inaugural en 1967; **Jungfernhäutchen** [-hɔɪtçən] *nt* <-s, -> (ANAT) himen *m*; **Jungfernrede** *f* <-, -n> (POL) primer discurso *m* de un diputado; **Jungfernzeugung** *f* <-, -en> (BIOL) partenogénesis *f inv*
Jungfrau *f* <-, -en> ❶ (*Frau*) virgen *f*; **die ~ Maria** la Virgen María; **die Heilige ~** la Santísima Virgen; **dazu bin ich gekommen, wie die ~ zum Kind** (*fam*) me ha llegado como caído del cielo
❷ (ASTR) Virgo *m*

jungfräulich ['jʊŋfrɔɪlɪç] *adj* (*geh*) virgen; (*fig*) virginal, virgen
Jungfräulichkeit *f* <-, *ohne pl*> (*geh*) virginidad *f*, pureza *f*
Junggeselle, -in *m*, *f* <-n, -n; -, -nen> soltero, -a *m*, *f*; **eingefleischter ~** solterón empedernido
Junggesellenbude *f* <-, -n> (*fam*) piso *m* de soltero; **Junggesellendasein** *nt* <-s, *ohne pl*>, **Junggesellenleben** *nt* <-s, *ohne pl*> vida *f* de soltero; **Junggesellenwohnung** *f* <-, -en> piso *m* de soltero; **Junggesellenzeit** *f* <-, -en> época *f* de soltero, vida *f* de soltero; **in meiner ~ bin ich Stammgast in diesem Weinkeller gewesen** de soltero era cliente habitual de esta bodega
Junggesellin *f* <-, -nen> *s.* **Junggeselle**
Jüngling ['jʏŋlɪŋ] *m* <-s, -e> (*abw*) mozalbete *m*
Jungpflanze *f* <-, -n> planta *f* joven; **Jungsozialist(in)** *m(f)* <-en, -en; -, -nen> (POL) miembro *m* de las juventudes socialistas
jüngst [jʏŋst] *adv* (*geh*) recientemente
jüngste(r, s) *adj superl von* **jung** menor; **die ~ Entwicklung hat gezeigt, dass ...** los últimos acontecimientos han demostrado que..., el reciente progreso ha demostrado que...; **die ~ deutsche Literatur** la literatura alemana actual; **das ~ Gericht** el Juicio Final; **der ~ Tag** el Día del Juicio; **ich bin ja auch nicht mehr der J~** tampoco soy ya un guayabo
Jungsteinzeit *f* <-, *ohne pl*> (HIST) neolítico *m*
jüngstens *adv* (*geh*) *s.* **jüngst**
Jungtier *nt* <-(e)s, -e> animal *m* joven
jungverheiratet ['--'----] *adj s.* **verheiraten I.**
Jungverheiratete(r) ['--'----] *mf* <-n, -n; -, -n>, **Jungvermählte(r)** *mf* <-n, -n; -, -n> (*geh*) recién casado, -a *m*, *f*
Jungvieh *nt* <-(e)s, *ohne pl*> (*allgemein*) animal *m* joven; (*Rinder*) novillo, -a *m*, *f*; **Jungwähler(in)** *m(f)* <-s, -; -, -nen> (POL) novato, -a *m*, *f* en las elecciones; **Jungwild** *nt* <-(e)s, *ohne pl*> pieza *f* de caza joven; **Jungwuchs** *m* <-es, *ohne pl*> (ÖKOL) arbolado *m* nuevo
Juni ['ju:ni] *m* <-(s), -s> junio *m*; *s. a.* **März**
Junikäfer *m* <-s, -> (ZOOL) escarabajo *m* de San Juan
junior ['ju:nio:ɐ, 'ju:njo:ɐ] *adj* (*geh*) júnior, hijo; **Peter Müller ~** Peter Müller, hijo [*o* júnior]
Junior(in) *m(f)* <-s, -en; -, -nen> ❶ (*fam*) hijo, -a *m*, *f*
❷ (SPORT) júnior *mf*
Juniorchef(in) *m(f)* <-s, -s; -, -nen> hijo, -a *m*, *f* del jefe
Juniorenausweis *m* <-es, -e> (EISENB) *s.* **Junior-Pass**
Juniorin *f* <-, -nen> *s.* **Junior**
Juniorpartner(in) *m(f)* <-s, -; -, -nen> (WIRTSCH, JUR) socio *m* menor; **Junior-Pass**^RR *m* <-es, -Pässe> (EISENB) billete *m* de tren con reducción para jóvenes
Junk-Bond *m* <-s, -s> (FIN) bono *m* basura
Junker ['jʊŋkɐ] *m* <-s, -> (HIST) junker *m*, noble hacendado *m*
Junkfood ['dʒʌŋkfu:t] *nt* <-s, *ohne pl*> comida *f* sin valor alimenticio, comida *f* basura
Junkie ['dʒʌŋki] *m* <-s, -s> (*fam*) yonqui *mf*
Junktim ['jʊŋktɪm] *nt* <-s, -s> (POL) acuerdo *m* global; **zwischen den beiden Vereinbarungen besteht ein ~** los dos acuerdos son interdependientes
Junktimklausel *f* <-, -n> (JUR) cláusula *f* sobre proyectos de ley
Juno ['ju:no] *m* <-(s), -s> *s.* **Juni**
Junta ['xʊnta, 'jʊnta] *f* <-, Junten> (MIL, POL) junta *f*
Jupe [ʒyːp] *f* <-, -s> (*Schweiz*), **Jupe** *m* <-s, -s> (*Schweiz: Rock*) falda *f*
Jupiter ['ju:pitɐ] *m* <-s> (*a.* ASTR) Júpiter *m*
jur. *Abk. von* **juristisch** jurídico
Jura[1] ['ju:ra] *m* <-s, -s> (GEO) ❶ (*Formation*) jurásico *m*
❷ (*Gebirge, Schweizer Kanton*) Jura *m*
Jura[2] (JUR) Derecho *m*; **~ studieren** estudiar Derecho
Jurastudium *nt* <-s, -studien> (UNIV) (carrera *f* de) derecho *m*
Jurisdiktion [ju:rɪsdɪk'tsjo:n] *f* <-, -en> (*geh*) jurisdicción *f*
Jurisprudenz [ju:rɪspru'dɛnts] *f* <-, *ohne pl*> (*geh*) jurisprudencia *f*
Jurist(in) [ju'rɪst] *m(f)* <-en, -en; -, -nen> jurista *mf*
Juristendeutsch *nt* <-(s), *ohne pl*> (*a. abw*) lenguaje *m* jurídico (alemán); **dein ~ verstehe ich nicht** este alemán jurídico tuyo no lo entiendo; **Juristensprache** *f* <-, *ohne pl*> lenguaje *m* jurídico
Juristerei *f* <-, *ohne pl*> (*iron: Rechtswissenschaft*) jurisprudencia *f*; (*Tätigkeit*) actividad *f* de los juristas; (*Rechtsprechung*) actividad *f* jurisprudencial
Juristin *f* <-, -nen> *s.* **Jurist**
juristisch [ju'rɪstɪʃ] *adj* jurídico; **die ~e Fakultät** la Facultad de Derecho; **~e Person** persona jurídica; **~e Person des privaten/öffentlichen Rechts** persona jurídica de derecho privado/público
Juror(in) ['ju:ro:ɐ] *m(f)* <-s, -en; -, -nen> (miembro *m* de un) jurado *m*
Jury [ʒy'ri:, 'ʒy:ri] *f* <-, -s> jurado *m*; **nicht entscheidungsfähige ~** (JUR) jurado sin facultad decisoria
Jus[1] *nt* <-, *ohne pl*> o (*Österr:* JUR) *s.* **Jura**

Jus[2] *f o m o nt* <-, *ohne pl*> (*Schweiz: Fruchtsaft*) zumo *m* de frutas, jugo *m* de frutas
Juso ['ju:zo] *m* <-s, -s> (POL) *s.* **Jungsozialist**
just [jʊst] *adv* justo, justamente; **~ als er kam** justo cuando vino
justieren* [jʊs'ti:rən] *vt* (TECH, PHYS) ajustar
Justierung *f* <-, -en> (TECH, PHYS) ajuste *m*
Just-in-time-Produktion [dʒast?ɪn'taɪm-] *f* <-, *ohne pl*> (WIRTSCH) producción *f* just-in-time
Justitia [jʊs'ti:tsia] *f* <-, *ohne pl*> ❶ (*geh: personifiziertes Recht*) justicia *f*; **hier muss ~ aber ein Auge zugedrückt haben!** ¡aquí la justicia sí que ha hecho la vista gorda!
❷ (*in der Mythologie*) (la diosa) Justicia *f*
justiziabel *adj s.* **justiziabel**
Justitiar(in) [jʊsti'tsja:ɐ] *m(f)* <-s, -e; -, -nen> *s.* **Justiziar**
Justiz [jʊs'ti:ts] *f* <-, *ohne pl*> justicia *f*
Justizbeamte(r) *mf* <-n, -n; -, -n>, **-beamtin** *f* <-, -nen> empleado, -a *m*, *f* de la justicia; **Justizbehörde** *f* <-, -n> autoridad *f* judicial [*o* jurídica], justicia *f*; **Justizbeitreibungsordnung** *f* <-, -en> (JUR) ordenación *f* sobre apremio de justicia; **Justizgebäude** *nt* <-s, -> palacio *m* de justicia
Justizgewährleistungsanspruch *m* <-(e)s, -sprüche> (JUR) derecho *m* a la tutela judicial efectiva
justiziabel^RR *adj* justiciable
Justiziar(in)^RR [jʊsti'tsja:ɐ] *m(f)* <-s, -e; -, -nen> (JUR: *angestellter Jurist*) asesor(a) *m(f)* jurídico, -a
Justizirrtum *m* <-s, -tümer> (JUR) equivocación *f* judicial; **Justizminister(in)** *m(f)* <-s, -; -, -nen> ministro, -a *m*, *f* de Justicia; **Justizministerium** *nt* <-s, -ministerien> Ministerio *m* de Justicia; **Justizmord** *m* <-(e)s, -e> (JUR) ejecución *f* (de pena capital) por error judicial, asesinato *m* judicial; **Justizreform** *f* <-, -en> reforma *f* judicial; **Justizverwaltungsabgabe** *f* <-, -n> (JUR) gastos *mpl* de la administración de justicia; **Justizverwaltungsakt** *m* <-(e)s, -e> (JUR) acto *m* de administración de justicia; **Justizverwaltungskosten** *pl* (JUR) costos *mpl* de la administración de justicia; **Justizvollzugsanstalt** *f* <-, -en> establecimiento *m* penitenciario
Jute ['ju:tə] *f* <-, *ohne pl*> yute *m*
Juwel [ju'veːl] *m o nt* <-s, -en> joya *f*, alhaja *f*
Juwelenhandel *m* <-s, *ohne pl*> comercio *m* de joyas
Juwelier[1] [juve'liːɐ] *m* <-s, -e> (*Geschäft*) joyería *f*
Juwelier(in)[2] [juve'liːɐ] *m(f)* <-s, -e; -, -nen> joyero, -a *m*, *f*
Juweliergeschäft *nt* <-(e)s, -e>, **Juwelierladen** *m* <-s, -läden> joyería *f*
Jux [jʊks] *m* <-es, -e> (*fam*) juerga *f*, cachondeo *m* *sl*; **aus ~ und Tollerei** de broma y de juerga, de cachondeo *sl*; **sich** *dat* **einen ~ aus etw** *dat* **machen** hacer algo en broma, cachondearse de algo *sl*
juxen *vi* (*fam*) bromear; **glaub ihm nicht, der juxt doch nur!** ¡no le creas, está bromeando!
juxig *adj* (*fam*) cachondo *sl*
jwd [jɔtve'de:] *adv* (*fam iron*) muy lejos, en el quinto pino; **ich möchte nicht so ~ wohnen!** ¡no quisiera vivir tan lejos [*o* en el quinto pino]!

K

K, k [kaː] *nt* <-, -> K, k *f*; **~ wie Kaufmann** K de Kenia
K (CHEM) *Abk. von* **Kalium** K
Kaba® ['ka:ba] *m o nt* <-s, *ohne pl*> ≈Cola-Cao® *m*; **möchtest du ein(en) ~?** ¿quieres un cola-cao?
Kabarett [kaba'rɛt, kaba'reː] *nt* <-s, -s> café-teatro *m*; **politisches ~** café-teatro político
Kabarettist(in) [kabarɛ'tɪst] *m(f)* <-en, -en; -, -nen> artista *mf* de café-teatro
kabarettistisch *adj* de cabaret
Kabäuschen [ka'bɔɪsçən] *nt* <-s, -> (*reg: für Gartengeräte*) cobertizo *m*; (*des Parkwächters*) garita *f*
kabbeln ['kabəln] *vr:* **sich ~** (*nordd*) pelearse; **die Geschwister ~ sich** los hermanos se pelean [*o* andan a la greña]
Kabel ['ka:bəl] *nt* <-s, -> cable *m*
Kabelanschluss^RR *m* <-es, -schlüsse> toma *f* de la televisión por cable; **Kabelbuch** *nt* <-(e)s, -bücher> (JUR) diario *m* cablegráfico; **Kabelfernsehen** *nt* <-s, *ohne pl*> televisión *f* por cable
Kabeljau ['ka:bəljaʊ] *m* <-s, -s *o* -e> bacalao *m*
Kabelkanal *m* <-s, -näle> (RADIO, TV) canal *m* por cable; **Kabelklemme** *f* <-, -n> (ELEK) borne *m*, clavija *f*; **Kabelleger** *m* <-s, -> (*buque m*) cablero *m*; **Kabelnetz** *nt* <-es, -e> red *f* de la televisión por cable; **Kabelpfandsache** *f* <-, -n> (JUR) objeto *m* prendario cablegrá-

fico; **Kabelrolle** f <-, -n> bobina f de cable; **Kabeltrommel** f <-, -n> tambor m (para cable)
Kabine [ka'bi:nə] f <-, -n> cabina f; (Umkleide~) vestuario m; (Schiffs~) camarote m; (AERO) carlinga f
Kabinenroller m <-s, -> (AUTO) coche m con forma de huevo
Kabinett [kabi'nɛt] nt <-s, -e> (POL) gabinete m, consejo m de ministros
Kabinettsbeschluss^RR m <-es, -schlüsse> acuerdo m del consejo de ministros, acuerdo m del gabinete; **Kabinettschef(in)** m(f) <-s, -s; -, -nen> jefe, -a m, f del gobierno; **Kabinettskrise** f <-, -n> crisis f inv ministerial; **Kabinettssitzung** f <-, -en> sesión f del consejo de ministros, reunión f del consejo de ministros
Kabinettstück nt <-(e)s, -e> jugada f maestra
Kabinettsumbildung f <-, -en> reajuste m ministerial
Kabinettwein m <-(e)s, -e> vino m selecto alemán
Kabis ['ka:bɪs] m <-, ohne pl> (Schweiz: Kohl) col f
Kabrio ['ka:brio] nt <-(s), -s>, **Kabriolett** ['ka:briole, kabrio'lɛ:, kabrio'lɛt] nt <-s, -s> (coche m) descapotable m
Kabuff [ka'bʊf] nt <-s, -e o -s> (reg) tugurio m
Kachel ['kaxəl] f <-, -n> azulejo m, baldosa f
kacheln vt poner baldosas
Kachelofen m <-s, -öfen> estufa f de azulejos, estufa f (de) cerámica
Kacke ['kakə] f <-, ohne pl> (vulg) ❶ (Kot) caca f, mierda f
❷ (Angelegenheit) mierda f
kacken vi (vulg) cagar
Kacker(in) m(f) <-s, -; -, -nen> (vulg abw) cabrón, -ona m, f; **der alte ~ will mich nur fertig machen** este viejo mamón sólo quiere hundirme
Kadaver [ka'da:vɐ] m <-s, -> cadáver m (de un animal)
Kadavergehorsam m <-s, ohne pl> (abw) obediencia f ciega
Kadenz [ka'dɛnts] f <-, -en> (MUS) cadencia f
Kader ['ka:dɐ] m <-s, -> (POL, SPORT) cuadro m
Kadett [ka'dɛt] m <-en, -en> (MIL) cadete m
Kadi ['ka:di] m <-s, -s> ❶ (islamischer Richter) cadí m
❷ (fam: Gericht) tribunal m; **jdn vor den ~ zerren** [o **schleppen**] llevar a alguien ante los tribunales
Kadmium ['katmiʊm] nt <-s, ohne pl> (CHEM) cadmio m
Kadmiumbad nt <-(e)s, -bäder> (CHEM) baño m de cadmio
Kaduzierung [kadu'tsi:rʊŋ] f <-, -en> (JUR) caducidad f
Kaduzierungsverfahren nt <-s, -> (JUR) procedimiento m de caducidad
Käfer ['kɛ:fɐ] m <-s, -> (a. AUTO) escarabajo m
Kaff [kaf] nt <-s, -s o -e o **Käffer**> (fam abw) pueblucho m, pueblo m de mala muerte
Kaffee ['kafe, ka'fe:] m <-s, -s> café m; **gemahlener ~** café molido; **~ kochen** preparar [o hacer] café; **(einen) ~ trinken** tomar (un) café; **schwarzer/starker/dünner ~** café solo/fuerte/flojo; **bitte drei ~** tres cafés, por favor; **eine Tasse/ein Kännchen ~** una taza/una jarrita de café; **~ mit Milch/ohne Zucker** café con leche/sin azúcar; **wir sind zum ~ eingeladen** estamos invitados a tomar café; **es gibt ~ und Kuchen** hay café y tartas; **kalter ~** (reg: Spezi) limonada con coca-cola; **das ist kalter ~** (fam) eso es lo sabe todo el mundo
Kaffeeautomat m <-en, -en> máquina f de café; **Kaffeebaum** m <-(e)s, -bäume> cafeto m, café m; **Kaffeebohne** f <-, -n> grano m de café
kaffeebraun adj color café
Kaffeeersatz^RR m <-es, ohne pl>, **Kaffee-Ersatz** m <-es, ohne pl> sucedáneo m del café, achicoria f; **Kaffeeextrakt**^RR m <-(e)s, -e>, **Kaffee-Extrakt** m <-(e)s, -e> extracto m de café; **Kaffeefahrt** f <-, -en> ❶ (Ausflug) excursión f por la tarde para tomar el café ❷ (mit Werbeveranstaltung) excursión f con café y presentación publicitaria; **Kaffeefilter** m <-s, -> filtro m de café; **Kaffeegeschirr** nt <-(e)s, -e> juego m de café; **Kaffeehaus** nt <-es, -häuser> café m; **Kaffeekanne** f <-, -n> cafetera f; **Kaffeeklatsch** m <-(e)s, -e> (fam) tertulia f; **Kaffeekränzchen** [-krɛntsçən] nt <-s, -> (fam) tertulia f de señoras; **Kaffeelöffel** m <-s, -> cucharilla f de café; **Kaffeemaschine** f <-, -n> cafetera f eléctrica, greca f Am; **Kaffeemühle** f <-, -n> molinillo m de café; **Kaffeepause** f <-, -n> pausa f (para tomar un café); **Kaffeeplantage** f <-, -n> cafetal m, plantación f de café; **Kaffeesatz** m <-es, ohne pl> poso m del café; **aus dem ~ lesen** leer el futuro en los posos del café; **Kaffeeservice** nt <-(s), -> juego m de café; **Kaffeesteuer** f <-, -n> impuesto m sobre el café; **Kaffeestrauch** m <-(e)s, -sträucher> (BOT, AGR) cafeto m; **Kaffeetante** f <-, -n> (fam) persona f que toma mucho café; **eine ~ sein** ser muy cafetero; **Kaffeetasse** f <-, -n> taza f de café; **Kaffeewärmer** m <-s, -> cubrecafetera m; **Kaffeewasser** nt <-s, ohne pl> agua f para el café
Käffer pl von **Kaff**
Käfig ['kɛ:fɪç] m <-s, -e> jaula f; **goldener ~** (fig) jaula de oro; **faradayscher ~** (PHYS) jaula f de Faraday, caja f de Faraday
Käfighaltung f <-, -en> explotación f en batería; **dies sind Eier von Hühnern aus der ~** estos huevos son de gallinas de granja [o criadas en una granja]
Kaftan ['kaftan] m <-s, -e> caftán m
kahl [ka:l] adj ❶ (ohne Haar) pelado, calvo; **~ geschoren** rapado, pelado al rape
❷ (ohne Vegetation, Wand) pelado
❸ (ohne Blätter) deshojado; **einen Baum ~ fressen** comerse todas las hojas de un árbol; **die Schädlinge haben den Baum ~ gefressen** los parásitos han dejado el árbol sin hojas
Kahlfraß m <-es, -e> defoliación f total
kahl|fressen irr vt s. **kahl 3.**
kahlgeschoren ['ka:lgəʃo:rən] adj s. **kahl 1.**
Kahlheit f <-, ohne pl> ❶ (Kahlköpfigkeit) calvicie f
❷ (Blattlosigkeit) desnudez f; **die ~ der Bäume wirkt irgendwie deprimierend** los árboles sin hojas dan una sensación algo deprimente
❸ (kahle Beschaffenheit) desertificación f, desertización f
Kahlkopf m <-(e)s, -köpfe> (fam) pelón, -ona m, f; calvo, -a m, f
kahlköpfig ['ka:lkœpfɪç] adj pelón, pelado
Kahlköpfigkeit f <-, ohne pl> calvicie f
Kahlschlag m <-(e)s, -schläge> ❶ (Fällen) desmonte m completo; **großflächige Kahlschläge** desmonte completo de grandes superficies
❷ (Schlagfläche) claro m, espacio m talado
Kahn [ka:n, pl: 'kɛ:nə] m <-(e)s, Kähne> ❶ (kleines Boot) bote m, lancha f
❷ (Lastschiff) gabarra f
Kahnfahrt f <-, -en> viaje m en barca, paseo m en barca
Kai [kaɪ] m <-s, -s> muelle m, malecón m; **ab ~** sobre muelle; **frei ~** franco muelle; **am ~ festmachen** atracar al muelle
Kai-Empfangsschein m <-(e)s, -e> (COM) recibo m en el muelle, resguardo m en el muelle
Kaiman ['kaɪman] m <-s, -e> caimán m, lagarto m Am
Kaimauer f <-, -n> muro m del muelle
Kainsmal nt <-(e)s, -e> estigma m, mancha f; **er trägt das ~ des Verrates** lleva encima el estigma del traidor
Kairo ['kaɪro] nt <-s> El Cairo
Kaiser(in) ['kaɪzɐ] m(f) <-s, -; -, -nen> emperador m, emperatriz f; **sich um des ~s Bart streiten** discutir por nimiedades
Kaiseradler m <-s, -> águila f imperial; **Kaiserhaus** nt <-es, -häuser> familia f imperial
Kaiserin f <-, -nen> s. **Kaiser**
Kaiserkrone f <-, -n> ❶ (HIST) corona f del emperador
❷ (BOT) corona f imperial
kaiserlich adj imperial; **~ und königlich** (HIST) imperial y real
Kaiserpfalz f <-, -en> (HIST) palacio m imperial; **Kaiserreich** nt <-(e)s, -e> imperio m; **Kaiserschmarr(e)n** m <-s, -> (Österr: GASTR) tortilla desmenuzada con azúcar y pasas
Kaiserschnitt m <-(e)s, -e> (MED) cesárea f
Kaisertum nt <-s, -tümer> (HIST, POL) imperio m
Kajak ['ka:jak] m o nt <-s, -s> (SPORT) kayac m
Kajalstift m <-(e)s, -e> lápiz m de ojos, contorno m de ojos; **die Augen mit ~ umranden** pintarse raya en torno a los ojos
Kajüte [ka'jy:tə] f <-, -n> camarote m
Kakadu ['kakadu] m <-s, -s> cacatúa f
Kakanien [ka'ka:niən] nt <-s> (iron) el Imperio Austrohúngaro
kakanisch [ka'ka:nɪʃ] adj (iron) propio o típico del Imperio Austrohúngaro
Kakao [ka'kaʊ] m <-s, -s> ❶ (Pulver, Pflanze) cacao m, cacahuatl m Mex
❷ (Getränk) chocolate m; **jdn durch den ~ ziehen** (fam) tomar el pelo a alguien
Kakaobaum m <-(e)s, -bäume> cacao m; **Kakaobohne** f <-, -n> grano m de cacao; **Kakaobutter** f <-, ohne pl> manteca f de cacao; **Kakaopulver** nt <-s, -> cacao m en polvo
Kakerlak [ka'kɛrlak] m <-s, -en> cucaracha f
Kaki ['ka:ki] m <-(s), ohne pl> caqui m
Kakofonie^RR f <-, -n>, **Kakophonie** [kakofo'ni:] f <-, -n> cacofonía f
Kaktee [kak'te:ə] f <-, -n>, **Kaktus** ['kaktʊs, pl: kak'te:ən] m <-ses, -Kakteen> cactus m inv, cacto m
Kaktusfeige f <-, -n> higo m chumbo
Kalabrien [ka'la:briən] nt <-s> Calabria f
Kalamität [kalami'tɛ:t] f <-, -en> (Schwierigkeit) dificultad f; (stärker) calamidad f, desastre m; **jdn in ~en bringen** causar dificultades a alguien; **in ~en kommen** verse envuelto en dificultades
Kalaschnikow f <-, -s> Kaláshnikov m
Kalauer ['ka:laʊɐ] m <-s, -> retruécano m
Kalb [kalp, pl: 'kɛlbɐ] nt <-(e)s, Kälber> ternero, -a m, f; **das Goldene ~** el becerro de oro
kalben ['kalbən] vi (Kuh) parir (un ternero)

Kalbfleisch nt <-(e)s, ohne pl> (carne f de) ternera f
Kalbsbraten m <-s, -> asado m de ternera, ternera f asada; **Kalbshachse** f <-, -n> (GASTR), **Kalbshaxe** f <-, -n> (südd: GASTR) pierna f de ternera; **Kalbskotelett** nt <-s, -s> (GASTR) chuleta f de ternera; **Kalbsleder** nt <-s, -> piel f de ternera [o becerra]; **Kalbsschnitzel** nt <-s, -> escalope m de ternera
Kaldaunen [kal'daʊnən] fpl (GASTR: Kutteln) callos mpl
Kaleidoskop [kalaɪdɔ'skoːp] nt <-(e)s, -e> calidoscopio m, caleidoscopio m
Kalender [ka'lɛndɐ] m <-s, -> calendario m; (Taschen~) agenda f; **der gregorianische/julianische ~** el calendario gregoriano/juliano [o romano]
Kalenderjahr nt <-(e)s, -e> año m natural; **Kalendermonat** m <-(e)s, -e> mes m natural; **Kalenderwoche** f <-, -n>: **die Lieferung erfolgt in der 24.~** la mercancía será entregada en la semana 24 (de este año)
Kalesche [ka'lɛʃə] f <-, -n> (HIST) calesa f
Kali ['kaːli] nt <-s, -s> (CHEM: Kalisalz) sal f potásica
Kaliber [ka'liːbɐ] nt <-s, -> ❶ (TECH: von Waffen) calibre m
❷ (fam: Sorte) calibre m, índole f; **Anschuldigungen solchen ~s ...** acusaciones de tal calibre...
Kalibrierpipette [kali'briːə-] f <-, -n> (CHEM) pipeta f de calibrado
Kalibrierung [kali'briːrʊŋ] f <-, -en> calibrado m
Kalidünger m <-s, -> (CHEM) abono m potásico
Kalif [ka'liːf] m <-en, -en> (REL) califa m
Kalifat [kali'faːt] nt <-(e)s, -e> (REL) califato m
Kalifornien [kali'fɔrniən] nt <-s> California f
Kalilauge f <-, -n> (CHEM) potasa f cáustica
Kalium ['kaːliʊm] nt <-s, ohne pl> (CHEM) potasio m
kaliumhaltig adj (CHEM) potásico
Kaliumnitrat nt <-(e)s, -e> (CHEM) nitrato m potásico; **Kaliumpermanganat** ['kaːliʊmpɛrmaŋgana:t] nt <-s, -e> (CHEM) permanganato m potásico
Kalk [kalk] m <-(e)s, -e> ❶ (~stein, Baustoff) cal f; **gebrannter/gelöschter ~** cal viva/muerta; **er** [o **sein Gesicht**] **wurde weiß wie ~** se puso blanco como la cal
❷ (Kalzium) calcio m
Kalkablagerung f <-, -en> depósito m de cal; (MED) calcificación f; **den Wasserkessel von seinen ~en befreien** quitar la (incrustación de) cal de la caldera; **Kalkbildung** f <-, -en> calcificación f; **Kalkboden** m <-s, -böden> terreno m calcáreo, suelo m calizo; **Kalkbrennerei** f <-, -en> fábrica f de cal
kalken vt ❶ (tünchen) encalar, enlucir con cal
❷ (düngen) abonar con cal
kalkhaltig adj calcáreo, calizo
Kalkmangel m <-s, ohne pl> ❶ (des Bodens) falta f de cal ❷ (MED) carencia f de calcio; **Kalkofen** m <-s, -öfen> (TECH) horno m de cal; **Kalksandstein** m <-(e)s, ohne pl> (GEO) caliza f; **Kalkstein** m <-(e)s, -e> (GEO) piedra f caliza
Kalkül[1] [kal'ky:l] m o nt <-s, -e> (Überlegung) cálculo m; **etw (mit) ins ~ ziehen** considerar algo de antemano
Kalkül[2] m <-s, -e> (MATH) cálculo m
Kalkulation [kalkula'tsjoːn] f <-, -en> cálculo m; **knappe ~** cálculo justo; **nach meiner ~** según mis cálculos
Kalkulationsfehler m <-s, -> (WIRTSCH) error m de cálculo; **Kalkulationsgrundlage** f <-, -n> (WIRTSCH) base f de cálculo; **Kalkulationsirrtum** m <-s, -tümer> s. Kalkulationsfehler; **Kalkulationskartell** nt <-s, -e> (WIRTSCH) cártel m de cálculo de costes; **Kalkulationsrichtlinie** f <-, -n> (WIRTSCH) norma f de cálculo; **Kalkulationstabelle** f <-, -n> (WIRTSCH) tabla f de cálculo; **Kalkulationszuschlag** m <-(e)s, -schläge> (WIRTSCH) recargo m por cálculo
kalkulierbar [kalku'liːebaːɐ̯] adj calculable
kalkulieren* [kalku'liːrən] vt calcular
Kalkwerk f <-(e)s, -e> mina f de cal, calería f
Kalligrafie[RR] f <-, ohne pl>, **Kalligraphie** [kaligra'fi:] f <-, ohne pl> caligrafía f
Kalme ['kalmə] f <-, -n> (METEO) calma f
Kalmengürtel m <-s, -> (METEO) cinturón m de las calmas
Kalorie [kalo'ri:, pl: kalo'riːən] f <-, -n> caloría f
kalorienarm adj bajo en calorías
Kalorienbedarf m <-(e)s, -e> demanda f de calorías; **Kalorienbombe** f <-, -n> (fam) plato m que engorda mucho; **Kaloriengehalt** m <-(e)s, -e> contenido m calórico
kalorienreduziert adj bajo en calorías; **eine ~e Ernährung** una alimentación baja en calorías
kalorienreich adj rico en calorías
kalt [kalt] adj <kälter, am kältesten> ❶ (allgemein) frío; (eis~) helado; **mir ist/wird ~** tengo frío/me entra [o da el] frío; **es ist ~** hace frío; **ist das ~!** ¡qué frío!; **heute bleibt die Küche ~** hoy no cocinamos; **abends essen wir ~** por la noche tomamos una cena fría; **das Essen wird ~** la comida se enfría; **etw ~ stellen** poner algo a enfriar; **die Wohnung kostet 400 Euro ~** el piso cuesta 400 euros sin gastos de calefacción; **ihm brach der ~e Schweiß aus** le entró un sudor frío; **es überlief ihn ~** le entró miedo; **mit der Frage hat er mich ~ erwischt** (fam) con la pregunta me pilló desprevenido; **während des K~en Krieges** durante la guerra fría
❷ (gefühllos) frío; (gleichgültig) indiferente; **~ bleiben** quedarse impasible; **jdm die ~e Schulter zeigen** (fam) volver la espalda a alguien; (einem Verehrer) dar calabazas a alguien
kalt|bleiben irr vi sein s. kalt
Kaltblut nt <-(e)s, ohne pl> caballo m de tiro
Kaltblüter [-bly:tɐ] m <-s, -> (ZOOL) animal m de sangre fría, heterotermo m, poiquilotermo m
kaltblütig [-bly:tɪç] I. adj (unerschrocken) intrépido, temerario; (skrupellos) sin escrúpulos
II. adv a sangre fría
Kaltblütigkeit f <-, ohne pl> impavidez f; sangre f fría
Kälte ['kɛltə] f <-, ohne pl> ❶ (Temperatur) frío m; **bei dieser ~ con este frío; es herrschte eine eisige ~** hacía un frío intenso; **vor ~ zittern** temblar de frío; **drei Grad ~** tres grados bajo cero
❷ (Gefühlsarmut) frialdad f; (Gleichgültigkeit) indiferencia f; **wir wurden mit eisiger ~ empfangen** nos recibieron con mucha frialdad
kältebeständig adj (TECH) resistente al frío
Kältebrücke f <-, -n> (ARCHIT) puente m térmico; **Kälteeinbruch** m <-(e)s, -brüche> (METEO) llegada f del frío
kälteempfindlich adj sensible al frío
Kälteerzeugung f <-, -en> producción f de frío; **Kältegrad** m <-(e)s, -e> grado m bajo cero; **Kältekonservierung** f <-, -en> conservación f en frío; **Kältemaschine** f <-, -n> (TECH) máquina f frigorífica; **Kältemittel** nt <-s, -> medio m frigorífico; **Kälteperiode** f <-, -n> período m de frío
kälter ['kɛltɐ] adj kompar von kalt
kälteresistent adj resistente al frío
Kälteschutzmittel nt <-s, -> (TECH) anticongelante m
kälteste(r, s) ['kɛltəstə, -tə, -təs] adj superl von kalt
Kältetechnik f <-, ohne pl> técnica f del frío; **Kälteverfahren** nt <-s, -> frío m industrial [o artificial]; **Kältewelle** f <-, -n> ola f de frío
Kaltfront f <-, -en> (METEO) frente m frío
kaltgepresst[RR] [-gəprɛst] adj, **kaltgepreßt** adj (Öl) prensado en frío
kaltherzig adj insensible, cruel
kaltlächelnd ['-'--] adv s. lächeln 2.
kalt|lassen irr vt s. lassen 1.
Kaltleiter m <-s, -> (PHYS, TECH) conductor m frío
Kaltluft f <-, ohne pl> (METEO) aire m frío; **antarktische/arktische ~** aire frío antártico/ártico; **Kaltluftfront** f <-, -en> (METEO) frente m (de aire) frío
kalt|machen vt (sl) cargarse, liquidar
Kaltmiete f <-, -n> alquiler m sin los gastos de calefacción; **Kaltschale** f <-, -n> sopa f fría y dulce
kaltschnäuzig ['kaltʃnɔɪtsɪç] adj (fam) frío; (gleichgültig) indiferente; (frech) impertinente
Kaltschnäuzigkeit f <-, ohne pl> (fam: Gleichgültigkeit) indiferencia f; (Frechheit) impertinencia f
Kaltstart m <-(e)s, -s> ❶ (AUTO) arranque m en frío ❷ (INFOR) nuevo arranque m del programa sin desconectar el ordenador; **Kaltstartautomatik** f <-, -en> (AUTO) arranque m automático en frío
kalt|stellen vt (fam: Person) eliminar, privar de influencia
Kaltzeit f <-, -en> (GEO) período m frío [o previo a la glaciación]
Kalvinismus [kalvi'nɪsmʊs] m <-, ohne pl> (REL) calvinismo m
Kalvinist(in) [kalvi'nɪst] m(f) <-en, -en; -, -nen> (REL) calvinista mf
kalvinistisch adj (REL) calvinista
Kalzium ['kaltsiʊm] nt <-s, ohne pl> (CHEM) calcio m
Kalziumkarbonat nt <-(e)s, -e> (CHEM) carbonato m de calcio; **Kalziummangel** m <-s, ohne pl> carencia f de calcio, falta f de calcio
kam [ka:m] 3. imp von kommen
Kambodscha [kam'bɔdʒa] nt <-s> Camboya f
Kamee [ka'me:ə] f <-, -n> camafeo m
Kamel [ka'me:l] nt <-(e)s, -e> ❶ (Tier) camello m
❷ (fam abw: Mensch) tonto, -a m, f, burro, -a m, f; **ich/du ~!** ¡tonto de mí/de ti!; **so ein ~!** ¡qué tonto!
Kamelhaar nt <-(e)s, ohne pl> pelo m de camello
Kamelie [ka'me:liə] f <-, -n> (BOT) camelia f
Kamellen pl: **das sind alte** [o **olle**] **~** (fam) esta historia se la sabe ya todo quisqui
Kameltreiber(in) m(f) <-s, -; -, -nen> camellero, -a m, f
Kamera ['kaməra] f <-, -s> ❶ (FILM, TV) cámara f; **vor der ~ stehen** estar delante de la cámara; **vor die ~ treten** ponerse delante de la

cámara
②(FOTO) máquina f fotográfica, cámara f fotográfica
Kamerad(in) [kamə'ra:t] m(f) <-en, -en; -, -nen> camarada mf, compañero, -a m, f, cuate, -a m, f Guat, Mex
Kameradschaft f <-, ohne pl> compañerismo m, camaradería f
kameradschaftlich adj de camaradería; **eine ~e Geste** un gesto de camaradería
Kameradschaftsgeist m <-(e)s, ohne pl> espíritu m de camaradería; **in diesem Fußballverein herrscht ein guter ~** en este club de fútbol hay un buen espíritu de equipo
Kamerafahrt f <-, -en> (FILM, TV) movimiento m de la cámara; **Kamerafrau** f <-, -en> operadora f; **Kameraführung** f <-, -en> (FILM, TV) dirección f de cámara
Kameralistik [kamera'lɪstɪk] f <-, ohne pl> (FIN) cameralística f
Kameramann m <-(e)s, -männer o -leute> operador m, cámara m fam
kamerascheu adj que no se deja filmar o fotografiar
Kamerun ['kamərʊn, --'-] nt <-s> (el) Camerún m
Kameruner(in) ['----, --'--] m(f) <-s, -; -, -nen> camerunense mf
kamerunisch ['----, --'--] adj camerunense
Kamikaze [kami'ka:tsə] m <-, -> kamikaze m
Kamille [ka'mɪlə] f <-, -n> manzanilla f
Kamillentee m <-s, -s> (infusión f de) manzanilla f
Kamin [ka'mi:n] m, Schweiz: nt <-s, -e> ①(im Wohnraum) chimenea f, hogar m
②(südd: Schornstein) chimenea f
③(im Berg) grieta f, chimenea f
Kaminaufsatz m <-es, -sätze> sombrerete m de chimenea; **Kaminbesteck** nt <-(e)s, -e> juego m de utensilios de la chimenea; **Kaminfeger(in)** m(f) <-s, -; -, -nen> (reg) deshollinador(a) m(f), limpiachimeneas m inv; **Kaminfeuer** nt <-s, -> fuego m de la chimenea; **ein ~ machen** encender la chimenea; **Kamingespräch** nt <-(e)s, -e> conversación f (confidencial) a la lumbre de la chimenea; **Kaminkehrer(in)** m(f) <-s, -; -, -nen> (reg) s. Kaminfeger; **Kaminsims** m o nt <-es, -e> repisa f de la chimenea
Kamm [kam, pl: 'kɛmə] m <-(e)s, Kämme> ①(zum Kämmen) peine m; **alles über einen ~ scheren** medirlo todo por el mismo rasero
②(Hahnen~, Gebirgs~, Wellen~) cresta f
③(GASTR: Nackenstück) morrillo m
kämmen ['kɛmən] vt peinar; **ich kämme mir/ihm die Haare** me peino/le peino el pelo; **das Haar glatt ~** alisar el pelo; **seine Haare sind glatt gekämmt** lleva el pelo liso
Kammer ['kamɐ] f <-, -n> ①(für Vorräte) despensa f, alacena f; (für Besen) escobero m
②(POL) Cámara f; (in Spanien) Congreso m de los Diputados
③(JUR) sala f
④(Ärzte~) colegio m
Kammerchor m <-(e)s, -chöre> coro m de cámara; **Kammerdiener(in)** m(f) <-s, -; -, -nen> (HIST) ayuda m de cámara
Kämmerer, -in ['kɛmərɐ] m, f <-s, -; -, -nen> (ADMIN) tesorero, -a m, f
Kammergericht nt <-(e)s, -e> (JUR) tribunal m cameral
Kämmerin f <-, -nen> s. Kämmerer
Kammerjäger(in) m(f) <-s, -; -, -nen> fumigador(a) m(f), desinsectador(a) m(f);
Kammerkonzert nt <-(e)s, -e> concierto m de cámara
Kämmerlein nt: **im stillen ~** a solas, entre cuatro paredes
Kammermusik f <-, -en> música f de cámara; **Kammerorchester** nt <-s, -> orquesta f de cámara; **Kammersänger(in)** m(f) <-s, -; -, -nen> "cantante mf de cámara" (título concedido en Alemania por instituciones municipales o estatales a distinguidos cantantes); **Kammerspiel** nt <-(e)s, -e> teatro m de salón; **Kammerton** m <-(e)s, -töne> (MUS) diapasón m normal; **Kammervereinigung** f <-, -en> (JUR) unidad f cameral; **Kammerzofe** f <-, -n> (HIST) doncella f, camarera f; **Kammerzugehörigkeit** f <-, ohne pl> (JUR) pertenencia f a una cámara
Kammgarn nt <-(e)s, -e> hilado m de lana peinada
Kampagne [kam'panjə] f <-, -n> campaña f
Kampanien [kam'pa:niən] f <-s, -> Campania f
Kämpe ['kɛmpə] m <-n, -n> (alt, a. hum) defensor m, paladín m; **ein alter ~** un viejo luchador; **ein wackerer ~ für die Interessen der Arbeiter** un valiente defensor de los intereses de los trabajadores
Kampf [kampf, pl: 'kɛmpfə] m <-(e)s, Kämpfe> ①(allgemein) lucha f; **ein ~ auf Leben und Tod** una lucha a muerte; **der ~ ums Überleben** la lucha por la supervivencia; **der ~ für/gegen etw** la lucha por/contra algo; **jdm/etw dat den ~ ansagen** declarar la guerra a alguien/algo
②(~handlung) combate m; **auf in den ~!** ¡al ataque!; **er ist im ~ gefallen** cayó en combate; **ein ungleicher ~** un combate desigual; **es kommt zum ~** acaba en combate
③(Box~) combate m
Kampfabschnitt m <-(e)s, -e> (MIL) zona f de combate [o de lucha];

Kampfabstimmung f <-, -en> (POL) votación f reñida; **Kampfansage** f <-, -n> reto m; **Kampfbahn** f <-, -en> (SPORT) estadio m
kampfbereit adj (MIL) dispuesto para luchar
Kampfbomber m <-s, -> (MIL) avión m de combate; **Kampfeinsatz** m <-es, -sätze> (MIL) operación f militar, acción f militar, misión f militar
kämpfen ['kɛmpfən] vi luchar (um/für por, gegen contra); (MIL) combatir; **mit etw** dat **zu ~ haben** tener problemas con algo; **sie kämpfte um ihr Leben** luchó por su vida; **er kämpft für seine Überzeugung** lucha por sus ideales; **sie kämpfte mit dem Tod** se debatió entre la vida y la muerte; **er kämpfte mit den Tränen** intentó contener las lágrimas; **ich habe lange mit mir ~ müssen** he tenido que luchar durante mucho tiempo contra mí mismo
Kampfer ['kampfɐ] m <-s, ohne pl> (BOT) alcanfor m
Kämpfer(in) m(f) <-s, -; -, -nen> ①(MIL) combatiente mf
②(SPORT: a. fig) luchador(a) m(f), faite m Am
Kampferbaum m <-(e)s, -bäume> (BOT) alcanfor m
Kämpferin f <-, -nen> s. Kämpfer
kämpferisch adj luchador; (kampflustig) combativo, faite Am; (POL) militante
Kämpfernatur f <-, -en> carácter m luchador, naturaleza f combativa
kampferprobt adj (MIL) aguerrido
kampffähig adj (SPORT) en disposición de luchar
Kampfflugzeug nt <-(e)s, -e> (MIL) avión m de combate; **Kampfgas** nt <-es, -e> (MIL) gas m mostaza [o de guerra]; **Kampfgefährte, -in** m, f <-n, -n; -, -nen> (a. MIL) compañero, -a m, f de luchas [o de batallas]; **Kampfgeist** m <-(e)s, ohne pl> espíritu m combativo; **Kampfgewühl** nt <-(e)s, ohne pl> (a. MIL) fragor m de la batalla; **Kampfgruppe** f <-, -n> (MIL) destacamento m; **Kampfhandlung** f <-, -en> (MIL) operación f militar; **die ~en einstellen** cesar las operaciones militares; **Kampfhubschrauber** m <-s, -> (MIL) helicóptero m de combate; **Kampfhund** m <-(e)s, -e> perro m de pelea; **Kampfkraft** f <-, ohne pl> fuerza f combativa [o de combate]
kampflos adj (widerstandslos) sin resistencia
kampflustig adj combativo, peleón fam
Kampfmittel nt <-s, -> (MIL) medio m de combate [o de lucha]; **die biochemischen Waffen waren nur ein Teil der ~** las armas bioquímicas fueron sólo una parte de los medios de guerra utilizados; **gegen das Land wurde ein Embargo für alle ~ erlassen** decretaron un embargo de todo tipo de armas al país; **Kampfpause** f <-, -n> (a. MIL) tregua f; **Kampfplatz** m <-es, -plätze> (MIL) lugar m de combate; **Kampfpreis** m <-es, -e> (WIRTSCH) precio m dumping; **die ~e lockten viele neue Kunden an** los precios dumping atrajeron [o el dumping atrajo] muchos clientes; **Kampfrichter(in)** m(f) <-s, -; -, -nen> (SPORT) árbitro, -a m, f
Kampfsport m <-(e)s, -e> deporte m de combate; **Kampfsportart** f <-, -en> arte f marcial; **Karate ist eine von vielen ~en** el kárate es una de las numerosas artes marciales
Kampfstärke f <-, -n> (MIL) efectivos mpl de combate, ejército m; **eine ~ von 1200 Mann** un ejército de 1200 soldados [o hombres]; **Kampfstoff** m <-(e)s, -e> (MIL) agentes mpl químicos de combate (p.ej., material radiactivo, químico o biológico); **Kampftruppe** f <-, -n> (MIL) tropa f de combate
kampfunfähig adj (SPORT, MIL) fuera de combate
Kampfverband m <-(e)s, -bände> (MIL) unidad f de combate; **Kampfwagen** m <-s, -> ①(alt: Panzer) vehículo m blindado [o acorazado] ②(HIST) carro m romano, cuadriga f; **Kampfwille** m <-ns, ohne pl> (a. MIL) combatividad f; **sein ~ ist ungebrochen** su combatividad está intacta
kampieren* [kam'pi:rən] vi acampar
Kanada ['kanada] nt <-s> (el) Canadá m
Kanadier(in) [ka'na:diɐ] m(f) <-s, -; -, -nen> canadiense mf
kanadisch adj canadiense
Kanaille [ka'naljə] f <-, -n> (abw) canalla m
Kanake, -in [ka'na:kə] m, f <-n, -n; -, -nen> ①(Südseeinsulaner) canaco, -a m, f
②(fam abw: Immigrant in Deutschland) extranjero, -a m, f (aplícase sobre todo a los inmigrantes turcos en Alemania)
Kanal [ka'na:l, pl: ka'nɛ:lə] m <-s, -näle> ①(Wasserlauf) canal m; **der ~ (Ärmelkanal)** (el Canal de) la Mancha; **den ~ voll haben** (fam) estar harto
②(Abwasser~) alcantarillado m; (Bewässerungs~) acequia f; **in dunkle Kanäle fließen** ir a parar a destinos sospechosos
③(RADIO, TV) canal m
④(Weg, Verbindung) vía f; **diplomatische Kanäle** vías diplomáticas
Kanalarbeiter(in) m(f) <-s, -; -, -nen> obrero, -a m, f limpiador(a) de alcantarillas; **Kanaldeckel** m <-s, -> tapa f de alcantarillado [o de canalización]; **Kanalgebühr** f <-, -en> (ADMIN) derechos mpl de canal; **Kanalinseln** fpl (GEO) islas fpl del canal

Kanalisation [kanaliza'tsjo:n] *f* <-, -en> canalización *f*; (*für Abwässer*) alcantarillado *m*
Kanalisationsnetz *nt* <-es, -e>, **Kanalisationssystem** *nt* <-s, -e> red *f* de alcantarillado
kanalisieren* *vt* canalizar
Kanalratte *f* <-, -n> (*a. fig, abw*) rata *f* de alcantarilla; **Kanaltunnel** *m* <-s, -(s)> túnel *m* del Canal de la Mancha
Kanapee [kana'pe:] *nt* <-s, -s> (*Sofa, garnierte Schnittchen*) canapé *m*
Kanaren [ka'na:rən] *pl*: **die** ~ (las) Canarias *fpl*
Kanarienvogel [ka'na:riənfo:gəl] *m* <-s, -vögel> canario *m*
Kanarier(in) [ka'na:riɐ] *m(f)* <-s, -; -, -nen> canario, -a *m, f*
kanarisch [ka'na:rɪʃ] *adj* canario; **die K~en Inseln** las Islas Canarias
Kandare [kan'da:rə] *f* <-, -n> (*Zaumzeug*) bocado *m*; **jdn an die ~ nehmen** meter a alguien en cintura
Kandelaber *m* <-s, -> ❶ (*Kerzenständer*) candelabro *m*
❷ (*Laterne*) farola *f* (de brazos)
Kandidat(in) [kandi'da:t] *m(f)* <-en, -en; -, -nen> ❶ (*für eine Wahl*) candidato, -a *m, f*; **jdn (für etw) als ~en aufstellen** presentar [*o* proponer] a alguien como candidato (para [*o* a] algo)
❷ (*Prüfling*) examinando, -a *m, f*
Kandidatenliste *f* <-, -n> lista *f* de candidatos [*o* de la candidatura]
Kandidatin *f* <-, -nen> *s*. **Kandidat**
Kandidatur [kandida'tu:ɐ] *f* <-, -en> candidatura *f*; **seine ~ anmelden/zurückziehen** presentar/retirar su candidatura
kandidieren* [kandi'di:rən] *vi* presentarse como candidato; **für das Amt der Bürgermeisterin ~** presentarse como candidata para ocupar el puesto de alcaldesa
kandieren* *vt* escarchar; **kandierte Früchte** frutas escarchadas
kandiert [kan'di:ɐt] *adj* escarchado; **~e Früchte** frutas escarchadas
Kandis ['kandɪs] *m* <-, ohne *pl*>, **Kandiszucker** *m* <-s, -> azúcar *m* cande
KänguruRR ['kɛŋguru] *nt* <-s, -s>, **Känguruh** *nt* <-s, -s> canguro *m*
Kaninchen [ka'ni:nçən] *nt* <-s, -> conejo *m*; **sich wie die ~ vermehren** (*fam abw*) reproducirse como los conejos
Kaninchenbau *m* <-(e)s, -e> conejera *f*; **Kaninchenstall** *m* <-(e)s, -ställe> conejera *f*, conejal *m*, conejar *m*
Kanister [ka'nɪstɐ] *m* <-s, -> bidón *m*
kann [kan] 3. präs *von* **können**
KannbestimmungRR *f* <-, -en>, **Kann-Bestimmung** *f* <-, -en> (JUR) disposición *f* facultativa
Kännchen ['kɛnçən] *nt* <-s, -> jarrita *f*
Kanne ['kanə] *f* <-, -n> jarra *f*, jarro *m*; (*Milch~*) lechera *f*; (*Tee~*) tetera *f*; (*Kaffee~*) cafetera *f*; (*Gieß~*) regadera *f*; **einen in der ~ haben** (*fam*) tener un pedal; **volle ~** (*fam*) a toda mecha, a toda pastilla
Kannibale, -in [kani'ba:lə] *m, f* <-n, -n; -, -nen> caníbal *mf*
Kannibalismus [kaniba'lɪsmʊs] *m* <-, ohne *pl*> canibalismo *m*
KannkaufmannRR *m* <-(e)s, -leute>, **Kann-Kaufmann** *m* <-(e)s, -leute> (COM) empresario sin obligación pero con derecho a hacerse comerciante por inscripción en el registro
kannte ['kantə] 3. *imp von* **kennen**
KannvorschriftRR *f* <-, -en>, **Kann-Vorschrift** *f* <-, -en> (JUR) prescripción *f* facultativa
Kanon ['ka:nɔn] *m* <-s, -s> (*a*. MUS) canon *m*
Kanonade [kano'na:də] *f* <-, -n> ❶ (*fam: Flut*) catarata *f*, aluvión *m*; **eine (wahre) ~ von Beschimpfungen** un (auténtico) chaparrón de insultos
❷ (HIST: *Beschuss*) cañoneo *m*; **nach längeren Vorbereitungen begannen sie mit der ~** tras largos preparativos, empezaron a cañonear [*o* a disparar sus cañones]
Kanone [ka'no:nə] *f* <-, -n> ❶ (*Geschütz*) cañón *m*
❷ (*fam: Könner*) as *m*
❸ (*fam: Revolver*) pistola *f*, revólver *m*
❹ (*Wend*): **unter aller ~ sein** (*fam*) ser pésimo, no poder ser peor
Kanonenboot *nt* <-(e)s, -e> (MIL) cañonero *m*; **Kanonenbootpolitik** *f* <-, ohne *pl*> (POL) política *f* de cañoneros
Kanonendonner *m* <-s, -> cañonazos *mpl*, estruendo *m* de los cañones; **Kanonenfutter** *nt* <-s, ohne *pl*> (*fam abw*) carne *f* de cañón; **Kanonenkugel** *f* <-, -n> bala *f* de cañón; **Kanonenofen** *m* <-s, -öfen> estufa *f* de carbón; **Kanonenrohr** *nt* <-(e)s, -e> tubo *m* de cañón; **Kanonenschuss**RR *m* <-es, -schüsse> tiro *m* de cañón, cañonazo *m*
Kanonier [kano'ni:ɐ] *m* <-s, -e> (MIL) artillero *m*
Kanoniker [ka'no:nikɐ] *m* <-s, ->, **Kanonikus** [ka'no:nikʊs] *m* <-, Kanoniker> (REL) canónigo *m*
Kanonisation [kanoniza'tsjo:n] *f* <-, -en> (REL: *Heiligsprechung*) canonización *f*
kanonisch [ka'no:nɪʃ] *adj* canónico; **~es Recht** derecho canónico
kanonisieren* *vt* (REL) canonizar
Kanossa [ka'nɔsa] *nt* <-s, -s> (*geh*) ❶ (*Bittgang*) humillación *f*, petición *f* humillante
❷ (*Wend*): **Gang nach ~** acto de humillación y de pedir perdón; **nach ~ gehen** humillarse y pedir perdón
Kantabrer(in) [kan'ta:brɐ] *m(f)* <-s, -; -, -nen> cántabro, -a *m, f*
Kantabrien [kan'ta:briən] *nt* <-s> Cantabria *f*
kantabrisch *adj* (*aus Kantabrien*) cántabro; (*vom nördlichen Küstengebiet*) cantábrico; **K~es Gebirge** Cordillera Cantábrica; **K~es Meer** Mar Cantábrico
Kantate [kan'ta:tə] *f* <-, -n> (MUS) cantata *f*
Kante ['kantə] *f* <-, -n> (*Rand*) borde *m*; (*Ecke*) canto *m*, esquina *f*; **an allen Ecken und ~n** por todas partes; **Geld auf die hohe ~ legen** (*fam*) hacer economías
kanten ['kantən] *vt* poner de canto
Kanten ['kantən] *m* <-s, -> (*nordd: Brot~*) canto *m* (de pan), cantero *m* de pan
Kanthaken ['kantha:kən] *m* <-s, -> gancho *m*, garfio *m*; **jdn beim ~ kriegen** [*o* **nehmen**] (*alt*) pedirle cuentas a alguien
Kantholz *nt* <-es, -hölzer> madera *f* escuadrada
kantig *adj* esquinado; (*Gesicht*) anguloso
Kantine [kan'ti:nə] *f* <-, -n> cantina *f*, comedor *m*
Kanton [kan'to:n] *m* <-s, -e> cantón *m*
kantonal [kanto'na:l] *adj* cantonal
Kantor(in) ['kanto:ɐ] *m(f)* <-s, -en; -, -nen> (MUS) director(a) *m(f)* de coro y organista
Kantorei [kanto'rai] *f* <-, -en> (REL) coro *m* (de iglesia)
Kantorin *f* <-, -nen> *s*. **Kantor**
Kanu ['ka:nu, ka'nu:] *nt* <-s, -s> (SPORT) piragua *f*, bongo *m Am*, chalupa *f Mex*
Kanüle [ka'ny:lə] *f* <-, -n> (MED) cánula *f*, bitoque *m Am*
Kanusport *m* <-(e)s, ohne *pl*> piragüismo *m*
Kanute, -in [ka'nu:tə] *m, f* <-n, -n; -, -nen> (SPORT) piragüista *mf*
Kanzel ['kantsəl] *f* <-, -n> ❶ (*in Kirche*) púlpito *m*; **von der ~ herab predigen** predicar desde el púlpito; (*fig*) hablar ex cátedra
❷ (AERO) cabina *f*
kanzerogen [kantsero'ge:n] *adj* (MED) cancerígeno
Kanzlei [kants'lai] *f* <-, -en> ❶ (*Büro*) despacho *m*; (*von Rechtsanwalt*) bufete *m*; (*von Notar*) notaría *f*
❷ (*Staats~*) cancillería *f*
❸ (JUR) secretaría *f*; **~ des Gerichtshofes** secretaría del tribunal de justicia
Kanzleibeamte(r) *mf* <-n, -n; -n, -n>, **-beamtin** *f* <-, -nen> funcionario, -a *m, f* de negociado
Kanzler(in) ['kantslɐ] *m(f)* <-s, -; -, -nen> ❶ (POL) canciller *mf*, presidente, -a *m, f* del Gobierno (*en Alemania y Austria*)
❷ (UNIV) rector(a) *m(f)*
Kanzleramt *nt* <-(e)s, ohne *pl*> cancillería *f*, presidencia *f* del Gobierno (*en Alemania y Austria*); **Kanzlerbonus** *m* <-(ses), -(se) *o* -boni> ventaja *f* electoral por el hecho de ser canciller
Kanzlerin *f* <-, -nen> *s*. **Kanzler**
Kanzlerkandidat(in) *m(f)* <-en, -en; -, -nen> candidato, -a *m, f* a la cancillería, candidato, -a *m* a la presidencia de Gobierno (*en Alemania y Austria*)
Kaolin [kao'li:n] *nt* <-s, -e> (GEO) caolín *m*
Kap [kap] *nt* <-s, -s>; **das ~ der Guten Hoffnung** el Cabo de Buena Esperanza; **~ Hoorn** Cabo de Hornos
Kap. *Abk. von* **Kapitel** cap.
Kapaun [ka'paun] *m* <-s, -e> capón *m*
Kapazität [kapatsi'tɛ:t] *f* <-, -en> ❶ (*Fassungsvermögen, a*. WIRTSCH) capacidad *f*; **freie ~** capacidad desaprovechada
❷ (*Experte*) experto, -a *m, f*
Kapazitätsauslastung *f* <-, ohne *pl*> (WIRTSCH) aprovechamiento *m* de la capacidad; **volle ~** aprovechamiento máximo de la capacidad; **Kapazitätsengpass**RR *m* <-es, -pässe> (WIRTSCH) dificultades *fpl* en la capacidad (de producción); **Kapazitätserweiterung** *f* <-, -en> (WIRTSCH) ampliación *f* de la capacidad (de producción); **Kapazitätssteigerung** *f* <-, -en> (WIRTSCH) aumento *m* de la capacidad (de producción); **Kapazitätsüberhang** *m* <-(e)s, -hänge> (WIRTSCH) exceso *m* de capacidad
kapazitiv [kapatsi'ti:f] *adj* (ELEK: *Kondensator*) capacitivo
Kapee [ka'pe:] (*fam*): **schwer von ~ sein** ser corto de entenderas
Kapelle [ka'pɛlə] *f* <-, -n> ❶ (*Bau*) capilla *f*
❷ (MUS) orquesta *f*
Kapellmeister(in) *m(f)* <-s, -; -, -nen> (MUS) director(a) *m(f)* de orquesta
Kaper[1] ['ka:pɐ] *f* <-, -n> alcaparra *f*
Kaper[2] *m* <-s, -> corsario *m*
kapern ['ka:pɐn] *vt* (NAUT) apresar, tomar como botín
Kaperschiff *nt* <-(e)s, -e> (HIST) (buque *m*) corsario *m*
kapieren* [ka'pi:rən] *vt* (*fam*) captar; **kapiert?** ¿ya?; **er hat schnell**

kapiert lo ha captado rápidamente; **er kapiert nie etwas!** ¡siempre está en ayunas!
Kapillardruck *m* <-(e)s, -drücke *o* -e> (PHYS) presión *f* capilar; **Kapillargefäß** [kapɪˈlaːɛ-] *nt* <-es, -e> (ANAT) (vaso *m*) capilar *m*
Kapillarität [kapɪlariˈtɛːt] *f* <-, *ohne pl*> (PHYS) capilaridad *f*
Kapillarwirkung *f* <-, *ohne pl*> (PHYS) efecto *m* capilar
kapital *adj* ❶ (*Jagdtier*) magnífico, enorme; **ein ~er Bock** un corzo grande; **ein ~er Hirsch mit mächtigem Geweih** un enorme ciervo con poderosa cornamenta
❷ (*fam: groß*) capital; **der ~e Irrtum hatte schreckliche Folgen** el error capital tuvo consecuencias espantosas
Kapital [kapiˈtaːl, *pl:* kapiˈtaːliən] *nt* <-s, -e *o* -ien> (FIN) capital *m*; **amortisiertes/flüssiges ~** capital amortizado/líquido; **anlagesuchendes/festliegendes ~** capital en espera de una inversión apropiada/inmovilizado [*o* fijo]; **fest angelegtes ~** capital invertido a plazo fijo; **gewinnbringendes ~** capital rentable; **konstantes/variables ~** capital constante/variable; **risikofreies ~** capital libre de riesgos; **~ abschöpfen/umschichten** absorber/reorganizar capital; **~ abschreiben/anlegen/freisetzen** amortizar/invertir/aportar capital; **~ aufnehmen** tomar dinero a préstamo; **~ zeichnen** subscribir capital; **~ aus etw** *dat* **schlagen** sacar provecho de algo; **sie ist mit zehn Prozent am ~ der Firma beteiligt** es socia de la empresa con un diez por ciento del capital; **totes ~** (*fig*) conocimientos no utilizados
Kapitalabfindung *f* <-, -en> (FIN) indemnización *f* en capital; **Kapitalabfluss**RR *m* <-es, -flüsse> (FIN) flujo *m* de capitales; **Kapitalabwanderung** *f* <-, -en> (FIN) fuga *f* de capitales; **Kapitalakkumulation** *f* <-, -en> (FIN) acumulación *f* de capital
Kapitalanlage *f* <-, -n> (FIN) inversión *f* de capital; **außerbetriebliche/inflationsichere/fachmännische ~** inversión de capital fuera de la empresa/a cubierto de la inflación/realizada por un experto; **festverzinsliche/sichere ~n** inversiones a renta fija/seguras; **Kapitalanlagegesellschaft** *f* <-, -en> sociedad *f* de inversión; **Kapitalanlagegüter** *ntpl* (WIRTSCH) bienes *mpl* de inversión de capital
Kapitalanleger(in) *m(f)* <-s, -; -, -nen> (FIN) inversionista *mf*; **Kapitalanteil** *m* <-(e)s, -e> (FIN) participación *f* de capital; **Kapitalaufstockung** *f* <-, -en> (FIN) aumento *m* de capital; **Kapitalaufwand** *m* <-(e)s, *ohne pl*> (FIN) gastos *mpl* de capital; **Kapitalausstattung** *f* <-, -en> (WIRTSCH) provisión *f* de capital; **Kapitalbedarf** *m* <-(e)s, -e> (WIRTSCH) necesidad *f* de capital; **Kapitalberichtigungsaktie** *f* <-, -n> (FIN) acción *f* de reajuste del capital
Kapitalbeschaffung *f* <-, -en> (WIRTSCH) obtención *f* de capital; **Kapitalbeschaffungskosten** *pl* (WIRTSCH) costes *mpl* de captación de recursos financieros; **Kapitalbeschaffungsmarkt** *m* <-(e)s, -märkte> (FIN, WIRTSCH) mercado *m* de captación de recursos financieros
Kapitalbeteiligungsgesellschaft *f* <-, -en> (WIRTSCH) sociedad *f* con participación en el capital; **Kapitalbewegung** *f* <-, -en> (FIN) movimiento *m* de capitales, movimiento *m* de fondos; **spekulative ~** movimiento especulativo de capitales; **Kapitalbilanz** *f* <-, -en> (WIRTSCH) movimiento *m* de capitales; **Kapitalbildung** *f* <-, -en> (FIN) formación *f* de capital; **Kapitaldecke** *f* <-, -n> (FIN) garantía-capital *f*; **Kapitaldividende** *f* <-, -n> (WIRTSCH) participación *f* en el capital; **Kapitaleinkommen(s)steuer** *f* <-, -n> (FIN, WIRTSCH) impuesto *m* sobre los rendimientos del capital; **Kapitaleinkünfte** *pl* (FIN, WIRTSCH) rentas *fpl* de capital; **Kapitaleinlage** *f* <-, -n> (FIN, WIRTSCH) aportación *f* de capital; **Kapitalentnahme** *f* <-, -n> (WIRTSCH) retirada *f* de capital; **Kapitalentnahmeanspruch** *m* <-(e)s, -sprüche> (WIRTSCH, JUR) derecho *m* de retirada del capital
Kapitalerhöhung *f* <-, -en> (WIRTSCH) ampliación *f* de capital, aumento *m* del capital social
Kapitalertrag *m* <-(e)s, -träge> (FIN) rendimiento *m* del capital; **Kapitalertragsbilanz** *f* <-, -en> (FIN, WIRTSCH) balance *m* de los beneficios de capital; **Kapitalertragssteuer** *f* <-, -n> (FIN) impuesto *m* sobre la renta del capital
Kapitalexport *m* <-(e)s, -e> (FIN) exportación *f* de capital(es); **Kapitalflucht** *f* <-, *ohne pl*> (FIN) evasión *f* de capitales
KapitalflussRR *m* <-es, -flüsse> (WIRTSCH) flujo *m* de capital(es); **Kapitalflussrechnung**RR *f* <-, -en> (WIRTSCH) cash-flow *m*
Kapitalgesellschaft *f* <-, -en> (FIN) sociedad *f* de capital; **Kapitalgewinn** *m* <-(e)s, -e> ganancia *f* de capital; **Kapitalgüter** *ntpl* (WIRTSCH) bienes *mpl* de capital; **Kapitalherabsetzung** *f* <-, -en> (WIRTSCH, FIN) reducción *f* del capital
Kapitalien *pl von* **Kapital**
Kapitalintensität *f* <-, *ohne pl*> (WIRTSCH) intensidad *f* del capital
kapitalisieren* [kapitaliˈziːrən] *vt* (COM) capitalizar
Kapitalismus *m* <-, *ohne pl*> capitalismo *m*
Kapitalist(in) [kapitaˈlɪst] *m(f)* <-en, -en; -, -nen> capitalista *mf*
kapitalistisch *adj* capitalista
Kapitalknappheit *f* <-, *ohne pl*> (FIN, WIRTSCH) escasez *f* de capital; **Kapitalkonto** *nt* <-s, -konten> (FIN) cuenta *f* de capital

kapitalkräftig *adj* adinerado, rico
Kapitalkreditbeschaffung *f* <-, *ohne pl*> (JUR) adquisición *f* de capital crediticio; **Kapitallebensversicherung** *f* <-, -en> seguro *m* de vida en capital; **Kapitalmangel** *m* <-s, *ohne pl*> (FIN) falta *f* de capital
Kapitalmarkt *m* <-(e)s, -märkte> (FIN) mercado *m* de capitales; **freier ~** mercado libre de capitales; **Kapitalmarktausschuss**RR *m* <-es, -schüsse> (WIRTSCH) comisión *f* del mercado de capitales; **Kapitalmarktgesetzgebung** *f* <-, *ohne pl*> (FIN, JUR) legislación *f* reguladora de los mercados financieros; **Kapitalmarktrecht** *nt* <-(e)s, *ohne pl*> (FIN, JUR) régimen *m* de los mercados financieros; **Kapitalmarktzins** *m* <-es, -en> (WIRTSCH) interés *m* del mercado de capitales
Kapitalmehrheit *f* <-, *ohne pl*> (WIRTSCH) mayoría *f* del capital; **die ~ eines Unternehmens erwerben** adquirir la mayoría del capital de una empresa; **Kapitalnachfrage** *f* <-, -n> (WIRTSCH) demanda *f* de capital; **Kapitalneufestsetzung** *f* <-, -en> (WIRTSCH) reorganización *f* de capital; **Kapitalrendite** *f* <-, -n> (WIRTSCH) rendimiento *m* del capital; **Kapitalreserve** *f* <-, -n> (POL, FIN) reserva *f* de capitales, capital *m* acumulado; **Kapitalrücklage** *f* <-, -n> (FIN) reserva *f* de capital; **Kapitalrückzahlung** *f* <-, -en> (FIN) reembolso *m* de capital; **Kapitalsammelstellen** *fpl* (WIRTSCH) instituciones *fpl* de acumulación de capital; **Kapitalschnitt** *m* <-(e)s, -e> (WIRTSCH) reducción *f* de capital; **Kapitalschutzvertrag** *m* <-(e)s, -träge> (FIN, JUR) tratado *m* de protección de capitales; **Kapitalstärke** *f* <-, *ohne pl*> (WIRTSCH) fuerza *f* económica; **Kapitalsteuer** *f* <-, -n> impuesto *m* sobre el capital; **Kapitalstock** *m* <-(e)s, *ohne pl*> (WIRTSCH) fondo *m* de capital; **Kapitalstrom** *m* <-(e)s, -ströme> (WIRTSCH) afluencia *f* de capitales; **kurzfristiger ~** afluencia de capitales a corto plazo; **Kapitaltransfer** *m* <-s, -s> (WIRTSCH) transferencia *f* de capital; **Kapitalumsatz** *m* <-es, -sätze> (WIRTSCH) movimiento *m* del capital; **Kapitalumschichtung** *f* <-, -en> (WIRTSCH) reestructuración *f* del capital; **Kapitalumverteilung** *f* <-, -en> (WIRTSCH) redistribución *f* del capital; **Kapitalverbrechen** *nt* <-s, -> (JUR) crimen *m* capital
Kapitalverkehr *m* <-(e)s, *ohne pl*> (WIRTSCH) circulación *f* de capitales; **~ mit Drittstaaten** tráfico de capitales con terceros países; **freier ~** libre circulación de capitales; **grenzüberschreitender ~** circulación internacional de capitales; **langfristiger ~** movimiento de capital a largo plazo; **Kapitalverkehrsfreiheit** *f* <-, *ohne pl*> (WIRTSCH) libertad *f* de circulación de capitales; **Kapitalverkehrssteuer** *f* <-, -n> (WIRTSCH) impuesto *m* sobre la circulación de capital
Kapitalverlust *m* <-(e)s, -e> pérdida *f* de capital; **Kapitalverminderung** *f* <-, -en> (WIRTSCH) reducción *f* del capital, disminución *f* del capital; **Kapitalvermittler** *m* <-s, -> (FIN) mediador(a) *m(f)* del capital; **Kapitalwachstum** *nt* <-s, *ohne pl*> crecimiento *m* del capital, aumento *m* del capital; **langfristiges ~** crecimiento del capital a largo plazo; **Kapitalwert** *m* <-(e)s, -e> (FIN) valor *m* capitalizado; **Kapitalzins** *m* <-es, -en> (FIN) interés *m* del mercado de capitales; **Kapitalzusammenlegung** *f* <-, -en> (FIN, JUR) concentración *f* de capital; **Kapitalzuwachs** *m* <-es, *ohne pl*> (FIN) crecimiento *m* del capital
Kapitän(in) [kapiˈtɛːn] *m(f)* <-s, -e; -, -nen> ❶ (NAUT, SPORT) capitán, -ana *m, f*
❷ (AERO) comandante *mf*
Kapitänleutnant *m* <-s, -s *o* -e> (MIL) teniente *m* de navío
Kapitänspatent *nt* <-(e)s, -e> (NAUT) certificado *m* de capitán, diploma *m* de capitán
Kapitel [kaˈpɪtəl] *nt* <-s, -> ❶ (*Abschnitt*) capítulo *m*; **ein dunkles ~ in seinem Leben** un capítulo oscuro de su vida; **dieses ~ ist für mich erledigt** este capítulo queda zanjado para mí; **das ist ein anderes ~** (*fig*) eso es otro cantar
❷ (REL) cabildo *m*, capítulo *m*
Kapitell [kapiˈtɛl] *nt* <-s, -e> (ARCHIT) capitel *m*
Kapitelüberschrift *f* <-, -en> título *m* de un capítulo; **die ~en sind in Großbuchstaben gedruckt** los títulos de los capítulos están en letras mayúsculas
Kapitulation [kapitulaˈtsjoːn] *f* <-, -en> capitulación *f*, rendición *f* (*vor* ante); **bedingungslose ~** capitulación incondicional
kapitulieren* [kapituˈliːrən] *vi* capitular, rendirse (*vor* ante)
Kaplan [kaˈplaːn, *pl:* kaˈplɛːnə] *m* <-s, -pläne> capellán *m*
Kapo [ˈkapo] *m* <-s, -s> (*südd: fam: Vorarbeiter*) capataz *m*
Kaposisarkom *nt* <-s, -e> (MED) sarcoma *m* Kaposi
Kappe [ˈkapə] *f* <-, -n> ❶ (*Kopfbedeckung*) gorro *m*, gorra *f*; **etw auf seine ~ nehmen** (*fam*) asumir la responsabilidad de algo; **das geht auf ihre ~** eso corre de su cuenta; **jdm die ~ waschen** [*o* putzen] (*Schweiz*) cantarle a alguien las cuarenta
❷ (*Verschluss*) tapa *f*; (*von Stift*) capucha *f*, capuchón *m*
❸ (*am Schuh*) refuerzo *m*; (*hinten*) contrafuerte *m*; (*vorne*) puntera *f*
kappen [ˈkapən] *vt* ❶ (*Seil*) cortar
❷ (*Finanzmittel*) reducir; **die Rentenerhöhung ~** frenar el aumento de las pensiones

Kappes ['kapəs] *m* <-, ohne *pl*> (*reg: fam*) tonterías *fpl*, chorradas *fpl*; ~ **reden** decir bobadas
Käppi ['kɛpi] *nt* <-s, -s> quepis *m inv*, kepis *m inv*
Kapriole [kapri'o:lə] *f* <-, -n> ❶ (*Luftsprung, im Reitsport*) cabriola *f* ❷ (*Streich, Laune*) capricho *m*
kapriziös [kapri'tsjø:s] *adj* (*geh*) caprichoso
Kapsel ['kapsəl] *f* <-, -n> ❶ (*Behälter*) recipiente *m*, receptáculo *m* ❷ (BOT, MED) cápsula *f* ❸ (*Raumfahrt*) cápsula *f* espacial
Kapstadt ['kapʃtat] *nt* <-s> Ciudad *f* del Cabo [*o* de El Cabo]
kaputt [ka'pʊt] *adj* (*fam*) ❶ (*entzwei*) roto, estropeado ❷ (*erschöpft*) hecho polvo; **ein ~er Typ** un tipo reventado
kaputt|fahren *irr vt* (*fam*) destrozar (por un accidente o golpe con el coche); **ich habe meinen Kotflügel kaputtgefahren** me he cargado el guardabarros (dándole un golpe al conducir)
kaputt|gehen *irr vi sein* ❶ (*fam*) estropearse, romperse (*von* por); **kann der Computer davon ~, dass man ...?** ¿el ordenador se puede estropear si...? ❷ (*fam: Beziehung, Nerven*) arruinarse, destruirse (*an* por); (*Pflanze*) marchitarse (*an* por) ❸ (*fam: Firma*) quebrar ❹ (*sl: sich psychisch erschöpfen*) destrozarse; **in diesem Büro gehe ich noch kaputt** esta oficina va a acabar conmigo
kaputt|kriegen *vt* (*fam*) romper, cargarse; **die neue Vase ist schon zerbrochen? du kriegst aber auch alles kaputt!** ¿ya se ha roto el florero nuevo? ¡desde luego, es que te lo cargas todo!; **dieser Wagen ist nicht kaputtzukriegen** este coche está hecho a prueba de bombas
kaputt|lachen *vr*: **sich ~** morirse [*o* troncharse] de risa (*über* por)
kaputt|machen I. *vt* (*fam*) ❶ (*zerbrechen*) romper, destrozar ❷ (*ruinieren*) arruinar ❸ (*psychisch erschöpfen*) destrozar; **der Stress macht ihn kaputt** el estrés lo mata
II. *vr*: **sich ~** (*fam*) matarse; **mach dich doch nicht kaputt!** ¡no te mates!; **mit der ewigen Fliegerei macht er sich noch kaputt** si sigue volando sin descanso aún se va a matar
kaputt|schlagen *irr vt* (*fam*) destrozar, cargarse; **vor Wut schlug er das Geschirr kaputt** de rabia destrozó la vajilla
Kapuze [ka'pu:tsə] *f* <-, -n> capucha *f*, capuchón *m*
Kapuziner¹ [kapu'tsi:nɐ] *m* <-s, -> (*Österr*: GASTR: *Milchkaffee*) café *m* con leche
Kapuziner(in)² *m(f)* <-s, -; -, -nen> (REL) capuchino, -a *m, f*
Kapuzinerkresse *f* <-, -n> (BOT) capuchina *f*
Karabiner [kara'bi:nɐ] *m* <-s, -> ❶ (*Gewehr*) carabina *f* ❷ (*Österr*: *~ haken*) mosquetón *m*
Karabinerhaken *m* <-s, -> mosquetón *m*
Karacho [ka'raxo] *nt*: **mit ~** (*fam*) a toda mecha
Karaffe [ka'rafə] *f* <-, -n> garrafa *f*, frasca *f*
Karambolage [karambo'la:ʒə] *f* <-, -n> colisión *f* en cadena [*o* múltiple]
karambolieren* [karambo'li:rən] *vi* hacer una carambola
Karamel *m, Schweiz*: *nt* <-s, ohne *pl*>, **Karamell**ᴿᴿ [kara'mɛl] *m, Schweiz*: *nt* <-s, ohne *pl*> caramelo *m*, azúcar *m* tostado
Karaoke [kara'o:kə] *nt* <-(s), ohne *pl*> karaoke *m*
Karat [ka'ra:t] *nt* <-(e)s, -e> quilate *m*
Karate [ka'ra:tə] *nt* <-(s), ohne *pl*> kárate *m*
Karavelle [kara'vɛlə] *f* <-, -n> (NAUT, HIST) carabela *f*
Karawane [kara'va:nə] *f* <-, -n> caravana *f*; **~n von Autos Richtung Süden** caravanas (de coches) en dirección sur
Karawanserei *f* <-, -en> caravasar *m*
Karbid [kar'bi:t] *nt* <-(e)s, -e> (CHEM) carburo *m*
Karbidlampe *f* <-, -n> lámpara *f* de carburo
Karbol [kar'bo:l] *nt* <-s, ohne *pl*> (CHEM) carbol *m*, fenol *m*
Karbonat [karbo'na:t] *nt* <-(e)s, -e> (CHEM) carbonato *m*
Karbunkel [kar'bʊŋkəl] *m* <-s, -> (MED) ántrax *m inv*
Kardamom [karda'mɔm] *m o nt* <-s, -e(n)> (BOT) cardamomo *m*
Kardangelenk [kar'da:n-] *nt* <-(e)s, -e> (TECH) (junta *f*) cardan *m*, articulación *f* cardan; **Kardantunnel** *m* <-s, -(s)> (AUTO) suspensión *f* cardan; **Kardanwelle** *f* <-, -n> (TECH) árbol *m* de cardán
Kardinal [kardi'na:l, *pl*: kardi'nɛ:lə] *m* <-s, -näle> (REL) cardenal *m*
Kardinalfehler *m* <-s, -> error *m* fundamental; **Kardinaltugend** *f* <-, -en> (REL) virtud *f* cardinal; **Kardinalzahl** *f* <-, -en> número *m* cardinal
Kardiogramm [kardio'gram] *nt* <-s, -e> (MED) cardiograma *m*
Kardiologe, -in [kardio'lo:gə] *m, f* <-n, -n; -, -nen> (MED) cardiólogo, -a *m, f*
Kardiologie [kardiolo'gi:] *f* <-, ohne *pl*> (MED) cardiología *f*
Kardiologin *f* <-, -nen> (MED) *s*. **Kardiologe**
Karenzentschädigung [ka'rɛnts-] *f* <-, -en> (WIRTSCH) indemnización *f* de carencia

Karenztag *m* <-(e)s, -e> día *m* de carencia (salarial); **Karenzzeit** *f* <-, -en> tiempo *m* de carencia
Karfiol [kar'fjo:l] *m* <-s, ohne *pl*> (*Österr*) coliflor *f*
Karfreitag [ka:e'fraita:k] *m* <-(e)s, -e> Viernes *m* Santo; *s. a.* **Montag**
Karfunkel [kar'fʊŋkəl] *m* <-s, ->, **Karfunkelstein** *m* <-(e)s, -e> carbúnculo *m*, carbunclo *m*, rubí *m*
karg [kark] <karger *o* kärger, am kargsten *o* am kärgsten> *adj* ❶ (*gering*) escaso; (*armselig*) pobre, mezquino; (*Essen*) frugal ❷ (*Wand*) pelado ❸ (*unfruchtbar*) árido
kargen ['kargən] *vi* (*geh*) cicatear (*mit* con); **er kargt nicht mit Lob und Anerkennung** no escatima ni en elogios ni reconocimientos
kärger ['kɛrgɐ] *adj kompar von* **karg**
Kargheit *f* <-, ohne *pl*> ❶ (*des Bodens*) aridez *f* ❷ (*der Ausstattung*) sencillez *f*; (*des Essens*) frugalidad *f*
kärglich ['kɛrklɪç] *adj* escaso; (*Gehalt*) mezquino, miserable; (*Essen*) frugal
kärgste(r, s) ['kɛrkstə, -tə, -təs] *adj superl von* **karg**
Karibik [ka'ri:bɪk] *f* (el) Caribe *m*
karibisch *adj* caribeño; **die K~en Inseln** las islas caribeñas [*o* del Caribe]
kariert [ka'ri:et] *adj* (*Stoff*) de [*o* a] cuadros; (*Papier*) cuadriculado; **blau ~ a** [*o* con] cuadros azules; **klein ~** (*Stoff*) a cuadros pequeños; (*Papier*) cuadriculado, de cuadrícula pequeña
Karies ['ka:riɛs] *f* <-, ohne *pl*> (MED) caries *f inv*
kariesfördernd *adj* (MED) estimulante de la caries, que provoca caries
Karikatur [karika'tu:ɐ] *f* <-, -en> caricatura *f*
Karikaturist(in) [karikatu'rɪst] *m(f)* <-en, -en; -, -nen> caricaturista *mf*
karikieren* [kari'ki:rən] *vt* caricaturizar
kariös [kari'ø:s] *adj* (MED) cariado
karitativ [karita'ti:f] *adj* caritativo
Karkasse [kar'kasə] *f* <-, -n> (TECH) carcasa *f*
Karmeliter(in) [karme'li:tɐ] *m(f)* <-s, -; -, -nen> (REL) carmelita *mf*
Karmesin [karme'zi:n] *nt* <-s, ohne *pl*> carmesí *m*, carmín *m*
karmesinrot *adj* carmesí
karminrot [kar'mi:n-] *adj* carmín
Karneval ['karnəval] *m* <-s, -e *o* -s> carnaval *m*
Karnevalszug *m* <-(e)s, -züge> desfile *m* de carnaval
Karnickel [kar'nɪkəl] *nt* <-s, -> (*reg*) conejo *m*
karnivor [karni'vo:ɐ] *adj* (BIOL) carnívoro
Karnivore [karni'vo:rə] *mf* <-n, -n; -, -n> carnívoro, -a *m, f*
Kärnten ['kɛrntən] *nt* <-s> Carintia *f*
Karo ['ka:ro] *nt* <-s, -s> ❶ (*Viereck*) cuadrado *m*; (*Raute*) rombo *m*; (*auf Kleidung*) cuadro *m* ❷ (*spanisches Kartenspiel*) oros *mpl*; (*französisches Kartenspiel*) diamantes *mpl*
Karoassᴿᴿ *nt* <-es, -e> as *m* de diamantes
Karolinger ['ka:rolɪŋɐ] *mpl* (HIST) Carolingios *mpl*
karolingisch ['ka:rolɪŋɪʃ] *adj* (HIST) carolingio
Karomuster *nt* <-s, -> dibujo *m* a cuadros; **ein Rock mit ~** una falda a cuadros
Karosse [ka'rɔsə] *f* <-, -n> ❶ (*Kutsche*) carroza *f* ❷ (*fam: Karosserie*) carrocería *f*
Karosserie [karɔsə'ri:] *f* <-, -n> carrocería *f*
Karosseriebauer(in) *m(f)* <-s, -; -, -nen> carrocero, -a *m, f*
Karotin [karo'ti:n] *nt* <-s, -e> (CHEM) carotina *f*
Karotte [ka'rɔtə] *f* <-, -n> zanahoria *f*
Karpaten [kar'pa:tən] *pl* Cárpatos *mpl*
Karpfen ['karpfən] *m* <-s, -> (ZOOL) carpa *f*
Karpfenteich *m* <-(e)s, -e> criadero *m* de carpas; **Karpfenzucht** *f* <-, -en> cría *f* de carpas
Karre ['karə] *f* <-, -n> *s*. **Karren**
Karree [ka're:] *nt* <-s, -s> ❶ (*Viereck*) cuadrado *m* ❷ (*Häuserblock*) manzana *f*, cuadra *f* Am; **ums ~ gehen** dar una vuelta a la manzana ❸ (*Österr*: GASTR: *Rippenstück*) chuleta *f*, costilla *f*
karren ['karən] *vt* transportar (en carretas), carretear (se); **die Sandsäcke wurden an die Bruchstelle des Deiches gekarrt** llevaron los sacos de arena con carretas al lugar de la rotura del dique; **von überall her wurden Studenten zur Kundgebung gekarrt** (*fam*) de todas partes llegaron estudiantes en autobuses a la manifestación
Karren ['karən] *m* <-s, -> ❶ (*Wagen*) carro *m*; **sich nicht vor jds ~ spannen lassen** no dejar que alguien se aproveche de uno; **für jdn den ~ aus dem Dreck ziehen** (*fam*) sacarle a alguien las castañas del fuego; **jdm an den ~ fahren** (*fam*) poner a alguien como un trapo ❷ (*abw: Auto*) cacharro *m*, carraca *f*
Karrette [ka'rɛtə] *f* <-, -n> (*Schweiz: Schubkarre*) carretilla *f*
Karriere [ka'rjɛ:rə] *f* <-, -n> carrera *f* (profesional); **~ machen** hacer carrera

Karrierefrau *f* <-, -en> arribista *f*; **Karriereknick** *m* <-(e)s, -e> bajón *m* en la carrera; **Karrieremacher(in)** *m(f)* <-s, -; -, -nen> (*abw*) arribista *mf*

Karrierist(in) [karjeˈrɪst] *m(f)* <-en, -en; -, -nen> arribista *mf*

Karsamstag [kaːˈɛʔzamstaːk] *m* <-(e)s, -e> Sábado *m* Santo [*o* de Gloria]; *s. a.* **Montag**

Karst [karst] *m* <-(e)s, -e> (GEO) carst *m*, karst *m*

Karstboden *m* <-s, -böden> (GEO) suelo *m* cárstico

karstig [ˈkarstɪç] *adj* (GEO) cársico, kárstico

Karstlandschaft *f* <-, -en> (GEO) carst *m*, karst *m*

Karte [ˈkartə] *f* <-, -n> ❶ (*Visiten-*, *Kredit-*) tarjeta *f*; **die gelbe/rote ~** (SPORT) la tarjeta amarilla/roja
❷ (*Ansichts-*) (tarjeta *f*) postal *f*; **eine ~ schreiben** escribir una postal
❸ (*Speise-*) carta *f* (del menú); **Herr Ober, bitte die ~!** camarero, ¡la carta, por favor!; **nach der ~ essen** comer a la carta
❹ (*Land-*) mapa *m*
❺ (*Fahr-*) billete *m*, boleto *m Am*; (*Eintritts-*) entrada *f*, billete *m*
❻ (*Spiel-*) naipe *m*, carta *f*; **jdm die ~n legen** echar las cartas a alguien; **~n spielen** jugar a las cartas; **gute ~n auf der Hand haben** tener buenas cartas; **mit offenen/verdeckten ~n spielen** (*a. fig*) enseñar las cartas/ocultar el juego; **alles auf eine ~ setzen** (*a. fig*) jugarse el todo por el todo a una carta; **seine ~n aufdecken** (*a. fig*) poner las cartas sobre la mesa; **jdm in die ~n gucken** (*fam*) mirarle las cartas a alguien; (*fig*) intentar descubrir los planes secretos de alguien; **sich** *dat* **nicht in die ~n sehen lassen** esconder la bola
❼ (INFOR) tarjeta *f* gráfica

Kartei [karˈtaɪ] *f* <-, -en> fichero *m*; **eine ~ über jdn/etw führen** llevar un fichero sobre alguien/algo, tener a alguien/algo fichado

Karteikarte *f* <-, -n> ficha *f*; **Karteikasten** *m* <-s, -kästen> fichero *m*; **Karteileiche** *f* <-, -n> (*iron*) ficha que contiene datos de personas o hechos que ya no existen o están pasados; **Karteischrank** *m* <-(e)s, -schränke> fichero *m*

Kartell [karˈtɛl] *nt* <-s, -e> (WIRTSCH) cártel *m*; **ein ~ bilden** formar un cártel

Kartellabsprache *f* <-, -n> (WIRTSCH) acuerdo *m* de cártel

kartellähnlich *adj* (WIRTSCH) similar a un cártel

Kartellamt *nt* <-(e)s, -ämter> autoridad *f* de vigilancia de los cárteles; **Kartellaufsicht** *f* <-, *ohne pl*> (WIRTSCH) fiscalización *f* de cárteles; **Kartellbehörde** *f* <-, -n> (WIRTSCH) autoridad *f* de vigilancia de los cárteles, autoridad *f* en materia de cárteles; **Kartellbeschluss**[RR] *f* <-es, -schlüsse> (JUR) acuerdo *m* de cártel; **Kartellbildung** *f* <-, -en> (JUR) formación *f* de cárteles, cartelización *f*; **Kartellbußen** *fpl* (JUR) sanciones *fpl* por cartelización; **Kartellentflechtung** *f* <-, -en> (WIRTSCH) descartelización *f*; **Kartellerlaubnis** *f* <-, -se> (WIRTSCH) autorización *f* de cártel

kartellfeindlich *adj* (WIRTSCH) anticártel

Kartellgericht *nt* <-(e)s, -e> *s.* **Kartellbehörde**; **Kartellgerichtsbarkeit** *f* <-, *ohne pl*> (JUR) jurisdicción *f* en materia de cárteles; **Kartellgesetz** *nt* <-es, -e> ley *f* anticártel, ley *f* sobre restricciones de la competencia; **Kartellgesetzgebung** *f* <-, *ohne pl*> (JUR) legislación *f* antimonopolio

kartellieren* *vt* (WIRTSCH) agrupar en cárteles, cartelizar

Kartellkammer *f* <-, -n> (JUR) sala *f* competente en materia de cárteles; **Kartellklage** *f* <-, -n> (JUR) demanda *f* anticártel; **Kartellkodex** *m* <-(es), -e> (JUR) código *m* de cárteles; **Kartellmitglied** *nt* <-(e)s, -er> miembro *m* de cártel; **Kartellpolizei** *f* <-, *ohne pl*> policía *f* antimonopolio; **Kartellprivatrecht** *nt* <-(e)s, *ohne pl*> derecho *m* privado de cárteles; **Kartellrecht** *nt* <-(e)s, *ohne pl*> legislación *f* sobre cárteles, régimen *m* de cárteles [*o* de agrupaciones económicas]; **europäisches ~** régimen europeo de cárteles; **~ der EG** régimen de cárteles de la CE

kartellrechtlich *adj* relativo al régimen jurídico de los cárteles

Kartellsurrogat *nt* <-(e)s, -e> (JUR) sucedáneo *m* de cártel; **Kartellverbot** *nt* <-(e)s, -e> (JUR) prohibición *f* de cártel

Kartellverfahren *nt* <-s, -> (WIRTSCH, JUR) procedimiento *m* anticártel [*o* de defensa de la competencia]; **Kartellverfahrensrecht** *nt* <-(e)s, *ohne pl*> derecho *m* regulador del procedimiento anticártel [*o* de defensa de la competencia]

Kartellverordnung *f* <-, -en> reglamento *m* sobre cárteles

Kartellvertrag *m* <-(e)s, -träge> (JUR) contrato *m* de cártel; **Kartellvertragsrecht** *nt* <-(e)s, *ohne pl*> régimen *m* del contrato de cártel; **Kartellvertreter(in)** *m(f)* <-s, -; -, -nen> representante *mf* de cártel; **Kartellzwang** *m* <-(e)s, *ohne pl*> (WIRTSCH, JUR) cartelización *f* obligatoria

Kartenbesitzer(in) *m(f)* <-s, -; -, -nen> poseedor(a) *m(f)* de tarjeta; **~ können mit ihrer Karte Geld abheben/telefonieren** los que poseen una tarjeta pueden retirar dinero/llamar por teléfono; **Kartenhaus** *nt* <-es, -häuser> ❶ (*Figur aus Spielkarten*) castillo *m* de naipes; **alle ihre Pläne fielen in sich zusammen wie ein ~** todos sus planes se desmoronaron como un castillo de naipes ❷ (NAUT: *Raum für Seekarten*) caseta *f* de derrota; **Karteninhaber(in)** *m(f)* <-s, -; -, -nen> (WIRTSCH, FIN) titular *mf* de la tarjeta; **Kartenkunststück** *nt* <-(e)s, -e> truco *m* de cartas; **Kartenlegen** *nt* <-s, *ohne pl*> cartomancia *f*; **Kartenleger(in)** *m(f)* <-s, -; -, -nen> cartomántico, -a *m*, *f*; **Kartenreiter** *m* <-s, -> lengüeta *f* guía; **Kartenspiel** *nt* <-(e)s, -e> ❶ (*Spiel*) juego *m* de naipes [*o* de cartas] ❷ (*Spielkarten*) baraja *f*; **Kartenspieler(in)** *m(f)* <-s, -; -, -nen> jugador(a) *m(f)* de cartas; **Kartenständer** *m* <-s, -> soporte *m* para mapas; **Kartentelefon** *nt* <-s, -e> teléfono *m* de tarjeta(s)

Kartenvorverkauf *m* <-(e)s, *ohne pl*> venta *f* anticipada de localidades; **Kartenvorverkaufsstelle** *f* <-, -n> taquilla *f* de venta anticipada de localidades, boletería *f Am*

Kartenwerk *nt* <-(e)s, -e> cartografía *f*

kartieren* [karˈtiːrən] *vt* ❶ (GEO) cartografiar, levantar mapas (de) ❷ (*in Kartei*) fichar

Kartoffel [karˈtɔfəl] *f* <-, -n> patata *f*, papa *f Am*; **neue ~n** patatas nuevas [*o* de la última cosecha]; **die ~n von unten wachsen sehen** (*fam*) estar criando malvas; **jdn fallen lassen wie eine heiße ~** (*fam*) dejar a alguien en la estacada; **für jdn die ~n aus dem Feuer holen** (*fig*) sacarle a alguien las castañas del fuego

Kartoffelbrei *m* <-s, *ohne pl*> puré *m* de patatas; **Kartoffelchip** *m* <-s, -s> patata *f* frita; **Kartoffelernte** *f* <-, -n> (AGR) cosecha *f* de patatas; **Kartoffelkäfer** *m* <-s, -> escarabajo *m* de la patata, dorífora *f*; **Kartoffelkloß** *m* <-es, -klöße> croqueta *f* de patata; **Kartoffelkraut** *nt* <-(e)s, *ohne pl*> hoja *f* de la patata; **Kartoffelmehl** *nt* <-(e)s, -e> (AGR) harina *f* de patata; **Kartoffelpuffer** *m* <-s, -> (GASTR) *fritura de patatas ralladas*; **Kartoffelpüree** *nt* <-s, *ohne pl*> puré *m* de patata, naco *m Kol*; **Kartoffelsalat** *m* <-s, -e> ensalada *f* de patatas; **Kartoffelschale** *f* <-, -n> piel *f* de la patata; **Kartoffelschäler** *m* <-s, -> pelador *m* de patatas; **Kartoffelstärke** *f* <-, -n> (BIOL) almidón *m* de patatas; **Kartoffelstock** *m* <-(e)s, *ohne pl*> (*Schweiz*) puré *m* de patatas

Kartograf(in)[RR] *m(f)* <-en, -en; -, -nen> *s.* **Kartograph**

Kartografie[RR] *f* <-, *ohne pl*> *s.* **Kartographie**

Kartografin[RR] *f* <-, -nen> *s.* **Kartograph**

kartografisch *adj s.* **kartographisch**

Kartograph(in) [kartoˈgraːf] *m(f)* <-en, -en; -, -nen> cartógrafo, -a *m*, *f*

Kartographie [kartograˈfiː] *f* <-, *ohne pl*> cartografía *f*

Kartographin *f* <-, -nen> *s.* **Kartograph**

kartographisch [kartoˈgraːfɪʃ] *adj*: **~ erfassen** cartografiar

Karton [karˈtɔŋ] *m* <-s, -s> ❶ (*Material*) cartón *m*; (*Foto-*) cartulina *f* ❷ (*Behälter*) caja *f*

Kartonage [kartoˈnaːʒə] *f* <-, -n> cartonaje *m*, embalaje *m* de cartón

kartonieren* [kartoˈniːrən] *vt* encuadernar en cartón

kartoniert [kartoˈniːət] *adj* (*Buch*) empastado, encuadernado en cartoné

Kartusche [karˈtʊʃə] *f* <-, -n> ❶ (TECH: *Behälter*) cartucho *m*; (*Tonerpatrone*) tóner *m* ❷ (MIL: *Geschosshülse*) cartucho *m*; (*leere Geschosshülle*) casquillo *m* ❸ (KUNST: *Zierornament*) voluta *f*

Karussell [karʊˈsɛl] *nt* <-s, -s *o* -e> tiovivo *m*, caballitos *mpl*

Karwendelgebirge *nt* <-s> montes *mpl* Karwendel

Karwoche [ˈkaːɛvɔxə] *f* <-, -n> Semana *f* Santa

Karyatide [karjaˈtiːdə] *f* <-, -n> (KUNST) cariátide *f*

Karzer[1] [ˈkartsɐ] *m* <-s, -> (HIST: *Zelle*) celda *f* (*aula que antiguamente hacía las funciones de celda de castigo en universidades e institutos*)

Karzer[2] *m* <-s, *ohne pl*> (HIST: *Strafe*) arresto *m* (*impuesto a estudiantes de universidad o de instituto*)

karzinogen [kartsinoˈgeːn] *adj* (MED) cancerígeno

Karzinom [kartsiˈnoːm] *nt* <-s, -e> (MED) carcinoma *m*

Kasachstan [ˈkazaxstaːn] *nt* <-s> Kazajstán *m*

Kaschemme [kaˈʃɛmə] *f* <-, -n> (*fam abw*) bar *m* de mala reputación, baruchо *m*

kaschieren* [kaˈʃiːrən] *vt* ocultar, tapar

Kaschmir[1] [ˈkaʃmiːɐ] *m* <-s, -e> (*Wolle*, *Gewebe*) cachemir *m*

Kaschmir[2] *nt* Cachemira *f*

Käse [ˈkɛːzə] *m* <-s, -> ❶ (GASTR) queso *m*; **~ schließt den Magen** es bueno comer queso de postre; **mit ~ überbacken** gratinar con queso ❷ (*fam abw*: *Unsinn*) tonterías *fpl*, chorradas *fpl*; **das ist doch alles ~, was du erzählst!** ¡no dices más que bobadas!

Käseblatt *nt* <-(e)s, -blätter> (*fam abw*) periodicucho *m*

Käsebrot *nt* <-(e)s, -e> pan *m* con (mantequilla y) queso; **Käsegebäck** *nt* <-(e)s, -e> pasta *f* de queso; **Käseglocke** *f* <-, -n> quesera *f*

Kasein [kazeˈiːn] *nt* <-s, *ohne pl*> (CHEM) caseína *f*

Käsekuchen *m* <-s, -> tarta *f* de queso

Kasematte [kazeˈmatə] *f* <-, -n> (HIST) casamata *f*

Käseplatte *f* <-, -n> tabla *f* de quesos

Käserei *f* <-, -en> quesería *f*

Kaserne [ka'zɛrnə] f <-, -n> (MIL) cuartel m
Kasernenhof m <-(e)s, -höfe> (MIL) patio m del cuartel
kasernieren* [kazɛr'niːrən] vt acuartelar
Käseschnitte f <-, -n> s. **Käsebrot**
käseweiß adj (fam), **käsig** ['kɛːzɪç] adj (fam) pálido, descolorido
Kasino [ka'ziːno] nt <-s, -s> ① (MIL) comedor m de oficiales
② (Spiel~) casino m, casa f de juego
Kaskade [kas'kaːdə] f <-, -n> cascada f
Kaskopolice f <-, -n> (WIRTSCH) póliza f (de seguro) del buque; **Kaskoversicherung** ['kasko-] f <-, -en> seguro m a todo riesgo; (NAUT) seguro m del buque; ~ **mit Selbstbeteiligung** seguro a riesgo parcial; **Kaskovollversicherung** f <-, -en> seguro m a [o contra] todo riesgo
Kasper(le) ['kaspɐ(lə)] m <-s, -> títere m
Kasper(le)theater nt <-s, -> guiñol m, teatro m de títeres
kaspern ['kaspɐn] vi (fam) payasear
Kaspertheater nt <-s, -> s. **Kasper(le)theater**
Kassa ['kasa] f <-, Kassen> ① (Österr) caja f
② (WIRTSCH) caja f; **gegen ~** contra pago al contado; **per ~ bezahlen** pagar en efectivo
Kassadevise f <-, -n> (FIN, WIRTSCH) divisa f al contado; **Kassageschäft** nt <-(e)s, -e> (FIN, WIRTSCH) operación f al contado; **Kassakonto** nt <-s, -konten> (FIN, WIRTSCH) cuenta f de caja; **ein ~ saldieren** saldar una cuenta de caja; **Kassakurs** m <-es, -e> (FIN) cotización f de caja
Kassandraruf m <-(e)s, -e> (geh) advertencia f, aviso m (de que ocurrirá una catástrofe); **trotz der ~e wurden keine Vorsichtsmaßnahmen getroffen** a pesar de todas las advertencias no se tomaron medidas de precaución
Kassanotierung f <-, -en> (FIN) cotización f en efectivo
Kassation [kasa'tsjoːn] f <-, -en> (JUR) casación f
Kassationsgericht nt <-(e)s, -e> (JUR) tribunal m de casación
Kassaware f <-, -n> (WIRTSCH) mercancía f al contado
Kasse ['kasə] f <-, -n> ① (Behälter, Zahlstelle) caja f; **in die ~ greifen** (fam) meter mano a la caja; **~ machen** hacer la caja; **die ~ hat schon geschlossen** la caja ya está cerrada; **die ~ klingelt** (fam) el dinero entra a raudales; **jdn zur ~ bitten** (fam) reclamar dinero a alguien
② (Bargeld) efectivo m en caja, dinero m contante, dinero m fam; **netto ~** (COM) neto al contado; **knapp/gut bei ~ sein** (fam) andar mal/bien de dinero; **die ~ stimmt** las cuentas están en orden; **wir haben getrennte ~n** hacemos cuentas separadas; **ein großes Loch in die ~ reißen** costar mucho dinero
③ (für Eintritts-, Fahrkarten) taquilla f; **die Karten können an der ~ abgeholt werden** las entradas se pueden recoger en la taquilla
④ (fam: Bank) caja f
Kassel ['kasəl] nt <-s> Kassel m
Kasseler ['kasələ] nt <-s, -> (GASTR) carne de cerdo cocida y ahumada, similar al lacón
Kassenabschluss^{RR} m <-es, -schlüsse> (WIRTSCH) cierre m de caja
Kassenarzt, -ärztin m, f <-(e)s, -ärzte; -, -nen> médico, -a m, f de la Seguridad Social
Kassenautomat m <-en, -en> cajero m automático [o permanente]; **Kassenbeleg** m <-(e)s, -e> comprobante m de compra; **Kassenbestand** m <-es, -stände> efectivo m en caja; **Kassenbilanz** f <-, -en> balance m de caja; **Kassenbon** m <-s, -s> tíquet m de compra, tique m
Kassenbrille f <-, -n> (fam) gafas fpl pagadas por la Seguridad Social
Kassenbuch nt <-(e)s, -bücher> libro m de caja; **Kassendefizit** nt <-s, -e> (WIRTSCH) déficit m inv de caja; **Kassenerfolg** m <-(e)s, -e> ① (FILM, THEAT) éxito m de taquilla ② (Ware) éxito m de ventas; **Kassenfehlbetrag** m <-(e)s, -träge> déficit m inv de caja; **Kassenfüller** m <-s, -> (FILM, THEAT, MUS: fam) éxito m de taquilla; **Kassengestell** nt <-(e)s, -e> (fam) montura f (de gafas) pagada por la Seguridad Social; **Kassenkonto** nt <-s, -konten> cuenta f de caja; **Kassenpatient(in)** m(f) <-en, -en; -, -nen> paciente mf de la Seguridad Social; **Kassenprüfung** f <-, -en> (WIRTSCH) auditoría f financiera; **Kassenrücklage** f <-, -en> (WIRTSCH) reserva f de caja; **Kassenschalter** m <-s, -> taquilla f, caja f; **Kassenschlager** m <-s, -> (fam) superventas m inv; (Film) película f taquillera; **Kassenstunden** fpl (WIRTSCH) horas fpl de caja; **Kassensturz** m <-es, -stürze> (fam) cómputo m del dinero disponible; **~ machen** contar el dinero; **Kassenüberschuss**^{RR} m <-es, -schüsse> excedente m de caja; **Kassenumsatz** m <-es, -sätze> movimiento m de caja; **Kassenwart(in)** m(f) <-(e)s, -e; -, -nen> tesorero, -a m, f; **Kassenzettel** m <-s, -> ① (Quittung) factura f ② s. **Kassenbon**
Kasserolle f <-, -n> (Stieltopf) cazo m, cacerola f
Kassette [ka'sɛtə] f <-, -n> ① (für Geld) cajita f; (für Schmuck) joyero m
② (Schutzhülle) estuche m

③ (Musik~, Video~) cas(s)et(t)e m; **unbespielte ~** cinta virgen; **etw auf ~ haben** (fam) tener algo grabado
Kassettendeck nt <-s, -s> (platina f) cas(s)et(t)e m; **Kassettenradio** nt <-s, -s> radiocas(s)ete m; **Kassettenrekorder** m <-s, -> cas(s)et(t)e m, magnetófono m
Kassiber [ka'siːbɐ] m <-s, -> (sl) mensaje m secreto (usado por presidiarios para mantener contactos entre ellos o con el exterior)
Kassier [ka'siːɐ] m <-s, -e> (südd, Österr, Schweiz) s. **Kassierer**
kassieren* [ka'siːrən] I. vi ① (Kellner) cobrar
② (fam: Geld einnehmen) ganar
II. vt ① (einnehmen) cobrar (von/bei de)
② (fam: sich aneignen) quedarse (con), apropiarse (de); (wegnehmen) quitar
③ (fam: einstecken müssen) tragarse, tener que soportar
④ (JUR: aufheben) casar
Kassierer(in) m(f) <-s, -; -, -nen> cajero, -a m, f; (im Verein) tesorero, -a m, f
Kassler^{RR} ['kaslɐ] m <-s, ->, **Kaßler** nt <-s, -> s. **Kasseler**
Kastagnette [kasta'njɛtə] f <-, -n> castañuela f
Kastanie [kas'taːnjə] f <-, -n> ① (Baum) castaño m
② (Frucht) castaña f; **geröstete ~n** castañas asadas; **für jdn die ~n aus dem Feuer holen** (fam) sacarle a alguien las castañas del fuego
Kastanienbaum m <-(e)s, -bäume> castaño m
kastanienbraun adj castaño
Kästchen ['kɛstçən] nt <-s, -> ① (Behälter) cajita f
② (auf Papier) cuadrícula f
Kaste ['kastə] f <-, -n> casta f
kasteien* [kas'taɪən] vr: **sich ~** mortificarse
Kasteiung f <-, -en> mortificación f (autoimpuesta), penitencia f
Kastell [kas'tɛl] nt <-s, -e> castillo m
Kastellan [kastɛ'laːn] m <-s, -e> ① (Aufsichtsbeamter) director m, encargado m
② (HIST: Burgwart) alcaide m
Kasten ['kastən, pl: 'kɛstən] m <-s, Kästen> ① (Kiste) caja f; (größerer) cajón m; **zwei Kästen Bier** dos cajas de cerveza; **etwas auf dem ~ haben** (fam) ser listo
② (Schau~) vitrina f de exposición
③ (fam: Brief~) buzón m
④ (fam abw: Radio) cacharro m, aparato m; (Fernseher) caja f tonta
⑤ (Turngerät) plinto m
⑥ (fam abw: Gebäude) caserón m
⑦ (Österr, Schweiz: Schrank) armario m
Kastenform f <-, -en> ① (Form) forma f cuadrada
② (Backform) molde m cuadrado
Kastengeist m <-(e)s, ohne pl> (SOZIOL: abw) espíritu m de castas [o de clases]
Kastenwagen m <-s, -> (AUTO) furgoneta f
Kastenwesen nt <-s, ohne pl> sistema m de castas; **die Parias bilden die niedrigste Kaste des indischen ~s** los parias forman la casta más baja del sistema de castas indio
Kastilien [kas'tiːljən] nt <-s> Castilla f
Kastilier(in) m(f) <-s, -; -, -nen> castellano, -a m, f
kastilisch adj castellano
Kastrat [kas'traːt] m <-en, -en> castrado m
Kastration [kastra'tsjoːn] f <-, -en> castración f
kastrieren* [kas'triːrən] vt castrar
Kasuistik f <-, ohne pl> (PHIL, REL, MED) casuística f
kasuistisch adj ① (die Kasuistik betreffend) casuístico
② (geh: spitzfindig) sutil; **dieser ~en Argumentation kann ich nicht folgen** no puedo seguir esta sutil [o alambicada] argumentación
Kasus ['kaːzʊs] m <-, -> (LING) caso m
Kat [kat] m <-s, -s> ① (CHEM, AUTO) Abk. von **Katalysator** catalizador m
② (SPORT) Abk. von **Katamaran** catamarán m
katabolisch [kata'boːlɪʃ] adj (BIOL, MED) catabólico
Katabolismus [katabo'lɪsmʊs] m <-, ohne pl> (BIOL, MED) catabolismo m
Katafalk [kata'falk] m <-s, -e> catafalco m
Katakomben [kata'kɔmbən] fpl catacumbas fpl
Katalane, -in [kata'laːnə] m, f <-n, -n; -, -nen> catalán, -ana m, f
katalanisch adj catalán
Katalog [kata'loːk] m <-(e)s, -e> catálogo m
katalogisieren* [katalogi'ziːrən] vt catalogar
Katalogisierung f <-, -en> catalogación f
Katalognummer f <-, -n> número m de catálogo; **Katalogtat** f <-, -en> (JUR) delito m catalogizado
Katalonien [kata'loːnjən] nt <-s> Cataluña f
Katalysator [kataly'zaːtoːɐ] m <-s, -en> (CHEM, AUTO) catalizador m; **geregelter ~** catalizador regulado
Katalysatorauto nt <-s, -s> coche m con catalizador

Katalyse [kata'ly:zə] f <-, -n> (CHEM) catálisis f inv
katalysieren* [kataly'zi:rən] vt (CHEM) catalizar
katalytisch [kata'ly:tɪʃ] adj (CHEM) catalítico
Katamaran [katama'ra:n] m <-s, -e> catamarán m
Katapult [kata'pʊlt] nt o m <-(e)s, -e> (TECH, MIL) catapulta f
katapultieren* [katapʊl'ti:rən] vt (AERO: a. fig) catapultar
Katarakt [kata'rakt] m <-(e)s, -e> catarata f
Katarr[RR] [ka'tar] m <-s, -e> (MED), **Katarrh** m <-s, -e> (MED) catarro m
Kataster [ka'taste] m o nt <-s, -> catastro m
Katasteramt nt <-es, -ämter> oficina f del catastro
katastrieren* [katas'tri:rən] vt inscribir en el catastro
katastrophal [katastro'fa:l] adj catastrófico
Katastrophe [katas'tro:fə] f <-, -n> ❶ (Unglück) catástrofe f, desastre m
❷ (fig) desastre m; **seine Kleidung ist eine ~** su ropa es un desastre
Katastrophenalarm m <-(e)s, -e> alerta f roja; **Katastropheneinsatz** m <-es, -sätze> movilización f en caso de catástrofes, intervención f en caso de catástrofes; **das Technische Hilfswerk ist für den ~ bestimmt** Protección Civil está pensada para movilizaciones en caso de catástrofe; **Katastrophengebiet** nt <-(e)s, -e> zona f catastrófica; **Katastrophenhilfe** f <-, -n> ayuda f en caso de catástrofe; **Katastrophenklausel** f <-, -n> (JUR) cláusula f de catástrofe; **Katastrophenopfer** nt <-s, -> víctima f de una catástrofe; **Katastrophenschutz** m <-es, ohne pl> medidas fpl de protección contra catástrofes; **Katastrophenstimmung** f <-, -en> catastrofismo m
Kate ['ka:tə] f <-, -n> cabaña f
Katechismus [katɛ'çɪsmʊs] m <-, Katechismen> (REL) catecismo m
kategorial [kategori'a:l] adj (geh) categorial
Kategorie [katego'ri:] f <-, -n> categoría f; **etw in verschiedene ~n einteilen** clasificar algo
kategorisch [kate'go:rɪʃ] adj categórico; **der ~e Imperativ** el imperativo categórico; **das lehnte er ~ ab** lo rechazó categóricamente
Kater ['ka:tɐ] m <-s, -> ❶ (Tier) gato m; **der gestiefelte ~** el gato con botas
❷ (fam: Unwohlsein) resaca f, goma f Am; **einen ~ haben** tener resaca
Katerfrühstück nt <-(e)s, -e> (fam) desayuno m para superar una resaca (compuesto normalmente de pepinos y arenques)
kath. Abk. von **katholisch** católico
Katharsis ['ka:tarzɪs] f <-, ohne pl> (REL, PSYCH, LIT) catarsis f inv
Katheder [ka'te:dɐ] nt <-s, -> (UNIV: Lehrstuhl) cátedra f
Kathedrale [kate'dra:lə] f <-, -n> catedral f
Kathete [ka'te:tə] f <-, -n> (MATH) cateto m
Katheter [ka'te:tɐ] m <-s, -> (MED) catéter m
Kathode [ka'to:də] f <-, -n> (PHYS) cátodo m
Katholik(in) [kato'li:k] m(f) <-en, -en; -, -nen> católico, -a m, f
katholisch [ka'to:lɪʃ] adj católico, mocho Mex; **er ist streng ~** es muy católico
Katholizismus [katoli'tsɪsmʊs] m <-, ohne pl> catolicismo m, religión f católica
Kation ['katio:n, pl: kati'o:nən] nt <-s, -en> (PHYS) catión m
Kationenaustauscher m <-s, -> (CHEM) intercambiador m de cationes
Kattun [ka'tu:n] m <-s, -e> cotón m
Katz [kats] f: **~ und Maus mit jdm spielen** (fam) jugar al gato y al ratón con alguien; **für die ~ sein** (fam) no servir para nada, ser inútil
katzbuckeln ['---] vi (abw) arrastrarse; **vor jdm ~** arrastrarse a los pies de alguien
Kätzchen ['kɛtsçən] nt <-s, -> (BOT) amento m; **zu Ostern blühen die ~** por Pascua florecen los amentos
Katze ['katsə] f <-, -n> ❶ (Haus~) gato m, cucho m Chil; (weiblich) gata f, cucha f Chil; **wie die ~ um den heißen Brei schleichen** (fam) andarse con rodeos; **die ~ im Sack kaufen** (fam) comprar a ciegas; **die ~ aus dem Sack lassen** (fam) destapar un secreto; **Katz und Maus mit jdm spielen** (fam) jugar al gato y al ratón con alguien; **meine Arbeit war für die Katz** (fam) todo mi trabajo ha sido para nada; **bei Nacht sind alle ~n grau** de noche todos los gatos son pardos; **die ~ lässt das Mausen nicht** (prov) el hijo de la gata, ratones mata; **wenn die ~ aus dem Haus ist, tanzen die Mäuse** (prov) cuando el gato no está en casa, los ratones hacen fiesta
❷ (Raubtierart) felino m
katzenartig I. adj gatuno
II. adv como un gato
Katzenauge nt <-s, -n> ❶ (Mineral) ojo m de gato, crisoberilo m
❷ (fam: Rückstrahler) reflector m rojo, catafaro m
katzenfreundlich adj (alt abw) falso; **meinem Chef traue ich nicht, er ist mir zu ~** no me fío de mi jefe, es demasiado falso
katzenhaft adj felino, gatuno
Katzenjammer m <-s, ohne pl> (fam) moral f baja; **am nächsten Tag war der ~ groß** al día siguiente tenía la moral por los suelos; **Katzenmusik** f <-, ohne pl> (fam abw) música f ratonera; **hör mit deinem Geigenspiel auf, diese ~ ist unerträglich** para ya de tocar el violín, ¡qué música ratonera más insoportable!; **Katzensprung** m <-(e)s, -sprünge>: **es ist nur ein ~ (von hier)** está a dos pasos (de aquí); **Katzenstreu** [-ʃtrɔy] f <-, -en> serrín m para gatos; **Katzenwäsche** f <-, -n> (fam) lavoteo m; **~ machen** lavotearse, lavarse a lo gato; **Katzenzunge** f <-, -n> (GASTR, ZOOL) lengua f de gato
Katz-und-Maus-Spiel nt <-(e)s, -e> juego m del gato y el ratón; **ich bin dieses ~ leid, ich werde ihm meine Meinung sagen** estoy harto de jugar al gato y al ratón con él, voy a decirle lo que pienso
Kauderwelsch ['kaʊdɐvɛlʃ] nt <-(s), ohne pl> galimatías m inv
kauen ['kaʊən] vi, vt masticar; **an den Nägeln ~** comerse las uñas
kauern ['kaʊɐn] I. vi estar en cuclillas
II. vr: **sich ~** acuclillarse
Kauf [kaʊf, pl: 'kɔyfə] m <-(e)s, Käufe> compra f (von de); (Erwerb) adquisición f (von de); **~ auf Abruf/Abzahlung** (WIRTSCH) compra a requerimiento/a plazos; **~ auf eigene Rechnung** (WIRTSCH) compra por cuenta propia; **~ auf Probe/Voranmeldung/Ziel** (WIRTSCH) compra a (título de) prueba/con previo aviso/a plazos; **~ mit Rückgaberecht** (WIRTSCH) compra con derecho de devolución; **~ nach Muster** (WIRTSCH) compra según muestra; **~ unter Eigentumsvorbehalt** (JUR) compra bajo reserva de propiedad; **Käufe von Vorleistungen** (WIRTSCH) compra de pagos anticipados; **ein ~ in Raten/auf Kredit** una compra a plazos/a crédito; **guter/schlechter ~** buena/mala compra; **gezielter ~** compra precisa; **etw zum ~ anbieten** poner algo en venta; **die Tasche ist ein guter ~** el bolso es una ganga; **etw in ~ nehmen** contar con algo, asumir algo
Kaufabrede f <-, -n> (FIN, JUR) acuerdo m de compraventa
Kaufabschluss[RR] m <-es, -schlüsse> conclusión f de una compra; **bei ~** al realizarse la compra; **Kaufabschlussgesetz**[RR] nt <-es, -e> (JUR) ley f reguladora de la conclusión de contratos de compraventa
Kaufabsicht f <-, -en> intención f de compra; **Kaufangebot** nt <-(e)s, -e> oferta f de compra; **Kaufanwartschaftsvertrag** m <-(e)s, -träge> (JUR) contrato m de opción de compra; **Kaufauftrag** m <-(e)s, -träge> (WIRTSCH) mandato m de compra, orden f de compra; **Kaufbereitschaft** f <-, -en> (WIRTSCH) disposición f de compra
kaufen ['kaʊfən] vt (Ware, bestechen) comprar; (erwerben) adquirir; **viel gekauft** muy comprado; **etw fertig ~** comprar algo ya hecho; **fest ~** (FIN) comprar en firme; **unbesehen/gegen bar ~** comprar sin reparos/al contado; **etw auf Raten ~** comprar algo a plazos; **etw für eigene/fremde Rechnung ~** comprar algo por cuenta propia/ajena; **ein Buch für 20 Euro ~** comprar un libro por 20 euros; **auf dem Markt kauft man billiger** en el mercado se compra más barato; **ich habe (mir) ein neues Kleid gekauft** (me) he comprado un vestido nuevo; **die Zeugen sind gekauft** los testigos han sido comprados; **dafür kann ich mir nichts ~** (fam) esto no me sirve de nada; **den kaufe ich mir** (fam) éste me lo compro
Käufer(in) ['kɔyfɐ] m(f) <-s, -; -, -nen> comprador(a) m(f); (Kunde) cliente, -a m, f; **~ aus zweiter Hand** comprador de segunda mano; **bösgläubiger/gutgläubiger ~** comprador de mala/buena fe; **~ anlocken** atraer clientes; **einen ~ für etw finden** encontrar un comprador para algo
Käufermarkt m <-(e)s, ohne pl> (WIRTSCH) mercado m de compradores; **Käuferschicht** f <-, -en> clase f de compradores; **Käuferverhalten** nt <-s, ohne pl> comportamiento m de los compradores; **Käuferwiderstand** m <-(e)s, -stände> (WIRTSCH) resistencia f de los compradores
Kauffrau f <-, -en> perita f comercial [o mercantil]; (Händlerin) comerciante f; **Kaufgegenstand** m <-(e)s, -stände> objeto m de compraventa; **Kaufgeld** nt <-(e)s, ohne pl> precio m de venta; **Kaufgeschäft** nt <-(e)s, -e> operación f de compraventa; **Kaufgesetz** nt <-es, -e> (JUR) ley f de compraventa
Kaufhaus nt <-es, -häuser> grandes almacenes mpl, emporio m MAm; **Kaufhausdetektiv(in)** m(f) <-s, -e; -, -nen> detective mf de grandes almacenes
Kaufinteresse nt <-s, -n> interés m de compra; **Kaufinteressent(in)** m(f) <-en, -en; -, -nen> comprador(a) m(f) interesado, -a, cliente mf potencial
Kaufkraft f <-, ohne pl> (WIRTSCH) poder m adquisitivo, capacidad f adquisitiva [o de compra]; **überschüssige ~** exceso de poder adquisitivo; **Kaufkraftausgleich** m <-(e)s, ohne pl> (JUR) nivelación f del poder adquisitivo
kaufkräftig adj (WIRTSCH) solvente; **~e Nachfrage** demanda con poder adquisitivo
Kaufladen m <-s, -läden> (Spielzeug) tienda f de juguete, almacén m de juguete; **Kaufleute** pl s. **Kaufmann**
käuflich ['kɔyflɪç] adj ❶ (Waren) comprable; **etw ~ erwerben** adquirir algo; **~e Liebe** amor comprable
❷ (bestechlich) sobornable, comprable

Käuflichkeit *f* <-, *ohne pl*> (*abw*) corruptibilidad *f*, venalidad *f*; **der Verdacht der ~ hat sich bei diesem Politiker erhärtet** la sospecha sobre la corruptibilidad de este político se ha confirmado

Kauflust *f* <-, *ohne pl*> ganas *fpl* de comprar; **steigende ~** aumento de la tendencia a comprar; **die ~ hat nachgelassen** la gente ya no está tan dispuesta a comprar

kauflustig *adj* con ganas de comprar; **heute sind die Kunden sehr ~** los clientes muestran hoy muchas ganas de comprar

Kauflustige(r) *mf* <-n, -n; -n, -n> comprador(a) *m(f)*; **die ~n drängten sich um die Sonderangebote** los compradores se arremolinaban alrededor de las rebajas

Kaufmann *m* <-(e)s, -leute> perito *m* comercial [*o* mercantil]; (*Händler*) comerciante *m*; (HIST) mercader *m*

kaufmännisch [-mɛnɪʃ] *adj* comercial, mercantil

Kaufmannsbrauch *m* <-(e)s, -bräuche> uso *m* de comerciante; **Kaufmannseigenschaft** *f* <-, -en> condición *f* de comerciante; **Kaufmannshaftung** *f* <-, -en> (JUR) responsabilidad *f* del comerciante; **unbeschränkte ~** responsabilidad ilimitada del comerciante

Kaufoption *f* <-, -en> (FIN) opción *f* de compra; **Kauforder** *f* <-, -s> (COM) orden *f* de compra

Kaufpreis *m* <-es, -e> precio *m* de compra; **Kaufpreisanspruch** *m* <-(e)s, -sprüche> (JUR) derecho *m* al precio de la compra; **Kaufpreisfälligkeit** *f* <-, -en> (JUR) vencimiento *m* del precio de compraventa; **Kaufpreisforderung** *f* <-, -en> (JUR) reclamación *f* del precio de la compraventa; **Kaufpreisrückzahlung** *f* <-, -en> reembolso *m* del precio de compraventa; **Kaufpreisrückzahlungspflicht** *f* <-, *ohne pl*> (JUR) obligación *f* de reembolsar el precio de compraventa; **Kaufpreissammlung** *f* <-, -en> (JUR) recogida *f* del precio de la compra

Kaufrausch *m* <-(e)s, -räusche> fiebre *f* compradora

Kaufrecht *nt* <-(e)s, *ohne pl*> derecho *m* de compraventa, régimen *m* de compraventa; **Kaufrechtsvermächtnis** *nt* <-ses, -se> (JUR) legado *m* del derecho de compraventa

Kaufschein *m* <-(e)s, -e> (WIRTSCH) tícket *m* de compra, comprobante *m* de compra; **Kaufsteuer** *f* <-, -n> (WIRTSCH, FIN) impuesto *m* de compra; **Kaufsumme** *f* <-, -n> (WIRTSCH) total *m* de compras

Kauf-Verkaufsoption *f* <-, -en> (FIN, WIRTSCH) opción *f* de compraventa; **Kauf-Verkaufsoptionsgeschäft** *nt* <-(e)s, -e> (FIN, WIRTSCH) operación *f* de opción de compra-venta

Kaufvertrag *m* <-(e)s, -träge> contrato *m* de compraventa; **~ mit Eigentumsvorbehalt** contrato de compraventa con reserva de propiedad; **einen ~ abschließen** cerrar un contrato de compraventa; **Kaufwelle** *f* <-, -n> (WIRTSCH) flujo *m* de compra; **Kaufwert** *m* <-(e)s, -e> valor *m* de compra; **Kaufzwang** *m* <-(e)s, -zwänge> obligación *f* de comprar; **ohne ~** sin compromiso

Kaugummi *m o nt* <-s, -s> chicle *m*, goma *f* de mascar

Kaukasus ['kaʊkazʊs] *m* <-> Cáucaso *m*

Kaulquappe ['kaʊlkvapə] *f* <-, -n> renacuajo *m*

kaum [kaʊm] *adv* ❶ (*wahrscheinlich nicht*) probablemente no; **ob sie heute noch kommt? – wohl ~** ¿va a venir todavía hoy? – no creo; **ich glaube ~, dass ...** no creo que... + *subj*
❷ (*noch nicht einmal, fast nicht*) apenas; **~ jemand** casi nadie; **sie war ~ hereingekommen, als ...** apenas había entrado cuando...; **es dauerte ~ drei Stunden** apenas duró tres horas; **es ist ~ zu glauben** es difícil de creer

Kaumuskel *m* <-s, -n> (ANAT) masetero *m*; **streng deine ~n mal an!** (*fam iron*) ¡mastica bien!

kausal [kaʊˈzaːl] *adj* causal; **~ zusammenhängen** estar en relación causa-efecto

Kausalgesetz *nt* <-es, *ohne pl*> (PHILOS) ley *f* de la causalidad

Kausalität [kaʊzaliˈtɛːt] *f* <-, -en> (*a.* JUR) causalidad *f*; **abgebrochene ~** causalidad interrumpida; **alternative ~** causalidad alternativa; **haftungsausfüllende ~** causalidad supletoria de responsabilidad; **haftungsbegründende ~** causalidad fundamentadora de responsabilidad; **hypothetische ~** causalidad hipotética; **kumulative ~** causalidad cumulativa; **psychisch vermittelte ~** causalidad mediada síquicamente; **überholende ~** causalidad adelantadora

Kausalitätsprinzip *nt* <-s, *ohne pl*> (PHILOS) principio *m* de (la) causalidad

Kausalprinzip *nt* <-s, *ohne pl*> (PHILOS) principio *m* de (la) causalidad; **Kausalsatz** *m* <-es, -sätze> (LING) oración *f* causal; **Kausalzusammenhang** *m* <-(e)s, -hänge> relación *f* causa-efecto

kaustisch ['kaʊstɪʃ] *adj* (CHEM) cáustico

Kautabak ['kaʊ-] *m* <-s, -e> tabaco *m* de mascar, breva *f Am*

Kaution [kaʊˈtsjoːn] *f* <-, -en> ❶ (JUR) fianza *f*; **eine ~ für jdn stellen** pagar una fianza por alguien; **gegen ~** bajo fianza
❷ (*bei Mieten*) garantía *f*, depósito *m*; **eine ~ hinterlegen** depositar una caución

Kautionswechsel *m* <-s, -> (JUR) efecto *m* cambial en depósito

Kautschuk ['kaʊtʃʊk] *m* <-s, -e> caucho *m*, hule *m Am*

Kauz [kaʊts, *pl:* 'kɔɪtsə] *m* <-es, Käuze> (ZOOL) mochuelo *m*; **ein komischer ~** un tío raro

kauzig *adj* raro, estrafalario

Kavalier [kavaˈliːɐ] *m* <-s, -e> caballero *m*; **er ist immer ~** siempre se comporta como un caballero

Kavaliersdelikt *nt* <-(e)s, -e> peccata minuta *pl*

Kavalierstart *m* <-(e)s, -s> arrancada *f* (del coche) haciendo patinar las ruedas; **mit seinem ~ will er mir imponieren, der Spinner!** arrancando así en plan Fórmula-1 quiere impresionarme, ¡será majadero!

Kavallerie [kavaləˈriː, ----] *f* <-, -n> (HIST) caballería *f*

Kavallerist [kavaləˈrɪst, ----] *m* <-en, -en> (HIST) soldado *m* de caballería

Kaviar ['kaːviaɐ] *m* <-s, -e> caviar *m*, huevas *fpl* de esturión

KB [kaːˈbeː] *Abk. von* **Kilobyte** Kb

KBit/s (INFOR) *Abk. von* **Kilobit pro Sekunde** Kbps, kbps

kcal *Abk. von* **Kilokalorie** Kcal

Kebab [keˈbap] *m* <-(s), -s> (GASTR) kébab *m*

keck [kɛk] *adj* fresco, descarado

Keckheit *f* <-, -en> atrevimiento *m*, descaro *m*

Keeper(in) ['kiːpɐ] *m(f)* <-s, -; -, -nen> (*Österr, Schweiz:* SPORT: *Torwart*) portero, -a *m, f*, arquero, -a *m, f Am*

Kefe ['keːfə] *f* <-, -n> (*Schweiz: Erbse*) guisante *m*

Kefir ['keːfɪr] *m* <-s, *ohne pl*> kéfir *m*

Kegel ['keːgəl] *m* <-s, -> ❶ (*Geometrie, a. Berg~, Licht~*) cono *m*
❷ (*Spielfigur*) bolo *m*

Kegelabend *m* <-s, -e> reunión *f* para jugar a los bolos; **Kegelbahn** *f* <-, -en> bolera *f*; **Kegelbruder** *m* <-s, -brüder> (*fam*) compañero *m* del club de bolos

kegelförmig [-fœrmɪç] *adj* cónico

Kegelkugel *f* <-, -n> bola *f* (del juego de bolos)

kegeln ['keːgəln] *vi* jugar a los bolos

Kegelschnitt *m* <-(e)s, -e> (MATH) sección *f* cónica; **Kegelschwester** *f* <-, -n> (*fam*) compañera *f* del club de bolos; **Kegelstumpf** *m* <-(e)s, -stümpfe> (MATH) cono *m* truncado

Kegler(in) ['keːglɐ] *m(f)* <-s, -; -, -nen> jugador(a) *m(f)* de bolos

Kehle ['keːlə] *f* <-, -n> garganta *f*; **jdm an die ~ springen** saltarle a alguien a la chepa; **jdm die ~ durchschneiden** degollar a alguien; **aus voller ~ singen** cantar a grito pelado; **mir war die ~ wie zugeschnürt** se me hizo un nudo en la garganta; **etw in die falsche ~ kriegen** (*fam*) entender algo mal

kehlig *adj* (LING) gutural

Kehlkopf *m* <-(e)s, -köpfe> (ANAT) laringe *f*; **Kehlkopfentzündung** *f* <-, -en> (MED) laringitis *f inv*; **Kehlkopfkrebs** *m* <-es, -e> (MED) cáncer *m* de laringe

Kehllaut *m* <-(e)s, -e> (LING) ❶ (*Glottal*) sonido *m* glotal
❷ (*kehliger Laut*) sonido *m* gutural

Kehraus ['keːɐʔaʊs] *m* <-, *ohne pl*> ❶ (*letzter Tanz*) último baile *m*; **als ~ tanzten wir einen Walzer** el último baile que bailamos fue un vals
❷ (*Wend*): **den ~ feiern** celebrar el final de una fiesta; **am Aschermittwoch wird kräftig ~ gefeiert** el miércoles de ceniza se celebra intensamente el final del Carnaval

Kehrbesen ['keːɐ-] *m* <-s, -> (*reg*) escoba *f*; **Kehrblech** *nt* <-(e)s, -e> (*reg*) recogedor *m*

Kehre ['keːrə] *f* <-, -n> ❶ (*Kurve*) curva *f*, viraje *m*
❷ (SPORT) vuelta *f*

kehren ['keːrən] **I.** *vt* ❶ (*drehen*) dar la vuelta, volver; **die Innenseite nach außen ~** volver del revés; **er ist in sich gekehrt** está totalmente encerrado en sí mismo
❷ (*fegen*) barrer
II. *vr:* **sich ~** ❶ (*sich wenden*) volverse
❷ (*sich kümmern*) preocuparse (*an* de)
III. *vi* ❶ (*fegen*) barrer
❷ (*Schweiz: drehen: Wind, Trend*) cambiar; (*Auto*) virar

Kehricht ['keːrɪçt] *m o nt* <-s, *ohne pl*> (*geh*) basura *f*, desperdicios *mpl*; **das geht dich einen feuchten ~ an!** (*fam*) ¡eso te importa un comino!

Kehrmaschine *f* <-, -n> barredora *f*

Kehrreim *m* <-(e)s, -e> estribillo *m*

Kehrschaufel *f* <-, -n> recogedor *m*

Kehrseite *f* <-, -n> ❶ (*Rückseite*) revés *m*, reverso *m*; **die ~ der Medaille** la otra cara de la moneda
❷ (*Rücken*) espalda *f*; **jdm seine ~ zudrehen** volverle la espalda a alguien
❸ (*Nebenerscheinung*) aspecto *m* negativo

Kehrseitentheorie *f* <-, *ohne pl*> (JUR) teoría *f* del reverso

kehrt [keːɐt] *interj* (MIL) ¡media vuelta!; **Kompanie – ~!** compañía – ¡media vuelta!

kehrt|machen vi (fam) ① (zurückgehen) dar la vuelta, volver ② (aufgeben) volverse atrás, dar marcha atrás
Kehrtwendung f <-, -en> media vuelta f
Kehrwert m <-(e)s, -e> (MATH) valor m inverso
Kehrwoche f <-, -n> (südd) semana en la que la limpieza de la escalera corresponde a uno de los inquilinos; **die ~ machen** corresponder a alguien la limpieza de la escalera
keifen ['kaɪfən] vi (abw) berrear, vociferar
Keil [kaɪl] m <-(e)s, -e> ① (Werkzeug) cuña f; **er versucht einen ~ zwischen uns zu treiben** intenta separarnos ② (Bremsklotz) zapata f en cuña
Keile ['kaɪlə] f <-, ohne pl> (reg: fam) paliza f, zurra f; **~ kriegen** recibir una paliza
keilen ['kaɪlən] vr: **sich ~** (fam) pelearse
Keiler m <-s, -> jabalí m macho
Keilerei f <-, -en> (fam) camorra f, trifulca f
keilförmig [-fœrmɪç] adj cuneiforme
Keilhose f <-, -n> pantalón m de pierna estrecha; **Keilkissen** nt <-s, -> travesaño m; **Keilriemen** m <-s, -> (TECH) correa f trapezoidal, mecanismo m de la correa trapezoidal; **Keilschrift** f <-, -en> (HIST) escritura f cuneiforme
Keim [kaɪm] m <-(e)s, -e> ① (BOT) germen m; **etw im ~ ersticken** sofocar algo en su origen ② (Embryo) embrión m ③ (Krankheitserreger) germen m (infeccioso)
Keimblatt nt <-(e)s, -blätter> (BOT) cotiledón m; **Keimdrüse** f <-, -n> (ANAT, ZOOL) glándula f sexual
keimen vi ① (BOT) brotar ② (Verdacht, Hoffnung) surgir, nacer
Keimfähigkeit f <-, ohne pl> poder m germinativo
keimfrei adj aséptico, esterilizado; **etw ~ machen** esterilizar algo, desinfectar algo
Keimling m <-s, -e> (BOT) brote m, germen m
keimtötend adj antiséptico
Keimung f <-, -en> (BIOL, BOT) germinación f
Keimzelle f <-, -n> ① (BIOL) célula f germinal, gameto m ② (Anfang) germen m
kein, keine, kein [kaɪn, 'kaɪnə, kaɪn] pron indef ① (nicht ein, nichts an) no; (~ Einziger) ningún m, ninguna f; **sie hat ~ Auto** no tiene coche; **ich habe ~e Zeit** no tengo tiempo; **~ einziges Mal** ni una sola vez; **in ~ster Weise** de ninguna manera; **es war ~ Mensch da** no había nadie; **das ist ~e gute Idee** no es una buena idea; **~e Ahnung!** ¡ni idea!; **~ bisschen** (Lust) ni pizca (de ganas) ② (nicht einmal) ni, ni siquiera; **das ist ~e 200 Meter von hier** no está ni a 200 metros de aquí; **sie war noch ~e fünf Minuten weg, als …** no hacía ni (siquiera) cinco minutos que se había ido, cuando…
keine(r, s) ['kaɪnə, -nəs] pron indef nadie, ninguno; **ich kenne ~n, der das kann** no conozco a nadie que sepa hacerlo; **es war ~r da** no había nadie; **~r/s von beiden** ninguno de los dos; **~r von uns** ninguno de nosotros; **~s der Kinder** ninguno de los niños
keinerlei ['---] adj ningún, de ningún tipo; **ich mache mir ~ Gedanken darüber** esto no me preocupa lo más mínimo
keinerseits ['---] adv (von niemandem) de ninguna parte, por parte de nadie; (bei niemandem) en ninguna parte
keinesfalls ['---] adv de ningún modo, de ninguna manera; **er darf mich ~ hier sehen** de ningún modo me debe ver aquí
keineswegs ['---] adv en absoluto, en modo alguno, nadita Mex; **sie ist ~ dumm** no es nada tonta
keinmal adv ni una sola vez, ninguna vez
keins [kaɪns] pron indef s. **keine(r, s)**
Keks [ke:ks] m o nt <-(es), -(e)> (Gebäck) galleta f; **jdm auf den ~ gehen** (fam) poner negro a alguien, caer gordo a alguien
Kelch [kɛlç] m <-(e)s, -e> ① (Glas) copa f; (REL) cáliz m; **den bitteren (bis zur Neige) leeren müssen** (geh fig) apurar el cáliz de la amargura (hasta las heces); **lass diesen ~ an mir vorübergehen!** (fig) ¡aparta de mí este cáliz! ② (BOT) cáliz m
kelchförmig adj (Blüte) caliciforme; **dieses Weinglas hat einen ~en Aufsatz** esta copa de vino tiene forma de cáliz
Kelchglas nt <-es, -gläser> copa f en forma de cáliz
Kelle ['kɛlə] f <-, -n> ① (Schöpflöffel) cucharón m ② (Signalkelle) disco m ③ (Maurer~) palustre m, paleta f de albañil
Keller ['kɛlɐ] m <-s, -> sótano m
Kellerassel ['kɛlɐʔasəl] f <-, -n> cochinilla f
Kellerei f <-, -en> bodega f; (Sekt~) cava f, bodega f
Kellerfenster nt <-s, -> tragaluz m; **Kellergeschoss**[RR] nt <-es, -e> sótano m; **Kellergewölbe** nt <-s, -> ① (Keller) sótano m abovedado ② (Gewölbe) bóveda f del sótano; **Kellerkind** nt <-(e)s, -er> (fam) niño m de clase baja; **er kommt aus ärmlichen Verhältnissen, ein ~ eben!** es de humilde extracción, ¡un niño pobre, vaya!; **Kellerlokal** nt <-(e)s, -e> bodega f; **Kellermeister(in)** m(f) <-s, -; -, -nen> bodeguero, -a m, f
Kellerwechsel m <-s, -> (FIN) letra f de cambio ficticia
Kellerwohnung f <-, -en> (piso m en el) sótano m
Kellner(in) ['kɛlnɐ] m(f) <-s, -; -, -nen> camarero, -a m, f
kellnern vi (fam) trabajar de camarero/camarera
Kelte, -in ['kɛltə] m, f <-n, -n; -, -nen> (HIST) celta mf
Kelter ['kɛltɐ] f <-, -n> lagar m
Kelterei f <-, -en> lagar m
keltern ['kɛltɐn] vt prensar; **Trauben ~** pisar la uva
Keltin f <-, -nen> s. **Kelte**
keltisch ['kɛltɪʃ] adj celta
Kelvin ['kɛlvɪn] nt <-s, -> (PHYS) kelvin m
Kemenate [kemeˈnaːtə] f <-, -n> ① (HIST: Frauengemächer) aposento m de la dama ② (fam iron: privater Raum) aposento m
Kenia ['keːnia] nt <-s> Kenia f
Kenianer(in) [keniˈaːnɐ] m(f) <-s, -; -, -nen> keniata mf
kenianisch adj keniata
Kennbuchstabe m <-n(s), -n> letra f indicadora [o distintiva]
Kenndaten pl (TECH) datos mpl característicos
kennen ['kɛnən] <kennt, kannte, gekannt> vt conocer; (wissen) saber; **~ Sie Herrn X?** ¿conoce al señor X?; **~ Sie ihren Namen?** ¿sabe cómo se llama?; **sie kennt uns nicht mehr** no quiere saber nada de nosotros; **kennst du mich noch?** ¿te acuerdas de mí?; **jdn ~ lernen** conocer a alguien; **ich habe ihn in Sevilla ~ gelernt** le conocí en Sevilla; **die Einführung dient dazu die Methoden ~ zu lernen** la introducción sirve para conocer los métodos; **es freut mich Sie ~ zu lernen** encantado de conocerle; **wenn du nicht sofort kommst, kannst du mich mal ~ lernen** (fam) si no vienes en seguida, ya verás; **wie ich ihn kenne …** tal y como le conozco…; **da kennst du mich aber schlecht** no me conoces bien; **sie ~ ihn als zuverlässigen Kollegen** le tienen por un colega fiable; **er kennt kein Erbarmen** no tiene compasión; **da kenne ich nichts!** ¡me da lo mismo!; **sie kennt ihn von früher** le conoce de antes; **ich kenne sie vom Sehen** la conozco de vista
kennen|lernen vt s. **kennen**
Kennenmüssen nt <-s, ohne pl> (JUR) deber m de conocimiento
Kenner(in) m(f) <-s, -; -, -nen> ① (Sachverständiger) perito, -a m, f, experto, -a m, f ② (Autorität) conocedor(a) m(f), entendido, -a m, f
Kennerblick m <-(e)s, -e> mirada f experta, ojo m clínico; **etw mit ~ betrachten** mirar algo con ojo de buen cubero
kennerhaft I. adj experto, de conocedor II. adv como un experto, de entendido
Kennerin f <-, -nen> s. **Kenner**
Kennermiene f <-, -n> mirada f de experto
Kennnummer[RR] f <-, -n> número m de identificación
kenntlich ['kɛntlɪç] adj: **~ machen** marcar, remarcar
Kenntnis ['kɛntnɪs] f <-, ohne pl> (das Bekanntsein) conocimiento m; **~ des Gerichts** conocimiento del juzgado; **gesetzlich unterstellte/vermutete ~** (JUR) conocimiento legalmente subordinado/presunto; **von etw dat ~ haben/erhalten** tener noticia de algo/llegar a saber algo; **jdn von etw dat in ~ setzen** poner a alguien en conocimiento de algo; **etw/jdn zur ~ nehmen** tomar nota de algo/prestar atención a alguien; **in/ohne ~ der Umstände** con/sin conocimiento de causa; **das entzieht sich meiner ~** (geh) no estoy al corriente
Kenntnisnahme f <-, ohne pl> (formal): **zur ~** para su conocimiento; **nach ~** después de haber tenido conocimiento
kenntnisreich adj (geh) docto, erudito
Kenntnisse fpl (Wissen) conocimientos mpl; **ausgezeichnete ~ (in Mathematik) besitzen** tener extraordinarios conocimientos (en matemáticas); **seine ~ auffrischen/vertiefen** refrescar/profundizar sus conocimientos; **seine ~ reichen dazu nicht aus** sus conocimientos no bastan para ello
Kennnummer[RR] f <-, -n> s. **Kennnummer**
Kennung f <-, -en> (TECH) caracterización f
Kennwort nt <-(e)s, -wörter> contraseña f, código m; **Kennwortschutz** m <-es, ohne pl> (INFOR) protección f por contraseña
Kennzahl f <-, -en> s. **Kennziffer**
Kennzeichen nt <-s, -> ① (Merkmal) característica f; (zur Unterscheidung) distintivo m; **besondere ~** rasgos distintivos ② (Markierung) señal f, marca f ③ (AUTO) matrícula f; **amtliches ~** placa f de matrícula
Kennzeichenrecht nt <-(e)s, ohne pl> derecho m de marca
kennzeichnen vt ① (markieren) marcar, señalar; **etw als zerbrechlich ~** señalar algo como frágil

kennzeichnend 404 **Keule**

② (*charakterisieren*) caracterizar (*als* de), calificar (*als* de)
kennzeichnend *adj* característico
Kennziffer *f* <-, -n> ① (*als Kennzeichen*) número *m* indicador, índice *m*; **erzeugnisbezogene/finanzwirtschaftliche ~** (WIRTSCH) índice de producción/de la economía financiera
② (MATH) característica *f*
kentern ['kɛntən] *vi sein* zozobrar
Keramik [ke'ra:mɪk] *f* <-, -en> cerámica *f*
Keramikinlay [-ɪnleɪ] *nt* <-s, -s> (MED) incrustación *f* cerámica
keramisch [ke'ra:mɪʃ] *adj* de cerámica, de barro
Kerbe ['kɛrbə] *f* <-, -n> (*Einschnitt*) muesca *f*; (*in Holz, Metall*) entalladura *f*; (*Zeichen*) marca *f*; **in dieselbe ~ schlagen** (*fam*) llover sobre mojado
Kerbel ['kɛrbəl] *m* <-s, *ohne pl*> (BOT) perifollo *m*
kerben ['kɛrbən] *vt* grabar (*in* en); **er kerbte seine Initialen in den Baum** grabó [*o* inscribió] sus iniciales en el árbol
Kerbholz *nt* (*fam*): **etwas auf dem ~ haben** no tener la conciencia limpia
Kerbtier *nt* <-(e)s, -e> (ZOOL) insecto *m*
Kerker ['kɛrkɐ] *m* <-s, -> ① (HIST) calabozo *m*
② (*Österr: Zuchthaus*) penitenciaría *f*
Kerkermeister *m* <-s, -> (HIST) carcelero *m*
Kerl [kɛrl] *m* <-s, -e> (*fam*) tío *m*, pisco *m Kol: abw*; **du blöder ~!** ¡estúpido!; **er ist ein ganzer ~** es todo un hombre; **er/sie ist ein feiner ~** es un buen chico/una buena chica
Kern [kɛrn] *m* <-(e)s, -e> ① (*von Apfel, Birne*) pepita *f*, pepa *f Am*; (*von Pfirsich, Pflaume*) hueso *m*; (*von Sonnenblume, Melone*) pipa *f*
② (BIOL, PHYS) núcleo *m*
③ (*Mittelpunkt*) centro *m*
④ (*das Wesentliche*) fondo *m*, parte *f* esencial; **der ~ einer Aussage** la parte esencial de una idea; **jedes Märchen hat einen wahren ~** cada cuento tiene algo de verdad; **in ihr steckt ein guter ~** tiene un buen corazón; **schließlich war nur noch der harte ~ übrig** (*fam*) al final sólo quedaron los últimos fieles
Kernabschirmung *f* <-, -en> (PHYS) apantallamiento *m* del núcleo; **Kernarbeitszeit** *f* <-, -en> (WIRTSCH) horas *fpl* fijas de trabajo; **Kernbildung** *f* <-, -en> (PHYS) nucleación *f*; **Kernbrennstoff** *m* <-(e)s, -e> (TECH) combustible *m* nuclear
Kernenergie *f* <-, *ohne pl*> energía *f* nuclear; **Kernenergieausstieg** *m* <-(e)s, -e> (POL) abandono *m* de la energía nuclear
Kernexplosion *f* <-, -en> explosión *f* nuclear; **Kernfach** *nt* <-(e)s, -fächer> (SCH) asignatura *f* troncal [*o* obligatoria]; **Kernfamilie** *f* <-, -n> (SOZIOL) familia *f* nuclear
Kernforschung *f* <-, *ohne pl*> investigación *f* nuclear; **Kernforschungszentrum** *nt* <-s, -zentren> centro *m* de investigación de física nuclear
Kernfrage *f* <-, -n> pregunta *f* esencial, cuestión *f* fundamental; **Kernfrucht** *f* <-, -früchte> (BOT) fruto *m* con pepitas; **Kernfusion** *f* <-, -en> (PHYS) fusión *f* nuclear; **Kerngedanke** *m* <-ns, -n> pensamiento *m* central; **Kerngehäuse** *nt* <-s, -> corazón *m*
kerngesund ['--'-] *adj* rebosante de salud
Kerngewährleistung *f* <-, -en> (JUR) garantía *f* central; **~ des Anliegerrechts** garantía central del derecho de colindancia
Kernholz *nt* <-es, -hölzer> duramen *m*
kernig ['kɛrnɪç] *adj* ① (*urwüchsig*) robusto, fuerte
② (*Obst*) lleno de pepitas
Kerninduktion *f* <-, -en> (PHYS) inducción *f* nuclear
Kernkraft *f* <-, *ohne pl*> energía *f* nuclear; **Kernkraftbefürworter(in)** *m(f)* <-s, -; -, -nen> partidario, -a *m*, *f* de la energía nuclear; **Kernkraftgegner(in)** *m(f)* <-s, -; -, -nen> detractor(a) *m(f)* de la energía nuclear; **Kernkraftwerk** *nt* <-(e)s, -e> central *f* nuclear, planta *f* nucleoeléctrica
Kernladungszahl *f* <-, -en> (CHEM) número *m* atómico; **Kernland** *nt* <-(e)s, -länder> asentamiento *m* primitivo
kernlos *adj* sin pipas [*o* pepitas]
Kernobst *nt* <-es, *ohne pl*> fruta *f* de pepita; **Kernphysik** *f* <-, *ohne pl*> física *f* nuclear; **Kernphysiker(in)** *m(f)* <-s, -; -, -nen> físico, -a *m*, *f* nuclear; **Kernproblem** *nt* <-s, -e> cuestión *f* crucial, punto *m* clave; **Kernpunkt** *m* <-es, -e> punto *m* esencial [*o* clave], nudo *m* de la cuestión; **Kernreaktion** *f* <-, -en> (PHYS) reacción *f* nuclear; **Kernreaktor** *m* <-s, -en> (PHYS) reactor *m* nuclear; **Kernschmelze** *f* <-, *ohne pl*> (PHYS) fusión *f* del núcleo (del reactor)
Kernseife *f* <-, -n> jabón *m* duro
Kernspaltung *f* <-, -en> (PHYS) fisión *f* nuclear; **Kernspeicher** *m* <-s, -> (INFOR) memoria *f* de núcleos
Kernspin ['kɛrnspɪn] *m* <-s, -s> (PHYS) espín *m* nuclear; **KernspintomografRR** *m* <-en, -en>, **Kernspintomograph** *m* <-en, -en> (MED) aparato *m* de tomografía de espín nuclear
Kernstrahlung *f* <-, -en> (PHYS) radiación *f* nuclear; **Kernstück** *nt* <-(e)s, -e> parte *f* esencial, corazón *m*; **Kerntechnik** *f* <-, -en> (PHYS) técnica *f* nuclear
kerntechnisch *adj* (PHYS) de técnica nuclear, nucleónico
Kerntechnologie *f* <-, -n> (PHYS) tecnología *f* nuclear; **Kernteilung** *f* <-, -en> (BIOL: *direkt*) amitosis *f inv*; (*indirekt*) mitosis *f inv*; **Kernumwandlung** *f* <-, -en> (PHYS) transformación *f* nuclear; **Kernverschmelzung** *f* <-, -en> (PHYS) fusión *f* nuclear; **Kernwaffen** *fpl* armas *fpl* nucleares
kernwaffenfrei *adj* desnuclearizado, libre de armas nucleares
Kernwaffenversuch *m* <-(e)s, -e> (MIL) prueba *f* nuclear
Kernzeit *f* <-, -en> horario *m* fijo (*en un horario flexible, horas en las que el trabajador está obligado a ocupar su puesto de trabajo*); **unsere ~ geht von 9.00 Uhr bis 15.00 Uhr** nuestro horario fijo va de 9 a 3 de la tarde
Kerosin [kero'ziːn] *nt* <-s, *ohne pl*> queroseno *m*
Kerze ['kɛrtsə] *f* <-, -n> ① (*aus Wachs*) vela *f*
② (*Zünd~*) bujía *f*
③ (SPORT) vela *f*, clavo *m*; **eine ~ machen** hacer el clavo
Kerzenbeleuchtung *f* <-, -en> *s.* **Kerzenlicht**; **Kerzendocht** *m* <-(e)s, -e> mecha *f* de la vela
kerzengerade ['---'--] *adj* derecho como una vela; **~ sitzen** estar sentado más derecho que una vela
Kerzenhalter *m* <-s, -> candelero *m*; **Kerzenleuchter** *m* <-s, -> (*für mehrere Kerzen*) candelabro *m*, candil *m Mex*; (*für eine Kerze*) candelero *m*; (*mit Griff*) palmatoria *f*; **Kerzenlicht** *nt* <-(e)s, *ohne pl*> luz *f* de vela; **bei ~** a la luz de la vela; **Kerzenschlüssel** *m* <-s, -> (AUTO) llave *f* para bujías; **Kerzenständer** *m* <-s, -> candelero *m*
Kescher ['kɛʃɐ] *m* <-s, -> (*zum Fischen*) buitrón *m*; (*für Insekten*) cazamariposas *m inv*
kessRR [kɛs] *adj*, **keß** *adj* ① (*vorlaut*) fresco, descarado
② (*Kleidung*) moderno
Kessel ['kɛsəl] *m* <-s, -> ① (*Dampf~*) caldera *f*, tacho *m Am*; (*Wasser~*) hervidor *m*
② (*Tal*) valle *m* cerrado
③ (MIL) sitio *m*, cerco *m*
④ (*Schweiz: Eimer*) cubo *m*
Kesselflicker(in) *m(f)* <-s, -; -, -nen> (*alt*) calderero, -a *m*, *f*; **Kesselhaus** *nt* <-es, -häuser> (TECH) sala *f* de calderas; **Kesselpauke** *f* <-, -n> (MUS) timbal *m*; **Kesselschmied** *m* <-(e)s, -e> (HIST) calderero *m*; **Kesselstein** *m* <-(e)s, *ohne pl*> (CHEM) incrustación *f* de caldera; **Kesseltreiben** *nt* <-s, *ohne pl*> (*Hetzkampagne*) campaña *f* de difamación
KessheitRR *f* <-, *ohne pl*>, **Keßheit** *f* <-, *ohne pl*> frescura *f*, descaro *m*
Ketchup ['kɛtʃap] *m o nt* <-(s), -s> *s.* **Ketschup**
Keton [ke'toːn] *nt* <-s, -e> (CHEM) cetona *f*
Ketsch [kɛtʃ] *f* <-, -en> (NAUT) queche *m*
KetschupRR ['kɛtʃap] *m o nt* <-(s), -s> ketchup *m*, catchup *m*
Kette ['kɛtə] *f* <-, -n> ① (*Eisen~, Hotel~, Menschen~, Fahrrad~*) cadena *f*; **einen Hund an die ~ legen** atar un perro con cadena; **jdn in ~n legen** encadenar a alguien; (*fig*) privar a alguien de su libertad; **seine ~n sprengen** romper sus cadenas; (*fig*) liberarse de la opresión
② (*Hals~*) collar *m*, cadena *f* del cuello; **eine ~ um den Hals tragen** llevar un collar
③ (*Reihe*) serie *f*; **eine ~ von Ereignissen** una serie de acontecimientos
ketten *vt* encadenar (*an* a), poner cadenas (*an* a)
Kettenanstiftung *f* <-, -en> (JUR) instigación *f* encadenada; **Kettenbrief** *m* <-(e)s, -e> carta que debe ser copiada y remitida a varias personas más; **Kettenfahrzeug** *nt* <-(e)s, -e> (MIL, TECH) vehículo *m* oruga; **Kettenglied** *nt* <-(e)s, -er> eslabón *m*; **Kettenhemd** *nt* <-(e)s, -en> (HIST) cota *f* de malla; **Kettenhund** *m* <-(e)s, -e> perro *m* guardián (atado a una cuerda); **Kettenkarussell** *nt* <-s, -s *o* -e> cadenas *fpl*; **Kettenrauchen** *nt* <-s, *ohne pl*>: **von deinem ~ bekommst du noch mal Lungenkrebs** fumando como un carretero acabarás con cáncer de pulmón; **Kettenraucher(in)** *m(f)* <-s, -; -, -nen> fumador(a) *m(f)* empedernido, -a; **Kettenreaktion** *f* <-, -en> (CHEM, PHYS) reacción *f* en cadena; **Kettenschaltung** *f* <-, -en> cambio *m* de piñón; **Kettenschutz** *m* <-es, -e> (*Fahrrad*) guardacadena *m*, cubrecadena *m*
Ketzer(in) ['kɛtsɐ] *m(f)* <-s, -; -, -nen> hereje *mf*
Ketzerei [kɛtsə'raɪ] *f* <-, -en> herejía *f*
Ketzerin *f* <-, -nen> *s.* **Ketzer**
ketzerisch *adj* herético
keuchen ['kɔɪçən] *vi* jadear
Keuchhusten *m* <-s, *ohne pl*> tos *f* ferina
Keule ['kɔɪlə] *f* <-, -n> ① (*Waffe*) maza *f*, porra *f*; **chemische ~** porra química; (*fig*) insecticida *m*
② (*Sportgerät*) maza *f*
③ (*Tier~*) pierna *f*, pata *f*; (*Geflügel~*) muslo *m*

Keulenschlag m <-(e)s, -schläge> porrazo m; **jdn wie ein ~ treffen** caer a alguien como una bomba
keusch [kɔʏʃ] adj casto, púdico; **~ leben** vivir castamente
Keuschheit f <-, ohne pl> castidad f
Keuschheitsgelübde nt <-s, -> (REL) voto m de castidad; **das ~ ablegen** hacer voto de castidad; **Keuschheitsgürtel** m <-s, -> (HIST) cinturón m de castidad
Keyboard ['kiːbɔːt] nt <-s, -s> teclado m
Keynesianer(in) [kɛɪnzi'aːnɐ] m(f) <-s, -; -, -nen> (WIRTSCH) keynesiano, -a m, f
Keyword ['kiːwœːt] nt <-s, -s> (INFOR) palabra f clave
Kffr. Abk. von **Kauffrau** comercial f
Kfm. Abk. von **Kaufmann** comercial m
Kfz nt <-(s), -(s)> Abk. von **Kraftfahrzeug** automóvil m
kg Abk. von **Kilogramm** kg
KG [kaːˈgeː] f <-, -s> Abk. von **Kommanditgesellschaft** sociedad f comanditaria [o en comandita]
kgl. Abk. von **königlich** real
K-Gruppe ['kaː-] f <-, -n> (POL) grupo m comunista (nombre usado por los opositores para los partidarios del marxismo-leninismo)
Khaki m <-(s), ohne pl> caqui m
khakifarben adj (de color) caqui
kHz (PHYS) Abk. von **Kilohertz** khz
KI [kaːˈʔiː] (INFOR) Abk. von **künstliche Intelligenz** inteligencia f artificial
Kibbuz [kɪˈbuːts] m <-, -e o Kibbuzim> kibutz m
Kichererbse ['kɪçɐ-] f <-, -n> garbanzo m
kichern ['kɪçɐn] vi reírse para dentro, reír a medias
Kickdown [kɪkˈdaʊn] nt <-s, -s>, **Kick-down**^RR nt <-s, -s> (AUTO) pisada f a fondo del acelerador
kicken ['kɪkən] I. vi (fam: Fußball spielen) jugar al fútbol II. vt (fam: Ball) chutar
Kicker(in) m(f) <-s, -(s); -, -nen> (fam) futbolista mf
Kickoff^RR [kɪkˈɔf] m <-s, -s>, **Kick-off** m <-s, -s> (Schweiz: SPORT: Fußballanstoß) saque m
Kickstarter ['kɪkʃtartɐ] m <-s, -> (AUTO) pedal m de arranque
Kid [kɪt] nt <-s, -s> ① (Glacéleder) cabritilla f ② (sl: Kind, Jugendlicher) chaval(a) m(f)
kidnappen ['kɪtnɛpən] vt secuestrar
Kidnapper(in) ['kɪtnɛpɐ] m(f) <-s, -; -, -nen> secuestrador(a) m(f)
Kidnapping ['kɪtnɛpɪŋ] nt <-s, -s> secuestro m
kiebig ['kiːbɪç] adj (reg) ① (frech) impertinente, descarado; **verkneif dir deine ~en Bemerkungen!** ¡atájate tus comentarios impertinentes! ② (aufgebracht) furioso; **wieso bist du plötzlich so ~?** ¿por qué estás tan furioso de repente?
Kiebitz ['kiːbɪts] m <-es, -e> ① (Vogel) avefría f ② (fam: Person) mirón, -ona m, f
kiebitzen ['kiːbɪtsən] vi (fam) observar, estar de mirón
Kiefer¹ ['kiːfɐ] f <-, -n> (BOT) pino m
Kiefer² m <-s, -> (ANAT) maxilar m, mandíbula f
Kieferbruch m <-(e)s, -brüche> (MED) fracturación f de mandíbula; **Kieferchirurg(in)** m(f) <-en, -en; -, -nen> (MED) cirujano, -a m, f maxilar; **Kieferchirurgie** f <-, ohne pl> (MED) cirugía f maxilar; **Kieferchirurgin** f <-, -nen> s. Kieferchirurg; **Kieferfehlstellung** f <-, -en> (MED) posición f maxilar defectuosa
Kieferhöhle f <-, -n> (ANAT) seno m maxilar; **Kieferhöhlenentzündung** f <-, -en> (MED) infección f maxilar, inflamación f maxilar
Kiefernholz nt <-es, -hölzer> madera f de pino; **Kiefernnadel** f <-, -n> (BOT) pinocha f m; **Kiefernöl** nt <-(e)s, -e> aceite m de pino; **Kiefernwald** m <-(e)s, -wälder> bosque m de pinos, pinedo m AmL; **Kiefernzapfen** m <-s, -> (BOT) piña f de pino
Kieferorthopäde, -in m, f <-n, -n; -, -nen> (MED) ortopedista mf maxilar
kieken ['kiːkən] vi (nordd: fam: gucken) mirar, ver; **kiek mal!** ¡mira!
Kieker ['kiːkɐ] m: **auf dem ~ haben** tener en el punto de mira; (Person) tener fichado
Kiel [kiːl] m <-(e)s, -e> ① (Schiffsteil) quilla f; **ein Schiff auf ~ legen** poner un barco en grada ② (an Vogelfeder) cañón m
kielholen ['---] vt (NAUT) carenar
Kiellinie f <-, -n> línea f de fila
kieloben [kiːlˈʔoːbən] adv (NAUT) con la quilla al aire, quilla al sol; **nach dem Kentern trieb das Schiff ~** después de zozobrar el barco quedó quilla al sol [o con la quilla al aire]
Kielraum m <-(e)s, -räume> cala f; **Kielwasser** nt <-s, ohne pl> estela f, aguaje m; **in jds ~ segeln** [o **schwimmen**] seguir la corriente a alguien
Kieme ['kiːmə] f <-, -n> branquia f, agalla f
Kien [kiːn] m <-(e)s, ohne pl>, **Kienspan** m <-(e)s, -späne> tea f
Kiepe ['kiːpə] f <-, -n> (nordd) cuévano m

Kies¹ [kiːs] m <-es, -e> (Steine) guijarros mpl, grava f
Kies² m <-es, ohne pl> (fam: Geld) pasta f, guita f
Kiesel ['kiːzəl] m <-s, -> guijarro m
Kieselalge f <-, -n> (BOT) diatomea f; **Kieselerde** f <-, ohne pl> sílice f; **Kieselgel** nt <-s, -e> (CHEM) gel m de sílice; **Kieselsäure** f <-, -n> (CHEM) ácido m silícico; **Kieselstein** m <-(e)s, -e> guijarro m; **Kieselstrand** m <-(e)s, -strände> playa f de guijarros
Kiesgrube f <-, -n> gravera f, guijarral m; **Kiesweg** m <-(e)s, -e> camino m pedregoso
Kiew ['kiːɛf] nt <-s> Kiev m
kiffen ['kɪfən] vi (fam) fumar porros
Kiffer(in) ['kɪfɐ] m(f) <-s, -; -, -nen> (fam) grifota f, fumador(a) m(f) de porros
kikeriki [kikəriˈkiː] interj ¡quiquiriquí!
killekille ['kɪlə'kɪlə] interj (fam iron): **~, wie kitzelig du bist!** ¿a ver tú?, ¡vaya cosquillas que tienes!
killen ['kɪlən] vt (fam) asesinar
Killer(in) ['kɪlɐ] m(f) <-s, -; -, -nen> (fam) asesino, -a m, f
Killerinstinkt m <-(e)s, -e> (fam) instinto m asesino; **in so einer Konkurrenzsituation kommt bei ihr der ~ durch** en una situación tan competitiva se despierta su instinto asesino
Kilo ['kiːlo] nt <-s, -(s)> (fam) kilo m, quilo m
Kilobyte ['kiːlobaɪt] nt <-(s), -(s)> (INFOR) kilobyte m; **Kilogramm** nt <-s, -> kilogramo m, quilogramo m; **Kilohertz** [-hɛrts] nt <-, -> (PHYS) kilohercio m; **Kilojoule** nt <-(s), -> (PHYS) kilojulio m; **Kilokalorie** f <-, -n> (PHYS) kilocaloría f
Kilometer [--'--, '----] m <-s, -> kilómetro m; **das Auto fährt 160 ~ pro Stunde** el coche va a 160 kilómetros por hora; **Kilometerfresser(in)** [--'----] m(f) <-s, -; -, -nen> (fam) tragamillas mf inv; **Kilometergeld** nt <-es, ohne pl> kilometraje m, quilometraje m
kilometerlang [--'--'-] adj de varios kilómetros, kilométrico
Kilometerpauschale f <-, -n> (FIN) kilometraje m; **Kilometerstand** m <-(e)s, -stände> (AUTO) kilometraje m; **Kilometerstein** m <-(e)s, -e> mojón m kilométrico, poste m kilométrico
kilometerweit [--'--'-] I. adj de muchos kilómetros II. adv muchos kilómetros
Kilometerzähler m <-s, -> cuentakilómetros m inv
Kilovolt nt <-, o -(e)s, -> (PHYS) kilovoltio m
Kilowatt nt <-s, -> (PHYS, TECH) kilovatio m; **Kilowattstunde** f <-, -n> (PHYS, ELEK) kilovatio m hora
Kimme ['kɪmə] f <-, -n> alza f, punto m de mira; **über ~ und Korn zielen** apuntar con total exactitud; **jdn auf der ~ haben** (fam) echar el ojo a alguien
Kind [kɪnt] nt <-(e)s, -er> ① (Junge, Mädchen) niño, -a m, f, crío, -a m, f; (kleineres) chiquillo, -a m, f, pipiolo, -a m, f Mex; **von ~ auf** desde niño; **sich freuen wie ein ~** alegrarse como un niño; **das weiß doch jedes ~** eso lo sabe hasta un niño; **das ~ mit dem Bade ausschütten** condenar por igual a justos y a pecadores; **das ist nichts für kleine ~er** eso no es para niños pequeños; **bei jdm lieb ~ machen** (fam) congraciarse con alguien; **das ~ im Manne** el niño que se esconde en cada hombre; **das ~ beim rechten Namen nennen** (fam) llamar al pan, pan y al vino, vino; **wir werden das ~ schon schaukeln** (fam) ya lo conseguiremos [o nos apañaremos]; **aus ~ern werden Leute** los niños crecen más rápido de lo que se piensa; **ein gebranntes ~ sein** (fig) estar escaldado; **gebranntes ~ scheut das Feuer** (prov) gato escaldado del agua fría huye
② (Nachwuchs) hijo, -a m, f; **gemeinschaftliches ~** hijo común; **ein ~ erwarten** esperar un hijo; **ein ~ bekommen** (erwarten) esperar un hijo, ir a tener un hijo; (zur Welt bringen) dar a luz [o tener] un hijo; **~er haben** tener hijos; **ein ~ seiner Zeit** hijo de su tiempo; **sie ist kein ~ von Traurigkeit** (fam) es una persona alegre; **mit ~ und Kegel** con toda la familia; **jdn an ~es Statt annehmen** adoptar a alguien; **~er in die Welt setzen** traer hijos al mundo; **wie sag ich's meinem ~e?** ¿cómo se lo digo?
Kindbett nt <-(e)s, -en> (MED: alt) sobreparto m, puerperio m
Kinderarbeit ['kɪndɐ-] f <-, ohne pl> trabajo m infantil; **Kinderarzt, -ärztin** m, f <-es, -ärzte; -, -nen> pediatra mf; **Kinderaugen** ntpl ojos mpl de niño; (große) **~ bekommen** quedarse con los ojos muy abiertos, quedarse patidifuso; **Kinderbekleidung** f <-, -en> ropa f de niños; **Kinderbett** nt <-(e)s, -en> cama f de [o para] niño; **Kinderbild** nt <-(e)s, -er> foto f de niñez; **in diesem Fotoalbum sind ~er von mir** en este álbum hay fotos de cuando era niño; **Kinderbuch** nt <-(e)s, -bücher> libro m infantil; **Kinderbüro** nt <-s, -s> consultorio m para niños; **Kinderchor** m <-(e)s, -chöre> coro m infantil; **Kinderdorf** nt <-(e)s, -dörfer> aldea f infantil; **Kinderdosis** f <-, -dosen> dosis f inv para niños; **Kinderehe** f <-, -n> matrimonio m entre niños; **noch heute werden in Indien ~n geschlossen** en la India se siguen contrayendo matrimonios entre niños
Kinderei f <-, -en> niñería f, chiquillada f

Kindererzieher(in) *m(f)* <-s, -; -, -nen> educador(a) *m(f)* infantil; **Kindererziehung** *f* <-, *ohne pl*> educación *f* de los niños
kinderfeindlich *adj* hostil hacia los niños, poco amigo de los niños
Kinderfeindlichkeit *f* <-, *ohne pl*> hostilidad *f* hacia los niños; **Kinderfest** *nt* <-(e)s, -e> fiesta *f* infantil; **Kinderfreibetrag** *m* <-(e)s, -träge> desgravación *f* por cargas familiares [*o* por hijos]; **Kinderfreund(in)** *m(f)* <-(e)s, -e; -, -nen>: **er ist ein ~** a él le gustan (mucho) los niños; **ich hätte selbst gerne Kinder, denn ich bin ein großer ~** a mí me gustaría tener niños porque me encantan
kinderfreundlich *adj* amable con los niños
Kinderfunk *m* <-s, *ohne pl*> (RADIO) programa *m* para niños en la radio; **Kindergarten** *m* <-s, -gärten> guardería *f*, jardín *m* de infancia, kindergarten *m Am*; **Kindergärtner(in)** *m(f)* <-s, -; -, -nen> maestro, -a *m, f* de un jardín de infancia, educador(a) *m(f)* de párvulos *Am*; **Kindergeburtstag** *m* <-(e)s, -e> cumpleaños *m inv* de un niño; **Kindergeld** *nt* <-(e)s, *ohne pl*> subsidio *m* familiar por hijos, asignación *f* mensual por cada hijo; **Kindergeschrei** *nt* <-s, *ohne pl*> griterío *m* de niños; **Kindergesicht** *nt* <-(e)s, -er> cara *f* de niño; **ein neugieriges ~ lugte um die Ecke** un rostro curioso de niño asomaba por la esquina; **trotz ihrer 19 Jahre hat sie noch ein ~** a pesar de sus 19 años sigue teniendo cara de niña; **Kinderheilkunde** *f* <-, *ohne pl*> pediatría *f*; **Kinderheim** *nt* <-(e)s, -e> ❶ (*Erholungsheim*) colonia *f* de vacaciones ❷ (*für ständige Unterbringung*) hogar *m* infantil, casa *f* cuna; **Kinderhort** *m* <-(e)s, -e> guardería *f* para niños en edad escolar; **Kinderjahre** *ntpl* (*años mpl de la niñez*) *f*; **Kinderklinik** *f* <-, -en>, **Kinderkrankenhaus** *nt* <-es, -häuser> clínica *f* pediátrica; **Kinderkrankheit** *f* <-, -en> ❶ (MED) enfermedad *f* infantil ❷ (*fig: Anfangsschwierigkeit*) dificultad *f* inicial; **Kinderkriegen** *nt* <-s, *ohne pl*> tener *m* niños; **nach ihrem ersten Kind hatte sie keine Angst mehr vor dem ~** después del primero ya no le daba miedo tener [*o* parir] más niños; **zum ~ sein** ser para volverse loco [*o* desesperarse]; **Kinderkrippe** *f* <-, -n> guardería *f* infantil; **Kinderladen** *m* <-s, -läden> ❶ (*Geschäft*) tienda *f* de artículos infantiles ❷ (*Kindergarten*) parvulario con un sistema educativo no represivo
Kinderlähmung *f* <-, -en> polio(mielitis) *f* (*inv*); **Kinderlähmungsimpfstoff** *m* <-(e)s, -e> (MED) vacuna *f* contra la poliomielitis
kinderleicht ['--'] *adj* (*fam*) facilísimo; **das ist doch ~** eso está chupado
kinderlieb *adj* niñero, que quiere mucho a los niños
Kinderliebe *f* <-, *ohne pl*> amor *m* por [*o* hacia] los niños; **Kinderlied** *nt* <-(e)s, -er> canción *f* infantil
kinderlos *adj* sin hijos
Kinderlosigkeit *f* <-, *ohne pl*> falta *f* de hijos; **ihre ~ war anatomisch/hormonell bedingt** el que no tuviera hijos era debido a un problema anatómico/hormonal
Kindermädchen *nt* <-s, -> niñera *f*, nurse *f Am*, cuidadora *f Mex*, china *f SAm*; **Kindermärchen** *nt* <-s, -> (*fam: Hirngespinst*) cuento *m* chino, patraña *f*; **das stimmt nicht, das ist ein ~!** ¡eso no es cierto, es un cuento chino!; **Kindermode** *f* <-, -n> moda *f* infantil; **Kindermord** *m* <-(e)s, -e> infanticidio *m*; **Kindermörder(in)** *m(f)* <-s, -; -, -nen> infanticida *mf*; **Kindermund** *m* <-(e)s, -münder> boca *f* de (un) niño; **~ tut Wahrheit kund** (*prov*) de la boca de los niños sale la verdad; **Kindernarr, -närrin** *m, f* <-en, -en; -, -nen> loco, -a *m, f* por los niños; **Kinderpornografie**^{RR} *f* <-, *ohne pl*>, **Kinderpornographie** *f* <-, *ohne pl*> pornografía *f* infantil; **Kinderprogramm** *nt* <-s, -e> programa *m* infantil; **Kinderpsychologie** *f* <-, *ohne pl*> psicología *f* infantil
kinderreich *adj* con muchos hijos; **~e Familie** familia numerosa
Kinderreichtum *m* <-s, *ohne pl*> gran número *m* de hijos; **Kinderreim** *m* <-(e)s, -e> cancioncilla *f* rimada infantil; „**lirum, larum, Löffelstiel, ...**" **ist ein bekannter ~** "lirum, larum, Löffelstiel,..." es una conocida cancioncilla rimada alemana; **Kinderschänder(in)** *m(f)* <-s, -; -, -nen> (*abw*) corruptor(a) *m(f)* de menores; **Kinderschar** *f* <-, -en> grupo *m* de niños; **Kinderschreck** *m* <-(e)s, *ohne pl*> coco *m*, hombre *m* del saco; **Kinderschuh** *m* <-(e)s, -e> zapato *m* de niño; **etw steckt noch in den ~en** algo está aún en mantillas; **Kindersegen** *m* <-s, *ohne pl*> (*a. iron*) hijos *mpl*, descendientes *mpl*; **der ~ blieb bei ihnen aus** no tuvieron hijos; **Kindersicherung** *f* <-, -en> seguro *m* a prueba de niños; **Kindersitz** *m* <-es, -e> sillín *m* infantil [*o* de niño]
Kinderspiel *nt* <-(e)s, -e> juego *m* infantil [*o* de niños]; **das ist doch ein ~ für sie** para ella es un juego de niños; **Kinderspielplatz** *m* <-es, -plätze> parque *m* infantil
Kindersprache *f* <-, -n> lenguaje *m* infantil; **Kindersterblichkeit** *f* <-, *ohne pl*> mortalidad *f* infantil; **Kinderstimme** *f* <-, -n> voz *f* infantil; **Kinderstube** *f* <-, *ohne pl*> educación *f*; **er hatte eine gute ~** está bien educado, tiene buenos modales; **Kindertagesstätte** *f* <-, -n> guardería *f* infantil; **Kinderteller** *m* <-s, -> plato *m* de niños
Kinder- und Jugendhilfegesetz *nt* <-es, -e> (JUR) ley *f* de asistencia a la infancia y a la juventud
Kindervers *m* <-es, -e> *s*. **Kinderreim**; **Kinderwagen** *m* <-s, -> cochecito *m* para niños; **Kinderzahl** *f* <-, *ohne pl*> número *m* de hijos; **Kinderzäpfchen** *nt* <-s, -> supositorio *m* infantil; **Kinderzimmer** *nt* <-s, -> cuarto *m* de los niños; **Kinderzuschlag** *m* <-(e)s, -schläge> (FIN) *s*. **Kindergeld**
Kindesalter *nt* <-s, *ohne pl*> infancia *f*, niñez *f*; **im ~** en la infancia; **seit frühestem ~** desde la primera infancia; **Kindesbeine** *ntpl*: **von ~n an** desde niño; **Kindesentführung** *f* <-, -en> secuestro *m* de niños [*o* de menores]; **Kindesentziehung** *f* <-, -en> (JUR) privación *f* de hijos; **Kindeskind** *nt* <-(e)s, -er> nieto, -a *m, f*; **Kindesmissbrauch**^{RR} *m* <-(e)s, *ohne pl*> (JUR) corrupción *f* de menores, abuso *m* de menores; **Kindesmisshandlung**^{RR} *f* <-, -en> malos tratos *mpl* a niños; **Kindesmord** *m* <-(e)s, -e> (JUR) infanticidio *m*; **Kindesmörderin** *f* <-, -nen> (JUR) infanticida *f*; **Kindesraub** *m* <-(e)s, -e> (JUR) secuestro *m* de menores; **Kindestötung** *f* <-, -en> (JUR) infanticidio *m*; **Kindesunterhaltsgesetz** *nt* <-es, -e> (JUR) ley *f* sobre alimentos de menores; **Kindesvermögen** *nt* <-s, *ohne pl*> peculio *m*
kindgemäß *adj* apropiado para los niños
kindhaft *adj* infantil; **ein ~es Benehmen haben** tener un comportamiento infantil; **~ sein** ser infantil
Kindheit *f* <-, *ohne pl*> infancia *f*, niñez *f*; **seit frühester ~** desde la más tierna infancia; **von ~ an** desde niño
Kindheitserinnerung *f* <-, -en> recuerdo *m* de la infancia; **Kindheitserlebnis** *nt* <-ses, -se> acontecimiento *m* de la infancia; **Kindheitstraum** *m* <-(e)s, -träume> sueño *m* de infancia; **sich** *dat* **einen ~ erfüllen** realizar un sueño de infancia
kindisch *adj* pueril, infantil, achiquillado *Mex*; (*Greis*) chocho; **sich ~ benehmen** comportarse como un niño
kindlich *adj* ❶ (*kindgemäß*) de niño; (*Gesicht*) aniñado ❷ (*naiv*) infantil; (*unbefangen*) ingenuo
Kindschaftsrechtsreform *f* <-, -en> (JUR) reforma *f* del derecho de filiación
Kindskopf *m* <-(e)s, -köpfe> niño, -a *m, f*
Kindtaufe *f* <-, -n> (REL) bautizo *m* de un recién nacido
Kinemathek [kinema'te:k] *f* <-, -en> cinemateca *f*
Kinetik [ki'ne:tɪk] *f* <-, *ohne pl*> (PHYS) cinética *f*
kinetisch [ki'ne:tɪʃ] *adj* (PHYS) cinético
King [kɪŋ] *m* <-(s), -s>: **der ~ sein** (*fam*) ser el rey
Kinkerlitzchen ['kɪŋkɐlɪtsçən] *pl* (*fam*) pequeñeces *fpl*, fruslerías *fpl*
Kinn [kɪn] *nt* <-(e)s, -e> barbilla *f*
Kinnbart *m* <-(e)s, -bärte> perilla *f*; **Kinnhaken** *m* <-s, -> (*Boxen*) gancho *m* (a la mandíbula); **Kinnlade** *f* <-, -n> (ANAT) mandíbula *f*; **Kinnriemen** *m* <-s, -> barboquejo *m*, barbiquejo *m*, correa *f* (que se sujeta alrededor de la barbilla)
Kino [ki:no] *nt* <-s, -s> cine *m*
Kinobesuch *m* <-(e)s, -e>: **ich freue mich auf unseren ~ heute abend** tengo ganas de que vayamos esta noche al cine; **nach dem Restaurant war noch ein ~ geplant** después de ir al restaurante estaba planeado ir a ver una peli; **Kinobesucher(in)** *m(f)* <-s, -; -, -nen> espectador(a) *m(f)*; **unglaublich, dass so viele ~ in die Spätvorstellung gehen!** ¡es increíble que haya tantos espectadores en la última sesión!; **Kinofilm** *m* <-(e)s, -e> película *f* de cine
Kinogänger(in) *m(f)* <-s, -; -, -nen> cineasta *mf*
Kinokarte *f* <-, -n> entrada *f* de cine; **Kinokasse** *f* <-, -n> taquilla *f* del cine; **zwei Stunden haben wir an der ~ Schlange gestanden** hemos estado dos horas en la cola para comprar las entradas (del cine); **Kinoprogramm** *nt* <-s, -e> ❶ (*zu einem Film*) programa *m* de la película ❷ (*eines Kinos*) (programa *m* de) las películas *fpl* en cartel; **Kinovorstellung** *f* <-, -en> sesión *f*; **die ~ beginnt um 20.00 Uhr** la sesión [*o* la película] empieza a las 8; **Kinowerbung** *f* <-, -en> publicidad *f* cinematográfica, anuncios *mpl* publicitarios que se pasan en el cine
Kiosk ['ki:ɔsk] *m* <-(e)s, -e> quiosco *m*, casilla *f Mex*
Kipfer(l) ['kɪpfɐ(l)] *nt* <-s, -(n)> (*Österr*) pasta *f* parecida a un croissant
Kippe ['kɪpə] *f* <-, -n> ❶ (*fam: Zigarettenstummel*) colilla *f*; (*Zigarette*) pitillo *m* ❷ (*Abraumhalde*) escombrera *f* ❸ (*Müll~*) vertedero *m* ❹ (SPORT) báscula *f* ❺ (*fam*): **es steht noch auf der ~** aún no está decidido
kippen ['kɪpən] **I.** *vi sein* ❶ (*umfallen*) caerse; (*Fahrzeug*) volcar ❷ (*Kurse, Statistik*) disminuir, caer ❸ (*Gewässer, Ökosystem*) perder el equilibrio natural **II.** *vt* ❶ (*um~*) volcar ❷ (*schräg stellen*) inclinar ❸ (*scheitern lassen*) frustrar ❹ (*ausschütten*) verter; **einen ~** (*fam*) echar un trago, echarse una al coleto

Kipper *m* <-s, -> (AUTO) volquete *m*
Kippfenster *nt* <-s, -> ventana *f* basculante [*o* de fuelle]; **Kipplore** *f* <-, -n> (BERGB) vagoneta *f* basculante; **Kippschalter** *m* <-s, -> interruptor *m* con mando basculante; **Kippwagen** *m* <-s, -> (BERGB) *s.* **Kipplore**
Kirche[1] ['kɪrçə] *f* <-, -n> ❶ (*Gebäude*) iglesia *f*; **lass doch die ~ im Dorf** no saques las cosas de quicio
❷ (*Institution*) Iglesia *f*; **aus der ~ austreten** darse de baja (oficialmente) de la iglesia
Kirche[2] *f* <-, *ohne pl*> (*Gottesdienst*) misa *f*; **zur** [*o* **in die**] **~ gehen** ir a misa
Kirchenälteste(r) *mf* <-n, -n; -n, -n> (REL) presbítero *m*; **Kirchenasyl** *nt* <-s, -e> (POL, REL) asilo *m* eclesiástico [*o* de la iglesia]; **Kirchenausschuss**^RR *m* <-es, -schüsse> comité *m* eclesiástico; **Kirchenaustritt** *m* <-(e)s, -e> baja oficial de la Iglesia; **seinen ~ erklären** darse oficialmente de baja en la Iglesia; **Kirchenbank** *f* <-, -bänke> banco de iglesia; **Kirchenbann** *m* <-(e)s, *ohne pl*> (REL) excomunión *f*; **Kirchenbesuch** *m* <-(e)s, -e> asistencia *f* a misa; **Kirchenbuch** *nt* <-(e)s, -bücher> registro *m* parroquial; **Kirchenchor** *m* <-(e)s, -chöre> coro *m* de iglesia; **Kirchendiener** *m* <-s, -> sacristán *m*
kirchenfeindlich *adj* (REL) anticlerical
Kirchenfenster *nt* <-s, -> vitral *m*; **Kirchenfest** *nt* <-(e)s, -e> (REL) fiesta *f* eclesiástica; **Kirchenfürst** *m* <-en, -en> (REL: *geh*) prelado *m*; **Kirchengemeinde** *f* <-, -n> parroquia *f*; **Kirchengeschichte** *f* <-, *ohne pl*> historia *f* eclesiástica; **Kirchenglocke** *f* <-, -n> campana *f* de iglesia; **Kirchenjahr** *nt* <-(e)s, -e> año *m* eclesiástico; **Kirchenlicht** *nt* <-(e)s, -er>: **kein** [*o* **nicht gerade ein**] (**großes**) **~ sein** (*fam*) no tener muchas luces; **Kirchenlied** *nt* <-(e)s, -er> cántico *m*, himno *m* sagrado; **Kirchenmaus** *f*: **arm wie eine ~ sein** (*fam*) ser más pobre que las ratas, no tener dónde caerse muerto; **Kirchenmusik** *f* <-, -en> música *f* sacra; **Kirchenrecht** *nt* <-(e)s, *ohne pl*> (JUR) derecho *m* canónico [*o* eclesiástico]; **Kirchenschiff** *nt* <-(e)s, -e> (ARCHIT) nave *f*; **Kirchenspaltung** *f* <-, -en> (REL) cisma *m*; **Kirchenstaat** *m* <-(e)s, *ohne pl*> (HIST) Estados *mpl* Pontificios; **Kirchensteuer** *f* <-, -n> impuesto *m* eclesiástico [*o* religioso]; **Kirchenvater** *m* <-s, -väter> (REL) padre *m* de la Iglesia
Kirchgang *m* <-(e)s, -gänge> asistencia *f* a misa
Kirchgänger(in) *m(f)* <-s, -; -, -nen> fiel *mf* practicante
Kirchhof *m* <-(e)s, -höfe> (*alt*) cementerio *m*, camposanto *m*
kirchlich *adj* eclesiástico; (*kirchenrechtlich*) canónico; **sich ~ trauen lassen** casarse por la iglesia
Kirchplatz *m* <-es, -plätze> plaza *f* delante de la iglesia
Kirchspiel *nt* <-(e)s, -e> (REL: *alt*) parroquia *f*
Kirchturm *m* <-(e)s, -türme> torre *f* de iglesia; (*Glockenturm*) campanario *m*; **Kirchturmpolitik** *f* <-, -en> (*abw*) política *f* de campanario; **Kirchturmspitze** *f* <-, -n> pico *m* de torre de iglesia
Kirchweih ['-vaɪ] *f* <-, -en> feria *f*, fiesta *f* popular (*para conmemorar la inauguración de la iglesia del pueblo*)
Kirgisien [kɪrˈɡiːziən] *nt* <-s> Kirguizistán *m*
Kirmes ['kɪrməs, 'kɪrmɛs] *f* <-, -sen> (*reg*) feria *f*; **auf die ~ gehen** ir a la feria
kirre ['kɪrə] *adj* (*fam*): **jdn ~ machen** (*gefügig*) meter en cintura a alguien; (*verrückt*) volver loco a alguien; **~ sein** estar hecho un lío; **~ werden** hacerse un lío
Kirsch [kɪrʃ] *m* <-(e)s, -> (*reg*) kirsch *m*
Kirschbaum *m* <-(e)s, -bäume> cerezo *m*
Kirschblüte[1] *f* <-, -n> (*Blume*) flor *f* del cerezo
Kirschblüte[2] *f* <-, *ohne pl*> (*Blütezeit*) floración *f* de los cerezos
Kirsche ['kɪrʃə] *f* <-, -n> ❶ (*Frucht*) cereza *f*; **mit jdm ist nicht gut ~n essen** (*fam*) alguien tiene malas pulgas
❷ (*Baum*) cerezo *m*
Kirschkerner *m* <-s, -> deshuesadora *f* de cerezas; **Kirschkern** *m* <-(e)s, -e> hueso *m* de la cereza; **Kirschmarmelade** *f* <-, -n> mermelada *f* de cereza(s)
kirschrot *adj* rojo cereza
Kirschtorte *f* <-, -n> tarta *f* de cerezas; **Kirschwasser** *nt* <-s, -wässer> kirsch *m*
Kissen ['kɪsən] *nt* <-s, -> (*Kopf~*) almohada *f*; (*Sofa~*) cojín *m*
Kissenbezug *m* <-(e)s, -züge> funda *f* de la almohada; **Kissenschlacht** *f* <-, -en> guerra *f* de almohadas, batalla *f* de almohadas
Kiste ['kɪstə] *f* <-, -n> ❶ (*Behälter, Getränke~*) caja *f*; (*größer*) cajón *m*
❷ (*fam: Bett*) catre *m*
❸ (*fam: Fernseher*) caja *f* tonta
❹ (*fam: Fahrzeug*) carro *m*
❺ (*fam: Angelegenheit*) asunto *m*; **das ist eine völlig verfahrene ~** este es un asunto muy embrollado
kistenweise *adv* ❶ (*mehrere Kisten*) a [*o* por] cajas; **er bestellte ~ Champagner** encargó el champán por cajas

❷ (*in Kisten*) en cajas; **der Großhandel liefert Südfrüchte ~** el comercio al por mayor suministra las frutas del sur en cajas
Kitsch [kɪtʃ] *m* <-(e)s, *ohne pl*> cursilería *f*
kitschig *adj* cursi; (*geschmacklos*) de mal gusto, hortera, bagre *Bol, Kol; fam*; (*rührselig*) sentimental
Kitt [kɪt] *m* <-(e)s, -e> masilla *f*
Kittchen ['kɪtçən] *nt* <-s, -> (*fam*) chirona *f*, bote *m Mex*; **ins ~ kommen** ir a chirona; **im ~ sitzen** estar en chirona [*o* a la sombra]
Kittel ['kɪtəl] *m* <-s, -> ❶ (*Arbeits~*) bata *f*
❷ (*südd: Jacke*) rebeca *f*
❸ (*Schweiz: Jackett*) chaqueta *f*
Kittelschürze *f* <-, -n> bata *f* sin mangas
kitten ['kɪtən] *vt* ❶ (*kleben*) pegar (con masilla)
❷ (*reparieren*) rehacer, arreglar
Kitz [kɪts] *nt* <-es, -e> ❶ (*Zicklein*) cabrito, -a *m, f*
❷ (*Reh~*) corcino, -a *m, f*
Kitzel ['kɪtsəl] *m* <-s, -> ❶ (*Juckreiz*) picazón *f*, comezón *f*
❷ (*Lust*) prurito *m* (*nach* de), deseo *m* irresistible (*nach* de/por)
kitz(e)lig *adj* ❶ (*Mensch*): **~ sein** tener cosquillas
❷ (*Angelegenheit*) delicado
kitzeln ['kɪtsəln] I. *vi* hacer cosquillas, cosquillear; **das kitzelt** esto hace cosquillas
II. *vt* ❶ (*Person*) hacer cosquillas, cosquillear
❷ (*reizen*) apetecer; **es kitzelt mich, das zu tun** me apetece hacerlo
Kitzler ['kɪtslɐ] *m* <-s, -> clítoris *m inv*
kitzlig *adj s.* **kitz(e)lig**
Kiwi ['kiːvi] *f* <-, -s> kiwi *m*
kJ *Abk. von* **Kilojoule** kj
KKW [kaːkaːˈveː] *nt* <-s, -s> *Abk. von* **Kernkraftwerk** central *f* nuclear
Klabautermann *m* <-(e)s, -männer> (*nordd:* NAUT) duende *m* (*que según la superstición marinera presagia naufragios*)
klack [klak] *interj* ¡clac!, ¡chof!
klacken ['klakən] *vi* (*fam*) golpetear
klacks [klaks] *interj* ¡chof!
Klacks [klaks] *m* <-es, -e> (*fam*) ❶ (*Senf, Marmelade*) cucharada *f*
❷ (*Kleinigkeit*) minucia *f*; **das ist doch ein ~ für sie** esto es moco de pavo para ella
❸ (*Geräusch*) clas *m*
Kladde ['kladə] *f* <-, -n> libreta *f* en sucio; **er kritzelte seine Notizen in eine ~** escribía sus anotaciones en un borrador [*o* en una libreta en sucio]
klaffen ['klafən] *vi* abrirse
kläffen ['klɛfən] *vi* (*abw*) ladrar, aullar
Kläffer *m* <-s, -> (*abw*) perro *m* ladrador
Klafter ['klaftɐ] *m o nt* <-s, ->, *f* <-, -n> ❶ (*Raummaß*) medida de capacidad para leña equivalente a 1,8 metros cúbicos
❷ (HIST: *Längenmaß*) braza *f*
Klagausschlussfrist^RR *f* <-, -en> (JUR) plazo *m* de caducidad de la acción
klagbar *adj* (JUR) procesable, demandable
Klagbarkeit *f* <-, *ohne pl*> (JUR) demandabilidad *f*
Klage ['klaːgə] *f* <-, -n> ❶ (*Beschwerde*) queja *f*; **~ vorbringen** presentar quejas; **(k)einen Grund zur ~ haben** (no) tener razones para quejarse
❷ (*geh: Weh~*) lamento *m*, lamentación *f*
❸ (JUR) queja *f*, demanda *f*; **eine ~ auf etw** una demanda de algo; **dingliche/obligatorische ~** acción real/obligatoria; **öffentliche ~** demanda pública; **~ erheben** presentar una demanda; **eine ~ abweisen** rechazar la demanda, fallar sin lugar; **eine ~ fallenlassen** dejar caducar una acción [*o* demanda]; **einer ~ stattgeben** estimar una demanda; **eine ~ zurückziehen** retirar una demanda; **eine ~ (gegen jdn) anstrengen** ejercer una acción (contra alguien); **eine ~ gegen jdn/über etw einreichen** [*o* **vorbringen**] [*o* **führen**] presentar demanda contra alguien/por algo
Klageabweisung *f* <-, -en> (JUR) absolución *f* de la demanda; **Klageandrohung** *f* <-, -en> conminación *f*; **Klageanspruch** *m* <-(e)s, -sprüche> pretensión *f* de la demanda; **den ~ begründen** fundamentar la pretensión de la demanda; **Klageantrag** *m* <-(e)s, -träge> (JUR) (*súplica f de la demanda*) petición *f*; (**hinreichend**) **bestimmter ~** formulación de demanda determinada (suficiente); **unbezifferter ~** formulación de demanda no paginada; **Klagebeantwortung** *f* <-, -en> (JUR) contestación *f* a la demanda; **Klagebefugnis** *f* <-, -se> (JUR) legitimidad *f* para interponer una demanda; **nichtprivilegierte/privilegierte ~** legitimidad no privilegiada/privilegiada para interponer una demanda; **Klagebegehren** *nt* <-s, *ohne pl*> petición *f* de la demanda; **Klagebegründung** *f* <-, -en> fundamentación *f* de la demanda; **Klagebeschränkung** *f* <-, -en> (JUR) limitación *f* de la demanda; **Klageeinreichung** *f* <-, -en> (JUR) presentación *f* de la demanda; **Klageerhebung** *f* <-, -en> (JUR) interposición *f* de

demanda; **Klageermäßigung** *f* <-, -en> (JUR) reducción *f* de la demanda; **Klageerweiterung** *f* <-, -en> (JUR) ampliación *f* de la demanda; **Klageerwiderung** *f* <-, -en> (JUR) contestación *f* a la demanda

Klageerzwingungsverfahren *nt* <-s, -> (JUR) procedimiento *m* a instancia de parte

klagefähig *adj* (JUR) legitimado procesalmente

Klagefrist *f* <-, -en> (JUR) plazo *m* de interposición de la demanda; **die ~ in Lauf setzen** empezar a correr el plazo de interposición de la demanda; **Klagegegenstand** *m* <-(e)s, -stände> (JUR) objeto *m* de la demanda

Klagegeschrei *nt* <-s, *ohne pl*> lamentos *mpl*; **ein lautes/jämmerliches ~ anstimmen** proferir fuertes lamentos/gritos lastimeros

Klagegrund *m* <-(e)s, -gründe> (JUR) fundamento *m* de la demanda

Klagelaut *m* <-(e)s, -e> gemido *m*; **Klagelegitimation** *f* <-, -en> (JUR) legitimación *f* activa; **~ für Nichtigkeitsklagen** legitimación activa para acciones de nulidad; **Klagelied** *nt* <-(e)s, -er> treno *m*, elegía *f*; **Klagemauer** *f* <-, -n> Muro *m* de las Lamentaciones; **Klagemöglichkeit** *f* <-, -en> (JUR) posibilidad *f* de interponer una demanda; **direkte ~** posibilidad de interponer directamente una demanda

klagen ['klaːɡən] I. *vi* ❶ (*jammern*) lamentarse (*über* de); (*sich beschweren*) quejarse (*über* de); **über Bauchschmerzen ~** quejarse de dolores de estómago; **ohne zu ~** sin quejarse; **ich kann nicht ~** no me puedo quejar
❷ (JUR) demandar; **auf Erfüllung ~** demandar [*o* reclamar] el cumplimiento; **er klagt auf Schadensersatz** demanda daños y perjuicios II. *vt* ❶ (*äußern*): **jdm sein Leid ~** contarle a alguien sus penas
❷ (*Österr: ver~*) entablar un pleito (*auf* por), querellarse (*auf* por)

klagend *adj* ❶ (*jammernd*) quejumbroso
❷ (JUR) demandante

Klagenfurt ['klaːɡənfʊrt] *nt* <-s> Klagenfurt *m*

Kläger(in) ['klɛːɡɐ] *m(f)* <-s, -; -, -nen> (JUR) demandante *mf*, querellante *mf*; **als ~ in auftreten** comparecer como demandante; **einen ~ vertreten** representar al demandante; **für den ~ entscheiden** resolver a favor del demandante; **wo kein ~ ist, ist auch kein Richter** (*prov*) donde no hay demandante, no hay juez

Klagerecht *nt* <-(e)s, -e> derecho *m* al ejercicio de una acción

Klägergerichtsstand *m* <-(e)s, -stände> (JUR) jurisdicción *f* del demandante

Klagerücknahme *f* <-, -n> (JUR) retirada *f* de la demanda, desistimiento *m* de la demanda; **Klageschrift** *f* <-, -en> (JUR) (escrito *m* de) demanda *f*; **eine ~ anfertigen/einreichen** redactar/formular un escrito de demanda; **eine ~ zustellen** dar traslado del escrito de demanda; **Klageverbindung** *f* <-, -en> (JUR) acumulación *f* de acciones; **unzulässige ~** acumulación improcedente; **eine ~ anfertigen/einreichen** redactar/formular un escrito de acumulación de acciones; **eine ~ zustellen** dar traslado de la acumulación; **Klageverfahren** *nt* <-s, -> (JUR) procedimiento *m* a instancia de parte, proceso *m* a instancia de parte; **Klageverjährung** *f* <-, -en> (JUR) prescripción *f* de la acción; **Klageverzicht** *m* <-(e)s, -e> (JUR) renuncia *f* del actor; **Klageweg** *m* <-(e)s, -e> (JUR) vía *f* judicial; **auf dem ~** por vía judicial; **Klageweib** *nt* <-(e)s, -er> plañidera *f*; **Klagezulassung** *f* <-, *ohne pl*> (JUR) admisión *f* de la demanda; **Klagezustellung** *f* <-, -en> notificación *f* de la demanda

kläglich ['klɛːklɪç] *adj* ❶ (*mitleiderregend*) lamentable, lastimoso; **sich in einem ~en Zustand befinden** encontrarse en un estado lamentable
❷ (*jämmerlich, minderwertig*) miserable; **ein ~es Ergebnis** un resultado miserable; **er hat ~ versagt** ha fallado totalmente

Kläglichkeit *f* <-, -en> (*abw*) miseria *f*; **ich schämte mich über die ~ meiner Ausrede** me sonrojó haber dado una excusa tan miserable

klaglos *adv* sin quejas, sin protestas

Klamauk [klaˈmaʊk] *m* <-s, *ohne pl*> (*fam*) ❶ (*Lärm*) jaleo *m*, barullo *m*
❷ (*abw: Komik*) astracanada *f*

klamm [klam] *adj* ❶ (*feuchtkalt*) húmedo (y frío); (*Finger*) helado, entumecido (por el frío)
❷ (*sl: knapp bei Kasse*) con apuros (de dinero)

Klamm [klam] *f* <-, -en> (GEO) barranco *m*, quebrada *f*

Klammer ['klamɐ] *f* <-, -n> ❶ (*Wäsche~*) pinza *f*; (*Büro~*) clip *m*; (*Heft~*) grapa *f*; (*Zahn~*) aparato *m* (de ortodoncia); (*Wund~*) laña *f*, grapa *f*
❷ (*im Text*) paréntesis *m inv*; **eckige ~** corchete *m*; **geschweifte ~** llave *f*; **„~ auf/zu"** "abrir/cerrar paréntesis"; **ein Wort in ~(n) setzen** poner una palabra entre paréntesis; **die ~n auflösen** (MATH) quitar los paréntesis

Klammeraffe *m* <-n, -n> (INFOR: *fam*) arroba *f*

klammern ['klamɐn] I. *vt* ❶ (*befestigen*) fijar [*o* sujetar] (con pinzas, etc)
❷ (*Wunde*) unir [*o* prender] con pinzas

II. *vr:* **sich ~** agarrarse (*an* a); (*an Hoffnung, Partner*) aferrarse (*an* a)

klammheimlich ['-ˈ--] *adv* (*fam*) a la chita callando

Klamotten [klaˈmɔtən] *fpl* (*fam*) ❶ (*Kleidung*) trapos *mpl*
❷ (*Zeug*) cachivaches *mpl*, chismes *mpl*

Klamottenkiste *f* <-, -n> (*fam*) baúl *m* para la ropa; **aus der ~** (*fig*) de tiempos de Maricastaña, más viejo que la nana

Klampfe ['klampfə] *f* <-, -n> (*alt*) guitarra *f*

Klan [klaːn] *m* <-s, -e> clan *m*

klang [klaŋ] *3. imp von* **klingen**

Klang [klaŋ, *pl:* ˈklɛŋə] *m* <-(e)s, Klänge> (*Ton*) sonido *m*; (*der Stimme*) tono *m*; (*eines Instruments*) son *m*; **jdn am ~ der Stimme erkennen** conocer a alguien por el tono de su voz; **einen guten ~ haben** (MUS) tener buen sonido; **man hörte den ~ einer Gitarre** se escuchaba el sonido de una guitarra

Klangeffekt *m* <-(e)s, -e> efecto *m* sonoro

Klangfarbe *f* <-, -n> (MUS) timbre *m*; **Klangfarberegler** *m* <-s, -> control *m* de tonalidad

Klangfolge *f* <-, -n> sucesión *f* de sonidos; (MUS) escala *f*; **Klangfülle** *f* <-, *ohne pl*> intensidad *f*

klanglich *adj* del sonido; **~e Unterschiede** diferencias en el sonido

klanglos *adj* (*Stimme*) apagado; **sang- und ~ verschwinden** (*fam*) despedirse a la francesa

Klangregler *m* <-s, -> control *m* de tonalidad

klangvoll *adj* ❶ (*Stimme, Ton*) sonoro
❷ (*berühmt*) prestigioso

Klappbett *nt* <-(e)s, -en> cama *f* plegable

Klappe ['klapə] *f* <-, -n> ❶ (*Deckel*) tapa *f*; (*an Musikinstrumenten*) pistón *m*; (*am Ofen, Herd*) puerta *f*; **~ zu, Affe tot** asunto terminado
❷ (FILM) claqueta *f*
❸ (*fam: Mund*) pico *m*; **halt die ~!** ¡cierra el pico!; **eine große ~ haben** ser un bocazas

klappen ['klapən] I. *vi* (*fam: funktionieren*) ir bien, funcionar; **hat es geklappt?** ¿ha salido bien?; **es klappt alles wie am Schnürchen** todo sale que ni bordado
II. *vt* (*auf~*) abrir; (*zu~*) cerrar; (*hoch~*) levantar; (*herunter~*) bajar

Klappentext *m* <-(e)s, -e> (TYPO) texto *m* de portada

klapperdürr ['klapɐdʏr] *adj* (*fam*) esquelético

Klappergestell *nt* <-(e)s, -e> (*fam iron*) fideo *m*; **nach ihrer Diät war sie bloß noch ein ~** después de la dieta se había quedado en los huesos

klapp(e)rig ['klap(ə)rɪç] *adj* ❶ (*Auto, Möbel*) desvencijado
❷ (*fam: Person*) muy débil, canijo

Klapperkasten ['klapɐ-] *m* <-s, -kästen> (*fam*) tartana *f*; **Klapperkiste** *f* <-, -n> (*fam: Auto*) cacharro *m*

klappern ['klapɐn] *vi* (*Kisten*) traquetear; (*Fensterladen*) golpetear; **im Wind ~** golpetear con el viento; **er klapperte vor Kälte mit den Zähnen** le castañeaban los dientes de frío

Klapperschlange *f* <-, -n> serpiente *f* de cascabel, crótalo *m*; **Klapperstorch** *m* <-(e)s, -störche> (*fam*) cigüeña *f*; **an den ~ glauben** creer en (el cuento de) la cigüeña

Klapp(fahr)rad *nt* <-(e)s, -räder> bicicleta *f* plegable; **Klappmesser** *nt* <-s, -> navaja *f*; **Klapprad** *nt* <-(e)s, -räder> bicicleta *f* plegable

klapprig *adj s.* **klapp(e)rig**

Klappsitz *m* <-es, -e> asiento *m* plegable; **Klappstuhl** *m* <-(e)s, -stühle> silla *f* plegable; **Klapptisch** *m* <-(e)s, -e> mesa *f* plegable; **Klappverdeck** *nt* <-(e)s, -e> capota *f*

Klaps [klaps] *m* <-es, -e> (*fam*) ❶ (*Schlag*) cachete *m*, palmadita *f*
❷ (*Verrücktheit*) locura *f*; **einen ~ haben** estar chiflado

Klapsmühle *f* <-, -n> (*fam*) manicomio *m*; **in der ~ landen** acabar en el manicomio

klar [klaːɐ̯] *adj* ❶ (*allgemein*) claro; **etw ~ und deutlich sagen** decir algo claramente; **~ sehen** (*fam*) ver claro; **mir ist nicht ~, wie ...** no entiendo muy bien cómo...; **na ~!** ¡claro que sí!; **das ist doch ~!** ¡eso está claro!; **alles ~?** ¿queda todo claro?; **alles ~!** ¡vale!, ¡de acuerdo!; **jdm wird etw ~** alguien cae en algo; **ihm wurde langsam ~, wie alles zusammenhing** poquito a poco empezó a entender cómo todo estaba relacionado; **sich** *dat* **über etw ~ werden** darse cuenta de algo; **du musst dir darüber ~ werden, ob/dass ...** tienes que saber si/que...; **jetzt wird** [*o* **ist**] **mir alles ~!** ¡ahora (lo) entiendo todo!; **sich** *dat* **über etw im K~en sein** tener algo claro
❷ (*Himmel*) despejado; (*durchsichtig*) transparente; **~e Sicht haben** tener buena visibilidad
❸ (*Umrisse*) nítido, neto
❹ (*eindeutig*) evidente, obvio; **ein ~er Sieg** un triunfo por un amplio margen; **ein ~er Fall von ...** un caso obvio de...
❺ (*vernünftig*) claro, lúcido; **keinen ~en Gedanken fassen können** no poder pensar con claridad; **einen ~en Kopf behalten** no perder la cabeza
❻ (*fertig*) listo

Kläranlage [ˈklɛːɐ̯-] *f* <-, -n> depuradora *f* (de aguas residuales), planta *f* de depuración (de aguas residuales); **Klärbecken** *nt* <-s, -> tanque *m* de clarificación [*o* de purificación]

Klare(r) [ˈklaːrə] *m* <-n, -n> (*fam: Schnaps*) aguardiente *m*

klären [ˈklɛːrən] **I.** *vt* ① (*Abwässer*) depurar, purificar
② (*Frage*) clarificar, aclarar
II. *vr:* sich ~ *Angelegenheit*) aclararse, clarificarse

Klärgas *nt* <-es, -e> biogás *m*

klar|gehen *irr vi sein* (*fam*) ir bien; **ist mit der Prüfung alles klargegangen?** ¿ha ido todo bien en el examen?

Klärgrube *f* <-, -n> fosa *f* séptica

Klarheit *f* <-, *ohne pl*> ① (*allgemein*) claridad *f*; **sich** *dat* ~ **über etw verschaffen** sacar algo en claro; **für** ~ **sorgen** poner algo en claro; **jdm etw in aller** ~ **sagen** decirle algo a alguien sin pelos en la lengua
② (*Durchsichtigkeit*) transparencia *f*
③ (*Deutlichkeit*) nitidez *f*

Klarheitspflicht *f* <-, *ohne pl*> (JUR) deber *m* de claridad

Klarinette [klariˈnɛta] *f* <-, -n> clarinete *m*

Klarinettist(in) [klarinɛˈtɪst] *m(f)* <-en, -en; -, -nen> (MUS) clarinete *mf*

klar|kommen *irr vi sein* (*fam: mit Person*) entenderse (*mit* con); (*mit Dingen*) entender (*mit*), comprender (*mit*); **ich komme damit einfach nicht klar** (*ich verstehe das nicht*) no lo entiendo; (*ich komme damit nicht zurecht*) tengo problemas con esto

Klarlack *m* <-(e)s, -e> laca *f* transparente, barniz *m* claro; **etw mit** ~ **überziehen** barnizar algo

klar|machen *vt* ① (NAUT) preparar
② (*fam: erklären*) explicar; **sich** *dat* **etw** ~ aclararse en algo

Klärschlamm *m* <-(e)s, -schlämme> lodo *m* activado [*o* de clarificación]

klar|sehen *irr vi s.* **klar 1.**

Klarsichtfolie *f* <-, -n> celofán® *m*; **Klarsichthülle** *f* <-, -n> funda *f* transparente

klarsichtig *adj* clarividente; **als** ~**er Mensch hatte er die Situation richtig eingeschätzt** con su clarividencia había sabido evaluar la situación correctamente

Klarsichtpackung *f* <-, -en> envase *m* de film transparente

klar|spülen *vi*, *vt* enjuagar, aclarar con agua

klar|stellen *vt* aclarar, poner en claro

Klarstellung *f* <-, -en> clarificación *f*; **zur** ~ **der Situation wäre ein Gespräch sinnvoll** sería conveniente mantener una conversación para clarificar la situación

Klartext *m* <-(e)s, -e> texto *m* sin codificar; **mit jdm** ~ **reden** (*fam*) hablar con alguien sin rodeos; **was heißt das im** ~**?** (*fam*) ¿qué significa eso en cristiano?

Klärung *f* <-, -en> ① (*von Problem*) aclaración *f*
② (*von Abwasser*) purificación *f*, depuración *f*

Klärwasser *nt* <-s, -*o* -wässer> aguas *fpl* depuradas

klar|werden *irr* **I.** *vi sein s.* **klar 1.**
II. *vr:* sich ~ *sein s.* **klar 1.**

klasse [ˈklasə] *adj inv* (*fam*) estupendo, cojonudo *vulg*

Klasse [ˈklasə] *f* <-, -n> ① (*Gruppe, a.* BIOL, SOZIOL) clase *f*; **anwendungsbezogene/anwendungsfreie** ~ (*bei einem Patent*) clase en función de su aplicación/independiente de su aplicación; **erster/zweiter fahren** ir en primera/segunda clase; **etw in ~n einteilen** clasificar algo
② (*Schul-*) clase *f*, curso *m*; **ich bin in der vierten** ~ estoy en cuarto (curso); **ein Junge aus ihrer** ~ un niño de su clase
③ (*Gütestufe*) categoría *f*
④ (*Lotterie*) clase *f*

Klassement [klasəˈmãː] *nt* <-s, -s> (SPORT) clasificación *f*

Klassenarbeit *f* <-, -en> examen *m* (*in* de); **eine** ~ **schreiben** hacer un examen; **eine** ~ **korrigieren/zurückgeben** corregir/devolver un examen; **eine** ~ **nachschreiben** hacer la recuperación de un examen, hacer la repesca de un examen *fam*; **Klassenbeste(r)** *mf* <-n, -n; -, -n> (SCH) mejor *mf* de la clase; **sie ist in Deutsch (die)** ~ en alemán es la mejor de la clase; **Klassenbewusstsein**RR *nt* <-s, *ohne pl*> conciencia *f* de clase; **Klassenbuch** *nt* <-(e)s, -bücher> (SCH) libro *m* de clase; **Klassengebühr** *f* <-, -en> (JUR) derechos *mpl* de clasificación; **Klassenkamerad(in)** *m(f)* <-en, -en; -, -nen> (SCH) compañero, -a *m, f* de clase; **Klassenkampf** *m* <-(e)s, -kämpfe> (POL) lucha *f* de clases; **Klassenlehrer(in)** *m(f)* <-s, -; -, -nen> tutor(a) *m(f)* de curso

klassenlos *adj* sin clases

Klassenlos *nt* <-es, -e> número *m* de lotería; **Klassenlotterie** *f* <-, -n> ≈lotería *f* nacional; **Klassenraum** *m* <-(e)s, -räume> (aula *f* de) clase *f*; **Klassensprecher(in)** *m(f)* <-s, -; -, -nen> (SCH) delegado, -a *m, f* de la clase; **Klassenstärke** *f* <-, -n> número *m* de alumnos de un curso; **Klassentreffen** *nt* <-s, -> encuentro *m* de los antiguos alumnos de un curso; **Klassenverzeichnis** *nt* <-ses, -se> clasificación *f*

klassenweise *adv* ① (*nach Schulklassen*) por clases; **die Schüler stellten sich** ~ **auf** los alumnos formaron filas por clases
② (*Raum für Raum*) clase por clase; **die Schule wurde** ~ **gereinigt** limpiaron la escuela clase por clase

Klassenziel *nt* <-(e)s, -e> (SCH) objetivo *m* (curricular) del curso; **das** ~ **erreichen** (*formal*) obtener un aprobado, aprobar; **Klassenzimmer** *nt* <-s, -> (aula *f* de) clase *f*

Klassifikation [klasifikaˈtsjoːn] *f* <-, -en> clasificación *f*

klassifizierbar *adj* clasificable; **nicht** ~ **sein** ser inclasificable

klassifizieren* [klasifiˈtsiːrən] *vt* clasificar (*nach* según, *als* como)

Klassifizierung *f* <-, -en> clasificación *f*

Klassik [ˈklasɪk] *f* <-, *ohne pl*> ① (*klassisches Altertum*) época *f* clásica
② (KUNST) (neo)clasicismo *m*
③ (MUS) música *f* clásica; **ich höre gerne** ~ me gusta mucho la música clásica

Klassiker(in) [ˈklasikɐ] *m(f)* <-s, -; -, -nen> (autor(a) *m(f)*) clásico, -a *m, f*

klassisch *adj* clásico; ~**e Musik** música clásica; ~**es Altertum** Antigüedad clásica; **ein** ~**er Fall von Verfolgungswahn** un caso clásico de manía persecutoria

Klassizismus [klasiˈtsɪsmʊs] *m* <-, *ohne pl*> (ARCHIT) clasicismo *m*

klassizistisch *adj* (ARCHIT) clasicista

klastisch [ˈklastɪʃ] *adj* (GEO) clástico

klatsch [klatʃ] *interj* (*Ohrfeige*) ¡paf!, ¡zas!, ¡chas!; (*Aufprall*) ¡plas!, ¡pum!, ¡pumba!

Klatsch[1] [klatʃ] *m* <-(e)s, -e> (*Geräusch*) batacazo *m*

Klatsch[2] *m* <-(e)s, *ohne pl*> (*fam: Geschwätz*) chismorreo *m*, cotilleo *m*, bochinche *m* *Kol*, *PRico*; ~ **und Tratsch** cotilleo y chismorreo

Klatschbase *f* <-, -n> (*fam abw*) chismosa *f*, alilaya *f* *Mex*

Klatsche *f* <-, -n> (*Fliegen-*) matamoscas *m inv*

klatschen [ˈklatʃən] **I.** *vi* ① *sein* (*aufschlagen*) caerse (produciendo un chasquido); (*Regen*) golpear (*gegen* contra)
② (*applaudieren*) aplaudir; **in die Hände** ~ tocar palmas; **er klatscht sich** *dat* **auf die Schenkel** se golpea en los muslos
③ (*fam abw: tratschen*) cotillear
II. *vt:* **den Takt** ~ seguir el ritmo con las palmas

Klatscherei *f* <-, -en> (*fam abw*) ① (*Getratsche*) chismorreo *m*
② (*Applaudieren*) aplausos *mpl*

klatschhaft *adj* (*abw*) chismoso, cotilla; ~ **sein** ser un chismoso [*o* un cotilla]

Klatschhaftigkeit *f* <-, *ohne pl*> (*abw*) carácter *m* chismoso [*o* cotilla]; **mit deiner** ~ **machst du uns noch alle unmöglich!** ¡con esas ganas tuyas de chismorrear acabarás desacreditándonos también a todos nosotros!

Klatschmaul *nt* <-(e)s, -mäuler> (*fam abw*) cotilla *mf*, chismoso, -a *m, f*; **er ist ein altes** ~ es un chismoso de toda la vida; **Klatschmohn** *m* <-(e)s, *ohne pl*> (BOT) amapola *f*

klatschnassRR [´-´-] *adj* (*fam*) hecho una sopa, calado hasta los huesos; ~ **geschwitzt** empapado de sudor

Klatschspalte *f* <-, -n> (*fam abw*) columna *f* de cotilleo, página *f* social *Am*; **Klatschsucht** *f* <-, *ohne pl*> (*abw*) obsesión *f* por el chismorreo [*o* el cotilleo]

klatschsüchtig *adj* (*abw*) chismoso, cotilla; ~ **sein** ser un chismoso [*o* un cotilla]; **immer ziehen diese** ~**en Weiber über andere Menschen her!** ¡estas cotillas siempre van contando chismes de otra gente!

Klatschtante *f* <-, -n> (*fam abw*), **Klatschweib** *nt* <-(e)s, -er> (*fam abw*) cotorra *f*, cotilla *f*, maruja *f*

klauben [ˈklaʊbən] *vt* (*südd, Österr, Schweiz*) ① (*pflücken*) coger (*von* de)
② (*sammeln*) recoger (*in* en)
③ (*auslesen*) sacar, separar (*aus* de)

Klaue [ˈklaʊə] *f* <-, -n> ① (*von Raubtieren, -vögeln*) garra *f*; (*von Huftieren*) pezuña *f*
② (*fam: Hand*) garra *f*, zarpa *f*; **sich in jds ~n befinden** estar en manos de alguien, encontrarse en las garras de alguien; **jdn in seinen ~n haben** tener a alguien entre sus garras
③ (*fam: Handschrift*) garabatos *mpl*, mala letra *f*; **eine schreckliche** ~ **haben** tener una letra horrible

klauen [ˈklaʊən] *vi*, *vt* (*fam*) mangar, raspar *Am*, nagualear *Mex*, afanar *RíoPl*

Klause [ˈklaʊzə] *f* <-, -n> ① (*Einsiedelei*) ermita *f*
② (*iron: kleines Zimmer*) cubículo *m*

Klausel [ˈklaʊzəl] *f* <-, -n> cláusula *f*; **salvatorische** ~**n** (JUR) cláusulas *fpl* de salvaguardia; **in arglistiger Absicht eingefügte** ~ (JUR) cláusula incluida dolosamente; **eine zusätzliche** ~ **aufnehmen** añadir una cláusula

Klauselgegenklage *f* <-, -n> (JUR) contrademanda *f* de cláusulas

Klausner(in) [ˈklaʊsnɐ] *m(f)* <-s, -; -, -nen> (*alt*) eremita *mf*

Klaustrophobie [klaʊstrofoˈbiː] *f* <-, -n> (PSYCH) claustrofobia *f*

Klausur [klaʊˈzuːɐ̯] *f* <-, -en> ① (UNIV) examen *m*; **eine** ~ **schreiben**

hacer un examen ❷ (*im Kloster*) clausura *f*
Klausurtagung *f* <-, -en> seminario *m* de reflexión
Klaviatur [klavia'tu:ɐ] *f* <-, -en> (MUS) teclado *m*
Klavier [kla'vi:ɐ] *nt* <-s, -e> piano *m* (vertical)
Klavierbauer(in) *m(f)* <-s, -; -, -nen> fabricante *mf* de pianos; **Klavierbegleitung** *f* <-, -en> acompañamiento *m* de piano; **Klavierhocker** *m* <-s, -> taburete *m* de piano; **Klavierkonzert** *nt* <-(e)s, -e> (MUS) ❶ (*Stück*) concierto *m* para piano ❷ (*Veranstaltung*) concierto *m* de piano; **Klavierlehrer(in)** *m(f)* <-s, -; -, -nen> profesor(a) *m(f)* de piano; **Klaviersonate** *f* <-, -n> sonata *f* para piano; **Klavierspiel** *nt* <-(e)s, *ohne pl*> música *f* de piano; **Klavierspieler(in)** *m(f)* <-s, -; -, -nen> pianista *mf*; **Klavierstimmer(in)** *m(f)* <-s, -; -, -nen> afinador(a) *m(f)* de pianos; **Klavierunterricht** *m* <-(e)s, *ohne pl*> clases *fpl* de piano
Klebeband *nt* <-(e)s, -bänder> cinta *f* adhesiva; **Klebebindung** *f* <-, -en> (TECH) encuadernación *f* pegada; **Klebefilm** *m* <-s, -e> cinta *f* adhesiva transparente; **Klebefläche** *f* <-, -n> superficie *f* para pegar
kleben ['kle:bən] I. *vi* ❶ (*haften*) estar pegado; **das Hemd klebte ihm am Körper** la camisa se le pegaba al cuerpo; **an seinen Händen klebt Blut** tiene las manos manchadas de sangre; **~ bleiben** quedarse pegado [*o* enganchado] (*an* en); (*fam: in der Schule*) repetir curso; **immer bleibt die ganze Hausarbeit an mir ~** (*fam*) siempre soy yo la que tiene que apechugar con las labores de la casa; **die Verantwortung bleibt letztlich am Vorgesetzten ~** (*fam*) la responsabilidad recae en último lugar en el jefe; **ich bin in der fünften Klasse ~ geblieben** (*fam*) no he conseguido pasar de quinto [*o* del quinto curso]
❷ (*klebrig sein*) pringar, estar pringoso
❸ (*klebefähig sein*) pegar
II. *vt* pegar (*an* a); **jdm eine ~** (*fam*) largar una bofetada a alguien
kleben|bleiben *irr vi sein s.* **kleben I.1.**
Kleb(e)pflaster *nt* <-s, -> esparadrapo *m*
Kleber *m* <-s, -> ❶ (*fam: Klebstoff*) pegamento *m*, goma *f* de pegar ❷ (*Schweiz: Aufkleber*) pegatina *f*
Kleb(e)roller *m* <-s, -> rollo *m* de cinta adhesiva; **Klebestift** *m* <-(e)s, -e> barra *f* de pegamento; **Kleb(e)streifen** *m* <-s, -> cinta *f* adhesiva
Klebfläche *f* <-, -n> superficie *f* para pegar; **Klebpflaster** *nt* <-s, -> esparadrapo *m*
klebrig ['kle:brɪç] *adj* pegajoso, pringoso; **ich habe ~e Finger** tengo los dedos pegajosos
Klebroller *m* <-s, -> rollo *m* de cinta adhesiva
Klebstoff *m* <-(e)s, -e> pegamento *m*, goma *f* de pegar; (*Leim*) cola *f*; **Klebstofftube** *f* <-, -n> tubo *m* de pegamento
Klebstreifen *m* <-s, -> cinta *f* adhesiva
Kleckerbetrag *m* <-(e)s, -träge> (*fam*) cantidad *f* insignificante
Kleckerei *f* <-, -en> (*fam abw*) manchas *fpl*, cochinadas *fpl*; **immer diese ~ mit dem Marmeladenlöffel!** ¡siempre las mismas cochinadas con la cucharilla de la mermelada!
kleckern ['klɛkɐn] *vi* (*fam*) manchar; **pass auf, dass du nicht kleckerst!** ¡ten cuidado de no manchar!; **Wein über die Tischdecke ~** manchar el mantel con vino; **nicht ~, sondern klotzen** no andarse con pequeñeces, sino hacerlo a lo grande
kleckerweise *adv* (*fam abw*) poco [*o* poquito] a poco
Klecks [klɛks] *m* <-es, -e> ❶ (*Fleck*) mancha *f*; (*Tinten~*) borrón *m*
❷ (*fam: Portion*) cucharadita *f*; **ein ~ Marmelade** una cucharadita de mermelada
klecksen ['klɛksən] I. *vi* ❶ *haben* (*Person*) manchar (*mit* con); **du sollst nicht mit der Fingerfarbe ~!** ¡no te vayas a manchar con la témpera!
❷ *haben* (*Stift*) emborronar, gotear; **mein Füller kleckst** mi pluma emborrona
❸ *sein* (*tropfen*) caerse una mancha [*o* una gota]; **dir ist Ketschup auf die Hose gekleckst** se te ha caído ketchup en los pantalones
II. *vt haben* (*fam*) dejar caer (*auf* en)
Klee [kle:] *m* <-s, *ohne pl*> (BOT) trébol *m*; **jdn/etw über den grünen ~ loben** levantar a alguien/algo hasta los cuernos de la luna
Kleeblatt *nt* <-(e)s, -blätter> (BOT) hoja *f* de trébol; **vierblättriges ~** trébol de cuatro hojas
Kleiber *m* <-s, -> (ZOOL) trepatroncos *m inv*
Kleid [klaɪt] *nt* <-(e)s, -er> ❶ (*Damen~*) vestido *m*
❷ *pl* (*Kleidung*) ropa *f*; **sich** *dat*/**jdm die ~er vom Leib reißen** arrancarse/arrancarle a alguien la ropa del cuerpo; **~er machen Leute** (*prov*) el traje hace al hombre
kleiden ['klaɪdən] I. *vt* ❶ (*anziehen*) vestir; **etw in (schöne) Worte ~** expresar algo (con palabras bonitas)
❷ (*stehen*): **die Bluse kleidet dich gut/schlecht** la blusa te queda bien/mal
II. *vr*: **sich ~** vestirse; **er kleidet sich nach der neuesten Mode** se viste a la última moda

Kleiderablage *f* <-, -n> percha *f*, perchero *m*; **Kleiderbügel** *m* <-s, -> percha *f*; **Kleiderbürste** *f* <-, -n> cepillo *m* para la ropa; **Kleiderhaken** *m* <-s, -> colgadero *m*; **Kleiderkammer** *f* <-, -n> (MIL) intendencia *f*; **Kleiderkasten** *m* <-s, -kästen> (*Öster*, *Schweiz*) *s*. **Kleiderschrank**; **Kleidersack** *m* <-(e)s, -säcke> bolsa *f* portatrajes; **Kleiderschrank** *m* <-(e)s, -schränke> armario *m* ropero; **Kleiderständer** *m* <-s, -> perchero *m*
kleidsam *adj* elegante
Kleidung *f* <-, -en> ropa *f*; **warme ~ tragen** llevar ropa de abrigo
Kleidungsstück *nt* <-(e)s, -e> prenda *f* (de vestir)
Kleie ['klaɪə] *f* <-, -n> (AGR, GASTR) salvado *m*, afrecho *m*
klein [klaɪn] *adj* ❶ (*allgemein*) pequeño; (*Körpergröße*) bajo; **die Hose ist ihm zu ~** el pantalón le queda demasiado pequeño; **von ~ auf** desde niño; **ich habe es (nicht) ~** (*fam*) (no) lo tengo suelto; **ein ~ bisschen** un poquito; (**ganz**) ~ **anfangen** empezar sin nada; **~ beigeben** ceder; **etw ~ machen lassen** (*Kleid*) mandar [*o* hacer] ajustar algo; (**er**) **stellen** bajar; **er werden** disminuir; **beim ~sten Geräusch** al mínimo ruido; **das ~ere Übel** el mal menor; **der ~e Mann** el hombre de la calle; **im K~en wie im Großen** tanto en lo pequeño como en lo grande; **die K~en hängt man, die Großen lässt man laufen** (*prov*) los pobres son condenados, los ricos perdonados
❷ (*kurz*) breve; **einen ~en Augenblick bitte** un momentito, por favor
❸ (*jünger*) menor; **mein ~er Bruder** mi hermano menor
❹ (*unbedeutend*) insignificante; (*bescheiden*) modesto; (*beschränkt*) limitado; **etw ~ schreiben** (*fig*) restar importancia a algo; **Teamwork wird in dieser Branche ~ geschrieben** en este ramo no se le da importancia al trabajo en equipo
Kleinaktie *f* <-, -n> (FIN) pequeña acción *f*; **Kleinaktionär(in)** *m(f)* <-s, -e; -, -nen> (WIRTSCH) pequeño, -a accionista *mf*; **Kleinanzeige** *f* <-, -n> anuncio *m* breve; **Kleinarbeit** *f* <-, *ohne pl*> trabajo *m* minucioso [*o* detallado]; **etw in mühsamer ~ erledigen** realizar algo con minuciosidad; **Kleinasien** [---] *nt* <-s> Asia *f* Menor; **Kleinbahn** *f* <-, -en> (EISENB) ferrocarril *m* de vía estrecha; **Kleinbauer, -bäuerin** *m, f* <-n, -n; -, -nen> (AGR) minifundista *mf*, pequeño, -a campesino, -a *m, f*
klein|bekommen* *irr vt s.* **kleinkriegen**
Kleinbetrieb *m* <-(e)s, -e> minifundio *m*, pequeña explotación *f*
Kleinbildkamera *f* <-, -s> (FOTO) cámara *f* fotográfica de pequeña imagen
Kleinbuchstabe *m* <-n(s), -n> (letra *f*) minúscula *f*; **in ~n** en minúsculas; **Kleinbürger(in)** *m(f)* <-s, -; -, -nen> pequeño, -a burgués, -esa *m, f*
kleinbürgerlich *adj* pequeñoburgués
Kleinbürgertum *nt* <-s, *ohne pl*> pequeña burguesía *f*; **Kleinbus** *m* <-ses, -se> microbús *m*
Kleine(r) *mf* <-n, -n; -, -n> (*fam*) nene, -a *m, f*, peque *mf*
Kleinfamilie *f* <-, -n> pequeña familia *f*, familia *f* reducida; **Kleinformat** *nt* <-(e)s, -e> tamaño *m* pequeño, formato *m* reducido; **ein Bild in ~** una foto de pequeño formato; **Kleingarten** *m* <-s, -gärten> pequeña parcela *f* ajardinada, huerto *m* pequeño; **er pachtete einen ~ in der Laubenkolonie** alquiló una pequeña parcela [*o* un pequeño huerto] en la colonia de jardines; **Kleingärtner(in)** *m(f)* <-s, -; -, -nen> jardinero, -a *m, f*, aficionado, -a; **Kleingebäck** *nt* <-(e)s, -e> pastas *fpl*
kleingedruckt *adj s*. **drucken**
Kleingedruckte(s) *nt* <-n, *ohne pl*> letra *f* pequeña; **Kleingeist** *m* <-(e)s, -er> persona *f* con estrechez de miras
kleingeistig *adj* (*abw*) estrecho de miras, de mente cerrada; **~ sein** ser estrecho de miras, tener una mente cerrada
Kleingeld *nt* <-(e)s, *ohne pl*> calderilla *f*, dinero *m* suelto, sencillo *m Am*, morralla *f Mex*; **das nötige ~ haben** tener suficiente dinero
kleingewachsen *adj* (*Baum*) pequeño; (*Mensch*) bajo, pequeño
Kleingewerbe *nt* <-s, -> pequeña empresa *f*, pequeña industria *f*; **ein ~ betreiben** tener un pequeño negocio
kleingläubig *adj* (*abw*) inseguro, dubitativo
Kleingruppe *f* <-, -n> grupo *m* pequeño; **Kleingut** *nt* <-(e)s, -güter> (WIRTSCH, COM) paquete *m* postal
klein|hacken *vt s.* **hacken 1.**
Kleinhandel *m* <-s, *ohne pl*> (WIRTSCH) comercio *m* al detalle
Kleinheit *f* <-, *ohne pl*> pequeñez *f*; **die ~ der Viren ist unvorstellbar** es inimaginable lo pequeños que son los virus
Kleinhirn *nt* <-(e)s, -e> (ANAT) cerebelo *m*; **Kleinholz** *nt* <-es, *ohne pl*> leña *f* menuda; **aus etw** *dat* **~ machen** hacer pedazos algo; **aus jdm ~ machen** partirle la cara a alguien
Kleinigkeit ['klaɪnɪçkaɪt] *f* <-, -en> ❶ (*Gegenstand*) pequeñez *f*, cosita *f*; **jdm eine ~ schenken** regalarle a alguien una pequeñez; **eine ~ essen** (*fam*) comer una cosita; **das kostet aber eine ~** (*fam iron*) esto vale un dineral
❷ (*Bagatelle*) bagatela *f*, pequeñez *f*; **sich über jede ~ aufregen** enfa-

Kleinigkeitskrämer(in) *m(f)* <-s, -; -, -nen> (*abw*) quisquilloso, -a *m, f*
darse por cualquier pequeñez; **die Prüfung war keine ~** (*fam*) el examen no fue ninguna tontería; **er gibt sich nicht mit ~en ab** no se para en pequeñeces
Kleinigkeitskrämer(in) *m(f)* <-s, -; -, -nen> (*abw*) quisquilloso, -a *m, f*
Kleinkaliber *nt* <-s, -> ❶ (*Durchmesser*) pequeño calibre *m*
❷ (*fam: Gewehr*) arma *f* de pequeño calibre
kleinkalibrig *adj* de pequeño calibre; **ein ~er Revolver** un revólver de pequeño calibre
kleinkariert *adj* (*fam abw: Ansichten*) cuadriculado, de miras estrechas
Kleinkind *nt* <-(e)s, -er> niño, -a *m, f* pequeño, -a [*o* de corta edad]
Kleinkleckersdorf *nt* <-(e)s, *ohne pl*> (*fam iron*) pueblo *m* de mala muerte; **sie kommt irgendwo von weit her aus ~** viene de muy lejos, de donde Jesús perdió las zapatillas
Kleinklima *nt* <-s, -s *o* -klimate> (METEO) microclima *m*; **Kleinkram** *m* <-(e)s, *ohne pl*> (*fam*) ❶ (*Dinge*) cosillas *fpl* ❷ (*Angelegenheit*) nimiedad *f*, nadería *f*; **Kleinkredit** *m* <-(e)s, -e> (FIN) crédito *m* pequeño; **Kleinkrieg** *m* <-(e)s, -e> ❶ (MIL) guerra *f* de guerrillas ❷ (*Streit*) guerra *f* privada; **einen ~ mit jdm führen** mantener una guerra privada contra alguien
klein|kriegen *vt* (*fam*) ❶ (*zerkleinern*) lograr partir [*o* cortar]
❷ (*kaputtmachen*) romper, hacer pedazos; **etw ist nicht kleinzukriegen** no se puede acabar con algo
❸ (*Geld*) (mal)gastar
❹ (*gefügig machen*) doblar la voluntad (de); (*müde machen*) agotar
Kleinkriminalität *f* <-, *ohne pl*> (JUR) criminalidad *f* menor
Kleinkriminelle(r) *mf* <-n, -n; -, -n> pequeño, -a delincuente *mf*
Kleinkunst *f* <-, *ohne pl*> (THEAT) representación *f* de cabaré [*o* de café-teatro], espectáculo *m* de cabaré [*o* de café-teatro]; **Kleinkunstbühne** *f* <-, -n> (THEAT) cabaré *m*, cabaret *m*
kleinlaut *adj* apocado
kleinlich *adj* (*pedantisch*) minucioso, pedante; (*engstirnig*) de miras estrechas; (*geizig*) mezquino, tacaño
Kleinlichkeit *f* <-, -en> mezquindad *f*
klein|machen I. *vt s.* **machen** I.1.
II. *vr:* **sich ~ s. machen** II.1.
Kleinmöbel *nt* <-s, -> mueble *m* pequeño
Kleinmut *m* <-(e)s, *ohne pl*> (*geh*) pusilanimidad *f*, apocamiento *m*
kleinmütig *adj* (*geh*) apocado; **~ werden** apocarse
Kleinod ['klaɪnoːt, *pl:* 'klaɪnoːdə, klaɪ'noːdiən] *nt* <-(e)s, -e *o* -ien> (*geh*) joya *f*, alhaja *f*
klein|schneiden *irr vt s.* **schneiden** I.1.
klein|schreiben^RR *irr vt* escribir con minúscula
Kleinschreibung *f* <-, -en> uso *m* de minúsculas al principio de palabra; **Kleinsparer(in)** *m(f)* <-s, -; -, -nen> pequeño, -a ahorrador(a) *m(f)*; **Kleinstaat** *m* <-(e)s, -en> pequeño estado *m*; **Kleinstadt** *f* <-, -städte> ciudad *f* pequeña; **Kleinstädter(in)** *m(f)* <-s, -; -, -nen> habitante *mf* de una ciudad pequeña
kleinstädtisch *adj* ❶ (*einer Kleinstadt entsprechend*) de una pequeña ciudad; **für den ~en Verkehr brauchen wir kein Parkleitsystem** para la circulación en una ciudad pequeña no necesitamos ningún sistema de control de aparcamientos libres
❷ (*abw: beengt*) provinciano; **sie wollte hinaus aus der ~en Enge** quería huir de aquel provincianismo
kleinstmöglich *adj* el/la/lo más pequeño posible
Kleintier *nt* <-(e)s, -e> animal *m* de pequeño tamaño (*de compañía: perros, gatos, pájaros*); **Kleinunternehmer(in)** *m(f)* <-s, -; -, -nen> pequeño, -a empresario, -a *m, f*; **Kleinvieh** *nt* <-s, *ohne pl*> ganado *m* menor (*conejos, aves de corral*); **~ macht auch Mist** (*prov fam*) más vale poco que nada; **Kleinwagen** *m* <-s, -> (coche *m*) utilitario *m*; **Kleinwohnung** *f* <-, -en> piso *m* pequeño, apartamento *m* pequeño
kleinwüchsig *adj* -vyːksɪç> de baja estatura
Kleister ['klaɪstɐ] *m* <-s, -> engrudo *m*, almidón *m* Mex
kleistern I. *vt* (*fam*) encolar, pegar con cola (*an/auf/in* a/en); **jdm eine ~** (*sl*) arrearle a alguien una bofetada
II. *vi* (*fam*) encolar, dar cola
Klemmappe *f* <-, -n> *s.* **Klemmmappe**
Klemme ['klɛma] *f* <-, -n> ❶ (*zum Festklemmen*) pinza *f*; (*für Haar*) horquilla *f*; (MED) laña *f*
❷ (*fam: Notlage*) apuro *m*, aprieto *m*; **in der ~ sitzen** encontrarse en un apuro; **jdm aus der ~ helfen** sacar a alguien de un aprieto
klemmen I. *vt* (*Tür, Schloss*) estar atrancado, estar atascado
II. *vt* ❶ (*befestigen*) sujetar; **sich** *dat* **etw unter den Arm ~** ponerse algo debajo del brazo
❷ (*dazwischen~*) meter; **sich** *dat* **den Finger ~** pillarse el dedo
III. *vr* (*fam*) **sich hinter etw ~** aferrarse a algo
Klemmmappe^RR *f* <-, -n> carpeta *f* con pinza, carpeta *f* Clip-Fix
Klempner(in) ['klɛmpnɐ] *m(f)* <-s, -; -, -nen> fontanero, -a *m, f*, latero, -a *m, f Am*

Klempnerei *f* <-, -en> fontanería *f*
Klempnerin *f* <-, -nen> *s.* **Klempner**
Klempnerladen *m* <-s, -läden> (*fam iron*) condecoraciones *fpl*; **der hochdekorierte General trug einen ganzen ~ auf der Brust, Dutzende von Orden, die bei jedem Schritt laut schepperten** el condecorados general llevaba todo el pecho cubierto de quincalla: docenas de medallas que tintineaban a cada paso
klempnern ['klɛmpnɐn] *vi* hacer trabajos de fontanería
Klempnerwerkstatt *f* <-, -stätten> (taller *m* de) fontanería *f*
Klepper ['klɛpɐ] *m* <-s, -> (*abw*) jamelgo *m*
Kleptomane, -in [klɛpto'maːnə] *m, f* <-n, -n; -, -nen> (PSYCH) cleptómano, -a *m, f*
Kleptomanie [klɛptoma'niː] *f* <-, *ohne pl*> (PSYCH) cleptomanía *f*
Kleptomanin *f* <-, -nen> *s.* **Kleptomane**
klerikal [kleri'kaːl] *adj* clerical
Kleriker ['kleːrɪkə] *m* <-s, -> clérigo *m*
Klerus ['kleːrʊs] *m* <-, *ohne pl*> clero *m*
Klettband *nt* <-(e)s, -bänder> *s.* **Klettverschluss**
Klette ['klɛtə] *f* <-, -n> ❶ (BOT) lampazo *m*
❷ (*fam: Person*) lapa *f*; **sich wie eine ~ an jdn hängen** pegarse a alguien como una lapa
Kletterisen *nt* <-s, -> (*Steigeisen*) crampón *m*
Kletterer, -in *m, f* <-s, -; -, -nen> escalador(a) *m(f)*
Klettergerüst *nt* <-(e)s, -e> (*Spielgerät*) escalera *f*
Kletterin *f* <-, -nen> *s.* **Kletterer**
klettern ['klɛtɐn] *vi sein* ❶ (*steigen*) subir (*auf* a), trepar (*auf* a); **auf Bäume ~** trepar a los árboles; **die Preise ~ in die Höhe** los precios se disparan; **das Thermometer/Tachometer klettert auf ...** el termómetro/tacómetro sube a...
❷ (*bergsteigen*) hacer alpinismo, hacer andinismo *Am*
❸ (*fam: steigen*) salir (*aus* de), entrar (*in* en)
Kletterpartie *f* <-, -n> escalada *f*; **Kletterpflanze** *f* <-, -n> planta *f* trepadora; **Kletterstange** *f* <-, -n> (SPORT) barra *f* vertical
Klettverschluss^RR *m* <-es, -schlüsse> cierre *m* adhesivo, velcro® *m*
klicken ['klɪkən] *vi* (INFOR) activar (*auf*), hacer clic (*auf* sobre)
❷ („*klick*" *machen*) hacer "clic"
Klicker ['klɪkɐ] *m* <-s, -> (*nordd: Murmel*) canica *f*, bolita *f Arg*
klickern ['klɪkɐn] *vi* (*nordd*) jugar a las canicas [*o* a las bolas]
Klient(in) [kli'ɛnt] *m(f)* <-en, -en; -, -nen> cliente, -a *m, f*
Klientel [kliɛn'teːl] *f* <-, -en> clientela *f*
Klientin *f* <-, -nen> *s.* **Klient**
Kliff [klɪf] *nt* <-(e)s, -e> (*nordd*) acantilado *m*
Klima ['kliːma] *nt* <-s, -s *o* -te> ❶ (METEO) clima *m*; **gemäßigtes ~** clima templado
❷ (*Atmosphäre*) ambiente *m*, clima *m*
Klimaanlage *f* <-, -n> (instalación *f* de) aire *m* acondicionado; **ein Auto mit ~** un coche con aire acondicionado; **sein Büro hat ~** (*fam*) tiene aire acondicionado en su oficina; **Klimagürtel** *m* <-s, -> cinturón *m* climático
Klimakterien *pl von* **Klimakterium**
klimakterisch [klimak'teːrɪʃ] *adj* climatérico
Klimakterium [klimak'teːriʊm] *nt* <-s, Klimakterien> (MED) climaterio *m*
Klimakunde *f* <-, *ohne pl*> climatología *f*
Klimaschutz *m* <-es, *ohne pl*> (ÖKOL) prevención *f* del cambio climático; **Klimaschutzpolitik** *f* <-, *ohne pl*> (ÖKOL) política *f* de prevención del cambio climático
Klimasteuer *f* (ÖKOL) impuesto *m* climático; **Klimasturz** *m* <-es, -stürze> (ÖKOL) caída *f* climática
Klimate *pl von* **Klima**
klimatisch [kli'maːtɪʃ] *adj* climático
klimatisieren* [klimati'ziːrən] *vt* climatizar; **ein klimatisiertes Büro** una oficina climatizada
Klimatisierung [klimati'ziːrʊŋ] *f* <-, -en> climatización *f*
Klimatologe, -in [klimato'loːgə] *m, f* <-n, -n; -, -nen> (METEO) climatólogo, -a *m, f*
Klimatologie [klimatolo'giː] *f* <-, *ohne pl*> climatología *f*
Klimatologin *f* <-, -nen> *s.* **Klimatologe**
Klimaveränderung *f* <-, -en> cambio *m* climático; **Klimawechsel** *m* <-s, -> cambio *m* de aires, temperación *f Am*
Klimax ['kliːmaks] *f* <-, -e> ❶ (*Höhepunkt*) clímax *m inv*
❷ (MED) climaterio *m*
Klimazone *f* <-, -n> zona *f* climática
Klimbim [klɪm'bɪm] *m* <-s, *ohne pl*> (*fam*) ❶ (*Krempel*) trastos *mpl*, cachivaches *mpl*; **schrecklich, wie viel ~ auf dem Dachboden steht!** ¡es espantosa la cantidad de trastos que hay en el desván!
❷ (*Umstände*) molestias *fpl*, cumplidos *mpl*; **viel ~ um alles machen** armar un tremendo jaleo por cualquier cosa
klimmen ['klɪmən] <klimmt, klomm *o* klimmte, geklommen *o*

Klimmzug geklimmt> vi sein (geh) trepar
Klimmzug m <-(e)s, -züge> tracción f; **Klimmzüge machen** (SPORT) hacer flexiones de brazos; (fig) hacer esfuerzos
Klimperkasten m <-s, -kästen> (fam abw) piano m
klimpern ['klɪmpɐn] vi ❶ (Geld etc.) tintinear; **er klimperte mit Geld** hizo sonar el dinero
❷ (fam: auf Klavier) aporrear; (auf Gitarre) rasgar
Klinefelt Syndrom nt <- -s, - -e> (MED) síndrome m de Klinefelt
kling [klɪŋ] interj ¡cling!, ¡tin!
Klinge ['klɪŋə] f <-, -n> cuchilla f, hoja f; **jdn über die ~ springen lassen** (fam) pasar a cuchillo a alguien
Klingel ['klɪŋəl] f <-, -n> timbre m
Klingelbeutel m <-s, -> (REL) limosnera f
Klingelknopf m <-(e)s, -knöpfe> botón m del timbre, llamador m
klingeln vi ❶ (Person) llamar, tocar el timbre; **hast du nicht gehört, dass ich bei dir geklingelt habe?** ¿no has oído que he tocado el timbre de [o en] tu casa?; **man muss nach dem Empfangschef ~** hay que llamar al recepcionista con la campanilla
❷ (Klingel, Telefon) sonar; **es hat geklingelt** han llamado; **er ließ das Telefon lange ~, bevor er abnahm** dejó sonar el teléfono durante un buen rato antes de cogerlo; **hat es bei dir jetzt endlich geklingelt?** (fam) ¿te suena por fin?
Klingelzeichen nt <-s, -> sonido m del timbre; **auf jds ~ hin** (die Tür öffnen) (abrir la puerta) cuando alguien toca el timbre
klingen ['klɪŋən] <klingt, klang, geklungen> vi sonar; (Gläser) tintinear; **das Lied klingt schön** la canción suena bien; **das klingt ja, als ob ...** esto suena como si... +subj
Klinik ['kli:nɪk] f <-, -en> clínica f, hospital m
Klinikum ['kli:nikʊm] nt <-s, Kliniken> centro m clínico, policlínico m
klinisch adj clínico; **-e Behandlung** tratamiento clínico; **~ tot** clínicamente muerto
Klinke ['klɪŋkə] f <-, -n> picaporte m; **;-n putzen** (fam abw) ir (vendiendo) de puerta en puerta; **sie gaben sich** dat **die ~ in die Hand** (fam) era un continuo ir y venir de gente
Klinkenputzer(in) m(f) <-s, -; -, -nen> (fam abw) vendedor(a) m(f) a domicilio
Klinker ['klɪŋkɐ] m <-s, ->, **Klinkerstein** m <-(e)s, -e> ladrillo m recocido
klipp [klɪp] adv (fam): **~ und klar** sin rodeos, sin andarse por las ramas
Klippe ['klɪpə] f <-, -n> ❶ (Fels) arrecife m, bajío m
❷ (fig: Hindernis) obstáculo m; **alle ~n überwinden/umschiffen** salvar/evitar todos los obstáculos
klirren ['klɪrən] vi (Gläser) tintinear; (Fensterscheibe) vibrar; (Waffen) sonar; **~de Kälte** frío tremendo
Klirrfaktor m <-s, -en> (ELEK) coeficiente m de distorsión no lineal
Klischee [kli'ʃe:] nt <-s, -s> (a. TYPO) clisé m, cliché m; (Stereotyp) tópico m; **in ~s denken** pensar de una manera estereotipada
klischeehaft adj tópico
Klischeevorstellung f <-, -en> cliché m, clisé m, tópico m
klischieren* [kli'ʃi:rən] vt ❶ (geh abw: nachahmen) copiar
❷ (TYPO) preparar un clisé [o cliché] (de)
Klistier [klɪs'ti:ɐ] nt <-s, -e> (MED) clistel m, clister m
Klistierspritze f <-, -n> (MED) cánula f para enemas
Klitoris ['kli:tɔrɪs] f <-, – o Klitorides> (ANAT) clítoris m inv
Klitsche ['klɪtʃə] f <-, -n> (fam) ❶ (Theater) teatrillo m de mala muerte
❷ (Betrieb) empresa f que no rinde
klitschnass^{RR} ['klɪtʃ'nas] adj (fam) calado hasta los huesos
klitzeklein ['klɪtsə'klaɪn] adj (fam) diminuto, minúsculo
Klo [klo:] nt <-s, -s> (fam) retrete m, wáter m; **ich muss aufs ~** tengo que ir al wáter; **das ~ ist verstopft/besetzt** el wáter está atascado/ocupado
Kloake [klo'a:kə] f <-, -n> (a. ZOOL) cloaca f
Kloben ['klo:bən] m <-s, -> ❶ (Holzklotz) leño m
❷ (fig: Mensch) inculto, -a m, f
klobig ['klo:bɪç] adj (Sache) macizo; (Mensch) fortachón
Klobrille f <-, -n> (fam) asiento m del wáter; **Klobürste** f <-, -n> (fam) escobilla f del retrete; **Klodeckel** m <-s, -> (fam) tapa f del wáter, tapadera f de wáter; **Klofrau** f <-, -en> (fam) encargada f de los lavabos; **Klomann** m <-(e)s, -männer> (fam) encargado m de los lavabos
klomm 3. imp von **klimmen**
Klon [klo:n] m <-s, -e> (BIOL) clon m; (INFOR) copia f
klonen [klo:nən] vt (BIOL) clonar
klönen ['kløːnən] vi (nordd) charlar
Klonierung [klo'ni:rʊŋ] f <-, -en> (BIOL) clonación f
Klopapier nt <-s, -e> (fam) papel m del wáter
klopfen ['klɔpfən] I. vi ❶ (schlagen) golpear, dar golpes; (Herz) latir, palpitar; **jdm auf die Schulter ~** dar a alguien una palmadita en el hombro; **mit ~dem Herzen** con el corazón palpitante
❷ (an~) llamar; **es klopft** han llamado
II. vt (Teppich) sacudir; (Steine) picar; (Fleisch) macerar, ablandar; **den Takt ~** marcar el compás; **Sprüche ~** fanfarronear
Klopfer m <-s, -> ❶ (Teppich~) sacudidor m
❷ (Tür~) llamador m
klopffest adj (AUTO) antidetonante
Klopffestigkeit f <-, ohne pl> (CHEM) poder m antidetonante
Klopfzeichen nt <-s, -> toque m en la puerta; **sie öffnete die Tür nur, wenn das geheime ~ ertönte** abrió sólo cuando llamaron a la puerta con la combinación de toques secreta
Kloppe ['klɔpə] f: **~ kriegen** (nordd) recibir una paliza
Klöppel ['klœpəl] m <-s, -> ❶ (Glockenschwengel) badajo m
❷ (Xylophonschlägel) palillo m
❸ (Spitzen~) bolillo m
klöppeln vi (Handarbeit) hacer encaje de bolillos
Klöppelspitze f <-, -n> encaje m de bolillos
kloppen ['klɔpən] vr: **sich ~** (nordd) pegarse, pelearse
Klopperei f <-, -en> (nordd: fam) pelea f
Klöppler(in) m(f) <-s, -; -, -nen> encajero, -a m, f
Klops [klɔps] m <-es, -e> (nordd, ostd) ❶ (GASTR) albóndiga f; **Königsberger ~e** albóndigas cocidas con salsa de alcaparras
❷ (fam: Fehler) metedura f de pata; **da hast du dir aber einen ~ geleistet** has metido la pata
Klosett [klo'zɛt] nt <-s, -s o -e> servicio(s) m(pl), wáter m
Klosettbürste f <-, -n> escobilla f del retrete; **Klosettpapier** nt <-s, -e> papel m higiénico
Kloß [klo:s, pl: 'kløːsə] m <-es, Klöße> (GASTR: Fleisch~) albóndiga f; (Kartoffel~, Grieß~) especie de albóndiga cocida hecha de una masa de patatas, miga de pan, sémola etc; **einen ~ im Hals haben** (fam) tener un nudo en la garganta
Kloßbrühe f <-, -n> (GASTR) caldo m de albóndigas; **klar wie ~ sein** (fam) estar más claro que el agua
Kloster ['klo:stɐ, pl: 'klø:stɐ] nt <-s, Klöster> (REL) convento m, monasterio m; **ins ~ gehen** entrar en un convento, hacerse religioso/religiosa
Klosterbruder m <-s, -brüder> (alt) fraile m, monje m; **Klosterfrau** f <-, -en> (alt) monja f; **Klostergemeinde** f <-, -n> (REL) congregación f, cofradía f; **Klostergut** nt <-(e)s, -güter> patrimonio m del monasterio; **Klosterkirche** f <-, -n> (REL: Nonnenkloster) iglesia f del convento; (Mönchskloster) iglesia f del monasterio
klösterlich ['klø:stɐlɪç] adj ❶ (einem Kloster entsprechend) monacal, monástico, conventual; **die Exerzitien fanden in der ~en Abgeschiedenheit statt** los ejercicios espirituales se realizaron en el recogimiento del monasterio [o del convento]
❷ (dem Kloster gehörend) del convento, del monasterio; **die ~e Bibliothek** la biblioteca del convento [o del monasterio]
Klosterschule f <-, -n> (REL, SCH: bei Nonnen) escuela f del convento; (bei Mönchen) escuela f monacal
Klöten ['klø:tən] pl (nordd: fam) huevos mpl
Klotz [klɔts, pl: 'klœtsə] m <-es, Klötze> ❶ (allgemein) bloque m; (Spielzeug~) cubo m de madera; **er ist (mir) ein ~ am Bein** me molesta; **auf einen groben ~ gehört ein grober Keil** (prov) a tal tronco, tal hacha
❷ (fam abw: Person) palurdo, -a m, f
Klötzchen ['klœtsçən] nt <-s, -> cubito m (de madera)
klotzen vi (reg) ❶ (arbeiten) trabajar duro, currar
❷ (protzen) darse bombo; **~, nicht kleckern** no andarse con pequeñeces, sino hacerlo a lo grande
klotzig adj (klobig) tosco; (aufwändig) aparatoso, ostentoso
Klub [klʊp] m <-s, -s> club m
Klubhaus nt <-es, -häuser> local m del club [o social]; **Klubjacke** f <-, -n> chaqueta f del club, "blazer" m; **Klubsessel** m <-s, -> sillón m
Kluft¹ [klʊft, pl: klʏftə] f <-, Klüfte> abismo m; **eine ~ überbrücken** salvar un abismo
Kluft² f <-, -en> (fam) ropa f; (einheitlich) uniforme m
klug [klu:k] adj <klüger, am klügsten> inteligente; (schlau) listo, bagre Guat, Hond, ElSal; (vernünftig) sensato, cuerdo; (scharfsinnig) sagaz; **ein ~er Kopf** un cerebrito; **~ reden** (abw) hablar como un pedante [o con pedantería]; **ihr könnt alle immer nur ~ reden, aber helfen tut ihr nicht** (fam) vosotros mucho de pico, pero de echar una mano, nada; **aus etw** dat **nicht ~ werden** no acabar de entender algo; **aus Schaden wird man ~** de los errores se aprende; **hinterher ist man immer klüger** después de haber acabado algo se sabe cómo se hubiera podido hacer mejor; **der Klügere gibt nach** (prov) ceder es (cosa) de sabios
klüger ['kly:gɐ] adj kompar von **klug**
klugerweise ['klu:gɐvaɪzə] adv por prudencia, prudentemente
Klugheit f <-, ohne pl> inteligencia f; (Scharfsinn) perspicacia f; (Vernunft) sensatez f

klug|reden vi (fam) s. **klug**
Klugredner(in) m(f) <-s, -; -, -nen> (fam) pedante mf
klug|scheißen irr vi (fam abw) dárselas de listo, hablar como un pedante [o con pedantería]
Klugscheißer(in) m(f) <-s, -; -, -nen> (fam abw) sabelotodo mf inv, sabihondo, -a m, f
klügste(r, s) ['kly:kstə, -tə, -təs] adj superl von **klug**
Klump ['klʊmp] m <-s> **ein Fahrzeug zu** [o in] ~ **fahren** (fam) pegarse un trompazo con un vehículo y destrozarlo; **etw in ~ werfen/schlagen** hacer algo añicos adrede
Klumpatsch ['klʊmpatʃ] m <-(e)s, ohne pl> (fam) cachivaches mpl
Klümpchen ['klʏmpçən] nt <-s, -> (nordd: Bonbon) caramelo m
klumpen ['klʊmpən] vi formar grumos
Klumpen ['klʊmpən] m <-s, -> pedazo m, trozo m; (in Soße) grumo m; (Erd~) terrón m; (Gold~) pepita f; **das Mehl bildet ~** la harina forma grumos
Klumpfuß m <-es, -füße> (MED) pie m zopo
klumpfüßig adj con un pie contrahecho [o zambo] [o zopo]; **mein Opa ist ein ~er Mann** mi abuelo tiene un pie contrahecho
klumpig adj grumoso, lleno de grumos
Klüngel ['klʏŋəl] m <-s, -> (abw) camarilla f
Klüngelei[1] f <-, -en> (abw: Vetternwirtschaft) nepotismo m
Klüngelei[2] f <-, ohne pl> (reg: abw: Trödelei) roncería f
Klunker ['klʊŋkɐ] m <-s, -> (fam: Edelstein) brillante m, pedrusco m
Kluntje ['klʊntjə] nt <-s, -s> (nordd) azúcar m cande
Klüver ['kly:vɐ] m <-s, -> (NAUT) foque m
km Abk. von **Kilometer** km
km/h Abk. von **Kilometer pro Stunde** km/h
knabbern ['knabɐn] vi, vt (Tier) roer; (Mensch) picar; **daran wirst du noch lange zu ~ haben** eso es duro de roer; **etw zum K~ haben** algo para picar
Knabe ['kna:bə] m <-n, -n> (geh) chico m, muchacho m; **na, alter ~!** (fam) ¡hola, tío!
knabenhaft adj amuchachado
Knabenkraut nt <-(e)s, ohne pl> (BOT) satirión m
Knabenstimme f <-, -n> (MUS) voz f de niño [o infantil] (antes de cambiar o mudar la voz)
knack [knak] interj ¡crac!; **es macht ~** hace ¡crac!
Knäckebrot ['knɛkə-] nt <-(e)s, -e> pan en láminas muy crujiente de origen escandinavo
knacken ['knakən] I. vi ① (Holz) crujir
② (knistern) crepitar, chasquear; **es knackt im Radio** la radio crepita; **an etw** dat **zu ~ haben** (fam) sufrir las duras consecuencias de algo
③ (fam: schlafen) dormir
II. vt ① (Nüsse) partir
② (fam: Aufgabe) resolver; (Kode) descifrar
③ (fam: aufbrechen) forzar
Knacker m <-s, -> (fam) ① (abw): **alter ~** viejo decrépito
② s. **Knackwurst**
Knacki ['knaki] m <-s, -s> (sl: Gefängnisinsasse) presidiario m; (ehemaliger Insasse) ex presidiario m
knackig adj (Salat) fresco; (knusprig) crujiente; (a. fig) apetitoso; **ein ~er Typ** un tío bueno
Knacklaut m <-(e)s, -e> (LING) eyectiva f
Knackpunkt m <-(e)s, -e> (fam) punto m clave
knacks [knaks] interj s. **knack**
Knacks [knaks] m <-es, -e> ① (Geräusch) crujido m
② (fam: Riss) grieta f, hendidura f
③ (fam: seelisch) daño m psíquico; (körperlich) daño m físico; **einen ~ bekommen** trastornarse; **ihre Ehe hatte schon einen ~ bevor ...** su matrimonio ya iba mal antes de que...
Knackwurst f <-, -würste> (GASTR) salchicha f "knacker" (salchicha ahumada para calentar)
Knall [knal] m <-(e)s, -e> estallido m; (Peitschen~) chasquido m; (von Korken) taponazo m; (von Tür) portazo m; (von Schuss) estampido m; **die Tür fiel mit einem ~ ins Schloss** la puerta dio un portazo m; **es kam zum großen ~** se armó un escándalo; **er hat einen ~** (fam) está chiflado; **~ auf Fall** repentinamente, de improviso
Knallbonbon m o nt <-s, -s> petardo m; **Knalleffekt** m <-(e)s, -e> (fam) golpe m (de efecto); (Überraschung) sorpresa f; (Pointe) chiste m, gracia f
knallen I. vi ① (allgemein) estallar; (Tür) cerrarse de golpe; (Peitsche) producir un chasquido; (Schuss) oírse; (Korken) saltar; **mit der Peitsche ~** chasquear el látigo; **es hat mal wieder geknallt** (fam: Unfall) hubo otro accidente; (Streit) se pelearon de nuevo; **sonst knallt's** (fam) si no, ya verás
② sein (stoßen) chocar (auf/gegen contra); **mit dem Kopf gegen die Wand ~** darse un golpe en la cabeza contra la pared
③ (fam: schießen) disparar
④ (fam: Sonne) pegar fuerte
⑤ sein (Reifen, Ballon) reventar
II. vt ① (Tür) dar un portazo (a)
② (werfen) tirar (violentamente); **den Hörer auf die Gabel ~** colgar con un fuerte golpe; **sie knallte das Buch auf den Tisch** tiró el libro contra la mesa; **jdm die Faust ins Gesicht ~** dar un puñetazo a alguien; **jdm eine ~** (fam) soltar [o sacudir] una bofetada a alguien
knalleng adj (fam) ajustar a estallar, superajustado; **die Jeans sitzt (am Po) ~** los vaqueros quedan superajustados (al trasero)
Knaller m <-s, -> (fam) ① (Knallkörper) petardo m, cohete m
② (Sensation) sensación f
Knallerbse f <-, -n> garbanzo m de pega
Knallerei f <-, -en> (fam) ruido m (constante) de petardos; **diese ~ zu Silvester geht mir auf die Nerven** los petardos el día de fin de año me ponen de los nervios
Knallfrosch m <-(e)s, -frösche> (fam) petardo m; **Knallgas** nt <-es, -e> (CHEM) gas m fulminante
knallhart ['-'-] adj (fam: Arbeit) duro; (Film, Typ) brutal; **jdm ~ seine Meinung sagen** decir a alguien cuatro verdades
knallheiß adj (fam) sofocante; **es ist ~** hace una chicharrina terrible
knallig adj (fam: Farbe) chillón, llamativo
Knallkopf m <-(e)s, -köpfe>, **Knallkopp** m <-(e)s, -köppe> (fam) imbécil m, capullo m, inflagaitas m inv; **pass auf wo du hintrittst, du ~!** ¡mira por dónde pisas, imbécil!; **Knallkörper** m <-s, -> petardo m
knallrot ['-'-] adj rojo vivo; **~ werden** ponerse como un tomate
knapp [knap] I. adj ① (spärlich) escaso; (beschränkt) limitado; **~ bei Kasse sein** andar justo de dinero; **die Zeit ist ~** hay poco tiempo, tenemos el tiempo justo; **das Wasser wurde ~** se produjo una escasez de agua, se estaba acabando el agua; **einen ~en Sieg erzielen** ganar por los pelos; **mit ~er Mehrheit** por escasa mayoría; **... und nicht zu ~** (fam) ... y de eso, bastante; **jdn ~ halten** (fam) dar lo justo a alguien
② (Kleidung) justo, ceñido
③ (kaum) escaso; (vor Zahlen) poco menos de; **eine ~e Stunde** una hora escasa; **mit ~er Not entkommen** salvarse por los pelos
④ (Stil) conciso; **in ~en Worten** en pocas palabras
II. adv ① (kaum) apenas
② (gerade so) (muy) justo; **das Auto fuhr ~ an mir vorbei** el coche pasó muy cerca de mí; **~ sitzen** (Kleidung) quedar muy justo; **~ gewinnen** ganar con escaso margen; **~ sein** escasear
Knappe ['knapə] m <-n, -n> ① (HIST: Edelknabe) doncel m
② (Bergmann) minero m
knapp|halten irr vt (fam) s. **knapp I.1.**
Knappheit f <-, ohne pl> ① (Mangel) escasez f (an de)
② (Kürze) concisión f
Knappschaft f <-, -en> gremio m de los mineros, agrupación f de los mineros
knapsen ['knapsən] vi (fam) ① (knauserig sein) economizar (mit con); **bei drei Kindern muss ich mit dem Haushaltsgeld ~** con tres hijos tengo que controlar cada peseta
② (schwer fertig werden mit): **an etw** dat **~** costar superar algo; **an meiner Scheidung hatte ich lange zu ~** me costó mucho tiempo superar la separación
Knarre f <-, -n> ① (fam: Gewehr) trabuco m, chumbo m Arg
② (Spielzeug) matraca f
knarren ['knarən] vi crujir
Knast[1] [knast] m <-(e)s, -e o Knäste> (fam: Gefängnis) chirona f, trena f, cupo m Mex; **im ~ sitzen** estar en chirona [o a la sombra]
Knast[2] m <-(e)s, ohne pl> (fam: Freiheitsstrafe) chirona f; **er hat drei Jahre ~ bekommen** le han condenado a tres años en chirona
Knatsch [kna:tʃ] m <-(e)s, ohne pl> (reg) pique m, bronca f; **die beiden haben ~** andan de pique
knatschig adj (fam) ① (weinerlich) gimoteador, lloriqueador; **~ sein** ser un llorica
② (ärgerlich) malhumorado
knattern ['knatɐn] vi (Motorrad, Auto) petardear; (Presslufthammer) martillear; (Maschinengewehr) tabletear
Knäuel ['knɔɪəl] m o nt <-s, -> ovillo m, bodoque m Mex
Knauf [knauf, pl: 'knɔɪfə] m <-(e)s, Knäufe> (am Stock, Schwert) puño m; (an der Tür) pomo m
Knauser(in) ['knauzɐ] m(f) <-s, -; -, -nen> (fam abw) roñoso, -a m, f, tacaño, -a m, f
knaus(e)rig ['knauz(ə)rɪç] adj (fam abw) rácano, pichicato MAm
Knauserin f <-, -nen> s. **Knauser**
knausern ['knauzɐn] vi (fam abw) cicatear
Knaus-Ogino-Methode f <-, ohne pl> (MED) método m (Knaus-)Ogino
knausrig adj s. **knaus(e)rig**
knautschen ['knautʃən] I. vt (fam) arrugar, chafar
II. vi (fam) arrugarse

knautschig ['knaʊtʃɪç] *adj* (*fam*) arrugado; **~ sein** estar hecho una pasa
Knautschlack *m* <-(e)s, -e> cuero *m* arrugado; **Knautschzone** *f* <-, -n> (AUTO) zona *f* de absorción de impactos
Knebel ['kneːbəl] *m* <-s, -> mordaza *f*
knebeln *vt* amordazar
Knebelung *f* <-, -en> amordazamiento *m*
Knebelungsvertrag *m* <-(e)s, -träge>, **Knebelvertrag** *m* <-(e)s, -träge> (JUR) contrato *m* leonino
Knecht [knɛçt] *m* <-(e)s, -e> ① (HIST: *landwirtschaftlicher Helfer*) mozo *m* de labranza, peón *m Am*
② (*abw: Befehlsempfänger*) siervo *m*; **~ Ruprecht** acompañante *m* de San Nicolás [*o* de Santa Claus]
knechten I. *vi* (*fam: arbeiten*) currar
II. *vt* (*geh abw*) esclavizar; (*unterdrücken*) subyugar
knechtisch *adj* (*geh abw*) servil
Knechtschaft *f* <-, -en> (*abw: Versklavung*) servidumbre *f*, esclavización *f*
Knechtung *f* <-, -en> (*geh abw*) subyugación *f*, esclavización *f*
kneifen ['knaɪfən] <kneift, kniff, gekniffen> **I.** *vt* (*in die Haut*) pellizcar (*in en*)
II. *vi* ① (*Kleidung*) apretar
② (*fam abw: sich drücken*) rajarse, escurrir el bulto; **~ gibt's nicht!** ¡no vale escurrir el bulto!
Kneifer *m* <-s, -> quevedos *mpl*
Kneifzange *f* <-, -n> tenazas *fpl*, alicates *mpl*
Kneipe ['knaɪpə] *f* <-, -n> (*fam*) bar *m*, tasca *f*, bochinche *m Mex*
kneipen ['knaɪpən] *vi* (*fam*) ir de bares, ir de copas
Kneipenbummel *m* <-s, -> ronda *f* por los bares; **einen ~ machen** ir de copas; **Kneipenwirt(in)** *m(f)* <-(e)s, -e; -, -nen> propietario, -a *m, f* de un bar, tabernero, -a *m, f*
Kneipier [knaɪˈpjeː] *m* <-s, -s> (*fam: Wirt*) tabernero *m*
kneippen ['knaɪpən] *vi* hacer un tratamiento hidroterapéutico (con el método Krupp)
Kneippkur ['knaɪp-] *f* <-, -en> (MED) tratamiento *m* hidroterápico (*según el método de S. Kneipp, 1821 – 1897*)
knetbar *adj* moldeable, maleable; (*Plastiksprengstoff*) moldeable; (*Teig*) amasable; **~ sein/werden** ser/hacerse moldeable [*o* maleable]
Knete ['kneːtə] *f* <-, ohne *pl*> (*fam*) ① (*Knetmasse*) plastilina® *f*, pasta *f* de modelar
② (*Geld*) pasta *f*
kneten ['kneːtən] *vt* ① (*Teig, Ton*) amasar
② (*Figuren formen*) modelar
Knetgummi *m o nt* <-s, -(s)>, **Knetmasse** *f* <-, -n> plastilina® *f*, pasta *f* de modelar
Knick [knɪk] *m* <-(e)s, -e> ① (*Falte*) pliegue *m*, doblez *m*
② (*Biegung*) recodo *m*; **die Straße macht dort einen ~** la calle dobla allí; **einen ~ in der Optik haben** (*fam*) no ver bien
knicken *vt* ① (*falten*) doblar, plegar; **nicht ~!** ¡no doblar!
② (*brechen*) romper; (*Pflanze*) tronchar
Knicker *m* <-s, -> (*fam*) roñoso *m*, tacaño *m*
Knickerbocker ['knɪkɛbɔkɐ] *pl* pantalón *m* bombacho
knick(e)rig ['knɪk(ə)rɪç] *adj* (*fam abw*) tacaño, mezquino
Knick(e)rigkeit *f* <-, ohne *pl*> (*fam abw*) roñería *f*, tacañería *f*; **bei deiner ~ wundere ich mich, dass du noch Geld für Zigaretten ausgibst** con lo tacaño que eres me sorprende que aún gastes dinero en tabaco
knickrig *adj* (*fam abw*) *s.* **knick(e)rig**
Knickrigkeit *f* <-, ohne *pl*> (*fam abw*) *s.* **Knick(e)rigkeit**
Knicks [knɪks] *m* <-es, -e> reverencia *f* (*flexión de las piernas*); **einen ~ machen (vor** *jdm*) hacer una reverencia (ante alguien)
knicksen ['knɪksən] *vi* hacer una reverencia (*vor* ante)
Knie [kniː, *pl:* ˈkniːə] *nt* <-s, -> ① (*Körperteil*) rodilla *f*; **auf ~n** de rodillas; **weiche ~ bekommen** (*fam*) amilanarse, amedrentarse; **auf die ~ fallen** ponerse de rodillas; **sich** *dat* **das ~ aufschlagen** lastimarse la rodilla; *jdn* **übers ~ legen** (*fam*) pegar un palizón a alguien; **etw übers ~ brechen** (*fam*) forzar algo; *jdn* **in die ~ zwingen** (*fig*) subyugar a alguien
② (*Biegung*) recodo *m*
③ (*am Rohr*) codo *m*, codillo *m*
Kniebeuge *f* <-, -n> ① (SPORT) flexión *f* de rodillas ② (REL) genuflexión *f*; **Kniebundhose** *f* <-, -n> pantalón *m* abrochado en la rodilla; **Kniefall** *m* <-(e)s, -fälle> genuflexión *f*; (*fig*) humillación *f*
kniefällig *adv* (*alt*) de rodillas; **der Verurteilte flehte ~ um Gnade** el condenado suplicaba clemencia de rodillas
kniefrei *adj* con la rodilla descubierta; **mein neuer Rock ist ~** mi nueva falda no llega a las rodillas
Kniegelenk *nt* <-(e)s, -e> (ANAT) articulación *f* de la rodilla
kniehoch *adj o adv* hasta las rodillas; **~ sein** llegar hasta las rodillas; **das Gras ist ~ gewachsen** la hierba ha crecido hasta la altura de las rodillas; **an dieser Stelle steht das Wasser ~** en este lugar el agua llega hasta las rodillas
Kniehose *f* <-, -n> pantalón *m* de media pierna; **Kniekehle** *f* <-, -n> (ANAT) corva *f*
knielang *adj* por la rodilla; **~ sein** llegar por la rodilla; **man trägt Röcke jetzt eher ~** ahora se llevan las faldas más bien por la rodilla
knien ['kniːən, kniːn] **I.** *vi* haben *o* sein estar de rodillas
II. *vr:* **sich ~** arrodillarse, ponerse de rodillas; **sich in die Arbeit ~** (*fam*) meterse de lleno en el trabajo
Knies [kniːs] *m* <-, ohne *pl*> (*fam*) *s.* **Knatsch**
Kniescheibe *f* <-, -n> rótula *f*; **Knieschützer** *m* <-s, -> (SPORT) rodillera *f*; **Knieschwellung** *f* <-, -en> (MED) inflamación *f* de la rodilla; **Kniestrumpf** *m* <-(e)s, -strümpfe> media *f* calcetín; **Kniestuhl** *m* <-(e)s, -stühle> silla *f* sin respaldo y con reposarrodillas
knietief I. *adj* que llega hasta las rodillas; **~ sein** llegar hasta las rodillas; **sie blieben im ~en Morast stecken** se quedaron atascados en un barrizal que les llegaba a las rodillas
II. *adv* hasta las rodillas; **wir standen ~ im Schnee** la nieve nos llegaba hasta las rodillas
Kniewärmer *m* <-s, -> rodillera *f* (de lana)
kniff [knɪf] 3. *imp von* **kneifen**
Kniff [knɪf] *m* <-(e)s, -e> ① (*Kneifen*) pellizco *m*
② (*Falte*) pliegue *m*, doblez *m*
③ (*Trick*) truco *m*; **den ~ raushaben** saberse el truco; **es ist ein ~ dabei** tiene truco
kniff(e)lig *adj* (*schwierig*) complicado, difícil; (*heikel*) delicado
Knigge ['knɪɡə] *m* <-(s), -> manual *m* de comportamiento
Knilch [knɪlç] *m* <-s, -e> (*fam abw*) patán *m*
knipsen ['knɪpsən] **I.** *vt* (*fam: schnalzen*) chasquear
II. *vt* (*fam*) ① (*fotografieren*) fotografiar, sacar una foto (de)
② (*Fahrkarte*) picar
Knirps [knɪrps] *m* <-es, -e> (*fam*) ① (*Junge*) chiquillo *m*, renacuajo *m*
② (*abw: Mann*) arrancapinos *m inv*, enano *m*
knirschen ['knɪrʃən] *vi* crujir; **mit den Zähnen ~** rechinar los dientes
knistern ['knɪstɐn] *vi* (*Feuer*) crepitar; (*Seide, Papier*) crujir; (*vor Spannung*) chisporrotear; **im Gerichtssaal knisterte es vor Spannung** en la sala el ambiente era muy tenso
Knittelvers ['knɪtəl-] *m* <-es, -e> (LIT) copla *f* de ciego
knitterarm *adj* que se arruga poco
knitterfrei *adj* inarrugable
knittern ['knɪtɐn] **I.** *vt* (*Stoff, Papier*) arrugar, chafar
II. *vi* arrugarse
Knobelbecher *m* <-s, -> ① (*Würfelbecher*) cubilete *m*
② (MIL: *sl: Stiefel*) bota *f* militar
knobeln ['knoːbəln] *vi* ① (*würfeln*) jugar a los dados (*um* por)
② (*fam: nachdenken*) romperse la cabeza (*an* con)
Knoblauch ['knoːblaʊx] *m* <-(e)s, ohne *pl*> ajo *m*
Knoblauchpresse *f* <-, -n> exprimidera *f* de ajo; **Knoblauchzehe** *f* <-, -n> diente *m* de ajo
Knöchel ['knœçəl] *m* <-s, -> ① (*am Fuß*) tobillo *m*; **sich** *dat* **den ~ verstauchen** dislocarse el tobillo
② (*am Finger*) nudillo *m*
Knöchelbruch *m* <-(e)s, -brüche> (MED) fractura *f* de tobillo [*o* maleolar]
knöchellang *adj* hasta los tobillos; **dieses Kleid ist ~** este vestido llega hasta los tobillos
knöcheltief I. *adj* que llega hasta los tobillos; **~ sein** llegar hasta los tobillos
II. *adv* hasta los tobillos
Knochen ['knɔxən] *m* <-s, -> hueso *m*; **sich** *dat* **die ~ brechen** (*fam*) romperse los huesos; **der Schreck fuhr ihm in die ~** se llevó un susto enorme; **er ist bis auf die ~ blamiert (worden)/nass geworden** hizo el ridículo más absoluto/se caló hasta los huesos; **mir tun alle ~ weh** (*fam*) tengo los huesos molidos; **mir steckt eine Erkältung in den ~** tengo un resfriado muy fuerte (que no se me quita de encima)
Knochenarbeit *f* <-, ohne *pl*> (*fam*) trabajo *m* de negros, pela *f Mex*; **Knochenbau** *m* <-s, ohne *pl*> estructura *f* ósea; **Knochenbildung** *f* <-, -en> (MED) osteogénesis *f inv*; **Knochenbruch** *m* <-(e)s, -brüche> fractura *f* de hueso; **Knochenentkalkung** *f* <-, -en> (MED) descalcificación *f* ósea, osteoporosis *f inv*; **Knochenentzündung** *f* <-, -en> (MED) osteítis *f inv*; **Knochenerweichung** *f* <-, -en> (MED) osteomalacia *f*; **Knochenfisch** *m* <-(e)s, -e> (ZOOL) teleósteo *m*; **Knochengerüst** *nt* <-(e)s, -e> (ANAT) armazón *m* óseo, esqueleto *m*
knochenhart ['--ˈ-] *adj* (*fam: Brot, Arbeit*) muy duro; **mein Chef ist ~** mi jefe es un hueso
Knochenhaut *f* <-, -häute> (ANAT) periostio *m*; **Knochenleim** *m* <-(e)s, -e> (TECH) cola *f* de huesos; **Knochenmann** *m* <-(e)s, ohne *pl*> (*geh*): **der ~** la Muerte (*en forma de esqueleto humano*)
Knochenmark *nt* <-(e)s, ohne *pl*> (ANAT) tuétano *m*, médula *f* ósea;

Knochenmarktransplantation *f* <-, -en> (MED) trasplante *m* de médula ósea

Knochenmehl *nt* <-(e)s, -e> harina *f* de huesos; **Knochenschinken** *m* <-s, -> (GASTR) jamón *m* (entero); **Knochenschwund** *m* <-(e)s, *ohne pl*> (MED) atrofia *f* ósea

knochentrocken ['--'--] *adj* (*fam: Brot, Humor*) muy seco

knöchern ['knœçən] *adj* ❶ (*aus Knochen*) de hueso ❷ (*knochig*) huesudo, osudo

knochig ['knɔxɪç] *adj* huesudo, huesoso; (*Gesicht*) descarnado

knockout [nɔkˈʔaʊt] *adj*, **knock-out**^RR *adj* (*a.* SPORT) knock-out; ~ **gehen** quedar k.o. [*o* fuera de combate]

Knockout [nɔkˈʔaʊt] *m* <-(s), -s>, **Knock-out**^RR *m* <-(s), -s> (*a.* SPORT) knock-out *m*

Knödel ['knøːdəl] *m* <-s, -> (*Österr, südd*) especie de albóndiga cocida hecha de una masa de patatas o miga de pan

Knöllchen ['knœlçən] *nt* <-s, -> (*fam: Strafzettel*) multa *f*

Knolle ['knɔlə] *f* <-, -n> ❶ (BOT) tubérculo *m*, raíz *f* tuberosa ❷ (*fam: rundliche Verdickung*) bulto *m*

Knollen *m* <-s, -> (*reg: Verdickung*) bulto *m*

Knollenblätterpilz [--'---] *m* <-es, -e> amanita *f*; **Knollengemüse** *nt* <-s, -> verdura *f* tuberosa; **Knollennase** *f* <-, -n> (*fam*) nariz *f* de boxeador [*o* de patata]

knollig ['knɔlɪç] *adj* (*Nase*) protuberante, prominente; **dieser Baumstamm hat ~e Auswüchse** este tronco es muy tuberoso

Knopf [knɔpf, *pl:* 'knœpfə] *m* <-(e)s, Knöpfe> ❶ (*a.* ELEK, MUS) botón *m*; **einen ~ annähen/verlieren** coser/perder un botón; **auf den ~ drücken** pulsar el botón, apretar el [*o* dar al] botón *fam* ❷ (*Schweiz, südd*) nudo *m*

Knopfdruck *m* <-(e)s, *ohne pl*> opresión *f* de un botón, pulsación *f*; (**wie**) **auf** ~ como si le hubieran oprimido el botón, como si lo/la hubieran enchufado

knöpfen ['knœpfən] *vt* abotonar

Knopfloch *nt* <-(e)s, -löcher> ojal *m*; **eine Nelke im ~ tragen** llevar un clavel en el ojal; **Knopfzelle** *f* <-, -n> pila *f* de botón

Knorpel ['knɔrpəl] *m* <-s, -> cartílago *m*

knorp(e)lig ['knɔrp(ə)lɪç] *adj* cartilaginoso

Knorpelzelle *f* <-, -n> (MED) célula *f* cartilaginosa

knorplig *adj s.* **knorp(e)lig**

Knorren ['knɔrən] *m* <-s, -> (*reg*) rama *f* nudosa

knorrig ['knɔrɪç] *adj* (*Baum*) nudoso

Knospe ['knɔspə] *f* <-, -n> (*Blüten~*) capullo *m*; (*von Blatt, Zweig*) yema *f*, botón *m*; **~ treiben** [*o* **ansetzen**] brotar

knospen *vi* brotar, echar yemas

knoten *vt* hacer un nudo (en); (*befestigen*) fijar con un nudo; (*Krawatte*) anudar

Knoten ['knoːtən] *m* <-s, -> ❶ (*bei Fäden, a.* NAUT, BOT) nudo *m*; **sich** *dat* **einen ~ ins Taschentuch machen** atarse un hilo al dedo; **der Gordische ~** (HIST) el nudo gordiano ❷ (*Frisur*) moño *m* ❸ (MED) nudosidad *f* ❹ (INFOR) nodo *m*

Knotenpunkt *m* <-(e)s, -e> nudo *m* de comunicaciones

Knöterich ['knøːtərɪç] *m* <-s, -e> (BOT) bistorta *f*

knotig *adj* nudoso

Know-how [noʊˈhaʊ] *nt* <-(s), *ohne pl*> conocimientos *mpl* (de la tecnología), capacidad *f* tecnológica; **technisches ~** conocimientos técnicos

Know-how-Vereinbarung *f* <-, -en> (WIRTSCH) convenio *m* sobre técnicas de fabricación

Knubbel ['knʊbəl] *m* <-s, -> (*reg: rundliche Verdickung*) bulto *m*

knuddeln ['knʊdəln] *vt* (*reg*) achuchar (y besuquear), hacer mimos

Knuff [knʊf] *m* <-(e)s, Knüffe> (*fam*) empujón *m*; (*mit dem Ellbogen*) codazo *m*

knuffen ['knʊfən] *vt* (*fam*) dar un empujoncito; **jdn in die Seite ~** echar a alguien a un lado (dándole un empujoncito); (*mit dem Ellbogen*) echar a alguien a un lado (dándole un codazo)

knülle ['knʏlə] *adj* (*fam*) borracho como una cuba

knüllen ['knʏlən] **I.** *vi* (*knittern*) arrugarse **II.** *vt* (*Papier*) estrujar, arrugar

Knüller ['knʏlɐ] *m* <-s, -> (*fam*) sensación *f*

knüpfen ['knʏpfən] *vt* ❶ (*knoten*) anudar ❷ (*Netz*) hacer ❸ (*Freundschaft*) trabar, entablar; **große Erwartungen an etw ~** poner grandes esperanzas en algo; **Bedingungen an etw ~** poner algo por condición

Knüppel ['knʏpəl] *m* <-s, -> ❶ (*Stock*) palo *m*, garrote *m*, mamón *m Guat, Hond*, tocho *m Arg*; (*von Polizei*) porra *f*; **jdm einen ~ zwischen die Beine werfen** (*fam*) poner cortapisas a alguien ❷ (AERO) palanca *f* de mando

Knüppeldamm *m* <-(e)s, -dämme> puente *m* (hecho) de troncos

knüppeldick ['--'--] *adv* (*fam fig*) muy fuerte, muy duro, muy grave; **es kam ~** sucedió lo peor; **er trug ~ auf** exageró a más no poder

knüppelhart *adj* durísimo

knüppeln ['knʏpəln] *vt* aporrear, golpear con la porra

Knüppelschaltung *f* <-, -en> (AUTO) cambio *m* de marchas con palanca

knüppelvoll ['--'--] *adj* (*fam*) a tope

knurren ['knʊrən] *vi* ❶ (*Hund, Mensch*) gruñir (*über* a causa de) ❷ (*Magen*) sonar; **mir knurrt der Magen** mi estómago protesta del hambre que tengo

Knurrhahn *m* <-(e)s, -hähne> (ZOOL) trigla *f*, trilla *f*, gallina *f* de mar

knurrig *adj* gruñón, refunfuñón

Knusperhäuschen ['knʊspɐhɔɪsçən] *nt* <-s, -> casita hecha de pastelería

knusp(e)rig ['knʊsp(ə)rɪç] *adj* crujiente

knuspern ['knʊspɐn] *vi:* **an etw** *dat* **~** mordisquear algo; **etwas zum K~** algo para picar

knusprig *adj s.* **knusp(e)rig**

Knust [knuːst, *pl:* ˈknyːstə] *m* <-(e)s, -e *o* Knüste> (*nordd*) borde *m* del pan, coscorro *m*

Knute ['knuːtə] *f* <-, -n> látigo *m*; **unter jds ~ stehen** (*fam*) estar bajo el dominio de alguien

knutschen ['knuːtʃən] *vi* (*fam*) besuquearse

Knutscherei *f* <-, -en> (*fam*) besuqueo *m*, toqueteo *m*

Knutschfleck *m* <-(e)s, -en> (*fam*) chupetón *m*

Knüttelvers *m* <-es, -e> (LIT) *s.* **Knittelvers**

k.o. [kaːˈʔoː] *adj* (*a.* SPORT) *Abk. von* **knock-out** k.o.; **~ gehen** quedar k.o. [*o* fuera de combate]; **jdn ~ schlagen** noquear a alguien; **~ sein** (*fam*) estar k.o. [*o* fuera de combate]

K.o. [kaːˈʔoː] *m* <-, -> (*a.* SPORT) *Abk. von* **Knock-out** k.o. *m*; **technischer ~** knock-out técnico; **durch ~** por k.o.

Koagulation [koagulaˈtsjoːn] *f* <-, -en> (CHEM) coagulación *f*

Koagulationsmittel *nt* <-s, -> (MED) coagulante *m*

Koala [koˈaːla] *m* <-s, -s>, **Koalabär** *m* <-en, -en> (ZOOL) koala *m*

koalieren* [koaˈliːrən] *vi* (POL) coligarse, formar una coalición

Koalition [koaliˈtsjoːn] *f* <-, -en> (POL) coalición *f*; **eine ~ bilden** [*o* **eingehen**] formar una coalición; **kleine/große ~** pequeña/gran coalición

Koalitionsfreiheit *f* <-, *ohne pl*> libertad *f* de coalición; **individuelle/kollektive ~** libertad de coalición individual/colectiva; **negative/positive ~** libertad de coalición negativa/positiva; **Koalitionspartei** *f* <-, -en> (POL) partido *m* de la coalición; **Koalitionspartner** *m* <-s, -> socio *m* de coalición; **Koalitionsrecht** *nt* <-(e)s, *ohne pl*> derecho *m* de coalición; **Koalitionsregierung** *f* <-, -en> (POL) gobierno *m* de coalición; **Koalitionsvereinbarung** *f* <-, -en> (POL) pacto *m* de coalición, acuerdo *m* de coalición; **Koalitionsvertrag** *m* <-(e)s, -träge> (POL) tratado *m* de coalición, convenio *m* de coalición

koaxial [koʔaˈksiaːl] *adj* (TECH) coaxial; **~e Drehbewegungen** giros coaxiales

Koaxialkabel *nt* <-s, -> (ELEK) cable *m* coaxial

Kobalt ['koːbalt] *nt* <-s, *ohne pl*> (CHEM) cobalto *m*

kobaltblau *adj* azul cobalto

Koben ['koːbən] *m* <-s, -> (AGR) pocilga *f*

Koblenz ['koːblɛnts] *nt* <-> Coblenza *f*

Kobold ['koːbɔlt] *m* <-(e)s, -e> duende *m*, gnomo *m*

Kobra ['koːbra] *f* <-, -s> cobra *f*

Koch [kɔx, *pl:* 'kœçə] *m*, **Köchin** *f* <-(e)s, Köche; -, -nen> cocinero, -a *m, f*; **viele Köche verderben den Brei** (*prov*) muchas manos en la olla echan el guiso a perder

kochbeständig *adj* resistente a la ebullición

Kochbuch *nt* <-(e)s, -bücher> libro *m* de cocina; **Kochecke** *f* <-, -n> cocina *f* americana

Köchelverzeichnis ['kœçəl-] *nt* <-ses, *ohne pl*> (MUS) Köchel *m* (*registro de todas las obras de Mozart según el musicólogo Ludwig von Köchel, 1800–1877*)

kochen ['kɔxən] **I.** *vi* ❶ (*Wasser, Speisen*) hervir, estar hirviendo; (*Kühler*) echar humo; **etw zum K~ bringen** llevar a ebullición algo, hacer hervir algo ❷ (*Speisen zubereiten*) guisar, cocinar; **er kocht gut** cocina bien ❸ (*fam: wütend sein*) estar furioso; **er kocht vor Wut** está furioso **II.** *vt* ❶ (*garen*) cocer; **hart gekocht** (*Ei*) duro; **weich gekocht** (*Fleisch, Gemüse*) cocido (hasta que esté tierno); (*Ei*) pasado por agua ❷ (*zubereiten*) hacer, preparar; **jdm etw ~** cocinar [*o* guisar] algo alguien; **sich** *dat* **etw ~** cocinarse [*o* guisarse] algo ❸ (*heiß waschen*) lavar a 90 grados

kochendheiß ['--'--] *adj s.* **heiß 1.**

Kocher *m* <-s, -> hornillo *m*

Köcher ['kœçɐ] *m* <-s, -> ❶ (*für Pfeile*) carcaj *m*, aljaba *f*

②(FOTO) estuche *m* (*para guardar los gemelos o el objetivo*)
Kochfeld *nt* <-(e)s, -er> placa *f* de cocina
kochfest *adj* (*Wäsche*) lavable a 90 grados
Kochgelegenheit *f* <-, -en> posibilidad *f* para cocinar; **Kochgeschirr** *nt* <-(e)s, -e> batería *f* de cocina; **Kochherd** *m* <-(e)s, -e> (*alt*) cocina *f*
Köchin ['kœçɪn] *f* <-, -nen> *s.* **Koch**
Kochkäse *m* <-s, -> queso *m* (que es elaborado en caliente); **Kochkunst** *f* <-, *ohne pl*> gastronomía *f*, arte *m* culinario, cocina *f*; **Kochkurs** *m* <-es, -e> curso *m* de cocina; **Kochlöffel** *m* <-s, -> cuchara *f* de palo; **Kochmulde** *f* <-, -n> encimera *f*, placa *f*; **Kochnische** *f* <-, -n> cocinita *f*, rincón *m* cocina; **Kochplatte** *f* <-, -n> fogón *m*; **Kochpunkt** *m* <-es, *ohne pl*> punto *m* de ebullición; **Kochrezept** *nt* <-(e)s, -e> receta *f* de cocina
Kochsalz *nt* <-es, *ohne pl*> sal *f* común [*o* de cocina]; **Kochsalzersatz** *m* <-es, *ohne pl*> sustitutivo *m* de sal común [*o* de sal de cocina]; **Kochsalzlösung** *f* <-, -en> (MED) solución *f* de agua salada
Kochtopf *m* <-(e)s, -töpfe> olla *f*, cazuela *f*; **Kochwäsche** *f* <-, *ohne pl*> colada *f* a 90 grados
kodd(e)rig ['kɔd(ə)rɪç] *adj* (*nordd: fam*) ① (*unverschämt*) impertinente
② (*unwohl*) indispuesto; **jdm ist ~** alguien siente náuseas
Kode ['ko:də, ko:t] *m* <-s, -s> (*a.* INFOR) código *m*; **ASCII ~** código ASCII; **genetischer ~** código genético
Kodein [kode'i:n] *nt* <-s, *ohne pl*> (MED) codeína *f*
Köder ['kø:dɐ] *m* <-s, -> cebo *m*
ködern *vt* ① (*Tiere*) echar el cebo (a)
② (*Personen*) engatusar, atraer; **er will dich mit diesen Angeboten nur ~** sólo pretende engatusarte con estas ofertas
Kodex[1] ['ko:dɛks] *m* <-(es), -e *o* Kodizes> (HIST) códice *m*
Kodex[2] ['ko:dɛks] *m* <-(es), -e> (*Regelung*) código *m*
kodieren* [ko'di:rən] *vt* (INFOR) codificar
Kodierung *f* <-, -en> codificación *f*
Kodifikation [kodifika'tsjo:n] *f* <-, -en> (JUR) codificación *f*
kodifizieren* [kodifi'tsi:rən] *vt* (JUR) codificar; **kodifiziertes Recht** derecho codificado
Kodifizierung [kodifi'tsi:rʊŋ] *f* <-, -en> (JUR): **~ von Gesetzen** codificación *f*
Kodizes *pl von* **Kodex**[1]
Kodizill [kodi'tsɪl] *nt* <-s, -e> (JUR) codicilio *m*
Koedukation [koeduka'tsjo:n] *f* <-, *ohne pl*> (SCH) coeducación *f*
Koeffizient [kɔʔɛfi'tsjɛnt] *m* <-en, -en> (MATH) coeficiente *m*
Koexistenz [kɔʔɛksɪs'tɛnts] *f* <-, *ohne pl*> (*a.* POL) coexistencia *f*; **friedliche ~** (WIRTSCH, POL) coexistencia pacífica
koexistieren* *vi* (*geh*) coexistir
Koffein [kɔfe'i:n] *nt* <-s, *ohne pl*> cafeína *f*
koffeinfrei *adj* sin cafeína, descafeinado
koffeinhaltig *adj* con cafeína, que contiene cafeína; **~e Limonade** refresco de limón con cafeína
Koffer ['kɔfɐ] *m* <-s, -> maleta *f*, valija *f Am*, chácara *f And*; **die ~ packen / auspacken** hacer / deshacer la maleta; **aus dem ~ leben** vivir haciendo y deshaciendo maletas
Kofferanhänger *m* <-s, -> etiqueta *f*; **Kofferkuli** *m* <-s, -s> carrito *m* portaequipajes; **Kofferradio** *nt* <-s, -s> radio *f* portátil; **Kofferraum** *m* <-(e)s, -räume> maletero *m*, baúl *m Am*, cofre *m Mex*; **Kofferschreibmaschine** *f* <-, -n> máquina *f* de escribir transportable
Kognak ['kɔnjak] *m* <-s, -s> coñac *m*
Kognakschwenker *m* <-s, -> copa *f* de coñac
kognitiv [kɔɡni'ti:f] *adj* (PSYCH) cognitivo
kohärent [kohɛ'rɛnt] *adj* coherente
Kohärenz [kohɛ'rɛnts] *f* <-, *ohne pl*> coherencia *f*
Kohäsion [kohɛ'zjo:n] *f* <-, *ohne pl*> cohesión *f*
Kohl [ko:l] *m* <-(e)s, *ohne pl*> ① (*Gemüse*) col *f*; **das macht den ~ auch nicht fett** (*fam*) ya no importa
② (*fam abw: Unsinn*) disparates *mpl*, bobadas *fpl*; **das ist doch alles ~!** ¡eso son bobadas!; **red nicht solchen ~!** ¡no digas tantos disparates!
Kohldampf *m* <-(e)s, *ohne pl* (*fam*): **~ haben** tener un hambre de mil demonios; **~ schieben** pasar hambre
Kohle[1] ['ko:lə] *f* <-, -n> (*Brennstoff, Zeichen~*) carbón *m*; **~ führend** (BERGB) carbonífero; **~ abbauen** extraer carbón; (**wie**) **auf glühenden ~n sitzen** estar sobre ascuas; **in** [*o* **mit**] **~ zeichnen** dibujar al carbón; **mit ~ heizen** tener calefacción de carbón
Kohle[2] *f* <-, *ohne pl*> (*fam: Geld*) pasta *f*, perras *fpl*, pelas *fpl*; **keine ~ mehr haben** estar sin un duro
kohleführend *adj s.* **Kohle**[1]
kohlehaltig *adj* carbonoso
Kohleherd *m* <-(e)s, -e> cocina *f* de carbón; **Kohlehydrat** *nt* <-(e)s, -e> (CHEM) hidrato *m* de carbono; **Kohlekraftwerk** *nt* <-(e)s, -e> central *f* térmica carbonera

kohlen ['ko:lən] *vi* (*fam: schwindeln*) mentir; **das stimmt nicht, du kohlst!** ¡eso no es cierto, mientes!
Kohlenabbau *m* <-(e)s, *ohne pl*> extracción *f* de carbón; **Kohlenbecken** *nt* <-s, -> ① (GEO) cuenca *f* carbonífera ② (*zum Heizen*) brasero *m*; **Kohlenbergbau** *m* <-(e)s, *ohne pl*> explotación *f* de minas de carbón; **im ~ sollen 3000 Stellen gestrichen werden** en la industria del carbón deben suprimirse 3000 puestos de trabajo; **Kohlenbergwerk** *nt* <-(e)s, -e> mina *f* de carbón
Kohlendioxid [--'---] *nt* <-s, *ohne pl*> (CHEM) anhídrido *m* carbónico; **Kohlendioxidausstoß** *m* <-es, -stöße> expulsión *f* de dióxido de carbono
kohlendioxidfrei *adj* libre de dióxido de carbono, sin dióxido de carbono
Kohlenflöz [-fløːts] *m* <-es, -e> (BERGB) estrato *m* carbonífero; **Kohlengrube** *f* <-, -n> mina *f* de carbón; **Kohlenhalde** *f* <-, -n> escorial *m*, *f*; **Kohlenhändler(in)** *m(f)* <-s, -; -, -nen> carbonero, -a *m*, *f*; **Kohlenhandlung** *f* <-, -en> (*alt*) carbonería *f*; **Kohlenherd** *m* <-(e)s, -e> cocina *f* de carbón; **Kohle(n)hydrat** *nt* <-(e)s, -e> (CHEM) hidrato *m* de carbono; **Kohlenkasten** *m* <-s, -kästen> coquera *f*; **Kohlenkeller** *m* <-s, -> carbonera *f*; **Kohlenmonoxid** [--'---] *nt* <-(e)s, *ohne pl*> (CHEM) monóxido *m* de carbono; **Kohle(n)ofen** *m* <-s, -öfen> estufa *f* de carbón; **Kohlenpott** *m* <-(e)s, *ohne pl*> (*fam*) Cuenca *f* del Ruhr; **Kohle(n)revier** *nt* <-s, -e> cuenca *f* carbonífera
kohlensauer *adj* (CHEM) carbónico; **kohlensaures Natron** bicarbonato sódico
Kohlensäure *f* <-, *ohne pl*> ① (CHEM) ácido *m* carbónico
② (*in Getränken*) gas *m*; **Mineralwasser mit ~** agua mineral con gas
kohlensäurehaltig *adj* carbonatado, con gas; **dieses Mineralwasser ist nicht ~** esta agua mineral no tiene gas
Kohlenschaufel *f* <-, -n> pala *f* de carbón
Kohlenstaub *m* <-(e)s, -stäube> carbonilla *f*; **Kohlenstaubbinder** *m* <-s, -> (CHEM) aglutinante *m* de polvo de carbón
Kohlenstoff *m* <-(e)s, *ohne pl*> (CHEM) carbono *m*; **Kohlenstoffverbindung** *f* <-, -en> (CHEM) compuesto *m* de carbono
Kohlenvorkommen *nt* <-s, -> *s.* **Kohlevorkommen**; **Kohlenwagen** *m* <-s, -> ① (*Kohlenwaggon*) vagón *m* carbonero ② (*Tender*) ténder *m*; **Kohlenwasserstoff** [--'---] *m* <-(e)s, -e> (CHEM) hidrocarburo *m*; **chlorierte ~e** hidrocarburos clorados; (**polyzyklische aromatische) ~e** hidrocarburos (policíclicos) aromáticos
Kohleofen *m* <-s, -öfen> estufa *f* de carbón; **Kohlepapier** *nt* <-s, -e> papel *m* carbón; **Kohlepfennig** *m* <-s, *ohne pl*> tributo especial que los usuarios deben pagar para subvencionar la explotación hullera
Köhler(in) ['køːlɐ] *m(f)* <-s, -; -, -nen> carbonero, -a *m*, *f*
Kohlerevier *nt* <-s, -e> cuenca *f* carbonífera
Köhlerin *f* <-, -nen> *s.* **Köhler**
Kohlestift *m* <-(e)s, -e> carboncillo *m*, carbonilla *f Am*; **Kohletablette** *f* <-, -n> pastilla *f* de carbono; **Kohlevorkommen** *nt* <-s, -> yacimiento *m* de carbón; **große ~** grandes yacimientos de carbón; **Kohlezeichnung** *f* <-, -en> dibujo *m* al carbón
Kohlkopf *m* <-(e)s, -köpfe> repollo *m*; **Kohlmeise** *f* <-, -n> (ZOOL) herrerillo *m*
kohl(pech)rabenschwarz [-'(-')'--'-] *adj* negro como el azabache [*o* como ala de cuervo]
Kohlrabi [koːl'raːbi] *m* <-(s), -(s)> colinabo *m*
Kohlroulade *f* <-, -n> (GASTR) hoja de col rellena; **Kohlrübe** *f* <-, -n> nabo *m*
kohlschwarz *adj s.* **kohl(pech)rabenschwarz**
Kohlsprossen *fpl* (*Österr*) coles *fpl* de Bruselas
Kohlweißling [-'--] *m* <-s, -e> mariposa *f* blanca de la col
Kohorte [ko'hɔrtə] *f* <-, -n> (HIST) cohorte *f*
koitieren* [koi'tiːrən] *vi* realizar el coito, copular
Koitus [ˈkoːɪtʊs] *m* <-, -(se)> coito *m*
Koje ['koːjə] *f* <-, -n> ① (NAUT) litera *f*
② (*fam: Bett*) cama *f*; **sich in die ~ hauen** irse al catre
Kojote [ko'joːtə] *m* <-n, -n> coyote *m*
Kokain [koka'iːn] *nt* <-s, *ohne pl*> (MED) cocaína *f*
kokainsüchtig *adj* cocainómano; **~ sein** ser un cocainómano
Kokainsüchtige(r) *mf* <-n, -n; -n, -n> cocainómano, -a *m*, *f*
Kokarde [ko'kardə] *f* <-, -n> escarapela *f*
kokeln ['koːkəln] *vi* (*fam*) jugar con el fuego; **die Kinder kokelten mit Streichhölzern und trockenem Holz** los niños jugaban con cerillas y madera seca
Kokerei [koːkəˈraɪ] *f* <-, -en> (TECH) coquería *f*
kokett [ko'kɛt] *adj* coqueto
Koketterie [kokɛtəˈriː] *f* <-, *ohne pl*> coquetería *f*
kokettieren* [kokɛ'tiːrən] *vi* coquetear; (*flirten*) flirtear
Kokke ['kɔkə] *f* <-, -n> (BIOL, MED) (micro)coco *m*
Kokolores [koko'loːrɛs] *m* <-, *ohne pl*> (*fam*) tonterías *fpl*, bobadas *fpl*; **mach keinen ~!** ¡no hagas tonterías!

Kokon [koˈkõː] m <-s, -s> capullo m
Kokosfaser [ˈkoːkɔs-] f <-, -n> fibra f de coco; **Kokosfett** nt <-(e)s, -e> grasa f de coco; **Kokosflocken** fpl coco m rallado; **Kokosmakrone** f <-, -n> galleta f de coco, pasta f de coco; **Kokosmatte** f <-, -n> estera f de coco; **Kokosmilch** f <-, ohne pl> leche f de coco; **Kokosnuss**^RR f <-, -nüsse> coco m; **Kokosöl** nt <-s, -e> (GASTR) aceite m de coco; **Kokospalme** f <-, -n> cocotero m; **Kokosraspel** pl coco m rallado
Kokotte [koˈkɔtə] f <-, -n> (alt) concubina f, manceba f
Koks [koːks] m <-es, ohne pl> ❶ (Brennstoff) coque m
❷ (fam: Unsinn) tonterías fpl, bobadas fpl
❸ (sl: Kokain) coca f, perico m
koksen vi ❶ (sl: Kokain schnupfen) esnifar cocaína
❷ (fam: schlafen) sobar
Kokser(in) m(f) <-s, -; -, -nen> (sl) cocainómano, -a m, f
Kola¹ [ˈkoːla] f <-, -> (fam) (coca-)cola f
Kola² pl von **Kolon**
Kolben [ˈkɔlbən] m <-s, -> ❶ (TECH) pistón m, émbolo m
❷ (CHEM) matraz m
❸ (beim Gewehr) culata f
❹ (BOT) espádice m
❺ (fam: Nase) narizón m, narizota f
Kolbenfresser m <-s, -> (AUTO: fam) agarrotamiento m del pistón (por falta de engrase); **Kolbenhub** m <-(e)s, -hübe> (TECH) movimiento m del émbolo [o del pistón], pistonada f; **Kolbenmotor** m <-s, -en> (AUTO) motor m de pistón [o de émbolo]; **Kolbenring** m <-(e)s, -e> (TECH) aro m de pistón, segmento m de compresión; **Kolbenstange** f <-, -n> (AUTO) biela f
Kolchose [kɔlˈçoːzə] f <-, -n> koljós m, koljoz m, explotación f agrícola colectiva
Kolibakterien [koli-] fpl colibacilos mpl
Kolibri [ˈkoːlibri] m <-s, -s> (ZOOL) colibrí m, picaflor m, chupaflor m MAm, gorrión m MAm
Kolik [ˈkoːlɪk, koˈliːk] f <-, -en> cólico m
Kolkrabe [ˈkɔlk-] m <-n, -n> (ZOOL) cuervo m
kollabieren* [kɔlaˈbiːrən] vi sein (zusammenbrechen) colapsar; (FIN: Kurs) caer
Kollaborateur(in) [kɔlabora'tøːɐ] m(f) <-s, -e; -, -nen> (POL) colaboracionista mf
Kollaboration [kɔlabora'tsjoːn] f <-, ohne pl> (POL) colaboración f, colaboracionismo m
kollaborieren* [kɔlaboˈriːrən] vi (POL) colaborar (con el enemigo)
Kollagen [kɔlaˈgeːn] nt <-s, -e> (BIOL, MED) colágeno m
Kollaps [ˈkɔlaps, -ˈ-] m <-es, -e> (MED) colapso m
Kollation [kɔlaˈtsjoːn] f <-, -en> ❶ (a. TYPO) repaso m
❷ (reg: Imbiss) colación f, piscolabis m inv
kollationieren* [kɔlatsjoˈniːrən] vt (a. TYPO) colacionar, comparar
Kolleg [kɔˈleːk] nt <-s, -s> (Studien~) academia f
Kollege, -in [kɔˈleːgə] m, f <-n, -n; -, -nen> colega mf, compañero, -a m, f de trabajo; (Amts~, a. POL) homólogo, -a m, f
Kollegenrabatt m <-(e)s, -e> descuento m comercial (especialmente entre diferentes editoriales); **die Verlage gewähren sich untereinander ~e** las editoriales se hacen descuentos entre sí
kollegial [kɔleˈgjaːl] adj solidario; **sich ~ verhalten** actuar de una manera solidaria
Kollegialgericht nt <-(e)s, -e> (JUR) tribunal m colegiado
Kollegialität [kɔlegjaliˈtɛːt] f <-, ohne pl> solidaridad f profesional
Kollegialprinzip nt <-s, ohne pl> (JUR) principio m colegial
Kollegien pl von **Kollegium**
Kollegin f <-, -nen> s. **Kollege**
Kollegium [kɔˈleːgiʊm] nt <-s, Kollegien> colegas mpl; (bei Lehrern) cuerpo m docente
Kollegmappe f <-, -n> cartera f
Kollekte [kɔˈlɛktə] f <-, -n> colecta f, cuestación f
Kollektion [kɔlɛkˈtsjoːn] f <-, -en> colección f
kollektiv [kɔlɛkˈtiːf] adj colectivo
Kollektiv [kɔlɛkˈtiːf] nt <-s, -e o -s> colectivo m
Kollektivarbeit f <-, -en> trabajo m en equipo; **Kollektivbeleidigung** f <-, -en> (JUR) agravio m colectivo; **Kollektivbewusstsein**^RR nt <-s, ohne pl> (a. fig) conciencia f colectiva; **Kollektivbillet** f <-s, -s> (Schweiz: Sammelfahrschein) billete m colectivo; **Kollektivdelikt** nt <-(e)s, -e> (JUR) delito m colectivo; **Kollektiveigentum** nt <-s, ohne pl> propiedad f colectiva; **Kollektivgeist** m <-(e)s, ohne pl> sentido m cívico
kollektivieren* [kɔlɛktiˈviːrən] vt colectivizar
Kollektivismus [kɔlɛktiˈvɪsmʊs] m <-, ohne pl> colectivismo m
Kollektivklagerecht nt <-(e)s, -e> (JUR) derecho m de acción colectiva; **Kollektivmarke** f <-, -n> (JUR) marca f colectiva; **Kollektivprokura** f <-, -prokuren> (JUR) poder m colectivo; **Kollektivschuld** f <-, ohne pl> culpa f colectiva; **Kollektivverantwortung** f <-, ohne pl> responsabilidad f colectiva; **Kollektivvertrag** m <-(e)s, -träge> (JUR) contrato m colectivo; **Kollektivwirtschaft** f <-, -en> koljós m, koljoz m, explotación f agrícola colectiva
Kollektor [kɔˈlɛktoːɐ] m <-s, -en> (PHYS, ELEK) colector m
Koller¹ [ˈkɔlɐ] m <-s, -> (fam: Wutausbruch) estallido m de cólera; **ich kriegte/hatte einen ~** me dio/tenía un ataque de cólera
Koller² nt <-s, -> canesú m, esclavina f
kollern [ˈkɔlɐn] I. vi ❶ haben (ZOOL) gluguteár; **das K~ des Truthahnes ist sehr laut** los pavos hacen mucho ruido cuando gluguteán
❷ sein (reg) s. **kullern**
II. vunpers haben hacer ruido; **es kollert in deinem Bauch, hast du Hunger?** te suenan las tripas, ¿es que tienes hambre?
kollidieren* [kɔliˈdiːrən] vi ❶ sein (zusammenstoßen) colisionar (mit contra), chocar (mit con)
❷ (in Konflikt geraten) chocar (mit con), estar en pugna (mit con); (zeitlich) coincidir (mit con); **die Termine ~** las fechas coinciden; **unsere Meinungen ~ miteinander** nuestras opiniones chocan una con otra; **~des Verfassungsrecht** (JUR) derecho constitucional en colisión
Kollier [kɔˈlje:] nt <-s, -s> collar m
Kollision [kɔliˈzjoːn] f <-, -en> colisión f, choque m
Kollisionsklausel f <-, -n> (JUR) cláusula f de colisión; **~ für beiderseitiges Verschulden** cláusula de colisión para obligaciones recíprocas; **Kollisionskurs** m <-es, ohne pl> actitud f pendenciera; **mit jdm auf ~ gehen** pelearse con alguien; **Kollisionsnormenwechsel** m <-s, -> (JUR) cambio m de las normas de colisión; **Kollisionsrecht** nt <-(e)s, ohne pl> (JUR) derecho m de colisión; **Kollisionsrisiko** nt <-s, -s o -risiken> (JUR) riesgo m de colisión
Kollodium [kɔˈloːdiʊm] nt <-s, ohne pl> (CHEM) colodión m
Kolloid [kɔloˈiːt] nt <-(e)s, -e> (CHEM) coloide m
kolloidal [kɔloiˈdaːl] adj (CHEM) coloidal
Kolloquium [kɔˈloːkviʊm] nt <-s, Kolloquien> coloquio m
Kollusion f <-, -en> (JUR) colusión f
Köln [kœln] nt <-s> Colonia f
Kölnischwasser nt <-s, ->, **kölnisch Wasser**^RR nt <- -s, - -> agua f de Colonia, colonia f
Kolon [ˈkoːlɔn] nt <-s, -s o Kola> (MED, ANAT) colon m
Koloniakübel m <-s, -> (Österr) contenedor m grande de basura
kolonial [koloˈnjaːl] adj colonial
Kolonialbesitz m <-es, -e> colonia f; **1898 verlor Spanien mit Kuba seinen letzten ~** en 1898 España perdió con Cuba su última colonia; **Kolonialgesellschaft** f <-, -en> sociedad f colonialista; **Kolonialherrschaft** f <-, ohne pl> colonialismo m, dominio m colonial
Kolonialismus [kolonjaˈlɪsmʊs] m <-, ohne pl> colonialismo m
Kolonialmacht f <-, -mächte> potencia f colonial; **Kolonialstil** m <-(e)s, ohne pl> (a. ARCHIT) estilo m colonial; **Kolonialzeit** f <-, ohne pl> ❶ (HIST: Epoche) era f colonial ❷ (Aufenthalt) estancia f colonial; **der alte Major erzählt immer wieder aus seiner ~** el viejo mayor siempre cuenta batallitas de sus tiempos coloniales
Kolonie [koloˈniː] f <-, -n> colonia f; **eine ~ bilden** formar una colonia
Kolonisation [koloniza'tsjoːn] f <-, -en> colonización f
kolonisieren* [koloniˈziːrən] vt colonizar
Kolonist(in) [koloˈnɪst] m(f) <-en, -en; -, -nen> colono, -a m, f
Kolonkarzinom nt <-s, -e> (MED) carcinoma m del colon
Kolonnade [kɔloˈnaːdə] f <-, -n> columnata f
Kolonne [koˈlɔnə] f <-, -n> ❶ (einer Tabelle, a. TYPO, MIL) columna f; **die fünfte ~** la quinta columna
❷ (Fahrzeug~) caravana f; (MIL) convoy m
❸ (Arbeitergruppe) brigada f
Kolonnenspringer(in) m(f) <-s, -; -, -nen> (AUTO: fam) conductor(a) m(f) que adelanta por el arcén [o que se salta una caravana]; **Kolonnenverkehr** m <-(e)s, ohne pl> (AUTO) circulación f en caravana
Kolophonium [koloˈfoːniʊm] nt <-s, ohne pl> colofonia f
Koloratur [koloraˈtuːɐ] f <-, -en> (MUS) coloratura f
kolorieren* [koloˈriːrən] vt colorar, colorear
Kolorit [koloˈriːt] nt <-(e)s, -e o -s> (KUNST, MUS: a. fig) colorido m
Koloss^RR [koˈlɔs] m <-es, -e>, **Koloß** m <-sses, -sse> coloso m
kolossal [koˈlɔˈsaːl] adj colosal; **einen ~en Fehler machen** cometer una falta colosal
Kolossalfilm m <-(e)s, -e> superproducción f histórica; **Kolossalgemälde** nt <-s, -> pintura f de grandes dimensiones
Kolportage [kɔlpɔrˈtaːʒə] f <-, -n> (abw) reportaje m sensacionalista (de baja calidad)
kolportieren* [kɔlpɔrˈtiːrən] vt vender por las calles
Kölsch [kœlʃ] nt <-(s), ohne pl> ❶ (Kölner Bier) cerveza f de Colonia
❷ (Kölner Mundart) habla f de Colonia
Kolumbianer(in) [kolʊmˈbjaːnɐ] m(f) <-s, -; -, -nen> colombiano, -a m, f
kolumbianisch [kolʊmˈbjaːnɪʃ] adj colombiano

Kolumbien [koˈlʊmbiən] *nt* <-s> Colombia *f*
Kolumbus [koˈlʊmbʊs] *m* <-> (HIST) Colón *m;* **das Ei des ~** el huevo de Colón
Kolumne [koˈlʊmnə] *f* <-, -n> (*Spalte*) columna *f*
Kolumnist(in) [kolʊmˈnɪst] *m(f)* <-en, -en; -, -nen> (PUBL) columnista *mf*
Koma [ˈkoːma] *nt* <-s, -s *o* -ta> (MED) coma *m;* **im ~ liegen** estar en (estado de) coma
Kombattant(in) [kɔmbaˈtant] *m(f)* <-en, -en; -, -nen> combatiente *mf*
Kombi [ˈkɔmbi] *m* <-s, -s> (*fam*) coche *m* furgoneta, combi *f*
Kombiadapter *m* <-s, -> (INFOR, TEL) adaptador *m* híbrido (*combinación entre un módem para RSDI y un fax-módem*); **Kombifax** *nt* <-, -(e)> (TEL) fax *m* con teléfono y contestador automático integrados
Kombinat [kɔmbiˈnaːt] *nt* <-(e)s, -e> combinado *m*
Kombination [kɔmbinaˈtsjoːn] *f* <-, -en> ❶ (*Verbindung*) combinación *f*
❷ (*Vermutung*) suposición *f*
❸ (*Kostüm*) conjunto *m;* (*Arbeitsanzug*) mono *m*
❹ (SPORT) **nordische ~** combinada *f* nórdica
Kombinationsgabe *f* <-, *ohne pl*> talento *m* para combinar; **Kombinationsimpfstoff** *m* <-(e)s, -e> (MED) vacuna *f* combinada; **Kombinationspräparat** *nt* <-(e)s, -e> (MED) preparado *m* combinado; **Kombinationsregress**^RR *m* <-es, -e> (JUR) regresión *f* combinada; **Kombinationsschloss**^RR *nt* <-es, -schlösser> (JUR) cerradura *f* de combinación; **Kombinationstatbestand** *m* <-(e)s, -stände> (JUR) existencia *f* combinada
kombinatorisch [kɔmbinaˈtoːrɪʃ] *adj* deductivo; **~e Begabung** talento deductivo
kombinieren* [kɔmbiˈniːrən] I. *vi* (*folgern*) deducir, sacar conclusiones II. *vt* combinar
Kombitelefon *nt* <-s, -e> teléfono *m* con contestador automático integrado
Kombiwagen *m* <-s, -> coche *m* furgoneta, combi *f;* **Kombizange** *f* <-, -n> alicates *mpl* universales
Kombüse [kɔmˈbyːzə] *f* <-, -n> (NAUT) cocina *f* de un barco
Komet [koˈmeːt] *m* <-en, -en> cometa *m*
Kometenbahn *f* <-, -en> (ASTR) órbita *f* de cometa
kometenhaft *adj* (*Aufstieg*) vertical
Kometenschweif *m* <-(e)s, -e> (ASTR) cola *f* de cometa, cabellera *f* de cometa
Komfort [kɔmˈfoːɐ] *m* <-s, *ohne pl*> comodidad *f*, confort *m*
komfortabel [kɔmfɔrˈtaːbəl] *adj* cómodo, confortable
Komfortanschluss^RR *m* <-es, -schlüsse> (TEL) conexión *f* con servicios suplementarios (*en RSDI*); **Komforttelefon** *nt* <-s, -e> teléfono *m* de funciones; **Komfortwohnung** *f* <-, -en> piso *m* de lujo
Komik [ˈkoːmɪk] *f* <-, *ohne pl*> lo cómico, comicidad *f;* **einen Sinn für ~ haben** tener sentido para lo cómico
Komiker(in) [ˈkoːmike] *m(f)* <-s, -; -, -nen> cómico, -a *m, f*
komisch *adj* ❶ (*ulkig*) cómico, gracioso
❷ (*seltsam*) curioso, raro, extraño; **das kam mir ~ vor** me pareció raro; **ich fühle mich irgendwie ~** (*unwohl*) no me siento bien; (*eigenartig*) me siento raro
komischerweise [ˈkoːmɪʃəˈvaɪzə] *adv* curiosamente
Komitee [komiˈteː, kɔmiˈteː] *nt* <-s, -s> comité *m*
Komma [ˈkɔma] *nt* <-s, -s *o* -ta> coma *f;* **das ~ verschieben** correr la coma; **~s setzen** poner comas
Kommandant(in) [kɔmanˈdant] *m(f)* <-en, -en; -, -nen> (MIL) comandante *mf*
Kommandantur [kɔmandanˈtuːɐ] *f* <-, -en> comandancia *f*
Kommandeur(in) [kɔmanˈdøːɐ] *m(f)* <-s, -e; -, -nen> (MIL) comandante *mf*
kommandieren* [kɔmanˈdiːrən] I. *vt* ❶ (*Einheit, Flotte*) comandar, tener el mando (sobre)
❷ (*ab~*) destacar; **jdn an die Front ~** destacar a alguien al frente
❸ (*befehlen*) ordenar
II. *vi* ordenar, dar órdenes; **er kommandiert gern** le gusta dar órdenes
Kommanditaktionär(in) [kɔmanˈdiːt-] *m(f)* <-s, -e; -, -nen> (WIRTSCH) accionista *mf* comanditario, -a; **Kommanditanteil** *m* <-(e)s, -e> (WIRTSCH) cuota *f* comanditaria
Kommanditär(in) [kɔmandiˈtɛːɐ] *m(f)* <-s, -e> (*Schweiz:* WIRTSCH) *s.* **Kommanditist(in)**
Kommanditbeteiligung *f* <-, -en> (WIRTSCH) participación *f* comanditaria; **Kommanditeinlage** *f* <-, -n> (WIRTSCH) aportación *f* comanditaria [*o* el comanditario]; **Kommanditgesellschaft** [kɔmanˈdiːt-] *f* <-, -en> (WIRTSCH) sociedad *f* comanditaria [*o* en comandita]; **~ auf Aktien** sociedad comanditaria por acciones
Kommanditist(in) [kɔmandiˈtɪst] *m(f)* <-en, -en; -, -nen> (WIRTSCH) (socio, -a *m, f*) comanditario, -a *m, f*

Kommanditistenausschuss^RR *m* <-es, -schüsse> (WIRTSCH) junta *f* de socios comanditarios; **Kommanditistenhaftung** *f* <-, -en> (WIRTSCH, JUR) responsabilidad *f* de los socios comanditarios
Kommanditscheck *m* <-s, -s> (WIRTSCH, FIN) cheque *m* comanditario
Kommando¹ [kɔˈmando] *nt* <-s, -s> ❶ (*Befehl*) orden *f;* **auf ~** al dar la orden; **~ zurück!** se anula la orden!; **ich kann nicht auf ~ lachen!** ¡por encargo no consigo que me salga la risa!
❷ (*Gruppe*) comando *m*
Kommando² *nt* <-s, *ohne pl*> (*Befehlsgewalt*) mando *m;* **das ~ haben** tener el mando (*über* sobre)
Kommandobrücke *f* <-, -n> (NAUT) puente *m* de mando; **Kommandokapsel** *f* <-, -n> módulo *m* de mando
Kommata *pl von* **Komma**
kommen [ˈkɔmən] <kommt, kam, gekommen> I. *vi sein* ❶ (*einen Ort erreichen*) venir (*von* de); (*ankommen*) llegar; (*zurückkehren*) volver (*von* de); **da kommt er ja!** ¡ahí viene!; **da kommt Anne/der Bus** ahí viene Anne/el autobús; **der Zug kommt aus Paris** el tren viene de París; **mit dem Auto/Fahrrad ~** venir en coche/bicicleta; **zu Fuß ~** llegar andando, venir a pie; **kommst du mit uns ins Kino?** ¿vienes al cine con nosotros?; **wir sind sehr spät nach Hause ge~** llegamos muy tarde a casa; **mit dem Benzin ~ wir nicht nach Hause** la gasolina no nos alcanza para llegar a casa; **ich komme um vier und hole Sie ab** vendré a las cuatro a recogerla; **er kam von links** salió por la izquierda; **der Wind kommt von Osten/von der See** el viento viene del Este/del mar; **er kam von einer Reise** volvió de un viaje; **ich komme gleich** [*o* **sofort**]! ¡enseguida vengo!; **ich komme schon** ya voy; **zu spät ~** llegar tarde; **früh/pünktlich/rechtzeitig ~** llegar pronto/puntual/a tiempo; **ein Taxi ~ lassen** llamar a un taxi; **gut, dass du kommst** me alegro de que vengas; **du kommst mir gerade recht!** (*iron*) ¡eres justo lo que me faltaba!; **das kommt mir wie gerufen** me viene de perlas; **ein einziges K~ und Gehen** un ir y venir continuo; **komm, wir gehen!** (*fam*) ¡venga, vámonos!; **nun komm schon!** (*fam*) ¡venga ya!; **komm, sei lieb!** (*fam*) ¡venga, no seas malo!; **angelaufen ~** venir corriendo; **sein Vorschlag kam mir sehr gelegen** su propuesta me vino muy a propósito; **da könnte ja jeder ~** (*fam*) sí hombre, por tu cara bonita; **wohin kämen wir, wenn das jeder machen würde** adonde iríamos a parar si todos hiciesen lo mismo; **auf die Welt ~** nacer; **wann soll das Baby ~?** ¿para cuándo esperas al niño?; **durch den Zoll/eine Prüfung ~** pasar la aduana/un examen; **Jeans sind wieder im K~** los vaqueros vuelve a estar otra vez de moda; **sie kommt bald in die Schule** no falta mucho para que vaya a la escuela; **er kommt ins Krankenhaus** le llevan al hospital; **der kommt mir nicht ins Haus!** ¡ése no pone un pie en mi casa!; **so kommst du mir nicht!** ¡no te comportes así conmigo!; **komm mir bloß nicht damit** no me vengas con esas; **mit der Ausrede kannst du mir nicht ~** no me vengas con excusas; **nicht von der Stelle ~** no avanzar nada; **du sollst zum Direktor ~** que vengas a ver al director; **meine Kollegin kommt sofort zu Ihnen** mi colega le atenderá enseguida; **wann kommst du denn mal zu uns (zu Besuch)?** ¿cuándo vendrás a vernos?; **zum Stehen ~** pararse; **du kommst genau zum richtigen Zeitpunkt** llegas en el momento justo; **ich komme auf 800 Euro im Monat** (*fam*) saco unos 800 euros al mes; **hast du richtig gezählt? ich komme nur auf 15** ¿has contado bien? a mí me salen sólo 15; **wieder zu sich** *dat* **~** volver en sí; **kommt Zeit, kommt Rat** (*prov*) el tiempo aclara las cosas; **wer zuerst kommt, mahlt zuerst** (*prov*) el que primero llega, ése la calza
❷ (*gelangen*) llegar; **sicher ans Ufer ~** llegar sano y salvo a la orilla; **wie komme ich von hier zum Bahnhof?** ¿cómo se va a la estación?; **kommt man hier leicht an frisches Gemüse?** ¿es fácil conseguir aquí verduras frescas?; **wie kommst du darauf?** ¿cómo se te ocurre?; **sie lässt nichts auf ihn ~** no consiente que lo critiquen; **auf einen Punkt/eine Angelegenheit (zu sprechen) ~** tocar un punto/un asunto (en una conversación); **ich werde gleich darauf zu sprechen ~** ahora mismo pasaré a tocar este tema; **der Fall kommt vor Gericht** el caso se llevará a los tribunales; **sie ist hinter das Geheimnis ge~** descubrió el secreto; **eine große Traurigkeit kam über mich** me entró una gran tristeza; **ums Leben ~** perder la vida; **unters Messer ~** (*iron*) ser operado; **man kommt hier zu nichts** aquí no se tiene tiempo para nada; **ich komme kaum noch zu etwas anderem** apenas tengo tiempo para nada más; **sie kam zu der Überzeugung, dass ...** llegó a la conclusión de que...; **wir müssen langsam zu einem Ende ~** tenemos que acabar ya; **zu Wort ~** (*conseguir*) hablar; **zu Kräften ~** recobrar fuerzas; **zu Geld ~** conseguir dinero; **zur Sache ~** ir al grano; **zu Schaden ~** sufrir un daño; **zu Ruhm ~** adquirir fama; **wie käme ich dazu, das zu machen?** ¿por qué iba a hacerlo?; **wie komme ich zu der Ehre?** (*iron*) ¿a qué debo el honor?
❸ (*herbeikommen*) acercarse (*zu* a), acudir (*zu* a); **etw** *dat* **nahe** [*o* **näher**] **~** acercarse a algo, aproximarse a algo; **das kommt meinen**

kommend

Vorstellungen sehr nahe esto casi coincide con mis planes; **sich** *dat* **nahe ~** intimar; **sie kamen sich näher** se conocieron mejor [o más de cerca]; **wenn nur bald der Frühling käme!** ¡ojalá llegara pronto la primavera!; **wann kommt die nächste Tankstelle?** ¿cuándo viene la próxima gasolinera?; **der Tag wird ~, da du anders darüber denken wirst** ya llegará el día que cambies de opinión (al respecto)

④ (*geschehen*) suceder, pasar; **das musste ja so ~** tenía que pasar; **komme, was da wolle** pase lo que pase; **was auch immer ~ mag** pase lo que pase; **die Hochzeit kam für alle überraschend** la boda fue una sorpresa para todos; **das Angebot kam leider etwas ungelegen** la oferta llegó en un mal momento; **seine Antwort kam zögernd** vaciló en responder; **jede Hilfe kam zu spät** no se pudo salvar; **das Schlimmste/Beste kommt erst noch** y ahora viene lo peor/lo mejor; **ich kam nicht auf seinen Namen** no caía en su nombre; **ich komme nicht darauf, wo es war** no recuerdo dónde fue

⑤ (*stammen*) ser (*aus* de), venir (*aus* de); **ich komme aus Dortmund** (*stammen aus*) soy de Dortmund; (*soeben ankommen*) vengo de Dortmund; **der Käse kommt aus Holland** el queso es de Holanda

⑥ (*an der Reihe sein, folgen*) tocar; **wer kommt jetzt?** ¿quién es ahora?; **wer kommt zuerst?** ¿a quién le toca primero?; **jetzt komme ich** (**an die Reihe**) ahora me toca a mí; **als erster/nächster/letzter ~** ser el primero/el siguiente/el último (de la fila); **was kommt heute im Kino/Fernsehen?** ¿qué dan [o ponen] hoy en el cine/la televisión?; **nach der Pause kommt der letzte Akt** después del descanso empieza el último acto; **das Schlimmste kommt noch** lo peor está por llegar; **dazu kommt noch, dass ...** hay que añadir que...; **ich halte die Zeit für ge~** pienso que ha llegado el momento; **er fühlte den Tod ~** sentía venir la muerte; **das kommt später** (eso) viene más tarde; **was kommt später mal auf dieses Grundstück?** ¿qué se edificará (después) en esta finca?; **auf etw/jdn zu sprechen ~** hablar de algo/de alguien

⑦ (*geraten*): **aus der Mode ~** pasar de moda; **aus dem Takt ~** perder el compás; **aus dem Konzept ~** perder el hilo; **in Gefahr ~** exponerse a un peligro; **in Sicherheit ~** ponerse a salvo; **in Verlegenheit ~** abochornarse; **unter ein Auto/einen Lastwagen ~** ser atropellado por un coche

⑧ (*durchqueren*) pasar (*über/durch* por), atravesar (*über/durch*); **wir sind durch viele schöne Städte ge~** hemos pasado por muchas ciudades bonitas; **wir ~ diesmal nicht durch Berlin** esta vez no pasamos por Berlín; **wenn du mal nach Madrid kommst, ...** si alguna vez vienes a Madrid...

⑨ (*entfallen*) corresponder (*auf* a); **auf zwei Deutsche kommt ein Auto** cada dos alemanes tienen un coche; **auf jeden von uns ~ 15 Euro** a cada uno nos tocan 15 euros

⑩ (*berühren*) tocar; (*streifen*) rozar; **sie kam mit dem Ärmel an die frisch gestrichene Wand** tocó la pared recién pintada con la manga; **er kommt mit den Fingerspitzen gerade so an die Decke** apenas alcanza a tocar el techo con la punta de los dedos

⑪ (*herrühren*) deberse (*von* a), venir (*von* de); **das kommt davon, dass ...** eso se debe a...; **der Vorschlag kam von mir** la propuesta era mía; **das kommt davon!** ¡esa es la consecuencia!; **das kommt vom Rauchen** eso pasa por fumar

⑫ (*hingehören*) ponerse; **das Geschirr kommt in den Schrank** los platos se ponen en el armario; **die Fotos ~ in die Schublade/ins Regal** las fotos van en el cajón/en la estantería

⑬ (*entstehen*): **Bedenken, Zweifel**) surgir; (*Idee*) ocurrir

⑭ (*anfangen*): **in Gang ~** ponerse en movimiento, empezar a funcionar

⑮ (*fam: Orgasmus haben*) correrse

II. *vunpers* (*sein*): **es kam zu einem Streit** se armó la gorda [o la de San Quintín]; **es kam einfach so über mich** me dio así, de repente; **ich habe es ~ sehen** ya me lo veía venir; **es kam, wie es ~ musste** pasó lo que tenía que pasar; **dazu kam es gar nicht mehr** ya no hubo tiempo para eso; **hoffentlich kommt es nicht wieder zu einem Prozess** esperemos que no vuelva a entablarse un pleito; **es kam eins zum anderen** fue una reacción en cadena; **daher kommt es, dass ...** esa es la razón de que...; **wie kommt es, dass du ...?** ¿cómo es que (tú)...?; **wie es gerade kommt** a lo que salga, como caiga; **so weit kommt es noch** (*fam*) hasta ahí podíamos llegar; **wenn es kommt, kommt's dick** (*fam*) las desgracias nunca vienen solas; **es kommt immer anders, als man denkt** (*prov*) las cosas nunca pasan como uno se piensa

III. *vt sein* (*fam: kosten*) costar; **das kommt Sie auf 500 Euro** esto le vale unos 500 euros; **das ist uns ziemlich teuer zu stehen ge~** (*a. fig*) nos ha costado bastante

kommend *adj* venidero, futuro; **die ~en Jahre** los años venideros; **~e Woche** la semana que viene; **er ist der ~e Mann in seiner Partei** es la gran promesa de su partido

kommensal [kɔmɛnˈzaːl] *adj* (BIOL) comensal

Kommensalismus [kɔmɛnzaˈlɪsmʊs] *m <-, ohne pl>* (BIOL) comensalismo *m*

Kommentar [kɔmɛnˈtaːɐ] *m <-(e)s, -e>* comentario *m*; **kein ~!** ¡sin comentarios!; **einen ~ zu etw** *dat* **abgeben** hacer un comentario respecto a algo

kommentarlos *adj* sin comentario

Kommentator(in) [kɔmɛnˈtaːtoːɐ] *m(f) <-s, -en; -, -nen>* comentarista *mf*, comentador(a) *m(f)*; **juristischer ~** comentarista jurídico

kommentieren* [kɔmɛnˈtiːrən] *vt* ① (*Stellung nehmen*) comentar ② (*Text*) glosar; **kommentierte Ausgabe** edición anotada

Kommers [kɔˈmɛrs, *pl:* kɔˈmɛrzə] *m <-es, -e>* (UNIV) encuentro de miembros de una corporación estudiantil alemana; **noch heute sind bei den meisten ~en keine Frauen erwünscht** aún hoy en día sigue sin estar permitida la participación de las mujeres en las reuniones en la mayoría de las corporaciones estudiantiles

Kommerzfernsehen *nt <-s, ohne pl>* televisión *f* comercial

kommerzialisieren* [kɔmɛrtsjaliˈziːrən] *vt* comercializar

Kommerzialisierungsgedanke *m <-, ohne pl>* (JUR) idea *f* de comercialización

Kommerzialrat, -rätin *m, f <-(e)s, -räte; -, -nen>* (Österr) *s.* **Kommerzienrat**

kommerziell [kɔmɛrˈtsjɛl] *adj* comercial

Kommerzienrat, -rätin *m, f <-(e)s, -räte; -, -nen>* (HIST) título de honor que se concedió en Alemania hasta 1919 a eminentes economistas

Kommilitone, -in [kɔmiliˈtoːnə] *m, f <-n, -n; -, -nen>* compañero, -a *m, f* de estudios

Kommiss[RR] [kɔˈmɪs] *m <-es, ohne pl>*, **Kommiß** *m <-sses, ohne pl>* servicio *m* militar, mili *f fam*; **er muss zum ~** tiene que hacer la mili

Kommissar(in) [kɔmɪˈsaːɐ] *m(f) <-s, -e; -, -nen>* ① (ADMIN) comisario, -a *m, f*, comisionado, -a *m, f Am* ② (*Polizeibeamter*) comisario, -a *m, f* de policía

Kommissär(in) [kɔmɪˈsɛːɐ] *m(f) <-s, -e; -, -nen>* (Österr, Schweiz: *Polizeibeamter*) comisario, -a *m, f* de policía

Kommissariat [kɔmɪsariˈaːt] *nt <-s, -e>* ① (*Amtszimmer*) despacho *m* ② (*Österr: Polizeidienststelle*) comisaría *f* (de policía)

Kommissarin *f <-, -nen> s.* **Kommissar**

Kommissärin *f <-, -nen> s.* **Kommissär**

kommissarisch [kɔmɪˈsaːrɪʃ] *adj* provisional, interino; **~e Vernehmung** interrogación en comisión; **etw ~ verwalten** administrar algo provisionalmente

Kommissbrot[RR] *nt <-(e)s, -e>* pan *m* inglés [o integral]

Kommission [kɔmɪˈsjoːn] *f <-, -en>* (*a.* COM) comisión *f*; **etw in ~ geben/nehmen** (COM) dar/tomar algo en comisión

Kommissionär(in) [kɔmɪsjoˈnɛːɐ] *m(f) <-s, -e; -, -nen>* (WIRTSCH) comisionario, -a *m, f*

kommissionieren* [kɔmɪsjoˈniːrən] *vt* (*Österr*) inspeccionar, examinar

Kommissionierung *f <-, -en>* (COM) comisión *f*

Kommissionsagent(in) *m(f) <-en, -en; -, -nen>* (COM) agente *mf* a comisión; **Kommissionsauftrag** *m <-(e)s, -träge>* (WIRTSCH) mandato *m* a comisión; **Kommissionsbasis** *f* (COM): **auf ~** a comisión; **Kommissionsbuch** *nt <-(e)s, -bücher>* (WIRTSCH) cartera *f* de pedidos; **Kommissionsfirma** *f <-, -firmen>* (WIRTSCH) casa *f* comisionista; **Kommissionsgebühr** *f <-, -en>* (COM) comisión *f*; **Kommissionsgeschäft** *nt <-(e)s, -e>* (COM) negocio *m* a comisión; **Kommissionsgut** *nt <-es, -güter>* (WIRTSCH) mercancías *fpl* en comisión; **Kommissionsmitglied** *nt <-(e)s, -er>* miembro *m* de la comisión

kommissionspflichtig *adj* (COM) sujeto a comisión

Kommissionsprovision *f <-, -en>* (COM) provisión *f* del comitente; **Kommissionssitzung** *f <-, -en>* reunión *f* de la comisión; **Kommissionsverhältnis** *nt <-ses, -se>* (WIRTSCH) relación *f* de comisión; **Kommissionsverkauf** *m <-(e)s, -käufe>* (WIRTSCH) venta *f* a comisión; **~ mit Selbsteintritt** venta a comisión en nombre propio; **Kommissionsvertrag** *m <-(e)s, -träge>* contrato *m* de comisión; **Kommissionsware** *f <-, -n>* (WIRTSCH) mercancía *f* a comisión; **angekündigte ~** mercancía a comisión consignada

Kommittent [kɔmɪˈtɛnt] *m <-en, -en>* (WIRTSCH) comitente *m*

Kommode [kɔˈmoːdə] *f <-, -n>* cómoda *f*

kommunal [kɔmuˈnaːl] *adj* municipal; **~es Vertretungsverbot** (JUR) prohibición de representación comunal

Kommunalabgaben *fpl* (FIN, POL) impuestos *mpl* municipales; **Kommunalabgabengesetz** *nt <-es, -e>* (FIN, JUR) ley *f* de tributos locales

kommunalabgabepflichtig *adj* (FIN, JUR): **~ sein** ser sujeto pasivo de tributo local

Kommunalanleihe f <-, -n> (FIN) empréstito m municipal; **Kommunalaufsicht** f <-, ohne pl> inspección f municipal; **Kommunalbank** f <-, -en> banco m municipal; **Kommunalfinanzen** pl finanzas fpl municipales; **Kommunalobligation** f <-, -en> (WIRTSCH) obligación f municipal; **Kommunalpolitik** f <-, -en> política f municipal
Kommunalverfassungsbeschwerde f <-, -n> (JUR) recurso m de inconstitucionalidad municipal; **Kommunalverfassungsstreitigkeit** f <-, -en> (JUR) litigio m de inconstitucionalidad municipal
Kommunalwahl f <-, -en> elecciones fpl municipales
Kommunarde, -in [kɔmu'nardə] m, f <-n, -n; -, -nen> (HIST) partidario, -a m, f de la Comuna de París
Kommune [kɔ'muːnə] f <-, -n> (ADMIN) municipio m, comuna f Am; **die Pariser ~** la Comuna de París
Kommunikation [kɔmunika'tsjoːn] f <-, ohne pl> comunicación f
Kommunikationsgrundrecht nt <-(e)s, ohne pl> derecho m fundamental de comunicación; **Kommunikationsindustrie** f <-, -n> industria f de las comunicaciones; **Kommunikationsmittel** nt <-s, -> medio m de comunicación; **Kommunikationsnetz** nt <-es, -e> red f de comunicación; **Kommunikationssatellit** m <-en, -en> satélite m de comunicaciones; **Kommunikationssystem** nt <-s, -e> sistema m de comunicación; **Kommunikationstechnik** f <-, -en> técnica f de las comunicaciones
Kommunikations- und Datentechnik f <-, -en> técnica f de comunicación y de datos
Kommunikationsweg m <-(e)s, -e> método m de comunicación; **neue ~e erschließen** desarrollar nuevas formas de comunicación; **Kommunikationswissenschaft** f <-, -en> Ciencias fpl de la Comunicación
Kommunikee[RR] nt <-s, -s> s. **Kommuniqué**
Kommunion [kɔmu'njoːn] f <-, -en> (REL) ❶ (Abendmahl) comunión f ❷ (Erst~) primera comunión f; **zur ~ gehen** hacer la (primera) comunión
Kommunionbank f <-, -bänke> (REL) banco m de comunión; **Kommunionkind** nt <-(e)s, -er> (REL) niño, -a m, f que va a celebrar la primera comunión; **die ~er wurden auf ihre Erstkommunion vorbereitet** preparaban a los niños para hacer su primera comunión
Kommuniqué [kɔmyni'keː] nt <-s, -s> comunicado m
Kommunismus [kɔmu'nɪsmʊs] m <-, ohne pl> comunismo m
Kommunist(in) [kɔmu'nɪst] m(f) <-en, -en; -, -nen> comunista mf
kommunistisch adj comunista; **das K~e Manifest** el Manifiesto Comunista; **K~e Partei** Partido Comunista
kommunizieren* [kɔmuni'tsiːrən] vi ❶ (reden) comunicarse ❷ (REL) comulgar, recibir la comunión
Komödiant(in) [komø'djant] m(f) <-en, -en; -, -nen> comediante mf
Komödie [ko'møːdjə] f <-, -n> comedia f; **jetzt spiel mir bitte keine ~** no me vengas con comedias
Kompagnon ['kɔmpanjɔn, kɔmpan'jõː] m <-s, -s> (WIRTSCH) socio, -a m, f
kompakt [kɔm'pakt] adj ❶ (Material) compacto
❷ (fam: Person, Statur) macizo
Kompaktlager nt <-s, -> almacén m para combustible irradiado compactado
Kompanie [kɔmpa'niː] f <-, -n> compañía f
Kompaniechef(in) m(f) <-s, -s; -, -nen> (MIL) jefe, -a m, f de compañía, capitán, -ana m, f, comandante m, f; **Kompanieführer(in)** m(f) <-s, -; -, -nen> (MIL) jefe, -a m, f de compañía
Komparativ ['kɔmparatiːf] m <-s, -e> (LING) comparativo m
Komparse, -in [kɔm'parzə] m, f <-n, -n; -, -nen> comparsa mf
Kompass[RR] [kɔm'pas] m <-es, -e>, **Kompaß** m <-sses, -sse> brújula f; (NAUT) compás m
Kompassnadel[RR] f <-, -n> aguja f de la brújula [o del compás]
kompatibel [kɔmpa'tiːbəl] adj (a. INFOR) compatible
Kompatibilität [kɔmpatibili'tɛːt] f <-, -en> compatibilidad f
Kompendium [kɔm'pɛndiʊm, pl: kɔm'pɛndiən] nt <-s, Kompendien> compendio m
Kompensation [kɔmpɛnza'tsjoːn] f <-, -en> compensación f
Kompensationsabkommen nt <-s, -> (WIRTSCH) acuerdo m de compensación; **Kompensationsanspruch** m <-(e)s, -sprüche> (JUR) derecho m de compensación
kompensieren* [kɔmpɛn'ziːrən] vt compensar
kompetent [kɔmpe'tɛnt] adj competente; **die ~e Stelle** la autoridad competente; **welches Gericht ist für solche Fälle ~?** ¿cuál es el juzgado competente en estos asuntos?; **~er Sprecher** (LING) interlocutor competente
Kompetenz [kɔmpe'tɛnts] f <-, -en> competencia f; **außerhalb jds ~en** fuera de la competencia de alguien; **ungeschriebene ~** competencia no escrita; **~ delegieren** delegar competencias; **jds ~ bestreiten/anzweifeln** discutir/dudar sobre la competencia de alguien; **seine ~en überschreiten** sobrepasar sus competencias; **das liegt nicht in meiner ~** esto no es de mi competencia
Kompetenzabgrenzung f <-, -en> (JUR) delimitación f de competencias; **Kompetenzdelegation** f <-, -en> (JUR) delegación f de competencias; **Kompetenzkonflikt** m <-(e)s, -e> (JUR) conflicto m de competencias; **negativer/positiver ~** conflicto de competencias negativo/positivo; **Kompetenzstreitigkeiten** fpl conflicto m competencial, cuestiones fpl de competencia; **Kompetenzüberschreitung** f <-, -en> extralimitación f; **Kompetenzverteilung** f <-, -en> (JUR) distribución f de competencias; **horizontale/vertikale ~** distribución horizontal/vertical de competencias
kompetitiv adj competitivo
kompilieren* [kɔmpi'liːrən] vt (a. INFOR) compilar, recopilar
Komplementär(in) [kɔmplemɛn'tɛːɐ] m(f) <-s, -e; -, -nen> (WIRTSCH) socio, -a m, f colectivo, -a
Komplementärfarbe f <-, -n> color m complementario
komplett [kɔm'plɛt] I. adj completo
II. adv por completo; **der ist ~ verrückt!** (fam) ¡está loco de remate!
komplettieren* [kɔmplɛ'tiːrən] vt completar
komplex [kɔm'plɛks] adj complejo
Komplex [kɔm'plɛks] m <-es, -e> (a. PSYCH) complejo m; **~e haben** tener complejos
Komplexität [kɔmplɛksi'tɛːt] f <-, ohne pl> complejidad f
Komplikation [kɔmplika'tsjoːn] f <-, -en> complicación f; **das kann zu ~en führen** esto puede causar complicaciones
Kompliment [kɔmpli'mɛnt] nt <-(e)s, -e> cumplido m, piropo m; **jdm ~e machen** decirle piropos a alguien; **mein ~!** ¡felicidades!
Komplize, -in [kɔm'pliːtsə] m, f <-n, -n; -, -nen> (abw) cómplice mf
komplizieren* [kɔmpli'tsiːrən] I. vt complicar, dificultar; **wir wollen die Sache nicht unnötig ~** no compliquemos el asunto innecesariamente
II. vr: **sich ~** complicarse, enredarse
kompliziert [kɔmpli'tsiːɐt] adj (schwierig) complicado; (komplex) complejo
Kompliziertheit f <-, ohne pl> complejidad f
Komplizin [kɔm'pliːtsɪn] f <-, -nen> s. **Komplize**
Komplott [kɔm'plɔt] nt <-(e)s, -e> complot m; **ein ~ schmieden** tramar un complot
Komponente [kɔmpo'nɛntə] f <-, -n> componente m, elemento m
komponieren* [kɔmpo'niːrən] vi, vt (a. MUS) componer
Komponist(in) [kɔmpo'nɪst] m(f) <-en, -en; -, -nen> (MUS) compositor(a) m(f)
Komposita pl von **Kompositum**
Komposition [kɔmpozi'tsjoːn] f <-, -en> (a. MUS) composición f
Kompositum [kɔm'poːzitʊm, pl: kɔm'poːzita] nt <-s, Komposita> (LING) palabra f compuesta
Kompost [kɔm'pɔst] m <-(e)s, -e> estiércol m, compost m
Komposthaufen m <-s, -> montón m de compost [o de abono (en el jardín)]
Kompostieranlage [kɔmpɔs'tiːə-] f <-, -n> planta f de elaboración de compost
kompostierbar adj aprovechable para el compost
kompostieren* [kɔmpɔs'tiːrən] vt (AGR) ❶ (zu Kompost verarbeiten) convertir en compost
❷ (düngen) abonar con compost
Kompostierung f <-, -en> ❶ (Verarbeitung) compostaje m, elaboración f de compost
❷ (Düngung) abonado m
Kompostwerk nt <-(e)s, -e> planta f de descomposición orgánica
Kompott [kɔm'pɔt] nt <-(e)s, -e> compota f
Kompresse [kɔm'prɛsə] f <-, -n> (MED) compresa f; **heiße/kalte ~n** compresas calientes/frías; **~n auflegen** aplicar compresas
Kompression [kɔmprɛ'sjoːn] f <-, -en> (TECH, PHYS) compresión f
Kompressionsstrümpfe mpl (MED) medias fpl de compresión; **Kompressionsverband** m <-(e)s, -bände> (MED) vendaje m compresivo
Kompressor [kɔm'prɛsoːɐ] m <-s, -en> (TECH, PHYS) compresor m
komprimieren* [kɔmpri'miːrən] vt comprimir
Komprimierung f <-, -en> compresión f
Komprimierungsprogramm nt <-s, -e> (INFOR) compresor m
Kompromiss[RR] [kɔmpro'mɪs] m <-es, -e>, **Kompromiß** m <-sses, -sse> acuerdo m, compromiso m; (mittlere Lösung) solución f intermedia; **einen ~ eingehen** aceptar un acuerdo; **mit jdm einen ~ schließen** llegar a un acuerdo con alguien; **das ist ein fauler ~** eso es un compromiso barato
kompromissbereit[RR] adj dispuesto a ceder; **in dem Punkt sind wir ~** en este punto estamos dispuestos a transigir
Kompromissbereitschaft[RR] f <-, ohne pl> disposición f a transigir
kompromisslos[RR] adj intransigente
Kompromisslösung[RR] f <-, -en> solución f de compromiso, **Kompromissvorschlag**[RR] m <-(e)s, -schläge> propuesta f de acuerdo

kompromittieren* [kɔmprɔmɪˈtiːrən] *vt* comprometer
Kondensat [kɔndɛnˈzaːt] *nt* <-(e)s, -e> (PHYS) líquido *m* de condensación
Kondensation [kɔndɛnzaˈtsjoːn] *f* <-, -en> (PHYS) condensación *f*
Kondensationsprodukt *nt* <-(e)s, -e> (CHEM) producto *m* de condensación
Kondensator [kɔndɛnˈzaːtoːɐ] *m* <-s, -en> (ELEK, TECH) condensador *m*
kondensieren* [kɔndɛnˈziːrən] I. *vt* (*a.* PHYS) condensar
II. *vi sein:* **der Dampf kondensiert an den Wänden** el vapor se condensa en las paredes
Kondensmilch [kɔnˈdɛns-] *f* <-, *ohne pl*> leche *f* condensada; **Kondensstreifen** *m* <-s, -> estela *f* (de gases condensados); **Kondenswasser** *nt* <-s, *ohne pl*> agua *f* de condensación
Kondition[1] [kɔndiˈtsjoːn] *f* <-, -en> (WIRTSCH, JUR) condición *f*
Kondition[2] *f* <-, *ohne pl*> (*körperliche Verfassung*) forma *f* física, condición *f* (física); **eine gute ~ haben** estar en buena forma; **keine ~ haben** no estar en forma
Konditionalsatz [kɔnditsjoˈnaːl-] *m* <-es, -sätze> (LING) oración *f* condicional
Konditionenbindung *f* <-, -en> (JUR) vinculación *f* de las condiciones; **Konditionenempfehlung** *f* <-, -en> (JUR) recomendación *f* de condiciones de contratación; **Konditionenmissbrauch**[RR] *m* <-es, -bräuche> (JUR) condiciones *fpl* abusivas
Konditionsgeschäft *nt* <-(e)s, -e> (WIRTSCH) operación *f* condicionada; **Konditionskartell** *nt* <-s, -e> (WIRTSCH) cártel *m* de condiciones de contratación
Konditionsschwäche *f* <-, -n> (SPORT) baja forma *f*; **in der zweiten Halbzeit zeigte die Mannschaft ~** en el segundo tiempo el equipo se mostró bajo de forma
Konditionstraining *nt* <-s, -s> (SPORT) entrenamiento *m* físico
Konditor(in) [kɔnˈdiːtoːɐ] *m(f)* <-s, -en; -, -nen> pastelero, -a *m, f*, repostero, -a *m, f*
Konditorei [kɔndiˈtoːraɪ] *f* <-, -en> pastelería *f*, repostería *f*
Konditorin *f* <-, -nen> *s.* **Konditor**
Konditorwaren *fpl* dulces *mpl*, pasteles *mpl*
Kondolenz [kɔndoˈlɛnts] *f* <-, -en> pésame *m*, condolencia *f*
Kondolenzbesuch *m* <-(e)s, -e> visita *f* de pésame *f*; **Kondolenzkarte** *f* <-, -n> tarjeta *f* de pésame [*o* de condolencia]; **Kondolenzschreiben** *nt* <-s, -> carta *f* de pésame
kondolieren* [kɔndoˈliːrən] *vi* dar el pésame (*zu* por)
Kondom [kɔnˈdoːm] *nt o m* <-s, -e> condón *m*
Kondor [ˈkɔndoːɐ] *m* <-s, -e> cóndor *m*
Kondukteur(in) [kɔndʊkˈtøːɐ] *m(f)* <-s, -e; -, -nen> (*Schweiz*) revisor(a) *m(f)*
Konen *pl von* **Konus**
Konfekt [kɔnˈfɛkt] *nt* <-(e)s, -e> dulces *mpl*, bombones *mpl*
Konfektion [kɔnfɛkˈtsjoːn] *f* <-, -en> ❶ (*Herstellung*) confección *f*, fabricación *f*
❷ (*Kleidung*) ropa *f* de confección
konfektionieren* *vt* producir en serie
Konfektionsgröße *f* <-, -n> talla *f* de confección; **Konfektionskleidung** *f* <-, -en> ropa *f* de confección
Konferenz [kɔnfeˈrɛnts] *f* <-, -en> conferencia *f*; **er ist gerade in einer ~** en este momento se encuentra en una reunión; **~ über Sicherheit und Zusammenarbeit in Europa** Conferencia para la Seguridad y la Cooperación en Europa
Konferenzraum *m* <-(e)s, -räume>, **Konferenzsaal** *m* <-(e)s, -säle> sala *f* de conferencias; **Konferenzschaltung** *f* <-, -en> (RADIO, TV) conexión *f* de conferencias simultáneas; **Konferenzteilnehmer(in)** *m(f)* <-s, -; -, -nen> participante *mf* en la conferencia; **Konferenzzimmer** *nt* <-s, -> sala *f* de conferencias
konferieren* [kɔnfeˈriːrən] *vi* ❶ (*beraten*) conferenciar (*über* sobre), deliberar (*über* sobre)
❷ (*bei Veranstaltung*) presentar, ser presentador(a) (*bei* en)
Konfession [kɔnfɛˈsjoːn] *f* <-, -en> confesión *f*, religión *f*
konfessionell [kɔnfɛsjoˈnɛl] *adj* confesional
konfessionslos *adj* aconfesional
Konfessionsschule *f* <-, -n> colegio *m* confesional
Konfetti [kɔnˈfɛti] *nt* <-(s), *ohne pl*> confeti *m*
Konfiguration [kɔnfiguraˈtsjoːn] *f* <-, -en> (INFOR) configuración *f*
Konfigurationsdatei [ˈ] *f* <-, -en> (INFOR) archivo *m* de configuración
konfigurieren* *vt* (INFOR) configurar; **neu ~** reconfigurar
Konfirmand(in) [kɔnfɪrˈmant] *m(f)* <-en, -en; -, -nen> confirmando, -a *m, f*
Konfirmandenunterricht *m* <-(e)s, *ohne pl*> curso *m* preparatorio para confirmandos
Konfirmandin *f* <-, -nen> *s.* **Konfirmand**
Konfirmation [kɔnfɪrmaˈtsjoːn] *f* <-, -en> confirmación *f*
konfirmieren* [kɔnfɪrˈmiːrən] *vt* confirmar

Konfiserie [kõfizəˈriː, kɔnfizəˈriː] *f* <-, -n> (*Schweiz*) ❶ (*Konditorei*) confitería *f*
❷ (*Konfekt*) dulces *mpl*, bombones *mpl*
Konfiskation [kɔnfɪskaˈtsjoːn] *f* <-, -en> (JUR) confiscación *f*
konfiszieren* [kɔnfɪsˈtsiːrən] *vt* confiscar, incautar
Konfitüre [kɔnfiˈtyːrə] *f* <-, -n> confitura *f*, mermelada *f*
Konflikt [kɔnˈflɪkt] *m* <-(e)s, -e> conflicto *m*; **bewaffneter ~** conflicto armado; **mit dem Gesetz in ~ geraten** infringir las leyes; **das bringt mich in ~e** esto me causa conflictos
Konfliktherd *m* <-(e)s, -e> (POL) foco *m* de tensiones; **Konfliktlösung** *f* <-, -en> (POL) solución *f* de conflictos; **Konfliktpartei** *f* <-, -en> partido *m* conflictivo; **Konfliktregulierung** *f* <-, -en> (POL, JUR) regulación *f* de conflictos; **Konfliktstoff** *m* <-(e)s, -e> motivo *m* de conflicto [*o* de discordia]
Konfluenz [kɔnfluˈɛnts] *f* <-, -en> (GEO) confluencia *f*
Konföderation [kɔnføderaˈtsjoːn] *f* <-, -en> confederación *f*
konform [kɔnˈfɔrm] *adj* conforme; **mit jdm ~ gehen** estar de acuerdo con alguien
Konformismus [kɔnfɔrˈmɪsmʊs] *m* <-, *ohne pl*> (*geh*) conformismo *m*
Konformist(in) *m(f)* <-en, -en; -, -nen> (*geh*) conformista *mf*
konformistisch *adj* (*geh*) conformista
Konfrontation [kɔnfrɔntaˈtsjoːn] *f* <-, -en> confrontación *f*
Konfrontationskurs *m* <-es, *ohne pl*> confrontación *f*, estrategia *f* ofensiva; **auf ~ gehen** (*fam*) ir por las malas
konfrontieren* [kɔnfrɔnˈtiːrən] I. *vt* confrontar (*mit* con), enfrentar (*mit* con); **sich konfrontiert sehen mit etw** *dat*/**jdm** verse obligado a enfrentarse con algo/alguien
II. *vr:* **sich ~** enfrentarse (*mit* con/a)
konfus [kɔnˈfuːs] I. *adj* confuso; **jdn ~ machen** desconcertar a alguien; **was für ein ~es Zeug redest du (da)?** ¿pero qué cosas sin sentido andas diciendo?
II. *adv* confuso, sin orden; **das klingt ziemlich ~** suena muy confuso
Konfusion [kɔnfuˈzjoːn] *f* <-, -en> confusión *f*
kongenital [kɔŋgeniˈtaːl] *adj* (MED) congénito
Konglomerat [kɔŋglomeˈraːt] *nt* <-(e)s, -e> (*a.* GEO) conglomerado *m* (*aus* de)
Kongregation [kɔŋgregaˈtsjoːn] *f* <-, -en> congregación *f*
Kongress[RR] [kɔnˈgrɛs, kɔnˈgrɛs] *m* <-es, -e>, **Kongreß** *m* <-sses, -sse> congreso *m*
Kongressabgeordnete(r)[RR] *mf* <-n, -n; -, -n> diputado, -a *m, f* del congreso; **Kongresshalle**[RR] *f* <-, -n> palacio *m* de congresos; **Kongressteilnehmer(in)**[RR] *m(f)* <-s, -; -, -nen> participante *mf* en un congreso, congresista *mf*; **Kongresszentrum**[RR] *nt* <-s, -zentren> centro *m* de congresos
kongruent [kɔŋgruˈɛnt, kɔŋgruˈɛnt] *adj* ❶ (MATH) congruente
❷ (LING) concordante
Kongruenz [kɔŋgruˈɛnts, kɔŋgruˈɛnts] *f* <-, -en> ❶ (MATH, JUR) congruencia *f*; **~ des EG-Rechts mit deutschem Recht** congruencia del derecho de la CE con el derecho alemán
❷ (LING) concordancia *f*
K.-o.-Niederlage *f* <-, -n> (SPORT) derrota *f* por k.o.
Konifere [koniˈfeːrə] *f* <-, -n> (BOT) (planta *f*) conífera *f*
König(in) [ˈkøːnɪç] *m(f)* <-s, -e; -, -nen> ❶ (*Monarch*) rey *m*, reina *f*; **die Heiligen Drei ~e** los Reyes Magos; **der Löwe, der „~ der Tiere"** el león, el "rey de la selva"
❷ (*beim Schach*) rey *m*
❸ (BOT): **~in der Nacht** cirio *m*
Königinmutter *f* <-, -mütter> reina *f* madre
königlich [ˈkøːnɪklɪç] I. *adj* ❶ (*auf König bezogen*) real
❷ (*hoheitsvoll*) majestuoso
II. *adv* (*fam: außerordentlich*) mucho; **sich ~ amüsieren** pasarlo bomba
Königreich *nt* <-(e)s, -e> reino *m*; **das Vereinigte ~** el Reino Unido
Königskrone *f* <-, -n> corona *f* real; **Königspaar** *nt* <-(e)s, -e>: **das ~** el rey y la reina, los reyes; **Königssohn** [ˈkøːnɪks-, ˈkøːnɪçs-] *m* <-(e)s, -söhne> hijo *m* del rey; **Königstiger** *m* <-s, -> tigre *m* real [*o* de Bengala]; **Königstochter** *f* <-, -töchter> hija *f* del rey
königstreu *adj* monárquico
Königsweg *m* <-(e)s, -e> solución *f* óptima
Königtum *nt* <-s, -tümer> monarquía *f*
konisch [ˈkoːnɪʃ] *adj* cónico
Konjugation [kɔnjugaˈtsjoːn] *f* <-, -en> (LING) conjugación *f*
konjugieren* [kɔnjuˈgiːrən] *vt* (LING) conjugar
Konjunktion [kɔnjʊŋkˈtsjoːn] *f* <-, -en> (LING, ASTR) conjunción *f*
Konjunktionalsatz *m* <-es, -sätze> (LING) oración *f* conjuncional
Konjunktiv [ˈkɔnjʊŋktiːf] *m* <-s, -e> (LING) *forma de posibilidad*
Konjunktur [kɔnjʊŋkˈtuːɐ] *f* <-, -en> (WIRTSCH) coyuntura *f*; **ansteigende/geschwächte ~** coyuntura en auge/debilitada; **steigende/fallende ~** coyuntura alcista/bajista; **gedämpfte/schwache ~** coyuntura

moderada/débil; **rückläufige** ~ coyuntura regresiva; **scheinbare/verhaltene** ~ coyuntura aparente/contenida; **die** ~ **dämpfen** moderar la coyuntura; **diese Artikel haben zur Zeit** ~ de momento estos artículos se están vendiendo muy bien
Konjunkturablauf *m* <-(e)s, -läufe> (WIRTSCH) ciclo *m* coyuntural [*o* económico]; **Konjunkturabschwächung** *f* <-, -en> (WIRTSCH) desaceleración *f* coyuntural; **Konjunkturabschwung** *m* <-(e)s, -schwünge> (WIRTSCH) recesión *f* coyuntural; **Konjunkturanregung** *f* <-, *ohne pl*> (WIRTSCH) estímulo *m* a la coyuntura; **Konjunkturaufschwung** *m* <-(e)s, -schwünge> (WIRTSCH) auge *m* coyuntural; **Konjunkturauftrieb** *m* <-(e)s, *ohne pl*> (WIRTSCH) alza *f* de la coyuntura
Konjunkturausgleich *m* <-(e)s, -e> (WIRTSCH) compensación *f* coyuntural; **Konjunkturausgleichsrücklage** *f* <-, -n> (FIN) reserva *f* compensatoria coyuntural
Konjunkturaussichten *fpl* (WIRTSCH) perspectivas *fpl* coyunturales; **Konjunkturbarometer** *nt* <-s, -> (WIRTSCH) barómetro *m* de la coyuntura [*o* coyuntural]; **Konjunkturbedingungen** *fpl* (WIRTSCH) condiciones *fpl* coyunturales
Konjunkturbelebung *f* <-, -en> (WIRTSCH) reanimación *f* coyuntural; **Konjunkturbelebungsprogramm** *nt* <-s, -e> (WIRTSCH) programa *m* de reanimación coyuntural
Konjunkturbericht *m* <-(e)s, -e> informe *m* coyuntural; **Konjunkturberuhigung** *f* <-, *ohne pl*> (WIRTSCH) ralentización *f* coyuntural
konjunkturdämpfend *adj* (WIRTSCH) moderador *m* de la coyuntura
Konjunkturdämpfung *f* <-, -en> (WIRTSCH) moderación *f* de la coyuntura; **Konjunktureinbruch** *m* <-(e)s, -brüche> (WIRTSCH) retroceso *m* económico
konjunkturell [kɔnjʊŋktuˈrɛl] *adj* (WIRTSCH) coyuntural
konjunkturempfindlich *adj* (WIRTSCH) sensible a la coyuntura, sujeto a las fluctuaciones coyunturales
Konjunkturentwicklung *f* <-, -en> (WIRTSCH) evolución *f* de la coyuntura; **Konjunkturerholung** *f* <-, -en> (WIRTSCH) recuperación *f* coyuntural; **Konjunkturerwartung** *f* <-, -en> (WIRTSCH) previsión *f* coyuntural; **Konjunkturflaute** *f* <-, -n> (WIRTSCH) depresión *f* coyuntural, baja *f* coyuntural
Konjunkturförderung *f* <-, -en> (WIRTSCH) apoyo *m* coyuntural; **Konjunkturförderungsprogramm** *nt* <-(e)s, -e> (WIRTSCH) programa *m* de apoyo coyuntural
Konjunkturforschung *f* <-, -en> (WIRTSCH) análisis *m* de los ciclos económicos, investigación *f* de los ciclos económicos; **Konjunkturforschungsinstitut** *nt* <-(e)s, -e> instituto *m* de investigación de los ciclos económicos
Konjunkturgeschehen *nt* <-s, *ohne pl*> (WIRTSCH) situación *f* coyuntural; **internationales** ~ situación coyuntural internacional; **Konjunkturimpuls** *m* <-es, -e> (WIRTSCH) impulso *m* coyuntural; **Konjunkturindex** *m* <-(es), -indizes> (WIRTSCH) índice *m* coyuntural; **Konjunkturindikator** *m* <-s, -en> (WIRTSCH) indicador *m* de la coyuntura; **staatliche** ~**en** indicadores coyunturales del Estado; **Konjunkturklima** *nt* <-s, -s *o* -te> (WIRTSCH) clima *m* coyuntural; **Konjunkturkreislauf** *m* <-(e)s, -läufe> (WIRTSCH) ciclo *m* coyuntural; **Konjunkturkrisenkartell** *nt* <-s, -e> (WIRTSCH) cártel *m* de crisis coyuntural; **Konjunkturlage** *f* <-, *ohne pl*> (WIRTSCH) situación *f* coyuntural [*o* económica]; **Konjunkturmotor** *m* <-s, -en> (WIRTSCH) fuerza *f* motriz de la coyuntura, elemento *m* dinamizador de la coyuntura; **Konjunkturphase** *f* <-, -n> (WIRTSCH) fase *f* de la coyuntura; **Konjunkturpolitik** *f* <-, -en> (WIRTSCH) política *f* coyuntural
konjunkturpolitisch *adj* (WIRTSCH) de la política coyuntural
Konjunkturprognose *f* <-, -n> (WIRTSCH) pronóstico *m* coyuntural; **Konjunkturprogramm** *nt* <-(e)s, -e> (WIRTSCH) programa *m* coyuntural; **Konjunkturrückgang** *m* <-(e)s, -gänge> (WIRTSCH) recesión *f* coyuntural, receso *m* (económico); **Konjunkturschwankung** *f* <-, -en> (WIRTSCH) inestabilidad *f* de la coyuntura, fluctuación *f* de la coyuntura; **Konjunkturspritze** *f* <-, -n> (*fam*) ayuda *f* económica; **Konjunkturstillstand** *m* <-(e)s, *ohne pl*> (WIRTSCH) estancamiento *m* coyuntural; **Konjunkturtest** *m* <-s, -s> (WIRTSCH) encuesta *f* de coyuntura; **Konjunkturtief** *nt* <-(e)s, -s> (WIRTSCH) estancamiento *m* económico, paralización *f* económica; **Konjunkturüberhitzung** *f* <-, -en> (WIRTSCH) recalentamiento *m* económico; **Konjunkturumschwung** *m* <-(e)s, -schwünge> (WIRTSCH) cambio *m* coyuntural; **Konjunkturverlauf** *m* <-(e)s, -läufe> (WIRTSCH) evolución *f* de la coyuntura, ritmo *m* de la coyuntura; **Konjunkturzyklus** *m* <-, -zyklen> (WIRTSCH) ciclo *m* coyuntural [*o* económico]
konkav [kɔnˈkaːf] *adj* cóncavo
Konkavlinse *f* <-, -n> lente *f* cóncava; **Konkavspiegel** *m* <-s, -> espejo *m* cóncavo
Konklave [kɔnˈklaːvə, kɔŋˈklaːvə] *nt* <-s, -n> (REL) cónclave *m*, conclave *m*
konkludent [kɔnkluˈdɛnt] *adj* concluyente
Konkordanz [kɔnkɔrˈdants] *f* <-, -en> (GEO, JUR) concordancia *f*; **praktische** ~ concordancia práctica
Konkordat [kɔnkɔrˈdaːt] *nt* <-(e)s, -e> ❶ (REL) concordato *m* ❷ (*Schweiz*) tratado entre diversos cantones suizos
konkret [kɔnˈkreːt, kɔŋˈkreːt] I. *adj* concreto
II. *adv* en concreto; **das kann ich dir noch nicht** ~ **sagen** todavía no te lo puedo decir en concreto
konkretisieren* [kɔnkretiˈziːrən, kɔn-] *vt* concretar; **kannst du das etwas** ~**?** ¿puedes concretarlo algo?
Konkretisierung *f* <-, -en> concreción *f*, individualización *f*; ~ **von Anknüpfungen** (JUR) concreción [*o* individualización] de conexiones
Konkubinat [kɔnkubiˈnaːt, kɔŋkubiˈnaːt] *nt* <-(e)s, -e> (JUR) concubinato *m*; (**mit jdm**) **im** ~ **leben** vivir en concubinato (con alguien)
Konkubine [kɔŋkuˈbiːnə, kɔn-] *f* <-, -n> concubina *f*
Konkurrent(in) [kɔŋkʊˈrɛnt] *m(f)* <-en, -en; -, -nen> competidor(a) *m(f)*
Konkurrentenklage *f* <-, -n> (JUR) reclamación *f* administrativa; **Konkurrentenschutz** *m* <-es, *ohne pl*> (JUR) protección *f* de la libre concurrencia
Konkurrenz[1] [kɔŋkʊˈrɛnts, kɔn-] *f* <-, *ohne pl*> (*Konkurrieren, Konkurrent*) competencia *f*; ~ **von Verpflichtungen** (JUR): **echte/unechte** ~ competencia real/irreal, concurrencia de obligaciones; **ruinöse** ~ competencia ruinosa; **scharfe** ~ fuerte competencia; **überregionale** ~ competencia suprarregional; **die** ~ **schlagen/unterbieten** eliminar la competencia/ofrecer a precio más bajo que la competencia; **jdm** ~ **machen** hacer la competencia a alguien; **dann gehe ich eben zur** ~ pues entonces me voy a la competencia; **die** ~ **schläft nicht** la competencia no se duerme en los laureles; **wir stehen mit dieser Firma in** ~ esta empresa es nuestra rival; **der ist für dich keine ernste** ~ ese no te llega a los talones
Konkurrenz[2] *f* <-, -en> (*Wettkampf*) concurso *m*; **außer** ~ fuera de concurso
Konkurrenzangebot *nt* <-(e)s, -e> oferta *f* de la competencia; **Konkurrenzartikel** *m* <-s, -> artículo *m* competitivo; **Konkurrenzausschaltung** *f* <-, -en> eliminación *f* de la competencia; **Konkurrenzdruck** *m* <-(e)s, -drücke> (WIRTSCH) presión *f* competitiva; **Konkurrenzerzeugnis** *nt* <-ses, -se> producto *m* de la competencia
konkurrenzfähig *adj* competitivo
konkurrenzieren* [kɔŋkʊrɛnˈtsiːrən, kɔŋkʊrɛnˈtsiːrən] *vi* (*Österr, Schweiz*) hacer la competencia (a); **sich** ~ hacerse la competencia
Konkurrenzkampf *m* <-(e)s, -kämpfe> competición *f*, rivalidad *f*; **Konkurrenzklausel** *f* <-, -n> (JUR) cláusula *f* de competencia
konkurrenzlos I. *adj* sin competencia
II. *adv* fuera de (toda) competencia; ~ **billig** a precios sin competencia
Konkurrenzmodell *nt* <-s, -e> modelo *m* de la competencia; **Konkurrenzprodukt** *nt* <-(e)s, -e> (WIRTSCH) producto *m* competidor; **Konkurrenzunterdrückung** *f* <-, -en> (WIRTSCH) supresión *f* de la competencia; **Konkurrenzunternehmen** *nt* <-s, -> empresa *f* de la competencia; **Konkurrenzverbot** *nt* <-(e)s, -e> (WIRTSCH) prohibición *f* de la competencia
konkurrieren* [kɔŋkʊˈriːrən, kɔn-] *vi* competir (*um* por); **miteinander** ~ hacerse la competencia; **mit dieser Firma können wir nicht** ~ no podemos competir con esta empresa
Konkurs [kɔŋˈkʊrs, kɔn-] *m* <-es, -e> quiebra *f*, falencia *f Am*; **betrügerischer** ~ quiebra fraudulenta; ~ **anmelden** declararse en quiebra; ~ **beantragen** solicitar el concurso de acreedores; ~ **eröffnen** (JUR) concursar, abrir la quiebra; **jdm den** ~ **erklären** declarar a alguien en quiebra; **über jdn** ~ **verhängen** instar la declaración de quiebra de alguien; **das Unternehmen ist in** ~ **gegangen/steht vor dem** ~ la empresa ha quebrado/está a punto de quebrar
Konkursablauf *m* <-(e)s, -läufe> (JUR) procedimiento *m* concursal; **Konkursabwicklung** *f* <-, -en> (JUR) tramitación *f* del concurso; **Konkursandrohung** *f* <-, -en> apercibimiento *m* de concurso de acreedores; ~ **mit Zahlungsaufforderung** apercibimiento de concurso de acreedores con requerimiento de pago; **Konkursanfechtung** *f* <-, -en> (JUR) impugnación *f* del concurso de acreedores; **Konkursanmeldung** *f* <-, -en> (JUR) declaración *f* de quiebra; **eine** ~ **vornehmen** instar una declaración de quiebra
Konkursantrag *m* <-(e)s, -träge> solicitud *f* de quiebra; **den** ~ **stellen** instar la quiebra; **Konkursantragspflicht** *f* <-, *ohne pl*> (JUR) deber *m* de instar la quiebra
Konkursaufhebung *f* <-, -en> levantamiento *m* de la quiebra; **Konkursbeschluss**[RR] *m* <-es, -schlüsse> (JUR) auto *m* de declaración de quiebra; **den gerichtlichen** ~ **fassen** adoptar el auto judicial de declaración de quiebra; **Konkursbilanz** *f* <-, -en> balance *m* de la quiebra; **Konkurserklärung** *f* <-, -en> (JUR) declaración *f* de quiebra; **jdm die** ~ **zustellen** dar traslado a alguien de la declaración de quiebra, notificar a alguien la declaración de quiebra
Konkurseröffnung *f* <-, -en> (JUR) apertura *f* del procedimiento de quiebra, proceso *m* de ejecución concursal; **Konkurseröffnungsbe-**

schluss^{RR} *m* <-es, -schlüsse> (JUR) declaración *f* judicial de quiebra; **den ~ zustellen** notificar el auto de apertura del concurso de acreedores
konkursfähig *adj* (JUR) susceptible de quiebra
Konkursfähigkeit *f* <-, *ohne pl*> (JUR) susceptibilidad *f* de quiebra
Konkursforderung *f* <-, -en> crédito *m* de la quiebra; **bevorrechtigte/nachrangige ~** crédito preferente/subordinado de la quiebra; **eine ~ anmelden** presentar un crédito de la quiebra; **Konkursgericht** *nt* <-(e)s, -e> tribunal *m* de quiebra, órganos *mpl* concursales; **Konkursgesetz** *nt* <-es, -e> (JUR) ley *f* de quiebras; **Konkursgläubiger(in)** *m(f)* <-s, -; -, -nen> acreedor(a) *m(f)* concursal; **Konkursgrund** *m* <-(e)s, -gründe> causa *f* de insolvencia; **Konkursmasse** *f* <-, -n> masa *f* activa, activo *m* de la quiebra; **Konkursordnung** *f* <-, *ohne pl*> (JUR) ley *f* reguladora del concurso de acreedores; **Konkurspflicht** *f* <-, *ohne pl*> (JUR) deber *m* de concurso; **Konkursrecht** *nt* <-(e)s, *ohne pl*> (JUR) derecho *m* concursal
konkursrechtlich *adj* de derecho concursal; **~es Verfahren** procedimiento concursal
konkursreif *adj* susceptible de ser declarado en quiebra
Konkurssache *f* <-, -n> (JUR) causa *f* de quiebra, asunto *m* de quiebra; **Konkursschuldner(in)** *m(f)* <-s, -; -, -nen> quebrado, -a *m, f*
konkursverdächtig *adj* sospechoso de quiebra
Konkursverfahren *nt* <-s, -> (JUR) juicio *m* de quiebra; **ein ~ eröffnen** abrir el procedimiento de quiebra; **Konkursverschleppung** *f* <-, -en> (JUR) dilación *f* de la quiebra; **Konkursverwalter(in)** *m(f)* <-s, -; -, -nen> síndico, -a *m, f* de la quiebra; **Konkursverwaltung** *f* <-, -en> sindicatura *f*, administración *f* de la masa de la quiebra; **Konkursvorrecht** *nt* <-(e)s, *ohne pl*> (JUR) derecho *m* preferente de quiebra
können¹ ['kœnən] <kann, konnte, können> (*Modalverb*) ❶ (*vermögen, dürfen*) poder +*inf*; (*in der Lage sein*) estar en condiciones (de +*inf*); **kann ich etwas für Sie tun?** ¿puedo ayudarle en algo?; **~ Sie mir sagen, wie spät es ist?** ¿podría decirme la hora?; **wer kann das gewesen sein?** ¿quién puede haber sido?; **du kannst jetzt kommen** ahora puedes venir; **kann ich jetzt gehen?** ¿puedo irme ahora?; **ich kann es nicht ändern** no puedo remediarlo; **ich könnte mir vorstellen, dass …** podría imaginarme que…; **das hätte ich dir gleich sagen ~** ¡ya lo sabía yo!; **er kann einem Leid tun** (*fam*) es para darle pena a uno; **da kann man nichts mehr machen** ¡qué se le va a hacer!; **kannst du nicht aufpassen!** ¿es que no puedes tener un poco más de cuidado?; **man kann annehmen, dass …** se puede suponer que…; **du kannst mich mal!** (*vulg*) ¡dédete!, ¡vete por el culo!
❷ (*möglich sein*) poder, ser posible; **du könntest Recht haben** puede que tengas razón; **das kann noch dauern** esto puede tardar todavía; **kann sein** es posible; **das kann nicht sein** no puede ser; **das kann passieren** puede pasarle a cualquiera; **es kann sein, dass …** puede que… +*subj*, es posible que… +*subj*
können² ['kœnən] <kann, konnte, gekonnt> I. *vt* (*beherrschen*) saber; **was ~ Sie?** ¿qué sabe Ud. hacer?; **der Neue kann ja gar nichts!** (*fam*) ¡el nuevo no tiene idea de nada!; **was du alles kannst!** ¡es increíble lo que sabes!; **sie kann gut Spanisch** habla bien español; **er hat es (nicht) gekonnt** (no) pudo hacerlo
II. *vi* poder (hacer); **ich kann nichts dafür** (*fam*) no es culpa mía; **ich kann nicht mehr vor Lachen** (*fam*) me muero de risa; **kannst du noch?** (*fam*) ¿puedes todavía?; **ich kann nicht mehr** (*fam*) ya no puedo más; **morgen kann ich nicht** mañana no puedo; **nicht anders ~ als …** no tener otro remedio que…; **uns** *dat* **kann keiner!** (*fam*) ¡no hay quien pueda con nosotros!; **wie konntest du nur!** ¡cómo has podido!; **er schrie, was er konnte** gritaba a más no poder; **so schnell sie konnte** lo más rápido que pudo
Können *nt* <-s, *ohne pl*> ❶ (*Wissen*) saber *m*
❷ (*Fähigkeit*) capacidad *f*, facultad *f*
Könner(in) *m(f)* <-s, -; -, -nen> experto, -a *m, f*, as *m*; **auf seinem Gebiet ist er ein ~** es un gran entendido en su campo
Konnexität *f* <-, *ohne pl*> (JUR) conexión *f*
Konnivenz *f* <-, -en> (JUR) connivencia *f*
Konnossement [kɔnɔsə'mɛnt] *nt* <-(e)s, -e> (WIRTSCH) conocimiento *m* de embarque; **reines/unreines ~** conocimiento de embarque limpio/sucio
konnte ['kɔntə] 3. *imp von* **können**
Konrektor(in) ['kɔnrɛktoːɐ, *pl:* kɔnrɛk'toːrən] *m(f)* <-s, -en; -, -nen> (SCH) vicedirector(a) *m(f)*; (UNIV) vicerrector(a) *m(f)*
konsekutiv *adj* consecutivo; **~er Verwaltungsakt** acto administrativo consecutivo
Konsekutivdolmetschen [kɔnzeku'tiːf-] *nt* <-s, *ohne pl*> interpretación *f* consecutiva; **Konsekutivsatz** ['-----, ---'--] *m* <-es, -sätze> (LING) oración *f* consecutiva, proposición *f* consecutiva
Konsens [kɔn'zɛns] *m* <-es, -e> consenso *m*; **wir sollten versuchen, in dieser Frage einen ~ zu erzielen** deberíamos intentar ponernos de acuerdo al respecto

Konsensgespräch *nt* <-(e)s, -e> (POL) conversación *f* de consenso
konsequent [kɔnzə'kvɛnt] I. *adj* consecuente; **darin** [*o* **dabei**] **solltest du ~ sein** deberías ser consecuente al respecto
II. *adv* con consecuencia, de forma consecuente; **~ durchgreifen** proceder enérgicamente; **etw ~ verfolgen** perseguir algo con perseverancia
Konsequenz¹ [kɔnzə'kvɛnts] *f* <-, -en> ❶ (*Folgerichtigkeit*) lógica *f*, coherencia *f*; **das bedeutet in letzter ~, dass …** lo cual significa en último término que…
❷ (*Folge*) consecuencia *f*; **die ~en tragen** asumir las consecuencias; **dann musst du die ~ ziehen und akzeptieren, dass …** entonces debes sacar como consecuencia que tienes que aceptar que…; **etw bleibt ohne ~en** algo no tiene consecuencias; **das wird ernste ~en für dich haben** esto va a tener graves consecuencias para ti
Konsequenz² *f* <-, *ohne pl*> (*Unbeirrbarkeit*) perseverancia *f*
Konservatismus [kɔnzɛrva'tɪsmʊs] *m* <-, *ohne pl*> (POL) conservadurismo *m*
konservativ ['kɔnzɛrvatiːf, ---'-] *adj* conservador, mocho *Guat, Mex*
Konservative(r) *mf* <-n, -n; -n, -n> (POL) conservador(a) *m(f)*
Konservator(in) [kɔnzɛr'vaːtoːɐ, *pl:* kɔnzɛrva'toːrən] *m(f)* <-s, -en; -, -nen> conservador(a) *m(f)*
Konservatorium *nt* <-s, Konservatorien> (MUS) conservatorio *m* (de música)
Konserve [kɔn'zɛrvə] *f* <-, -n> conserva *f*
Konservenbüchse *f* <-, -n>, **Konservendose** *f* <-, -n> lata *f* de conservas; **Konservenfabrik** *f* <-, -en> fábrica *f* de conservas
konservieren* [kɔnzɛr'viːrən] *vt* conservar; **Kräuter in Essig ~** conservar hierbas en vinagre
Konservierung *f* <-, -en> conservación *f*
Konservierungsmittel *nt* <-s, -> conservante *m*
Konsignant [kɔnzɪ'gnant] *m* <-en, -en> (WIRTSCH) consignador *m*
Konsignatar [kɔnzɪgna'taːɐ] *m* <-s, -e>, **Konsignatär** [kɔnzɪgna'tɛːɐ] *m* <-s, -e> (WIRTSCH) consignatario *m*
Konsignation [kɔnzɪgna'tsjoːn] *f* <-, -en> (WIRTSCH) consignación *f*
Konsignationsgeschäft *nt* <-(e)s, -e> (WIRTSCH) negocio *m* de consignación; **Konsignationsgut** *nt* <-(e)s, -güter> (WIRTSCH) mercancías *fpl* de consignación; **etw als ~ versenden** enviar algo en consignación; **Konsignationslagervertrag** *m* <-(e)s, -träge> (WIRTSCH) contrato *m* de depósito de consignación
Konsistenz [kɔnzɪs'tɛnts] *f* <-, *ohne pl*> consistencia *f*
Konsole [kɔn'zoːlə] *f* <-, -n> ❶ (ARCHIT) repisa *f*, ménsula *f*
❷ (*Möbel*) consola *f*
❸ (INFOR) consola *f*
Konsolidation [kɔnzolida'tsjoːn] *f* <-, -en> (*a.* GEO, JUR) consolidación *f*
konsolidieren* [kɔnzoli'diːrən] *vt* consolidar; **konsolidierter Umsatz** ventas consolidadas; **die Wirtschaft scheint sich allmählich zu ~** la economía parece afianzarse lentamente
Konsolidierung *f* <-, -en> (WIRTSCH, MED) consolidación *f*
Konsolidierungsbogen *m* <-s, -bögen> (WIRTSCH) hoja *f* de consolidación; **Konsolidierungskurs** *m* <-es, -e> (WIRTSCH) tipo *m* consolidado; **Konsolidierungsmittel** *nt* <-s, -> consolidativo *m*
Konsonant [kɔnzo'nant] *m* <-en, -en> (LING) consonante *f*
konsonantisch *adj* (LING) consonántico
Konsorten [kɔn'zɔrtən] *mpl* (*abw*) consortes *mpl*; **das haben wieder Meyer und ~ ausgefressen** ya se lo han zampado Meyer y compañía otra vez
Konsortialbank [kɔnzɔr'tsjaːl-] *f* <-, -en> (FIN) banco *f* participante [*o* consorcial]; **Konsortialgeschäft** *nt* <-(e)s, -e> (WIRTSCH) operación *f* en consorcio; **Konsortialkredit** *m* <-(e)s, -e> (FIN) crédito *m* consorcial; **Konsortialmitglied** *nt* <-(e)s, -er> (WIRTSCH) socio, -a *m, f* de un consorcio; **Konsortialpartner** *m* <-s, -> (WIRTSCH) socio *m* de un consorcio
Konsortium [kɔn'zɔrtsiʊm] *nt* <-s, Konsortien> (WIRTSCH) consorcio *m*
Konspiration [kɔnspira'tsjoːn] *f* <-, -en> conspiración *f*
konspirativ [kɔnspira'tiːf] *adj* de conspiración
konspirieren* [kɔnspi'riːrən] *vi* conspirar; **sie konspirierte oft mit ihm gegen die anderen** ella conspiraba a menudo con él en contra de los demás
konstant [kɔn'stant] I. *adj* constante; **der Druck sollte währenddessen ~ bleiben** la presión ha de permanecer constante mientras tanto
II. *adv* ❶ (*dauernd*) constantemente
❷ (*beharrlich*) insistentemente, tenazmente; **sie weigerte sich ~, ihn zu grüßen** se negaba tenazmente a saludarle
Konstante *f* <-, -n> (MATH, PHYS) constante *f*
Konstanz ['kɔnstants] *nt* <-> Constanza *f*
konstatieren* [kɔnsta'tiːrən] *vt* constatar, comprobar
Konstellation [kɔnstɛla'tsjoːn] *f* <-, -en> constelación *f*
konsternieren* [kɔnstɛr'niːrən] *vt* consternar; **er war völlig konster-**

konstituieren

niert deswegen se quedó completamente consternado
konstituieren* [kɔnstitu'iːrən] *vt* constituir; **die ~de Sitzung einer Partei** la asamblea constituyente de un partido
Konstitution [kɔnstitu'tsjoːn] *f* <-, -en> constitución *f*
konstitutionell [kɔnstitutsjo'nɛl] *adj* (POL, MED) constitucional; **~e Monarchie** monarquía constitucional
konstruieren* [kɔnstru'iːrən] *vt* ❶ (*a.* MATH, LING) construir
❷ (*abw*) enreversar, afiligranar; **mit so einem konstruierten Fall kann ich nichts anfangen** no sé qué hacer con un caso tan rebuscado
Konstrukteur(in) [kɔnstrʊk'tøːɐ] *m(f)* <-s, -e; -, -nen> constructor(a) *m(f)*
Konstruktion [kɔnstrʊk'tsjoːn] *f* <-, -en> construcción *f*
Konstruktionsbüro *nt* <-s, -s> oficina *f* de construcción, oficina *f* técnica; **Konstruktionsfehler** *m* <-s, -> defecto *m* de construcción
konstruktionstechnisch *adj* relativo a la construcción
konstruktiv [kɔnstrʊk'tiːf] *adj* constructivo; **~er Vorschlag** propuesta constructiva
Konstruktivität [kɔnstrʊktivi'tɛːt] *f* <-, ohne pl> constructividad *f*
Konsul(in) ['kɔnzʊl] *m(f)* <-s, -n; -, -nen> cónsul *mf*
Konsularbeamte(r) *mf* <-n, -n; -n, -n>, **-beamtin** *f* <-, -nen> funcionario, -a *m, f* consular; **Konsulargesetz** *nt* <-es, -e> derecho *m* consular
konsularisch [kɔnzu'laːrɪʃ] *adj* consular
Konsulat [kɔnzu'laːt] *nt* <-(e)s, -e> consulado *m*
Konsulin *f* <-, -nen> *s.* **Konsul**
Konsultation [kɔnzʊlta'tsjoːn] *f* <-, -en> ❶ (*das Konsultieren*) consulta *f*; **ich empfehle Ihnen die ~ eines Rechtsanwalts** le recomiendo que se deje asesorar por un abogado
❷ (*Beratung durch jdn*) asesoramiento *m* técnico [*o* especializado]
Konsultationspflicht *f* <-, ohne pl> (JUR) deber *m* de consultar
konsultativ [kɔnzʊlta'tiːf] *adj* (*geh*) **~e Tätigkeit** actividad consultiva
Konsultativstatus *m* <-, -> (JUR) estado *m* consultativo
konsultieren* [kɔnzʊl'tiːrən] *vt* consultar; **ich werde ein Lexikon ~** consultaré una enciclopedia; **darf ich Sie in dieser Angelegenheit ~?** ¿le puedo pedir su opinión acerca de este asunto?
Konsum [kɔn'zuːm] *m* <-s, ohne pl> consumo *m*
Konsumaktivität *f* <-, -en> (JUR) actividad *f* de consumo; **Konsumartikel** *m* <-s, -> (WIRTSCH) artículo *m* de consumo
Konsumation [kɔnzuma'tsjoːn] *f* <-, -en> (*Österr, Schweiz*) consumo *m*
Konsumbereitschaft *f* <-, -en> propensión *f* al consumo; **Konsumeinheit** *f* <-, -en> (WIRTSCH) unidad *f* de consumo
Konsument(in) [kɔnzu'mɛnt] *m(f)* <-en, -en; -, -nen> consumidor(a) *m(f)*
Konsumentenbefragung *f* <-, -en> encuesta *f* a los consumidores; **Konsumentenkredit** *m* <-(e)s, -e> (FIN) crédito *m* para fines de consumo; **Konsumentenschutzgesetz** *nt* <-es, -e> (JUR) ley *f* de protección de los consumidores; **Konsumentenvertrag** *m* <-(e)s, -träge> (JUR) contrato *m* de consumidor
Konsumentin *f* <-, -nen> *s.* **Konsument**
Konsumgenossenschaft *f* <-, -en> (WIRTSCH) cooperativa *f* de consumo; **Konsumgesellschaft** *f* <-, -en> sociedad *f* de consumo; **Konsumgewohnheiten** *fpl* hábitos *mpl* de consumo
Konsumgüter *ntpl* bienes *mpl* de consumo; **kurzlebige/langlebige ~** bienes de consumo de corta/larga duración [*o* vida]; **Konsumgüterindustrie** *f* <-, -n> industria *f* de bienes de consumo
konsumieren* [kɔnzu'miːrən] *vt* consumir
konsumistisch [kɔnzu'mɪstɪʃ] *adj* (*abw*) consumista
Konsumneigung *f* <-, -en> (WIRTSCH) tendencia *f* consumista
konsumorientiert *adj* consumista
Konsumorientiertheit *f* <-, ohne pl> consumismo *m*; **Konsumstruktur** *f* <-, -en> (WIRTSCH) estructura *f* consumista; **Konsumtempel** *m* <-s, -> (*fam iron*) meca *f* del consumo; **Konsumterror** *m* <-s, ohne pl> (*abw*) forma de presión publicitaria que incita a aumentar el consumismo
Konsumtion [kɔnzʊm'tsjoːn] *f* <-, -en> ❶ (WIRTSCH) consumo *m*
❷ (JUR) consunción *f*
Konsumtionsrate *f* <-, -n> (WIRTSCH) cuota *f* de consumo
konsumtiv [kɔnzʊm'tiːf] *adj* (WIRTSCH) consuntivo
Konsumverein *m* <-(e)s, -e> cooperativa *f* de consumo; **Konsumverhalten** *nt* <-s, ohne pl> actitud *f* consumista; **Konsumverzicht** *m* <-(e)s, -e> renuncia *f* a la práctica del consumismo; **Konsumzwang** *m* <-(e)s, ohne pl> (SOZIOL: *abw*) consumismo *m*
Kontakt [kɔn'takt] *m* <-(e)s, -e> (*a.* ELEK) contacto *m*; **körperlicher ~** contacto físico; **sexuelle ~e** relaciones sexuales; **mit jdm in ~ kommen/stehen** entrar/estar en contacto con alguien; **wir sollten in ~ bleiben** deberíamos mantenernos en contacto; **stehst du noch in ~ mit ihr?** ¿sigues teniendo contacto con ella?; **wir haben schon lange keinen ~ mehr** hace tiempo que no tenemos contacto; **wir versuchten, mit den Einheimischen ~ aufzunehmen** intentamos entrar en contacto con la gente del lugar; **er fand schnell ~ zu ihr** entró pronto en contacto con ella; **sie unterhalten geschäftliche ~e zu unserer Firma** tienen negocios con nuestra empresa
Kontaktadresse *f* <-, -n> dirección *f* a contactar; **Kontaktanzeige** *f* <-, -n> anuncio *m* de contacto
kontaktarm *adj* ❶ (*schwer Kontakt findend*) con dificultades para relacionarse; **er ist ausgesprochen ~** tiene enormes dificultades para relacionarse
❷ (*kaum Kontakt habend*) con pocas amistades; **sie ist sehr ~** tiene muy pocas amistades
Kontaktarmut *f* <-, ohne pl> falta *f* de relaciones sociales; **er leidet an ~** no se relaciona con nadie; **Kontaktaufnahme** *f* <-, -n> toma *f* de contacto; **Kontaktbildschirm** *m* <-(e)s, -e> (INFOR) pantalla *f* de contacto; **Kontaktdermatitis** *f* <-, -dermatitiden> (MED) dermatitis *f* *inv* de contacto; **Kontaktekzem** *nt* <-s, -e> (MED) eczema *m* de contacto
kontaktfreudig *adj* sociable, jovial
Kontaktgift *nt* <-(e)s, -e> veneno *m* por contacto; **Kontaktkleber** *m* <-s, -> cola *f* de contacto; **Kontaktlinse** *f* <-, -n> lente *f* de contacto, lentilla *f*; **Kontaktmann** *m* <-(e)s, -männer *o* -leute> persona *f* de contacto; **Herr Koch ist unser ~ in Fernost** el señor Koch es nuestro contacto en el Extremo Oriente; **Kontaktperson** *f* <-, -en> (MED) contacto *m*; **Kontaktsperre** *f* <-, -n> (JUR) suspensión *f* de contacto
Kontamination [kɔntamina'tsjoːn] *f* <-, -en> contaminación *f*
kontaminieren* [kɔntami'niːrən] *vt* (*a.* LING) contaminar
Kontantgeschäft [kɔn'tant-] *nt* <-(e)s, -e> (FIN) negocio *m* al contado
Konten *pl* *von* **Konto**
Kontenabrechnung *f* <-, -en> (FIN) ajuste *m* de cuentas; **Kontenabschluss**^{RR} *m* <-es, -schlüsse> (FIN) cierre *m* de cuentas; **Kontenbewegung** *f* <-, -en> (FIN) movimiento *m* en cuenta; **Kontenplan** *m* <-(e)s, -pläne> (FIN) plan *m* de cuentas; **Kontenschema** *nt* <-s, -schemata> (FIN) esquema *m* de cuentas; **Kontensparen** *nt* <-s, ohne pl> (FIN) ahorro *m* a cuenta
Konter ['kɔntɐ] *m* <-s, -> (SPORT) contraataque *m*
Konteradmiral *m* <-s, -e> (MIL) contr(a)almirante *m*
Konterfei ['kɔntɐfaɪ] *nt* <-s, -s *o* -e> retrato *m*
konterkarieren* [kɔnteka'riːrən] *vt* (*geh*) hacer fracasar, desbaratar; **diese gefährlichen Pläne müssen wir ~** tenemos que hacer fracasar estos peligrosos planes
kontern ['kɔntɐn] **I.** *vt* (SPORT) contraatacar; **den Angriff ~** devolver el ataque
II. *vi* (*zurückweisen*) replicar
Konterrevolution *f* <-, -en> contrarrevolución *f*; **Konterrevolutionär(in)** *m(f)* <-s, -e; -, -nen> (POL) contrarrevolucionario, -a *m, f*
Kontext ['kɔntɛkst] *m* <-(e)s, -e> contexto *m*; **das muss man im ~ sehen** hay que tener en cuenta el contexto; **das Zitat wurde aus dem ~ gerissen** sacaron la cita de su contexto
Kontinent ['kɔntinɛnt, --'-] *m* <-(e)s, -e> continente *m*
kontinental [kɔntinɛn'taːl] *adj* continental
Kontinentaldrift *f* <-, -en> (GEO) corriente *f* continental; **Kontinentaleuropa** *nt* <-s> Europa *f* continental; **Kontinentalklima** *nt* <-s, ohne pl> (GEO) clima *m* continental; **Kontinentalsockel** *m* <-s, -> (GEO) plataforma *f* continental; **Kontinentalsperre** *f* <-, ohne pl> (HIST) bloqueo *m* continental; **Kontinentalverschiebung** *f* <-, -en> (GEO) desplazamiento *m* de los continentes
Kontingent [kɔntɪŋ'gɛnt] *nt* <-(e)s, -e> contingente *m*; **sein ~ ausschöpfen** agotar su contingente
kontingentieren* [kɔntɪŋgɛn'tiːrən] *vt* (COM) contingentar
Kontingentierung *f* <-, -en> (WIRTSCH) contingentación *f*
Kontingentierungssatz *m* <-es, -sätze> (WIRTSCH) tasa *f* de contingentación; **Kontingentierungssystem** *nt* <-s, -e> (WIRTSCH) sistema *m* de contingentación
kontinuierlich [kɔntinu'iːɐlɪç] *adj* continuado, continuo
Kontinuität [kɔntinui'tɛːt] *f* <-, ohne pl> continuidad *f*
Konto ['kɔnto] *nt* <-s, Konten> cuenta *f*; **für dubiose Außenstände** (WIRTSCH) cuenta para cobros pendientes dudosos; **beschlagnahmtes/eingefrorenes ~** cuenta embargada/bloqueada; **ungedecktes ~** cuenta en descubierto; **verpfändetes/laufendes ~** cuenta pignorada/corriente; **ein ~ ausgleichen/belasten/sperren** saldar una cuenta/cargar en cuenta/bloquear una cuenta; **ein ~ eröffnen/auflösen** abrir/cerrar una cuenta; **ein ~ plündern/saldieren** saquear/saldar una cuenta; **das ~ überziehen** sobrepasar la cuenta; **das geht auf mein ~** (*fam*) esto va de mi cuenta; **diesen Erfolg kannst du gern auf dein ~ verbuchen** este éxito te lo puedes apuntar tú; **sie haben mehrere Überfälle auf dem ~** ya tienen varios asaltos en su haber
Kontoauszug *m* <-(e)s, -züge> extracto *m* de cuenta; **Kontobewegung** *f* <-, -en> movimientos *mpl* de cuenta; **Kontobezeichnung** *f* <-, -en> título *m* de la cuenta; **Kontoblatt** *nt* <-(e)s, -blätter>

extracto *m* de cuenta

Kontoführung *f* <-, -en> administración *f* de la cuenta; **Kontoführungsgebühren** *fpl* (FIN) comisión *f* de mantenimiento

Kontoinhaber(in) *m(f)* <-s, -; -, -nen> titular *mf* de una cuenta

Kontokorrent [kɔntoˈkrɛnt] *nt* <-s, -e> (WIRTSCH) cuenta *f* corriente

Kontokorrenteinlage *f* <-, -n> (WIRTSCH, FIN) depósito *m* en la cuenta corriente; **Kontokorrentgeschäft** *nt* <-(e)s, -e> (WIRTSCH) operación *f* de cuenta corriente; **Kontokorrentkonto** *nt* <-s, -konten> (WIRTSCH) cuenta *f* corriente; **Kontokorrentkredit** *m* <-(e)s, -e> (FIN) crédito *m* en cuenta corriente; **Kontokorrentverhältnis** *nt* <-ses, -se> (FIN) relación *f* de cuenta corriente

Kontonummer *f* <-, -n> número *m* de (la) cuenta; **Kontopfändung** *f* <-, -en> embargo *m* de cuentas bancarias

Kontor [kɔnˈtoːɐ] *nt* <-s, -e> agencia *f*, sucursal *f*; **ein Schlag ins ~** una bofetada, un palo

Kontorist(in) [kɔntoˈrɪst] *m(f)* <-en, -en; -, -nen> oficinista *mf*, empleado, -a *m, f* de oficina

Kontostand *m* <-(e)s, -stände> estado *m* de (la) cuenta; **Kontovertrag** *m* <-(e)s, -träge> contrato *m* de cuentas; **Kontovollmacht** *f* <-, -en> poder *m* de cuenta corriente

kontra [ˈkɔntra] **I.** *präp +akk* (JUR: *a. fig*) contra, versus
II. *adv* (*dagegen*) en contra

KontrabassRR [ˈkɔntra-] *m* <-es, -bässe> contrabajo *m*

kontradiktorisch *adj* contradictorio; **~es Urteil** (JUR) sentencia contradictoria

Kontrahent(in) [kɔntraˈhɛnt] *m(f)* <-en, -en; -, -nen> ❶ (*Gegner*) adversario, -a *m, f*
❷ (*Vertragspartner*) parte *f* contratante

kontrahieren* [kɔntraˈhiːrən] **I.** *vi* contraer
II. *vt* (JUR) contratar; **mit sich selbst ~** contratar consigo mismo

Kontrahierungsverbot *nt* <-(e)s, -e> (JUR) prohibición *f* de contratar; **Kontrahierungszwang** *m* <-(e)s, *ohne pl*> (JUR) obligación *f* de contratar, contratación *f* forzosa

Kontraindikation [kɔntraʔɪndikaˈtsjoːn, -----] *f* <-, -en> (MED) contraindicación *f*

kontraindiziert [kɔntraʔɪndiˈtsiːɐt, -----] *adj* (MED) contraindicado

Kontrakt [kɔnˈtrakt] *m* <-(e)s, -e> contrato *m*, contrata *f*; **laut ~** según contrato

Kontraktformular *nt* <-(e)s, -e> impreso *m* del contrato

Kontraktion [kɔntrakˈtsjoːn] *f* <-, -en> (GEO, MED, PHYS, LING) contracción *f*

kontraproduktiv [ˈ-----] *adj* contraproducente

Kontrapunkt [ˈ---] *m* <-(e)s, -e> (*a.* MUS) contrapunto *m*; **er bildete eine Art ~ zu den anderen** representaba un contrapunto frente a los otros

konträr [kɔnˈtrɛːɐ] *adj* contrario, opuesto

Kontrast [kɔnˈtrast] *m* <-(e)s, -e> contraste *m*; **in** [*o* **im**] **~ zu etw** *dat* **stehen** estar en contraste con algo

Kontrastbrei *m* <-(e)s, -e> (MED) contraste *m*; **Kontrastfarbe** *f* <-, -n> color *m* de contraste [*o* que contrasta]

kontrastieren* [kɔntrasˈtiːrən] *vi* contrastar

Kontrastmittel *nt* <-s, -> (MED) producto *m* de contraste; **Kontrastprogramm** *nt* <-s, -e> programa *m* alternativo; **Kontrastregler** *m* <-s, -> (TV) regulador *m* de contraste

kontrastreich *adj* rico en contrastes

Kontrazeption [kɔntratsɛpˈtsjoːn] *f* <-, *ohne pl*> (MED) contracepción *f*

kontrazeptiv [kɔntratsɛpˈtiːf] *adj* (MED) contraceptivo

Kontrazeptivum [kɔntratsɛpˈtiːvʊm, *pl:* kɔntratsɛpˈtiːva] *nt* <-s, Kontrazeptiva> anticonceptivo *m*

Kontribution [kɔntribuˈtsjoːn] *f* <-, -en> (WIRTSCH) contribución *f*

Kontrollabschnitt *m* <-(e)s, -e> matriz *f* de talonario, recorte *m* de control; **Kontrolllampe** *f* <-, -en> *s*. **Kontrolllampe**; **Kontrollbehörde** *f* <-, -n> autoridad *f* de control

Kontrolle [kɔnˈtrɔlə] *f* <-, -n> ❶ (*Beherrschung, Pass~, Polizei~*) control *m*; **über jdn/etw die ~ verlieren** perder el control sobre alguien/algo; **er hat die ~ über sich verloren** ha perdido el control de sí mismo; **jdn/etw unter ~ haben** controlar a alguien/algo; **die Feuerwehr hat den Brand unter ~ gebracht** los bomberos han conseguido controlar el incendio; **alles unter ~!** ¡todo bajo control [*o* controlado]!; **sein Auto geriet außer ~** perdió el control del coche
❷ (*Prüfung*) control *m*, inspección *f*; (*Überwachung*) vigilancia *f*; **unter ständiger ~** bajo continuo control; **~n durchführen** controlar; **außer ~ geraten** descontrolarse

Kontrollerlaubnis *f* <-, -se> (JUR) permiso *m* de control

Kontrolleur(in) [kɔntrɔˈløːɐ] *m(f)* <-s, -e; -, -nen> controlador(a) *m(f)*

Kontrollfunktion *f* <-, -en> función *f* de control; **etw hat ~ algo tiene la función de controlar**; **eine ~ ausüben** ejercer el control; **Kontrollgang** *m* <-(e)s, -gänge> ronda *f* de control [*o* de vigilancia]; **Kontrollgesellschaft** *f* <-, -en> (WIRTSCH) sociedad *f* de control; holding *m* de control; **Kontrollgremiumgesetz** *nt* <-es, -e> (JUR) ley *f* sobre gremios de control; **Kontrollgruppe** *f* <-, -n> grupo *m* de control

kontrollierbar [kɔntrɔˈliːɐbaːɐ] *adj* controlable, comprobable

kontrollieren* [kɔntrɔˈliːrən] *vt* ❶ (*allgemein*) controlar; (*überprüfen*) inspeccionar; (*Gepäck*) registrar; **den Pass/die Fahrkarte ~** controlar el pasaporte/el billete; **sie kontrollierte die Ausrüstung auf Vollständigkeit** comprobó la integridad del equipo
❷ (*überwachen*) vigilar
❸ (*beherrschen*) dominar

Kontrollliste *f* <-, -n> *s*. **Kontrollliste**

KontrolllampeRR *f* <-, -n> piloto *m*; **Kontrollliste**RR *f* <-, -n> lista *f* de control; **Kontrollmaßnahme** *f* <-, -n> medida *f* de control; **Kontrollmechanismus** *m* <-, -mechanismen> mecanismo *m* de control; **Kontrollmitteilung** *f* <-, -en> control *m* cruzado; **Kontrollorgan** *nt* <-s, -e> órgano *m* de control; **Kontrollpflicht** *f* <-, -en> deber *m* de control; **Kontrollpunkt** *m* <-(e)s, -e> punto *m* de control; **Kontrollrecht** *nt* <-(e)s, -e> derecho *m* de fiscalización; **Kontrollsiegel** *nt* <-s, -> sello *m* de control; **Kontrollstelle** *f* <-, -n> punto *m* de control; **Kontrolltaste** *f* <-, -n> (INFOR) tecla *f* de control; **Kontrollturm** *m* <-(e)s, -türme> (AERO) torre *f* de control; **Kontrolluhr** *f* <-, -en> reloj *m* de control; **Kontrollzentrum** *nt* <-s, -zentren> centro *m* de control

kontrovers [kɔntroˈvɛrs] **I.** *adj* ❶ (*entgegengesetzt*) opuesto, contrario
❷ (*bestreitbar*) cuestionable
❸ (*umstritten*) controvertido, polémico
II. *adv* de forma polémica; **die Angelegenheit wurde sehr ~ diskutiert** el asunto levantó una fuerte polémica

Kontroverse [kɔntroˈvɛrzə] *f* <-, -n> controversia *f*, disputa *f*; **sie trugen eine heftige ~ um die katholische Rangfolge aus** sostuvieron una fuerte controversia acerca de la jerarquía católica

Kontur [kɔnˈtuːɐ] *f* <-, -en> contorno *m*, perfil *m*; **etw verliert an/gewinnt ~** algo pierde perfil/se perfila

Konturpflügen *nt* <-s, *ohne pl*> aradura *f* de contorno

Konus [ˈkoːnʊs] *m* <-, -se *o* Konen> (MATH) cono *m*

Konvektion [kɔnvɛkˈtsjoːn] *f* <-, -en> (METEO) convección *f*

Konvent [kɔnˈvɛnt] *m* <-(e)s, -e> ❶ (UNIV) encuentro *m*, reunión *f*
❷ (REL) convento *m*, monasterio *m*

Konvention [kɔnvɛnˈtsjoːn] *f* <-, -en> ❶ (*Abkommen*) convención *f*, convenio *m*; **die Genfer ~** la convención de Ginebra
❷ (*Norm*) convención *f*, convencionalismo *m*; **sich über die ~en hinwegsetzen** pasar de (los) convencionalismos

Konventionalentscheidung [kɔnvɛntsjonaːl-] *f* <-, -en> (JUR) decisión *f* convencional; **Konventionalstrafe** *f* <-, -n> (JUR) multa *f* convencional, pena *f* convencional

konventionell [kɔnvɛntsjoˈnɛl] *adj* convencional

Konventionssatz *m* <-es, -sätze> (FIN) tipo *m* convencional

konvergent [kɔnvɛrˈgɛnt] *adj* (*a.* MATH) convergente

Konvergenz [kɔnvɛrˈgɛnts] *f* <-, -en> (*a.* MATH) convergencia *f*

Konvergenzdelikt *nt* <-(e)s, -e> (JUR) delito *m* convergente; **Konvergenzentscheidung** *f* <-, -en> (JUR) decisión *f* de convergencia; **Konvergenzkriterium** *nt* <-s, -kriterien> (JUR, EU) criterio *m* de convergencia; **Konvergenzphase** *f* <-, -n> (EU, POL) fase *f* de convergencia; **Konvergenzpolitik** *f* <-, *ohne pl*> política *f* de convergencia; **Konvergenzprogramm** *m* <-(e)s, -e> (EU, POL) programa *m* de convergencia; **Konvergenztheorie** *f* <-, -n> (*soziologisch, politökonomisch*) teoría *f* de la convergencia

Konversation [kɔnvɛrzaˈtsjoːn] *f* <-, -en> conversación *f*; **~ machen** conversar

Konversationslexikon *nt* <-s, -lexika> enciclopedia *f*

Konversion [kɔnvɛrˈzjoːn] *f* <-, -en> (REL, INFOR, WIRTSCH) conversión *f*

Konversionskurs *m* <-es, -e> ❶ (REL) curso *m* de conversión
❷ *pl* (FIN) precio *m* de conversión; **die ~e zwischen dem Euro und den nationalen Währungseinheiten** el precio de conversión del euro y las respectivas monedas nacionales

Konverter [kɔnˈvɛrtɐ] *m* <-s, -> (TECH, FOTO, RADIO) convertidor *m*

konvertibel [kɔnvɛrˈtiːbəl] *adj* (WIRTSCH, INFOR) convertible

Konvertibilität *f* <-, *ohne pl*> (FIN, INFOR) convertibilidad *f*

konvertierbar [kɔnvɛrˈtiːɐbaːɐ] *adj s*. **konvertibel**

Konvertierbarkeit *f* <-, *ohne pl*> *s*. **Konvertibilität**

konvertieren* [kɔnvɛrˈtiːrən] **I.** *vi haben o sein* (REL) convertirse (*zu* a)
II. *vt* (WIRTSCH, INFOR) convertir

Konvertierungsanleihe *f* <-, -n> (WIRTSCH, FIN) empréstito *m* de conversión

konvex [kɔnˈvɛks] *adj* convexo

Konvexlinse *f* <-, -n> lente *f* convexa; **Konvexspiegel** *m* <-s, -> espejo *m* convexo

Konvoi [kɔnˈvɔi, ˈ--] *m* <-s, -s> convoy *m*; **wir fuhren sicherheitshalber im ~** para mayor seguridad viajamos en convoy

Konvolut [kɔnvo'luːt] *nt* <-(e)s, -e> (*geh*) legajo *m*
Konvulsion [kɔnvʊl'zjoːn] *f* <-, -en> (MED) convulsión *f*
konzedieren* [kɔntse'diːrən] *vt* ❶ (*einräumen*) admitir
❷ (*gewähren*) conceder, otorgar
Konzentrat [kɔntsɛn'traːt] *nt* <-(e)s, -e> concentrado *m*
Konzentration [kɔntsɛntra'tsjoːn] *f* <-, -en> (*a.* CHEM) concentración *f*; **bei ~ all unserer Kräfte auf das Problem** concentrando todas nuestras energías en el problema
Konzentrationsfähigkeit *f* <-, *ohne pl*> capacidad *f* de concentración; **Konzentrationsgrundsatz** *m* <-es, *ohne pl*> (JUR) máxima *m* de concentración; **Konzentrationslager** *nt* <-s, -> campo *m* de concentración; **Konzentrationsmangel** *m* <-s, *ohne pl*> (MED, PSYCH) falta *f* de concentración; **Konzentrationsprinzip** *nt* <-s, *ohne pl*> (JUR) principio *m* de concentración; **Konzentrationsschwäche** *f* <-, -n> (MED, PSYCH) deficiencias *fpl* en la (facultad de) concentración; **Konzentrationsstörung** *f* <-, -en> dificultad *f* de concentración; **Konzentrationswirkung** *f* <-, -en> (JUR) efecto *m* de la concentración
konzentrieren* [kɔntsɛn'triːrən] **I.** *vt* (*bündeln*) concentrar (*auf* en), centrar (*auf* en)
II. *vr*: **sich** ~ concentrarse (*auf* en)
konzentriert [kɔntsɛn'triːɐt] *adj* (*a.* CHEM) concentrado; **hoch ~e Säure** ácido de alta concentración
konzentrisch [kɔn'tsɛntrɪʃ] *adj* (MATH) concéntrico
Konzept [kɔn'tsɛpt] *nt* <-(e)s, -e> ❶ (*Rohfassung*) borrador *m*; **aus dem ~ kommen** perder el hilo; **jdn aus dem ~ bringen** desconcertar a alguien
❷ (*Programm*) plan *m*; **das passt mir nicht ins ~** eso no cuadra con mis planes [*o* cuentas]; **das hat ihm total das ~ verdorben** (*fam*) le ha aguado los planes por completo
Konzepthalter *m* <-s, -> soporte *m* para borradores
Konzeption [kɔntsɛp'tsjoːn] *f* <-, -en> concepción *f*
konzeptionslos *adj* sin concepción
Konzeptpapier *nt* <-s, -e> borrador *m*
Konzern [kɔn'tsɛrn] *m* <-s, -e> (WIRTSCH) consorcio *m*, grupo *m*
Konzernabschlussᴿᴿ *m* <-es, -schlüsse> (WIRTSCH) cuentas *fpl* consolidadas; **Konzernanhang** *m* <-(e)s, -hänge> (WIRTSCH) dependencia *f* de consorcio; **Konzernbeteiligungen** *fpl* (WIRTSCH) participaciones *fpl* en consorcios
Konzernbilanz *f* <-, -en> balance *m* del consorcio; **konsolidierte ~** (WIRTSCH) balance consolidado del consorcio; **Konzernbürgschaft** *f* <-, -en> (WIRTSCH) aval *m* consorcial; **Konzernentflechtung** *f* <-, -en> (WIRTSCH) desconcentración *f*; **Konzerngesellschaft** *f* <-, -en> grupo *m* empresarial; **Konzernhaftung** *f* <-, -en> (WIRTSCH) responsabilidad *f* del consorcio; **Konzernlagebericht** *m* <-(e)s, -e> informe *m* de situación del consorcio; **Konzernmutter** *f* <-, -mütter> matriz *f* de un grupo empresarial; **Konzernrecht** *nt* <-s, *ohne pl*> régimen *m* de consorcios; **Konzernrichtlinien** *fpl* (WIRTSCH) directrices *fpl* del consorcio; **Konzerntochter** *f* <-, -töchter> filial *f* del consorcio; **Konzernumsatz** *m* <-es, -sätze> ventas *fpl* del consorcio; **Konzernverrechnung** *f* <-, -en> compensación *f* del consorcio; **Konzernvorbehalt** *m* <-(e)s, -e> (JUR) reserva *f* del consorcio
Konzert [kɔn'tsɛrt] *nt* <-(e)s, -e> concierto *m*; **ins ~ gehen** asistir a un concierto
Konzertabend *m* <-s, -e> velada *f* musical, concierto *m*; **Konzertagentur** *f* <-, -en> agencia *f* de conciertos; **Konzertbesucher(in)** *m(f)* <-s, -; -, -nen> persona *f* que asiste a un concierto; **nach der Pause strömten die ~ wieder in den Konzertsaal** tras el descanso, los espectadores volvieron a entrar en la sala de conciertos; **Konzertflügel** *m* <-s, -> piano *m* de concierto
konzertieren* [kɔntsɛr'tiːrən] *vi* (*geh*) dar un concierto
konzertiert [kɔntsɛr'tiːɐt] *adj* concertado; **~e Aktion** acción concertada
Konzertierungsverfahren *nt* <-s, -> (WIRTSCH, JUR) procedimiento *m* de concertación
Konzertina [kɔntsɛr'tiːna] *f* <-, -s> (MUS) concertina *f*
Konzertmeister(in) *m(f)* <-s, -; -, -nen> (MUS) primer violín *m*; **Konzertsaal** *m* <-(e)s, -säle> sala *f* de conciertos, auditorio *m*; **Konzertzeichnung** *f* <-, -en> (FIN) mayorización *f*; **~en arrangieren** acordar mayorizaciones
Konzession [kɔntsɛ'sjoːn] *f* <-, -en> ❶ (*Zugeständnis*) concesión *f*; **er ist (nicht) zu ~en bereit** (no) está dispuesto a hacer concesiones; **~en machen** hacer concesiones; **die Lautstärke war eine ~ an das Publikum** el volumen fue elegido teniendo en cuenta el público
❷ (*Genehmigung*) licencia *f*; **jdm die ~ entziehen** retirar la licencia a alguien
Konzessionär(in) *m(f)* <-s, -e; -, -nen> (ADMIN) concesionario, -a *m, f*, permisionario, -a *m, f Am*
konzessionieren* [kɔntsɛsjo'niːrən] *vt* concesionar, conceder
Konzessionsabgaben *fpl* impuestos *mpl* sobre concesiones

konzessionsbereit *adj* dispuesto a hacer concesiones
Konzessionserteilung *f* <-, -en> otorgamiento *m* de una concesión; **Konzessionsinhaber(in)** *m(f)* <-s, -; -, -nen> concesionario, -a *m, f*
konzessionspflichtig *adj* sujeto a concesión obligatoria
Konzessionsvereinbarung *f* <-, -en> convenio *m* de concesión; **Konzessionsvertrag** *m* <-(e)s, -träge> (JUR) contrato *m* de concesión
Konzessivsatz [kɔntsɛ'siːf-] *m* <-es, -sätze> (LING) proposición *f* concesiva, oración *f* concesiva
Konzil [kɔn'tsiːl] *nt* <-s, -e *o* -ien> concilio *m*
konziliant [kɔntsi'ljant] *adj* ❶ (*aussöhnend*) conciliador
❷ (*nachgiebig*) transigente; **sie war ausnahmsweise sehr ~ gestimmt** estaba excepcionalmente transigente; **er gab sich äußerst ~** se mostró extraordinariamente transigente
Konzilianz [kɔntsi'ljants] *f* <-, *ohne pl*> transigencia *f*
Konzilien *pl von* **Konzil**
konzipieren* [kɔntsi'piːrən] *vt* planear, concebir
Koog [koːk, *pl*: 'køːɡə] *m* <-(e)s, Köge> (*nordd*) pólder *m*
Kooperation [koʔopera'tsjoːn] *f* <-, -en> cooperación *f*
Kooperationsabkommen *nt* <-s, -> acuerdo *m* de cooperación; **~ der Mitgliedstaaten** acuerdo de cooperación de los estados miembros; **Kooperationskartell** *nt* <-s, -e> cártel *m* de cooperación; **Kooperationsmodell** *nt* <-s, -e> modelo *m* de cooperación; **Kooperationspartner** *m* <-s, -> socio *m* cooperador; **Kooperationsprojekt** *nt* <-s, -e> proyecto *m* de cooperación; **Kooperationsvertrag** *m* <-(e)s, -träge> contrato *m* de cooperación, tratado *m* de cooperación
kooperativ [koʔopera'tiːf] *adj* cooperativo
kooperieren* [koʔope'riːrən] *vi* cooperar
kooptieren* [koʔɔp'tiːrən] *vt* cooptar
Koordinate [koʔɔrdi'naːtə] *f* <-, -n> (MATH) coordenada *f*
Koordinatenachse *f* <-, -n> (MATH) eje *m* de coordenadas; **Koordinatensystem** *nt* <-s, -e> (MATH) sistema *m* de coordenadas
Koordination [koʔɔrdina'tsjoːn] *f* <-, -en> coordinación *f*
Koordinator(in) [koʔɔrdi'naːtoːɐ] *m(f)* <-s, -en; -, -nen> coordinador(a) *m(f)*
koordinieren* [koʔɔrdi'niːrən] *vt* coordinar
Kopenhagen [ko:pən'ha:ɡən] *nt* <-s> Copenhague *m*
Kopf [kɔpf, *pl*: 'kœpfə] *m* <-(e)s, Köpfe> ❶ (*Körperteil, Nagel-, Nadel-*) cabeza *f*; **zehn Euro pro ~** diez euros por cabeza; **~ an ~** codo con [*o* a] codo; **aus dem ~** de memoria; **~ hoch!** ¡ánimo!; **auf dem ~ stehen** estar cabeza abajo; **etw auf den ~ stellen** poner algo patas arriba; **sie stellten das ganze Haus auf den ~** revolvieron la casa de arriba a abajo; **~ und Kragen riskieren** jugarse la vida; **sich** *dat* **etw aus dem ~ schlagen/in den ~ setzen** quitarse algo de/meterse algo en la cabeza; **das will mir nicht in den ~** no me entra en la cabeza; **das kann ich im ~ rechnen** puedo hacer la cuenta de cabeza; **mit rotem ~ dastehen** estar con la cara enrojecida; **von ~ bis Fuß** de pies a cabeza; **sie ist ein kluger ~** tiene una buena cabeza; **sie hat ihren eigenen ~** ella sabe lo que quiere; **einen dicken ~ haben** tener la cabeza dura, ser un cabezota; **er ist nicht auf den ~ gefallen** no tiene un pelo de tonto; **man soll den ~ nicht in den Sand stecken** no hay que esconder la cabeza como el avestruz; **er will immer gleich mit dem ~ durch die Wand** siempre quiere lo imposible; **es kann nicht immer nur nach deinem ~ gehen** no puede ser siempre lo que tú quieras; **wir redeten uns** *dat* **die Köpfe heiß** nos dijimos todo lo dicho y por decir; **da musst du einen kühlen ~ bewahren** tienes que mantener la calma; **der ist doch nicht ganz richtig im ~** (*fam*) no está bien de la cabeza; **das geht mir durch den ~** esto me ronda por la cabeza; **ich habe jetzt anderes im ~** de momento tengo otras cosas en la cabeza; **wo hast du nur deinen ~ gelassen?** ¿dónde tienes la cabeza?; **mir brummt/raucht der ~** (*fam*) tengo la cabeza como un bombo/me echa humo la cabeza; **sie stecken die Köpfe zusammen** (*fam*) se han puesto de acuerdo; **der Erfolg ist ihm zu ~(e) gestiegen** se le ha subido el éxito a la cabeza; **die Tatsachen auf den ~ stellen** (*fam*) tergiversar los hechos; **ich war wie vor den ~ gestoßen** me quedé parado [*o* helado]; **~ stehen** (*fam*) estar fuera de quicio; **jdm den ~ verdrehen** (*fam*) hacer perder la cabeza a alguien, robarle el sentido a alguien; **das Ganze wächst ihm über den ~** es superior a sus fuerzas; **sich** *dat* **den ~ zerbrechen** (*fam*) romperse la cabeza; **sich** *dat* **an den ~ fassen** (*fam*) llevarse las manos a la cabeza; **jdn einen ~ kürzer machen** (*sl*) decapitar a alguien; **das kann dich den ~ kosten** (*a. fig*) te puede costar la cabeza [*o* la vida]; **da werden Köpfe rollen** (*fig*) van a rodar cabezas; **er hat sein ganzes Geld auf den ~ gehauen** (*fam*) ha tirado todo su dinero por la ventana
❷ (*Brief-*) encabezamiento *m*; (*bei Münze*) cara *f*; **~ oder Zahl?** ¿cara o cruz?
❸ (TV, TECH) cabezal *m*; **beweglicher ~** cabezal móvil; **rotierender/fliegender ~** cabezal rotante/volante; **feststehender ~** cabezal fijo
Kopf-an-Kopf-Rennen [--'---] *nt* <-s, -> carrera *f* codo con [*o* a] codo
Kopfarbeit *f* <-, *ohne pl*> trabajo *m* intelectual; **Kopfbahnhof** *m*

<-(e)s, -höfe> (EISENB) estación *f* término [*o* terminal]; **Kopfball** *m* <-(e)s, -bälle> (SPORT) cabezazo *m*; **ein Tor durch ~ erzielen** meter un gol de cabeza; **Kopfbedeckung** *f* <-, -en> sombrero *m*; **Kopfbewegung** *f* <-, -en> movimiento *m* de la cabeza

Köpfchen ['kœpfçən] *nt* <-s, -> (*fam*) pesquis *m inv*, caletre *m*; **~ haben** ser listo

köpfen ['kœpfən] *vt* ❶ (*enthaupten*) decapitar ❷ (SPORT) cabecear, rematar de cabeza

Kopfende *nt* <-s, -n> cabecera *f*

Kopffüßer *m* <-s, -> (ZOOL) cefalópodo *m*

Kopfgeld *nt* <-(e)s, -er> recompensa *f*; **Kopfgeldjäger** *m* <-s, -> cazador *m* de recompensas

Kopfhaar *nt* <-(e)s, *ohne pl*> cabello *m*, pelo *m*, cabellera *f*; **Kopfhaut** *f* <-, -häute> cuero *m* cabelludo

Kopfhörer *m* <-s, -> auricular(es) *m(pl)*, cascos *mpl fam*; **die ~ aufsetzen** ponerse los auriculares; **Kopfhörerbuchse** *f* <-, -n> conector *m* para auriculares

Kopfjäger(in) *m(f)* <-s, -; -, -nen> (*Headhunter*) cazatalentos *mf inv*, cazacerebros *mf inv*

Kopfkissen *nt* <-s, -> almohada *f*; **Kopfkissenbezug** *m* <-(e)s, -züge> funda *f* de la almohada

Kopflänge *f* <-, -n> cabeza *f*; **jdn um eine ~ überragen** sacarle a alguien una cabeza

kopflastig ['-lastɪç] *adj* (*vorn zu stark beladen*) excesivamente pesado [*o* cargado] en la parte delantera; **eine ~e Verwaltung** una administración con demasiado personal directivo; **ein ~er Film** una película demasiado intelectual

Kopflaus *f* <-, -läuse> piojo *m*

kopflos *adj* ❶ (*Lebewesen*) sin cabeza ❷ (*verwirrt*) aturdido

Kopflosigkeit *f* <-, *ohne pl*> aturdimiento *m*, atolondramiento *m*

Kopfmassage *f* <-, -n> masaje *m* del cuero cabelludo; **Kopfnicken** *nt* <-s, *ohne pl*> señal *f* afirmativa (con la cabeza); **Kopfnuss**ʳʳ *f* <-, -nüsse> ❶ (*Schlag*) coscorrón *m* ❷ (*Aufgabe*) rompecabezas *m inv*; **Kopfrechnen** *nt* <-s, *ohne pl*> cálculo *m* mental; **Kopfsalat** *m* <-(e)s, -e> lechuga *f*

kopfscheu *adj*: **jdn ~ machen** desconcertar a alguien

Kopfschmerz *m* <-es, -en> dolor *m* de cabeza; **dieses Problem bereitet** [*o* **macht**] **mir ~en** este problema me está dando dolores de cabeza; **mach dir darüber** [*o* **deswegen**] **mal keine ~en** (*fam*) no te calientes la cabeza por eso; **Kopfschmerztablette** *f* <-, -n> pastilla *f* contra el dolor de cabeza

Kopfschuppen *fpl* caspa *f*; **Kopfschuss**ʳʳ *m* <-es, -schüsse> tiro *m* en la cabeza; **das Opfer wurde durch einen ~ getötet** la víctima fue asesinada de un tiro en la cabeza; **Kopfschütteln** *nt* <-s, *ohne pl*> cabeceo *m*

kopfschüttelnd I. *adj* que mueve la cabeza (en señal de desaprobación); **allenthalben sah man ~e Zuschauer im Theater** por todas partes se veían espectadores en el teatro que movían la cabeza en señal de desaprobación
II. *adv* moviendo la cabeza (en señal de desaprobación)

Kopfschutz *m* <-es, *ohne pl*> casco *m* protector; **Kopfsprung** *m* <-(e)s, -sprünge> zambullida *f* de cabeza; **einen ~ machen** tirarse de cabeza; **Kopfstand** *m* <-(e)s, -stände> apoyo *m* sobre la cabeza, pino *m*; **einen ~ machen** hacer el pino

kopfstehen *irr vi s.* **Kopf 1.**

Kopfsteinpflaster *nt* <-s, -> adoquinado *m*, empedrado *m*

Kopfsteuer *f* <-, -n> (WIRTSCH, FIN) capitación *f*

Kopfsteuerprinzip *nt* <-s, *ohne pl*> (WIRTSCH, FIN) principio *m* de tributación por censo; **Kopfstimme** *f* <-, -n> falsete *m*; **Kopfstütze** *f* <-, -n> reposacabezas *m inv*, apoyacabezas *m inv*; **Kopftuch** *nt* <-(e)s, -tücher> pañuelo *m* de cabeza

kopfüber [-'--] *adv* de cabeza; **sie sprang ~ ins Wasser** se tiró de cabeza al agua

Kopfverband *m* <-(e)s, -bände> vendaje *m* en la cabeza; **Kopfverletzung** *f* <-, -en> herida *f* en la cabeza; **Kopfweh** *nt* <-(e)s, -e> dolor *m* de cabeza; **Kopfwunde** *f* <-, -n> herida *f* en la cabeza; **Kopfzeile** *f* <-, -n> (INFOR) encabezamiento *m*; **mit ~ encabezado**; **Kopfzerbrechen** *nt* <-s, *ohne pl*> quebradero *m* de cabeza; **jdm ~ machen** causar a alguien quebraderos de cabeza; **sich** *dat* **~ über etw** (**wenig**) **machen** (no) romperse la cabeza por [*o* sobre] algo

Kopie [ko'piː] *f* <-, -n> ❶ (*a.* INFOR) copia *f*; (*Foto~*) fotocopia *f*; **beglaubigte ~** copia compulsada ❷ (*Nachahmung*) imitación *f*

kopieren* [ko'piːrən] *vt* ❶ (*a.* INFOR) copiar; (*Fotokopien machen*) fotocopiar, hacer una copia (de) ❷ (*nachahmen*) copiar, imitar

Kopierer *m* <-s, -> (*fam*) fotocopiadora *f*

Kopiergerät [ko'piːɐ-] *nt* <-(e)s, -e> fotocopiadora *f*; **Kopierpapier** *nt* <-s, -e> ❶ (*für Kopien*) papel *m* para fotocopias ❷ (FOTO: *Fotopapier*) papel *m* fotográfico; **Kopierschutz** *m* <-es, *ohne pl*>, **Kopiersperre** *f* <-, -n> (INFOR) protección *f* anticopia, protector *m* contra copias; **Kopierstift** *m* <-(e)s, -e> lápiz *m* tinta

Kopilot(in) ['koːpiloːt] *m(f)* <-en, -en; -, -nen> (AERO) copiloto *mf*

Koppel ['kɔpəl] *f* <-, -n> (*Weideland*) dehesa *f*, pasto *m*

koppeln ['kɔpəln] *vt* ❶ (*Tiere: hintereinander*) reatar; (*nebeneinander*) poner en yunta, uncir
❷ (*Fahrzeuge*) enganchar; (*Raumschiffe*) acoplar; (*Geräte*) acoplar (*an* a), conectar (*an* con); **ein Zugeständnis an eine Bedingung ~** hacer una concesión dependiente de una condición previa

Koppelschlossʳʳ *nt* <-es, -schlösser> (MIL) broche *m* del cinturón

Kopp(e)lung *f* <-, -en> acoplamiento *m*; **~ von Zuständigkeiten/Rechtsordnungen** concatenación de competencias/ordenamientos jurídicos

Kopp(e)lungsgeschäft *nt* <-(e)s, -e> (WIRTSCH) operación *f* acoplada [*o* emparejada]; **Kopp(e)lungsmanöver** *nt* <-s, -> maniobra *f* de acoplamiento; **ein ~ durchführen** realizar una maniobra de acoplamiento; **Kopp(e)lungstatbestand** *m* <-(e)s, -stände> (JUR) delito *m* encadenado; **Kopp(e)lungsverbot** *nt* <-(e)s, -e> (JUR) prohibición *f* de concatenación; **Kopp(e)lungsvereinbarung** *f* <-, -en> (JUR) convenio *m* de concatenación

Koppelwirtschaft *f* <-, -en> (AGR) cultivo *m* alternado

Köpper *m* <-s, -> (*reg*) salto *m* de cabeza, zambullida *f*; **einen ~ machen** tirarse de cabeza (al agua)

Kopra ['koːpra] *f* <-, *ohne pl*> copra *f*

Koproduktion *f* <-, -en> coproducción *f*; **Koproduzent(in)** *m(f)* <-en, -en; -, -nen> coproductor(a) *m(f)*; **Koprozessor** *m* <-s, -en> (INFOR) coprocesador *m*

Kopte, -in ['kɔptə] *m*, *f* <-n, -n; -, -nen> (REL) copto, -a *m*, *f*

koptisch ['kɔptɪʃ] *adj* (REL) copto

Kopula ['koːpula] *f* <-, -s *o* -e> (LING, BIOL) cópula *f*

Kopulation [kopula'tsjoːn] *f* <-, -en> (BIOL) cópula *f*

kopulieren* [kopu'liːrən] *vi* (BIOL) copular

kor (*alt*) *3. imp von* **küren**

Koralle [ko'ralə] *f* <-, -n> coral *m*

Korallenbank *f* <-, -bänke> banco *m* de corales; **Koralleninsel** *f* <-, -n> isla *f* de corales; **Korallenkette** *f* <-, -n> collar *m* de corales; **Korallenriff** *nt* <-(e)s, -e> arrecife *m* coralino [*o* de coral]

Koran [ko'raːn] *m* <-s, *ohne pl*> Corán *m*

Koranschule *f* <-, -n> (REL) escuela *f* del Corán

Korb [kɔrp, *pl*: 'kœrbə] *m* <-(e)s, Körbe> ❶ (*Behälter*) cesta *f*; (*größer*) cesto *m*; (*mit Henkeln*) canasta *f*
❷ (*~geflecht*) mimbre *m*; **ein Sessel aus ~** un sillón de mimbre
❸ (SPORT) cesto *m*, canasta *f*; **einen ~ erzielen** meter una canasta, encestar
❹ (*Abfuhr*) negativa *f*, desaire *m*; **einen ~ bekommen** llevarse una calabaza; **sich** *dat* **bei jdm einen ~ holen** llevarse una calabaza de parte de alguien; **jdm einen ~ geben** dar calabazas a alguien

Korbball *m* <-(e)s, *ohne pl*> (SPORT) baloncesto *m*

Korbblüt(l)er ['-blyːt(l)ɐ] *m* <-s, -> (BOT) (planta *f*) compuesta *f*

Körbchen ['kœrpçən] *nt* <-s, -> ❶ (*Hunde~*) cesta *f* del perro; **ab** [*o* **husch, husch**] **ins ~!** (*fam*) ¡venga, venga, a dormir!
❷ (*des Büstenhalters*) copa *f*

Korbflasche *f* <-, -n> damajuana *f*, bombona *f*; **Korbflechter(in)** *m(f)* <-s, -; -, -nen> cestero, -a *m*, *f*; **Korbflechterei** *f* <-, -en> cestería *f*

Korbflechterin *f* <-, -nen> *s.* **Korbflechter**; **Korbgeflecht** *nt* <-(e)s, -e> mimbre *m*

Korbmacher(in) *m(f)* <-s, -; -, -nen> cestero, -a *m*, *f*

Korbmacherei *f* <-, -nen> cestería *f*

Korbmacherin *f* <-, -nen> *s.* **Korbmacher**; **Korbmöbel** *ntpl* muebles *mpl* de mimbre; **Korbsessel** *m* <-s, -> sillón *m* de mimbre; **Korbstuhl** *m* <-(e)s, -stühle> silla *f* de mimbre; **Korbwaren** *fpl* artículos *mpl* de cestería [*o* de mimbre]; **Korbweide** *f* <-, -n> (BOT) mimbrera *f*

Kord [kɔrt] *m* <-(e)s, -e *o* -s> pana *f*

Kordel ['kɔrdəl] *f* <-, -n> cuerda *f*, cordel *m*

Kordhose *f* <-, -n> pantalón *m* de pana

Kordon [kɔr'dõː] *m* <-s, -s *o* Österr: -e> (MIL) cordón *m*; **ein ~ von Polizisten riegelte die Straße ab** un cordón policial impedía el acceso a la calle

Korea [ko'reːa] *nt* <-s> Corea *f*

Koreaner(in) [kore'aːnɐ] *m(f)* <-s, -; -, -nen> coreano, -a *m*, *f*

koreanisch *adj* coreano

Koreferent(in) ['koː-] *m(f)* <-en, -en; -, -nen> segundo, -a ponente *mf*

Koriander [kori'andɐ] *m* <-s, -> (BOT) cilantro *m*

Korinthe [ko'rɪntə] *f* <-, -n> pasa *f* de Corinto

Korinthenkacker(in) [-kakɐ] *m(f)* <-s, -; -, -nen> (*vulg abw*) petime-

tre *mf*, engolado, -a *m, f*
Kork [kɔrk] *m* <-(e)s, -e> (*Material*) corcho *m*
Korkeiche *f* <-, -n> alcornoque *m*
Korken ['kɔrkən] *m* <-s, -> (*Verschluss*) corcho *m;* **die ~ knallen lassen** (*fam*) celebrar algo (a lo grande)
Korkenzieher *m* <-s, -> sacacorchos *m inv;* **Korkenzieherlocke** *f* <-, -n> tirabuzón *m*
Korkfußboden *m* <-s, -böden> parquet *m* de corcho
korkig I. *adj* con sabor a corcho
II. *adv* que sabe a corcho
Kormoran [kɔrmoˈraːn] *m* <-s, -e> (ZOOL) cormorán *m*, cuervo *m* marino
Korn[1] [kɔrn, *pl:* ˈkœrnɐ] *nt* <-(e)s, Körner> (*Teilchen, Samen~*) grano *m*
Korn[2] *m* <-(e)s, -> (*fam: Branntwein*) aguardiente *m* de trigo
Korn[3] *nt* <-(e)s, -e> ❶ (*Getreide*) cereales *mpl*
❷ (*am Gewehr*) (punto *m* de) mira *f;* **etw aufs ~ nehmen** apuntar sobre algo; (*fig*) criticar algo duramente; **jdn aufs ~ nehmen** tomarla con alguien
Korn[4] *nt* <-(e)s, *ohne pl*> (FOTO: *Feinstruktur*) grano *m*
Kornähre *f* <-, -n> (BOT, AGR) espiga *f*
Kornblume *f* <-, -n> (BOT) aciano *m*
kornblumenblau *adj* azul brillante
Kornbranntwein *m* <-(e)s, -e> aguardiente *m* de cereales
Körnchen ['kœrnçən] *nt* <-s, -> granito *m;* **ein ~ Wahrheit** un átomo de verdad
körnen ['kœrnən] *vt* ❶ (*körnig machen*) granear; **gekörntes Papier** papel de lija *m*
❷ (*zerkleinern*) granular
❸ (*markieren*) marcar con un granete [*o* con un punzón]
❹ (*die Jagd*) atraer (la caza) esparciendo granos
Körnerfutter *nt* <-s, *ohne pl*> granos *mpl*
Kornett [kɔrˈnɛt] *nt* <-(e)s, -e *o* -s> (MUS) corneta *f*
Kornfeld *nt* <-(e)s, -er> campo *m* de cereales
Korngrößenverteilung *f* <-, -en> distribución *f* del tamaño de partículas
körnig ['kœrnɪç] *adj* granulado, granuloso
Kornkammer *f* <-, -n> granero *m;* **Sizilien war die ~ Italiens** Sicilia era el granero de Italia; **Kornsilo** *o nt* <-s, -s>, **Kornspeicher** *m* <-s, -> silo *m* (de grano)
Körnung ['kœrnʊŋ] *f* <-, -en> (GEO) textura *f* del suelo
Korona [koˈroːna] *f* <-, Koronen> ❶ (*Strahlenkranz*) corona *f* solar
❷ (*Schar*) pandilla *f*
❸ (TECH) corona *f* eléctrica, efecto *m* (de) corona
koronar [koroˈnaːɐ] *adj* (MED) coronario; **~e Herzkrankheit** afección cardíaco-coronaria
Koronargefäß *nt* <-es, -e> (MED) vaso *m* coronario; **Koronarinsuffizienz** *f* <-, -en> (MED) insuficiencia *f* coronaria; **Koronarsklerose** *f* <-, -n> (MED) esclerosis *f inv* coronaria
Koronen *pl von* **Korona**
Körper ['kœrpɐ] *m* <-s, -> cuerpo *m;* **ein fester/flüssiger/gasförmiger ~** un cuerpo sólido/líquido/gaseoso; **~ und Geist/Seele** cuerpo y espíritu/alma; **er zitterte vor Angst am ganzen ~** le temblaba todo el cuerpo de miedo; **die Arme fest an den ~ pressen** apretar los brazos al cuerpo; **das Volumen eines ~s berechnen** calcular el volumen de un cuerpo
Körperbau *m* <-(e)s, *ohne pl*> constitución *f* física; **Körperbeherrschung** *f* <-, *ohne pl*> control *m* del cuerpo, dominio *m* del cuerpo; **Übungen am Trapez erfordern große ~** los ejercicios en el trapecio exigen un gran control [*o* dominio] del propio cuerpo
körperbehindert *adj* minusválido
Körperbehinderte(r) *mf* <-n, -n; -n, -n> minusválido, -a *m, f*, disminuido, -a *m, f* físico, -a
körpereigen *adj* (BIOL) que produce el propio cuerpo
Körperertüchtigung *f* <-, -en> fortalecimiento *m* corporal; **der Sportunterricht soll der ~ dienen** la clase de educación física está encaminada a fortalecer el cuerpo; **Körperfülle** *f* <-, *ohne pl*> corpulencia *f;* **Körpergeruch** *m* <-(e)s, -rüche> olor *m* del cuerpo; (*Schweißgeruch*) olor *m* a sudor; **unangenehmen ~ haben** tener mal olor [*o* olor desagradable]; **Körpergewicht** *nt* <-(e)s, *ohne pl*> peso *m* corporal; **Körpergröße** *f* <-, -n> talla *f*, estatura *f;* **Körperhaltung** *f* <-, -en> postura *f;* (*fig*) porte *m*, actitud *f;* **Körperkontakt** *m* <-(e)s, -e> contacto *m* físico; **Körperkraft** *f* <-, -kräfte> fuerza *f* física; **Körperlänge** *f* <-, -n> talla *f*, estatura *f*
körperlich *adj* corporal, físico; **harte ~e Arbeit** duro trabajo físico; **~ tätig sein** realizar un trabajo físico
körperlos *adj* incorpóreo; **Engel sind ~e Wesen** los ángeles son seres incorpóreos
Körperlotion *f* <-, -en> loción *f* para el cuerpo; **Körperpflege** *f* <-, *ohne pl*> aseo *m* personal, higiene *f* corporal; **Körperpuder** *m o nt* <-s, -> polvos *mpl* de talco
Körperschaft *f* <-, -en> (JUR) corporación *f*, cuerpo *m;* **juristische ~** corporación jurídica; **öffentlich-rechtliche ~** corporación de interés público; **~ des öffentlichen Rechts** corporación administrativa; **gemeinnützige ~** corporación de utilidad pública; **gesetzgebende ~** cuerpo legislativo
Körperschaftssteuer *f* <-, -n> impuesto *m* sobre ingresos de sociedades y empresas; **Körperschaftssteueranrechnung** *f* <-, -en> deducción *f* del impuesto de sociedades; **Körperschaftssteuererhöhung** *f* <-, -en> elevación *f* del impuesto de sociedades
körperschaftssteuerfrei *adj* no sujeto al impuesto de sociedades
Körperschaftssteuerminderung *f* <-, -en> reducción *f* del impuesto de sociedades; **Körperschaftssteuerreform** *f* <-, -en> reforma *f* del impuesto de sociedades; **Körperschaftsteuergutschrift** *f* <-, -en> crédito *m* tributario del impuesto de sociedades; **Körperschaftssteuerpflicht** *f* <-, *ohne pl*> sujeción *f* al impuesto de sociedades; **Körperschaftssteuertarif** *m* <-s, -e> tipo *m* de gravamen del impuesto de sociedades; **Körperschaftssteuervergütung** *f* <-, -en> devolución *f* del impuesto de sociedades
Körpersprache *f* <-, *ohne pl*> lenguaje *m* gestual; **Körperteil** *m* <-(e)s, -e> parte *f* del cuerpo; **Körpertemperatur** *f* <-, -en> temperatura *f* corporal; **leicht erhöhte ~ haben** tener un poco de temperatura, tener unas décimas de fiebre; **Körperverletzung** *f* <-, -en> lesión *f* física, daño *m* físico; **fahrlässige ~** lesiones físicas por imprudencia; **gefährliche** [*o* **schwere**] **~** lesión grave; **wechselseitig begangene ~** lesión cometida en reprocidad; **~ im Amt** lesión en servicio; **~ mit Todesfolge** lesión mortal; **Körperwärme** *f* <-, *ohne pl*> calor *m* corporal, calor *m* físico
Korpora *pl von* **Korpus**[3]
Korporation [kɔrporaˈtsioːn] *f* <-, -en> (*geh*) ❶ (UNIV) corporación *f* estudiantil
❷ *s.* **Körperschaft**
Korporatismus [kɔrporaˈtɪsmʊs] *m* <-, *ohne pl*> corporativismo *m*
korporiert [kɔrpoˈriːɐt] *adj* (UNIV: *geh*) que pertenece a una corporación estudiantil
Korps [koːɐ] *nt* <-, -> (MIL) cuerpo *m;* **das diplomatische ~** el cuerpo diplomático
Korpsgeist *m* <-(e)s, *ohne pl*> (*geh*) compañerismo *m;* **Korpsstudent** *m* <-en, -en> (UNIV) *estudiante universitario miembro de una corporación estudiantil*
korpulent [kɔrpuˈlɛnt] *adj* corpulento, obeso
Korpulenz [kɔrpuˈlɛnts] *f* <-, *ohne pl*> corpulencia *f*
Korpus[1] *m* <-, -se> ❶ (*fam iron: Körper*) cuerpo *m*
❷ (KUNST) crucifijo *m*
❸ (*Schweiz: Ladentisch*) mostrador *m;* (*Bürotisch*) escritorio *m*
Korpus[2] *m* <-, *ohne pl*> (*von Möbelstücken*) cuerpo *m*
Korpus[3] *nt* <-, Korpora> (LING) corpus *m inv*
Korpus[4] *nt* <-, *ohne pl*> (MUS) caja *f* de resonancia
Korrasion [kɔraˈzioːn] *f* <-, -en> (GEO) corración *f*
Korreferent(in) ['kɔːː] *m(f)* <-en, -en; -, -nen> segundo, -a ponente *mf*
korrekt [kɔˈrɛkt] *adj* correcto; **er ist darin sehr ~** es muy correcto (para estas cosas)
korrekterweise [kɔˈrɛktɐˈvaɪzə] *adv* como corresponde, de forma correspondiente
Korrektheit *f* <-, *ohne pl*> corrección *f;* (*Genauigkeit*) exactitud *f;* (*im Benehmen*) conducta *f* correcta
Korrektor(in) [kɔˈrɛktoːɐ] *m(f)* <-s, -en; -, -nen> (TYPO) corrector(a) *m(f)* (tipográfico, -a)
Korrektur [kɔrɛkˈtuːɐ] *f* <-, -en> corrección *f;* **~ lesen** corregir
Korrekturband *nt* <-(e)s, -bänder> cinta *f* correctora; **Korrekturfahne** *f* <-, -n> galerada *f*, prueba *f;* **Korrekturflüssigkeit** *f* <-, -en> líquido *m* corrector; **Korrekturhilfe** *f* <-, -n> (INFOR, TYPO) ayuda *f* para corrección ortográfica; **Korrekturtaste** *f* <-, -n> tecla *f* de corrección; **Korrekturzeichen** *nt* <-s, -> signo *m* de corrección
Korrelation [kɔrelaˈtsioːn] *f* <-, -en> (*a.* MATH, MED) correlación *f*
korrelieren* [kɔreˈliːrən] *vi* (*geh*) estar en correlación (*mit* con)
Korrespondent(in) [kɔrɛspɔnˈdɛnt] *m(f)* <-en, -en; -, -nen> corresponsal *mf*
Korrespondenz [kɔrɛspɔnˈdɛnts] *f* <-, -en> correspondencia *f;* **mit jdm in ~ stehen/treten** mantener/entablar correspondencia con alguien
Korrespondenzanwalt, -wältin *m, f* <-(e)s, -wälte; -, -nen> abogado *mf* corresponsal; **Korrespondenzbank** *f* <-, -en> banco *m* corresponsal
korrespondieren* [kɔrɛspɔnˈdiːrən] *vi* ❶ (*brieflich*) mantener correspondencia (*mit* con), cartearse (*mit* con) *fam*
❷ (*entsprechen*) corresponder (*mit* a)

Korridor ['kɔridoːɐ] *m* <-s, -e> corredor *m*, pasillo *m*
korrigierbar *adj* corregible, subsanable; **dieser Fehler ist ~** este error se puede corregir [*o* subsanar]
korrigieren* [kɔri'giːrən] *vt* corregir; (*verbessern*) enmendar, rectificar
korrodieren* [kɔro'diːrən] *vi sein* corroer
Korrosion [kɔro'zjoːn] *f* <-, -en> corrosión *f*
korrosionsbeständig *adj* resistente a la corrosión
Korrosionsschutz *m* <-es, *ohne pl*> anticorrosivo *m*
korrumpieren* [kɔrʊmˈpiːrən] *vt* corromper
korrupt [kɔ'rʊpt] *adj* corrupto
Korruption [kɔrʊp'tsjoːn] *f* <-, -en> corrupción *f*
Korse, -in ['kɔrzə] *m, f* <-n, -n; -, -nen> corso, -a *m, f*
Korsett [kɔr'zɛt] *nt* <-s, -s *o* -e> corsé *m*; (MED) corsé *m* ortopédico
Korsika ['kɔrzika] *nt* <-s> Córcega *f*
Korsin ['kɔrzɪn] *f* <-, -nen> *s.* **Korse**
korsisch *adj* corso
Korso ['kɔrso] *m* <-s, -s> desfile *m* de carruajes
Kortison [kɔrti'zoːn] *nt* <-s, *ohne pl*> (MED) cortisona *f*
Kortisonbehandlung *f* <-, -en> (MED) tratamiento *m* con cortisona
Korvette [kɔr'vɛta] *f* <-, -n> (MIL) corbeta *f*
Korvettenkapitän *m* <-s, -e> (MIL) capitán *m* de corbeta
Koryphäe [kory'fɛːə] *f* <-, -n> corifeo *m*, experto, -a *m, f*
Kosak(in) [ko'zak] *m(f)* <-en, -en; -, -nen> cosaco, -a *m, f*
Kosakenmütze *f* <-, -n> gorro *m* cosaco [*o* ruso]
Kosakin *f* <-, -nen> *s.* **Kosake**
koscher ['kɔʃɐ] *adj* ❶ (REL) permitido por la religión judía; **~e Metzgerei** carnicería que vende carne preparada para los judíos
❷ (*fam: einwandfrei*) limpio; **ich glaube, der Kerl ist nicht ganz ~** me parece que este tipo no es (del todo) de fiar
K.-o.-Schlag *m* <-(e)s, -Schläge> (SPORT) golpe *m* que deja k.o. [*o* fuera de combate] al contrincante
Koseform *f* <-, -en> diminutivo *m* (*forma familiar y afectuosa*); „**Hänschen" ist die ~ von „Hans"** "Hänschen" es el diminutivo de "Hans"
kosen ['koːzən] *vt* (*geh*) acariciar
Kosename *m* <-ns, -n> apodo *m* cariñoso; **Kosewort** *nt* <-(e)s, -wörter> palabra *f* cariñosa
K.-o.-Sieg *m* <-(e)s, -e> (SPORT) victoria *f* por k.o. [*o* fuera de combate]
Kosinus ['koːzinʊs] *m* <-, -(se)> (MATH) coseno *m*
Kosmetik [kɔs'meːtɪk] *f* <-, *ohne pl*> cosmética *f*
Kosmetika *pl von* **Kosmetikum**
Kosmetiker(in) [kɔs'meːtikɐ] *m(f)* <-s, -; -, -nen> esteticista *mf*
Kosmetikkoffer *m* <-s, -> caja *f* de los cosméticos, estuche *m* de los cosméticos; **Kosmetiktuch** *nt* <-(e)s, -tücher> pañuelo *m* multiuso, kleenex® *m*
Kosmetikum [kɔs'meːtikʊm, *pl:* kɔs'meːtika] *nt* <-s, Kosmetika> (*producto m*) cosmético *m*
kosmetisch *adj* cosmético; **~e Chirurgie** cirugía plástica [*o* estética]
kosmisch ['kɔsmɪʃ] *adj* cósmico
Kosmologie [kɔsmolo'giː] *f* <-, -n> cosmología *f*
Kosmonaut(in) [kɔsmo'naʊt] *m(f)* <-en, -en; -, -nen> cosmonauta *m*
Kosmopolit(in) [kɔsmopo'liːt] *m(f)* <-en, -en; -, -nen> (*geh*) cosmopolita *mf*
kosmopolitisch *adj* (*geh*) cosmopolita
Kosmos ['kɔsmɔs] *m* <-, *ohne pl*> cosmos *m inv*, universo *m*
Kosovo ['kɔsovo] *nt* <-(s)> Kósovo *m*
Kost [kɔst] *f* <-, *ohne pl*> ❶ (*Nahrung*) alimentos *mpl*; **~ und Logis** comida y alojamiento; **kalorienreduzierte ~** (MED) alimentos bajos en calorías; **vegetarische ~** comida vegetariana; **das ist schwere ~** (*fig*) es difícil de comprender
❷ (*Ernährung*) alimentación *f*, nutrición *f*
kostbar *adj* valioso
Kostbarkeit[1] *f* <-, *ohne pl*> (*Wert*) valor *m*
Kostbarkeit[2] *f* <-, -en> (*Gegenstand*) tesoro *m*, objeto *m* de gran valor
kosten ['kɔstən] *vt* ❶ (*probieren*) probar
❷ (*Preis haben*) costar, valer; **wie viel/was kostet das?** ¿cuánto/qué vale?, ¿a cuánto está?; **das kostet (dich) 100 Euro** (te) cuesta 100 euros; **koste es, was es wolle** cueste lo que cueste; **das kostet ihn den Kopf** (*fam*) eso le va a costar la cabeza; **das lasse ich mir etwas ~** (*fam*) para esto no reparo en gastos
❸ (*erfordern*) requerir, costar; **das kostet Zeit** eso requiere tiempo; **das kostet mich einige Überwindung** el hacerlo me cuesta cierto esfuerzo
Kosten ['kɔstən] *pl* ❶ (*Ausgaben*) gastos *mpl*, coste(s) *m(pl)*, costo(s) *m(pl)*; **~, Versicherung und Fracht** (COM) coste, seguro y flete; **aktivierte/direkte ~** costes activados/directos [*o* generales]; **aufgelaufene/entstandene ~** gastos acumulados/generados; **erstattungsfähige ~** costes reembolsables; **variable ~** costes variables; **die ~ abwälzen** cargar los gastos; **die ~ für etw aufbringen** pagar los gastos de algo; **die ~ dämpfen** frenar los costes; **die ~ decken** cubrir los gastos; **die ~**

umlegen/tragen repartir los gastos/correr con los gastos; **~ verursachen** causar gastos; **keine ~ scheuen** no reparar en gastos; **auf ~ des Waldes/seiner Gesundheit** a costa del bosque/de su salud; **das geht auf meine ~, auf eigene ~** corriendo uno con los gastos, esto corre de mi cuenta; **auf seine ~ kommen** estar contento
❷ (JUR: *Gerichtskosten*) costas *fpl*; **~ des Rechtsstreits** costas del litigio; **~ der Säumnis** costas de rebeldía; **außergerichtliche ~** costas extrajudiciales; **die ~ des Verfahrens tragen** soportar las costas del proceso
Kostenabgrenzung *f* <-, -en> definición *f* de los costes; **Kostenanstieg** *m* <-(e)s, *ohne pl*> incremento *m* de los costes, aumento *m* de los costes; **Kostenart** *f* <-, -en> (WIRTSCH) tipo *m* de costes; **Kostenaufgliederung** *f* <-, -en>, **Kostenaufschlüsselung** *f* <-, -en> desglose *m* de los costes; **Kostenaufstellung** *f* <-, -en> (JUR) desglose *m* de costes [*o* gastos], minuta *f*; **Kostenaufwand** *m* <-(e)s, *ohne pl*> gasto(s) *m(pl)*; **mit einem ~ von ...** con unos gastos de...; **Kostenbefreiung** *f* <-, *ohne pl*> (JUR) liberación *f* de costas; **Kostenbeitreibung** *f* <-, -en> (JUR) diligenciamiento *m* de costas; **Kostenbelastung** *f* <-, -en> carga *f* de gastos; **Kostenberechnung** *f* <-, -en> cálculo *m* de costes; **Kostenbescheid** *m* <-(e)s, -e> resolución *f* sobre costas; **Kostenbeschwerde** *f* <-, -n> (JUR) reclamación *f* de costas; **Kostenbeteiligung** *f* <-, -en> participación *f* en costos
kostenbewusst[RR] *adv* fijándose en los costes [*o* precios]
Kostenbudget *nt* <-s, -s> presupuesto *m* de los gastos
kostendeckend I. *adj* que cubre los gastos
II. *adv* con [*o* de] saldo neutro; **~ arbeiten** trabajar para cubrir gastos; **~ wirtschaften** administrar para cubrir gastos
Kostendeckung *f* <-, -en> cobertura *f* de gastos; **Kostendegression** *f* <-, -en> (WIRTSCH) regresión *f* de los costes; **Kosteneinheit** *f* <-, *ohne pl*> unidad *f* de costes; **Kosteneinsparung** *f* <-, -en> (WIRTSCH) reducción *f* de costes; **Kostenentlastung** *f* <-, -en> descarga *f* de los gastos, rebaja *f* de los gastos; **Kostenentscheidung** *f* <-, -en> (JUR) condena *f* de costas, pronunciamiento *m* sobre costas; **Kostenentwicklung** *f* <-, -en> (WIRTSCH) evolución *f* de los costes; **Kostenersatz** *m* <-es, *ohne pl*> restitución *m* de costes
Kostenerstattung *f* <-, -en> reembolso *m*, restitución *f* de gastos; **Kostenerstattungsanspruch** *m* <-(e)s, -sprüche> (JUR) derecho *m* de reintegro de costes
Kostenexplosion *f* <-, -en> (WIRTSCH) explosión *f* de los costes; **Kostenfaktor** *m* <-s, -en> (WIRTSCH) factor *m* financiero
Kostenfestsetzung *f* <-, -en> (JUR) tasación *f* de costas; **Antrag auf ~** solicitud de tasación de costas; **Kostenfestsetzungsbeschluss**[RR] *m* <-es, -schlüsse> (JUR) auto *m* de tasación de costas; **Kostenfestsetzungsgebühr** *f* <-, -en> (JUR) derechos *mpl* de tasación de costas
Kostenfrage *f* <-, -n> cuestión *f* de coste [*o* financiera]
kostenfrei *adj* (JUR) exento [*o* libre] de gastos
Kostenfreiheit *f* <-, -en> (JUR) exención *f* de gastos; **Kostengarantie** *f* <-, -n> (JUR) garantía *f* de costes
kostengünstig *adj* (WIRTSCH) económico, rentable; **die ~ste Lösung** la solución más rentable
Kosteninflation *f* <-, -en> (WIRTSCH) inflación *f* de los costes
kostenintensiv *adj* (WIRTSCH) de costos extremadamente altos
Kostenkompetenz *f* <-, -en> (JUR) competencia *f* de imputación de costas
kostenlos I. *adj* gratuito, gratis
II. *adv* gratis
Kostenmiete *f* <-, -n> (JUR) renta *f* de costas
kostenneutral *adj* (WIRTSCH) que no ocasiona gastos
Kosten-Nutzen-Analyse ['---'------] *f* <-, -n> (WIRTSCH) análisis *m inv* de la relación coste-beneficio [*o* de la relación coste-utilidad]; **Kosten-Nutzen-Verhältnis** *nt* <-ses, -se> (WIRTSCH) relación *f* coste-beneficio
Kostenordnung *f* <-, -en> (JUR) arancel *m*; **Kostenpauschale** *f* <-, -n> (WIRTSCH, POL) globales
kostenpflichtig I. *adj* (JUR) condenado en costas
II. *adv* (JUR) pagando, acarreando con los gastos; **jdn ~ abschleppen** remolcar a alguien y cargarle con los gastos de remolque
Kostenpreisbildung *f* <-, -en> (WIRTSCH) formación *f* del precio de coste
Kosten-Preis-Schere *f* <-, -n> (WIRTSCH) disparidad *f* entre precio y coste
Kostenprognose *f* <-, -n> pronóstico *m* de los costes; **Kostenpunkt** *m* <-(e)s, -e> (*fam*) coste *m*, precio *m*; **Kostenrahmen** *m* <-s, -> margen *m o f* de costes; **Kostenrechnung** *f* <-, -en> (WIRTSCH) cálculo *m* de gastos, cuenta *f* de gastos; **Kostenrecht** *nt* <-(e)s, *ohne pl*> (JUR) derecho *m* de las costas; **Kostenrechtsänderungsgesetz** *nt* <-es, -e> (JUR) ley *f* modificadora del derecho de costas; **Kostenreduzierung** *f* <-, -en> reducción *f* de los costes; **Kostenregelung** *f* <-, -en> regulación *f* de costas; **Kostenrevisor(in)** *m(f)* <-s, -en; -, -nen> (JUR) auditor(a) *m(f)* de costas; **Kostenschuldner(in)** *m(f)*

<-s, -; -, -nen> (JUR) deudor(a) *m(f)* de costas; **Kostensenkung** *f* <-, -en> abaratamiento *f* de costes, reducción *f* de los costes; **Maßnahmen zur ~** medidas para abaratar costes

kostensparend I. *adj* que ahorra costes; **die Herstellung ist ~** la fabricación es a bajo coste
II. *adv* ahorrando costes; **das neue Produkt wurde ~ hergestellt** el nuevo producto se fabricó a bajo coste
Kostensteigerung *f* <-, -en> (WIRTSCH) aumento *m* de los costes; **Kostenstelle** *f* <-, -n> centro *m* de costes; **Kostenträger(in)** *m(f)* <-s, -; -, -nen> sujeto *m* pasivo de las costas, obligado *m* en costas
Kostentragung *f* <-, ohne *pl*> responsabilidad *f* en costas
Kostentransparenz *f* <-, ohne *pl*> transparencia *f* de gastos
kostentreibend I. *adj* que aumenta los costes
II. *adv* con un aumento de los costes; **diese Entscheidung wirkt sich ~ aus** esta decisión se traducirá en un aumento de los costes
Kostentrennung *f* <-, -en> (JUR) desglose *m* de costas; **Kostenüberlegung** *f* <-, -en> cálculo *m* de costes; **Kostenübernahme** *f* <-, ohne *pl*> pago *m* de los gastos; **Kostenüberschlag** *m* <-(e)s, -schläge> (WIRTSCH) presupuesto *m*; **Kostenübersicht** *f* <-, -en> cuadro *m* de los gastos; **Kostenübertragung** *f* <-, -en> transferencia *f* de gastos; **Kostenvergleichsalternative** *f* <-, -n> (JUR) alternativa *f* de compensación de costas; **Kostenverordnung** *f* <-, -en> (JUR) reglamento *m* de costas; **Kostenverrechnung** *f* <-, -en> compensación *f* de los gastos; **Kostenverteilung** *f* <-, -en> distribución *f* de costes; **Kostenvoranschlag** *m* <-[---, '-----] *m* <-(e)s, -schläge> (WIRTSCH) presupuesto *m* de (los) gastos; **einen ~ machen** hacer un presupuesto (de los gastos); **Kostenvorschuss**ʳʳ *m* <-es, -schüsse> anticipo *m* de los gastos; **Kostenwirksamkeit** *f* <-, ohne *pl*> (WIRTSCH) efectividad *f* de los costes; **Kostenzuschlag** *m* <-es, -schläge> aumento *m* de costes
Kostgeld *nt* <-(e)s, -er> pensión *f*
köstlich ['kœstlɪç] *adj* ① (*Speise*) exquisito, delicioso
② (*amüsant*) divertido, gracioso; **ich habe mich ~ amüsiert** me lo he pasado bomba
Köstlichkeit[1] *f* <-, -en> (*Delikatesse*) manjar *m*; **sein Keller birgt Burgunder, Chambertins und andere ~en** en su bodega hay borgoñas, chambertins y otros caldos excelentes
Köstlichkeit[2] *f* <-, ohne *pl*> (*geh: das Köstlichsein*) exquisitez *f*
Kostprobe *f* <-, -n> ① (*von Speise*) bocadito *m*, pedacito *m* (para probar); (*von Getränk*) sorbo *m*
② (*Beispiel*) muestra *f*; **eine ~ seiner Kunst geben** dar una muestra de su arte
kostspielig *adj* caro, costoso
Kostüm [kɔsˈtyːm] *nt* <-s, -e> ① (*Damen~*) traje *m* chaqueta, conjunto *m*
② (THEAT) vestido *m*, traje *m*
③ (*Verkleidung*) disfraz *m*
Kostümball *m* <-(e)s, -bälle> baile *m* de disfraces; **Kostümbildner(in)** *m(f)* <-s, -; -, -nen> (FILM, THEAT) encargado, -a *m*, *f* de vestuario
kostümieren* [kɔstyˈmiːrən] *vr*: **sich ~** disfrazarse (*als* de)
Kostümprobe *f* <-, -n> (THEAT) ensayo *m* con vestuario; **Kostümverleih** *m* <-(e)s, -e> alquiler *m* de disfraces
Kostverächter(in) ['-vɛɐˈɛçtɐ] *m(f)* <-s, -; -, -nen> (*fam*): **kein ~ sein** gustarle a alguien las buenas comidas, ser un gourmet
Kot [koːt] *m* <-(e)s, -e *o* -s> (*geh*) excrementos *mpl*, materias *fpl* fecales
Kotangens ['koːtaŋɡɛns] *m* <-, -> (MATH) cotangente *f*
Kotau [koˈtau] *m* <-s, -s> reverencia *f* china; **vor jdm einen ~ machen** (*fig*) arrastrarse ante alguien
Kotelett ['kɔtlɛt, kɔtˈlɛt] *nt* <-s, -s> chuleta *f*
Koteletten [kɔtˈlɛtən] *pl* patillas *fpl*
Köter ['køːtɐ] *m* <-s, -> (*abw*) chucho *m*
Kotflügel *m* <-s, -> (AUTO) guardabarros *m inv*
Kotzbrocken *m* <-s, -> (*fam abw*) tipo *m* asqueroso [*o* repugnante]; **er ist widerlich, ein richtiger ~!** ¡es un tipo asqueroso, da náuseas de verdad!
Kotze ['kɔtsə] *f* <-, ohne *pl*> (*vulg*) pota *f*, pava *f*
kotzen *vi* (*vulg*) cambiar la peseta, echar la pota; **das ist zum K~** es un coñazo
kotzübel ['-ˈ--] *adj* (*vulg*): **mir ist/wird ~** tengo/me están dando ganas de echar la pota
KP [kaːˈpeː] *f* <-, -s> *Abk. von* **Kommunistische Partei** PC *m*
KPD *f* <-, ohne *pl*> (HIST) *Abk. von* **Kommunistische Partei Deutschlands** Partido *m* Comunista Alemán
KPdSU [kaːpeːdeːʔɛsˈʔuː] *f* *Abk. von* **Kommunistische Partei der Sowjetunion** Partido *m* Comunista de la Unión Soviética
Kr (CHEM) *Abk. von* **Krypton** Kr
Krabbe ['krabə] *f* <-, -n> (ZOOL) cangrejo *m* de mar
krabbeln ['krabəln] *vi sein* ① (*Kind*) gatear, andar a gatas
② (*Käfer*) correr

Krach[1] [krax, *pl*: ˈkrɛçə] *m* <-(e)s, Kräche> ① (*Knall*) estallido *m*
② (*fam: Auseinandersetzung*) bronca *f*; **mit jdm ~ haben** [*o* **kriegen**] tener una bronca con alguien; **~ schlagen** armar escándalo
③ (*fam: Börsen~*) crac *m*
Krach[2] *m* <-(e)s, ohne *pl*> (*Lärm*) ruido *m*, alboroto *m*, jaleo *m*, batifondo *m CSur*; **die Kinder/Maschinen machen ~** los niños/las máquinas hacen ruido
krachen *vi* ① (*Lärm machen*) estallar; (*Holz*) crujir; (*Schuss*) sonar, estallar; (*Donner*) retumbar; (*Tür*) cerrarse de golpe; **die Holzkiste fiel ~d zu Boden** la caja de madera cayó con gran estrépito al suelo; **auf dieser Autobahn kracht es dauernd** (*fam*) en esta autopista siempre hay accidentes; **hör sofort auf damit, sonst kracht's** (*fam*) deja de hacer eso o te va a enterar
② *sein* (*fam: kaputtgehen*) romperse
③ *sein* (*fam: aufprallen*) chocar (*gegen/auf* contra), dar (*gegen/auf* con)
Kracher *m* <-s, -> (*fam*) petardo *m*
Krachmacher(in) *m(f)* <-s, -; -, -nen> (*fam abw*) persona *f* que arma ruido; **kann nicht mal jemand diese ~ auf ihren Mopeds zum Schweigen bringen?** ¿es que no hay nadie que pueda hacer que esos tipos dejen de armar ruido con sus motos?
krächzen ['krɛçtsən] *vi* ① (*Vogel*) graznar
② (*Mensch*) hablar con voz ronca
Kracken ['krakən] *nt* <-s, ohne *pl*> (CHEM) craqueo *m*
Kräcker ['krɛkɐ] *m* <-s, -> galleta *f* salada
kraft [kraft] *präp* +*gen* en virtud de; **~ meines Amtes** en virtud de mi cargo; **~ Gesetzes** en virtud de la ley, por vía legal
Kraft [kraft, *pl*: ˈkrɛftə] *f* <-, Kräfte> ① (*a*. PHYS) fuerza *f*; **elektromotorische ~** fuerza electromotriz; **ihm fehlt die ~** (etw zu tun) le falta la fuerza (para hacer algo); **seine/neue Kräfte sammeln** reunir sus/nuevas fuerzas; **das verlieh ihr ungeahnte Kräfte** eso le dio fuerzas inesperadas; **unter Aufbietung aller Kräfte** reuniendo todas las fuerzas; **sie zogen mit aller ~** tiraron con todas sus fuerzas; **mit letzter ~** con las últimas fuerzas; **(nicht) bei Kräften sein** (no) tener fuerzas; **nach (besten) Kräften helfen** ayudar con (todos) los medios disponibles; **wieder zu Kräften kommen** recobrar fuerza(s); **aus eigener ~** por propio esfuerzo; **sie tat, was in ihren Kräften stand** hizo cuanto estaba en su mano; **mit vereinten Kräften** en un esfuerzo común; **mit frischer ~ ans Werk gehen** ponerse a trabajar con nuevas fuerzas; **das geht über meine Kräfte** eso es demasiado para mí; **die treibende ~** la fuerza motriz
② (*Wirksamkeit*) eficacia *f*
③ (*Arbeits~*) mano *f* de obra
④ (JUR) vigor *m*, vigencia *f*; **außer ~ sein** estar sin vigencia; **außer ~ setzen** abolir, derogar; (*zeitweilig*) suspender; **in ~ sein/treten** estar en/entrar en vigor, cobrar vigencia; **in ~ seit** en vigor desde; **rückwirkende ~** eficacia retroactiva
Kraftakt *m* <-(e)s, -e> esfuerzo *m* físico; **Kraftanstrengung** *f* <-, -en>, **Kraftaufwand** *m* <-(e)s, ohne *pl*> esfuerzo *m*; **Kraftausdruck** *m* <-(e)s, -drücke> palabrota *f*, taco *m*; **Kraftbrühe** *f* <-, -n> (GASTR) caldo *m* de carne sustancioso, consomé *m*
Kräfteverfall *m* <-(e)s, ohne *pl*> pérdida *f* de fuerzas, disminución *f* de fuerzas; (MED) marasmo *m*; **Kräfteverhältnis** *nt* <-ses, -se> relación *f* de fuerzas; **Kräfteverschleiß** *m* <-es, -e> desgaste *m* de fuerzas, pérdida *f* de energías
Kraftfahrer(in) *m(f)* <-s, -; -, -nen> conductor(a) *m(f)*, automovilista *mf*
Kraftfahrzeug *nt* <-(e)s, -e> automóvil *m*; **Kraftfahrzeugbrief** *m* <-(e)s, -e> carta *f* de vehículo; **Kraftfahrzeughaftpflichtversicherung** *f* <-, -en> (JUR) seguro *m* de responsabilidad civil de automóviles; **Kraftfahrzeugkennzeichen** *nt* <-s, -> matrícula *f* de vehículo; **Kraftfahrzeugmechaniker(in)** *m(f)* <-s, -; -, -nen> mecánico, -a *m*, *f* de automóviles; **Kraftfahrzeugpapiere** *ntpl* documentación *f* del vehículo; **Kraftfahrzeug-Pflichtversicherungsverordnung** *f* <-, -en> (JUR) ordenación *f* sobre seguro de responsabilidad civil de automóviles; **Kraftfahrzeugschein** *m* <-(e)s, -e> permiso *m* de circulación, papeles *mpl* del coche *fam*; **Kraftfahrzeugsteuer** *f* <-, -en> impuesto *m* sobre los vehículos; **Kraftfahrzeugüberlassungsvertrag** *m* <-(e)s, -träge> contrato *m* de transferencia de vehículo de tracción mecánica; **Kraftfahrzeugversicherung** *f* <-, -en> seguro *m* de automóviles
Kraftfeld *nt* <-(e)s, -er> (PHYS) campo *m* de fuerza; **Kraftfutter** *nt* <-s, ohne *pl*> (AGR) forraje *m* (concentrado)
kräftig [ˈkrɛftɪç] **I.** *adj* ① (*stark*) fuerte, garrudo *Mex*; (*stabil*) robusto; **eine ~e Tracht Prügel** una soberana paliza
② (*Farbe*) fuerte, vivo; (*Geruch, Geschmack*) fuerte
③ (*Essen*) sustancioso
II. *adv* (*sehr*) mucho; **es schneite ~** nevó mucho; **~ schütteln** agitar bien; **jdm ~ die Meinung sagen** decirle a uno las cosas como son, cantarle las cuarenta a alguien

kräftigen ['krɛftɪgən] *vt* fortalecer, robustecer, vitalizar *Am*
Kräftigung *f* <-, -en> fortalecimiento *m;* **zur ~ der Muskulatur** para fortalecer la musculatura
Kräftigungsmittel *nt* <-s, -> fortificante *m*, tónico *m*, reconstituyente *m*
Kraftlinie *f* <-, -n> (PHYS) línea *f* de fuerza
kraftlos *adj* sin fuerza, débil
Kraftloserklärung *f* <-, -en> (JUR) declaración *f* de nulidad, invalidación *f*
Kraftlosigkeit *f* <-, ohne *pl*> debilidad *f*
Kraftmeierei [-maɪəˈraɪ] *f* <-, -en> (*fam abw*) chulería *f*
Kraftprobe *f* <-, -n> prueba *f* de fuerza; **Kraftprotz** *m* <-es, -e> (*fam*) cachas *m inv;* **Kraftrad** *nt* <-(e)s, -räder> (*formal*) motocicleta *f;* **Kraftreserve** *f* <-, -n> reserva *f* de fuerza
Kraftstoff *m* <-(e)s, -e> combustible *m*, carburante *m;* **Kraftstoffgemisch** *nt* <-(e)s, -e> mezcla *f* de carburantes
Kraftstrom *m* <-(e)s, *ohne pl*> (ELEK) corriente *f* fuerte
kraftstrotzend *adj* lleno de vigor, rebosante de salud
Kraftübertragung *f* <-, -en> transmisión *f* de fuerza
kraftvoll I. *adj* vigoroso, fuerte, alentado *Arg*
II. *adv* con fuerza
Kraftwagen *m* <-s, -> automóvil *m*
Kraft-Wärme-Kopplung ['-'-----] *f* <-, *ohne pl*> copulación *f* fuerza-calor
Kraftwerk *nt* <-(e)s, -e> central *f* energética
Kragen ['kraːgən] *m* <-s, -> cuello *m;* (**sich** *dat*) **den ~ hochschlagen** subir(se) el cuello; **jdn beim** [*o* **am**] **~ packen** (*fam*) coger a alguien por el cuello; **mir platzt gleich der ~** (*fam*) estoy a punto de reventar; **es geht ihm an den ~** (*fam*) le van a echar una bronca
Kragenknopf *m* <-(e)s, -knöpfe> botón *m* del cuello; **Kragenspiegel** *m* <-s, -> (MIL) galón *m* de cuello; **Kragenweite** *f* <-, -n> medida *f* del cuello; **das ist nicht meine ~** (*fam*) eso no me va; **diese Frau ist genau meine ~** (*fam*) esta mujer es justo mi tipo
Krähe ['krɛːə] *f* <-, -n> corneja *f*, chova *f;* **eine ~ hackt der anderen kein Auge aus** (*prov*) un lobo no muerde a otro
krähen *vi* ① (*Hahn*) cantar
② (*Kind*) berrear
Krähenfüße *mpl* (*fam*) ① (*Augenfalten*) patas *fpl* de gallo
② (*unleserliche Schrift*) garabatos *mpl*
Krakauer ['kraːkaʊɐ] *f* <-, -> (GASTR) salchicha *f* de Cracovia
Krake ['kraːkə] *m* <-n, -n> (ZOOL) pulpo *m*
krakeelen* [kraˈkeːlən] *vi* (*fam abw*) ① (*lärmen*) alborotar, vociferar
② (*streiten*) armar bronca
Krakeeler(in) *m(f)* <-s, -; -, -nen> (*fam abw*) alborotador(a) *m(f);* **letzte Nacht bin ich von zwei ~n wach geworden** anoche me despertaron dos alborotadores [*o* dos tipos que armaban barullo]
Krakel ['kraːkəl] *m* <-s, -> (*fam*) garabato *m;* **deine ~ kann keiner lesen** tus garabatos no los puede leer nadie
Krakelei [kraːkəˈlaɪ] *f* <-, -en> (*fam abw*) garabatos *mpl*
krakelig ['kraːkəlɪç] *adj* garabatoso, lleno de garabatos
Kral [kraːl] *m* <-s, -e *o* -s> aldea africana de disposición circular
Kralle ['kralə] *f* <-, -n> garra *f;* **jdm die ~n zeigen** mostrar las uñas a alguien; **jdn in seine ~n kriegen** (*fam*) echarle la garra a alguien; **ich will den Zaster bar auf die ~** (*sl*) quiero la pasta [*o* guita] contante y sonante
krallen I. *vt* ① (*Finger*) clavar (*in* en)
② (*fam: sich aneignen*) agarrar, pillar; **er krallte sich** *dat* **den Auftrag** agarró el pedido; **den krall' ich mir!** (*sl: den nehme ich mir vor*) ese se va a enterar de quién soy yo; (*an den wende ich mich*) a este lo cojo yo por banda
II. *vr:* **sich ~** ① (*Katze*) echar la garra (*an* a)
② (*Mensch*) agarrarse (*an* a/*de*), aferrarse (*an* a); **er krallte sich ans Geländer** se agarró a la barandilla
Kram [kraːm] *m* <-(e)s, *ohne pl*> (*fam*) ① (*Gerümpel*) chismes *mpl*, trastos *mpl*, trastes *mpl Am*, chécheres *mpl Kol*, *CRi;* **lass deinen ~ nicht überall liegen** no dejes tus trastos por todos los sitios
② (*Angelegenheit*) asunto *m;* **mach doch deinen ~ alleine!** ¡allá tú, arréglatelas como puedas!; **kümmere dich um deinen eigenen ~** ocúpate de tus asuntos; **jdm passt etw nicht in den ~** algo no le viene bien a alguien; **den ganzen ~ hinschmeißen** tirar todo por la borda, mandar todo a freír espárragos
kramen I. *vi* (*fam: stöbern*) trastear (*in* por entre), revolver (*in* por entre); **in alten Papieren ~** revolver por entre papeles viejos
II. *vt* (*fam: hervorholen*) sacar (*aus* de)
Krämer(in) ['krɛːmɐ] *m(f)* <-s, -; -, -nen> ① (*reg: Ladenbesitzer*) tendero, -a *m, f*
② (*abw: Kleingeist*) tacaño, -a *m, f*, mercachifle *mf*
Krämerseele *f* <-, -n> (*abw*) mercachifle *m;* **eine ~ sein** ser una rata
Kramladen *m* <-s, -läden> (*fam abw*) tienda *f* de baratijas

Krampe ['krampə] *f* <-, -n>, **Krampen** ['krampən] *m* <-s, -> grapa *f*
Krampf [krampf, *pl:* ˈkrɛmpfə] *m* <-(e)s, Krämpfe> ① (MED) calambre *m*, espasmo *m;* **einen ~ haben** tener (un) calambre, encalambrarse *Am;* **einen ~ bekommen** dar (un) calambre, acalambrarse *Am*
② (*fam abw: Unsinn*) tonterías *fpl;* **das ist doch alles ein ~** todo esto son tonterías
③ (*Schweiz: Straftat*) crimen *m*, delito *m*
Krampfader *f* <-, -n> variz *f*, varice *f;* **Krampfanfall** *m* <-(e)s, -fälle> (MED) ataque *m* espasmódico [*o* epiléptico]
krampfen I. *vt* empuñar convulsivamente (*um*)
II. *vi* (*Schweiz*) esforzarse en vano
III. *vr:* **sich ~** ① (*sich im Krampf zusammenziehen*) sufrir convulsiones
② (*umschließen*) empuñar (*um*), estrechar convulsivamente (*um*)
③ (*reg: sich etwas krallen*) agarrar, empuñar
krampfhaft *adj* ① (MED) convulsivo, espasmódico
② (*verbissen*) obstinado; (*Anstrengung*) desesperado; **~ an etw** *dat* **festhalten** agarrarse a algo obstinadamente
krampflindernd *adj* (MED) antiespasmódico
krampflösend *adj* (MED) antiespasmódico
Kran [kraːn, *pl:* ˈkrɛːnə] *m* <-(e)s, -e *o* Kräne> grúa *f*
Kranführer(in) *m(f)* <-s, -; -, -nen> conductor(a) *m(f)* de grúa, maquinista *mf* de grúa
krängen ['krɛŋən] *vi* (NAUT) escorar
Kranich ['kraːnɪç] *m* <-s, -e> grulla *f*
krank [kraŋk] *adj* <kränker, am kränksten> enfermo (*an* de); **~ werden** caer [*o* ponerse] enfermo; **schwer ~ sein** estar gravemente enfermo; **~ vor Heimweh sein** estar enfermo de añoranza [*o* de morriña]; **das macht mich ~** esto me pone enfermo; **du bist wohl ~?** (*fam iron*) ¿te has vuelto loco?
Kranke(r) *mf* <-n, -n; -n, -n> enfermo, -a *m, f*
kränkeln ['krɛŋkəln] *vi* ① (*Person*) estar achacoso [*o* enfermizo], estar pachucho *fam*
② (*Wirtschaft, Firma*) ir cuesta abajo
kranken ['kraŋkən] *vi* adolecer (*an* de); **das krankt daran, dass ...** esto adolece de que...
kränken ['krɛŋkən] *vt* ofender; **er ist sehr gekränkt** está muy molesto
Krankenakte *f* <-, -n> acta *f* de enfermedad, informe *m* médico; **Krankenanstalt** *f* <-, -en> (*formal*) clínica *f*, centro *m* hospitalario; **Krankenbericht** *m* <-(e)s, -e> boletín *m* médico, parte *m* facultativo; **Krankenbesuch** *m* <-(e)s, -e> visita *f* a un enfermo; **Krankenbett** *nt* <-(e)s, -en> cama *f* del enfermo; **am ~** al lado de la cama del enfermo; **Krankenblatt** *nt* <-(e)s, -blätter> hoja *f* médica; **Krankengeld** *nt* <-(e)s, -er> subsidio *m* de enfermedad; **Krankengeschichte** *f* <-, -n> historial *m* clínico; **Krankengymnast(in)** *m(f)* <-en, -en; -, -nen> fisioterapeuta *mf;* **Krankengymnastik** *f* <-, ohne *pl*> fisioterapia *f;* **Krankengymnastin** *f* <-, -nen> *s.* **Krankengymnast**
Krankenhaus *nt* <-es, -häuser> hospital *m*, nosocomio *m Am;* **ins ~ kommen** ir al hospital; **er kam gestern ins ~** ayer lo ingresaron en el hospital; **jdn ins ~ einweisen** hospitalizar a alguien; (**mit einer Krankheit**) **im ~ liegen** estar en el hospital (con una enfermedad)
Krankenhausaufenthalt *m* <-(e)s, -e> estancia *f* en un hospital; **nach einem längeren ~ wurde er als geheilt entlassen** tras una larga permanencia en el hospital le dieron el alta (al estar ya sano); **Krankenhauskosten** *pl* costes *mpl* de hospital
krankenhausreif *adj:* **jdn ~ schlagen** dejar a alguien medio muerto de una paliza
Krankenkasse *f* <-, -n> caja *f* del seguro, seguro *m* médico; **in welcher ~ bist du?** ¿en qué seguro (médico) estás?; **Krankenkost** *f* <-, ohne *pl*> (MED) dieta *f*, comida *f* de enfermos; **Krankenlager** *nt* <-s, -> lecho *m* de(l) enfermo; **ans ~ gefesselt sein** estar atado a la cama; **Krankenpflege** *f* <-, ohne *pl*> asistencia *f* médica; **Krankenpfleger(in)** *m(f)* <-s, -; -, -nen> enfermero, -a *m, f*, cuidador(a) *m(f) Arg*, barchilón, -ona *m, f Peru;* **Krankensalbung** *f* <-, -en> (REL) unción *f* de enfermos, extremaunción *f;* **bei jdm die ~ vornehmen** dar la extremaunción a alguien; **Krankenschein** *m* <-(e)s, -e> volante *m* de asistencia médica; **sich auf ~ behandeln lassen** recibir tratamiento médico pagado por el seguro médico; **Krankenschwester** *f* <-, -n> enfermera *f*, nurse *f Am;* **Krankenstand** *m* <-(e)s, -stände> número *m* de bajas (por enfermedad); **Krankentransport** *m* <-(e)s, -e> transporte *m* de enfermos; **Krankenurlaub** *m* <-(e)s, -e> baja *f* laboral por enfermedad; **Krankenversichertenkarte** *f* <-, -n> cartilla *f* sanitaria; **Krankenversicherung** *f* <-, -en> seguro *m* de enfermedad; **gesetzliche/private ~** seguro de enfermedad obligatorio/privado; **Krankenwagen** *m* <-s, -> ambulancia *f;* **Krankenzimmer** *nt* <-s, -> habitación *f* del enfermo
kränker ['krɛŋkɐ] *adj kompar von* **krank**
krank|feiern *vi* (*fam*) faltar al trabajo fingiendo estar enfermo
krankhaft I. *adj* enfermizo, patológico

II. *adv* desmesuradamente, fuera de lo normal; ~ **ehrgeizig/eifersüchtig** desmesuradamente ambicioso/celoso

Krankheit *f* <-, -en> enfermedad *f*, maleza *f* Nic; **lebensbedrohende** ~ enfermedad amenazadora para la vida; **meldepflichtige** ~ enfermedad de registro obligatorio; **wegen ~ geschlossen** cerrado por enfermedad; **eine ~ bekommen** contraer una enfermedad, coger una enfermedad *fam*; **nach langer/schwerer** ~ después de una larga/grave enfermedad; **es ist eine ~ mit dir!** (*fam*) ¡qué paliza eres!

krankheitsbedingt *adj:* ~**e Abwesenheit** ausencia por enfermedad

Krankheitsbild *nt* <-(e)s, -er> cuadro *m* clínico

krankheitserregend *adj* (MED) patógeno

Krankheitserreger *m* <-s, -> germen *m* patógeno; **Krankheitserscheinung** *f* <-, -en> síntoma *m* (de una enfermedad); **Krankheitsherd** *m* <-(e)s, -e> foco *m* infeccioso; **Krankheitskeim** *m* <-(e)s, -e> agente *m* patógeno; **Krankheitsursache** *f* <-, -n> causa *f* de la enfermedad; **Krankheitsverlauf** *m* <-(e)s, -läufe> curso *m* de la enfermedad

kranklachen *vr:* **sich** ~ (*fam*) morirse de risa

kränklich ['krɛŋklɪç] *adj* enfermizo, achacoso, aciguatado *Mex, Par, Ven*

krankmachen *vi* (*fam*) *s.* **krankfeiern**

krankmelden^{RR} *vr:* **sich** ~ darse de baja por enfermedad

Krankmeldung *f* <-, -en> baja *f* por enfermedad

krankschreiben^{RR} *irr vt* dar de baja por enfermedad; **krankgeschrieben sein** estar de baja (por enfermedad)

Krankschreibung *f* <-, -en> parte *m* de baja

kränkste(r, s) ['krɛŋkstə, -tə, -təs] *adj superl von* **krank**

Kränkung ['krɛŋkʊŋ] *f* <-, -en> ofensa *f*; (*Demütigung*) humillación *f*

Kranwagen *m* <-s, -> coche *m* grúa

Kranz [krants, *pl:* krɛntsə] *m* <-es, Kränze> corona *f*; **einen ~ binden** [*o* **flechten**] tejer [*o* hacer] una corona

Kränzchen ['krɛntsçən] *nt* <-s, -> tertulia *f* de señoras

kränzen ['krɛntsən] *vt* (*geh: bekränzen*) enguirnaldar; **am Vorabend der Hochzeit wurde das Haus der Braut gekränzt** la noche anterior a la boda decoraron la casa de la novia con guirnaldas

Kranzgefäß *nt* <-es, -e> (ANAT) vaso *m* coronario

Kranzniederlegung *f* <-, -en> depósito *m* (solemne) de una corona

Krapfen ['krapfən] *m* <-s, -> (GASTR) ❶ (*salzig*) boladillo *m*

❷ (*süß*) buñuelo *m* (relleno de mermelada)

krass^{RR} [kras] *adj*, **kraß** *adj* ❶ (*extrem*) extremo; **das krasse Gegenteil von etw** *dat* **sein** ser el extremo opuesto de algo

❷ (*auffallend*) llamativo; (*Unterschied*) grande; **sich ~ ausdrücken** llamar al pan, pan y al vino, vino

Krater ['kraːtɐ] *m* <-s, -> cráter *m*

Kraterlandschaft *f* <-, -en> paisaje *m* volcánico; **durch das Artilleriebombardement wurde das Vorfeld der Festung in eine ~ verwandelt** el bombardeo de la artillería dejó la explanada de la fortificación llena de cráteres; **Kratersee** *m* <-s, -n> lago *m* volcánico, lago *m* en un volcán extinto

Kratten ['kratən] *m* <-s, -> (*Schweiz*) cesto *m* de mimbre

Kratzbürste *f* <-, -n> (*fam*) erizo *m*

kratzbürstig *adj* (*fam*) rebelde; **warum bist du immer so ~?** ¿por qué tienes que llevar siempre la contraria?

Krätze ['krɛtsə] *f* <-, ohne *pl*> (MED) sarna *f*

kratzen ['kratsən] I. *vt* ❶ (*Person*) rascar; (*Katze*) arañar

❷ (*leicht verletzen*) rasguñar

❸ (*einritzen*) grabar (*in* en)

❹ (*ab~*) raspar (*von* de)

❺ (*fam: stören*) importar, molestar; **das kratzt mich nicht** no me importa nada

II. *vi* ❶ (*brennen*) irritar, picar (*in* en); **der Rauch kratzt im Hals** el humo irrita la garganta

❷ (*Pullover*) picar

❸ (*Feder*) raspar

❹ (*beeinträchtigen*) perjudicar (*an* en)

III. *vr:* **sich** ~ ❶ (*bei Juckreiz*) rascarse

❷ (*sich verletzen*) rasguñarse, hacerse un rasguño

Kratzer *m* <-s, -> ❶ (*an Dingen*) arañazo *m*, raspadura *f*; (*bei Menschen*) rasguño *m*, arañazo *m*; **sie hat bei dem Unfall nur ein paar ~ abbekommen** en el accidente sólo se hizo unos arañazos

❷ (*Schaber*) rascador *m*, raspador *m*

krätzig ['krɛtsɪç] *adj* sarnoso

Kratzwunde *f* <-, -n> arañazo *m*

Kraul [kraʊl] *nt* <-s, ohne *pl*> (SPORT) crol *m*; **100 m ~ schwimmen** nadar 100 m (a) crol

kraulen [kraʊlən] I. *vi*, *vt haben o sein* (SPORT) nadar (a) crol

II. *vt* (*streicheln*) acariciar

kraus [kraʊs] *adj* ❶ (*Haar*) rizado, crespo; (*Stoff*) arrugado; **die Nase/Stirn ~ ziehen** arrugar la nariz/fruncir el ceño

❷ (*abw: verwirrt*) confuso; **~es Zeug reden** hablar embrolladamente

Krause ['kraʊzə] *f* <-, -n> ❶ (*Saum*) volante *m*; (*Kragen*) gola *f*, gorguera *f*

❷ (*Frisur*) permanente *f*

kräuseln ['krɔʏzəln] I. *vt* (*Haar*) rizar, encrespar; (*Stoff, Stirn, Lippen*) fruncir

II. *vr:* **sich** ~ (*Wasser*) encresparse; (*Haare*) rizarse

kraushaarig *adj* de pelo crespo

Krauskopf *m* <-(e)s, -köpfe> ❶ (*mit krausem Haar*) persona *f* de pelo rizado

❷ (*abw: Wirrkopf*) persona *f* confusa

❸ (TECH) avellanador *m*

Kraut¹ [kraʊt, *pl:* 'krɔʏtə] *nt* <-(e)s, Kräuter> ❶ (*Pflanze*) hierba *f*; **dagegen ist kein ~ gewachsen** (*fam*) con eso no hay nada que hacer, eso no tiene remedio

❷ (*fam: Tabak*) tabaco *m*

Kraut² *nt* <-(e)s, ohne *pl*> ❶ (*von Rüben*) hojas *fpl*; **etw schießt ins ~** algo sale de debajo de las piedras

❷ (*Kohl*) col *f*; (*Weiß~*) repollo *m*; **wie ~ und Rüben** (*fam*) de manera caótica

Kräuterbuch *nt* <-(e)s, -bücher> libro *m* sobre hierbas medicinales; **Kräuterbutter** *f* <-, ohne *pl*> (GASTR) mantequilla *f* de hierbas; **Kräuterextrakt** *m o nt* <-(e)s, -e> extracto *m* de hierbas; **Kräuterheilkunde** *f* <-, ohne *pl*> terapéutica *f* de hierbas; **Kräuterkäse** *m* <-s, -> (GASTR) queso *m* fresco con hierbas; **Kräuterlikör** *m* <-s, -e> licor *m* de hierbas aromáticas, licor *m* estomacal; **Kräutermischung** *f* <-, -en> mezcla *f* de hierbas; **Kräutertee** *m* <-s, -s> tisana *f*, infusión *f* de hierbas (medicinales); **Kräutertherapie** *f* <-, -n> herboterapia *f*

Krautkopf *m* <-(e)s, -köpfe> (*südd, Österr*) repollo *m*; **Krautsalat** *m* <-(e)s, -e> ensalada *f* de repollo

Krawall¹ [kra'val] *m* <-s, -e> (*Tumult*) tumulto *m*, disturbio *m*

Krawall² *m* <-s, ohne *pl*> (*fam: Lärm*) alboroto *m*, escándalo *m*; **~ machen** alborotar, armar un escándalo

Krawallmacher(in) *m(f)* <-s, -; -, -nen> (*fam*) ❶ (*Aufwiegler*) amotinado, -a *m, f*

❷ (*Krachmacher*) alborotador(a) *m(f)*

Krawatte [kra'vatə] *f* <-, -n> corbata *f*; **die ~ binden** anudar la corbata

Krawattenknoten *m* <-s, -> nudo *m* de la corbata; **einen ~ binden** anudarse [*o* hacerse un nudo de] la corbata; **Krawattennadel** *f* <-, -n> alfiler *m* de corbata; **Krawattenträger(in)** *m(f)* <-s, -e; -, -nen> persona *f* que lleva corbata; **mein Mann ist kein ~** mi marido no suele llevar corbata

kraxeln ['kraksəln] *vi sein* (*fam*) trepar

Kreation [krea'tsjoːn] *f* <-, -en> creación *f*

kreativ [krea'tiːf] *adj* creativo

Kreativität [kreativiˈtɛːt] *f* <-, ohne *pl*> creatividad *f*

Kreatur [krea'tuːɐ] *f* <-, -en> criatura *f*

Krebs [kreːps] *m* <-es, -e> ❶ (ZOOL) cangrejo *m*

❷ (MED) cáncer *m*; **~ erregend** cancerígeno

❸ (ASTR) Cáncer *m*

krebsartig *adj* canceroso

Krebsbehandlung *f* <-, -en> (MED) tratamiento *m* del cáncer; **Krebsdiagnose** *f* <-, -n> (MED) diagnóstico *m* del cáncer

krebsen ['kreːpsən] *vi* (*fam*) arrastrarse; **der Arme hat schwer zu ~** el pobre sufre lo suyo; **ich habe lange genug vor mich hin gekrebst** yo ya he pasado bastante en la vida

krebserregend *adj* cancerígeno; **~ wirken** tener efecto cancerígeno

Krebserreger *m* <-s, -> (MED) agente *m* patógeno del cáncer; **körpereigene ~** agentes patógenos del cáncer propios del cuerpo; **Krebsforschung** *f* <-, ohne *pl*> cancerología *f*; **Krebsfrüherkennung** *f* <-, -en> (MED) diagnóstico *m* precoz del cáncer, detección *f* precoz del cáncer

Krebsgang *m:* **den ~ gehen** (*geh*) ir para atrás (como los cangrejos), experimentar una regresión

Krebsgeschwulst *f* <-, -schwülste> (MED) carcinoma *m*; **Krebsgeschwür** *nt* <-(e)s, -e> (MED) carcinoma *m*, tumor *m* maligno; **Krebsklinik** *f* <-, -en> clínica *f* oncológica

krebskrank *adj* que tiene cáncer; **mein Vater ist ~** mi padre tiene [*o* padece] cáncer

Krebskranke(r) *mf* <-n, -n; -n, -n> canceroso, -a *m, f*, enfermo, -a *m, f* de cáncer; **Krebsnachbehandlung** *f* <-, -en> (MED) tratamiento *m* postoperatorio del cáncer; **Krebsoperation** *f* <-, -en> (MED) operación *f* de cáncer

Krebsrisikofaktor *m* <-s, -en> (MED) factor *m* de riesgo canceroso

krebsrot ['-'-] *adj* rojo [*o* colorado] como un cangrejo

Krebssuppe *f* <-, -n> sopa *f* de cangrejos de río; **Krebstier** *nt* <-(e)s, -e> crustáceo *m*

Krebsverdacht *m* <-(e)s, ohne *pl*> sospecha *f* de cáncer; **Krebsvorbeugung** *f* <-, -en> (MED) prevención *f* del cáncer, profilaxis *f* contra el cáncer

Krebsvorsorge *f* <-, -n> prevención *f* del cáncer; **Krebsvorsorgeuntersuchung** *f* <-, -en> chequeo *m* oncológico
Krebszelle *f* <-, -n> (MED) célula *f* cancerosa
Kredenz [kre'dɛnts] *f* <-, -en> (*alt*) aparador *m*
kredenzen* [kre'dɛntsən] *vt* ofrecer
Kredit [kre'di:t] *m* <-(e)s, -e> ① (*Darlehen*) crédito *m*, préstamo *m*; **~ mit fester Laufzeit** crédito a plazo fijo; **ein ~ über 5000 Euro** un crédito de 5000 euros; **fälliger/laufender ~** crédito vencido/abierto; **gedeckter/kurzfristiger/langfristiger ~** crédito cubierto/a corto plazo/a largo plazo; **mittelfristiger ~** crédito a medio plazo; **notleidender ~** crédito no recuperado; **ungedeckter ~** crédito al descubierto; **einen ~ beanspruchen** disponer de un crédito; **ich möchte einen ~ für das Haus aufnehmen** quisiera pedir un préstamo para la casa ② (*Zahlungsaufschub*) crédito *m*; **auf ~** a crédito; **er hat bei uns/bei der Bank ~** tiene crédito con nosotros/en el banco
Kreditabbau *m* <-s, *ohne pl*> amortización *f* de un crédito, pago *m* de un crédito; **Kreditabkommen** *nt* <-s, -> acuerdo *m* de crédito; **Kreditabsicherung** *f* <-, -en> garantía *f* del crédito; **Kreditantrag** *m* <-(e)s, -träge>: **einen ~ stellen** solicitar un crédito; **Kreditaufnahme** *f* <-, -n> toma *f* de un crédito; **Kreditaufsicht** *f* <-, *ohne pl*> control *m* de créditos; **Kreditausfall** *m* <-(e)s, -en> (FIN) pérdida *f* de crédito; **Kreditauskunft** *f* <-, -künfte> informe *m* de crédito, información *f* sobre créditos; **Kreditausweitung** *f* <-, -en> ampliación *f* del crédito; **Kreditbank** *f* <-, -en> banco *m* de crédito; **Kreditbasis** *f* <-, -basen> base *f* crediticia; **Kreditbedarf** *m* <-(e)s, *ohne pl*> necesidad *f* de un crédito; **~ der öffentlichen Hand** la demanda de crédito del sector público; **Kreditbedingung** *f* <-, -en> condiciones *fpl* del crédito; **Kreditberater(in)** *m(f)* <-s, -; -, -nen> asesor(a) *m(f)* de créditos; **Kreditbeschränkung** *f* <-, -en> restricción *f* de créditos; **Kreditbetrag** *m* <-(e)s, -träge> importe *m* del crédito; **den ~ kürzen/überschreiten** recortar/rebasar el importe del crédito; **Kreditbetrug** *m* <-(e)s, *ohne pl*> (JUR) estafa *f* de crédito; **Kreditbewilligung** *f* <-, -en> concesión *f* de crédito; **Kreditbrief** *m* <-(e)s, -e> (FIN) carta *f* de crédito; **unwiderruflicher ~** carta de crédito irrevocable; **einen ~ ausstellen** expedir una carta de crédito; **Kreditbürgschaft** *f* <-, -en> aval *m* crediticio [*o* de crédito]; **fortlaufende ~** aval de crédito sucesivo; **Kreditentscheidung** *f* <-, -en> decisión *f* de concesión de crédito; **Kreditentzug** *m* <-(e)s, -züge> supresión *f* de un crédito; **Krediterleichterung** *f* <-, -en> facilidades *fpl* de crédito; **Krediteröffnungsvertrag** *m* <-(e)s, -träge> contrato *m* de apertura de crédito
kreditfähig *adj* solvente
Kreditfähigkeit *f* <-, *ohne pl*> solvencia *f*; **Kreditfazilität** [-fatsili'tɛ:t] *f* <-, -en> facilidades *fpl* del préstamo; **Kreditgarantie** *f* <-, -> (WIRTSCH) garantía *f* de crédito; **Kreditgeber(in)** *m(f)* <-s, -; -, -nen> (FIN) prestamista *mf*; **Kreditgefährdung** *f* <-, -en> amenaza *f* de crédito; **Kreditgenossenschaft** *f* <-, -en> cooperativa *f* de créditos; **gewerbliche ~** cooperativa industrial de créditos; **Kreditgeschäft** *nt* <-(e)s, -e> operación *f* de crédito; **Kreditgesellschaft** *f* <-, -en> sociedad *f* de crédito; **Kreditgesuch** *nt* <-(e)s, -e> solicitud *f* de crédito; **einen ~ ablehnen** desestimar una solicitud de crédito; **Kreditgewährung** *f* <-, -en> (FIN) otorgamiento *m* de crédito, concesión *f* de crédito; **Kreditgrenze** *f* <-, -n> límite *m* de crédito; **Kredithai** *m* <-(e)s, -e> (*fam abw*) usurero *m*; **Kredithilfe** *f* <-, -n> ayuda *f* crediticia; **die ~ entziehen** retirar la ayuda crediticia; **Kredithöhe** *f* <-, -n> suma *f* del crédito, importe *m* del crédito
kreditieren* [kredi'ti:rən] *vt* (WIRTSCH) acreditar [*o* abonar] en cuenta
Kreditierung [kredi'ti:rʊŋ] *f* <-, -en> ① (*Kreditgewährung*) concesión *f* de crédito ② (*Gutschrift*) abono *m* en cuenta
Kreditierungsverbot *nt* <-(e)s, -e> prohibición *f* de concesión de créditos
Kreditinanspruchnahme *f* <-, -n> utilización *f* de un crédito
Kreditinstitut *nt* <-(e)s, -e> (FIN) instituto *m* de crédito; **Kreditinstitutsrecht** *nt* <-(e)s, *ohne pl*> régimen *m* de entidades de crédito
Kreditkarte *f* <-, -n> tarjeta *f* de crédito; **Kreditkartenfälschung** *f* <-, -en> (JUR) falsificación *f* de tarjetas de crédito; **Kreditkarteninhaber(in)** *m(f)* <-s, -; -, -nen> titular *mf* de tarjeta de crédito; **Kreditkartenmissbrauch**^RR *m* <-(e)s, -bräuche> (JUR) abuso *m* de tarjetas de crédito
Kreditkauf *m* <-(e)s, -käufe> compra *f* a crédito [*o* a plazo]; **Kreditknappheit** *f* <-, *ohne pl*> escasez *f* de créditos; **allgemeine ~** escasez generalizada de créditos; **Kreditkosten** *pl* costes *mpl* del crédito, gastos *mpl* del crédito; **Kreditkündigung** *f* <-, -en> cancelación *f* de un crédito; **Kreditlaufzeit** *f* <-, -en> (FIN) duración *f* del crédito; **Kreditlimit** *nt* <-s, -s *o* -e> límite *m* de crédito; **Kreditlinie** *f* <-, -n> (WIRTSCH) línea *f* de crédito; **Kreditmarkt** *m* <-(e)s, -märkte> mercado *m* crediticio; **Kreditmittel** *ntpl* medios *mpl* crediticios; **Kreditmodalitäten** *fpl* modalidades *fpl* del crédito; **Kreditmöglichkeit** *f* <-, -en> posibilidad *f* de un crédito; **Kreditnachforschung** *f* <-, -en> informe *m* de un crédito; **Kreditnachfrage** *f* <-, -n> demanda *f* de crédito; **Kreditnehmer(in)** *m(f)* <-s, -; -, -nen> (FIN) prestatario, -a *m, f*
Kreditor(in) ['krɛdito:ɐ] *m(f)* <-s, -en; -, -nen> (COM) acreedor(a) *m(f)*
Kreditpapier *nt* <-s, -e> documento *m* de crédito; **Kreditplafond** *m* <-s, -s> (WIRTSCH) plafón *m* de crédito; **Kreditprovision** *f* <-, -en> comisión *f* del crédito; **Kreditrahmen** *m* <-s, -> (FIN) crédito *m*; **Sie haben Ihren ~ weit überzogen** han superado en mucho el crédito del que disponían; **Kreditrestriktion** *f* <-, -en> restricción *f* de créditos; **Kreditsicherheit** *f* <-, -en> garantía *f* del crédito; **Kreditsperre** *f* <-, -n> suspensión *f* de créditos; **Kreditspritze** *f* <-, -n> (WIRTSCH) inyección *f* de créditos; **Kreditüberwachung** *f* <-, -en> supervisión *f* de créditos; **Kreditvergabe** *f* <-, -n> (FIN) concesión *f* de un crédito; **Kreditverhandlung** *f* <-, -en> negociación *f* de un crédito; **Kreditverlängerung** *f* <-, -en> prolongación *f* de un crédito; **Kreditvermittler(in)** *m(f)* <-s, -; -, -nen> prestamista *mf*; **Kreditvermittlungsvertrag** *m* <-(e)s, -träge> (JUR) contrato *m* de otorgamiento de crédito; **Kreditwesengesetz** *nt* <-es, -e> (JUR) ley *f* sobre el sistema crediticio; **Kreditwirtschaft** *f* <-, -en> economía *f* crediticia, sistema *m* crediticio
kreditwirtschaftlich *adj* de la economía crediticia
Kreditwucher *m* <-s, *ohne pl*> usura *f* crediticia
kreditwürdig *adj* solvente
Kreditzins *m* <-es, -en> interés *m* del crédito
Kredo ['kre:do] *nt* <-s, -s> ① (REL) Credo *m*; **die Gemeinde sprach gemeinsam das ~** la comunidad dijo conjuntamente el Credo ② (*geh: Überzeugung*) credo *m*; **sein politisches ~ erscheint mir sehr fragwürdig** su credo político me parece muy cuestionable
Kreide¹ ['kraɪdə] *f* <-, *ohne pl*> (*Kalkstein*) creta *f*
Kreide² *f* <-, -n> (*zum Schreiben*) tiza *f*; **bei jdm (tief) in der ~ stehen** (*fam*) deber (mucho) dinero a alguien
kreidebleich ['--'-] *adj* blanco como la pared [*o* como una sábana]
Kreidefelsen *m* <-s, -> roca *f* cretácea [*o* cretácica]; **Kreideformation** *f* <-, -en> (GEO) formación *f* cretácea [*o* cretácica]
kreideweiß *adj s*. **kreidebleich**
Kreidezeichnung *f* <-, -en> dibujo *m* de tiza; **Kreidezeit** *f* <-, *ohne pl*> (GEO) período *m* cretácico *m*
kreieren* [kre'i:rən] *vt* crear
Kreis [kraɪs] *m* <-es, -e> ① (*a*. MATH) círculo *m*; (*~umfang*) circunferencia *f*; (*Rand*) cerco *m*; **einen ~ schlagen** [*o* **ziehen**] trazar una circunferencia; **sich im ~ drehen** dar vueltas; **im ~ stehen** [*o* **sitzen**] hacer corro; **der ~ schließt sich** se cierra el círculo; **mir dreht sich alles im ~e** todo me da vueltas; **der Skandal zieht ~e** el escándalo se propaga ② (*Bereich*) sector *m*; **weite ~e der Bevölkerung** amplios sectores de la población; **eine Frau aus den besten ~en** una mujer de la alta sociedad; **wie aus informierten ~en verlautete** como señalaron fuentes informadas; **störe meine ~e nicht** no te metas en mis cosas ③ (*Personen~*) círculo *m*; **der ~ seiner Leser** el círculo de sus lectores; **im ~ von Freunden/seiner Familie** entre amigos/en el seno de la familia; **eine Feier im kleinen/engen ~e** una fiesta en familia/en la más estricta intimidad ④ (ADMIN) circunscripción *f*, distrito *m*; **im ~ Fulda** en el distrito de Fulda
Kreisabschnitt *m* <-(e)s, -e> (MATH) segmento *m* esférico; **Kreisausschnitt** *m* <-(e)s, -e> (MATH) sector *m* circular; **Kreisbahn** *f* <-, -en> (ASTR, MATH) órbita *f*; **Kreisbewegung** *f* <-, -en> movimiento *m* giratorio; **Kreisbogen** *m* <-s, -bögen> (MATH) arco *m* circular
kreischen ['kraɪʃən] *vi* ① (*schreien*) chillar ② (*quietschen*) chirriar
Kreisdiagramm *nt* <-s, -e> diagrama *m* circular, gráfico *m* circular
Kreisel ['kraɪzəl] *m* <-s, -> ① (*Spielzeug*) peonza *f*, peón *m*, trombo *m Am* ② (TECH) giroscopio *m*, giróscopo *m* ③ (*Kreisverkehr*) glorieta *f*, rotonda *f*
Kreiselkompass^RR *m* <-es, -e> (NAUT) girocompás *m*, brújula *f* giroscópica; **Kreiselpumpe** *f* <-, -n> (TECH) bomba *f* centrífuga
kreisen ['kraɪzən] *vi haben o sein* ① (*sich drehen*) girar (*um* alrededor de), dar vueltas (*um* alrededor de); **das Gespräch kreiste um ...** la conversación se concentraba en...; **etw ~ lassen** hacer circular algo ② (*Vögel, a.* AERO) dar vueltas (*über* sobre); **ein Flugzeug kreist über der Stadt** un avión da vueltas sobre la ciudad ③ (*Blut, Geld*) circular; **das Blut kreist im Körper** la sangre circula por el cuerpo
Kreisfläche *f* <-, -n> círculo *m*
kreisförmig [-fœrmɪç] *adj* circular
kreisfrei *adj* (ADMIN) no adscrito a circunscripción
Kreisgericht *nt* <-(e)s, -e> (JUR) tribunal *m* distrital
Kreisinhalt *m* <-(e)s, -e> (MATH) (superficie *f* del) círculo *m*
Kreiskolbenmotor *m* <-s, -en> (AUTO) motor *m* de pistón rotatorio

Kreiskrankenhaus *nt* <-es, -häuser> hospital *m* central, clínica *f* central

Kreislauf *m* <-(e)s, -läufe> ❶ (*Zyklus*) ciclo *m* ❷ (*Blut~*) circulación *f*; **Kreislaufkollaps** *m* <-es, -e> (MED) colapso *m* (circulatorio); **einen ~ bekommen** [*o* **erleiden**] sufrir un colapso; **Kreislaufmittel** *nt* <-s, -> medicamento *m* para la circulación; **Kreislaufstillstand** *m* <-(e)s, *ohne pl*> (MED) parálisis *f inv* circulatoria [*o* de la circulación]; **Kreislaufstörung** *f* <-, -en> (MED) trastorno *m* de la circulación

Kreislaufwirtschafts- und Abfallgesetz *nt* <-es, -e> (JUR) ley *f* sobre reciclaje y economía de desperdicios

kreisrund ['--] *adj* redondo

Kreissäge *f* <-, -n> sierra *f* circular

Kreisschreiben *nt* <-s, -> (*Schweiz*) circular *f* administrativa

kreißen ['kraɪsən] *vi* estar de parto, dar a luz

Kreissparkasse *f* <-, -n> caja *f* de ahorros municipal [*o* comarcal]

Kreißsaal ['kraɪs-] *m* <-(e)s, -säle> sala *f* de partos, paritorio *m*

Kreisstadt *f* <-, -städte> capital *f* de distrito [*o* de la comarca]; **Kreistag** *m* <-(e)s, -e> parlamento *m* comarcal [*o* de un distrito]

Kreisumfang *m* <-(e)s, -fänge> perímetro *m* de la circunferencia; **Kreisverkehr** *m* <-(e)s, *ohne pl*> rotonda *f*, glorieta *f*

Kreiswahlleiter(in) *m(f)* <-s, -; -, -nen> (JUR) presidente *mf* de la mesa electoral distrital; **Kreiswehrersatzamt** *nt* <-(e)s, -ämter> caja *f* de reclutamiento

Krematorium [krema'toːriʊm] *nt* <-s, Krematorien> crematorio *m*, incinerador *m*

kremig ['kreːmɪç] *adj* cremoso

Kreml ['krɛm(ə)l] *m* <-s>: **der ~** el Kremlin

Krempe ['krɛmpə] *f* <-, -n> ala *f* del sombrero

Krempel ['krɛmpəl] *m* <-s, *ohne pl*> (*fam abw*) cachivaches *mpl*, trastos *mpl*; **ich werfe den ganzen ~ hin** no pienso seguir con esto; **dann kannst du deinen ~ allein machen** ahí te quedas

krempeln *vt* (TECH: *Spinnerei*) cardar

Kren [kreːn] *m* <-s, *ohne pl*> (*Österr*) rábano *m* picante

krengen ['krɛŋən] *vi* (NAUT) escorar

Kreosot [kreo'zoːt] *nt* <-(e)s, *ohne pl*> (MED) creosota *f*

krepieren* [kre'piːrən] *vi sein* ❶ (*fam: Tier*) reventar (*an* de), estirar la pata; (*Mensch*) palmarla, diñarla; **der Hamster ist mir gestern krepiert** mi hamster la diñó ayer; **hoffentlich krepiert er!** ¡ojalá reviente! ❷ (*Geschoss*) estallar, hacer explosión

Krepp¹ᴿᴿ [krɛp] *f* <-, -s> (GASTR) crepe *f*, filloa *f*, panqueque *m Am*

Krepp² *m* <-s, -s *o* -e> crespón *m*, (tela *f* de) crepé *m*

Kreppapierᴿᴿ *nt* <-s, -e> crespón *m*, papel *m* crepé; **Kreppsohle** *f* <-, -n> suela *f* de crepé

Kresse ['krɛsə] *f* <-, -n> (BOT) berro *m*

Kreta ['kreːta] *nt* <-s> Creta *f*

Kreter(in) ['kreːtɐ] *m(f)* <-s, -; -, -nen> cretense *mf*

Krethi und Plethi ['kreːti ʊnt 'pleːti] *pl* (*geh abw*) fulano y mengano; **bei dem schönen Wetter waren ~ unterwegs** con ese tiempo espléndido todo Dios salió de casa a dar un paseo

Kretin [kre'tɛ̃ː] *m* <-s, -s> ❶ (*abw: Dummkopf*) cretino, -a *m, f*, idiota *mf* ❷ (MED) cretino, -a *m, f*

Kretinismus [kreti'nɪsmʊs] *m* <-, *ohne pl*> (MED) cretinismo *m*

kretisch ['kreːtɪʃ] *adj* cretense

kreucht [krɔʏçt]: **alles, was da ~ und fleucht** (*iron*) toda clase de bichos

kreuz [krɔʏts] *adv*: **~ und quer** a diestro y siniestro

Kreuz¹ [krɔʏts] *nt* <-es, -e> ❶ (*a.* REL) cruz *f*; **das Rote ~** la Cruz Roja; **das ~ des Südens** la Cruz del Sur; **zu ~e kriechen** darse por vencido; **jdn ans ~ schlagen** (*fig*) crucificar a alguien; **ich mache drei ~e, wenn er geht** (*fam*) le pongo una vela al santo si se va; **mit jdm über ~ sein** estar reñido con alguien; **etw über(s) ~ legen** entrecruzar algo ❷ (*spanisches Kartenspiel*) naipe *m* de bastos; (*französisches Kartenspiel*) naipe *m* de trébol ❸ (*Autobahn~*) cruce *m* de autopistas ❹ (*Rückenbereich*) región *f* lumbar; (*fam*) espalda *f*; **ich hab's im ~** (*fam*) me duele la espalda; **aufs ~ fallen** caerse de espaldas; **jdn aufs ~ legen** (*fam*) tirar a alguien de espaldas; (*hereinlegen*) timar a alguien ❺ (MUS) sostenido *m*

Kreuz² *nt* <-es, *ohne pl*> (*Leid*) cruz *f*, pena *f*; **sein ~ auf sich nehmen** cargar con su cruz; **es ist ein ~ mit jdm/etw** *dat* (*fam*) alguien/algo es una cruz [*o* un castigo]

Kreuzband *nt* <-(e)s, -bänder> (ANAT) ligamento *m* cruzado

Kreuzbefruchtung *f* <-, -en> (BOT) germinación *f* cruzada

Kreuzbein *nt* <-(e)s, -e> (ANAT) hueso *m* sacro

Kreuzblütler [-blyːtlɐ] *m* <-s, -> (BOT) planta *f* crucífera *f*

Kreuzbube *m* <-n, -n> sota *f* de trébol

Kreuzcompiler *m* <-s, -> (INFOR) compilador *m* cruzado

kreuzen **I.** *vi* **haben** *o* **sein** (NAUT) ❶ (*ziellos fahren*) cruzar ❷ (*gegen den Wind fahren*) dar bordadas **II.** *vt* ❶ (*Wege*) cruzar; **die Arme ~** cruzarse de brazos ❷ (*überqueren*) cruzar, atravesar; **eine Straße ~** cruzar una calle ❸ (BIOL) cruzar **III.** *vr*: **sich ~** ❶ (*sich überschneiden*) cruzarse; **ihre Wege haben sich nie wieder gekreuzt** sus caminos no se han cruzado nunca más ❷ (*entgegengesetzt sein*) contraponerse; **ihre Meinungen/Interessen ~ sich** sus opiniones/intereses se contraponen

Kreuzer *m* <-s, -> (MIL, NAUT) crucero *m*

Kreuzestod *m* <-(e)s, -e> (*geh*) muerte *f* en la cruz; **den ~ erleiden** morir en la cruz [*o* crucificado]

Kreuzfahrer(in) *m(f)* <-s, -; -, -nen> (HIST) cruzado, -a *m, f*

Kreuzfahrt *f* <-, -en> crucero *m*; **Kreuzfahrtschiff** *nt* <-(e)s, -e> (NAUT) crucero *m*

Kreuzfeuer *nt* <-s, ->: **ins ~ der Kritik geraten** exponerse a violentas críticas

kreuzfidel ['---] *adj* (*fam*) contento como unas pascuas

kreuzförmig [-fœrmɪç] *adj* de forma de cruz, cruciforme

Kreuzgang *m* <-(e)s, -gänge> (ARCHIT) claustro *m*

Kreuzgewölbe *nt* <-s, -> (ARCHIT) bóveda *f* de crucero [*o* de crucería]

kreuzigen ['krɔʏtsɪɡən] *vt* crucificar

Kreuzigung *f* <-, -en> crucifixión *f*

Kreuzknoten *m* <-s, -> (NAUT) nudo *m* de cruz; **Kreuzotter** *f* <-, -n> víbora *f* común; **Kreuzritter** *m* <-s, -> (HIST) cruzado *m*; (*des Deutschen Ordens*) caballero *m* de la Orden Teutónica

Kreuzschlitzschraube *f* <-, -n> (TECH) tornillo *m* de estrella; **Kreuzschlitzschraubendreher** *m* <-s, ->, **Kreuzschlitzschraubenzieher** *m* <-s, -> (TECH) destornillador *m* de estrella

Kreuzschlüssel *m* <-s, -> (TECH) llave *f* cruciforme; **Kreuzschmerzen** *mpl* dolor *m* en la región lumbar, dolor *m* de riñones; **Kreuzspinne** *f* <-, -n> araña *f* de jardín; **Kreuzstich** *m* <-(e)s, -e> punto *m* de cruz

Kreuzung *f* <-, -en> (*a.* BIOL) cruce *m*

kreuzungsfrei *adj* a diferente nivel, sin cruces

Kreuzverhör *nt* <-(e)s, -e> interrogatorio *m* cruzado, contrainterrogatorio *m*, preguntadera *f Kol*; **jdn ins ~ nehmen** contrainterrogar a alguien; **Kreuzweg** *m* <-(e)s, -e> ❶ (*Kreuzung*) encrucijada *f*; **am ~ stehen** hallarse ante una alternativa ❷ (REL) vía crucis *m*, calvario *m*

kreuzweise *adv* en forma de cruz; **du kannst mich mal ~!** (*vulg*) ¡deja de joder!, ¡que te folle un pez (espada)!

Kreuzworträtsel *nt* <-s, -> crucigrama *m*

Kreuzzeichen *nt* <-s, -> (REL) señal *f* de la cruz; **ein ~ machen** santiguarse; **Kreuzzug** *m* <-(e)s, -züge> (*a. fig* HIST) cruzada *f*

Krevette [kre'vɛta] *f* <-, -n> quisquilla *f*, camarón *m*, gamba *f* pequeña; **als Vorspeise gab es ein Cocktail aus ~n** de entrante había un cóctel de gambas

kribb(e)lig ['krɪb(ə)lɪç] *adj* (*fam*) nervioso; **ich bin ganz ~** estoy hecho un flan; **ich habe so ein ~es Gefühl im Bauch** tengo los nervios en el estómago; **hör doch auf, du machst mich ganz ~** estáte quieto, me estás poniendo nervioso

kribbeln ['krɪbəln] *vi* ❶ (*jucken*) picar; **es kribbelt mir in der Nase** me pica la nariz ❷ *sein* (*wimmeln*) hormiguear

kribblig *adj s.* **kribb(e)lig**

Kricket ['krɪkət] *nt* <-s, *ohne pl*> (SPORT) juego *m* de criquet, criquet *m*

kriechen ['kriːçən] <kriecht, kroch, gekrochen> *vi sein* ❶ (*Mensch*) arrastrarse; (*Tier*) reptar; (*Schlange*) deslizarse ❷ (*Fahrzeug*) avanzar lentamente; **die Zeit kriecht** el tiempo no pasa ❸ (*abw: unterwürfig sein*) humillarse (*vor* ante), arrastrarse a los pies (*vor* de)

Kriecher(in) *m(f)* <-s, -; -, -nen> (*abw*) pelota *mf*

kriecherisch *adj* (*abw*) rastrero, pelota

Kriechspur *f* <-, -en> (AUTO) carril *m* para vehículos lentos, vía *f* lenta; **Kriechtempo** *nt* <-s, *ohne pl*> (*abw*) paso *m* de tortuga; **im ~** a paso de tortuga; **Kriechtier** *nt* <-(e)s, -e> reptil *m*

Krieg [kriːk] *m* <-(e)s, -e> guerra *f*; **der Kalte ~** la guerra fría; **jdm/etw** *dat* **den ~ erklären** declarar la guerra a alguien/algo; **im ~ fallen** caer en la guerra; **~ führen mit jdm** [*o* **gegen jdn**] estar en guerra con alguien; **die ~ führenden Staaten** los estados beligerantes; **in den ~ ziehen** ir a la guerra; **in ständigem ~ mit jdm leben** estar en continua guerra con alguien

kriegen ['kriːɡən] **I.** *vt* (*fam*) ❶ (*bekommen*) obtener; (*erreichen*) lograr, conseguir; (*Krankheit*) pescar, pillar; **ein Kind ~** estar embarazada; **sie hat ein Kind gekriegt** ha tenido un niño; **wie viel ~ Sie?** ¿cuánto le debo?; **~ Sie schon?** ¿ya le atienden?; **sie kriegt 12 Euro die Stunde** le pagan 12 euros la hora; **einen Schreck ~** asustarse; **Besuch ~** tener visita; **keine Arbeit ~** no encontrar trabajo; **ich habe die Maschine nicht repariert gekriegt** no he conseguido arreglar la máquina; **jdn weich ~** debilitar la resistencia de alguien; **wie hast du**

sie nur dazu gekriegt? ¿cómo la has convencido?; **pass auf, dass du keinen Schnupfen kriegst** ten cuidado de no resfriarte; **du kriegst sie, wenn ich dich erwische** como te pille, vas a ver lo que es bueno; **du kriegst es gleich mit mir zu tun!** ¡te vas a enterar de quién soy yo!; **ich krieg' heute nichts mehr geregelt** hoy ya no me sale nada
② (*ergreifen*) coger, pillar, agarrar *Am*; **wenn ich dich kriege!** ¡si te pillo!
II. *vr:* **sich ~** (*fam*) ① (*heiraten*) casarse
② (*sich streiten*): **sich in die Haare ~** pelearse
Krieger(in) ['kri:gɐ] *m(f)* <-s, -; -, -nen> guerrero, -a *m, f*
Kriegerdenkmal *nt* <-s, -mäler *o* -e> monumento *m* a los caídos [*o* muertos] en la guerra
Kriegerin *f* <-, -nen> *s.* **Krieger**
kriegerisch *adj* ① (*kämpferisch*) guerrero, belicoso
② (*militärisch*) bélico; **~e Auseinandersetzungen** acciones bélicas
Kriegerwitwe *f* <-, -n> viuda *f* de guerra
kriegführend *adj s.* **Krieg**
Kriegführung *f* <-, -en> (MIL) estrategia *f* de guerra, táctica *f* de guerra
Kriegsakademie *f* <-, -n> (MIL) academia *f* militar; **Kriegsanleihe** *f* <-, -n> (HIST) empréstito *m* de guerra; **Kriegsausbruch** *m* <-(e)s, *ohne pl*> estallido *m* de la guerra; **vor/bei ~** antes de/al estallar la guerra; **Kriegsbeginn** *m* <-(e)s, *ohne pl*> comienzo *m* de la guerra; **Kriegsbeil** *nt* <-(e)s, -e> hacha *f* de guerra; **das ~ begraben** enterrar el hacha de guerra; **Kriegsbemalung** *f* <-, -en> pintura *f* de guerra; **in voller ~** (*fig, iron: bei Soldaten*) lleno de condecoraciones; (*bei Frauen*) pintada como una mona; **Kriegsbereitschaft** *f* <-, *ohne pl*> disposición *f* para la guerra; **in ~ sein** estar en pie de guerra; **Kriegsberichterstatter(in)** *m(f)* <-s, -; -, -nen> corresponsal *mf* de guerra
kriegsbeschädigt *adj* mutilado de guerra
Kriegsbeschädigte(r) *mf* <-n, -n; -n, -n> mutilado, -a *m, f* de guerra
Kriegsdienst *m* <-(e)s, *ohne pl*> (MIL) ① (*Wehrdienst*) servicio *m* militar; **den ~ verweigern** objetar ② (*Kriegseinsatz*) servicio *m* en el frente; **jdn zum ~ einziehen** enviar a alguien al frente; **Kriegsdienstverweigerer** *m* <-s, -> objetor *m* de conciencia; **Kriegsdienstverweigerung** *f* <-, -en> objeción *f* de conciencia; **Kriegsdienstverweigerungs-Neuordnungsgesetz** *nt* <-es, *ohne pl*> (JUR) ley *f* de reordenación de la objeción de conciencia
Kriegsende *nt* <-s, *ohne pl*> fin *m* de (la) guerra; **Kriegserklärung** *f* <-, -en> declaración *f* de guerra; **Kriegsfall** *m* <-(e)s, -fälle> caso *m* de guerra; **für den/im ~** para el/en caso de guerra; **sich auf den ~ vorbereiten** prepararse para el caso de que haya guerra; **Kriegsfilm** *m* <-(e)s, -e> película *f* bélica [*o* de guerra]; **Kriegsflüchtling** *m* <-s, -e> (POL) refugiado *m* de guerra; **Kriegsführung** *f* <-, -en> estrategia *f*, táctica *f* militar; **psychologische ~** guerra psicológica; **Kriegsfuß** *m* (*fam*): **mit jdm/etw** *dat* **auf ~ stehen** estar en pie de guerra con alguien/algo; **Kriegsgefahr** *f* <-, -en> peligro *m* de guerra; **Kriegsgefangene(r)** *mf* <-n, -n; -n, -n> prisionero, -a *m, f* de guerra; **Kriegsgefangenschaft** *f* <-, -en> cautiverio *m*; **Kriegsgegner(in)** *m(f)* <-s, -; -, -nen> ① (*Feind*) adversario, -a *m, f* ② (*Pazifist*) pacifista *mf*; **Kriegsgerät** *nt* <-(e)s, -e> material *m* militar [*o* de guerra]; **Kriegsgericht** *nt* <-(e)s, -e> (MIL) consejo *m* de guerra
Kriegsgewinnler(in) *m(f)* <-s, -; -, -nen> (*abw*) usurero, -a *m, f* de la guerra
Kriegsgott, -göttin *m, f* <-(e)s, -götter; -, -nen> dios(a) *m(f)* de la guerra; **Ares, der griechische ~** Ares, el dios griego de la guerra; **Kriegsgräberfürsorge** *f* <-, *ohne pl*> *servicio m de conservación de cementerios alemanes o extranjeros donde yacen soldados alemanes caídos en la guerra;* **Kriegshafen** *m* <-s, -häfen> (MIL) puerto *m* de guerra [*o* militar]; **Kriegshandlung** *f* <-, -en> acción *f* militar, acto *m* de guerra; **Kriegshetze** *f* <-, *ohne pl*> (POL) incitación *f* a la guerra; **Kriegshetzer(in)** *m(f)* <-s, -; -, -nen> (POL) belicista *mf*; **Kriegsindustrie** *f* <-, -n> (MIL, POL) industria *f* de guerra; **Kriegskamerad(in)** *m(f)* <-en, -en; -, -nen> (MIL) compañero, -a *m, f* de armas; **Kriegslist** *f* <-, -en> (MIL) ardid *m* de guerra
kriegslüstern *adj* (*abw*) belicoso; **~ sein** ser belicoso
Kriegsmarine *f* <-, -n> (MIL) marina *f* de guerra; **Kriegsopfer** *nt* <-s, -> víctima *f* de la guerra; **Kriegspfad** *m*: **auf dem ~ sein** estar en pie de guerra; **Kriegsrat** *m*: **~ halten** (*iron*) reunirse para deliberar sobre algo; **Kriegsrecht** *nt* <-(e)s, *ohne pl*> derecho *m* de guerra; **das ~ über ein Land verhängen** declarar el derecho de guerra en un país; **Kriegsschauplatz** *m* <-es, -plätze> escenario *m* bélico; **Kriegsschiff** *nt* <-(e)s, -e> buque *m* de guerra, navío *m* de guerra
Kriegsspiel *nt* <-(e)s, -e> ① (*Kinderspiel*) juego *m* de guerra ② (MIL: *Planspiel*) juego *m* de planificación; **Kriegsspielzeug** *nt* <-(e)s, -e> juguete *m* bélico
Kriegsstärke *f* <-, *ohne pl*> (MIL) efectivos *mpl* de guerra; **eine ~ von 4,5 Millionen Mann** unos efectivos de guerra [*o* un ejército] de 4,5 millones de soldados; **Kriegstanz** *m* <-es, -tänze> danza *f* de guerra; **Kriegsteilnehmer(in)** *m(f)* <-s, -; -, -nen> combatiente *mf*; (*ehemaliger*) ex combatiente *mf*, veterano, -a *m, f* de guerra; **Kriegsverbrechen** *nt* <-s, -> crimen *m* de guerra; **Kriegsverbrecher(in)** *m(f)* <-s, -; -, -nen> criminal *mf* de guerra; **Kriegsverletzung** *f* <-, -en> herida *f* de guerra
kriegsversehrt [-fɛɐzeːɐt] *adj* mutilado de guerra
Kriegsversehrte(r) *mf* <-n, -n; -n, -n> mutilado, -a *m, f* de guerra; **Kriegsveteran(in)** *m(f)* <-en, -en; -, -nen> (MIL) veterano, -a *m, f* de guerra
Kriegswaffe *f* <-, -n> arma *f* de guerra; **Kriegswaffenbuch** *nt* <-(e)s, -bücher> catálogo *m* de armamento bélico; **Kriegswaffenkontrollgesetz** *nt* <-es, -e> ley *f* sobre el control de armamento bélico; **Kriegswaffenliste** *f* <-, -n> lista *f* de armas de guerra
Kriegswirtschaft *f* <-, -en> (POL, WIRTS) economía *f* de guerra; **Kriegszeit** *f* <-, -en> tiempo *m* de guerra; **in ~en** en tiempo de guerra; **Kriegszustand** *m* <-(e)s, *ohne pl*> estado *m* de guerra; **sich im ~ befinden** estar en guerra
Krill [krɪl] *nt* <-s, *ohne pl*> plancton *m*
Krim [krɪm] *f* <-> Crimea *f*
Krimi ['krimi] *m* <-s, -s> (*fam*) género *m* negro; *s. a.* **Kriminalfilm, Kriminalroman**
Kriminalbeamte(r) *mf* <-n, -n; -n, -n>, **-beamtin** *f* <-, -nen> agente *mf* de la policía judicial; **Kriminalfall** *m* <-(e)s, -fälle> causa *f* criminal, crimen *m*; **ein ungelöster ~** un crimen no resuelto; **Kriminalfilm** *m* <-(e)s, -e> película *f* policíaca; (*Gattung*) cine *m* negro
kriminalisieren* [kriminali'ziːrən] *vt* criminalizar
Kriminalist(in) [krimina'lɪst] *m(f)* <-en, -en; -, -nen> ① (*Mitglied der Kriminalpolizei*) miembro *mf* de la Brigada de Investigación Criminal ② (*Experte für Verbrechen*) criminalista *mf*
Kriminalistik [krimina'lɪstɪk] *f* <-, *ohne pl*> criminalística *f*
Kriminalistin *f* <-, -nen> *s.* **Kriminalist**
kriminalistisch *adj* criminalista
Kriminalität [kriminali'tɛːt] *f* <-, *ohne pl*> criminalidad *f*, delincuencia *f*; **organisierte ~** criminalidad organizada
Kriminalkommissar(in) *m(f)* <-s, -e; -, -nen> policía *mf* judicial; **Kriminalpolizei** *f* <-, -en> Brigada *f* de Investigación Criminal, Investigaciones *fpl Chil*; **Kriminalroman** *m* <-(e)s, -e> novela *f* policíaca, novela *f* negra; **Kriminalstatistik** *f* <-, -en> estadística *f* criminal
kriminell [krimi'nɛl] *adj* (*a. fig*) criminal; **~e Vereinigung** asociación criminal; **~ werden** convertirse en un criminal; **das finde ich ~!** ¡qué criminal!
Kriminelle(r) *mf* <-n, -n; -n, -n> criminal *mf*, delincuente *mf*
Kriminologe, -in *m, f* <-n, -n; -, -nen> criminólogo, -a *m, f*
Kriminologie [kriminolo'giː] *f* <-, *ohne pl*> criminología *f*
Kriminologin *f* <-, -nen> *s.* **Kriminologe**
Krimskrams ['krɪmskrams] *m* <-, *ohne pl*> (*fam*) chismes *mpl*, cachivaches *mpl*
Kringel ['krɪŋəl] *m* <-s, -> (*Gebäck*) rosca *f*, rosquilla *f*
kringeln *vr:* **sich ~** enroscarse; **sich vor Lachen ~** (*fam*) desternillarse de risa
Krinoline [krino'liːnə] *f* <-, -n> (HIST) crinolina *f*
Kripo ['kriːpo] *f* <-, -s> *s.* **Kriminalpolizei**
Krippe ['krɪpə] *f* <-, -n> ① (*Futter~*) pesebre *m* ② (*Weihnachts~*) belén *m*, nacimiento *m* ③ (*Kinderhort*) guardería *f*
Krippenspiel *nt* <-s, -e> auto *m* de Navidad
Krippentod *m* <-(e)s, -e> (MED) muerte *f* en la cuna
Krise ['kriːzə] *f* <-, -n> crisis *f inv*; **in einer ~ stecken** estar en crisis; **ich krieg' die ~!** (*sl*) ¡me va a dar un ataque!
kriseln ['kriːzəln] *vi* haber crisis; **es kriselt** hay crisis
krisenanfällig *adj* sensible a la crisis
krisenfest *adj* a prueba de crisis
krisengebiet *nt* <-(e)s, -e> región *f* en crisis
krisenhaft *adj* crítico, de crisis
Krisenherd *m* <-(e)s, -e> zona *f* conflictiva; **Krisenkartell** *nt* <-s, -e> cártel *m* de crisis; **Krisenmanagement** *nt* <-s, -s> gestión *f* de la crisis, contención *f* de la crisis; **Krisenmanager(in)** *m(f)* <-s, -; -, -nen> administrador(a) *m(f)* de la crisis; **Krisenmaßnahme** *f* <-, -n>: **~n ergreifen** tomar medidas *fpl* de emergencia; **Krisenplan** *m* <-(e)s, -pläne> plan *m* de emergencia; **Krisenstab** *m* <-(e)s, -stäbe> estado *m* mayor de emergencia; **Krisenzeit** *f* <-, -en> época *f* de crisis
Kristall¹ [krɪs'tal] *m* <-s, -e> cristal *m*; **klar/rein wie ein ~** transparente/claro como un cristal
Kristall² *nt* <-s, *ohne pl*> ① (*Glas*) cristal *m* ② (*Gegenstände*) cristalería *f*
kristallartig *adj* (CHEM) cristalino
Kristallbildung *f* <-, -en> (CHEM) formación *f* de cristales
kristallen [krɪs'talən] *adj* de cristal; **eine ~e Vase** un jarrón de cristal
Kristallgitter *nt* <-s, -> (CHEM) red *f* cristalina

Kristallglas¹ *nt* <-es, *ohne pl*> (*Kristall*) cristal *m*
Kristallglas² *nt* <-es, -gläser> (*Gefäß*) vaso *m* de cristal
kristallin [krɪstaˈliːn] *adj*, **kristallinisch** *adj* (*alt*) cristalino; **ein ~es Gestein** una piedra cristalina
Kristallisation [krɪstaliza'tsioːn] *f* <-, -en> (CHEM) cristalización *f*
Kristallisationsgefäß *nt* <-es, -e> (CHEM) cristalizador *m*
kristallisieren* [krɪstaliˈziːrən] I. *vi* (CHEM) cristalizar; **kubisch ~** cristalizar en el sistema cúbico
 II. *vr:* **sich ~** cristalizarse (*zu en*)
kristallklar [-'-'-] *adj* cristalino
Kristallnacht *f* <-, *ohne pl*> (HIST) pogromo contra los judíos alemanes en la noche del 10.11.1938
Kristallografieᴿᴿ *f* <-, *ohne pl*>, **Kristallographie** [krɪstalograˈfiː] *f* <-, *ohne pl*> (CHEM, PHYS) cristalografía *f*
Kristallzucker *m* <-s, -> (GASTR) azúcar *m* granulado
Kriterium [kriˈteːriʊm] *nt* <-s, Kriterien> criterio *m*; **bei etw** *dat* **strenge Kriterien anlegen** aplicar criterios estrictos a algo
Kritik [kriˈtiːk, kriˈtɪk] *f* <-, -en> crítica *f*; (*Rezension*) reseña *f*; **konstruktive ~** crítica constructiva; **sachliche ~** crítica objetiva; **an jdm/etw** *dat* **~ üben** criticar a alguien/algo; **unter aller ~** (*fam*) pésimo; **eine gute ~ haben/bekommen** tener/recibir buenas críticas; **sie stellt sich der ~** compareceré ante la crítica; **er hat es ohne jede ~ hingenommen** lo ha aceptado sin rechistar
Kritiker(in) [ˈkriːtɪkɐ] *m(f)* <-s, -; -, -nen> crítico, -a *m, f;* **er war ein unbestechlicher ~** era un crítico muy severo
Kritikfähigkeit *f* <-, *ohne pl*> espíritu *m* crítico; **Kinder sollten zu ~ erzogen werden** a los niños se les debería educar de forma que desarrollen su espíritu crítico
kritiklos I. *adj* sin espíritu crítico
 II. *adv* sin crítica (alguna); **etw ~ hinnehmen** aceptar algo sin oponer crítica
kritisch [ˈkriːtɪʃ, ˈkrɪtɪʃ] *adj* crítico; **es wird ~** la situación se vuelve crítica
kritisieren* [kritiˈziːrən] *vt* ❶ (*begutachten*) criticar, escribir una crítica (sobre/de); (*Buch*) reseñar
 ❷ (*beanstanden*) criticar, censurar; **er hat an allem etwas zu ~** lo critica todo
kritteln [ˈkrɪtəln] *vi* (*abw*) criticar (*an*)
Kritzelei [krɪtsəˈlaɪ] *f* <-, -en> garabato *m*
kritzeln [ˈkrɪtsəln] *vi, vt* garabatear
Kroate, -in [kroˈaːtə] *m, f* <-n, -n; -, -nen> croata *mf*
Kroatien [kroˈaːtsiən] *nt* <-s> Croacia *f*
Kroatin *f* <-, -nen> *s.* **Kroate**
kroatisch *adj* croata
kroch [krɔx] *3. imp von* **kriechen**
Krokant [kroˈkant] *m* <-s, *ohne pl*> crocante *m*
Krokette [kroˈkɛtə] *f* <-, -n> (GASTR) croqueta *f* (*de puré de patata*), bigote *m Am*
Kroko [ˈkroːko] *nt* <-(s), -s> *Kurzw. für* **Krokodilleder** piel *f* de cocodrilo; **ist die Handtasche aus echtem ~?** ¿el bolso es de piel de cocodrilo auténtica?
Krokodil [krokoˈdiːl] *nt* <-s, -e> cocodrilo *m*
Krokodilleder *nt* <-s, -> piel *f* de cocodrilo
Krokodilstränen *f* <-, -n> (*fam*) lágrima *f* de cocodrilo
Krokoleder [ˈkroːko-] *nt* <-s, -> piel *f* de cocodrilo
Krokus [ˈkroːkʊs] *m* <-, -(se)> (rosa *f* del) azafrán *m*, croco *m*
Krone [ˈkroːnə] *f* <-, -n> ❶ (*Königs-, Zahn-, Währung*) corona *f*; **die englische ~** (*Herrscherhaus*) la casa real [*o* Corona] británica; **dabei fällt dir kein Zacken aus der ~** (*fam*) eso no perjudica tu honra, por eso no se te van a caer los anillos; **einen in der ~ haben** (*fam*) estar bebido
 ❷ (*Baum-*) copa *f*; (*einer Welle*) cresta *f*
 ❸ (*Höhepunkt*) colmo *m*; **das setzt dem Ganzen die ~ auf!** ¡esto es el colmo!
krönen [ˈkrøːnən] *vt* ❶ (*König*) coronar; **jdn zum König ~** coronar rey a alguien
 ❷ (*beenden*) coronar, rematar; **ein ~der Abschluss** un glorioso final; **von Erfolg gekrönt sein** ser coronado por el éxito
Kronenkorken *m* <-s, -> chapa *f*
Kronkorken [ˈkroːn-] *m* <-s, -> chapa *f*; **Kronleuchter** *m* <-s, -> araña *f* de cristal; **plötzlich ging ihm ein ~ auf** (*fam*) de pronto se le iluminaron las ideas [*o* iluminó el cerebro]; **Kronprinz, -prinzessin** *m, f* <-en, -en; -, -nen> príncipe *m* heredero, princesa *f* real; **Kronrat** *m* <-(e)s, -räte> consejo *m* de ministros presidido por un monarca
Kronsbeere *f* <-, -n> (*nordd*) arándano *m* rosado
Krönung [ˈkrøːnʊŋ] *f* <-, -en> coronación *f*; **das ist ja die ~!** ¡esto es el colmo!
Kronzeuge, -in *m, f* <-n, -n; -, -nen> (JUR) testigo *mf* principal; **als ~ auftreten** deponer (ante los tribunales) como testigo principal; **Kronzeugenregelung** *f* <-, *ohne pl*> (JUR) arreglo *m* de testigos principales
Kronzeugin *f* <-, -nen> *s.* **Kronzeuge**
Kropf [krɔpf, *pl:* ˈkrœpfə] *m* <-(e)s, Kröpfe> ❶ (MED) bocio *m*, coto *m SAm*
 ❷ (*bei Vögeln*) buche *m;* **unnötig sein wie ein ~** (*fam*) ser más innecesario que nada
Kroppzeug [ˈkrɔp-] *nt* <-(e)s, *ohne pl*> (*nordd*) ❶ (*Kinder*) chiquillería *f*
 ❷ (*Pack, Gesindel*) chusma *f*, gentuza *f*
krossᴿᴿ [krɔs] *adj*, **kroß** *adj* bastante hecho; **~ gebraten** bien asado
Krösus [ˈkrøːzʊs] *m* <-, -se> creso *m;* **ich bin doch kein ~** (*fam*) que yo no soy el banco [*o* Rockefeller]
Kröte [ˈkrøːtə] *f* <-, -n> ❶ (*Tier*) sapo *m*; **er musste manche ~ schlucken** ha tenido que tragar bastante
 ❷ (*fam: Kind*) chiquillo, -a *m, f*
 ❸ *pl* (*fam: Geld*) perras *fpl*
Krs. *vr.* ADMIN *Abk. von* **Kreis** circunscripción *f*, distrito *m*
Krücke [ˈkrʏkə] *f* <-, -n> ❶ (*zum Gehen*) muleta *f*; **an ~n gehen** andar con muletas
 ❷ (*Griff*) puño *m*
 ❸ (*fam abw: Versager*) inútil *mf*, incapaz *mf*
Krückstock *m* <-(e)s, -stöcke> muletilla *f*
Krug [kruːk, *pl:* ˈkryːɡə] *m* <-(e)s, Krüge> ❶ (*Gefäß*) jarra *f*, jarro *m;* **der ~ geht so lange zum Brunnen, bis er bricht** (*prov*) tanto va el cántaro a la fuente, que al fin se rompe
 ❷ (*nordd: Wirtshaus*) taberna *f*, bar *m*
Krume [ˈkruːmə] *f* <-, -n> ❶ (*Brot-*) miga *f*, migaja *f*
 ❷ (AGR: *Acker-*) tierra *f* vegetal, superficie *f* arable
Krümel [ˈkryːməl] *m* <-s, -> ❶ (*von Brot, Kuchen*) miga *f*, migaja *f*
 ❷ (*fam: Kind*) chiquitín, -ina *m, f*
krüm(e)lig *adj* ❶ (*Brot*) desmigajado
 ❷ (*voller Krümel*) lleno de migas
krümeln *vi* ❶ (*Brot*) desmigajarse
 ❷ (*Person*) llenar (un sitio) de migas
krümlig *adj s.* **krüm(e)lig**
krumm [krʊm] *adj* <krummer, *reg:* krümmer, am krummsten, *reg:* am krümmsten> ❶ (*verbogen*) torcido, curvo; (*Rücken*) encorvado; **eine ~e Nase haben** tener la nariz torcida; **das ist ~ gewachsen** esto creció torcido; **sitz nicht so ~ da!** ¡ponte derecho!; **sich ~ und schief lachen** (*fam*) partirse de risa; **sich ~ legen** (*fam*) matarse a trabajar; **keinen Finger ~ machen** (*fam*) no mover ni un dedo; **einen ~en Rücken machen** (*fig*) agachar la cabeza
 ❷ (*fam: unehrlich*) deshonesto; **ein ~es Ding drehen** hacerle a alguien una faena; **mach keine ~en Touren!** (*fam*) ¡no te metas en jaleos!; **so ein ~er Hund!** ¡menudo sinvergüenza!
krummbeinig *adj* con las piernas torcidas, patizambo
krümmen [ˈkrʏmən] I. *vt* (*krumm machen*) doblar, encorvar; **er krümmt ihnen kein Haar** no les toca un pelo (de la ropa); **er krümmte keinen Finger** no movió un dedo
 II. *vr:* **sich ~** ❶ (*sich winden*) retorcerse; **er krümmte sich vor Lachen** se partió [*o* tronchó] de risa; **was ein Häkchen werden will, krümmt sich beizeiten** (*prov*) el cardo ha de picar, luego nace con espinas
 ❷ (*Straße, Fluss*) serpentear
krümmer [ˈkrʏmɐ] *adj kompar von* **krumm**
krummlachen *vr:* **sich ~** troncharse [*o* partirse] de risa
krummlegen *vr:* **sich ~** (*fam*) *s.* **krumm 1.**
krummnasig *adj:* **~ sein** tener la nariz encorvada [*o* aguileña] [*o* ganchuda]
krummnehmen *irr vt s.* **nehmen 7.**
Krummsäbel *m* <-s, -> cimitarra *f*; **Krummstab** *m* <-(e)s, -stäbe> (REL) báculo *m* pastoral
krümmst(e, s) [ˈkrʏmstə, -tɛ, -təs] *adj superl von* **krumm**
Krümmung [ˈkrʏmʊŋ] *f* <-, -en> curva *f*, curvatura *f*; (*des Körpers*) encorvadura *f*
Kruppe [ˈkrʊpə] *f* <-, -n> grupa *f*; **den Sattel auf die ~ des Pferdes legen** poner el sillín en la grupa del caballo
Krüppel [ˈkrʏpəl] *m* <-s, -> lisiado, -a *m, f*; (*durch Krieg, Unfall*) mutilado, -a *m, f*; **jdn zum ~ schlagen** lisiar a alguien
krüppelhaft *adj* tullido, lisiado; **~ entwickelt** contrahecho, deforme
krüpp(e)lig *adj* (*Körper*) achaparrado; (*Pflanze*) achaparrado
Kruste [ˈkrʊstə] *f* <-, -n> costra *f*; (*vom Brot*) corteza *f*
Krustenbildung *f* <-, -en> ❶ (GEO) incrustación *f*
 ❷ (MED) escarificación *f*
Krustentier *nt* <-(e)s, -e> (ZOOL) crustáceo *m*
krustig [ˈkrʊstɪç] *adj* ❶ (*mit Verkrustungen*) que tiene costras, costroso, cochambroso; **was hast du mit dem Topf gemacht, der Boden ist so ~!** ¡qué has hecho con esta cazuela!, ¡tiene el fondo lleno de costras!
 ❷ (MED) costroso

Kruzifix ['kru:tsifɪks, krutsi'fɪks] nt <-es, -e> crucifijo m, cristo m
Kruzitürken [krutsi'tʏrkən] interj (fam) ¡maldita sea!, ¡demonios!
Krypta ['krʏpta] f <-, Krypten> cripta f
Kryptografie[RR] [krʏptogra'fi:] f <-, -n>, **Kryptographie** f <-, -n> (INFOR) criptografía f
Kryptologie [krʏptolo'gi:] f <-, -n> (INFOR, TEL) criptología f
Krypton ['krʏptɔn] nt <-s, ohne pl> (CHEM) criptón m
KSZE [ka:?ɛstsɛt'?e:] f <-, ohne pl> Abk. von **Konferenz über Sicherheit und Zusammenarbeit in Europa** CSCE f
Kto Abk. von **Konto** cuenta f
Kuba ['ku:ba] nt <-s> Cuba f
Kubaner(in) [ku'ba:nɐ] m(f) <-s, -; -, -nen> cubano, -a m, f
kubanisch adj cubano
Kübel ['ky:bəl] m <-s, -> cubeta f; (Eimer) cubo m; (Bottich) tina f; **es regnet wie aus ~n** (fam) llueve a cántaros
Kuben pl von **Kubus**
Kubikmeter [ku'bi:k-] m o nt <-s, -> metro m cúbico; **Kubikwurzel** f <-, -n> (MATH) raíz f cúbica; **Kubikzahl** f <-, -en> (MATH) cubo m, número m cúbico; **Kubikzentimeter** m o nt <-s, -> centímetro m cúbico
kubisch ['ku:bɪʃ] adj cúbico
Kubismus [ku'bɪsmʊs] m <-, ohne pl> (KUNST) cubismo m
Kubist(in) m(f) <-en, -en; -, -nen> (KUNST) cubista mf
kubistisch adj (KUNST) cubista
Kubus ['ku:bʊs] m <-, Kuben> (MATH) cubo m
Küche ['kʏçə] f <-, -n> cocina f; **die spanische ~** la cocina española
Kuchen ['ku:xən] m <-s, -> pastel m, cake m Am; **jdn zu Kaffee und ~ einladen** invitar a alguien a tomar café y pastel
Küchenabfall m <-(e)s, -fälle> desperdicios mpl de cocina
Küchenblech nt <-(e)s, -e> bandeja f de horno
Küchenbulle m <-n, -n> (MIL: sl) ranchero m; **Küchenchef(in)** m(f) <-s, -s; -, -nen> jefe, -a m, f de cocina, cocinero, -a m, f jefe
Kuchenform f <-, -en> molde m para pasteles; **Kuchengabel** f <-, -n> tenedor m de postre
Küchengerät nt <-(e)s, -e> utensilio m de cocina; **Küchenherd** m <-(e)s, -e> cocina f, brasero m Am; **elektrischer ~** cocina eléctrica; **Küchenmaschine** f <-, -n> robot m de cocina; **Küchenmesser** nt <-s, -> cuchillo m de cocina; **Küchenpapier** nt <-s, -e> papel m de cocina; **Küchenpersonal** nt <-s, ohne pl> personal m de cocina; **Küchenrolle** f <-, -n> rollo m de papel de cocina; **Küchenschabe** f <-, -n> cucaracha f; **Küchenschrank** m <-(e)s, -schränke> armario m de cocina
Kuchenteig m <-(e)s, -e> masa f para pasteles
Küchentuch nt <-(e)s, -tücher> lienzo m, secador m ElSal, Nic; **Küchenwaage** f <-, -n> balanza f de cocina
kucken ['kʊkən] vi (nordd: fam) mirar, ver; (hervorschauen) asomar; **kuck mal!** ¡mira!; **das Hemd kuckt ihm aus der Hose** le asoma la camisa por el pantalón; **aus dem Fenster ~** asomarse a la ventana
Kücken ['kʏkən] nt <-s, -> (Österr) polluelo m, pollito m
kuckuck ['kʊkʊk] interj ¡cucú!
Kuckuck ['kʊkʊk] m <-s, -e> ❶ (Vogel) cuco m; **weiß der ~!** ¡y yo qué demonios sé!; **zum ~ (noch mal)!** ¡maldita sea!
❷ (fam: Siegel) sello m de embargo
Kuckucksei nt <-(e)s, -er> ❶ (Ei eines Kuckucks) huevo m del cuco [o del cuclillo] ❷ (fam: Überraschung) sorpresa f desagradable; **da hat man dir ja wohl ein ~ untergeschoben!** ¡vaya jugada te han hecho!, ¡parece que te han cargado con el muerto [o que te han echado el muerto]!; **sind das alles deine Kinder oder ist ein ~ darunter?** ¿todos estos niños son hijos tuyos o hay alguno de otra mujer?; **Kuckucksuhr** f <-, -en> reloj m de cuco
Kuddelmuddel ['kʊdəl'mʊdəl] m o nt <-s, ohne pl> (fam) lío m, embrollo m
Kufe [ku:fə] f <-, -n> (Schlitten~) patín m; (Schlittschuh~) cuchilla f
Küfer(in) ['ky:fɐ] m(f) <-s, -; -, -nen> (südd) tonelero, -a m, f
Kugel ['ku:gəl] f <-, -n> ❶ (runder Körper) bola f, bomba f Am; (MATH) esfera f; (SPORT) peso m; **eine ruhige ~ schieben** (fam) no dar el callo ❷ (fam: Gewehr~) bala f, chumbo m Arg; **sich** dat **die Kugel geben** pegarse un tiro; **sich** dat **eine ~ durch den Kopf jagen** pegarse un tiro en la cabeza
Kugelblitz m <-es, -e> relámpago m esférico; **Kugelbürette** f <-, -n> (CHEM) bureta f de bola
Kügelchen ['ky:gəlçən] nt <-s, -> ❶ (Spielzeug) bolita f
❷ (MED) glóbulo m
Kugelfang m <-(e)s, -fänge> (MIL) parabalas m inv
kugelförmig [-fœrmɪç] adj redondo, esférico
Kugelgelenk nt <-(e)s, -e> ❶ (ANAT) diartrosis f inv
❷ (TECH) articulación f esférica
Kugelhagel m <-s, ohne pl> lluvia f de balas; **der Flüchtling entkam im ~** el fugitivo huyó en medio de una lluvia de balas

kugelig ['ku:gəlɪç] adj s. **kugelförmig**
Kugelkopf m <-(e)s, -köpfe> cabeza f impresora [o esférica]; **Kugelkopfmaschine** f <-, -n>, **Kugelkopfschreibmaschine** f <-, -n> máquina f de escribir de cabeza esférica
Kugellager nt <-s, -> rodamiento m de bolas
kugeln ['ku:gəln] vi sein rodar; **der Ball kugelte unter den Schrank** la pelota rodó debajo del armario; **das/der ist ja zum K~!** ¡es para morirse de risa!
kugelrund ['--'-] adj redondo (como una bola), esférico
Kugelschreiber m <-s, -> bolígrafo m, birome f Arg; **Kugelschreibermine** f <-, -n> mina f para bolígrafo
kugelsicher adj a prueba de balas, antibalas; **~e Weste** chaleco antibalas
Kugelstoßen nt <-s, ohne pl> (SPORT) lanzamiento m de peso; **Kugelstoßer(in)** m(f) <-s, -; -, -nen> (SPORT) lanzador(a) m(f) de peso
Kuh [ku:, pl: ky:ə] f <-, Kühe> ❶ (weibliches Rind) vaca f; **die ~ ist (noch lange) nicht vom Eis** todavía no ha pasado lo peor; **das ist eine heilige ~** eso es sagrado
❷ (weibliches Tier) hembra f; **der Elch und seine ~** el alce y su hembra
❸ (fam: Person) idiota f, estúpida f; **du blöde ~!** ¡idiota!
Kuhdorf nt <-(e)s, -dörfer> (fam abw) pueblo m de mala muerte, pueblucho m de mala muerte; **Kuhfladen** m <-s, -> boñigo m, bosta f Bol, CSur; **Kuhglocke** f <-, -n> cencerro m; **Kuhhandel** m <-s, ohne pl> (fam abw) chalaneo m, chanchullo m; **Kuhhaut** f <-, -häute> piel f de vaca; **das geht auf keine ~** (fam) esto ya pasa de la raya; **Kuhherde** f <-, -n> manada f de vacas, vacada f; **Kuhhirte, -in** m, f <-n, -n; -, -nen> vaquero, -a m, f
kühl [ky:l] adj ❶ (Wetter etc.) fresco; **am Abend wurde es ~** refrescó a la noche; **bitte ~ lagern** por favor, guárdese en lugar fresco; **einen ~en Kopf bewahren** no perder la cabeza; **mir ist ~** tengo frío
❷ (abweisend) frío
Kühlanlage f <-, -n> instalación f frigorífica [o de refrigeración]; **Kühlbecken** nt <-s, -> pila f de enfriamiento; **Kühlbox** f <-, -en> nevera f portátil
Kuhle ['ku:lə] f <-, -n> (fam) hoyo m
Kühle ['ky:lə] f <-, ohne pl> ❶ (Frische) frescura f, frescor m
❷ (Zurückhaltung) frialdad f
kühlen ['ky:lən] I. vi refrescar
II. vt ❶ (Temperatur senken) refrigerar
❷ (Getränke) (poner a) enfriar, poner a refrescar; **sein Mütchen an jdm ~** desahogar su rabia en alguien
kühlend adj refrescante
Kühler m <-s, -> ❶ (AUTO) radiador m; **mir ist ein Reh vor den ~ gelaufen** casi se me ha metido un corzo debajo de las ruedas
❷ (für Sekt) enfriadera f
Kühlerfigur f <-, -en> (AUTO) mascota f del radiador, figura f del radiador; **Kühlergrill** m <-s, -s> (AUTO) parrilla f delantera; **Kühlerhaube** f <-, -n> (AUTO) capó m
Kühlflüssigkeit f <-, -en> (TECH) líquido m refrigerante; **Kühlhaus** nt <-es, -häuser> almacén m frigorífico; **Kühlkreislauf** m <-(e)s, -läufe> (TECH) circuito m de refrigeración; **Kühlmittel** nt <-s, -> (TECH) refrigerante m; **Kühlraum** m <-(e)s, -räume> cámara f frigorífica; **Kühlrippe** f <-, -n> aleta f de refrigeración; **Kühlschiff** nt <-(e)s, -e> buque m frigorífico; **Kühlschrank** m <-(e)s, -schränke> frigorífico m, nevera f, frigo m fam; **Kühltasche** f <-, -n> nevera f portátil; **Kühlteich** m <-(e)s, -e> piscina f de enfriamiento [o de desactivación]; **Kühltruhe** f <-, -n> congelador m; **Kühlturm** m <-(e)s, -türme> (TECH) torre f de refrigeración
Kühlung[1] f <-, -en> (Vorrichtung, Vorgang) refrigeración f; **auch bei ~ nur begrenzt haltbar** de conservación limitada aún en lugar fresco
Kühlung[2] f <-, ohne pl> (frische Luft) fresco m; **sich** dat **~ verschaffen** refrescarse
Kühlwagen m <-s, -> camión m frigorífico; **Kühlwasser** nt <-s, ohne pl> aguas fpl de refrigeración
Kuhmilch f <-, ohne pl> leche f de vaca; **Kuhmist** m <-(e)s, ohne pl> boñiga f
kühn [ky:n] adj atrevido, audaz; **das übertrifft meine ~sten Erwartungen** esto sobrepasa mis más aventuradas expectativas; **das ist eine ~e Behauptung** esa es una tesis muy atrevida
Kühnheit f <-, ohne pl> (Mut) audacia f, osadía f; (Dreistigkeit) temeridad f
Kuhstall m <-(e)s, -ställe> establo m para las vacas, vaquería f
kujonieren* [kujo'ni:rən] vt hacer la vida imposible; **Schluss mit deinen Schikanen, ich lass mich nicht länger ~!** ¡ya basta de incordiar, no te permito me sigas haciendo la vida imposible!
k.u.k. (HIST) Abk. von **kaiserlich und königlich** imperial y real
Küken ['ky:kən] nt <-s, -> pollito m, polluelo m
Ku-Klux-Klan [kukluks'kla:n] m <-s, ohne pl> (POL) kukuxklán m
Kukuruz ['ku:kurʊts, 'kokurʊts] m <-(es), ohne pl> (Österr) maíz m

kulant [kuˈlant] *adj* (*Person*) complaciente, afable; (*Preis*) aceptable
Kulanz [kuˈlants] *f* <-, *ohne pl*> complacencia *f*, buena voluntad *f*; (*Liebenswürdigkeit*) amabilidad *f*; **eine Reparatur auf ~ machen** hacer una reparación gratis como servicio de la casa; **etw aus ~ austauschen** cambiar algo por amabilidad de la casa
Kulanzzahlung *f* <-, -en> pago *m* de buena voluntad
Kuli [ˈkuːli] *m* <-s, -s> ① (*Person*) culí *m*
② (*fam: Kugelschreiber*) boli *m*
kulinarisch [kuliˈnaːrɪʃ] *adj* culinario
Kulisse [kuˈlɪsə] *f* <-, -n> bastidores *mpl*; **einen Blick hinter die ~n werfen** mirar entre bastidores; **das ist doch nur ~** (*fam abw*) es pura fachada
Kulleraugen *ntpl* (*fam*) ojos *mpl* grandes; **~ machen** mirar con fascinación
kullern [ˈkʊlɐn] *vi sein* (*fam*) rodar; **die Murmel kullert direkt ins Loch** ¡la canica va directa al agujero!
Kulmination [kʊlminaˈtsjoːn] *f* <-, -en> ① (ASTR) culminación *f*
② (*Karriere*) punto *m* culminante, cima *f*
kulminieren* [kʊlmiˈniːrən] *vi* culminar
Kult [kʊlt] *m* <-(e)s, -e> culto *m*; **einen ~ mit jdm/etw** *dat* **treiben** rendir culto a alguien/algo
Kultbild *nt* <-(e)s, -er> (REL) imagen *f* de culto; **Kultfigur** *f* <-, -en> ídolo *m*; **Kultfilm** *m* <-(e)s, -e> película *f* de culto; **Kulthandlung** *f* <-, -en> culto *m* (religioso), acto *m* de fervor
kultisch *adj* del culto
kultivieren* [kʊltiˈviːrən] *vt* ① (*urbar machen*) cultivar
② (*anbauen*) cultivar, plantar
kultiviert [kʊltiˈviːɐt] *adj* ① (*Mensch*) educado, (*gebildet*) culto
② (*gepflegt*) refinado
Kultivierung *f* <-, -en> cultivo *m*
Kultstätte *f* <-, -n> lugar *m* de culto
Kultur [kʊlˈtuːɐ] *f* <-, -en> ① (*geistig, künstlerisch*) cultura *f*; (*menschliche ~*) civilización *f*
② (*von Person*) cultura *f*, educación *f*; **er hat keine ~** no tiene educación
③ (AGR, BIOL) cultivo *m*
Kulturabkommen *nt* <-s, -> convenio *m* cultural, acuerdo *m* cultural; **Kulturattaché** *m* <-s, -s> agregado *m* cultural; **Kulturaustausch** *m* <-(e)s, *ohne pl*> intercambio *m* cultural; **Kulturbanause, -in** *m, f* <-n, -n; -, -nen> persona *f* sin interés cultural; **Kulturbeutel** *m* <-s, -> neceser *m*, bolsa *f* de aseo; **Kulturdenkmal** *nt* <-(e)s, -e *o* -mäler> testimonio *m* cultural
kulturell [kʊltuˈrɛl] *adj* cultural
Kulturfläche *f* <-, -n> (AGR) área *f* de cultivo
Kulturgeschichte *f* <-, *ohne pl*> historia *f* de la civilización
kulturgeschichtlich I. *adj* histórico-cultural
II. *adv* desde un punto de vista histórico-cultural; **von ~ herausragender Bedeutung** de suma importancia para la historia de la civilización [*o* desde un punto de vista histórico-cultural]
Kulturgut *nt* <-(e)s, -güter> patrimonio *m* cultural
Kulturgutschutzgesetz *nt* <-es, -e> (JUR) ley *f* sobre protección de los bienes culturales
kulturhistorisch *adj s.* **kulturgeschichtlich**
Kulturhoheit *f* <-, *ohne pl*> competencia *f* en materia cultural; **das Schulrecht fällt unter die ~ der Bundesländer** la legislación escolar está entre las competencias culturales de los estados federados; **Kulturkampf** *m* <-(e)s, *ohne pl*> (HIST) **der ~** "la lucha por la cultura", el "kulturkampf" (*lucha entre la Iglesia y el Estado en Alemania entre 1872–1887*); **Kulturkreis** *m* <-es, -e> etnia *f* de ámbito cultural; **Kulturkritik** *f* <-, *ohne pl*> crítica *f* cultural; **Kulturlandschaft** *f* <-, -en> paisaje *m* modificado por el hombre; **Kulturleben** *nt* <-s, *ohne pl*> vida *f* cultural; **durch die neue Oper wird das ~ der Stadt bereichert** con la nueva ópera se enriquecerá la vida cultural de la ciudad
kulturlos *adj* sin cultura, ignorante
Kulturnation *f* <-, -en> nación *f* cultural; **Kulturpflanze** *f* <-, -n> planta *f* de cultivo; **Kulturpolitik** *f* <-, *ohne pl*> política *f* cultural
kulturpolitisch I. *adj* de política cultural; **er ist im ~en Ausschuss des Landtags tätig** trabaja en el comité de cultura del parlamento del "land"
II. *adv* en materia de política cultural; **die Pläne der Opposition sind ~ bedeutsam** los planes de la oposición son importantes en materia de política cultural
Kulturprogramm *nt* <-s, -e> (RADIO, TV) programa *m* cultural; **Kulturrasse** *f* <-, -n> raza *f* de cultivo; **Kulturreferent(in)** *m(f)* <-en, -en; -, -nen> encargado, -a *m, f* de asuntos culturales; **Kulturrevolution** *f* <-, -en> revolución *f* cultural
Kulturschaffende(r) *mf* <-n, -n; -, -n> hombre *m* de cultura, artista *mf*, intelectual *mf*
Kulturschale *f* <-, -n> (BIOL) cápsula *f* Petri

Kulturschande *f* <-, *ohne pl*> (*abw*) crimen *m* cultural, atentado *m* contra la cultura [*o* la civilización]; **Kulturschock** *m* <-(e)s, -s *o* -e> choque *m* cultural; **Kultursenator(in)** *m(f)* <-s, -en; -, -nen> consejero, -a *m, f* de cultura; **Kulturstufe** *f* <-, -n> grado *m* de civilización; **Kultursubstrat** *nt* <-(e)s, -e> substrato *m* cultural; **Kulturvarietät** *f* <-, -en> variedad *f* de cultivo; **Kulturvolk** *nt* <-(e)s, -völker> pueblo *m* civilizado; **Kulturzentrum** *nt* <-s, -zentren> centro *m* cultural
Kultusgemeinde *f* <-, -n> (REL) comunidad *f* religiosa
Kultusminister(in) *m(f)* <-s, -; -, -nen> ministro, -a *m, f* de Educación y Ciencia; **Kultusministerium** *nt* <-s, -ministerien> Ministerio *m* de Educación y Ciencia
Kumarin [kumaˈriːn] *nt* <-s, *ohne pl*> cumarina *f*
Kümmel [ˈkʏml] *m* <-s, -> ① (*Pflanze, Gewürz*) comino *m*
② (*Schnaps*) cúmel *m*
Kummer [ˈkʊmɐ] *m* <-s, *ohne pl*> pena *f*, pesar *m*; (*Sorge*) preocupación *f*; **hast du ~?** ¿te preocupa algo?; **jdm ~ machen** [*o* **bereiten**] producir [*o* causar] pena a alguien; **ich bin (an) ~ gewöhnt** estoy acostumbrado a tener penas; **vor/aus ~** de/por pena; **der ~ um jdn** la preocupación por alguien
Kummerkastenonkel, -tante *m, f* <-s, -; -, -n> (*fam*) sección en los periódicos para consultas de carácter privado, sentimental, etc.
kümmerlich [ˈkʏmɐlɪç] *adj* ① (*elend*) miserable, mísero; (*ärmlich*) pobre
② (*schwächlich*) débil
Kümmerling *m* <-s, -e> (*abw*) debilucho *m*
kümmern [ˈkʏmɐn] I. *vr:* **sich ~** ① (*sich beschäftigen*) preocuparse (*um* de), ocuparse (*um* de); **ich muss mich um alles ~!** ¡tengo que preocuparme de todo!; **sich darum ~, dass …** preocuparse de que… + *subj*; **er kümmert sich nicht darum, was die Leute denken** no le importa lo que piense la gente
② (*sorgen*) cuidar (*um* de), mirar (*um* por); **ich kümmere mich um die Kinder** yo cuido a los niños; **kümmer dich ein bisschen um sie!** ¡ocúpate un poco de ella!
II. *vt* importar, interesar; **das kümmert mich nicht** eso no me interesa; **was kümmert Sie das?** ¿a Ud. qué le importa?; **das braucht uns nicht zu ~** eso no es asunto nuestro, a nosotros eso ni nos va ni nos viene
Kümmernis *nt* <-ses, -se> (*geh*) pesar *m*, pesadumbre *f*
Kummerspeck *m* <-(e)s, *ohne pl*> (*fam*) kilos *mpl* (ganados durante una depresión); **mit dieser Diät werde ich den ~ los** con esta dieta me voy a quitar los michelines de encima
kummervoll *adj* afligido
Kumpan(in) [kʊmˈpaːn] *m(f)* <-s, -e; -, -nen> (*fam*) ① (*Kamerad*) camarada *mf*, compañero, -a *m, f*
② (*abw: Mittäter*) compinche *mf*
Kumpel [ˈkʊmpəl] *m* <-s, -> ① (*Bergarbeiter*) minero, -a *m, f*
② (*fam: Kamerad*) camarada *mf*, compañero, -a *m, f*, pipe *m* AmM
Kumulation [kumulaˈtsjoːn] *f* <-, -en> acumulación *f*; **von Handlungs- und Erfolgsort** acumulación de lugar de actuación y lugar de resultado
Kumulationseffekt *m* <-(e)s, -e> efecto *m* de acumulación; **Kumulationsprinzip** *nt* <-s, *ohne pl*> principio *m* de acumulación
kumulieren* [kumuˈliːrən] *vt, vr* acumular(se) (*auf*); **kumulierter Verlust** (WIRTSCH) pérdida acumulada
Kumulierung *f* <-, -en> acumulación *f*; **mit der Zeit kam es zu einer ~ giftiger Rückstände** con el tiempo se han ido acumulando residuos tóxicos
Kumulierungsverbot *nt* <-(e)s, -e> (JUR) prohibición *f* de acumulación
Kumulonimbus [kumuloˈnɪmbʊs] *m* <-, -se> (METEO) cumulonimbo *m*
Kumuluswolke [ˈkuːmulʊs-] *f* <-, -n> (METEO) cúmulo *m*
kündbar [ˈkʏntbaːɐ] *adj* (*Vertrag*) rescindible, cancelable
Kündbarkeit *f* <-, *ohne pl*> rescindibilidad *f*
Kunde¹ [ˈkʊndə] *f* <-, -n> (*geh: Nachricht*) noticia *f*, novedad *f*; **von etw** *dat* **~ erhalten** recibir noticia de algo
Kunde, -in² *m, f* <-n, -n; -, -nen> cliente, -a *m, f*; **langjähriger/treuer/zufriedener ~** cliente antiguo/fiel/satisfecho; **potentieller ~** cliente potencial; **das ist Dienst am ~n** hacemos todo para servir a nuestros clientes; **hier ist der ~ König** aquí el cliente manda
künden [ˈkʏndən] I. *vi* (*geh*) contar (*von* de), narrar (*von* de)
II. *vt* ① (*geh*) narrar, relatar
② (*Schweiz*) rescindir, revocar
Kundenabnahme *f* <-, -n> recogida *f* por el cliente; **Kundenakzept** *nt* <-(e)s, -e> (FIN) letra *f* del comprador; **Kundenanfrage** *f* <-, -n> solicitud *f* de información del cliente; **Kundenberatung** *f* <-, -en> servicio *m* de asesoramiento al cliente
Kundendienst¹ *m* <-(e)s, *ohne pl*> (*Service*) atención *f* al cliente
Kundendienst² *m* <-(e)s, -e> (*Reparaturdienst*) servicio *m* técnico, asistencia *f* técnica

Kundendienstabteilung f <-, -en> departamento m de servicio técnico [o de servicio (de) pos(t)venta]

Kundenfang m <-(e)s, ohne pl> (abw) captación f de clientes; **auf ~ gehen** ir a captar clientes; **Kundenkarte** f <-, -n> (WIRTSCH) tarjeta f de cliente; **Kundenkartei** f <-, -en> cartera f de cliente; **Kundenkonto** nt <-s, -konten> cuenta f de clientes

Kundenkredit m <-(e)s, -e> (WIRTSCH) crédito m al cliente; **Kundenkreditgeschäft** nt <-(e)s, -e> (WIRTSCH) operación f de crédito al cliente

Kundenkreis m <-es, -e> (WIRTSCH) clientela f; **Kundennummer** f <-, -n> número m del cliente

Kundenschutz m <-es, ohne pl> protección f de la clientela; **Kundenschutzklage** f <-, -n> (JUR) demanda f de protección de la clientela; **Kundenschutzvereinbarung** f <-, -en> (JUR) convenio m de protección de la clientela; **Kundenschutzvertrag** m <-(e)s, -träge> (JUR) contrato m de protección de la clientela, tratado m de protección de la clientela; **Kundenstamm** m <-(e)s, -stämme> (WIRTSCH) clientela f fija; **Kundenstock** m <-(e)s, -stöcke> (Österr) clientela f; **Kundenüberlassungsklausel** f <-, -n> (JUR) cláusula f de traspaso de la clientela; **Kundenvertrag** m <-(e)s, -träge> (JUR) contrato m de cliente; **Kundenwechsel** m <-s, -> letra f dada en pago por un cliente; **Kundenzuzahlung** f <-, -en> pago m suplementario del cliente

kund|geben irr vt (geh) hacer saber, dar a conocer; (öffentlich machen) publicar, hacer público

Kundgebung f <-, -en> manifestación f

kundig adj (erfahren) experimentado; (sachverständig) experto, perito; **einer Sache ~ sein** (geh) ser experto en una materia; **auf dem Gebiet muss ich mich noch ~ machen** tengo que ponerme al día en la materia

kündigen ['kʏndɪɡən] I. vt ❶ (Vertrag) rescindir, anular; (Wohnung) anunciar el desalojamiento (de); **jdm die Freundschaft ~** romper con alguien
❷ (Arbeitsstelle) presentar su dimisión
II. vi ❶ (einem Arbeitnehmer) despedir; (als Arbeitnehmer) rescindir el contrato de trabajo, presentar su dimisión; **ich habe zum ersten November gekündigt** presenté la dimisión para el uno de noviembre
❷ (einem Mieter) desahuciar; **ihm ist zum ersten April gekündigt worden** le desahuciarán el uno de abril

Kündigung f <-, -en> ❶ (eines Vertrages) rescisión f; (eines Abonnements) anulación f del abono; (Wohnung durch Mieter) aviso m de desalojamiento; (durch Vermieter) aviso m de desahucio; **~ des Geschäftsanteils** cancelación de una participación; **Vertrag mit halbjähriger ~** contrato con medio año de aviso; **außerordentliche ~** rescisión extraordinaria
❷ (einer Stelle) autodespido m, aviso m de cese en el empleo; (vom Arbeitgeber) despido m; **~ durch den Arbeitnehmer** despido voluntario del trabajador; **betriebsbedingte/gesetzlich unterstellte ~** despido por necesidades de la empresa/legalmente condicionado; **~ aus wichtigem Grund** despido por razones importantes; **fristlose ~** despido sin preaviso; **fristgemäße ~** despido con preaviso; **verhaltensbedingte ~** despido por razones de conducta; **seine ~ einreichen** presentar su dimisión

Kündigungsentschädigung f <-, -en> (JUR) indemnización f por despido [o rescisión]; **Kündigungserklärung** f <-, -en> declaración f de despido [o rescisión]; **Kündigungsfrist** f <-, -en> plazo m de despido [o de preaviso]; **gesetzliche ~** plazo legal de preaviso; **ohne ~** sin plazo de preaviso de despido; **mit dreimonatiger ~** con plazo de preaviso de despido de tres meses; **die ~ einhalten** respetar el plazo de preaviso de despido; **Kündigungsgrund** m <-(e)s, -gründe> ❶ (Arbeitsrecht) causa f de despido, motivo m de despido ❷ (bei Mietsachen) causa f de desahucio; **Kündigungsklausel** f <-, -n> (JUR) cláusula f de despido; **Kündigungskurs** m <-es, -e> (COM, FIN) cotización f de cancelación; **Kündigungsrecht** nt <-(e)s, ohne pl> (JUR) derecho m de rescisión

kündigungsreif adj despedible, rescindible

Kündigungsschreiben nt <-s, -> carta f de despido, aviso m de rescisión de contrato

Kündigungsschutz m <-es, ohne pl> ❶ (des Arbeitnehmers) protección f contra el despido ❷ (des Mieters) protección f contra desahucio; **Kündigungsschutzgesetz** nt <-es, -e> (JUR) ley f de protección contra el despido; **Kündigungsschutzklage** f <-, -n> (JUR) demanda f de despido improcedente

Kündigungstermin m <-(e)s, -e> última fecha f de aviso

Kundin f <-, -nen> s. **Kunde**

Kundschaft f <-, ohne pl> clientes mpl, clientela f; **feste ~** clientela fija; **~! ¡**oiga!, ¿hay alguien?

kundschaften vi explorar el terreno; **er kundschaftete in seiner Nachbarschaft herum, ob jemand seinen Hund gesehen habe** fue preguntando al vecindario si alguien había visto a su perro

Kundschafter(in) m(f) <-s, -; -, -nen> (Gesandter) enviado, -a m, f; (Spion) espía mf, bombero m RíoPl

kund|tun irr vt (fam) manifestar, declarar

künftig ['kʏnftɪç] I. adj futuro, venidero; **meine ~e Frau** mi futura esposa; **Klage auf ~e Leistung** (JUR) demanda de servicio futuro
II. adv de ahora en adelante

Kungelei [kʊŋə'laɪ] f <-, -en> (fam abw) trato m (a espaldas de otros)

kungeln ['kʊŋəln] vi (fam abw) apalabrar algo (a espaldas de otros); **mit jdm um etw ~** repartirse algo con alguien

Kunst [kʊnst, pl: 'kʏnstə] f <-, Künste> arte m o f; **die schönen Künste** las Bellas Artes; **die bildende ~** las Artes Plásticas; **die ärztliche ~** el arte de la medicina; **eine brotlose ~** una profesión sin futuro; **das ist keine ~!** (fam) ¡eso lo hace cualquiera!; **mit seiner ~ am Ende sein** ya no saber qué hacer; **die ~ besteht darin ...** el arte está en...; **was macht die ~?** (fam) ¿qué tal?; **nach allen Regeln der ~** según las reglas del oficio; (fig) como Dios manda

Kunstakademie f <-, -n> Academia f de Bellas Artes; **Kunstausstellung** f <-, -en> exposición f de arte; **Kunstbanause, -in** m, f <-n, -n; -, -nen> (abw) ignorante mf en materia artística

Kunstdarm m <-(e)s, -därme> intestino m artificial

Kunstdenkmal nt <-(e)s, -e o -mäler> monumento m artístico; **Kunstdruck** m <-(e)s, -e> impresión f artística

Kunstdünger m <-s, -> abono m químico

Kunsteisbahn f <-, -en> pista f de hielo artificial

Kunsterzieher(in) m(f) <-s, -; -, -nen> profesor(a) m(f) de arte; **Kunsterziehung** f <-, ohne pl> formación f artística; (SCH) Bellas Artes fpl

Kunstfaser f <-, -n> fibra f sintética

Kunstfehler m <-s, -> error m quirúrgico; **ärztlicher ~** error médico

kunstfertig adj hábil, mañoso, virtuoso

Kunstfertigkeit f <-, ohne pl> habilidad f, destreza f; **Kunstflug** m <-(e)s, -flüge> vuelo m artístico; **Kunstfreiheit** f <-, ohne pl> libertad f artística; **Kunstfreund(in)** m(f) <-(e)s, -e; -, -nen> amante mf del arte; **Kunstgattung** f <-, -en> género m artístico; **Kunstgegenstand** m <-(e)s, -stände> objeto m de arte

kunstgerecht adj ❶ (fachmännisch) pericial, técnico
❷ (richtig) correcto

Kunstgeschichte f <-, ohne pl> historia f del Arte; **Kunstgewerbe** nt <-s, ohne pl> artesanía f, Artes y Oficios

kunstgewerblich adj artesanal

Kunstgriff m <-(e)s, -e> artimaña f, artificio m; **Kunsthandel** m <-s, ohne pl> comercio m con objetos de arte; **Kunsthändler(in)** m(f) <-s, -; -, -nen> comerciante mf de objetos de arte; **Kunsthandlung** f <-, -en> galería f de arte; **Kunsthandwerk** nt <-(e)s, ohne pl> artesanía f

Kunstharz nt <-es, -e> (TECH) resina f artificial [o sintética]; **Kunstherz** nt <-ens, -en> (MED) corazón m artificial

Kunsthistoriker(in) m(f) <-s, -; -, -nen> historiador(a) m(f) del arte

kunsthistorisch I. adj relativo a la historia del arte; **die Grabungsfunde sind von ~em Interesse** los objetos hallados en la excavación tienen interés para la historia del arte
II. adv relacionado con [o desde el punto de vista de] la historia del arte; **eine Veröffentlichung, die ~ bedeutend ist** una publicación que tiene importancia para la historia del arte

Kunstkenner(in) m(f) <-s, -; -, -nen> experto, -a m, f en (materia de) arte; **Kunstkritiker(in)** m(f) <-s, -; -, -nen> crítico, -a m, f de arte(s)

Kunstleder nt <-s, -> cuero m artificial

Kunstlehrer(in) m(f) <-s, -; -, -nen> (SCH) profesor(a) m(f) de historia del arte

Künstler(in) ['kʏnstlɐ] m(f) <-s, -; -, -nen> artista mf

künstlerisch ['kʏnstlərɪʃ] adj artístico; **~ begabt sein** tener talento artístico

Künstlerkolonie f <-, -n> colonia f de artistas; **Künstlername** m <-ns, -n> nombre m artístico; **Künstlerpech** nt <-(e)s, ohne pl> (fam) mala pata f

künstlich adj artificial; (Zähne) postizo; **sich ~ aufregen** poner el grito en el cielo; **jdn ~ ernähren** alimentar a alguien con sonda [o artificialmente]

Kunstlicht nt <-(e)s, ohne pl> luz f artificial

Kunstliebhaber(in) m(f) <-s, -; -, -nen> amante mf del arte; **Kunstlied** nt <-(e)s, -er> (MUS) canción f (no popular)

kunstlos adj simple, sencillo

Kunstmaler(in) m(f) <-s, -; -, -nen> pintor(a) m(f) (artista)

Kunstpause f <-, -n> pausa f intencionada

Kunstreiter(in) m(f) <-s, -; -, -nen> artista mf ecuestre

Kunstrichtung f <-, -en> estilo m; **Kunstsammlung** f <-, -en> colección f (de objetos) de arte; **Kunstschatz** m <-es, -schätze> tesoro m artístico; **dieses Museum birgt große Kunstschätze** este museo alberga grandes tesoros artísticos

Kunstschnee *m* <-s, *ohne pl*> nieve *f* artificial; **Kunstseide** *f* <-, -n> seda *f* artificial

kunstsinnig I. *adj* (*geh*) ❶ (*bewandert*) versado [*o* entendido] en arte ❷ (*interessiert*) amante del arte II. *adv* refinadamente, con buen gusto

Kunstsprache *f* <-, -n> (LING) lengua *f* artificial, idioma *m* artificial

Kunstspringen *nt* <-s, *ohne pl*> (SPORT) saltos *mpl* de trampolín

Kunststoff *m* <-(e)s, -e> materia *f* plástica, plástico *m*; **aus ~ de plástico**

kunststoffbeschichtet *adj* plastificado; **die Außenverkleidung ist ~** el revestimiento exterior está plastificado

Kunststofferzeugnis *nt* <-ses, -se> producto *m* de plástico [*o* sintético]

kunst|stopfen *vi, vt* zurcir; **kannst du ~?** ¿sabes zurcir?

Kunststück *nt* <-(e)s, -e> truco *m*; (*akrobatisch*) acrobacia *f*, maroma *f Am*; **das ist kein ~!** (*fam*) ¡eso lo hace cualquiera!; **Kunsttischler(in)** *m(f)* <-s, -; -, -nen> ebanista *mf*; **Kunstturnen** *nt* <-s, *ohne pl*> gimnasia *f* artística

Kunstunterricht *m* <-(e)s, -e> (SCH) clase *f* de educación artística; **Kunstverstand** *m* <-(e)s, *ohne pl*> entendimiento *m* en lo relativo al arte

kunstverständig *adj* entendido en arte

Kunstverständnis *nt* <-ses, *ohne pl*> entendimiento *m* en materia de arte, conocimiento *m* en materia de arte; **er ist jemand mit großem ~** es un gran entendido en arte, sabe mucho de arte

kunstvoll *adj* muy artístico

Kunstwerk *nt* <-(e)s, -e> obra *f* de arte; **Kunstwert** *m* <-(e)s, -e> valor *m* artístico; **der ~ dieses Bildes ist bedeutend** el valor artístico de este cuadro es considerable; **Kunstwissenschaft** *f* <-, -en> Bellas Artes *mpl o fpl*

Kunstwort *nt* <-(e)s, -wörter> (LING) palabra *f* artificial

kunterbunt ['kʊntɐˈbʊnt] I. *adj* ❶ (*farbig*) (muy) colorido, abigarrado ❷ (*durcheinander*) revuelto, en desorden II. *adv* abigarradamente, sin orden ni concierto; **hier geht es ~ zu** a menudo jaleo hay aquí!; **~ zusammengewürfelt** todo revuelto

Kunz [kʊnts] (*fam*): **Hinz und ~** fulano y mengano

Kupfer ['kʊpfɐ] *nt* <-s, *ohne pl*> (CHEM) cobre *m*; **etw in ~ stechen** grabar algo en cobre

Kupferbad *nt* <-(e)s, -bäder> (CHEM) baño *m* de cobre; **Kupferbergwerk** *nt* <-(e)s, -e> mina *f* de cobre; **Kupferdraht** *m* <-(e)s, -drähte> hilo *m* de cobre; **Kupferdruck** *m* <-(e)s, -e> (TYPO) calcotipia *f*; **Kuppfererz** *nt* <-es, -e> mineral *m* de cobre

kupferhaltig *adj* cobrizo, cúprico

Kupferkabel *nt* <-s, -> cable *m* de cobre; **Kupferkies** *m* <-es, -e> (GEO) calcopirita *f*, pirita *f* de cobre; **Kupfermünze** *f* <-, -n> moneda *f* de cobre

kupfern ['kʊpfɐn] *adj* de cobre

Kupferoxyd *nt* <-(e)s, -e> (CHEM) óxido *m* de cobre; **Kupferschmied(in)** *m(f)* <-(e)s, -e; -, -nen> forjador(a) *m(f)* de cobre; **Kupferschmiede** *f* <-, -n> forja *f* de cobre; **Kupferschmiedin** *f* <-, -nen> *s.* **Kupferschmied**; **Kupferstecher(in)** *m(f)* <-s, -; -, -nen> (KUNST) grabador(a) *m(f)* en cobre; **Kupferstich** *m* <-(e)s, -e> grabado *m* en cobre; **Kupfervitriol** *nt* <-s, *ohne pl*> (CHEM) vitriolo *m* azul, caparrosa *f* azul

Kupon [ku'põː] *m* <-s, -s> (*abtrennbarer Zettel, Zinsabschnitt*) cupón *m*; (*Talon*) talón *m*

Kuponeinlösung *f* <-, -en> (FIN) pago *m* del cupón; **Kuponsteuer** *f* <-, -n> (FIN) impuesto *m* sobre los rendimientos del capital mobiliario

Kuppe ['kʊpə] *f* <-, -n> ❶ (*Berg~*) cima *f*, cumbre *f* ❷ (*Finger~*) yema *f* del dedo

Kuppel ['kʊpəl] *f* <-, -n> cúpula *f*

Kuppeldach *nt* <-(e)s, -dächer> (ARCHIT) cúpula *f*

Kuppelei [kʊpəˈlaɪ] *f* <-, -en> alcahuetería *f*; (JUR) proxenetismo *m*; **~ betreiben** practicar el proxenetismo, alcahuetear

kuppeln ['kʊpəln] I. *vi* ❶ (AUTO) embragar, pisar el embrague ❷ (*als Kuppler*) alcahuetear, hacer de alcahuete II. *vt* ❶ (*Fahrzeuge*) enganchar, acoplar (*an* a) ❷ (*Geräte*) conectar

Kuppler(in) *m(f)* <-s, -; -, -nen> alcahuete, -a *m*, *f*; (JUR) proxeneta *mf*

Kupplung *f* <-, -en> ❶ (*das Verbinden*) acoplamiento *m* ❷ (*Vorrichtung*) enganche *m* ❸ (AUTO) embrague *m*; **die ~ (durch)treten** pisar el embrague (a fondo); **die ~ kommen lassen** desembragar; **die ~ schleifen lassen** hacer patinar el embrague

Kupula ['kuːpula] *f* <-, Kupulae> ❶ (BOT) fritilaria *f*, cúpula *f* ❷ (ANAT) cúpula *f*

Kur [kuːɐ] *f* <-, -en> ❶ (*Heilverfahren*) cura *f*, curativa *f*; (*Behandlung*) tratamiento *m* ❷ (*Aufenthalt*) tratamiento *m* balneoterapéutico; **zur ~ fahren** ir a tomar las aguas; **jdn zur ~ schicken** prescribir un tratamiento balneoterapéutico a alguien

Kür [kyːɐ] *f* <-, -en> (SPORT) ejercicio *m* libre

Kurator(in) [kuˈraːtoːɐ] *m(f)* <-s, -en; -, -nen> (UNIV) secretario, -a *m*, *f* general

Kuratorium [kuraˈtoːriʊm] *nt* <-s, Kuratorien> consejo *m* de administración [*o* de patronato]

Kuraufenthalt *m* <-(e)s, -e> estancia *f* en una estación termal [*o* en un balneario]

Kurbel ['kʊrbəl] *f* <-, -n> manivela *f*

Kurbelantrieb *m* <-(e)s, -e> (TECH) impulsión *f* de [*o* por] manivela; **Kurbelgehäuse** *nt* <-s, -> (AUTO) cárter *m* del cigüeñal

kurbeln I. *vi* girar la manivela, darle a la manivela II. *vt* (*nach oben*) subir (girando la manivela), (*nach unten*) bajar (girando la manivela)

Kurbelstange *f* <-, -n> (TECH) vástago *m* de una manivela; **Kurbelwelle** *f* <-, -n> (TECH) cigüeñal *m*

Kürbis ['kʏrbɪs] *m* <-ses, -se> calabaza *f*, zapallo *m MAm*, ayote *m MAm*

Kürbiskern *m* <-(e)s, -e> pipa *f* de calabaza, pepita *f* de calabaza

Kurde, -in ['kʊrdə] *m*, *f* <-n, -n; -, -nen> kurdo, -a *m*, *f*

kurdisch *adj* kurdo

Kurdistan ['kʊrdɪstaːn] *nt* <-s> Kurdistán *m*

kuren ['kuːrən] *vi* (*fam*) someterse a un tratamiento balneoterapéutico

küren ['kyːrən] <kürt, kürte *o* kor, gekürt *o* gekoren> *vt* (*geh*) elegir (*zu* como)

Kurfürst ['kuːɐ-] *m* <-en, -en> (HIST) príncipe *m* elector; **Kurfürstentum** *nt* <-s, -tümer> (HIST) electorado *m*

Kurgast *m* <-(e)s, -gäste> huésped(a) *m(f)* de un balneario; **Kurhaus** *nt* <-es, -häuser> casino *m* (en un balneario)

Kurie ['kuːriə] *f* <-, -n> curia *f*

Kurienkardinal *m* <-s, -näle> (REL) cardenal *m* de la curia

Kurier [kuˈriːɐ] *m* <-s, -e> correo *m*

Kurierdienst *m* <-(e)s, -e> servicio *m* de correo

kurieren* [kuˈriːrən] *vt* curar, sanar (*von*); **von dem bin ich endgültig kuriert!** (*fam*) ¡a ése ya me lo he quitado [*o* sacado] de la cabeza!

kurios [kuˈrioːs] *adj* curioso, raro

Kuriosa *pl von* **Kuriosum**

Kuriosität¹ [kurioziˈtɛːt] *f* <-, *ohne pl*> (*Eigenart*) rareza *f*, singularidad *f*

Kuriosität² *f* <-, -en> (*Gegenstand*) curiosidad *f*, cosa *f* extraña

Kuriosum [kuˈrioːzʊm] *nt* <-s, Kuriosa> curiosidad *f*, cosa *f* extraña

Kurort *m* <-(e)s, -e> balneario *m*; **Kurpark** *m* <-(e)s, -s, *Schweiz:* -pärke> parque *m* de un balneario

Kurpfalz ['kuːɐpfalts] *f* <-> Electorado *m* del Palatinado

Kurpfuscher(in) ['kuːɐpfʊʃɐ] *m(f)* <-s, -; -, -nen> ❶ (*fam abw*) charlatán, -ana *m*, *f*, curandero, -a *m*, *f*, curioso, -a *m*, *f Am*, compositor(a) *m(f) CSur* ❷ (*Arzt*) matasanos *mf inv*; **Kurpfuscherei** *f* <-, *ohne pl*> (*fam abw*) curanderismo *m*, curandería *f*; **Kurpfuscherin** *f* <-, -nen> *s.* **Kurpfuscher**

Kurs [kʊrs] *m* <-es, -e> ❶ (*Richtung*) rumbo *m*; **~ auf Hamburg nehmen** poner rumbo a Hamburgo; **auf ~ bleiben** mantener el rumbo; **vom ~ abkommen** perder el rumbo; **einen harten (politischen) ~ fahren** [*o* einschlagen] adoptar una línea (política) dura ❷ (SCH, UNIV) curso *m*; (*Intensiv~, Wochenend~*) cursillo *m*; **einen ~ besuchen** asistir a un curso ❸ (WIRTSCH) cotización *f*; (*von Devisen*) cambio *m*; **~ über/unter den Nennwert** cotización por encima/por debajo del valor nominal; **amtlicher ~** cotización oficial; **multipler ~** cambio múltiple; **vorbörslicher ~** curso antes de iniciar la sesión oficial de la Bolsa; **der amtliche ~ des Dollars** la cotización oficial del dólar; **zum gegenwärtigen ~** al cambio actual; **den ~ drücken/festsetzen/hinauftreiben** hacer bajar/fijar/hacer subir los cambios; **die ~e fallen/steigen** las cotizaciones bajan/suben; **den ~ schwächen/stützen** debilitar/sostener los cambios; **bei jdm hoch im ~ stehen** gozar de prestigio [*o* respeto] ante alguien; **etw außer ~ setzen** retirar algo de la circulación; **zu einem guten/ schlechten ~ tauschen** cambiar con una buena/mala cotización; **der ~ pendelte sich ein bei …** la cotización se estabilizó en…; **die ~e zeigen sinkende Tendenzen** las cotizaciones marcan tendencias a la baja

Kursabfall *m* <-(e)s, *ohne pl*> (FIN) caída *f* de la cotización; **Kursabschlag** *m* <-(e)s, -schläge> (FIN) descuento *m*; **Kursänderung** *f* <-, -en> (NAUT, AERO) cambio *m* de rumbo; (WIRTSCH) indicación *f* de la cotización; **Kursanpassung** *f* <-, -en> (FIN) reajuste *m* de la cotización; **Kursanstieg** *m* <-(e)s, *ohne pl*> (FIN) subida *f* de los cambios [*o* de las cotizaciones]; **Kursbericht** *m* <-(e)s, -e> (FIN) informe *m* bursátil; **der ~ spricht von einer positiven Entwicklung der Aktien** el informe habla de una evolución positiva de las acciones; **Kursbewegung** *f* <-, -en> (WIRTSCH) fluctuación *f* del cambio [*o* de las cotizaciones]; **geringe ~ bei den Hauptwährungen** fluctuaciones

mímimas [o apenas apreciables] en las monedas principales
Kursbildung f <-, -en> (WIRTSCH) formación f de los cambios; **Kursbildungsfaktor** f <-s, -en> (WIRTSCH) factor m de formación de los cambios
Kursbuch nt <-(e)s, -bücher> (EISENB) guía f oficial de ferrocarriles
Kurschatten m <-s, -> (fam iron) persona del sexo contrario que durante la estancia en un balneario acompaña constantemente a otro paciente
Kürschner(in) ['kʏrʃnɐ] m(f) <-s, -; -, -nen> peletero, -a m, f
Kurse pl von **Kurs, Kursus**
Kurseinbruch m <-(e)s, -brüche> (WIRTSCH) fuerte retroceso m de los cambios [o de las cotizaciones]; **Kurseinbuße** f <-, -n> (FIN) pérdida f en la cotización [o en el cambio]; **~n hinnehmen müssen** tener que aceptar una pérdida en los cambios; **Kursentwicklung** f <-, -en> (WIRTSCH) evolución f de los cambios, comportamiento m de las cotizaciones; **Kurserholung** f <-, ohne pl> (WIRTSCH) recuperación f de los cambios; **Kursfeststellung** f <-, -en> (FIN) fijación f de los cambios [o de las cotizaciones]; **laufende ~en** fijación en curso de los cambios; **Kursfixierung** f <-, -en> (FIN) fijación f de los cambios; **Kursgefüge** nt <-s, -> (WIRTSCH) sistema m de cotización; **Kursgeschäft** nt <-(e)s, -e> (WIRTSCH) operación f de cambios; **Kursgewinn** m <-(e)s, -e> (FIN) plusvalía f
Kurs-Gewinn-Verhältnis nt <-ses, -se> (FIN) relación f cotización-beneficio
Kursherabsetzung f <-, -en> (FIN) reducción f de las cotizaciones
kursieren* [kʊrˈziːrən] vi haben o sein ❶ (Geld) circular, estar en circulación
❷ (Gerücht) correr
kursiv [kʊrˈziːf] adj (TYPO) en itálica, en cursiva
Kursive [kʊrˈziːvə] f <-, -n> (TYPO), **Kursivschrift** f <-, -en> (TYPO) (letra f) cursiva f
Kurskorrektur f <-, -en> (FIN) corrección f de los cambios; **Kursmanipulation** f <-, -en> (FIN) manipulación f de los cambios; **Kursnotierung** f <-, -en> (WIRTSCH) cotización f de cambios; **Kursoperation** f <-, -en> (FIN) operación f de cambios
kursorisch [kʊrˈzoːrɪʃ] I. adj (geh) superficial; **auch bei einer ~en Lektüre entgeht ihm nichts** ni haciendo una lectura rápida se le escapa nada
II. adv (geh) por encima; **einen Artikel ~ lesen** hacer una lectura rápida de un artículo
Kursparität f <-, -en> (FIN) paridad f cambiaria
Kursregulierung f <-, -en> (FIN) regulación f de los cambios [o de las cotizaciones]; **Kursregulierungskonsortium** nt <-s, -konsortien> (WIRTSCH) consorcio m de regulación de los cambios
Kursrisiko nt <-s, -s o -risiken> (WIRTSCH) riesgo m de los cambios [o de las cotizaciones]; **Kursrückgang** m <-(e)s, -gänge> (FIN) baja f en [o de] las cotizaciones; **allgemeiner ~** baja generalizada de los cambios; **~ erleiden** soportar la baja de las cotizaciones; **Kursrücknahme** f <-, -n> (FIN) anulación f de los cambios; **Kursrutsch** m <-es, -e> (FIN) caída f de los cambios; **Kursschwankung** f <-, -en> (WIRTSCH) fluctuación f de las cotizaciones; (von Devisen) oscilación f de los cambios; **heftige/geringe ~en aufweisen** presentar fuertes/escasas fluctuaciones; **Kurssicherung** f <-, -en> (FIN, WIRTSCH) consolidación f de los cambios; **Kursspanne** f <-, -n> (FIN) margen m de los cambios; **Kursspekulation** f <-, -en> (FIN) agiotaje m; **Kursstabilität** f <-, ohne pl> estabilidad f de las cotizaciones; **Kurssteigerung** f <-, -en> alza f del cambio; **Kurssturz** m <-es, -stürze> (FIN) baja f repentina del cambio
Kursstützung f <-, -en> (FIN) apoyo m de los cambios; **~ durchführen** apoyar las cotizaciones; **Kursstützungskauf** m <-(e)s, -käufe> (WIRTSCH) compra f de sostén
Kursteilnehmer(in) m(f) <-s, -; -, -nen> participante mf en un curso; (an Wochenendkurs) cursillista mf; **Kurstendenz** f <-, -en> (WIRTSCH) tendencia f de los cambios
Kursus ['kʊrzʊs, pl: 'kʊrzə] m <-, Kurse> curso m, cursillo m
Kursverfall m <-(e)s, ohne pl> (FIN) caída f de los cambios; **Kursverkauf** m <-(e)s, -käufe> (FIN) venta f de cotizaciones; **Kursverlust** m <-(e)s, -e> (WIRTSCH) pérdida f en bolsa; **einen ~ hinnehmen müssen** tener que aceptar una pérdida de los cambios [o de las cotizaciones]; **einen beträchtlichen ~ darstellen** representar una considerable pérdida; **Kursverschiebung** f <-, -en> (WIRTSCH) movimiento m de los cambios [o de las cotizaciones]; **Kurswagen** m <-s, -> (EISENB) vagón m directo; **Kurswechsel** m <-s, -> (POL) cambio m de rumbo
Kurswert m <-(e)s, -e> (WIRTSCH) cotización f en bolsa; **Kurswertberichtigung** f <-, -en> (WIRTSCH) corrección f del valor de cotización
Kurszettel m <-s, -> (FIN) lista f de cotizaciones; **Kurszusammenbruch** m <-s, -brüche> (FIN) derrumbamiento m de las cotizaciones [o de los cambios]
Kurtaxe f <-, -n> tasa f de balneario

Kurtisane [kʊrtiˈzaːnə] f <-, -n> cortesana f; (Geliebte) favorita f
Kurve [ˈkʊrvə] f <-, -n> (a. MATH) curva f; **die Straße macht eine ~** la carretera hace una curva; **die ~ schneiden** cortar la curva; **sich in die ~ legen** inclinarse [o ladearse] al tomar la curva; **aus der ~ fliegen** (fam) salir volando de la curva; **die ~ kratzen** (fam) desaparecer rápido; **nicht die ~ kriegen** (fam) fracasar; **die ~ heraushaben** (fam) sabérselas todas
kurven vi sein (fam) viajar (durch por), andar (durch por)
Kurvendiagramm nt <-s, -e> (INFOR, MATH) gráfico m de curvas; **Kurvenlineal** nt <-s, -e> (MATH) plantilla f de curvas
kurvenreich adj con muchas curvas
Kurverwaltung f <-, -en> administración f del balneario
kurvig adj ❶ (bogenförmig) curvado, arqueado
❷ (kurvenreich) de muchas curvas
kurz [kʊrts] adj <kürzer, am kürzesten> ❶ (zeitlich) corto, breve; **ein ~er Blick** una ojeada; **ich will es ~ machen** seré breve; **mit ein paar ~en Worten** en unas pocas palabras; **über ~ oder lang** tarde o temprano; **in kürzester Zeit** en unos momentos; **sich ~ fassen** ser conciso; **und bündig** conciso; **~ und gut** resumiendo; **~ und schmerzlos** (fam) sin rodeos, de plano; **seit ~em** desde hace poco (tiempo); **vor ~em** hace poco, el otro día fam; **~ entschlossen** resuelto; **ich habe ihn nur ~ gesehen** le he visto sólo un momento; **~ nach drei** a las tres y pico; **~ darauf** poco después; **ich bleibe nur für ~e Zeit** sólo me quedo por poco tiempo; **ich komme ~ vorbei** me paso un momento; **~ hintereinander** al poco rato
❷ (räumlich) corto; **~e Hosen** pantalones cortos; **~ vor Köln** poco antes de Colonia; **den Kürzeren ziehen** (fam) salir perdiendo; **~ geschnitten** corto; **mit ~ geschnittenen Haaren siehst du viel besser aus** con el cabello corto estás mucho más guapo; **jdn ~ halten** atar corto a alguien; **zu ~ kommen** quedarse con las ganas de hacer algo; **etw ~ und klein hauen** (fam) no dejar títere con cabeza
❸ (Wend) **jdn ~ halten** (fig) tener a alguien (bien) derecho; **~ treten** (sich einschränken) ahorrar, reducir gastos; (sich schonen) reservar las (propias) fuerzas
Kurzarbeit f <-, ohne pl> (trabajo m a) jornada f reducida
kurz|arbeiten vi trabajar a jornada reducida
Kurzarbeiter(in) m(f) <-s, -; -, -nen> trabajador(a) m(f) a jornada reducida; **Kurzarbeitergeld** nt <-(e)s, -er> subsidio m de jornada reducida
Kurzarbeiterin f <-, -nen> s. **Kurzarbeiter**
kurzärm(e)lig [ˈ-ʔɛrm(ə)lɪç] adj de manga corta
kurzatmig [ˈ-ʔaːtmɪç] adj corto de respiración
kurzbeinig adj de piernas cortas
Kurzbrief m <-(e)s, -e> carta f corta [o breve]
Kurze(r) m <-n, -n> (fam) ❶ (Kurzschluss) cortocircuito m; **es gab einen ~n** hubo un cortocircuito
❷ (Schnaps) copita f de aguardiente
Kürze [ˈkʏrtsə] f <-, ohne pl> ❶ (räumlich) corta distancia f, corta extensión f; **die ~ des Transportweges** la corta distancia del camino de transporte
❷ (zeitlich) brevedad f; **in ~ en** breve (plazo), dentro de poco
❸ (im Ausdruck) concisión f; **in aller ~** en pocas palabras; **in der ~ liegt die Würze** (prov) lo bueno, si breve, dos veces bueno
Kürzel [ˈkʏrtsəl] nt <-s, -> abreviatura f, signo m taquigráfico
kürzen [ˈkʏrtsən] vt ❶ (allgemein) acortar, hacer más corto (um en, auf a); (Rede, Text) acortar, abreviar; (FILM) cortar; **einen Text um/auf 40 Prozent ~** acortar un texto en un/a un [o al 40] por ciento
❷ (verringern) reducir, recortar; **sein Gehalt wurde um 10 Euro gekürzt** le redujeron el sueldo en unos 10 euros
❸ (MATH) simplificar
kürzer [ˈkʏrtsɐ] adj kompar von **kurz**
kurzerhand [ˈkʊrtsəˈhant] adv sin perder el tiempo, sin vacilar
kürzeste(r, s) [ˈkʏrtsəstə, -tɐ, -tas] adj superl von **kurz**
Kurzfassung f <-, -en> versión f reducida, resumen m; **~ der Patentschrift** (JUR) extracto de la escritura de patente; **Kurzfilm** m <-s, -e> cortometraje m, corto m; **Kurzform** f <-, -en> (LING) forma f abreviada
kurzfristig I. adj ❶ (kurze Zeit dauernd) por poco tiempo; (Vertrag) a corto plazo
❷ (ohne Vorbereitung) repentino
❸ (in kurzer Zeit) a corto plazo; **~ lieferbar** entrega a corto plazo
II. adv ❶ (in kurzer Zeit) rápidamente, en (cuestión de) poco tiempo
❷ (ohne Vorbereitung) en el último momento; **wir mussten unseren Plan ~ ändern** tuvimos que cambiar nuestro plan en el último momento
Kurzgeschichte f <-, -n> (LIT) narración f breve
kurzgeschnitten adj s. **kurz 2**.
kurzhaarig adj de pelo corto
kurz|halten irr vt s. **kurz 3**.
kurzlebig adj ❶ (Tier, Pflanze) de corta vida
❷ (Mode etc.) efímero, pasajero

kürzlich ['kʏrtslɪç] *adv* hace poco, el otro día, recién *Am*
Kurzmeldung *f* <-, -en> noticia *f* breve; **Kurznachrichten** *fpl* noticias *fpl* breves; **Kurzparker(in)** *m(f)* <-s, -; -, -nen> persona que estaciona su vehículo durante poco tiempo; **nur für** ~ zona de estacionamiento limitado; **Kurzparksystem** *nt* <-s, -e> sistema *m* de aparcamiento controlado por parquímetros; **Kurzparkzone** *f* <-, -n> zona *f* azul
Kurzreise *f* <-, -n> viaje *m* corto
kurz|schließen *irr* I. *vt* poner en cortocircuito
II. *vr*: **sich** ~ (*fam*) ponerse en contacto [*o* de acuerdo]
Kurzschluss^{RR} *m* <-es, -schlüsse>, **Kurzschluß** *m* <-sses, -schlüsse> ❶ (ELEK) cortocircuito *m*; **es gab einen** ~ hubo un cortocircuito ❷ (*falsche Schlussfolgerung*) conclusión *f* errónea; **Kurzschlusshandlung**^{RR} *f* <-, -en>, **Kurzschlussreaktion**^{RR} *f* <-, -en> acto *m* irreflexivo
Kurzschrift *f* <-, *ohne pl*> taquigrafía *f*
kurzsichtig *adj* miope
Kurzsichtigkeit *f* <-, *ohne pl*> ❶ (MED) miopía *f*
❷ (*im Denken*) estrechez *f* de miras
Kurzstreckenflug *m* <-es, -flüge> vuelo *m* a corta distancia; **Kurzstreckenlauf** *m* <-(e)s, -läufe> (SPORT) carrera *f* de medio fondo; **Kurzstreckenläufer(in)** *m(f)* <-s, -; -, -nen> (SPORT) velocista *mf*; **Kurzstreckenrakete** *f* <-, -n> misil *m* de corto alcance
kurz|treten *irr vi s.* **kurz 3.**
kurzum [kʊrts'ʔʊm, '--] *adv* en una palabra, resumiendo; ~, **es hat uns sehr gut gefallen** en una palabra, nos ha gustado mucho
Kürzung ['kʏrtsʊŋ] *f* <-, -en> ❶ (*finanziell*) reducción *f*
❷ (*von Text*) abreviación *f*; **-en vornehmen** (*im Text*) abreviar; (*im Etat*) reducir
Kurzurlaub *m* <-(e)s, -e> vacaciones *fpl* cortas; **am Wochenende habe ich einen** ~ **gemacht** este fin de semana he hecho unas cortas vacaciones
Kurzwaren *fpl* (COM) artículos *mpl* de mercería; **Kurzwarengeschäft** *nt* <-(e)s, -e> mercería *f*, bonetería *f Chil, Mex, RíoPl*
Kurzweil ['kʊrtsvaɪl] *f* <-, *ohne pl*> pasatiempo *m*, entretenimiento *m*
kurzweilig *adj* entretenido, divertido
Kurzwelle *f* <-, -n> (PHYS, RADIO) onda *f* corta; **auf** ~ en onda corta; **Kurzwellensender** *m* <-s, -> (RADIO) emisora *f* de onda corta
Kurzwort *nt* <-(e)s, -wörter> (LING) acrónimo *m*
Kurzzeitgedächtnis *nt* <-ses, *ohne pl*> memoria *f* corta
kurzzeitig *adj* por poco tiempo
Kurzzeitpflege *f* <-, *ohne pl*> cuidados *mpl* sanitarios temporales; **Kurzzeitspeicher** *m* <-s, -> (INFOR) registro *m*; **Kurzzeitwecker** *m* <-s, -> avisador *m* de cocina
kusch [kʊʃ] *interj* ❶ (*Hund*) ¡túmbate!
❷ (*Österr: fam*) ¡cállate!
kuschelig ['kʊʃəlɪç] *adj* acogedor
kuscheln ['kʊʃəln] I. *vr*: **sich** ~ (*fam*) acurrucarse (*in* en); **er kuschelt sich in den Sessel** se acurruca en el sillón; **sich an jdn** ~ acurrucarse contra alguien
II. *vi* estar acurrucado y acariciándose (*mit* con), hacerse mimos
Kuscheltier *nt* <-(e)s, -e> animal *m* de peluche
kuschen ['kʊʃən] *vi* ❶ (*sich fügen*) obedecer sin chistar, someterse
❷ (*Hund*) echarse; **siehst du, bei mir kuscht er** ves, cuando yo se lo mando se tumba
Kusine [ku'ziːnə] *f* <-, -n> prima *f*
Kuss^{RR} [kʊs, *pl*: 'kʏsə] *m* <-es, Küsse>, **Kuß** *m* <-sses, Küsse> beso *m*, pico *m Kol: fam*; **jdm einen** ~ **geben** dar un beso a alguien
kussecht^{RR} *adj* (*Lippenstift*) indeleble, que no mancha
küssen ['kʏsən] I. *vt* besar (*auf* en); **sie küsste ihn auf den Mund** le besó en la boca; **einer Dame die Hand** ~ besarle la mano a una señora
II. *vr*: **sich** ~ besarse
Kusshand^{RR} *f* <-, -hände> besamanos *m inv*, beso *m* al aire; **jdm eine** ~/**Kusshände zuwerfen** echarle [*o* tirarle] un beso/besos a alguien; **sie werden dich mit** ~ **einstellen** (*fam*) te contratarán de mil amores
Küste ['kʏstə] *f* <-, -n> costa *f*; **eine felsige**/**zerklüftete** ~ una costa rocosa/brava; **an der** ~ **entlangfahren** (*Schiff*) navegar a lo largo de la costa; (*an Land*) ir a lo largo de la costa
Küstenbewohner(in) *m(f)* <-s, -; -, -nen> costeño, -a *m, f*; **Küstenfischerei** *f* <-, *ohne pl*> pesca *f* de bajura; **Küstengebiet** *nt* <-(e)s, -e> litoral *m*; **Küstengewässer** *nt* <-s, -> aguas *fpl* costeras
küstennah *adj* costero
Küstenschifffahrt^{RR} *f* <-, *ohne pl*> cabotaje *m*, navegación *f* costera; **Küstenschutz** *m* <-es, *ohne pl*> protección *f* de la costa; **Küstenstreifen** *m* <-s, -> franja *f* costera, litoral *m*; **Küstenüberwachung** *f* <-, -en> vigilancia *f* costera; **Küstenvogel** *m* <-s, -vögel> ave *f* costera; **Küstenwacht** *f* <-, -en> (*a.* MIL) vigilancia *f* de costas, guardacostas *mpl inv*
Küster(in) ['kʏstɐ] *m(f)* <-s, -; -, -nen> sacristán, -ana *m, f*

Kustode, -in [kʊs'toːdə] *m, f* <-n, -n; -, -nen>, **Kustos** *m* <-, Kustoden> conservador(a) *m(f)* de un museo
Kutschbock *m* <-(e)s, -böcke> pescante *m*
Kutsche ['kʊtʃə] *f* <-, -n> ❶ (*Pferdewagen*) coche *m* de caballos, carruaje *m*
❷ (*fam: Auto*) cacharro *m*, cafetera *f*
Kutscher(in) *m(f)* <-s, -; -, -nen> cochero, -a *m, f*
kutschieren* [kʊ'tʃiːrən] I. *vi sein* (*fam*) ir en coche; **durch die Gegend** ~ dar vueltas con el coche
II. *vt* (*fam*) llevar en coche; **jdn nach Hause**/**durch die Gegend** ~ llevar a alguien a casa/a dar vueltas con el coche
Kutte ['kʊtə] *f* <-, -n> (*eines Pfarrers*) sotana *f*; (*eines Mönches*) hábito *m*
Kutteln ['kʊtəln] *pl* (*Österr, Schweiz, südd*) callos *mpl*
Kutter ['kʊtɐ] *m* <-s, -> ❶ (*Segelschiff*) cúter *m*
❷ (*Fisch~*) barca *f* de pesca
❸ (*Rettungsboot*) esquife *m*
Kuvert [ku'veːɐ] *nt* <-s, -s> ❶ (*reg: Briefumschlag*) sobre *m*
❷ (*geh: Gedeck*) cubierto *m*
Kuvertüre [kuvɛr'tyːrə] *f* <-, -n> baño *m* de chocolate
Kuwait ['kuːvaɪt, kuˈvaɪt] *nt* <-s> Kuwait *m*
Kuwaiter(in) [ku'vaɪtɐ] *m(f)* <-s, -; -, -nen> kuwaití *mf*
kuwaitisch [ku'vaɪtɪʃ, 'kuːvaɪtɪʃ] *adj* kuwaití
kV (ELEK) *Abk. von* **Kilovolt** kv
KV *Abk. von* **Köchelverzeichnis** índice *m* Köchel (*de las obras de Mozart*)
kW (PHYS, TECH) *Abk. von* **Kilowatt** kW
KW [kaː've:] ❶ (PHYS, RADIO) *Abk. von* **Kurzwelle** o.c.
❷ *Abk. von* **Kalenderwoche** semana *f* normal (*de lunes a domingo*)
kWh (PHYS, ELEK) *Abk. von* **Kilowattstunde** kWh
Kybernetik [kybɐr'neːtɪk] *f* <-, *ohne pl*> cibernética *f*
kybernetisch *adj* cibernético
kyrillisch [ky'rɪlɪʃ] *adj* cirílico
KZ [kaː'tsɛt] *nt* <-(s), -(s)> *Abk. von* **Konzentrationslager** campo *m* de concentración
KZ-Gedenkstätte *f* <-, -n> lugar *m* conmemorativo de los campos de concentración nazis; **KZ-Häftling** *m* <-s, -e> preso, -a *m, f* de un campo de concentración

L

L, l [ɛl] *nt* <-, -> L, l *f*; ~ **wie Ludwig** L de Lisboa
l *Abk. von* **Liter** l
La (CHEM) *Abk. von* **Lanthan** La
Lab [laːp] *nt* <-(e)s, -e> (BIOL) cuajo *m*
labb(e)rig ['lab(ə)rɪç] *adj* (*fam*) ❶ (*fad*) soso
❷ (*schlaff*) fofo
❸ (*schwindelig*) mareado
Label ['lɛɪbəl] *nt* <-s, -> ❶ (COM: *Preis*)*etikett*) etiqueta *f*
❷ (*Schallplattenfirma*) casa *f* discográfica
❸ (INFOR: *Markierung*) identificación *f*, referencia *f*
Labello® [la'bɛlo] *m* <-s, -s> pomada *f* para los labios, cacao *m* para los labios
laben ['laːbən] *vr*: **sich** ~ (*geh*) saborear (*an*)
labern ['laːbɐn] *vi* (*fam abw*) soltar el rollo, meter un rollo (*über* sobre); **Blödsinn** ~ decir tonterías; **jdm die Ohren voll** ~ soltarle el rollo a alguien
labial [labi'aːl] *adj* (MED, LING) labial
Labial [la'biaːl] *m* <-s, -e>, **Labiallaut** *m* <-(e)s, -e> (LING) (sonido *m*) labial *f*
labil [la'biːl] *adj* lábil, inestable; (*Gesundheit*) frágil, delicado
Labilität [labili'tɛːt] *f* <-, *ohne pl*> labilidad *f*, inestabilidad *f*
Labor [la'boːɐ] *nt* <-s, -s *o* -e> laboratorio *m*
Laborant(in) [labo'rant] *m(f)* <-en, -en; -, -nen> ayudante *mf* de laboratorio
Laboratorium [labora'toːriʊm] *nt* <-s, Laboratorien> laboratorio *m*
Laborbefund *m* <-(e)s, -e> (MED) resultado *m* de laboratorio; **Laborchemikalie** *f* <-, -n> producto *m* químico utilizado en laboratorios
laborieren* [labo'riːrən] *vi* (*fam*) ❶ (*sich abmühen*) esforzarse; **an einem Projekt** ~ esforzarse por el desarrollo de un proyecto
❷ (*an Krankheit*) padecer, sufrir; **an einer Lungenentzündung** ~ sufrir una pulmonía
Labortechnik *f* <-, -en> técnica *f* de laboratorio; **Laborversuch** *m* <-(e)s, -e> experimento *m* en laboratorio
Labsal ['laːpzaːl] *nt* <-(e)s, -e> (*geh*), *f* <-, -e> (*südd, Österr: geh*)

refresco m, refrescamiento m

Labyrinth [laby'rɪnt] nt <-(e)s, -e> laberinto m
Lache¹ ['la:xə] f <-, -n> (*Pfütze*) charco m
Lache² ['laxə] f <-, -n> (*fam abw*) risa f; **hat der eine dreckige ~!** ¡qué risa tan desagradable (que tiene!
lächeln ['lɛçəln] vi ❶ (*lachen*) sonreír
❷ (*sich lustig machen*) burlarse (*über* de); **kalt ~d** (*fam abw*) a sangre fría, sin pestañear
Lächeln nt <-s, ohne pl> sonrisa f; **für so einen Unsinn habe ich nur ein müdes ~ übrig** semejantes disparates me interesan un comino
lachen ['laxən] vi reír(se) (*über* de); **jdn zum L~ bringen** hacer reír a alguien; **dass ich nicht lache!** ¡no me haga(s) reír!; **aus vollem Halse ~** reírse a carcajadas; **du hast gut ~!** ¡bien puedes tú reírte!; **lach du nur!** ¡anda, tú ríete!; **ihm lachte das Glück** la fortuna le sonrió; **sie lachte über das ganze Gesicht** sonrió de oreja a oreja; **da gibt es nichts zu ~** esto no tiene ninguna gracia; **das ist ja zum L~!** ¡esto te es de risa!; **das wäre doch gelacht, wenn wir das nicht könnten!** ¡sería ridículo si no pudiéramos hacerlo!; **bei dem hast du nichts zu ~!** (*fam*) ¡este te las hace pasar canutas!; **mir ist durchaus nicht zum L~ (zumute)** no estoy en absoluto para bromas; **du wirst ~, (aber) …** (*fam*) te parecerá ridículo, (pero)…; **wer zuletzt lacht, lacht am besten** (*prov*) quien ríe el último, ríe mejor
Lachen nt <-s, ohne pl> risa f; **dir wird das ~ noch vergehen** ya se te pasará la risa; **sich biegen vor ~** troncharse [*o* partirse] de risa
Lacher¹ m <-s, -> (*Gelächter*) risa f
Lacher(in)² m(f) <-s, -; -, -nen> persona f que se ríe; **die ~ unter dem Publikum waren zahlreich** eran muchos los miembros del público que se reían; **die ~ auf seiner Seite haben** ganarse al público, tener el público de su parte
Lacherfolg m <-(e)s, -e>: **mit seiner neuen Show erzielte er tolle ~e beim Publikum** con su nuevo espectáculo conseguía provocar la hilaridad del público; **in seinem neuen Kostüm waren ihm die ~e sicher** con su nuevo disfraz, las carcajadas estaban aseguradas
Lacherin f <-, -nen> s. **Lacher²**
lächerlich ['lɛçɐlɪç] I. adj ridículo; **jdn/etw ~ machen** ridiculizar a alguien/algo, poner a alguien/algo en ridículo, poner a alguien/algo en berlina *Am*; **sich ~ machen** hacer el [*o* quedar en] ridículo; **~e drei Zuschauer waren da** (*fam*) asistieron (sólo) tres gatos; **das ist doch ~!** ¡qué ridiculez!
II. adv de forma ridícula, con ridiculez
Lächerlichkeit¹ f <-, -en> (*das Geringfügigkeit*) ridiculez f
Lächerlichkeit² f <-, ohne pl> (*das Lächerlichsein*) lo ridículo; **etw/jdn der ~ preisgeben** poner algo/a alguien en ridículo, ridiculizar algo/a alguien
Lachgas nt <-es, -e> gas m hilarante
lachhaft adj (*abw*) ridículo
Lachkrampf m <-(e)s, -krämpfe> ataque m de risa; **wir bekamen einen ~** nos entró [*o* dio] un ataque de risa; **Lachmöwe** f <-, -n> (ZOOL) gaviota f reidora
Lachs [laks] m <-es, -e> salmón m
lachsfarben adj, **lachsfarbig** adj de color salmón, asalmonado
Lachsforelle f <-, -n> trucha f asalmonada; **Lachsschinken** m <-s, -> jamón de chuleta de cerdo salada y ligeramente ahumada
Lack [lak] m <-(e)s, -e> laca f; (*Holz~*) barniz m; (*Auto~*) pintura f; **der ~ ist ab** (*fam*) ya ha perdido el atractivo
Lackaffe m <-n, -n> (*fam abw*) petimetre m
Lackel ['lakəl] m <-s, -> (*südd, Österr: abw*) torpe mf, mameluco, -a m, f
lacken [lak] vt s. **lackieren**
Lackfarbe f <-, -n> barniz m (brillante); **Lackharz** nt <-es, -e> laca f
lackieren* [la'ki:rən] vt ❶ (*Holz*) barnizar; (*Auto*) pintar (con pistola)
❷ (*Fingernägel*) pintar
Lackierer(in) m(f) <-s, -; -, -nen> barnizador(a) m(f)
Lackiererei f <-, -en> (*Werkstatt*) taller m de pintura
Lackiererin f <-, -nen> s. **Lackierer**
Lackierung f <-, -en> ❶ (*das Lackieren*) barnizado m
❷ (*Lack*) barnizado m; (*Auto~*) pintura f
Lackleder nt <-s, -> charol m
Lackmus ['lakmʊs] m o nt <-, ohne pl> (CHEM) tornasol m
Lackmuspapier nt <-s, ohne pl> (CHEM) papel m de tornasol
Lackschaden m <-s, -schäden> desperfecto m en la pintura; **Lackschuh** m <-s, -e> zapato m de charol
Lade ['la:də] f <-, -n> (*reg: Schub~*) cajón m
Ladebaum m <-(e)s, -bäume> (NAUT) mástil m de carga
ladebereit adj listo para cargar
Ladefläche f <-, -n> superficie f de carga; **Ladegerät** nt <-(e)s, -e> (PHYS) cargador m; **Ladegewicht** nt <-(e)s, ohne pl> (peso m de la) carga f; **das zulässige ~ beträgt … Tonnen** la carga permitida asciende a… toneladas; **Ladegut** nt <-(e)s, -güter> carga f; **Ladehemmung** f <-, -en> encasquillamiento m, atascamiento m; **ich hatte gerade (eine) ~** (*fam fig*) acabo de atrancarme; **Ladekapazität** f <-, -en> capacidad f de carga; **Ladeklappe** f <-, -n> (AERO) escotilla f de carga; **Ladekran** m <-s, -e o -kräne> (NAUT) grúa f de carga; **Ladeliste** f <-, -n> lista f de carga; **Ladeluke** f <-, -n> (NAUT) escotilla f de carga; **Lademaß** nt <-es, -e> gálibo m de carga; **Lademenge** f <-, -n> volumen m de carga
laden ['la:dən] <lädt, lud, geladen> vt ❶ (*Fracht, Batterie, Pistole*) cargar; **voll ~** cargar (hasta los topes); **die Koffer ins/aus dem Auto ~** meter/sacar las maletas en el/del coche; **alle Schuld auf sich ~** cargar con todas las culpas; **sich** *dat* **etw auf den Hals ~** cargar con algo; **pass auf, die Waffe ist ge~** ten cuidado, el arma está cargada; **sieh dich vor, er ist heute total ge~** (*fam fig*) ándate con cuidado, hoy está a punto de explotar; **er hat wieder schwer ge~** (*fam iron*) ha vuelto a coger una mona [*o* un pedo]
❷ (JUR: *vor~*) citar; **ge~e Gäste** invitados mpl
❸ (INFOR) cargar
Laden¹ ['la:dən] m <-s, Läden> ❶ (*Geschäft*) tienda f, negocio m; **der ~ läuft** los negocios van bien; **einen ~ aufmachen** poner una tienda; **am Sonntag sind** [*o* **bleiben**] **die Läden geschlossen** el domingo las tiendas están cerradas; **Schwung in den ~ bringen** (*fam*) animar el cotarro; **sie allein schmeißt den ganzen ~** (*fam*) ella solita lo lleva [*o* lo saca] todo adelante; **den (ganzen) ~ hinschmeißen** (*fam*) tirar la toalla
❷ (*Fenster~*) postigo m, contraventana f
❸ (*Roll~*) persiana f; **die Läden runterlassen/hochziehen** bajar/subir las persianas
Laden² nt <-s, ohne pl> (INFOR) carga f
Ladenbesitzer(in) m(f) <-s, -; -, -nen> dueño, -a m, f de una tienda
Ladendieb(in) m(f) <-(e)s, -e; -, -nen> ladrón, -ona m, f de tiendas, mechero, -a m, f fam; **Ladendiebstahl** m <-(e)s, -stähle> robo m en tiendas
Ladeneinrichtung¹ f <-, ohne pl> (*Einrichten*) instalación f (de una tienda)
Ladeneinrichtung² f <-, -en> (*Mobiliar*) mobiliario m (de una tienda)
Ladenhüter m <-s, -> (*fig*) artículo m que no se vende, muerto m; **na, wie war heute das Geschäft? – recht gut, bis auf unsere üblichen ~** ¿y qué tal ha ido el negocio hoy? – bastante bien, salvo los muertos de siempre; **Ladenkasse** f <-, -n> caja f registradora; **Ladenkette** f <-, -n> cadena f de tiendas; **Ladenöffnungszeiten** fpl horario m comercial; **Ladenpreis** m <-es, -e> precio m de venta al público; **Ladenschild** nt <-(e)s, -er> rótulo m de tienda
Ladenschluss^RR m <-es, ohne pl> (hora f de) cierre m de los comercios; **nach/vor ~** después de/antes de cerrar los negocios; **Ladenschlussgesetz**^RR nt <-es, -e> ley que regula los horarios comerciales; **Ladenschlusszeit**^RR f <-, -en> hora f de cierre de los comercios
Ladenstraße f <-, -n> calle f comercial; **verkehrsfreie ~** calle comercial peatonal; **Ladentisch** m <-(e)s, -e> mostrador m; **etw unter dem ~ verkaufen** (*fam*) vender algo bajo [*o* por debajo de] mano; **Ladentochter** f <-, -töchter> (*Schweiz: Verkäuferin*) vendedora f, dependienta f
Laderampe f <-, -n> rampa f de carga; **Laderaum** m <-(e)s, -räume> espacio m de carga; **Ladeschein** m <-(e)s, -e> certificado m de carga; **Ladestelle** f <-, -n> cargadero m; (*en un puerto*) muelle m de carga; **Ladevorrichtung** f <-, -en> cargador m, dispositivo m de carga; **Ladezeit** f <-, -en> tiempo m de carga; **gebührenfreie ~** (NAUT) estadía libre (de tasas)
lädieren* [lɛ'diːrən] vt ❶ (*Sachen*) dañar
❷ (*Personen*) lesionar; **du siehst ganz schön lädiert aus** pareces hecho polvo
lädt [lɛːt] 3. präs von **laden**
Ladung f <-, -en> ❶ (*Fracht, Munition*) carga f; **abgehende/schwimmende/sperrige ~** carga saliente/flotante/voluminosa; **ohne ~** sin cargamento; **unterwegs befindliche ~** carga en camino; **volle ~** carga completa
❷ (PHYS) carga f (eléctrica); **positive/negative ~** carga eléctrica positiva/negativa
❸ (JUR: *Vor~*) citación f; **~ unter Strafandrohung** citación bajo apercibimiento de sanción; **öffentliche ~** citación oficial; **eine ~ zustellen** notificar una citación, citar; **einer ~ Folge leisten** concurrir a una citación
❹ (*fam: Menge*) montón m; **eine ~ Mist/Schnee** un pila de estiércol/de nieve
Ladungsausgleich m <-(e)s, -e> (CHEM) compensación f de carga
ladungsfähig adj (JUR) apto para citación; **~e Anschrift** dirección apta para citación
Ladungsfrist f <-, -en> (JUR) plazo m de citación; **Ladungskosten** pl costos mpl de carga; **Ladungsträger** m <-s, -> (CHEM) portador m de cargas; **Ladungsurkunde** f <-, -n> (JUR) cédula f de citación; **Ladungszustellung** f <-, -en> (JUR) notificación f de citación

Ladyshaver ['lɛɪdɪʃɛɪvɐ] m <-s, -> depiladora f
Lafette [la'fɛtə] f <-, -n> (MIL) cureña f
Laffe ['lafə] m <-n, -n> (alt abw) petimetre m
lag [la:k] 3. imp von **liegen**
Lage ['la:gə] f <-, -n> ① (Stelle) sitio m; (GEO) zona f; **in günstiger ~ en buena zona**; **in höheren ~n ist mit Frost zu rechnen** en las zonas más altas hay que contar con heladas
② (Position) posición f; **in der glücklichen ~ sein etw zu tun** tener la suerte de poder hacer algo; **siehst du dich in der ~ uns zu helfen?** ¿te parece que estás en condiciones de ayudarnos?; **jdn in die ~ versetzen etw zu tun** poner a alguien en condiciones de hacer algo
③ (Situation) situación f; **die finanzielle ~** la situación financiera; **entspannte ~ im monetären Bereich** situación tranquila en el ámbito monetario; **die ~ wird ernst/kritisch** la situación cobra un cariz preocupante/crítico; **in eine missliche ~ geraten** verse en un apuro; **dazu bin ich nicht in der ~** no estoy en condiciones de hacerlo; **Herr der ~ sein** dominar la situación; **die ~ der Dinge erfordert es, dass ...** la situación exige que... +subj; **versetz dich doch einmal in meine ~** intenta ponerte en mi lugar; **die ~ spitzt sich zu** la situación llega a un punto crítico; **nach ~ der Akten** según estado de las actas; **nach ~ der Dinge** dadas las circunstancias; **der Ernst der ~** la gravedad de la situación; **die ~ peilen** (fam) explorar la situación
④ (Schicht) capa f
⑤ (MUS: Stimm~) registro m
⑥ (fam: Runde) ronda f
Lagebericht m <-(e)s, -e> informe m sobre la situación; **Lagebesprechung** f <-, -en> análisis m inv de la situación, discusión f sobre la situación; **Lageplan** m <-(e)s, -pläne> plano m general
Lager ['la:gɐ] nt <-s, -> ① (Zelt~, Ferien~) campamento m; (Gefangenen~, Flüchtlings~) campo m; **ein ~ aufschlagen** acampar; **das ~ abbrechen** levantar el campamento
② (Vorrats~) almacén m, depósito m, barraca f Am, despensa f Arg; (Vorrat) existencias fpl; **ab ~** ex [o franco] almacén; **am ~** en almacén; **etw auf ~ halten** tener algo en almacén; **etw aus dem ~ holen** ir a buscar algo del almacén; **etw auf ~ haben** tener algo en depósito; **sie hat immer ein paar Witze auf ~** (fam) siempre tiene un par de chistes a punto; **die ~ räumen** liquidar las existencias; **die ~ wieder auffüllen** completar las existencias del almacén
③ (Partei, Seite) campo m, grupo m; **ins gegnerische ~ überlaufen** pasarse al campo contrario; **die Partei spaltete sich in mehrere ~** el partido se escindió en varios grupos
④ (TECH) cojinete m
⑤ (GEO) yacimiento m
Lagerabbau m <-(e)s, ohne pl> reducción f de las existencias; **Lageraufüllung** f <-, -en> reposición f de existencias; **Lagerbedingungen** fpl condiciones fpl de almacenaje [o de depósito]; **allgemeine ~ condiciones generales de almacenaje [o de depósito]**; **Lagerbestand** m <-(e)s, -stände> existencias fpl en almacén, inventario m de existencias; **Lagerbestellung** f <-, -en> pedido m de almacén; **Lagerbetrieb** m <-(e)s, ohne pl> empresa f de almacenamiento; **Lagerbuchhaltung** f <-, ohne pl> contabilidad f del almacén
lagerfähig adj almacenable
Lagerfeuer nt <-s, -> hoguera f, fuego m de campamento, fogón m Arg, CRi, Urug
Lagergebühr f <-, -en> tasa f de almacenaje; **Lagergeld** nt <-(e)s, ohne pl> (JUR) derechos mpl de dique [o almacenaje]; **Lagergeschäft** nt <-(e)s, -e> (FIN) depósito m mercantil; **Lagergut** nt <-(e)s, -güter> mercancía f en almacén; **Lagerhalle** f <-, -n> almacén m
Lagerhaltung f <-, ohne pl> almacenamiento m, almacenaje m; **Lagerhaltungskosten** pl costes mpl de almacenaje
Lagerhaus nt <-es, -häuser> almacén m, depósito m
Lagerist(in) [la:gə'rɪst] m(f) <-en, -en; -, -nen> almacenista mf, almacenero, -a m, f
Lagerkapazität f <-, -en> capacidad f del almacén; **Lagerkosten** pl gastos mpl de almacenaje, costes mpl de almacenaje; **Lagermiete** f <-, -n> alquiler m de almacén
lagern ['la:gɐn] I. vi ① (kampieren) acampar
② (Vorrat, Waren) estar almacenado, conservarse; (Wein) reposar
II. vt ① (aufbewahren) conservar, almacenar; **kühl ~ consérvese en lugar fresco**
② (legen) poner; **das Bein hoch ~ poner la pierna en alto**; **Verletzte müssen seitlich gelagert werden** los heridos han de ser tendidos sobre el costado; **dieser Fall ist anders gelagert** es un caso distinto; **dieser Fall ist ähnlich gelagert wie der vorige** este caso es parecido [o semejante] al anterior
Lagerplatz m <-es, -plätze> ubicación f; **Lagerraum** m <-(e)s, -räume> depósito m; **Lagerschaden** m <-s, -schäden> deterioro m debido al almacenamiento; **Lagerschein** m <-(e)s, -e> (WIRTSCH) resguardo m de almacén, certificado m de almacén; **indossabler ~** resguardo de almacén endosable; **Lagerstatt** f <-, ohne pl> (geh) lecho m
Lagerstätte f <-, -n> ① (GEO) yacimiento m; **Lagersteuerung** f <-, ohne pl> control m del almacén; **Lagerumschlag** m <-(e)s, ohne pl> (WIRTSCH) rotación f de stocks
Lager- und Beförderungsbedingungen fpl condiciones fpl de transporte y almacenaje
Lagerung f <-, -en> ① (von Waren, Gegenständen) almacenaje m, almacenamiento m; **unsachgemäße ~** almacenamiento inadecuado
② (TECH) cojinete m
Lagerverwalter(in) m(f) <-s, -; -, -nen> jefe, -a m, f de almacén; **Lagerzeit** f <-, -en> tiempo m de almacenaje, período m de almacenaje [o de almacenamiento]
Lagune [la'gu:nə] f <-, -n> laguna f
lahm [la:m] adj ① (MED) paralítico; (hinkend) cojo; **auf einem Bein ~ sein** cojear de una pierna
② (wie gelähmt) entumecido, agarrotado; **~ legen** paralizar, parar
③ (fam abw: langsam, langweilig) lento, pesado; **eine ~e Ente sein** ser una tortuga
Lahmarsch m <-(e)s, -ärsche> (vulg) soso, -a m, f, tortuga f
lahmarschig adj (vulg) sumamente lento, más lento que una tortuga
Lahme(r) mf <-n, -n; -, -n> (alt) tullido, -a m, f
lahmen vi cojear (auf de)
lähmen ['lɛ:mən] vt paralizar; **er war wie gelähmt vor Angst** estaba aterrado
lahm|legen vt s. **lahm** 2.
Lahmlegung f <-, -en> paralización f
Lähmung ['lɛ:mʊŋ] f <-, -en> ① (MED) parálisis f inv
② (der Industrie) paralización f
Laib [laɪp] m <-(e)s, -e>: **ein ~ Brot** un pan
Laich [laɪç] m <-(e)s, -e> desove m, freza f
laichen vi desovar, frezar
Laichplatz m <-es, -plätze> lugar m de desove; **Laichwanderung** f <-, -en> (ZOOL) emigración f de desove
Laie, -in ['laɪə] m, f <-n, -n; -, -nen> ① (Nichtfachmann) lego, -a m, f, profano, -a m, f; **da staunt der ~(, und der Fachmann wundert sich)** ¡anda, qué te parece!
② (REL) laico, -a m, f, lego, -a m, f
Laiendarsteller(in) m(f) <-s, -; -, -nen> (THEAT) actor(a) m(f) aficionado, -a
laienhaft adj profano, laico
Laienprediger(in) m(f) <-s, -; -, -nen> (REL) predicador(a) m(f) laico, -a; **Laienrichter(in)** m(f) <-s, -; -, -nen> juez mf lego, -a; **Laienspiel** nt <-(e)s, -e> (THEAT) representación f de aficionados
Laiin f <-, -nen> s. **Laie**
Laisser-faire [lɛsɛ'fɛːr] nt <-, ohne pl> (geh) "laisser-faire" m, dejar hacer m
Lakai [la'kaɪ] m <-en, -en> (abw) lacayo m
Lake ['la:kə] f <-, -n> salmuera f
Laken ['la:kən] nt <-s, -> sábana f
Lakkolith [lako'li:t, lako'lɪt] m <-s o -en, -e(n)> (GEO) lacolito m
lakonisch [la'ko:nɪʃ] adj lacónico
Lakritze [la'krɪtsə] f <-, -n> regaliz m
Laktose [lak'to:zə] f <-, ohne pl> (BIOL, CHEM) lactosa f
Lallaut m <-(e)s, -e> s. **Lalllaut**
lallen ['lalən] vi, vt balbucear, balbucir
LalllautRR ['lallaʊt] m <-(e)s, -e> balbuceo m
Lama¹ ['la:ma] m <-s, -s> (ZOOL) llama f
Lama² ['la:ma] m <-(s), -s> (REL) lama m
Lamaismus [lama'ɪsmʊs] m <-, ohne pl> (REL) lamaísmo m
Lamäng [la'mɛŋ] f: **aus der ~** (fam iron) sin prepararlo, improvisadamente; **ich kann das jetzt nicht aus der ~ sagen, aber ...** (fam iron) no puedo decirlo así de repente, pero...
Lambada [lam'ba:da] f <-, -s>, m <-(s), -s> lambada f
Lambdasonde ['lambdazɔndə] f <-, -n> (TECH) sonda f lambda
Lamé [la'me:] m <-(s), -s> lamé m
Lamelle [la'mɛlə] f <-, -n> ① (TECH) lámina f
② (BOT) laminilla f
lamentieren* [lamɛn'tiːrən] vi (fam abw) quejarse (über de), lamentarse (über de)
Lamento [la'mɛnto] nt <-s, -s> (fam abw) lamento m, lamentación f; **ein ~ anstimmen** emitir un amargo lamento
Lametta [la'mɛta] nt <-s, ohne pl> tiras de color plata que se usan como adorno navideño
Laminat [lami'naːt] nt <-(e)s, -e> laminado m
laminieren* [lami'niːrən] vt (TECH) laminar
Laminierharz [lami'niːɐ-] nt <-es, -e> resina f laminada
Lamm [lam, pl:'lɛmɐ] nt <-(e)s, Lämmer> cordero m; **das ~ Gottes** el Cordero de Dios

Lammbraten m <-s, -> asado m de cordero
lammen ['lamən] vi parir (un cordero)
Lammfell nt <-(e)s, -e> piel f de cordero; **Lammfleisch** nt <-(e)s, ohne pl> carne f de cordero m
lammfromm ['-'-] adj manso como un cordero
Lammkotelett nt <-s, -s> (GASTR) chuleta f de cordero; **Lammwolle** f <-, -n> lana f de cordero
Lampe ['lampə] f <-, -n> lámpara f
Lampenfieber nt <-s, ohne pl> (fam) miedítis f inv; **Lampenschirm** m <-(e)s, -e> pantalla f
Lampion ['lampjɔŋ, -'-] m <-s, -s> farolillo m
LAN [la:n] nt <-s, -s> (INFOR) Abk. von Local Area Network (lokales Netz) área f local
lancieren* [lã'si:rən] vt ❶ (Produkt) lanzar
❷ (Künstler) promocionar
❸ (Nachricht) difundir
Land¹ [lant, pl: 'lɛndɐ] nt <-(e)s, Länder> ❶ (Staat) país m; devisenschwaches ~ país con moneda débil; ~ und Leute kennen lernen conocer gente y costumbres; außer ~es gehen/sein salir/estar fuera del país; das ~ der unbegrenzten Möglichkeiten ≈los Estados Unidos; das ~ der aufgehenden Sonne el imperio del sol naciente; das Gelobte ~ la tierra prometida; das Heilige ~ Tierra Santa; aus aller Herren Länder de todas las partes del mundo; hier zu ~e en este país, aquí; andere Länder, andere Sitten cada tierra, su uso
❷ (Bundes~) estado m federado, land m; das ~ Hessen el estado federado de Hesse
Land² nt <-(e)s, -e> (geh) campaña f; Wein aus deutschen ~en vino alemán; durch die ~e ziehen vagar por el mundo; drei Jahre gingen ins ~ pasaron tres años
Land³ nt <-(e)s, ohne pl> ❶ (Fest~) tierra f; ~ in Sicht! ¡tierra a la vista!; an ~ gehen desembarcar; ~ gewinnen (dem Meer abringen) ganar terreno al mar; (fig fam) desaparecer del mapa; (wieder) ~ sehen ver el cielo abierto; etw an ~ ziehen (fam) encontrar [o conseguir] algo; ~ unter (nordd) exclamación en caso de inundación
❷ (dörfliche Gegend) campo m, verde m MAm, Ant, Mex; auf dem ~ wohnen vivir en el campo; aufs ~ ziehen mudarse al campo
❸ (Ackerboden) terreno m, tierra f; das ~ bestellen [o bebauen] cultivar [o labrar] la tierra
Landadel m <-s, ohne pl> nobleza f provincial
Landammann ['---] m <-(e)s, -männer> (Schweiz) jefe de gobierno de ciertos cantones suizos
Landarbeit f <-, -en> faenas fpl del campo; **Landarbeiter(in)** m(f) <-s, -; -, -nen> campesino, -a m, f; **Landarzt, -ärztin** m, f <-es, -ärzte; -, -nen> (MED) médico, -a m, f rural [o de pueblo]
landauf ['-'-] adv ~, landab (geh) por todo el país, a lo largo y ancho del país
Landbesitz m <-es, ohne pl> tierras fpl, fincas fpl rústicas; **Landbesitzer(in)** m(f) <-s, -; -, -nen> terrateniente mf; **Landbevölkerung** f <-, ohne pl> población f rural; **Landbrücke** f <-, -n> (GEO) istmo m
Landeanflug m <-(e)s, -flüge> vuelo m de aproximación; **Landebahn** f <-, -en> pista f de aterrizaje; **Landeerlaubnis** f <-, ohne pl> permiso m de aterrizaje; **Landefähre** f <-, -n> (AERO) módulo m de aterrizaje; **Landegebühr** f <-, -en> (AERO) derechos mpl de aterrizaje; (NAUT) derechos mpl de arribada
landeinwärts ['-'--] adv tierra adentro
Landeklappe f <-, -n> alerón m de aterrizaje
landen ['landən] vi sein ❶ (Flugzeug) aterrizar; (auf dem Mond) alunizar; (auf dem Wasser) amerizar; weich ~ realizar un aterrizaje suave; mit deinen Komplimenten kannst du bei mir nicht ~ (fam) tus piropos no me impresionan para nada
❷ (Schiff) tomar tierra
❸ (fam: ankommen) acabar (in en); der Wagen landete im Straßengraben el coche acabó en la cuneta; schließlich landeten sie im Kino al final acabaron en el cine; auf dem 5. Platz ~ (SPORT) clasificarse en quinto lugar
Landenge f <-, -n> istmo m
Landepiste f <-, -n> (AERO) pista f de aterrizaje; **Landeplatz** m <-es, -plätze> ❶ (AERO) pista f de aterrizaje ❷ (NAUT) embarcadero m
Ländereien [lɛndə'raɪən] fpl tierras fpl
Länderfinanzausgleich m <-(e)s, ohne pl> (FIN) compensación f presupuestaria interterritorial (entre los länder alemanes)
Landerhebung f <-, -en> (GEO) elevación f del terreno
Länderkampf m <-(e)s, -kämpfe> (SPORT) competición f internacional; **Länderkunde** f <-, ohne pl> (GEO) geografía f (política); **Länderspiel** nt <-(e)s, -e> (SPORT) partido m internacional
Landesarbeitsgericht nt <-(e)s, -e> (JUR) Audiencia f Territorial de Trabajo; **Landesbank** f <-, -en> (FIN, WIRTSCH) banco m del land
Landesscheinwerfer m <-s, -> (AERO) faro m de aterrizaje; **Landeschleife** f <-, -n> curva f de aterrizaje

Landesebene f <-, -n> (ADMIN): auf ~ en un land
landeseigen adj ❶ (dem Bundesland gehörend) oficial, ≈autonómico
❷ (für das Land typisch) nacional, autóctono, propio del país
Landesfarben fpl (POL) colores fpl nacionales; **Landesgesetz** nt <-es, -e> ley f nacional; (eines Bundeslandes) ley f de un land; **Landesgrenze** f <-, -n> frontera f; **Landeshauptmann** m <-(e)s, -leute> (Österr) ≈presidente m de un estado federado; **Landeshauptstadt** f <-, -städte> capital f
Landesignal nt <-s, -e> señal f de aterrizaje
Landesinnere(s) nt <-n, ohne pl> interior m del país; **Landeskirche** f <-, -n> (REL) iglesia f nacional; (in Deutschland) iglesia protestante de un determinado land; **Landeskunde** f <-, ohne pl> cultura f y civilización
landeskundig adj conocedor del país
landeskundlich adj (GEO) de cultura general (de un país), de geografía e historia
Landesliste f <-, -n> (POL) lista de candidatos de un partido en un land para las elecciones al Parlamento alemán; **Landesmedienanstalt** f <-, -en> institución de control de los medios de comunicación de los diferentes estados federales; **Landesmeister(in)** m(f) <-s, -; -, -nen> (SPORT) campeón, -ona m, f nacional; **Landesrat, -rätin** m, f <-(e)s, -räte; -, -nen> (Österr) ≈ministro, -a m, f de un estado federado; **Landesrecht** nt <-(e)s, ohne pl> (JUR) legislación vigente en un land, en cuyo territorio ésta se antepone a la legislación nacional; **Landesregierung** f <-, -en> gobierno m de un land; **Landessozialgericht** ['landəsotsia:l-] nt <-(e)s, -e> (JUR) Audiencia f Territorial de lo Social; **Landessprache** f <-, -n> idioma m nacional
Landesteg m <-(e)s, -e> (des)embarcadero m
Landesteil m <-(e)s, -e> región f; **Landestracht** f <-, -en> traje m regional; **Landestrauer** f <-, -en> (alt) luto m nacional
landesüblich adj habitual [o usual] en un país
Landesverrat m <-(e)s, ohne pl> (JUR) alta traición f; **Landesversicherungsanstalt** f <---'-----> f <-, -en> (JUR, ADMIN) instituto m estatal competente en materia de pensión de seguros; **Landesverteidigung** f <-, ohne pl> defensa f nacional; **Landesverweisung** f <-, -en> (JUR) expatriación f; **Landeswährung** f <-, -en> moneda f nacional
landesweit adj en todo el país
Landeszentralbank f <-, -en> (FIN) sucursal f del Bundesbank en el Land
Landeverbot nt <-(e)s, -e> prohibición f de aterrizar
Landfahrer(in) m(f) <-s, -; -, -nen> (persona f) errante mf; **Landflucht** f <-, -en> éxodo m del campo a la ciudad; **Landfrau** f <-, -en> (alt) campesina f
Landfriedensbruch m <-(e)s, ohne pl> (JUR) perturbación f del orden público; aufwieglerischer ~ pertubación del orden público de carácter agitador
Landfunk m <-(e)s, ohne pl> (RADIO) programa m de radio sobre agricultura; **Landgang** m <-(e)s, -gänge> (NAUT) permiso m de tierra; **Landgemeinde** f <-, -n> ❶ (POL) municipio m rural ❷ (REL) parroquia f rural; **Landgericht** nt <-(e)s, -e> ≈Audiencia f Provincial
landgestützt adj (MIL) con base terrestre
Landgewinnung f <-, ohne pl> acción f de ganar terreno al mar; **Landgut** nt <-(e)s, -güter> finca f, hacienda f Am, fundo m Am; **Landhaus** nt <-es, -häuser> casa f de campo, estancia f Am; **Landjäger** m <-s, -> (GASTR) salchicha prensada de carne cruda ahumada y muy especiada; **Landjugend** f <-, ohne pl> juventud f rural; **Landkarte** f <-, -n> mapa m; **Landkommune** f <-, -n> comuna f rural; **Landkreis** m <-es, -e> distrito m administrativo; **Landkrieg** m <-(e)s, -e> (MIL) guerra f continental
landläufig adj común, corriente; im ~en Sinne en (sentido) general; nach ~er Meinung según la opinión general
Landleben nt <-s, ohne pl> vida f rural
Ländler ['lɛntlɐ] m <-s, -> (Österr) baile tirolés en compás de tres por cuatro
Landleute pl campesinos mpl
ländlich ['lɛntlɪç] adj rural, del campo, jíbaro Am
Landluft f <-, ohne pl> aire m del campo; **Landmann** m <-(e)s, -leute> (alt) campesino m; **Landmaschine** f <-, -n> máquina f agrícola; **Landmasse** f <-, -n> masa f de tierra; **Landnutzung** f <-, -en> utilización f de la tierra; **Landpachtrecht** nt <-(e)s, ohne pl> derecho m de arrendamientos rústicos; **Landpachtverkehrsgesetz** nt <-es, -e> (JUR) ley f sobre tráfico de arrendamientos rústicos; **Landpachtvertrag** m <-(e)s, -träge> (JUR) contrato m de arrendamiento rústico
Landplage f <-, -n> plaga f, azote m; **Landpraxis** f <-, -praxen> (MED) consulta f de un médico rural; **Landrasse** f <-, -n> raza f terrestre
Landrat¹ m <-(e)s, -räte> (Schweiz) parlamento de ciertos cantones
Landrat, -rätin² m, f <-(e)s, -räte; -, -nen> jefe, -a m, f de distrito

Landratsamt *nt* <-(e)s, -ämter> (ADMIN) prefectura *f* de distrito
Landratte *f* <-, -n> (*fam*) marinero, -a *m, f* de agua dulce; **Landregen** *m* <-s, -> lluvia *f* permanente; **Landrücken** *m* <-s, -> (GEO) cresta *f* de montaña
Landschaft *f* <-, -en> paisaje *m*; **die politische ~** (*fig*) el panorama político
landschaftlich *adj* paisajístico; **von großer ~er Schönheit** de gran belleza paisajística; **~ reizvoll** de atractivo paisaje
Landschaftsgärtner(in) *m(f)* <-s, -; -, -nen> paisajista *mf*; **Landschaftsgestaltung** *f* <-, -en> planificación *f* de parques y jardines, diseño *m* de parques y jardines; **Landschaftsmalerei** *f* <-, ohne *pl*> (*Gattung*) paisajismo *m*; **Landschaftsökologie** *f* <-, ohne *pl*> ecología *f* del paisaje
landschaftsökologisch *adj* ecológico-paisajístico
Landschaftspflege *f* <-, ohne *pl*> conservación *f* del paisaje; **Landschaftsplaner(in)** *m(f)* <-s, -; -, -nen> (ÖKOL) planificador(a) *m(f)* de espacios naturales; **Landschaftsplanung** *f* <-, -en> (ÖKOL) planificación *f* de espacios naturales
Landschaftsschutz *m* <-es, ohne *pl*> protección *f* de la naturaleza; **Landschaftsschutzgebiet** *nt* <-(e)s, -e> zona *f* bajo protección de la naturaleza, parque *m* nacional; **Landschaftsschutzkommission** *f* <-, -en> comisión *f* de protección de la naturaleza
Landschulheim *nt* <-(e)s, -e> residencia *f* escolar en el campo, granja *f* escolar
Landsitz *m* <-es, -e> finca *f*, casa *f* de campo
Landsknecht *m* <-(e)s, -e> (HIST) lansquenete *m*; **Landsmann, -männin** *m, f* <-(e)s, -leute; -, -nen> compatriota *mf*, paisano, -a *m, f*
Landspitze *f* <-, -n> cabo *m*; **Landstraße** *f* <-, -n> carretera *f* nacional
Landstreicher(in) *m(f)* <-s, -; -, -nen> vagabundo, -a *m, f*, bagamán *m* Kol, DomR
Landstreicherei *f* <-, ohne *pl*> vagabundeo *m*
Landstreicherin *f* <-, -nen> *s.* **Landstreicher**
Landstreitkräfte *fpl* (MIL) ejército *m* de tierra; **Landstrich** *m* <-(e)s, -e> región *f*, comarca *f*
Landtag *m* <-(e)s, -e> (POL) parlamento *m* de un land; **Landtagsabgeordnete(r)** *mf* <-n, -n; -n, -n> diputado, -a *m, f* del parlamento de un land; **Landtagswahlen** *fpl* elecciones *fpl* al parlamento del land
Landtier *nt* <-(e)s, -e> animal *m* terrestre; **Landtransport** *m* <-(e)s, -e> transporte *m* por tierra
landumgeben *adj* rodeado de tierra
Land- und Forstwirtschaft *f* <-, -en> agricultura *f* y silvicultura
Landung ['landʊŋ] *f* <-, -en> ① (*von Flugzeug*) aterrizaje *m*; (*Mond~*) alunizaje *m*; **eine harte/weiche ~** un aterrizaje brusco/suave
② (*von Schiff*) desembarque *m*
③ (*von Truppen, Kriegsmaterial*) desembarco *m*
Landungsboot *nt* <-(e)s, -e> (MIL) bote *m* de desembarco; **Landungsbrücke** *f* <-, -n> desembarcadero *m*; **Landungssteg** *m* <-(e)s, -e> embarcadero *m*; **Landungstruppen** *fpl* (MIL) tropas *fpl* de desembarco
Landurlaub *m* <-(e)s, -e> permiso *m* para ir a tierra; **Landvermessung** *f* <-, -en> (AGR, GEO) agrimensura *f*
landwärts *adv* tierra adentro
Landweg *m*: **auf dem ~** por tierra; **Landwehr** *f* <-, -en> (HIST) ① (*Reservisten*) "landwehr" *f* (*reservistas de último llamamiento en Alemania*) ② (*Grenzbefestigung*) fortificación *f* de la frontera; **Landwein** *m* <-(e)s, -e> vino *m* del país; **Landwind** *m* <-(e)s, -e> viento *m* de tierra [*o* terral]; **Landwirt(in)** *m(f)* <-s, -; -, -nen> agricultor(a) *m(f)*
Landwirtschaft¹ *f* <-, -en> (*Betrieb*) granja *f* agrícola
Landwirtschaft² *f* <-, ohne *pl*> (*Ackerbau*) agricultura *f*; **extensive/intensive ~** agricultura extensiva/intensiva; **~ betreiben** practicar la agricultura
landwirtschaftlich *adj* agrícola, agrario
Landwirtschaftsausstellung *f* <-, -en> feria *f* agrícola, muestra *f* agrícola; **Landwirtschaftsgericht** *nt* <-(e)s, -e> (JUR) tribunal *m* agrario; **Landwirtschaftsminister(in)** *m(f)* <-s, -; -, -nen> ministro, -a *m, f* de Agricultura; **Landwirtschaftsministerium** *nt* <-s, -ministerien> Ministerio *m* de Agricultura; **Landwirtschaftsrecht** *nt* <-(e)s, ohne *pl*> derecho *m* agrario; **Landwirtschaftssachen-Verfahrensgesetz** *nt* <-es, ohne *pl*> (JUR) ley *f* de procedimiento para asuntos agrarios; **Landwirtschaftsschule** *f* <-, -n> escuela *f* de agricultura
Landzunge *f* <-, -n> (GEO) lengua *f* de tierra
lang [laŋ] <länger, am längsten> **I.** *adj* ① (*allgemein*) largo; **die Tage werden länger** los días van siendo más largos; **das Bett ist 2 Meter ~** la cama tiene 2 metros de largo; **seit ~em** desde hace mucho (tiempo); **von ~er Hand vorbereitet** preparado desde hace mucho (tiempo); **~ und breit** detalladamente; **gleich ~** igual de largo, de la misma longitud; **ohne ~es Nachdenken** sin pensarlo mucho; **ein ~es Gesicht machen** poner (una) cara larga; **einen ~en Hals machen** (*fam*) estirar el cuello
② (*fam: groß gewachsen*) alto; **ein ~er Kerl/Lulatsch** un tío alto/un grandullón
II. *adv* ① (*Dauer*) durante; **mein ganzes Leben ~ habe ich gearbeitet** he trabajado durante toda mi vida; **einen Augenblick ~** durante un momento; **das dauert länger, als ich dachte** eso dura más de lo que creía; **~ anhaltender Beifall** una larga ovación; **mein ~ ersehnter Wunsch** el sueño de mi vida; **etw ~ erwartet haben** haber esperado algo durante mucho tiempo; **~ gezogen** prolongado, continuo
② (*reg: entlang*) por; **hier geht's ~** vamos por aquí
langärm(e)lig [-'?ɛrm(ə)lɪç] *adj* de manga larga
langarmig *adj* de brazos largos
langärmlig *adj s.* **langärm(e)lig**
langatmig ['-'?a:tmɪç] *adj* prolijo, excesivamente detallado
Langatmigkeit *f* <-, ohne *pl*> prolijidad *f*
langbeinig *adj* de piernas largas
lange ['laŋə] <länger, am längsten> *adv* mucho tiempo; **~ bevor er kam** mucho (tiempo) antes de que llegara; **ich habe nicht ~ gebraucht** no me ha llevado mucho tiempo; **wie ~ bist du schon hier?** ¿cuánto tiempo hace ya que estás aquí?; **das ist schon ~ her** ya hace mucho tiempo; **das heißt noch ~ nicht, dass ich aufgebe** eso no quiere decir ni mucho menos que vaya a rendirme; **~ brauchen (um ... zu +***inf***)** tardar mucho (en... +*inf*); **so ~ bis ...** hasta que... +*subj*; **das ist noch ~ hin** falta mucho (tiempo) todavía; **das ist noch ~ nicht genug** esto no basta de ninguna manera; **je länger, je lieber** cuanto más tiempo, mejor; **da kannst du ~ warten!** ¡puedes esperar sentado!; **er macht es nicht mehr ~** (*fam*) la va a palmar; **was ~ währt, wird endlich gut** (*prov*) el que sigue, la consigue
Länge ['lɛŋə] *f* <-, -n> ① (*räumlich*) longitud *f*, largo *m*; **etw der ~ nach falten/durchschneiden** doblar/cortar algo en sentido longitudinal [*o* a lo largo]; **ein Seil von zehn Meter ~** una cuerda de diez metros de largo; **ein Stau von 10 km ~** un atasco de 10 km; **er fiel der ~ nach hin** cayó cuan largo era
② (*zeitlich*) duración *f*; **etw zieht sich in die ~** algo tarda mucho tiempo; **die Verhandlungen in die ~ ziehen** dilatar las negociaciones; **wir haben den Film in voller ~ gesehen** hemos visto la película entera
③ (SPORT) largo *m*; **mit einer ~ Vorsprung gewinnen** ganar con un largo de ventaja
④ *pl* (*langweilige Stelle*) pasaje *m* prolijo; **der Roman hat ~n** hay varios pasajes prolijos en la novela
⑤ (GEO) longitud *f*; **zwanzig Grad östlicher ~** veinte grados de longitud este
langen ['laŋən] **I.** *vi* (*fam*) ① (*ausreichen*) bastar, alcanzar; **langt das?** ¿basta con eso?; **das Geld langt nicht** el dinero no alcanza; **mit dem Geld lange ich nur zwei Wochen** con el dinero sólo tengo para dos semanas; **jetzt langt's (mir) aber!** ¡basta ya!
② (*sich erstrecken*) llegar; **das Kleid langt ihr bis zu den Knöcheln** el vestido le llega hasta los tobillos
③ (*anfassen*) tocar (*an*); (*hinein~*) meter la mano (*in* en)
II. *vt* (*fam*) coger, agarrar *Am*; **jdm eine ~ pegar una bofetada a alguien**
Längeneinheit *f* <-, -en> unidad *f* de longitud; **Längengrad** *m* <-(e)s, -e> (GEO) grado *m* de longitud; **Längenmaß** *nt* <-es, -e> medida *f* de longitud
länger ['lɛŋɐ] **I.** *adj kompar von* **lang**
II. *adv kompar von* **lange**
längerfristig *adj* a largo plazo
langersehnt *adj* s. **lang II.1.**
Langeweile ['laŋəvaɪlə] *f* <-, ohne *pl*> aburrimiento *m*; **~ haben** aburrirse; **aus** [*o* **vor**] **~** de puro aburrimiento
langfädig *adj* (*Schweiz*) *s.* **langatmig**
Langfinger *m* <-s, -> (*fam*) caco *m*, malabarista *m* Chil, maletero *m* Chil
Langformat *nt* <-(e)s, -e> formato *m* oblongo
langfristig *adj* a largo plazo; **wie ~ soll die Regelung sein?** ¿cuánto ha de durar la vigencia de esta regla?
langgehegt ['--'-] *adj s.* **hegen** ②.
lang|gehen *irr vi* (*fam*) andar (*an* a lo largo de); **wir gehen am Bach lang** andamos a lo largo del arroyo; **er weiß nicht mehr, wo's langgeht** (*fig*) ya no sabe por dónde van a salir los tiros; **einer muss bestimmen, wo's ~ soll** alguien tiene que tomar las riendas
langgestreckt *adj s.* **strecken** I.1.
langgezogen *adj s.* **lang II.1.**
langhaarig *adj* de pelo largo
Langhaarige(r) *mf* <-n, -n; -n, -n> melenudo, -a *m, f*
langjährig *adj* de muchos años
Langkornreis *m* <-es, ohne *pl*> arroz *m* de grano largo
Langlauf *m* <-(e)s, ohne *pl*> (SPORT) esquí *m* de fondo
Langläufer¹ *m* <-s, -> (FIN: *Anleihe mit langer Laufzeit*) empréstito *m* a

largo plazo
Langläufer(in)² *m(f)* <-s, -; -, -nen> esquiador(a) *m(f)* de fondo
Langlaufloipe *f* <-, -n> (SPORT) pista *f* de esquí de fondo; **Langlaufski** *m* <-s, -(er)> esquí *m* de fondo
langlebig *adj* ❶ (*Person*) longevo; (*Tier a.*) de larga vida
❷ (*Material*) duradero; **ein ~es Gerücht** un rumor que lleva mucho tiempo en el aire
Langlebigkeit *f* <-, *ohne pl*> longevidad *f*
lang|legen *vr*: **sich ~** (*fam*) acostarse, echarse
länglich ['lɛŋlɪç] *adj* alargado, oblongo
lang|liegen *irr vi* (*fam*) estar tumbado en la cama
langmähnig *adj* (*fam*) melenudo
Langmut *f* <-, *ohne pl*> (*geh*) longanimidad *f*; (*Geduld*) paciencia *f*
langmütig *adj* (*geh*) longánimo
längs [lɛŋs] **I.** *präp +gen* a lo largo de
II. *adv* a lo largo; **etw ~ durchschneiden** cortar algo a lo largo; **~ gestreift** a [*o con*] rayas verticales
Längsachse *f* <-, -n> eje *m* longitudinal
langsam ['laŋza:m] **I.** *adj* ❶ (*Geschwindigkeit*) lento
❷ (*allmählich*) paulatino
II. *adv* ❶ (*Geschwindigkeit*) despacio; **sprechen/fahren Sie bitte ~** hable/conduzca despacio, por favor; **immer schön ~!** ¡despacito!; **~, aber sicher** (*fam*) despacio, pero seguro
❷ (*allmählich*) paulatinamente, poco a poco; **es wird ~ Zeit** ya va siendo hora; **reicht es mir me estoy hartando; ich muss jetzt ~ gehen** ya tengo que irme, me voy yendo
Langsamkeit *f* <-, *ohne pl*> lentitud *f*
Langschläfer(in) *m(f)* <-s, -; -, -nen> dormilón, -ona *m, f*
längsgestreift *adj s.* **längs II.**
Langspielplatte *f* <-, -n> elepé *m*
Längsrichtung *f* <-, -en>: **in ~** (dirección) vertical; **Längsschnitt** *m* <-(e)s, -e> corte *m* longitudinal; **Längsseite** *f* <-, -n> (*Breitseite*) largo *m*; (NAUT) costado *m*
längsseits I. *präp +gen* al costado de
II. *adv*: **~ an etw** *dat* de costado a algo; **der Lastkahn ankerte ~ am Kai** la barcaza fondeó abarloada al muelle
Längsstreifen *m* <-s, -> raya *f* vertical
längst [lɛŋst] *adv* ❶ (*zeitlich*) hace tiempo; **das ist ~ vorbei** esto pasó hace tiempo
❷ (*bei weitem*) ni mucho menos; **und das ist noch ~ nicht alles** y esto no es todo, ni mucho menos; **sie ist ~ nicht so dumm, wie du meinst** no es ni por asomo tan tonta como tú crees
längste(r, s) ['lɛŋstɐ, -tɐ, -təs] *adj superl von* **lang**
längsten ['lɛŋstən] *adv*: **am ~** *superl von* **lange**
längstens ['lɛŋstəns] *adv* (*fam*) ❶ (*höchstens*) como mucho, como máximo; **eine Stunde** como mucho una hora
❷ (*spätestens*) a más tardar; **in ~ zwei Wochen** a más tardar en dos semanas
langstielig *adj* (*Blume*) de tallo largo; (*Glas*) de pie largo
Langstreckenflug *m* <-(e)s, -flüge> vuelo *m* de larga distancia; **Langstreckenflugzeug** *nt* <-(e)s, -e> avión *m* para trayectos largos; **Langstreckenlauf** *m* <-(e)s, -läufe> (SPORT) carrera *f* de fondo; **Langstreckenläufer(in)** *m(f)* <-s, -; -, -nen> (SPORT) fondista *mf*, corredor(a) *m(f)* de fondo; **Langstreckenrakete** *f* <-, -n> misil *m* de largo alcance; **Langstreckenwaffe** *f* <-, -n> (MIL) arma *f* de gran alcance
Languste [laŋ'gʊstə] *f* <-, -n> (ZOOL) langosta *f*
langweilen ['laŋvaɪlən] **I.** *vt* aburrir
II. *vr*: **sich ~** aburrirse, enfadarse *Am*, embolarse *Arg*; **ich langweile mich hier zu Tode** aquí me muero de aburrimiento
Langweiler(in) *m(f)* <-s, -; -, -nen> (*fam abw*) ❶ (*jd, der langweilt*) soso, -a *m, f*
❷ (*langsamer Mensch*) tortuga *f*
langweilig *adj* ❶ (*uninteressant*) aburrido, pesado
❷ (*fam: langsam, zeitraubend*) lento, pesado, cansador *Arg*
Langwelle *f* <-, -n> (RADIO, PHYS) onda *f* larga
langwierig ['laŋvi:rɪç] *adj* largo; (*mühselig*) arduo
Langzeitarbeitslose(r) *mf* <-n, -n; -n, -n> parado, -a *m, f* (durante largo tiempo); **Langzeitarbeitslosigkeit** *f* <-, *ohne pl*> paro *m* de larga duración, cesantía *f* prolongada *Am*; **Langzeitgedächtnis** *nt* <-ses, *ohne pl*> (PSYCH) memoria *f* a largo plazo; **Langzeitpflege** *f* <-, *ohne pl*> cuidados *mpl* sanitarios prolongados, asistencia *f* a pacientes crónicos; **Langzeitprogramm** *nt* <-(e)s, -e> programa *m* a largo plazo; **Langzeitrisiko** *nt* <-s, -risiken> (MED) riesgo *m* prolongado; **Langzeitspeicher** *m* <-s, -> (INFOR) memoria *f* a largo plazo; **Langzeitstudie** *f* <-, -n> estudio *m* a largo plazo; (*Forschungen*) investigaciones *fpl* de larga duración; (WIRTSCH) análisis *m inv* a largo plazo; **Langzeitvergleich** *m* <-(e)s, -e> (WIRTSCH) comparación *f* a largo plazo; **Langzeitwirkung** *f* <-, -en> efecto *m* prolongado; **Medikamente mit ~** medicamentos de efecto prolongado
LAN-Manager *m* <-s, -> (INFOR) LAN Manager *m* (*sistema operativo de red de área local de Microsoft*)
Lanolin [lano'li:n] *nt* <-s, *ohne pl*> lanolina *f*
Lanthan [lan'ta:n] *nt* <-s, *ohne pl*> (CHEM) lantano *m*
Lanze ['lantsə] *f* <-, -n> lanza *f*, picana *f SAm*; **für jdn eine ~ brechen** romper una lanza por alguien
Lanzette [lan'tsɛtə] *f* <-, -n> (MED) lanceta *f*
Laos ['la:ɔs] *nt* <-> Laos *m*
Laote, -in [la'o:tə] *m, f* <-n, -n; -, -nen> laosiano, -a *m, f*
laotisch *adj* laosiano
lapidar [lapi'da:ɐ] *adj* lapidario
Lapilli [la'pɪli] *pl* (GEO) lapilli *mpl*
Lapislazuli [lapɪs'la:tsuli] *m* <-, -> lapislázuli *m*
Laplink ['lɛplɪŋk] *m* <-s, -s> (INFOR) Laplink *m*
Lappalie [la'pa:liə] *f* <-, -n> bagatela *f*, pequeñez *f*, guinda *f Chil*
Lappe, -in ['lapə] *m, f* <-n, -n; -, -nen> lapón, -ona *m, f*
Lappen ['lapən] *m* <-s, -> ❶ (*Stoff-, Putz-*) trapo *m*, limpión *m Am*; **etw geht jdm durch die ~** (*fam*) algo se le escapa a alguien de las manos
❷ (*fam: Geldschein*) billete *m*
läppern ['lɛpɐn] *vr*: **sich ~** (*fam*) amontonarse; **es läppert sich allmählich** poco a poco se va amontonando
lappig ['lapɪç] *adj* (*fam*) ❶ (*schlaff*) flojo
❷ (*geringfügig*) irrisorio, insignificante
Lappin ['lapɪn] *f* <-, -nen> *s.* **Lappe**
lappisch ['lapɪʃ] *adj* lapón
läppisch ['lɛpɪʃ] *adj* (*abw*) ❶ (*kindisch*) infantil; **ich finde, du benimmst dich ziemlich ~** me parece que te comportas como un petulante
❷ (*gering*) insignificante, ridículo
Lappland ['laplant] *nt* <-s> Laponia *f*
Lapsus ['lapsʊs, *pl*: 'lapsu:s] *m* <-, -> lapsus *m inv*; **mir ist ein ~ passiert** tuve un lapsus; **~ Linguae** tropiezo [*o* desliz] (al hablar)
Laptop ['lɛptɔp] *m* <-s, -s> ordenador *m* portátil
Lärche ['lɛrçə] *f* <-, -n> (BOT) alerce *m*
large [larʒ] *adj* (*Schweiz: großzügig*) generoso
Largo ['largo, *pl*: 'largi] *nt* <-(s), -s *o* Larghi> (MUS) largo *m*
Larifari [lari'fa:ri] *nt* <-s, *ohne pl*> (*fam*) bobadas *fpl*, tonterías *fpl*
Lärm [lɛrm] *m* <-(e)s, *ohne pl*> ruido *m*, chivateo *m Am*, batifondo *m CSur*; **die Kinder machen ~** los niños hacen ruido; **~ schlagen** (*fam*) armar un cisco; **viel ~ um nichts** mucho ruido y pocas nueces
Lärmbekämpfung *f* <-, *ohne pl*> lucha *f* contra el ruido; **Lärmbelästigung** *f* <-, -en> molestia *f* por ruido, contaminación *f* acústica; **Lärmbelastung** *f* <-, -en> contaminación *f* sonora
lärmempfindlich *adj* sensible a los ruidos
lärmen ['lɛrmən] *vi* hacer ruido, meter ruido *fam*
lärmend I. *adj* ruidoso, estrepitoso
II. *adv* con (mucho) estrépito
Lärmkulisse *f* <-, -n> ruidos *mpl* de fondo; **Lärmminderung** *f* <-, -en> disminución *f* del nivel de ruido
larmoyant [larmoa'jant] *adj* (*geh: weinerlich*) llorón; (*selbstmitleidig*) lleno de compasión con sí mismo
Lärmpegel *m* <-s, -> nivel *m* de ruidos; **Lärmquelle** *f* <-, -n> fuente *f* de ruido
Lärmschutz *m* <-es, *ohne pl*> protección *f* contra el ruido; (*an Straßen*) pantalla *f* antirruido; **aktiver/passiver ~** protección activa/pasiva contra el ruido; **Lärmschutzmaßnahme** *f* <-, -n> medida *f* de protección contra el ruido; **Lärmschutzwall** *m* <-(e)s, -wälle> muro *m* antirruidos; **Lärmschutzwand** *f* <-, -wände> pantalla *f* antirruido
Larve ['larfə] *f* <-, -n> ❶ (ZOOL) larva *f*
❷ (*reg: Maske*) antifaz *m*, careta *f*
Larvenstadium *nt* <-s, -stadien> fase *f* larvaria
las [la:s] *3. imp von* **lesen**
Lasagne [la'zanjə] *pl* (GASTR) lasaña *f*
lasch [laʃ] *adj* laxo, flojo, poco activo; **die Suppe schmeckt ~** la sopa está sosa
Lasche ['laʃə] *f* <-, -n> ❶ (TECH) cubrejunta *m*
❷ (*am Schuh*) lengüeta *f*; (*an Schachtel, Heftchen*) solapa *f*; (*an Taschen*) presilla *f*; (*an Dosen*) anillo *m*
Laschheit *f* <-, -en> (*Erziehung*) laxitud *f*, falta *f* de disciplina; (*Aufsicht*) negligencia *f*; (*Maßnahme*) debilidad *f*
Laser ['le:zɐ, 'lɛɪzɐ] *m* <-s, -> (PHYS) láser *m*
Laserbehandlung *f* <-, -en> (MED) tratamiento *m* con rayos láser; **Laserdrucker** *m* <-s, -> impresora *f* láser; **Laserstrahl** *m* <-(e)s, -en> rayo *m* láser; **Lasertechnik** *f* <-, *ohne pl*> técnica *f* láser; **Laserwaffe** *f* <-, -n> (MIL) arma *f* (de rayos) láser
lasieren *vt* (*Holz*) barnizar; (*Ton*) esmaltar
lassen¹ ['lasən] <lässt, ließ, gelassen> *vt* ❶ (*unverändert ~, unter~*)

lassen dejar; **lass mal, ich mache das schon** ¡deja, ya lo hago yo!; **lass das!** ¡déjalo!; **lass doch das Gejammer!** ¡deja de lamentarte!; **~ wir das!** ¡dejémoslo!; **lass mich (in Ruhe)!** ¡déjame (en paz)!; **er kann es einfach nicht ~** siempre está con lo mismo; **tu, was du nicht ~ kannst!** ¡haz lo que mejor te parezca!; **wir ~ alles beim Alten** lo dejamos todo como está; **ich habe alles so ge~, wie es war** lo he dejado todo como estaba; **~ wir es dabei** dejémoslo así

② (*zurück~*): **sein Leben ~** perder la vida; **er hat viel Geld in der Kneipe ge~** (*fam*) ha dejado mucho dinero en el bar; **wo habe ich nur meine Brille ge~?** ¿dónde he dejado mis gafas?

③ (*zugestehen*): **lass mir bitte etwas Zeit!** ¡dame un poco de tiempo, por favor!; **man muss ihm seinen Willen ~** hay que respetar su voluntad; **das muss man ihr ~** hay que reconocérselo

④ (*irgendwohin ~*): **er lässt Wasser in die Wanne** prepara el baño; **jdm die Luft aus den Reifen ~** desinflarle las ruedas a alguien; **lass mich mal vorbei** (*fam*) déjame pasar; **ich muss noch den Hund nach draußen ~** todavía tengo que sacar el perro; **wer hat hier einen (Wind) ge~?** (*fam*) ¿quién se ha tirado un pedo?

⑤ (*Wend*): **kalt ~** dejar frío; **das lässt mich völlig kalt** no me causa la menor impresión; **offen ~** (*Tür, Fenster*) dejar abierto; (*beim Schreiben*) dejar en blanco; (*Entscheidung*) dejar pendiente [o en el aire]; **wir sollten nichts unversucht ~** tenemos que agotar todas las posibilidades

lassen² [ˈlasən] <lässt, ließ, lassen> *vt* (*mit einem Infinitiv*) ❶ (*erlauben*) dejar; (*zulassen*) tolerar, permitir +*inf*; **lässt du mich (gehen)?** ¡suéltame!; **lass ihn nur machen!** ¡déjalo a él!, ¡déjale hacer a él!; **lass mich nur machen!** ¡ya lo hago yo!; **lass hören!** ¡empieza ya!; **lass dir darüber keine grauen Haare wachsen** no te calientes la cabeza con eso; **ich lasse mich nicht belügen** no consiento que me mientan; **so kannst du dich sehen ~** ¡así estás guapo!; **lass dir das gesagt sein!** ¡date por advertido!; **~ Sie sich gesagt sein, dass ...** dése por enterado de que...; **~ Sie sich nicht stören** no se moleste; **~ Sie das nur meine Sorge sein** no se preocupe, yo me ocuparé de ello; **~ Sie mich bitte ausreden** déjeme acabar de hablar; **wer hat hier einen fahren ~?** (*fam*) ¿quién se ha tirado un pedo?; **das lasse ich mir nicht bieten** [*o* **gefallen**] eso no lo tolero; **ich habe mir nichts anmerken ~** me hice el/la indiferente; **jdn laufen ~** (*fam*) soltar a alguien; **jdn verhungern ~** no dar de comer a alguien; **etw geschehen ~** dejar pasar algo; **lass ihn nur kommen!** ¡déjale que venga!; **er hat sich** *dat* **einen Bart stehen ~** se dejó crecer la barba

② (*veranlassen*) hacer +*inf*; **sich scheiden ~** divorciarse; **sich** *dat* **die Haare schneiden ~** (ir a) cortarse el pelo; **ich lasse bitten** hágale pasar; **ich habe Sie rufen ~ um ...** le hice venir para que... +*subj*; **er hat mir ausrichten ~, dass ...** me ha dejado un recado diciendo que...; **er lässt dich grüßen** te manda saludos; **ich habe mir sagen ~, dass ...** me dijeron que...

③ (*unverändert ~*): **etw sein** [*o* **bleiben**] **~** dejar algo; **lass das bleiben!** ¡déjalo (estar)!; **etw hängen ~** olvidar(se de) algo; **jdn hängen ~** dejar a alguien plantado [*o* en la estacada]; **sich hängen ~** dejarse ir; **etw liegen ~** (*nicht wegnehmen*) dejar algo; (*vergessen*) olvidar algo; (*unerledigt lassen*) interrumpir algo; **lass das liegen!** ¡déjalo todo!; **alles stehen und liegen ~** dejarlo todo; **jdn links liegen ~** pasar de largo a alguien; **stecken ~** no sacar; (*Schlüssel*) dejar puesto; **lass dein Geld stecken!** ¡déjalo (yo pago)!; **stehen ~** (*nicht wegnehmen, vergessen*) dejar; (*nicht zerstören*) conservar; (*Essen*) dejar en el plato, no tocar; (*sich abwenden*) dejar plantado; (*bei einem Termin*) dar plantón; **er hat seinen Schirm stehen ~** se dejó el paraguas; **lass die Vase bitte stehen!** ¡no toques el jarrón, por favor!; **sie ließ ihn einfach stehen** le dejó plantado sin más

④ (*Imperativ*): **lass uns gehen!** ¡vámonos!; **lasset uns beten** oremos; **lass es dir schmecken!** que aproveche; **lass es dir gut gehen** que te vaya bien

⑤ (*lassen + sich: möglich sein*) poderse; **das wird sich einrichten ~** esto se arreglará; **das Wort lässt sich nur schwer übersetzen** la palabra es difícil de traducir; **das lässt sich nicht vermeiden** esto no se puede evitar; **ich will sehen, was sich tun lässt** voy a ver qué es lo que podemos hacer; **der Wein lässt sich trinken** el vino se puede beber; **das lässt sich hören** no está mal

lässig [ˈlɛsɪç] *adj* ❶ (*ungezwungen*) desenfadado, desenvuelto

② (*fam: leicht*) fácil; **das hat er ~ hingekriegt** eso lo ha logrado sin esfuerzo

Lässigkeit *f* <-, *ohne pl*> desenvoltura *f*, desenfado *m*

Lasso [ˈlaso] *nt* <-s, -s> lazo *m*

lässt^RR [lɛst], **läßt** *3. präs von* **lassen**

Last [last] *f* <-, -en> ❶ (*a. fig*) carga *f*; (*Gewicht*) peso *m*; **bewegliche/ruhende ~** (WIRTSCH) carga viva/muerta; **sein ~ für jdn sein, jdm zur ~ fallen** ser una carga para alguien; **sie hat ihre ~ mit ihm** le ha tocado una cruz con él; **jdm etw zur ~ legen** acusar a alguien de algo; **das geht zu deinen ~en** eso queda de tu cuenta

② *pl* (*Abgaben*) cargas *fpl*; **zu ~en buchen** cargar en cuenta

Lastauto *nt* <-s, -s> camión *m*

lasten [ˈlastən] *vi* pesar (*auf* sobre); **auf ihm lastet die ganze Verantwortung** toda la responsabilidad pesa sobre él

Lastenaufzug *m* <-(e)s, -züge> montacargas *m inv*, elevador *m Arg*; **Lastenausgleich** *m* <-(e)s, -e> compensación *f* de cargas

lastend *adj* (*geh*) agobiante, abrumador

lastenfrei *adj* (FIN) sin cargas, libre de cargas

Lastentaxi *nt* <-s, -s> taxi *m* de carga

Lastenzuschuss^RR *m* <-es, -schüsse> (JUR) subvención *f* a las cargas

Laster¹ *m* <-s, -> (*fam*) camión *m*

Laster² *nt* <-s, -> vicio *m*

Lästerei *f* <-, -en> (*abw*) comentarios *mpl* malévolos; **lass doch bitte die ~, du kannst auch einmal eine Fehlentscheidung treffen!** no seas tan crítico, ¡tú también puedes equivocarte al tomar una decisión!; **ich kann die ~en meiner Geschwister über meinen neuen Freund nicht mehr ertragen** no soporto más ese chismorreo de mis hermanos sobre mi nuevo novio

Lästerer, -in [ˈlɛstərə] *m, f* <-s, -; -, -nen> cotilla *mf*

lasterhaft *adj* vicioso; **ein ~es Leben führen** llevar una vida disipada

Lasterhaftigkeit *f* <-, *ohne pl*> depravación *f*

Lasterhöhle *f* <-, -n> (*fam abw*) antro *m* de corrupción

Lästerin *f* <-, -nen> *s*. **Lästerer**

lästerlich *adj* difamador, calumniador

Lästermaul *nt* <-(e)s, -mäuler> (*fam*) cotilla *mf*, víbora *f*

lästern [ˈlɛstɐn] *vi* **über jdn ~** poner verde a alguien

Lästerung *f* <-, -en> maledicencia *f*; (REL) blasfemia *f*

Lastesel *m* <-s, -> (*a. fam*) burro *m* de carga

lästig [ˈlɛstɪç] *adj* pesado, molesto, odioso *Am*, espeso *Arg, Peru, Ven*, molón *Guat, Ecua, Mex*; **jdm ~ sein** [*o* **werden**] molestar a alguien, hostigar a alguien *Kol*

Lästigkeit *f* <-, *ohne pl*> ❶ (*beeinträchtigende Art*) molestia *f*

② (*Aufdringlichkeit*) pesadez *f*, importunidad *f*

Lastkahn *m* <-(e)s, -kähne> gabarra *f*, chalana *f*; **Last(kraft)wagen** *m* <-s, -> camión *m*

Lastschrift *f* <-, -en> (FIN) cargo *m*, adeudo *m*; **Lastschriftanzeige** *f* <-, -n> (FIN) nota *f* de cargo; **Lastschriftverfahren** *nt* <-s, -> (FIN) procedimiento *m* de nota de cargo

Lasttier *nt* <-(e)s, -e> bestia *f* de carga; **Lastträger(in)** *m(f)* <-s, -; -, -nen> porteador(a) *m(f)*

Lastwagen *m* <-s, -> camión *m*; **Lastwagenfahrer(in)** *m(f)* <-s, -; -, -nen> camionero, -a *m, f*

Lastzug *m* <-(e)s, -züge> camión *m* con remolque

Lasur [laˈzuːɐ] *f* <-, -en> barniz *m*

lasziv [lasˈtsiːf] *adj* (*geh*) ❶ (*sinnlich*) lascivo

② (*anstößig*) indecente

Laszivität [lastsiviˈtɛːt] *f* <-, *ohne pl*> (*geh*) ❶ (*Sinnlichkeit*) lascivia *f*; **die Pose war von herausfordernder ~** la pose era provocativamente lasciva

② (*Anstößigkeit*) indecencia *f*

Latein [laˈtaɪn] *nt* <-s, *ohne pl*> latín *m*; **mit seinem ~ am Ende sein** no saber cómo continuar

Lateinamerika [---ˈ----] *nt* <-s> Latinoamérica *f*, América *f* Latina; **Lateinamerikaner(in)** [-----ˈ--] *m(f)* <-s, -; -, -nen> latinoamericano, -a *m, f*

lateinamerikanisch [-----ˈ--] *adj* latinoamericano

lateinisch [laˈtaɪnɪʃ] *adj* latino

Lateinisch *nt* <-(s), *ohne pl*>, **Lateinische** *nt* <-n, *ohne pl*> latín *m*; **lesen Sie ~?** ¿lee en latín?; **einen Text aus dem ~en ins Deutsche übersetzen** traducir un texto del latín al alemán

latent [laˈtɛnt] *adj* latente; **~ vorhanden sein** estar latente

Latenz *f* <-, *ohne pl*> (BIOL, MED) latencia *f*

Latenzzeit *f* <-, -en> ❶ (*Inkubationszeit*) periodo *m* de incubación

② (*Latenz*) (periodo *m* de) latencia *f*

lateral [lateˈraːl] *adj* lateral

Laterne [laˈtɛrnə] *f* <-, -n> linterna *f*; (*Straßen~*) farola *f*, farol *m*

Laternenpfahl *m* <-(e)s, -pfähle> poste *m* de farol

Latex [ˈlaːtɛks, *pl:* laˈtiːtes:s] *m* <-, Latizes> látex *m inv*

Latinum [laˈtiːnʊm] *nt* <-s, *ohne pl*> diploma *m* de latín; **das kleine/große ~** diploma adquirido tras tres/seis años de estudio del latín

Latizes *pl von* **Latex**

Latrine [laˈtriːnə] *f* <-, -n> letrina *f*

Latrinenparole *f* <-, -n> (*fam abw*) chisme *m*

Latsche [ˈlaːtʃə] *f* <-, -n> ❶ (BOT) pino *m* carrasco

② (*fam: Schuh*) zapato *m* (viejo); (*Hausschuh*) zapatilla *f*

latschen [ˈlaːtʃən] *vi sein* (*fam*) ❶ (*gehen*) andar; (*zu Fuß gehen*) ir a pie; **wir sind die ganze Strecke gelatscht** hemos hecho todo el camino a pie

② (*schlurfen*) arrastrar los pies

③ (*rücksichtslos trampeln*) pisotear; **wer ist denn über das Beet**

gelatscht? ¿quién ha pisoteado el bancal?
Latschen ['laːtʃən] m <-s, -> (fam) zapato m viejo, ojota f Am; **aus den ~ kippen** (ohnmächtig werden) desmayarse; (sehr überrascht sein) quedarse asombradísimo
Latschenkiefer f <-, -n> pino m carrasco
Latte ['latə] f <-, -n> ❶ (Brett) tabla f, barrote m; **Fritz ist eine lange ~** (fam) Fritz es un fideo [o un palillo]
❷ (SPORT: am Tor) larguero m; (Hochsprung) listón m
❸ (fam: Menge): **eine ganze ~ von ...** (fam) una larga lista de...; **das muss eine ganze ~ gekostet haben** (fam) debe haber costado un riñón
❹ (fam: erigierter Penis) estaca f
Lattenkiste f <-, -n> cajón m; **Lattenrost** m <-(e)s, -e> somier m; **Lattenverschlag** m <-(e)s, -schläge> separación f hecha con rejillas; **Lattenzaun** m <-(e)s, -zäune> empalizada f, estacada f
Lattich ['latɪç] m <-s, -e> (BOT) lechuga f
Latz [lats, pl: 'lɛtsə] m <-es, Lätze> ❶ (Lätzchen) babero m
❷ (an Kleidung) peto m; **jdm eine vor den ~ knallen** (fam) darle un golpe a alguien
Lätzchen ['lɛtsçən] nt <-s, -> babero m
Latzhose f <-, -n> pantalón m de peto
lau [laʊ] adj tibio
Laub [laʊp] nt <-(e)s, ohne pl> fronda f, follaje m, hojas fpl; **~ tragend** de hoja caduca
Laubbaum m <-(e)s, -bäume> árbol m de hoja caduca; **Laubblatt** nt <-(e)s, -blätter> hoja f de árbol (de hoja caduca)
Laube ['laʊbə] f <-, -n> cenador m, pérgola f; (**und**) **fertig ist die ~!** (fam) ¡y a otra cosa mariposa!
Laubenkolonie f <-, -n> grupo m de parcelas con casita y huerto
Laubfrosch m <-(e)s, -frösche> (ZOOL) rana f de zarzal, ranita f de San Antonio; **Laubholz** nt <-es, -hölzer> ❶ (Holz) madera f de árboles de fronda ❷ pl (Bäume) árboles mpl de fronda
Laubhüttenfest nt <-(e)s, -e> (REL) fiesta f de los tabernáculos [o de las cabañuelas]
Laubsäge f <-, -n> segueta f, sierra f de calar
laubtragend adj s. **Laub**
Laubwald m <-(e)s, -wälder> bosque m caducifolio
Lauch [laʊx] m <-s, -e> puerro m
Lauchzwiebel f <-, -n> cebolla f de puerro
Laudatio [laʊˈdaːtsjo, pl: laʊdaˈtsjoːnɛs] f <-, -nes o -nen> laudatoria f; **die ~ halten** pronunciar la laudatoria
Lauer ['laʊɐ] f <-, ohne pl>: **auf der ~ liegen** (fam) estar al acecho; **sich auf die ~ legen** (fam) ponerse en [o al] acecho
lauern ['laʊɐn] vi (fam) ❶ (warten) acechar (auf a), pispar (auf a) Arg
❷ (ungeduldig warten) esperar [o aguardar] con impaciencia (auf a); **er lauert nur darauf ihr eins auswischen zu können** sólo está esperando a poder gastarle una jugarreta
Lauf¹ [laʊf, pl: 'lɔɪfə] m <-(e)s, Läufe> ❶ (SPORT) carrera f
❷ (Gewehr-) cañón m
Lauf² m <-(e)s, ohne pl> ❶ (a. ASTR: das ~en) carrera f
❷ (Ver-) (trans)curso m, rumbo m; **die Sache nimmt ihren ~** el asunto toma su rumbo; **im ~e eines Gesprächs** en el transcurso de una conversación; **das ist der ~ der Dinge** es el rumbo de las cosas; **seiner Fantasie/seinen Gefühlen freien ~ lassen** dar rienda suelta a su fantasía/a sus sentimientos; **im ~(e) eines Jahres** en el (trans)curso de un año
❸ (von Maschinen) marcha f
❹ (Fluss-) curso m
Laufarbeit f <-, ohne pl> (SPORT): **ein für seine ~ bekannter Fußballer** un futbolista conocido por sus galopadas; **Laufbahn** f <-, -en> ❶ (beruflich) carrera f (profesional); **eine glänzende ~ vor sich** dat **haben** tener una carrera brillante por delante ❷ (SPORT) pista f; **Laufbursche** m <-n, -n> (abw) chico m de los recados; (in Büro) botones m inv, ordenanza m
laufen ['laʊfən] <läuft, lief, gelaufen> I. vi ❶ (rennen, fließen) correr; **der Wasserhahn läuft** el grifo está abierto; **voll ~ llenarse** (hasta arriba [o los topes]); **sich voll ~ lassen** (sl) cogerse un ciego
❷ (fam: gehen) andar, caminar; **man läuft etwa eine Stunde dorthin** andando se tarda más o menos una hora; **er lief mir direkt in die Arme** tropecé con él; **jdm über den Weg ~** cruzarse con alguien; **sie läuft ständig in die Disco** se pasa el día metida en la discoteca
❸ (in Betrieb sein) funcionar; (Motor) estar en marcha; **das Radio lief** tenían puesta la radio
❹ (undicht sein) gotear; (fam: Käse, Butter) derretirse; **ihm läuft die Nase** le gotea la nariz, moquea
❺ (FILM) estar en cartelera; (Vorführung) haber empezado; **der Film läuft schon sieben Wochen** ya hace siete semanas que la película está en cartelera; **um wie viel Uhr läuft der Film?** ¿a qué hora es [o ponen] la película?

❻ (Prozess, Bewerbung) estar en trámite; (Vertrag, Abkommen) estar vigente; (fam: Geschäft) ir bien; **der Wagen läuft auf seinen Namen** el coche está a su nombre; **das läuft unter „Sonderausgaben"** esto se declara como "gastos especiales"; **die Sache läuft gut/schlecht** la cosa va bien/mal; **schief ~** (fam) salir mal, no dar una; **heute läuft aber auch alles schief!** ¡hoy sale todo al revés!; **die Sache ist ge~** (fam) se acabó
❼ (ver~) ir, correr; (Fluss, Weg) ir; **etw läuft auf Rollen** algo tiene ruedas; **etw läuft auf Schienen** algo corre sobre vías; **ein Murmeln lief durch die Menge** un rumor corrió por la multitud; **es läuft mir eiskalt über den Rücken** me dan escalofríos
II. vt ❶ sein (Strecke) recorrer; **Ski/Rollschuh/Schlittschuh ~** esquiar/patinar/patinar sobre hielo; **er ist Weltrekord ge~** hizo el récord mundial; **einen Umweg ~** dar un rodeo
❷ haben: **ich habe mir Blasen ge~** tengo ampollas de tanto andar
III. vunpers: **in den Schuhen läuft es sich gut** se anda bien con estos zapatos
laufend I. adj corriente; **~e Ausgaben** gastos corrientes; **~er Kredit** crédito no vencido; **im ~en Jahr** en el año corriente [o en curso]; **am ~en Band** sin interrupción; **der ~e Meter zu 3 Euro** a tres euros el metro
II. adv (ständig) continuamente; **~ Ärger machen** molestar continuamente; **auf dem L~en sein** [o **bleiben**] estar al día; **jdn auf dem L~en halten** poner a alguien al corriente
laufen|lassen* irr vt s. **lassen** 2.
Läufer¹ ['lɔɪfɐ] m <-s, -> ❶ (Teppich) alfombra f
❷ (Schachfigur) alfil m
❸ (TECH) rotor m
Läufer(in)² m(f) <-s, -; -, -nen> (SPORT) corredor(a) m(f)
Lauferei f <-, -en> (fam abw) vaivén m, ir y venir m
Läuferin f <-, -nen> s. **Läufer²**
Lauffeuer nt <-s, -> fuego m devorador; **etw verbreitet sich wie ein ~** algo corre como un reguero de pólvora; **Laufflache** f <-, -n> ❶ (TECH) banda f de rodadura, superficie f de rodadura ❷ (des Skis) superficie f de deslizamiento; **Laufgitter** nt <-s, -> s. **Laufstall**
läufig ['lɔɪfɪç] adj en celo, alunado CRI
Laufjunge m <-n, -n> s. **Laufbursche**; **Laufkatze** f <-, -n> (TECH) carro m; **Laufkran** m <-(e)s, -e> (alt) grúa f móvil [o de corredera]; **Laufkundschaft** f <-, ohne pl> clientela f de paso; **Laufmasche** f <-, -n> carrera f; **Laufpass**ᴿᴿ m; **jdm den ~ geben** (fam) mandar a alguien a freír espárragos; **den ~ bekommen** ser despedido; **Laufplanke** f <-, -n> pasarela f; **Laufrichtung** f <-, -en> dirección f, rumbo m; **die ~ ändern** cambiar de rumbo; **Laufschiene** f <-, -n> (TECH) carril m, raíl m; **Laufschritt** m: **im ~** a paso ligero; **Laufstall** m <-(e)s, -ställe> parque m, corralito m; **Laufsteg** m <-s, -e> pasarela f
läuft [lɔɪft] 3. präs von **laufen**
Laufwerk nt <-(e)s, -e> (INFOR) unidad f; **Laufwerkbuchstabe** m <-n(s), -n> (INFOR) letra f de la unidad (de disco)
Laufzeit f <-, -en> ❶ (FIN) plazo m; **der Kredit hat eine ~ von zwei Jahren** el crédito tiene un plazo de dos años
❷ (von Verträgen) duración f
❸ (INFOR) tiempo m de ejecución
Laufzeitverkürzung f <-, -en> (FIN) acortamiento m del plazo de vencimiento; **Laufzeitverlängerung** f <-, -en> (FIN) prolongación f del plazo de vencimiento; **Laufzettel** m <-s, -> ❶ (Rundschreiben) circular f ❷ (an Werkstück) rótulo m
Lauge ['laʊɡə] f <-, -n> (a. CHEM) lejía f
Lauheit f <-, ohne pl> tibieza f
Laune ['laʊnə] f <-, -n> ❶ (Einfall) capricho m, birria f Kol; **aus einer ~ heraus** por puro capricho [o antojo]
❷ (Stimmung) humor m; **schlechte/gute ~ haben** estar de mal/de buen humor; **je nach Lust und ~** según las ganas; **jdn bei ~ halten** seguirle el humor a alguien; **seine ~n an jdm auslassen** descargar su mal humor en alguien
launenhaft adj caprichoso; (Wetter) variable, inestable
Launenhaftigkeit f <-, ohne pl>: **die ~ des Glücks** los avatares de la suerte
launig adj gracioso, divertido
launisch adj (abw) caprichoso
Laus [laʊs, pl: 'lɔɪzə] f <-, Läuse> piojo m; **ihm ist eine ~ über die Leber gelaufen** (fam) le ha picado una mosca; **da hat sie ihm eine ~ in den Pelz gesetzt** (fam) le ha echado [o puesto] la mosca en la oreja
Lausanne [loˈzan] nt <-s> Lausana f
Lausbub m <-en, -en> (fam) pillo m, granuja m
Lauschangriff m <-(e)s, -e> vigilancia f secreta; **großer ~** vigilancia secreta en gran escala
lauschen ['laʊʃən] vi ❶ (zuhören) escuchar atentamente
❷ (heimlich zuhören) estar a la escucha; **er lauschte an der Tür** estuvo a la escucha en la puerta

Lauscher¹ *m* <-s, -> oreja *f*; **seine ~ aufstellen** [*o* **aufsperren**] (*fam*) poner atención a lo que se dice

Lauscher(in)² *m(f)* <-s, -; -, -nen> escuchón, -ona *m, f*; **der ~ an der Wand hört seine eigene Schand'** (*prov*) quien escucha, su mal oye

lauschig *adj* acogedor; **ein ~es Plätzchen** un lugar acogedor

Lausebengel ['lauzə-] *m* <-s, -> (*fam*), **Lausejunge** *m* <-n, -n> (*fam*) pillo *m*, pillín *m*

Läusemittel *nt* <-s, -> (MED) producto *m* antipedicular

lausen ['lauzən] *vt* despiojar, espulgar; **mich laust der Affe!** (*fam*) ¡no puede ser!

lausig *adj* (*fam*) ① (*abw: unangenehm*) asqueroso, miserable; **~ spielen** jugar miserablemente
② (*abw: wenig*) ridículo; **für ~e 250 Euro tu ich das nicht** por la ridiculez de 250 euros no estoy dispuesto a hacerlo
③ (*groß*) tremendo; **eine ~e Kälte** un frío tremendo

Lausitz *f* <-> Lusacia *f*

laut [laut] I. *adj* ① (*allgemein*) alto; (*~stark*) fuerte; **das Radio ~er stellen** poner la radio más alta [*o* a más volumen]; **es gab ein ~es Hallo** hubo un gran jaleo; **~ lesen/denken** leer/pensar en voz alta; **ich habe nur ~ gedacht** estaba hablando conmigo mismo
② (*lärmerfüllt*) ruidoso; **er wird dann immer gleich ~** siempre tiende a levantar la voz; **es wurden Beschwerden ~** hubo quejas
II. *präp* +*gen/dat* según, conforme (a), de acuerdo (con); **~ Hinweisen** [*o* **der Hinweise**] según las indicaciones

Laut [laut] *m* <-(e)s, -e> sonido *m*; **keinen ~ von sich** *dat* **geben** no decir ni pío; **Bello, gib ~!** ¡Bello, ladra!

Laute [lautə] *f* <-, -n> (MUS) laúd *m*

lauten [lautən] *vi* (*besagen*) decir; **gleich ~d** (*im Klang*) homófono; (*im Wortlaut*) idéntico, igual; **gleich ~de Wörter** homónimos *mpl*; **dieser Paragraph lautet wörtlich: ...** este artículo dice literalmente:...; **der Pass lautet auf den Namen ...** el pasaporte está expedido a nombre de...; **wie lautet ihr Name?** ¿cómo se llama?; **Ihr Auftrag lautet ...** su tarea consiste en...; **die Anklage lautet auf Erpressung** se le acusa de chantaje

läuten ['lɔɪtən] I. *vi* ① (*an der Tür*) tocar (el timbre)
② (*Telefon, Glocke*) sonar; **es hat geläutet** llaman (a la puerta); **er hat davon ~ gehört** [*o* **hören**] sobre eso ha oído campanas y no sabe dónde
II. *vt* (*Glocken*) tocar; **die Glocken ~ 11 Uhr** las campanas dan [*o* tocan] las 11

Lautenist(in) [lautə'nɪst] *m(f)* <-en, -en; -, -nen> (MUS), **Lautenspieler(in)** *m(f)* <-s, -; -, -nen> (MUS) tocador(a) *m(f)* de laúd

lauter ['lautɐ] *adj* ① (*geh: Mensch*) sincero, íntegro
② *inv* (*nur*) sólo; (*viel(e)*) mucho(s); **vor ~ Kummer** de pura pena; **das ist ~ Blödsinn** no son más que tonterías

Lauterkeit *f* <-, ohne *pl*> (*geh: Worte*) sinceridad *f*; (*Mensch*) sinceridad *f*, integridad *f*; **~ des Wettbewerbs** (JUR) lealtad de la competencia

Lauterkeitsprinzip *nt* <-s, ohne *pl*> principio *m* de lealtad; **Lauterkeitsrecht** *nt* <-(e)s, ohne *pl*> derecho *m* de lealtad; **Lauterkeitsregeln** *fpl* reglas *fpl* de lealtad

läutern ['lɔɪtɐn] *vt* ① (*reinigen, klären*) purificar
② (*bessern*) mejorar; **die Krankheit hat ihn geläutert** la enfermedad lo ha regenerado

Läuterung *f* <-, -en> depuración *f*

Läut(e)werk *nt* <-(e)s, -e> timbre *m* (eléctrico)

lauthals ['--] *adv* a grito pelado; **etw ~ verkünden** anunciar algo a los cuatro vientos

Lautlehre *f* <-, ohne *pl*> (LING) fonética *f*

lautlich *adj* fonético

lautlos I. *adj* silencioso
II. *adv* sin ruido, en silencio

Lautlosigkeit *f* <-, ohne *pl*> silencio *m*

Lautmalerei *f* <-, -en> (LING) onomatopeya *f*

lautmalerisch *adj* onomatopéyico

Lautschrift *f* <-, -en> (LING) transcripción *f* fonética

Lautsprecher *m* <-s, -> altavoz *m*, altoparlante *m Am*; **über ~** por altavoz; **Lautsprecherbox** *f* <-, -en> bafle *m*; **Lautsprecherdurchsage** *f* <-, -n> anuncio *m* por los altavoces; **Lautsprecherwagen** *m* <-s, -> vehículo *m* con altavoz

lautstark ['--] *adj* fuerte; (*heftig*) enérgico; **~ protestieren** protestar enérgicamente

Lautstärke *f* <-, -n> volumen *m*; **bei voller ~** a todo volumen; **das Radio auf volle ~ stellen** poner la radio al máximo (de volumen); **Lautstärkeregler** *m* <-s, -> regulador *m* de volumen, control *m* de volumen

Lautverschiebung *f* <-, -en> (LING) mutación *f* consonántica; **die erste ~ germanische** ~ la primera mutación consonántica del germánico; **die zweite** [*o* **hochdeutsche**] ~ la segunda mutación consonántica del alto alemán

Läutwerk *nt* <-(e)s, -e> timbre *m* (eléctrico)

lauwarm ['-'-] *adj* tibio

Lava ['la:va] *f* <-, Laven> (GEO) lava *f*

Lavabo [la'va:bo] *nt* <-(s), -s> (*Schweiz: Waschbecken*) lavabo *m*, lavamanos *m inv*

Laven *pl von* **Lava**

Lavendel [la'vɛndəl] *m* <-s, -> lavanda *f*

Lavendelöl *nt* <-(e)s, -e> aceite *m* de lavanda

lavieren* [la'vi:rən] *vt* ① (*a. fig* NAUT) bordear
② (KUNST) lavar

Lawine [la'vi:nə] *f* <-, -n> alud *m*, avalancha *f*; **eine ~ ins Rollen bringen** desencadenar una avalancha; **eine ~ von Prozessen lostreten** iniciar una avalancha de pleitos

lawinenartig I. *adj* que aumenta imparablemente
II. *adv* de manera imparable

Lawinengefahr *f* <-, -en> peligro *m* de aludes; **Lawinenverbauung** *f* <-, -en> valla *f* protectora contra aludes

Lawrencium [lo'rɛntsjʊm] *nt* <-s, ohne *pl*> (CHEM) lawrencio *m*

lax [laks] *adj* (*abw*) descuidado, relajado

Laxans ['laksans, *pl*: la'ksantsja, la'ksantsjən] *nt* <-, Laxantia *o* Laxanzien> laxante *m*, purgante *m*

Laxheit *f* <-, ohne *pl*> laxitud *f*; (*der Kontrollen*) relajamiento *m*

Layer ['lɛɪɐ] *m* <-s, -> (INFOR: *Ebene, Schicht*) nivel *m*, estrato *m*, capa *f*

Layout *nt* <-s, -s>, **Lay-out**ᴿᴿ [lɛɪ'aut, 'lɛɪaut] *nt* <-s, -s> (TYPO) composición *f*

layouten* *vt* (TYPO) maquetar

Layouter(in) [lɛɪ'autɐ] *m(f)* <-s, -; -, -nen> maquetista *mf*

Lazarett [latsa'rɛt] *nt* <-(e)s, -e> hospital *m* militar

LCD [ɛltse:'de:] *nt* <-s, -s> *Abk. von* **liquid crystal display** pantalla *f* de cristal líquido

LCD-Anzeige *f* <-, -n> (INFOR, TECH) visualización *f* por cristal líquido

leasen ['li:zən] *vt* alquilar con opción de compra; **ein geleastes Auto** un coche adquirido por leasing

Leasing ['li:zɪŋ] *nt* <-s, -s> (WIRTSCH) leasing *m*

Leasingdauer *f* <-, ohne *pl*> (WIRTSCH) duración *f* del leasing; **Leasinggeschäft** *nt* <-(e)s, -e> (WIRTSCH) operación *f* de leasing; **Leasingnehmer(in)** *m(f)* <-s, -; -, -nen> (WIRTSCH) arrendatario, -a *m, f*; **Leasingrate** *f* <-, -n> (WIRTSCH) cuota *f* de leasing

Lebedame *f* <-, -n> (*abw*) mujer *f* de la vida, **Lebehoch** *nt* <-s, -s> hurra *m*, viva *m*; **ein dreifaches ~ auf ...!** ¡tres hurras por...!; **Lebemann** *m* <-(e)s, -männer> (*abw*) vividor *m*, calavera *m*

leben ['le:bən] *vi, vt* vivir; **bei jdm ~** vivir en casa de alguien; **sie lebt in Chile** vive en Chile; **er lebt noch** todavía está vivo, todavía vive; **er lebt nicht mehr** ya no vive; **er hat nicht mehr lange zu ~** no le queda mucho tiempo de vida; **genug zum L~ haben** tener suficiente para vivir; **das ist zum L~ zu wenig und zum Sterben zu viel** tener un sueldo miserable; **man lebt nur einmal!** ¡sólo se vive una vez!; **leb wohl!** ¡que te vaya bien!; **es lebe ...!** ¡viva...!; **allein ~** vivir solo; **hier lebt es sich gut** aquí se vive bien; **er lebt über seine Verhältnisse** gasta más de lo que gana; **sie lebt für ihren Beruf** vive para su profesión; **er lebt von seiner Rente** vive de su pensión; **damit kann ich ~** me las puedo apañar con eso; **damit muss ich ~** tengo que aceptarlo; **~ und ~ lassen** vivir y dejar vivir

Leben *nt* <-s, -> vida *f*; (*Existenz*) existencia *f*; (*Bewegtheit*) movimiento *m*; **etw ins ~ rufen** dar vida a algo; **am ~ sein** estar con vida; **das tue ich für mein ~ gern** me encanta hacerlo; **nie im ~, im ~ nicht** en mi vida; **zwischen ~ und Tod schweben** estar entre la vida y la muerte; **es geht um ~ und Tod** es un asunto de vida o muerte; **der Mann/die Frau meines ~s** el hombre/la mujer de mi vida; **einem Kind das ~ schenken** traer un niño al mundo, dar la vida a un hijo; **ums ~ kommen** morir, perder la vida; **mit dem ~ davonkommen** escapar con vida; **etw mit dem ~ bezahlen** pagar algo con la propia vida; **sich** *dat* **das ~ schwer machen** complicarse la vida; **sein ~ verlieren/aufs Spiel setzen** perder/jugarse la vida; **sich mit Betteln durchs ~ schlagen** vivir de la limosna; **am ~ hängen** amar la vida; **jdn ums ~ bringen** quitar la vida a alguien, matar a alguien; **um sein ~ laufen** [*o* **rennen**] correr para salvar el pellejo; **sich** *dat* **das ~ nehmen** quitarse la vida, suicidarse; **jdm das ~ retten** salvar la vida a alguien; **sie haben (ihm) nur das ~ retten können** sólo han podido salvarle la vida; **Geld oder ~!** ¡la bolsa o la vida!; **das öffentliche ~** la vida pública; **das süße ~** la buena vida; **das ist (wie) aus dem ~ gegriffen, das ist wie im richtigen ~** esto parece tomado de la vida real; **wie das ~ so spielt, verlor er alles** si el destino quiso que lo perdiera todo; **~ in etw bringen** animar algo, dar vida a algo; **daran wird sie zeit ihres ~s denken** se acordará toda su vida

lebend *adj* vivo; **~e Sprachen** lenguas vivas; **er weilt nicht mehr unter den L~en** no está entre nosotros, ha fallecido

lebendgebärend *adj s.* **gebären**

Lebendgewicht *nt* <-(e)s, -e> peso *m* en vivo

lebendig [le'bɛndɪç] *adj* ① (*lebend*) vivo; **die L~en und die Toten** los vivos y los muertos; **er ist mehr tot als ~** está más muerto que vivo; **er nimmt es von den L~en** es un usurero; **~ begraben werden** ser enterrado vivo; **Szenen aus seiner Jugendzeit wurden wieder ~** los recuerdos de su juventud cobraron vida de nuevo ❷ (*lebhaft*) vivo, lleno de vida

Lebendigkeit *f* <-, *ohne pl*> vivacidad *f*, viveza *f*

Lebendimpfstoff *m* <-(e)s, -e> (MED) vacuna *f* viva

Lebensabend *m* <-s, -e> (*geh*) vejez *f*, tercera edad *f*; **Lebensabschnitt** *m* <-(e)s, -e> período *m* de la vida; **Lebensalter** *nt* <-s, -> edad *f*; **Lebensarbeitszeit** *f* <-, -en> periodo *m* productivo; **Lebensart** *f* <-, -en> ❶ (*Lebensweise*) modo *m* de vivir, vivienda *f* Am ❷ (*Umgangsformen*) modales *mpl* (refinados); **er hat keine ~** no tiene modales [*o* educación]; **Lebensaufgabe** *f* <-, -n> tarea *f* de toda una vida; **sich** *dat* **etw zur ~ machen** dedicar su vida a algo; **Lebensbaum** *m* <-(e)s, -bäume> ❶ (*Thuja*) tuya *f* ❷ (REL) árbol *m* de la ciencia del bien y del mal [*o* de la vida]; **Lebensbedingungen** *fpl* condiciones *fpl* de vida

lebensbedrohend *adj* muy peligroso, que amenaza la vida

Lebensdauer *f* <-, *ohne pl*> ❶ (*von Mensch*) vida *f* ❷ (*von Material, Maschine*) durabilidad *f*; **Lebenselixier** *nt* <-s, -e> elixir *m* de la vida; **der Fußball war sein ~** (*fig*) el fútbol era su vida; **Lebensende** *nt* <-, *ohne pl*> término *m* de la vida; **bis an mein ~** hasta el fin de mis días; **Lebenserfahrung** *f* <-, -en> experiencia *f* de la vida

lebenserhaltend *adj* vital

Lebenserinnerungen *fpl* memorias *fpl*; **Lebenserwartung** *f* <-, *ohne pl*> expectativa *f* de vida, vida *f* media

lebensfähig *adj* viable

Lebensfähigkeit *f* <-, *ohne pl*> viabilidad *f*; **Lebensform** *f* <-, -en> forma *f* de vida; **Lebensfreude** *f* <-, -n> alegría *f* de vivir

lebensfroh *adj* alegre (y optimista), contento de la vida

Lebensführungsschuld *f* <-, *ohne pl*> (JUR) culpabilidad *f* de conducta

Lebensgefahr *f* <-, *ohne pl*> peligro *m* de muerte; **in ~ schweben** estar entre la vida y la muerte; **es besteht ~** existe [*o* hay] peligro de muerte; **er ist jetzt außer ~** está fuera de peligro

lebensgefährlich I. *adj* muy peligroso; (*Verletzung*) mortal II. *adv* con peligro de muerte; **~ verletzt sein** estar seriamente herido, padecer heridas gravísimas

Lebensgefährte, -in *m, f* <-n, -n; -, -nen> compañero, -a *m, f* de vida; **Lebensgefühl** *nt* <-(e)s, -e> estado *m* de ánimo; **Lebensgeister** *mpl*: **jds ~ (er)wecken** levantar los ánimos de alguien; **seine ~ erwachten** se le despertaron los ánimos; **Lebensgemeinschaft** *f* <-, -en> ❶ (*Ehe*) vida *f* conyugal ❷ (*nichtehelich*) convivencia *f*, vida *f* en común; **Lebensgenuss**[RR] *m* <-es, -nüsse> disfrute *m* de la vida, epicureísmo *m*; **Lebensgeschichte** *f* <-, -n> historia *f* de una vida, biografía *f*; **das also war, wenn auch in knapper Form, meine (gesamte) ~** esta ha sido, pues, aunque de forma abreviada, (toda) mi vida; **Lebensgewohnheiten** *fpl* hábitos *mpl*, costumbres *fpl*

lebensgroß *adj* de [*o* en] tamaño real [*o* natural]

Lebensgröße *f*: **in ~ a** tamaño natural; **in voller ~** (*fam iron: persönlich*) en persona

Lebenshaltung *f* <-, *ohne pl*>: **wegen der steigenden Inflation wird die ~ immer teurer** a causa de la creciente inflación, el coste de la vida es cada vez más alto; **von 800 Euro im Monat wird sie ihre aufwendige ~ kaum bestreiten können** con 800 euros al mes, probablemente no podrá mantener su alto nivel de vida; **Lebenshaltungsindex** *m* <-es, -indizes> (WIRTSCH) índice *m* del coste de la vida; **Lebenshaltungskosten** *pl* coste *m* de la vida

lebenshungrig *adj* sediento de vida

Lebensinhalt *m* <-(e)s, -e> sentido *m* de la vida; **er hat die Arbeit zu seinem ~ gemacht** ha hecho del trabajo su vida; **Lebensjahr** *nt* <-(e)s, -e> año *m* (de vida); **im zwanzigsten ~** (a [*o* con] veinte años de edad); **mit vollendetem 18. ~** con dieciocho años cumplidos; **Lebenskampf** *m* <-(e)s, -kämpfe> lucha *f* por la vida [*o* por la existencia]; **Lebenskraft** *f* <-, -kräfte> fuerza *f* vital, energía *f* vital; **Lebenskünstler(in)** *m(f)* <-s, -; -, -nen> persona *f* que sabe disfrutar de la vida; **Lebenslage** *f* <-, -n> situación *f* de la vida; **in jeder ~** en todas las situaciones de la vida

lebenslang *adj* durante toda la vida, de por vida; **~e Freiheitsstrafe** pena perpetua de privación de libertad

lebenslänglich *adj* (*Strafe*) perpetuo; **„~" bekommen** ser condenado a cadena perpetua; **ein L~er** un preso de cadena perpetua

Lebenslauf *m* <-(e)s, -läufe> currículum *m* vitae, currículo *m*; **ein handgeschriebener ~** un currículum escrito a mano; **~ des beruflichen Werdegangs** el currículum profesional; **Lebenslinie** *f* <-, -n> línea *f* de la vida; **Lebenslüge** *f* <-, -n> autoengaño *m*; **du machst dir etwas vor, das ist alles nur eine große ~** te estás engañando a ti mismo, todo es sólo una gran mentira que te has metido en la cabeza

Lebenslust *f* <-, *ohne pl*> alegría *f* de vivir, ganas *fpl* de vivir

lebenslustig *adj* vivo, vivaracho

Lebensmitte *f* <-, *ohne pl*> mitad *f* de la vida

Lebensmittel *ntpl* comestibles *mpl*, abarrotes *mpl Mex, Cuba;* **diätetische ~** alimentos dietéticos; **Lebensmittelallergie** *f* <-, -n> alergia *f* alimentaria; **Lebensmittelchemie** *f* <-, *ohne pl*> química *f* alimenticia; **Lebensmittelchemiker(in)** *m(f)* <-s, -; -, -nen> químico, -a *m, f* alimentario, -a; **Lebensmittelgeschäft** *nt* <-(e)s, -e> tienda *f* de comestibles, pulpería *f Am*, abarrote *m Cuba, Mex*, abarrotería *f Guat*, almacén *m CSur*, abasto *m Ven*; **Lebensmittelgesetz** *nt* <-es, -e> código *m* alimentario; **Lebensmittelhandel** *m* <-s, *ohne pl*> comercio *m* de productos alimenticios; **Lebensmittelhändler(in)** *m(f)* <-s, -; -, -nen> tendero, -a *m, f*; **Lebensmittelkarte** *f* <-, -n> cartilla *f* de racionamiento; **Lebensmittelrecht** *nt* <-(e)s, -e> derecho *m* de alimentos; **Lebensmittelverarbeitung** *f* <-, -en> elaboración *f* de alimentos; **Lebensmittelvergiftung** *f* <-, -en> (MED) intoxicación *f* alimenticia; **Lebensmittelversorgung** *f* <-, *ohne pl*> abastecimiento *m* con alimentos; **Lebensmittelvorrat** *m* <-(e)s, -räte> reserva *f* de comestibles; **Lebensmittelwissenschaftler(in)** *m(f)* <-s, -; -, -nen> científico, -a *m, f* alimentario, -a; **Lebensmittelzusatzstoff** *m* <-(e)s, -e> aditivo *m* de los alimentos; **synthetische ~e** aditivos sintéticos de los alimentos

lebensmüde *adj* cansado [*o* harto] de la vida; **du bist wohl ~!** (*fam*) ¿pero es que quieres matarte?

Lebensmut *m* <-(e)s, *ohne pl*> ánimo *m* para seguir viviendo

lebensnah *adj* realista, cercano a la vida real; **ein ~er Film** una película muy realista; **~er Unterricht** una clase práctica; **etw ~ beschreiben** describir algo de modo muy realista

Lebensnerv *m* <-s, -en> nervio *m* vital

lebensnotwendig *adj* vital

Lebenspartner(in) *m(f)* <-s, -; -, -nen> compañero, -a *m, f*; **Lebensqualität** *f* <-, *ohne pl*> calidad *f* de vida; **Lebensraum** *m* <-(e)s, -räume> espacio *m* vital, (BIOL) biotopo *m*; **Lebensretter(in)** *m(f)* <-s, -; -, -nen> salvador(a) *m(f)* (de una vida); **Lebensstandard** *m* <-s, -s> nivel *m* de vida; **Lebensstellung** *f* <-, -en> empleo *m* vitalicio; **Lebensstil** *m* <-(e)s, -e> estilo *m* de vida

lebenstüchtig *adj* dinámico, enérgico

lebensüberdrüssig *adj* cansado de la vida

Lebensunterhalt *m* <-(e)s, *ohne pl*> subsistencia *f*, sustento *m*; **Hilfe zum ~** ayuda a los gastos de manutención; **seinen ~ verdienen** ganarse la vida; **für jds ~ sorgen** asegurar el sustento de alguien; **Lebensversicherung** *f* <-, -en> seguro *m* de vida; **~ auf den Erlebensfall/Todesfall** seguro de vida para caso de supervivencia/para caso de muerte; **gemischte ~** seguro de vida mixto; **Lebenswandel** *m* <-s, *ohne pl*> (modo *m* de) vida *f*; **einen zweifelhaften ~ führen** llevar una vida sospechosa; **Lebensweg** *m* <-(e)s, -e> vida *f*; **jdm alles Gute für den weiteren ~ wünschen** desear a alguien lo mejor para el futuro; **Lebensweise** *f* <-, -n> modo *m* de vivir; **Lebensweisheit** *f* <-, -en> máxima *f*; **Lebenswerk** *nt* <-(e)s, -e> obra *f* de la vida; **sein ~ vollenden** terminar la obra de su vida; **lebenswert** *adj* que vale [*o* merece] la pena vivir, digno de ser vivido; **für jdn ist das Leben nicht mehr ~** alguien cree que ya no vale la pena seguir viviendo

lebenswichtig *adj* vital; (*Güter*) de primera necesidad

Lebenswille *m* <-ns, *ohne pl*> deseo *m* de vivir, voluntad *f* de vivir; **ein starker ~** un intenso deseo de vivir; **sein letzter Funken ~ war erloschen** se apagó la última chispa de vida que le quedaba; **Lebenszeichen** *nt* <-s, -> señal *f* de vida; **(k)ein ~ (von sich** *dat***) geben** (no) dar señales de vida; **Lebenszeit** *f* <-, *ohne pl*> (duración *f* de la) vida *f*; **er ist Beamter auf ~** es funcionario vitalicio; **Lebensziel** *nt* <-(e)s, -e> objetivo *m* vital, objetivo *m* de [*o* en] la vida; **Lebenszweck** *m* <-(e)s, -e> sentido *m* de la vida; **Lebenszyklus** *m* <-, -zyklen> (WIRTSCH) ciclo *m* de duración

Leber ['le:bɐ] *f* <-, -n> hígado *m*; **frisch von der ~ weg reden** (*fam*) hablar con toda franqueza; **sich** *dat* **etw von der ~ reden** (*fam*) desahogarse de algo

Leberblümchen *nt* <-s, -> hepática *f*; **Leberentzündung** *f* <-, -en> (MED) inflamación *f* del hígado; **Leberfleck** *m* <-(e)s, -e(n)> lunar *m*; **Leberkäse** *m* <-s, *ohne pl*> (GASTR) paté *m* de carne horneada; **Leberknödel** *m* <-s, -> (GASTR) albóndiga *f* de hígado

leberkrank *adj* (MED) enfermo del hígado

Leberkranke(r) *mf* <-n, -n; -n, -n> (MED) enfermo, -a *m, f* del hígado, hepático, -a *m, f*; **Leberkrankheit** *f* <-, -en> (MED) enfermedad *f* del hígado; **Leberkrebs** *m* <-es, *ohne pl*> (MED) cáncer *m* de hígado; **Leberleiden** *nt* <-s, -> (MED) enfermedad *f* del hígado, hepatopatía *f*; **Leberpastete** *f* <-, -n> (paté *m* de) foie-gras *m*; **Lebertran** ['--tra:n] *m* <-s, *ohne pl*> aceite *m* de hígado de bacalao; **Lebertransplantation** *f* <-, -en> (MED) trasplante *m* de hígado; **Leberversagen** *nt* <-s, *ohne pl*> (MED) fallo *m* del hígado; **Leberwert** *m* <-(e)s, -e> (MED) índice *m* hepático; **Leberwurst** *f* <-, -würste> paté *m* de hígado; **die**

Leberzirrhose

beleidigte ~ spielen (*fam*) dárselas de ofendido; **Leberzirrhose** *f* <-, -n> (MED) cirrosis *f inv* hepática
Lebewesen *nt* <-s, -> ser *m* vivo
Lebewohl [--'-] *nt* <-(e)s, -s *o* -e> (*geh*) adiós *m*; **jdm ~ sagen** despedirse de alguien
lebhaft *adj* ❶ (*Mensch, Augen*) vivo, vivaz; (*Unterhaltung*) vivo, animado; (*Interesse, Temperament, Farbe*) vivo
❷ (*Verkehr, Handel*) intenso; **es geht ~ zu** hay una gran actividad
❸ (*klar, deutlich*) claro; **ich kann mich noch ~ daran erinnern, dass** ... aún puedo acordarme vivamente de que...
Lebhaftigkeit *f* <-, *ohne pl*> viveza *f*, vivacidad *f*
Lebkuchen *m* <-s, -> pan *m* de especias
leblos *adj* sin vida, inanimado
Lebtag *m* (*fam*): **mein ~** toda mi vida; **mein ~ nicht** en mi vida; **das werde ich mein ~ nicht vergessen** no lo olvidaré en mi vida; **Lebzeiten** *pl*: **zu jds ~** en vida de alguien
Lech [lɛç] *m* <-s> Lech *m*
lechzen ['lɛçtsən] *vi* (*geh*) suspirar (*nach* por), ansiar (*nach*)
Lecithin [letsi'tiːn] *nt* <-s, -e> (CHEM, BIOL) lecitina *f*
leck [lɛk] *adj* agujereado; (*Schiff*) que hace agua
Leck [lɛk] *nt* <-(e)s, -e> vía *f* de agua
lecken ['lɛkən] **I.** *vi* ❶ (*Gefäß*) perder agua
❷ (*Schiff*) hacer agua
II. *vt* lamer; **der Hund leckte ihre Hand** el perro lamió su mano; **ein Eis ~** comerse un helado; **du kannst mich mal am Arsch ~, leck mich (am Arsch)!** (*vulg*) ¡jódete!, ¡que te den por (el) culo!; **sich** *dat* **die Finger nach etw** *dat* **~** (*fam*) chuparse los dedos por algo
lecker ['lɛkɐ] *adj* rico, sabroso
Leckerbissen *m* <-s, -> golosina *f*, bocado *m* exquisito
Leckerei [lɛkə'raɪ] *f* <-, -en> (GASTR) exquisitez *f*; (*süß*) golosina *f*
Leckermaul *nt* <-(e)s, -mäuler> (*fam*) goloso, -a *m, f*
leck|schlagen *irr vi sein* (NAUT) hacer agua
led. *Abk. von* **ledig** soltero
LED-Anzeige [ɛl?eː'deː-] *f* <-, -n> (INFOR, TECH) visualización *f* por diodo luminoso
Leder ['leːdɐ] *nt* <-s, -> ❶ (*Tierhaut*) cuero *m*, piel *f*; **jdm ans ~ gehen** (*fam*) atacar a alguien; **das Steak ist zäh wie ~** el filete está duro como la suela de un zapato; **gegen jdn vom ~ ziehen** (*fam*) ensañarse con alguien, arremeter contra alguien
❷ (*fam: Fußball*) cuero *m*
Lederband¹ *nt* <-(e)s, -bänder> cinta *f* de piel [*o* de cuero]
Lederband² *m* <-(e)s, -bände> (*Buchausgabe*) volumen *m* encuadernado en piel
Ledereinband *m* <-(e)s, -bände> cubierta *f* de cuero; **Lederfett** *nt* <-(e)s, -e> grasa *f* para cuero, grasa *f* de caballo; **Lederhandschuh** *m* <-(e)s, -e> guante *m* de piel; **Lederhose** *f* <-, -n> pantalón *m* de cuero; **Lederindustrie** *f* <-, -n> industria *f* peletera; **Lederjacke** *f* <-, -n> chaqueta *f* de cuero
ledern¹ ['leːdɐn] *adj* de cuero, de piel
ledern² ['leːdɐn] *vt* limpiar con gamuza
Ledernacken *m* <-s, -> (*fam*) marino *m* americano; **Lederriemen** *m* <-s, -> correa *f* de cuero, tiento *m Am*; **Ledersohle** *f* <-, -n> suela *f* de cuero
Lederwaren *fpl* artículos *mpl* de cuero; **Lederwarenhandlung** *f* <-, -en> tienda *f* de artículos de peletería, peletería *f*; **Lederwarenindustrie** *f* <-, -n> industria *f* peletera
ledig ['leːdɪç] *adj* ❶ (*unverheiratet*) soltero
❷ (*geh: frei*) exento (+*gen* de), libre (+*gen* de); **aller Sorgen ~ sein** estar libre de preocupaciones
Ledige(r) ['leːdɪɡɐ, -ɡə] *mf* <-n, -n; -n, -n> soltero, -a *m, f*
lediglich ['leːdɪklɪç] *adv* sólo, únicamente, nomás *Arg, Mex, Ven*
Lee [leː] *f* <-, *ohne pl*> (NAUT) sotavento *m*
leer [leːɐ] *adj* ❶ (*ohne Inhalt*) vacío; (*unbeschrieben*) en blanco; (*Zimmer*) no amueblado; **mit ~em Magen** en ayunas; **mit ~en Händen dastehen** encontrarse con las manos vacías; **~ ausgehen** quedarse con las ganas; **den Teller ~ essen** vaciar el plato; **~ laufen** (*sich leeren*) vaciarse; **die Wohnung steht ~** el piso está deshabitado; **ins L~e treten/fassen** dar un paso en el vacío/intentar coger (en el aire) y no pescar
❷ (*nichts sagend*) vano, vacío
Leere *f* <-, *ohne pl*> vacío *m*; (*Substanzlosigkeit*) vacuidad *f*; **es herrschte gähnende ~** no había ni un alma; **ins ~ starren** mirar al vacío; **der Ratschlag ging ins ~** el consejo cayó en el vacío
leeren ['leːrən] **I.** *vt* (*Behälter*) vaciar; (*Glas*) apurar; (*Briefkasten*) recoger las cartas; **die Essensreste in den Mülleimer ~** echar [*o* tirar] los restos de comida a la basura
II. *vr*: **sich ~** vaciarse
Leerformel *f* <-, -n> fórmula *f* vana; **Leerfracht** *f* <-, -en> (WIRTSCH) flete *m* falso

leergefegt *adj s.* **fegen I.1.**
Leergewicht *nt* <-(e)s, -e> tara *f*; **Leergut** *nt* <-(e)s, *ohne pl*> envase *m* retornable, casco *m fam*; **Leerkosten** *pl* (WIRTSCH) coste *m* de capacidad desaprovechada; **Leerlauf** *m* <-(e)s, *ohne pl*> (*a. fig* AUTO) punto *m* muerto; **im ~** en punto muerto
leer|laufen *irr vi sein s.* **leer 1.**
Leerpackung *f* <-, -en> (WIRTSCH) envase *m* vacío; **Leerpräparat** *nt* <-(e)s, -e> preparado *m* laxante
leerstehend *adj s.* **stehend 3.**
Leertaste *f* <-, -n> espaciador *m*; **Leerübertragung** *f* <-, -en> (JUR) transferencia *f* en descubierto
Leerung *f* <-, -en> vaciado *m*; (*von Briefkästen*) recogida *f*; **nächste ~ 18 Uhr** la próxima recogida se efectuará a las seis de la tarde
Leerungszeit *f* <-, -en> horario *m* de recogida (de los buzones)
Leerverkauf *m* <-(e)s, -käufe> (FIN, WIRTSCH) venta *f* al descubierto; **Leerzeichen** *nt* <-s, -> (TYPO, INFOR) espacio *m*, carácter *m* blanco; **Leerzeile** *f* <-, -n> (INFOR, TYPO) línea *f* en blanco
Lefze ['lɛftsə] *f* <-, -n> belfo *m*
legal [le'ɡaːl] *adj* legal
Legaldefinition *f* <-, -en> (JUR) definición *f* legal; **Legalenteignung** *f* <-, -en> (JUR) expropiación *f* legal; **Legalhypothek** *f* <-, -en> (JUR) hipoteca *f* legal
legalisieren* [leɡali'ziːrən] *vt* legalizar
Legalität [leɡali'tɛːt] *f* <-, *ohne pl*> legalidad *f*; **außerhalb der ~ liegen** estar al margen de la legalidad
Legalitätskontrolle *f* <-, -n> (JUR) control *m* de legalidad; **Legalitätsprinzip** *nt* <-s, *ohne pl*> (JUR) principio *m* de legalidad
Legalnießbrauch *m* <-es, *ohne pl*> (JUR) usufructo *m* legal; **Legalplanung** *f* <-, -en> (JUR) planificación *f* legal; **Legalzession** *f* <-, -en> (JUR) cesión *f* legal
Legasthenie [leɡaste'niː] *f* <-, *ohne pl*> (PSYCH, MED) dislexia *f*
Legastheniker(in) [leɡas'teːnikɐ] *m(f)* <-s, -; -, -nen> (PSYCH, MED) disléxico, -a *m, f*
legasthenisch *adj* (PSYCH, MED) disléxico
Legat [le'ɡaːt] *nt* <-(e)s, -e> (JUR) legado *m*
legatsberechtigt *adj* (JUR) facultado por legado
Legebatterie *f* <-, -n> jaulas *fpl* de (gallinas) ponedoras
legen ['leːɡən] **I.** *vt* ❶ (*allgemein*) poner; (*hin~*) colocar (horizontalmente); **er legte das Buch auf den Tisch** puso el libro encima de la mesa; **er legte ihm den Arm um die Schultern** le echó el brazo por encima del hombro; **er legte die Stirn in Falten** frunció el ceño; **etw aus der Hand ~** soltar algo; **Oliven in Öl ~** poner [*o* conservar] aceitunas en aceite
❷ (*Fliesen*) poner; (*Leitungen*) instalar; (*Schienen, Minen*) colocar
❸ (*Feuer*) prender; (*Karten*) echar; (*Eier*) poner; **waschen und ~** (*Haare*) lavar y marcar
❹ (*Wend*): **jdm etw nahe ~** (*vorschlagen*) sugerir algo a alguien, proponer algo a alguien; (*empfehlen*) recomendar algo a alguien; **etw legt etw nahe** algo sugiere [*o* hace suponer] algo; **das legt die Vermutung nahe, dass** ... esto sugiere la idea de que...; **etw offen ~** (*formal*) exponer algo con toda claridad, dar a conocer algo públicamente
II. *vr*: **sich ~** ❶ (*sich hin~*) tenderse, tumbarse; **sich schlafen ~** acostarse; **sich in die Sonne ~** tenderse al sol; **sich ins Bett ~** acostarse; **sich auf den Bauch/auf den Rücken ~** ponerse boca abajo/boca arriba
❷ (*Lärm, Kälte*) disminuir; (*Zorn, Begeisterung*) amainar, aplacarse; (*Sturm*) calmarse
❸ (*befallen*) depositarse, acumularse; **der Rauch legt sich auf die Dächer/auf die Lungen** el humo se deposita en los tejados/en los pulmones
legendär [leɡɛn'dɛːɐ] *adj* legendario
Legende [le'ɡɛndə] *f* <-, -n> ❶ (*Zeichenerklärung, Sage*) leyenda *f*
❷ (*Lüge*) leyenda *f*, cuento *m* chino
leger [le'ʒeːɐ] *adj* desenvuelto, desenfadado
Leges *pl von* **Lex**
Leggings ['lɛɡɪŋs] *pl* leggings *mpl*, pantalón *m* legging
legieren* [le'ɡiːrən] *vt* ❶ (*Metalle*) alear
❷ (GASTR) espesar
Legierung *f* <-, -en> aleación *f*
Legierungsmittel *nt* <-s, -> (CHEM) agente *m* de aleación
Legion [le'ɡjoːn] *f* <-, -en> legión *f*; **~en von Touristen/von Insekten** legiones de turistas/de insectos
Legionär [leɡjo'nɛːɐ] *m* <-s, -e> legionario *m*
Legionärskrankheit *f* <-, -en> (MED) enfermedad *f* del legionario
legislativ *adj* legislativo; **~es Unrecht** injusticia legislativa
Legislative [leɡɪsla'tiːvə] *f* <-, -n> (POL) ❶ (*gesetzgebende Gewalt*) poder *m* legislativo
❷ (*Versammlung*) asamblea *f* legislativa
Legislaturperiode [leɡɪsla'tuːɐ-] *f* <-, -n> período *m* legislativo, legis-

latura *f*
legitim [legi'ti:m] *adj* legítimo
Legitimation [legitima'tsjo:n] *f* <-, -en> ❶ (*Berechtigung*) legitimación *f*
❷ (*Erlaubnis*) autorización *f*
Legitimationspapier *nt* <-s, -e> (JUR) título *m* de legitimación; **Legitimationsübertragung** *f* <-, -en> transferencia *f* del derecho a voto de una acción ordinaria
legitimieren* [legiti'mi:rən] I. *vt* ❶ (*legitim erklären*) legitimar
❷ (*erlauben*) autorizar; **was legitimiert Sie dazu?** ¿qué le da derecho a eso?
II. *vr:* **sich ~** identificarse
Legitimität [legitimi'tɛ:t] *f* <-, *ohne pl*> legitimidad *f*
Lego® ['le:go] *nt* <-s, -s> juego *m* de construcción, ≈Tente®
Leguan ['le:gua:n] *m* <-s, -e> iguana *f*, basilisco *m Am*
Lehen ['le:ən] *nt* <-s, -> (HIST) feudo *m*
Lehensherr(in) *m(f)* <-(e)n, -en; -, -nen> (HIST) señor(a) *m(f)* feudal; **Lehensmann** *m* <-(e)s, -männer> (HIST) vasallo *m*
Lehm [le:m] *m* <-(e)s, -e> barro *m*, lodo *m*
Lehmboden *m* <-s, -böden> suelo *m* arcilloso; **Lehmgrube** *f* <-, -n> barrera *f*, pozo *m* de barro; **Lehmhütte** *f* <-, -n> cabaña *f* de barro
lehmig *adj* barroso, lodoso
Lehmziegel *m* <-s, -> adobe *m*
Lehne ['le:nə] *f* <-, -n> apoyo *m*; (*Arm~*) brazo *m*; (*Rücken~*) respaldo *m*
lehnen ['le:nən] I. *vi* estar apoyado (*an* en), estar arrimado (*an* a)
II. *vt* apoyar (*an/gegen* en), arrimar (*an/gegen* a)
III. *vr:* **sich ~** apoyarse (*an/gegen* en), arrimarse (*an/gegen* a); **er lehnt sich aus dem Fenster** se asoma por la ventana; **da hat er sich zu weit aus dem Fenster gelehnt** (*fig*) se ha pasado de la raya
Lehnsessel *m* <-s, -> butaca *f*, sillón *m*
Lehnsmann *m* <-(e)s, -männer *o* -leute> (HIST) vasallo *m*
Lehnstuhl *m* <-(e)s, -stühle> butaca *f*
Lehnübersetzung *f* <-, -en> (LING) calco *m* lingüístico; **Lehnwort** *nt* <-(e)s, -wörter> (LING) préstamo *m*
Lehramt ['le:ɐ-] *nt* <-(e)s, -ämter> docencia *f*, carrera *f* docente; **auf ~ studieren** estudiar para ser profesor de enseñanza media; **Lehramtsanwärter(in)** *m(f)* <-s, -; -, -nen> (*formal*) candidato, -a *m, f* a profesor(a), ≈opositor(a) *m(f)*; **Lehramtskandidat(in)** *m(f)* <-en, -en; -, -nen> (*formal*) opositor(a) *m(f)* a una plaza de instituto; **Lehramtsstudium** *nt* <-s, *ohne pl*> estudios universitarios orientados a la docencia en la enseñanza media
Lehranstalt *f* <-, -en> (*formal*) instituto *m* de enseñanza; **Lehrauftrag** *m* <-(e)s, -träge> encargo *m* de curso; **er hat einen ~ für Geschichte** tiene un puesto de profesor de historia; **Lehrbeauftragte(r)** *mf* <-n, -n; -n, -n> encargado, -a *m, f* de (un) curso; **Lehrbefähigung** *f* <-, *ohne pl*> capacitación *f* pedagógica (para enseñar en las escuelas); **Lehrbehelf** *m* <-(e)s, -e> (*Österr*) medio *m* de enseñanza; **Lehrberuf** *m* <-(e)s, -e> profesión *f* docente; **Lehrbrief** *m* <-(e)s, -e> lección *f* por correspondencia; **Lehrbuch** *nt* <-(e)s, -bücher> libro *m* de texto
Lehre ['le:rə] *f* <-, -n> ❶ (*Ausbildung*) aprendizaje *m*; **kaufmännische ~** formación profesional en la rama de comercio; **eine ~ aufnehmen** entrar de aprendiz; **die ~ beenden** terminar el (período de) aprendizaje; **in die ~ gehen, in der ~ sein** estar de aprendiz; **bei jdm eine ~ als Metzger machen** estar de aprendiz en una carnicería
❷ (*Theorie*) teoría *f*; (*Wissenschaft*) ciencia *f*; (REL, PHILOS) doctrina *f*; **die marxistische ~** la teoría marxista; **die ~ vom Schall** la acústica
❸ (*Erfahrung*) lección *f*; **eine ~ aus etw** *dat* **ziehen** sacar una conclusión de algo; **lass dir das eine ~ sein** que te sirva esto de lección
❹ (TECH) calibrador *m*
lehren ['le:rən] *vt* ❶ (*beibringen*) enseñar, instruir; **er lehrt die Kinder das Malen** enseña a los niños a pintar; **die Geschichte lehrt uns, dass ...** la historia nos enseña que...
❷ (SCH, UNIV) enseñar, dar clase; **er lehrt Medizin in Freiburg** enseña medicina en Friburgo; **dich werde ich ~ (, mich nachzuäffen)**! ¡ya te enseñaré yo (a imitarme)!
Lehrer(in) *m(f)* <-s, -; -, -nen> profesor(a) *m(f)*; **~in am Gymnasium** profesora de instituto de enseñanza media
Lehrerkollegium *nt* <-s, -kollegien> profesorado *m*, cuerpo *m* docente
Lehrerschaft *f* <-, -en> profesorado *m*
Lehrerzimmer *nt* <-s, -> sala *f* de profesores
Lehrfach *nt* <-(e)s, -fächer> asignatura *f*; **Lehrfilm** *m* <-(e)s, -e> (SCH) película *f* educativa; **Lehrfreiheit** *f* <-, *ohne pl*> (SCH) libertad *f* de enseñanza
Lehrgang *m* <-(e)s, -gänge> curso *m*, cursillo *m*; **er ist auf einem ~** está haciendo un cursillo; **Lehrgangsteilnehmer(in)** *m(f)* <-s, -; -, -nen> cursillista *mf*

Lehrgeld *nt:* **~ zahlen** pagar caro el aprendizaje; **der kann sich** *dat* **sein ~ zurückgeben lassen!** ¡no ha aprendido ni la o con un canuto!
lehrhaft *adj* educativo, didáctico
Lehrherr *m* <-(e)n , -en> (*alt*) maestro *m* de aprendices; **Lehrjahr** *nt* <-(e)s, -e> año *m* de aprendizaje; **er ist im zweiten ~** está en el segundo año de aprendizaje; **Lehrjunge** *m* <-n, -n> (*alt*) aprendiz *m*; **Lehrkörper** *m* <-s, -> cuerpo *m* docente; **Lehrkraft** *f* <-, -kräfte> profesor(a) *m(f)*; **Lehrkrankenhaus** *nt* <-es, -häuser> (MED) hospital *m* de prácticas de aprendizaje de estudiantes y profesores de medicina
Lehrling *m* <-s, -e> aprendiz(a) *m(f)*, cadete *mf CSur*, peón *m Mex*
Lehrlingsausschuss[RR] *m* <-es, -schüsse> comisión *f* de aprendices; **Lehrlingsrolle** *f* <-, -n> papel *m* de aprendiz
Lehrmädchen *nt* <-s, -> (*alt*) aprendiza *f*; **Lehrmaterial** *nt* <-s, -ien> material *m* docente; **Lehrmeinung** *f* <-, -en> doctrina *f*, dogma *m*; **hier gehen die ~en auseinander** aquí disienten las opiniones de los expertos; **Lehrmeister(in)** *m(f)* <-s, -; -, -nen> maestro, -a *m, f*
Lehrmittel *ntpl* (SCH) material *m* didáctico; **Lehrmittelfreiheit** *f* <-, *ohne pl*> (SCH) gratuidad *f* del material escolar
Lehrplan *m* <-(e)s, -pläne> plan *m* de estudios; **Lehrprobe** *f* <-, -n> (SCH) (clase *f* de) práctica *f*; (**in etw** *dat*) **eine ~ halten** dar una práctica (de algo)
lehrreich *adj* instructivo
Lehrsatz *m* <-es, -sätze> teorema *m*; **Lehrstelle** *f* <-, -n> puesto *m* de aprendiz; **eine ~ suchen** buscar un puesto de aprendiz; **Lehrstoff** *m* <-(e)s, -e> materia *f* de enseñanza; **Lehrstück** *nt* <-(e)s, -e> (LIT) poesía *f* didáctica; **Lehrstuhl** *m* <-(e)s, -stühle> cátedra *f* (*für* de); **Lehrtochter** *f* <-, -töchter> (*Schweiz*) alumna *f*; **Lehrvertrag** *m* <-(e)s, -träge> contrato *m* de aprendizaje; **Lehrwerk** *nt* <-(e)s, -e> manual *m*; **Lehrwerkstatt** *f* <-, -stätten> escuela *f* taller; **Lehrzeit** *f* <-, -en> tiempo *m* de aprendizaje
Leib [laip] *m* <-(e)s, -er> (*geh*) ❶ (*Körper*) cuerpo *m*; **bei lebendigem ~e** en vivo, a lo vivo; **bleib mir vom ~!** ¡no te me acerques!; **etw am eigenen ~e erfahren** vivir algo en su propia piel; **jdm auf den ~ rücken** (*fam*) acosar a alguien; **mit ~ und Seele** en cuerpo y alma, con apasionamiento; **sich** *dat* **jdn vom ~e halten** (*fam*) mantener a alguien a distancia; **sich** *dat* **jdn vom ~e schaffen** (*fam*) quitarse de encima a alguien; **die Rolle ist ihr wie auf den ~ geschrieben** el papel le viene a la medida; **einer Aufgabe zu ~e rücken** poner manos a la obra; **den Pickeln zu ~e rücken** declarar la guerra a las espinillas
❷ (*Bauch*) vientre *m*
Leibarzt, -ärztin *m, f* <-es, -ärzte; -, -nen> médico, -a *m, f* de cámara; **Leibbinde** *f* <-, -n> faja *f*
Leibchen ['laipçən] *nt* <-s, -> (*Österr*) camiseta *f* (interior)
leibeigen ['laip?aigən] *adj* (HIST) siervo
Leibeigene(r) *mf* <-n, -n; -n, -n> (HIST) siervo, -a *m, f*
Leibeigenschaft *f* <-, *ohne pl*> (HIST) servidumbre *f*
leiben ['laibən] *vi:* **wie er/sie leibt und lebt** tal como lo/la conocemos
Leibeserziehung *f* <-, *ohne pl*> (*formal*) educación *f* física; **Leibesfrucht** *f* <-, -früchte> (MED) feto *m*; **Leibeskräfte** *fpl*: **aus/nach ~n** a más no poder; **Leibesübungen** *fpl* (*formal*) (clase *f* de) deporte *m*, (clase *f* de) gimnasia *f*; **Leibesvisitation** *f* <-, -en> cacheo *m*, registro *m*
Leibgarde *f* <-, -n> guardia *f* de corps; **Leibgardist** *m* <-en, -en> guardia *m* de corps; **Leibgedingsvertrag** *m* <-(e)s, -träge> (JUR) contrato *m* de alimentación y cuidado; **Leibgericht** *nt* <-(e)s, -e> plato *m* favorito
leibhaftig [-'--] *adj* personificado, en persona; **der L~e** el diablo, el demonio
Leibkoch, -köchin *m, f* <-(e)s, -köche; -, -nen> cocinero, -a *m, f* personal
leiblich *adj* ❶ (*körperlich*) corporal, físico; **das ~e Wohl** el bienestar físico; **die ~en Genüsse** los placeres carnales
❷ (*blutsverwandt*) carnal
Leibrente *f* <-, -n> renta *f* vitalicia; **eine ~ beziehen** percibir una renta vitalicia; **Leibspeise** *f* <-, -n> plato *m* favorito; **Leibwache** *f* <-, -n> guardia *f* personal; **Leibwächter(in)** *m(f)* <-s, -; -, -nen> guardaespaldas *mf inv*, gorila *m fam*, capanga *m CSur*; **Leibwäsche** *f* <-, *ohne pl*> (*alt*) ropa *f* interior
Leiche ['laiçə] *f* <-, -n> cadáver *m*; **er sieht aus wie eine lebende/wandelnde ~** (*fam*) tiene aspecto de cadáver viviente/ambulante; **er geht über ~n** (*abw*) no tiene escrúpulos; **nur über meine ~!** ¡por encima de mi cadáver!; **der hat noch eine ~ im Keller** (*fam*) este todavía tiene un gato encerrado
Leichenbegräbnis *nt* <-ses, -se> entierro *m*; **Leichenbeschauer(in)** *m(f)* <-s, -; -, -nen> forense *mf*
Leichenbittermiene *f* <-, -n> (*fam*) cara *f* larga; **mit ~** con cara larga
leichenblass[RR] ['--'-] *adj* pálido como un muerto, blanco como un cadáver
Leichenblässe *f* <-, *ohne pl*> lividez *f* (cadavérica); **Leichenfledde-**

Leichenfledderer | 454 | **Leihbücherei**

rei [-flɛdərai] f <-, -en> (JUR) profanación f de cadáveres, hurto m de cadáveres; **Leichenfledderer, -in** m, f <-s, -; -, -nen> (JUR) ladrón, -ona m, f de cadáveres; **Leichenfund** m <-(e)s, -e> (JUR) hallazgo m de cadáveres; **Leichenhalle** f <-, -n> depósito m de cadáveres, morgue f; **Leichenhaus** nt <-es, -häuser> morgue f; **Leichenöffnung** f <-, -en> (JUR) autopsia f; **Leichenschändung** f <-, -en> profanación f de cadáveres

Leichenschauhaus nt <-es, -häuser> morgue f, afanaduría f Mex
Leichenschmaus m <-es, -schmäuse> convite m del funeral, comida f del funeral; **Leichenstarre** f <-, ohne pl> rigidez f cadavérica; **Leichentuch** nt <-(e)s, -tücher> mortaja f; **Leichenverbrennung** f <-, -en> incineración f de cadáveres; **Leichenwagen** m <-s, -> coche m fúnebre; **Leichenzug** m <-(e)s, -züge> (geh) cortejo m fúnebre, comitiva f fúnebre

Leichnam ['laɪçnaːm] m <-s, -e> (geh) cadáver m

leicht [laɪçt] I. adj ❶ (an Gewicht) ligero, liviano; **das ist ~ zu tragen** no pesa mucho; **~ gekleidet sein** ir vestido con ropa ligera; **~e Kost** comida ligera; **etw ~en Herzens tun** hacer algo a la ligera
❷ (unkompliziert) fácil, sencillo; **etw mit ~er Hand erledigen** efectuar algo con facilidad; **das ist ein ~es Spiel für mich** esto está chupado; **keinen ~en Stand haben** (fam) no estar en una posición fácil; **~e Unterhaltung** entretenimiento m; **es ist mir ein L~es** esto me resulta fácil; **nichts ~er als das!** ¡nada más fácil!
❸ (schwach) leve, ligero; **ein ~er Regen** una lluvia fina
II. adv ❶ (schnell) con facilidad; (einfach) fácil, sencillo; **er ist ~ beleidigt** se ofende con facilidad; **~ zerbrechlich** muy frágil; **~ entzündlich** altamente inflamable; **~ zu bedienen** de fácil manejo; **sich dat etw zu ~ machen** tomarse algo a la ligera; **das passiert mir so ~ nicht wieder** eso no me volverá a ocurrir con tanta facilidad; **so ~ kriegt ihr mich nicht** no me vais a pillar tan fácilmente; **sie hat es immer ~ gehabt im Leben** siempre lo ha tenido muy fácil en la vida; **du hast ~ reden** tú (bien) puedes hablar; **das ging ~er, als ich dachte** era más fácil de lo que pensaba; **das ist ~er gesagt als getan** es más fácil decirlo que hacerlo, eso se dice pronto, de boquilla es muy fácil
❷ (gering) poco; **~ gesalzen** poco salado; **~ erkältet** levemente acatarrado

Leichtathlet(in) m(f) <-en, -en; -, -nen> atleta mf; **Leichtathletik** f <-, ohne pl> atletismo m; **Leichtathletin** f <-, -nen> s. **Leichtathlet**
leichtathletisch I. adj atlético
II. adv en [o del] atletismo
Leichtbauweise f <-, -n> construcción f con materiales ligeros [o de poco peso]; **in ~** usando materiales ligeros
leichtentzündlich ['--'--] adj s. **entzündlich 2.**
Leichter m <-s, -> (NAUT) ❶ (Schiff) lancha f, gabarra f
❷ (Container) contenedor m flotante
leicht|fallen irr vi sein s. **fallen 9.**
leichtfertig adj (abw) frívolo; (unvorsichtig) imprudente; (gedankenlos) temerario; (unüberlegt) irreflexivo; **etw ~ aufs Spiel setzen** poner algo en juego sin pensar
Leichtfertigkeit f <-, ohne pl> frivolidad f, ligereza f; (Gedankenlosigkeit) irreflexión f; (Unvorsichtigkeit) imprudencia f; **Leichtgewicht** nt <-(e)s, -e> (SPORT) peso m ligero; **Leichtgewichtler(in)** m(f) <-s, -; -, -nen> (SPORT) boxeador(a) m(f) de peso mf ligero
leichtgläubig adj crédulo
Leichtgläubigkeit f <-, ohne pl> credulidad f
Leichtheit f <-, ohne pl> s. **Leichtigkeit**
leichtherzig adj (fröhlich) gozoso; (unbekümmert) despreocupado
leichthin ['--] adv sin pensar, a la ligera
Leichtigkeit f <-, ohne pl> ❶ (Gewicht) poco peso m
❷ (Mühelosigkeit) facilidad f; **mit ~** con facilidad
leichtlebig adj despreocupado, frívolo
Leichtlohngruppe f <-, -n> último nivel m de la escala salarial (para trabajos considerados "fáciles")
leicht|machen vt s. **machen I.4., II.1.**
Leichtmatrose, -in m, f <-n, -n; -, -nen> (NAUT) marinero, -a m, f de segunda; **Leichtmetall** nt <-s, -e> metal m ligero
leicht|nehmen irr vt s. **nehmen 7.**
Leichtöl nt <-(e)s, -e> aceite m ligero; **Leichtrauchen** nt <-s, ohne pl> acción f de fumar cigarrillos "light"; **Leichtsinn** m <-(e)s, ohne pl> (Unvorsichtigkeit) imprudencia f; (Unbesonnenheit) irreflexión f; **sträflicher ~** imprudencia temeraria
leichtsinnig I. adj (unverantwortlich) irresponsable; (sorglos) despreocupado; (unklug) insensato
II. adv sin cuidado; **~ mit etw** dat **umgehen** tratar algo sin cuidado
Leichtsinnigkeit f <-, ohne pl> s. **Leichtsinn**
leichtverdaulich ['--'--] adj s. **verdaulich**
leichtverderblich ['--'--] adj s. **verderblich 1.**
leichtverletzt ['--'--] adj s. **verletzen I.1.**

Leichtverletzte(r) mf <-n, -n; -n, -n> herido, -a m, f de poca consideración [o leve]
leichtverständlich ['--'--] adj s. **verständlich**
leichtverwundet ['--'--] adj s. **verwundet**
Leichtverwundete(r) mf <-n, -n; -n, -n> herido, -a m, f leve
Leichtwasserreaktor m <-s, -en> (PHYS) reactor m enfriado por agua ordinaria

leid [laɪt] adv: **ich bin es ~** (fam) estoy harto; **ich bin ihn ~** estoy harto de él

Leid [laɪt] nt <-(e)s, ohne pl> ❶ (Kummer) pena f, sufrimiento m; **Freud und ~ miteinander teilen** compartir lo bueno y lo malo; **jdm sein ~ klagen** confiar a alguien sus penas; **jdm etwas zu ~e tun** causar daño a alguien
❷ (Unglück) mal m, desgracia f; **jdm ein ~ zufügen** causar daño a alguien
❸ (Wend): **das tut mir ~** lo siento; **es tut mir ~, dass ...** siento que... +subj; **tut mir ~!** ¡lo siento!; **es tut mir um ihn ~** lo siento por él; **es tut mir ~ me da pena; das wird dir noch ~ tun** esto lo vas a sentir; **ach du Armer, du kannst einem wirklich ~ tun** (iron) pobrecito, se me parte el alma

Leideform f <-, -en> (LING) (forma f) pasiva f
leiden ['laɪdən] <leidet, litt, gelitten> I. vi sufrir (an de, unter con)
II. vt (erdulden) sufrir, aguantar; **Hunger ~** pasar hambre; **Not ~** vivir en la miseria; **jdn (gut) ~ können** querer a alguien; **ich kann sie (nicht) ~** (no) me cae bien; **das kann ich nicht ~!** ¡eso no me gusta!; **er kann es nicht ~, wenn ...** no le gusta que... +subj

Leiden ['laɪdən] nt <-s, -> ❶ (allgemein) sufrimiento m, padecimiento m; (Schmerz) dolor m; **er starb nach langem [o schwerem] ~** murió después de mucho sufrimiento; **die ~ Christi** la Pasión (de Cristo); **du siehst ja aus wie das ~ Christi** pareces un muerto
❷ (Krankheit) enfermedad f, maleza f Nic

leidend adj ❶ (geplagt) atormentado, con sufrimiento; **der Kranke warf mir einen ~en Blick zu** el enfermo me miró con cara de sufrimiento
❷ (chronisch krank): **sein ~** padecer una enfermedad crónica; **die alte Dame war sehr ~** la vieja señora tenía una salud muy delicada [o graves problemas de salud]

Leidenschaft f <-, -en> ❶ (emotional) pasión f (für por); **etw mit ~ tun** hacer algo con pasión; **glühen vor ~** arder de pasión
❷ (für Tätigkeit) afición f; **Gärtner aus ~** jardinero por afición
leidenschaftlich I. adj apasionado; (begeistert) entusiasmado
II. adv con pasión; **jdn ~ lieben** amar apasionadamente a alguien; **~ gern Fahrrad fahren** ser un ciclista apasionado
Leidenschaftlichkeit f <-, ohne pl> apasionamiento m
leidenschaftslos adj ❶ (emotional) desapasionado
❷ (sachlich) objetivo
Leidenschaftslosigkeit f <-, ohne pl> falta f de pasión
Leidensdruck m <-(e)s, ohne pl> (PSYCH) sufrimiento m; **Leidensfähigkeit** f <-, ohne pl> capacidad f de sufrimiento; **Leidensgefährte, -in** m, f <-n, -n; -, -nen> compañero, -a m, f de infortunio; **Leidensgenosse, -in** m, f <-n, -n; -, -nen> compañero, -a m, f de fatigas; **Leidensgeschichte** f <-, -n> drama m personal (de la vida), trágica historia f personal; **die ~ Christi** (REL) la Pasión de Jesucristo; **Leidensmiene** f <-, -n> cara f de pena; **eine ~ aufsetzen** poner cara de pena; **Leidensweg** m <-(e)s, -e> calvario m; **einen (langen/kurzen) ~ gehen** pasar un (largo/corto) calvario

leider ['laɪdɐ] adv por desgracia, lamentablemente; **~ nein** [o nicht] por desgracia no; **ich kann ~ nicht kommen** desgraciadamente no puedo ir; **~ Gottes!** ¡por desgracia!

leidig adj (ärgerlich) enojoso, molesto; (unangenehm) desagradable; **das ~e Geld** el maldito dinero

leidlich I. adj regular, aceptable
II. adv regular, medianamente; **es geht mir so ~** estoy regular, voy tirando

Leidtragende(r) mf <-n, -n; -n, -n> víctima f, perjudicado, -a m, f
leidvoll adj (geh) doloroso
Leidwesen nt: **zu meinem ~** muy a pesar mío
Leier ['laɪɐ] f <-, -n> ❶ (MUS) lira f
❷ (abw: Klage) cantinela f; **es ist immer die gleiche** [o **alte**] **~** (fam) siempre la misma canción [o cantinela]
Leierkasten m <-s, -kästen> (fam) organillo m; **Leierkastenfrau** f <-, -en> (fam) organillera f; **Leierkastenmann** m <-(e)s, -männer> (fam) organillero m
leiern ['laɪɐn] vt (fam: Gedichte) recitar de carretilla [o carrerilla]
Leiharbeit f <-, ohne pl> prestamismo m laboral; **Leiharbeiter(in)** m(f) <-s, -; -, -nen> trabajador(a) m(f) alquilado, -a (dentro del sistema de prestamismo laboral); **Leiharbeitsverhältnis** nt <-ses, -se> relación f laboral en régimen de cesión; **Leihbibliothek** f <-, -en> biblioteca f de préstamo; **Leihbücherei** f <-, -en> biblioteca f de préstamo

leihen ['laɪən] <leiht, lieh, geliehen> vt ❶ (*aus~*) prestar, aviar *Cuba, Chil, Peru*; **kannst du mir 20 Euro ~?** ¿me puedes prestar 20 euros?; **jdm sein Ohr ~** prestar oído a alguien
❷ (*ent~*) tomar prestado (*von* de); **ich habe mir von ihm einen Pulli geliehen** tomé prestado un jersey suyo

Leihfrist *f* <-, -en> plazo *m* de préstamo; **Leihgabe** *f* <-, -n> préstamo *m*; **Leihgebühr** *f* <-, -en> alquiler *m*, flete *m Am*; **Leihhaus** *nt* <-es, -häuser> monte *m* de piedad, agencia *f Chil*; **Leihkapital** *nt* <-s, -e *o* -ien> capital *m* prestado; **Leihmutter** *f* <-, -mütter> madre *f* de alquiler [*o* portadora]; **Leihpacht** *f* <-, -en> contrato *m* de arriendo [*o* de arriendamiento]; **Leihschein** *m* <-(e)s, -e> papeleta *f*; **Leihschwangerschaft** *f* <-, -en> (MED) embarazo *m* de madre de alquiler; **Leihstimme** *f* <-, -n> (POL) voto *m* útil; **Leihvertrag** *m* <-(e)s, -träge> (JUR) contrato *m* de préstamo [*o* comodato]; **Leihwagen** *m* <-s, -> coche *m* de alquiler

leihweise *adv* como préstamo

Leim [laɪm] *m* <-(e)s, -e> cola *f*, almidón *m Mex*; **aus dem ~ gehen** (*fam*) romperse; **auf den ~ gehen** (*fam*) caer en la trampa

leimen vt ❶ (*kleben*) encolar, pegar
❷ (*fam: hereinlegen*) engañar

Leimfarbe *f* <-, -n> (TECH) pintura *f* al temple

Lein [laɪn] *m* <-(e)s, -e> (BOT) lino *m*

Leine ['laɪnə] *f* <-, -n> cuerda *f*; (*Wäsche~*) cuerda *f* de tender; (*Hunde~*) correa *f*; **Hunde bitte an der ~ führen!** ¡lleven los perros atados, por favor!; **jdn an die ~ legen** (*fam*) atar (corto) a alguien; **zieh ~!** (*fam*) ¡lárgate!

leinen ['laɪnən] *adj* de lino

Leinen *nt* <-s, -> ❶ (*Faser*) hilaza *f*; (*Gewebe*) lino *m*; **aus ~** de lino
❷ (*Bucheinband*) tela *f*; **in ~ gebunden** encuadernado en tela

Leinenband *m* <-(e)s, -bände> (*Buchausgabe*) encuadernación *f* en tela

Leineweber(in) *m(f)* <-s, -; -, -nen> tejedor(a) *m(f)* de lienzo

Leinkraut *nt* <-(e)s, -kräuter> (BOT) linaria *f*; **Leinöl** *nt* <-(e)s, -e> aceite *m* de linaza; **Leinsaat** *f* <-, *ohne pl*>, **Leinsamen** *m* <-s, -> linaza *f*; **Leintuch** *nt* <-(e)s, -tücher> (*reg*) sábana *f*

Leinwand¹ *f* <-, -wände> ❶ (*zum Malen*) lienzo *m*, tela *f*
❷ (FILM) pantalla *f*

Leinwand² *f* <-, *ohne pl*> (*Gewebe*) tela *f* de lino

Leipzig ['laɪptsɪç] *nt* <-s> Leipzig *m*

leise ['laɪzə] I. *adj* ❶ (*still*) silencioso; (*Radio, Stimme*) bajo; (*Geräusch, Schritt*) ligero; **er wacht bei der ~sten Berührung auf** se despierta con el menor roce
❷ (*in Andeutungen*) vago; **ich habe nicht die ~ste Ahnung davon** no tengo ni la más remota idea de eso; **ich habe den ~n Verdacht, dass etwas nicht stimmt** tengo la ligera sospecha de que algo no funciona
II. *adv* ❶ (*still*) sin (hacer) ruido; (*mit ~r Stimme*) en voz baja; **~ singen** cantar en voz baja; **sprich etwas ~r!** ¡habla un poco más bajo!; **das Radio ~r stellen** bajar la radio
❷ (*sanft*) suavemente

Leisetreter(in) *m(f)* <-s, -; -, -nen> (*fam*) mosca *f* muerta

Leiste ['laɪstə] *f* <-, -n> ❶ (*Rand~*) filete *m*; (*Fuß~*) zócalo *m*, rodapié *m*; (*Zier~*) listel *m*
❷ (ANAT) ingle *f*

leisten ['laɪstən] vt ❶ (*tun, schaffen*) hacer; (*hervorbringen*) producir; **er hat gute Arbeit geleistet** hizo un buen trabajo
❷ (*Maschine, Motor*) rendir
❸ (*Hilfe, Eid*) prestar; (*Zahlung*) efectuar; **eine Unterschrift ~** firmar algo; **Widerstand ~** oponer resistencia; **jdm gute Dienste ~** prestar(le) un buen servicio a alguien; **jdm Gesellschaft ~** hacer compañía a alguien
❹ (*fam: sich gönnen*) comprar(se); **sich** *dat* **etw ~ können** poder permitirse algo; **das kann ich mir nicht ~** no me lo puedo permitir
❺ (*Frechheit*) permitir(se); (*Fehler*) cometer; **da hast du dir ja 'was geleistet!** ahí has metido bien la pata

Leisten ['laɪstən] *m* <-s, -> horma *f*; **alles über einen ~ schlagen** (*reg: fam*) medirlo todo con la misma vara; **Schuster, bleib bei deinen ~** zapatero a tus zapatos

Leistenbruch *m* <-(e)s, -brüche> (MED) hernia *f* inguinal; **Leistengegend** *f* <-, -en> (ANAT) región *f* inguinal

Leistung¹ *f* <-, *ohne pl*> (*Ausführung*) ejecución *f*; (*Bezahlung*) pago *m*

Leistung² *f* <-, -en> ❶ (*das Geleistete, a.* SPORT) rendimiento *m*; (*Arbeit*) trabajo *m*; (*Ergebnis*) resultado *m*; **eine große ~ vollbringen** conseguir un resultado excelente; **seine schulischen ~en haben nachgelassen** su rendimiento escolar ha disminuido; **die Bezahlung erfolgt nach ~** se paga a destajo
❷ (*von Maschine, Fabrik*) prestación *f*, capacidad *f* de producción *f*; (*von Motor*) potencia *f*
❸ (JUR) servicio *m*, prestación *f*; **~ an Erfüllungs statt** servicio sujeto a prestación; **~ erfüllungshalber** servicio a ser prestado; **~ vor Fälligkeit** prestación anterior al vencimiento; **~ Zug um Zug** prestación contra entrega; **berufstypische/charakteristische ~** prestación usual en la profesión/característica; **unentgeltliche ~** servicio gratuito
❹ (*Wirksamkeit*) eficacia *f*
❺ (*Betrag*) contribución *f*

Leistungsabfall *m* <-(e)s, *ohne pl*> descenso *m* de rendimiento; **Leistungsabgrenzung** *f* <-, -en> delimitación *f* de la prestación; **Leistungsablehnung** *f* <-, -en> rechazo *m* de la prestación; **Leistungsabschreibung** *f* <-, -en> amortización *f* de la prestación; **Leistungsabweichung** *f* <-, -en> variación *f* en el rendimiento; **Leistungsangebot** *nt* <-(e)s, -e> oferta *f* de prestaciones [*o* de servicios]; **Leistungsanspruch** *m* <-(e)s, -sprüche> (JUR) derecho *m* de prestación; **einen ~ ausschließen/haben** excluir/tener un derecho de prestación; **Leistungsanstieg** *m* <-(e)s, *ohne pl*> aumento *m* de rendimiento; **Leistungsautomat** *m* <-en, -en> máquina *f* de servicio; **Leistungsbeschreibung** *f* <-, -en> descripción *f* de la prestación; **Leistungsbeurteilung** *f* <-, -en> evaluación *f* de la prestación; **Leistungsbewirkung** *f* <-, -en> cumplimiento *m* del servicio

leistungsbezogen *adj* según el rendimiento

Leistungsbilanz *f* <-, -en> (WIRTSCH) balanza *f* de pagos por cuenta corriente; **Leistungsbilanzüberschuss**ʳʳ *m* <-es, -schüsse> (WIRTSCH) superávit *m* en cuenta corriente

Leistungsdruck *m* <-(e)s, *ohne pl*> estrés *m*, stress *m*; **hohem ~ ausgesetzt sein** tener mucho stress; **Leistungsempfänger(in)** *m(f)* <-s, -; -, -nen> perceptor(a) *m(f)* de la prestación; **Leistungsentgelt** *nt* <-(e)s, -e> compensación *f* de un servicio; **Leistungserfolg** *m* <-(e)s, -e> éxito *m* del rendimiento; **Leistungserfüllung** *f* <-, -en> (JUR) cumplimiento *m* de una prestación; **Leistungserschwerung** *f* <-, -en> agravamiento *m* del rendimiento; **Leistungsfach** *nt* <-(e)s, -fächer> *s.* **Leistungskurs**

leistungsfähig *adj* productivo; (*tüchtig*) eficiente; (*Motor*) potente

Leistungsfähigkeit *f* <-, *ohne pl*> capacidad *f* de rendimiento, eficiencia *f*; (*von Motor*) potencia *f*; (*von Fabrik*) productividad *f*; **Leistungsfreiheit** *f* <-, *ohne pl*> libertad *f* de servicios; **Leistungsfrist** *f* <-, -en> plazo *m* de la prestación; **Leistungsgarantie** *f* <-, -n> garantía *f* de prestación; **Leistungsgegenstand** *m* <-(e)s, -stände> objeto *m* de prestación; **Leistungsgesellschaft** *f* <-, -en> sociedad *f* competitiva; **Leistungsgesetz** *nt* <-es, -e> (JUR) ley *f* de subsistencias; **Leistungshandlung** *f* <-, -en> acción *f* de servicio; **Leistungshindernis** *nt* <-ses, -se> impedimento *m* de la prestación; **Leistungskatalog** *m* <-(e)s, -e> catálogo *m* de prestaciones, servicios *mpl* de prestaciones; **Leistungsklage** *f* <-, -n> (JUR) acción *f* de condena; **Leistungskontrolle** *f* <-, -n> evaluación *f* de conocimientos; **laufende ~n** controles continuos del rendimiento; **Leistungskraft** *f* <-, *ohne pl*> (capacidad *f* de) rendimiento *m*; **Leistungskriterium** *nt* <-s, -kriterien> criterio *m* de rendimiento; **Leistungskurs** *m* <-es, -e> (SCH) asignatura *f* principal, ≈optativa *f*; **Leistungsmacht** *f* <-, *ohne pl*> (WIRTSCH) capacidad *f* de rendimiento; **~ bei Zusammenschlusskontrolle** capacidad de rendimiento en el control de agrupaciones económicas

Leistungsmengensteuerung *f* <-, *ohne pl*> (WIRTSCH) gravamen *m* progresivo de los rendimientos

Leistungsminderung *f* <-, -en> (WIRTSCH) disminución *f* de rendimiento; **Leistungsnachweis** *m* <-es, -e> (SCH, UNIV) certificado *m*; **Leistungsnähe** *f* <-, *ohne pl*> (JUR) inmediaciones *fpl* de la prestación

Leistungsordnung *f* <-, -en> (JUR) sistema *m* de prestaciones

leistungsorientiert *adj* ❶ (*leistungsgerecht*) según el rendimiento; **~e Bezahlung** honorarios según rendimiento
❷ (*Leistung fördernd*) orientado al rendimiento; **unser Schulwesen ist sehr ~** nuestro sistema educativo se orienta mucho al rendimiento

Leistungsort *m* <-(e)s, -e> (JUR) lugar *m* de cumplimiento

leistungspflichtig *adj* (JUR) de prestación obligatoria

Leistungspflichtige(r) *mf* <-n, -n; -, -n> (JUR) sujeto *m* obligado a la prestación

Leistungspreis *m* <-es, -e> (WIRTSCH) precio *m* por rendimiento; **Leistungsprinzip** *nt* <-s, *ohne pl*> (WIRTSCH) principio *m* de rendimiento; **Leistungsprüfung** *f* <-, -en> ❶ (SCH) control *m* (del rendimiento)
❷ (SPORT) control *m* del rendimiento [*o* del estado de forma] ❸ (AGR) ensayo *m* de rendimiento; **Leistungsration** *f* <-, -en> ración *f* de rendimiento; **Leistungsrechnung** *f* <-, -en> cálculo *m* del rendimiento; **Leistungsschutz** *m* <-es, *ohne pl*> protección *f* del rendimiento

leistungsschwach *adj* de bajo rendimiento

Leistungssport *m* <-(e)s, -e> deporte *m* de competición

leistungsstark *adj* potente, de alto rendimiento

leistungssteigernd *adj* de rendimiento creciente

Leistungsstörung *f* <-, -en> (JUR) perturbación *f* de la prestación; **~ des Käufers/Verkäufers** perturbación de la prestación del comprador/vendedor; **Leistungsumfang** *m* <-(e)s, *ohne pl*> volumen *m* de la prestación; **Leistungsurteil** *nt* <-s, -e> (JUR) sentencia *f* condenatoria; **Leistungsverbot** *nt* <-(e)s, -e> (JUR) prohibición *f* de prestaciones; ~ **an Drittschuldner** prohibición de prestaciones a terceros deudores; **Leistungsverfügung** *f* <-, -en> (JUR) disposición *f* de prestación; **Leistungsvergleich** *m* <-(e)s, -e> comparación *f* de rendimientos; **Leistungsverkehr** *m* <-(e)s, *ohne pl*> (WIRTSCH) operaciones *fpl* corrientes; **Leistungsverkürzung** *f* <-, -en> reducción *f* de servicios; **Leistungsvermögen** *nt* <-s, *ohne pl*> (WIRTSCH) capacidad *f* de rendimiento; **Leistungsverwaltung** *f* <-, -en> (JUR) administración *f* de servicios

Leistungsverweigerung *f* <-, *ohne pl*> denegación *f* de la prestación; **Leistungsverweigerungsanspruch** *m* <-(e)s, -sprüche> (JUR) derecho *m* a denegar la prestación; **Leistungsverweigerungsrecht** *nt* <-(e)s, -e> derecho *m* a denegar la prestación

Leistungsverzeichnis *nt* <-ses, -se> relación *f* de cláusulas y condiciones generales; **Leistungsverzögerung** *f* <-, -en> retraso *m* en el cumplimiento de la prestación; **Leistungsverzug** *m* <-(e)s, *ohne pl*> mora *f* del deudor de la prestación; **Leistungsvorbehalt** *m* <-(e)s, -e> (JUR) reserva *f* de prestación de servicio; **Leistungsvorgabe** *f* <-, -n> previsión *f* de rendimiento; **Leistungswettbewerb** *m* <-s, *ohne pl*> competencia *f* positiva de prestaciones; **Leistungswucher** *m* <-s, *ohne pl*> usura *f* de servicio; **Leistungszeit** *f* <-, -en> (WIRTSCH) tiempo *m* de prestación; ~ **des Verkäufers** tiempo de prestación del vendedor; **Leistungszeitraum** *m* <-(e)s, -räume> (WIRTSCH) periodo *m* de cobertura; ~ **einer Versicherung** periodo de cobertura de un seguro; **Leistungszulage** *f* <-, -n> (WIRTSCH) prima *f* por rendimiento

Leitantrag *m* <-(e)s, -träge> (POL) solicitud *f* directriz; **Leitartikel** *m* <-s, -> (PUBL) editorial *m*; **Leitartikler(in)** [-artɪkle] *m(f)* <-s, -; -, -nen> editorialista *mf*; **Leitbetrieb** *m* <-(e)s, -e> (WIRTSCH): *in der ehemaligen DDR* empresa *f* dirigente; **Leitbild** *nt* <-(e)s, -er> ideal *m*, modelo *m*; **Leitemission** *f* <-, -en> (FIN) emisión *f* básica

leiten ['laɪtən] *vt* ❶ (*verantwortlich* ~) dirigir; (*Vorsitz haben*) presidir; (*Diskussion*) moderar

❷ (*führen*) conducir, llevar; (*um*~) desviar; **etw an die zuständige Stelle** ~ mandar algo a la instancia correspondiente; **etw in die Wege** ~ iniciar los trámites de algo; **sich von etw** *dat*/**jdm** ~ **lassen** dejarse llevar por algo/alguien; **Gas/Öl/Strom/Wärme** ~ conducir gas/petróleo/electricidad/calor

leitend *adj* ❶ (*führend*) director, dirigente; ~**e Position** cargo dirigente; ~**er Arzt** médico-jefe *m*; ~**er Angestellter** miembro de la directiva; **der** ~**e Gedanke** la idea central

❷ (PHYS) conductor; **nicht** ~ no conductor

Leiter[1] *f* <-, -n> escalera *f*; (*Steh-*) escalera *f* de tijera; (*Tritt-*) escalerilla *f*; (*Strick-*) escala *f* de cuerda; **auf eine** ~ **steigen** subir a una escalera; **er ist die** ~ **hinaufgefallen** (*fig*) ha subido como la espuma

Leiter[2] *m* <-s, -> (PHYS, TECH) conductor *m*; **Metall ist ein guter** ~ el metal es un buen conductor

Leiter(in)[3] ['laɪte] *m(f)* <-s, -; -, -nen> jefe, -a *m, f*, director(a) *m(f)*; (*Kurs-*) profesor(a) *m(f)*; **kaufmännische/technische** ~**in** directora comercial/técnica; ~**in der PR-Abteilung** directora del departamento de relaciones públicas; **der** ~ **der Diskussion** el moderador del debate

Leiterplatte *f* <-, -n> (PHYS, TECH) placa *f* conductora

Leitersprosse *f* <-, -n> peldaño *m*, escalón *m*; **Leiterwagen** *m* <-s, -> carro *m* de adrales

Leitfaden *m* <-s, -fäden> manual *m*

leitfähig *adj* (PHYS) conductivo; ~ **sein** ser conductivo

Leitfähigkeit *f* <-, *ohne pl*> (PHYS): *für Wärme* conductibilidad *f*; (*für Strom*) conductividad *f*; **Leitfiliale** *f* <-, -n> sucursal *f* principal; **Leitgedanke** *m* <-ns, -n> idea *f* central; **Leithammel** *m* <-s, -> ❶ (*von Herde*) carnero *m*) manso ❷ (*abw: Anführer*) cabecilla *mf*; **Leitlinie** *f* <-, -n> ❶ (*Grundsatz*) pauta *f*, línea *f* directriz ❷ (MATH) directriz *f*; **Leitmotiv** *nt* <-s, -e> motivo *m* principal, leitmotiv *m*; **Leitplanke** *f* <-, -n> valla *f* protectora; **Leitsatz** *m* <-es, -sätze> principio *m*, axioma *m*; **Leitseite** *f* <-, -n> (INFOR, TEL) página *f* de presentación; **Leitspruch** *m* <-(e)s, -sprüche> lema *m*; **Leitstelle** *f* <-, -n> central *f*; **Leitstern** *m* <-(e)s, -e> (*fig*) norte *m*; **Leittier** *nt* <-(e)s, -e> (ZOOL) guía *mf*, líder *mf*

Leitung[1] *f* <-, -en> ❶ (*Rohr-*) conducción *f*, tuberías *fpl*; (*Wasser-*) cañerías *fpl*

❷ (ELEK, TEL) línea *f*; (*Kabel*) cable *m*; **die** ~ **ist frei/besetzt** la línea está libre/ocupada; **die** ~ **ist gestört** hay interferencias; **es ist jemand in der** ~ (*fam*) hay alguien en la línea; **eine lange** ~ **haben** (*fam*) tener malas entendederas

❸ (*Führungsgruppe*) junta *f* directiva

Leitung[2] *f* <-, *ohne pl*> (*Führung*) dirección *f*; (*Geschäfts-*) gerencia *f*; (*Vorsitz*) presidencia *f*; **unter der** ~ **von ...** bajo la dirección de...; **unter neuer** ~ bajo nuevo mando; **wer hat hier die** ~? ¿quién es el responsable?

Leitungsapparat *m* <-(e)s, -e> aparato *m* directivo; **Leitungsauf-**

gabe *f* <-, -n> función *f* directiva; **Leitungsebene** *f* <-, -n> nivel *m* directivo; **Leitungskabel** *nt* <-s, -> (ELEK) cable *m* conductor; **Leitungsklage** *f* <-, -n> (JUR): **allgemeine** ~ demanda directiva; **Leitungsmast** *m* <-(e)s, -e(n)> (ELEK) poste *m* de conducción eléctrica [*o* de electricidad]; **Leitungsnetz** *nt* <-es, -e> ❶ (ELEK) red *f* de distribución ❷ (*von Rohrleitungen*) red *f* de cañerías; **Leitungsrohr** *nt* <-(e)s, -e> conducto *m*, tubo *m*; **Leitungsstab** *m* <-(e)s, -stäbe> equipo *m* directivo; **Leitungswasser** *nt* <-s, *ohne pl*> agua *f* del grifo; **Leitungswiderstand** *m* <-(e)s, -stände> (PHYS, ELEK) resistencia *f*; **spezifischer** ~ resistencia específica

Leitwährung *f* <-, -en> (WIRTSCH) dinero *m* patrón; **Leitwerk** *nt* <-(e)s, -e> ❶ (AERO) empenaje *m*, planos *mpl* de estabilización ❷ (INFOR) mecanismo *m* de control

Leitzins *m* <-es, -en> (WIRTSCH) interés *m* básico; **Leitzinsanhebung** *f* <-, -en> (FIN) aumento *m* del interés básico; **Leitzinssenkung** *f* <-, -en> (FIN) reducción *f* del interés básico

Lektion [lɛkˈtsjoːn] *f* <-, -en> lección *f*; **jdm eine** ~ **erteilen** dar una lección a alguien

Lektor(in) [ˈlɛktoːɐ] *m(f)* <-s, -en; -, -nen> (*Verlag, a.* SCH, UNIV) lector(a) *m(f)*

Lektorat [lɛktoˈraːt] *nt* <-(e)s, -e> (SCH, UNIV) lectorado *m*

Lektorin *f* <-, -nen> *s.* **Lektor**

Lektüre [lɛkˈtyːrə] *f* <-, *ohne pl*> lectura *f*

Lemma [ˈlɛma] *nt* <-s, -ta> (LING) lema *m*

Lemming [ˈlɛmɪŋ] *m* <-s, -e> lemming *m*; **wie die** ~**e** como las ovejas

Lende [ˈlɛndə] *f* <-, -n> ❶ (ANAT) región *f* lumbar ❷ (*beim Schlachtvieh*) lomo *m*

Lendenbraten *m* <-s, -> (GASTR) lomo *m* asado; **Lendengegend** *f* <-, -en> (ANAT) región *f* lumbar; **Lendenschurz** [-ʃʊrts] *m* <-es, -e> taparrabos *m inv*; **Lendenstück** *nt* <-(e)s, -e> (GASTR) solomillo *m*; **Lendenwirbel** *m* <-s, -> (ANAT) vértebra *f* lumbar; **Lendenwirbelsäule** *f* <-, -n> (MED) columna *f* lumbar

Leninismus [leniˈnɪsmʊs] *m* <-, *ohne pl*> (POL) leninismo *m*

lenkbar *adj* ❶ (*Gegenstände*) dirigible, conducible

❷ (*Menschen*) dócil, obediente

lenken [ˈlɛŋkən] *vt* ❶ (*Fahrzeug*) conducir, manejar *Am*; (*Schiff*) gobernar; (*Flugzeug*) pilotar

❷ (*führen*) dirigir, conducir; (*Staat*) gobernar

❸ (*steuern*) dirigir; (*in bestimmte Richtung*) encauzar; **seine Schritte heimwärts** ~ ponerse en camino [*o* encaminarse a] hacia casa; **ein Gespräch auf ein anderes Thema** ~ llevar una conversación por otros derroteros; **die Aufmerksamkeit auf sich** ~ dirigir la atención sobre sí mismo; **den Verdacht auf jdn** ~ dirigir las sospechas hacia alguien; **jds Blicke auf sich** ~ atraer las miradas de alguien (sobre sí)

Lenker[1] *m* <-s, -> (AUTO) volante *m*; (*am Fahrrad*) manillar *m*, manubrio *m Arg*

Lenker(in)[2] *m(f)* <-s, -; -, -nen> conductor(a) *m(f)*

Lenkflugkörper *m* <-s, -> mísil *m* teledirigido; **Lenkgeschoss**[RR] *nt* <-es, -e> proyectil *m* teledirigido

Lenkrad *nt* <-(e)s, -räder> volante *m*, guía *f PRico*; **Lenkradschaltung** *f* <-, -en> (AUTO) cambio *m* en el volante; **Lenkradschloss**[RR] *nt* <-es, -schlösser> (AUTO) cierre *m* antirrobo; **Lenkradsperre** *f* <-, -n> (AUTO) bloqueo *m* del volante

lenksam *adj* dócil, obediente

Lenkstange *f* <-, -n> manillar *m*

Lenkung[1] *f* <-, -en> (AUTO) dirección *f*

Lenkung[2] *f* <-, *ohne pl*> (*das Lenken*) conducción *f*, manejo *m*; (*eines Staates*) gobierno *m*

Lenkungsgremium *nt* <-s, -gremien> (WIRTSCH) organismo *m* de dirección; **Lenkungsmaßnahme** *f* <-, -n> (WIRTSCH) medida *f* dirigista; ~**n bei Ratenkäufen** medidas dirigistas en compras a plazo [*o* a crédito]

Lenz [lɛnts] *m* <-es, -e> (*geh*) primavera *f*; **sie zählt siebzehn** ~**e** una muchacha de diecisiete abriles; **sich** *dat* **einen schönen** ~ **machen** (*fam abw*) no dar palo (al agua)

lenzen [ˈlɛntsən] *vt* (NAUT) achicar

Lenzpumpe *f* <-, -n> (NAUT) bomba *f* de achique

Leopard [leoˈpart] *m* <-en, -en> (ZOOL) leopardo *m*

Lepra [ˈleːpra] *f* <-, *ohne pl*> lepra *f*

Leprakranke(r) *mf* <-n, -n; -n, -n> leproso, -a *m, f*; **Leprastation** *f* <-, -en> (MED) unidad *f* de leprosos

lepros *adj*, **leprös** *adj* leproso

Lerche [ˈlɛrçə] *f* <-, -n> (ZOOL) alondra *f*

lernbar *adj* que se puede aprender; **dieses Lied ist leicht** ~ esta canción es fácil de aprender

lernbegierig *adj* aplicado, dedicado al estudio

lernbehindert *adj* impedido para aprender

Lerneifer *m* <-s, *ohne pl*> aplicación *f*

lerneifrig *adj* dedicado al estudio, aplicado

lernen ['lɛrnən] I. vi ❶ (*Erfahrung sammeln*) aprender (*aus* de); **aus seinen Fehlern ~** aprender de sus errores
❷ (*Wissen aneignen*) estudiar; **sie lernt gerne** le gusta estudiar; **ich muss noch für die Prüfung ~** aún tengo que estudiar para el examen
II. vt ❶ (*Sprache*) estudiar, aprender; (*Fertigkeit*) aprender (*von* de); **Schreibmaschine/Spanisch ~** aprender mecanografía/español; **etw auswendig ~** aprender algo de memoria; **Autofahren ~** aprender a conducir, aprender a manejar *Am*; **schwimmen/tanzen ~** aprender a nadar/a bailar; **mancher lernt's nie!** ¡hay quien no lo aprende nunca!; **gelernt ist gelernt** lo aprendido queda para siempre; **das will gelernt sein!** ¡espera que lo aprendas!; **von dem kannst du noch etwas ~** éste te puede servir de ejemplo; **der wird's nie ~!** ¡no aprenderá en la vida!
❷ (*Beruf, Handwerk*) aprender (para); (*einzelner Beruf*) estudiar (para); **er lernt Schreiner** hace el aprendizaje para carpintero, está aprendiendo para carpintero; **was haben Sie gelernt?** ¿qué oficio tiene Ud.?
Lerner(in) *m(f)* <-s, -; -, -nen> (LING) persona *f* que aprende un idioma
lernfähig *adj* capaz de aprender
Lernfahrausweis *m* <-es, -e> (*Schweiz*) permiso concedido durante el período de aprendizaje para conducir acompañado de otro conductor experimentado
Lernmittel *nt* <-s, -> material *m* didáctico; **Lernmittelfreiheit** *f* <-, ohne *pl*> (SCH) gratuidad *f* de los libros escolares
Lernprogramm *nt* <-s, -e> (INFOR) programa *m* tutor; **Lernprozess**ᴿᴿ *m* <-es, -e> proceso *m* de aprendizaje; **Lernschwester** *f* <-, -n> (MED) enfermera *f* en prácticas; **Lernsoftware** *f* <-, -s> (INFOR) *s.* Lernprogramm; **Lernziel** *nt* <-(e)s, -e> objetivo *m* del aprendizaje
Lesart ['le:sʔa:ɐt] *f* <-, -en> ❶ (*Fassung*) versión *f*; (*andere ~*) variante *f*
❷ (*Deutung*) versión *f*
lesbar *adj* legible, leíble
Lesbarkeit *f* <-, ohne *pl*> legibilidad *f*
Lesbe ['lɛsbə] *f* <-, -n>, **Lesbierin** ['lɛsbiərɪn] *f* <-, -nen> lesbiana *f*, tortillera *f fam*
lesbisch *adj* lésbico, lesbio
Lese ['le:zə] *f* <-, -n> cosecha *f*; (*Wein~*) vendimia *f*
Lesebrille *f* <-, -n> gafas *fpl* para leer; **Lesebuch** *nt* <-(e)s, -bücher> libro *m* de lectura; **Leseecke** *f* <-, -n> rincón *m* para la lectura; **Lesegerät** *nt* <-(e)s, -e> (INFOR) dispositivo *m* de lectura; **Lesekopf** *m* <-(e)s, -köpfe> (INFOR) cabeza *f* de lectura; **Leselampe** *f* <-, -n> lámpara *f* para lectura
lesen ['le:zən] <liest, las, gelesen> I. vi ❶ (*allgemein*) leer; **~ lernen** aprender a leer; **fließend ~** leer de corrido; **er liest aus seinen Werken** lee fragmentos de sus obras; **ich lese an einem Roman von Allende** estoy leyendo una novela de Allende; **jdm aus der Hand ~** leer(le) a alguien la mano
❷ (UNIV) dar clase (*über* de)
II. vt ❶ (*allgemein*) leer; (*Messe*) celebrar; **Zeitung ~** leer el periódico; **die Schrift ist kaum zu ~** la letra apenas se puede leer; **in der Zeitung ist zu ~, dass ...** en el periódico pone que...; **jds Gedanken ~** leer el pensamiento de alguien; **aus seinen Zeilen las sie einen Vorwurf** descubrió [*o* adivinó] un reproche entre sus líneas; **in ihrem Gesicht war Verärgerung zu ~** su rostro reflejaba enfado, se veía el enfado en la cara
❷ (*ernten*) cosechar, (re)coger; **Trauben ~** vendimiar; **Raupen von befallenen Bäumen ~** limpiar de orugas los árboles atacados
lesenswert *adj* que vale la pena leer, digno de leer
Leseprobe *f* <-, -n> ❶ (LIT) muestra *f* de lectura
❷ (THEAT) lectura *f* de pieza de teatro
Leser(in) *m(f)* <-s, -; -, -nen> lector(a) *m(f)*
Leseratte *f* <-, -n> (*fam*) ratón *m* de biblioteca
Leserbrief *m* <-(e)s, -e> carta *f* al director
Leserin *f* <-, -nen> *s.* Leser
Leserkreis *m* <-es, -e> círculo *m* de lectores
leserlich *adj* legible; **gut ~** legible, que se lee bien; **gut ~e Schrift** letra clara
Leserlichkeit *f* <-, ohne *pl*> legibilidad *f*
Leserschaft *f* <-, -en> lectores *mpl*
Lesesaal *m* <-(e)s, -säle> sala *f* de lectura
Lese-Schreib-Kopf *m* <-(e)s, -Köpfe> (TECH) cabezal *m* lector-grabador
Leseschwäche *f* <-, -n> deficiencia *f* en la lectura; **Lesespeicher** *m* <-s, -> (INFOR) memoria *f* ROM; **Lesestift** *m* <-(e)s, -e> (INFOR) varilla *f* OCR; **Lesestoff** *m* <-(e)s, -e> lectura *f*, libros *mpl*; **Lesestück** *nt* <-(e)s, -e> texto *m*; **Lesezeichen** *nt* <-s, -> (INFOR) marcador *m*, marca *f*; **Lesezirkel** *m* <-s, -> círculo *m* de lectores
Lesezugriff *m* <-(e)s, -e> (INFOR) acceso *m* de sólo lectura
Lesung *f* <-, -en> (*a.* POL) lectura *f*
letal [le'ta:l] *adj* (MED) letal, mortal
Lethargie [letar'gi:] *f* <-, ohne *pl*> letargo *m*
lethargisch [le'targɪʃ] *adj* letárgico

Lette, -in ['lɛtə] *m, f* <-n, -n; -, -nen> letón, -ona *m, f*
Letter ['lɛtɐ] *f* <-, -n> ❶ (*Druckbuchstabe*) letra *f* de molde [*o* de imprenta]
❷ (TYPO) tipo *m* (de imprenta)
Lettin *f* <-, -nen> *s.* Lette
lettisch *adj* letón
Lettland *nt* <-s> Letonia *f*
Letzt [lɛtst] *f*: **zu guter ~** al final [*o* por último]
letzte(r, s) *adj* ❶ (*in Reihenfolge*) último; (*abschließend*) final; **L~r werden** quedar el último; **als L~r ankommen/weggehen/fertig werden** llegar/salir/terminar el último; **als L~ ankommen** llegar la última; **auf dem ~n Platz liegen** estar en último lugar; **du bist der L~, dem ich es sagen würde** eres el último a quien se lo diría; **dies ist mein ~s Geld** este es mi último dinero; **der L~ des Monats** el último día del mes; **mein ~r Wille** mi última voluntad; **die ~n Dinge** los cuatro novísimos, las postrimerías del hombre; **den L~n beißen die Hunde** (*prov*) a los últimos les toca la peor parte; **die L~n werden die Ersten sein** (*prov*) los últimos serán los primeros
❷ (*äußerste, neueste, zeitlich*) último; **in ~r Zeit** últimamente; **der ~ Schrei** el último grito; **bis aufs L~** totalmente; **etw bis ins L~ kennen** conocer algo como la palma de la mano; **bis zum L~n gehen** dar lo máximo
❸ (*schlecht*) peor; **der ~ Dreck** absoluta porquería; **er ist der ~ Mensch** él es de lo peor; **das ist doch das L~!** (*fam*) ¡es lo último [*o* el colmo]!
letztemal *adv s.* Mal¹ 1.
letztendlich ['-'---] *adv* a fin de cuentas, finalmente
letztens ['lɛtstəns] *adv* ❶ (*kürzlich*) hace poco (tiempo), recientemente
❷ (*zum Schluss*) por último; **drittens und ~** tercero y último
Letztentscheidungsrecht *nt* <-(e)s, ohne *pl*> facultad *f* decisoria
letztere(r, s) *adj* último; **ich habe L~s [*o* das L~] akustisch nicht verstanden** no he oído bien lo último
letztgenannt *adj* último (mencionado [*o* dicho]); **können Sie den ~en Namen wiederholen?** ¿puede repetir el último nombre (que ha mencionado)?
letztjährig *adj* del año pasado
letztlich *adv* por último, finalmente
letztmalig I. *adj* último
II. *adv* por última vez
letztmöglich *adj* último posible; **der 31. März ist der ~e Termin für unseren Umzug** el 31 de marzo es el último día en que podemos hacer el traslado
letztwillig *adj* de última voluntad, testamentario; **eine ~e Verfügung** una disposición de última voluntad
Leuchtbake *f* <-, -n> baliza *f* luminosa; **Leuchtboje** *f* <-, -n> (NAUT) boya *f* luminosa; **Leuchtbombe** *f* <-, -n> (MIL) bomba *f* luminosa; **Leuchtdiode** *f* <-, -n> diodo *m* luminoso
Leuchte ['lɔɪçtə] *f* <-, -n> ❶ (*Lampe*) lámpara *f*
❷ (*fam: kluger Mensch*) lumbrera *f*, as *m*; **er ist eine ~ in Physik** es un genio en física; **er ist keine (große) ~** (*fam*) no es precisamente una lumbrera
leuchten ['lɔɪçtən] *vi* ❶ (*Licht geben*) dar luz; (*Lampe*) estar encendido
❷ (*be~*) iluminar, dar luz; **leuchte hierher!** ¡ilumina aquí!; **leuchte einmal (mit der Lampe) in die Ecke** alumbra el rincón (con la lámpara)
❸ (*glänzen*) resplandecer; (*strahlen*) brillar; (*Farbe*) ser brillante; **ihre Augen leuchteten vor Freude** le brillaban los ojos de alegría
leuchtend *adj* luminoso; (*glänzend*) brillante, radiante; **~e Augen** ojos brillantes; **ein ~es Beispiel** un ejemplo magnífico; **etw in den ~sten Farben darstellen** pintar algo de color de rosa
Leuchter *m* <-s, -> (*Kerzen~*) candelabro *m*; (*Kron~*) araña *f*
Leuchtfarbe *f* <-, -n> color *m* fosforescente; **Leuchtfeuer** *nt* <-s, -> fanal *m*; **Leuchtgas** *nt* <-es, ohne *pl*> (*alt*) gas *m* ciudad; **Leuchtkäfer** *m* <-s, -> (ZOOL) luciérnaga *f*, cocuyo *m Am*; **Leuchtkraft** *f* <-, ohne *pl*> luminosidad *f*; **Leuchtkugel** *f* <-, -n> bala *f* luminosa; **Leuchtpistole** *f* <-, -n> pistola *f* de señalización; **Leuchtrakete** *f* <-, -n> cohete *m* de señalización; **Leuchtreklame** *f* <-, -n> anuncio *m* luminoso; **Leuchtschrift** *f* <-, -en> letra *f* luminosa; **Leuchtsignal** *nt* <-s, -e> señal *f* luminosa
Leuchtspurmunition *f* <-, -en> (MIL) munición *f* trazadora
Leuchtstift *m* <-(e)s, -e> marcador *m*, rotulador *m* fluorescente
Leuchtstofflampe *f* <-, -n> (ELEK) lámpara *f* fluorescente; **Leuchtstoffröhre** *f* <-, -n> (ELEK) tubo *m* fluorescente
Leuchtturm *m* <-(e)s, -türme> faro *m*; **Leuchtturmwärter(in)** *m(f)* <-s, -; -, -nen> farero, -a *m, f*, guardafaro *m*
Leuchtzifferblatt *nt* <-(e)s, -blätter> esfera *f* luminosa
Leucin [lɔɪ'tsi:n] *nt* <-s, ohne *pl*> (CHEM) leucina *f*
leugnen ['lɔɪgnən] *vi, vt* negar, desmentir; **es ist nicht zu ~, dass ...** no se puede negar que...

Leugnung f <-, -en> negación f
Leukämie [lɔykɛ'mi:] f <-, -n> (MED) leucemia f
Leukämiekranke(r) mf <-n, -n; -n, -n> enfermo, -a m, f de leucemia
leukämisch [lɔy'kɛ:mɪʃ] adj (MED) leucémico; ~ **sein** ser leucémico, tener leucemia
Leukoplast® [lɔyko'plast] nt <-(e)s, -e> esparadrapo m
Leukozyt [lɔyko'tsy:t] m <-en, -en> (MED) leucocito m
Leukozytenzahl f <-, -en> (MED) número m de leucocitos
Leumund m <-(e)s, ohne pl> reputación f
Leumundszeugnis ['lɔymʊnts-] nt <-ses, -se> certificado m de conducta
Leute ['lɔytə] pl gente f; **arme/reiche ~** gente pobre/rica; **es waren kaum ~ da** no había casi nadie; **es waren ungefähr 30 ~ da** había unas 30 personas; **etw unter die ~ bringen** (fam) divulgar algo; **etw kommt unter die ~** algo circula; **du solltest mal wieder unter die ~ gehen** deberías tratar con gente; **ich kenne meine ~** conozco a mi gente; **die kleinen ~** la gente de la calle; **das sind nicht die richtigen ~ dafür** no es la gente adecuada para esto; **was sollen die ~ denken?** (fam) ¿qué va a pensar la gente?
Leuteschinder(in) m(f) <-s, -; -, -nen> (abw) negrero, -a m, f fam
Leutnant ['lɔytnant] m <-s, -s> (MIL) subteniente m; ~ **zur See** alférez de fragata
leutselig ['lɔytze:lɪç] adj campechano
Leutseligkeit f <-, ohne pl> amabilidad f, simpatía f
Level ['lɛvəl] m <-s, -s> (geh) rango m, nivel m
Leviten [le'vi:tən] pl (fam): **jdm die ~ lesen** leer a alguien la cartilla, cantar a alguien las cuarenta
Lex [lɛks, pl: 'le:ge:s] f <-, -, Leges> (POL): **die ~ ... la ley...**
Lexem [lɛ'kse:m] nt <-s, -e> (LING) lexema m
Lexika pl von **Lexikon**
lexikalisch [lɛksi'ka:lɪʃ] adj ① (das Lexikon betreffend) enciclopédico, relativo [o perteneciente] al diccionario
② (LING) lexicológico
Lexiken pl von **Lexikon**
Lexikograf(in)RR m(f) <-en, -en; -, -nen> s. **Lexikograph**
LexikografieRR f <-, ohne pl> s. **Lexikographie**
LexikografinRR f <-, -nen> s. **Lexikograph**
lexikografischRR adj o adv s. **lexikographisch**
Lexikograph(in) [lɛksiko'graːf] m(f) <-en, -en; -, -nen> lexicógrafo, -a m, f
Lexikographie [lɛksikogra'fi:] f <-, ohne pl> lexicografía f
Lexikographin f <-, -nen> s. **Lexikograph**
lexikographisch I. adj lexicográfico
II. adv e [o de] la lexicografía; **sie ist schon lange ~ tätig** ya hace tiempo que trabaja en lexicografía
Lexikologe, -in m, f <-n, -n; -, -nen> (LING) lexicólogo, -a m, f
Lexikologie [lɛksikolo'gi:] f <-, ohne pl> (LING) lexicología f
Lexikologin f <-, -nen> s. **Lexikologe**
Lexikon ['lɛksikɔn] nt <-s, Lexika o Lexiken> enciclopedia f; **frag ihn, er ist ein wandelndes ~** pregúntale a él, es una enciclopedia viviente
lfd. Abk. von **laufend** en curso
Li (CHEM) Abk. von **Lithium** Li
Liaison [ljɛ'zõ:] f <-, -s> ① (geh: Liebesverhältnis) relaciones fpl amorosas ilícitas, lío m (amoroso)
② (LING) enlace m
Liane [li'a:nə] f <-, -n> liana f
Libanese, -in [liba'ne:zə] m, f <-n, -n; -, -nen> libanés, -esa m, f
libanesisch adj libanés
Libanon ['li:banɔn] m <-s> (el) Líbano m
Libelle [li'bɛlə] f <-, -n> ① (ZOOL) libélula f, aguacil m CSur
② (an Wasserwaage) nivel m de burbuja
liberal [libe'ra:l] adj liberal; **er ist ~ eingestellt** es (de orientación) liberal
Liberale(r) mf <-n, -n; -n, -n> liberal mf
liberalisieren* [liberali'zi:rən] vt liberalizar
Liberalisierung f <-, -en> liberalización f
Liberalisierungsgrad m <-(e)s, -e> (a. WIRTSCH) grado m de liberalización; **Liberalisierungskodex** m <-(es), -e> (a. WIRTSCH) código m de liberalización; **Liberalisierungsmaßnahme** f <-, -n> (a. WIRTSCH) medida f de liberalización
Liberalismus [libera'lɪsmʊs] m <-, ohne pl> liberalismo m
Liberia [li'be:ria] nt <-s> Liberia f
Liberianer(in) [libe'ria:nɐ] m(f) <-s, -; -, -nen> liberiano, -a m, f
liberianisch adj liberiano
Libero ['li:bero] m <-s, -s> (Fußball) líbero m
Libido [li'bi:do, '---] f <-, ohne pl> (PSYCH) libido f
Libidostörung f <-, -en> (MED) perturbación f de la libido
LIBOR m <-s, ohne pl> (FIN) Abk. von **London Interbank Offered Rate** LIBOR m

Libretti pl von **Libretto**
Librettist(in) [libre'tɪst] m(f) <-en, -en; -, -nen> (MUS) libretista mf
Libretto [li'brɛto, pl: li'brɛti] nt <-s, Libretti o -s> (MUS) libreto m
Libyen ['li:byən] nt <-s> Libia f
Libyer(in) m(f) <-s, -; -, -nen> libio, -a m, f
libysch ['li:byʃ] adj libio
lic. (Schweiz) Abk. von **Lizenziat(in)** ≈doctor en teología
licht [lɪçt] adj ① (geh: hell) claro, luminoso; **am ~en Tag** en pleno día; **einen ~en Moment haben** tener un momento de lucidez
② (Haar) ralo
③ (TECH) interior; ~**e Höhe/Weite** altura/diámetro interior
Licht¹ [lɪçt] nt <-(e)s, -er> luz f; **das ~ anmachen/ausmachen** encender/apagar la luz; **jdm im ~ stehen** quitar a alguien la luz; **bei ~ betrachtet** mirándolo bien; **wo ~ ist, ist auch Schatten** (prov) no hay medalla sin reverso; **das ~ der Welt erblicken** (geh) venir al mundo, ver la luz; **das ~ der Öffentlichkeit scheuen** evitar la publicidad; **er ist kein großes ~** (fam) no es una lumbrera; **sein ~ unter den Scheffel stellen** quitarse méritos; **~ in eine Sache bringen** aclarar un asunto; **etw ans ~ bringen** sacar algo a la luz; **für etw grünes ~ geben** (fig) dar luz verde a algo, dar el okey a algo Am; **etw ins rechte ~ rücken** poner algo de relieve; **so erscheint die Sache in einem (ganz) anderen ~** viéndolo de esta manera la cosa cambia mucho; **das wirft ein schiefes ~ auf sein Verhalten** eso supone una tacha en su comportamiento; **jdn hinters ~ führen** engañar a alguien; **das ewige ~** (REL) la luminaria
Licht² nt <-(e)s, -e o -er> (Kerze) luz f, candela f
Lichtanlage f <-, -n> (ELEK) instalación f del alumbrado
lichtarm adj de luz pobre
lichtbeständig adj s. **lichtecht**
Lichtbild nt <-(e)s, -er> (formal) foto(grafía) f; **Lichtbildervortrag** m <-(e)s, -träge> conferencia f con diapositivas
Lichtblick m <-(e)s, -e> rayo m de esperanza
Lichtbogen m <-s, -bögen> (TECH) arco m voltaico; **Lichtbogenschweißung** f <-, -en> (TECH) soldadura f por arco voltaico
Lichtbrechung f <-, -en> (PHYS) refracción f de la luz; **Lichtbündel** nt <-s, -> (PHYS) haz m de rayos de luz
Lichtdruck¹ m <-(e)s, ohne pl> (PHYS) presión f lumínica
Lichtdruck² m <-(e)s, -e> (TYPO) fototipia f
lichtdurchlässig adj transparente
lichtecht adj resistente [o insensible] a la luz
Lichteffekt m <-(e)s, -e> (PHYS) efecto m de la luz; **Lichteinfall** m <-(e)s, ohne pl> (PHYS) incidencia f de la luz; **Lichteinwirkung** f <-, -en> (PHYS, TECH) influjo m de la luz, efecto m de la luz
lichtempfindlich adj ① (Haut) sensible a la luz
② (FOTO) fotosensible
lichten ['lɪçtən] I. vt ① (Wald) aclarar
② (NAUT): **die Anker ~** levar anclas
II. vr: sich ~ (Nebel, Wolken) disiparse; (Bestände) disminuir; (Haare) ralear; (Angelegenheit) aclararse; **die Reihen ~ sich** las filas se ven diezmadas
Lichterbaum m <-(e)s, -bäume> árbol m de Navidad (adornado con velas); **Lichterglanz** m <-es, ohne pl> resplandor m (de las luces); **der Festsaal erstrahlte in hellem ~** la sala de fiestas resplandecía llena de luces; **Lichterkette** f <-, -n> (POL) cadena humana con velas en signo de protesta
lichterloh ['lɪçtɐ'lo:] adv: ~ **brennen** arder en llamas
Lichtermeer nt <-(e)s, -e> mar m de luces
Lichtfilter m o nt <-s, -> (FOTO) filtro m de luz; **Lichtfleck** m <-(e)s, -e> punto m de luz, mancha f luminosa; **Lichtgeschwindigkeit** f <-, ohne pl> velocidad f de la luz; **Lichtgriffel** m (INFOR) lápiz m óptico [o ratón]; **Lichthof** m <-(e)s, -höfe> ① (ARCHIT) patio m de luces ② (ASTR) halo m; **Lichthupe** f <-, -n> avisador m luminoso; **Lichtjahr** nt <-(e)s, -e> (ASTR) año m luz; **Lichtkegel** m <-s, -> (PHYS) cono m de luz; **im ~ stehen/erscheinen** estar/aparecer en medio del haz de luz (de un foco); **Lichtmangel** m <-s, ohne pl> falta f de luz solar; **aus ~** por falta de luz; **Lichtmaschine** f <-, -n> (AUTO) dínamo f; **Lichtmast** m <-(e)s, -en> poste m de la luz
LichtmessRR ['lɪçtmɛs] ohne art inv, **Lichtmeß** ohne art inv (REL) (fiesta f de la) candelaria f
Lichtmesser m <-s, -> (PHYS) fotómetro m; **Lichtorgel** f <-, -n> batería f (de luces); **Lichtpause** f <-, -n> (TECH) heliograbado m, heliografía f; **Lichtquelle** f <-, -n> fuente f de luz, foco m luminoso; **Lichtreklame** f <-, -n> publicidad f luminosa; **Lichtsatz** m <-es, ohne pl> (TYPO) fotocomposición f; **Lichtschacht** m <-(e)s, -schächte> pozo m de luz; **Lichtschalter** m <-s, -> interruptor m de la luz, llave f de la luz; **Lichtschein** m <-(e)s, ohne pl> reflejo m de luz
lichtscheu adj que huye a la luz; ~**es Gesindel** gentuza f, chusma f
Lichtschranke f <-, -n> barrera f de luz; **Lichtschutzfaktor** m <-s, -en> factor m de protección solar; **Lichtsignal** nt <-s, -en> señal f

óptica
Lichtspielhaus *nt* <-es, -häuser> (*alt*), **Lichtspieltheater** *nt* <-s, -> (*alt*) cinematógrafo *m*
lichtstark *adj* (FOTO) de gran intensidad luminosa, muy luminoso
Lichtstärke *f* <-, -n> (PHYS) intensidad *f* de la luz; **Lichtstift** *m* <-(e)s, -e> (INFOR, TECH) lápiz *m* luminoso; **Lichtstrahl** *m* <-(e)s, -en> rayo *m* de luz
lichtundurchlässig *adj* (PHYS) opaco
Lichtung *f* <-, -en> (*im Wald*) calvero *m*, abra *f* CSur, Mex, abierto *m* Kol
Lichtverhältnisse *ntpl* condiciones *fpl* luminosas; **Lichtwelle** *f* <-, -n> (PHYS) onda *f* luminosa
Lid [li:t] *nt* <-(e)s, -er> párpado *m*
Lidschatten *m* <-s, -> sombra *f* de ojos; **Lidstift** *m* <-(e)s, -e> lápiz *m* de ojos; **Lidstrich** *m* <-(e)s, -e> raya *f* con el lápiz de ojos; **Lidverletzung** *f* <-, -en> (MED) lesión *f* del párpado
lieb [li:p] *adj* ❶ (*geliebt*) querido; **das ist mir ~ und teuer** esto me es muy querido; **~e Mitbürger/Freunde** queridos conciudadanos/amigos; **~e Maria/Frau X** querida María/señora X; **meine L~e, du L~e** querida mía; **mein L~es** cariño mío; **das ~e Geld!** el maldito dinero; **jdn ~ gewinnen** tomarle cariño a alguien; **~ gewordene Menschen verlassen** abandonar a personas a las que se les había tomado (mucho) cariño; **~ gewordene Gewohnheiten aufgeben** dejar las costumbres favoritas; **jdn ~ haben** querer a alguien, tenerle cariño a alguien ❷ (*liebenswürdig*) amable; (*nett*) simpático; **viele ~e Grüße sendet dir ...** muchos saludos cariñosos te manda...; **es ist ~ von dir, dass du mir hilfst** es muy amable de tu parte el ayudarme ❸ (*brav*) bueno; **sei so ~ und mach das Fenster auf** ¡sé bueno y abre la ventana!; **sich bei jdm ~ Kind machen** (*fam*) hacer la pelota a alguien ❹ (*angenehm*) agradable; **es wäre mir ~, wenn ...** me gustaría que... +*subj*; **am ~sten würde ich jetzt schwimmen gehen** lo que más me gustaría hacer ahora sería ir a nadar; **den ~en langen Tag** (*fam*) todo el santo día; **ach du ~er Himmel!** (*fam*) ¡por el amor de Dios!; **ach du ~e Güte** [*o Zeit*]! ¡Dios mío!, ¡por Dios!
liebäugeln ['li:pʔɔɪɡəln] *vi*: **mit jdm ~** poner ojitos a alguien; (*fig*) echar el ojo a alguien; **mit etw** *dat* **~** acariciar la idea [*o* el proyecto] de +*inf*
Liebchen ['li:pçən] *nt* <-s, -> (*alt: Kosename*) cielo *m*, corazón *m*
Liebe ['li:bə] *f* <-, *ohne pl*> (*allgemein*) amor *m*; (*Zuneigung*) cariño *m*; **aus ~ zu ...** por amor a...; **Heirat aus ~** casamiento por amor; **in ~** con cariño; **~ auf den ersten Blick** amor a primera vista; **bei aller ~, aber ...** sintiéndolo mucho, pero...; **~ macht blind** el amor es ciego; **käufliche ~** amor que se compra; **mit jdm ~ machen** (*fam*) hacer el amor con alguien; **er/sie ist eine alte ~ von mir** él/ella es un antiguo amor; **alte ~ rostet nicht** no hay tal como amigo viejo para tratar y leña vieja para quemar; **sie ist die ~ meines Lebens** es el gran amor de mi vida
liebebedürftig *adj* necesitado de cariño; **~ sein** necesitar cariño
Liebelei [li:bə'laɪ] *f* <-, -en> flirteo *m*
lieben ['li:bən] *vt* ❶ (*Liebe empfinden*) querer, amar *geh*; **viel geliebt** muy querido; **ihr geliebter Mann ist dahingeschieden** su querido esposo ha fallecido; **jdn ~ lernen** llegar a querer a alguien; **etw ~ lernen** llegar a apreciar algo; **sich ~ lernen** llegar a quererse; **was sich liebt, das neckt sich** (*prov*) porque te quiero te aporreo ❷ (*Geschlechtsverkehr haben*) hacer el amor (con) ❸ (*mögen*) gustar; **sie liebt es nicht, wenn ...** no le gusta que... +*subj*; **ich würde jetzt ~d gern nach Hause gehen** daría algo por irme a mi casa
Liebende(r) *mf* <-n, -n; -n, -n> amante *mf*
liebenlernen *vt*, *vr*: **sich ~** *s.* **lieben 1.**
liebenswert *adj* simpático, encantador
liebenswürdig *adj* amable; **(das ist) sehr ~ (von Ihnen)** (es) muy amable (de su parte); **wären Sie so ~ und ...?** ¿sería tan amable de +*inf*?
liebenswürdigerweise ['-----'--] *adv* amablemente, amistosamente
Liebenswürdigkeit *f* <-, -en> amabilidad *f*; **würden Sie die ~ haben mir zu helfen?** ¿tendría Ud. la amabilidad de ayudarme?; **sie ist die ~ in Person** es la amabilidad en persona; **sich** *dat* **~en an den Kopf werfen** (*iron*) contestar a una impertinencia con otra
lieber ['li:bɐ] *adv kompar von* **gern**: **mir wäre es ~, du würdest bleiben** preferiría que te quedaras; **ich schweige ~** prefiero callarme; **nichts ~ als das!** ¡con muchísimo gusto!
Liebesabenteuer *nt* <-s, -> aventura *f* amorosa, bolado *m* Mex; **Liebesaffäre** *f* <-, -n> amorío *m*; **Liebesakt** *m* <-(e)s, -e> (*geh*) acto *m* carnal; **den ~ vollziehen** consumar el acto carnal; **Liebesbande** *ntpl*: **(zarte) ~ knüpfen** (*geh*) establecer una (tierna) relación amorosa; **Liebesbeziehung** *f* <-, -en> relación *f* amorosa; **Liebesbrief** *m* <-(e)s, -e> carta *f* de amor; **Liebesdienst** *m* <-(e)s, -e> favor *m*; **jdm einen ~ erweisen** hacer un favor [*o* prestar un servicio] a alguien; **Liebeserklärung** *f* <-, -en> declaración *f* de amor; **jdm eine ~ machen** declarar(le) a alguien su amor; **Liebesfilm** *m* <-(e)s, -e> película *f* de amor; **Liebesgabe** *f* <-, -n> (*geh, alt*) donativo *m* caritativo; **nach der Predigt rief der Priester zu ~n auf** tras el sermón el sacerdote invitó a dar una caridad; **Liebesgedicht** *nt* <-(e)s, -e> poema *m* de amor; **Liebesgeschichte** *f* <-, -n> historia *f* de amor; **Liebesgott, -göttin** *m, f* <-(e)s, -götter; -, -nen> dios(a) *m(f)* del amor; **Liebesheirat** *f* <-, -en> matrimonio *m* por amor; **Liebesknochen** *m* <-s, -> (*reg*: GASTR) palo *m* de crema; **Liebeskummer** *m* <-s, *ohne pl*> penas *fpl* de amor, mal *m* de amores; **~ haben** sentir penas de amor; **Liebesleben** *nt* <-s, *ohne pl*> vida *f* amorosa [*o* sexual]; **Liebeslied** *nt* <-(e)s, -er> canción *f* de amor; **Liebesmüh(e)** *f*: **das ist vergebliche** [*o* **verlorene**] **~** no merece la pena; **Liebesnest** *nt* <-(e)s, -er> nidito *m* de amor; **Liebespaar** *nt* <-(e)s, -e> (pareja *f* de) enamorados *mpl*, novios *mpl*; **Liebesroman** *m* <-s, -e> novela *f* de amor, novela *f* rosa *abw*; **Liebesspiel** *nt* <-(e)s, -e> juego *m* amoroso; **Liebesszene** *f* <-, -n> (FILM, LIT, THEAT) escena *f* amorosa
liebestoll *adj* loco de amor; **~ sein/werden** estar/volverse loco de amor
Liebesverhältnis *nt* <-ses, -se> relación *f* amorosa
liebevoll I. *adj* (*zärtlich*) cariñoso, amoroso *Am* II. *adv* (*sorgfältig*) con amor, con cariño
liebgewinnen* *irr vt s.* **lieb 1.**
liebgeworden *adj s.* **lieb 1.**
liebhaben *irr vt s.* **lieb 1.**
Liebhaber(in) *m(f)* <-s, -; -, -nen> ❶ (*Geliebter*) amante *mf* ❷ (*Sammler*) amante *mf*, aficionado, -a *m, f*
Liebhaberei *f* <-, -en> hobby *m*, afición *f*; **aus (reiner) ~** por (el mero) gusto, por entretenerse
Liebhaberin *f* <-, -nen> *s.* **Liebhaber**
Liebhaberpreis *m* <-es, -e> precio *m* entre aficionados; **Liebhaberstück** *nt* <-(e)s, -e> objeto *m* de colección; **Liebhaberwert** *m* <-(e)s, *ohne pl*> valor *m* entre aficionados
liebkosen* [li:p'ko:zən] *vt* (*geh*) acariciar, hacer caricias, papachar *Mex*
Liebkosung *f* <-, -en> caricia *f*, ayuyunes *mpl* Chil
lieblich ['li:plɪç] *adj* (*Duft*) suave; (*Landschaft*) ameno; (*Wein*) dulce
Lieblichkeit *f* <-, *ohne pl*> (*eines Duftes, Geschmacks*) dulzura *f*, suavidaz *f*; (*eines Gesichts*) hermosura *f*; **ihr Wesen ist von solcher ~, dass ich fasziniert bin** su carácter es de un encantador que me tiene fascinado
Liebling ['li:plɪŋ] *m* <-s, -e> ❶ (*Kosewort*) amor *m*, cariño, -a *m, f*, negro, -a *m, f* Arg, ñato, -a *m, f* Bol ❷ (*bevorzugter Mensch*) favorito, -a *m, f*
Lieblingsbeschäftigung *f* <-, -en> ocupación *f* favorita; **Lieblingsplatz** *m* <-es, -plätze> lugar *m* favorito
lieblos *adj* (*ohne Liebe, Sorgfalt*) poco cariñoso; (*gefühllos*) insensible
Lieblosigkeit *f* <-, -en> falta *f* de cariño [*o* de amor]; (*Gefühllosigkeit*) insensibilidad *f*; (*Härte*) dureza *f*
Liebreiz *m* <-es, *ohne pl*> (*geh*) encanto *m* (natural), gracia *f* (natural)
Liebschaft *f* <-, -en> amorío *m*
liebste(r, s) *adj* (muy) querido, queridísimo; **mein ~r Freund** mi querido amigo
Liebste(r) *mf* <-n, -n; -n, -n> amor *m*, querido, -a *m, f*; **mein ~r!** ¡querido mío!, ¡amado mío!
liebsten *superl von* **gern**: **am ~ würde ich hier bleiben** lo que más me gustaría sería quedarme aquí
Liebstöckel ['li:pʃtœkəl] *m o nt* <-s, -> (BOT) levística *f*
Liechtenstein ['lɪçtənʃtaɪn] *nt* <-s> Liechtenstein *m*
Liechtensteiner(in) *m(f)* <-s, -; -, -nen> ciudadano, -a *m, f* de Liechtenstein
liechtensteinisch *adj* de Liechtenstein
Lied [li:t] *nt* <-(e)s, -er> canción *f*; **das ist das Ende vom ~** (*fam*) ¡se acabó!; **es ist immer das alte ~ mit ihm** (*fam*) ya está otra vez con la misma canción; **davon kann ich ein ~ singen** lo sé de sobra
Liederabend *m* <-s, -e> velada *f* de canciones, recital *m* de canciones; **Liederbuch** *nt* <-(e)s, -bücher> cancionero *m*
liederlich ['li:dɐlɪç] *adj* ❶ (*unordentlich*) desordenado; (*nachlässig*) negligente, descuidado, chancho *Am* ❷ (*abw: unmoralisch*) licencioso, libertino
Liederlichkeit *f* <-, *ohne pl*> desorden *m*, descuido *m*
Liedermacher(in) *m(f)* <-s, -; -, -nen> cantautor(a) *m(f)*
lief [li:f] *3. imp von* **laufen**
Lieferabkommen *nt* <-s, -> acuerdo *m* de suministro; **Lieferangebot** *nt* <-(e)s, -e> oferta *f* de entrega; **ein ~ machen** presentar una oferta de entrega
Lieferant(in) [lifə'rant] *m(f)* <-en, -en; -, -nen> proveedor(a) *m(f)*, suministrador(a) *m(f)*
Liefereingang *m* <-(e)s, -gänge> entrada *f* para proveedores; **Lieferantenkredit** *m* <-(e)s, -e> (WIRTSCH) crédito *m* al proveedor; **Lieferantenschuld** *f* <-, -en> deuda *f* a proveedores; **Lieferantensperre** *f* <-, -n> bloqueo *m* de proveedores

Lieferantin *f* <-, -nen> *s.* **Lieferant**
Lieferanweisung *f* <-, -en> instrucciones *fpl* de suministro; **Lieferauftrag** *m* <-(e)s, -träge> orden *f* de entrega [*o* de suministro]
lieferbar *adj* disponible, suministrable; **das Buch ist kurzfristig ~** el libro es suministrable a corto plazo; **dieser Titel ist nicht mehr ~** este título ya no está a la venta
Lieferbedingungen *fpl* condiciones *fpl* de entrega; **Liefer- und Zahlungsbedingungen** condiciones de pago y de entrega; **Lieferdatum** *nt* <-s, -daten> fecha *f* de entrega; **Lieferfähigkeit** *f* <-, -en> capacidad *f* de entrega [*o* de suministro]; **Lieferfirma** *f* <-, -firmen> casa *f* proveedora [*o* suministradora]
Lieferfrist *f* <-, -en> plazo *m* de entrega; **die ~ einhalten** mantener el plazo de entrega; **Lieferfristüberschreitung** *f* <-, -en> retraso *m* en el plazo de entrega
Liefergewicht *nt* <-(e)s, *ohne pl*> peso *m* a la entrega; **Lieferland** *nt* <-(e)s, -länder> país *m* suministrador; **Liefermenge** *f* <-, -n> cantidad *f* [entrega *o* a entregar]
liefern ['li:fən] *vt* ❶ (*zustellen*) entregar; (*be-*) suministrar; **die bestellte Ware frei Haus ~** entregar el pedido a domicilio sin recargo; **wann können Sie mir den Fernseher ~?** ¿cuándo me pueden entregar el televisor?; **wir ~ nicht ins Ausland/nach Großbritannien** no suministramos al extranjero/a Gran Bretaña; **bitte die Ware an obige Adresse ~** por favor envíen la mercancía a la dirección arriba mencionada
❷ (*erzeugen*) producir; **für etw Beweise ~** aportar pruebas de algo; **Stoff für weitere Gerüchte ~** dar pie a nuevos rumores; **wenn er es erfährt, bin ich geliefert** (*fam*) si se entera estoy perdido; **sich** *dat* **ein spannendes Spiel ~** llevar a cabo un partido interesante
Liefernorm *f* <-, -en> norma *f* de entrega; **Lieferort** *m* <-(e)s, -e> lugar *m* de entrega; **Lieferpflicht** *f* <-, *ohne pl*> obligación *f* de suministro; **Lieferprogramm** *nt* <-s, -e> programa *m* de suministro; **Lieferquelle** *f* <-, -n> (COM) fuente *f* proveedora; **Lieferschein** *m* <-(e)s, -e> (COM) albarán *m* de entrega; **Liefersperre** *f* <-, -n> congelación *f* de suministros, embargo *m* de suministros; **Lieferstopp** *m* <-s, -s> suspensión *f* de suministros; **Lieferstörung** *f* <-, -en> incidencia *f*, alteración *f* del suministro; **Liefertermin** *m* <-s, -e> fecha *f* de entrega; **festgesetzter ~** plazo de entrega prefijado
Lieferung *f* <-, -en> ❶ (*das Liefern*) entrega *f*, suministro *m*; **prompte/noch ausstehende ~** entrega inmediata/pendiente; **fehlerhafte ~** entrega defectuosa; **etw auf ~ kaufen** comprar algo a reembolso; **~ frei Haus** entrega a domicilio; **~ gegen bar/gegen Nachnahme** entrega contra pago al contado/contra reembolso; **nach erfolgter ~** al efectuarse la entrega; **zahlbar bei ~** pagadero a la entrega; **Zahlung zehn Tage nach ~** a pagar diez días después de la entrega
❷ (*Ware*) envío *m*, remesa *f*; **eine ~ abnehmen** hacerse cargo del suministro
Lieferungsbedingungen *fpl* condiciones *fpl* de entrega [*o* suministro]; **Lieferungsbeschränkung** *f* <-, -en> restricción *f* del suministro; **Lieferungsverpflichtung** *f* <-, -en> obligación *f* de entrega; **Lieferungswagen** *m* <-s, -> (*Schweiz*) camioneta *f* (de reparto)
Lieferverpflichtung *f* <-, -en> (JUR) obligación *f* de suministro [*o* de entrega]; **Liefervertrag** *m* <-(e)s, -träge> contrato *m* de suministro; **Lieferverweigerung** *f* <-, -en> rechazo *m* del suministro; **Lieferverzug** *m* <-(e)s, *ohne pl*> mora *f* en la entrega; **Lieferwagen** *m* <-s, -> camioneta *f*, furgoneta *f*; **Lieferzeit** *f* <-, -en> plazo *m* de entrega
Liege ['li:gə] *f* <-, -n> ❶ (*Garten~*) tumbona *f*
❷ (*im Liegewagen*) litera *f*
Liegegeld *nt* <-(e)s, -er> (NAUT) gastos *mpl* de estadía
liegen ['li:gən] <liegt, lag, gelegen> *vi haben o Österr, Schweiz, südd: sein* ❶ (*Person*) estar acostado, estar tumbado; **hart/weich ~** estar acostado sobre una superficie dura/blanda; **im Bett ~** estar (tumbado) en la cama; **auf den Rücken/auf dem Bauch ~** estar boca arriba/boca abajo; **er liegt ihr zu Füßen** está a sus pies; **vom langen L~ tat ihr der Rücken weh** le dolía la espalda de estar tumbada tanto rato; **die Römer aßen im L~** los romanos comían tumbados
❷ (*sich befinden*) estar, encontrarse; (*Zimmer*) dar (a); **tief ~d** (*Gelände*) bajo, hundido; (*Augen*) hundido; **das Buch liegt auf dem Tisch** el libro está en la mesa; **der Tisch liegt voller Bücher** la mesa está cubierta de libros; **wo liegt Durango?** ¿dónde se encuentra Durango?; **an der Elbe ~** estar a orillas del Elba; **an der Hauptstraße ~** encontrarse en la calle principal; **im Krankenhaus ~** estar hospitalizado; **das Zimmer liegt nach Süden** la habitación da al sur; **das liegt auf dem Weg** está de camino; **der Ort liegt sehr idyllisch** el lugar está situado en un paraje idílico; **es lag kein Schnee** no había nieve; **auf den Bergen liegt Schnee** en las montañas hay nieve; **der Wagen liegt gut auf der Straße** el coche se agarra bien a la carretera; **der Stoff liegt in Bahnen zu 1,25 Meter** el rollo de tela tiene un ancho de 1,25 metros; **der Unterschied liegt darin, dass ...** la diferencia está en que ...; **das**
Essen liegt mir schwer im Magen la comida se me ha asentado en el estómago; **die Preise ~ zwischen 50 und 70 Euro** los precios andan entre 50 y 70 euros; **die Betonung liegt auf der letzten Silbe** la entonación recae en la última sílaba; **die Prüfung liegt noch vor mir** aún tengo el examen por delante; **das lag nicht in meiner Absicht** no era mi intención; **auf ihm** [*o* **seinen Schultern**] **liegt eine große Verantwortung** carga con una gran responsabilidad; **in Führung ~** ir en cabeza
❸ (*zusagen*) gustar, interesar; **Englisch liegt mir nicht** el inglés no me va; **es liegt mir viel/nichts daran** me importa mucho/no me importa nada
❹ (*abhängen*) depender (*an/bei* de); **das liegt ganz bei dir** como tú quieras; **die Entscheidung liegt bei euch** la decisión es vuestra; **an wem liegt das?** ¿quién es el/la responsable?; **es liegt in eurem Ermessen, ob ...** queda de vuestra elección si...
❺ (*begründet sein*) ser debido (*an* a); **woran liegt es?** ¿a qué se debe?; **an mir soll's nicht ~** por mí que no quede; **so wie die Dinge ~ ...** en estas circunstancias...; **nahe ~** ser obvio, ser de suponer; **es liegt nahe, dass sie uns besuchen kommt** es de suponer que viene a visitarnos; **der Gedanke/die Vermutung liegt nahe, dass ...** esto hace pensar en..., esto hace suponer que...; **nahe ~d sein** estar claro, ser lógico; **das ist doch nahe ~d!** ¡está clarísimo!; **aus nahe ~den Gründen** por razones obvias; **näher ~** ser mejor, ser más indicado; **was liegt näher als ...?** ¿qué mejor que...?; **nichts liegt mir ferner, als dich zu beleidigen** nada más lejos de mi intención que ofenderte
<u>liegen|bleiben</u> *irr vi sein s.* **bleiben 2.**
liegend I. *adj* tumbado, echado; (*Skulptur*) yacente; **die ~e Maja von Goya ist weltberühmt** la maja (tumbada) de Goya es famosa en todo el mundo
II. *adv* ❶ (*flach*) en posición horizontal; **Wein ~ aufbewahren** guardar el vino en posición horizontal
❷ (*im Liegen*) (estando) tumbado; **~ einen Brief schreiben/ein Buch lesen** escribir una carta/leer un libro tumbado
Liegende(s) *nt* <-n, *ohne pl*> (GEO) muro *m*
<u>liegen|lassen</u> *irr vt s.* **lassen 1.**
Liegenschaften *fpl* (JUR) bienes *mpl* inmuebles
Liegenschaftsamt *nt* <-(e)s, -ämter> (ADMIN) oficina *f* de administración de inmuebles; **Liegenschaftsdienst** *m* <-(e)s, *ohne pl*> (ADMIN) servicio *m* inmobiliario; **Liegenschaftsverwaltung** *f* <-, -en> administración *f* de fincas
Liegeplatz *m* <-es, -plätze> atracadero *m*; **Liegesitz** *m* <-es, -e> asiento *m* reclinable; **Liegestuhl** *m* <-(e)s, -stühle> tumbona *f*; **Liegestütz** ['--ʃtʏts] *m* <-es, -e> apoyo *m* sobre las manos, flexión *f*
Liegewagen *m* <-s, -> (EISENB) coche *m* litera; **Liegewagenplatz** *m* <-es, -plätze> litera *f*
Liegewiese *f* <-, -n> terreno *m* con césped (donde tumbarse), pradera *f* (donde tumbarse); **Liegezeit** *f* <-, -en> (NAUT) estadía *f*
lieh [li:] *3. imp von* **leihen**
Lieschen ['li:sçən] *nt* <-s, ->: **~ Müller** (*fam*) ≈fulanita *o* menganita; **Fleißiges ~** (BOT) impatiens *f inv*
ließ [li:s] *3. imp von* **lassen**
liest [li:st] *3. präs von* **lesen**
Lifo-Verfahren ['lifo-] *nt* <-s, -> (WIRTSCH) método *m* LIFO (*método de valoración de existencias*)
Lift [lɪft] *m* <-(e)s, -e *o* -s> ❶ (*Fahrstuhl*) ascensor *m*
❷ (*Ski~*) telesquí *m*; (*Sessel~*) telesilla *m*
Liftboy ['lɪftbɔɪ] *m* <-s, -s> ascensorista *m*
liften ['lɪftən] **I.** *vi sein* subir en telesquí
II. *vt* ❶ (MED) hacer el estirado (de), hacer un lifting (de); **sich** *dat* **das Gesicht ~ lassen** (*fam*) hacerse un lifting (de la cara)
❷ (TECH) subir, levantar
Liga ['li:ga] *f* <-, Ligen> ❶ (POL) liga *f*
❷ (SPORT) división *f*
Ligatur [liga'tuːɐ] *f* <-, -en> (MUS, MED, TYPO) ligadura *f*
light [laɪt] *adj* (GASTR) ligero, bajo en calorías
Lightprodukt *nt* <-(e)s, -e> (GASTR) producto *m* bajo en calorías
Ligurien [li'guːri̯ən] *nt* <-s> Liguria *f*
ligurisch [li'guːrɪʃ] *adj* ligur(ino); **das L~e Meer** el mar de Liguria
Liguster [li'gʊstɐ] *m* <-s, -> (BOT) aligustre *m*, alheña *f*, cinamomo *m* Phili
liieren* [li'iːrən] *vr*: **sich ~** (*geh*) comprometerse; **ich bin liiert** estoy comprometido
Likör [li'køːɐ] *m* <-s, -e> licor *m*
lila ['liːla] *adj* (*hell*) lila; (*dunkel*) morado
Lilie ['liːli̯ə] *f* <-, -n> (BOT) lirio *m*; (*weiße*) azucena *f*
Liliputaner(in) [lilipu'taːnɐ] *m(f)* <-s, -; -, -nen> liliputiense *mf*
Limes ['liːmɛs] *m* <-, -> (*a.* MATH) límite *m*
Limit ['lɪmɪt] *nt* <-s, -s *o* -e> límite *m*; **jdm ein ~ setzen** poner un límite a alguien; **das ~ über-/unterschreiten** exceder/no alcanzar el límite

limitieren* [limi'ti:rən] *vt* limitar; **limitierte Auflage** edición limitada; **limitierter Auftrag** (WIRTSCH) pedido limitado

limnisch ['lɪmnɪʃ] *adj* límnico

Limo ['lɪmo] *f* <-, -(s)> (*fam*), **Limonade** [limo'na:də] *f* <-, -n> limonada *f*

Limone *f* <-, -n> (BOT) limón *m*; (*süß*) lima *f*

Limousine [limu'zi:nə] *f* <-, -n> limusina *f*

lind [lɪnt] *adj* (*geh*) suave

Linde ['lɪndə] *f* <-, -n> tilo *m*; **aus** ~ de (madera de) tilo

Lindenbaum *m* <-(e)s, -bäume> tilo *m*

Lindenblütentee *m* <-s, -s> tila *f*

lindern ['lɪndɐn] *vt* aliviar, mitigar

Linderung *f* <-, *ohne pl*> alivio *m*; **das Präparat verschafft dir** ~ el preparado te alivia

lindgrün I. *adj* verde lima
II. *adv* de color verde lima

Lindwurm *m* <-(e)s, -würmer> dragón *m*

Lineal [line'a:l] *nt* <-s, -e> regla *f*

linear [line'a:ɐ] *adj* lineal

Linguist(in) [lɪŋgu'ɪst] *m(f)* <-en, -en; -, -nen> lingüista *mf*

Linguistik [lɪŋgu'ɪstɪk] *f* <-, *ohne pl*> lingüística *f*

Linguistin *f* <-, -nen> *s*. **Linguist**

linguistisch *adj* lingüístico

Linie ['li:niə] *f* <-, -n> línea *f*; **gerade** ~ línea recta; **~n ziehen** trazar líneas; **ein Blatt mit ~n** una hoja lineada; **eine gestrichelte** ~ **zeichnen** trazar una línea punteada; **die ~n in seiner Hand** las líneas de su mano; **eine politische** ~ **verfolgen** seguir una línea política; **das lässt keine klare** ~ **erkennen** no deja ver una línea clara; **in vorderster** ~ **stehen/kämpfen** estar/luchar en primera línea; **auf die schlanke** ~ **achten** guardar la línea; **in erster** ~ en primer lugar; **auf der ganzen** ~ en toda la línea; **von wo fährt** ~ **5 ab?** ¿de dónde sale la línea 5?

Linienbus *m* <-ses, -se> autobús *m* de línea; **Linienflug** *m* <-(e)s, -flüge> vuelo *m* regular; **Linienführung** *f* <-, -en> ❶ (KUNST) trazo *m*, línea *f*; **eine weiche/strenge** ~ un trazo [*o* una línea] suave/fuerte ❷ (*Verkehrswesen*) trazado *m* de la línea; **Linienmaschine** *f* <-, -n> avión *m* de línea; **Linienrichter(in)** *m(f)* <-s, -; -, -nen> (SPORT) juez(a) *m(f)* de línea

Linienschiff *nt* <-(e)s, -e> barco *m* de línea; **Linienschifffahrt**ᴿᴿ *f* <-, *ohne pl*> servicio *m* regular marítimo

linientreu *adj* (POL: *einer Partei*) fiel a la línea del partido

Linienverkehr *m* <-(e)s, -e> (AERO, AUTO) línea *f* regular

lin(i)ieren* [li'ni:rən, lini'i:rən] *vt* trazar líneas (en)

lin(i)iert [li'ni:ɐt, lini'i:ɐt] *adj* con líneas

Lin(i)ierung *f* <-, -en> rayado *m* (en papel pautado)

link [lɪŋk] *adj* (*fam*) fraudulento, engañoso; **er ist ganz schön** ~ es de lo más engañoso; **ein** ~**er Trick** una jugada sucia

Link *m* <-s, -s> (INFOR, TEL) unión *f*, vínculo *m*, enlace *m*

linke(r, s) *adj* ❶ (*räumlich*) izquierdo; **die** ~ **Seite/Hand** el lado izquierdo/la mano izquierda; **~r Hand** a mano izquierda; **zwei** ~ **Hände haben** (*fam*) ser un manazas; **ich bin heute mit dem** ~**n Fuß zuerst aufgestanden** hoy me he levantado con el pie izquierdo ❷ (POL) de izquierda(s)

Linke *f* <-n, -n> ❶ (*Boxen*) izquierda *f*
❷ (POL) izquierda *f*; **die extreme** ~ la extrema izquierda; **die gemäßigte** ~ la izquierda moderada
❸ (*Hand*) (mano *f*) izquierda *f*; **sie sitzt zu seiner** ~**n** está sentada a su izquierda

linken *vt* (*fam*) engañar

linkisch *adj* (*abw*) torpe, desmañado

links [lɪŋks] **I.** *adv* a la izquierda; ~ **davon** a la izquierda; **zweite Tür** ~ la segunda puerta a la izquierda; **nach** ~ hacia [*o* a] la izquierda; **von** ~ **kommen** venir por la izquierda; **oben/unten** ~ arriba/abajo a la izquierda; **von** ~ **nach rechts** de izquierda a derecha; **sich** ~ **halten/einordnen** mantenerse a su izquierda/situarse en el carril izquierdo; **halb** ~ (SPORT) centro izquierda; ~ **um!** (MIL) ¡izquierda!; **auf** ~ (*Stoff*) del revés; ~ **stricken** hacer punto del revés; ~ **stehen** ser de izquierdas; ~ **wählen** votar a la izquierda; ~ **schreiben** escribir con la (mano) izquierda; **etw mit** ~ **machen** (*fam*) hacer algo con los ojos cerrados; **jdn** ~ **liegen lassen** hacer caso omiso de alguien; **nicht mehr wissen, wo rechts und** ~ **ist** (*fam*) no saber uno ya dónde tiene la cabeza
II. *präp* +*gen* a la izquierda de

Linksabbieger(in) *m(f)* <-s, -; -, -nen> persona *f* que dobla a la izquierda; **Linksabbiegerspur** *f* <-, -en> (AUTO) carril *m* para doblar a la izquierda

Linksaußen [-'--] *m* <-, -> (SPORT) extremo *m* izquierdo

linksbündig ['-bʏndɪç] *adj* (INFOR, TYPO) justificado a la izquierda

Linksdrall *m* <-(e)s, *ohne pl*> ❶ (*Geschoss*) torsión *f* a la izquierda; (*Billardkugel*) efecto *m* a la izquierda ❷ (POL: *fam*): **einen** ~ **haben** ser izquierdoso, inclinarse a la izquierda; **Linksdrehung** *f* <-, -en> giro *m* a la izquierda, rotación *f* a la izquierda; **eine** ~ **machen** girar a la izquierda

linksextrem *adj* (POL) de la extrema izquierda

Linksextremismus *m* <-, *ohne pl*> (POL) extremismo *m* de izquierda(s); **Linksextremist(in)** *m(f)* <-en, -en; -, -nen> (POL) extremista *mf* de izquierda

linksextremistisch *adj* (POL) de la extrema izquierda

linksgerichtet *adj* (POL) izquierdista

Linksgewinde *nt* <-s, -> (TECH) rosca *f* a la izquierda

Linkshänder(in) ['-hɛndɐ] *m(f)* <-s, -; -, -nen> zurdo, -a *m*, *f*

linkshändig *adj* zurdo

linksherum ['lɪŋksherʊm] *adv* a la izquierda; **sich** ~ **drehen** girar a la izquierda; **die Schrauben** ~ **hereindrehen** enroscar los tornillos en sentido contrario (a las manecillas del reloj)

Linksintellektuelle(r) *mf* <-n, -n; -n, -n> intelectual *mf* de izquierdas; **Linkskurve** *f* <-, -n> curva *f* a la izquierda

linkslastig *adj* ❶ (*links belastet*) con excesivo peso en el lado izquierdo ❷ (POL) demasiado izquierdista

linksorientiert *adj* (POL) de izquierdas, izquierdista

linksradikal *adj* (POL) extremista de izquierdas

Linksradikale(r) *mf* <-n, -n; -n, -n> (POL) persona *f* de extrema izquierda, extremista *mf* de izquierdas

linksrheinisch I. *adj* de [*o* a] la (orilla [*o* margen]) izquierda del Rin
II. *adv* en la (orilla [*o* margen]) izquierda del Rin; **Straßburg liegt** ~ Estrasburgo está situada en la margen izquierda del Rin

Linksruck *m* <-(e)s, -e> (POL) giro *m* hacia la izquierda

linksrum *adv* (*fam*) *s*. **linksherum**

linksseitig *adj* del lado izquierdo, a la izquierda

Linkssteuerung *f* <-, -en> (AUTO) dirección *f* a la izquierda

linksum [lɪŋks?ʊm] *adv*: ~ **kehrt!** (MIL) ¡media vuelta a la izquierda!

Linksverkehr *m* <-(e)s, *ohne pl*> circulación *f* por la izquierda

Linnen ['lɪnən] *nt* <-s, -> (*alt*) lino *m*

Linoleum [li'no:leʊm] *nt* <-s, *ohne pl*> linóleo *m*; (*Bodenbelag*) sintasol® *m*

Linolsäure *f* <-, -n> (CHEM) ácido *m* linólico

Linolschnitt[1] [li'no:l-] *m* <-(e)s, *ohne pl*> (*Technik*) (técnica *f* del) linóleo *m*

Linolschnitt[2] *m* <-(e)s, -e> (*Abzug*) grabado *m* en linóleo

Linse ['lɪnzə] *f* <-, -n> ❶ (BOT, GASTR) lenteja *f*
❷ (*Optik*) lente *m* *o* *f*

linsen *vi* (*fam*) echar una mirada furtiva, mirar a hurtadillas; **durch das Schlüsselloch** ~ mirar por el ojo de la cerradura

linsenförmig *adj* lenticular

Linsensuppe *f* <-, -n> (GASTR) sopa *f* de lentejas

Linz ['lɪnts] *nt* <-> Linz *m*

liparisch [li'pa:rɪʃ] *adj*: **die L-en Inseln** las islas Lípari

Lipglossᴿᴿ ['lɪpglɔs] *m* <-, -> brillo *m* de labios

Lipid [li'pi:t] *nt* <-(e)s, -e> (CHEM) lípido *m*

Lippe ['lɪpə] *f* <-, -n> labio *m*; **jdm einen Kuss auf die ~n drücken** dar a alguien un beso en la boca; **eine dicke** ~ **riskieren** (*fam*) soltar una fresca; **er bringt kein Wort über die** ~ **n** es de pocas palabras; **das Wort erstarb ihm auf den ~n** se quedó sin palabras; **an jds ~n hängen** estar absorto escuchando a alguien; **jdm jeden Wunsch von den ~n ablesen** leerle a alguien los deseos en la cara

Lippenbekenntnis *nt* <-ses, -se> (*abw*) declaración *f* falsa; **ein** ~ **ablegen** decir algo de dientes afuera [*o* con la boca pequeña]

Lippenblütler [-bly:tlɐ] *m* <-s, -> (planta *f*) labiada *f*

Lippenglanz *m* <-es, *ohne pl*> brillo *m* de labios; **Lippenkonturenstift** *m* <-(e)s, -e> delineador *m* de labios

Lippenlaut *m* <-(e)s, -e> (LING) (sonido *m*) labial *f*

Lippenpflegestift *m* <-(e)s, -e> barra *f* protectora de labios

Lippenpomade *f* <-, -n> pomada *f* para los labios; **Lippenstift** *m* <-(e)s, -e> lápiz *m* de labios, barra *f* de labios

liquid [li'kvi:t] *adj* ❶ (WIRTSCH: *verfügbar*) líquido
❷ (WIRTSCH: *zahlungsfähig*) solvente
❸ (CHEM, LING) líquido

Liquida ['li:kvida, *pl*: 'li:kvidɛ, li'kvi:dən] *f* <-, Liquidä *o* Liquiden> (LING) líquida *f*

Liquidation [likvida'tsjo:n] *f* <-, -en> (*a*. WIRTSCH) liquidación *f*; ~ **durch Gerichtsbeschluss** liquidación por resolución judicial; **gerichtliche/gütliche/stille** ~ liquidación judicial/amistosa/silenciosa; **in** ~ **gehen** entrar en liquidación; **in** ~ **treten** proceder a la liquidación; **die Mafia beschloss die** ~ **des unbestechlichen Richters** la mafia decidió liquidar al juez insobornable

Liquidationsbeschlussᴿᴿ *m* <-es, -schlüsse> (WIRTSCH) acuerdo *m* de liquidación, auto *m* de liquidación; **Liquidationsgesellschaft** *f* <-, -en> (WIRTSCH) sociedad *f* de liquidación; **Liquidationsguthaben** *nt* <-s, -> (WIRTSCH) producto *m* de la liquidación; **Liquidationskonto** *nt* <-s, -konten> (WIRTSCH) cuenta *f* de liquidación; **Liquidations-**

quote f <-, -n> (WIRTSCH) cuota f de liquidación
Liquidationsrecht nt <-(e)s, ohne pl> (WIRTSCH) derecho m de liquidación; **Liquidationsverfahren** nt <-s, -> (WIRTSCH) procedimiento m de liquidación; **Liquidationsvergleich** m <-(e)s, -e> (JUR) convenio m de liquidación; **Liquidationsverkauf** m <-(e)s, -käufe> (WIRTSCH) venta f de liquidación; **Liquidationsvorschriften** fpl (WIRTSCH) disposiciones fpl de liquidación; **Liquidationswert** m <-(e)s, -e> (WIRTSCH) valor m de liquidación
Liquidator(in) m(f) <-s, -en; -, -nen> (WIRTSCH) liquidador(a) m(f); einen ~ **bestellen** nombrar un liquidador
liquide [li'kviːdə] adj s. **liquid**
Liquiden pl von **Liquida**
liquidieren* [likvi'diːrən] vt (a. WIRTSCH) liquidar
Liquidierung f <-, -en> (a. WIRTSCH) s. **Liquidation**
Liquidität [likvidi'tɛːt] f <-, ohne pl> (WIRTSCH) liquidez f; geringere ~ liquidez más baja
Liquiditätsausweitung f <-, -en> (WIRTSCH) ampliación f de la liquidez; **Liquiditätsbilanz** f <-, -en> (WIRTSCH) balance m de la liquidez; **Liquiditätsengpass**[RR] m <-es, -pässe> (WIRTSCH) problema m de liquidez, falta f de liquidez; **Liquiditätskrise** f <-, -n> (WIRTSCH) crisis f inv de liquidez; **Liquiditätspapier** nt <-s, -e> (JUR) papel m de liquidez; **Liquiditätsplanung** f <-, -en> (WIRTSCH) planificación f de liquidez; **Liquiditätsquote** f <-, -n> (WIRTSCH) coeficiente m de liquidez; **Liquiditätsreserve** f <-, -n> (WIRTSCH) reserva f de activos líquidos; **Liquiditätssaldo** m <-s, -salden o -s o -saldi> (WIRTSCH) saldo m de liquidez
Lira ['liːra] f <-, Lire> lira f
lismen ['lɪsmən] vi, vt (Schweiz: stricken) hacer punto
lispeln ['lɪspəln] vi cecear
Lissabon ['lɪsabɔn, --'-] nt <-s> Lisboa f
List¹ [lɪst] f <-, -en> (Trick) artimaña f, artificio m; **zu einer ~ greifen** recurrir a artificios
List² f <-, ohne pl> (Wesensart) astucia f; **mit ~ und Tücke** (fam) con todas las mañas posibles
Liste ['lɪstə] f <-, -n> lista f; **sich in eine ~ eintragen** inscribirse en una lista; **auf einer ~ stehen** figurar en una lista; **jdn auf die schwarze ~ setzen** (fam) poner a alguien en la lista negra; **die rote ~** la Lista Roja
Listennachfolger(in) m(f) <-s, -; -, -nen> persona f siguiente en la lista; **Listenplatz** m <-es, -plätze> posición f en la lista; **Listenpreis** m <-es, -e> precio m de lista; **Listenwahl** f <-, -en> (POL) voto m por listas
listig adj astuto, taimado
listigerweise ['---'--] adv con astucia, con (arti)mañas
Listigkeit f <-, ohne pl> astucia f
Listing ['lɪstɪŋ] nt <-s, -s> (INFOR) listado m
Litanei [lita'naɪ] f <-, -en> ❶ (REL) letanía f
❷ (abw: Aufzählung) retahíla f, letanía f; **eine ganze ~ von Klagen vorbringen** soltar una retahíla de quejas; **immer dieselbe ~** el estribillo de siempre
Litauen ['lɪtauən] nt <-s> Lituania f
Litauer(in) m(f) <-s, -; -, -nen> lituano, -a m, f
litauisch adj lituano
Liter ['liːtɐ, 'lɪtɐ] m o nt <-s, -> litro m; **zwei ~ Milch** dos litros de leche
Literal [lite'raːl] nt <-s, -e> (INFOR) literal m
literarisch [lɪtə'raːrɪʃ] adj literario
Literat(in) [lɪtə'raːt] m(f) <-en, -en; -, -nen> literato, -a m, f
Literatur [lɪtəra'tuːɐ] f <-, -en> literatura f; **die ~ zu diesem Thema** la literatura para este tema
Literaturangaben fpl notas fpl bibliográficas, bibliografía f; **Literaturdenkmal** nt <-s, -mäler o -e> monumento m literario; **Literaturgattung** f <-, -en> género m literario; **Literaturgeschichte** f <-, ohne pl> historia f de la literatura
literaturgeschichtlich I. adj de la (historia de la) literatura; **~e Untersuchungen zu etw** dat/**über etw** estudios literarios sobre algo
II. adv desde un punto de vista literario, a nivel literario
Literaturkritik f <-, ohne pl> crítica f literaria; **Literaturkritiker(in)** m(f) <-s, -; -, -nen> crítico, -a m, f literario, -a; **Literaturpreis** m <-es, -e> premio m de literatura; **Literaturverzeichnis** nt <-ses, -se> bibliografía f; **Literaturwissenschaft** f <-, -en> ciencia f literaria [o de la literatura]; **Literaturwissenschaftler(in)** m(f) <-s, -; -, -nen> filólogo, -a m, f especializado, -a en literatura
literaturwissenschaftlich adj relativo a la ciencia de la literatura
Literflasche f <-, -n> botella f de un litro
Litermaß nt <-es, -e> medida f de un litro
literweise adv por [o a] litros
Litfaßsäule f ['lɪtfastsɔʏlə] f <-, -n> columna f de anuncios
Lithium ['liːtiʊm] nt <-s, ohne pl> (CHEM) litio m
Lithograf(in)[RR] m(f) <-en, -en; -, -nen> s. **Lithograph**
Lithografie[RR] f <-, -n> s. **Lithographie**

Lithografin[RR] f <-, -nen> s. **Lithograph**
lithografisch[RR] adj s. **lithographisch**
Lithograph(in) [lito'graːf] m(f) <-en, -en; -, -nen> litógrafo, -a m, f
Lithographie [litogra'fiː] f <-, -n> litografía f
Lithographin f <-, -nen> s. **Lithograph**
lithographisch adj litográfico; **etw in der ~en Technik** [o **im ~en Verfahren**] **herstellen** imprimir algo con la técnica litográfica [o en litografía]
Lithosphäre [lito'sfɛːrə] f <-, ohne pl> (GEO) litosfera f
litoral [lito'raːl] adj (GEO) litoral
Litoral nt <-s, -e> (GEO) litoral m
litt [lɪt] 3. imp von **leiden**
Liturgie [litʊr'giː] f <-, -n> (REL) liturgia f
liturgisch [li'tʊrgɪʃ] adj (REL) litúrgico
Litze ['lɪtsə] f <-, -n> ❶ (an Uniformen) galón m
❷ (ELEK) flexible m
live [laɪf] adj inv (RADIO, TV) ❶ (Übertragung, Sendung) en directo
❷ (direkt anwesend) en vivo
Liveaufzeichnung[RR] f <-, -en>, **Live-Aufzeichnung** f <-, -en> (RADIO, TV) grabación f en directo; **Livesendung**[RR] f <-, -en>, **Live-Sendung** f <-, -en> (RADIO, TV) (re)transmisión f en directo
Livree [li'vreː] f <-, -n> librea f
livriert [li'vriːɐt] adj de librea
Lizentiat¹ [lɪtsɛn'tsjaːt] nt <-(e)s, -e> s. **Lizenziat¹**
Lizentiat(in)² [lɪtsɛn'tsjaːt] m(f) <-en, -en; -, -nen> s. **Lizenziat²**
Lizenz [li'tsɛnts] f <-, -en> (a. SPORT) licencia f; **jdm eine ~ erteilen** conceder a alguien una licencia; **etw in ~ herstellen** producir algo con licencia
Lizenzausgabe f <-, -n> edición f bajo licencia
Lizenzaustauschvertrag m <-(e)s, -träge> (JUR) contrato m de explotación mutua de licencias
Lizenzbereitschaft f <-, ohne pl> (JUR) disponibilidad f de la licencia; **Erklärung über ~** declaración sobre la disponibilidad de la licencia; **Lizenzerteilung** f <-, -en> concesión f de licencias
lizenzfähig adj susceptible de licencia
lizenzfrei adj exento de licencia
Lizenzgeber(in) m(f) <-s, -; -, -nen> administrador(a) m(f) de licencias
Lizenzgebühr f <-, -en> derecho m de licencia; **Lizenzgeschäft** nt <-(e)s, -e> negocio m de licencia, operación f de licencia; **Lizenzgestaltungsklage** f <-, -n> (JUR) acción f constitutiva de licencia
Lizenziat¹[RR] [lɪtsɛn'tsjaːt] nt <-(e)s, -e> (theologischer Universitätsgrad) ≈doctorado m en teología
Lizenziat(in)²[RR] [lɪtsɛn'tsjaːt] m(f) <-en, -en; -, -nen> ≈doctor en teología
lizenzieren vt (formal) licenciar, otorgar licencia
Lizenzierung f <-, -en> (formal) concesión f de licencias
Lizenzinhaber(in) m(f) <-s, -; -, -nen> concesionario, -a m, f, licenciatario, -a m, f, titular m de licencia
Lizenznehmer(in) m(f) <-s, -; -, -nen> concesionario, -a m, f
Lizenzregelung f <-, -en> regulación f de licencias; **Lizenzspieler(in)** m(f) <-s, -; -, -nen> (SPORT) jugador(a) m(f) con licencia; **Lizenztausch** m <-(e)s, -e> cambio m de licencias, permuta f de licencias; **Lizenzträger(in)** m(f) <-s, -; -, -nen> concesionario, -a m, f de la licencia; **Lizenzvereinbarung** f <-, -en> convenio m de licencia; **Lizenzvergabe** f <-, -n> concesión f de licencias; **Lizenzvertrag** m <-(e)s, -träge> contrato m de licencia; **Lizenzverweigerung** f <-, -en> denegación f de licencia; **Lizenzware** f <-, -n> mercancía f de concesión; **Lizenzzahlung** f <-, -en> pago m de la licencia
Lkw, LKW ['ɛlkaveː] m <-(s), -(s)> Abk. von **Lastkraftwagen** camión m
Lkw-Fahrer(in) m(f) <-s, -; -, -nen> camionero, -a m, f
Lob [loːp] nt <-(e)s, -e> elogio m; **jdm ein ~ aussprechen** elogiar a alguien; **ein ~ verdienen** merecer un elogio; **mit seinem ~ geizen** escatimar en elogios; **er ist des ~es voll über dich** está lleno de elogios para contigo
Lobby ['lɔbi] f <-, -s> lobby m
Lobbyismus m <-, ohne pl> (POL) cabildeo m
Lobbyist(in) [lɔbi'ɪst] m(f) <-en, -en; -, -nen> cabildero, -a m, f
loben ['loːbən] vt alabar (für por), elogiar; **das lob' ich mir!** ¡así me gusta!; **da lob' ich mir doch ein gutes Glas Wein** prefiero un buen vaso de vino; **~de Worte** palabras elogiosas [o de elogio]; **etw ~d erwähnen** aludir elogiosamente a algo
lobenswert adj loable, digno de encomio, encomiable
Lobeshymne f <-, -n> gran elogio m, panegírico m; **eine ~ auf jdn/etw singen** hacer un panegírico de alguien/algo, poner a alguien/algo por las nubes
Lobgesang m <-(e)s, -sänge> (REL) canto m de alabanza
Lobhudelei [loːphuːdə'laɪ] f <-, -en> (abw) pelotilleo m, peloteo m
lobhudeln ['loːphuːdəln] vi (abw) adular

löblich ['lø:plɪç] *adj s.* **lobenswert**
Loblied *nt* <-(e)s, -er>: **ein ~ auf jdn/etw singen** [*o* **anstimmen**] hacer elogios de alguien/algo
lobpreisen <lobpreist, lobpreiste *o* lobpries, gelobpreist *o* lobgepriesen> *vt* (*geh a.* REL) glorificar, alabar; **wir wollen Gott, unseren Schöpfer, ~ glorifiquemos al Señor, nuestro Creador; lobgepriesen sei Christus, unser Herr und Gott!** ¡alabado sea Cristo, nuestro Señor!
Lobrede *f* <-, -n> elogio *m;* **eine ~ auf etw halten** hacer elogios de algo; **Lobredner(in)** *m(f)* <-s, -; -, -nen> elogiador(a) *m(f)*
Loch [lɔx, *pl:* 'lœçə] *nt* <-(e)s, Löcher> ❶ (*allgemein*) agujero *m*, orificio *m*, buraco *m CSur;* (*Öffnung*) abertura *f;* (*Vertiefung, beim Golf*) hoyo *m;* (*Hohlraum*) hueco *m;* **ein schwarzes ~** (ASTR) un agujero negro; **jdm ein ~ in den Bauch fragen** (*fam*) atosigar a alguien a preguntas; **Löcher in die Luft starren** (*fam*) estar en Babia; **das reißt ein großes ~ in meinen Geldbeutel** (*fam*) esto me cuesta un ojo de la cara; **wie ein ~ saufen** (*fam*) beber como un cosaco; **auf** [*o* **aus**] **dem letzten ~ pfeifen** estar en la miseria [*o* las últimas]
❷ (*fam abw: Wohnung*) cuchitril *m*
❸ (*fam: Gefängnis*) chirona *f;* **jdn ins ~ stecken** meter a alguien en chirona
Locheisen *nt* <-s, -> sacabocados *m inv*
lochen *vt* ❶ (*Papier*) perforar
❷ (*entwerten*) picar
Locher *m* <-s, -> (*a.* INFOR) perforadora *f*
löch(e)rig ['lœç(ə)rɪç] *adj* agujereado, perforado
löchern ['lœçɐn] *vt* (*fam*) atosigar (*mit a*)
Lochkarte *f* <-, -n> (INFOR) tarjeta *f* perforada
löchrig *adj s.* **löch(e)rig**
Lochstanze *f* <-, -n> punzón *m;* **Lochstickerei** *f* <-, -en> bordado *m* inglés; **Lochstreifen** *m* <-s, -> (INFOR) cinta *f* de papel perforada
Lochung *f* <-, -en> (TECH) perforación *f*
Lochzange *f* <-, -n> (TECH) sacabocados *m inv*
Lockartikel *m* <-s, -> (COM) artículo *m* de reclamo
Locke ['lɔkə] *f* <-, -n> rizo *m;* **~n haben** tener rizos
locken ['lɔkən] **I.** *vt* ❶ (*Tier*) llamar
❷ (*reizen, anziehen*) atraer, seducir; **das Angebot lockt mich sehr** la oferta me seduce muchísimo; **jdn in einen Hinterhalt** [*o* **eine Falle**] **~** tender a alguien una trampa
II. *vr:* **sich ~** (*Haare*) rizarse
lockend *adj* seductor, tentador
Lockenkopf *m* <-(e)s, -köpfe> cabellera *f* rizada; **sie ist ein ~** es toda rizos; **Lockenpracht** *f* <-, *ohne pl*> (magnífica) cabellera *f* rizada [*o* de rizos]; **Lockenstab** *m* <-(e)s, -stäbe> moldeador *m* eléctrico, rizador *m* eléctrico; **Lockenwickler** *m* <-s, -> rulo *m*, bigudí *m*
locker ['lɔkɐ] *adj* ❶ (*Schraube, Knoten, Verband*) flojo; (*wackelnd*) suelto; **~ werden** (*Knoten*) aflojarse; (*Teil*) desprenderse; **~ sitzen** estar flojo, tener juego; **der Zahn ist ~** el diente se mueve; **bei dem ist wohl eine Schraube ~?** (*fam*) ¿te falta un tornillo o qué?; **bei dem sitzt das Messer ~** (*fam*) este saca muy rápido el cuchillo
❷ (*Teig, Backwaren*) esponjoso; (*Reis*) suelto; (*Boden*) mullido, esponjoso
❸ (*Haltung*) relajado; **etw ~ handhaben** no ser muy severo con algo
❹ (*Lebenswandel*) libertino; **das mach ich doch ~** (*fam*) eso lo hago con facilidad; **ein ~es Mundwerk haben** (*fam*) tener mala lengua
locker-flockig I. *adj* (*fam*) desenfadado, tranqui; **er hat immer ein paar ~e Sprüche auf Lager** siempre tiene preparadas algunas salidas
II. *adv* (*fam*) desenfadadamente; **sie spricht immer ~ daher** siempre habla de una manera muy enrollada; **diese Arbeit erledigst du doch ~ in vier Wochen** este trabajo lo acabas tranquilamente en cuatro semanas
Lockerheit *f* <-, *ohne pl*> (*legere Art*) desenvoltura *f*, desparpajo *m*
locker|lassen *irr vi* (*fam*): **nicht ~** no ceder, no cejar
locker|machen *vt* (*fam*): **Geld ~** aflojar el bolsillo; **sie hat 20 Euro für mich lockergemacht** me ha prestado 20 euros; **ich konnte bei ihr 20 Euro ~** conseguí sacarle 20 euros
lockern ['lɔkɐn] **I.** *vt* ❶ (*Schraube, Seil*) aflojar
❷ (*Muskeln, Gesetze*) relajar
❸ (*Boden*) mullir
❹ (*Embargo, Beschränkung*) retirar
II. *vr:* **sich ~** ❶ (*Nagel, Schraube, Seil*) aflojarse
❷ (*Verkrampfung, Spannung*) relajarse
Lockerung *f* <-, -en> (*Entspannung*) relajación *f;* **eine Übung zur ~ der Nackenmuskulatur** un ejercicio para relajar la musculatura del cuello
Lockerungsübung *f* <-, -en> (SPORT) ejercicio *m* de precalentamiento; **~en machen** hacer ejercicios de precalentamiento
lockig *adj* rizado
Lockmittel *nt* <-s, -> ❶ (*für Tiere*) anzuelo *m*, cebo *m* ❷ (*Anreiz*) cebo *m;* **Lockruf** *m* <-(e)s, -e> reclamo *m;* **Lockspitzel** *m* <-s, -> (*abw*) agente *m* provocador

Lockung *f* <-, -en> ❶ (*Reiz*) atracción *f*
❷ (*Versuchung*) tentación *f*
Lockvogel *m* <-s, -vögel> ❶ (*Vogel*) señuelo *m*, reclamo *m* ❷ (*abw: Person*) señuelo *m;* **Lockvogelwerbung** *f* <-, -en> (WIRTSCH) publicidad *f* de reclamo
Locogeschäft *nt* <-(e)s, -e> (WIRTSCH) operación *f* en plaza; **Locomarkt** ['lo:ko-] *m* <-(e)s, -märkte> (WIRTSCH) mercado *m* en plaza; **Locopreis** *m* <-es, -e> (WIRTSCH) precio *m* en plaza; **Locoware** *f* <-, -n> (WIRTSCH) operación *f* al contado
Loddel ['lɔdəl] *m* <-s, -> (*sl*) chulo *m* (de putas)
Loden ['lo:dən] *m* <-s, -> loden *m*
Lodenmantel *m* <-s, -mäntel> loden *m*
lodern ['lo:dɐn] *vi* (*a. fig*) arder
Löffel ['lœfəl] *m* <-s, -> ❶ (*Ess-*) cuchara *f;* (*~ voll*) cucharada *f;* **jdn über den ~ balbieren** tomarle el pelo a alguien, quedarse con alguien
❷ (*Hasenohren*) oreja *f;* **die ~ spitzen** (*fam*) aguzar el oído; **schreib dir das hinter die ~!** (*fam*) ¡recuerda mis palabras!; **du kriegst gleich ein paar hinter die ~!** (*fam*) ¡te voy a dar un par de tortas [*o* de cachetes]!; **den ~ abgeben** (*fam*) diñarla
Löffelbagger *m* <-s, -> pala *f* excavadora
löffeln ['lœfəln] *vt* ❶ (*essen*) comer con cuchara
❷ (*verteilen*) repartir; **er löffelte die Suppe auf die Teller** repartió la sopa
Löffelstiel *m* <-(e)s, -e> mango *m* de cuchara
löffelweise *adv* a cucharadas
log[1] (MATH) *Abk. von* **Logarithmus** logaritmo *m*
log[2] [lo:k] 3. *imp von* **lügen**
Log[1] [lɔk] *nt* <-s, -e> (NAUT) corredera *f*
Log[2] *nt* <-s, -s> (INFOR) diario *m* de operaciones
Logarithmen *pl von* **Logarithmus**
Logarithmentafel [loga'rɪtmən-] *f* <-, -n> (MATH) tabla *f* de logaritmos
Logarithmus [loga'rɪtmʊs] *m* <-, Logarithmen> (MATH) logaritmo *m*
Logbuch *nt* <-(e)s, -bücher> (NAUT) cuaderno *m* de bitácora
Loge ['lo:ʒə] *f* <-, -n> ❶ (THEAT) palco *m*
❷ (*Pförtner-*) portería *f*
❸ (*Freimaurer-*) logia *f*
Logenplatz *m* <-es, -plätze> (FILM, THEAT) asiento *m* en el palco
logieren* [lo'ʒi:rən] **I.** *vi* alojarse; **bei jdm/in einem Hotel ~** hospedarse en casa de alguien/en un hotel
II. *vt* (*Schweiz*) alojar, hospedar
Logik ['lo:gɪk] *f* <-, *ohne pl*> lógica *f;* **das verstößt gegen jede ~** esto va contra toda lógica
Login [lɔk'ʔɪn] *nt* <-s, -s> (INFOR) login *m*, entrada *f* de identificación
Logis [lo'ʒi:] *nt* <-, -> alojamiento *m;* **bei jdm Kost und ~ haben** estar alojado en casa de alguien; **bei jdm in ~ wohnen** vivir en una habitación de alquiler
logisch ['lo:gɪʃ] *adj* lógico
logischerweise *adv* como es lógico, lógicamente
Logistik [lo'gɪstɪk] *f* <-, *ohne pl*> logística *f*
logistisch *adj* logístico
logo ['lɔ:go] *adj inv* (*fam*) lógico
Logo ['lo:go] *m o nt* <-s, -s> emblema *m*
Logoff [lɔk'ʔɔf] *nt* <-s, -s> (INFOR) logoff *m*, salida *f* del sistema, cierre *m* de sesión (*en mailbox*)
Logopäde, -in [logo'pɛ:də] *m, f* <-n, -n; -, -nen> logopeda *mf*
Logopädie [logopɛ'di:] *f* <-, *ohne pl*> logopedia *f*
Logopädin *f* <-, -nen> *s.* **Logopäde**
Logout [lɔk'ʔaʊt] *nt* <-s, -s> (INFOR) logout *m*, cierre *m* de sesión
Lohe ['lo:ə] *f* <-, -n> ❶ (*Gerber-*) casca *f*
❷ (*geh: Flamme*) fogarada *f*, llamarada *f*
Lohgerber(in) *m(f)* <-s, -; -, nen> curtidor(a) *m(f)* (que curte con tanino)
Lohn [lo:n, *pl:* 'lø:nə] *m* <-(e)s, Löhne> ❶ (*Arbeitsentgelt*) salario *m;* (*Tages-*) jornal *m;* **Löhne und Gehälter** sueldos y salarios; **Löhne abbauen/angleichen** reducir/reajustar los salarios
❷ (*Belohnung*) recompensa *f;* **als ~ für ...** en recompensa por...; **sein verdienter ~** su merecido; **das ist nun der ~ für meine Mühe!** ¡ésta es la recompensa a mis esfuerzos!
Lohnabbau *m* <-(e)s, *ohne pl*> reducción *f* de salarios
lohnabhängig *adj* asalariado; **~e Beschäftigung** trabajo asalariado
Lohnabrechnung *f* <-, -en> hoja *f* de pagos; **Lohnabschluss**[RR] *m* <-es, -schlüsse> convenio *m* colectivo relativo al salario; **Lohnabtretung** *f* <-, -en> cesión *f* del salario; **Lohnabzug** *m* <-(e)s, -züge> descuento *m* salarial; **Lohnangleichung** *f* <-, -en> reajuste *m* salarial; **Lohnanpassung** *f* <-, -en> reajuste *m* salarial; **gleitende ~** ajuste salarial variable; **Lohnanspruch** *m* <-(e)s, -sprüche> demanda *f* salarial; **Lohnansprüche reduzieren** reducir las demandas salariales; **Lohnausfall** *m* <-(e)s,

-fälle> pérdida *f* salarial; **Lohnausgleich** *m* <-(e)s, *ohne pl*> ajuste *m* salarial; **verkürzte Arbeitszeit bei vollem ~** jornada de trabajo reducida con el mismo sueldo; **Lohnbescheinigung** *f* <-, -en> nómina *f*; **Lohnbuch** *nt* <-(e)s, -bücher> libro *m* de salarios; **Lohnbuchhalter(in)** *m(f)* <-s, -; -, -nen> contable *mf* responsable de las nóminas
Lohnbuchhaltung¹ *f* <-, -en> (*Abteilung*) oficina *f* de pagos
Lohnbuchhaltung² *f* <-, *ohne pl*> (*Berechnung*) contabilidad *f* de sueldos y salarios, cálculo *m* de los salarios
Lohnbüro *nt* <-s, -s> oficina *f* de pagos; **Lohndrift** *f* <-, -en> (WIRTSCH) diferencial entre los salarios reales y los acordados en los convenios colectivos; **Lohnempfänger(in)** *m(f)* <-s, -; -, -nen> asalariado, -a *m, f*
lohnen ['loːnən] I. *vt* ❶ (*wert sein*) valer [*o* merecer] la pena; **das Museum lohnt einen Besuch** merece la pena visitar el museo
❷ (*be-~*): **jdm etw ~** recompensar a alguien por algo
II. *vr:* **sich ~** valer [*o* merecer] la pena; **die Mühe lohnt sich** el esfuerzo vale la pena; **der Auftrag hat sich für uns finanziell gelohnt** el encargo nos ha salido rentable
löhnen ['løːnən] *vi* (*fam*) pagar
lohnend *adj* que vale la pena; (*einträglich*) rentable
lohnenswert *adj* útil, provechoso, fructífero
Lohnerhöhung *f* <-, -en> aumento *m* salarial [*o* de salario]; **Lohnforderung** *f* <-, -en> reivindicación *f* salarial; **Lohnfortzahlung** *f* <-, *ohne pl*> pago *m* continuado del salario; **~ im Krankheitsfall** pago continuado del salario en caso de enfermedad; **Lohngefälle** *nt* <-s, -> diferencia *f* salarial; **Lohngefüge** *nt* <-s, -> estructura *f* de salarios; **Lohngemeinkosten** *pl* (WIRTSCH) gastos *mpl* generales salariales; **Lohngruppe** *f* <-, -n> grupo *m* salarial; **Lohninflation** *f* <-, -en> inflación *f* provocada por los salarios; **Lohnkampf** *m* <-(e)s, -kämpfe> lucha *f* salarial; **Lohnkosten** *pl* costes *mpl* salariales; **die ~ eindämmen** frenar los costes salariales; **Lohnkürzung** *f* <-, -en> reducción *f* del salario [*o* salarial]; **Lohnliste** *f* <-, -n> nómina *f* de salarios; **bei dieser Firma steht die Regierung auf der ~** (*iron*) esta empresa la ha untado la mano al gobierno; **Lohnnebenkosten** *pl* costes *mpl* no salariales; **Lohnnebenleistung** *f* <-, -en> prestación *f* complementaria al salario; **Lohnniveau** *nt* <-s, -s> nivel *m* salarial [*o* de salarios]; **Lohnordnung** *f* <-, -en> orden *m* salarial
Lohnpfändung *f* <-, -en> embargo *m* del salario; **Lohnpfändungsbeschluss**^RR *m* <-es, -schlüsse> auto *m* de embargo de salarios
Lohnpolitik *f* <-, -en> política *f* salarial
lohnpolitisch *adj* político-salarial
Lohn-Preis-Spirale ['-'----] *f* <-, -n> (WIRTSCH) espiral *f* salarios-precios
Lohnquote *f* <-, -n> (WIRTSCH) cuota *f* salarial; **Lohnrückstand** *m* <-(e)s, -stände> pago *m* atrasado (del salario); **Lohnrunde** *f* <-, -n> (fase *f* de las) negociaciones *fpl* salariales; **eine ~ einläuten** anunciar negociaciones salariales; **Lohnsatz** *m* <-es, -sätze> (WIRTSCH) tarifa *f* salarial; **Lohnscheck** *m* <-s, -s> cheque *m* salarial; **Lohnschiebungsvertrag** *m* <-(e)s, -träge> (JUR) contrato *m* de report
Lohnsteuer *f* <-, -n> impuesto *m* sobre el salario
Lohnsteuerhaftung *f* <-, -en> responsabilidad *f* del impuesto sobre los rendimientos del trabajo por cuenta ajena; **Lohnsteuerjahresausgleich** ['---'----] *m* <-(e)s, -e> ajuste *m* anual de impuestos sobre el salario; **Lohnsteuerkarte** *f* <-, -n> tarjeta *f* de impuesto sobre el salario
lohnsteuerpflichtig *adj* sujeto al impuesto sobre el salario
Lohnstopp *m* <-s, -s> congelación *f* salarial; **Lohnstückkosten** *pl* (WIRTSCH) coste *m* por unidad de trabajo; **Lohnsummensteuer** *f* <-, -n> (WIRTSCH) impuesto *m* sobre el importe de sueldos y salarios
Lohntarif *m* <-s, -e> tarifa *f* salarial; **Lohntarifvereinbarung** *f* <-, -en> convenio *m* relativo a la tarifa de salarios
Lohn- und Gehaltskonto *nt* <-s, -konten> cuenta *f* de salarios; **Lohn- und Gehaltspolitik** *f* <-, *ohne pl*> política *f* salarial; **Lohn- und Preisstopp** *m* <-s, -s> bloqueo *m* de salarios y precios
Löhnung *f* <-, -en> ❶ (*Auszahlung des Lohnes*) pago *m* de las nóminas ❷ (*Lohn*) nómina *f*, salario *m*; **jeden 15.des Monats bekomme ich meine ~** el 15 de cada mes me pagan [*o* ingresan] la nómina
Lohnunterschied *m* <-(e)s, -e> diferencia *f* salarial; **geringe ~e** diferencias salariales mínimas; **Lohnvereinbarung** *f* <-, -en> convenio *m* salarial; **Lohnverhandlung** *f* <-, -en> negociación *f* salarial; **Lohnverzicht** *m* <-(e)s, -e> renuncia *f* al salario; **Lohnvorschuss**^RR *m* <-es, -schüsse> anticipo *m* del salario *f*; **Lohnzahlungspflicht** *f* <-, *ohne pl*> obligación *f* de pagar el salario; **Lohnzulage** *f* <-, -n> complemento *m* salarial; **Lohnzuschlag** *m* <-(e)s, -schläge> plus *m*, prima *f*
Loipe ['lɔɪpə] *f* <-, -n> pista *f* de esquí de fondo
Lok [lɔk] *f* <-, -s> locomotora *f*
lokal [loˈkaːl] *adj* local; **von ~er Bedeutung** de importancia local
Lokal [loˈkaːl] *nt* <-(e)s, -e> local *m*; (*Kneipe*) pub *m*; (*Restaurant*) restaurante *m*
Lokalanästhesie *f* <-, -n> (MED) anestesia *f* local; **in ~** con anestesia local; **Lokalanästhetikum** *nt* <-s, -anästhetika> (MED) anestésico *m* local; **Lokalaugenschein** *m* <-(e)s, -e> (*Österr*) inspección *f* ocular (del lugar de los hechos); **Lokalblatt** *nt* <-(e)s, -blätter> periódico *m* local, noticiero *m* local *Am*
Lokalisation *f* <-, -en> localización *f*
lokalisieren* [lokaliˈziːrən] *vt* localizar, ubicar *Am*
Lokalität [lokaliˈtɛːt] *f* <-, -en> localidad *f*; **sich mit den ~en auskennen** conocer la zona
Lokalkolorit [loˈkaːlkoloˌriːt] *nt* <-(e)s, -e *o* -s> colorido *m* local; **Lokalmatador(in)** *m(f)* <-s, -e; -, -nen> héroe *m* local, heroína *f* local; **Lokalnachrichten** *fpl* noticias *fpl* locales; **Lokalpatriotismus** *m* <-, *ohne pl*> patriotismo *m* de campanario; **Lokalseite** *f* <-, -n> crónica *f* local; **Lokalsender** *m* <-s, -> emisora *f* local; **Lokalteil** *m* <-(e)s, -e> crónica *f* local; **Lokaltermin** *m* <-s, -e> inspección *f* del lugar del hecho
Lokalverbot *nt* <-(e)s, -e> prohibición *f* de entrada a un local público; **~ bekommen/haben/erteilen** recibir/tener/administrar prohibición de entrada a un local público
Lokalzeitung *f* <-, -en> periódico *m* local
Lokführer(in) *m(f)* <-s, -; -, -nen> maquinista *mf*
Lokomotive [lokomoˈtiːvə] *f* <-, -n> locomotora *f*
Lokomotivführer(in) *m(f)* <-s, -; -, -nen> maquinista *mf*; **Lokomotivschuppen** *m* <-s, -> depósito *m* de locomotoras
Lokus ['loːkʊs] *m* <-(ses), -(se)> (*fam*) excusado *m*
Lolita [loˈliːta] *f* <-, -s> lolita *f* (*mujer adolescente*)
Lolli *m* <-s, -s> chupa-chups® *m inv*
Lombardbank *f* <-, -en> (FIN) banco *m* pignoraticio
Lombardei [lɔmbarˈdaɪ] *f* <-> Lombardía *f*
lombardfähig ['lɔmbart-] *adj* (FIN) pignorable
lombardieren *vt* (FIN) pignorar
Lombardierung *f* <-, -en> (FIN) pignoración *f*
Lombardierungswert *m* <-(e)s, -e> (FIN) valor *m* de pignoración
Lombardkredit *m* <-(e)s, -e> (FIN) crédito *m* pignoraticio [*o* lombardo]; **Lombardsatz** *m* <-es, -sätze> (WIRTSCH) tipo *m* de interés de pignoración; **Lombardwechsel** *m* <-s, -> (FIN) letra *f* pignoraticia; **Lombardwert** *m* <-(e)s, -e> (FIN) valor *m* pignoraticio; **Lombardzins** *m* <-es, -en> (FIN) interés *m* pignoraticio de créditos
London ['lɔndɔn] *nt* <-s> Londres *m*
Londoner¹ *adj inv* londinense
Londoner(in)² *m(f)* <-s, -; -, -nen> londinense *mf*
Longdrink ['lɔŋdrɪŋk] *m* <-s, -s> copa *f* (a la que se añade p. ej. soda, agua, hielo)
Look [lʊk] *m* <-s, -s> estilo *m*, look *m*
Looping ['luːpɪŋ] *m o nt* <-s, -s> (AERO) looping *m*
Looser *m* <-s, -> (*fam*) perdedor *m*, antihéroe *m*
Lorbeer ['lɔrbeːɐ] *m* <-s, -en> laurel *m*; **sich auf seinen ~en ausruhen** (*fam*) dormirse en los laureles; **mit etw** *dat* **(keine) ~en ernten können** (no) poder obtener éxito con algo, (no) poder apuntarse puntos con algo
Lorbeerbaum *m* <-(e)s, -bäume> laurel *m*; **Lorbeerblatt** *nt* <-(e)s, -blätter> hoja *f* de laurel; **Lorbeerkranz** *m* <-es, -kränze> corona *f* de laureles
Lord [lɔrt] *m* <-s, -s> lord *m*
Lore ['loːrə] *f* <-, -n> vagoneta *f*
Lorgnette [lɔrnˈjɛta] *f* <-, -n> impertinentes *mpl*
los [loːs] I. *adj* ❶ (*nicht befestigt*) suelto; **der Hund ist ~** el perro anda suelto; **der Knopf ist ~** se ha caído el botón
❷ (*locker*) flojo; **jdn/etw ~ sein** haberse librado de alguien/algo; **ich bin meine Erkältung ~** me libré del resfriado; **ich bin mein ganzes Geld ~** me he quedado sin blanca
❸ (*geschehen*): **~ sein** pasar; **es ist nichts ~** no pasa nada; **was ist ~ mit ihm?** ¿qué le pasa?; **mit dem ist heute nichts ~** hoy no hay nada que hacer con él; **mit ihm ist nichts mehr ~** ya no está para trotes; **in Granada ist abends viel ~** en Granada hay mucha marcha por la noche; **was ist (hier) ~?** ¿qué pasa (aquí)?; **wenn ihr heute nicht rechtzeitig kommt, dann ist 'was ~!** (*fam*) si no llegáis a tiempo hoy se va a armar la gorda; **da war was ~, als ich die Wahrheit gestehen musste** menuda se armó cuando tuve que decir la verdad
II. *adv* ❶ (*schnell*) ya; **~!** ¡vamos!, ¡venga!; **nun aber ~!** ¡vamos ya!; **Achtung, fertig, ~!** ¡preparados, listos, ya!; **~, mach schon!** ¡apúrate!; **~, nun erzähl schon!** ¡a ver, cuenta ya!
❷ (*fam: weg*): **sie sind schon ~** ya se fueron
Los [loːs] *nt* <-es, -e> ❶ (*für Entscheidung*) sorteo *m*; **etw durch das ~ entscheiden** echar algo a suerte(s); **das ~ hat mich getroffen** [*o* ist auf mich gefallen] me ha tocado
❷ (*Lotterie~*) billete *m* de lotería, boleto *m*; **das große ~ ziehen** [*o* gewinnen] tocar(le) a alguien el gordo; **er hat mit ihr das große ~ gezogen** con ella le ha tocado el gordo
❸ (*geh: Schicksal*) destino *m*, suerte *f*; **ein hartes/schweres ~** un des-

lösbar *adj* ❶ (*Aufgabe*) resoluble, que se puede resolver
❷ (*löslich*) soluble
los|bellen *vi* empezar a ladrar
los|binden *irr vt* soltar, desatar
los|brechen *irr* I. *vt* romper
II. *vi sein* (*Gelächter, Sturm*) estallar; (*Gewitter*) desencadenarse
los|bröckeln *vi sein* (*fam*) desprenderse (*von* de)
Löscharbeit *f* <-, -en> trabajo *m* de extinción
löschbar *adj* ❶ (*Brand*) extinguible; **nicht ~** inextinguible
❷ (*zu tilgen*) anulable, que se puede borrar; (*Schuld*) cancelable
Löschblatt *nt* <-(e)s, -blätter> (papel *m*) secante *m*
löschen ['lœʃən] I. *vi* (*Brand*) apagar [*o* extinguir] un incendio
II. *vt* ❶ (*Licht, Feuer, Durst*) apagar
❷ (*Tonband, a.* INFOR) borrar
❸ (*Konto, Schuld, Eintragung*) cancelar
❹ (NAUT) desembarcar
Löschfahrzeug *nt* <-(e)s, -e> coche *m* de bomberos; **Löschflugzeug** *nt* <-(e)s, -e> hidroavión *m* (para la extinción de incendios); **Löschgerät** *nt* <-(e)s, -e> extintor *m* (de incendios)
Löschkalk *m* <-(e)s, -e> cal *f* apagada [*o* muerta]
Löschkopf *m* <-(e)s, -köpfe> (ELEK) cabeza *f* de borrado; **Löschmannschaft** *f* <-, -en> equipo *m* de bomberos (en acción); **Löschpapier** *nt* <-s, -e> (papel *m*) secante *m*; **Löschtaste** *f* <-, -n> (INFOR) tecla *f* para borrar; **Löschtrupp** *m* <-s, -s> *s.* **Löschmannschaft**
Löschung *f* <-, -en> ❶ (*Tilgung*) anulación *f*, amortización *f*; (*einer Schuld*) cancelación *f*; **~** des Erbbaurechts extinción del derecho de superficie para edificar; **~** einer Eintragung cancelación de una inscripción; **~** einer Firma extinción de una empresa; **~ im Handelsregister** cancelación en el registro mercantil; **~** einer Hypothek extinción de una hipoteca; **~** einer Marke expiración de una marca; **~ eines Pfandrechts** extinción de un derecho prendario; **eine ~ beantragen** solicitar una cancelación
❷ (NAUT: *Entladung*) descarga *f*
Löschungsrecht *nt* <-(e)s, -e> (JUR, *ohne pl*) título *m* de cancelación; **~ im Grundbuch** título de cancelación en el registro de la propiedad; **Löschungsanspruch** *m* <-(e)s, -sprüche> (JUR) derecho *m* de cancelación; **Löschungsantrag** *m* <-(e)s, -träge> (JUR) solicitud *f* de cancelación; **~ im Grundbuch** solicitud de cancelación en el registro de la propiedad; **Löschungsbewilligung** *f* <-, -en> (JUR) autorización *f* de cancelación; **~ im Grundbuch** autorización de cancelación en el registro de la propiedad; **Löschungsklage** *f* <-, -n> (JUR) demanda *f* de cancelación; **~ im Grundbuch** demanda de cancelación en el registro de la propiedad; **Löschungsvermerk** *m* <-(e)s, -e> (JUR) nota *f* de cancelación; **~ im Grundbuch** nota de cancelación en el registro de la propiedad
Löschwasser *nt* <-s, – *o* -wässer> ❶ (*bei Bränden*) agua *f* de extinción
❷ (*aus chemischen Anlagen*) agua *f* para templado
Löschzug *m* <-(e)s, -züge> equipo *m* de bomberos
lose ['loːzə] *adj* ❶ (*Seil, Knoten*) flojo; **der Nagel ist ~** el clavo está suelto; **der Knopf hängt ~** el botón está medio caído
❷ (*unverpackt*) a granel; (*stückweise*) por unidad; **~ Blätter** hojas sueltas; **ein ~s Mundwerk haben** tener la lengua larga
Loseblattausgabe *f* <-, -n> edición *f* en hojas sueltas; **Loseblattsammlung** *f* <-, -en> colección *f* de hojas sueltas
Lösegeld *nt* <-(e)s, -er> rescate *m*
Lösegeldforderung *f* <-, -en> exigencia *f* de rescate
los|eisen *vt* (*fam*) liberar (de las garras) (*von* de); **bei jdm etwas Geld ~** sacarle algo de dinero a alguien
Lösemittel *nt* <-s, -> disolvente *m*
losen ['loːzən] *vi* echar a suerte(s); **um die Eintrittskarten ~** rifar las entradas
lösen ['løːzən] I. *vt* ❶ (*abtrennen*) despegar (*von/aus* de), separar (*von* de); **der Aufkleber lässt sich nicht vom Kuvert ~** la pegatina no se desprende del sobre
❷ (*losmachen*) soltar; (*lockern*) aflojar; (*Schraube*) destornillar; (*Knoten*) deshacer; **die Handbremse ~** soltar el freno de mano; **die Haare ~** soltar el pelo, dejar el pelo suelto; **Massagen können Verspannungen ~** los masajes pueden eliminar tensiones
❸ (*Aufgabe*) resolver; (*Geheimnis*) descubrir; (*Verwicklung*) aclarar
❹ (*Ehe, Verbindung*) anular; (*Vertrag*) rescindir
❺ (*Eintritts-, Fahrkarte*) sacar
❻ (*zergehen lassen*) disolver (*in* en); **ein Medikament in Wasser ~** disolver un medicamento en agua
II. *vr:* **sich ~** ❶ (*abgehen*) desprenderse (*von* de)
❷ (*Schraube*) aflojarse; (*Husten, Krampf*) calmarse
❸ (*sich klären*) resolverse; **das Problem löste sich von selbst** el problema se resolvió solo [*o* por sí mismo]
❹ (*sich frei machen*) liberarse (*aus/von* de); (*sich trennen*) separarse (*von* de); **sie löste sich aus seiner Umarmung** se desprendió de su abrazo
❺ (*Schuss*) dispararse; **ein Schuss hatte sich gelöst** se había disparado el arma
❻ (*zergehen*) disolverse (*in* en)
los|fahren ['loːs-] *irr vi sein* salir; (*Fahrzeug*) ponerse en marcha; **auf jdn ~** arremeter contra alguien
los|gehen *irr vi sein* ❶ (*weggehen*) irse, marcharse; **lass uns endlich ~!** ¡vámonos ya!
❷ (*fam: anfangen*) empezar, comenzar; **gleich geht's los** enseguida empieza; **jetzt geht das schon wieder los!** ¡oh no, empieza de nuevo!
❸ (*Schuss, Gewehr*) dispararse
❹ (*angreifen*) abalanzarse (*auf* sobre); **er ging mit dem Messer auf ihn los** se abalanzó cuchillo en mano sobre él
los|haben *irr vt* (*fam*): **etwas/einiges/viel ~** entender algo/bastante/mucho; **in Physik/auf der Gitarre hat er ganz schön was los** tiene (pero que) mucha idea de física/de guitarra
los|heulen *vi* ❶ (*fam: weinen*) echarse a llorar
❷ (*Tiere, Sturm, Wind*) empezar a gemir
❸ (*Sirene, Maschine*) empezar a sonar
los|kaufen *vt* rescatar
los|kommen *irr vi sein* (*fam*) ❶ (*wegkommen*) poder irse
❷ (*sich befreien*) librarse (*von* de); (*von Drogen*) desengancharse (*von* de); **sie kam von dem Gedanken nicht los, dass …** no se le quitaba de la cabeza la idea de que…
los|kriegen *vt* (*fam*) ❶ (*lockern*) conseguir soltar; **einen Aufkleber ~** conseguir despegar un adhesivo; **ein festgefahrenes Fahrzeug ~** conseguir soltar un coche atascado; **einen Verschluss ~** conseguir abrir un cierre
❷ (*sich entledigen*) librarse, deshacerse (de); **jdn ~** librarse de alguien; **ich krieg die Erkältung einfach nicht los** no consigo librarme de este resfriado
❸ (*verkaufen*) conseguir vender; **ich krieg das Haus einfach nicht los** no consigo deshacerme de la casa
los|lachen *vi* echarse a reír, estallar en carcajadas
los|lassen *irr vt* ❶ (*nicht mehr festhalten*) soltar; **lass mich los!** ¡suéltame!; **die Frage lässt mich nicht mehr los** la pregunta no se me quita de la cabeza
❷ (*Hund*) soltar (*auf* contra); **und so was** [*o* **so jemanden**] **lässt man auf die Menschheit los** (*fam abw*) y alguien de este calibre anda suelto por el mundo
❸ (*fam: sagen*) soltar; (*Beschwerde*) lanzar
los|laufen *irr vi sein* echar a correr, destapar *Mex*
los|legen *vi* (*fam*) ponerse a hacer algo con ímpetu; **sie legte mächtig mit der Arbeit los** empezó a trabajar como una furia; **ihr könnt sofort ~!** ¡podéis empezar enseguida!; **na, leg los!** ¡venga, empieza!
löslich ['løːslɪç] *adj* soluble (*in* en); **leicht/schwer ~** fácilmente/difícilmente soluble
los|lösen *vt, vr:* **sich ~** desatar(se) (*von* de), desprender(se) (*von* de)
los|machen I. *vt* (*fam*) soltar
II. *vr:* **sich ~** (*fam: von Kette*) soltarse (*von* de); (*von Verpflichtungen*) sustraerse (*von* a)
los|müssen *irr vi* (*fam*) tener que irse, tener que marcharse
Losnummer *f* <-, -n> número *m* de lotería
los|platzen *vi sein* (*fam*) ❶ (*loslachen*) echarse a reír, estallar en carcajadas
❷ (*spontan äußern*) contar de repente (*mit*), espetar (*mit*); **kaum traf sie ihre Freunde, platzte sie mit den Neuigkeiten los** apenas encontró a sus amigos, les soltó sin más ni más todas las novedades
los|rasen *vi sein* (*fam*) ❶ (*loslaufen*) salir pitando [*o* como un rayo]
❷ (*losfahren*) salir a toda velocidad [*o* a toda pastilla]
los|reißen *irr* I. *vt* arrancar
II. *vr:* **sich ~** soltarse; **er konnte sich nicht von dem Anblick ~** no podía apartar la vista
los|rennen *irr vi sein* echar a correr (*auf* hacia)
Löss[RR] [lœs] *m* <-es, -e> (GEO), **Löß** [løːs] *m* <-es, -e> (GEO) loess *m*
los|sagen *vr:* **sich ~** renegar (*von* de)
los|schicken *vt* enviar, mandar
los|schießen *irr vi* (*fam*) ❶ (*mit Gewehr*) ponerse a disparar
❷ (*sprechen*) dispararse, desembuchar; **na, schieß los!** ¡venga, suéltalo!
❸ *sein* (*rennen*) echar a correr
los|schlagen *irr* I. *vt* ❶ (*abschlagen*) separar (a golpe de martillo) (*von* de)
❷ (*fam: billig verkaufen*) vender (a precio tirado)
II. *vi* ❶ (*angreifen*) iniciar el ataque
❷ (*einschlagen*) liarse a golpes (*auf* con)
los|schrauben *vt* (*fam*) des(a)tornillar (*von* de)

los|steuern vi sein: **auf jdn/etw ~** dirigirse hacia alguien/algo
los|stürzen vi sein (fam) ❶ (losrennen) echarse a correr, salir como un rayo
❷ (attackieren): **auf jdn/etw ~** arrojarse sobre alguien/algo, lanzarse sobre alguien/algo
los|treten irr vt: **eine Lawine ~** (fam fig) desatar [o desencadenar] un alud
Lostrommel f <-, -n> bombo m de sorteo
Losung ['lo:zʊŋ] f <-, -en> ❶ (Motto) lema m, eslogan m; **eine ~ ausgeben** dar el lema
❷ (MIL) santo y seña m, consigna f
❸ (vom Wild) excrementos mpl
Lösung ['lø:zʊŋ] f <-, -en> ❶ (Ergebnis) solución f (von de)
❷ (Los~) desprendimiento m (von de)
❸ (Aufhebung) anulación f (von de)
❹ (CHEM, PHYS: Flüssigkeit) solución f; (Auf~) disolución f (in en); **Fowler'sche ~** disolución de Fowler
Lösungsmittel nt <-s, -> disolvente m
Losungswort nt <-(e)s, -wörter> lema m, eslogan m
Losverfahren nt <-s, -> sorteo m; **per** [o **durch**] **~** por sorteo; **Losverkäufer(in)** m(f) <-s, -; -, -nen> lotero, -a m, f
los|werden irr vt sein ❶ (Person) deshacerse (de); (Arbeit, Erkältung) quitarse de encima; **jdn ~** librarse de alguien; **seinen Kummer ~** desahogar su pena; **ich werde den Gedanken nicht los, dass ...** no me puedo quitar de la cabeza que... +subj
❷ (fam: verlieren) perder; **beim Kartenspiel ist er 50 Euro losgeworden** perdió 50 euros jugando a las cartas
❸ (fam: verkaufen) poder vender
los|wollen irr vi (fam) querer irse [o marcharse]
los|ziehen irr vi sein (fam) echar a andar
Lot [lo:t] nt <-(e)s, -e> ❶ (ARCHIT) plomada f; **die Mauer ist aus dem** [o **nicht im**] **~** el muro no está derecho; **etw wieder ins** (**rechte**) **~ bringen** arreglar algo; **nicht im ~ sein** (Person) no estar bien; (Sache) no estar en orden
❷ (NAUT) sonda f
❸ (MATH) perpendicular f; **auf eine Gerade das ~ fällen** abatir una perpendicular sobre una línea recta
loten ['lo:tən] vt ❶ (ARCHIT) echar una plomada
❷ (NAUT) sondear
löten ['lø:tən] vt (TECH) soldar; **ein Blech an etw ~** soldar una chapa con algo
Lothringen ['lo:trɪŋən] nt <-s> Lorena f
Lothringer(in) m(f) <-s, -; -, -nen> lorenés, -esa m, f
lothringisch adj lorenés
Lotion [lo'tsjo:n] f <-, -en> loción f
Lötkolben m <-s, -> soldador m; **Lötlampe** f <-, -n> soplete m; **Lötmetall** nt <-s, -e> soldadura f
Lotos ['lo:tɔs] m <-, -> (BOT) loto m
Lotosblume f <-, -n> flor f de loto; **Lotossitz** m <-es, ohne pl> postura f del loto
lotrecht adj vertical; **eine ~e Linie** una línea perpendicular
Lotrechte f <-, -n> (recta f) vertical f
Lötrohr nt <-(e)s, -e> soplete m
Lotse, -in ['lo:tsə] m, f <-n, -n; -, -nen> ❶ (NAUT) práctico mf
❷ (AERO) controlador(a) m(f) aéreo, -a
❸ (Schüler~) patrullero, -a m, f escolar (guardia en los cruces de las calles)
lotsen vt ❶ (allgemein) llevar, conducir
❷ (NAUT) pilotar
❸ (AERO) dirigir
Lotsenboot nt <-(e)s, -e> barco m piloto; **Lotsendienst** m <-(e)s, -e> servicio m para la regulación del tráfico peatonal
Lotsin ['lo:tsɪn] f <-, -nen> s. Lotse
Lötstelle f <-, -n> soldadura f
Lotterbett nt <-(e)s, -en> (alt iron) catre m (que utilizan los enamorados)
Lotterie [lɔtə'ri:] f <-, -n> lotería f, quiniela f CSur; **~ spielen** jugar a la lotería
Lotterielos nt <-es, -e> billete m de lotería; **Lotteriespiel** nt <-(e)s, -e> lotería f; **Lotteriesteuer** f <-, -n> impuesto m de lotería; **Lotterievertrag** m <-(e)s, -träge> contrato m de lotería
lotterig ['lɔtərɪç] adj (fam abw: äußerlich) desordenado, desaliñado; (moralisch) disipado, licencioso
Lotterleben ['lɔtɐ-] nt <-s, ohne pl> (abw) vida f licenciosa
Lotto ['lɔto] nt <-s, -s> lotería f primitiva; **im ~ spielen** jugar a la (lotería) primitiva; **ich habe im ~ gewonnen!** ¡me ha tocado la primitiva!
Lottoannahmestelle f <-, -n> taquilla f (donde se reciben las papeletas) de lotería; **Lottogewinn** m <-(e)s, -e> ganancia f en la (lotería) primitiva; **Lottoschein** m <-(e)s, -e> billete m de la (lotería) primitiva; **Lottozahlen** fpl números mpl de la (lotería) primitiva; **die Ziehung der ~** el sorteo de la (lotería) primitiva
Lotus ['lo:tʊs] m <-, -> (BOT) loto m
Lötzinn nt <-(e)s, ohne pl> estaño m para soldar
Löwe m <-n, -n> ❶ (ZOOL) león m; **sich in die Höhle des ~n begeben** (fam) meterse en la boca del lobo
❷ (ASTR) Leo m
Löwenanteil m <-(e)s, -e> parte f del león; **Löwenbändiger(in)** m(f) <-s, -; -, -nen> domador(a) m(f) de leones; **Löwenkäfig** m <-s, -e> jaula f para leones; **Löwenmähne** f <-, -n> (fam) melena f, guedeja f, vedeja f; **Löwenmaul** nt <-s, ohne pl> (BOT), **Löwenmäulchen** nt <-s, -> (BOT) boca f de dragón; **Löwenzahn** m <-(e)s, ohne pl> (BOT) diente m de león
Low Impact [lɔʊ 'ɪmpɛkt] m <- -(s), - -s> low impact m
loyal [lɔi'a:l] adj leal; **sich ~ verhalten** comportarse lealmente
Loyalität [lɔialɪ'tɛ:t] f <-, ohne pl> lealtad f (**gegenüber** (frente) a/para con)
Loyalitätseid m <-(e)s, -e> (JUR) juramento m de lealtad
LP [ɛl'pi:] f <-, -(s)> Abk. von **Langspielplatte** elepé m
Lr (CHEM) Abk. von **Lawrencium** Lr
LSD [ɛlɛs'de:] nt <-(s), ohne pl> Abk. von **Lysergsäurediäthylamid** LSD m
lt. Abk. von **laut** según
Lu (CHEM) Abk. von **Lutetium** Lu
Lübeck ['ly:bɛk] nt <-s> Lubeck m
Luchs [lʊks] m <-es, -e> (ZOOL) lince m; **aufpassen wie ein ~** (fam) estar hecho un lince, tener los ojos bien abiertos
Luchsaugen ntpl (fam) ojos mpl de lince
Lücke ['lʏkə] f <-, -n> (Loch) agujero m; (Zwischenraum, Leere) vacío m; (Hohlraum) hueco m; (Gedächtnis~) laguna f; **in seiner Sammlung sind ~n** en su colección hay lagunas; **eine ~ füllen** tapar un hueco; (fig) ocupar un vacío; **sein Tod reißt eine ~ in unsere Reihen** su muerte deja un hueco entre nosotros; **dieser Band schließt eine ~** este tomo viene a llenar un hueco; **da weist das Gesetz ~n auf** la ley presenta una laguna al respecto
Lückenbüßer(in) m(f) <-s, -; -, -nen> suplente m; **er will nicht immer nur den ~ spielen** no quiere hacer toda su vida de segundón [o segundo plato]
lückenhaft adj ❶ (mit Lücken) lleno de huecos
❷ (unvollständig) incompleto
lückenlos adj completo, íntegro
Lückentest m <-(e)s, -s o -e> (SCH) test m de completar espacios en blanco
lud [lu:t] 3. imp von **laden**
Lude ['lu:də] m <-n, -n> (sl) chulo m de putas
Luder ['lu:dɐ] nt <-s, -> (fam) mal bicho m
Lues ['lu:ɛs] f <-, ohne pl> (MED) sífilis f inv, lúes f inv
Luft¹ [lʊft] f <-, Lüfte> ❶ (Gasgemisch, Atem~) aire m; **an die (frische) ~ gehen** tomar el aire (fresco); **frische ~ hereinlassen** dejar entrar el aire fresco; **die ~ hier ist ja zum Schneiden!** (fam) ¡aquí el aire se corta con cuchillo!; **die ~ aus etw dat herauslassen** desinflar algo; **die ~ ist rein** no hay moros en la costa; **es herrscht dicke ~** (fam) el ambiente está cargado; **aus etw dat ist die ~ raus** (fam) algo ya no tiene importancia; **er ist ~ für mich** (fam) ése para mí no existe; **sich in ~ auflösen** (fam) desvanecerse en el aire [o como por encanto]; **jdn wie ~ behandeln** (fam) tratar a alguien como si no existiera; **jdn an die (frische) ~ setzen** (fam) mandar a alguien a tomar viento [o a freír espárragos]
❷ (Atem) respiración f, aliento m; **nach ~ schnappen** jadear; **die ~ anhalten** contener la respiración; **halt die ~ an!** (fam) ¡cierra la boca!; **(tief) ~ holen** respirar (hondo); **keine ~ bekommen** asfixiarse, sofocarse; **mir blieb vor Schreck die ~ weg** (fam) del susto me quedé sin aliento; **von ~ und Liebe leben** (fam) vivir de milagro
❸ (fam: Spielraum) espacio m libre; **seinem Zorn/Ärger/Herzen ~ machen** desahogarse
Luft² [lʊft, pl: 'lʏftə] f <-, Lüfte> ❶ (Raum über dem Erdboden) aire m; **jetzt ist das Flugzeug in der ~** ahora el avión está en el aire; **etw in die ~ sprengen** hacer saltar algo por los aires, volar algo; **vor Freude in die ~ springen** dar saltos de alegría; **es liegt etwas in der ~** hay algo en el aire; **das ist völlig aus der ~ gegriffen** es pura invención, está totalmente sacado de la manga; **in der ~ hängen** (fam) estar en el aire; **schnell in die ~ gehen** (fam) enfadarse enseguida; **der Kritiker hat mein Buch in der ~ zerrissen** (fam) el crítico ha descuartizado [o hecho trizas] mi libro; **ich könnte ihn in der ~ zerreißen** (fam) le podría hacer pedazos
❷ (schwacher Wind) aire(cito) m; **es weht eine kalte ~** corre una brisa fría
Luftabwehr f <-, ohne pl> (MIL) defensa f aérea; **Luftangriff** m <-(e)s, -e> (MIL) ataque m aéreo; **Luftaufklärung** f <-, -en> (MIL)

reconocimiento *m* aéreo; **Luftaufnahme** *f* <-, -n> (FILM) toma *f* aérea; (FOTO) vista *f* aérea; **Luftballon** *m* <-s, -s *o* -e> globo *m*; **Luftbefeuchter** *m* <-s, -> humidificador *m* del aire; **Luftbelastung** *f* <-, *ohne pl*> contaminación *f* atmosférica; **Luftbild** *nt* <-(e)s, -er> vista *f* aérea; **Luftblase** *f* <-, -n> burbuja *f* de aire; **ihre Illusion zerplatzte wie eine ~** sus ilusiones se desvanecieron en el aire; **Luftbrücke** *f* <-, -n> puente *m* aéreo

luftdicht *adj* hermético; **~ verpackt** envasado al vacío; **ein ~ verschlossener Behälter** un recipiente herméticamente cerrado

Luftdruck *m* <-(e)s, *ohne pl*> (PHYS) presión *f* atmosférica; **Luftdruckmesser** *m* <-s, -> manómetro *m*

luftdurchlässig *adj* transpirable, permeable al aire

lüften ['lʏftən] *vt* ① (*Kleider, Zimmer*) airear, ventilar
② (*Deckel*) quitar; **den Hut zum Gruß ~** saludar con el sombrero
③ (*Geheimnis*) revelar

Luftentfeuchter *m* <-s, -> deshumificador *m*

Lüfter *m* <-s, -> ventilador *m*

Luftfahrt *f* <-, *ohne pl*> aeronáutica *f*, aviación *f*; **Luftfahrtgesellschaft** *f* <-, -en> compañía *f* aérea; **Luftfahrtindustrie** *f* <-, -n> industria *f* aeronáutica; **Luft- und Raumfahrtindustrie** industria aeronáutica y astronáutica

Luftfahrzeug *nt* <-(e)s, -e> aeroplano *m*; **Luftfeuchtigkeit** *f* <-, *ohne pl*> (METEO) humedad *f* del aire; **Luftfilter** *m o nt* <-s, -> (TECH) filtro *m* de aire

Luftfracht *f* <-, -en> flete *m* aéreo; **Luftfrachtbrief** *m* <-(e)s, -e> carta *f* de porte aéreo

Luftfrachtrecht *nt* <-(e)s, *ohne pl*> derecho *m* de la navegación aérea; **Luftfrachtverkehr** *m* <-(e)s, *ohne pl*> tráfico *m* de transporte aéreo

luftgekühlt *adj* (TECH) ventilado

luftgetrocknet *adj* curado, secado al aire; **~er Schinken** jamón curado

Luftgewehr *nt* <-(e)s, -e> escopeta *f* de aire comprimido; **Lufthauch** *m* <-(e)s, -e> (*geh*) vientecillo *m*, airecillo *m*; **kein ~ weht** no corre ni una pizca de aire; **Lufthoheit** *f* <-, *ohne pl*> soberanía *f* aérea; **Lufthülle** *f* <-, -n> atmósfera *f*

luftig *adj* ① (*Kleidung*) ligero; **~ bekleidet** vestido ligeramente
② (*Zimmer*) bien ventilado

Luftikus ['lʊftikʊs] *m* <-(ses), -se> (*fam abw*) tarambana *m*

Luftkampf *m* <-(e)s, -kämpfe> combate *m* aéreo

Luftkissen *nt* <-s, -> ① (*Sitzkissen*) almohada *f* de aire [*o* neumática]
② (TECH) (sección *f* de) aire *m* comprimido; **Luftkissenboot** *nt* <-(e)s, -e> aerodeslizador *m*; **Luftkissenfahrzeug** *nt* <-(e)s, -e> aerodeslizador *m*

Luftklappe *f* <-, -n> (TECH) válvula *f* de aire; **Luftkorridor** *m* <-s, -e> (AERO) corredor *m* aéreo, pasillo *m* aéreo; **Luftkrieg** *m* <-(e)s, -e> guerra *f* aérea; **Luftkühlung** *f* <-, *ohne pl*> (TECH) refrigeración *f* por aire; **Luftkurort** *m* <-(e)s, -e> balneario *m* climatológico; **Luftlandetruppe** *f* <-, -n> (MIL) tropas *fpl* aerotransportadas; **Luftlandung** *f* <-, -en> (MIL) aterrizaje *m* de tropas aerotransportadas

luftleer *adj* vacío, sin aire; **wir leben doch nicht im ~en Raum** no somos los únicos en la tierra

Luftlinie *f* <-, *ohne pl*> línea *f* recta; **Luftloch** *nt* <-(e)s, -löcher> ① (TECH) respiradero *m* ② (*fam: beim Fliegen*) bache *m* de aire; **Luftmasche** *f* <-, -n> punto *m* por encima; **Luftmasse** *f* <-, -n> masa *f* de aire; **Luftmatratze** *f* <-, -n> colchoneta *f*; **Luftmine** *f* <-, -n> (MIL) mina *f* aérea; **Luftpirat(in)** *m(f)* <-en, -en; -, -nen> pirata *mf* aéreo, -a, secuestrador(a) *m(f)* de un avión; **Luftpiraterie** *f* <-, *ohne pl*> piratería *f* aérea; **Luftpiratin** *f* <-, -nen> *s.* **Luftpirat**

Luftpost *f* <-, *ohne pl*> correo *m* aéreo; **mit** [*o* **per**] **~** por avión; **Luftpostbrief** *m* <-(e)s, -e> carta *f* por avión; **Luftpostleichtbrief** *m* <-(e)s, -e> aerograma *m*; **Luftpostpapier** *nt* <-s, -e> papel *m* para aerogramas

Luftpumpe *f* <-, -n> bomba *f* de aire, inflador *m*; **Luftqualität** *f* <-, -en> calidad *f* del aire; **Luftraum** *m* <-(e)s, -räume> espacio *m* aéreo; **Luftrecht** *nt* <-(e)s, *ohne pl*> (JUR) derecho *m* aéreo

Luftreinhaltung *f* <-, *ohne pl*> conservación *f* de la pureza del aire; **Luftreinhaltungskriterium** *nt* <-s, -kriterien> criterio *m* para la conservación de la pureza del aire

Luftreiniger *m* <-s, -> purificador *m* de aire

Luftröhre *f* <-, -n> (ANAT) tráquea *f*; **Luftröhrenschnitt** *m* <-(e)s, -e> (MED) traqueotomía *f*

Luftsack *m* <-(e)s, -säcke> (ZOOL) bolsa *f* de aire; **Luftschacht** *m* <-(e)s, -schächte> pozo *m* de ventilación; **Luftschadstoff** *m* <-(e)s, -e> contaminante *m* de la atmósfera; **Luftschicht** *f* <-, -en> (METEO) capa *f* de aire

Luftschiff *nt* <-(e)s, -e> (globo *m*) dirigible *m*, aerostato *m*; **Luftschifffahrt**[RR] *f* <-, *ohne pl*> aerostación *f*

Luftschlacht *f* <-, -en> (MIL) combate *m* aéreo, batalla *f* aérea; **Luftschlange** *f* <-, -n> serpentina *f* de papel; **Luftschleuse** *f* <-, -n> (TECH) esclusa *f* de aire; **Luftschlitz** *m* <-es, -e> (AUTO) ranura *f* del aire, rendija *f* de ventilación; **Luftschloss**[RR] *nt* <-es, -schlösser>: **Luftschlösser bauen** hacer castillos en el aire; **Luftschraube** *f* <-, -n> (TECH) hélice *f*

Luftschutz *m* <-es, *ohne pl*> defensa *f* antiaérea; **Luftschutzbunker** *m* <-s, -> refugio *m* antiaéreo

Luftsieg *m* <-(e)s, -e> (MIL) victoria *f* aérea; **Luftsperrgebiet** *nt* <-(e)s, -e> zona *f* aérea prohibida; **Luftspiegelung** *f* <-, -en> espejismo *m*; **Luftsprung** *m* <-(e)s, -sprünge> salto *m* en el aire; **vor Freude einen ~ machen** dar un salto de alegría; **Luftstreitkräfte** *fpl* (MIL) fuerzas *fpl* aéreas; **Luftstrom** *m* <-(e)s, -ströme> corriente *f* de aire; **Luftströmung** *f* <-, -en> corriente *f* de aire; **Luftstützpunkt** *m* <-(e)s, -e> (MIL) base *f* aérea; **Lufttaxi** *nt* <-s, -s> taxi *m* aéreo; **Lufttemperatur** *f* <-, -en> (METEO) temperatura *f* del aire; **Lufttransport** *m* <-(e)s, -e> transporte *m* aéreo; **Luftüberwachung** *f* <-, -en> (MIL) vigilancia *f* aérea

luftundurchlässig *adj* impermeable al aire

Lüftung ['lʏftʊŋ] *f* <-, -en> ventilación *f*

Lüftungsklappe *f* <-, -n> (TECH) válvula *f* de ventilación; **Lüftungsschacht** *m* <-(e)s, -schächte> pozo *m* de ventilación

Luftveränderung *f* <-, -en> cambio *m* de aires; **eine ~ nötig haben** necesitar un cambio de aires

Luftverkehr *m* <-(e)s, *ohne pl*> tráfico *m* aéreo; **Luftverkehrsgesellschaft** *f* <-, -en> compañía *f* de transportes aéreos; **Luftverkehrskontrolle** *f* <-, -n> control *m* aéreo; **Luftverkehrsverwaltung** *f* <-, -en> (JUR) administración *f* de la navegación aérea

Luftverschmutzung *f* <-, *ohne pl*> contaminación *f* del aire; **Luftverteidigung** *f* <-, *ohne pl*> (MIL) defensa *f* antiaérea

luftverunreinigend *adj* contaminante del aire

Luftwaffe *f* <-, -n> (MIL) fuerza *f* aérea

Luftweg[1] *m* <-(e)s, -e> (*Atemwege*) vías *fpl* respiratorias

Luftweg[2] *m* <-(e)s, *ohne pl*> (*im Gegensatz zum Landweg*) vía *f* aérea; **auf dem ~** por vía aérea

Luftwiderstand *m* <-(e)s, *ohne pl*> (PHYS) resistencia *f* del aire; **Luftzufuhr** *f* <-, *ohne pl*> provisión *f* de aire; **Luftzug** *m* <-(e)s, -züge> corriente *f* de aire

Lug [luːk]: **~ und Trug** (*geh*) patrañas *fpl*

Lüge ['lyːɡə] *f* <-, -n> mentira *f*, guayaba *f Am*, pegada *f CSur*, nagual *f Mex*, bolada *f Cuba, Guat, Mex*, bolazo *m RíoPl*, agache *m Kol*, morcilla *f Cuba*, chile *m Guat*; **das ist alles ~** son todo mentiras; **jdm ~n aufticken** (*fam*) mentir a alguien; **jdn ~n strafen** coger a alguien que ha mentido; **~n haben kurze Beine** (*prov*) se agarra antes a un mentiroso que a un cojo

lugen ['luːɡən] *vi* (*reg*) ① (*spähen*) otear; **durch einen Spalt/um die Ecke ~** asomar por una raja/por la esquina
② (*hervorsehen*) entreverar; **durch ein Loch/aus der Tasche ~** asomar por un agujero/del bolsillo

lügen ['lyːɡən] <lügt, log, gelogen> *vi* mentir, macanear *CSur*, nagualear *Mex*; **ich müsste ~, wenn …** tendría que mentir si…; **er lügt wie gedruckt** (*fam*) miente más que habla [*o* más que la gaceta]

Lügenbold *m* <-(e)s, -e> (*fam*) trolero *m*

Lügendetektor *m* <-s, -en> detector *m* de mentiras; **Lügengeschichte** *f* <-, -n> mentira *f*, pepa *f And*

lügenhaft *adj* mentiroso; **eine ~e Geschichte** una historia basada en mentiras

Lügenmärchen *nt* <-s, -> mentira *f*, pepa *f And*

Lügner(in) ['lyːɡnɐ] *m(f)* <-s, -; -, -nen> mentiroso, -a *m, f*

lügnerisch ['lyːɡnərɪʃ] *adj* (*abw*) mentiroso, embustero

Lukasevangelium *nt* <-s, *ohne pl*> (REL) Evangelio *m* según [*o* de] San Lucas

Luke ['luːkə] *f* <-, -n> ① (*Dach-~*) tragaluz *m*
② (*Schiffs-*) escotilla *f*

lukrativ [lukraˈtiːf] *adj* lucrativo

lukullisch [luˈkʊlɪʃ] *adj* opíparo

Lulatsch ['luːlaːtʃ] *m* <-es, -e> (*fam*) grandullón, -ona *m, f*

Lumbago [lʊmˈbaːɡo] *f* <-, *ohne pl*> (MED) lumbago *m*

Lumme ['lʊmə] *f* <-, -n> (ZOOL) uria *f*

Lümmel ['lʏməl] *m* <-s, -> (*abw*) sinvergüenza *m*

Lümmelei *f* <-, -en> (*abw*) grosería *f*, ordinariez *f*

lümmelhaft *adj* (*abw*) grosero, ordinario; **hör jetzt endlich mit deinem ~en Benehmen auf!** ¡deja ya de una vez de comportarte tan groseramente!

lümmeln *vr*: **sich ~** (*fam abw*) repanchigarse

Lump [lʊmp] *m* <-en, -en> (*abw*) canalla *mf*, sinvergüenza *mf*

lumpen *vi* (*fam*): **sich nicht ~ lassen** no ser cutre

Lumpen ['lʊmpən] *m* <-s, -> ① (*Stofffetzen*) harapo *m*, andrajo *m*
② (*reg: Putzlappen*) bayeta *f*

Lumpengesindel *nt* <-s, *ohne pl*> (*abw*) chusma *f*; **Lumpenhänd-**

ler(in) *m(f)* <-s, -; -, -nen> trapero, -a *m, f*; **Lumpenpack** *nt* <-(e)s, ohne pl> (*abw*) chusma *f*; **Lumpensammler(in)** *m(f)* <-s, -; -, -nen> trapero, -a *m, f*

lumpig *adj* ❶ (*abw: niederträchtig*) vil, miserable
❷ (*fam abw: geringfügig*) miserable; **~e zwei Euro** dos euros de mierda *vulg*

lunar [luˈnaːɐ] *adj* (ASTR) lunar

Lunch [lantʃ] *m* <-(e)s *o* -, -(e)s *o* -e> almuerzo *m*, lunch *m Am*

lunchen [ˈlantʃən] *vi, vt* almorzar, lonchear *MAm, Mex*

Lüneburg [ˈlyːnəbʊrk] *nt* <-s> Lüneburgo *m*

Lunge [ˈlʊŋə] *f* <-, -n> pulmón *m*; **sich** *dat* **die ~ aus dem Hals schreien** (*fam*) gritar a todo pulmón; **die grüne ~ einer Stadt** el pulmón verde de una ciudad; **eine Zigarette auf ~ rauchen** fumar un cigarrillo tragándose el humo

Lungenabszessᴿᴿ *m* <-es, -e> (MED) absceso *m* pulmonar; **Lungenarterie** *f* <-, -n> (MED) arteria *f* pulmonar; **Lungenbläschen** *nt* <-s, -> (MED) alvéolo *m* pulmonar, vesícula *f* pulmonar; **Lungenbraten** *m* <-s, -> (*Österr*) filete *m* de buey, solomillo *m*; **Lungenembolie** *f* <-, -n> (MED) embolia *f* pulmonar; **Lungenentzündung** *f* <-, -en> neumonía *f*, pulmonía *f*

Lungenfell *nt* <-(e)s, -e> (ANAT) pleura *f*; **Lungenfellentzündung** *f* <-, -en> pleuritis *f inv*

Lungenflügel *m* <-s, -> lóbulo *m* pulmonar; **Lungenheilstätte** *f* <-, -n> (MED) sanatorio *m* antituberculoso

lungenkrank *adj* enfermo del pulmón

Lungenkranke(r) *mf* <-n, -n; -n, -n> enfermo, -a *m, f* de los pulmones; **Lungenkrankheit** *f* <-, -en> enfermedad *f* pulmonar; **Lungenkrebs** *m* <-es, ohne pl> cáncer *m* de pulmón; **Lungenödem** *nt* <-s, -e> (MED) edema *m* pulmonar; **Lungenpest** *f* <-, ohne pl> (MED) peste *f* neumónica; **Lungentuberkulose** *f* <-, -n> (MED) tuberculosis *f inv* pulmonar; **Lungenzug** *m* <-(e)s, -züge> inhalación *f* del humo; **einen ~ machen** inhalar el humo

lungern [ˈlʊŋɐn] *vi* (*fam*) haraganear, holgazanear

Lunte [ˈlʊntə] *f* <-, -n>: **~ riechen** (*fam*) olerse algo; **die ~ ans Pulverfass legen** descubrir el pastel

Lupe [ˈluːpə] *f* <-, -n> lente *m o f* de aumento, lupa *f*; **jdn/etw unter die ~ nehmen** (*fam*) examinar a alguien/algo de cerca

lupenrein *adj* impecable, perfecto; **das Geschäft war nicht ganz ~** el negocio no era del todo legal

lupfen [ˈlʊpfən] *vt* (*Schweiz, Österr, südd*), **lüpfen** [ˈlypfən] *vt* (*reg*) levantar ligeramente

Lupine [luˈpiːnə] *f* <-, -n> altramuz *m*, lupino *m*

Lurch [lʊrç] *m* <-(e)s, -e> batracio *m*

Lurker [ˈlœːkɐ] *m* (INFOR) mirón *m*

Lusche [ˈlʊʃə] *f* <-, -n> (*fam*) ❶ (*im Spiel*) paja *f*
❷ (*Person*) inútil *mf*, desastre *m*; **diese Familie ist voller ~n** esta familia está llena de nulidades

Lust¹ [lʊst, *pl:* ˈlʏstə] *f* <-, Lüste> (*geh: sexuelles Verlangen*) deseo *m*; (*Wollust*) voluptuosidad *f*; **~ auf jdn/etw** ganas de alguien/de algo

Lust² *f* <-, ohne pl> ❶ (*Verlangen*) gana(s) *f(pl)*; **zu etw** *dat* [*o* **auf etw**] **~ haben** tener ganas de algo; **die ~ an etw** *dat* **verlieren** perder las ganas de hacer algo; **die ~ daran ist ihr vergangen** se le han quitado las ganas; **das hat mir die** [*o* **jede**] **~ am Essen genommen** me ha quitado las ganas de comer; **hast du ~?** ¿te apetece?; **ich habe keine ~** no me apetece; **mach, wie du ~ hast** hazlo como te apetezca
❷ (*Vergnügen*) placer *m*; (*Genuss*) gozada *f*; **nach ~ und Laune** a placer; **es ist eine (wahre) ~ ihm zuzusehen** es un (verdadero) placer mirarle; **mit ~ und Liebe** con mil amores

Lustbarkeit *f* <-, -en> (*geh, alt*) diversión *f*

Luster [ˈlʊstɐ] *m* <-s, -> (*Österr*), **Lüster** [ˈlʏstɐ] *m* <-s, -> ❶ (*Überzug auf Glas, Keramik*) vidriado *m*
❷ (*Stoff*) lustrina *f*

Lüsterklemme *f* <-, -n> regleta *f*

lüstern [ˈlʏstɐn] *adj* (*geh*) lascivo, lujurioso; **~ nach etw** *dat* [*o* **auf etw**] **sein** codiciar algo

Lüsternheit *f* <-, ohne pl> (*geh*) lascivia *f*

Lustgefühl *nt* <-(e)s, -e> sensación *f* de placer; **Lustgewinn** *m* <-(e)s, -e> sensación *f* de placer; **Lustgreis** *m* <-es, -e> (*fam abw*) viejo *m* verde

lustig [ˈlʊstɪç] *adj* ❶ (*vergnügt*) alegre; **sie plapperte trotzdem ~ weiter** aun así siguió hablando con todas sus ganas
❷ (*belustigend*) divertido, cómico; **sich über jdn/etw ~ machen** burlarse de alguien/algo; **das kannst du tun, solange du ~ bist** (*fam*) puedes hacerlo cuanto tiempo quieras; **du bist vielleicht ~!** (*iron*) ¡mira qué gracioso!; **das wird ja immer ~er!** (*iron*) ¡cada vez se pone mejor la cosa!

Lustigkeit *f* <-, ohne pl> buen humor *m*, alegría *f*

Lustknabe *m* <-n, -n> (*alt*): **Tiberius umgab sich auf Capri mit ~n, die ihn befriedigen mussten** Tiberio se rodeaba en Capri de efebos que tenían que satisfacerle

Lüstling [ˈlʏstlɪŋ] *m* <-s, -e> (*abw*) sátiro *m*

lustlos *adj* (*Person*) desanimado, sin ganas

Lustmangel *m* <-s, ohne pl> falta *f* de ganas; **Lustmolch** *m* <-(e)s, -e> (*fam*) libertino *m*; **Lustmord** *m* <-(e)s, -e> asesinato *m* por impulso sexual; **Lustmörder(in)** *m(f)* <-s, -; -, -nen> asesino, -a *m, f* sexual; **Lustobjekt** *nt* <-(e)s, -e> objeto *m* de placer; **jdn zum ~ degradieren** reducir a alguien a un objeto de placer; **Lustprinzip** *nt* <-s, ohne pl> (PSYCH) principio *m* de placer; **nach dem ~** (sólo) cuando hay ganas; **Lustschloss**ᴿᴿ *nt* <-es, -schlösser> palacio *m* de recreo; **Lustspiel** *nt* <-(e)s, -e> comedia *f*

lustvoll *adj* (*geh*) lleno de ganas

lustwandeln *vi sein o haben* (*geh, alt*) pasear

Lutetium [luˈteːtsjʊm] *nt* <-s, ohne pl> (CHEM) lutecio *m*

Lutheraner(in) [lʊtəˈraːnɐ] *m(f)* <-s, -; -, -nen> luterano, -a *m, f*

Lutherbibel *f* <-, -n> (REL) biblia *f* luterana

lutherisch [ˈlʊtərɪʃ] *adj* (REL) luterano

lutschen [ˈlʊtʃən] *vi, vt* chupar; **er lutscht noch am Daumen** aún se chupa el dedo

Lutscher *m* <-s, -> ❶ (*Süßigkeit*) piruleta *f*, chupete *m Am*; (*kugelförmig*) chupa-chups® *m inv*
❷ (*fam: Schnuller*) chupete *m*

Lutschtablette *f* <-, -n> tableta *f* para disolución oral, pastilla *f* para disolución oral

lütt [lʏt] *adj* (*nordd*) pequeño

Lüttich [ˈlʏtɪç] *nt* <-s> Lieja *f*

Luv [luːf] *f* <-, ohne pl> (NAUT) barlovento *m*

Luxation [lʊksaˈtsioːn] *f* <-, -en> (MED) luxación *f*

Luxemburg [ˈlʊksəmbʊrk] *nt* <-s> Luxemburgo *m*

Luxemburger(in) [ˈlʊksəmbʊrgɐ] *m(f)* <-s, -; -, -nen> luxemburgués, -esa *m, f*

luxemburgisch *adj* luxemburgués

luxuriös [lʊksuˈriøːs] *adj* lujoso, de lujo

Luxus [ˈlʊksʊs] *m* <-, ohne pl> lujo *m*; **im ~ leben** vivir en el lujo; **ich leiste mir den ~ zu ...** me permito el lujo de...; **das ist doch reiner ~** esto es puro lujo

Luxusartikel *m* <-s, -> artículo *m* de lujo; **Luxusausführung** *f* <-, -en> modelo *m* de lujo; **Luxusausgabe** *f* <-, -n> (*Buchausgabe*) edición *f* de lujo; **Luxusdampfer** *m* <-s, -> vapor *m* de lujo; **Luxusfrau** *f* <-, -en> mujer *f* con clase; **Luxushotel** *nt* <-s, -s> hotel *m* de lujo; **Luxuslimousine** *f* <-, -n> limusina *f* de lujo; **Luxussteuer** *f* <-, -n> impuesto *m* de lujo; **Luxuswagen** *m* <-s, -> coche *m* de lujo

Luzern [luˈtsɛrn] *nt* <-s> Lucerna *f*

Luzerne [luˈtsɛrnə] *f* <-, -n> (BOT) alfalfa *f*

Luzifer [ˈluːtsifɐ] *m* <-s> Lucifer *m*

LW [ɛlˈveː] (PHYS, RADIO) *Abk. von* **Langwelle** o.l.

Lymphdrainage [ˈlʏmf-] *f* <-, -n> (MED) drenaje *m* linfático

Lymphe [ˈlʏmfə] *f* <-, -n> (MED) linfa *f*

Lymphknoten *m* <-s, -> (ANAT) ganglio *m* linfático

Lymphom [lʏmˈfoːm] *nt* <-s, -e> (MED) linfoma *m*

Lymphozyt *m* <-en, -en> (MED) linfocito *m*

Lymphsystem *nt* <-s, -e> (MED) sistema *m* linfático

lynchen [ˈlʏnçən] *vt* linchar

Lynchjustiz *f* <-, ohne pl> linchamiento *m*; **Lynchmord** *m* <-(e)s, -e> asesinato *m* por linchamiento

Lyoner [ˈljoːnɐ] *f* <-, -> (GASTR) embutido *m* de carne aderezada

Lyrik [ˈlyːrɪk] *f* <-, ohne pl> (poesía *f*) lírica *f*

Lyriker(in) [ˈlyːrikɐ] *m(f)* <-s, -; -, -nen> (poeta, -isa *m, f*) lírico, -a *m, f*

lyrisch *adj* lírico

M

M, m [ɛm] *nt* <-, -> M, m *f*; **~ wie Martha** M de María

m *Abk. von* **Meter** m

mA *Abk. von* **Milliampere** mA

MA. *Abk. von* **Mittelalter** Edad *f* Media

Mäander [mɛˈandɐ] *m* <-s, -> ❶ (GEO) meandro *m*
❷ (KUNST) greca *f*

Maastricht [ˈmaːstrɪçt] *nt* <-s>: **~er Vertrag** Tratado de Maastricht

Mach [max] *nt* <-(s), -> (PHYS) mach *m*, número *m* de Mach

Machart *f* <-, -en> hechura *f*

machbar *adj* factible, hacedero; **das ist nicht ~** eso no es factible

Mache [ˈmaxə] *f* <-, ohne pl> ❶ (*fam abw*) teatro *m*, comedia *f*; **das ist doch reine ~** es pura comedia

machen ❷ *(fam: Wend)*: **etw in der ~ haben** estar haciendo algo; **jdn in der ~ haben** darle la vara [*o* lata] a alguien; **jdn in die ~ nehmen** *(sich vornehmen)* darle el latazo a alguien; *(verprügeln)* poner a alguien caliente (a tortas)

machen ['maxən] **I.** *vt* ❶ *(tun, unternehmen)* hacer; *(durchführen)* llevar a cabo, realizar; *(veranstalten)* organizar; **er macht, was er will** hace lo que quiere; **mach das nicht noch mal!** ¡no lo vuelvas a hacer!; **das lässt sich ~** esto se puede arreglar [*o* hacer]; **ich weiß nicht, was ich ~ soll** no sé qué debo hacer; **ich kann ~, was ich will, es klappt einfach nicht** haga lo que haga, nunca resulta; **wie man's macht, ist es verkehrt** haga lo que haga, siempre está mal; **was soll [*o* will] man ~?** ¿qué le vamos a hacer?; **das ist zu ~** esto se puede hacer; **da ist nichts zu ~ [*o* kann man nichts ~]** no hay remedio; **wie machst du das nur?** ¿pero cómo lo haces?; **was machst du (denn) da?** ¿qué estás haciendo?; **was ~ Sie beruflich?** ¿cuál es su profesión?; **was macht dein Bruder?** ¿cómo le va a tu hermano?; **mach's gut!** *(fam: Abschiedsgruß)* ¡qué te vaya bien!; **wird gemacht!** ¡se hará!; **gut gemacht!** ¡bien hecho!; **ein gemachter Mann** un hombre hecho; **mit mir könnt ihr's ja ~** *(fam)* conmigo lo podéis hacer; **warum lässt du das mit dir ~?** ¿por qué lo consientes?; **ich würde das nicht mit mir ~ lassen** yo no permitiría que me lo hicieran; **seit wann machst du Sport?** *(fam)* ¿desde cuándo haces deporte?; **eine Arbeit ~** hacer [*o* realizar] un trabajo; **er macht den Aufpasser für sie** cuida de ella; **sie machte ihm schöne Augen** ligó con él; **eine Bemerkung ~** hacer un comentario; **einen Besuch ~** hacer una visita; **er macht mir den Garten** me arregla el jardín; **er machte ein erstauntes Gesicht** puso cara [*o* gesto] de asombro; **wer macht bei euch den Haushalt?** ¿quién se ocupa en vuestra casa de las tareas del hogar?; **Musik ~** hacer música; **eine Party ~** hacer [*o* organizar] una fiesta; **einen Spaziergang ~** dar un paseo; **ein Spiel ~** jugar; **etw klein ~** *(fam: zerkleinern: Holz, Gemüse)* partir algo; *(Kräuter)* picar algo; **kannst du mir den Schein klein ~?** *(fam)* ¿me puedes cambiar el billete (en monedas)?; **ich will es kurz ~** seré breve; **er wird es nicht mehr lange ~** *(fam: sterben)* la va a palmar pronto; **die Katze macht „miau"** *(fam)* el gato hace "miau"; **etwas aus sich** *dat* **~** arreglarse; **etw voll ~** *(fam: füllen)* llenar algo (hasta arriba), colmar algo; *(vervollständigen)* completar algo; *(fam: beschmutzen)* ensuciar algo, manchar algo; **sich** *dat* **vor Angst in die Hose ~** cagarse de miedo; **unter 200 Euro macht er's nicht** *(fam)* no baja de 200 euros; **wetten, dass sie's mit ihm auch schon gemacht hat?** *(fam)* ¿te apuestas que ya se ha acostado también con él?

❷ *(herstellen)* fabricar, producir; *(Licht)* encender; *(bilden, darstellen)* representar; *(absolvieren)* hacer; *(zubereiten: Speisen)* hacer, preparar; **(das) Abitur ~** hacer la selectividad; **sie hat ihren Doktor gemacht** *(fam)* hizo su tesis doctoral; **einen Drink ~** hacer [*o* preparar] una bebida; **soll ich uns etwas zu essen ~?** ¿nos preparo algo de comer?; **ein Foto/Abzüge ~** sacar una foto/copias; **sie ließ sich** *dat* **beim Friseur/von einer Freundin die Haare ~** el peluquero/una amiga le arregló el pelo; **sie hat sich** *dat* **ein Kleid ~ lassen** encargó que le hicieran un vestido; **die machten einen Kreis um die Lehrerin** hicieron corro alrededor de la maestra; **die Straße macht dort eine scharfe Kurve** la calle hace una curva cerrada en ese lugar; **sie hat eine Vase aus Ton gemacht** ha hecho un florero de arcilla; **aus etw gemacht sein** estar hecho de algo; **dafür ist er wie gemacht** está hecho para ello

❸ *(verursachen)* causar, producir; *(Lärm)* hacer; **die politische Entwicklung machte ihm Angst** la evolución política le causó inquietud; **die frische Luft hat mir Appetit gemacht** el aire fresco me ha abierto el apetito; **Eindruck ~** causar impresión; **er hat sich** *dat* **dort viele Feinde gemacht** se ha hecho muchos enemigos allí; **einen Fleck auf etw ~** manchar algo; **sie wollte ihm eine Freude ~** quería darle una alegría; **durch seine offene Art hat er sich** *dat* **zahlreiche Freunde gemacht** gracias a su manera de ser abierta ha hecho muchas amistades; **wer macht denn hier so ein Geschrei?** ¿quién es el que grita tanto aquí?; **jdm Hoffnung ~** dar esperanzas a alguien; **das machte ihr große Mühe** le costaba enorme trabajo; **ich möchte dir den Mut ~** me gustaría animarte; **das macht mir Sorge** eso me preocupa; **~ Sie sich bitte keine Umstände!** ¡no se tome ninguna molestia!; **die Musik wird dich das vergessen ~** la música te hará olvidar eso

❹ *(in einen Zustand versetzen)* poner, hacer; **das Kleid macht (sie) alt** el vestido (la) hace mayor; **jdn zum Anführer ~** hacerse el jefe; **sein Werk hat ihn berühmt gemacht** su obra le ha hecho famoso; **jdm etw leicht ~** facilitar algo a alguien; **mein Vater hat mich zu seinem Nachfolger gemacht** mi padre me ha nombrado su sucesor; **das macht mich nervös** eso me pone nervioso; **diese Erbschaft hat ihn reich gemacht** esta herencia le ha hecho rico; **jdn bei jdm schlecht ~** hablar mal de alguien a alguien; **jdm das Leben schwer ~** complicarle la vida a alguien; **er macht mir das Leben schwer** me amarga la vida; **jdn schlecht ~** dejar mal a alguien; **es macht mich traurig, dich so zu sehen** me causa tristeza verte así; **jdn zu seinem Verbündeten ~** convertir a alguien en el aliado de uno; **das macht mich verrückt** eso me vuelve loco

❺ *(fam: instand setzen, reparieren)*: **(jdm) etw ~** arreglarle algo (a alguien); **etw ~ lassen** hacer arreglar [*o* reparar] algo; **bis wann können Sie den Wagen ~?** ¿hasta cuándo podrá arreglar el coche?; **wir müssen den Fernseher ~ lassen** tenemos que (hacer) arreglar el televisor

❻ *(ernennen)* nombrar; **sie machten ihn zum Abteilungsleiter** lo nombraron jefe de sección

❼ *(umwandeln)* convertir *(zu* en), transformar *(zu* en); **du machst aus allem ein Problem** lo conviertes todo en un problema

❽ *(fam: kosten)* costar, ser; *(ergeben)* dar; *(erlangen, verdienen)* ganar; **was [*o* wie viel] macht das?** ¿cuánto cuesta?; **das macht zusammen 14** todo junto da 14; **drei mal drei macht neun** tres por tres son nueve; **wie viel machst du denn so im Jahr?** ¿cuánto ganas al año?; **ein Geschäft ~** hacer un negocio; **Gewinn/Verlust ~** obtener beneficios/tener pérdidas; **er hat mit seinem Pferd den ersten Preis gemacht** ha ganado el primer premio con su caballo; **Punkte/Tore ~** conseguir puntos/hacer goles; **wir ~ jetzt dreimal so viel Umsatz** ahora hemos triplicado la facturación

❾ *(fam: ausmachen)*: **macht nichts!** ¡no importa!; **aber, das macht doch nichts!** ¡no pasa nada!; **es macht mir nichts, wenn du wütend bist** me da igual que estés hecho una furia; **was macht das schon?** ¿qué más da?

II. *vi* ❶ *(bewirken)* hacer, provocar; **mach, dass er wieder gesund wird!** ¡haz que se cure!; **Joggen macht fit** correr mantiene la forma física; **Querstreifen ~ dick** las rayas horizontales hacen gordo; **Liebe macht blind** el amor es ciego

❷ *(gewähren)*: **lass mich nur ~!** ¡ya lo hago yo!; **mach nur [*o* ruhig]!** ¡venga, hazlo!

❸ *(fam: sich beeilen)*: **mach, dass du wegkommst!** ¡lárgate de una vez!; **nun mach schon!** *(beeilen)* ¡date prisa!; **ich mach ja schon!** *(komme)* ¡ya voy!

❹ *(fam: sich stellen)*: **er macht auf lässig** va de despreocupado; **sie macht gern auf vornehme Dame** le gusta ir de señorona

❺ *(fam: mit etw handeln)*: **er macht jetzt in Computern** ahora se gana la vida con ordenadores

❻ *(fam: Notdurft verrichten)*: **ins Bett/in die Hose ~** hacerse en la cama/en el pantalón; **schau, da hat mir ein Vogel aufs Auto gemacht** mira, se me ha cagado un pájaro en el coche

III. *vr*: **sich ~** ❶ *(sich in einen Zustand versetzen)*: **sich beliebt ~** ganarse las simpatías *(bei* de); **~ Sie sich's bequem!** ¡póngase cómodo!; **sich hübsch ~** ponerse guapo; **sich klein ~** *(ducken)* agacharse; **sich lächerlich ~** hacer el ridículo; **sie macht es sich nicht leicht** no se lo pone fácil; **du machst es dir ganz schön leicht!** *(vereinfachen)* ¡simplificas demasiado!; *(sich nicht genug Mühe geben)* ¡te lo tomas muy a la ligera!; **da hast du es dir aber schwer gemacht** mira que te lo has puesto [*o* hecho] difícil; **sich (bei jdm) verhasst ~** ganarse el odio (de alguien); **er kann sich zumindest verständlich ~** por lo menos puede comunicarse; **sich wichtig ~** darse humos; **mach dich nicht so wichtig!** ¡no te des tanta importancia [*o* tantos vuelos]!

❷ *(fam: gedeihen)* hacer progresos, progresar; **der Junge macht sich** el niño hace progresos; **der gebrochene Arm macht sich ganz gut** el brazo roto evoluciona bien; **die neue Sekretärin macht sich ausgesprochen gut** la nueva secretaria hace unos progresos enormes; **ich finde, er macht sich allmählich** creo que poco a poco va saliendo adelante

❸ *(passen)* quedar; **das Bild macht sich gut an dieser Wand** el cuadro queda bien en esta pared; **der Mantel macht sich gut zu ihrem Kleid** el abrigo va bien con su vestido

❹ *(beginnen)* ponerse *(an* a); **sich an die Arbeit ~** ponerse a trabajar; **sich an ein Manuskript ~** ponerse a escribir un manuscrito; **sich auf den Weg ~** ponerse en camino

❺ *(sich bereiten)* hacerse, prepararse; **sie macht sich ein Steak** se hace un filete; **~ Sie sich nur keine Umstände wegen mir!** ¡no se tome la molestia por mí!; **ich mache mir Sorgen** me preocupo; **sich** *dat* **falsche Hoffnungen ~** crearse falsas esperanzas; **mach dir keine falschen Hoffnungen!** no te hagas falsas ilusiones

❻ *(fam: gelegen sein)*: **sich** *dat* **nichts aus etw ~** *(nicht zu Herzen nehmen)* importar(le) algo nada a alguien; *(nicht interessieren)* no interesar(le) algo a alguien; *(nicht gefallen)* no gustar(le) algo a alguien; **sie macht sich nichts aus Eis** no le gustan los helados; **mach dir nichts d(a)raus!** ¡no hagas caso de eso!, ¡no le des importancia a eso!

Machenschaften *fpl (abw)* maquinaciones *fpl*, manejos *mpl*; **unlautere ~** *(JUR)* maquinaciones ilícitas

Macher *m* <-s, -> *(fam)* hombre *m* de acción

Machete [ma'tʃe:tə] *f* <-, -n> machete *m*, colín *m MAm, Ant*, chincha *f CRi*, daga *f PRico*

Macho ['matʃo] *m* <-s, -s> *(fam)* machista *m*

Macht¹ [maxt, pl: 'mɛçtə] f <-, Mächte> (Staat) potencia f; **geheime Mächte** poderes secretos; **die Mächte der Finsternis** (geh) el poder de las tinieblas

Macht² f <-, ohne pl> poder m; (Kraft) fuerza f; **mit aller ~** con todas las fuerzas; **wir tun alles, was in unserer ~ steht** hacemos todo lo que está a nuestro alcance; **es liegt in deiner ~, die Zustände zu ändern** está en tu poder [o a tu alcance], el cambiar la situación; **sie übte eine unwiderstehliche ~ auf ihn aus** ejerció un poder irresistible sobre él; **~ über jdn haben** tener poder sobre alguien; **an die ~ kommen/gelangen** subir/llegar al poder; **die ~ ergreifen/an sich reißen** asumir/ usurpar el poder; **an der ~ bleiben/sein** permanecer/estar en el poder; **seine ~ behaupten** imponer su autoridad

Machtbefugnis f <-, -se> poder m, autoridad f; **einen solchen Befehl kann ich nicht geben, das überschreitet meine ~** yo no puedo dar una orden semejante, no estoy autorizado para ello; **Machtbereich** m <-(e)s, -e> esfera f de influencia; **Machtblock** m <-(e)s, -blöcke> (POL: zwischen zwei Staaten) bloque m de potencias; (zwischen zwei Parteien) bloque m de poder; **Machtergreifung** f <-, -en> toma f de poder; **Hitlers ~** la subida al poder de Hitler; **Machterhalt** m <-(e)s, ohne pl> mantenimiento m del poder; **Machtfrage** f <-, -n> (POL) cuestión f de poder; **Machtfülle** f <-, ohne pl> plenitud f de poderes

Machthaber(in) m(f) <-s, -; -, -nen> dirigente mf, gobernante mf
Machthunger m <-s, ohne pl> hambre f de poder, ansia f de poder; **jds ~ zum Opfer fallen** ser víctima del ansia de poder de alguien
machthungrig adj sediento [o ávido] de poder
mächtig ['mɛçtɪç] I. adj ❶ (machtvoll) poderoso, cogotudo MAm, Ant; **seiner Sinne ~ sein** ser dueño de sí mismo; **einer Sprache ~ sein** (geh) dominar un idioma
❷ (sehr groß) enorme, inmenso; **er hatte einen ~en Durst** (fam) tenía una sed terrible
II. adv (sehr) enormemente; **sich ~ anstrengen** esforzarse enormemente; **~ viel** un montón; **~ viel Geld** un montón de dinero; **~ groß** muy grande
Mächtigkeit f <-, ohne pl> (a. BERGB: Dicke) espesor m, abertura f
Machtkampf m <-(e)s, -kämpfe> lucha f por el poder; **Machtkomplott** nt <-(e)s, -e> complot m del poder
machtlos adj impotente, sin poder; **~ gegen etw sein** no poder hacer nada contra algo
Machtlosigkeit f <-, ohne pl> impotencia f
Machtmissbrauch^RR m <-(e)s, ohne pl> abuso m del poder; **Machtmittel** nt <-s, -> (POL) medida f de presión; **Machtpolitik** f <-, ohne pl> política f imperialista; **Machtprobe** f <-, -n> prueba f de fuerza; **Machtstellung** f <-, ohne pl> (eines Staates) poderío m; (einer Person) autoridad f; **Machtstreben** nt <-s, ohne pl> (a. POL) ansia f de poder; (staatsübergreifend) imperialismo m; **Machtübernahme** f <-, -n> (POL) subida f al poder; **Machtverhältnisse** fpl reparto m de poderes
machtvoll adj poderoso; **eine ~e Demonstration** una manifestación grandiosa
Machtvollkommenheit f <-, ohne pl> plenitud f de poderes; **in eigener ~ entscheiden** tomar una decisión en plenitud de poderes; **aus eigener ~** sin autorización previa; **Machtwechsel** m <-s, -> (POL) cambio m de gobierno; **Machtwort** nt <-(e)s, -e> sentencia f terminante; **ein ~ sprechen** hacer valer su autoridad
Machwerk nt <-(e)s, -e> (abw) chapucería f, chapuza f, churro m fam
Mach-Zahl f <-, -en> (PHYS) número m de Mach
Macke ['makə] f <-, -n> ❶ (Fehler) defecto m; (Beule) abolladura f; **das Auto hat ~n** el coche tiene defectos
❷ (fam: Tick) manía f; **du hast doch eine ~!** ¡estás chiflado!
Macker ['makɐ] m <-s, -> (sl) ❶ (Typ) tío m
❷ (Freund) ligue m
MAD m <-(s), ohne pl> Abk. von **Militärischer Abschirmdienst** servicio m de contraespionaje alemán
Madagaskar [mada'gaska:ɐ] nt <-s> Madagascar m
Madagasse, -in [mada'gasə] m, f <-n, -n; -, -nen> malgache mf
madagassisch adj malgache
Madame [ma'dam, pl: me'dam] f <-, Mesdames> (geh) señora f
Mädchen ['mɛːtçən] nt <-s, -> ❶ (Kind) niña f, tripona f Mex; (Jugendliche) chica f, muchacha f, chamaca f Mex, piba f Arg; **leichtes ~** chica fácil [o ligera de cascos]
❷ (Hausangestellte) criada f, chica f, mucama f Am; **~ für alles** (fam) chica para todo
mädchenhaft I. adj (Aussehen, Art, Kleidung) de niña; (Person) como una niña
II. adv como una niña
Mädchenhandel m <-s, ohne pl> trata f de blancas; **Mädchenhändler(in)** m(f) <-s, -; -, -nen> tratante mf de blancas
Mädchenname m <-ns, -n> ❶ (Vorname) nombre m de chica

❷ (vor der Heirat) apellido m de soltera
Made ['maːdə] f <-, -n> cresa f; **wie die ~ im Speck leben** (fam) vivir en abundancia
Madeira¹ [ma'deːra] nt <-s> (Insel) Madera f
Madeira² m <-s, -s>, **Madeirawein** m <-(e)s, -e> (vino m de) Madera m
Mad(e)l ['maːd(ə)l] nt <-s, -n> (südd, Österr), **Mädel** ['mɛːdəl] nt <-s, -(s)> (fam) niña f, chica f
Madenwurm m <-(e)s, -würmer> gusano m vermicular
Madera nt o m <-s, -s> s. **Madeira²**
madig adj lleno de cresas, abichacado CSur; **jdm etw ~ machen** (fam) quitar(le) a alguien las ganas de algo; **jdn ~ machen** (fam) poner verde a alguien
Madl nt <-s, -n> s. **Mad(e)l**
Madonna¹ [ma'dɔna] f <-, ohne pl> (REL: Gottesmutter) Virgen f (Santísima)
Madonna² f <-, Madonnen> (REL: Darstellung) madona f
Madrid [ma'drɪt] nt <-s> Madrid m
Madrider(in) [ma'drɪtɐ] m(f) <-s, -; -, -nen> madrileño, -a m, f
Madrigal [madri'gaːl] nt <-s, -e> (MUS, LIT) madrigal m
Maestro [ma'ɛstro, pl: ma'ɛstri] m <-s, -s o Maestri> ❶ (berühmter Musiker) maestro m
❷ (fam: Chef) jefe m
Mafia ['mafja] f <-, -s> mafia f
mafios adj (abw) mafioso m
mag [maːk] 3. präs von **mögen**
Magazin [maga'tsiːn] nt <-s, -e> ❶ (Lager) almacén m, depósito m
❷ (an Waffen) cargador m
❸ (Zeitschrift) revista f
❹ (Radio-, Fernsehsendung) programa m
❺ (für Dias) cartucho m
Magaziner(in) [maga'tsiːnɐ] m(f) <-s, -; -, -nen> (Schweiz), **Magazineur(in)** [maga'tsiːnøːɐ] m(f) <-s, -e; -, -nen> (Österr) jefe, -a m, f de almacén
Magd [maːkt, pl: 'mɛːkdə] f <-, Mägde> criada f, muchacha f
Magdeburg ['makdəbʊrk] nt <-s> Magdeburgo m
Magen ['maːgən, pl: 'mɛːgən] m <-s, Mägen> estómago m; (fam) tripas fpl; **nervöser ~** estómago nervioso; **auf nüchternen ~** en ayunas; **mir knurrt der ~** me crujen las tripas; **sich** dat **den ~ verderben** ponerse malo del estómago; **mit leerem ~** con el estómago vacío; **etw liegt jdm schwer im ~** (fam) algo se le quedó atravesado a alguien; **mir dreht sich der ~ um** (fam) tengo ganas de devolver
Magenbeschwerden fpl problemas mpl de estómago, indisposición f del estómago; **Magenbitter** m <-s, -> estomacal m; **Magenblutung** f <-, -en> (MED) hemorragia f gástrica; **Magen-Darm-Grippe** ['---'---] f <-, -n> gastroenteritis f inv; **Magen-Darm-Katarr**^RR m <-s, -e>, **Magen-Darm-Katarrh** m <-s, -e> (MED) gastroenteritis f inv; **Magen-Darm-Trakt** ['---'---] m <-(e)s, -e> (ANAT) aparato m gastrointestinal; **Magendrücken** nt <-s, ohne pl> pesadez f de estómago, dolor m de estómago; **Magendurchbruch** m <-(e)s, -brüche> perforación f estomacal; **Magengegend** f <-, -en> zona f del estómago; **ein Drücken in der ~ haben** tener pesadez de estómago; **Magengeschwür** nt <-s, -e> úlcera f gástrica; **Magengrube** f <-, -n> epigastrio m; **Magenknurren** nt <-s, ohne pl> borborigmo m; **Magenkrampf** m <-(e)s, -krämpfe> (MED) gastroespasmo m, retortijón m fam
magenkrank adj enfermo del estómago, que padece del estómago; **Magenkranke(r)** mf <-n, -n; -, -n> enfermo, -a m, f del estómago; **Magenkrebs** m <-es, -e> cáncer m de estómago; **Magenleiden** nt <-s, -> afección f del estómago, enfermedad f del estómago; **Magenmittel** nt <-s, -> remedio m para el dolor de estómago; **Magenoperation** f <-, -en> operación f del estómago; **Magensaft** m <-(e)s, -säfte> jugo m gástrico; **Magensäure** f <-, -n> (MED) ácido m gástrico
Magenschleimhaut f <-, -häute> (membrana f) mucosa f del estómago; **Magenschleimhautentzündung** f <-, -en> gastritis f inv
Magenschmerzen mpl dolores mpl de estómago; **Magenspiegelung** f <-, -en> (MED) gastroscopia f; **Magenspülung** f <-, -en> (MED) lavado m de estómago; **Magenverstimmung** f <-, -en> indigestión f
mager ['maːgɐ] adj ❶ (Fleisch, Boden) magro
❷ (Mensch, Tier) flaco, flamenco Hond, PRico
❸ (dürftig) pobre; **~e Jahre** años de vacas flacas; **sein Zeugnis ist sehr ~ ausgefallen** sus notas han dejado mucho que desear
❹ (Buchstabe, Schrift) fina, normal
Magerkeit f <-, ohne pl> ❶ (von Fleisch) magrez f
❷ (von Mensch, Tier) flaqueza f
❸ (von Boden) aridez f
Magermilch f <-, ohne pl> leche f desnatada; **Magermotor** m <-s,

-en> (AUTO) motor *m* para mezcla pobre; **Magerquark** *m* <-s, *ohne pl*> requesón *m* descremado; **Magersucht** *f* <-, *ohne pl*> (MED) anorexia *f* nerviosa

magersüchtig *adj* (MED) anoréxico

Magie [ma'giː] *f* <-, *ohne pl*> magia *f*; **schwarze ~** magia negra

Magier(in) ['maːgiɐ] *m(f)* <-s, -; -, -nen> mago, -a *m, f*

magisch ['maːgɪʃ] *adj* mágico; **~e Kräfte** fuerzas mágicas; **~ von etw angezogen werden** ser atraído mágicamente por algo

Magister [ma'gɪstɐ] *m* <-s, -> ❶ (*Universitätsgrad*) grado académico correspondiente a algunas carreras universitarias en Alemania; **~ Artium** magister artium

❷ (*Österr: Apotheker*) farmacéutico, -a *m, f*

Magisterarbeit *f* <-, -en> tesina *f* de licenciatura

Magistrat¹ [magɪs'traːt] *m* <-(e)s, -e> ❶ (*Obrigkeit*) autoridad *f* pública

❷ (*Stadtverwaltung*) administración *f* municipal

Magistrat² *m* <-en, -en> (*Schweiz*) miembro del gobierno o de las autoridades

Magistratsverfassung *f* <-, -en> (JUR) constitución *f* del consejo municipal

Magistratur [magɪstraˈtuːɐ] *f* <-, -en> (*alt*) autoridad *f*

Magma ['magma] *nt* <-s, Magmen> (GEO) magma *m*

Magmagestein *nt* <-(e)s, -e> (GEO) roca *f* magmática

magna cum laude ['magna kʊm 'laʊdə] *adv* (UNIV) segunda mejor nota en el examen oral de doctorado en Alemania; **sie bestand die Prüfung ~** aprobó el examen con un "magna cum laude"

Magnat [ma'gnaːt] *m* <-en, -en> magnate *m*

Magnesia [ma'gneːzia] *f* <-, *ohne pl*> (CHEM) magnesia *f*

Magnesium [ma'gneːziʊm] *nt* <-s, *ohne pl*> (CHEM) magnesio *m*

Magnesiummangel *m* <-s, *ohne pl*> (MED) falta *f* de magnesio

Magnet [ma'gneːt] *m* <-en o -(e)s, -e o -en> imán *m*

Magnetbahn *f* <-, -en> tren *m* magnético; **Magnetband** *nt* <-(e)s, -bänder> (*a*. INFOR) cinta *f* magnética; **Magneteisenstein** *m* <-(e)s, -e> (GEO) magnetita *f*; **Magnetfeld** *nt* <-(e)s, -er> (PHYS) campo *m* magnético

magnetisch *adj* magnético, imantado; **eine ~e Anziehungskraft auf jdn ausüben** ejercer un poder irresistible sobre alguien

magnetisieren* [magneti'ziːrən] *vt* (*Gegenstände*) imantar; (*Menschen*) magnetizar

Magnetismus [magne'tɪsmʊs] *m* <-, *ohne pl*> magnetismo *m*

Magnetkarte *f* <-, -n> tarjeta *f* magnética; **Magnetnadel** *f* <-, -n> brújula *f*; **Magnetplatte** *f* <-, -n> (*a*. INFOR) disco *m* magnético; **Magnetpol** *m* <-s, -e> (PHYS) polo *m* magnético; **Magnetschalter** *m* <-s, -> conmutador *m* magnético; **Magnetschwebebahn** *f* <-, -en> tren *m* de suspensión magnética, aerotrén *m*; **Magnetspeicher** *m* <-s, -> (INFOR) memoria *f* magnética; **Magnetspule** *f* <-, -n> carrete *m* del electroimán; **Magnetstreifen** *m* <-s, -> banda *f* magnética; **Magnettafel** *f* <-, -n> tablero *m* magnético

Magnolie [ma'gnoːljə] *f* <-, -n> magnolia *f*

mäh [mɛː] *interj* ¡be!

Mahagoni [maha'goːni] *nt* <-s, *ohne pl*> caoba *f*

Maharadscha [maha'raːdʒa] *m* <-s, -s> maharajá *m*

Mahd¹ [maːt] *f* <-, -en> (*reg: das Mähen/Gemähte*) siega *f*

Mahd² [maːt, *pl*: 'mɛːdə] *nt* <-(e)s, Mähder> (*Österr, Schweiz: Wiese*) prado *m*

Mähdrescher ['mɛː-] *m* <-s, -> cosechadora *f*, segadora-trilladora *f*

mähen ['mɛːən] *vt* (*Getreide*) segar; (*Rasen*) cortar; (*mit der Sense*) guadañar

Mahl [maːl] *nt* <-(e)s, Mähler *o* -e> (*geh*) comida *f*

mahlen ['maːlən] <mahlt, mahlte, gemahlen> *vt* moler; **etw zu Mehl ~** hacer harina de algo

Mähler *pl von* **Mahl**

Mahlgut *nt* <-(e)s, *ohne pl*> material *m* para moler

mählich [*geh*] I. *adj* (*geh*) paulatino

II. *adv* (*geh*) poco a poco

Mahlstein *m* <-(e)s, -e> muela *f* de molino; **Mahlzahn** *m* <-(e)s, -zähne> molar *m*

Mahlzeit *f* <-, -en> comida *f*; **~!** ¡que aproveche!; (**na dann**), **prost ~!** (*fam*) ¡apaga y vámonos!

Mähmaschine *f* <-, -n> (AGR: *für Getreide*) segadora *f*; (*für Gras*) (máquina *f*) cortacésped *m*

Mahnantrag *m* <-(e)s, -träge> (JUR) solicitud *f* monitoria; **Mahnanwalt, -wältin** *m, f* <-(e)s, -wälte; -, -nen> (JUR) abogado, -a *m, f* monitorio, -a; **Mahnbescheid** *m* <-(e)s, -e> (JUR) orden *f* de pago; **Mahnbrief** *m* <-(e)s, -e> carta *f* de aviso, reclamación *f*

Mähne ['mɛːnə] *f* <-, -n> ❶ (*bei Tieren*) melena *f*

❷ (*fam: bei Menschen*) pelambrera *f*

mahnen ['maːnən] *vt* ❶ (*erinnern*) recordar; (*warnend*) amonestar, advertir; (*Schuldner*) exigir el pago de una deuda (de); **ich habe ihn wegen des Geldes gemahnt** le cursé una notificación a causa del dinero; **sie mahnte ihn an sein Versprechen** le recordó su promesa; **~d die Stimme erheben** levantar la voz en tono de amonestación [*o* en señal de aviso]

❷ (*auffordern*) requerir (*zu* para que +*subj*); **der Lehrer mahnte uns zur Ruhe** el profesor nos advirtió para que nos calláramos; **er mahnte uns aufzubrechen** nos apremió para que nos pusiéramos en marcha

Mahngebühr *f* <-, -en> gasto *m* de requerimiento; **Mahngericht** *nt* <-(e)s, -e> tribunal *m* monitorio; **Mahnmal** *nt* <-(e)s, -e *o* -mäler> monumento *m* conmemorativo; **Mahnschreiben** *nt* <-s, ->*s*. **Mahnbrief**

Mahnung *f* <-, -en> ❶ (*Er-*) amonestación *f*

❷ (*Aufforderung*) requerimiento *m* (*zu* de)

❸ (*Mahnschreiben*) recordatorio *m*

Mahnverfahren *nt* <-s, -> (JUR) procedimiento *m* monitorio; **auf dem Wege des ~s** por la vía del procedimiento monitorio; **Mahnwache** *f* <-, -n> piquete *m*; **Mahnwesen** *nt* <-s, *ohne pl*> régimen *m* monitorio

Mähre ['mɛːrə] *f* <-, -n> (*alt abw*) jaco *m*

Mai [maɪ] *m* <-(e)s, -e> mayo *m*; **der Erste ~** el uno de mayo; **Tanz in den ~** baile al aire libre que tiene lugar a comienzos de mayo; *s. a.* **März**

Maibaum *m* <-(e)s, -bäume> mayo *m*; **Maiblume** *f* <-, -n> (BOT) nombre genérico que reciben un grupo de plantas que florecen a principios de primavera, como la asperilla (*o* galio), el muguete y el diente de león; **Maibowle** ['maɪboːlə] *f* <-, -n> ponche *m* aromatizado con asperilla

Maid [maɪt, *pl*: 'maɪdən] *f* <-, -en> (*alt a. iron*) joven *f*, muchacha *f*

Maifeier *f* <-, -n> fiesta *f* del primero de mayo; **Maifeiertag** *m* <-(e)s, -e> día *m* de la Fiesta del Trabajo, primero *m* de mayo

Maiglöckchen ['maɪglœkçən] *nt* <-s, -> muguete *m*, lirio *m* de los valles; **Maikäfer** *m* <-s, -> escarabajo *m* de San Juan; **Maikönigin** *f* <-, -nen> reina *f* de mayo (*muchacha elegida como reina de las fiestas del pueblo que se celebran en mayo*); **Maikundgebung** *f* <-, -en> manifestación *f* del 1 de mayo

Mail [meɪl] *f* <-, -s>, *nt* <-s, -s> (*Österr, südd*) correo *m* (electrónico)

Mailand ['maɪlant] *nt* <-s> Milán *m*

Mailbox ['mɛɪlbɔks] *f* <-, -en> (INFOR) mail-box *m*, buzón *m* (electrónico)

Mailing ['meɪlɪŋ] *nt* <-(s), -(s)> (COM, WIRTSCH) mailing *m*

Main [maɪn] *m* <-s> Meno *m*

Mainboard ['meɪnbɔːɐ] *nt* <-s, -s> (INFOR) placa *f* madre [*o* base]; **Mainframe** ['meɪnfreɪm] *m* <-, -s> (INFOR) mainframe *m*, macroordenador *m*, procesador *m* central

Mainz [maɪnts] *nt* <-> Maguncia *f*; **aus ~** maguntino

Mais [maɪs] *m* <-es, -e> maíz *m*, milpa *f Am*, capi *m SAm*

Maische ['maɪʃə] *f* <-, -n> mosto *m*

maisgelb *adj* amarillo subido [*o* intenso]

Maiskeimöl *nt* <-(e)s, -e> aceite *m* de maíz; **Maiskolben** *m* <-s, -> mazorca *f*, panocha *f*, choclo *m Am*, elote *m MAm, Mex*; **Maiskorn** *nt* <-(e)s, -körner> grano *m* de maíz; **Maismehl** *nt* <-(e)s, -e> harina *f* de maíz

Majestät [majɛs'tɛːt] *f* <-, -en> majestad *f*; **Seine/Ihre ~** Su Majestad; **Eure ~** Vuestra Majestad

majestätisch *adj* majestuoso

Majonäse [majɔ'nɛːzə] *f* <-, -n> mayonesa *f*

Major [ma'joːɐ] *m* <-s, -e> (MIL) comandante *m*

Majoran ['maːjoran] *m* <-s, -e> mejorana *f*

majorisieren* [majori'ziːrən] *vt* (*geh*) vencer por mayoría de votos

Majorität [majori'tɛːt] *f* <-, -en> mayoría *f*

Majorz [ma'jɔrts] *m* <-es, *ohne pl*> (*Schweiz*) escrutinio *m* mayoritario

makaber [ma'kaːbɐ] *adj* macabro

Makel ['maːkəl] *m* <-s, -> (*geh*) defecto *m*; **ihm haftet ein ~ an** tiene un defecto; **ohne ~** sin falta alguna, inmaculado

Mäkelei [mɛːkə'laɪ] *f* <-, *ohne pl*> (*abw: dauerndes Mäkeln*) critiqueo *m*; (*nörgelnde Art*) afán *m* de criticar

makellos *adj* íntegro, sin tacha

Makellosigkeit *f* <-, *ohne pl*> falta *f* de defectos

makeln ['maːkəln] I. *vi* (WIRTSCH: *sl*) trabajar de agente de la propiedad inmobiliaria, hacer de corredor de fincas

II. *vt* (WIRTSCH: *sl*): **Immobilien/Grundstücke ~** gestionar la compra y la venta de inmuebles/fincas

mäkeln ['mɛːkəln] *vi* (*abw*) criticar (*an*), poner tachas (*an* a)

Make-up [meɪk'ʔap] *nt* <-s, -s> maquillaje *m*

Make-up-Entferner *m* <-s, -> desmaquillante *m*

Makkaroni [maka'roːni] *pl* macarrones *mpl*

Makler(in) ['maːklɐ] *m(f)* <-s, -; -, -nen> agente *mf* inmobiliario, -a

Mäkler(in) ['mɛːklɐ] *m(f)* <-s, -; -, -nen> (*abw*) ❶ (*nörglerisch*) criticón, -ona *m, f*

❷ (*wählerisch*) quisquilloso, -a *m, f*

Maklerbüro nt <-s, -s> correduría f; **Maklerfirma** f <-, -firmen> agencia f de la propiedad inmobiliaria; **Maklergebühr** f <-, -en> corretaje m; **Maklerrecht** nt <-(e)s, ohne pl> derecho m de corretaje; **Maklerverordnung** f <-, -en> reglamento m de corretaje; **Maklervertrag** m <-(e)s, -träge> contrato m de corretaje
Makrele [ma'kre:lə] f <-, -n> caballa f
Makro ['ma:kro] nt <-s, -s> (INFOR) macroinstrucción f
makrobiotisch [makrobi'o:tɪʃ] adj macrobiótico; **sich ~ ernähren** alimentarse principalmente de cereales y frutas
Makroklima ['ma:krokli:ma] nt <-s, -s o -te o -ta> (METEO) macroclima m; **Makrokosmos** m <-, ohne pl>, **Makrokosmus** ['ma:krokɔsmʊs, --'--] m <-, ohne pl> macrocosmo(s) m
Makronährstoff m <-(e)s, -e> sustancia f macronutritiva
Makrone [ma'kro:nə] f <-, -n> (aus Mandeln) almendrado m; (aus Kokos) galleta f de coco
Makroökonomie ['------, -----'-] f <-, -n> (WIRTSCH) macroeconomía f
makroökonomisch ['------, ----'--] adj (WIRTSCH) macroeconómico
makrotextuell [makrotɛkstu'ɛl] adj (LING) macrotextual
Makulatur [makula'tu:ɐ] f <-, -en> ❶ (TYPO) maculatura f; **~ reden** (fam) decir desvaríos
❷ (Altpapier) papel m de desecho
makulieren* [maku'li:rən] vt (TYPO) macular
mal [ma:l] adv ❶ (MATH) por; **zwei ~ zwei ist vier** dos por dos son cuatro
❷ (fam: ein Mal) una vez; **noch ~** otra vez; **erst ~** por ahora; **wieder ~** nuevamente
❸ (fam: früher) antes; **warst du schon ~ hier?** ¿ya has estado aquí antes?
❹ (fam: irgendwann) alguna vez, un día; **besuchen Sie mich doch ~!** ¡venga a verme un día!
❺ (fam: verstärkend): **sag ~, stimmt das?** dime en serio, ¿es eso verdad?; **er hat sie nicht ~ besucht** ni siquiera la fue a visitar; **das ist nun ~ so!** ¡qué se le va a hacer!; **komm ~ her!** ¡ven aquí!
Mal¹ [ma:l] nt <-(e)s, -e> ❶ (Zeitpunkt) vez f; **voriges/nächstes ~** la última/próxima vez; **das erste/zweite ~** la primera/segunda vez; **Millionen ~** un millón de veces; **ich sage das zum letzten ~** lo digo por última vez; **das war das erste und das letzte ~** de esta vez no pasa; **ein anderes ~** otra vez; **sie kam das eine oder andere ~ dorthin** estuvo allí una que otra vez; **mit einem ~** (plötzlich) de una vez; **von ~ zu ~** cada vez; **ich bin zum ersten ~ hier** es la primera vez que vengo; **ein für alle ~** de una vez para siempre; **das wievielte ~ machst du mit?** ¿cuántas veces has participado?
❷ (SPORT: Markierung) línea f de demarcación
Mal² [ma:l, pl:'mɛ:lə] nt <-(e)s, -e o Mäler> (Wund~) estigma m; (Mutter~) lunar m
malad(e) [ma'la:t (ma'la:də)] adj enfermo; **~ sein** encontrarse mal
Malaria [ma'la:ria] f <-, ohne pl> paludismo m, malaria f
Malariamittel nt <-s, -> medicamento m antipalúdico [o contra la malaria]; **Malariamücke** f <-, -n> anofeles m inv
Malaysia [ma'laɪzia] nt <-s> Malasia f
Malaysier(in) [ma'laɪzie] m(f) <-s, -; -, -nen> malayo, -a m, f
malaysisch adj malayo
Malbuch nt <-(e)s, -bücher> libro m para colorear
Maleinsäure f <-, ohne pl> (CHEM) ácido m maleico
malen ['ma:lən] vt ❶ (allgemein) pintar; (zeichnen) dibujar; (porträtieren) retratar; **sie lässt sich ~** posa para un pintor; **ich male dir ein Bild** te hago un dibujo; **wie gemalt** que ni pintado; **er malt die Zukunft in den leuchtendsten Farben** pinta el futuro de color de rosa
❷ (reg: anstreichen) pintar; **eine Tür weiß ~** pintar una puerta de blanco
Maler(in) m(f) <-s, -; -, -nen> (a. KUNST) pintor(a) m(f)
Malerei¹ f <-, ohne pl> (Kunstgattung) pintura f
Malerei² f <-, -en> (Gemälde) cuadro m
Malerfarbe f <-, -n> pintura f
Malerin f <-, -nen> s. **Maler**
malerisch adj pintoresco
Malermeister(in) m(f) <-s, -; -, -nen> maestro, -a m, f pintor
Malheur [ma'løːɐ] nt <-s, -e o -s> (fam) percance m; **mir ist ein kleines ~ passiert** tuve un pequeño percance; **das ist doch kein ~!** ¡no es nada (grave)!
maligne [ma'lɪgnə] adj (MED) maligno
maliziös [mali'tsiø:s] I. adj (geh) malicioso
II. adv (geh) maliciosamente
Malkasten m <-s, -kästen> caja f de pinturas
Mallorca [ma'lɔrka, ma'jɔrka] nt <-s> Mallorca f
mallnehmen irr vt multiplicar (mit por)
Maloche [ma'lɔxa, ma'lo:xa] f <-, ohne pl> (fam) curro m
malochen* [ma'lo:xən] vi (fam) currar, currelar, cinchar Arg, Urug
Malonsäure f <-, ohne pl> (CHEM) ácido m malónico

Malstift m <-(e)s, -e> lápiz m de color(es)
Malta ['malta] nt <-s> Malta f
Maltafieber nt <-s, ohne pl> fiebre f de Malta
Maltechnik f <-, -en> técnica f de pintura
Malteser(in) [mal'te:zɐ] m(f) <-s, -; -, -nen> maltés, -esa m, f
Malteserkreuz nt <-es, -e> cruz f de Malta; **Malteserorden** m <-s, ohne pl> (REL) orden f de Malta
maltesisch adj maltés
malträtieren* [maltrɛ'ti:rən] vt maltratar
Malus ['ma:lʊs] m <-(ses), -(se)> ❶ (AUTO: Zuschlag) suplemento m de prima a pagar (por superar cierto número de siniestros)
❷ (UNIV: Minuspunkt) punto m de menos
Malve ['malvə] f <-, -n> malva f
malvenfarben adj (de color) malva
Malz [malts] nt <-es, ohne pl> malta f
Malzbier nt <-(e)s, -e> cerveza f de malta; **Malzbonbon** nt <-s, -s> caramelo m de malta; **Malzkaffee** m <-s, -s> café m de cebada [o de malta]
Mama ['mama] f <-, -s> (fam) mamá f
Mami ['mami] f <-, -s> mami f, mamita f
Mammakarzinom ['mama-] nt <-s, -e> (MED) carcinoma m mamario
Mammografie^RR f <-, -n>, **Mammographie** [mamogra'fi:] f <-, -n> (MED) mamografía f
Mammon ['mamɔn] m <-s, ohne pl> (abw) dinero m; **des schnöden ~s wegen** por el vil metal
Mammut ['mamʊt] nt <-s, -e o -s> mamut m
Mammutbaum m <-(e)s, -bäume> secuoya f; **Mammutveranstaltung** f <-, -en> acto m con una multitud de participantes
mampfen ['mampfən] vt, vi (fam) jalar
man¹ [man] pron indef (allgemein) se; (ich, wir) uno m, una f; **das tut nicht** eso no se hace; **~ kann nie wissen** nunca se sabe; **~ hat mir gesagt, dass ...** me han dicho que...; **~ sagt, dass ...** dicen que..., se dice que...; **~ kann wirklich nicht sagen, dass ...** realmente no se puede decir que... +subj; **~ ist ja nicht mehr der/die Jüngste** uno/una ya no es un mozuelo/una mozuela
man² adv (nordd: fam): **denn ~ los!** ¡vamos!
Management¹ [ˈmɛnɪtʃmənt] nt <-s, ohne pl> (das Leiten) management m, gestión f empresarial
Management² nt <-s, -s> (Führungskräfte) junta f directiva, dirección f; **das mittlere ~** la clase directiva intermediaria
managen ['mɛnɪtʃən] vt ❶ (Künstler, Sportler) ser el manager (de)
❷ (fam: bewältigen) apañar, arreglar; **das hat er gut gemanagt** lo ha apañado a las mil maravillas
Manager(in) ['mɛnɪtʃɐ, 'mɛnətʃɐ] m(f) <-s, -; -, -nen> manager mf, gerente mf
manch pron indef **~ einer** alguno que otro; **~ ein Mensch** alguna que otra persona; s. a. **manche(r, s)**
manche(r, s) ['mançə, -çɐ, -çəs] I. pron indef más de un(o), alguno que otro; **so ~s Mal** alguna que otra vez; **es gab ~s Missverständnis** hubo más de un malentendido; **in ~m hat er Recht** en algunos puntos tiene razón
II. adj algunos; **~ Leute glauben, dass ...** los hay que piensan que..., hay quien piensa que...; **von uns** algunos de nosotros
mancherlei ['mançɐlaɪ] adj inv diversos
manchmal ['mançma:l] adv ❶ (gelegentlich) a veces, de vez en cuando
❷ (Schweiz: oft) a menudo
Mandant(in) [man'dant] m(f) <-en, -en; -, -nen> (JUR) mandante mf, cliente mf
Mandarin [manda'ri:n] m <-s, -e> mandarín m
Mandarine [manda'ri:nə] f <-, -n> mandarina f
Mandat [man'da:t] nt <-(e)s, -e> ❶ (JUR) mandato m; **imperatives ~** mandato imperativo; **ein ~ übernehmen** tomar posesión de un mandato
❷ (Abgeordnetensitz) escaño m; **sein ~ niederlegen** renunciar al escaño
Mandatsprüfungsverfahren nt <-s, -> (JUR) procedimiento m de control de mandato
Mandel ['mandəl] f <-, -n> ❶ (BOT) almendra f; **gebrannte ~n** almendras garapiñadas
❷ (MED) amígdala f; **sich dat die ~n herausnehmen lassen** sacarse las amígdalas
Mandelaugen ntpl ojos mpl almendrados
mandeläugig adj de [o con] ojos almendrados
Mandelbaum m <-(e)s, -bäume> almendro m
Mandelentzündung f <-, -en> amigdalitis f inv
mandelförmig [-fœrmɪç] adj almendrado
Mandelkern m <-(e)s, -e> almendra f; **Mandelkleie** f <-, -n> crema f limpiadora de almendras

Mandeloperation *f* <-, -en> operación *f* de las amígdalas
Mandoline [mandoˈliːnə] *f* <-, -n> mandolina *f*
Mandrill [manˈdrɪl] *m* <-s, -e> mandril *m*
Mandschurei [mantʃuˈraɪ, mandʒuˈraɪ] *f* Manchuria *f*
Manege [maˈneːʒə] *f* <-, -n> pista *f* del circo
Mangan [maŋˈgaːn] *nt* <-s, *ohne pl*> (CHEM) manganeso *m*
Mangel¹ [ˈmaŋəl, *pl:* ˈmɛŋəl] *m* <-s, Mängel> ❶ (*Fehler*) deficiencia *f*, defecto *m;* **einen ~ beseitigen** reparar un defecto; **für einen ~ haften** responder de un defecto; **offene Mängel** defectos visibles; **schwerwiegender ~** tara importante; **über kleine Mängel hinwegsehen** pasar por alto pequeños defectos
❷ (JUR) vicio *m;* **~ der Mietsache** defecto del objeto alquilado; **anhaftender ~** vicio inherente [*o* intrínseco]; **verborgener/verdeckter ~** vicio oculto/encubierto; **einen ~ beheben** subsanar un vicio; **einen ~ beseitigen/feststellen** suprimir/constatar un vicio; **für einen ~ haften** responder por un vicio
Mangel² [ˈmaŋəl] *m* <-s, *ohne pl*> (*Fehlen*) falta *f* (*an* de), carencia *f* (*an* de); (*Knappheit*) escasez *f* (*an* de); **~ an Arbeitskräften** falta de mano de obra; **die ~ leidende Bevölkerung** la población que padece escasez; **aus ~ an Beweisen freisprechen** absolver por falta de pruebas; **~ haben an etw** carecer de algo; **wir leiden keinen ~** no nos falta de nada
Mangel³ *f* <-, -n> (*Wäsche-~*) calandria *f*; **jdn durch die ~ drehen** [*o* **in die ~ nehmen**] (*fam*) apretarle a alguien las cuerdas
Mängelanspruch *m* <-(e)s, -sprüche> (JUR) reclamación *f* por vicios;
Mängelanzeige *f* <-, -n> (JUR) aviso *m* de vicios, denuncia *f* de vicios
Mangelberuf *m* <-(e)s, -e> profesión *f* con falta [*o* escasez] de personal
Mängelbeseitigung *f* <-, *ohne pl*> reparación *f* de defectos, subsanación *f* de los vicios; **Mängelbeseitigungsanspruch** *m* <-(e)s, -sprüche> (JUR) derecho *m* a la subsanación de los vicios [*o* defectos]
Mängeleinrede *f* <-, -n> (JUR) excepción *f* por vicio
Mangelerscheinung *f* <-, -en> (MED) síntoma *m* de deficiencia; **Mangelfolgeschaden** *m* <-s, -schäden> (JUR) daño *m* directo producido por el vicio
mangelfrei *adj* perfecto, completo, impecable
Mangelfrist *f* <-, -en> (JUR) plazo *m* de denuncia de vicios
Mängelgewähr *f* <-, *ohne pl*> (JUR) garantía *f* por vicios; **ohne ~** sin garantía por vicios; **Mängelgewährleistung** *f* <-, -en> (JUR) saneamiento *m* por vicios
mangelhaft *adj* (*fehlerhaft*) deficiente; (SCH: *unzureichend*) insuficiente
Mängelhaftung *f* <-, -en> saneamiento *m;* (JUR) responsabilidad *f* por vicios; **der ~ unterliegen** estar sujeto a responsabilidad por vicios; **Mängelheilung** *f* <-, -en> (JUR) subsanación *f* de los vicios; **Mängelklage** *f* <-, -n> (JUR) acción *f* de saneamiento por vicios
Mangelkrankheit *f* <-, -en> (MED) enfermedad *f* carencial
mangeln¹ [ˈmaŋəln] *vunpers* (*fehlen*) faltar, carecer; **es mangelt ihm an Selbstvertrauen** le falta la confianza en sí mismo; **ihr mangelt es an nichts** no le falta nada; **es mangelt uns an ...** nos hace falta…; **sie ließ es uns an nichts ~** no dejó que nos faltara de nada
mangeln² *vt* (*Wäsche*) calandrar
mangelnd *adj* ❶ (*knapp*) escaso
❷ (*unzureichend*) incompleto; **wegen ~er Vorbereitung** debido a la falta de preparación, por falta de preparación
Mangelrecht *nt* <-(e)s, *ohne pl*> derecho *m* imperfecto
Mängelrüge *f* <-, -n> reclamación *f* por mercancía defectuosa [*o* por vicios]; **unverzügliche ~** reclamación inmediata por vicios; **eine ~ geltend machen** ejercitar una reclamación por vicios; **Mängelrügefrist** *f* <-, -en> (JUR) plazo *m* de reclamación por vicios
mangels [ˈmaŋəls] *präp +gen/dat* (*formal*) por falta de; **~ Beweisen** por falta de pruebas
Mangelschaden *m* <-s, -schäden> (JUR) daño *m* por vicios; **Mangelware** *f* <-, *ohne pl*> artículo *m* escaso; **~ sein** escasear; **Mangelwirtschaft** *f* <-, -en> economía *f* de escasez
Mango [ˈmaŋgo] *f* <-, -s *o* -nen> mango *m*
Mangobaum *m* <-(e)s, -bäume> mango *m*
Mangold [ˈmaŋgɔlt] *m* <-(e)s, -e> acelga *f*
Mangonen *pl von* **Mango**
Mangrove [maŋˈgroːvə] *f* <-, -n> manglar *m*
Mangrovenbaum *m* <-(e)s, -bäume> mangle *m;* **Mangrovenwald** *m* <-(e)s, -wälder> manglar *m*
Manie [maˈniː] *f* <-, -n> manía *f*
Manier [maˈniːɐ] *f* <-, -en> ❶ (*Art*) manera *f*; **in überzeugender ~ de manera convincente**
❷ *pl* (*Benehmen*) modales *mpl*; **gute/schlechte ~en haben** tener buenos/malos modales; **jdm ~en beibringen** enseñar modales a alguien; **was sind denn das für ~en?** ¿qué modales son esos?
manieriert [maniˈriːɐt] *adj* (*geh*) artificial, amanerado
Manierismus [maniˈrɪsmʊs] *m* <-, *ohne pl*> (KUNST, LIT) manierismo *m*

manierlich [maˈniːɐlɪç] *adj* con buenos modales; **sich ~ benehmen** comportarse bien; **~ aussehen** tener aspecto de persona respetable [*o* de provecho]
Manifest [maniˈfɛst] *nt* <-(e)s, -e> manifiesto *m*
Manifestant(in) [manifɛsˈtant] *m(f)* <-en, -en; -, -nen> (*Schweiz, Österr*) manifestante *mf*
Manifestation [manifɛstaˈtsjoːn] *f* <-, -en> (*a.* MED) manifestación *f*
manifestieren* [manifɛsˈtiːrən] I. *vr:* **sich ~** manifestarse (*in* en), revelarse (*in* en)
II. *vi* (*Schweiz*) manifestarse
Maniküre [maniˈkyːrə] *f* <-, -n> manicura *f*
maniküren* *vt* hacer la manicura; **jds Fingernägel** [*o* **Hände**] **~** hacer la manicura a alguien
Manipulation [manipulaˈtsjoːn] *f* <-, -en> manipulación *f*
Manipulationsfreiheit *f* <-, *ohne pl*> libertad *f* de manipulación
manipulierbar [manipuˈliːɐ-] *adj* manipulable; **beliebig/leicht/kaum ~** totalmente/fácilmente/apenas manejable
Manipulierbarkeit *f* <-, *ohne pl*> cualidad *f* de ser manipulador
manipulieren* [manipuˈliːrən] *vi, vt* manipular (*an*); **er hat die Zahlen manipuliert** manipuló las cifras
Manipulierung *f* <-, -en> manipulación *f*
manisch [ˈmaːnɪʃ] *adj* (*a.* PSYCH) maníaco, maniaco
manisch-depressiv [ˈ----ˈ-] *adj* (*a.* PSYCH) maníaco-depresivo
Manko [ˈmaŋko] *nt* <-s, -s> ❶ (*Nachteil*) desventaja *f*, inconveniente *m*
❷ (WIRTSCH) déficit *m inv*
Mankohaftung *f* <-, -en> (JUR) responsabilidad *f* por déficit [*o* faltas]
Mann [man, *pl:* ˈmɛnɐ] *m* <-(e)s, Männer> ❶ (*Erwachsener*) hombre *m;* **ein junger ~** un joven; **ein gestandener ~** un hombre hecho y derecho; **selbst ist der ~** hay que ayudarse a sí mismo; **ein ~ von Geist** un personaje [*o* un hombre] de ingenio; **ein ~ von Welt** un hombre de mundo; **ein ~, ein Wort** palabra de honor; **bis zum letzten ~ kämpfen** luchar hasta el último hombre; **~ über Bord!** (NAUT) ¡hombre al agua!; **alle ~ an Deck!** (NAUT) ¡todo el mundo en pie!; **für ~ uno tras otro; der ~ auf der Straße** el hombre de la calle; **der ~ im Mond** personaje *de cuentos inventado a raíz de las manchas lunares;* **wie ein ~** (*einmütig*) todos a una; **ein gemachter ~ sein** ser hombre de provecho; **er ist unser ~** es nuestro hombre; **etw an den ~ bringen** (*fam*) vender algo; **seinen ~ stehen** cumplir con sus obligaciones; **wenn Not am ~ ist** en caso de necesidad; **von ~ zu ~** de hombre a hombre; **den wilden ~ spielen** (*fam*) hacer el salvaje; **mein lieber ~!** (*fam*) ¡madre mía!; **~, oh ~!** (*fam*) ¡hombre!; **mach schnell, ~!** (*fam*) ¡date prisa, hombre!; **das Schiff ging mit ~ und Maus unter** (*fam*) no se salvó ni el gato; **der kleine ~** (*einfacher Mensch*) el hombre de pocos recursos, (*Penis*) el pito; **der kluge ~ baut vor** (*prov*) más vale prevenir que curar
❷ (*Ehe-~*) marido *m*, esposo *m;* **mein geschiedener ~** mi ex-marido; **ihr verstorbener/erster ~** su difunto/primer marido; **der ~ ihres Lebens** el hombre de su vida [*o* de sus sueños]
Männchen [ˈmɛnçən] *nt* <-s, -> ❶ (*kleiner Mann*) hombrecito *m*
❷ (ZOOL) macho *m;* **~ machen** ponerse sobre las patas traseras
Mannen [ˈmanən] *mpl* vasallos *mpl;* **seine ~ um sich scharen** (*iron*) rodearse de admiradores [*o* seguidores]
Mannequin [manəˈkɛ̃ː, ˈmanəkɛ̃] *nt* <-s, -s> maniquí *f*, modelo *f*
Männerarbeit *f* <-, -en> trabajo *m* de hombres; **Männerbekanntschaft** *f* <-, -en>: **eine ~ machen** conocer a un hombre; **Männerberuf** *m* <-(e)s, -e> profesión *f* de hombres; **Männerchor** *m* <-s, -chöre> coro *m* de hombres; **Männerfang** *m:* **auf ~ gehen** (*fam*) ir a la caza de un hombre; **Männergeschichten** *fpl* amoríos *mpl* (con hombres); **Männergesellschaft** *f* <-, -en> (SOZIOL) sociedad *f* dominada por los hombres; **Männerhand** *f* <-, -hände> mano *f* masculina; **Männerhass**^RR *m* <-es, *ohne pl*> odio *m* a los hombres; **Männerkrankheiten** *fpl* enfermedades *fpl* masculinas
männerlastig *adj* con más hombres que mujeres
Männerleiden *nt* <-s, -> (MED) enfermedad *f* típica de los hombres
männermordend *adj* (*fam iron*) devoradora de hombres
Männersache *f* <-, -n> cosa *f* de hombres; **Männerstimme** *f* <-, -n> voz *f* masculina; (MUS) voz *f* de hombre
Männertreu *f* <-, -> (BOT) lobelia *f*
Männerüberschuss^RR *m* <-es, -schüsse> excedente *m* de hombres
Mannesalter *nt* <-s, *ohne pl*> edad *f* adulta del varón; **im besten ~ sein** estar en su mejor momento
mannhaft *adj* (*mutig*) valiente; (*entschlossen*) resuelto
Mannhaftigkeit *f* <-, *ohne pl*> (*Mut*) valentía *f*; (*Entschlossenheit*) carácter *m* resolutivo
mannigfach [ˈmanɪçfax] *adj*, **mannigfaltig** *adj* (*geh*) ❶ (*abwechslungsreich*) vario, diverso ❷ (*vielfach*) múltiple
Mannigfaltigkeit *f* <-, *ohne pl*> (*geh*) variedad *f*
Mannjahr *nt* <-(e)s, -e> (WIRTSCH) trabajo *m* de una persona en un año
Männlein [ˈmɛnlaɪn] *nt* <-s, -> hombrecito *m;* **~ oder Weiblein** (*fam*)

Juan o Juanita
männlich ['mɛnlɪç] *adj* (*a.* LING, BOT) masculino; (ZOOL) macho
Männlichkeit *f* <-, *ohne pl*> virilidad *f*, masculinidad *f*
Mannsbild *nt* <-(e)s, -er> (*fam*) hombre *m*
Mannschaft *f* <-, -en> ❶ (SPORT) equipo *m* ❷ (NAUT, AERO) tripulación *f* ❸ (MIL) tropa *f*; **jdn vor versammelter ~ abkanzeln** echar un sermón a alguien delante de todo el mundo ❹ (*fam: Arbeitsteam*) equipo *m*, elenco *m Chil, Peru;* **Mannschaftsführer(in)** *m(f)* <-s, -; -, -nen> (SPORT) capitán, -ana *m, f* del equipo; **Mannschaftsgeist** *m* <-(e)s, *ohne pl*> (*a.* SPORT) espíritu *m* de equipo; **Mannschaftskapitän** *m* <-s, -e> (SPORT) capitán *m* del equipo; **Mannschaftsraum** *m* <-(e)s, -räume> (MIL) alojamiento *m* de las tropas; (NAUT) cabina *f* de la tripulación; **Mannschaftswagen** *m* <-s, -> (MIL) vehículo *m* de la tripulación; **Mannschaftswertung** *f* <-, -en> (SPORT) valoración *f* de equipo
mannshoch ['-'-] *adj* tan alto como un hombre
mannstoll *adj* (*fam*) ninfómana
Manntag *m* <-(e)s, -e> (WIRTSCH) trabajo *m* de una persona en un día, jornal *m;* **Mannweib** *f* <-(e)s, -er> (*abw*) marimacho *m*
Manometer¹ [mano'meːtɐ] *nt* <-s, -> (PHYS) manómetro *m*
Manometer² ['-'--] *interj* (*fam*) ¡vaya!
Manöver [ma'nøːve] *nt* <-s, -> ❶ (*Richtungsänderung, taktisches Vorgehen*) maniobra *f* ❷ (MIL: *Übung*) maniobras *fpl;* **ins ~ gehen** [o **ziehen**] salir de maniobras
Manöverkritik *f* <-, -en> ❶ (MIL) análisis *m* de las maniobras (tras su conclusión) ❷ (*Besprechung*) reunión *f* para hacer un análisis; **Manöververschaden** *m* <-s, -schäden> (MIL) daño *m* causado por las maniobras
manövrieren* [manø'vriːrən] I. *vi* maniobrar, hacer maniobras II. *vt* (*lenken*) dirigir
manövrierfähig *adj* maniobrable
Manövrierfähigkeit *f* <-, *ohne pl*> maniobrabilidad *f*
manövrierunfähig *adj* incapaz de maniobrar
Mansarde [man'zardə] *f* <-, -n> desván *m*, buhardilla *f*
Mansardenwohnung *f* <-, -en> (*ant*) mansarda *f Am*
Manschette [man'ʃɛta] *f* <-, -n> ❶ (*an Kleidung*) puño *m* ❷ (TECH) anillo *m* de junta, arandela *f* de cierre ❸ (MED) manguito *m* ❹ (*fam: Angst*): **vor ihm/vor dem Examen haben wir ~n** él/el examen nos da canguelo
Manschettenknopf *m* <-(e)s, -knöpfe> gemelo *m*, mancuerna *f Am, Phili,* mancorna *f Kol, Chil*
Mantel ['mantəl, *pl*: 'mɛntəl] *m* <-s, Mäntel> ❶ (*Kleidungsstück*) abrigo *m*, tapado *m Am;* **jdm in den/aus dem ~ helfen** ayudar a alguien a ponerse/quitarse el abrigo; **den ~ nach dem Wind hängen** (*abw fig*) bailar al son que tocan; **den ~ des Schweigens über etw breiten** (*geh*) correr un tupido velo sobre algo ❷ (TECH) revestimiento *m;* (*vom Reifen*) cubierta *f* ❸ (MATH) superficie *f* convexa
Mäntelchen ['mɛntəlçən] *nt* <-s, -> abriguito *m;* **etw** *dat* **ein ~ umhängen** (*fig*) tapar algo
Mantelkauf *m* <-(e)s, -käufe> (WIRTSCH) compra *f* de cobertura; **Manteltarifvertrag** *m* <-(e)s, -träge> (WIRTSCH) convenio *m* colectivo; **Manteltasche** *f* <-, -n> bolsillo *m* del abrigo; **Mantelzession** *f* <-, -en> (JUR) cesión *f* global de créditos a un banco
Manual [manu'aːl] *nt* <-s, -e> teclado *m*
manuell [manu'ɛl] I. *adj* manual II. *adv* con la mano
Manufaktur [manufak'tuːɐ] *f* <-, -en> manufactura *f*
Manuskript [manu'skrɪpt] *nt* <-(e)s, -e> manuscrito *m*
Maoismus *m* <-, *ohne pl*> maoísmo *m*
Mappe ['mapə] *f* <-, -n> ❶ (*Tasche*) portafolios *m inv* ❷ (*Ordner*) carpeta *f*
Mär [mɛːɐ] *f* <-, -en> (*a. iron*) cuento *m*
Marabu ['maːrabu] *m* <-s, -s> marabú *m*
Maracuja [mara'kuːja] *f* <-, -s> maracuyá *m*, fruta *f* de la pasión
Marathon ['maratɔn] *m* <-s, -s>, **Marathonlauf** *m* <-(e)s, -läufe> (SPORT) carrera *f* de) maratón *m;* **Marathonläufer(in)** *m(f)* <-s, -; -, -nen> (SPORT) corredor(a) *m(f)* de maratón
Märchen ['mɛːɐçən] *nt* <-s, -> cuento *m* (de hadas), chile *m Guat;* **~ aus Tausendundeiner Nacht** (los cuentos de) las mil y una noches; **das ist wie im ~** es como un cuento de hadas; **erzähl keine ~** (*Lügen*) no me vengas con cuentos (chinos)
Märchenbuch *nt* <-(e)s, -bücher> libro *m* de cuentos; **Märchenerzähler(in)** *m(f)* <-s, -; -, -nen> narrador(a) *m(f)* de cuentos, cuentacuentos *mf inv;* **Märchenfigur** *f* <-, -en> figura *f* de un cuento, protagonista *mf* de un cuento
märchenhaft *adj* fabuloso

Märchenland *nt* <-(e)s, *ohne pl*> país *m* de las maravillas; **Märchenprinz** *m* <-en, -en> príncipe *m* azul
Marder ['mardɐ] *m* <-s, -> marta *f*
Margarine [marga'riːnə] *f* <-, -n> margarina *f*
Marge *f* <-, -n> (*a.* WIRTSCH) margen *m*
Margenbesteuerung *f* <-, -en> (WIRTSCH) gravamen *m* marginal
Margerite [marga'riːtə] *f* <-, -n> margarita *f*
marginal [margi'naːl] *adj* marginal
Marginalie [margi'naːliə] *f* <-, -n> nota *f* marginal
Marienkäfer [ma'riːən-] *m* <-s, -> mariquita *f*
Marihuana [marihu'aːna] *nt* <-s, *ohne pl*> marihuana *f*, cáñamo *m* índico, maría *f fam*
Marille [ma'rɪlə] *f* <-, -n> (*Österr*) albaricoque *m*
Marinade [mari'naːdə] *f* <-, -n> escabeche *m*
Marine [ma'riːnə] *f* <-, -n> (MIL) marina *f*
marineblau *adj* azul marino
Marineinfanterie *f* <-, -n> (MIL) infantería *f* de marina; **Marineoffizier** *m* <-s, -e> (MIL) oficial *m* de marina; **Marinestützpunkt** *m* <-(e)s, -e> base *f* naval
marinieren* [mari'niːrən] *vt* escabechar, poner en escabeche
Marionette [marjo'nɛtə] *f* <-, -n> títere *m*, fantoche *m*
Marionettenbühne *f* <-, -n> teatro *m* de guiñol; **Marionettenregierung** *f* <-, -en> (POL) gobierno *m* títere; **Marionettenspieler(in)** *m(f)* <-s, -; -, -nen> marionetista *mf;* **Marionettentheater** *nt* <-s, -> teatro *m* de títeres
maritim [mari'tiːm] *adj* ❶ (*das Meer betreffend*) marítimo ❷ (*die Schifffahrt betreffend*) naval
Mark¹ [mark] *nt* <-(e)s, *ohne pl*> (*Knochen~*) médula *f*, tuétano *m;* **das geht mir durch ~ und Bein** esto me llega hasta la médula; **bis ins ~** hasta la médula; **jdn bis aufs ~ quälen** torturar a alguien hasta sus adentros; **jdm das ~ aus den Knochen saugen** chuparle la sangre a alguien
Mark² [mark] *f* <-, -> (*Währung*) marco *m;* **Deutsche ~** marco alemán; **er muss mit jeder ~ rechnen** tiene que mirar por la peseta; **keine** [o **nicht eine**] **müde ~** (*fam*) ni una perra [o gorda]
Mark³ [mark] *f* <-, -en> (*Grenzgebiet*) marca *f*, frontera *f;* **die ~ Brandenburg** la marca de Brandemburgo
markant [mar'kant] *adj* (*ausgeprägt*) marcado; (*auffallend*) notable
markdurchdringend *adj* espeluznante, horripilante
Marke ['markə] *f* <-, -n> ❶ (*Herstellerzeichen*) marca *f;* **eingetragene ~** marca registrada; **gut eingeführte ~** marca bien introducida; **~ Eigenbau** (*fam*) marca la pava; **du bist vielleicht eine ~!** (*fam*) ¡mira que eres!, ¡eres de un raro! ❷ (*Wert~*) timbre *m;* (*Brief~*) sello *m;* **zehn ~n zu sechzig Pfennig** diez sellos de sesenta pfennigs ❸ (*Garderoben~, Spiel~*) ficha *f* ❹ (*Erkennungs~*) chapa *f* de identificación ❺ (*Rekord~*) marca *f*
Markenartikel *m* <-s, -> artículo *m* de marca; **Markenartikler** *m* <-s, -> (WIRTSCH) distribuidor *m* de artículos de marca; **Markenbutter** *f* <-, *ohne pl*> mantequilla *f* de primera calidad; **Markeneintragung** *f* <-, -en> (JUR) inscripción *f* de marca; **gleiche ~ mehrerer Anmelder** inscripción de marca de varios solicitantes; **Markenfirma** *f* <-, -firmen> firma *f* de marcas; **Markengesetz** *nt* <-es, -e> (JUR) ley *f* sobre marcas; **Markenimage** *nt* <-(s), -s> imagen *f* de marca; **Markenname** *m* <-ns, -n> (*nombre de una*) marca *f;* **Markenpiraterie** *f* <-, -n> piratería *f* de marcas; **Markenrecht** *nt* <-(e)s, *ohne pl*> derecho *m* de marca; **Markensatzung** *f* <-, -en> estatutos *mpl* de marcas; **Markenschutz** *m* <-es, *ohne pl*> protección *f* de marcas; **Markenware** *f* <-, -n> artículo *m* de marca; **Markenzeichen** *nt* <-s, -> emblema *m;* **schnelle Konter sind das ~ dieses Boxers** un contraataque rápido es el sello de este boxeador
Marker ['markɐ] *m* <-s, – *o* -s> (*Markierstift*) marcador *m*
markerschütternd *adj* estremecedor
Marketender(in) [markə'tɛndɐ] *m(f)* <-s, -; -, -nen> (HIST) vivandero, -a *m, f*
Marketing ['markətɪŋ] *nt* <-s, *ohne pl*> (WIRTSCH) marketing *m*
Marketingmanager(in) *m(f)* <-s, -; -, -nen> ejecutivo, -a *m, f* de marketing; **Marketing-Mix** *m* <-es, *ohne pl*> (WIRTSCH) marketing-mix *m*
Markgraf, -gräfin *m, f* <-en, -en; -, -nen> margrave *m*, margravina *f*
markieren* [mar'kiːrən] *vt* ❶ (*kennzeichnen*) señalizar (*mit/durch* con); (*a.* INFOR) marcar (*mit/durch* con) ❷ (*fam: vortäuschen*) simular, fingir; **er markiert den starken Mann** se hace el fuerte; **er ist nicht krank, er markiert nur** no es que esté enfermo, sólo se lo hace
Markierstift *m* <-(e)s, -e> (*rotulador m*) marcador *m*
Markierung *f* <-, -en> ❶ (*Vorgang*) señalización *f* ❷ (*Zeichen*) marca *f*, señalización *f*
markig *adj* enérgico, vigoroso
märkisch ['mɛrkɪʃ] *adj* de la Marca de Brandeburgo

Markise [marˈkiːzə] *f* <-, -n> toldo *m*, marquesina *f*
Markknochen *m* <-s, -> hueso *m* con tuétano
Markstein *m* <-(e)s, -e> hito *m*; **dieses Ereignis ist ein ~ der Geschichte** ese suceso marca un hito en la historia
Markstück *nt* <-(e)s, -e> moneda *f* de un marco
Markt [markt, *pl:* ˈmɛrktə] *m* <-(e)s, Märkte> (*a.* WIRTSCH) mercado *m*; **abgeschwächter/aufnahmefähiger ~** mercado desanimado/animado; **freundlicher/lustloser ~** mercado animado/desanimado [*o* flojo]; **geschlossener/offener ~** mercado cerrado/abierto; **grauer/preisstabiler ~** mercado gris/de precios estables; **schrumpfender/übersättigter ~** mercado decreciente/saturado; **auf den** [*o* **zum**] **~ gehen** ir al mercado; **neue Produkte auf den ~ werfen** lanzar nuevos productos al mercado; **den ~ abtasten** explorar el mercado; **den ~ beherrschen/drücken** dominar/desanimar el mercado; **vom Käufer/Verkäufer beherrscht ~** mercado dominado por el comprador/por el vendedor; **der Gemeinsame ~** (EU) el Mercado Común; **der schwarze ~** el mercado negro; **neue Märkte erschließen** abrir nuevos mercados; **der ~ festigt sich** el mercado se consolida; **auf dem** [*o* **am**] **~** (*zum Verkauf*) a la venta
marktabhängig *adj* (WIRTSCH): **~er Prozentsatz** porcentaje que varía según el mercado
Marktabschottung *f* <-, -en> (WIRTSCH) estrangulamiento *m* de los mercados; **Marktanalyse** *f* <-, -n> (WIRTSCH) análisis *m inv* del mercado
Marktanteil *m* <-(e)s, -e> (WIRTSCH) participación *f* en el mercado, cuota *f* de mercado; **~ gewinnen** aumentar su participación en el mercado; **~e halten** mantener participaciones en el mercado; **~e zurückerobern** reconquistar la cuota de mercado; **schrumpfender ~** participación en el mercado en vías de contracción; **Marktanteilsverlust** *m* <-(e)s, -e> (WIRTSCH) disminución *f* de participación en el mercado
Marktaufnahmefähigkeit *f* <-, *ohne pl*> (WIRTSCH) capacidad *f* de absorción del mercado; **Marktaufsicht** *f* <-, *ohne pl*> (WIRTSCH) control *m* de la disciplina de mercado; **Marktaufspaltung** *f* <-, -en> (WIRTSCH) división *f* del mercado; **Verbot der ~** prohibición de división del mercado; **Marktaufteilung** *f* <-, -en> (WIRTSCH) distribución *f* del mercado; **Marktausweitung** *f* <-, -en> (WIRTSCH) ampliación *f* del mercado; **Marktbeeinflussung** *f* <-, -en> (WIRTSCH) manipulación *f* del mercado
marktbeherrschend *adj* (WIRTSCH) dominante en el mercado; **eine ~e Stellung einnehmen** tener una posición dominante en el mercado
Marktbeherrschung *f* <-, *ohne pl*> (WIRTSCH) dominio *m* del mercado; **Marktbeherrschungsvermutung** *f* <-, -en> (WIRTSCH) presunción *f* de dominio del mercado
Marktbeobachter *m* <-s, -> (WIRTSCH) observador(a) *m(f)* del mercado; **Marktbericht** *m* <-(e)s, -e> (WIRTSCH) informe *m* de mercado; **Marktbeschickung** *f* <-, -en> (WIRTSCH) abastecimiento *m* de un mercado; **Marktbude** *f* <-, -n> (WIRTSCH) puesto *m* de mercado, carpa *f Am*, ramada *f Chil*; **Marktchance** *f* <-, -n> (WIRTSCH) oportunidad *f* de mercado; **Markteinführung** *f* <-, -en> (WIRTSCH) introducción *f* en el mercado; **Markterfolg** *m* <-(e)s, -e> (WIRTSCH) éxito *m* de mercado; **Markterkundung** *f* <-, -en> (WIRTSCH) apertura *f* de mercados
marktfähig *adj* (WIRTSCH) competitivo; **nicht ~** no comerciable; **~ machen** comercializar
Marktflecken *m* <-s, -> villa *f*; **Marktforschung** *f* <-, -en> (WIRTSCH) estudio *m* de mercado; **Marktfrau** *f* <-, -en> (WIRTSCH) vendedora *f* de mercado; **Marktfreiheit** *f* <-, *ohne pl*> (WIRTSCH) libertad *f* de mercado; **Marktführer** *m* <-s, -> (WIRTSCH) empresa *f* líder en el mercado
marktgerecht *adj* conforme al mercado
Marktgesetz *nt* <-(e)s, -e> (WIRTSCH) ley *f* del mercado; **Markthalle** *f* <-, -n> mercado *m*, plaza *f*, lonja *f*; **Marktklima** *nt* <-s, -s *o* -te> (WIRTSCH) clima *m* del mercado
marktkonform *adj* (WIRTSCH) conforme al mercado
Marktkonsolidierung *f* <-, -en> (WIRTSCH) consolidación *f* del mercado
marktkonträr *adj* (WIRTSCH) contrario al mercado
Marktkraft *f* <-, -kräfte> (WIRTSCH) fuerza *f* del mercado; **Marktlage** *f* <-, -n> (WIRTSCH) situación *f* en el mercado; **Marktlücke** *f* <-, -n> (WIRTSCH) hueco *m* en el mercado; **eine ~ entdecken** dar con un hueco en el mercado; **in eine ~ stoßen** cubrir un hueco en el mercado; **Marktmanipulation** *f* <-, -en> (WIRTSCH) manipulación *f* del mercado; **Marktmissbrauchsverbot**ᴿᴿ *nt* <-(e)s, -e> (WIRTSCH) prohibición *f* de abuso del mercado; **Marktnische** *f* <-, -n> (WIRTSCH) nicho *m* de mercado; **Marktordnung** *f* <-, *ohne pl*> (WIRTSCH) ordenamiento *m* del mercado; **Marktorganisation** *f* <-, -en> (WIRTSCH) organización *f* del mercado; **gemeinsame ~** organización común del mercado; **Marktparität** *f* <-, -en> (WIRTSCH) igualdad *f* del mercado; **Marktplatz** *m* <-es, -plätze> plaza *f* (del mercado), plaza *f* mayor; **am** [*o* **auf dem**] **~** en la plaza; **Marktpotential** *nt* <-s, -e> potencial *m* en el mercado; **Marktpreis** *m* <-es, -e> (WIRTSCH) precio *m* de mercado; **gegenwertiger ~** precio equivalente del mercado; **Marktprivatrecht** *nt* <-(e)s, *ohne pl*> (WIRTSCH, JUR) derecho *m* privado mercantil; **Marktprivileg** *nt* <-(e)s, -ien> (WIRTSCH) privilegio *m* de mercado
marktreif *adj* (WIRTSCH) listo para el mercado
Marktsättigung *f* <-, *ohne pl*> (WIRTSCH) saturación *f* del mercado; **Marktschreier(in)** *m(f)* <-s, -; -, -nen> (*abw*) charlatán, -ana *m, f*
marktschreierisch *adj* (*abw*) a voz en grito, a grito pelado
Marktschwäche *f* <-, -> (WIRTSCH) debilidad *f* del mercado; **Marktschwankung** *f* <-, -en> (WIRTSCH) fluctuación *f* del mercado; **Marktschwemme** *f* <-, -n> (WIRTSCH) inundación *f* del mercado; **Marktsegment** *nt* <-(e)s, -e> (WIRTSCH) segmento *m* del mercado; **nachgeordnete ~e** segmentos inferiores del mercado; **Marktsegmentierung** *f* <-, -en> (WIRTSCH) segmentación *f* del mercado
marktspezifisch *adj* (WIRTSCH) específico del mercado
Marktstabilisierung *f* <-, -en> (WIRTSCH) estabilización *f* del mercado; **Marktstand** *m* <-(e)s, -stände> puesto *m* de mercado; **Marktstellung** *f* <-, *ohne pl*> (WIRTSCH) posición *f* en el mercado; **eine überragende ~ haben** tener una posición destacada en el mercado; **Marktstimmung** *f* <-, -en> (WIRTSCH) clima *m* del mercado; **Marktstörung** *f* <-, -en> (WIRTSCH) perturbación *f* del mercado; **Marktstrategie** *f* <-, -n> (WIRTSCH) estrategia *f* de mercado; **Marktstudie** *f* <-, -n> (WIRTSCH) estudio *m* de mercado; **eine ~ erstellen** hacer [*o* llevar a cabo] un análisis de mercado; **Markttag** *m* <-(e)s, -e> día *m* de mercado; **Markttendenz** *f* <-, -en> (WIRTSCH) tendencia *f* del mercado; **Markttest** *m* <-(e)s, -s *o* -e> (WIRTSCH) sondeo *m* del mercado; **Markttrend** *m* <-s, -s> (WIRTSCH) tendencia *f* del mercado; **Marktübersicht** *f* <-, -en> (WIRTSCH) informe *m* general del mercado; **Marktverflechtung** *f* <-, -en> (WIRTSCH) interdependencia *f* de los mercados; **Marktverhalten** *nt* <-s, *ohne pl*> (WIRTSCH) conducta *f* comercial; **missbräuchliches ~** conducta comercial abusiva; **Marktverkehr** *m* <-(e)s, *ohne pl*> (WIRTSCH) transacciones *fpl* en el mercado; **Marktweib** *nt* <-(e)s, -er> (*abw*) *s.* **Marktfrau**; **Marktwert** *m* <-(e)s, *ohne pl*> (WIRTSCH) valor *m* mercantil; **gegenwertiger ~** valor mercantil equivalente; **Marktwirtschaft** *f* <-, -en> (WIRTSCH) economía *f* de mercado; **freie ~** economía de mercado libre; **soziale ~** economía social de(l) mercado
marktwirtschaftlich *adj* (WIRTSCH) de la economía del mercado; **~es System** sistema económico (de mercado) libre
Marktzugangsbeschränkung *f* <-, -en> (WIRTSCH) restricción *f* del acceso al mercado; **Marktzutrittsschranke** *f* <-, -n> (WIRTSCH) barrera *f* de acceso al mercado
Markusevangelium *nt* <-s, *ohne pl*> (REL) Evangelio *m* según San Marcos
Marmelade [marməˈlaːdə] *f* <-, -n> mermelada *f*
Marmeladenbrot *nt* <-(e)s, -e> pan *m* con mermelada
Marmor [ˈmarmoːɐ] *m* <-s, -e> mármol *m*
marmorieren* [marmoˈriːrən] *vt* ① (GASTR) vetear
② (KUNST) vetear, marmolear
marmoriert [marmoˈriːɐt] *adj* ① (GASTR) veteado; **~es Fleisch** carne veteada con grasa
② (KUNST) veteado, marmolado
Marmorierung *f* <-, -en> (*Struktur*) jaspeado *m*
Marmorkuchen *m* <-s, -> pastel *m* de molde con chocolate
marmorn [ˈmarmoːɐn] *adj* marmóreo
Marmorplatte *f* <-, -n> placa *f* de mármol; **Marmorsäule** *f* <-, -n> columna *f* de mármol
marode [maˈroːdə] *adj* (*moralisch*) pervertido
Marodeur [maroˈdøːɐ] *m* <-s, -e> (MIL) merodeador *m*
marodieren* [maroˈdiːrən] *vi* merodear
Marokkaner(in) [marɔˈkaːnɐ] *m(f)* <-s, -; -, -nen> marroquí *mf*
marokkanisch *adj* marroquí
Marokko [maˈrɔko] *nt* <-s> Marruecos *m*
Marone [maˈroːnə] *f* <-, -n> ① (*Esskastanie*) castaña *f*
② (*Pilz*) boleto *m*
Maronenpilz *m* <-es, -e> boleto *m* (rojo-moreno); **Maronenröhrling** *m* <-s, -e> (*Pilz*) boleto *m* castaño
Marotte [maˈrɔtə] *f* <-, -n> manía *f*, moño *m Kol*
Mars [mars] *m* <-> Marte *m*
marsch [marʃ] *interj* ① (MIL): **vorwärts ~!** ¡andando!, ¡marchen!
② (*fam*) ¡venga!; **~ ins Bett!** ¡venga, a la cama!
Marsch¹ [marʃ, *pl:* ˈmɛrʃə] *m* <-(e)s, Märsche> (*a.* MUS) marcha *f*; **sich in ~ setzen** ponerse en marcha; **jdm den ~ blasen** (*fam fig*) poner a alguien de vuelta y media
Marsch² [marʃ] *f* <-, -en> marisma *f*, tierra *f* pantanosa (*en la costa del mar del Norte*)
Marschall [ˈmarʃal, *pl:* ˈmarʃɛlə] *m* <-s, Marschälle> (MIL) mariscal *m*
Marschallstab *m* <-(e)s, -stäbe> (HIST) bastón *m* de mariscal
Marschbefehl *m* <-(e)s, -e> (MIL) orden *f* de marcha

marschbereit *adj* listo para salir
Marschflugkörper *m* <-s, -> (MIL) misil *m* de crucero; **Marschgepäck** *nt* <-(e)s, *ohne pl*> (MIL) equipo *m* de marcha
marschieren* [marˈʃiːrən] *vi sein* ❶ (MIL) marchar
❷ (*gehen*) marchar, caminar
Marschkolonne *f* <-, -n> (MIL) columna *f* (de marcha)
Marschland *nt* <-(e)s, -länder> marisma *f*
Marschlied *nt* <-(e)s, -er> canción *f* de marcha; **Marschmusik** *f* <-, -en> música *f* militar; **Marschordnung** *f* <-, -en> (MIL) formación *f* de marcha; **Marschpause** *f* <-, -n> (MIL) alto *m* en la marcha; **Marschrichtung** *f* <-, -en> (MIL) dirección *f* de la marcha; **Marschroute** *f* <-, -n> (MIL) itinerario *m* de la marcha; **Marschverpflegung** *f* <-, -en> (MIL) ración *f* de marcha, rancho *m* de marcha
Marshallplan [ˈmarʃalplaːn] *m* <-(e)s, *ohne pl*> (HIST) plan *m* Marshall
Marslandung *f* <-, -en> amartizaje *m*; **Marsmensch** *m* <-en, -en> marciano, -a *m*, *f*
Marter [ˈmartɐ] *f* <-, -n> (*geh*) martirio *m*, tormenta *f*
martern [ˈmartɐn] *vt* (*geh*) atormentar, torturar
Marterpfahl *m* <-(e)s, -pfähle> poste *m* de tortura; **Marterwerkzeug** *nt* <-(e)s, -e> instrumento *m* de tortura
martialisch [marˈtsjaːlɪʃ] *adj* marcial
Martinshorn *nt* <-(e)s, -hörner> sirena *f*
Märtyrer(in) [ˈmɛrtyrɐ] *m(f)* <-s, -; -, -nen> mártir *mf*; **jdn zum ~ machen** hacer mártir a alguien; **den ~ spielen** hacerse el mártir
Märtyrertod *m* <-(e)s, -e> martirio *m*; **den ~ sterben** morir martirizado
Märtyrertum *nt* <-s, *ohne pl*> martirio *m*
Martyrium [marˈtyːrɪʊm] *nt* <-s, -rien> martirio *m*
Marxismus [marˈksɪsmʊs] *m* <-, *ohne pl*> (POL) marxismo *m*
Marxismus-Leninismus *m* <-, *ohne pl*> (POL) marxismo-leninismo *m*
Marxist(in) [marˈksɪst] *m(f)* <-en, -en; -, -nen> marxista *mf*
marxistisch *adj* marxista
März [mɛrts] *m* <-(es), -e> marzo *m*; **im (Monat) ~** en (el mes de) marzo; **vergangenen ~** el marzo pasado; **heute ist der erste ~** (hoy) estamos a primero de marzo; **Berlin, den 10. ~ 1988** Berlín, a diez de marzo de 1988; **am 20. ~** el 20 de marzo; **Anfang/Ende/Mitte ~** a principios/finales/mediados de marzo; **Ostern fällt dieses Jahr in den ~** la Semana Santa cae este año en marzo; **in diesem ~ hat es viel geregnet** este año ha llovido mucho en marzo
Märzbecher *m* <-s, -> (BOT) campanilla *f* de primavera; **Märzbier** *nt* <-(e)s, -e> cerveza *f* negra fuerte
Märzen *nt* <-(s), -> *s.* **Märzbier**
Märzenbecher *m* <-s, -> (BOT) *s.* Märzbecher; **Märzenbier** *nt* <-(e)s, -e> *s.* **Märzbier**
Marzipan [martsiˈpaːn, ˈ---] *nt* <-s, -e> mazapán *m*
Masche [ˈmaʃə] *f* <-, -n> ❶ (*bei Handarbeit*) punto *m*; **eine ~ aufnehmen** aumentar un punto; **eine ~ fallen lassen** menguar un punto; **durch die ~n des Gesetzes schlüpfen** burlar la justicia
❷ (*fam: Trick*) truco *m*; **immer die gleiche ~** siempre el mismo truco; **er hat die ~ raus** (*fam*) tiene cogido el truco [*o* tranquillo] (*bei* a)
❸ (*Österr, Schweiz, südd: Schleife*) lazo *m*
Maschendraht *m* <-(e)s, -drähte> tela *f* metálica; **Maschendrahtzaun** *m* <-(e)s, -zäune> valla *f* de tela metálica
Maschine [maˈʃiːnə] *f* <-, -n> ❶ (*Schreib~, Näh~, Wasch~*) máquina *f*; **arbeitssparende ~** máquina que ayuda a economizar trabajo; **eine ~ bedienen** manejar una máquina; **sie diktiert ihm den Brief direkt in die ~** escribe la carta a máquina directamente mientras ella se la va dictando; **~ schreiben** escribir a máquina; **etw auf [*o* mit] der ~ schreiben** escribir algo a máquina
❷ (*Flugzeug*) avión *m*, aparato *m*
❸ (*fam: Motorrad*) moto *f*
maschinegeschrieben *adj* escrito a máquina
maschinell [maʃiˈnɛl] **I.** *adj* mecánico
II. *adv* a máquina; **~ hergestellt** hecho a máquina
Maschinenauslastung *f* <-, *ohne pl*> utilización *f* plena de una máquina; **Maschinenbau** *m* <-(e)s, *ohne pl*> ❶ (*das Bauen*) construcción *f* de máquinas ❷ (*Lehrfach*) ingeniería *f* mecánica; **Maschinenbauer(in)** *m(f)* <-s, -; -, -nen> ingeniero, -a *m*, *f* mecánico, -a; **Maschinenbauindustrie** *f* <-, -n> industria *f* de construcción mecánica; **Maschinenbauingenieur(in)** *m(f)* <-s, -e; -, -nen> ingeniero, -a *m*, *f* mecánico, -a; **Maschinenfabrik** *f* <-, -en> fábrica *f* de maquinaria
maschinengeschrieben *adj* escrito a máquina
Maschinengewehr *nt* <-(e)s, -e> ametralladora *f*; **Maschinengewehrfeuer** *nt* <-s, *ohne pl*> fuego *m* de ametralladora
Maschinenkode *m* <-s, -s> (INFOR) código *m* de ordenador
maschinenlesbar *adj* (INFOR) legible por el ordenador [*o* aparato]
Maschinenmeister(in) *m(f)* <-s, -; -, -nen> jefe, -a *m*, *f* de máquinas; **Maschinenöl** *nt* <-(e)s, -e> aceite *m* lubricante [*o* para máquinas]

Maschinenpark *m* <-s, -s> parque *m* de maquinaria; **Maschinenpistole** *f* <-, -n> metralleta *f*; **Maschinenraum** *m* <-(e)s, -räume> sala *f* de máquinas; **Maschinensatz** *m* <-es, *ohne pl*> (TYPO) composición *f* mecánica; **Maschinenschaden** *m* <-s, -schäden> avería *f* de la máquina; **Maschinenschlosser(in)** *m(f)* <-s, -; -, -nen> mecánico, -a *m*, *f*, montador(a) *m(f)*; **Maschinenschrift** *f* <-, -en> letra *f* de máquina
maschinenschriftlich *adj* escrito a máquina
Maschinensprache *f* <-, -n> (INFOR) lenguaje *m* de máquina
Maschinerie [maʃinəˈriː] *f* <-, -n> ❶ (TECH) maquinaria *f*, mecanismo *m*
❷ (THEAT) tramoya *f*
❸ (*geh abw*) maquinaria *f*
maschine|schreiben *irr vi s.* **Maschine 1.**
Maschinist(in) [maʃiˈnɪst] *m(f)* <-en, -en; -, -nen> maquinista *mf*
Maser [ˈmaːzɐ] *f* <-, -n> (*in Holz*) veta *f*
masern [ˈmaːzɐn] *vt* vetear; **gemasertes Holz** madera veteada
Masern [ˈmaːzɐn] *pl* (MED) sarampión *m*; **die ~ haben** tener el sarampión
Maserung [ˈmaːzərʊŋ] *f* <-, -en> (*in Holz, Stein*) vetas *fpl*
Maske [ˈmaskə] *f* <-, -n> ❶ (*für das Gesicht*) máscara *f*, careta *f*; **die ~ fallen lassen** dejar caer la máscara; **jdm die ~ herunterreißen** [*o* **vom Gesicht reißen**] desenmascarar a alguien
❷ (INFOR) pantalla *f*
Maskenball *m* <-(e)s, -bälle> baile *m* de máscaras; **Maskenbildner(in)** *m(f)* <-s, -; -, -nen> maquillador(a) *m(f)*
maskenhaft *adj* inmóvil, fijo
Maskenverleih *m* <-(e)s, -e> alquiler *m* de disfraces
Maskerade [maskəˈraːdə] *f* <-, -n> mascarada *f*
maskieren* [masˈkiːrən] **I.** *vt* (*mit Maske*) enmascarar; (*reg: kostümieren*) disfrazar (*als* de); **maskierte Bankräuber** atracadores enmascarados; **seine Unsicherheit mit Heiterkeit ~** disimular su inseguridad con una apariencia de serenidad
II. *vr: sich ~* (*mit Maske*) enmascararse; (*reg: sich kostümieren*) disfrazarse (*als* de)
Maskierte(r) *mf* <-n, -n; -, -n> enmascarado, -a *m*, *f*, disfrazado, -a *m*, *f*
Maskierung¹ *f* <-, *ohne pl*> (*das Maskieren*): **wie lange hast du für die ~ als Dracula gebraucht?** ¿cuánto tiempo has necesitado para disfrazarte de Drácula?
Maskierung² *f* <-, -en> (*Verkleidung*) disfraz *m*
Maskottchen [masˈkɔtçən] *nt* <-s, -> mascota *f*
maskulin [maskuˈliːn] *adj* (*a.* LING) masculino
Maskulinum [maskuˈliːnʊm, ˈ----, *pl*: maskuˈliːna, ˈ----] *nt* <-s, Maskulina> (LING) (género *m*) masculino *m*
Masochismus *m* <-, *ohne pl*> masoquismo *m*
Masochist(in) [mazoˈçɪst] *m(f)* <-en, -en; -, -nen> masoquista *mf*
masochistisch *adj* masoquista
maß [maːs] *3. imp von* **messen**
Maß¹ [maːs] *nt* <-es, -e> medida *f*; (*Aus~*) dimensión *f*; **~e und Gewichte** pesas y medidas; **bei jdm ~ nehmen** tomar las medidas a alguien; **nach ~ gemacht** hecho a medida; **sich *dat* etw nach ~ anfertigen lassen** hacerse algo a medida; **das ~ aller Dinge** la medida de todas las cosas; **das ~ ist voll** ya basta; **ein gerüttelt ~ an [*o* von] etw** una medida colmada de algo; **in dem ~e wie** en la medida que; **in besonderem ~(e)** especialmente; **in [*o* mit] ~en** sin exceder la medida; **in geringem ~e** poco; **in gewissem ~e** en cierta medida; **in hohem [*o* großem] ~e** a gran escala, en alto grado; **über alle ~en** sobremanera; **das übersteigt jedes ~** excede (todos) los límites; **sie kennt weder ~ noch Ziel** no tiene sentido de la medida [*o* moderación]; **bei [*o* in] etw ~ halten** ser comedido con algo, ser moderado con algo; **in gewisses ~ an Vertrauen sollte man aufbringen** hay que mostrar cierto grado de confianza; **mit zweierlei ~ messen** medir por distintos raseros
Maß² [maːs] *f* <-, -(e)> (*Österr, südd*) litro *m* (de cerveza); **zwei ~ Bier** dos litros de cerveza
Massage [maˈsaːʒə] *f* <-, -n> masaje *m*
Massageöl *nt* <-(e)s, -e> aceite *m* de masaje; **Massagesalon** *m* <-s, -s> (*euphemistisch*) salón *m* de masajes; **Massagestab** [-ʃtaːp] *m* <-(e)s, -stäbe> (*Massagegerät*) aparato *m* en forma de bastón para dar masajes ❷ (*Dildo*) consolador *m*
Massaker [maˈsaːkɐ] *nt* <-s, -> masacre *f*, matanza *f*
massakrieren* [masaˈkriːrən] *vt* masacrar, asesinar
Maßangabe *f* <-, -n> indicación *f* de la medida); **Maßanzug** *m* <-s, -züge> traje *m* a medida; **Maßarbeit** *f* <-, -en> trabajo *m* a medida; **das war ~!** (*fam*) ¡un trabajo perfecto!; **Maßband** *nt* <-(e)s, -bänder *o* -e> cinta *f* métrica
Masse [ˈmasə] *f* <-, -n> ❶ (*a.* PHYS) masa *f*; **kritische ~** (PHYS) masa crítica; **die breite ~ der Bevölkerung** la gran masa de la población
❷ (*Menge*) cantidad *f*; (*große*) montón *m*; (*Menschen~*) muchedumbre *f*; **in ~n** a montones, en tropel; **mangels ~** (WIRTSCH: *Geld*) por falta de

capital; (*fam*) por cortedad; **das ist ja nicht die ~!** (*fam*) no es nada del otro mundo
Massegläubiger(in) *m(f)* <-s, -; -, -nen> (JUR) acreedor(a) *m(f)* de la masa
Maßeinheit *f* <-, -en> unidad *f* de medida; **Maßeinteilung** *f* <-, -en> graduación *f*
Massekabel *nt* <-s, -> (ELEK) cable *m* de toma de tierra
Masse-Leistung-Verhältnis *nt* <-ses, -se> (WIRTSCH) relación *f* masa-rendimiento
Massenabsatz *m* <-es, -sätze> venta *f* masiva; **Massenandrang** *m* <-(e)s, *ohne pl*> afluencia *f* masiva; **Massenarbeitslosigkeit** *f* <-, *ohne pl*> paro *m* masivo [*o* en masa]; **Massenartikel** *m* <-s, -> artículo *m* de gran consumo; **Massenausbruch** *m* <-(e)s, -brüche> fuga *f* colectiva (*aus de*); **Massenbedarf** *m* <-(e)s, *ohne pl*> demanda *f* masiva (*an de*); **Massenbeförderungsmittel** *nt* <-s, -> medio *m* de transporte colectivo; **Massenbewegung** *f* <-, -en> movimiento *m* de masas; **Massenelend** *nt* <-(e)s, *ohne pl*> pauperismo *m*; **Massenentlassung** *f* <-, -en> despido *m* en masa; **Massenerzeugung** *f* <-, -en>, **Massenfabrikation** *f* <-, -en>, **Massenfertigung** *f* <-, -en> producción *f* a gran escala [*o* en serie]; **Massenflucht** *f* <-, *ohne pl*> huida *f* en masa; **Massengeschäft** *nt* <-(e)s, -e> (WIRTSCH, COM) operación *f* en gran escala; **Massengrab** *nt* <-(e)s, -gräber> fosa *f* común; **Massengüter** *ntpl* productos *mpl* a granel
massenhaft *adj* (*fam*) en masa, en grandes cantidades; **es kamen ~ Briefe** llegaron cartas en masa
Massenhysterie *f* <-, *ohne pl*> histeria *f* colectiva; **Massenkarambolage** *f* <-, -n> colisión *f* múltiple [*o* colectiva]; **Massenkonsum** *m* <-s, *ohne pl*> consumo *m* a gran escala; **Massenkundgebung** *f* <-, -en> manifestación *f* multitudinaria; **Massenmahnantrag** *m* <-(e)s, -träge> (JUR) solicitud *f* monitoria en masa; **Massenmedium** *nt* <-s, -medien> medio *m* de comunicación [*o* de masas]; **Massenmensch** *m* <-en, -en> hombre *m* masa; **Massenmord** *m* <-(e)s, -e> asesinato *m* en masa [*o* masivo]; **Massenmörder(in)** *m(f)* <-s, -; -, -nen> asesino, -a *m*, *f* múltiple; **Massenproduktion** *f* <-, -en> producción *f* en gran escala [*o* en serie]; **Massenpsychologie** *f* <-, *ohne pl*> psicología *f* de las masas; **Massenspektrographie** *f* <-, -n> (CHEM) espectografía *f* de masas; **Massensterben** *nt* <-s, *ohne pl*> mortandad *f*; **Massentierhaltung** *f* <-, *ohne pl*> cría *f* de animales en gran escala; **Massentourismus** *m* <-, *ohne pl*> turismo *m* de masas [*o* masivo]; **Massentransport** *m* <-(e)s, -e> transporte *m* de masas; **Massenveranstaltung** *f* <-, -en> acto *m* multitudinario; **Massenverbrauch** *m* <-(e)s, *ohne pl*> consumo *m* a gran escala; **Massenverbrechen** *nt* <-s, -> (JUR) delito *m* masivo; **Massenverfahren** *nt* <-s, -> (JUR) procedimiento *m* en masa; **Massenverkauf** *m* <-(e)s, -käufe> venta *f* en masa [*o* masiva]; **Massenvernichtungsmittel** *nt* <-s, -> medio *m* de exterminación en masa; **Massenvertrag** *m* <-(e)s, -träge> (JUR) contrato *m* colectivo
Massenverwaltung *f* <-, -en> (JUR) administración *f* de la masa; **Massenverwaltungsakt** *m* <-(e)s, -e> (JUR) acto *m* administrativo de la masa
massenweise *adv* a montones, en masa
Massenzahl *f* <-, -en> (CHEM) número *m* de masa
Masseur(in) [ma'søːɐ] *m(f)* <-s, -e; -, -nen> masajista *mf*
Masseuse [ma'søːzə] *f* <-, -n> ❶ (*Prostituierte*) prostituta *f* (en un salón de masajes)
❷ (*Masseurin*) masajista *f*
Masseverbindlichkeit *f* <-, -en> (JUR) obligación *f* de la masa
Maßgabe *f* <-, -n> **mit der ~, dass ...** con la condición de que... +*subj*; **nach ~ ...** (*geh*) a medida de..., conforme a...
maßgebend, **maßgeblich** I. *adj* (*bestimmend*) determinante; (*ausschlaggebend*) decisivo; **deine Meinung ist für mich nicht ~** tu opinión no es decisiva para mí
II. *adv* de manera decisiva
Maßgeblichkeit *f* <-, *ohne pl*> normatividad *f*; **~ ausländischen Rechts** (JUR) normatividad del derecho extranjero
maßgerecht *adj* en la medida correcta
maßgeschneidert *adj* (*Kleidung*) cortado [*o* hecho] a medida; (*fig*) hecho a medida; **ein ~er Anzug** un traje a medida; **der Job ist wie für dich ~** el trabajo está hecho a tu medida
maß|halten *irr* v *s*. **Maß¹**
massieren* [ma'siːrən] *vt* ❶ (*Körper*) dar un masaje (a)
❷ (*Truppen*) concentrar; **ein massiertes Polizeiaufgebot** un fuerte cordón policial
massig ['masɪç] I. *adj* (*wuchtig*) voluminoso, macizo
II. *adv* (*fam: viel*) a montones, a porrillo
mäßig ['mɛːsɪç] *adj* ❶ (*gemäßigt*) moderado; (*Lebensweise*) sobrio; **~, aber regelmäßig** poco pero seguido
❷ (*mittel~*) mediocre
mäßigen ['mɛːsɪɡən] I. *vt* moderar

II. *vr*: **sich ~** ❶ (*sich beherrschen*) moderarse; **mäßige dich in deiner Wortwahl!** ¡ten cuidado con lo que dices!, ¡procura escoger tus palabras!
❷ (*Orkan*) calmarse
Massigkeit *f* <-, *ohne pl*> pesadez *f*, voluminosidad *f*
Mäßigkeit *f* <-, *ohne pl*> ❶ (*Maßhalten*) moderación *f*; **~ üben** moderarse
❷ (*Mittel~*) mediocridad *f*
Mäßigung *f* <-, *ohne pl*> moderación *f*
Mäßigungsrecht *nt* <-(e)s, *ohne pl*> (JUR) derecho *m* de moderación; **richterliches ~** derecho de moderación del juez
Massiv [ma'siːf] *nt* <-s, -e> macizo *m*
massiv [ma'siːf] *adj* ❶ (*Gegenstand*) macizo; (*stabil*) sólido, compacto
❷ (*Kritik, Drohung*) masivo; **er wurde schließlich ~** por último se puso violento
Maßkleidung *f* <-, -en> ropa *f* a medida; **Maßkonfektion** *f* <-, -en> confección *f* a medida
Maßkrug *m* <-(e)s, -krüge> jarra *f* de un litro
maßlos I. *adj* desmesurado; **sie ist ~ in ihrer Gier** su codicia no tiene límites
II. *adv* enormemente, tremendamente; **sich ~ ärgern** enfadarse enormemente
Maßlosigkeit *f* <-, *ohne pl*> ❶ (*Übermaß*) inmensidad *f*, exorbitancia *f*
❷ (*ohne Maß*) desmesura *f* (*in de*)
Maßnahme *f* <-, -n> medida *f*; **~n zum Schutz der Umwelt** medidas para la protección del medio ambiente; **~n gegen Missbrauch** medidas (preventivas) contra el abuso; **antizyklische ~n** medidas anticíclicas; **finanzpolitische ~n** medidas fiscales [*o* político-financieras]; **hoheitliche ~** (*Zollrecht*) medida soberana; **konjunkturpolitische ~n** medidas anticíclicas; **kostensparende ~n** medidas para ahorrar gastos; **nachfrageerhöhende ~n** medidas para aumentar la demanda; **vorbeugende ~** medida preventiva; **wettbewerbsbeschränkende ~** medida restrictiva de la competencia; **~n beschließen** acordar medidas; **~n ergreifen** [*o* **treffen**] tomar medidas; **gerichtliche ~n ergreifen** (JUR) adoptar medidas judiciales
Maßnahmegesetz *nt* <-es, -e> (JUR) ley *f* sobre disposición; **Maßnahmenbündel** *nt* <-s, -> paquete *m* de medidas; **~ der Geld- und Fiskalpolitik** paquete de medidas de la política monetaria y fiscal; **Maßnahmenpaket** *nt* <-(e)s, -e> paquete *m* de medidas
Maßregel *f* <-, -n> regla *f*, norma *f*; **~ der Besserung und Sicherung** medidas de seguridad y corrección; **einstweilige ~** sanción provisoria
maßregeln ['---] *vt* (*rügen*) reprender, llamar al orden; (*strafen*) castigar
Maßregelungsverbot *nt* <-(e)s, -e> (JUR) prohibición *f* de sanciones disciplinarias
Maßregelvollzug *m* <-(e)s, *ohne pl*> (JUR) ejecución *f* de sanción administrativa
Maßschneider(in) *m(f)* <-s, -; -, -nen> sastre, -a *m*, *f*
maß|schneidern *vt* hacer a medida
Maßstab *m* <-(e)s, -stäbe> ❶ (*Norm*) norma *f*; **neue Maßstäbe setzen** sentar nuevas bases; **das ist für mich kein ~** esto no lo tomo como patrón; **jdm als ~ dienen** servir de modelo a alguien; **einen bestimmten ~ an etw anlegen** aplicar ciertas normas a algo
❷ (*bei Karten*) escala *f*; **eine Karte im ~ 1 : 20.000** un mapa de escala 1 : 20.000
maßstab(s)gerecht *adj o adv*, **maßstab(s)getreu** *adj o adv* a escala
maßvoll *adj* moderado, comedido; **~ in seinen Ansprüchen/Wünschen sein** ser comedido con sus demandas/deseos
Mast¹ [mast] *m* <-(e)s, -e(n)> ❶ (NAUT) palo *m*, mástil *m*
❷ (*Telefon~, Leitungs~*) poste *m*; (*Fahnen~*) asta *f*
Mast² [mast] *f* <-, -en> (*von Tieren*) cebadura *f*
Mastbaum *m* <-(e)s, -bäume> (NAUT) palo *m*, mástil *m*
Mastdarm *m* <-(e)s, -därme> recto *m*
mästen ['mɛstn̩] *vt* cebar
Mästerei [mɛstəˈraɪ] *f* <-, -en> (*Betrieb*) granja *f* de engorde; (*für Schweine*) engordadero *m*
Master of Business Administration *m* <-s - - -, - - - -> (WIRTSCH) máster *m* en Administración Empresarial
Mastfähigkeit *f* <-, *ohne pl*> capacidad *f* de engorde; **Mastfutter** *nt* <-s, *ohne pl*> (AGR) cebo *m*, pienso *m* de engorde; **Mastgans** *f* <-, -gänse> ganso *m* cebado [*o* de engorde]; **Mastkorb** *m* <-(e)s, -körbe> (*Schiff*) cofa *f*; **Mastschwein** *nt* <-(e)s, -e> cerdo *m* cebado [*o* de engorde]; **Masttier** *nt* <-(e)s, -e> animal *m* de cebo
Masturbation *f* <-, -en> masturbación *f*, pascuala *f Mex*
masturbieren* [mastʊrˈbiːrən] *vi* masturbarse
Mastvieh *nt* <-(e)s, *ohne pl*> ganado *m* de engorde, animales *mpl* de engorde
Matador(in) [mataˈdoːɐ] *m(f)* <-s, -e; -, -nen> ❶ (*im Stierkampf*) matador(a) *m(f)*
❷ (*Hauptperson*) número *mf* uno, figura *f*
Match [mɛtʃ] *nt* <-(e)s, -s *o* -e> (SPORT) partido *m*, match *m*

Matchball *m* <-(e)s, -bälle> (SPORT) matchball *m*
Matchbeutel *m* <-s, ->, **Matchsack** *m* <-(e)s, -säcke> bolsa de lona o cuero
Mate *m* <-, *ohne pl*> mate *m*, verde *m* CSur; yerba *f* RíoPl; ~ **trinken** matear, verdear CSur; yerbear RíoPl
Material [materiˈaːl] *nt* <-s, -ien> material *m*; **angefordertes/bereitgestelltes** ~ material solicitado/puesto a disposición; ~ **beschaffen** facilitar material
Materialaufwand *m* <-(e)s, *ohne pl*> despliegue *m* material; **zusätzlicher** ~ despliegue material adicional; **Materialermüdung** *f* <-, *ohne pl*> (TECH) fatiga *f* del material; **Materialfehler** *m* <-s, -> defecto *m* del material
Materialisation [materializaˈtsioːn] *f* <-, -en> materialización *f*
materialisieren* [materialiˈziːrən] I. *vt* materializar
II. *vr: sich* ~ materializarse
Materialismus [materiaˈlɪsmʊs] *m* <-, *ohne pl*> materialismo *m*
Materialist(in) [materiaˈlɪst] *m(f)* <-en, -en; -, -nen> materialista *mf*
materialistisch *adj* materialista
Materialkosten *pl* gastos *mpl* de material; **Materialsammlung** *f* <-, -en> recopilación *f* de material; **Materialschlacht** *f* <-, -en> (MIL) batalla *f* con gran despliegue de material bélico; **Materialverbrauch** *m* <-(e)s, *ohne pl*> consumo *m* de material
Materie¹ [maˈteːria] *f* <-, -n> (*Thema*) materia *f*, tema *m*; **die ~ beherrschen** dominar el tema
Materie² *f* <-, *ohne pl*> (a. PHYS, CHEM, PHILOS) materia *f*
materiell [materiˈɛl] *adj* ❶ (*stofflich*) material
❷ (*finanziell*) financiero, económico; **in ~er Hinsicht** en lo que se refiere a lo financiero
materiell-rechtlich *adj* jurídico-material
Mathe [ˈmatə] *f* <-, *ohne pl*> (*fam*), **Mathematik** [matemaˈtiːk] *f* <-, *ohne pl*> matemáticas *fpl*
Mathematiker(in) [mateˈmaːtikɐ] *m(f)* <-s, -; -, -nen> matemático, -a *m, f*
mathematisch [mateˈmaːtɪʃ] *adj* matemático
Matinee [matiˈneː] *f* <-, -n> matinée *f*; (*Kino*) sesión *f* matinal
Matjes [ˈmatjəs] *m* <-, -> arenque *m* fresco
Matjesfilet *nt* <-s, -s> filete *m* de arenque fresco; **Matjeshering** *m* <-s, -e> arenque *m* fresco
Matratze [maˈtratsə] *f* <-, -n> colchón *m*
Mätresse [mɛˈtrɛsə] *f* <-, -n> querida *f*, manceba *f*
matriarchalisch [matriarˈçaːlɪʃ] *adj* matriarcal
Matriarchat [matriarˈçaːt] *nt* <-(e)s, -e> matriarcado *m*
Matrikel [maˈtriːkəl] *f* <-, -n> ❶ (*Verzeichnis*) matrícula *f*, registro *m*
❷ (*Österr: Standesamt*) ≈registro *m* civil
Matrikelnummer *f* <-, -n> número *m* de matrícula
Matrix [ˈmaːtrɪks, *pl:* maˈtriːtsən] *f* <-, Matrizen *o* Matrizes> (MATH, BIOL, LING) matriz *f*
Matrixdrucker *m* <-s, -> (INFOR) impresora *f* de matrices [*o* de puntos]
Matrize [maˈtriːtsə] *f* <-, -n> ❶ (TYPO) matriz *f*
❷ (*für Vervielfältigung*) cliché *m*
❸ (TECH) troquel *m*
Matrizen *pl von* **Matrix**, **Matrize**
Matrizes *pl von* **Matrix**
Matrone [maˈtroːnə] *f* <-, -n> matrona *f*
matronenhaft *adj* (*abw*) como una matrona
Matrose [maˈtroːzə] *m* <-n, -n> marinero *m*
Matsch [matʃ] *m* <-(e)s, *ohne pl*> (*fam*) ❶ (*Schlamm*) lodo *m*, barro *m*
❷ (*zerdrücktes Obst*) puré *m*
matschig *adj* (*fam*) ❶ (*Obst*) pasado, tocado; (*Schnee*) medio derretido
❷ (*schlammig*) cenagoso, fangoso
Matschwetter *nt* <-s, *ohne pl*> (*fam*) tiempo *m* de lluvias y nevadas en el que las calles están sucias y encharcadas por la nieve pisada o derretida
matt [mat] *adj* ❶ (*erschöpft*) cansado, flojo; (*schwach*) débil; **sich ~ fühlen** sentirse débil
❷ (*Stimme*) débil; (*Lichtschein, Glasscheibe*) opaco
❸ (*glanzlos*) mate; (*Farbe, Blick*) apagado
❹ (*Schach*): **jdn ~ setzen** dar jaque mate a alguien; **wir sind völlig ~ gesetzt** (*fig*) estamos totalmente fuera de combate
Matt [mat] *nt* <-s, -s> jaque *m* mate
Matte [ˈmatə] *f* <-, -n> ❶ (*Stroh-*) estera *f*, esterilla *f*; (*bei jdm*) **auf der ~ stehen** (*fam: einsatzbereit sein*) estar a plena disposición (de alguien)
❷ (SPORT) colchoneta *f*, tapiz *m*; **jdn auf die ~ legen** (*fam*) tumbar a alguien
❸ (*Österr, Schweiz: Bergwiese*) pradera *f*
Matterhorn [ˈmatɐhɔrn] *nt* <-(e)s, *ohne pl*> Monte *m* Cervino, Matterhorn *m*
Mattglanz *m* <-es, *ohne pl*> ❶ (*Papier*) brillo *m* mate ❷ (*Textilien*) brillo *m* semiopaco; **Mattglas** *nt* <-es, *ohne pl*> vidrio *m* opaco

Matthäi *gen von* **Matthäus**: **bei jdm ist ~ am Letzten** (*fam*) alguien está en las últimas
Matthäus [maˈtɛːʊs] (San) Mateo
Matthäusevangelium *nt* <-s, *ohne pl*> (REL) Evangelio *m* según San Mateo
Mattheit *f* <-, *ohne pl*> (*geh*) ❶ (*Glanzlosigkeit*) matidez *f*
❷ *s.* **Mattigkeit**
mattieren* [maˈtiːrən] *vt* hacer mate; (*Glas*) esmerilar
Mattigkeit *f* <-, *ohne pl*> cansancio *m*, debilidad *f*
Mattlack *m* <-(e)s, -e> barniz *m* mate; **Mattscheibe** *f* <-, -n> (*fam*) pantalla *f*; **vor der ~ sitzen** estar sentado delante de la pantalla; ~ **haben** estar atontado
Matura [maˈtuːra] *f* <-, *ohne pl*> (*Österr, Schweiz*) ≈bachillerato
Maturand(in) [matuˈrant] *m(f)* <-en, -en; -, -nen> (*Schweiz*), **Maturant(in)** [matuˈrant] *m(f)* <-en, -en> (*Österr*) ≈estudiante *mf* de bachillerato
maturieren* [matuˈriːrən] *vi* (*Österr*) ≈hacer el bachillerato
Maturität [maturiˈtɛːt] *f* <-, *ohne pl*> (*Schweiz*) ≈bachillerato *m*
Mätzchen [ˈmɛtsçən] *pl* (*fam: Getue*) tonterías *fpl*; (*Tricks*) trucos *mpl*; **mach doch keine ~!** ¡no hagas tonterías!
Matze [ˈmatsə] *f* <-, -n>, **Matzen** *m* <-s, -> pan *m* ázimo [*o* ácimo]
mau [maʊ] *adj* (*fam*) ❶ (*unwohl*) flojo, flaco; **mir ist** (**ganz**) ~ tengo flojera
❷ (*Geschäft*) flojo
Mauer [ˈmaʊɐ] *f* <-, -n> ❶ (*aus Steinen*) muro *m*; (*aus Lehm*) tapia *f*; (*zur Verteidigung*) muralla *f*; **die Chinesische ~** la Gran Muralla; **eine ~ des Schweigens** un muro de silencio; **gegen eine ~ reden** hablar con una pared
❷ (SPORT) barrera *f*
Mauerblümchen [-blyːmçən] *nt* <-s, -> (*fam*) patito *m* feo
mauern [ˈmaʊɐn] I. *vt* construir
II. *vi* ❶ (*bauen*) construir
❷ (SPORT) jugar a la defensiva
❸ (*zurückhaltend/verschlossen sein*) cerrarse por banda, adoptar una postura defensiva
Maueröffnung *f* <-, *ohne pl*> caída *f* del Muro de Berlín; **Mauerschütze** *m* <-n, -n> soldado *m* que vigilaba el muro de Berlín; **Mauersegler** *m* <-s, -> vencejo *m*; **Mauerstein** *m* <-(e)s, -e; (*Backstein*) ladrillo *m*; **Mauervorsprung** *m* <-(e)s, -sprünge> saliente *m* de muro; **Mauerwerk** *nt* <-(e)s, -e> mampostería *f*
Maul [maʊl, *pl:* ˈmɔɪlɐ] *nt* <-(e)s, Mäuler> ❶ (*bei Tieren*) boca *f*; (*Hund*) hocico *m*; (*Wiederkäuer*) morro *m*
❷ (*fam abw: Mund*) morro *m*; **jdm übers ~ fahren** cortarle a alguien la palabra; **das ~ zu weit aufreißen**, **ein großes ~ haben** ser un bocazas; **jdm das ~ stopfen** taparle [*o* cerrarle] el pico a alguien; **sich** *dat* **das ~ verbrennen** meter la pata al hablar; **darüber werden sich die Leute das ~ zerreißen** esto va a dar mucho que hablar; **dem Volk aufs ~ schauen** escuchar cómo habla la gente de la calle; **halt's ~!** ¡cierra el pico!; ~ **halten!** ¡a callarse!
Maulaffe *m* <-n, -n> (*fam abw*) mirón *m*; ~**n feilhalten** mirar boquiabierto
Maulbeerbaum *m* <-(e)s, -bäume> moral *m*
Maulbeere *f* <-, -n> mora *f*
maulen [ˈmaʊlən] *vi* (*fam abw*) estar de morros, estar de mal humor
Mäuler *pl von* **Maul**
Maulesel *m* <-s, -> mulo *m*
maulfaul *adj* (*fam*) callado; ~ **sein** no abrir el pico
Maulheld *m* <-en, -en> (*fam abw*) fanfarrón *m*; **Maulkorb** *m* <-(e)s, -körbe> bozal *m*; **jdm einen ~ anlegen** [*o* **verpassen**] (*fam*) amordazar a alguien; **Maulsperre** *f* <-, -n> (MED) trismo *m*; **die ~ kriegen** (*fam fig*) llevarse una gran sorpresa, quedarse sin habla; **Maultaschen** *fpl* (GASTR) ❶ (*Teigtaschen*) pasta rellenada de carne picada y/o legumbres ❷ (*Gericht*) plato suabio con esta pasta (*rellenada*); **Maultier** *nt* <-(e)s, -e> mulo *m*; **Maul- und Klauenseuche** *f* <-, *ohne pl*> (MED) fiebre *f* aftosa, glosopeda *f*
Maulwurf *m* <-(e)s, -würfe> topo *m*; **blind wie ein ~ sein** no ver tres en un burro; **Maulwurfshaufen** *m* <-s, ->, **Maulwurfshügel** *m* <-s, -> topera *f*
maunzen [ˈmaʊntsən] *vi* (*reg: winseln*) gemir
Maure, -in [ˈmaʊrə] *m, f* <-n, -n; -, -nen> (a. HIST) moro, -a *m, f*
Maurer(in) [ˈmaʊrɐ] *m(f)* <-s, -; -, -nen> albañil *mf*
Maurerarbeit *f* <-, -en> obra *f* de albañilería; **Maurerhandwerk** *nt* <-(e)s, *ohne pl*> albañilería *f*
Maurerin *f* <-, -nen> *s.* **Maurer**
Maurerkelle *f* <-, -n> paleta *f* (de albañil), palustre *m*; **Maurerkolonne** *f* <-, -n> brigada *f* de albañiles; **Maurermeister(in)** *m(f)* <-s, -; -, -nen> maestro, -a *m, f* albañil [*o* de obra]; **Maurerpolier(in)** *m(f)* <-s, -e; -, -nen> capataz *mf* de obras
Mauretanien [maʊreˈtaːniən] *nt* <-s> Mauritania *f*

Mauretanier(in) *m(f)* <-s, -; -, -nen> mauritano, -a *m, f*
mauretanisch *adj* mauritano
Maurin *f* <-, -nen> *s.* **Maure**
maurisch ['maʊrɪʃ] *adj* moro, árabe
Maus [maʊs, *pl:* 'mɔɪzə] *f* <-, Mäuse> ❶ (ZOOL, INFOR) ratón *m;* **weiße Mäuse sehen** (*fam fig*) ver elefantes volando; **eine graue ~ sein** (*fam abw*) ser una mosquita muerta; **da beißt die ~ keinen Faden ab** (*fam*) no hay nada que hacer(le)
❷ *pl* (*fam: Geld*) perras *fpl,* pelas *fpl*
Mauschelei [maʊʃə'laɪ] *f* <-, -en> (*abw*) trueque *m,* chanchullo *m*
mauscheln ['maʊʃəln] *vi* (*fam abw*) trucar, hacer chanchullos
Mäuschen ['mɔɪsçən] *nt* <-s, -> (*fam*): **da möchte ich mal ~ sein** [*o* **spielen**] me pica la curiosidad
mäuschenstill *adj* (*fam*) *s.* **mucksmäuschenstill**
Mäusebussard *m* <-s, -e> ratonero *m* común
Mausefalle *f* <-, -n> ratonera *f,* trampa *f* para ratones; **Mauseloch** *nt* <-(e)s, -löcher> ratonera *f*
mausen ['maʊzən] I. *vi* (*reg: Mäuse fangen*) cazar ratones; **die Katze lässt das M~ nicht** (*prov*) el hijo de la gata, ratones mata
II. *vt* (*fam iron: stibitzen*) mangar, birlar
Mauser ['maʊzɐ] *f* <-, *ohne pl*> (BIOL) muda *f;* **in der ~ sein** estar de muda
Mäuserich ['mɔɪzərɪç] *m* <-s, -e> (*fam*) ratón *m* (macho)
mausern ['maʊzɐn] *vr:* **sich ~** ❶ (*Vogel*) mudar el plumaje
❷ (*fam: sich entwickeln*) transformarse (*zu* en), convertirse (*zu* en)
mausetot *adj* (*fam*) muerto y requetemuerto
mausgrau *adj* gris marengo
mausig ['maʊzɪç] *adj:* **sich ~ machen** (*fam*) ponerse chulo
Mausklick ['maʊsklɪk] *m* <-s, -s> (INFOR) click *m* del ratón
Mausoleum [maʊzo'leːʊm] *nt* <-s, Mausoleen> mausoleo *m*
Maussteuerung[1] *f* <-, *ohne pl*> (INFOR: *das Steuern*) control *m* con el ratón
Maussteuerung[2] *f* <-, -en> (INFOR: *Maus*) ratón *m*
Maustaste *f* <-, -n> (INFOR) tecla *f* del ratón
Maut [maʊt] *f* <-, -en> peaje *m*
Mautgebühr *f* <-, -en> (*Österr*) derechos *mpl* de peaje; **Mautstelle** *f* <-, -n> (*Österr*) puesto *m* de peaje; **Mautstraße** *f* <-, -n> (*Österr*) carretera *f* de peaje
maxi ['maksi] *adj inv* maxi-; **~ tragen** (*Rock*) llevar una maxifalda; (*Kleid*) llevar un maxivestido
Maxima *pl von* **Maximum**
maximal [maksi'maːl] I. *adj* máximo
II. *adv* como máximo, a lo sumo
Maximalwert *m* <-(e)s, -e> valor *m* máximo
Maxime [ma'ksiːmə] *f* <-, -n> máxima *f*
maximieren* [maksi'miːrən] *vt* (*a.* MATH) elevar al máximo
Maximierung *f* <-, -en> acción *f* de maximizar
Maximum ['maksimʊm] *nt* <-s, Maxima> máximo *m* (*an* de); **ein ~ an Sicherheit** un máximo de seguridad
Maxirock ['maksi-] *m* <-(e)s, -röcke> maxifalda *f;* **Maxisingle** *f* <-, -s> (MUS) maxi *m* maxi
Mayonnaise [majɔ'nɛːzə] *f* <-, -n> mayonesa *f*
Mazedonien [matse'doːniən] *nt* <-s> Macedonia *f*
Mäzen(in) [mɛ'tseːn] *m(f)* <-s, -e; -, -nen>, **Mäzenatin** *f* <-, -nen> mecenas *mf inv*
mb (METEO) *Abk. von* **Millibar** milibar *m*
MB [ɛm'beː] (INFOR) *Abk. von* **Megabyte** MB
MBA (WIRTSCH, JUR) *Abk. von* **Master of Business Administration** máster *m* en Administración Empresarial
mbH (WIRTSCH) *Abk. von* **mit beschränkter Haftung** de responsabilidad limitada
MBit/s (INFOR) *Abk. von* **Megabit per second** MBit/seg, Mbps, mbps
Mbyte *nt* <-s, -s>, **MByte** *nt* <-s, -s> (INFOR) *Abk. von* **Megabyte** mbyte *m*
Md (CHEM) *Abk. von* **Mendelevium** Md
MdB [ɛmdeː'beː] (POL) *Abk. von* **Mitglied des Bundestages** Diputado, -a *m, f* al Parlamento Federal
MdL [ɛmdeː'ʔɛl] (POL) *Abk. von* **Mitglied des Landtages** Diputado, -a *m, f* al Parlamento del Land
m. E. *Abk. von* **meines Erachtens** en mi opinión, a mi modo de ver
Mechanik [me'çaːnɪk] *f* <-, *ohne pl*> mecánica *f*
Mechaniker(in) [me'çaːnikɐ] *m(f)* <-s, -; -, -nen> mecánico, -a *m, f*
mechanisch [me'çaːnɪʃ] *adj* mecánico; **mit einer ~en Geste** con gesto mecánico
mechanisieren* [meçani'ziːrən] *vt* mecanizar
Mechanisierung *f* <-, -en> mecanización *f*
Mechanisierungsprozess[RR] *m* <-es, -e> proceso *m* de mecanización
Mechanismus [meça'nɪsmʊs] *m* <-, Mechanismen> mecanismo *m*

meck [mɛk] *interj* ¡be!
Meckerei [mɛka'raɪ] *f* <-, *ohne pl*> (*fam abw*) critiqueo *m,* quejas *fpl*
Meckerer ['mɛkərə] *m* <-s, -> (*fam abw*) gruñón, -ona *m, f,* quejicóna, -ona *m, f*
Meckerfritze *m* <-n, -n> (*fam abw*) gruñón *m,* criticón *m*
Meckerliese *f* <-, -n> (*fam abw*) gruñona *f,* quejicona *f,* criticona *f*
meckern ['mɛkɐn] *vi* ❶ (*Ziege*) balar
❷ (*fam abw: nörgeln*) criticar; **über etw ~** sacar(le) punta a algo
Mecklenburg ['mɛklənbʊrk] *nt* <-s> Mecklemburgo *m*
mecklenburgisch ['mɛklənbʊrgɪʃ] *adj* de Mecklemburgo
Mecklenburg-Vorpommern [---'foːɛpɔmɐn] *nt* <-s> Mecklemburgo-Pomerania *m* occidental
Medaille [me'daljə] *f* <-, -n> medalla *f;* **die Kehrseite der ~** la otra cara de la moneda
Medaillengewinner(in) *m(f)* <-s, -; -, -nen> ganador(a) *m(f)* de (una) medalla
Medaillon [medal'jõː] *nt* <-s, -s> ❶ (*Schmuckstück*) medallón *m,* guardapelo *m,* relicario *m Am*
❷ (GASTR) medallón *m*
Mediaplan *m* <-(e)s, -pläne> planificación *f* de medios publicitarios; **Mediaplanung** *f* <-, *ohne pl*> estrategia *f* de medios publicitarios
Medien ['meːdiən] *pl von* **Medium: die ~** los medios de comunicación; **akustische/optische ~** medios (de comunicación) auditivos/visuales
Medienberichterstattung *f* <-, -en> información *f* a través de los medios de comunicación; **Mediendienst** *m* <-(e)s, -e> servicio *m* de los medios de comunicación; **Medienereignis** *nt* <-ses, -se> gran acontecimiento *m* en [*o para*] los medios de comunicación; **Medienforschung** *f* <-, *ohne pl*> investigación *f* de los medios de comunicación
Mediengesellschaft *f* <-, -en> sociedad *f* mediática; **Medienkonzentration** *f* <-, *ohne pl*> concentración *f* de medios; **Medienkonzern** *m* <-(e)s, -e> grupo *m* (de empresas) de los medios de comunicación; **Medienlandschaft** *f* <-, *ohne pl*> medios *mpl* de comunicación; **Medienpolitik** *f* <-, *ohne pl*> política *f* en función de los medios de comunicación; **Medienrummel** *m* <-s, *ohne pl*> (*fam*) jaleo *m* provocado por los medios de comunicación; **Medienverbund** *m* <-(e)s, -e> ❶ (SCH) multimedia *mpl* ❷ (WIRTSCH) asociación *f* de los medios de comunicación
medienwirksam *adj* (*Person*) con gran poder de comunicación
Medikament [medika'mɛnt] *nt* <-(e)s, -e> medicamento *m,* remedio *m,* pichicata *f* Arg
Medikamentenabhängigkeit *f* <-, *ohne pl*> *s.* **Medikamentensucht; Medikamentenentsorgung** *f* <-, -en> eliminación *f* de medicamentos; **Medikamentenmissbrauch**[RR] *m* <-(e)s, *ohne pl*> (MED) abuso *m* de medicamentos; **Medikamentensucht** *f* <-, *ohne pl*> dependencia *f* de los medicamentos
medikamentös [medikamɛn'tøːs] *adj* (MED) con medicamentos
Medikus ['meːdikus, *pl:* 'meːdizi] *m* <-, -se *o* Medizi> (*iron*) galeno *m*
Meditation [medita'tsjoːn] *f* <-, -en> meditación *f*
mediterran [meditɛ'raːn] *adj* mediterráneo
meditieren* [medi'tiːrən] *vi* meditar (*über* sobre)
Medium ['meːdiʊm] *nt* <-s, Medien> (*a.* PHYS, CHEM) medio *m;* (*Parapsychologie*) médium *m o f*
Medizi *pl von* **Medikus**
Medizin[1] [medi'tsiːn] *f* <-, *ohne pl*> (*Wissenschaft*) medicina *f;* **alternative ~** medicina alternativa; **innere ~** medicina interna
Medizin[2] *f* <-, -en> (*Medikament*) medicamento *m,* remedio *m*
Medizinalassistent(in) [meditsi'naːl-] *m(f)* <-en, -en; -, -nen> asistente *mf* médico, -a
Medizinball *m* <-(e)s, -bälle> balón *m* medicinal
Mediziner(in) [medi'tsiːnɐ] *m(f)* <-s, -; -, -nen> médico, -a *m, f;* (*Student*) estudiante *mf* de medicina
medizinisch *adj* (*ärztlich*) médico; (*arzneilich*) medicinal; **jdn/etw ~ behandeln** impartir tratamiento medicinal a alguien/a algo; **~ ausbilden** impartir instrucción médica
medizinisch-technisch *adj:* **medizinisch-technischer Assistent** asistente *m* técnico-sanitario
Medizinmann *m* <-(e)s, -männer> curandero *m,* brujo *m Am,* nagual *m* Mam, Mex; **Medizinstudent(in)** *m(f)* <-en, -en; -, -nen> estudiante *mf* de medicina; **Medizintechnik** *f* <-, *ohne pl*> (MED) técnica *f* médica [*o* medicinal]
Meer [meːɐ] *nt* <-(e)s, -e> mar *m;* **das Rote/Schwarze ~** el Mar Rojo/Negro; **am ~** en el mar; **ans ~ fahren** ir al mar; **aufs offene ~** a alta mar; **im ~ baden** bañarse en el mar; **ein ~ von Licht und Farbe** (*geh*) un derroche de luces y colores
Meerbusen *m* <-s, -> ensenada *f,* bahía *f;* **Meerenge** *f* <-, -n> estrecho *m*
Meeresalge *f* <-, -n> alga *f* marina; **Meeresarm** *m* <-(e)s, -e> brazo *m* de mar; **Meeresbiologie** *f* <-, *ohne pl*> biología *f* marina; **Meeresboden** *m* <-s, -böden> fondo *m* del mar; **Meeresfauna** *f* <-,

-faunen> fauna *f* marina; **Meeresflora** *f* <-, -floren> flora *f* marina; **Meeresforschung** *f* <-, *ohne pl*> oceanografía *f*; **Meeresfreiheit** *f* <-, *ohne pl*> (JUR) libertad *f* de los mares; **Meeresfrüchte** *fpl* (GASTR) mariscos *mpl*; **Meeresgrund** *m* <-(e)s, *ohne pl*> fondo *m* marino [*o* de mar]; **Meereshöhe** *f* <-, -n> nivel *m* del mar; **Meeresklima** *nt* <-s, *ohne pl*> clima *m* marítimo; **Meereskunde** *f* <-, *ohne pl*> oceanografía *f*

meereskundlich *adj* oceanográfico

Meeresküste *f* <-, -n> (GEO) costa *f* marítima; **Meeresleuchten** *nt* <-s, *ohne pl*> fosforescencia *f* del mar; **Meerespflanze** *f* <-, -n> planta *f* marina; **Meeresspiegel** *m* <-s, *ohne pl*> nivel *m* del mar; **über/unter dem** ~ sobre/bajo el nivel del mar; **Meeresströmung** *f* <-, -en> corriente *f* marítima; **Meerestiefe** *f* <-, -n> profundidad *f* marina; **Meerestier** *nt* <-(e)s, -e> animal *m* marino; **Meeresungeheuer** *nt* <-s, -> monstruo *m* marino; **Meeresverschmutzung** *f* <-, -en> polución *f* de los mares, contaminación *f* marítima

Meergott *m* <-(e)s, -götter> dios *m* de los mares; **Meerjungfrau** *f* <-, -en> sirena *f*; **Meerkatze** *f* <-, -n> macaco *m*, cercopiteco *m*; **Meerrettich** *m* <-s, -e> rábano *m*; **Meersalz** *nt* <-es, *ohne pl*> sal *f* marina

Meerschaum *m* <-(e)s, *ohne pl*> espuma *f* de mar; **Meerschaumpfeife** *f* <-, -n> pipa *f* de sepiolita [*o* de espuma de mar]

Meerschweinchen *nt* <-s, -> conejillo *m* de Indias, cobaya *f*, cuy(e) *m* Andino

Meerwasser *nt* <-s, *ohne pl*> agua *f* marina [*o* de mar]

Meerwasserentsalzung *f* <-, -en> desalinización *f* (del agua de mar), desalación *f* (del agua de mar); **Meerwasserentsalzungsanlage** *f* <-, -n> planta *f* desalinizadora

Meeting ['miːtɪŋ] *nt* <-s, -s> (POL) mitin *m*

Megabit [mega'bɪt, 'meːgabɪt] *nt* <-(s), -(s)> (INFOR) megabyte *m*

Megabyte ['meːgabaɪt] *nt* <-(s), -(s)> (INFOR) megabyte *m*

Megafonᴿᴿ *nt* <-s, -e> *s*. **Megaphon**

Megahertz ['meːgahɛrts] *nt* <-, -> (PHYS) megahertzio *m*

Megalith [mega'liːt] *m* <-s *o* -en, -e(n)> megalito *m*

megaloman [megalo'maːn] *adj* (PSYCH) megalómano

Megalomanie [megaloma'niː, *pl:* megaloma'niːən] *f* <-, -n> (PSYCH) megalomanía *f*

Megalopolis *f* <-, Megalopolen> megalópolo *m*

Megaphon [mega'foːn] *nt* <-s, -e> megáfono *m*

Megatonne ['meːga-] *f* <-, -n> megatonelada *f*; **Megawatt** *nt* <-s, -> (PHYS) megavatio *m*

Mehl [meːl] *nt* <-(e)s, -e> harina *f*

mehlig *adj* harinoso, farináceo

Mehlsack *m* <-(e)s, -säcke> saco *m* de harina; **wie ein** ~ **schlafen** (*fam*) dormir como un tronco; **Mehlschwitze** *f* <-, -n> (GASTR) harina *f* que se fríe para preparar salsas y sopas; **Mehlspeise** *f* <-, -n> ❶ (*mit Mehl bereitetes Gericht*) plato preparado con harina, leche, huevos, mantequilla, *etc.* ❷ (*Österr: fam: Süßspeise*) dulce *m*; **Mehltau** *m* <-(e)s, *ohne pl*> mildíu *m*; **Mehlwurm** *m* <-(e)s, -würmer> gusano *m* de la harina

mehr [meːɐ] **I.** *adv o pron indef kompar von* **viel** más (*als* que); (*vor Zahlen*) más (*als* de); (*vor Verben*) más (*als* de lo que); **sie hat** ~ **gegessen als er** ha comido más que él; ~ **als nötig** más de lo necesario; ~ **als sie erhofft hatte** más de lo que había esperado; **wir brauchen** ~ **Geld** necesitamos más dinero; **immer** ~ cada vez más; **etwas** ~ un poco más; ~ **als genug** más que suficiente; **noch** ~ todavía más; **und** ~ **und** ~ más y más; **nicht** ~ **und nicht weniger als ...** ni más ni menos que...; ~ **oder weniger** más o menos; **um so** ~ tanto más; **viel** ~ mucho más; **sie ist** ~ **Künstlerin als Wissenschaftlerin** es más bien artista que científica **II.** *adv* (+ *Negation, ein Ende ausdrückend*): **nicht** ~ ya no; **es gibt kein Brot** ~ ya no queda pan; **es schneit nicht** ~ ha dejado de nevar; **ich habe kein Geld** ~ ya no tengo más dinero, ya no me queda (más) dinero; **reden wir nicht** ~ **darüber** no hablemos más de ello; **nichts** ~ nada más; **kein Wort** ~**!** ¡ni una palabra más!; **es war niemand** ~ **da** ya no había nadie más, ya no quedaba nadie (más); **es ist nicht** ~ **lange** ya no queda [*o* falta] mucho tiempo

Mehr [meːɐ] *nt* <-(s), *ohne pl*> ❶ (*Überschuss*) excedente *m* (*an* de); **ein** ~ **an Zeit/Kosten aufwenden** invertir más tiempo/costes ❷ (*Schweiz: Stimmenmehrheit*) mayoría *f* (de votos) ❸ (*Schweiz: Mehrheitsbeschluss*) acuerdo *m* adoptado por la mayoría

Mehrarbeit *f* <-, *ohne pl*> ❶ (*zusätzliche Arbeit*) trabajo *m* adicional ❷ (*Überstunden*) horas *fpl* extra

Mehraufwand *m* <-(e)s, *ohne pl*> (*an Geld*) gastos *mpl* adicionales; **Mehraufwandsentschädigung** *f* <-, -en> compensación *f* por gastos extraordinarios

Mehrausgabe *f* <-, -n> gastos *mpl* suplementarios

mehrbändig [-bɛndɪç] *adj* en varios tomos

Mehrbedarf *m* <-(e)s, *ohne pl*> (*an Gütern*) aumento *m* de consumo; **ein** ~ **an Zeit/Geld** más tiempo/dinero de lo previsto; **Mehrbelas-**

tung *f* <-, -en> ❶ (*a. fig: Last*) sobrecarga *f* ❷ *s*. **Mehraufwand**

Mehrbenutzersystem *nt* <-s, -e> (INFOR) sistema *m* multiusuario

Mehrbereichsöl *nt* <-(e)s, -e> (AUTO) aceite *m* multigrado

Mehrbetrag *m* <-(e)s, -träge> excedente *m*

mehrdeutig ['meːɐdɔɪtɪç] *adj* (*interpretierbar*) ambiguo; (*missverständlich*) equívoco

Mehrdeutigkeit *f* <-, *ohne pl*> ambigüedad *f*

mehrdimensional *adj* multidimensional

Mehreinnahme *f* <-, -n> superávit *m inv*

mehren ['meːrən] *vt, vr:* **sich** ~ (*geh*) aumentar; **es** ~ **sich die Stimmen derer, die ...** aumentan las voces de aquellos que...

mehrere ['meːrərə] *pron indef* varios; (*verschiedene*) diferentes; **ein Wort mit** ~**n Bedeutungen** una palabra con varias acepciones; **zu** ~**n** entre varios; **sie waren zu** ~**n da** eran varios; ~ **tausend Demonstranten** varios [*o* unos cuantos] miles de manifestantes

mehreres *pron indef* varias cosas

mehrerlei *pron indef* varios, diversos

Mehrerlös *m* <-es, -e> ingresos *mpl* suplementarios, beneficios *mpl* adicionales; **Mehrerlösabschöpfung** *f* <-, -en> (JUR) gravamen *m* sobre ingresos suplementarios

Mehrertrag *m* <-(e)s, -träge> *s*. **Mehrerlös**

mehrfach ['meːɐfax] **I.** *adj* múltiple **II.** *adv* reiteradamente, repetidas veces; ~ **vorbestraft** con antecedentes penales varios

Mehrfachbeschäftigung *f* <-, *ohne pl*> pluriempleo *m*; **Mehrfachbesteuerung** *f* <-, -en> (WIRTSCH) imposición *f* múltiple; **Mehrfachelektrode** *f* <-, -n> electrodo *m* de multiempleo; **Mehrfachfahrschein** *m* <-(e)s, -e> billete *m* múltiple, boleto *m* múltiple *Am*; **Mehrfachimpfstoff** *m* <-(e)s, -e> (MED) vacuna *f* múltiple; **Mehrfachsteckdose** *f* <-, -n> (caja *f* de) enchufe *m* múltiple; **Mehrfachstecker** *m* <-s, -> ficha *f* múltiple; **Mehrfachverteidigung** *f* <-, -en> (JUR) defensa *f* múltiple

Mehrfamilienhaus *nt* <-es, -häuser> casa *f* plurifamiliar [*o* de vecindad]

mehrfarbig *adj* multicolor, polícromo, de varios colores

Mehrfrequenzwahlverfahren *nt* <-s, -> (TEL) marcación *f* multifrecuencia [*o* de tonos]; **Mehrgeräteanschluss**ᴿᴿ *m* <-es, -schlüsse> conexión *f* para varios aparatos

Mehrgewinn *m* <-(e)s, -e> beneficio *m* extraordinario [*o* adicional]; **Mehrgewinnsteuer** *f* <-, -n> impuesto *m* sobre el beneficio adicional

mehrgleisig *adj* (EISENB) de varias vías; ~ **fahren** (*fig*) tener varias posibilidades [*o* salidas]

Mehrheit *f* <-, -en> mayoría *f*; **die** ~ **ist der Meinung, dass ...** la mayoría opina que...; **absolute/relative** ~ (POL) mayoría absoluta/relativa; **die** ~ **verlieren/gewinnen/haben** perder/ganar/tener la mayoría; **mit einer Stimme** ~ con mayoría por un voto; **in der** ~ mayoritariamente; **wir sind in der** ~ somos mayoría; **die schweigende** ~ la mayoría silenciosa

mehrheitlich *adj* por mayoría; **der Antrag wurde** ~ **angenommen** la solicitud fue aceptada con la mayoría de votos

Mehrheitsaktionär(in) *m(f)* <-s, -e; -, -nen> accionista *mf* mayoritario, -a; **Mehrheitsbeschluss**ᴿᴿ *m* <-es, -schlüsse> decisión *f* mayoritaria, acuerdo *m* mayoritario; **durch** ~ por mayoría de votos; **einfacher** ~ acuerdo por simple mayoría; **Mehrheitsbeteiligung** *f* <-, -en> (WIRTSCH) participación *f* mayoritaria (*an* en); **Mehrheitsentscheid** *m* <-(e)s, -e> decisión *f* por mayoría

mehrheitsfähig *adj* con posibilidades de conseguir la mayoría

Mehrheitswahl *f* <-, -en>, **Mehrheitswahlrecht** *nt* <-s, *ohne pl*> sistema *m* mayoritario, sistema *m* electoral por mayoría

Mehrheitswahlsystem *nt* <-s, -e> sistema *m* electoral mayoritario

mehrjährig *adj* (BOT) plurienal

Mehrkampf *m* <-(e)s, -kämpfe> (SPORT) pruebas *fpl* combinadas; **Mehrkosten** *pl* gastos *mpl* adicionales; **Mehrleistung** *f* <-, -en> prestación *f* adicional; **Mehrlieferung** *f* <-, -en> exceso *m* de suministro

Mehrling ['meːɐlɪŋ] *m* <-s, -e> hermano, -a *m, f* nacido, -a en parto múltiple

Mehrlingsgeburt *f* <-, -en> parto *m* múltiple; **Mehrlingsschwangerschaft** *f* <-, -en> embarazo *m* múltiple

mehrmalig ['meːɐmaːlɪç] *adj* repetido, reiterado

mehrmals ['meːɐmaːls] *adv* repetidas [*o* varias] veces

mehrmotorig *adj* (AERO) multimotor

Mehrparteiensystem *nt* <-s, -e> (POL) ❶ (*Staat*) sistema *m* pluralista (de partidos) ❷ (*Prinzip*) pluripartidismo *m*

mehrperiodisch *adj* de varios periodos

mehrphasig *adj* de varias fases; **ein** ~**es Projekt** un proyecto que consta de varias fases

mehrplatzfähig *adj* (INFOR) para usuarios múltiples
Mehrplatzrechner *m* <-s, -> (INFOR) sistema *m* para usuarios múltiples; **Mehrplatzsystem** *nt* <-s, -e> (INFOR) sistema *m* multiusuario
mehrpolig *adj* (ELEK) multipolar
Mehrpreis *m* <-es, -e> sobreprecio *m*
Mehrrechtsstaat *m* <-(e)s, -en> estado *m* multijurídico
mehrsilbig *adj* polisílabo
mehrsprachig *adj* políglota, multilingüe; ~ **aufwachsen** educarse en varios idiomas, crecer multilingüe
Mehrsprachigkeit *f* <-, *ohne pl*> plurilingüismo *m*, poliglotismo *m*, poliglotía *f*
mehrstellig *adj* de varias cifras; **ein ~er Betrag** una cantidad de varias cifras
mehrstimmig I. *adj* (MUS) de varias voces
II. *adv* (MUS) a varias voces
Mehrstimmrecht *nt* <-(e)s, *ohne pl*> (POL) derecho *m* a voto múltiple
Mehrstöckig [-ʃtœkıç] *adj* de varios pisos
Mehrstufenrakete *f* <-, -n> cohete *m* de varias etapas [*o* fases]
mehrstufig *adj* (*Leiter*) de varios escalones; (*Rakete*) escalonado
mehrstündig [-ʃtʏndıç] *adj* de varias horas
mehrtägig [-tɛːgıç] *adj* de varios días
mehrteilig *adj* en [*o* de] varias partes
Mehrumsatz *m* <-es, -sätze> exceso *m* de ventas (*an* de)
Mehrung *f* <-, -en> (*geh*) incremento *m*, aumento *m*
Mehrverbrauch *m* <-(e)s, -bräuche> exceso *m* del consumo (*an* de); **Mehrverdienst** *m* <-(e)s, -e> ganancia *f* extraordinaria; **Mehrverkehr** *m* <-(e)s, *ohne pl*> (JUR) pluralidad *f* de tráfico; **Mehrvertretung** *f* <-, -en> (JUR) representación *f* múltiple
Mehrwegflasche *f* <-, -n> botella *f* retornable; **Mehrweggeschirr** *nt* <-(e)s, *ohne pl*> vajilla *f* reutilizable; **Mehrwegverpackung** *f* <-, -en> envase *m* retornable
Mehrwert *m* <-(e)s, *ohne pl*> ❶ (WIRTSCH) mayor valía *f*; **absoluter/relativer ~** plusvalía absoluta/relativa ❷ (*marxistisch*) plusvalía *f*; **Mehrwertdienste** *mpl* (INFOR, TEL) Servicios *mpl* de Valor Añadido
mehrwertig *adj* (CHEM) polivalente
Mehrwertsteuer *f* <-, -n> (WIRTSCH) impuesto *m* sobre el valor añadido; **die ~ erhöhen** incrementar el impuesto sobre el valor añadido
mehrwertsteuerfrei *adj* libre del IVA, no sujeto al IVA
mehrwöchig [-vœçıç] *adj* de varias semanas; **von ~er Dauer** con duración de algunas semanas
Mehrzahl *f* <-, *ohne pl*> ❶ (LING) plural *m*; **das Wort steht in der ~** la palabra está en plural
❷ (*Mehrheit*) mayoría *f*; **in der ~ der Fälle** en la mayoría de los casos; **wir sind in der ~** somos mayoría
mehrzeilig *adj* de varias líneas
Mehrzweckfahrzeug *nt* <-(e)s, -e> vehículo *m* multifuncional
meiden ['maɪdən] <meidet, mied, gemieden> *vt* (*geh*) rehuir
Meile ['maɪlə] *f* <-, -n> legua *f*; (NAUT) milla *f*; **das riecht man drei ~n gegen den Wind** (*abw*) eso se huele a la legua; **die sündige ~** la calle de las prostitutas
Meilenstein *m* <-(e)s, -e> piedra *f* miliar, mojón *m*; **~e der Geschichte** (*fig*) hitos en la historia
meilenweit I. *adj* de varias leguas; (*fig*) enorme
II. *adv* varias leguas; ~ **entfernt** a varias leguas (de distancia); **das Dorf liegt ~ weg** el pueblo está lejísimos de aquí; ~ **von der Lösung des Problems entfernt sein** no acercarse ni con mucho a la solución del problema, estar muy lejos de la solución del problema
Meiler ['maɪlɐ] *m* <-s, -> ❶ (*Kohlen~*) carbonera *f*
❷ (*Atom~*) reactor *m*
mein, meine, mein [maɪn, 'maɪnə, maɪn] *pron poss* (*adjektivisch*) mi, mis *pl*; ~ **Haus/Freund** mi casa/mi novio; **~e Arbeit/Kinder** mi trabajo/mis hijos; **ich spreche oft mit ~em Mann/~er Mutter/~en Kollegen** hablo a menudo con mi marido/mi madre/mis compañeros; **~e Damen und Herren!** ¡señoras y señores!; **ich trinke so ~e fünf Bier am Tag** me bebo mis cinco cervezas al día; **ach du ~e Güte!** ¡ay, Dios mío!; **er verwechselt gern M~ und Dein** [*o* **kann M~ und Dein nicht unterscheiden**] (*fig*) para él lo suyo es suyo y en lo demás entramos (a partir)
meine(r, s) *pron poss* (*substantivisch*) (el) mío *m*, (la) mía *f*; (los) míos *mpl*, (las) mías *fpl*; **das Haus in der Mitte ist ~s** la casa del centro es (la) mía; **deine Eltern sind jünger als ~** tus padres son más jóvenes que los míos; *s. a.* **mein, meine, mein**
Meineid *m* <-(e)s, -e> perjurio *m*; **einen ~ schwören** [*o* **leisten**] [*o* **ablegen**] perjurar, jurar en falso
meineidig *adj* perjuro; ~ **werden** perjurar
meinen ['maɪnən] *vt* ❶ (*denken*) pensar; (*glauben*) creer; (*Meinung vertreten*) opinar; **man sollte ~, dass ...** se podría pensar que...; **was meinst du dazu?** ¿qué opinas al respecto?; **meinst du, ich wüsste das nicht?** ¿acaso crees que yo no lo sabía?; ~ **Sie nicht?** ¿no le parece?; **wenn Sie ~** si Ud. cree; (**ganz**) **wie Sie ~!** ¡lo que Ud. quiera!, ¡como Ud. quiera!; **das will ich ~** (*fam*) ya lo creo
❷ (*sich beziehen auf*) referirse (a); **wen ~ Sie?** ¿a quién se refiere Ud.?; **du warst nicht gemeint** no se refería a ti; **ja, dich habe ich damit gemeint** sí, tú
❸ (*sagen*) decir; **was meinten Sie?** ¿qué decía Ud.?; **meinst du das im Ernst?** ¿lo dices en serio?
❹ (*sagen wollen*) querer decir; **was meinst du damit?** ¿qué quieres decir con eso?
❺ (*beabsichtigen*): **wohl gemeint** bienintencionado; **so war es nicht gemeint** no fue con esa intención; **ein gut gemeinter Rat** un consejo con buena intención; **er meint es doch nur gut mit dir** si sólo tiene buenas intenciones contigo; **die Sonne meint es gut mit uns** el sol se está portando bien con nosotros
meiner *pron pers gen von* **ich** de mí; ~ **vergessen** (*geh*) olvidado de mí
meinerseits *adv* por mi parte; **ganz ~!** ¡el gusto es mío!; **ich ~ ...** por lo que a mí respecta
meinesgleichen ['--'--] *pron indef inv* de mi condición, mis semejantes; **Leute ~** gente como yo; **ich wollte unter ~ sein** quería estar con mis semejantes
meinethalben ['maɪnət'halbən] *adv* (*alt*), **meinetwegen** ['--'--] *adv* por mí; (*negativ*) por mi culpa; **bemühe dich nicht ~** no te esfuerces por mí; ~ **könnt ihr das tun** por mí lo podéis hacer
meinetwillen ['maɪnət'vɪlən] *adv*: **um ~** por mí, en consideración a mí
meinige *pron poss geh für* **meine(r, s)**: **der/die/das ~** [*o* **M~**] el mío/ la mía/lo mío; **die ~n** [*o* **M~n**] los míos/las mías
meins *pron poss s.* **meine(r, s)**
Meinung ['maɪnʊŋ] *f* <-, -en> opinión *f*, parecer *m*; **meiner ~ nach** en mi opinión, a mi parecer; **ich bin der ~, dass ...** soy de la opinión de que...; **seine ~ ändern** cambiar de opinión; **einer ~ sein** ser de la misma opinión; **mit jdm einer ~ sein** estar conforme con alguien; **ich bin anderer ~** no estoy de acuerdo; **die öffentliche ~** la opinión pública; **ganz meine ~!** ¡totalmente de acuerdo!; **ich habe dazu keine ~** no quiero opinar al respecto; **darüber kann man geteilter ~ sein** las opiniones pueden diferir en ese punto; **jdm** (*gehörig*) **die ~ sagen** (*fam*) cantar las cuarenta a alguien
Meinungsäußerung *f* <-, -en> (expresión *f* de una) opinión *f*; **das Recht der freien** [*o* **auf freie**] ~ el derecho a la libertad de expresión; **Meinungsäußerungsfreiheit** *f* <-, *ohne pl*> libertad *f* de expresión del pensamiento; **Meinungsaustausch** *m* <-(e)s, *ohne pl*> intercambio *m* de opiniones; **sie stehen miteinander in einem ~** intercambian opiniones; **Meinungsbildung** *f* <-, *ohne pl*> formación *f* de (una) opinión; **zur ~ beitragen** corresponder a la formación de la opinión; **Meinungsforscher(in)** *m(f)* <-s, -; -, -nen> encuestador(a) *m(f)*
Meinungsforschung *f* <-, *ohne pl*> sondeo *m* de opinión, demoscopia *f*; **Meinungsforschungsinstitut** *nt* <-(e)s, -e> instituto *m* demoscópico
Meinungsfreiheit *f* <-, *ohne pl*> libertad *f* de expresión; **Meinungsführer(in)** *m(f)* <-s, -; -, -nen> líder *mf* de opinión; **Meinungsumfrage** *f* <-, -n> encuesta *f*; **Meinungsumschwung** *m* <-(e)s, -schwünge> cambio *m* de opinión; **Meinungsverschiedenheit** *f* <-, -en> ❶ (*in der Beurteilung*) disparidad *f* de opiniones, discrepancia *f* de pareceres ❷ (*Streit*) pelea *f*, querella *f*
Meise ['maɪzə] *f* <-, -n> paro *m*; **du hast doch 'ne ~!** (*fam*) ¡estás chiflado!
Meißel ['maɪsəl] *m* <-s, -> cincel *m*
meißeln *vi, vt* cincelar, esculpir; **eine Inschrift in einen Stein ~** grabar una inscripción en una roca
meist [maɪst] *adv s.* **meistens**
Meistbegünstigungsgrundsatz *m* <-es, *ohne pl*> (WIRTSCH) arancel *m* de nación más favorecida; **Meistbegünstigungsklausel** *f* <-, -n> (WIRTSCH) cláusula *f* de la nación más favorecida; **Meistbegünstigungstheorie** *f* <-, *ohne pl*> (JUR) teoría *f* del régimen preferencial
meistbietend *adv* etw ~ **versteigern** subastar algo al mejor postor
Meistbietende(r) *mf* <-n, -n; -, -n> (WIRTSCH) mejor postor(a) *m(f)*
meiste(r, s) ['maɪstə, -tə, -təs] *pron indef superl von* **viel** ❶ (*größte Anzahl*): **die ~n** los más, la mayor parte, la mayoría; **die ~n Leute glauben, dass ...** la mayoría de la gente cree que...; **in den ~n Fällen** en la mayoría de los casos; **die ~n von uns sind dort gewesen** la mayoría de nosotros ha estado allí
❷ (*größte Menge*): **das ~** lo más; **das ~ war interessant** la mayor parte fue interesante; **sie verbringt die ~ Zeit mit Nichtstun** se pasa la mayor parte del tiempo cazando moscas; **sie hat das ~ Geld** ella es la que más dinero tiene; **er verdient das ~** él es el que más gana; **das ~ haben wir geschafft** hemos conseguido la mayor parte; **er hat nicht gerade das ~ an Grips** no es precisamente el que mejores entendederas tiene
meisten *superl von* **viel**: **am ~** (+ *Verb*) lo (que) más; **Hans arbeitet am**

~ Hans es el que más trabaja; **am ~n Angst hatte er** es él quien más miedo tenía; **die am ~n verkaufte Schallplatte** el disco más vendido
meistens ['maɪstəns] *adv*; **meistenteils** *adv* la mayoría de las veces, por lo general; **sie kommt ~ zu spät** por lo general llega tarde
Meister(in) ['maɪstɐ] *m(f)* <-s, -; -, -nen> ① (*im Handwerk*) maestro, -a *m, f*, artesano, -a *m, f*; **seinen ~ machen** (*fam*) presentarse al examen de maestría
② (*Könner*) maestro, -a *m, f*; **er ist ein ~ seines Faches** es un experto en su campo; **es ist noch kein ~ vom Himmel gefallen** (*prov*) la práctica hace al maestro; **früh übt sich, was ein ~ werden will** (*prov*) nadie nace sabiendo
③ (SPORT) campeón, -ona *m, f*
④ (*Wend*): **~ Lampe** *"maestro lámpara"* es el nombre de fábula con el que se conoce al conejo
Meisterbrief *m* <-(e)s, -e> diploma *m* de maestría
meisterhaft I. *adj* magistral, perfecto
II. *adv* con maestría
Meisterhand *f* <-, -hände> mano *f* maestra; **von ~** (hecho) por una mano maestra
Meisterin *f* <-, -nen> *s.* **Meister**
Meisterleistung *f* <-, -en> obra *f* maestra; **das war nicht gerade eine ~** (*iron*) no ha sido nada del otro mundo
meisterlich *adj o adv s.* **meisterhaft**
meistern ['maɪstɐn] *vt* ① (*Werkzeug, Instrument*) dominar
② (*Schwierigkeit*) superar, vencer; (*Situation*) controlar
Meisterprüfung *f* <-, -en> examen *m* de maestría
Meisterschaft¹ *f* <-, *ohne pl*> (*Können*) maestría *f*; (*Vollkommenheit*) perfección *f*; **es zu wahrer ~ in etw bringen** conseguir verdadera maestría en algo
Meisterschaft² *f* <-, -en> (SPORT) campeonato *m*
Meisterstück *nt* <-(e)s, -e> ① (*Werkstück*) pieza *f* de(l) examen de oficial ② (*Meisterleistung*) obra *f* maestra; **Meistertitel** *m* <-s, -> ① (*eines Handwerkers*) título *m* de) maestría *f* ② (SPORT) título *m* de campeón
Meisterung *f* <-, *ohne pl*> (*Problem, Aufgabe*) resolución *f*; (*Situation*) control *m*
Meisterwerk *nt* <-(e)s, -e> (*a.* KUNST) obra *f* maestra
Mekka ['mɛka] *nt* <-s> Meca *f*
Melancholie [melaŋkoˈliː] *f* <-, *ohne pl*> melancolía *f*, flato *m Am*; **in ~ versinken** volverse melancólico
Melancholiker(in) [melaŋˈkoːlikɐ] *m(f)* <-s, -; -, -nen> melancólico, -a *m, f*
melancholisch [melaŋˈkoːlɪʃ] *adj* melancólico
Melange [meˈlãːʒə] *f* <-, -n> (*Österr*) bebida consistente en café y leche a partes iguales
Melanin *nt* <-s, -e> (BIOL) melanina *f*
Melanismus *m* <-, Melanismen> (BIOL) melanismo *m*
Melanom [melaˈnoːm] *nt* <-s, -e> (MED) melanoma *m*
Melanzani *pl* (*Österr*) berenjenas *fpl*
Melasse [meˈlasə] *f* <-, -n> melaza *f*
Meldeamt *nt* <-(e)s, -ämter>, **Meldebehörde** *f* <-, -n> oficina *f* de empadronamiento; **Meldefrist** *f* <-, -en> (*für Anmeldung*) plazo *m* de inscripción; (*für Verbrechen*) plazo *m* de denuncia; **Meldegeheimnis** *nt* <-ses, *ohne pl*> secreto *m* de registro
melden ['mɛldən] I. *vt* ① (*berichten*) informar (de), comunicar, reportar *Am*; (*förmlich*) notificar; **jdm etw ~** comunicar algo a alguien, informar a alguien de algo; **wie soeben gemeldet wurde** como nos acaban de comunicar; **du hast hier(bei) überhaupt nichts zu ~** (*fam*) tú no tienes ni voz ni voto en este asunto; **ich habe bei meiner Tochter nichts mehr zu ~** (*fam*) ya no me meto para nada en la vida de mi hija
② (*anzeigen*) dar parte (de), denunciar; **sie hat den Vorfall der Polizei gemeldet** ha dado parte del incidente a la policía; **er ist als vermisst gemeldet** fue dado por desaparecido; **ich werde es beim Direktor ~!** ¡voy a dar parte al director!
③ (*ankündigen*) anunciar; **wen darf ich ~?** ¿a quién debo anunciar?; **der Wetterbericht hat Regen gemeldet** el parte metereológico ha previsto lluvia
II. *vr*: **sich ~** ① (*an~*) registrarse
② (*sich zur Verfügung stellen*) presentarse; **auf die Anzeige hat sich kaum jemand gemeldet** casi nadie respondió al anuncio
③ (*das Wort erbitten*) pedir la palabra, levantar la mano; **er meldete sich zu Wort** pidió la palabra
④ (*von sich hören lassen*) dar señal de vida; **melde dich mal wieder (bei mir)** llámame alguna vez; **er hat sich nie wieder (bei uns) gemeldet** nunca más supimos nada de él; **melde dich, wenn du etwas brauchst** si necesitas algo, dilo
⑤ (*am Telefon*) coger el teléfono, responder al teléfono; **es meldet sich niemand** no lo coge nadie; **wer meldet sich denn unter dieser Nummer?** ¿quién se pone a éste teléfono?

Meldepflicht *f* <-, *ohne pl*> (*für Dinge*) declaración *f* obligatoria; (*für Personen*) registro *m* obligatorio; **polizeiliche ~** deber de registro policial
meldepflichtig *adj* sujeto a declaración obligatoria; (*Krankheit*) de declaración obligatoria
Melderechtsrahmengesetz *nt* <-es, -e> (JUR) ley *f* de cobertura del derecho de registro
Melderegister *nt* <-s, -> registro *m* de inscripciones; **Meldeschein** *m* <-(e)s, -e> formulario *m* de registro; **Meldestelle** *f* <-, -n> central *f* de información; (*Einwohner~*) registro *m*; **Meldezettel** *m* <-s, -> ① (*im Hotel*) formulario *m* de entrada ② (*Österr*) *s.* **Meldeschein**
Meldung *f* <-, -en> ① (*Mitteilung*) información *f*, comunicación *f*; (*Ankündigung*) aviso *m*; (*für die Presse*) comunicado *m*; (*bei der Polizei*) denuncia *f*; **amtliche ~** notificación oficial
② (*Radio~, Fernseh~*) noticia *f*
③ (*dienstlich*) informe *m*, parte *m*; **eine ~ machen** hacer un informe
meliert [meˈliːɐt] *adj* (*Wolle*) mezclado; (*Haar*) entrecano
Melisse [meˈlɪsə] *f* <-, -n> melisa *f*, toronjil *m*
Melissengeist® *m* <-(e)s, *ohne pl*> agua *f* del carmen
melken ['mɛlkən] <melkt, molk *o* melkte, gemolken *o* gemelkt> *vi, vt* ordeñar; **sie haben ihn tüchtig gemolken** (*fam*) bien que lo han ordeñado [*o* sableado]
Melker(in) *m(f)* <-s, -; -, -nen> ordeñador(a) *m(f)*
Melkmaschine *f* <-, -n> (AGR) ordeñadora *f*
Melodie [meloˈdiː] *f* <-, -n> melodía *f*
Melodik [meˈloːdɪk] *f* <-, *ohne pl*> (MUS) melodía *f*
melodiös [meloˈdiøːs] *adj* melodioso
melodisch [meˈloːdɪʃ] *adj* melódico
Melodrama [meloˈdraːma] *nt* <-s, -dramen> melodrama *m*
melodramatisch [melodraˈmaːtɪʃ] *adj* (*geh a. iron*) melodramático
Melone [meˈloːnə] *f* <-, -n> ① (*Honig~*) melón *m*; (*Wasser~*) sandía *f* ② (*fam: Hut*) (sombrero *m*) hongo *m*, tongo *m Chil, Peru*
Membran [mɛmˈbraːn] *f* <-, -e(n)> ① (TECH) diafragma *m*
② (BIOL) membrana *f*
Memo ['meːmo] *nt* <-s, -s> ① (*Memorandum*) memorándum *m*
② (*a.* INFOR: *Merkzettel*) nota *f*
Memoiren [memoˈaːrən] *pl* memorias *fpl*
Memorandum [memoˈrandʊm] *nt* <-s, Memoranden *o* Memoranda> memorándum *m*
Menage [meˈnaːʒə] *f* <-, -n> (*Österr: Truppenverpflegung*) rancho *m*
Menagerie [menaʒəˈriː] *f* <-, -n> (*alt*) exposición *f* de animales; (*fig, iron*) colección *f* de figuritas de animales
Mendelevium [mɛndeˈleːvium] *nt* <-s, *ohne pl*> (CHEM) mendelevio *m*
Mendel'sche Regel ['mɛndəlʃə -] *f* <-n -, -n -n> (BIOL) ley *f* de Mendel
Menetekel [meneˈteːkəl] *nt* <-s, -> (*mal*) presagio *m*, (*mal*) augurio *m*
Menge ['mɛŋə] *f* <-, -n> ① (*Anzahl*) cantidad *f* ((*an*) de), (*große*) montón *m* ((*an*) de), gran número *m* ((*an*) de); **eine ~ Zeit** un montón de tiempo; **hier kann man eine ~ lernen** aquí se aprende un montón; **eine ganze ~** un montón; **Bücher in ~n** montones de libros; **in rauhen ~n** (*fam*) a montones; **wir haben noch jede ~ Zeit** todavía tenemos un montón de tiempo; **es gab eine ~ zu sehen** había mucho que ver; **ich kenne hier jede ~ Leute** conozco un gentío enorme aquí
② (*Menschen~*) multitud *f*; **in der ~ untertauchen** desaparecer en la multitud
③ (MATH) conjunto *m*
mengen ['mɛŋən] I. *vt* mezclar; **Eier in** [*o* **unter**] **den Teig ~** batir los huevos junto con la masa; **Mehl und Wasser zu einem Teig ~** mezclar el agua y la harina hasta conseguir una masa
II. *vr*: **sich ~** (*fam*) mezclarse (*unter* entre)
Mengenbeschränkung *f* <-, -en> restricción *f* cuantitativa, limitación *f* de cupo; **Mengenlehre** *f* <-, *ohne pl*> (MATH) teoría *f* de conjuntos; **Mengenleistung** *f* <-, -en> (WIRTSCH) rendimiento *m* cuantitativo
mengenmäßig *adj* cuantitativo
Mengenrabatt *m* <-(e)s, -e> (WIRTSCH) rebaja *f* por cantidad; **Mengenvorgabe** *f* <-, -n> norma *f* cuantitativa
Mengspatel *m* <-s, -> espátula *f* mezcladora
Menhir ['mɛnhiːɐ] *m* <-s, -e> menhir *m*
Meniskus [meˈnɪskʊs] *m* <-, Menisken> (ANAT, MED) menisco *m*
Mennige ['mɛnɪgə] *f* <-, *ohne pl*> minio *m*
Menopause [menoˈpaʊzə] *f* <-, -n> (MED) menopausia *f*
Mensa ['mɛnza] *f* <-, Mensen *o* -s> comedor *m* universitario
Mensch [mɛnʃ] *m* <-en, -en> hombre *m*, ser *m* humano; (*Person*) persona *f*; **kein ~** nadie; **jeder ~** cada uno; **unter ~en kommen** ser sociable; **ein ganz anderer ~ werden** convertirse en otra persona; **er ist auch nur ein ~** él también sólo es un ser humano; **~! ¡hombre!**; **du stellst dich an wie der erste** [*o* **letzte**] **~!** (*fam*) ¡qué torpe que eres!; **ohne Frühstück bin ich nur ein halber ~** (*fam*) sin desayunar no valgo un duro; **ich sage dir das von ~ zu ~** te lo digo de persona a persona

Mensch ärgere dich nicht *nt* <-‑ – – -, *ohne pl*> parchís *m*
Menschenaffe *m* <-n, -n> antropoide *m*, antropomorfo *m*
menschenähnlich I. *adj* parecido al hombre, de aspecto humano; nichts M~es nada de humano
II. *adv* de aspecto humano; **die Außerirdischen sahen nicht sehr ~ aus** los extraterrestres no se parecían mucho a los humanos
Menschenalter *nt* <-s, -> generación *f*; **Menschenansammlung** *f* <-, -en> concentración *f* de personas, aglomeración *f* de gente
menschenarm *adj* poco poblado, de baja densidad de población
Menschenauflauf *m* <-(e)s, -läufe> *s.* **Menschenansammlung**; **Menschenfeind(in)** *m(f)* <-(e)s, -e; -, -nen> misántropo, -a *m, f*
menschenfeindlich *adj* ❶ (*misanthropisch*) misantrópico
❷ (*Landschaft*) inhóspito
Menschenfleisch *nt* <-es, *ohne pl*> carne *f* humana; **Menschenfresser(in)** *m(f)* <-s, -; -, -nen> (*fam*) caníbal *mf*, antropófago, -a *m, f*; **Menschenfreund(in)** *m(f)* <-(e)s, -e; -, -nen> filántropo, -a *m, f*
menschenfreundlich *adj* filantrópico
Menschenfreundlichkeit *f* <-, *ohne pl*> filantropía *f*; **aus reiner ~** por amor al prójimo; **Menschenführung** *f* <-, *ohne pl*> influencia *f* ejercida sobre otros a través de educadores, grupos sociales, etc.; **Menschengedenken** ['---'--] *nt*: **seit ~** desde tiempos inmemoriales; **Menschengestalt** *f* <-, -en> forma *f* humana; **in ~** (*fig*) en persona; **Menschenhand** *f* <-, -hände> mano *f* humana; **von ~** por la mano del hombre; **Menschenhandel** *m* <-s, *ohne pl*> trata *f* de seres humanos; (*mit Frauen*) trata *f* de blancas; **schwerer ~** tráfico de seres humanos grave; **Menschenhass**[RR] *m* <-es, *ohne pl*> misantropía *f*, aversión *f* a la humanidad; **Menschenkenner(in)** *m(f)* <-s, -; -, -nen> buen psicólogo *m*, buena psicóloga *f*; **ich bin ein schlechter ~** no tengo instinto para la gente; **Menschenkenntnis** *f* <-, *ohne pl*> conocimiento *m* de la naturaleza humana; **Menschenkette** *f* <-, -n> cadena *f* humana; **Menschenleben** *nt* <-s, -> ❶ (*Leben*) vida *f* humana ❷ (*Opfer*) víctima *f*; **das Unglück forderte drei ~** hubo tres víctimas mortales en el accidente
menschenleer ['---'] *adj* (*Gebiet*) despoblado; (*Straße*) vacío, desierto; (*Raum*) vacío
Menschenliebe *f* <-, *ohne pl*> filantropía *f*; **aus reiner ~** por amor al prójimo; **Menschenmasse** *f* <-, -n> masa *f* de gente, muchedumbre *f*; **Menschenmenge** *f* <-, -n> muchedumbre *f*, gentío *m*, bola *f* de gente *Mex*
menschenmöglich ['--'--] *adj* humanamente posible; **alles M~e tun** hacer todo lo humanamente posible
Menschenopfer *nt* <-s, -> (*a.* REL) víctima *f* (humana); **Menschenraub** *m* <-(e)s, -e> (JUR) secuestro *m* de personas; **erpresserischer ~** secuestro extorsivo
Menschenrechte *ntpl* derechos *mpl* humanos
Menschenrechtsbeauftragte(r) *mf* <-n, -n; -, -n> encargado, -a *m, f* de derechos humanos; **Menschenrechtserklärung** *f* <-, -en> declaración *f* de los derechos humanos; **Menschenrechtskommission** *f* <-, -en> comisión *f* de derechos humanos; **Menschenrechtskonvention** *f* <-, -en> convención *f* de los derechos humanos; **Europäische ~** Convención Europea de los Derechos Humanos; **Menschenrechtslage** *f* <-, -n> situación *f* de los derechos humanos; **Menschenrechtssituation** *f* <-, -en> situación *f* de los derechos humanos; **Menschenrechtsverletzung** *f* <-, -en> violación *f* de los derechos humanos
menschenscheu *adj* (*schüchtern*) tímido; (*ungesellig*) huraño, arisco, jíbaro *Ant, Mex*
Menschenscheu *f* <-, *ohne pl*> insociabilidad *f*, timidez *f*; **Menschenschlag** *m* <-(e)s, -schläge> tipo *m* de gente, raza *f* (de hombres); **Menschenseele** ['--'--] *f* <-, -n> alma *f* humana; **keine ~** ni un alma
Menschenskind ['--'-] *interj* (*fam*) ¡hombre!
menschenunmöglich *adj* humanamente imposible; **das M~e** lo (humanamente) imposible
menschenunwürdig ['--'---] *adj* ❶ (*eines Menschens nicht würdig*) indigno de un ser humano
❷ (*die Menschenwürde verletzend*) inhumano
menschenverachtend *adj* inhumano
Menschenverächter(in) *m(f)* <-s, -; -, -nen> hombre *m* que desprecia a la humanidad, mujer *f* que desprecia a la humanidad, misántropo, -a *m, f*; **Menschenverachtung** *f* <-, *ohne pl*> desprecio *m* a la humanidad, misantropía *f*; **Menschenverstand** *m* <-(e)s, *ohne pl*>: **der gesunde ~** el sentido común; **mit seinem kleinen ~ konnte er das nicht verstehen** sus cortas luces no le alcanzaban para comprenderlo
Menschenwürde *f* <-, *ohne pl*> dignidad *f* humana; **Menschenwürdegehalt** *m* <-(e)s, *ohne pl*> (JUR) contenido *m* de la dignidad del hombre; **eines Grundrechts** contenido de la dignidad del hombre de un derecho fundamental
menschenwürdig *adj* ❶ (*eines Menschens würdig*) digno (del hombre)

❷ (*der Menschenwürde entsprechend*) humano
Menschheit *f* <-, *ohne pl*> humanidad *f*
Menschheitsgeschichte *f* <-, *ohne pl*> historia *f* de la humanidad [*o* de la raza humana]
menschlich *adj* humano; **die ~e Gesellschaft** la sociedad humana; **seine ~e Seite** su lado humano; **~es Vermögen** facultad humana; **~es Versagen** fallo humano
Menschlichkeit *f* <-, *ohne pl*> humanidad *f*, humanitarismo *m*; **aus reiner ~** por puro humanitarismo; **Verbrechen gegen die ~** crimen contra la humanidad
Menschwerdung *f* <-, *ohne pl*> (REL): **die ~ Gottes** la encarnación de Dios
Mensen *pl von* **Mensa**
Menstruation [mɛnstrua'tsjoːn] *f* <-, -en> (MED) menstruación *f*; **ausbleibende ~** retraso de la menstruación
Menstruationsstörungen *fpl* trastornos *mpl* de la menstruación
menstruieren* [mɛnstruˈiːrən] *vi* (MED) tener la menstruación, menstruar
mental [mɛnˈtaːl] *adj* mental
Mentalität [mɛntaliˈtɛːt] *f* <-, -en> mentalidad *f*
Menthol [mɛnˈtoːl] *nt* <-s, *ohne pl*> (CHEM) mentol *m*
Mentholzigarette *f* <-, -n> cigarrillo *m* mentolado
Mentor(in) ['mɛntoːɐ] *m(f)* <-s, -en; -, -nen> mentor(a) *m(f)*
Menu [meˈnyː] *nt* <-s, -s> (*Schweiz*: INFOR, GASTR), **Menü** [meˈnyː] *nt* <-s, -s> (INFOR, GASTR) menú *m*
Menuett [meˈnuɛt] *nt* <-s, -e *o* -s> (*a.* MUS) minué *m*, minueto *m*
Menüführung *f* <-, *ohne pl*> (INFOR) operación *f* guiada por (el) menú
menügeführt [meˈnyːɡəfyːɐt] *adj*, **menügesteuert** [meˈnyːɡəʃtɔyɐt] *adj* (INFOR) guiado por (el) menú
Menüleiste *f* <-, -n> (INFOR) línea *f* del menú, barra *f* del menú; **Menüoption** *f* <-, -en> (INFOR) opción *f* del menú; **Menüzeile** *f* <-, -n> (INFOR) línea *f* del menú
Meran [meˈraːn] *nt* <-s> Merano *m*
Merchandising *nt* <-s, *ohne pl*> (WIRTSCH) comercialización *f*
Mergel ['mɛrɡəl] *m* <-s, -> (GEO) marga *f*
Meridian [meriˈdjaːn] *m* <-s, -e> (GEO, ASTR) meridiano *m*
Merinowolle *f* <-, *ohne pl*> lana *f* merina
Merkantilismus [mɛrkantiˈlɪsmʊs] *m* <-s, *ohne pl*> (HIST) mercantilismo *m*
merkbar I. *adj* ❶ (*spürbar*) perceptible
❷ (*im Gedächtnis zu behalten*): **leicht/schwer ~ sein** ser fácil/difícil de retener (en la memoria)
II. *adv* de manera apreciable; **in den letzten Tagen ist es ~ kälter geworden** en los últimos días se nota que ha bajado la temperatura
Merkblatt *nt* <-(e)s, -blätter> hoja *f* informativa
merken ['mɛrkn] *vt* ❶ (*wahrnehmen*) darse cuenta (de), enterarse (de), realizar *Am*; **er merkte nicht, dass ...** no se dio cuenta de que...; **davon habe ich nichts gemerkt** no me he dado cuenta de eso; **woran hast du das gemerkt?** ¿cómo te has dado cuenta?; **bis das einer merkt, sind wir über alle Berge** (*fam*) hasta que alguien se dé cuenta, nos hemos perdido del mapa; **lass ihn das nicht ~!** ¡procura que no se dé cuenta!; **du merkst aber auch alles!** (*fam iron*) por fin, te has dado cuenta
❷ (*be~, an~*) notar
❸ (*spüren*) sentir; **man merkt, dass ...** se siente que...
❹ (*behalten*) retener, recordar; **merke: ...** recuerde:...; **der Name ist leicht zu ~** el nombre es fácil de recordar; **sich** *dat* **etw ~** recordar algo; **ich werd's mir ~** no lo olvidaré; **merk dir das!** ¡fíjate en mis palabras!; **ich kann mir seinen Namen nicht ~** no puedo recordar su nombre; **das werde ich mir ~!** (*fam*) ¡lo tendré bien presente!, ¡ya te enterarás!
merklich *adj* (*beträchtlich*) apreciable, considerable; (*fühlbar*) perceptible; (*deutlich*) evidente
Merkmal *nt* <-s, -e> rasgo *m*, característica *f*; **besondere ~e** características especiales, rasgos distintivos; (**besonderes**) **persönliches ~** característica (especial) personal; **erfindungswesentliches ~** característica esencial de la invención; **höchstpersönliches ~** característica eminentemente personal; **schuldtypisierendes ~** característica tipificadora de culpabilidad; **Merksatz** *m* <-es, -sätze> (*Merkhilfe*) sentencia *f*
Merkur [mɛrˈkuːɐ] *m* <-s, *ohne pl*> (*Planet*) Mercurio *m*
merkurisieren* *vt* (CHEM) amalgamar
Merkvers *m* <-es, -e> rima *f* mnemotécnica
merkwürdig *adj* curioso, raro; **es riecht ~** huele mal; **es ist auf einmal ~ still** de pronto reina un silencio extraño
merkwürdigerweise ['----'--] *adv* curiosamente; **~ ... es extraño que... +subj**
Merkwürdigkeit[1] *f* <-, *ohne pl*> (*Seltsamkeit*) extrañeza *f*, rareza *f*; **ich kann mir die ~ ihres Verhaltens nicht erklären** no puedo explicarme su extraño [*o* raro] comportamiento

Merkwürdigkeit

Merkwürdigkeit² f <-, -en> (*Kuriosität*) curiosidad f
meschugge [meˈʃʊgə] adj (*fam*) chiflado
Mesdames pl von **Madame**
Meskalin [mɛskaˈliːn] nt <-s, *ohne pl*> mescalina f
Mesner(in) [ˈmɛsnɐ] m(f) <-s, -; -, -nen> (*reg*) sacristán, -ana m, f
Mesosphäre f <-, *ohne pl*> (METEO) mesosfera f
Messapparatᴿᴿ m <-(e)s, -e>, **Meßapparat** m <-(e)s, -e> aparato m de medida
messbarᴿᴿ [ˈmɛsbaːɐ] adj, **meßbar** adj mensurable, conmensurable
Messbecherᴿᴿ m <-s, ->, **Meßbecher** m <-s, -> vaso m medidor;
Messbereichᴿᴿ m <-(e)s, -e>, **Meßbereich** m <-(e)s, -e> margen m de medida
Messbuchᴿᴿ nt <-(e)s, -bücher>, **Meßbuch** nt <-(e)s, -bücher> (REL) misal m
Messdatenᴿᴿ pl, **Meßdaten** pl datos mpl de medición
Messdiener(in)ᴿᴿ m(f) <-s, -; -, -nen>, **Meßdiener(in)** m(f) <-s, -; -, -nen> (REL) monaguillo, -a m, f
Messe [ˈmɛsə] f <-, -n> ❶ (REL) misa f; **in die ~ gehen** ir a misa; **eine ~ lesen** [*o* **halten**] oficiar una misa; **schwarze ~** misa negra
❷ (*Ausstellung*) feria f; **auf der ~ sein** estar en la feria
❸ (NAUT: *Schiffskantine*) cámara f de oficiales
Messebesucher(in) m(f) <-s, -; -, -nen> visitante mf de la feria; **Messegelände** nt <-s, -> recinto m ferial; **Messehalle** f <-, -n> nave f de la feria [*o* ferial], pabellón m ferial [*o* de la feria]
messen [ˈmɛsən] <misst, maß, gemessen> I. vt medir (*an* en relación con); **die Zeit ~** medir el tiempo; **der Baum misst sieben Meter** el árbol mide siete metros; **an dieser Leistung wird man die anderen ~** los demás resultados se medirán en relación con éste
II. vr: **sich ~** (*geh*) medirse; **sich in Wettkämpfen miteinander/mit jdm ~** enfrentarse/enfrentarse con alguien en competiciones; **mit dem kannst du dich nicht ~** no puedes competir con él
Messeneuheit f <-, -en> novedad f ferial [*o* de la feria]
Messenger-RNS f <-, -> (BIOL) ácido m ribonucleico mensajero
Messer [ˈmɛsɐ] nt <-s, -> cuchillo m; (TECH) cuchilla f; **jdm das ~ an die Kehle setzen** (*fam fig*) poner(le) a alguien la pistola en el pecho; **das ~ wetzen** (*fam fig*) prepararse para el ataque; **jdn ans ~ liefern** (*fam*) denunciar a alguien; **es steht auf ~s Schneide** está pendiente de un hilo; **unters ~ kommen** (*fam: Operation*) ser operado; **ins offene ~ laufen** (*fam fig*) meterse en la boca del lobo; **bis aufs ~ kämpfen** luchar a ultranza
Messerheld(in) m(f) <-en, -en; -, -nen> (*abw*) navajero, -a m, f; **Messerklinge** f <-, -n> hoja f de cuchillo; **Messerrücken** m <-s, -> lomo m del cuchillo
messerscharf adj afilado, filudo *Am*; **~er Verstand** entendimiento agudo; **daraus schloss ich ~, dass ...** y de ahí saqué la tajante conclusión, de que...
Messerschmied(in) m(f) <-(e)s, -e; -, -nen> cuchillero, -a m, f; **Messerspitze** f <-, -n> punta f del cuchillo; **eine ~ Pfeffer** una pizca de pimienta; **Messerstecher(in)** m(f) <-s, -; -, -nen> (*abw*) navajero, -a m, f; **Messerstecherei** [-ʃteçəˈraɪ] f <-, -en> (*abw*) riña f de navajeros [*o* a cuchilladas]; **Messerstecherin** f <-, -nen> s. **Messerstecher**; **Messerstich** m <-(e)s, -e> cuchillada f, navajazo m; **Messerwerfer(in)** m(f) <-s, -; -, -nen> lanzador(a) m(f) de cuchillos
Messestadt f <-, -städte> ciudad f ferial; **Messestand** m <-(e)s, -stände> stand m (de feria)
Messfehlerᴿᴿ m <-s, ->, **Meßfehler** m <-s, -> error m de medición; **Messgerät**ᴿᴿ nt <-(e)s, -e>, **Meßgerät** nt <-(e)s, -e> aparato m de medición, instrumento m de medición
Messgewandᴿᴿ nt <-(e)s, -wänder>, **Meßgewand** nt <-(e)s, -wänder> (REL) casulla f
Messias [ˈmɛsiːas] m <-, *ohne pl*> (REL) Mesías m
Messing [ˈmɛsɪŋ] nt <-s, *ohne pl*> latón m
Messinstrumentᴿᴿ nt <-(e)s, -e>, **Meßinstrument** nt <-(e)s, -e> instrumento m de medición; **Messkolben**ᴿᴿ m <-s, ->, **Meßkolben** m <-s, -> (CHEM) matraz m aforado; **Messlatte**ᴿᴿ f <-, -n>, **Meßlatte** f <-, -n> (TECH) mira f
Messner(in)ᴿᴿ m(f) <-s, -; -, -nen> s. **Mesner**
Messopferᴿᴿ nt <-s, ->, **Meßopfer** nt <-s, -> (REL) Cristo m sacramentado, Jesús m sacramentado; **das ~ weihen** consagrar el pan y el vino
Messpipetteᴿᴿ f <-, -n>, **Meßpipette** f <-, -n> (CHEM) pipeta f de medida; **Messstab**ᴿᴿ m <-(e)s, -stäbe>, **Meßstab** m <-(e)s, -stäbe> varilla f de medición; (*zur Landvermessung*) jalón m de agrimensor
Messtechnik¹ᴿᴿ f <-, *ohne pl*> (*Messkunde*) metrología f
Messtechnik²ᴿᴿ f <-, -en> (*Methode*) técnica f de medición
Meßtechnik f s. **Messtechnik**
Messtischᴿᴿ m <-(e)s, -e>, **Meßtisch** m <-(e)s, -e> plancheta f; **Messtischblatt**ᴿᴿ nt <-(e)s, -blätter> plano m de plancheta

Messung f <-, -en> medición f
Messweinᴿᴿ m <-(e)s, -e>, **Meßwein** m <-(e)s, -e> (REL) vino m de misa
Messwertᴿᴿ m <-(e)s, -e>, **Meßwert** m <-(e)s, -e> valor m registrado [*o* de medición]; **Messzylinder**ᴿᴿ m <-s, ->, **Meßzylinder** m <-s, -> probeta f graduada
Mestize, -in [mɛsˈtiːtsə] m, f <-n, -n; -, -nen> mestizo, -a m, f, cholo, -a m, f *Am*
MESZ [ɛmʔɛːʔɛsˈtsɛt] *Abk. von* **mitteleuropäische Sommerzeit** horario m de verano para Europa Central
Met [meːt] m <-(e)s, *ohne pl*> bebida alcohólica elaborada con agua de miel fermentada y condimentos
metabolisch adj (BIOL, MED) metabólico
metabolisieren* vt (BIOL) metabolizar
Metabolismus m <-, *ohne pl*> (BIOL, MED) metabolismo m
Metabolit m <-en, -en> (BIOL, MED) metabolito m
Metagesellschaft f <-, -en> (WIRTSCH) sociedad f de participación; **Metakredit** m <-(e)s, -e> (WIRTSCH) subcrédito m
Metalimnion m <-s, Metalimnien> (GEO) metalimnión m
Metall [meˈtal] nt <-s, -e> metal m; **~ verarbeitend** metalúrgico
Metallabfall m <-s, -fälle> desperdicio m metálico; **Metallarbeiter(in)** m(f) <-s, -; -, -nen> (obrero, -a m, f) metalúrgico, -a m, f
Metalllegierung f <-, -en> s. **Metallegierung**
metallen [meˈtalən] adj de metal, metálico
Metaller(in) [məˈtalɐ] m(f) <-s, -; -, -nen> (*fam*) obrero, -a m, f de la metalurgia; (*miembro del sindicato alemán de la metalurgia*)
metallic [meˈtalɪk] adj inv metálico
Metallindustrie f <-, -n> industria f metalúrgica
metallisch adj metálico, de metal; **~ klingen/schimmern** tener un sonido/brillo metálico
Metalllegierungᴿᴿ f <-, -en> aleación f de metal; **Metalloberflächenbehandlung** f <-, -en> tratamiento m de la superficie metálica; **Metalloxid** nt <-(e)s, -e> óxido m metálico; **Metallsäge** f <-, -n> sierra f para metales; **Metallüberzug** m <-(e)s, -züge> revestimiento m metálico
Metallurgie [metalʊrˈgiː] f <-, *ohne pl*> metalurgia f
metallurgisch [metaˈlʊrgɪʃ] I. adj metalúrgico
II. adv a nivel metalúrgico
metallverarbeitend adj s. **Metall**
Metallverarbeitung f <-, *ohne pl*> elaboración f de metales; **Metallwaren** fpl artículos mpl de metal
Metamorphose [metamɔrˈfoːzə] f <-, -n> (*a.* BOT, ZOOL) metamorfosis f inv
Metapher [meˈtafɐ] f <-, -n> (LING) metáfora f
Metaphorik [metaˈfoːrɪk] f <-, *ohne pl*> (LIT) metáforas fpl, tropos mpl
metaphorisch [metaˈfoːrɪʃ] adj (LING) metafórico
Metaphysik [metafyˈziːk] f <-, *ohne pl*> metafísica f
metaphysisch [metaˈfyːzɪʃ] adj metafísico
Metasprache f <-, *ohne pl*> (LING) metalenguaje m
Metastase [metaˈstaːzə] f <-, -n> (MED) metástasis f inv
Meteor [meteˈoːɐ] m <-s, -e> (ASTR) meteoro m
Meteorit [meteoˈriːt] m <-en, -en> (ASTR) meteorito m
Meteorologe, -in [meteoroˈloːgə] m, f <-n, -n; -, -nen> meteorólogo, -a m, f
Meteorologie [meteorologiˈiː] f <-, *ohne pl*> meteorología f
Meteorologin f <-, -nen> s. **Meteorologe**
meteorologisch [meteoroˈloːgɪʃ] adj metereológico
Meter [ˈmeːtɐ] m *o* nt <-s, -> metro m; **drei ~ hoch/lang** tres metros de alto/de largo; **in einer Höhe/Entfernung von zehn ~n** a una altura/distancia de diez metros; **auf den letzten ~n** en los últimos metros; **der laufende ~** (COM) el metro; **am laufenden ~** (*fam*) sin parar
meterdick adj (*einen Meter*) (de un grosor) de un metro; (*mehr als einen Meter*) (de un grosor) de más de un metro; (*mehrere Meter*) (de un grosor) de varios metros
meterhoch adj (*einen Meter*) (de una altura) de un metro; (*mehr als einen Meter*) (de una altura) de más de un metro; (*mehrere Meter*) (de una altura) de varios metros; **das Unkraut steht ~** la hierba le llega a uno a la cabeza
meterlang adj (*einen Meter*) (de un metro (de largo); (*mehr als einen Meter*) (de más de un metro (de largo); (*mehrere Meter*) (de varios metros (de largo)
Metermaß nt <-es, -e> (*Stab*) metro m plegable; (*Band*) cinta f métrica; **Meterware** f <-, -n> género m al metro
meterweise adv por metros
meterweit adj (*einen Meter*) (de una altura) de un metro (de longitud); (*mehr als einen Meter*) de más de un metro (de longitud); (*mehrere Meter*) de varios metros (de longitud)
Methadon [metaˈdoːn] nt <-s, *ohne pl*> metadona f

Methan [me'ta:n] *nt* <-s, *ohne pl*> metano *m*
Methanbildung *f* <-, -en> formación *f* de metano; **Methangas** *nt* <-es, -e> gas *m* metano
Methanol [meta'no:l] *nt* <-s, *ohne pl*> metanol *m*
Methionin *nt* <-s, *ohne pl*> (CHEM) metionina *f*
Methode [me'to:də] *f* <-, -n> método *m*; **hinterhältige ~n** métodos [o procedimientos] alevosos; **etw mit ~ machen** hacer algo con método; **was sind denn das für ~n?** (*fam*) ¿y qué métodos son éstos?; **ich glaube fast, das hat ~** casi me parece que está planeado
Methodik [me'to:dɪk] *f* <-, -en> metodología *f*
methodisch *adj* metódico
Methodist(in) [meto'dɪst] *m(f)* <-en, -en; -, -nen> (REL) metodista *mf*
methodistisch *adj* (REL) metodista
Methodologie [metodolo'gi:] *f* <-, -n> metodología *f*
Methusalem [me'tu:zalɛm] *m* <-(s), -s> matusalén *m*; **so alt wie ~ sein** ser más viejo que Matusalén
Methyl [me'ty:l] *nt* <-s, *ohne pl*> (CHEM) metilo *m*
Methylalkohol *m* <-s, *ohne pl*> alcohol *m* metílico; **Methylchlorid** *nt* <-(e)s, -e> (CHEM) cloruro *m* de metilo
Methylenblau *nt* <-s, -> azul *m* de metileno
methylieren* *vt* (CHEM) metilar
Metier [me'tje:] *nt* <-s, -s> profesión *f*; **sein ~ beherrschen** dominar su profesión
Metra *pl von* **Metrum**
Metren *pl von* **Metrum**
Metrik ['me:trɪk] *f* <-, *ohne pl*> (LIT) métrica *f*
metrisch ['me:trɪʃ] *adj* (LIT) métrico
Metro ['me:tro] *f* <-, -s> metro *m*
Metronom [metro'no:m] *nt* <-s, -e> metrónomo *m*
Metropole [metro'po:lə] *f* <-, -n> metrópoli *f*
Metrum ['me:trʊm] *nt* <-s, Metren *o* Metra> ❶ (LIT) metro *m* ❷ (MUS) compás *m*
Mett [mɛt] *nt* <-(e)s, *ohne pl*> (*reg*) plato de carne picada de cerdo cruda y condimentada con especias
Mette ['mɛtə] *f* <-, -n> (REL) ❶ (*Frühmesse*) misa *f* de(l) alba ❷ (*Abendmesse*) misa *f* vespertina
Mettwurst *f* <-, -würste> embutido de carne de cerdo cruda picada y condimentada con especias
Metzelei [mɛtsə'laɪ] *f* <-, -en> (*abw*) carnicería *f*
Metzger(in) ['mɛtsge] *m(f)* <-s, -; -, -nen> carnicero, -a *m, f*
Metzgerei [mɛtsgə'raɪ] *f* <-, -en> carnicería *f*, chanchería *f Am*, obraje *m Mex*
Metzgerin *f* <-, -nen> *s.* **Metzger**
Meuchelmord ['mɔɪçəl-] *m* <-(e)s, -e> (*abw*) asesinato *m* con alevosía; **Meuchelmörder(in)** *m(f)* <-s, -; -, -nen> (*abw*) asesino, -a *m, f* alevoso, -a
meucheln *vt* (*geh*) asesinar con alevosía
meuchlerisch ['mɔɪçlərɪʃ] *adj* (*abw*) alevoso, traidor
Meute ['mɔɪtə] *f* <-, -n> ❶ (*Jagdhunde*) jauría *f* ❷ (*fam: Menschen*) turba *f*
Meuterei [mɔɪtə'raɪ] *f* <-, -en> motín *m*, amotinamiento *m*
Meuterer, -in *m, f* <-s, -; -, -nen> amotinador(a) *m(f)*, insurrecto, -a *m, f*
meutern ['mɔɪtɐn] *vi* ❶ (*rebellieren*) amotinarse ❷ (*fam: meckern*) rebelarse, poner pegas
Mexikaner(in) [mɛksi'ka:nɐ] *m(f)* <-s, -; -, -nen> mejicano, -a *m, f*, mexicano, -a *m, f*
mexikanisch *adj* mejicano, mexicano
Mexiko ['mɛksiko] *nt* <-s> Méjico *m*, México *m*
MEZ [ɛmʔeːˈtsɛt] *Abk. von* **mitteleuropäische Zeit** hora *f* de la Europa Central
Mezzosopran ['mɛtsozopraːn] *m* <-s, -e> (MUS) mezzosoprano *m*
mg *Abk. von* **Milligramm** mg
Mg (CHEM) *Abk. von* **Magnesium** Mg
MG [ɛmˈgeː] *nt* <-(s), -(s)> *Abk. von* **Maschinengewehr** ametralladora *f*
mhd *Abk. von* **mittelhochdeutsch** medio alto alemán
MHz *Abk. von* **Megahertz** mh.
Mia. *Abk. von* **Milliarde(n)** mil millones *mpl*, millardo *m*
miau [mi'aʊ] *interj* ¡miau!
miauen* [mi'aʊən] *vi* maullar
mich [mɪç] **I.** *pron pers akk von* **ich** me; (*betont*) a mí (me); (*mit Präposition*) mí; **rufst du ~ nachher an?** ¿me llamas luego?; **~ interessiert es nicht** a mí no me interesa; **die beiden lästern immer nur über ~** esos dos siempre están hablando mal de mí; **meinst du ~?** ¿estás hablando conmigo?
II. *pron refl akk von* **ich** me; **ich habe ~ um eine Stelle beworben** me he presentado a una plaza; **ich halte ~ da raus** yo no me meto
mick(e)rig ['mɪk(ə)rɪç] *adj* (*fam abw: Sache*) pobre; (*Person*) enclenque, endeble, apolismado *Kol, Mex, PRico*

Mickymaus ['mɪkimaʊs] *f* <-, *ohne pl*> Micky Mouse *m*, ratón *m* Micky
Mickymausheft *nt* <-(e)s, -e> cómic *m* de Micky Mouse
midi ['mɪdi] *adj* midi, de largo por debajo de la rodilla
Midlifecrisis[RR] *f* <-, ->, **Midlife-Crisis**[RR] ['mɪdlaɪfˈkraɪsɪs] *f* <-, -> (*geh*) crisis *f inv* de los cuarenta
mied [miːt] *3. imp von* **meiden**
Mieder ['miːdɐ] *nt* <-s, -> ❶ (*Unterkleidung*) corpiño *m* ❷ (*einer Tracht*) faja *f*
Miederhose *f* <-, -n>, **Miederslip** *m* <-s, -s> faja-braga *f*; **Miederwaren** *fpl* corsetería *f*
Mief [miːf] *m* <-s, *ohne pl*> (*fam abw*) mal olor *m*, peste *f*
miefen *vi* (*fam abw*) apestar, atufar
Miene ['miːnə] *f* <-, -n> cara *f*; **ohne eine ~ zu verziehen** sin pestañear; **eine freundliche/finstere ~ machen** poner buena/mala cara; **gute ~ zum bösen Spiel machen** poner a mal tiempo buena cara; **er machte ~, seinen Platz zu verlassen** dió a entender que abandonaba su lugar
Mienenspiel *nt* <-(e)s, *ohne pl*> mímica *f*, gestos *mpl*
mies [miːs] *adj* (*fam abw*) miserable, malo; **etw/jdn ~ machen** hablar mal de algo/de alguien; **sich ~ verhalten** comportarse miserablemente
Miese ['miːzə] *pl* (*fam*) **mit dem Konto in den ~n sein** tener la cuenta en números rojos; **in die ~n kommen** endeudarse; **wir haben nur ~ gemacht** no hemos sacado ni para los gastos
Miesepeter ['miːzəpeːtɐ] *m* <-s, -> (*fam*) cascarrabias *mf inv*
miesepet(e)rig ['miːzəpeːt(ə)rɪç] *adj* (*fam*) malhumorado; **~ sein** estar de mal café; **ein ~es Gesicht** cara de mal genio
mies|machen *vt s.* **mies**
Miesmacher(in) *m(f)* <-s, -; -, -nen> (*fam abw*) aguafiestas *mf inv*
Miesmacherei *f* <-, *ohne pl*> (*fam abw*) despotrique *m*
Miesmacherin *f* <-, -nen> *s.* **Miesmacher**
Miesmuschel *f* <-, -n> mejillón *m*
Mietausfallwagnis *nt* <-ses, *ohne pl*> (JUR) riesgo *m* de pérdida del arrendamiento
Mietauto *nt* <-s, -s> coche *m* de alquiler; **Mietbasis** *f* <-, *ohne pl*>: **auf ~ en** alquiler; **Mietbeihilfe** *f* <-, -n> subsidio *m* de alquiler
Miete ['miːtə] *f* <-, -n> ❶ (*Wohnungs~*) alquiler *m*; **zur ~ wohnen** vivir en un piso de alquiler; **das ist dann schon die halbe ~** (*fam fig*) ya está prácticamente (metido) en el saco ❷ (AGR) *Lagergrube*: hacina *f*, parva *f*
Mieteinkünfte *pl* ingresos *mpl* por alquileres; **Mieteinnahme** *f* <-, -n> ingreso *m* por alquileres
mieten ['miːtən] *vt* alquilar, rentar *Am*
Mieter(in) *m(f)* <-s, -; -, -nen> (*einer Wohnung*) inquilino, -a *m, f*; **einem ~ kündigen** desahuciar a un inquilino
Mietergemeinschaft *f* <-, -en> comunidad *f* de arrendatarios; **Mieterhaftung** *f* <-, -en> (JUR) responsabilidad *f* del arrendatario
Mieterhöhung *f* <-, -en> aumento *m* del alquiler [*o* del arriendo]
Mieterin *f* <-, -nen> *s.* **Mieter**
Mieterrecht *nt* <-(e)s, -e> derecho *m* del arrendatario
Mieterschutz *m* <-es, *ohne pl*> protección *f* al inquilino; **Mieterschutzgesetz** *nt* <-es, -e> ley *f* de protección al inquilino
Mieterverein *m* <-s, -e> asociación *f* de inquilinos
mietfrei *adj* libre de alquiler; **~ wohnen** vivir sin pagar alquiler
Mietgarantie *f* <-, -n> (JUR) garantía *f* de arrendamiento; **Mietgebühr** *f* <-, -en> tarifa *f* de alquiler, alquiler *m*; **Miethöhe** *f* <-, *ohne pl*> monto *m* del alquiler; **Gesetz zur Regelung der ~** ley sobre regulación del monto del alquiler
Mietkauf *m* <-(e)s, -käufe> arrendamiento *m* con opción de compra; (*Leasing*) leasing *m*; **Mietkaufvertrag** *m* <-(e)s, -träge> (JUR) contrato *m* de arrendamiento con opción de compra, contrato *m* de venta-arrendamiento
Mietkaution *f* <-, -en> fianza *f* de arrendamiento; **Mietobjekt** *nt* <-(e)s, -e> objeto *m* del arrendamiento, bien *m* arrendado; **Mietpartei** *f* <-, -en> inquilino, -a *m, f*
Mietpreis *m* <-es, -e> (precio *m* del) alquiler *m*; **Mietpreisbindung** *f* <-, -en> control *m* de alquileres; **Mietpreisstopp** *m* <-s, -s> congelación *f* de alquileres
Mietrecht *nt* <-(e)s, *ohne pl*> (JUR) derecho *m* arrendaticio; **Mietrückstand** *m* <-(e)s, -stände> alquiler *m* atrasado; **Mietsache** *f* <-, -n> (JUR) cosa *f* arrendada
Mietshaus *nt* <-es, -häuser> casa *f* de alquiler
Mietsicherheit *f* <-, -en> (JUR) seguridad *f* del arrendamiento
Mietskaserne *f* <-, -n> bloque *m* de pisos, casa *f* de departamentos *Am*
Mietspiegel *m* <-s, -> media *f* del alquiler; **Mietverhältnis** *nt* <-ses, -se> contrato *m* de alquiler, relación *f* arrendaticia; **befristetes/unbefristetes ~** contrato de alquiler limitada/ilimitada; **ein ~ abschließen/aufheben** firmar/cancelar un contrato de alquiler; **Mietversi-**

cherung *f* <-, -en> seguro *m* de arrendamiento; **Mietvertrag** *m* <-(e)s, -träge> contrato *m* de alquiler [*o* de arrendamiento]; **einen ~ abschließen/aufkündigen** firmar/rescindir un contrato de alquiler; **jährlich kündbarer ~** contrato de alquiler de un año (de plazo), contrato de arrendamiento rescindible anualmente; **Mietwagen** *m* <-s, -> coche *m* de alquiler; **Mietwert** *m* <-(e)s, -e> valor *m* del alquiler; **Mietwohngrundstück** *nt* <-(e)s, -e> inmueble *m* de pisos de alquiler; **Mietwohnung** *f* <-, -en> piso *m* de alquiler; **Mietwucher** *m* <-s, *ohne pl*> (*abw*) alquiler *m* abusivo [*o* usurario]

Mietzins *m* <-es, -e> (*südd, Öster, Schweiz*) renta *f*, alquiler *m*; **Mietzinsanpassungsklausel** *f* <-, -n> (JUR) cláusula *f* de revisión de la renta

Mietzuschuss^RR *m* <-es, -schüsse> subvención *f* para el alquiler
miez [mi:ts] *interj* ¡michino!, ¡michina!
Mieze ['mi:tsə] *f* <-, -n> (*fam*), **Miezekatze** *f* <-, -n> (*fam*) gatito *m*
Migräne [mi'grɛ:nə] *f* <-, *ohne pl*> jaqueca *f*, migraña *f*
Migränemittel *nt* <-s, -> remedio *m* contra la jaqueca
Migration [migra'tsjo:n] *f* <-, -en> (GEO, BIOL, SOZIOL) migración *f*
migrieren* *vi sein* emigrar
Mikado [mi'ka:do] *nt* <-s, -s> (*Spiel*) (juego *m* del) micado *m*
Mikro ['mikro] *nt* <-s, -s> micro *m*
Mikrobe [mi'kro:bə] *f* <-, -n> (BIOL) microbio *m*
mikrobiell *adj* (BIOL, MED) microbiano
Mikrobiologe, -in [mikro-] *m*, *f* <-n, -n; -, -nen> microbiólogo, -a *m*, *f*; **Mikrobiologie** *f* <-, *ohne pl*> microbiología *f*; **mikrobiologisch** *adj* microbiológico; **Mikrochip** ['mi:kro-] *m* <-s, -s> (ELEK) microchip *m*; **Mikrochirugie** *f* <-, *ohne pl*> (MED) microcirugía *f*; **Mikrocomputer** ['-----] *m* <-s, -> (INFOR) microcomputadora *f*, microordenador *m*; **Mikroelektronik** *f* <-, *ohne pl*> microelectrónica *f*; **Mikrofaser** ['----] *f* <-, -n> microfibra *f*; **Mikrofiche** ['mi:krofi:ʃ, mikro'fi:ʃ] *nt o m* <-s, -s> microficha *f*; **Mikrofilm** ['mi:kro-] *m* <-s, -e> microfilm(e) *m*; **auf ~ aufnehmen** microfilmar

Mikrofon [mikro'fo:n] *nt* <-s, -e> micrófono *m*
Mikroklima ['----] *nt* <-s, -s *o* -te *o* -ta> microclima *m*; **Mikrokosmos** ['mi:krokɔsmɔs, mikro'kɔsmɔs] *m* <-, *ohne pl*>, **Mikrokosmus** *m* <-, *ohne pl*> (BIOL, PHILOS, PHYS) microcosmo(s) *m* (*inv*); **Mikrometer** *nt* <-s, -> micrómetro *m*
Mikron ['mi:krɔn] *nt* <-s, -> (*alt*) micrón *m*
Mikronährstoff *m* <-(e)s, -e> sustancia *f* micronutritiva; **Mikroökonomie** ['------, -----'-] *f* <-, *ohne pl*> (WIRTSCH) microeconomía *f*; **mikroökonomisch** ['------, ----'--] *adj* (WIRTSCH) microeconómico; **Mikroorganismus** ['------, ----'--] *m* <-, -organismen> (BIOL) microorganismo *m*
Mikrophon [mikro'fo:n] *nt* <-s, -e> *s.* **Mikrofon**
Mikroprozessor ['-----] *m* <-s, -en> (TECH) microprocesador *m*
Mikrorille ['----] *f* <-, -n> microsurco *m*; **Mikrorillenschallplatte** *f* <-, -n> disco *m* (de) microsurco
Mikroskop [mikro'sko:p] *nt* <-s, -e> microscopio *m*; **~ mit 60facher Vergrößerung** microscopio de 60 aumentos
Mikroskopie [mikrosko'pi:] *f* <-, *ohne pl*> microscopía *f*
mikroskopieren* I. *vt* observar por el microscopio, examinar bajo el microscopio
II. *vi* trabajar con el microscopio, estudiar con el microscopio
mikroskopisch [mikro'sko:pɪʃ] *adj* microscópico; **~ klein** de tamaño microscópico
Mikrowaage *f* <-, -n> microbalanza *f*
Mikrowelle ['----] *f* <-, -n> ❶ (*~nherd*) (horno *m*) microondas *m inv* ❷ (ELEK) microonda *f*; **Mikrowellenherd** *m* <-(e)s, -e> (horno *m*) microondas *m inv*
Milan ['mi:lan, mi'la:n] *m* <-s, -e> milano *m*
Milbe ['mɪlbə] *f* <-, -n> ácaro *m*
Milbenbekämpfungsmittel *nt* <-s, -> agente *m* para combatir los ácaros
Milch [mɪlç] *f* <-, *ohne pl*> (*a.* BOT) leche *f*; **~ geben** dar leche; **dicke ~** leche cuajada; **das Land, wo ~ und Honig fließt** el país de color de rosa
Milchbar *f* <-, -s> bar donde se sirven fundamentalmente batidos, fresquería *f Am*; **Milchbart** *m* <-(e)s, -bärte> (*unerfahrener Mann*) bisoño *m*; **Milchdrüse** *f* <-, -n> (ANAT) glándula *f* mamaria; **Milcherzeugnis** *nt* <-ses, -se> producto *m* lácteo; **Milchflasche** *f* <-, -n> ❶ (*Babyflasche*) biberón *m* ❷ (*für den Verkauf*) botella *f* de leche; **Milchfrau** *f* <-, -en> (*fam*) lechera *f*; **Milchgebiss**^RR *nt* <-es, -e> dientes *mpl* de leche; **Milchgeschäft** *nt* <-(e)s, -e> lechería *f*; **Milchglas** *nt* <-es, *ohne pl*> (*Material*) vidrio *m* opalino
milchig ['mɪlçɪç] *adj* lechoso, lácteo
Milchkaffee *m* <-s, -s> café *m* con leche; **Milchkanne** *f* <-, -n> (*zum Transport*) bidón *m* de leche; (*kleine ~*) lechera *f*; **Milchkraut** *nt* <-(e)s, -kräuter> (BOT) lechetrezna *f*; **Milchkuh** *f* <-, -kühe> vaca *f* lechera; **Milchmädchenrechnung** *f* <-, -en> cuenta *f* de la lechera; **Milchmann** *m* <-(e)s, -männer> (*fam*) lechero *m*;

Milchmixgetränk *nt* <-(e)s, -e> batido *m*
Milchner ['mɪlçnɐ] *m* <-s, -> (ZOOL) pez *m* macho (en el tiempo de la freza)
Milchprodukt *nt* <-(e)s, -e> producto *m* lácteo; **Milchpulver** *nt* <-s, -> leche *f* en polvo; **Milchquote** *f* <-, -n> (AGR) cuota *f* de leche; **Milchreis** *m* <-es, *ohne pl*> arroz *m* con leche, arequipa *f Kol, Mex*; **Milchsäure** *f* <-, *ohne pl*> (CHEM) ácido *m* láctico; **Milchschokolade** *f* <-, -n> chocolate *m* con leche; **Milchshake** [-ʃe:k] *m* <-s, -s> (GASTR) batido *m*; **Milchspeise** *f* <-, -n> plato *m* a base de leche
Milchstraße *f* <-, *ohne pl*> (ASTR) vía *f* láctea; **Milchstraßensystem** *nt* <-s, *ohne pl*> (ASTR) sistema *m* galáctico
Milchsuppe *f* <-, -n> sopa *f* de leche; **Milchtüte** *f* <-, -n> bolsa *f* de leche; **Milchwirtschaft** *f* <-, *ohne pl*> industria *f* lechera; **Milchzahn** *m* <-(e)s, -zähne> diente *m* de leche; **Milchzucker** *m* <-s, *ohne pl*> lactosa *f*

mild(e) [mɪlt, 'mɪldə] *adj* ❶ (*sanft, Luft*) suave; (*Klima*) templado ❷ (*nachsichtig*) indulgente, clemente; (*gütig*) benigno; (*Strafe*) leve; **eine ~e Gabe** una limosna; **jdn ~(e) stimmen** calmar a alguien; **... und das ist noch ~(e) ausgedrückt** ... y eso es sin llamarlo por su nombre
❸ (*Tabak, Speisen*) suave; **~ im Geschmack** de [*o* con] un sabor suave
Milde ['mɪldə] *f* <-, *ohne pl*> ❶ (*Nachsicht*) indulgencia *f*, clemencia *f*; (*Güte*) benevolencia *f*; **~ walten lassen** tener clemencia
❷ (*Sanftheit*) suavidad *f*; (*des Klimas*) templanza *f*
❸ (*im Geschmack, Geruch*) suavidad *f*
mildern ['mɪldɐn] I. *vt* (*Zorn*) calmar; (*Schmerz, Wirkung*) atenuar; (*Aufprall*) suavizar; **~de Umstände** circunstancias atenuantes; **er hat sein Urteil gemildert** ha conmutado su sentencia; **Joghurt mildert etwas den Geschmack** el yogurt suaviza un poco el sabor
II. *vr:* **sich ~** disminuir
Milderung *f* <-, *ohne pl*> ❶ (*von Schmerz*) mitigación *f*
❷ (*Mäßigung*) moderación *f*; **~ der Strafe** (JUR) atenuación de la pena
Milderungsgrund *m* <-(e)s, -gründe> circunstancia *f* atenuante; **besonderer gesetzlicher ~** motivo atenuante especial legal
mildtätig *adj* (*geh*) caritativo
Mildtätigkeit *f* <-, *ohne pl*> (*geh*) caridad *f*
Milieu [mi'ljø:] *nt* <-s, -s> (*medio m*) ambiente *m*
milieugeschädigt *adj* psíquicamente afectado por el entorno (*social*)
Milieuschutzsatzung *f* <-, -en> (JUR) estatutos *mpl* de protección del ambiente
militant [mili'tant] *adj* militante
Militanz [mili'tants] *f* <-, *ohne pl*> militancia *f*
Militär[1] [mili'tɛ:ɐ] *m* <-s, -s> (*Offizier*) militar *m*
Militär[2] *nt* <-s, *ohne pl*> (*Heer*) ejército *m*, fuerzas *fpl* armadas; **er ist beim ~** (*als Berufssoldat*) es militar; (*als Wehrdienstleistender*) hace el servicio militar
Militärakademie *f* <-, -n> academia *f* militar; **Militärarzt** *m* <-(e)s, -ärzte> médico *m* militar; **Militärattaché** *m* <-s, -s> agregado *m* militar; **Militärbündnis** *nt* <-ses, -se> alianza *f* militar; **Militärdienst** *m* <-(e)s, *ohne pl*> servicio *m* militar, *mili f fam*; **Militärdiktatur** *f* <-, -en> dictadura *f* militar; **Militärgericht** *nt* <-(e)s, -e> tribunal *m* militar, consejo *m* de guerra; **jdn vor ein ~ stellen** hacerle a alguien un consejo de guerra
militärisch [mili'tɛ:rɪʃ] *adj* militar; **mit ~en Ehren** con honras militares; **hier geht es streng ~ zu** (*fig*) aquí están todos más rectos que un palo
militarisieren* [militari'tsi:rən] *vt* militarizar
Militarisierung *f* <-, *ohne pl*> militarización *f*
Militarismus [milita'rɪsmʊs] *m* <-, *ohne pl*> (*abw*) militarismo *m*
Militarist(in) [milita'rɪst] *m(f)* <-en, -en; -, -nen> (*abw*) militarista *mf*
militaristisch *adj* militarista
Militärjunta *f* <-, -junten> junta *f* militar; **Militärkapelle** *f* <-, -n> banda *f* militar; **Militärpolizei** *f* <-, *ohne pl*> policía *f* militar; **Militärputsch** *m* <-(e)s, -e> golpe *m* militar; **Militärregierung** *f* <-, -en> gobierno *m* militar; **Militärstützpunkt** *m* <-(e)s, -e> base *f* militar; **Militärzeit** *f* <-, *ohne pl*> tiempo *m* del servicio militar, *mili f fam*
Miliz [mi'li:ts] *f* <-, -en> milicia *f*
Milizionär(in) [milits̜jo'nɛ:ɐ] *m(f)* <-s, -e; -, -nen> (*Soldat*) miliciano, -a *m, f*
Mill. *Abk. von* **Million(en)** millón *m*
Mille ['mɪlə] *nt* <-, -> mil marcos *mpl*
Millennium [mɪ'lɛniʊm, *pl:* mɪ'lɛniən] *nt* <-s, Millennien> (*geh*) milenio *m*
Milliardär(in) [mɪljar'dɛ:ɐ] *m(f)* <-s, -e; -, -nen> multimillonario, -a *m, f*
Milliarde [mɪ'ljardə] *f* <-, -n> mil millones *mpl*
Milliardenbetrag *m* <-(e)s, -träge> (suma *f* de) miles *mpl* de millones
milliardste(r, s) [mɪ'ljartstə, -tə, -təs] *adj* milmillonésimo
milliardstel [mɪ'ljartstəl] *adj inv* milmillonésimo

Millibar ['mɪliba:ɐ] *nt* <-s, -s> (METEO) milibar *m*, milibara *f Am*; **Milligramm** ['mɪligram] *nt* <-s, -e> miligramo *m*; **Milliliter** *m o nt* <-s, -> mililitro *m*
Millimeter [mɪli'me:tɐ, '----] *m o nt* <-s, -> milímetro *m*; **Millimeterpapier** [--'----] *nt* <-(e)s, -e> papel *m* milimetrado
Million [mɪ'ljo:n] *f* <-, -en> millón *m*; ~**en von Menschen** millones de personas; **zwei ~en Euro** dos millones de euros; ~**en und Abermillionen** millones y millones
Millionär(in) [mɪljo'nɛ:ɐ] *m(f)* <-s, -e; -, -nen> millonario, -a *m, f*; **vom Tellerwäscher zum ~** de fregadero a millonario
Millionenabschluss^RR *m* <-es, -schlüsse> (WIRTSCH) transacción *f* de (varios) millones; **Millionenauflage** *f* <-, -n> (PUBL) edición *f* de (más de) un millón de ejemplares; **Millionenauftrag** *m* <-(e)s, -träge> (WIRTSCH) encargo *m* por valor de (más de) un millón (de marcos); **Millionenerbe, -in** *m, f* <-n, -n; -, -nen> heredero, -a *m, f* millonario, -a
millionenfach I. *adj* un millón de veces; **~es Leid** un sufrimiento compartido por millones
II. *adv* un millón de veces; *s. a.* **achtfach**
Millionengeschäft *nt* <-(e)s, -e> negocio *m* de (varios) millones; **Millionengewinn** *m* <-(e)s, -e> premio *m* millonario
millionenmal [-'--] *adv* un millón de veces; *s. a.* **achtmal**
Millionenschaden *m* <-s, -schäden> daños *mpl* por valor de más de un millón (de marcos)
millionenschwer *adj (fam)* forrado [*o* repleto] de millones
Millionenstadt *f* <-, -städte> ciudad *f* de más de un millón de habitantes
millionste(r, s) [mɪ'ljo:nstə, -tə, -təs] *adj* millonésimo
Millionstel [mɪ'ljo:nstəl] *nt* <-s, -> millonésimo *m*
millionstel *adj inv* millonésimo
Millirem ['mɪli-] *nt* <-s, -s> milirrem *m*
Milz [mɪlts] *f* <-, -en> bazo *m*
Milzbrand *m* <-(e)s, *ohne pl*> (MED) carbunco *m*
mimen [mi:mən] *vt (fam abw)* fingir; **mim hier nicht den Ahnungslosen** no te hagas el inocente
Mimik ['mi:mɪk] *f* <-, *ohne pl*> mímica *f*
Mimikry ['mɪmikri] *f* <-, *ohne pl*> mimetismo *m*
mimisch ['mi:mɪʃ] *adj* mímico
Mimose [mi'mo:zə] *f* <-, -n> ① (BOT) mimosa *f*, sensitiva *f*, dormilona *f MAm*, dormidera *f Cuba, PRico*
② (*Mensch*) hipersensible *mf*
mimosenhaft *adj* de mírame y no me toques, sensiblero
min., Min. *Abk. von* **Minute(n)** m
Minamatakrankheit *f* <-, *ohne pl*> enfermedad *f* minamata
Minarett [mina'rɛt] *nt* <-s, -e> minarete *m*, alminar *m*
minder ['mɪndɐ] *adv kompar von* **wenig** (*geh*) menos (*als* que); **~ schwerer Fall** (JUR) caso de gravedad menor; **das interessiert mich nicht ~** no me interesa menos
minderbegabt *adj* menos dotado
minderbemittelt *adj* económicamente débil; (*arm*) necesitado; **geistig ~** (*fam abw*) cerrado de mollera
Minderbemittelte(r) *mf* <-n, -n; -, -n> necesitado, -a *m, f*, persona *f* con rentas bajas; **ein geistig ~r** (*fam abw*) un retrasado (mental); **Minderbewertung** *f* <-, -en> desvalorización *f*
mindere(r, s) ['mɪndərə, -rə, -rəs] *adj* menor; (*minderwertig*) inferior; **von ~r Güte** [*o* **Qualität**] de calidad inferior; **von ~em Interesse** de menos interés
Mindereinnahmen *fpl* puja *f* inferior a la esperada
Minderheit *f* <-, -en> minoría *f*; **in der ~ sein** estar en minoría; **nationale ~en** minorías nacionales
Minderheitenfrage *f* <-, *ohne pl*> (POL) problema *m* de las minorías; **Minderheitenrecht** *nt* <-(e)s, -e> (POL) derecho *m* de las minorías; **Minderheitenschutz** *m* <-es, *ohne pl*> (POL) protección *f* a las minorías; **Minderheitensprache** *f* <-, -n> idioma *m* de minorías, lengua *f* de minorías
Minderheitsaktionär(in) *m(f)* <-s, -e; -, -nen> (WIRTSCH) accionista *mf* minoritario, -a; **Minderheitsbeteiligung** *f* <-, -en> (WIRTSCH) participación *f* minoritaria (*an* en); **Minderheitsregierung** *f* <-, -en> gobierno *m* minoritario
minderjährig *adj* menor de edad
Minderjährige(r) *mf* <-n, -n; -, -n> menor *mf* de edad
Minderjährigkeit *f* <-, *ohne pl*> minoría *f* de edad
Minderkaufmann *m* <-(e)s, -leute> (COM) *pequeño comerciante que no se puede inscribir en el registro mercantil;* **Minderlieferung** *f* <-, -en> (JUR) suministro *m* reducido; **Mindermengenzuschlag** *m* <-(e)s, -schläge> (WIRTSCH, COM) recargo *m* por cantidades pequeñas
mindern ['mɪndɐn] *vt* (*geh*) disminuir (*um* en, *auf* a); (*Verdienste*) desvalorar
Minderung *f* <-, -en> ① (*Wert~*) disminución *f* (*um* en, *auf* a), reducción *f* (*um* en, *auf* a); (*Preis*) rebaja *f* (*um* en, *auf* a)
② (JUR) reducción *f*
③ (*des Lohns*) reducción *f*, rebaja *f*
Minderwert *m* <-(e)s, -e> minusvalía *f*, depreciación *f*; **merkantiler ~** minusvalía mercantil, depreciación mercantil
minderwertig *adj* (de calidad) inferior, de escaso valor
Minderwertigkeit *f* <-, *ohne pl*> inferioridad *f*
Minderwertigkeitsgefühl *nt* <-s, -e> (PSYCH) complejo *m* de inferioridad; **Minderwertigkeitskomplex** *m* <-es, -e> (PSYCH) complejo *m* de inferioridad
Minderzahl *f* <-, *ohne pl*> minoría *f*; **in der ~ sein** estar en minoría
Mindestabnahmemenge *f* <-, -n> cuota *f* mínima de venta; **Mindestabnahmeverpflichtung** *f* <-, -en> compra *f* mínima obligatoria; **Mindestabsatz** *m* <-es, -sätze> venta *f* mínima; **Mindestabstand** *m* <-(e)s, -stände> distancia *f* mínima; **Mindestalter** *nt* <-s, -> edad *f* mínima; **Mindestanforderung** *f* <-, -en> exigencia *f* mínima, requisito *m* mínimo; **Mindestangebot** *nt* <-(e)s, -e> oferta *f* mínima; **Mindestarbeitszeit** *f* <-, -en> horario *m* mínimo de trabajo; **Mindestbedingungen** *fpl* condiciones *fpl* mínimas; **Mindestbetrag** *m* <-(e)s, -träge> cantidad *f* mínima; **Mindestdeckung** *f* <-, -en> (FIN, WIRTSCH) cobertura *f* mínima; **Mindestdividende** *f* <-, -n> (FIN, WIRTSCH) dividendo *m* mínimo
mindeste(r, s) ['mɪndəstə, -tə, -təs] I. *adj* menor, mínimo; **nicht die ~ Ahnung haben** no tener la menor idea; **ich verstehe nicht das ~** [*o* **M~**] **davon** no entiendo ni lo más mínimo de eso; **das wäre wohl das ~** [*o* **M~**] **gewesen** con eso hubiera sido lo mínimo
II. *adv*: **das bezweifle ich nicht im ~n** [*o* **M~n**] de eso no tengo la menor duda; **zum ~n** [*o* **M~n**] **hätte er sich entschuldigen können** como mínimo podría haberse disculpado
Mindesteinkommen *nt* <-s, -> ingreso *m* mínimo; **Mindesteinlage** *f* <-, -n> (FIN, WIRTSCH) inversión *f* mínima
mindesten *s.* **mindeste(r, s)** II.
mindestens ['mɪndəstəns] *adv* por lo menos, como mínimo
Mindestgebot *nt* <-(e)s, -e> (FIN, WIRTSCH) oferta *f* mínima, puja *f* mínima
Mindestgehalt¹ *m* <-(e)s, -e> (*Inhalt*) contenido *m* mínimo
Mindestgehalt² *nt* <-(e)s, -hälter> (*Lohn*) salario *m* mínimo
Mindestgeschwindigkeit *f* <-, -en> velocidad *f* mínima; **Mindestgewerbesteuer** *f* <-, -n> impuesto *m* industrial mínimo; **Mindestgewicht** *nt* <-(e)s, -e> peso *m* mínimo; **Mindesthaltbarkeitsdatum** *nt* <-s, -daten> fecha *f* mínima de caducidad; **Mindest-Ist-Besteuerung** *f* <-, -en> tributación *f* mínima efectiva; **Mindestlaufzeit** *f* <-, -en> plazo *m* mínimo de vencimiento; **Mindestlohn** *m* <-(e)s, -löhne> salario *m* mínimo; **garantierter/gesetzlicher ~** salario mínimo garantizado/legal; **Mindestmaß** *nt* <-es, -e> mínimo *m* (*an* de); **sich auf das ~ beschränken** limitarse al mínimo; **ein ~ an Toleranz** un mínimo de tolerancia; **Mindestmenge** *f* <-, -n> cantidad *f* mínima; **Mindestpreis** *m* <-es, -e> precio *m* mínimo; **garantierter ~** precio mínimo garantizado; **Mindestrente** *f* <-, -n> pensión *f* mínima
Mindestreservesystem *nt* <-s, -e> (WIRTSCH) sistema *m* de [*o* sobre] reservas mínimas
Mindestsollzins *m* <-es, -en> (FIN) interés *m* deudor mínimo
Mindeststandard *m* <-s, -s> estándar *m* mínimo; **Mindeststrafe** *f* <-, -n> pena *f* mínima; **Mindeststundenlohn** *m* <-(e)s, -löhne> salario *m* mínimo por hora; **Mindestumtausch** *m* <-(e)s, -e> cambio *m* mínimo; **Mindestzeichnung** *f* <-, -en> (FIN) suscripción *f* mínima
Mine ['mi:nə] *f* <-, -n> (*a.* BERGB, MIL) mina *f*; **~n legen** colocar minas; **auf eine ~ laufen** pisar una mina
Minenfeld *nt* <-(e)s, -er> zona *f* minada; **Minenleger** *m* <-s, -> (MIL) minador *m*; **Minenräumboot** *nt* <-(e)s, -e> (MIL) dragaminas *m inv*; **Minensuchboot** *nt* <-(e)s, -e> (MIL) buscaminas *m inv*; **Minensuchgerät** *nt* <-(e)s, -e> (MIL) buscaminas *m inv*; **Minenwerfer** *m* <-s, -> (MIL) lanzaminas *m inv*
Mineral [mine'ra:l] *nt* <-s, -e *o* -ien> mineral *m*
Mineralbad *nt* <-(e)s, -bäder> baño *m* de aguas minerales
mineralisch *adj* mineral
Mineralisierung *f* <-, -en> mineralización *f*
Mineraloge, -in [minera'lo:gə] *m, f* <-n, -n; -, -nen> mineralogista *mf*
Mineralogie [mineralo'gi:] *f* <-, *ohne pl*> mineralogía *f*
Mineralogin *f* <-, -nen> *s.* **Mineraloge**
mineralogisch [minera'lo:gɪʃ] *adj* mineralógico
Mineralöl *nt* <-(e)s, -e> ① (*destilliertes Erdöl*) aceite *m* mineral
② (*Erdöl*) petróleo *m*; **Mineralölerzeugnis** *nt* <-ses, -se> producto *f* de aceite mineral; **Mineralölgesellschaft** *f* <-, -en> (WIRTSCH) sociedad *f* petrolera; **Mineralölsteuer** *f* <-, -n> impuesto *m* sobre el aceite mineral
Mineralquelle *f* <-, -n> fuente *f* de aguas minerales, manantial *m* de aguas minerales; **Mineralsalz** *nt* <-es, -e> sal *f* mineral; **Mineralstoffe** *mpl* elementos *mpl* minerales; **Mineralwasser** *nt* <-s, -wässer> agua *f* mineral

mini ['mɪni] *adj inv* mini-; **~ tragen** llevar (una) mini, llevar una minifalda

Mini ['mɪni, 'mini] *m* <-s, -s> (*fam*) minifalda *f*

Miniatur [minia'tuːɐ] *f* <-, -en> miniatura *f*

Miniaturausgabe *f* <-, -n> edición *f* en miniatura; **Miniaturformat** *nt*: **~ haben** tener tamaño de miniatura; **im ~** en miniatura

Minibar ['mɪni-] *f* <-, -s> minibar *m*; **Mini-CD** *f* <-, -(s)> compact *m* disc mini; **Minigolf** *nt* <-s, *ohne pl*> minigolf *m*; **Minikassette** *f* <-, -n> minicassette *m o f*; **Minikleid** *nt* <-(e)s, -er> vestido *m* mini

Minima *pl von* **Minimum**

minimal [mini'maːl] *adj* (*wenig*) mínimo; (*unbedeutend*) insignificante

Minimalbelastung *f* <-, -en> carga *f* mínima; **Minimalforderung** *f* <-, -en> demanda *f* mínima; **Minimalklausel** *f* <-, -n> (JUR) cláusula *f* minimalista; **Minimalsatz** *m* <-es, -sätze> tipo *m* mínimo; **Minimalwert** *m* <-(e)s, -e> valor *m* mínimo

minimieren* [mini'miːrən] *vt* (*geh*) minimalizar

Minimierung *f* <-, -en> (*geh*) acción *f* de minimizar

Minimierungpflicht *f* <-, *ohne pl*> (JUR) deber *m* de minimización

Minimum ['miːnimʊm, *pl*: 'miːnima] *nt* <-s, Minima> mínimo *m* (*an* de)

Minipille *f* <-, -n> (*fam*) minipíldora *f* (*píldora anticonceptiva de menor contenido hormonal*); **Minirock** *m* <-(e)s, -röcke> minifalda *f*; **Minispion** *m* <-s, -e> micrófono *m* oculto

Minister(in) [mi'nɪstɐ] *m(f)* <-s, -; -, -nen> ministro, -a *m, f*

Ministeramt *nt* <-(e)s, -ämter> cargo *m* ministerial, cartera *f*

Ministerialbeamte(r) *mf* <-n, -n; -, -n>, **-beamtin** *f* <-, -nen> funcionario, -a *m, f* de Estado; **Ministerialdirektor(in)** *m(f)* <-s, -en; -, -nen> director(a) *m(f)* general (de un ministerio); **Ministerialrat, -rätin** [mɪnɪsteˈriːaːlraːt] *m, f* <-(e)s, -räte; -, -nen> secretario, -a *m, f* de Estado

ministeriell [mɪnɪsteˈriɛl] *adj* ministerial

Ministerin *f* <-, -nen> *s.* **Minister**

Ministerium [mɪnɪsˈteːriʊm] *nt* <-s, Ministerien> ministerio *m*, secretaría *f Am*; **~ für Erziehung und Wissenschaft** Ministerio de Educación y Ciencia

Ministerkonferenz *f* <-, -en> conferencia *f* de ministros; **Ministerpräsident(in)** *m(f)* <-en, -en; -, -nen> ❶ (*eines Staates*) presidente, -a *m, f* del Gobierno ❷ (*eines Bundeslandes*) presidente, -a *m, f* del land [*o* del Estado federal]; **Ministerrat** *m* <-(e)s, -räte> consejo *m* de ministros

Ministrant(in) [mɪnɪsˈtrant] *m(f)* <-en, -en; -, -nen> (REL) monaguillo, -a *m, f*

ministrieren* [mɪnɪsˈtriːrən] *vi* (REL) ayudar en misa, hacer de monaguillo

Minna ['mɪna] *f* (*fam*): **jdn zur ~ machen** poner a alguien como un trapo; **die grüne ~** transporte de la policía

Minne ['mɪnə] *f* <-, *ohne pl*> (HIST) amor *m* platónico

Minnelied *nt* <-(e)s, -er> (LIT) "minnelied" *m*, canción *f* de tema amoroso; **Minnesang** ['mɪnazaŋ] *m* <-(e)s, *ohne pl*> (LIT) "minnesang" *m*, poesía *f* trovadoresca alemana; **Minnesänger** *m* <-s, -> trovador *m*

Minorität [minori'tɛːt] *f* <-, -en> minoría *f*

Minoritätsbeteiligung *f* <-, -en> (WIRTSCH) participación *f* minoritaria (*an* en)

Minuend [mi'nuɛnt, *pl*: mi'nuɛndən] *m* <-en, -en> (MATH) minuendo *m*

minus ['miːnʊs] I. *konj* (MATH: *weniger*) menos; **neun ~ zwei ist sieben** nueve menos dos son siete
II. *adv* ❶ (MATH: *kleiner als null*) menos; **sieben ~ neun ist ~ zwei** siete menos nueve son menos dos
❷ (*Temperatur*) bajo cero; **15 Grad ~** 15 grados bajo cero
❸ (ELEK) negativo

Minus ['miːnʊs] *nt* <-, *ohne pl*> ❶ (*Fehlbetrag*) déficit *m inv*; **ein ~ von fünfzig Euro** un déficit de 50 euros; **ins ~ kommen** tener un déficit; **wir haben ~ gemacht** hemos sacado pérdidas
❷ (*Nachteil*) desventaja *f*

Minuskorrektur *f* <-, -en> (WIRTSCH) corrección *f* a la baja; **Minuspol** *m* <-s, -e> (ELEK, PHYS) polo *m* negativo; **Minusposition** *f* <-, -en> situación *f* a la baja; **Minuspunkt** *m* <-(e)s, -e> punto *m* negativo; **Minustemperatur** *f* <-, -en> temperatura *f* bajo cero, temperatura *f* por debajo de cero; **Minuszeichen** *nt* <-s, -> signo *m* de substracción, (signo *m* de) menos *m*

Minute [mi'nuːtə] *f* <-, -n> minuto *m*; **es ist zehn Uhr und fünf ~n** son las diez y cinco; **auf die ~ (pünktlich)** en punto; **die ~n vergehen/verstreichen** los minutos pasan/transcurren; **in letzter ~** en último minuto; **fünf ~n vor/nach drei** las tres menos/y cinco; **hast du 'ne ~ Zeit?** ¿tienes un minuto?

minutenlang I. *adj* de varios minutos; **~er Applaus** un aplauso por espacio de varios minutos
II. *adv* durante algunos minutos

Minutenzeiger *m* <-s, -> minutero *m*

minutiös [minuˈtsjøːs] *adj* (*geh*), **minuziös** [minuˈtsjøːs] *adj* (*geh*) minucioso

Minze ['mɪntsə] *f* <-, -n> menta *f*

mir [miːɐ] I. *pron pers dat von* **ich** me; (*betont*) a mí (me); (*mit Präposition*) mí; **sie haben ~ ein Buch geschenkt** me han regalado un libro; **~ gefällt das sehr gut** a mí me gusta mucho; **hinter/vor/unter/über ~** detrás de/delante de/debajo de/encima de mí; **neben ~** a mi lado; **mit ~ conmigo**; **ein Freund von ~** un amigo mío; **von ~ aus** por mí; **das gehört ~** es mío; **kommst du zu ~ (nach Hause)?** ¿vienes a mi casa?; **bei ~ gibt's immer Besuch** en mi casa siempre hay visita; **~ nichts, dir nichts** sin más ni más; **du bist ~ einer!** ¡mira que eres!; **dass du ~ keinen Blödsinn machst!** ¡no me hagas tonterías!; **wie du ~, so ich dir** (*prov*) donde las dan, las toman
II. *pron refl dat von* **ich** me; **ich will ~ noch die Haare waschen** todavía quiero lavarme el pelo

Mirabelle [mira'bɛla] *f* <-, -n> ciruela *f* amarilla

Misanthrop(in) [mizan'troːp] *m(f)* <-en, -en; -, -nen> misántropo, -a *m, f*

Mischarbeitsplatz *m* <-es, -plätze> (INFOR) puesto *m* de trabajo con base múltiple; **Mischbatterie** *f* <-, -n> grifo *m* mezclador; **Mischbrot** *nt* <-(e)s, -e> pan de centeno y trigo; **Mischehe** *f* <-, -n> matrimonio *m* mixto

mischen ['mɪʃən] I. *vt* ❶ (*vermengen*) mezclar; (*Karten*) barajar; **jdm Gift unter [***o* **in] das Essen ~** ponerle veneno a alguien en la comida; **Wein mit Wasser ~** adulterar el agua con vino
❷ (*Cocktail, Gift*) preparar
❸ (FILM, RADIO, TV) mezclar
II. *vr*: **sich** ❶ (*sich ein~*) entrometerse (*in* en), meterse (*in* en); **misch dich nicht in meine Angelegenheiten!** ¡no te metas en mis asuntos!
❷ (*sich vermengen*) mezclarse
❸ (*unter Menschen*) mezclarse (*unter* entre), meterse (*unter* entre)
III. *vi* (*Karten*) barajar; **wer mischt?** ¿quién baraja?

Mischfutter *nt* <-s, *ohne pl*> pienso *m* mixto; **Mischgebiet** *nt* <-(e)s, -e> (JUR) territorio *m* mixto; **Mischgemüse** *nt* <-s, -> (GASTR) verduras *fpl* variadas; **Mischgewebe** *nt* <-s, -> tejido *m* de mezcla; **Mischhaut** *f* <-, *ohne pl*> piel *f* mixta; **Mischkonto** *nt* <-s, -konten> (FIN, WIRTSCH) cuenta *f* mixta; **Mischkonzern** *m* <-s, -e> (WIRTSCH) consorcio *m* (de carácter) mixto, grupo *m* mixto; **Mischlandwirtschaft** *f* <-, *ohne pl*> agricultura *f* mixta

Mischling *m* <-s, -e> ❶ (*Mensch*) mestizo, -a *m, f*
❷ (*Tier*) mezcla *f*

Mischlingskind *nt* <-(e)s, -er> niño, -a *m, f* mestizo, -a

Mischmasch ['mɪʃmaʃ] *m* <-(e)s, -e> (*fam a. abw*) mezcolanza *f*

Mischmaschine *f* <-, -n> mezcladora *f*; **Mischprobe** *f* <-, -n> (ÖKOL) prueba *f* mixta; **Mischpult** *nt* <-(e)s, -e> (RADIO, FILM, TV) mesa *f* de mezclas; **Mischtatbestand** *m* <-(e)s, -stände> (JUR) delito *m* mixto; **Mischtrommel** *f* <-, -n> tambor *m* mezclador

Mischung *f* <-, -en> mezcla *f*

Mischungsverhältnis *nt* <-ses, -se> proporción *f* de la mezcla

Mischvertrag *m* <-(e)s, -träge> contrato *m* mixto; **Mischverwaltung** *f* <-, -en> (JUR) administración *f* mixta; **Mischwald** *m* <-(e)s, -wälder> bosque *m* mixto; **Mischwirtschaft** *f* <-, *ohne pl*> (WIRTSCH) economía *f* mixta

miserabel [mizeˈraːbəl] *adj* miserable; **~ verarbeitet** muy mal elaborado; **~ schmecken** saber horrible

Misere [mi'zeːrə] *f* <-, -n> miseria *f*, situación *f* crítica

misogyn [mizoˈgyːn] *adj* (*geh*) misógino

Misogynie [mizogyˈniː] *f* <-, -n> (*geh a.* PSYCH, MED) misoginia *f*

Mispel ['mɪspəl] *f* <-, -n> (BOT) níspola *f*

Miss [mɪs, *pl*: 'mɪsɪz] *f* <-, Misses>, **Miß** *f* <-, Misses> miss *f*; **~ World** miss Mundo

missachten*[RR] [mɪsˈʔaxtən] *vt*, **mißachten*** *vt* ❶ (*verachten*) despreciar, menospreciar
❷ (*ignorieren*) ignorar, pasar por alto (de); (*Anweisung, Gesetz*) desacatar

Missachtung[RR] [-'---, '---] *f* <-, *ohne pl*>, **Mißachtung** *f* <-, *ohne pl*> ❶ (*Nichtbefolgung*) desacato *m* ❷ (*Geringschätzung*) menosprecio *m*, desprecio *m*; **~ des Gerichts** obstrucción a la justicia

missbehagen*[RR] *vi*, **mißbehagen*** *vi* (*geh*) desagradar, disgustar; **was missbehagt dir so daran?** ¿qué te molesta tanto al respecto?

Missbehagen[RR] [-'---] *nt* <-s, *ohne pl*>, **Mißbehagen** *nt* <-s, *ohne pl*> desagrado *m*, disgusto *m*; **das bereitet ihm ~ zu seinem ...** eso le causa disgusto...; **Missbildung**[RR] ['---] *f* <-, -en>, **Mißbildung** *f* <-, -en> deformidad *f*, deformación *f*

missbilligen*[RR] [mɪsˈbɪlɪgən] *vt*, **mißbilligen*** *vt* desaprobar; (*stärker*) condenar

missbilligend[RR], **mißbilligend** I. *adj* de desaprobación, crítico
II. *adv* de forma desaprobatoria [*o* crítica]

Missbilligung[RR] [-'---, '----] *f* <-, *ohne pl*>, **Mißbilligung** *f* <-, *ohne*

p> desaprobación *f*; (*stärker*) condenación *f*
Missbilligungsantrag^{RR} *m* <-(e)s, -träge> (POL) moción *f* de censura; **Missbilligungsvotum**^{RR} *nt* <-s, -voten *o* -vota> (POL) voto *m* de censura
Missbrauch^{RR} ['--] *m* <-(e)s, -bräuche>, **Mißbrauch** *m* <-(e)s, -bräuche> abuso *m*; **sexueller ~** abuso sexual; **~ von Ausweispapieren** abuso de documentación de identidad; **mit etw ~ treiben** abusar de algo, cometer abusos con algo; **vor ~ wird gewarnt** se ruega no abusar
missbrauchen*^{RR} [-'--] *vt*, **mißbrauchen*** *vt* (*Person, Vertrauen*) abusar (de)
missbräuchlich^{RR} ['mɪsbrɔɪçlɪç] *adj*, **mißbräuchlich** *adj* abusivo
Missbrauchsaufsicht^{RR} *f* <-, *ohne pl*> (WIRTSCH) vigilancia *f* sobre el abuso, control *m* de prevención del abuso; **Missbrauchsgesetz**^{RR} *nt* <-es, -e> (JUR) ley *f* de represión del abuso; **Missbrauchsgesetzgebung**^{RR} *f* <-, *ohne pl*> (JUR) legislación *f* sobre el abuso; **Missbrauchskontrolle**^{RR} *f* <-, -n> (JUR) control *m* de prácticas abusivas; **Missbrauchsprinzip**^{RR} *nt* <-s, *ohne pl*> (JUR: *Kartellrecht*) principio *m* de abuso; **Missbrauchsstatbestand**^{RR} *m* <-(e)s, -stände> (JUR) resultandos *mpl* del hecho de abuso; **Missbrauchsverbot**^{RR} *nt* <-(e)s, -e> (JUR) prohibición *f* de abuso; **Missbrauchsverfügung**^{RR} *f* <-, -en> (JUR) disposición *f* abusiva
missdeuten*^{RR} [mɪs'dɔɪtən] *vt*, **mißdeuten*** *vt* interpretar mal; (*absichtlich*) tergiversar
Missdeutung^{RR} [-'--, '---] *f* <-, -en>, **Mißdeutung** *f* <-, -en> mala interpretación *f*; (*absichtliche ~*) tergiversación *f*
missen ['mɪsən] *vt* (*geh*) prescindir (de); **das möchte ich nicht ~** no quiero pasar sin eso; **wir mussten jeglichen Luxus ~** tuvimos que prescindir de todo lujo
Misserfolg^{RR} ['---] *m* <-(e)s, -e>, **Mißerfolg** *m* <-(e)s, -e> fracaso *m*; **Missernte**^{RR} ['---] *f* <-, -n>, **Mißernte** *f* <-, -n> mala cosecha *f*
Misses *pl von* **Miss**
Missetat ['mɪsəta:t] *f* <-, -en> fechoría *f*; (REL) pecado *m*
Missetäter(in) *m(f)* <-s, -; -, -nen> ❶ (*iron: jd, der etw angestellt hat*) autor(a) *m(f)* de un destrozo [*o* de una fechoría]; **erst ließ er das Glas fallen, dann machte sich der ~ verstohlen aus dem Staub** primero hizo caer el vaso, luego el autor del desaguisado puso los pies en polvorosa
❷ (*alt: Übeltäter*) malhechor(a) *m(f)*
missfallen*^{RR} [mɪs'falən] *irr vi*, **mißfallen*** *irr vi* (*geh*) desagradar, disgustar; **was missfällt dir an ihr?** ¿qué te molesta de ella?; **es missfällt mir, dass/wie er mich ständig anstarrt** me fastidia que/cómo me mira constantemente
Missfallen^{RR} *nt* <-s, *ohne pl*>, **Mißfallen** *nt* <-s, *ohne pl*> desagrado *m*, disgusto *m*; **jds ~ erregen** provocar el disgusto de alguien
Missfallensäußerung^{RR} *f* <-, -en> expresión *f* de disgusto; **Missfallenskundgebung**^{RR} *f* <-, -en> manifestación *f* de disconformidad [*o* de desagrado]
missgebildet^{RR} *adj*, **mißgebildet** *adj* malformado
Missgeburt^{RR} ['---] *f* <-, -en>, **Mißgeburt** *f* <-, -en> (MED) criatura *f* deforme
missgelaunt^{RR} *adj*, **mißgelaunt** *adj* (*geh*) de mal humor, malhumorado
Missgeschick^{RR} ['---] *nt* <-(e)s, -e>, **Mißgeschick** *nt* <-(e)s, -e> percance *m*, contratiempo *m*; **mir ist ein ~ passiert** tuve un percance; **ich werde vom ~ verfolgt** me persigue la desgracia
missgestaltet^{RR} *adj*, **mißgestaltet** *adj* deforme
missgestimmt^{RR} *adj*, **mißgestimmt** *adj* de mal humor, malhumorado
missglücken*^{RR} [mɪs'ɡlʏkən] *vi sein*, **mißglücken*** *vi sein* salir mal, fracasar; **das ist ihm gründlich missglückt** le ha salido el tiro por la culata
missgönnen*^{RR} [mɪs'ɡœnən] *vt*, **mißgönnen*** *vt* envidiar; **er missgönnt mir mein bisschen Glück** me envidia la poca suerte que tengo
Missgriff^{RR} ['--] *m* <-(e)s, -e>, **Mißgriff** *m* <-(e)s, -e> desacierto *m*, error *m*; **einen ~ tun** cometer un error; **Missgunst**^{RR} ['--] *f* <-, *ohne pl*>, **Mißgunst** *f* <-, *ohne pl*> envidia *f*
missgünstig^{RR} *adj*, **mißgünstig** *adj* (*neidisch*) envidioso; (*eifersüchtig*) celoso
misshandeln*^{RR} [mɪs'handəln] *vt*, **mißhandeln*** *vt* maltratar
Misshandlung^{RR} *f* <-, -en>, **Mißhandlung** *f* <-, -en> mal(os) trato(s) *m(pl)*; **~ von Schutzbefohlenen** maltrato de protegidos
missinterpretieren*^{RR} *vt*, **mißinterpretieren*** *vt* malinterpretar
Mission¹ [mɪ'sjoːn] *f* <-, -en> (*Auftrag*) misión *f*; **seine ~ ist erfüllt** cumplió su misión; **seine ~ ist gescheitert** su misión fracasó; **in geheimer ~** con una misión secreta
Mission² *f* <-, *ohne pl*> (REL) misión *f*; **Innere ~** trabajo de misión dentro de la cristiandad
Missionar(in) [mɪsjoˈnaːɐ] *m(f)* <-s, -e; -, -nen>, **Missionär(in)** [mɪsjoˈnɛːɐ] *m(f)* <-s, -e; -, -nen> (*Österr*) misionero, -a *m, f*

missionarisch [mɪsjoˈnaːrɪʃ] *adj* misionario, misionero
missionieren* [mɪsjoˈniːrən] *vt* evangelizar
Missionsschule *f* <-, -n> escuela *f* misionaria
Missklang^{RR} ['--] *m* <-(e)s, -klänge>, **Mißklang** *m* <-(e)s, -klänge> disonancia *f*; **Misskredit**^{RR} ['---] *m*, **Mißkredit** *m*: **in ~ geraten** [*o* **kommen**] caer en descrédito; **jdn/etw in ~ bringen** desacreditar a alguien/algo
misslang^{RR} [mɪs'laŋ], **mißlang** 3. *imp von* **misslingen**
misslaunig^{RR} *adj*, **mißlaunig** *adj s.* **missgelaunt**
misslich^{RR} ['mɪslɪç] *adj*, **mißlich** *adj* (*unangenehm*) desagradable, embarazoso; (*ärgerlich*) molesto, fastidioso
missliebig^{RR} *adj*, **mißliebig** *adj* mal visto, impopular
misslingen^{RR} [mɪs'lɪŋən] <misslingt, misslang, misslungen> *vi sein*, **mißlingen** <mißlingt, mißlang, mißlungen> *vi sein* fracasar, escollar *Arg, Chil*; **es ist ihm misslungen** fracasó; **der Versuch misslang ihr** fracasó en el intento; **der Kuchen ist mir misslungen** el pastel me salió mal; **seine misslungene Ehe** su matrimonio fracasado
Misslingen^{RR} [-'--] *nt* <-s, *ohne pl*>, **Mißlingen** *nt* <-s, *ohne pl*> fracaso *m*, malogro *m*
misslungen^{RR} [mɪs'lʊŋən], **mißlungen** *pp von* **misslingen**
Missmanagement^{RR} ['----] *nt* <-s, *ohne pl*>, **Mißmanagement** *nt* <-s, *ohne pl*> mala gestión *f*; **Missmut**^{RR} ['--] *m* <-(e)s, *ohne pl*>, **Mißmut** *m* <-(e)s, *ohne pl*> mal humor *m*; (*Unzufriedenheit*) descontento *m*
missmutig^{RR} *adj*, **mißmutig** *adj* de mal humor, malhumorado
missraten*^{RR} [mɪs'raːtən] *irr vi sein*, **mißraten*** *irr vi sein* salir mal, malograrse; **ein ~es Kind** un niño maleducado
Missstand^{RR} ['--] *m* <-(e)s, -stände>, **Mißstand** *m* <-(e)s, -stände> (*Fehler*) defecto *m*; (*Lage*) situación *f* penosa; **einen ~ abstellen** remediar una situación; **soziale Missstände** injusticias sociales; **Missstimmung**^{RR} ['---] *f* <-, *ohne pl*>, **Mißstimmung** *f* <-, *ohne pl*> (*Laune*) mal humor *m*; (*Unzufriedenheit*) descontento *m*
misst^{RR} [mɪst], **mißt** 3. *präs von* **messen**
Misston^{RR} ['--] *m* <-(e)s, -töne>, **Mißton** *m* <-(e)s, -töne> disonancia *f*, tono *m* disonante
misstrauen*^{RR} [mɪs'traʊən] *vi*, **mißtrauen*** *vi* desconfiar (de); **warum misstraust du mir?** ¿por qué desconfías de mí?
Misstrauen^{RR} *nt* <-s, *ohne pl*>, **Mißtrauen** *nt* <-s, *ohne pl*> desconfianza *f*; **gegen jdn/etw ~ hegen** desconfiar de alguien/de algo; **jdm das ~ aussprechen** (POL) emitir un voto de censura contra alguien
Misstrauensantrag^{RR} *m* <-(e)s, -träge> (POL) moción *f* de censura; **Misstrauensvotum**^{RR} *nt* <-s, -voten> (POL) voto *m* de censura; **konstruktives ~** voto de censura constructivo
misstrauisch^{RR} ['mɪstraʊɪʃ] *adj*, **mißtrauisch** *adj* desconfiado; **er ist ~ gegen alle** [*o* **gegenüber allen**] no se fía de nadie
Missvergnügen^{RR} *nt* <-s, *ohne pl*>, **Mißvergnügen** *nt* <-s, *ohne pl*> (*geh*) desagrado *m*, desgusto *m*; **Missverhältnis**^{RR} ['----] *nt* <-ses, -se>, **Mißverhältnis** *nt* <-ses, -se> desproporción *f*, desequilibrio *m*; **er steht** [*o* **befindet sich**] **in einem ~ zur Realität** no está en proporción con la realidad
missverständlich^{RR} ['----] *adj*, **mißverständlich** *adj* equívoco, ambiguo; **sich ~ ausdrücken** expresarse ambiguamente
Missverständnis^{RR} ['----] *nt* <-ses, -se>, **Mißverständnis** *nt* <-ses, -se> malentendido *m*
missverstehen*^{RR} ['----] *irr vt*, **mißverstehen*** *irr vt* entender mal, malinterpretar; **Sie dürfen mich nicht ~** no me malinterprete
Missverwaltung^{RR} *f* <-, -en> mala gestión *f*, mala administración *f*
Misswahl^{RR} *f* <-, -en>, **Mißwahl** ['mɪsvaːl] *f* <-, -en> certamen *m* de belleza
Misswirtschaft^{RR} ['----] *f* <-, *ohne pl*>, **Mißwirtschaft** *f* <-, *ohne pl*> mala gestión *f*, desgobierno *m*; **die Folgen jahrelanger ~** las consecuencias de una mala gestión durante años
Mist [mɪst] *m* <-(e)s, *ohne pl*> ❶ (*Tierkot*) excrementos *mpl*; (*Dünger*) estiércol *m*; **das ist nicht auf seinem ~ gewachsen** (*fam*) eso no es de su propia cosecha
❷ (*fam abw: Schund*) porquería *f*, chorrada *f*
❸ (*fam abw: Unsinn*) tonterías *fpl*, disparates *mpl*; **~ bauen** meter la pata; **er redet ~** dice tonterías; **mach keinen ~!** ¡no hagas tonterías!
❹ (*fam abw: Ärgernis*): **so ein ~!** ¡qué mierda!
Mistbeet *nt* <-(e)s, -e> cama *f* caliente, almajara *f*
Mistel ['mɪstəl] *f* <-, -n> (BOT) muérdago *m*
Mistfink *m* <-en, -en> (*fam abw*) ❶ (*unsauberer Mensch*) cerdo *m*, guarro *m*, puerco *m* ❷ (*gemeiner Mensch*) guarro *m*, cabrón *m*, canalla *m*; **was hast du ihr angetan, du ~?** ¿qué le has hecho, cabrón?; **Mistgabel** *f* <-, -n> bieldo *m*; **Misthaufen** *m* <-s, -> estercolero *m*; **Mistkäfer** *m* <-s, -> (ZOOL) geotrupo *m*; **Mistkerl** *m* <-s, -e> (*fam abw*) guarro *m*, cabrón *m*, canalla *m*; **Miststück** *nt* <-(e)s, -e> (*fam abw*) canalla *mf*; **du altes ~!** ¡canalla!; **Mistvieh** *nt* <-s, *ohne pl*> (*fam abw*) ❶ (*gemeiner Mann*) cabrón *m*; (*gemeine Frau*) bruja *f*, cabrona *f*

② (*böses Tier*) animal *m* de mierda; **Mistwetter** *nt* <-s, -> (*fam*) tiempo *m* de perros

mit [mɪt] **I.** *präp + dat* **①** (*in Begleitung von*) con; ~ **mir/dir/ihm** conmigo/contigo/con él; **Kaffee ~ Milch** café con leche; **ein Zimmer ~ Frühstück** una habitación con desayuno incluido; ~ **mir/uns wären wir fünf** conmigo/con nosotros seríamos cinco

② (~ *Hilfe von*) a, con; (*Verkehrsmittel*) en; ~ **der Bahn fahren** ir en tren; ~ **Gewalt** a [*o* por] la fuerza; ~ **der Post** por correo; ~ **der Maschine schreiben** escribir a máquina; **ich komme ~ dem nächsten Flugzeug** llego en el próximo avión; ~ **einem Bindfaden verschnüren** atar con una cuerda; ~ **etwas Glück** con un poco de suerte; ~ **der Strömung** con la corriente

③ (*Alter, Zeitpunkt*) a, con; ~ **dreißig** (**Jahren**) a los treinta (años), con treinta años; ~ **dem heutigen Tag** a partir de hoy; ~ **einem Mal** de repente; ~ **der Zeit** con el tiempo

④ (*Eigenschaft*) con, de; **ein Mädchen ~ blonden Haaren** una chica de pelo rubio; **du immer ~ deinen Ideen/deiner Besserwisserei!** (*fam*) ¡tú siempre con tus ideas/tan sabi(h)ondo [*o* sabelotodo]!

⑤ (*Art und Weise*) con, a; ~ **Interesse** con interés; **das ist ~ Liebe gekocht** está guisado con cariño; ~ **Bedauern musste ich feststellen ...** desgraciadamente tuve que constatar...; ~ **lauter Stimme** in [*o* con] voz muy alta; **sie gewannen ~ vier zu eins** ganaron (con un resultado de) cuatro a uno; ~ **80 Stundenkilometern** a 80 kilómetros por hora; **was ist los ~ dir?** ¿qué te pasa?; **wie geht's ~ deiner Arbeit?** ¿cómo te va en tu trabajo?

II. *adv* (*ebenfalls*): **etw ~ berücksichtigen** considerar algo, tener algo en cuenta; **bei** (**einer Gruppe**) ~ **dabei sein** [*o* **dazugehören**] formar parte de (un grupo); **im Preis ~ einbegriffen** incluido en el precio; **er ist ~ von der Partie** también forma parte del grupo; **er ist ~ einer der besten** (*fam*) es uno de los mejores; **ich habe kein Geld ~** (*fig*) no llevo dinero

Mitangeklagte(r) [ˈmɪt-] *mf* <-n, -n; -n, -n> (JUR) coacusado, -a *m, f*, coprocesado, -a *m, f*; **Mitanmelder** *m* <-s, -> (JUR) cosolicitante *m*; **Mitarbeit** *f* <-, *ohne pl*> colaboración *f* (*an/bei* en), cooperación *f* (*an/bei* a/en); **unter ~ von ...** en colaboración con...

mit|arbeiten *vi* colaborar (*an/bei* en), cooperar (*an/bei* a/en)

Mitarbeiter(in) *m(f)* <-s, -; -, -nen> **①** (*Betriebsangehöriger, Arbeiter*) trabajador(a) *m(f)*; (*Angestellter*) empleado, -a *m, f*; **ehrenamtlicher ~** voluntario *m*; **kaufmännischer ~** comercial *m*

② (*einer Zeitung*) colaborador(a) *m(f)*; **freie ~in** colaboradora *f*

Mitarbeiterführung *f* <-, *ohne pl*> gestión *f* de recursos humanos

Mitarbeiterin *f* <-, -nen> *s*. **Mitarbeiter**

Mitarbeiterstab *m* <-(e)s, -stäbe> equipo *m* de colaboradores; **Mitarbeitervertrag** *m* <-(e)s, -träge> contrato *m* de colaboración

Mitautor(in) *m(f)* <-s, -en; -, -nen> coautor(a) *m(f)*; **Mitbegründer(in)** *m(f)* <-s, -; -, -nen> **①** (*einer Firma*) cofundador(a) *m(f)* **②** (*einer Methode, Theorie*) coautor(a) *m(f)*; **Mitbeklagte(r)** *mf* <-n, -n; -n, -n> (JUR) codemandado, -a *m, f*

mit|bekommen* *irr vi* **①** (*Verpflegung*) recibir

② (*hören, erfahren*) enterarse (de); **es war so laut, dass sie nichts mitbekam** había tanto ruido que no se enteró de nada; **seit ich so abseits wohne, bekomme ich nichts mehr mit** desde que vivo tan retirado no estoy al tanto de nada

③ (*fam: vererbt bekommen*) heredar

mit|benutzen* *vt*, **mit|benützen*** *vt* (*reg*) emplear en común [*o* conjuntamente]

Mitbenutzung *f* <-, -en> uso *m* compartido [*o* colectivo]; **Mitbenutzungsrecht** *nt* <-(e)s, -e> derecho *m* de uso compartido

Mitbeschuldigte(r) *mf* <-n, -n; -n, -n> coinculpado, -a *m, f*; **Mitbesitz** *m* <-es, *ohne pl*> (JUR) tenencia *f* conjunta

mit|bestimmen* *vi* participar (*bei* en); (**in einem Unternehmen**) ~ participar en la gestión; **dabei haben auch persönliche Gesichtspunkte mitbestimmt** en este punto también han influido aspectos personales

Mitbestimmung *f* <-, *ohne pl*> cogestión *f*; **betriebliche ~** cogestión en la empresa; **~ am Arbeitsplatz** participación de los trabajadores; **das Recht zur ~ bei Entscheidungen** el derecho de cogestión en decisiones

Mitbestimmungsgesetz *nt* <-es, -e> ley *f* de cogestión; **Mitbestimmungsrecht** *nt* <-(e)s, -e> derecho *m* de cogestión; **~ der Arbeitnehmer** derecho de cogestión del trabajador

mit|beteiligen *vt* coparticipar; **an einer Straftat mitbeteiligt sein** ser copartícipe en un delito; **jdn an etw** (**finanziell**) **~** coparticipar (financieramente) con alguien en algo

Mitbeteiligte(r) *mf* <-n, -n; -n, -n> copartícipe *mf*; **Mitbewerber(in)** *m(f)* <-s, -; -, -nen> competidor(a) *m(f)*; **Mitbewohner(in)** *m(f)* <-s, -; -, -nen> (*in einer Wohnung*) compañero, -a *m, f* de piso; (*in einem Haus*) vecino, -a *m, f*

mit|bringen *irr vt* **①** (*an einen Ort*) traer; **darf ich noch jemanden ~?** ¿puedo traer a alguien más?; **ich habe euch etwas mitgebracht** os he traído una cosa; **ihr habt schönes Wetter mitgebracht** habéis traído buen tiempo

② (*Befähigung, Voraussetzung*) reunir; **für diesen Job muss man viel Idealismus ~** para trabajar en esto hay que venir cargado de idealismo

Mitbringsel [ˈmɪtbrɪŋzəl] *nt* <-s, -> (*fam*) regalito *m*; (*von einer Reise*) recuerdo *m*

Mitbürge, -in *m, f* <-n, -n; -, -nen> (JUR) cofiador(a) *m(f)*; **Recht auf Ausgleich von den ~n** derecho a compensación de los cofiadores; **Mitbürger(in)** *m(f)* <-s, -; -, -nen> (*formal*) conciudadano, -a *m, f*; **unsere älteren ~** nuestros conciudadanos de la tercera edad; **Mitbürgschaft** *f* <-, -en> (JUR) fianza *f* solidaria

mit|denken *irr vi* seguir la argumentación, estar atento

mit|dürfen *irr vi* (*fam*): (**mit jdm**) **~** tener permiso para acompañar a alguien

Miteigentum *nt* <-s, *ohne pl*> (JUR) condominio *m* (*an* de)

Miteigentümer(in) *m(f)* <-s, -; -, -nen> (JUR) copropietario, -a *m, f*, condómino, -a *m, f*

Miteigentumsanteil *m* <-(e)s, -e> (JUR) cuota *f* de la cosa en común; **Miteigentumswert** *m* <-(e)s, -e> (JUR) valor *m* de la copropiedad

miteinander [mɪtʔaɪˈnandɐ] *adv* **①** (*einer mit dem anderen*) el uno con el otro; **sie sind ~ verheiratet** están casados; **~ reden** hablar; **~ verfeindet sein** estar enemistados; **gut ~ auskommen** llevarse bien

② (*zusammen*) juntos; **alle ~** todos juntos

Miteinander [mɪtʔaɪˈnandɐ] *nt* <-s, *ohne pl*>: **sie führen ein friedliches ~** llevan una vida común muy tranquila

mit|empfinden* *irr* **I.** *vi*: **mit jdm ~** comprender los sentimientos de alguien; **ich weiß, was Sie durchgemacht haben, ich empfinde mit Ihnen mit** sé por lo que ha pasado, comprendo lo que siente
II. *vt* comprender (los sentimientos de alguien)

Miterbe, -in *m, f* <-n, -n; -, -nen> coheredero, -a *m, f*; **Miterbengemeinschaft** *f* <-, -en> comunidad *f* de herederos

Miterfinder(in) *m(f)* <-s, -; -, -nen> coinventor(a) *m(f)*; **Miterfindung** *f* <-, -en> coinvención *f*

mit|erleben* *vt* presenciar

mit|essen *irr vi, vt* comer; **möchtest du bei mir etwas ~?** ¿no quieres comer un poco de lo mío?; **er isst oft bei uns mit** come a menudo (aquí) con nosotros

Mitesser *m* <-s, -> (MED) espinilla *f*

mit|fahren *irr vi sein* ir (*bei/mit* con); **kann ich** (**mit dir**) **in die Stadt ~?** ¿puedo ir contigo a la ciudad?; **möchtest du** (**bei mir**) **~?** (*im Auto*) ¿quieres que te lleve?; **möchtest du** (**mit mir**) **~?** (*auf eine Reise*) ¿quieres venir conmigo?; **du kannst** (**bei mir**) **~** puedes ir conmigo

Mitfahrer(in) *m(f)* <-s, -; -, -nen> compañero, -a *m, f* de viaje

Mitfahrgelegenheit *f* <-, -en> contacto *m* para un viaje; **eine ~ suchen** buscar a alguien para un contacto de viaje; (**jdm**) **eine ~ bieten** proponer (a alguien) un contacto de viaje; **Mitfahrzentrale** *f* <-, -n> agencia *f* de contacto para viajes

mit|fühlen **I.** *vt* participar (en), tomar parte (en)
II. *vi*: **mit jdm ~** compartir los sentimientos de alguien; **ich kann ~, wie dir zumute** [*o* **zu Mute**] **ist** puedo comprender como te sientes

mitfühlend *adj* compasivo, de compasión

mit|führen **①** (*Waren, Papiere*) llevar (consigo)

② (*Fluss*) acarrear

mit|geben *irr vt* dar; **ich habe ihr ein Geschenk für dich mitgegeben** le he dado un regalo para ti; **er gab ihr seinen Sohn als Begleitung mit** mandó a su hijo que la acompañara; **sie gab mir einige Ratschläge mit** me dio algunos consejos

Mitgefangene(r) *mf* <-n, -n; -n, -n> compañero, -a *m, f* de prisión

Mitgefühl *nt* <-s, *ohne pl*> (*Verständnis*) simpatía *f* (*für* por); (*Mitleid*) compasión *f* (*für* por)

mit|gehen *irr vi sein* **①** (*begleiten*) acompañar; **ich gehe bis zum Bahnhof** (**mit euch**) **mit** os acompaño hasta la estación; **etw ~ lassen** (*fam*) mangar algo

② (*sich begeistern*) participar; **das Publikum ging begeistert mit** el público participó con entusiasmo

mitgenommen I. *pp von* **mitnehmen**
II. *adj* **①** (*Dinge*) gastado

② (*Person*) rendido; **sie sieht ~ aus** parece algo desmejorada

Mitgewahrsam *m* <-s, *ohne pl*> (JUR) custodia *f* común

Mitgift [ˈmɪtɡɪft] *f* <-, -en> dote *f o m*

Mitglied *nt* <-(e)s, -er> miembro *m*; (*einer Partei*) afiliado, -a *m, f* (a), militante *mf*; (*eines Vereins*) socio, -a *m, f*; **vollberechtigtes ~** miembro de pleno derecho; **er werben** ganar nuevos miembros; **~ des Bundestages** miembro del Bundestag; **die ~er der EU** los miembros comunitarios; **ordentliches ~** miembro ordinario

Mitgliederbefragung *f* <-, -en> consulta *f* a los miembros; **Mitgliederhaftung** *f* <-, -en> responsabilidad *f* de los socios [*o* de los miembros]; **Mitgliederversammlung** *f* <-, -en> asamblea *f* general, junta *f* general

Mitgliedsausweis *m* <-es, -e> carnet *m* de socio; **Mitgliedsbeitrag** *m* <-(e)s, -träge> cuota *f* de socio

Mitgliedschaft *f* <-, -en> pertenencia *f*; **die ~ in einer Partei/in einem Verein** la pertenencia a un partido/a un club; **die ~ in einem Verein beantragen** solicitar la admisión en un club

Mitgliedschaftsrecht *nt* <-(e)s, *ohne pl*> derecho *m* de afiliación

Mitgliedsfirma *f* <-, -firmen> empresa *f* asociada; **Mitgliedsland** *nt* <-(e)s, -länder> país *m* miembro; **Mitgliedsstaat** *m* <-(e)s, -en> (POL) Estado *m* miembro

mit|haben *irr vt (fam)* tener consigo, llevar (consigo [*o* encima]); **ich habe kein Geld mit** no llevo dinero

Mithaftung *f* <-, -en> responsabilidad *f* común, corresponsabilidad *f*

Mithaftvermerk *m* <-(e)s, -e> (JUR) nota *f* de garantía formal

mit|halten *irr vi* seguir (*bei*); **ich konnte nicht bei ihnen ~** no pude seguirles el ritmo; **ich konnte bei der Auktion nicht mehr ~** no pude participar en la subasta hasta el final

mit|helfen *irr vi* ayudar (*bei* en), echar una mano; **im Haushalt ~** ayudar en las tareas del hogar

Mitherausgeber(in) *m(f)* <-s, -; -, -nen> (*publ*) coeditor(a) *m(f)*

mithilfe^{RR} *präp +gen* con ayuda de

Mithilfe *f* <-, *ohne pl*> asistencia *f (bei* en), cooperación *f (bei* a/en); **das Krankenhaus entstand unter ~ folgender Personen: ...** el hospital fue construido gracias al apoyo de las siguientes personas:...

mithin [mɪtˈhɪn] *adv* por lo tanto, por consiguiente

mit|hören *vt* escuchar

Mitinhaber(in) *m(f)* <-s, -; -, -nen> (JUR, WIRTSCH) (socio, -a *m, f*) copropietario, -a *m, f*; **Mitinhaberschaft** *f* <-, *ohne pl*> (JUR) cotitularidad *f*

mit|kämpfen *vi* (MIL) luchar (junto con alguien)

Mitkläger(in) *m(f)* <-s, -; -, -nen> (JUR) codemandante *mf*

mit|klingen *irr vi* resonar; **in seinen Worten klang Enttäuschung mit** en sus palabras se entreveía [*o* se escuchaba] decepción

mit|kommen *irr vi sein* ❶ (*mitgehen*) venir(se) (*mit* con); (*begleiten*) acompañar (*mit* a); **ich kann leider nicht (mit dir) ~** desgraciadamente no puedo acompañarte; **kommst du mit ins Theater?** ¿te vienes al teatro?

❷ (*fam: Schritt halten*) (poder) seguir (*bei*); **in Latein kommt sie gut mit** sigue muy bien las clases de latín; **da komme ich nicht mehr mit!** (*fam*) ¡eso ya no lo entiendo!

❸ (*mitgeschickt werden*) venir, ser mandado [*o* enviado]; **für dich ist ein Brief mit der Post mitgekommen** ha llegado una carta para ti con el correo

mit|können *irr vi (fam)* ❶ (*mitgehen können*) poder ir; **ich kann heute leider nicht mit** desgraciadamente hoy no puedo ir

❷ (*mithalten können*) poder seguir (*bei*); **da kann ich nicht mehr mit** (*fam*) yo ya no puedo [*o* estoy en condiciones]

mit|kriegen *vt (fam) s.* **mitbekommen**

mit|laufen *irr vi sein* ❶ (*laufen*) correr (junto a alguien); **beim Marathonlauf sind über 500 Leute mitgelaufen** más de 500 personas han participado en la maratón

❷ (*in Betrieb sein*) funcionar (al mismo tiempo); **überlegen Sie sich dat was, Sie antworten, das Band läuft mit** piénsese bien la respuesta, la grabadora está en marcha

Mitläufer(in) *m(f)* <-s, -; -, -nen> (*abw*) simpatizante *mf*

Mitläufereffekt *m* <-(e)s, -e> (WIRTSCH) efecto *m* de simpatizante; **Mitlaut** *m* <-(e)s, -e> consonante *f*

Mitleid *nt* <-(e)s, *ohne pl*> compasión *f (mit* de/por); **~ erregen** causar compasión; **~ erregend** que da lástima, que inspira compasión; **~ mit jdm haben** sentir compasión de alguien; **etw aus ~ tun** hacer algo por compasión; **er verdient kein ~** no merece compasión

Mitleidenschaft *f*: **etw/jdn in ~ ziehen** afectar a algo/alguien

mitleiderregend *adj* que da lástima, que inspira compasión

mitleidig *adj* compasivo, piadoso; **~ lächeln** (*iron*) sonreír con desprecio

mitleid(s)los *adj* despiadado, sin compasión; **~ sein** no tener compasión

Mitleid(s)losigkeit *f* <-, *ohne pl*> falta *f* de piedad, impiedad *f*

mitleid(s)voll *adj s.* **mitleidig**

mit|lesen *irr* **I.** *vi* leer (junto con [*o* al mismo tiempo que] alguien)

II. *vt* ❶ (*ebenfalls lesen*) leer (también [*o* igualmente])

❷ (*mit jdm lesen*) leer (junto con [*o* al mismo tiempo que] alguien)

mit|machen I. *vi* participar (*bei* en), tomar parte (*bei* en); **machst du mit?** ¿te apuntas?; **wenn das Wetter mitmacht** si el tiempo nos es favorable; **meine Beine machen nicht mehr mit** (*fam*) mis piernas no aguantan [*o* resisten] más

II. *vt* ❶ (*teilnehmen*) participar (en); (*Mode*) seguir

❷ (*fam: ertragen*) sufrir, soportar; **sie hat viel mitgemacht** ha sufrido mucho

Mitmensch *m* <-en, -en> prójimo, -a *m, f*

mitmenschlich *adj* humano

mit|mischen *vi (fam)* meter baza (*bei* en); **er will überall ~** quiere meter baza en todas partes; **er hat früher aktiv in der Politik mitgemischt** antes estaba muy metido en la política

mit|müssen *irr vi*: **mit jdm ~** tener que ir con alguien

Mitnahme *f*: **unter ~ von ...** (*formal*) llevándose..., al llevarse...

Mitnahmemarkt *m* <-(e)s, -märkte> (*für Möbel*) mueblería *f* sin servicio a domicilio; **Mitnahmepreis** *m* <-es, -e> (WIRTSCH) precio *m* reducido (*si el cliente se hace cargo él mismo del transporte de la mercancía*)

mit|nehmen *irr vt* ❶ (*allgemein*) llevar (consigo); (*herbringen*) traer (consigo); **einmal Pommes frites zum M~** una de patatas fritas para llevar; **ich habe ihn im Auto mitgenommen** me lo traje conmigo en el coche

❷ (*stehlen*) llevarse, robar

❸ (*fam: wahrnehmen*) aprovechar

❹ (*psychisch*) afectar; (*erschöpfen*) agotar; (*schwächen*) debilitar

mitnichten [mɪtˈnɪçtən] *adv (geh)* de ninguna manera

Mitra [ˈmiːtra, *pl:* ˈmiːtrən] *f* <-, Mitren> (REL) mitra *f*

mit|rechnen I. *vt* incluir en la cuenta; **vergiss nicht die Gäste mitzurechnen, die nicht auf der Liste stehen** no te olvides de contar también a los invitados que no figuran en la lista

II. *vi* calcular (*junto con otro para verificar el resultado*)

mit|reden *vi* ❶ (*im Gespräch*) tomar parte (en la conversación)

❷ (*mitbestimmen*) opinar, tener voz; **du kannst hier/bei diesem Projekt gar nicht ~** tú no opinas aquí/nada en este proyecto; **da habe ich auch noch ein Wörtchen mitzureden** en este asunto yo también tengo voz

mit|reisen *vi* viajar (*bei/mit* con); **mit jdm ~** viajar en compañía de alguien

Mitreisende(r) *mf* <-n, -n; -n, -n> compañero, -a *m, f* de viaje

mit|reißen *irr vt* ❶ (*Fluss, Lawine*) arrastrar

❷ (*begeistern*) apasionar, arrebatar; **die Musik war sehr ~d** la música era arrebatadora

Mitren *pl von* **Mitra**

mitsamt [mɪtˈzamt] *präp +dat* junto con

mit|schicken *vt* (*Sache*) incluir en el envío, adjuntar; (*Person*) mandar

mit|schleifen *vt* arrastrar; **sie schleifte ihn auf die Party mit** (*fam*) se lo llevó a la fiesta

mit|schleppen *vt (fam)* ❶ (*etwas*) arrastrar; **ich habe den Koffer den ganzen Weg mit mir mitgeschleppt** he arrastrado la maleta todo el camino

❷ (*jemanden*) llevar consigo

mit|schneiden *irr vt* (RADIO, TV) grabar (en cinta magnética); **etw auf Kassette ~** grabar una cinta con algo

Mitschnitt *m* <-(e)s, -e> (RADIO, TV) grabación *f*

mit|schreiben *irr* **I.** *vi* tomar apuntes

II. *vt* ❶ (*notieren*) apuntar

❷ (*Prüfung, Klausur*) tomar parte (en), hacer

Mitschuld *f* <-, *ohne pl*> responsabilidad *f (an* en); (*an Verbrechen*) complicidad *f (an* en)

mitschuldig *adj* implicado (*an* en); **an etw ~ sein** estar implicado en algo; **er hat sich ~ gemacht** se convirtió en cómplice

Mitschuldige(r) *mf* <-n, -n; -n, -n> consorte *mf*

Mitschüler(in) *m(f)* <-s, -; -, -nen> compañero, -a *m, f* de clase

mitschwingen *irr vi* resonar; **in seinen Worten schwingt Stolz mit** en sus palabras se nota el orgullo

mit|singen *irr vi, vt* cantar; **in einem Chor ~** cantar en un coro; **wer will bei diesem Lied ~?** ¿quién quiere cantar esta canción?; **ich singe nur den Refrain mit** yo sólo acompaño en el estribillo

mit|spielen I. *vi* ❶ (*bei einem Spiel*) participar (*bei* en), jugar (*bei* en); (*in einer Mannschaft*) jugar (*in* en), formar parte (*in* de); (THEAT) actuar (*bei* en, *in* en); (MUS) tocar (*in* en); **spielst du mit?** ¿juegas?; **hoffentlich spielt das Wetter mit** (*fam*) espero que el tiempo esté de nuestra parte; **dabei spiele ich nicht mit!** (*fam fig*) ¡a mí eso no me parece bien!

❷ (*Gründe*) influir (*bei* en), entrar en juego (*bei* en); **bei der Auswahl spielen persönliche Motive mit** los motivos personales juegan un papel a la hora de la selección

❸ (*Wend*): **jdm übel ~** jugar(le) una mala pasada a alguien

II. *vt* jugar; **spielst du eine Partie Schach (mit uns) mit?** ¿juegas una partida de ajedrez con nosotros?

Mitspieler(in) *m(f)* <-s, -; -, -nen> ❶ (SPORT: *beim Spiel*) compañero, -a *m, f* de juego

❷ (THEAT) compañero, -a *m, f* de reparto

Mitsprache *f* <-, *ohne pl*> participación *f*; **~ bei einer Entscheidung** participación en una decisión

Mitspracherecht *nt* <-(e)s, *ohne pl*> derecho *m* de intervención (*bei* en); **jdm ein ~ einräumen** conceder a alguien el derecho de intervención

mit|sprechen *irr* I. *vi* ❶ (*im Gespräch*) opinar, intervenir en la conversación; **da kann ich nicht ~** no puedo opinar al respecto
❷ (*mitbestimmten*): **bei der Entscheidung möchte ich auch ~ dürfen** a mí también me gustaría tomar parte en la decisión
II. *vt* decir conjuntamente

Mitstreiter(in) *m(f)* <-s, -; -, -nen> combatiente *mf*; **wir waren ~** fuimos compañeros de armas

Mittachtziger(in) *m(f)* <-s, -; -, -nen> ochentón, -ona *m, f*; **wie alt schätzt du sie? – ich denke, sie dürfte eine ~in sein** ¿cuántos años le echas? – creo que debe tener ochenta y tantos

mittag *adv s.* **Mittag**¹

Mittag¹ ['mɪtaːk] *m* <-s, -e> (*Tageszeit*) mediodía *m*; **gestern/heute/morgen ~** ayer/hoy/mañana al mediodía; **jeden ~** siempre al mediodía; **gegen ~** hacia el mediodía; **über ~ geschlossen** cerrado al mediodía; **zu ~ essen** almorzar; **was gibt es heute zu ~?** ¿qué hay hoy para almorzar?

Mittag² *m* <-s, *ohne pl*> (*fam: ~spause*) hora *f* de almorzar; **wir haben gleich ~** enseguida llega la pausa (del almuerzo); **~ machen** ir a almorzar

Mittag³ *nt* <-s, *ohne pl*> (*fam: ~essen*) almuerzo *m*; **~ essen** almorzar

Mittagessen *nt* <-s, -> almuerzo *m*; **beim ~ sitzen** estar almorzando

mittäglich ['mɪtɛːklɪç] *adj* de mediodía

mittags ['mɪtaːks] *adv* al mediodía; **mittwochs ~** los miércoles al mediodía; **~ um eins** a la una de la tarde

Mittagshitze *f* <-, *ohne pl*> calor *m* del mediodía

Mittagsmahl *nt* <-(e)s, -e *o* -mähler> (*geh*), **Mittagsmahlzeit** *f* <-, -en> almuerzo *m*, comida *f*

Mittagspause *f* <-, -n> hora *f* de almorzar; **~ haben** [*o* **machen**] almorzar; **Mittagsruhe** *f* <-, *ohne pl*> siesta *f*; **~ halten** echarse una siesta; **Mittagsschlaf** *m* <-(e)s, *ohne pl*> siesta *f*; **er macht** [*o* **hält**] **gerade seinen ~** está durmiendo la siesta; **Mittagssonne** *f* <-, *ohne pl*> sol *m* de mediodía; **Mittagsstunde** *f* <-, -n> mediodía *m*; **in der/um die** [*o* **zur**] **~ a/hacia mediodía**; **Mittagstisch** *m* <-(e)s, *ohne pl*> almuerzo *m*; **sie sitzen gerade am ~** están almorzando

Mittagszeit¹ *f* <-, -en> (*Mittagspause*) hora *f* de comer

Mittagszeit² *f* <-, *ohne pl*> (*Tageszeit*) mediodía *m*; **zur ~** al mediodía; **in der** [*o* **um**] **die ~** a mediodía

Mittäter(in) *m(f)* <-s, -; -, -nen> cómplice *mf*; **Mittäterschaft** *f* <-, *ohne pl*> complicidad *f*; **sukzessive ~** complicidad sucesiva

Mittdreißiger(in) *m(f)* <-s, -; -, -nen> treintañero, -a *m, f*; *s. a.* **Mittachtziger**

Mitte ['mɪtə] *f* <-, -n> ❶ (*räumlich*) medio *m*; (*einer Strecke*) mitad *f*; (*Mittelpunkt*) centro *m*; **jdn in die ~ nehmen** meter a alguien en el medio; **ein Mann aus unserer ~** un hombre de nuestras filas; **etw in der ~ durchtrennen** cortar algo por la mitad; **die goldene ~** el justo medio; **ab durch die ~!** (*fam: verschwinde*) ¡lárgate!
❷ (*zeitlich*): **~ des Jahres/Monats** a mediados del año/del mes; **~ Januar** a mediados de enero; **sie ist ~ dreißig** anda por los treinta pasados
❸ (POL) centro *m*; **links von der ~** centro izquierda

mit|teilen I. *vt* comunicar, informar (de); **ich muss Ihnen leider ~, dass ...** desgraciadamente tengo que comunicarle que...
II. *vr*: **sich ~** ❶ (*kommunizieren*) comunicarse (con); **er teilte sich ihnen durch Gebärden mit** se comunicaba con ellos por medio de gestos
❷ (*geh: sich anvertrauen*) confiarse (a)

mitteilsam *adj* comunicativo

Mitteilung *f* <-, -en> (*das Mitteilen*) comunicación *f*, aviso *m*; (*Nachricht*) aviso *m*, informe *m*; (*amtlich*) comunicado *m*; **jdm eine ~ von** [*o* **über**] **etw machen** comunicar algo a alguien; **vertrauliche ~** confidencia *f*; **nach ~ der Behörde ...** trás una notificación de las autoridades...

Mitteilungsbedürfnis *nt* <-ses, *ohne pl*> deseo *m* de comunicarse, necesidad *f* de hablar (con alguien); **in ihrem ~ sprudelte sie die Worte nur so heraus** tenía tantas ganas de hablar [*o* de contarlo] que las palabras le salían a borbotones; **Mitteilungsblatt** *nt* <-(e)s, -blätter> (*eines Verbandes*) boletín *m* informativo; **Mitteilungspflicht** *f* <-, *ohne pl*> obligación *f* de comunicación

Mittel ['mɪtəl] *nt* <-s, -> ❶ (*Hilfs~*) medio *m*; (*Maßnahme*) medida *f*; **~ und Wege finden** hallar medios; **ein ~ gegen die Arbeitslosigkeit** una medida contra el paro; **als letztes ~** como última medida; **zu anderen ~n greifen** usar otros medios; **ihr ist jedes ~ recht** no tiene escrúpulos; **~ zum Zweck** medio para lograr un fin determinado; **der Zweck heiligt die ~** el fin justifica los medios; **etw mit allen ~n verhindern** evitar algo por todos los medios
❷ (*Medikament*) remedio *m*, medicamento *m*; **ein ~ gegen Kopfschmerzen einnehmen** tomar un remedio contra el dolor de cabeza
❸ *pl* (*Gelder*) fondos *mpl*, recursos *mpl*; **aus öffentlichen ~n** con fondos públicos; **~ aufbringen** reunir fondos; **beschränkte/flüssige ~** recursos limitados/líquidos; **liquide/kurzfristige ~** recursos líquidos/a corto plazo; **staatliche ~** medios públicos; **ohne ~ dastehen** estar sin recursos
❹ (*Durchschnitt*) media *f*; **das arithmetische ~** (MATH) la media aritmética

Mittelabflussᴿᴿ *m* <-es, -flüsse> (WIRTSCH, FIN) salida *f* de recursos
Mittelachse *f* <-, -n> (ARCHIT, MATH) eje *m* central
Mittelalter *nt* <-s, *ohne pl*> Edad *f* Media; **frühes/spätes ~** Alta/Baja Edad Media
mittelalterlich *adj* medieval, de la Edad Media
Mittelamerika ['---'---] *nt* <-s> América *f* Central, Centroamérica *f*; **Mittelamerikaner(in)** ['-----'--] *m(f)* <-s, -; -, -nen> centroamericano, -a *m, f*
mittelamerikanisch ['-----'--] *adj* centroamericano
mittelbar ['mɪtəlbaːɐ] *adj* indirecto, mediato; **~ betroffen sein** estar afectado indirectamente
Mittelbau¹ *m* <-(e)s, *ohne pl*> (UNIV) personal docente no directivo
Mittelbau² *m* <-(e)s, -ten> (ARCHIT) parte *f* central del edificio
Mittelbewirtschaftung *f* <-, -en> (WIRTSCH) gestión *f* de recursos
mitteldeutsch *adj* de Alemania Central, centroalemán
Mitteldeutschland *nt* <-s> Alemania *f* Central
Mittelding *nt* <-(e)s, *ohne pl*> (*fam*) cosa *f* intermedia (*zwischen* entre)
Mitteleuropa ['---'--] *nt* <-s> Europa *f* Central, Centroeuropa *f*; **Mitteleuropäer(in)** ['----'--] *m(f)* <-s, -; -, -nen> centroeuropeo, -a *m, f*
mitteleuropäisch ['-----'--] *adj* centroeuropeo
Mittelfeld *nt* <-(e)s, -er> (SPORT: *Spielfeld*) centro *m* del campo, medio campo *m*; (*Radsport*) pelotón *m*; **Mittelfinger** *m* <-s, -> dedo *m* (del) corazón
mittelfristig *adj* (WIRTSCH, FIN) a medio plazo
Mittelgebirge *nt* <-s, -> montaña *f* de media altura
Mittelgewicht¹ *nt* <-(e)s, -e> (SPORT: *Sportler*) peso *m* medio
Mittelgewicht² *nt* <-(e)s, -e> (SPORT: *Gewichtsklasse*) peso *m* medio
Mittelgewichtler(in) *m(f)* <-s, -; -, -nen> (SPORT) peso *mf* medio
mittelgroß *adj* (*Ding*) (de tamaño) mediano; (*Person*) de estatura mediana
Mittelherkunft *f* <-, *ohne pl*> (WIRTSCH, FIN) origen *m* de los recursos
mittelhochdeutsch *adj* (LING, LIT) medio alto alemán
Mittelhochdeutsch *nt* <-(s), *ohne pl*>, **Mittelhochdeutsche** *nt* <-n, *ohne pl*> (LING, LIT) alto alemán *m* medio
Mittelklasse *f* <-, -n> ❶ (*Soziologie*) clase *f* media, media *f* ❷ (*bei Waren*) categoría *f* media; (*Auto*) utilitario *m*; **Mittelklassewagen** *m* <-s, -> coche *m* utilitario
Mittelkurs *m* <-es, -e> (FIN) cotización *f* media
Mittelläufer(in) *m(f)* <-s, -; -, -nen> (SPORT) medio centro *m*; **Mittellinie** *f* <-, -n> ❶ (SPORT) línea *f* central [*o* de centro] ❷ (*Straße*) línea *f*; **durchgezogene/unterbrochene ~** línea continua/discontinua
mittellos *adj* sin recursos, falto de medios
Mittellosigkeit *f* <-, *ohne pl*> falta *f* de recursos
Mittelmaß *nt* <-es, *ohne pl*> medida *f* regular [*o* común]; **seine Leistung war gutes ~** (SCH) su nota estaba algo por encima de la media; **ins ~ zurückfallen** dar un paso atrás
mittelmäßig *adj* mediano; (*abw*) mediocre
Mittelmäßigkeit *f* <-, *ohne pl*> medianía *f*; (*abw*) mediocridad *f*
Mittelmeer *nt* <-(e)s> (Mar *m*) Mediterráneo *m*; **Mittelmeerraum** *m* <-(e)s, *ohne pl*> región *f* mediterránea
Mittelohrentzündung *f* <-, -en> (MED) otitis *f inv* media
mittelprächtig *adj* (*fam*) regular
Mittelpunkt *m* <-(e)s, -e> centro *m*; (*a.* MATH) punto *m* central; **er will überall ~ sein** siempre quiere ser el centro de atención; **kultureller ~** centro cultural; **im ~ (des Interesses) stehen** estar en el centro (de interés); **Mittelpunktschule** *f* <-, -n> reagrupación *f* escolar (*escuela situada en el centro de una zona rural*)
mittels ['mɪtəls] *präp +gen* (*geh*) por medio de, mediante
Mittelscheitel *m* <-s, -> raya *f* al medio (en el peinado); **Mittelschicht** *f* <-, -en> (SOZIOL) clase *f* media; **Mittelschiff** *nt* <-(e)s, -e> (ARCHIT) nave *f* central; **Mittelschule** *f* <-, -n> ❶ (*Realschule*) escuela alemana de enseñanza media de grado superior ❷ (*Schweiz: höhere Schule*) ≈instituto *m* de enseñanza media ❸ (*Österr*): **neue ~** escuela común para los alumnos de 10 a 14 años creada en 1979
Mittelsmann *m* <-(e)s, -männer *o* -leute> (POL) mediador *m*
Mittelsorten *fpl* (FIN) calidad *f* media
Mittelsperson *f* <-, -en> intermediario, -a *m, f*
Mittelstadt *f* <-, -städte> ciudad *f* de población media (*entre 25000 y 100000 habitantes*); **Mittelstand** *m* <-(e)s, *ohne pl*> clase *f* media; **gehobener ~** clase media alta; **städtischer ~** clase media burguesa
mittelständisch *adj* de la clase media; **~er Handel** comerciantes pequeños; **~es Unternehmen** mediana empresa; **~e Wirtschaft** economía de pequeñas y medianas empresas

mittelstandsfreundlich *adj* pro clase media, favorable a la clase media

Mittelstandskartell *nt* <-s, -e> (WIRTSCH) cartel *m* de clase media, agrupación *f* económica de clase media

Mittelstellung *f* <-, -en> (*Schalter*) posición *f* central; (*Zwischenstellung*) posición *f* intermedia

Mittelstrecke *f* <-, *ohne pl*> (SPORT: *Disziplin*) medio *m* fondo; **Mittelstreckenflugzeug** *nt* <-(e)s, -e> avión *m* de distancias medias; **Mittelstreckenlauf** *m* <-(e)s, -läufe> (SPORT) carrera *f* de medio fondo; **Mittelstreckenrakete** *f* <-, -n> misil *m* de alcance medio

Mittelstreifen *m* <-s, -> franja *f* central [*o* del centro]; **Mittelstück** *nt* <-(e)s, -e> parte *f* del medio [*o* del centro]; **Mittelstufe** *f* <-, -n> (SCH) grados *mpl* intermedios (del colegio); **Mittelstürmer(in)** *m(f)* <-s, -; -, -nen> (SPORT) delantero -a *m*, *f* centro, centrodelantero -a *m*, *f*

Mittelsurrogation *f* <-, -en> (JUR) subrogación *f* de medios

Mittelverwaltung *f* <-, -en> gestión *f* de recursos; **Mittelverwendung** *f* <-, -en> (WIRTSCH) utilización *f* de los recursos; **Mittelweg** *m* <-(e)s, -e> término *m* medio; **einen ~ suchen/einschlagen** buscar/usar un término medio; **der goldene ~** el justo medio; **Mittelwelle** *f* <-, -n> (RADIO, PHYS) onda *f* media; **Mittelwert** *m* <-(e)s, -e> (*a.* MATH) promedio *m*

Mittelzuflussʳʳ *m* <-es, *ohne pl*> (WIRTSCH) flujo *m* de fondos; **Mittelzuweisung** *f* <-, -en> (WIRTSCH) asignación *f* de recursos; **Mittel-Zweck-Relation** *f* <-, -en> (JUR) relación *f* recursos-objeto

mitten ['mɪtən] *adv*: **~ in/auf/bei/an** en medio de; **~ aus** de en medio de; **~ durch** por en medio de; **ins/durchs Herz** en mitad del corazón; **~ in der Stadt** en medio de la ciudad; **~ im Winter** en pleno invierno; **~ beim Frühstück** en medio del desayuno; **~ unter uns** entre nosotros; **etw ~ durchbrechen** romper algo por la mitad

mittendrin ['--'-] *adv* en el medio; **im Schlamassel** en lo más duro del combate, en el momento cumbre; **er hielt eine Rede und ist ~ stecken geblieben** dio un discurso y perdió el hilo justo en la mitad

mittendrunter *adv* (*fam*) en medio (de ahí abajo)

mittendurch ['---] *adv* por el medio; (*in der Hälfte*) por la mitad; **er riss den Brief ~** rompió la carta por la mitad

Mitternacht ['mɪtɐnaxt] *f* <-, *ohne pl*> medianoche *f*

mitternächtlich *adj* de medianoche

Mitternachtssonne *f* <-, *ohne pl*> (ASTR) sol *m* de medianoche

Mittfünfziger(in) *m(f)* <-s, -; -, -nen> cincuentón -ona *m*, *f*; *s. a.* **Mittachtziger**

Mittler(in) ['mɪtlɐ] *m(f)* <-s, -; -, -nen> mediador(a) *m(f)*

mittlere(r, s) ['mɪtləɹə, -rə, -rəs] *adj* ❶ (*räumlich*) (del) medio, central; **die ~ Tür** la puerta del medio

❷ (*durchschnittlich*) mediano, **der ~ Wert** la media; **ein Mann ~n Alters** un hombre de mediana edad; **von ~r Qualität** de calidad regular

Mittlerin *f* <-, -nen> *s.* **Mittler**

Mittlerrolle *f* <-, -n> papel *m* de mediador [*o* intermediario]

mittlerweile ['---'-] *adv* entretanto; **ich habe mich ~ daran gewöhnt** entretanto me he acostumbrado a ello

Mittneunziger(in) *m(f)* <-s, -; -, -nen> noventón -ona *m*, *f*; *s. a.* **Mittachtziger**

Mittsechziger(in) *m(f)* <-s, -; -, -nen> sesentón -ona *m*, *f*; *s. a.* **Mittachtziger**

Mittsiebziger(in) *m(f)* <-s, -; -, -nen> setentón -ona *m*, *f*; *s. a.* **Mittachtziger**

Mittsommer ['mɪtzɔmɐ] *m* <-s, -> pleno verano *m*, solsticio *m* de verano; **Mittsommernacht** *f* <-, -nächte> noche *f* del solsticio de verano [*o* vernal]

Mittvierziger(in) *m(f)* <-s, -; -, -nen> cuarentón -ona *m*, *f*; *s. a.* **Mittachtziger**

Mittwoch ['mɪtvɔx] *m* <-(e)s, -e> miércoles *m*; *s. a.* **Montag**

Mittwochabend *m* <-s, -e> noche *f* del miércoles, miércoles *m* por la noche; *s. a.* **Montagabend**

mittwochabendsʳʳ *adv* los miércoles por la noche; *s. a.* **montagabends**

Mittwochnachmittag *m* <-(e)s, -e> tarde *f* del miércoles, miércoles *m* por la tarde; *s. a.* **Montagnachmittag**

mittwochs ['mɪtvɔxs] *adv* los miércoles

Mittzwanziger(in) *m(f)* <-s, -; -, -nen> veinteañero -a *m*, *f*; *s. a.* **Mittachtziger**

mitunter [mɪt'ʔʊntɐ] *adv* de vez en cuando, en ocasiones

Mitunternehmer(in) *m(f)* <-s, -; -, -nen> cocontratista *mf*; **Mitunternehmerrisiko** *nt* <-s, -s *o* -risiken> riesgo *m* del cocontratista; **Mitunternehmerschaft** *f* <-, -en> agrupación *f* de empresas [*o* sociedades]

mitverantwortlich *adj* corresponsable

Mitverantwortung *f* <-, *ohne pl*> responsabilidad *f* conjunta, corresponsabilidad *f*

mit|verdienen* *vi* sacarse (también) un sueldo; **seine Frau muss ~, damit sie sich *dat* ein Haus bauen können** su mujer tiene que trabajar también para que puedan construirse una casa

Mitverfasser(in) *m(f)* <-s, -; -, -nen> coautor(a) *m(f)*; **Mitverschulden** *nt* <-s, *ohne pl*> coculpabilidad *f*; **ihn trifft ein ~ an dem Unfall** él también conlleva culpabilidad en el accidente

mit|versichern* *vt* coasegurar; **ich bin bei meinem Vater mitversichert** estoy dentro del seguro de mi padre

Mitversicherte(r) *mf* <-n, -n; -n, -n> coasegurado -a *m*, *f*

Mitversicherung *f* <-, -en> coaseguro *m*

Mitverursachung *f* <-, *ohne pl*> cocausación *f*

Mitvormund *m* <-(e)s, -e *o* -münder> cotutor *m*

Mitwelt *f* <-, *ohne pl*> contemporáneos *mpl*, coetáneos *mpl*

mit|wirken *vi* ❶ (*teilnehmen*) participar (*in* en), intervenir (*in* en); (THEAT) actuar (*in* en); **es wirkten mit: ...** intervinieron:...

❷ (*mitarbeiten*) participar (*an/bei* en), cooperar (*an/bei* a/en); **ohne sein M~ wäre es unmöglich gewesen** sin su participación hubiera sido imposible

❸ (*beeinflussen*) jugar un papel

Mitwirkende(r) *mf* <-n, -n; -n, -n> colaborador(a) *m(f)*; (FILM, THEAT) actor *m*, actriz *f*

Mitwirkung *f* <-, *ohne pl*> ❶ (*Mitarbeit*) cooperación *f* (*an/bei* en/a), colaboración *f* (*an/bei* en); (*Teilnahme*) participación *f* (*an/bei* en); **unter ~ von ...** con la colaboración de...

❷ (*Teilnahme*) participación *f* (*in* en), intervención *f* (*in* en); (THEAT) actuación *f* (*in* en)

Mitwirkungspflicht *f* <-, *ohne pl*> deber *m* de colaboración; **~ des Käufers/Verkäufers/Auftraggebers** (WIRTSCH) deber de cooperación del comprador/vendedor/mandante; **Mitwirkungsrecht** *nt* <-(e)s, -e> derecho *m* de colaboración

Mitwissen *nt* <-s, *ohne pl*>: **ohne mein ~** sin saberlo yo

Mitwisser(in) *m(f)* <-s, -; -, -nen> consabidor(a) *m(f)*; (*Vertrauter*) confidente *mf*; (*Mitschuldiger*) cómplice *mf*; **jdn zum ~ machen** hacer a alguien su confidente

Mitwohnzentrale *f* <-, -n> oficina que canaliza ofertas y alquileres de piso compartido y alquileres

mit|wollen *irr vi* (*fam*): **(mit jdm) ~** querer ir con alguien; **sie will (mit dir/mit Ihnen) mit** quiere ir contigo/con Ud.

mit|zählen I. *vi* contar

II. *vt* incluir (en la cuenta), contar; **bei der Bemessung zählen auch die Ausfallzeiten mit** en el recuento se incluyen también las pérdidas de tiempo

mit|ziehen *irr vi* ❶ *sein* (*in einem Umzug*) participar (*in* en); **im Festzug zogen mehrere Tausend Menschen mit** varios miles de personas acudieron a presenciar la cabalgata

❷ *haben* (*fam: mitmachen*) participar (*bei* en); **das Angebot ist nicht eindeutig, da ziehe ich nicht mit** la oferta no es clara, yo ahí no me apunto / yo no la acepto

Mix [mɪks] *m* <-, -e> mezcla *f*; **das Team ist ein gelungener ~ aus Spinnern und Pedanten** el equipo es un cóctel logrado de pirados y pedantes

Mixbecher ['mɪks-] *m* <-s, -> coctelera *f*

mixen ['mɪksən] *vt* (*a.* FILM, RADIO, TV) mezclar

Mixer[1] *m* <-s, -> (*Gerät*) batidor *m*, batidora *f*

Mixer(in)[2] *m(f)* <-s, -; -, -nen> ❶ (FILM, RADIO, TV) mezclador(a) *m(f)* de sonido

❷ (*Bar~*) camarero, -a *m*, *f* que sirve cócteles

Mixgetränk *nt* <-(e)s, -e> combinado *m*

Mixtur [mɪks'tuːɐ] *f* <-, -en> mixtura *f*

ml *Abk. von* **Milliliter** ml

mm *Abk. von* **Millimeter** mm

Mn (CHEM) *Abk. von* **Mangan** Mn

Mnemotechnik *f* <-, -en> (*a.* INFOR) nemotécnica *f*

Mo (CHEM) *Abk. von* **Molybdän** Mo

Mob [mɔp] *m* <-s, *ohne pl*> (*abw*) chusma *f*, gentuza *f*

Mobbing *nt* <-(s), *ohne pl*> mobbing *m*

Möbel ['møːbəl] *nt* <-s, -> mueble *m*; **~ rücken** correr los muebles

Möbelgeschäft[1] *nt* <-(e)s, -e> (*Laden*) tienda *f* de muebles

Möbelgeschäft[2] *nt* <-(e)s, *ohne pl*> (*fam: Branche, Verkauf*) ramo *m* del mueble

Möbelpacker *m* <-s, -> hombre *m* de la mudanza; **Möbelpolitur** *f* <-, -en> limpiamuebles *m inv*; **Möbelschreiner(in)** *m(f)* <-s, -; -, -nen> ebanista *mf*; **Möbelspedition** *f* <-, -en> agencia *f* de mudanzas; **Möbelstoff** *m* <-(e)s, -e> tela *f* para tapizar muebles; **Möbelstück** *nt* <-(e)s, -e> mueble *m*; **Möbeltischler(in)** *m(f)* <-s, -; -, -nen> ebanista *mf*; **Möbelwagen** *m* <-s, -> coche *m* de la mudanza

mobil [mo'biːl] *adj* ❶ (*beweglich*) móvil, movible; **gegen etw ~ machen** movilizar contra algo; **die Regierung ließ die Sicherheitskräfte ~ machen** el gobierno puso las fuerzas de seguridad en pie de guerra

❷ (WIRTSCH, JUR) mueble
❸ (*fam: flink*) activo
Mobilbox *f* <-, -en> (TEL) buzón *m* de voz
Mobile [mo'biːlə] *nt* <-s, -s> móvil *m*
Mobilfunk *m* <-s, *ohne pl*> telefonía *f* móvil
Mobiliar [mobi'ljaːɐ̯] *nt* <-s, *ohne pl*> muebles *mpl*, mobiliario *m*
Mobiliarvermögen *nt* <-s, -> (JUR, WIRTSCH) patrimonio *m* mobiliario; **Mobiliarvollstreckung** *f* <-, -en> (JUR) ejecución *f* de cosas muebles
Mobilien *pl* (JUR, WIRTSCH) bienes *mpl* muebles
mobilisieren* [mobili'ziːrən] *vt* movilizar
Mobilität [mobili'tɛːt] *f* <-, *ohne pl*> movilidad *f*
Mobilitätsrecht *nt* <-(e)s, *ohne pl*> derecho *m* de movilidad, régimen *m* de movilidad
Mobilmachung *f* <-, -en> (MIL) movilización *f*
Mobiltelefon *nt* <-s, -e> teléfono *m* móvil, móvil *m*
möblieren* [mø'bliːrən] *vt* amueblar; **möbliertes Zimmer** habitación amueblada; **möbliert wohnen** vivir en una habitación amueblada [*o* en un piso amueblado]
mochte ['mɔxtə] 3. *imp von* **mögen**
möchte *Konjunktiv II von* **mögen**
Mocken ['mɔkən] *m* <-s, -> (*Schweiz*) pedazo *m*, cacho *m*
modal [mo'daːl] *adj* (LING) modal
Modalität [modali'tɛːt] *f* <-, -en> modalidad *f*
Modalitätenäquivalenz *f* <-, -en> (JUR) equivalencia *f* de modalidades
Modalsatz *m* <-es, -sätze> (LING) frase *f* adverbial de modo; **Modalverb** *nt* <-s, -en> (LING) verbo *m* modal
Mode ['moːdə] *f* <-, -n> moda *f*; **in ~/aus der ~ kommen** ponerse de/pasar de moda; **groß in ~ sein** estar muy de moda; **das war damals so ~** estaba de moda por aquel entonces; **sich nach der ~ richten, mit der ~ gehen** ir a la moda; **nach der neuesten ~ gekleidet sein** vestirse a la última moda
Modeartikel *m* <-s, -> artículo *m* de moda; **Modearzt, -ärztin** *m*, *f* <-(e)s, -ärzte; -, -nen> (*a. abw*) médico, -a *m*, *f* de moda; **Modeausdruck** *m* <-(e)s, -drücke> expresión *f* de moda
modebewusst[RR] *adj* que sigue (estrictamente) la moda; **der ~e Herr trägt in diesem Sommer ...** el hombre que va a la moda lleva este verano...
Modedesigner(in) *m(f)* <-s, -; -, -nen> diseñador(a) *m(f)* de modas; **Modefarbe** *f* <-, -n> color *m* de moda; **Modegeschäft** *nt* <-(e)s, -e> (*Laden*) salón *m* de modas, casa *f* de modas; **Modeheft** *nt* <-(e)s, -e> revista *f* de moda; **Modejournal** *nt* <-s, -e> revista *f* de moda; **Modekrankheit** *f* <-, -en> enfermedad *f* de moda
Model ['mɔdəl] *nt* <-s, -s> (*Fotomodell*) modelo *mf*
Modell [mo'dɛl] *nt* <-s, -e> ❶ (*Vorbild, Muster, Entwurf*) modelo *m*, machote *m Am*
❷ (*Maler-/Foto~, Mannequin*) modelo *mf*; **für jdn** [*o* **jdm**] **~ stehen** hacer de modelo para alguien
❸ (ARCHIT) maqueta *f*
Modellflugzeug *nt* <-(e)s, -e> aeromodelo *m*
modellieren* [modɛ'liːrən] *vt* (*Ton*) modelar; **sie hat ihn in Wachs modelliert** lo ha modelado en cera
Modelliermasse *f* <-, -n> masa *f* para modelar
Modellkleid *nt* <-(e)s, -er> modelo *m*
Modellversuch *m* <-(e)s, -e> ensayo *m* piloto, experimento *m* piloto
Modem ['moːdɛm] *nt o m* <-s, -s> (INFOR) modem *m*; **externes ~** modem externo; **internes ~** modem interno
Modemacher(in) *m(f)* <-s, -; -, -nen> modista *mf*
Modemanschluss[RR] *m* <-es, -schlüsse> (INFOR, TEL) puerto *m* para módem; **Modemverbindung** *f* <-, -en> (INFOR, TEL) conexión *f* de modem
Modenschau *f* <-, -en> desfile *m* de modas
Modepuppe *f* <-, -n> (*fam abw*) maniquí *m*
Moder ['moːdɐ] *m* <-s, *ohne pl*> ❶ (*Schimmel*) moho *m*
❷ (*Morast*) fango *m*
moderat [mode'raːt] *adj* moderado
Moderation [modera'tsjoːn] *f* <-, -en> (RADIO, TV) moderación *f*, presentación *f*
Moderator(in) [modɐ'raːtoːɐ̯] *m(f)* <-s, -en; -, -nen> (RADIO, TV) presentador(a) *m(f)*, moderador(a) *m(f)*
Modergeruch *m* <-(e)s, -rüche> olor *m* a podrido; (*im Zimmer*) olor *m* a humedad [*o* a cerrado]
moderieren* [mode'riːrən] *vt* (RADIO, TV) moderar, presentar
moderig ['moːdərɪç] *adj* mohoso
modern[1] ['moːdɐn] *vi haben o sein* pudrirse, descomponerse
modern[2] [mo'dɛrn] *adj* moderno; **~ sein** estar de moda; **nicht mehr ~ sein** haber pasado de moda; **~ denken** tener unas ideas muy modernas
Moderne [mo'dɛrnə] *f* <-, *ohne pl*> época *f* moderna
modernisieren* [modɛrni'ziːrən] *vt* (*Gebäude*) renovar, reformar; (*Betrieb, Methoden*) modernizar, poner al día
Modernisierung *f* <-, -en> modernización *f*
Modernisierungs- und Instandsetzungsgebot *nt* <-(e)s, -e> (JUR) precepto *m* de modernización y reparación
Modernisierungsvertrag *m* <-(e)s, -träge> (JUR) contrato *m* de modernización
Modesalon *m* <-s, -s> salón *m* de modas; **Modeschmuck** *m* <-(e)s, *ohne pl*> bisutería *f*; **Modeschöpfer(in)** *m(f)* <-s, -; -, -nen> creador(a) *m(f)* de modas; **Modetrend** *m* <-s, -s> moda *f*; **Modewort** *nt* <-(e)s, -wörter> expresión *f* de moda, palabra *f* de moda; **Modezeichner(in)** *m(f)* <-s, -; -, -nen> diseñador(a) *m(f)* de modelos; **Modezeitschrift** *f* <-, -en> revista *f* de moda
Modi ['mɔdi, 'moːdi] *pl von* **Modus**
Modifikation [modifika'tsjoːn] *f* <-, -en> (*geh*) modificación *f*
modifizieren* [modifi'tsiːrən] *vt* (*geh*) modificar
modisch ['moːdɪʃ] I. *adj* moderno
II. *adv* a la moda
Modist(in) [mo'dɪst] *m(f)* <-en, -en; -, -nen> sombrerero, -a *m*, *f*
Modul [mo'duːl] *nt* <-s, -e> (INFOR, ELEK) módulo *m*
modular [modu'laːɐ̯] *adj* modular
Modulation [modula'tsjoːn] *f* <-, -en> (TEL, MUS) modulación *f*
modulieren* [modu'liːrən] *vt* (MUS, TECH) modular
Modultechnik *f* <-, -en> sistema *m* modular
Modus ['mɔdʊs, 'moːdʊs] *m* <-, Modi> (*a.* LING, INFOR) modo *m*; **~ Vivendi** modus *m* vivendi; **~ Operandi** modus *m* operandi, modo *f* de actuar; **erweiterter ~** modo amplificado
Mofa ['moːfa] *nt* <-s, -s> moto(cicleta) *f*
Mofafahrer(in) *m(f)* <-s, -; -, -nen> motorista *mf*
Mogelei [moːgə'lai] *f* <-, -en> (*fam*) trampa *f*, fullería *f*
mogeln ['moːgəln] *vi* (*fam*) hacer trampas, engañar
Mogelpackung *f* <-, -en> (WIRTSCH) engaño *m*, fraude *m*
mögen[1] ['møːgən] <mag, mochte, gemocht> I. *vt* ❶ (*Gefallen finden*): **~ Sie Jazz/Fisch?** ¿le gusta el jazz/el pescado?; **ich mag ihn nicht** (*sympathisch finden*) me cae mal; **lieber ~** preferir
❷ (*wollen*) querer, desear; **~/möchten Sie ein Bier** ¿quiere una cerveza?; **was möchten Sie?** ¿qué desea?
II. *vi* (*irgendwohin ~*): **ich möchte gern nach Hause** quisiera irme a casa
mögen[2] <mag, mochte, mögen> *vt* (*Modalverb*) ❶ (*wollen*) querer; **ich möchte lieber hier bleiben** preferiría quedarme (aquí); **ich möchte den Direktor sprechen** deseo hablar con el director
❷ (*sollen*): **Sie möchten zu Hause anrufen** que llame a su casa, por favor; **was mag das wohl heißen?** ¿qué querrá decir eso?; **sagen Sie ihm, er möge warten** dígale que espere; **man möchte meinen, dass ...** se diría que...
❸ (*können*) poder; **es mag wohl sein, dass ...** puede ser que... +*subj*; **er mag das zwar behaupten, aber ...** eso es lo que él dice, pero...
❹ (*möglich sein*) ser posible; **mag sein** es posible; **es ~ etwa fünf Stunden vergangen sein** habrán pasado como cinco horas; **wie dem auch sein mag** sea como fuere; **wie er auch heißen mag** se llame como se llame; **so schön sie auch sein mag** por guapa que sea
❺ (*reg, Schweiz: können*) poder; **er mag sich erinnern** se acuerda; **ich mag's kaum erwarten** no puedo esperar más
Mogler(in) ['moːglɐ] *m(f)* <-s, -; -, -nen> (*fam*) tramposo, -a *m*, *f*, fullero, -a *m*, *f*
möglich ['møːklɪç] *adj* posible; (*durchführbar*) factible, realizable; **so bald wie ~** cuanto antes; **etw ~ machen** hacer posible algo; (**das ist doch**) **nicht ~!** ¡no es posible!; **schon ~** (*fam*) puede ser; **sollte es (euch) ~ sein, das Radio mal abzuschalten?** ¿podrías apagar la radio de una vez por todas?; **du hältst es nicht für ~!** ¡no te lo puedes creer!; **er tat sein M~stes** hizo todo lo posible; **in allen ~en Fällen** en todos los casos posibles; **sie hat alles M~e erzählt** contó un montón de cosas; **es ist (gut) ~, dass ...** es (muy) posible que ... +*subj*; **so kurz wie ~** lo más corto posible; **ist es dir ~, sofort vorbeizukommen?** ¿podrías pasarte por aquí enseguida?; **falls** [*o* **wenn**] **es dir** (**irgend**) **~ ist** si te es posible
möglicherweise ['---'--] *adv* posiblemente, probablemente
Möglichkeit *f* <-, -en> posibilidad *f* (*zu de*); (*Gelegenheit*) oportunidad *f* (*zu de*); **nach ~** a ser posible; **es besteht die ~, dass ...** existe la posibilidad de que... +*subj*; **alle ~en in Betracht ziehen** tener en cuenta todas las posibilidades; **finanzielle ~en** recursos económicos
möglichst ['møːklɪçst] *adv* a ser posible, si es posible; **~ schnell** rápido a ser posible; **~ noch heute** aún hoy si es posible; **~ wenig/gut** lo menos/mejor posible
Mohair [mo'hɛːɐ̯] *m* <-s, -e> mohair *m*
Mohammedaner(in) [mohame'daːnɐ] *m(f)* <-s, -; -, -nen> mahometano, -a *m*, *f*
mohammedanisch [mohame'daːnɪʃ] *adj* mahometano
Mohn [moːn] *m* <-(e)s, -e> ❶ (*Pflanzenfamilie*) papaverácea *f*

Mohnkuchen

❷ (*Klatsch~*) amapola *f*
❸ (*Schlaf~*) adormidera *f*
Mohnkuchen *m* <-s, -> pastel *m* de adormidera
Mohr(in) [moːɐ] *m(f)* <-en, -en; -, -nen> moro, -a *m, f,* negro, -a *m, f;* **der ~ hat seine Schuldigkeit getan** (*fig*) ¡ya se puede jubilar!; **einen ~en kann man nicht weiß waschen** (*fig*) el que lava de un asno la testa, pierde el jabón y la apuesta
Möhre [ˈmøːrə] *f* <-, -n> zanahoria *f*
Mohrin *f* <-, -nen> *s.* **Mohr**
Mohrrübe *f* <-, -n> (*nordd*) *s.* **Möhre**
Moiré [moaˈreː] *m o nt* <-s, -s> moaré *m*, muaré *m*, moer *m*
mokant [moˈkant] *adj* (*geh*) burlón
Mokassin [moˈkasiːn] *m* <-s, -s> mocasín *m*
Mokick [ˈmoːkɪk] *nt* <-s, -s> moto(cicleta) *f*; (TECH) ciclomotor *m* (de encendido automático)
mokieren* [moˈkiːrən] *vr:* **sich ~** burlarse (*über* de), mofarse (*über* de)
Mokka [ˈmɔka] *m* <-s, -s> moca *m*
Mokkabohne *f* <-, -n> grano *m* de moca; **Mokkalöffel** *m* <-s, -> cucharilla *f* de café; **Mokkatasse** *f* <-, -n> taza *f* de moca
Mol *nt* <-s, -e> (CHEM) mol *m*
Molch [mɔlç] *m* <-(e)s, -e> (ZOOL) tritón *m*
Moldawien [mɔlˈdaːviən] *nt* <-s> Moldavia *f*
Mole [ˈmoːlə] *f* <-, -n> (*Hafen~*) muelle *m*, malecón *m*, tajamar *m* MAm, Chil
Molekül [moleˈkyːl] *nt* <-s, -e> (CHEM) molécula *f*
molekular [molekuˈlaːɐ] *adj* (CHEM) molecular
Molekularbiologie *f* <-, *ohne pl*> biología *f* molecular; **Molekulardesign** *nt* <-s, -s> (CHEM) diseño *m* molecular; **Molekulargewicht** *nt* <-(e)s, *ohne pl*> (CHEM, PHYS) peso *m* molecular; **Molekularmasse** *f* <-, -n> (CHEM) masa *f* molecular
molk *3. imp von* **melken**
Molke [ˈmɔlkə] *f* <-, *ohne pl*> suero *m* de la leche
Molkerei *f* <-, -en> lechería *f*
Molkereibutter *f* <-, *ohne pl*> mantequilla de calidad media hecha a base de mezclas; **Molkereiprodukt** *nt* <-(e)s, -e> producto *m* lácteo
Moll [mɔl] *nt* <-, *ohne pl*> (MUS) tono *m* menor
mollig [ˈmɔlɪç] *adj* ❶ (*behaglich*) agradable; (*warm*) calentito
❷ (*Person*) regordete, gordito
Moloch [ˈmoːlɔx] *m* <-s, -e> (*geh*) Moloch *m*
Molotowcocktail [ˈmɔlɔtɔf-, ˈmoːlɔtɔf-] *m* <-s, -s> cóctel *m* molotov
Molybdän [molʏpˈdɛːn] *nt* <-s, *ohne pl*> (CHEM) molibdeno *m*
Moment¹ [moˈmɛnt] *m* <-(e)s, -e> (*Zeitpunkt*) momento *m;* **er kann jeden ~ kommen** puede llegar en cualquier momento; **~ mal!** ¡un momento, por favor!; **im ~** de momento; **im ersten ~** en el primer momento; **in diesem ~** en este instante; **im günstigsten/falschen ~** en el momento oportuno/inoportuno; **einen ~, bitte!** ¡un momento, por favor!
Moment² [moˈmɛnt] *nt* <-(e)s, -e> ❶ (*Umstand*) factor *m*, momento *m*
❷ (PHYS) momento *m*
momentan [momɛnˈtaːn] I. *adj* momentáneo, actual
II. *adv* por el momento, de momento
Momentaufnahme *f* <-, -n> (FOTO: *a. fig*) instantánea *f*
Monaco *nt* <-s>, **Monako** [moˈnako, ˈmoːnako] *nt* <-s> Mónaco *m*
Monarch(in) [moˈnarç] *m(f)* <-en, -en; -, -nen> monarca *mf*
Monarchie [monarˈçiː] *f* <-, -n> monarquía *f*
Monarchin *f* <-, -nen> *s.* **Monarch**
Monarchist(in) [monarˈçɪst] *m(f)* <-en, -en; -, -nen> monárquico, -a *m, f*
monarchistisch [monarˈçɪstɪʃ] *adj* monárquico
Monat [ˈmoːnat] *m* <-(e)s, -e> mes *m;* **Anfang/Ende des ~s** a principios/finales de mes; **am Dritten dieses ~s** el día tres de este mes; **im sechsten ~** (*schwanger*) sein estar (embarazada) de seis meses; **1.000 Euro pro ~ verdienen** ganar 1.000 euros al mes; **auf ~e hinaus** durante meses; **im ~ Juni** el mes de junio; **von ~ zu ~** (*immer wieder*) una y otra vez
monatelang *adj* durante meses; **nach ~em Warten** después de esperar varios meses; **das kann ~ dauern** puede durar meses enteros
monatlich I. *adj* mensual
II. *adv* todos los meses, cada mes
Monatsanfang *m* <-(e)s, -fänge> principio *m* de(l) mes; **am ~ a principios** [*o* a primeros] de mes; **Monatsbericht** *m* <-(e)s, -e> (WIRTSCH) informe *m* mensual; **Monatsbinde** *f* <-, -n> compresa *f*; **Monatsblutung** *f* <-, -en> regla *f*, período *m*; **Monatseinkommen** *nt* <-s, -> ingreso *m* mensual; **Monatsende** *nt* <-s, -> fin *m* de mes; **am ~** a finales [*o* a fines] de mes; **Monatserste(r)** *m* <-n, -n> primero *m* de mes; **am/jeden ~ bekomme ich mein Gehalt** el día uno de mes/cada primero de mes me pagan el sueldo; **Monatsfrist** *f:* **innerhalb** [*o* **binnen**] **~** en el plazo de un mes; **vor ~** antes de finalizar el mes; **nach ~** transcurrido el plazo de un mes; **Monatsgehalt** *nt* <-(e)s, -hälter> sueldo *m* mensual; **dreizehntes ~** treceava paga mensual; **Monatshälfte** *f* <-, -n> quincena *f*; **Monatskarte** *f* <-, -n> abono *m* mensual; **Monatslohn** *m* <-(e)s, -löhne> salario *m* mensual; **Monatsmitte** *f* <-, -n> mediados *mpl* de mes; **Monatsname** *m* <-ns, -n> nombre *m* de mes; **Monatsrate** *f* <-, -n> mensualidad *f*; **Monatsschrift** *f* <-, -en> revista *f* mensual

monat(s)weise *adv* mensualmente, por meses, cada mes
Mönch [mœnç] *m* <-(e)s, -e> (REL) fraile *m*, monje *m;* **wie ein ~ leben** vivir como un monje
Mönchskloster *nt* <-s, -klöster> (REL) convento *m* de monjes; **Mönchsorden** *m* <-s, -> (REL) orden *f* monástica
Mond [moːnt] *m* <-(e)s, -e> luna *f;* **auf dem ~ landen** alunizar; **abnehmender/zunehmender ~** luna menguante/creciente; **auf** [*o* **hinter**] **dem ~ leben** (*fam*) vivir en otra galaxia; **seine Uhr geht nach dem ~** (*fam*) su reloj no va bien; **ich könnte ihn auf den ~ schießen** (*fam*) lo mandaría a la luna de una patada
mondän [mɔnˈdɛːn] *adj* elegante, extravagante
Mondaufgang *m* <-(e)s, -gänge> salida *f* de la luna; **Mondbahn** *f* <-, -en> (ASTR) órbita *f* lunar; **Mondfähre** *f* <-, -n> módulo *m* lunar; **Mondfinsternis** *f* <-, -se> (ASTR) eclipse *m* de luna; **partielle/totale ~** eclipse de luna parcial/total; **Mondgesicht** *nt* <-(e)s, -er> (*fam*) cara *f* redonda [*o* de bolla]; **Mondgestein** *nt* <-(e)s, -e> rocas *fpl* lunares; **Mondgöttin** *f* <-, -nen> diosa *f* de la Luna
mondhell *adj* iluminado por la luna; **in einer ~en Nacht** en una noche de luna clara
Mondjahr *nt* <-(e)s, -e> año *m* lunar; **Mondkrater** *m* <-s, -> cráter *m* lunar; **Mondlandefähre** *f* <-, -n> módulo *m* lunar; **Mondlandschaft** *f* <-, -en> paisaje *m* lunar; **Mondlandung** *f* <-, -en> alunizaje *m;* **Mondlicht** *nt* <-(e)s, *ohne pl*> luz *f* de la luna
mondlos *adj* sin luna
Mondmobil *nt* <-s, -e> vehículo *m* lunar; **Mondoberfläche** *f* <-, -n> superficie *f* lunar; **Mondphase** *f* <-, -n> fase *f* lunar; **Mondpreis** *m* <-es, -e> (*sl*) precio *m* astronómico *fam;* **Mondrakete** *f* <-, -n> cohete *m* lunar
Mondschein *m* <-(e)s, *ohne pl*> luz *f* de la luna; **der kann mir im ~ begegnen** (*sl*) ¡que se vaya a la porra [*o* a freír puñetas]!
Mondscheinfirma *f* <-, -firmen> (WIRTSCH) empresa *f* fantasma [*o* clandestina]; **Mondscheintarif** *m* <-s, -e> (TEL) tarifa *f* nocturna (reducida)
Mondsichel *f* <-, -n> (ASTR) media luna *f;* **Mondsonde** *f* <-, -n> sonda *f* lunar; **Mondstein** *m* <-(e)s, -e> (*Schmuckstein*) adularia *f*, piedra *f* de la luna
mondsüchtig *adj* sonámbulo
Mondumlaufbahn *f* <-, -en> órbita *f* lunar; **Monduntergang** *m* <-(e)s, -gänge> puesta *f* de la luna; **Mondwechsel** *m* <-s, -> cambio *m* de luna
Monegasse, -in [moneˈgasə] *m, f* <-n, -n; -, -nen> monegasco, -a *m, f*
monegassisch [moneˈgasɪʃ] *adj* monegasco
monetär [moneˈtɛːɐ] *adj* (WIRTSCH) monetario
Monetarismus *m* <-, *ohne pl*> (WIRTSCH) monetarismo *m*
Moneten [moˈneːtən] *pl* (*fam*) perras *fpl*, pelas *fpl*, plata *f* Am
Mongole, -in [mɔŋˈgoːlə] *m, f* <-n, -n; -, -nen> mongol *mf*
Mongolei [mɔŋgoˈlaɪ] *f* Mongolia *f;* **die Innere/Äußere ~** Mongolia interior/exterior
mongolid [mɔŋgoˈliːt] *adj* mongol, mongólico
Mongolin *f* <-, -nen> *s.* **Mongole**
mongolisch *adj* mongólico, mogólico
Mongolismus [mɔŋgoˈlɪsmʊs] *m* <-, *ohne pl*> (MED) mongolismo *m*
mongoloid [mɔŋgoloˈiːt] *adj* (*a.* MED) mongoloide
monieren* [moˈniːrən] *vt* reclamar
Monitor [ˈmoːnitoːɐ, ˈmɔnitoːɐ] *m* <-s, -e(n)> ❶ (TV, INFOR) pantalla *f*
❷ (TECH, TV) monitor *m*
mono [ˈmoːno] *adj* mono
monochrom [monoˈkroːm] *adj* monocromático, monocromo
Monochrombildschirm *m* <-(e)s, -e> (INFOR) pantalla *f* monocromática
monogam [monoˈgaːm] *adj* monógamo
Monogamie [monogaˈmiː] *f* <-, *ohne pl*> monogamia *f*
Monografie^RR *f* <-, -n> *s.* **Monographie**
Monogramm [monoˈgram] *nt* <-s, -e> monograma *m*
Monographie [monograˈfiː] *f* <-, -n> monografía *f*
monokausal *adj* (*geh*) de una sola causa
Monokel [moˈnɔkəl] *nt* <-s, -> monóculo *m*
monoklonal *adj* (BIOL) monoclonal, monoclónico
Monokultur [ˈmoːno-] *f* <-, -en> (AGR) monocultivo *m*
Monolith [monoˈliːt] *m* <-s *o* -en, -e(n)> monolito *m*
Monolog [monoˈloːk] *m* <-(e)s, -e> monólogo *m;* **einen ~ halten** monologar; **ein innerer ~** un diálogo interior

Monopol [mono'po:l] *nt* <-s, -e> (*a.* WIRTSCH) monopolio *m*; **staatliches/unumschränktes ~** monopolio del Estado/absoluto; **das ~ auflösen** desmonopolizar; **das ~ auf** [*o* **für**] **eine Ware haben** tener el monopolio de una mercancía
Monopolabsprache *f* <-, -n> (WIRTSCH) acuerdo *m* de monopolio; **Monopolaufsicht** *f* <-, *ohne pl*> (WIRTSCH) control *m* de monopolios; **Monopolbetrieb** *m* <-(e)s, -e> empresa *f* monopolística
monopolfeindlich *adj* (WIRTSCH) antimonopolio
Monopolgesellschaft *f* <-, -en> (WIRTSCH) sociedad *f* monopolística
monopolisieren* [monopoli'zi:rən] *vt* (WIRTSCH) monopolizar
Monopolisierung *f* <-, -en> (WIRTSCH) monopolización *f*
Monopolist *m* <-en, -en> (WIRTSCH) monopolista *mf*
monopolistisch [monopo'lıstıʃ] *adj* (WIRTSCH) monopolístico
Monopolkapital *nt* <-s, *ohne pl*> (*abw*) capital *m* monopolístico; **Monopolkommission** *f* <-, -en> comisión *f* (de vigilancia) de monopolios (*del servicio federal de defensa de la competencia*); **Monopolkontrolle** *f* <-, -n> (WIRTSCH) fiscalización *f* de monopolios
Monopolmacht¹ *f* <-, -mächte> (WIRTSCH) potencia *f* monopolística
Monopolmacht² *f* <-, *ohne pl*> (WIRTSCH) poder *m* monopolístico
Monopolmissbrauch^RR *m* <-(e)s, *ohne pl*> (WIRTSCH) abuso *m* de monopolio; **Monopolrecht** *nt* <-(e)s, *ohne pl*> derecho *m* de monopolio; **Monopolstellung** *f* <-, -en> (WIRTSCH) posición *f* de monopolio; **die ~ halten** mantener una posición monopolística; **Monopolunternehmen** *nt* <-s, -> (WIRTSCH) empresa *f* monopolística; **Monopolvermutung** *f* <-, -en> (WIRTSCH) presunción *f* de monopolio; **Monopolwirtschaft** *f* <-, *ohne pl*> economía *f* monopolística
Monopoly® [mo'no:poli] *nt* <-s, *ohne pl*> monopoly® *m*
monotheistisch [monote'ıstıʃ] *adj* monoteísta
monoton [mono'to:n] *adj* (*a.* MATH) monótono
Monotonie [monoto'ni:] *f* <-, -n> monotonía *f*
Monoxid ['mo:nɔksıt] *nt* <-(e)s, -e> (CHEM) monóxido *m*
Monster ['mɔnstɐ] *nt* <-s, -> monstruo *m*, cuco *m* Arg
Monsterfilm *m* <-(e)s, -e> ❶ (*aufwändiger Film*) superproducción *f* ❷ (*Film mit Monstern*) película *f* de monstruos [*o* de terror]
Monstranz [mɔn'strants] *f* <-, -en> (REL) custodia *f*
Monstren *pl von* **Monstrum**
monströs [mɔn'strø:s] *adj* monstruoso
Monstrosität [mɔnstrozi'tɛ:t] *f* <-, -en> ❶ (*geh: Ungeheuerlichkeit*) monstruosidad *f* ❷ (MED: *missgebildeter Fötus*) engendro *m*
Monstrum ['mɔnstrʊm] *nt* <-s, Monstren> monstruo *m*
Monsun [mɔn'zu:n] *m* <-s, -e> (METEO) monzón *m*
Monsunregen *m* <-s, -> lluvia *f* monzónica
Montag ['mo:nta:k] *m* <-s, -e> lunes *m*; **am ~** el lunes; **in der Nacht von ~ auf Dienstag** en la noche del lunes a martes; **den ganzen ~** (**über**) el lunes entero; **jeden** (**zweiten**) **~** (**im Monat**) cada (dos) lunes (del mes); **letzten ~** el lunes pasado; **nächsten/kommenden ~** el lunes que viene/próximo; **heute ist ~, der zehnte November** hoy es lunes (el) diez de noviembre; **einen blauen ~ machen** (*fam*) pasar de ir al trabajo el lunes
Montagabend *m* <-s, -e> noche *f* del lunes, lunes *m* por la noche; **jeden ~** los lunes por la noche; **für ~ habe ich eine Verabredung** el lunes por la noche tengo una cita; **alle ~e sind ausgebucht** para los lunes por la noche no quedan entradas
montagabends^RR *adv* los lunes por la noche; **~ gehe ich nie aus** los lunes por la noche no suelo salir
Montage [mɔn'ta:ʒə] *f* <-, -n> (*a.* FILM, KUNST) montaje *m*; **auf ~ sein** estar desplazado (montando o arreglando una máquina)
Montageband *nt* <-(e)s, -bänder> cadena *f* de montaje; **Montagehalle** *f* <-, -n> nave *f* de montaje; **Montagewerk** *nt* <-(e)s, -e> planta *f* de montaje
Montagnachmittag *m* <-s, -e> tarde *f* del lunes, lunes *m* por la tarde; **jeden ~** los lunes por la tarde; **die ~e verbringe ich bei meiner Mutter** paso las tardes de los lunes en casa de mi madre
montags ['mo:nta:ks] *adv* los lunes; **~s abends/mittags/morgens/nachmittags** los lunes por la noche/al mediodía/por la mañana/por la tarde
Montanindustrie [mɔn'ta:n-] *f* <-, -n> industria *f* minera y siderúrgica; **Montanunion** *f* Comunidad *f* Europea del Carbón y del Acero
Monteur(in) [mɔn'tø:ɐ] *m(f)* <-s, -e; -, -nen> montador(a) *m(f)*
Monteuranzug *m* <-(e)s, -züge> mono *m* (de trabajo)
Monteurin *f* <-, -nen> *s.* **Monteur**
montieren* [mɔn'ti:rən] *vt* (TECH, FILM) montar (*an a/en*); **einen Griff an die Tür ~** ponerle un pomo a la puerta
Montur [mɔn'tu:ɐ] *f* <-, -en> ❶ (*fam: Kleidung*) atuendo *m* ❷ (*Uniform*) uniforme *m*
Monument [monu'mɛnt] *nt* <-(e)s, -e> monumento *m*
monumental [monumɛn'ta:l] *adj* monumental
Monumentalfilm *m* <-(e)s, -e> superproducción *f*

Moor [mo:ɐ] *nt* <-(e)s, -e> pantano *m*
Moorbad *nt* <-(e)s, -bäder> baño *m* de fango [*o* de barro]; **Moorerde** *f* <-, -n> tierra *f* de un pantano; **Moorhuhn** *nt* <-(e)s, -hühner> (ZOOL) fallaris *m inv*
moorig ['mo:rıç] *adj* pantanoso
Moorleiche *f* <-, -n> cadáver *m* conservado en un pantano; **Moorpackung** *f* <-, -en> (MED) emplaste *m* de fango, fomento *m* de fango
Moos¹ [mo:s] *nt* <-es, -e> (*Pflanze*) musgo *m*
Moos² [mo:s] *nt* <-es, -e> (*fam: Geld*) pasta *f*, pelas *fpl*, plata *f Am*
moosbedeckt *adj* cubierto de musgo
moosig *adj* musgoso
Moosröschen *nt* <-s, ->, **Moosrose** *f* <-, -n> (BOT) rosa *f* de musgo
Mop *m* <-s, -s> *s.* **Mopp**
Moped ['mo:pɛt] *nt* <-s, -s> moto(cicleta) *f*, ciclomotor *m*
Mopedfahrer(in) *m(f)* <-s, -; -, -nen> conductor(a) *m(f)* de ciclomotor, motociclista *mf*
Mopp^RR [mɔp] *m* <-s, -s> fregona *f*
Mops [mɔps, *pl:* 'mœpsə] *m* <-es, Möpse> ❶ (ZOOL) doguillo *m* ❷ (*fig fam: kleine Person*) chaparro, -a *m, f*
mopsen ['mɔpsən] *vt* (*fam*) mangar
Moral [mo'ra:l] *f* <-, *ohne pl*> ❶ (*Sittlichkeit*) moral *f*; **eine doppelte ~ haben** tener una doble moral; **jdm ~ predigen** dar lecciones de moral a alguien; **die ~ sinkt/steigt** los ánimos bajan/suben ❷ (*einer Fabel*) moraleja *f*; **und die ~ von der Geschichte ist ...** y la moraleja es...
Moralapostel *m* <-s, -> moralista *mf*
moralinsauer *adj* (*abw*) mojigato
moralisch *adj* moral; **den M~en haben** (*fam*) tener la moral por los suelos
moralisieren* [morali'zi:rən] *vi* moralizar
Moralist(in) [mora'lıst] *m(f)* <-en, -en; -, -nen> moralista *mf*
moralistisch *adj* moralizador; **er hat richtig kleinbürgerliche, ~e Ansichten** tiene unas opiniones pequeñoburguesas y moralizadoras
Moralprediger(in) *m(f)* <-s, -; -, -nen> (*abw*) moralista *mf*; **Moralpredigt** *f* <-, -en> sermón *m*; **jdm eine ~ halten** echarle a alguien un sermón; **Moraltheologie** *f* <-, *ohne pl*> (REL) teología *f* moral; **Moralvorstellung** *f* <-, -en> concepto *m* moral
Moräne [mo'rɛ:nə] *f* <-, -n> (GEO) morrena *f*
Morast¹ [mo'rast, *pl:* mo'rɛsta] *m* <-(e)s, -e *o* Moräste> (*Sumpfland*) pantano *m*, andurrial *m Arg, Ecua, Peru*, moca *m Ecua*
Morast² *m* <-(e)s, *ohne pl*> (*Schlamm*) lodo *m*, barro *m*
morastig *adj* fangoso; **nach den langen Regenfällen ist der Feldweg ganz ~** tras las largas lluvias, el camino está hecho un fangal [*o* un barrizal]
Moratorium [mora'to:rium] *nt* <-s, Moratorien> moratoria *f*
morbid [mɔr'bi:t] *adj* ❶ (*geh: kränklich, zart, a.* MED) mórbido ❷ (*sittlich verfallen*) decadente
Morbidität *f* <-, *ohne pl*> ❶ (MED) morbilidad *f* ❷ (*sittlicher Verfall*) decadencia *f*
Morchel ['mɔrçəl] *f* <-, -n> colmenilla *f*
Mord [mɔrt] *m* <-(e)s, -e> asesinato *m* (*an* de), homicidio *m* (*an* de); **einen ~ begehen** cometer un asesinato; **wegen ~es** por asesinato; **ein politischer ~** un asesinato político; **versuchter ~** intento de homicidio; **das gibt ~ und Totschlag** (*fam fig*) se armará una bronca de padre y muy señor mío; **das ist ja ~!** (*fam: verrückt*) ¡es una locura!
Mordanklage *f* <-, -n> querella *f* por asesinato; **unter ~ stehen** estar acusado de asesinato; **~ erheben** formular una querella por asesinato; **Mordanschlag** *m* <-(e)s, -schläge> atentado *m* (*auf* contra); **einem ~ zum Opfer fallen** ser víctima de un atentado; **einen ~ auf jdn verüben** atentar contra la vida de alguien; **Morddrohung** *f* <-, -en> amenaza *f* de muerte
morden ['mɔrdən] I. *vi* cometer un asesinato II. *vt* asesinar
Mörder(in) ['mœrdɐ] *m(f)* <-s, -; -, -nen> asesino, -a *m, f*, victimario, -a *m, f Am*; **gedungener ~** asesino a sueldo, sicario *m*
Mörderbande *f* <-, -n> banda *f* de asesinos
Mörderin *f* <-, -nen> *s.* **Mörder**
mörderisch *adj* (*fam: abscheulich, groß*) terrible; (*Hitze*) asfixiante, sofocante; (*Geschwindigkeit*) loco
Mordfall *m* <-(e)s, -fälle> asesinato *m*; **Mordinstrument** *nt* <-(e)s, -e> *s.* **Mordwaffe** ❷ (*fam: unhandliches Gerät*) armatoste *m*; **Mordkommando** *nt* <-s, -s> comando *m* asesino; **Mordkommission** *f* <-, -en> brigada *f* de homicidios; **Mordlust** *f* <-, -lüste> intención *f* de asesinar; **Mordmerkmal** *nt* <-s, -e> característica *f* del asesinato; **Mordprozess**^RR *m* <-es, -e> juicio *m* por homicidio, proceso *m* por homicidio; (**gegen jdn**) **einen ~ führen** procesar (a alguien) por homicidio
Mordsglück ['-'-] *nt* <-(e)s, *ohne pl*> (*fam*) suerte *f* loca [*o* bárbara]; **Mordshunger** *m* <-s, *ohne pl*> (*fam*) hambre *f* canina; **Mordskerl**

['--] *m* <-s, -e> (*fam*) gran tipo *m*; **Mordskrach** ['--] *m* <-(e)s, *ohne pl*> ❶ (*Lärm*) ruido *m* de mil demonios ❷ (*fam: Streit*) bronca *f*, broncazo *m*; **es gab einen ~** se armó una buena; **Mordslärm** ['--] *m* <-(e)s, *ohne pl*> (*fam*) ruido *m* infernal
mordsmäßig *adj* (*fam*) terrible, tremendo
Mordsschrecken *m* <-s, -> (*fam*) susto *m* de muerte; **du hast mir einen ~ eingejagt!** ¡vaya susto de muerte que me has dado!; **Mordsspaß** ['--] *m* <-es, *ohne pl*> (*fam*) cachondeo *m*; **einen ~ haben** pasarlo bomba; **Mordswut** ['--] *f* <-, *ohne pl*> (*fam*) rabia *f* loca, furia *f* enorme; **eine ~ im Bauch haben** tener una furia enorme
Mordtat *f* <-, -en> homicidio *m*, asesinato *m*; **Mordverdacht** *m* <-(e)s, *ohne pl*> sospecha *f* de asesinato; **unter ~ stehen** ser sospechoso de asesinato; **Mordversuch** *m* <-(e)s, -e> tentativa *f* de asesinato; **Mordwaffe** *f* <-, -n> arma *f* homicida
morgen ['mɔrgən] *adv* ❶ (*am folgenden Tag*) mañana; **~ früh** mañana por la mañana; **~ Mittag/Abend** mañana al mediodía/por la tarde; **~ in acht Tagen** mañana en ocho días; **ab ~** a partir de mañana; **bis ~** hasta mañana; **lieber heute als ~** mejor hoy que mañana; **~ ist auch noch ein Tag** mañana es otro día
❷ (*zukünftig*) futuro *m*; **an ~ denken** pensar en el futuro
Morgen *m* <-s, -> ❶ (*Tageszeit*) mañana *f*; **eines ~s** una (buena) mañana; **der ~ bricht an** [*o* **dämmert**] amanece; **am/gegen ~** en/por la mañana; **heute ~** hoy por la mañana; **am nächsten ~** la mañana siguiente; **am frühen ~** temprano por la mañana; **guten ~!** ¡buenos días!; **bis in den frühen ~ hinein** hasta el amanecer; **bis in den hellen ~ schlafen** dormir hasta altas horas de la mañana; **zu ~ essen** (*Schweiz*) desayunar
❷ (*Feldmaß*) yugada *f*, jubada *f*
Morgenausgabe *f* <-, -en> edición *f* matutina; **Morgendämmerung** *f* <-, -en> alba *f*, crepúsculo *m* de la mañana, amanecida *f*, amanezca *f Mex, Ant*, amanezquera *f Mex, Ant*
morgendlich ['mɔrgəntlɪç] *adj* matutino, matinal
Morgenessen *nt* <-s, -> (*Schweiz*) desayuno *m*; **Morgengabe** *f* <-, -n> (HIST) regalo *m* de tornaboda; **Morgengrauen** ['--grauən] *nt* <-s, *ohne pl*> amanecer *m*; **Morgengymnastik** *f* <-, *ohne pl*> gimnasia *f* matinal; **Morgenland** *nt* <-(e)s, *ohne pl*> (LIT) Oriente *m*, Levante *m*; **die drei Weisen aus dem ~** los tres sabios de Oriente; **Morgenluft** *f* <-, *ohne pl*> aire *m* matutino; **er wittert ~** ve el cielo abierto; **Morgenmantel** *m* <-s, -mäntel> bata *f*; **Morgenmuffel** *m* <-s, -> (*fam*): **ein ~ sein** estar de mal humor por las mañanas; **Morgenrock** *m* <-(e)s, -röcke> bata *f*; **Morgenrot** *nt* <-(e)s, *ohne pl*> aurora *f*
morgens ['mɔrgəns] *adv* por la mañana; **von ~ bis abends** desde la mañana hasta la noche; **um sieben Uhr ~** a las siete de la mañana; **freitags ~** los viernes por la mañana
Morgensonne *f* <-, *ohne pl*> sol *m* matinal [*o* de la mañana]; **~ haben** dar el sol por la mañana; **Morgenstern** *m* <-(e)s, *ohne pl*> (ASTR) lucero *m* de la mañana [*o* del alba], boyero *m Kol*; **Morgenstunde** *f* <-, -n> hora *f* matutina; **wir haben bis in die frühen ~n gefeiert** la fiesta duró hasta altas horas de la madrugada; **Morgenstund(e) hat Gold im Mund(e)** (*prov*) a quien madruga, Dios le ayuda; **Morgenzug** *m* <-(e)s, -züge> tren *m* de la mañana
morgige(r, s) *adj* de mañana; **am ~n Tag** mañana
Moriske [mo'rɪskə] *mf* <-n, -n; -, -n> morisco, -a *m, f*
Moritat ['mo:rita:t] *f* <-, -en> copla *f* callejera
Mormone, -in [mɔr'mo:nə] *m, f* <-n, -n; -, -nen> (REL) mormón, -ona *m, f*
Morphem [mɔr'fe:m] *nt* <-s, -e> (LING) morfema *m*
Morphin [mɔr'fi:n] *nt* <-s, *ohne pl*> (CHEM, MED) morfina *f*
Morphinismus [mɔrfi'nɪsmʊs] *m* <-, *ohne pl*> (MED) morfinomanía *f*
Morphinist(in) [mɔrfi'nɪst] *m(f)* <-en, -en; -, -nen> morfinómano, -a *m, f*
Morphium ['mɔrfiʊm] *nt* <-s, *ohne pl*> morfina *f*
morphiumsüchtig *adj* morfinómano
Morphiumsüchtige(r) *mf* <-n, -n; -, -n> morfinómano, -a *m, f*
Morphologie [mɔrfolo'gi:] *f* <-, *ohne pl*> (LING, BIOL) morfología *f*
morphologisch [mɔrfo'lo:gɪʃ] *adj* (LING, BIOL) morfológico
morsch [mɔrʃ] *adj* (*Gestein*) fácilmente desmenuzable; (*Holz*) podrido, carcomido
Morschheit *f* <-, *ohne pl*> podredumbre *f*
Morsealphabet ['mɔrzə-] *nt* <-(e)s, -e> (alfabeto *m*) morse *m*; **Morseapparat** *m* <-(e)s, -e> aparato *m* morse
morsen ['mɔrzən] *vt* transmitir (utilizando el alfabeto morse)
Mörser ['mœrzə] *m* <-s, -> ❶ (*Gefäß*) mortero *m*, almirez *m*, molcajete *m Ecua, Mex*
❷ (MIL) lanzagranadas *m inv*
Morsezeichen *nt* <-s, -> signo *m* del alfabeto morse, señal *f* morse
Mortadella [mɔrta'dɛla] *f* <-, -s> mortadela *f*
Mortalität [mɔrtali'tɛ:t] *f* <-, *ohne pl*> (MED) mortalidad *f*
Mörtel ['mœrtəl] *m* <-s, -> argamasa *f*, mortero *m*

Mörtelkelle *f* <-, -n> llana *f*
Mosaik [moza'i:k] *nt* <-s, -e(n)> mosaico *m*
Mosaikfußboden *m* <-s, -böden> suelo *m* de mosaico; **Mosaikstein** *m* <-(e)s, -e> tesela *f*; **der Detektiv trug die Beweise wie ~e zusammen** el detective fue reuniendo las pruebas como si de un rompecabezas se tratara; **Mosaiktheorie** *f* <-, *ohne pl*> (JUR) teoría *f* mosaica
mosaisch [mo'za:ɪʃ] *adj* mosaico
Mosambik [mozam'bi:k] *nt* <-s> Mozambique *m*
Mosambikaner(in) [mozambi'ka:nɐ] *m(f)* <-s, -; -, -nen> mozambiqueño, -a *m, f*
mosambikanisch *adj* mozambiqueño
Moschee [mɔ'ʃe:, *pl:* mɔ'ʃe:ən] *f* <-, -n> mezquita *f*
Moschus ['mɔʃʊs] *m* <-, *ohne pl*> almizcle *m*
Moschusochse *m* <-n, -n> (ZOOL) almizclero *m*; **du stinkst wie ein ~** hueles a tigre
Möse ['mø:zə] *f* <-, -n> (*vulg*) coño *m*
Mosel¹ ['mo:zəl] *m* <-s, -> vino *m* del Mosela
Mosel² ['mo:zəl] *f* <-> **die ~** el (río *m*) Mosela *m*
Moselwein *m* <-(e)s, -e> vino *m* del Mosela
mosern ['mo:zɐn] *vi* (*fam*) critiquizar
Moses ['mo:zəs] *m* <-, Mosis> Moisés *m*; **bin ich ~?** (*fam*) ¿cómo quieres que yo lo sepa?
Moskau ['mɔskau] *nt* <-s> Moscú *m*
Moskauer(in) *m(f)* <-s, -; -, -nen> moscovita *mf*
Moskito [mɔs'ki:to] *m* <-s, -s> mosquito *m*, zancudo *m Am*
Moskitonetz *nt* <-es, -e> mosquitero *m*
Moslem ['mɔslɛm] *m*, **Moslime** *f* <-s, -s; -, -n> musulmán, -ana *m, f*
moslemisch [mɔs'le:mɪʃ] *adj* musulmán
Moslime ['mɔsli:mə] *f* <-, -n> *s*. Moslem
Most [mɔst] *m* <-(e)s, -e> ❶ (*Trauben~*) mosto *m* de uva
❷ (*reg: Apfel~*) sidra *f*, mosto *m* de manzana
Mostrich ['mɔstrɪç] *m* <-s, *ohne pl*> (*reg*) mostaza *f*
Motel [mo'tɛl, 'mo:tɛl] *nt* <-s, -s> motel *m*
Motette [mo'tɛtə] *f* <-, -n> (MUS) motete *m*
Motion [mo'tsjo:n] *f* <-, -en> (*Schweiz*) moción *f*
Motiv [mo'ti:f] *nt* <-s, -e> ❶ (*Beweggrund*) móvil *m*, motivo *m*
❷ (LIT, MUS) motivo *m*
Motivation [motiva'tsjo:n] *f* <-, -en> (*Pädagogik, a.* PSYCH) motivación *f*
motivieren* [moti'vi:rən] *vt* ❶ (*begründen*) motivar (*mit* en/con), justificar (*mit* con)
❷ (*anregen*) animar (*zu* para que *+subj*); **sie konnte ihn nicht zur Arbeit ~** no pudo animarle para que trabajara; **sich selbst ~** automotivarse
Motivierung *f* <-, -en> (*geh*) motivación *f*
Motivirrtum *m* <-s, -tümer> (JUR) error *m* en el motivo
Motocross[RR] *nt* <-, -e>, **Moto-Cross** *nt* <-, -e> motocross *m*
Motor ['mo:tɔɐ, mo'to:ɐ, *pl:* mo'to:rən] *m* <-s, -en> motor *m*; **den ~ anlassen** arrancar
Motorantrieb *m* <-(e)s, -e> accionamiento *m* por motor; **mit ~** accionado por un motor; **Motorblock** ['mo:to:ɐ-] *m* <-(e)s, -blöcke> (AUTO) bloque *m* de motor; **Motorboot** *nt* <-(e)s, -e> lancha *f* a motor
Motorenbau *m* <-(e)s, *ohne pl*> (TECH) construcción *f* de motores; **Motorengeräusch** *nt* <-(e)s, -e> zumbido *m* de motores, ruido *m* de motores; **Motorenlärm** *m* <-(e)s, *ohne pl*> ruido *m* de motores
Motorfahrzeug *nt* <-(e)s, -e> ❶ (*Fahrzeug*) vehículo *m* de motor, automóvil *m* ❷ (*Schweiz: formal: Kraftfahrzeug*) automóvil *m*; **Motorfahrzeugsteuer** *f* <-, -n> (*Schweiz*) impuesto *m* sobre vehículos
Motorhaube *f* <-, -n> (AUTO) capó *m*
Motorik [mo'to:rɪk] *f* <-, *ohne pl*> (MED) motricidad *f*
motorisch [mo'to:rɪʃ] *adj* motor
motorisieren* [motori'zi:rən] *vt* motorizar
Motorisierung *f* <-, -en> motorización *f*; **das Modell gibt es in drei verschiedenen ~en, mit 53, 75 und 112 PS** el modelo existe con tres motores diferentes: con 53, 75 y 112 caballos
Motorjacht *f* <-, -en> yate *m* de [*o* con] motor; **Motorleistung** *f* <-, -en> (TECH) potencia *f* del motor; **Motoröl** *nt* <-s, -e> aceite *m* de motor; **Motorpumpe** *f* <-, -n> bomba *f* a motor, moto-bomba *f*
Motorrad ['mo:to:ɐ-, mo'to:ɐ-] *nt* <-(e)s, -räder> moto(cicleta) *f*
Motorradfahrer(in) *m(f)* <-s, -; -, -nen> motociclista *mf*; **Motorradrennen** *nt* <-s, -> carrera *f* de motocicletas [*o* de motos]; **Motorradsport** *m* <-(e)s, *ohne pl*> motociclismo *m*
Motorraum *m* <-(e)s, -räume> (AUTO) compartimiento *m* del motor; **Motorroller** *m* <-s, -> escúter *m*, motoneta *f Am*; **Motorsäge** *f* <-, -n> motosierra *f*; **Motorschaden** *m* <-s, -schäden> avería *f* del motor; **Motorschlitten** *m* <-s, -> trineo *m* con motor; **Motorsegler** *m* <-s, -> (AERO) planeador *m* con motor auxiliar; **Motorsport** *m* <-(e)s, *ohne pl*> motorismo *m*, deporte *m* del motor; **Motorwäsche** *f* <-, -n> limpieza *f* del motor

Motte ['mɔtə] *f* <-, -n> polilla *f*; **du kriegst die ~n!** (*fam*) ¡cáete de espaldas!, ¡toma esa!

mottenfest *adj* a prueba de polillas; **etw ~ machen** ponerle a algo un producto antipolilla

Mottenfraß *m* <-es, *ohne pl*> daño *m* causado por la polilla; **Mottengift** *nt* <-(e)s, -e> veneno *m* antipolilla; **Mottenkiste** *f* <-, -n> (*fam*): **etw aus der ~ hervorholen** sacar a relucir algo anticuado; **Mottenkugel** *f* <-, -n> bola *f* de naftalina [*o* antipolillas]; **Mottenloch** *nt* <-(e)s, -löcher> apolilladura *f*; **Mottenpulver** *nt* <-s, -> antipolilla *f*, polvo *m* contra la polilla

mottenzerfressen *adj* apolillado

Motto ['mɔto] *nt* <-s, -s> lema *m*

motzen ['mɔtsən] *vi* (*fam*) refunfuñar, rezongar

Mountainbike ['maʊntənbaɪk] *nt* <-s, -s> bicicleta *f* de montaña; **Mountainbiking** *nt* <-s, *ohne pl*> bicicross *m*

Mousepad ['maʊspɛt] *nt* <-s, -s> (INFOR) sendero *m* del ratón, alfombrilla *f*

moussieren* [muˈsiːrən] *vi* espumar, hacer espuma

Möwe ['møːvə] *f* <-, -n> gaviota *f*

mozarabisch [motsaˈraːbɪʃ] *adj* mozárabe

MP [ɛmˈpeː] *f* <-, -s> *Abk. von* **Maschinenpistole** metralleta *f*

Mrd. *Abk. von* **Milliarde** mil millones *mpl*

Ms. *Abk. von* **Manuskript** manuscrito *m*

MS [ɛmˈʔɛs] (MED) *Abk. von* **Multiple Sklerose** esclerosis *f inv* múltiple

Mskr. *Abk. von* **Manuskript** manuscrito *m*

MS-krank *adj* que sufre esclerosis múltiple

Mt *Abk. von* **Megatonne** megatón *m*

MTA [ɛmteˈʔaː] *mf* <-s, -s; -, -s> *Abk. von* **medizinisch-technische(r) Assistent(in)** ATS *mf*

mtl. *Abk. von* **monatlich** mensual

MÜ *nt* <-(s), *ohne pl*> (INFOR) *Abk. von* **maschinelles Übersetzen** TA *f*

Mücke ['mʏkə] *f* <-, -n> mosquito *m*; **aus einer ~ einen Elefanten machen** (*fam*) hacer de una pulga un camello

Muckefuck ['mʊkəfʊk] *m* <-s, *ohne pl*> (*fam*) café *m* aguado

Mucken ['mʊkən] *fpl* (*fam: Tücken*) mañas *fpl*; **der Computer hat seine ~** el ordenador tiene sus pegas

mucken ['mʊkən] *vi* (*fam*) rechistar; **ohne zu ~** sin rechistar

Mückenbekämpfung *f* <-, -en> lucha *f* contra los mosquitos

Mückenschutzsalbe *f* <-, -n> pomada *f* contra mosquitos

Mückenstich *m* <-(e)s, -e> picadura *f* de mosquito

Mucks [mʊks] *m* <-es, -e> (*fam*): **keinen ~ sagen** [*o* **machen**] no decir ni pío; **ohne einen ~ machen** muy quieto; **es war kein ~ zu hören** no se escuchaba nada

mucksen ['mʊksən] *vi, vr: sich ~* (*fam*) rechistar

mucksmäuschenstill ['mʊksˌmɔɪsçənˌʃtɪl] *adj* (*fam*): **~ sein** no decir ni pío, no abrir la boca; **es war ~ wie in einer Kirche** ni una mosca; **verhaltet euch ~!** ¡que no se os oiga decir ni mus!; **plötzlich waren die Kinder ~** de repente los niños se quedaron calladitos

müde ['myːdə] *adj* cansado, fané *Arg*; **sich ~ laufen** correr hasta cansarse; **~ werden** cansarse; **keine ~ Mark** (*fam*) ni un puto marco; **es ~ sein etw zu tun** estar harto de hacer algo; **ich bin der ständigen Streitereien ~** estoy harto de las peleas continuas; **er wurde nicht ~ ihre Vorzüge zu rühmen** no se cansaba de alabar sus méritos; **da kann ich nur ~ lächeln** no me importa un comino

Müdigkeit *f* <-, *ohne pl*> cansancio *m*; **vor ~ umfallen** caerse de cansancio; **nur keine ~ vorschützen!** (*fam*) ¡adelante!

Mudschahed [mʊdʒaˈhɛt, *pl:* mʊdʒahɛˈdiːn] *m* <-, Mudschaheddin> muyahidín *m*

Müesli ['myːɛsli] *nt* <-s, -s> (*Schweiz*) musli *m*

Muff[1] [mʊf] *m* <-(e)s, *ohne pl*> (*nordd: Geruch*) olor *m* a moho

Muff[2] *m* <-(e)s, -e> (*Pelz~*) manguito *m*

Muffe[1] ['mʊfa] *f* <-, -n> (TECH) manguito *m*

Muffe[2] *f* <-, *ohne pl*> (*fam: Angst*) canguelo *m*; **mir geht die ~** tengo canguelo

Muffel ['mʊfəl] *m* <-s, -> (*fam: Person*) aguafiestas *mfpl inv*

muff(e)lig *adj* (*fam*) s. **muffig**

Muffensausen ['mʊfənzaʊzən] *nt* <-s, *ohne pl*> (*fam*): **~ haben** tener canguelo; **~ kriegen** asustarse

muffig *adj* ① (*Geruch*) que huele a enmohecido; **~ riechen** oler a moho ② (*fam: Person*) gruñón, refunfuñón

mufflig *adj s.* **muff(e)lig**

muh [muː] *interj* (*fam*) ¡mu!

Mühe ['myːə] *f* <-, -n> (*Anstrengung*) esfuerzo *m*, pena *f*, costo *m Am*; (*Umstände*) molestia *f*; (*Arbeit*) trabajo *m*; **ohne ~** sin esfuerzo; **nur mit ~ aus dem Bett kommen** es ist die ~ **wert** vale la pena; **die ~ hat sich gelohnt** ha valido la pena; **sich** *dat* **(große) ~ geben** esforzarse (mucho) (*bei* en, *zu* para/por); **gib dir keine ~!** ¡no te molestes!; **das ist doch verlorene ~** no vale la pena; **jdm ~ machen** ocasionar molestias a alguien; **sich** *dat* **die ~ machen etw zu tun** tomarse la molestia de hacer algo; **ich habe mir die ~ gemacht alles durchzurechnen** me he tomado la molestia de repasar las cuentas; **wenn es Ihnen keine ~ macht!** ¡si no es molestia para Ud.!; **mit ~ und Not haben wir es noch geschafft** lo hemos conseguido a duras penas [*o* por los pelos]

mühelos I. *adj* fácil
II. *adv* sin esfuerzo, con facilidad

Mühelosigkeit *f* <-, *ohne pl*> facilidad *f*

muhen ['muːən] *vi* mugir

mühen ['myːən] *vr: sich ~* (*geh*) esforzarse; **so sehr er sich auch mühte, ...** por mucho que se esforzó...

mühevoll *adj* arduo, penoso; (*schwierig*) difícil

Mühle[1] ['myːlə] *f* <-, -n> ① (*Gebäude*) molino *m*; **in die ~ der Verwaltung geraten** caer en las ruedas de la administración; **Gottes ~n mahlen langsam** (*prov*) Dios tarda pero no olvida
② (*Haushaltsgerät*) molinillo *m*
③ (*fam: Fahrzeug*) cacharro *m*, cafetera *f*

Mühle[2] *f* <-, *ohne pl*> (*Brettspiel*) tres en raya

Mühlenrecht *nt* <-(e)s, *ohne pl*> (JUR) derecho *m* molinero

Mühlrad *nt* <-(e)s, -räder> rueda *f* de molino; **Mühlstein** *m* <-(e)s, -e> muela *f* de molino; **Mühlwerk** *nt* <-(e)s, -e> (ruedas *fpl* de) molino *m*

Mühsal ['myːzaːl] *f* <-, -e> (*geh*) pena *f*, fatigas *fpl*

mühsam, mühselig I. *adj* penoso, laborioso
II. *adv* con dificultad, a duras penas, agatas *inv RíoPl*; **verdientes Geld** dinero ganado a duras penas; **~es Verfahren** procedimiento [*o* proceso] laborioso

Mukoviszidose *f* <-, *ohne pl*> (MED) muscoviscidosis *f inv*

Mulatte, -in [muˈlatə] *m, f* <-n, -n; -, -nen> mulato, -a *m, f*, pardo, -a *m, f Am*

Mulde ['mʊldə] *f* <-, -n> ① (*im Gelände*) hondonada *f*; (*Loch*) hoyo *m*
② (*nordd: Trog*) tinaja *f*

Muli ['muːli] *nt* <-s, -s> (ZOOL) mulo, -a *m, f*

Mull [mʊl] *m* <-(e)s, -e> ① (*Gewebe*) gasa *f*, muselina *f*
② (*nordd: Humusboden*) terreno *m* de humus

Müll [mʏl] *m* <-(e)s, *ohne pl*> basura *f*; (*Abfälle*) desperdicios *mpl*; **städtischer ~** basura municipal; **etw in den ~ werfen** tirar algo a la basura; **radioaktiver ~** residuos radi(o)activos; **~ abladen verboten!** ¡prohibido verter basuras!

Müllabfuhr *f* <-, -en> recogida *f* de basuras; **die städtische ~** el servicio municipal de recogida de basuras; **Müllabfuhrgebühr** *f* <-, -en> tasa *f* de basura

Müllabladeplatz *m* <-es, -plätze> vertedero *m* de basuras

Mullah ['mʊla] *m* <-s, -s> almala *m*

Müllaufbereitung *f* <-, -en> procesamiento *m* de basuras; **Müllaufbereitungsanlage** *f* <-, -n> planta *f* de reciclaje [*o* procesadora de basuras]

Müllberg *m* <-(e)s, -e> montón *m* de basuras; **Müllbeseitiger** *m* <-s, -> eliminador *m* de basura; **Müllbeseitigung** *f* <-, *ohne pl*> eliminación *f* de basuras; **Müllbeutel** *m* <-s, -> bolsa *f* de la basura

Mullbinde *f* <-, -n> venda *f* de gasa

Müllcontainer *m* <-s, -> contenedor *m* de basuras; **Mülldeponie** *f* <-, -n> vertedero *m* de basuras, basurero *m*; **wilde ~** vertedero incontrolado; **Mülleimer** *m* <-s, -> cubo *m* de (la) basura, tacho *m CSur*

Müller(in) ['mʏlɐ] *m(f)* <-s, -; -, -nen> molinero, -a *m, f*

Müllexport *m* <-(e)s, *ohne pl*> exportación *f* de basura; **Müllfahrer(in)** *m(f)* <-s, -; -, -nen> basurero, -a *m, f*; **Müllgrube** *f* <-, -n> vertedero *m* de basura; **Müllhalde** *f* <-, -n> montaña *f* de basura; **Müllhaufen** *m* <-s, -> montón *m* de basuras; **Müllkippe** *f* <-, -n> vertedero *m* de basuras; **Müllkompostierung** *f* <-, -en> transformación *f* de los desperdicios orgánicos en compost; **Müllkutscher(in)** *m(f)* <-s, -; -, -nen> (*reg*) basurero, -a *m, f*; **Müllmann** *m* <-(e)s, -männer> (*fam*) basurero *m*; **Müllofen** *m* <-s, -öfen> horno *m* de incineración de basuras; **Müllrecycling** *nt* <-s, *ohne pl*> reciclaje *m* de basura; **Müllschlucker** *m* <-s, -> tolva *f* de basuras, vertedero *m* para la basura; **Müllsortieranlage** *f* <-, -n> instalación *f* de clasificación de basuras; **Müllsteuer** *f* <-, -n> impuesto *m* sobre la basura; **Mülltonne** *f* <-, -n> cubo *m* de (la) basura *f*; **Mülltourismus** *m* <-, *ohne pl*> venta de basuras al extranjero; **Mülltrennungssystem** *nt* <-s, -e> recogida *f* selectiva de basuras

Müllverbrennung *f* <-, *ohne pl*> incineración *f* de desechos [*o* de residuos]; **Müllverbrennungsanlage** *f* <-, -n> planta *f* incineradora de basuras

Müllverwertung *f* <-, -en> aprovechamiento *m* de basuras; **Müllverwertungsanlage** *f* <-, -n> instalación *f* para el aprovechamiento de basuras

Müllvolumen *nt* <-s, - *o* -volumina> volumen *m* de las basuras; **Müllwagen** *m* <-s, -> camión *m* de la basura

Mullwindel *f* <-, -n> pañal *m* de gasa

mulmig ['mʊlmɪç] *adj* (*fam*) desagradable, crítico; **ein ~es Gefühl**

Multi ['mʊlti] *m* <-s, -s> (*fam*) (gran empresa *f*) multinacional *f*
Multicast *nt* <-s, -s> (INFOR, TEL) multidifusión *f*
multifunktional *adj* multifuncional
multikulturell [mʊlti-] *adj* multicultural
multilateral *adj* multilateral
Multilink *m* <-s, -s> (TEL) multienlace *m*
Multimediaanwendung *f* <-, -en> aplicación *f* multimedia; **Multimediabereich** *m* <-(e)s, -e> sector *m* multimedia; **Multimedia-CD-ROM** *f* <-, -(s)> CD-ROM *m* multimedia; **Multimedia-Computerprogramm** [mʊlti'me:dia-] *nt* <-s, -e> programa *m* multimedia de computadora
multimediafähig *adj* multimediático, apto para multimedia
multimedial [mʊltime'dja:l] *adj* multimedia
Multimedia-Netzwerk *nt* <-(e)s, -e> red *f* multimedia; **Multimedia-PC** *m* <-(s)s> ordenador *m* multimedia; **Multimediasystem** *nt* <-s, -e> sistema *m* multimedia
Multimillionär(in) *m(f)* <-s, -e; -, -nen> multimillonario, -a *m, f*
multinational [mʊltinatsjo'na:l] *adj* (WIRTSCH, POL) multinacional, transnacional *Am*
Multiplexer *m* <-s, -> (INFOR, TEL) multiplexor *m*
Multiplexing *nt* <-, *ohne pl*> (INFOR, TEL) multiplexado *m*, multiplexión *f*
Multiplikation [mʊltiplika'tsjo:n] *f* <-, -en> (MATH) multiplicación *f* (*mit* por)
Multiplikationszeichen *nt* <-s, -> (MATH) signo *m* de multiplicación
Multiplikator [mʊltipli'ka:toɐ] *m* <-s, -en> (MATH) multiplicador *m*
multiplizieren* [mʊltipli'tsi:rən] *vt* (*a.* MATH) multiplicar (*mit* por), amuchar *Arg, Bol, Chil*; **6 multipliziert mit 3 ergibt 18** 6 multiplicado por 3 son 18
Multiprotokoll-Router *m* <-s, -> (INFOR, TEL) router *m* multiprotocolo
Multitalent ['mʊltitalɛnt] *nt* <-(e)s, -e> persona *f* polifacética
Multitasking ['maltitaskɪŋ] *nt* <-s, *ohne pl*> (INFOR) multitarea *f*, multiventana *f*
Multiuser *m* <-s, -> (INFOR) multiusuario *m*
Multivitaminpräparat [----'----] *nt* <-(e)s, -e> (MED) preparado *m* multivitamínico
Multizerkleinerer *m* <-s, -> (GASTR) multiplicadora *f* (eléctrica)
Mumie ['mu:miə] *f* <-, -n> momia *f*
mumifizieren* [mumifi'tsi:rən] *vt* momificar
Mumifizierung *f* <-, -en> momificación *f*
Mumm [mʊm] *m* <-s, *ohne pl*> (*fam*) ❶ (*Tatkraft*) coraje *m*; (*Mut*) valor *m*; **dazu fehlt ihm der ~** le falta valor (para eso)
❷ (*Kraft*) fuerza(s) *f(pl)*; **der hat ~ in den Knochen** tiene agallas
Mummelgreis(in) *m(f)* <-es, -e; -, -nen> (*fam abw*) vejestorio, -a *m, f*
mummeln ['mʊməln] **I.** *vt* (*reg*) ❶ (*murmeln*) mascullar; **vor sich hin ~** hablar entre dientes
❷ (*fam: einhüllen*) envolver (*in* en), abrigar (*in* con)
II. *vr: sich ~** arroparse; **sich in eine Decke ~** acurrucarse en una manta
mümmeln ['mʏməln] *vi*, *vt* (*reg: fam: Hase*) roer (*an* en); (*Mensch*) mordisquear (*an* en)
Mumpitz ['mʊmpɪts] *m* <-es, *ohne pl*> (*fam abw*) tonterías *fpl*
Mumps [mʊmps] *m o f* <-, *ohne pl*> (MED) paperas *fpl*
München ['mʏnçən] *nt* <-s> Munich *m*
Münch(e)ner(in) ['mʏnç(ə)nɐ] *m(f)* <-s, -; -, -nen> muniqués, -esa *m, f*
Münchhausen ['mʏnçhaʊzən] *m* <-s, -> fanfarrón *m fam*
Münchner(in) *m(f)* <-s, -; -, -nen> muniqués, -esa *m, f*
Mund [mʊnt, *pl*: 'mʏndə] *m* <-(e)s, Münder> boca *f*; **sein Name war in aller ~e** su nombre iba de boca en boca; **wie aus einem ~e** a la vez; **dieses Wort nehme ich nicht in den ~** no suelo usar esta palabra; **jdm über den ~ fahren** cortarle a alguien la palabra; **nicht auf den ~ gefallen sein** (*fam*) saber replicar, tener labia; **kein Blatt vor den ~ nehmen** no tener pelos en la lengua; **jdm den ~ wässerig machen** (*fam*) hacerle la boca agua a alguien; **halt den ~!** (*fam*) ¡calla la boca!; **ihr könnt mir nicht den ~ verbieten** no podéis taparme la boca; **ich werde ihm nicht nach dem ~ reden** no voy a decir lo que él quiere oír; **mit vollem ~ reden** hablar con la boca llena; **einen ~ voll nehmen** tomar un bocado; **den ~ zu voll nehmen** (*fam fig*) fanfarronear; **von ~ zu ~ beatmen** hacer la respiración boca a boca
Mundart *f* <-, -en> dialecto *m*
Mundartdichter(in) *m(f)* <-s, -; -, -nen> poeta *mf* que escribe en dialecto
mundartlich **I.** *adj* dialectal
II. *adv* a nivel dialectal [*o* regional]; **einige Wörter werden nur ~ benutzt** algunas palabras se utilizan sólo en dialecto
Munddusche *f* <-, -n> ducha *f* bucal, aparato *m* de higiene bucal
Mündel ['mʏndəl] *nt o m* <-s, -> (JUR) pupilo, -a *m, f*
Mündelgeld *nt* <-(e)s, -er> (JUR) dinero *m* del pupilo

mündelsicher **I.** *adj* (FIN) con máxima garantía
II. *adv* (FIN) en valores de máxima garantía
munden ['mʊndən] *vi* (*geh*) saber bien; **lasst es euch ~** que (os) aproveche
münden ['mʏndən] *vi haben o sein* ❶ (*Fluss, Straße*) desembocar (*in/auf* en)
❷ (*Gespräch*) parar (*in* en), acabar (*in* en)
Münder *pl von* **Mund**
mundfaul *adj* (*fam*) poco comunicativo; **sei doch nicht so ~!** ¡habla de una vez!
mundgerecht **I.** *adj* pequeño (para que pueda comerse bien)
II. *adv* en trozos pequeños (para que puedan comerse bien)
Mundgeruch *m* <-(e)s, *ohne pl*> aliento *m* fétido, halitosis *f*; **Mundharmonika** *f* <-, -s *o* -harmoniken> armónica *f*; **Mundhöhle** *f* <-, -n> cavidad *f* bucal; **Mundhygiene** *f* <-, *ohne pl*> higiene *f* bucal
mündig ['mʏndɪç] *adj* (JUR) mayor de edad; **jdn für ~ erklären** (JUR) declarar a alguien mayor de edad
Mündigkeit *f* <-, *ohne pl*> (JUR) mayoría *f* de edad
mündlich ['mʏntlɪç] *adj* oral; **alles weitere ~** el resto oralmente; **~e Prüfung** examen oral
Mündlichkeitsgrundsatz *m* <-es, *ohne pl*> (JUR) fundamento *m* de la oralidad
Mundpflege *f* <-, *ohne pl*> higiene *f* bucal; **Mundpropaganda** *f* <-, *ohne pl*> publicidad *f* transmitida de boca en boca; **Mundraub** *m* <-(e)s, *ohne pl*> (JUR) hurto *m* famélico; **Mundschenk** *m* <-en, -en> (HIST) copero *m*; **Mundschleimhaut** *f* <-, -häute> (MED) mucosa *f* bucal
M-und-S-Reifen [ɛm?ʊnt'ʔɛs-] *m* <-s, -> (AUTO) neumático *m* de invierno
Mundstück *nt* <-(e)s, -e> (*a.* MUS) boquilla *f*
mundtot *adj*: **jdn ~ machen** taparle la boca a alguien
Mündung ['mʏndʊŋ] *f* <-, -en> ❶ (*eines Flusses*) desembocadura *f*
❷ (*eines Gewehres*) boca *f*
Mündungsarm *m* <-(e)s, -e> (GEO) brazo *m* de una desembocadura; **Mündungsfeuer** *nt* <-s, -> fogonado *m*
Mundvoll *m* <-, -> *s.* **Mund**
Mundwasser *nt* <-s, -wässer> agua *f* dentífrica; **Mundwerk** *nt* <-(e)s, *ohne pl*> (*fam*): **ein flinkes ~ haben** tener mucha labia; **Mundwinkel** *m* <-s, -> comisura *f* de la boca
Mund-zu-Mund-Beatmung [mʊnttsu'mʊnt-] *f* <-, -en> respiración *f* boca a boca
Munition [muni'tsjo:n] *f* <-, -en> munición *f*
Munitionsbuch *nt* <-(e)s, -bücher> (JUR) catálogo *m* de municiones; **Munitionserwerbsschein** *m* <-(e)s, -e> (JUR) permiso *m* para adquisición de munición; **Munitionsfabrik** *f* <-, -en> fábrica *f* de municiones; **Munitionslager** *nt* <-s, -> depósito *m* de municiones; **Munitionsnachschub** *m* <-(e)s, -schübe> amunicionamiento *m*
munkeln ['mʊŋkəln] *vi*, *vt* (*fam*) rumorear; **man munkelt, dass ...** se rumorea [*o* corre el rumor de] que...
Mun-Sekte ['mu:n-] *f* <-, *ohne pl*> secta *f* Moon
Münster ['mʏnstɐ] *nt* <-s, -> catedral *f*
munter ['mʊntɐ] *adj* ❶ (*lebhaft*) vivaz, vivaracho; (*fröhlich*) alegre; **~ und vergnügt** contento y de buen humor
❷ (*wach*) despierto
Munterkeit *f* <-, *ohne pl*> (*Fröhlichkeit*) alegría *f*; (*Lebhaftigkeit*) viveza *f*
Muntermacher *m* <-s, -> (*fam*) estimulante *m*
Münzamt *nt* <-(e)s, -ämter> casa *f* de la moneda; **Münzanstalt** *f* <-, -en> casa *f* de la moneda; **staatliche spanische ~** Casa de Moneda y Timbre; **Münzautomat** *m* <-en, -en> distribuidor *m* automático
Münze ['mʏntsə] *f* <-, -n> moneda *f*; **etw für bare ~ nehmen** tomar algo al pie de la letra; **es jdm mit gleicher ~ heimzahlen** pagarle a alguien con la misma moneda; **etw in klingende ~ umsetzen** hacer un negocio con algo
Münzeinwurf *m* <-(e)s, -würfe> ranura *f*
münzen ['mʏntsən] *vt* acuñar; **das ist auf ihn gemünzt** esto va por él
Münzfernsprecher *m* <-s, -> teléfono *m* público (con monedas); **Münzgeld** *nt* <-(e)s, *ohne pl*> monedas *fpl*; **Münzhoheit** *f* <-, *ohne pl*> derecho *m* de acuñación; **Münzprägung** *f* <-, -en> acuñación *f* de monedas; **Münzrecht** *nt* <-(e)s, *ohne pl*> derecho *m* de acuñación; **Münzsammler(in)** *m(f)* <-s, -; -, -nen> coleccionista *mf* de monedas, numismático, -a *m, f*; **Münzsammlung** *f* <-, -en> colección *f* de monedas; **Münzschlitz** *m* <-es, -e> ranura *f* (para introducir las monedas); **Münzstätte** *f* <-, -n> casa *f* de la moneda; **Münzstrafsache** *f* <-, -n> (JUR) delito *m* penal monetario; **Münztank** *m* <-(e)s, -e> surtidor *m* de gasolina de monedas; **Münztankstelle** *f* <-, -n> gasolinera *f* que funciona con monedas; **Münzwechsler** *m* <-s, -> máquina *f* automática de cambio; **Münzwert** *m* <-(e)s, -e> valor *m* de la moneda

Muräne [muˈrɛːnə] f <-, -n> (ZOOL) murena f, morena f
mürbe ['mʏrbə] adj ❶ (weich) blando; (Fleisch) tierno
❷ (abgenutzt) desgastado; (zerbrechlich) desmenuzable, frágil
❸ (Person): jdn ~ machen ablandar a alguien; ~ werden terminar cediendo
Mürbeteig m <-(e)s, -e> pastaflora f
Murks [mʊrks] m <-es, ohne pl> (fam abw) chapucería f, chapuza f; ~ machen poner remiendos, chapucear
murksen ['mʊrksən] vi (fam abw) trabajar chapuceramente
Murmel ['mʊrməl] f <-, -n> canica f, trinca f CSur
murmeln ['mʊrməln] vi, vt murmurar, susurrar; **was murmelst du da?** ¿qué estás murmurando?
Murmeltier nt <-(e)s, -e> marmota f; **schlafen wie ein ~** dormir como un tronco [o como un lirón]
murren ['mʊrən] vi refunfuñar, gruñir, corcovear And, CSur; **ohne zu ~** sin refunfuñar
mürrisch ['mʏrɪʃ] I. adj malhumorado, gruñón
II. adv de mala gana
Mus [muːs] nt <-es, -e> puré m; **jdn zu ~ machen** [o **schlagen**] (fam) hacer papilla a alguien
Muschel ['mʊʃəl] f <-, -n> ❶ (ZOOL) lamelibranquio m; (essbar) marisco m
❷ (~schale) concha f
muschelförmig adj en forma de concha
Muschelkalk m <-(e)s, ohne pl> (GEO) caliza f de conchas
Muschi ['mʊʃi] f <-, -s> (fam) ❶ (Katze) gatita f
❷ (Scheide) chocho m, chichi m, concha f Am
Muse ['muːzə] f <-, -n> musa f; **die leichte ~** las variedades; **er wurde von der ~ geküsst** le aparecieron las musas
Museum [muˈzeːʊm] nt <-s, Museen> museo m
Museumsführer(in) m(f) <-s, -; -, -nen> guía mf de un museo
museumsreif adj (fam) anticuado, pasado de moda
Museumswärter(in) m(f) <-s, -; -, -nen> vigilante mf de un museo
Musical¹ ['mjuːzɪkəl] nt <-s, ohne pl> (Gattung) musical m
Musical² nt <-s, -s> (Stück) (espectáculo m) musical m
Musik¹ [muˈziːk] f <-, ohne pl> (Kunst, Fach) música f; ~ **studieren** estudiar música [o en el conservatorio]
Musik² f <-, -en> (Werk, Melodie) música f; ~ **machen** tocar un instrumento; **das ist ~ in meinen Ohren** me suena a música celestial
Musikakademie f <-, -n> conservatorio m de música
Musikalien [muziˈkaːliən] pl partituras fpl
Musikalienhandlung f <-, -en> tienda f de artículos de música
musikalisch [muziˈkaːlɪʃ] adj musical; ~ **veranlagt sein** tener talento musical
Musikalität [muzikaliˈtɛːt] f <-, ohne pl> musicalidad f
Musikant(in) [muziˈkant] m(f) <-en, -en; -, -nen> músico, -a m, f
Musikantenknochen m <-s, -> articulación f del codo
Musikantin f <-, -nen> s. **Musikant**
Musikbegleitung f <-, -en> acompañamiento m musical; **mit ~ acompañado de música; **Musikberieselung** [-bəriːzəlʊŋ] f <-, ohne pl> hilo m musical; **Musikbox** f <-, -en> máquina f de discos, jukebox m o f; **Musikdirektor(in)** m(f) <-s, -en; -, -nen> director(a) m(f) de orquesta
Musiker(in) ['muːzɪkɐ] m(f) <-s, -; -, -nen> músico, -a m, f
Musikfreund(in) m(f) <-(e)s, -e; -, -nen> melómano, -a m, f, aficionado, -a m, f a la música; **Musikgeschichte** f <-, ohne pl> historia f de la música; **Musikhochschule** f <-, -n> conservatorio m superior de música; **Musikinstrument** nt <-(e)s, -e> instrumento m de música; **Musikkapelle** f <-, -n> banda f de música, conjunto m musical; **Musikkassette** f <-, -n> casete m o f; **Musiklehrer(in)** m(f) <-s, -; -, -nen> profesor(a) m(f) de música; **Musikschule** f <-, -n> conservatorio m; **Musikstück** nt <-(e)s, -e> obra f musical, pieza f de música; **Musikunterricht** m <-(e)s, -e> clases fpl de música; (~sstunde) clase f de música
Musikus ['muːzɪkʊs] m <-, Musizi o -se> (fam) músico, -a m, f
Musikwissenschaft f <-, -en> musicología f
musisch ['muːzɪʃ] adj ❶ (Fächer, Schule) artístico
❷ (Person) con sensibilidad artística; ~ **begabt sein** tener talento (artístico)
Musizi pl von **Musikus**
musizieren* [muziˈtsiːrən] vi tocar (piezas musicales)
Muskat [mʊsˈkaːt] m <-(e)s, -e> nuez f moscada
Muskateller [mʊskaˈtɛlɐ] m <-s, -> (Traube, Wein) moscatel m
MuskatnussRR f <-, -nüsse> nuez f moscada
Muskel ['mʊskəl] m <-s, -n> músculo m; **seine ~n spielen lassen** enseñar los músculos; **~n haben** ser musculoso
Muskelentzündung f <-, -en> (MED) inflamación f muscular
Muskelfaser f <-, -n> (ANAT) fibra f muscular; **Muskelfaserriss**RR m <-es, -e> (MED) desgarre m de fibras musculares

Muskelkater m <-s, -> agujetas fpl; **Muskelkraft** f <-, ohne pl> fuerza f muscular; **Muskelkrampf** m <-(e)s, -krämpfe> calambre m; **Muskelmann** m <-(e)s, -männer> (fam) cachas m; **Muskelpaket** nt <-(e)s, -e> musculatura f; **Muskelprotz** m <-es, -e(n)> (fam abw) (hombre m) forzudo m; **Muskelriss**RR m <-es, -e> (MED) desgarre m muscular; **Muskelschwäche** f <-, -n> (MED) debilidad f muscular; **Muskelschwund** m <-(e)s, ohne pl> (MED) atrofia f muscular; **Muskelzerrung** f <-, -en> (MED) distensión f de un músculo
Musketier ['mʊskətiːɐ] m <-s, -e> (HIST) mosquetero m
Muskulatur [mʊskulaˈtuːɐ] f <-, -en> musculatura f
muskulös [mʊskuˈløːs] adj musculoso
Müsli ['myːsli] nt <-s, -s> musli m
Muslim(e) ['mʊslɪm, pl: mʊsˈliːmə] m(f) <-(s), -e o -s; -, -n> mahometano, -a m, f, musulmán, -ana m, f
mussRR [mʊs], **muß** 3. präs von **müssen**
MussRR [mʊs] nt <-, ohne pl>, **Muß** nt <-, ohne pl> obligación f; **man sollte es tun, aber es ist kein ~** uno debería hacerlo pero no se tiene la obligación
MussbestimmungRR f <-, -en> disposición f imperativa
Muße ['muːsə] f <-, ohne pl> (geh) ocio m; (Ruhe) calma f, tranquilidad f; **dazu fehlt mir die ~** aún me falta la tranquilidad; **die ~ zu** [o **für**] **etw finden** encontrar la tranquilidad para algo
MusseheRR ['mʊsʔeːə] f <-, -n> (fam) casamiento m por penalti
müssen¹ ['mʏsən] <muss, musste, müssen> vt (Modalverb)
❶ (Zwang) tener que +inf; (unpersönlich) hay que +inf; **ich musste lachen** tuve que reírme; **sie musste es tun** tuvo que hacerlo; **er musste getragen werden** tuvo que ser llevado a cuestas; **ich muss immer um sechs Uhr aufstehen** me tengo que levantar siempre a las seis; **die Ausstellung muss man gesehen haben** hay que haber visto la exposición; **das muss sein** tiene que ser, no hay más remedio; **es kam, wie es kommen musste** sucedió como tenía que suceder
❷ (Notwendigkeit) tener que +inf, ser necesario +inf; **ich muss (schon) sagen ...** tengo que decir que ...; **das hättest du mir sagen** deberías habérmelo dicho; **muss das sein?** ¿es necesario?; **warum muss es ausgerechnet heute regnen?** ¿por qué tiene que llover precisamente hoy?; **das muss nicht stimmen** no tiene por qué ser así; **wenn es (unbedingt) sein muss** si tiene que ser; **du musst mich mal besuchen** tienes que hacerme una visita; **du musst das nicht so eng sehen** no lo tomes así [o tan a pecho]
❸ (Vermutung) deber +inf, tener que +inf; **er muss bald kommen** tiene que estar al llegar; **hier muss der Unfall passiert sein** aquí tiene que haber sucedido el accidente; **er müsste schon da sein** ya tendría que estar aquí; **das müsstest du eigentlich wissen** en realidad deberías saberlo; **es müsste jetzt acht Uhr sein** deben de ser las ocho
❹ (Wunsch): **Geld müsste man haben!** ¡si tuviéramos dinero!; **man müsste noch mal zwanzig sein!** ¡quien tuviera veinte años (otra vez)!
müssen² <muss, musste, gemusst> vi tener que +inf; **ich muss nicht** no tengo que hacerlo; **ich muss, ob ich will oder nicht** tengo que hacerlo quiera o no; **ich muss zur Post** tengo que ir a Correos; **ich muss mal (aufs Klo)** (fam) tengo que ir al baño; **ich habe gemusst** (hatte keine Wahl) no me ha quedado otro remedio
Mußestunde ['muːsə-] f <-, -n> rato m libre [o de ocio]
MussheiratRR f <-, -en> (fam) s. **Mussehe**
müßig ['myːsɪç] adj (geh) ❶ (untätig) ocioso, desocupado
❷ (überflüssig) superfluo, inútil; **es ist ~, darüber nachzudenken** no vale la pena pensar en ello
Müßiggang m <-(e)s, ohne pl> (geh) ociosidad f, ocio m; ~ **ist aller Laster Anfang** (prov) la ociosidad es la madre de todos los vicios
MusskaufmannRR m <-(e)s, -leute> (JUR) comerciante m a la fuerza
mussteRR ['mʊstə], **mußte** 3. imp von **müssen**
Muster ['mʊstɐ] nt <-s, -> ❶ (Vorlage) modelo m; (Handarbeits-, Schnitt-) patrón m; **dem ~ entsprechend** conforme a la muestra; **eingetragenes ~** muestra registrada; **ohne Wert** muestra sin valor; **Waren nach ~ bestellen** pedir las mercancías según muestra; **nach ~ kaufen/verkaufen** comprar/vender sobre muestra; **ein ~ ziehen** tomar una muestra
❷ (Vorbild) ejemplo m, modelo m; **als ~ dienen** servir de modelo; **er ist das ~ eines Ehemannes** es un marido modelo; **sie ist ein ~ an Güte** su bondad es ejemplar
❸ (Zeichnung) diseño m, dibujo m
❹ (Probestück) muestra f
Musterband m <-(e)s, -bände> volumen m de muestra; **Musterbauordnung** f <-, -en> (JUR) ordenanza f modelo de edificación; **Musterbeispiel** nt <-(e)s, -e> modelo m ejemplar; **Musterbestellung** f <-, -en> pedido m de muestra; **Musterbetrieb** m <-(e)s, -e> empresa f modélica [o modelo]; **Musterbilanz** f <-, -en> balance m tipo; **Musterbrief** m <-(e)s, -e> carta f modelo; **Musterbuch** nt <-(e)s, -bücher> muestrario m; **Musterexemplar** nt <-s, -e> ❶ (ei-

nes Buches) ejemplar *m* de muestra ❷ (*Vorbild*) modelo *m*; **ein ~ von Ehefrau sein** ser una esposa modelo; **Musterfertigung** *f* <-, *ohne pl*> fabricación *f* de muestra

mustergültig *adj*, **musterhaft** *adj* ejemplar, modelo

Musterhaus *nt* <-es, -häuser> casa *f* de muestra; **Musterknabe** *m* <-n, -n> (*abw*) niño *m* modelo; **Musterkoffer** *m* <-s, -> (maletín *m* del) muestrario *m*; **Musterkollektion** *f* <-, -en> muestrario *m*; **Mustermesse** *f* <-, -n> feria *f* de muestras

mustern ['mʊstɐn] *vt* ❶ (*betrachten*) examinar; **sie musterte ihn von oben bis unten** lo miraba de arriba abajo

❷ (MIL: *Wehrpflichtige*) reconocer; (*Truppen*) pasar revista (a)

Musterpackung *f* <-, -en> muestra *f*; **Musterprozess**[RR] *m* <-es, -e> (JUR) proceso *m* modelo; **Musterrecht** *nt* <-(e)s, -e> (JUR) derecho *m* de modelos de utilidad, régimen *m* de modelos de utilidad; **Musterregisterbehörde** *f* <-, -n> (JUR) autoridad *f* registral de modelos; **Musterschüler(in)** *m(f)* <-s, -; -, -nen> alumno, -a *m, f* ejemplar [*o* modelo]; **Musterschutz** *m* <-es, *ohne pl*> (JUR) protección *f* de modelos de utilidad; **Mustersendung** *f* <-, -en> envío *m* de muestras

Musterung ['mʊstərʊŋ] *f* <-, -en> ❶ (*Betrachtung*) examen *m*; (*Prüfung*) inspección *f*; **nach eingehender ~** tras minuciosa inspección

❷ (MIL) reconocimiento *m*

❸ (*Muster*) dibujo *m*, diseño *m*

Musterungsausschuss[RR] *m* <-es, -schüsse> (JUR) junta *f* de clasificación y revisión; **Musterungsbescheid** *m* <-(e)s, -e> (MIL) llamada *f* a revista

Mustervertrag *m* <-(e)s, -träge> contrato *m* tipo; **Mustervertragsbedingungen** *fpl* (JUR) condiciones *fpl* de contratos uniformes

Musterwohnung *f* <-, -en> piso *m* piloto

Mut [muːt] *m* <-(e)s, *ohne pl*> valor *m*; **nur ~!** ¡ánimo!; **jdm den ~ nehmen** meter miedo a alguien; **den ~ verlieren** desanimarse, achucuyarse *MAm*, achucutarse *Kol, Ecua*, apitiguarse *Chil*; **jdm ~ machen** animar a alguien; **~ fassen** [*o* **schöpfen**] cobrar valor; **guten ~es sein** (*geh*) estar optimista; **mit frischem ~** con nuevo ánimos; **mit dem ~ der Verzweiflung** a la desesperada; **mir ist dabei gar nicht wohl zu ~e** no me gusta ni un pelo; **mir ist nicht zum Lachen zu ~e** no estoy para bromas

Mutagen *nt* <-s, -e> (BIOL) mutágeno *m*

Mutant *m* <-en, -en> (BIOL), **Mutante** *f* <-, -n> (BIOL) mutante *m*

Mutation [muta'tsjoːn] *f* <-, -en> ❶ (BIOL) mutación *f*

❷ (MED: *Stimmwechsel*) cambio *m* de la voz

❸ (*Schweiz: Personalveränderung*) cambio *m* de personal

Mütchen ['myːtçən] *nt* <-s, *ohne pl*> (*fam*): (**an jdm**) **sein ~ kühlen** pagarla (con alguien)

mutieren* [muˈtiːrən] *vi* ❶ (BIOL) mutar, experimentar [*o* sufrir] una mutación; **zu etw ~** (*fig*) convertirse en algo

❷ (MED: *Stimme*) cambiar la voz

mutig ['muːtɪç] *adj* valiente, valeroso, guapo *Am*

mutlos *adj* desalentado, desanimado

Mutlosigkeit *f* <-, *ohne pl*> desaliento *m*

mutmaßen [ˈmuːtmaːsən] *vt* suponer, presumir

mutmaßlich *adj* presunto, supuesto

Mutmaßung *f* <-, -en> presunción *f*, suposición *f*

Mutprobe *f* <-, -n> prueba *f* de valor; **eine ~ ablegen/bestehen** dar/pasar una prueba de valor

Mutschli ['mʊtʃli] *nt* <-s, -> (*Schweiz*) panecillo *m*

Mutter[1] ['mʊtɐ, *pl:* 'mʏtɐ] *f* <-, Mütter> (*Frau*) madre *f*; **~ von vier Kindern** madre de cuatro hijos; **wie bei ~n** (*fam*) como en casa; **werdende ~** futura madre; **keine ~ mehr haben** ser huérfano de madre

Mutter[2] *f* <-, -n> (TECH) tuerca *f*

Mütterberatungsstelle ['------] *f* <-, -n> centro *m* de información maternal

Mutterbindung *f* <-, -en> (PSYCH) fijación *f* a la madre

Mutterboden *m* <-s, *ohne pl*> tierra *f* vegetal

Mütterchen ['mʏtɐçən] *nt* <-s, -> (*alte Frau*) viejecita *f*

Mutterfirma *f* <-, -firmen> casa *f* matriz, empresa *f* matriz; **Mutterfreuden** *fpl*: **~ entgegensehen** esperar un hijo, estar en estado de buena esperanza

Müttergenesungsheim *nt* <-(e)s, -e> clínica *f* de reposo para madres de familia; **Müttergenesungswerk** *nt* <-(e)s, *ohne pl*> organización alemana que facilita la asistencia en clínicas de reposo para las madres de familia

Muttergesellschaft *f* <-, -en> (WIRTSCH) sociedad *f* matriz

Muttergottes ['--'--] *f* <-, *ohne pl*> (REL) Nuestra Señora *f*

Mutterinstinkt *m* <-(e)s, -e> instinto *m* maternal; **Mutter-Kind-Pass**[RR] ['--'-] *m* <-es, -Pässe> carnet *m* de maternidad; **Mutterkomplex** *m* <-es, -e> complejo *m* maternal; **Mutterkorn** *nt* <-(e)s, -e> tizón *m*; **Mutterkuchen** *m* <-s, -> (MED) placenta *f*; **Mutterland** *nt* <-(e)s, -länder> patria *f*; (*der Kolonien*) metrópoli *m*; **Mutterleib** *m* <-(e)s, *ohne pl*> seno *m* materno

mütterlich ['mʏtɐlɪç] **I.** *adj* materno, maternal
II. *adv* como una madre

mütterlicherseits *adv* por parte de la madre

Mütterlichkeit *f* <-, *ohne pl*> sentimiento *m* maternal; **sie kümmerte sich voller ~ um ihn** le cuidaba con todo el amor de madre

Mutterliebe *f* <-, *ohne pl*> cariño *m* maternal [*o* materno]

mutterlos *adj* sin madre, huérfano de madre

Muttermal *nt* <-(e)s, -e> lunar *m*; **Muttermilch** *f* <-, *ohne pl*> leche *f* materna; **etw mit der ~ einsaugen** aprender algo desde la cuna; **Muttermord** *m* <-(e)s, -e> matricidio *m*; **Muttermörder(in)** *m(f)* <-s, -; -, -nen> matricida *mf*; **Muttermund** *m* <-(e)s, *ohne pl*> (MED) orificio *m* uterino

Mutterschlüssel *m* <-s, -> llave *f* para tuercas

Mutterrolle *f* <-, -n> papel *m* de madre

Mutterschaft *f* <-, *ohne pl*> maternidad *f*

Mutterschaftsgeld *nt* <-(e)s, *ohne pl*> paga *f* por maternidad; **Mutterschaftshilfe** *f* <-, -n> ayuda *f* por maternidad; **Mutterschaftsurlaub** *m* <-(e)s, -e> permiso *m* por maternidad; **Mutterschaftsvertretung** *f* <-, -en> suplencia *f* de maternidad

Mutterschiff *nt* <-(e)s, -e> (NAUT) buque *m* nodriza; (AERO) nave *f* de abastecimiento

Mutterschutz *m* <-es, *ohne pl*> protección *f* a la (futura) madre; **Mutterschutzgesetz** *nt* <-es, -e> ley *f* de protección a la maternidad

mutterseelenallein ['------] *adj* solo como la una

Muttersöhnchen ['--zøːnçən] *nt* <-s, -> (*fam abw*) hijo *m* de mamá; **Muttersprache** *f* <-, -n> lengua *f* materna

Muttersprachler(in) ['--ʃpraːxlɐ] *m(f)* <-s, -; -, -nen> hablante *mf* nativo

muttersprachlich *adj* de la lengua materna; **~e Kompetenz** competencia lingüística en lengua materna

Mutterstelle *f*: **bei jdm ~ vertreten** ser una madre para alguien; **Muttertag** *m* <-(e)s, -e> día *m* de la madre; **Muttertier** *nt* <-(e)s, -e> (ZOOL) animal *m* madre

Mutter-Tochter-Richtlinien *fpl* (WIRTSCH) directrices *fpl* de matriz a filial

Mutterunternehmen *nt* <-s, -> (WIRTSCH) empresa *f* matriz; **Mutterwitz** *m* <-es, *ohne pl*> (*Schlagfertigkeit*) salero *m*

Mutti ['mʊti] *f* <-, -s> (*fam*) mamá *f*, mamaíta *f*

Mutualismus *m* <-, *ohne pl*> (BIOL) mutualismo *m*

Mutwille *m* <-ns, *ohne pl*> malicia *f*; **etw aus ~n tun** hacer algo a propósito; **aus purem** [*o* **lauter**] **~n** por fastidiar, a mala leche

mutwillig ['muːtvɪlɪç] **I.** *adj* (*böswillig*) malicioso; (*absichtlich*) intencionado, deliberado
II. *adv* (*absichtlich*) con intención, a propósito

Mütze ['mʏtsə] *f* <-, -n> gorro *m*, gorra *f*; **der kriegt was auf die ~!** (*fam*) ¡éste se va a llevar una buena (reprimenda)!

m.W. *Abk. von* **meines Wissens** que yo sepa

MW (PHYS) *Abk. von* **Megawatt** MW

MwSt, MWSt *Abk. von* **Mehrwertsteuer** IVA *m*

Mykose [myˈkoːzə] *f* <-, -n> (MED) micosis *f inv*

Myom [myˈoːm] *nt* <-s, -e> (MED) mioma *m*

Myriade [myˈrjaːdə] *f* <-, -n> miríada *f*

Myrr(h)e ['mʏrə] *f* <-, -n> mirra *f*

Myrte ['mʏrtə] *f* <-, -n> mirto *m*

Mysterien *pl von* **Mysterium**

mysteriös [mʏsteˈrjøːs] *adj* misterioso

Mysterium [mʏsˈteːrium] *nt* <-s, Mysterien> misterio *m*

Mystifizierung [mʏstifiˈtsiːrʊŋ] *f* <-, -en> mistificación *f*

Mystik ['mʏstɪk] *f* <-, *ohne pl*> mística *f*

Mystiker(in) ['mʏstikɐ] *m(f)* <-s, -; -, -nen> místico, -a *m, f*

mystisch ['mʏstɪʃ] *adj* místico

Mythen *pl von* **Mythos**

mythisch ['myːtɪʃ] *adj* mítico

Mythologie [mytoloˈgiː] *f* <-, -n> mitología *f*

mythologisch [mytoˈloːgɪʃ] *adj* mitológico

Mythos ['myːtɔs] *m* <-, Mythen> mito *m*

Myzel(ium) [myˈtseːl(ium)] *nt* <-s, Myzelien> (BIOL) micelio *m*

N

N, n [ɛn] *nt* <-, -> N, n *f*; **~ wie Nordpol** N de Navarra

N ❶ *Abk. von* **Norden** N

❷ (CHEM) *Abk. von* **Stickstoff** N

na [na(ː)] *interj* (*fam*) ❶ (*fragend*) ¿y?; **~, wie geht's?** oye, ¿cómo te

va?; ~ und? ¿y qué?; ~, was sagst du jetzt? ¿y ahora qué te parece? ❷ (*auffordernd*) ¡venga!, ¡vamos!; ~ und ob! ¡y vaya que sí!; ~ so was! ¡hay que ver!
❸ (*beschwichtigend*) ¡bueno!; ~ also [*o* bitte]! ¡pues ya ves!; ~, was hab ich gesagt? bueno, ¿qué había dicho yo?; ~ ja bueno, ~ gut bueno, bien
❹ (*empört*) ¡pero (bueno)!; ~, hör mal! ¡pero oye, caramba!
Na (CHEM) *Abk. von* Natrium Na
Nabe ['naːbə] *f* <-, -n> cubo *m*, buje *m*
Nabel ['naːbəl] *m* <-s, -> ombligo *m*; **der ~ der Welt** (*geh*) el ombligo del mundo
Nabelbinde *f* <-, -n> venda *f* umbilical; **Nabelbruch** *m* <-(e)s, -brüche> (MED) hernia *f* umbilical; **Nabelkompresse** *f* <-, -n> compresa *f* umbilical; **Nabelschau** *f* <-, -en> narcisismo *m*; (*Zeigen des Körpers*) exhibicionismo *m*; **Nabelschnur** *f* <-, -schnüre> cordón *m* umbilical
nach [naːx] **I.** *präp + dat* ❶ (*Richtung*) hacia, a; (*Länder-, Ortsnamen*) a; (*Zug, Flugzeug*) con destino a, para; ~ **Berlin**/~ **Spanien** a Berlín/a España, ~ **Norden**/~ **Süden** al norte/al sur; ~ **oben**/~ **rechts** hacia arriba/hacia la derecha; **von links ~ rechts** de izquierda a derecha; ~ **Hause** a casa
❷ (*zeitlich, Reihenfolge*) después de; ~ **Christus** después de Cristo, de nuestra era; ~ **der Arbeit** después del trabajo; ~ **langem Hin und Her** después de darle muchas vueltas; **sie kam ~ zehn Minuten** vino a los diez minutos; ~ **fünf Jahren kam sie aus Amerika zurück** volvió de América pasados cinco años; ~ **allem, was geschehen ist** después de todo lo que ha pasado; **die dritte Straße ~ dem Rathaus** la tercera calle después del ayuntamiento; **einer ~ dem anderen** primero uno, después otro; ~ **Ihnen, bitte!** ¡después de Ud., por favor!
❸ (*Uhrzeit*) y; **es ist fünf ~ (Minuten) ~ sechs** son las seis y cinco
❹ (*zufolge, gemäß*) según, conforme a; **je ~** según; **je ~ Größe** según el tamaño; ~ **allem, was ich weiß** con todo lo que yo sé; **sie standen der Größe ~ nebeneinander** estaban uno al lado del otro por orden de altura; **dem Alter ~** conforme a la edad; **allem Anschein ~** según [*o* por] lo que parece; **das ist nicht ~ meinem Geschmack** no es de mi gusto; **meiner Meinung ~** en mi opinión; ~ **Art des Hauses** de la casa; ~ **italienischer Art** a la italiana; **die Uhr ~ dem Radio stellen** poner el reloj en hora con la radio
II. *adv* (*alle*) **mir ~!** ¡(todos) detrás de mí!, ¡seguidme!; ~ **und ~** poco a poco; ~ **wie vor** (al) igual que antes; **ich finde Berlin ~ wie vor sehr interessant** sigo encontrando Berlín muy interesante
Nachachtung *f* <-, *ohne pl*> (*Schweiz:* ADMIN): **einer Vorschrift ~ verschaffen** hacer cumplir un precepto
nach|äffen ['naːxɛfən] *vt* (*abw*) remedar, imitar sin gracia
nach|ahmen ['naːxʔaːmən] *vt* imitar, copiar; **N~ und Ausbeuten fremder Leistung** (JUR) falsificación y explotación de producción ajena
nachahmenswert *adj* digno de ser imitado; (*vorbildlich*) ejemplar
Nachahmung *f* <-, -en> imitación *f*; (*Fälschung*) falsificación *f*; ~ **eingetragener Warenzeichen** (JUR) falsificación de marcas registradas
Nachahmungstrieb *m* <-(e)s, -e> instinto *m* de imitación; (PSYCH) escopatía *f*
nach|arbeiten *vt* ❶ (*aufholen*) recuperar
❷ (*nachbearbeiten*) repasar, mejorar, perfeccionar
❸ (*nachbilden*) copiar
Nacharbeitskosten *pl* coste *m* de recuperación
Nachbar(in) ['naxbaːɐ] *m(f)* <-n *o* -s, -n; -, -nen> vecino, -a *m, f*; **auf jdn scharf wie ~s Lumpi sein** (*fam*) estar majareta por alguien; **die lieben ~n** (*iron*) los vecinitos del alma
Nachbarabwehrrecht *nt* <-(e)s, *ohne pl*> (JUR) derecho *m* de defensa vecinal; **Nachbarausgleichsanspruch** *m* <-(e)s, -sprüche> (JUR) derecho *m* de compensación vecinal; **allgemeiner öffentlich-rechtlicher ~** derecho general público de compensación vecinal; **Nachbarhaus** *nt* <-es, -häuser> casa *f* vecina [*o* de al lado]
Nachbarin *f* <-, -nen> *s.* **Nachbar**
Nachbarland *nt* <-(e)s, -länder> país *m* vecino
nachbarlich *adj* ❶ (*benachbart*) vecino
❷ (*nachbarschaftlich*) vecinal; **~es Gemeinschaftsverhältnis** relación comunal de vecindad
Nachbarrecht *nt* <-(e)s, *ohne pl*> derecho *m* de colindancia
Nachbarschaft *f* <-, *ohne pl*> vecindad *f*, vecindario *m*; (*alle Nachbarn*) vecinos *mpl*; **eine gute ~ halten** tener buenas relaciones con los vecinos
Nachbarschaftshilfe *f* <-, -n> ayuda *f* entre vecinos; **in ~ ein Haus errichten** levantar una casa con la ayuda de los vecinos; **Nachbarschaftsinitiative** *f* <-, -n> iniciativa *f* del vecindario [*o* de vecinos]; ~ **zur Kriminalitätsbekämpfung** iniciativa de vecinos contra la criminalidad
Nachbarsfrau *f* <-, -en> vecina *f*; **Nachbarskind** *nt* <-(e)s, -er> hijo, -a *m, f* de los vecinos, niño, -a *m, f* de los vecinos; **Nachbars-**

leute *pl* vecinos *mpl*
Nachbarstaat *m* <-(e)s, -en> estado *m* vecino; **Nachbarwiderspruch** *m* <-(e)s, *ohne pl*> (JUR) oposición *f* del colindante
nach|bearbeiten* *vt* elaborar sobre muestra
Nachbeben *nt* <-s, -> terremoto *m* secundario
nach|behandeln* *vt* ❶ (*im Anschluss behandeln*) tratar posteriormente [*o* luego]; **das antike Büffet muss mit Wachs nachbehandelt werden** al aparador antiguo hay que darle luego un acabado con cera
❷ (MED: *Patient*) hacer un tratamiento de seguimiento [*o* posterior]; (*Wunde, Narbe*) tratar con posterioridad; **nach seiner Operation wurde der Patient jahrelang nachbehandelt** tras su operación el paciente estuvo durante muchos años en tratamiento
Nachbehandlung *f* <-, -en> tratamiento *m* posterior; (*nach einer Operation*) postoperatorio *m*
nach|bereiten* *vt* repasar
nach|bessern *vt* retocar
Nachbesserungsanspruch *m* <-(e)s, -sprüche> (JUR) derecho *m* de saneamiento; **Nachbesserungsfrist** *f* <-, -en> (JUR) plazo *m* de saneamiento; **Nachbesserungskosten** *pl* costos *mpl* de corrección; **Nachbesserungspflicht** *f* <-, *ohne pl*> (JUR) deber *m* de saneamiento
nach|bestellen* *vt* renovar un pedido, hacer un pedido suplementario
Nachbestellung *f* <-, -en> nueva orden *f*, nuevo encargo *m*
nach|beten *vt* (*fam abw*) repetir como un loro
nach|bezahlen* *vt* (*nachträglich*) pagar más tarde; (*einen Zuschlag*) pagar como suplemento
nach|bilden *vt* copiar, imitar
Nachbildung *f* <-, -en> copia *f*, imitación *f*
nach|blicken *vi*: **jdm/etw** *dat* ~ seguir a alguien/algo con la mirada [*o* con la vista]
Nachblutung *f* <-, -en> (MED) hemorragia *f* posterior
nach|bohren *vi* (*fam*) insistir; **bei jdm ~** preguntar insistentemente a alguien
Nachbörse *f* <-, -n> (FIN) operaciones *fpl* después del cierre de la bolsa; **Nachbürge, -in** *m, f* <-n, -n; -, -nen> (JUR) subfiador(a) *m(f)*; **Nachbürgschaft** *f* <-, -en> (JUR) subfianza *f*
nach|datieren* *vt* antedatar
nachdem [naːxˈdeːm] *konj* ❶ (*zeitlich*) después de +*inf*, después de que +*subj*; ~ **sie mit ihm gesprochen hatte ...** después de haber hablado con él...; ~ **sie weg waren, gingen wir schlafen** después de que se marcharan [*o* después de irse ellos] nos fuimos a dormir
❷ (*Abhängigkeit*): **je ~** según; **je ~, ob/wie ...** depende de si/de cómo...
nach|denken *irr vi* reflexionar (*über* sobre), pensar (*über* en); **darüber darf man gar nicht ~** no se debería pensar en esto; **scharf** [*o* **angestrengt**] ~ pensar con todas las fuerzas; **laut ~** pensar en voz alta
nachdenklich *adj* pensativo, meditabundo; (*in Gedanken versunken*) ensimismado; **als sie die Nachricht hörte, wurde sie ~** al escuchar la noticia se quedó pensativa; **in ~er Stimmung sein** estar meditabundo; **das macht mich ~** me da que pensar
Nachdenklichkeit *f* <-, *ohne pl*> ❶ (*nachdenkliche Stimmung*) estado *m* pensativo [*o* de reflexión]
❷ (*Versunkenheit*) ensimismamiento *m*
nach|dichten *vt* (LIT) hacer una versión [*o* una adaptación] libre de
Nachdichtung *f* <-, -en> (LIT) versión *f* libre, adaptación *f* libre
Nachdisposition *f* <-, -en> (JUR) disposición *f* adicional
nach|drängen *vi sein* empujar (desde atrás); **sobald einige Besucher die Ausstellung verließen, drängten gleich die nächsten nach** tan pronto abandonaron algunos visitantes la exposición, entraron los siguientes a empujones [*o* a empellones]
Nachdruck¹ *m* <-(e)s, *ohne pl*> (*Eindringlichkeit*) énfasis *m inv*, insistencia *f*, hincapié *m fam*; **etw mit ~ sagen** decir algo con énfasis; **ich weise mit allem ~ darauf hin, dass ...** hago hincapié en que...
Nachdruck² *m* <-(e)s, -e> (TYPO) reproducción *f*; (*Neuauflage*) reimpresión *f*; **unerlaubter ~** reimpresión pirata; ~ **verboten** reproducción prohibida
nach|drucken *vt* reimprimir
nachdrücklich ['naːxdrʏklɪç] **I.** *adj* insistente; (*energisch*) enérgico
II. *adv* con insistencia, **jdn ~ bitten** rogar a alguien insistentemente
Nachdrücklichkeit *f* <-, *ohne pl*> insistencia *f*; **ich warne mit aller ~ vor diesem Film** insisto de todas todas en que esta película no vale la pena; **ich muss Sie mit aller ~ bitten, in Zukunft von solchen Machenschaften Abstand zu nehmen!** debo instarle a que en el futuro se aleje de semejantes intrigas
nach|dunkeln *vi haben o sein* oscurecerse (con el paso del tiempo)
Nachdurst *m* <-s, *ohne pl*> sed provocada por el consumo excesivo de alcohol
Nacheid *m* <-(e)s, -e> (JUR) juramento *m* asertorio
nach|eifern *vi*: **jdm ~** emular a alguien

Nacheile *f* <-, *ohne pl*> (JUR) persecución *f*
nach|eilen *vi sein:* jdm/etw ~ correr detrás de alguien/de algo
nacheinander [naːxʔaɪ̯ˈnandɐ] *adv* ❶ (*räumlicher Abstand*) sucesivamente, uno detrás de otro
❷ (*zeitlich*) seguido; **fünf Tage** ~ cinco días seguidos; **sie kamen kurz** ~ llegaron muy seguidos; **zweimal** ~ dos veces seguidas
nach|empfinden* *irr vt:* jds Gefühle ~ comprender [*o* compartir] los sentimientos de alguien; **das kann ich dir gut** ~ sé muy bien cómo te sientes, te comprendo totalmente
Nachen [ˈnaxən] *m* <-s, -> (*geh*) barca *f*, bote *m*
Nacherbe, -in *m, f* <-n, -n; -, -nen> (JUR) heredero *m* fideicomisario, heredera *f* fideicomisaria; **Nacherbfolge** *f* <-, *ohne pl*> (JUR) sucesión *f*; **Nacherbschaft** *f* <-, -en> (JUR) sucesión *f* fideicomisaria; **Nacherfüllung** *f* <-, -en> (JUR) cumplimiento *m* posterior; **Nacherhebung** *f* <-, -en> (JUR) recaudación *f* posterior
nach|erzählen* *vt* repetir; (*erzählen*) contar
Nacherzählung *f* <-, -en> narración *f*, relato *m*
Nachf. *Abk. von* **Nachfolger(in)** sucesor(a) *m(f)*
Nachfahr(e), -in *m, f* <-(e)n, -(e)n; -, -nen> (*geh*) descendiente *mf*; **die ~en** (*Blutsverwandtschaft*) la descendencia; (*nächste Generationen*) la posteridad
nach|fahren *irr vi sein:* jdm ~ seguir a alguien (en un vehículo)
Nachfahrin *f* <-, -nen> *s.* **Nachfahr(e)**
Nachfassaktion^{RR} *f* <-, -en>, **Nachfaßaktion** *f* <-, -en> (WIRTSCH) insistencia *f*, acción *f* reiterativa
nach|fassen I. *vi* ❶ (*fam: nachbohren*) insistir (*in* en), preguntar con insistencia (*in* por)
❷ (*noch einmal zugreifen*) agarrarse (de nuevo)
❸ (*Nachschlag holen*) repetir
II. *vt* repetir
Nachfeier *f* <-, -n> continuación *f* de la fiesta; (*später*) celebración *f* (*que se realiza con posterioridad al evento celebrado*)
nach|feiern *vt* celebrar a posteriori
Nachfeststellung *f* <-, -en> (JUR) determinación *f* posterior; **Nachfluchtgrund** *m* <-(e)s, -gründe> (JUR) causa *f* de evasión posterior
Nachfolge *f* <-, *ohne pl*> sucesión *f*; jds ~ (**in einem Amt**) **antreten** suceder a alguien (en un cargo)
Nachfolgeindustrie *f* <-, -n> industria *f* secundaria; **Nachfolgemodell** *nt* <-s, -e> modelo *m* sucesor
nach|folgen *vi sein* ❶ (*Nachfolger werden*) suceder; **er wird seinem Vater in der Unternehmensleitung** ~ sucederá a su padre en la dirección de la empresa
❷ (*folgen*) seguir; **die Trauergäste folgten dem Sarg nach** el cortejo fúnebre seguía al [*o* iba detrás del] féretro
nachfolgend *adj* siguiente
Nachfolgeorganisation *f* <-, -en> organización *f* sucesora; **welche Partei ist die ~ der früheren SED?** ¿qué partido es el sucesor del antiguo SED?
Nachfolger(in) *m(f)* <-s, -; -, -nen> sucesor(a) *m(f)*
Nachfolgestaat *m* <-(e)s, -en> (POL) país *m* sucesor; **Nachfolgetreffen** *nt* <-s, -> encuentro *m* posterior (a otro)
nach|fordern *vt* (*zeitlich*) reclamar posteriormente; (*zusätzlich*) pedir adicionalmente
Nachforderung *f* <-, -en> (*zeitlich*) reclamación *f* posterior; (*zusätzlich*) petición *f* adicional; **~en erheben** presentar una petición [*o* reclamación]
Nachforderungsklage *f* <-, -n> (JUR) demanda *f* de reclamación repetitoria; **Nachforderungsrecht** *nt* <-(e)s, *ohne pl*> derecho *m* de reclamación posterior
nach|forschen *vi* indagar, investigar; etw *dat* ~ (*geh*) indagar algo
Nachforschung *f* <-, -en> investigación *f*; (*amtliche* ~) pesquisa *f*; **in etw ~en anstellen** hacer pesquisas [*o* pedir informes] acerca de algo
Nachfrage *f* <-, -n> demanda *f* (*nach de*); **Angebot und** ~ oferta y demanda; **gesamtwirtschaftliche** ~ demanda global; **hohe** ~ gran demanda; **schleppende** ~ demanda desanimada; **eine ~ ausweiten** ampliar la demanda; **die ~ befriedigen** satisfacer la demanda; ~ **schaffen für etw** crear una demanda de algo; **die ~ sinkt/steigt** la demanda disminuye/aumenta; **danke der ~!** ¡gracias por el interés!
Nachfragebelebung *f* <-, *ohne pl*> (WIRTSCH) animación *f* de la demanda; **Nachfrageentwicklung** *f* <-, -en> (WIRTSCH) evolución *f* de la demanda; **Nachfrageermächtigung** *f* <-, -en> (JUR) autorización *f* según demanda; **Nachfrageexpansion** *f* <-, -en> (WIRTSCH) expansión *f* de la demanda; **Nachfrageimpuls** *m* <-es, -e> (WIRTSCH) impulso *m* de la demanda; **Nachfragemonopol** *nt* <-s, -e> (WIRTSCH) monopsonio *m*
nach|fragen I. *vi* ❶ (*sich erkundigen*) preguntar (*wegen* por)
❷ (*nachsuchen*) solicitar
❸ (*Schweiz*) preguntar; **ich frage ihm nach** voy a preguntar por él; **nach der Gesundheit** ~ informarse acerca de la salud de alguien; **etw** *dat* **nichts** ~ no dar importancia a algo, no tener interés por algo
II. *vt* (WIRTSCH) demandar
Nachfragerückgang *m* <-(e)s, *ohne pl*> (WIRTSCH) disminución *f* de la demanda, retroceso *m* de la demanda; **rezessionsbedingter** ~ retroceso de la demanda provocado por una recesión; **Nachfrageschwäche** *f* <-, -n> (WIRTSCH) debilitamiento *m* de la demanda
nachfragesteigernd *adj* (WIRTSCH) de demanda creciente
Nachfragesteuerung *f* <-, -en> (WIRTSCH) control *m* de la demanda; **Maßnahme zur** ~ medida para tener controlada la demanda; **Nachfrageüberhang** *m* <-(e)s, -hänge> exceso *m* de demanda
Nachfrist *f* <-, -en> (JUR) prórroga *f*, prolongación *f* del plazo; **eine ~ gewähren** otorgar un plazo de cortesía; **jdm eine ~ setzen** prorrogar un plazo a alguien, poner un segundo plazo a alguien
Nachfristsetzung *f* <-, -en> (JUR) establecimiento *m* de plazo de cortesía
nach|fühlen *vt s.* **nachempfinden**
nachfüllbar *adj* rellenable; (*Patrone, Feuerzeug*) recargable
nach|füllen *vt* rellenar, volver a llenar; (*Patrone, Feuerzeug*) recargar
Nachfüllpackung *f* <-, -en> empaque *m* rellenable
nach|geben *irr vi* ❶ (*zustimmen*) ceder, transigir, agacharse *Am;* **er gab ihren Bitten nach** cedió a sus súplicas; **der Klügere gibt nach** (*prov*) el más prudente da su brazo a torcer
❷ (*Fundament*) ceder; (*Stoff*) dar de sí
❸ (WIRTSCH, FIN) bajar
Nachgebühr *f* <-, -en> sobretasa *f*
Nachgeburt *f* <-, *ohne pl*> secundinas *fpl*
nach|gehen *irr vi sein* ❶ (*folgen*) seguir; **etw/jdm** ~ ir tras de algo/alguien
❷ (*ergründen*) investigar, tratar de aclarar; **einem Hinweis/einer Spur** ~ seguir una pista/una huella
❸ (*Uhr, Messgerät*) ir atrasado, atrasar
❹ (*einem Studium, Beruf*) dedicarse (a)
nachgelassen I. *pp von* **nachlassen**
II. *adj* póstumo; ~**e Manuskripte/Briefe** manuscritos póstumos/cartas póstumas
Nachgenehmigung *f* <-, -en> autorización *f* posterior
nachgeordnet *adj* (*formal*) subordinado
nachgerade *adv* ❶ (*allmählich*) poco a poco
❷ (*geradezu*) realmente, verdaderamente
Nachgeschmack *m* <-(e)s, *ohne pl*> dejo *m*, regusto *m*; (*schlechter* ~) resabio *m;* **das hinterlässt einen üblen** ~ esto deja mal sabor de boca
nachgewiesenermaßen [ˈ-----ˈ--] *adv* como queda comprobado; **sie war ~ schuldig** quedó probada su culpabilidad
nachgiebig [ˈnaːxɡiːbɪç] *adj* ❶ (*Mensch, Haltung*) indulgente, transigente; **gegenüber jdm (zu) ~ sein** ser (demasiado) condescendiente con alguien
❷ (*Material*) flexible, elástico; (*Boden*) blando
Nachgiebigkeit *f* <-, *ohne pl*> ❶ (*Entgegenkommen*) complacencia *f*; (*Veranlagung*) docilidad *f*
❷ (*Beschaffenheit*) elasticidad *f*
nach|gießen *irr* I. *vt* ❶ (*einschenken*) servir más; **sich** *dat* **Wein** ~ servirse [*o* echarse] más vino
❷ (*auffüllen*) rellenar; **jds Glas** ~ rellenar el vaso de alguien
II. *vi* servir más bebida; **darf ich dir ~?** ¿te sirvo un poco más?
Nachgirant(in) *m(f)* <-en, -en; -, -nen> (FIN) endosante *mf* posterior
nach|grübeln *vi* cavilar (*über* sobre)
nach|gucken *vi* (*reg*) *s.* **nachsehen**
Nachhaftungsbegrenzungsgesetz *nt* <-es, -e> (JUR) ley *f* limitadora de arresto postcarcelario
nach|haken *vi* (*fam*) porfiar; **bei jdm (mit einer Frage)** ~ preguntar a alguien con insistencia
Nachhall *m* <-(e)s, *ohne pl*> eco *m*, reverberación *f*
nach|hallen *vi* resonar, reverberar
nachhaltig [ˈnaːxhaltɪç] *adj* persistente, duradero; ~**e Wirkung haben** ser muy eficaz
Nachhaltigkeit *f* <-, *ohne pl*> duración *f*, persistencia *f*, efecto *m* (persistente); **das Erlebnis war von geringer** ~ fue una vivencia poco persistente
nach|hängen *vi irr* estar absorto (en); (*wehmütig*) acariciar; **seinen Gedanken** ~ ensimismarse; **seinen Erinnerungen** ~ abismarse en sus recuerdos
nachhause^{RR} *adv* (*Österr, Schweiz*) a casa
Nachhauseweg [-ˈ---] *m* <-(e)s, -e> camino *m* a casa; **auf dem** ~ de camino a casa
nach|helfen *irr vi* echar una mano; **dem Glück** ~ ayudar a la suerte; **bei jdm mit Drohungen/mit Geld ein wenig** ~ darle un empujoncito a alguien a base de amenazas/dinero
nachher [naːxˈheːɐ̯, ˈ--] *adv* ❶ (*danach*) después; (*später*) luego; **bis ~!**

Nachhilfe *f* <-, -n> clase *f* particular; **bei jdm ~ bekommen** dar clases particulares con alguien; **jdm ~ geben** dar clases particulares a alguien

Nachhilfelehrer(in) *m(f)* <-s, -; -, -nen> profesor(a) *m(f)* de clases particulares; **mein Sohn braucht eine ~in für Physik** mi hijo necesita una profesora que le dé clases particulares en física; **Nachhilfestunde** *f* <-, -n> clase *f* particular; **bei jdm ~n bekommen** dar clases particulares con alguien; **jdm ~n geben** dar clases particulares a alguien; **Nachhilfeunterricht** *m* <-(e)s, -e> clases *fpl* particulares; **~ nehmen** ir a clases particulares; **jdm ~ geben** dar clases particulares a alguien

Nachhinein^{RR} ['---]: **im ~** posteriormente

nach|hinken *vi sein* estar retrasado (*hinter* respecto de), quedarse atrás (*hinter*); **in Latein hinkt sie etwas hinter dem Rest der Klasse nach** en latín va un poco por detrás del [*o* está un poco retrasada respecto del] resto de la clase

Nachholbedarf *m* <-(e)s, *ohne pl*> necesidad(es) *f(pl)* de recuperar (*an*); **mein ~ an Sonne ist gedeckt** mi falta [*o* necesidad atrasada] de sol está cubierta

nach|holen *vt* ❶ (*Person*) hacer venir; (*Dinge*) buscar más tarde ❷ (*Arbeit, Versäumnis*) recuperar

Nachhut *f* <-, -en> (MIL) retaguardia *f*

Nachindossament *nt* <-s, -e> (JUR) endoso *m* de letra vencida

nach|jagen *vi sein:* **jdm ~** perseguir a alguien, dar caza a alguien; **etw** *dat* **~** andar a la caza de algo

nach|kaufen *vt* comprar más tarde; **von diesem Service kann man Teile ~** este juego de mesa dispone de piezas de recambio

Nachkaufgarantie *f* <-, -n> garantía *f* de disponibilidad de recambios (*auf/für* para)

Nachklang *m* <-(e)s, -klänge> eco *m*, resonancia *f*, repercusión *f*

nach|klingen *irr vi sein* ❶ (*Laute*) resonar; **die Explosion klang noch lange in der Schlucht nach** la explosión siguió resonando mucho tiempo en el desfiladero ❷ (*Eindruck*) tener resonancia

Nachkomme ['na:kɔmə] *m* <-n, -n> descendiente *mf*

nach|kommen *irr vi sein* ❶ (*später kommen*) venir más tarde; **ich komme gleich nach** ahora voy; **jdm ~** seguir a alguien; **als er sechs war, kam noch eine Schwester nach** con seis años se le llegó una hermana; **da kann noch was ~** todavía puede haber complicaciones ❷ (*Schritt halten*) poder seguir; **er kommt mit der Arbeit nicht nach** no consigue sacar el trabajo adelante ❸ (*geh*): **etw** *dat* **~** (*einer Vorschrift*) acatar; (*einer Verpflichtung/Anordnung*) cumplir (con); (*einem Wunsch, einer Bitte*) acceder (a) ❹ (*Schweiz: verstehen*) entender, seguir

Nachkommenschaft *f* <-, *ohne pl*> descendencia *f*

Nachkömmling ['na:xkœmlɪŋ] *m* <-s, -e> ❶ (*Nachzügler*) rezagado, -a *m, f*; **er ist der ~ unter den Geschwistern** es con mucho el más joven de todos los hermanos ❷ (*Nachkomme*) descendiente *mf*

nach|kontrollieren* *vt* controlar, revisar; **die Reifen wurden auf Sicherheit nachkontrolliert** se comprobó que las ruedas fueran seguras; **das Programm wurde auf Viren nachkontrolliert** se comprobó si el programa tenía virus

Nachkriegsdeutschland *nt* <-s> Alemania *f* de la pos(t)guerra; **Nachkriegshöchststand** *m* <-(e)s, -stände> (WIRTSCH, FIN) nivel *m* más alto de pos(t)guerra; **Nachkriegszeit** *f* <-, -en> (época *f* de la) pos(t)guerra *f*

Nachkur *f* <-, -en> (MED) tratamiento *m* posterior

nach|laden *irr vt* recargar, volver a cargar; **es blieb keine Zeit zum N~** no quedaba tiempo para recargar (el arma)

Nachlass^{RR} ['na:xlas] *m* <-es, -lässe *o* -e>, **Nachlaß** *m* <-sses, -lässe *o* -lasse> ❶ (*Erbschaft*) legado *m*; (*eines Künstlers, Schriftstellers*) obras *fpl* póstumas; **erbloser/überschuldeter ~** (JUR) patrimonio hereditario vacante/sobreendeudado ❷ (*Rabatt*) rebaja *f*; **einen ~ gewähren** conceder una rebaja

Nachlassabwicklung^{RR} *f* <-, -en> (JUR) liquidación *f* del patrimonio hereditario; **Nachlasseinheit**^{RR} *f* <-, -en> (JUR) unidad *f* del patrimonio hereditario

nach|lassen *irr* I. *vi* (*allgemein*) disminuir; (*Schmerz*) calmarse; (*Interesse, Qualität, Eifer*) decaer, declinar; (*Fieber*) bajar; (*Regen*) cesar; **das Restaurant hat sehr nachgelassen** el restaurante ha decaído mucho; **wir sollten nicht ~ in unserem Streben!** no debemos desistir en [*o* de] nuestro afán
II. *vt* ❶ (*lockern*) aflojar ❷ (*vom Preis*) rebajar; **die Hälfte des Preises ~** reducir a la mitad de precio

Nachlassgegenstand^{RR} *m* <-(e)s, -stände> (JUR) objeto *m* sucesorio; **Nachlassgericht**^{RR} *nt* <-(e)s, -e> (JUR) tribunal *m* sucesorio; **Nachlasshaftung**^{RR} *f* <-, *ohne pl*> (JUR) responsabilidad *f* sucesoria

nachlässig ['na:xlɛsɪç] I. *adj* negligente, descuidado
II. *adv* con negligencia, con descuido; **~ arbeiten** ser negligente en el trabajo; **~ gekleidet sein** estar mal vestido

Nachlässigkeit¹ *f* <-, *ohne pl*> (*das Nachlässigsein*) negligencia *f*, descuido *m*; **grobe ~** negligencia grave

Nachlässigkeit² *f* <-, -en> (*Handlung*) negligencia *f*, descuido *m*

Nachlassinsolvenz^{RR} *f* <-, -en> (JUR) insolvencia *f* sucesoria; **Nachlassinsolvenzverfahren**^{RR} *nt* <-s, -> (JUR) procedimiento *m* sobre insolvencia sucesoria; **Nachlasskonkurs**^{RR} *m* <-es, -e> (JUR) concurso *m* de acreedores del patrimonio hereditario; **Nachlasspflegschaft**^{RR} *f* <-, -en> (JUR) organismo *m* tutelar sucesorio; **Nachlasssachen**^{RR} *fpl* (JUR) materia *f* sucesoria; **Nachlassschuld**^{RR} *f* <-, -en> (JUR) deuda *f* hereditaria; **Nachlassspaltung**^{RR} *f* <-, -en> (JUR) partición *f* de herencia; **Nachlasssteuer**^{RR} *f* <-, -en> (JUR) impuesto *m* de sucesiones; **Nachlassverbindlichkeiten**^{RR} *fpl* (JUR) deudas *fpl* del patrimonio hereditario; **Nachlassverfahren**^{RR} *nt* <-s, -> (JUR) juicio *m* sucesorio, procedimiento *m* sucesorio; **Nachlassvermögen**^{RR} *nt* <-s, -> (JUR) bienes *mpl* sucesorios; **Nachlassverwalter(in)**^{RR} *m(f)* <-s, -; -, -nen> (JUR) administrador(a) *m(f)* de la herencia; **Nachlassverwaltung**^{RR} *f* <-, -en> administración *f* de la herencia; **Nachlassverwaltungsklage**^{RR} *f* <-, -n> (JUR) demanda *f* de administración hereditaria

Nachlassverzeichnis^{RR} *nt* <-ses, -se> (JUR) inventario *m* de la sucesión

nach|laufen *vi irr sein:* **jdm/etw ~** ir detrás de alguien/de algo

nach|legen *vt* ❶ (*zusätzlich auflegen*) echar más, añadir; **er hat zu dem Skandal einen weiteren Artikel nachgelegt** ha escrito otro artículo acerca del escándalo ❷ (*Speisen*) servir (más), poner (más en el plato)

Nachleistungen *fpl* (WIRTSCH) prestaciones *fpl* posteriores [*o* complementarias]

Nachlese *f* <-, -n> ❶ (*der Ernte*) rebusca *f*, rebusco *m* ❷ (*geh: Nachtrag*) selección *f*

nach|lesen *irr vt* (*Text*) releer; **etw in einem Buch ~** consultar un libro para verificar algo (ya leído u oído)

nach|liefern *vt* enviar [*o* entregar] más tarde

Nachlieferung *f* <-, -en> (WIRTSCH) ❶ (*Lieferung*) entrega *f* posterior [*o* suplementaria] ❷ (*Artikel*) artículos *mpl* pendientes (de entrega)

Nachliquidation *f* <-, -en> (JUR) liquidación *f* posterior

Nachlösegebühr *f* <-, -en> (EISENB) tarifa *f* adicional

nach|lösen I. *vt* comprar al revisor
II. *vi* comprar el billete al revisor

nach|machen *vt* (*fam*) ❶ (*nachahmen*) copiar, imitar; **das macht mir so schnell keiner nach** esto no lo hace cualquiera ❷ (*fälschen*) falsificar ❸ (*nachträglich erledigen*) hacer a posteriori [*o* en fecha posterior]

Nachmann *m* <-(e)s, -männer> (JUR) titular *m* posterior

nach|messen *irr vi, vt* (volver a) medir

Nachmieter(in) *m(f)* <-s, -; -, -nen> siguiente inquilino, -a *m, f*

nachmittag *adv s.* **Nachmittag**

Nachmittag *m* <-(e)s, -e> tarde *f*; **am ~** por la tarde; **gestern ~** ayer por la tarde; **im Laufe des ~s** en el curso de la tarde

nachmittäglich *adj* a primera hora de la tarde; **sein ~es Schläfchen ist ein Ritual** su siesta a la hora de la sobremesa es todo un ritual

nachmittags *adv* por la tarde; (*jeden Nachmittag*) por la(s) tarde(s); **um vier Uhr ~** a las cuatro de la tarde

Nachmittagsvorstellung *f* <-, -en> función *f* de tarde, sesión *f* de tarde, vermú *m* And, CSur

Nachnahme ['na:ma] *f* <-, -n> reembolso *m*; **gegen ~ liefern** entregar contra reembolso; **etw per ~ verschicken** mandar algo contra reembolso

Nachnahmegebühr *f* <-, -en> tasa *f* de reembolso; **Nachnahmesendung** *f* <-, -en> envío *m* contra reembolso

Nachname *m* <-ns, -n> apellido *m*

nach|plappern *vt* (*fam*) repetir como un loro

Nachporto *nt* <-s, -s *o* -porti> sobretasa *f*

nachprüfbar *adj* que se puede comprobar, comprobable; **das Alibi des Verdächtigen war ~** la coartada del acusado se podía probar

Nachprüfbarkeit *f* <-, *ohne pl*> comprobación *f*, verificación *f*

nach|prüfen *vt* comprobar, verificar

Nachprüfung *f* <-, -en> ❶ (*Kontrolle*) verificación *f*, comprobación *f* ❷ (*in der Schule*) recuperación *f*; **Nachprüfungsverfahren** *nt* <-s, -> procedimiento *m* de comprobación

nach|rechnen *vi, vt* repasar la cuenta (de)

Nachrede *f* <-, -n> (JUR): **üble ~** calumnia *f*, difamación *f*

nach|reden *vt* ❶ (*wiederholen*) repetir, reproducir

❷ (*klatschen*) hablar; **jdm Übles ~** hablar mal de alguien; **die Leute reden ihr nach, dass ...** la gente dice de ella que...
nach|reichen *vt* entregar en fecha posterior
nach|reisen *vi sein:* **jdm ~** salir de viaje después de alguien (para reunirse con esta persona); **drei Tage später reiste er ihr nach** tres días después se reunió con ella
Nachricht ['na:xrɪçt] *f* <-, -en> ❶ (*allgemein*) noticia *f*; **eine ~ hinterlassen** dejar un recado; **jdm ~ geben** avisar a alguien; **~ von jdm haben** tener noticias de alguien; **jdm eine ~ überbringen** transmitir a alguien una noticia
❷ *pl* (TV, RADIO) noticias *fpl*
Nachrichtenagentur *f* <-, -en> agencia *f* de noticias
Nachrichtendienst *m* <-(e)s, -e> ❶ (*Geheimdienst*) servicio *m* de inteligencia ❷ (*Nachrichtenagentur*) agencia *f* de noticias; **Nachrichtendienstkontrollgesetz** *nt* <-es, -e> (JUR) ley *f* sobre el control del servicio de inteligencia
Nachrichtenforum *nt* <-s, -foren> (INFOR, TEL) foro *m* de discusión (*entre usuarios de Internet*); **Nachrichtenkanal** *m* <-s, -näle> canal *m* de noticias; **Nachrichtenmagazin** *nt* <-s, -e> (PUBL) revista *f* de actualidad [*o* informativa]; **Nachrichtensatellit** *m* <-en, -en> satélite *m* de comunicaciones; **Nachrichtensendung** *f* <-, -en> espacio *m* informativo, noticias *fpl*, noticiario *m Am*; **Nachrichtensperre** *f* <-, -n> bloqueo *m* informativo; **über irgendein Thema eine ~ verhängen** imponer un embargo informativo sobre algún tema; **Nachrichtensprecher(in)** *m(f)* <-s, -; -, -nen> locutor(a) *m(f)*; **Nachrichtentechnik** *f* <-, *ohne pl*> técnica *f* de comunicaciones, telecomunicaciones *fpl*; **Nachrichtenwesen** *nt* <-s, *ohne pl*> sistema *m* informativo, comunicaciones *fpl*
nach|rücken *vi sein* ❶ (*folgen*) seguir (*für* a)
❷ (*aufrücken*) avanzar
❸ (*einen Posten einnehmen*) ascender (*auf* a)
Nachrücker(in) *m(f)* <-s, -; -, -nen> sucesor(a) *m(f)*
Nachruf *m* <-(e)s, -e> necrológica *f* (*auf* de)
nach|rufen *irr vt* gritar; **ruf ihm nach!** ¡dale una voz!
Nachruhm *m* <-(e)s, *ohne pl*> fama *f* póstuma
nach|rüsten I. *vi* (MIL) rearmarse
II. *vt* (TECH, INFOR: *zusätzlich ausstatten*) equipar posteriormente
Nachrüstung *f* <-, -en> ❶ (MIL) rearme *m*
❷ (TECH, INFOR) modificación *f* retroactiva
nach|sagen *vt* ❶ (*wiederholen*) repetir
❷ (*behaupten*): **jdm etw ~** decir algo (acerca de) alguien; (*Fähigkeiten*) atribuir algo a alguien; **ihm wurde nachgesagt, dass ...** se dijo acerca de él que...
Nachsaison *f* <-, -s, *südd*, *Österr:* -en> temporada *f* baja
nach|salzen I. *vi* añadir sal, volver a salar; **du salzt immer viel zu viel nach** siempre te echas demasiada sal
II. *vt* añadir sal a; **ich muss die Suppe noch etwas ~** tengo que añadir un poco más de sal a la sopa
Nachsatz *m* <-es, -sätze> ❶ (*Ergänzung*) comentario *m*; (*Postskriptum*) pos(t)data *f*; **in einem ~ sagte er, dass ...** añadió que...
❷ (LING) segundo miembro *m* de una proposición, apódosis *f inv*
nach|schauen *vt s.* **nachsehen**
nach|schenken *vi, vt* (*geh*) *s.* **nachgießen**
nach|schicken *vt* reexpedir, remitir (a la nueva dirección)
nach|schieben *irr vt* (*sl*) añadir, enganchar
Nachschlag *m* <-(e)s, -schläge> ❶ (MUS) mordento *m*
❷ (*zusätzliche Essensportion*) segunda ración *f*
nach|schlagen *irr* I. *vt* buscar
II. *vi* ❶ (*nachlesen*) consultar (*in*); **in einem Lexikon ~** consultar una enciclopedia
❷ *sein* (*geh*): **jdm ~** parecerse a alguien
Nachschlagewerk *nt* <-(e)s, -e> obra *f* de consulta
nach|schleichen *irr vi sein* seguir, seguir los pasos (de); **jdm heimlich ~** seguir a alguien furtivamente
nach|schleudern *vt* ❶ (*fam: hinterherwerfen*) tirar detrás de alguien
❷ (*Wäsche*) volver a centrifugar
Nachschlüssel *m* <-s, -> copia *f* de una llave
nach|schmeißen *irr vt* (*fam*) arrojar, tirar; **das ist (so gut wie) nachgeschmissen** está (prácticamente) tirado
nach|schnüffeln *vi* (*fam*) *s.* **nachspionieren**
Nachschöpfung *f* <-, -en> recreación *f*; **Nachschrift** *f* <-, -en> ❶ (*Abschrift*) trasunto *m* ❷ (*Nachsatz*) nota *f* final; **Nachschub** *m* <-(e)s, -schübe> (MIL: *Versorgung*) suministro *m* (*an* de); (*Verpflegung*) avituallamiento *m*; (*Verstärkung*) reforzamiento *m*
Nachschusszahlung^{RR} *f* <-, -en> (WIRTSCH) pago *m* suplementario; **eine ~ fordern/leisten** exigir/realizar un pago suplementario
nach|schwatzen *vt* (*reg*), **nach|schwätzen** *vt* (*abw*) repetir lo que otra persona ya ha dicho; **du solltest nachdenken, bevor du alles nachschwätzt!** ¡deberías pensarlo dos veces antes de repetir todo lo que

han dicho otros!, ¡en vez de ser tan loro deberías pensar lo que dices!
nach|sehen *irr* I. *vi* ❶ (*hinterherblicken*): **jdm/etw ~** seguir a alguien/algo con la mirada
❷ (*zur Information*) ir a ver; **sieh mal nach, ob ...** vete a ver si...
❸ (*nachschlagen*) consultar
II. *vt* ❶ (*kontrollieren*) revisar
❷ (*nachschlagen*) buscar
❸ (*verzeihen*): **jdm etw ~** perdonar [*o* disculpar] algo a alguien
Nachsehen *nt:* **das ~ haben** quedarse a la luna de Valencia [*o* a dos velas] (*bei/in* con)
Nachsendeantrag *m* <-(e)s, -träge> solicitud *f* de reexpedición (del correo)
nach|senden *irr vt* reexpedir, remitir (a la nueva dirección); **bitte ~!** ¡reexpídase a manos del destinatario!
nach|setzen *vi* (*verfolgen*): **jdm ~** perseguir a alguien; **der Polizist setzte dem Dieb sofort nach** el policía salió inmediatamente en persecución del ladrón
Nachsicht *f* <-, *ohne pl*> indulgencia *f*; **~ walten lassen** ser indulgente
nachsichtig *adj* indulgente (*mit* para con)
Nachsilbe *f* <-, -n> (LING) sufijo *m*
nach|sinnen *irr vi* reflexionar (*über* sobre), recapacitar (*über* sobre)
nach|sitzen *irr vi* quedar castigado después de clase
Nachsommer *m* <-s, -> veranillo *m* de San Martín
Nachsorge *f* <-, *ohne pl*> (MED) rehabilitación *f*; (*nach einer Operation*) atención *f* postoperatoria
Nachsorgeklinik *f* <-, -en> clínica *f* de rehabilitación; (*nach einer Operation*) clínica *f* de cuidados postoperatorios
Nachspann [-ʃpan] *m* <-(e)s, -e> (FILM, TV) portada *f* (final), títulos *mpl*
Nachspeise *f* <-, -n> postre *m*; **Nachspiel** *nt* <-(e)s, -e> ❶ (THEAT) epílogo *m*; (MUS) postludio *m* ❷ (*Folgen*) consecuencias *fpl*; **das gibt ein ~!** ¡eso traerá cola!
nach|spielen I. *vt* (*Melodie*) repetir
II. *vi* (SPORT) jugar la prórroga
nach|spionieren* *vi* espiar, pastear *Peru*
nach|sprechen *irr vt*: **jdm etw ~** repetir lo dicho por alguien
nach|spülen I. *vt* (*nochmals abspülen*) enjuagar de nuevo, volver a enjuagar
II. *vi* ❶ (*hinterherspülen*) dejar correr (el) agua
❷ (*fam: hinterhertrinken*) beber (para quitarse un sabor); **ich brauche etwas zum N~** necesito algo para aclararme la garganta
nach|spüren *vi* (*geh*) rastrear; **jdm ~** seguir el rastro de alguien; **der Detektiv spürte einem neuen Verbrechen nach** el detective investigaba un nuevo crimen
nächst [nɛːçst] *präp +dat* (*geh*) ❶ (*örtlich*) cerca de, junto a
❷ (*samt*) junto con; (*außer*) además de
nächstbeste(r, s) *adj:* **der/die/das ~** (*allgemein*) el primero/la primera/lo primero que se presente [*o* llegue]; (*bei Qualität*) el segundo/la segunda/lo segundo mejor; **bei der ~n Gelegenheit** en la primera oportunidad que se presente
nächste(r, s) *adj superl von* **nah(e)** ❶ (*räumlich, Reihenfolge*) siguiente, próximo; **der/die/das N~** el más cercano/la más cercana/lo más cercano, el más próximo/la más próxima/lo más cercano; **an der ~n Ecke abbiegen** doblar en la siguiente esquina; **aus ~r Nähe** muy de cerca; **der ~ Weg** el camino más corto; **die ~n Angehörigen** los más allegados, los familiares más cercanos
❷ (*zeitlich*) próximo; **das ~ Mal** la próxima vez; **in den ~n Tagen** en los próximos días; **~ Woche** la semana que viene; **ich rufe dich bei der ~n Gelegenheit an** te llamo en cuanto pueda [*o* lo antes posible]
Nächste(r) *mf* <-n, -n; -, -n> ❶ (*geh: Mitmensch*) próximo, -a *m, f*; (REL) prójimo, -a *m, f*; **jeder ist sich** *dat* **selbst der ~** la caridad bien entendida empieza por uno mismo
❷ (*der/die Folgende*) siguiente *mf*; **der/die ~ bitte!** ¡el/la siguiente, por favor!
nach|stehen *irr vi:* **jdm an etw** *dat* **(nicht) ~** (no) quedarse atrás de alguien en cuanto a algo, (no) ir a la zaga a alguien en algo; **er steht ihr an Intelligenz nicht nach** no le va a la zaga en inteligencia; **jdm in nichts ~** ser igual a alguien
nachstehend *adj* posterior, a continuación; **~ aufgeführt** citado con posterioridad; **im N~en** a continuación
nach|steigen *irr vi sein* (*fam*) rondar, cortejar
nach|stellen I. *vt* ❶ (TECH) reajustar
❷ (*Uhr*) retrasar
❸ (LING) posponer
II. *vi* (*geh*): **jdm ~** (*verfolgen*) acosar a alguien, perseguir a alguien; (*umwerben*) rondar a alguien, cortejar a alguien
Nachstellung *f* <-, -en> ❶ (LING) posposición *f*; **durch die ~ dieses Adjektivs wird deutlich, dass ...** con la posposición de este adjetivo se ve claramente que...
❷ (*Verfolgung*) persecución *f*; **sich** *jds* **~en entziehen** librarse de la

nächsten persecución de alguien

nächsten ['nɛːçstən] *superl von* **nah(e)**: **am ~** lo más cercano, lo (que) más cerca; **am ~ sein** [*o* **liegen**] (*örtlich*) ser el más cercano, ser el que más cerca está

Nächstenliebe *f* <-, *ohne pl*> ❶ (*Barmherzigkeit*) caridad *f* ❷ (*Liebe zum Nächsten*) amor *m* al prójimo

nächstens ['nɛːçstəns] *adv* (*bald*) pronto, dentro de poco

Nachsteuer *f* <-, -n> (FIN, WIRTSCH) sobreimpuesto *m*

nächstgelegen *adj* más cercano; **die Verletzten wurden ins ~e Krankenhaus gebracht** los heridos fueron conducidos al hospital más cercano

nächsthöher *adj* inmediatamente superior; **der ~e Tarif liegt dann bereits bei über 20%** la tarifa inmediatamente superior se sitúa ya por encima del 20%

nächstliegend *adj* (*örtlich*) más cercano; (*fig*) más obvio

nächstmöglich *adj* próximo (posible [*o* disponible]); **zum ~en Termin** lo antes posible

nach|suchen *vi* ❶ (*suchen*) rebuscar, buscar por todas partes ❷ (*geh: beantragen*): **bei jdm um etw ~** solicitar algo de [*o* ante] alguien; **um politisches Asyl ~** solicitar asilo político

nacht ['naxt] *adv s.* **Nacht**

Nacht ['naxt, *pl:* 'nɛçtə] *f* <-, Nächte> noche *f*; **Heilige ~** Nochebuena; **bei ~** de noche; **eines ~s** (*geh*) una noche; **in der ~** por la noche; **in der ~ auf Mittwoch** la noche del martes al miércoles; **diese ~** esta noche; **gestern ~** ayer por la noche; **kommende ~** la próxima noche; **über ~ bleiben** pasar la noche (*bei* en casa de, *in* en); **als die ~ hereinbrach** cuando anocheció; **gute ~!** ¡buenas noches!; **jdm gute ~ sagen** dar(le) las buenas noches a alguien; **eine schlaflose ~ verbringen** pasar la noche en vela; **sich** *dat* **die ~ um die Ohren schlagen** (*fam*) pasarse la noche en vela; **die ~ zum Tage machen** pasarse la noche de juerga; **zu ~ essen** (*südd, Österr*) cenar; **über ~ ist die ~ zur Morgen; sein Haar ist über ~ grau geworden** le han salido canas de la noche a la mañana; **bei ~ und Nebel** (*fig*) clandestinamente; **na, dann gut(e) ~!** (*fam iron*) ¡bueno, despídete!, ¡apaga y vámonos!

Nachtarbeit *f* <-, *ohne pl*> trabajo *m* de noche

Nachtat *f* <-, -en> (JUR) acto *m* posterior; **mitbestrafte ~** acto posterior también castigado

Nachtatverhalten *nt* <-s, *ohne pl*> (JUR) comportamiento *m* en acto posterior

nachtblind *adj* hemerálope

Nachtblindheit *f* <-, *ohne pl*> ceguera *f* nocturna, hemeralopía *f*; **Nachtcreme** *f* <-, -s> crema *f* de noche; **Nachtdienst** *m* <-(e)s, -e> servicio *m* nocturno, turno *m* de noche

Nachteil *m* <-(e)s, -e> inconveniente *m*, desventaja *f*; (*Schaden*) perjuicio *m*, daño *m*; **~e durch etw haben** tener inconvenientes por algo; **jdm ~e bringen** perjudicar a alguien; **er hat sich zu seinem ~ verändert** ha cambiado para peor; **im ~ sein** estar en desventaja; **von ~ sein** ser desfavorable; **es soll nicht zu deinem ~ sein!** ¡es por tu bien!

nachteilig *adj* (*ungünstig*) desfavorable, desventajoso; (*schädlich*) perjudicial

nächtelang *adv* durante noches enteras

nachten *vunpers* (*Schweiz, reg: geh*): **es nachtet** está oscureciendo

Nachtessen *nt* <-s, -> (*südd, Österr, Schweiz*) cena *f*; **Nachteule** *f* <-, -n> (*fam iron*) trasnochador(a) *m(f)*; **Nachtfahrverbot** *nt* <-(e)s, -e> prohibición *f* de conducir por la noche; **Nachtfalter** *m* <-s, -> ❶ (BIOL) mariposa *f* nocturna ❷ (*Person*) trasnochador(a) *m(f)*, noctámbulo, -a *m*, *f*

Nachtflug *m* <-(e)s, -flüge> vuelo *m* nocturno; **von Frankfurt nach Bogotá nehme ich einen ~** de Frankfurt a Bogotá cojo un vuelo nocturno; **Nachtflugverbot** *nt* <-(e)s, -e> prohibición *f* de vuelos nocturnos

Nachtfrost *m* <-(e)s, -fröste> helada *f* nocturna; **Nachthemd** *nt* <-(e)s, -en> camisón *f*, caracól *m Mex*, dormilona *f Ven*; **Nachthimmel** *m* <-s, *ohne pl*> cielo *m* de noche; **ein sternenklarer ~** una noche estrellada

Nachtigall ['naxtɪgal] *f* <-, -en> ruiseñor *m*; **die ~en schlagen** los ruiseñores cantan; **~, ich hör' dir trapsen!** (*reg: prov*) ¡que te veo venir!

nächtigen ['nɛçtɪgən] *vi* pasar la noche (*in* en), pernoctar (*in* en); **bei jdm ~** dormir en casa de alguien

Nachtisch *m* <-(e)s, *ohne pl*> postre *m*

Nachtklub *m* <-s, -s> club *m* nocturno; **Nachtlager** *nt* <-s, -> alojamiento *m* para la noche; **sein ~ aufschlagen** hacerse una cama, acomodarse; **Nachtleben** *nt* <-s, *ohne pl*> vida *f* nocturna

nächtlich ['nɛçtlɪç] *adj* nocturno

Nachtlokal *nt* <-s, -e> club *m* nocturno; **Nachtmahl** *nt* <-(e)s, -e *o* -mähler> (*südd, Österr*) cena *f*; **Nachtmensch** *m* <-en, -en> amante *mf* de la noche; (*Nachtschwärmer*) noctámbulo, -a *m*, *f*; **Nachtportier** *m* <-s, -s> portero *m* de noche; **Nachtprogramm** *nt* <-(e)s, -e> programación *f* nocturna; **das ~ der privaten Sender wird neu gestaltet** se va a modificar la programación nocturna de los canales privados; **Nachtquartier** *nt* <-s, -e> alojamiento *m* para dormir; **er bezog bei seinem Freund ~, weil er seinen Haustürschlüssel verloren hatte** se quedó a dormir en casa de su amigo porque había perdido la llave de su casa

Nachtrag ['naːxtraːk, *pl:* 'naːxtrɛːgə] *m* <-(e)s, -träge> adición *f* (*zu* a); (*im Brief*) posdata *f*; (*Anhang*) apéndice *m*

nach|tragen *irr vt* ❶ (*hinzufügen*) añadir; **bliebe noch nachzutragen, dass ...** sólo queda añadir que... ❷ (*verübeln*): **jdm etw ~** guardar rencor a alguien por algo

nachtragend *adj* rencoroso

nachträglich ['naːxtrɛːklɪç] I. *adj* posterior, ulterior II. *adv* más tarde, posteriormente; **etw ~ hinzufügen** añadir algo posteriormente

Nachtragsanklage *f* <-, -n> (JUR) querella *f* suplementaria

Nachtragsband *m* <-(e)s, -bände> tomo *m* suplementario; **alle fünf Jahre erscheint ein ~ zu diesem Lexikon** cada cinco años se edita un tomo suplementario de esta enciclopedia; **Nachtragsbuchung** *f* <-, -en> (FIN) asiento *m* suplementario; **Nachtragsgesetz** *nt* <-es, -e> (JUR) ley *f* complementaria; **Nachtragshaushalt** *m* <-(e)s, -e> (FIN) presupuesto *m* suplementario; **Nachtragsklage** *f* <-, -n> (JUR) demanda *f* suplementaria; **Nachtragsprüfung** *f* <-, -en> (*einer Bilanz*) comprobación *f* adicional; **Nachtragsverteilung** *f* <-, -en> (JUR) distribución *f* suplementaria

nach|trauern *vi*: **jdm/etw ~** lamentar la pérdida de alguien/de algo

Nachtruhe *f* <-, *ohne pl*> reposo *m* nocturno

nachts [naxts] *adv* por la noche; (*jede Nacht*) por la(s) noche(s); **spät ~** muy entrada la noche; **um 2 Uhr ~** a las dos de la madrugada

Nachtschalter *m* <-s, -> ventanilla *f* nocturna; **Nachtschaltung** *f* <-, -en> (TEL) servicio *m* nocturno

Nachtschattengewächs *nt* <-es, -e> (BOT) solanácea *f*

Nachtschicht *f* <-, -en> turno *m* de noche

nachtschlafend *adj* (*fam*): **zu ~er Zeit** a las tantas de la noche

Nachtschwärmer[1] *m* <-s, -> (ZOOL) mariposa *f* nocturna

Nachtschwärmer(in)[2] *m(f)* <-s, -; -, -nen> noctámbulo, -a *m*, *f*, trasnochador(a) *m(f)*, farrista *mf CSur*

Nachtschwester *f* <-, -n> enfermera *f* de noche [*o* de guardia]

Nachtsichtgerät *nt* <-(e)s, -e> (MIL) instrumento *m* de visión nocturna

Nachtspeicherofen *m* <-s, -öfen> radiador *m* eléctrico de acumulación nocturna

Nachtstrom *m* <-(e)s, *ohne pl*> corriente *f* de tarifa nocturna

nachtsüber *adv* de noche, por [*o* durante] la noche

Nachttarif *m* <-(e)s, -e> tarifa *f* nocturna; **Nachttier** *nt* <-(e)s, -e> animal *m* nocturno

Nachttisch *m* <-(e)s, -e> mesita *f* de noche, buró *m Am*, nochero, -a *m*, *f Kol*; **Nachttischlampe** *f* <-, -n> lámpara *f* de mesilla (de noche); **sie schaltete ihre ~ aus um zu schlafen** apagó la lámpara de su mesilla para dormir

Nachttopf *m* <-(e)s, -töpfe> orinal *m*, escupidera *f Am*, pava *f CSur*, *Mex*; **Nachttresor** *m* <-s, -e> cámara *f* acorazada para depósitos nocturnos

Nacht-und-Nebel-Aktion ['--'----] *f* <-, -en> operación *f* sorpresa; (*der Polizei*) redada *f* nocturna

Nachtvogel *m* <-s, -vögel> ave *f* nocturna; **Nachtvorstellung** *f* <-, -en> función *f* de noche, sesión *f* de noche; **Nachtwache** *f* <-, -n> guardia *f* nocturna; **~ haben** [*o* **halten**] estar de guardia nocturna; **Nachtwächter(in)** *m(f)* <-s, -; -, -nen> guardia *mf* nocturna, -a, nochero *m CSur*; **Nachtzeit** *f* <-, -en> noche *f*; **zu später ~** a altas horas de la noche; **Nachtzuschlag** *m* <-(e)s, -schläge> tarifa *f* (suplementaria) nocturna

Nachuntersuchung *f* <-, -en> (examen *m* de) control *m* posterior

Nachverfahren *nt* <-s, -> (JUR) procedimiento *m* subsiguiente

Nachvermächtnis *nt* <-ses, -se> (JUR) legado *m* indirecto

nach|versichern* *vt* (WIRTSCH) incluir en un seguro, aumentar la póliza del seguro

Nachversicherung *f* <-, -en> (WIRTSCH) seguro *m* complementario; **~ gegen zusätzliche Risiken** seguro complementario contra riesgos adicionales; **Nachversteuerung** *f* <-, -en> (WIRTSCH) gravamen *m* suplementario

nachvollziehbar *adj* comprensible, lógico; **es ist für mich (nicht) ~, warum ...** (no) comprendo por qué...

nach|vollziehen* *irr vt* comprender, entender

nach|wachsen *irr vi sein* volver a crecer, reproducirse; **~de Rohstoffe** materias primas renovables

Nachwahl *f* <-, -en> elección *f* complementaria; **Nachwehen** *fpl* ❶ (MED) entuertos *mpl* uterinos, dolores *mpl* de sobreparto ❷ (*geh fig: Folgen*) consecuencias *fpl*; **die ~ des Krieges** los efectos de la guerra

nach|weinen *vi*, *vt*: **jdm ~** llorar a alguien; **jdm/etw keine Träne ~** no

derramar ni una lágrima por alguien/por algo
Nachweis ['naːxvaɪs] *m* <-es, -e> (*Beweis*) prueba *f*, comprobación *f*; (*Bescheinigung*) certificado *m*; **den ~ erbringen, dass ...** probar que...; **zum ~ von ...** como prueba de...
nachweisbar *adj* demostrable, comprobable; **etw ist ~** algo se puede comprobar; **im Körper ~e Giftstoffe** substancias tóxicas detectables en el cuerpo
nach|weisen *irr vt* ❶ (*beweisen*) comprobar, probar; **das lässt sich leicht ~** es fácil comprobarlo; **jdm etw ~** demostrar que alguien hizo algo; **sie konnten ihm einen Fehler ~** podían demostrar que había cometido una falta; **die Polizei konnte ihm nichts ~** la policía no pudo probar nada en su contra
❷ (*Kenntnisse*) presentar un certificado (de)
nachweislich ['naːxvaɪslɪç] I. *adj* demostrable, comprobable
II. *adv* como puede comprobarse
Nachweispflicht *f* <-, -en> deber *m* de comprobación
nachweispflichtig *adj* sujeto a comprobación
Nachweisverfahren *nt* <-s, -> (JUR) procedimiento *m* comprobatorio; **fakultatives/obligatorisches ~** procedimiento comprobatorio facultativo/obligatorio
Nachwelt *f* <-, *ohne pl*> posteridad *f*
nach|werfen *irr vt* ❶ (*hinterherwerfen*): **jdm etw ~** tirar [*o* lanzar] algo detrás de alguien
❷ (*fam: leicht machen*): **jdm etw ~** regalar algo a alguien; **das Examen hat man ihm nachgeworfen** le regalaron el aprobado
nach|wiegen *irr vt* volver a pesar
nach|winken *vi*: **jdm ~** decir adiós a alguien con la mano
nach|wirken *vi* continuar causando efecto, tener un efecto prolongado; (*Einfluss haben*) repercutir (*auf* en); **der Schock wirkt bei ihm noch nach** aún sigue bajo el efecto de la conmoción
Nachwirkung *f* <-, -en> efecto *m* secundario; (*fig*) consecuencia *f*; (*Einfluss*) repercusión *f* (*auf* en); **unter den ~en leiden** (*fig*) sufrir las consecuencias
Nachwort *nt* <-(e)s, -e> epílogo *m*
Nachwuchs *m* <-es, *ohne pl*> ❶ (*fam: Nachkomme*) descendencia *f*; **sie haben ~ bekommen** han tenido un hijo/una hija
❷ (*am Arbeitsmarkt*) aprendices *mpl*; **der wissenschaftliche ~** la nueva generación de científicos
Nachwuchskräfte *fpl* personal *m* de nuevo cuño
nach|zahlen *vt* (*später zahlen*) pagar más adelante [*o* en fecha posterior]; (*zusätzlich zahlen*) pagar extra; **Sie müssen beim Schaffner ~** tiene Ud. que pagarle al conductor (*una vez dentro del vehículo*)
nach|zählen *vt* (volver a) contar, recontar
Nachzahlung *f* <-, -en> ❶ (*nachträglich*) pago *m* posterior
❷ (*zusätzlich*) pago *m* adicional
nach|zeichnen *vt* ❶ (*abzeichnen*) copiar
❷ (*schildern*) describir, exponer
Nachzensur *f* <-, *ohne pl*> (JUR) censura *f* complementaria
nach|ziehen *irr* I. *vt* ❶ (*Linie, Umriss*) retocar; (*Augenbrauen, Lippen*) pintarse
❷ (*Schraube*) apretar
❸ (*Bein*) arrastrar
II. *vi sein*: **jdm ~** seguir a alguien
Nachzug *m* <-(e)s, -züge>: **der ~ von Familienangehörigen** el reencuentro de los miembros de la familia
Nachzügler(in) ['naːxtsyːglɐ] *m(f)* <-s, -; -, -nen> rezagado, -a *m, f*
Nackedei ['nakədaɪ] *m* <-s, -s> (*fam*) ❶ (*nacktes Kind*) niño, -a *m, f* desnudo, -a
❷ (*nackte Person*) (cuerpo *m*) desnudo *m*; **eine Szene mit ~s** una escena con desnudos
Nacken ['nakən] *m* <-s, -> nuca *f*; **einen steifen ~ haben** tener tortícolis; **wir sitzen ihm die Angst im ~** tengo miedo; **das Finanzamt sitzt ihnen ständig im ~** tiene a Hacienda encima; **die Konkurrenz sitzt uns im ~** la competencia está pisándonos los talones; **ihr sitzt der Schalk im ~** es una pícara [*o* diablilla]
nackend ['nakənt] *adj* (*fam*) desnudo
Nackenhaar *nt* <-(e)s, -e> pelos *mpl* de la nuca; **Nackenrolle** *f* <-, -n> cojín *m* (para la nuca); **Nackenschlag** *m* <-(e)s, -schläge> (*a. fig*) golpe *m* en la nuca; **Nackenschmerz** *m* <-es, -en> dolor *m* en la nuca; **Nackenstütze** *f* <-, -n> reposacabezas *m inv*
nackert ['nakɐt] *adj* (*Österr: fam*) desnudo
nackig ['nakɪç] *adj* (*fam*) desnudo
nackt [nakt] *adj* (*a. fig*) desnudo, en cueros, en pelotas *fam*, rabón *CSur*; piluchón *Chil*; **halb ~** medio desnudo; **sich ~ ausziehen** desnudarse; **~ baden** bañarse desnudo; **die ~e Wahrheit** la verdad desnuda
Nacktbaden *nt* <-s, *ohne pl*> nudismo *m*; (*das*) **~ ist an diesem Strand verboten** en esta playa está prohibido bañarse desnudo; **Nacktbadestrand** *m* <-(e)s, -strände> playa *f* nudista
Nackte(r) *mf* <-n, -n; -, -n> persona *f* desnuda

Nacktheit *f* <-, *ohne pl*> desnudez *f*
Nacktmodell *nt* <-s, -e> modelo *mf* de desnudos; **Nackttänzerin** *f* <-, -nen> bailarina *f* de striptease
Nadel ['naːdəl] *f* <-, -n> (*Näh~, Strick~, an Messinstrumenten, a.* BOT) aguja *f*; (*Steck~*) alfiler *m*; (*Haar~*) horquilla *f*; **eine ~ im Heuhaufen suchen** buscar una aguja en el pajar; **wie auf ~n sitzen** estar en ascuas; **mit der heißen ~ genäht sein** (*fam*) estar cosido (sólo) con un par de puntadas; **an der ~ hängen** (*sl*) estar enganchado a la heroína); **man könnte eine ~ fallen hören** reina un silencio absoluto
Nadelbaum *m* <-(e)s, -bäume> conífera *f*; **Nadelbrief** *m* <-(e)s, -e> sobre *m* de alfileres; **Nadeldrucker** *m* <-s, -> impresora *f* de matriz de hilos [*o* de agujas]; **Nadelgehölz** *nt* <-es, -e> coníferas *fpl*; **Nadelholz** *nt* <-es, -hölzer> ❶ (*Holz*) madera *f* de conífera [*o* de pino] ❷ *pl* (*Bäume*) coníferas *fpl*; **Nadelkissen** *nt* <-s, -> acerico *m*, alfiletero *m*; **Nadellager** *nt* <-s, -> (TECH) rodamiento *m* de agujas
nadeln *vi* caérsele las agujas (*a las coníferas*)
Nadelöhr ['naːdəlˀœːɐ] *nt* <-(e)s, -e> ojo *m* de la aguja; (AUTO: *Engpass*) calle *f* muy estrecha; **Nadelstich** *m* <-(e)s, -e> ❶ (*Einstich*) pinchazo *m*, alfilerazo *m* ❷ (*Loch, Nähstich*) puntada *f* ❸ (*fig*) alfilerazo *m*; **jdm ~e versetzen** (*fig*) dar puñaladas por la espalda a alguien
Nadelstreifen *mpl* mil rayas *fpl*; **Nadelstreifenanzug** *m* <-(e)s, -züge> traje *m* de mil rayas
Nadelwald *m* <-(e)s, -wälder> bosque *m* de coníferas, pinar *m*
Nadir [naˈdiːɐ, ˈnaːdɪr] *m* <-s, *ohne pl*> (ASTR) nadir *m*
Nagel ['naːgəl] *m* <-s, Nägel> ❶ (*Metallstift*) clavo *m*; **einen ~ einschlagen** clavar un clavo; **den ~ auf den Kopf treffen** (*fam a. fig*) dar en el clavo; **etw an den ~ hängen** (*fam fig*) dejar algo; **den Beruf an den ~ hängen** (*fam*) colgar los hábitos; **Nägel mit Köpfen machen** (*fam fig*) tomar una decisión; **ein ~ zu jds Sarg sein** (*fam*) darle muchos dolores de cabeza [*o* disgustos] a alguien
❷ (*Finger~*) uña *f*; **blauer ~** uña azul; **brüchige Nägel** uñas quebradizas; **eingewachsener ~** uña encarnada; **sich** *dat* **die Nägel schneiden** cortarse las uñas; **an den Nägeln kauen** comerse las uñas; **sich** *dat* **etw unter den ~ reißen** (*fam*) mangar algo; **das brennt uns unter [*o* auf] den Nägeln** (*fam*) esto corre mucha prisa
Nagelbett *nt* <-(e)s, -e(n)> (ANAT) lecho *m* de la uña
Nagelbrett *nt* <-(e)s, -er> tabla *f* de clavos; **unbeweglich saß der Fakir auf dem ~** el faquir permanecía sentado sin moverse sobre la tabla de clavos
Nagelbürste *f* <-, -n> cepillo *m* de uñas; **Nagelfeile** *f* <-, -n> lima *f* para las uñas
Nagelhaut *f* <-, -häute> (ANAT) cutícula *f*; **Nagelhautentferner** *m* <-s, -> cortacutícula *m*
Nagellack *m* <-(e)s, -e> esmalte *m* de uñas; **Nagellackentferner** *m* <-s, -> quitaesmalte *m*
nageln *vt* clavar (*an/auf* en)
nagelneu ['--'-] *adj* (*fam*) flamante
Nagelpflege *f* <-, *ohne pl*> manicura *f*; **Nagelprobe** *f* <-, -n> prueba *f* definitiva, comprobación *f*; **die ~ machen** hacer la comprobación; **das wird für ihn zur ~** va a ser su prueba de fuego; **Nagelreiniger** *m* <-s, -> limpiauñas *m inv*; **Nagelschere** *f* <-, -n> tijeras *fpl* de manicura
nagen ['naːgən] I. *vi* ❶ (*Tier, Mensch*) roer; **an einem Knochen ~** roer un hueso
❷ (*Rost, Wasser*) corroer (*an*)
❸ (*quälen*) roer, corroer; **der Neid nagte an ihm** le corroía la envidia; **das schlechte Gewissen nagte an ihr** le remordía la mala conciencia
II. *vt* roer
nagend *adj* (*Sorgen*) roedor; **ein ~er Schmerz** un dolor punzante
Nager *m* <-s, ->, **Nagetier** *nt* <-(e)s, -e> roedor *m*
nah [naː] <näher, am nächsten> I. *adj* ❶ (*räumlich*) cercano; **das Gewitter war schon ~** la tormenta estaba ya cerca; **der N~e Osten** el Oriente Próximo; **von ~ em de cerca
❷ (*zeitlich*) próximo, inmediato; **die ~e Zukunft** el futuro próximo; **der ~e Aufbruch** la salida inmediata; **dem Ende ~ sein** estar próximo al fin; **sie war ~ daran, loszuheulen** estaba a punto de echarse a llorar, por poco se pone a llorar; **dem Wahnsinn ~e sein** estar al borde de la locura
❸ (*direkt, eng*) cercano; **~e Verwandte** familiares cercanos; **jdm in Gedanken ~ sein** pensar en alguien
II. *adv* ❶ (*räumlich, zeitlich*) cerca; **~ an [*o* bei] cerca de; **ganz ~** muy cerca; **~ beieinander** muy juntos; **von ~ und fern** de lejos y de cerca, de todos los sitios; **jdm zu ~e treten** ofender a alguien, pasarse con alguien *fam*
❷ (*direkt, eng*): **mit jdm ~e verwandt sein** ser pariente cercano de alguien
III. *präp +dat* (*geh*) cerca de
Nahaufnahme *f* <-, -n> ❶ (FOTO) vista *f* de cerca
❷ (FILM) primer plano *m*
nahe ['naːə] *adj o adv o präp s.* **nah**

Nähe ['nɛ:ə] *f* <-, *ohne pl*> ❶ (*räumlich*) cercanía *f,* proximidad *f,* adyacencia *f RíoPl;* **etw aus der ~ betrachten** mirar algo de cerca; **in der ~ der Stadt** cerca de la ciudad; **hier in der ~** aquí cerca; **ein Supermarkt ist ganz in der ~** hay un supermercado a dos pasos; **in meiner ~** a mi lado; **aus nächster ~** muy de cerca; **gern in jds ~ sein** estar a gusto al lado de alguien
❷ (*zeitlich*) proximidad *f*
nahebei ['na:ə'baɪ] *adv* muy cerca
~~nahebringen~~ *irr vt s.* **bringen 1.**
~~nahegehen~~ *irr vi sein s.* **gehen I.1.**
~~nahekommen~~ *irr vi sein s.* **kommen 2.**
~~nahelegen~~ *vt s.* **legen I.4.**
~~naheliegen~~ *irr vi s.* **liegen 5.**
~~naheliegend~~ *adj s.* **liegen 5.**
nahen ['na:ən] *vi sein* (*geh*) acercarse, aproximarse
nähen ['nɛ:ən] *vi, vt* ❶ (*Kleidung*) coser; **etw auf/an etw ~** coser algo con/a algo; **mit der Hand ~** coser a mano
❷ (*Wunde*) suturar; (*fam: Patient*) coser
näher ['nɛ:ɐ] *adj kompar von* **nah(e)** ❶ (*räumlich, zeitlich*) más próximo, más cercano; **in der ~en Umgebung** en las proximidades inmediatas; **dieser Weg ist ~** este camino es más corto; **~ wohnen** vivir más cerca; **er kam ~** se acercó; **~ rücken** acercarse; **tritt doch ~!** ¡acércate!; **das kommt der Wahrheit schon ~** eso ya se acerca más a la verdad
❷ (*fig: genauer*) más detallado, en detalle; **~e Angaben** detalles, datos detallados; **~e Erkundigungen einholen** pedir información más precisa; **etw ~ betrachten** mirar algo con detalle; **kannst du das ~ beschreiben?** ¿puedes describirlo con más detalles [*o* más detalladamente]?; **können sie mir N~es darüber erzählen?** ¿puede darme más detalles sobre ello?
❸ (*enger*) más cercano; (*Freundschaft*) más íntimo; **die ~e Verwandtschaft** los parientes cercanos; **jdn ~ kennen lernen** conocer a alguien (más) de cerca
❹ (*Wend*): **jdm etw ~ bringen** explicarle algo a alguien, darle a alguien una idea de algo; **der Lehrer versuchte, den Schülern Goethe ~ zu bringen** el profesor trató de explicar a Goethe de modo que sus alumnos lo entendieran mejor; **jdm/etw** *dat* **~ stehen** estar [*o* sentirse] próximo a alguien/algo; **er stand der Partei ~ als sie** él estaba más vinculado al partido que ella; **sich** *dat* **~ stehen** tener una relación más estrecha, conocerse mejor; **wir stehen uns heute ~ als vor zwei Jahren** hoy tenemos una relación más estrecha que hace dos años; **etw** *dat* **~ treten** estudiar algo; **diesem Vorschlag trete ich gerne ~** consideraré esta propuesta
Näher(in) *m(f)* <-s, -; -, -nen> costurero, -a *m, f*
~~näherbringen~~ *irr vt s.* **näher 4.**
Naherholungsgebiet *nt* <-(e)s, -e> zona *f* recreativa
Näherin ['nɛ:ərɪn] *f* <-, -nen> *s.* **Näher**
~~näherkommen~~ *vi irr sein s.* **kommen 2.**
~~näherliegen~~ *irr vi s.* **liegen 5.**
nähern ['nɛ:ɐn] *vr:* **sich ~** acercarse (a), aproximarse (a)
~~näherstehen~~ *irr vi s.* **näher 4.**
~~nähertreten~~ *irr vi sein s.* **näher 4.**
Näherungswert *m* <-(e)s, -e> (MATH) valor *m* aproximado
~~nahestehen~~ *irr vi s.* **nahe I.2.**
nahezu ['na:ə'tsu:] *adv* casi
Nähfaden *m* <-s, -fäden> hilo *m;* **Nähgarn** *nt* <-(e)s, -e> hilo *m* para coser
Nahkampf *m* <-(e)s, -kämpfe> (MIL, SPORT) lucha *f* cuerpo a cuerpo
Nähkästchen ['nɛ:kɛstçən] *nt* <-s, ->: **aus dem ~ plaudern** (*fam*) contar un secreto; **Nähkasten** <-s, -kästen> neceser *m,* costurero *m;* **Nähkorb** *m* <-(e)s, -körbe> cesto *m* de costura
nahm [na:m] *3. imp von* **nehmen**
Nähmaschine *f* <-, -n> máquina *f* de coser; **Nähnadel** *f* <-, -n> aguja *f* de coser
Nahost ['--] Cercano Oriente *m,* Oriente *m* Próximo
nahöstlich *adj* de Oriente Próximo
Nährboden ['nɛ:ɐ-] *m* <-s, -böden> sustrato *m,* medio *m* de cultivo; **~ für Spannungen** foco de tensiones
nähren ['nɛ:rən] *vt* (*geh*) ❶ (*er~*) alimentar
❷ (*Hoffnung, Eifersucht*) nutrir
nahrhaft ['na:ɐhaft] *adj* nutritivo
Nährlösung *f* <-, -en> (*a.* MED) solución *f* nutritiva; **Nährmittel** *nt* <-s, -> producto *m* alimenticio a base de cereales (*excepto la harina*); **Nährsalz** *nt* <-es, -e> sal *f* nutritiva
Nährstoff *m* <-(e)s, -e> su(b)stancia *f* nutritiva
nährstoffarm *adj* ❶ (*Gewässer*) oligotrófico
❷ (*Nahrung*) poco nutritivo
nährstoffreich *adj* ❶ (*Gewässer*) eutrófico
❷ (*Nahrung*) muy nutritivo
Nahrung ['na:rʊŋ] *f* <-, *ohne pl*> alimento *m;* **flüssige/feste ~** alimento líquido/sólido; **geistige ~** alimento para el espíritu; **jds Misstrauen ~ geben** alimentar la desconfianza de alguien; **mein Verdacht erhält dadurch neue ~** con eso mi sospecha toma peso
Nahrungsangebot *nt* <-(e)s, -e> oferta *f* de alimentos; **Nahrungsaufnahme** *f* <-, *ohne pl*> ingestión *f* de alimentos; **Nahrungsbedarf** *m* <-(e)s, *ohne pl*> necesidad *f* de alimentos; **Nahrungsbiotop** *m o nt* <-s, -e> (ÖKOL) biótopo *m* de alimentación; **Nahrungskette** *f* <-, -n> (BIOL) cadena *f* alimentaria [*o* alimentaria]; **Nahrungsmangel** *m* <-s, *ohne pl*> falta *f* de víveres
Nahrungsmittel *nt* <-s, -> alimento *m,* producto *m* alimenticio; **abgepackte ~** alimentos envasados; **Nahrungsmittelallergie** *f* <-, -n> alergia *f* a productos alimenticios; **Nahrungsmittelchemie** *f* <-, *ohne pl*> química *f* alimentaria; **Nahrungsmittelindustrie** *f* <-, -n> industria *f* alimentaria; **Nahrungs- und Genussmittelindustrie** industria de productos alimenticios, tabaco y bebidas; **Nahrungsmitteltechnik** *f* <-, *ohne pl*> tecnología *f* alimentaria; **Nahrungsmittelvergiftung** *f* <-, -en> (MED) intoxicación *f* alimentaria
Nahrungspyramide *f* <-, -n> (BIOL) pirámide *f* alimenticia; **Nahrungssuche** *f* <-, *ohne pl*> búsqueda *f* de alimentos; **auf ~ gehen** buscar alimentos; **Nahrungsverweigerung** *f* <-, -en> rehusamiento *m* de alimentos
Nährwert *m* <-(e)s, -e> valor *m* nutritivo; **das hat doch keinen ~** (*fam fig*) eso no sirve para nada
Nähseide *f* <-, -n> seda *f* para coser
Naht [na:t, *pl:* 'nɛ:tə] *f* <-, **Nähte**> ❶ (*an Kleidung*) costura *f;* **aus allen Nähten platzen** (*fam fig*) ponerse como un tonel
❷ (MED) sutura *f*
❸ (TECH) soldadura *f*
Nähtisch *m* <-(e)s, -e> costurero *m*
nahtlos *adj* ❶ (*Kleidung, Strümpfe*) sin costura
❷ (TECH) sin soldadura
❸ (*Wend*): **~ ineinander übergehen** seguirse inmediatamente; **~ braun sein** estar moreno por todo el cuerpo
Nahtstelle *f* <-, -n> ❶ (TECH) soldadura *f*
❷ (*von Bereichen*) punto *m* de encuentro
Nahverkehr *m* <-s, *ohne pl*> tráfico *m* de cercanías; **der öffentliche ~** (*Verkehrsmittel*) los medios de transporte públicos de cercanías; **Nahverkehrsabgabe** *f* <-, -n> cuota fija para poder hacer uso de los medios de transporte locales; **Nahverkehrsmittel** *nt* <-s, -> medio *m* de transporte de cercanías; **Nahverkehrszug** *m* <-(e)s, -züge> tren *m* de cercanías
Nähzeug *nt* <-(e)s, *ohne pl*> utensilios *mpl* de costura
Nahziel *nt* <-(e)s, -e> objetivo *m* inmediato
naiv [na'i:f] *adj* inocente, ingenuo; (KUNST) naíf
Naivität [naivi'tɛ:t] *f* <-, *ohne pl*> ingenuidad *f,* inocencia *f*
Naivling [na'i:flɪŋ] *m* <-s, -e> inocente *mf;* (*fam abw*) alma *f* cándida
Name ['na:mə] *m* <-ns, -n> nombre *m;* (*Bezeichnung*) denominación *f;* (*Ruf*) fama *f;* **mein ~ ist ...** mi nombre es..., me llamo...; **wie war doch gleich Ihr ~ ...?** ¿cómo dice que se llamaba?; **auf den ~n von ...** a nombre de...; **in jds ~n sprechen** hablar en nombre de alguien; **ich kenne ihn nur dem ~n nach** no lo conozco más que de nombre; **im ~n des Volkes** en nombre del pueblo; **dafür gebe ich meinen (guten) ~n nicht her!** ¡para eso no presto mi (buen) nombre!; **mein ~ ist Hase(, ich weiß von nichts)** (*fam*) a mí que me registren; **sich** *dat* **mit etw einen ~n machen** hacerse famoso [*o* darse a conocer] con algo; **man muss die Dinge beim ~n nennen** ¡hay que llamar a las cosas por su nombre!, ¡al pan pan y al vino vino!
Namenänderung *f* <-, -en> *s.* **Namensänderung; Namengebung** *f* <-, -en> *s.* **Namensgebung; Namenliste** *f* <-, -n> *s.* **Namensliste**
namenlos *adj* ❶ (*Person*) sin nombre
❷ (*geh: sehr groß*) infinito, incalculable
Namenrecht *nt* <-(e)s, *ohne pl*> (JUR) *s.* **Namensrecht**
namens ['na:məns] I. *adv* de nombre, llamado; **ein Herr ~ Müller** un señor llamado Müller
II. *präp +gen* (*formal*) en nombre de
Namensaktie *f* <-, -n> (FIN) acción *f* nominativa; **Namensänderung** *f* <-, -en> cambio *m* del nombre (de pila); **Namensgebung** *f* <-, -en> nombre *m;* **die Eltern diskutierten die ~ für das Kind** los padres discutían qué nombre le pondrían al niño; **Namensgedächtnis** *nt* <-ses, -se> memoria *f* para los nombres; **mein ~ ist sehr schlecht** para los nombres tengo una memoria fatal; **Namenskonnossement** *nt* <-(e)s, -e> (WIRTSCH) conocimiento *m* nominal; **Namensliste** *f* <-, -n> nómina *f;* **jeder Teilnehmer muss sich in diese ~ eintragen** cada participante tiene que apuntarse en la lista; **Namensnennung** *f* <-, -en> citación *f* de nombre, mención *f* de nombre [*o* nominal]; **Namenspapier** *nt* <-s, -e> (JUR) documento *m* nominal; **Namensrecht** *nt* <-(e)s, *ohne pl*> (JUR) derecho *m* al nombre; **Namensschild** *nt* <-(e)s, -er> placa *f* (con nombre)

Namensschuldverschreibung f <-, -en> (JUR, WIRTSCH) obligación f nominal; **Namensschutz** m <-es, ohne pl> (JUR) protección f del nombre; **Namenstag** m <-(e)s, -e> (día m del) santo m; **Namensverzeichnis** nt <-ses, -se> nomenclátor m; **Namensvetter** m <-s, -n> tocayo m; **Namenszeichen** nt <-s, -> rúbrica f; **Namenszug** m <-(e)s, -züge> ① (*Unterschrift*) firma f ② (*Initialen*) cifra f, monograma m

namentlich ['na:məntlɪç] I. *adj* nominal
II. *adv* ① (*mit Namen*) por el nombre; ~ **genannt werden** ser mencionado
② (*besonders*) sobre todo, principalmente

Namenzeichen nt <-s, -> s. **Namenszeichen**

namhaft ['na:mhaft] *adj* ① (*bekannt*) conocido, famoso; **ein ~es Unternehmen** una empresa de gran renombre; **jdn ~ machen** lanzar a la fama a alguien
② (*beträchtlich*) importante, considerable

Namibia [na'mi:bia] nt <-s> Namibia f

nämlich ['nɛ:mlɪç] *adv* ① (*denn*) porque, es que; **in den Ferien fährt sie ~ immer nach Italien** es que en las vacaciones siempre se va a Italia; **es ist ~ leider so, dass ...** desgraciadamente es que...
② (*und zwar*) a saber, o sea; **ich war zweimal hier, ~ gestern und heute** he estado aquí en dos ocasiones, o sea, ayer y hoy

Nämlichkeit f <-, ohne pl> (JUR) identidad f; **die ~ der Waren sichern** comprobar la identidad de las mercancías; **die ~ feststellen** identificar las mercancías

nannte ['nantə] 3. *imp von* **nennen**

Nanogramm nt <-(e)s, -e, nach Zahlen: -> nanogramo m; **Nanometer** nt o m <-s, -> nanómetro m

nanu [na'nu:] *interj* ¡hombre!

Napalm® nt <-s, ohne pl> napalm® m

Napalmbombe f <-, -n> bomba f de napalm

Napf [napf, pl: 'nɛpfə] m <-(e)s, Näpfe> escudilla f

Napfkuchen m <-s, -> pastel m de molde

napoleonisch [napole'o:nɪʃ] *adj* (HIST) napoleónico

Nappa ['napa] nt <-(s), -s>, **Nappaleder** nt <-s, -> napa f

Narbe ['narbə] f <-, -n> ① (MED) cicatriz f; ~**n hinterlassen** dejar cicatrices
② (BOT) estigma m

narbig *adj* ① (*allgemein*) con cicatrices
② (*Leder*) granulado

Narbung f <-, -en> graneado m; **die ~ dieser Lederjacke gefällt mir** me gusta el graneado de esta chaqueta de piel

Narkose [nar'ko:zə] f <-, -n> anestesia f; **in (der) ~ liegen** estar anestesiado

Narkosemittel nt <-s, -> anestésico m

Narkotikum [nar'ko:tikum, pl: nar'ko:tika] nt <-s, Narkotika> ① (*Narkosemittel*) anestésico m
② (*Schmerzmittel*) narcótico m

narkotisch [nar'ko:tɪʃ] *adj* (MED) narcótico

narkotisieren* [narkoti'zi:rən] *vt* anestesiar, narcotizar

Narr [nar] m, **Närrin** f <-en, -en; -, -nen> ① (*Dummkopf*) necio, -a m, f, tonto, -a m, f
② (THEAT) gracioso, -a m, f
③ (*Hof-*) bufón m **zum ~en halten** tomar(le) el pelo a alguien; **er hat einen ~en an ihr gefressen** (*fam*) se ha quedado con ella; **sich zum ~en machen** hacer el ridículo [o el tonto], quedar en ridículo

narren ['narən] *vt* (*geh*) ① (*zum Narren halten*) tomar el pelo a alguien
② (*täuschen*) engañar

Narrenfreiheit f <-, ohne pl>: ~ **haben** [o **genießen**] poder hacer todas las locuras; **Narrenhaus** nt <-es, -häuser> (*alt*) manicomio m; **hier geht es (ja) zu wie im ~** (*fig*) esto parece un manicomio; **Narrenkappe** f <-, -n> gorro m de bufón

narrensicher *adj* (*fam iron*) nada complicado, de manejo superfácil

Narretei [narə'tai] f <-, -en> (*geh*) locura f; **jedes Jahr dieselbe ~ zur Faschingszeit!** ¡todos los años la misma locura por carnaval!

Narrheit¹ f <-, -en> (*Streich*) broma f

Narrheit² f <-, ohne pl> (*Dummheit*) tontería f

Närrin ['nɛrɪn] f <-, -nen> s. **Narr**

närrisch ['nɛrɪʃ] *adj* loco, chiflado; **das ~e Treiben** el Carnaval; **auf jdn/etw ganz ~ sein** (*fam*) estar loco por alguien/algo

Narziss^RR [nar'tsɪs] m <-s, -e>, **Narziß** m <-sses, -sse> narciso m

Narzisse [nar'tsɪsə] f <-, -n> narciso m

Narzissmus^RR [nar'tsɪsmʊs] m <-, ohne pl>, **Narzißmus** m <-, ohne pl> narcisismo m

narzisstisch^RR [nar'tsɪstɪʃ] *adj*, **narzißtisch** *adj* narcisista

NASA ['na:za] f <-, ohne pl> *Abk. von* **National Aeronautics and Space Administration** NASA f

nasal [na'za:l] *adj* (MED, LING) nasal

Nasal m <-s, -e> (LING) sonido m nasal

nasalieren* *vt, vi* (LING) nasalizar

Nasallaut m <-(e)s, -e> (LING) sonido m nasal

naschen ['naʃən] I. *vi* (*Süßigkeiten essen*) tomar chucherías, comer dulces; (*kleine Mengen essen*) picar; **sie nascht gern** es muy golosa, le gusta lo dulce; **hast du schon wieder vom Kuchen genascht?** ¿ya has vuelto a picar del pastel?
II. *vt* comer; **hast du etwas zum N~?** ¿tienes algo para picar?

Näscherei¹ f <-, -en> (*Süßigkeiten*) golosina f, chuchería f

Näscherei² f <-, ohne pl> (*das Naschen*) **lass die ~ zwischen den Mahlzeiten!** ¡no comas golosinas [o dulces] entre las comidas!, ¡no golosinees [o goloses] entre las comidas!

naschhaft *adj* goloso

Naschhaftigkeit f <-, ohne pl> debilidad f por las golosinas [o las chucherías]

Naschkatze f <-, -n> (*fam*) goloso, -a m, f

Nasciturus m (JUR) nasciturus m

Nase¹ ['na:zə] f <-, -n> ① (*Körperteil*) nariz f, narices fpl fam, jeta f Arg, ñata f Am; **pro ~** (*fam*) por cabeza; **immer der ~ nach** (*fam*) todo recto; **mir läuft die ~** me gotea la nariz; **sich** *dat* **die ~ putzen** sonarse; **die ~ rümpfen** arrugar la nariz; **etw vor der ~ haben** (*fam*) tener algo delante de las narices; **jdm die Tür vor der ~ zuschlagen** darle a alguien con la puerta en las narices; **jdm etw vor der ~ wegschnappen** (*fam*) quitarle algo a alguien delante de sus narices; **seine ~ gefällt mir nicht** (*fam*) no me gusta su nariz; **auf die ~ fallen** (*fam*) darse de narices; (*fig*) fracasar; **die ~ in ein Buch stecken** (*fam*) meter las narices en un libro; **sich** *dat* **die ~ am Schaufenster platt drücken** (*fam*) quedarse embobado mirando escaparates; **jdm etw auf die ~ binden** (*fam*) revelar(le) a alguien un secreto; **jdm etw aus der ~ ziehen** (*fam*) sonsacar algo a alguien; **jdm auf der ~ herumtanzen** (*fam*) traer a alguien al retortero; **ich seh es dir an der ~ an** (*fam*) te lo noto en la cara; **jdm etw unter die ~ reiben** (*fam fig*) refregar [o restregar] por las narices algo a alguien; **es muss nicht immer nach deiner ~ gehen** (*fam*) no puedes llevar siempre la batuta; **sie sollten sich an die eigene ~ fassen** (*fam fig*) ¿quién le ha dado vela en este entierro?; **sich** *dat* **eine goldene ~ verdienen** hacerse de oro, ponerse las botas; **die ~ (von jdm/etw) voll haben** (*fam*) estar hasta las narices (de alguien/algo); **die ~ vorn haben** estar a la cabeza; **jdn an der ~ herumführen** (*fam*) tomar(le) el pelo a alguien; **er steckt seine ~ in alles** (*fam*) mete las narices en todo

Nase² f <-, ohne pl> (*Geruchs-, Spürsinn*) olfato m; **eine gute ~ für etw haben** tener un buen olfato para algo

naselang *adv* (*fam*): **alle ~** una y otra vez, sin cesar

näseln ['nɛ:zəln] *vi* gangüear, hablar por la nariz

näselnd *adj* que habla con voz gangosa

Nasenbein nt <-(e)s, -e> hueso m nasal; **Nasenbeinbruch** m <-(e)s, -brüche> (MED) hundimiento m de la nariz, fractura f nasal

Nasenbluten nt <-s, ohne pl> hemorragia f nasal; ~ **haben** sangrar por la nariz; **Nasenflügel** m <-s, -> aleta f nasal; **Nasenhöhle** f <-, -n> fosa f nasal; **Nasenlänge** f <-, -n>: **um eine ~ gewinnen** ganar por una cabeza; **jdm (immer) eine ~ voraus sein** llevarle (siempre) un poco de ventaja a alguien; **Nasenloch** nt <-(e)s, -löcher> ventana f de la nariz, agujero m de la nariz; **Nasenrücken** m <-s, -> dorso m de la nariz; **Nasensalbe** f <-, -n> pomada f para la nariz; **Nasenscheidewand** f <-, -wände> tabique m nasal; **Nasenschleimhaut** f <-, -häute> mucosa f nasal; **Nasenspitze** f <-, -n> punta f de la nariz; **man sieht es ihm an der ~ an** (*fam*) se le nota en la cara; **Nasenspray** m o nt <-s, -s> espray m nasal; **Nasentropfen** mpl gotas fpl nasales; **Nasenwurzel** f <-, -n> (ANAT) raíz f nasal

Naserümpfen nt <-s, ohne pl> gesto m de arrugar la nariz, morros mpl fam; **mit ~** arrugando la nariz, de morros

naserümpfend *adj* de morros

naseweis ['na:zəvais] *adj* fisgón, entrometido

Naseweis m <-es, -e> (*fam*) preguntón, -ona m, f, metomentodo mf; **was interessiert dich das, du ~?** ¿y a ti qué te interesa eso, preguntón [o metomentodo]?

nasführen *vt* tomar el pelo, timar

Nashorn nt <-(e)s, -hörner> rinoceronte m

nass^RR [nas] *adj*, **naß** *adj* mojado; (*durchnässt*) calado, empapado; (*Wetter, Farbe*) húmedo; **durch und durch ~ sein** estar calado hasta los huesos; ~ **machen** mojar; ~ **werden** mojarse; **jdn ~ machen** (*fam: besiegen*) derrotar a alguien; **nun mach dich nicht ~!** (*sl*) ¡no seas tan cagado!

Nass^RR nt <-es, ohne pl>, **Naß** nt <-sses, ohne pl> (*geh*) líquido m; **sie labten sich an dem kühlen ~** se refrescaron con una bebida (bien) fría

Nassabscheider^RR m <-s, -> (TECH) colector m de humedad

Nassauer(in) ['nasaʊɐ] m(f) <-s, -; -, -nen> (*fam*) gorrón, -ona m, f

nassauern *vi* (*fam a. abw*) gorrear (*bei* a), gorronear (*bei* a)

Nässe ['nɛsə] f <-, ohne pl> humedad f; **vor ~ triefen** estar empapado

de agua
nässen ['nɛsən] *vi* segregar
nassforschRR *adj* demasiado arrojado, muy echado para adelante
nasskaltRR *adj* húmedo y frío; **es ist ~** hace un frío húmedo
NassrasurRR *f* <-, -en> afeitado *m* a cuchillo; **Nasszelle**RR *f* <-, -n> (ARCHIT) cuarto *m* húmedo
Nastuch ['na:s-] *nt* <-(e)s, -tücher> (*südd, Schweiz*) pañuelo *m*
Natalität *f* <-, *ohne pl*> natalidad *f*
Natel® *nt* (*Schweiz: Mobiltelefon*) Handy *nt*
Nation [na'tsjo:n] *f* <-, -en> nación *f*; **die Vereinten ~en** las Naciones Unidas
national [natsjo'na:l] *adj* nacional; **auf ~er Ebene** a nivel nacional
NationalbewusstseinRR *nt* <-s, *ohne pl*> patriotismo *m*, conciencia *f* nacional; **Nationaleinkommen** *nt* <-s, -> (WIRTSCH) renta *f* nacional; **Nationalelf** *f* <-, -en> (SPORT) equipo *m* nacional (de fútbol); **Nationalfeiertag** *m* <-(e)s, -e> fiesta *f* nacional; **Nationalgalerie** *f* <-, -n> galería *f* nacional; **Nationalgericht** *nt* <-(e)s, -e> (GASTR) plato *m* nacional; **Nationalgetränk** *nt* <-(e)s, -e> bebida *f* nacional; **Tee ist das ~ der Briten** el té es la bebida nacional de los británicos; **Nationalheld(in)** *m(f)* <-en, -en; -, -nen> héroe *m* nacional, heroína *f* nacional; **Nationalhymne** *f* <-, -n> himno *m* nacional
nationalisieren* [natsjonali'zi:rən] *vt* nacionalizar
Nationalisierung *f* <-, -en> nacionalización *f*
Nationalismus [natsjona'lɪsmʊs] *m* <-, *ohne pl*> nacionalismo *m*
Nationalist(in) [natsjona'lɪst] *m(f)* <-en, -en; -, -nen> nacionalista *mf*
nationalistisch [natsjona'lɪstɪʃ] *adj* nacionalista
Nationalität [natsjonali'tɛ:t] *f* <-, -en> nacionalidad *f*
Nationalitätenkonflikt *m* <-(e)s, -e> conflicto *m* nacionalista; **Nationalitätenstaat** *m* <-(e)s, -en> Estado *m* plurinacional
Nationalitätskennzeichen *nt* <-s, -> distintivo *m* de una nación en la matrícula (de un vehículo)
Nationalmannschaft *f* <-, -en> (SPORT) selección *f* nacional; **Nationalpark** *m* <-(e)s, -s *o* -e> parque *m* nacional
Nationalrat[1] *m* <-(e)s, *ohne pl*> (*Schweiz, Österr: Abgeordnetenhaus*) ≈Parlamento *m*
Nationalrat, -rätin[2] *m, f* <-es, -räte; -, -nen> (*Schweiz, Österr: Abgeordneter*) ≈parlamentario, -a *m, f*
Nationalsozialismus *m* <-, *ohne pl*> nacionalsocialismo *m*; **Nationalsozialist(in)** *m(f)* <-en, -en; -, -nen> (HIST) nacionalsocialista *mf*
nationalsozialistisch *adj* nacionalsocialista
Nationalspieler(in) *m(f)* <-s, -; -, -nen> (SPORT) jugador(a) *m(f)* de la selección nacional; **Nationalstaat** *m* <-(e)s, -en> nación *f*; **Nationalstolz** *m* <-es, *ohne pl*> orgullo *m* nacional; **diese Äußerung verletzte seinen ~** ese comentario hirió su orgullo nacional; **Nationalversammlung** *f* <-, -en> asamblea *f* nacional
Nato, NATO ['na:to] *f* <-, *ohne pl*> *Abk. von* **North Atlantic Treaty Organization** OTAN *f*
Nato-DoppelbeschlussRR *m* <-es, -schlüsse> (POL) doble resolución *f* de la OTAN
Natrium ['na:triʊm] *nt* <-s, *ohne pl*> (CHEM) sodio *m*
Natriumacetat *nt* <-s, -e> (CHEM) acetato *m* sódico
natriumarm *adj* pobre en sodio; **~e Ernährung** alimentación pobre en sodio
Natriumchlorat *nt* <-s, -e> (CHEM) clorato *m* sódico; **Natriumchlorid** *nt* <-s, -e> (CHEM) cloruro *m* sódico; **Natriumhydroxid** *nt* <-(e)s, -e> hidróxido *m* sódico
Natron ['na:trɔn] *nt* <-s, *ohne pl*> sosa *f*, bicarbonato *m*
Natronlauge *f* <-, -n> (CHEM) sosa *f* cáustica
Natter ['natɐ] *f* <-, -n> culebra *f*; **eine ~ am Busen nähren** criar cuervos
natur *adj inv* ❶ (GASTR: *unpaniert*) a la plancha; **bitte ein Schnitzel ~ mit Kartoffeln!** ¡por favor un filete a la plancha con patatas!
❷ (*naturbelassen*) natural; **dieses Möbelstück ist ~** este mueble es de madera natural; **möchten Sie Buche gebeizt oder Buche ~?** ¿desea Ud. haya barnizada o haya natural?
Natur [na'tu:ɐ] *f* <-, *ohne pl*> naturaleza *f*; (*Beschaffenheit*) índole *f*, carácter *m*; **die menschliche ~** la naturaleza humana; **in freier ~** en plena naturaleza; **das geht gegen meine ~** eso va contra mi naturaleza [*o* carácter]; **das ist ihr zur zweiten ~ geworden** es como si hubiera nacido para eso; **von ~ aus** por naturaleza; **sie ist eine kämpferische ~** es una luchadora; **das ist eine Frage allgemeiner ~** una pregunta de índole general; **das liegt in der ~ der Sache** es propio de la situación
Naturalien [natu'ra:liən] *fpl* productos *mpl* naturales; **in ~ bezahlen** pagar en especie
naturalisieren* [naturali'zi:rən] *vt* nacionalizar, naturalizar
Naturalismus [natura'lɪsmʊs] *m* <-, *ohne pl*> naturalismo *m*
Naturalist(in) [natura'lɪst] *m(f)* <-en, -en; -, -nen> (KUNST, LIT) naturalista *mf*
naturalistisch [natura'lɪstɪʃ] *adj* naturalista

Naturalleistungen *fpl* prestaciones *fpl* en especie; **Naturallohn** *m* <-(e)s, -löhne> remuneración *f* en especie; **Naturalobligation** *f* <-, -en> (JUR) obligación *f* natural; **Naturalrestitution** *f* <-, -en> (JUR) restitución *f* en especie
Naturapostel *m* <-s, -> (*iron, a. abw*) apóstol *m* naturista [*o* del naturismo]; **Naturboden** *m* <-s, -böden> tierra *f* natural; **Naturborste** *f* <-, -n> cerda *f* natural; **Naturbursche** *m* <-n, -n> joven *m* sencillo [*o* llano]; **Naturdenkmal** *nt* <-s, -mäler> monumento *m* natural; **Naturdünger** *m* <-s, -> (AGR) fertilizante *m* natural
Naturell [natu'rɛl] *nt* <-s, -e> (*geh*) natural *m*
Naturereignis *nt* <-ses, -se> fenómeno *m* de la naturaleza; **Naturerscheinung** *f* <-, -en> fenómeno *m* de la naturaleza; **Naturfarbe** *f* <-, -n> color *m* natural
naturfarben *adj* de color natural
Naturfaser *f* <-, -n> fibra *f* natural; **Naturforscher(in)** *m(f)* <-s, -; -, -nen> naturalista *mf*; **Naturforschung** *f* <-, -en> estudio *m* de la naturaleza; **Naturfreund(in)** *m(f)* <-(e)s, -e; -, -nen> amante *mf* de la naturaleza
naturgegeben *adj* natural, dado [*o* impuesto] por la naturaleza
naturgemäß *adj* de acuerdo con la naturaleza
Naturgeschichte *f* <-, *ohne pl*> (*alt*) *s.* **Naturkunde**; **Naturgesetz** *nt* <-es, -e> ley *f* natural
naturgetreu I. *adj* natural
II. *adv* fiel [*o* conforme] al original; **etw ~ wiedergeben** reproducir algo con fidelidad al original
Naturhaushalt *m* <-(e)s, -e> ecosistema *m*
Naturheilkunde *f* <-, *ohne pl*> medicina *f* naturista, naturismo *m*; **Naturheilmethode** *f* <-, -n> medicina *f* naturista; **Naturheilmittel** *nt* <-s, -> remedio *m* naturista; **Naturheilverfahren** *nt* <-s, -> (MED) método *m* de curación naturista, remedio *m* naturista
Naturkatastrophe *f* <-, -n> catástrofe *f* natural; **Naturkosmetik** *f* <-, *ohne pl*> cosmética *f* natural
Naturkost *f* <-, *ohne pl*> alimentación *f* natural, dieta *f* natural; **Naturkostladen** *m* <-s, -läden> tienda *f* de productos naturales
Naturkreislauf *m* <-(e)s, -läufe> (ÖKOL) ciclo *m* natural
Naturkunde *f* <-, *ohne pl*> ciencias *fpl* naturales; **Naturkundemuseum** *nt* <-s, -museen> museo *m* de ciencias naturales
naturkundlich (SCH: *alt*) de las ciencias naturales
Naturlandschaft *f* <-, -en> paisaje *m* virgen [*o* natural]; **nur selten findet man in Europa noch ~en** muy raras veces se puede encontrar en Europa un paisaje virgen; **Naturlehrpfad** *m* <-(e)s, -e> ruta *f* naturista
natürlich [na'ty:ɐlɪç] **I.** *adj* ❶ (*allgemein*) natural; **in ~er Größe** de tamaño natural
❷ (*selbstverständlich*) natural, lógico
II. *adv* naturalmente, por supuesto; **~!** ¡claro que sí!, ¡cómo no! *Am*; **~ nicht!** ¡claro que no!; **bist du mit der Arbeit fertig? – ~** ¿has acabado de trabajar? – naturalmente; **das stimmt ~, aber …** claro que es cierto, pero…
Natürlichkeit *f* <-, *ohne pl*> naturalidad *f*
naturnah *adj* natural
Naturpark *m* <-s, -s *o* -e> parque *m* nacional; **Naturprodukt** *nt* <-(e)s, -e> producto *m* natural; **Naturrecht** *nt* <-(e)s, *ohne pl*> derecho *m* natural
naturrein *adj* puro, natural
Naturschätze *mpl* (ÖKOL) riquezas *fpl* naturales; (GEO) riquezas *fpl* (naturales) del subsuelo; **Naturschauspiel** *nt* <-(e)s, -e> espectáculo *m* natural; **Naturschönheit** *f* <-, -en> belleza *f* natural
Naturschutz *m* <-es, *ohne pl*> protección *f* de la naturaleza; **Naturschutzbeauftragte(r)** *mf* <-n, -n; -, -n> encargado, -a *m, f* de la protección de la naturaleza; **Naturschutzbehörde** *f* <-, -n> organismo *m* para la protección de la naturaleza; **Naturschutzbewegung** *f* <-, -en> movimiento *m* para la protección de la naturaleza
Naturschützer(in) *m(f)* <-s, -; -, -nen> protector(a) *m(f)* de la naturaleza
Naturschutzgebiet *nt* <-(e)s, -e> parque *m* nacional; **Naturschutzpark** *m* <-s, -s *o* -e> parque *m* nacional
naturschutzrechtlich *adj* (JUR): **~es Vermeidungsgebot** precepto de evitación del derecho de protección natural
Naturstein *m* <-(e)s, -e> piedra *f* natural; **Naturtalent** *nt* <-(e)s, -e> talento *m* (natural), genio *m*
naturverbunden *adj* unido a la naturaleza, amante de la naturaleza
Naturverbundenheit *f* <-, *ohne pl*> amor *m* por la naturaleza
naturverträglich *adj* compatible con la naturaleza
Naturvolk *nt* <-(e)s, -völker> pueblo *m* primitivo; **Naturwissenschaft** *f* <-, -en> ciencia *f* natural; **Naturwissenschaftler(in)** *m(f)* <-s, -; -, -nen> científico, -a *m, f*
naturwissenschaftlich *adj* científico
Naturwunder *nt* <-s, -> milagro *m* de la naturaleza; **Naturzustand**

m <-(e)s, *ohne pl*> estado *m* natural; **es gibt kaum noch Wälder im ~** apenas quedan bosques en estado natural
Nautik ['nautɪk] *f* <-, *ohne pl*> náutica *f*
nautisch ['nautɪʃ] *adj* náutico
Navelorange ['ne:vəl-] *f* <-, -n> naranja *f* navel
Navigation [naviga'tsjo:n] *f* <-, *ohne pl*> (NAUT, AERO) navegación *f*
Navigationsfehler *m* <-s, -> (AERO, NAUT) error *m* de navegación; **Navigationshilfe** *f* <-, -n> (NAUT, AERO) auxilio *m* para la navegación; **Navigationsoffizier(in)** *m(f)* <-s, -e; -, -nen> (AERO, NAUT) oficial *mf* de navegación; **Navigationssatellit** *m* <-en, -en> (NAUT, AERO) satélite *m* de navegación; **Navigationssystem** *nt* <-s, -e> (NAUT, AERO) sistema *m* de navegación
Navigator(in) [navi'ga:to:ɐ, *pl:* naviga'to:rən] *m(f)* <-s, -en; -, -nen> (AERO, NAUT) tripulante *mf* de navegación
navigieren* [navi'gi:rən] *vi, vt* (*a.* INFOR) navegar; **nach dem Kompass ~** navegar guiándose por la brújula
Nazi ['na:tsi] *m* <-s, -s> (*abw*) nazi *mf*
Nazismus [na'tsɪsmʊs] *m* <-, *ohne pl*> (HIST: *abw*) nazismo *m*
nazistisch [na'tsɪstɪʃ] *adj* (*abw*) nazi
Nazizeit *f* <-, *ohne pl*> (HIST: *fam*) época *f* nazi
Nb (CHEM) *Abk. von* Niob Nb
NB *Abk. von* notabene N.B.
n.Br. (GEO) *Abk. von* nördlicher Breite latitud *f* norte
NC [ɛn'tse:] *m* <-(s), -(s)> *Abk. von* Numerus clausus número *m* clauso
n.Chr. *Abk. von* nach Christus d.C.
Nd (CHEM) *Abk. von* Neodym Nd
NDR *m* <-, *ohne pl*> *Abk. von* Norddeutscher Rundfunk Radio *f* de Alemania del Norte
ne [nə] (*fam*) no, verdad; **du machst das doch gerne, ~?** ¿te gusta hacerlo, no?
Ne (CHEM) *Abk. von* Neon Ne
'ne [nə] *art unbest* (*fam*) *Abk. von* **eine** *s.* **ein**, **eine**, **ein**
Neandertaler [ne'andɐta:lɐ] *m* <-s, -> (hombre *m* de) Neandertal *m*
Neapel [ne'a:pəl] *nt* <-s> Nápoles *m*
Nebel ['ne:bəl] *m* <-s, -> niebla *f*
Nebelbank *f* <-, -bänke> (METEO) banco *m* de niebla; **Nebelbildung** *f* <-, -en> (METEO) formación *f* de niebla, niebla *f*; **auf der A93, Richtung München, kommt es zeitweise zu ~en** por la A93 en dirección a Munich se forman a veces bancos de niebla
nebelhaft *adj* ① (*neblig*) nublado
② (*undeutlich*) vago, confuso
Nebelhorn *nt* <-(e)s, -hörner> sirena *f* de niebla
nebelig *adj* nebuloso, brumoso; **es ist ~** hace niebla
Nebelkammer *f* <-, -n> (PHYS) cámara *f* de niebla; **Nebelkrähe** *f* <-, -n> corneja *f* cenicienta; **Nebelscheinwerfer** *m* <-s, -> (AUTO) luz *f* antiniebla delantera; **Nebelschlussleuchte**ᴿᴿ *f* <-, -n> (AUTO) luz *f* antiniebla trasera; **Nebelschwaden** [-ʃva:dən] *fpl* velos *mpl* de niebla; **Nebelwand** *f* <-, -wände> (METEO) banco *m* de niebla
neben ['ne:bən] **I.** *präp + dat* ① (*räumlich*) junto a, al lado de; **er ging ~ ihr** iba al lado de ella [*o* a su lado]
② (*verglichen mit*) en comparación con, al lado de
③ (*außer*) además de; **~ anderen Dingen** entre otras cosas; **~ der Arbeit** además del trabajo
II. *präp + akk* (*Richtung*) al lado de; **er setzte sich ~ sie** se sentó al lado de ella [*o* a su lado]
Nebenabrede *f* <-, -n> (JUR) acuerdo *m* complementario; **wettbewerbsbeschränkende ~** acuerdo complementario restrictivo de la competencia; **Nebenabsprache** *f* <-, -n> (JUR) convenio *m* complementario; (*Nebenabrede*) acuerdo *m* complementario
nebenamtlich *adj o adv* de segundo empleo [*o* trabajo]
nebenan [--'-] *adv* al lado; **das Haus ~** la casa de al lado
Nebenanschlussᴿᴿ *m* <-es, -schlüsse> extensión *f*; **Nebenanspruch** *m* <-(e)s, -sprüche> (JUR) pretensión *f* accesoria; **Nebenarm** *m* <-(e)s, -e> brazo *m* (*de un río, canal, etc.*); **Nebenausgabe** *f* <-, -n> gasto *m* adicional; **Nebenausgang** *m* <-(e)s, -gänge> salida *f* lateral; **Nebenbedeutung** *f* <-, -en> significado *m* secundario
nebenbei [--'-] *adv* ① (*gleichzeitig*) al mismo tiempo; (*außerdem*) además, aparte; **sie studiert und arbeitet ~** aparte de estudiar, trabaja
② (*beiläufig*) de pasada; **~ bemerkt** dicho (sea) de paso
Nebenbemerkung *f* <-, -en> comentario *m* al margen; **deine ~en kannst du dir sparen!** ¡ahórrate tus comentarios!; **Nebenberuf** *m* <-(e)s, -e> profesión *f* secundaria
nebenberuflich **I.** *adj* secundario; **ihre ~e Tätigkeit** su profesión secundaria
II. *adv* como profesión secundaria
Nebenbeschäftigung *f* <-, -en> actividad *f* secundaria; **Nebenbeschuldigung** *f* <-, -en> (JUR) acusación *f* accesoria; **Nebenbesitz** *m* <-es, *ohne pl*> (JUR) posesión *f* accesoria; **Nebenbestimmung** *f* <-, -en> disposición *f* complementaria; **Nebenbetrieb** *m* <-(e)s, -e> empresa *f* auxiliar; **Nebenbuch** *nt* <-(e)s, -bücher> (FIN, WIRTSCH) libro *m* auxiliar; **Nebenbuhler(in)** ['ne:bənbu:lɐ] *m(f)* <-s, -; -, -nen> rival *mf*; **Nebenbürge, -bürgin** *m, f* <-n, -n; -, -nen> (JUR) segundo, -a avalista *mf*; **Nebeneffekt** *m* <-(e)s, -e> efecto *m* secundario [*o* ulterior]
nebeneinander [---'--] *adv* uno al lado del otro; **~ bestehen** coexistir
nebeneinanderher [-----'-] *adv* uno al lado del otro
Nebeneingang *m* <-(e)s, -gänge> entrada *f* lateral; **Nebeneinkünfte** *pl* ingresos *mpl* complementarios [*o* suplementarios], sobresueldo *m*; **Nebeneinnahme** *f* <-, -n> ingreso *m* extraordinario; **Nebenentscheidung** *f* <-, -en> (JUR) accesoria *f* legal; **Nebenerscheinung** *f* <-, -en> efecto *m* secundario; **Nebenerwerb** *m* <-(e)s, -e> profesión *f* secundaria; **Nebenfach** *nt* <-(e)s, -fächer> (UNIV) segunda especialidad *f* (*que en el sistema universitario alemán complementa la especialidad principal*); **Nebenfluss**ᴿᴿ *m* <-es, -flüsse> afluente *m*; **Nebenforderung** *f* <-, -en> (JUR) crédito *m* accesorio; **Nebengebäude** *nt* <-s, -> ① (*Nachbarhaus*) edificio *m* adyacente ② (*Anbau*) dependencia *f*, anexo *m*; **Nebengeleise** *nt* <-s, -> (EISENB) *s.* **Nebengleis**; **Nebengeräusch** *nt* <-(e)s, -e> ruido *m* ambiental; (TEL, RADIO) ruido *m* parásito; **Nebengeschäft** *nt* <-(e)s, -e> operación *f* accesoria; **Nebengesetze** *ntpl* (JUR) leyes *fpl* accesorias; **wettbewerbsrechtliche ~** leyes accesorias en materia de libre competencia; **Nebengestein** *nt* <-(e)s, -e> (GEO) hastial *m*, costero *m*; **Nebengewerbe** *nt* <-s, -> actividad *f* accesoria; (*von Unternehmen*) empresa *f* auxiliar; **Nebengleis** *nt* <-es, -e> (EISENB) vía *f* secundaria; **Nebenhandlung** *f* <-, -en> acción *f* secundaria
nebenher [--'-] *adv s.* **nebenbei**
nebenhin [ne:bən'hɪn] *adv* de paso, de pasada; **~ bemerkt ...** dicho de paso...; **diese gehässige Bemerkung ließ er nur so ~ fallen** dejó caer este comentario lleno de odio así, de pasada [*o* como quien no quiere la cosa]
Nebenhoden *m* <-s, -> (ANAT) epidídimo *m*; **Nebenhodenentzündung** *f* <-, -en> (MED) epididimitis *f inv*
Nebenhöhle *f* <-, -n> (ANAT) seno *m* nasal lateral; **Nebenhöhlenentzündung** *f* <-, -en> inflamación *f* de los senos nasales laterales; (MED) sinusitis *f inv*
Nebenintervenient(in) *m(f)* <-en, -en; -, -nen> (JUR) interviniente *mf* adhesivo, -a
Nebenintervention *f* <-, -en> (JUR) intervención *f* accesoria; **streitgenössische ~** intervención accesoria litisconsorcial; **Nebeninterventionswirkung** *f* <-, -en> (JUR) efecto *m* de intervención accesoria
Nebenjob *m* <-s, -s> (*fam*) trabajillo *m*; **einen ~ haben** tener un trabajillo aparte; **Nebenklage** *f* <-, -n> (JUR) acción *f* accesoria
Nebenklageantrag *m* <-(e)s, -träge> (JUR) demanda *f* accesoria; **Nebenklageberechtigte(r)** *mf* <-n, -n; -, -n> (JUR) querellante *mf* accesorio, -a; **Nebenklagedelikt** *nt* <-(e)s, -e> (JUR) delito *m* de acción accesoria; **Nebenklagekosten** *pl* (JUR) gastos *mpl* accesorios; **Nebenkläger(in)** *m(f)* <-s, -; -, -nen> (JUR) querellante *mf*; **Nebenkosten** *pl* gastos *mpl* adicionales; **Nebenleistung** *f* <-, -en> prestación *f* accesoria; **steuerliche ~** prestación tributaria accesoria; **~ in Geldform** prestación pecuniaria accesoria; **~ in Sachform** prestación accesoria en especie; **Nebenlinie** *f* <-, -n> (*Genealogie*) línea *f* colateral; **Nebenmann** *m* <-(e)s, -männer *o* -leute> vecino *m*; **Nebenniere** *f* <-, -n> (ANAT) cápsula *f* suprarrenal; **Nebenpflicht** *f* <-, -en> (JUR) obligación *f* accesoria; **~en des Arbeitgebers** obligaciones accesorias del empleador; **Nebenprodukt** *nt* <-(e)s, -e> subproducto *m*; **Nebenraum** *m* <-(e)s, -räume> ① (*Raum nebenan*) habitación *f* de al lado ② (*untergeordneter Raum*) habitación *f* accesoria; **die Wohnung hat zwei Nebenräume: Abstellraum und Speisekammer** el piso tiene dos habitaciones accesorias: un trastero y una despensa; **Nebenreaktion** *f* <-, -en> (CHEM) reacción *f* secundaria; **Nebenrecht** *nt* <-(e)s, *ohne pl*> derecho *m* accesorio; **Nebenrolle** *f* <-, -n> papel *m* secundario; **das spielt für mich nur eine ~** esto juega un papel secundario para mí; **Nebensache** *f* <-, -n> cosa *f* de poca monta; **das ist ~** eso no tiene importancia, eso es accesorio
nebensächlich *adj* secundario, de segundo orden; **das halte ich für ~** pienso que esto es secundario
Nebensächlichkeit *f* <-, -en> minucia *f*, insignificancia *f*; **das zu vereinbarende Gehalt ist wirklich keine ~** el sueldo a acordar no es precisamente una fruslería
Nebensaison *f* <-, -s, *südd, Österr:* -en> temporada *f* baja; **Nebensatz** *m* <-es, -sätze> ① (LING) oración *f* subordinada ② (*Bemerkung*) comentario *m* (dicho de paso)
nebenstehend *adj* al margen
Nebenstelle *f* <-, -n> ① (TEL) (aparato *m* de) extensión *f* ② (COM: *Ver-*

tretung) agencia *f*; (*Filiale*) sucursal *f*, filial *f*; **Nebenstellenanlage** *f* <-, -n> (TEL) central *f* privada
Nebenstrafe *f* <-, -n> (JUR) pena *f* accesoria; **Nebenstraße** *f* <-, -n> ❶ (*im Ort*) calle *f* lateral ❷ (*außerhalb*) carretera *f* secundaria; **Nebenstrecke** *f* <-, -n> (EISENB) línea *f* secundaria; **Nebentäterschaft** *f* <-, ohne *pl*> (JUR) autoría *f* accesoria; **Nebentisch** *m* <-(e)s, -e> mesa *f* de al lado [*o* contigua]; **Nebenverdienst** *m* <-(e)s, -e> ingresos *mpl* extra(ordinarios); **Nebenverpflichtung** *f* <-, -en> compromiso *m* adicional, obligación *f* adicional; **Nebenvertrag** *m* <-(e)s, -träge> contrato *m* accesorio; **Nebenwinkel** *m* <-s, -> (MATH) ángulo *m* adyacente; **Nebenwirkung** *f* <-, -en> efecto *m* secundario; **Nebenzimmer** *nt* <-s, -> habitación *f* contigua; **Nebenzweck** *m* <-(e)s, -e> objetivo *m* secundario; **Nebenzweig** *m* <-(e)s, -e> ramo *m* secundario
ne bis in idem (JUR) ne bis in idem
neblig *adj* s. **nebelig**
nebst [ne:pst] *präp* +*dat* (junto) con
nebstdem [ne:pst'de:m] *adv* (*Schweiz*) además
nebulös [nebu'lø:s] *adj* nebuloso, poco claro
Necessaire [nɛsɛ'sɛ:ɐ] *nt* <-s, -s> bolsa *f* de aseo, neceser *m*
Neckar ['nɛkar] *m* <-s> Neckar *m*
necken ['nɛkən] I. *vt* burlarse (de); **jdn mit etw ~** tomar el pelo a alguien a causa de algo
II. *vr*: **sich ~** bromear; **was sich liebt, das neckt sich** (*prov*) porque te quiero te aporreo
neckisch *adj* ❶ (*lustig*) chistoso
❷ (*kokett*) coqueto; **~e Spielchen machen** coquetear
nee [ne:] (*fam*) no
Neffe ['nɛfə] *m* <-n, -n> sobrino *m*
Negation [nega'tsjo:n] *f* <-, -en> negación *f*
negativ ['ne:gati:f] *adj* (*a.* PHYS, MATH, FOTO) negativo; **~es Tatbestandsmerkmal** característica negativa del delito; **eine ~e Antwort** una respuesta negativa; **sich ~ zu etw äußern** manifestarse negativamente sobre algo, expresar una opinión negativa sobre algo; **die Untersuchung verlief ~** la investigación resultó negativa
Negativ *nt* <-s, -e> (FOTO) negativo *m*
Negativattest *nt* <-(e)s, -e> (JUR) certificación *f* negativa; **Negativbeweis** *m* <-es, -e> (JUR) prueba *f* negativa (o en contrario); **Negativfilm** *m* <-(e)s, -e> (FOTO) carrete *m* (de fotos) sin revelar; **Negativklausel** *f* <-, -n> (JUR) cláusula *f* negativa
negatorisch *adj* (JUR) negatorio; **~e Klage** demanda negatoria; **~er Schutz** protección negatoria
Neger(in) ['ne:gɐ] *m(f)* <-s, -; -, -nen> (*abw*) negro, -a *m, f*
Negerkuss^RR *m* <-es, -küsse> merengue *m* cubierto de chocolate
Negersklave, -in *m, f* <-n, -n; -, -nen> (HIST) esclavo, -a *m, f* negro, -a; früher mussten ~n für reiche Plantagenbesitzer arbeiten en tiempos pasados los esclavos negros tenían que trabajar para los ricos propietarios de plantaciones
negieren* [ne'gi:rən] *vt* desmentir, negar
Negligé *nt* <-s, -s>, **Negligee**^RR [negli'ʒe:] *nt* <-s, -s> deshabillé *m*
negrid [ne'gri:t] *adj* negro, negroide
negroid [negro'i:t] *adj* negroide
nehmen ['ne:mən] <nimmt, nahm, genommen> *vt* ❶ (*ergreifen*) coger, tomar, agarrar *Am*; **wer hat mein Feuerzeug genommen?** ¿quién me ha cogido el mechero?; **er nimmt sich immer die besten Stücke** se coge siempre los mejores pedazos; **ich weiß nicht, was ich ~ soll** no sé qué elegir; **etw unter den Arm ~** tomar algo debajo del brazo; **jdn zur Frau/zum Mann ~** casarse con alguien, tomar a alguien por esposa/por esposo [*o* por mujer/por marido]
❷ (*an~*) aceptar, tomar; **man muss ihn ~, wie er ist** hay que aceptarle como es; **ich nehme alles, wie es kommt** tomo las cosas como se presentan; **~ Sie noch ein Stück Torte?** ¿quiere otro trozo de tarta?
❸ (*verlangen*) pedir, cobrar; **er nimmt 20 Euro die Stunde** cobra 20 euros la hora; **was ~ Sie für eine Tasse Kaffee?** ¿cuánto cuesta un café?
❹ (*weg~*) quitar; (*heraus~*) sacar; **nimm den Finger aus dem Mund** sácate el dedo de la boca; **du nimmst mir das Wort aus dem Mund** me quitas las palabras de la boca; **jdm etw ~** (*Glauben, Hoffnung, Angst*) quitar algo a alguien; **damit war ihr jeder Zweifel genommen** con ello desaparecieron todas sus dudas; **sich** *dat* **etw nicht ~ lassen** (*bestehen*) insistir en algo; **Ihre Mauer nimmt mir das Licht** su muro me quita la luz; **diese Salbe wird Ihnen den Schmerz ~** esta pomada le aliviará el dolor; **woher ~ und nicht stehlen?** (*fam*) ¿de dónde quieres que lo saque?, ¿qué hago, lo pinto?
❺ (*in Anspruch nehmen*) tomar, usar; (*Bus, Zug*) coger, tomar *Am*; **du solltest dir einen Anwalt ~** deberías contratar a un abogado
❻ (*ein~*) tomar; **etw zu sich** *dat* **~** (*essen*) comer algo; (*trinken*) beber algo; **das Mittagessen ~** (*geh*) almorzar, comer; **sie nimmt die Pille** toma la píldora; **ich nehme nie Zucker in den Kaffee** nunca tomo el café con azúcar

❼ (*Wend*): **etw an sich ~** (*Dinge*) tomar algo; (*aufbewahren*) guardar algo; (*Aufgabe*) responsabilizarse de algo; **etw auf sich ~, etw in die Hand ~** (*fig*) hacerse cargo de algo; **jdn zu sich ~** albergar a alguien en casa; **etw krumm ~** (*fam*) tomar algo a mal; **etw wörtlich ~** tomar algo al pie de la letra; **jdn beim Wort ~** tomar(le) la palabra a alguien; **jdn (nicht) für voll ~** (no) tomar a alguien en serio; **etw in Betrieb ~** poner algo en marcha; **ein Bad ~** tomar un baño; **sie nahmen ihn in die Mitte** lo colocaron en el centro; **~ wir den Fall, dass ...** pongamos por caso que...(+*subj*); **die Sache nimmt ihren Lauf** el asunto progresa; **er ist hart im N~** aguanta lo que le echen; **sie nahm alle Hürden mit Leichtigkeit** rebasó todas las barreras con facilidad; **etw leicht ~** (*hinnehmen*) tomar algo bien; (*nicht ernst nehmen*) tomar algo a la ligera; **du nimmst deine Arbeit zu leicht** no te tomas el trabajo en serio; **etw schwer ~** tomar algo en serio, tomar algo a pecho *fam*; **nimm's nicht so schwer!** ¡no te lo tomes tan a pecho!; **nimm's nicht tragisch!** ¡no te lo tomes a la tremenda!; **genau genommen** para ser exactos; **wie man's nimmt** según como se tome; **im Grunde genommen** en el fondo; **jdm etw übel ~** tomarle a mal algo a alguien; **nehmen Sie es mir nicht übel, aber ...** no me lo tome a mal, pero...; **sie hat ihm übel genommen, dass ...** le tomó a mal que ... (+*subj*)
Neid [naɪt] *m* <-(e)s, ohne *pl*> envidia *f*; (*bei Kindern*) pelusa *f*; **vor ~ platzen** reventar [*o* morirse] de envidia; **gelb vor ~ werden** ponerse verde [*o* amarillo] de envidia, morirse de envidia; **vor ~ erblassen** palidecer de envidia; **vor ~ ist die Welt blind** vor ~ la envidia le ciega; **das muss der ~ ihr lassen** aun(que) a regañadientes, hay que reconocérselo; **das erregte seinen ~** le dio envidia, despertó su envidia; **das ist der ~ der Besitzlosen** (*fam*) es pura envidia
neiden ['naɪdən] *vt*: **jdm etw ~** envidiar algo a alguien
Neider(in) *m(f)* <-s, -; -, -nen> envidioso, -a *m, f*
neiderfüllt I. *adj* (*geh*) envidioso, lleno de envidia
II. *adv* lleno de envidia; **er blickte ~ auf die neue Uhr seines Bekannten** miró lleno de envidia el nuevo reloj de su conocido
Neiderin *f* <-, -nen> s. **Neider**
Neidhammel *m* <-s, -> (*fam abw*) envidioso *m*
neidisch *adj* envidioso; **auf jdn/etw ~ sein** tener [*o* sentir] envidia de alguien/algo; **er wurde ~, als er sah, dass ...** le dio envidia al ver que...
neidlos *adj* sin envidia; **etw ~ anerkennen** aceptar algo sin envidia alguna
Neige ['naɪgə] *f* <-, ohne *pl*> (*geh*) ❶ (*Rest*) resto *m*; **das Glas bis zur ~ leeren** apurar el vaso hasta la última gota; **bis zur bitteren ~** hasta apurar el cáliz de la amargura
❷ (*Ende*) fin *m*; **das Jahr/das Geld geht zur ~** el año/el dinero llega a su fin
neigen ['naɪgən] I. *vt* inclinar; (*zur Seite*) ladear
II. *vr*: **sich ~** ❶ (*allgemein*) inclinarse (*nach* hacia); (*Schiff*) escorar
❷ (*geh: enden*) declinar
III. *vi*: **zu etw** *dat* **~** propender a algo, tender a algo; **er neigt dazu, anderen Recht zu geben** es propenso a darle la razón a otros; **sie neigt zu der Ansicht, dass ...** tiende a pensar que...
Neigezug *m* <-(e)s, -züge> (EISENB) tren *m* de inclinación (automática)
Neigung¹ *f* <-, -en> ❶ (*Schräglage*) inclinación *f*
❷ (*Vorliebe*) afición *f* (*für* por), inclinación *f* (*für* por); **etw aus ~ tun** hacer algo por afición
❸ (*Zu-~*) cariño *m* (*zu* por)
Neigung² *f* <-, ohne *pl*> (*Veranlagung, Bereitschaft*) disposición (*zu* para); **sie verspürte nicht die geringste ~ ihm zu glauben** no se le pasó por la cabeza la idea de creerle
Neigungswinkel *m* <-s, -> ángulo *m* de inclinación
nein [naɪn] no; **kommst du morgen? – ~, ich habe keine Lust** ¿vienes mañana? – no, no tengo ganas; **~ danke** no, gracias; **ich sage nicht ~ zu** [*o* N~] no digo que no; **aber ~!** ¡pero no!; **~, ~ und nochmals ~!** ¡no y no!, ¡de ninguna manera!; **er kann nur schwer ~** [*o* N~] **sagen** le cuesta decir que no; **~, ist das eine Überraschung!** ¡oh no, vaya una sorpresa!; **~, so was!** ¡no me digas!
Nein *nt* <-(s), -(s)> no *m*, negativa *f*; **mit ~ antworten** contestar que no [*o* con un no]; **mit Ja oder ~ stimmen** votar a favor o en contra; **sie blieb bei ihrem ~** se mantuvo en su negativa
Neinsager(in) *m(f)* <-s, -; -, -nen> negador(a) *m(f)* total; **er ist ein ewiger ~** siempre dice no a todo; **Neinstimme** *f* <-, -n> voto *m* en contra
Nekrolog [nekro'lo:k] *m* <-(e)s, -e> (*geh*) nota *f* necrológica; **einen ~ auf jdn halten** pronunciar unas palabras de despedida para alguien
Nekrophilie [nekrofi'li:] *f* <-, ohne *pl*> (PSYCH) necrofilia *f*
Nektar ['nɛkta:ɐ] *m* <-s, -e> néctar *m*
Nektarine [nɛkta'ri:nə] *f* <-, -n> nectarina *f*
Nekton *nt* <-s, ohne *pl*> (BIOL) necton *m*
Nelke ['nɛlkə] *f* <-, -n> ❶ (*Blume*) clavel *m*

② (*Gewürz*) clavo *m*

'nen [nən] *art unbest* (*fam*) *Abk. von* **einen** *s.* **ein, eine, ein**

Nennbelastung *f* <-, -en> carga *f* nominal; **Nennbetrag** *m* <-(e)s, -träge> (FIN) valor *m* nominal

nennen ['nɛnən] <nennt, nannte, genannt> I. *vt* ❶ (*be~*) llamar; **wie sollen wir ihn ~?** ¿cómo le vamos a llamar?; **das nenne ich Mut** a esto llamo yo valor; **das nennst du schön?** ¿y a esto lo llamas bonito?
❷ (*angeben*) decir; (*empfehlen*) recomendar; **können Sie mir einen guten Arzt ~?** ¿me puede recomendar un buen médico?; **kannst du mir Beispiele dafür ~?** ¿me puedes decir algunos ejemplos para eso?
❸ (*erwähnen*) mencionar; **unten genannt** abajo mencionado; **die genannten Personen** las personas mencionadas
❹ (*bezeichnen*) llamar, denominar; **so genannt** así llamado; (*angeblich*) supuesto; **deine so genannten Freunde** tus supuestos amigos; **diese Einheiten nennt man Morpheme** estas unidades se denominan morfemas; **sie nannten ihn einen Lügner** lo tacharon de mentiroso; **wie nennt man das?** ¿cómo se llama eso?
II. *vr*: **sich ~** llamarse; **und so was nennt sich Christ/Freund?** (*fam*) ¿y se las da de cristiano/de amigo?, ¿eso es un cristiano/un amigo?

nennenswert *adj* digno de mención; (*beträchtlich*) considerable; **nichts N~es** nada de importancia

Nenner *m* <-s, -> (MATH) denominador *m*; **einen gemeinsamen ~ finden** (*fig*) encontrar un denominador común; **etw auf einen (gemeinsamen) ~ bringen** (*fig*) encontrar un denominador común para algo

Nennleistung *f* <-, -en> (TECH) potencia *f* nominal

Nennung *f* <-, -en> ❶ (*Nennen*) nombramiento *m* ❷ (*Erwähnung*) mención *f*

Nennwert *m* <-(e)s, -e> (FIN) valor *m* nominal; **zum/ohne/unter ~** por su/sin su/por debajo de su valor nominal; **unter Angabe des ~s** con indicación del valor nominal; **Nennwertaktie** *f* <-, -n> (FIN) acción *f* con valor nominal

Neodym [neo'dy:m] *nt* <-s, *ohne pl*> (CHEM) neodimio *m*

Neofaschismus [neo-] *m* <-, *ohne pl*> neofascismo *m*

Neologismus [neolo'gɪsmʊs] *m* <-, Neologismen> (LING) neologismo *m*

Neon ['neːɔn] *nt* <-s, *ohne pl*> (CHEM) neón *m*

Neonazi ['neːonatsi] *m* <-s, -s> neonazi *mf*

Neonazismus [neona'tsɪsmʊs] *m* <-, *ohne pl*> neonazismo *m*

Neonazi(in) *m*(*f*) <-en, -en; -, -nen> neonazi *mf*

Neonlicht ['neːɔn-] *nt* <-(e)s, *ohne pl*> luz *f* de neón; **Neonreklame** *f* <-, -n> publicidad *f* luminosa (de neón); **Neonröhre** *f* <-, -n> tubo *m* de neón

Neoprenanzug *m* <-(e)s, -züge> traje *m* de neopreno

Nepal ['neːpal] *nt* <-s> Nepal *m*

Nepalese, -in [nepa'leːzə] *m, f* <-n, -n; -, -nen> nepalés, -esa *m, f*

nepalesisch *adj* nepalés

Nephelin [nefe'liːn] *nt* <-s, -e> nefelina *f*

Nepotismus [nepo'tɪsmʊs] *m* <-s, *ohne pl*> (*geh*) nepotismo *m*

Nepp [nɛp] *m* <-s, *ohne pl*> (*fam abw*) timo *m*

neppen ['nɛpən] *vt* (*fam abw*) timar, clavar

Nepplokal *nt* <-(e)s, -e> (*fam abw*) local *m* carísimo [*o* con precios prohibitivos]

Neptun [nɛp'tuːn] *m* <-s> (ASTR) Neptuno *m*; **(dem) ~ opfern** (*iron*) vomitar (por la cubierta de un barco)

Neptunium *nt* <-s, *ohne pl*> (CHEM) neptunio *m*

Nerv [nɛrf] *m* <-s, -en> nervio *m*; **schwache/starke ~en haben** tener los nervios irritables/bien templados; **die ~en behalten** conservar la calma; **die ~en verlieren** perder los nervios; **~en wie Drahtseile** (*fam*) nervios de acero; **du fällst** [*o* gehst] **mir auf die ~en** (*fam*) me estás dando la lata; **du hast (vielleicht) ~en!** (*fam*) ¡qué valor tienes!; **du raubst mir noch den letzten ~!** (*fam*) ¡me sacas de quicio!; **den ~ treffen** (*fig*) tocar la fibra sensible; **keiner hat den ~ ihm die Meinung zu sagen** nadie tiene el valor de cantarle las verdades

nerven ['nɛrfən] *vt* sacar de quicio; **du nervst!** ¡me sacas de quicio!; **ich bin total genervt!** ¡estoy hasta la coronilla!

Nervenanspannung *f* <-, -en> tensión *f* nerviosa; **der Stress und die ~ waren zuviel für mich** el estrés y la tensión nerviosa fueron demasiado para mí; **Nervenarzt, -ärztin** *m, f* <-es, -ärzte; -, -nen> neurólogo, -a *m, f*

nervenaufreibend *adj* enervante

Nervenbahn *f* <-, -en> (ANAT) vía *f* nerviosa; **Nervenbelastung** *f* <-, -en> tensión *f* (nerviosa), sobrecarga *f* nerviosa; **er ist zu vielen ~en ausgesetzt** está sometido a muchas tensiones

nervenberuhigend *adj* tranquilizante; **ein ~es Medikament** un tranquilizante; **dieser Badezusatz wirkt ~** estas sales de baño tienen un efecto tranquilizante

Nervenbündel *nt* <-s, -> ❶ (ANAT) fascículo *m* nervioso ❷ (*fam: nervöser Mensch*) manojo *m* de nervios; **ein ~ sein** estar hecho un manojo de nervios; **Nervenentzündung** *f* <-, -en> (MED) neuritis *f inv*; **Nervenvengas** *nt* <-es, -e> gas *m* neurotóxico; **Nervengift** *nt* <-(e)s, -e> neurotoxina *f*; **Nervenheilanstalt** *f* <-, -en> sanatorio *m* neurológico; **Nervenheilkunde** *f* <-, *ohne pl*> (MED) neurología *f*; **Nervenkitzel** *m* <-s, -> (*fam*) cosquilleo *m*; **Nervenklinik** *f* <-, -en> clínica *f* neurológica; (*fam: psychiatrische Klinik*) clínica *f* psiquiátrica; **Nervenkostüm** *nt* <-(e)s, -e> (*fam*) sistema *m* nervioso; **Nervenkraft** *f* <-, -kräfte> fuerza *f* psíquica [*o* mental]; **meine ~ ist am Ende** tengo los nervios destrozados

nervenkrank *adj* (MED) neurópata, neurótico; **~ sein** ser un neurótico, ser un neurópata

Nervenkrankheit *f* <-, -en> neuropatía *f*, enfermedad *f* nerviosa; **Nervenkrieg** *m* <-(e)s, -e> guerra *f* de nervios; **Nervenleiden** *nt* <-s, -> (MED) enfermedad *f* nerviosa [*o* del sistema nervioso], neuropatía *f*; **Nervennahrung** *f* <-, *ohne pl*> reconstituyente *m* para los nervios; **Schokolade ist eine gute ~** el chocolate va bien para los nervios; **Nervenprobe** *f* <-, -n> prueba *f* de resistencia nerviosa [*o* para los nervios]; **Nervensache** *f*: **(eine) reine ~ sein** (*fam*) ser una cuestión de nervios; **Nervensäge** *f* <-, -n> (*fam*) pelmazo, -a *m, f*, mangangá *m* CSur; **Nervenschock** *m* <-(e)s, -s> trauma *m* nervioso

nervenschwach *adj* neurasténico

nervenstark *adj* robusto, rigoroso

Nervensystem *nt* <-s, -e> (ANAT) sistema *m* nervioso; **vegetatives ~** sistema nervioso vegetativo; **Nervenzelle** *f* <-, -n> (ANAT) célula *f* nerviosa; **Nervenzentrum** *nt* <-s, -zentren> (ANAT) centro *m* nervioso; **Nervenzusammenbruch** *m* <-(e)s, -brüche> crisis *f inv* nerviosa; **einen ~ haben** [*o* sufrir] un ataque de nervios

nervig ['nɛrfɪç] *adj* ❶ (*Hände*) nervudo
❷ (*fam: lästig*) enervante

nervlich ['nɛrflɪç] *adj* nervioso; **~ am Ende sein** estar hecho polvo

nervös [nɛr'vøːs] *adj* nervioso; **jdn ~ machen** poner nervioso a alguien; **~ werden** ponerse nervioso

Nervosität [nɛrvozi'tɛːt] *f* <-, *ohne pl*> nerviosismo *m*

nervtötend *adj* enervante, matador *fam*

Nerz [nɛrts] *m* <-es, -e> (ZOOL) visón *m*

Nerzmantel *m* <-s, -mäntel> abrigo *m* de visón

Nessel¹ ['nɛsəl] *f* <-, -n> (*Pflanze*) ortiga *f*; **sich in die ~n setzen** (*fam fig*) meterse en un berenjenal

Nessel² *m* <-s, -> (*Gewebe*) cretona *f*

Nesselfieber *nt* <-s, -> (MED) urticaria *f*

Nessessär^RR *nt* <-s, -s> *s.* **Necessaire**

Nest [nɛst] *nt* <-(e)s, -er> ❶ (*von Tieren*) nido *m*; **sich ins gemachte ~ setzen** (*fam fig*) hacer buena boda; **das eigene ~ beschmutzen** (*Familie*) poner verde [*o* criticar] a su familia; (*Land*) criticar su país
❷ (*fam abw: Dorf*) poblacho *m*
❸ (*fam: Schlupfwinkel*) nidal *m*

Nestbau *m* <-(e)s, *ohne pl*> nidificación *f*

nesteln *vi* toquetear (con los dedos) (*an*)

Nesthäkchen [-hɛkçən] *nt* <-s, -> (*fam*) menor *mf*, benjamín, -ina *m, f*; **Nesthocker** *m* <-s, -> (ZOOL) polluelo *m* en el nido; (*fig*) persona que permanece en casa de sus padres sin independizarse

Nestling *m* <-s, -e> (ZOOL) ave *f* anidada

Nestor(in) ['nɛstoːɐ̯, *pl:* nɛs'toːrən] *m*(*f*) <-s, -en; -, -nen> (*geh*) decano, -a *m, f*

Nestwärme *f* <-, *ohne pl*> calor *m* de hogar [*o* hogareño]

Netikette *f* <-, *ohne pl*>, **Netiquette** [neti'kɛtə] *f* <-, *ohne pl*> (INFOR) etiqueta *f* de la red

nett [nɛt] *adj* ❶ (*freundlich*) amable, simpático; **sei so ~ und räum auf** sé tan amable y recoge las cosas; **sie waren sehr ~ zu mir** se portaron muy bien conmigo; **das war nicht ~ von ihm** no fue muy amable por su parte; **sag ihr doch mal etwas N~es!** ¡dile algo agradable!
❷ (*angenehm*) agradable; (*hübsch*) bonito; **sich ~ unterhalten** mantener una conversación agradable; **vielen Dank für den ~en Abend!** ¡muchas gracias por la agradable velada!
❸ (*fam: groß, unangenehm*) bonito; **ein ~es Sümmchen** una bonita suma; **du machst mir ja ~e Sachen!** (*iron*) ¡qué cosas me haces!

netterweise ['-'--] *adv* amablemente, por simpatía

Nettigkeit¹ *f* <-, *ohne pl*> (*nette Art*) amabilidad *f*, gentileza *f*

Nettigkeit² *f* <-, -en> (*Kompliment*) cumplido *m*, galantería *f*

netto ['nɛto] *adv* neto

Nettobetrag *m* <-(e)s, -träge> importe *m* neto; **Nettobilanz** *f* <-, -en> balance *m* neto; **Nettoeinkaufspreis** *m* <-es, -e> precio *m* neto de compra; **Nettoeinkommen** *nt* <-s, -> ingresos *mpl* netos; **Nettoergebnis** *nt* <-ses, -se> resultado *m* neto; **Nettoerlös** *m* <-es, -e> beneficio *m* neto; **Nettoersparnis** *f* <-, -se> ahorro *m* neto; **~ der privaten Haushalte** ahorro neto de los presupuestos familiares; **Nettoerwerb** *m* <-(e)s, -e> adquisición *f* neta; **Nettogehalt** *nt* <-(e)s, -hälter> sueldo *m* neto; **Nettogewicht** *nt* <-(e)s, -e> peso *m* neto; **Nettogewinn** *m* <-(e)s, -e> beneficio *m* neto, ganancia *f* neta; **Nettokapitalertrag** *m* <-(e)s, -träge> beneficios *mpl* netos del capital; **Nettokapitalexport** *m* <-(e)s, -e> exportación *f* neta del capital; **Nettokreditaufnahme** *f* <-, -n> (FIN) fondos *mpl* netos en préstamo, utilización *f* neta de créditos; **Nettokreditvertrag** *m* <-(e)s, -träge> (JUR) contrato *m* de fondos netos; **Nettolohn** *m* <-(e)s, -löhne> salario *m* neto; **Nettopreis** *m* <-es, -e> precio *m* neto; **Nettoprinzip** *nt* <-s, *ohne pl*> (WIRTSCH) principio *m* de importe neto; **Nettoproduktionswert** *m* <-(e)s, -e> (WIRTSCH) valor *m* neto de producción; **Nettosozialprodukt** *nt* <-(e)s, -e> (WIRTSCH) producto *m* social neto; **Nettoumlaufvermögen** *nt* <-s, -> patrimonio *m* neto, capital *m* neto; **Nettoumsatz** *m* <-es, -sätze> importe *m* neto de la cifra de negocios; **Nettoverdienst** *m* <-(e)s, -e> ingresos *mpl* netos; **Nettovermögen** *nt* <-s, -> neto *m* patrimonial, patrimonio *m* neto; **Nettoverschuldung** *f* <-, -en> endeudamiento *m* neto; **Nettowertschöpfung** *f* <-, -en> (FIN) valor *m* añadido neto; **Nettozufluss**^RR *m* <-es, -flüsse> (FIN) entrada *f* neta de capital

Netz [nɛts] *nt* <-es, -e> ❶ (*Fischer~, Straßen~, Strom~, a.* SPORT, INFOR) red *f*; (*Haar~*) redecilla *f*; (*Gepäck~*) rejilla *f*; **das soziale ~** la red social; **der Fußball ging ins ~** el balón entró en la portería; **ein Atomkraftwerk geht ans ~** una central nuclear está conectada a la red (eléctrica); **jdm ins ~ gehen** caer en las redes de alguien; **sie hat überall ihre ~e ausgeworfen** (*fig*) ha tendido [*o* echado] sus redes por todas partes ❷ (*Spinnen~*) telaraña *f*

Netzabschluss^RR *m* <-es, -schlüsse> ❶ (TEL: *bei ISDN*) terminador *m* de red ❷ (INFOR: *Abschlusswiderstand bei Ethernet*) resistencia *f* terminal; **Netzanschluss**^RR *m* <-es, -schlüsse> (ELEK) conexión *f* a la red

netzartig *adj* reticular

Netzauge *nt* <-s, -n> (ZOOL) ojo *m* compuesto; **Netzball** *m* <-(e)s, -bälle> (SPORT) "net" *m*

netzen ['nɛtsən] *vt* (*geh*) humedecer

Netz(fahr)karte *f* <-, -n> billete *m* para toda la red; **eine ~ lösen** sacar un billete para toda la red; **Netzgerät** *nt* <-(e)s, -e> (ELEK) aparato *m* alimentador

Netzhaut *f* <-, -häute> (ANAT) retina *f*; **Netzhautablösung** *f* <-, -en> (MED) desprendimiento *m* de retina

Netzhemd *nt* <-(e)s, -en> camiseta *f* de malla; **Netzkarte** *f* <-, -n> *s.* Netz(fahr)karte; **Netzmonopol** *nt* <-s, -e> (TEL) monopolio *m* de la red; **Netzpirat** *m* <-en, -en> ciberpirata *m*; **Netzplantechnik** *f* <-, *ohne pl*> (WIRTSCH) teoría *f* de grafos; **Netzspannung** *f* <-, -en> tensión *f* de la red; **Netzstecker** *m* <-s, -> (ELEK) enchufe *m*; **Netzstrümpfe** *mpl* medias *fpl* de malla; **Netzsurfer(in)** *m(f)* <-s, -, -, -nen> cibernauta *mf*; **Netzteil** *m* <-(e)s, -e> (ELEK) bloque *m* de alimentación; **Netztopologie** *f* <-, -n> (INFOR, PHYS) topología *f* de red

Netzwerk *nt* <-(e)s, -e> red *f*; **lokales ~** red local; **Netzwerkbetriebssystem** *nt* <-s, -e> (INFOR) sistema *m* operativo de red; **Netzwerkfähigkeit** *f* <-, *ohne pl*> capacidad *f* de trabajar en red; **Netzwerkkarte** *f* <-, -n> (INFOR) tarjeta *f* de interfaz de redes; **Netzwerkmanagement** *nt* <-s, -s> (INFOR) administración *f* de red, gestión *f* de red; **Netzwerkprotokoll** *nt* <-s, -e> (INFOR) protocolo *m* de red; **Netzwerkterminator** *m* <-s, -> (INFOR, TEL) terminador *m* de red

neu [nɔɪ] I. *adj* nuevo; **ein ~er Anfang** un nuevo comienzo; **das N~e Testament** el Nuevo Testamento; **die N~e Welt** el Nuevo Mundo; **in ~erer Zeit** en tiempos modernos; **~eren Datums** de fecha reciente; **seit ~estem** desde hace poco; **die ~este Mode** la última moda; **die ~esten Nachrichten** las últimas noticias; **was gibt's N~es?** ¿qué hay de nuevo?; **von ~em** de nuevo; **auf ein N~es** otra vez; **was ist das N~e daran?** ¿qué tiene de nuevo?; **das N~(e)ste** lo más novedoso, lo último; **ich bin hier ~** soy nuevo aquí; **das ist mir ~** esto me resulta nuevo, ahora me entero II. *adv* (*kürzlich*) recién; (*noch einmal*) de nuevo; **der Roman ist ~ erschienen** la novela acaba de publicarse; **etw ~ auflegen** reeditar algo; **~ anfangen** comenzar de nuevo; **~ gestalten** remodelar; **sich ~ verschulden** adquirir nuevas deudas

Neuankömmling ['-ʔankœmlɪŋ] *m* <-s, -e> recién llegado, -a *m, f*; **Neuanlage** *f* <-, -n> (FIN: *Geld*) reinversión *f*; **Neuanschaffung** *f* <-, -en> nueva adquisición *f*; **die ~ von Spielsachen** la adquisición de nuevos juguetes

neuapostolisch *adj* (REL) neoapostólico; **die N~e Kirche** la Iglesia neoapostólica

neuartig *adj* nuevo, novedoso *Am*; (*modern*) moderno

Neuartigkeit *f* <-, *ohne pl*> novedad *f*, innovación *f*; (*neue Struktur*) lo novedoso; **dank der ~ ihrer Konstruktion ist diese Batterie langlebiger** gracias a lo novedoso de su construcción, esta batería funciona más

Neuauflage *f* <-, -n> nueva edición *f*, reedición *f*; **Neuausgabe** *f* <-, -n> (PUBL) nueva edición *f*

Neubau[1] *m* <-(e)s, *ohne pl*> (*das Bauen*) (re)construcción *f*
Neubau[2] *m* <-s, -ten> (*Gebäude*) edificio *m* nuevo

Neubaugebiet *nt* <-(e)s, -e> barrio *m* nuevo; **Neubaumietenverordnung** *f* <-, -en> (JUR) prescripción *f* sobre arrendamiento de obra nueva; **Neubauwohnung** *f* <-, -en> piso *m* (en un edificio) nuevo

Neubearbeitung *f* <-, -en> (*eines Buches*) edición *f* revisada; (*eines Theaterstücks*) refundición *f*; **Neubeginn** *m* <-(e)s, *ohne pl*> nuevo comienzo *m*; **Neubelebung** *f* <-, -en> reanimación *f*; **~ des Marktes** reanimación del mercado; **Neuberechnung** *f* <-, -en> nuevo cálculo *m*

Neubewertung *f* <-, -en> nueva valoración *f*, revaloración *f*; **Neubewertungsrücklage** *f* <-, -n> (WIRTSCH) reserva *f* revalorizada

Neubildung *f* <-, -en> ❶ (*Entstehung*) formación *f* nueva, reconstitución *f* ❷ (LING) neologismo *m* ❸ (*Umbildung*) remodelación *f*; **Neubürger(in)** *m(f)* <-s, -; -, -nen> ciudadano, -a *m, f* nuevo, -a

Neu-Delhi [nɔɪˈdɛːli] *nt* <-s> Nueva Delhi *f*

Neudruck *m* <-(e)s, -e> reimpresión *f*

Neue(r) *mf* <-n, -n; -n, -n> recién llegado, -a *m, f*, nuevo, -a *m, f*

Neuenburg ['nɔɪənbʊrk] *nt* <-s> Neuchatel *m*, Neuenburg *m*

Neuentdeckung *f* <-, -en> ❶ (*erneute Entdeckung*) redescubrimiento *m* (*descubrimiento de algo que ya había sido descubierto anteriormente por otros*) ❷ (*entdecktes Talent*) nuevo descubrimiento *m*; **Neuentwicklung** *f* <-, -en> ❶ (*Vorgang*) desarrollo *m*; **technische ~en** avances tecnológicos ❷ (*Resultat*) último modelo *m*

neuerdings ['nɔɪɐdɪŋs] *adv* desde hace poco, últimamente

Neuerer *m* <-s, -; -, -> innovador(a) *m(f)*

neuerlich ['nɔɪɐlɪç] *adj* reiterado

Neueröffnung *f* <-, -en> apertura *f* (de algo nuevo); (*Wiedereröffnung*) reapertura *f*; **Neuerscheinung** *f* <-, -en> novedad *f*

Neuerung *f* <-, -en> novedad *f*, innovación *f*; **technische ~en einführen** introducir innovaciones tecnológicas

Neuerungsverbot *nt* <-(e)s, -e> (JUR) prohibición *f* de modificación
Neuerwerbung *f* <-, -en> nueva adquisición *f*

neuestens ['nɔɪəstəns] *adv s.* **neuerdings**

Neufestsetzung *f* <-, -en> reorganización *f*; **~ des Eigenkapitals** (WIRTSCH) reorganización del capital propio

Neufundland [nɔɪˈfʊntlant] *nt* <-s> (Isla *f* de) Terranova *f*

neugeboren ['--'--] *adj* recién nacido; **sich wie ~ fühlen** sentirse como un recién nacido

Neugeborene(s) *nt* <-n, -n> recién nacido, -a *m, f*

neu|gestalten* *vt s.* **neu II.**

Neugestaltung *f* <-, -en> (*eines Gebäudes*) remodelación *f*; (*einer Organisation*) reorganización *f*

Neugier(de) ['nɔɪgiːɐ(də)] *f* <-, *ohne pl*> curiosidad *f* (*auf* por); **aus ~** por curiosidad; **voller ~** muerto de curiosidad; **seine ~ befriedigen** [*o* **stillen**] matar la curiosidad; **er brannte vor ~** se moría de curiosidad

neugierig *adj* curioso (*auf* por), alcamonero *Ven*; **auf etw/jdn ~ sein** tener curiosidad por saber algo/por conocer a alguien; **sei nicht so ~** no seas tan curioso; **jdn ~ machen** despertar la curiosidad de alguien; **da bin ich aber ~!** ¡habrá que verlo!

Neugierige(r) *mf* <-n, -n; -n, -n> curioso, -a *m, f*; **das hier ist nichts für ~!** ¡no queremos curiosos aquí!

Neugliederung *f* <-, -en> nueva estructuración *f*, reorganización *f*

Neugriechisch *nt* <-(s), *ohne pl*>, **Neugriechische** *nt* <-n, *ohne pl*> griego *m* moderno

Neugründung *f* <-, -en> ❶ (*Gründung*) nueva fundación *f*; (*Schaffung*) nueva constitución *f*; **~ eines Rechtsträgers** nueva constitución de un titular jurídico ❷ (*Institution*) institución *f* constituida de nuevo

Neuguinea [nɔɪgiˈneːa] *nt* <-s> Nueva Guinea *f*

Neuheit[1] *f* <-, *ohne pl*> (*das Neusein*) novedad *f*; **die ~ dieser Maßnahmen** la novedad de estas medidas

Neuheit[2] *f* <-, -en> (*neue Sache*) novedad *f*

Neuheitsprüfung *f* <-, -en> (*eines Patents*) examen *m* de novedad

Neuhochdeutsch *nt* <-(s), *ohne pl*> (LING, LIT) alto alemán *m* moderno [*o* hodierno]

Neuigkeit *f* <-, -en> novedad *f*; **hast du die letzten ~en gehört?** ¿has oído las últimas novedades?

Neuinszenierung *f* <-, -en> (THEAT) reposición *f*

Neujahr *nt* <-(e)s, -e> Año *m* Nuevo; **Prost ~!** ¡Feliz Año Nuevo!
Neujahrsabend *m* <-s, -e> Nochevieja *f*; **Neujahrsfest** *nt* <-(e)s, -e> fiesta *f* de Año Nuevo; **herzliche Grüße zum ~!** ¡feliz Año Nuevo!; **Neujahrstag** *m* <-(e)s, -e> (día *m* de) Año Nuevo

Neukaledonien [nɔɪkaleˈdoːniən] *nt* <-s> Nueva Caledonia *f*

Neukartell *nt* <-s, -e> (WIRTSCH) cártel *m* de nueva constitución

Neuland *nt* <-(e)s, *ohne pl*> tierra *f* virgen; **~ betreten** (*fig*) abrir nuevos horizontes; **das ist für mich ~** (*fig*) ¡ahora me entero!; **Neulandgewinnung** *f* <-, -en> acción *f* de ganar tierra al mar

neulich *adv* el otro día, hace poco; **unser Gespräch von ~** nuestra conversación de hace poco; **ist das der Typ von ~?** (*fam*) ¿es ése el tipo del otro día?

Neuling *m* <-s, -e> novicio, -a *m, f*, principiante *mf*

neumodisch I. *adj* modernísimo

Neumond 515 **Nichtanwendbarkeitserklärung**

II. *adv* a la última moda
Neumond *m* <-(e)s, *ohne pl*> luna *f* nueva; **bei** ~ con luna nueva
neun [nɔɪn] *adj inv* nueve; **alle ~(e) werfen** tirar un pleno; *s. a.* **acht**
Neun *f* <-, -en> nueve *m*; **ach du grüne ~e!** (*fam*) ¡válgame Dios!, ¡madre mía!
Neunauge *nt* <-s, -n> (ZOOL) lamprea *f*
neunerlei ['nɔɪnɐ'laɪ] *adj inv* de nueve clases [*o* formas] diferentes, nueve clases (diferentes) de; *s. a.* **achterlei**
neunfach I. *adj* nueve veces; **das N~e** (**davon**) nueve veces tanto
II. *adv* nueve veces; *s. a.* **achtfach**
neunhundert ['-'--] *adj inv* novecientos; *s. a.* **achthundert**
neunhundertste(r, s) *adj* noningentésimo; *s. a.* **achthundertste(r, s)**
neunmal *adv* nueve veces; *s. a.* **achtmal**
neunmalklug ['---] *adj* sabi(h)ondo, sabelotodo, pendejo *CSur*
Neunmalkluge(r) *mf* <-n, -n; -n, -n> sabelotodo *mf inv*
neunt [nɔɪnt]: **zu ~** (*in Neunergruppen*) de nueve en nueve; (*zusammen, als Gruppe von neuen*) entre (los) nueve; *s. a.* **acht²**
neuntausend ['-'--] *adj inv* nueve mil; *s. a.* **achttausend**
neunte(r, s) *adj* noveno; *s. a.* **achte(r, s)**
Neuntel *nt* <-s, -> noveno, -a *m, f*, novena parte *f*; *s. a.* **Achtel**
neuntens ['nɔɪntəns] *adv* en noveno lugar; (*bei einer Aufzählung*) noveno; *s. a.* **achtens**
neunzehn ['--] *adj inv* diecinueve; *s. a.* **acht**
neunzehnte(r, s) *adj* decimonoveno, decimonono; *s. a.* **achte(r, s)**
neunzig *adj inv* noventa; *s. a.* **achtzig**
neunzigste(r, s) *adj* nonagésimo; *s. a.* **achtzigste(r, s)**
Neuordnung *f* <-, *ohne pl*> reorganización *f*; **Neuorientierung** *f* <-, *ohne pl*> reorientación *f*
Neuphilologe, -in *m, f* <-n, -n; -, -nen> filólogo, -a *m, f* de lenguas modernas; **Neuphilologie** *f* <-, -n> filología *f* moderna; **Neuphilologin** *f* <-, -nen> *s.* **Neuphilologe**
Neuprägung *f* <-, -en> ❶ (*Münze*) moneda antigua que vuelve a acuñarse y ponerse en circulación
❷ (LING) neologismo *m*
Neuralgie [nɔɪral'giː] *f* <-, -n> (MED) neuralgia *f*
neuralgisch [nɔɪ'ralgɪʃ] *adj* (MED) neurálgico; **ein ~er Punkt** un punto neurálgico
Neurasthenie [nɔɪraste'niː, *pl:* nɔɪraste'niːən] *f* <-, -n> (MED) neurastenia *f*
Neurastheniker(in) [nɔɪras'teːnikɐ] *m(f)* <-s, -; -, -nen> (MED) neurasténico, -a *m, f*
neurasthenisch [nɔɪras'teːnɪʃ] *adj* (MED) neurasténico
Neuregelung *f* <-, -en> reorganización *f*
neureich *adj* (*abw*) nuevo rico
Neureiche(r) *mf* <-n, -n; -n, -n> (*abw*) nuevo, -a rico, -a *m, f*
Neuritis [nɔɪ'riːtɪs, *pl:* nɔɪri'tiːdən] *f* <-, Neuritiden> (MED) neuritis *f inv*
Neurochirurg(in) ['nɔɪroçirʊrk] *m(f)* <-en, -en; -, -nen> neurocirujano, -a *m, f*; **Neurochirurgie** [nɔɪroçirʊr'giː, 'nɔɪroçirʊrgi:] *f* <-, *ohne pl*> neurocirugía *f*; **Neurochirurgin** *f* <-, -nen> *s.* **Neurochirurg**
Neurocomputer *m* <-s, -> (INFOR) ordenador *m* neuronal
Neurodermitis [nɔɪrodɛr'miːtɪs, *pl:* -dɛrmi'tiːdən] *f* <-, Neurodermitiden> (MED) neurodermitis *f inv*
Neuroleptikum [nɔɪro'lɛptikʊm, *pl:* nɔɪro'lɛptika] *nt* <-s, Neuroleptika> (MED) neuroléptico *m*
Neurologe, -in [nɔɪro'loːɡə] *m, f* <-n, -n; -, -nen> neurólogo, -a *m, f*
Neurologie [nɔɪrolo'giː] *f* <-, *ohne pl*> neurología *f*
Neurologin *f* <-, -nen> *s.* **Neurologe**
neurologisch [nɔɪro'loːgɪʃ] *adj* neurológico
Neuron *nt* <-s, -e *o* -en> (ANAT) neurona *f*
Neurose [nɔɪ'roːzə] *f* <-, -n> (MED, PSYCH) neurosis *f inv*
Neurotiker(in) [nɔɪ'roːtikɐ] *m(f)* <-s, -; -, -nen> (MED, PSYCH) neurótico, -a *m, f*
neurotisch [nɔɪ'roːtɪʃ] *adj* (MED, PSYCH) neurótico
Neurotoxin *nt* <-s, -e> (MED) neurotoxina *f*
Neurotransmitter *m* <-s, -> (CHEM, MED) neurotransmisor *m*
Neuschnee *m* <-s, *ohne pl*> nieve *f* virgen
Neuseeland [-'--] *nt* <-s> Nueva Zelanda *f*
Neuseeländer(in) [-'lɛndɐ] *m(f)* <-s, -; -, -nen> neozelandés, -esa *m, f*
neuseeländisch *adj* neozelandés
Neusilber *nt* <-s, *ohne pl*> alpaca *f*
Neusprachler(in) *m(f)* <-s, -; -, -nen> filólogo, -a *m, f* de lenguas modernas
neusprachlich *adj* de lenguas modernas; **ein ~es** [*o* **~ orientiertes**] **Gymnasium** ≈un instituto orientado a las lenguas modernas
Neustart *m* <-s, -s> (*a.* INFOR) reanudación *f*
neustens ['nɔɪstəns] *adv s.* **neuerdings**

Neutöner(in) *m(f)* <-s, -; -, -nen> (MUS) defensor(a) *m(f)* de la "new music"
Neutra *pl von* **Neutrum**
neutral [nɔɪ'traːl] *adj* ❶ (*unparteiisch*) neutral; **~es Geschäft** (JUR) negocio neutral; ~ **bleiben** mantenerse neutral
❷ (*Farbe, a.* CHEM, PHYS, LING) neutro; **die Lösung reagiert chemisch ~** la disolución muestra una reacción química neutra
Neutralisation [nɔɪtraliza'tsioːn] *f* <-, -en> (*a.* CHEM) neutralización *f*
neutralisieren* [nɔɪtrali'ziːrən] *vt* (*a.* CHEM) neutralizar
Neutralisierung *f* <-, -en> (*a.* CHEM) neutralización *f*
Neutralismus [nɔɪtra'lɪsmʊs] *m* <-, *ohne pl*> (POL) neutralismo *m*
Neutralität [nɔɪtrali'tɛːt] *f* <-, *ohne pl*> neutralidad *f*
Neutren *pl von* **Neutrum**
Neutrino [nɔɪ'triːno] *nt* <-s, -s> (PHYS) neutrino *m*
Neutron [nɔɪ'troːn] *nt* <-s, -en> (PHYS) neutrón *m*
Neutronenbombe *f* <-, -n> bomba *f* de neutrones; **Neutronenstrahlung** *f* <-, -en> radiación *f* de neutrones; **Neutronenwaffe** *f* <-, -n> bomba *f* de neutrones
Neutrum ['nɔɪtrʊm] *nt* <-s, Neutra *o* Neutren> (LING) género *m* neutro
Neuverhandlung *f* <-, -en> renegociación *f*; **Neuverhandlungspflicht** *f* <-, *ohne pl*> (JUR) obligación *f* de renegociación; ~ **bei Tarifverträgen** obligación de renegociación en convenios colectivos
neuvermählt *adj* recién casado
Neuvermählte(r) *mf* <-n, -n; -n, -n> (*geh*) recién casado, -a *m, f*
Neuverschuldung *f* <-, -en> (FIN) nuevo endeudamiento *m*; **Neuverteilung** *f* <-, -en> redistribución *f*; **Neuwagen** *m* <-s, -> coche *m* nuevo; **Neuwahl** *f* <-, -en> reelección *f*; **Neuwert** *m* <-(e)s, -e> valor *m* original
neuwertig *adj* como nuevo
Neuzeit *f* <-, *ohne pl*> Edad *f* Moderna
neuzeitlich I. *adj* ❶ (*der Neuzeit zugehörig*) de la Edad Moderna
❷ (*modern*) moderno
II. *adv* con un estilo moderno
Neuzugang *m* <-(e)s, -gänge> ingreso *m*; **am Montag gab es im Krankenhaus drei Neuzugänge** el lunes hubo en el hospital tres nuevos ingresos; **im vergangenen Schuljahr gab es 43 Abgänge und 55 Neuzugänge (von Schülern)** en el curso escolar pasado dejaron la escuela 43 alumnos, e ingresaron 55; **Neuzulassung** *f* <-, -en> (*formal*) primera matriculación *f* (de un vehículo)
New Age^RR ['njuː'eɪdʒ] *nt* <-, *ohne pl*>, **New Age** *nt* <- -, *ohne pl*> "new age" *f*
Newbie ['nju:bi] *m* <-s, -s> (INFOR) novato *m*
Newcomer(in) ['nju:kamɐ] *m(f)* <-s, -; -, -nen> novato, -a *m, f*, nuevo, -a *m, f*; **sie ist auf diesem Gebiet eine ~in** en este campo es una novata; **die A-Klasse von Mercedes ist ein ~** (*fig*) la clase A de Mercedes es un producto nuevo
Newsgroup *f* <-, -s> (INFOR, TEL) foro *m* de discusión (*entre usuarios de Internet*)
New York ['njuː'jɔːk] *nt* <- -s> Nueva York *f*
nhd. *Abk. von* **neuhochdeutsch** alto alemán moderno
Ni (CHEM) *Abk. von* **Nickel** Ni
Nicaragua [nika'ra:gua] *nt* <-s> Nicaragua *f*
Nicaraguaner(in) [nikaragu'a:nɐ] *m(f)* <-s, -; -, -nen> nicaragüense *mf*, nica *mf fam*
nicaraguanisch *adj* nicaragüense, nica *fam*
nicht [nɪçt] I. *adv* no; ~ **viel später** poco después; ~ **mehr als** nada más que; **sie hat ~ nicht mehr als zwei Gläser getrunken** nada más ha bebido dos copas; ~ **mehr** ya no; **auch ~** tampoco; ~ **einmal** ni siquiera; **bestimmt ~** de verdad que no, seguro que no; ~ **mehr und ~ weniger als ...** ni más ni menos que...; ~ **nur ..., sondern auch ...** no sólo... sino también...; **gar ~** de ninguna manera; ~ **doch!** ¡que no!; **ich glaube ~, dass ...** no creo que... +*subj*; **ob du willst oder ~** quieras o no; **bitte ~!** ¡por favor no!; **tu's ~** no lo hagas; **hab ich's ~ gesagt?** ¿no lo he dicho?; **was Sie ~ sagen!** ¡no me diga!; **was es ~ alles gibt!** ¡habráse visto!, ¡lo que hay que ver!; ~ **einer hat's geschafft** no lo logró ni uno
II. (*Partikel*) verdad; **schönes Wetter, ~?** buen tiempo, ¿verdad?; ~ **wahr?** ¿no es verdad?
Nichtabnahme *f* <-, *ohne pl*> no recepción *f*; **Nichtachtung** *f* <-, *ohne pl*> ❶ (*eines Gesetzes, des Gerichts*) desacato *m* ❷ (*Mangel an Respekt*) falta *f* de respeto; **jdn mit ~ strafen** tratar a alguien con indiferencia, no hacer caso a alguien
nichtamtlich *adj* no oficial
Nichtanerkennung *f* <-, *ohne pl*> no reconocimiento *m*; ~ **der Menschenrechte** no reconocimiento de los derechos humanos; ~ **einer Schuld** no reconocimiento de una deuda; **Nichtangriffspakt** *m* <-(e)s, -e> pacto *m* de no agresión; **Nichtansässige(r)** *mf* <-n, -n; -n, -n> (*formal*) no residente *mf*
Nichtanwendbarkeitserklärung *f* <-, -en> (JUR) declaración *f* de

Nichtanzeige *f* <-, *ohne pl*> (JUR) reticencia *f;* ~ **geplanter Straftaten** reticencia de penas planificadas; **Nichtausführung** *f* <-, *ohne pl*> no conclusión *f;* ~ **des Geschäfts** no conclusión de la operación [*o negocio*]; **Nichtauslastung** *f* <-, *ohne pl*> infrautilización *f;* **Nichtausübung** *f* <-, *ohne pl*> no ejercicio *m;* **Nichtbeachtung** *f* <-, *ohne pl*> no observancia *f;* ~ **der Straßenverkehrsordnung** violación del código de la circulación; **Nichtbefolgung** *f* <-, *ohne pl*>: ~ **der Vorschriften** inobservancia *f* de los reglamentos
nichtberechtigt *adj* no legitimado
Nichtberechtigte(r) *mf* <-n, -n; -n, -n> no titular *mf;* **Nichtbestreiten** *nt* <-s, *ohne pl*> (JUR) no impugnación *f*
nichtdeckungspflichtig *adj* (WIRTSCH) no sujeto a cobertura
Nichte ['nɪçtə] *f* <-, -n> sobrina *f*
nichtehelich *adj* (JUR) no legítimo, ilegítimo
Nichteinhaltung *f* <-, *ohne pl*> (*formal*) incumplimiento *m;* **jede ~ dieser Vorschrift wird geahndet** se sancionará cualquier incumplimiento de esta ordenanza
Nichteinmischung *f* <-, *ohne pl*> (JUR) no intervención *f;* ~ **in innere Angelegenheiten** no injerencia en asuntos internos; **Nichteinmischungsprinzip** *nt* <-s, *ohne pl*> (JUR) principio *m* de no injerencia
Nichterbringen *nt* <-s, *ohne pl*> incumplimiento *m;* ~ **einer Leistung** incumplimiento de una prestación; **Nichterfüllung** *f* <-, *ohne pl*> incumplimiento *m;* ~ **von Leistungen** incumplimiento de prestaciones; **bei ~ des Vertrags** en caso de incumplimiento del contrato; **Schadensersatz wegen ~** indemnización por daños de incumplimiento; **Nichterhebung** *f* <-, *ohne pl*> no recaudación *f;* ~ **eines Betrages** no recaudación de un importe; **Nichterscheinen** *nt* <-s, *ohne pl*> ausencia *f* (*zu/bei* a); (JUR) incomparecencia *f;* **Nichteuropäer(in)** *m(f)* <-s, -; -, -nen> no europeo, -a *m, f;* **Nichtförmlichkeit** *f* <-, *ohne pl*> (JUR) informalidad *f;* **Grundsatz der ~** principio de la informalidad; **Nichtgefallen** *nt* <-s, *ohne pl*> insatisfacción *f;* **bei ~** si no está satisfecho
nichtig ['nɪçtɪç] *adj* ❶ (JUR) nulo; **etw für ~ erklären** anular algo, declarar algo nulo; **null und ~** nulo y sin valor
❷ (*geh: unbedeutend*) insignificante, fútil
Nichtigerklärung *f* <-, -en> (JUR) invalidación *f*
Nichtigkeit¹ *f* <-, *ohne pl*> ❶ (JUR) nulidad *f*
❷ (*Bedeutungslosigkeit*) insignificancia *f*, futilidad *f*
Nichtigkeit² *f* <-, -en> (*Kleinigkeit*) pequeñez *f*, bagatela *f;* **über ~en streiten** discutir por pequeñeces
Nichtigkeitsbeschwerde *f* <-, -n> (JUR) recurso *m* de nulidad; **Nichtigkeitseinrede** *f* <-, -n> (JUR) excepción *f* de nulidad; **Nichtigkeitserklärung** *f* <-, -en> (JUR) anulación *f*, declaración *f* de nulidad; **Nichtigkeitsgrund** *m* <-(e)s, -gründe> (JUR) causa *f* de nulidad; **Nichtigkeitsklage** *f* <-, -n> (JUR) demanda *f* de nulidad, recurso *m* de nulidad; **Nichtigkeitssenat** *m* <-(e)s, -e> (JUR) sala *f* de nulidad; **Nichtigkeitsurteil** *nt* <-s, -e> (JUR) sentencia *f* de nulidad; **Nichtigkeitsverfahren** *nt* <-s, -> (JUR) procedimiento *m* de nulidad
Nichtkaufmann *m* <-(e)s, -leute> (WIRTSCH) no comerciante *m*
nichtkonsolidiert *adj* (WIRTSCH): ~**e Beteiligungen** participaciones no consolidadas
nichtleitend *adj s.* **leitend 2.**
Nichtleiter *m* <-s, -> (PHYS) aislador *m;* **Nichtlieferung** *f* <-, *ohne pl*> no entrega *f;* **Nichtmetall** *nt* <-s, -e> no metal *m*, elemento *m* no metálico; **Nichtmitglied** *nt* <-(e)s, -er> no miembro *m*
nichtöffentlich *adj* (a puerta) cerrada
Nichtraucher(in) *m(f)* <-s, -; -, -nen> no fumador(a) *m(f);* **Nichtraucherabteil** *nt* <-(e)s, -e> (EISENB) vagón *m* de no fumadores
Nichtraucherin *f* <-, -nen> *s.* **Nichtraucher**
Nichtraucherzone *f* <-, -n> zona *f* para no fumadores
nichtrostend *adj s.* **rosten**
nichts [nɪçts] *pron indef* nada; **was hast du gesehen? – ~!** ¿qué has visto? – ¡nada!; **er hat ~ gesagt** no ha dicho nada; ~ **dergleichen** nada semejante; **alles oder ~** todo o nada; **sonst** [*o weiter*] ~**?** ¿nada más?; **überhaupt ~** nada de nada; ~ **Neues** nada nuevo; ~ **als Ärger** sólo disgustos; ~ **von Bedeutung** nada importante; **ich kann ~ dafür** no es mi culpa; ~ **zu danken!** ¡de nada!, ¡no hay de qué!; **das macht (gar) ~** aus no importa (nada); **Entschuldigung! – macht ~!** ¡perdón! – ¡no pasa nada [*o* no importa]!; **er hat von ~ eine Ahnung** no tiene idea de nada; ~ **da!** ¡nada ya!; **das ist ~ für mich** esto no es a mi gusto; **ich habe mich für ~ und wieder ~ bemüht** (*fam*) lo he hecho todo en balde; **das Kleid sieht nach ~ aus** el vestido no luce nada; **das tut ~ zur Sache!** ¡esto no viene [*o* hace] al caso!; ~ **zu machen** [*o* **zu wollen**]! ¡no se puede hacer nada!; **das war wohl ~** (*fam*) vaya vez será!; ~ **wie weg!** (*fam*) ¡nada como poner pies en polvorosa!; **mir ~, dir ~** sin más ni más; **daraus wird ~** de esto no va a resultar nada; **von ~ kommt ~!** ¡de donde no hay no se puede sacar!
Nichts¹ *nt* <-, *ohne pl*> (*a.* PHILOS) nada *f;* **etw aus dem ~ schaffen** sacar algo de la nada; **vor dem ~ stehen** estar completamente arruinado
Nichts² *nt* <-, -e> (*abw: Mensch*) don nadie *m*, nulidad *f*
nichtsahnend *adj s.* **ahnen 2.**
Nichtschuldvermutung *f* <-, -en> (JUR) presunción *f* de inocencia
Nichtschwimmer(in) *m(f)* <-s, -; -, -nen> no nadador(a) *m(f);* **Nichtschwimmerbecken** *nt* <-s, -> piscina *f* de no nadadores
Nichtschwimmerin *f* <-, -nen> *s.* **Nichtschwimmer**
nichtsdestotrotz *adv* (*fam*), **nichtsdestoweniger** [---'---] *adv* no obstante, sin embargo
Nichtsesshafte(r)ᴿᴿ *mf* <-n, -n; -n, -n>, **Nichtseßhafte(r)** *mf* <-n, -n; -n, -n> (*formal*) transeúnte *mf*
Nichtskönner(in) *m(f)* <-s, -; -, -nen> (*abw*) cero *m* a la izquierda
Nichtsnutz ['nɪçtsnʊts] *m* <-es, -e> (*abw*) nulidad *f*, inútil *mf*
nichtsnutzig *adj* (*abw*) inútil; **er hat nur Unfug im Sinn, dieser ~e Junge!** ¡no piensa más que en bobadas, el inútil ese!
nichtssagend *adj s.* **sagen**
nichtstreitig *adj* (JUR) no contencioso
Nichtstuer(in) *m(f)* <-s, -; -, -nen> holgazán, -ana *m, f*, poltrón, -ona *m, f*
Nichtstun *nt* <-s, *ohne pl*> ❶ (*Faulenzen*) holgazanería *f*, bausa *f* Peru
❷ (*Muße*) ocio *m*
nichtswürdig *adj* (*geh abw*) infame, vil, indigno
Nichtübereinstimmung *f* <-, *ohne pl*> discrepancia *f;* ~ **mit den Vertragsbedingungen** (JUR) discrepancia con las condiciones de contratación; **Nichtvaluiterung** *f* <-, *ohne pl*> (JUR) no valoración *f*
nichtvermögensrechtlich *adj* (JUR) no patrimonial; ~**er Anspruch** derecho no patrimonial
Nichtvermögensschaden *m* <-s, -schäden> (JUR) daño *m* no patrimonial
nichtvertretbar *adj* (JUR) indefendible; ~**e Sache** causa indefendible
Nichtvollzug *m* <-(e)s, *ohne pl*>: ~ **der Ehe** no consumación *f* del matrimonio; **Nichtvorlagebeschwerde** *f* <-, -n> (JUR) queja *f* por defecto de presentación; **Nichtwähler(in)** *m(f)* <-s, -; -, -nen> no elector(a) *m(f)*
Nichtwiderspruch *m* <-(e)s, *ohne pl*> (JUR) no oposición *f;* **Nichtwiderspruchskartell** *nt* <-s, -e> (JUR) cártel *m* de no oposición
Nichtwissen *nt* <-s, *ohne pl*> (JUR) ignorancia *f*, desconocimiento *m;* **Erklären/Erklärung mit ~** aclaramiento/exposición con ignorancia; **Nichtzahlung** *f* <-, *ohne pl*> impago *m;* (*bei Verweigerung*) denegación *f* del pago; **bei ~** en caso de impago
Nichtzulassungsbeschwerde *f* <-, -n> (JUR) recurso *m* de inadmisión
Nichtzustandekommen *nt* <-s, *ohne pl*> (*formal*) no realización *f;* **Nichtzutreffende(s)** *nt* <-n, *ohne pl*>: ~ **bitte streichen** táchese lo que no corresponda [*o* proceda]
Nickel¹ ['nɪkəl] *nt* <-s, *ohne pl*> (CHEM) níquel *m*
Nickel² *m* <-s, -> (*fam: Münze*) perra *f* chica
Nickelbrille *f* <-, -n> gafas *fpl* (con montura) de metal
nicken ['nɪkən] *vi* ❶ (*zustimmend*) asentir con la cabeza; (*zum Gruß*) saludar con la cabeza
❷ (*fam: schlummern*) dar cabezadas
Nickerchen ['nɪkəçan] *nt* <-s, -> (*fam*) siestecita *f;* **ein ~ machen** echarse una siestecita [*o* cabezadita]
Nickipullover *m* <-s, -> niqui *m*, polo *m*
Nidation *f* <-, -en> (JUR) nidación *f*
nie [niː] *adv* nunca, jamás; **noch ~** nunca; ~ **im Leben!** ¡nunca en la vida!; ~ **mehr** nunca más; ~ **und nimmer** ni hablar, nada de eso; **besser spät als ~** mejor tarde que nunca; **jetzt oder ~!** ¡ahora o nunca!
nieder ['niːdɐ] **I.** *adj* ❶ (*reg: gering*) bajo
❷ (*Rang*) inferior; (*Adel, Klasse*) baja
❸ (*niedrig*) vulgar, basto
II. *adv* abajo; **~ mit dem König!** ¡abajo el rey!; **auf und ~** arriba y abajo
nieder|beugen I. *vt* (*geh*) doblar (hacia abajo)
II. *vr:* **sich ~** encorvarse, inclinarse (*zu* sobre)
nieder|brennen *irr* **I.** *vi sein* (*Haus*) quemarse; (*Kerze*) consumirse
II. *vt* prender fuego (a), quemar
nieder|bringen *vt* (BERGB) abrir, excavar; **ein Schacht wurde niedergebracht um an die Mine zu gelangen** abrieron un pozo para llegar a la mina
nieder|brüllen *vt* (*fam*): **jdn ~** hacer callar a alguien abucheándolo; **jeder, der es wagte, zur Besonnenheit aufzurufen, wurde rücksichtslos niedergebrüllt** el que se atrevía a apelar a la prudencia era inmediatamente abucheado
nieder|bügeln *vt* (*fam: mundtot machen*) criticar con dureza y hacer callar, arrollar; **der hat seinen Widersacher voll niedergebügelt!** ¡arrolló totalmente a su adversario!
niederdeutsch *adj* (LING) bajo alemán
Niederdeutsch(e) *nt* <-en, *ohne pl*> (LING) bajo alemán *m*
nieder|drücken *vt* ❶ (*herunterdrücken*) bajar, apretar (hacia abajo)

niedere(r, s) *adj* ❶ (*primitiv*) primitivo; **sich von ~n Instinkten leiten lassen** dejarse llevar por instintos primitivos ❷ (*unbedeutend*) bajo; **von ~r Herkunft sein** ser de baja cuna ❸ (*südd: niedrig*) bajo; **über eine ~ Hecke springen** saltar por encima de un seto de poca altura ❹ (BIOL) inferior; **~ Einzeller untersuchen** estudiar organismos unicelulares inferiores

nieder|fallen *irr vi sein* (*geh*) caer al suelo

Niederfrequenz *f* <-, -en> (PHYS) baja frecuencia *f*

Niedergang¹ *m* <-(e)s, *ohne pl*> (*geh: Untergang*) decadencia *f*

Niedergang² *m* <-(e)s, -gänge> (NAUT) escalera *f* de cámara [*o* de toldillo]

niedergedrückt *adj* deprimido, triste

nieder|gehen *irr vi sein* ❶ (*Flugzeug*) aterrizar ❷ (*Gewitter, Regen*) caer ❸ (*Vorhang*) bajar

niedergelassen I. *pp von* **niederlassen** II. *adj* (*Schweiz*) residente

niedergeschlagen I. *pp von* **niederschlagen** II. *adj* (*bedrückt*) deprimido, triste

Niedergeschlagenheit *f* <-, *ohne pl*> abatimiento *m*, depresión *f*

nieder|halten *irr vt* ❶ (*unten halten*) mantener abajo ❷ (*unterdrücken*) oprimir ❸ (*nicht hochkommen lassen*) reprimir

nieder|holen *vt* arriar

nieder|knien *vi sein* arrodillarse, ponerse de rodillas

nieder|kommen *vi irr sein* (*gebären*) parir, dar a luz (*mit* a)

Niederkunft ['ni:dɛkʊnft] *f* <-, -künfte> parto *m*

Niederlage *f* <-, -n> derrota *f*; **eine ~ erleiden** sufrir una derrota; **bei etw eine ~ einstecken** [*o* **hinnehmen**] **müssen** sufrir una derrota con algo; **jdm eine ~ bereiten** [*o* **beibringen**] infligir(le) una derrota a alguien

Niederlande ['ni:dɛlandə] *pl* Países *mpl* Bajos

Niederländer(in) ['ni:dɛlɛndɐ] *m(f)* <-s, -; -, -nen> neerlandés, -esa *m, f*

niederländisch *adj* neerlandés

nieder|lassen *irr vr: sich ~* ❶ (*Wohnsitz nehmen*) domiciliarse, establecerse; (*als Arzt*) abrir consulta; (*als Rechtsanwalt*) abrir bufete; **sie hat sich als Ärztin niedergelassen** abrió su consulta ❷ (*geh: sich setzen*) sentarse

Niederlassung¹ *f* <-, *ohne pl*> (*das Sichniederlassen*) establecimiento *m*; (*als Arzt*) consulta *f*; (*als Rechtsanwalt*) bufete *m*; (MIL) base *f*

Niederlassung² *f* <-, -en> (WIRTSCH) sede *f*; (*Zweigstelle*) sucursal *f*

Niederlassungsabkommen *nt* <-s, -> (WIRTSCH) convenio *m* de establecimiento; **Niederlassungsbewilligung** *f* <-, -en> (*Schweiz*) permiso *m* de residencia; **Niederlassungserfordernis** *f* <-ses, -se> (WIRTSCH) requisito *m* de establecimiento; **Niederlassungsfreiheit** *f* <-, *ohne pl*> libertad *f* de establecimiento; **Niederlassungsort** *m* <-(e)s, -e> (WIRTSCH) lugar *m* de establecimiento; **Niederlassungsrecht** *nt* <-(e)s, *ohne pl*> (WIRTSCH) derecho *m* de establecimiento; **Niederlassungsvertrag** *m* <-(e)s, -träge> (JUR) contrato *m* de establecimiento

nieder|legen *irr* I. *vt* ❶ (*geh: hinlegen*) posar, depositar (en el suelo); **einen Kranz ~** depositar una corona; **die Waffen ~** deponer las armas ❷ (*Amt, Vorsitz*) dimitir, renunciar (a); **die Arbeit ~** declararse en huelga ❸ (*schriftlich fixieren*) registrar, documentar II. *vr: sich ~* ❶ acostarse (*auf* en), tenderse (*auf* en)

Niederlegung *f* <-, -en> ❶ (*eines Amtes*) resignación *f*; (*eines Mandats*) dimisión *f*; (*der Arbeit*) abandono *m*; (*der Krone*) abdicación *f* ❷ (*eines Kranzes*) colocación *f* ❸ (*schriftliche Fixierung*) (puesta *f* por) escrito *m*, documento *m*

nieder|machen *vt* (*fam*) hacer papilla; **jdn mit Vorwürfen ~** abrumar a alguien con reproches

nieder|metzeln *vt* masacrar

Niederösterreich *nt* <-s> Baja Austria *f*

nieder|reißen *irr vt* ❶ (*Gebäude*) derribar, demoler ❷ (*Person*) derribar

Niederrhein *m* <-(e)s> Bajo Rin *m*

Niedersachsen *nt* <-s> Baja Sajonia *f*

nieder|schießen *irr* I. *vt* abatir, matar a tiros II. *vi sein* lanzarse (*auf* sobre), precipitarse (*auf* sobre)

Niederschlag *m* <-(e)s, -schläge> ❶ (METEO) precipitaciones *fpl*; **saurer ~** lluvia ácida ❷ (CHEM) precipitado *m* ❸ (*Wend*): **seinen ~ in etw** *dat* **finden** reflejarse en algo, dejar sentir su efecto en algo

nieder|schlagen *irr* I. *vt* ❶ (*zu Boden schlagen*) tumbar, derribar ❷ (*Aufstand*) sofocar, aplastar ❸ (JUR: *Prozess*) cancelar, anular ❹ (*Augen*) bajar II. *vr: sich ~* ❶ (*Dampf*) condensarse (*auf/an* sobre); (CHEM) precipitarse ❷ (*zum Ausdruck kommen*) plasmarse (*in* en), repercutir (*in* en)

niederschlagsarm *adj* con [*o* de] bajas precipitaciones

Niederschlagsmenge *f* <-, -n> (METEO) cantidad *f* de precipitaciones; (*an Regen*) pluviosidad *f*

niederschlagsreich *adj* con [*o* de] abundantes precipitaciones

Niederschlagung *f* <-, -en> ❶ (JUR: *Einstellung*) suspensión *f*, sobreseimiento *m* ❷ (*Unterdrückung*) represión *f*

Niederschmelzen *nt* <-s, *ohne pl*> fusión *f* a fondo

nieder|schmettern *vt* ❶ (*durch einen Schlag*) derribar ❷ (*Ereignis*) deprimir, consternar

niederschmetternd *adj* (*deprimierend*) deprimente

nieder|schreiben *irr vt* poner por escrito, apuntar

nieder|schreien *irr vt s.* **niederbrüllen**

Niederschrift *f* <-, -en> escrito *m*

nieder|setzen I. *vt* colocar, poner; **die Taschen ~** poner las bolsas en el suelo II. *vr: sich ~* sentarse

nieder|sinken *irr vi sein* desplomarse; **völlig erschöpft sank sie nieder** totalmente agotada se desplomó en el suelo

Niederspannung *f* <-, -en> (ELEK) baja tensión *f*

nieder|stechen *irr vt* apuñalar

nieder|stimmen *vt* rechazar por votación

nieder|stoßen *irr* I. *vi sein* (*Raubvogel*) lanzarse (*auf* sobre) II. *vt* (*geh*) derribar

nieder|strecken I. *vt* derribar II. *vr: sich ~* tenderse; **er streckte sich auf dem Teppich nieder** se tendió sobre la alfombra

nieder|stürzen *vi sein* (*geh*) caer al suelo; (*Mensch*) desplomarse, desmayarse, caer al suelo

Niederstwertprinzip *nt* <-s, *ohne pl*> (WIRTSCH) principio *m* del valor mínimo

Niedertarif *m* <-(e)s, -e> (WIRTSCH) tarifa *f* moderada [*o* módica]

Niedertracht *f* <-, *ohne pl*> (*geh*) infamia *f*, bajeza *f*

niederträchtig *adj* infame, vil, bascoso *Kol, Ecua*

Niederträchtigkeit¹ *f* <-, -en> (*Tat*) infamia *f*, canallada *f*

Niederträchtigkeit² *f* <-, *ohne pl*> (*Charakter*) infamia *f*, bajeza *f*

nieder|trampeln *vt* (*fam*) pisotear; **am nächsten Morgen waren alle Blumen niedergetrampelt** a la mañana siguiente todas las flores estaban pisoteadas

nieder|treten *vt irr* hollar, pisar; (*Schuhe*) gastar

Niederung *f* <-, -en> tierra *f* baja

Niederwald *m* <-(e)s, -wälder> monte *m* bajo

nieder|walzen *vt* aplastar, apisonar

nieder|werfen *irr* I. *vt* (*geh*) ❶ (*Gegner*) vencer, derrotar ❷ (*Aufstand*) someter, aplastar ❸ (*erschüttern*) consternar, deprimir II. *vr: sich ~* postrarse (*vor* ante)

Niederwerfung *f* <-, -en> derrocamiento *m*; **die ~ der herrschenden Klasse führte zur Demokratisierung** el derrocamiento de la clase dominante llevó a la democracia

Niederwild *nt* <-(e)s, *ohne pl*> caza *f* menor

niedlich ['ni:tlɪç] *adj* mono, rico, lindo *Am*

Niednagel ['ni:t-] *m* <-s, -nägel> uñero *m*

niedrig ['ni:drɪç] *adj* ❶ (*gering, tief*) bajo; **~ fliegen** volar bajo; **etw/jdn ~ einschätzen** subestimar algo/a alguien ❷ (*Herkunft*) humilde ❸ (*Gesinnung*) vil, infame; **~er Beweggrund** (JUR) motivo vil

Niedrigkeit¹ *f* <-, *ohne pl*> (*a. fig: das Niedrigsein*) bajeza *f*

Niedrigkeit² *f* <-, -en> (*Handlung*) bajeza *f*

Niedriglohnland *nt* <-(e)s, -länder> (POL, WIRTSCH) país *m* de salarios bajos, país *m* de mano de obra barata; **Niedrigstrahlung** *f* <-, -en> (PHYS) baja radiación *f*; **Niedrigwasser** *nt* <-s, *ohne pl*> ❶ (*bei Ebbe*) bajamar *f*, marea *f* baja ❷ (*von Flüssen, Seen*) caudal *m* bajo (de agua); **nach drei Monaten ohne Regen führen die Flüsse ~** tras tres meses sin lluvia se produce el estiaje de los ríos; **Niedrigzinspolitik** *f* <-, *ohne pl*> (POL, WIRTSCH) política *f* de intereses mínimos

niemals ['ni:ma:ls] *adv* nunca, jamás

niemand ['ni:mant] *pron indef* nadie; **ich habe es ~em erzählt** no se lo he contado a nadie; **es war ~ zu Hause** no había nadie en casa; **er hat mit ~em von uns reden wollen** no ha querido hablar con ninguno de nosotros; **sonst ~, ~ anders** nadie más, ninguna otra persona; **es war ~ anders als sein früherer Lehrer** no era otro que su antiguo profesor

Niemandsland *nt* <-(e)s, *ohne pl*> tierra *f* de nadie

Niere ['ni:rə] *f* <-, -n> (*a.* GASTR) riñón *m*; **künstliche ~** riñón artificial;

saure ~n *plato a base de riñones en vinagre;* **das geht mir an die ~n** (*fam fig*) eso me aflige mucho; **etw auf Herz und ~n prüfen** (*fam fig*) examinar algo detenidamente
Nierenbecken *nt* <-s, -> (ANAT) pelvis *f inv* renal; **Nierenbeckenentzündung** *f* <-, -en> (MED) pielitis *f inv*
nierenförmig [-fœrmɪç] *adj* reniforme
Nierengurt *m* <-(e)s, -e> cinturón *m* renal; **Nierenkolik** *f* <-, -en> (MED) cólico *m* nefrítico [*o* renal]
nierenkrank *adj* enfermo del riñón, nefrítico; **~ sein** estar enfermo del riñón
Nierenkranke(r) *mf* <-n, -n; -n, -n> enfermo, -a *m, f* del riñón, nefrítico, -a *m, f;* **Nierenleiden** *nt* <-s, -> afección *f* renal; (MED) nefropatía *f;* **Nierenschale** *f* <-, -n> (MED) cubeta *f* arriñonada; **Nierenschützer** *m* <-s, -> faja *f;* **Nierenspender(in)** *m(f)* <-s, -; -, -nen> (MED) donante *mf* de riñón; **Nierenstein** *m* <-(e)s, -e> (MED) cálculo *m* renal; **Nierentasche** *f* <-, -n> riñonera *f;* **sie band ihre ~ um den Bauch** se ató la riñonera al vientre; **Nierentee** *m* <-s, -s> (MED) infusión *f* para los riñones; **Nierentisch** *m* <-(e)s, -e> mesa *f* baja; **Nierentransplantation** *f* <-, -en> (MED) trasplante *m* de riñón; **Nierenversagen** *nt* <-s, *ohne pl*> (MED) malfunción *f* de los riñones; **Nierenwärmer** *m* <-s, -> faja *f* calientarriñones
nieseln ['niːzəln] *vunpers* lloviznar, pringar *Am*
Nieselregen *m* <-s, -> llovizna *f*
niesen ['niːzən] *vi* estornudar
Niespulver *nt* <-s, -> polvos *mpl* de picapica
Nießbrauch ['niːsbraʊx] *m* <-(e)s, *ohne pl*> (JUR) usufructo *m;* **an einem Grundstück/Vermögen** usufructo de un inmueble/patrimonio; **lebenslänglicher ~** usufructo vitalicio; **mit einem ~ belasten** gravar con un usufructo
Nießbraucher(in) *m(f)* <-s, -; -, -nen> (JUR), **Nießnutzer(in)** *m(f)* <-s, -; -, -nen> (JUR) usufructuario, -a *m, f;* **lebenslänglicher ~** usufructuario vitalicio
Nieswurz *f* <-, *ohne pl*> (BOT) eléboro *m*
Niet [niːt] *m o nt* <-(e)s, -e> remache *m*
Niete ['niːtə] *f* <-, -n> ❶ (*in einer Lotterie*) billete *m* de lotería no premiado
❷ (*fam: Mensch*) inútil *mf*
❸ (TECH) remache *m*
nieten *vt* remachar
niet- und nagelfest *adj* (*fam*): **alles, was nicht ~ ist** todo lo que no está clavado y bien clavado
Nigeria [niˈgeːria] *nt* <-s> Nigeria *f*
Nigerianer(in) [nigeriˈaːnɐ] *m(f)* <-s, -; -, -nen> nigeriano, -a *m, f*
nigerianisch *adj* nigeriano
Nihilismus [nihiˈlɪsmʊs] *m* <-, *ohne pl*> (*geh a.* PHILOS) nihilismo *m*
Nihilist(in) [nihiˈlɪst] *m(f)* <-en, -en; -, -nen> (*geh a.* PHILOS) nihilista *mf*
nihilistisch [nihiˈlɪstɪʃ] *adj* (*geh a.* PHILOS) nihilista
Nikolaus ['niːkolaʊs] *m* <-, -e, *fam:* -läuse> ❶ (*Gestalt*) San Nicolás *m*
❷ (*~tag*) día *m* de San Nicolás (*seis de diciembre*)
Nikotin [nikoˈtiːn] *nt* <-s, *ohne pl*> nicotina *f*
nikotinarm *adj* bajo en nicotina
nikotinfrei *adj* sin nicotina
Nikotingehalt *m* <-(e)s, -e> contenido *m* en nicotina
nikotinhaltig *adj* que contiene nicotina; **dieser Tabak ist stark ~** este tabaco tiene un alto nivel de nicotina
Nikotinvergiftung *f* <-, -en> nicoti(ni)smo *m*
Nil [niːl] *m* <-s> Nilo *m*
Nilpferd *nt* <-(e)s, -e> hipopótamo *m*
Nimbostratus *m* <-, -strati> (METEO) nimboestrato *m*
Nimbus¹ ['nɪmbʊs] *m* <-, *ohne pl*> (*Ruhm*) aureola *f*
Nimbus² *m* <-, -se> (*Heiligenschein*) aureola *f,* nimbo *m*
nimmer ['nɪmɐ] *adv* (*südd, Österr*) ya no, no más; **er will es ~ tun** no quiere volver a hacerlo
nimmermehr ['nɪmeˈmeːɐ] *adv* ❶ (*alt: niemals*) nunca, jamás
❷ (*südd, Österr*) nie wieder) nunca más
nimmermüde ['nɪmɐˈmyːdə] *adj* (*geh*) incansable, infatigable
Nimmersatt *m* <-s, -e> (*fam*) comilón, -ona *m, f*
Nimmerwiedersehen ['--ˈ----] *nt* <-s, *ohne pl*> (*fam*): **auf ~!** ¡hasta nunca jamás!
nimmt [nɪmt] 3. *präs von* **nehmen**
Niobium [nioˈbiʊm] *nt* <-s, *ohne pl*> (CHEM) niobio *m*
Nippel ['nɪpəl] *m* <-s, -> (TECH) racor *m* (fileteado), entrerrosca *f*
nippen ['nɪpən] *vi* beber a sorbos (*an*)
Nippes ['nɪpəs] *pl,* **Nippsachen** ['nɪpzaxən] *fpl* chucherías *fpl,* baratijas *fpl*
nirgends ['nɪrgənts] *adv,* **nirgend(s)wo** ['nɪrgəntsˈvoː, 'nɪrgənsˈvoː] *adv* en ninguna parte, en ningún lugar; **ich habe ihn ~ gesehen** no le vi en ninguna parte; **überall und ~** en todas partes y en ninguna

nirgendwohin ['nɪrgəntvoˈhɪn] *adv* a ninguna parte; **du bleibst zu Hause und gehst ~!** ¡te quedas en casa y no vas a ninguna parte!
Nirwana [nɪrˈvaːna] *nt* <-(s), *ohne pl*> (REL) nirvana *m*
Nische ['niːʃə] *f* <-, -n> nicho *m;* **eine ökologische ~** (BIOL) un enclave ecológico
Nisse *f* <-, -n> liendre *f*
nisten ['nɪstən] *vi* anidar, nidificar
Nistkasten *m* <-s, -kästen> nidal *m;* **Nistplatz** *m* <-es, -plätze> nidal *m;* **Nistvogel** *m* <-s, -vögel> ave *f* de nido
Nitrat [niˈtraːt] *nt* <-(e)s, -e> nitrato *m*
Nitration *nt* <-s, -en> (CHEM) ion *m* nitrato
Nitrifikation *f* <-, -en> (AGR, CHEM) nitrificación *f*
Nitrit [niˈtrɪt] *nt* <-s, -en> nitrito *m*
Nitroglyzerin [nitroglytseˈriːn] *nt* <-s, *ohne pl*> nitroglicerina *f;* **Nitrolack** ['nɪtro-] *m* <-(e)s, -e> nitrobarniz *m;* **Nitrolackierung** *f* <-, -en> nitrobarniz *m,* nitrolaca *f*
Nitrosamin [nitrozaˈmiːn] *nt* <-s, -e> (CHEM) nitrosamina *f*
Nitrotablette *f* <-, -n> (MED) pastilla *f* de nitro; **Nitroverdünnung** *f* <-, -en> diluyente *m* para barnices nitrocelulósicos
Niveau [niˈvoː] *nt* <-s, -s> ❶ (*Höhe, Stufe*) nivel *m;* **auf gleichem ~ liegen** estar al mismo nivel
❷ (*geistiger Rang*) nivel *m,* categoría *f;* **das ist unter meinem ~** estoy por encima de esto, esto queda por debajo de mi nivel; **kein** [*o* **wenig*] ~** **haben** ser de poca categoría; **er ist ein Mensch mit ~** es una persona con clase
Niveauangleichung *f* <-, -en> (WIRTSCH) nivelación *f*
niveaulos *adj* sin nivel, sin categoría; (*mittelmäßig*) mediocre
niveauvoll *adj* de (alto) nivel, con nivel
nivellieren* [nivɛˈliːrən] *vt* nivelar
Nivellierung *f* <-, -en> nivelación *f*
nix [nɪks] *pron indef* (*fam*) *s.* **nichts**
Nixe [ˈnɪksə] *f* <-, -n> ondina *f*
Nizza ['nɪtsa] *nt* <-s> Niza *f*
NN [ɛnˈʔɛn] *Abk. von* **Normalnull** nivel *m* normal cero, nivel *m* de altitud cero
N.N. *Abk. von* **nomen nescio** nombre desconocido
No (CHEM) *Abk. von* **Nobelium** No
NO (GEO) *Abk. von* **Nordost(en)** noreste *m,* nordeste *m*
nobel ['noːbəl] *adj* ❶ (*geh: edelmütig*) noble
❷ (*elegant*) elegante; (*luxuriös*) lujoso
❸ (*fam: großzügig*) generoso
Nobelherberge *f* <-, -n> (*fam iron*) hotel *m* de alto copete
Nobelium [noˈbeːliʊm] *nt* <-s, *ohne pl*> (CHEM) nobelio *m*
Nobelpreis [noːbɛlpraɪs] *m* <-es, -e> premio *m* Nobel; **Nobelpreisträger(in)** *m(f)* <-s, -; -, -nen> premio *mf* Nobel; **die ~in für Literatur 1996 ist eine Polin** la premio Nobel de literatura 1996 es polaca
Nobody ['noʊbədi] *m* <-s, -s> don nadie *m;* **damals war Karl Lagerfeld noch ein ~** en aquella época Karl Lagerfeld era un don nadie
noch [nɔx] I. *adv* ❶ (*zeitlich*) aún, todavía; **sie schläft ~** aún duerme; **immer ~** immer ~ todavía; **nicht ~** todavía no; **kaum ~** apenas; **nur ~** sólo; **~ nie** nunca; **er hat Geld ~ und ~** tiene dinero para dar y regalar; **~ heute** hoy mismo; **~ einmal so viel** el doble, otro tanto; **weißt du ~?** ¿te acuerdas todavía?; **ich sage dir ~ Bescheid** ya te avisaré; **das kannst du immer ~ machen** ya tendrás tiempo de hacerlo; **das muss ~ vor Dienstag fertig sein** eso tiene que estar listo antes del martes; **Paul ist groß, aber Otto ist ~ größer** Paul es alto pero Otto es más todavía; **er will ~ mehr (haben)** quiere (tener) aún más; **seien sie auch ~ so klein** por muy pequeños que sean; **das wäre ja ~ schöner!** (*iron*) ¡no faltaría más!
❷ (*zusätzlich*) otro, más; **wer war ~ da?** ¿quién más estuvo?; **ein paar Tage ~** un par de días más; **~ ein Fehler und wir verlieren** otra falta (más) y perdemos; **~ ein Bier, bitte!** ¡otra cerveza, por favor!; **~ einmal** otra vez; **auch das ~!** ¡lo que faltaba!
II. *konj:* **weder ... ~ ...** ni... ni...
Nochgeschäft *nt* <-(e)s, -e> (FIN): **~ auf Geben** opción *f* a venta doble; **~ auf Nehmen** opción *f* a compra doble
nochmalig ['nɔxmaːlɪç] *adj* (*wiederholt*) repetido
nochmals ['nɔxmaːls] *adv* otra vez, de nuevo
Nockenwelle ['nɔkən-] *f* <-, -n> (TECH) árbol *m* de levas
NOK [ɛnʔoːˈkaː] *nt* <-(s), -(s)> *Abk. von* **Nationales Olympisches Komitee** C.O.N. *m*
nölen ['nøːlən] *vi* (*nordd: fam*) tardar; **nöl nicht so lange!** ¡aligera, que es para hoy!
nolens volens ['noːlɛns 'voːlɛns] *adv* (*geh*) de buen grado o a la fuerza; **ich habe ~ zugestimmt** de buen grado o a la fuerza he dado mi aprobación
Nomade, -in [noˈmaːdə] *m, f* <-n, -n; -, -nen> nómada *mf*
Nomadenleben *nt* <-s, *ohne pl*> vida *f* nómada; **ich will mein ~ beenden und sesshaft werden** (*fig*) quiero dejar de mudarme constan-

temente y establecerme por fin en algún lugar
Nomadentum *nt* <-s, *ohne pl*> nomadismo *m*
Nomadin *f* <-, -nen> *s*. **Nomade**
Nomen ['no:mən, *pl:* 'no:mina] *nt* <-s, Nomina *o* -> (LING) nombre *m*
Nomenklatur [nomɛnkla'tu:ɐ] *f* <-, -en> nomenclatura *f*
Nomenklatura [nomɛnkla'tu:ra] *f* <-, *ohne pl*> (*in der UdSSR*) ❶ (*Oberschicht*) clase *f* social alta ❷ (*Verzeichnis der Führungspositionen*) registro *m* de los puestos directivos
Nomina ['no:mina] *pl von* **Nomen**
nominal [nomi'na:l] *adj* (LING, WIRTSCH) nominal
Nominalkapital *nt* <-s, -e *o* -ien> (WIRTSCH) capital *m* escriturado; **Nominalkurs** *m* <-es, -e> (FIN) cotización *f* nominal; **Nominallohn** *m* <-(e)s, -löhne> (WIRTSCH) salario *m* nominal
Nominalwert *m* <-(e)s, -e> (FIN, WIRTSCH) valor *m* nominal; **Nominalwertprinzip** *nt* <-s, *ohne pl*> (FIN, WIRTSCH) principio *m* del valor nominal
Nominalzins *m* <-es, -en> (FIN) interés *m* nominal
Nominativ ['no:minati:f, nomina'ti:f] *m* <-s, -e> (LING) nominativo *m*
nominell [nomi'nɛl] *adj* nominal
nominieren* [nomi'ni:rən] *vt* nombrar, designar; **er wurde als Kandidat für die Wahl nominiert** fue designado como candidato para las elecciones
Nominierung *f* <-, -en> nombramiento *m*, nominación *f*
No-Name-Produkt[RR] ['noʊ-nɛɪm-] *nt* <-(e)s, -e> producto *m* de línea blanca
Nonchalance [nõʃa'lã:s] *f* <-, *ohne pl*> (*geh*) desenvoltura *f*
nonchalant [nõʃa'lã:] I. *adj* (*geh*) natural, desenfadado; **ihr ~es Lächeln ließ ihn seinen Ärger vergessen** su risa natural le hizo olvidar su enfado
II. *adv* (*geh*) con naturalidad, con soltura; **sie ging über diese unangenehme Frage ~ hinweg** soslayó esa pregunta embarazosa con naturalidad [*o* con desenvoltura]
Nonkonformismus ['-----, ---'--] *m* <-, *ohne pl*> inconformismo *m*; **Nonkonformist(in)** ['----, ---'--] *m(f)* <-en, -en; -, -nen> inconformista *mf*
nonkonformistisch ['-----, ---'--] *adj* inconformista
non liquet (JUR) non liquet
Nonne ['nɔnə] *f* <-, -n> monja *f*
Nonnenkloster *nt* <-s, -klöster> convento *m* de monjas
Nonplusultra [nɔnplʊs'ʊltra] *nt* <-s, *ohne pl*> (*geh*): **das ~ sein** no va más, el non plus ultra
Nonsens ['nɔnzɛns] *m* <-(es), *ohne pl*> disparate *m*, sinsentido *m*, chorrada *f sl*
nonstop ['nɔn'stɔp] *adv* sin parar; (*fliegen*) directo, sin escalas
Nonstopflug *m* <-(e)s, -flüge>, **Non-Stop-Flug**[RR] *m* <-(e)s, -Flüge> vuelo *m* directo [*o* sin escalas]; **Nonstopkino** *nt* <-s, -s>, **Non-Stop-Kino**[RR] *nt* <-s, -s> cine *m* de sesión continua
Noppe ['nɔpə] *f* <-, -n> grano *m*, botón *m*
Nord [nɔrt] *m* <-(e)s, *ohne pl*> (*a*. NAUT, METEO) norte *m*; **der Wind kommt aus ~** el viento viene del norte
Nordafrika ['nɔrt'ʔa(:)frika] *nt* <-s> África *f* del Norte, África *f* septentrional; **Nordamerika** ['--'---] *nt* <-s> América *f* del Norte, Norteamérica *f*
Nordatlantikpakt ['--'---] *m* <-(e)s, *ohne pl*> (POL, MIL) Tratado *m* del Atlántico Norte
nordatlantisch *adj* del Atlántico norte
Nordatlantisches Verteidigungsbündnis *nt* <-ses, *ohne pl*> Organización *f* del Tratado del Atlántico Norte
norddeutsch ['--] *adj* de Alemania del Norte
Norddeutsche(r) *mf* <-n, -n; -n, -n> alemán, -ana *m*, *f* del Norte; **Norddeutschland** ['-'--] *nt* <-s> Alemania *f* del Norte, norte *m* de Alemania
Norden ['nɔrdən] *m* <-s, *ohne pl*> norte *m*; **im ~** en el norte; **im ~ von ...** (*nördlich von*) al norte de...; (*im nördlichen Teil von*) en el norte de...; **nach ~** hacia el norte; **gen ~** en dirección norte; **in den ~** hacia el norte; **von** [*o* **aus dem**] **~** del norte; **im hohen ~** muy al norte
Nordeuropa ['-'---] *nt* <-s> Europa *f* del Norte, norte *m* de Europa; **Nordfrankreich** *nt* <-s> norte *m* de Francia, Francia *f* septentrional; **Nordhalbkugel** ['----] *f* <-, *ohne pl*> hemisferio *m* norte [*o* boreal]; **Nordhang** *m* <-(e)s, -hänge> cara *f* norte; **bis Ende April war der ~ vereist** hasta finales de abril, la cara norte estuvo helada; **Nordirland** ['-'--] *nt* <-s> Irlanda *f* del Norte
nordisch ['nɔrdɪʃ] *adj* nórdico
Norditalien *nt* <-s> norte *m* de Italia, Italia *f* del Norte; **Norditaliener(in)** *m(f)* <-s, -; -, -nen> italiano, -a *m*, *f* del Norte
norditalienisch *adj* del norte de Italia, de la Italia septentrional
Nordkap ['nɔrtkap] *nt* <-s, *ohne pl*> cabo *m* Norte; **Nordkorea** ['nɔrtko'reːa] *nt* <-s> Corea *f* del Norte; **Nordkoreaner(in)** *m(f)* <-s,

-; -, -nen> coreano, -a *m*, *f* del Norte
nordkoreanisch *adj* de Corea del Norte
Nordküste *f* <-, -n> costa *f* (del) norte [*o* septentrional]; **Nordlage** *f* <-, -n> orientación *f* al norte; **mir gefällt die ~ dieses Hauses nicht** no me gusta que esta casa esté orientada al norte
nördlich ['nœrtlɪç] I. *adj* del norte, septentrional; **in ~er Richtung** en dirección norte; **~ von Köln** al norte de Colonia; **52 Grad ~er Breite** 52 grados latitud norte; **die ~e Halbkugel** el hemisferio norte
II. *präp* +*gen* al norte de; **~ von Heidelberg** al norte de Heidelberg
Nordlicht *nt* <-(e)s, -er> ❶ (*Polarlicht*) aurora *f* boreal ❷ (*Mensch*) persona (*famosa*) procedente del norte de Alemania; **Nordosten** ['-'--] *m* <-s, *ohne pl*> nor(d)este *m*; **aus/nach ~** del/hacia el nor(d)este
nordöstlich ['-'--] I. *adj* del nor(d)este
II. *präp* +*gen* al nor(d)este de; **~ von München** al nor(d)este de Munich
Nord-Ostsee-Kanal [(')nɔrt'ʔɔstzeːkanaːl] *m* <-s, *ohne pl*> canal *m* de Kiel
Nordpol *m* <-s, *ohne pl*> ❶ (*der Erde*) polo *m* norte [*o* ártico] ❷ (*eines Magneten*) polo *m* norte
Nordpolargebiet ['nɔrtpola:ɐgəbiːt] *nt* <-(e)s, *ohne pl*> región *f* ártica; **Nordpolarmeer** *nt* <-(e)s, *ohne pl*> Océano *m* Glacial Ártico
Nordrhein-Westfalen [----] *nt* <-s> Renania *f* del Norte-Westfalia
Nordsee *f* <-> Mar *m* del Norte
Nordseite *f* <-, -n> lado *m* norte, cara *f* norte
Nord-Süd-Dialog *m* <-(e)s, -e> diálogo *m* Norte-Sur; **der ~ führte zu einer Lösung des Konflikts** gracias al diálogo Norte-Sur se alcanzó una solución al conflicto; **Nord-Süd-Gefälle** ['-'---] *nt* <-s, *ohne pl*> (POL) tensiones *fpl* Norte-Sur; **Nord-Süd-Konflikt** *m* <-(e)s, -e> (WIRTSCH, POL) conflicto *m* Norte-Sur
Nordwand *f* <-, -wände> ❶ (ARCHIT) pared *f* norte
❷ (GEO) cara *f* norte
nordwärts ['-vɛrts] *adv* hacia el norte, en dirección norte
Nordwesten ['-'--] *m* <-s, *ohne pl*> noroeste *m*; **von/nach ~** del/hacia el noroeste
nordwestlich ['-'--] *adj* del noroeste; **~ von ...** al noroeste de...
Nordwind *m* <-(e)s, -e> viento *m* (del) norte
Nörgelei[1] ['nœrgə'laɪ] *f* <-, *ohne pl*> (*abw: das Nörgeln*) critiqueo *m*; (*nörgelnde Art*) afán *m* de criticar; **hat er immer noch nicht mit der ~ aufgehört?** (*fam*) ¿todavía sigue con el dale que te pega?
Nörgelei[2] *f* <-, -en> (*abw: Bemerkung*) queja; **~en** quejas *fpl* reiterativas
nörgeln ['nœrgəln] *vi* (*abw*) refunfuñar, criticar, corcovear *And, CSur*; **er muss an allem** [*o* **über alles**] **~** todo lo tiene que criticar
Nörgler(in) *m(f)* <-s, -; -, -nen> (*abw*) gruñón, -ona *m*, *f*, criticón, -ona *m*, *f*
Norm [nɔrm] *f* <-, -en> norma *f*; **das ist hier die ~** es lo normal aquí, es la regla general
normal [nɔr'maːl] I. *adj* normal; (*gewöhnlich*) corriente; **unter ~en Umständen** en circunstancias normales; **du bist wohl nicht ~!** ¡tú no eres normal!; **er sieht ganz ~ aus** tiene un aspecto normal y corriente
II. *adv* (*fam: normalerweise*) normalmente; **~ essen wir um eins** normalmente almorzamos [*o* comemos] a la una
Normalbenzin *nt* <-s, *ohne pl*> gasolina *f* normal
normalerweise [-'----] *adv* normalmente
Normalfall *m* <-(e)s, -fälle> caso *m* normal; **im ~** normalmente; **Normalgewicht** *nt* <-(e)s, *ohne pl*> peso *m* normal; **Normalgröße** *f* <-, -n> tamaño *m* normal
normalisieren* [nɔrmali'ziːrən] I. *vt* normalizar
II. *vr*: **sich ~** normalizarse
Normalisierung *f* <-, -en> normalización *f*; **eine ~ der Ost-West-Beziehungen** una normalización de las relaciones Este-Oeste; **die Blutfettwerte zeigen eine ~** los niveles de grasa en la sangre se han normalizado [*o* estabilizado]
Normalität [nɔrmali'tɛːt] *f* <-, *ohne pl*> normalidad *f*
Normalkostenrechnung *f* <-, -en> (WIRTSCH) cálculo *m* de costes estándar
Normalmaß *nt* <-es, -e> medida *f* standard [*o* normal]; **Normalnull** *nt* <-s, *ohne pl*> nivel *m* normal cero, nivel *m* de altitud cero
Normalsichtigkeit *f* <-, *ohne pl*> (MED) vista *f* normal
Normalverbraucher(in) *m(f)* <-s, -; -, -nen> consumidor(a) *m(f)* medio, -a; **Otto ~** (*fam*) el consumidor medio; **Normalzeit** *f* <-, -en> hora *f* oficial [*o* normal]; **Normalzustand** *m* <-(e)s, -stände> estado *m* normal
Normandie [nɔrman'diː] *f* Normandía *f*
Normanne, -in [nɔr'manə] *m*, *f* <-n, -n; -, -nen> (HIST) normando, -a *m*, *f*
normannisch [nɔr'manɪʃ] *adj* (HIST) normando
normativ [nɔrma'tiːf] *adj* normativo; **~er Schaden** daño normativo
Normativbesteuerung *f* <-, -en> imposición *f* normativa; **Normativkosten** *pl* coste *m* normativo; **Normativsteuer** *f* <-, -n> im-

puesto *m* normativo
Normblatt *nt* <-(e)s, -blätter> (TECH) normativa *f*
normen ['nɔrmən] *vt* normalizar, estandarizar
Normenhäufung *f* <-, -en> (JUR) acumulación *f* normativa; **Normenhierarchie** *f* <-, -n> (JUR) jerarquía *f* de normas; **Normenkartell** *nt* <-s, -e> (JUR) cártel *m* normativo, agrupación *f* normativa; **Normenkollision** *f* <-, -en> (JUR) colisión *f* de normas; **Normenkontrolle** *f* <-, -n> (JUR) control *m* de normas [*o* de constitucionalidad]; **abstrakte/konkrete** ~ control de normas abstracto/concreto; **Normenkontrollverfahren** *nt* <-s, -> (JUR) procedimiento *m* de control de normas [*o* de constitucionalidad]; **Normenmangel** *m* <-s, -mängel> (JUR) defecto *m* normativo, vicio *m* normativo; **Normenprüfung** *f* <-, -en> (JUR) control *m* de constitucionalidad
Normen- und Typenkartell *nt* <-s, -e> (JUR) cártel *m* de normas y tipos, agrupación *f* de normas y tipos
Normenwiderspruch *m* <-(e)s, -sprüche> (JUR) contradicción *f* de normas [*o* normativa]
normenwidrig *adj s.* **normwidrig**
Normerlassklage^RR *f* <-, -n> (JUR) demanda *f* contra decreto de normas; **Normgewährleistungsanspruch** *m* <-(e)s, -sprüche> (JUR) pretensión *f* por vicio de normas
normieren* [nɔr'miːrən] *vt* normalizar, estandarizar
Normierung *f* <-, -en> normalización *f*, estandarización *f*
normkonkretisierend *adj* (JUR) concretizador de normas; ~e Verwaltungsvorschrift prescripción administrativa concretizadora de normas
Normung *f* <-, -en> *s.* **Normierung**
normwidrig *adj* que no se ajusta a la norma; (JUR) antijurídico; **die Tiefgarage ist ~, da sie nicht verkehrssicher ist** el garaje subterráneo no cumple la normativa porque no ofrece seguridad vial
Normzweck *m* <-(e)s, -e> (JUR) propósito *m* de la norma
Norwegen ['nɔrveːgən] *nt* <-s> Noruega *f*
Norweger(in) *m(f)* <-s, -; -, -nen> noruego, -a *m, f*
Norwegerpullover *m* <-s, -> suéter *m* noruego
norwegisch *adj* noruego
Nostalgie [nɔstal'giː] *f* <-, *ohne pl*> nostalgia *f*
Nostalgiewelle *f* <-, -n> ola *f* nostálgica; **im Zuge einer ~ wurden Schlaghosen wieder beliebt** una ola nostálgica ha vuelto a poner de moda los pantalones acampanados
nostalgisch [nɔs'talgɪʃ] *adj* nostálgico
Nostrogeschäft *nt* <-(e)s, -e> (FIN) negocio *m* por cuenta propia; **Nostroverbindlichkeiten** *fpl* (FIN) pasivo *m* a nuestro cargo
not [noːt] *adj s.* **Not**¹
Not¹ [noːt] *f* <-, *ohne pl*> (*Mangel*) escasez *f*, falta *f* (*an* de); (*Elend*) miseria *f*; (*Armut*) pobreza *f*; **~ leiden** (*geh*) estar en la miseria; **~ leidend** necesitado, indigente; **es tut ~, etw zu tun** (*geh*) es preciso hacer algo; **Hilfe tut ~** (*geh*) se precisa ayuda; **das geht zur ~** puede pasar; **jdm seine ~ klagen** contar(le) sus penas a alguien; **wenn ~ am Mann ist** cuando (la cosa) aprieta; **aus der ~ eine Tugend machen** hacer de tripas corazón; **in der ~ frisst der Teufel Fliegen** (*fam prov*) a falta de pan, buenas son tortas; **~ kennt kein Gebot** (*prov*) la necesidad carece de ley; **~ macht erfinderisch** (*prov*) no hay mejor maestra que necesidad y pobreza
Not² *f* <-, Nöte> ❶ (*~lage*) apuro *m*, situación *f* apurada; **in ~ geraten** verse en apuros; **in ~ sein** estar en apuros; **der Retter in der ~** la tabla de salvación
❷ (*Sorge, Mühe*) pena *f*; **die Sorgen und Nöte des Alltags** las preocupaciones de cada día; **er hat seine liebe ~ damit** le cuesta (trabajo); **mit knapper ~** por los pelos
notabene nota bene
Notabschaltung *f* <-, -en> desconexión *f* de emergencia; **Notanker** *m* <-s, -> (NAUT) ancla *f* de socorro [*o* emergencia]; **jdm als ~ dienen** (*fig*) servirle a alguien como último recurso; **jdm einen ~ zuwerfen** (*fig*) echar [*o* tender] un cable a alguien
Notar(in) [no'taːɐ] *m(f)* <-s, -e; -, -nen> notario, -a *m, f*, fedatario, -a *m, f* Hond
Notariat [notari'aːt] *nt* <-(e)s, -e> notaría *f*, escribanía *f* Am
Notariatsakt *m* <-(e)s, -e> (JUR) acto *m* notarial; **Notariatsurkunde** *f* <-, -n> (JUR) acta *f* notarial; **vollstreckbare ~** acta notarial ejecutoria
notariell [notari'ɛl] *adj* (JUR) notarial, del notario; **~ beglaubigt** compulsado notarialmente
Notarin *f* <-, -nen> *s.* **Notar**
Notarsvertrag *m* <-(e)s, -träge> (JUR) contrato *m* ante notario
Notarzt, -ärztin *m, f* <-(e)s, -ärzte; -, -nen> médico, -a *m, f* de urgencia
Notarztwagen *m* <-s, -> coche *m* del médico de guardia [*o* de urgencia]
Notaufnahme *f* <-, -n> admisión *f* de urgencia; **Notaufnahmelager** *nt* <-s, -> campo *m* de refugiados provisional; **die Flüchtlinge wurden in ~n untergebracht** se ha alojado a los refugiados en un campamento provisional
Notausgang *m* <-(e)s, -gänge> salida *f* de emergencia; **Notbedarf** *m* <-(e)s, *ohne pl*> (JUR) indigencia *f*; **Einrede des ~s** excepción de indigencia; **Notbehelf** *m* <-(e)s, -e> recurso *m* de urgencia; **Notbeleuchtung** *f* <-, -en> alumbrado *m* de urgencia; **Notbremse** *f* <-, -n> ❶ (*für Notfälle*) freno *m* de emergencia; **die ~ ziehen** accionar el freno de emergencia; (*fig*) tomar medidas ❷ (*fam: im Sport*) maniobra incorrecta efectuada para evitar un tanto del adversario; **Notbremsung** *f* <-, -en> frenazo *m*; **trotz ~ kam es zum Unfall** a pesar del frenazo no se pudo evitar el accidente; **Notdienst** *m* <-(e)s, -e> servicio *m* de emergencia
Notdurft ['noːtdʊrft] *f* <-, *ohne pl*> (*geh*) necesidades *fpl*; **seine ~ verrichten** hacer sus necesidades
notdürftig [-dʏrftɪç] *adj* ❶ (*kaum ausreichend*) mínimo, escaso
❷ (*behelfsmäßig*) provisional
Note¹ ['noːtə] *f* <-, -n> ❶ (MUS) nota *f*; **eine ganze ~** una semibreve, una redonda; **eine halbe ~** una mínima, una blanca; **~n lesen können** saber leer notas; **nach ~n spielen** tocar con notas
❷ (*Schul-*) nota *f*; **schlechte ~n haben** tener malas notas
❸ (*Bank-*) billete *m*
Note² *f* <-, *ohne pl*> (*Eigenart*) nota *f*, toque *m*; **etw** *dat* **seine persönliche ~ geben** aportar a algo su toque personal
Notebook ['noʊtbʊk] *nt* <-s, -s> (INFOR) notebook *m*, ordenador *m* portátil
Notenaustausch *m* <-(e)s, *ohne pl*> (POL) intercambio *m* de notas
Notenbank *f* <-, -en> banco *m* emisor
Notenblatt *nt* <-(e)s, -blätter> (MUS) hoja *f* de música; **Notenheft** *nt* <-(e)s, -e> (MUS, SCH) cuaderno *m* de música; **Notenlinie** *f* <-, -n> (MUS) línea *f* del pentagrama; **Notenpapier** *nt* <-s, *ohne pl*> (MUS) papel *m* de música, pentagrama *m*; **Notenschlüssel** *m* <-s, -> (MUS) clave *f*; **Notenschrift** *f* <-, -en> (MUS) notación *f* musical; **Notenständer** *m* <-s, -> (MUS) atril *m*; **Notensystem** *nt* <-s, -e> ❶ (SCH) sistema *m* de calificaciones ❷ (MUS) notación *f* musical
Notepad-Computer ['noʊtpɛt-] *m* <-s, -> (INFOR) ordenador *m* con memoria auxiliar
Notfall *m* <-(e)s, -fälle> (*caso m de*) emergencia *f*; **im ~** en caso de emergencia
Notfallmeldung *f* <-, -en> aviso *m* de emergencia
notfalls *adv* en caso necesario, si no hay más remedio
Notfallstation *f* <-, -en> (*Schweiz*) puesto *m* de socorro, enfermería *f*
Notfonds *m* <-, -> fondo *m* de reserva
Notfristzeugnis *nt* <-ses, -se> (JUR) testimonio *m* de plazo perentorio
notgedrungen ['noːtɡəˌdrʊŋən] *adv* por obligación, por la fuerza
Notgemeinschaft *f* <-, -en> (*von Menschen in Not*) grupo *m* de damnificados que se organizan en esa situación de emergencia; **die betroffenen Menschen schlossen sich zu einer ~ zusammen** los damnificados decidieron organizarse en un grupo; **Notgeschäftsführung** *f* <-, *ohne pl*> gerencia *f* necesaria; **Notgroschen** *m* <-s, -> dinero *m* de reserva, dinero *m* ahorrado; **einen ~ zurückgelegt haben** tener la hucha llena, tener una buena hucha
notieren* [no'tiːrən] **I.** *vi* (FIN) cotizar; **amtlich ~** cotizar oficialmente; **der Dollar notiert unverändert** el dólar cotiza igual
II. *vt* ❶ (FIN) cotizar; **nicht notierte Tochtergesellschaft** sociedad filial no cotizada
❷ (*aufschreiben*) anotar, apuntar
Notierung *f* <-, -en> (FIN) cotización *f*; **amtliche ~** cotización oficial
Notifikation *f* <-, -en> (JUR) notificación *f*
nötig ['nøːtɪç] *adj* necesario, preciso; **unbedingt ~** imprescindible; **es ist (nicht) ~, dass ...** (no) hace falta que... +*subj*, (no) es necesario que... +*subj*; **das war wirklich nicht ~** de verdad que no era necesario; **wenn ~** si es preciso; **etw bitter ~ haben** necesitar algo urgentemente; **ich habe es nicht ~, mir das sagen zu lassen** no tengo por qué permitir que me digan esas cosas; **du hast es gerade ~!** ¡mira quién fue a hablar!; **nur das N-ste mitnehmen** llevar sólo lo imprescindible; **was ich am ~sten brauche, ist Schlaf** lo que más falta me hace es dormir; **ich muss mal ganz ~** (*fam*) tengo que ir al baño urgentemente
nötigen ['nøːtɪɡən] *vt* (*drängen*) apremiar; (*zwingen*) obligar; (JUR) coaccionar
nötigenfalls ['---'] *adv* en caso necesario, de ser necesario
Nötigung *f* <-, *ohne pl*> (JUR) coacción *f*; **~ zur Unzucht** coacción a la prostitución; **sexuelle ~** coacción sexual
Nötigungsnotstand *m* <-(e)s, -stände> (JUR) eximente *m* o *f* de fuerza
Notiz [no'tiːts] *f* <-, -en> ❶ (*Vermerk*) nota *f*; **sich** *dat* **~en machen** tomar apuntes; **von etw ~ nehmen** fijarse en algo; **von jdm ~ nehmen** hacer caso a alguien
❷ (*Zeitungs-*) noticia *f*
Notizblock *m* <-s, -blöcke> bloc *m* de notas
Notizbuch *nt* <-(e)s, -bücher> libreta *f*, agenda *f*; **Notizbuchrech-**

ner *m* <-s, -> calculadora *f* de bolsillo
Notizzettel *m* <-s, -> hoja *f* de papel
Notlage *f* <-, -n> apuro *m*; (*Krise*) crisis *f inv*; **ich bin in eine ~ geraten** mi situación se ha vuelto muy apurada; **sich in einer ~ befinden** verse en un apuro; **jds ~ ausnützen** aprovecharse de la situación de alguien
Notlagenindikation *f* <-, -en> indicación *f* de situación precaria
notlanden *vi sein* realizar un aterrizaje forzoso
Notlandung *f* <-, -en> aterrizaje *m* forzoso
notleidend *adj s.* **Not¹**
Notlösung *f* <-, -en> solución *f* de emergencia; **Notlüge** *f* <-, -n> mentira *f* inocente
notorisch [noˈtoːrɪʃ] *adj* (*abw*) notorio
Notrecht *nt* <-(e)s, *ohne pl*> (JUR) derecho *m* de urgencia; **bürgerlich--rechtliches ~** derecho civil de urgencia
Notruf *m* <-(e)s, -e> ❶ (*Hilferuf*) llamada *f* de socorro ❷ (*~nummer*) (número *m* de) teléfono *m* de emergencia; **Notrufnummer** *f* <-, -n> teléfono *m* de urgencias; **Notrufsäule** *f* <-, -n> poste *m* de socorro
Notrutsche *f* <-, -n> (AERO) rampa-balsa *f*
notschlachten *vt* sacrificar, matar (*un animal enfermo o herido*)
Notsignal *nt* <-s, -e> señal *f* de socorro; **Notsitz** *m* <-es, -e> asiento *m* de reserva
Notstand *m* <-(e)s, -stände> (JUR) estado *m* de emergencia; **äußerer/innerer ~** estado de emergencia (en el) exterior/interior; **aggressiver/defensiver ~** emergencia agresiva/defensiva; **entschuldigender ~** emergencia exculpatoria; **polizeilicher ~** emergencia de urgencia; **rechtfertigender ~** emergencia justificativa; **übergesetzlicher ~** emergencia supralegal; **den ~ ausrufen** declarar el estado de emergencia; **Notstandsgebiet** *nt* <-(e)s, -e> zona *f* catastrófica [*o* siniestrada]; **Notstandsgesetz** *nt* <-es, -e> ley *f* de emergencia; **Notstandsklausel** *f* <-, -n> (JUR) cláusula *f* de urgencia; **Notstandspflicht** *f* <-, *ohne pl*> deber *m* de urgencia; **Notstandspflichtige(r)** *mf* <-n, -n; -n, -n> sujeto, -a *m, f* a deber de urgencia
Notstromaggregat *nt* <-(e)s, -e> grupo *m* electrógeno de emergencia; **Notstromversorgung** *f* <-, *ohne pl*> suministro *m* eléctrico de emergencia
Nottaufe *f* <-, -n> agua *f* de socorro, bautismo *m* de urgencia; **Nottestament** *nt* <-s, -e> (JUR) testamento *m* extraordinario; **Notunterkunft** *f* <-, -künfte> alojamiento *m* provisional; **Notventil** *nt* <-s, -e> válvula *f* de emergencia; **Notverband** *m* <-(e)s, -bände> vendaje *m* provisional
Notverkauf *m* <-(e)s, -käufe> venta *f* forzosa [*o* forzada]; **Notverkaufsrecht** *nt* <-(e)s, *ohne pl*> régimen *m* de venta forzosa
Notverordnung *f* <-, -en> (JUR) decreto-ley *m*; **Notwasserung** *f* <-, -en> (AERO) amaraje *m* forzoso; **Notweg** *m* <-(e)s, -e> (JUR) paso *m* necesario; **Notwehr** *f* <-, *ohne pl*> (JUR) legítima defensa *f*; **antizipierte ~** defensa legítima anticipada; **automatisierte ~** defensa legítima automatizada; **in** [*o* **aus**] **~** en legítima defensa
notwehrähnlich *adj* (JUR) similar a defensa legítima; **~e Lage** situación similar a defensa legítima
Notwehrexzessᴿᴿ *m* <-es, -e> (JUR) exceso *m* en la legítima defensa
notwendig [ˈnoːtvɛndɪç] *adj* ❶ (*nötig*) necesario; **unbedingt ~** indispensable; **nur das N~ste** sólo lo (verdaderamente) imprescindible ❷ (*zwangsläufig*) inevitable
notwendigerweise [ˈ----ˈ--] *adv* forzosamente, por fuerza
Notwendigkeit¹ [ˈ----, -ˈ--] *f* <-, *ohne pl*> (*das Notwendigsein*) necesidad *f*
Notwendigkeit² *f* <-, -en> (*notwendige Sache*) necesidad *f*
Notzucht *f* <-, *ohne pl*> (JUR) violación *f*
notzüchtigen *vt* (JUR: *alt*) violar
Notzuständigkeit *f* <-, -en> (JUR) competencia *f* de emergencia
Nougat [ˈnuːgat] *m o nt* <-s, -s> *s.* **Nugat**
Nova [ˈnoːva] *f* <-, Novä> (ASTR) nova *f*
Novation *f* <-, -en> (JUR) novación *f*
Novationsvertrag *m* <-(e)s, -träge> (JUR) contrato *m* novatorio
Novelle [noˈvɛlə] *f* <-, -n> ❶ (LIT) novela *f* corta; (*Erzählung*) cuento *m* ❷ (POL, JUR) enmienda *f* de ley, ley *f* complementaria
novellieren [novɛˈliːrən] *vt* (POL, JUR) modificar
Novellierung *f* <-, -en> (JUR, POL) enmienda *f*
November [noˈvɛmbɐ] *m* <-(s), -> noviembre *m*; *s. a.* **März**
Novität [noviˈtɛːt] *f* <-, -en> novedad *f*
Novize, -in [noˈviːtsa] *m, f* <-n, -n; -, -nen> (REL) novicio, -a *m, f*
Noviziat [noviˈtsi̯aːt] *nt* <-(e)s, -e> (REL) noviciado *m*
Novizin *f* <-, -nen> *s.* **Novize**
Np (CHEM) *Abk. von* **Neptunium** Np
NPD *f* <-, *ohne pl*> (POL) *Abk. von* **Nationaldemokratische Partei Deutschlands** Partido *m* Nacionaldemócrata Alemán
Nr. *Abk. von* **Nummer** nº
NS [ɛnˈʔɛs] ❶ *Abk. von* **Nachschrift** P.D.
❷ *Abk. von* **Nationalsozialismus** nacionalsocialismo *m*
N.T. *Abk. von* **Neues Testament** N.T.
Nu [nuː] *m* (*fam*): **im ~** en un abrir y cerrar de ojos
Nuance [nyˈɑ̃ːsə] *f* <-, -n> matiz *m*; **eine ~ lauter** un punto más alto
nuancieren* [nyɑ̃ˈsiːrən] *vt* matizar
nüchtern [ˈnʏçtɐn] *adj* ❶ (*ohne Essen*) en ayunas; **auf ~en Magen** en ayunas
❷ (*nicht betrunken*) sobrio
❸ (*sachlich*) objetivo, realista
❹ (*schmucklos*) sin adornos; **~e Schönheit** belleza sencilla
Nüchternheit *f* <-, *ohne pl*> ❶ (*mit leerem Magen, nicht betrunken*) sobriedad *f*
❷ (*Sachlichkeit*) objetividad *f*
❸ (*Schlichtheit*) sencillez *f*
Nuckel [ˈnʊkəl] *m* <-s, -> (*reg: fam*) chupete *m*
Nuckelflasche *f* <-, -n> (*fam*) biberón *m*
nuckeln [ˈnʊkəln] *vi* (*fam*) chupar (*an*)
Nudel [ˈnuːdəl] *f* <-, -n> ❶ pasta *f*; **eine ulkige ~ sein** (*fam*) ser un caso
Nudelbrett *nt* <-(e)s, -er> tabla *f* de madera (para amasar pasta); **Nudelholz** *nt* <-es, -hölzer> rodillo *m*
nudeln [ˈnuːdəln] *vt* ❶ (*mästen*) cebar; **nach diesem Festmahl bin ich wie genudelt** (*fam*) después de este banquete estoy que no puedo más [*o* a punto de explotar]
❷ (*reg: knuddeln*) achuchar, hacer mimos
Nudelsuppe *f* <-, -n> sopa *f* de pasta; **Nudelteig** *m* <-(e)s, -e> (GASTR) masa *f* de fideos
Nudismus *m* <-s, *ohne pl*> nudismo *m*
Nudist(in) [nuˈdɪst] *m(f)* <-en, -en; -, -nen> nudista *mf*
Nugat [ˈnuːgat] *m o nt* <-s, -s> praliné *m*
nuklear [nukleˈaːe] *adj* nuclear
Nuklearindustrie *f* <-, -n> industria *f* nuclear; **Nuklearkriminalität** *f* <-, *ohne pl*> criminalidad *f* nuclear, delincuencia *f* nuclear; **Nuklearmacht** *f* <-, -mächte> potencia *f* nuclear; **Nuklearmedizin** *f* <-, *ohne pl*> medicina *f* nuclear; **Nuklearpark** *m* <-s, -s *o* -e> parque *m* de energía nuclear; **Nuklearphysik** *f* <-, *ohne pl*> (PHYS) física *f* nuclear; **Nukleartest** *m* <-(e)s, -s *o* -e> test *m* nuclear; **Nuklearwaffe** *f* <-, -n> arma *f* nuclear
Nuklei *pl von* **Nukleus**
Nukleinsäure [nukleˈiːn-] *f* <-, -n> (CHEM) ácido *m* nucleico
Nukleoside *ntpl* (CHEM) nucleósidos *mpl*
Nukleus *m* <-, Nuklei> (ANAT, BIOL, LING) núcleo *m*
null [nʊl] *adj inv* ❶ (*Zahl*) cero; **~ zu** ~ cero a cero; **~ und nichtig** nulo y no avenido; **die Stunde ~** la hora cero; **es sind fünf Grad unter ~** hace cinco grados bajo cero; **in ~ Komma nichts** (*fam*) en un dos por tres; *s. a.* **acht**
❷ (*sl: kein*): **~ Problemo** sin problemas; **~ Bock auf etw haben** no tener ganas de algo, pasar de algo; **ich habe heute ~ Bock auf Kino** paso de ir al cine hoy
Null *f* <-, -en> ❶ (*Zahl*) cero *m*
❷ (*fam abw: Versager*) nulidad *f*, cero *m* a la izquierda
nullachtfünfzehn [-ˈ--ˈ--] *adj inv* (*fam*) común y corriente
nulla poena sine lege nulla poena sine lege
Nulldiät *f* <-, -en> dieta *f* absoluta
Nullinflation *f* <-, -en> (WIRTSCH) inflación *f* cero; **Nulllösung**ᴿᴿ *f* <-, *ohne pl*> (POL) opción *f* cero; **Nullpunkt** *m* <-(e)s, *ohne pl*> punto *m* cero; **die Stimmung sank auf den ~** el ambiente decayó completamente; **den ~ erreicht haben** llegar a su punto más bajo; **Nullrunde** *f* <-, -n> ronda de negociaciones salariales cuyo resultado es la renuncia a las exigencias originales; **Nullsaldo** *m* <-s, -salden *o* -s *o* -saldi> (WIRTSCH) saldo *m* cero; **Nullserie** *f* <-, -n> (WIRTSCH) serie *f* de prueba; **Nullstellung** *f* <-, -en> (TECH) posición *f* cero; **in ~ bringen** poner a [*o* en el] cero; **Nulltarif** *m*: **zum ~** gratis; **Nullwachstum** *nt* <-s, *ohne pl*> (WIRTSCH) crecimiento *m* cero; **Nullzeichen** *nt* <-s, -> (INFOR) carácter *m* nulo
Numerale [numeˈraːlə, *pl:* numeˈraːli̯ən] *nt* <-s, Numeralien *o* Numeralia> (LING) nombre *m* numeral
Numeri [ˈnuːmeri] *pl von* **Numerus**
numerieren* [numeˈriːrən] *vt s.* **nummerieren**
Numerierung *f* <-, -en> *s.* **Nummerierung**
numerisch [nuˈmeːrɪʃ] *adj* (*a.* INFOR) numérico; **~e Tastatur** (INFOR) teclado numérico; **~er Tastenblock** (INFOR) bloque de teclado numérico
Numerus [ˈnuːmerʊs] *m* <-, -> (LING) número *m*
Numerus clausus *m* <-, *ohne pl*> (UNIV) numerus *m* clausus; **~ der dinglichen Rechte** numerus clausus de los derechos reales
Nummer [ˈnʊmɐ] *f* <-, -n> ❶ (*Zahl*) número *m*; **laufende ~** número de orden; **ich wohne in der Bahnhofstraße ~ neun** vivo en la Bahnhofstraße número nueve; **Gesprächsthema ~ eins** tema principal; **auf ~ Sicher gehen** (*fam*) ir sobre seguro; **mit jdm eine ~ machen** [*o* schieben] (*vulg*) echar un polvo con alguien

❷ (*Auto~*) matrícula *f*; (*Telefon~*) (número *m* de) teléfono *m*; **hast du seine ~?** ¿tienes su teléfono?; **die falsche ~ gewählt haben** haberse equivocado (al marcar)

❸ (*Größe*) número *m*, talla *f*; **die Hose ist wohl eine ~ zu groß** parece que el pantalón es una talla demasiado grande

nummerieren*RR [numeˈriːrən] *vt* numerar

NummerierungRR *f* <-, -en> numeración *f*; **bei der ~ der Seiten ist mir ein Fehler unterlaufen** he cometido un error al numerar las hojas; **die ~en sind fortlaufend** está numerado correlativamente

Nummernkonto *nt* <-s, -konten *o* -s *o* -konti> (FIN) cuenta *f* cifrada; **Nummernscheibe** *f* <-, -n> (*alt*) disco *m* selector; **heute haben Telefone keine ~n mehr, sondern Tastaturen** en la actualidad los teléfonos ya no tienen disco sino teclas de marcado; **Nummernschild** *nt* <-(e)s, -er> (AUTO) matrícula *f*; **Nummernzeichen** *nt* <-s, -> signo *m* numérico, carácter *m* numérico

nun [nuːn] I. *adv* ❶ (*jetzt*) ahora; **~ reicht es aber!** ¡ahora sí que basta!; **von ~ an** desde ahora; **was ~?** ¿y ahora qué?; **das hast du ~ davon** este es el resultado

❷ (*inzwischen*) entretanto

II. *part* (*einleitend*) pues, bueno; (*weiterführend*) pues bien; **~ denn** bueno, entonces; **~ sag schon ...** bueno, habla de una vez...; **~ gut** pues bien; **~ ja, wenn du meinst** bueno, si te parece; **das ist ~ mal so** esto es así, no hay vuelta de hoja

nunmehr *adv* (*geh*) ❶ (*jetzt*) ahora

❷ (*von jetzt an*) a partir de ahora

'nunter [ˈnʊntə] *adv* (*südd: hinunter*) (hacia) abajo

Nuntius [ˈnʊntsiʊs] *m* <-, Nuntien> nuncio *m*

nur [nuːɐ] I. *adv* sólo, solamente, nomás *Arg, Mex, Ven*; **~ noch** tan sólo; **~ schade, dass ...** es sencillamente una pena que... +*subj*; **alles, ~ das nicht!** ¡todo, menos eso!; **ich habe das ~ so gesagt** (*fam*) lo dije por decir; **warum fragst du? – ~ so** ¿por qué preguntas? – por preguntar, nada más

II. (*Partikel*): **was haben sie sich dabei ~ gedacht?** ¿qué habrán pensado al hacer esto?; **wer kann das ~ gewesen sein?** ¿quién (demonios) habrá sido?; **so schnell er ~ konnte** tan rápido como pudo; **wo ist sie ~?** ¿dónde demonios está?; **~ zu!** ¡ánimo!; **sieh ~!** ¡mira!; **lass ihn ~ machen!** ¡déjale a él!; **was hat sie ~?** ¿pero qué le pasa?; **wenn sie ~ (endlich) anriefe!** ¡si llamara (de una vez)!; **sooft Sie ~ wünschen** siempre que lo desee; **~ her damit!** (*fam*) ¡trae para acá!

Nürnberg [ˈnʏrnbɛrk] *nt* <-s> Nuremberg *m*

nuscheln [ˈnʊʃəln] *vi* (*fam*) mascullar, hablar entre dientes

NussRR [nʊs, *pl:* ˈnʏsə] *f* <-, Nüsse> **Nuß** *f* <-, Nüsse> ❶ (*fruta*) nuez *f*; **Nüsse knacken** cascar nueces; **jdm eine harte ~ zu knacken geben** (*fam fig*) dar(le) a alguien un hueso duro de roer

❷ (*fam: Kopf*) coco *m*; **eine taube ~** un tontorrón, un pazguato; **jdm eins auf die ~ geben** (*fam*) dar(le) a alguien un coscorrón en la cabeza; **dumme ~!** (*fam*) ¡idiota!

❸ (*Österr*) tacita para la moca

NussbaumRR *m* <-(e)s, -bäume> nogal *m*

nussbraunRR *adj* (de) color nogal; **~es Haar** cabello (de) color nogal

NussgipfelRR *m* <-s, -> (*Schweiz*) bollo con un relleno de avellanas; **Nussknacker**RR *m* <-s, -> cascanueces *m inv*

NüsslisalatRR [ˈnʏsli-] *m* <-(e)s, -e>, **Nüßlisalat** *m* <-(e)s, -e> (*Schweiz*) colleja *f*

NussölRR *nt* <-(e)s, -e> aceite *m* de nuez; **Nussschale**RR *f* <-, -n> ❶ (*Schale einer Nuss*) cáscara *f* (de nuez) ❷ (*iron: Boot*) barquillo *m*; **Nusstorte**RR *f* <-, -n> tarta *f* de nueces

Nüster [ˈnʏstɐ] *f* <-, -n> ollar *m*

Nut(e) [nuːt, ˈnuːtə] *f* <-, -(e)n> (TECH) ranura *f*, muesca *f*

Nutella *f* <-, *ohne pl*> nocilla® *f*

nuten [ˈnuːtən] *vt* (TECH) encajar, machihembrar

Nutria [ˈnuːtria] *f* <-, -s> nutria *f*

Nutte [ˈnʊtə] *f* <-, -n> (*fam abw*) puta *f*

Nutz *m* **~ bringend** (*nützlich*) útil; (*Gewinn bringend*) provechoso, beneficioso; **etw ~ bringend anwenden** utilizar algo provechosamente; **sich** *dat* **etw zu ~e machen** aprovechar algo

Nutzanwendung *f* <-, -en> aplicación *f* práctica

nutzbar *adj* utilizable, usable; **den Boden ~ machen** cultivar la tierra

Nutzbarmachung *f* <-, *ohne pl*> aprovechamiento *m*

nutzbringend *adj* (*nützlich*) útil; (*Gewinn bringend*) provechoso, beneficioso; **etw ~ anwenden** utilizar algo provechosamente

nütze [ˈnʏtsə] *adj*: **zu etw ~ sein** servir para algo; **du bist zu nichts ~!** ¡no sirves para nada!

Nutzeffekt *m* <-(e)s, -e> efecto *m* útil

Nutzen [ˈnʊtsən] *m* <-s, *ohne pl*> (*Nützlichkeit*) utilidad *f*, provecho *m*; (*Gewinn*) ganancia *f*, beneficio *m*; **wirtschaftlicher ~** beneficio económico; **zum ~ der Öffentlichkeit** en beneficio del público; **jdm von ~ sein** ser(le) útil a alguien; **jdm ~ bringen** traer ganancias a alguien; **aus etw ziehen** sacar provecho de algo

nutzen [ˈnʊtsən], **nützen** I. *vi* servir; **wozu soll das ~?** ¿para qué va a servir esto?; **es nutzt wenig, wenn ...** no sirve para nada si...; **jdm zu etw ~** ser provechoso para alguien; (*Gewinn bringen*) beneficiar a alguien; **wem soll das ~?** ¿a quién va a beneficiar esto?; **das nutzt ihm jetzt auch nichts mehr** esto ya no le sirve para nada II. *vt* ❶ (*Rohstoffe*) aprovechar ❷ (*Gelegenheit*) utilizar, aprovechar; **sie hat den Augenblick genutzt um zu gehen** ha utilizado ese instante para marcharse

nutzenstiftend *adj* (JUR) útil [*o* provechoso]

Nutzerrecht *nt* <-(e)s, -e> derecho *m* de usuario

Nutzfahrzeug *nt* <-(e)s, -e> vehículo *m* de servicio

Nutzfläche *f* <-, -n> superficie *f* útil; **Nutzflächenstilllegung**RR *f* <-, -en> barbecho *m* de superficie utilizable

Nutzgarten *m* <-s, -gärten> huerto *m*; **Nutzholz** *nt* <-es, -hölzer> madera *f* útil; **Nutzkosten** *pl* (WIRTSCH) coste *m* de capacidad aprovechada; **Nutzlast** *f* <-, -en> carga *f* útil; **Nutzleistung** *f* <-, *ohne pl*> (TECH) rendimiento *m* efectivo

nützlich [ˈnʏtslɪç] *adj* provechoso, útil; **sich ~ machen** ser útil

Nützlichkeit *f* <-, *ohne pl*> utilidad *f*

Nützlichkeitsdenken *nt* <-s, *ohne pl*> pensamiento *m* utilitario

nutzlos *adj* inútil; (*vergeblich*) infructuoso, vano

Nutzlosigkeit *f* <-, *ohne pl*> inutilidad *f*; (*Vergeblichkeit*) infructuosidad *f*

nutznießen *vi* (*geh* JUR) disfrutar de

Nutznießer(in) [ˈnʊtsniːsɐ] *m(f)* <-s, -; -, -nen> usufructuario, -a *m, f*, beneficiario, -a *m, f*

Nutznießung *f* <-, *ohne pl*> (JUR) usufructo *m*

Nutznießungstheorie *f* <-, *ohne pl*> (JUR) teoría *f* del derecho de disfrute

Nutzpflanze *f* <-, -n> planta *f* útil

Nutztier *nt* <-(e)s, -e> animal *m* útil; **Nutztierhaltung** *f* <-, *ohne pl*> tenencia *f* de animales útiles

Nutzung *f* <-, *ohne pl*> utilización *f*, aprovechamiento *m*

Nutzungsänderung *f* <-, -en> (JUR) cambio *m* de uso; **Nutzungsanspruch** *m* <-(e)s, -sprüche> (JUR) pretensión *f* de aprovechamiento [*o* explotación]; **Nutzungsart** *f* <-, -en> tipo *m* de aprovechamiento; **Nutzungsausfall** *m* <-(e)s, *ohne pl*> pérdida *f* de utilidad; **Nutzungsbefugnis** *f* <-, -se> facultad *f* de uso; **Nutzungsberechtigte(r)** *mf* <-n, -n; -n, -n> beneficiario, -a *m, f*, usufructuario, -a *m, f*; **Nutzungsbeschränkung** *f* <-, -en> limitación *f* de uso; **Nutzungsdauer** *f* <-, *ohne pl*> vida *f* útil, duración *f* de la utilización; **steuerrechtlich festgelegte ~** duración de la utilización fijada fiscalmente; **wirtschaftliche ~** duración económica de la utilización; **Nutzungsgrad** *m* <-(e)s, -e> grado *m* de aprovechamiento; **Nutzungsinteresse** *m* <-s, -e> interés *m* de explotación; **Nutzungsjahr** *nt* <-(e)s, -e> año *m* de utilización

Nutzungsrecht *nt* <-(e)s, -e> (JUR) derecho *m* de usufructo [*o* de explotación]; **alleiniges/gemeinsames/vertragliches ~** derecho de explotación exclusivo/colectivo/contractual; **~ am fremden Grundstück** derecho de uso sobre fundo ajeno; **Nutzungsrechtsentgelt** *nt* <-(e)s, -e> (JUR) canon *m* del derecho de uso [*o* explotación]; **Nutzungsrechtsgesetz** *nt* <-es, -e> (JUR) ley *f* reguladora del derecho de uso; **Nutzungsstatbestand** *m* <-(e)s, -stände> (JUR) supuesto *m* de uso [*o* explotación]; **Nutzungsüberlassung** *f* <-, -en> (JUR) cesión *f* de uso; **Nutzungsuntersagung** *f* <-, -en> (JUR) prohibición *f* de uso; **Nutzungsvereinbarung** *f* <-, -en> (JUR) convenio *m* de uso [*o* explotación]; **Nutzungsverhältnis** *nt* <-ses, -se> (JUR) relación *f* de uso; **zeitlich begrenztes ~** relación de uso temporalmente limitada; **Nutzungsvertrag** *m* <-(e)s, -träge> (JUR) contrato *m* de uso; **Nutzungswertbesteuerung** *f* <-, -en> (WIRTSCH) tributación *f* del valor útil

Nutzwert *m* <-(e)s, -e> (WIRTSCH) valor *m* útil

NW *Abk. von* **Nordwesten** NO

Nylon® [ˈnaɪlɔn] *nt* <-s, *ohne pl*> nilón *m*, nailon *m*

Nymphe [ˈnʏmfə] *f* <-, -n> (*a.* ZOOL) ninfa *f*

nymphoman [nʏmfoˈmaːn] *adj* (MED, PSYCH) ninfomaníaco

Nymphomanie [nʏmfomaˈniː] *f* <-, *ohne pl*> (MED, PSYCH) ninfomanía *f*

Nymphomanin [nʏmfoˈmaːnɪn] *f* <-, -nen> (MED, PSYCH) ninfómana *f*

nymphomanisch *adj* (MED, PSYCH) *s.* **nymphoman**

O

O, o [oː] *nt* <-, -> O, o *f*; **~ wie Otto** O de Oviedo

o [oː] *interj* ¡oh!

O. *Abk. von* **Osten** E

Ö, ö [øː] *nt* <-, – *o fam:* -s> o *f* con diéresis

o.a. *Abk. von* **oben angeführt** arriba indicado

o.ä. *Abk. von* **oder ähnlich** o parecido
Oase [oˈaːzə] *f* <-, -n> oasis *m inv*
ob [ɔp] *konj* ❶ (*im indirekten Fragesatz*) si; **sie fragt, ~ Monika zu Hause ist** pregunta si Monika está en casa; **du musst es machen, ~ du willst oder nicht** tienes que hacerlo, quieras o no (quieras); **ich möchte wissen, ~ ich Recht habe oder nicht** quiero saber si tengo razón o no; **~ er wohl kommen wird?** ¿vendrá o no (vendrá)?
❷ (*vergleichend*): **als** ~ como si +*subj*; **als ~ nichts geschehen wäre** como si no hubiera pasado nada
❸ (*egal ~*) lo mismo da que +*subj*; **~ arm, ~ reich** lo mismo pobres que ricos
❹ (*verstärkend*): **und ~!** ¡claro que sí!
o.B. (MED) *Abk. von* **ohne Befund** negativo
OB *mf* <-(s), -(s); -, -(s)> *Abk. von* **Oberbürgermeister(in)** primer(a) alcalde(sa) *m(f)*
Obacht [ˈoːbaxt] *f* <-, *ohne pl*> (*südd*) cuidado *m*, atención *f*; **auf jdn/ auf etw ~ geben** tener cuidado de alguien/de algo
Obdach [ˈɔpdax] *nt* <-(e)s, *ohne pl*> albergue *m*, refugio *m*; **jdm ~ gewähren** [*o* **geben**] prestar refugio [*o* dar albergue] a alguien
obdachlos *adj* sin hogar, sin techo; **~ sein** no tener hogar
Obdachlose(r) *mf* <-n, -n; -n, -n> desamparado, -a *m, f*, persona *f* sin hogar
Obdachlosenasyl *nt* <-s, -e>, **Obdachlosenheim** *nt* <-(e)s, -e> asilo *m* nocturno
Obdachlosigkeit *f* <-, *ohne pl*> desamparo *m* (por falta de albergue)
Obduktion [ɔpdʊkˈtsjoːn] *f* <-, -en> (MED) autopsia *f*
obduzieren* [ɔpduˈtsiːrən] *vt* hacer la autopsia (a)
O-Beine [ˈoːbaɪnə] *ntpl* (*fam*) piernas *fpl* arqueadas
Obelisk [obeˈlɪsk] *m* <-en, -en> obelisco *m*
oben [ˈoːbən] *adv* ❶ (*in der Höhe, im Text, a. fig*) arriba; **dort ~** allí arriba; **nach ~** hacia arriba; **~ auf dem Regal** encima de la estantería; **von ~ bis unten** de arriba a abajo; **er behandelte die Leute von ~ herab** mira a la gente por encima del hombro; **ganz ~** arriba del todo; **mit der Vorderseite nach ~** con la parte delantera hacia arriba; **~ links/rechts** arriba a la izquierda/derecha; **siehe ~** véase arriba; **~ erwähnt** [*o* **genannt**] arriba mencionado, antes indicado; (*bei Personen*) susodicho; **aus ~ erwähnten Gründen** por los motivos antes mencionados; **wie ~ erwähnt** como se ha mencionado anteriormente; **das wird ~ entschieden** esto se decide arriba; **das kommt von ~** esto viene de arriba; **das steht mir bis hier ~** (*fam*) estoy harto [*o* hasta la coronilla] de eso; **~ ohne** (*fam*) con el pecho al aire, en topless
❷ (*an der Oberfläche*) en la superficie
obenan [ˈ--ˈ-] *adv* de primero, en el primer puesto
obenauf [ˈ--ˈ-] *adv* (*gesund*) sano; (*gut gelaunt*) de buen humor
obendrauf [ˈ--ˈ-] *adv* (*fam*) encima; **stell den Karton einfach ~** pon la caja simplemente encima; **du kriegst gleich eins ~** te vas a ganar un cachete
obendrein [ˈ--ˈ-] *adv* además
obenerwähnt *adj*, **obengenannt** *adj s.* **oben 1.**
obenherum *adv* (*fam*) por arriba, de arriba; **das Kleid ist ~ etwas zu weit** el vestido queda demasiado ancho de arriba
obenhin [ˈ--ˈ-] *adv* (*oberflächlich*) superficialmente; (*beiläufig*) de pasada, de paso
oben-ohne *adv* en topless
Oben-ohne-Bedienung¹ *f* <-, -en> (*Kellnerin*) camarera *f* topless
Oben-ohne-Bedienung² *f* <-, *ohne pl*> (*das Bedienen*) servicio *m* de camareras topless
obenrum [ˈoːbənˈrʊm] *adv* (*fam*) *s.* **obenherum**
Ober [ˈoːbɐ] *m* <-s, -> camarero *m*; **Herr ~!** ¡camarero!
Oberarm [ˈoːbɐ-] *m* <-(e)s, -e> brazo *m*; **Oberarzt, -ärztin** *m, f* <-(e)s, -ärzte; -, -nen> médico, -a *m, f* jefe; **Oberaufsicht** *f* <-, -en> (JUR) supervigilancia *f*
Oberbefehl *m* <-(e)s, *ohne pl*> mando *m* supremo; **Oberbefehlshaber(in)** *m(f)* <-s, -; -, -nen> (MIL) comandante *mf* en jefe
Oberbegriff *m* <-(e)s, -e> término *m* genérico, concepto *m* general; **Oberbekleidung** *f* <-, -en> ropa *f* exterior; **Oberbett** *nt* <-(e)s, -en> edredón *m*; **Oberbundesanwalt, -wältin** *m, f* <-(e)s, -wälte; -, -nen> fiscal *mf* del tribunal supremo; **Oberbürgermeister(in)** *m(f)* <-s, -; -, -nen> primer(a) alcalde(sa) *m(f)*; **Oberdeck** *nt* <-(e)s, -s> (NAUT) cubierta *f* superior
oberdeutsch [ˈoːbɐdɔytʃ] *adj* (LING) alemánico, alemán; **ein ~er Dialekt** un dialecto alemánico
obere(r, s) [ˈoːbərə, -rə, -rəs] *adj* ❶ (*allgemein*) alto, de arriba
❷ (*in einer Hierarchie*) alto, superior; **die O~n** los jefes, los mandos
oberfaul [ˈoːbɐfaʊl] *adj* (*fam*) zángano rematado, vago de remate
Oberfeldwebel *m* <-s, -> sargento *m* primero
Oberfläche *f* <-, -n> superficie *f*
Oberflächenabflussᴿᴿ *m* <-es, *ohne pl*> desagüe *m* superficial; **Oberflächenspannung** *f* <-, -en> tensión *f* superficial; **Oberflächenwasser** *nt* <-s, -> aguas *fpl* de superficie
oberflächlich *adj* superficial; **bei ~er Betrachtung** a primera vista; **jdn/etw nur ~ kennen** conocer a alguien/algo sólo superficialmente
Oberflächlichkeit *f* <-, -en> superficialidad *f*
obergärig [-gɛːrɪç] *adj* de fermentación alta
Obergeschossᴿᴿ *nt* <-es, -e> piso *m* (alto), planta *f* superior; **im zweiten ~** en el segundo piso; **Obergrenze** *f* <-, -n> límite *m* superior
oberhalb *präp* +*gen* por encima de; **~ des Knies** por encima de la rodilla; **~ des Dorfes beginnt der Wald** por encima del pueblo empieza el bosque
Oberhand *f* <-, *ohne pl*>: **die ~ gewinnen** imponerse; **Oberhaupt** *nt* <-(e)s, -häupter> (*geh*) jefe, -a *m, f*; **Oberhaus** *nt* <-es, -häuser> (POL) Cámara *f* Alta; **Oberhaut** *f* <-, *ohne pl*> (MED, BIOL) epidermis *f*; **Oberhemd** *nt* <-(e)s, -en> camisa *f*; **Oberherrschaft** *f* <-, *ohne pl*> (POL) predominio *m*; **Oberhirte** *m* <-n, -n> (REL) pastor *m*, prelado *m*; **die ~ ist der Bischof für seine Schäfchen verantwortlich** como pastor el obispo es responsable de sus ovejas; **Oberhoheit** [ˈoːbəhoːhaɪt] *f* <-, *ohne pl*> soberanía *f*; **Oberholz** *nt* <-es, *ohne pl*> madera *f* de arriba
Oberin [ˈoːbərɪn] *f* <-, -nen> ❶ (*im Krankenhaus*) enfermera *f* jefe
❷ (*im Kloster*) priora *f*
oberirdisch *adj* de superficie
Oberkellner(in) *m(f)* <-s, -; -, -nen> jefe, -a *m, f* de comedor, maître *m*; **Oberkiefer** *m* <-s, -> maxilar *m* superior; **Oberklasse** *f* <-, -n> ❶ (SCH) último curso *m* de la enseñanza secundaria ❷ (SOZIOL) clase *f* alta; **Oberkommando** *nt* <-s, -s> (MIL) alto *m* mando, mando *m* supremo; **Oberkörper** *m* <-s, -> tronco *m*, busto *m*
Oberland *nt* <-es, *ohne pl*> (*Schweiz*) región alta en los cantones suizos de Berna, Zurich y San Gallen
Oberlandesgericht [ˈoː-ˈ----] *nt* <-(e)s, -e> (JUR) audiencia *f* territorial del land
Oberlauf *m* <-(e)s, -läufe> curso *m* superior; **Oberleder** *nt* <-s, -> pala *f*, empella *f*
Oberleitung¹ *f* <-, *ohne pl*> (*Führung*) dirección *f* (general)
Oberleitung² *f* <-, -en> (*für Bus, Straßenbahn*) línea *f* eléctrica aérea
Oberleitungsomnibus *m* <-ses, -se> trolebús *m*; **Oberleutnant** *m* <-s, -e> teniente *m*; **Oberlicht** *nt* <-(e)s, -er> claraboya *f*, tragaluz *m*, banderola *f CSur*; **Oberliga** *f* <-, -ligen> (SPORT) (liga *f* de) segunda división *f*; **Oberlippe** *f* <-, -n> labio *m* superior; **Obermaterial** *nt* <-s, -ien> material *m* superior; **Oberösterreich** *nt* <-s> Alta Austria *f*; **Oberpostdirektion** *f* <-, -en> dirección *f* regional de correos; **Oberprima** *f* <-, -primen> (*alt*) ≈C.O.U. *m* (*último curso de la enseñanza media, a final del cual se realizaban las pruebas de acceso a la Universidad*); **Oberprimaner(in)** *m(f)* <-s, -; -, -nen> (*alt*) estudiante del último curso del "Gymnasium" alemán; **Oberrhein** [ˈoːbəraɪn] *m* <-(e)s> Alto Rin *m*
oberrheinisch [ˈoːbəraɪnɪʃ] *adj* del Alto Rin; **die O~e Tiefebene** la llanura del Alto Rin
Obers [ˈoːbəs] *nt* <-, *ohne pl*> (*Österr*) nata *f*
Oberschenkel *m* <-s, -> muslo *m*; **Oberschenkelhalsbruch** *m* <-(e)s, -brüche> (MED) fractura *f* del cuello del fémur; **Oberschenkelknochen** *m* <-s, -> (ANAT) fémur *m*
Oberschicht *f* <-, -en> ❶ (*der Gesellschaft*) clase *f* alta ❷ (*oberste Schicht*) capa *f* superior; **Oberschule** *f* <-, -n> instituto *m* de enseñanza secundaria [*o* media]; **Oberschulrat, -rätin** *m, f* <-(e)s, -räte; -, -nen> inspector(a) *m(f)* de enseñanza; **Oberschwester** *f* <-, -n> enfermera *f* jefe; **Oberseite** *f* <-, -n> lado *m* superior
Oberst [ˈoːbəst] *m* <-en *o* -s, -en> coronel *m*
Oberstaatsanwalt, -anwältin [ˈ--ˈ---] *m, f* <-(e)s, -wälte; -, -nen> fiscal *mf* superior(a)
oberste(r, s) *adj superl von* **obere(r, s)** ❶ (*höher gelegen*) superior, más alto; (*Stockwerk*) último; (*zuoberst*) de arriba del todo
❷ (*in einer Hierarchie*) supremo; **der O~ Gerichtshof** el Tribunal Supremo
❸ (*wichtigste*) más importante; **das ~ Gebot** lo fundamental
Oberstleutnant *m* <-s, -s> teniente *m* coronel
Oberstübchen [-ˈʃtyːpçən] *nt* <-s, -> (*fam*): **nicht ganz richtig im ~ sein** no estar bien del coco
Oberstudiendirektor(in) *m(f)* <-s, -en; -, -nen> (SCH) director(a) *m(f)* de instituto de enseñanza media [*o* de un centro de (enseñanza) secundaria]; **Oberstudienrat, -rätin** *m, f* <-(e)s, -räte; -, -nen> (SCH) catedrático, -a *m, f* de instituto; **Oberstufe** *f* <-, -n> los últimos tres años de enseñanza media; **Oberteil** *nt* <-(e)s, -e> ❶ (*Möbel*) parte *f* superior; (*Haus*) piso *m* superior ❷ (*Kleidungsstück*) prenda *f* para arriba; (*eines Kleidungsstückes*) parte *f* de arriba; **Obertrottel** *m* <-s, -> (*fam abw*) idiota *mf*; **Oberverwaltungsgericht** [ˈ---ˈ----] *nt* <-es, -e> tribunal *m* administrativo superior; **Oberwasser** *nt* <-s, *ohne pl*> (*fam*): **~ haben** llevar ventaja; **Oberweite** *f* <-, -n> contorno *m* de pecho; **zu viel/zu wenig ~ haben** tener demasiado/dema-

siado poco pecho; **dieses Kleid ist eher etwas für große ~n** este vestido es más bien para muchas anchuras de pecho
Obfrau ['ɔpfrau] *f* <-, -en> *s.* **Obmännin**
obgleich [-'-] *konj s.* **obwohl**
Obhut ['ɔphu:t] *f* <-, *ohne pl*> (*geh*) custodia *f*; (*Schutz*) protección *f*; **etw in jds ~ geben** encomendar a alguien la custodia de algo, confiar algo al cuidado de alguien; **jdn in seine ~ nehmen** tomar a alguien bajo su protección; **sich in jds ~ befinden, unter jds ~ stehen** estar bajo la tutela de alguien
Obhutshaftung *f* <-, -en> (JUR) responsabilidad *f* por custodia; **Obhutspflicht** *f* <-, *ohne pl*> (JUR) deber *m* de custodia; **~ des Verkäufers** deber de custodia del vendedor
obige(r, s) ['o:bɪɡə, -ɡɐ, -ɡəs] *adj* arriba mencionado, antes citado; (*bei Personen*) susodicho
Obiter Dictum *nt* <- -, – Dicta> (JUR) obiter dictum *m*
Objekt [ɔp'jɛkt] *nt* <-(e)s, -e> ❶ (*Gegenstand*) objeto *m*
❷ (LING) complemento *m*
❸ (*Österr:* ADMIN: *Gebäude*) edificio *m*
Objektförderung *f* <-, -en> amortización *f* de objetos
objektiv [ɔpjɛk'ti:f] *adj* objetivo; (*unparteiisch*) imparcial; **~e Theorie** teoría objetiva; **~e Bedingung der Strafbarkeit** condición objetiva de la penabilidad
Objektiv [ɔpjɛk'ti:f] *nt* <-s, -e> objetivo *m*
objektivieren* [ɔpjɛkti'vi:rən] *vt* objetivar
Objektivität [ɔpjɛktivi'tɛ:t] *f* <-, *ohne pl*> objetividad *f*; **sich um ~ bemühen** tratar de ser objetivo
Objektname *m* <-ns, -n> (*a.* INFOR) nombre *m* de objeto
objektorientiert *adj* (*a.* INFOR) orientado al objeto
Objektsatz *m* <-es, -sätze> (LING) oración *f* completiva; **Objektschutz** *m* <-es, *ohne pl*> protección *f* de edificios y zonas; **nach dem letzten Terroranschlag wurde der ~ verstärkt** tras el último atentado terrorista ha aumentado la vigilancia de edificios; **Objektsteuer** *f* <-, -n> (JUR) impuesto *m* real; **Objektträger** *m* <-s, -> portaobjeto(s) *m* (*inv*)
Oblate [o'bla:tə] *f* <-, -n> ❶ (*für Gebäck*) oblea *f*
❷ (*Hostie*) hostia *f*
obliegen* [-'--] *irr vi* (*geh*): **jdm obliegt etw** algo le incumbe a alguien; **ihr oblag die Auswahl der Kandidaten** a ella le incumbió la elección de los candidatos
Obliegenheit *f* <-, -en> (JUR) obligación *f*, deber *m*
Obliegenheitsverletzung *f* <-, -en> (JUR) infracción *f* de deberes
obligat [obli'ɡa:t] *adj* ❶ (*geh: erforderlich*) obligatorio; (*unvermeidlich*) inevitable
❷ (MUS) obligado
Obligation [obliga'tsjo:n] *f* <-, -en> (WIRTSCH, JUR) obligación *f*; **~en aufrufen/tilgen/veräußern** revocar/extinguir/enajenar obligaciones; **einlösbare/festverzinsliche ~en** obligaciones convertibles/a renta fija; **nicht einklagbare ~en** obligaciones no exigibles judicialmente
Obligationär [obligatsjo'nɛ:ɐ] *m* <-s, -e> (WIRTSCH) tenedor(a) *m(f)* de obligaciones
Obligationenausgabe *f* <-, -n> (WIRTSCH) emisión *f* de obligaciones; **Obligationenrecht** *nt* <-(e)s, *ohne pl*> (*Schweiz:* JUR: *Schuldrecht*) derecho *m* de obligaciones; **Obligationenschuldner(in)** *m(f)* <-s, -; -, -nen> (WIRTSCH) deudor(a) *m(f)* de obligaciones; **Obligationentilgung** *f* <-, -en> (WIRTSCH) extinción *f* de obligaciones
Obligationshandel *m* <-s, *ohne pl*> (WIRTSCH) comercio *m* de obligaciones; **Obligationsinhaber(in)** *m(f)* <-s, -; -, -nen> (WIRTSCH) obligacionista *mf*
obligatorisch [obliga'to:rɪʃ] *adj* obligatorio
Obligo *nt* <-s, -s> (WIRTSCH) obligación *f*; **ohne ~** sin garantía (ni responsabilidad)
Obmann, -männin *m*, *f* <-(e)s, -männer *o* -leute; -, -nen> (SPORT: *eines Vereins*) presidente, -a *m*, *f*
Oboe [o'bo:ə] *f* <-, -n> oboe *m*
Oboist(in) [obo'ɪst] *m(f)* <-en, -en; -, -nen> (MUS) oboísta *mf*
Obolus ['o:bolʊs] *m* <-, -se> (*geh*) óbolo *m*, contribución *f*; **seinen ~ entrichten** aportar su grano de arena
Obrigkeit ['o:brɪçkait] *f* <-, -en> autoridad *f*
obrigkeitlich *adj* de la autoridad
Obrigkeitsstaat *m* <-(e)s, -en> estado *m* autoritario
obschon [-'-] *konj* (*geh*) *s.* **obwohl**
Observanz *f* <-, -en> (JUR) observancia *f*
Observatorium [ɔpzɛrva'to:rium] *nt* <-s, -ien> observatorio *m*
observieren* [ɔpzɛr'vi:rən] *vt* observar
obsessiv [ɔpzɛ'si:f] *adj* (PSYCH) obsesivo
Obsidian [ɔpzi'dja:n] *m* <-s, -e> obsidiana *f*
obsiegen [-'--, '---] *vi* vencer, triunfar
obskur [ɔps'ku:ɐ] *adj* o(b)scuro; (*anrüchig*) de mala fama; (*zweifelhaft*) ambiguo

obsolet [ɔpzo'le:t] *adj* (*geh*) obsoleto; **unsere Großeltern kannten diesen Ausdruck; heute ist er ~** nuestros abuelos conocían esta expresión: actualmente está fuera de uso [*o* ha caído en desuso]
Obst [o:pst] *nt* <-(e)s, *ohne pl*> fruta *f*; **~ ernten** recolectar [*o* cosechar] fruta; **~ einkochen** confitar fruta; **reifes/unreifes ~** fruta madura/verde
Obstanbau *m* <-(e)s, *ohne pl*>, **Obstbau** *m* <-(e)s, *ohne pl*> fruticultura *f*; **Obstbaum** *m* <-(e)s, -bäume> (árbol *m*) frutal *m*; **Obsternte** *f* <-, -n> recolección *f* de fruta; **Obstgarten** *m* <-s, -gärten> huerto *m* frutal; **Obstgeschäft** *nt* <-(e)s, -e> frutería *f*; **Obsthändler(in)** *m(f)* <-s, -; -, -nen> frutero, -a *m*, *f*; **Obsthandlung** *f* <-, -en> frutería *f*; **Obstkuchen** *m* <-s, -> pastel *m* de fruta
Obstler ['o:pstlɐ] *m* <-s, -> aguardiente *m* de frutas
Obstmesser *nt* <-s, -> cuchillo *m* para fruta; **Obstplantage** *f* <-, -n> plantación *f* frutícola; **sie hilft auf einer ~ bei der Apfelernte** ayuda en una finca de árboles frutales en la recogida de la manzana
Obstruktion *f* <-, -en> (*geh*) obstrucción *f*; **~ betreiben** utilizar métodos obstruccionistas
Obstruktionsverbot *nt* <-(e)s, -e> prohibición *f* de obstrucción
Obstsaft *m* <-(e)s, -säfte> zumo *m* de fruta(s); **Obstsalat** *m* <-(e)s, -e> macedonia *f*, ensalada *f* de frutas; **Obsttag** *m* <-(e)s, -e> día *m* de dieta a base de frutas; **aus gesundheitlichen Gründen legt er einen ~ ein** por razones de salud hace un día de dieta de frutas; **Obsttorte** *f* <-, -n> tarta *f* de frutas; **Obstwasser** *nt* <-s, -wässer> aguardiente *m* de fruta(s)
obszön [ɔps'tsø:n] *adj* obsceno
Obszönität¹ [ɔpstsøni'tɛ:t] *f* <-, *ohne pl*> (*das Obszönsein*) obscenidad *f*
Obszönität² *f* <-, -en> (*Darstellung, Äußerung*) obscenidad *f*
Obus ['o:bʊs] *m* <-ses, -se> trolebús *m*
obwalten* [ˈɔpvaltən, ɔp'valtən] *vi*, **ob|walten** *vi* (*alt*) imperar, reinar; **sie wünschten sich, dass wieder Ruhe und Frieden ~ würden** deseaban que reinara de nuevo la paz y la calma
obwohl [-'-] *konj*, **obzwar** [ɔp'tsva:ɐ] *konj* (*geh*) aunque, a pesar de que; **~ es regnet, gehe ich aus** aunque está lloviendo, voy a salir
Occasion [ɔka'zjo:n] *f* <-, -en> (*Schweiz*) ocasión *f*
Ochs [ɔks] *m* <-en, -en> (*süddt, Österr, Schweiz*), **Ochse** ['ɔksə] *m* <-n, -n> ❶ (*Tier*) buey *m*; **er stand da wie der ~ vorm Scheunentor** (*fam*) estaba ahí plantado como un pasmarote ❷ (*fam: Dummkopf*) tonto, -a *m*, *f*, estúpido, -a *m*, *f*
ochsen *vi* (*fam*) empollar
Ochsenmaul *nt* <-(e)s, *ohne pl*> (GASTR) morro *m* de buey; **Ochsenmaulsalat** *m* <-(e)s, -e> ensalada *f* de morro de buey
Ochsenschwanzsuppe *f* <-, -n> sopa *f* de rabo de buey
Ochsentour *f* <-, -en> (*fam*) trabajo *m* pesado [*o* de negros]
Ocker ['ɔkɐ] *o nt* <-s, -> ocre *m*
ockerbraun *adj*, **ockergelb** *adj* (de color) ocre
OCR (INFOR, TEL) *Abk. von* **Optical Character Recognition** OCR *m*
OCR-Leser *m* <-s, -> (INFOR) lector *m* OCR
Ode ['o:də] *f* <-, -n> oda *f*
öde ['ø:də] *adj* ❶ (*verlassen*) desierto; (*unbewohnt*) despoblado
❷ (*unbebaut*) yermo
❸ (*langweilig*) aburrido
Öde¹ ['ø:də] *f* <-, -n> ❶ (*Einsamkeit*) soledad *f*
❷ (*Land*) desierto *m*
Öde² *f* <-, *ohne pl*> (*Leere, Langeweile*) monotonía *f*
Odem ['o:dəm] *m* <-s, *ohne pl*> (*geh*) aliento *m*; **Gott erschuf Adam und hauchte ihm seinen ~ ein** Dios creó a Adán y le inspiró su aliento
Ödem [ø'de:m] *nt* <-s, -e> (MED) edema *m*
oder ['o:dɐ] *konj* o; (*vor o, ho*) u; (*zwischen Zahlen*) ó; (*andernfalls*) si no; **er ~ sie** él o ella; **sieben ~ acht** siete u ocho; **10 ~ 12** 10 ó 12; **~ aber ...** o por el contrario...; **~ auch ...** o (bien)...; **~ etwa nicht?** ¿o no?; **so ähnlich ~ ...** o algo parecido; **du warst es doch, ~?** fuiste tú, ¿o no?; **entweder ... ~ ...** o... o...
Oder *f* <-> Oder *m*
Oder-Neiße-Linie *f* <-> línea *f* del Oder y Neisse
ODER-Verknüpfung *f* <-, -en> (INFOR) operación *f* O
Ödipuskomplex ['ø:dipʊs-] *m* <-es, *ohne pl*> (PSYCH) complejo *m* de Edipo
Ödland ['ø:t-] *nt* <-(e)s, *ohne pl*> (AGR) yermo *m*, terreno *m* baldío
Odyssee [ody'se:] *f* <-, -n> (*geh*) odisea *f*
OECD *f Abk. von* **Organization for Economic Cooperation Development** OCDE *f*
œuvre ['ø:vrə] *nt* <-, -s> obra *f* completa
OEZ *Abk. von* **osteuropäische Zeit** hora *f* de la Europa oriental
Ofen ['o:fən, *pl:* 'ø:fən] *m* <-s, Öfen> ❶ (*Back-~*) horno *m*; **etw in den ~ schieben** meter algo al [*o* en el] horno
❷ (*Heiz-~*) estufa *f*; **der ~ zieht gut/schlecht** la estufa tira bien/mal; **am warmen ~ sitzen** estar sentado junto a la estufa caliente; **der ~ ist**

aus (*fig fam*) se acabó; **damit kannst du keinen Hund hinter dem ~ hervorlocken** (*fam fig*) esto no le interesa ni a un muerto; **ein heißer ~** (*fam: Auto*) un bólido; (*Motorrad*) moto *f*

Ofenbank *f* <-, -bänke> banco *m* junto a la estufa; **an kalten Wintertagen ruhe ich mich gerne auf der ~ aus** en los días fríos de invierno me gusta descansar en el banco que hay junto a la estufa

ofenfrisch *adj* recién hecho, recién sacado del horno; **auch sonntags servieren wir ~e Brötchen!** ¡los domingos también tenemos pan del día!

Ofenheizung *f* <-, ohne *pl*> calefacción *f* con estufa; **Ofenrohr** *nt* <-(e)s, -e> cañón *m* (de la estufa); **Ofenschirm** *m* <-es, -e> pantalla *f* de estufa; **Ofensetzer(in)** *m(f)* <-s, -; -, -nen> estufista *mf*, estufero, -a *m, f*; **Ofentür** *f* <-, -en> puerta *f* de la estufa

Off [ɔf] *nt* <-s, ohne *pl*> (TV, FILM, THEAT) voz *f* en off; **aus dem ~** en off

offen ['ɔfən] *adj* ❶ (*allgemein*) abierto; (*Haare*) suelto; (*ohne Deckel*) destapado; (*unverpackt*) a granel; **halb ~** medio abierto; **~e Handelsgesellschaft** sociedad colectiva; **~er Wein** vino a granel; **auf ~er Straße** en plena calle; **mit ~em Mund dastehen** estar plantado con la boca abierta; **~e Türen einrennen** (*fam*) llover sobre mojado; **ein ~es Haus haben** (*fig*) ser hospitalario; **jdn mit ~en Armen empfangen** recibir a alguien con los brazos abiertos; **mit ~en Augen durch die Welt gehen** andar por el mundo con los ojos bien abiertos; **~ gegenüber allem Neuen sein** estar abierto a todo lo nuevo; **ein ~es Geheimnis** un secreto a voces; **das ist noch völlig ~** eso todavía no se sabe; **die Post hat jetzt ~** Correos está ahora abierto ❷ (*Stelle*) vacante ❸ (*unerledigt*) pendiente; **~e Rechnung** cuenta pendiente ❹ (*aufrichtig*) franco, abierto, pechugón *Am*; **~ seine Meinung sagen** decir su opinión abiertamente; **etw ~ zugeben** admitir algo abiertamente; **~ gesagt** [*o* **gestanden**] ... (*dicho*) francamente..., para ser francos...; **~ mit jdm reden** hablar francamente con alguien

offenbar ['ɔfən(')baːɐ] I. *adj* manifiesto, evidente
II. *adv* aparentemente, por lo visto

offenbaren* [ɔfənˈbaːrən] I. *vt* (*geh*) revelar, desvelar
II. *vr*: **sich ~** (*geh*) ❶ (*sich erweisen*) mostrarse, manifestarse ❷ (*sich anvertrauen*) confiarse

Offenbarung [--'--] *f* <-, -en> (*geh a.* REL, JUR) revelación *f*; **~ einer Erfindung** revelación de una invención

Offenbarungseid *m* <-(e)s, -e> (JUR) juramento *m* declaratorio; **einen ~ leisten** prestar juramento declaratorio; **Offenbarungspflicht** *f* <-, ohne *pl*> (JUR) deber *m* de declaración; **Offenbarungsverbot** *nt* <-(e)s, -e> (JUR) prohibición *f* de declaración; **Offenbarungsverfahren** *nt* <-s, -> (JUR) procedimiento *m* declaratorio

offen|bleiben *irr vi sein s.* **bleiben 2.**
offen|halten *irr vt s.* **halten II.1.**

Offenheit *f* <-, ohne *pl*> ❶ (*Aufgeschlossenheit*) espíritu *m* abierto; **seine ~ gegenüber allem Neuen** su espíritu abierto para todo lo nuevo ❷ (*Ehrlichkeit*) franqueza *f*, sinceridad *f*; **mit entwaffnender ~ vorgehen** proceder con sorprendente franqueza; **in** [*o* **mit**] **aller ~** sinceramente, con toda franqueza

offenherzig *adj* abierto, franco
Offenherzigkeit *f* <-, ohne *pl*> franqueza *f*
offenkundig ['--(')--] *adj* manifiesto, notorio; (*offensichtlich*) evidente, patente

offen|lassen *irr vt s.* **lassen 1.**
offen|legen *vt s.* **legen I.4.**

Offenlegung *f* <-, -en> (JUR) publicación *f*, publicidad *f*; **~ des Schuldnervermögens** publicidad del patrimonio del deudor; **~ von Urkunden** publicación de actas; **teilweise ~** publicación parcial

Offenlegungsfrist *f* <-, -en> (JUR) plazo *m* de publicación; **Offenlegungspflicht** *f* <-, ohne *pl*> (JUR) deber *m* de publicación; **Offenlegungsschrift** *f* <-, -en> (JUR: *eines Patents*) escrito *m* de publicación

Offenmarktpolitik *f* <-, ohne *pl*> (FIN, WIRTSCH) política *f* de mercado abierto [*o* libre]; **die Zentrale Notenbank regelt die Geldmenge durch ihre ~** el banco central regula la cantidad de dinero en circulación mediante su política de mercado abierto

offensichtlich ['--(')--] I. *adj* evidente, patente; **~e Lügen** mentiras evidentes
II. *adv* por lo visto, evidentemente

Offensichtlichkeitsprüfung *f* <-, -en> (JUR) examen *m* de la evidencia

offensiv [ɔfɛnˈziːf] *adj* ofensivo
Offensive [ɔfɛnˈziːvə] *f* <-, -n> ofensiva *f*; **in die ~ gehen** tomar la ofensiva

Offensivwaffe *f* <-, -n> (MIL) arma *f* ofensiva
offen|stehen *irr vi s.* **stehen I.2.**

öffentlich ['œfəntlɪç] I. *adj* público; **~e Anleihe** empréstito público; **~er Dienst** administración pública, servicio público; **~es Recht** derecho público; **eine Persönlichkeit des ~en Lebens** una personalidad de la vida pública; **~e Meinung** opinión pública; **~e Sicherheit und Ordnung** seguridad y orden público; **nicht ~** (a puerta) cerrada; **die Beratungen des Gerichts sind nicht ~** las deliberaciones del tribunal no son públicas
II. *adv* en público; **~ bekannt geben** publicar

Öffentlichkeit *f* <-, ohne *pl*> ❶ (*Gesamtheit der Menschen*) público *m*; **die ~ scheuen** temer al público; **in** [*o* **vor**] **aller ~** en público; **unter Ausschluss der ~** a puerta cerrada; **mit etw an die ~ treten**, **etw an die ~ bringen** hacer algo público; **etw der ~ zugänglich machen** abrir algo al público; **das darf nicht an die ~ kommen** eso no debe hacerse público ❷ (*das Öffentlichsein*) carácter *m* público

Öffentlichkeitsarbeit *f* <-, ohne *pl*> relaciones *fpl* públicas; **Öffentlichkeitsgrundsatz** *m* <-es, ohne *pl*> (JUR) principio *m* de la publicidad; **Öffentlichkeitskampagne** *f* <-, -n> campaña *f* pública

öffentlichkeitswirksam *adj* de gran efectividad publicitaria, que sirve para reclamar la atención del público; **der ~e Auftritt des Sängers trug zu dem hohen Spendenaufkommen bei** la actuación del cantante, que aumentó la publicidad del evento, contribuyó a que la recaudación de donativos fuera cuantiosa

öffentlich-rechtlich *adj* (*de derecho*) público
Offerent(in) *m(f)* <-s, -en; -, -nen> (COM) ofertante *mf*
offerieren* [ɔfeˈriːrən] *vt* (COM) ofrecer
Offerte [ɔˈfɛrtə] *f* <-, -n> (COM) oferta *f*; **freibleibende** [*o* **unverbindliche**|**verbindliche ~** oferta sin compromiso/en firme
Office ['ɔfɪs] *nt* <-, -s> (*Schweiz*) bufé *m*
Offizialdelikt *nt* <-(e)s, -e> (JUR) delito *m* de acción pública; **Offizialmaxime** *f* <-, ohne *pl*> (JUR) máxima *f* de oficialidad; **Offizialprinzip** *nt* <-s, ohne *pl*> (JUR) principio *m* de oficialidad

offiziell [ɔfiˈtsjɛl] *adj* oficial; **etw ~ bekannt geben** dar a conocer algo oficialmente

Offizier(in) [ɔfiˈtsiːɐ] *m(f)* <-s, -e; -, -nen> oficial(a) *m(f)*
Offiziersanwärter(in) *m(f)* <-s, -; -, -nen> aspirante *mf* a oficial; **Offizierskasino** *nt* <-s, -s> (MIL) casino *m* para oficiales; **Offizierslaufbahn** *f* <-, -en> carrera *f* de oficial; **die ~ einschlagen** seguir la carrera de oficial

offiziös [ɔfiˈtsjøːs] *adj* (*geh*) oficioso; **diese ~e Nachricht stammt aus regierungsnahen Kreisen** esa noticia oficiosa proviene de círculos cercanos al gobierno

offline ['ɔflaɪn] *adj* (INFOR) fuera de línea, autónomo
Offlinebetrieb *m* <-(e)s, ohne *pl*> (INFOR) servicio *m* fuera de línea [*o* off-line], operación *f* fuera de línea

öffnen ['œfnən] I. *vi, vt* abrir; **das Museum öffnet um 10 Uhr** el museo abre a las 10 horas; **hier ~** ábrase aquí
II. *vr*: **sich ~** abrirse

Öffner *m* <-s, -> abridor *m*
Öffnung *f* <-, -en> apertura *f*; (*Loch*) agujero *m*
Öffnungsklausel *f* <-, -n> (JUR) cláusula *f* de apertura; **Öffnungspolitik** *f* <-, ohne *pl*> política *f* de apertura; **Öffnungswinkel** *m* <-s, -> (FOTO) ángulo *m* de abertura; **Öffnungszeit** *f* <-, -en> horas *fpl* de apertura, horario *m* (de apertura)

Offsetdruck ['ɔfsɛt-] *m* <-(e)s, ohne *pl*> (*Verfahren*) impresión *f*) offset *m*

oft [ɔft] <öfter, am öftesten> *adv* a menudo, frecuentemente; **wie ~?** ¿cuántas veces?; **sehr ~** muy a menudo; **nicht ~** pocas veces; **ziemlich ~** bastante a menudo; **~ genug** bastante (a menudo)

öfter *adv kompar von* **oft** de vez en cuando, con frecuencia; **~ mal was Neues** hay que cambiar de vez en cuando; **des Öfteren** con (mucha) frecuencia

öfters *adv* frecuentemente, con (mucha) frecuencia
öftesten ['œftəstən] *superl von* **oft**: **am ~** lo (que) más a menudo, lo (que) con más frecuencia
oftmals ['ɔftmaːls] *adv* a menudo, frecuentemente

oh [oː] *interj* ¡oh!, ¡ah!; **~, wie schön!** ¡oh, qué bonito!; **~, la, la!** ¡oh la la!; **~ ja!** ¡ah, sí!; **~ nein!** ¡oh, no!

Oheim ['oːhaɪm] *m* <-s, -e> (*alt*) *s.* **Onkel**
OHG [oːhaːˈgeː] *Abk. von* **Offene Handelsgesellschaft** S.C.
OHG-Gesellschafter(in) *m(f)* <-s, -; -, -nen> socio, -a *m, f* colectivo, -a

Ohm¹ [oːm] *m* <-(e)s, -e> (*alt*) *s.* **Onkel**
Ohm² *nt* <-(s), -> (PHYS) ohmio *m*, ohm *m*
Ohm³ *nt* <-(e)s, -e, *nach Zahlen:* -> (*alt*) *medida de capacidad equivalente a 1,5 hectolitros* (*de vino*)

ohne ['oːnə] I. *präp + akk* sin; (*ausgenommen*) sin contar, excepto; **eine Wohnung ~ Bad** un piso sin baño; **ich bin ~ Auto gekommen** he venido sin coche; **das geschah ~ mein Wissen** esto pasó sin que yo lo supiera; **~ Zweifel** sin duda; **~ mich!** ¡no cuentes conmigo!; **~ weiteres** sin más; **es geht auch ~** no hace falta; **das ist nicht ~** (*fam*) no es cosa fácil, tiene su enjundia; **die Wohnung kostet 500 Euro ~ Nebenkos-**

ohnedies ten el piso cuesta 500 euros sin gastos adicionales
II. *konj* ❶ ~ dass ... sin que... +*subj*; er tat dies, ~ dass ich ihn darum gebeten hätte lo hizo sin que se lo hubiera pedido
❷ ~ zu sin; ~ lange zu zögern sin vacilar mucho
ohnedies [--'-] *adv* de todas maneras, de todos modos
ohnegleichen [--'--] *adv* sin par, único
ohnehin [--'-] *adv* de todas maneras, de todos modos; **wir kommen ~ zu spät** de todos modos llegamos tarde
Ohnmacht ['o:n-] *f* <-, -en> ❶ (*Bewusstlosigkeit*) desvanecimiento *m*, desmayo *m*; **in ~ fallen** desmayarse
❷ (*Machtlosigkeit*) impotencia *f*
ohnmächtig *adj* ❶ (*bewusstlos*) desmayado, desvanecido; **~ werden** desmayarse, petaquearse *Kol*
❷ (*machtlos*) impotente; **er sah ~ zu, wie ...** miraba impotente como...
Ohnmächtige(r) *mf* <-n, -n; -n, -n> ❶ (*ohnmächtig*) desmayado, -a *m, f*, desvanecido, -a *m, f*
❷ (*machtlos*) impotente *mf*
Ohnmachtsanfall *m* <-(e)s, -fälle> (MED) desmayo *m*, desvanecimiento *m*; **einen ~ bekommen** perder el sentido
oho [o'ho:] *interj* ¡cómo!, ¡eeh!; **~, so haben wir aber nicht gewettet, mein Freund!** ¡oiga, amigo, esto no es lo que apostamos!; **du hast dir einen neuen Mercedes gekauft? ~!** ¿que te has comprado un nuevo Mercedes? ¡vaya, vaya!
Ohr [o:ɐ] *nt* <-(e)s, -en> (*äußeres*) oreja *f*; (*inneres*) oído *m*; **es ist mir zu ~en gekommen, dass ...** he oído [*o* sabido] que...; **mir dröhnen/sausen die ~en** me suenan/zumban los oídos; **ich bin ganz ~** soy todo oídos; **mit halbem ~ zuhören** escuchar a medias; **sich** *dat* **die ~en zuhalten** taparse los oídos; **etw noch im ~ haben** tener algo todavía en la cabeza; **jdm die ~en lang ziehen** (*fam*) dar un tirón de orejas a alguien; **lange ~en machen** (*fam*) aguzar el oído, afinar la oreja; **rote ~en bekommen** ponerse colorado; **auf dem ~ bin ich taub** (*fig*) no me doy por aludido, eso no va conmigo; **die Melodie geht ins ~** la melodía se pega; **jdn übers ~ hauen** engañar a alguien; **schreib dir das hinter die ~en!** (*fam*) ¡quédate con el cante!, ¡tenlo bien presente!; **etw geht zum einen ~ rein, zum anderen wieder heraus** (*fam*) algo entra por un oído y sale por el otro; **jdm einen Floh ins ~ setzen** (*fam*) meterle a alguien una idea en la cabeza; **jdm das Fell über die ~en ziehen** (*fam*) desollar vivo a alguien; **viel um die ~en haben** (*fam*) estar muy ocupado; **bis über beide ~en verliebt sein** (*fam*) estar enamorado hasta la médula; **die Situation/die Arbeit wächst mir über die ~en** la situación/el trabajo me desborda [*o* supera]; **sich aufs ~ legen** (*fam*) acostarse, planchar la oreja; **es faustdick hinter den ~en haben** (*fam*) tener muchas conchas
Öhr [ø:ɐ] *nt* <-(e)s, -e> ojo *m* de la aguja
Ohrenarzt, -ärztin *m, f* <-es, -ärzte; -, -nen> otólogo, -a *m, f*
ohrenbetäubend *adj* (*fam*) ensordecedor, atronador
Ohrenentzündung *f* <-, -en> (MED) otitis *f inv*; **Ohrenklappe** *f* <-, -n> orejeras *fpl*; **eine Strickmütze mit ~n** un gorro de punto con orejeras; **Ohrensausen** *nt* <-s, *ohne pl*> zumbido *m* en los oídos
Ohrenschmalz *m* <-es, *ohne pl*> cerumen *m*; **Ohrenschmalzpfropfen** *m* <-s, -> (MED) tapón *m* de cerumen en el oído
Ohrenschmaus *m* <-es, -schmäuse> placer *m* para los oídos; **die musikalische Darbietung war ein richtiger ~** la actuación musical fue una auténtica delicia; **Ohrenschmerzen** *mpl* (MED) dolor *m* de oídos; **Ohrenschützer** *mpl* orejeras *fpl*; **Ohrensessel** *m* <-s, -> sillón *m* de orejas; **Ohrentropfen** *mpl* gotas *fpl* para los oídos; **Ohrenzeuge, -in** *m, f* <-n, -n; -, -nen> testigo *mf* auricular
Ohrfeige *f* <-, -n> bofetada *f*, torta *f*, bife *m Am*, gaznata *f Am*, biaba *f Arg, Urug*; **jdm eine ~ geben** dar una bofetada a alguien
ohrfeigen *vt* abofetear, pegar una bofetada (a), virar *MAm, Ant*; **ich könnte mich ~, dass ...** (*fam*) me daría de tortas por...
Ohrfeigengesicht *nt* <-(e)s, -er> (*fam abw*) cara *f* de besugo; **er hat so ein richtiges ~!** (*vulg*) ¡tiene una cara que le darías de hostias!
Ohrgehänge *nt* <-s, -> pendiente *m* (colgante); **Ohrläppchen** ['o:ɐlɛpçən] *nt* <-s, -> lóbulo *m* de la oreja; **Ohrmuschel** *f* <-, -n> pabellón *m* de la oreja; **Ohrring** *m* <-(e)s, -e> pendiente *m*, aro *m Am*; **Ohrstecker** *m* <-s, -> pendiente *m* (de botón); **Ohrwurm** *m* <-(e)s, -würmer> ❶ (*Insekt*) tijereta *f* ❷ (*fam: Lied*) melodía *f* pegadiza
oje [o'je:] *interj*, **ojemine** [o'je:minə] *interj* ¡vaya(, qué pena)!
o.k., okay [o'ke:, o'kɛɪ] I. *interj* (*fam: Partikel*) ¡vale!, ¡de acuerdo!, ¡okey! *Am*
II. *adj* (*fam*) **~ sein** (*gut*) estar bien; (*in Ordnung*) estar en orden; **bist du wieder ~?** ¿estás bien?
okkult [ɔ'kʊlt] *adj* (*geh*) oculto
Okkultismus [ɔkʊl'tɪsmʊs] *m* <-, *ohne pl*> ocultismo *m*
Okkupant [ɔku'pant] *m* <-en, -en> ocupante *m*; **die ~en** las fuerzas ocupantes [*o* de ocupación]
Okkupation [ɔkupa'tsjo:n] *f* <-, -en> ocupación *f* (militar)

okkupieren* [ɔku'pi:rən] *vt* ocupar, invadir
Ökobank ['ø:ko-] *f* <-, -en> (FIN) banco *m* ecológico; **Ökobauer, -bäu(e)rin** *m, f* <-n *o* -s, -n; -, -nen> agricultor(a) *m(f)* ecológico, -a; **Öko-Gütesiegel** *nt* <-s, -> sello *m* ecológico de calidad; **Ökoladen** *m* <-s, -läden> tienda *f* ecológica
Ökologe, -in [øko'lo:gə] *m, f* <-n, -n; -, -nen> ecologista *mf*
Ökologie [økolo'gi:] *f* <-, *ohne pl*> ecología *f*
Ökologiebewegung *f* <-, *ohne pl*> movimiento *m* ecologista
Ökologin *f* <-, -nen> *s*. **Ökologe**
ökologisch *adj* ecologista, ecológico; **~es Gleichgewicht** equilibrio ecológico; **~er Raubbau** agotamiento de los recursos ecológicos
Ökonom(in) [øko'no:m] *m(f)* <-en, -en; -, -nen> economista *mf*
Ökonometrie [økonome'tri:] *f* <-, *ohne pl*> (WIRTSCH) econometría *f*
Ökonomie [økono'mi:] *f* <-, -n> economía *f*
Ökonomin *f* <-, -nen> *s*. **Ökonom**
ökonomisch [øko'no:mɪʃ] *adj* económico
Ökopartei *f* <-, -en> partido *m* ecologista
Ökopax ['ø:kopaks] *m* <-en, -e> (*sl*) pacifista *mf* verde
Ökopaxbewegung *f* <-, -en> (*sl*) ecopacifismo *m*
Öko-Siegel *nt* <-s, -> *s*. **Öko-Gütesiegel**; **Ökosteuer** *f* <-, -n>, **Öko-Steuer** *f* <-, -n> ecotasa *f*, impuesto *m* ecológico; **Ökosystem** *nt* <-s, -e> ecosistema *m*; **Ökotest** *m* ecotest *m*
ökotoxisch *adj* ecotóxico
Ökotyp *m* <-s, -en> (BIOL) ecotipo *m*
Oktaeder [ɔkta'ʔe:dɐ] *m* <-s, -> (MATH) octaedro *m*
Oktanzahl [ɔk'ta:n-] *f* <-, -en> octanaje *m*, número *m* de octanos
Oktavband [ɔk'ta:f-] *m* <-(e)s, -bände> tomo *m* en octavo
Oktave [ɔk'ta:və] *f* <-, -n> (MUS) octava *f*
Oktett [ɔk'tɛt] *nt* <-(e)s, -e> (MUS) octeto *m*
Oktober [ɔk'to:bɐ] *m* <-(s), -> octubre *m*; *s. a*. **März**
Oktoberfest *nt* <-(e)s, -e> fiesta muniquesa de la cerveza; **Oktoberrevolution** *f* <-, *ohne pl*> (HIST) Revolución *f* de Octubre
oktroyieren* [ɔktroa'ji:rən] *vt*: **jdm etw ~** imponer algo a alguien
Okular [oku'la:ɐ] *nt* <-s, -e> ocular *m*
okulieren* [oku'li:rən] *vt* injertar
Ökumene [øku'me:nə] *f* <-, *ohne pl*> (REL) ❶ (*Christentum*) cristiandad *f*
❷ (*gemeinsames Handeln*) ecumenismo *m*
ökumenisch [øku'me:nɪʃ] *adj* (REL) ecuménico; **Katholiken und Protestanten versammelten sich zum ~en Gottesdienst** católicos y protestantes se reunieron en la celebración de una misa ecuménica
Okzident ['ɔktsidɛnt, --'-] *m* <-s> Occidente *m*
Öl [ø:l] *nt* <-(e)s, -e> ❶ (*Speise-, Sonnen-, Schmier-*) aceite *m*; **pflanzliche ~e** aceites vegetales; **ätherisches ~** esencia *f*
❷ (*Erd-*) petróleo *m*, canfín *m MAm*; **nach ~ bohren** buscar petróleo; **~ fördern** extraer petróleo; **~ ins Feuer gießen** (*fig*) echar leña al fuego; **~ auf die Wogen gießen** (*fig*) amansar los ánimos
❸ (KUNST) **in ~** (**malen**) (pintar) al óleo
Ölabscheider *m* <-s, -> (TECH) separador *m* de aceite; **Ölbad** *nt* <-(e)s, -bäder> (CHEM) baño *m* de aceite; **Ölbaum** *m* <-(e)s, -bäume> (*geh*) olivo *m*; **Ölberg** ['ø:lbɛrk] *m* <-(e)s> monte *m* de los olivos; **Ölbild** *nt* <-(e)s, -er> (cuadro *m* al) óleo *m*
Oldie ['ɔʊldi] *m* <-s, -s> (*fam*) ❶ (*Song, Film*) viejo éxito *m*
❷ (*Person*) persona *f* no tan joven
Oldtimer ['ɔʊltaɪmɐ] *m* <-s, -> (AUTO) coche *m* antiguo
Oleander [ole'andɐ] *m* <-s, -> adelfa *f*
ölen ['ø:lən] *vt* engrasar, lubricar; **es geht wie geölt** va como la seda; **wie ein geölter Blitz** como un rayo
Ölexporteur(in) *m(f)* <-s, -e; -, -nen> exportador(a) *m(f)* de petróleo; **Ölexportland** *nt* <-(e)s, -länder> (WIRTSCH) país *m* exportador de petróleo; **Ölfarbe** *f* <-, -n> color *m* preparado con aceite; (KUNST) pintura *f* al óleo; **Ölfeld** *nt* <-(e)s, -er> campo *m* petrolífero; **Ölfilm** *m* <-(e)s, -e> película *f* de petróleo; **Ölfleck** *m* <-(e)s, -e> mancha *f* de aceite; **Ölförderland** *nt* <-(e)s, -länder> país *m* extractor de petróleo; **Ölförderturm** *m* <-(e)s, -türme> torre *f* de extracción de petróleo; **Ölförderung** *f* <-, *ohne pl*> extracción *f* de petróleo; **Ölgemälde** *nt* <-s, -e> (cuadro *m* al) óleo *m*; **Ölgemisch** *nt* <-es, -e>: **dieses Fahrzeug wird mit einem ~ betankt** este vehículo funciona con mezcla; **Ölgesellschaft** *f* <-, -en> compañía *f* petrolífera; **Ölgewinnung** *f* <-, *ohne pl*> (*Speise-*) producción *f* de aceite; (*Erd-*) extracción *f* de petróleo; **Ölgötze** *m*: **wie ein ~** (*fam abw*) como un pasmarote; **Ölhafen** *m* <-s, -häfen> puerto *m* petrolero
ölhaltig *adj* (*Pflanze*) oleaginoso
Ölheizung *f* <-, -en> calefacción *f* al fueloil
ölig *adj* ❶ (*voll Öl, wie Öl*) aceitoso, oleoso
❷ (*abw: Stimme, Lächeln*) empalagoso, untuoso
Oligarchie [oligar'çi:] *f* <-, -n> oligarquía *f*
Oligopol *nt* <-s, -e> (JUR, WIRTSCH) oligopolio *m*; **unvollständiges ~** oligopolio imperfecto; **~ durch Gesetz** oligopolio legal

oligopolistisch *adj* (JUR, WIRTSCH) oligopólico
Oligopolvermutung *f* <-, -en> (JUR) presunción *f* de oligopolio
oligotroph *adj* (AGR, BIOL) oligotrófico
Ölindustrie *f* <-, -n> industria *f* del petróleo
oliv [o'li:f] *adj inv* (verde) oliva
Olive [o'li:və] *f* <-, -n> aceituna *f*, oliva *f*
Olivenbaum *m* <-(e)s, -bäume> olivo *m*; **Olivenhain** *m* <-(e)s, -e> olivar *m*; **Olivenöl** *nt* <-(e)s, -e> aceite *m* de oliva; **kaltgepresstes ~** aceite de oliva virgen extra
olivgrün [o'li:fgry:n] *adj* verde oliva, oliváceo; (*Haut*) aceitunado
Öljacke *f* <-, -n> chaqueta *f* embreada (de pescador); **Ölkanister** *m* <-s, -> bidón *m* de aceite; **Ölkanne** *f* <-, -n> aceitera *f*; **Ölkonzern** *m* <-s, -e> compañía *f* petrolífera; **Ölkrise** *f* <-, -n> crisis *f inv* petrolera [*o* del petróleo]; **Ölkuchen** *m* <-s, -> (*Pressrückstände*) residuos *mpl* de trituración de oleaginosas
oll [ɔl] *adj* (*reg. fam: alt*) viejo; (*abgenutzt*) gastado; **das sind ~e Kamellen** eso no es nada nuevo
Öllache *f* <-, -n> charco *m* de aceite; **Öllager** *nt* <-s, -> depósito *m* de aceite
Olle(r) [ˈɔlə (ˈɔlɐ)] *mf* <-n, -n; -n, -n> (*nordd. fam: Ehepartner*): **mein/dein ~r** mi/tu hombre, mi/tu pareja; **meine/deine ~** mi/tu mujer, mi/tu pareja
Ölleitung *f* <-, -en> oleoducto *m*; **Ölmagnat** *m* <-en, -en> magnate *m* del petróleo
Ölmalerei¹ *f* <-, ohne *pl*> (KUNST: *Technik*) pintura *f* al óleo
Ölmalerei² *f* <-, -en> (KUNST: *Gemälde*) (pintura *f* al) óleo *m*
Ölmessstab^RR *m* <-(e)s, -stäbe> (AUTO) varilla *f* del nivel de aceite; **Ölmühle** *f* <-, -n> almazara *f*; **Ölmulti** *m* <-s, -s> (*fam*) multinacional *f* petrolera; **Ölofen** *m* <-s, -öfen> estufa *f* de gasoil [*o* gasóleo]; **Ölpapier** *nt* <-s, -e> papel *m* parafinado; **Ölpest** *f* <-, ohne *pl*> marea *f* negra; **Ölplattform** *f* <-, -en> plataforma *f* petrolífera; **Ölpresse** *f* <-, -n> lagar *m*, jaraíz *m*; **Ölpumpe** *f* <-, -n> bomba *f* de aceite; **Ölquelle** *f* <-, -n> pozo *m* de petróleo; **Ölraffinerie** *f* <-, -n> refinería *f* de petróleo
ölreich *adj* rico en recursos petrolíferos; **Saudi-Arabien ist sehr ~** Arabia Saudí tiene grandes recursos petrolíferos
Ölrückstände *mpl* residuos *mpl* de petróleo; **Ölsardine** *f* <-, -n> sardina *f* en aceite; **Ölsperre** *f* <-, -n> prohibición *f* de exportación de petróleo; **in den Siebzigerjahren verhängten die Erdöl fördernden Länder eine ~** en los años setenta los países productores de petróleo prohibieron la exportación de crudo
Ölscheich *m* <-s, -e> (*fam*) jeque *m* del petróleo; **Ölschicht** *f* <-, -en> capa *f* de aceite; **Ölschiefer** *m* <-s, -> pizarra *f* bituminosa; **Ölstand** *m* <-(e)s, -stände> nivel *m* del aceite; **Ölstandsanzeiger** *m* <-s, -> indicador *m* del nivel de aceite; **Ölstandsmesser** *m* <-s, -> medidor *m* del nivel de aceite
Öltanker *m* <-s, -> petrolero *m*; **Ölteppich** *m* <-s, -e> marea *f* negra, mancha *f* de petroleo en el mar
Öl- und Mineralölerzeugnis *nt* <-ses, -se> producto *m* de petróleo y derivados (del petróleo)
Ölung *f* <-, -en> ① (TECH) engrase *m*, lubricación *f*
② (REL) unción *f*; **die Letzte ~** la extremaunción, la administración *Cuba, PRico*
Ölverbrauch *m* <-(e)s, ohne *pl*> (AUTO) gasto *m* de aceite; **Ölverknappung** *f* <-, ohne *pl*> disminución *f* de las reservas petroleras; **Ölverschmutzung** *f* <-, -en> contaminación *f* por petróleo; **Ölvorkommen** *nt* <-s, -> yacimiento *m* petrolífero; **Ölwanne** *f* <-, -n> (AUTO) cárter *m*; **Ölwechsel** *m* <-s, -> (AUTO) cambio *m* de aceite; **Ölwehr** *f* <-, -en> bomberos *mpl* especializados en incendios provocados por gasolinas y derivados
Olympiade [olʏm'pjaːdə] *f* <-, -n> olimpiada *f*
Olympiamannschaft [o'lʏmpja-] *f* <-, -en> equipo *m* olímpico; **Olympiasieger(in)** *m(f)* <-s, -; -, -nen> campeón, -ona *m*, *f* olímpico, -a; **Olympiastadion** *nt* <-s, -stadien> estadio *m* olímpico
olympisch [o'lʏmpɪʃ] *adj* olímpico; **die O~en Spiele** los Juegos Olímpicos; **~es Dorf** villa olímpica
Ölzeug *nt* <-(e)s, ohne *pl*> ropa *f* impermeable; **Ölzweig** *m* <-(e)s, -e> ramo *m* de olivo
Oma ['oːma] *f* <-, -s> (*fam*) abuela *f*, abuelita *f*, nanoya *f Guat*
Ombudsmann, -frau ['ɔmbʊts-] *m*, *f* <-es, -leute *o* -männer; -, -en> ≈Defensor *m* del Pueblo
OMC *nt* <-, ohne *pl*> (TEL) *Abk. von* **Operation and Mantainance Center** OMC *m*
Omelett [ɔm(ə)'lɛt] *nt* <-(e)s, -e *o* -s> tortilla *f*
Omen [oːmən] *nt* <-s, - *o* Omina> agüero *m*, presagio *m*; **das ist ein gutes/schlechtes ~** es un buen/mal presagio
ominös [omi'nøːs] *adj* (*geh*) ① (*unheilvoll*) de mal agüero
② (*zweifelhaft*) dudoso

ommissio libera in causa (JUR) ommissio libera in causa
Omnibus ['ɔmnibʊs] *m* <-ses, -se> (*in der Stadt*) autobús *m*, ómnibus *m*, góndola *f Kol, Chil*; (*Überland~*) autocar *m*
Omnibushaltestelle *f* <-, -n> parada *f* de autobús; **Omnibuslinie** *f* <-, -n> línea *f* de autobuses
omnimodo facturus (JUR) omnimodo facturus
Omnivore *m* <-n, -n> omnívoro, -a *m*, *f*
Onanie [ona'niː] *f* <-, ohne *pl*> masturbación *f*, onanismo *m*
onanieren* [ona'niːrən] *vi* masturbarse
One-Man-Show ['wanmɛnʃoʊ] *f* <-, -s> actuación *f* de un solo artista; **der Schauspieler hielt bei seiner ~ das Publikum in Atem** el actor tuvo a todo el público en vilo durante el show
Onkel ['ɔŋkəl] *m* <-s, -> tío *m*
Onkologe, -in [ɔŋkoˈloːɡə] *m*, *f* <-n, -n; -, -nen> (MED) oncólogo, -a *m*, *f*
Onkologie [ɔŋkoloˈɡiː] *f* <-, ohne *pl*> (MED) oncología *f*
Onkologin *f* <-, -nen> *s*. **Onkologe**
onkologisch [ɔŋkoˈloːɡɪʃ] *adj* oncológico; **die ~e Abteilung ist im dritten Stock** oncología está en el tercer piso
online ['ɔnlaɪn] *adj* (INFOR) en línea
Onlinebanking ['ɔnlaɪnbɛŋkɪŋ] *m* <-(s), ohne *pl*> (INFOR) banca *f* electrónica; **Onlinebetrieb** *m* <-(e)s, ohne *pl*> (INFOR) servicio *m* en línea [*o* on-line], operación *f* en línea; **Onlinechat** *m* <-, -s> (INFOR, TEL: *sl*) charla *f* en on-line; **Onlinedatenbankdienst** *m* <-(e)s, -e> (INFOR) servicio *m* de banco de datos on-line; **Onlinedienst** *m* <-(e)s, -e> (INFOR) servicio *m* en línea; **Onlinelernen** *nt* <-s, ohne *pl*> aprendizaje *m* en línea; **Onlineshopping** *nt* <-s, ohne *pl*> compras *fpl* en línea
Onyx ['oːnʏks] *m* <-(es), -e> ónice *m*, ónix *m inv*
OP [oː'peː] *m* <-(s), -(s)> (MED) *Abk. von* **Operationssaal** quirófano *m*
Opa ['oːpa] *m* <-s, -s> (*fam*) abuelo *m*, abuelito *m*
opak [o'paːk] *adj* opaco
Opal [o'paːl] *m* <-s, -e> ópalo *m*
OPEC ['oːpɛk] *f* <-> *Abk. von* **Organization of the Petroleum Exporting Countries** OPEP *f*
OPEC-Länder *ntpl* países *mpl* OPEP
Oper ['oːpɐ] *f* <-, -n> ópera *f*; **in die ~ gehen** ir a la ópera; **zur [*o* an die] ~ gehen** dedicarse a la ópera
Opera *pl von* **Opus**
Operateur(in) [opəraˈtøːɐ] *m(f)* <-s, -e; -, -nen> (MED, FILM) operador(a) *m(f)*
Operation [opəraˈtsjoːn] *f* <-, -en> (MED, INFOR, MATH, MIL) operación *f*
Operationssaal *m* <-(e)s, -säle> quirófano *m*; **Operationsschwester** *f* <-, -n> enfermera *f* de quirófano; **Operationstisch** *m* <-(e)s, -e> mesa *f* de operaciones
operativ [opəraˈtiːf] *adj* ① (MED) quirúrgico; **~er Eingriff** intervención quirúrgica; **etw ~ entfernen** extirpar algo (quirúrgicamente)
② (MIL) estratégico
Operator¹ [opəˈraːtoːɐ] *m* <-s, -en> (MATH) operador *m*
Operator(in)² *m(f)* <-s, -en; -, -nen> (*Beruf*) operador(a) *m(f)*
Operette [opəˈrɛta] *f* <-, -n> opereta *f*
operieren* [opəˈriːrən] I. *vi* ① (MED) operar, intervenir quirúrgicamente
② (MIL) operar
③ (*handeln*) proceder, operar
II. *vt* (MED) operar (*an etw*); **sich ~ lassen** operarse (*an de*)
Opernball ['oːpɛn-] *m* <-(e)s, -bälle> baile *m* de la ópera; **Opernführer** *m* <-s, -> guía *f* de la ópera; **Opernglas** *nt* <-es, -gläser> gemelos *mpl* (de teatro); **Opernhaus** *nt* <-es, -häuser> ópera *f*; **Opernsänger(in)** *m(f)* <-s, -; -, -nen> cantante *mf* de ópera
Opfer ['ɔpfɐ] *nt* <-s, -> ① (*~gabe*) ofrenda *f*
② (*Verzicht*) sacrificio *m* (*für* por); **wir müssen alle ~ bringen** todos tenemos que hacer un sacrificio
③ (*Person*) víctima *f*; **täglich werden viele Kinder ~ des Straßenverkehrs** cada día muchos niños son víctimas de accidentes de tráfico; **die Überschwemmung forderte viele ~** la inundación causó muchas víctimas; **jdm/etw zum ~ fallen** ser víctima de alguien/de algo; **dem Erdbeben fielen zahlreiche Menschen zum ~** el terremoto se cobró numerosas víctimas
opferbereit *adj* sacrificado, abnegado
Opferbereitschaft *f* <-, ohne *pl*> espíritu *m* de sacrificio, abnegación *f*; **Opferentschädigung** *f* <-, -en> (JUR) indemnización *f* de la víctima
opferfreudig *adj* abnegado
Opfergabe *f* <-, -n> ofrenda *f*
Opferlamm¹ *nt* <-(e)s, -lämmer> (*wehrloses Opfer*) víctima *f*
Opferlamm² *nt* <-(e)s, -lämmer> (REL: *Christus*) Cordero *m* de Dios
Opfermut *m* <-(e)s, ohne *pl*> (*geh*) abnegación *f*
opfern ['ɔpfɐn] I. *vt* sacrificar; **im Krieg wurden Tausende sinnlos geopfert** la guerra costó absurdamente la vida de miles de víctimas; **ich habe ihr [*o* für sie] viel Zeit geopfert** le he dedicado mucho tiempo

Opferstätte

II. *vr:* **sich ~** sacrificarse (*für* por); **er hat sich für seinen Freund geopfert** se ha sacrificado por su amigo
Opferstätte *f* <-, -n> (REL) sacrificadero *m;* **Opferstock** *m* <-(e)s, -stöcke> cepillo *m* (de la iglesia); **Opfertier** *nt* <-(e)s, -e> (REL) (víctima *f* del) sacrificio *m;* **Opfertod** *m* <-(e)s, -e> (geh) inmolación *f*
Opferung *f* <-, -en> sacrificio *m*
Opferverhalten *nt* <-s, ohne pl> (JUR) comportamiento *m* de la víctima; **Opferwille** *m* <-ns, ohne pl> espíritu *m* de sacrificio [*o* de abnegación]
opferwillig *adj* dispuesto al sacrificio, abnegado
Opferwillige(r) *mf* <-n, -n; -n, -n> persona *f* abnegada [*o* sacrificada]
Opiat [opi'a:t] *nt* <-(e)s, -e> remedio *m* opiáceo
Opium ['o:pium] *nt* <-s, ohne pl> opio *m*
Opiumhöhle *f* <-, -n> (abw) fumadero *m* de opio; **Opiumraucher(in)** *m(f)* <-s, -; -, -nen> fumador(a) *m(f)* de opio; **Opiumtinktur** *f* <-, -en> tintura *f* de opio, extracto *m* de opio
Opossum [o'pɔsum] *nt* <-s, -s> (ZOOL) oposum *m*, zarigüeya *f*
Opponent(in) [ɔpo'nɛnt] *m(f)* <-en, -en; -, -nen> oponente *mf*, adversario, -a *m, f*
opponieren* [ɔpo'ni:rən] *vi* oponerse (*gegen* a)
opportun [ɔpɔr'tu:n] *adj* oportuno
Opportunismus [ɔpɔrtu'nɪsmus] *m* <-, ohne pl> oportunismo *m*
Opportunist(in) [ɔpɔrtu'nɪst] *m(f)* <-en, -en; -, -nen> oportunista *mf*
opportunistisch *adj* oportunista
Opportunität *f* <-, -en> (geh) oportunidad *f*
Opportunitätkosten *pl* (WIRTSCH) coste *m* de oportunidad
Opposition [ɔpozi'tsjoːn] *f* <-, -en> (a. POL) oposición *f;* **aus ~** por llevar la contraria; **in der ~ sein** estar en la oposición; **in ~ zu jdm stehen** ser oponente de alguien; **gegen jdn/gegen etw ~ machen** oponerse a alguien/a algo, organizar un frente contra alguien/contra algo
oppositionell [ɔpozitsjo'nɛl] *adj* (de la) oposición; **etw** *dat* **~ gegenüberstehen** estar en contra de algo
Oppositionelle(r) *mf* <-n, -n; -n, -n> (POL) opositor(a) *m(f)*, miembro *m* de la oposición; **der Diktator ließ alle ~n in Arbeitslager bringen** el dictador envió a todos los oposicionistas a un campo de trabajo
Oppositionsführer(in) *m(f)* <-s, -; -, -nen> líder *mf* de la oposición; **Oppositionspartei** *f* <-, -en> partido *m* de la oposición
OP-Schwester *f* <-, -n> enfermera *f* de quirófano
optieren* *vi* ❶ (für eine Staatsangehörigkeit) optar (*für* por)
❷ (JUR) optar (*auf* a); **auf ein Grundstück ~** optar a un inmueble
Optik ['ɔptɪk] *f* <-, ohne pl> (a. PHYS) óptica *f;* **alles ist nur eine Frage der ~** (Ansichtssache) todo es una cuestión de óptica [*o* de punto de vista]
Optiker(in) ['ɔptike] *m(f)* <-s, -; -, -nen> óptico, -a *m, f*
Optima *pl von* **Optimum**
optimal [ɔpti'ma:l] *adj* óptimo; **das ist nicht ~** no es óptimo; **das ist ~ gelöst** es la solución ideal
optimieren* [ɔpti'mi:rən] *vt* optimar, optimizar
Optimierung *f* <-, -en> optimización *f*
Optimismus [ɔpti'mɪsmus] *m* <-, ohne pl> optimismo *m;* **sich** *dat* **den ~ bewahren** mantener el optimismo; **voller ~ an etw herangehen** empezar algo lleno de optimismo
Optimist(in) [ɔpti'mɪst] *m(f)* <-en, -en; -, -nen> optimista *mf*
optimistisch *adj* optimista; **das stimmt mich ~** eso me da ánimos [*o* esperanzas]
Optimum ['ɔptimum, *pl:* 'ɔptima] *nt* <-s, Optima> (geh) grado *m* óptimo [*o* ideal] (*an* de); **ein ~ an Qualität erzielen** alcanzar el mayor grado de calidad
Option [ɔp'tsjo:n] *f* <-, -en> (a. JUR) opción *f* (*für, auf* a)
Optionsfeld *nt* <-(e)s, -er> (INFOR, TEL) campo *m* de opción; **Optionsgeschäft** *nt* <-(e)s, -e> (WIRTSCH) negocio *m* opcional [*o* de opción]; **Optionsrecht** *nt* <-(e)s, -e> (WIRTSCH) derecho *m* de opción; **Optionsschaltfeld** *nt* <-(e)s, -er> (INFOR, TEL) botón *m* de opciones; **Optionsschein** *m* <-(e)s, -e> (WIRTSCH) recibo *m* de opción; **Optionsvertrag** *m* <-(e)s, -träge> contrato *m* opcional [*o* de opción]
optisch ['ɔptɪʃ] *adj* óptico; **~e Täuschung** ilusión óptica; **~er Eindruck** impresión óptica
Optoelektronik *f* <-, ohne pl> optoelectrónica *f*
opulent [opu'lɛnt] I. *adj* (geh) opulento; **ein ~es Mahl** una opulenta comida, una comida muy abundante
II. *adv* (geh) con opulencia; **in diesem Restaurant isst man sehr ~** en este restaurante se come con mucha opulencia
Opus ['o:pus, *pl:* 'o:pəra] *nt* <-, Opera> ❶ (LIT) obra *f*
❷ (MUS) opus *m*
Orakel [o'ra:kəl] *nt* <-s, -> oráculo *m;* **das ~ von Delphi** el oráculo de Delfos; **das ~ befragen** consultar el oráculo
orakeln* *vi* (fam) vaticinar, pronosticar
oral [o'ra:l] *adj* oral; **~er Sex** sexo oral
Oralverkehr *m* <-s, ohne pl> sexo *m* oral

orange [o'rã:ʒ, o'rã:ʃ, o'ranʃ] *adj* (de color) naranja
Orange¹ [o'rã:ʒə, o'ranʒə] *f* <-, -n> (Frucht) naranja *f*
Orange² *nt* <-, - *o* -s> (Farbe) naranja *m*
Orangeade [orã'ʒa:də, oranʒa:də] *f* <-, -n> naranjada *f*
Orangeat [orã'ʒa:t] *nt* <-(e)s, -e> espejuelo *m* de naranja
orangefarben *adj*, **orangefarbig** *adj* (de color) naranja
Orangenbaum *m* <-(e)s, -bäume> naranjo *m;* **Orangenblüte** *f* <-, -n> azahar *m;* **Orangenhaut** *f* <-, ohne pl> (Zellulitis) piel *f* de naranja, celulitis *f inv;* **Orangenmarmelade** *f* <-, -n> mermelada *f* de naranja; **Orangensaft** *m* <-(e)s, -säfte> zumo *m* de naranja, jugo *m* de naranja *Am;* **Orangenschale** *f* <-, -n> cáscara *f* de naranja
Orangerie [---] *f* <-, -n> invernáculo *m* de naranjos
Orang-Utan [o'raŋ'ʔu:tan] *m* <-s, -s> orangután *m*
Oratorium [ora'to:rium] *nt* <-s, Oratorien> (a. MUS) oratorio *m*
Orbit ['ɔrbɪt] *m* <-s, -s> órbita *f*
Orchester [ɔr'kɛstɐ] *nt* <-s, -> orquesta *f*
Orchesterbegleitung *f* <-, -en> acompañamiento *m* orquestal; **Orchestergraben** *m* <-s, -gräben> foso *m* (de la orquesta)
orchestrieren* [ɔrkɛs'tri:rən, ɔrçɛs'tri:rən] *vt* (MUS) ❶ (instrumentieren) instrumentar
❷ (umarbeiten) orquestar
Orchidee [ɔrçi'de:ə] *f* <-, -n> orquídea *f*
Orden ['ɔrdən] *m* <-s, -> ❶ (REL) orden *f* (religiosa); **in einen ~ eintreten** ingresar en una orden
❷ (Auszeichnung) condecoración *f;* **jdm einen ~ verleihen** conceder a alguien una condecoración
Ordensbruder *m* <-s, -brüder> (REL) hermano *m*, fraile *m;* **Ordensgeistliche(r)** *m* <-n, -n> (REL) clérigo *m* regular; **Ordensregel** *f* <-, -n> regla *f* de una orden; **Ordensschwester** *f* <-, -n> (REL) hermana *f;* **Ordenstracht** *f* <-, -en> hábito *m* de una orden
Ordensträger(in) *m(f)* <-s, -; -, -nen> condecorado, -a *m, f*
ordentlich ['ɔrdəntlɪç] I. *adj* ❶ (Mensch, Zimmer) ordenado
❷ (Gericht) ordinario; (Mitglied) numerario; **~e Professorin** catedrática *f*
❸ (anständig) respetable; **etwas O~es lernen** estudiar algo de provecho
❹ (fam: tüchtig) bueno; **eine ~e Tracht Prügel** una buena paliza
❺ (fam: ganz gut) bastante bueno, aceptable
II. *adv* ❶ (allgemein) ordenadamente; (Benehmen) como es debido; **sich ~ benehmen** comportarse como es debido
❷ (fam: ziemlich) bastante; (viel) mucho; **sie verdient ganz ~** gana bastante; **er hat ~ Hunger** tiene mucha hambre
Order ['ɔrdɐ] *f* <-, -s> ❶ (Befehl) orden *f;* **sich an seine ~ halten** cumplir su orden
❷ (Auftrag) orden *f*, pedido *m;* **laufende ~** orden en curso; **telegrafisch erteilte ~** orden telegráfica; **an eigene/fremde ~** a su propia orden/a la orden de un tercero; **an ~ lautend** pagadero a la orden; **auf ~ und Rechnung von ...** a la orden y cuenta de...; **eine ~ erteilen** expedir una orden
Ordergeschäft *nt* <-(e)s, -e> (WIRTSCH) operación *f* a la orden; **Orderkonnossement** *nt* <-(e)s, -e> (WIRTSCH) conocimiento *m* a la orden; **Orderlagerschein** *m* <-(e)s, -e> (WIRTSCH) certificado *m* de depósito a la orden; **Ordermangel** *m* <-s, -mängel> (WIRTSCH) escasez *f* de pedidos
ordern ['ɔrdɐn] *vt* pedir, encargar
Orderpapier *nt* <-(e)s, -e> (JUR) título *m* a la orden, efecto *m;* **Orderpolice** *f* <-, -n> (JUR) póliza *f* a la orden; **Ordertätigkeit** *f* <-, -en> actividad *f* de pedidos; **Rückgang der ~** disminución de la actividad de pedidos
Ordinalzahl [ɔrdi'na:l] *f* <-, -en> número *m* ordinal
ordinär [ɔrdi'nɛ:ɐ] *adj* ❶ (unfein) ordinario, vulgar
❷ (gewöhnlich) común, corriente
Ordinariat [ɔrdina'ria:t] *nt* <-(e)s, -e> ❶ (UNIV) cátedra *f* (universitaria)
❷ (REL): **Bischöfliches ~** sede *f* episcopal
Ordinarius [ɔrdi'na:rius] *m* <-, Ordinarien> ❶ (UNIV) catedrático *m*
❷ (REL) ordinario *m*
Ordinate [ɔrdi'na:tə] *f* <-, -n> (MATH) ordenada *f*
Ordinatenachse *f* <-, -n> (MATH) eje *m* de ordenadas
ordnen ['ɔrdnən] *vt* ordenar, poner en orden; **etw der Größe nach ~** ordenar algo por tamaños; **alphabetisch ~** ordenar alfabéticamente; **etw neu ~** dar un orden nuevo a algo; **wohl geordnet** (geh) bien ordenado; **aus wohl geordneten Verhältnissen stammen** ser de una familia bien situada; **als Junggeselle führt er ein wenig geordnetes Leben** soltero como es lleva una vida poco ortodoxa
Ordner¹ *m* <-s, -> (Akten) archivador *m;* (a. INFOR) carpeta *f*
Ordner(in)² *m(f)* <-s, -; -, -nen> (Person) persona *f* del servicio de orden
Ordnung *f* <-, ohne pl> ❶ (Zustand, An~, a. BIOL, MATH) orden *m;* **öffentliche ~** orden público; **~ halten** mantener el orden; **jdn zur**

Ordnungsamt   529   **Orkanstärke**

rufen llamar a alguien al orden; **Ruhe und ~ stören** alterar el orden público; **für ~ sorgen, ~ schaffen** poner orden; **~ in etw bringen** ordenar algo, poner orden en algo; **etw in ~ bringen** (*fam*) arreglar algo, poner algo en orden; **der ~ halber** para el buen orden; **ich finde es (ganz) in ~, dass ...** (*fam*) me parece (muy) bien que... +*subj*; (**das geht**) **in ~** (*fam*) está bien; **der ist in ~** (*fam: menschlich o.k.*) es un buen tipo; **mit dem Wagen ist etwas nicht in ~** (*fam*) el coche no funciona bien; **~ ist das halbe Leben** (*prov*) orden y dedicación dan gran satisfacción

❷ (*Vorschrift*) reglamento *m;* **sich an eine ~ halten** cumplir un reglamento

Ordnungsamt *nt* <-(e)s, -ämter> oficina *f* del orden público; **Ordnungsgeld** *nt* <-(e)s, -er> multa *f;* **wegen Falschparkens musste er ein ~ zahlen** por aparcar mal tuvo que pagar una multa
ordnungsgemäß I. *adj* reglamentario, debido
II. *adv* como es debido
Ordnungshaft *f* <-, *ohne pl*> (JUR) detención *f* reglamentaria
ordnungshalber *adv* para el buen orden, para mayor formalidad
Ordnungshüter(in) *m(f)* <-s, -; -, -nen> (*fam*) guardián, -ana *m, f* del orden; **Ordnungsliebe** *f* <-, *ohne pl*> amor *m* al orden
ordnungsliebend *adj* ordenado, amante del orden; **er ist ein ~er Mensch** es una persona muy ordenada
Ordnungsmappe *f* <-, -n> clasificador *m;* **Ordnungsmittel** *nt* <-s, -> medio *m* de orden; **Ordnungsruf** *m* <-(e)s, -e> llamada *f* al orden; **jdm einen ~ erteilen** llamar a alguien al orden; **Ordnungssinn** *m* <-(e)s, *ohne pl*> sentido *m* del orden; **Ordnungsstrafe** *f* <-, -n> (JUR) pena *f* reglamentaria; (*Geldstrafe*) multa *f*
ordnungswidrig *adj* (JUR) ilegal; **sich ~ verhalten** infringir los reglamentos
Ordnungswidrigkeit *f* <-, -en> (JUR) infracción *f* de reglamentos; **Ordnungswidrigkeitengesetz** *nt* <-es, -e> (JUR) ley *f* sobre infracción reglamentaria
Ordnungszahl *f* <-, -en> número *m* ordinal; (CHEM) número *m* de orden
Oregano [o're:gano] *m* <-s, *ohne pl*> orégano *m*
Organ [ɔr'ga:n] *nt* <-s, -e> ❶ (ANAT) órgano *m;* **die inneren ~e** los órganos interiores; **lebenswichtige ~e** órganos esenciales

❷ (*Institution, Zeitung*) órgano *m;* **ausführendes ~** órgano ejecutivo
❸ (*fam: Stimme*) voz *f;* **ein lautes ~ haben** tener una voz fuerte
Organbank *f* <-, -en> (MED) banco *m* de órganos; **Organgesellschaft** *f* <-, -en> (JUR) sociedad-órgano *f;* **Organhaftung** *f* <-, -en> (JUR) responsabilidad *f* orgánica [*o* colegiada]; **Organhandel** *m* <-s, *ohne pl*> comercio *m* con órganos (humanos)
Organigramm [ɔrgani'gram] *nt* <-s, -e> organigrama *m*
Organisation¹ [ɔrganiza'tsjo:n] *f* <-, *ohne pl*> (*das Organisieren, Struktur*) organización *f*
Organisation² *f* <-, -en> (*Zusammenschluss*) organización *f;* **nichtstaatliche ~** organización no estatal; **internationale ~** organización internacional; **zwischenstaatliche ~** organización interestatal; **~ für wirtschaftliche Zusammenarbeit und Entwicklung** Organización para la Cooperación y el Desarrollo Económico
Organisationsbewusstseinᴿᴿ *nt* <-s, *ohne pl*> conciencia *f* de la organización; **Organisationsgewalt** *f* <-, -en> potestad *f* organizativa, autonomía *f* organizativa; **Organisationshaft** *f* <-, *ohne pl*> (JUR) detención *f* organizativa; **Organisationskomitee** *nt* <-s, -s> comité *m* de organización; **Organisationsplan** *m* <-(e)s, -pläne> (WIRTSCH) organigrama *m;* **Organisationstalent** *nt* <-(e)s, -e> talento *m* organizador
Organisations- und Rechenzentrum *nt* <-s, -zentren> centro *m* de organización y de cálculo
Organisationswissenschaft *f* <-, -en> ciencia *f* de la organización
Organisator(in) [ɔrgani'za:to:ɐ] *m(f)* <-s, -en; -, -nen> organizador(a) *m(f)*
organisatorisch [ɔrganiza'to:rɪʃ] *adj* organizador; **wer erledigt das O~e?** ¿quién se encarga de la organización?; **das hat ~ nicht geklappt** no resultó por motivos de organización
organisch [ɔr'ga:nɪʃ] *adj* (*a.* CHEM, MED, BIOL) orgánico; **er ist ~ gesund** sus órganos funcionan a la perfección
organisieren* [ɔrgani'zi:rən] I. *vt* ❶ (*planen*) organizar; **organisiertes Verbrechen** crimen organizado; **die Arbeiter gewerkschaftlich ~** sindicar a los trabajadores

❷ (*fam: beschaffen*) proporcionar; (*stehlen*) robar, mangar
II. *vr:* **sich ~** organizarse; **sich gewerkschaftlich ~** sindicarse
Organismus [ɔrga'nɪsmʊs] *m* <-, Organismen> organismo *m*
Organist(in) [ɔrga'nɪst] *m(f)* <-en, -en; -, -nen> organista *mf*
Organklage *f* <-, -n> (JUR) demanda *f* orgánica; **Organkompetenz** *f* <-, -en> (JUR) competencia *f* orgánica; **Organkredit** *m* <-(e)s, -e> crédito *m* orgánico; **Organleihe** *f* <-, -n> préstamo *m* orgánico; **Organrecht** *nt* <-(e)s, *ohne pl*> (JUR) derecho *m* orgánico; **Organspende** *f* <-, -n> (MED) donación *f* de órganos; **Organspender(in)** *m(f)* <-s, -; -, -nen> (MED) donante *mf* de órganos; **Organstörung** *f* <-, -en> (MED) perturbación *f* orgánica; **Organstreitigkeit** *f* <-, -en> (JUR) litigio *m* orgánico; **Organstreitverfahren** *nt* <-s, -> (JUR) procedimiento *m* de litigio orgánico; **Organtheorie** *f* <-, *ohne pl*> (JUR) teoría *f* orgánica; **Organträger(in)** *m(f)* <-s, -; -, -nen> (JUR) titular *m* del órgano; **Organtransplantation** *f* <-, -en> (MED), **Organverpflanzung** *f* <-, -en> (MED) trasplante *m* de órganos
Orgasmus [ɔr'gasmʊs] *m* <-, Orgasmen> orgasmo *m*
orgastisch [ɔr'gastɪʃ] *adj* orgásmico
Orgel ['ɔrgəl] *f* <-, -n> órgano *m*
Orgelkonzert *nt* <-(e)s, -e> ❶ (*Musikstück*) concierto *m* para órgano
❷ (*Darbietung*) concierto *m* de órgano; **Orgelmusik** *f* <-, -en> ❶ (*Komposition*) música *f* para órgano ❷ (*Orgelspiel*) pieza *f* de órgano
orgeln ['ɔrgəln] *vi* ❶ (*Drehorgel spielen*) tocar el órgano; **der alte Mann orgelte ohne Unterlass** el viejo hombre tocaba el órgano sin parar
❷ (*fam: rauschen*) bramar; **der Wind orgelte durch den Wald** el viento bramaba a través del bosque
❸ (*Hirsch*) bramar
Orgelpfeife *f* <-, -n> tubo *m* de órgano; **Orgelspieler(in)** *m(f)* <-s, -; -, -nen> organista *mf*
orgiastisch *adj* orgiástico, orgíaco; **die Bewegungen der Bauchtänzerin wurden immer ~er** los movimientos de vientre de la bailarina eran cada vez más excitantes
Orgie ['ɔrgiə] *f* <-, -n> orgía *f*
Orient [o'riɛnt, ori'ɛnt] *m* <-s> Oriente *m;* **der Vordere ~** el Cercano Oriente, el Oriente Próximo
Orientale, -in [oriɛn'ta:lə] *m, f* <-n, -n; -, -nen> natural *mf* de Oriente Próximo [*o* Medio]
orientalisch [oriɛn'ta:lɪʃ] *adj* natural de Oriente Próximo [*o* Medio]
Orientalistik [oriɛnta'lɪstɪk] *f* <-, *ohne pl*> (LING) filología *f* oriental
orientieren* [oriɛn'ti:rən] *vr:* **sich ~** orientarse (*an/nach* por, *über* sobre); **sich nicht ~ können** no saber orientarse; **ich orientierte mich an ihr** la tomé como ejemplo; **wir sind über Sie und Ihre Aktivitäten orientiert** estamos al corriente sobre Ud. y sus actividades; **er ist links orientiert** es de izquierdas
Orientierung *f* <-, *ohne pl*> orientación *f* (*an/nach* por, *über* sobre); **die ~ verlieren** perder la orientación; **dies dient ihrer ~** esto le sirve de orientación; **dies soll zu Ihrer ~ dienen** esto debe servirle de orientación
Orientierungshilfe *f* <-, -n> ❶ (*geografisch*) orientación *f;* **der alte Baum bietet eine gute ~** el viejo árbol es un buen punto de orientación
❷ (*Leitfaden*) guía *f* ❸ (*Beistand*) apoyo *m,* ayuda *f;* **jdm eine ~ sein/geben** servirle a alguien de/darle a alguien ayuda [*o* apoyo]; **Orientierungspreis** *m* <-es, -e> (WIRTSCH) precio *m* orientativo; **Orientierungspunkt** *m* <-(e)s, -e> indicador *m;* **sie folgten dem mit ~en markierten Wanderweg** siguieron el sendero marcado con indicadores; **Orientierungssinn** *m* <-(e)s, *ohne pl*> sentido *m* de la orientación; **Orientierungszeitraum** *m* <-(e)s, -räume> periodo *m* de orientación
Origano [o'ri:gano] *m* <-s, *ohne pl*> *s.* **Oregano**
original [origi'na:l] *adj* original; (*echt*) auténtico; **~ Schweizer Käse** auténtico queso suizo; **übertragen** (RADIO, TV) transmitir en directo; **~ verpackt** en el envase [*o* envoltorio] original (sin desempaquetar)
Original [origi'na:l] *nt* <-s, -e> ❶ (*erstes Exemplar*) original *m;* **etw im ~ lesen** leer el original de algo
❷ (*fam: Mensch*) persona *f* original
Originalaufnahme *f* <-, -n> (RADIO) grabación *f* original; (TV) película *f* original; **Originalausgabe** *f* <-, -n> (PUBL) primera edición *f;* (*eines alten Werkes*) edición *f* príncipes; **als die ~ vergriffen war, wurden Nachdrucke aufgelegt** cuando se agotó la primera edición se hicieron reimpresiones; **Originaldiskette** *f* <-, -n> (INFOR) disquete *m* original; **Originalfassung** *f* <-, -en> versión *f* original
originalgetreu *adj* idéntico al original
Originalität [originali'tɛst] *f* <-, *ohne pl*> ❶ (*Echtheit*) originalidad *f*
❷ (*Einmaligkeit*) singularidad *f*
Originalpackung *f* <-, -en> envase *m* original; **Originalton** *m* <-(e)s, *ohne pl*> ❶ (FILM) banda *f* sonora original ❷ (*wörtliches Zitat*) palabras *fpl* literales; **das habe nicht ich gesagt, das war ~ Lars** yo no dije eso, (sino que) lo dijo Lars literalmente; **Originalübertragung** *f* <-, -en> (RADIO, TV) programa *m* en directo; **Originalverpackung** *f* <-, -en> envoltura *f* original; **in ~** en su embalaje original
originär [origi'nɛːɐ] *adj* original, fundamentalmente nuevo [*o* distinto]
originell [origi'nɛl] *adj* original; (*eigenartig*) singular; (*außergewöhnlich*) insólito
Orkan [ɔr'ka:n] *m* <-s, -e> huracán *m*
orkanartig *adj* huracanado
Orkanstärke *f* <-, -n> (METEO) fuerza *f* de(l) huracán; **der Wetterbe-**

Ornament 530 **oströmisch**

richt meldet für morgen Wind mit ~ el parte metereológico anuncia vientos huracanados para mañana
Ornament [ɔrnaˈmɛnt] *nt* <-(e)s, -e> ornamento *m*, adorno *m*
ornamental [ɔrnamɛnˈtaːl] *adj* ornamental
Ornat [ɔrˈnaːt] *m* <-(e)s, -e> traje *m* de ceremonia; (*kirchlich*) ornamentos *mpl* (sacerdotales)
Ornithologe, -in [ɔrnitoˈloːgə] *m*, *f* <-n, -n; -, -nen> ornitólogo, -a *m*, *f*
Ornithologie *f* <-, *ohne pl*> ornitología *f*
Ornithologin *f* <-, -nen> *s.* **Ornithologe**
Orogenese [oroɡeˈneːzə] *f* <-, -n> (GEO) orogénesis *f inv*
Oropax® [ˈoːropaks] *nt* <-, -> tapón *m* (de cera) para el oído
Ort [ɔrt] *m* <-(e)s, -e> **❶** (*Platz*) lugar *m*, sitio *m*; ~ **der Handlung** lugar de la acción; **ein ~ der Stille/des Friedens** un lugar tranquilo/pacífico; **hier ist weder der ~, darüber zu sprechen** éste no es el lugar para hablar de ello; **am rechten ~** en el sitio adecuado; **an ~ und Stelle** a su debido tiempo; **am angegebenen ~** en el lugar indicado [*o* convenido]; **vor ~** in situ; **vor ~ sein** estar en el lugar de los hechos
❷ (*Ortschaft*) lugar *m*, población *f*; (*Dorf*) pueblo *m*, aldea *f*; (*Stadt*) ciudad *f*; **das beste Hotel am ~** el mejor hotel del lugar; **mitten im ~** en el centro de la población; **von ~ zu ~** de pueblo en pueblo
Örtchen [ˈœrtçən] *nt* <-s, -> (*fam*): **stilles ~** excusado *m*, retrete *m*; **aufs stille ~ gehen** ir a hablar con el Señor Roca
orten [ˈɔrtən] *vt* (NAUT, AERO) determinar la posición (de), localizar
orthodox [ɔrtoˈdɔks] *adj* (*a. fig*) ortodoxo
Orthografieᴿᴿ *f* <-, -n> *s.* **Orthographie**
orthografischᴿᴿ *adj s.* **orthographisch**
Orthographie [ɔrtograˈfiː] *f* <-, -n> ortografía *f*
orthographisch [ɔrtoˈgraːfɪʃ] *adj* ortográfico
Orthopäde, -in [ɔrtoˈpɛːdə] *m*, *f* <-n, -n; -, -nen> ortopeda *mf*; (*Arzt*) ≈traumatólogo, -a *m*, *f*
Orthopädie [---ˈ-] *f* <-, *ohne pl*> ortopedia *f*
Orthopädin *f* <-, -nen> *s.* **Orthopäde**
orthopädisch *adj* ortopédico
örtlich [ˈœrtlɪç] *adj* local; **die ~e Verwaltung** la administración local; **~ begrenzte Regenfälle** chubascos aislados, precipitaciones aisladas; **~ betäubt** con anestesia local, anestesiado localmente
Örtlichkeit *f* <-, -en> localidad *f*, lugar *m*; **sich mit den ~en vertraut machen** familiarizarse con el lugar
Ortsangabe *f* <-, -n> indicación *f* de lugar
ortsansässig *adj* (*Firma*) local, establecido en el lugar; (*Person*) residente (en el lugar); (*im Dorf*) vecino (del pueblo)
Ortsansässige(r) *mf* <-n, -n; -, -n> vecino, -a *m*, *f*, residente *mf*; **als ~r kannte er jede Abkürzung in der Innenstadt** como vecino del pueblo conocía todos los atajos del centro de la ciudad; **Ortsausgang** *m* <-(e)s, -gänge> salida *f* de la población; **Ortsbesichtigung** *f* <-, -en> visita *f* de un lugar; **Ortsbestimmung** *f* <-, -en> **❶** (GEO) determinación *f* de la posición geográfica **❷** (LING) complemento *m* de lugar
Ortschaft *f* <-, -en> población *f*
Ortseingang *m* <-(e)s, -gänge> entrada *f* a la población
ortsfremd *adj* forastero
Ortsfremde(r) *mf* <-n, -n; -, -n> no residente *mf*, forastero, -a *m*, *f*; **~ haben oft Probleme, sich in Buenos Aires zurechtzufinden** los forasteros tienen con frecuencia problemas para no perderse en Buenos Aires; **Ortsgespräch** *nt* <-(e)s, -e> (TEL) llamada *f* urbana; **Ortsgruppe** *f* <-, -n> agrupación *f* local; **der Parteitag wird von der ~ Hannover ausgerichtet** el congreso del partido lo organiza la delegación de Hannover; **Ortskenntnis** *f* <-, -se> conocimiento *m* del lugar; **gute ~se haben** conocer bien el lugar; **Ortskrankenkasse** *f* <-, -n> oficina *f* local del seguro de enfermedad
ortskundig *adj* que conoce la localidad
Ortskundige(r) *mf* <-n, -n; -, -n> conocedor(a) *m(f)* del lugar; **Ortsname** *m* <-ns, -n> nombre *m* de lugar, topónimo *m*
Ortsnetz *nt* <-es, -e> (*a.* TEL) red *f* local [*o* urbana]; **Ortsnetzkennzahl** *f* <-, -en> (TEL) prefijo *m*
Ortsrecht *nt* <-(e)s, *ohne pl*> derecho *m* local; **Ortsschild** *nt* <-(e)s, -er> señal *f* indicadora de población; **Ortssinn** *m* <-(e)s, *ohne pl*> sentido *m* de la orientación; **Ortstarif** *m* <-(e)s, -e> tarifa *f* urbana; **Ortsteil** *m* <-(e)s, -e> barrio *m* local
Ortstein *m* <-(e)s, -e> (GEO) arena *f* ferruginosa, capa *f* dura cimentada
ortsüblich *adj* según la costumbre del lugar, corriente (en el lugar)
Ortsüblichkeit *f* <-, *ohne pl*> (JUR) costumbre *f* local
Ortsverband *m* <-(e)s, -bände> sección *f* local; **Ortsverkehr** *m* <-s, *ohne pl*> (*Straßenverkehr*) tráfico *m* urbano; (TEL) llamadas *fpl* urbanas; (*der Post*) correo *m* urbano; **Ortswechsel** *m* <-s, -> cambio *m* de domicilio; **Ortszeit** *f* <-, -en> hora *f* local; **wir landen um neun Uhr ~** aterrizamos a las 9 horas hora local; **Ortszuschlag** *m* <-(e)s, -schläge> subsidio *m* de residencia
Ortung *f* <-, -en> (AERO, NAUT) localización *f*
Öse [ˈøːzə] *f* <-, -n> (*am Schuh*) ojete *m*; (*für Haken*) corchete *m*

OSI [oːˈʔɛsˈʔiː] *Abk. von* **Open Systems Interconnection** interconexión *f* de sistemas abiertos
Oslo [ˈɔslo] *nt* <-s> Oslo *m*
Osmane, -in [ɔsˈmaːnə] *m*, *f* <-n, -n; -, -nen> (HIST) otomano, -a *m*, *f*
osmanisch [ɔsˈmaːnɪʃ] *adj* (HIST) otomano; **das O~e Reich** el Imperio otomano
Osmium [ˈɔsmiʊm] *nt* <-s, *ohne pl*> (CHEM) osmio *m*
Osmose [ɔsˈmoːzə] *f* <-, -n> (BOT, CHEM) ósmosis *f inv*, osmosis *f inv*
Ossi [ˈɔsi] *mf* <-s, -s; -, -s> (*fam*) habitante *m* de los estados federales del este de Alemania
Ost [ɔst] *m* <-(e)s, *ohne pl*> (*a.* NAUT, METEO) este *m*; **der Wind kommt aus ~** el viento viene del este
Ostafrika [ˈ-ˈ---] *nt* <-s> África *f* Oriental; **Ostasien** [ˈ-ˈ--] *nt* <-s> Asia *f* Oriental; **Ostberlin** *nt* <-s> (HIST) Berlín *m* Este, Berlín *m* Oriental
Ostblock *m* <-(e)s, *ohne pl*> (HIST) bloque *m* oriental; **Ostblockland** *nt* <-(e)s, -länder> país *m* del bloque del Este; **Ostblockstaat** *m* <-(e)s, -en> (HIST) país *m* del bloque, país *m* del (bloque del) Este
ostdeutsch *adj* de la parte oriental de Alemania, del este de Alemania; (HIST) germanoriental
Ostdeutschland *nt* <-s> este *m* de Alemania, (HIST) Alemania *f* del Este, Alemania *f* Oriental
Osten [ˈɔstən] *m* <-s, *ohne pl*> este *m*, oriente *m*; **im ~** en el este; **im ~ von ...** (*östlich von*) al este de...; (*im östlichen Teil von*) en el este de...; **nach ~** hacia el este; **gen ~** en dirección este; **in den ~** hacia el este; **von** [*o* **aus**] **dem ~** al este; **der Nahe ~** el Cercano Oriente, el Oriente Próximo; **der Ferne ~** el Extremo Oriente; **der Mittlere ~** el Oriente Medio
ostentativ [ɔstɛntaˈtiːf] *adj* ostentoso
Osteoporose [ɔsteopoˈroːzə] *f* <-, -n> (MED) osteoporosis *f inv*
Osterei [ˈoːstɐʔaɪ] *nt* <-(e)s, -er> huevo *m* de Pascua; **Osterfest** *nt* <-(e)s, -e> Pascua *f*; **Osterfeuer** *nt* <-s, -> hoguera que se enciende para Pascua; **Osterglocke** *f* <-, -n> narciso *m*; **Osterhase** *m* <-n, -n> conejo que el domingo de Resurrección trae huevos (*de chocolate*) a los niños; **Osterinsel** *f*: **die ~** la Isla de Pascua; **Osterlamm** *nt* <-(e)s, -lämmer> cordero *m* pascual
österlich [ˈøːstɐlɪç] *adj* pascual, de Pascua
Ostermarsch *m* <-es, -märsche> manifestación *f* por la paz (realizada en Semana Santa); **Ostermontag** [ˈ-ˈ-ˈ--] *m* <-s, -e> Lunes *m* de Pascua; **Ostermorgen** *m* <-s, -> mañana *f* del domingo de Pascua; **am ~ suchten die Kinder im Garten nach Ostereiern** el domingo de Pascua por la mañana los niños buscaban huevos de Pascua en el jardín
Ostern [ˈoːstɐn] *nt* <-, -> Pascua *f* (de Resurrección); **Frohe ~!** ¡Felices Pascuas!; **zu ~** en [*o* durante] la Pascua
Österreich [ˈøːstɐraɪç] *nt* <-s> Austria *f*
Österreicher(in) *m(f)* <-s, -; -, -nen> austríaco, -a *m*, *f*
österreichisch *adj* austríaco
Ostersonnabend [ˈ--ˈ---] *m* <-s, -e> Sábado *m* de Gloria [*o* Santo]; **Ostersonntag** [ˈ--ˈ--] *m* <-s, -e> Domingo *m* de Pascua [*o* de Resurrección]
Osterweiterung *f* <-, -en> (POL) extensión *f* hacia el Este, ampliación *f* hacia el Este
Osterwoche *f* <-, -n> Semana *f* Santa
Osteuropa [ˈ-ˈ--] *nt* <-s> Europa *f* Oriental
osteuropäisch *adj* de (la) Europa del Este, de la Europa oriental
Ostfriese, -in [(ˈ)-ˈ--] *m*, *f* <-n, -n; -, -nen> habitante *mf* de Frisia Oriental
ostfriesisch [(ˈ)-ˈ--] *adj* de Frisia Oriental; **die O~en Inseln** las Islas Frisias Orientales
Ostfriesland [(ˈ)-ˈ--] *nt* <-s> Frisia *f* Oriental; **Ostgote, -in** *m*, *f* <-n, -n; -, -nen> ostrogodo, -a *m*, *f*; **Ostindien** *nt* <-s> India *f* oriental; **Ostkirche** *f* <-, -n> Iglesia *f* Oriental; **Ostküste** *f* <-, -n> costa *f* oriental; **Barcelona liegt an der spanischen ~** Barcelona está situada en la costa oriental española
östlich [ˈœstlɪç] **I.** *adj* del este, oriental; **~ von Basel** al este de Basilea; **in ~er Richtung** en dirección este; **52 Grad ~er Länge** 52 grados longitud este
II. *präp +gen* al este de
Ostpolitik *f* <-, *ohne pl*> "ostpolitik" *f* (*política de apertura a los países socialistas iniciada por Willy Brandt, canciller de la RFA*); **das erklärte Ziel der deutschen ~** el objetivo declarado de la política alemana de apertura al Este [*o* de la "ostpolitik" alemana]; **Ostpreußen** *nt* <-s> Prusia *f* Oriental
ostpreußisch *adj* de la Prusia oriental
Östrogen [œstroˈgeːn] *nt* <-s, -e> (MED) estrógeno *m*
Ostrom [ˈɔstroːm] *nt* <-s> (HIST) Imperio *m* bizantino, Imperio *m* (romano) de Oriente, Bajo Imperio *m*
oströmisch *adj* (HIST) del Imperio Bizantino; **das O~e Reich** el Imperio Bizantino

Ostsee f <-> Mar m Báltico
Ostseite f <-, -n> cara f oriental [o este]; **Oststaaten** mpl Estados mpl del Este; **Ostverträge** mpl (POL) Tratados mpl con el Este; **Ostwand** f <-, -wände> pared f oriental [o este]
ostwärts ['-vɛrts] adv hacia el este, en dirección este
Ost-West-Beziehungen ['-'-----] fpl relaciones fpl Este-Oeste; **Ost-West-Konflikt** m <-(e)s, -e> (WIRTSCH, POL) conflicto m Este-Oeste
Ostwind m <-(e)s, -e> viento m (del) este
OSZE [o:?ɛstsɛt'?e:] f Abk. von **Organisation für Sicherheit und Zusammenarbeit in Europa** Organización f para la Seguridad y la Cooperación en Europa
Oszillator [ɔstsɪ'la:to:ɐ] m <-s, -en> (PHYS, TECH) oscilador m
Oszillograf[RR] m <-en, -en>, **Oszillograph** [ɔstsɪlo'gra:f] m <-en, -en> oscilógrafo m
O-Ton ['o:to:n] m <-(e)s, -Töne>: es war ~ **Adenauer** era la voz original de Adenauer; es war ~ **Casals** era la música original de Casals
Otter[1] ['ɔtɐ] m <-s, -> (Fisch~) nutria f
Otter[2] f <-, -n> (Schlange) víbora f
Otto ['ɔto] m <-s, -s> (fam) ❶ (großes Exemplar): dieses **Brathähnchen ist ja ein wahnsinniger** ~ este pollo asado es una pasada de grande; **die hat vielleicht einen** ~! ¡vaya tetas que tiene esa!
❷ (Wend): **den flotten** ~ **haben** tener cagalera vulg
Ottomotor ['ɔto-] m <-s, -en> motor m de explosión [o de gasolina]
ÖTV [ø:te:'fau] f Abk. von **Gewerkschaft Öffentliche Dienste, Transport und Verkehr** sindicato alemán de las ramas de servicios públicos y transportes
Ötztal ['œtsta:l] nt <-(e)s> Ötztal m
out [aut] adj (fam): ~ **sein** estar out, no estar de moda; **letztes Jahr waren Plateauschuhe noch in, jetzt sind sie** ~ el año pasado estaban de moda los zapatos de plataforma, ahora ya están pasados de moda
Out [aut] nt <-(s), -(s)> (reg: SPORT) fuera m de banda; **im** ~ **sein** estar fuera de banda
Outfit nt <-(s), -s> imagen f, look m; **sein** ~ **verändern** cambiar de imagen
Outing ['autɪŋ] nt <-s, ohne pl> manifestación f pública, reconocimiento m público
Output ['autpʊt] m o nt <-s, -s> (INFOR) educto m, output m
Outsourcing ['autso:sɪŋ] nt <-(s), ohne pl> (WIRTSCH) independización de un departamento de una empresa, dándole el carácter de empresa separada o independiente
Ouvertüre [uvɛr'ty:rə] f <-, -n> obertura f
oval [o'va:l] adj ovalado, oval
Oval [o'va:l] nt <-s, -e> óvalo m
Ovation [ova'tsjo:n] f <-, -en> ovación f; **jdm ~en darbringen** ovacionar a alguien
Overall ['ouvərəl] m <-s, -s> mono m, sobretodo m, overol m Am
Overheadfolie[RR] ['ouvəhɛtfo:liə] f <-, -n> -Folien> lámina f para retroproyector; **Overheadprojektor** m <-s, -en> retroproyector m
Overkill ['ouvəkɪl] m <-(s), ohne pl> (MIL) alto poder m de destrucción (armamentista)
ovipar adj (BIOL) ovíparo
Ovizid nt <-(e)s, -e> (AGR) ovicida m
ÖVP [ø:fau'pe:] f Abk. von **Österreichische Volkspartei** Partido Popular Austríaco
Ovula pl von **Ovulum**
Ovulation [ovula'tsjo:n] f <-, -en> (MED, ZOOL) ovulación f
Ovulationshemmer m <-s, -> (MED) inhibidor m de la ovulación
Ovulum ['o:vulʊm, pl: 'o:vula] nt <-s, Ovula> (MED) óvulo m
Oxalessigsäure f <-, ohne pl> (CHEM) ácido m oxalacético
Oxid [ɔ'ksi:t] nt <-(e)s, -e> (CHEM) óxido m
Oxidation [ɔksida'tsjo:n] f <-, -en> (CHEM) oxidación f
Oxidationsmittel nt <-s, -> (CHEM) agente m oxidante; **Oxidationsstufe** f <-, -n> (CHEM) grado m de oxidación
oxidieren* [ɔksi'di:rən] I. vi haben o sein (CHEM) oxidar
II. vt (CHEM) oxidar
Oxidierung f <-, -en> (CHEM) oxidación f
Oxoalkohol m <-s, -e> (CHEM) oxoalcohol m
Oxybenzoesäure f <-, ohne pl> (CHEM) ácido m oxibenzóico
Oxyd [ɔ'ksy:t] nt <-(e)s, -e> (CHEM) óxido m
Oxydation [ɔksyda'tsjo:n] f <-, -en> (CHEM) oxidación f
oxydieren* [ɔksy'di:rən] vi, vt (CHEM) s. **oxidieren**
Oxydierung f <-, -en> (CHEM) s. **Oxidierung**
Oxytocin [ɔksyto'tsi:n] nt <-s, ohne pl> (MED) oxitocina f
Ozean ['o:tsea:n] m <-s, -e> océano m; **der Indische/Atlantische** ~ el Océano Índico/Atlántico; **der Pazifische** [o **Stille**] ~ el Océano Pacífico
Ozeandampfer m <-s, -> buque m transatlántico
Ozeanien [otse'a:niən] nt <-s> Oceanía f
ozeanisch [otse'a:nɪʃ] adj ❶ (den Ozean betreffend) oceánico
❷ (Ozeanien betreffend) de Oceanía

Ozeanografie[RR] f <-, ohne pl>, **Ozeanographie** [otseanogra'fi:] f <-, ohne pl> oceanografía f
Ozeanveraschung f <-, -en> incineración f oceánica
Ozelot ['o:tselɔt] m <-s, -e> ocelote m
Ozon [o'tso:n] m o nt <-s, ohne pl> ozono m; **bodennahes** ~ ozono en el aire
Ozonalarm m <-(e)s, -e> alarma f por ozono; **Ozonbekämpfung** f <-, ohne pl> combate m del ozono; **Ozonfilter** m <-s, -> (INFOR) filtro m de ozono; **Ozongehalt** m <-(e)s, -e> nivel m de ozono; **Ozonloch** nt <-(e)s, ohne pl> agujero m (de la capa) de ozono; **Ozonmessgerät**[RR] nt <-(e)s, -e> medidor m de ozono; **Ozonschicht** f <-, ohne pl> (METEO) capa f de ozono; **Ozonschild** nt <-(e)s, -er> capa f protectora del ozono; **Ozonverlust** m <-(e)s, -e> (ÖKOL) pérdida f de ozono; **episodische/gravierende ~e** pérdidas episódicas/agravantes de ozono

P

P, p [pe:] nt <-, -> P, p f; ~ **wie Paula** P de París
paar [pa:ɐ] pron indef inv: **ein** ~ (einige) algunos; (wenige) unos pocos; **ein ~ ...** un par de...; **ein ~ Mal** un par de veces; **nur ein ~ Euro** sólo un par de euros; **alle ~ Minuten** a cada rato; **vor ein ~ Tagen** hace unos días; **meine ~ Freunde** mis pocos amigos; **du kriegst gleich ein ~!** (fam) ¡te voy a calentar [o sacudir]!
Paar [pa:ɐ] nt <-(e)s, -e> ❶ (Lebewesen) pareja f; **ein (un)glückliches** ~ una pareja (in)feliz; **wir werden ein** ~ nos casamos
❷ (Dinge) par m; **ein ~ Socken** un par de calcetines
paaren ['pa:rən] I. vt ❶ (Zuchttiere) aparear, acoplar
❷ (paarweise zusammenstellen) parear
II. vr: **sich** ~ (Tiere) aparearse
Paarhufer m <-s, -> (ZOOL) artiodáctilo m, ungulado m de dedos pares
paarig adj (BIOL, ANAT) par; **~e Organe** órganos pares
Paarlauf m <-(e)s, -läufe> patinaje m por parejas
paar|laufen irr vi sein o haben (SPORT) patinar por parejas; **sollen wir beide** ~? ¿quieres que patinemos en pareja?
paarmal adv s. **paar**
Paarreim m <-(e)s, -e> (LIT) rima f pareada, pareado m
Paarung f <-, -en> (Tiere) apareamiento m
Paarungszeit f <-, -en> (ZOOL) época f de apareamiento
paarweise adv por parejas, de dos en dos
Pacht [paxt] f <-, -en> ❶ (~zins) arrendamiento m
❷ (das Pachten) arriendo m, arrendamiento m; **etw in ~ geben/nehmen** arrendar algo
❸ (~vertrag) contrato m de arrendamiento
Pachtabkommen nt <-s, -> (JUR) pacto m de arrendamiento
pachtbar adj arrendable
Pachtbedingungen fpl (JUR) condiciones fpl de arrendamiento; **Pachtbesitz** m <-es, ohne pl> (JUR) posesión f arrendaticia
pachten vt arrendar, tomar en arrendamiento; **er tut, als ob er die Moral gepachtet hätte** (fam) se comporta como si tuviera la panacea de la moral
Pächter(in) ['pɛçtɐ] m(f) <-s, -; -, -nen> arrendatario, -a m, f
Pächterpfandrecht nt <-(e)s, -e> (JUR) derecho m prendario del arrendador
Pachtertrag m <-(e)s, -träge> renta f (por arrendamiento)
Pachtkredit m <-(e)s, -e> (JUR) crédito m agrícola a favor del arrendatario; **Pachtkreditgesetz** nt <-es, ohne pl> (JUR) ley f sobre crédito agrícola a favor del arrendatario; **Pachtobjekt** nt <-(e)s, -e> objeto m del arrendamiento; **Pachtrecht** nt <-(e)s, ohne pl> (JUR) derecho m de arrendamiento; **Pachtsache** f <-, -n> (JUR) objeto m de arrendamiento
Pachtung f <-, -en> arrendamiento m, arriendo m; ~ **auf Lebensdauer** arrendamiento vitalicio
Pachtverhältnis nt <-ses, -se> contrato m de arrendamiento, relación f arrendaticia; **widerrufliches/zeitlich begrenztes** ~ relación arrendaticia revocable/temporalmente limitada; **von einem ~ zurücktreten** rescindir un contrato de arrendamiento; **Pachtvertrag** m <-(e)s, -träge> contrato m de arrendamiento; **Pachtzins** m <-es, -en> renta f por el arrendamiento
Pack[1] [pak] nt <-(e)s, ohne pl> (fam abw) gentuza f, chusma f; ~ **schlägt sich,** ~ **verträgt sich** (prov) hoy abrazos y mañana porrazos
Pack[2] m <-(e)s, -e o Päcke> montón m
Packager ['pɛkɪdʒɐ] m <-s, -> (in einem Reisebüro) organizador(a) m(f) de viajes en automóvil
Päckchen ['pɛkçən] nt <-s, -> paquete m; (für Zigaretten) cajetilla f; (Postsendung) pequeño paquete m

Packeis *nt* <-es, *ohne pl*> banquisa *f*, icefield *m*
packeln ['pakəln] *vi* (*Österr: fam*) urdir planes, tramar
packen ['pakən] **I.** *vt* ❶ (*ergreifen*) coger (*an/bei* por), agarrar (*an/bei* por); **er packte ihn beim Kragen** le agarró por el cuello; **jdn bei der Hand ~** agarrar a alguien de la mano
❷ (*ein~*) poner (*in* en), meter (*in* en); (*in Tonnen*) entonelar (*in* en); (*in Gefäße*) envasar (*in* en); (*in Papier*) envolver (*in* en); **den Koffer ~** hacer la maleta; **seine Sachen ~** preparar sus cosas; **etw voll ~** atiborrar algo, abarrotar algo
❸ (*mitreißen*) entusiasmar; (*fesseln*) cautivar; (*überkommen*) sobrecoger; **mich packt die Leidenschaft/die Reiselust/das Entsetzen** la pasión/el deseo de viajar/el espanto se apodera de mí; **dich hat es ja ganz schön gepackt!** (*fam*) ¡te ha dado [*o* entrado] fuerte!
❹ (*fam: schaffen*) conseguir, lograr; **hast du die Prüfung gepackt?** ¿has aprobado el examen?; **er packt es nie** no lo conseguirá jamás
❺ (*fam: begreifen*) entender, captar; **er packt's nicht!** (*begreifen*) ¡no le entra!; (*schaffen*) ¡nada, que no puede!
II. *vi* (*Koffer*) hacer las maletas; **ich muss noch ~** todavía tengo que hacer las maletas
III. *vr:* **sich ~** (*fam: sich fortscheren*) perderse; **packt euch!** ¡desapareced (de mi vista)!
Packen ['pakən] *m* <-s, -> montón *m*; **ein ~ Arbeit ist liegen geblieben** un montón de trabajo quedó sin acabar
packend *adj* cautivador, emocionante; **ein ~es Buch** un libro cautivador
Packer[1] *m* <-s, -> (INFOR) packer *m* (*programa para la compresión de datos*)
Packer(in)[2] *m(f)* <-s, -; -, -nen> empaquetador(a) *m(f)*
Packerei *f* <-, *ohne pl*> (*fam*) hacer *m* las maletas [*o* el equipaje], empacar *Am*; **diese ~ vor dem Urlaub raubt mir den letzten Nerv!** ¡(lo de) hacer el equipaje para las vacaciones acaba con mis nervios!
Packerin *f* <-, -nen> *s.* **Packer**
Packesel *m* <-s, -> (*fam*) burro *m* de carga; **Packpapier** *nt* <-s, -e> papel *m* de embalar [*o* de estraza]; **Packsattel** *m* <-s, -sättel> albarda *f*
Packung *f* <-, -en> ❶ (*Paket*) paquete *m*, caja *f*; (*für Zigaretten*) cajetilla *f*; **eine ~ Pralinen** una caja de bombones
❷ (*Kosmetik*) mascarilla *f*
Packwagen *m* <-s, -, *Österr, südd:* -wägen> furgón *m*
Pad[1] [pɛt] *nt* <-s, -s> (*Watte~*) disco *m* de algodón
Pad[2] (INFOR, TEL) *Abk. von* **Packet Assembly/Disassembly** PAD *m*, DEP *m*
Pädagoge, -in [pɛda'go:gə] *m, f* <-n, -n; -, -nen> pedagogo, -a *m, f*
Pädagogik [--'--] *f* <-, *ohne pl*> pedagogía *f*
Pädagogin *f* <-, -nen> *s.* **Pädagoge**
pädagogisch *adj* pedagógico; **P~e Hochschule** Escuela Superior de Magisterio; **~ falsch/wertvoll** erróneo/valioso desde el punto de vista pedagógico
Paddel ['padəl] *nt* <-s, -> canalete *m*
Paddelboot *nt* <-(e)s, -e> canoa *f*
paddeln ['padəln] *vi haben o sein* ir en canoa
Paddler(in) *m(f)* <-s, -; -, -nen> piragüista *mf*
Päderast [pɛdeˈrast] *m* <-en, -en> pederasta *m*
Pädiater(in) [pɛˈdjaːtɐ] *m(f)* <-s, -; -, -nen> (MED) pediatra *mf*
Pädiatrie [pɛdiaˈtriː] *f* <-, *ohne pl*> (MED) pediatría *f*
Padua [ˈpaːdua] *nt* <-s> Padua *f*
Paella [paˈɛlja] *f* <-, -s> paella *f*
paffen ['pafən] *vi, vt* (*fam*) fumar (sin tragar el humo)
Page ['paːʒə] *m* <-n, -n> paje *m*; (*Hotel~*) botones *m inv*
Pagenkopf *m* <-(e)s, -köpfe> melena *f* francesa [*o* de paje]
paginieren* [pagiˈniːrən] *vt* paginar
Paginierung *f* <-, -en> paginación *f*
Pagode [paˈgoːdə] *f* <-, -n> pagoda *f*
pah [paː] *interj* ¡bah!; **~, deine Meinung interessiert mich nicht!** ¡bah, a mí qué más me da tu opinión!
Paillette [parˈjɛta] *f* <-, -n> lentejuela *f*
Paket [paˈkeːt] *nt* <-(e)s, -e> paquete *m*; **ein ~ von Maßnahmen** un paquete [*o* una serie] de medidas
Paketannahme *f* <-, *ohne pl*> recepción *f* de paquetes; **Paketausgabe** *f* <-, *ohne pl*> entrega *f* de paquetes; **Paketbombe** *f* <-, -n> paquete *m* bomba; **Paketgebühr** *f* <-, -en> porte *m* de paquetes postales; **Paketkarte** *f* <-, -n> tarjeta *f* de envío; **Paketpolice** *f* <-, -n> seguro *m* de paquetes postales, póliza *f* de paquetes postales; **Paketpost** *f* <-, *ohne pl*> servicio *m* postal de paquetes; **Paketschalter** *m* <-s, -> despacho *m* de paquetes; **Paketumschlagstelle** *f* <-, -n> tránsito *m* de paquetes postales; **Paketvermittlung** *f* <-, -en> (INFOR, TEL) transmisión *f* de paquetes de datos; **Paketzustellung** *f* <-, -en> entrega *f* de paquetes (a domicilio)
Pakistan ['paːkɪstaːn] *nt* <-s> Paquistán *m*

Pakistaner(in) *m(f)* <-s, -; -, -nen>, **Pakistani** [pakɪsˈtaːni] *mf* <-(s), -(s); -, -(s)> paquistaní *mf*
pakistanisch [pakɪsˈtaːnɪʃ] *adj* paquistaní
Pakt [pakt] *m* <-(e)s, -e> pacto *m*; **Warschauer ~** Pacto de Varsovia
paktieren* [pakˈtiːrən] *vi* pactar
Palais [paˈlɛː] *nt* <-, -> palacio *m*
Paläoboden [palɛo-] *m* <-s, -böden> (GEO) suelo *m* arcaico, paleosuelo *m*
Paläozoikum [palɛoˈtsoːikʊm] *nt* <-s, *ohne pl*> paleozoico *m*
Palast [paˈlast, *pl:* paˈlɛstə] *m* <-(e)s, -läste> palacio *m*
Palästina [palɛsˈtiːna] *nt* <-s> Palestina *f*
Palästinenser(in) [palɛstiˈnɛnzɐ] *m(f)* <-s, -; -, -nen> palestino, -a *m, f*
Palästinenserorganisation *f* <-, -en> Organización *f* para la Liberación de Palestina
palästinensisch *adj* palestino
Palatschinke [palaˈtʃɪŋkə] *f* <-, -n> (*Österr*) crepe rellena de nata montada y cubierta de chocolate y frutas
Palaver [paˈlaːvɐ] *nt* <-s, -> (*fam abw*) parloteo *m*
palavern* [paˈlaːvɐn] *vi* (*fam abw*) parlotear, cotorrear
Palette [paˈlɛtə] *f* <-, -n> ❶ (*Maler~*) paleta *f*
❷ (*Transport~*) tarima *f*
❸ (*Vielfalt*) gama *f*; **breite ~** amplia gama, amplio surtido, variedad *f*
paletti [paˈlɛti] (*fam*): **alles ~** ya está
palettieren* [palɛˈtiːrən] *vt* apilar
Palisade [paliˈzaːdə] *f* <-, -n> ❶ (*Pfahl*) estaca *f*
❷ (*Wand, Zaun*) estacada *f*, empalizada *f*
Palisander [paliˈzandɐ] *m* <-s, -> palo *m* santo, palisandro *m*
Palladium *nt* <-s, *ohne pl*> (CHEM) paladio *m*
Palme ['palmə] *f* <-, -n> palmera *f*, palma *f*; **jdn auf die ~ bringen** (*fam*) poner a alguien a cien por hora; **auf die ~ gehen** (*fam*) subirse por las paredes
Palmenhain *m* <-(e)s, -e> palmar *m*; **Palmenwedel** *m* <-s, -> *s.* **Palmwedel**; **Palmenzweig** *m* <-(e)s, -e> *s.* **Palmzweig**
Palmfett *nt* <-(e)s, -e> grasa *f* de palma; **Palmöl** *nt* <-s, -e> aceite *m* de palma; **Palmsonntag** ['---, -'--] *m* <-(e)s, -e> Domingo *m* de Ramos
Palmtop [ˈpaːmtɔp] *m* <-(s), -(s)> (INFOR) palmtop *m*
Palmwedel ['palm-] *m* <-s, -> hoja *f* de palmera, palma *f*; **Palmzweig** *m* <-(e)s, -e> ❶ (*Zweig einer Palme*) rama *f* de palm(er)a, palma *f*, hoja *f* de palm(er)a ❷ (*reg: Buchsbaumzweig*) ramo *m* (de boj); **am Palmsonntag lassen die Kinder ihre ~e segnen** el Domingo de Ramos los niños llevan a bendecir sus palmas [*o* sus ramos]
Pamp *m* <-s, *ohne pl*> (*reg: fam*) *s.* **Pampe**
Pampa *f* <-, -s> pampa *f*
Pampe [ˈpampə] *f* <-, *ohne pl*> papilla *f*, puré *m*
Pampelmuse [ˈpampəlmuːzə] *f* <-, -n> pomelo *m*, toronja *f*
Pampers® [ˈpɛmpɛs] *pl* ≈Dodotis® *mpl*
Pamphlet [pamˈfleːt] *nt* <-(e)s, -e> panfleto *m*
pampig [ˈpampɪç] *adj* ❶ (*nordd, ostd: breiig*) pastoso
❷ (*fam abw: frech*) descarado, fresco; **nun werd nicht gleich ~!** ¡no tires las patas por alto tan rápidamente!
Pan [paːn] *m* <-s> Pan *m*
Panade [paˈnaːdə] *f* <-, -n> (GASTR: *aus Mehl und Ei*) rebozado *m*; (*aus Semmelbröseln und Ei*) empanado *m*; **... dann muss das Schnitzel in der ~ gewendet werden** ... entonces se empana el filete
Panama [ˈpanama] *nt* <-s> Panamá *m*
Panamaer(in) [ˈpanamaɐ, panaˈmaːɐ] *m(f)* <-s, -; -, -nen> panameño, -a *m, f*
Panamahut *m* <-(e)s, -hüte> panamá *m*
panamaisch [panaˈmaːɪʃ] *adj* panameño
panaschieren* *vi* (POL) votar por panachaje
Panda [ˈpanda] *m* <-s, -s> panda *m*
Pandemie *f* <-, -n> (MED) pandemia *f*
Paneel [paˈneːl] *nt* <-s, -e> entarimado *m*, panel *m*
Panflöte [ˈpaːn-] *f* <-, -n> (MUS) flauta *f* de Pan, zampoña *f Am*
panieren* [paˈniːrən] *vt* (GASTR: *mit Semmelbröseln*) empanar; (*mit Mehl*) rebozar; **paniertes Schnitzel** escalope empanado, milanesa *f Am*
Paniermehl *nt* <-s, *ohne pl*> pan *m* rallado
Panik [ˈpaːnɪk] *f* <-, -en> pánico *m*; **in ~ geraten** sentir pánico; **eine ~ brach aus** cundió el pánico; **von ~ ergriffen** llevado por el pánico; **nur keine ~!** ¡no te asustes!
panikartig I. *adj* aterrorizado
II. *adv* preso del pánico
Panikkauf *m* <-(e)s, -käufe> (WIRTSCH) compra *f* precipitada [*o* por temor a devaluación]; **Panikmache** *f* <-, *ohne pl*> (*abw*) alarmismo *m*; **Panikstimmung** *f* <-, -en> pánico *m* generalizado; **nach dem Kursrutsch in Asien brach an der Deutschen Börse ~ aus** tras la caída de los cambios en Asia cundió el pánico en la Bolsa alemana; **Panikverkauf** *m* <-(e)s, -käufe> (WIRTSCH) venta *f* precipitada [*o* por

panisch *adj* de pánico; **eine ~e Reaktion** una reacción de pánico; **~e Angst vor etw haben** tener(le) pánico [*o* un miedo cerval] a algo; **~ reagieren** reaccionar con pánico

Pankreas ['paŋkreas, *pl:* paŋkre'aːtən] *nt* <-, Pankreaten> (MED) páncreas *m inv*

Panne ['panə] *f* <-, -n> ❶ (*Schaden*) avería *f*, pana *f Am*; **eine ~ mit dem Auto/Fahrrad haben** tener una avería con el coche/la bicicleta ❷ (*Missgeschick*) contratiempo *m*; (*Ausrutscher*) plancha *f*; **mir ist eine ~ passiert** me tiré una plancha

Pannendienst *m* <-(e)s, -e> servicio *m* de auxilio en carretera; **Pannenkoffer** *m* <-s, -> (AUTO) kit *m* de emergencia

Panorama [pano'raːma] *nt* <-s, Panoramen> panorama *m*

Panoramabus *m* <-ses, -se> (AUTO) autocar *m* panorámico, autobús *m* panorámico; **Panoramaspiegel** *m* <-s, -> (AUTO) espejo *m* panorámico

Panoramen *pl von* **Panorama**

panschen ['panʃən] **I.** *vi* (*fam: mit Wasser*) chapotear **II.** *vt* (*Wein*) aguar, adulterar, bautizar *fam*, terciar *Am*

Panscher(in) ['panʃɐ] *m(f)* <-s, -; -, -nen> (*fam*) adulterador(a) *m(f)*

Pansen ['panzən] *m* <-s, -> (ZOOL) panza *f*

Panter[RR] *m* <-s, -> *s.* **Panther**

Pantheismus [pante'ɪsmʊs] *m* <-, ohne *pl*> (PHILOS, REL) panteísmo *m*

pantheistisch [pante'ɪstɪʃ] *adj* (PHILOS, REL) panteísta, panteístico

Panther ['pantɐ] *m* <-s, -> pantera *f*

Pantine [pan'tiːnə] *f* <-, -n> (*nordd*) zueco *m*

Pantoffel [pan'tɔfəl] *m* <-s, -> zapatilla *f*, pantufla *f*; **unter dem ~ stehen** (*fam*) ser un calzonazos

Pantoffelheld *m* <-en, -en> (*fam abw*) calzonazos *m inv*, Juan Lanas *m*; **Pantoffelkino** *nt* <-s, -s> (*fam iron*) cine *m* en casa, caja *f* tonta; **Pantoffeltierchen** [-tiːɐçən] *nt* <-s, -> (BIOL) paramecio *m*

Pantomime[1] [panto'miːmə] *f* <-, -n> pantomima *f*

Pantomime, -in[2] *m*, *f* <-n, -n; -, -nen> (panto)mimo, -a *m*, *f*

pantomimisch *adj* pantomímico

pantschen *vi*, *vt s.* **panschen**

Panzer ['pantsɐ] *m* <-s, -> ❶ (*Fahrzeug*) tanque *m*, carro *m* de combate ❷ (*Schutzplatte*) (plancha *f* de) blindaje *m* ❸ (*von Tieren*) caparazón *m*

Panzerabwehr *f* <-, ohne *pl*> (MIL) defensa *f* antitanque; **Panzerabwehrkanone** *f* <-, -n> (MIL) cañón *m* antitanque

Panzerfaust *f* <-, -fäuste> (MIL) lanzagranadas *m inv*; **Panzerglas** *nt* <-es, ohne *pl*> cristal *m* antibalas [*o* a prueba de balas]; **Panzergranate** *f* <-, -n> (MIL) granada *f* anticarro; **Panzerkreuzer** *m* <-s, -> (MIL) buque *m* acorazado

panzern ['pantsɐn] *vt* acorazar, blindar

Panzerschrank *m* <-(e)s, -schränke> caja *f* fuerte; **Panzerspähwagen** [--'---] *m* <-s, -> (MIL) carro *m* blindado de reconocimiento; **Panzersperre** *f* <-, -n> (MIL) barrera *f* antitanque

Panzerung *f* <-, -en> (TECH) blindaje *m*

Panzerwagen *m* <-s, -> (MIL) tanque *m*, carro *m* de combate

Papa ['papa] *m* <-s, -s> (*fam*) papá *m*

Papagei [papa'gaɪ] *m* <-en *o* -s, -e(n)> papagayo *m*, loro *m*

Papageienkrankheit *f* <-, ohne *pl*> (MED) psitacosis *f inv*

Papaya [pa'paːja] *f* <-, -s> ❶ (*Frucht*) papaya *f*, lechosa *f Am* ❷ (*Baum*) papayo *m*, lechoso *m Am*

Paperback ['peɪpɐbɛk] *nt* <-s, -s> edición *f* en rústica

Papeterie [papɛtə'riː] *f* <-, -n> (*Schweiz*) ❶ (*Geschäft*) papelería *f* ❷ (*Waren*) artículo *m* de papelería

Papi ['papi] *m* <-s, -s> (*fam*) papi *m*

Papier [pa'piːɐ] *nt* <-s, -e> ❶ (*Material*) papel *m*; **ein Blatt ~** una hoja de papel; **~ verarbeitend** papelero; **die ~ verarbeitende Industrie** la industria papelera; **das existiert nur auf dem ~** esto sólo existe en teoría; **etw zu ~ bringen** poner algo por escrito; **~ ist geduldig** (*prov*) del dicho al hecho hay mucho trecho ❷ (*Schriftstück*) documento *m* ❸ *pl* (*Ausweis*) papeles *mpl*, documentación *f*; **seine ~e sind (nicht) in Ordnung** (no) tiene los papeles en regla; **Sie können sich Ihre ~e holen** (*fig fam*) queda Ud. despedido ❹ (FIN) efecto *m*, título *m*; **börsenfähige ~e** valores cotizables (en bolsa), títulos cotizables; **diskontfähige ~e** efectos descontables; **festverzinsliche ~e** obligaciones [*o* títulos] [*o* valores] de tipo fijo; **indossables ~** efecto endosable

Papiereinzug *m* <-(e)s, -züge> dispositivo *m* de alimentación de papel

papieren [pa'piːrən] *adj* ❶ (*aus Papier*) de papel ❷ (*Stil*) seco

Papierfabrik *f* <-, -en> fábrica *f* de papel, papelera *f*; **Papierformat** *nt* <-(e)s, -e> formato *m* de papel; **Papiergeld** *nt* <-(e)s, ohne *pl*> papel *m* moneda; **Papiergeschäft** *nt* <-es, -e> papelería *f*

Papierhandtuch *nt* <-(e)s, -tücher> toalla *f* de papel, servilleta *f* de papel; **Papierhandtuchspender** *m* <-s, -> distribuidor *m* de toallas de papel

Papierholz *nt* <-es, ohne *pl*> madera *f* papelera; **Papierkorb** *m* <-(e)s, -körbe> papelera *f*; **Papierkram** *m* <-(e)s, ohne *pl*> (*fam abw*) papeleo *m*; **Papierkrieg** *m* <-(e)s, -e> (*fam abw*) papeleo *m*; **mit jdm einen ~ führen** estar de pleitos con alguien; **Papierschere** *f* <-, -n> tijera(s) *f(pl)* para cortar papel; **Papierschnitzel** *m o nt* <-s, -> pedazo *m* de papel; **Papierstau** *m* <-(e)s, -s *o* -e> atrancamiento *m* de papel; **Papiertaschentuch** *nt* <-(e)s, -tücher> pañuelo *m* de papel; **Papiertiger** *m* <-s, ->: **er/sie ist doch nur ein ~** no es tan bravo el león como lo pintan; **Papiertüte** *f* <-, -n> bolsa *f* de papel

papierverarbeitend *adj s.* **Papier 1**.

Papiervorschub *m* <-(e)s, -schübe> avance *m* de papel; **Papierwaren** *fpl* (artículos *mpl* de) papelería *f*; **Papierzuführung** *f* <-, -en> (INFOR) alimentación *f* de papel

Papillote [papi'joːtə] *f* <-, -n> papillote *m*, papelillo *m PRico*

papp [pap] *interj*: **ich kann nicht mehr ~ sagen** estoy a punto de reventar

Pappband *m* <-(e)s, -bände> edición *f* en rústica; **Pappbecher** *m* <-s, -> vaso *m* de cartón; **Pappdeckel** *m* <-s, -> tapa *f* de cartón

Pappe ['papə] *f* <-, -n> cartón *m*; (*feiner*) cartulina *f*; **etw/jd ist nicht von ~** (*fam*) algo/alguien no es moco de pavo

Pappeinband *m* <-(e)s, -bände> encuadernación *f* en rústica

Pappel ['papəl] *f* <-, -n> chopo *m*, álamo *m* temblón

päppeln ['pɛpəln] *vt* (*fam*) alimentar, criar con biberón; (*verwöhnen*) mimar

pappen ['papən] *vt* (*fam*) pegarse (*an/auf*a); **der Schnee ist so nass, dass er pappt** la nieve está tan blanda que se queda pegada (a las suelas)

Pappendeckel *m* <-s, -> *s.* **Pappdeckel**

Pappenheimer ['papənhaɪmɐ] *mpl* (*fam*): **seine ~ kennen** conocer a su gente, saber por dónde anda la cosa

Pappenstiel *m* <-(e)s, -e> (*fam*): **kein ~ sein** no ser ninguna bagatela, no ser moco de pavo; **keinen ~ wert sein** no valer un comino; **für einen ~** tirado (de precio)

papperlapapp ['papɐla'pap] *interj* ¡no digas tonterías!, ¡y un rábano!

pappig ['papɪç] *adj* (*fam*) ❶ (*klebrig*) pegajoso ❷ (*breiig*) pastoso

Pappkamerad *m* <-en, -en> (MIL: *sl*) blanco *m* (con forma humana); **Pappkarton** *m* <-s, -s> ❶ (*Material*) cartón *m* ❷ (*Schachtel*) caja *f* de cartón

Pappmaché *nt* <-s, -s>, **Pappmaschee**[RR] ['papmaʃeː] *nt* <-s, -s> cartón *m* piedra

Pappnase *f* <-, -n> nariz *f* de cartón; **Pappschachtel** *f* <-, -n> caja *f* de cartón; (*kleiner*) cajetilla *f* de cartón

Pappschnee *m* <-s, ohne *pl*> nieve *f* húmeda

Pappteller *m* <-s, -> plato *m* de cartón

Paprika[1] ['paprika] *m* <-s, -(s)> (*Pflanze, Schote*) pimiento *m*

Paprika[2] *f* <-, -(s)> (*Schote*) pimiento *m*; **gefüllte ~** pimientos rellenos

Paprika[3] *m* <-s, ohne *pl*> (*Gewürz*) pimentón *m*

Paprikaschote *f* <-, -n> pimiento *m*

Paps [paps] *m* <-, ohne *pl*> (*fam*) papaíto *m*, papuchi *m*

Papst [paːpst, *pl:* 'pɛːpstə] *m* <-(e)s, Päpste> papa *m*; **päpstlicher sein als der ~** ser más papista que el papa; **hier boxt der ~!** (*fam*) ¡esto es estupendo!

päpstlich ['pɛːpstlɪç] *adj* papal

Papstmobil *nt* <-s, ohne *pl*> papamóvil *m*

Papsttum *nt* <-(e)s, ohne *pl*> papado *m*

Papyrus [pa'pyːrʊs, *pl:* pa'pyːri] *m* <-, Papyri> papiro *m*; **Papyrusrolle** *f* <-, -n> (rollo *m* de) papiro *m*

Parabel [pa'raːbəl] *f* <-, -n> (MATH, LIT) parábola *f*

Parabolantenne [para'boːl-] *f* <-, -n> (TECH) antena *f* parabólica

parabolisch I. *adj* ❶ (MATH) parabólico ❷ (*gleichnishaft*) en forma de parábola **II.** *adv* (*als Gleichnis*) en forma de parábola, como parábola

Parabolspiegel *m* <-s, -> (TECH) espejo *m* parabólico

Parade [pa'raːdə] *f* <-, -n> ❶ (MIL) parada *f* (militar); **die ~ abnehmen** presidir el desfile ❷ (*Fußball*) parada *f*; **jdm in die ~ fahren** interrumpir a alguien en seco

Paradebeispiel *nt* <-(e)s, -e> ejemplo *m* clásico

Paradeiser *m* <-s, -> (*Österr*) tomate *m*

Parademarsch *m* <-(e)s, -märsche> (MIL) desfile *m* (militar), parada *f* (militar); **Paradepferd** *nt* <-(e)s, -e> caballo *m* enjaezado para el desfile; (*fam fig*) medalla *f*; **Paradeschritt** *m* <-(e)s, ohne *pl*> (MIL) paso *m* de parada; **Paradestück** *nt* <-(e)s, -e> atracción *f* principal, obra *f* maestra; **Paradeuniform** *f* <-, -en> (MIL) uniforme *m* de gala

paradieren* [para'diːrən] *vi* ❶ (MIL) desfilar (*vor* ante) ❷ (*geh: prunken*): **mit etw ~** hacer alarde de algo, jactarse de algo

Paradies [para'diːs] *nt* <-es, -e> paraíso *m*; **die Vertreibung aus dem**

~ la expulsión del Paraíso; **das ~ auf Erden** el paraíso terrenal; **ein ~ für Angler/Feinschmecker sein** ser el paraíso de los pescadores de caña/de los gourmets

paradiesisch [para'diːzɪʃ] *adj* paradisíaco
Paradiesvogel *m* <-s, -vögel> ave *f* del paraíso
Paradigma [para'dɪɡma] *nt* <-s, Paradigmen *o* Paradigmata> *(geh a.* LING*)* paradigma *m*
paradox [para'dɔks] *adj* paradójico
Paradox *nt* <-es, -e> *(geh)* paradoja *f*
Paradoxa *pl von* **Paradoxon**
paradoxerweise [para'dɔksə'vaɪzə] *adv* paradójicamente, de manera paradójica
Paradoxon [pa'ra:dɔksɔn, *pl:* pa'ra:dɔksa] *nt* <-s, Paradoxa> (PHILOS, LING) paradoja *f*
Paraffin [para'fiːn] *nt* <-s, -e> parafina *f*
Paraffiniergefäß *nt* <-es, -e> (CHEM) vasija *f* de parafinado
Paraffinöl *nt* <-(e)s, -e> aceite *m* parafínico, parafina *f* líquida; **Paraffinsalbe** *f* <-, -n> pomada *f* de parafina
Paraglider ['paːraɡlaɪdɐ] *m* <-s, -> parapente *m*
Paragliding ['paːraɡlaɪdɪŋ] *nt* <-s, *ohne pl*> parapente *m*
Paragrafᴿᴿ *m* <-en, -en> *s.* **Paragraph**
Paragrafendschungelᴿᴿ *m o nt* <-s, -> *s.* **Paragraphendschungel**; **Paragrafenreiter(in)**ᴿᴿ *m(f)* <-s, -; -, -nen> *s.* **Paragraphenreiter**; **Paragrafenzeichen**ᴿᴿ *nt* <-s, -> *s.* **Paragraphenzeichen**
Paragraph [para'ɡraːf] *m* <-en, -en> ❶ (JUR) artículo *m* ❷ (*~enzeichen*) párrafo *m*
Paragraphendschungel *m o nt* <-s, -> *(abw)* laberinto *m* judicial; **Paragraphenreiter(in)** *m(f)* <-s, -; -, -nen> *(fam abw)* leguleyo, -a *m, f*; **Paragraphenzeichen** *nt* <-s, -> (signo *m* de) párrafo *m*
Paraguay [para'ɡuaɪ, 'paraɡuaɪ] *nt* <-s> Paraguay *m*
Paraguayer(in) [para'ɡua:je, 'paraɡuaɪe] *m(f)* <-s, -; -, -nen> paraguayo, -a *m, f*
paraguayisch [para'ɡua:jɪʃ, 'paraɡuaɪɪʃ] *adj* paraguayo
parallel [para'leːl] *adj* paralelo *(zu* a*)*
Parallelanmeldung *f* <-, -en> *(eines Patents)* solicitud *f* paralela; **Parallelcomputer** *m* <-s, -> (INFOR) computador *m* paralelo
Parallele [para'leːlə] *f* <-, -n> ❶ (MATH) paralela *f*; **eine ~ zu etw ziehen** trazar una paralela a algo ❷ (*Vergleich*) paralelo *m*, parangón *m*; **~n zwischen etw aufzeigen** establecer un paralelo entre algo
Parallelfall *m* <-(e)s, -fälle> caso *m* paralelo; **Parallelgesetzgebung** *f* <-, *ohne pl*> (JUR) legislación *f* paralela
Parallelismus *m* <-, Parallelismen> *(a.* LING*)* paralelismo *m*; **es gibt einige Parallelismen zwischen den beiden Verbrechern** existe un cierto paralelismo entre los dos criminales; **das Gedicht weist in Zeile fünf und sieben einen ~ auf** el poema presenta un paralelismo en los versos quinto y séptimo
Parallelität [paraleli'tɛːt] *f* <-, -en> *(a.* MATH*)* paralelismo *m*
Parallelklasse *f* <-, -n> (SCH) clase *f* paralela
Parallelogramm [paralelo'ɡram] *nt* <-s, -e> (MATH) paralelogramo *m*
Parallelrechner *m* <-s, -> (INFOR) calculador *m* paralelo; **Parallelschaltung** *f* <-, -en> (ELEK) conexión *f* en paralelo; **Parallelschwung** *m* <-(e)s, -schwünge> giro *m* paralelo; **Parallelstraße** *f* <-, -n> calle *f* paralela; **Parallelübertragung** *f* <-, -en> (INFOR, TEL) transmisión *f* en paralelo; **Parallelumlauf** *m* <-(e)s, -läufe> (FIN) circulación *f* paralela (de las monedas); **Parallelverarbeitung** *f* <-, -en> (INFOR) procesamiento *m* en paralelo, tratamiento *m* en paralelo; **Parallelvertrag** *m* <-(e)s, -träge> (JUR) contrato *m* paralelo; **Parallelwertung** *f* <-, -en> (JUR) valoración *f* paralela; **~ in der Laiensphäre** efecto en la esfera laical; **Parallelzugriff** *m* <-s, -e> (INFOR) acceso *m* paralelo
Paralyse [para'lyːzə] *f* <-, -n> (MED) parálisis *f inv*
paralysieren* [paraly'ziːrən] *vt* paralizar
Parameter [pa'ra:mete] *m* <-s, -> (MATH, MUS, INFOR) parámetro *m*
paramilitärisch ['paːramilitɛːrɪʃ] *adj* paramilitar; **-e Einheit** unidad paramilitar
Paranoia [para'nɔɪa] *f* <-, *ohne pl*> (MED) paranoia *f*
paranoid *adj* (MED, PSYCHO) paranoico; **sich völlig ~ verhalten** tener un comportamiento completamente paranoico
paranoisch *adj* (MED) paranoico; **in dieser Abteilung sind -e Patienten untergebracht** en esta sección se encuentran los pacientes que sufren paranoia
Paranussᴿᴿ ['paːranʊs] *f* <-, -nüsse> nuez *f* del Brasil, castaña *f* del Marañón
Paraphe [pa'ra:fə] *f* <-, -n> *(geh)* rúbrica *f*
paraphieren* [para'fiːrən] *vt (geh)* rubricar
Paraphierung *f* <-, -en> firma *f*; **die ~ eines Abkommens** la firma de un acuerdo; **bei der ~ des Vertrages trafen sich beide Vertreter** para rubricar el contrato se reunieron ambos representantes

Paraphrase [para'fra:zə] *f* <-, -n> (LING) paráfrasis *f inv*
paraphrasieren* [parafra'ziːrən] *vt* parafrasear
Parapsychologie ['paːra-] *f* <-, *ohne pl*> para(p)sicología *f*
Parasit [para'ziːt] *m* <-en, -en> parásito *m*
parasitär [parazi'tɛːr] *adj* parasitario
Parasitenbefall *m* <-(e)s, -fälle> afección *f* parasitaria, invasión *f* parasitaria
Parasitizid *nt* <-s, -e> parasiticida *m*
Parasitologie *f* <-, *ohne pl*> parasitología *f*
parat [pa'raːt] *adj* a punto; **er hat immer eine Ausrede ~** siempre tiene una excusa a punto
Paratyphus ['paːratyːfʊs] *m* <-, *ohne pl*> (MED) fiebre *f* paratifoidea
Pärchen ['pɛːrçən] *nt* <-s, -> parejita *f*
Parcours [par'kuːr] *m* <-, -> (SPORT) recorrido *m*, pista *f*
Pardon [par'dõː] *m o nt* <-s, *ohne pl*> perdón *m*; **jdn um ~ bitten** pedir perdón a alguien; **da gibt's kein ~** no hay perdón; **sie kennt kein ~** es inflexible
Parenthese [parɛn'teːzə] *f* <-, -n> (LING) paréntesis *m inv*
par excellence [parɛksɛ'lãːs] *adv (geh)* por excelencia, por antonomasia
Parfüm [par'fœ̃ː, par'fyːm] *nt* <-s, -e *o* -s> perfume *m*
Parfümerie [parfymə'riː] *f* <-, -n> perfumería *f*
parfümieren* [parfy'miːrən] I. *vt* perfumar II. *vr:* **sich ~** perfumarse
Parfümzerstäuber *m* <-s, -> atomizador *m* para perfume, pulverizador *m* para perfume
pari ❶ (FIN): **über/unter ~** por encima/por debajo de la par; **zu ~** a la par; **die Aktien stehen weit unter ~** las acciones están muy por debajo de la par ❷ *(Wend)*: **~ stehen** estar a la par
Paria ['paːria] *m* <-s, -s> paria *m*
parieren* [pa'riːrən] I. *vi* obedecer II. *vt* (SPORT) parar
Parikurs *m* <-es, -e> (WIRTSCH) cotización *f* a la par
Paris [pa'riːs] *nt* <-> París *m*
Pariser¹ ['paːriːze] *m* <-s, -> *(fam)* condón *m*
Pariser² *adj inv* parisino, parisiense
Pariser(in)³ *m(f)* <-s, -; -, -nen> parisino, -a *m, f*; parisiense *mf*
Pariserbrot *nt* <-(e)s, -e> *(Schweiz)* barra *f* de pan, bollo *m* de pan
Pariserin *f* <-, -nen> *s.* **Pariser**³
Parität [pari'tɛːt] *f* <-, -en> *(a.* WIRTSCH*)* paridad *f*
paritätisch *adj* paritario; **~e Mitbestimmung** cogestión paritaria
Pariwert *m* <-(e)s, -e> (WIRTSCH) valor *m* a la par
Park [park] *m* <-s, -s, *Schweiz:* Pärke> parque *m*
Parka ['parka] *m* <-s, -s>, *f* <-, -s> parka *f*
Park-and-ride-System ['paːk?ɛnt'raɪdzʏs'teːm] *nt* <-s, -e> sistema *m* para evitar las aglomeraciones de circulación que consiste en aparcar el coche fuera de la ciudad e ir al centro en medios de transporte público
Parkausweis ['park-] *m* <-es, -e> tarjeta *f*; **~ für Anlieger** tarjeta de residente
Parkbank *f* <-, -bänke> banco del parque
Parkdeck *nt* <-(e)s, -s> planta *f* de un aparcamiento; **Parkebene** *f* <-, -n> nivel *m* de aparcamiento [*o* de parking]; **das Parkhaus ist bis zur fünften ~ besetzt** el aparcamiento está ocupado hasta el quinto nivel
parken ['parkən] *vt, vi* aparcar, estacionar, parquear *Am*; **ein -des Auto** un coche estacionado; **„P~ verboten!"** ¡prohibido aparcar!
Parkett [par'kɛt] *nt* <-(e)s, -e *o* -s> ❶ *(Fußboden)* parqué *m*, parquet *m*; **einen Raum mit ~ auslegen** cubrir el suelo de una habitación con parquet; **sich auf jedem ~ bewegen können** estar a tono en todas las situaciones sociales; **auf internationalem ~** en el foro internacional; **eine heiße Sohle aufs ~ legen** *(fam)* bailar muy bien ❷ *(im Theater, Kino)* platea *f*, patio *m* (de butacas)
Parkettfußboden *m* <-s, -böden> entarimado *m*, suelo *m* de parquet; **Parkettsitz** *m* <-es, -e> butaca *f* de platea [*o* de patio], tertulia *f Arg, Cuba*
Parkfläche *f* <-, -n> espacio *m* para aparcar, aparcamiento *m*; **Parkgebühr** *f* <-, -en> tarifa *f* de aparcamiento; **Parkhaus** *nt* <-es, -häuser> aparcamiento *m*, parking *m*
parkieren* [par'kiːrən] *vt, vi (Schweiz)* aparcar
Parkingmeter ['parkɪŋmeːte] *m* <-s, -> *(Schweiz)* parquímetro *m*
Parkinsonkrankheitᴿᴿ ['paːkɪnsən-] *f* <-, *ohne pl*> enfermedad *f* de Parkinson
Parkkralle *f* <-, -n> cepo *m*
Parklandschaft *f* <-, -en> paisaje *m* modelado
Parkleuchte *f* <-, -n>, **Parklicht** *nt* <-(e)s, -er> luz *f* de estacionamiento; **Parklücke** *f* <-, -n> hueco *m* para aparcar; **in eine ~ fahren** meterse en un hueco; **Parkmöglichkeit** *f* <-, -en> (posibilidad *f* de) aparcamiento *m*; **neben dem Einkaufszentrum gibt es ausreichende**

Parkometer nt <-s, -> s. **Parkuhr**
Parkplatz m <-es, -plätze> aparcamiento m, estacionamiento m, parqueadero m Am; **Parkplatznot** f <-, ohne pl> escasez f de aparcamientos
Parkscheibe f <-, -n> disco m de estacionamiento
Parkschein m <-(e)s, -e> ticket m de estacionamiento; **Parkscheinautomat** m <-en, -en> expendedor m de tickets de estacionamiento
Parkstreifen m <-s, -> arcén m para estacionar; **Parkstudium** nt <-s, -studien> (fam) carrera universitaria que se realiza en espera del acceso a la realmente deseada, a falta del numerus clausus exigido por esta facultad; **Parksünder(in)** m(f) <-s, -; -, -nen> (fam) persona f que aparca en zona prohibida; **Parkuhr** f <-, -en> parquímetro m
Parkverbot nt <-(e)s, -e> prohibición f de estacionamiento; **hier ist ~** aquí no se puede aparcar; **Parkverbot(s)schild** nt <-(e)s, -er> señal f de "estacionamiento prohibido", "Prohibido aparcar" m fam
Parkwächter(in) m(f) <-s, -; -, -nen> ① (im Park) guarda mf en un parque ② (im Parkhaus, auf einem Parkplatz) guardacoches mf inv; **Parkzeit** f <-, -en> tiempo m de estacionamiento; **unsere ~ ist abgelaufen** se nos ha pasado la hora de aparcamiento
Parlament [parla'mɛnt] nt <-(e)s, -e> parlamento m, legislatura f Arg, Mex, Peru; **Europäisches ~** Parlamento Europeo; **das ~ auflösen** disolver el parlamento; **jdn ins ~ wählen** elegir a alguien para el parlamento; **ins ~ einziehen** entrar en el parlamento
Parlamentär(in) [parlamɛn'tɛːɐ] m(f) <-s, -e; -, -nen> parlamentario, -a m, f
Parlamentarier(in) [parlamɛn'taːriɐ] m(f) <-s, -; -, -nen> parlamentario, -a m, f, legislador(a) m(f) Am
Parlamentärin f <-, -nen> s. **Parlamentär**
parlamentarisch adj parlamentario; **~e Kontrolle** control parlamentario; **~es Kontrollgremium** gremio de control parlamentario; **~er Staatssekretär** secretario parlamentario
Parlamentarismus [parlamɛnta'rɪsmʊs] m <-, ohne pl> parlamentarismo m
ParlamentsausschussRR m <-es, -schüsse> comisión f parlamentaria; **ständiger ~** comisión parlamentaria permanente; **Parlamentsbeschluss**RR m <-es, -schlüsse> decisión f parlamentaria; **Parlamentsdebatte** f <-, -n> debate m parlamentario; **Parlamentsferien** pl período m de vacaciones parlamentarias; **Parlamentsgebäude** nt <-s, -> (edificio m del) parlamento m; **Parlamentsmitglied** nt <-(e)s, -er> miembro m del parlamento; **Parlamentspräsident(in)** m(f) <-en, -en; -, -nen> presidente, -a m, f del parlamento; **Parlamentsreform** f <-, -en> reforma f parlamentaria; **Parlamentssitzung** f <-, -en> sesión f parlamentaria; **Parlamentsvorbehalt** m <-(e)s, -e> (JUR) reserva f parlamentaria; **Parlamentswahlen** fpl elecciones fpl generales (al parlamento)
Parmesan [parme'zaːn] m <-(s), ohne pl>, **Parmesankäse** m <-s, ohne pl> (queso m) parmesano m
ParnassRR [par'nas] m <-(es), ohne pl>, **Parnaß** m <-(sses), ohne pl> Parnaso m
Parodie [paro'diː] f <-, -n> parodia f (auf de)
parodieren* [paro'diːrən] vt parodiar, hacer una parodia (de)
Parodist(in) m(f) <-en, -en; -, -nen> parodista mf
parodistisch [paro'dɪstɪʃ] adj paródico
Parodontose [parodɔn'toːzə] f <-, -n> (MED) paradontosis f inv, piorrea f
Parole [pa'roːlə] f <-, -n> lema m, eslogan m
Paroli [pa'roːli] f: **jdm/etw ~ bieten** presentar [o plantar] cara a alguien/algo
Parser m <-s, -> (INFOR, TEL) analizador m sintáctico
Parsing ['parzɪŋ] nt <-s, ohne pl> (INFOR) análisis m inv
Part [part] m <-s, -s o -e> ① (MUS) parte f ② (THEAT) papel m
Partei [par'taɪ] f <-, -en> ① (POL) partido m; **in einer ~ sein** militar en un partido; **aus der ~ austreten** salirse del partido
② (JUR) parte f; **die beschwerte ~** la parte recurrida; **die beteiligten ~en** las partes implicadas; **die gegnerische ~** la parte contraria; **die klägerische ~** la parte demandante; **die streitenden ~en** las partes en litigio; **die vertragschließenden ~en** las partes contratantes; **für jdn ~ ergreifen** tomar partido por alguien; **über den ~en stehen** ser imparcial; **das Erscheinen der ~ vor Gericht** la comparecencia de la parte ante el tribunal
③ (Miet~) inquilino m
Parteiabrede f <-, -n> convenio m entre las partes; **Parteiapparat** m <-(e)s, -e> aparato m del partido; **Parteiausschlussverfahren**RR nt <-s, -> procedimiento m de exclusión de partido; **Parteiautonomie** f <-, ohne pl> (JUR) autonomía f de las partes; **Parteibeitritt** m <-(e)s, -e> afiliación f a un partido; **Parteibeschluss**RR m <-es, -schlüsse> determinación f de un partido (político); **Parteibuch** nt <-(e)s, -bücher> carnet m de partido; **das richtige ~ haben** (fam) pertenecer al partido de los buenos; **das falsche ~ haben** (fam) pertenecer al partido equivocado; **Parteichef(in)** m(f) <-s, -s; -, -nen> jefe, -a m, f del partido, líder mf; **morgen wird ein neuer ~ gewählt** mañana se elige nuevo jefe de partido; **Parteidisziplin** f <-, ohne pl> disciplina f en el partido; **Parteiebene** f <-, -n> nivel m de partido; **auf ~** a nivel de partido
Parteienfinanzierung f <-, -en> financiación f de los partidos; **Parteiengesetz** nt <-es, -e> ley f sobre partidos; **Parteienprivileg** nt <-(e)s, -ien> privilegio m de partido
Parteierweiterung f <-, -en> ampliación f de partido; **Parteifähigkeit** f <-, ohne pl> (JUR) capacidad f para ser parte; **Parteifreund(in)** m(f) <-(e)s, -e; -, -nen> compañero, -a m, f de partido; **Parteiführer(in)** m(f) <-s, -; -, -nen> líder mf del partido; **Parteiführung** f <-, ohne pl> dirección f del partido; **Parteifunktionär(in)** m(f) <-s, -e; -, -nen> funcionario, -a m, f del partido; **Parteigänger(in)** m(f) <-s, -; -, -nen> ① (einer politischen Partei) simpatizante mf de un partido ② (einer Meinung, Person) partidario, -a m, f, seguidor(a) m(f); **Parteigenosse, -in** m, f <-n, -n; -, -nen> compañero, -a m, f del partido; (Parteiangehöriger) afiliado, -a m, f a un partido; **Parteigründung** f <-, -en> fundación f de un partido, constitución f de un partido; **Parteiherrschaft** f <-, ohne pl> dominio m partidista; **Parteiinteresse** nt <-s, -n> (JUR) interés m de parte
parteiintern [par'taɪɪntɐn] adj interno del partido
parteiisch adj parcial; **er ist ~** es parcial
ParteikongressRR m <-es, -e> congreso m del partido
parteilich adj del partido; (parteiisch) parcial
Parteilichkeit f <-, ohne pl> parcialidad f
Parteilinie f <-, -n> (POL) línea f del partido; **der ~ treu bleiben** ser fiel a la línea del partido
parteilos adj independiente
Parteilose(r) mf <-n, -n; -, -n> independiente mf
Parteimehrheit f <-, ohne pl> mayoría f de partidista; **Parteimitglied** nt <-(e)s, -er> miembro m del partido, militante mf
Parteinahme f <-, -n> toma f de partido
Parteiorgan nt <-s, -e> órgano m del partido; **Parteipolitik** f <-, ohne pl> política f de partido
parteipolitisch I. adj del partidismo político, partidista; **aus ~en Gründen wurde der Vorschlag abgelehnt** la propuesta fue rechazada por motivos de partidismo político
II. adv desde el punto de vista del partidismo político
Parteiprogramm nt <-s, -e> programa m de partido; **Parteiprozess**RR m <-es, -e> proceso m de un partido; **Parteisekretär(in)** m(f) <-s, -e; -, -nen> secretario, -a m, f de partido
Parteispende f <-, -n> donación f a un partido; **Parteispendenaffäre** f <-, -n> escándalo m de corrupción
Parteisprecher(in) m(f) <-s, -; -, -nen> portavoz mf de un partido (político); **Parteitag** m <-(e)s, -e> congreso m del partido, convención f Am; **Parteiverbot** nt <-(e)s, -e> prohibición f de partido; **Parteivereinbarung** f <-, -en> (JUR) acuerdo m de [o entre] las partes; **Parteivorsitzende(r)** mf <-n, -n; -n, -n> presidente, -a m, f del partido; **Parteivorstand** m <-(e)s, -stände> comité m ejecutivo del partido; **Parteivortrag** m <-(e)s, -träge> alegación f de partido; **Parteiwechsel** m <-s, -> cambio m de partido; **Parteizugehörigkeit** f <-, -en> afiliación f a un partido; **Parteizustellung** f <-, -en> notificación f de partido
parterre [par'tɛr] adv en la planta baja; **wir wohnen ~** vivimos en la planta baja
Parterre [par'tɛr] nt <-s, -s> planta f baja
Parterrewohnung f <-, -en> piso m de planta baja
Parthenogenese f <-, ohne pl> (BIOL) partenogénesis f inv
Partie [par'tiː] f <-, -n> ① (Abschnitt, Teil) parte f
② (Spieldurchgang) partida f; (im Sport) partido m; **eine ~ Schach spielen** jugar una partida de ajedrez; **eine ~ Tennis spielen** jugar un partido de tenis
③ (Rolle) papel m, parte f
④ (WIRTSCH) partida f, lote m
⑤ (Wend) **bei etw mit von der ~ sein** (fam) tomar parte en algo; **eine gute ~ sein** ser un buen partido; **eine gute ~ machen** casarse ventajosamente
partiell [par'tsjɛl] adj parcial; **~e Sonnenfinsternis** eclipse parcial de sol
Partikel[1] [par'tiːkəl] f <-, -n> (LING) partícula f
Partikel[2] nt <-s, ->, f <-, -n> (PHYS) partícula f
Partikularismus [partikula'rɪsmʊs] m <-, ohne pl> particularismo m
Partisan(in) [parti'zaːn] m(f) <-s o -en, -en; -, -nen> guerrillero, -a m, f, partisano, -a m, f
Partisanenkrieg m <-(e)s, -e> guerra f de guerrillas
Partisanin f <-, -nen> s. **Partisan**
partitionieren* vt (INFOR) subdividir

Partitionierung *f* <-, -en> (INFOR) partición *f*
partitiv [parti'tiːf] *adj* (LING) partitivo; **~er Genitiv** genitivo partitivo; **im Französischen gibt es einen ~en Artikel** en francés existe un artículo partitivo
Partitur [parti'tuːɐ] *f* <-, -en> (MUS) partitura *f*
Partizip [parti'tsiːp] *nt* <-s, Partizipien> (LING) participio *m;* **~ Perfekt** participio pasado
Partizipation *f* <-, -en> participación *f*
Partizipationsgeschäft *nt* <-(e)s, -e> (WIRTSCH) negocio *m* de cuenta común
Partizipia *pl von* **Partizipium**
Partizipialkonstruktion *f* <-, -en> (LING) construcción *f* participial [o con participio]; **Partizipialsatz** *m* <-es, -sätze> (LING) oración *f* participial [o de participio]
partizipieren* [partitsi'piːrən] *vi* participar (*an* en)
Partizipium *nt* <-s, Partizipia> (LING: *alt*) *s.* **Partizip**
Partner(in) ['partnɐ] *m(f)* <-s, -; -, -nen> ❶ (*Lebens~, Tanz~*) compañero, -a *m, f,* pareja *f;* (*Ehe~*) cónyuge *mf;* (*Gesprächs~*) interlocutor(a) *m(f);* (*im Sport, Spiel*) compañero, -a *m, f* de juego; (*im Film*) compañero, -a *m, f* de reparto
❷ (*Teilhaber*) socio, -a *m, f*
Partnerlook [-lʊk] *m* <-s, -s> look *m* semejante de parejas; **im ~ gehen** salir dos personas vestidas de la misma manera
Partnerschaft *f* <-, -en> ❶ (*Zusammenarbeit*) cooperación *f,* colaboración *f;* (*Städte~*) hermanamiento *m*
❷ (*Zusammenleben*) convivencia *f;* (*Ehe*) matrimonio *m*
partnerschaftlich *adj* de camaradería; **~ zusammenarbeiten** colaborar con compañerismo
Partnerschaftsgesellschaft *f* <-, -en> sociedad *f* en participación;
Partnerschaftsgesellschaftgesetz *nt* <-es, -e> ley *f* sobre sociedades en participación
Partnerschaftsregister *nt* <-s, -> registro *m* de asociaciones en participación; **Partnerschaftsvertrag** *m* <-(e)s, -träge> (JUR) contrato *m* de asociación en participación
Partnerstadt *f* <-, -städte> ciudad *f* hermanada; **Partnertausch** *m* <-(e)s, -e> cambio *m* de pareja; **Partnerwahl** *f* <-, -en> elección *f* de pareja
partout [par'tuː] *adv* (*fam: überhaupt*) absolutamente; (*unbedingt*) a toda costa; (*verneint*) de ninguna manera, en absoluto
Party ['paːɐti] *f* <-, -s> fiesta *f,* guateque *m;* **eine ~ geben** hacer una fiesta; **auf eine ~ gehen** ir a una fiesta; **wir haben uns auf einer ~ kennen gelernt** nos conocimos en una fiesta
Partykeller *m* <-s, -> sótano donde se hacen fiestas; **Partyservice** *m* <-, *ohne pl*> servicio *m* a domicilio; **wir bieten kostenlosen ~** ofrecemos servicio a domicilio gratuito
Parzelle [par'tsɛlə] *f* <-, -n> parcela *f,* lote *m*
parzellieren* [partsɛ'liːrən] *vt* parcelar, lotizar *Am,* lotear *Am*
Parzellierung *f* <-, -en> parcelación *f,* división *f* en parcelas
Pasch [paʃ] *m* <-(e)s, -e *o* Päsche> parejas *fpl*
Pascha ['paʃa] *m* <-s, -s> (*abw*) pachá *m;* **er benimmt sich wie ein ~** se comporta como un pachá
Paspel ['paspəl] *f* <-, -n> (*schmale Borte*) ribete *m;* (*breiter, a.* MIL) galón *m*
Pass[RR] [pas, *pl:* 'pɛsə] *m* <-es, Pässe>, **Paß** *m* <-sses, Pässe>
❶ (*Ausweis*) pasaporte *m,* pase *m Am;* **der ~ ist abgelaufen** el pasaporte está caducado
❷ (*Gebirgs~*) puerto *m* (de montaña); **der ~ ist gesperrt** el puerto está cerrado
❸ (SPORT) pase *m*
passabel [pa'saːbəl] *adj* pasable, aceptable
Passage [pa'saːʒə] *f* <-, -n> ❶ (*Durchfahrt*) pasaje *m,* paso *m*
❷ (*Ladenstraße*) pasaje *m,* galerías *fpl*
❸ (*Überfahrt*) travesía *f*
❹ (*Textabschnitt*) pasaje *m,* fragmento *m*
Passagier(in) [pasa'ʒiːɐ] *m(f)* <-s, -e; -, -nen> pasajero, -a *m, f;* **ein blinder ~** un polizón
Passagieraufkommen *nt* <-s, -> volumen *m* de pasajeros; **Passagierdampfer** *m* <-s, -> buque *m* de pasajeros; **Passagierflugzeug** *nt* <-(e)s, -e> avión *m* de pasajeros
Passagierin *f* <-, -nen> *s.* **Passagier**
Passagierjet *m* <-(s), -s> avión *m* de pasajeros, jet *m* de pasajeros; **Passagierliste** *f* <-, -n> lista *f* de pasajeros; **Passagierschiff** *nt* <-(e)s, -e> buque *m* de pasajeros, barco *m* de pasajeros
Passah ['pasa] *nt* <-s, *ohne pl*>, **Passahfest** *nt* <-(e)s, -e> (REL) Pascua *f* judía
Passamt[RR] *nt* <-(e)s, -ämter> oficina *f* de pasaportes
Passant(in) [pa'sant] *m(f)* <-en, -en; -, -nen> transeúnte *mf*
Passat [pa'saːt] *m* <-(e)s, -e>, **Passatwind** *m* <-(e)s, -e> alisio *m*
Passbild[RR] *nt* <-(e)s, -er> foto *f* de carnet

passé *adj,* **passee**[RR] [pa'seː] *adj* (*fam*) pasado de moda; **das ist ~** eso está pasado de moda; **sie ist als Politikerin ~** ya no pinta nada en la política
passen ['pasən] **I.** *vi* ❶ (*in Größe, Form*) sentar [*o* estar] bien; (*in der Menge*) caber (*in* en); (*hinein~*) entrar (*in* en); (*geeignet sein*) ajustarse (*auf* a); **der Schlüssel passt nicht** (*ins Schloss*) la llave no entra (en la cerradura); **in das Auto ~ fünf Personen** caben cinco personas en el coche; **das passt** (*mir*) **wie angegossen** (me) queda perfecto; **das passt nicht hierher** eso no viene al caso
❷ (*harmonieren*) pegar (*zu* con), encajar (*zu* con, *in* en); **sie ~ zueinander** hacen buena pareja; **die Schuhe ~ nicht zum Kleid** los zapatos no pegan con el vestido; **das passt zu ihm!** (*fam*) ¡es propio de él!; **es passt zu ihm, so etwas zu behaupten** le pega una afirmación de ese tipo; **er passt gut in dieses Team** encaja bien en este equipo; **die Beschreibung passt auf jdn/etw** la descripción encaja con alguien/algo
❸ (*genehm sein*) venir bien, convenir; **am Montag passt es mir nicht** el lunes no me viene bien; **das passt mir gar nicht** no me viene nada bien; **das könnte dir so ~!** ¡qué más quisieras!; **passt dir etwas an mir nicht?** ¿te disgusta algo de mí?
❹ (*Kartenspiel*) pasar; (**ich**) **passe!** ¡paso!
❺ (*bei Fragen*) no poder contestar; **bei dieser Frage muss ich ~** no puedo contestar a esa pregunta
II. *vt* (TECH) encajar
passend *adj* ❶ (*in Größe, Form*) que queda bien; **welches ist der ~e Schlüssel?** ¿cuál es la llave correcta?; **die Hose mache ich Ihnen ~** le arreglo el pantalón a su medida; **dazu ~** (*in der Farbe*) a juego
❷ (*treffend, genau*) apropiado, justo; **er findet immer die ~en Worte** siempre encuentra las palabras apropiadas; **haben Sie es nicht ~?** (*fam*) ¿no lo tiene justo?
❸ (*angemessen*) adecuado; **er kam zur ~en Zeit** vino oportunamente
Passepartout [paspar'tuː] *nt, Schweiz: m* <-s, -s> marco *m* de cartón, passepartout *m*
Passform[RR] *f* <-, *ohne pl*>, **Paßform** *f* <-, *ohne pl*> adaptación *f;* **eine gute ~ haben** adaptarse al cuerpo, sentar bien; **der elastische Stoff sorgt für eine gute ~** el material elástico termina adaptándose perfectamente
Passfoto[RR] *nt* <-s, -s> foto *f* de carnet; **Passgesetz**[RR] *nt* <-es, -e> ley *f* relativa a los pasaportes
passierbar *adj* transitable
passieren* [pa'siːrən] **I.** *vi sein:* **was ist denn passiert?** ¿qué ha pasado?; **es wird ihm doch nichts passiert sein?** ¿le habrá pasado algo?; **das kann auch mir ~!** ¡eso sólo le puede pasar a él!; **das kann jedem ~** eso le puede pasar a cualquiera; **dass mir das nicht noch mal passiert!** ¡que no vuelva a pasar!; **... sonst passiert was!** (*fam*) ¡... o no respondo!
II. *vt* ❶ (*Grenze, Zensur*) pasar; (*Fluss, Pass*) cruzar, atravesar; **die Grenze ~** pasar (por) la frontera; **jdn ~ lassen** dejar pasar a alguien
❷ (GASTR) pasar, tamizar; **passierte Tomaten** tomates triturados y tamizados
Passierschein *m* <-(e)s, -e> pase *m,* salvoconducto *m*
Passinhaber(in)[RR] *m(f)* <-s, -; -, -nen> titular *mf* de un pasaporte
Passion [pa'sjoːn] *f* <-, -en> ❶ (*Leidenschaft*) pasión *f;* **er ist Angler aus ~** la pesca es su pasión; **eine ~ für etw haben** apasionarse por algo
❷ (REL) Pasión *f*
passioniert [pasjo'niːɐt] *adj* apasionado; **ein ~er Briefmarkensammler** un apasionado coleccionista de sellos
Passionsblume [pa'sjoːns-] *f* <-, -n> pasionaria *f,* granadilla *f MAm, Ant,* granadillo *m Kol;* **Passionsfrucht** *f* <-, -früchte> granadilla *f;* **Passionsspiel** *nt* <-(e)s, -e> Misterio de la Pasión; **Passionszeit** *f* <-, *ohne pl*> (REL) ❶ (*Fastenzeit*) cuaresma *f* ❷ (*Karwoche*) Semana *f* Santa
passiv ['pasiːf, -'-] *adj* pasivo; **~ mitrauchen** fumar pasivamente
Passiv ['pasiːf, -'-] *nt* <-s, -e> (LING) voz *f* pasiva
Passiva [pa'siːva] *pl* (WIRTSCH) pasivo *m;* **antizipative ~** pasivos *mpl* por pagar
Passivübergang *m* <-(e)s, *ohne pl*> (JUR) traslado *m* pasivo
Passivgeschäft *nt* <-(e)s, -e> (FIN) operación *f* pasiva; **~e der Banken** operaciones pasivas de los bancos
Passivierung *f* <-, -en> (FIN, WIRTSCH) inclusión *f* en el pasivo; **~ der Handelsbilanz/Kapitalbilanz** inclusión en el pasivo del balance comercial/de la cuenta de capital
Passivierungsfähigkeit *f* <-, *ohne pl*> (FIN, WIRTSCH) aptitud *f* para ser incluido en el pasivo; **Passivierungspflicht** *f* <-, *ohne pl*> (FIN, WIRTSCH) deber *m* de incluir en el pasivo; **Passivierungsverbot** *nt* <-(e)s, -e> (FIN, WIRTSCH) prohibición *f* de inclusión en el pasivo; **Passivierungswahlrecht** *nt* <-(e)s, *ohne pl*> (FIN, WIRTSCH) derecho *m* discrecional de inclusión en el pasivo
Passivität [pasivi'tɛːt] *f* <-, *ohne pl*> (*a.* CHEM) pasividad *f*
Passivlegitimation ['pasiːf-] *f* <-, -en> (JUR) legitimación *f* pasiva;

Passivposten *m* <-s, -> (COM) pasivo *m*; **Passivprozess**^{RR} *m* <-es, -e> (JUR) proceso *m* pasivo; **Passivrauchen** *nt* <-s, *ohne pl*> inhalación *f* de humo
Passivsaldo *m* <-s, -salden *o* -s *o* -saldi> (COM) saldo *m* pasivo [*o* deficitario]
Passkontrolle^{RR} *f* <-, -n> control *m* de pasaportes; **Passpflicht**^{RR} *f* <-, *ohne pl*> obligación *f* de tener pasaporte; **Passstelle**^{RR} *f* <-, -n> oficina *f* de pasaportes
Passstraße^{RR} *f* <-, -n> paso *m* de montaña, puerto *m* de montaña
Passstück^{RR} *nt* <-(e)s, -e> (TECH) pieza *f* de ajuste
Passus ['pasʊs] *m* <-, -> pasaje *m*; (*Abschnitt*) párrafo *m*
Passwesen^{RR} *nt* <-s, *ohne pl*> (JUR) sistema *m* de pasaportes
Passwort^{RR} ['pasvɔrt] *nt* <-(e)s, -wörter> palabra *f* clave, contraseña *f*, santo *m* y seña
Pasta *f* <-, Pasten>, **Paste** ['pastə] *f* <-, -n> ❶ (*Lebensmittel*) pasta *f* ❷ (MED) ungüento *m*
Pastell¹ [pas'tɛl] *nt* <-(e)s, *ohne pl*> (*Technik*) pintura *f* al pastel; **in ~ malen** pintar al pastel
Pastell² *nt* <-(e)s, -e> ❶ (*Farbton*) color *m* pastel ❷ (*Bild*) pintura *f* al pastel
Pastellfarbe *f* <-, -n> ❶ (*zum Malen*) pintura *f* al pastel ❷ (*Farbton*) color *m* pastel
pastellfarben *adj* de color pastel
Pastellmalerei¹ *f* <-, *ohne pl*> (KUNST: *Technik*) pintura *f* al pastel
Pastellmalerei² *f* <-, -en> (KUNST: *Bild*) pintura *f* al pastel
Pastellstift *m* <-(e)s, -e> lápiz *m* de color (para pintar al pastel), pastel *m*; **Pastellton** *m* <-(e)s, -töne> color *m* pastel, tono *m* pastel
Pasten *pl von* **Pasta**, **Paste**
pastenförmig [-fœrmɪç] *adj* pastoso, en pasta
Pastete [pas'te:tə] *f* <-, -n> vol-au-vent *m*, volován *m*
pasteurisieren* [pastøri'zi:rən] *vt* pasteurizar, pasterizar
Pastille [pa'stɪlə] *f* <-, -n> pastilla *f*
Pastor(in) ['pasto:ɐ, pas'to:ɐ] *m(f)* <-s, -en; -, -nen> (*reg*) pastor(a) *m(f)*
Patchwork ['pɛtʃwɐːk] *nt* <-s, -s> (*a.* TECH) patchwork *m*
Pate, **-in** ['pa:tə] *m*, *f* <-n, -n; -, -nen> padrino *m*, madrina *f*; **bei einem Kind ~ stehen** apadrinar a un niño
Patenkind *nt* <-(e)s, -er> ahijado, -a *m*, *f*; **Patenonkel** *m* <-s, -> padrino *m*; **Patenrecht** *nt* <-(e)s, *ohne pl*> derecho *m* de adopción
Patenschaft *f* <-, -en> padrinazgo *m*; **die ~ für ein Kind übernehmen** apadrinar a un niño
Patensohn *m* <-(e)s, -söhne> ahijado *m*; **Patenstadt** *f* <-, -städte> *s.* **Partnerstadt**
patent [pa'tɛnt] *adj* (*fam*) ❶ (*Person*) ingenioso ❷ (*Lösung, Idee*) formidable
Patent [pa'tɛnt] *nt* <-(e)s, -e> ❶ (*amtlicher Schutz*) patente *f*; **durch ~ geschützt** protegido por patente; **ein ~ abtreten** ceder [*o* transferir] una patente; **ein ~ anmelden/verletzen** inscribir/violar una patente; **etw zum ~ anmelden** solicitar la patente de algo; **auf etw ein ~ haben** tener la patente sobre algo
❷ (*fam: Mechanismus*) mecanismo *m*; **so ein blödes ~!** ¡vaya cacharro!
❸ (*Ernennungsurkunde*) patente *f*, letras *fpl* patentes
❹ (*Schweiz: staatliche Erlaubnis*) licencia *f*
Patentabteilung *f* <-, -en> sección *f* de patentes; **Patentamt** *nt* <-(e)s, -ämter> registro *m* de patentes, oficina *f* de patentes; **Patentanmeldung** *f* <-, -en> solicitud *f* de una patente, inscripción *f* de una patente; **Patentanspruch** *m* <-(e)s, -sprüche> (JUR) derecho *m* de patente
Patentante *f* <-, -n> madrina *f*
Patentanwalt, **-wältin** *m*, *f* <-(e)s, -wälte; -, -nen> agente *mf* de patentes; **Patentanwaltschaft** *f* <-, -en> colegio *m* oficial de agentes de la propiedad industrial; **Patentblatt** *nt* <-(e)s, -blätter> boletín *m* oficial de la propiedad industrial; **europäisches ~** boletín europeo oficial de la propiedad industrial; **Patentdiebstahl** *m* <-(e)s, -stähle> (JUR) usurpación *f* de patente; **Patenterteilung** *f* <-, -en> (JUR) concesión *f* de patente
patentfähig *adj* patentable
Patentfähigkeit *f* <-, *ohne pl*> patentabilidad *f*; **Patentfamilie** *f* <-, -n> familia *f* de patentes; **Patentgemeinschaft** *f* <-, -en> comunidad *f* de patente; **Patentgericht** *nt* <-(e)s, -e> (JUR) tribunal *m* de patentes
patentgeschützt *adj* (JUR) protegido por patente
Patentgewährer *m* <-s, -> (JUR) garante *m* de patente; **Patenthindernis** *nt* <-ses, -se> (JUR) impedimento *m* de patente
patentierbar *adj* con derecho a (una) patente
Patentierbarkeit *f* <-, *ohne pl*> patentabilidad *f*
patentieren* [patɛn'ti:rən] *vt* patentar; **etw ~ lassen** patentar algo, obtener una patente por algo

Patentierung *f* <-, -en> acto *m* de patentar
Patentindex *m* <-(es), -indizes> índice *m* de patentes; **Patentinhaber(in)** *m(f)* <-s, -; -, -nen> titular *mf* de una patente; **Patentjahr** *nt* <-(e)s, *ohne pl*> año *m* de la patente; **Patentklage** *f* <-, -n> (JUR) demanda *f* contra el quebrantamiento de una patente; **Patentklassifikation** *f* <-, -en> clasificación *f* de patentes; **internationale ~** clasificación internacional de patentes
Patentlizenz *f* <-, -en> licencia *f* de patente; **Patentlizenzvereinbarung** *f* <-, -en> (JUR) convenio *m* sobre licencia de patente; **Patentlizenzvertrag** *m* <-(e)s, -träge> (JUR) contrato *m* de licencia de patente
Patentlöschung *f* <-, -en> (JUR) extinción *f* de la patente; **Patentlösung** *f* <-, -en> solución *f* definitiva [*o* mágica]; **eine ~ dafür gibt es nicht** para ello no existe una solución definitiva; **Patentnummer** *f* <-, -n> número *m* (de registro) de patente
Patentochter *f* <-, -töchter> ahijada *f*
Patentrecht *nt* <-(e)s, -e> derecho *m* de patente
patentrechtlich *adj* relativo al derecho de patente; **~ geschützt** protegido por patente
Patentregister *nt* <-s, -> registro *m* de patentes; **Patentrezept** *nt* <-(e)s, -e> solución *f* ideal; **Patentschutz** *m* <-es, *ohne pl*> protección *f* de patentes; **Patentstelle** *f* <-, -n> oficina *f* de patentes, registro *m* de la propiedad industrial; **Patentübertragung** *f* <-, -en> transmisión *f* de patente; **Patenturkunde** *f* <-, -n> certificado *m* de patente; **Patentverletzer(in)** *m(f)* <-s, -; -, -nen> (JUR) violador(a) *m(f)* de patente
Patentverletzung *f* <-, -en> (JUR) violación *f* de patente; **Patentverletzungsprozess**^{RR} *m* <-es, -e> (JUR) proceso *m* por violación de patente
Patentversagung *f* <-, -en> (JUR) denegación *f* de patente; **Patentverschluss**^{RR} *m* <-es, -schlüsse> cierre *m* patentado; **Patentvertrag** *m* <-(e)s, -träge> (JUR) contrato *m* de patente; **Patentverwertungsantrag** *m* <-(e)s, -träge> (JUR) solicitud *f* de explotación de patente; **Patentvorschrift** *f* <-, -en> (JUR) disposición *f* sobre patentes; **Patentwesen** *nt* <-s, *ohne pl*> régimen *m* de patentes
Pater ['pa:tɐ] *m* <-s, - *o* Patres> (REL) padre *m*
Paternoster¹ *nt* <-s, -> (REL) padrenuestro *m*
Paternoster² *m* <-s, -> (*Aufzug*) (elevador *m* de) rosario *m*
pathetisch [pa'te:tɪʃ] *adj* patético
pathogen [pato'ge:n] *adj* (MED) patógeno
Pathogenese *f* <-, -n> (MED) patogénesis *f inv*
Pathologe, **-in** [pato'lo:gə] *m*, *f* <-n, -n; -, -nen> (MED) patólogo, -a *m*, *f*
Pathologie¹ [patolo'gi:] *f* <-, *ohne pl*> (MED) patología *f*
Pathologie² *f* <-, -n> (*Abteilung*) sección *f* de patología
Pathologiebericht *m* <-(e)s, -e> informe *m* patológico
Pathologin *f* <-, -nen> *s.* **Pathologe**
pathologisch [pato'lo:gɪʃ] *adj* (MED) patológico
Pathos ['pa:tɔs] *nt* <-, *ohne pl*> (*geh*) patetismo *m*
Patience [pa'sjãːs] *f* <-, -n> solitario *m*; **~n legen** hacer solitarios
Patient(in) [pa'tsjɛnt] *m(f)* <-en, -en; -, -nen> paciente *mf*; **~ bei** [*o* **von**] **jdm sein** ser paciente de alguien
Patientenkartei *f* <-, -en> fichero *m* de pacientes; **Patiententestament** *nt* <-(e)s, -e> testamento *m* de paciente
Patientin *f* <-, -nen> *s.* **Patient**
Patin ['pa:tɪn] *f* <-, -nen> *s.* **Pate**
Patina ['pa:tina] *f* <-, *ohne pl*> pátina *f*; **~ ansetzen** cobrar lustre [*o* carácter] con los años; (*abw*) perder el brillo con los años
patinieren* [pati'ni:rən] *vt* dar pátina (a)
Patisserie [patɪsə'riː] *f* <-, -n> (*Schweiz*) ❶ (*Konditorei*) confitería *f* ❷ (*Feingebäck*) dulces *mpl*, bombones *mpl*
Patres *pl von* **Pater**
Patriarch [patri'arç] *m* <-en, -en> patriarca *m*
patriarchalisch [patriar'çaːlɪʃ] *adj* patriarcal
Patriarchat [patriar'çaːt] *nt* <-(e)s, -e> patriarcado *m*
Patriot(in) [patri'oːt] *m(f)* <-en, -en; -, -nen> patriota *mf*
patriotisch *adj* patriótico
Patriotismus [patrio'tɪsmʊs] *m* <-, *ohne pl*> patriotismo *m*
Patrizier(in) [pa'triːtsiɐ] *m(f)* <-s, -; -, -nen> patricio, -a *m*, *f*
Patron(in) [pa'troːn] *m(f)* <-s, -e; -, -nen> patrón, -ona *m*, *f*
Patronage [patro'naːʒə] *f* <-, *ohne pl*> (*geh*) patrocinio *m*
Patronat [patro'naːt] *nt* <-(e)s, -e> ❶ (*Schirmherrschaft*) patrocinio *m*; **unter dem ~ von ...** patrocinado por...
❷ (REL) patronato *m*
Patronatserklärung *f* <-, -en> declaración *f* de patronato
Patrone [pa'troːnə] *f* <-, -n> ❶ (*Geschosshülse*) cartucho *m*
❷ (*Filmbehälter*) cartucho *m* de la película
❸ (*Tinten~*) cartucho *m* de tinta
Patronenfüller *m* <-s, -> pluma *f* estilográfica; **Patronengurt** *m* <-(e)s, -e> canana *f*; **Patronenhülse** *f* <-, -n> casquillo *m* de bala,

cachimba *f Am;* **Patronentasche** *f* <-, -n> cartuchera *f*
Patronin *f* <-, -nen> *s.* **Patron**
Patrouille [paˈtrʊljə] *f* <-, -n> patrulla *f*; **auf ~ gehen** salir de patrulla [*o* a patrullar]; **auf ~ sein** andar de patrulla
Patrouillenboot *nt* <-(e)s, -e> barco *m* patrullero, lancha *f* patrullera; **Patrouillengang** *m* <-(e)s, -gänge> (MIL) patrulla *f*; **auf ~ sein** estar de patrulla; **einen ~ machen** estar de patrulla, patrullar
patrouillieren* [patrʊlˈjiːrən] *vi haben o sein* patrullar
patsch [patʃ] *interj* (*klatsch*) ¡plas!; (*Schlag*) ¡zas!, ¡catap(l)um!
Patsche [ˈpatʃə] *f* <-, *ohne pl*> (*fam*) ❶ (*Matsch*) lodo *m*
❷ (*fig: Bedrängnis*) apuro *m*, aprieto *m*; **in der ~ sitzen** [*o* **stecken**] encontrarse en apuros; **jdm aus der ~ helfen** sacar a alguien de un apuro
patschen [ˈpatʃən] *vi sein* (*fam*) ❶ (*im Wasser*) chapotear (*in* en)
❷ (*schlagen*) dar palmadas (*auf* en)
Patschhändchen [ˈ-hɛntçən] *nt* <-s, -> (*fam*) manita *f*; (*abw*) manaza *f*
patschnass[RR] [ˈ-ˈ-] *adj* (*fam*) calado hasta los huesos; **~e Haare** pelo empapado
patt [pat] *adj* en tablas
Patt [pat] *nt* <-s, -s> empate *m*, tablas *fpl*
Pattsituation *f* <-, -en> empate *m*, tablas *fpl*
patzen [ˈpatsən] *vi* (*fam*) meter la pata, cometer un pequeño fallo
Patzer [ˈpatsɐ] *m* <-s, -> ❶ (*fam: Fehler*) metedura *f* de pata, pequeño fallo *m*
❷ (*Österr: Klecks*) pegote *m*
patzig [ˈpatsɪç] *adj* (*fam abw: Person*) descarado, respondón; (*Antwort*) insolente
Pauke [ˈpaʊkə] *f* <-, -n> timbal *m*; **mit ~n und Trompeten durchfallen** (*fam*) suspender con honores; **auf die ~ hauen** (*fam*) celebrar por todo lo alto
pauken I. *vi* ❶ (MUS) tocar el timbal
❷ (*fam: lernen*) empollar
II. *vt* (*fam*) empollar
Paukenschlag *m* <-(e)s, -schläge> golpe *m* de timbal; **das kam wie ein ~** cayó como una bomba; **Paukenwirbel** *m* <-s, -> (MUS) redoble *m* (de timbal)
Pauker(in) *m(f)* <-s, -; -, -nen> ❶ (*fam: Lehrer*) profe *mf*
❷ (MUS) timbalero, -a *m, f*
Paukerei *f* <-, *ohne pl*> (*fam: lästiges Lernen*) empollar *m*
Paukerin *f* <-, -nen> *s.* **Pauker**
Paukist(in) *m(f)* <-en, -en; -, -nen> (MUS) timbalero, -a *m, f*
Pausbacke [ˈpaʊs-] *f* <-, -n> (*fam*) moflete *m*, cachete *m*
pausbäckig [ˈpaʊsbɛkɪç] *adj* mofletudo
pauschal [paʊˈʃaːl] I. *adj* ❶ (*insgesamt*) global
❷ (*allgemein*) general
II. *adv* ❶ (*zusammen*) en bloque; **etw ~ versichern** asegurar algo en bloque; **Gebühren ~ festsetzen** fijar tarifas globales; **~ 100 Euro berechnen** cobrar 100 euros, todo incluido
❷ (*allgemein*) en general; **das kann man so ~ nicht sagen** esto no se puede generalizar así
Pauschalangebot *nt* <-(e)s, -e> oferta *f* global; **Pauschalbetrag** *m* <-(e)s, -träge> importe *m* global
Pauschale [paʊˈʃaːlə] *f* <-, -n> importe *m* global
Pauschalgebühr *f* <-, -en> tasa *f* global, derechos *mpl* globales
pauschalieren* [paʊʃaˈliːrən] *vt* fijar un importe global (de), globalizar
pauschalisieren* [paʊʃaliˈziːrən] *vt* generalizar
Pauschalkredit *m* <-(e)s, -e> crédito *m* global; **Pauschallizenz** *f* <-, -en> licencia *f* global; **Pauschalpreis** *m* <-es, -e> (WIRTSCH) precio *m* global; **Pauschalreise** *f* <-, -n> viaje *m* organizado; **Pauschalsatz** *m* <-es, -sätze> (FIN) importe *m* global; **Pauschalsicherheit** *f* <-, -en> seguridad *f* global; **Pauschalurlaub** *m* <-(e)s, -e> forfait *m*, viaje *m* organizado; **Pauschalurteil** *nt* <-(e)s, -e> (*abw*) juicio *m* general; **Pauschalvertrag** *m* <-(e)s, -träge> contrato *m* a tanto alzado
Pauschbetrag *m* <-(e)s, -träge> *s.* **Pauschalbetrag**; **Pauschgebühr** *f* <-, -en> *s.* **Pauschalgebühren**
Pause [ˈpaʊzə] *f* <-, -n> ❶ (*Unterbrechung*) pausa *f*, descanso *m*; (*in der Schule*) recreo *m*; (*im Theater, Kino*) intermedio *m*; **eine große ~** un largo descanso; **eine ~ machen** [*o* **einlegen**] hacer una pausa
❷ (MUS) intervalo *m*, espera *f*; **eine halbe ~** media pausa
❸ (*durchgepauste Kopie*) copia *f*, calco *m*
pausen [ˈpaʊzən] *vt* calcar
Pausenbrot *nt* <-(e)s, -e> bocadillo *m* (para el recreo); **jeden Morgen nahm er zwei ~e mit in die Schule** todas las mañanas se llevaba dos bocadillos al colegio
pausenfüllend *adj* (para) entre horas; **eine ~e Beschäftigung** una ocupación para los ratos libres
Pausenfüller *m* <-s, -> intermedio *m*; **Pausenhalle** *f* <-, -n> (SCH)

patio *m* cubierto de recreo; **Pausenhof** *m* <-(e)s, -höfe> (SCH) patio *m* de recreo
pausenlos I. *adj* incesante, ininterrumpido
II. *adv* sin pausa, ininterrumpidamente
Pausenpfiff *m* <-(e)s, -e> (SPORT) pitada *f* de intervalo; **Pausenstand** *m* <-(e)s, *ohne pl*> (SPORT) tanteo *m* después del primer tiempo; **Pausentaste** *f* <-, -n> botón *m* de pausa; **Pausenzeichen** *nt* <-s, -> ❶ (MUS) silencio *m*, pausa *f* ❷ (RADIO, TV) sintonía *f*
pausieren* [paʊˈziːrən] *vi* ❶ (*unterbrechen*) hacer una pausa
❷ (*ausruhen*) descansar
Pauspapier *nt* <-s, *ohne pl*> papel *m* de calcar
Pavian [ˈpaːvian] *m* <-s, -e> babuino *m*
Pavillon [ˈpaviljõ] *m* <-s, -s> pabellón *m*
Pay-per-Channel *nt* <-, *ohne pl*> (TV) pago *m* por canal
Pay-per-View *nt* <-, *ohne pl*> (TV) pago *m* por visión
Pay-TV [ˈpeɪtiːvi] *nt* <-, *ohne pl*> televisión *f* privada de pago
Pazifik [paˈtsiːfɪk] *m* <-s> (Océano *m*) Pacífico *m*
pazifisch [paˈtsiːfɪʃ] *adj*: **der P~e Ozean** el Océano Pacífico
Pazifismus [patsiˈfɪsmʊs] *m* <-, *ohne pl*> pacifismo *m*
Pazifist(in) [patsiˈfɪst] *m(f)* <-en, -en; -, -nen> pacifista *mf*
pazifistisch *adj* pacifista
Pb (CHEM) *Abk. von* **Plumbum** Pb
PC [peːˈtseː] *m* <-(s), -(s)> *Abk. von* **Personalcomputer** ordenador *m* personal, computadora *f* personal *Am*
PCB [peːtseːˈbeː] *nt* <-, *ohne pl*> *Abk. von* **polychlorierte Biphenyle** bifenil *m* policlorado
PCN (TEL) *Abk. von* **Personal Communication Network** PCN (*estándar europeo de radiocomunicación digital*)
PC-Station *f* <-, -en> (INFOR) estación *f* de trabajo con ordenador personal
PDA [peːdeːˈʔaː] *m* <-, -s> *Abk. von* **Personal Digital Assistent** asistente *m* personal digital
PDS [peːdeːˈʔɛs] *f* <-, *ohne pl*> *Abk. von* **Partei des Demokratischen Sozialismus** Partido *m* Socialista
Peanuts [ˈpiːnats] *pl* naderías *fpl*
Pech[1] [pɛç] *nt* <-(e)s, -e> (*Teer*) pez *f*; **die beiden halten zusammen wie ~ und Schwefel** (*fam*) son como uña y carne
Pech[2] *nt* <-(e)s, *ohne pl*> (*Missgeschick*) desgracia *f*, mala suerte *f*; **~ gehabt!** (*fam*) ¡mala suerte!; **sie ist vom ~ verfolgt** la persigue la desgracia; **damit hast du** (*leider*) **~ bei mir!** (*fam*) ¡conmigo te has equivocado!
Pechblende *f* <-, -n> (BERGB) pec(h)blenda *f*
Pechnelke *f* <-, -n> (BOT) licnis *m inv*
pechrabenschwarz *adj* (*fam*), **pechschwarz** [ˈ-ˈ-] *adj* (*fam*) negro como la pez [*o* el azabache]
Pechsträhne *f* <-, -n> racha *f* de mala suerte, serie *f* de desgracias; **eine ~ haben** tener una racha de mala suerte; **Pechvogel** *m* <-s, -vögel> (*fam*) desgraciado, -a *m, f*; **ein ~ sein** tener mala suerte
Pedal [peˈdaːl] *nt* <-s, -e> pedal *m*; (*fest*) **in die ~e treten** pedalear (fuerte); **den Fuß vom ~ nehmen** bajar la velocidad
pedalen* *vi* (*Schweiz*) montar en bicicleta
Pedant(in) [peˈdant] *m(f)* <-en, -en; -, -nen> (*abw*) pedante *mf*; (*zimperlich*) tiquismiquis *mf inv*
Pedanterie [pedantəˈriː] *f* <-, *ohne pl*> pedantería *f*; **das grenzt schon an ~** esto roza ya la pedantería
Pedantin *f* <-, -nen> *s.* **Pedant**
pedantisch *adj* (*abw*) pedante, físico *Cuba, Mex*
Peddigrohr [ˈpɛdɪç-] *nt* <-(e)s, -e> caña *f* de rota
Pedell *m* <-s, -e> (SCH, UNIV: *alt*) bedel *m*, conserje *m*
Pediküre [pediˈkyːrə] *f* <-, *ohne pl*> pedicura *f*
Pediment [pediˈmɛnt] *nt* <-s, -e> (GEO) glacis *m inv* rocoso desértico, pedimento *m*
Pedologie *f* <-, *ohne pl*> pedología *f*
Peeling [ˈpiːlɪŋ] *nt* <-s, -s> peeling *m*, exfoliación *f*
Peepshow[RR] [ˈpiːpʃoʊ] *f* <-, -s> peep-show *m*
Pegel [ˈpeːɡəl] *m* <-s, -> ❶ (*Messgerät: Fluss*) fluviómetro *m*; (*Meer*) mareógrafo *m*; **der ~ zeigt zwei Meter über normal** el fluviómetro indica dos metros más de lo normal
❷ (*Höhe*) nivel *m* del agua; **maximal zulässiger ~** nivel máximo permitido
Pegelstand *m* <-(e)s, *ohne pl*> nivel *m* del agua
Pegmatit [pɛɡmaˈtiːt] *m* <-s, -e> (GEO) pegmatita *f*
Peilanlage *f* <-, -n> instalación *f* radiogoniométrica
peilen [ˈpaɪlən] *vt* ❶ (*Richtung bestimmen*) determinar; (NAUT) marcar, señalar
❷ (NAUT: *Wassertiefe bestimmen*) sondear
❸ (*fam: schauen*) mirar; **die Lage ~** sondear el terreno; **über den Daumen gepeilt** a ojo de buen cubero
Peilfunk *m* <-s, *ohne pl*> radiogoniometría *f*; **Peilgerät** *nt* <-(e)s, -e>

radiogoniómetro *m*; **Peilstab** *m* <-(e)s, -stäbe> (AUTO) ❶ (*Ölstab*) indicador *m* de nivel ❷ (*Einparkhilfe*) indicador *m* de distancia; **Peilstation** *f* <-, -en> estación *f* radiogoniométrica

Peilung¹ *f* <-, -en> (*Messung*) sondeo *m*, medición *f*; **die ~ zeigt uns eine Tiefe von drei Metern an** la sonda indica una profundidad de tres metros

Peilung² *f* <-, ohne *pl*> ❶ (*das Peilen*) marcación *f*, arrumbamiento *m*; **durch ~ bestimmen wir den Standort unseres Schiffes** la marcación nos permite determinar la posición de nuestro barco ❷ (*fam: Durchblick*): **ich habe keine ~** no sé por dónde me ando

Pein [paɪn] *f* <-, ohne *pl*> (*geh: Qual*) tormento *m*, suplicio *m*; (*Kummer*) pena *f*; **das verursacht mir ~** eso me causa tormento

peinigen ['paɪnɪgən] *vt* (*geh*) atormentar, torturar

Peiniger(in) *m(f)* <-s, -; -, -nen> (*geh*) torturador(a) *m(f)*

Peinigung *f* <-, -en> (*geh*) tortura *f*

peinlich *adj* ❶ (*unangenehm*) desagradable; (*Situation*) embarazoso; (*Frage*) delicado; **es ist mir furchtbar ~, Ihnen das mitteilen zu müssen** me resulta terriblemente desagradable tener que comunicarle esto; **von etw ~ berührt sein** avergonzarse por algo ❷ (*genau*) meticuloso, minucioso; **~e Ordnung** orden meticuloso; **mit ~ster Akribie/Genauigkeit** con una escrupulosidad/precisión exagerada; **die Anweisungen ~ befolgen** seguir las instrucciones al pie de la letra

Peinlichkeit¹ *f* <-, ohne *pl*> (*peinliche Art*) lo penoso, (*das Heikle*) lo delicado; **die ~ dieser Bemerkung war ihr nicht bewusst** no era consciente de lo poco delicado que había sido el comentario

Peinlichkeit² *f* <-, -en> (*etw Peinliches*) situación *f* lamentable [*o* penosa]; **sein betrunkener Auftritt war eine ~ ohnegleichen** fue de lo más lamentable que se presentara embriagado

Peitsche ['paɪtʃə] *f* <-, -n> látigo *m*, chicote *m Am*, chucho *m Cuba, Ven*, ango *m Kol*

peitschen I. *vi* (*Regen*) golpear (*an/gegen* en)
II. *vt* azotar

Peitschenhieb *m* <-(e)s, -e> latigazo *m*; **Peitschenknall** *m* <-(e)s, -e> chasquido *m* de látigo; **mit einem ~ trieb der Kutscher seine Pferde an** con un chasquido de látigo el cochero avivó a sus caballos; **Peitschenschlag** *m* <-(e)s, -schläge> latigazo *m*

pejorativ [pejora'ti:f] *adj* peyorativo

Pekinese [peki'ne:zə] *m* <-n, -n> pequinés *m*

Peking ['pe:kɪŋ] *nt* <-s> Pekín *m*

Pektin [pɛk'ti:n] *nt* <-s, -e> (BIOL) pectina *f*

pekuniär *adj* pecuniario

pelagisch [pe'la:gɪʃ] *adj* (GEO) pelágico

Pelerine [pelə'ri:nə] *f* <-, -n> capa *f* con capucha

Pelikan ['pe:lika:n] *m* <-s, -e> pelícano *m*, pelicano *m*

Pelle ['pɛlə] *f* <-, -n> (*nordd*) piel *f*; **jdm auf die ~ rücken** (*fam*) pegarse a alguien; **jdm nicht von der ~ gehen** (*fam*) estar siempre pegado a las faldas de alguien, no dejar a alguien ni a sol ni a sombra

pellen I. *vt* (*nordd*) pelar, mondar
II. *vr*: **sich ~** (*nordd*) pelarse

Pellkartoffel *f* <-, -n> patata *f* cocida con piel

Pelz [pɛlts] *m* <-es, -e> piel *f*; **jdm (mit etw) auf den ~ rücken** (*fam*) asediar a alguien (con algo); **jdm/einem Tier eins auf den ~ brennen** (*fam*) pegarle un tiro a alguien/a un animal

pelzbesetzt *adj* guarnecido de piel

pelzgefüttert *adj* forrado de piel

Pelzgeschäft *nt* <-es, -e> peletería *f*; **Pelzhandel** *m* <-s, ohne *pl*> ❶ (*Handel mit Pelzen*) comercio *m* de pieles; **früher verdienten die Trapper ihr Geld mit dem ~** antiguamente los tramperos se ganaban la vida con el comercio de pieles ❷ (*Großhandel für Pelze*) peletería *f*; **Pelzhändler(in)** *m(f)* <-s, -; -, -nen> peletero, -a *m, f*

pelzig *adj* peludo; (*reg: im Geschmack*) áspero

Pelzimitation *f* <-, -en> piel *f* sintética; **sie kaufte sich** *dat* **einen Mantel aus ~** se compró un abrigo de imitación de piel; **Pelzkragen** *m* <-s, -> cuello *m* de piel; **Pelzmantel** *m* <-s, -mäntel> abrigo *m* de piel; **Pelzmütze** *f* <-, -n> gorro *m* de piel; **Pelztier** *nt* <-(e)s, -e> animal *m* de piel fina

Penalty ['pɛnəlti] *m* <-(s), -s> (SPORT) penalti *m*

PEN-Club ['pɛnklʊp] *m* <-s, ohne *pl*> Club *m* PEN

Pendant [pã'dã:] *nt* <-s, -s> (*Gegenstück*) pareja *f* (*zu* de), correspondencia *f*, compañero *m* (*zu* de); **das ~ zu etw** *dat* **bilden** hacer juego con algo

Pendel ['pɛndəl] *nt* <-s, -> péndulo *m*; **das ~ schlägt aus** el péndulo oscila

Pendelbewegung *f* <-, -en> movimiento *m* pendular; **Pendeldienst** *m* <-(e)s, -e> servicio *m* de (medios de transporte) de cercanías (*para aquellas personas que se tienen que desplazar a sus puestos de trabajo*); **zwischen Stadt und Flughafen ist ein ~ eingerichtet worden** se ha establecido un servicio de cercanías entre la ciudad y el aeropuerto

pendeln ['pɛndəln] *vi* ❶ (*schwingen*) oscilar ❷ *sein* (*hin- und herfahren*) viajar (diariamente), ir y volver; **sie pendelt täglich nach Köln/zwischen Köln und Bonn** viaja diariamente a Colonia/de Colonia a Bonn; **wohnt er in München? – nein, er pendelt** ¿vive en Munich? – no, va y vuelve cada día

Pendeltür *f* <-, -en> puerta *f* de vaivén, puerta *f* de pivote; **Penduhr** *f* <-, -en> reloj *m* de péndulo; **Pendelverkehr** *m* <-s, ohne *pl*> tráfico *m* continuo de un punto a otro; **Pendelzug** *m* <-(e)s, -züge> tren *m* de cercanías (*para aquellas personas que se tienen que desplazar a sus puestos de trabajo*)

pendent [pɛn'dɛnt] *adj* (*Schweiz: unerledigt*) pendiente

Pendenz [pɛn'dɛnts] *f* <-, -en> (*Schweiz: unerledigte Sache*) asunto *m* pendiente

Pendler(in) ['pɛndlɐ] *m(f)* <-s, -; -, -nen> viajero, -a *m, f* diario, -a, conmuter *mf*

Pendlerzug *m* <-(e)s, -züge> tren para desplazarse a diario del lugar de residencia al lugar de trabajo y viceversa

Pendolino *m* <-s, -s> (EISENB) Pendolino *m* (*tren de alta velocidad*)

Penes ['pe:ne:s] *pl von* **Penis**

penetrant [pene'trant] *adj* ❶ (*Geschmack, Geruch*) penetrante; **~ schmecken** tener un sabor muy fuerte ❷ (*abw: aufdringlich*) molesto; (*Person*) pesado

Penetration [penetra'tsjo:n] *f* <-, -en> (*a*. TECH) penetración *f*

peng [pɛŋ] *interj* ¡pum!

penibel [pe'ni:bəl] *adj* meticuloso (*in con*)

Penicillin [penitsɪ'li:n] *nt* <-s, -e> *s.* **Penizillin**

Penis ['pe:nɪs] *m* <-, -se *o* Penes> (*geh a.* MED) pene *m*

Penisprothese *f* <-, -n> (MED) prótesis *f inv* del pene

Penizillin [penitsɪ'li:n] *nt* <-s, -e> (MED) penicilina *f*

Pennäler(in) [pɛ'nɛ:lɐ] *m(f)* <-s, -; -, -nen> alumno, -a *m, f* de Instituto, estudiante *mf* secundario, -a *Am*

Pennbruder ['pɛn-] *m* <-s, -brüder> (*fam abw*) ❶ (*Landstreicher*) vagabundo *m* ❷ (*Person, die viel schläft*) dormilón *m*

Penne ['pɛnə] *f* <-, -n> (*fam*) cole *m*

pennen ['pɛnən] *vi* (*fam*) ❶ (*schlafen*) dormir, sobar, atorrar *Arg*; **mit jdm ~** acostarse con alguien ❷ (*nicht aufpassen*) estar distraído; **ich habe gerade ein bisschen gepennt** me distraje un momento

Penner(in) ['pɛnɐ] *m(f)* <-s, -; -, -nen> (*fam abw*) ❶ (*Stadtstreicher*) vagabundo, -a *m, f*, atorrante *mf CSur* ❷ (*Schlafmütze*) dormilón, -ona *m, f*

Pensa, **Pensen** ['pɛnzən] *pl von* **Pensum**

Pension¹ [pã'zjo:n, pɛn'zjo:n] *f* <-, -en> ❶ (*Rente*) jubilación *f*, pensión *f* ❷ (*Herberge*) pensión *f*

Pension² *f* <-, ohne *pl*> ❶ (*Ruhestand*) jubilación *f*; **in ~ gehen** jubilarse; **in ~ sein** estar jubilado; **jdn in ~ schicken** jubilar a alguien ❷ (*Unterkunft und Verpflegung*) pensión *f*; **halbe ~** media pensión; **volle ~** pensión completa

Pensionär(in) [pãzjo'nɛ:ɐ, pɛnzjo'nɛ:ɐ] *m(f)* <-s, -e; -, -nen> ❶ (*Ruheständler*) jubilado, -a *m, f* ❷ (*Schweiz: Pensionsgast*) huésped(a) *m(f)* de una pensión

Pensionat [pãzjo'na:t, pɛnzjo'na:t] *nt* <-(e)s, -e> colegio *m* de internos, internado *m*

pensionieren* [pãzjo'ni:rən, pɛnzjo'ni:rən] *vt* jubilar; **sich ~ lassen** jubilarse

Pensionierung *f* <-, -en> jubilación *f*

Pensionsalter [pã'zjo:ns-, pɛn'zjo:ns-] *nt* <-s, -> edad *f* de jubilación; **Pensionsanspruch** *m* <-(e)s, -sprüche> derecho *m* a pensión [*o* a jubilación]; **Pensionsanwartschaft** *f* <-, -en> tiempo *m* de expectativa del derecho de haberes pasivos

pensionsberechtigt *adj* con derecho a jubilación

Pensionsberechtigung *f* <-, ohne *pl*> derechos *mpl* pasivos

pensionsfähig *adj* jubilable

Pensionsfonds *m* <-, -> (FIN) fondo *m* de pensiones [*o* de previsión]; **Pensionsgast** *m* <-(e)s, -gäste> huésped *mf* de una pensión; **Pensionsgeschäft** *nt* <-(e)s, -e> (FIN) operación *f* de reporte; **~e der Zentralbank** operaciones de reporte del Banco Central; **Pensionskasse** *f* <-, -n> caja *f* de pensiones; **Pensionspreis** *m* <-es, -e> precio *m* de la pensión [*o* del hospedaje]; **bei Halbpension beträgt der ~ 32 Euro pro Tag** el precio por media pensión asciende a 32 euros diarios

pensionsreif *adj* (*fam*) listo para jubilarse; **~ sein** estar para jubilarse; **mit meinen 70 Jahren bin ich schon lange ~** a mis 70 años ya hace tiempo que debería haberme jubilado

Pensionsrückstellung *f* <-, -en> (FIN, WIRTSCH) fondo *m* de previsión [*o* jubilación]; **Pensionsverbindlichkeiten** *fpl* (WIRTSCH) planes *mpl* de pensiones; **Pensionsverpflichtung** *f* <-, -en> (WIRTSCH) obligación *f* de haberes pasivos; **Pensionszahlung** *f* <-, -en> pago *m* de la pensión; **Pensionszusage** *f* <-, -n> concesión *f* de la pensión de vejez; ~ **ohne Arbeitnehmerbeteiligung** concesión de la pensión de vejez sin participación del trabajador; **Pensionszuschuss**ᴿᴿ *m* <-es, -schüsse> subsidio *m* a la pensión de vejez

Pensum ['pɛnzʊm] *nt* <-s, Pensen *o* Pensa> (cantidad *f* de) trabajo *m*, tarea *f*; **tägliches ~** trabajo diario; **sein ~ erfüllen** cumplir con su tarea

Pentade *f* <-, -n> (METEO) pentada *f*

Pentagon¹ ['pɛntagɔn] *nt* <-s, -e> (MATH) pentágono *m*

Pentagon² *nt* <-s, ohne pl> (*US-Verteidigungsministerium*) Pentágono *m*

Penthaus *nt* <-es, -häuser>, **Penthouse** ['pɛnthaʊs] *nt* <-, -s> ático *m*

Pep [pɛp] *m* <-(s), ohne pl> chispa *f*; ~ **haben** (*fam*) tener gancho; **mit ~** (*fam*) con brío

Peperoni [pepeˈroːni] *f* <-, -> ❶ (*scharfe Paprika*) guindilla *f* verde, pimiento *m* picante
❷ (*Schweiz: Gemüsepaprika*) pimiento *m*

peppig ['pɛpɪç] *adj* gracioso; (*Musik*) marchoso; (*Person*) salado, vivo

Pepsin [pɛpˈsiːn] *nt* <-s, -e> (MED, BIOL, CHEM) pepsina *f*

per [pɛr] *präp* +*akk* por; ~ **Kilo** por kilo; **er fährt ~ Anhalter** viaja a dedo [*o* en autostop]; ~ **pedes** a pie; **sie ist ~ du mit ihm** se tutean; **das versteht sich ~ se** (*geh*) es obvio

peremptorisch *adj* (JUR) perentorio; **-e Einrede** excepción perentoria

Perestroika [pɛrɛsˈtrɔika] *f* <-, ohne pl> (POL) perestroika *f*

perfekt [pɛrˈfɛkt] *adj* ❶ (*vollkommen*) perfecto; **er ist ein ~er Gentleman** es un perfecto caballero; **sie spricht ~ Spanisch** habla perfectamente español
❷ (*fam: abgeschlossen*) arreglado; **die Sache ist ~** el asunto está arreglado; **der Vertrag ist ~** el contrato está firmado

Perfekt ['pɛrfɛkt] *nt* <-s, -e> (LING) (pretérito *m*) perfecto *m*

Perfektion [pɛrfɛkˈtsjoːn] *f* <-, ohne pl> perfección *f*; **etw bis zur ~ bringen** llevar algo a la perfección

perfektionieren* [pɛrfɛktsjoˈniːrən] *vt* perfeccionar

Perfektionismus [pɛrfɛktsjoˈnɪsmʊs] *m* <-, ohne pl> perfeccionismo *m*

Perfektionist(in) [pɛrfɛktsjoˈnɪst] *m(f)* <-en, -en; -, -nen> perfeccionista *mf*

perfid(e) [pɛrˈfiːt, pɛrˈfiːdə] *adj* pérfido

Perfidie [pɛrfiˈdiː] *f* <-, -n> perfidia *f*

Perforation [pɛrforaˈtsjoːn] *f* <-, -en> (*a.* MED) perforación *f*

perforieren* [pɛrfoˈriːrən] *vt* perforar

Performance-Index *m* <-(es), -Indizes> (FIN) índice *m* de rendimiento (en el puesto de trabajo)

Performanz [pɛrfɔrˈmants] *f* <-, -en> (LING) ejecución *f*, actuación *f*

Pergament [pɛrgaˈmɛnt] *nt* <-(e)s, -e> pergamino *m*

Pergamentpapier *nt* <-s, -e> papel *m* de pergamino; **Pergamentrolle** *f* <-, -n> rollo *m* de pergamino

Pergola ['pɛrgola] *f* <-, Pergolen> pérgola *f*

periglazial [pɛriglaˈtsjaːl] *adj* (GEO) periglaciar

Periode [peˈrjoːdə] *f* <-, -n> ❶ (*Zeitabschnitt*) período *m*, época *f*
❷ (PHYS, MATH, GEO) período *m*
❸ (*Menstruation*) período *m*, regla *f*; **sie hat ihre ~** tiene la regla, está mala *fam*

Periodensystem *nt* <-s, ohne pl> (CHEM) sistema *m* periódico de elementos

Periodikum [peˈrjoːdikʊm, *pl:* peˈrjoːdika] *nt* <-s, Periodika> publicación *f* periódica

periodisch [peˈrjoːdɪʃ] *adj* periódico; ~ **wiederkehren** repetirse periódicamente

peripher [periˈfeːɐ] *adj* periférico

Peripherie [perifeˈriː] *f* <-, -n> ❶ (*Randbezirke*) periferia *f*
❷ (MATH) periferia *f*
❸ (INFOR) periférico *m*

Peripheriegerät *nt* <-(e)s, -e> (INFOR) unidad *f* periférica

Periskop [periˈskoːp] *nt* <-s, -e> periscopio *m*

Peristaltik [periˈstaltɪk] *f* <-, ohne pl> (MED) perístole *f*, peristaltismo *m*

Perle ['pɛrlə] *f* <-, -n> ❶ (*der Perlmuschel*) perla *f*; (*aus Glas, Holz*) cuenta *f*; **künstliche ~** perla artificial; **~n vor die Säue werfen** (*fam*) echar margaritas a los puercos
❷ (*Luftblase*) burbuja *f*; (*Schweiß-*) gota *f* (de sudor)
❸ (*fam: Hausgehilfin*) alhaja *f*

perlen ['pɛrlən] *vi* ❶ *haben o sein* (*Perlen bilden*) formar gotas; (*Schweiß*) gotear
❷ (*Sekt*) burbujear, hacer burbujas

Perlenfischer(in) *m(f)* <-s, -; -, -nen> *s.* **Perlentaucher; Perlenkette** *f* <-, -n> collar *m* de perlas; **Perlentaucher(in)** *m(f)* <-s, -; -, -nen> pescador(a) *m(f)* de perlas; **~ tauchen bis zu 25 Meter tief nach Perlenaustern** los pescadores de perlas se sumergen a profundida-

des de hasta 25 metros en busca de ostras

Perlhuhn *nt* <-(e)s, -hühner> pintada *f*, gallina *f* de Guinea

Perlmuschel *f* <-, -n> madreperla *f*, ostra *f* perlífera

Perlmutt ['pɛrlmʊt] *nt* <-s, ohne pl>, **Perlmutter** *f* <-, ohne pl>, *nt* <-s, ohne pl> nácar *m*

perlmuttern *adj* ❶ (*aus Perlmutt*) de nácar; **die Kette ist ~** el collar es de nácar
❷ (*perlmutterfarben*) (a)nacarado; **mein neues Kleid hat eine ~e Farbe** mi nuevo vestido tiene un tono nacarado

Perlon® ['pɛrlɔn] *nt* <-s, ohne pl> perlón® *m*

Perlzwiebel *f* <-, -n> (GASTR) cebollita *f* en vinagre

permanent [pɛrmaˈnɛnt] *adj* permanente

Permanenz [pɛrmaˈnɛnts] *f* <-, ohne pl> permanencia *f*; **in ~** permanentemente

permeabel *adj* permeable

Permeabilitätszahl *f* <-, -en> (CHEM) número *m* de permeabilidad

Peroxyd [pɛrˈʔɔksyːt] *nt* <-(e)s, -e> (CHEM) peróxido *m*

perpetuatio fori (JUR) perpetuatio fori

Perpetuierungstheorie *f* <-, ohne pl> (JUR) teoría *f* de la perpetuación

Perpetuum mobile [pɛrˈpeːtuʊm ˈmoːbile] *nt* <- -, - -(s)> (objeto *m*) móvil *m* perpetuo

perplex [pɛrˈplɛks] *adj* (*fam*) perplejo, asombrado

Perplexität [pɛrplɛksiˈtɛːt] *f* <-, ohne pl> perplejidad *f*

Perron [pɛˈrõː] *m* <-s, -s> (*Schweiz: Bahnsteig*) andén *m*

per saldo (COM) por saldo

Persenning¹ [pɛrˈzɛnɪŋ] *f* <-, -e(n)> (NAUT: *Schutzbezug*) cubierta *f*, lona *f* encerada [*o* impermeable]

Persenning² *f* <-, ohne pl> (*Segeltuch*) lona *f*

Perser¹ ['pɛrzɐ] *m* <-s, -> (*fam*) alfombra *f* persa

Perser(in)² *m(f)* <-s, -; -, -nen> persa *mf*

Perserteppich *m* <-s, -e> alfombra *f* persa

Persianer [pɛrziˈaːnɐ] *m* <-s, -> astracán *m*

Persien ['pɛrzjən] *nt* <-s> Persia *f*

Persiflage [pɛrziˈflaːʒə] *f* <-, -n> parodia *f* (*auf* de)

persiflieren* [pɛrziˈfliːrən] *vt* parodiar

Persilschein [pɛrˈziːl-] *m* <-(e)s, -e> (*fam*) ≈certificado *m* de penales (*justificante de que alguien está libre de cargos legales en su contra*)

persisch ['pɛrzɪʃ] *adj* persa; **der P~e Golf** el Golfo Pérsico

persistent *adj* (*a.* BIOL, MED) persistente

Person [pɛrˈzoːn] *f* <-, -en> ❶ (*Individuum*) persona *f*; **juristische ~** (JUR) entidad legal, persona jurídica; **beschränkt geschäftsfähige ~** (JUR) persona limitadamente capaz de contratar; **natürliche ~** (JUR) persona física; **unerwünschte ~** persona non grata; **der Eintritt kostet vier Euro pro ~** la entrada cuesta cuatro euros por persona; **ich für meine ~ ...** en cuanto a mi persona...; **ich habe nichts gegen dich als ~** no tengo nada en contra de tu persona; **Angaben zur ~ machen** dar los datos personales; **er ist die Geduld in ~** es la paciencia en persona; **er ist Außen- und Finanzminister in einer ~** es ministro de Asuntos Exteriores y de Hacienda en una sola persona; **zur ~ vernehmen** pedir los datos personales
❷ (*Gestalt*) personaje *m*; **die ~en und ihre Darsteller** los personajes y sus intérpretes

personal *adj* personal; **~es Substrat** (JUR) substrato personal

Personal [pɛrzoˈnaːl] *nt* <-s, ohne pl> personal *m*; **geschultes ~** personal cualificado

Personalabbau *m* <-(e)s, ohne pl> reducción *f* de personal; **Personalabteilung** *f* <-, -en> sección *f* de personal, departamento *m* de personal; **Personalakte** *f* <-, -n> hoja *f* de servicios; (JUR) expediente *m* personal; **Personalaufwand** *m* <-(e)s, ohne pl> gastos *mpl* de personal

Personalausweis *m* <-es, -e> ≈documento *m* nacional de identidad, ≈carnet *m* de identidad; **Personalausweisgesetz** *nt* <-es, -e> ley *f* sobre documento personal de identidad; **Personalbeförderungsgesetz** *nt* <-es, -e> ley *f* sobre ascenso de personal; **Personalbericht** *m* <-(e)s, -e> informe *m* personal; **Personalbeschaffung** *f* <-, -en> procuración *f* de personal; **Personalbestand** *m* <-(e)s, -stände> plantilla *f* (de empleados), efectivos *mpl* (de personal); **Personalbüro** *nt* <-s, -s> oficina *f* de personal; **Personalchef(in)** *m(f)* <-s, -s; -, -nen> jefe, -a *m, f* de personal

Personalcomputer *m* <-s, ->, **Personal Computer**ᴿᴿ ['pœːsənl kɔmˈpjuːtɐ] *m* <- -s, - -> ordenador *m* personal, computadora *f* personal *Am*

Personaldecke *f* <-, ohne pl> (WIRTSCH) cobertura *f* de plantillas; **Personaleinsatz** *m* <-es, ohne pl> plantilla *f* de personal; **Personalgesellschaft** *f* <-, -en> (JUR) sociedad *f* personalista; **Personalgrundsatz** *m* <-es, -sätze> principio *m* de personal; **passiver ~** principio de personal pasivo; **Personalhaft** *f* <-, ohne pl> arresto *m* subsidiario por falta de pago de multa

Personalien [pɛrzoˈnaːliən] *pl* datos *mpl* personales; **seine ~ angeben** dar sus datos personales
personalisieren* [pɛrzonaliˈziːrən] *vt* personalizar
Personalitätsprinzip *nt* <-s, *ohne pl*> (JUR) principio *m* personal
Personalkartei *f* <-, -en> fichero *m* del personal (en plantilla); **Personalkonzession** *f* <-, -en> (JUR) concesión *f* personal; **Personalkörperschaft** *f* <-, -en> (JUR) corporación *f* personal
Personalkosten *pl* (WIRTSCH) gastos *mpl* de personal; **Personalkostenbudget** *nt* <-s, -s> (WIRTSCH) presupuesto *m* de gastos de personal; **Personalkredit** *m* <-(e)s, -e> crédito *m* personal; **Personalmangel** *m* <-s, *ohne pl*> escasez *f* de personal; **Personalplanung** *f* <-, -en> (WIRTSCH) planificación *f* de personal; **Personalpolitik** *f* <-, *ohne pl*> política *f* de personal
Personalpronomen *nt* <-s, - *o* -pronomina> (LING) pronombre *m* personal
Personalrat *m* <-(e)s, -räte> (ADMIN) consejo *m* de personal, comité *m* de personal; **Personalstatut** *nt* <-(e)s, -en> (JUR) estatuto *m* del personal; **Personalsteuer** *f* <-, -n> impuesto *m* personal; **Personalstruktur** *f* <-, -en> estructura *f* de la plantilla (de empleados); **Personalunion** *f* <-, *ohne pl*> unión *f* personal; **in ~** mediante unión personal; **Personalversammlung** *f* <-, -en> junta *f* de personal; **Personalvertretungsgesetz** *nt* <-es, -e> (JUR) ley *f* de representación personal; **Personalwesen** *nt* <-s, *ohne pl*> (WIRTSCH) personal *m*, administración *f* de personal; **Personalwirtschaft** *f* <-, *ohne pl*> economía *f* personal
Persona non grata *f* <- - -, *ohne pl*> persona *f* no grata
personell [pɛrzoˈnɛl] *adj* ❶ (*das Personal betreffend*) respecto al personal; **~e Veränderungen** cambios en el personal ❷ (*die Person betreffend*) personal
Personenaufzug *m* <-s, -züge> ascensor *m*; **Personenbeförderung** *f* <-, *ohne pl*> transporte *m* de viajeros; **gewerbliche ~** servicio discrecional; **Personenbeschreibung** *f* <-, -en> descripción *f* de la persona
personenbezogen *adj* dependiente de cada persona
Personengedächtnis *nt* <-ses, -se> memoria *f* de personas; **Personengesellschaft** *f* <-, -en> (WIRTSCH) sociedad *f* personal; **rechtsfähige ~** sociedad mercantil personalista con capacidad jurídica; **Personenhandelsgesellschaft** *f* <-, -en> sociedad *f* mercantil personalista; **Personenidentität** *f* <-, *ohne pl*> (JUR) identidad *f* personal; **Personenkraftwagen** *m* <-s, -> (*formal*) automóvil *m*; **Personenkreis** *m* <-es, -e> círculo *m* de personas; **Personenkult** *m* <-(e)s, -e> (*abw*) culto *m* a la persona; **um jdn** [*o* **mit jdm**] **~ treiben** ejercer culto a la persona de alguien; **Personenrecht** *nt* <-(e)s, -e> derecho *m* de personas
Personenschaden *m* <-s, -schäden> (JUR) daños *mpl* personales; **Unfall mit ~** accidente con daños personales; **Personenschadenhaftung** *f* <-, -en> (JUR) seguro *m* de responsabilidad por daños a terceros
Personenschutz *m* <-es, *ohne pl*> custodia *f* personal, protección *f* personal
Personensorge *f* <-, *ohne pl*> cuidado *m* de la persona; **Personensorgeberechtigte(r)** *mf* <-n, -n; -, -n> tenedor(a) *m(f)* del derecho de guarda de la persona
Personenstandsaufnahme *f* <-, -n> registro *m* de personas; **Personenstandsbuch** *nt* <-(e)s, -bücher> registro *m* del estado civil; **Personenstandsfälschung** *f* <-, -en> falsificación *f* del estado civil; **Personenstandsgesetz** *nt* <-es, -e> ley *f* de estado civil; **Personenstandsrecht** *nt* <-(e)s, *ohne pl*> derecho *m* regulador del estado civil de las personas; **Personenstandsregister** *nt* <-s, -> registro *m* del estado civil; **Personenstandsurkunde** *f* <-, -n> documento *m* del estado civil
Personensteuer *f* <-, -n> impuesto *m* personal; **Personenvereinigung** *f* <-, -en> agrupación *f* de personas; **Personenverkehr** *m* <-s, *ohne pl*> transporte *m* de viajeros; **öffentlicher/privater ~** transporte público/privado de viajeros; **Personenwaage** *f* <-, -n> báscula *f* de baño; **Personenwagen** *m* <-s, -> automóvil *m*; **Personenzug** *m* <-(e)s, -züge> tren *m* de pasajeros
Personifikation [pɛrzɔnifikaˈtsjoːn] *f* <-, -en> (*geh*: *Vermenschlichung*) personificación *f*; (*Verkörperung*) encarnación *f*
personifizieren* [pɛrzonifiˈtsiːrən] *vt* (*geh*) personificar
Personifizierung *f* <-, -en> (*geh*) *s*. **Personifikation**
persönlich [pɛrˈzøːnlɪç] *adj* ❶ (*allgemein*) personal; **ein ~es Gespräch** una conversación personal; **eine sehr ~e Atmosphäre** un ambiente muy íntimo; **etw ~ nehmen** tomarse algo a pecho ❷ (*selbst*) en persona; **die Ministerin ~** la ministra en persona; **durch ihr ~es Eingreifen** mediante su intervención personal; **ich ~** yo por mi parte; **~ erscheinen** personarse, acudir personalmente; **jdn ~ kennen** conocer a alguien personalmente; **etw ~ übergeben** entregar algo personalmente

Persönlichkeit *f* <-, -en> personalidad *f*; **~en des öffentlichen Lebens** personalidades de la vida pública
Persönlichkeitsentfaltung *f* <-, *ohne pl*> desarrollo *m* de la personalidad; **Persönlichkeitsmerkmal** *nt* <-s, -e> característica *f* de la personalidad; **Persönlichkeitsrecht** *nt* <-(e)s, -e> derecho *m* personal [*o* de la personalidad]; **allgemeines ~** derecho general de la personalidad; **Persönlichkeitsschutz** *m* <-es, *ohne pl*> protección *f* a la personalidad, consideración *f* a la personalidad; **Persönlichkeitsstörung** *f* <-, -en> (MED) trastorno *m* de la personalidad; **Persönlichkeitsverletzung** *f* <-, -en> (JUR) vulneración *f* de los derechos de la personalidad; **Persönlichkeitswahl** *f* <-, -en> (POL) elección *f* personalista
Perspektive [pɛrspɛkˈtiːvə] *f* <-, -n> perspectiva *f*; (*Blickwinkel*) punto *m* de vista; **aus meiner ~** desde mi punto de vista; **das eröffnet uns ganz neue ~n** esto nos abre nuevas perspectivas
perspektivisch *adj* en perspectiva; **~e Verkürzung** escorzo *m*; **etw ~ verkürzen** escorzar algo
perspektivlos [pɛrspɛkˈtiːfˈl-] *adj* sin perspectivas, sin futuro
Perspektivlosigkeit *f* <-, *ohne pl*> falta *f* de perspectivas
Perspektivplanung *f* <-, -en> (WIRTSCH) **betriebliche ~** planificación *f* empresarial a medio plazo
Pertussis [pɛrˈtʊsɪs, *pl*: pɛrˈtuːseːs] *f* <-, Pertusses> (MED) tos *f* ferina
Pertussis-Impfstoff *m* <-(e)s, -e> (MED) vacuna *f* contra la tos ferina
Peru [peˈruː] *nt* <-s> Peru *m*
Peruaner(in) [peruˈaːne] *m(f)* <-s, -; -, -nen> peruano, -a *m, f*
peruanisch *adj* peruano
Perücke [peˈrʏkə] *f* <-, -n> peluca *f*
Per-Verbindung *f* <-, -en> (CHEM) compuesto *m* per
pervers [pɛrˈvɛrs] *adj* perverso; **~ veranlagt sein** tener rasgos perversos
Perversion [pɛrvɛrˈzjoːn] *f* <-, -en> perversión *f*
Perversität [pɛrvɛrziˈtɛːt] *f* <-, -en> perversidad *f*
pervertieren* [pɛrvɛrˈtiːrən] *vi, vt* pervertir (*zu* a)
pesen [ˈpeːzən] *vi* (*fam*) ir a toda mecha
Pesete [peˈzeːtə] *f* <-, -n> peseta *f*
Pessar [pɛˈsaːɐ] *nt* <-s, -e> (MED) pesario *m*, óvalo *m* Am; (*zur Verhütung*) diafragma *m*
Pessimismus [pɛsiˈmɪsmʊs] *m* <-, *ohne pl*> pesimismo *m*
Pessimist(in) [pɛsiˈmɪst] *m(f)* <-en, -en; -, -nen> pesimista *mf*
pessimistisch *adj* pesimista; **etw ~ beurteilen** ser pesimista en cuanto a algo
Pest [pɛst] *f* <-, *ohne pl*> peste *f*; **an der ~ erkranken** enfermar de peste; **jdn wie die ~ hassen** odiar a alguien a muerte; **jdn wie die ~ meiden** evitar a alguien como la peste; **jdm die ~ an den Hals wünschen** (*fam*) desearle a alguien lo peor; **es stinkt wie die ~** (*fam*) huele que apesta
pestartig *adj* pestilente, hediondo; **aus dem geöffneten Grab drang ein ~er Gestank** la tumba abierta exhalaba un olor pestilente
Pestbeule *f* <-, -n> (MED) buba *f* (de peste), bubón *m* (de peste); **Pestgestank** *m* <-(e)s, *ohne pl*> hedor *m*, hediondez *f*, peste *f fam*
Pestizid [pɛstiˈtsiːt] *nt* <-s, -e> pesticida *m*
Pestizidrückstände *mpl* residuos *mpl* de pesticida
Petent(in) *m(f)* <-en, -en; -, -nen> (*formal a.* JUR) solicitante *mf*, peticionario, -a *m, f*
Peter [ˈpeːtɐ] *m*: **jdm den schwarzen ~ zuschieben** colgarle el muerto a alguien
Peterling *m* <-s, *ohne pl*> (*reg*), **Petersilie** [peteˈziːljə] *f* <-, *ohne pl*> perejil *m*; **~ hacken** picar perejil; **ein Bund ~** un manojo de perejil; **jdm ist die ~ verhagelt** (*fam*) alguien está de mal humor
PET-Flasche [ˈpeːeːteː-] *f* <-, -n> botella *f* de plástico [*o* de polietileno]
Petition [petiˈtsjoːn] *f* <-, -en> (*formal*) petición *f*, solicitud *f*
Petitionsausschussᴿᴿ *m* <-es, -schüsse> comisión *f* de peticiones; **Petitionsbescheid** *m* <-(e)s, -e> notificación *f* de petición; **Petitionspapier** *nt* <-s, -e> (escrito *m* de) petición *f*, solicitud *f*; **Petitionsrecht** *nt* <-(e)s, -e> derecho *m* de petición, garantía *f* de petición
Petrifikation *f* <-, -en> petrificación *f*
Petrischale [ˈpeːtri-] *f* <-, -n> (CHEM) cápsula *f* de Petri
Petrochemie [petroçeˈmiː] *f* <-, *ohne pl*> petroquímica *f*
Petroleum [peˈtroːleʊm] *nt* <-s, *ohne pl*> petróleo *m*
Petroleumlampe *f* <-, -n> lámpara *f* de petróleo
Petrologie *f* <-, *ohne pl*> petrología *f*
Petrus [ˈpeːtrʊs] *m* <-> San Pedro *m*
Petting [ˈpɛtɪŋ] *nt* <-(s), -s> magreo *m*, toqueteo *m Am*
petto [ˈpɛto] (*fam*): **etw in ~ haben** traer algo en la manga, tener algo en reserva
Petunie [peˈtuːniə] *f* <-, -n> petunia *f*
Petze [ˈpɛtsə] *f* <-, -n> (*fam abw*) chivato, -a *m, f*, soplón, -ona *m, f*
petzen [ˈpɛtsən] *vt* (*fam abw*) chivar(se) (*bei* a), dar el chivatazo (*bei* a)
Petzer(in) *m(f)* <-s, -; -, -nen> (*fam abw*) *s*. **Petze**
Pf *Abk. von* **Pfennig** pfennig *m*

Pfad [pfaːt] *m* <-(e)s, -e> ❶ (*Weg*) sendero *m*, senda *f*, trilla *f Mex;* **auf dem ~ der Tugend wandeln** (*geh*) encontrarse en la senda de la virtud; **ein dorniger ~** un camino de espinas ❷ (INFOR) camino *m*

pfaden [ˈpfaːdən] *vt* (*Schweiz: befahrbar, begehbar machen*) hacer transitable; (*vom Schnee befreien*) retirar la nieve (de)

Pfadfinder(in) *m(f)* <-s, -; -, -nen> explorador(a) *m(f)*, scout *mf*

Pfadname *m* <-ns, -n> (INFOR) nombre *m* del camino [*o* de la vía de acceso]

Pfaffe [ˈpfafə] *m* <-n, -n> (*abw*) pastor *m*

Pfahl [pfaːl, *pl:* ˈpfɛːlə] *m* <-(e)s, Pfähle> palo *m*, poste *m;* **der ~ in meinem Fleisch** (*geh*) lo que me quita el sueño

Pfahlbau *m* <-(e)s, -ten> palafito *m*

pfählen [ˈpfɛːlən] *vt* ❶ (*durch Pfähle stützen*) poner rodrigones (a), arrodrig(on)ar; **einen neu gepflanzten Baum ~** arrodrigonar un árbol recién plantado ❷ (HIST: *aufspießen*) empalar

Pfahlwurzel *f* <-, -n> (BOT) raíz *f* pivotante

Pfalz [pfalts] *f* <-> Palatinado *m*

Pfälzer(in) [ˈpfɛltsɐ] *m(f)* <-s, -; -, -nen> palatino, -a *m, f*

pfälzisch [ˈpfɛltsɪʃ] *adj* palatino, del Palatinado

Pfand [pfant, *pl:* ˈpfɛndə] *m* <-(e)s, Pfänder> prenda *f;* (*~geld*) garantía *f;* (*für Flaschen*) dinero *m* por el envase [*o* el casco]; **ein ~ auslösen** desempeñar [*o* rescatar] una prenda; **ein ~ einlösen** empeñar una prenda; **etw als ~ behalten** retener algo como garantía; **etw als ~ erhalten** recibir algo en prenda; (JUR) recibir algo en garantía; **etw als ~ geben** dar algo en prenda; (JUR) entregar algo en garantía; **ein ~ hinterlassen** dejar algo como prenda; **für etw ~ zahlen** pagar una garantía por algo

Pfandanzeige *f* <-, -n> declaración *f* hipotecaria

pfändbar [ˈpfɛntbaːɐ] *adj* embargable

Pfandbrief *m* <-(e)s, -e> (FIN) cédula *f* hipotecaria; **einen ~ zeichnen** suscribirse a una cédula hipotecaria; **einen ~ aus dem Verkehr ziehen** retirar una cédula hipotecaria del mercado; **Pfandbriefanstalt** *f* <-, -en> banco *m* hipotecario; **Pfandbriefbesitzer(in)** *m(f)* <-s, -; -, -nen> titular *mf* de una cédula hipotecaria; **Pfandbriefmarkt** *m* <-(e)s, -märkte> (FIN) mercado *m* de tipos de valor hipotecario

pfänden [ˈpfɛndən] *vt* embargar; **jdn ~ lassen** embargar [*o* confiscar] los bienes a alguien; **sie haben ihr das Auto gepfändet** le han confiscado el coche

Pfänderspiel *nt* <-(e)s, -e> juego *m* de las prendas

Pfandflasche *f* <-, -n> botella *f* retornable; **Pfandgeber(in)** *m(f)* <-s, -; -, -nen> deudor(a) *m(f)* pignoraticio, -a; **Pfandgeld** *nt* <-(e)s, -er> fianza *f*, garantía *f;* **Pfandgeschäft** *nt* <-(e)s, -e> (WIRTSCH) negocio *m* hipotecario [*o* de préstamos]; **Pfandgläubiger(in)** *m(f)* <-s, -; -, -nen> (JUR, WIRTSCH) acreedor(a) *m(f)* pignoraticio, -a; **Pfandhaus** *nt* <-es, -häuser> *s.* Pfandleihe; **Pfandindossament** *nt* <-(e)s, -e> (FIN) endoso *m* hipotecario; **Pfandkehrung** *f* <-, *ohne pl*> (JUR) sustracción *f* prendaria; **Pfandklausel** *f* <-, -n> (JUR) cláusula *f* de pignoración; **Pfandleihe** *f* <-, -n> monte *m* de piedad; **Pfandleiher(in)** *m(f)* <-s, -; -, -nen> deudor(a) *m(f)* pignoraticio, -a

Pfandnahme *f* <-, *ohne pl*> acto *m* de tomar a título de prenda

Pfandnehmer(in) *m(f)* <-s, -; -, -nen> acreedor(a) *m(f)* pignoraticio, -a, tenedor(a) *m(f)* de prenda

Pfandrecht *nt* <-(e)s, -e> (JUR) derecho *m* prendario; **gesetzliches ~** derecho prendario legal; **ein ~ ausüben/bestellen** ejercitar/constituir un derecho de prenda; **Pfandrechtsbestellung** *f* <-, -en> constitución *f* del derecho de prenda; **Pfandrechtserwerb** *m* <-(e)s, -e> adquisición *f* del derecho de prenda; **Pfandrechtsicherung** *f* <-, *ohne pl*> garantía *f* del derecho de prenda

Pfandsache *f* <-, -n> prenda *f*, cosa *f* pignorada; **Pfandschein** *m* <-(e)s, -e> papeleta *f* de empeño; **Pfandschuldner(in)** *m(f)* <-s, -; -, -nen> deudor(a) *m(f)* pignoraticio, -a; **Pfandsiegel** *nt* <-s, -> (JUR) sello *m* de embargo

Pfandsiegel und -zeichen *nt* <-s, -> (JUR) sello *m* y señal de embargo

Pfändung *f* <-, -en> embargo *m;* **~ von Forderungen** embargo de deudas

Pfändungsantrag *m* <-(e)s, -träge> (JUR) requerimiento *m* de embargo, solicitud *f* de embargo; **Pfändungsauftrag** *m* <-(e)s, -träge> (JUR) orden *f* de embargo; **Pfändungsausspruch** *m* <-(e)s, -sprüche> (JUR) sentencia *f* de embargo; **Pfändungsbeschluss**^RR *m* <-es, -schlüsse> (JUR) decisión *f* de embargo, auto *m* de embargo

pfändungsfrei *adj* libre de embargo

Pfändungsfreigrenze *f* <-, -n> (JUR) límite *m* de inembargabilidad; **Pfändungsgläubiger(in)** *m(f)* <-s, -; -, -nen> (JUR) acreedor(a) *m(f)* embargante; **Pfändungsgrenze** *f* <-, -n> (JUR) límite *m* de embargabilidad; **Pfändungskosten** *pl* costes *mpl* de embargo; **Pfändungspfandrecht** *nt* <-(e)s, -e> (JUR) derecho *m* de garantía; **Pfändungsverbot** *nt* <-(e)s, -e> (JUR) prohibición *f* de embargo; **Pfändungsverfügung** *f* <-, -en> (JUR) providencia *f* de embargo

Pfandveräußerung *f* <-, -en> enajenación *f* de la prenda; **Pfandverkauf** *m* <-(e)s, -käufe> venta *f* judicial de bienes embargados; **Pfandversteigerung** *f* <-, -en> ejecución *f* por embargo; **Pfandverwahrung** *f* <-, *ohne pl*> custodia *f* de la prenda; **Pfandverwertung** *f* <-, -en> realización *f* de la prenda

Pfanne [ˈpfanə] *f* <-, -n> ❶ (*Brat~*) sartén *f*, paila *f Am;* **ein paar Eier in die ~ schlagen** freír un par de huevos; **jdn in die ~ hauen** (*fam: ausschimpfen*) echar una bronca a alguien; (*fertig machen*) dejar a alguien como un trapo; **etw auf der ~ haben** (*fam*) tener algo a punto ❷ (*Dach~*) teja *f* flamenca

Pfannkuchen *m* <-s, -> tortita *f*, crepe *f*, panqueque *m Am*, panqué *m Cuba, Mex*

Pfarramt [ˈpfarʔamt] *nt* <-(e)s, -ämter> ❶ (*Amt*) curato *m* ❷ (*Dienststelle*) parroquia *f*, rectoría *f;* **Pfarrbezirk** *m* <-(e)s, -e> parroquia *f*

Pfarre [ˈpfarə] *f* <-, -n> (*reg*), **Pfarrei** [pfaˈraɪ] *f* <-, -en> parroquia *f*

Pfarrer[1] [ˈpfarɐ] *m* <-s, -> (*katholisch*) cura *m*, párroco *m*

Pfarrer(in)[2] *m(f)* <-s, -; -, -nen> (*evangelisch*) pastor(a) *m(f)*

Pfarrgemeinde *f* <-, -n> parroquia *f;* **Pfarrhaus** *nt* <-es, -häuser> casa *f* parroquial; **Pfarrkirche** *f* <-, -n> iglesia *f* parroquial

Pfau [pfaʊ] *m* <-(e)s, -en> pavo *m* real, pavón *m;* **dieser Kerl ist ein eitler ~** (*geh*) este tipo se lo tiene muy creído

Pfauenauge *nt* <-s, -n> (ZOOL) pavón *m;* **Pfauenfeder** *f* <-, -n> pluma *f* de pavo real

Pfd. *Abk. von* Pfund lib., lb.

Pfeffer [ˈpfɛfɐ] *m* <-s, -> pimienta *f;* **schwarzer/weißer/grüner ~** pimienta negra/blanca/verde; **er kann hingehen, wo der ~ wächst** que se vaya al diablo

pfefferig *adj:* **das Gericht ist zu ~** este plato tiene demasiada pimienta [*o* sabe demasiado a pimienta]; **ein scharfes, ~es Chili schmeckt mir besonders gut** me gusta especialmente un chile picante, bien sazonado con pimienta

Pfefferkorn *nt* <-(e)s, -körner> grano *m* de pimienta; **Pfefferkuchen** *m* <-s, -> pan *m* de especias

Pfefferminzbonbon *nt* <-s, -s> caramelo *m* de menta

Pfefferminze [pfɛfɐˈmɪntsə] *f* <-, *ohne pl*> menta *f*, pepermín *m Am*

Pfefferminzgeschmack *m* <-(e)s, -schmäcke> sabor *m* de menta; **Pfefferminztee** *m* <-s, -s> té *m* de menta

Pfeffermühle *f* <-, -n> molinillo *m* de pimienta

pfeffern [ˈpfɛfɐn] *vt* ❶ (GASTR) echar pimienta (a), sazonar con pimienta; **gepfefferte Preise** precios exorbitantes ❷ (*fam: werfen*) tirar [*o* lanzar] con violencia; **ich habe ihm eine gepfeffert** le he pegado una bofetada

Pfeffersteak *nt* <-s, -s> (GASTR) bistec *m* a la pimienta; **Pfefferstrauch** *m* <-(e)s, -sträucher> (BOT) pimentero *m;* **Pfefferstreuer** *m* <-s, -> pimentero *m*

pfeffrig *adj s.* pfefferig

Pfeife [ˈpfaɪfə] *f* <-, -n> ❶ (MUS) pífano *m;* (*Signal~*) pito *m;* (*Orgel~*) tubo *m* (de órgano); **nach jds ~ tanzen** bailar al son de alguien ❷ (*Tabak~*) pipa *f*, cachimba *f Am;* **die ~ ist ausgegangen** se ha apagado la pipa; **den kannst du in der ~ rauchen!** (*fam*) ¡con ése puedes hacer lo que quieras! ❸ (*fam abw: Person*) inútil *mf;* **du bist mir 'ne ~!** ¡eres un caso!

pfeifen [ˈpfaɪfən] <pfeift, pfiff, gepfiffen> *vi, vt* silbar; **draußen pfiff der Wind** fuera silbaba el viento; **das ~ ja schon die Spatzen von den Dächern** (*fam*) eso es ya un secreto a voces; **ich pfeife auf ~** me importa un bledo; **dir pfeif' ich was!** ¡vete a tomar viento!

Pfeifenbesteck *nt* <-(e)s, -e> atacador *m* (de pipas); **Pfeifenkopf** *m* <-(e)s, -köpfe> cabeza *f* de la pipa; **Pfeifenraucher(in)** *m(f)* <-s, -; -, -nen> fumador(a) *m(f)* de pipa; **bist du ~?** ¿fumas en pipa?; **Pfeifenreiniger** *m* <-s, -> limpiador *m* de pipa; **Pfeifenständer** *m* <-s, -> reposapipas *m inv;* **Pfeifenstopfer** *m* <-s, -> pisón *m* (para pipas); **Pfeifentabak** *m* <-s, -> tabaco *m* de pipa

Pfeifer(in) *m(f)* <-s, -; -, -nen> ❶ (*jd, der pfeift*) silbador(a) *m(f)* ❷ (MUS: *Pfeifenspieler*) pífano *mf*

Pfeifkessel *m* <-s, -> hervidor *m* de silbato; **Pfeifkonzert** *nt* <-(e)s, -e> pitadas *fpl*, abucheo *m;* **Pfeifton** *m* <-(e)s, -töne> silbido *m*

Pfeil [pfaɪl] *m* <-(e)s, -e> flecha *f*, jara *f Guat, Mex;* **~ ab/auf** (INFOR) flecha abajo/arriba; **~ und Bogen** arco y flechas; **wie ein ~** como una flecha, como un cohete

Pfeiler [ˈpfaɪlɐ] *m* <-s, -> (*a. fig*) pilar *m;* (*Brücken~*) pila *f*

pfeilgerade *adj* totalmente derecho [*o* recto]; **er schoss den Ball ~ in die Luft** lanzó el balón al aire derecho como una flecha

Pfeilgift *nt* <-(e)s, -e> curare *m*

pfeilschnell [ˈ--] *adj* (*rápido*) como una flecha

Pfeilspitze *f* <-, -n> punta *f* de la flecha; **Pfeiltaste** *f* <-, -n> (INFOR) tecla *f* de flecha; **Pfeilzeiger** *m* <-s, -> (INFOR) punta *f* de la flecha

Pfennig [ˈpfɛnɪç] *m* <-s, -e> pfennig *m*, ≈céntimo *m;* **ich habe keinen ~ dabei** estoy sin un duro; **er muss mit jedem ~ rechnen** tiene que

Pfennigabsatz

contar hasta el último céntimo; **sie dreht jeden ~ (dreimal) rum** (*fam*) gasta el dinero con cuentagotas; **auf den ~ sehen** mirar cada peseta; **das ist keinen ~ wert** esto no vale un duro; **ich habe nicht für fünf ~ Lust dazu** no me apetece un pelo; **er hat nicht für fünf ~ Verstand** no tiene ni dos dedos de frente; **wer den ~ nicht ehrt, ist des Talers** [*o* **der Mark**] **nicht wert** (*prov*) quien no aprecia lo poco no merece lo mucho
Pfennigabsatz *m* <-s, -sätze> (*fam*) tacón *m* de aguja
Pfennigbetrag *m* <-(e)s, -träge> céntimos *mpl*; **die Rechnung stimmt bis auf den ~** la cuenta cuadra hasta el último céntimo; **an jedem Brötchen verdient der Bäcker nur Pfennigbeträge** el panadero gana sólo unos céntimos por cada panecillo
Pfennigfuchser(in) [-fʊksə] *m(f)* <-s, -; -, -nen> (*fam*) tacaño, -a *m, f*
pfenniggroß *adj* del tamaño de una perra chica
Pfennigstück *nt* <-(e)s, -e> moneda *f* de un pfennig, ≈céntimo *m*
Pferch [pfɛrç] *m* <-(e)s, -e> aprisco *m*, majada *f*
pferchen *vt* apretujar
Pferd ['pfeːrt] *nt* <-(e)s, -e> ❶ (*Tier*) caballo *m*, pingo *m CSur*; **auf ein ~ steigen** montar sobre un caballo; **vom ~ steigen** desmontar; **ein ~ reiten** montar un caballo; **zu ~e** a caballo; **das Trojanische ~** el caballo de Troya; **ich denk', mich tritt ein ~** (*fam*) esto es una sorpresa; **man hat schon ~e kotzen sehen** (*fam*) no hay nada imposible; **wie ein ~ arbeiten** trabajar como una bestia; **keine zehn ~e brächten ihn dahin/dazu** (*fam*) de ningún modo iría/lo haría; **das ~ am Schwanz aufzäumen** empezar la casa por el tejado, tomar el rábano por las hojas; **mit ihr kann man ~e stehlen** (*fam*) se puede contar con ella para todo; **auf das falsche/richtige ~ setzen** (*fig*) equivocarse/acertar; **jetzt mach nicht die ~e scheu!** ¡no me alborotes el gallinero!; **ihm gingen wieder die ~e durch** (*fam*) otra vez perdió los estribos; **das hält ja kein ~ aus!** (*fam*) ¡no hay quien lo aguante!; **erzähl mir keinen vom ~!** (*fam*) ¡no me cuentes cuentos chinos!
❷ (*Schachfigur*) caballo *m*
❸ (*Turngerät*) potro *m*
Pferdeapfel *m* <-s, -äpfel> bosta *f* (de caballo); **Pferdedieb(in)** *m(f)* <-(e)s, -e; -, -nen> cuatrero, -a *m, f*, ladrón, -ona *m, f* de caballos; **Pferdefleisch** *nt* <-(e)s, *ohne pl*> carne *f* de caballo; **Pferdefuhrwerk** *nt* <-(e)s, -e> carruaje *m* de caballos; **Pferdefuß** *m* <-es, -füße> ❶ (ZOOL) pie *m* de caballo ❷ (*Nachteil*) inconveniente *m*, pero *m*; **Pferdegebiss**[RR] *nt* <-es, -e> ❶ (*eines Pferdes*) dentadura *f* del caballo ❷ (*fam fig: eines Menschen*) dentadura *f* de caballo; **Pferderennbahn** *f* <-, -en> hipódromo *m*, cancha *f Am*; **Pferderennen** *nt* <-s, -> carrera *f* de caballos, polla *f Arg*, burros *mpl Arg*; **Pferderennsport** *m* <-(e)s, *ohne pl*> carreras *fpl* de caballos; **Pferdeschwanz** *m* <-es, -schwänze> cola *f* de caballo; **Pferdestall** *m* <-(e)s, -ställe> cuadra *f*, caballeriza *f*; **Pferdestärke** *f* <-, -n> (TECH) caballo *m* de vapor; **Pferdewagen** *m* <-s, -> carruaje *m* de caballos; **Pferdezucht** *f* <-, -en> cría *f* de caballos
pfiff [pfɪf] *3. imp von* **pfeifen**
Pfiff [pfɪf] *m* <-(e)s, -e> silbido *m*, pitido *m*; **etw hat ~** (*fam*) algo tiene un toque especial
Pfifferling ['pfɪfɐlɪŋ] *m* <-s, -e> cantarela *f*; **ihre Beteuerungen sind keinen ~ wert** (*fam*) sus afirmaciones no valen un pimiento
pfiffig ['pfɪfɪç] *adj* pícaro, pillo; (*witzig*) con gracia
Pfiffigkeit *f* <-, *ohne pl*> astucia *f*, gracia *f*
Pfiffikus ['pfɪfikʊs] *m* <-(ses), -se> (*fam*) perillán, -ana *m, f*
Pfingsten ['pfɪŋstən] *nt* <-, -> Pentecostés *m*; **zu** [*o* **an**] **~ en Pentecostés**; **Frohe ~!** ¡Buen Pentecostés!
Pfingstferien ['pfɪŋst-] *pl* vacaciones *fpl* de Pentecostés; **Pfingstfest** *nt* <-(e)s, -e> (fiesta *f* de) Pentecostés *m*; **Pfingstmontag** ['---] *m* <-(e)s, -e> Lunes *m* de Pentecostés; **Pfingstrose** *f* <-, -n> peonia *f*, peonía *f*; **Pfingstsonntag** ['---] *m* <-(e)s, -e> Domingo *m* de Pentecostés; **Pfingsttag** *m* <-(e)s, -e> (día *m* de) Pentecostés *m*; **über die ~e verreisen wir** nos vamos de viaje por Pentecostés; **Pfingstwoche** *f* <-, -n> semana *f* (antes) de Pentecostés
Pfirsich ['pfɪrzɪç] *m* <-s, -e> melocotón *m*, durazno *m Am*
Pfirsichbaum *m* <-(e)s, -bäume> melocotonero *m*, duraznero *m Am*
Pflanze ['pflantsə] *f* <-, -n> planta *f*; **einjährige/ertragreiche ~** planta de un año/rentable; **~n fressend** herbívoro
pflanzen *vt* plantar; **sich in den Sessel ~** (*fam*) plantarse en el sillón
Pflanzenbestand *m* <-(e)s, -stände> vegetación *f*; **Pflanzendecke** *f* <-, -n> capa *f* vegetal; **Pflanzenextrakt** *m o nt* <-(e)s, -e> extracto *m* de plantas [*o* vegetal]; **Pflanzenfaser** *f* <-, -n> fibra *f* vegetal; **Pflanzenfett** *nt* <-(e)s, -e> grasa *f* vegetal
pflanzenfressend *adj s.* **Pflanze**
Pflanzenfresser *m* <-s, -> herbívoro *m*; **Pflanzengift** *nt* <-(e)s, -e> veneno *m* vegetal; **Pflanzenkartierung** *f* <-, -en> trazado *m* de mapas botánicos; **Pflanzenkunde** *f* <-, *ohne pl*> botánica *f*; **Pflanzenöl** *nt* <-(e)s, -e> aceite *m* vegetal; **Pflanzenprobe** *f* <-, -n> prueba *f* de plantas; **Pflanzenreich** *nt* <-(e)s, *ohne pl*> reino *m* vegetal; **Pflanzenschädling** *m* <-s, -e> parásito *m* vegetal

Pflanzenschutz *m* <-es, *ohne pl*> protección *f* de las plantas; **biologischer ~** (medidas de) protección biológica de las plantas; **Pflanzenschutzgerät** *nt* <-(e)s, -e> aparato *m* protector de las plantas; **Pflanzenschutzgeräteliste** *f* <-, -n> lista *f* de aparatos protectores de las plantas; **Pflanzenschutzgesetz** *nt* <-es, -e> ley *f* sobre protección de las plantas; **Pflanzenschutzmittel** *nt* <-s, -> pesticida *m*
Pflanzensoziologie *f* <-, *ohne pl*> sociología *f* de las plantas; **Pflanzenwelt** *f* <-, *ohne pl*> flora *f*; **Pflanzenwuchsstoff** *m* <-(e)s, -e> sustancia *f* de crecimiento de las plantas
Pflanzer(in) *m(f)* <-s, -; -, -nen> plantador(a) *m(f)*
Pflanzgebot *nt* <-(e)s, -e> precepto *m* de plantación
pflanzlich *adj* vegetal; **sich rein ~ ernähren** alimentarse exclusivamente a base de vegetales
Pflanzung *f* <-, -en> plantío *m*; (*Plantage*) plantación *f*
Pflaster ['pflastɐ] *nt* <-s, -> ❶ (*aus Asphalt*) pavimento *m*; (*Kopfstein~*) adoquinado *m*; **ein gefährliches** [*o* **heißes**] **~** (*fam*) un lugar peligroso; **ein teures ~** (*fam*) un lugar caro ❷ (*Verband*) esparadrapo *m*; (*Heft~*) tirita *f*
Pflasterer, -in *m, f* <-s, -; -, -nen> empedrador(a) *m(f)*
Pflastermaler(in) *m(f)* <-s, -; -, -nen> pintor(a) *m(f)* callejero, -a
pflastern ['pflastɐn] *vt* pavimentar; (*mit Kopfsteinpflaster*) adoquinar; (*mit Steinplatten*) enlosar
Pflasterstein *m* <-(e)s, -e> adoquín *m*
Pflasterung[1] *f* <-, *ohne pl*> (*das Pflastern*) pavimentación *f*, adoquinado *m*; **die Arbeiter haben mit der ~ begonnen** los obreros han comenzado a pavimentar [*o* a adoquinar] (las vías públicas)
Pflasterung[2] *f* <-, -en> (*gepflasterte Fläche*) pavimento *m*, adoquinado *m*
Pflaume ['pflaʊmə] *f* <-, -n> ❶ (*Frucht*) ciruela *f*
❷ (*Baum*) ciruelo *m*
❸ (*fam abw: Mensch*) pedazo *m* de alcornoque, tonto, -a *m, f*
Pflaumenbaum *m* <-(e)s, -bäume> ciruelo *m*; **Pflaumenkuchen** *m* <-s, -> pastel *m* de ciruelas, tarta *f* de ciruelas; **Pflaumenmus** *nt* <-es, -e> mermelada *f* de ciruela
Pflege ['pfleːgə] *f* <-, *ohne pl*> ❶ (*Kranken~*) asistencia *f*, cuidado *m*; (*Körper~*) aseo *m*; (*von Kindern, Tieren*) cuidado *m*; **ganzheitliche ~** asistencia sanitaria integral; **jdn/ein Tier bei jdm in ~ geben** entregar alguien/un animal al cuidado de alguien; **jdn/ein Tier in ~ nehmen** hacerse cargo (del cuidado) de alguien/de un animal
❷ (*Instandhaltung*) mantenimiento *m*, conservación *f*; **~ und Wartung** mantenimiento *m*, asistencia *f*
❸ (*von Beziehungen*) cultivo *m*; (*der Kunst, Wissenschaft*) fomento *m*
Pflegeantrag *m* <-(e)s, -träge> solicitud *f* de asistencia
pflegebedürftig *adj* que necesita cuidados
Pflegedienst *m* <-(e)s, -e> servicio *m* asistencial; **Pflegeeltern** *pl* padres *mpl* tutelares; **Pflegefall** *m* <-(e)s, -fälle> enfermo, -a *m, f* bajo continua vigilancia médica; **Pflegegeld** *nt* <-(e)s, -er> dinero *m* asistencial; **Pflegeheim** *nt* <-(e)s, -e> asilo *m*, residencia *f* asistida; **Pflegekind** *nt* <-(e)s, -er> niño, -a *m, f* en tutela; **Pflegekosten** *pl* gastos *mpl* de asistencia sanitaria
pflegeleicht *adj* ❶ (*leicht zu pflegen*) de fácil cuidado [*o* mantenimiento]; **ein ~er Mitarbeiter** (*fig*) un empleado fácil de tratar
❷ (*Wäsche*) de fácil lavado
Pflegemutter *f* <-, -mütter> madre *f* tutelar
pflegen ['pfleːgən] I. *vt* ❶ (*Kranke*) cuidar, atender
❷ (*Garten, Blumen, Körper*) cuidar; (*Gebäude, Maschinen*) conservar, mantener
❸ (*Beziehungen*) mantener; (*Freundschaft, Kunst*) cultivar
II. *vi* soler *+inf*; **er pflegte zu sagen ...** solía decir...
Pflegenotstand *m* <-(e)s, *ohne pl*> escasez *f* de personal sanitario; **Pflegeperson** *f* <-, -en> asistente *mf* sanitario, -a, enfermero, -a *m, f*; **Pflegepersonal** *nt* <-s, *ohne pl*> personal *m* sanitario
Pfleger(in) *m(f)* <-s, -; -, -nen> ❶ (*Kranken~*) enfermero, -a *m, f*
❷ (*Tier~*) cuidador(a) *m(f)* de animales
❸ (JUR) tutor(a) *m(f)*
pflegerisch I. *adj* (MED) asistencial; (*im Krankenhaus*) sanitario
II. *adv* en el ámbito asistencial, en el terreno sanitario
Pflegesatz *m* <-es, -sätze> costo *m* diario por la asistencia del paciente; **Pflegeserie** *f* <-, -n> gama *f* de productos cosméticos; **Pflegesohn** *m* <-(e)s, -söhne> niño *m* en tutela; **Pflegespülung** *f* <-, -en> acondicionador *m*; **Pflegetochter** *f* <-, -töchter> niña *f* en tutela; **Pflegevater** *m* <-s, -väter> padre *m* tutelar
Pflegeversicherung *f* <-, -en> seguro *m* de enfermedad para casos de invalidez; **Pflegeversicherungszuschlag** *m* <-(e)s, -schläge> tasa *f* adicional al seguro asistencial
pfleglich ['pfleːklɪç] I. *adj* cuidadoso
II. *adv* con cuidado; **etw ~ behandeln** tratar algo con cuidado
Pflegschaft *f* <-, -en> (JUR) curatela *f*, tutela *f*; **befreite ~** pupilaje liberado

Pflegschaftssachen *fpl* (JUR) asuntos *mpl* de pupilaje
Pflicht [pflɪçt] *f* <-, -en> ❶ (*Notwendigkeit*) deber *m*; (*Verpflichtung*) obligación *f*; **ich halte es für meine ~ ihm zu helfen** considero que es mi obligación ayudarle; **Rechte und ~en** derechos y deberes; **seine ~en kennen/erfüllen** conocer sus/cumplir con sus deberes; **die ~ ruft** el deber llama; **jdn in die ~ nehmen** (*geh*) recordarle a alguien sus obligaciones; **ich tue nur meine ~** sólo cumplo con mi deber; **es ist deine ~ und Schuldigkeit dich für sie einzusetzen** es tu deber dar la cara por ella
❷ (SPORT) ejercicio *m* obligatorio
Pflichtaktie *f* <-, -n> (FIN) acción *f* de garantía
pflichtbewusstᴿᴿ *adj* formal, cumplidor
Pflichtbewusstseinᴿᴿ *nt* <-s, *ohne pl*> sentido *m* del deber, espíritu *m* cumplidor; **Pflichtdelikt** *nt* <-(e)s, -e> (JUR) delito *m* contra la obligación; **Pflichtenkollision** *f* <-, -en> (JUR) colisión *f* de obligaciones; **Pflichterfüllung** *f* <-, *ohne pl*> cumplimiento *m* del deber; **in treuer ~** en estricto cumplimiento de su deber; **Pflichtexemplar** *nt* <-s, -e> ejemplar *m* gratuito obligatorio (*de cada libro publicado que ha de enviar la editorial a algunas bibliotecas*); **Pflichtfach** *nt* <-(e)s, -fächer> (UNIV, SCH) asignatura *f* obligatoria; (*im Grundstudium*) asignatura *f* común; **Pflichtgefühl** *nt* <-s, *ohne pl*> sentido *m* del deber
pflichtgemäß I. *adj* debido
II. *adv* conforme a su deber [*o* a lo establecido]
Pflichtschenkung *f* <-, -en> (JUR) donación *f* obligatoria
Pflichtteil *m o nt* <-(e)s, -e> (JUR) legítima *f*; **Pflichtteilsanspruch** *m* <-(e)s, -sprüche> (JUR) derecho *m* a la legítima *f*; **Pflichtteilsberechtigte(r)** *mf* <-n, -n; -, -n> (JUR) heredero, -a *m*, *f* forzoso, -a; **Pflichtteilsergänzung** *f* <-, -en> (JUR) complemento *m* de la reserva; **Pflichtteilslast** *f* <-, -en> (JUR) carga *f* de la legítima
Pflichtübung *f* <-, -en> (SPORT) ejercicio *m* obligatorio
pflichtvergessen *adj* informal, incumplidor; **~ handeln** faltar a su deber
Pflichtverletzung *f* <-, -en> incumplimiento *m* del deber, prevaricación *f*; **grobe ~** (JUR) infracción grave de obligaciones; **Pflichtversäumnis** *nt* <-ses, -se> (JUR) legado *m* obligatorio
pflichtversichert *adj* afiliado al seguro obligatorio de enfermedad
Pflichtversicherte(r) *mf* <-n, -n; -, -n> afiliado, -a *m*, *f* al seguro obligatorio de enfermedad
Pflichtversicherung *f* <-, -en> seguro *m* obligatorio; **Pflichtversicherungsgesetz** *nt* <-es, -e> ley *f* del seguro obligatorio; **Pflichtversicherungsverordnung** *f* <-, -en> ordenación *f* del seguro obligatorio
Pflichtverteidiger(in) *m(f)* <-s, -; -, -nen> (JUR) defensor(a) *m(f)* de oficio
Pflichtwidrigkeit *f* <-, -en> (JUR): **grobe ~** infracción de un deber; **Pflichtwidrigkeitszusammenhang** *m* <-(e)s, -hänge> (JUR) relación *f* de la inoficiosidad
Pflock [pflɔk, *pl*: 'pflœkə] *m* <-(e)s, Pflöcke> estaca *f*
pflücken ['pflʏkən] *vt* coger, pizcar *Mex*
Pflücker(in) *m(f)* <-s, -; -, -nen> recolector(a) *m(f)*
Pflug [pflu:k, *pl*: 'pfly:gə] *m* <-(e)s, Pflüge> arado *m*
pflügen ['pfly:gən] *vi*, *vt* arar; **die Boote pflügten durchs Wasser** los botes dejaban sus huellas en el agua
Pflüger(in) *m(f)* <-s, -; -, -nen> (AGR: *alt*) arador(a) *m(f)*
Pflugschar *f* <-, -en> (AGR) reja *f* del arado
Pflümli ['pfly:mli] *nt* <-, -s> (*Schweiz*) aguardiente *m* de ciruela
Pfortader *f* <-, -n> (MED) (vena *f*) porta *f*
Pforte ['pfɔrtə] *f* <-, -n> puerta *f*; **das Theater schließt seine ~n** el teatro cierra sus puertas; **die Burgundische ~** la Puerta de Borgoña
Pförtner¹ ['pfœrtnɐ] *m* <-s, -> (MED) píloro *m*
Pförtner(in)² *m(f)* <-s, -; -, -nen> portero, -a *m*, *f*; **etw beim ~ abgeben** dejar algo en (la) portería
Pförtnerloge *f* <-, -n> portería *f*
Pfosten ['pfɔstən] *m* <-s, -> poste *m*; (*Tür~*) jamba *f*; **zwischen den ~ stehen** (*fam*) ser portero
Pfötchen ['pfø:tçən] *nt*: **sei brav, Hund, gib ~!** ¡sé bueno, perrito, dame la patita!
Pfote ['pfo:tə] *f* <-, -n> ❶ (*von Tieren*) pata *f*; **die Katze leckt sich die ~n** el gato se lame las patas
❷ (*fam: Hand*) pezuña *f*, pata *f*; **sich** *dat* **bei etw die ~n verbrennen** meter la pata; **nimm deine dreckigen ~n da weg!** ¡quita esas manazas!
Pfriem [pfri:m] *m* <-(e)s, -e> (*Ahle*) punzón *m*; (*Schusterahle*) lezna *f*
Pfropf [pfrɔpf, *pl*: -fə, pfrœpfə] *m* <-(e)s, -e *o* Pfröpfe> (MED) tapón *m*; (*Blut~*) trombo *m*
pfropfen ['pfrɔpfən] *vt* ❶ (*veredeln*) injertar
❷ (*fam: hineinstopfen*) meter a la fuerza; **mit etw voll gepfropft sein** estar repleto de algo; **der Raum war gepfropft voll** el cuarto estaba repleto

Pfropfen ['pfrɔpfən] *m* <-s, -> tapón *m*
Pfropfreis *nt* <-es, -er> injerto *m*
Pfründe ['pfrʏndə] *f* <-, -n> (REL) prebenda *f*
Pfründenrecht *nt* <-(e)s, *ohne pl*> (JUR) derecho *m* de beneficiario
Pfuhl [pfu:l] *m* <-(e)s, -e> charca *f*; (*sumpfig*) pantano *m*; (*lehmig*) cenagal *m*
pfui [pfʊi] *interj* ¡puaj!; **~ Teufel!** ¡qué asco!
Pfund [pfʊnt] *nt* <-(e)s, -e> ❶ (*Gewichtseinheit*) libra *f*, medio kilo *m*; **zwei ~ Kartoffeln** un kilo de patatas; **einige ~e abnehmen** adelgazar unos kilos
❷ (*Währungseinheit*) libra *f*; **~ Sterling** libra esterlina
❸ (*Wend*): **mit seinem ~e wuchern** (*geh*) sacar partido a los propios talentos
pfundig ['pfʊndɪç] *adj* (*fam*) fenomenal, fantástico
Pfundskerl *m* <-s, -e> (*fam*) tío, -a *m*, *f* estupendo, -a; **die Elfi ist ein ~, du musst sie kennen lernen!** ¡tienes que conocer a Elfi, es una tía majísima!
pfundweise *adv* por libras; (*in großer Menge*) a montones, a toneladas *fam*; **etw ~ essen** comer montones de algo
Pfusch [pfʊʃ] *m* <-(e)s, *ohne pl*> (*fam abw*), **Pfuscharbeit** *f* <-, *ohne pl*> (*fam abw*) chapuza *f*, chapuce *f*, bodoque *m Mex*
pfuschen ['pfʊʃən] *vi* ❶ (*fam abw: schludern*) chapucear, hacer una chapuza; **jdm ins Handwerk ~** meterse en el terreno de alguien
❷ (*reg: schummeln*) timar, hacer trampas
Pfuscher(in) *m(f)* <-s, -; -, -nen> (*fam abw*) chapucero, -a *m*, *f*
Pfuscherei *f* <-, -en> (*fam abw*) chapucería *f*
Pfuscherin *f* <-, -nen> *s*. **Pfuscher**
Pfütze ['pfʏtsə] *f* <-, -n> charco *m*
PH *f* <-, -s> *Abk. von* **Pädagogische Hochschule** ≈Escuela *f* de Magisterio
Phagozyt *m* <-en, -en> (MED) fagocito *m*
Phalanx ['fa:laŋks, *pl*: fa'laŋən] *f* <-, Phalangen> ❶ (HIST: *Schlachtreihe*) falange *f*
❷ (*geh: geschlossene Front*) frente *m*, falange *f*; **mit den neuen Mitgliedern bilden sie eine starke ~** con los nuevos miembros forman un frente fuerte
Phallen, Phalli *pl von* **Phallus**
phallisch *adj* (*geh*) fálico
Phallus ['falʊs] *m* <-, -se *o* Phalli *o* Phallen> (*geh*) falo *m*
Phalluskult *m* <-(e)s, -e> culto *m* fálico
Phänomen [fɛno'me:n] *nt* <-s, -e> fenómeno *m*
phänomenal [fɛnome'na:l] I. *adj* fenomenal
II. *adv* (*fam*) fenómeno, fenomenal; **sie hat sich ~ verhalten** se comportó fenomenal
Phantasie [fanta'zi:] *f* <-, -n> *s*. **Fantasie**
phantasiebegabt *adj s*. **fantasiebegabt**
Phantasiegebilde *nt* <-s, -> *s*. **Fantasiegebilde**
phantasielos *adj s*. **fantasielos**
Phantasielosigkeit *f* <-, *ohne pl*> *s*. **Fantasielosigkeit**
Phantasiepreis *m* <-es, -e> *s*. **Fantasiepreis**
phantasieren* [fanta'zi:rən] *vi s*. **fantasieren**
phantasievoll *adj s*. **fantasievoll**
Phantast(in) [fan'tast] *m(f)* <-en, -en; -, -nen> *s*. **Fanstast**
Phantasterei *f* <-, -en> *s*. **Fantasterei**
Phantastin *f* <-, -nen> *s*. **Phantast**
phantastisch *adj s*. **fantastisch**
Phantom [fan'to:m] *nt* <-s, -e> fantasma *m*, visión *f*
Phantombild *nt* <-(e)s, -er> retrato *m* robot; **ein ~ anfertigen** hacer un retrato robot; **Phantomschmerz** *m* <-es, -en> (MED) dolor *m* imaginario
Pharao ['fa:rao, *pl*: fara'o:nən] *m* <-s, -nen> faraón *m*
Pharisäer [fari'zɛ:ɐ] *m* <-s, -> ❶ (REL) fariseo *m*
❷ (*Getränk*) café *m* con ron y crema
Pharmaforschung ['farma-] *f* <-, *ohne pl*> investigación *f* farmacológica; **Pharmaindustrie** *f* <-, *ohne pl*> industria *f* farmacéutica
Pharmakologe, -in [farmako'lo:gə] *m*, *f* <-n, -n; -, -nen> farmacólogo, -a *m*, *f*
Pharmakologie [farmakolo'gi:] *f* <-, *ohne pl*> farmacología *f*
Pharmakologin *f* <-, -nen> *s*. **Pharmakologe**
pharmakologisch *adj* farmacológico
Pharmareferent(in) *m(f)* <-en, -en; -, -nen> agente *mf* de productos farmacéuticos
Pharmazeut(in) [farma'tsɔʏt] *m(f)* <-en, -en; -, -nen> farmacéutico, -a *m*, *f*
Pharmazeutik [farma'tsɔʏtɪk] *f* <-, *ohne pl*> ciencia *f* farmacéutica
Pharmazeutin *f* <-, -nen> *s*. **Pharmazeut**
pharmazeutisch *adj* farmacéutico
Pharmazie [farma'tsi:] *f* <-, *ohne pl*> farmacia *f*
Phase ['fa:zə] *f* <-, -n> ❶ (*Zeitstufe*) fase *f*, etapa *f*, ráfaga *f And, CSur*;

die Verhandlungen sind in die entscheidende ~ getreten las negociaciones llegaron a la fase decisiva
❷ (CHEM, PHYS, ELEK, ASTR) fase *f*
Phasenmodulation *f* <-, -en> (TEL) modulación *f* de fase; ~ **durch vier Phasenwinkel** modulación de fase en cuadratura
Phenol [fe'noːl] *nt* <-s, ohne *pl*> (CHEM) fenol *m*
Philanthrop(in) [filan'troːp] *m(f)* <-en, -en; -, -nen> filántropo, -a *m*, *f*
philanthropisch *adj* filántropo
Philatelie [filate'liː] *f* <-, ohne *pl*> filatelia *f*
Philatelist(in) [filate'lɪst] *m(f)* <-en, -en; -, -nen> filatelista *mf*
Philharmonie [fɪlharmo'niː] *f* <-, -n> ❶ (*Orchester*) orquesta *f* filarmónica
❷ (*Gebäude*) auditorio *m*; (*Konzertsaal*) sala *f* de conciertos
Philharmoniker(in) [fɪlhar'moːnikɐ] *m(f)* <-s, -; -, -nen> filarmónico, -a *m*, *f*
philharmonisch [fɪlhar'moːnɪʃ] *adj* filarmónico; ~**e Gesellschaft** sociedad filarmónica [*o* de amigos de la música]; ~**es Orchester** orquesta filarmónica [*o* sinfónica]
Philippinen [filɪ'piːnən] *pl* Filipinas *fpl*
Philippiner(in) [filɪ'piːnɐ] *m(f)* <-s, -; -, -nen> filipino, -a *m*, *f*
philippinisch [filɪ'piːnɪʃ] *adj* filipino
Philister [fi'lɪstɐ] *m* <-s, -> (*abw*) burgués *m*
philisterhaft *adj* (*abw*) aburguesado, estrecho de miras
Philodendron [filo'dɛndrɔn] *m o nt* <-s, Philodendren> filodendro *m*
Philologe, -in [filo'loːgə] *m*, *f* <-n, -n; -, -nen> filólogo, -a *m*, *f*
Philologie [filolo'giː] *f* <-, -n> filología *f*
Philologin *f* <-, -nen> *s.* **Philologe**
philologisch *adj* filológico
Philosoph(in) [filo'zoːf] *m(f)* <-en, -en; -, -nen> filósofo, -a *m*, *f*
Philosophie [filozo'fiː] *f* <-, -n> filosofía *f*
philosophieren* [filozo'fiːrən] *vi* filosofar (*über* sobre)
Philosophin *f* <-, -nen> *s.* **Philosoph**
philosophisch [filo'zoːfɪʃ] *adj* filosófico
Phiole ['fjoːlə] *f* <-, -n> redoma *f*
Phlegma ['flɛgma] *nt* <-s, ohne *pl*> flema *f*, pachorra *f fam*, cachaza *f fam*
Phlegmatiker(in) [flɛ'gmaːtikɐ] *m(f)* <-s, -; -, -nen> persona *f* flemática
phlegmatisch *adj* flemático
Phlox [flɔks] *m* <-es, -e> (BOT) flox *m*, polemonio *m*
pH-Messer *m* <-s, -> medidor *m* del pH, peachímetro *m*
Phobie [fo'biː] *f* <-, -n> (MED) fobia *f* (*vor* a)
Phon [foːn] *nt* <-s, -s> fon *m*
Phonem [fo'neːm] *nt* <-s, -e> (LING) fonema *m*
Phonetik [fo'neːtɪk] *f* <-, ohne *pl*> (LING) fonética *f*
phonetisch *adj* (LING) fonético; ~**e Umschrift** transcripción fonética
Phönix ['føːnɪks] *m* <-(es), -e> fénix *m*; **wie ein ~ aus der Asche** (*geh*) como el fénix de sus cenizas
Phönizier(in) [føː'niːtsiɐ] *m(f)* <-s, -; -, -nen> fenicio, -a *m*, *f*
Phonologie [fonolo'giː] *f* <-, ohne *pl*> (LING) fonología *f*
phonologisch *adj* (LING) fonológico
Phonotypist(in) [fonoty'pɪst] *m(f)* <-en, -en; -, -nen> fonotipista *mf*
Phosphat [fɔs'faːt] *nt* <-(e)s, -e> fosfato *m*
Phosphatdünger *m* <-s, -> abono *m* fosfatado
phosphatfrei *adj* que no contiene fosfato
phosphathaltig *adj* fosfatado
Phosphor ['fɔsfoːɐ] *m* <-s, -e> (CHEM) fósforo *m*
Phosphoreszenz *f* <-, ohne *pl*> fosforescencia *f*
phosphoreszieren* [fɔsforɛs'tsiːrən] *vi* fosforecer
phosphoreszierend *adj* fosforescente
Photo[1] ['foːto] *nt* <-s, -s> (*Bild*) foto *f*; **von jdm/etw ein ~ machen** sacar una foto de alguien/de algo
Photo[2] *m* <-s, -s> (*fam: ~apparat*) máquina *f* (fotográfica)
Photoalbum *nt* <-s, -alben> álbum *m* de fotos; **Photoapparat** *m* <-(e)s, -e> cámara *f* fotográfica, máquina *f* fotográfica; **Photoatelier** *nt* <-s, -s> estudio *m* fotográfico; **Photo-CD** *f* <-, -(s)> disco *m* compacto para fotos; **Photochemie** *f* <-, ohne *pl*> fotoquímica *f*; **Photochemikalie** [----'---] *f* <-, -n> producto *m* fotoquímico; **Photoelement** *nt* <-(e)s, -e> (ELEK) fotoelemento *m*
photogen [foto'geːn] *adj* fotogénico
Photograph(in) [foto'graːf] *m(f)* <-en, -en; -, -nen> fotógrafo, -a *m*, *f*
Photographie [fotogra'fiː] *f* <-, -n> fotografía *f*
Photon [fo'toːn] *nt* <-s, -en> (PHYS) fotón *m*
Photooxidation *f* <-, -en> (CHEM) fotooxidación *f*; **Photosynthese** [foto-] *f* <-, -n> fotosíntesis *f*; **Photovoltaik** [fotovɔl'taːɪk] *f* <-, ohne *pl*> fotovoltaica *f*; **Photozelle** *f* <-, -n> (ELEK) fotocelda *f*
Phrase ['fraːzə] *f* <-, -n> ❶ (LING) giro *m*, modismo *m*
❷ (*abw: inhaltsleere Formel*) cliché *m*, frase *f*; ~**n dreschen** (*fam*) hablar con clichés

❸ (MUS) frase *f*
Phrasendrescher(in) *m(f)* <-s, -; -, -nen> (*fam*) charlatán, -ana *m*, *f*, palabrero, -a *m*, *f*
Phraseologie [frazeolo'giː] *f* <-, -n> (LING) fraseología *f*
phraseologisch *adj* (LING) fraseológico
pH-Wert [peːˈhaːveːɐt] *m* <-(e)s, -e> (CHEM) (valor *m*) PH *m*
Physik [fy'ziːk] *f* <-, ohne *pl*> física *f*
Physika *pl von* **Physikum**
physikalisch [fyzi'kaːlɪʃ] *adj* físico
Physiker(in) ['fyːzikɐ] *m(f)* <-s, -; -, -nen> físico, -a *m*, *f*
Physikum ['fyːzikʊm] *nt* <-s, Physika> examen *m* preclínico de medicina
Physiogeografie[RR] *f* <-, ohne *pl*>, **Physiogeographie** [fyzio-] *f* <-, ohne *pl*> fisiogeografía *f*
Physiognomie [fyziɔgno'miː] *f* <-, -n> (*geh*) fisonomía *f*
Physiologie [fyziolo'giː] *f* <-, ohne *pl*> fisiología *f*
physiologisch [fyzio'loːgɪʃ] *adj* fisiológico
Physiotherapeut(in) [fyzio-] *m(f)* <-en, -en; -, -nen> fisioterapeuta *mf*; **Physiotherapie** [fyzio-] *f* <-, ohne *pl*> fisioterapia *f*
physisch ['fyːzɪʃ] *adj* físico
Phytogeografie[RR] *f* <-, ohne *pl*>, **Phytogeographie** *f* <-, ohne *pl*> fitogeografía *f*
phytophag *adj* (BIOL) fitófago
Phytoplankton *nt* <-s, ohne *pl*> fitoplancton *m*
Pi [piː] *nt* <-(s), ohne *pl*> (MATH) pi *f*; ~ **mal Daumen** (*fam*) a ojo
Pianino [pia'niːno] *nt* <-s, -s> (MUS) piano *m* vertical
Pianist(in) [pja'nɪst] *m(f)* <-en, -en; -, -nen> pianista *mf*
Piano ['pjaːno] *nt* <-s, -s> piano *m* vertical
picheln ['pɪçəln] *vi* (*fam*) copear, empinar el codo
Picke *f* <-, -n> (*Spitzhacke*) pico *m*; (*Eispickel*) piolet *m*
Pickel ['pɪkəl] *m* <-s, -> ❶ (*Spitzhacke*) pico *m*; (*Eis~*) piolet *m*
❷ (*auf der Haut*) grano *m*, espinilla *f*
Pickelhaube *f* <-, -n> (HIST) casco *m* de coracero alemán [*o* de punta]
pickelig ['pɪk(ə)lɪç] *adj* lleno de granos [*o* de espinillas]
picken ['pɪkən] *vt, vi* ❶ (*Vogel*) picar, picotear (*nach*)
❷ (*heraussuchen*) escoger (*aus* entre)
Picknick ['pɪknɪk] *nt* <-s, -s *o* -e> picnic *m*
picknicken *vi* hacer pic-nic, ir de pic-nic
picobello ['piːko'bɛlo] *adj inv* (*fam*) impecable
piekfein ['piːkˈfaɪn] *adj* (*fam*) elegante; **sie waren ~ angezogen** iban de punta en blanco
pieksauber ['-'--] *adj* (*fam*) impecable, sin una mota, como una patena
Piemont [pie'mɔnt] *nt* <-s> Piamonte *m*
piep [piːp] *interj* ¡pío!; **er konnte nicht mehr ~ sagen** (*fam*) ya no pudo decir ni pío [*o* mu]
Piep [piːp] *m* <-s, -e> (*fam*) pío *m*; **sie sagte keinen ~** (*fam*) no dijo ni pío; **der sagt keinen ~ mehr** (*fam*) este está tieso; **du hast wohl einen ~** (*fam*) se te ha debido ir la cabeza
piepegal ['-'--] *adj* (*fam*) **das ist doch ~!** ¡qué más da!; **das ist mir ~** me importa un comino [*o* un rábano]
piepen ['piːpən] *vi* (*Vogel*) piar; (*Maus*) chillar; (*Funkgerät*) hacer ruidos; **bei der piept's wohl!** (*fam*) ¡está tocada (del ala)!; **das ist ja zum P~!** (*fam*) ¡es para morirse de risa!
Piepen *pl* (*fam*) pelas *fpl*, pasta *f*
Pieps *m* <-es, -e> (*fam*) pío *m*
piepsen ['piːpsən] *vi* ❶ *s.* **piepen**
❷ (*sprechen*) hablar a voz aguda
Piepser *m* <-s, -> ❶ (*Piep*) pío *m*
❷ (*fam: Empfänger*) busca *m*
piepsig *adj* (*Stimme*) agudo
Pier [piːɐ] *m* <-s, -e *o* -s> muelle *m*
Piercing ['piːɐsɪŋ] *nt* <-s, -s> piercing *m*
piesacken ['piːzakən] *vt* (*fam*) molestar, jorobar
pieseln ['piːzəln] *vi* (*fam*) ❶ (*nieseln*) lloviznar
❷ (*urinieren*) orinar
Pietät [pie'tɛːt] *f* <-, ohne *pl*> (*geh*) piedad *f*; (*Respekt*) respeto *m*, reverencia *f*
pietätlos *adj* (*geh*) irreverente, irrespetuoso
Pietätlosigkeit *f* <-, ohne *pl*> (*geh*) falta *f* de respeto, irreverencia *f*
pietätvoll *adj* (*geh*) respetuoso, reverente
Pietismus [pie'tɪsmʊs] *m* <-, ohne *pl*> pietismo *m*; **der ~ des 17. und 18. Jahrhunderts** el Pietismo de los siglos XVII y XVIII
Pietist(in) *m(f)* <-en, -en; -, -nen> pietista *mf*
pietistisch [pie'tɪstɪʃ] *adj* pietista
Pigment [pɪ'gmɛnt] *nt* <-(e)s, -e> pigmento *m*
Pigmentfleck *m* <-(e)s, -e *o* -en> (MED) mancha *f* pigmentaria
Pik[1] [piːk] *nt* <-s, ohne *pl*> (*französische Karten*) pica *f*; (*spanische Karten*) espadas *fpl*
Pik[2] [piːk] *m* <-s, -e *o* -s> tirria *f*; **auf jdn einen ~ haben** (*fam*) tenerle

manía a alguien
pikant [piˈkant] *adj* picante
Pikdame *f* <-, -n> dama *f* de picas
Pike [ˈpiːkə] *f* <-, -n> (*fam*): **etw von der ~ auf lernen** aprender algo desde abajo
piken [ˈpiːkən] **I.** *vi* (*fam*) picar **II.** *vt* (*fam*) pinchar
pikiert [piˈkiːrt] *adj* picado, mosqueado; **ein ~es Gesicht machen** poner cara de pocos amigos
Pikkolo [ˈpɪkolo] *m* <-s, -s> ❶ (*Kellnerlehrling*) aprendiz *m* de camarero ❷ (*fam: Sektflasche*) benjamín *m*, botella *f* pequeña de cava
Pikkoloflasche *f* <-, -n> benjamín *m*, botella *f* pequeña de cava
Pikkoloflöte *f* <-, -n> flautín *m*
Pikogramm *nt* <-(e)s, -e, *nach Zahlen:* -> picogramo *m*
piksen [ˈpɪksən] *vi, vt s.* **piken**
Piksieben *f* <-, -> ❶ (*Spielkarte*) siete *m* de picas ❷ (*Wend*): **wie ~ dastehen** (*fam*) quedarse (plantado) como un pasmarote
Piktogramm [pɪktoˈgram] *nt* <-s, -e> pictograma *m*
Pilger(in) [ˈpɪlgɐ] *m(f)* <-s, -; -, -nen> peregrino, -a *m, f*, romero, -a *m, f*
Pilgerfahrt *f* <-, -en> peregrinación *f*, romería *f*
Pilgerin *f* <-, -nen> *s.* **Pilger**
pilgern [ˈpɪlgɐn] *vi sein* peregrinar (*nach* a), ir en peregrinación (*nach* a)
Pille [ˈpɪlə] *f* <-, -n> ❶ (*Tablette*) pastilla *f*; **eine ~ nehmen** [*o* **schlucken**] tomar una pastilla; **eine bittere ~** (*fam*) un trago amargo ❷ (*fam: Antibaby~*) píldora *f* (anticonceptiva); **die ~ danach** la píldora del día después
Pillenknick *m* <-(e)s, -e> descenso *m* de la natalidad (a causa de la píldora anticonceptiva); **Pillenschachtel** *f* <-, -n> caja *f* de pastillas
Pilot(in) [piˈloːt] *m(f)* <-en, -en; -, -nen> piloto *mf*
Pilotabschluss[RR] *m* <-es, -schlüsse> (WIRTSCH) conclusión *f* piloto
Pilotanlage *f* <-, -n> (TECH) instalación *f* piloto
Pilotenkoffer *m* <-s, -> maleta *f* de piloto
Pilotfilm *m* <-(e)s, -e> (TV) episodio *m* piloto
Pilotin *f* <-, -nen> *s.* **Pilot**
Pilotprogramm *nt* <-(e)s, -e> programa *m* piloto; **Pilotprojekt** *nt* <-(e)s, -e> proyecto *m* piloto; **Pilotstudie** *f* <-, -n> estudio *m* piloto
Pils [pɪls] *nt* <-, ->, **Pils(e)ner** *nt* <-s, -> cerveza *f* tipo Pilsen
Pilz [pɪlts] *m* <-es, -e> (BOT, MED) hongo *m*; (*mit Hut*) seta *f*, nanacate *m Mex*; **vom ~ befallen** atacado por el hongo; **~e suchen** ir a buscar setas; **etw schießt wie ~e aus dem Boden** algo brota como los hongos
Pilzerkrankung *f* <-, -en> micosis *f inv*; **Pilzfaden** *m* <-s, -fäden> (BIOL) hifa *f*; **Pilzkrankheit** *f* <-, -en> micosis *f inv*
Pilzkunde[1] *f* <-, -n> (*Buch über Pilze*) guía *f* de hongos, libro *m* sobre setas
Pilzkunde[2] *f* <-, *ohne pl*> (*Lehre von den Pilzen*) micología *f*, micetología *f*
pilztötend *adj* letal para los hongos
Pilzvergiftung *f* <-, -en> intoxicación *f* por setas venenosas
Piment [piˈmɛnt] *m o nt* <-(e)s, -e> pimienta *f*
Pimmel [ˈpɪməl] *m* <-s, -> (*fam*) pito *m*, pilila *f*, pichula *f Chil*
Pimpf [pɪmpf] *m* <-(e)s, -e> (*fam: Knirps*) crío *m*; (*abw*) renacuajo *m*, mico *m*; **sie haben einen kleinen ~ von fünf Jahren** tienen un crío de cinco años; **was, so ein kleiner ~ will sich hier wer weiß wie aufspielen?** ¿que un renacuajo como tú quiere darse pisto?
Pin *m* <-s, -s> (INFOR) patilla *f*
pingelig [ˈpɪŋəlɪç] *adj* (*fam*) minucioso, tiquismiquis
Pingpong [ˈpɪŋpɔŋ] *nt* <-s, *ohne pl*> ping-pong *m*, tenis *m* de mesa
Pinguin [ˈpɪŋɡuiːn] *m* <-s, -e> pingüino *m*, pájaro *m* bobo
Pinie [ˈpiːniə] *f* <-, -n> pino *m* piñonero
Pinienkern *m* <-(e)s, -e> piñón *m*
pink [pɪŋk] *adj* (rosa) fucsia
Pinke [ˈpɪŋkə] *f* <-, *ohne pl*> (*Geld*) pelas *fpl*, parné *m*, guita *f sl*, plata *f Am*; **keine ~ haben** estar sin blanca [*o* sin un duro]
Pinkel [ˈpɪŋkəl] *m* <-s, -(s)> (*fam abw*) don *m* nadie; **ein feiner ~** un petimetre, un señoritingo
pinkeln [ˈpɪŋkəln] *vi* (*fam*) mear
Pinkepinke *f* <-, *ohne pl*> (*fam*) *s.* **Pinke**
pinkfarben *adj* (rosa) fucsia
Pin-Nadel [ˈpɪn-] *f* <-, -n> chincheta *f*
Pinne [ˈpɪnə] *f* <-, -n> (NAUT) caña *f* (del timón)
Pinnwand [ˈpɪn-] *f* <-, -wände> tablón *m* de notas
Pinscher [ˈpɪnʃɐ] *m* <-s, -> (perro *m*) grifón *m*
Pinsel [ˈpɪnzəl] *m* <-s, -> ❶ (*des Malers: fein*) pincel *m*; (*dick*) brocha *f* ❷ (*fam: Dummkopf*) bobo, -a *m, f*, tonto, -a *m, f*
pinseln *vi, vt* ❶ (*fam: malen*) pintar ❷ (*fam: schreiben*) escribir ❸ (MED: *Rachen, Zahnfleisch*) tocar

Pinte [ˈpɪntə] *f* <-, -n> (*fam*) tasca *f*
Pin-up-Girl [pɪnˈʔapɡœːl] *nt* <-s, -s> chica *f* de calendario
Pinzette [pɪnˈtsɛta] *f* <-, -n> pinza(s) *f(pl)*
Pionier(in) [pioˈniːɐ] *m(f)* <-s, -e; -, -nen> ❶ (MIL) gastador(a) *m(f)* ❷ (*Wegbereiter*) precursor(a) *m(f)*, pionero, -a *m, f*
Pionierarbeit *f* <-, *ohne pl*> labor *m* de pionero; **~ leisten** abrir nuevos caminos; **Pioniererfindung** *f* <-, -en> invención *f* pionera; **Pioniergeist** *m* <-(e)s, *ohne pl*> espíritu *m* pionero
Pionierin *f* <-, -nen> *s.* **Pionier**
Pipapo [piːˈpaːpoː] *nt* <-s, *ohne pl*> (*fam*): **mit allem ~** con todos sus requisitos
Pipe [ˈpaɪp] *f* <-, -s> (INFOR) viaducto *m*
Pipeline [ˈpaɪplaɪn] *f* <-, -s> (*für Gas*) gasoducto *m*; (*für Öl*) oleoducto *m*
Pipette [piˈpɛta] *f* <-, -n> pipeta *f*
Pipettierapparat *m* <-(e)s, -e> (CHEM) aparato *m* para pipetar
Pipi [ˈpɪpi, piˈpiː] *nt* <-s, *ohne pl*> (*fam*) pipí *m*, pis *m inv*, pichi *m CSur*; **~ machen** hacer pis
Pipifax [ˈpɪpifaks] *m* <-, *ohne pl*> (*fam abw: Unsinn*) disparates *mpl*; (*Nichtigkeiten*) bagatela *f*
Piranha [piˈranja] *m* <-(s), -s> piraña *f*, caribe *m Ven*
Pirat(in) [piˈraːt] *m(f)* <-en, -en; -, -nen> pirata *mf*
Piratensender *m* <-s, -> emisora *f* pirata
Piraterie [piratəˈriː] *f* <-, *ohne pl*> piratería *f*
Piratin *f* <-, -nen> *s.* **Pirat**
Pirol [piˈroːl] *m* <-s, -e> (ZOOL) oropéndola *f*
Pirouette [piruˈɛta] *f* <-, -n> pirueta *f*
Pirsch [pɪrʃ] *f* <-, *ohne pl*> caza *f* (al acecho); **auf (die) ~ gehen** ir a cazar
pirschen *vi haben o sein* ❶ (*bei der Jagd*) cazar al acecho; **auf Wild ~** cazar venado ❷ (*schleichen*) andar a hurtadillas
Pisse [ˈpɪsə] *f* <-, *ohne pl*> (*vulg*) meada *f*
pissen [ˈpɪsən] *vi* ❶ (*vulg: urinieren*) mear, echar una meada ❷ (*fam: regnen*) llover
Pissoir [pɪˈsoaːɐ, *pl:* -es, -rə] *nt* <-s, -s *o* -e> urinario *m*, meadero *m fam*
Pistazie [pɪsˈtaːtsiə] *f* <-, -n> pistacho *m*
Pistazienbaum *m* <-(e)s, -bäume> pistachero *m*
Piste [ˈpɪstə] *f* <-, -n> (SPORT, AERO) pista *f*
Pistenraupe *f* <-, -n> oruga *f* para pistas de esquí; **Pistensau** *f* <-, -säue> (*sl abw*) esquiador(a) *m(f)* desconsiderado, -a; **hast du diese ~ gesehen? der glaubt, er wäre allein hier** ¿has visto a ese cerdo? se cree que está solo en la pista
Pistill [pɪsˈtɪl] *nt* <-s, -e> ❶ (BOT) pistilo *m* ❷ (*Stößel*) mano *f* de almirez
Pistole [pɪsˈtoːlə] *f* <-, -n> pistola *f*, cachimba *f Chil*; **jdm die ~ auf die Brust setzen** (*fam*) poner a alguien la pistola al pecho [*o* el puñal en el pecho]; **wie aus der ~ geschossen** (*fam*) como una bala
Pistolentasche *f* <-, -n> pistolera *f*
pittoresk [pɪtoˈrɛsk] *adj* (*geh*) pintoresco
Pixel [ˈpɪksəl] *nt* <-s, -> (INFOR) punto *m*, pixel *m*
Pixelgrafik *f* <-, -en> (INFOR) gráfico *m* pixelado, de pixel, gráfica *m* de píxeles
Pizza [ˈpɪtsa] *f* <-, -s *o* Pizzen> pizza *f*
Pkt. *Abk. von* **Punkt** pto.
Pkw, PKW [ˈpeːkaveː] *m* <-(s), -(s)> *Abk. von* **Personenkraftwagen** automóvil *m*
Placebo [plaˈtseːbo] *nt* <-s, -s> (MED) placebo *m*
placken [ˈplakən] *vr*: **sich ~** (*fam*) trabajar como un negro
Plackerei *f* <-, -en> (*fam*) trabajo *m* pesado [*o* duro]
plädieren* [plɛˈdiːrən] *vi* ❶ (JUR) abogar (*auf/für* por), hacer un alegato (*auf/für* por); **er plädiert auf Freispruch** pide la absolución ❷ (*sich einsetzen*) abogar (*für* por), interceder (*für* por); **ich plädiere dafür, dass ...** estoy a favor de que... +*subj*
Plädoyer [plɛdoaˈjeː] *nt* <-s, -s> (*a.* JUR) alegato *m* (*für* en favor de)
Plafond [plaˈfõː] *m* <-s, -s> (*Schweiz*) tope *m*, límite *m* (superior)
plafondieren* [plafõˈdiːrən] *vt* (*Schweiz*) poner un tope [*o* un límite] (a)
Plage [ˈplaːɡə] *f* <-, -n> plaga *f*; **das macht ihm das Leben zur ~** esto le atormenta la vida; **zu einer ~ werden** convertirse en una plaga
Plagegeist *m* <-(e)s, -er> (*fam*) pesado, -a *m, f*, pelmazo, -a *m, f*
plagen [ˈplaːɡən] **I.** *vt* ❶ (*belästigen*) molestar, fastidiar ❷ (*Schmerzen, Zweifel*) atormentar, julepear *Am* **II.** *vr*: **sich ~** matarse trabajando
Plagiat [plaˈɡjaːt] *nt* <-(e)s, -e> plagio *m*; **~ begehen** cometer plagio
Plagiator(in) [plaˈɡjaːtoːɐ] *m(f)* <-s, -en; -, -nen> plagiario, -a *m, f*
plagiieren* [plaɡiˈiːrən] **I.** *vi* (*geh*) cometer plagio **II.** *vt* (*geh*) plagiar

Plakat [plaˈkaːt] *nt* <-(e)s, -e> cartel *m*, póster *m*, afiche *m* *CSur*; (*Werbe~*) anuncio *m*
Plakatfarbe *f* <-, -n> pintura *f* para carteles
plakatieren* [plakaˈtiːrən] I. *vi* fijar carteles, pegar afiches *Am* II. *vt* anunciar en carteles
plakativ [plakaˈtiːf] *adj* llamativo
Plakatmaler(in) *m(f)* <-s, -; -, -nen> cartelista *mf*; pintor(a) *m(f)* de carteles; **Plakatsäule** *f* <-, -n> columna *f* anunciadora; **Plakatträger** *m* <-s, -> (*Person*) hombre-anuncio *m*; **Plakatwand** *f* <-, -wände> valla *f* publicitaria; **Plakatwerbung** *f* <-, *ohne pl*> publicidad *f* en vallas
Plakette [plaˈkɛtə] *f* <-, -n> placa *f*
plan [plaːn] *adj* llano, plano
Plan [plaːn, *pl*: ˈplɛːnə] *m* <-(e)s, Pläne> ❶ (*Vorhaben*) plan *m*, proyecto *m*; (*Absicht*) intención *f*; **imperativer ~** plan imperativo; **indikativer ~** plan indicativo; **influenzierender ~** plan influenciador; **städtebaulicher ~** plan urbanístico; **es verläuft alles nach ~** todo se desarrolla según lo previsto; **Pläne machen/schmieden** hacer/forjar planes; **einen ~ fassen** concebir un plan; **jds Pläne durchkreuzen** frustrar los planes de alguien; **sie steckt voller Pläne** está llena de planes ❷ (*Entwurf, Karte*) plano *m*; **jdn/etw auf den ~ rufen** hacer aparecer a alguien/algo; **auf dem ~ stehen** estar planeado; **auf den ~ treten** aparecer en escena
Planabstimmung *f* <-, -en> acuerdo *m* de un proyecto [*o* de un plan]; **betriebliche ~** acuerdo de un proyecto empresarial; **Planabweichung** *f* <-, -en> desviación *f* del plan; **Planänderungsverfahren** *nt* <-s, -> procedimiento *m* de modificación del plan; **Planauflage** *f* <-, -n> (WIRTSCH) objetivo *m* fijado por un plan
Planaufstellung *f* <-, -en> (JUR) presentación *f* del plan; **Planaufstellungsverfahren** *nt* <-s, -> (JUR) procedimiento *m* de presentación del plan
Planauslegungsverfahren *nt* <-s, -> (JUR) procedimiento *m* de exposición del plan; **Planbestand** *m* <-(e)s, -stände> (WIRTSCH) duración *f* de un plan, permanencia *f* de un plan
Plane [ˈplaːnə] *f* <-, -n> lona *f*, cubierta *f*; **etw mit einer ~ abdecken** cubrir algo con una lona
planen [ˈplaːnən] *vt* ❶ (*entwerfen*) proyectar ❷ (*vorhaben*) tener la intención (*zu* de); (*Ausflug, Essen*) planear; (*Wirtschaft, Entwicklung*) planificar; **es lief alles wie geplant** todo transcurrió como estaba previsto; **habt ihr für morgen schon etwas geplant?** ¿ya tenéis planes para mañana?
Planentschädigungsanspruch *m* <-(e)s, -sprüche> (JUR) derecho *m* de indemnización del plan
Planer(in) *m(f)* <-s, -; -, -nen> planificador(a) *m(f)*; (*beim Hausbau*) proyectista *mf*
Planergänzung *f* <-, -en> (JUR) ampliación *f* del plan
planerisch [ˈplaːnərɪʃ] *adj* respectivo al plan, del plan
Planermessen *nt* <-s, *ohne pl*> facultad *f* planificadora
Planet [plaˈneːt] *m* <-en, -en> (ASTR) planeta *m*
planetarisch *adj* (ASTR) planetario
Planetarium [planeˈtaːriʊm] *nt* <-s, Planetarien> planetario *m*, planetarium *m*
Planetenbahn *f* <-, -en> órbita *f* planetaria; **Planetensystem** *nt* <-s, -e> (ASTR) sistema *m* planetario
Planetoid [planetoˈiːt, *pl*: -dən] *m* <-en, -en> (ASTR) planetoide *m*, asteroide *m*
Planfeststellung *f* <-, -en> (JUR) determinación *f* del plan; **Planfeststellungsbeschluss**[RR] *m* <-es, -schlüsse> (JUR) declaración *f* de autenticidad del plan; **Planfeststellungsverfahren** *nt* <-s, -> (JUR) procedimiento *m* de autenticación del plan
Planfortbestand *m* <-(e)s, *ohne pl*> (JUR) continuación *f* del plan; **Plangenehmigung** *f* <-, -en> (JUR) aprobación *f* del plan; **Plangewährleistungsanspruch** *m* <-(e)s, -sprüche> (JUR) derecho *m* de garantía del plan
planieren* [plaˈniːrən] *vt* allanar, nivelar, aplanar
Planierraupe *f* <-, -n> aplanadora *f*, bulldózer *m*
Plan-Istabrechnung[RR] *f* <-, -en> (WIRTSCH) cálculo *m* de los costes previstos y de los costes reales; **Plan-Istvergleich**[RR] *m* <-(e)s, -e> (WIRTSCH) cálculo *m* comparativo de los costes previstos y de los costes reales
Planke [ˈplaŋkə] *f* <-, -n> tablón *m*
Plänkelei [plɛŋkəˈlaɪ] *f* <-, -en> escaramuza *f*
plänkeln [ˈplɛŋkəln] *vi* escaramuzar, pelearse
Plankosten *pl* (WIRTSCH) costes *mpl* de producción
Plankton [ˈplaŋktɔn] *nt* <-s, *ohne pl*> (BIOL) plancton *m*; **~ fressend** devorador de plancton
planktonfressend *adj s.* **Plankton**
planlos *adj* sin método, sin sistema
Planlosigkeit *f* <-, *ohne pl*> falta *f* de método [*o* de sistema]

planmäßig I. *adj* ❶ (*wie vorgesehen*) previsto; **die ~e Ankunft verzögert sich um ca. zehn Minuten** la llegada prevista se retrasa unos diez minutos ❷ (*nach Plan*) sistemático II. *adv* ❶ (*wie vorgesehen*) como estaba previsto ❷ (*nach Plan*) sistemáticamente
Planmäßigkeit *f* <-, *ohne pl*> (*systematische Art*) regularidad *f*, sistema *m*; **etw mit ~ betreiben** hacer algo con método [*o* con sistema]
Planpreis *m* <-es, -e> (WIRTSCH) costes *mpl* de producción; **Planquadrat** *nt* <-(e)s, -e> cuadrícula *f*, cuadrado *m*; **Planrechtfertigung** *f* <-, -en> (JUR) justificación *f* del plan
Planschbecken *nt* <-s, -> (pequeña) piscina *f* para niños
planschen [ˈplanʃən] *vi* chapotear (*in en*), chapalear (*in en*)
Plansoll *nt* <-s, *ohne pl*> cifra *f* de producción prevista; **Planstelle** *f* <-, -n> puesto *m* de plantilla, plaza *f* de número
Plantage [planˈtaːʒə] *f* <-, -n> plantación *f*
Plantagenwirtschaft *f* <-, *ohne pl*> economía *f* de plantación
Planumsatz *m* <-es, -sätze> cifra *f* de negocios planificada
Planung *f* <-, -en> planificación *f*; **in der ~ befindlich** en la fase de proyección
Planungsausschuss[RR] *m* <-es, -schüsse> comisión *f* de planificación, comité *m* de planificación; **Planungsbehörde** *f* <-, -n> oficina *f* de planificación; **Planungsermessen** *nt* <-s, *ohne pl*> (JUR) facultad *f* de planificación; **Planungshoheit** *f* <-, *ohne pl*> (JUR) soberanía *f* planificadora; **Planungsleitlinie** *f* <-, -n> (WIRTSCH) directiva *f* de planificación; **Planungsprozess**[RR] *m* <-es, -e> (WIRTSCH) proceso *m* de planificación; **Planungsrecht** *nt* <-(e)s, *ohne pl*> derecho *m* de planificación; **Planungsverantwortung** *f* <-, *ohne pl*> responsabilidad *f* planificadora; **Planungsverband** *m* <-(e)s, -bände> asociación *f* de proyectos
planvoll *adj* sistemático, metódico
Planvollzug *m* <-(e)s, *ohne pl*> (JUR) ejecución *f* del plan; **Planvorsprung** *m* <-(e)s, -sprünge> (WIRTSCH) avance *m* en el plan; **einen ~ erarbeiten** elaborar un avance en el plan
Planwagen *m* <-s, -> coche *m* con toldo
Planwirtschaft *f* <-, *ohne pl*> economía *f* planificada [*o* dirigida]; **Planziel** *nt* <-(e)s, -e> *s.* **Plansoll**
Plappermaul *nt* <-(e)s, -mäuler> (*fam abw*) cotorra *f*
plappern [ˈplapən] I. *vi* (*fam*) cotorrear II. *vt* (*fam*) decir
plärren [ˈplɛrən] *vi* (*abw*) ❶ (*weinen*) lloriquear ❷ (*schreien*) chillar, berrear ❸ (*Radio, Lautsprecher*) estar a tope (de volumen)
Plasma [ˈplasma] *nt* <-s, Plasmen> (BIOL, MED, PHYS) plasma *m*
Plasmabildschirm *m* <-(e)s, -e> (TECH, INFOR) panel *m* de visualización de plasma
Plasmen *pl von* **Plasma**
Plastik[1] [ˈplastɪk] *nt* <-s, *ohne pl*> (*Kunststoff*) plástico *m*
Plastik[2] [ˈplastɪk] *f* <-, -en> ❶ (KUNST) escultura *f* ❷ (MED) plastia *f*
Plastikbecher *m* <-s, -> vaso *m* de plástico; **Plastikbeutel** *m* <-s, -> bolsa *f* de plástico; **Plastikbombe** *f* <-, -n> bomba *f* de plástico; **Plastikfolie** *f* <-, -n> membrana *f* de plástico; **Plastikgeld** *nt* <-(e)s, *ohne pl*> (*fam*) dinero *m* (de) plástico, tarjeta *f* de crédito; **Plastiksprengstoff** *m* <-(e)s, -e> explosivo *m* plástico; **Plastiktüte** *f* <-, -n> bolsa *f* de plástico
Plastilin [plastiˈliːn] *nt* <-s, *ohne pl*> plastilina *f*
plastisch [ˈplastɪʃ] *adj* ❶ (*formbar*) moldeable, plástico; **~e Chirurgie** cirugía plástica ❷ (*anschaulich*) plástico; **sich** *dat* **etw ~ vorstellen** ver algo como si lo tuviera uno delante de los ojos
Plastizität [plastitsiˈtɛːt] *f* <-, *ohne pl*> plasticidad *f*
Platane [plaˈtaːnə] *f* <-, -n> plátano *m*
Plateau [plaˈtoː] *nt* <-s, -s> meseta *f*, altiplanicie *f*, altiplano *m Am*
Plateausohle *f* <-, -n>: **Schuhe mit ~** zapatos de plataforma
Platin [ˈplaːtiːn] *nt* <-s, *ohne pl*> (CHEM) platino *m*
platinblond *adj* rubio platino; **eine ~e Frau** una (mujer) rubia platino
Platine [plaˈtiːnə] *f* <-, -n> (ELEK) placa *f* de circuitos impresos
Platitude[RR] [platiˈtyːdə] *f* <-, -n> (*geh*) trivialidad *f*, insulsez *f*
Platitüde *f* <-, -n> *s.* **Platitude**, **Plattitüde**
platonisch [plaˈtoːnɪʃ] *adj* platónico
platsch [platʃ] *interj* ¡zas!
platschen [ˈplatʃən] *vi* (*fam*) chapotear
plätschern [ˈplɛtʃən] *vi* (*fam*) murmurar
platt [plat] *adj* ❶ (*flach*) llano, plano; (*~gedrückt*) aplastado; **etw ~ drücken** aplastar algo; **einen ~en Reifen haben** tener un pinchazo; **auf dem ~en Land** en pleno campo; **~ sein** (*fam*) estar sorprendido; **da bin ich aber ~** (*fam*) me dejas de piedra ❷ (*abw: geistlos*) trivial; **~e Witze machen** contar chistes vulgares

Platt [plat] *nt* <-(s), *ohne pl*> ❶ (*Plattdeutsch*) bajo alemán *m*
❷ (*reg: Dialekt*) dialecto *m;* **Hamburger ~ sprechen** hablar el dialecto de Hamburgo

plattdeutsch *adj* bajo alemán; **auf dieser Bühne werden ~e Volksstücke aufgeführt** en este teatro se representan obras en bajo alemán

Plattdeutsch *nt* <-(s), *ohne pl*>, **Plattdeutsche** *nt* <-n, *ohne pl*> bajo alemán *m*

Platte ['platə] *f* <-, -n> ❶ (*Stein~*) losa *f;* (*Holz~*) tabla *f;* (*Metall~*) plancha *f*
❷ (*Schall~*) disco *m;* **optische ~** (INFOR, TEL) disco óptico; **eine ~ auflegen** poner un disco; **die ~ kenn' ich schon!** (*fam*) ¡me conozco el rollo de memoria!
❸ (*Herd~*) fogón *m;* **den Topf von der ~ nehmen** retirar la olla del fuego
❹ (*Teller*) bandeja *f;* **kalte ~** (GASTR) fiambres *mpl*
❺ (*fam: Glatze*) calva *f*
❻ (*Wend*): **die ~ putzen** (*fam*) esfumarse

Plätteisen ['plɛtʔaɪzən] *nt* <-s, -> (*nordd*) plancha *f*

Platten: einen ~ haben tener un pinchazo

plätten ['plɛtən] *vt* (*reg*) planchar; **geplättet sein** (*fam*) quedarse con la boca abierta

Plattencover ['platənkavɐ] *nt* <-s, -(s)> cubierta *f* de disco; **Plattenfirma** *f* <-, -firmen> casa *f* productora de discos; **Plattenlabel** *nt* <-s, -s> ❶ (*Etikett*) etiqueta *f* del disco, rótulo *m* del disco ❷ (*Plattenfirma*) casa *f* (productora) de discos; **Plattenlaufwerk** *nt* <-(e)s, -e> (INFOR) unidad *f* de disco

Plattenleger(in) *m(f)* <-s, -; -, -nen> solador(a) *m(f),* embaldosador(a) *m(f)*

Plattensammlung *f* <-, -en> discoteca *f* (personal), colección *f* de discos, fonoteca *f*

Plattensee *m* <-s> Lago *m* Balatón

Plattenspeicher *m* <-s, -> (INFOR) memoria *f* de disco; **Plattenspieler** *m* <-s, -> tocadiscos *m inv;* **den ~ anstellen** poner (en marcha) el tocadiscos

Plattentektonik *f* <-, *ohne pl*> (GEO) tectónica *f* de placas

Plattenteller *m* <-s, -> plato *m* giratorio, giradiscos *m inv;* **Plattenwechsler** *m* <-s, -> cambiadiscos *m inv,* cambiador *m* de discos

Plattenweg *m* <-(e)s, -e> camino *m* de losas [*o* enlosado]

Plätterin ['plɛtərɪn] *f* <-, -nen> (*nordd: Büglerin*) planchadora *f*

Plattfisch *m* <-(e)s, -e> pez *m* teleósteo

Plattform *f* <-, -en> plataforma *f*

Plattfuß *m* <-es, -füße> ❶ (MED) pie *m* plano
❷ (*fam: am Reifen*) pinchazo *m,* reventón *m*

Plattheit¹ *f* <-, *ohne pl*> (*das Plattsein*) forma *f* plana

Plattheit² *f* <-, -en> (*Plattitüde*) trivialidad *f,* banalidad *f*

plattieren* [pla'tiːrən] *vt* (TECH) chapear

Plattitüde^RR^ [plati'tyːdə] *f* <-, -n> (*geh*) trivialidad *f,* insulsez *f*

Platz¹ [plats, *pl:* 'plɛtsə] *m* <-es, Plätze> ❶ (*Ort, Stelle*) sitio *m,* lugar *m;* **das beste Lokal am ~** el mejor local en este lugar; **das ist fehl am ~** eso está fuera de lugar; **auf die Plätze, fertig, los!** ¡preparados, listos, ya!
❷ (*öffentlicher ~*) plaza *f;* **der Rote ~** la Plaza Roja
❸ (*Sport~*) campo *m;* (*Tennis~*) pista *f;* **auf eigenem ~** en propio campo; **auf gegnerischem ~** en campo contrario; **der ~ war nicht bespielbar** el campo no reunía las condiciones necesarias de juego; **einen Spieler vom ~ stellen** sacar a un jugador del campo
❹ (*Sitz~*) sitio *m,* asiento *m;* **~ nehmen** (*geh*) tomar asiento; **bitte, nehmen Sie ~!** ¡tome asiento, por favor!; **ist noch ein ~ frei?** ¿queda algún sitio libre?; **dieser ~ ist besetzt** este asiento está ocupado; **sich von seinem ~ erheben** levantarse de su sitio; **für jdn einen ~ freihalten** reservar un sitio a alguien; **~!** (*zum Hund*) ¡siéntate!
❺ (*Teilnahme~*) plaza *f;* **es sind noch Plätze frei** todavía quedan plazas libres; **im Saal mit 500 Plätzen** una sala de 500 plazas
❻ (*Rang*) lugar *m,* puesto *m;* **auf ~ wetten** hacer una apuesta simple; **sie belegte den dritten ~** ocupó el tercer lugar; **seinen ~ behaupten** reafirmar su posición

Platz² *m* <-es, *ohne pl*> (*Raum*) sitio *m;* **~ sparend** que no ocupa mucho espacio; **etw ~ sparend hinstellen** ocupar un mínimo de espacio con algo; **da!** ¡hagan sitio!; **für jdn/etw schaffen** hacer sitio para alguien/algo; **jdm ~ machen** hacer(le) sitio a alguien; **jdm den ganzen ~ wegnehmen** quitar(le) a alguien todo el sitio

Platzangst *f* <-, -ängste> ❶ (*fam: Beklemmungszustand*) claustrofobia *f*
❷ (PSYCH) agorafobia *f*

Platzanweiser(in) *m(f)* <-s, -; -, -nen> acomodador(a) *m(f);* **Platzausnutzung** *f* <-> aprovechamiento *m* del espacio

Plätzchen ['plɛtsçən] *nt* <-s, -> (*Gebäck*) galleta *f,* pasta *f*

Platzdeckchen *nt* <-s, -> mantel *m* individual

Platzdelikt *nt* <-(e)s, -e> (JUR) delito *m* local

platzen ['platsən] *vi sein* ❶ (*Bombe, Mine*) explotar, estallar; (*Rohr, Luftballon*) reventar; (*Naht, Hose*) romperse; **ich platze, wenn ich so weiter esse** voy a reventar si sigo comiendo tanto; **ich könnte vor Wut/Ärger ~** podría reventar de rabia/de furia
❷ (*fam: scheitern*) fracasar, frustrarse; (*Termin, Vorstellung*) anularse, cancelarse; **etw ~ lassen** hacer fracasar algo; **einen Wechsel ~ lassen** no retirar una letra
❸ (*fam: hineinstürmen*) irrumpir (*in* en); **ins Zimmer ~** irrumpir en la habitación

Platzgeschäft *nt* <-(e)s, -e> (JUR) negocio *m* en plaza

Platzhalter¹ *m* <-s, -> (INFOR) fijador *m* de posiciones

Platzhalter(in)² *m(f)* <-s, -; -, -nen> (*Person*) persona que reserva un sitio libre para otra en un lugar público

Platzhalterzeichen *nt* <-s, -> (INFOR) comodín *m*

platzieren* ^RR^ [pla'tsiːrən] **I.** *vt* ❶ (*Platz anweisen*) colocar, ubicar *Am*
❷ (*zielen*) colocar, dirigir; **ein platzierter Schlag** un golpe bien colocado
II. *vr:* **sich ~** (SPORT) clasificarse

Platzierung^RR^ *f* <-, -en> ❶ (*örtlich*) colocación *f,* ubicación *f Am;* **~ von ausländischen Wertpapieren** (FIN, WIRTSCH) inversión de títulos extranjeros
❷ (SPORT) clasificación *f*

Platzkarte *f* <-, -n> reserva *f* (de asiento)

Platzkonzert *nt* <-(e)s, -e> concierto *m* en la plaza, concierto *m* público; **auf dem Rathausplatz findet ein ~ mit der örtlichen Blaskapelle statt** en la plaza del ayuntamiento tiene lugar un concierto de la banda de viento local

Platzkostenrechnung *f* <-, -en> (WIRTSCH) cálculo *m* de costes de emplazamiento

Plätzli ['plɛtsli] *nt* <-s, -> (*Schweiz*) ❶ (*Gebäck*) galleta *f,* pasta *f*
❷ (*Schnitzel*) filete *m*

Platzmangel *m* <-s, *ohne pl*> falta *f* de sitio

Platzpatrone *f* <-, -n> cartucho *m* de salvas; **Platzregen** *m* <-s, -> aguacero *m,* chaparrón *m,* invierno *m MAm, Ant*

Platzreservierung *f* <-, -en> reserva *f* (de asiento)

Platzscheck *m* <-s, -s> (JUR) cheque *m* sobre plaza

platzsparend *adj s.* **Platz²**

Platzverweis *m* <-es, -e> (SPORT) expulsión *f* del campo; **es gab zwei ~e** dos jugadores fueron expulsados del campo; **Platzwart(in)** *m(f)* <-(e)s, -e; -, -nen> (SPORT) encargado, -a *m, f* del campo; **Platzwette** *f* <-, -n> (SPORT) apuesta *f* por clasificación

Platzwunde *f* <-, -n> herida *f* abierta

Plauderei [plaʊdə'raɪ] *f* <-, -en> charla *f,* parloteo *m*

Plauderer, -in *m, f* <-s, -; -, -nen> ❶ (*Redner*) conversador(a) *m(f);* **bei ihm wird einem die Zeit nicht lang, er ist ein angenehmer ~** el tiempo no se hace largo con él, es un buen conversador
❷ (*fam: Geheimnisverräter*) chismoso, -a *m, f,* bocazas *mf inv;* **ihm darf man keine Geheimnisse anvertrauen, er ist ein ~** no se le puede confiar un secreto, es un bocazas

plaudern ['plaʊdɐn] *vi* conversar (*über* sobre), charlar (*über* sobre/de), tertuliar (*über* sobre) *Am;* **aus dem Nähkästchen ~** contar asuntos internos

Plauderstündchen *nt* <-s, -> (rato *m* de) palique *m,* cháchara *f;* **zum Kaffee komme ich auf ein ~ bei dir vorbei** me paso a tomar café contigo y nos estamos un rato de palique; **Plauderton** *m* <-(e)s, *ohne pl*> tono *m* de charla; **im ~** en tono distendido

Plausch [plaʊʃ] *m* <-(e)s, -e> ❶ (*südd, Österr: Plauderei*) charla *f,* plática *f;* **einen ~ halten** estar de cháchara
❷ (*Schweiz: fam*) diversión *f,* placer *m;* **sie hat den ~ tiene** el placer **aus** [*o* **zum**] **~** por gusto

plauschen *vi s.* **plaudern**

plausibel [plaʊ'ziːbəl] *adj* plausible; (*verständlich*) inteligible; **jdm etw ~ machen** hacer(le) algo inteligible a alguien

Plausibilität [plaʊziˌbiliˈtɛːt] *f* <-, *ohne pl*> plausibilidad *f*

Plausibilitätskontrolle *f* <-, -n> (INFOR) prueba *f* de racionalidad

Playback ['plɛrbɛk] *nt* <-s, -s>, **Play-back**^RR^ *nt* <-s, -s> play-back *m;* **Playboy** ['plɛrbɔɪ] *m* <-s, -s> play-boy *m;* **Playgirl** ['plɛrgøːɐ̯l] *nt* <-s, -s> ❶ (*Nacktmodell*) modelo *f* porno ❷ (*aus Playboy-Kreisen*) chica *f* de vida alegre

Plazenta [pla'tsɛnta] *f* <-, -s *o* Plazenten> (MED) placenta *f*

Plazet ['plaːtsɛt] *nt* <-s, -s> aprobación *f,* beneplácito *m,* plácet *m;* **sein ~ zu etw geben** dar su aprobación para algo

plazieren* *vt, vr:* **sich ~ *s.* platzieren**

Plazierung *f* <-, -en> *s.* **Platzierung**

Plebejer(in) [ple'beːjɐ] *m(f)* <-s, -; -, -nen> (HIST: *a. abw geh*) plebeyo, -a *m, f*

Plebiszit [plebɪs'tsiːt] *nt* <-(e)s, -e> (POL) plebiscito *m*

Plebs [plɛps, ple:ps] *m* <-es, *ohne pl*> (*abw geh: Pöbel*) plebe *f*

pleite ['plaɪtə] *adj* (*fam*): **~ sein** estar en quiebra [*o* en bancarrota]

Pleite ['plaɪtə] *f* <-, -n> (*fam*) ❶ (*Bankrott*) quiebra *f*; ~ **gehen** quebrar; ~ **machen** quebrar
❷ (*Misserfolg*) fracaso *m*; **mit jdm/etw** *dat* **eine ~ erleben** llevarse un chasco con alguien/algo

Pleitegeier *m* <-s, -> (*fam*): **der ~ schwebt über etw** algo está amenazado de quiebra

Plektron ['plɛktrɔn] *nt* <-s, Plektren *o* Plektra> (MUS) plectro *m*

plempern ['plɛmpɛn] *vi* (*fam: Flüssigkeit verschütten*): **mit Soße/Wein** ~ derramar salsa/vino

plemplem [plɛm'plɛm] *adj inv* (*fam*) chalado, tocado (de la pelota), mal de la chota

Plenarsaal [ple'naːɐ-] *m* <-(e)s, -säle> sala *f* plenaria [*o* de plenos]; **Plenarsitzung** *f* <-, -en> (POL) reunión *f* plenaria; **Plenarversammlung** *f* <-, -en> asamblea *f* plenaria, sesión *f* plenaria

Plenum ['pleːnʊm] *nt* <-s, Plenen> pleno *m*

Pleonasmus [pleo'nasmʊs, *pl:* pleo'nasmən] *m* <-, Pleonasmen> (LING) pleonasmo *m*

Pleuelstange ['plɔɪəl-] *f* <-, -n> (TECH) biela *f*

Plexiglas® ['plɛksi-] *nt* <-es, *ohne pl*> plexiglás® *m*

Plissee [plɪ'seː] *nt* <-s, -s> plisado *m*

plissieren* [plɪ'siːrən] *vt* plisar; **ein plissierter Rock** una falda plisada

PLO [peːʔɛl'ʔoː] *f* <-, *ohne pl*> *Abk. von* **Palestine Liberation Organization** OLP *f*

PLO-Chef *m* <-s, -s> líder *m* de la OLP

Plockwurst *f* <-, -würste> (GASTR) ≈salchichón *m* (*embutido de carne de cerdo, vacuno y tocino*)

Plombe ['plɔmbə] *f* <-, -n> ❶ (*Verschluss*) precinto *m*
❷ (*Zahnfüllung*) empaste *m*

plombieren* [plɔm'biːrən] *vt* ❶ (*versiegeln*) precintar
❷ (*Zahn*) empastar

Plot *m o nt* <-s, -s> ❶ (FILM, LIT, THEAT) trama *f*
❷ (INFOR) gráfica *f*

Plotter ['plɔte] *m* <-s, -> (INFOR) graficador *m*

Plotterpapier *nt* <-s, *ohne pl*> papel *m* para graficador

plötzlich ['plœtslɪç] I. *adj* súbito, repentino, sorpresivo *Am*, violento *Am*
II. *adv* de repente; **das kommt alles so ~** es todo tan repentino; **jetzt aber etwas [*o* ein bisschen] ~!** ¡ahora deprisa!

Pluderhose ['pluːdɐ-] *f* <-, -n> bombacho(s) *m(pl)*

Plug-In [plag-'ɪn] *nt* <-s, -s> (INFOR) plug-in *m*

plump [plʊmp] *adj* ❶ (*unförmig*) tosco
❷ (*ungelenk*) torpe; (*schwerfällig*) pesado, mazacotudo *Am*
❸ (*abw: dreist*) grosero; (*Annäherung*) torpe; (*Lüge, Schmeichelei*) barato; **~ lügen** echar [*o* contar] mentiras baratas

Plumpheit¹ *f* <-, *ohne pl*> (*das Plumpsein*) tosquedad *f*

Plumpheit² *f* <-, -en> (*plumpe Handlung*) torpeza *f*

plumps [plʊmps] *interj* ¡paf!, ¡pataplaf!

Plumps [plʊmps] *m* <-es, -e> (*fam*) batacazo *m*

plumpsen ['plʊmpsən] *vi sein* (*fam*) caer (pesadamente); **er ließ sich aufs Sofa ~** se dejó caer en el sofá como un plomo

Plumpsklo(sett) *nt* <-s, -s> (*fam*) retrete desprovisto de inodoro y agua corriente

Plunder ['plʊndɐ] *m* <-s, *ohne pl*> (*fam abw*) cachivaches *mpl*, trastos *mpl*

Plünderer ['plʏndəre] *m* <-s, ->, **Plünderin** *f* <-, -nen> saqueador(a) *m(f)*

Plundergebäck *nt* <-(e)s, *ohne pl*> (GASTR) bollo relleno, elaborado con una masa similar a la de levadura

Plünderin *f* <-, -nen> *s.* **Plünderer**

plündern ['plʏndən] *vt* saquear

Plünderung *f* <-, -en> saqueo *m*, pillaje *m*

Plündrer(in) ['plʏndre] *m(f)* <-s, -; -, -nen> *s.* **Plünderer**

Plural ['pluːraːl] *m* <-s, -e> (LING) plural *m*

Pluralismus [plura'lɪsmʊs] *m* <-, *ohne pl*> pluralismo *m*

pluralistisch *adj* pluralista

plus [plʊs] I. *konj* (MATH) más; **drei ~ drei** tres más tres
II. *präp +gen* más; **~ der Zinsen** más los intereses
III. *adv* ❶ (MATH) más; **minus fünf ~ sieben ist ~ zwei** menos cinco más siete igual a más dos
❷ (METEO) sobre cero; **10 Grad ~** 10 grados sobre cero
❸ (ELEK) **der Strom fließt von ~ nach minus** la corriente pasa del polo positivo al negativo

Plus [plʊs] *nt* <-, *ohne pl*> ❶ (*Überschuss*) excedente *m*, superávit *m*; **ein ~ in der Kasse haben** tener un superávit en la caja; **ein ~ erwirtschaften** registrar ganancias; **die Firma befindet sich im ~** la empresa tiene saldo
❷ (*Vorzug*) ventaja *f*; **ein weiteres ~ dieses Modells ist der geringe Benzinverbrauch** otra ventaja de este modelo es el bajo consumo de gasolina

Plüsch [plyʃ] *m* <-(e)s, -e> peluche *m*

Plüschtier *nt* <-(e)s, -e> animal *m* de peluche, muñeco *m* de peluche

Pluspol *m* <-s, -e> (ELEK, PHYS) polo *m* positivo; **Pluspunkt** *m* <-(e)s, -e> lado *m* positivo, ventaja *f*

Plusquamperfekt ['plʊskvampɛrfɛkt] *nt* <-s, -e> (LING) pluscuamperfecto *m*

plustern ['pluːstɐn] *vt* inflar, hinchar

Pluszeichen *nt* <-s, -> signo *m* de adición, (signo *m* de) más *m*

Pluto ['pluːto] *m* <-s, *ohne pl*> (ASTR) plutón *m*

Plutonium [plu'toːnium] *nt* <-s, *ohne pl*> (CHEM) plutonio *m*

PLZ *Abk. von* **Postleitzahl** código *m* postal

Pneu [pnøː] *m* <-s, -s> (*Schweiz, reg*) neumático *m*

pneumatisch [pnɔɪ'maːtɪʃ] *adj* (TECH) neumático

Po¹ [poː] *m* <-s, -s> (*fam*) culito *m*, culete *m*, trasero *m*, pompis *m inv*

Po² (CHEM) *Abk. von* **Polonium** Po

Pöbel ['pøːbəl] *m* <-s, *ohne pl*> (*abw*) plebe *f*, lumpen *m Am*, pacotilla *f Am*

Pöbelei [pøːbə'laɪ] *f* <-, -en> (*fam*) plebeyada *f*

pöbelhaft *adj* grosero, vulgar

pöbeln ['pøːbəln] *vi* (*fam*) chinchar, meter caña

pochen ['pɔxən] *vi* ❶ (*klopfen*) golpear (*an/gegen* en), dar golpes (*an/gegen* en)
❷ (*geh: Herz*) latir
❸ (*geh: bestehen*): **auf etw ~** reclamar algo, insistir en algo; **auf sein Recht ~** reclamar sus derechos

pochieren* [pɔ'ʃiːrən] *vt* (GASTR) escalfar

Pocke ['pɔkə] *f* <-, -n> (MED) (pústula *f* de la) viruela *f*

Pocken ['pɔkən] *fpl* (*Infektionskrankheit*) viruela *f*

Pockenimpfung *f* <-, -en> vacunación *f* antivariólica; **Pockennarbe** *f* <-, -n> cicatriz *f* de (la) viruela

pockennarbig *adj* picoso, picado de viruelas

Pockenschutzimpfung *f* <-, -en> *s.* **Pockenimpfung**

Pocketkamera *f* <-, -s> (FOTO) (cámara *f*) pocket *f*

Podest [po'dɛst] *m o nt* <-(e)s, -e> ❶ (*Podium*) estrado *m*, podio *m*
❷ (*reg: Treppenabsatz*) descansillo *m*, rellano *m*

Podex ['poːdɛks] *m* <-(e)s, -e> (*fam*) pompis *m inv*, trasero *m*

Podium ['poːdium] *nt* <-s, Podien> estrado *m*; **auf dem ~ saßen ...** en el estrado estaban sentados...

Podiumsdiskussion *f* <-, -en>, **Podiumsgespräch** *nt* <-(e)s, -e> mesa *f* redonda

Podsol *m* <-s, *ohne pl*> podzol *m*

Poesie [poe'ziː] *f* <-, *ohne pl*> poesía *f*

Poesiealbum *nt* <-s, -alben> álbum *m* de poesías, recordatorio *m*

Poet(in) [po'eːt] *m(f)* <-en, -en; -, -nen> poeta, -isa *m, f*

Poetik [po'eːtɪk] *f* <-, -en> poética *f*

Poetin *f* <-, -nen> *s.* **Poet**

poetisch [po'eːtɪʃ] *adj* poético

pofen *vi* (*fam*) ❶ (*schlafen*) sobar *sl*; **wo ist denn Christoph? – der poft schon** ¿dónde está Christoph? – se ha quedado frito
❷ (*unaufmerksam sein*) estar en Babia; **dass ich den Fehler nicht gesehen habe! da muss ich gepoft haben** ¡cómo no habré visto el error, en qué estaría pensando!; **die Ampel ist doch grün, Mensch, du pofst wohl** pero hombre, que el semáforo está verde, ¿es que estás en Babia?

Pogrom [po'groːm] *m o nt* <-s, -e> pogromo *m*

Pointe ['poɛ̃tə] *f* <-, -n> punto *m* culminante; (*beim Witz*) gracia *f*

Pointer ['pɔɪntɐ] *m* <-s, -> (INFOR) puntero *m*, apuntador *m*

pointieren* [poɛ̃'tiːrən] *vt* (*geh: hervorheben*) realzar, destacar, resaltar; **er pointierte bewusst die Tatsache, dass ...** hizo conscientemente hincapié en que...

pointiert [poɛ̃'tiːɐt] I. *adj* (*geh*) agudo
II. *adv* (*geh*) con agudeza

Poissongleichung [pwa'sõglaɪçʊŋ] *f* <-, *ohne pl*> (PHYS) ecuación *f* de Poisson

Pokal [po'kaːl] *m* <-s, -e> (*a.* SPORT) copa *f*; **aus einem ~ trinken** beber de una copa

Pokalsieger(in) *m(f)* <-s, -; -, -nen> (SPORT) ganador(a) *m(f)* de la copa; **Pokalspiel** *nt* <-(e)s, -e> (SPORT) partido *m* de copa

Pökelfleisch ['pøːkəl-] *nt* <-(e)s, *ohne pl*> carne *f* salada

pökeln ['pøːkəln] *vt* salar

Poker ['poːke] *m o nt* <-s, *ohne pl*> póquer *m*, póker *m*

Pokerface [-fɛɪs] *m* <-, -s>, **Pokergesicht** *nt* <-(e)s, -er> cara *f* de póker, rostro *m* calculador

pokern ['poːkən] *vi* ❶ (*Poker spielen*) jugar al póquer
❷ (*ein Risiko eingehen*) jugar(se) (*um*); **wir müssen hoch ~** tenemos que arriesgarnos

Pol [poːl] *m* <-s, -e> (*a.* PHYS, ELEK, ASTR, GEO) polo *m*; **negativer/positiver ~** polo negativo/positivo; **sie ist der ruhende ~ in der Gruppe** ella es el remanso de tranquilidad dentro del grupo

polar [po'laːɐ] *adj* polar

Polareis nt <-es, ohne pl> hielo m polar; **Polarexpedition** f <-, -en> expedición f al Polo; **Polarforscher(in)** m(f) <-s, -; -, -nen> explorador(a) m(f) de las regiones polares; **Polarfront** f <-, -en> (METEO) frente m polar; **Polargebiet** nt <-(e)s, -e> región f polar, zona f polar

Polarimeter nt <-s, -> (PHYS) polarímetro m

Polarisation [polariza'tsjo:n] f <-, -en> (a. CHEM, PHYS, POL) polarización f

polarisieren* [polari'zi:rən] I. vt (a. CHEM, PHYS, POL) polarizar
II. vr: **sich ~** polarizarse

Polarisierung f <-, -en> (a. CHEM, PHYS, POL) polarización f; **die ~ des Lichtes** la polarización de la luz; **die Diskussion führte zu einer ~ der Positionen** la discusión provocó una polarización de las opiniones

Polarität [polari'tɛ:t] f <-, -en> (a. CHEM, PHYS) polaridad f

Polarkreis m <-es, -e> círculo m polar; **nördlicher/südlicher ~** círculo polar ártico/antártico; **Polarlicht** nt <-(e)s, -er> luz f polar; **Polarstern** m <-(e)s, ohne pl> estrella f polar; **Polarzone** f <-, -n> zona f glacial [o polar]

Polder ['pɔlde] m <-s, -> pólder m

Pole, -in ['po:lə] m, f <-n, -n; -, -nen> polaco, -a m, f

Polemik [po'le:mɪk] f <-, -en> polémica f

polemisch adj polémico; **sich ~ äußern** hacer declaraciones controvertidas

polemisieren* [polemi'zi:rən] vi polemizar (gegen contra)

Polen [po:lən] nt <-s> Polonia f; **noch ist ~ nicht verloren** todavía no se ha dicho la última palabra

Polente [po'lɛntə] f <-, ohne pl> (fam) poli f, cana f RíoPl

Police [po'li:s(ə)] f <-, -n> póliza f (del seguro)

Polier [po'li:e] m <-s, -e> capataz m (en la construcción)

polieren* [po'li:rən] vt pulir; (Schuhe, Möbel) lustrar, sacar brillo (a), abrillantar; (Metall) bruñir; (Stil, Ausdruck) pulir; **jdm die Fresse ~** (fam) romperle los morros a alguien, partirle la boca a alguien

Poliermittel nt <-s, -> (limpiador m) abrillantador m; **Poliertuch** nt <-(e)s, -tücher> paño m para sacar brillo; **Polierwachs** nt <-es, ohne pl> cera f de pulir

Poliklinik ['po:liklɪnɪk] f <-, -en> policlínico m, policlínica f

Polin ['po:lɪn] f <-, -nen> s. **Pole**

Polio ['po:lio] f <-, ohne pl> (MED) polio f

Politbüro [po'lɪt-] nt <-s, -s> politburó m

Politesse [poli'tɛsə] f <-, -n> mujer f policía

Political Correctness [pɔʊ'lɪtɪkəl kə'rɛktnɪs] f <- -, ohne pl> rectitud f política

Politik [poli'ti:k, poli'tɪk] f <-, -en> política f; **grüne ~** política de Los Verdes; **in die ~ gehen** entrar en la política; **eine bestimmte ~ vertreten/verfolgen/betreiben** representar/seguir/practicar una política determinada

Politika pl von **Politikum**

Politiker(in) [po'li:tike] m(f) <-s, -; -, -nen> político, -a m, f

Politikum [po'li:tikʊm, pl: po'li:tika] nt <-s, Politika> cuestión f política, asunto m político

Politikverdrossenheit f <-, ohne pl> desgana f política, desencanto m político; **Politikwissenschaft** f <-, ohne pl> ciencias fpl políticas

politisch [po'li:tɪʃ, po'lɪtɪʃ] adj político; **~er Beamter** oficial político; **~er Beobachter** analista político; **~e Schulung** educación política; **ein ~ Verfolgter/~er Häftling** un perseguido/preso político; **~e Entscheidungen treffen** tomar decisiones políticas; **sich ~ engagieren** comprometerse políticamente; **jdn ~ unterstützen** apoyar la política de alguien

Politische(r) mf <-n, -n; -n, -n> (fam: politischer Häftling) preso, -a m, f político, -a

politisieren* [politi'zi:rən] I. vi politiquear
II. vt politizar

Politisierung f <-, ohne pl> politización f

Politologe, -in [polito'lo:gə] m, f <-n, -n; -, -nen> politólogo, -a m, f; cientista mf político, -a Am

Politologie [politolo'gi:] f <-, ohne pl> ciencias fpl políticas

Politologin f <-, -nen> s. **Politologe**

Politur [poli'tu:e] f <-, -en> ❶ (~schicht) capa f de pulimiento
❷ (Mittel) abrillantador m, pulimento m

Polizei [poli'tsaɪ] f <-, -en> policía f; **berittene ~** policía montada; **er ist bei der ~** es policía; **die ~ rufen** llamar a la policía; **der ist dümmer als die ~ erlaubt!** (fam) ¡es más tonto que donde los hacen!

Polizeiaufgebot nt <-(e)s, -e> despliegue m policial [o de fuerzas policiales]; **Polizeiaufsicht** f <-, ohne pl> vigilancia f policial; **Polizeibeamte(r)** mf <-n, -n; -n, -n>, **-beamtin** f <-, -nen> funcionario, -a m, f de policía, agente mf de policía; **Polizeibehörde** f <-, -n> jefatura f de policía; **Polizeibezirk** m <-(e)s, -e> circunscripción f policial; **Polizeibuße** f <-, -n> (Schweiz) multa f; **Polizeichef(in)** m(f) <-s, -s; -, -nen> jefe, -a m, f de policía; **Polizeidienststelle** f <-, -n> comisaría f de policía; **Polizeidirektion** f <-, -en> jefatura f de policía; **Polizeieinheit** f <-, -en> unidad f de policía; **Polizeifunk** m <-s, ohne pl> emisora f de la policía; **Polizeigesetz** nt <-es, -e> ley f de policía; **Polizeigewalt** f <-, ohne pl> fuerza f policial; **Polizeigriff** m <-(e)s, -e>: **im ~ abführen** llevar preso con las manos esposadas a la espalda; **Polizeihund** m <-(e)s, -e> perro m policía; **Polizeikette** f <-, -n> s. Polizeikordon; **Polizeikommissar(in)** m(f) <-s, -e; -, -nen> inspector(a) m(f), comisario, -a m, f de policía; **Polizeikordon** m <-s, -e/-s; Österr: -e> cordón m policial

polizeilich I. adj policial; **ein ~es Führungszeugnis** un certificado policial
II. adv por la policía; **er wird ~ überwacht** es vigilado por la policía; **das ist ~ verboten** está prohibido por la policía

Polizeiposten m <-s, -> (Schweiz) comisaría f de policía; **Polizeipräsenz** f <-, ohne pl> presencia f policial; **Polizeipräsident(in)** m(f) <-en, -en; -, -nen> jefe, -a m, f superior de la Policía; **Polizeipräsidium** nt <-s, -präsidien> Jefatura f Superior de Policía; **Polizeirat** m <-(e)s, -räte> comisario m; **Polizeirevier** nt <-s, -e> comisaría f (de policía), delegación f Mex; **Polizeischutz** m <-es, ohne pl> protección f policial; **unter ~ stehen** encontrarse bajo protección policial; **Polizeispitzel** m <-s, -> espía mf para la policía; **Polizeisprecher(in)** m(f) <-s, -; -, -nen> portavoz mf de la policía; **Polizeistaat** m <-(e)s, -en> estado m de régimen policial; **Polizeistreife** f <-, -n> patrulla f de policía; **Polizeistunde** f <-, -n> hora f de cierre; **Polizeivollzugsbeamte(r)** mf <-n, -n; -n, -n>, **-beamtin** f <-, -nen> agente mf de policía; **Polizeiwache** f <-, -n> comisaría f (de policía)

Polizist(in) [poli'tsɪst] m(f) <-en, -en; -, -nen> policía mf, guardia mf fam, vigilante mf CSur; **~in im Streifendienst** policía en patrulla de servicio

Polka ['pɔlka] f <-, -s> (MUS) polca f

Polkappe f <-, -n> capa f de hielo polar

Pollen ['pɔlən] m <-s, -> (BOT) polen m

Pollenallergie f <-, -n> alergia f al polen

Pollenflug m <-(e)s, ohne pl> concentración f de polen en el aire; **starker/schwacher ~** alta/baja concentración de polen en el aire; **Pollenflugkalender** m <-s, -> calendario m de polen en el aire; **Pollenflugvorhersage** f <-, -n> pronóstico m de la concentración de polen en el aire

Poller ['pɔlɐ] m <-s, -> (NAUT) bolardo m, noray m

Pollination f <-, -en> (BOT) polinación f

Pollinosis f <-, ohne pl> (MED) polinosis f inv

Pollution [pɔlu'tsjo:n] f <-, -en> (geh) polución f

polnisch ['pɔlnɪʃ] adj polaco

Polnisch nt <-(s)>, **Polnische** nt <-n, ohne pl> polaco m; **sprechen Sie ~?** ¿habla (usted) polaco?

Polo ['po:lo] nt <-s, ohne pl> (SPORT) polo m

Polohemd nt <-(e)s, -en> polo m

Polonaise f <-, -n>, **Polonäse** [polo'nɛ:zə] f <-, -n> polonesa f (baile o juego en el que, con las manos en la cintura o encima de los hombros de la persona de delante, se forma una fila que recorre la casa)

Polonium [po'lo:nium] nt <-s, ohne pl> (CHEM) polonio m

Polpaar nt <-(e)s, -e> (CHEM) par m polar

Polster ['pɔlste] nt <-s, -> ❶ (Kissen) colchón m; **sich in die ~ zurückfallen lassen** tirarse sobre el colchón
❷ (in Kleidung) hombrera f
❸ (Rücklage) reserva f; **ein finanzielles ~** ahorros mpl

Polsterer, -in m, f <-s, -; -, -nen> tapicero, -a m, f

Polstergarnitur f <-, -en> tresillo m

Polsterin f <-, -nen> s. **Polsterer**

Polstermöbel nt <-s, -> mueble m tapizado

polstern ['pɔlsten] vt ❶ (beziehen) tapizar
❷ (ausstopfen) acolchar

Polstersessel m <-s, -> sillón m (tapizado)

Polsterung f <-, -en> ❶ (das Polstern) acolchado m
❷ (Polster) colchón m

Polterabend m <-s, -e> ≈despedida f de solteros (fiesta anterior a la boda en la que se rompe vajilla contra el suelo para ahuyentar las malas influencias); **Poltergeist** m <-(e)s, -er> ≈trasgo m (ser fantástico que se manifiesta a través de golpes y rotura de objetos)

poltern ['pɔlten] vi ❶ (lärmen) alborotar, hacer ruido; **jemand poltert an der Haustür** hay alguien dando golpes en la puerta
❷ sein (sich bewegen) moverse con ruido; (fallen) caerse con estrépito
❸ (schimpfen) gritar, vociferar
❹ (fam: Polterabend feiern) celebrar la despedida de solteros

Polyamid [polya'mi:t] nt <-(e)s, -e> (CHEM, TECH) poliamida f

Polyäthylen [polyɛty'le:n] nt <-s, -e> (CHEM, TECH) polietileno m

Polyester [poly'ɛste] m <-s, -> (CHEM, TECH) poliéster m

Polyfonie[RR] f <-, ohne pl> s. **Polyphonie**

polygam [poly'ga:m] adj (a. BOT) polígamo

Polygamie [polyga'mi:] f <-, ohne pl> (a. BOT) poligamia f

polyglott [poly'glɔt] *adj* políglota
Polykondensatkunststoff *m* <-(e)s, -e> plástico *m* de policondensado
Polymer [poly'me:ɐ] *nt* <-s, -e> (CHEM) polímero *m*
Polymerisationsstufe *f* <-, -n> (CHEM) grado *m* de polimerización
Polymerisierung [polymeri'ziːrʊŋ] *f* <-, -en> polimerización *f*
Polymorphie *f* <-, *ohne pl*> polimorfía *f*
Polyp [po'lyːp] *m* <-en, -en> ① (BIOL, MED) pólipo *m*
② (*fam: Polizist*) polizonte *m*
polyphag *adj* (BIOL) polífago
Polyphonie [polyfo'niː] *f* <-, *ohne pl*> (MUS) polifonía *f*
Polypol *nt* <-s, -e> (WIRTSCH) polipolio *m*
polysaprob *adj* polisaprobio
Polysemie [polyze'miː] *f* <-, *ohne pl*> (LING) polisemia *f*
Polytechnikum [poly'tɛçnikʊm, *pl*: poly'tɛçnika] *nt* <-s, -technika> Escuela *f* Superior de Ingeniería [*o* Politécnica]
Polytheismus [polyte'ɪsmʊs] *m* <-, *ohne pl*> (REL) politeísmo *m*
Polyurethan [polyure'taːn] *nt* <-s, -e> (CHEM) poliuretano *m*
Polyvinylchlorid [polyviː'nyːlkloriːt] *nt* <-(e)s, -e> (CHEM) polivinilcloruro *m*, cloruro *m* de polivinilo
Pomade [po'maːdə] *f* <-, -n> pomada *f* para el pelo, gomina *f*
Pomeranze [pomə'rantsə] *f* <-, -n> ① (*Baum*) naranjo *m* amargo
② (*Frucht*) naranja *f* agria
Pommern ['pɔmɐn] *nt* <-s> Pomerania *f*
Pommes ['pɔməs] *pl* (*fam*), **Pommes frites** [pɔm'frɪt] *pl* patatas *fpl* fritas
Pomp [pɔmp] *m* <-(e)s, *ohne pl*> pompa *f*
Pompeji *nt* <-s> Pompeya *f*
Pompon [põː'põː, pɔm'põ] *m* <-s, -s> pompón *m*
pompös [pɔm'pøːs] *adj* pomposo, ostentoso
Poncho ['pɔntʃo] *m* <-s, -s> poncho *m*, sarape *m Mex*
Pontifikat [pɔntifiˈkaːt] *m o nt* <-(e)s, -e> (REL) pontificado *m*
Pontius ['pɔntsiʊs]: **von ~ zu Pilatus laufen** (*fam*) andar de la ceca a la Meca; **jdn von ~ zu Pilatus schicken** mandar a alguien de un sitio a otro
Ponton [pɔn'tõː] *m* <-s, -s> (NAUT, MIL) pontón *m*
Pontonbrücke *f* <-, -n> puente *m* flotante [*o* de pontones]
Pony¹ ['pɔni] *nt* <-s, -s> (*Pferd*) poney *m*
Pony² ['pɔni] *m* <-s, -s> (*Frisur*) flequillo *m*; **du hast wohl eine Meise unterm ~!** (*fam*) ¡debes tener un tornillo suelto!
Pool [puːl] *m* <-s, -s> ① (*Schwimmbad*) piscina *f*
② (WIRTSCH) pool *m*, grupo *m*
Poolbillard *nt* <-s, *ohne pl*> billar *m*
Pop [pɔp] *m* <-(s), *ohne pl*> (música *f*) pop *m*
Popanz ['poːpants] *m* <-es, -e> (*abw*) ① (*zur Einschüchterung*) espantajo *m*
② (*Person*) títere *m*
Pop-Artᴿᴿ ['pɔpʔaːɐt] *f* <-, *ohne pl*> pop-art *m*
Popcorn ['pɔpkɔrn] *nt* <-s, *ohne pl*> palomitas *fpl* (de maíz), pororó *m CSur*
Pope ['poːpə] *m* <-n, -n> pope *m*
Popel ['poːpəl] *m* <-s, -> (*fam*) moco *m* (seco)
popelig *adj* (*fam*) ① (*armselig*) mísero, pobre
② (*gewöhnlich*) normal y corriente; **so viel Aufhebens wegen diesem ~en Kerl** tanto alboroto por un tipo tan corriente y moliente
Popelin [popə'liːn] *m* <-s, -e> popelín *m*, popelina *f*
popeln ['poːpəln] *vi* (*fam*) hurgarse; **in der Nase ~** hurgarse en la nariz
Popfan *m* <-s, -s> popero *m fam*; **Popfestival** *nt* <-s, -s> festival *m* (de) pop; **Popgruppe** *f* <-, -n> grupo *m* (de) pop, banda *f* (de) pop
Popmusik ['pɔpmuːziːk] *f* <-, *ohne pl*> música *f* pop
Popo [po'poː, '--] *m* <-s, -s> (*fam*) trasero *m*
Popper(in) ['pɔpɐ] *m(f)* <-s, -; -, -nen> pijo, -a *m, f*
poppig ['pɔpɪç] *adj* (*fam*) pop
Popsänger(in) *m(f)* <-s, -; -, -nen> cantante *mf* (de) pop; **Popstar** <-s, -s> estrella *f* del pop; **Popszene** *f* <-, *ohne pl*> mundillo *m* del pop
populär [popu'lɛːɐ] *adj* popular
popularisieren* [populari'ziːrən] *vt* popularizar
Popularität [populari'tɛːt] *f* <-, *ohne pl*> popularidad *f*
Popularklage *f* <-, -n> (JUR) acción *f* popular
populärwissenschaftlich *adj* de divulgación, pseudocientífico
Population [popula'tsjoːn] *f* <-, -en> (BIOL) población *f*
Populismus [popu'lɪsmʊs] *m* <-, *ohne pl*> ① (POL) populismo *m*
② (LIT) popularismo *m*
Populist(in) [popu'lɪst] *m(f)* <-en, -en; -, -nen> (POL) populista *mf*
populistisch *adj* (POL) populista; **mit ~en Parolen** con consignas populistas
Pore ['poːrə] *f* <-, -n> poro *m*; **aus allen ~n schwitzen** sudar a chorros; **aus allen ~n stinken** apestar a sudor

Porno ['pɔrno] *m* <-s, -s> (*fam: ~film*) película *f* porno; (*~roman*) novela *f* porno
Pornofilm *m* <-(e)s, -e> película *f* porno(gráfica)
Pornografieᴿᴿ [pɔrnogra'fiː] *f* <-, *ohne pl*> pornografía *f*
pornografischᴿᴿ [pɔrno'graːfɪʃ] *adj* pornográfico
Pornographie *f* <-, *ohne pl*> *s*. **Pornografie**
pornographisch *adj s*. **pornografisch**
porös [po'røːs] *adj* poroso
Porosität [porozi'tɛːt] *f* <-, *ohne pl*> porosidad *f*
Porphyr ['pɔrfyːɐ, -'-] *m* <-s, -e> (GEO) pórfido *m*
porphyrisch [pɔr'fyːrɪʃ] *adj* (GEO) porfídico
Porree ['pɔre] *m* <-s, -s> puerro *m*
Port *m* <-s, -s> (INFOR, TEL) puerto *m*
Portabilität *f* <-, *ohne pl*> (INFOR) portabilidad *f*
Portable ['pɔrtəbəl] *m o nt* <-s, -s> (*Fernseher*) televisor *m* portátil; (*Radio*) radio *f* portátil
Portal [pɔr'taːl] *nt* <-s, -e> portal *m*
Portefeuille [pɔrt(ə)'føːj] *nt* <-s, -s> (POL) cartera *f*; (WIRTSCH) cartera *f* de valores; **Ministerin ohne ~** ministra sin cartera
Portefeuille-Effekten *pl* (FIN) valores *mpl* y títulos en cartera; **Portefeuille-Strukturierung** *f* <-, -en> (FIN) estructuración *f* de la cartera de valores; **Portefeuille-Umschichtung** *f* <-, -en> (FIN) modificación *f* de la cartera de valores
Portemonnaie [pɔrtmɔ'neː] *nt* <-s, -s> *s*. **Portmonee**
Porti ['pɔrti] *pl von* **Porto**
Portier [pɔr'tjeː] *m* <-s, -s> portero *m*
portieren* [pɔr'tiːrən] *vt* ① (*Schweiz*) proponer como candidato
② (INFOR) transferir
Portion [pɔr'tsjoːn] *f* <-, -en> ración *f*; **eine halbe ~** (*fam*) poquita cosa; **eine ~ Sahne** una porción de nata; **eine gute ~ Neugier** una buena dosis de curiosidad
Portmoneeᴿᴿ [pɔrtmɔ'neː] *nt* <-s, -s> monedero *m*, portamonedas *m inv Chil, Ven*
Porto ['pɔrto] *nt* <-s, -s *o* Porti> franqueo *m*; (*Versandkosten*) gastos *mpl* de envío
portofrei *adj* exento de franqueo
Portokasse *f* <-, -n> caja *f* menor
portopflichtig *adj* sujeto a franqueo
Porträt [pɔr'trɛː] *nt* <-s, -s> retrato *m*
Porträtaufnahme *f* <-, -n> (FOTO) retrato *m* (de medio cuerpo)
porträtieren* [pɔrtrɛ'tiːrən] *vt* retratar, hacer un retrato (de)
Porträtist(in) *m(f)* <-en, -en; -, -nen> (KUNST, FOTO) retratista *mf*
Porträtmaler(in) *m(f)* <-s, -; -, -nen> (KUNST) retratista *mf*
Portugal ['pɔrtugal] *nt* <-s> Portugal *m*
Portugiese, -in [pɔrtu'giːzə] *m, f* <-n, -n; -, -nen> portugués, -esa *m, f*
portugiesisch *adj* portugués
Portugiesisch *nt* <-(s), *ohne pl*>, **Portugiesische** *nt* <-n, *ohne pl*> portugués *m*; **einen Text ins ~e übersetzen** traducir un texto al portugués; **wie gut sind Sie im ~en?** ¿qué nivel de portugués tiene usted?
Portwein ['pɔrtvaɪn] *m* <-(e)s, -e> (vino *m* de) Oporto *m*
Porzellan [pɔrtsɛ'laːn] *nt* <-s, -e> porcelana *f*; **er hat mit seinem losen Mundwerk schon viel ~ zerschlagen** (*fam*) ya hizo mucho daño con su chismorreo
Porzellangeschirr *nt* <-s, *ohne pl*> vajilla *f* de porcelana; **Porzellanladen** *m* <-s, -läden> tienda *f* de porcelana; **er benimmt sich wie ein Elefant im ~** (*fam*) se comporta como un elefante en una cacharrería; **Porzellanmanufaktur** *f* <-, -en> manufactura *f* de porcelana; **Porzellanschale** *f* <-, -n> fuente *f* de porcelana; **Porzellantiegel** *m* <-s, -> crisol *m* de porcelana
Posaune [po'zaʊnə] *f* <-, -n> trombón *m*; **~ spielen** [*o* **blasen**] tocar el trombón
posaunen* I. *vi* ① (*Posaune blasen*) tocar el trombón; **was, du bist Musiker? – ja, ich posaune im Orchester der Philharmonie** ¡anda!, ¿eres músico? – sí, toco el trombón en la Orquesta Filarmónica
② (*fam: reden*): **von etw** *dat* **~** pregonar algo
II. *vt* (*fam: aus~*) pregonar; **etw überallhin ~** proclamar algo a los cuatro vientos
Posaunenbläser(in) *m(f)* <-s, -; -, -nen> trombón *mf*; **an jedem Adventssonntag spielen ~ vom Kirchturm** todos los domingos de Adviento los trombones tocan desde la torre de la iglesia
Posaunist(in) [pozaʊ'nɪst] *m(f)* <-en, -en; -, -nen> trombón *mf*
Pose ['poːzə] *f* <-, -n> pose *f*, postura *f*; **sich in ~ werfen** ponerse en pose; **das ist bei ihm nur ~** sólo es una pose suya
posieren* [po'ziːrən] *vi* posar
Position [pozi'tsjoːn] *f* <-, -en> ① (*Standpunkt, Lage*) posición *f*; **eine bestimmte ~ vertreten/beziehen** defender/tomar una determinada posición; **auf einer ~ beharren** mantener una posición
② (*im Beruf*) puesto *m*, cargo *m*
③ (WIRTSCH) partida *f*; **~en glattstellen** equilibrar posiciones

Positionsbereinigung *f* <-, -en> (WIRTSCH) corrección *f* de partidas;
Positionslicht *nt* <-(e)s, -er> (AERO, NAUT) luz *f* de posición [*o* de situación]
positiv ['po:ziti:f] *adj* (*a.* PHYS, MATH, FOTO) positivo; ~ **zu etw stehen** tener una actitud positiva con respecto a algo; **sich auf etw ~ auswirken** tener efectos positivos sobre algo; **du hast dich ~ verändert** has dado un cambio para mejor; **ein ~er Befund** (MED) un resultado positivo
Positiv¹ ['po:ziti:f] *m* <-s, -e> (LING) positivo *m*
Positiv² *nt* <-s, -e> (FOTO) positivo *m*
Positivbeweis *m* <-es, -e> (JUR) prueba *f* positiva
Positur [pozi'tu:ɐ] *f* <-, -en> postura *f*; **sich in ~ setzen** [*o* **werfen**] (*fam*) adoptar una postura afectada
Posse ['pɔsə] *f* <-, -n> farsa *f*
possenhaft *adj* cómico
Possessiva *pl von* **Possessivum**
Possessivpronomen ['pɔsɛsi:f-, pɔsɛ'si:f-] *nt* <-s, *o* -pronomina> (LING), **Possessivum** [pɔsɛ'si:vʊm, *pl*: pɔsɛ'si:va] *nt* <-s, Possessiva> (LING) pronombre *m* posesivo
possessorisch *adj* (JUR) posesorio
possierlich [pɔ'si:ɐlɪç] *adj* mono, gracioso
Post [pɔst] *f* <-, *ohne pl*> ❶ (*Institution*) Correos *mpl*; (*Postamt*) (oficina *f* de) Correos *mpl*; **die ~ ist von 8 bis 18 Uhr geöffnet** Correos está abierto de 8 a 18 horas; **einen Brief auf die ~ bringen** echar una carta en Correos; **Geld auf der ~ einzahlen** hacer un pago en Correos; **Pakete bei der ~ abholen** recoger paquetes en Correos; **ich muss noch zur ~** aún tengo que ir a Correos; **sie arbeitet** [*o* **ist**] **bei der ~** trabaja en Correos; **etw mit der ~ verschicken** mandar algo por correo; **eine Zeitung durch die ~ beziehen** abonar un periódico por correo ❷ (*Sendung*) correo *m*; **elektronische ~** correo electrónico; **die ~ öffnen/durchsehen** abrir/mirar el correo; **die ~ erledigen/beantworten** despachar/contestar el correo; **war die ~ schon da?** (*fam*) ¿ya ha llegado el correo?; **die ~ austragen** repartir el correo; **mit getrennter ~** en correo aparte, por correo separado; **mit gleicher ~** con el mismo envío; **hier geht die ~ ab** (*fam*) esto es de locura
postalisch [pɔs'ta:lɪʃ] *adj* postal
Postamt *nt* <-(e)s, -ämter> (oficina *f* de) Correos *mpl*; **Postanweisung** *f* <-, -en> ❶ (*Geldsendung*) giro *m* postal ❷ (*Formular*) formulario *m* para un giro postal; **Postausgang** *m* <-(e)s, -gänge> correspondencia *f* de salida; **Postauto** *nt* <-s, -s> coche *m* de correos; **Postbank** *f* <-, -en> ≈Caja *f* Postal; **Postbarscheck** *m* <-s, -s> cheque *m* postal en efectivo; **Postbeamte(r)** *mf* <-n, -n; -n, -n>, **-beamtin** *f* <-, -nen> funcionario, -a *m, f* postal [*o* de Correos]; **Postbezug** *m* <-(e)s, -züge> (*formal*) adquisición *f* por la oficina de correos; **Postbote, -in** *m, f* <-n, -n; -, -nen> cartero, -a *m, f*
Postdienst¹ *m* <-(e)s, *ohne pl*> servicio *m* postal, servicio *m* de Correos
Postdienst² *m* <-(e)s, -e> servicio *m* postal
Posteingang *m* <-(e)s, -gänge> correspondencia *f* de entrada
posten ['pɔstən] **I.** *vt* (*Schweiz: einkaufen*) comprar **II.** *vi* (*Schweiz: Botengänge machen*) hacer recados
Posten ['pɔstən] *m* <-s, -> ❶ (*Stellung*) puesto *m*, empleo *m*; (*Amt*) cargo *m*; **einen ruhigen ~ haben** (*fam*) tener un empleo tranquilo ❷ (MIL) puesto *m*; **nicht auf dem ~ sein** (*fam*) no estar bien de salud; **auf verlorenem ~ kämpfen** luchar por una causa perdida ❸ (*Person*) guardia *mf*; (MIL) centinela *f* ❹ (*Warenmenge*) lote *m*, partida *f*; **einen ~ belasten/gutschreiben** gravar/abonar una partida; **einen ~ nachtragen/stornieren** añadir/anular una partida; **einen ~ umbuchen** cambiar la reserva de una partida por otra ❺ (*Einzel-*) partida *f*; **budgetärer ~** partida presupuestaria; **die Liste ~ für ~ durchgehen** revisar la lista partida por partida
postenweise *adv* por partidas, en partidas
Poster ['po:stɐ] *nt* <-s, -(s)> póster *m*
Postfach *nt* <-(e)s, -fächer> apartado *m* de Correos, apartado *m* postal, casilla *f* (de correo) *Am*, box *m MAm*
postfertig *adj* listo para enviar por correo
Postgebühr *f* <-, -en> tarifa *f* postal; **Postgeheimnis** *nt* <-ses, *ohne pl*> (JUR) secreto *m* postal; **das ~ wahren** guardar el secreto postal; **Postgesetz** *nt* <-es, -e> ley *f* postal
Postgiroamt *nt* <-(e)s, -ämter> oficina *f* de cuentas corrientes postales; **Postgirokonto** *nt* <-s, -konten> cuenta *f* corriente postal
postglazial *adj* (GEO) pos(t)glaciar, pos(t)glacial
posthum [pɔst'hu:m] *adj* póstumo; **etw ~ veröffentlichen** publicar algo póstumamente
postieren* [pɔs'ti:rən] *vt* colocar; (MIL) apostar
Postkarte *f* <-, -n> (tarjeta *f*) postal *f*; **~n aus dem Urlaub verschicken** mandar tarjetas postales de las vacaciones; **Postkasten** *m* <-s, -kästen> (*reg*) buzón *m*; **Postkutsche** *f* <-, -n> diligencia *f*
postlagernd *adj* a [*o* en] lista de Correos

Postleitzahl *f* <-, -en> código *m* postal
Postler(in) *m(f)* <-s, -; -, -nen> (*fam*), **Pöstler(in)** ['pœstlɐ] *m(f)* <-s, -; -, -nen> (*Schweiz*) empleado, -a *m, f* de Correos
postmodern [pɔstmo'dɛrn] *adj* posmoderno
Postmoderne [pɔstmo'dɛrnə] *f* <-, *ohne pl*> posmodernidad *f*
Postnachnahmesendung *f* <-, -en> envío *m* contra reembolso
postnumerando *adv* (WIRTSCH): **~ zahlen** abonar después de la entrega; **~ zahlbar** a abonar después de la entrega
Postpaket *nt* <-(e)s, -e> paquete *m* postal
Postpendenz *f* <-, -en> (JUR) postpendencia *f*; **Postpendenzfeststellung** *f* <-, -en> (JUR) constatación *f* de postpendencia
Postsack *m* <-(e)s, -säcke> saca *f* del correo [*o* de la correspondencia]; **Postschalter** *m* <-s, -> ventanilla *f* de Correos, mostrador *m* de Correos
Postscheck *m* <-s, -s> cheque *m* postal; **Postscheckamt** *nt* <-(e)s, -ämter> (*alt*) *s.* **Postgiroamt**; **Postscheckkonto** *nt* <-s, -konten> (*alt*) *s.* **Postgirokonto**; **Postscheckverkehr** *m* <-(e)s, *ohne pl*> operaciones *fpl* de cheques postales
Postscriptfile ['pɔʊskrɪptfaɪl] *nt* <-s, -s> (INFOR) archivo *m* post scriptum
Postsendung *f* <-, -en> envío *m* postal
Postskript [pɔst'skrɪpt] *nt* <-(e)s, -e>, **Postskriptum** *nt* <-s, -skripta> pos(t)data *f*
Postsortieranlage *f* <-, -n> instalación *f* clasificadora de correo; **Postsparbuch** *nt* <-(e)s, -bücher> cartilla *f* de una caja postal de ahorros; **Postsparkasse** *f* <-, -n> Caja *f* Postal de Ahorros; **Poststelle** *f* <-, -n> oficina *f* de Correos; **Poststempel** *m* <-s, -> matasellos *m inv*; **es gilt das Datum des ~s** valida la fecha del matasellos; **Postüberweisung** *f* <-, -en> giro *m* postal
Postulat [pɔstu'la:t] *nt* <-(e)s, -e> postulado *m*
Postulationsfähigkeit *f* <-, *ohne pl*> (JUR) capacidad *f* de postulación
postulieren* [pɔstu'li:rən] *vt* postular
postum [pɔs'tu:m] *adj s.* **posthum**
Postverfassungsgesetz *nt* <-es, -e> ley *f* constitucional postal; **Postverkehr** *m* <-(e)s, *ohne pl*> servicio *m* postal; **Postvermerk** *m* <-(e)s, -e> observación *f* del servicio postal; **Postvertriebsstück** *nt* <-(e)s, -e> (*formal*) mercancía *f* comercializada por el correo; **Postweg** *m* <-(e)s, *ohne pl*> transporte *m* por correo; **etw auf dem ~ verschicken** enviar algo por correo
postwendend *adv* a vuelta de correo; **er antwortete ~** contestó a vuelta de correo
Postwertzeichen *nt* <-s, -> sello *m* (de Correos), estampilla *f Am*; **Postwesen** *nt* <-s, *ohne pl*> (administración *f* de) Correos *m inv*; (*Postdienst*) servicio *m* de Correos; **Postwurfsendung** *f* <-, -en> envío *m* colectivo
postzugelassen *adj* apto para la correspondencia postal
Postzustellung *f* <-, -en> reparto *m* de correo, reparto *m* de correspondencia; **Postzustellungsurkunde** *f* <-, -n> certificado *m* de notificación postal
potent [po'tɛnt] *adj* potente
Potentat(in) [potɛn'ta:t] *m(f)* <-en, -en; -, -nen> (*geh*) potentado, -a *m, f*
Potential [potɛn'tsja:l] *nt* <-s, -e> *s.* **Potenzial**
Potentialkurve *f* <-, -n> *s.* **Potenzialkurve**; **Potentialsprung** *m* <-(e)s, -sprünge> *s.* **Potenzialsprung**
potentiell [potɛn'tsjɛl] *adj s.* **potenziell**
Potenz¹ [po'tɛnts] *f* <-, *ohne pl*> (*Zeugungsfähigkeit*) facultad *f* procreadora
Potenz² *f* <-, -en> ❶ (*Stärke*) potencia *f* ❷ (MATH) potencia *f*; **zweite/dritte ~** al cuadrado/al cubo; **eine Zahl in die zweite ~ erheben** elevar un número a la segunda potencia; **Schwachsinn in höchster ~** (*fam*) estupidez elevada a la máxima potencia
Potenzial^{RR} [potɛn'tsja:l] *nt* <-s, -e> (*a.* PHYS) potencial *m*
Potenzialkurve^{RR} *f* <-, -n> (CHEM) curva *f* de potencial; **Potenzialsprung**^{RR} *m* <-(e)s, -sprünge> (CHEM) salto *m* del potencial
potenziell^{RR} [potɛn'tsjɛl] *adj* potencial; **~e Energie** energía potencial; **~er Käufer** comprador en potencia; **der ist ~ gefährlich** puede ser peligroso
potenzieren* [potɛn'tsi:rən] *vt* ❶ (*steigern*) multiplicar, incrementar ❷ (MATH) elevar a una potencia
Potenzstörung *f* <-, -en> (MED) fallo *m* de la potencia
Potestativbedingung *f* <-, -en> (JUR) condición *f* potestativa
Potpourri ['pɔtpuri] *nt* <-s, -s> popurrí *m*
Potsdam ['pɔtsdam] *nt* <-s> Potsdam *m*
Pott [pɔt, *pl*: 'pœtə] *m* <-(e)s, Pötte> (*norddt: fam*) ❶ (*Topf*) olla *f* ❷ (*Schiff*) vapor *m*
Pottasche ['pɔtʔaʃə] *f* <-, *ohne pl*> carbonato *m* potásico
potthässlich^{RR} ['pɔt'hɛslɪç] *adj* (*fam*) más feo que Picio [*o* el diablo]

Pottwal ['pɔtvaːl] *m* <-(e)s, -e> cachalote *m*
Poulet [puˈleː] *nt* <-s, -s> (*Schweiz*) pollo *m*, gallina *f*
Power [ˈpaʊɐ] *f* <-, *ohne pl*> (*fam*) potencia *f*, fuerza *f*
powern [ˈpaʊɐn] **I.** *vi* (*fam: Stärke entfalten*) dar gas
 II. *vt* (*fam: fördern*) apoyar
Powerprozessor *m* <-s, -en> (INFOR) procesador *m*
Powidl *m* <-s, -> mermelada *f* de ciruela
pp. ❶ *Abk. von* perge, perge etc.
 ❷ *Abk. von* per procura p.p.
ppa. *Abk. von* per procura p.p.
PPP (INFOR, TEL) *Abk. von* Point-to-Point-Protocol PPP
PR *f* <-, *ohne pl*> *Abk. von* Publicrelations RR.PP.
Präambel [prɛˈambəl] *f* <-, -n> preámbulo *m* (*zu* a); **falsche ~** falso preámbulo
PR-Abteilung [peːˈʔɛr-] *f* <-, -en> departamento *m* de relaciones públicas
Pracht [praxt] *f* <-, *ohne pl*> (*Glanz*) esplendor *m*; (*Prunk*) pompa *f*, lujo *m*; **der Hofstaat in seiner vollen ~** la corte con toda su pompa; **das ist eine wahre ~** (*fam*) es excelente
Prachtausgabe *f* <-, -n> edición *f* de lujo; **Prachtexemplar** *nt* <-s, -e> (*fam: Tier, Gegenstand*) magnífico ejemplar *m*, pieza *f* única; (*Mensch*) buen mozo *m*, buena moza *f*
prächtig [ˈprɛçtɪç] *adj* ❶ (*prunkvoll*) ostentoso, lujoso
 ❷ (*großartig*) maravilloso, magnífico; **wir verstehen uns ~** nos entendemos de maravilla
Prachtkerl *m* <-(e)s, -e> (*fam*) tío *m* estupendo; **Prachtstück** *nt* <-(e)s, -e> (*fam*) ejemplar *m* magnífico
prachtvoll *adj* ostentoso, lujoso
Prachtweib *nt* <-(e)s, -er> (*fam: wunderbare Frau*) joya *f* (de mujer); (*Schönheit*) belleza *f* (de mujer)
prädestinieren* [prɛdɛstiˈniːrən] *vt* (*geh*) predestinar (*zu* a); **sie ist für die Aufgabe prädestiniert** el trabajo le queda a la medida
Prädikat [prɛdiˈkaːt] *nt* <-(e)s, -e> ❶ (*Bewertung*) calificación *f*; **die Arbeit wurde mit dem „sehr gut" beurteilt** el trabajo fue calificado con la nota de "sobresaliente"
 ❷ (LING, PHILOS) predicado *m*
prädikativ [prɛdikaˈtiːf] *adj* (LING) predicativo
Prädikatsnomen *nt* <-s, -nomina *o* -> (LING) complemento *m*
praeter legem (JUR) praeter legem
Präfekt [prɛˈfɛkt] *m* <-en, -en> ❶ (HIST: *Zivil-/Militärbeamter*) prefecto *m*
 ❷ (ADMIN: *Verwaltungsbeamter*) gobernador *m* (civil); (*in Frankreich und Italien*) prefecto *m*
Präfektur [prɛfɛkˈtuːr] *f* <-, -en> Gobierno *m* Civil; (*in Frankreich und Italien*) prefectura *f*
Präferenz [prɛfeˈrɛnts] *f* <-, -en> preferencia *f* (*für* por)
Präferenzrate *f* <-, -n> (WIRTSCH) plazo *m* preferencial; **Präferenzspanne** *f* <-, -n> (WIRTSCH) margen *m* preferencial
Präfix [prɛˈfɪks, ˈprɛfɪks] *nt* <-es, -e> (LING) prefijo *m*
Prag [praːk] *nt* <-s> Praga *f*
prägen [ˈprɛːɡən] *vt* ❶ (*Münzen, Begriff*) acuñar
 ❷ (*Metall, Leder*) repujar; (*Papier*) gofrar, grabar en relieve; **etw prägt sich jdm ins Gedächtnis** algo se le graba a alguien en la memoria
 ❸ (*beeinflussen*) caracterizar; **sein Schicksal hat ihn geprägt** su destino lo ha marcado
Pragmatik [praˈɡmaːtɪk] *f* <-, *ohne pl*> (LING) pragmática *f*
Pragmatiker(in) [praˈɡmaːtikɐ] *m(f)* <-s, -; -, -nen> pragmático, -a *m, f*
pragmatisch *adj* (*a.* LING) pragmático
Pragmatismus [praɡmaˈtɪsmʊs] *m* <-, *ohne pl*> (PHILOS) pragmatismo *m*
prägnant [prɛˈɡnant] *adj* (*knapp*) conciso; (*genau*) preciso; **sich ~ ausdrücken** expresarse con exactitud
Prägnanz [prɛˈɡnants] *f* <-, *ohne pl*> (*Knappheit*) concisión *f*; (*Genauigkeit*) precisión *f*
Prägung *f* <-, -en> ❶ (*von Münzen*) acuñación *f*; (*von Leder, Metall*) repujado *m*
 ❷ (*eingeprägtes Bild*) relieve *m*; (*Stempel*) sello *m* en seco
 ❸ (*Art*) carácter *m*; **der Parlamentarismus westlicher ~** el parlamentarismo de carácter occidental
prähistorisch [prɛˈhɪstoːrɪʃ, prɛhɪsˈtoːrɪʃ] *adj* prehistórico
prahlen [ˈpraːlən] *vi* jactarse (*mit* de), vanagloriarse (*mit* de)
Prahler(in) *m(f)* <-s, -; -, -nen> farolero, -a *m, f*, fanfarrón, -ona *m, f*, chévere *mf Am*
Prahlerei *f* <-, -en> (*abw*) ❶ (*das Prahlen*) presunción *f*, jactancia *f*
 ❷ (*Äußerung*) farol *m*, fanfarronada *f*, bluff *m Am*, echada *f Mex*
Prahlerin *f* <-, -nen> *s.* Prahler
prahlerisch *adj* fanfarrón
Prahlhans [ˈpraːlhans, *pl.:* -hɛnzə] *m* <-es, -hänse> (*fam*) fanfarrón *m*, farolero *m*, perdonavidas *m inv*

Präjudiz [prɛjuˈdiːts] *nt* <-es, -e> (JUR) antejuicio *m*
präjudiziell *adj* (JUR) prejudicial; **~es Rechtsverhältnis** relación legal prejudicial
Präklusion [prɛkluˈzjoːn] *f* <-, -en> (JUR) preclusión *f*
Präklusionsfrist *f* <-, -en> (JUR) plazo *m* de preclusión; **Präklusionswirkung** *f* <-, *ohne pl*> (JUR) efecto *m* preclusivo
präkolumbinisch [ˈprɛːkolʊmbiːnɪʃ, prɛkolʊmˈbiːnɪʃ] *adj* (KUNST, HIST) precolombino
Praktik [ˈpraktɪk] *f* <-, -en> práctica *f*, método *m*; **undurchsichtige ~en** métodos poco claros
Praktika *pl von* Praktikum
praktikabel [praktiˈkaːbəl] *adj* factible, practicable
Praktikant(in) [praktiˈkant] *m(f)* <-en, -en; -, -nen> persona *f* en período de prácticas
Praktiker(in) [ˈpraktikɐ] *m(f)* <-s, -; -, -nen> persona *f* práctica
Praktikum [ˈpraktikʊm, *pl.:* ˈpraktika] *nt* <-s, Praktika> (período *m* de) prácticas *fpl*; **ein ~ absolvieren** hacer unas prácticas
praktisch [ˈpraktɪʃ] *adj* práctico; **~er Arzt** médico de medicina general; **~es Jahr** año de prácticas; **sie ist ein sehr ~er Mensch** es una persona muy práctica; **er ist ~ veranlagt** tiene un carácter muy práctico
praktizieren* [praktiˈtsiːrən] **I.** *vi* trabajar (*als* como); **~der Arzt** médico en ejercicio
 II. *vt* ❶ (*durchführen*) poner en práctica, llevar a la práctica
 ❷ (*fam: irgendwohin bringen*) introducir, llevar
Prälat [prɛˈlaːt] *m* <-en, -en> (REL) prelado *m*
Praline [praˈliːnə] *f* <-, -n>, **Pralinee** [praliˈneː] *nt* <-s, -s> (*Österr, Schweiz*) bombón *m*
prall [pral] *adj* (*voll*) atestado, repleto, atiborrado *fam*; (*Ballon*) henchido; (*Körperteil*) fuerte, gordito; **eine ~ gefüllte Brieftasche** una billetera repleta; **das ~e Leben** el bullicio; **in der ~en Sonne** a pleno sol; **etw ~ aufblasen** inflar algo al máximo
prallen [ˈpralən] *vi* ❶ *sein* (*anstoßen*) chocar (*gegen/an/auf* contra), pegar (*gegen/an/auf* contra)
 ❷ (*Sonne*) pegar, atizar
Prallhang *m* <-(e)s, -hänge> (GEO) pendiente *f* socavada
prallvoll [ˈ--] *adj* (*fam*) rebosante, atiborrado
Präludium [prɛˈluːdiʊm] *nt* <-s, Präludien> (MUS) preludio *m*
Prämie [ˈprɛːmjə] *f* <-, -n> ❶ (*Vergütung*) premio *m*; (*Belohnung*) recompensa *f*
 ❷ (*bei Banken*) prima *f*
 ❸ (*Versicherungsbeitrag*) cuota *f*
Prämienanleihe *f* <-, -n> (FIN) empréstito *m* con prima
prämienbegünstigt *adj* (FIN): **~es Sparen** ahorro (favorecido) por primas
Prämienbond *m* <-s, -s> (FIN) obligación *f* de prima; **Prämiengeschäft** *nt* <-(e)s, -e> (FIN) operación *f* con prima; **doppeltes ~** operación a doble prima; **einfaches ~** operación a prima ordinaria; **Prämienlohn** *m* <-(e)s, -löhne> (WIRTSCH) incentivos *mpl* (salariales); **Prämienpfandbrief** *m* <-(e)s, -e> (FIN) cédula *f* hipotecaria con primas, obligación *f* hipotecaria con primas; **Prämiensparen** *nt* <-s, *ohne pl*> ahorro *m* con prima; **Prämienstaffelung** *f* <-, -en> clasificación *f* de primas; **Prämientheorie** *f* <-, *ohne pl*> teoría *f* de las primas; **Prämienzeitlohn** *m* <-(e)s, -löhne> (WIRTSCH) incentivos *mpl* (salariales) por unidad de tiempo trabajada
präm(i)ieren* [prɛˈmiːrən, prɛmiˈiːrən] *vt* premiar
Präm(i)ierung *f* <-, -en> (*das Prämieren*) adjudicación *f* de premios [*o* de galardones]; (*Preisverteilung*) entrega *f* de premios, reparto *m* de premios
Prämisse [prɛˈmɪsə] *f* <-, -n> premisa *f*; **nur unter der ~, dass ...** sólo con la condición de que... +*subj*
pränatal [prɛnaˈtaːl] *adj* (MED) prenatal
prangen [ˈpraŋən] *vi* llamar la atención, saltar a la vista; **auf dem Portal prangte eine goldene Inschrift** en la puerta resaltaba un letrero dorado
Pranger [ˈpraŋɐ] *m* <-s, -> picota *f*; **jdn an den ~ stellen** poner a alguien en la picota; **am ~ stehen** estar en la picota
Pranke [ˈpraŋkə] *f* <-, -n> ❶ (*eines Raubtiers*) garra *f*, zarpa *f*
 ❷ (*fam: Hand*) garra *f*
Prankenhieb *m* <-(e)s, -e> zarpazo *m*; **mit einem ~** de un zarpazo
Präparat [prɛpaˈraːt] *nt* <-(e)s, -e> ❶ (*Substanz, Arznei*) preparado *m*
 ❷ (BIOL, MED) preparación *f*
präparieren* [prɛpaˈriːrən] *vt* ❶ (MED, BIOL) disecar
 ❷ (*vorbereiten*) preparar
Präpariersalz *nt* <-es, -e> (CHEM) sal *f* preparatoria, estannato *m* sódico
Präposition [prɛpoziˈtsjoːn] *f* <-, -en> (LING) preposición *f*
Prärie [prɛˈriː] *f* <-, -n> pradera *f*, llano *m*
Präriewolf *m* <-(e)s, -wölfe> coyote *m*
Präsens [ˈprɛːzɛns] *nt* <-, Präsentia *o* Präsenzien> (LING) presente *m*

präsent [prɛˈzɛnt] *adj* (*geh*) presente; **ich bin jederzeit für dich ~** siempre estoy a tu disposición; **hast du den Wortlaut ~?** ¿te acuerdas del texto?; **das ist mir nicht ~** no lo conozco

Präsent [prɛˈzɛnt] *nt* <-(e)s, -e> (*geh*) regalo *m*, presente *m*; **jdm ein ~ mitbringen** traer(le) a alguien un regalo

Präsentation [prɛzɛntaˈtsjoːn] *f* <-, -en> presentación *f*

Präsentationsprogramm *nt* <-s, -e> (INFOR) programa *m* de presentaciones

Präsentia *pl von* **Präsens**

präsentieren* [prɛzɛnˈtiːrən] *vt* presentar

Präsentierteller *m*: (**wie**) **auf dem ~** (*fam*) a la vista de todos; **mach doch die Gardinen vor, sonst sitzt man ja wie auf dem ~!** ¡echad las cortinas, si no va a parecer que estamos de exposición!

Präsentkorb *m* <-(e)s, -körbe> cesta *f* surtida; (*zu Weihnachten*) cesta *f* de Navidad

Präsenz [prɛˈzɛnts] *f* <-, *ohne pl*> presencia *f*

Präsenzbibliothek *f* <-, -en> biblioteca *f* de (libre) consulta

Präsenzien *pl von* **Präsens**

Praseodym [prazeoˈdyːm] *nt* <-s, *ohne pl*> (CHEM) praseodimio *m*

Präser [ˈprɛːzɐ] *m* <-s, -> (*fam*), **Präservativ** [prɛzɛrvaˈtiːf] *nt* <-s, -e> preservativo *m*, condón *m*, goma *f fam*

präservieren* *vt* preservar

Präsident(in) [prɛziˈdɛnt] *m(f)* <-en, -en; -, -nen> presidente, -a *m, f*

Präsidentenanklage *f* <-, -n> querella *f* presidencial; **Präsidentenwahl** *f* <-, -en> elecciones *fpl* presidenciales

Präsidentin *f* <-, -nen> *s.* **Präsident**

Präsidentschaft *f* <-, -en> presidencia *f*

Präsidentschaftskandidat(in) *m(f)* <-en, -en; -, -nen> candidato, -a *m, f* a la presidencia

Präsidien *pl von* **Präsidium**

präsidieren* [prɛziˈdiːrən] *vi* presidir; **einem Ministerium ~** estar al frente de un ministerio

Präsidium [prɛˈziːdiʊm] *nt* <-s, Präsidien> presidencia *f*

prasseln [ˈprasəln] *vi* ❶ *sein* (*Regen*) golpear (*auf/gegen/an*), pegar (*auf/gegen/an* contra); (*Fragen, Vorwürfe*) llover; **Regen prasselt an die Scheiben** la lluvia golpea los cristales
❷ (*Feuer*) crepitar

prassen [ˈprasən] *vi* pegarse la vida padre, vivir como un pachá

Prasser(in) *m(f)* <-s, -; -, -nen> derrochador(a) *m(f)*, manirroto, -a *m, f*

Prätendentenstreit *m* <-(e)s, -e> (JUR) litigio *m* de pretendientes

prätentiös [prɛtɛnˈtsjøːs] *adj* pretencioso, presuntuoso

Präteritum [prɛˈteːritʊm, prɛˈtɛritʊm, *pl*: -rita] *nt* <-s, Präterita> (LING) pretérito *m*

Pratze [ˈpratsə] *f* <-, -n> *s.* **Pranke**

Prävarikation *f* <-, -en> (JUR) prevaricación *f* de abogado

Prävention [prɛvɛnˈtsjoːn] *f* <-, -en> prevención *f*

Präventionsprinzip *nt* <-s, *ohne pl*> principio *m* de la prevención

präventiv [prɛvɛnˈtiːf] *adj* preventivo; **~ behandeln** administrar tratamiento preventivo; **~es Verbot mit Erlaubnisvorbehalt** (JUR) prohibición preventiva con reserva de autorización

Präventivhaft *f* <-, *ohne pl*> (JUR) prisión *f* preventiva; **Präventivkontrolle** *f* <-, -n> (JUR) control *m* preventivo; **Präventivmaßnahme** *f* <-, -n> medida *f* preventiva; **Präventivmittel** *nt* <-s, -> remedio *m* preventivo

Praxis¹ [ˈpraksɪs] *f* <-, Praxen> (*Arzt*) consultorio *m*; (*Rechtsanwalt*) bufete *m*

Praxis² *f* <-, *ohne pl*> (*Anwendung, Erfahrung*) práctica *f*; **langjährige ~ años** de práctica; **in der ~ sieht das anders aus** en la práctica es diferente; **eine Idee in die ~ umsetzen** poner una idea en práctica, llevar una idea a la práctica

praxisfern *adj* alejado de la práctica, teórico

praxisnah *adj* práctico, ligado a la práctica

Präzedenz [prɛtseˈdɛnts] *f* <-, -en> precedencia *f*; **ohne ~** sin precedentes

Präzedenzentscheidung *f* <-, -en> (JUR) resolución *f* precedente; **Präzedenzfall** *m* <-(e)s, -fälle> (JUR) precedente *m*; **einen ~ anführen** alegar un precedente; **einen ~ schaffen** sentar un precedente

präzis(e) [prɛˈtsiːs, prɛˈtsiːzə] *adj* preciso, exacto; **~e Vorstellungen haben** tener ideas precisas

präzisieren* [prɛtsiˈziːrən] *vt* precisar

Präzision [prɛtsiˈzjoːn] *f* <-, *ohne pl*> precisión *f*, exactitud *f*; **diese Arbeit verlangt äußerste ~** este trabajo requiere la mayor precisión

Präzisionsarbeit *f* <-, -en> trabajo *m* de precisión; **Präzisionsinstrument** *nt* <-s, -e> instrumento *m* de precisión; **Präzisionspipette** *f* <-, -n> (CHEM) pipeta *f* de precisión

predigen [ˈpreːdɪɡən] I. *vi* (*Predigt halten*) predicar, pronunciar un sermón
II. *vt* ❶ (*verkünden*) predicar
❷ (*fam: mahnen*): **jdm etw ~** echar un sermón a alguien; **sie predigt ihm täglich, dass ...** todos los días le echa el sermón de que ...

Prediger(in) *m(f)* <-s, -; -, -nen> predicador(a) *m(f)*

Predigt [ˈpreːdɪçt] *f* <-, -en> sermón *m*; **eine ~ halten** pronunciar un sermón; (*fam*) echar un sermón

Preis [praɪs] *m* <-es, -e> ❶ (*Kauf-*) precio *m*; **erschwingliche ~e** precios asequibles; **scharf kalkulierter ~** precio calculado con márgenes mínimos; **unverbindlicher ~** precio recomendado; **~e ausloten/ermitteln/taxieren** sondear/determinar/tasar precios; **den ~ drücken** hacer bajar el precio; **im ~ fallen** bajar de precio; **im ~ steigen** subir [*o* aumentar] de precio; **etw zum halben ~ verkaufen** vender algo a mitad de precio; **~ freibleibend** precio sin compromiso; **~ ab Hersteller** precio puesto por el fabricante; **~ ab Lager/Werk** precio de almacén/de fábrica; **~ ab Versandbahnhof** precio puesto en lugar de embarque; **~ frei an Bord/frei Bestimmungshafen** precio franco a bordo/franco puerto de destino; **~ frei Lager des Käufers/des Lieferers** precio franco almacén del comprador/del proveedor; **~ pro Einheit** precio por unidad; **Rückgang der ~e** descenso de los precios; **bei sinkenden ~en** con los precios bajando, al bajar los precios; **um keinen ~** de ninguna manera; **um jeden ~** cueste lo que cueste; **für seine Undiszipliniertheit hat er einen hohen ~ zahlen müssen** ha tenido que pagar un precio muy alto por su falta de disciplina
❷ (*Auszeichnung*) premio *m*; (*Belohnung*) recompensa *f*; **jdm einen ~ verleihen** otorgar(le) a alguien un premio; **auf seinen Kopf wurde ein ~ ausgesetzt** se puso un precio muy alto a su cabeza

Preisabkommen *nt* <-s, -> convenio *m* sobre los precios, acuerdo *m* sobre los precios; **Preis-Absatz-Kurve** *f* <-, -n> (WIRTSCH) curva *f* de precio y previsiones de venta; **Preisabsprache** *f* <-, -n> (WIRTSCH) convenio *m* de precios, acuerdo *m* de precios; **Preisagentur** *f* <-, -en> agencia *f* de precios; **Preisangabe** *f* <-, -n> indicación *f* del precio; **Preisangebot** *nt* <-(e)s, -e> oferta *f* de precios; **Preisangleichung** *f* <-, -en> (WIRTSCH) revisión *f* de precios; **Preisanstieg** *m* <-(e)s, *ohne pl*> subida *f* de precios; **Preisaufschlag** *m* <-(e)s, -schläge> (WIRTSCH) sobreprecio *m*; **Preisauftrieb** *m* <-(e)s, *ohne pl*> (WIRTSCH) tendencia *f* alcista; **Preisausgleich** *m* <-(e)s, -e> compensación *f* de precios

Preisausschreiben *nt* <-s, -> concurso *m*, certamen *m*

Preisauszeichnung *f* <-, -en> indicación *f* del precio; **Preisauszeichnungsetikett** *nt* <-(e)s, -e(n) *o* -s>, **Preisauszeichnungsetikette** *f* <-, -n> (*Schweiz, Österr*) etiqueta *f* del precio; **Preisauszeichnungspflicht** *f* <-, -en> deber *m* de indicación del precio

preisbereinigt *adj* (WIRTSCH) deflactado, expresado en cifras reales

preisbewusst^{RR} *adj* que mira la diferencia de los precios antes de comprar

Preisbildung *f* <-, -en> (WIRTSCH) formación *f* de precios; **freie/gebundene ~** formación libre/controlada de precios; **kostenorientierte ~** formación de precios en función de los costes; **unbehinderte ~** formación libre de precios; **Preisbindung** *f* <-, -en> (WIRTSCH) limitación *f* de precios, fijación *f* de precios; **die ~ aufheben** anular la limitación de precios; **Preisdiskriminierung** *f* <-, -en> (WIRTSCH) discriminación *f* de precios; **Preisdrücker** *m* <-s, -> (WIRTSCH: *Person*) bajista *mf*; (*Faktor*) factor *m* que ejerce presión sobre los precios; **Preisdumping** *nt* <-s, *ohne pl*> (WIRTSCH) dumping *m*, competencia *f* desleal de precios; **Preiseinbruch** *m* <-(e)s, -brüche> (WIRTSCH) derrumbamiento *m* de los precios; **Preiselastizität** *f* <-, *ohne pl*> (WIRTSCH) elasticidad *f* de los precios; **~ der Nachfrage** elasticidad de los precios en la demanda

Preiselbeere [ˈpraɪtsəlbeːrə] *f* <-, -n> arándano *m* rojo

Preisempfehlung *f* <-, -en> precio *m* recomendado; **unverbindliche ~** precio recomendado (no obligatorio)

preisempfindlich *adj* (WIRTSCH) sensible a los cambios de precio

preisen [ˈpraɪzən] <preist, pries, gepriesen> *vt* (*geh*) alabar, elogiar; **sich glücklich ~ (können)** (poder) considerarse dichoso

preisentscheidend *adj* que determina el precio

Preisentwicklung *f* <-, -en> evolución *f* de los precios; **Preiserhöhung** *f* <-, -en> aumento *m* de precios, subida *f* de precios; **Preisermäßigung** *f* <-, -en> reducción *f* de precios, descuento *m*; **Preisermittlung** *f* <-, -en> (WIRTSCH) determinación *f* del precio; **Preiseskalation** *f* <-, -en> (WIRTSCH) escalada *f* de precios; **Preisfestsetzung** *f* <-, -en> fijación *f* de precios

Preisfrage *f* <-, -n> ❶ (*bei Preisausschreiben*) pregunta *f* de concurso
❷ (*eine Frage des Preises*) cuestión *f* de precio
❸ (*fam: schwierige Frage*) cuestión *f* difícil; **das ist die ~** esa es la (gran) cuestión

Preisfreigabe *f* <-, *ohne pl*> liberalización *f* de precios; **Preisfreiheit** *f* <-, *ohne pl*> libertad *f* de precios

Preisgabe *f* <-, *ohne pl*> ❶ (*Verzicht, Aufgabe*) abandono *m*, renuncia *f*
❷ (*eines Geheimnisses*) revelación *f*

Preisgarantie *f* <-, -n> garantía *f* de precios

preis|geben *irr vt* (*geh*) ❶ (*ausliefern*) exponer; **sich jdm ~** dejarse a

merced de alguien; **jdn der Lächerlichkeit ~** poner a alguien en ridículo
② (*aufgeben*) abandonar, entregar
③ (*verraten*) revelar
preisgebunden *adj* (WIRTSCH) de precio controlado
Preisgefahr *f* <-, -en> (WIRTSCH) peligro *m* de los precios; **Preisgefälle** *nt* <-s, -> (WIRTSCH) disparidad *f* de precios; **Preisgefüge** *nt* <-s, -> (WIRTSCH) estructura *f* de los precios
preisgekrönt *adj* premiado
Preisgericht *nt* <-(e)s, -e> jurado *m*; **Preisgesetz** *nt* <-es, -e> (WIRTSCH) ley *f* reguladora de los precios
Preisgestaltung *f* <-, -en> (WIRTSCH) formación *f* de precios; **schädigende ~** configuración perjudicial del precio; **Preisgleitklausel** *f* <-, -n> cláusula *f* de precios de escala móvil; **Preisgrenze** *f* <-, -n> (WIRTSCH) límite *m* de precios; **feste/obere/untere ~** límite fijo/superior/inferior de precios; **die ~ überschreiten** rebasar el límite de precios
preisgünstig I. *adj* de buen precio; (*billig*) barato
II. *adv* a buen precio; **etw ~ anbieten** ofrecer algo a buen precio
Preisindex *m* <-(es), -indizes> (WIRTSCH) índice *m* de precios; **~ für die Lebenshaltung** índice de precios para el coste de la vida; **monatlicher ~** índice de precios mensual para el coste de la vida; **Preisinflationsrate** *f* <-, -n> (WIRTSCH) índice *m* de inflación de los precios; **Preiskalkulation** *f* <-, -en> (WIRTSCH) cálculo *m* de (los) precios; **Preiskampf** *m* <-(e)s, -kämpfe> (WIRTSCH) guerra *f* de precios; **Preiskartell** *nt* <-s, -e> (WIRTSCH) cártel *m* de precios; **Preisklasse** *f* <-, -n> clase *f* de precios; **Preiskontrolle** *f* <-, -n> control *m* de precios; **Preiskonzeption** *f* <-, -en> (WIRTSCH) adaptación *f* de precios; **länderbezogene/warenbezogene ~** adaptación de precios a nivel internacional/en relación con la mercancía; **Preiskorrektur** *f* <-, -en> (WIRTSCH) rectificación *f* de precios; **eine ~ nach oben/unten vornehmen** rectificar los precios encareciéndolos/abaratándolos; **Preislage** *f* <-, -n> precio *m*; **in allen ~n** de todos los precios; **die oberen ~n** los precios más altos
Preis-Leistungs-Verhältnis *nt* <-ses, -se> relación *f* precio-prestaciones; (*Qualität*) relación *f* calidad-precio
preislich *adj* respecto al precio; **~e Unterschiede** diferencias de precio; **~ unterschiedliche Artikel** artículos de precio diferente; **~e Wettbewerbsfähigkeit** competitividad de los precios
Preisliste *f* <-, -n> lista *f* de precios; **Preismissbrauch**RR *m* <-(e)s, -bräuche> precio *m* abusivo; **Preisnachlass**RR *m* <-es, -e *o* -lässe> rebaja *f*, descuento *m*; **~ gewähren** acceder a una reducción [*o* rebaja] de precio; **Preisnebenabrede** *f* <-, -n> (WIRTSCH) acuerdo *m* adicional sobre precios
Preisniveau *nt* <-s, -s> (WIRTSCH) nivel *m* de precios; **Preisniveaustabilität** *f* <-, -en> (WIRTSCH) estabilidad *f* del nivel de precios
Preisnotierung *f* <-, -en> (FIN) cotización *f* (de precios); **Preisobergrenze** *f* <-, -n> límite *m* superior de precios; **Preispoker** *m o nt* <-s, *ohne pl*> (*fam*) póquer *m* de precios; **Preispolitik** *f* <-, *ohne pl*> política *f* de precios; **Preis-Profit-Rate** *f* <-, -n> (WIRTSCH) relación *f* precio-beneficio
Preisrätsel *nt* <-s, -> pasatiempo *m* de concurso
Preisrecht *nt* <-(e)s, *ohne pl*> derecho *m* al precio; **Preisregelung** *f* <-, -en> regulación *f* de precios
Preisrichter(in) *m(f)* <-s, -; -, -nen> (miembro *m* del) jurado *m*
Preisrückgang *m* <-(e)s, -gänge> disminución *f* de precios; **Preisschild** *nt* <-(e)s, -er> etiqueta *f* del precio; **Preisschlacht** *f* <-, -en> batalla *f* de precios; **Preisschlager** *m* <-s, -> (*fam*) artículo *m* a precio de sensación; **Preisschwankungen** *fpl* oscilación *f* de precios, fluctuación *f* de precios; **Preissenkung** *f* <-, -en> reducción *f* de precios, disminución *f* de precios; **Preissicherung** *f* <-, -en> (WIRTSCH) garantía *f* de (los) precios; **Preisspanne** *f* <-, -n> (WIRTSCH) margen *m* *o f* de precios; **Preisstabilität** *f* <-, *ohne pl*> estabilidad *f* de los precios
Preissteigerung *f* <-, -en> aumento *m* de precios, subida *f* de precios; **Preissteigerungsrate** *f* <-, -n> (WIRTSCH) tasa *f* de subida de los precios
Preisstopp *m* <-s, -s> congelación *f* de precios; **Preisstoppverordnung** *f* <-, -en> (WIRTSCH) decreto *m* de congelación de precios
Preisstrafrecht *nt* <-(e)s, *ohne pl*> régimen *m* penal en materia de precios; **Preissturz** *m* <-es, -stürze> caída *f* de los precios, hundimiento *m* de los precios; **das Ereignis führte zu einem ~ auf dem Automarkt** el acontecimiento hundió los precios del mercado automovilístico
Preisträger(in) *m(f)* <-s, -; -, -nen> premiado, -a *m, f*, galardonado, -a *m, f*
Preistreiber(in) *m(f)* <-s, -; -, -nen> (*abw*) alcista *mf*, carero, -a *m, f* *fam*
Preistreiberei ['---'-] *f* <-, -en> (*abw*) alza *f* abusiva de los precios
Preistreiberin *f* <-, -nen> *s.* **Preistreiber**
Preisüberwachung *f* <-, -en> (WIRTSCH) control *m* de (los) precios
Preis- und KonditionenmissbrauchRR *m* <-(e)s, -bräuche> (WIRTSCH) precios *mpl* y condiciones *fpl* abusivas; **Preis- und Leistungsvereinbarung** *f* <-, -en> (WIRTSCH) convenio *m* sobre precios y prestaciones
Preisungleichgewicht *nt* <-(e)s, -e> (WIRTSCH) disparidad *f* de precios; **Preisunterbietung** *f* <-, -en> (WIRTSCH) venta *f* a pérdida; **sittenwidrige ~** venta a pérdida contraria a las buenas costumbres; **Preisunterschied** *m* <-(e)s, -e> diferencia *f* de precios; **Preisunterschreitung** *f* <-, -en> (WIRTSCH) dumping *m*, oferta *f* por debajo del precio; **Preisvereinbarung** *f* <-, -en> (WIRTSCH) convenio *m* de precios; **ausdrückliche/stillschweigende ~** convenio explícito/tácito de precios; **Preisverfall** *m* <-, *ohne pl*> caída *f* de precios; **Preisvergleich** *m* <-(e)s, -e> comparación *f* de precios; **einen ~ machen** comparar precios; **Preisverhalten** *nt* <-s, *ohne pl*> comportamiento *m* de los precios
Preisverleihung *f* <-, -en> entrega *f* de premios, premiación *f* And
Preisverordnung *f* <-, -en> (WIRTSCH) arancel *m*
Preisvorbehalt *m* <-(e)s, -e> reserva *f* de precio; **Preisvorbehaltsklausel** *f* <-, -n> cláusula *f* de reserva de modificaciones en materia de precios
preiswert I. *adj* de buen precio; (*billig*) barato
II. *adv* a buen precio
Preiswettbewerb *m* <-(e)s, -e> (WIRTSCH) competencia *f* de precios; **Preiswettbewerbsfähigkeit** *f* <-, -en> (WIRTSCH) capacidad *f* competitiva de los precios
prekär [preˈkɛːɐ] *adj* precario
Prellbock [ˈprɛlbɔk] *m* <-(e)s, -böcke> (EISENB) tope *m* fijo
prellen [ˈprɛlən] **I.** *vt* **①** (*betrügen*) estafar, timar; **er prellte ihn um seinen Lohn** le estafó su salario; **die Zeche ~** irse sin pagar
② (*stoßen*): **sich** *dat* **etw ~** contusionarse algo
③ (SPORT) hacer botar
II. *vr*: **sich ~** contusionarse (*an* en)
Prellerei *f* <-, -en> estafa *f*, timo *m*, engaño *m*
Prellung *f* <-, -en> contusión *f*
Premier [prəˈmjeː] *m* <-s, -s> *s.* **Premierminister**
Premiere [prəˈmjeːra] *f* <-, -n> estreno *m*
Premierminister(in) *m(f)* <-s, -; -, -nen> primer ministro *m*, primera ministra *f*
preschen [ˈprɛʃən] *vi sein* ir de prisa, correr
Presse[1] [ˈprɛsə] *f* <-, -n> **①** (TECH) prensa *f*
② (*Saft~*) exprimidor *m*
Presse[2] *f* <-, *ohne pl*> (*Medien*) prensa *f*; **die ausländische ~** la prensa extranjera; **sie ist von der ~** es periodista; **eine gute ~ haben** tener buenas críticas
Presseagentur *f* <-, -en> agencia *f* de prensa; **Presseamt** *nt* <-(e)s, -ämter> oficina *f* de prensa; **Presseausweis** *m* <-es, -e> carnet *m* de periodista [*o* de prensa]; **Pressechef(in)** *m(f)* <-s, -s; -, -nen> jefe, -a *m, f* de prensa; **Pressedelikt** *nt* <-(e)s, -e> (JUR) delito *m* de prensa; **Pressedienst** *m* <-es, -e> servicio *m* de prensa; **Pressediplomat(in)** *m(f)* <-en, -en; -, -nen> diplomático, -a *m, f* de prensa; **Presseerklärung** *f* <-, -en> declaración *f* de prensa; **eine ~ abgeben** hacer una declaración de prensa; **Pressefotograf(in)** *m(f)* <-en, -en; -, -nen> fotógrafo, -a *m, f* de prensa; **Pressefreiheit** *f* <-, *ohne pl*> libertad *f* de prensa; **Pressekonferenz** *f* <-, -en> conferencia *f* de prensa, rueda *f* de prensa; **eine ~ abhalten** celebrar una conferencia de prensa; **Pressemeldung** *f* <-, -en>, **Pressemitteilung** *f* <-, -en> noticia *f* de prensa
pressen [ˈprɛsən] **I.** *vt* **①** (*in einer Presse*) prensar; (*Blumen*) secar; **eine Spanplatte ~** prensar una lámina de conglomerado; **Wein ~** prensar la uva
② (*aus~*) exprimir; **eine Zitrone ~** exprimir un limón; **frisch gepresster Orangensaft** zumo de naranja natural
③ (*drücken*) apretar (*gegen/an* contra); **sie presst die Nase gegen die Scheibe** aprieta la nariz contra el cristal; **etw durch ein Sieb ~** pasar algo por un colador; **mit gepresster Stimme sprechen** hablar con voz ahogada; **er wurde zu der Falschaussage gepresst** le obligaron a hacer declaraciones falsas
II. *vi* (*Gebärende*) empujar
Pressenotiz *f* <-, -en> nota *f* de prensa; **Presserecht** *nt* <-s, *ohne pl*> derecho *m* de prensa; **Pressereferent(in)** *m(f)* <-en, -en; -, -nen> jefe, -a *m, f* de prensa; **Presseschau** *f* <-, -en> revista *f* de prensa; **Pressesprecher(in)** *m(f)* <-s, -; -, -nen> portavoz *mf* de prensa; **Pressestelle** *f* <-, -n> oficina *f* de prensa; **Pressestimmen** *fpl* comentarios *mpl* de prensa; **Pressestrafsache** *f* <-, -n> (JUR) causa *f* penal de prensa; **Pressevertreter(in)** *m(f)* <-s, -; -, -nen> representante *mf* de la prensa; **Pressewesen** *nt* <-s, *ohne pl*> prensa *f*; **Pressezensur** *f* <-, *ohne pl*> censura *f* de prensa; **Pressezen-**

trum *nt* <-s, -zentren> centro *m* de prensa
Pressglas[RR] *nt* <-es, *ohne pl*>, **Preßglas** *nt* <-es, *ohne pl*> vidrio *m* prensado
pressieren* [prɛˈsiːrən] *vi* (*südd, Österr, Schweiz*) urgir, correr prisa; **mir pressiert es** tengo prisa
Pression [prɛˈsjoːn] *f* <-, -en> (*geh*) presión *f*
Presskohle[RR] *f* <-, -n>, **Preßkohle** *f* <-, -n> (lignito *m* en) briqueta *f*
Pressluft[RR] *f* <-, *ohne pl*>, **Preßluft** *f* <-, *ohne pl*> aire *m* comprimido; **Pressluftbohrer**[RR] *m* <-s, -> taladro *m* neumático; **Presslufthammer**[RR] *m* <-s, -hämmer> martillo *m* neumático
Pressuregroup[RR] [ˈprɛʃɡruːp] *f* <-, -s> (POL) lobby *m*, grupo *m* de presión
Presswehen[RR] *fpl*, **Preßwehen** *fpl* (MED) contracciones *fpl* del parto
Prestige [prɛsˈtiːʒ] *nt* <-s, *ohne pl*> prestigio *m*
Prestigedenken *nt* <-s, *ohne pl*> valoración *f* (exagerada) de la posición social; **Prestigegewinn** *m* <-(e)s, *ohne pl*> aumento *m* de prestigio; **Prestigeobjekt** *nt* <-(e)s, -e> objeto *m* de prestigio; **Prestigeverlust** *m* <-(e)s, *ohne pl*> pérdida *f* de prestigio
Pretiosen *pl* (*geh: Kostbarkeiten*) alhajas *fpl*, joyas *fpl*
Preuße, -in [ˈprɔɪsə] *m, f* <-n, -n; -, -nen> prusiano, -a *m, f*
Preußen [ˈprɔɪsən] *nt* <-s> Prusia *f*
Preußin *f* <-, -nen> *s.* **Preuße**
preußisch *adj* prusiano; **~e Pünktlichkeit** puntualidad prusiana
Preziosen *pl* (*geh*) *s.* **Pretiosen**
PR-Fachfrau [peːˈʔɛr-] *f* <-, -en> experta *f* en relaciones públicas; **PR-Fachmann** *m* <-es, -leute *o* -männer> experto *m* en relaciones públicas
prickeln [ˈprɪkəln] *vi* ❶ (*kribbeln*) sentir (un) hormigueo; **der Arm prickelt mir** siento hormigueo en el brazo
❷ (*kitzeln*) hacer cosquillas (*auf* en), picar (*auf* en); **ein angenehmes P~ auf der Haut** una agradable cosquilleo en la piel
❸ (*Getränk*) burbujear
prickelnd *adj* (*erregend*) excitante
Priel [priːl] *m* <-(e)s, -e> canal *m*
Priem [priːm] *m* <-s, -e> tabaco *m* para mascar, mascada *f Am*
priemen [ˈpriːmən] *vi* mascar tabaco
pries [priːs] 3. *imp von* **preisen**
Priester(in) [ˈpriːstɐ] *m(f)* <-s, -; -, -nen> sacerdote, -isa *m, f*
Priesteramt *nt* <-(e)s, -ämter> sacerdocio *m*; **Priestergewand** *nt* <-(e)s, -wänder> sotana *f*
Priesterin *f* <-, -nen> *s.* **Priester**
priesterlich *adj* sacerdotal, clerical; **~ gewandet** vestido con la sotana
Priesterseminar *nt* <-s, -e> seminario *m*
Priestertum *nt* <-s, *ohne pl*> sacerdocio *m*
Priesterweihe *f* <-, -n> ordenación *f* sacerdotal; **die ~ empfangen** recibir las órdenes (sacerdotales)
prima [ˈpriːma] I. *adj inv* (*fam*) estupendo, genial, fain *Am*; **~ Ware** (WIRTSCH) género de primera calidad; **sie ist ein ~ Kerl** es estupenda, es genial
II. *adv* (*fam*) muy bien; **du hast uns ~ geholfen** nos has sido de gran ayuda
Primaballerina [primabaleˈriːna] *f* <-, -ballerinen> (*Ballet*) primera bailarina *f*; **Primadonna** [primaˈdɔna] *f* <-, -donnen> (*Oper*) primera cantante *f*, prima donna *f*
Prima-facie-Beweis *m* <-es, -e> (JUR) prueba *f* prima facie
Primapapiere *ntpl* (FIN) efectos *mpl* de primera (clase)
primär [priˈmɛːɐ] I. *adj* ❶ (*ursprünglich*) primario
❷ (*grundlegend, wesentlich*) elemental
❸ (ELEK) primario; **~e Spannung** tensión primaria
II. *adv* en primer lugar
Primärenergie *f* <-, -n> energía *f* primaria; **Primärfarbe** *f* <-, -n> color *m* elemental; **Primärkonsument** *m* <-en, -en> (BIOL) consumidor *m* primario
Primärkreislauf *m* <-(e)s, -läufe> circuito *m* primario
Primarlehrer(in) *m(f)* <-s, -; -, -nen> (*Schweiz*) maestro, -a *m, f* de primaria
Primärliteratur *f* <-, *ohne pl*> textos *mpl* originales, literatura *f* básica; **Primärmarkt** *m* <-(e)s, -märkte> (FIN) mercado *m* primario de valores, mercado *m* de emisiones; **Primärprodukt** *nt* <-(e)s, -e> producto *m* primario; **Primärproduzent** *m* <-en, -en> (BIOL) productor *m* primario; **Primärprogramm** *nt* <-s, -e> (INFOR) programa *m* fuente
Primarschule [priˈmaːrə-] *f* <-, -n> (*Schweiz*) escuela *f* primaria en Suiza
Primärverkabelung *f* <-, -en> (INFOR, TEL) cableado *m* (backbone) de campus
Primas [ˈpriːmas] *m* <-, -se> (REL) primado *m*
Primat[1] [priˈmaːt] *m* <-en, -en> (ZOOL) primate *m*
Primat[2] *m o nt* <-(e)s, -e> (*a.* REL) primacía *f* (*vor/über* sobre)
Primawechsel *m* <-s, -> (JUR) única *f* de cambio

Primel [ˈpriːməl] *f* <-, -n> prímula *f*; **eingehen wie eine ~** (*fam*) irse a pique
Primerate[RR] [ˈpraɪmreɪt] *f* <-, *ohne pl*> (FIN, WIRTSCH) tasa *f* de interés (bancario) preferencial
Primi *pl von* **Primus**
primitiv [primiˈtiːf] *adj* primitivo
Primitivität [primitiviˈtɛːt] *f* <-, *ohne pl*> primitivismo *m*
Primitivling [primiˈtiːflɪŋ] *m* <-s, -e> (*abw*) cateto, -a *m, f*
Primus [ˈpriːmʊs] *m* <-, Primusse *o* Primi> primero, -a *m, f* de la clase
Primzahl [ˈpriːm-] *f* <-, -en> (MATH) número *m* primo
Printmedien [ˈprɪnt-] *ntpl* medios *mpl* escritos; **Printout** [prɪntˈʔaʊt] *nt* <-s, -s> (INFOR) impresión *f*, salida *f* de impresora; **Printserver** *m* <-s, -> (INFOR) servicio *m* de impresión, servidor *m* de impresora; **Printwerbung** *f* <-, *ohne pl*> publicidad *f* en prensa
Prinz [prɪnts] *m* <-en, -en>, **Prinzessin** *f* <-, -nen> príncipe *m*, princesa *f*
Prinzip [prɪnˈtsiːp, *pl:* prɪnˈtsiːpi̯ən] *nt* <-s, -ien *o* -e> principio *m*; **~ der begrenzten Einzelermächtigung** (JUR) principio de legitimación individual; **im ~ funktioniert es, aber ...** en principio funciona pero...; **er ist ein Mann von** [*o* mit] **~ien** es un hombre de principios; **gegen seine ~ien verstoßen** infringir sus principios; **aus ~** por principio; **es geht ums ~** es una cuestión de principios; **sich** *dat* **etw zum ~ machen** ponerse algo como meta
prinzipiell [prɪntsiˈpi̯ɛl] I. *adj* de principio; (*grundlegend*) fundamental
II. *adv* por principio; **das tue ich ~ nicht** no lo hago por principio
Prinzipien *pl von* **Prinzip**
Prinzipienfrage *f* <-, -n> cuestión *f* de principios; **das ist für mich eine ~** para mí se trata de una cuestión de principios; **Prinzipienreiter(in)** *m(f)* <-s, -; -, -nen> (*abw*) doctrinario, -a *m, f*
prinzipientreu *adj* fiel a sus principios
Prinzregent(in) *m(f)* <-en, -en; -, -nen> (HIST) príncipe *m* regente, princesa *f* regente
Prior(in) [ˈpriːoːɐ, *pl:* priˈoːrən] *m(f)* <-s, -en; -, -nen> (REL) prior(a) *m(f)*
Priorität [prioriˈtɛːt] *f* <-, -en> prioridad *f*; **vor etw ~ haben** [*o* genießen] tener prioridad respecto a algo; **~en setzen** establecer prioridades
Prioritätenliste *f* <-, -n> lista *f* de prioridades; **ganz oben auf der ~ stehen** encontrarse entre las prioridades
Prioritätsbeleg *m* <-(e)s, -e> (JUR) justificante *m* de prioridad; **Prioritätserklärung** *f* <-, -en> (JUR) declaración *f* de prioridad; **Prioritätsschutz** *m* <-es, *ohne pl*> (JUR) amparo *m* de la prioridad; **Prioritätsstreitverfahren** *nt* <-s, -> (JUR) procedimiento *m* contencioso preferente
Prise [ˈpriːzə] *f* <-, -n> ❶ (*Gewürz, Tabak*) pizca *f*; **eine ~ Salz** una pizca de sal
❷ (NAUT) presa *f*
Prisma [ˈprɪsma] *nt* <-s, Prismen> (MATH, PHYS) prisma *m*
Pritsche [ˈprɪtʃə] *f* <-, -n> ❶ (*Liege*) catre *m*
❷ (*beim Lastwagen*) plataforma *f*
Pritschenwagen *m* <-s, -> (AUTO) camión *m* con plataforma
privat [priˈvaːt] I. *adj* (*nicht öffentlich*) privado; (*nicht offiziell*) privado, particular; **etw an ~ verkaufen** vender algo a un particular
II. *adv* en privado; **ich möchte ihn ~ sprechen** le quisiera hablar en privado; **jdn ~ unterbringen** alojar a alguien en una casa particular; **sie ist ~ hier** ha venido por motivos personales; **ich bin ~ krankenversichert** estoy afiliado a un seguro de enfermedad privado
Privatadresse *f* <-, -n> dirección *f* privada [*o* particular]; **Privatangelegenheit** *f* <-, -en> asunto *m* personal; **Privatanmelder(in)** *m(f)* <-s, -; -, -nen> solicitante *mf* particular; **Privatanschrift** *f* <-, -en> *s.* **Privatadresse**; **Privataudienz** *f* <-, -en> audiencia *f* privada; **Privatautonomie** *f* <-, -n> (JUR) autonomía *f* privada; **Privatbesitz** *m* <-es, *ohne pl*> propiedad *f* privada [*o* particular]; **in ~ befindlich** de propiedad privada [*o* particular]; **Privatbetrieb** *m* <-(e)s, -e> empresa *f* particular, -a; **Privatdetektiv(in)** *m(f)* <-s, -e; -, -nen> detective *mf* privado, -a; **Privatdozent(in)** *m(f)* <-en, -en; -, -nen> (UNIV) ≈profesor(a) *m(f)* no numerario, -a
Privateigentum *nt* <-s, *ohne pl*> propiedad *f* privada [*o* particular]; **etw in ~ überführen** transferir algo a la propiedad privada; **Privateigentumsrecht** *nt* <-(e)s, *ohne pl*> derecho *m* a propiedad privada; **Privateinfuhr** *f* <-, -en> (WIRTSCH, COM) importación *f* particular; **Privateinlage** *f* <-, -n> (FIN) aportación *f* particular; **Privatentnahme** *f* <-, -n> (WIRTSCH) detracción *f* privada; **Privatfernsehen** *nt* <-s, *ohne pl*> (*fam*) emisora *f* de televisión privada; **Privatgespräch** *nt* <-(e)s, -e> conversación *f* privada; (TEL) llamada *f* privada; **Privatgläubiger, -in** *m, f* <-s, -; -, -nen> (JUR) acreedor(a) *m(f)* privado, -a; **Privatgrundstück** *nt* <-(e)s, -e> terreno *m* particular [*o* privado]; **Privathaftpflichtversicherung** *f* <-, -en> seguro *m* de responsabilidad civil; **Privathand** *f* <-, *ohne pl*> (JUR) manos *fpl* privadas; **aus** [*o* **von**] **~** de propiedad privada [*o* particular]; **in ~** de propiedad

privada, en manos privadas; **Privathaus** *nt* <-es, -häuser> casa *f* particular; **Privatinitiative** *f* <-, -n> iniciativa *f* privada
privatisieren* [privati'ziːrən] *vt* (WIRTSCH) privatizar
Privatisierung *f* <-, -en> (WIRTSCH) privatización *f*
Privatklage *f* <-, -n> acusación *f* particular, acción *f* particular; **Privatklagedelikt** *nt* <-(e)s, -e> (JUR) querella *f* privada; **Privatklageverfahren** *nt* <-s, -> (JUR) acción *f* privada; **Privatklageweg** *m* <-(e)s, ohne pl> (JUR) vía *f* de acción privada
Privatklinik *f* <-, -en> clínica *f* privada; **Privatkunde, -in** *m*, *f* <-n, -n; -, -nen> cliente *mf* particular; **Privatleben** *nt* <-s, ohne pl> vida *f* privada; **sich ins ~ zurückziehen** retirarse de la vida pública; **Privatlehrer(in)** *m(f)* <-s, -; -, -nen> profesor(a) *m(f)* particular; **Privatmann** *m* <-(e)s, -leute> ❶ *s.* **Privatperson** ❷ (*Mann ohne festen Beruf*) rentista *m*; **Privatnummer** *f* <-, -n> (número *m* de) teléfono *m* particular; **Privatnützigkeitstheorie** *f* <-, ohne pl> (JUR) teoría *f* de la utilidad privada; **Privatpatient(in)** *m(f)* <-en, -en; -, -nen> paciente *mf* particular; **Privatperson** *f* <-, -en> particular *mf*; **Privatrecht** *nt* <-s, ohne pl> (JUR) derecho *m* privado
privatrechtlich *adj* (JUR) de derecho privado, jurídico-privado
Privatrechtsfähigkeit *f* <-, ohne pl> (JUR) capacidad *f* jurídico-privada; **Privatrechtskodifikation** *f* <-, -en> (JUR) codificación *f* jurídico-privada; **Privatrechtsordnung** *f* <-, -en> (JUR) ordenamiento *m* jurídico-privado; **Privatrechtsvereinheitlichung** *f* <-, -en> (JUR) uniformización *f* del derecho privado
Privatsache *f* <-, -n> asunto *m* personal; **Privatschuld** *f* <-, -en> deuda *f* particular; **~ der Geschäftsinhaber** deuda particular de los propietarios; **Privatschule** *f* <-, -n> colegio *m* privado, escuela *f* privada
Privatschulfreiheit *f* <-, ohne pl> libertad *f* de docencia particular
Privatsekretär(in) *m(f)* <-s, -e; -, -nen> secretario, -a *m*, *f* particular; **Privatsender** *m* <-s, -> (RADIO, TV) emisora *f* privada, cadena *f* privada; **Privatsphäre** *f* <-, -n> esfera *f* privada; **Privatstrafe** *f* <-, -n> (JUR) sanción *f* privada; **Privatstunde** *f* <-, -n> clase *f* particular; **Privatunternehmen** *nt* <-s, -> empresa *f* privada; **Privatunterricht** *m* <-(e)s, -e> clase *f* particular; **Privatvergnügen** *nt* <-s, -> (*fam*) asunto *m* personal; **ich mache das nicht zu meinem ~** no lo hago por diversión; **Privatvermögen** *nt* <-s, -> bienes *mpl* particulares; **Privatwagen** *m* <-s, -> vehículo *m* particular; **ist das ein Firmenwagen oder ein ~?** ¿el coche es de la empresa o particular?; **Privatweg** *m* <-(e)s, -e> camino *m* particular [*o* privado]; **Privatwirtschaft** *f* <-, ohne pl> economía *f* privada; **Privatwohnung** *f* <-, -en> domicilio *m* particular, vivienda *f* particular
Privileg [privi'leːk, *pl:* privi'leːgiən] *nt* <-(e)s, -ien> privilegio *m*
privilegieren* [privile'giːrən] *vt* privilegiar, conceder (un) privilegio
pro [proː] **I.** *präp +akk* por; **~ Kopf** por cabeza, per cápita; **fünf Euro ~ Person** cinco euros por persona; **einmal ~ Monat/Tag** una vez al mes/al día; **~ Stück** por pieza; **80 km ~ Stunde** 80 km por hora **II.** *adv:* **bist du ~ oder kontra (eingestellt)?** ¿estás a favor o en contra?
Pro [proː] *nt* <-, ohne pl> pro *m*; **~ und Kontra** pro y contra
Proband(in) [pro'bant] *m(f)* <-en, -en; -, -nen> ❶ (MED, PSYCH: *Testperson*) objeto *m* de experimentación [*o* de ensayo] ❷ (*auf Bewährung entlassener Sträfling*) preso, -a *m*, *f* en libertad vigilada
probat [pro'baːt] *adj* (*geh*) ❶ (*bewährt*) probado ❷ (*tauglich*) eficaz, útil; **ein ~es Mittel** un método eficaz
Probe ['proːbə] *f* <-, -n> ❶ (*Versuch*) prueba *f*; **zur ~** como muestra, a título de prueba; **Kauf auf/nach ~** compra a/en base a prueba; **die ~ bestehen** pasar la prueba; **jds Geduld auf die ~ stellen** poner a prueba la paciencia de alguien; **die ~ aufs Exempel machen** comprobar en la práctica; **~ fahren** probar (un vehículo); **hast du das Motorrad schon ~ gefahren?** ¿ya has probado la moto?; **~ laufen** (TECH) ser probado, ser puesto en marcha como prueba; **etw ~ laufen lassen** poner algo en marcha de prueba, hacer algo funcionar de prueba; **er wurde auf ~ eingestellt** le dieron el empleo a prueba ❷ (THEAT) ensayo *m* ❸ (*Prüfungsstück*) muestra *f*; **eine ~ entnehmen** [*o* **ziehen**] tomar una muestra; **der ~ entsprechend** conforme a la muestra; **laut beiliegender ~** con acuerdo a la muestra adjunta; **kostenlose ~** muestra gratuita; **zur ~** (a título de prueba)
Probeabzug *m* <-(e)s, -züge> ❶ (TYPO) (primera) prueba *f* ❷ (FOTO) copia *f* de prueba; **Probealarm** *m* <-(e)s, -e> verificación *f* del sistema de alarma; **Probeanfertigung** *f* <-, -en> (WIRTSCH) elaboración *f* de una muestra; **Probearbeitsverhältnis** *nt* <-ses, -se> relación *f* laboral en periodo de prueba; **Probeaufnahme** *f* <-, -n> ❶ (FILM, MUS, TV) (toma *f* de) prueba *f* ❷ (*probeweises Dazugehören*) admisión *f* a prueba; **Probeauftrag** *m* <-(e)s, -träge> (WIRTSCH) pedido *m* de prueba; **Probebetrieb** *m* <-(e)s, -e> (TECH) marcha *f* de prueba; **Probebilanz** *f* <-, -en> (WIRTSCH) balance *m* de comprobación; **Probebohrung** *f* <-, -en> (TECH) perforación *f* de prueba; **Probeentnahme** *f* <-, -n> toma *f* de muestras; **Probeexemplar** *nt* <-(e)s, -e> (ejemplar *m* de) muestra *f*

probe|fahren *irr vi sein, vt haben s.* **Probe 1.**
Probefahrt *f* <-, -en> recorrido *m* de prueba; **Probejahr** *nt* <-(e)s, -e> año *m* de prueba; **Probekauf** *m* <-(e)s, -käufe> (WIRTSCH) compra *f* a prueba; **Probelauf** *m* <-(e)s, -läufe> (TECH) prueba *f* de funcionamiento
probe|laufen *irr vi sein s.* **Probe 1.**
Probelehrer(in) *m(f)* <-s, -; -, -nen> (*Österr*) profesor(a) de enseñanza superior que realiza un año de prácticas; **Probemuster** *nt* <-s, -> (WIRTSCH) muestra *f*
proben ['proːbən] *vi, vt* ensayar
Probenummer *f* <-, -n> (PUBL) ejemplar *m* gratuito; **Probepackung** *f* <-, -en> (envase *m* de) muestra *f*; **Probeseite** *f* <-, -n> página *f* de muestra; **Probesendung** *f* <-, -en> envío *m* de muestra [*o* de prueba]; **Probestück** *nt* <-(e)s, -e> muestra *f*, espécimen *m*
probeweise *adv* a modo de prueba
Probezeit *f* <-, -en> ❶ (*Testzeit*) período *m* de prueba; **eine dreimonatige ~ haben** tener un período de prueba de tres meses ❷ (*Schweiz:* JUR: *Bewährungsfrist*) plazo *m* de prueba
probieren* [pro'biːrən] *vt* ❶ (*versuchen*) probar; **lass (es) mich mal ~!** ¡déjame probar a mí!; **er probierte es zuerst mit Höflichkeit, dann mit Drohungen** primero lo intentó por las buenas, luego con amenazas; **P~ geht über Studieren** (*prov*) ≈nadie nace sabiendo ❷ (*Speise, Getränk*) probar, degustar
Problem [pro'bleːm] *nt* <-s, -e> problema *m*; **ein ~ in Angriff nehmen** acometer un problema; **vor einem ~ stehen** encontrarse ante un problema; **etw wird für jdn zum ~** algo se convierte en (un) problema para alguien; **kein ~!** (*fam*) ¡no hay problema!; **gibt es ~e damit?** ¿hay algún problema?; **das ist (nicht) mein ~** esto (no) es problema mío; **~e mit dem Einschlafen haben** tener problemas para dormirse
Problemabfälle *mpl* residuos *mpl* problemáticos
Problematik [proble'maːtɪk] *f* <-, ohne pl> problemática *f*
problematisch *adj* problemático
Problembereich *m* <-(e)s, -e> (*Gebiet*) zona *f* problemática; (*Sachgebiet*) terreno *m* problemático; **Problemfall** *m* <-(e)s, -fälle> caso *m* problemático
problemlos *adj* sin problemas
Procedere [pro'tseːdərə] *nt* <-, -> (*geh*) (modo *m* de) proceder *m*
Productplacement^RR ['prɔdaktpleɪsmənt] *nt* <-s, -s> (WIRTSCH) emplazamiento *m* de producto
Produkt [pro'dʊkt] *nt* <-(e)s, -e> (*a.* MATH) producto *m*; **fertiges/hochwertiges ~** producto terminado/de primera (calidad); **pflanzliche/landwirtschaftliche/industrielle ~e** productos vegetales/agrícolas/industriales; **regionales ~** producto regional
Produktbeobachtungspflicht *f* <-, ohne pl> (WIRTSCH) deber *m* de control del producto; **Produktdifferenzierung** *f* <-, -en> (WIRTSCH) diversificación *f* de productos
Produktenbörse *f* <-, -n> (WIRTSCH) bolsa *f* de comercio [*o* de contratación], lonja *f*; **Produktenhandel** *m* <-s, -> (WIRTSCH) comercio *m* de productos agrícolas
Produktfamilie *f* <-, -n> (WIRTSCH) gama *f* de productos; **Produktfehler** *m* <-s, -> fallo *m* de producto; **Produktgestaltung** *f* <-, -en> diseño *m* del producto; **Produkthaftpflicht** *f* <-, ohne pl> responsabilidad *f* civil del producto
Produkthaftung *f* <-, ohne pl> (JUR) responsabilidad *f* sobre el producto; **Produkthaftungsgesetz** *nt* <-es, -e> (JUR) ley *f* de responsabilidad por el producto
Produktinnovation *f* <-, -en> (WIRTSCH) introducción *f* de un producto nuevo
Produktion [prodʊk'tsjoːn] *f* <-, -en> producción *f*; **~ unter Marktbedingungen** producción determinada por la situación del mercado; **grenzüberschreitende/sinkende ~** producción transfronteriza/a la baja; **die ~ drosseln** [*o* **zurückschrauben**] reducir [*o* bajar] la producción; **die ~ einstellen/erhöhen** suspender/aumentar la producción
Produktionsabfall *m* <-(e)s, ohne pl> disminución *f* de la producción, descenso *m* de la producción, retroceso *m* de la producción; **Produktionsablauf** *m* <-(e)s, -läufe> proceso *m* de producción; **Produktionsabschnitt** *m* <-(e)s, -e> fase *f* de la producción; **Produktionsapparat** *m* <-(e)s, -e> equipo *m* productivo; **Produktionsaufkommen** *nt* <-s, -> volumen *m* de producción; **Produktionsausfall** *m* <-(e)s, -fälle> pérdida *f* de producción; **Produktionsausstoß** *m* <-es, -stöße> producción *f*
produktionsbedingt *adj* condicionado por la producción
produktionsbezogen *adj* relativo a la producción
Produktionsdrosselung *f* <-, -en> reducción *f* de la producción, restricción *f* productiva; **Produktionseinstellung** *f* <-, -en> cese *m* de la producción, suspensión *f* de la producción; **Produktionsfaktor** *m* <-s, -en> elemento *m* productivo
produktionsfördernd *adj* que aumenta la producción

Produktionsgüter *ntpl* (WIRTSCH) bienes *mpl* de producción; **Produktionskapazität** *f* <-, -en> capacidad *f* productiva [*o* económica]; **Produktionskartell** *nt* <-s, -e> (WIRTSCH) cártel *m* de producción; **Produktionskosten** *pl* gastos *mpl* de producción, costes *mpl* de producción; **verteuerte** ~ costes encarecidos de producción; **Produktionskraft** *f* <-, -kräfte> potencial *m* de producción, potencia *f* productiva; **Produktionsleistung** *f* <-, -en> productividad *f* de la producción, rendimiento *m* de la producción; **Produktionsmanager(in)** *m(f)* <-s, -; -, -nen> gerente *mf* de producción; **Produktionsmittel** *ntpl* medios *mpl* de producción; **Produktionsmonopol** *nt* <-s, -e> (WIRTSCH) monopolio *m* de producción; **Produktionsökologie** *f* <-, ohne *pl*> ecología *f* de la producción; **Produktionspotential** *nt* <-s, -e> potencial *m* productivo; **Produktionsprozess**^RR *m* <-es, -e> proceso *m* de producción; **Produktionsreserve** *f* <-, -n> reserva *f* de producción; **Produktionsrückgang** *m* <-(e)s, -gänge> disminución *f* de la producción; **Produktionssparte** *f* <-, -n> sector *m* productivo; **Produktionsstandard** *m* <-s, -s> normas *fpl* de producción; **Produktionsstandort** *m* <-(e)s, -e> emplazamiento *m* de la producción, lugar *m* de (la) producción, ubicación *f* de la producción; **Produktionssteigerung** *f* <-, -en> aumento *m* de (la) producción; **Produktionsstockung** *f* <-, -en> paralización *f* de la producción, paro *m* de la producción; **Produktionsstückzahl** *f* <-, -en> número *m* de unidades de la producción; **Produktionstechnik** *f* <-, -en> técnica *f* de producción [*o* productiva]
produktionstechnisch *adj* propio de la técnica productiva
Produktionsüberschuss^RR *m* <-es, -schüsse> exceso *m* de producción; **Produktionsumstellung** *f* <-, -en> reconversión *f* de la producción; **Produktionsunterbrechung** *f* <-, -en> interrupción *f* de la producción, suspensión *f* de la producción; **Produktionsunternehmen** *nt* <-s, -> empresa *f* de producción; **Produktionsverfahren** *nt* <-s, -> proceso *m* de producción, procedimiento *m* de producción; **Produktionsverlagerung** *f* <-, -en> desplazamiento *m* de la producción; **Produktionsvolumen** *nt* <-s, -> volumen *m* de producción [*o* producido]; **Produktionsvorlauf** *m* <-(e)s, -läufe>: **einen** ~ **schaffen** ir en cabeza de la producción; **Produktionswert** *m* <-(e)s, -e> valor *m* de producción; **Produktionsziel** *nt* <-(e)s, -e> objetivo *m* de la producción; **Produktionsziffer** *f* <-, -n> (WIRTSCH) cifra *f* de producción, volumen *m* de producción; **Produktionszweig** *m* <-(e)s, -e> rama *f* de producción, sector *m* de producción
produktiv [prodʊkˈtiːf] *adj* ❶ (*ergiebig*) productivo; ~ **arbeiten** trabajar de forma productiva
❷ (*schöpferisch*) creativo; ~**e Kritik** crítica constructiva
Produktivität [prodʊktiviˈtɛːt] *f* <-, ohne *pl*> ❶ (*Ergiebigkeit*) productividad *f*
❷ (*Schaffenskraft*) creatividad *f*
Produktivitätsentwicklung *f* <-, -en> evolución *f* de la productividad; **Produktivitätsgefälle** *nt* <-s, -> (WIRTSCH) desnivel *m* de la productividad; **Produktivitätssteigerung** *f* <-, -en> aumentación *f* de la productividad; **zum Ziel der** ~ con el fin de aumentar la productividad; **Produktivitätszuwachs** *m* <-es, -wächse> (WIRTSCH) incremento *m* de la productividad
Produktivkraft *f* <-, -kräfte> potencial *m* de producción, recursos *mpl* productivos
Produktlebenszyklus *m* <-, -zyklen> (WIRTSCH) ciclo *m* de duración de un producto; **Produktlinie** *f* <-, -n> (WIRTSCH) línea *f* de producto; **Produktpalette** *f* <-, -n> gama *f* de productos; **Produktpiraterie** *f* <-, ohne *pl*> (WIRTSCH) piratería *f* de productos
Produktsicherheit *f* <-, -en> (WIRTSCH) seguridad *f* del producto; **Produktsicherheitsgesetz** *nt* <-es, -e> ley *f* sobre la seguridad de los productos
Produzent(in) [produˈtsɛnt] *m(f)* <-en, -en; -, -nen> productor(a) *m(f)*
Produzentenhaftung *f* <-, -en> (JUR) responsabilidad *f* del productor
produzieren* [produˈtsiːrən] I. *vt* producir; **einen Film** ~ producir una película; **unsere Industrie produziert zu viel Abfall** nuestra industria produce demasiados residuos; **was für einen Unsinn habt ihr da produziert?** (*fam*) ¿pero qué disparate se os ha ocurrido?
II. *vr*: **sich** ~ (*fam*) darse tono
Prof. *Abk. von* **Professor** Prof.
profan [proˈfaːn] *adj* profano
Professionalität [profɛsjonaliˈtɛːt] *f* <-, ohne *pl*> profesionalidad *f*
professionell [profɛsjoˈnɛl] *adj* profesional; **sie arbeiten sehr** ~ trabajan con gran profesionalidad
Professor(in) [proˈfɛsoːɐ, *pl*: profɛˈsoːrən] *m(f)* <-s, -en; -, -nen> ❶ (*akademischer Titel, Universitäts-*) ≈profesor(a) *m(f)* numerario, -a; (*Ordinarius*) catedrático, -a *m, f*; **außerordentlicher** ~ profesor numerario; **ordentlicher** ~ ≈catedrático; ~ **X** el profesor X
❷ (*Österr: Gymnasiallehrer*) profesor(a) *m(f)* de enseñanza media
professoral [profɛsoˈraːl] *adj* (*abw*: *überheblich belehrend*) pedante, campanudo; **jetzt schlägt er wieder seinen ~en Ton an!** ¡otra vez ese tono de suficiencia tan suyo!
Professorin *f* <-, -nen> *s*. **Professor**
Professur [profɛˈsuːɐ] *f* <-, -en> cátedra *f* (*für* de)
Profi [ˈproːfi] *m* <-s, -s> profesional *mf*
Profil [proˈfiːl] *nt* <-s, -e> ❶ (*des Kopfes*) perfil *m*; **im** ~ de perfil
❷ (TECH, ARCHIT) perfil *m*; (*Reifen-*) ranuras *fpl*
❸ (*Persönlichkeit*) personalidad *f*; (*Image*) imagen *f* (pública); **an** ~ **gewinnen/verlieren** mejorar/dañar su imagen pública
profilieren* [profiˈliːrən] I. *vt* ranurar
II. *vr*: **sich** ~ distinguirse
profiliert [profiˈliːɐt] *adj* famoso, acreditado
Profilierung *f* <-, ohne *pl*> especialización *f* de un perfil personal destacado; **er arbeitete an seiner** ~ **im Marketing-Bereich** se esforzaba en distinguirse por sus cualidades en el ámbito del marketing
Profillosigkeit *f* <-, ohne *pl*> falta *f* de perfil
Profilneurose *f* <-, -n> (PSYCH) ansiedad *f* constante de destacar, afán *m* de notoriedad
Profilsohle *f* <-, -n> suela *f* dentada
Profit [proˈfiːt] *m* <-(e)s, -e> ❶ (*Nutzen*) provecho *m*; ~ **aus etw schlagen/ziehen** obtener/sacar provecho de algo; **bei** [*o* **mit**] **etw** ~ **machen** sacar ganancias de algo
❷ (WIRTSCH) beneficio *m*, ganancia *f*; ~ **abwerfen/erwirtschaften** arrojar/obtener beneficios; **mit** ~ **arbeiten** trabajar con beneficios
profitabel [profiˈtaːbəl] *adj* lucrativo, fructífero; **ein profitables Geschäft** un negocio muy lucrativo
Profitgier *f* <-, ohne *pl*> (*abw*) afán *m* de lucro
profitieren* [profiˈtiːrən] *vi* salir ganando (*von/bei* en), sacar provecho (*von/bei* de)
Profitjäger(in) *m(f)* <-s, -; -, -nen> (*abw*) aprovechado, -a *m, f*; **Profitverschleierung** *f* <-, -en> ocultación *f* de beneficios
pro forma [proː ˈfɔrma] *adv* (*der Form halber*) proforma; **eine Rechnung** ~ **ausstellen** expedir una factura proforma; **jdn** ~ **heiraten** contraer matrimonio ficticio
Pro-forma-Rechnung *f* <-, -en> (WIRTSCH) factura *f* proforma
Prognose [proˈgnoːzə] *f* <-, -n> pronóstico *m*; **welche** ~ **hat er dir gestellt?** ¿qué te ha pronosticado?; **eine** ~ **wagen** atreverse a emitir un pronóstico
Prognoseentscheidung *f* <-, -en> decisión *f* en pronóstico; **Prognosespielraum** *m* <-(e)s, ohne *pl*> margen *m* de tolerancia del pronóstico
prognostizieren* [prɔgnɔstiˈtsiːrən] *vt* pronosticar
Programm [proˈgram] *nt* <-s, -e> ❶ (*Planung, Ablauf*) programa *m*; **auf dem** ~ **stehen** figurar en el programa; **es verläuft alles nach** ~ todo transcurre según lo previsto; **unser** ~ **für den heutigen Abend** nuestro programa para esta noche; **ich habe diese Woche ein volles** ~ estoy ocupado toda la semana
❷ (INFOR) programa *m*; **ein** ~ **schreiben/entwickeln** escribir/crear un programa
❸ (RADIO, TV) cadena *f*, canal *m*; **der Film kommt im zweiten** ~ la película se emite por [*o* en] la segunda cadena
Programmabbruch *m* <-(e)s, -brüche> (INFOR) interrupción *f* del programa; **Programmänderung** *f* <-, -en> cambio *m* de programa(ción)
programmatisch [programaˈtɪʃ] *adj* programático
Programmaufruf *m* <-(e)s, ohne *pl*> (INFOR) llamada *f* del programa; **Programmdiskette** *f* <-, -n> (INFOR) disquete *m* del programa; **Programmdokumentation** *f* <-, -en> (INFOR) documentación *f* del programa; **Programmfehler** *m* <-s, -> (INFOR) error *m* del programa [*o* de programación]; **Programmfolge** *f* <-, -n> desarrollo *m* del programa
programmgemäß *adj* de acuerdo con el programa; **alles verlief** ~ todo transcurrió conforme al plan
Programmgestaltung *f* <-, -en> programación *f*
programmgesteuert *adj* controlado [*o* asistido] por un programa (de ordenador)
Programmheft *nt* <-(e)s, -e> programa *m*; **Programmhinweis** *m* <-es, -e> información *f* sobre el programa
programmierbar *adj* (*a.* INFOR) programable
programmieren* [prograˈmiːrən] I. *vi* (*a.* INFOR) programar
II. *vt* planear; (*a.* INFOR) programar
Programmierer(in) *m(f)* <-s, -; -, -nen> programador(a) *m(f)*
Programmiersprache *f* <-, -n> (INFOR) lenguaje *m* de programación; **Programmierung** *f* <-, -en> (INFOR) programación *f*
Programmkino *nt* <-s, -s> cineclub *m*; **Programmlauf** *m* <-(e)s, -läufe> (INFOR) ejecución *f* del programa; **Programmname** *m* <-ns, -n> (INFOR) nombre *m* del programa; **Programmpunkt** *m* <-(e)s, -e> punto *m* en el programa; **Programmsteuerung** *f* <-, ohne *pl*> (INFOR) control *m* de programa; **Programmsystem** *nt* <-s, -e> (INFOR) conjunto *m* de programas, paquete *m* de programas; **Programmvorschau** *f* <-, -en> avance *m* del programa; **Programmwahl** *f* <-,

Programmzeitschrift *ohne pl>* (TV) selección *f* de canal; **Programmzeitschrift** *f* <-, -en> revista *f* con la programación de radio y televisión
Progression [progrɛ'sjoːn] *f* <-, -en> progresión *f*
progressiv [progrɛ'siːf] *adj* ❶ (*fortschrittlich*) progresista, progre *fam* ❷ (*allmählich steigend*) progresivo
Prohibition [prohibi'tsjoːn] *f* <-, -en> prohibición *f*
Projekt [pro'jɛkt] *nt* <-(e)s, -e> proyecto *m*; **ein ~ ausarbeiten/durchführen** elaborar/llevar a cabo un proyecto; **ein ~ ausschreiben** sacar un proyecto a concurso
Projektgruppe *f* <-, -n> grupo *m* de trabajo (de un proyecto)
projektieren* [projɛk'tiːrən] *vt* proyectar
Projektil [projɛk'tiːl] *nt* <-s, -e> proyectil *m*
Projektion [projɛk'tsjoːn] *f* <-, -en> (*a.* MATH, FILM) proyección *f*
Projektionsapparat *m* <-(e)s, -e> proyector *m*; **Projektionsfläche** *f* <-, -n> ❶ (MATH) plano *m* de proyección ❷ (FILM) pantalla *f*; **Projektionsgerät** *nt* <-(e)s, -e> proyector *m*
Projektleiter(in) *m(f)* <-s, -; -, -nen> director(a) *m(f)* de(l) proyecto
Projektor [pro'jɛktoːr] *m* <-s, -en> proyector *m*
projizieren* [proji'tsiːrən] *vt* (*geh a.* FILM, MATH) proyectar
Proklamation [proklama'tsjoːn] *f* <-, -en> proclamación *f*; **die ~ der Menschenrechte** la proclamación de los derechos humanos
proklamieren* [prokla'miːrən] *vt* proclamar
Proklamierung *f* <-, -en> proclamación *f*
Pro-Kopf-Ausgaben *fpl* (WIRTSCH) consumo *m* per cápita [*o* individual]; **Pro-Kopf-Einkommen** [proː'kɔpf-] *nt* <-s, *ohne pl>* renta *f* per cápita; **Pro-Kopf-Verbrauch** *m* <-(e)s, *ohne pl>* (WIRTSCH) consumo *m* per cápita [*o* por habitante]
Prokura [pro'kuːra] *f* <-, Prokuren> poder *m* general, procuración *f*; **per ~** por poder; **~ haben** tener el poder general; **jdm ~ erteilen** otorgar a alguien poder general
Prokuraerteilung *f* <-, *ohne pl>* (JUR) otorgamiento *m* de poder; **Prokuraindossament** *nt* <-s, -e> (JUR) endoso *m* por poder
Prokurist(in) [proku'rɪst] *m(f)* <-en, -en; -, -nen> apoderado, -a *m, f* (general), procurador(a) *m(f)*
Prolet(in) [pro'leːt] *m(f)* <-en, -en; -, -nen> (*abw*) persona *f* vulgar, roto, -a *m, f Chil*
Proletariat [proletari'aːt] *nt* <-(e)s, -e> proletariado *m*
Proletarier(in) [prole'taːrie] *m(f)* <-s, -; -, -nen> proletario, -a *m, f*, roto, -a *m, f Chil*
proletarisch [prole'taːrɪʃ] *adj* proletario
Proletin *f* <-, -nen> *s.* **Prolet**
Prolo *m* <-s, -s> (*abw sl: Prolet*) proleta *mf*
Prolog [pro'loːk] *m* <-(e)s, -e> prólogo *m*
Prolongation [prolɔŋga'tsjoːn] *f* <-, -en> (WIRTSCH) prolongación *f*, prórroga *f*
Prolongationsgeschäft *nt* <-(e)s, -e> (WIRTSCH) operación *f* de prolongación [*o* de reporte]; **Prolongationskosten** *pl* (WIRTSCH) costes *fpl* de prolongación
prolongieren* [prolɔŋ'giːrən] *vt* (WIRTSCH) prolongar
Promenade [promə'naːdə] *f* <-, -n> paseo *m*
Promenadendeck *nt* <-(e)s, -s> (NAUT) cubierta *f* de paseo, puente *m*; **Promenadenmischung** *f* <-, -en> (*fam*) ejemplar canino resultante de una mezcla de razas
promenieren* [promə'niːrən] *vi sein* (*geh*) pasearse
Promethium [pro'mɛtiʊm] *nt* <-s, *ohne pl>* (CHEM) prometio *m*
Promi ['prɔmi] *m* <-s, -s> (*fam*) famoso, -a *m, f*
Promille [pro'mɪlə] *nt* <-(s), -> ❶ (*Tausendstel*) tanto *m* por mil, por mil *m*; **ihr stehen 8 ~ zu** le corresponde el 8 por mil ❷ *pl* (*fam: Alkoholgehalt im Blut*) grado *m* de alcoholemia; **er hatte 1,2 ~** tenía un grado de alcoholemia de 1,2
Promillegrenze *f* <-, -n> grado *m* máximo de alcoholemia; **Promillemesser** *m* <-s, -> alcoholímetro *m*
prominent [promi'nɛnt] *adj* prominente; (*berühmt*) famoso
Prominente(r) *mf* <-n, -n; -n, -n> personalidad *f*, famoso, -a *m, f*; **aus Kultur, Politik und Wirtschaft** personalidades de la cultura, la política y la economía; **die meisten der geladenen Gäste waren ~** la mayoría de los invitados eran famosos
Prominenz [promi'nɛnts] *f* <-, *ohne pl>* personalidades *fpl*, galaxia *f MAm*; **~ von Film und Bühne** personalidades del cine y del teatro; **zur ~ gehören** ser una personalidad
promisk *adj* promiscuo
Promiskuität [promɪskui'tɛːt] *f* <-, *ohne pl>* promiscuidad *f*
promiskuitiv *adj* promiscuo
promoten* [prə'moʊtən] *vt* promover, fomentar
Promotion [promo'tsjoːn] *f* <-, -en> ❶ (*Verleihung des Doktorgrades*) doctorado *m*
❷ (*Schweiz:* SCH: *Versetzung*) traslado *m*
❸ (*Schweiz:* SPORT: *Aufstieg*) ascenso *m*
promovieren* [promo'viːrən] I. *vi* ❶ (*Dissertation schreiben*) escribir una tesis doctoral (*in* en, *über* sobre), hacer el doctorado (*in* en); **bei jdm ~** hacer el doctorado con alguien
❷ (*Doktorwürde erlangen*) doctorarse (*in* en)
II. *vt* (*Schweiz:* SCH: *versetzen*) trasladar
prompt [prɔmpt] I. *adj* inmediato, rápido; **eine ~e Antwort erhalten** recibir una contestación inmediata
II. *adv* en el acto, al tiro *Am*; **er reagierte ~** reaccionó en el acto; **er ist ~ darauf/auf sie hereingefallen** (*fam*) picó enseguida con eso/con ella
Promptgeschäft *nt* <-(e)s, -e> (WIRTSCH) operación *f* al contado
Promptheit *f* <-, *ohne pl>* prontitud *f*, celeridad *f*; **die Aufträge wurden mit ~ und Zuverlässigkeit ausgeführt** se ejecutaron los encargos con prontitud y fiabilidad; **von der ~ der Bedienung im Restaurant war sie angenehm überrascht** la celeridad del servicio en el restaurante la sorprendió agradablemente
Promptware *f* <-, -n> (WIRTSCH) mercancía *f* al contado
Pronomen [pro'noːmən] *nt* <-s, *o* Pronomina> (LING) pronombre *m*
pronominal [pronomi'naːl] *adj* (LING) pronominal
Propaganda [propa'ganda] *f* <-, *ohne pl>* ❶ (POL) propaganda *f*
❷ (WIRTSCH) publicidad *f*, propaganda *f*; **~ für etw machen** hacer propaganda para algo
Propagandafeldzug *m* <-(e)s, -züge> campaña *f* propagandística
Propagandist(in) [propagan'dɪst] *m(f)* <-en, -en; -, -nen> ❶ (POL) propagandista *mf*
❷ (WIRTSCH) publicista *mf*, agente *mf* de publicidad
propagandistisch *adj* propagandístico; **etw ~ ausschlachten** explotar algo con fines propagandísticos
propagieren* [propa'giːrən] *vt* propagar
Propan [pro'paːn] *nt* <-s, *ohne pl>* propano *m*
Propangas *nt* <-es, *ohne pl>* gas *m* propano
Propeller [pro'pɛlɐ] *m* <-s, -> (AERO, NAUT) propulsor *m*, hélice *f*
Propellerflugzeug *nt* <-(e)s, -e> avión *m* de hélice
proper ['prɔpɐ] *adj* (*fam*) aseado, limpio
Propergeschäft *nt* <-(e)s, -e> (WIRTSCH) negocio *m* por cuenta propia
Prophet(in) [pro'feːt] *m(f)* <-en, -en; -, -nen> profeta, -isa *m, f*; **ich bin (doch) kein ~!** (*fam*) ¡no soy profeta!; **der ~ gilt nichts in seinem Vaterland(e)** (*prov*) nadie es profeta en su tierra
prophetisch *adj* profético
prophezeien* [profɛ'tsaɪən] *vt* predecir, pronosticar; (REL) profetizar
Prophezeiung *f* <-, -en> pronóstico *m*; (REL) profecía *f*
Prophylaktikum [profy'laktikʊm] *nt* <-s, Prophylaktika> (MED) medicamento *m* preventivo
prophylaktisch [profy'laktɪʃ] *adj* preventivo; (MED) profiláctico
Prophylaxe [profy'laksə] *f* <-, -n> (MED) profilaxis *f inv*
Propionsäure *f* <-, *ohne pl>* (CHEM) ácido *m* propiónico
Proportion [propɔr'tsjoːn] *f* <-, -en> (*a.* MATH) proporción *f*; **die ~en stimmen nicht** hay un error en las proporciones
proportional [propɔrtsjo'naːl] *adj* proporcional (*zu* a); **die Steuern steigen ~ zum Einkommen** los impuestos suben proporcionalmente a los ingresos
Proportionalschrift *f* <-, -en> (INFOR) letra *f* proporcional
proportioniert [propɔrtsjo'niːɐt] *adj* proporcionado
Proporz [pro'pɔrts] *m* <-es, -e> (POL) representación *f* proporcional
proppenvoll ['prɔpənfɔl] *adj* (*fam*) lleno a reventar, hasta los topes, a tope *sl*; **der Zug war ~** el tren iba a tope
Propst [proːpst, *pl:* 'prøːpstə] *m* <-(e)s, Pröpste>, **Pröpstin** *f* <-, -nen> (REL) preboste *mf*
Prorogation [proroga'tsjoːn] *f* <-, -en> (JUR) prórroga *f*
Prorogationsvertrag *m* <-(e)s, -träge> (JUR) contrato *m* de prórroga
Prosa ['proːza] *f* <-, *ohne pl>* prosa *f*
prosaisch [pro'zaːɪʃ] *adj* (*geh*) prosaico
Proseminar ['proːzeminaːɐ] *nt* <-s, -e> (UNIV) seminario para estudiantes universitarios del primer ciclo
ProShare Video System *nt* <- - -s, - - -e> (INFOR, TEL) sistema *m* de conferencias por vídeo de ordenador a ordenador
prosit ['proːzɪt] *interj* (*fam*) ¡salud!, ¡chinchín!
Prosit ['proːzɪt] *nt:* **ein ~ auf jdn ausbringen** brindar por alguien, beber a la salud de alguien; **ein ~ auf unsere Gastgeber!** ¡un brindis a la salud de nuestros anfitriones!
Prospekt [pro'spɛkt] *m* <-(e)s, -e> folleto *m*, prospecto *m*
Prospekthaftung *f* <-, -en> (JUR) responsabilidad *f* por las indicaciones contenidas en el folleto [*o* prospecto]; **Prospekthülle** *f* <-, -n> funda *f* para folletos; **Prospektprüfung** *f* <-, -en> examen *m* del folleto [*o* prospecto]
Prosperität [prɔsperi'tɛːt] *f* <-, *ohne pl>* prosperidad *f*
prost [proːst] *interj* (*fam*) ¡salud!, ¡chinchín!; **na dann ~!** (*iron*) ¡menuda paliza!, ¡todo mi gozo en un pozo!
Prostata ['prɔstata] *f* <-, Prostatae> (ANAT) próstata *f*
Prostatakrebs *m* <-es, -e> (MED) cáncer *m* de próstata; **Prostatavergrößerung** *f* <-, -en> (MED) dilatación *f* de la próstata

prosten vi ❶ (*Prost rufen*) brindar; gießt euch was ein, damit wir endlich ~ können! ¡llenad vuestras copas para que podamos brindar de una vez!
❷ (*ein Prosit ausbringen*) pronunciar un brindis; **auf jdn/etw ~** pronunciar un brindis a la salud de alguien/por algo
prostituieren* [prostitu'iːrən] vr: **sich ~** prostituirse
Prostituierte(r) [prostitu'iːɐtə, -tɐ] mf <-n, -n; -n, -n> prostituto, -a m, f; pípila f Mex
Prostitution [prostitu'tsjoːn] f <-, ohne pl> prostitución f; **der ~ nachgehen** dedicarse a [o ejercer] la prostitución
Protactinium [protak'tiːnium] nt <-s, ohne pl> (CHEM) protactinio m
Protagonist(in) [protago'nɪst] m(f) <-en, -en; -, -nen> protagonista mf
Protegé [prote'ʒeː] m <-s, -s> protegido, -a m, f
protegieren* [prote'ʒiːrən] vt proteger, apadrinar
Protein [prote'iːn] nt <-s, -e> proteína f
Proteinextrakt m o nt <-(e)s, -e> extracto m de proteína
Protektion [protɛk'tsjoːn] f <-, -en> protección f
Protektionismus [protɛktsjo'nɪsmʊs] m <-, ohne pl> (WIRTSCH) proteccionismo m
Protektorat [protɛkto'raːt] nt <-(e)s, -e> ❶ (*Schirmherrschaft*) patrocinio m; **unter jds ~** bajo el amparo [o con el apoyo] de alguien
❷ (POL) protectorado m
Protest [pro'tɛst] m <-(e)s, -e> protesta f, planteo m Arg; **rechtzeitiger/verspäteter ~** (FIN) protesto oportuno/fuera de plazo; **~ gegen jdn/etw erheben** elevar una protesta contra alguien/algo; **etw aus ~ tun** hacer algo en señal de protesta; **zu ~ gehen** ir al protesto; **unter ~** bajo protesta
Protestaktion f <-, -en> acción f de protesta
Protestant(in) [protɛs'tant] m(f) <-en, -en; -, -nen> protestante mf
protestantisch adj protestante
Protestantismus m <-, ohne pl> protestantismo m
Protestbewegung f <-, -en> movimiento m de protesta
protestieren* [protɛs'tiːrən] vi protestar; **levantar un protesto**
Protestkundgebung f <-, -en> manifestación f de protesta; **Protestmarsch** m <-(e)s, -märsche> marcha f de protesta; **Protestnote** f <-, -n> (POL, JUR) nota f de protesta; **Protestschreiben** nt <-s, -> carta f de protesta; **Protestsong** m <-s, -s> canción f de protesta; **Proteststreik** m <-(e)s, -s> huelga f de protesta; **Protesturkunde** f <-, -n> (FIN) acta f de protesto; **Protestwähler(in)** m(f) <-s, -; -, -nen> (POL) elector(a) descontento, -a que vota por un partido distinto a su partido habitual; **Protestwelle** f <-, -n> oleada f de protestas
Prothese f [pro'teːza] f <-, -n> (MED, LING) prótesis f inv
Protokoll¹ [proto'kɔl] nt <-s, -e> ❶ (*Niederschrift*) protocolo m, acta f; **gerichtliches ~** acta judicial; **ein polizeiliches ~** un atestado policial; **~ führen** redactar el acta; **das ~ aufnehmen** levantar acta; **das ~ genehmigen** aprobar el acta; **etw zu ~ geben** hacer constar algo en acta; **etw zu ~ nehmen** protocolar algo
❷ (*reg: Strafmandat*) multa f
Protokoll² nt <-s, ohne pl> (*Zeremoniell*) protocolo m; **gegen das ~ verstoßen** infringir el protocolo
Protokollant(in) m(f) <-en, -en; -, -nen> s. **Protokollführer**
protokollarisch [protɔkɔ'laːrɪʃ] adj protocolario; **mit allen ~en Ehrungen** con todos los honores que exige el protocolo; **etw ~ festhalten** levantar acta de algo
Protokolldatei f <-, -en> (INFOR) archivo m de protocolo; **Protokollführer(in)** m(f) <-s, -; -, -nen> secretario, -a m, f de actas; (*bei Gericht*) actuario, -a m, f; **Protokollgenehmigung** f <-, -en> (JUR) aprobación f del acta
protokollieren* [protokɔ'liːrən] I. vt ❶ (*bei einer Sitzung, der Polizei*) hacer constar en acta
❷ (*in der Schule, Universität*) tomar nota (de)
II. vi redactar el acta
Protokollierungsantrag m <-(e)s, -träge> (JUR) solicitud f de protocolización
Protokollverlesung f <-, -en> (JUR) lectura f del acta
Proton [pro'toːn] nt <-s, -en> (PHYS) protón m
Protoplasma [proto'plasma] nt <-s, ohne pl> (BIOL) protoplasma m
Prototyp ['proːtoˌtyːp] m <-s, -en> (*a.* TECH) prototipo m
Protz [prɔts] m <-es o -en, -e(n)> (*fam*) fanfarrón, -ona m, f, presumido, -a m, f
protzen vi (*fam*) presumir (*mit* de); (*mit Mut*) chulear (*mit* de)
Protzerei f <-, ohne pl> (*fam: lästiges Protzen*) chulería f; **diese ~ mit der Jacht geht mir langsam auf die Nerven!** ¡ya me está mosqueando tanta chulería [o tanto dárselas] con el yatecito!
protzig I. adj (*fam*) ❶ (*angeberisch*) fanfarrón
❷ (*luxuriös*) ostentoso
II. adv (*fam*) con aires de fanfarrón
Provenienz f <-, -en> (*geh*) procedencia f, origen m

Proviant [provi'ant] m <-s, -e> víveres mpl; **sich mit ~ versorgen** aprovisionarse de víveres
Provider [pro'vaɪdɐ] m <-s, -> provider m, proveedor m
Provinz [pro'vɪnts] f <-, -en> provincia f; **das ist hinterste [o tiefste] [o finsterste] ~** eso es pura provincia
provinziell [provin'tsjɛl] adj provinciano
Provinzler(in) [pro'vɪntslɐ] m(f) <-s, -; -, -nen> (*fam abw*) provinciano, -a m, f
Provinzstadt f <-, -städte> ciudad f de provincias; **Provinzzeitung** f <-, -en> periódico m de provincias; (*abw*) periodicucho m
Provision [provi'zjoːn] f <-, -en> (WIRTSCH) comisión f; **~ gewähren** ofrecer comisión; **auf [o gegen] ~ arbeiten** trabajar a comisión
Provisionsanspruch m <-(e)s, -sprüche> (WIRTSCH, JUR) derecho m a comisión; **Provisionsbasis** f <-, ohne pl> (WIRTSCH) **auf ~ arbeiten** trabajar a comisión; **Provisionseinnahmen** fpl ingresos mpl en concepto de comisión; **Provisionsvertreterbetrug** m <-(e)s, ohne pl> (JUR) engaño m de representante a comisión
Provisorien pl von **Provisorium**
provisorisch [provi'zoːrɪʃ] adj provisional, para salir del paso *fam*; **etw ~ reparieren** reparar algo de manera provisional
Provisorium [provi'zoːriʊm] nt <-s, Provisorien> solución f provisional
provokant [provo'kant] adj provocador, provocativo
Provokateur(in) [provoka'tøːɐ] m(f) <-s, -e; -, -nen> provocador(a) m(f)
Provokation [provoka'tsjoːn] f <-, -en> provocación f; **etw als ~ empfinden** interpretar algo como una provocación
provokativ [provoka'tiːf] adj provocador, provocativo; **sich ~ verhalten** comportarse de manera provocativa
provozieren* [provo'tsiːrən] vt provocar, torear Arg, Chil; **jdn zu einer Reaktion ~** provocar una reacción (específica) en alguien
provozierend adj s. **provokant**
Proxy-Server m <-s, -> (INFOR, TEL) servidor m Proxy
Prozedere nt <-, -> (*geh*) (modo m de) proceder m
Prozedur [protse'duːɐ] f <-, -en> procedimiento m; (INFOR) rutina f
prozedural adj (INFOR) referente al procedimiento
Prozent [pro'tsɛnt] nt <-(e)s, -e *nach Zahlen:* –> ❶ (*Hundertstel*) tanto m por ciento; (*bei Alkoholgehalt*) grado m; **etw in ~ ausdrücken** expresar algo en tantos por ciento [o porcentualmente]; **50 ~ der Bevölkerung** el 50 por ciento de la población; **dieser Schnaps hat 40 ~ (Alkohol)** este aguardiente tiene 40 grados (de alcohol)
❷ pl (*fam: Rabatt*) rebaja f; **~e bekommen** recibir una rebaja
Prozentpunkt m <-(e)s, -e> punto m porcentual; **Prozentrechnung** f <-, ohne pl> cálculo m porcentual; **Prozentsatz** m <-es, -sätze> porcentaje m
prozentual [protsɛntu'aːl] adj porcentual; **der ~e Anteil** el tanto por ciento, el porcentaje
ProzessRR [pro'tsɛs] m <-es, -e>, **Prozeß** m <-sses, -sse> ❶ (JUR: *Zivil-*) pleito m; (*Straf-*) proceso m; **laufender ~** proceso en curso, juicio en curso; **einen ~ anhängig machen** promover un proceso; **gegen jdn einen ~ anstrengen** promover un pleito contra alguien, promover una acción judicial contra alguien; **gegen jdn einen ~ führen** litigar contra alguien; **einen ~ gewinnen/verlieren** ganar/perder un pleito; **jdm den ~ machen** procesar a alguien; **mit jdm/etw kurzen ~ machen** cortar por lo sano con alguien/algo
❷ (*Vorgang*) proceso m
ProzessabweisungRR f <-, -en> (JUR) inadmisión f por defectos de forma; **Prozessagent(in)**RR m(f) <-en, -en; -, -nen> (JUR) procurador(a) m(f) judicial; **Prozessakten**RR fpl (JUR) autos mpl, actas fpl procesales; **Prozessart**RR f <-, -en> (JUR) tipo m de proceso; **Prozessbeteiligte(r)**RR mf <-n, -n; -, -n> (JUR) sujeto m del proceso; **Prozessbevollmächtigte(r)**RR mf <-n, -n; -, -n> (JUR) procurador(a) m(f) judicial; **Prozessdauer**RR f <-, ohne pl> (JUR) duración f del proceso
prozessfähigRR adj con capacidad procesal
ProzessfähigkeitRR f <-, ohne pl> (JUR) capacidad f procesal; **aktive/passive ~** capacidad procesal activa/pasiva; **Prozessförderungspflicht**RR f <-, ohne pl> (JUR) deber m de fomento procesal
prozessführendRR adj (JUR) litigante
ProzessführungRR f <-, ohne pl> (JUR) dirección f del proceso; **Prozessführungsbefugnis**RR f <-, -se> (JUR) derecho m de gestión procesal
ProzessgebührRR f <-, -en> (JUR) costas fpl procesales; **Prozessgegenstand**RR m <-(e)s, -stände> (JUR) objeto m del proceso [o del litigio]; **Prozessgegner(in)**RR m(f) <-s, -; -, -nen> parte f contraria; **Prozessgericht**RR nt <-(e)s, -e> tribunal m procesal; **Prozessgeschichte**RR f <-, ohne pl> historia f procesal; **Prozessgrundrecht**RR nt <-(e)s, ohne pl> derecho m fundamental procesal; **Prozessgrundsatz**RR m <-es, -sätze> principio m procesal; **Prozesshandlung**RR f <-, -en> acto m procesal; **eine ~ vornehmen** promo-

ver un acto procesal
prozesshängig^{RR} *adj* (JUR) dependiente del proceso
Prozesshansel^{RR} *m* <-s, -(n)> (*fam abw*) buscapleitos *mf inv*
prozesshindernd^{RR} *adj* (JUR) entorpecedor del proceso
Prozesshindernis^{RR} *nt* <-ses, -se> (JUR) obstáculo *m* procesal
prozessieren* [protsɛ'si:rən] *vi* pleitear, litigar; **ständiges P~** continuos litigios
Prozession [protsɛ'sjo:n] *f* <-, -en> procesión *f*
Prozesskosten^{RR} *pl* costas *fpl* procesales; **Prozesskostenerstattung**^{RR} *f* <-, -en> (JUR) reembolso *m* de las costas procesales; **Prozesskostenhilfe**^{RR} *f* <-, *ohne pl*> (JUR) asistencia *f* judicial [*o* legal] gratuita; **Prozesskostenvorschuss**^{RR} *m* <-es, -schüsse> (JUR) anticipo *m* de costas procesales
Prozessliste^{RR} *f* <-, -n> lista *f* procesal; **Eintragung der Rechtssache in die ~** anotación de la causa legal en la lista; **Streichung der Rechtssache aus der ~** borrar una causa legal de la lista; **Prozessökonomie**^{RR} *f* <-, *ohne pl*> economía *f* procesal
Prozessor [pro'tsɛso:ɐ] *m* <-s, -en> (INFOR) procesador *m*
Prozessordnung^{RR} *f* <-, -en> (JUR) código *m* procesal; **Prozesspartei**^{RR} *f* <-, -en> (JUR) parte *f* litigante; **Prozesspfleger**^{RR} *m* <-s, -> (JUR) defensor *m* judicial; **Prozessrecht**^{RR} *nt* <-s, *ohne pl*> (JUR) derecho *m* procesal
prozessrechtlich^{RR} *adj* procesalista; **~e Theorie** teoría procesalista
Prozessrechtsverhältnis^{RR} *nt* <-ses, -se> cuasi contrato *m* de litis contestatio; **Prozessrüge**^{RR} *f* <-, -en> (JUR) amonestamiento *m* procesal; **Prozessschriftsätze**^{RR} *mpl* alegaciones *fpl* procesales
Prozessstandschaft^{RR} *f* <-, *ohne pl*> (JUR) legitimación *f* procesal; **gesetzliche/gewillkürte ~** legitimación procesal legal/arbitrariada; **Prozessstandschaftsklage**^{RR} *f* <-, -n> (JUR) acción *f* de legitimación procesal
Prozesstrennung^{RR} *f* <-, -en> (JUR) división *f* de causa
prozessunerheblich^{RR} *adj* (JUR) procesalmente irrelevante
prozessunfähig^{RR} *adj* (JUR) sin capacidad procesal
Prozessunfähigkeit^{RR} *f* <-, *ohne pl*> (JUR) incapacidad *f* procesal; **Prozessurteil**^{RR} *nt* <-s, -e> (JUR) sentencia *f* de absolución en la instancia; **Prozessverschleppung**^{RR} *f* <-, -en> (JUR) retardo *m* procesal; **Prozessvertrag**^{RR} *m* <-(e)s, -träge> (JUR) contrato *m* procesal; **Prozessvertretung**^{RR} *f* <-, -en> (JUR) representación *f* procesal; **Prozessvollmacht**^{RR} *f* <-, -en> (JUR) poder *m* judicial; **eine ~ erteilen** otorgar un poder judicial; **Prozessvoraussetzung**^{RR} *f* <-, -en> (JUR) premisa *f* procesal; **allgemeine/besondere ~** premisa procesal general/especial; **Prozesszinsen**^{RR} *mpl* intereses *mpl* procesales
prüde ['pry:də] *adj* pudibundo
Prüderie [pry:də'ri:] *f* <-, *ohne pl*> pudibundez *f*
Prüfbit *nt* <-(s), -(s)> bit *m* de control [*o* de verificación]
Prüfbyte *nt* <-(s), -(s)> (INFOR) byte *m* de control [*o* de verificación]
prüfen ['pry:fən] *vt* ❶ (*untersuchen*, *abfragen*) examinar; (*über~*, *nach~*) comprobar, verificar, chequear *Am*; **sie prüfte die Ware auf ihren einwandfreien Zustand** comprobó si la mercancía se encontraba en perfecto estado; **die Ausweise ~** comprobar la documentación; **jdn in Biologie ~** examinar a alguien de biología; **staatlich geprüft** con diploma oficial; **mit ~den Blicken** con una mirada escrutadora; **sie prüft, ob die Temperatur stimmt** está comprobando si es la temperatura adecuada
❷ (*geh: heimsuchen*) castigar; **ein schwer geprüfter Vater** un padre duramente castigado por el destino
Prüfer(in) *m(f)* <-s, -; -, -nen> (*Beruf*) inspector(a) *m(f)*; (*Schule*, *Universität*) examinador(a) *m(f)*
Prüfgerät *nt* <-(e)s, -e> (TECH) (aparato *m*) comprobador *m*; **Prüflampe** *f* <-, -n> (TECH) lámpara *f* de prueba
Prüfling *m* <-s, -e> examinando, -a *m*, *f*, persona *f* a examinar
Prüfliste *f* <-, -n> lista *f* de verificación [*o* de control]; **Prüfstand** *m* <-(e)s, -stände> (TECH) instalación *f* de pruebas; **auf dem ~ stehen** (*fig*) tener que demostrar su eficacia; **Prüfstein** *m* <-(e)s, -e> piedra *f* de toque, comprobante *m*; **ein ~ für etw sein** ser una garantía de algo; **Prüfsumme** *f* <-, -n> (INFOR, TEL) suma *f* de verificación
Prüfung *f* <-, -en> ❶ (*Untersuchung*, *Schul~*) examen *m*; (*Über~*) inspección *f*, control *m*; **eine ~ bestehen/ablegen** aprobar/hacer un examen; **in** [*o* **bei**] **einer ~ durchfallen** suspender un examen; **sich einer ~ unterziehen** examinarse; **etw einer ~ unterziehen** someter algo a prueba; **nach ~ Ihrer Beschwerde** después de haber comprobado su queja; **die mündliche/schriftliche ~ in Biologie** el examen oral/escrito de biología; **summarische ~ der Sach- und Rechtslage** (JUR) análisis sumario de hecho y derecho
❷ (*geh: Heimsuchung*) revés *m* (de la fortuna)
Prüfungsangst *f* <-, -ängste> miedo *m* a los exámenes; **Prüfungsantrag** *m* <-(e)s, -träge> (JUR) solicitud *f* de examen; **Prüfungsarbeit** *f* <-, -en> examen *m* (escrito), trabajo *m* escrito; **Prüfungsaufgabe** *f* <-, -n> tema *m* de examen, pregunta *f* de examen; **Prüfungsausschuss**^{RR} *m* <-es, -schüsse> tribunal *m* (examinador), comisión *f* examinadora; **Prüfungsergebnis** *nt* <-ses, -se> resultado *m* del examen; **Prüfungsgebühr** *f* <-, -en> derechos *mpl* de examen; **Prüfungsgegenstand** *m* <-(e)s, -stände> materia *f* (objeto) de examen; **Prüfungskommission** *f* <-, -en> comisión *f* examinadora, tribunal *m*; **Prüfungskompetenz** *f* <-, *ohne pl*> competencia *f* de calificación; **Prüfungsmonopol** *nt* <-s, *ohne pl*> monopolio *m* de calificación; **Prüfungsordnung** *f* <-, -en> (SCH, UNIV) reglamento *m* de exámenes; **Prüfungspflicht** *f* <-, -en> deber *m* de examen
prüfungspflichtig *adj* (JUR) sujeto a verificación
Prüfungsstelle *f* <-, -n> sección *f* de exámenes; **Prüfungstermin** *m* <-s, -e> ❶ (*Examen*) fecha *f* de examen ❷ (WIRTSCH) fecha *f* de inspección; **Prüfungsverfahren** *nt* <-s, -> procedimiento *m* de examen; **Prüfungsvermerk** *m* <-(e)s, -e> certificado *m* de revisión; **Prüfungszeugnis** *nt* <-ses, -se> diploma *m*
Prüfverfahren *nt* <-s, -> procedimiento *m* de prueba [*o* revisión]; (TECH) método *m* de ensayo; **Prüfzeichen** *nt* <-s, -> marca *f* de contraste [*o* de control]; **Prüfzwecke** *mpl*: **zu ~n** a efectos de examen
Prügel ['pry:gəl] *m* <-s, -> ❶ (*Knüppel*) palo *m*
❷ *pl* (*Schläge*) tunda *f*, batida *f* *Peru*, *PRico*; **~ bekommen** [*o* **beziehen**] recibir una paliza
Prügelei *f* <-, -en> pelea *f*
Prügelknabe *m* <-n, -n> (*fam*) cabeza *f* de turco
prügeln ['pry:gəln] **I.** *vt* golpear, apalear, potrear *Guat*, *Peru*; **damals mussten sie ihn in die Schule ~** entonces había que pegarle para que fuera a la escuela
II. *vr*: **sich ~** pelearse, pegarse, faitear; **sich um etw ~** pelearse por algo
Prügelstrafe *f* <-, *ohne pl*> castigo *m* corporal
Prunk [pruŋk] *m* <-(e)s, *ohne pl*> suntuosidad *f*, pompa *f*
prunken *vi* resplandecer, brillar; **mit etw ~** hacer alarde de algo, ostentar algo
Prunkstück *nt* <-(e)s, -e> obra *f* maestra; **Prunksucht** *f* <-, *ohne pl*> fastuosidad *f*, boato *m*
prunksüchtig *adj* pomposo, opulento
prunkvoll *adj* ostentoso, suntuoso; **~ verziert** adornado fastuosamente
prusten ['pru:stən] *vi* resoplar; **vor Lachen ~** partirse de risa
PS [pe:'ʔɛs] *f* ❶ *Abk. von* **Pferdestärke** CV
❷ *Abk. von* **Postskript(um)** P.D.
Psalm [psalm] *m* <-s, -en> salmo *m*
Psalter ['psaltɐ] *m* <-s, -> (REL) libro *m* de salmos, (p)salterio *m*
Pseudokrupp ['psɔɪdokrʊp] *m* <-s, *ohne pl*> (MED) enfermedad parecida a la difteria con inflamación de la laringe
pseudonym *adj* (*geh*) (bajo) (p)seudónimo; **ein ~es Werk** una obra (p)seudónima [*o* escrita bajo (p)seudónimo]
Pseudonym [psɔɪdo'ny:m] *nt* <-s, -e> (p)seudónimo *m*
pst [pst] *interj* ¡pss!, ¡pst!
Psyche ['psy:çə] *f* <-, -n> (p)sique *f*
psychedelisch [psyçe'de:lɪʃ] *adj* (p)sicodélico
Psychiater(in) [psy'ç(j)a:tɐ] *m(f)* <-s, -; -, -nen> (p)siquiatra *mf*
Psychiatrie¹ [psyç(j)a'tri:] *f* <-, *ohne pl*> (*Gebiet der Medizin*) (p)siquiatría *f*
Psychiatrie² *f* <-, -n> (*sl: psychiatrische Abteilung*) departamento *m* de (p)siquiatría
psychiatrisch [psy'ç(j)a:trɪʃ] *adj* (MED) (p)siquiátrico; **in ~er Behandlung sein** estar en tratamiento (p)siquiátrico
psychisch ['psy:çɪʃ] *adj* (p)síquico; **~ krank** enfermo mental; **~ labil** inestable (p)síquicamente; **~e Störungen** trastornos mentales; **~ völlig am Ende sein** estar destrozado (p)síquicamente
Psychoanalyse [----'---] *f* <-, *ohne pl*> (PSYCH) (p)sicoanálisis *m inv*; **Psychoanalytiker(in)** [----'---] *m(f)* <-s, -; -, -nen> (p)sicoanalista *mf*
psychoanalytisch [----'---] *adj* (p)sicoanalítico
Psychodroge ['psy:ço-] *f* <-, -n> (p)sicofármaco *m*, (p)sicótropo *m*
psychogen [psyço'ge:n] *adj* (MED, PSYCH) (p)sicogénico
Psychogramm *nt* <-s, -e> (PSYCH) estudio *m* (p)sicológico
Psychologe, -in [psyço'lo:gə] *m*, *f* <-n, -n; -, -nen> (p)sicólogo, -a *m*, *f*
Psychologie [psyçolo'gi:] *f* <-, *ohne pl*> (p)sicología *f*
Psychologin *f* <-, -nen> *s.* **Psychologe**
psychologisch *adj* (p)sicológico; **~e Kriegsführung** guerra (p)sicológica; **~ geschult** con formación (p)sicológica
Psychopath(in) [psyço'pa:t] *m(f)* <-en, -en; -, -nen> (PSYCH) (p)sicópata *mf*
Psychopathie *f* <-, -n> (PSYCH) (p)sicopatía *f*
Psychopathin *f* <-, -nen> *s.* **Psychopath**
psychopathisch *adj* ❶ (*die Psychopathie betreffend*) (p)sicopático; **~e Verhaltensstörungen** alteraciones (p)sicopáticas del comportamiento
❷ (*an Psychopathie leidend*) (p)sicopático, que padece una (p)sicopatía; **ein ~er Patient** un paciente (p)sicopático; **jd ist ~** alguien padece una (p)sicopatía [*o* es un (p)sicópata]; **das Kind verhält sich stark ~** el niño

tiene un comportamiento fuertemente (p)sicopático
Psychopharmakon [psyço'farmakɔn, pl: -'farmaka] nt <-s, -pharmaka> (MED, PSYCH) (p)sicofármaco m
Psychose [psy'ço:zə] f <-, -n> (MED, PSYCH) (p)sicosis f inv
psychosomatisch [psyçozo'ma:tɪʃ] adj (MED) (p)sicosomático
Psychoterror ['psy:çotɛro:ɐ] m <-s, ohne pl> terror m (p)sicológico
Psychotherapeut(in) [psyçotera'pɔɪt, 'psy:ço-] m(f) <-en, -en; -, -nen> (MED, PSYCH) (p)sicoterapeuta mf
psychotherapeutisch adj (MED, PSYCH) (p)sicoterapéutico
Psychotherapie [----'-, '-----] f <-, -n> (MED, PSYCH) (p)sicoterapia f
Pt (CHEM) Abk. von **Platin** Pt
PTA mf <-s, -s; -, -s> Abk. von **pharmazeutisch-technische(r) Assistent(in)** asistente mf técnico, -a de farmacia
PTT [pe:te:'te:] (Schweiz) Abk. von **Post-, Telefon- und Telegrafenbetrieb** Correos, Telégrafos y Compañía de Teléfonos
Pu (CHEM) Abk. von **Plutonium** Pu
pubertär [pubɛr'tɛ:ɐ] adj ❶ (in der Pubertät) púber, adolescente ❷ (die Pubertät betreffend) de la pubertad
Pubertät [pubɛr'tɛ:t] f <-, ohne pl> pubertad f; edad f de la punzada MAm, Cuba
Pubertätsakne f <-, -n> (MED) acné m juvenil; **Pubertätszeit** f <-, -en> s. **Pubertät**
pubertieren* [pubɛr'ti:rən] vi (geh) estar en la pubertad
Publicity [pa'blɪsiti] f <-, ohne pl> publicidad f; **negative ~** mala publicidad
publicityscheu adj reservado, poco inclinado a la publicidad; **Greta Garbo war bekanntlich sehr ~** es sabido que Greta Garbo evitaba toda publicidad
Publicrelations[RR] pl, **Public Relations** ['pablɪkri'leɪʃəns] pl relaciones fpl públicas
Publicrelations-Abteilung[RR] f <-, -en> departamento m de relaciones públicas
publik [pu'bli:k] adj: **~ werden** salir a la luz; **etw ~ machen** dar a conocer algo, hacer público algo; **~ sein** ser conocido
Publikation [publika'tsjo:n] f <-, -en> publicación f
Publikationsexzess[RR] m <-es, -e> exceso m de publicación
Publikum ['pu:blikum] nt <-s, ohne pl> público m
Publikumsandrang m <-(e)s, ohne pl> afluencia f del público; **Publikumserfolg** m <-(e)s, -e> éxito m de público; **Publikumsgeschmack** m <-(e)s, ohne pl> gusto m del público; **das trifft den ~!** ¡esto es justamente lo que gusta al público!; **Publikumsgesellschaft** f <-, -en> (JUR) sociedad f abierta al público; **Publikumsliebling** m <-s, -e> favorito, -a m, f del público; **Publikumsmagnet** m <-en, -e(n)> gran atracción f; **Publikumsverkehr** m <-s, ohne pl> despacho m al público; **für den ~ geöffnet** abierto al público
publikumswirksam adj que causa gran efecto en el público
publizieren* [publi'tsi:rən] vt publicar
Publizist(in) [publi'tsɪst] m(f) <-en, -en; -, -nen> periodista mf
Publizistik [publi'tsɪstɪk] f <-, ohne pl> periodismo m
Publizistin f <-, -nen> s. **Publizist**
publizistisch adj periodístico
Publizität f <-, ohne pl> publicidad f; **~ des Handelsregisters** publicidad del registro mercantil; **~ des Kartellregisters** publicidad del registro de cárteles; **~ des Vereinsregisters** publicidad del registro de personas jurídicas; **negative ~** publicidad negativa
Publizitätsgesetz nt <-es, -e> (JUR) ley f de publicidad; **Publizitätspflicht** f <-, ohne pl> (JUR) deber m de publicidad; **Publizitätsprinzip** nt <-s, ohne pl> (JUR) principio m de la publicidad
Puck [puk] m <-s, -s> (SPORT) disco m
Pudding ['pudɪŋ] m <-s, -e o -s> budín m, pudding m
Puddingpulver nt <-s, -> polvos mpl para hacer budín
Pudel ['pu:dəl] m <-s, -> perro m de lanas, caniche m; **wie ein begossener ~ dastehen** (fam) estar como tonto en vísperas; **das ist des ~s Kern** he ahí la madre del cordero
Pudelmütze f <-, -n> gorra f de lana
pudelnackt adj (fam) en cueros (vivos), en pelota(s)
pudelnass[RR] ['--'-] adj (fam) calado hasta los huesos
pudelwohl ['--'-] adv (fam): **sich ~ fühlen** estar como el pez en el agua
Puder ['pu:dɐ] m o nt <-s, -> polvos mpl (de tocador); (Talkum) (polvos mpl de) talco m
Puderdose f <-, -n> polvera f
pudern ['pu:dɐn] vt empolvar; **sich** dat **das Gesicht ~** empolvarse la cara
Puderquaste f <-, -n> borla f (de polvos); **Puderzucker** m <-s, ohne pl> azúcar m in polvo
Puertoricaner(in) [puɛrtori'ka:nɐ] m(f) <-s, -; -, -nen> puertorriqueño, -a m, f, portorriqueño, -a m, f
puertoricanisch adj puertorriqueño, portorriqueño
Puerto Rico ['puɛrto 'ri:ko] nt <- -s> Puerto Rico m

Puff[1] [puf, pl: 'pyfə] m <-(e)s, Püffe o -e> (fam: Stoß) empujón m; **er kann schon mal einen ~ vertragen** tiene la piel dura
Puff[2] m <-(e)s, -e o -s> ❶ (Wäschekorb) cesto m para la ropa sucia ❷ (Sitzkissen) puf m
Puff[3] m o nt <-s, -s> (fam: Bordell) casa f de putas, quilombo m Chil
Puffärmel m <-s, -> manga f de globo [o de farol]
puffen I. vt (fam) dar un empujón, dar un golpecito; (mit dem Ellenbogen) dar un codazo
II. vi (fam: Lokomotive) echar humo
Puffer m <-s, -> ❶ (am Zug) tope m ❷ (INFOR) s. **Pufferspeicher** ❸ (Reibekuchen) fritura de patatas crudas ralladas
Pufferbestände mpl (WIRTSCH) reservas fpl de emergencia; **Pufferlösung** f <-, -en> (CHEM) solución f tampón; **Puffersalz** nt <-es, -e> (CHEM) sal f tampón; **Pufferspeicher** m <-s, -> (INFOR) memoria f intermedia, almacenamiento m temporal; **Pufferstaat** m <-(e)s, -en> estado m tapón; **Pufferzone** f <-, -n> zona f tapón
Puffmais m <-es, -e> (GASTR) arroz m inflado
Puffmutter f <-, -mütter> (fam abw) alcahueta f, patrona f de burdel; **wie eine ~ aussehen** parecer un putón verbenero
puh [pu:] interj ❶ (bah!) ¡puaj!; **~, wie das stinkt!** ¡puaj, qué peste! ❷ (ahhh!) ¡puf!; **~, bin ich k.o.!** ¡puf, estoy hecho polvo!
pulen ['pu:lən] I. vi (nordd: fam) escarbar (an/in en)
II. vt (nordd: fam: Krabben) pelar; (Erbsen) desvainar
Pulk [pulk] m <-(e)s, -e> pelotón m
Pull-Down-Menü nt <-s, -s> (INFOR) menú m desplegable
Pulle ['pulə] f <-, -n> (fam) botella f; **volle ~** (**fahren**) (fam) (ir) a toda pastilla
Pulli ['puli] m <-s, -s> (fam), **Pullover** [pu'lo:vɐ] m <-s, -> jersey m, suéter m, pul(l)óver m Am
Pullunder [pu'lundɐ] m <-s, -> chaleco m de punto, pul(l)óver m (sin mangas) Am
Puls [puls] m <-es, -e> pulso m; **den ~ fühlen** tomar el pulso; **das Ohr am ~ der Zeit haben** estar al tanto de lo que pasa
Pulsader f <-, -n> arteria f; **sich** dat **die ~n aufschneiden** cortarse las venas
pulsieren* [pul'zi:rən] vi latir; **das Blut pulsiert durch die** [o **in den**] **Adern** la sangre circula por las venas; **das Leben pulsiert in den Straßen** las calles están muy animadas
Pulsschlag m <-(e)s, -schläge> pulsación f; **Pulswahl** f <-, ohne pl> (TEL) marcación f por (codificación de) impulsos; **Pulswärmer** m <-s, -> mitón m
Pult [pult] nt <-(e)s, -e> ❶ (Schreib~) pupitre m ❷ (Noten~) atril m
Pulver ['pulvɐ] nt <-s, -> polvo m; (Schieß~) pólvora f; **er hat das ~ nicht erfunden** (fam) no ha inventado la pólvora, no es ningún lince; **sein ~ verschossen haben** (fam) llegar al final de sus fuerzas
Pulverfass[RR] nt <-es, -fässer> barril m de pólvora, polvorín m; **das Land gleicht einem ~** el país parece un barril de pólvora; **wir sitzen auf einem ~** nos encontramos ante un polvorín
pulv(e)rig adj pulverulento
pulverisieren* [pulveri'zi:rən] vt pulverizar
Pulverkaffee m <-s, -s> café m en polvo; **Pulverschnee** m <-s, ohne pl> nieve f polvo
pulvertrocken adj reseco; **~e Erde** tierra reseca
pulvrig adj s. **pulv(e)rig**
Puma ['pu:ma] m <-s, -s> puma m, león m Am
Pummel ['puməl] m <-s, -s>, **Pummelchen** ['puməlçən] nt <-s, -> (fam) niño, -a m, f gordinflón, -ona o regordete]
pummelig ['puməlɪç] adj (fam) rechoncho, gordito, petacón Am; **~ werden** achaparrarse, aparragarse Am
Pump [pump] m <-s, ohne pl> (fam) préstamo m; **etw auf ~ kaufen** comprar algo al fiado
Pumpe ['pumpə] f <-, -n> ❶ (Vorrichtung zum Pumpen) bomba f ❷ (fam: Herz) corazón m
pumpen vt ❶ (heraus~) sacar con una bomba, bombear; **Luft in die Reifen ~** inflar los neumáticos; **etw mit Wasser/Luft voll ~** llenar algo de agua/aire; **sich mit Wissen voll ~** (fam) estudiar como un loco; **sich voll ~** (fam: mit Rauschgift, Alkohol) colocarse, cogerse un colocón; **Geldmittel ins Nachbarland ~** conceder ayudas económicas al país vecino
❷ (fam: leihen): **etw von jdm ~** pedir algo a alguien, tomar prestado algo de alguien; **jdm etw ~** dejar algo a alguien; **sich** dat **etw ~** tomar algo prestado
Pumpenschwengel m <-s, -> brazo m de la bomba (de agua), guimbalete m
Pumpernickel ['pumpɐnɪkəl] m <-s, -> pan negro de centeno sin corteza de sabor algo dulce y condimentado
Pumphose ['pump-] f <-, -n> pantalones mpl bombachos

Pumps [pœmps] *m* <-, -> chancla *f* de tacón
Pumpstation *f* <-, -en> estación *f* de bombeo
Punk¹ [paŋk] *m* <-(s), ohne pl> (*Musik, Stil*) punk *m*
Punk² *m* <-(s), -s>, **Punker(in)** ['paŋke] *m(f)* <-s, -; -, -nen> punk *mf*, punky *mf*
Punkrock *m* <-s, ohne pl> (MUS) punkrock *m*
Punkt [pʊŋkt] *m* <-(e)s, -e> ① (*allgemein*) punto *m*; **um ~ sechs Uhr** a las seis en punto; **~ eins** (*Aufzählung*) primero; **bis zu einem gewissen ~** hasta cierto punto; **der springende ~** el punto decisivo; **strittiger ~** punto conflictivo, punto litigioso; **toter ~** punto muerto; **umstrittener ~** punto cuestionado; **wunder ~** punto flaco; **etw ~ für ~ widerlegen** rebatir algo punto por punto; **in allen ~en** en todos los puntos; **ein dunkler ~ in seiner Vergangenheit** una mancha en su pasado; **wir sind an einem ~ angelangt, wo nichts mehr geht** hemos llegado a un extremo en que no hay nada que hacer; **er hat es auf den ~ gebracht** ha dado en el clavo; **nun mach mal einen ~!** (*fam*) ¡basta ya!; **ohne ~ und Komma reden** (*fam*) hablar sin parar
② (MATH) punto *m*
③ (*Ort*) punto *m*, lugar *m*; **von diesem ~ kann man alles gut sehen** desde este lugar se puede ver todo muy bien
④ (SPORT) punto *m*, tanto *m*; **nach ~en führen/siegen** estar en cabeza/ganar por puntos
⑤ (MUS) puntillo *m*
Punktgewinn *m* <-(e)s, -e> (SPORT) victoria *f* por puntos
punktgleich *adj* (SPORT) empatado
punktieren* [pʊŋkˈtiːrən] *vt* ① (MED) puncionar
② (*Linie, Fläche*) puntear; **eine punktierte Linie** una línea de puntos
Punktion [pʊŋkˈtsjoːn] *f* <-, -en> (MED) punción *f*
pünktlich ['pʏŋktlɪç] *adj* puntual; **~ fertig sein** acabar [*o* terminar] a tiempo; **~ um drei Uhr** a las tres en punto
Pünktlichkeit *f* <-, ohne pl> puntualidad *f*
Punktmassage *f* <-, -n> (MED) masaje *m* por puntos; **Punktmatrix** *f* <-, -matrizen *o* -matrizes> (INFOR) matriz *f* de puntos; **Punktrichter(in)** *m(f)* <-s, -; -, -nen> (SPORT) juez(a) *m(f)*; **Punktsieg** *m* <-(e)s, -e> (SPORT) victoria *f* por puntos; **Punktsieger(in)** *m(f)* <-s, -; -, -nen> (SPORT) ganador(a) *m(f)* por puntos; **Punktspiel** *nt* <-(e)s, -e> (SPORT) partido *m* de campeonato (por puntos); **Punktstrafe** *f* <-, -n> (JUR) pena *f* sobre pronunciamiento de hecho; **Punktstrahler** *m* <-s, -> proyector *m* puntual
punktuell [pʊŋktuˈɛl] I. *adj* parcial; **~e Übereinstimmungen erzielen** llegar a acuerdos parciales
II. *adv* en (algunas) partes; **~ vorgehen** proceder por partes
Punktwertung *f* <-, -en> (SPORT, SCH) valoración *f* por puntos; **Punktzahl** *f* <-, -en> puntuación *f*
Punsch [pʊnʃ] *m* <-(e)s, -e *o* Pünsche> ponche *m*
Pup [puːp] *m* <-(e)s, -e *o* -s> (*fam*) pedo *m*
pupen *vi* (*fam*) *s.* **pupsen**
Pupille [puˈpɪlə] *f* <-, -n> pupila *f*
Puppe ['pʊpə] *f* <-, -n> ① (*Spielzeug*) muñeca *f*
② (*Marionette*) títere *m*, marioneta *f*; **die ~n tanzen lassen** (*fam: feiern*) correrse una juerga; (*durchgreifen*) poner los enchufes en funcionamiento; **bis in die ~n feiern/schlafen** (*fam*) festejar/dormir hasta las tantas
③ (*Schaufenster-*) maniquí *m*
④ (ZOOL) crisálida *f*
Puppendoktor(in) *m(f)* <-s, -en; -, -nen> (*fam*) restaurador(a) *m(f)* de muñecos; **Puppenhaus** *nt* <-es, -häuser> casa *f* de muñecas; **Puppenklinik** *f* <-, -en> (*fam*) hospital *m* de muñecos; **Puppenspiel** *nt* <-(e)s, -e> *s.* **Puppentheater**; **Puppenspieler(in)** *m(f)* <-s, -; -, -nen> titiritero, -a *m, f*; **Puppentheater** *nt* <-s, -> teatro *m* de guiñol; (*mit Marionetten*) teatro *m* de títeres; **Puppenwagen** *m* <-s, -> cochecito *m* de muñecas
Pups [puːps] *m* <-es, -e> (*fam*) pedo *m*
pupsen *vi* (*fam*) soltar pedos, pearse
pur [puːɐ] *adj* ① (*rein*) puro; **Whisky ~** whisky puro; **den Whisky ~ trinken** beber el whisky solo
② (*fam: bloß*) puro, mero; **der ~e Neid** la pura envidia; **~er Wahnsinn** pura locura; **~er Zufall** mera coincidencia
Püree [pyˈreː] *nt* <-s, -s> (GASTR) puré *m*
pürieren* [pyˈriːrən] *vt* (GASTR) hacer puré (de), pasar por el pasapuré
Pürierstab *m* <-(e)s, -stäbe> batidora *f*, minipimer® *m*
purifizieren* *vt* purificar
Purismus [puˈrɪsmʊs] *m* <-, ohne pl> (LING, KUNST) purismo *m*
Purist(in) [puˈrɪst] *m(f)* <-en, -en; -, -nen> (*geh*) purista *mf*
Puritaner(in) [puriˈtaːne] *m(f)* <-s, -; -, -nen> puritano, -a *m, f*
puritanisch *adj* puritano
Purpur ['pʊrpuɐ] *m* <-s, ohne pl> púrpura *f*
purpurfarben ['pʊrpuɐ-] *adj*, **purpurfarbig** *adj*, **purpurn** ['puːɐpuɐn] *adj* púrpura

purpurrot ['pʊrpuɐ-] *adj* ① (*Farbe*) (de) (color) púrpura, purpúreo *geh*
② (*Gesicht: feuerrot*) rojo como la grana; (*bläulich*) violáceo; **~ sein/werden** estar/ponerse (rojo) como la grana; **vor Wut lief er ~ im Gesicht an** se puso rojo de ira; **sie säuft den ganzen Tag, dafür spricht ihr ~es Gesicht** se pasa el día bebiendo, como se ve por su rostro violáceo
Purzelbaum ['pʊrtsəl-] *m* <-(e)s, -bäume> (*fam*) voltereta *f*; **einen ~ machen** [*o* **schlagen**] dar una voltereta
purzeln ['pʊrtsəln] *vi sein* (*fam*) caer(se) (rodando) (*über* sobre, *von* de); **die Äpfel purzelten vom Tisch auf den Boden** las manzanas rodaron de la mesa al suelo
puschen *vt s.* **pushen**
Puscherᴿᴿ *m* <-s, -> *s.* **Pusher**
pushen ['pʊʃən] *vt* (*sl*) ① (*zum Erfolg bringen*) empujar; **ein neues Produkt auf den Markt ~** hacer un hueco en el mercado a un producto nuevo; **jdn an die Spitze ~** catapultar a alguien a la cima
② (*mit Drogen handeln*) vender
Pusher ['pʊʃe] *m* <-s, -> (*sl*) camello *m*, traficante *mf*
Puste ['puːstə] *f* <-, ohne pl> (*fam*) aliento *m*; **außer ~ sein** estar sin aliento; **aus der ~ kommen** quedarse sin aliento, jadear
Pusteblume *f* <-, -n> diente *m* de león; **Pustekuchen** *interj* (*fam*): **(ja) ~!** ¡y un cuerno!
Pustel ['pʊstəl] *f* <-, -n> pústula *f*, grano *m*
pusten ['puːstən] *vi* (*fam*) soplar
put [pʊt] *interj*: **~, ~, ~!** ¡pío, pío, pío!; ¡pita, pita, pita!
Putativnotstand *m* <-(e)s, -stände> (JUR) estado *m* de necesidad putativo; **Putativnotwehr** *f* <-, ohne pl> (JUR) legítima *f* defensa putativa
Pute ['puːtə] *f* <-, -n> (*a. fig*) pava *f*
Putenfleisch *nt* <-(e)s, ohne pl> (carne *f* de) pavo *m*; **Putenschnitzel** *nt* <-s, -> filete *m* de pavo
Puter ['puːte] *m* <-s, -> pavo *m*
puterrot ['---] *adj* rojo como un tomate; **~ anlaufen** ponerse como un tomate
Putsch [pʊtʃ] *m* <-(e)s, -e> golpe *m* de estado
putschen *vi* dar un golpe de estado
Putschist(in) [pʊˈtʃɪst] *m(f)* <-en, -en; -, -nen> golpista *mf*
Putschversuch *m* <-(e)s, -e> (POL) intentona *f* golpista, intento *m* de golpe de Estado
Putte ['pʊtə] *f* <-, -n> angelote *m*
Putz [pʊts] *m* <-es, ohne pl> revoque *m*, enlucido *m*; **unter ~** enyesado; **auf den ~ hauen** (*fam: feiern*) montar una juerga a lo grande; (*prahlen*) tirarse pegotes
putzen ['pʊtsən] *vt* limpiar; (*scheuern*) fregar; **sich** *dat* **die Nase ~** limpiarse la nariz; **sich** *dat* **die Zähne ~** lavarse los dientes; **Salat ~** limpiar la lechuga
Putzerei *f* <-, ohne pl> (*fam abw*) limpieza *f* constante
Putzete *f* <-, -n> (*Schweiz: im Haus*) limpieza *f* general; (*in der Natur*) saneamiento *m* (en la naturaleza)
Putzfimmel *m* <-s, ohne pl> (*abw*) manía *f* de limpiar; **Putzfrau** *f* <-, -en> mujer *f* de la limpieza; (*in einem Privathaushalt*) asistenta *f*
putzig ['pʊtsɪç] *adj* (*fam*) ① (*niedlich*) gracioso, mono
② (*seltsam*) raro
Putzkolonne *f* <-, -n> equipo *m* de encargados de la limpieza; **Putzlappen** *m* <-s, -> trapo *m*; (*Scheuerlappen*) bayeta *f*
Putzmacherin *f* <-, -nen> sombrerera *f*
Putzmann *m* <-(e)s, -männer> empleado *m* de la limpieza, limpiador *m*; **Putzmittel** *nt* <-s, -> producto *m* de limpieza, detergente *m*
putzmunter ['-'--] *adj* (*fam*) muy despabilado, vivaz
Putzsucht *f* <-, ohne pl> coquetería *f*; **Putzteufel** *m* <-s, -> (*fam*) obsesionado, -a *m, f* con la limpieza; **Putztuch** *nt* <-(e)s, -tücher> trapo *m* (para limpiar); **Putzwolle** *f* <-, -n> estopa *f*; **Putzwut** *f* <-, ohne pl> manía *f* de limpieza, obsesión *f* por la limpieza; **gestern habe ich eine richtige ~ bekommen und alle Fenster geputzt** ayer me dio por limpiar en serio y al final acabé limpiando todas las ventanas
putzwütig *adj* maniático de la limpieza, obsesionado con la limpieza
Putzzeug *nt* <-(e)s, ohne pl> utensilios *mpl* de limpieza
puzzeln ['pazəln] *vi* hacer un puzzle
Puzzle ['pazəl] *nt* <-s, -s>, **Puzzlespiel** *nt* <-(e)s, -e> puzzle *m*, rompecabezas *m inv*
PVC [peːfauˈtseː] *nt* <-(s), -s> *Abk. von* **Polyvinylchlorid** PVC *m*
Pygmäe, -in [pʏgˈmɛːə] *m, f* <-n, -n; -, -nen> pigmeo, -a *m, f*
pygmäenhaft *adj* pigmeo
Pygmäin *f* <-, -nen> *s.* **Pygmäe**
Pyjama [pyˈ(d)ʒaːma] *m* <-s, -s> pijama *m*, piyama *m Am*
Pyjamahose *f* <-, -n> pantalón *m* del pijama
Pykniker(in) ['pʏknike] *m(f)* <-s, -; -, -nen> (MED) persona *f* pícnica
pyknisch ['pʏknɪʃ] *adj* (MED) pícnico
Pylon [pyˈloːn] *m* <-en, -en> (ARCHIT) pilón *m*

Pyramide [pyra'mi:də] *f* <-, -n> pirámide *f*
pyramidenförmig *adj* piramidal
Pyrenäen [pyre'nɛ:ən] *pl* Pirineos *mpl*
Pyrenäenhalbinsel *f* <-, -> Península *f* Ibérica
Pyridoxin *nt* <-s, *ohne pl*> piridoxina *f*
Pyrit [py'ri:t, py'rɪt] *m* <-s, -e> pirita *f* de hierro
Pyrolyse [pyro'ly:zə] *f* <-, -n> (CHEM) pirólisis *f inv*
Pyromane, -in [pyro'ma:nə] *m, f* <-n, -n; -, -nen> (MED, PSYCH) pirómano, -a *m, f*
Pyromanie *f* <-, *ohne pl*> (MED, PSYCH) piromanía *f*
Pyromanin *f* <-, -nen> *s.* **Pyromane**
Pyrotechnik [--'---, '----] *f* <-, *ohne pl*> pirotecnia *f*
Pyrotechniker(in) [--'---, '-----] *m(f)* <-s, -; -, -nen> pirotécnico, -a *m, f*
Pyrrhussieg ['pyrʊs-] *m* <-(e)s, -e> (*geh*) victoria *f* pírrica
Python ['py:tɔn] *m* <-s, -s *o* -en>, **Pythonschlange** *f* <-, -n> pitón *m*

Q

Q, q [ku:] *nt* <-, -> Q, q *f*; ~ **wie Quelle** Q de Quebec
q (*Österr*) *Abk. von* **Meterzentner** dos quintales *mpl*
quabbelig *adj* (*reg*) fofo, fláccido
quabbeln *vi* (*reg*) moverse [*o* tambalearse] como un flan [*o* como una masa gelatinosa]
Quacksalber(in) ['kvakzalbɐ] *m(f)* <-s, -; -, -nen> (*abw*) curandero, -a *m, f*, medicastro, -a *m, f*
Quacksalberei *f* <-, -en> (*abw*) curanderismo *m*, curandería *f*
Quacksalberin *f* <-, -nen> *s.* **Quacksalber**
Quaddel *f* <-, -n> habón *m*, roncha *f*
Quader ['kva:dɐ] *m* <-s, -> ❶ (*Stein*) sillar *m*
❷ (MATH) paralelepípedo *m* rectangular
Quaderstein *m* <-(e)s, -e> sillar *m*
Quadrant [kva'drant] *m* <-en, -en> (ASTR, MATH) cuadrante *m*
Quadrat [kva'dra:t] *nt* <-(e)s, -e> (*a.* MATH) cuadrado *m*; **magisches ~** cuadrado mágico; **fünf zum** [*o* **im**] **~** cinco elevado al cuadrado; **ein ~ zeichnen** dibujar un cuadrado; **Dummheit im ~** (*fam*) estupidez elevada al cuadrado
quadratisch *adj* ❶ (*Form*) cuadrado
❷ (MATH) de segundo grado; **~e Gleichung** ecuación de segundo grado
Quadratkilometer *m* <-s, -> kilómetro *m* cuadrado; **Quadratlatschen** *mpl* (*fam*) ❶ (*Schuhe*) zapatones *mpl* ❷ (*Füße*) pies *mpl* enormes, piezazos *mpl*; **Quadratmeter** *m o nt* <-s, -> metro *m* cuadrado; **Quadratschädel** *m* <-s, -> (*fam*) cabeza *f* cuadrada
Quadratur [kvadra'tu:ɐ] *f* <-, *ohne pl*> (MATH, ASTR) cuadratura *f*; **die ~ des Kreises** cuadratura del círculo
Quadratwurzel *f* <-, -n> (MATH) raíz *f* cuadrada; **Quadratzahl** *f* <-, -en> (MATH) número *m* cuadrado; **Quadratzentimeter** *m o nt* <-s, -> centímetro *m* cuadrado
quadrieren* [kva'dri:rən] *vt* (MATH) elevar al cuadrado
Quadriga *f* <-, **Quadrigen**> cuadriga *f*
Quadrille *f* <-, -n> rigodón *m*
quadrofon[RR] *adj* cuadrafónico
Quadrofonie[RR] *f* <-, *ohne pl*> cuadrafonía *f*
quadrofonisch[RR] *adj* cuadrafónico
quadrophon *adj s.* **quadrofon**
Quadrophonie [kvadrofo'ni:] *f* <-, *ohne pl*> *s.* **Quadrofonie**
quadrophonisch *adj s.* **quadrofonisch**
Quai [kɛ:, ke:] *m o nt* <-s, -s> ❶ (*Kai*) muelle *m*
❷ (*Schweiz: Uferstraße*) ribera *f*
quak *interj* ❶ (*des Frosches*) ¡croac!
❷ (*der Ente*) ¡cua!
quaken ['kva:kən] *vi* ❶ (*Frosch*) croar; (*Ente*) graznar
❷ (*fam abw: reden*) soltar el rollo; **quak nicht immer dazwischen, wenn ich was sage!** ¡cierra el pico cuando estoy hablando yo!
quäken ['kvɛ:kən] *vi* dar graznidos; (*aus Unzufriedenheit*) lloriquear
Quäker(in) *m(f)* <-s, -; -, -nen> cuáquero, -a *m, f*
Qual [kva:l] *f* <-, -en> (*a. fig: Quälerei*) tortura *f*, martirio *m*; (*Leiden*) suplicio *m*; (*Mühe*) pena *f*; **das lange Stehen war eine ~** el tener que estar de pie durante tanto tiempo fue un martirio; **unter großen ~en** con grandes penas; **die ~ der Wahl haben** no saber cómo decidirse
quälen ['kvɛ:lən] **I.** *vt* ❶ (*foltern*) torturar; (*misshandeln*) maltratar; (*seelisch*) atormentar; **~der Durst** sed espantosa; **einen ~den Husten haben** tener una tos molesta; **~de Langeweile** aburrimiento mortal; **jdn bis aufs Blut ~** atormentar a alguien hasta el límite; **sie lebten mit der ~den Ungewissheit, ob die Geiseln noch leben** vivían angustia-
dos por la incertidumbre de no saber si los rehenes estaban aún con vida
❷ (*lästig fallen*) importunar, molestar
II. *vr:* **sich ~** (*mit Arbeit*) ajetrearse; **sie quält sich jeden Morgen aus dem Bett** cada mañana le cuesta levantarse; **er quälte sich durch den Roman** le costó muchos esfuerzos acabar la novela
Quälerei *f* <-, -en> tortura *f*, tormento *m*
quälerisch *adj* atormentador; **~e Gedanken peinigten sie** la atormentaban pensamientos angustiosos
Quälgeist *m* <-(e)s, -er> (*fam*) pelmazo, -a *m, f*, pelma *mf*
Qualifikation [kvalifika'tsjo:n] *f* <-, -en> ❶ (*Zeugnis*) calificación *f* (*für* para); **dafür fehlt ihm die nötige ~** no está cualificado para esto
❷ (*Befähigung*) capacidad *f*, aptitud *f*; **fachliche ~** c(u)alificación profesional
❸ (SPORT) clasificación *f*
Qualifikationsnachweis *m* <-es, -e> certificado *m* de aptitudes [*o* de cualificación]; **Qualifikationsspiel** *nt* <-(e)s, -e> (SPORT) encuentro *m* de clasificación, partido *m* de clasificación
qualifizieren* [kvalifi'tsi:rən] **I.** *vt* ❶ (*befähigen*) capacitar (*für* para); **hoch qualifiziert** altamente cualificado
❷ (*klassifizieren*) clasificar (*als* como)
II. *vr:* **sich ~** ❶ (*durch Studium*) calificarse (*für* para); **sich im Beruf ~** calificarse en la profesión
❷ (SPORT) clasificarse (*für* para); **sich für den Wettkampf ~** clasificarse para el campeonato
Qualifizierung *f* <-, -en> cualificación *f*; **berufliche ~** cualificación profesional [*o* laboral]
Qualität [kvali'tɛ:t] *f* <-, -en> (*Eigenschaft*) cualidad *f*; (*Beschaffenheit, Waren-~*) calidad *f*, cualidad *f*; **ausgesuchte/schlechte ~** calidad selecta/inferior; **beste ~** primera calidad; **sein Name bürgt für ~** su nombre garantiza la calidad
qualitativ [kvalita'ti:f, '----] **I.** *adj* cualitativo
II. *adv* en cuanto a la calidad; **~ besser** de mejor calidad
Qualitätsabweichung *f* <-, -en> diferencia *f* de calidad; **Qualitätsanforderung** *f* <-, -en> calidad *f* requerida; **Qualitätsanspruch** *m* <-(e)s, -sprüche> pretensiones *fpl* en materia de calidad; **Qualitätsarbeit** *f* <-, *ohne pl*> trabajo *m* de (alta) calidad; **Qualitätsbeanstandung** *f* <-, -en> reclamación *f* en materia de calidad
qualitätsbewusst[RR] *adj* consciente de la calidad
Qualitätserzeugnis *nt* <-ses, -se> producto *m* de (alta) calidad; **Qualitätskontrolle** *f* <-, -n> control *m* de calidad; **Qualitätskosten** *pl* costes *mpl* de calidad; **Qualitätsmanagement** *nt* <-s, *ohne pl*> (WIRTSCH) dirección *f* de calidad
Qualitätsmangel[1] *m* <-s, -mängel> (*Schaden*) defecto *m* de calidad
Qualitätsmangel[2] *m* <-s, *ohne pl*> (*Fehlen*) falta *f* de calidad
Qualitätsmarke *f* <-, -n> marca *f* de calidad; **Qualitätsmerkmal** *nt* <-(e)s, -e> señal *f* de calidad, distintivo *m* de calidad; **Qualitätsprobe** *f* <-, -n> prueba *f* de calidad, muestra *f* de calidad; **Qualitätsprüfung** *f* <-, -en> examen *m* de calidad; **eine ~ vornehmen** efectuar un examen de calidad; **Qualitätssicherung** *f* <-, -en> garantía *f* de calidad; **Qualitätssiegel** *nt* <-s, -> sello *m* de calidad; **Qualitätssteigerung** *f* <-, -en> mejora *f* de la calidad; **Qualitätsverbesserung** *f* <-, -en> perfeccionamiento *m* cualitativo; **Qualitätsware** *f* <-, -n> artículo *m* de (alta) calidad
Qualle ['kvalə] *f* <-, -n> medusa *f*
Qualm [kvalm] *m* <-(e)s, *ohne pl*> humo *m* espeso, humareda *f*
qualmen *vi* ❶ (*Schornstein*) humear, echar humo
❷ (*fam: Mensch*) fumar como una chimenea
Qualmerei *f* <-, -en> (*fam*) humareda *f*
qualmig *adj* lleno de humo
qualvoll ['kva:lfɔl] *adj* ❶ (*mit Qualen*) lastimoso, penoso; (*schmerzlich*) doloroso; **~ sterben** tener una muerte muy dolorosa
❷ (*bedrückend*) atormentador, angustioso
Quant [kvant] *nt* <-s, -en> (PHYS) cuanto *m*
Quäntchen[RR] ['kvɛntçən] *nt* <-s, -> pedacito *m*, poquito *m*; **das letzte ~ Hoffnung** la última pizca de esperanza
Quanten ['kvantən] *ntpl* ❶ *pl von* **Quant, Quantum**
❷ (*sl: Füße*) pezuñas *fpl*
Quantenelektronik *f* <-, *ohne pl*> (PHYS) electrónica *f* cuántica; **Quantenmechanik** *f* <-, *ohne pl*> (PHYS) mecánica *f* cuántica; **Quantenphysik** *f* <-, *ohne pl*> (PHYS) física *f* cuántica; **Quantensprung** *m* <-(e)s, -sprünge> (PHYS) salto *m* cuántico; **Quantentheorie** *f* <-, *ohne pl*> (PHYS) teoría *f* cuántica; **Quantenzahl** *f* <-, -en> (CHEM) número *m* cuántico
quantifizierbar *adj* cuantificable
Quantität [kvanti'tɛ:t] *f* <-, *ohne pl*> cantidad *f*
quantitativ [kvantita'ti:f, '----] **I.** *adj* cuantitativo
II. *adv* en cuanto a la cantidad
Quantum ['kvantʊm] *nt* <-s, **Quanten**> (*Menge*) cantidad *f*; (*Anteil*) parte *f*, ración *f*

Quappe f <-, -n> (ZOOL) ❶ (*Aal~*) lota f
❷ (*Kaul~*) renacuajo m
Quarantäne [karanˈtɛːnə] f <-, -n> cuarentena f; **unter ~ stehen/stellen** estar bajo/poner en cuarentena
Quarantänestation f <-, -en> lazareto m de cuarentena, establecimiento m de cuarentena
Quark¹ [kvark] m <-s, ohne pl> ❶ (*Lebensmittel*) ≈requesón m, quesillo m Am
❷ (*fam abw: Unsinn*) tontería(s) f(pl); **das interessiert mich einen ~** me importa un comino
Quark² [kwɔːk] nt <-s, -s> (PHYS) quark m
Quarkspeise f <-, -n> (GASTR) postre de requesón (y frutas)
Quart¹ f <-, -en> (MUS) cuarta f
Quart² nt <-s, ohne pl> (TYPO) libro m en cuarto
Quarta f <-, Quarten> (SCH) ❶ (*alt: dritte Gymnasialklasse*) tercer curso de la educación secundaria alemana
❷ (*Österr: vierte Gymnasialklasse*) cuarto curso de la educación secundaria austríaca
Quartal [kvarˈtaːl] nt <-s, -e> trimestre m; **erstes/letztes ~** primer/último trimestre
Quartalsabschlussᴿᴿ m <-es, -schlüsse> (WIRTSCH) cierre m del trimestre [o trimestral]; **zum ~** al cierre trimestral; **Quartalssäufer(in)** m(f) <-s, -; -, -nen> (fam) borrachín, -ina m, f periódico, -a; **Quartalsverrechnung** f <-, -en> liquidación f trimestral
quartalsweise adv por trimestres, trimestralmente
Quartaner(in) m(f) <-s, -; -, -nen> (SCH: alt) alumno del tercer curso de secundaria en Alemania
Quartär [kvarˈtɛːɐ] nt <-s, ohne pl> (GEO) (período m) cuaternario m
Quarte [ˈkvartə] f <-, -n> (MUS) cuarta f
Quarten pl von **Quart¹**, **Quarta**, **Quarte**
Quartett [kvarˈtɛt] nt <-(e)s, -e> ❶ (*Kartenspiel*) ≈juego m de las familias
❷ (MUS) cuarteto m
Quartier [kvarˈtiːɐ] nt <-s, -e> ❶ (*Unterkunft*) alojamiento m; **~ suchen** buscar alojamiento
❷ (*Schweiz: Stadtviertel*) barrio m
Quarz [kvaːɐts] m <-es, -e> cuarzo m
Quarzglas nt <-es, ohne pl> (TECH) vidrio m de cuarzo
Quarzit [kvarˈtsiːt] nt <-s, -e> (GEO) cuarcita f, roca f cuarzosa
Quarzsand m <-(e)s, -e> (GEO) arena f de cuarzo [o cuarzosa]; **Quarzuhr** f <-, -en> reloj m de cuarzo
Quasar m <-s, -e> (ASTR) quásar m, cúasar m
quasi [ˈkvaːzi] adv por así decirlo, en cierto sentido
Quasigeld nt <-es, -er> (WIRTSCH) fondos mpl no disponibles de inmediato; **Quasimonopol**ᴿᴿ nt <-s, -e> (WIRTSCH) cuasimonopolio m
quasinegatorisch adj (JUR) cuasinegatorio; **~er Schutz** protección cuasinegatoria
Quasisplitting nt <-s, ohne pl> (JUR) cuasidivisión f; **Quasivertrag** m <-(e)s, -träge> (JUR) cuasicontrato m
Quasselei f <-, -en> parloteo m (molesto); **seid ruhig, ich habe genug von eurer ~!** ¡callaos ya, estoy harto de oíros parlotear [o de que le deis a la lengua sin parar]!
quasseln [ˈkvasəln] I. vi (fam) darle al pico, parlotear; **mit jdm ~** charlar con alguien
II. vt (fam) decir; **Blödsinn ~** decir tonterías
Quasselstrippe f <-, -n> (fam abw) cotorra f
Quaste [ˈkvastə] f <-, -n> borla f
Quästur f <-, -en> (UNIV) caja f de la Universidad
quatsch interj: **stimmt das, was er sagt? – ~, alles Unsinn!** ¿es cierto lo que dice? – ¡ah, chorradas, no son más que tonterías!
Quatsch [kvatʃ] m <-(e)s, ohne pl> (fam abw) tonterías fpl, bobadas fpl, bolazo m RíoPl; **red keinen ~!** ¡no digas tonterías!; **so ein ~!** ¡vaya [o menuda] tontería!; **was soll der ~?** ¿pero qué significa esto?; **~ mit Soße!** ¡pamplinas!
quatschen I. vi (fam) ❶ (*abw: quasseln*) darle al pico, parlotear; **mit jdm ~** charlar con alguien
❷ (*abw: tratschen*) cotillear
❸ (*sich unterhalten*) charlar
❹ (*verraten*) decir, contar; **wer hat gequatscht?** ¿quién se ha ido de la lengua?
II. vt (fam) decir; **verrücktes Zeug ~** decir cosas locas
Quatschkopf m <-(e)s, -köpfe> (fam abw) imbécil mf, tonto, -a m, f
Quebec [kviˈbɛk] nt <-s> Quebec m
Quecke [ˈkvɛkə] f <-, -n> grama f
Quecksilber [ˈkvɛk-] nt <-s, ohne pl> mercurio m, azogue m
Quecksilbersäule f <-, -n> columna f de mercurio; **Quecksilberthermometer** nt <-s, -> termómetro m de mercurio; **Quecksilberverbindung** f <-, -en> (CHEM) compuesto m de mercurio; **Quecksilbervergiftung** f <-, -en> hidrargirismo m, mercurialismo m

Quell [kvɛl] m <-(e)s, ohne pl> (geh) origen m
Quelle [ˈkvɛlə] f <-, -n> ❶ (*eines Gewässers*) fuente f, naciente f Arg, Par; (*Öl~*) pozo m; **heiße ~n** fuentes termales
❷ (*Ursache*) fuente f, origen m; **die ~ allen Übels** el origen de todos los males
❸ (*Text, Person*) fuente f; **aus zuverlässiger** [o **sicherer**] **~** de fuente segura, de buena tinta fam; **an der ~ sitzen** (fam) tener buenos contactos (para conseguir algo)
quellen [ˈkvɛlən] <quillt, quoll, gequollen> vi sein ❶ (*Holz*) hincharse; **~ lassen** (*Hülsenfrüchte*) poner a remojo, remojar
❷ (*heraus~*) brotar (aus de); **Blut quoll aus der Wunde** la sangre brotaba de la herida; **aus dem Kamin quillt Rauch** de la chimenea sale humo
Quellenabzugssteuer f <-, -n> (WIRTSCH) tributo m de exacción en la fuente; **Quellenabzugsverfahren** nt <-s, -> (WIRTSCH) procedimiento m de retención en la fuente
Quellenangabe f <-, -n> indicación f de las fuentes; **Quellenbesteuerung** f <-, -en> (WIRTSCH) gravamen m en la fuente; **Quellenforschung** f <-, ohne pl> investigación f de las fuentes; **Quellenprogramm** nt <-s, -e> (INFOR) programa m fuente; **Quellenschutzgebiet** nt <-(e)s, -e> (ÖKOL) zona f de protección de fuentes; **Quellensteuer** f <-, -n> impuesto m en origen [o deducido en la fuente]; **Quellenstudium** nt <-s, -studien> estudio m de las fuentes; **Quellentext** m <-es, -e> fuente f
Quellflussᴿᴿ m <-es, -flüsse> (GEO) río m de manantial; **Quellgebiet** nt <-(e)s, -e> (GEO) fuentes fpl; **Quellsprache** f <-, -n> (LING) lengua f fuente, lengua f de partida; **Quellwasser** nt <-s, ohne pl> agua f de manantial; **Quellwolke** f <-, -n> (METEO) nube f fluida
Quengelei [kvɛŋəˈlaɪ] f <-, -en> (fam) quejas fpl, quejidos mpl; (*weinerlich*) lloriqueo m
queng(e)lig [ˈkvɛŋ(ə)lɪç] adj (fam) refunfuñón, llorón
quengeln [ˈkvɛŋəln] vi (fam) dar la lata; (*stärker*) dar el coñazo; (*weinerlich*) lloriquear
Quengler(in) m(f) <-s, -; -, -nen> (fam) quejica mf, criticón, -ona m, f
quenglig adj s. **queng(e)lig**
Quentchen nt <-s, -> s. **Quäntchen**
quer [kveːɐ] adv ❶ (*rechtwinklig*) en sentido transversal, atravesado; **~ gestreift** de rayas horizontales; **die Straße verläuft ~ zur Hauptstraße** es una calle transversal a la calle principal; **die Linien verlaufen ~ zueinander** las líneas son perpendiculares; **das Auto stand ~ auf der Straße** el coche estaba atravesado en la calle; **ein Baum lag ~ über dem Weg** un árbol estaba atravesado en el camino
❷ (*schräg*): **~ über** [o **durch**] **...** a través de...; **~ über die Straße gehen** cruzar la calle; **~ durch alle Bevölkerungsschichten** a través de todas las capas de la población
❸ (*dagegen*): **sich ~ legen** (*fam: sich widersetzen*) oponerse; (*Schwierigkeiten machen*) poner cortapisas; **~ schießen** (*sl*) fastidiar [o estropear] los planes; **sich ~ stellen** oponerse
❹ (*Wend, fam*): **jdm ~ gehen** salirle mal a alguien; **das wird ihr ~ gehen!** ¡esto le saldrá mal!; **heute geht mir alles ~!** ¡hoy todo me sale al revés!
Querachse f <-, -n> eje m transversal; **Querbalken** m <-s, -> (a. SPORT) travesaño m
querbeet [kveːɐˈbeːt] adv (fam) sin rumbo fijo
Querdenker(in) m(f) <-s, -; -, -nen> inconformista mf
querdurch adv atravesando, de parte a parte; **sollen wir außen herum gehen oder ~?** ¿vamos rodeando o atravesando?; **der Riss verläuft ~** la grieta va de parte a parte
Quere [ˈkveːrə] f <-, ohne pl> (fam): **jdm in die ~ kommen** (*stören*) contrariar los proyectos de alguien; (*treffen*) cruzarse con alguien
Querele [kveˈreːlə] f <-, -n> querella f
queren vt atravesar
querfeldein [kveːɐfɛltˈʔaɪn] adv campo a través, a campo traviesa
Querfeldeinlauf m <-(e)s, -läufe> (SPORT) cross(-country) m; **Querfeldeinrennen** nt <-s, -> ciclo-cross m
Querflöte f <-, -n> flauta f traversa; **Querformat** nt <-(e)s, -e> formato m oblongo [o apaisado]; **die ~** m oblongo, apaisado
quer|gehen irr vi sein (fam) s. **quer 4.**
quergestreift adj s. **quer 1.**
Querkopf m <-(e)s, -köpfe> (fam abw) cabezudo, -a m, f, testarudo, -a m, f
querköpfig [ˈ-kœpfɪç] adj (fam abw) cabezudo, testarudo
Querlage f <-, -n> (MED) posición f transversa(l); **das Baby befindet sich in der ~** el bebé viene de lado; **Querlatte** f <-, -n> ❶ (*Latte*) travesaño m ❷ (SPORT) *eines Tores*) larguero m, travesaño m
quer|legen vr: **sich ~** s. **quer 3.**
Querleiste f <-, -n> listón m transversal; **Querruder** nt <-s, -> (AERO) alerón m
quer|schießen irr vi s. **quer 3.**

Querschiff nt <-(e)s, -e> (ARCHIT) nave f transversal
Querschläger[1] m <-s, -> (Geschoss) impacto m de través, tiro m de rebote
Querschläger(in)[2] m(f) <-s, -; -, -nen> (fam: Person) alborotador(a) m(f)
Querschnitt m <-(e)s, -e> ① (Schnitt) sección f transversal, corte m transversal
② (Überblick) muestra f representativa, perfil m; **ein ~ durch die moderne Literatur** una muestra representativa de la literatura moderna
querschnitt(s)gelähmt adj (MED) paralítico de cintura para abajo, parapléjico (por corte medular)
Querschnitt(s)gelähmte(r) mf <-n, -n; -n, -n> (MED) parapléjico, -a m, f; **Querschnitt(s)lähmung** f <-, ohne pl> (MED) paraplejia f, paraplejía f
querstellen vr: sich ~ s. quer 3.
Querstraße f <-, -n> calle f transversal; **die nächste ~ links** la próxima calle transversal a la izquierda; **Querstreifen** m <-s, -> raya f transversal [o horizontal]; **Querstrich** m <-(e)s, -e> raya f transversal, línea f transversal; **Quersumme** f <-, -n> (MATH) suma f de las cifras de un número; **die ~ bilden** sumar las cifras de un número; **Quertreiber(in)** m(f) <-s, -; -, -nen> (fam abw) intrigante mf
Querulant(in) [kveru'lant] m(f) <-en, -en; -, -nen> (abw) pleitista mf, buscapleitos mf inv
Querverbindung f <-, -en> conexión f transversal; **Querverweis** m <-es, -e> referencia f cruzada; **Querweg** m <-s, -e> atajo m
quetschen ['kvɛtʃən] I. vt ① (drücken) apretar (gegen/an contra), trincar (gegen/an contra) Am; **den Saft aus einer Pampelmuse ~** exprimir (el zumo de) un pomelo
② (in einen Koffer) meter a la fuerza, apretujar
③ (verletzen): **sich** dat **etw ~** pillarse algo; **ich habe mir den Finger (in der Tür) gequetscht** me he pillado el dedo (con la puerta)
II. vr: **sich ~** (sich zwängen) apretujarse
Quetschfalte f <-, -n> tabla f
Quetschung f <-, -en> contusión f, magulladura f
Quetschwunde f <-, -n> contusión f, magulladura f
Queue [køː] m o nt <-s, -s> (Billard) taco m
quick adj (nordd) rápido (de reflejos)
Quickie ['kwɪki] m <-, -s> (sl) polvo m rápido, polvete m
quicklebendig ['kvɪkle'bɛndɪç] adj vivo, avispado
quieken ['kviːkən] vi chillar; **die Kinder ~ vor lauter Vergnügen** los niños dan gritos de pura diversión
quietschen ['kviːtʃən] vi ① (Tür, Reifen) chirriar; **mit ~den Reifen** con las ruedas rechinando
② (fam: Mensch) chillar; **sie quietschte vor Vergnügen** chillaba de gusto
quietschfidel ['kviːtʃfiˈdeːl] adj (fam) alegre como castañuelas
quietschvergnügt ['-ˈ-ˈ-] adj (fam) (contento) como un niño con zapatos nuevos, como si le hubiese tocado la lotería
quillt [kvɪlt] 3. präs von **quellen**
Quinta f <-, Quinten> (SCH) ① (alt: zweite Gymnasialklasse) segundo curso de la escuela secundaria alemana
② (Österr: fünfte Gymnasialklasse) quinto curso de la escuela secundaria austriaca
Quintaner(in) m(f) <-s, -; -, -nen> (SCH: alt) alumno de segundo curso de secundaria en Alemania
Quinte ['kvɪntə] f <-, -n> (MUS) ① (Ton) dominante f
② (Intervall) quinta f
Quinten pl von **Quinta, Quinte**
Quintessenz ['kvɪntɛsɛnts] f <-, -en> quintaesencia f
Quintett [kvɪn'tɛt] nt <-(e)s, -e> (MUS) quinteto m
Quirl [kvɪrl] m <-(e)s, -e> ① (Küchengerät) molinillo m
② (fam: Mensch) torbellino m
quirlen vt (GASTR) batir
quirlig adj vivaracho, despabilado
quitt [kvɪt] adj inv (fam): **mit jdm ~ sein** (abgerechnet haben) estar en paz con alguien; (nichts mehr zu tun haben wollen) no querer saber nada más de alguien
Quitte ['kvɪtə] f <-, -n> membrillo m
quittegelb I. adj amarillo (que denota enfermedad); **die ~e Gesichtsfarbe spricht für eine Leberkrankheit** el color amarillento de su cara es señal de (que tiene) una enfermedad renal
II. adv de un amarillo (que salta a la vista); **das Weiße in seinen Augen hatte sich ~ verfärbt** el blanco de sus ojos se había puesto amarillo
quittieren* [kvɪˈtiːrən] vt ① (Empfang) acusar recibo (de); **jdm einen Betrag über 50 Euro ~** extender a alguien un recibo por una cantidad de 50 euros
② (reagieren) contestar; **eine Bemerkung mit einem Lächeln ~** contestar a una observación con una sonrisa
③ (aufgeben): **den Dienst ~** presentar su dimisión

Quittung f <-, -en> ① (Empfangsbescheinigung) recibo m; **rechtsgültige ~** recibo con validez jurídica; **jdm eine ~ (über 200 Euro) ausstellen** extender a alguien un recibo (por 200 euros); **gegen ~** contra recibo; **laut ~** conforme (o de acuerdo) al recibo
② (Folgen) consecuencias fpl; **er hat seine ~ bekommen** ha pagado por su conducta
Quittungsblock m <-(e)s, -blöcke> talonario m de recibos; **Quittungsformular** nt <-s, -e> modelo m de recibo
Quiz [kvɪs] nt <-, -> concurso m de preguntas y respuestas, juego m de preguntas y respuestas
Quizmaster(in) ['kvɪsmaːstɐ] m(f) <-s, -; -, -nen> presentador(a) m(f) de concursos
quoll [kvɔl] 3. imp von **quellen**
Quorum ['kvoːrʊm] nt <-s, ohne pl> quórum m
Quote ['kvoːtə] f <-, -n> cuota f
Quotenabdeckung f <-, -en> (JUR) cobertura f de cuotas; **Quotenabsprache** f <-, -n> (JUR) acuerdo m de cuotas; **Quotenfrau** f <-, -en> mujer f de cuota; **Quotenkartell** nt <-s, -e> (WIRTSCH) cártel m de cupos; **Quotenkonsolidierung** f <-, -en> (WIRTSCH) consolidación f de cuotas; **Quotennießbrauch** m <-es, ohne pl> (WIRTSCH) usufructo m de cupo; **Quotenregelung** f <-, -en> normativa f de cuotas; **Quotensystem** nt <-s, -e> sistema m de cuotas; **Quotenträger** m <-s, -> titular m de cuota; **Quotenurteil** nt <-s, -e> (JUR) sentencia f sobre cuotas; **Quotenvertrag** m <-(e)s, -träge> (JUR) contrato m de cuotas
Quotient [kvo'tsjɛnt] m <-en, -en> (MATH) cociente m
quotieren* [kvo'tiːrən] vt (WIRTSCH) cotizar
Quotierung f <-, -en> (WIRTSCH) cotización f

R

R, r [ɛr] nt <-, -> R, r f; **~ wie Richard** R de Ramón
Ra (CHEM) Abk. von **Radium** Ra
Rabatt [raˈbat] m <-(e)s, -e> rebaja f, descuento m; **~ bei Großbestellung** descuento en pedidos al por mayor; **auf etw ~ geben** hacer una rebaja en algo; **sie bekam einen ~ von drei Prozent** le hicieron una rebaja del tres por ciento
Rabatte [raˈbatə] f <-, -n> arriate m
Rabattgesetz nt <-es, -e> ley f de rebajas
rabattieren* [rabaˈtiːrən] vt (WIRTSCH) conceder un descuento (en)
Rabattkartell nt <-s, -e> cártel m de rebajas; **Rabattkartellvertrag** m <-s, -träge> contrato m de cártel de rebajas
Rabattmarke f <-, -n> sello m de descuento (que se obtiene al comprar una mercancía y que da derecho a un descuento tras haber acumulado varios); **Rabattrecht** nt <-(e)s, ohne pl> régimen m de rebajas
Rabatz [raˈbats] m <-es, ohne pl> (fam) jaleo m, bulla f; **~ machen** armar jaleo
Rabauke [raˈbaʊkə] m <-n, -n> (fam) gamberro, -a m, f, alborotador(a) m(f)
Rabbi ['rabi, pl: 'rabiːs] m <-(s), -s o Rabbinen> rabí m
Rabbiner [raˈbiːnɐ] m <-s, -> rabino m
Rabe ['raːbə] m <-n, -n> cuervo m; **er stiehlt [o klaut] wie ein ~** (fam) si te descuidas te quita hasta la camisa
Rabeneltern pl (fam abw) padres mpl desnaturalizados, malos padres mpl; **Rabenmutter** f <-, -mütter> (fam abw) madre f desnaturalizada, mala madre f
rabenschwarz ['-ˈ-ˈ-] adj negro como el azabache
Rabenvater m <-s, -väter> (fam abw) padre m desnaturalizado, mal padre m
rabiat [raˈbjaːt] adj ① (gewalttätig) violento, brutal; **~ vorgehen** actuar sin consideración alguna
② (Methode) riguroso, severo
Rache ['raxə] f <-, ohne pl> venganza f (für por); **(an jdm) ~ nehmen** [o üben] vengarse (de alguien); **~ ist süß** dulce es la venganza; **jdm ~ schwören** jurar vengarse de alguien; **aus ~ für etw** en venganza por algo; **die ~ des kleinen Mannes** (fam) la venganza del hombre de la calle
Racheakt m <-(e)s, -e> (geh) acto m de venganza; **Rachedurst** m <-(e)s, ohne pl> (geh) sed f de venganza; **Racheengel** m <-s, -> (geh) ángel m vengador; **Rachegedanke** m <-ns, -n> idea f de venganza; **Rachegefühl** nt <-(e)s, -e> sentimiento m de venganza
Rachen ['raxən] m <-s, -> (des Menschen) faringe f; (bei Tieren) fauces fpl; **jdm den ~ stopfen** (fam) taparle a alguien la boca; **jdm etw in den ~ werfen** (fig) entretener a alguien con algo; **er kann den ~ nicht voll kriegen** (fam) nunca se cansa; **sie hat das in den falschen ~ gekriegt**

(*fam*) se lo ha tomado a mal
rächen ['rɛçən] **I.** *vt* vengar (*an* en)
II. *vr:* **sich ~** vengarse (*an* de, *für* por); **ich werde mich an ihm ~** (**für das, was er mir angetan hat**) me vengaré de él (por lo que me hizo); **das rächt sich eines Tages** no hay plazo que no se cumpla ni deuda que no se pague
Rachenblütler *m* <-s, -> (BOT) escrofulariácea *f*
Rachenhöhle *f* <-, -n> faringe *f*, cavidad *f* faríngea; **Rachenkatarr**RR *m* <-s, -e>, **Rachenkatarrh** *m* <-s, -e> (MED) faringitis *f inv*, anginas *fpl*; **Rachenschleimhaut** *f* <-, -häute> (MED) mucosa *f* de la faringe; **Rachenspray** *m o nt* <-s, -s> spray *m* para la garganta [*o* para la faringe]
Racheplan *m* <-(e)s, -pläne> plan *m* de venganza; **Rachepläne schmieden** tramar planes de venganza
Rächer(in) *m(f)* <-s, -; -, -nen> (*geh*) vengador(a) *m(f)*; **der ~ der Enterbten** (*fam*) el vengador de los desheredados
Racheschwur *m* <-(e)s, -schwüre> juramento *m* de venganza
Rachgier *f* <-, *ohne pl*> (*geh*) deseo *m* de venganza; (*stärker*) sed *f* de venganza
rachgierig *adj* (*geh*) vengativo
Rachitis [ra'xi:tɪs, *pl:* raxi'ti:dən] *f* <-, Rachitiden> (MED) raquitis *f inv*
rachitisch [ra'xi:tɪʃ] *adj* (MED) raquítico
Rachsucht *f* <-, *ohne pl*> (*geh*) sed *f* de venganza
rachsüchtig *adj* (*geh*) vengativo, sediento de venganza
Racker ['rakɐ] *m* <-s, -> (*fam*) pillo, -a *m, f*, pícaro, -a *m, f*
Rackerei *f* <-, *ohne pl*> (*fam*) curro *m*
rackern ['rakɐn] *vi* (*fam*) currar, dar el callo
Raclette ['raklɛt, ra'klɛt] *f* <-, -s>, *nt* <-s, -s> (GASTR) "raclette" *f*
rad (PHYS) *Abk. von* radiation absorbed dosis rd
Rad [ra:t, *pl:* 'rɛ:də] *nt* <-(e)s, Räder> ❶ (*a.* TECH: *an Fahrzeug*) rueda *f*; **ein ~ wechseln** cambiar una rueda; **das fünfte ~ am Wagen sein** (*fam*) estar de más; **unter die Räder kommen** (*fam*) ir de capa caída; **der hat ein ~ ab** (*sl*) le falta un tornillo; **ein ~ schlagen** (*Mensch*) hacer una rueda; (*Pfau*) hacer la rueda
❷ (*fam: Fahr~*) bici *f*; **~ fahren** ir [*o* montar] en bici; **sich aufs ~ schwingen** montarse en la bici
Radachse *f* <-, -n> eje *m* de rueda
Radar [ra'da:ɐ] *m o nt* <-s, -> (TECH) radar *m*
Radarbild *nt* <-(e)s, -er> (*fam*) foto *f* del radar (*para detectar vehículos que circulan a más velocidad de la permitida*); **Radarfalle** *f* <-, -n> (*fam*) control *m* de velocidad por radar; **Radargerät** *nt* <-(e)s, -e> equipo *m* de radar; **Radarkontrolle** *f* <-, -n> control *m* de velocidad (por radar), **Radarnavigation** *f* <-, *ohne pl*> (AERO, NAUT) navegación *f* (por) radar; **Radarpistole** *f* <-, -n> dispositivo *m* de radar (*para controlar la velocidad de los vehículos*); **Radarschirm** *m* <-(e)s, -e> pantalla *f* de radar; **Radarstation** *f* <-, -en> (MIL, AERO) estación *f* (de) radar; **Radarwagen** *m* <-s, -> coche *m* radar (*para controlar la velocidad de los vehículos*)
Radau [ra'dau] *m* <-s, *ohne pl*> (*fam*) jaleo *m*, bulla *f*, mitote *m Mex*; **~ machen** armar jaleo
Radaubruder *m* <-s, -brüder> (*fam*) alborotador *m*
Radaufhängung *f* <-, *ohne pl*> (AUTO) suspensión *f* de la(s) rueda(s)
Rädchen ['rɛ:tçən] *nt:* **nur ein ~ im Getriebe sein** ser sólo una pieza del engranaje
Raddampfer *m* <-s, -> (NAUT) vapor *m* de ruedas
radebrechen ['ra:dəbrɛçən] *vi, vt* chapurrear (*in* en); **Englisch/in Englisch ~ chapurrear** el/en inglés
radeln ['ra:dəln] *vi sein* (*fam*) ir en bici (*nach/zu* a)
rädeln ['rɛ:dəln] *vt* ❶ (*Teig*) cortar
❷ (*Schnittmuster*) marcar
Rädelsführer(in) ['rɛ:dəls-] *m(f)* <-s, -; -, -nen> (*abw*) cabecilla *mf*
rädern ['rɛ:dən] *vt* enrodar
Räderwerk *nt* <-(e)s, -e> engranaje *m*; **das ~ der Justiz** el engranaje [*o* la máquina] de la justicia
<u>rad|fahren</u> *irr vi sein s.* **Rad 2.**
Radfahrer(in) *m(f)* <-s, -; -, -nen> ciclista *mf*
Radfahrweg *m* <-(e)s, -e> *s.* **Radweg**
Radfelge *f* <-, -n> (AUTO) llanta *f*; **Radgabel** *f* <-, -n> horquilla *f*
Radi ['ra:di] *m* <-s, -> (*südd, Österr*) rábano *m*
radial [radi'a:l] *adj* radial
Radialreifen *m* <-s, -> (AUTO) neumático *m* radial
Radiator [radi'a:to:ɐ] *m* <-s, -en> radiador *m*
Radicchio [ra'dɪkio] *m* <-(s), Radicchi> chicoria *f*
Radicchiosalat *m* <-(e)s, -e> ensalada *f* de chicoria
Radien *pl von* **Radius**
radieren* [ra'di:rən] *vi, vt* ❶ (*aus~*) borrar
❷ (KUNST) grabar (al agua fuerte)
Radierer¹ *m* <-s, -> (*fam*) goma *f* (de borrar)
Radierer(in)² *m(f)* <-s, -; -, -nen> aguafuertista *mf*

Radiergummi *m* <-s, -s> goma *f* de borrar
Radierung¹ *f* <-, *ohne pl*> (KUNST: *Verfahren*) grabado *m* al agua fuerte
Radierung² *f* <-, -en> (KUNST: *Kunstwerk*) aguafuerte *m*
Radieschen [ra'di:sçən] *nt* <-s, -> rabanito *m*, rábano *m* rojo; **sich** *dat* **die ~ von unten betrachten** [*o* ansehen] (*fam*) estar criando malvas
radikal [radi'ka:l] *adj* ❶ (*vollständig, rücksichtslos*) radical; **etw ~ ändern** dar un cambio radical [*o* un giro de 180 grados] a algo
❷ (POL) extremista, radical
Radikale(r) *mf* <-n, -n; -n, -n> radical *mf*, extremista *mf*
RadikalenerlassRR *m* <-es, *ohne pl*> (POL) decreto en la R.F.A. según el cual no les está permitido desempeñar funciones públicas a los extremistas o radicales
radikalisieren* [radikali'zi:rən] *vt* radicalizar
Radikalisierung *f* <-, -en> radicalización *f*
Radikalismus [radika'lɪsmʊs] *m* <-, *ohne pl*> radicalismo *m*
Radikalkur [--'-] *f* <-, -en> cura *f* radical
Radio ['ra:dio] *nt* <-s, -s> radio *f*; **das ~ einschalten** poner la radio; **das ~ läuft** la radio está puesta; **eine Sendung vom ~ aufnehmen** grabar un programa de la radio; **den ganzen Tag ~ hören** escuchar la radio todo el día; **die Nachricht kam eben im ~** acaban de dar la noticia por la radio
radioaktiv [----'-] *adj* radi(o)activo; **~e Strahlung** radiación radi(o)activa; **etw ~ bestrahlen** tratar algo con rayos radi(o)activos
Radioaktivität [radio?aktivi'tɛ:t] *f* <-, *ohne pl*> radi(o)actividad *f*
Radioapparat ['ra:dio-] *m* <-(e)s, -e> (aparato *m* de) radio *f*
Radioastronomie [------'-] *f* <-, *ohne pl*> (ASTR) radioastronomía *f*;
Radiobiologie *f* <-, *ohne pl*> radiobiología *f*
Radio-Carbon-Methode ['ra:diokar'bo:n-] *f* <-, *ohne pl*> (GEO) método *m* del carbono 14
Radiofrequenz ['ra:dio-] *f* <-, -en> (ASTR, PHYS) radiofrecuencia *f*
Radiogerät *nt* <-(e)s, -e> (aparato *m* de) radio *f*
Radiogramm *nt* <-s, -e> radiografía *f*
Radiographie *f* <-, *ohne pl*> radiografía *f*
Radioisotop *nt* <-s, -e> (CHEM) radioisótopo *m*
RadiokompassRR ['ra:dio-] *m* <-es, -e> (AERO, NAUT) radiocompás *m*
Radiologe, -in [radio'lo:gə] *m, f* <-n, -n; -, -nen> radiólogo, -a *m, f*
Radiologie *f* <-, *ohne pl*> (MED) radiología *f*
Radiologin *f* <-, -nen> *s.* **Radiologe**
Radiometrie [radiome'tri:] *f* <-, *ohne pl*> (PHYS, TECH) radiometría *f*
Radionuklid *nt* <-s, -e> (CHEM) radionúclido *m*, radionucleido *m*
Radioquelle ['ra:dio-] *f* <-, -n> (ASTR) astro *m* radioeléctrico
Radiorekorder ['ra:diorekɔrdɐ] *m* <-s, -> radiocasete *m*; **Radiosender** *m* <-s, -> emisora *f* de radio
Radiosonde *f* <-, -n> (TECH, METEO) radiosonda *f*
Radiotechnik *f* <-, *ohne pl*> radiotecnia *f*
Radioteleskop *nt* <-s, -e> (ASTR) radiotelescopio *m*; **Radiotext** *m* <-es, -e> (INFOR, RADIO) radiotexto *m*; **Radiotherapie** [radiotera'pi:] *f* <-, -n> (MED) radioterapia *f*
Radiowecker *m* <-s, -> (*fam*) radiodespertador *m*; **Radiowelle** *f* <-, -n> (PHYS) onda *f* radioeléctrica
Radium ['ra:diʊm] *nt* <-s, *ohne pl*> (CHEM) radio *m*
Radius ['ra:diʊs] *m* <-, Radien> ❶ (MATH) radio *m*; **den ~ einer Kugel berechnen** calcular el radio de un cuerpo esférico
❷ (*Reichweite*) radio *m* de acción; (*geistig*) horizonte *m*; **sein ~ ist beschränkt** tiene un horizonte limitado; **innerhalb eines** [*o* **in einem**] **~ von 20 Kilometern** dentro de [*o* en] un radio de 20 kilómetros
Radkappe *f* <-, -n> (AUTO) tapacubos *m inv*; **Radkasten** *m* <-s, -kästen> (AUTO) hueco *m* para la rueda (de repuesto); **Radkranz** *m* <-es, -kränze> (TECH) llanta *f* de la rueda; **Radlager** *nt* <-s, -> cojinete *m* de la rueda
Radler¹ ['ra:dlɐ] *m* <-s, -> (*reg*) bebida *f* a base de cerveza y limonada
Radler(in)² *m(f)* <-s, -; -, -nen> ciclista *mf*
Radlerhose *f* <-, -n> pantalón *m* de ciclista
Radlerin *f* <-, -nen> *s.* **Radler²**
Radlermaß *f* <-, -(e)> (*südd*) un litro de cerveza con limonada
Radnabe *f* <-, -n> cubo *m* (de la rueda), buje *m*
Radon ['ra:dɔn, ra'do:n] *nt* <-s, *ohne pl*> (CHEM) radón *m*
Radrennbahn *f* <-, -en> velódromo *m*; **Radrennen** *nt* <-s, -> carrera *f* ciclista; **Radrennfahrer(in)** *m(f)* <-s, -; -, -nen> ciclista *mf* de carreras; **Radrennsport** *m* <-(e)s, *ohne pl*> ciclismo *m*
Radscha ['ra:dʒa, 'radʒa] *m* <-s, -s> rajá *m*
Radschaufel *f* <-, -n> (TECH) paleta *f* de rueda hidráulica
<u>rad|schlagen</u> *irr vi s.* **Rad 1.**
Radsport *m* <-(e)s, -e> ciclismo *m*; **Radsportler(in)** *m(f)* <-s, -; -, -nen> ciclista *mf*; **Radstand** *m* <-(e)s, *ohne pl*> distancia *f* entre ejes; **Radtour** *f* <-, -en> excursión *f* en bicicleta
Radwandern *nt* <-s, *ohne pl*> cicloturismo *m*; **Radwanderung** *f* <-, -en> excursión *f* en bicicleta (*de varios días*); **Radwechsel** *m* <-s, -> cambio *m* de neumático(s); **Radweg** *m* <-(e)s, -e> carril *m* para bici-

cletas, pista *f* para bicicletas, carril-bici *m fam*
RAF [ɛrʔaː'ʔɛf] *f Abk. von* **Rote-Armee-Fraktion** Fracción *f* del Ejército Rojo (*grupo terrorista alemán de ultraizquierda*)
raffen ['rafən] *vt* ❶ (*abw: gierig ergreifen*) acaparar; **etw an sich ~** apoderarse de algo
❷ (*in Falten legen*) plisar
❸ (*Darstellung, Abhandlung*) reducir, abreviar; **etw gerafft wiedergeben** resumir algo
❹ (*fam: verstehen*) coger, pillar; **hast du's nun endlich gerafft?** ¿te has enterado de una vez?; **er rafft es nie** él siempre está en ayunas
Raffgier *f* <-, *ohne pl*> avaricia *f*, codicia *f*
raffgierig *adj* avaricioso, codicioso
Raffinade [rafi'naːdə] *f* <-, -n> azúcar *m* refinado
Raffination [rafina'tsjoːn] *f* <-, -en> (CHEM) refinación *f*, refinado *m*
Raffinement¹ [rafinə'mãː] *nt* <-s, -s> (*geh: Feinheit*) finura *f*, fineza *f*
Raffinement² *nt* <-s, *ohne pl*> (*geh: Schlauheit*) astucia *f*
Raffinerie [rafinə'riː] *f* <-, -n> refinería *f*
Raffinesse¹ [rafi'nɛsə] *f* <-, -n> (*Feinheit*) refinamiento *m*, sofisticación *f*; **mit allen technischen ~n ausgestattet** provisto de toda clase de refinamientos técnicos
Raffinesse² *f* <-, *ohne pl*> (*Schlauheit*) astucia *f*
raffinieren* [rafi'niːrən] *vt* refinar
raffiniert [rafi'niːɐt] *adj* ❶ (*schlau*) listo, astuto
❷ (*ausgeklügelt*) sofisticado
❸ (*verfeinert*) refinado, fino
Raffiniertheit *f* <-, *ohne pl*> (*Schlauheit*) astucia *f*
Raffke ['rafkə] *m* <-s, -s> (*fam*) avaro, -a *m*, *f*, usurero, -a *m*, *f*
Raffsucht *f* <-, *ohne pl*> avaricia *f*, codicia *f*
raffsüchtig *adj* avaricioso, codicioso
Rafting ['raːftɪŋ] *nt* <-s, *ohne pl*> descenso *m* en balsa, rafting *m*
Rage ['raːʒə] *f* <-, *ohne pl*> (*fam*) rabia *f*, furia *f*; **in ~ sein** estar furioso; **in ~ kommen** ponerse furioso; **jdn in ~ bringen** poner furioso a alguien
ragen ['raːɡən] *vi* sobresalir (*aus* de); (*sich erheben*) elevarse (*aus por* encima de), alzarse (*aus* por encima de); **die Berge ragten in der Ferne empor** los montes se elevaban (*o* erguían) a lo lejos; **Felsen ~ aus dem Meer** por encima del mar asoman rocas; **Steine ~ aus dem Sand** sobresalen piedras de la arena; **aus der Tasche ragt ein Schirm** la punta del paraguas sale del bolso; **ein Hochhaus ragt in den Himmel** un rascacielos se eleva hasta el cielo; **die Berge ~ in den Himmel** los montes llegan casi hasta el cielo
Ragout [ra'ɡuː] *nt* <-s, -s> ragú *m*
Ragtime ['rɛɡtaɪm] *m* <-(s), *ohne pl*> "ragtime" *m*
Rah(e) [raː, 'raːə] *f* <-, Rahen> (NAUT) verga *f*
Rahm [raːm] *m* <-(e)s, *ohne pl*> (*Schweiz, Öster, südd*) nata *f*; **süßer/saurer ~** nata dulce/agria; (**für sich**) **den ~ abschöpfen** (*fam*) llevarse [*o* tomar] la mejor parte (para sí)
rahmen ['raːmən] *vt* enmarcar
Rahmen¹ ['raːmən] *m* <-s, -> ❶ (*Bilder-, Tür-, Hintergrund*) marco *m*
❷ (*Fahrrad-, Motorrad-*) cuadro *m*; (AUTO) armazón *m o f*
Rahmen² *m* <-s, *ohne pl*> marco *m*, margen *m*; (*Bereich*) ámbito *m*; (*Gegebenheit*) ambiente *m*; **der äußere ~ der Veranstaltung** el ambiente del acto; **im kleineren ~** a escala reducida; **wir werden Ihnen im ~ des Möglichen helfen** le ayudaremos dentro de lo posible; **im ~ der geltenden Gesetze** en el marco de la legalidad vigente; **im feierlichen ~** en un marco solemne; **aus dem ~ fallen** salirse de lo común; **den ~ sprengen** rebasar los límites; **jdm/etw** *dat* **einen zeitlichen ~ setzen** conceder un plazo (de tiempo) a alguien/a algo; **im ~ bleiben, sich im ~ halten** (*fam*) no pasarse de rosca
Rahmenabkommen *nt* <-s, -> acuerdo *m* básico, convenio *m* básico
Rahmenbedingung *f* <-, -en> condición *f* (previa); **die ~en für etw schaffen** sentar las bases necesarias para algo; **Rahmengebühr** *f* <-, -en> derechos *mpl* de topes máximos y mínimos; **Rahmengesetz** *nt* <-es, -e> ley *f* de bases; **Rahmengesetzgebung** *f* <-, *ohne pl*> legislación *f* básica; **Rahmenhandlung** *f* <-, -en> (LIT) trama *f* que sirve de marco; **Rahmenkredit** *m* <-(e)s, -e> (WIRTSCH, FIN) crédito *m* marco; **Rahmenrichtlinien** *fpl* directivas-marco *fpl*, normas *fpl* básicas; **Rahmentheorie** *f* <-, -n> teoría *f* básica; **Rahmenvereinbarung** *f* <-, -en> acuerdo *m* básico, convenio *m* básico; **Rahmenvertrag** *m* <-(e)s, -träge> contrato *m* básico
Rahmkäse *m* <-s, -> queso *m* blando muy graso; **Rahmsoße** *f* <-, -n> salsa *f* con crema
Rain [raɪn] *m* <-(e)s, -e> ❶ (*Streifen Land*) linde *m o f*, lindero *m*
❷ (*südd, Schweiz: Abhang*) cuesta *f*
räkeln ['rɛːkəln] *vr:* **sich ~** *s.* **rekeln**
Rakete [ra'keːtə] *f* <-, -> ❶ (MIL) misil *m*
❷ (*Raumfahrt, Feuerwerks-*) cohete *m*
Raketenabschussbasis^{RR} *f* <-, -basen> (MIL) base *f* lanzacohetes; **Raketenabschussrampe**^{RR} *f* <-, -n> (MIL) rampa *f* lanzacohetes; **Raketenabwehrsystem** *nt* <-s, -e> (MIL) sistema *m* antimisil; **Raketenantrieb** *m* <-(e)s, -e> (TECH) propulsión *f* por cohete
raketenbestückt *adj* equipado con [*o* de] cohetes
Raketenflugzeug *nt* <-(e)s, -e> (MIL) avión *m* cohete; **Raketenstufe** *f* <-, -n> etapa *f* de un cohete; **Raketenstützpunkt** *m* <-(e)s, -e> (MIL) base *f* de cohetes; **Raketentechnik** *f* <-, *ohne pl*> técnica *f* de cohetes; **Raketentriebwerk** *nt* <-(e)s, -e> (TECH) propulsor *m* de cohetes; **Raketenversuchsgelände** *nt* <-s, -> campo *m* de pruebas de cohetes; **Raketenwaffe** *f* <-, -n> (MIL) arma *f* cohete; **Raketenwerfer** *m* <-s, -> (MIL) lanzacohetes *m inv*; **Raketenzeitalter** *nt* <-s, *ohne pl*> (*sl*) era *f* espacial
Rallye ['rɛli] *f* <-, -s> rally *m*
Rallyefahrer(in) *m(f)* <-s, -; -, -nen> conductor(a) *m(f)* de rallys
RAM [ram] *nt* <-(s), -(s)> (INFOR) *Abk. von* **random access memory** RAM *m*
Rambazamba ['rambaˈtsamba] *nt* <-s, *ohne pl*> (*fam*) ❶ (*gute Stimmung*) juerga *f*; **~ machen** ir de juerga
❷ (*Randale*) follón *m*; **~ machen** armar un follón; **da war ~!** ¡se armó la de San Quintín!
Rambo ['rambo] *m* <-s, -s> (*fam*) Rambo *m*
rammdösig ['ramdøːzɪç] *adj* (*sl*) entontecido, atónito
Ramme ['ramə] *f* <-, -n> (ARCHIT) martinete *m*
rammeln ['raməln] **I.** *vi* ❶ (*Tiere*) aparearse; (*vulg: Menschen*) follar
❷ (*fam: stoßend drängen*) empujar; **gerammelt voll** lleno hasta los topes
II. *vr:* **sich ~** ❶ (*sich balgen*) pelearse
❷ (*sich stoßen*) golpearse
rammen ['ramən] *vt* ❶ (*in den Boden*) clavar (*in* en)
❷ (*stoßen*) chocar (*gegen* contra), dar (*con*); (*Schiff*) abordar; **ein Tanker rammte die Yacht** un petrolero abordó el yate; **jdm die Faust in den Leib ~** dar un puñetazo a alguien
❸ (*beschädigen*) dañar
Rammler ['ramlɐ] *m* <-s, -> conejo *m* macho
Rampe ['rampə] *f* <-, -n> ❶ (*Auffahrt*) rampa *f*
❷ (*zum Be- und Entladen*) muelle *m* de carga
Rampenlicht *nt* <-(e)s, *ohne pl*> (THEAT) focos *mpl*, candilejas *fpl*; **im ~ stehen** estar en primera plana
ramponieren* [rampo'niːrən] *vt* (*fam*) estropear, romper
Ramsch [ramʃ] *m* <-(e)s, -e> (*fam abw*) baratillo *m*, cachivaches *mpl*
Ramschladen *m* <-s, -läden> (*fam abw*) baratillo *m*; **Ramschverkauf** *m* <-(e)s, -käufe> (WIRTSCH) venta *f* a bajo precio; **Ramschware** *f* <-, -n> (*fam abw*) (artículos *mpl* de) baratillo *m*, (artículos *mpl* de) pacotilla *f*, baratijas *fpl*
RAM-Speicher *m* <-s, -> (INFOR) RAM *m*, memoria *f* RAM
ran [ran] *adv* (*fam*) por aquí
Ranch *f* <-, -(e)s> rancho *m*
Rand [rant, *pl:* 'rɛndə] *m* <-(e)s, Ränder> ❶ (*an Gefäß, Straße, Abgrund, a. fig*) borde *m*; (*Tisch-*) canto *m*; (*Stadt-*) periferia *f*; **bis zum ~ voll** lleno hasta el borde; **am ~(e) des Waldes wohnen** vivir al borde del bosque; **am südlichen ~ der Stadt** en la periferia sur de la ciudad; **das Wasser lief über den ~ des Eimers** el agua se desbordó del cubo; **am ~(e) des Ruins** al borde de la ruina; **am ~ der Gesellschaft stehen** estar al margen de la sociedad; **dunkle Ränder um die Augen haben** tener ojeras; **etw am ~e bemerken** decir algo de paso
❷ (*Schmuck-*) orla *f*
❸ (TYPO) margen *m*; **etw an den ~ schreiben** anotar algo en el margen
❹ (*Wend*) **außer ~ und Band sein** (*fam*) estar fuera de quicio; **mit jdm/mit etw** *dat* **nicht zu ~e kommen** (*fam*) no poder con alguien/con algo; **halt den ~!** (*fam*) ¡cierra el pico!
Randale [ran'daːlə] *f* <-, *ohne pl*>; **etw am den ~ machen** armar jaleo
randalieren* [randa'liːrən] *vi* alborotar, hacer escándalo
Randalierer(in) *m(f)* <-s, -; -, -nen> vándalo, -a *m*, *f*, alborotador(a) *m(f)*
Randbemerkung *f* <-, -en> ❶ (*schriftlich*) nota *f* marginal
❷ (*mündlich*) comentario *m* dicho de paso
Randbiotop *m o nt* <-s, -e> (BIOL) biotopo *m* periférico
Rande ['randə] *f* <-, -n> (*Schweiz*) remolacha *f*
Randerscheinung *f* <-, -en> fenómeno *m* secundario; **Randfigur** *f* <-, -en> personaje *m* secundario; **Randgebiet** *nt* <-(e)s, -e> ❶ (*einer Stadt*) periferia *f*; (*eines Territoriums*) zona *f* periférica ❷ (*einer Disziplin*) campo *m* interdisciplinar; **Randgruppe** *f* <-, -n> grupo *m* marginal
randlos *adj* (*Brille*) sin montura
Randmoräne *f* <-, -n> (GEO) morena *f* periférica; **Randproblem** *nt* <-s, -e> problema *m* marginal [*o* secundario]; **Randstein** *m* <-(e)s, -e> bordillo *m*, encintado *m*; **Randsteller** *m* <-s, -> marginador *m*; **Randstreifen** *m* <-s, -> arcén *m*; **Randzone** *f* <-, -n> zona *f* periférica
rang [raŋ] *3. imp von* **ringen**
Rang¹ [raŋ, *pl:* 'rɛŋə] *m* <-(e)s, Ränge> ❶ (*Grad*) rango *m*; (MIL) grado

m; (*Stellung*) posición *f*; **einen hohen ~ bekleiden** ocupar un alto rango; **jdm den ~ ablaufen** (*fam*) superar a alguien

❷ (THEAT) palco *m*; **im ersten ~** en el palco principal; **vor leeren/überfüllten Rängen spielen** actuar ante un auditorio vacío/abarrotado

❸ (SPORT) lugar *m*

Rang² *m* <-(e)s, *ohne pl*> (*Stellenwert*) importancia *f*; (*Güte*) calidad *f*; **ohne ~ und Namen sein** ser insignificante; **alles, was ~ und Namen hat** la alta sociedad; **zu ~ und Würden kommen** adquirir prestigio; **ersten ~es** de primera (calidad)

Rangabzeichen *nt* <-s, -> (MIL) insignia *f* de rango; **Rangälteste(r)** *mf* <-n, -n; -n, -n> persona *f* con mayor antigüedad en un cargo; **Rangänderung** *f* <-, -en> posposición *f*; **Rangbestimmung** *f* <-, -en> (JUR) determinación *f* de prelación; **~ eingetragener Rechte** determinación de prelación de los derechos inscritos

Range ['raŋə] *f* <-, -n> (*reg*) diablillo, -a *m, f*, zarandillo *m*

ran|gehen ['ran-] *irr vi sein* (*fam*) poner manos a la obra; **der geht aber ran!** ¡así se hace!

Rangeinräumung *f* <-, *ohne pl*> (JUR) concesión *f* de prioridad

Rangelei [raŋə'laɪ] *f* <-, -en> (*fam*) pelea *f*, forcejeo *m*

rangeln ['raŋəln] *vi* (*fam*) pelearse (*um* por)

Rangfolge *f* <-, -n> jerarquía *f*; **der ~ nach** jerárquicamente

ranghöchste(r, s) *adj* de grado más elevado

Ranghöchste(r) *mf* <-n, -n; -n, -n> el de grado más elevado, la de grado más elevado

Rangierbahnhof [rã'ʒiːə-, raŋ'ʒiːə-] *m* <-(e)s, -höfe> estación *f* de maniobras

rangieren* [rã'ʒiːrən, raŋ'ʒiːrən] I. *vi* (*Rang einnehmen*) figurar (*an* en); **sie rangiert an letzter Stelle** ocupa el último puesto; **Kontaktanzeigen ~ dort unter der Rubrik „Diverses"** los anuncios del corazón se encuentran bajo la columna "Varios"

II. *vt* (*Waggons*) cambiar de vía

Rangiergleis [rã'ʒiːə-, raŋ'ʒiːə-] *nt* <-es, -e> vía *f* de maniobras; **Rangierlokomotive** *f* <-, -n> locomotora *f* de maniobras

Rangliste *f* <-, -n> (SPORT) clasificación *f*

rangmäßig *adv* según [*o* de acuerdo con] el rango

Rangordnung *f* <-, -en> jerarquía *f*

Rangrücktritt *m* <-(e)s, -e> (JUR) retroceso *m* en la prelación; **Rangrücktrittserklärung** *f* <-, -en> (JUR) declaración *f* de retroceso en la prelación

Rangstufe *f* <-, -n> grado *m*, categoría *f*; **Rangunterschied** *m* <-(e)s, -e> diferencia *f* de rango [*o* de categoría (profesional)]; **Rangverhältnis** *nt* <-ses, -se> relación *f* de orden; **Rangvorbehalt** *m* <-(e)s, -e> (JUR) reserva *f* de orden

ran|halten *irr vr*: **sich ~** (*fam*) ❶ (*sich beeilen*) darse prisa

❷ (*rasch zugreifen*) reaccionar rápidamente

rank [raŋk] *adj* (*geh*): **~ und schlank sein** ser delgado y esbelto

Rank [raŋk] *m* <-(e)s, Ränke> (*Schweiz*) ❶ (*Wegbiegung*) curva *f*

❷ (*Kniff*) vuelta *f*; **den ~ finden etw zu tun** cogerle [*o* tomarle] el gusto a algo; **den ~ finden zu jdm/zu etw** *dat* tomarle [*o* cogerle] el tranquillo a alguien/a algo

Ranke [raŋkə] *f* <-, -n> (BOT) zarcillo *m*

Ränke ['rɛŋkə] *mpl* (*geh*): **~ schmieden** intrigar

ranken ['raŋkən] *vr*: **sich ~** ❶ (*Pflanze*) trepar

❷ (*Erzählung*): **um die Ruine ~ sich viele Legenden** la ruina es centro de muchas leyendas

Rankengewächs *nt* <-es, -e> (planta *f*) trepadora *f*

Ränkeschmied(in) *m(f)* <-(e)s, -e; -, -nen> (*geh*) intrigante *mf*; **Ränkespiel** *nt* <-(e)s, -e> intrigas *fpl*

Ranking ['rɛŋkɪŋ] *nt* <-s, -s> clasificación *f* (por puntos), "ranking" *m*; **unsere Universität hat beim letzten ~ gut abgeschnitten** nuestra universidad ha obtenido una buena posición en la última clasificación

ran|klotzen *vi* (*fam*) deslomarse

ran|kommen *irr vi sein* (*fam*) ❶ (*sich nähern*) acercarse (*an* a), aproximarse (*an* a)

❷ (*heranreichen*) alcanzar (*an*)

❸ (*Zugang haben*) tener acceso (*an* a); (*kaufen*) poder comprar (*an*), poder adquirir (*an*); **kommst du günstig an einen Computer ran?** ¿tienes posibilidades para adquirir un ordenador a buen precio?

ran|kriegen *vt* (*fam*): **jdn ~** apretar las clavijas a alguien; (*bei Arbeit*) endosar trabajo a alguien

ran|lassen *irr vt* (*fam*) ❶ (*näher kommen lassen*) dejar acercarse; **das Reh ließ mich ganz nahe** (**an sich**) **ran** el corzo dejó que me acercara mucho

❷ (*versuchen lassen*) dejar intentar; **lass mich doch mal ran!** ¡déjame a mí!, ¡deja que yo lo intente!; **die sollten endlich den Nachwuchs ~!** ¡deberían dar paso a las nuevas generaciones!

❸ (*vulg: Intimitäten gestatten*) dejar arrimarse; **die lässt doch jeden ran!** ¡pero si ésa deja que se le arrime cualquiera!

ran|machen *vr*: **sich ~** (*fam*) ❶ (*beginnen*) emprender (*an*), ponerse (*an* a +*inf*); **sich an die Arbeit ~** ponerse a trabajar

❷ (*an Person*) mosconear (*an* a), rondar (*an* a)

rann [ran] *3. imp von* **rinnen**

rannte ['rantə] *3. imp von* **rennen**

ran|schmeißen *irr vr* (*fam*): **sich an jdn ~** (*sich anbiedern*) arremeter contra alguien; (*anmachen*) tirar los tejos a alguien

Ranunkel [ra'nʊŋkəl] *f* <-, -n> (BOT) ranúnculo *m*

Ranzen ['rantsən] *m* <-s, -> ❶ (*Schultasche*) cartera *f* del colegio (*para llevar a la espalda*)

❷ (*fam: Bauch*) barriga *f*; **sich** *dat* **den ~ voll schlagen** llenarse la panza

ranzig ['rantsɪç] *adj* rancio; **etw riecht** (**leicht**) **~** algo huele (ligeramente) a rancio

Rap [rɛp] *m* <-(s), -s> (MUS) "rap" *m*

rapid(e) [ra'piːt, ra'piːdə] *adj* pronto, rápido

Rapmusik [-mjuːzɪk] *f* <-, -en> música *f* "rap"

Rappe ['rapə] *m* <-n, -n> caballo *m* negro

Rappel ['rapəl] *m* <-s, -> (*fam abw*) vena *f*, punto *m*, neura *f*; **da kriegte sie einen ~** le dio la neura; **dabei kann man ja einen ~ kriegen** esto es para volverse loco; **wenn der seinen ~ kriegt, verschwindet er für die ganze Nacht** cuando le da por ahí desaparece toda la noche

rappelig *adj* (*fam*) ❶ (*verrückt*) loco; **~ werden** volverse loco

❷ (*nervös*) inquieto, nervioso

❸ (*abgenutzt*) viejo; (*dürr, kraftlos*) achacoso

rappeln ['rapəln] I. *vi* (*fam*) golpetear; **gerappelt voll sein** estar a tope

rappen ['rɛpən] *vi* rapear

Rappen ['rapən] *m* <-s, -> céntimo *m* suizo

Rapper(in) ['rɛpə] *m(f)* <-s, -; -, -nen> rapero, -a *m, f*

Rapport [ra'pɔrt] *m* <-(e)s, -e> informe *m*

Raps [raps] *m* <-es, -e> colza *f*

Rapsöl *nt* <-(e)s, -e> aceite *m* de colza

Rapunzel [ra'pʊntsəl] *f* <-, -n> (BOT) rapónchigo *m*, ruiponce *m*

rar [raːɐ] *adj* raro, escaso; **~ sein** escasear; **sich ~ machen** (*fam*) no dejarse ver el pelo

Rarität [rari'tɛːt] *f* <-, -en> rareza *f*

Raritätenkabinett *nt* <-s, -e> galería *f* de curiosidades [*o* de objetos raros]

rasant [ra'zant] I. *adj* ❶ (*fam: Fahrt, Entwicklung*) rapidísimo, impetuoso; (*Tempo*) tremendo

❷ (*fam: schnittig*) aerodinámico

❸ (*Ballistik*) rasante

II. *adv* (*fam: schnell*) como un rayo

Rasanz [ra'zants] *f* <-, *ohne pl*> (*fam: Schnelligkeit*) velocidad *f* (de locos)

rasch [raʃ] I. *adj* rápido

II. *adv* con rapidez, de prisa

rascheln ['raʃəln] *vi* (*Seide, Laub, Stroh*) crujir; (*Maus, Papier*) hacer ruido; **mit etw** *dat* **~** hacer ruido con algo

rasen ['raːzən] *vi* ❶ *sein* (*fam: Person, Fahrzeug*) ir a toda mecha [*o* pastilla]; **mein Puls rast** tengo el pulso a cien; **die Zeit rast** el tiempo pasa volando

❷ (*toben*) enfurecerse (*vor* de); **du machst mich noch ~d mit deiner Fragerei** me vuelves loco con tanta pregunta

Rasen ['raːzən] *m* <-s, -> césped *m*; **biologischer ~** césped biológico; **Betreten des ~s verboten!** ¡prohibido pisar el césped!; **den ~ mähen** cortar el césped

rasend I. *adj* ❶ (*Geschwindigkeit*) vertiginoso

❷ (*Beifall*) frenético; (*Schmerzen*) atroz

II. *adv* (*fam: sehr*) muy, totalmente; **ich würde es ~ gern probieren** me gustaría muchísimo intentarlo

Rasende(r) *mf* <-n, -n; -n, -n> loco, -a *m, f*

Rasenfläche *f* <-, -n> césped *m*; **Rasenmäher** *m* <-s, -> cortacésped *m o f*, podadora *f Mex*; **Rasenplatz** *m* <-es, -plätze> (*Fußball*) campo *m* de hierba; (*Tennis*) pista *f* de hierba; **Rasensprenger** *m* <-s, -> aspersor *m* para césped

Raser(in) *m(f)* <-s, -; -, -nen> (*fam abw*) loco, -a *m, f* de la carretera [*o* del volante]

Raserei¹ *f* <-, *ohne pl*> (*das Wüten*) rabia *f*, furia *f*; **jdn zur ~ bringen** poner furioso a alguien

Raserei² *f* <-, -en> (*fam: schnelles Fahren*) velocidad *f* vertiginosa

Raserin *f* <-, -nen> *s*. **Raser**

Rasierapparat *m* <-(e)s, -e> maquinilla *f* de afeitar; (*elektrisch*) máquina *f* de afeitar, afeitadora *f* eléctrica; **Rasiercreme** *f* <-, -s> crema *f* de afeitar

rasieren* [ra'ziːrən] I. *vt* afeitar; **glatt rasiert** bien afeitado; **er ist schlecht rasiert** está mal afeitado; **ich möchte mich ~ lassen** quiero que me afeiten; **sie rasiert sich** *dat* **die Beine** se afeita las piernas

II. *vr*: **sich ~** afeitarse; **er rasiert sich nass/trocken** se afeita a navaja/

con la maquinilla
Rasierer *m* <-s, -> (*fam*) maquinilla *f* de afeitar; (*elektrisch*) afeitadora *f*
Rasierklinge *f* <-, -n> hoja *f* de afeitar, cuchilla *f* de afeitar; **Rasiermesser** *nt* <-s, -> navaja *f* de afeitar; **Rasierpinsel** *m* <-s, -> brocha *f* de afeitar; **Rasierschaum** *m* <-(e)s, -schäume> espuma *f* de afeitar; **Rasierseife** *f* <-, -n> jabón *m* de afeitar; **Rasierwasser** *nt* <-s, – *o* -wässer> loción *f* para después del afeitado, after shave *m*; **Rasierzeug** *nt* <-(e)s, *ohne pl*> utensilios *mpl* para afeitar(se)
Räson [rɛ'zõː] *f* <-, *ohne pl*> **jdn zur ~ bringen** hacer entrar a alguien en razón; **zur ~ kommen** avenirse a razones
Raspel ['raspəl] *f* <-, -n> ❶ (*Feile*) lima *f* gruesa
❷ (*Küchengerät*) rallador *m*
raspeln ['raspəln] *vt* ❶ (*Holz*) raspar
❷ (*Nüsse, Schokolade*) rallar
raß *adj*, **räß** *adj* (*südd, Schweiz, Österr*) ❶ (*würzig*) picante
❷ (*schneidend*) afilado, cortante
❸ (*resolut*) decidido, enérgico
Rasse ['rasə] *f* <-, -n> (BIOL) casta *f*, raza *f*
Rassehund *m* <-(e)s, -e> perro *m* de casta [*o* de raza]
Rassel ['rasəl] *f* <-, -n> ❶ (MUS) matraca *f*
❷ (*Kinderspielzeug*) sonajero *m*
Rasselbande *f* <-, -n> (*fam*) pandilla *f* de niños traviesos [*o* de pillos]
rasseln ['rasəln] *vi* ❶ (*Wecker*) sonar con ruido metálico; (*Kette*) hacer un ruido metálico; **mit etw** *dat* ~ hacer (un) ruido (metálico) con algo
❷ *sein* (*fam*): **durch ein Examen ~** catear un examen
Rassendiskriminierung *f* <-, -en> discriminación *f* racial; **Rassenhass**[RR] *m* <-es, *ohne pl*> odio *m* racial; **Rassenkonflikt** *m* <-(e)s, -e> conflicto *m* racial; **Rassenkrawall** *m* <-s, -e> disturbio *m* racial; **Rassenmischung** *f* <-, -en> ❶ (*von Menschenrassen*) mezcla *f* de razas ❷ (*von Tierrassen*) cruce *m* de razas, **Rassentrennung** *f* <-, *ohne pl*> segregación *f* racial, apartheid *m*; **Rassenunruhen** *fpl* disturbios *mpl* raciales; **Rassenvorurteil** *nt* <-s, -e> prejuicio *m* racial; **Rassenwahn** *m* <-s, *ohne pl*> (*abw*) racismo *m*, complejo *m* de superioridad racial
rasserein ['rasəraɪn] *adj* de pura raza
rassig *adj* racial; (*feurig*) fogoso; **eine ~e Frau** una mujer de rompe y rasga
rassisch *adj* racial
Rassismus [ra'sɪsmʊs] *m* <-, *ohne pl*> racismo *m*
Rassist(in) [ra'sɪst] *m(f)* <-en, -en; -, -nen> racista *mf*
rassistisch *adj* racista
Rast [rast] *f* <-, -en> descanso *m*, pausa *f*; (MIL) alto *m*; **~ machen** descansar; **ohne ~ und Ruh** (*geh*) incesantemente
Raste ['rastə] *f* <-, -n> seguro *m*
rasten ['rastən] *vi* descansar
Raster[1] ['raste] *m* <-s, -> (TYPO) ❶ (*zur Zerlegung einer Bildfläche*) reticulador *m*, cuadrícula *f*
❷ (*Liniennetz*) retícula *f*, retículo *m*
Raster[2] *nt* <-s, -> ❶ (TV) trama *f*
❷ (*System*) sistema *m*, estructura *f* de pensamiento; **etw in ein ~ einordnen** clasificar algo
Rasterelektronenmikroskop *nt* <-s, -e> (TECH) microscopio *m* de retícula; **Rasterfahndung** *f* <-, -en> *control computerizado de ciertos datos de un amplio grupo de personas con fines criminológicos;* **Rastermikroskop** *nt* <-s, -e> (TECH) microscopio *m* de retícula
Rasthaus *nt* <-es, -häuser> área *f* de servicio con restaurante; **Rasthof** *m* <-(e)s, -höfe> área *f* de servicio
rastlos *adj* ❶ (*ununterbrochen*) incesante, continuo; (*unermüdlich*) infatigable, incansable
❷ (*unstet*) inconstante; (*unruhig*) inquieto
Rastlosigkeit *f* <-, *ohne pl*> ❶ (*Unermüdlichkeit*) esfuerzo *m* infatigable; **mit bewunderungswürdiger ~ hat sie das Projekt betreut** con una capacidad de trabajo encomiable ha dirigido el proyecto de una manera ejemplar
❷ (*Unrast*) desasosiego *m*
Rastplatz *m* <-es, -plätze> área *f* de reposo [*o* de descanso]; **die Rastplätze der Zugvögel** los lugares de descanso de las aves migratorias; **Raststätte** *f* <-, -n> restaurante *m* de autopista
Rasur [ra'zuːɐ] *f* <-, -en> afeitado *m*
Rat[1] [raːt, *pl*: 'rɛːtə] *m* <-(e)s, **Räte**> (*Gremium*) consejo *m*; (*kommunal*) concejo *m*; **der ~ der Gemeinde** el consejo municipal; **im ~ sitzen** estar en el concejo; **Großer ~** (*Schweiz*) parlamento cantonal suizo
Rat[2] *m* <-(e)s, *ohne pl*> (*Empfehlung*) recomendación *f*, consejo *m*; **jdm einen ~ erteilen** [*o* **geben**] darle a alguien un consejo; **jdm den ~ geben etw zu tun** aconsejar a alguien hacer algo; **jdn um ~ fragen**, **sich** *dat* **bei jdm ~ holen** consultar a alguien, pedir consejo a alguien; **da ist guter ~ teuer** es una situación delicadísima; **ein Buch/seinen Arzt zu ~e ziehen** consultar un libro/a su médico; **sich** *dat* **keinen ~ mehr wissen** no saber ya qué hacer; **entgegen** [*o* **gegen**] **seines Vaters ~** a pesar de los consejos de su padre; **kommt Zeit, kommt**

(*prov*) **con el tiempo maduran las uvas**
Rat[3] *m*, **Rätin** *f* <-(e)s, **Räte**; -, -nen> consejero, -a *m, f*
rät [rɛːt] *3. präs von* **raten**
Rate ['raːtə] *f* <-, -en> ❶ (*bei Kauf*) plazo *m*; **überfällige ~** plazo vencido; **etw auf ~n kaufen** comprar algo a plazos; **in ~n zahlen** pagar a plazos; **mit seinen ~n im Rückstand bleiben** retrasarse en los plazos; **in ~n zahlbar** pagadero a plazos
❷ (*Verhältniszahl, Preis*) tasa *f*
raten ['raːtən] <**rät, riet, geraten**> *vi, vt* ❶ (*empfehlen*) recomendar, aconsejar; **jdm zu etw** *dat* [*o* **etw**] **~** aconsejar algo a alguien; **das möchte ich dir auch ge~ haben** te recomiendo que lo hagas; **ich riet ihm zur Vorsicht** le aconsejé precaución; **was** [*o* **wozu**] **~ Sie mir?** ¿qué me aconseja?
❷ (*erraten*) adivinar; **falsch ~** no adivinar; **richtig ~** acertar; **dreimal darfst du ~!** (*fam*) ¡adivina, adivinanza!; **rat mal, wen ich heute getroffen habe!** ¡adivina a quién me he encontrado hoy!; **das rätst du nie!** (*fam*) ¡esto no lo adivinas ni loco!
Ratenanleihe *f* <-, -n> (FIN) empréstito *m* a plazos
Ratenkauf *m* <-(e)s, -käufe> compra *f* a plazos; **Ratenkauffinanzierung** *f* <-, -en> financiación *f* de compra a plazos
ratenweise *adv* en cuotas, a plazos; **~ Zahlung** pago a plazos; **ein Auto ~ abbezahlen** pagar un coche a plazos
Ratenzahlung *f* <-, -en> pago *m* a plazos
Ratenzahlungsgeschäft *nt* <-(e)s, -e> operación *f* de pago a plazos; **Ratenzahlungsgesetz** *nt* <-es, -e> ley *f* de pago a plazos
Räterepublik *f* <-, -en> república *f* senatorial
Ratespiel *nt* <-(e)s, -e> (TV) concurso *m* de preguntas y respuestas; **ein ~ um etw veranstalten** provocar mucha expectación a cuenta de algo
Rätesystem *nt* <-s, *ohne pl*> (POL) régimen *m* soviético, sistema *m* soviético
Ratgeber[1] *m* <-s, -> (*Buch*) guía *f*
Ratgeber(in)[2] *m(f)* <-s, -; -, -nen> consejero, -a *m, f*
Rathaus *nt* <-es, -häuser> ayuntamiento *m*, municipalidad *f Am*, diputación *f Mex*
Ratifikation *f* <-, -en> (JUR) ratificación *f*
Ratifikationsurkunde *f* <-, -n> (JUR) instrumento *m* de ratificación
ratifizieren* [ratifi'tsiːrən] *vt* (JUR) ratificar
Ratifizierung *f* <-, -en> (JUR) ratificación *f*
Rätin *f* <-, -nen> *s.* **Rat**[3]
Ratio ['raːtsjo] *f* <-, *ohne pl*> razón *f*
Ratio Legis[RR] *f* <-, -> (JUR) ratio legis *f*
Ration [ra'tsjoːn] *f* <-, -en> *f*; **eiserne ~** ración *f* de reserva; **die ~ erhöhen/kürzen** aumentar/disminuir la ración
rational [ratsjo'naːl] *adj* (*a.* MATH) racional
rationalisieren* [ratsjonali'ziːrən] *vi, vt* racionalizar
Rationalisierung *f* <-, -en> racionalización *f*
Rationalisierungsinvestition *f* <-, -en> (WIRTSCH) inversión *f* de racionalización; **Rationalisierungskartell** *nt* <-s, -e> (WIRTSCH) cártel *m* de racionalización; **Rationalisierungsmaßnahme** *f* <-, -n> medida *f* de racionalización
Rationalismus [ratsjona'lɪsmʊs] *m* <-, *ohne pl*> (*a.* PHILOS) racionalismo *m*; **kritischer ~** racionalismo crítico
Rationalist(in) *m(f)* <-en, -en; -, -nen> (*a.* PHILOS) racionalista *mf*
rationell [ratsjo'nɛl] *adj* racional; (*sparsam*) económico
rationieren* [ratsjo'niːrən] *vt* racionar
Rationierung *f* <-, -en> racionamiento *m*
ratlos *adj* desorientado; (*verwirrt*) confuso, desconcertado; **ein ~es Gesicht machen** poner cara de desconcierto; **etw** *dat* **~ gegenüberstehen** no saber cómo solucionar algo; **~ sein** no saber qué hacer
Ratlosigkeit *f* <-, *ohne pl*> desorientación *f*; (*Verwirrung*) desconcierto *m*, confusión *f*
Rätoromane, -in [rɛtoro'maːnə] *m, f* <-n, -n; -, -nen> retorromano, -a *m, f*
rätoromanisch [rɛtoro'maːnɪʃ] *adj* retorrománico, retorromano
ratsam [raːtzaːm] *adj* aconsejable; (*passend*) conveniente; **es ist nicht ~ es zu tun** no es aconsejable hacerlo; **was hältst du für ~?** ¿(a ti) qué te parece más oportuno?
Ratsbeschluss[RR] *m* <-es, -schlüsse> decisión *f* colegiada; **uneigentlicher ~** decisión colegiada impropia
ratsch [ratʃ] *interj* ¡ras!
Ratsche ['ratʃə] *f* <-, -n>, **Rätsche** ['rɛtʃə] *f* <-, -n> (*südd, Österr*) matraca *f*
ratschen ['ratʃən] *vi* (*fam*) emitir un sonido seco
Ratschlag *m* <-(e)s, -schläge> consejo *m*; (**jdm**) **Ratschläge erteilen** [*o* **geben**] dar consejos (a alguien)
Ratschluss[RR] *m* <-es, -schlüsse> (*geh*) decisión *f*; **Gottes ~** la voluntad de Dios
Rätsel ['rɛːtsəl] *nt* <-s, -> ❶ (*Denkaufgabe*) adivinanza *f*, acertijo *m*; (*Bilder~*) jeroglífico *m*; (*Kreuzwort~*) crucigrama *m*; (*Silben~*) charada *f*;

Rätselecke

~ raten jugar a las adivinanzas; **ein ~ aufgeben** proponer una adivinanza ② (*Geheimnis*) enigma *m*; **das ist des ~s Lösung** ahí está el quid de la cuestión; **die Experten standen vor einem ~** los expertos se encontraron ante un enigma; **in ~n sprechen** hablar con acertijos; **sie ist mir ein ~** es un misterio para mí; **es ist mir ein ~, warum sie nicht früher kam** no acierto a entender por qué no vino antes

Rätselecke *f* <-, -n> (hoja *f* de los) pasatiempos *mpl*

rätselhaft *adj* enigmático, misterioso; **das ist mir ~** no me lo explico; **es ist mir ~, wie er dort hinkam** no consigo explicarme cómo vino a parar allí

Rätselheft *nt* <-(e)s, -e> revista *f* de pasatiempos

rätseln *vi* especular (*über* sobre)

Rätselraten *nt* <-s, *ohne pl*> ① (*das Lösen von Rätseln*) (re)solución *f* de pasatiempos; **um sich *dat* die Zeit zu vertreiben, beschäftigte sie sich mit ~** hacía pasatiempos para matar el tiempo ② (*das Mutmaßen*) hacer *m* suposiciones [*o* conjeturas]; **ich habe keine Lust zum ~!** ¡no tengo ninguna gana de hacer suposiciones [*o* conjeturas]!

Ratsherr(in) *m(f)* <-(e)n, -en; -, -nen> concejal(a) *m(f)*; **Ratskeller** *m* <-s, -> restaurante en el sótano de un ayuntamiento; **Ratsmitglied** *nt* <-(e)s, -er> concejal(a) *m(f)*; **Ratssitzung** *f* <-, -en> sesión *f* del concejo; **Ratsverfassung** *f* <-, -en> sistema *m* muncipal con predominio de consejo; **Ratsversammlung** *f* <-, -en> reunión *f* del ayuntamiento

Rattan ['ratan] *nt* <-s, -e> rota *f*, junco *m* de Indias

Ratte ['ratə] *f* <-, -n> rata *f*; **die ~n verlassen das sinkende Schiff** (*prov*) las ratas abandonan el barco

Rattenfalle *f* <-, -n> ratonera *f*; **Rattenfänger** *m* <-s, -> (HIST) *jd, der Ratten fängt*) cazador *m* de ratas; **der ~ von Hameln** el Flautista de Hamelín; **Rattengift** *nt* <-(e)s, -e> raticida *m*, matarratas *m inv*; **Rattenschwanz** *m* <-es, -schwänze> ① (*Schwanz einer Ratte*) rabo *m* de rata ② (*Serie*) tira *f*, sinfín *m*

rattern ['ratɐn] *vi* ① (*Zug*) traquetear; (*Maschinengewehr*) tabletear ② *sein* (*fortbewegen*) traquetear (*über/durch* por)

ratzekahl ['ratsə'kaːl] *adj* (*fam*) completamente vacío [*o* pelado]; **alles ~ aufessen** no dejar ni una miga

ratzen ['ratsən] *vi* (*fam*) dormir a pierna suelta

ratzeputz ['ratsəpʊts] *adv* (*südd; fam*) *s.* **ratzekahl**

rau^RR [raʊ] *adj* ① (*Papier, Holz, Haut*) áspero, carrasposo *Kol, Ecua, Ven* ② (*Stimme*) ronco; (*Hals*) inflamado ③ (*Klima, Winter*) duro, áspero; (*Luft, Wind*) frío; (*Gegend*) salvaje ④ (*Mensch*) rudo, áspero ⑤ (*Wend*): **in ~en Mengen** (*fam*) en masas

Raub [raʊp] *m* <-(e)s, *ohne pl*> ① (*das Rauben*) robo *m*; (*Überfall*) asalto *m*, atraco *m*; (*Entführung*) secuestro *m*; **bewaffneter ~** robo a mano armada; **gefährlicher ~** robo peligroso; **schwerer ~** robo cualificado ② (*Beute*) presa *f*; **ein ~ der Flammen werden** (*geh*) ser pasto de las llamas

Raubbau *m* <-(e)s, *ohne pl*> (AGR) cultivo *m* exhaustivo; (BERGB) explotación *f* abusiva; **ökologischen ~ treiben** agotar los recursos naturales; **~ mit seiner Gesundheit treiben** agotar sus fuerzas; **Raubdruck** *m* <-(e)s, -e> edición *f* pirata

Raubein^RR *nt* <-(e)s, -e> (*fam*) patán, -ana *m, f*

raubeinig^RR *adj* (*fam*) tosco [*o* basto] pero majo

rauben ['raʊbən] *vi, vt* robar; (*entführen*) secuestrar; **du raubst mir noch den letzten Nerv!** ¡me vas a agotar la paciencia!; **das raubt mir den Schlaf** (*geh*) esto me quita el sueño

Räuber(in) ['rɔɪbɐ] *m(f)* <-s, -; -, -nen> ① (*Person*) ladrón, -ona *m, f*; **unter die ~ fallen** [*o* **geraten**] (*fam*) caer en malas compañías ② (ZOOL) raptor *m*

Räuberbande *f* <-, -n> pandilla *f* de ladrones, cuadrilla *f* de ladrones; **Räuberhauptmann** *m* <-(e)s, -männer> jefe *m* de una banda de ladrones; **Räuberhöhle** *f* <-, -n> cueva *f* de ladrones

Räuberin *f* <-, -nen> *s.* **Räuber**

räuberisch *adj* ① (*Persona*) de ladrones [*o* bandidos]; **~e Erpressung** extorsión *f*; **~er Angriff auf Kraftfahrer** ataque latrocinante a chóferes ② (ZOOL) rapaz

Raubfisch *m* <-(e)s, -e> (ZOOL) pez *m* depredador; **Raubgier** *f* <-, *ohne pl*> rapacidad *f*, codicia *f*

raubgierig *adj* rapaz, codicioso

Raubkatze *f* <-, -n> felino *m*, félido *m*; **Raubkopie** *f* <-, -n> copia *f* pirata; **Raubmord** *m* <-(e)s, -e> robo *m* con homicidio; **Raubmörder(in)** *m(f)* <-s, -; -, -nen> ladrón, -ona *m, f* asesino, -a *m, f*; **Raubpressung** *f* <-, -en> reproducción *f* fraudulenta [*o* pirata] (de un disco); **Raubritter** *m* <-s, -> caballero *m* bandido; **Raubtier** *nt* <-(e)s, -e> (animal *m*) carnívoro *m*; **Raubüberfall** *m* <-(e)s, -fälle> atraco *m*, asalto *m*; **bewaffneter ~** robo [*o* atraco] a mano armada; **einen ~ auf jdn begehen** [*o* **verüben**] asaltar a alguien; **Raubvogel** *m* <-s, -vögel> ave *f* de rapiña; **Raubzug** *m* <-(e)s, -züge> robo *m*, atraco *m*; **während seines nächtlichen ~es drang der Fuchs auch in den Hühnerstall ein** durante su incursión nocturna, el zorro también se metió en el gallinero

Rauch [raʊx] *m* <-(e)s, *ohne pl*> humo *m*; **sich in ~ auflösen** desvanecerse

Rauchabzug *m* <-(e)s, -züge> conducto *m* de humo; **Rauchbelästigung** *f* <-, -en> contaminación *f* de humo; **Rauchbombe** *f* <-, -n> bomba *f* de humo

rauchen I. *vi* ① (*Person*) fumar, pitar *SAm*; **„R~ verboten"** "prohibido fumar"; **sich *dat* das R~ an-/abgewöhnen** empezar a/dejar de fumar; **~ Sie?** ¿fuma (Ud.)? ② (*Feuer, Ofen*) humear, echar humo; **mir raucht der Kopf vom vielen Lernen** me echa humo la cabeza de tanto estudiar; **sie schufteten, dass es nur so rauchte** trabajaron como leones **II.** *vt* fumar

Rauchentwicklung *f* <-, -en> formación *f* de humo

Raucher(in) *m(f)* <-s, -; -, -nen> fumador(a) *m(f)*; **ein starker ~** un fumador empedernido

Räucheraal ['rɔɪçɐ-] *m* <-(e)s, -e> anguila *f* ahumada

Raucherabteil *nt* <-(e)s, -e> (EISENB) compartimento *m* de fumadores; **Raucherbein** *nt* <-(e)s, -e> vasoconstricción *f* en las piernas (a causa del tabaco)

Räucherfisch *m* <-(e)s, -e> pescado *m* ahumado

Raucherhusten *m* <-s, *ohne pl*> tos *f* de fumador

Raucherin *f* <-, -nen> *s.* **Raucher**

Räucherkammer *f* <-, -n> ahumadero *m*; **Räucherkerze** *f* <-, -n> vela *f* perfumada; **Räucherlachs** *m* <-es, -e> salmón *m* ahumado; **Räuchermännchen** *nt* <-s, -> ≈pebetero *m* (*muñeco de madera que, con una vela aromática en su interior, expulsa humo por la boca*); **Räuchermittel** *nt* <-s, -> fumigante *m*

räuchern ['rɔɪçɐn] *vt* ahumar, curar al humo

Räucherspeck *m* <-(e)s, -e> tocino *m* ahumado; **Räucherstäbchen** *nt* <-s, -> pebete *m*, palito *m* de sándalo

Raucherzone *f* <-, -n> zona *f* para fumadores

Rauchfahne *f* <-, -n> estela *f* de humo

Rauchfang *m* <-(e)s, -fänge> campana *f* de la chimenea; **Rauchfangkehrer(in)** *m(f)* <-s, -; -, -nen> (*Österr*) deshollinador(a) *m(f)*

Rauchfleisch *nt* <-(e)s, *ohne pl*> carne *f* ahumada

rauchfrei *adj* sin humo

Rauchgas *nt* <-es, -e> gas *m* de combustión

Rauchgasentschwefelung *f* <-, *ohne pl*> desulfuración *f* del gas de combustión; **Rauchgasentschwefelungsanlage** *f* <-, -n> instalación *f* de desulfuración de gas de combustión

Rauchgeruch *m* <-(e)s, -rüche> olor *m* a humo

rauchgeschwärzt *adj* ennegrecido por el humo

Rauchglas *nt* <-es, *ohne pl*> cristal *m* ahumado, vidrio *m* opaco; **Rauchglocke** *f* <-, -n> nube *f* de humo

rauchig *adj* (*raucherfüllt*) lleno de humo ② (*Stimme*) ronco ③ (*Geschmack*) ahumado

rauchlos *adj* sin humo

Rauchmelder *m* <-s, -> detector *m* de humos; **Rauchsäule** *f* <-, -n> columna *f* de humo; **Rauchschwaden** *m* <-s, -> nube *f* de humo; **Rauchschwalbe** *f* <-, -n> golondrina *f*; **Rauchsignal** *nt* <-s, -e> señal *f* de humo; **Rauchverbot** *nt* <-(e)s, -e> prohibición *f* de fumar; **hier herrscht ~** aquí no se puede fumar; **Rauchvergiftung** *f* <-, -en> intoxicación *f* por (el) humo; **Rauchverzehrer** *m* <-s, -> aparato *m* fumívoro; **Rauchwaren** *fpl* ① (*Tabakwaren*) tabacos *mpl*, artículos *mpl* de fumador ② (*Pelzwaren*) peletería *f*; **Rauchwolke** *f* <-, -n> nube *f* de humo; **Rauchzeichen** *nt* <-s, -> señal *f* de humo; **Rauchzimmer** *nt* <-s, -> fumadero *m*, salón *m* de fumar

Räude ['rɔɪdə] *f* <-, -n> roña *f*, sarna *f*

räudig *adj* sarnoso

rauf [raʊf] *adv* (*fam*) hacia arriba; **hier/da ~!** ¡por aquí/allí arriba!; **den Fluss ~** río arriba; *s. a.* **hinauf, herauf**

Raufasertapete^RR *f* <-, -n> papel *m* de fibra gruesa

Raufbold *m* <-(e)s, -e> (*abw*) matón, -ona *m, f*, camorrista *mf*

Raufe ['raʊfə] *f* <-, -n> pesebre *m*

raufen ['raʊfən] *vi, vr* **sich ~** pelearse (*mit* con, *um* por); **die Kinder rauften miteinander** los niños se pelearon; **ich raufe mir die Haare** me tiro de los pelos

Rauferei *f* <-, -en> (*fam*) pelea *f*, riña *f*, contienda *f*

rauflustig *adj* pendenciero, camorrista *fam*; **~ sein** ser un pendenciero

rauh *adj s.* **rau**

Rauhbein *nt* <-(e)s, -e> *s.* **Raubein**

rauhbeinig *adj s.* **raubeinig**

Rauheit *f* <-, *ohne pl*> ① (*von Material*) aspereza *f* ② (*von Stimme*) ronquedad *f*, ronquera *f*

❸ (*des Klimas, Wetters*) destemplanza *f*
❹ (*im Benehmen*) rudeza *f*, aspereza *f*
Rauhfasertapete *f* <-, -n> *s.* **Raufasertapete**
Rauhputz *m* <-es, *ohne pl*> *s.* **Rauputz**
Rauhreif *m* <-(e)s, *ohne pl*> *s.* **Raureif**
Raum¹ [raʊm, *pl:* 'rɔɪmə] *m* <-(e)s, Räume> ❶ (a. PHILOS, MATH) espacio *m*; **auf engstem ~ leben** vivir en un espacio mínimo
❷ (*Zimmer*) habitación *f*, cuarto *m*, pieza *f Am*, ambiente *m CSur, Peru*; (*Räumlichkeit*) local *m*; **eine Frage/ein Problem steht im ~** una cuestión/un problema está pendiente; **eine These in den ~ stellen** exponer una tesis
❸ (*Gebiet*) área *f*, zona *f*; **im ~ Frankfurt** en la zona de Francfort
Raum² *m* <-(e)s, *ohne pl*> ❶ (a. ASTR, PHYS) espacio *m*; **luftleerer ~** (PHYS) vacío *m*; **rechtsfreier ~** (JUR) vacío legal
❷ (*Platz*) lugar *m*, sitio *m*; **zu viel ~ einnehmen** ocupar demasiado sitio
Raumakustik *f* <-, *ohne pl*> (TECH) acústica *f* arquitectónica; **Raumanzug** *m* <-(e)s, -züge> traje *m* espacial; **Raumaufteilung** *f* <-, -en> distribución *f* de las habitaciones; **Raumausstatter(in)** *m(f)* <-s, -; -, -nen> decorador(a) *m(f)* de interiores, interiorista *mf*; **Raumbild** *nt* <-(e)s, -er> imagen *f* estereoscópica
Räumboot *nt* <-(e)s, -e> dragaminas *m inv*
räumen ['rɔɪmən] *vt* ❶ (*weg~*) retirar (*von* de); (*Schnee*) quitar; (*ein~*) poner (*in* en); (*aus~*) sacar (*aus* de); **räum bitte deine Sachen vom Tisch** por favor, retira tus cosas de la mesa; **etw in den Schrank ~** guardar algo en el armario; **etw aus dem Schrank ~** sacar algo del armario
❷ (*Gebäude, Gebiet*) desalojar, desocupar; (*Polizei*) despejar, efectuar el desalojo (de); **das Lager ~** liquidar las existencias; **wir müssen die Wohnung bis zum Ersten ~** tenemos que salir del [*o* dejar el] piso antes del día uno; **die Demonstranten räumten das Rathaus** los manifestantes desalojaron el ayuntamiento; **die Polizei räumte die Wohnung** la policía efectuó el desalojo del piso
Raumersparnis *f* <-, *ohne pl*> economía *f* de espacio, ahorro *m* de espacio
Raumfähre *f* <-, -n> nave *f* espacial; **Raumfahrer(in)** *m(f)* <-s, -; -, -nen> astronauta *mf*
Raumfahrt *f* <-, *ohne pl*> astronáutica *f*, navegación *f* espacial; **bemannte ~** astronáutica tripulada; **Raumfahrtbehörde** *f* <-, -n> agencia *f* espacial; **Raumfahrtmedizin** *f* <-, *ohne pl*> medicina *f* espacial; **Raumfahrtzentrum** *nt* <-s, -zentren> centro *m* de navegación espacial
Raumfahrzeug *nt* <-(e)s, -e> nave *f* espacial, vehículo *m* espacial
Räumfahrzeug *nt* <-(e)s, -e> quitanieves *m inv*
Raumflug *m* <-(e)s, -flüge> vuelo *m* espacial; **Raumforschung** *f* <-, *ohne pl*> investigación *f* espacial; **Raumgestaltung** *f* <-, -en> decoración *f* de interiores; **Raumgleiter** *m* <-s, -> planeador *m* espacial; **Rauminhalt** *m* <-(e)s, -e> (MATH) volumen *m*; **Raumkapsel** *f* <-, -n> cápsula *f* espacial; **Raumklima** *nt* <-s, -s> clima *m* ambiental
Räumkommando *nt* <-s, -s> brigada *f* de desescombro
Raumkosten *pl* costes *mpl* del local; **Raumkrümmung** *f* <-, -en> (ASTR, PHYS) curvatura *f* espacial; **Raumlabor** *nt* <-s, -e> laboratorio *m* espacial; **Raumlehre** *f* <-, *ohne pl*> geometría *f*
räumlich ['rɔɪmlɪç] *adj* ❶ (*den Raum betreffend*) espacial; **~e Entfernung** distancia en el espacio; **eingeengt** apresado
❷ (*dreidimensional*) tridimensional; **~ sehen** ver en tres dimensiones
Räumlichkeiten *fpl* (*Gebäude*) edificio *m*; (*innen*) salas *fpl*; **die neuen ~ des Ministeriums** los nuevos despachos del ministerio
Raummangel *m* <-s, *ohne pl*> falta *f* de espacio; **Raummaß** *nt* <-es, -e> medida *f* de capacidad; **Raummeter** *m o nt* <-s, -> metro *m* cúbico; (*Holzmaß*) estéreo *m*; **Raummiete** *f* <-, -n> arrendamiento *m* de local
Raumordnung *f* <-, -en> ordenación *f* territorial; **Raumordnungsgesetz** *nt* <-es, -e> ley *f* de ordenación territorial; **Raumordnungsplan** *m* <-(e)s, -pläne> plan *m* de ordenación de espacios; **Raumordnungsverfahren** *nt* <-s, -> procedimiento *m* sobre ordenación de espacios
Raumpfleger(in) *m(f)* <-s, -; -, -nen> encargado, -a *m, f* de la limpieza, limpiador(a) *m(f)*, señor(a) *m(f)* de la limpieza *fam*
Räumpflug *m* <-(e)s, -pflüge> quitanieves *f inv*
Raumplanung *f* <-, -en> (*formal*) *s.* **Raumordnung**; **Raumschiff** *nt* <-(e)s, -e> astronave *f*, nave *f* espacial; **Raumsonde** *f* <-, -n> sonda *f* espacial
raumsparend *adj* que requiere poco espacio; **wir haben hier wenig Platz, deshalb müssen wir eine ~e Lösung finden** aquí tenemos poco sitio, por eso tenemos que buscar una solución para no ocupar demasiado espacio
Raumstation *f* <-, -en> estación *f* espacial; **Raumteiler** *m* <-s, -> mueble *m* divisorio; **Raumtransporter** *m* <-s, -> *s.* **Raumgleiter**
Räumung ['rɔɪmʊŋ] *f* <-, -en> ❶ (*einer Wohnung*) desalojo *m*; (*durch Polizei*) despejo *m*

❷ (*eines Lagers*) liquidación *f* de existencias
Räumungsarbeiten *fpl* labores *fpl* de desescombro; **Räumungsbefehl** *m* <-(e)s, -e> orden *f* de desalojo; **Räumungsklage** *f* <-, -n> (JUR) demanda *f* de desahucio; **Räumungspreis** *m* <-es, -e> (WIRTSCH) precio *m* de liquidación; **Räumungsverfahren** *nt* <-s, -> (JUR) procedimiento *m* de desahucio [*o* lanzamiento]; **Räumungsvergleich** *m* <-(e)s, -e> (JUR) convenio *m* de desalojo; **Räumungsverkauf** *m* <-(e)s, -käufe> liquidación *f*
Raumverschwendung *f* <-, -en> despilfarro *m* de espacio
raunen ['raʊnən] *vi, vt* (*geh*) murmurar; **ein R~ ging durch das Publikum** un murmullo se extendió por entre el público
Raupe ['raʊpə] *f* <-, -n> ❶ (*Schmetterlingslarve*) oruga *f*
❷ (*Planier~*) aplanadora *f*, bulldozer *m*
❸ (*~nkette*) oruga *f*
Raupenfahrzeug *nt* <-(e)s, -e> vehículo *m* oruga; **Raupenkette** *f* <-, -n> cadena *f* de oruga; **Raupenschlepper** *m* <-s, -> tractor *m* oruga, caterpillar *m*
Rauputzᴿᴿ *m* <-es, *ohne pl*> revoque *m* áspero
Raureifᴿᴿ *m* <-(e)s, *ohne pl*> escarcha *f*
raus [raʊs] *adv* (*fam*) (hacia) fuera, afuera; **~ da!** ¡fuera de ahí!; **~ mit ihm!** ¡afuera con él!; **zur Tür ~** por la puerta; **~ mit der Sprache!** ¡suelta la lengua!; *s. a.* **heraus, hinaus**
raus|bekommen* *irr vt* (*fam*) ❶ (*Wechselgeld*) recibir de vuelta; **wie viel hast du ~?** ¿cuánto te ha(n) dado de vuelta?
❷ (*Rätsel, Aufgabe*) resolver; (*Geheimnis*) descubrir
❸ (MATH) sacar
❹ (*Fleck*) poder eliminar, poder quitar; (*Nagel*) poder sacar
❺ (*erfahren*) llegar a saber
raus|bringen *irr vt* (*fam: nach draußen bringen*) sacar, llevar afuera; *s. a.* **herausbringen**
Rausch [raʊʃ, *pl:* 'rɔɪʃə] *m* <-(e)s, Räusche> ❶ (*Trunkenheit*) ebriedad *f*, embriaguez *f*, juma *f MAm, Ant, Cuba*, trinca *f MAm, And, Mex*; **etw im ~ tun** hacer algo en estado de embriaguez; **sich dat einen ~ antrinken** coger(se) una trompa [*o* un pedal]; **seinen ~ ausschlafen** (*fam*) dormir la mona
❷ (*Ekstase*) éxtasis *m inv*
rauscharm *adj* (TEL, RADIO) de poco ruido, de pocas interferencias
rauschen ['raʊʃən] *vi* ❶ (*Baum, Wind, Bach*) murmurar, susurrar; (*Meer*) bramar; (*Telefon*) haber interferencias; (*Seide*) crujir; **der Wind rauschte in den Zweigen** el viento murmuraba entre las ramas; **~der Beifall** aplauso tempestuoso; **ein ~des Fest** una fiesta a lo grande; **es rauscht im Blätterwald** (*fig fam*) la prensa da bombo a algo [*o* arma revuelo por algo]
❷ *sein* (*sich irgendwohin begeben*) dirigirse (*in/zu* a); **sie rauschte aus dem/durch das Zimmer** abandonó/cruzó la habitación
rauschfrei *adj* (a. TEL, RADIO) silencioso, sin interferencias
Rauschgift *nt* <-(e)s, -e> droga *f*, estupefaciente *m*
Rauschgiftdezernat *nt* <-(e)s, -e> departamento *m* de estupefacientes; **Rauschgifthandel** *m* <-s, *ohne pl*> narcotráfico *m*; **Rauschgifthändler(in)** *m(f)* <-s, -; -, -nen> narcotraficante *mf*; **Rauschgiftring** *m* <-(e)s, -e> red *f* de traficantes de drogas; **Rauschgiftsucht** *f* <-, *ohne pl*> toxicomanía *f*, drogadicción *f*
rauschgiftsüchtig *adj* toxicómano, drogadicto
Rauschgiftsüchtige(r) *mf* <-n, -n; -, -n> drogadicto, -a *m, f*, toxicómano, -a *m, f*
Rauschgold *nt* <-(e)s, *ohne pl*> oropel *m*; **Rauschgoldengel** *m* <-s, -> ángel *m* de oropel (*que se coloca en lo alto del árbol de Navidad*)
Rauschmittel *nt* <-s, -> estupefaciente *m*; **Rauschtat** *f* <-, -en> (JUR) delito *m* de estupefacientes
raus|drängen I. *vi sein* (*fam*) amontonarse para salir (*aus* de)
II. *vt* (*fam*) expulsar (*aus* de)
raus|ekeln *vt* (*fam*): **jdn ~** hacer la vida imposible a alguien (hasta que se va)
raus|fliegen *irr vi sein* (*fam*) ❶ (*Vogel*) salir volando (*aus* de)
❷ (*Person*) ser echado (*aus* de)
raus|geben *irr vt* (*fam*) ❶ (*herausreichen*) entregar, dar
❷ (*aushändigen*) entregar, dejar
❸ (*Wechselgeld*) dar de vuelta; **sie haben mir falsch rausgegeben** me han dado mal la vuelta; **ich kann nicht ~** no tengo cambio
❹ (*Buch*) editar
raus|gehen *irr vi sein* (*fam*) salir; *s. a.* **herausgehen, hinausgehen**
raus|kommen *irr vi sein* (*fam*) salir; *s. a.* **herauskommen**
raus|kriegen *vt* (*fam*) *s.* **rausbekommen**
raus|nehmen *vt* (*fam*) sacar; *s. a.* **herausnehmen**
räuspern ['rɔɪspɐn] *vr:* **sich ~** carraspear, aclararse la garganta
raus|rücken I. *vi sein* (*fam: zugeben*) soltar, desembuchar; **rück mit der Wahrheit raus!** ¡desembucha ya!
II. *vt* (*fam: hergeben*) soltar, espichar *Chil*; **rück mal etwas Geld raus!** ¡suelta un par de duros!

raus|schmeißen *irr vt* (*fam*) ❶ (*nach draußen werfen, wegschmeißen*) tirar (*aus* de/por, *zu* por), zumbar (*aus* de/por, *zu* por) *Am;* **das ist rausgeschmissenes Geld** esto es dinero perdido
❷ (*entlassen*) echar (*aus* de), fletar (*aus* de) *Arg, Chil;* **sie hat ihn rausgeschmissen** lo puso de patitas en la calle
Rausschmeißer(in) *m(f)* <-s, -; -, -nen> (*fam*) gorila *mf*, matón, -ona *m, f*
Rausschmiss^RR *m* <-es, -e>, **Rausschmiß** *m* <-sses, -sse> (*fam*) despido *m;* **die zweite Abmahnung bedeutete für den Mitarbeiter den ~** a la segunda sanción pusieron al trabajador de patitas en la calle
Raute ['rautə] *f* <-, -n> ❶ (BOT) ruda *f*
❷ (MATH) rombo *m*
rautenförmig *adj* rómbico, rombal
Rave [reɪv] *m o nt* <-(s), -s> (MUS) rave *m; ~* **Musik** música rave; *~* **Bewegung** movimiento rave
Ravioli [ra'vio:li] *pl* raviolis *mpl*
Rayon [rɛ'jöː] *m* <-s, -s, *Österr:* -e> (*Österr, Schweiz*) distrito *m*
Razzia ['ratsja, *pl:* 'ratsjən] *f* <-, Razzien> batida *f*, redada *f*, razia *f*, arreada *f Arg*
Rb (CHEM) *Abk. von* **Rubidium** Rb
RB *Abk. von* **Radio Bremen** radio Bremen
rd. *Abk. von* **rund** aproximadamente, alrededor de
Re (CHEM) *Abk. von* **Rhenium** Re
Reagens [re'a:gɛns, *pl:* rea'gɛntsiən] *nt* <-, Reagenzien>, **Reagenz** [rea'gɛnts, *pl:* rea'gɛntsiən] *nt* <-es, Reagenzien> (CHEM) reactivo *m*
Reagenzglas [rea'gɛnts-] *nt* <-es, -gläser> (CHEM) tubo *m* de ensayo
Reagenzien *pl von* **Reagens**, **Reagenz**
Reagenzpapier *nt* <-s, -e> (CHEM) papel *m* reactivo
reagieren* [rea'gi:rən] *vi* ❶ (*Person*) reaccionar (*auf* a/ante); **ich reagiere allergisch auf Antibiotika** los antibióticos me producen reacciones alérgicas
❷ (CHEM) producir una reacción, hacer reaccionar
Reaktion¹ [reak'tsjo:n] *f* <-, -en> (*das Reagieren, a.* CHEM) reacción *f* (*auf* a/ante/frente a)
Reaktion² *f* <-, *ohne pl*> (POL) reacción *f*
reaktionär [reaktsjo'nɛːɐ] *adj* (*abw*) reaccionario
Reaktionär(in) *m(f)* <-s, -e; -, -nen> (*abw*) reaccionario, -a *m, f*
Reaktionsfähigkeit *f* <-, *ohne pl*> capacidad *f* de reacción; **Reaktionsgeschwindigkeit** *f* <-, -en> velocidad *f* de reacción; **Reaktionskette** *f* <-, -n> (CHEM) cadena *f* de reacción; **Reaktionsprodukt** *nt* <-(e)s, -e> (CHEM) producto *m* de reacción
reaktionsschnell *adj* de reacciones rápidas
Reaktionsvermögen *nt* <-s, *ohne pl*> capacidad *f* de reacción; **Reaktionszeit** *f* <-, -en> tiempo *m* de reacción
reaktivieren* [reakti'vi:rən] *vt* ❶ (*Verfahren, Technik*) reactivar
❷ (*Person*) reincorporar al servicio activo
Reaktivierung *f* <-, -en> reactivación *f*
Reaktivität *f* <-, *ohne pl*> (PHYS, PSYCH) reactividad *f*
Reaktor [re'akto:ɐ] *m* <-s, -en> (PHYS) reactor *m*
Reaktorblock *m* <-(e)s, -blöcke> bloque *m* de un reactor nuclear; **Reaktorkern** *m* <-(e)s, -e> núcleo *m* de un reactor nuclear; **Reaktorsicherheit** *f* <-, *ohne pl*> seguridad *f* de reactores nucleares; **Reaktorunglück** *nt* <-(e)s, -e> accidente *m* en un reactor nuclear
real [re'aːl] *adj* (*a.* WIRTSCH) real; **die Einkommen sind ~ gesunken** los ingresos han sufrido una baja efectiva
Reala *f* <-, -s> *s.* **Realo**
Realakt *m* <-(e)s, -e> (JUR) acto *m* real; **Realeinkommen** *nt* <-s, -> (WIRTSCH) ingreso *m* real; **Realersatz** *m* <-es, *ohne pl*> (*Schweiz*) indemnización *f* efectuada con bienes materiales en lugar de dinero; **Realgewerbeberechtigung** *f* <-, -en> (JUR) autorización *f* industrial real
Realisation [realiza'tsjo:n] *f* <-, -en> realización *f*
realisierbar *adj* realizable
Realisierbarkeit *f* <-, *ohne pl*> factibilidad *f*; **der Vorschlag wurde auf seine ~ überprüft** examinaron si la propuesta era factible
realisieren* [reali'ziːrən] *vt* realizar, llevar a cabo
Realisierung *f* <-, -en> realización *f*
Realismus [rea'lɪsmʊs] *m* <-, *ohne pl*> (PHILOS, LIT, KUNST) realismo *m*
Realist(in) [rea'lɪst] *m(f)* <-en, -en; -, -nen> realista *mf*
realistisch *adj* realista; **R~e Schule** (POL) Escuela Realista; *~* **betrachtet** visto con realismo
Realität [reali'tɛːt] *f* <-, -en> ❶ (*Wirklichkeit*) realidad *f*; **virtuelle ~** realidad virtual; **in (der) ~** en (la) realidad; **die ~ sieht so aus, dass ...** la realidad es que ...; **etw für (die) ~ halten** considerar algo como real
❷ *pl* (*Österr: Immobilien*) inmuebles *mpl*
Realitätenhändler(in) *m(f)* <-s, -; -, -nen> (*Österr*) agente *mf* inmobiliario, -a
realitätsfern *adj* alejado de la realidad, poco realista
realitätsnah *adj* realista

Realitätssinn *m* <-(e)s, *ohne pl*> sentido *m* de la realidad
Reality-TV [ri'ɛlɪtiːvi:] *nt* <-(s), *ohne pl*> (TV) reality show *m*, reality televisión *f*
Realkanzlei *f* <-, -en> (*Österr*) agencia *f* inmobiliaria
Realkauf *m* <-(e)s, -käufe> (JUR) compra *f* al contado; **Realkosten** *pl* coste *m* real; **Reallast** *f* <-, -en> (JUR) carga *f* real; **dingliche ~** carga real realista
Reallohn *m* <-(e)s, -löhne> salario *m* real; **Reallohnabbau** *m* <-(e)s, *ohne pl*> reducción *f* del salario real
Realo [re'a:lo] *m*, **Reala** *f* <-s, -s; -, -s> (*sl*) miembro del Partido Verde alemán, de orientación realista, frente al bloque fundamentalista
Realofferte *f* <-, -n> (JUR) oferta *f* real; **Realpolitik** *f* <-, *ohne pl*> política *f* realista; **Realpolitiker(in)** *m(f)* <-s, -; -, -nen> político, -a *m, f* que defiende una política realista; **Realprinzip** *nt* <-s, -ien *o* -e> principio *m* real
Realschule *f* <-, -n> ≈instituto *m* de enseñanza media (*escuela secundaria – de los 10 a los 16 años – de grado inferior al Gymnasium*); **Realschüler(in)** *m(f)* <-s, -; -, -nen> alumno, -a *m, f* de la "Realschule" alemana
Realsteuer *f* <-, -n> impuesto *m* real; **Realteilung** *f* <-, -en> (*von Steuern*) división *f* real; **Realvermögen** *nt* <-s, -> activo *m* inmobiliario, propiedad *f* real; **Realverzinsung** *f* <-, -en> pago *m* real de intereses; **Realwachstumstempo** *nt* <-s, -s> ritmo *m* de crecimiento efectivo; **Realwert** *m* <-(e)s, -e> valor *m* real [*o* de venta]
realwirtschaftlich *adj* económicamente efectiva
Realzins *m* <-es, -en> interés *m* real, rendimiento *m*
Reanimation [reʔanima'tsjo:n] *f* <-, -en> (MED) reanimación *f*
reanimieren* *vt* (MED) reanimar
Rebe ['reːbə] *f* <-, -n> vid *f*
Rebell(in) [re'bɛl] *m(f)* <-en, -en; -, -nen> rebelde *mf*
rebellieren* [rɛbɛ'liːrən] *vi* rebelarse (*gegen* contra)
Rebellin *f* <-, -nen> *s.* **Rebell**
Rebellion [rɛbɛ'ljoːn] *f* <-, -en> rebelión *f*
rebellisch [re'bɛlɪʃ] *adj* rebelde; **jdn/etw ~ machen** (*fam*) poner a alguien/algo en revolución
Rebensaft *m* <-(e)s, *ohne pl*> (*geh*) vino *m*
Rebhuhn ['rɛp-] *nt* <-(e)s, -hühner> perdiz *f*
Reblaus ['reːplaʊs] *f* <-, -läuse> filoxera *f*; **Rebsorte** ['reːp-] *f* <-, -n> tipo *m* de uva; **Rebstock** *m* <-(e)s, -stöcke> cepa *f*
Rebus ['reːbʊs] *m o nt* <-, -se> jeroglífico *m*
Rechaud [re'ʃo:] *m o nt* <-s, -s> (GASTR) calientaplatos *m inv*, hornillo *m*
rechen ['rɛçən] *vt* (*Schweiz, Österr, reg*) rastrillar
Rechen ['rɛçən] *m* <-s, -> (*Schweiz, Österr, reg*) rastrillo *m*
Rechenart ['rɛçən-] *f* <-, -en> método *m* de cálculo, operación *f* aritmética; **die vier ~en** las cuatro reglas, las cuatro operaciones aritméticas; **Rechenaufgabe** *f* <-, -n> problema *m* de aritmética; **Rechenbuch** *nt* <-(e)s, -bücher> libro *m* de matemáticas; **Rechenexempel** *nt* <-s, -> problema *m* de aritmética; **das ist doch ein ganz einfaches ~** esto es un juego de niños; **Rechenfehler** *m* <-s, -> error *m* aritmético [*o* de cálculo]; **Rechenfunktion** *f* <-, -en> (INFOR) función *f* de cálculo; **Rechenkünstler(in)** *m(f)* <-s, -; -, -nen> genio *m* de las matemáticas [*o* de los números]; **Rechenmaschine** *f* <-, -n> calculadora *f*
Rechenschaft *f* <-, *ohne pl*> cuentas *fpl*; **jdm für etw ~ ablegen** rendir cuentas a alguien de algo; **jdm über etw ~ schuldig sein** deber a alguien una explicación acerca de algo; **jdm ~ schulden** estar obligado a rendir cuentas a alguien; **jdn für etw zur ~ ziehen** hacer a alguien responsable de algo; **von jdm ~ für etw verlangen** pedir cuentas a alguien de algo
Rechenschaftsbericht *m* <-(e)s, -e> informe *m;* (WIRTSCH) estado *m* de cuentas
Rechenschaftslegung *f* <-, -en> (WIRTSCH) rendición *f* de cuentas
rechenschaftspflichtig *adj* (WIRTSCH) obligado a rendir cuentas
Rechenschieber *m* <-s, -> regla *f* de cálculo; **Rechenzentrum** *nt* <-s, -zentren> (INFOR) centro *m* de cálculo
Recherche [re'ʃɛrʃə, rə'ʃɛrʃə] *f* <-, -n> pesquisa *f*, indagación *f*; **über jdn/etw ~n anstellen** hacer investigaciones sobre alguien/algo
Recherchenanfrage *f* <-, -n> interpelación *f* indagatoria; **Rechenbericht** *m* <-(e)s, -e> informe *m* de investigación; **Recherchengebühr** *f* <-, -en> tasa *f* de investigación
recherchieren* [reʃɛr'ʃiːrən, rəʃɛr'ʃiːrən] *vi, vt* investigar
rechnen ['rɛçnən] I. *vi* ❶ (MATH) calcular; **im Kopf ~** calcular mentalmente; **rund gerechnet** redondeando
❷ (*in Betracht ziehen, sich verlassen*) contar (*mit/auf* con); **damit ~, dass ...** contar con que... +*subj*; **wir ~ mit dem Schlimmsten** contamos con lo peor; **mit ihm wird man ~ müssen** habrá que contar con él; **damit hatte ich nicht gerechnet** no había contado con eso; **ich rechne auf ihre Hilfe** cuento con su ayuda; **ich rechne auf dich** [*o* **mit dir**] cuento contigo
❸ (*haushalten*) economizar; **wir müssen mit jedem Pfennig ~** hay

que ahorrar hasta la última peseta
II. vt ❶ (*Aufgabe*) hacer, calcular
❷ (*einbeziehen*) contar (*zu/unter* entre), incluir (*zu/unter* entre); **20 Personen, die Kinder nicht gerechnet** 20 personas sin contar los niños; **man rechnet ihn zu den Experten auf diesem Gebiet** se le incluye entre los expertos en este campo
❸ (*veranschlagen*) calcular (*für* para); **für den Rückweg hatten wir zwei Stunden gerechnet** para la vuelta habíamos calculado dos horas
III. vr: **sich ~** ser [*o* salir] rentable
Rechner¹ *m* <-s, -> calculadora *f*; (INFOR: *Computer*) ordenador *m*, computadora *f Am*
Rechner(in)² *m(f)* <-s, -; -, -nen> contador(a) *m(f)*, contable *mf*; **ein kühler ~ sein** ser muy calculador
rechnergesteuert *adj* (INFOR) dirigido por ordenador
rechnergestützt *adj* (INFOR) asistido por ordenador
Rechnerin *f* <-, -nen> *s.* **Rechner**²
rechnerisch *adj* aritmético, calculatorio; **~ richtig** en regla; **rein ~** ateniéndose a las cifras
Rechnersimulation *f* <-, -en> (INFOR) simulación *f* mediante ordenador
Rechnung *f* <-, -en> ❶ (*das Rechnen*) cálculo *m*
❷ (*Ab-*) cuenta *f*, adición *f RíoPl*; (*Waren-*) factura *f*; **laut ~** según factura; **~ in Fremdwährung** factura en divisas; **eine ~ über 1000 Euro** una cuenta de 1000 euros; **fällige ~** factura pendiente; **laufende ~** cuenta corriente; **eine ~ ausstellen** extender una factura; **die ~ begleichen** pagar [*o* abonar] una factura; **auf feste ~ kaufen** comprar en firme; **etw mit auf die ~ setzen** incluir algo en la cuenta; **jdm etw in ~ stellen** cargar algo en la cuenta de alguien; **eine ~ stornieren** anular una factura; **die ~, bitte!** ¡la cuenta, por favor!; **auf eigene ~** por cuenta propia; **das geht auf meine ~** esto va de mi cuenta; **etw** *dat* **~ tragen** considerar algo; **mit jdm eine alte ~ begleichen** saldar una vieja cuenta con alguien; **meine ~ ist aufgegangen** (*fig*) me ha salido todo como yo quería; **er hatte die ~ ohne den Wirt gemacht** había puesto el carro delante del buey; **dafür werde ich ihm noch die ~ präsentieren** (*fig*) me las pagará
Rechnungsabgrenzung *f* <-, -en> (FIN) ajuste *m* de cuentas; **Rechnungsabgrenzungsposten** *m* <-s, -> (FIN) cuenta *f* de orden
Rechnungsabschlussᴿᴿ *m* <-es, -schlüsse> cierre *m* de cuentas; **Rechnungsbetrag** *m* <-(e)s, -träge> importe *m* de la factura; **fälliger ~** importe de la factura pendiente; **Rechnungsbuch** *nt* <-(e)s, -bücher> ❶ (COM) libro *m* de cuentas ❷ (*Schweiz: Rechenbuch*) libro *m* de matemáticas; **Rechnungsdatum** *nt* <-s, -daten> fecha *f* de la factura; **Rechnungsführer(in)** *m(f)* <-s, -; -, -nen> contable *mf*; **Rechnungsführung** *f* <-, *ohne pl*> contabilidad *f*; **Rechnungshof** *m* <-(e)s, -höfe> (ADMIN) tribunal *m* de cuentas; **Rechnungsjahr** *nt* <-(e)s, -e> ejercicio *m* contable, año *m* en ejercicio
Rechnungslegung *f* <-, -en> rendición *f* de cuentas; **~ eines Unternehmens** rendición de cuentas de una empresa; **zur ~ verpflichtet sein** estar obligado a rendir cuentas; **Rechnungslegungspflicht** *f* <-, *ohne pl*> deber *m* de rendir cuentas; **Rechnungslegungsvorschrift** *f* <-, -en> rendición *f* obligatoria de cuentas
Rechnungsnummer *f* <-, -n> número *m* de factura; **Rechnungsprüfer(in)** *m(f)* <-s, -; -, -nen> (WIRTSCH) interventor(a) *m(f)* de fondos, revisor(a) *m(f)* de cuentas; **Rechnungsprüfung** *f* <-, -en> ❶ (WIRTSCH) revisión *f* de cuentas; **betriebliche ~** contabilidad de gestión ❷ (POL) fiscalización *f*; **Rechnungsstellung** *f* <-, -en> facturación *f*; **Rechnungswesen** *nt* <-s, *ohne pl*> (WIRTSCH) contabilidad *f*
recht [rɛçt] **I.** *adj* ❶ (*zutreffend*) exacto, justo; (*geeignet*) adecuado; (*passend*) oportuno; **der ~e Augenblick** el momento oportuno; **die ~en Worte** las palabras adecuadas; **das ist der ~e Ort dafür** es el lugar adecuado para eso
❷ (*wirklich*) verdadero; **sie ist eine ~e Feministin** es una verdadera feminista; **ich habe keine ~e Lust** [*o* **keinen ~en Antrieb**] no tengo verdaderas ganas, no me apetece mucho
❸ (*richtig*) correcto; **nach dem R~en sehen** controlar si todo está en orden; **hier geht es nicht mit ~en Dingen zu** aquí hay gato encerrado; **es ist nur ~ und billig** no es sino lo justo; **alles, was ~ ist, aber ...** todo lo que quiera(s), pero...
II. *adv* ❶ (*sehr*) muy; **~ tief** muy profundo; **~ herzlichen Dank** muchísimas gracias
❷ (*ziemlich*) bastante; **~ oft** bastante a menudo; **~ ordentlich** como es debido; **~ viel** bastante
❸ (*richtig, genehm*) bien; **ganz ~!** ¡eso es!; **jetzt erst ~** sobre todo ahora; **jetzt erst ~ nicht!** ¡ahora menos que nunca!; **wenn ich es ~ überlege ...** si lo pienso bien...; **daran tun sie ~ zu entschuldigen** hacer bien en pedir excusas; **ist es dir ~, wenn ...?** ¿te parece bien si...?; **ist es dir ~, wenn ich jetzt komme?** ¿te viene bien si paso ahora?; **mir ist es ~** no tengo nada en contra; **das soll mir ~ sein** me parece bien, por mí, de acuerdo; **das geschieht ihm ~** le está bien (empleado);

ich seh' wohl nicht ~? ¡no me lo puedo creer!; **verstehen Sie mich ~!** ¡entiéndame bien!; **wenn ich Sie ~ verstehe** si le entiendo bien; **ich weiß nicht ~** no sé bien; **du kommst mir gerade ~** (*iron*) eres lo que me faltaba; **man kann ihm nichts ~ machen** no se conforma con nada
Recht¹ [rɛçt] *nt* <-(e)s, -e> (*Anspruch, Berechtigung*) derecho *m* (**auf** a); (*Gerechtigkeit*) justicia *f*; **~ auf Gehör** derecho de audiencia; **staatsbürgerliche ~e** derechos cívicos; **ein ~ ausüben/verwirken** ejercer/caducar un derecho; **mit welchem ~ behaupten Sie das?** ¿con qué derecho afirma eso?; **er will immer ~ behalten** siempre quiere tener la razón; **sie hat ~ bekommen** le dieron la razón; **sein ~ fordern** pedir justicia, reclamar sus derechos; **jdm ~ geben** dar a alguien la razón; **zu seinem ~ kommen** hacer valer sus derechos; **das ~ des Stärkeren** la ley del más fuerte; **zu ~** con razón; **~ haben, im ~ sein** tener razón; **es ist unser gutes ~ uns zu beschweren** tenemos perfecto derecho a quejarnos; **gleiches ~ für alle!** ¡igualdad de derechos!; **du hast das ~ auf einen Anwalt** tienes derecho a un abogado; **dazu haben Sie kein ~!** ¡no tiene ningún derecho!; **alle ~e vorbehalten** reservados todos los derechos
Recht² *nt* <-s, *ohne pl*> (*Rechtsordnung*) derecho *m*; (*Gesetze*) legislación *f*, leyes *fpl*; **~ der unerlaubten Handlungen** derecho regulador de los actos ilícitos; **abgeleitetes ~** derecho deducido; **ausländisches ~** derecho extranjero; **bürgerliches ~** derecho civil; **dingliches ~** derecho real; **dispositives ~** derecho dispositivo; **formelles/materielles ~** derecho formal/material; **geltendes ~** derecho vigente; **grundstücksgleiches ~** derecho mobiliario similar; **interlokales ~** derecho interlocal; **internationales ~** derecho internacional; **objektives/subjektives ~** derecho objetivo/subjetivo; **positives ~** derecho positivo; **subjektives öffentliches ~** derecho subjetivo público; **vertraglich begründetes ~** derecho contractual; **wohlerworbenes ~** derecho bien adquirido; **zwingendes ~** derecho coactivo; **von ~s wegen** conforme a la ley, jurídicamente; **gegen das ~ verstoßen** infringir las leyes; **nach geltendem ~** según la legislación vigente; **~ sprechen** hacer justicia
rechte(r, s) *adj* ❶ (*Seite*) derecho; **~r Hand** a mano derecha; **auf der ~n Seite** a la derecha; **jds ~ Hand sein** ser la mano derecha de alguien
❷ (POL) de derecha(s), derechista; **~ Parteien** partidos de derecha
❸ (MATH) recto; **ein ~r Winkel** un ángulo recto
Rechte ['rɛçtə] *f* <-n, -n> (*a.* POL) derecha *f*; **er sitzt zur ~n Gottes** está sentado a la derecha del Padre; **zu ihrer ~n** a su derecha; **die ~ zog ins Parlament ein** la derecha entró en el parlamento
Rechte(r) *mf* <-n, -n; -n, -n> derechista *mf*, persona *f* de derechas
Rechteck *nt* <-(e)s, -e> rectángulo *m*
rechteckig *adj* rectangular
rechtens ['rɛçtəns] *adv*: **~ sein** ser legítimo; **für ~ halten** considerar legítimo; **~ muss er eine Geldstrafe zahlen** conforme a las leyes tiene que pagar la multa
Rechtens *s.* **rechtens**
rechtfertigen ['----] **I.** *vt* justificar; **das ist durch nichts zu ~** no hay nada que pueda justificar esto
II. *vr*: **sich ~** justificarse; **er musste sich dafür vor seinem Chef ~** tuvo que justificarse por ello ante su jefe
Rechtfertigung *f* <-, -en> justificación *f* (*für* para); **verfassungsrechtliche ~** (JUR) justificación constitucional; **was sagt er zu seiner ~?** ¿y él qué alega?
Rechtfertigungselement *nt* <-(e)s, -e> (JUR) elemento *m* justificativo; **subjektives ~** elemento justificativo subjetivo; **Rechtfertigungsgrund** *m* <-(e)s, -gründe> (JUR) causa *f* de exclusión de la antijuridicidad; **Rechtfertigungslösung** *f* <-, -en> (JUR) solución *f* justificativa; **Rechtfertigungsthese** *f* <-, -n> (JUR) tesis *f* justificativa
rechtgläubig *adj* ortodoxo
Rechtgläubigkeit *f* <-, *ohne pl*> ortodoxia *f*
Rechthaber(in) *m(f)* <-s, -; -, -nen> (*abw*) persona *f* cerril, persona *f* que cree tener razón siempre (la) razón; **warum akzeptierst du keine andere Meinung, du ~?** ¿por qué no aceptas ninguna otra opinión? ¡serás cerril!
Rechthaberei *f* <-, *ohne pl*> (*abw*) cerrilidad *f*; **dieses sture Festhalten an seinem Standpunkt ist doch weiter nichts als ~!** ¡esa obstinación suya de aferrarse a su criterio no es nada más que cerrilismo!
Rechthaberin *f* <-, -nen> *s.* **Rechthaber**
rechthaberisch *adj* (*abw*) ergotista, que siempre quiere tener la razón; **~ sein** querer tener siempre la razón
rechtlich *adj* legal; (*gesetzlich*) jurídico; **~es Gehör** (JUR) audiencia jurídica; **zu etw ~ verpflichtet sein** estar obligado jurídicamente a algo; **das ist ~ nicht zulässig** es legalmente inadmisible; **~ unmöglich** legalmente imposible; **~ und tatsächlich** de hecho y de derecho
rechtlos *adj* sin derechos, privado de derechos
Rechtlose(r) *mf* <-n, -n; -n, -n> persona *f* sin derechos
Rechtlosigkeit *f* <-, *ohne pl*> condición *f* de estar privado de sus derechos; **die ~ der Sklaven bewirkte ...** el hecho de que los esclavos estuvieran privados de sus derechos tuvo como consecuencia que... +*subj*

rechtmäßig *adj* legítimo, legal; **der ~e Besitzer** el propietario legítimo; **etw für ~ erklären** declarar algo legal
Rechtmäßigkeit *f <-, ohne pl>* legalidad *f*, legitimidad *f*; **formelle/materielle ~** legitimación formal/material
rechts [rɛçts] **I.** *adv* (a) la derecha; **~ davon** a la derecha (de esto); **~ von mir** a mi derecha; **erste Tür ~** la primera puerta a la derecha; **nach ~** hacia [*o* a] la derecha; **von ~ kommen** venir por la derecha; **oben/unten ~** arriba/abajo a la derecha; **von ~ nach links** de derecha a izquierda; **~ vor links** la derecha tiene preferencia; **sich ~ halten** mantenerse a su derecha; **sich ~ einordnen** situarse en el carril derecho; **halb ~** (SPORT) centro derecha; **~ um!** (MIL) ¡derecha!; **auf ~** (*Stoff*) del derecho; **~ stricken** hacer punto del derecho; **~ stehen** ser de derechas; **~ wählen** votar a la derecha; **mit ~ schreiben** escribir con la (mano) derecha; **ich weiß nicht mehr, wo ~ und links ist** (*fam*) no sé ya dónde tengo la cabeza
II. *präp +gen* a la derecha; **~ der Kirche** a la derecha de la iglesia
Rechtsabbieger(in) *m(f) <-s, -; -, -nen>* automovilista *mf* que dobla a la derecha; **Rechtsabbiegerspur** *f <-, -en>* carril *m* para doblar a la derecha
Rechtsabteilung *f <-, -en>* sección *f* jurídica; **Rechtsakt** *m <-(e)s, -e>* acto *m* jurídico; **Rechtsallianz** *f <-, -en>* alianza *f* jurídica; **Rechtsangelegenheit** *f <-, -en>* asunto *m* jurídico; **Rechtsangleichung** *f <-, -en>* equiparación *f* jurídica; **Rechtsanspruch** *m <-(e)s, -sprüche>* pretensión *f* legal; **Rechtsanwalt, -wältin** *m, f <-(e)s, -wälte; -, -nen>* abogado, -a *m, f*; **sich** *dat* **einen ~ nehmen** contratar a un abogado
Rechtsanwaltschaft *f <-, ohne pl>* abogacía *f*; **~ beim Bundesgerichtshof** abogacía en el tribunal supremo federal
Rechtsanwaltsgebühren *fpl* minuta *f* de abogado; **Rechtsanwaltskammer** *f <-, -n>* colegio *m* de abogados; **Rechtsanwaltsordnung** *f <-, -en>* estatuto *m* orgánico de la abogacía
Rechtsanwendung *f <-, -en>* aplicación *f* del derecho; **einheitliche/extraterritoriale ~** aplicación uniforme/extraterritorial del derecho; **Rechtsanwendungsgesetz** *nt <-es, -e>* ley *f* de aplicación del derecho; **Rechtsanwendungsgleichheit** *f <-, ohne pl>* igualdad *f* de aplicación del derecho; **Rechtsanwendungsverordnung** *f <-, -en>* reglamento *m* de aplicación del derecho
Rechtsaufsicht *f <-, ohne pl>* control *m* de legalidad; **Rechtsauskunft** *f <-, -künfte>* (*Information*) información *f* jurídica; (*Amt*) consulta *f* jurídica; **amtliche ~** consulta jurídica oficial
Rechtsausleger(in) *m(f) <-s, -; -, -nen>* ❶ (SPORT: *Boxer*) zurdo, -a *m, f*
❷ (POL: *sl*) político, -a *m, f* muy de derechas
Rechtsaußen [rɛçtsˈʔausən] *m <-, ->* (SPORT) extremo *m* derecha
Rechtsausübung *f <-, ohne pl>* (JUR) ejercicio *m* de un derecho; **missbräuchliche/unzulässige ~** ejercicio abusivo/ilegítimo de un derecho
Rechtsbegriff *m <-(e)s, -e>* concepto *m* jurídico; **unbestimmter ~** concepto jurídico indeterminado
rechtsbegründend *adj* (JUR) constitutivo de derecho
Rechtsbehauptung *f <-, -en>* (JUR) afirmación *f* legal
Rechtsbehelf *m <-(e)s, -e>* (JUR) recurso *m* jurídico; **einen ~ einlegen** interponer [*o* presentar] un recurso jurídico; **~ gegen Patentverletzungen** recurso jurídico contra quebrantamientos de patente; **Rechtsbehelfsbelehrung** *f <-, -en>* información *f* sobre los recursos procedentes; **Rechtsbehelfsklausel** *f <-, -n>* cláusula *f* de acción legal; **Rechtsbehelfsverfahren** *nt <-s, ->* procedimiento *m* de recurso administrativo
Rechtsbeistand *m <-(e)s, -stände>* asesor(a) *m(f)* jurídico, -a; **~ für mittellose Personen** asesor jurídico para personas indigentes; **Rechtsberater(in)** *m(f) <-s, -; -, -nen>* asesor(a) *m(f)* jurídico, -a
Rechtsberatung *f <-, -en>* asesoramiento *m* jurídico; **unentgeltliche ~** asesoramiento jurídico gratuito; **Rechtsberatungsgesetz** *nt <-es, -e>* (JUR) ley *f* de asesoramiento jurídico
Rechtsberatungsmissbrauch[RR] *m <-(e)s, -bräuche>* intrusismo *m* profesional (en el sector del asesoramiento jurídico); **Rechtsberatungsmissbrauchgesetz**[RR] *nt <-es, -e>* ley *f* reguladora del intrusismo profesional
Rechtsbeschwerde *f <-, -n>* recurso *m* de infracción de ley; **eine ~ einlegen** interponer un recurso de infracción de ley; **~ in Bußgeldsachen** recurso de infracción de ley en materia de multas; **Rechtsbeschwerdefrist** *f <-, -en>* plazo *m* de interposición del recurso de infracción de ley; **Rechtsbeschwerdeverfahren** *nt <-s, ->* procedimiento *m* del recurso de infracción de ley
Rechtsbetroffenheit *f <-, ohne pl>* perplejidad *f* legal; **Rechtsbeugung** *f <-, -en>* prevaricación *f*; **Rechtsbeziehung** *f <-, -en>* relación *f* jurídica; **Rechtsbindungswille** *m <-ns, ohne pl>* voluntad *f* de vinculación jurídica
Rechtsbrecher(in) *m(f) <-s, -; -, -nen>* infractor(a) *m(f)* de la ley
Rechtsbruch *m <-(e)s, -brüche>* violación *f* de la ley, infracción *f* de la ley; **einen ~ begehen** infringir la ley
rechtsbündig *adj* (TYPO, INFOR) fijo a la derecha
rechtschaffen [ˈrɛçtʃafən] *adj* ❶ (*anständig*) honrado, recto; **ein ~er Herr** un caballero como ha de ser, un caballero donde los haya
❷ (*groß*) abundante, grande; **~ Hunger haben** (*fam*) tener mucha hambre
Rechtschaffenheit *f <-, ohne pl>* honradez *f*
Rechtscharakter *m <-s, ohne pl>* (JUR) carácter *m* jurídico
rechtschreiben *vi* escribir sin faltas ortográficas
Rechtschreibfehler *m <-s, ->* falta *f* de ortografía; **Rechtschreibhilfe** *f <-, -n>* corrector *m* ortográfico; **Rechtschreibprüfung** *f <-, -en>* (INFOR) verificación *f* ortográfica; **Rechtschreibreform** *f <-, -en>* reforma *f* de (la) ortografía; **Rechtschreibschwäche** *f <-, -n>* deficiencia *f* en la escritura
Rechtschreibung *f <-, -en>* ortografía *f*
Rechtsdogmatik *f <-, ohne pl>* (JUR) dogmática *f* jurídica
Rechtsdrall *m <-(e)s, ohne pl>* ❶ (*Neigung*) inclinación *f* a girar a la derecha; **diese Billardkugel nehmen wir aus dem Spiel, denn sie hat einen ~** quitemos esta bola de billar porque se desplaza a la derecha ❷ (POL: *fam*) **einen ~ haben** ser derechista, inclinarse a la derecha; **Rechtsdrehung** *f <-, -en>* vuelta *f* a la derecha
Rechtsdurchsetzung *f <-, ohne pl>* (JUR) exigibilidad *f* jurídica; **Rechtseinheit** *f <-, ohne pl>* (JUR) unidad *f* de derecho; **Rechtseinwendung** *f <-, -en>* (JUR) excepción *f* de derecho, objeción *f* jurídica; **Rechtsempfinden** *nt <-s, ohne pl>* (JUR) sentido *m* de la justicia; **nach gesundem ~** con (un poco de) sentido común; **Rechtsentscheid** *m <-(e)s, -e>* (JUR) decisión *f* de un tribunal; **Rechtsentwicklung** *f <-, -en>* (JUR) evolución *f* jurídica, desarrollo *m* jurídico
rechtserheblich *adj*: **~e Änderung** modificación con relevancia jurídica
Rechtserwerb *m <-(e)s, -e>* (JUR) adquisición *f* de un derecho; **derivativer/originärer ~** adquisición de un derecho derivativo/original
rechtsextrem *adj s*. **rechtsextremistisch**
Rechtsextremismus [ˈrɛçtsʔɛkstremɪsmʊs] *m <-, ohne pl>* (POL) extrema derecha *f*, ultraderecha *f*, extremismo *m* ultraderechista; **Rechtsextremist(in)** *m(f) <-en, -en; -, -nen>* (POL) ultraderechista *mf*
rechtsextremistisch *adj* (POL) de extrema derecha, de ultraderecha
rechtsfähig *adj* (JUR) con capacidad [*o* disposición] jurídica
Rechtsfähigkeit *f <-, ohne pl>* (JUR) capacidad *f* jurídica; **steuerliche ~** capacidad legal fiscal
Rechtsfall *m <-(e)s, -fälle>* (JUR) caso *m* (jurídico); **erstmaliger ~** caso (jurídico) novedoso; **Rechtsfehler** *m <-s, ->* (JUR) error *m* de derecho; **Rechtsfindung** *f <-, -en>* (JUR) creación *f* jurídica; **die ~ behindern** impedir la creación jurídica
Rechtsfolge *f <-, -n>* (JUR) consecuencia *f* jurídica; **~n ausschließen** excluir las consecuencias jurídicas; **~n für Gläubiger/Schuldner** consecuencias jurídicas para acreedor/deudor; **Rechtsfolgeermessen** *nt <-s, ohne pl>* (JUR) estimación *f* de consecuencias legales; **Rechtsfolgeirrtum** *m <-s, -tümer>* (JUR) error *m* de consecuencias jurídicas; **Rechtsfolgenanspruch** *m <-(e)s, -sprüche>* (JUR) derechos *mpl* por consecuencias jurídicas; **Rechtsfolgenerwartung** *f <-, -en>* (JUR) espectativa *f* de consecuencias jurídicas; **Rechtsfolgentatsache** *f <-, -n>* (JUR) hecho *m* con consecuencias jurídicas
Rechtsform *f <-, -en>* (JUR) forma *f* jurídica; **Rechtsformänderung** *f <-, -en>* (JUR) modificación *f* de la forma jurídica
Rechtsfrage *f <-, -n>* cuestión *f* jurídica; **Rechtsfrieden** *m <-s, ohne pl>* paz *f* jurídica; **Rechtsgebiet** *nt <-(e)s, -e>* materia *f* jurídica, disciplina *f* jurídica; **Rechtsgelehrte(r)** *mf <-n, -n; -, -n>* letrado, -a *m, f*; **Rechtsgemeinschaft** *f <-, -en>* comunidad *f* jurídica
rechtsgerichtet *adj* (POL) derechista, de derecha(s)
Rechtsgeschäft *nt <-(e)s, -e>* (JUR) negocio *m* jurídico, acto *m* jurídico; **einseitiges ~** negocio jurídico unilateral; **unwirksames ~** negocio jurídico ineficaz; **sittenwidriges ~** negocio jurídico contrario a las buenas costumbres
Rechtsgewinde *nt <-s, ->* (TECH) rosca *f* a la derecha
Rechtsgrundlage *f <-, -n>* base *f* jurídica; **Rechtsgrundsatz** *m <-es, -sätze>* principio *m* del derecho; **allgemeine Rechtsgrundsätze** principios generales del derecho
rechtsgültig *adj* jurídicamente válido; **etw für ~ erklären** declarar algo jurídicamente válido; **etw ~ machen** legalizar algo
Rechtsgültigkeit *f <-, ohne pl>* validez *f* jurídica; **Rechtsgutachten** *nt <-s, ->* dictamen *m* judicial; **ein ~ einholen** recabar un dictamen jurídico; **Rechtsgutsverletzung** *f <-, -en>* lesión *f* de un bien jurídico
Rechtshänder(in) [ˈrɛçtshɛndɐ] *m(f) <-s, -; -, -nen>* diestro, -a *m, f*
rechtshändig I. *adj* diestro
II. *adv* con la mano derecha

Rechtshändigkeit f dextrismo m
Rechtshandlung f <-, -en> (JUR) acto m jurídico; **Widerruf von ~en** revocación de un acto jurídico
rechtshängig adj (JUR) en manos de los tribunales, pendiente de resolución, sub júdice
Rechtshängigkeit f <-, ohne pl> (JUR) litispendencia f; **doppelte ~** litispendencia doble; **vor/während ~** antes de/durante la litispendencia
rechtsherum ['rɛçtshɛrʊm] adv (dando vueltas) a la derecha, girando a la derecha; **Glühbirnen werden ~ in die Fassung gedreht** las bombillas se giran en el portalámparas en el sentido de las agujas del reloj
Rechtshilfe f <-, ohne pl> (JUR) asistencia f judicial [o jurídica]; **~ leisten** prestar asistencia judicial; **Rechtshilfeabkommen** nt <-s, -> (JUR) convenio m sobre asistencia judicial; **Rechtshilfeersuchen** nt <-s, -> (JUR) comisión f rogatoria, exhorto m; **Rechtshilfeordnung** f <-, -en> (JUR) régimen m de auxilio judicial
Rechtsinhaber(in) m(f) <-s, -; -, -nen> (JUR) titular mf jurídico [o de derecho], derechohabiente mf; **Rechtsinstanz** f <-, -en> (JUR) instancia f jurídica; **Rechtsinstrument** nt <-(e)s, -e> (JUR) instrumento m jurídico; **Rechtsirrtum** m <-s, -tümer> (JUR) error m jurídico; **Rechtskauf** m <-(e)s, -käufe> (JUR) adquisición f legal; **Rechtsklarheit** f <-, ohne pl> (JUR) transparencia f jurídica; **Rechtskollision** f <-, -en> (JUR) colisión f de derechos; **Rechtskonsulent(in)** m(f) <-en, -en; -, -nen> (Schweiz) ❶ (Rechtsberater) asesor(a) m(f) jurídico, -a ❷ (Rechtsanwalt) abogado, -a m, f; **Rechtskosten** pl (JUR) gastos mpl jurídicos
Rechtskraft f <-, ohne pl> (JUR) validez f legal, fuerza f de ley; (Unanfechtbarkeit) irrevocabilidad f; **Eintritt der ~** entrada en vigor; **formelle/materielle ~** cosa juzgada formal/material; **relative ~** cosa juzgada relativa; **erlangen** entrar en vigor; **Rechtskrafterstreckung** f <-, -en> (JUR) extensión f de fuerza jurídica
rechtskräftig adj (JUR) (jurídicamente) válido; **~ werden** entrar en vigor
Rechtskraftnachweis m <-es, -e> (JUR) justificante m de fuerza jurídica; **Rechtskraftumgehung** f <-, -en> (JUR) elusión f de la firmeza de una resolución [o del efecto de cosa juzgada]; **Rechtskraftwirkung** f <-, -en> (JUR) autoridad f de cosa juzgada; **Rechtskraftzeugnis** nt <-ses, -se> (JUR) testimonio m de firmeza
Rechtskunde f <-, ohne pl> (alt) jurisprudencia f
rechtskundig adj que sabe de derecho; **~ sein** saber de derecho [o de leyes]; **eine ~e Person** una persona que tiene conocimientos de derecho
Rechtskurve f <-, -n> curva f a la derecha
Rechtslage f <-, ohne pl> situación f legal [o jurídica]
rechtslastig adj ❶ (rechts belastet) con demasiado peso en el lado derecho
❷ (POL: nach rechts tendierend) de tendencias derechistas
Rechtslücke f <-, -n> (JUR) vacío m legal; **Rechtsmangel** m <-s, -mängel> (JUR) vicio m jurídico, defecto m jurídico; **Rechtsmängelhaftung** f <-, ohne pl> (JUR) responsabilidad f por evicción; **Rechtsmissbrauch**^{RR} m <-(e)s, -bräuche> (JUR) abuso m de derecho
Rechtsmittel nt <-s, -> (JUR) medio m legal, recurso m legal; **außerordentliches/ordentliches ~** recurso legal extraordinario/ordinario; **~ einlegen** presentar [o interponer] recurso; **Rechtsmittelbefugnis** f <-, -se> (JUR) competencia f de recurso; **Rechtsmittelbelehrung** f <-, -en> (JUR) información f sobre recursos, instrucción f sobre recursos; **Rechtsmittelbeschränkung** f <-, -en> (JUR) limitación f de los recursos; **Rechtsmittelinstanz** f <-, -en> (JUR) instancia f de recurso [o de apelación]; **Rechtsmittelklarheit** f <-, ohne pl> (JUR) claridad f sobre los recursos; **Rechtsmittelrichtlinien** fpl (JUR) directivas fpl sobre recursos jurídicos; **Rechtsmittelschrift** f <-, -en> (JUR) escrito m de interposición de recurso; **Rechtsmittelstreitwert** m <-(e)s, -e> (JUR) cuantía f del litigio de recurso; **Rechtsmittelsumme** f <-, -n> (JUR) cuantía f del recurso; **Rechtsmittelverfahren** nt <-s, -> (JUR) vía f de recurso; **Rechtsmittelversäumung** f <-, -en> (JUR) contumacia f de recurso; **Rechtsmittelverzicht** m <-(e)s, -e> (JUR) renuncia f al recurso; **Rechtsnachfolge** f <-, ohne pl> (JUR) sucesión f en el derecho; **die ~ von jdm antreten** suceder a alguien; **Rechtsnachfolger(in)** m(f) <-s, -; -, -nen> (JUR) sucesor(a) m(f) jurídico, -a; **Rechtsnatur** f <-, ohne pl> (JUR) naturaleza f jurídica; **~ der Beschlüsse/des Vertrags** naturaleza jurídica de las resoluciones/del contrato; **Rechtsnorm** f <-, -en> (JUR) norma f jurídica; **Rechtsobjekt** nt <-(e)s, -e> (JUR) objeto m de derecho; **Rechtsordnung** f <-, -en> (JUR) orden(amiento) m jurídico
Rechtsperson f <-, -en> (JUR) persona f jurídica; **Rechtspflege** f <-, ohne pl> (JUR) (administración de) justicia f; **Stillstand der ~** interrupción de la administración de justicia; **Rechtspfleger(in)** m(f) <-s, -; -, -nen> (JUR) funcionario, -a m, f de la administración judicial
Rechtspflicht f <-, -en> deber m jurídico; **Rechtspflichtmerkmal** nt <-s, -> característica f del deber jurídico; **Rechtspflichtverletzung** f <-, -en> infracción f del deber jurídico

Rechtsphilosophie f <-, ohne pl> filosofía f del derecho
rechtsprechend adj (JUR): **~e Gewalt** poder jurídico
Rechtsprechung f <-, -en> jurisprudencia f; **Rechtsprechungsänderung** f <-, -en> modificación f jurisprudencial
Rechtsquelle f <-, -n> fuente f de derecho [o jurídica]; **steuerrelevante ~n** fuentes jurídicas fiscalmente relevantes
rechtsradikal adj (POL) de extrema derecha, ultraderechista; **Rechtsradikale(r)** mf <-n, -n; -n, -n> (POL) persona f de la extrema derecha [o de la ultraderecha], ultraderechista mf
rechtsrheinisch adj de [o relativo a] la orilla derecha del Rin
Rechtsruck m <-(e)s, -e> (fam: bei Wahlen) giro m hacia la derecha
rechtsrum ['rɛçtsrʊm] adv (fam) s. **rechtsherum**
Rechtsrutsch m <-es, -e> (fam) s. **Rechtsruck**
Rechtssache f <-, -n> causa f, pleito m; **die vorliegende ~** el presente pleito; **die ~ erörtern** discutir la causa; **die ~ einer Kammer zuweisen** dar traslado de un pleito a la sala; **eine ~ zu späterer Entscheidung zurückstellen** aplazar un pleito para posterior pronunciamiento
Rechtsschein m <-(e)s, ohne pl> (JUR) apariencia f jurídica; **Rechtsscheinhaftung** f <-, -en> (JUR) responsabilidad f derivada de la apariencia jurídica; **Rechtsscheinsanspruch** m <-(e)s, -sprüche> (JUR) pretensión f de apariencia jurídica
Rechtsschöpfung f <-, -en> creación f jurídica; **~ durch die Gerichte** creación jurídica por los tribunales
Rechtsschutz m <-es, ohne pl> (JUR) protección f jurídica, tutela f jurisdiccional; **einstweiliger ~** protección jurídica provisional; **vorläufiger ~** protección jurídica transitoria; **Rechtsschutzbedürfnis** nt <-ses, ohne pl> necesidad f de protección jurídica [o tutela jurisdiccional]; **allgemeines ~** necesidad general de protección jurídica; **Rechtsschutzbegehren** nt <-s, -> (JUR) demanda f de protección jurídica; **Rechtsschutzgarantie** f <-, -n> garantía f de tutela jurisdiccional; **Rechtsschutzinteresse** nt <-s, -n> interés m jurídicamente protegido; **Rechtsschutzversicherung** f <-, -en> seguro m de protección jurídica
rechtsseitig adj del lado derecho; **~ gelähmt** paralizado del lado derecho; **etw ~ belasten** sobrecargar algo del lado derecho
Rechtssetzungsgleichheit f <-, ohne pl> igualdad f ante la ley; **Rechtssicherheit** f <-, ohne pl> seguridad f jurídica; **Rechtssoziologie** f <-, ohne pl> sociología f jurídica; **Rechtsspaltung** f <-, -en> desdoblamiento m jurídico; **Rechtsstaat** m <-(e)s, -en> Estado m de derecho
rechtsstaatlich adj jurídico-estatal
Rechtsstaatlichkeit f <-, ohne pl> legalidad f, constitucionalidad f
Rechtsstaatsgefährdung f <-, -en> (JUR) peligro m del estado constitucional; **Rechtsstaatsprinzip** nt <-s, ohne pl> (JUR) principio m del estado constitucional
Rechtsstellung f <-, ohne pl> (JUR) posición f jurídica; **~ gegenüber Dritten** posición jurídica frente a tercero; **Rechtsstreit** m <-(e)s, -e> (JUR) pleito m, litigio m; **anhängiger ~** causa pendiente; **einen ~ beilegen** dirimir un pleito; **den ~ entscheiden** conocer de una causa; **den ~ führen** entablar juicio; **den ~ gewinnen** ganar el juicio; **den ~ verlieren** perder el juicio; **den ~ zurückweisen** devolver el litigio; **Rechtsstreitigkeit** f <-, -en> (JUR) causa f, litigio m, contienda f; **bürgerliche ~en** causas civiles; **kirchenrechtliche ~** contienda eclesiástica; **öffentlich-rechtliche ~** contienda en derecho público; **verfassungsrechtliche ~** contienda en derecho constitucional; **völkerrechtliche ~** contienda jurídico-internacional; **Rechtstitel** m <-s, -> (JUR) título m legal [o jurídico]; **Rechtsträger** m <-s, -> (JUR) titular m jurídico; **Rechtsträgerschaft** f <-, -en> (JUR) titularidad f jurídica; **Rechtsübergang** m <-(e)s, ohne pl> (JUR) subrogación f de derechos, transmisión f de derechos; **Rechtsübertragung** f <-, -en> (JUR) transmisión f de derechos; **Rechtsübertretung** f <-, -en> (JUR) extralimitación f jurídica
rechtsum [rɛçts'ʔʊm] adv: **~ kehrt!** (MIL) ¡vuelta a la derecha!; **~ machen** (fam) girar a la derecha
rechtsunfähig adj (JUR) jurídicamente incapaz; **für ~ erklären** declarar jurídicamente incapaz
rechtsungültig adj (JUR) jurídicamente inválido; **~ machen** invalidar
Rechtsungültigkeit f <-, ohne pl> (JUR) invalidez f jurídica, ilegalidad f
rechtsunwirksam adj (JUR) sin efectos jurídicos
Rechtsunwirksamkeit f <-, ohne pl> (JUR) ineficacia f jurídica
rechtsverbindlich adj (JUR) obligatorio, jurídicamente vinculante
Rechtsverbindlichkeit f <-, -en> (JUR) obligatoriedad f jurídica, fuerza f obligatoria; **Rechtsverdreher(in)** m(f) <-s, -; -, -nen> (abw) picapleitos mf inv; **Rechtsvereinheitlichung** f <-, -en> unificación f jurídica [o del derecho]; **Rechtsvereitelung** f <-, ohne pl> (JUR) obstaculización f del derecho; **Rechtsverhältnis** nt <-ses, -se> (JUR) relación f jurídica; **vertragliches ~** relación jurídica contractual; **hinkende ~se** relaciones jurídicas cojas; **Rechtsverkehr** m <-(e)s,

ohne pl> ❶ (AUTO) circulación *f* por la derecha ❷ (JUR) relaciones *fpl* jurídicas; **Rechtsverletzung** *f* <-, -en> (JUR) violación *f* del derecho; **Rechtsverlust** *m* <-(e)s, -e> (JUR) pérdida *f* del derecho; **Rechtsvermutung** *f* <-, -en> (JUR) presunción *f* jurídica [*o* legal]; **Rechtsverordnung** *f* <-, -en> (JUR) decreto-ley *m*, disposición *f* legal; **eine ~ erlassen** dictar un decreto; **Rechtsverschaffungspflicht** *f* <-, -en> obligación *f* de proporcionar derecho; **Rechtsvertreter(in)** *m(f)* <-s, -; -, -nen> (JUR) representante *mf* legal

Rechtsverweigerung *f* <-, -en> (JUR) denegación *f* de justicia; **Rechtsverweigerungsverbot** *nt* <-(e)s, -e> (JUR) prohibición *f* de denegación de justicia

Rechtsverwirkung *f* <-, *ohne pl*> (JUR) caducidad *f* jurídica; **Rechtsvorgänger(in)** *m(f)* <-s, -; -, -nen> (JUR) titular *mf* anterior, predecesor(a) *m(f)* jurídico, -a; **Rechtsvorschrift** *f* <-, -en> (JUR) disposición *f* legal; **zwingende ~en** disposiciones legales obligatorias

Rechtswahl *f* <-, *ohne pl*> (JUR) determinación *f* del derecho aplicable; **Rechtswahlmöglichkeit** *f* <-, -en> (JUR) posibilidad *f* de determinación del derecho aplicable; **Rechtswahlvertrag** *m* <-(e)s, -träge> (JUR) pacto *m* de derecho aplicable

Rechtswahrungsanzeige *f* <-, -n> (JUR) notificación *f* de guarda de derechos

Rechtsweg *m* <-(e)s, -e> (JUR) vía *f* judicial; **ordentlicher ~** vía judicial ordinaria; **auf dem ~** por la vía judicial; **der ~ ist ausgeschlossen** la vía judicial queda excluida; **den ~ beschreiten** tomar medidas judiciales; **Rechtswegentscheidung** *f* <-, -en> (JUR) decisión *f* de cauce jurídico; **Rechtswegerschöpfung** *f* <-, *ohne pl*> (JUR) agotamiento *m* de la vía jurídica; **Rechtsweggarantie** *f* <-, -n> (JUR) garantía *f* de la vía jurídica

rechtswidrig *adj* ilegal, ilegítimo; **~e Handlung/Tat** acto/hecho ilegal

Rechtswidrigkeit *f* <-, -en> (JUR) antijuridicidad *f*; **~ eines Eingriffs** antijuridicidad de una intromisión [*o* injerencia]; **Rechtswidrigkeitszusammenhang** *m* <-(e)s, -hänge> (JUR) relación *f* con la antijuridicidad

rechtswirksam *adj* (JUR) jurídicamente válido [*o* eficaz]

Rechtswirksamkeit *f* <-, *ohne pl*> (JUR) validez *f* jurídica, eficacia *f* jurídica; **Rechtswirkung** *f* <-, -en> (JUR) efecto *m* jurídico; **Rechtswissenschaft** *f* <-, *ohne pl*> (JUR) jurisprudencia *f*; **Rechtszug** *m* <-(e)s, *ohne pl*> (JUR) instancia *f*

rechtwink(e)lig *adj* rectangular

rechtzeitig I. *adj* puntual
II. *adv* ❶ (*pünktlich*) a tiempo; **gerade ~ ankommen** llegar justo a tiempo
❷ (*früh genug*) con (la debida) antelación; **sich ~ einschreiben** inscribirse con antelación

Rechtzeitigkeit *f* <-, *ohne pl*> (JUR) tiempo *m* debido, oportunidad *f*; **~ der Zahlung** oportunidad del pago, pago a su debido tiempo

Reck [rɛk] *nt* <-(e)s, -e *o* -s> barra *f* fija

Recke ['rɛkə] *m* <-n, -n> (*geh*) guerrero *m*

recken ['rɛkən] I. *vt* alargar; **den Kopf ~** alargar el cuello
II. *vr*: **sich ~** estirarse

Recorder *m* <-s, -> *s.* **Rekorder**

recyceln* [ri'saɪkəln] *vt* reciclar

recyclebar *adj* reciclable

Recycling [ri'saɪklɪŋ] *nt* <-s, *ohne pl*> reciclaje *m*, reciclado *m*

Recyclingcomputerpapier *nt* <-s, *ohne pl*> papel *m* reciclado para ordenador; **Recyclingkopierpapier** *nt* <-s, *ohne pl*> papel *m* reciclado para fotocopias; **Recyclingpapier** *nt* <-s, *ohne pl*> papel *m* reciclado

Redakteur(in) [redak'tø:ɐ] *m(f)* <-s, -e; -, -nen> redactor(a) *m(f)*

Redaktion [redak'tsjo:n] *f* <-, -en> redacción *f*

redaktionell [redaktsjo'nɛl] *adj* ❶ (*bezogen auf Redigieren*) de redacción
❷ (*bezogen auf Redaktion*) de la redacción

Redaktionsgeheimnis *nt* <-ses, -se> secreto *m* de redacción; **Redaktionsschluss**ᴿᴿ *m* <-es, *ohne pl*> (PUBL) cierre *m* de redacción [*o* de edición]; **das Wahlergebnis stand bei ~ noch nicht fest** al cierre de edición aún no se conocían los resultados de las elecciones

Redaktor(in) [re'dakto:ɐ] *m(f)* <-s, -en; -, -nen> (*Schweiz*) redactor(a) *m(f)*

Rede ['re:də] *f* <-, -n> ❶ (*Ansprache*) discurso *m*; (*Gespräch*) conversación *f*; **eine ~ halten** pronunciar un discurso; **große ~n schwingen** (*fam*) fanfarronear; **das ist nicht der ~ wert** no merece la pena comentarlo; **meine ~!** (*fam*) ¡ese es mi punto!; **es ist die ~ von ...** se habla de...; **davon kann nicht die ~ sein** no se trata de eso; **wovon ist die ~?** ¿de qué va (el asunto)?; **jdn zur ~ stellen** pedir cuentas a alguien; **etw zur ~ bringen** (*südd*) sacar algo a colación; **jdm ~ und Antwort stehen** dar cuentas a alguien; **sich in freier ~ üben** practicar el discurso; **der langen ~ kurzer Sinn** resumiendo
❷ (LING) estilo *m*; **direkte/indirekte ~** estilo directo/indirecto

Redeflussᴿᴿ *m* <-es, -flüsse> verborrea *f*, verbosidad *f*; **jdn in seinem ~ unterbrechen** interrumpir la verborrea de alguien; **Redefreiheit** *f* <-, *ohne pl*> libertad *f* de expresión; **~ fordern/gewähren** exigir/otorgar la libertad de expresión

redegewandt *adj* elocuente

Redegewandtheit *f* <-, *ohne pl*> elocuencia *f*; **Redekunst** *f* <-, *ohne pl*> retórica *f*

reden ['re:dən] I. *vi* ❶ (*sprechen*) hablar (*mit* con, *über* sobre, *von* de); **er redet oft mit sich** *dat* **selbst** muchas veces habla consigo mismo; **mit Händen und Füßen ~** hablar con pies y manos; **(viel) von sich** *dat* **~ machen** dar mucho que hablar; **jdn zum R~ bringen** conseguir que alguien hable; **das ist ja mein ~!** (*fam*) ¡eso ya lo he dicho yo (cien veces)!; **du hast gut ~!** tan fácil no es, es muy fácil decirlo; **ich muss mit dir ~** tengo que hablar contigo; **darüber lasse ich mit mir ~** no pienso cambiar de opinión en esto; **sie ~ nicht mehr miteinander** ya no se hablan; **darüber lässt sich ~** se puede hablar de ello; **~ wir nicht mehr darüber** no hablemos más de ello; **wie redest du denn mit mir?** ¿pero en qué tono me hablas?; **lass mich zu Ende ~!** ¡déjame terminar!; **so lasse ich nicht mit mir ~** no consiento que me hablen así; **nicht zu ~ von ...** por no hablar de...; **die Leute ~ viel** la gente habla mucho; **schlecht von jdm ~** hablar mal de alguien; **das gibt zu ~** (*Schweiz*) es objeto de comentarios
❷ (*Rede halten*) pronunciar un discurso (*über* sobre)
II. *vt* hablar; **Unsinn ~** decir tonterías; **wir redeten nur das Nötigste** hablamos sólo (de) lo más necesario; **ich muss ein ernstes Wort mit ihm ~** tengo que hablar en serio con él; **red kein dummes Zeug!** ¡no digas tonterías!
III. *vr*: **sich heiser ~** quedarse ronco de (tanto) hablar; **sich in Rage/Begeisterung ~** hablar lleno de furia/entusiasmo

Redensart *f* <-, -en> locución *f*, modismo *m*; **eine feste** [*o* **stehende**] **~** una frase hecha

Redenschreiber(in) *m(f)* <-s, -; -, -nen> persona *f* que escribe discursos

Rederecht *nt* <-(e)s, *ohne pl*> derecho *m* a tomar la palabra; **Redeschwall** *m* <-(e)s, -e> (*abw*) torrente *m* de palabras, (gran) verbosidad *f*; **Redeverbot** *nt* <-(e)s, -e> prohibición *f* de hablar; **jdm ~ erteilen** prohibir a alguien hablar; **Redeweise** *f* <-, -n> manera *f* de hablar, modo *m* de expresarse; **Redewendung** *f* <-, -en> (LING) giro *m*, frase *f* hecha; **Redezeit** *f* <-, -en> tiempo *m* asignado a cada orador, tiempo *m* reglamentario de intervención; **die ~ beträgt 15 Minuten** cada orador dispone de 15 minutos; **die ~ überschreiten** superar el tiempo reglamentario

redigieren* [redi'gi:rən] *vt* corregir; (*Zeitschrift*) redactar

rediskontfähig *adj* (FIN) redescontable

Rediskontierung *f* <-, -en> (FIN) redescuento *m*

Rediskontkredit *m* <-(e)s, -e> (FIN, WIRTSCH) crédito *m* redescontable

redlich ['re:tlɪç] *adj* ❶ (*aufrichtig*) honrado; **~ handeln/denken** obrar/pensar honradamente; **das hat er sich** *dat* **~ verdient** se lo ha merecido
❷ (*groß*) grande; **er hat sich** *dat* **~e Mühe gegeben** ha hecho un gran esfuerzo

Redlichkeit *f* <-, *ohne pl*> honradez *f*

Redner(in) ['re:dnɐ] *m(f)* <-s, -; -, -nen> orador(a) *m(f)*

Rednerbühne *f* <-, -n> tribuna *f* (de oradores)

Rednerin *f* <-, -nen> *s.* **Redner**

rednerisch I. *adj* oratorio; **eine große ~e Leistung** un discurso con una gran oratoria
II. *adv*: **~ begabt sein** tener capacidad para la oratoria

Rednerpult *nt* <-(e)s, -e> púlpito *m*, tribuna *f*

Redoxpotential *nt* <-s, -e> (CHEM) potencial *m* redox; **Redoxverfahren** *nt* <-s, -> (CHEM) proceso *m* redox

redselig *adj* hablador, locuaz

Redseligkeit *f* <-, *ohne pl*> verbosidad *f*, locuacidad *f*

Reduktion [redʊk'tsjo:n] *f* <-, -en> (*a.* CHEM, PHYS, MATH) reducción *f*; **geltungserhaltende ~** (JUR) reducción conservadora de vigor

Reduktionsmittel *nt* <-s, -> (CHEM) agente *m* reductor, sustancia *f* de reducción; **Reduktionswiderstand** *m* <-(e)s, -stände> (CHEM) resistencia *f* a la reducción

redundant [redʊn'dant] *adj* (LING) redundante

Redundanz [redʊn'dants] *f* <-, -en> (LING) redundancia *f*

Reduplikation [reduplika'tsjo:n] *f* <-, -en> (LING) reduplicación *f*

Reduzent *m* <-en, -en> (BIOL) reductor *m*

reduzierbar *adj* reducible, reductible

reduzieren* [redu'tsi:rən] I. *vt* (*a.* CHEM, PHYS, MATH) reducir (*auf* a); **wir haben den Arbeitsaufwand auf ein Mindestmaß reduziert** hemos reducido el esfuerzo al mínimo
II. *vr*: **sich ~** reducirse (*auf* a)

Reduzierung *f* <-, -en> reducción *f*, recorte *m*, rebaja *f*

Reede ['re:də] *f* <-, -n> rada *f*; **der Tanker liegt auf der ~** el petrolero

fondea en la rada
Reeder(in) *m(f)* <-s, -; -, -nen> armador(a) *m(f)*, naviero, -a *m, f*
Reederei *f* <-, -en> compañía *f* naviera
Reederhaftung *f* <-, ohne pl> (JUR) responsabilidad *f* del naviero
Reederin *f* <-, -nen> *s.* **Reeder**
reell [re'ɛl] *adj* ① (*ehrlich*) honesto
② (*fam: Portion, Ware*) bueno; (*Preis*) razonable
③ (*wirklich, a.* MATH) real
Reet ['reːt] *nt* <-s, ohne pl> (*nordd*) ① (*Schilf*) caña *f*
② (*Gebiet*) cañaveral *m*
Reetdach *nt* <-(e)s, -dächer> (*nordd*) tejado de cañas típico del norte de Alemania
reetgedeckt *adj* cubierto con cañas
Refektorium [refɛk'toːriʊm, *pl:* refɛk'toːriən] *nt* <-s, Refektorien> (REL) refectorio *m*
Referat [refe'raːt] *nt* <-(e)s, -e> ① (*Vortrag*) exposición *f*, ponencia *f*; **ein ~ ausarbeiten** [*o* **schreiben**] elaborar una ponencia; **ein ~ halten** exponer una ponencia, hacer una exposición oral
② (*Abteilung*) sección *f*, negociado *m*; **ein ~ leiten** dirigir una sección; **jdm ein ~ übertragen** conferir a alguien una sección
Referenda *pl von* **Referendum**
Referendar(in) [referɛn'daːɐ] *m(f)* <-s, -e; -, -nen> ① (JUR) licenciado, -a *m, f* en derecho
② (SCH) profesor(a) *m(f)* en prácticas
Referendariat [referɛndari'aːt] *nt* <-(e)s, -e> ① (JUR) período *m* de prácticas para licenciados de derecho
② (SCH) período *m* de prácticas de profesorado
Referendarin *f* <-, -nen> *s.* **Referendar**
Referendarzeit *f* <-, -en> (JUR, SCH) *s.* **Referendariat**
Referendum [refe'rɛndʊm] *nt* <-s, Referenden *o* Referenda> referéndum *m*; **ein ~ abhalten** celebrar un referéndum
Referent(in) [refe'rɛnt] *m(f)* <-en, -en; -, -nen> ① (*Vortragender*) conferenciante *mf*, ponente *mf*
② (*Referatsleiter*) jefe, -a *m, f* de negociado
Referenz [refe'rɛnts] *f* <-, -en> ① (*Empfehlung*) referencias *fpl*; **~en erbitten** solicitar referencias; **eine ~ vorweisen** presentar una recomendación
② (*Person, Stelle*) referencia *f*
Referenzhandbuch *nt* <-(e)s, -bücher> manual *m* de referencia;
Referenzzeitraum *m* <-(e)s, -räume> periodo *m* de referencia
referieren* [refe'riːrən] I. *vi* ① (*Referat halten*) exponer (una ponencia) (*über* sobre)
② (*berichten*) presentar (*über*), hablar (*über* sobre/de)
II. *vt* (*berichten*) presentar
Refinanzierungsmöglichkeit *f* <-, -en> (FIN) posibilidad *f* de refinanciación
reflektieren* [reflɛk'tiːrən] I. *vi* ① (*nachdenken*) reflexionar (*über* sobre)
② (*zurückstrahlen*) reflejar; **~des Autokennzeichen** matrícula reflectante
③ (*interessiert sein*) tener interés (*auf* en)
II. *vt* (*Licht*) reflejar
Reflektor [re'flɛktoːɐ] *m* <-s, -en> reflector *m*
Reflex [re'flɛks] *m* <-es, -e> reflejo *m*; **~ der Lichter** reflejos de la luz; **angeborener ~** reflejo innato
Reflexbewegung *f* <-, -en> movimiento *m* reflejo; **Reflexhandlung** *f* <-, -en> acto *m* reflejo
Reflexion [reflɛ'ksjoːn] *f* <-, -en> (a. PHYS) reflexión *f* (*über* sobre); **~en über etw anstellen** reflexionar sobre algo
reflexiv [reflɛ'ksiːf] *adj* (a. LING) reflexivo
Reflexivpronomen *nt* <-s, -pronomina *o* -> (LING) pronombre *m* reflexivo; **Reflexivverb** *nt* <-s, -en> (LING) verbo *m* reflexivo
Reflexrecht *nt* <-(e)s, ohne pl> (JUR) derecho *m* reflejo
Reflexzone *f* <-, -n> zona *f* refleja; **Reflexzonenmassage** *f* <-, -n> masaje *m* de las zonas reflejas
Reform [re'fɔrm] *f* <-, -en> reforma *f*
Reformation [reforma'tsjoːn] *f* <-, ohne pl> Reforma *f*
Reformationsfest *nt* <-(e)s, -e> (REL) día *m* de la Reforma (*fiesta de la iglesia evangélica el 31 de octubre*)
Reformator(in) [refɔr'maːtoːɐ, *pl:* reforma'toːrən] *m(f)* <-s, -en; -, -nen> ① (REL) reformador(a) *m(f)*
② (*geh*) *s.* **Reformer**
reformatorisch [reforma'toːrɪʃ] *adj* reformatorio
reformbedürftig *adj* que necesita reformas
Reformer(in) [re'fɔrmɐ] *m(f)* <-s, -; -, -nen> reformista *mf*, reformador(a) *m(f)*
reformerisch *adj* reformativo
reformfreudig *adj* prorreformista, abierto a las reformas
Reformhaus *nt* <-es, -häuser> tienda *f* de productos dietéticos y biológicos
reformieren* [refɔr'miːrən] *vt* reformar
Reformierte(r) [refɔr'miːrtə] *mf* <-n, -n; -n, -n> (REL) miembro *m* de la iglesia Reformada
Reformismus [refɔr'mɪsmʊs] *m* <-, ohne pl> (POL) reformismo *m*
reformistisch *adj* (POL) reformista
Reformkost *f* <-, ohne pl> productos *mpl* dietéticos y biológicos, alimentos *mpl* naturales
Refrain [rə'frɛː] *m* <-s, -s> estribillo *m*
Refraktion [refrak'tsjoːn] *f* <-, -en> (PHYS) refracción *f*
Refraktor [re'fraktoːɐ] *m* <-s, -en> (ASTR) refractor *m*
Refugialgebiet *nt* <-(e)s, -e> (BIOL) zona *f* de refugio
Refugium [re'fuːgiʊm] *nt* <-s, Refugien> (*geh*) refugio *m*
Regal [re'gaːl] *nt* <-s, -e> ① (*Ablage, Gestell*) estante *m*, estantería *f*; (*Bücher~*) librería *f*
② (MUS) órgano *m* portátil
Regalien *ntpl* (JUR) regalías *fpl*
Regatta [re'gata] *f* <-, Regatten> (SPORT) regata *f*
Reg. Bez. *Abk. von* **Regierungsbezirk** distrito *m* administrativo
rege ['reːgə] *adj* ① (*Verkehr, Briefwechsel, Betrieb*) intenso; (*Nachfrage, Interesse*) grande; (*Handel*) floreciente; **~ Beteiligung** participación activa; **es herrschte ein ~s Treiben auf den Straßen** había mucho movimiento en las calles
② (*Unterhaltung*) animado; (*Fantasie*) vivo; **körperlich und geistig ~ sein** mantenerse física y mentalmente activo; **die Feinde der Demokratie sind immer noch ~** los enemigos de la democracia aún siguen vivos [*o* activos]
Regel ['reːgəl] *f* <-, -n> ① (*Vorschrift, a.* LING) regla *f*; (*Norm*) norma *f*; **~n aufstellen** establecer normas; **keine ~ ohne Ausnahme** siempre hay una excepción a la regla; **in der ~** por regla general; **nach allen ~n der Kunst** como es debido, como Dios manda; **jdn nach allen ~n der Kunst verprügeln** dar a alguien una buena paliza; **sich** *dat* **etw zur ~ machen** tomar algo por costumbre
② (*Menstruation*) regla *f*, período *m*; **sie bekommt bald ihre ~** le va a venir la regla [*o* el período] pronto
Regelarbeitszeit *f* <-, -en> horario *m* de trabajo regular
regelbar *adj* regulable
Regelbebauung *f* <-, -en> (JUR) urbanización *f* reglamentaria; **Regelbeispielsmethode** *f* <-, -n> (JUR) método *m* ejemplar reglamentario; **Regelbetrag** *m* <-(e)s, -träge> (JUR) importe *m* normal
Regelblutung *f* <-, -en> regla *f*, período *m*
Regelfall *m* <-(e)s, ohne pl> caso *m* normal
Regelkreis *m* <-es, -e> (TECH, BIOL) círculo *m* de regulación
regellos *adj* sin regla, sin norma; (*ungeordnet*) desordenado
regelmäßig I. *adj* regular; **sie ist eine ~e Besucherin** viene regularmente; **~e Verben** verbos regulares
II. *adv* con regularidad, regularmente; **er kommt ~ zu spät** llega siempre tarde
Regelmäßigkeit *f* <-, -en> regularidad *f*; **in** [*o* **mit**] **schöner ~** (*fam*) con toda puntualidad
regeln ['reːgəln] I. *vt* regular; (*durch Verordnung*) reglamentar; (*in Ordnung bringen*) arreglar; **etw gesetzlich/vertraglich ~** regular algo legalmente/contractualmente; **etw gütlich ~** regular algo amistosamente; **die Temperatur ~** regular la temperatura; **etw vertraglich ~** fijar algo mediante un contrato; **das ist gesetzlich geregelt** está reglamentado; **das lässt sich ~** esto se puede arreglar; **du brauchst nichts zu bezahlen, ich regele das schon** no tienes que pagar nada, yo me ocupo
II. *vr:* **sich ~** ① (*vor sich gehen*) efectuarse
② (*in Ordnung kommen*) arreglarse, solucionarse; **das wird sich schon von selbst ~** esto ya se solucionará por sí solo
regelrecht I. *adj* (*vorschriftsmäßig*) conforme a las reglas, correcto
② (*fam: richtiggehend*) verdadero
II. *adv* (*fam*) de verdad; **er war ~ unverschämt** fue descarado de verdad
Regelsatz *m* <-es, -sätze> cuantía *f* de las distintas ayudas sociales
Regelsatzverordnung *f* <-, -en> (JUR) ordenación *f* sobre conjunto de normas
Regelstrafrahmen *m* <-s, -> (JUR) marco *m* de penas normales
Regelstudienzeit *f* <-, -en> (UNIV) tiempo previsto que fija la universidad para una carrera; **Regelsystem** *nt* <-s, -e> sistema *m* de reglamentación
Regelung *f* <-, -en> ① (*das Festlegen*) reglamentación *f*; (*Erledigung*) tramitación *f*
② (*der Temperatur*) regulación *f*
③ (*Abmachung*) acuerdo *m*, arreglo *m*; (*Vorschrift*) reglamentación *f*; **abstrakt-individuelle ~** reglamentación abstracto-individual; **konkret-generelle ~** reglamentación concreta general; **konkret-individuelle ~** reglamentación concreto-individual; **es wurden folgende ~en getrof-**

fen se tomaron los siguientes acuerdos
Regelungsanordnung f <-, -en> (JUR) disposición f de regulación; **Regelungstechnik** f <-, -en> técnica f de regulación; **Regelungsverfügung** f <-, -en> (JUR) disposición f reguladora; **Regelungsvorbehalt** m <-(e)s, -e> (JUR) reserva f de regulación
Regelunterhalt m <-(e)s, ohne pl> (JUR) alimentos mpl normales
Regelversagungsgrund m <-(e)s, -gründe> (JUR) causa f de negación de normas
Regelwerk nt <-(e)s, -e> código m
regelwidrig adj contrario a las reglas; **sich ~ verhalten** actuar contra las normas
Regelwidrigkeit f <-, -en> irregularidad f
regen ['reːɡən] I. vt (geh) mover; **keinen Finger ~** no mover un dedo
II. vr: **sich ~** ❶ (sich bewegen) moverse; **kein Lüftchen regte sich** no corría ni una brisa; **sich ~ bringt Segen** (prov) al que madruga Dios le ayuda
❷ (geh: entstehen) surgir; **es regten sich Zweifel** surgieron dudas
Regen ['reːɡən] m <-s, -> lluvia f; (feiner) llovizna f; **saurer ~** lluvia ácida; **im strömenden ~ musste ich nach Hause laufen** lloviendo a cántaros como estaba tuve que ir a pie a casa; **es sieht nach ~ aus** parece que va a llover; **ich bin gestern in den ~ gekommen** ayer me pilló la lluvia; **es gibt bald ~** pronto habrá lluvia; **vom ~ in die Traufe kommen** (fam) salir de Málaga y meterse en Malagón, salir de Guatemala y entrar en Guatepeor; **jdn im ~ stehen lassen** (fam) dejar a alguien plantado; **ein warmer ~** (fig fam) un regalo del cielo
regenarm adj de pocas [o escasas] lluvias
Regenbö(e) f <-, -böen> turbión m, ráfaga f de lluvia
Regenbogen m <-s, -> arco m iris; **Regenbogenfarben** fpl colores mpl del (arco) iris, iridiscencia f; **in allen ~ schillern** despedir reflejos iridiscentes; **Regenbogenhaut** f <-, -häute> (ANAT) iris m; **Regenbogenpresse** f <-, ohne pl> prensa f amarilla, prensa f sensacionalista
Regeneration [regenera'tsjoːn] f <-, -en> (BIOL, MED, TECH) regeneración f
regenerativ [regenera'tiːf] adj ❶ (BIOL, MED) regenerativo
❷ (TECH) renovable, recuperable
regenerieren* [regene'riːrən] I. vt (TECH) regenerar
II. vr: **sich ~** (BIOL, MED) regenerarse
Regenerzeugung f <-, -en>: **künstliche ~** provocación f artificial de la lluvia; **Regenfälle** mpl lluvias fpl; **starke/anhaltende ~** lluvias fuertes/persistentes; **Regenfront** f <-, -en> (METEO) frente m de lluvias; **Regengebiet** nt <-(e)s, -e> zona f de lluvias (frecuentes); **Regenguss**ᴿᴿ m <-es, -güsse> chaparrón m, aguacero m, invierno m MAm, Ant; **Regenmantel** m <-s, -mäntel> gabardina f; (Cape) impermeable m, perramus m inv CSur, caucho m Kol, Ven
regenreich adj lluvioso
Regenrinne f <-, -n> canalón m
Regensburg ['reːɡənsbʊrk] nt <-s> Ratisbona f
Regenschatten m <-s, -> (GEO) sombra f de la lluvia; **Regenschauer** m <-s, -> chubasco m; **Regenschirm** m <-(e)s, -e> paraguas m inv
Regent(in) [re'gɛnt] m(f) <-en, -en; -, -nen> regente mf
Regentag m <-(e)s, -e> día m lluvioso [o de lluvia]
Regentin f <-, -nen> s. Regent
Regentonne f <-, -n> bidón m para el agua de lluvia; **Regentropfen** m <-s, -> gota f de lluvia
Regentschaft f <-, -en> regencia f
Regenwald m <-(e)s, -wälder> selva f tropical; **Regenwasser** nt <-s, ohne pl> agua f de lluvia; **Regenwetter** nt <-s, ohne pl> tiempo m lluvioso; **bei ~** cuando llueve; **Regenwolke** f <-, -n> nube f (cargada) de lluvia; **Regenwurm** m <-(e)s, -würmer> (ZOOL) lombriz f de tierra; **Regenzeit** f <-, -en> época f de las lluvias, temporada f de lluvias, invierno m MAm, And, Ant
Reggae ['rɛɡeɪ] m <-, ohne pl> (MUS) reggae m
Regie [re'ʒiː] f <-, ohne pl> ❶ (FILM, THEAT) dirección f; **bei etw dat die ~ führen** dirigir algo; **unter der ~ von ...** bajo la dirección de...
❷ (Leitung) administración f; (Führung) dirección f; **etw in eigener ~ tun** hacer algo por cuenta propia
Regieanweisung f <-, -en> indicación f del director, orden f del director; **Regieassistent(in)** m(f) <-en, -en; -, -nen> ayudante mf de dirección
Regierbarkeit f <-, ohne pl> gobernabilidad f
regieren* [re'ɡiːrən] I. vi gobernar (über); (herrschen) reinar (über sobre); **das Elend regiert in dieser Stadt** la miseria reina en esta ciudad
II. vt ❶ (Land, Staat) gobernar
❷ (LING) regir; **„von" regiert den Dativ** "von" rige dativo
Regierung f <-, -en> gobierno m; **Maßnahmen der ~** medidas del gobierno; **der ~ angehören** ser miembro del gobierno; **die ~ antreten** [o **an die ~ kommen**] acceder al poder; **eine (neue) ~ bilden** formar un (nuevo) gobierno; **die ~ stürzen** hacer caer el gobierno; **die ~ umbilden** reajustar el gobierno; **die ~ musste zurücktreten** el gobierno tuvo que dimitir; **die Partei ist seit zwei Jahren an der ~** el partido está en el poder desde hace dos años; **der Putsch hat eine (Militär)junta an die ~ gebracht** el golpe ha llevado al poder a una junta (militar)
Regierungsabkommen nt <-s, -> acuerdo m intergubernamental; **Regierungsanleihe** f <-, -n> empréstito m emitido por el gobierno de un estado; **Regierungsantritt** m <-(e)s, ohne pl> acceso m al poder; **bei ~** cuando el gobierno accedió al poder; **Regierungsbank** f <-, -bänke> banco m azul; **Regierungsbezirk** m <-(e)s, -e> distrito m administrativo; **Regierungsbildung** f <-, -en> formación f del gobierno; **er wurde mit der ~ betraut** le encargaron la formación del gobierno; **Regierungschef(in)** m(f) <-s, -s; -, -nen> jefe, -a m, f de gobierno; **Regierungsdirektor(in)** m(f) <-s, -en; -, -nen> director(a) m(f) general; **Regierungsentwurf** m <-(e)s, -würfe> proyecto m gubernamental; **Regierungserklärung** f <-, -en> declaración f gubernamental [o del gobierno]
regierungsfähig adj capaz de gobernar
regierungsfeindlich adj antigubernamental
Regierungsform f <-, -en> forma f de gobierno, régimen m; **parlamentarische ~** régimen parlamentario; **präsidiale ~** régimen presidencial
regierungsfreundlich adj progubernamental
Regierungsgeschäfte ntpl acciones fpl gubernamentales; **Regierungskrise** f <-, -n> crisis f inv gubernamental; **Regierungspartei** f <-, -en> partido m gubernamental; **Regierungspräsident(in)** m(f) <-en, -en; -, -nen> (ADMIN) director de un distrito administrativo
Regierungsrat¹ m <-(e)s, ohne pl> (Schweiz) Gobierno Cantonal de Suiza
Regierungsrat, -rätin² m, f <-(e)s, -räte; -, -nen> ❶ (Titel) funcionario, -a de alto cargo en la administración de autoridades superiores federales y del land
❷ (Schweiz: Mitglied der Kantonsregierung) miembro m del gobierno cantonal
Regierungssitz m <-es, -e> (ADMIN, POL) sede f del Gobierno; **Regierungssprecher(in)** m(f) <-s, -; -, -nen> portavoz mf del gobierno; **Regierungssystem** nt <-s, -e> régimen m (político), sistema m de gobierno; **Regierungsumbildung** f <-, -en> reajuste m de gobierno; **eine ~ vornehmen** efectuar un reajuste de gobierno; **Regierungswechsel** m <-s, -> cambio m de gobierno; **Regierungszeit** f <-, -en> (einer Regierung, eines Präsidenten) mandato m; (eines Königs) reinado m
Regime [re'ʒiːm] nt <-s, -(s)> régimen m
Regimegegner(in) m(f) <-s, -; -, -nen> oposicionista mf al régimen; **Regimekritiker(in)** m(f) <-s, -; -, -nen> disidente mf
Regiment¹ [regi'mɛnt] nt <-(e)s, -e> (Leitung) mando m; **das ~ führen** tener el mando; **ein grausames ~ führen** ser muy severo
Regiment² nt <-(e)s, -er> (MIL) regimiento m
Region [re'ɡjoːn] f <-, -en> región f; **die ländlichen ~en** las zonas rurales; **in höheren ~en schweben** (geh fig) estar en las nubes
regional [reɡjo'naːl] adj regional; **~ verschieden** distinto en cada región
Regionalabgabe f <-, -n> (ADMIN, WIRTSCH) tributo m regional; **Regionalliga** f <-, -ligen> liga f regional; **Regionalplan** m <-(e)s, -pläne> (ADMIN, WIRTSCH) plan m regional
Regisseur(in) [reʒɪ'søːɐ] m(f) <-s, -e; -, -nen> (THEAT, FILM) director(a) m(f)
Register [re'ɡɪstɐ] nt <-s, -> (a. MUS, INFOR) registro m; **etw in ein ~ eintragen** registrar algo; **alle ~ ziehen** (fig) tocar todos los registros
Registergericht nt <-(e)s, -e> (JUR) tribunal m de registro; **Registerkaufmann** m <-(e)s, -leute> comerciante m inscrito en el registro mercantil; **Registerlöschung** f <-, -en> (im Grundbuch) cancelación f de inscripción registral; **Registerpfandrecht** nt <-(e)s, ohne pl> (JUR) derecho m de prenda inscrito; **Registersachen** fpl (JUR) asuntos mpl registrales
Registertonne f <-, -n> (NAUT: alt) tonelada f de arqueo
Registerverfahren nt <-s, -> (JUR) procedimiento m de registro; **Registervorschrift** f <-, -en> (JUR) prescripción f de registro; **Registerzwang** m <-(e)s, ohne pl> (JUR) potestad f coercitiva de registro
Registrator m <-s, -en> registrador m
Registratur [regɪstra'tuːɐ] f <-, -en> ❶ (das Registrieren) registro m
❷ (Büro) (oficina f de) registro m
registrieren* [reɡɪs'triːrən] vt registrar; **sie registrierte mit Befriedigung, dass er heimkam** se apercibió con agrado de que él entraba en casa; **die Zeitschrift registriert es** la revista hace una corta mención de ello
Registrierkasse f <-, -n> caja f registradora
Registrierung f <-, -en> registro m
Registrierungsländer ntpl países mpl de matrícula; **Registrierungspflicht** f <-, ohne pl> obligación f de inscripción en el registro

Reglement [reglə'mã:] nt <-s, -s> reglamento m
reglementieren* [reglɛmɛn'ti:rən] vt reglamentar
Reglementierung f <-, -en> reglamentación f
Regler ['re:glɐ] m <-s, -> (TECH) regulador m; (*Temperatur~*) termostato m
reglos ['re:klo:s] adj inmóvil
Reglosigkeit f <-, ohne pl> inmovilidad f
regnen ['re:gnən] vunpers llover; **es regnet in Strömen** llueve a cántaros; **es regnete durchs Dach** se calaba agua por el tejado; **es regnete Protestbriefe bei den Politikern** a los políticos les llovieron cartas de protesta
regnerisch adj lluvioso
Regress[RR] [rɛ'grɛs] m <-es, -e>, **Regreß** m <-sses, -sse> (JUR) recurso m, indemnización f; **~ ersuchen/geltend machen** solicitar/ejercitar recurso; **ohne ~** sin recurso, inapelable; **~ nehmen gegen jdn** recurrir contra alguien; **jdn für etw in ~ nehmen** hacer a alguien responsable de algo
Regressanspruch[RR] m <-(e)s, -sprüche> (JUR) derecho m a indemnización
Regression [rɛgrɛ'sjo:n] f <-, -en> (a. MATH, PSYCH, GEO, BIOL) regresión f
regressiv [rɛgrɛ'si:f] adj (a. PSYCH, PHILOS, JUR) regresivo
regresspflichtig[RR] adj (JUR) responsable (civilmente), obligado a (pagar) indemnización; **jdn ~ machen** recurrir contra alguien
regulär [regu'lɛ:ɐ] adj regular; **ein ~er Flug** un vuelo regular
regulativ adj regulador
Regulator [regu'la:to:ɐ] m <-s, -en> (TECH) regulador m
regulierbar adj regulable, ajustable
regulieren* [regu'li:rən] vt ❶ (*Lautstärke, Temperatur*) regular; (*einstellen*) ajustar
❷ (*Fluss*) encauzar
❸ (*regeln*) regular; (*durch Verordnung*) reglamentar; **einen Schaden ~** regular la indemnización
Regulierung f <-, -en> ❶ (*der Temperatur, Lautstärke*) regulación f; (TECH) ajuste m
❷ (*eines Flusses*) encauzamiento m
❸ (*Regelung*) regulación f; (*eines Schadens*) liquidación f; (*durch Verordnung*) reglamentación f
Regulierungsbehörde f <-, -n> (JUR) autoridad f reguladora
Regung ['re:gʊŋ] f <-, -en> (geh) ❶ (*Bewegung*) movimiento m; **ohne jede ~** inmóvil; **bei der leisesten ~** al menor movimiento
❷ (*Gefühls~*) emoción f; **ihn erfasste eine menschliche ~** se sintió profundamente conmovido; **eine ~ des Mitleids** un sentimiento de compasión
regungslos adj inmóvil; **~ daliegen** estar tumbado como muerto
Reh [re:] nt <-(e)s, -e> corzo m
Reha ['re:ha] f <-, ohne pl> Abk. von **Rehabilitation** rehabilitación f
Rehabilitation [rehabilita'tsjo:n] f <-, -en> rehabilitación f
Rehabilitationszentrum nt <-s, -zentren> centro m de rehabilitación
rehabilitieren* [rehabili'ti:rən] vt ❶ (*jds Ansehen, a.* MED) rehabilitar
❷ (*wieder eingliedern*) reintegrar
Rehabilitierung f <-, -en> ❶ (*in Bezug auf Ansehen, a.* MED) rehabilitación f
❷ (*Wiedereingliederung*) reintegración f
Rehabilitierungsrecht nt <-(e)s, ohne pl> derecho m de rehabilitación; **Rehabilitierungsverfahren** nt <-s, -> proceso m de rehabilitación
Rehbock m <-(e)s, -böcke> corzo m macho; **Rehbraten** m <-s, -> asado m de corzo; **Rehkeule** f <-, -n> (GASTR) zanca f de corzo; **Rehkitz** nt <-es, -e> corcino m; **Rehkuh** f <-, -kühe> corza f; **Rehleder** nt <-s, -> (*für Handschuhe*) (piel f de) cabritilla f; (*für Jacken*) correal m; **Rehrücken** m <-s, -> ❶ (*des Rehs*) lomo m de corzo ❷ (*Kuchen*) pastel de chocolate guarnecido con almendras; **Rehwild** nt <-(e)s, ohne pl> corzo m
Reibach ['raɪbax] m <-s, ohne pl> (fam) alta ganancia f; **einen guten ~ machen** hacer su agosto, forrarse
Reibe ['raɪbə] f <-, -n> rallador m
Reibeisen nt <-s, -> rallador m
Reibekuchen m <-s, -> (reg) fritura de patatas crudas ralladas y huevos batidos; **Reibelaut** m <-(e)s, -e> (LING) sonido m fricativo, fricativa f
reiben ['raɪbən] <reibt, rieb, gerieben> I. vt ❶ (*aneinander ~*) frotar; **etw blank ~** sacar brillo a algo; **sich dat die Augen ~** frotarse los ojos; (fig) pellizcarse; **sich dat die Hände ~** frotarse las manos; **die Creme in die Haut ~** aplicar la crema; **er rieb sich dat den Schlaf aus den Augen** se quitó las telarañas de los ojos
❷ (*zerkleinern*) rallar
II. vr: **sich ~** pelearse (an por, mit con), reñir (an por)
Reibereien fpl peleas fpl

Reibfläche f <-, -n> raspador m
Reibung f <-, -en> ❶ (*das Reiben*) frotamiento m
❷ (PHYS) fricción f
Reibungselektrizität f <-, ohne pl> (PHYS) triboelectricidad f; **Reibungsfläche** f <-, -n> (PHYS) superficie f de fricción; **Reibungskoeffizient** m <-en, -en> (PHYS) coeficiente m de fricción; **Reibungskraft** f <-, -kräfte> (PHYS) fuerza f de fricción
reibungslos adj sin dificultades; **etw verläuft ~** algo va de maravilla
Reibungsverlust m <-(e)s, -e> (PHYS) pérdida f por fricción; **Reibungswiderstand** m <-(e)s, -stände> (PHYS) resistencia f de fricción
reich [raɪç] adj ❶ (*wohlhabend*) rico (an en); **~ heiraten** hacer una boda ventajosa; **~ machen** enriquecer; **~ werden** enriquecerse; **an Fischen/Bodenschätzen ~** rico en pesca/recursos naturales; **aus ~em Haus** de una familia rica
❷ (*prächtig*) suntuoso, lujoso; **~ geschmückt** lujosamente adornado
❸ (*groß*) grande; (*ergiebig*) abundante; **eine ~e Ernte** una cosecha abundante; **ein ~es Mahl** una comida opípara; **in ~em Maße** en abundancia; **jdn ~ beschenken** colmar a alguien con regalos; **ein ~er Erfahrungsschatz** valiosas experiencias
❹ (*vielfältig*) amplio; **~e Auswahl** amplio surtido
Reich [raɪç] nt <-(e)s, -e> imperio m; (*König~, a. fig*) reino m; **das Deutsche/Römische ~** el Imperio Alemán/Romano; **das Dritte ~** el Tercer Reich; **das ~ Gottes** el reino de Dios; **das ~ der Mitte** China f; **das ~ der Schatten** el reino de las sombras (o los muertos); **das ~ der aufgehenden Sonne** el Imperio del Sol Naciente; **das ~ der Tiere** el reino animal; **im ~ der Träume** en el reino de los sueños
Reiche(r) mf <-n, -n; -n, -n> (hombre m) rico m, (mujer f) rica f
reichen ['raɪçən] I. vi ❶ (*aus~*) bastar, ser suficiente; **das Essen reicht für vier** la comida es suficiente para cuatro personas; **es reicht hinten und vorne nicht** falta por todas partes; **mir reicht's!** (fam) ¡estoy harto!; **jetzt reicht's aber!** (fam) ¡ahora sí que basta!, ¡ya vale!
❷ (*sich erstrecken*) llegar (bis a); (*nach oben*) elevarse (bis hasta); **weit ~d** (*für große Entfernung*) de gran alcance; (*umfassend*) extenso, amplio; **sie reicht mir bis zur Schulter** me llega al hombro; **so weit das Auge reicht** lo que alcanza la vista
II. vt ❶ (*anbieten*) servir
❷ (*geben*) jdm etw ~ pasar algo a alguien, dar algo a alguien; **sie reichten sich dat zur Begrüßung die Hand** se tendieron la mano para saludarse
reichhaltig adj amplio, abundante
Reichhaltigkeit f <-, ohne pl> ❶ (*des Angebots*) variedad f
❷ (*des Essens*) abundancia f, copiosidad f
reichlich I. adj abundante; (*umfangreich*) amplio; **ein ~es Trinkgeld geben** dar mucha propina
II. adv ❶ (*ausreichend*) en abundancia, por andanadas Arg; **alles ist ~ vorhanden** hay de todo en abundancia
❷ (fam: ziemlich) bastante; **erst nach ~ einer Stunde** después de una hora larga (o pasada); **der Film war ~ langweilig** la película era bastante aburrida
Reichsadler m <-s, ohne pl> (HIST) águila f imperial; **Reichsgesetz** nt <-es, -e> (HIST) ley f del Reich; **Reichskanzler** m <-s, -> (HIST) Canciller m imperial [o del Reich]; **Reichsrecht** nt <-(e)s, ohne pl> (HIST) derecho m del Reich; **Reichsstadt** f <-, -städte> (HIST) ciudad f del Sacro Imperio Romano Germánico; **Freie ~** ciudad libre (del Sacro Imperio Romano Germánico)
Reichstag m <-(e)s, ohne pl> ❶ (*Parlament*) parlamento m ❷ (*Gebäude*) palacio que alberga el Parlamento de la RFA; **Reichstagsbrand** m <-(e)s, ohne pl> (HIST) incendio m del Reichstag
Reichswehr f <-, ohne pl> (HIST, MIL) Reichswehr f (*fuerzas armadas del Reich de 1921 – 1935*)
Reichtum[1] m <-s, -tümer> (*Besitz*) riqueza f (an en); **zu ~ gelangen** conseguir riquezas; **damit kann man keine Reichtümer erwerben** eso no da ni para pipas
Reichtum[2] m <-s, ohne pl> (*Reichhaltigkeit*) abundancia f (an de), gran variedad f (an de); **der ~ an Arten** la gran variedad de especies
Reichweite f <-, -n> alcance m; **außer ~ sein** estar fuera de alcance; **etw liegt in ~** algo está al alcance de la mano; **sich auf ~ nähern** ponerse al alcance
reif [raɪf] adj maduro; **im ~en Alter von 18 Jahren** (iron) a la edad madura de 18 años; **~ werden** madurar; **die Zeit ist ~** (*für etw*) ha llegado el momento (de algo) (*für* de); **für die Insel sein** (fam) necesitar unas vacaciones; **ich bin bald ~ fürs Irrenhaus** (fam) estoy a punto de volverme loco de atar; **eine ~e Leistung** (fam) un trabajo bien hecho; **jetzt reicht's, der ist ~** (*für eine Ohrfeige*)! (fam) ¡se acabó, lo que necesita son un par de azotes!
Reif[1] [raɪf] m <-(e)s, -e> (geh: *Arm~*) brazalete m; (*Ring*) anillo m
Reif[2] [raɪf] m <-(e)s, ohne pl> (*Rau~*) escarcha f
Reife [raɪfə] f <-, ohne pl> ❶ (*das Reifen*) maduración f
❷ (*das Reifsein*) madurez f; **mittlere ~** (SCH) ≈título m de bachiller

(*grado de enseñanza media obtenido en la Realschule*)
reifen ['raɪfən] *vi sein* madurar; **die Erfahrungen ließen ihn ~ las experiencias le hicieron madurar; der Gedanke reifte zum Plan** la idea fue madurada hasta cuajar en un plan
Reifen ['raɪfən] *m* <-s, -> ❶ (*Auto~, Fahrrad~*) neumático *m*
❷ (*Spielzeug, Fass~*) aro *m*
Reifendruck *m* <-(e)s, -drücke> presión *f* del neumático; **Reifenpanne** *f* <-, -n> pinchazo *m*; **Reifenschaden** *m* <-s, -schäden> defecto *m* en los neumáticos; **Reifenwechsel** *m* <-s, -> cambio *m* de neumático(s)
Reifeprozess[RR] *m* <-es, -e> proceso *m* de maduración; **Reifeprüfung** *f* <-, -en> (SCH) examen *m* de bachillerato; **Reifezeit** *f* <-, -en> tiempo *m* de maduración; **Reifezeugnis** *nt* <-ses, -se> (SCH) ≈título *m* de bachillerato
reiflich I. *adj* largo, detenido
II. *adv* detenidamente, bien; **das habe ich mir ~ überlegt** he considerado esto detenidamente
Reifrock *m* <-(e)s, -röcke> miriñaque *f*, meriñaque *m*
Reifung *f* <-, *ohne pl*> maduración *f*
Reifungsbecken *nt* <-s, -> tanque *m* de maduración
Reigen ['raɪgən] *nt* <-s, -> danza *f* en corro [*o* rueda]; **den ~ eröffnen/beschließen** (*geh*) abrir/cerrar el baile
Reihe¹ ['raɪə] *f* <-, -n> ❶ (*allgemein*) fila *f*; (*Baum~*) hilera *f*; **sie sitzen in der dritten ~** están en la tercera fila; **sich in einer ~ aufstellen** ponerse en fila; **der Bücher der ~ nach aufstellen** colocar los libros por orden; **sich in die ~ stellen** ponerse en la fila; **aus der ~ tanzen** (*fam*) hacer rancho aparte; **in drei ~n antreten** formar tres filas; **in Reih und Glied stehen** estar en formación
❷ (*Anzahl*) serie *f*; (*Buch~*) colección *f*; **er kaufte eine ganze ~ Bücher** compró una serie de libros; **eine ~ von Jahren** un par de años
❸ (MATH) progresión *f*; **geometrische ~** progresión geométrica
❹ *pl* (*Gemeinschaft*) filas *fpl*; **aus den ~n der Konservativen** de las filas de los conservadores; **~n lichten sich** somos cada vez menos
Reihe² *f* <-, *ohne pl*> (*Reihenfolge*) turno *m*; **du bist an der ~** (*fam*) te llega el turno, te toca (a ti); **danach komme ich an die ~** después me toca a mí [*o* es mi turno]; **der ~ nach eintreten** entrar por turno; **immer der ~ nach!** ¡por orden!; **außer der ~ kommen** llegar fuera de turno; **etw auf die ~ kriegen** (*fam*) apañárselas para hacer algo
reihen ['raɪən] I. *vt* (*geh*): **etw an etw ~** poner algo en fila con algo; **Perlen auf eine Schnur ~** ensartar perlas en un hilo
II. *vr*: **sich ~** (*geh: zeitlich*) sucederse; **ein Unglück reiht sich an das andere** las desgracias se suceden
Reihenfolge *f* <-, -n> orden *m*; **der ~ nach** por orden; **alphabetische ~** orden alfabético; **in alphabetischer ~** siguiendo el orden alfabético; **aufsteigende ~** (*a.* INFOR) orden ascendente; **Reihenfolgezugriff** *m* <-(e)s, -e> (INFOR) acceso *m* secuencial
Reihenhaus *nt* <-es, -häuser> chalé *m* adosado; **Reihenhaussiedlung** *f* <-, -en> urbanización *f* de chalés adosados
Reihenschaltung *f* <-, -en> (ELEK) conexión *f* en serie; **Reihenuntersuchung** *f* <-, -en> reconocimiento *m* médico en serie
reihenweise *adv* ❶ (*fam: viele*) en serie; **die Mädchen kippen ~ um** las chicas se desmayan en masa
❷ (*in Reihen*) en filas
Reiher ['raɪɐ] *m* <-s, -> garza *f*; **kotzen wie ein ~** (*sl*) echar hasta la bilis
reihern ['raɪɐn] *vi* (*fam*) ❶ (*erbrechen*) vomitar
❷ (*reg: Durchfall haben*) estar con diarrea
reihum [raɪˈʔʊm] *adv* por turno; **~ gehen** pasar de mano en mano; **ein Buch ~ gehen lassen** hacer pasar un libro de mano en mano
Reim [raɪm] *m* <-(e)s, -e> rima *f*; **ich suche einen ~ auf „Blut"** busco algo que rime con "sangre"; **ich kann mir keinen ~ darauf machen** no me lo explico
reimen I. *vt* rimar (*auf* con)
II. *vr*: **sich ~** rimar (*auf* con)
Reimport *m* <-(e)s, *ohne pl*> reimportación *f*
rein [raɪn] I. *adj* ❶ (*unvermischt, pur*) puro; (*Freude*) verdadero; **~e Theorie** pura teoría; **~ aus Zufall** por pura casualidad; **die ~e Flugzeit beträgt drei Stunden** el vuelo en sí dura tres horas; **jdm ~en Wein einschenken** (*fig*) decir(le) a alguien la pura verdad
❷ (*sauber*) limpio; **~en Tisch machen** (*fig*) hacer las cuentas claras; **die Luft ist ~** (*fig*) no hay moros en la costa; **etw ins R~e schreiben** pasar algo a limpio; **mit sich** *dat* **selbst ins R~e kommen** sincerarse consigo mismo; **etw ins R~e bringen** aclarar [*o* arreglar] algo; **etw ~ halten** mantener algo limpio; **ein ~es Gewissen haben** tener la conciencia tranquila
❸ (*ohne Ausnahme*) neto; **eine ~e Industriestadt** una ciudad netamente industrial
❹ (*fam: völlig*) verdadero; **sie ist das ~ste Genie** es un verdadero genio; **das ~ste Affentheater** el mayor escándalo

II. *adv* ❶ (*ausschließlich*) netamente, puramente; **aus ~ privaten Gründen** por razones estrictamente privadas
❷ (*fam: völlig*) absolutamente; **das ist ~ unmöglich** es absolutamente imposible; **gar nichts** nada de nada
❸ (*fam: herein, hinein*) adentro, hacia dentro; **~!** ¡adelante!
Reineclaude [rɛːnəˈkloːdə] *f* <-, -n> ciruela *f* claudia
Reinemachefrau *f* <-, -en> mujer *f* de la limpieza
reine|**machen** ['raɪnə-] *vi* (*reg*) limpiar
Reinerlös *m* <-es, -e>, **Reinertrag** *m* <-(e)s, -träge> beneficio *m* neto
reineweg ['raɪnəvɛk] *adv* (*fam*) ❶ (*geradezu*) verdaderamente, realmente
❷ (*völlig*) completamente, totalmente, absolutamente; **glauben Sie ihr kein Wort, das ist ~ Phantasie!** ¡no le crea una palabra, todo lo que dice es pura fantasía!
Reinfall *m* <-(e)s, -fälle> (*fam*) chasco *m*; **damit haben wir einen ~ erlebt** con ello hemos sufrido un chasco; **der neue Torwart ist ein ziemlicher ~** vaya chasco el nuevo portero
rein|**fallen** *irr vi sein* (*fam*) ❶ (*in Loch*) caer (*in* en); (*Licht*) entrar (*in* en/a)
❷ (*sich täuschen lassen*) dejarse engañar (*auf* por), caer (*in* en la trampa)
❸ (*erfolglos sein*) llevarse un chasco (*mit* con)
Reinfektion [reːʔɪnfɛkˈtsjoːn] *f* <-, -en> (MED) reinfección *f*
Reingewinn *m* <-(e)s, -e> beneficio *m* neto; **verfügbarer ~** beneficio neto disponible
Reinhaltung *f* <-, *ohne pl*> limpieza *f*
rein|**hauen** <haut rein, haute rein, reingehauen> I. *vi* (*fam*) ❶ (*viel essen*) hincharse de comer; **er hat beim Mittagessen ordentlich [*o* mächtig] reingehauen** a mediodía se hinchó bien de comer
❷ (*hart arbeiten*) matarse a trabajar
II. *vt* (*fam: schlagen*): **jdm eine ~** pegarle a alguien un puñetazo en la cara
Reinheit *f* <-, *ohne pl*> ❶ (*Unverfälschtheit*) pureza *f*
❷ (*Sauberkeit*) limpieza *f*
Reinheitsgebot *nt* <-(e)s, *ohne pl*> ley alemana que regula desde 1516 la elaboración de la cerveza; **Reinheitsgrad** *m* <-(e)s, -e> (CHEM) grado *m* de pureza
reinigen ['raɪnɪɡən] *vt* limpiar; (*Abwässer*) depurar; (*Kleidung*) lavar en seco
Reiniger *m* <-s, -> detergente *m*, producto *m* de limpieza
Reinigung *f* <-, -en> ❶ (*Unternehmen*) tintorería *f*; **den Rock in die ~ bringen** llevar la falda a la tintorería
❷ (*das Reinigen*) limpieza *f*; (*von Abwässern*) depuración *f*; (*von Kleidung*) lavado *m* en seco
Reinigungscreme *f* <-, -s> crema *f* limpiadora; **Reinigungsfällung** *f* <-, -en> depuración *f* por coprecipitación; **Reinigungskassette** *f* <-, -n> cinta *f* limpiadora; **Reinigungskosten** *pl* gastos *mpl* de limpieza; **Reinigungsmilch** *f* <-, *ohne pl*> leche *f* desmaquilladora [*o* limpiadora]; **Reinigungsmittel** *nt* <-s, -> detergente *m*, producto *m* de limpieza
Reinkarnation [reːʔɪnkarnaˈtsjoːn] *f* <-, -en> reencarnación *f*
Reinkultur *f*: **Kitsch/Diktatur in ~** cursilería/dictadura pura
rein|**legen** *vt* (*fam*) meter; *s. a.* **hereinlegen, hineinlegen**
reinlich *adj* limpio
Reinlichkeit *f* <-, *ohne pl*> ❶ (*Sauberkeitsliebe*) limpieza *f*, higiene *f*
❷ (*Sauberkeit*) limpieza *f*
Reinluftgebiet *nt* <-(e)s, -e> zona *f* con (muy) bajo nivel de polución
Reinmachefrau *f* <-, -en> mujer *f* de la limpieza
reinrassig *adj* de pura sangre [*o* raza]; **sich ~ vermehren** multiplicarse en pura raza
rein|**reiten** *irr vt* (*fam*) meter (*in* en); **jdn in die Scheiße ~** (*vulg*) meterle a alguien en un buen lío
rein|**schneien** I. *vi sein* (*fam: Besuch*) venir [*o* entrar] de rondón, colarse; (*Brief*) llegar de sorpresa [*o* desprevenidamente]
II. *v unpers haben* (*fam*) **es schneit rein** la nieve entra por la ventana [*o* puerta]
Reinschrift *f* <-, -en> copia *f* en limpio
Reinvermögen *nt* <-s, -> (JUR, WIRTSCH) activo *m* líquido, patrimonio *m* neto
reinvestieren* [reːʔɪnvɛsˈtiːrən] *vt* (WIRTSCH) reinvertir
Reinvestition *f* <-, -en> (WIRTSCH) reinversión *f*
Reinvestitionsrücklage *f* <-, -n> reserva *f* de reinversión
rein|**waschen** *irr* I. *vt s.* **waschen** I.1.
II. *vr*: **sich ~** *s.* **waschen** II.
Reinwasser *nt* <-s, -wässer> (ÖKOL) agua *f* pura [*o* limpia]
reinweg ['raɪnvɛk] *adv* (*fam*) *s.* **reineweg**
rein|**ziehen** *irr vt* (*fam*) ❶ (*Dinge*) tirar [*o* arrastrar] hacia dentro
❷ (*verschlingen*) meter, tragar; **sich** *dat* **ein Schnitzel/ein Bier/einen Film ~** tragarse un escalope/una cerveza/una película

❸ (*in Verbrechen*) implicar (*in* en), enredar (*in* en)
Reis [raɪs] *m* <-es, -e> arroz *m;* **ungeschälter ~** arroz integral; **wilder ~** arroz silvestre
Reisbau *m* <-(e)s, *ohne pl*> cultivo *m* de arroz; **Reisbrei** *m* <-(e)s, -e> papilla *f* de arroz
Reise ['raɪzə] *f* <-, -n> viaje *m* (*nach/in* a); **eine ~ machen** hacer un viaje; **auf ~n sein** estar de viaje; **wohin geht die ~?** ¿adónde viaja(s)?; **Gute ~!** ¡buen viaje!; **die letzte ~ antreten** (*geh*) emprender el último viaje; **wenn einer eine ~ tut, so kann er was erzählen** quien ha visto mundo, tiene que contar
Reiseandenken *nt* <-s, -> recuerdo *m* (de viaje); **Reiseapotheke** *f* <-, -n> botiquín *m* de viaje; **Reisebegleiter(in)** *m(f)* <-s, -; -, -nen> acompañante *mf* (durante un viaje); **Reisebekanntschaft** *f* <-, -en> persona *f* que se conoce durante un viaje; **Reisebeschreibung** *f* <-, -en> descripción *f* de un viaje; **Reisebilanz** *f* <-, -en> balance *m* del viaje; **Reisebüro** *nt* <-s, -s> agencia *f* de viajes; **Reisebus** *m* <-ses, -se> autocar *m*
reisefertig *adj* listo para partir, listo para el viaje; **sich ~ machen** prepararse para partir
Reisefieber *nt* <-s, *ohne pl*> (*fam*) nerviosismo *m* ante un viaje; **Reiseflughöhe** *f* <-, -n> altitud *f* de vuelo; **Reisefreiheit** *f* <-, *ohne pl*> libertad *f* de circulación
Reiseführer[1] *m* <-s, -> guía *f* turística
Reiseführer(in)[2] *m(f)* <-s, -; -, -nen> guía *mf* turístico, -a
Reisegefährte, -in *m*, *f* <-n, -n; -, -nen> compañero, -a *m*, *f* de viaje; **Reisegepäck** *nt* <-(e)s, *ohne pl*> equipaje *m;* **Reisegeschwindigkeit** *f* <-, -en> velocidad *f* de crucero, velocidad *f* media (durante un viaje o trayecto) *fam*
Reisegesellschaft[1] *f* <-, -en> (*Reisegruppe*) grupo *m* turístico
Reisegesellschaft[2] *f* <-, *ohne pl*> (*Begleitung*) compañía *f*
Reisegewerbekarte *f* <-, -n> (*JUR*) credencial *f* de agente viajero; **Reisegruppe** *f* <-, -n> grupo *m* turístico; **Reisehöhe** *f* <-, -n> *s.* Reiseflughöhe; **Reisekasse** *f* <-, -n> fondos *mpl* disponibles para viajar
Reisekosten *pl* gastos *mpl* de viaje; **Reisekostenabrechnung** *f* <-, -en> cuenta *f* de los gastos de viaje; **Reisekostenvorschuss**[RR] *m* <-es, -schüsse> pago *m* anticipado por gastos de viaje
Reisekrankheit *f* <-, *ohne pl*> mareo *m;* **Reisekreditbrief** *m* <-(e)s, -e> (*FIN*) letra *f* de crédito circular [*o* turística]; **Reiseland** *nt* <-(e)s, -länder> país *m* turístico; **Reiseleiter(in)** *m(f)* <-s, -; -, -nen> guía *mf* turístico, -a
reiselustig *adj* aficionado a viajar; **sie sind sehr ~** les encanta viajar
Reisemitbringsel *nt* <-s, -> regalo *m* (que se trae de las vacaciones), souvenir *m* (para dar como regalo)
reisen ['raɪzən] *vi sein* viajar (*nach/in* a), ir (*zu* a), pasar (*durch* por); **geschäftlich ~** hacer un viaje de negocios
Reisende(r) *mf* <-n; -n, -n, -n> viajero, -a *m*, *f*
Reisenecessaire *nt* <-s, -s> neceser *m* de viaje; **Reisepass**[RR] *m* <-es, -pässe> pasaporte *m,* pase *m Am;* **Reisepläne** *mpl* planes *mpl* de viaje, proyectos *mpl* de viaje; **Reiseprospekt** *m* <-(e)s, -e> prospecto *m* de viaje; **Reiseproviant** *m* <-s, -e> provisiones *fpl* para el viaje; **Reiseroute** *f* <-, -n> ruta *f* de viaje
Reiserücktrittsversicherung *f* <-, -en> (*FIN*) seguro *m* de rescisión del viaje
Reiseruf *m* <-(e)s, -e> mensaje *m* personal urgente (*emitido por radio para que el interesado se ponga inmediatamente en contacto con su familia*); **Reisescheck** *m* <-s, -s> cheque *m* de viaje; **Reiseschreibmaschine** *f* <-, -n> máquina *f* de escribir portátil; **Reisespesen** *pl* gastos *mpl* de viaje [*o* de desplazamiento]; **Reisetasche** *f* <-, -n> bolsa *f* de viaje; **Reiseveranstalter** *m* <-s, -> agente *m* de viajes
Reiseverkehr *m* <-(e)s, *ohne pl*> tráfico *m* de viajeros, turismo *m;* **Reiseverkehrsbilanz** *f* <-, -en> balance *m* de turismo y viajes; **Reiseverkehrskauffrau** *f* <-, -en> agente *f* de viajes; **Reiseverkehrskaufmann** *m* <-(e)s, -leute> agente *m* de viajes
Reiseversicherung *f* <-, -en> seguro *m* de viaje; **Reisevorbereitungen** *fpl* preparativos *mpl* del viaje; **Reisewährung** *f* <-, -en> divisa *f* de viaje; **Reisewecker** *m* <-s, -> despertador *m* de viaje; **Reisewelle** *f* <-, -n> ola *f* de viajeros
Reisewetter *nt* <-s, *ohne pl*> tiempo *m* (durante el viaje); **Reisewetterbericht** *m* <-(e)s, -e> parte *m* meteorológico para viajeros
Reisezeit *f* <-, -en> temporada *f* de vacaciones; **Reiseziel** *nt* <-(e)s, -e> punto *m* de destino
Reisfeld *nt* <-(e)s, -er> arrozal *m*
Reisig ['raɪzɪç] *nt* <-s, *ohne pl*> ramas *fpl* secas
Reisigbesen *m* <-s, -> escoba *f* de ramas; **Reisigbündel** *nt* <-s, -> haz *m* de leña
Reispapier *nt* <-s, -e> papel *m* japonés [*o* del Japón]
Reißaus [raɪsˈʔaʊs] *m* (*fam*): **~ nehmen** poner pies en polvorosa, pirárselas; **sie nahm vor der Lehrerin ~** le corría a la maestra como quien ha visto al diablo
Reißbrett *nt* <-(e)s, -er> tablero *m* de dibujo; **eine Stadt vom ~** una ciudad futurista
reißen ['raɪsən] <reißt, riss, gerissen> I. *vi* ❶ *sein* (*zer~*) romperse; (*in Fetzen*) desgarrarse; **wenn alle Stricke ~** (*fam*) como último recurso
❷ (*zerren*) tirar (*an* de); **das R~** (*fam*) el dolor; **was stöhnst du so, hast du wieder das R~ im Rücken?** ¿por qué te quejas de esa manera? ¿tienes dolor de espalda otra vez?
II. *vt* ❶ (*zer~*) romper; (*in Fetzen*) desgarrar; **er riss den Brief in Stücke** rompió la carta en pedazos
❷ (*weg-, aus-*) arrancar (*aus* de); (*herausholen*) sacar (*aus* de); **er wurde aus dem Schlaf gerissen** le sacaron del sueño; **etw aus dem Zusammenhang ~** sacar algo del contexto; **aus dem Zusammenhang gerissen** fuera de contexto
❸ (*ziehen*) tirar (*an/mit* de); **sie riss ihn zu Boden** le tiró al suelo; **ein Bild von der Wand ~** descolgar un cuadro de la pared; **jdm etw aus der Hand ~** arrancar algo a alguien de la mano; **ihr wurde die Tasche aus der Hand gerissen** le dieron el tirón; **jdn ins Verderben ~** arrastrar a alguien a la ruina [*o* perdición]; **ich bin hin und her gerissen** no sé qué hacer; **etw an sich ~** hacerse con algo; **die Macht an sich ~** hacerse con el poder; **das Gespräch an sich ~** monologar
❹ (*SPORT*) derribar; **die Latte ~** tirar el listón; **der Weltrekord im R~** el récord mundial en lanzamiento de peso
❺ (*töten*) matar, abatir; **die Wölfe haben ein Schaf gerissen** los lobos han matado una oveja
III. *vr:* **sich ~** ❶ (*fam*): **sich um etw/um jdn ~** pegarse por algo/por estar con alguien; **sie rissen sich um die Wohnung** se pegaron por el piso
❷ (*sich befreien*) desprenderse, deshacerse; **sie riss sich aus seiner Umarmung** se deshizo [*o* desprendió] de su abrazo
reißend *adj* fuerte; **~en Absatz finden** tener muy buena acogida [*o* salida]
Reißer *m* <-s, -> (*fam: Buch, Film*) exitazo *m;* **diese Badeanzüge sind ein ~** estos bañadores se venden como rosquillas
reißerisch *adj* (*abw*) sensacionalista
Reißfeder *f* <-, -n> tiralíneas *m inv*
reißfest *adj* resistente
Reißleine *f* <-, -n> (*AERO: am Fallschirm*) cuerda *f* de desgarro; **Reißnagel** *m* <-s, -nägel> chincheta *f;* **Reißschiene** *f* <-, -n> regla *f* de dibujo
Reißverschluss[RR] *m* <-es, -schlüsse> cremallera *f,* cierre *m* relámpago *Arg;* **Reißverschlussprinzip**[RR] *nt* <-s, -e>, **Reißverschlusssystem**[RR] *nt* <-s, -e> sistema *m* de cremallera
Reißwolf *m* <-(e)s, -wölfe> desfibradora *f,* picadora *f;* **Reißzahn** *m* <-(e)s, -zähne> colmillo *m;* **Reißzwecke** *f* <-, -n> chincheta *f*
Reitanzug *m* <-(e)s, -züge> traje *m* de montar; **Reitbahn** *f* <-, -en> picadero *m*
reiten ['raɪtən] <reitet, ritt, geritten> I. *vi sein* montar a caballo, cabalgar; (*als Sport*) practicar equitación; **auf einem Ast ~** balancearse sobre una rama; **auf einem Besen/Esel ~** cabalgar sobre una escoba/en un burro; **auf einer Stute ~** montar una yegua; **im Schritt/Trab/Galopp ~** ir al paso/al trote/al galope; **geritten kommen** llegar a caballo
II. *vt* montar; **sie reitet eine Stute** monta una yegua
Reiter(in) *m(f)* <-s, -; -, -nen> jinete *m,* amazona *f*
Reiterei *f* <-, *ohne pl*> (*fam*) equitación *f*
Reiterin *f* <-, -nen> *s.* Reiter
Reiterstandbild *nt* <-(e)s, -er> estatua *f* ecuestre
Reitgerte *f* <-, -n> fusta *f;* **Reithose** *f* <-, -n> pantalón *m* de montar, zamarros *mpl Am;* **Reitlehrer(in)** *m(f)* <-s, -; -, -nen> profesor(a) *m(f)* de equitación; **Reitpeitsche** *f* <-, -n> fusta *f;* **Reitpferd** *nt* <-(e)s, -e> caballo *m* de silla; **Reitschule** *f* <-, -n> escuela *f* de equitación; **Reitsitz** *m* <-es, -e> postura *f* de montar (a caballo); **im ~ a** horcajadas; **Reitsport** *m* <-(e)s, *ohne pl*> equitación *f;* **~ betreiben** hacer equitación; **Reitstall** *m* <-(e)s, -ställe> (*Pferdestall*) cuadra *f,* caballeriza *f;* **Reitstiefel** *m* <-s, -> bota *f* de montar; **Reitstunde** *f* <-, -n> clase *f* de equitación; **Reittier** *nt* <-(e)s, -e> montura *f;* **Reitturnier** *nt* <-(e)s, -e> (*SPORT*) torneo *m* de equitación; **Reitunterricht** *m* <-(e)s, -e> clases *fpl* de equitación; **Reitweg** *m* <-(e)s, -e> camino *m* de herradura
Reiz [raɪts] *m* <-es, -e> ❶ (*physiologisch*) estímulo *m*
❷ (*Verlockung*) atractivo *m;* **der ~ des Neuen** el atractivo de lo nuevo; **einen ~ auf jdn ausüben** fascinar a alguien; **seinen ~ verlieren** perder su atractivo; **das erhöht für ihn nur den ~ der Gefahr** eso sólo hace el peligro más atractivo ante sus ojos
❸ (*Schönheit*) encanto *m*
reizbar *adj* excitable, irritable; **er ist leicht ~** se irrita fácilmente
Reizbarkeit *f* <-, *ohne pl*> irritabilidad *f*
reizen ['raɪtsən] I. *vt* ❶ (*provozieren*) provocar; **jdn bis zur Weißglut**

[*o* bis aufs Blut] ~ sacar a alguien de quicio ❷ (MED) irritar ❸ (*anziehen*) apetecer; (*verlocken*) seducir; **das kann mich nicht ~** esto no me seduce; **England reizt mich nicht** Inglaterra no me atrae II. *vi* (*beim Kartenspiel*) pujar, cantar

reizend *adj* precioso, encantador; **das ist ja ~!** ¡qué encanto!

Reizgas *nt* <-es, -e> gas *m* irritante; **Reizhusten** *m* <-s, -> tos *f* irritativa

Reizker ['raɪtskɐ] *m* <-s, -> (BOT) níscalo *m*, mízcalo *m*

Reizklima *nt* <-s, -s *o* -te> clima que estimula el organismo debido a oscilaciones de temperatura y presión atmosférica, fuertes vientos y abundante radiación solar

reizlos *adj* ❶ (*Essen*) soso, insípido ❷ (*langweilig*) sin gracia

Reizschwelle *f* <-, -n> (PSYCH) umbral *m* de estimulación; **Reizstoff** *m* <-(e)s, -e> su(b)stancia *f* irritante; **Reizthema** *nt* <-s, -themen> tema *m* delicado; **Rentensteuer** tema delicado [*o* provocativo]: renta de jubilación gravada con impuestos; **Reizüberflutung** *f* <-, -en> (PSYCH) estimulación *f* exagerada

Reizung *f* <-, -en> (MED) irritación *f*

reizvoll *adj* ❶ (*schön*) encantador ❷ (*verlockend*) tentador, atractivo

Reizwäsche *f* <-, ohne *pl*> ropa *f* (interior) sexy; **Reizwort** *nt* <-(e)s, -wörter>: **Atomenergie ist zum ~ geworden** la energía atómica se ha convertido en una causa de polémicas; **seit ihrer Trennung ist sein Name für sie ein ~** desde su separación su nombre es un tabú para ella

rekapitulieren* [rekapitu'liːrən] *vt* recapitular

rekeln ['reːkəln] *vr: sich ~* (*fam*) desperezarse, estirarse, apandorgarse Perú

Rekapitulation [reklama'tsjoːn] *f* <-, -en> reclamación *f*

Reklamationsfrist *f* <-, -en> plazo *m* de reclamación

Reklame [re'klaːmə] *f* <-, -n> publicidad *f*; **für jdn/etw ~ machen** hacer publicidad por alguien/para algo; **das ist keine gute ~ für dich** no es buena propaganda para ti

Reklamerummel *m* <-s, ohne *pl*> (*fam*) montaje *m* propagandístico [*o* publicitario]; **Reklameschild** *nt* <-(e)s, -er>, **Reklametafel** *f* <-, -n> cartelera *f* publicitaria, valla *f* publicitaria; **Reklametrick** *m* <-s, -s> truco *m* publicitario

reklamieren* [rekla'miːrən] *vi*, *vt* reclamar (*gegen* contra); **bei jdm wegen eines Mangels ~** presentar una reclamación ante alguien por alguna irregularidad; **er reklamiert diese Idee für sich** asegura que esta idea es suya

rekommandieren* [rekɔman'diːrən] I. *vi*, *vt* (*Österr*) certificar II. *vr: sich ~* (*Österr*) despedirse atentamente; **ich rekommandiere mich** su fiel servidor, para servirle

Rekompenz [rekɔm'pɛnts] *f* <-, -en> (*Österr:* ADMIN) indemnización *f* (por daños y perjuicios)

rekonstruieren* [rekɔnstru'iːrən] *vt* reconstruir (*aus* con)

Rekonstruktion [rekɔnstrʊk'tsjoːn] *f* <-, -en> reconstrucción *f*

Rekonvaleszent(in) [rekɔnvalɛs'tsɛnt] *m(f)* <-en, -en; -, -nen> (MED) convaleciente *mf*

Rekonvaleszenz [rekɔnvalɛs'tsɛnts] *f* <-, ohne *pl*> (MED) convalecencia *f*

Rekord [re'kɔrt] *m* <-(e)s, -e> récord *m*; **einen ~ einstellen/aufstellen/überbieten** [*o* **brechen**] igualar/establecer/batir un récord; **der traurige ~ von …** la friolera de…; **den traurigen ~ von zwei Millionen einstellen** alcanzar la espantosa cifra de dos millones

Rekordbesuch *m* <-(e)s, -e> (número *m*) récord *m* de visitantes

Rekorder [re'kɔrdɐ] *m* <-s, -> magnetofón *m*, grabadora *f Am*

Rekordgewinn *m* <-(e)s, -e> beneficios *mpl* récord; **einen ~ erzielen** alcanzar beneficios récord

Rekordhalter(in) *m(f)* <-s, -; -, -nen>, **Rekordinhaber(in)** *m(f)* <-s, -; -, -nen> plusmarquista *mf*, recordman *m*, recordwoman *f*; **Rekordmarke** *f* <-, -n> (*a.* SPORT) plusmarca *f*, récord *m*; **Rekordpreis** *m* <-es, -e> precio *m* récord; **Rekordverlust** *m* <-(e)s, -e> pérdidas *fpl* récord; **Rekordversuch** *m* <-(e)s, -e> intento *m* de (batir un) récord; **Rekordzeit** *f* <-, -en> tiempo *m* récord; **in ~ en tiempo récord**

Rekrut(in) [re'kruːt] *m(f)* <-en, -en; -, -nen> (MIL) recluta *mf*, quinto, -a *m, f*

rekrutieren* [rekru'tiːrən] I. *vt* reclutar II. *vr: sich ~* componerse (*aus* de), proceder (*aus* de)

Rekrutierung *f* <-, -en> reclutamiento *m*

Rekrutin *f* <-, -nen> *s.* **Rekrut**

Rekta *pl von* **Rektum**

Rektakonnossement *nt* <-(e)s, -e> (WIRTSCH) conocimiento *m* intransferible [*o* nominativo]

rektal [rɛk'taːl] I. *adj* (MED) rectal II. *adv* (MED) por el recto

Rektapapier *nt* <-s, -e> (FIN) título *m* nominativo, papel *m* intransferible; **Rektawechsel** *m* <-s, -> (FIN) letra *f* nominativa [*o* intransferible]

Rektion [rɛk'tsjoːn] *f* <-, -en> (LING) régimen *m*

Rektor(in) ['rɛktoːɐ] *m(f)* <-s, -en; -, -nen> ❶ (SCH) director(a) *m(f)* ❷ (UNIV) rector(a) *m(f)*

Rektorat [rɛkto'raːt] *nt* <-(e)s, -e> ❶ (SCH) dirección *f* ❷ (UNIV) rectorado *m*

Rektorin *f* <-, -nen> *s.* **Rektor**

Rektum ['rɛktʊm, *pl:* 'rɛkta] *nt* <-s, Rekta> (ANAT) recto *m*

Rekultivierung [re-] *f* <-, -en> (ÖKOL) nueva puesta *f* en cultivo

rekurrieren* [rekʊ'riːrən] *vi* (*Schweiz*) recurrir (*auf* a), apelar (*auf* a)

Relais [rə'lɛː] *nt* <-, -> (ELEK) relé *m*, relevador *m*

Relaisstation *f* <-, -en> (RADIO, TV) estación *f* relé

Relation [rela'tsjoːn] *f* <-, -en> relación *f*; **Preis und Leistung stehen in keiner ~ zueinander** no hay ninguna relación entre precio y prestaciones

relativ [rela'tiːf, 'reːlatiːf, 'rɛlatiːf] *adj* relativo; **~e Mehrheit** mayoría relativa; **~ oft** bastante a menudo; **ein ~ kalter Sommer** un verano relativamente frío; **alles ist ~** todo es relativo, todo depende de cómo se mire

relativieren* [relati'viːrən] *vt* relativizar

Relativismus [rela'tɪvɪsmʊs] *m* <-, ohne *pl*> (PHILOS) relativismo *m*

Relativität [relativi'tɛːt] *f* <-, -en> (*a.* PHYS) relatividad *f*

Relativitätstheorie *f* <-, ohne *pl*> (PHYS) teoría *f* de la relatividad

Relativpronomen *nt* <-s, – *o* -pronomina> (LING) pronombre *m* relativo; **Relativsatz** *m* <-es, -sätze> (LING) oración *f* relativa

relaxen* [ri'lɛksən] *vi* (*entspannen*) relajar; (*ausruhen*) descansar

relegieren* [rele'giːrən] *vt* (*geh*) expulsar (*del instituto o de la universidad*)

relevant [rele'vant] *adj* relevante; **wirtschaftlich ~e Faktoren** factores económicamente relevantes

Relevanz [rele'vants] *f* <-, ohne *pl*> relevancia *f*

Relevanztheorie *f* <-, ohne *pl*> teoría *f* de la relevancia

Relief [re'ljɛf] *nt* <-s, -s *o* -e> (KUNST, GEO) relieve *m*

Reliefkarte *f* <-, -n> (GEO) mapa *m* en relieve

Religion [reli'gjoːn] *f* <-, -en> religión *f*

Religionsbekenntnis *nt* <-ses, -se> confesión *f* (religiosa); **Religionsfreiheit** *f* <-, ohne *pl*> libertad *f* de culto; **negative/positive ~** libertad de cultos negativa/positiva; **Religionsgemeinschaft** *f* <-, -en> comunidad *f* religiosa; **Religionsgeschichte** *f* <-, ohne *pl*> historia *f* de las religiones; **Religionskrieg** *m* <-(e)s, -e> guerra *f* santa

religionslos *adj* sin religión

Religionsstifter(in) *m(f)* <-s, -; -, -nen> fundador(a) *m(f)* de una religión; **Religionsunterricht** *m* <-(e)s, -e> enseñanza *f* religiosa, clase *f* de religión; **Religionszugehörigkeit** *f* <-, -en> (*formal*) confesión *f*, religión *f*

religiös [reli'gjøːs] *adj* ❶ (*zur Religion gehörend*) religioso ❷ (*fromm*) devoto, religioso; **~ erzogen** educado en la religiosidad

Religiosität [religjozi'tɛːt] *f* <-, ohne *pl*> religiosidad *f*

Relikt [re'lɪkt] *nt* <-(e)s, -e> vestigio *m*; **ein ~ aus meiner Kindheit** una reliquia de mi infancia; **knöcherne ~e** restos óseos

Reling ['reːlɪŋ] *f* <-, -s *o* -e> (NAUT) borda *f*, barandilla *f*

Reliquie [re'liːkvjə] *f* <-, -n> (REL) reliquia *f*

Reliquienschrein *m* <-(e)s, -e> (REL) relicario *m*

Rem *nt* <-s, -s> *Abk. von* **Roentgen equivalent man** rem *m*

Remake [ri'meɪk] *nt* <-s, -s> (FILM) remake *m*, versión *f* moderna; **das ~ eines Schwarzweißklassikers** la nueva versión de un clásico en blanco y negro

Remanenz [rema'nɛnts] *f* <-, ohne *pl*> (PHYS) remanencia *f*

Rembours [rãbu'eː] *m* <-, -> (FIN) reembolso *m*

Remboursakkreditiv *nt* <-s, -e> (FIN) carta *f* de crédito documentaria [*o* contra documentos]; **Remboursauftrag** *m* <-(e)s, -träge> (FIN) pedido *m* contra reembolso; **Remboursbank** *f* <-, -en> (FIN) banco *m* documentario; **Remboursermächtigung** *f* <-, -en> (FIN) autorización *f* documentaria; **Remboursgeschäft** *nt* <-(e)s, -e> (FIN) operación *f* de créditos documentarios; **Rembourskredit** *m* <-s, -e> (FIN) crédito *m* de aceptación contra documentos, crédito *m* de reembolso; **Remboursregress**^RR *m* <-es, -e> (FIN) recurso *m* documentario; **Remboursschuldner** *m* <-s, -> (FIN) deudor *m* documentario; **Remboursnatte** *f* <-, -n> (FIN) letra *f* de cambio documentaria; **Remboursverbindlichkeit** *f* <-, -en> (FIN) obligación *f* documentaria, responsabilidad *f* documentaria; **Rembourszusage** *f* <-, -n> (FIN) aceptación *f* documentaria

Reminiszenz [remɪnɪs'tsɛnts] *f* <-, -en> (*geh*) reminiscencia *f*

remis [rə'miː] I. *adj inv* tablas; **diese Partie ist ~** esta partida es tablas II. *adv* (en) tablas; **~ spielen/ausgehen** hacer tablas/quedar en tablas

Remis [rə'miː] *nt* <-, – *o* -en> (SPORT) tablas *fpl*, empate *m*; (*Schach*) tablas *fpl*; **auf ~ spielen** quedar en tablas

Remittende [remɪ'tɛndə] *f* <-, -n> (PUBL) libro *m* devuelto (*por estar*

defectuoso)
Remittent(in) *m(f)* <-en, -en; -, -nen> (FIN) tenedor(a) *m(f)* de una letra, tomador(a) *m(f)* de una letra
Remmidemmi ['rɛmi'dɛmi] *nt* <-s, *ohne pl*> (*fam*) alboroto *m*, holgorio *m*, parranda *f*; ~ **machen** armar la gorda
Remonstration *f* <-, -en> (JUR) reconvención *f*
Remoulade [remu'la:də] *f* <-, -n>, **Remouladensoße** *f* <-, -n> salsa *f* tártara
rempeln ['rɛmpəln] *vt* (*fam*) empujar
REM-Phase ['rɛm-] *f* <-, -n> fase *f* REM
remuneratorisch *adj* (JUR) remuneratorio; ~**e Schenkung** donación remuneratoria
Ren¹ [rɛn, re:n] *nt* <-s, -s *o* -e> (ZOOL) reno *m*
Ren² *m* <-s, -es> (MED) riñón *m*
Renaissance [rənɛ'sã:s] *f* <-, *ohne pl*> (HIST, KUNST) Renacimiento *m*
Rendezvous [rãde'vu:] *nt* <-, -> cita *f*; **ein ~ haben** tener una cita; **sich** *dat* **ein ~ geben** encontrarse, concertar una cita
Rendite [rɛn'di:tə] *f* <-, -n> (WIRTSCH) rédito *m*; ~ **bringen** producir réditos
Renditengefälle *nt* <-s, -> (FIN, WIRTSCH) desnivel *m* de réditos; **negatives ~** desnivel negativo de réditos; **Renditenhaus** *nt* <-es, -häuser> (*Schweiz*) bloque *m* de viviendas de alquiler; **Renditespanne** *f* <-, -n> (FIN, WIRTSCH) margen *m* de los réditos
Renegat(in) [rene'ga:t] *m(f)* <-en, -en; -, -nen> (POL, REL) renegado, -a *m, f*
Reneklode [re:nə'klo:də] *f* <-, -n> ciruela *f* claudia
Renes *pl von* **Ren²**
renitent [reni'tɛnt] *adj* (*geh*) renitente, díscolo
Renitenz [reni'tɛnts] *f* <-, *ohne pl*> (*geh*) terquedad *f*
Rennbahn *f* <-, -en> pista *f* de carreras; (*Pferde~*) hipódromo *m*
rennen ['rɛnən] <rennt, rannte, gerannt> **I.** *vi sein* correr; **um die Wette ~** echar una carrera; **gegen etw ~** estrellarse contra [*o* en] algo; **er rannte mit dem Kopf gegen die Tür** se estrelló de cabeza contra la puerta; **gerannt kommen** venir [*o* llegar] corriendo; **wegen jeder Kleinigkeit rannte er zu seinen Eltern** (*fam*) siempre se estaba quejando ante sus padres
II. *vt:* **jdn zu Boden ~** atropellar a alguien; **jdm ein Messer in den Bauch ~** (*fam*) dar una puñalada en el vientre a alguien
Rennen *nt* <-s, -> carrera *f*; **ein totes ~** (*sl*) una carrera con varios vencedores; **das ~ machen** (*fam*) salir vencedor; **das ~ ist gelaufen** (*fam*) ya no hay nada que hacer; **einen Kandidaten ins ~ schicken** presentar un candidato; **gut im ~ liegen** ir a buen ritmo; **mit etw** *dat* **gut im ~ liegen** tener perspectivas de éxito con algo
Renner *m* <-s, -> (*fam*) superventas *m inv*, éxito *m* de venta
Rennfahrer(in) *m(f)* <-s, -; -, -nen> corredor(a) *m(f)*; (*mit Auto*) piloto *mf* de carreras, automovilista *mf* de carreras; (*mit Motorrad*) motociclista *mf* de carreras, corredor(a) *m(f)* de motos; **Rennpferd** *nt* <-(e)s, -e> caballo *m* de carreras; **Rennplatz** *m* <-es, -plätze> *s.* Rennbahn; **Rennrad** *nt* <-(e)s, -räder> bicicleta *f* de carreras; **Rennreiter(in)** *m(f)* <-s, -; -, -nen> jockey *m*, yóquey *m*, yoqui *m*; **Rennsport** *m* <-(e)s, *ohne pl*> carreras *fpl*; **Rennstall** *m* <-(e)s, -ställe> ❶ (*Rennpferde*) cuadra *f* de carreras ❷ (*Rennfahrer*) escudería *f*; **Rennstrecke** *f* <-, -n> (pista *f*) recorrido *m*; **Rennwagen** *m* <-s, -> coche *m* de carreras
Rennwett- und Lotteriegesetz *nt* <-es, -e> ley *f* de apuestas de carreras y loterías; **Rennwett- und Lotteriesteuer** *f* <-, -n> tributo *m* sobre las apuestas de carreras y loterías
Renommee [renɔ'me:] *nt* <-s, -s> (*geh*) fama *f*, reputación *f*
renommieren* [renɔ'mi:rən] *vi* (*geh*) pavonearse, presumir
renommiert [renɔ'mi:ət] *adj* (*geh*) afamado, prestigioso
renovieren* [reno'vi:rən] *vt* renovar, refaccionar *Am*
Renovierung *f* <-, -en> renovación *f*
rentabel [rɛn'ta:bəl] *adj* rentable; ~ **arbeiten** trabajar con gran rentabilidad
Rentabilität [rɛntabili'tɛ:t] *f* <-, *ohne pl*> (WIRTSCH) rentabilidad *f*
Rentabilitätsberechnung *f* <-, -en> (WIRTSCH) cálculo *m* de rentabilidad; **Rentabilitätsgrenze** *f* <-, -n> (WIRTSCH) límite *m* de rentabilidad; **Rentabilitätsprüfung** *f* <-, -en> (WIRTSCH) control *m* de rentabilidad; **Rentabilitätsquote** *f* <-, -n> (WIRTSCH) cuota *f* de rentabilidad
Rente ['rɛntə] *f* <-, -n> ❶ (*Ruhegeld*) pensión *f*; ~ **auf Lebenszeit** renta [*o* pensión] vitalicia; **lohnbezogene ~** pensión (de vejez) con relación al salario; **in ~ gehen** (*fam*) jubilarse; **in ~ sein** (*fam*) estar jubilado ❷ (WIRTSCH) renta *f*, rédito *m*
Rentenalter *nt* <-s, *ohne pl*> edad *f* de jubilación; **das ~ erreichen** alcanzar la edad de jubilación; **Rentenanleihe** *f* <-, -n> (FIN) empréstito *m* por anualidades; **Rentenanpassung** *f* <-, -en> ajuste *m* de las pensiones; **Rentenanspruch** *m* <-(e)s, -sprüche> derecho *m* a pensión; **Rentenanwartschaft** *f* <-, -en> derecho *m* de pensión; **Rentenbeitrag** *m* <-(e)s, -träge> aportación *f* para la jubilación; **Rentenbemessungsgrundlage** *f* <-, -n> base *f* de cálculo de las pensiones
rentenberechtigt *adj* con derecho a pensión
Rentenbescheid *m* <-(e)s, -e> notificación *f* sobre el inicio de pago y la cantidad de la pensión; **Rentenempfänger(in)** *m(f)* <-s, -; -, -nen> pensionista *mf*; **Rentenfinanzierung** *f* <-, *ohne pl*> financiación *f* de las pensiones; **Rentenfonds** *m* <-, -> fondo *m* de inversión [*o* de bonos]; **Rentenhandel** *m* <-s, *ohne pl*> (WIRTSCH) mercado *m* de renta fija
Rentenhöhe *f* <-, -n> cuantía *f* de las pensiones; **Rentenkasse** *f* <-, -n> (FIN) caja *f* de pensiones; **Rentenkurs** *m* <-es, -e> (FIN) cotización *f* de la renta fija; **Rentenmarkt** *m* <-(e)s, -märkte> (FIN) mercado *m* (de valores) de renta fija; **den ~ in Anspruch nehmen** monopolizar el mercado de renta fija; **Rentenpapier** *nt* <-s, -e> (FIN) valor *m* de renta fija; **Rentenreform** *f* <-, -en> reforma *f* de las pensiones; **Rentenschein** *m* <-(e)s, -e> título *m* de renta; **Rentenschenkung** *f* <-, -en> donación *f* de renta
Rentenschuld *f* <-, -en> (JUR) deuda *f* de renta; **Rentenschuldbrief** *m* <-(e)s, -e> carta *f* de deuda pasiva; **Rentenschuldgläubiger(in)** *m(f)* <-s, -; -, -nen> acreedor(a) *m(f)* de deuda de renta
Rentensystem *nt* <-s, -e> régimen *m* de pensiones [*o* de jubilación]; **gestaffeltes ~** plan de pensiones gradual [*o* escalonado]; **Rentenüberleitungsgesetz** *nt* <-es, -e> ley *f* de transición del sistema de pensiones para los nuevos estados federales; **Rentenverpflichtung** *f* <-, -en> obligación *f* de renta
Rentenversicherung *f* <-, -en> seguro *m* de pensiones; **gesetzliche ~** régimen legal de la seguridad social para jubilación e invalidez; **Rentenversicherungsbeitrag** *m* <-(e)s, -träge> aportación *f* para el seguro de pensiones; **Rentenversicherungssystem** *nt* <-s, -e> régimen *m* de seguros de pensiones
Rentenwerte *mpl* (FIN) títulos *mpl* de renta fija
Rentier ['rɛnti:ɐ] *nt* <-(e)s, -e> (ZOOL) reno *m*
rentieren* [rɛn'ti:rən] *vr:* **sich ~** valer la pena; (*finanziell*) ser rentable; **die Reise hat sich rentiert** el viaje valió la pena
Rentner(in) ['rɛntnɐ] *m(f)* <-s, -; -, -nen> jubilado, -a *m, f*, pensionista *mf*
Renvoi *m* <-, *ohne pl*> (JUR, WIRTSCH) remisión *f*
reorganisieren* *vt* (*geh*) reorganizar
Rep [rɛp] *m* <-s, -s> *Abk. von* **Republikaner** miembro *m* del partido ultraderechista alemán
reparabel [repa'ra:bəl] *adj* reparable; **kaum ~ sein** ser prácticamente irreparable
Reparationen [repara'tsjo:nən] *fpl* (POL) pagos *mpl* de reparación
Reparationszahlungen *fpl* (POL) pagos *mpl* por reparación
Reparatur [repara'tu:ɐ] *f* <-, -en> arreglo *m*, reparación *f*; **etw in ~ geben** mandar algo a arreglar; **an etw** *dat* **eine ~ vornehmen** hacer [*o* realizar] una reparación en algo; **das Auto ist in ~** el coche está en el taller
reparaturanfällig *adj* que es propenso a estropearse, delicado
reparaturbedürftig *adj* que necesita ser reparado
Reparaturkosten *pl* gastos *mpl* de reparación; **Reparaturmaterial** *nt* <-s, -ien> material *m* de recambio; **Reparaturwerkstatt** *f* <-, -stätten> taller *m* de reparaciones
reparieren* [repa'ri:rən] *vt* arreglar, reparar
repatriieren* [repatri'i:rən] *vt* repatriar
Repatriierung *f* <-, -en> repatriación *f*
Repeater [rɪ'pi:tɐ] *m* <-s, -> (INFOR, TEL) repetidor *m*
Repellent *nt* <-s, -s> (CHEM) repelente *m*
Repertoire [repɛr'toa:ɐ] *nt* <-s, -s> repertorio *m*
repetieren* [repe'ti:rən] *vt* (*geh*) repetir
Repetitor(in) [repe'ti:tɔ:ɐ, *pl:* repeti'to:rən] *m(f)* <-s, -en; -, -nen> (UNIV) profesor(a) *que prepara a los estudiantes de derecho para el examen oral final*
Replik [re'pli:k] *f* <-, -en> (*geh*) réplica *f*
Replikation *f* <-, -en> (BIOL) replicación *f*
Report [re'pɔrt] *m* <-s, -e> informe *m*
Reportage [repɔr'ta:ʒə] *f* <-, -n> reportaje *m* (*über* sobre)
Reporter(in) [re'pɔrtɐ] *m(f)* <-s, -; -, -nen> reportero, -a *m, f*
Reportgeschäft *nt* <-(e)s, -e> (FIN) operación *f* de report(e), operación *f* aplazada; **Reportsatz** *m* <-es, -sätze> (FIN) tasa *f* de reporte, tarifa *f* de prolongación
Repräsentant(in) [reprɛzɛn'tant] *m(f)* <-en, -en; -, -nen> representante *mf*
Repräsentantenhaftung *f* <-, *ohne pl*> (JUR) responsabilidad *f* de representantes
Repräsentantenhaus *nt* <-es, *ohne pl*> Cámara *f* de Representantes
Repräsentantin *f* <-, -nen> *s.* **Repräsentant**
Repräsentation [reprɛzɛnta'tsjo:n] *f* <-, -en> representación *f*

repräsentativ [reprɛzɛnta'ti:f] *adj* representativo (*für* de); **ein Haus ~ einrichten** amueblar una casa (como) para lucirse
repräsentieren* [reprɛzɛn'ti:rən] *vi, vt* representar
Repressalie [reprɛ'sa:liə] *f <-, -n>* represalia *f*
repressiv [reprɛ'si:f] *adj* represivo; **~es Verbot mit Befreiungsvorbehalt** (JUR) prohibición represiva con reserva de liberación
Reprint [re'prɪnt] *m <-s, -s>* (PUBL) reimpresión *f*
reprivatisieren* [reprivati'zi:rən] *vt* reprivatizar
Reprivatisierung *f <-, -en>* reprivatización *f*
Reproduktion *f <-, -en>* reproducción *f*
Reproduktionsmedizin *f <-, ohne pl>* (MED) medicina *f* de la reproducción
reproduzieren* *vt* reproducir
Reprografie^{RR} *f <-, -n>*, **Reprographie** [reprogra'fi:] *f <-, -n>* (TYPO) reprografía *f*
Reptil [rɛp'ti:l, *pl:* rɛp'ti:liən] *nt <-s, -ien>* reptil *m*
Reptilienfonds *f <-, ->* (POL) fondos *mpl* reservados
Republik [repu'bli:k] *f <-, -en>* república *f*
Republikaner(in) [republi'ka:nɐ] *m(f) <-s, -; -, -nen>* (POL) republicano, -a *m, f*; (*in Deutschland*) miembro *m* del partido ultraderechista alemán
republikanisch [republi'ka:nɪʃ] *adj* republicano
Reputation [reputa'tsjo:n] *f <-, -en>* (*geh*) reputación *f*
Requiem ['re:kviɛm] *nt <-s, -s>* ① (REL) misa *f* de difuntos ② (MUS) réquiem *m*
requirieren* [rekvi'ri:rən] *vt* incautarse (de); (MIL) requisar
Requisit [rekvi'zi:t] *nt <-(e)s, -en>* ① *pl* (THEAT) atrez(z)o *m* ② (*Zubehör*) requisito *m*
Requisiteur(in) [rekvizi'tø:ɐ] *m(f) <-s, -e; -, -nen>* (THEAT) atrezzista *mf*
resch [rɛʃ] *adj* (*Österr*) ① (*knusprig*) crujiente ② (*resolut*) resuelto, decidido, enérgico
Reservat [rezɛr'va:t] *nt <-(e)s, -e>* reserva *f*
Reserve [re'zɛrvə] *f <-, -n>* (*a.* MIL, SPORT) reserva *f*; **Hauptmann der ~** (MIL) capitán de la reserva; **eine eiserne ~** una reserva para una emergencia; **liquide/offene ~n** reservas disponibles/visibles; **eine stille ~** (COM) fondos en reserva; (*fam*) los ahorros del calcetín; **auf die ~n zurückgreifen** recurrir a las reservas; **jdn/etw in ~ haben** tener a alguien/algo en reserva; **jdn aus der ~ locken** intentar sacar a alguien de su cascarón
Reservebestand *m <-(e)s, -stände>* (WIRTSCH) reserva *f*, fondos *mpl*; **Reservebildung** *f <-, -en>* (WIRTSCH) constitución *f* de reservas; **Reservefonds** *m <-, ->* (WIRTSCH) fondo *m* de reservas; **Reservekanister** *m <-s, ->* bidón *m* de reserva
Reservenquote *f <-, -n>* (WIRTSCH) cuota *f* de reserva
Reserveoffizier *m <-s, -e>* oficial *m* de la reserva; **Reserverad** *nt <-(e)s, -räder>*, **Reservereifen** *m <-s, ->* rueda *f* de recambio [*o* de repuesto]; **Reservespieler(in)** *m(f) <-s, -; -, -nen>* (SPORT) reserva *mf*; **Reserveübung** *f <-, -en>* (MIL) ejercicio *m* (de prácticas) para los reservistas; **Reserveursache** *f <-, -n>* (JUR) causa *f* de reserva
reservieren* [rezɛr'vi:rən] *vt* reservar
Reserviertheit *f <-, ohne pl>* reserva *f*; **ihre anfängliche ~ machte einer gelockerten Stimmung Platz** tras sus reservas iniciales se soltó
Reservierung *f <-, -en>* reservación *f*
Reservist(in) [rezɛr'vɪst] *m(f) <-en, -en; -, -nen>* ① (MIL) reservista *mf* ② (SPORT) reserva *mf*
Reservoir [rezɛr'voa:ɐ] *nt <-s, -e>* depósito *m*
Reset [ri'sɛt] *nt <-, -s>* (INFOR) reset *m*, reinicialización *f*
Reset-Taste *f <-, -n>* (INFOR) tecla *f* de reposición al estado inicial [*o* de puesta a cero]
resident *adj* (INFOR) residente
Residenz [rezi'dɛnts] *f <-, -en>* residencia *f*
Residenzpflicht *f <-, ohne pl>* deber *m* de residencia; **Residenzstadt** *f <-, -städte>* ciudad *f* residencial
residieren* [rezi'di:rən] *vi* residir
Residualsprühen *nt <-s, ohne pl>* chispeo *m* residual
Resignation [rezɪgna'tsjo:n] *f <-, -en>* resignación *f*
resignieren* [rezɪ'gni:rən] *vi* resignarse; **resigniert den Kopf schütteln** sacudir la cabeza con resignación
resistent [rezɪs'tɛnt] *adj* (BIOL, MED) resistente (*gegen* a)
Resistenz *f <-, -en>* (BIOL, MED) resistencia *f*; **~ gegen Umwelteinflüsse** resistencia contra los influjos medioambientales
resolut [rezo'lu:t] *adj* resuelto, decidido
Resolution [rezolu'tsjo:n] *f <-, -en>* resolución *f*; **gemeinsame ~** resolución tomada de común acuerdo
Resolvente [rezɔl'vɛntə] *f <-, -n>* (MATH) resolución *f*
Resonanz [rezo'nants] *f <-, -en>* ① (PHYS, MUS) resonancia *f* ② (*Reaktion*) resonancia *f*, repercusión *f*; **keine/wenig/große ~ finden** no tener ninguna/tener poca/tener gran resonancia; **die ~ auf seinen Vorschlag war ermutigend** la gran aceptación de [*o* la positiva reacción ante] su propuesta era esperanzadora
Resonanzboden *m <-s, -böden>* (MUS) tabla *f* armónica [*o* de armonía], secreto *m*; **Resonanzkörper** *m <-s, ->* (MUS) caja *f* de resonancia
Resopal® [rezo'pa:l] *nt <-s, ohne pl>* formica® *f*
Resorbens [re'zɔrbɛns, *pl:* rezɔr'bɛntsia] *nt <-, Resorbentia o Resorbenzien>* (BIOL, MED) resorbente *m*
resorbieren* [rezɔr'bi:rən] *vt* (BIOL, MED) resorber
Resorcin *nt <-s, -e>* (CHEM, MED) resorcina *f*
Resorption [rezɔrp'tsio:n] *f <-, -en>* (MED, BIOL) re(ab)sorción *f*
Resorptionsstörungen *fpl* (BIOL, MED) perturbaciones *fpl* de resorción
resozialisieren* [rezotsiali'zi:rən] *vt* reinsertar (en la sociedad)
Resozialisierung *f <-, -en>* reinserción *f* social; **~ von Straftätern** reinserción (social) de delincuentes
resp. *Abk. von* **respektive** respectivamente, respective
Respekt [re'spɛkt, rɛs'pɛkt] *m <-(e)s, ohne pl>* respeto *m* (*vor* a); **sich dat ~ verschaffen** hacerse respetar; **vor jdm/etw ~ haben** tener respeto a alguien/a algo; **den ~ vor jdm verlieren** perder el respeto a alguien; **bei allem ~** con todo respeto; **allen ~!** ¡chapó! *fam*
respektabel [rɛspɛk'ta:bəl, rɛspɛk'ta:bəl] *adj* respetable
respektieren* [rɛspɛk'ti:rən, rɛspɛk'ti:rən] *vt* respetar
respektive [rɛspɛk'ti:və, rɛspɛk'ti:və] *konj* (*geh*) respectivamente, respective
respektlos *adj* irrespetuoso (*gegenüber* (para) con); **sich ~ benehmen** mostrar un comportamiento irrespetuoso
Respektlosigkeit¹ *f <-, ohne pl>* (*respektlose Art*) falta *f* de respeto
Respektlosigkeit² *f <-, -en>* (*respektlose Handlung*) desacato *m*
Respektsperson *f <-, -en>* persona *f* a la que se debe respeto; **er näherte sich dieser ~ ehrerbietig und devot** se acercó a esta venerable persona con respeto y humildad
respektvoll *adj* respetuoso (*gegenüber* (para) con)
respiratorisch *adj* (MED) respiratorio
Ressentiment [rɛsãti'mã:] *nt <-s, -s>* resentimiento *m*; **~s hegen (gegen jdn)** albergar resentimiento (contra alguien)
Ressort [rɛ'so:ɐ] *nt <-s, -s>* ① (*Zuständigkeitsbereich*) incumbencia *f*, competencia *f*; **das fällt nicht in mein ~** eso no pertenece al ámbito de mis competencias ② (*Abteilung*) sección *f*, departamento *m*
Ressortprinzip *nt <-s, ohne pl>* (JUR) principio *m* de atribuciones
Ressourcen [rɛ'sursən] *fpl* recursos *mpl*; **natürliche/nicht erneuerbare ~** recursos naturales/no renovables
Ressourcenbedarf *m <-(e)s, ohne pl>* (WIRTSCH) necesidad *f* de recursos; **Ressourcenfreisetzung** *f <-, -en>* (WIRTSCH) liberalización *f* de recursos; **Ressourcentransfer** *m <-s, -s>* (WIRTSCH) transferencia *f* de recursos
Rest¹ [rɛst] *m <-(e)s, -e>* resto *m*, concho *m CSur*; (*Stoff~*) retal *m*; **ein kleiner ~** un poquito; **es ist noch ein ~ Käse da** queda un poco de queso; **der letzte ~** lo último que queda
Rest² *m <-(e)s, ohne pl>* resto *m*; **er wird für den ~ seines Lebens darunter zu leiden haben** tendrá que sufrirlo durante el resto de su vida; **den ~ erzähle ich dir später** el resto te lo cuento más tarde; **das hat ihm/dem Auto den ~ gegeben** (*fam*) esto le arruinó/con esto el coche se estropeó definitivamente
Restanz [rɛs'tants] *f <-, -en>* (*Schweiz*) asunto *m* pendiente
Restauflage *f <-, -n>* resto *m* de una edición
Restaurant [rɛsto'rã:] *nt <-s, -s>* restaurante *m*, restorán *m*
Restauration [rɛstaura'tsjo:n, rɛstaura'tsjo:n] *f <-, -en>* ① (POL) restauración *f* ② (*Österr: Restaurant*) restaurante *m*
Restaurator(in) [rɛstau'ra:to:ɐ, rɛstau'ra:to:ɐ, *pl:* -ra'to:rən] *m(f) <-s, -en; -, -nen>* restaurador(a) *m(f)*
restaurieren* [rɛstau'ri:rən, rɛstau'ri:rən] *vt* restaurar, refaccionar *Am*
Restaurierung *f <-, -en>* restauración *f*
Restbestand *m <-(e)s, -stände>* remanente *m*; **Restbetrag** *m <-(e)s, -träge>* suma *f* restante, (importe *m*) remanente *m*; **geschuldeter/unbezahlter ~** importe restante/por pagar; **Restbuchwert** *m <-(e)s, -e>* (WIRTSCH) valor *m* contable a favor; **Restforderung** *f <-, -en>* débito *m* restante, remanente *m* de un crédito; **Restguthaben** *nt <-s, ->* resto *m* a favor, saldo *m* (activo) a favor
Restitutio in Integrum *f <- - -, ohne pl>* (JUR) restitutio in integrum *f*
Restitutionsanspruch *m <-(e)s, -sprüche>* (JUR) pretensión *f* de restitución [*o* revisión]; **Restitutionsberechtigte(r)** *mf <-n, -n; -n, -n>* (JUR) legitimado *m* para la acción de restitución [*o* revisión]; **Restitutionsklage** *f <-, -n>* (JUR) acción *f* de revisión; **Restitutionsrecht** *nt <-(e)s, ohne pl>* (JUR) derecho *m* de restitución; **Restitutionsverfahren** *nt <-s, ->* (JUR) procedimiento *m* de restitución
Restkapital *nt <-s, -e o -ien>* capital *m* remanente; **Restlaufzeit** *f <-, -en>* (FIN) (plazo *m* de) vencimiento *m*; **die Schuldverschreibung hat eine ~ von fünf Jahren** la obligación vence a los cinco años, el plazo

de vencimiento de la obligación es de cinco años
restlich *adj* ❶ (*noch ausstehend*) restante; **die ~en Jahre** los años restantes
❷ (*nach Verbrauch*) sobrante; **das ~e Geld** el dinero sobrante
restlos I. *adj* total, completo
II. *adv* por completo, en su totalidad; **er ist ~ fertig** (*fam*) está acabado; **ich habe es ~ satt!** (*fam*) ¡estoy harto [*o* hasta la coronilla]!
Restposten *m* <-s, -> remanente *m*
Restriktion [rɛstrɪk'tsjoːn, rɛstrɪk'tsjɔːn] *f* <-, -en> (*geh*) restricción *f*; **jdm in einer Angelegenheit ~en auferlegen** poner limitaciones a alguien en un asunto
restriktiv [rɛstrɪk'tiːf, rɛstrɪk'tɪːf] *adj* (*geh*) restrictivo
Restrisiko *nt* <-s, -risiken> riesgo *m* (que permanece)
Restrukturierung *f* <-, -en> reestructuración *f*
Restsaldo *m* <-s, -salden *o* -s *o* -saldi> (WIRTSCH) saldo *m* a favor [*o* restante]
Restschuld *f* <-, -en> deuda *f* restante; **Restschuldbefreiung** *f* <-, ohne *pl*> liberación *f* del saldo de la deuda
Reststoff *m* <-(e)s, -e> (ÖKOL) residuos *mpl*, sustancia *f* residual; **Reststoffwirtschaft** *f* <-, ohne *pl*> industria *f* de sustancias residuales
Rest- und Spaltgesellschaft *f* <-, -en> (JUR) sociedad *f* residual y escindida
Restware *f* <-, -n> (WIRTSCH) mercancía *f* restante
Restwert *m* <-(e)s, -e> valor *m* restante; **Restwertabschreibung** *f* <-, -en> (FIN) amortización *f* del valor restante
Restzahlung *f* <-, -en> pago *m* restante, resto *m* de un pago; **es steht noch eine ~ von 2300 Euro aus** queda por efectuar todavía un pago de 2300 euros
Resultante [rezʊl'tantə] *f* <-, -n> (PHYS) resultante *f*
Resultat [rezʊl'taːt] *nt* <-(e)s, -e> resultado *m*; **wir kamen zu dem ~, dass ...** llegamos al resultado de que...
resultieren* [rezʊl'tiːrən] *vi* resultar (*aus* de); **die daraus ~den Fehler** los errores resultantes
Resümee [rezy'meː] *nt* <-s, -s> (*geh*) resumen *m*; **aus etw** *dat* **das ~ ziehen** sacar la conclusión de algo
resümieren* [rezy'miːrən] *vi, vt* (*geh*) resumir; **ich resümiere also noch einmal ...** resumo de nuevo, pues, ...
Retardkapsel [ra'taːʁe-] *f* <-, -n> (MED) cápsula *f* retardadora; **Retardpräparat** *nt* <-(e)s, -e> (MED) preparado *m* retardador
Retinol *nt* <-s, ohne *pl*> retinol *m*
Retorsion *f* <-, -en> (JUR) retorsión *f*
Retorte [re'tɔrtə] *f* <-, -n> retorta *f*; **aus der ~** (*fam*) artificial
Retortenbaby *nt* <-s, -s> (*fam*) bebé-probeta *m*
retour [re'tuːɐ] *adv* (*reg, Schweiz, Österr*) devuelto; **jdm etw ~ geben** devolver algo a alguien; **etw ~ gehen lassen** mandar algo de vuelta
Retourbillett *nt* <-s, -s *o* -e> (*Schweiz*) billete *m* de vuelta
Retoure *f* <-, -n> (COM) devolución *f*
Retourgeld *nt* <-(e)s, -er> (*Schweiz*) (dinero *m* de) vuelta *f*; **Retourkutsche** *f* <-, -n> (*fam*): **mit einer ~ reagieren** devolver la pelota; **das ist eine billige ~** vaya una forma chapucera de devolver la pelota
retournieren* [retʊr'niːrən] *vt* (*Schweiz*) devolver
Retourspiel *nt* <-(e)s, -e> (*Österr, Schweiz*) partido *m* de vuelta; **Retourwechsel** *m* <-s, -> (FIN) letra *f* devuelta
retrospektiv *adj* retrospectivo
Retrospektive [retrospɛk'tiːvə] *f* <-, -n> retrospección *f*
Retrovirus ['re:tro-] *nt o m* <-, -viren> (MED) retrovirus *m inv*
retten ['rɛtən] I. *vt* ❶ (*aus Notlage*) salvar (*vor* de); (*befreien*) liberar (*aus* de); (*bergen*) rescatar (*aus* de); **jdm das Leben ~** salvar(le) a alguien la vida; **ein ~der Ausweg aus der Drogensucht** una salida de la drogodependencia; **bist du noch zu ~?** (*fam*) ¿te falta un tornillo?
❷ (*Denkmal*) salvar (*vor* de), proteger (*vor* de/contra); **ein Haus vor dem Abriss ~** salvar una casa de la demolición
II. *vr*: **sich ~** salvarse (*vor* de); **sich vor einem Hund auf einen Baum ~** ponerse a salvo de un perro en lo alto de una rama; **sie konnte sich vor Arbeit nicht mehr ~** estaba con el agua al cuello de tanto trabajo; **rette sich, wer kann!** ¡sálvese quien pueda!
Retter(in) *m(f)* <-s, -; -, -nen> salvador(a) *m(f)*
Rettich ['rɛtɪç] *m* <-s, -e> rábano *m* largo
Rettung *f* <-, -en> ❶ (*aus Gefahr*) salvación *f*; (*Bergung*) rescate *m*; (*Befreiung*) liberación *f*; **das war meine ~** (*fam*) esa fue mi salvación; **das war ~ in letzter Minute** (*fam*) fue la salvación en el último momento; **du bist meine letzte ~!** (*fam*) ¡eres mi última esperanza!; **für ihn kam jede ~ zu spät** fue demasiado tarde para él
❷ (*von Denkmälern*) protección *f*
Rettungsaktion *f* <-, -en> operación *f* de rescate; **Rettungsanker** *m* <-s, *fig*) áncora *f*; **Rettungsboot** *nt* <-(e)s, -e> ❶ (*des Rettungsdienstes*) barco *m* de salvamento ❷ (*Beiboot*) bote *m* salvavidas; **Rettungsdienst** *m* <-(e)s, -e> servicio *m* de socorro
Rettungsflugwacht *f* <-, -en> servicio *m* aéreo de salvamento

Rettungshubschrauber *m* <-s, -> helicóptero *m* de salvamento; **Rettungsinsel** *f* <-, -n> (NAUT) balsa *f* salvavidas; **Rettungskosten** *pl* costos *mpl* de salvamento
rettungslos *adj* sin remedio, irremediable; **~ verloren** irremediablemente perdido
Rettungsmannschaft *f* <-, -en> equipo *m* de rescate; **Rettungsmedaille** *f* <-, -n> medalla *f* de salvamento [*o* del Mérito Civil]; **jdm eine ~ verleihen** concederle a alguien una medalla del Mérito Civil; **Rettungsring** *m* <-(e)s, -e> salvavidas *m inv*; (*fam: Fettwulst*) michelín *m*; **Rettungssanitäter(in)** *m(f)* <-s, -; -, -nen> socorrista *m(f)*, enfermero,-a *m, f* de salvamento; **Rettungsschuss**RR *m* <-es, -schüsse>: **finaler ~** disparo *m* mortal de la policía (*que propicia la liberación, p.ej., de un rehén*); **Rettungsschwimmen** *nt* <-, ohne *pl*> natación *f* de socorrismo; **Rettungsschwimmer(in)** *m(f)* <-s, -; -, -nen> socorrista *m(f)*; **Rettungsstation** *f* <-, -en> casa *f* de socorro, puesto *m* de socorro; **Rettungswache** *f* <-, -n> puesto *m* de socorro; **Rettungswagen** *m* <-s, -> ambulancia *f*; **Rettungsweste** *f* <-, -n> chaleco *m* salvavidas
Return-Taste [ri'tøːɐn-] *f* <-, -n> (INFOR) tecla *f* de retorno
Retusche [re'tʊʃə] *f* <-, -n> retocado *m*, retoque *m*
retuschieren* [retʊ'ʃiːrən] *vt* retocar
Reue ['rɔyə] *f* <-, ohne *pl*> arrepentimiento *m* (*über* de); **tätige ~** (JUR) arrepentimiento efectivo [*o* eficaz]
reuelos *adj* sin (mostrar) arrepentimiento; **sie gab sich völlig ~** no mostraba arrepentimiento alguno
reuen ['rɔyən] *vt* (*geh*) lamentar; **es reut ihn, das getan zu haben** siente haberlo hecho
reuevoll *adj* arrepentido, pesaroso
Reugeld *nt* <-(e)s, -er> (JUR) prima *f* de rescate, penalización *f*
reuig *adj* pesaroso, arrepentido
reumütig ['rɔymyːtɪç] I. *adj* arrepentido
II. *adv* lleno de arrepentimiento; **~ sein** arrepentirse
Reuse ['rɔyzə] *f* <-, -n> (*Fisch~*) nasa *f*
revalidieren* *vt* (WIRTSCH) revalidar
revalorisieren* *vt* (WIRTSCH) revalorizar
Revanche [re'vãːʃ(ə)] *f* <-, -n> ❶ (*Rache*) revancha *f*, desquite *m*; **jdm ~ geben** dar(le) revancha a alguien
❷ (*Gegendienst*) correspondencia *f*
Revanchespiel *nt* <-(e)s, -e> (SPORT) partido *m* de desquite
revanchieren* [revã'ʃiːrən] *vr*: **sich ~** ❶ (*sich rächen*) vengarse (*für/ bei* de), desquitarse (*für* de, *bei* en)
❷ (*sich erkenntlich zeigen*) corresponder (*für* a); **ich möchte mich für Ihre Aufmerksamkeit ~** quisiera corresponder a sus atenciones
Revanchismus [revã'ʃɪsmʊs] *m* <-, ohne *pl*> revanchismo *m*
Revers [re'veːɐ, re've:ɐ] *nt o Österr: m* <-, -> (*Kragen*) solapa *f*
reversibel [revɛr'ziːbəl] *adj* reversible
revidieren* [revi'diːrən] *vt* ❶ (*abändern, rückgängig machen*) revisar
❷ (*Schweiz: überholen*) inspeccionar
Revier [re'viːɐ] *nt* <-s, -e> ❶ (*Aufgabenbereich*) incumbencia *f*, competencia *f*
❷ (*Polizei~*) comisaría *f*
❸ (ZOOL) territorio *m*
❹ (*Jagd~*) coto *m* de caza
❺ (BERGB) región *f* minera
Revirement [revirã'mãː, revirr'mãː] *nt* <-s, -s> (POL) reajuste *m* ministerial; **ein ~ vornehmen** efectuar un reajuste ministerial
revisibel *adj* (JUR) casable
Revisibilität *f* <-, ohne *pl*> (JUR) casabilidad *f*
Revision [revi'zjoːn] *f* <-, -en> ❶ (*Kontrolle*) revisión *f*; (*von Gepäck*) registro *m*; **interne ~** (WIRTSCH) revisión interna
❷ (TYPO) contraprueba *f*
❸ (*Änderung*) modificación *f*
❹ (JUR) recurso *m* de casación; **die ~ verwerfen/zurückweisen** denegar/desestimar la casación; **in die ~ gehen** interponer recurso de casación
Revisionismus [revizjo'nɪsmʊs] *m* <-, ohne *pl*> (POL) revisionismo *m*
revisionistisch [revizjo'nɪstɪʃ] *adj* (POL) revisionista
Revisionsabteilung *f* <-, -en> departamento *m* de revisión; **Revisionsbegründungsfrist** *f* <-, -en> (JUR) plazo *m* para fundamentación del recurso; **Revisionsbeschwerde** *f* <-, -n> (JUR) recurso *m* de casación; **Revisionseinlegung** *f* <-, ohne *pl*> (JUR) interposición *f* de recurso; **Revisionsentscheidung** *f* <-, -en> (JUR) decisión *f* sobre el recurso; **Revisionserstreckung** *f* <-, ohne *pl*> (JUR) extensión *f* de la revisión; **Revisionsfall** *m* <-(e)s, -fälle> (JUR) causa *f* de casación; **Revisionsgericht** *nt* <-(e)s, -e> (JUR) tribunal *m* de casación; **Revisionsgrund** *m* <-(e)s, -gründe> (JUR) causa *f* de casación; **absoluter ~** causa absoluta de casación; **Revisionsinstanz** *f* <-, -en> (JUR) instancia *f* de casación; **Revisionskläger(in)** *m(f)* <-s, -; -, -nen> (JUR) recurrente *m(f)* en casación; **Revisionsschrift** *f* <-, -en> (JUR)

escrito *m* de revisión; **Revisionssumme** *f* <-, -n> (JUR) importe *m* de la revisión; **Revisionsurteil** *nt* <-s, -e> (JUR) sentencia *f* de casación; **Revisionsverfahren** *nt* <-s, -> (JUR) proceso *m* de casación
Revisor(in) [reˈviːzoːɐ] *m(f)* <-s, -en; -, -nen> (COM) revisor(a) *m(f)*, censor(a) *m(f)* de cuentas
Revokation *f* <-, -en> ❶ (*geh: Widerruf*) revocación *f*
❷ (COM) anulación *f*
❸ (JUR) casación *f*
Revolte [reˈvɔltə] *f* <-, -n> revuelta *f*, sublevación *f*
revoltieren* [revɔlˈtiːrən] *vi* alzarse (*gegen* contra), sublevarse (*gegen* contra)
Revolution [revoluˈtsjoːn] *f* <-, -en> revolución *f*
revolutionär [revolutsjoˈnɛːɐ] *adj* revolucionario
Revolutionär(in) *m(f)* <-s, -e; -, -nen> revolucionario, -a *m, f*
revolutionieren* [revolutsjoˈniːrən] *vt* revolucionar
Revoluzzer(in) [revoˈlʊtsɐ] *m(f)* <-s, -; -, -nen> (*abw*) agitador(a) *m(f)*, rebelde *mf*
Revolver [reˈvɔlvɐ] *m* <-s, -> revólver *m*
Revolverblatt *nt* <-(e)s, -blätter> (*fam abw*) periódico *m* sensacionalista; **Revolverheld** *m* <-en> (*abw*) matón *m*; **Revolverlauf** *m* <-(e)s, -läufe> cañón *m* del revólver
Revue [rəˈvyː] *f* <-, -n> (THEAT, PUBL) revista *f*; **etw ~ passieren lassen** pasar revista a algo
Revuetänzer(in) *m(f)* <-s, -; -, -nen> bailarín, -ina *m, f* de revista
Reykjavík [ˈrɛɪkjavɪk, ˈrɛɪkjaviːk] *nt* <-s> Reykiavik *m*
Rezensent(in) [retsɛnˈzɛnt] *m(f)* <-en, -en; -, -nen> crítico, -a *m, f*
rezensieren* [retsɛnˈziːrən] *vt* hacer una reseña (de), reseñar
Rezension [retsɛnˈzjoːn] *f* <-, -en> reseña *f*
Rezensionsexemplar *nt* <-s, -e> ejemplar *m* para reseña
rezent [reˈtsɛnt] *adj* (GEO) reciente
Rezept [reˈtsɛpt] *nt* <-(e)s, -e> (MED, GASTR) receta *f*; **etw auf ~ bekommen** recibir algo con receta; **nach bewährtem ~** según la receta de siempre
Rezeptblock *m* <-(e)s, -blöcke *o* -s> recetario *m*, talonario *m* de recetas; **Rezeptbuch** *nt* <-(e)s, -bücher> libro *m* de recetas
rezeptfrei *adj* que se obtiene sin receta (médica), de venta libre
Rezeption [retsɛpˈtsjoːn] *f* <-, -en> ❶ (LIT, KUNST) acogida *f*, recepción *f*
❷ (*Hotel-*) recepción *f*; **sich an der ~ melden** presentarse en (la) recepción
Rezeptor [reˈtsɛptoːɐ] *m* <-s, -en> (BIOL) receptor *m*
Rezeptpflicht *f* <-, *ohne pl*> obligación *f* de presentar receta médica; **der ~ unterliegen** estar sujeto a prescripción médica
rezeptpflichtig *adj* de prescripción (médica) obligatoria; (*Packungsaufschrift*) con receta médica
Rezeptur [retsɛpˈtuːɐ] *f* <-, -en> (MED) preparación *f*
Rezession [retsɛˈsjoːn] *f* <-, -en> (WIRTSCH) recesión *f*; **weltweite ~ Rezession** recesión mundial [*o* internacional]; **die ~ bekämpfen/in den Griff bekommen** combatir/controlar la recesión
rezessionsbedingt *adj* condicionado por una recesión [*o* depresión coyuntural]
Rezessionserscheinung *f* <-, -en> manifestación *f* de una recesión; **Rezessionstendenz** *f* <-, -en> (WIRTSCH) tendencia *f* a la recesión
rezessiv [retsɛˈsiːf] *adj* (BIOL, MED) recesivo
Rezipient[1] [retsiˈpjɛnt] *m* <-en, -en> (PHYS) recipiente *m* (al vacío)
Rezipient(in)[2] *m(f)* <-en, -en; -, -nen> recipiente *mf*
reziprok [retsiˈproːk] *adj* recíproco
Reziprozität *f* <-, *ohne pl*> reciprocidad *f*
Rezitation [retsitaˈtsjoːn] *f* <-, -en> recitación *f*
Rezitativ [retsitaˈtiːf] *nt* <-s, -e> (MUS) recitado *m*
Rezitator(in) [retsiˈtaːtoːɐ, *pl*: retsitaˈtoːrən] *m(f)* <-s, -en; -, -nen> recitador(a) *m(f)*
rezitieren* [retsiˈtiːrən] *vt* recitar, declamar
R-Gespräch [ˈɛrɡəʃprɛːç] *nt* <-(e)s, -e> (TEL) llamada *f* a cobro revertido; **ein ~ führen** llamar a cobro revertido
rh (MED) *Abk. von* **Rhesusfaktor negativ** rh
Rh ❶ (MED) *Abk. von* **Rhesusfaktor positiv** Rh
❷ (CHEM) *Abk. von* **Rhodium** Rh
Rhabarber [raˈbarbɐ] *m* <-s, *ohne pl*> ruibarbo *m*
Rhapsodie [rapsoˈdiː] *f* <-, -n> (MUS) rapsodia *f*
Rhein [raɪn] *m* <-s> Rin *m*
Rheinfall *m* <-(e)s, *ohne pl*>: **der ~ (bei Schaffhausen)** la cascada del Rin (de Schaffhausen)
rheinisch *adj* del Rin, renano
Rheinland *nt* <-s> Renania *f*
Rheinländer(in) *m(f)* <-s, -; -, -nen> renano, -a *m, f*
rheinländisch *adj* renano, de Renania; **der ~e Dialekt** el dialecto renano
Rheinland-Pfalz [ˈ--ˈ-] *nt* <-> Renania *f* Palatinado
Rheinwein *m* <-(e)s, -e> vino *m* (de la zona) del Rin

Rhenium [ˈreːnium] *nt* <-s, *ohne pl*> (CHEM) renio *m*
Rhesusaffe [ˈreːzʊs-] *m* <-n, -n> macaco *m*; **Rhesusfaktor** *m* <-s, *ohne pl*> (MED) factor *m* Rhesus [*o* Rh]; **~ positiv/negativ** Rh positivo/negativo; **Rhesusunverträglichkeit** *f* <-, -en> (MED) intolerancia *f* Rhesus
Rhetorik [reˈtoːrɪk] *f* <-, *ohne pl*> retórica *f*
rhetorisch *adj* retórico; **eine ~e Frage** una interrogación retórica
Rheuma [ˈrɔɪma] *nt* <-s, *ohne pl*> (*fam*) reuma *m o f*, reúma *m o f*; **an ~ leiden** padecer reuma
Rheumabehandlung *f* <-, -en> (MED) tratamiento *m* del reuma; **Rheumamittel** *nt* <-s, -> (MED) antirreumático *m*; **Rheumapflaster** *nt* <-s, -> (MED) emplasto *m* antirreumático, parche *m* antirreumático; **Rheumasalbe** *f* <-, -n> (MED) pomada *f* antirreumática
Rheumatiker(in) [rɔɪˈmaːtikɐ] *m(f)* <-s, -; -, -nen> (MED) reumático, -a *m, f*
rheumatisch *adj* (MED) reumático; **~es Fieber** fiebre reumática
Rheumatismus [rɔɪmaˈtɪsmʊs] *m* <-, Rheumatismen> (MED) reumatismo *m*, viento *m* MAm, Ant
Rheumatologe, -in [rɔɪmatoˈloːɡə] *m, f* <-n, -n; -, -nen> (MED) reumatólogo, -a *m, f*
Rhinozeros [riˈnoːtserɔs] *nt* <-(ses), -se> ❶ (ZOOL) rinoceronte *m*
❷ (*fam: Trottel*) tonto, -a *m, f*
Rhizosphäre *f* <-, -en> (BIOL) rizoesfera *f*
Rhodium [ˈroːdium] *nt* <-s, *ohne pl*> (CHEM) rodio *m*
Rhododendron [rodoˈdɛndrɔn] *m o nt* <-s, Rhododendren> rododendro *m*
Rhombus [ˈrɔmbus] *m* <-, Rhomben> (MATH) rombo *m*
Rhythmen *pl von* **Rhythmus**
rhythmisch [ˈrʏtmɪʃ] *adj* rítmico
Rhythmus [ˈrʏtmʊs] *m* <-, Rhythmen> (*a.* MUS, LING) ritmo *m*
RIAS *m* <-, *ohne pl*> (HIST) *Abk. von* **Rundfunk im amerikanischen Sektor** emisora *f* de radio en el sector americano de Berlín; **~ Berlin** RIAS Berlín (*emisora de radio en el sector americano de Berlín*)
Ribis(e)l [ˈriːbiːz(ə)l] *f* <-, -n> (*Österr:* BOT: *rote*) grosella *f*; (*schwarze*) casis *f inv*
Riboflavin *nt* <-s, -e> riboflavina *f*
Ribonukleinsäure [ribonukleˈiːn-] *f* <-, -n> (BIOL, CHEM) ácido *m* ribonucleico
Ribosom *nt* <-s, -en> (CHEM) ribosoma *m*
Richardson-Kennlinie *f* <-, *ohne pl*> (CHEM) característica *f* de Richardson
Richtantenne *f* <-, -n> antena *f* dirigida
richten [ˈrɪçtən] **I.** *vt* ❶ (*lenken, wenden*) dirigir (*an/auf* a, *gegen* contra); (*Waffe*) apuntar (*auf* a); (*Aufmerksamkeit, Hass*) concentrar (*auf* en); (*Blick*) fijar (*auf* en); **an wen war der Brief gerichtet?** ¿a quién estaba dirigida la carta?; **das Wort an jdn ~** dirigir la palabra a alguien; **sie richtete das Gewehr auf die Lampe** apuntaba con el fusil a la lámpara
❷ (*reg: reparieren*) arreglar
❸ (*reg: vorbereiten*) preparar
II. *vr*: **sich ~** ❶ (*sich anpassen*): **sich nach etw** *dat* **~** seguir algo, hacer caso a algo; **richte dich danach!** ¡atente a ello!
❷ (*abhängen*) depender (*nach* de); **sich nach jdm ~** orientarse por alguien, guiarse por alguien; **das richtet sich danach, ob ...** esto depende de si...
❸ (*sich wenden*) dirigirse (*gegen* contra); **sich gegen jdn/etw ~** dirigirse contra alguien/algo; **gegen wen richtet sich dein Verdacht?** ¿contra quién se dirigen tus sospechas?; **ihr ganzer Hass richtete sich auf ihn** todo su odio se concentraba en él
III. *vi* (JUR) dictar sentencia (*über* acerca de); **über jdn/etw richten** emitir juicios acerca de alguien/de algo
Richter(in) *m(f)* <-s, -; -, -nen> juez(a) *m(f)*; **ehrenamtlicher ~** juez honorífico; **gesetzlicher ~** juez ordinario; **vorsitzender ~** juez presidente; **~ kraft Auftrags** juez por mandato; **~ auf Lebenszeit** juez vitalicio; **~ auf Probe** juez a prueba; **~ auf Zeit** juez temporal; **jdn vor den ~ bringen** llevar a alguien ante el juez; **~ am Amtsgericht** juez de primera instancia [*o* instrucción]; **sich zum ~ über jdn/etw aufwerfen** erigirse en juez de alguien/de algo
Richteramt *nt* <-(e)s, *ohne pl*> magistratura *f*, judicatura *f*; **Befähigung zum ~** habilitación para la judicatura; **das ~ innehaben/ausüben** tener el cargo de juez/ejercer de juez [*o* la magistratura]; **Herr Vögli, mein Nachfolger im ~** el señor Vögli, mi sucesor en la magistratura [*o* en la judicatura]; **Richtergesetz** *nt* <-es, -e> (JUR) código *m* judicial
Richterin *f* <-, -nen> *s.* **Richter**
richterlich *adj* judicial; **~es Prüfungsrecht** derecho calificador judicial
Richterrat *m* <-(e)s, -räte> consejo *m* judicial
Richterschaft *f* <-, *ohne pl*> judicatura *f*
Richterskala[RR] *f* <-, *ohne pl*> escala *f* de Richter

Richterspruch *m* <-(e)s, -sprüche> (JUR) fallo *m*, sentencia *f* de un juez; **Richtervorbehalt** *m* <-(e)s, -e> (JUR) reserva *f* judicial; **Richterwahlausschuss**ᴿᴿ *m* <-es, -schüsse> (JUR) comisión *f* de elección judicial

Richtfest *nt* <-(e)s, -e> fiesta *f* de cubrir aguas

Richtfunk *m* <-s, *ohne pl*> radioenlace *m* dirigido; **Richtfunksender** *m* <-s, -> (RADIO) emisora *f* de radioenlace dirigido

Richtgeschwindigkeit *f* <-, -en> velocidad *f* (máxima) aconsejada

richtig ['rɪçtɪç] **I.** *adj* ❶ (*zutreffend*) justo, exacto; (*korrekt*) correcto; **es ist sicher ~, dass ...** seguramente es correcto que... +*subj*; **ich halte es für ~, dass ...** lo veo bien que... +*subj*; **ich halte es für das R~ste, wenn ...** lo mejor sería que... +*subj*; **bin ich hier ~ bei Meyer?** ¿es ésta la casa de Meyer?
❷ (*echt, regelrecht*) verdadero; (*wirklich*) auténtico; **es war ein ~es Durcheinander** fue un verdadero caos
❸ (*geeignet*) justo, oportuno; **zur ~en Zeit** en el momento oportuno [*o* justo]
❹ (*fam: in Ordnung*) correcto; **du bist schon ganz ~** tú eres buena gente; **der ist nicht ganz ~** (**im Kopf**) no está muy bien (de la cabeza)
II. *adv* ❶ (*korrekt*) bien; **das hat er ~ gemacht** lo ha hecho bien; **geht die Uhr ~?** ¿va bien el reloj?; **eine ~ gehende Uhr** un reloj que va bien; **du kommst gerade ~** llegas en buen momento; **ich höre doch wohl nicht ~?** ¿cómo?
❷ (*in der Tat*) efectivamente
❸ (*~gehend*) verdaderamente; (*gehörig*) como es debido; **sich ~ ausschlafen** dormir como Dios manda; **er war ~ nett** fue verdaderamente amable

Richtige(r) *mf* <-n, -n; -n, -n>: **sechs ~ im Lotto** seis aciertos en la lotería; **du bist mir der ~!** (*fam*) ¡menuda joya estás hecho!; **bei dem war sie an den ~n geraten** (*fam*) encontró la horma de su zapato, fue a dar con el más apropiado

richtiggehend *adj* (*wirklich*) verdadero; **jdn ~ betrügen** (*fam*) estafar a alguien en toda regla

Richtigkeit *f* <-, *ohne pl*> exactitud *f*; **das wird schon seine ~ haben** tendrá su razón de ser

richtig|stellen *vt s.* **stellen I.5.**

Richtigstellung *f* <-, -en> rectificación *f*; **ich möchte einige Sätze zur ~ dieser Behauptung sagen** me gustaría decir algunas frases para rectificar esta afirmación

Richtkranz *m* <-es, -kränze> corona a base de ramas de abeto que se coloca en lo alto de un edificio en Alemania cuando se cubren aguas

Richtlinie *f* <-, -n> norma *f*, pauta *f*; (*Anweisungen*) instrucciones *fpl*

Richtlinienkompetenz *f* <-, -en> (JUR) competencia *f* para la fijación de directrices

Richtmikrofon *nt* <-s, -e>, **Richtmikrophon** *nt* <-s, -e> micrófono *m* direccional

Richtplatz *m* <-es, -plätze> lugar *m* de la ejecución; **zum ~ führen** llevar al patíbulo

Richtpreis *m* <-es, -e> (WIRTSCH) precio *m* orientativo; **unverbindlicher ~** precio de venta al público recomendado; **Richtpreisspanne** *f* <-, -n> (WIRTSCH) margen *m* en el precio de venta al público

Richtpunkt *m* <-(e)s, -e> punto *m* de blanco auxiliar; **Richtschnur** *f* <-, -en> ❶ (ARCHIT) tendel *m* ❷ (*Grundsatz*) pauta *f*, regla *f* de conducta; **das dient ihm als ~ für sein Handeln** le sirve como modelo de conducta

Richtstrahler *m* <-s, -> antena *f* direccional

Richtung *f* <-, -en> ❶ (*Verlauf*) dirección *f*, rumbo *m*; **in ~ auf** en dirección a; **in südlicher ~** en dirección sur; **in die entgegengesetzte ~ fahren** ir en sentido contrario; **der Zug ~ Vigo** el tren con destino a Vigo; **die Leute kommen aus allen ~en** la gente viene de todas partes; **sie gab dem Gespräch eine andere ~** cambió el rumbo de la conversación; **in dieser ~ habe ich nichts unternommen** no tomé medidas al respecto; **die ~ stimmt** (*fam*) todo en orden
❷ (*Strömung*) tendencia *f*; (*literarisch*) corriente *f*; **einer bestimmten ~ angehören** pertenecer a una determinada tendencia

Richtungsänderung *f* <-, -en> cambio *m* de dirección; **Richtungskampf** *m* <-(e)s, -kämpfe>, **Richtungsstreit** *m* <-(e)s, -e> (POL) lucha *f* interna (*en un partido*)

richtungweisend *adj* orientador, que sirve de modelo

Richtwert *m* <-(e)s, -e> valor *m* indicativo

Ricke ['rɪkə] *f* <-, -n> corza *f*

rieb [ri:p] 3. *imp von* **reiben**

riechen ['ri:çən] <riecht, roch, gerochen> *vi, vt oler* (*nach* a); **übel ~d** hediondo, maloliente; **an einem Gewürz ~** oler una especia; **es riecht angebrannt** huele a quemado; **es riecht nach Kampfer** huele a alcanfor; **aus dem Mund ~** tener mal aliento; **jdn nicht ~ können** (*fam*) no tragar a alguien; **das konnte ich doch nicht ~!** (*fam*) ¡cómo iba a saber yo!; **ich glaube, sie hat was gerochen** (*fig fam*) creo que se lo ha olido

Riecher *m* <-s, -> (*fam*) nariz *f*, olfato *m*; **einen guten [*o* den richtigen] ~ für etw haben** tener muy buen olfato para algo

Riechkolben *m* <-s, -> (*fam iron*) napia(s) *f* (*inv*); **hast du einen großen ~!** ¡vaya narizota que tienes!; **Riechnerv** *m* <-s, -en> nervio *m* olfativo; **Riechorgan** *nt* <-s, -e> órgano *m* del olfato [*o* olfativo]; **Riechsalz** *nt* <-es, -e> sales *fpl*

Ried [ri:t] *nt* <-(e)s, -e> ❶ (BOT) caña *f*, junco *m*
❷ (*südd, Schweiz: Moor*) ciénaga *f*, laguna *f*, cañada *f* CSur, USA

Rieddach *nt* <-(e)s, -dächer> tejado de cañas típico del norte de Alemania

rief [ri:f] 3. *imp von* **rufen**

Riege ['ri:gə] *f* <-, -n> (SPORT) equipo *m*

Riegel ['ri:gəl] *m* <-s, -> ❶ (*Tür~*) cerrojo *m*, pestillo *m*; (*im Türschloss*) pestillo *m*; **etw** *dat* **einen ~ vorschieben** poner freno a algo
❷ (*Schokoladen~*) barrita *f*

Riemen ['ri:mən] *m* <-s, -> ❶ (*Band*) correa *f*, tiento *m* Am; **sich am ~ reißen** (*fam*) hacer un esfuerzo; **den ~ enger schnallen** (*fam*) apretarse el cinturón
❷ (*Ruder*) remo *m*; **sich in die ~ legen** remar con fuerza; (*fig*) poner manos al trabajo

Ries [ri:s] *nt* <-es, -e, *nach Zahlen:* -> (TYPO: *alt*) resma *f* alemana (*equivalente a dos resmas españolas*)

Riese¹ ['ri:zə] *m* <-n, -n> ❶ (*fam: Tausendmarkschein*) billete *m* de mil marcos
❷ (*Wend*): **nach Adam ~** (*fam*) si los números no mienten

Riese, -in² *m, f* <-n, -n; -, -nen> (*Gestalt*) gigante, -a *m, f*

Rieselfeld ['ri:zəl-] *nt* <-(e)s, -er> ❶ (AGR: *zur Bewässerung*) campo *m* de regadío
❷ (*zur Abwasserreinigung*) campo *m* de depuración

rieseln ['ri:zəln] *vi sein* (*Schnee, Sand*) caer; (*Wasser*) correr, deslizarse

Riesengestalt *f* <-, -en> ❶ (*Größe*) figura *f* gigantesca; **mit seiner ~ von über zwei Metern passt er kaum durch den Türrahmen** con esa altura de gigante que tiene, de más de dos metros, apenas pasa por la puerta
❷ (*Hüne*) gigante, -a *m, f*

riesengroß ['--'-] *adj* (*fam*) gigante, gigantesco

riesenhaft *adj* gigantesco, enorme

Riesenhunger *m* <-s, *ohne pl*> (*fam*) hambre *f* terrible; **ich habe einen ~** me muero de hambre; **Riesenrad** *nt* <-(e)s, -räder> noria *f*; **Riesenschlange** *f* <-, -n> boa *f*; **Riesenschritt** *m* <-(e)s, -e> (*fam*) paso *m* gigantesco; **mit ~en** a paso de gigante; **Riesenslalom** *m* <-s, -s> (SPORT) eslalon *m* gigante; **Riesenwuchs** *m* <-es, *ohne pl*> (MED) gigantismo *m*

riesig I. *adj* gigante, gigantesco; **das war eine ~e Enttäuschung** fue una enorme decepción
II. *adv* (*fam: sehr*) enormemente; **sich ~ freuen** alegrarse enormemente

Riesin *f* <-, -nen> *s.* **Riese**²

Riesling ['ri:slɪŋ] *m* <-s, -e> (*vino m de*) Riesling *m*

riet [ri:t] 3. *imp von* **raten**

Riff [rɪf] *nt* <-(e)s, -e> arrecife *m*

Rift [rɪft] *m* <-(s), -s> (GEO) fosa *f* tectónica [*o* de hundimiento]

rigid(e) *adj* ❶ (*geh: streng*) rígido, riguroso; **an dieser Schule werden Verstöße ~e bestraft** en esta escuela las faltas se castigan rígidamente; **bezüglich der Arbeitszeiten ist man hier sehr ~e** respecto al horario laboral se es muy riguroso aquí
❷ (*geh: starr*) rígido, anquilosado; **eine ~e Hierarchie/Struktur** una jerarquía rígida/una estructura anquilosada
❸ (MED) rígido

rigoros [rigo'ro:s] *adj* riguroso; **~ durchgreifen** tomar medidas severas, proceder rigurosamente

Rigorosum [rigo'ro:zʊm, *pl:* rigo'ro:za] *nt* <-s, Rigorosa *o* Österr: Rigorosen> (UNIV) examen *m* oral del doctorado

Rikambio *m* <-s, Rikambien> (FIN) recambio *m*

Rikambiowechsel *m* <-s, -> (FIN) letra *f* de recambio [*o* de resaca]

Riksha ['rɪkʃa] *f* <-, -s> jinrikisha *f*

Rille ['rɪlə] *f* <-, -n> ranura *f*; (*Schallplatten~*) surco *m*

Rimesse [ri'mɛsə] *f* <-, -n> (WIRTSCH) remesa *f*; **berufliche/unternehmerische ~** remesa profesional/empresarial; **eine ~ übernehmen** asumir una remesa

Rind¹ [rɪnt] *nt* <-(e)s, -er> ❶ (*Tier*) vacuno *m*, res *f* Am; (*bei Tierhaltung*) ganado *m* vacuno
❷ (ZOOL) bóvidos *mpl*

Rind² *nt* <-(e)s, *ohne pl*> (*fam: ~fleisch*) carne *f* de vaca

Rinde ['rɪndə] *f* <-, -n> corteza *f*

Rinderbraten *m* <-s, -> asado *m* de vacuno; **Rinderfilet** *nt* <-s, -s> filete *m* de vaca; **Rinderherde** *f* <-, -n> ganado *m* vacuno; **Rinderwachstumshormon** *nt* <-s, -e> hormona *f* del crecimiento del ganado vacuno; **Rinderwahnsinn** *m* <-s, *ohne pl*> encefalopatía *f* espongiforme bovina; **Rinderzucht** *f* <-, -en> cría *f* de ganado vacuno

Rindfleisch *nt* <-(e)s, *ohne pl*> carne *f* de vacuno [*o* de vaca]; **Rind-**

Rindsleder — **Ritz**

fleischsuppe *f* <-, -n> sopa *f* de carne de vaca
Rindsleder *nt* <-s, -> cuero *m* de vaca
rindsledern *adj* de cuero de vaca
Rindvieh[1] *nt* <-(e)s, *ohne pl*> (AGR) ganado *m* vacuno
Rindvieh[2] *nt* <-(e)s, -viecher> (*fam abw: Mensch*) pedazo *m* de bruto, animal *m*
Ring [rɪŋ] *m* <-(e)s, -e> ❶ (*allgemein*) anillo *m*, aro *m*; (*Finger~*) anillo *m*; **die ~e tauschen** casarse; **~e unter den Augen haben** tener ojeras
❷ *pl* (*Turngerät*) anillas *fpl*
❸ (*Box~*) ring *m*; **~ frei zur dritten Runde!** ¡abandonar el ring para el tercer asalto!
❹ (*Menschengruppe*) agrupación *f*; (*Verbrecher~*) red *f*
Ringbuch *nt* <-(e)s, -bücher> cuaderno *m* de anillas, carpeta *f* de anillas; **Ringbucheinlagen** *fpl* recambios *mpl* para carpetas de anillas
Ringel ['rɪŋəl] *m* <-s, -> bucle *m*, rizo *m*
Ringelblume *f* <-, -n> caléndula *f*; **Ringellocke** *f* <-, -n> bucle *m*, rizo *m*, tirabuzón *m*; **sie hatte eine Haarpracht aus ~n** su cabello era muy rizado
ringeln ['rɪŋəln] **I.** *vt* ensortijar (*um* alrededor de)
II. *vr:* **sich ~** ensortijarse
Ringelnatter *f* <-, -n> serpiente *f* de collar; **Ringelreihen** *m* <-s, -> rueda *f*, corro *m*; **Ringelschwanz** *m* <-es, -schwänze> (ZOOL) cola *f* enroscada, rabo *m* enroscado; **Ringelspiel** *nt* <-(e)s, -e> (*Österr*) tiovivo *m*, carrusel *m*; **Ringeltaube** *f* <-, -n> ❶ (ZOOL) paloma *f* torcaz
❷ (*alt a. reg: günstige Gelegenheit*) ocasión *f* única
ringen ['rɪŋən] <ringt, rang, gerungen> **I.** *vi* (*a.* SPORT) luchar (*mit* con, *um/nach* por); **um seine Fassung ~** hacer (grandes) esfuerzos por mantener la calma; **nach Luft ~** jadear; **mit dem Tod ~** agonizar; **er rang nach Worten** luchó por encontrar palabras; **ich habe lange mit mir ~ müssen** tuve que luchar mucho conmigo mismo
II. *vt* (*geh*) **die Hände ~** retorcerse las manos; **jdm etw aus der Hand/den Händen ~** quitar algo a alguien de la mano/las manos
Ringen ['rɪŋən] *nt* <-s, *ohne pl*> ❶ (SPORT) lucha *f*
❷ (*Hin und Her*) lucha *f*, pelea *f*; **nach jahrelangem ~ konnte er den Prozess für sich entscheiden** tras una lucha de muchos años consiguió ganar el proceso
Ringer(in) *m(f)* <-s, -; -, -nen> luchador(a) *m(f)*
Ringfahndung *f* <-, -en> redada *f*, razia *f*; **Ringfinger** *m* <-s, -> (dedo *m*) anular *m*
ringförmig [-fœrmɪç] *adj* anular, circular
ringhörig *adj* (*Schweiz*) que deja pasar el ruido; **diese Wohnung ist sehr ~** en este piso se oye todo
Ringkampf *m* <-(e)s, -kämpfe> lucha *f*; **Ringkämpfer(in)** *m(f)* <-s, -; -, -nen> (SPORT) luchador(a) *m(f)*
Ringleitung *f* <-, -en> tubería *f* circular
Ringlotte [rɪŋ'glɔtə] *f* <-, -n> (*Österr*) ciruela *f* claudia
Ringordner *m* <-s, -> archivador *m* de anillas, carpeta *f* de anillas
Ringrichter(in) *m(f)* <-s, -; -, -nen> (SPORT) árbitro, -a *m, f* del ring de boxeo
rings [rɪŋs] *adv* alrededor (*an/um* de); **er ging ~ ums Haus** dio la vuelta a la casa
ringsherum ['rɪŋsɛ'rʊm] *adv* alrededor (*um* de); (*überall*) por todas partes
Ringstraße *f* <-, -n> avenida *f* de circunvalación, (camino *m* de) ronda *f*
ringsum ['rɪŋs'ʔʊm] *adv,* **ringsumher** ['rɪŋsʔʊm'heːɐ] *adv s.* **ringsherum**
Rinne ['rɪnə] *f* <-, -n> ❶ (*im Boden*) cauce *m*; (*Bewässerungs~*) acequia *f*
❷ (*Dach~*) canalón *m*
rinnen ['rɪnən] <rinnt, rann, geronnen> *vi sein* manar, correr
Rinnsal ['rɪnzaːl] *nt* <-(e)s, -e> (*geh*) ❶ (*Gewässer*) riachuelo *m*
❷ (*Blut~*) reguero *m*
Rinnstein *m* <-(e)s, -e> ❶ (*Gosse*) cuneta *f*, arroyo *m*
❷ (*Bordstein*) bordillo *m*
R.I.P. *Abk. von* **requiescat in pace** R.I.P.
Rippchen ['rɪpçən] *f* <-, -> (GASTR) costilla *f*
Rippe ['rɪpə] *f* <-, -n> ❶ (MED) costilla *f*; **er hat nichts auf den ~n** (*fam*) está en los huesos; **der muss wieder was auf die ~n kriegen** (*fam*) tiene que engordar un poco; **das kann ich mir nicht aus den ~n schneiden** (*fam*) no puedo hacer lo imposible
❷ (*von Heizkörper*) aleta *f*
❸ (BOT) nervio *m*
Rippenbruch *m* <-(e)s, -brüche> fractura *f* de costilla
Rippenfell *nt* <-(e)s, -e> pleura *f*; **Rippenfellentzündung** *f* <-, -en> pleuritis *f inv*, pleuresía *f*
Rippengewölbe *nt* <-s, -> (ARCHIT) bóveda *f* de nervadura; **Rippenstoß** *m* <-es, -stöße> codazo *m*; **jdm einen ~ geben** [*o* **versetzen**] darle un codazo a alguien

Rippli ['rɪpli] *nt* <-s, -> (*Schweiz:* GASTR) costilla *f*
Rips [rɪps] *m* <-es, -e> reps *m inv*
Risiko ['riːziko] *nt* <-s, -s *o* Risiken> riesgo *m*; **erlaubtes ~** (JUR) riesgo permitido; **berufliches ~** riesgo profesional; **versicherbares ~** riesgo asegurable; **auf eigenes ~** por propio riesgo; **ein ~ übernehmen** asumir un riesgo [*o* una responsabilidad]; **das ~ verteilen** ampliar el riesgo; **kein/ein ~ eingehen** no correr riesgo/correr un riesgo; **du läufst dabei das ~, dass du erwischt wirst** corres el riesgo de que te cojan con las manos en la masa
Risikoaufschlag *m* <-(e)s, -schläge> (WIRTSCH) aumento *m* de riesgos; **Risikoausgleich** *m* <-(e)s, -e> (WIRTSCH) compensación *f* de riesgos; **Risikoausschluss**[RR] *m* <-es, -schlüsse> (JUR, WIRTSCH) exclusión *f* de riesgos; **Risikobegrenzung** *f* <-, -en> (JUR, WIRTSCH) limitación *f* de riesgos
risikobereit *adj* dispuesto a correr un riesgo
Risikobereitschaft *f* <-, *ohne pl*> (pre)disposición *f* a correr riesgos; **Risikobeteiligung** *f* <-, -en> (JUR) participación *f* en los riesgos; **Risikoerhöhung** *f* <-, -en> aumento *m* de riesgos; **Risikofaktor** *m* <-s, -en> (factor *m* de) riesgo *m*
risikofrei *adj* sin [*o* libre de] riesgos
risikofreudig *adj* que ama el riesgo
Risikogeburt *f* <-, -en> (MED) parto *m* de riesgo; **Risikogeschäft** *nt* <-(e)s, -e> (WIRTSCH) operación *f* de riesgo; **Risikogruppe** *f* <-, -n> (MED) grupo *m* con elevado riesgo de infección; **Risikokapital** *nt* <-s, -e *o* -ien> (WIRTSCH) capital *m* de riesgo
risikolos *adj* sin riesgo
Risikomischung *f* <-, -en> (WIRTSCH) mezcla *f* de riesgos; **Risikopatient(in)** *m(f)* <-en, -en; -, -nen> paciente *mf* en riesgo
risikoreich *adj* muy arriesgado
Risikorücklage *f* <-, -n> (WIRTSCH) reserva *f* de previsión; **Risikoschwangerschaft** *f* <-, -en> (MED) embarazo *m* de riesgo; **Risikosport** *m* <-s, *ohne pl*> deporte *m* de alto riesgo; **Risikostreuung** *f* <-, -en> (WIRTSCH) repartición *f* de riesgos, diversificación *f* de riesgos; **Risikoübergang** *m* <-(e)s, *ohne pl*> traspaso *m* del riesgo; **Risikoübernahme** *f* <-, *ohne pl*> asunción *f* del riesgo; **Risikoüberwälzung** *f* <-, *ohne pl*> repercusión *f* del riesgo; **Risikoversicherung** *f* <-, -en> seguro *m* de riesgos; **Risikoverteilung** *f* <-, -en> distribución *f* de riesgos; **Risikovorsorge** *f* <-, *ohne pl*> prevención *f* de riesgos; **Risikozusammenhang** *m* <-(e)s, -hänge> relación *f* con el riesgo
riskant [rɪs'kant] *adj* arriesgado; **das ist mir zu ~** me resulta demasiado arriesgado
riskieren* [rɪs'kiːrən] *vt* arriesgar; **du riskierst zu viel bei diesem Geschäft** pones demasiado en peligro con este negocio
riss[RR] [rɪs], **riß** *3. imp von* **reißen**
Riss[RR] [rɪs] *m* <-es, -e>, **Riß** *m* <-sses, -sse> desgarro *m*; (*in Stoff, Papier*) rasgón *m*, rasgadura *f*; (*in Wand, Erde, Haut*) grieta *f*; (*in Porzellan*) resquebrajadura *f*; (*Spalt*) hendidura *f*; (TECH) plano *m*
rissig ['rɪsɪç] *adj* (*Wand, Haut*) agrietado; (*Stoff*) rasgado; (*Porzellan*) resquebrajado
Rist [rɪst] *m* <-es, -e> ❶ (SPORT: *Spann*) empeine *m*; (*Handrücken*) dorso *m* de la mano
❷ (*bei Rindern, Pferden*) cruz *f*
ristornieren* *vt* (WIRTSCH) reembolsar, descontar
Ristorno *o nt* <-s, -s> (WIRTSCH) reembolso *m*
Riten ['riːtən] *pl von* **Ritus**
ritt [rɪt] *3. imp von* **reiten**
Ritt [rɪt] *m* <-(e)s, -e> paseo *m* a caballo, cabalgada *f*; **in scharfem ~** al galope; **in einem** [*o* **auf einen**] **~** (*fam*) de un golpe, de una vez
Ritter ['rɪtɐ] *m* <-s, -> caballero *m*; **jdn zum ~ schlagen** nombrar a alguien caballero; **arme ~** (GASTR) torrijas de leche
Ritterburg *f* <-, -en> castillo *m* feudal; **Rittergut** *nt* <-(e)s, -güter> (HIST) señorío *m*; **Ritterkreuz** *nt* <-es, -e> (gran) cruz *f*
ritterlich *adj* caballeroso
Ritterlichkeit *f* <-, *ohne pl*> caballerosidad *f*
Ritterorden *m* <-s, -> (HIST) orden *f* de caballería; **Ritterroman** *m* <-s, -e> novela *f* de caballerías, libro *m* de caballerías; **Ritterrüstung** *f* <-, -en> armadura *f*; **Ritterschlag** *m* <-(e)s, -schläge> (HIST) espaldarazo *m*; **den ~ empfangen** ser armado caballero
Rittersmann *m* <-(e)s, -leute> (*alt*) caballero *m*
Rittersporn *m* <-(e)s, -e> (BOT) espuela *f* de caballero; **Ritterstand** *m* <-(e)s, *ohne pl*> (HIST) orden *f* de la caballería
rittlings ['rɪtlɪŋs] *adv* a horcajadas
Ritual [ritu'aːl] *nt* <-s, -e *o* -ien> ritual *m*
Ritualmord *m* <-(e)s, -e> asesinato *m* ritual
rituell [ritu'ɛl] *adj* ritual
Ritus ['riːtʊs] *m* <-, Riten> rito *m*
Ritz [rɪts] *m* <-es, -e> ❶ (*in Haut*) rasguño *m*, arañazo *m*; (*auf Möbeln*) raspadura *f*
❷ (*Spalte*) grieta *f*

Ritze ['rɪtsə] f <-, -n> ranura f, hendidura f
Ritzel ['rɪtsəl] nt <-s, -> (TECH) piñón m
ritzen ['rɪtsən] I. vt ❶ (Glas, Kupfer) tallar
❷ (eingravieren) grabar (in en); **das ist geritzt** (fam) todo está arreglado
II. vr: **sich ~** arañarse, rasguñarse
Rivale, -in [ri'va:lə] m, f <-n, -n; -, -nen> rival mf, competidor(a) m(f)
rivalisieren* [rivali'zi:rən] vi rivalizar (mit con, um por)
Rivalität [rivali'tɛ:t] f <-, -en> rivalidad f
Riviera [ri'vje:ra] f <-> Riviera f
Rizinus¹ ['ri:tsinʊs] m <-, -(se)> (Pflanze) ricino m
Rizinus² m <-, ohne pl>, **Rizinusöl** nt <-(e)s, -e> aceite m de ricino
Rn (CHEM) Abk. von **Radon** Rn
RNS [ɛrʔɛn'ʔɛs] f <-, ohne pl> (BIOL, CHEM) Abk. von **Ribonukleinsäure** ARN m
Roaming nt <-, ohne pl> (TEL) roaming m, itinerancia f (cobertura internacional)
Roastbeef ['ro:stbi:f] nt <-s, -s> (GASTR) rosbif m
Robbe ['rɔbə] f <-, -n> foca f
robben ['rɔbən] vi sein arrastrarse; (MIL) avanzar cuerpo a tierra
Robe ['ro:bə] f <-, -n> ❶ (geh: Kleid) vestido m de gala; **in großer ~** en traje de gala
❷ (Talar) toga f
Robinie [ro'bi:niə] f <-, -n> robinia f, acacia f falsa
Robotbild ['rɔbɔt-] nt <-(e)s, -er> (Schweiz) retrato m robot
Roboter ['rɔbɔtɐ] m <-s, -> robot m
Robotertechnik f <-, ohne pl> (TECH) robótica f
robust [ro'bʊst] adj robusto
Robustheit f <-, ohne pl> robustez(a) f
roch [rɔx] 3. imp von **riechen**
röcheln ['rœçəln] vi respirar roncamente [o con dificultad], resollar; (Sterbender) estar en los estertores de la agonía
Rochen ['rɔxən] m <-s, -> (Fisch) raya f
Rock¹ [rɔk, pl: 'rœkə] m <-(e)s, Röcke> ❶ (Kleidungsstück) falda f, pollera f Am
❷ (Schweiz: Kleid) vestido m
❸ (reg: Jackett) chaqueta f
Rock² [rɔk] m <-(s), ohne pl> (MUS) rock m
Rockband f <-, -s> grupo m de rock, banda f de rock
rocken ['rɔkən] vi ❶ (Musik machen) hacer (música) rock
❷ (tanzen) bailar (música) rock, rockanrolear
Rocker(in) ['rɔkɐ] m(f) <-s, -; -, -nen> rockero, -a m, f
Rockerbande f <-, -n> banda f de roqueros; **Rockerbraut** f <-, -bräute> (sl) chica f de un roquero
Rockerin f <-, -nen> s. **Rocker**
Rockfestival nt <-s, -s> festival m de rock; **Rockgruppe** f <-, -n> grupo m rockero [o de rock]
rockig adj (fam) rockero
Rockzipfel m <-s, ->: jdn (gerade noch) am [o beim] ~ **erwischen** cruzarse por los pelos con alguien; **an jds ~ hängen** (fam) estar colgado de las faldas de alguien
Rodel ['ro:dəl] m <-s, -> (reg) trineo m para niños
Rodelbahn f <-, -en> pista f para trineos, tobogán m
rodeln ['ro:dəln] vi haben o sein (reg) ir en trineo
Rodelschlitten m <-s, -> trineo m
roden ['ro:dən] vt ❶ (Gebiet) desmontar, tumbar Am
❷ (Baum) talar
Rodler(in) ['ro:dlɐ] m(f) <-s, -; -, -nen> persona f que monta en trineo; (SPORT) corredor(a) m(f) de luge
Rodung f <-, -en> desmonte m
Rogen ['ro:gən] m <-s, -> huevas fpl de pescado
Roggen ['rɔgən] m <-s, -> centeno m
Roggenbrot nt <-(e)s, -e> pan m de centeno; **Roggenmehl** nt <-(e)s, -e> harina f de centeno
roh [ro:] adj ❶ (ungekocht) crudo; **jdn wie ein ~es Ei behandeln** tener a alguien en palmitas
❷ (unbearbeitet) bruto, sin labrar
❸ (grob) bruto; **~e Gewalt** fuerza bruta
Rohanalyse f <-, -n> (WIRTSCH) análisis m inv provisional [o aproximativo]; **Rohaufwand** m <-(e)s, ohne pl> (WIRTSCH) despliegue m bruto; **Rohausbeute** f <-, -n> (WIRTSCH) producción f bruta, rendimiento m bruto; **Rohbau** m <-(e)s, -ten> armadura f (de un edificio); **Rohbau eines Gebäudes, etw im ~ fertig stellen** terminar el cuerpo de algo; **Rohbilanz** f <-, -en> (WIRTSCH) balance m aproximativo [o provisional]
Roheinnahmen fpl (WIRTSCH) ingresos mpl brutos; **Roheisen** nt <-s, ohne pl> hierro m bruto
Roheit f s. **Rohheit**
Rohentwurf m <-(e)s, -würfe> borrador m, esbozo m, bosquejo m, croquis m inv; **Rohertrag** m <-(e)s, -träge> (WIRTSCH) producto m bruto, beneficio m líquido; **Roherz** nt <-es, -e> mineral m bruto;

Rohgewicht nt <-(e)s, -e> (WIRTSCH) medida f, balanza f; **Rohgewinn** m <-(e)s, -e> (WIRTSCH) ganancia f bruta, beneficio m bruto; **Rohgummi** m o nt <-s, ohne pl> caucho m virgen
Rohheit¹ᴿᴿ ['ro:haɪt] f <-, -en> (Handlung) brutalidad f; (Äußerung) grosería f
Rohheit²ᴿᴿ f <-, ohne pl> (Wesensart) rudeza f
Rohhumus m <-, ohne pl> humus m en bruto
Rohkost f <-, ohne pl> verdura f cruda
Rohling m <-s, -e> ❶ (Mensch) bruto, -a m, f, grosero, -a m, f
❷ (TECH) pieza f bruta
Rohmaterial nt <-s, -ien> materia f prima; **Rohmetall** nt <-s, -e> metal m en bruto; **Rohöl** nt <-(e)s, -e> (petróleo m) crudo m
Rohr¹ [ro:ɐ] nt <-(e)s, -e> ❶ (Wasser~) tubo m; **volles ~** (fam) a todo gas
❷ (reg: Backröhre) horno m
Rohr² nt <-(e)s, ohne pl> (BOT) caña f; **wie ein ~ im Wind schwanken** (fig) cambiar como una veleta
Rohrammer f <-, -n> (ZOOL) escribano m palustre [o de agua]
Rohrbruch m <-(e)s, -brüche> rotura f de la cañería
Röhrchen ['rø:ɐçən] nt <-s, -> tubito m, cañita f; **ins ~ blasen** [o **pusten**] (fam) soplar, hacer la prueba de alcoholemia
Rohrdommel f <-, -n> (ZOOL) alcaraván m
Röhre ['rø:rə] f <-, -n> ❶ (TV, ELEK) tubo m; **kommunizierende ~n** (PHYS) vasos comunicantes
❷ (Back~) horno m
❸ (fam: Fernseher) tele f; **in die ~ gucken** (fernsehen) ver la tele; (das Nachsehen haben) quedarse con las ganas
röhren ['rø:rən] vi (Hirsch, Motor) bramar
röhrenförmig [-fœrmɪç] adj tubular
Röhrenhose f <-, -n> pantalón m pitillo; **Röhrenpilz** m <-es, -e> (BOT) boleto m
Rohrgeflecht nt <-(e)s, -e> rejilla f
Röhricht ['rø:rɪçt] nt <-(e)s, -e> caña f, junco m; (Zone) cañaveral m, junquera f
Rohrkrepierer m <-s, -> ❶ (Geschoss) proyectil m que detona en el cañón del arma ❷ (fam: Reinfall) chasco m; **Rohrleitung** f <-, -en> tubería f, cañería f
Röhrling ['rø:rlɪŋ] m <-s, -e> (BOT) boleto m
Rohrmatte f <-, -n> estera f (de junco); **Rohrmöbel** ntpl muebles mpl de junco
Rohrnetz nt <-es, -e> red f de tubos, (sistema m de) tuberías f; **Rohrpost** f <-, ohne pl> correo m tubular
Rohrspatz m <-en o -es, -en> (ZOOL) escribano m palustre; **schimpfen wie ein ~** (fam) rezongar a voz en cuello
Rohrstock m <-(e)s, -stöcke> caña f de bambú; **Rohrstuhl** m <-(e)s, -stühle> silla f de mimbre
Rohrzange f <-, -n> alicates mpl para montar tubos
Rohrzucker m <-s, ohne pl> azúcar m de caña
Rohschätzung f <-, -en> (WIRTSCH) cálculo m aproximativo; **Rohschlamm** m <-(e)s, -e o -schlämme> pasta f cruda; **Rohseide** f <-, -n> seda f sin tratar
Rohstoff m <-(e)s, -e> materia f prima; **natürliche ~e** materias primas naturales
Rohstoffabkommen nt <-s, -> acuerdo m sobre materias primas; **Rohstoffbestand** m <-es, -stände> existencias fpl de materia prima; **Rohstoffmangel** m <-s, ohne pl> escasez f de materias primas
Rohstoffpreis m <-es, -e> precio m de materias primas; **Rohstoffpreisindex** m <-(es), -indizes> (WIRTSCH) índice m de precios de materia prima
Rohstoffreserven fpl reservas fpl de materias primas; **Rohstoffrückgewinnung** f <-, -en> recuperación f de materias primas; **Rohstoffverknappung** f <-, -en> disminución f de materias primas
Rohwolle f <-, ohne pl> lana f virgen; **Rohzucker** m <-s, -> (CHEM: nicht raffiniert) azúcar m quebrado; (braun) azúcar m moreno; **Rohzustand** m <-(e)s, ohne pl>: **im ~** en bruto
Rokoko ['rɔkoko] nt <-(s), ohne pl> (KUNST) Rococó m
Rolladen m <-s, -läden> s. **Rollladen**
Rollback ['roʊlbɛk] nt <-(s), -s> (geh: Rückgang) disminución f, descenso m; **ein ~ im Tourismus** un descenso en el turismo
Rollbahn f <-, -en> (AERO) pista f de rodaje; **Rollbraten** m <-s, -> arrollado m; **Rollbrett** nt <-(e)s, -er> ❶ (Montage) plataforma f con ruedas ❷ (Skateboard) monopatín m, skateboard m
Rolle ['rɔlə] f <-, -n> ❶ (Gerolltes) rollo m; (um etw darauf zu wickeln) bobina f; (Geld~) cartucho m; (Garn~) carrete m
❷ (an Möbeln) rueda f; (am Flaschenzug) polea f
❸ (SPORT) voltereta f
❹ (THEAT, FILM: a. fig) papel m, rol m; **sie spielte die ~ der Königin** representó el papel de la reina; **die ~ der Medien in der Demokratie**

el papel de los medios de comunicación en la democracia; **es spielt keine ~, ob ...** no importa si...; **bei ihm spielt Geld keine ~** el dinero no le importa; **er spielt bei der Sache eine wichtige ~** tiene un papel muy importante en este asunto; **versetz dich mal in meine ~!** ¡ponte en mi lugar!; **aus der ~ fallen** salirse de tono
rollen ['rɔlən] I. vi ❶ sein (Ball, Auto) rodar; (Tränen) correr; **es werden Köpfe ~** van a rodar cabezas; **den Stein ins R~ bringen** (fam) levantar la liebre; **etw kommt ins R~** (fam) algo empieza a funcionar ❷ (Donner, Echo) resonar, retumbar
II. vt ❶ (bewegen) hacer rodar
❷ (auf~) enrollar
❸ (Teig) extender
III. vr: **sich ~** enrollarse
Rollenbesetzung f <-, -en> (FILM, THEAT) reparto m; **die ~ mit Laien** el reparto de actores no profesionales; **Rollenbild** nt <-(e)s, -er> papel m; **das traditionelle ~ der Frau verändern** cambiar el papel tradicional de la mujer; **Rollenklischee** nt <-s, -s> (SOZIOL) cliché m en relación al papel [o al rol] desempeñado; **Rollenkonflikt** m <-(e)s, -e> (SOZIOL) conflicto m de rol(es); **sie steht in einem ~:** soll sie ihrem Kind mehr Zeit widmen oder wieder arbeiten gehen? se le plantea un conflicto como madre, por un lado, como mujer independiente, por otro: ¿debe dedicarle más tiempo a su hijo o debe volver a trabajar?; **Rollenspiel** nt <-(e)s, -e> juego m de roles; **Rollentausch** m <-(e)s, -e> (a. SOZIOL) cambio m de roles [o de papeles]; **der ~ zwischen Mann und Frau** el cambio de roles entre el hombre y la mujer; **Rollenverhalten** nt <-s, ohne pl> (SOZIOL) conducta f de rol; **Rollenverteilung** f <-, -en> ❶ (SOZIOL) reparto m de roles [o de papeles]; **die ~ innerhalb der Familie** el reparto de roles dentro de la familia ❷ (FILM, THEAT) reparto m de papeles (an a); **Rollenzwang** m <-(e)s, -zwänge> (SOZIOL) obligación f de asumir un papel [o un rol]
Roller m <-s, -> ❶ (für Kinder) patinete m
❷ (Motor~) vespa® f, scooter m
❸ (Österr: Rollladen) persiana f enrollable
Rollfeld nt <-(e)s, -er> (AERO) pista f de rodaje; **Rollfilm** m <-(e)s, -e> carrete m; **Rollgeld** nt <-es, ohne pl> camionaje m; **Rollkommando** nt <-s, -s> comando m ejecutor, grupo m de acciones violentas
Rollkragen m <-s, -> cuello m cisne, cuello m alto; **Rollkragenpullover** m <-s, -> jersey m de cuello cisne [o alto]
Rollkur f <-, -en> (MED) tratamiento contra trastornos estomacales en el que el paciente, tras ingerir un medicamento, debe echarse 5 minutos sobre un costado, 5 sobre el otro, 5 boca arriba, 5 boca abajo, etc.
Rollladen^{RR} m <-s, -läden> persiana f enrollable
Rollmops m <-es, -möpse> arenque enrollado con pepinillo y cebolla
Rollo ['rɔlo] nt <-s, -s> persiana f
Rollschinken m <-s, -> jamón m ahumado enrollado
Rollschrank m <-(e)s, -schränke> armario m persiana
Rollschuh m <-(e)s, -e> patín m sobre ruedas; **~ laufen** patinar (sobre ruedas); **Rollschuhläufer(in)** m(f) <-s, -; -, -nen> patinador(a) m(f) sobre ruedas
Rollsplitt ['rɔlʃplɪt] m <-(e)s, ohne pl> gravilla f
Rollstuhl m <-(e)s, -stühle> silla f de ruedas; **an den ~ gefesselt sein** depender de una silla de ruedas; **Rollstuhlfahrer(in)** m(f) <-s, -; -, -nen> persona f que anda en silla de ruedas
rollstuhlgerecht adj apropiado para sillas de ruedas
Rolltreppe f <-, -n> escalera f mecánica; **mit der ~ fahren** utilizar la escalera mecánica
Rom [ro:m] nt <-s> Roma f; **viele Wege führen nach ~** todos los caminos llevan a Roma; **Zustände wie im alten ~** tiempos de depravación, condiciones como en Sodoma y Gomorra
ROM [rɔm] nt <-(s), -(s)> Abk. von Read Only Memory (INFOR) ROM m
Roma ['ro:ma] mpl romaníes mpl
Roman [ro'ma:n] m <-s, -e> novela f; **~ in Fortsetzungen** novela por entregas; **erzähl keine ~e** (fam: Lügen) no me vengas con cuentos (chinos) [o historias]; (ewig lange Geschichte) no te enrolles tanto, abrevia
Romancier [romã'sje:] m <-s, -s> novelero m
Romane, -in [ro'ma:nə] m, f <-n, -n; -, -nen> latino, -a m, f
romanhaft adj novelesco
Romanik [ro'ma:nɪk] f <-, ohne pl> (KUNST) estilo m románico
Romanin f <-, -nen> s. **Romane**
romanisch adj ❶ (LING, KUNST) románico
❷ (Schweiz: räto~) retorromano
Romanist(in) [roma'nɪst] m(f) <-en, -en; -, -nen> romanista mf
Romanistik [roma'nɪstɪk] f <-, ohne pl> filología f románica
Romanistin f <-, -nen> s. **Romanist**
Romanschriftsteller(in) m(f) <-s, -; -, -nen> novelista mf
Romantik [ro'mantɪk] f <-, ohne pl> romanticismo m; (LIT, KUNST) Romanticismo m; **er hat keinen Sinn für ~** no muestra ningún interés por lo romántico
Romantiker(in) [ro'mantikɐ] m(f) <-s, -; -, -nen> (a. KUNST) romántico, -a m, f
romantisch adj romántico
Romanze [ro'mantsə] f <-, -n> ❶ (Gedicht) romance m
❷ (Liebschaft) amorío m, romance m
Römer¹ ['rø:mɐ] m <-s, -> copa f (de cristal) para vino
Römer(in)² m(f) <-s, -; -, -nen> romano, -a m, f
Römertopf® m <-(e)s, -töpfe> (GASTR) cazuela f de barro ovalada
römisch adj romano; **die R~en Verträge** el Tratado de Roma
römisch-katholisch adj católico-romano
Rommé ['rɔme] nt <-s, -s>, **Rommee**^{RR} nt <-s, -s> "rumy" m (juego de naipes parecido al remigio)
ROM-Speicher m <-s, -> (INFOR) ROM m, memoria f ROM
Rondo ['rɔndo] nt <-s, -s> (MUS) rondó m
röntgen ['rœntgən] vt hacer una radiografía (de)
Röntgenarzt, -ärztin m, f <-es, -ärzte; -, -nen> radiólogo, -a m, f; **Röntgenaufnahme** f <-, -n> radiografía f; **Röntgenbild** nt <-(e)s, -er> radiografía f; **Röntgengerät** nt <-(e)s, -e> aparato m de rayos X
röntgenisieren* [rœntgeni'zi:rən] vt (Österr) s. **röntgen**
Röntgenographie f <-, ohne pl> (MED, TECH) roentgenografía f
Röntgenologe, -in [rœntgeno'lo:gə] m, f <-n, -n; -, -nen> (MED) radiólogo, -a m, f
Röntgenologie [rœntgenolo'gi:] f <-, ohne pl> (MED) radiología f
Röntgenologin f <-, -nen> s. **Röntgenologe**
Röntgenschirm m <-(e)s, -e> (MED) pantalla f radioscópica; **Röntgenstrahlen** mpl (PHYS) rayos mpl X; **Röntgentherapie** f <-, -n> (MED) radioterapia f; **Röntgenuntersuchung** f <-, -en> (MED) reconocimiento m radioscópico
Rooming-in ['ruːmɪŋˈɪn, ˈrumɪŋˈɪn] nt <-(s), -s> ingreso conjunto de la madre con su bebé en un hospital para evitar la separación de ambos
rosa ['roːza] adj inv rosa, rosado
Rosa nt <-s, -> (color m) rosa m
rosafarben adj, **rosafarbig** adj rosado; **ein ~es Seidenkleid** un vestido de seda (de color) rosa
rosarot ['--'-] adj (de color de) rosa; **die Welt durch eine ~e Brille sehen** ver el mundo de color de rosa
Röschen ['røːsçən] nt <-s, -> (des Rosenkohls) cogollo m
Rose ['roːzə] f <-, -n> (BOT) rosa f; **(nicht) auf ~n gebettet sein** (geh) (no) estar sobre un lecho de rosas; **keine ~ ohne Dornen** (prov) no hay rosa sin espinas
rosé [ro'zeː] adj inv (de color) rosa
Rosé [ro'zeː] m <-s, -s> (vino m) rosado m
Rosengarten m <-s, -gärten> jardín m de rosas, rosaleda f; **Rosenkohl** m <-(e)s, ohne pl> col f de Bruselas; **Rosenkranz** m <-es, -kränze> (REL) rosario m; **den ~ beten** rezar el rosario
Rosenmontag [(')--'--] m <-(e)s, -e> lunes m de Carnaval; **Rosenmontagszug** m <-(e)s, -züge> cabalgata f del lunes de Carnaval; **der Kölner/Mainzer ~** la cabalgata (del lunes de Carnaval) de Colonia/Maguncia
Rosenöl nt <-(e)s, -e> aceite m de rosas; **Rosenquarz** m <-es, -e> cuarzo m rosado
rosenrot adj rosado
Rosenstock m <-(e)s, -stöcke> rosal m; **Rosenstrauch** m <-(e)s, -sträucher> rosal m; **Rosenzucht** f <-, -en> cultivo m de rosas
Rosette [ro'zɛtə] f <-, -n> (ARCHIT) rosetón m
Roséwein m <-(e)s, -e> (vino m) rosado m
rosig I. adj ❶ (rosa) rosado; (Haut) sonrosado
❷ (erfreulich) de color de rosa, risueño; **etw in den ~sten Farben darstellen** pintar algo de color de rosa
II. adv bien; **ihr geht es im Moment finanziell nicht gerade ~** actualmente no le va muy bien económicamente
Rosine [ro'ziːnə] f <-, -n> (uva f) pasa f; **~n im Kopf haben** (fig fam) picar muy alto, tener muchas pretensiones; **sich** dat **die ~n herauspicken** [o **aus dem Kuchen picken**] (fig fam) quedarse con la mejor parte
Rosmarin ['rɔsmariːn] m <-s, ohne pl> romero m
Ross^{1RR} [rɔs] nt <-es, -e> (geh: edles Pferd) corcel m; **hoch zu ~ a caballo**; **auf dem hohen ~ sitzen** tener muchos humos; **~ und Reiter nennen** llamar a las cosas por su nombre
Ross^{2RR} [rɔs] nt <-es, Rösser> (südd, Österr, Schweiz: Pferd) caballo m
Roß¹ nt <-sses, -sse> s. **Ross**¹
Roß² nt <-sses, Rösser> s. **Ross**²
Rossapfel^{RR} m <-s, -äpfel> (südd, Österr), **Rossbollen**^{RR} m <-s, -> (Schweiz) bosta f, boñiga f
Rösselsprung m <-(e)s, -sprünge> ❶ (reg: beim Schach) movimiento m del caballo
❷ (Silbenrätsel) salto m de caballo
Rosshaar^{RR} nt <-(e)s, ohne pl> crin m; **Rosskastanie**^{RR} f <-, -n> ❶ (Baum) castaño m de Indias ❷ (Frucht) castaña f de Indias; **Ross-**

kur^RR *f* <-, -en> (*fam*) cura *f* de caballo
Rösslispiel^RR ['rœsli-] *nt* <-(e)s, -e>, **Rößlispiel** *nt* <-(e)s, -e> (*Schweiz*) tiovivo *m*, carrusel *m*
Rost¹ [rɔst] *m* <-(e)s, *ohne pl*> (CHEM) herrumbre *m*, orín *m*; ~ **ansetzen** oxidarse
Rost² [rɔst] *m* <-(e)s, -e> ❶ (*für Grill*) parrilla *f*; (*Gitter-*) rejilla *f*; (*Latten-*) somier *m*; **vom** ~ (GASTR) a la parrilla
❷ (BOT) roya *f*
Rostbraten *m* <-s, -> (*Österr, südd*) asado *m* a la parrilla; **Rostbratwurst** *f* <-, -würste> salchicha *f* asada a la parrilla
rostbraun ['-'-] *adj* marrón rojizo
Röstbrot *nt* <-(e)s, -e> (GASTR) pan *m* tostado
rosten ['rɔstən] *vi sein* oxidarse, corroerse; **nicht ~d** anticorrosivo, inoxidable
rösten ['rœstən] *vt* (*Kaffee, Brot*) tostar; (*auf Rost*) asar (a la parrilla)
Rösterei *f* <-, -en> tostadero *m*
rostfarben *adj*, **rostfarbig** *adj* marrón rojizo
Rostfleck *m* <-(e)s, -e> mancha *f* de herrumbre [*o* de orín]; **Rostfraß** *m* <-es, *ohne pl*> (corrosión *f* por) oxidación *f*
rostfrei *adj* inoxidable
röstfrisch *adj* recién salido del horno; **~e Brötchen** panecillos recién hechos [*o* recién salidos del horno]; **~er Kaffee** café recién molido
Rösti ['rœsti] *f* <-, *ohne pl*> (GASTR) patatas cocidas, ralladas y salteadas (*con tocino*) *típicas suizas*
rostig *adj* oxidado, herrumbroso
Röstkartoffeln *fpl* (*reg*) patatas *fpl* salteadas
Rostlaube *f* <-, -n> (*fam iron*) tartana *f*
rostrot *adj s.* **rostbraun**
Rostschutz *m* <-es, *ohne pl*> protección *f* contra la oxidación [*o* la herrumbre]; **Rostschutzfarbe** *f* <-, -n> pintura *f* anticorrosiva; **Rostschutzmittel** *nt* <-s, -> antioxidante *m*, anticorrosivo *m*
Rostumwandler *m* <-s, -> convertidor *m* de corrosión
rot [ro:t] *adj* <röter *o* roter, *am* rötesten *o am* rotesten> rojo; (POL) socialista; **eine ~e Ampel** un semáforo en rojo; **R~e Bete** [*o* **Rübe**] remolacha *f*; **der ~e Faden** (*fig*) el hilo conductor; **~e Johannisbeeren** grosellas rojas; **die ~e Karte** (SPORT) la tarjeta roja; **das R~e Kreuz** la Cruz Roja; **~ werden** enrojecer; **einen ~en Kopf bekommen** ponerse rojo hasta las orejas; **in den ~en Zahlen stecken** estar en números rojos; **sich** *dat* **etw ~ im Kalender anstreichen** marcar algo en rojo en el calendario
Rot *nt* <-s, -> rojo *m*; **bei** ~ (con el semáforo) en rojo; **die Ampel stand auf** ~ el semáforo estaba en rojo
Rotalge *f* <-, -n> (BOT) alga *f* roja
Rotation [rota'tsjo:n] *f* <-, -en> rotación *f*
Rotationsachse *f* <-, -n> (PHYS, TECH) eje *m* de rotación; **Rotationsdruck** *m* <-(e)s, *ohne pl*> (TYPO: *Verfahren*) impresión *f* rotativa; **Rotationsgeschwindigkeit** *f* <-, -en> (PHYS, TECH) velocidad *f* de rotación; **Rotationsmaschine** *f* <-, -n> (TYPO) rotativa *f*; **Rotationsprinzip** *nt* <-s, *ohne pl*>, **Rotationssystem** *nt* <-s, *ohne pl*> (POL) sistema *m* de rotación
Rotauge *nt* <-s, -n> (ZOOL) escarcho *m*, rubio *m*, trigla *f*
rotbackig *adj*, **rotbäckig** *adj* con las mejillas sonrosadas, rubicundo; **~ sein** tener las mejillas sonrosadas, ser rubicundo
Rotbarsch *m* <-(e)s, -e> rubio *m*
rotbärtig *adj* barbirrojo; **~ sein** ser barbirrojo
rotblond ['-'-] *adj* rubio rojizo
rotbraun ['-'-] *adj* castaño, caoba
Rotbuche *f* <-, -n> haya *f* roja [*o* común]; **Rotdorn** *m* <-(e)s, -e> (BOT) acerolo *m* de flores rojas
Rote *f* <-n, -n> (*reg: fam: rote Wurst*) salchicha *f* (de color rojo) (*para freír*)
Röte ['rø:tə] *f* <-, *ohne pl*> color *m* rojo; (*von Himmel, Haut*) arrebol *m*; (*Schames-*) rubor *m*; **die ~ stieg ihr ins Gesicht** se puso colorada
Rote-Armee-Fraktion [---'---] *f* <-, *ohne pl*> Fracción *f* del Ejército Rojo (*grupo terrorista alemán de ultraizquierda*)
Roteisenstein ['-----] *m* <-(e)s, -e> (GEO) hematites *f inv* roja
Rötel ['rø:təl] *m* <-s, *ohne pl*> almagre *m*
Röteln ['rø:təln] *pl* rubeola *f*
Rötelnimpfstoff *m* <-(e)s, -e> (MED) vacuna *f* contra la rubeola
Rötelzeichnung *f* <-, -en> (KUNST) pintura *f* (realizada) con almagre
röten ['rø:tən] I. *vt* (*geh*) enrojecer
II. *vr*: **sich ~** ponerse rojo; (*Himmel*) teñirse de rojo; (*vor Scham*) sonrojarse, ruborizarse
röter *adj kompar von* **rot**
rötesten(r, s) *adj superl von* **rot**
Rotfilter *m* <-s, -> (FOTO) filtro *m* rojo
Rotfuchs *m* <-es, -füchse> ❶ (*Fuchs*) zorro *m* rojo
❷ (*Pferd*) alazán *m*
rotglühend *adj s.* **glühend**

rothaarig *adj* pelirrojo
Rothaut *f* <-, -häute> (*fam*) piel *f* roja; **Rothirsch** *m* <-(e)s, -e> (ZOOL) ciervo *m* común
rotieren* [ro'ti:rən] *vi* ❶ (*sich drehen*) girar (*um* alrededor de), rodar (*um* alrededor de)
❷ (*fam: hektisch sein*) estar a cien; **wir sind schon stundenlang am R~** llevamos horas dando vueltas como locos
Rotkäppchen ['ro:tkɛpçən] *nt* <-s> Caperucita *f* Roja; **Rotkehlchen** ['ro:tke:lçən] *nt* <-s, -> petirrojo *m*; **Rotkohl** *m* <-(e)s, *ohne pl*> lombarda *f*; **Rotkraut** *nt* <-(e)s, *ohne pl*> (*südd, Österr*) (col *f*) lombarda *f*
rötlich ['rø:tlɪç] *adj* rojizo, paco *Am*
Rotlicht *nt* <-(e)s, *ohne pl*> ❶ (*rotes Licht*) luz *f* roja ❷ (~ *lampe*) lámpara *f* de rayos infrarrojos; **Rotlichtviertel** *nt* <-s, -> (*fam*) barrio *m* chino
Rotor ['ro:to:ɐ] *m* <-s, -en> (TECH) rotor *m*
Rotsalz *nt* <-es, -e> (CHEM) sal *f* roja
rot|sehen *irr vi* (*fam*) perder el control; **er sieht bei jeder Kleinigkeit rot** se pone hecho una furia por cualquier cosa
Rotstich *m* <-(e)s, *ohne pl*> tono *m* rojizo
rotstichig *adj* con un tono rojizo, que tira a rojo; **die Bluse ist beim Waschen ~ geworden** al lavarla, la blusa se ha teñido de rojo
Rotstift *m* <-(e)s, -e> lápiz *m* rojo; **dem ~ zum Opfer fallen** ser suprimido por una medida de ahorro; **den ~ ansetzen** economizar; **Rottanne** *f* <-, -n> (BOT) abeto *m* rojo [*o* falso] [*o* del norte]
Rotte ['rɔtə] *f* <-, -n> (*abw*) cuadrilla *f*; (*von Jugendlichen*) pandilla *f*
Rotunde [ro'tʊndə] *f* <-, -n> (ARCHIT) rotunda *f*
Rötung *f* <-, -en> enrojecimiento *m*
rotwangig *adj* (*geh*) *s.* **rotbackig**
Rotwein *m* <-(e)s, -e> vino *m* tinto
Rotwelsch ['ro:tvɛlʃ] *nt* <-(s), -> jerga *f* de los macacos; **das ~e la germanía**
Rotwild *nt* <-(e)s, *ohne pl*> venado *m*
Rotz [rɔts] *m* <-es, *ohne pl*> (*vulg*) moco *m*; ~ **und Wasser heulen** (*fam*) llorar a moco tendido
rotzen ['rɔtsən] *vi* (*vulg*) ❶ (*sich schnäuzen*) sonarse los mocos
❷ (*ausspucken*) escupir
Rotzfahne *f* <-, -n> (*vulg*) moquero *m*
rotzfrech ['-'-] *adj* (*fam*) descarado, sinvergüenza
rotzig *adj* ❶ (*vulg: voller Rotz*) mocoso
❷ (*fam: frech, unverschämt*) fresco, descarado
Rotzjunge *m* <-n, -n> (*fam abw*), **Rotzlümmel** *m* <-s, -> (*fam abw*) mocoso *m*; **Rotznase** *f* <-, -n> ❶ (*abw: Bengel*) mocoso, -a *m, f*
❷ (*schleimige Nase*) nariz *f* llena de mocos
Rotzunge *f* <-, -n> (ZOOL) falsa limanda *f*
Rouge [ru:ʒ] *nt* <-s, -s> colorete *m*
Roulade [ruˈlaːdə] *f* <-, -n> (GASTR) filete *m* de carne relleno con pepinillo, cebolla, mostaza etc.
Rouleau [ru'lo:] *nt* <-s, -s> persiana *f* enrollable
Roulette [ru'lɛt] *nt* <-s, -s> ruleta *f*; **russisches ~ spielen** jugar a la ruleta rusa
Route ['ru:tə] *f* <-, -n> ruta *f*, recorrido *m*
Router ['raʊtɐ] *m* <-s, -> (INFOR, TEL) router *m*, encaminador *m*
Routine [ru'ti:nə] *f* <-, *ohne pl*> ❶ (*Erfahrung*) experiencia *f*, práctica *f*
❷ (*Gewohnheit*) rutina *f*; **das ist bei mir zur ~ geworden** esto se ha convertido en rutina para mí
Routinearbeit *f* <-, -en> trabajo *m* rutinario
routinemäßig *adj* rutinario, de rutina; **etw ~ überprüfen** hacer un control rutinario de algo
Routineuntersuchung *f* <-, -en> revisión *f* periódica [*o* de rutina]
Routing ['raʊtɪŋ] *nt* <-, *ohne pl*> (INFOR, TEL) asignación *f* de ruta, encaminamiento *m* (de mensajes)
Routinier [ruti'nje:] *m* <-s, -s> experto, -a *m, f*, entendido, -a *m, f*
routiniert [ruti'ni:ɐt] *adj* experimentado, experto
Rowdy ['raʊdi] *m* <-s, -s> (*abw*) gamberro *m*, alborotador *m*
Rowdytum *nt* <-s, *ohne pl*> (*abw*) bandidaje *m*
Royalist(in) [rɔja'lɪst] *m(f)* <-en, -en; -, -nen> monárquico, -a *m, f*, legitimista *mf*
RT *Abk. von* **Registertonne** tonelada *f* de arqueo [*o* de registro]
Ru (CHEM) *Abk. von* **Ruthenium** Ru
Rubbellos *nt* <-es, -e> número *m* de lotería (de rascar)
rubbeln ['rʊbəln] *vi, vt* frotar, restregar
Rübe ['ry:bə] *f* <-, -n> ❶ (BOT) nabo *m*, betabel *f Mex* (*diversos tipos de raíces comestibles*); **Gelbe ~n** (*reg*) zanahorias *fpl*; **Rote ~** remolacha *f*
❷ (*fam: Kopf*) coco *m*, chola *f*; **eins auf die ~ kriegen** recibir una bronca; **seine ~ hinhalten** dar la cara
Rubel ['ru:bəl] *m* <-s, -> rublo *m*; **der ~ rollt** (*fam*) el dinero suena
Rübenkraut *nt* <-(e)s, *ohne pl*> (*reg*) melaza *f*
Rubensfigur *f* <-, -en> (*iron*) persona *f* rechoncha
Rübenzucker *m* <-s, *ohne pl*> azúcar *m* de remolacha

rüber ['ry:bɐ] *adv* (*fam*) ① (*herüber*) hacia aquí, hacia acá ② (*hinüber*) hacia allá; **da ~!** ¡(por) allí enfrente!
rüber|bringen *irr vt* (*fam: vermitteln*) hacer llegar, transmitir; **wir haben den Wählern unsere Meinung rübergebracht** hemos hecho llegar nuestra opinión a los electores
rüber|kommen *irr vi sein* (*fam: deutlich werden*) llegar a entenderse; **na, ist die Message deutlich genug rübergekommen?** y bien, ¿se ha entendido el mensaje de forma suficientemente clara?; **ist es langsam rübergekommen, dass ich nichts von dir wissen will?** ¿te va entrando poco a poco en la mollera que no quiero saber nada de ti?
Rubidium [ru'bi:diʊm] *nt <-s, ohne pl>* (CHEM) rubidio *m*
Rubin [ru'bi:n] *m <-s, -e>* rubí *m*
rubinrot *adj* rojo rubí; **der Wein hatte eine ~e Farbe** el vino era de color rubí
Rubrik [ru'bri:k] *f <-, -en>* ① (*Kategorie*) categoría *f* ② (*in Tabelle, Zeitung*) columna *f*
rubrizieren [rubr'tsi:rən] *vt* marcar, clasificar
Rubrum ['ru:brʊm] *nt <-s, Rubra o Rubren>* encabezamiento *m*
ruchbar ['ru:xba:ɐ] *adj* (*geh*): **~ werden** hacerse público
ruchlos ['ru:xlo:s] *adj* (*geh*) bajo, vil
Ruchlosigkeit¹ *f <-, ohne pl>* (*geh: Verhalten, Art*) vileza *f*, ruindad *f*, infamia *f*; **die ~ eines Verbrechens** la atrocidad de un crimen
Ruchlosigkeit² *f <-, -en>* (*geh: Tat*) canallada *f*; **das war eine ~ sondergleichen** fue una canallada sin igual
ruck [rʊk] *adv*: **~, zuck** (*fam*) en un santiamén, en un abrir y cerrar de ojos, en menos que canta un gallo
Ruck [rʊk] *m <-(e)s, -e>* tirón *m*; **mit einem ~ de un tirón; sich** *dat* **einen ~ geben** (*fam*) hacer un esfuerzo; **bei den Wahlen gab es einen ~ nach rechts** en las elecciones se produjo un giro a la derecha
Rückabwicklung *f <-, -en>* liquidación *f* retroactiva; **~ bei Wandlung** liquidación retroactiva en caso de redhibición; **~ des Kaufvertrages** liquidación retroactiva del contrato de compraventa; **Rückansicht** *f <-, -en>* vista *f* trasera [*o* posterior]; **das Foto zeigt die ~ des Rathauses** la foto muestra la parte trasera [*o* posterior] del ayuntamiento; **Rückantwort** ['rʏk-] *f <-, -en>* respuesta *f*; **bezahlte ~** respuesta pagada
ruckartig I. *adj* brusco
II. *adv* de golpe
Rückäußerung *f <-, -en>* respuesta *f*
Rückbau- und Entsiegelungsgebot *nt <-(e)s, ohne pl>* (JUR) precepto *m* de deshacer y desellar
Rückbeförderung *f <-, ohne pl>* repatriación *f*; **Rückbesinnung** *f <-, ohne pl>* regreso *m* (*auf* a), retorno *m* (*auf* a)
rückbezüglich *adj* (LING) reflexivo
Rückbildung *f <-, -en>* involución *f*, retroceso *m*; **Rückblende** *f <-, -n>* (FILM) retrospectiva *f*, flash-back *m*; **Rückblick** *m <-(e)s, -e>* mirada *f* retrospectiva (*auf* a), retrospección *f*; **im ~ auf** como recuerdo de [*o* repaso a]
rückblickend *adv* retrospectivo; **~ lässt sich sagen, dass ...** retrospectivamente se puede decir que...
Rückbuchung *f <-, -en>* (FIN) extorno *m*; **Rückbürgschaft** *f <-, -en>* fianza *f* subsidiaria
rückdatieren* *vt* antedatar; **um fünf Tage ~** antedatar cinco días
rucken ['rʊkən] *vi* (*Fahrzeug*) dar un tirón, dar una sacudida
rücken ['rʏkən] **I.** *vi sein* (*Platz machen*) hacer sitio, correrse; (*näher ~*) acercarse (*an* a); **rück mal (ein Stückchen)!** ¡córrete un poquito!; **jdm auf die Pelle ~** (*nahe heran~*) pegarse a alguien; (*bedrängen*) dar la lata [*o* la paliza] [*o* la castaña] a alguien; (*angreifen*) echarse [*o* tirarse] encima de alguien; **in den Mittelpunkt des Interesses ~** convertirse en el centro de interés; **der Termin rückt näher** la fecha se acerca
II. *vt* mover (*nach* hacia), correr (*nach* hacia); (*weg~*) apartar (*von* de); (*näher ~*) acercar (*an* a)
Rücken¹ ['rʏkən] *m <-s, ->* ① (ANAT) espalda *f*; **~ an ~** espalda con espalda, dándose la espalda; **jdm den ~ zukehren/zuwenden** volver/dar a alguien la espalda; **etw auf dem ~ tragen** llevar algo a cuestas; **auf dem ~ liegen** estar tumbado de espaldas; **mir lief es eiskalt über den ~** sentí un escalofrío recorriéndome la espalda; **jdm den ~ stärken** respaldar a alguien; **jdm/sich dat den ~ freihalten** cubrir a alguien/cubrirse las espaldas; **jdm in den ~ fallen** dejar a alguien en la estacada; **hinter jds ~** a espaldas de alguien; **mit dem ~ zur [*o* an der] Wand stehen** estar entre la espada y la pared
② (*Buch~*) lomo *m*; (*Hand~*) dorso *m* de la mano; (*Fuß~*) empeine *m*
Rücken² *m <-s, ohne pl>* (*Tier~*) lomo *m*
Rücken³ (SPORT) **100 m ~** 100 metros espalda
Rückendeckung *f <-, -en>* ① (MIL) protección *f* de la retaguardia ② (*gegen Kritik*) respaldo *m*; **jdm ~ geben** cubrir a alguien las espaldas; **Rückenflosse** *f <-, -n>* aleta *f* dorsal; **Rückenlage** *f <-, -n>* posición *f* tendida sobre la espalda; (SPORT) tendido *m* (cúbito) supino; (MED) decúbito *m* supino; **in (der) ~** sobre la espalda, boca arriba; **man sollte Babys besser in (der) ~ schlafen legen** se debería poner a los bebés a dormir boca arriba; **Rückenlehne** *f <-, -n>* respaldo *m*
Rückenmark *nt <-(e)s, ohne pl>* médula *f* espinal; **Rückenmarkentzündung** *f <-, -en>* (MED) medulitis *f inv*; **Rückenmarkverletzung** *f <-, -en>* (MED) lesión *f* de la médula espinal
Rückenmuskulatur *f <-, -en>* (ANAT) musculatura *f* de la espalda; **die ~ kräftigen** fortalecer los músculos de la espalda; **Rückenschmerzen** *mpl* dolores *mpl* de espalda; **Rückenschwimmen** *nt <-s, ohne pl>* natación *f* de espalda
Rückenteignung *f <-, -en>* (JUR) devolución *f* de expropiación
Rückenwind *m <-(e)s, ohne pl>* viento *m* a favor; (NAUT) viento *m* de popa
Rückerinnerung *f <-, -en>* recuerdo *m*
Rückersatzpflicht *f <-, ohne pl>* (JUR) obligación *f* de restitución
rückerstatten* *vt* (FIN) restituir, devolver
Rückerstattung *f <-, -en>* reintegro *m*; (FIN) restitución *f*, devolución *f*
Rückerstattungsanspruch *m <-(e)s, -sprüche>* derecho *m* de reversión, reclamación *f* de reversión
Rückerwerbsrecht *nt <-(e)s, -e>* derecho *m* de retracto
Rückfahrkarte *f <-, -n>* billete *m* de ida y vuelta
Rückfahrscheinwerfer *m <-s, ->* (AUTO) luz *f* de marcha atrás
Rückfahrt *f <-, -en>* vuelta *f*, regreso *m*; **auf der ~** a la vuelta
Rückfall *m <-(e)s, -fälle>* ① (MED) recaída *f*; **einen ~ erleiden** tener una recaída
② (JUR) reincidencia *f*
③ (*geh: Wiederkehr*) regreso *m*; **ein ~ in die Barbarei** un retorno a la barbarie
rückfällig *adj* ① (*a*. MED): **~ werden** recaer
② (JUR) reincidente; **er ist wieder ~ geworden** ha vuelto a reincidir
Rückfällige(r) *mf <-n, -n; -n -n>* reincidente *mf*
Rückfalltäter(in) *m(f) <-s, -; -, -nen>* (JUR) reincidente *mf*
Rückfenster *nt <-s, ->* ventanilla *f* posterior
rückfettend *adj* pringoso, grasiento
Rückflug *m <-(e)s, -flüge>* vuelo *m* de regreso; **auf dem ~** durante el vuelo de vuelta; **Rückflugticket** *nt <-s, -s>* billete *m* (de avión) de vuelta, pasaje *m* de vuelta *Am*
Rückfluss^RR *m <-es, -flüsse>* (COM) reflujo *m*; **~ des spekulativen Kapitals** disminución del capital especulativo; **Rückforderung** *f <-, -en>* reclamación *f* (de devolución [*o* de reintegro]); **Rückfracht** *f <-, -en>* (WIRTSCH) flete *m* de regreso, carga *f* de retorno; **Rückfrage** *f <-, -n>* pregunta *f*, duda *f*; **nach ~ bei ...** después de consultar...; **für ~n wenden Sie sich bitte an ...** en caso de duda diríjase a...
rück|fragen *vi* preguntar (para aclarar posibles dudas), pedir información aclaratoria [*o* adicional]
Rückführtaste *f <-, -n>* (INFOR) tecla *f* de retorno
Rückführung *f <-, -en>* (FIN) reducción *f*
Rückgabe *f <-, -n>* devolución *f* (*an* a)
Rückgabeanspruch *m <-(e)s, -sprüche>* (JUR) acción *f* de reembolso; **Rückgabepflicht** *f <-, -en>* (JUR) deber *m* de devolución; **Rückgaberecht** *nt <-(e)s, ohne pl>* derecho *m* a devolución; **Rückgabeverfahren** *nt <-s, ->* (JUR) procedimiento *m* de reversión; **Rückgabewert** *m <-(e)s, -e>* valor *m* de retorno
Rückgang *m <-(e)s, -gänge>* disminución *f*, descenso *m*; **~ in den Reserven** disminución de las reservas; **anhaltender ~** descenso continuado; **einen ~ hinnehmen** aceptar un retroceso; **im ~ begriffen sein** estar en descenso
rückgängig [-gɛnɪç] *adj*: **~ machen** (*Vertrag*) anular; (*Verabredung*) cancelar
Rückgängigmachung *f <-, ohne pl>* (JUR) anulación *f*, rescisión *f*
Rückgebäude *nt <-s, ->* edificio *m* trasero
Rückgewähr *f <-, ohne pl>* (JUR) devolución *f*, restitución *f*
Rückgewähranspruch *m <-(e)s, -sprüche>* (JUR) derecho *m* de devolución; **Rückgewährschuldverhältnis** *nt <-ses, -se>* (JUR) relación *f* de deuda de devolución
Rückgewinnung *f <-, -en>* recuperación *f*; **~ von Altstoffen** recuperación de material viejo
Rückgrat ['rʏkgra:t] *nt <-(e)s, -e>* ① (MED) columna *f* vertebral, espina *f* dorsal; **ohne ~** (*fig*) cobarde, sin agallas; **jdm das ~ brechen** (*fam*) doblegar a alguien
② (*Stütze*) puntal *m*; **der Handel ist das ~ der Wirtschaft** el comercio es el puntal de la economía
Rückgriff *m <-(e)s, -e>* (JUR) recurso (*auf* a)
Rückhalt *m <-(e)s, -e>* respaldo *m*, apoyo *m*; **jdm ~ geben** respaldar a alguien; **jdn ohne ~ unterstützen** apoyar a alguien sin reservas [*o* incondicionalmente]
rückhaltlos I. *adj* incondicional
II. *adv* sin reservas
Rückhand *f <-, ohne pl>* (SPORT) revés *m*
Rückholrecht *nt <-(e)s, ohne pl>* (JUR) derecho *m* de prestación retroactiva

Rückindossament *nt* <-(e)s, -e> (FIN) endoso *m* devuelto
Rückkauf *m* <-(e)s, -käufe> (COM) retroventa *f*; **Rückkaufsrecht** *nt* <-(e)s, -e> derecho *m* de retroventa; **Rückkaufswert** *m* <-(e)s, -e> valor *m* de retroventa
Rückkehr *f* <-, *ohne pl*> regreso *m*, vuelta *f*; **bei meiner ~** al regresar
Rückkopp(e)lung *f* <-, -en> acoplamiento *m* retroactivo; (INFOR) realimentación *f*; **negative/positive ~** retroacoplamiento negativo/positivo
Rückkopplungseffekt *m* <-(e)s, -e> efecto *m* de acoplamiento retroactivo
Rücklage *f* <-, -n> ❶ (*Erspartes*) ahorros *mpl*
❷ (WIRTSCH) reserva *f*; **~n für Ersatzbeschaffung/für Wertminderung** reservas de reposición/en caso de pérdida de valor; **freie/offene/stille ~n** reservas disponibles/visibles/tácitas; **gesetzliche ~** reserva legal; **satzungsgemäße ~n** reservas estatutarias; **in der Satzung festgelegte ~n** reservas estatutarias; **für etw ~n bilden** crear fondos de reserva para algo; **~n stärken** fortalecer las reservas
Rücklagenzuweisung *f* <-, -en> (WIRTSCH) asignación *f* de reservas
Rücklauf *m* <-(e)s, -läufe> ❶ (*Wasser*) reflujo *m* ❷ (TECH) retroceso *m*, retorno *m*, vuelta *f* ❸ (INFOR) rebobinado *m*, rebobinaje *m*; **Rücklaufbehälter** *m* <-s, -> depósito *m* de reflujo
rückläufig *adj* decreciente, descendente; **~e Tendenz** tendencia regresiva; **~es Wörterbuch** diccionario inverso
Rücklaufquote *f* <-, -n> (WIRTSCH) cuota *f* bajista, cuota *f* descendente [*o* decreciente]; **Rücklauftaste** *f* <-, -n> tecla *f* de rebobinado [*o* de retroceso]
Rücklicht *nt* <-(e)s, -er> luz *f* trasera, cocuyo *m* Kol
Rücklieferung *f* <-, -en> devolución *f*
rücklings ['rvklɪŋs] *adv* ❶ (*mit dem Rücken*) con la espalda; **~ an etw** *dat* **sitzen/lehnen** estar sentado/apoyado de espaldas a algo
❷ (*nach hinten*) hacia atrás
❸ (*von hinten, auf dem Rücken*) de espaldas
Rückmarsch *m* <-(e)s, -märsche> (MIL) retirada *f*
Rückmeldefrist *f* <-, -en> (UNIV) plazo *m* para renovar la matrícula; **Rückmeldegebühr** *f* <-, -en> (UNIV) derechos *mpl* de matrícula
rück|melden *vr*: **sich ~** (UNIV) matricularse para el próximo semestre
Rückmeldung *f* <-, -en> ❶ (UNIV) matriculación *f* para el próximo curso; **die ~ ist ab dem 24. März möglich** es posible matricularse a partir del 24 de marzo
❷ (*Reaktion*) reacción *f*, comentario *m*; **was hielten Sie von meinen Ausführungen? ich bitte um ~en** ¿qué le parecieron mis explicaciones? me gustaría oír su opinión al respecto
Rücknahme [-na:mə] *f* <-, -n> (*von Versprechen, Klage*) retirada *f*; **~ der Klage** retirada de la demanda; **~ des Strafantrags** retirada de la propuesta de penalidad; **keine ~!** (*von Waren*) ¡no se admiten devoluciones!
Rücknahmefiktion *f* <-, -en> (JUR) ficción *f* de la retractación; **Rücknahmefrist** *f* <-, -en> (JUR) plazo *m* de retirada [*o* revocación]; **Rücknahmegarantie** *f* <-, -n> (COM) garantía *f* de retirada; **Rücknahmegrund** *m* <-(e)s, -gründe> motivo *m* de retirada [*o* revocación]; **Rücknahmepflicht** *f* <-, *ohne pl*> deber *m* de revocación; **Rücknahmerecht** *nt* <-(e)s, *ohne pl*> derecho *m* de cancelación; **Rücknahmewert** *m* <-(e)s, -e> valor *m* de readquisición
Rückporto *nt* <-s, -s *o* -porti> franqueo *m* para la respuesta; **Rückprall** *m* <-(e)s, -e> rebote *m*; **Rückprämie** *f* <-, -n> prima *f* de opción a vender
Rückreise *f* <-, -n> (viaje *m* de) regreso *m*, vuelta *f*; **auf der ~ a la vuelta**; **Rückreiseverkehr** *m* <-(e)s, *ohne pl*> tráfico *m* de retorno (de las vacaciones); **Rückreisewelle** *f* <-, -en> aumento del tráfico tras finalizar un período vacacional; **für Samstag erwarten wir die erste ~ in Hessen** el sábado esperamos en Hesse la primera oleada de coches que vuelven de las vacaciones
Rückruf *m* <-(e)s, -e> ❶ (TEL) llamada *f* de contestación ❷ (JUR, WIRTSCH) revocación *f* del derecho de usufructo; **Rückrufaktion** *f* <-, -en> (COM) campaña *f* de retirada; **Rückrufautomatik** *f* <-, -en> rellamada *f* automática; **Rückrufrecht** *nt* <-(e)s, *ohne pl*> (JUR) derecho *m* de retirada; **~ wegen Nichtausübung** derecho de retirada por falta de ejercicio
Rucksack ['rʊk-] *m* <-(e)s, -säcke> mochila *f*
Rucksacktourist(in) *m(f)* <-en, -en; -, -nen> mochilero, -a *m*, *f*
Rücksand *m* <-, *ohne pl*> (*Schweiz*) devolución *f*
Rückschau *f* <-, -en> retrospección *f*
rückschauend *adj* s. **rückblickend**
Rückscheck *m* <-s, -s> (FIN) cheque *m* devuelto [*o* rechazado]
Rückschein *m* <-(e)s, -e> recibo *m*, comprobante *m*; **Einschreiben mit ~** certificado con acuse de recibo
Rückschlag *m* <-(e)s, -schläge> contratiempo *m*, revés *m*; **Rückschläge erleiden** sufrir contratiempos
Rückschläger(in) *m(f)* <-s, -; -, -nen> (SPORT) el que está al resto, la que está al resto; **Vorteil ~** ventaja al resto

Rückschlagventil *nt* <-s, -e> (TECH) válvula *f* de retención
Rückschluss^{RR} *m* <-es, -schlüsse> deducción *f*, conclusión *f*; **Rückschlüsse aus etw** *dat* **ziehen** sacar conclusiones de algo
Rückschritt *m* <-(e)s, -e> paso *m* atrás
rückschrittlich *adj* retrógrado
Rückschritttaste^{RR} *f* <-, -n> (INFOR) tecla *f* de retroceso
Rückseite *f* <-, -n> (*eines Gebäudes*) parte *f* posterior [*o* trasera]; (*eines Blattes*) dorso *m*, reverso *m*; (*einer Münze*) reverso *m*; (*eines Stoffes*) revés *m*; **auf der ~ von ...** en la parte posterior de...; **siehe ~** véase al dorso
rückseitig I. *adj* al [*o* del] dorso, del reverso
II. *adv* en el dorso [*o* reverso], en la parte posterior
Rücksendung *f* <-, -en> devolución *f*, restitución *f*
Rücksicht¹ *f* <-, -en> (*Nachsicht*) consideración *f*; **mit** [*o* **aus**] **~ auf ...** teniendo en cuenta...; **auf jdn ~ nehmen** tener consideración con alguien; **auf etw ~ nehmen** respetar algo; **keine ~ kennen** no tener respeto por nada ni por nadie; **ohne ~ auf Verluste** (*fam*) sin detenerse ante nada
Rücksicht² *f* <-, *ohne pl*> (*Sicht nach hinten*) visión *f* por la ventanilla trasera
Rücksichtnahme *f* <-, *ohne pl*> respeto *m*
Rücksichtnahmegebot *nt* <-(e)s, *ohne pl*> (JUR) precepto *m* de consideración
rücksichtslos I. *adj* desconsiderado; (*unbarmherzig*) despiadado
II. *adv* sin consideración, a lo bestia *fam*
Rücksichtslosigkeit *f* <-, -en> desconsideración *f*, falta *f* de respeto
rücksichtsvoll *adj* atento, considerado; **jdn ~ behandeln** tratar a alguien con mucha consideración
Rücksitz *m* <-es, -e> asiento *m* trasero; **Rückspiegel** *m* <-s, -> (espejo *m*) retrovisor *m*; **abblendbarer ~** espejo retrovisor abatible
Rückspiel *nt* <-(e)s, -e> (SPORT) partido *m* de vuelta
Rücksprache *f* <-, *ohne pl*> consulta *f*; **mit jdm ~ halten** consultar algo con alguien; **laut ~ mit Herrn Müller** según lo convenido con el señor Müller; **nach ~ mit ...** tras consultar a...
Rückspulautomatik *f* <-, *ohne pl*> rebobinado *m* automático
Rückstand *m* <-(e)s, -stände> ❶ (*Rest*) residuo *m*, resto *m*
❷ *pl* (*bei Zahlung*) atrasos *mpl*
❸ (*Verzug*) retraso *m*, demora *f*; **mit der Lieferung im ~ sein** retrasarse en la entrega; **mit 0 zu 2 im ~ liegen** (SPORT) ir perdiendo 0 a 2
rückständig *adj* ❶ (*rückschrittlich*) anticuado, retrógrado
❷ (*unterentwickelt*) subdesarrollado
❸ (WIRTSCH) *überfällig*) vencido, atrasado
Rückständigkeit *f* <-, *ohne pl*> ❶ (*von Person*) mentalidad *f* atrasada
❷ (*Unterentwicklung*) subdesarrollo *m*
Rückstau *m* <-(e)s, -s> (*im Verkehr*) atasco *m*
Rückstellung *f* <-, -en> ❶ (WIRTSCH: *Bilanzposten*) reserva *f*, previsión *f*; **~en für Pensionen und ähnliche Verpflichtungen** reservas para las pensiones y otras obligaciones; **~en im Kreditgeschäft** reservas en las operaciones de crédito; **~en für etw machen** constituir reservas para algo ❷ (*Zurückstellen*) atraso *m*, aplazamiento *m*; **Rückstellungsmöglichkeit** *f* <-, -en> (WIRTSCH) posibilidad *f* de provisión
Rückstoß *m* <-es, -stöße> (PHYS) repulsión *f*; **Rückstrahler** *m* <-s, -> reflector *m*; **Rückstufung** *f* <-, -en> degradación *f*; **Rücktaste** *f* <-, -n> tecla *f* de retroceso
Rücktritt *m* <-(e)s, -e> ❶ (*von Amt*) dimisión *f*, renuncia *f*; **~ der Gläubiger** desistimiento del acreedor; **Ausschluss des ~s** exclusión de la dimisión; **Wirkung des ~s** efecto de la dimisión; **seinen ~ erklären** presentar su dimisión; **den ~ vom Vertrag erklären** declarar el desistimiento del contrato ❷ (*am Fahrrad*) freno *m* de pedal; **Rücktrittbremse** *f* <-, -n> freno *m* de pedal
Rücktrittserklärung *f* <-, -en> (JUR) declaración *f* de dimisión; **Rücktrittsgesuch** *nt* <-(e)s, -e> (a. POL) dimisión *f*; **sein ~ einreichen** presentar su dimisión; **einem ~ stattgeben** aceptar una dimisión; **Rücktrittsgrund** *m* <-(e)s, -gründe> (a. POL) motivo *m* de dimisión; **Rücktrittshorizont** *m* <-(e)s, *ohne pl*> (JUR) horizonte *m* comisorio; **Rücktrittsklage** *f* <-, -n> (JUR) acción *f* de desistimiento, demanda *f* de desistimiento; **Rücktrittsklausel** *f* <-, -n> (JUR) pacto *m* comisorio; **Rücktrittslage** *f* <-, *ohne pl*> (JUR) situación *f* de arrepentimiento; **Rücktrittsrecht** *nt* <-(e)s, *ohne pl*> (JUR) derecho *m* de desistimiento [*o* revocación]; **Rücktrittsrecht** *nt* <-(e)s, *ohne pl*> (JUR) derecho *m* de retracto *m*; **Rücktrittsversicherungsgeschäfte** *ntpl* (JUR) operaciones *fpl* de seguro contra el desistimiento; **Rücktrittsvorbehalt** *m* <-(e)s, -e> (JUR) reserva *f* comisoria
rückübersetzen* *vt* traducir al idioma de partida [*o* original]
Rückübersetzung *f* <-, -en> traducción *f* al idioma de partida [*o* original]
Rückübertragung *f* <-, -en> retransmisión *f*, reversión *f*; **~ von Vermögenswerten** reversión de valores patrimoniales; **Rückübertragungsanspruch** *m* <-(e)s, -sprüche> (JUR, POL) derecho *m* de devo-

Rückumschlag m <-(e)s, -schläge> sobre m (para una carta de respuesta)
rückvergüten* vt (WIRTSCH) reembolsar
Rückvergütung f <-, -en> (WIRTSCH) reembolso m; **Rückverpachtung** f <-, -en> rearriendamiento m, rearriendo m; ~ **an den Verkäufer** rearriendo por parte del vendedor
rückversichern* vr: sich ~ reasegurarse
Rückversicherung f <-, -en> (a. WIRTSCH) reaseguro m; **Rückversicherungsvertrag** m <-(e)s, -träge> (a. WIRTSCH) contrato m de reaseguro
Rückverweisung f <-, -en> (JUR) remisión f; **versteckte** ~ remisión encubierta
Rückwand f <-, -wände> parte f posterior
Rückwaren fpl (COM) mercancías fpl devueltas
rückwärtig [-vɛrtɪç] adj trasero, de atrás
rückwärts [-vɛrts] adv ❶ (mit dem Rücken voran) hacia atrás, de espaldas; ~ **einparken** aparcar marcha atrás; ~ **fahren** conducir hacia atrás, dar marcha atras; ~ **gehen** ir de espaldas; (fig: sich verschlechtern) ir para atrás; **mit den Einnahmen geht es** ~ cada vez tenemos menos ingresos
❷ (südd, Österr: hinten) por [o desde] atrás; **im Zug** ~ **aussteigen** bajar del tren por (la parte de) atrás
Rückwärtsgang m <-(e)s, -gänge> (TECH) marcha f atrás, reverso m Kol; im ~ **fahren** ir [o conducir] marcha atrás
rückwärts|gehen irr vunpers sein s. **rückwärts 1.**
Rückwechsel m <-s, -> (FIN) letra f de resaca [o de recambio]
Rückweg m <-(e)s, -e> (camino m de) vuelta f; **auf dem** ~ a la vuelta; **sich auf den** ~ **machen** ponerse en camino de vuelta
ruckweise adv a trompicones, a golpes
rückwirkend I. adj retroactivo
II. adv con efecto retroactivo; **das Gesetz tritt** ~ **vom 1. Januar in Kraft** la ley entra en vigor con efectos retroactivos a partir del 1 de enero
Rückwirkung f <-, -en> ❶ (von Gesetz) retroactividad f; ~ **von Verträgen** retroactividad de los contratos; **echte/unechte** ~ efecto retroactivo verdadero/falso; **mit** ~ **vom ...** con efectos retroactivos a partir del...
❷ (Nachwirkung) consecuencia f, repercusión f
Rückwirkungsverbot nt <-(e)s, -e> (JUR) interdicción f de la retroactividad
rückzahlbar adj reembolsable, reintegrable
Rückzahlung f <-, -en> reintegro m, reembolso m; ~ **eines Kredits** reembolso de un crédito; **vor Fälligkeit** reembolso antes del vencimiento
Rückzahlungsfrist f <-, -en> plazo m de reembolso
Rückzieher m <-s, -> (fam) paso m atrás, rajada f Mex; **einen** ~ **machen** dar marcha atrás
Rückzug m <-(e)s, -züge> (MIL) retirada f; **auf dem** ~ en retirada; **den** ~ **antreten** emprender la retirada; **Rückzugsgebiet** nt <-(e)s, -e> (ÖKOL) zona f de refugio
rüde ['ry:də] adj rudo, grosero; **jdn** ~ **behandeln** tratar a alguien groseramente
Rüde ['ry:də] m <-n, -n> macho m (de perro)
Rudel ['ru:dəl] nt <-s, -> manada f; **in** ~**n leben** vivir en manadas
Ruder ['ru:dɐ] nt <-s, -> ❶ (von ~boot) remo m; **sich in die** ~ **legen** remar con fuerza; (fig) poner manos al trabajo
❷ (Steuer~) timón m; **ans** ~ **kommen** (fam) llegar al poder; **am** ~ **sein** (fam) estar en el poder; **das** ~ **herumwerfen** (fig) cambiar el rumbo; **aus dem** ~ **laufen** (fig) salirse del control [o de madre]
Ruderboot nt <-(e)s, -e> bote m de remos
Ruderer, -in f <-s, -; -, -nen> remero, -a m, f
Ruderhaus nt <-es, -häuser> caseta f del timón
Ruderin f <-, -nen> s. **Ruderer**
rudern ['ru:dɐn] vi ❶ (Ruder bewegen) remar, bogar; **die Enten** ~ **mit den Füßen** los patos reman con las patas; **mit den Armen** ~ (fam) bracear
❷ sein (im Ruderboot fahren) ir a remo
Ruderregatta f <-, -regatten> regata f de remo; **Rudersport** m <-(e)s, ohne pl> remo m
Rudiment [rudi'mɛnt] nt <-(e)s, -e> ❶ (Rest) resto m
❷ (BIOL) rudimento m
rudimentär [rudimɛn'tɛ:ɐ] adj rudimentario
Rudrer(in) m(f) <-s, -; -, -nen> remero, -a m, f
Rüebli ['ry:ɛbli] nt <-s, -> (Schweiz) zanahoria f
Ruf¹ [ru:f] m <-(e)s, -e> (Auf-, Schrei) grito m
Ruf² m <-(e)s, ohne pl> ❶ (Auf~) llamada f, llamamiento m; **sie erhielt einen** ~ (UNIV) le ofrecieron una cátedra
❷ (Ansehen) reputación f; (Ruhm) fama f; **ein Anwalt von** ~ (geh) un abogado de prestigio; **einen guten** ~ **haben** tener una buena reputación; **in dem** ~ **stehen zu ...** tener fama de...; **sich** dat **einen** ~ **erwerben** adquirir prestigio; **jdn in schlechten** ~ **bringen** desacreditar a alguien; **etw/jd ist besser als sein** ~ algo/alguien vale más de lo que parece
Rufausbeutung f <-, ohne pl> (JUR) explotación f de la fama [o prestigio]; **sittenwidrige** ~ explotación de la fama [o del prestigio] contraria a las buenas costumbres
Rüfe ['ry:fə] f <-, -n> (Schweiz) avalancha f de piedras
rufen ['ru:fən] <ruft, rief, gerufen> **I.** vi llamar; **laut** ~ gritar; **nach jdm** ~ llamar a alguien; **manche** ~ **wieder nach härteren Strafen** muchos exigen castigos más severos; **um Hilfe** ~ dar voces de socorro; **die Pflicht ruft** la obligación va antes que la devoción
II. vt llamar; **jdn** ~ llamar a alguien; **etw** ~ gritar algo; **jdn** ~ **lassen** hacer venir a alguien, mandar llamar a alguien; **jdn zu sich** dat ~ hacer venir [o presentarse] a alguien; **ein Taxi/den Arzt** ~ llamar un taxi/al médico; **das kommt mir wie ge-**~ (fam) esto me viene de maravilla
Rufer m: **der** ~ **in der Wüste** la voz que clama en el desierto
Rüffel ['rʏfəl] m <-s, -> (fam) bronca f; **einen** ~ **bekommen** llevarse una bronca
rüffeln ['rʏfəln] vt (fam) leer la cartilla; **wegen deines schlechten Benehmens muss ich dich leider** ~ debido a tu mal comportamiento no me queda otra salida que echarte una buena [o leerte la cartilla]
Rufmord m <-(e)s, -e> difamación f; **Rufname** m <-ns, -n> nombre m de pila
Rufnummer f <-, -n> número m de teléfono; **Rufnummernübermittlung** f <-, -en> (TEL) identificación f del usuario llamante
Rufschädigung f <-, -en> descrédito m; **Rufweite** f <-, ohne pl> alcance m f; **in** ~ **es in las cercanías; außer** ~ no te molestes, está demasiado lejos para oírte; **Rufzeichen** nt <-s, -> ❶ (TEL) señal f (de llamada) ❷ (reg: Ausrufezeichen) signo m de exclamación
Rugby ['rakbi] nt <-(s), ohne pl> rugby m
Rüge ['ry:gə] f <-, -n> reprimenda f; **jdm eine** ~ **erteilen** reprender a alguien
rügelos adj (JUR) sin amonestamiento; ~**e Einlassung** admisibilidad sin amonestamiento
rügen ['ry:gən] vt: **jdn** ~ reprender a alguien; **etw** ~ criticar algo
Rügeobliegenheit f <-, -en> (JUR) incumbencia f de la reprobación; **Rügepflicht** f <-, ohne pl> (JUR) obligación f de denuncia [o reclamación]; **Rügepräklusion** f <-, -en> (JUR) preclusión f del amonestamiento; **Rügerecht** nt <-(e)s, ohne pl> (JUR) derecho m de denuncia [o reclamación]
Ruhe ['ru:ə] f <-, ohne pl> ❶ (Unbewegtheit) calma f; (Stille, Gelassenheit) tranquilidad f; **die** ~ **vor dem Sturm** la calma que precede a la tormenta
❷ (Schweigen) silencio m; ~ **bitte!** ¡silencio, por favor!
❸ (Entspannung) descanso m; (Bett~) reposo m; **sich** dat **keine** ~ **gönnen, bis ...** no descansar hasta que... +subj; **der Patient braucht viel** ~ el paciente necesita mucho reposo; **sich zur** ~ **begeben** (geh) retirarse (a descansar), recogerse; **angenehme** ~! ¡buenas noches!, ¡que descanse(s)!; **sich zur** ~ **setzen** jubilarse; **jdn zur letzten** ~ **betten** [o **tragen**] (geh) dar sepultura a alguien
❹ (Frieden) paz f; (innere ~) serenidad f; **es herrschen** ~ **und Ordnung** reinan la paz y el orden; **ich möchte meine** ~ **haben** quiero estar en paz; **vor jdm** ~ **haben** no ser molestado por alguien; **in** ~ **und Frieden leben** vivir tranquilo y en paz; **jdn nicht zur** ~ **kommen lassen** no dejar a alguien en paz; **keine** ~ **geben** no dar tregua; **lass mich in** ~! ¡déjame en paz!; **das lässt ihm keine** ~ eso le inquieta; **in aller** ~ con toda calma; **sich durch nichts aus der** ~ **bringen lassen** no alterarse por nada; ~ **bewahren** conservar la calma; **immer mit der** ~! ¡calma, calma!; **die halt die** ~ **weg!** (fam) ¡qué calma [o flema] gasta!
Ruhebedürfnis nt <-ses, -se> necesidad f de calma [o de reposo]
ruhebedürftig adj que necesita descansar, necesitado de reposo; ~ **sein** necesitar calma [o descanso]; **diese abseits gelegene Pension ist ideal für** ~**e Urlauber** esta pensión apartada es ideal para disfrutar de unas vacaciones de reposo
Ruhegehalt nt <-(e)s, -hälter> jubilación f; **Ruhegeld** nt <-(e)s, -er> pensión f, retiro m
ruheliebend adj que busca la tranquilidad; ~ **sein** buscar la tranquilidad
ruhelos adj inquieto, desasosegado
Ruhelosigkeit f <-, ohne pl> inquietud f, desasosiego m
ruhen ['ru:ən] vi ❶ (aus~) descansar (auf en), reposar (auf en); **ich werde nicht eher** ~, **bis ...** no descansaré antes de que... +subj; **auf dem Sofa** ~ descansar en el sofá; **der Teig muss** ~ la masa tiene que reposar; „**ruhe in Frieden!**" "descanse en paz"
❷ (Produktion, Arbeit) estar suspendido; (Verkehr) estar paralizado; (Angelegenheit) quedar postergado; **etw** ~ **lassen** posponer algo, aplazar algo; **seit gestern** ~ **die Waffen** ayer cesaron las actividades bélicas; **das R**~ **des Verfahrens** (JUR) la situación inactiva del proceso

❸ (*Blick, Augen*) estar fijado (*auf* en); (*Verantwortung, Last*) recaer (*auf* sobre); **den Blick auf etw** *dat* **~ lassen** posar la mirada sobre algo ❹ (*sich stützen*) apoyarse (*auf* en)

ruhen|lassen* *irr vt s.* **ruhen 2.**

Ruhepause *f* <-, -n> descanso *m*, pausa *f*; **eine ~ einlegen** hacer un descanso; **Ruhepotential** *nt* <-s, -e> (BIOL) potencial *m* de reposo; **Ruhesitz** *m* <-es, -e> ❶ (*Alterssitz*) retiro *m*; **sie möchten ihren ~ in Florida haben** les gustaría retirarse a Florida ❷ (*Sitzgelegenheit*) asiento *m*; **Ruhestand** *m* <-(e)s, *ohne pl*> jubilación *f*; (MIL) retiro *m*; **einstweiliger ~** cesantía *f*; **vorgezogener ~** jubilación anticipada; **im ~** retirado; **im ~ sein** estar jubilado; **jdn in den ~ versetzen** jubilar a alguien; **in den ~ treten** jubilarse

Ruheständler(in) [-ʃtɛntlɐ] *m(f)* <-s, -; -, -nen> jubilado, -a *m, f*
Ruhestatt *f* <-, -stätten> (*geh*), **Ruhestätte** *f* <-, -n> (*geh: Grab*) sepultura *f*; **die letzte ~** la última morada; **Ruhestellung** *f* <-, -en> ❶ (*eines Körpers*) posición *f* de reposo ❷ (MIL) acantonamiento *m*
ruhestörend *adj* molesto; **~ sein** ser molesto; **können Sie diese ~e Musik nicht abstellen?** ¿no puede quitar esa música que tanto (me) molesta?
Ruhestörung *f* <-, -en> perturbación *f* del orden público, disturbio *m*; **Ruhetag** *m* <-(e)s, -e> día *m* de descanso; (*von Gaststätten*) descanso *m* semanal; **Ruhezone** *f* <-, -n> (ÖKOL) zona *f* de reposo; **Ruhezustand** *m* <-(e)s, -stände> estado *m* de reposo

ruhig ['ruːɪç] *adj* ❶ (*bewegungslos, leise*) quieto; **sitz doch ~!** ¡estate quieto!; **ihr sollt ~ sein!** ¡que os estéis quietos!; **eine ~e Hand haben** tener un pulso seguro
❷ (*geräuschlos*) tranquilo; (*schweigsam*) callado; **gegen 19 Uhr wird es ~er** hacia las siete se queda más tranquilo
❸ (*gelassen*) tranquilo; **nur ~ Blut!** ¡tranquilo!; **ein ~es Gewissen haben** tener la conciencia tranquila; **~er werden** calmarse; **du musst ~ bleiben** debes permanecer tranquilo; **~ verlaufen** transcurrir sin incidentes; **du kannst ganz ~ sein** puedes estar tranquilo; **etw ~ mit ansehen** observar algo tranquilamente; **ihr könnt ~ gehen, ich passe schon auf** (*fam*) podéis iros tranquilos, ya vigilo yo; **ich kann es euch ja ~ sagen** (*fam*) os lo puedo decir tranquilamente; **schauen Sie sich noch mal anderweitig um** (*fam*) dése tranquilamente una vuelta por otro lado

ruhig|stellen *vt s.* **stellen I.2.**

Ruhm [ruːm] *m* <-(e)s, *ohne pl*> gloria *f*; **durch etw ~ erlangen** alcanzar la gloria por algo, hacerse famoso por algo; **da hat er sich nicht (gerade) mit ~ bekleckert** (*fam*) no se ha cubierto precisamente de gloria
rühmen ['ryːmən] I. *vt* alabar, elogiar
II. *vr*: **sich etw** *gen* **~** gloriarse de algo; (*prahlend*) vanagloriarse de algo; **er rühmt sich seines musikalischen Talentes** se gloria de su talento para la música
Ruhmesblatt *nt*: **etw ist für jdn kein ~** algo no es un mérito [*o* una flor] para alguien
rühmlich *adj* glorioso
ruhmlos *adj* sin gloria; (*beschämend*) vergonzoso
ruhmreich *adj* glorioso, insigne
Ruhmsucht *f* <-, *ohne pl*> ambición *f* por la gloria
ruhmvoll *adj s.* **ruhmreich**
Ruhr [ruːɐ] *f* <-, -en> (MED) disentería *f*
Rührei ['ryːɐʔaɪ] *nt* <-(e)s, -er> huevos *mpl* revueltos
rühren ['ryːrən] I. *vt* (*um~*) remover; (*mischen*) mezclar; **unter ständigem R~ das Mehl hinzufügen** añádase la harina sin dejar de remover; **die Eier in den Teig ~** mezclar los huevos con la masa
❷ (*bewegen*) mover; **er rührte keinen Finger um mir zu helfen** no movió ni un dedo para ayudarme
❸ (*emotional*) conmover; **sie war gerührt** estaba conmovida
II. *vi* (*um~*) remover; **im Tee ~** remover en el té
❷ (*geh: her~*) tener su origen (*von* en), deberse (*von* a); **das rührt daher, dass ...** esto se debe a que...
III. *vr*: **sich ~** moverse; **sich nicht vom Fleck ~** no moverse del sitio; **ich klingelte, aber es rührte sich nichts** toqué el timbre, pero no pasó nada; **die Verletzten rührten sich nicht** los heridos no dieron señales de vida; **endlich rührte sich sein Gewissen** por fin le dio cargo de conciencia; **rührt euch!** (MIL) ¡descansen!
rührend *adj* conmovedor, emocionante; **das ist wirklich ~ von Ihnen** es todo un detalle por su parte
Ruhrgebiet *nt* <-(e)s> Cuenca *f* del Ruhr
rührig ['ryːrɪç] *adj* activo; (*flink*) ágil
Rührlöffel *m* <-s, -> cucharón *m*
Rührmichnichtan ['ryːɐmɪçnɪçtʔan] *nt* <-, -> (BOT) sensitiva *f*
Ruhrpott *m* <-(e)s, *ohne pl*> (*fam*) *s.* **Ruhrgebiet**
rührselig *adj* sentimental
Rührseligkeit *f* <-, *ohne pl*> sentimentalismo *m*; **der Film triefte vor ~ und Schmalz** la película estaba cargada de sentimentalismo y sensiblería [*o* era un auténtico dramón]
Rührstück *nt* <-(e)s, -e> obra *f* sentimentaloide, dramón *m fam*
Rührteig *m* <-(e)s, -e> masa *f* de bizcocho
Rührung *f* <-, *ohne pl*> emoción *f*
Ruin [ruˈiːn] *m* <-s, *ohne pl*> ruina *f*; **vor dem ~ stehen** estar al borde de la ruina; **du wirst noch mein ~!** (*fam*) ¡eres mi perdición!, ¡vas a acabar conmigo!
Ruine [ruˈiːnə] *f* <-, -n> ruina *f*
ruinieren* [ruiˈniːrən] *vt* ❶ (*vernichten*) arruinar; **seine Gesundheit ~** arruinar su salud
❷ (*beschädigen*) estropear
ruinös [ruiˈnøːs] *adj* ruinoso
rülpsen ['rʏlpsən] *vi* (*fam*) eructar, regoldar
Rülpser *m* <-s, -> (*fam*) eructo *m*
rum [rʊm] *adv* (*fam*) *s.* **herum**
Rum [rʊm] *m* <-s, -s, *Öster, Schweiz*: -e> ron *m*
Rumäne, -in [ruˈmɛːnə] *m, f* <-n, -n; -, -nen> rumano, -a *m, f*
Rumänien [ruˈmɛːniən] *nt* <-s> Rumania *f*, Rumanía *f*
Rumänin *f* <-, -nen> *s.* **Rumäne**
rumänisch *adj* rumano
Rumänisch *nt* <-(s), *ohne pl*>, **Rumänische** *nt* <-n, *ohne pl*> rumano *m*; **sprechen Sie ~?** ¿habla rumano?; **der Text wurde ins ~e/ aus dem ~en übersetzt** tradujeron el texto al rumano/del rumano
Rumba ['rʊmba] *f* <-, -s> rumba *f*
rum|kriegen ['rʊm-] *vt* (*fam*) ❶ (*Zeit*) pasar
❷ (*überreden*) convencer; (*verführen*) seducir; **jdn ~ convencer** [*o* persuadir] a alguien; (*verführen*) ligarse a alguien
Rummel ['rʊməl] *m* <-s, *ohne pl*> (*fam*) ❶ (*Betriebsamkeit*) ajetreo *m*; **großen ~ um etw/jdn machen** armar un escándalo por algo/alguien
❷ (*Jahrmarkt*) feria *f*
Rummelplatz *m* <-es, -plätze> (*fam*) feria *f*
rumoren* [ruˈmoːrən] *vi* (*fam*) hacer ruido; **es rumort in ihrem Bauch** le suenan las tripas; **viele Ideen ~ in ihren Köpfen** muchas ideas cruzan [*o* pasan por] sus mentes
Rumpelkammer ['rʊmpəl-] *f* <-, -n> (*fam*) (cuarto *m*) trastero *m*
rumpeln ['rʊmpəln] *vi* (*fam*) ❶ *sein* (*Fahrzeug*) avanzar con gran estrépito, traquetear
❷ (*poltern*) hacer ruido, meter barullo
Rumpf [rʊmpf, *pl*: 'rʏmpfə] *m* <-(e)s, Rümpfe> ❶ (*des Menschen*) tronco *m*; (*einer Statue*) torso *m*
❷ (NAUT) casco *m*
❸ (AERO) fuselaje *m*
Rumpfbelegschaft *f* <-, -en> (WIRTSCH) plantilla *f* (de una empresa) reducida; **Rumpfbeuge** *f* <-, -n> (SPORT) flexión *f* de tronco
rümpfen ['rʏmpfən] *vi*: **die Nase über etw ~** mirar algo con desprecio
Rumpfgeschäftsjahr *nt* <-(e)s, -e> (WIRTSCH) ejercicio *m* parcial
Rumpsteak ['rʊmpsteːk] *nt* <-s, -s> filete *m* de culata, chorizo *m CSur*
Rumtopf *m* <-(e)s, -töpfe> conserva *f* de fruta en ron
rum|treiben *irr vr*: **sich ~** (*fam abw*) vagabundear (*auf/in* por); (*auf der Straße*) callejear (*auf/in* por); **wo hast du dich wieder rumgetrieben?** ¿por dónde te has metido?
Rumtreiber(in) *m(f)* <-s, -; -, -nen> (*fam*) merodeador(a) *m(f)*; (*Landstreicher*) vagabundo, -a *m, f*
Run [ran] *m* <-s, -s> gran demanda *f* (*auf* de)
rund [rʊnt] I. *adj* ❶ (*Form*) redondo; **eine Konferenz am ~en Tisch** una mesa redonda; **das ist eine ~e Sache** esto nos salió redondo; **ein ~es Dutzend Leute** (*fam*) aproximadamente una docena de personas
❷ (*Mensch*) regordete; **dick und ~ werden** volverse gordinflón
II. *adv* (*fam: ungefähr*) aproximadamente; **~ hundert Euro** aproximadamente cien euros; **~ um** alrededor de; **~ um die Uhr** las 24 horas del día
Rundbau *m* <-(e)s, -ten> edificio *m* circular; **Rundblick** *m* <-(e)s, -e> panorama *m*, vista *f* panorámica; **Rundbogen** *m* <-s, -bögen> (ARCHIT) arco *m* de medio punto; **Rundbrief** *m* <-(e)s, -e> circular *f*
Runde ['rʊndə] *f* <-, -n> ❶ (*Gesellschaft*) tertulia *f*, reunión *f*; **in die ~ blicken** mirar alrededor
❷ (*Rundgang*) vuelta *f*; (*von Polizei*) ronda *f*; **seine ~ machen** hacer la ronda; **ein Flugzeug zieht seine ~n über der Stadt** un avión sobrevuela en círculo la ciudad; **das Gerücht machte im Dorf die ~** el rumor dio la vuelta al pueblo; **die Weinflasche machte die ~** la botella de vino pasó por todas las manos
❸ (SPORT) vuelta *f*; (*Boxen*) asalto *m*; **über die ~n kommen** (*fam*) salir adelante, ir tirando
❹ (*Getränke-*) ronda *f*; **eine ~ schmeißen** pagar una ronda
runden ['rʊndən] *vt* (MATH) redondear
runderneuern* *vt* (AUTO) recauchar, recauchutar
Rundfahrt *f* <-, -en> vuelta *f*; **Rundflug** *m* <-(e)s, -flüge> vuelta *f* en avión; **Rundfrage** *f* <-, -n> encuesta *f*
Rundfunk *m* <-s, *ohne pl*> radiodifusión *f*, radio *f*; **im ~** en la radio; **~ hören** escuchar la radio; **Rundfunkanstalt** *f* <-, -en> centro *m* de

radiodifusión, radiodifusora f Arg; **Rundfunkempfang** m <-(e)s, ohne pl> recepción f de radio; **Rundfunkempfänger** m <-s, -> radiorreceptor m; **Rundfunkfreiheit** f <-, ohne pl> (JUR) libertad f de radiodifusión; **Rundfunkgebühr** f <-, -en> derechos mpl de radiodifusión; **Rundfunkgerät** nt <-(e)s, -e> aparato m de radio; **Rundfunkhörer(in)** m(f) <-s, -; -, -nen> radioyente mf; **sie ist eine passionierte ~in** le encanta oír la radio; **Rundfunkprogramm** nt <-s, -e> programa m de radio; **Rundfunksender** m <-s, -> emisora f de radio, radiodifusora f Arg; **Rundfunksendung** f <-, -en> programa m de radio; **Rundfunksprecher(in)** m(f) <-s, -; -, -nen> (RADIO) locutor(a) m(f); **Rundfunkstation** f <-, -en> estación f de radio, emisora f de radio; **Rundfunkübertragung** f <-, -en> (RADIO) retransmisión f por radio; **die ~ des Fußballspieles kommt live aus dem Stadion** el partido se retransmite en vivo por radio desde el estadio
Rundgang m <-(e)s, -gänge> vuelta f; (Strecke) circuito m; **einen ~ machen** dar una vuelta
rund|gehen irr vi sein ❶ (herumgereicht werden) pasar de mano en mano; (erzählt werden) ir de boca en boca
❷ (fam: turbulent werden) haber jaleo; **in unserer Kneipe ging es gestern rund** ayer hubo un ambiente increíble en nuestro pub; **jetzt geht's rund** ahora empieza lo bueno
rundheraus ['--'-] adv francamente, sin rodeos; **~ gesagt** dicho francamente
rundherum ['--'-] adv ❶ (räumlich) alrededor (um de)
❷ (völlig) completamente; **ich bin ~ glücklich** soy feliz hasta la médula
rundlich adj ❶ (annähernd rund) redondeado
❷ (dicklich) rechoncho, regordete
Rundreise f <-, -n> gira f; **Rundruf** m <-(e)s, -e> (TEL) (serie f de) llamadas fpl (en cadena); **Rundschreiben** nt <-s, -> circular f
Rundstricknadel f <-, -n> aguja f de calceta para hacer punto en redondo
rundum ['--'-] adv s. **rundherum**
Rundumschlag ['--'-] m <-(e)s, -schläge> crítica f general
Rundung f <-, -en> curvatura f
Rundwanderweg m <-(e)s, -e> camino m circular
rundweg ['rʊntvɛk] adv rotundamente, terminantemente; **sie hat es ~ abgelehnt** lo ha rechazado rotundamente
Rune ['ruːnə] f <-, -n> runa f
Runenschrift f <-, ohne pl> escritura f rúnica, caracteres mpl rúnicos
Runkel ['rʊŋkəl] f <-, -n>, **Runkelrübe** f <-, -n> (AGR) remolacha f forrajera
runter ['rʊntɐ] adv (fam) (hacia) abajo
runter|hauen <haut runter, haute o hieb runter, runtergehauen> vt (fam): **jdm eine/ein paar ~** darle una bofetada/unas bofetadas a alguien; **einen Text ~** (abw) escribir un texto (a máquina) deprisa y corriendo [o de cualquier manera]
runter|holen vt ❶ (fam: herunternehmen) bajar (von de); **morgen werde ich die alten Möbel vom Dachboden ~** mañana bajaré los muebles viejos del desván
❷ (Wend): **jdm/sich** dat **einen ~** (vulg) hacerle a alguien/hacerse una paja
runter|kommen irr vi sein (fam) ❶ (nach unten kommen) bajar
❷ (verwahrlosen) venir a menos, decaer; (Person) envilecerse, hundirse; (Gesundheit) deteriorarse
runter|lassen irr vt (fam) ❶ (abseilen) bajar con una cuerda; **langsam ließ er die Kiste aus dem Hubschrauber runter** fue descolgando despacio la caja desde el helicóptero
❷ (Jalousie) bajar
Runzel ['rʊntsəl] f <-, -n> arruga f
runz(e)lig adj arrugado
runzeln ['rʊntsəln] I. vt arrugar; **die Stirn ~** fruncir las cejas
II. vr: **sich ~** arrugarse
runzlig adj arrugado
Rüpel ['ryːpəl] m <-s, -> (abw) descarado, -a m, f, maleducado, -a m, f
Rüpelei f <-, -en> (abw) grosería f
rüpelhaft adj (abw) grosero, descarado
rupfen ['rʊpfən] vt ❶ (Geflügel) desplumar; **er ist dort erbärmlich gerupft worden** (fam) allí le robaron hasta la camisa
❷ (Gras, Unkraut) arrancar
ruppig ['rʊpɪç] adj ❶ (abw: unfreundlich, grob) grosero, mal educado
❷ (ungepflegt) desaseado
Rüsche ['ryːʃə] f <-, -n> frunce m, volante m
Ruß [ruːs] m <-es, -e> hollín m, tizne m
Rußbildung f <-, -en> formación f de hollín
Russe, -in ['rʊsə] m, f <-n, -n; -, -nen> ruso, -a m, f
Rüssel ['rʏsəl] m <-s, -> (von Insekt, Elefant) trompa f; (von Schwein) hocico m; **halt den ~!** (fam) ¡cierra el pico!
rußen ['ruːsən] I. vi (Kerze, Feuer) producir hollín
II. vt (südd, Schweiz: ent~) deshollinar

Rußfilter m <-s, -> (TECH) filtro m del hollín; **Rußflocke** f <-, -n> partícula f de hollín
rußig adj lleno de hollín
Russin f <-, -nen> s. **Russe**
russisch adj ruso
Russisch nt <-(s), ohne pl>, **Russische** nt <-n, ohne pl> ruso m; **sprechen Sie ~?** ¿habla ruso?; **der Text wurde ins ~e/aus dem ~en übersetzt** tradujeron el texto al ruso/del ruso
Russland[RR] ['rʊslant] nt <-s>, **Rußland** nt <-s> Rusia f
Russlanddeutsche(r)[RR] mf <-n, -n; -, -n> ruso, -a m, f de ascendencia alemana
rüsten ['rʏstən] I. vi ❶ (MIL) armar, hacer preparativos de guerra
❷ (Schweiz: sich vorbereiten) prepararse (zu/für a/para), hacer preparativos (zu/für a/para); **er war für die Prüfung gut gerüstet** estaba bien preparado para el examen
II. vr: **sich ~** (geh) prepararse (zu/für a/para)
III. vt (Schweiz) preparar
Rüster ['ryːstɐ] f <-, -n> (BOT) olmo m
rüstig ['rʏstɪç] adj vigoroso, ágil
Rüstigkeit f <-, ohne pl> vitalidad f, vigor m, agilidad f
rustikal [rʊstiˈkaːl] adj rústico
Rüstung f <-, -en> ❶ (Ritter~) armadura f
❷ (MIL) armamento m
Rüstungsanleihe f <-, -n> empréstito m de armamento; **Rüstungsbegrenzung** f <-, -en> limitación f de armamento; **Rüstungsbeschränkung** f <-, -en> limitación f de armamento(s); **Rüstungsbetrieb** m <-(e)s, -e> fábrica f de armamento; **Rüstungsetat** m <-s, -s> presupuesto m para armamento; **Rüstungsexport** m <-(e)s, -e> exportación f de armamentos; **Rüstungsgegner(in)** m(f) <-s, -; -, -nen> (POL) oposicionista mf al armamento; **Rüstungsindustrie** f <-, -n> industria f de armamento
Rüstungskontrolle f <-, -n> control m de armamento; **Rüstungskontrollverhandlungen** fpl negociaciones fpl sobre el control de armamento(s)
Rüstungsmüll m <-(e)s, ohne pl> desechos mpl de la industria de armamento; **Rüstungsunternehmen** nt <-s, -> empresa f productora de armamentos
Rüstzeit f <-, -en> tiempo m de preparación; **Rüstzeug** nt <-(e)s, -e> herramientas fpl, requisitos mpl
Rute ['ruːtə] f <-, -n> ❶ (Stock) vara f
❷ (Rutenbündel) férula f
❸ (Angel~) caña f de pescar
❹ (Schwanz) cola f, rabo m
❺ (vulg: Penis) rabo m, polla f
Rutengänger(in) m(f) <-s, -; -, -nen> zahorí mf
Ruthenium [ruˈteːniʊm] nt <-s, ohne pl> (CHEM) rutenio m
Rütlischwur ['ryːtli-] m <-(e)s> (HIST) **der ~** juramento de fidelidad legendario hecho durante la fundación de la Confederación Helvética
Rutsch [rʊtʃ] m <-(e)s, -e> (fam: bei Wahlen) giro m (nach a); **in einem ~** de un golpe; **guten ~ ins neue Jahr!** (fam) ¡Feliz Año Nuevo!
Rutschbahn f <-, -en> ❶ (Spielgerät) tobogán m
❷ (fam: auf Schnee, Eis) pista f deslizante
Rutsche ['rʊtʃə] f <-, -n> tobogán m
rutschen ['rʊtʃən] vi sein ❶ (gleiten) resbalar, deslizarse; (Auto) patinar
❷ (fam: rücken) hacer sitio, correrse; **rutsch doch mal ein Stückchen!** ¡córrete un poquito!; **sie rutschte auf ihrem Stuhl hin und her** no paraba de moverse en su silla
❸ (herunter~) caerse; (Erdmassen) desprenderse; **ins R~ kommen** [o **geraten**] pegar un resbalón; (Auto) patinar
rutschfest adj antideslizante
Rutschgefahr f <-, ohne pl> peligro m de patinar
rutschig adj resbaladizo, resbaloso
Rutschpartie f <-, -n> (fam): **bei diesem Schnee ist jeder Gang die reinste ~!** ¡con la nieve que hay es imposible andar sin resbalar [o sin patinar]!
rutschsicher adj antideslizante
rütteln ['rʏtəln] I. vi (an Türklinke, Gitter) dar sacudidas (an a); **daran ist nicht** [o **gibt es nichts**] **zu ~** es así, y punto
II. vt sacudir; **jdn aus dem Schlaf ~** despertar a alguien sacudiéndole
Rüttelsieb nt <-(e)s, -e> (TECH) tamiz m vibrante; (grob) criba f vibrante

S

S, s [ɛs] *nt* <-, -> S, s *f;* ~ **wie Siegfried** [*o* **Samuel**] S de Soria
s. *Abk. von* **siehe** v.
's [s] *pron pers* (*fam*) *Abk. von* **es** lo; **gib's mir!** ¡dámelo!; **wie geht's?** ¿qué tal?; *s. a.* **es**
S ❶ *Abk. von* **Süden** S
❷ (CHEM) *Abk. von* **Schwefel** S
S. *Abk. von* **Seite** pág.
s. a. *Abk. von* **sine anno** sin fecha (de edición determinada)
Sa. ❶ *Abk. von* **Summa** suma *f*
❷ *Abk. von* **Sachsen** Sajonia *f*
SA [ɛs'ʔaː] *f* (HIST) *Abk. von* **Sturmabteilung** SA *f*
Saal [zaːl, *pl:* 'zɛːlə] *m* <-(e)s, **Säle**> sala *f,* salón *m*
Saalschlacht *f* <-, -en> (*fam*) pelea *f* (en una sala de reuniones);
Saaltochter *f* <-, -töchter> (*Schweiz*) camarera *f* de comedor
Saar [zaːɐ] *f* <-> Sarre *m*
Saarbrücken [zaːɐ'brʏkən] *nt* <-s> Saarbrücken *m*
Saargebiet ['zaːɐgəbiːt] *nt* <-(e)s>: **das** ~ **land** la región del Sarre; **Saarland** *nt* <-(e)s> (territorio *m* del) Sarre *m*
Saat [zaːt] *f* <-, ohne *pl*> ❶ (*das Aussäen*) siembra *f*
❷ (~*gut*) semillas *fpl,* simientes *fpl*
Saatgut *nt* <-(e)s, ohne *pl*> semillas *fpl,* simientes *fpl;* **Saatkartoffel** *f* <-, -n> patata *f* de siembra
Saatkorn[1] *nt* <-(e)s, -körner> (BOT) semilla *f,* grano *m*
Saatkorn[2] *nt* <-(e)s, ohne *pl*> (AGR: *zum Aussäen*) simiente *f*
Saatkrähe *f* <-, -n> (ZOOL) graja *f,* grajo *m*
Sabbat ['zabat] *m* <-s, -e> sab(b)ath *m,* sábado *m* judío
sabbeln ['zabəln] *vi* (*reg*) *s.* **sabbern**
Sabber *m* <-s, ohne *pl*> (*fam*) baba(s) *f*(*pl*)
Sabberlätzchen *nt* <-s, -> (*reg: a. abw*) babero *m*
sabbern ['zabɐn] *vi* (*fam*) ❶ (*Speichel*) babear, babosear
❷ (*schwatzen*) charlotear, darle al pico
Säbel ['zɛːbəl] *m* <-s, -> sable *m;* **mit dem** ~ **rasseln** (*fig*) estar en pie de guerra
Säbelfechten *nt* <-s, ohne *pl*> (SPORT) (esgrima *f* de) sable *m*
säbeln *vt* (*fam*) cortar en lonchas (demasiado) gruesas
Säbelrasseln *nt* <-s, ohne *pl*> amenaza *f* de guerra
Sabotage [zabo'taːʒə] *f* <-, -n> sabotaje *m*
Sabotageakt *m* <-(e)s, -e> acto *m* de sabotaje
Saboteur(in) [zabo'tøːɐ] *m*(*f*) <-s, -e; -, -nen> saboteador(a) *m*(*f*)
sabotieren* [zabo'tiːrən] *vt* sabotear
Sac(c)harid *nt* <-s, -e> (CHEM) sacárido *m*
Sa(c)charin [zaxa'riːn] *nt* <-s, ohne *pl*> sacarina *f*
Sac(c)harose *f* <-, ohne *pl*> (CHEM) sacarosa *f*
Sachanlage *f* <-, -n> (WIRTSCH) material *m* inmovilizado
Sacharid *nt* <-s, -e> (CHEM) sacárido *m*
Sacharin *nt* <-s, ohne *pl*> sacarina *f*
Sacharose *f* <-, ohne *pl*> (CHEM) sacarosa *f*
Sachaufsichtsbeschwerde *f* <-, -n> (JUR) queja *f* por observación de los hechos; **Sachausgaben** *fpl* gastos *mpl* materiales; **Sachbearbeiter(in)** *m*(*f*) <-s, -; -, -nen> oficial *sl, m;* (f) encargado, -a *m, f;* **Sachbereich** *m* <-(e)s, -e> ámbito *m,* área *f,* especialidad *f;* **Sachbeschädigung** *f* <-, -en> (JUR) daños *mpl* materiales; **gemeinschädliche** ~ daño material colectivo; **mutwillige** [*o* **vorsätzliche**] ~ daños materiales intencionados; **Sachbetrug** *m* <-(e)s, ohne *pl*> (JUR) engaño *m* material
sachbezogen *adj* pertinente, referente a un asunto (en particular)
Sachbezüge *mpl* retribuciones *fpl* en especie; **Sachbuch** *nt* <-(e)s, -bücher> libro *m* de divulgación
sachdienlich *adj* conducente, pertinente; (*nützlich*) útil; ~**e Hinweise** informaciones al respecto; **etw für** ~ **halten** considerar algo pertinente [*o* apropiado] [*o* adecuado]
Sachdienlichkeit *f* <-, ohne *pl*> conveniencia *f;* ~ **des Antrags** (JUR) conveniencia de la demanda; ~ **der Klageänderung** (JUR) conveniencia de la modificación de la demanda
Sache ['zaxə] *f* <-, -n> ❶ (*Ding*) cosa *f;* (*Gegenstand*) objeto *m;* **scharfe** ~**n** objetos cortantes; **warme** ~**n** ropa de abrigo; **bewegliche/unbewegliche** ~**n** (WIRTSCH) bienes muebles/inmuebles; **seine sieben** ~**n packen** empaquetar sus cuatro cosas
❷ (*Angelegenheit, Handlung, Situation, Ereignis*) asunto *m,* cosa *f;* **eingebrachte** ~ (JUR) cosa integrada; **geschäftliche** ~ asunto de negocio; **herrenlose** ~ (JUR) cosa sin dueño; **verbrauchbare** ~ (JUR) cosa consumible; **vertretbare** ~ (JUR) cosa representable; **das ist eine** ~ **des Glaubens/des Geschmacks** es una cuestión de fe/de gustos; **das war eine tolle** ~ fue algo fantástico; **die** ~ **ist die, dass** ... la cosa es que...; **er macht seine** ~ **gut/schlecht** hace su trabajo bien/mal; **das ist eine** ~ **für sich** es cosa [*o* capítulo] aparte; **das ist deine** ~! ¡es tu problema!;

dieses Buch ist nicht jedermanns ~ este libro no es para todos los gustos; **in eigener** ~ por [*o* en] propio interés; **er ist sich** (**bei ihr**) **seiner** ~ **gewiss** [*o* **sicher**] está muy seguro (respecto a ella); **bei der** ~ **mache ich nicht mit** no contéis conmigo para este asunto; **mit jdm gemeinsame** ~ **machen** hacer causa común con alguien; **keine halben** ~**n machen** no hacer las cosas a medias; **was machst du nur für** ~**n?** ¿pero qué cosas haces?; ~**n gibt's!** (*fam*) ¡qué cosas!; **bei der** ~ **sein** concentrarse, estar a lo que se está; (**kommen Sie**) **zur** ~! ¡vaya Ud. al grano!; **das tut nichts zur** ~! ¡eso es harina de otro costal!; **das tut jetzt nichts zur** ~! ¡eso (ahora) no viene a cuento [*o* al caso]!; **mach keine** ~**n!** (*fam*) ¡no hagas tonterías!; **sagen, was** ~ **ist** (*fam*) llamar a las cosas por su nombre
❸ (JUR: *Fall*) caso *m;* **in** ~**n** [*o* **in der** ~] ... **gegen** ... en la causa... contra...; **jdn zu einer** ~ **vernehmen** interrogar a alguien en una causa
❹ (*Stundenkilometer*): **das Auto fährt 180** ~**n** (*fam*) el coche corre a 180
Sacheinlage *f* <-, -n> (WIRTSCH) aportación *f* no dineraria (*in a*)
Sachenmehrheit *f* <-, -en> (JUR) pluralidad *f* de cosas; **Sachenrecht** *nt* <-s, ohne *pl*> (JUR) derecho *m* de cosas [*o* de bienes]
Sachentscheidung *f* <-, -en> decisión *f* sobre el fondo [*o* valor] (real);
Sachentscheidungsvoraussetzung *f* <-, -en> premisa *f* para la decisión sobre el fondo
Sachertorte *f* <-, -n> (GASTR) "sachertorte" *f* (*pastel de chocolate*)
Sachfrage *f* <-, -n> pregunta *f* especializada, cuestión *f* concreta; **in** ~**n wenden Sie sich bitte an** ... en caso de preguntas específicas diríjanse por favor a...
sachfremd *adj* inapropiado, inadecuado
Sachfrüchte *fpl* frutos *mpl* en especie; **Sachgebiet** *nt* <-(e)s, -e> materia *f,* campo *m;* **Sachgefahr** *f* <-, -en> peligro *m* de cosas
sachgemäß *adj,* **sachgerecht** *adj* adecuado, apropiado; **bei** ~**er Verwendung** usado adecuadamente
Sachhaftung *f* <-, -en> (JUR) responsabilidad *f* material [*o* objetiva];
Sachinbegriff *m* <-(e)s, ohne *pl*> conjunto *m* de cosas; **Sachkatalog** *m* <-(e)s, -e> catálogo *m* de materias; **Sachkauf** *m* <-s, -käufe> compra *f* de cosas; **Sachkenner(in)** *m*(*f*) <-s, -; -, -nen> experto, -a *m, f;* **Sachkenntnis** *f* <-, ohne *pl*> competencia *f,* conocimientos *mpl* en la materia; **Sachkonto** *nt* <-s, -konten> (WIRTSCH) cuenta *f* material; **Sachkosten** *pl* costes *mpl* materiales
Sachkunde *f* <-, ohne *pl*> ❶ (*geh*) *s.* **Sachkenntnis** ❷ (SCH) *s.* **Sachkundeunterricht**; **Sachkundeunterricht** *m* <-(e)s, -e> (SCH) clases *fpl* de (ciencias) naturales y sociales (*en la escuela primaria*)
sachkundig *adj* competente, experto, baquiano *Arg, Kol;* **sich** ~ **machen** hacerse experto en la materia
Sachkundige(r) *mf* <-n, -n; -n, -n> experto, -a *m, f;* **Sachlage** *f* <-, ohne *pl*> estado *m* de cosas [*o* de la cuestión]; **Sachlegitimation** *f* <-, -en> (JUR) legitimación *f* de la causa; **Sachleistung** *f* <-, -en> prestación *f* en especie
sachlich *adj* ❶ (*sachbezogen*) pertinente; **die Behauptung ist** ~ **falsch** relativo a la materia esa afirmación es falsa
❷ (*objektiv*) objetivo; (*nüchtern*) realista; **bleiben Sie** ~! ¡sea Ud. objetivo!
sächlich ['zɛçlɪç] *adj* (LING) neutro
Sachlichkeit *f* <-, ohne *pl*> objetividad *f,* realismo *m;* **die Neue** ~ (KUNST, LIT) corriente postexpresionista alemana de los años veinte
Sachmangel *m* <-s, -mängel> (JUR) vicio *m* de la cosa, defecto *m* de la cosa; **Sachmangelgewährleistung** *f* <-, -en> (JUR) garantía *f* por defectos ocultos; **Sachmangelhaftung** *f* <-, ohne *pl*> (JUR) obligación *f* de saneamiento por vicios ocultos, responsabilidad *f* por vicios ocultos
Sachregister *nt* <-s, -> índice *m* de materias; **Sachschaden** *m* <-s, -schäden> daño *m* material
Sachse ['zaksə] *m* <-n, -n;> *f,* **Sächsin** *f* <-n, -; -, -nen> sajón, -ona *m, f*
sächseln ['zɛksəln] *vi* (*fam*) hablar con acento sajón
Sachsen ['zaksən] *nt* <-s> Sajonia *f*
Sachsen-Anhalt ['zaksən'ʔanhalt] *nt* <-s> Sajonia-Anhalt *f*
Sächsin ['zɛksɪn] *f* <-, -nen> *s.* **Sachse**
sächsisch ['zɛksɪʃ] *adj* sajón
Sachspende *f* <-, -n> donativo *m* en especie(s)
sacht [zaxt] *adj* suave; (*unmerklich*) imperceptible
sachte ['zaxtə] **I.** *adj s.* **sacht**
II. *adv* (*fam*) ❶ (*behutsam*) suavemente; (*vorsichtig*) con cuidado
❷ (*unmerklich*) imperceptiblemente
❸ (*langsam*) despacio; **nun mal** ~! (*Schritt für Schritt*) ¡vamos por partes!
❹ (*allmählich*) poco a poco
Sach- und Rechtslage *f* <-, ohne *pl*> (JUR) situación *f* de hecho y derecho
Sach- und Rechtsmängel *mpl* (JUR) vicios *mpl* materiales y jurídicos
Sach- und Streitstand *m* <-(e)s, ohne *pl*> (JUR) estado *m* de hechos y

litigio
Sachurteilsvoraussetzung *f* <-, -en> (JUR) premisa *f* para la sentencia de fondo
Sachverhalt ['zaxvɛɐhalt] *m* <-(e)s, -e> circunstancias *fpl*, estado *m* de cosas; **Sachverhaltsalternativität** *f* <-, *ohne pl*> (JUR) alternatividad *f* de los hechos
Sachvermögen *nt* <-s, -> patrimonio *m* real, capital *m* real, bienes *mpl* materiales
sachverständig *adj* experto, pericial; **~er Zeuge** (JUR) testigo pericial
Sachverständige(r) *mf* <-n, -n; -n, -n> perito, -a *m, f*, experto, -a *m, f*; **juristischer ~r** experto en materia jurídica; **öffentlich bestellter ~r** perito nombrado oficialmente
Sachverständigenausschuss[RR] *m* <-es, -schüsse> comisión *f* de expertos [*o* de peritos]; **Sachverständigenbeweis** *m* <-es, -e> (JUR) pericial *m*; **Sachverständigengutachten** *nt* <-s, -> dictamen *m* pericial
Sachvortrag *m* <-(e)s, -träge> exposición *f* de hechos; **Sachwalter(in)** *m(f)* <-s, -; -, -nen> procurador(a) *m(f)*; **Sachwert** *m* <-(e)s, *ohne pl*> (*Wert*) valor *m* real; **bilanzierbarer ~** valor real líquido; **Sachwertabfindung** *f* <-, -en> indemnización *f* del valor real
Sachwerte *ntpl* (*Wertobjekte*) bienes *mpl* reales
Sachwerttheorie *f* <-, -n> teoría *f* del valor real; **Sachwertverfahren** *nt* <-s, -> (JUR) procedimiento *m* de determinación del valor real
Sachwörterbuch *nt* <-(e)s, -bücher> diccionario *m* temático [*o* especializado]; **~ der Botanik** diccionario de botánica; **Sachwucher** *m* <-s, *ohne pl*> exigencias *fpl* exorbitantes; **Sachzwang** *m* <-(e)s, -zwänge> necesidad *f* (momentánea), circunstancias *fpl*; **wirtschaftliche Sachzwänge erfordern ...** la situación económica requiere...
Sack [zak, *pl:* 'zɛkə] *m* <-(e)s, Säcke> ❶ (*Behälter*) saco *m*; **Gelber ~** saco de basura amarillo en el sistema dual de separación de basuras; **drei ~ Kartoffeln** tres sacos de patatas; **die Katze im ~ kaufen** (*fam*) comprar a ciegas; **jdn in den ~ stecken** (*fam: betrügen*) dar el timo a alguien; (*übertreffen*) superar a alguien; **mit ~ und Pack** con todo lo que tiene; **etw (schon) im ~ haben** (*fam*) tener algo (ya) en el saco; **in ~ und Asche gehen** (*geh*) hacer penitencia
❷ (*vulg: Hoden~*) cojones *mpl*; **der/das geht mir auf den ~** estoy hasta los cojones
❸ (*vulg abw: Mensch*) granuja *m*; **so ein fauler ~!** ¡qué zángano!
Sackbahnhof *m* <-(e)s, -höfe> estación *f* sin salida
Säckel ['zɛkəl] *m* <-s, -> (*südd, Österr*) ❶ (*Hosentasche*) bolsillo *m* del pantalón
❷ (*alt: Geldbeutel*): **tief in den ~ greifen müssen** tener que pagar mucho dinero [*o* que rascarse mucho el bolsillo]; **in seinen eigenen ~ arbeiten** trabajar pensando en el propio beneficio
sacken [zakən] *vi sein* desplomarse; **zur Seite ~** caerse hacia el lado; **nach hinten ~** caerse hacia atrás
säckeweise ['zɛkəvaɪzə] *adv* ❶ (*in Säcken abgefüllt*) en [*o* por] sacos
❷ (*Säcke von*) sacos de; (*eine Menge*) un montón de
Sackgasse *f* <-, -n> callejón *m* sin salida; **in einer ~ stecken** estar en un callejón sin salida; **die Verhandlungen waren in eine ~ geraten** las negociaciones no avanzaban; **Sackgeld** *nt* <-(e)s, *ohne pl*> (*Schweiz*) dinero *m* para gastos propios [*o* pequeños]; **Sackhüpfen** *nt* <-s, *ohne pl*> carrera *f* de sacos; **Sackkarre** *f* <-, -n> carretilla *f*; **Sackleinen** *nt* <-s, -> (h)arpillera *f*; **Sackmesser** *nt* <-s, -> (*Schweiz*) navaja *f*; **Sacktuch** *nt* <-(e)s, -tücher> (*südd, Österr, Schweiz*) pañuelo *m* (de bolsillo)
Sadismus [za'dɪsmʊs] *m* <-, *ohne pl*> sadismo *m*
Sadist(in) [za'dɪst] *m(f)* <-en, -en; -, -nen> sádico, -a *m, f*
sadistisch *adj* sádico
Sadomasochismus[1] *m* <-, *ohne pl*> (*Veranlagung*) sadomasoquismo *m*
Sadomasochismus[2] *m* <-s, -masochismen> (*Handlung*) prácticas *fpl* sadomasoquistas
säen ['zɛːən] *vt* sembrar; **Hass/Zwietracht ~** sembrar el odio/la discordia; **Spezialisten auf diesem Gebiet sind dünn gesät** hay escasos especialistas en este campo
Safari [za'faːri] *f* <-, -s> safari *m*; **auf ~ gehen** ir de safari
Safaripark *m* <-s, -s *o -e o Schweiz:* -pärke> safari *m*
Safe [sɛɪf] *m o nt* <-s, -s> caja *f* fuerte [*o* de caudales]
Saffian ['zafia(ː)n] *m* <-s, *ohne pl*>, **Saffianleder** <-s, -> tafilete *m*, marroquí *m*
Safran ['zafraːn] *m* <-s, -e> azafrán *m*
Saft [zaft, *pl:* 'zɛftə] *m* <-(e)s, Säfte> ❶ (*Frucht~*) zumo *m*, jugo *m Am*; (*Braten~, Pflanzen~*) jugo *m*; **ohne ~ und Kraft** (*abw: kraftlos*) sin energía [*o* fuerzas]; (*gehaltlos*) insustancial; **jdn im eigenen ~ schmoren lassen** (*fam*) dejar a alguien que se cueza en su propio jugo
❷ (*fam: Strom*) corriente *f*
saftig *adj* ❶ (*Obst*) jugoso
❷ (*fam: Preis, Ohrfeige*) de aúpa

Saftladen *m* <-s, -läden> (*fam abw*) tugurio *m*
saftlos *adj* sin jugo; **saft- und kraftlos** (*abw*) soso
Saftpresse *f* <-, -n> exprimidor *m*; **Saftsack** *m* <-(e)s, -säcke> (*vulg abw*) cabrito *m*
Saga ['zaːga] *f* <-, -s> (LIT) saga *f*
Sage ['zaːgə] *f* <-, -n> leyenda *f*; (*Götter~, Helden~*) mito *m*
Säge ['zɛːgə] *f* <-, -n> ❶ (*Werkzeug*) sierra *f*
❷ (*Österr: Sägewerk*) aserradero *m*
Sägeblatt *nt* <-(e)s, -blätter> hoja *f* de (la) sierra; **Sägebock** *m* <-(e)s, -böcke> tijera *f*, burro *m*; **Sägefisch** *m* <-(e)s, -e> (ZOOL) pez *m* sierra; **Sägemehl** *nt* <-s, *ohne pl*> serrín *m*; **Sägemesser** *nt* <-s, -> cuchillo *m* de sierra; **Sägemühle** *f* <-, -n> serrería *f*, aserradero *m*
sagen ['zaːgən] *vt* decir (*zu* acerca de/sobre, *von* de); (*ausdrücken*) expresar; (*mitteilen*) comunicar; (*meinen*) opinar (*zu* de/sobre); (*ergänzen*) añadir (*zu* a); **wie sagt man auf Spanisch?** ¿cómo se dice en español?; **Gute Nacht ~** dar las buenas noches; **Auf Wiedersehen ~** decir adiós; **Ja/Nein ~** decir que sí/no; **du/Sie zu jdm ~** tratar a alguien de tú/de Ud.; **würden Sie mir bitte ~, wie spät es ist?** ¿podría decirme qué hora es, por favor?; **dagegen ist nichts zu ~** no se puede decir nada en contra; **kein Wort ~** no decir ni (una) palabra; **etw im Ernst/Scherz ~** decir algo en serio/en broma; **was ich noch ~ wollte, ...** lo que iba a decir...; **~ wir mal ...** digamos...; **wann treffen wir uns? – ~ wir um drei** ¿cuándo vamos a encontrarnos? – digamos a las tres; **sagt dir der Name etwas?** ¿te dice algo el nombre?, ¿te suena el nombre?; **nichts ~d** (*Rede, Argument*) insustancial; (*Worte, Sätze*) vacío; (*Gespräch*) vacuo; (*Thema*) trivial; **mit nichts ~dem Gesichtsausdruck** con cara inexpresiva; **das hätte ich dir gleich ~ können** podría habértelo dicho desde el principio; **hättest du mir nicht ~ können, dass ...?** ¿podrías haberme dicho que...?; **dazu möchte ich lieber nichts ~** prefiero no opinar sobre esto; **dazu möchte ich noch etwas ~** quisiera añadir algo; **was wollen Sie damit ~?** ¿qué quiere decir con esto?; **ich kann dir gar nicht ~, wie schön es war** no sé cómo decirte lo bonito que era; **was haben Sie zu Ihrer Rechtfertigung zu ~?** ¿y qué puede alegar en su defensa?; **wie man so schön sagt** como suele decirse; **das ist wirklich schwer zu ~** es realmente difícil de decir; **genauer [*o* besser] gesagt** mejor dicho; **auf gut Deutsch gesagt** dicho claramente; **offen gesagt** a decir verdad; **das musste einfach mal gesagt werden** había que decirlo de una vez; **er ist ein guter Torwart, das muss man schon ~** es un buen portero, hay que admitirlo; **dem Gesagte** lo susodicho; **sie haben sich nichts mehr zu ~** ya no tienen nada que decirse; **das hat nichts zu ~** eso no quiere decir nada; **ich habe mir ~ lassen, dass ...** me dijeron que...; **sag mal, ... di(me)...**; **um nicht zu ~ ...** por no decir...; **von dir lasse ich mir überhaupt nichts ~** no te creas que te voy a hacer caso; **er hat in der Firma nichts zu ~** no pinta nada en la empresa; **das S~ haben** (*fam*) mandar; **das kannst du aber laut ~** (*fam*) eso sí que es verdad; **gesagt, getan** dicho y hecho; **das ist leichter gesagt, als getan** del dicho al hecho hay mucho trecho *prov*; **das ist schnell gesagt** se dice muy pronto; **das ist nicht gesagt** eso está por ver todavía; **ich denke, damit ist alles gesagt** creo que con eso está dicho todo; **unter uns gesagt** entre nosotros; **da sage ich nicht Nein** no lo rechazo; **du sagst es!** ¡tú lo has dicho!; **ich muss schon ~, ... tengo que decir...**; **ich kann nur ~, wollte, ... otra cosa,...**; **wem sagst du das!** (*fam*) ¡ya lo sé!; **sage und schreibe** (*fam*) tal como lo digo; **sag, was du willst** (*fam*) di lo que quieras; **was Sie nicht ~!** (*fam*) ¡no me diga!; **das eine sage ich dir, ...** (*fam*) te advierto una cosa...; **ich will dir/Ihnen was sagen ...** una cosa te/le digo...; **lass dir das gesagt sein!** ¡hazme caso!; **du kannst von Glück ~, dass ...** has tenido suerte en lo de... + *inf*; **das kann jeder ~!** ¡eso puede decirlo cualquiera!; **sag das nicht!** ¡no te creas!; **sag bloß!** (*fam*) ¡no me digas!; **das kann man nicht so ohne weiteres ~** tan fácil no es; **viel ~d** significativo, revelador; **jdn viel ~d ansehen** mirar a alguien significativamente; **na, wer sagt's denn!** (*fam*) ¡lo ves!; **hab' ich's nicht gesagt?** (*fam*) ¿no lo había dicho yo?; **was soll man dazu ~?** (*fam*) ¿qué quieres que te diga?
sägen ['zɛːgən] **I.** *vt* serrar, aserrar
II. *vi* (*fam: schnarchen*) roncar
sagenhaft *adj* ❶ (*legendär*) legendario
❷ (*erstaunlich*) asombroso, fabuloso; **das war ~ billig** (*fam*) era baratísimo, estaba tirado (de precio)
Sägespäne ['zɛːgəʃpɛːnə] *mpl* virutas *fpl*; **Sägewerk** *nt* <-(e)s, -e> aserradero *m*
Sago ['zaːgo] *m*, *Österr: nt* <-s, *ohne pl*> sagú *m*
Sagopalme *f* <-, -n> (BOT) sagú *m*
sah [zaː] 3. *imp von* **sehen**
Sahara [za'haːra] *f* Sáhara *m*
Sahel *m* <-(s)>, **Sahelzone** *f* <-> zona *f* de Sahel
Sahne ['zaːnə] *f* <-, *ohne pl*> nata *f*; **süße ~** nata líquida; **~ steif schlagen** montar la nata; **(aller)erste ~ sein** (*fam*) ser la flor y nata

Sahnetorte f <-, -n> tarta f de nata
sahnig adj cremoso, mantecoso
Saison [zɛ'zõː, zɛ'zɔŋ] f <-, -s, Österr: -en> temporada f; **außerhalb der ~** fuera de temporada
saisonal [zɛzo'naːl] adj de temporada
Saisonarbeit f <-, -en> trabajo m estacional; **Saisonarbeiter(in)** m(f) <-s, -; -, -nen> temporero, -a m, f; **Saisonartikel** m <-s, -> artículo m de temporada; **Saisonausverkauf** m <-(e)s, -käufe> liquidación f por fin de temporada
saisonbedingt adj estacional, de temporada; **~e Arbeitslosigkeit** paro estacional; **~e Ermäßigung** reducción estacional
Saisonbereinigung f <-, -en> (WIRTSCH) corrección f de las variaciones estacionales; **Saisonbeschäftigte(r)** mf <-n, -n; -n, -n> (WIRTSCH) trabajador(a) m(f) estacional; **Saisonbeschäftigung** f <-, -en> (WIRTSCH) empleo m estacional; **Saisonfaktor** m <-s, -en> (WIRTSCH) factor m estacional
saisongemäß adj correspondiente [o conforme] a la temporada
Saisonschwankung f <-, -en> (WIRTSCH) fluctuación f de temporada
saison- und kalenderbereinigt adj (WIRTSCH) una vez corregidas las variaciones estacionales y de calendario; **Saisonware** f <-, -n> (WIRTSCH) género m de temporada
Saite ['zaɪtə] f <-, -n> cuerda f; **andere ~n aufziehen** (fig) apretar las tuercas
Saiteninstrument nt <-(e)s, -e> instrumento m de cuerda
Saitenwurst f <-, -würste> (reg) salchicha f (de) Frankfurt
Sakko ['zako] m o nt <-s, -s> americana f, saco m Am, percha f MAm
sakral [za'kraːl] adj ❶ (heilig) sacro, sagrado
❷ (ANAT) sacro
Sakrament [zakra'mɛnt] nt <-(e)s, -e> sacramento m
Sakrileg [zakri'leːk] nt <-s, -e> sacrilegio m; **(mit etw) ein ~ begehen** cometer un sacrilegio (con algo)
Sakristei [zakrɪs'taɪ] f <-, -en> sacristía f
sakrosankt [zakro'zaŋkt] adj ❶ (geh: unantastbar) sagrado; **sein Arbeitszimmer ist ~, keiner darf es betreten** su estudio es sagrado, nadie puede entrar en él
❷ (HIST: geheiligt) sacrosanto
Säkularisation [zɛkulariza'tsjoːn] f <-, -en> secularización f
säkularisieren* [zɛkulari'ziːrən] vt secularizar
Salamander [zala'mandɐ] m <-s, -> salamandra f
Salami [za'laːmi] f <-, -(s)> salami m; (luftgetrocknet) ≈salchichón m
Salamitaktik f <-, -en> (fam) táctica f de los pequeños pasos (para conseguir un objetivo mayor)
Salär [za'lɛːɐ] nt <-s, -e> (Schweiz) salario m, sueldo m
salarieren* [zala'riːrən] vt (Schweiz) pagar (un sueldo) (a)
Salat [za'laːt] m <-(e)s, -e> ❶ (Blatt-, Kopf-) lechuga f; **ein Kopf ~** una lechuga
❷ (Speise) ensalada f; **gemischter ~** ensalada mixta; **den ~ anmachen** aliñar la ensalada
❸ (fam: Durcheinander) lío m; **da haben wir den ~!** ¡ahora estamos frescos!
Salatbesteck nt <-(e)s, -e> cubierto m para servir ensalada; **Salatgurke** f <-, -n> pepino m (para ensalada); **Salatplatte** f <-, -n> ❶ (Teller) fuente f para ensalada; **der Koch richtete die Tomaten auf der ~ an** el cocinero dispuso los tomates en la fuente ❷ (GASTR: Gericht) (plato m de) ensalada f; **Salatschleuder** f <-, -n> centrifugadora f de ensalada; **Salatschüssel** f <-, -n> ensaladera f; **Salatsoße** f <-, -n> aliño m, salsa f para la ensalada
Salbe ['zalbə] f <-, -n> pomada f, ungüento m
Salbei ['zalbaɪ, -'-] m <-s, ohne pl> salvia f
salben ['zalbən] vt (REL) ungir
salbenartig adj cremoso
Salbenform f <-, -en>: **in ~** en forma de ungüento; **Salbentopf** m <-(e)s, -töpfe> tarro m de ungüento, recipiente m de ungüento
Salbung f <-, -en> (a. REL) unción f
salbungsvoll adj (abw) onctioso, patético
Salchow ['zalço] m <-s, -s> (SPORT) "salchow" m
Saldenbilanz f <-, -en> (FIN) balance m de saldos
saldieren* vt saldar, liquidar
Saldierungsverbot nt <-(e)s, -e> (JUR) prohibición f de saldar
Saldo ['zaldo] m <-s, -s o Salden o Saldi> (FIN) saldo m; (offener Rechnungsbetrag) deuda f líquida; **~ der Kapitalbilanz/der laufenden Posten** saldo del balance de capital/de las transacciones corrientes; **~ der statistisch erfassten Transaktionen** saldo de las transacciones recogidas estadísticamente; **aktiver/passiver ~** saldo activo/pasivo; **~ ziehen/feststellen** sacar el saldo/hacer un balance; **~ zu Ihren Gunsten/Lasten** saldo a su favor/a su cargo
Saldoanerkenntnis nt <-ses, -se> (FIN, WIRTSCH) reconocimiento m del saldo, aprobación f del saldo; **Saldoanspruch** m <-(e)s, -sprüche> (FIN) derecho m al saldo; **Saldoausgleich** m <-(e)s, ohne pl> (FIN) compensación f de saldo; **Saldopfändung** f <-, -en> (FIN) embargo m de saldo; **Saldotheorie** f <-, -n> (FIN) teoría f del saldo; **Saldoverfügung** f <-, -en> (FIN) disposición f de saldo; **Saldovortrag** m <-(e)s, -träge> (FIN) saldo m a cuenta nueva, nuevo balance m; **Saldowechsel** m <-s, -> (FIN) letra f de balance, letra f por saldo a cuenta
Säle ['zɛːlə] pl von **Saal**
Saline [za'liːnə] f <-, -n> salinas fpl
Salizylpräparat nt <-(e)s, -e> (MED) salicilato m; **Salizylsäure** [zali'tsyːl-] f <-, ohne pl> (CHEM) ácido m salicílico
Salm [zalm] m <-(e)s, -e> salmón m
Salmiak [zal'mjak, '--] m o nt <-s, ohne pl> sal f amoníaco [o amoníaca]
Salmiakgeist m <-(e)s, ohne pl> amoníaco m (acuoso), solución f amoniacal
Salmonelle [zalmo'nɛlə] f <-, -n> salmonela f
Salmonellenvergiftung f <-, -en> salmonelosis f inv
Salmoniden pl (ZOOL) salmónidos mpl
salomonisch [zalo'moːnɪʃ] adj salomónico, sabio
Salon [za'lõː, za'lɔŋ] m <-s, -s> salón m
salonfähig adj presentable (en sociedad); **etw ~ machen** dar el visto bueno a algo
Salonlöwe m <-n, -n> (abw) petimetre m, dandi m; **Salonwagen** m <-s, -> (EISENB) pullmann m
salopp [za'lɔp] adj (Sprache) coloquial; (Verhalten, Kleidung) informal; (nachlässig) descuidado
Salpeter [zal'peːtɐ] m <-s, ohne pl> salitre m
Salpetersäure f <-, ohne pl> ácido m nítrico
Salto ['zalto] m <-s, -s o Salti> (SPORT) salto m; **einen ~ rückwärts machen** dar una voltereta hacia atrás
salü interj (Schweiz: fam) ❶ (hallo) ¡hola!
❷ (tschüs) ¡adiós!, ¡hasta luego!
Salut [za'luːt] m <-(e)s, -e> (MIL) salva f de ordenanza; **~ schießen** tirar una salva
salutieren* [zalu'tiːrən] vi (MIL) realizar un saludo militar
Salutschuss^{RR} m <-es, -schüsse> (MIL) salva f (de bienvenida); **Salutschüsse abfeuern** [o **abgeben**] disparar una salva (por alguien)
Salvadorianer(in) [zalvadori'aːnɐ] m(f) <-s, -; -, -nen> salvadoreño, -a m, f
salvadorianisch [zalvadori'aːnɪʃ] adj salvadoreño
Salve ['zalvə] f <-, -n> (MIL) salva f; **auf jdn eine ~ feuern** [o **abgeben**] dar una salva por alguien
Salz [zalts] nt <-es, -e> (a. CHEM) sal f; **das ~ in der Suppe** (fig) la sal y la pimienta; **weder ~ noch Schmalz sein** (fig) no ser ni tinto ni colorado; **jdm nicht das ~ in der Suppe gönnen** tener a alguien a pan y agua [o raya]
salzarm adj pobre en sal
Salzbergwerk nt <-(e)s, -e> mina f de sal
Salzburg ['zaltsbʊrk] nt <-s> Salzburgo m
salzen [zaltsən] <salzte, salzte, gesalzen o gesalzt> vt salar
Salzfässchen^{RR} ['-fɛsçən] nt <-s, -> , **Salzfäßchen** nt <-s, -> salero m (pequeño); **Salzgehalt** m <-(e)s, -e> contenido m en sal, salinidad f; **Salzgurke** f <-, -n> (GASTR) pepinillo m en salmuera
salzhaltig adj salino, salobre
Salzhering m <-s, -e> (GASTR) arenque m en salmuera [o salado]
salzig adj salado; (Geschmack) salobre
Salzkartoffeln fpl patatas fpl cocidas sin piel; **Salzkorn** nt <-(e)s, -körner> grano m de sal; **Salzlake** f <-, -n> (GASTR) salmuera f
salzlos adj sin sal
Salzlösung f <-, -en> (MED) solución f salina; **Salzsäule** f <-, -n> estatua f de sal; **zur ~ erstarren** quedarse de piedra [o atónito]
Salzsäure f <-, ohne pl> ácido m clorhídrico; **Salzsäuregas** nt <-es, -e> gas m del ácido clorhídrico
Salzsee m <-s, -n> lago m salado [o de agua salada]; **Salzstange** f <-, -n> palito m salado; **Salzstreuer** m <-s, -> salero m; **Salztektonik** f <-, ohne pl> (GEO) tectónica f salina; **Salzwasser** nt <-s, ohne pl> agua f salada; (Meerwasser) agua f de mar; **Salzwüste** f <-, -n> desierto m de sal [o salino]
SA-Mann m <-(e)s, -Männer o -Leute> (HIST: Nationalsozialismus) miembro m de la SA
Samariter(in) [zama'riːtɐ] m(f) <-s, -; -, -nen> samaritano, -a m, f
Samarium [za'maːriʊm] nt <-s, ohne pl> (CHEM) samario m
Samba ['zamba] f <-, -s>, m <-s, -s> samba m
Samen¹ ['zaːmən] m <-s, -> (Samenkorn) semilla f
Samen² m <-s, ohne pl> ❶ (Saat) simiente f
❷ (Sperma) semen m, esperma m o f
Samenbank f <-, -en> (MED) banco m de esperma; **Samenbaum** m <-(e)s, -bäume> árbol m padre; **Samenblase** f <-, -n> (ANAT) vesícula f seminal; **Samenerguss**^{RR} m <-es, -güsse> eyaculación f; **Samenfaden** m <-s, -fäden> (MED) espermatozoide m; **Samenflüs-**

Samenhandlung

sigkeit *f* <-, -en> (BIOL) esperma *m* o *f*; **Samenhandlung** *f* <-, -en> tienda *f* de venta de granos y semillas; **Samenkapsel** *f* <-, -n> (BOT) pericarpio *m*; **Samenkorn** *nt* <-(e)s, -körner> semilla *f*, grano *m*; **Samenleiter** *m* <-s, -> (ANAT) espermaducto *m*, conducto *m* espermático; **Samenspender** *m* <-s, -> donante *m* de semen [*o* de esperma]; **Samenstrang** *m* <-(e)s, -stränge> cordón *m* espermático; **Samenverbreitung** *f* <-, ohne *pl*> propagación *f* de las semillas; **Samenzelle** *f* <-, -n> (BIOL) (piel *f* de) célula *f* espermática, esperma *m* o *f*
Sämereien [ˈzɛːməˌraɪən] *fpl* semillas *fpl*
sämig [ˈzɛːmɪç] *adj* espeso
Sämischleder *nt* <-s, -> (piel *f* de) gamuza *f*
Sämling *m* <-s, -e> arbolito *m* nacido de semilla
Sammelaktie *f* <-, -n> (FIN) acción *f* colectiva; **Sammelalbum** *nt* <-s, -alben> álbum *m* (de coleccionista); **Sammelanschluss**RR *m* <-es, -schlüsse> (TEL) línea *f* colectiva; **Sammelband** *m* <-(e)s, -bände> antología *f*; **Sammelbecken** *nt* <-s, -> receptáculo *m*; **Sammelbegriff** *m* <-(e)s, -e> concepto *m* genérico; **Sammelbehälter** *m* <-s, -> depósito *m*; **Sammelbestellung** *f* <-, -en> pedido *m* colectivo; **Sammelbezeichnung** *f* <-, -en> concepto *m* genérico; **Sammelbüchse** *f* <-, -n> hucha *f*, alcancía *f*; **Sammelbuchung** *f* <-, -en> (FIN, WIRTSCH) asiento *m* colectivo, contabilización *f* colectiva; **Sammeleinbürgerung** *f* <-, -en> naturalización *f* colectiva; **Sammelfahrkarte** *f* <-, -n>, **Sammelfahrschein** *m* <-(e)s, -e> (EISENB) abono *m* transporte; (*nur Bus*) bonobús *m*; **Sammelgenehmigung** *f* <-, -en> (JUR) autorización *f* colectiva; **Sammelkonnossement** *nt* <-(e)s, -e> (COM) conocimiento *m* colectivo; **Sammelkonto** *nt* <-s, -konten> cuenta *f* colectiva; **Sammelladung** *f* <-, -en> (COM) carga *f* colectiva; (NAUT, EISENB) embarque *m* mixto; **Sammellager** *nt* <-s, -> centro *m* de acogida, campo *m* de acogida [*o* provisional de refugiados]; **die Katastrophenopfer wurden in ~n versorgt** las víctimas de la catástrofe fueron alojadas en campos (de acogida); **Sammelmappe** *f* <-, -n> archivador *m*
sammeln [ˈzaməln] **I.** *vt* ❶ (*zusammentragen*) recoger; (*Beeren*) recolectar; (*Geld*) recaudar; (*Unterschriften*) reunir; **Erfahrungen ~** reunir experiencias
❷ (*aus Liebhaberei*) coleccionar
❸ (*ver~*) reunir
II. *vr*: **sich** ❶ (*Menschen*) reunirse, agruparse; (*Dinge*) acumularse
❷ (*sich konzentrieren*) concentrarse
III. *vi* (*Geld*): **für etw ~** recaudar dinero para algo
Sammelnummer *f* <-, -n> (TEL) número *m* (de teléfono) de la centralita; **Sammelplatz** *m* <-es, -plätze>, **Sammelpunkt** *m* <-(e)s, -e> punto *m* de encuentro, lugar *m* de encuentro; **um 7 Uhr treffen wir uns an unserem ~** a las 7 nos encontraremos en el lugar de siempre; **Sammelstraftat** *f* <-, -en> (JUR) delito *m* penal colectivo
Sammelsurium [-ˈzuːriʊm] *nt* <-s, -surien> (*abw*) revoltijo *m*, mezcolanza *f*
Sammeltaxi *nt* <-s, -s> taxi *m* colectivo; **Sammeltermin** *m* <-s, -e> vista *f* colectiva; **Sammelverfahren** *nt* <-s, -> (JUR) procedimiento *m* colectivo; **Sammelvermögen** *nt* <-s, -> patrimonio *m* colectivo; **Sammelverwahrung** *f* <-, ohne *pl*> depósito *m* colectivo; **Sammelwerk** *nt* <-(e)s, -e> colección *f*; **Sammelwut** *f* <-, ohne *pl*> locura *f* coleccionista, manía *f* coleccionista
Sammet [ˈzamət] *m* <-s, -e> (*Schweiz*) s. **Samt**
Sammler(in) [ˈzamlɐ] *m(f)* <-s, -; -, -nen> coleccionista *mf*
Sammlerstück *nt* <-(e)s, -e> objeto *m* de colección; **Sammlerwert** *m* <-(e)s, ohne *pl*> valor *m* de coleccionista
Sammlung¹ *f* <-, -en> ❶ (*von Geld*) recaudación *f*
❷ (*Kunst~*) colección *f*; (*Gedicht~*) antología *f*
Sammlung² *f* <-, ohne *pl*> (*innere ~*) recogimiento *m*
Samowar [ˈzamoˌvaːɐ] *m* <-s, -e> samovar *m*
Samstag [ˈzamstaːk] *m* <-(e)s, -e> sábado *m*; **langer** [*o* **verkaufsoffener**] **~** sábado largo (*cuando las tiendas cierran más tarde*); s. a. **Montag**
Samstagabend *m* <-s, -e> noche *f* del sábado; s. a. **Montagabend**
samstagabendsRR *adv* los sábados por la noche; s. a. **montagabends**
samstägig *adj* del sábado, sabatino
Samstagnachmittag *m* <-(e)s, -e> tarde *f* del sábado, sábado *m* por la tarde; s. a. **Montagnachmittag**
samstags [ˈzamstaːks] *adv* los sábados; s. a. **montags**
samt [zamt] **I.** *präp* +*dat* (*junto*) con
II. *adv*: **~ und sonders** todos sin excepción
Samt [zamt] *m* <-(e)s, -e> terciopelo *m*
samtartig *adj* aterciopelado; **~er Stoff** tejido aterciopelado; **eine weiche, ~e Haut** una piel suave, aterciopelada
samten [ˈzamtən] *adj* ❶ (*aus Samt*) de terciopelo
❷ (*samtig*) aterciopelado
Samthandschuh *m* <-(e)s, -e>: **jdn mit ~en anfassen** (*fig*) tratar a alguien con guante de seda
samtig *adj* aterciopelado

sämtlich [ˈzɛmtlɪç] *pron indef* todo; **~e Unterlagen waren verschwunden** todos los documentos habían desaparecido
samtweich [ˈ-ˈ-] *adj* aterciopelado
Sanatorium [zanaˈtoːriʊm] *nt* <-s, Sanatorien> sanatorio *m*
Sand [zant] *m* <-(e)s, ohne *pl*> arena *f*; **wie ~ am Meer** (*fam*) a mares; **den Kopf in den ~ stecken** (*fig*) esconder la cabeza como el avestruz, meter la cabeza debajo del ala; **jdm ~ in die Augen streuen** (*fig*) deslumbrar a alguien con falsas apariencias; **jdm ~ ins Getriebe streuen** (*fam fig*) poner la zancadilla a alguien; **die Sache ist im ~ verlaufen** la cosa se fue a pique; **etw in den ~ setzen** (*fam fig*) malograr algo; **auf ~ gebaut** (*fig*) con pies de barro
Sandale [zanˈdaːlə] *f* <-, -n> sandalia *f*, ojota *f Am*, quimba *f Am*
Sandalette [zandaˈlɛtə] *f* <-, -n> sandalia *f* (de tacón)
Sandbank *f* <-, -bänke> banco *m* de arena; **Sandboden** *m* <-s, -böden> terreno *m* arenoso
Sanddorn *m* <-(e)s, -e> espino *m* falso
Sandelholz [ˈzandəl-] *nt* <-es, ohne *pl*> madera *f* de sándalo
sandeln [ˈzandəln] *vi* (*südd*), **sändeln** [ˈzɛndəln] *vi* (*Schweiz*) jugar con arena
sandfarben *adj* (de color) beige
Sandgebäck *nt* <-(e)s, -e> (GASTR) pastas *fpl* secas; **Sandgrube** *f* <-, -n> cantera *f* de arena, gravera *f* de arena; **Sandhaufen** *m* <-s, -> montón *m* de arena
sandig *adj* arenoso
Sandkasten *m* <-s, -kästen *o* -> cajón *m* de arena; **Sandkastenfreund(in)** *m(f)* <-(e)s, -e; -, -nen> amigo, -a *m, f* de la infancia [*o* de toda la vida]; **Sandkastenspiel** *nt* <-(e)s, -e> (MIL) puesta en escena en una maqueta de arena de las distintas posibilidades en la práctica de una acción militar
Sandkorn *nt* <-(e)s, -körner> grano *m* de arena; **Sandkuchen** *m* <-s, -> ≈bizcocho *m*; **Sandmann** *m* <-(e)s, ohne *pl*>, **Sandmännchen** [-mɛnçən] *nt* <-s, ohne *pl*> figura de cuento que arroja arena a los ojos de los niños para que éstos se duerman; **Sandpapier** *nt* <-s, -e> papel *m* de lija; **Sandplatz** *m* <-es, -plätze> (SPORT) pista *f* de tierra batida; **ein Tennisturnier auf dem ~** un torneo de tenis en tierra batida; **Sandsack** *m* <-(e)s, -säcke> saco *m* de arena; **Sandstein** *m* <-(e)s, ohne *pl*> arenisca *f*
sandstrahlen [ˈ---] *vt* tratar con chorro de arena
Sandstrahlgebläse *nt* <-s, -> soplete *m* de chorro de arena; **Sandstrand** *m* <-(e)s, -strände> playa *f* de arena; **Sandsturm** *m* <-(e)s, -stürme> tormenta *f* de arena
sandte [ˈzantə] *3. imp von* **senden**
Sanduhr *f* <-, -en> reloj *m* de arena
Sandwich [ˈsɛntvɪtʃ] *m o nt* <-s, -(e)s *o* -e> sandwich *m*, chacarero *m CSur*
Sandwüste *f* <-, -n> desierto *m* arenoso
sanft [zanft] *adj* ❶ (*friedfertig*) suave, dulce; (*Tier*) manso; **~ entschlafen** (*geh*) fallecer; **ruhe ~!** ¡que duermas bien!, ¡que descanses!
❷ (*zart, sacht*) suave; (*freundlich*) amable; (*leicht*) ligero; **mit ~er Gewalt** con una violencia solapada; **auf die ~e Tour** de manera suave; **~ wie ein Lamm** dócil como un corderito
Sänfte [ˈzɛnftə] *f* <-, -n> litera *f*
Sanftheit *f* <-, ohne *pl*> dulzura *f*, suavidad *f*
Sanftmut *f* <-, ohne *pl*> calma *f* y bondad *f*, dulzura *f*; **hätte er nicht diese ~, wäre ihm längst der Kragen geplatzt** si no fuera por lo calmado y bondadoso que es, haría tiempo que habría reventado
sanftmütig [-myːtɪç] *adj* apacible, pacífico
sang [zaŋ] *3. imp von* **singen**
Sang *m*: **mit ~ und Klang** (*fam*) al son de la música; **sie war so schlecht vorbereitet, dass sie mit ~ und Klang durchgefallen ist** (*fam*) estaba tan mal preparada que suspendió (el examen) de forma estrepitosa
Sänger(in) [ˈzɛŋɐ] *m(f)* <-s, -; -, -nen> cantante *mf*
Sangria [saŋˈgriːa] *f* <-, -s> sangría *f*
Sanguiniker(in) [zaŋguˈiːnikɐ] *m(f)* <-s, -; -, -nen> (*geh*) persona *f* de temperamento sanguíneo
sang- und klanglos *adv* (*fam*) sin ceremonias
sanieren* [zaˈniːrən] *vt* ❶ (ARCHIT) rehabilitar
❷ (ÖKOL, WIRTSCH) sanear
Sanierung *f* <-, -en> ❶ (ARCHIT) rehabilitación *f*
❷ (ÖKOL, WIRTSCH) saneamiento *m*; **~ einer Firma** reorganización de una empresa; **~ eines Kontos** saneamiento de una cuenta
Sanierungsbilanz *f* <-, -en> (WIRTSCH) balance *m* de saneamiento; **Sanierungsgebiet** *nt* <-(e)s, -e> (ARCHIT) zona *f* en rehabilitación; **Sanierungsgewinn** *m* <-(e)s, -e> beneficio *m* inherente al saneamiento; **Sanierungskonzept** *nt* <-(e)s, -e> (WIRTSCH) concepto *m* de saneamiento; **Sanierungskosten** *pl* (WIRTSCH) costes *mpl* de saneamiento; **Sanierungsmaßnahme** *f* <-, -n> medida *f* de saneamiento; **Sanierungspflicht** *f* <-, ohne *pl*> deber *m* de saneamiento; **Sanierungsplan**

rungsplan *m* <-(e)s, -pläne> ❶ (ÖKOL, WIRTSCH) plan *m* de saneamiento ❷ (ARCHIT) plan *m* de rehabilitación; **Sanierungsrücklage** *f* <-, -n> (JUR) reserva *f* de saneamiento; **Sanierungssatzung** *f* <-, -en> (WIRTSCH, JUR) estatuto *m* de saneamiento; **Sanierungsverfügung** *f* <-, -en> (WIRTSCH, JUR) disposición *f* de saneamiento
sanitär [zaniˈtɛːɐ] *adj* sanitario; **~ Anlagen** instalaciones sanitarias
sanitarisch [zaniˈtaːrɪʃ] *adj* (*Schweiz*) sanitario, de sanidad
Sanität [zaniˈtɛːt] *f* <-, *ohne pl*> ❶ (*Österr: Gesundheitsdienst*) régimen *m* sanitario, sanidad *f*
❷ (*Schweiz: Ambulanz*) ambulancia *f*
❸ (*Österr, Schweiz: Sanitätstruppe*) tropa *f* sanitaria
Sanitäter(in) [zaniˈtɛːtɐ] *m(f)* <-s, -; -, -nen> sanitario, -a *m, f*, camillero, -a *m, f*, barchilón, -ona *m, f Peru*
Sanitätsdienst *m* <-(e)s, -e> (MIL) servicio *m* sanitario, enfermería *f*; **Sanitätsoffizier(in)** *m(f)* <-s, -e; -, -nen> (MIL) oficial *mf* sanitario; **Sanitätswagen** *m* <-s, -> ambulancia *f*; **Sanitätswesen** *nt* <-s, *ohne pl*> sanidad *f* (militar)
sank [zaŋk] 3. *imp von* **sinken**
Sankt [zaŋkt] *adj inv* San
Sankt Gallen [zaŋktˈɡalən] *nt* <- -s> Sankt Gallen *m*
Sankt Gotthard [zaŋktˈɡɔthart] *m* <- -s> Sankt Gotthard *m*
Sanktion [zaŋkˈtsjoːn] *f* <-, -en> ❶ (*Zustimmung*) sanción *f*
❷ *pl* (*Strafmaßnahmen*) sanciones *fpl*; **strafrechtliche ~en** sanciones jurídico-penales; **wirtschaftliche ~en** sanciones económicas; **~en gegen jdn verhängen** imponer sanciones a alguien
sanktionieren* [zaŋktsjoˈniːrən] *vt* ❶ (*gutheißen*) sancionar, aprobar
❷ (*mit Sanktionen belegen*) imponer sanciones (a), sancionar
Sanktionsmittel *nt* <-s, -> (JUR) medida *f* sancionadora; **Sanktionsrecht** *nt* <-(e)s, *ohne pl*> (JUR) derecho *m* sancionador
Sankt Moritz [zaŋkt moˈrɪts, zaŋkt ˈmoːrɪts] *nt* <- -> Sankt Moritz *m*
Sankt-Nimmerleins-Tag [zaŋktˈnɪmɐlaɪnstaːk] *m* <-(e)s, *ohne pl*> día *m* de Nuncajamás; **bis zum ~** hasta nunca; **etw auf den ~ verschieben** aplazar algo hasta que las ranas críen pelo
sann [zan] 3. *imp von* **sinnen**
Saphir [zaˈfiːɐ] *m* <-s, -e> zafiro *m*
Sappeur [zaˈpøːɐ] *m* <-s, -e> (MIL: *alt*) zapador *m*
saprob *adj* (BIOL) saprobio
saprophag *adj* (BIOL) saprófago
saprophytisch *adj* (BIOL) saprofítico
Sarde, -in [ˈzardə] *m, f* <-n, -n; -, -nen> sardo, -a *m, f*
Sardelle [zarˈdɛlə] *f* <-, -n> boquerón *m*, anchoa *f reg*
Sardellenpaste *f* <-, -n> pasta *f* de anchoas
Sardin [ˈzardɪn] *m* <-s, -> s. **Sarde**
Sardine [zarˈdiːnə] *f* <-, -n> sardina *f*
Sardinenbüchse *f* <-, -n>, **Sardinendose** *f* <-, -n> lata *f* de sardinas
Sardinien [zarˈdiːnjən] *nt* <-s> Cerdeña *f*
sardisch [ˈzardɪʃ] *adj* sardo
Sarg [zark, *pl:* ˈzɛrɡə] *m* <-(e)s, Särge> ataúd *m*, féretro *m*, cajón *m* *CSur*
Sargdeckel *m* <-s, -> tapa *f* del ataúd; **Sargtischler(in)** *m(f)* <-s, -; -, -nen> carpintero, -a *m, f* especialista, -a en ataúdes; **Sargträger(in)** *m(f)* <-s, -; -, -nen> portador(a) *m(f)* del féretro
Sari [ˈzaːri] *m* <-(s), -s> sarí *m*
Sarkasmus¹ [zarˈkasmʊs] *m* <-, *ohne pl*> (*Spott, Art*) sarcasmo *m*
Sarkasmus² *m* <-, Sarkasmen> (*Bemerkung*) sarcasmo *m*
sarkastisch [zarˈkastɪʃ] *adj* sarcástico
Sarkom [zarˈkoːm] *nt* <-s, -e> (MED) sarcoma *m*
Sarkophag [zarkoˈfaːk] *m* <-s, -e> sarcófago *m*
Sarong [ˈzaːrɔŋ] *m* <-(s), -s> sarong *m*
saß [zaːs] 3. *imp von* **sitzen**
Satan¹ [ˈzaːtan] *m* <-s, *ohne pl*> (*Teufel*) Satanás *m*
Satan² *m* <-s, -e> (*fam abw: Mensch*) demonio *m*
satanisch [zaˈtaːnɪʃ] *adj* satánico
Satansbraten *m* <-s, -> (*fam*) diablillo *m*; **ein ~ sein** ser de la piel de Satanás; **Satanspilz** *m* <-es, -e> boleto *m* de Satanás [*o* azulado]
Satellit [zatɛˈliːt] *m* <-en, -en> (a. ASTR) satélite *m*
Satellitenfernsehen *nt* <-s, *ohne pl*> televisión *f* vía satélite; **Satellitenfoto** *nt* <-s, -s> foto *f* vía satélite; **Satellitenkommunikation** *f* <-, *ohne pl*> comunicación *f* por satélite; **Satellitenschüssel** *f* <-, -n> (*fam*) antena *f* parabólica; **Satellitenstaat** *m* <-(e)s, -en> (*abw*) estado *m* satélite; **Satellitenstadt** *f* <-, -städte> ciudad *f* satélite
Satin [zaˈtɛ̃ː] *m* <-s, -s> raso *m*, (tela *f* de) satén *m*
Satire¹ [zaˈtiːrə] *f* <-, -n> (*Werk*) sátira *f*
Satire² *f* <-, *ohne pl*> (*Gattung*) sátira *f*
Satiriker(in) [zaˈtiːrɪkɐ] *m(f)* <-s, -; -, -nen> escritor(a) *m(f)* satírico, -a
satirisch *adj* satírico
satt [zat] *adj* ❶ (*nicht hungrig*) satisfecho, lleno *fam*; **sich (an etw)**

essen hartarse (de algo), empiparse de algo *Am*; **~ werden** quedar satisfecho; **nicht ~ werden** quedarse con hambre; **das macht ~** llena mucho; **sich an etw ~ hören/sehen** hartarse de oír/ver algo; **sich an etw nicht ~ sehen können** no cansarse de ver algo; **jdn/etw ~ haben** (*fam*) estar harto de alguien/algo
❷ (*Farbe*) fuerte, intenso
❸ (*fam: eindrucksvoll*) impresionante; **eine ~e Leistung** un rendimiento impresionante; **~e Gewinne einfahren** conseguir grandes ganancias
Sattel [ˈzatəl, *pl:* ˈzɛtəl] *m* <-s, Sättel> (*Reit~*) silla *f* de montar; (*Fahrrad~*) sillín *m*; **jdm in den ~ helfen** (*fig*) echarle un cable a alguien; **fest im ~ sitzen** (*fig*) tener su posición bien asegurada; **jdn aus dem ~ heben** (*fig*) retirar a alguien de un cargo de importancia; **in allen Sätteln gerecht sein** tener buena mano para todo tipo de tarea
Satteldach *nt* <-(e)s, -dächer> tejado *m* de dos vertientes
sattelfest *adj*: **in etw ~ sein** ser versado en algo
satteln *vt* ensillar
Sattelnase *f* <-, -n> nariz *f* chata
Sattelschlepper *m* <-s, -> camión *m* trailer [*o* articulado]
Satteltasche *f* <-, -n> ❶ (*am Reitsattel*) alforjas *fpl*
❷ (*am Fahrrad: für Werkzeug*) cartera *f* de herramientas; (*für Gepäck*) bolsa *f* (para bicicletas)
Sattelzug *m* <-(e)s, -züge> camión *m* articulado
Sattheit *f* <-, *ohne pl*> ❶ (*Sättigung*) saciedad *f*, hartazgo *m*; **schon nach den ersten Bissen erfüllte sie ein Gefühl der ~** tras los primeros mordiscos la embargó una sensación de total saciedad
❷ (*Saturiertheit*) saturación *f*; **die ~ der Wohlstandsbürger** la saturación de los miembros de la sociedad del bienestar
❸ (*Intensität*) intensidad *f*, brillo *m*
sättigen [ˈzɛtɪɡən] I. *vi* saciar
II. *vt* ❶ (*geh: satt machen*) satisfacer
❷ (*Markt, a.* CHEM) saturar
sättigend *adj* (*satt machend*) que sacia, sustancioso
Sättigung *f* <-, *ohne pl*> ❶ (*des Hungers*) saciedad *f*
❷ (CHEM) saturación *f*
Sattler(in) [ˈzatlɐ] *m(f)* <-s, -; -, -nen> guarnicionero, -a *m, f*
Sattlerei [zatləˈraɪ] *f* <-, -en> guarnicionería *f*
Sattlerin *f* <-, -nen> s. **Sattler**
sattsam [ˈzatzaːm] *adv* (*erörtern*) ampliamente, prolijamente; (*bekannt*) ampliamente; **wir haben dieses Thema ~ diskutiert** hemos discutido este tema hasta la saciedad; **Sie wissen auch davon? – aber ja, das ist doch überall ~ bekannt** ¿usted también lo sabe? – claro que sí, (eso) lo sabe todo el mundo
saturiert [zatuˈriːɐt] *adj* (*geh: zufrieden*) satisfecho, contento
Saturn [zaˈtʊrn] *m* <-s> Saturno *m*
Saturnismus *m* <-, Saturnismen> (MED) saturnismo *m*
Satyr [ˈzaːtyr] *m* <-s *o* -n, -n> sátiro *m*
Satz¹ [zats, *pl:* ˈzɛtsə] *m* <-es, Sätze> ❶ (LING) frase *f*, oración *f*; **mitten im ~** a medio hablar
❷ (*Lehr~*) teorema *m*; **der ~ des Pythagoras** el teorema de Pitágoras
❸ (MUS) parte *f*; **eine Sinfonie in vier Sätzen** una sinfonía de cuatro movimientos
❹ (*Quote*) tasa *f*; (*Tarif*) tarifa *f*
❺ (*zusammengehörige Dinge*) juego *m*
❻ (*Boden~, Kaffee~*) poso *m*
❼ (*Tennis*) set *m*
❽ (*Sprung*) salto *m*; **einen großen ~ machen** dar un gran salto
Satz² *m* <-es, *ohne pl*> (TYPO) composición *f*; **im ~ sein** estar en composición
Satzbau *m* <-(e)s, *ohne pl*> (LING) construcción *f* de una oración; (*Lehre*) sintaxis *f*
Satzherstellung *f* <-, *ohne pl*> (TYPO) composición *f*
Satzlehre *f* <-, *ohne pl*> (LING) sintaxis *f*
Satzspiegel *m* <-s, -> (TYPO) justificación *f*
Satzteil *m* <-(e)s, -e> parte *f* de la oración
Satzung *f* <-, -en> (JUR) estatutos *mpl*; **~ der Gesellschaft** estatutos *mpl* de la sociedad
Satzungsänderung *f* <-, -en> modificación *f* del estatuto [*o* estatutaria]; **Satzungsautonomie** *f* <-, -se> (JUR) autonomía *f* estatutaria; **Satzungsbefugnis** *f* <-, -se> (JUR) facultad *f* estatuaria; **Satzungsbeschluss**^{RR} *m* <-es, -schlüsse> (JUR) decisión *f* estatuaria
satzungsgemäß *adj* de acuerdo con el estatuto
Satzungsrecht *nt* <-(e)s, *ohne pl*> (JUR) derecho *m* escrito
Satzzeichen *nt* <-s, -> (LING) signo *m* de puntuación
Sau [zaʊ, *pl:* ˈzɔɪə] *f* <-, Säue> ❶ (*Tier*) puerca *f*, cerda *f*; **die ~ rauslassen** (*fam*) pasárselo bomba; **jdn zur ~ machen** (*fam*) poner a alguien como un trapo; **wie eine gesengte ~** (*fam abw*) como un animal; **unter aller ~** (*fam abw*) fatal; **es war keine ~ da** (*fam*) no había ni un gato; **Perlen vor die Säue werfen** (*fig*) echar margaritas a puercos

❷ *(fam abw: Mensch)* cochino, -a *m, f,* marrano, -a *m, f;* **du alte ~!** ¡guarro!

sauber ['zaʊbɐ] **I.** *adj* ❶ *(rein)* limpio; *(stubenrein)* aseado; **etw ~ halten** mantener algo limpio; **etw ~ machen** limpiar algo; **etw ~ putzen** limpiar algo

❷ *(sorgfältig)* esmerado; *(genau)* exacto; **eine ~e Analyse** un análisis exacto; **eine ~e Aussprache haben** hablar sin acento

❸ *(anständig)* decente, íntegro; **eine ~e Lösung** una solución limpia; **bleib ~!** *(fam)* ¡que te vaya bien!

❹ *(fam: nicht anständig)* buen; **du bist mir ein ~es Früchtchen!** ¡buena pieza estás hecho!

❺ *(fam: vernünftig)* bien de la cabeza; **du bist wohl nicht ganz ~!** ¡tú no estás bien de la cabeza!

II. *adv (sorgfältig)* con esmero; **sie ist ~ gekleidet** se viste con esmero; **etw ~ voneinander trennen** separar algo limpiamente

sauber|halten *irr vt s.* **sauber I.1.**

Sauberkeit *f* <-, *ohne pl*> ❶ *(Reinlichkeit)* limpieza *f*

❷ *(Anständigkeit)* integridad *f*

Sauberkeitsfimmel *m* <-s, *ohne pl*> *(fam abw)* manía *f* de limpiar

säuberlich ['zɔɪbɐlɪç] **I.** *adj* limpio; *(sorgfältig)* esmerado

II. *adv* con esmero

sauber|machen *vi, vt s.* **sauber I.1.**

Saubermann *m* <-(e)s, -männer> *(fam)* persona *f* sin tacha [*o* modelo]; *(moralisch)* moralista *m*

säubern ['zɔɪbɐn] *vt* ❶ *(reinigen)* limpiar; *(Wunde)* absterger

❷ *(Partei)* purgar

Säuberung *f* <-, -en> ❶ *(das Reinigen)* limpieza *f*

❷ *(einer Partei)* purga *f*

Säuberungsaktion *f* <-, -en> (POL) acción *f* depuradora

saublöd(e) ['-'-(-)] *adj (fam) s.* **saudumm**

Saubohne *f* <-, -n> haba *f*

Sauce ['zoːsə] *f* <-, -n> salsa *f*

Sauciere [zoˈsjeːrə] *f* <-, -n> salsera *f*

Saudi-Arabien ['zaʊdi-] *nt* <-s> Arabia *f* Saudita [*o* Saudí]

saudumm ['-'-] *adj (fam)* imbécil, tonto de capirote

sauen ['zaʊən] *vi (fam)* ciscar, pringar; **wer hat den Tisch so verschmiert? – die Kinder haben mit Farbe gesaut** ¿quién ha puesto la mesa así? – los niños la han enguarrado con pintura; **musst du beim Essen immer so ~?** ¿tienes que pringarlo siempre todo cuando comes?

sauer ['zaʊɐ] *adj* ❶ *(Obst, Bonbons, a.* CHEM*)* ácido; **saure Gurken** pepinillos en vinagre; **saurer Regen** lluvia ácida; **etw ~ einlegen** poner algo en conserva

❷ *(dickflüssige Milch)* cuajado; *(verdorbene Milch)* agrio; **~ werden** *(Milch)* agriarse; **saure Sahne** nata agria

❸ *(fam: verärgert)* de mala uva, de mala leche, tibio *Am;* **ich bin ~ auf ihn** me puso de mala leche, me cabreó; **ich werde gleich ~!** ¡no me fastidies!; **~ verdientes Geld** dinero ganado con el sudor de la frente; **gib ihm Saures!** ¡dale fuerte!

Sauerampfer *m* <-s, -> (BOT) acedera *f;* **Sauerbraten** *m* <-s, -> asado de buey adobado en vinagre y especias

Sauerei [zaʊəˈraɪ] *f* <-, -en> *(fam abw)* porquería *f,* marranada *f*

Sauerkirsche *f* <-, -n> ❶ *(Frucht)* guinda *f* ❷ *(Baum)* guindo *m;* **Sauerklee** *m* <-s, *ohne pl*> (BOT) acedera *f;* **Sauerkraut** *nt* <-s, *ohne pl*> col *f* agria [*o* fermentada], choucroute *f*

säuerlich ['zɔɪɐlɪç] *adj* ❶ *(Speisen, Getränke)* un poco ácido

❷ *(Milch)* un poco agrio

❸ *(Miene)* avinagrado

Sauermilch *f* <-, *ohne pl*> *(leche f)* cuajada *f*

säuern ['zɔɪɐn] **I.** *vt* ❶ *(konservieren)* poner en conserva

❷ *(sauer machen)* acedar, avinagrar

II. *vi (sauer werden)* agriarse

Sauerrahm *m* <-(e)s, *ohne pl*> (GASTR) nata *f* agria

Sauerstoff *m* <-(e)s, *ohne pl*> oxígeno *m;* **mit ~ anreichern** enriquecer con oxígeno

Sauerstoffapparat *m* <-(e)s, -e> aparato *m* de oxígeno

sauerstoffarm *adj* pobre en oxígeno, poco oxigenado; **~ sein** tener poco oxígeno, estar poco oxigenado; **~e Gewässer** aguas pobres en oxígeno; **je höher man kommt, desto sauerstoffärmer wird die Luft** cuanto más se sube, menos oxígeno (con)tiene el aire

Sauerstoffentzug *m* <-(e)s, *ohne pl*> (CHEM) desoxigenación *f;* **Sauerstoffflasche** *f* <-, -n> botella *f* de oxígeno; **Sauerstoffgerät** *nt* <-(e)s, -e> aparato *m* de oxígeno; **Sauerstoffgleichgewicht** *nt* <-(e)s, -e> (CHEM) equilibrio *m* de oxígeno

sauerstoffhaltig *adj* que contiene oxígeno, oxigenado

Sauerstoffmangel *m* <-s, *ohne pl*> falta *f* de oxígeno; **Sauerstoffmaske** *f* <-, -n> máscara *f* de oxígeno

sauerstoffreich *adj* rico en oxígeno, muy oxigenado

Sauerstoffzelt *nt* <-(e)s, -e> (MED) burbuja *f* de oxígeno

Sauerteig *m* <-(e)s, -e> levadura *f*

Saufbold [-bɔlt] *m* <-(e)s, -e> *(fam abw)* borracho, -a *m, f,* borrachín, -ina *m, f*

saufen ['zaʊfən] <säuft, soff, gesoffen> **I.** *vi* ❶ *(Tier)* beber; *(fam: Mensch)* beber

❷ *(fam: Alkohol trinken)* empinar el codo

❸ *(alkoholsüchtig sein)* beber, ser alcohólico

II. *vt* ❶ *(Tier)* beber

❷ *(fam: Mensch)* tomar (con exceso); **sich** *dat* **einen ~** tomarse unas copas; **einen ~ gehen** irse de copas; **~ wie ein Loch** *(vulg)* beber como un cosaco

Säufer(in) ['zɔɪfɐ] *m(f)* <-s, -; -, -nen> *(fam abw)* bebedor(a) *m(f);* *(stärker)* borracho, -a *m, f,* mamón, -ona *m, f Am*

Sauferei[1] *f* <-, *ohne pl*> *(fam abw: Trunksucht)* alcoholismo *m*

Sauferei[2] *f* <-, -en> *(fam abw: Gelage)* francachela *f*

Säuferin *f* <-, -nen> *s.* **Säufer**

Säuferleber *f* <-, -n> *(fam)* hígado *m* cirrótico; **wegen seines exzessiven Alkoholkonsums bekam er eine ~** como consecuencia del consumo excesivo de alcohol se convirtió en un cirrótico; **Säufernase** *f* <-, -n> *(fam)* nariz *f* (roja) de borrachín

Saufgelage *nt* <-s, -> *(fam abw)* colocón *m,* borrachera *f,* curda *f;* **mir brummt der Schädel von dem ~ gestern abend** me estalla la cabeza de la trompa de ayer por la noche; **Saufkumpan(in)** *m(f)* <-s, -e; -, -nen> *(fam)* compañero, -a *m, f* de copas; **seid ihr enger befreundet? – nein, er ist nur mein ~** ¿sois buenos amigos? – no, con él sólo voy de copas

säuft [zɔɪft] *3. präs von* **saufen**

saugen[1] ['zaʊgən] <saugt, sog *o* saugte, gesogen *o* gesaugt> **I.** *vi (an einer Pfeife)* chupar *(an);* *(an der Brust)* mamar *(an)*

II. *vt* ❶ *(ein-)* chupar *(aus* de)

❷ *(auf-)* absorber

III. *vr:* **sich ~** ❶ *(eingesaugt werden)* empapar; **der Wein saugt sich in den Stoff** el vino empapa la tela

❷ *(in sich aufnehmen)* absorber; **sich mit etw voll ~** empaparse de algo; **der Schwamm saugt sich voll Wasser** la esponja absorbe (todo) el agua

saugen[2] *vi, vt (staub~)* pasar la aspiradora (por)

säugen ['zɔɪgən] *vt* amamantar, dar de mamar (a)

Sauger *m* <-s, -> ❶ *(auf einer Flasche)* tetilla *f,* tetera *f Am*

❷ *(fam: Staub~)* aspiradora *f*

Säuger *m* <-s, ->, **Säugetier** *nt* <-(e)s, -e> mamífero *m*

saugfähig *adj* absorbente

Saugfähigkeit *f* <-, *ohne pl*> poder *m* de absorción; **Saugflasche** *f* <-, -n> ❶ (CHEM) frasco *m* de succión ❷ *(für Babies)* biberón *m*

Saugglockengeburt *f* <-, -en> parto *m* auxiliado con ventosa

Saugheber *m* <-s, -> sifón *m* (de aspiración)

Säugling ['zɔɪklɪŋ] *m* <-s, -e> niño *m* de pecho, lactante *mf,* baby *mf Am,* tierno, -a *m, f Guat, Nic*

Säuglingsalter *nt* <-s, *ohne pl*> época *f* de lactancia, período *m* de lactancia; **noch im ~ sein** ser todavía un lactante, estar todavía en el período de lactancia; **Säuglingsheim** *nt* <-(e)s, -e> orfanato *m* para recién nacidos; **Säuglingsnahrung** *f* <-, -en> alimento *m* para lactantes; **Säuglingspflege** *f* <-, *ohne pl*> cuidados *mpl* del recién nacido; **ein Kurs in ~** un curso sobre cómo cuidar a un bebé; **Säuglingsschwester** *f* <-, -n> puericultora *f;* **Säuglingsstation** *f* <-, -en> unidad *f* de lactantes; **Säuglingssterblichkeit** *f* <-, *ohne pl*> mortalidad *f* infantil

Saugnapf *m* <-(e)s, -näpfe> (ZOOL) ventosa *f;* **Saugrüssel** *m* <-s, -> (ZOOL) trompa *f* chupadora

Saugzuglüfter *m* <-s, -> ventilador *m* de tiro por aspiración

Sauhaufen *m* <-s, -> *(fam abw)* cuadrilla *f* de caóticos [*o* desordenados]

säuisch ['zɔɪɪʃ] *adj (fam)* guarro; *(Witz)* verde; *(Bemerkung)* chocarrero

saukalt ['-'-] *adj (fam)* muy frío; **es ist ~** hace un frío que pela

Saukälte *f* <-, *ohne pl*> *(fam)* frío *m* glacial; **bei dieser ~ mag man gar nicht mehr vor die Tür gehen!** ¡con este frío que pela no hay quien salga a la calle!; **Saukerl** *m* <-s, -e> *(vulg)* cabrito *m*

Säule ['zɔɪlə] *f* <-, -n> pilar *m,* columna *f*

Säulendiagramm *nt* <-s, -e> diagrama *m* de barras

säulenförmig [-fœrmɪç] *adj* en forma de columna

Säulengang *m* <-(e)s, -gänge> arcada *f;* **Säulenhalle** *f* <-, -n> salón *m* columnario

Saulus ['zaʊlʊs] *m* <-> **vom ~ zum Paulus werden** cambiar totalmente

Saum [zaʊm, *pl:* 'zɔɪmə] *m* <-(e)s, Säume> ❶ *(umgenähter Rand)* dobladillo *m,* basta *f Am*

❷ *(geh: Rand, Rain)* linde *m o f*

saumäßig I. *adj (fam)* ❶ *(viel)* enorme

❷ *(sehr schlecht)* muy malo, de mil demonios

II. *adv (fam: sehr)* terriblemente; **es regnet ~** llueve a cántaros

säumen ['zɔɪmən] *vt* coser [*o* hacer] un dobladillo (en)

säumig *adj* retrasado, atrasado; (*Schuldner*) moroso
Säumigkeit *f* <-, *ohne pl*> contumacia *f*
Säumnis ['zɔɪmnɪs] *f* <-, -se>, *nt* <-ses, -se> (*geh*) demora *f*; (JUR) morosidad *f*
Säumnisgebühr *f* <-, -en> tasa *f* por demora; **Säumnisurteil** *nt* <-s, -e> (JUR) sentencia *f* en rebeldía; **Säumniszinsen** *mpl* recargo *m* de apremio; **Säumniszuschlag** *m* <-(e)s, -schläge> recargo *m* por demora
Saumpfad *m* <-(e)s, -e> sendero *m*, senda *f*
Saumtier *nt* <-(e)s, -e> animal *m* de carga [*o* de tiro]
Sauna ['zaʊna] *f* <-, Saunen> sauna *f*
saunieren* [zaʊˈniːrən] *vi* ir a la sauna
Säure¹ ['zɔɪrə] *f* <-, *ohne pl*> (*saurer Geschmack*) acidez *f*
Säure² *f* <-, -n> (CHEM) ácido *m*
säurebeständig *adj* resistente a los ácidos
Säurefixierbad *nt* <-(e)s, -bäder> (CHEM) baño *m* ácido de fijación; **Säuregrad** *m* <-(e)s, -e> grado *m* de acidez
Sauregurkenzeit [--ˈ---] *f* <-, -en> (*fam iron*): **der Sommer ist ~** en el verano todo está muerto [*o* no hay ninguna actividad]
säurehaltig *adj* ácido, acidífero
Säureneutralisationsvermögen *nt* <-s, *ohne pl*> capacidad *f* de neutralización de ácidos; **Säureschutzmittel** *nt* <-s, -> agente *m* protector contra ácidos
Saurier ['zaʊriɐ] *m* <-s, -> saurio *m*
Saus [zaʊs] *m*: **in ~ und Braus leben** vivir a pata ancha
Sause ['zaʊzə] *f* <-, -n> (*fam: Feier*) juerga *f*; (*Zechtour*) ronda *f* de copas; **eine ~ machen** correrse una juerga
säuseln ['zɔɪzəln] *vi*, *vt* susurrar, murmurar
sausen ['zaʊzən] *vi sein* (*Geschoss*) silbar; (*Mensch*) ir pitando, ir corriendo; (*Fahrzeug*) ir a toda mecha; **etw ~ lassen** (*fam*) abandonar algo; **eine Verabredung/einen Termin ~ lassen** (*fam*) faltar [*o* no presentarse] a una cita; **seine Freundin ~ lassen** (*fam*) dejar plantada a su novia
sausen|lassen *irr vt* (*fam*) *s.* **sausen**
Sauser *m* <-s, -> (*Schweiz*) vino joven suizo en distintas fases de fermentación
Saustall *m* <-(e)s, -ställe> ❶ (*Stall*) pocilga *f*, porqueriza *f*
❷ (*fam abw: Zimmer*) pocilga *f*
saustark [-ˈ(ˈ)-] *adj* (*fam: sehr stark*) muy fuerte; (*großartig*) genial
Sauwetter *nt* <-s, *ohne pl*> (*fam*) tiempo *m* de perros
sauwohl [-ˈ-] *adv* (*fam*): **sich ~ fühlen** sentirse de puta madre
Savanne [zaˈvanə] *f* <-, -n> sabana *f*
Saxofon^RR *nt* <-s, -e> *s.* **Saxophon**
Saxofonist(in)^RR *m(f)* <-en, -en; -, -nen> *s.* **Saxophonist**
Saxophon [zaksoˈfoːn, '---] *nt* <-s, -e> saxo(fón) *m*, saxófono *m*
Saxophonist(in) [zaksofoˈnɪst] *m(f)* <-en, -en; -, -nen> saxo *mf*, saxofonista *mf*
Sb (CHEM) *Abk. von* **Antimon** Sb
SB [ɛsˈbeː] *Abk. von* **Selbstbedienung** autoservicio *m*
S-Bahn ['ɛsbaːn] *f* <-, -en> tren *m* rápido (urbano), ≈suburbano *m*; **S-Bahnhof** ['ɛsbaːnhoːf] *m* <-(e)s, -höfe> estación *f* de trenes rápidos (urbanos)
SBB [ɛsbeːˈbeː] *f Abk. von* **Schweizerische Bundesbahn** compañía *f* de ferrocarriles suiza
SB-Bank *f* <-, -en> banco *m* de autoservicio
s.Br. *Abk. von* **südlicher Breite** latitud sur
SB-Tankstelle *f* <-, -n> gasolinera *f* autoservicio
sc. ❶ *Abk. von* **sculpsit** grabado por, realizado por
❷ *Abk. von* **scilicet** es decir, o sea
Sc (CHEM) *Abk. von* **Scandium** Sc
scannen ['skɛnən] *vt* (INFOR) escanear, explorar
Scanner ['skɛnɐ] *m* <-s, -> (INFOR, MED) escáner *m*, scanner *m*
Scannerkasse *f* <-, -n> caja *f* registradora con escáner
Schabe ['ʃaːbə] *f* <-, -n> cucaracha *f*
Schabefleisch *nt* <-(e)s, *ohne pl*> carne *f* picada de vaca
schaben ['ʃaːbən] *vt* raspar
Schaber *m* <-s, -> rascador *m*, rasqueta *f*
Schabernack ['ʃaːbɐnak] *m* <-(e)s, -e> travesura *f*, trastada *f*, diablura *f*; **~ treiben** hacer travesuras; **jdm einen ~ spielen** hacerle [*o* gastarle] una jugarreta [*o* trastada] a alguien
schäbig ['ʃɛːbɪç] *adj* (*abw*) ❶ (*unansehnlich*) deslucido, (*abgenutzt*) gastado
❷ (*armselig, gemein*) miserable; **ich kam mir dabei ~ vor** me sentí ser un miserable al hacerlo
Schablone [ʃaˈbloːnə] *f* <-, -n> patrón *m*, plantilla *f*; **in ~n denken** (*abw*) pensar con clichés
schablonenhaft I. *adj* (*abw*) estereotipado; **~e Ausdrucksweise** expresión basada en tópicos; **im althergebrachten, ~en Denken gefangen sein** ser prisionero de una manera de pensar tradicional y estereotipado
II. *adv* (*abw*) a base de estereotipos [*o* de clichés]; **sich ~ ausdrücken** expresarse utilizando tópicos [*o* lugares comunes]
Schach¹ [ʃax] *nt* <-s, *ohne pl*> (*Spiel*) ajedrez *m*; **~ spielen** jugar al ajedrez
Schach² *nt* <-s, -s> (*Spielstellung*) jaque *m*; **~ (und) matt!** ¡jaque mate!; **~ (dem König)!** ¡jaque (al rey)!; **im ~ stehen** estar en jaque; **jdn in ~ halten** tener a alguien en jaque
Schachbrett *nt* <-(e)s, -er> tablero *m* de ajedrez
schachbrettartig *adj* ajedrezado
Schachbrettmuster *nt* <-s, -> dibujo *m* a cuadros, ajedrezado *m*
Schachcomputer *m* <-s, -> computadora *f* de ajedrez
Schacher ['ʃaxɐ] *m* <-s, *ohne pl*> (*abw*) usura *f* (*um* por), chalaneo *m* (*um* por)
Schacherer, -in *m*, *f* <-s, -; -, -nen> (*abw*) persona *f* que regatea, regatón, -ona *m*, *f*
schachern ['ʃaxɐn] *vi* (*abw*) usurar, chalanear; **um den Preis/die Ware ~** regatear el precio/por la mercancía
Schachfigur *f* <-, -en> pieza *f* de ajedrez
schachmatt [-ˈ-] *adj* ❶ (*beim Schachspiel*) jaque mate; **jdn ~ setzen** dar jaque mate a alguien
❷ (*fam: erschöpft*) molido, hecho polvo
Schachpartie *f* <-, -n> partida *f* de ajedrez
Schachspiel¹ *nt* <-(e)s, -e> (*Brett und Figuren*) (juego *m* de) ajedrez *m*
Schachspiel² *nt* <-s, *ohne pl*> (*das Schachspielen*) ajedrez *m*; **stör mich jetzt bitte nicht beim ~!** ¡no me molestes, ahora que estoy jugando al ajedrez!
Schachspieler(in) *m(f)* <-s, -; -, -nen> jugador(a) *m(f)* de ajedrez
Schacht [ʃaxt, *pl:* ˈʃɛçtə] *m* <-(e)s, Schächte> pozo *m*
Schachtel ['ʃaxtəl] *f* <-, -n> caja *f*; (*größer*) cajón *m*; (Zigaretten-~) paquete *m*; **eine ~ Pralinen** una caja de bombones; **eine alte ~** (*fam abw: Frau*) una vieja
Schachtelhalm *m* <-(e)s, -e> cola *f* de caballo
Schachtelung *f* <-, -en> (INFOR) anidamiento *m*
Schachtelunternehmen *nt* <-s, -> (JUR) empresa *f* subsidiaria
schächten ['ʃɛçtən] *vt* degollar conforme al rito religioso judío
Schachzug *m* <-(e)s, -züge> jugada *f*
schade ['ʃaːdə] *adj inv*: **es ist ~, dass ...** es una lástima [*o* pena] que ... +*subj*; **das ist aber ~!** ¡qué lástima!; **es ist ~ um jdn/etw** alguien/algo (me) da pena; **das ist zu ~ zum Wegwerfen** da pena tirarlo; **sich dat für etw (nicht) zu ~ sein** (no) creerse demasiado para algo
Schädel ['ʃɛːdəl] *m* <-s, -> cráneo *m*; **jdm den ~ einschlagen** partir(le) el cráneo a alguien; **mir brummt der ~** (*fam*) tengo la cabeza como un bombo; **sich dat (an etw) den ~ einrennen** (*fam*) estrellarse (contra algo) (por la propia testarudez)
Schädelbasisbruch *m* <-(e)s, -brüche> (MED) fractura *f* en la base del cráneo
Schädelbruch *m* <-(e)s, -brüche> (MED) fractura *f* de cráneo; **Schädeldecke** *f* <-, -n> (MED) bóveda *f* craneal
schaden ['ʃaːdən] *vi*: **jdm/etw ~** dañar a alguien/algo, perjudicar a alguien/algo; **du schadest dir nur selbst damit** sólo te perjudicas a ti mismo; **Rauchen schadet Ihrer Gesundheit** fumar perjudica su salud; **das schadet nichts** no importa, no es grave; **das kann nichts ~** (*fam*) no está mal; **das schadet dir gar nichts!** (*fam*) ¡te está bien empleado!, ¡lo mereces!; **eine Ohrfeige hat noch keinem geschadet** (*fam*) un buen azote no hace daño a nadie
Schaden ['ʃaːdən] *m* <-s, Schäden> ❶ (*Beschädigung*) daño *m* (*an* de), perjuicio *m* (*an* de); **absichtlich herbeiführter ~** daño [*o* perjuicio] deliberado; **eingetretener ~** daño [*o* perjuicio] acaecido; **fiktiver ~** (JUR) daños ficticios; **ideeller ~** (JUR) daños ideales; **immaterieller ~** (JUR) daños inmateriales; **mittelbarer ~** (JUR) daños indirectos; **~ anrichten/erleiden** ocasionar/sufrir daños; **~ nehmen** perjudicarse; **für einen ~ haften** responder de los daños [*o* perjuicios]; **jdm ~ zufügen** hacer daño a alguien; **zu ~ kommen** sufrir perjuicios; **es entstand ein ~ von 300 Euro** se produjo un daño de 300 euros; **durch ~ wird man klug** (*prov*) se aprende a base de errores; **wer den ~ hat, braucht für den Spott nicht zu sorgen** (*prov*) además de cornudo, apaleado
❷ (*Nachteil*) desventaja *f*; (*Verlust*) pérdida *f*
❸ (*gesundheitlich*) defecto *m*
Schadenersatz *m* <-es, *ohne pl*> (JUR) indemnización *f* por daños y perjuicios; **~ wegen Nichterfüllung** resarcimiento de daños y perjuicios por incumplimiento; **~ leisten** pagar una indemnización; **großer/kleiner ~** indemnización grande/pequeña; **jdm gegenüber ~ für etw leisten** indemnizar a alguien por algo; **jdm auf ~ verklagen** demandar a alguien por daños y perjuicios; **jdm ~ zusprechen** comprometerse con alguien al resarcimiento de los daños y perjuicios; **Schadenersatzanspruch** *m* <-(e)s, -sprüche> (JUR) derecho *m* a indemnización de los daños y perjuicios; **Schadenersatzklage** *f* <-, -n> (JUR) demanda *f*

Schadenersatzpflicht

por indemnización de daños y perjuicios; **Schadenersatzpflicht** *f* <-, *ohne pl*> (JUR) obligación *f* de resarcir los daños y perjuicios

schadenersatzpflichtig *adj* (JUR) responsable *m* de daños y perjuicios

Schadenfeststellung *f* <-, -en> tasación *f* del importe de indemnización; **Schadenfolgekosten** *pl* (JUR) coste *m* de los daños directos

schadenfrei I. *adj* libre de daños [*o* de accidentes]; ~**es Fahren wird von den Versicherungen belohnt** las compañías de seguros premian la conducción sin accidentes
II. *adv* sin sufrir daños, sin tener accidentes; **dreißig Jahre ~ zu fahren ist eine Seltenheit** haber conducido durante treinta años sin accidentes es algo fuera de lo común

Schadenfreiheitsrabatt *m* <-(e)s, -e> (AUTO) bonificación *f* por no siniestralidad

Schadenfreude *f* <-, *ohne pl*> alegría *f* del mal ajeno

schadenfroh *adj* malicioso

Schadenhöhe *f* <-, -n> cuantía *f* de los daños y perjuicios; **Schadenrechnung** *f* <-, -en> cálculo *m* de los daños y perjuicios; **Schadensabwicklung** *f* <-, -en> liquidación *f* del siniestro; **Schadensanzeige** *f* <-, -n> parte *m* de siniestro; **Schadensbegrenzung** *f* <-, *ohne pl*> restricción *f* de los daños; **Schadensbemessung** *f* <-, -en> cálculo *m* de los daños y perjuicios; **Schadensberechnung** *f* <-, -en> liquidación *f* del siniestro [*o* de los daños]; **Schadensbesichtigung** *f* <-, -en> (JUR) inspección *f* del siniestro [*o* de los daños]; **Schadensbewertung** *f* <-, -en> estimación *f* de los daños; **schätzweise** *f* <-, -en> estimación aproximativa de daños; **Schadenseinschlag** *m* <-(e)s, -schläge> impacto *m* de daños; **individueller ~** impacto individual de daños; **Schadenseintritt** *m* <-(e)s, *ohne pl*> producción *f* del siniestro; **Vorhersehbarkeit des ~s** previsibilidad de la producción del siniestro; **Schadenseintrittsort** *m* <-(e)s, -e> lugar *m* de producción del siniestro; **Schadensermittlung** *f* <-, -en> evaluación *f* de daños

Schadensersatz *m* <-es, *ohne pl*> *s.* Schadenersatz; **Schadensersatzanspruch** *m* <-(e)s, -sprüche> derecho *m* a indemnización de los daños y perjuicios; **Schadensersatzansprüche geltend machen** ejercitar el derecho a indemnización de los daños y perjuicios; **Schadensersatzklage** *f* <-, -n> demanda *f* por indemnización de los daños y perjuicios; **Schadensersatzpflicht** *f* <-, *ohne pl*> obligación *f* de resarcir los daños y perjuicios

schadensersatzpflichtig *adj* (JUR) *s.* schadenersatzpflichtig

Schadensersatzrecht *nt* <-(e)s, -e> derecho *m* al resarcimiento de los daños y perjuicios; **Schaden(s)ersatzurteil** *nt* <-s, -e> sentencia *f* indemnizatoria

Schadensfall *m* <-(e)s, -fälle> siniestro *m*; **Schadensfeststellung** *f* peritación *f* del siniestro

schadensgeneigt *adj* tendencioso al daño; ~**e Arbeit** trabajo tendencioso al daño

Schadenshaftung *f* <-, -en> responsabilidad *f* por daños y perjuicios; **Schadenshöhe** *f* <-, -n> monto *m* de los daños; **Schadensmeldung** *f* <-, -en> parte *m* de daños, aviso *m* de siniestro

Schadensminderung *f* <-, -en> minoración *f* del daño; **Schadensminderungspflicht** *f* <-, *ohne pl*> obligación *f* de minorar el daño

Schadenspauschalierung *f* <-, -en> estimación *f* a tanto alzado de los daños; **Schadensregulierung** *f* <-, *ohne pl*> liquidación *f* de un siniestro; **Schadensumfang** *m* <-(e)s, *ohne pl*> envergadura *f* del siniestro [*o* de los daños]; **Schadensverhütung** *f* <-, -en> prevención *f* de daños; **Schadensverlagerung** *f* <-, -en> desplazamiento *m* del daño; **Schadensversicherung** *f* <-, -en> seguro *m* contra daños; **Schadensverursachung** *f* <-, *ohne pl*> provocación *f* de daños; **Schadenszurechnung** *f* <-, -en> imputación *f* de daños

schadhaft *adj* defectuoso

schädigen ['ʃɛːdɪɡən] *vt* dañar, perjudicar

schädigend *adj* nocivo; ~**e Wirkung** efecto perjudicial

Schädigung *f* <-, -en> ❶ (*das Schädigen*) detrimento *m*, deterioro *m*
❷ (*das Geschädigtsein*) perjuicio *m*, daño *m*

Schädigungsabsicht *f* <-, -en> dolo *m*

schädlich ['ʃɛːtlɪç] *adj* perjudicial (*für* para), nocivo (*für* para)

Schädlichkeit *f* <-, *ohne pl*> nocividad *f*

Schädling ['ʃɛːtlɪŋ] *m* <-s, -e> parásito *m*

Schädlingsbekämpfung *f* <-, *ohne pl*> lucha *f* antiparasitaria; **biologische ~** lucha biológica contra los parásitos; **Schädlingsbekämpfungsmittel** *nt* <-s, -> pesticida *m*

schadlos *adj:* **sich für etw an jdm ~ halten** resarciarse de algo con alguien

Schadlosbürgschaft *f* <-, -en> (JUR) garantía *f* de indemnización [*o* de resarcimiento]; **Schadloshaltung** *f* <-, *ohne pl*> (JUR) indemnización *f*, resarcimiento *m*

Schadstoff *m* <-(e)s, -e> sustancia *f* nociva [*o* perjudicial]

schadstoffarm *adj* poco contaminante

Schadstoffausstoß *m* <-es, *ohne pl*> emisión *f* contaminante;

Schadstoffbelastung *f* <-, -en> contaminación *f*; **Schadstoffemission** *f* <-, -en> emisión *f* contaminante; **Schadstofffilter**^RR *m* <-s, -> filtro *m* de sustancias nocivas

schadstoffhaltig *adj* con sustancias nocivas; ~**e Lebensmittel** productos alimenticios con sustancias nocivas

Schadstoffkonzentration *f* <-, -en> concentración *f* de sustancias contaminantes

Schaf [ʃaːf] *nt* <-(e)s, -e> ❶ (*Tier*) oveja *f*; **schwarzes ~** (*fig*) oveja negra
❷ (*fam: Dummkopf*) borrico, -a *m, f*, borrego, -a *m, f*

Schafbock *m* <-(e)s, -böcke> carnero *m*

Schäfchen ['ʃɛːfçən] *nt* <-s, -> ❶ (*junges Schaf*) corderillo *m*, corderito *m*; ~ **zählen** contar ovejitas; **sein ~ ins Trockene bringen** (*fam*) hacer su agosto; **sein ~ im Trockenen haben** (*fam*) haber hecho su agosto
❷ (*Gemeindemitglied*) miembro *m* de una congregación religiosa

Schäfchenwolken *fpl* cirrocúmulos *mpl*

Schäfer(in) ['ʃɛːfɐ] *m(f)* <-s, -; -, -nen> pastor(a) *m(f)*

Schäferdichtung *f* <-, -en> (LIT) poesía *f* pastoril; **Schäferhund** *m* <-(e)s, -e> perro *m* pastor, ovejero *m Am*; (*Deutscher ~*) pastor *m* alemán

Schäferin *f* <-, -nen> *s.* Schäfer

Schäferstündchen [-ʃtʏntçən] *nt* <-s, -> momentos *mpl* amorosos

Schaffarm *f* <-, -en> granja *f* de ganado lanar; **Schaffell** ['ʃaːfɛl] *nt* <-(e)s, -e> piel *f* de oveja [*o* de carnero]

schaffen¹ ['ʃafən] <schafft, schuf, geschaffen> *vt* ❶ (*er~*) crear; (*gründen*) fundar, establecer; **er stand da, wie Gott ihn ge~ hat** estaba allí tal y como vino al mundo; **dafür ist sie wie ge~** está hecha para esto
❷ (*Voraussetzungen*) crear; (*Platz, Ordnung*) hacer; (*Unruhe*) causar

schaffen² I. *vt* ❶ (*bewältigen*) hacer; (*fertig bringen*) acabar; (*erreichen*) conseguir, lograr; **eine Prüfung ~** aprobar un examen; **so, das hätten wir geschafft** bueno, ya está; **das ist nicht zu ~** es imposible lograrlo; **das schaffst du doch spielend** esto es un juego [*o* está tirado] para ti
❷ (*fam: erschöpfen*) agotar, hacer polvo; **die Kinder haben mich geschafft** los niños me han hecho polvo; **ich bin total geschafft!** ¡estoy hecho trizas [*o* pedazos]!; **jdm zu ~ machen** (*erschöpfen*) hacer polvo a alguien, dar batería a alguien *Mex*; (*bekümmern*) dar quebraderos de cabeza a alguien; **die Hitze macht ihr zu ~** el calor la agota
❸ (*bringen*) llevar; **schaff mir diesen Kerl vom Hals** quítame ese tipo de encima; **damit ist die Sache aus der Welt geschafft** con ello damos el asunto por concluido
II. *vi* (*südd, reg: arbeiten*) trabajar, currar *fam*; **frohes S~!** ¡que trabajes mucho!, ¡que te cunda!; **sich an etw zu ~ machen** ocuparse de algo; **damit habe ich nichts zu ~** no tengo nada que ver con eso

Schaffensdrang *m* <-s, *ohne pl*> afán *m* de trabajar; **Schaffensfreude** *f* <-, *ohne pl*> entusiasmo *m* por el trabajo; (*eines Künstlers*) placer *m* creador; **Schaffenskraft** *f* <-, *ohne pl*> fuerza *f* creadora

Schaffer(in) *m(f)* <-s, -; -, -nen> (*südd, Schweiz*) gran trabajador(a) *m(f)*

Schaffhausen [ʃafˈhaʊzən] *nt* <-s> Schaffhausen *m*

schaffig *adj* (*südd, Schweiz*) trabajador, laborioso

Schaffleisch *nt* <-(e)s, *ohne pl*> carne *f* de oveja

Schaffner(in) ['ʃafnɐ] *m(f)* <-s, -; -, -nen> (*Fahrscheinverkäufer*) cobrador(a) *m(f)*; (*Kontrolleur*) revisor(a) *m(f)*

Schaffung *f* <-, *ohne pl*> creación *f*; **die ~ neuer Arbeitsplätze** la creación de nuevos puestos de trabajo

Schafgarbe *f* <-, -n> milenrama *f*, aquilea *f*; **Schafherde** *f* <-, -n> rebaño *m* de ovejas

Schäflein ['ʃɛːflaɪn] *nt* <-s, -> *s.* Schäfchen

Schafott [ʃaˈfɔt] *nt* <-(e)s, -e> cadalso *m*, patíbulo *m*

Schafskäse *m* <-s, -> queso *m* de oveja; **Schafskopf** *m* <-(e)s, -köpfe> (*fam*) tonto, -a *m, f*, bobo, -a *m, f*; **Schafsmilch** *f* <-, *ohne pl*> leche *f* de oveja; **Schafspelz** *m* <-es, -e> piel *f* de oveja [*o* de carnero]; **ein Wolf im ~** un lobo con piel de cordero

Schafstall *m* <-(e)s, -ställe> corral *m* de ovejas

Schaft [ʃaft, *pl:* ʃɛftə] *m* <-(e)s, Schäfte> ❶ (*Stiefel~*) caña *f* de la bota
❷ (*Gewehr~*) caja *f* del fusil
❸ (BOT) tallo *m*
❹ (*für Messer, Schwert*) vaina *f*, mango *m*
❺ (*Schweiz: Schrank*) armario *m*, estantería *f*

Schaftstiefel *m* <-s, -> bota *f* alta

Schafwolle *f* <-, *ohne pl*> lana *f* de oveja; **Schafzucht** *f* <-, *ohne pl*> cría *f* de ganado lanar

Schah [ʃaː] *m* <-s, -s> sha *m* (de Persia)

Schakal [ʃaˈkaːl] *m* <-s, -e> chacal *m*

Schäker(in) ['ʃɛːkɐ] *m(f)* <-s, -; -, -nen> bromista *mf*

schäkern ['ʃɛːkɐn] *vi* (*fam*) ❶ (*scherzen*) bromear
❷ (*flirten*) ligar

schal [ʃaːl] *adj* desabrido, insípido

Schal [ʃaːl] *m* <-s, -s *o* -e> bufanda *f*

Schale [ˈʃaːlə] *f* <-, -n> ❶ (*Obst~, Kartoffel~*) piel *f*; (*Nuss~, Eier~*) cáscara *f*; (*Muschel~*) concha *f*; (*von Hülsenfrüchten*) vaina *f*; **eine raue ~ haben** (*fig*) hacerse el duro ❷ (*Gefäß*) fuente *f* ❸ (*Waag~*) platillo *m* ❹ (*fam: Kleidung*): **sich in ~ werfen** ponerse de punta en blanco

schälen [ˈʃɛːlən] I. *vt* (*Obst, Kartoffel*) pelar; (*Ei, Nuss*) quitar la cáscara (a); (*Baum*) descortezar
II. *vr*: **sich ~** (*Haut*) pelarse; **ich schäle mich an den Beinen** se me pelan [*o* despellejan] las piernas; **sie schält sich aus dem Mantel** (*fam*) se quita el abrigo con gran parsimonia

Schalensitz *m* <-es, -e> asiento *m* de coche deportivo; **Schalentier** *nt* <-(e)s, -e> crustáceo *m*

Schalk [ʃalk] *m* <-(e)s, -e *o* Schälke> gracioso, -a *m, f*, granuja *mf*; **jdm sitzt der ~ im Nacken** alguien es un diablillo [*o* un tunante]

schalkhaft I. *adj* travieso, pícaro; **ein ~es Lächeln** una risa burlona [*o* pícara]
II. *adv* pícaramente, burlonamente; **seine Augen blitzen ~ auf** pone una mirada pícara [*o* burlona]

Schall[1] [ʃal, *pl*: ˈʃɛlə] *m* <-(e)s, Schälle> (*geh: Geräusch, Laut*) sonido *m*; **~ und Rauch sein** ser una nimiedad [*o* insignificancia]

Schall[2] *m* <-(e)s, *ohne pl*> (PHYS) sonido *m*; (*Widerhall*) resonancia *f*, eco *m*; **~ und Rauch sein** ser una nimiedad [*o* insignificancia]

schalldämmend *adj* insonorizado, insonoro; **~e Isolierung** insonorización *f*, aislamiento *m* acústico; **eine größere ~e Wirkung können Sie durch eine Spezialtür erzielen** puede conseguir una insonorización mayor poniendo una puerta especial

Schalldämmung *f* <-, *ohne pl*> insonorización *f*; **Schalldämpfer** *m* <-s, -> ❶ (TECH) silenciador *m* ❷ (MUS) sordina *f*

schalldicht *adj* insonoro, insonorizado

schallen [ˈʃalən] *vi* resonar, retumbar; **~des Gelächter** risas atronadoras; **eine ~de Ohrfeige** una sonora bofetada

schallend I. *adj* (*Beifall, Ohrfeige*) sonoro; **~es Gelächter** risas atronadoras
II. *adv* ❶ (*lauthals*) fuertemente, a grito pelado; **~ auflachen** reírse a carcajadas ❷ (*mit lautem Knall*) sonoramente; **jdn ~ ohrfeigen** darle una sonora bofetada a alguien

Schallgeschwindigkeit *f* <-, *ohne pl*> velocidad *f* del sonido; **Schallgrenze** *f* <-, *ohne pl*> *s.* Schallmauer; **Schallisolierung** *f* <-, *ohne pl*> aislamiento *m* acústico, insonorización *f*; **Schallmauer** *f* <-, *ohne pl*> barrera *f* del sonido [*o* (tran)sónica]; **die ~ durchbrechen** traspasar [*o* romper] la barrera del sonido; **Schallpegel** *m* <-s, -> nivel *m* de ruido(s)

Schallplatte *f* <-, -n> disco *m*; **Schallplattensammlung** *f* <-, -en> discoteca *f*, colección *f* de discos

schallschluckend *adj* insonorizante

Schallschutz *m* <-es, *ohne pl*> protección *f* contra el ruido; **Schallwelle** *f* <-, -n> (PHYS) onda *f* sonora

Schalmei [ʃalˈmaɪ] *f* <-, -en> (MUS) chirimía *f*

Schalotte [ʃaˈlɔtə] *f* <-, -n> (ajo *m*) chalote *m*, escalonia *f*

schalt [ʃalt] 3. *imp von* **schelten**

Schaltanlage *f* <-, -n> (ELEK) instalación *f* de mando; **Schaltbild** *nt* <-(e)s, -er> (ELEK) diagrama *m* de circuito, esquema *m* de conexiones; **Schaltbrett** *nt* <-(e)s, -er> (ELEK) *s.* **Schalttafel**

schalten [ˈʃaltən] I. *vi* ❶ (AUTO) cambiar de marcha; **in den dritten Gang ~** cambiar a tercera ❷ (*um~*) ponerse; (RADIO, TV) conectar (*zu* con); **die Ampel schaltet auf Rot** el semáforo se pone en rojo; **wir ~ anschließend zum Spanischen Fernsehen** después conectaremos con Televisión Española ❸ (*handeln*): **er schaltet und waltet, wie es ihm gefällt** hace y deshace (como le viene en gana) ❹ (*fam: begreifen*) caer (en la cuenta); (*reagieren*) reaccionar; **da habe ich nicht richtig geschaltet** no reaccioné bien
II. *vt* ❶ (TECH: *verbinden*) conectar; (*ein~*) encender; (*aus~*) apagar; **den Backofen auf „aus"** ~ apagar el horno; **den Backofen auf 250 Grad ~** poner el horno a 250 grados; **das Getriebe lässt sich leicht ~** las marchas entran fácilmente ❷ (*einschieben*) intercalar ❸ (*inserieren*): **eine Anzeige/einen Werbespot ~** poner un anuncio/un spot publicitario

Schalter *m* <-s, -> ❶ (TECH) interruptor *m* ❷ (*Post~*) ventanilla *f*; (*Fahrkarten~*) taquilla *f*, boletería *f Am*

Schalterbeamte(r) *mf* <-n, -n; -n, -n>, **-beamtin** *f* <-, -nen> funcionario, -a *m, f* de ventanilla; **Schalterhalle** *f* <-, -n>, **Schalterraum** *m* <-(e)s, -räume> sala *f* de ventanillas; **Schalterstunden** *fpl* horario *m* de ventanilla

Schaltgetriebe *nt* <-s, -> (TECH) caja *f* de cambios; **Schalthebel** *m* <-s, -> palanca *f* de mando; **am ~ der Macht sitzen** tener el poder en sus manos; **Schaltjahr** *nt* <-(e)s, -e> año *m* bisiesto; **Schaltkasten** *m* <-s, -kästen> caja *f* de distribución; **Schaltknüppel** *m* <-s, -> palanca *f* de cambio; **Schaltkreis** *m* <-es, -e> (ELEK) circuito *m*; **integrierter ~** circuito integrado [*o* sólido], microestructura integrada; **Schaltplan** *m* <-(e)s, -pläne> (ELEK) *s.* Schaltbild; **Schaltpult** *nt* <-(e)s, -e> (ELEK) pupitre *m* de mando [*o* de control]; **Schaltstelle** *f* <-, -n> lugar *m* de mando; **Schalttafel** *f* <-, -n> (ELEK) tablero *m* de mando(s), panel *m* de control; **Schalttag** *m* <-(e)s, -e> día *m* del año bisiesto

Schaltung *f* <-, -en> ❶ (ELEK, INFOR) circuito *m*; **bistabile/monostabile ~** circuito biestable/monoestable; **integrierte ~** circuito integrado ❷ (TEL) conexión *f* ❸ (AUTO) caja *f* de cambios

Schalung [ˈʃaːlʊŋ] *f* <-, -en> (TECH) encofrado *m*

Schalungsbrett *nt* <-(e)s, -er> tabla *f* del encofrado

Schaluppe [ʃaˈlʊpə] *f* <-, -n> (NAUT) chalupa *f*, balandra *f*

Scham [ʃaːm] *f* <-, *ohne pl*> ❶ (*Sichschämen*) vergüenza *f*, pena *f Am*; **nur keine ~!** ¡que no te dé vergüenza!; **vor ~ vergehen** morirse de vergüenza ❷ (*~gefühl*) pudor *m*, vergüenza *f*; **er hat kein bisschen ~ im Leibe** no tiene ni [*o* una] pizca de vergüenza ❸ (ANAT) *s.* **Schamgegend**

Schamane [ʃaˈmaːnə] *m* <-n, -n> chamán *m*

Schambein *nt* <-(e)s, -e> (ANAT) (hueso *m* del) pubis *m inv*; **Schamberg** *m* <-(e)s, -e> (ANAT) monte *m* de Venus

schämen [ˈʃɛːmən] *vr*: **sich ~** avergonzarse (*wegen/für* de, *vor* ante), tener vergüenza (*wegen/für* de), apenarse (*wegen/für* por) *Am*, mortificarse (*wegen/für* por) *Mex*; **er schämt sich für sein Verhalten** su comportamiento le da vergüenza; **~ Sie sich nicht?** ¿no le da vergüenza?; **du solltest dich ~!** ¡deberías avergonzarte!; **du brauchst dich vor mir nicht zu ~** no tienes por qué avergonzarte ante mí

Schamgefühl *nt* <-(e)s, *ohne pl*> pudor *m*, vergüenza *f*

Schamgegend *f* <-, *ohne pl*> zona *f* púbica [*o* pubiana], pubis *m inv*; **Schamhaar** *nt* <-(e)s, *ohne pl*> vello *m* púbico

schamhaft *adj* pudoroso; (*scheu*) vergonzoso

Schamhaftigkeit *f* <-, *ohne pl*> pudor *m*, vergüenza *f*

Schamlippe *f* <-, -n> (ANAT) labio *m* de la vulva

schamlos *adj* ❶ (*unanständig*) impúdico, indecente ❷ (*dreist*) descarado, desvergonzado

Schamlosigkeit[1] *f* <-, -en> (*Bemerkung*) insolencia *f*, fresca *f*, frescura *f*

Schamlosigkeit[2] *f* <-, *ohne pl*> (*fehlendes Schamgefühl*) falta *f* de pudor, desvergüenza *f*

Schamottestein[1] [ʃaˈmɔt(ə)-] *m* <-(e)s, -e> (*Stück Stein*) chamota *f*

Schamottestein[2] *m* <-(e)s, *ohne pl*> (*Material*) tierra *f* refractaria

Schampus [ˈʃampʊs] *m* <-, *ohne pl*> (*fam*) champán *m*

schamrot [ˈ--] *adj* colorado [*o* rojo] (de vergüenza), ruborizado

Schamröte *f* <-, *ohne pl*> colores *mpl* (de la vergüenza), rubor *m*; **mir stieg die ~ ins Gesicht** me puse colorado de la vergüenza; **Schamteile** *ntpl* partes *fpl* pudendas

Schande [ˈʃandə] *f* <-, *ohne pl*> ❶ (*Beschämung*) vergüenza *f*; (*Schmach*) infamia *f*; **sie hat ~ über uns gebracht** ha manchado nuestro nombre, es una afrenta a nuestro honor; **zu meiner ~ muss ich gestehen, dass ...** para mi vergüenza tengo que reconocer que...; **das ist eine ~!** ¡es una vergüenza!; **mach mir keine ~!** ¡no me dejes mal!; **~ über mich!** ¡qué vergüenza me da!; **das ist doch keine ~** no es ninguna deshonra ❷ (*Wend*): **ein Auto zu ~n fahren** dejar un coche para el desguace; **Hoffnungen/Pläne zu ~n machen** arruinar [*o* echar a perder] esperanzas/planes

schänden [ˈʃɛndən] *vt* ❶ (*entehren*) deshonrar, embarrar *Am*; (*sexuell*) abusar (de) ❷ (*entweihen*) profanar

Schandfleck *m* <-(e)s, -e> mancha *f*, deshonra *f*; **diese Gebäude sind ein ~ in der Landschaft** estos edificios afean el paisaje

schändlich [ˈʃɛntlɪç] *adj* vergonzoso, infame; **er hat mich ~ hintergangen/belogen** me ha timado/mentido descaradamente [*o* vilmente]

Schändlichkeit[1] *f* <-, -en> (*Tat*) infamia *f*, canallada *f*

Schändlichkeit[2] *f* <-, *ohne pl*> (*schändliche Art*) perversidad *f*, maldad *f*

Schandmal *nt* <-(e)s, -e *o* -mäler> (*geh*) *s.* Schandfleck; **Schandmaul** *nt* <-(e)s, -mäuler> (*fam abw*) (*Mundwerk*) pico *m*; **na warte, ich werde dir dein ~ schon stopfen!** ¡espera, ya te cerraré el pico! ❷ (*Person*) deslenguado, -a *m, f*, víbora *f*; **was dieses ~ von Nachbarin alles verbreitet, ist ungeheuerlich** es increíble (todo) lo que la víbora de mi vecina se atreve a contar [*o* a cotillear]; **Schandtat** *f* <-, -en> vileza *f*, infamia *f*; **zu jeder ~ bereit sein** (*fam iron*) estar dis-

Schändung *f* <-, -en> (*Grab, Kirche*) profanación *f*; (*Ehre*) difamación *f*
Schänke^RR ['ʃɛŋkə] *f* <-, -n> tasca *f*, bodeguilla *f*, cantina *f* *CSur, Mex*
Schanker ['ʃaŋkɐ] *m* <-s, -> (MED) chancro *m* venéreo
Schankerlaubnis *f* <-, *ohne pl*>, **Schankkonzession** *f* <-, -en> concesión *f* para la venta de bebidas alcohólicas; **Schanktisch** *m* <-(e)s, -e> barra *f*; **Schankwirt(in)** *m(f)* <-(e)s, -e; -, -nen> camarero, -a *m, f*, barman *m*; **Schankwirtschaft** *f* <-, -en> taberna *f*
Schanze ['ʃantsə] *f* <-, -n> (SPORT) trampolín *m*
Schar [ʃaːɐ] *f* <-, -en> ❶ (*Menge*) multitud *f*; (*Gruppe*) grupo *m*, tropilla *f* *CSur*; (*Vogel~*) bandada *f*; **in** (**hellen**) **~en** en masas
❷ (AGR: *Pflug~*) reja *f* del arado
Scharade [ʃaˈraːdə] *f* <-, -n> charada *f*
Scharbockskraut *nt* <-(e)s, *ohne pl*> ficaria *f*
Schäre ['ʃɛːrə] *f* <-, -n> (GEO) islote *m*
scharen ['ʃaːrən] I. *vr* (*geh*): **sich um jdn/etw ~** arremolinarse en torno a alguien/a algo
II. *vt* (*geh*): **... um sich ~** formar un grupo de...; **Interessenten um sich ~** reunir personas interesadas
scharenweise *adv* a manadas, en masa
scharf [ʃarf] *adj* <schärfer, am schärfsten> ❶ (*Messer, Kralle, Zähne*) afilado, agudo, filoso *Am*; (*schneidend*) cortante, (*Kante*) vivo
❷ (*Speise*) picante; (*Getränk*) fuerte; (*Geruch*) acre; (CHEM) corrosivo
❸ (*Wind*) cortante
❹ (*Ton*) estridente
❺ (FOTO) nítido; (*Umriss*) neto, (bien) marcado; **~ eingestellt** enfocado con precisión; **~ stellen** ajustar la nitidez
❻ (*Gehör*) fino; (*Verstand*) agudo; **~e Augen haben** tener una vista aguda; **jdn ~ ansehen** mirar fijamente a alguien; **~ nachdenken** hacer memoria
❼ (*Kurve*) cerrado; **~ bremsen** dar un frenazo; **~ abbiegen** hacer [*o* dar] un giro brusco
❽ (*Kritik*) mordaz; (*Antwort*) tajante; (*Protest*) enérgico; **eine ~e Zunge haben** tener una lengua mordaz; **jdn ~ kritisieren** criticar duramente a alguien; **~en Protest einlegen** protestar enérgicamente
❾ (*Disziplin*) riguroso, estricto; (*Bewachung*) estrecho; **jdn ~ bewachen** vigilar a alguien estrechamente
❿ (*Auseinandersetzung*) reñido
⓫ (*Hund*) mordedor
⓬ (*fam: toll*) chulo; **ein ~er Typ** un tío demasiado; **das Schärfste waren die Klamotten** lo mejor (de todo) era la ropa
⓭ (*fam: geil*) cachondo (*auf por*)
⓮ (MIL: *Munition, Bombe*) explosivo, con carga explosiva; **das Gewehr ist ~ geladen** el fusil está vivo [*o* cargado con bala]; **hier wird ~ geschossen** (*gezielt*) aquí se dispara a un objetivo determinado
⓯ (*forciert*) forzado; **eine schärfere Gangart einlegen** tomar [*o poner*] una marcha forzada
⓰ (*knapp*): **~ kalkulieren** hacer un cálculo muy ajustado
⓱ (*fam: versessen*): **~ darauf sein, etw zu tun** morirse por hacer algo
Scharfblick *m* <-(e)s, *ohne pl*> perspicacia *f*
Schärfe ['ʃɛrfə] *f* <-, *ohne pl*> ❶ (*Messer, Kante*) agudeza *f*
❷ (*Speise*) (sabor *m*) picante *m*; (*Geruch*) acritud *f*; (CHEM) causticidad *f*
❸ (*Ton, Stimme*) agudeza *f*, aspereza *f*
❹ (*Foto, Umriss*) nitidez *f*
❺ (*Sinnesorgan*) agudeza *f*; (*Verstandes~*) perspicacia *f*
❻ (*Worte*) rudeza *f*, aspereza *f*; (*von Kritik*) mordacidad *f*; **etw in aller ~ kritisieren** criticar algo severamente [*o inexorablemente*]
❼ (*Härte, Strenge*) rigor *m*, dureza *f*
schärfen *vt* ❶ (*Messer*) afilar
❷ (*Verstand, Gehör*) aguzar
Schärfeneinstellung *f* <-, -en> (FOTO) enfoque *m* de precisión
schärfer *adj kompar von* **scharf**
scharfkantig *adj* afilado, cortante
scharf|machen *vt* (*fam*) ❶ (*aufwiegeln*) instigar
❷ (*sexuell*) excitar
❸ (*Hund*) azuzar
Scharfmacher(in) *m(f)* <-s, -; -, -nen> (*fam*) incitador(a) *m(f)*, atizador(a) *m(f)*; **Scharfrichter(in)** *m(f)* <-s, -; -, -nen> verdugo *mf*; **Scharfschütze, -in** *m, f* <-n, -n; -, -nen> (MIL) tirador(a) *m(f)* de alta precisión
scharfsichtig *adj* de vista aguda
Scharfsinn *m* <-(e)s, *ohne pl*> perspicacia *f*, sagacidad *f*
scharfsinnig *adj* perspicaz, sagaz
schärfste(r, s) *adj superl von* **scharf**
Scharlach ['ʃarlax] *m* <-s, *ohne pl*> (MED) escarlatina *f*
scharlachrot *adj* (rojo) escarlata, púrpura
Scharlatan ['ʃarlatan] *m* <-s, -e> (*abw*) charlatán, -ana *m, f*
Scharmützel [ʃarˈmʏtsəl] *nt* <-s, -> escaramuza *f*, refriega *f*
Scharnier [ʃarˈniːɐ] *nt* <-s, -e> bisagra *f*, charnela *f*

Schärpe ['ʃɛrpə] *f* <-, -n> banda *f*, faja *f*
scharren ['ʃarən] I. *vi* (*in der Erde*) escarbar; **der Hund scharrt (mit den Pfoten) an der Tür** el perro está arañando la puerta (con las patas)
II. *vt* ❶ (*Loch*) cavar
❷ (*zusammen~*) amontonar
Scharte ['ʃartə] *f* <-, -n> ❶ (*Kerbe*) mella *f*; **eine ~ auswetzen** (*fig*) subsanar un error
❷ (*Schieß~*) tronera *f*, aspillera *f*
schartig *adj* mellado, dentellado, rabón *Ant, SAm*
scharwenzeln* [ʃarˈvɛntsəln] *vi haben o sein* (*fam abw*): **um jdn ~** hacer(le) la pelota a alguien
Schaschlik ['ʃaʃlɪk] *m o nt* <-s, -s> pincho *m* de carne
schassen ['ʃasən] *vt* (*fam*) ❶ (*davonjagen*) despedir
❷ (*reg: ergreifen*) agarrar, echar mano (de/a)
Schatten ['ʃatən] *m* <-s, -> sombra *f*; **im ~ sitzen/liegen** estar sentado/tumbado a la sombra; **35 Grad im ~** 35 grados a la sombra; **~ werfen** hacer sombra; **~ geben** [*o* **spenden**] dar sombra; **~ unter den Augen** ojeras *fpl*; **nur noch ein ~ seiner selbst sein** no ser ni la sombra de lo que se era; **im ~ jds stehen** estar a la sombra de alguien; **jdn/etw in den ~ stellen** dar cien (mil) vueltas a alguien/a algo; **über seinen ~ springen** superarse (a sí mismo); **große Ereignisse werfen ihren ~ voraus** se ven venir grandes acontecimientos
Schattendasein *nt* <-s, *ohne pl*>: **ein ~ fristen** [*o* **führen**] llevar una existencia miserable
schattenhaft I. *adj* (*vage*) vago, indefinido; **~e Umrisse wahrnehmen** apreciar una silueta indefinida [*o borrosa*]
II. *adv* vagamente, de modo poco claro
Schattenkabinett *nt* <-(e)s, -e> (POL) gabinete *m* en la sombra; **Schattenmorelle** [-morɛlə] *f* <-, -n> guinda *f*; **Schattenriss**^RR *m* <-es, -e> (KUNST) retrato *m* de perfil, silueta *f*; **Schattenseite** *f* <-, -n> ❶ (*Seite im Schatten*) lado *m* de la sombra ❷ (*Nachteil*) inconveniente *m*, desventaja *f*; **Schattenspiel** *nt* <-(e)s, -e> sombras *fpl* chinescas; **Schattenwirtschaft** *f* <-, *ohne pl*> economía *f* sumergida [*o subterránea*]
schattieren* [ʃaˈtiːrən] *vt* sombrear
Schattierung *f* <-, -en> ❶ (KUNST) sombreado *m*, sombras *fpl*
❷ (*Variante*) matiz *m*
schattig *adj* sombrío; **ein ~es Plätzchen** un lugar sombrío
Schattseite *f* <-, -n> (*Schweiz*) *s.* **Schattenseite**
Schatulle [ʃaˈtʊlə] *f* <-, -n> cofre *m*, cofrecillo *m*
Schatz [ʃats, *pl*: ˈʃɛtsə] *m* <-es, Schätze> (*a. fig*) tesoro *m*; **mein ~!** ¡amor mío!; **du bist ein ~!** ¡eres un tesoro!
Schatzamt *nt* <-(e)s, -ämter> (ADMIN) Tesoro *m*; **Schatzanweisung** *f* <-, -en> (FIN) bono *m* del Tesoro [*o del Estado*]; **langfristige ~** bono del Tesoro a largo plazo
schätzbar *adj* que se puede valorar, que se puede calcular; **~ sein** ser valorable [*o calculable*]; **etw ist von nicht ~em Wert** algo es de un valor incalculable; **der endgültige Preis ist schwer ~** (el precio definitivo es difícil de valorar); **wie weit mögen die Alpengipfel wohl noch von hier entfernt sein? – hm, das ist schwer ~** ¿a cuánto estarán las cumbres de los Alpes de aquí? – hm, es difícil de decir [*o de precisar*]
Schätzchen ['ʃɛtsçən] *nt* <-s, -> cariño *m*, cielo *m*
schätzen ['ʃɛtsən] *vt* ❶ (*Wert*) valorar (*auf* en), evaluar (*auf* en); (*Größe, Alter*) calcular; **hoch ~** estimar [*o apreciar*] en mucho; **sein Vermögen wurde auf zwei Millionen geschätzt** su fortuna fue evaluada en dos millones; **ich habe ihn auf 30 geschätzt** le eché unos 30 años; **wie alt ~ Sie ihn?** ¿cuántos años calcula que tiene?; **ich kann nicht gut ~** no soy bueno calculando
❷ (*fam: annehmen*) calcular, suponer; **ich schätze, dass ...** calculo que...
❸ (*würdigen*) apreciar; **etw/jdn ~ lernen** llegar a apreciar algo/a alguien; **ich weiß das zu ~** sé apreciarlo; **sie schätzt ihn sehr als Künstler/Mensch** aprecia mucho sus cualidades como pintor/persona; **wir können uns glücklich ~** podemos dar gracias (a Dios)
schätzen|lernen *vt s.* **schätzen 3.**
schätzenswert *adj* estimable; **das wäre eine ~e Entwicklung** sería una evolución estimable; **ein ~er Mensch** una persona digna de aprecio
Schätzer(in) *m(f)* <-s, -; -, -nen> tasador(a) *m(f)*
Schatzfund *m* <-(e)s, *ohne pl*> descubrimiento *m* de tesoro; **Schatzgräber(in)** *m(f)* <-s, -; -, -nen> buscador(a) *m(f)* de tesoros; **Schatzkammer** *f* <-, -n> cámara *f* del tesoro, tesorería *f*; **Schatzkanzler(in)** *m(f)* <-s, -; -, -nen> canciller *m* del Exchequer; **Schatzkästchen** *nt* <-s, -> (*alt a. iron*) joyero *m*; **Schatzmeister(in)** *m(f)* <-s, -; -, -nen> tesorero, -a *m, f*
Schätzung *f* <-, -en> cálculo *m*; (*des Wertes*) valoración *f*, evaluación *f*, estimación *f*; **~ anhand von etw** estimación [*o tasación*] a partir de algo; **grobe ~** estimación [*o valoración*] aproximativa; **bei vorsichtiger ~** haciendo una estimación prudente; **nach meiner ~** según mis cálculos

Schätzungsvernehmung *f* <-, -en> interrogatorio *m* estimativo
schätzungsweise *adv* aproximadamente, más o menos
Schatzwechsel *m* <-s, -> (FIN) letra *f* del Tesoro; **Schatzwechseldiskontsatz** *m* <-es, -sätze> (FIN) tipo *m* de descuento de los bonos del Tesoro; **Schatzwechseltilgung** *f* <-, -en> (FIN) amortización *f* de los bonos del Tesoro; **Schatzwechselzinssatz** *m* <-es, -sätze> (FIN) tipo *m* de interés de los bonos del Tesoro
Schätzwert *m* <-(e)s, -e> valor *m* estimado [*o* estimativo]
Schau [ʃaʊ] *f* <-, -en> exposición *f*; **Skulpturen zur ~ stellen** exponer esculturas; **eine große ~ abziehen** (*fam: angeben*) dárselas de importante, fanfarronear; **jdm die ~ stehlen** robar el protagonismo a alguien, llevarse todos los aplausos; **sie trug ihre Gefühle zur ~** (*iron*) hizo alarde [*o* gala] [*o* ostentación] de sus sentimientos
Schaubild *nt* <-(e)s, -er> diagrama *m*, gráfico *m*; **Schaubude** *f* <-, -n> caseta *f*, barracón *m* de feria
Schauder [ˈʃaʊdɐ] *m* <-s, -> (*geh*) escalofrío *m*; **ihm lief ein ~ über den Rücken** le dio un escalofrío
schauderhaft *adj* horrible, horroroso
schaudern [ˈʃaʊdɐn] I. *vi* estremecerse (*bei/vor* ante); **ich schauderte bei dem Gedanken** me estremecí ante la idea
II. *vunpers* sobrecoger; **es schauderte mich beim Anblick** me sobrecogió la escena
schauen [ˈʃaʊən] *vi* ❶ (*sehen, blicken*) mirar; **sie schaut auf die Uhr** mira el reloj; **sie schaut ihm fest in die Augen** le mira fijamente a los ojos; **schau, ob jemand an der Tür ist** vete a mirar si hay alguien en la puerta; **schau mal!** ¡mira!; **traurig ~** poner cara triste; **schau, schau!** (*fam*) ¡anda!, ¡mira tú!
❷ (*Österr, Schweiz, südd: sich kümmern*) atender (*nach* a), mirar (*nach* por); **er schaut nach den Kindern** cuida de los niños
❸ (*achten*): **(sehr) darauf ~, dass ...** tener (muy) en cuenta, que... + *subj*; (*Wert legen*) dar (gran) importancia a que... +
Schauer [ˈʃaʊɐ] *m* <-s, -> ❶ (METEO) aguacero *m*, chubasco *m*
❷ (*geh: Schauder*) escalofrío *m*
Schauergeschichte *f* <-, -n> cuento *m* horripilante
schauerlich *adj* ❶ (*gruselig*) horripilante, escalofriante
❷ (*fam: grässlich*) horrible, espantoso
Schauermann *m* <-(e)s, -leute> (NAUT) estibador *m*, cargador *m* de puerto
Schauermärchen *nt* <-s, -> cuento *m* horripilante
schauern [ˈʃaʊɐn] I. *vi* ❶ (*erschauern*) estremecerse (*vor* de); **du schauerst? ist dir etwa kalt?** ¿estás tiritando? ¿tienes frío quizá?
II. *vunpers* estremecerse (*bei*); **es schauert mich bei dem Gedanken, dass wir fast abgestürzt wären** me echo a temblar [*o* me estremezco] cada vez que pienso que estuvimos a punto de estrellarnos
Schauerroman *m* <-s, -e> (LIT) novela *f* de terror
Schaufel [ˈʃaʊfəl] *f* <-, -n> ❶ (*Schippe*) pala *f*
❷ (*Schweiz: Pik*) pica *f*
schaufeln I. *vi* dar paletadas, trabajar con la pala; **sie schaufelten wie die Verrückten** palearon como burros
II. *vt* ❶ (*Sand, Schnee*) quitar con la pala
❷ (*Loch*) cavar (con la pala)
Schaufenster *nt* <-s, -> escaparate *m*, vidriera *f Am*, vitrina *f Am*
Schaufensterauslage *f* <-, -n> productos *mpl* en exhibición en un escaparate; **Schaufensterbummel** *m* <-s, -> paseo *m* para mirar los escaparates; **einen ~ machen** ir a mirar escaparates; **Schaufensterdekorateur(in)** *m(f)* <-s, -e; -, -nen> escaparatista *mf*; **Schaufensterpuppe** *f* <-, -n> maniquí *m*; **Schaufensterwerbung** *f* <-, -en> publicidad *f* en escaparates
Schaukampf *m* <-(e)s, -kämpfe> (SPORT) combate *m* de boxeo de exhibición; **Schaukasten** *m* <-s, -kästen> vitrina *f*
Schaukel [ˈʃaʊkəl] *f* <-, -n> columpio *m*, bamba *f reg*, hamaca *f Arg*, burro *m Kol, PRico*
schaukeln I. *vi* ❶ (*schwingen*) balancearse, mecerse; (*im Wind*) tamblearse; **sie schaukelte auf/mit dem Stuhl** se balanceaba en/con la silla
❷ (*auf einer Schaukel*) columpiarse, mecerse (en el columpio)
II. *vt* (*wiegen*) mecer; **wir werden das Kind schon ~** (*fam fig*) ya arreglaremos el asunto
Schaukelpferd *nt* <-(e)s, -e> caballo *m* de madera [*o* de balancín]; **Schaukelpolitik** *f* <-, *ohne pl*> (*abw*) política *f* oportunista [*o* de conveniencias]; **Schaukelstuhl** *m* <-(e)s, -stühle> mecedora *f*, columpio *m Am*, hamaca *f Arg, Urug*; **Schaukeltheorie** *f* <-, -n> teoría *f* pendular
schaulustig *adj* curioso
Schaulustige(r) *mf* <-n, -n; -n, -n> curioso, -a *m, f*, mirón, -ona *m, f*
Schaum [ʃaʊm, *pl*: ˈʃɔʏmə] *m* <-(e)s, Schäume> espuma *f*; **~ vor dem Mund haben** echar espumarajos; **zu ~ schlagen** batir (a punto de nieve)
Schaumbad *nt* <-(e)s, -bäder> baño *m* de espuma [*o* espumoso]; **Schaumblase** *f* <-, -n> burbuja *f* de espuma

schäumen [ˈʃɔʏmən] *vi* ❶ (*Flüssigkeit*) producir espuma
❷ (*geh: toben*) echar espuma de rabia; **sie schäumte vor Wut** echaba espuma de (pura) rabia
Schaumfestiger *m* <-s, -> espuma *f* fijadora; **Schaumgummi** *m* <-s, -(s)> gomaespuma *f*, caucho *m* sintético
schaumig *adj* espumoso; **etw ~ schlagen** batir algo hasta que esté espumoso
Schaumkrone *f* <-, -n> ❶ (*Welle*) cresta *f* (de la ola) ❷ (*Flüssigkeiten*) espuma *f*; **Schaumschläger(in)** *m(f)* <-s, -; -, -nen> (*abw*) fanfarrón, -ona *m, f*, cuentista *mf*
Schaumschlägerei[1] [---ˈ-] *f* <-, *ohne pl*> (*das Angeben*) fanfarronería *f*
Schaumschlägerei[2] *f* <-, -en> (*Handlung, Äußerung*) fanfarronada *f*
Schaumschlägerin *f* <-, -nen> *s.* **Schaumschläger**; **Schaumspeise** *f* <-, -n> (GASTR) crema *f* batida, mousse *f*; **Schaumstoff** *m* <-(e)s, -e> gomaespuma *f*; **Schaumwein** *m* <-(e)s, -e> vino *m* espumoso
Schauplatz *m* <-es, -plätze> escenario *m*, lugar *m*; **Schauprozess**[RR] *m* <-es, -e> (*abw*) proceso *m* espectacular
schaurig [ˈʃaʊrɪç] *adj* ❶ (*gruselig*) horripilante, escalofriante
❷ (*fam: schlecht*) horrible, espantoso
schaurig-schön *adj* escalofriante pero bonito; **die Großmutter erzählte eine ~e Geschichte** la abuela contó una bonita historia de miedo; **bei so ~en Filmen muss ich immer heulen** estos dramones con final feliz siempre me hacen llorar
Schauspiel *nt* <-(e)s, -e> ❶ (THEAT) función *f*, pieza *f* de teatro
❷ (*geh: Vorgang*) espectáculo *m*
Schauspieler(in) *m(f)* <-s, -; -, -nen> actor *m*, actriz *f*
Schauspielerei *f* <-, *ohne pl*> ❶ (*fam: Beruf*) trabajo *m* de actor/de actriz; **warum willst du ans Theater? die ~ ist doch eine brotlose Kunst!** ¿por qué quieres hacer teatro? ¡siendo actor no vas a ganar dinero!
❷ (*Verstellung*) teatro *m*, fingimiento *m*
Schauspielerin *f* <-, -nen> *s.* **Schauspieler**
schauspielerisch *adj* de actor, de actriz
schauspielern [ˈ---] *vi* ❶ (*fam: als Schauspieler arbeiten*) trabajar como actor
❷ (*abw: vortäuschen*) simular, fingir
Schauspielhaus *nt* <-es, -häuser> teatro *m*; **Schauspielkunst** *f* <-, *ohne pl*> arte *m* dramático; **Schauspielschule** *f* <-, -n> escuela *f* de arte dramático; **Schauspielschüler(in)** *m(f)* <-s, -; -, -nen> estudiante *mf* de arte dramático; **Schauspielunterricht** *m* <-(e)s, *ohne pl*> clases *fpl* de interpretación; (**~sstunde**) clase *f* de interpretación; (**bei jdm**) **~ nehmen** asistir a [*o* tomar] clases de interpretación (con alguien)
Schausteller(in) *m(f)* <-s, -; -, -nen> feriante *mf*
Schautafel *f* <-, -n> cuadro *m* explicativo
Scheck [ʃɛk] *m* <-s, -s> cheque *m*; **gedeckter/gekreuzter~** cheque cubierto/cruzado; **gesperrter/girierter ~** cheque bloqueado/endosable; **ungedeckter ~** cheque sin fondos, cheque descubierto; **vorausdatierter ~** cheque antefechado; **auf den Überbringer lautender ~** cheque al portador; **einen ~ einlösen** cobrar un cheque; **einen ~ über 100 Euro ausstellen** extender un cheque por valor de 100 euros
Scheckabkommen *nt* <-s, -> (FIN) convenio *m* sobre el cheque; **Scheckabrechnung** *f* <-, -en> liquidación *f* de cheques; **Scheckaussteller(in)** *m(f)* <-s, -; -, -nen> librador(a) *m(f)* de un cheque; **Scheckbetrug** *m* <-(e)s, *ohne pl*> fraude *m* de [*o* con] cheques; **Scheckbuch** *nt* <-(e)s, -bücher> talonario *m* de cheques; **Scheckbürgschaft** *f* <-, -en> (FIN) aval *m* de un cheque; **Scheckduplikat** *nt* <-(e)s, -e> (FIN) duplicado *m* de cheque
Schecke [ˈʃɛkə] *mf* <-n, -n; -, -n> (*Pferd*) caballo *m* pío, (*Stute*) yegua *f* pía
Scheckeinlösung *f* <-, -en> pago *m* de un cheque; **Scheckeinlösungsbestätigung** *f* <-, -en> conformidad *f* de un cheque
Scheckempfänger(in) *m(f)* <-s, -; -, -nen> beneficiario, -a *m, f* de un cheque; **Scheckgesetz** *nt* <-es, *ohne pl*> ley *f* sobre cheques; **Scheckheft** *nt* <-(e)s, -e> talonario *m* de cheques, chequera *f Am*
scheckig [ˈʃɛkɪç] *adj* ❶ (*Pferd, Rind*) pío; (*Hund*) con manchas
❷ (*fleckig*) manchado; **sich über etw ~ lachen** (*fam*) partirse el pecho con algo, morirse [*o* troncharse] de risa de algo
Scheckinhaber(in) *m(f)* <-s, -; -, -nen> titular *mf* de un cheque, portador(a) *m(f)* de un cheque; **Scheckinkasso** *nt* <-s, -s *o* -inkassi> (FIN) cobro *m* de un cheque
Scheckkarte *f* <-, -n> tarjeta *f* bancaria (*para extender cheques y/o utilizar puestos automáticos*); **Scheckkartenmissbrauch**[RR] *m* <-(e)s, *ohne pl*> (WIRTSCH, JUR) abuso *m* de tarjeta de cheques
Scheckmahnbescheid *m* <-(e)s, -e> aviso *m* monitorio de un cheque; **Scheckprotest** *m* <-(e)s, -e> protesto *m* de un cheque; **Scheckprozess**[RR] *m* <-es, -e> (JUR) proceso *m* de cheques;

Scheckrecht *nt* <-(e)s, *ohne pl*> (JUR) derecho *m* del cheque; **Scheckregressverfahren**^RR *nt* <-s, -> (JUR) expediente *m* de responsabilidad por cheques; **Scheckvermutung** *f* <-, -en> suposición *f* de cheque

Scheck-, Wechsel- und Transportrecht *nt* <-(e)s, *ohne pl*> (JUR) derecho *m* del cheque, de la letra de cambio y del transporte

scheel [ʃeːl] *adj* (*fam*) envidioso, receloso; **jdn ~ ansehen** mirar a alguien de reojo

Scheffel [ˈʃɛfəl] *m* <-s, -> (*alt: Maßeinheit*) fanega(da) *f*; **in ~n** (*fig*) por arrobas

scheffeln [ˈʃɛfəln] *vt* (*fam abw*) acaparar; **Geld ~** forrarse

scheibchenweise [ˈʃaɪpçənvaɪzə] *adv* ❶ (*Scheibe für Scheibe*) en lonchas [*o* lonjas]
❷ (*nach und nach*) poco a poco, por partes

Scheibe [ˈʃaɪbə] *f* <-, -n> ❶ (*allgemein*) disco *m*; (*Töpfer~*) torno *m*
❷ (*Brot~*) rebanada *f*; (*Wurst~*) rodaja *f*; (*Schinken~, Käse~*) loncha *f*; (*Melonen~*) raja *f*; **etw in ~n schneiden** cortar algo en rodajas; **davon/von ihm könntest du dir eine ~ abschneiden** (*fam*) podrías aprender mucho de eso/de él
❸ (*Glas~*) cristal *m*, vidrio *m*; (*Schaufenster~*) luna *f*; **kugelsichere ~** cristal antibalas
❹ (SPORT, MIL: *Schieß~*) blanco *m*
❺ (*fam: Schallplatte*) disco *m*

Scheibenbremse *f* <-, -n> (AUTO) freno *m* de disco(s); **Scheibengardine** *f* <-, -n> visillo *m* (*fijado al vidrio*); **Scheibenheber** *m* <-s, -> (AUTO) elevalunas *m inv*; **Scheibenkleister** *m* (*fam*): **~, hast du gesehen, was hier passiert ist?** ¡caracoles [*o* córcholis]!, ¿has visto qué ha pasado aquí?; **Scheibenschießen** *nt* <-s, *ohne pl*> tiro *m* al blanco; **Scheibenwaschanlage** *f* <-, -n> (AUTO) lavaparabrisas *m inv*, lava-limpia luneta *m*

scheibenweise *adv* (GASTR) en rodajas, en lonchas; **der Käse wird ~ verkauft** el queso se vende en lonchas

Scheibenwischer *m* <-s, -> limpiaparabrisas *m inv*; **Scheibenwischerblatt** *nt* <-(e)s, -blätter> escobilla *f* del limpiaparabrisas

Scheich [ʃaɪç] *m* <-(e)s, -e *o* -s> jeque *m*

Scheichtum *nt* <-s, -tümer> territorio *m* dominado por un jeque

Scheide [ˈʃaɪdə] *f* <-, -n> ❶ (*Vagina*) vagina *f*, cachimba *f Mex*
❷ (*für Degen, Schwert*) vaina *f*

scheiden [ˈʃaɪdən] <scheidet, schied, geschieden> I. *vt* ❶ (*Ehe*) divorciar; **sich** (*von jdm*) **~ lassen** divorciarse (de alguien), federarse (de alguien) *Kol*; **ein geschiedener Mann** un hombre divorciado
❷ (*trennen*) separar; **von dem Moment an waren wir geschiedene Leute** a partir de ese momento se separaron nuestros caminos
II. *vr:* **sich ~** (*Auffassungen*) diferir; **hier ~ sich die Geister** aquí difieren las opiniones
III. *vi sein* ❶ (*aufgeben*): **aus dem Amt ~** jubilarse
❷ (*sich trennen*) separarse; **sie schieden voneinander** se separaron; **wir schieden als Freunde** quedamos como amigos, (tras la separación) quedamos como amigos; **S~ tut weh** es difícil decir adiós

Scheidenausfluss^RR *m* <-es, -flüsse> flujo *m* vaginal; **Scheidenkrampf** *m* <-(e)s, -krämpfe> vaginismo *m*; **Scheidenzäpfchen** *nt* <-s, -> supositorio *m* vaginal

Scheidewand *f* <-, -wände> pared *f* divisoria; **Scheidewasser** *nt* <-s, -wässer> (CHEM) aguafuerte *m o f*; **Scheideweg** *m* <-(e)s, -e>: **am ~ stehen** estar en una encrucijada

Scheidung *f* <-, -en> divorcio *m*; **die ~ einreichen** presentar la demanda de divorcio

Scheidungsantrag *m* <-(e)s, -träge> (JUR) demanda *f* de divorcio; **Scheidungsausspruch** *m* <-(e)s, -sprüche> (JUR) veredicto *m* sobre divorcio; **Scheidungsfolgesachen** *fpl* (JUR) consecuencias *fpl* del divorcio; **Scheidungsgrund** *m* <-(e)s, -gründe> causa *f* de(l) divorcio; **Scheidungsklage** *f* <-, -n> acción *f* de divorcio, demanda *f* de divorcio; **Scheidungsprozess**^RR *m* <-es, -e> pleito *m* de divorcio; **Scheidungsurteil** *nt* <-s, -e> fallo *m* sobre un divorcio; **Scheidungsverfahren** *nt* <-s, -> (JUR) procedimiento *m* de divorcio

Schein[1] [ʃaɪn] *m* <-(e)s, *ohne pl*> ❶ (*von Licht, Lampe*) luz *f*; (*Glanz*) brillo *m*
❷ (*An~*) apariencia *f*; **der ~ trügt** las apariencias engañan; **den ~ wahren** guardar las apariencias; **etw nur zum ~ tun** hacer algo por las apariencias

Schein[2] [ʃaɪn] *m* <-(e)s, -e> ❶ (*Bescheinigung*) certificado *m*; (*Beleg*) resguardo *m*; (UNIV) papeleta *f*
❷ (*Geld~*) billete *m*

scheinbar I. *adj* aparente, supuesto; **der Widerspruch besteht nur ~** la contradicción es sólo aparente
II. *adv* (*fam*) por lo visto, al parecer; **ist er schon weg? – ~** ¿ya se fue? – parece que sí [*o* eso parece]

Scheinbestandteil *m* <-(e)s, -e> parte *f* esencial; **Scheinbonität** *f* <-, *ohne pl*> (FIN, WIRTSCH) solvencia *f* simulada, honradez *f* simulada, calidad *f* simulada; **Scheinbuchung** *f* <-, -en> (FIN, WIRTSCH) asiento *m* simulado, contabilización *f* simulada; **Scheinehe** *f* <-, -n> (JUR) matrimonio *m* putativo

scheinen [ˈʃaɪnən] <scheint, schien, geschienen> I. *vi* ❶ (*glänzen*) brillar; **morgen scheint die Sonne** mañana hará sol; **uns schien die Sonne ins Gesicht** el sol nos dio en la cara; **die Lampe scheint nur schwach** la lámpara alumbra muy poco; **der Mond scheint hell** hay luna clara
❷ (*den Anschein haben*) parecer; **er scheint keine Lust zu haben** parece que no tiene ganas
II. *vunpers* parecer; **es scheint, dass/als ob ...** parece que/como si ...; **mir scheint, dass ...** me parece que...; **wie es scheint** tal y como parece; **es scheint nur so** sólo lo parece

Scheinerbe, -in *m*, *f* <-n, -n; -, -nen> (JUR) heredero *m* presunto; **Scheinfirma** *f* <-, -firmen> empresa *f* fantasma; **Scheingeschäft** *nt* <-(e)s, -e> (WIRTSCH, JUR) negocio *m* ficticio; **Scheingesellschaft** *f* <-, -en> (WIRTSCH, JUR) sociedad *f* ficticia; **Scheingesellschafter(in)** *m(f)* <-s, -; -, -nen> (WIRTSCH, JUR) socio, -a *m*, *f* ficticio, -a

Scheingewinn *m* <-(e)s, -e> (WIRTSCH, JUR) beneficio *m* ficticio; **Scheingewinnbesteuerung** *f* <-, -en> (WIRTSCH, JUR) tributación *f* del beneficio ficticio

scheinheilig *adj* (*fam abw*) hipócrita, falluto *Arg, Urug*; **tu nicht so ~!** ¡no te hagas el santo [*o* el inocente]!

Scheinkaufmann *m* <-(e)s, -leute> (COM, JUR) comerciante *m* notorio; **Schein-KG** *f* <-, -s> (COM, JUR) SC *f* ficticia; **Scheinprozess**^RR *m* <-es, -e> (JUR) proceso *m* simulado; **Scheinrendite** *f* <-, -n> (WIRTSCH) rendimiento *m* simulado, rentabilidad *f* ficticia; **Scheinschwangerschaft** *f* <-, -en> (MED) embarazo *m* psicológico; **Scheinsitz** *m* <-es, -e> (WIRTSCH, JUR) domicilio *m* social ficticio, sede *f* ficticia; **Scheintatbestand** *m* <-(e)s, -stände> (JUR) supuesto *m* simulado; **Scheintod** *m* <-(e)s, *ohne pl*> (MED) muerte *f* aparente

scheintot *adj* ❶ (MED) aparentemente muerto
❷ (*fam: uralt*) más muerto que vivo

Scheinverkauf *m* <-(e)s, -käufe> (WIRTSCH) venta *f* simulada; **Scheinwaffe** *f* <-, -n> arma *f* aparente

Scheinwerfer *m* <-s, -> (AUTO) faro *m*, foco *m Chil, Pan*; (THEAT) foco *m*; **Scheinwerferlicht** *nt* <-s, *ohne pl*> alumbrado *m* por proyección; **im ~ der Öffentlichkeit stehen** ser foco de atención de la opinión pública; **Scheinwerferscheibenwischer** *m* <-s, -> (AUTO) lavafaros *m inv*

Scheinwert *m* <-(e)s, -e> (WIRTSCH) valor *m* ficticio; **Scheinzusammenschluss**^RR *m* <-es, -schlüsse> (WIRTSCH) coalición *f* notoria, agrupación *f* notoria

Scheiß [ʃaɪs] *m* <-, *ohne pl*> (*fam abw*) chorrada *f*; **mach keinen ~!** ¡no hagas chorradas!, ¡déjate de coñas!; **was soll der ~?** ¿a qué viene esta chorrada?, ¿qué coño es esto?; *vulg*; **so ein ~!** ¡vaya rollo [*o* lata]!; **ohne ~!** ¡sin coña!

Scheißdreck *m* <-(e)s, *ohne pl*> (*vulg*) mierda *f*; **das geht dich einen ~ an!** ¡te importa una mierda!; **einen ~ werde ich tun!** ¡(y) una mierda!, ¡(y) un huevo!

Scheiße [ˈʃaɪsə] *f* <-, *ohne pl*> (*vulg*) mierda *f*, cerote *m MAm, Mex*; **in der ~ sitzen** estar jodido; **~!** ¡mierda!, ¡joder!; **verdammte ~!** ¡me cago en la mierda!; **das Buch ist ~** este libro es una mierda; **das ist doch alles ~** todo esto es una mierda; **~ bauen** meter la pata; **du redest mal wieder nur ~** otra vez estás diciendo chorradas

scheißegal [ˈ--ˈ-] *adj* (*vulg*): **das ist mir ~** me la suda, me importa un huevo

scheißen <scheißt, schiss, geschissen> *vi* (*fam*) cagar; **auf etw ~** cagarse en algo; **ich scheiß' auf deine guten Ratschläge** me cago en tus buenos consejos; **ich scheiß drauf!** ¡me importa un bledo!

Scheißer(in) *m(f)* <-s, -; -, -nen> (*vulg*) cabrón, -ona *m*, *f*; **hau ab, du blöder ~!** ¡piérdete, cabrón [*o* mamón]!

scheißfreundlich [ˈ-ˈ--] *adj* (*fam abw*) hipócrita, lameculos *vulg*, fariseo; **er war ~ zu mir** por delante me puso muy buena cara, conmigo se portó como un tartufo

Scheißhaus *nt* <-es, -häuser> (*vulg*) cagadero *m*; **Scheißkerl** *m* <-s, -e> (*vulg*) hijo *m* de puta, hijoputa *m*; **Scheißweib** *nt* <-(e)s, -er> (*vulg*) hija *f* de puta, hijaputa *f*

Scheit [ʃaɪt] *nt* <-(e)s, -e(r)> (*südd, Schweiz, Österr*) leño *m*

Scheitel [ˈʃaɪtəl] *m* <-s, -> ❶ (*im Haar*) raya *f*, partido *m Am*; **vom ~ bis zur Sohle** de pies a cabeza
❷ (MATH) vértice *m*

scheiteln *vt*: **das Haar ~** hacer la raya

Scheitelpunkt *m* <-(e)s, -e> (MATH) vértice *m*

Scheiterhaufen [ˈʃaɪtə-] *m* <-s, -> hoguera *f*, pira *f*

scheitern [ˈʃaɪtən] *vi sein* ❶ (*Person*) fracasar (*an a causa de*)
❷ (*Verhandlung, Plan*) fracasar (*an a causa de*), malograrse (*an a causa de*), escollar (*an a causa de*) *Arg, Chil*; **eine gescheiterte Existenz** una vida de fracaso; **wir sind mit unserer Initiative gescheitert** hemos fra-

casado en nuestra iniciativa; **die Sache war von vornherein zum S~ verurteilt** el asunto estaba condenado al fracaso desde el principio; **etw zum S~ bringen** llevar algo al fracaso [o a la ruina]

Schellack ['ʃɛlak] m <-s, -e> goma f laca

Schelle ['ʃɛlə] f <-, -n> ❶ (TECH) collar m, abrazadera f
❷ (Glöckchen) cascabel m
❸ (reg: Klingel) timbre m

schellen ['ʃɛlən] I. vi (reg) ❶ (Telefon, Klingel) sonar
❷ (Person) tocar el timbre
II. vunpers: **es hat geschellt** ha sonado el timbre de la puerta

Schellenbaum m <-(e)s, -bäume> (MUS) chinesco m

Schellfisch ['ʃɛl-] m <-(e)s, -e> eglefino m

Schelm [ʃɛlm] m <-(e)s, -e> ❶ (Schalk) pícaro, -a m, f, pillo, -a m, f
❷ (Schweiz: Dieb) ladrón, -ona m, f

Schelmenroman m <-s, -e> novela f picaresca

schelmisch adj pícaro; ~ **grinsen** sonreír con (un deje de) malicia

Schelte ['ʃɛltə] f <-, ohne pl> (geh) reprimenda f; ~ **bekommen** sufrir una reprimenda

schelten ['ʃɛltən] <schilt, schalt, gescholten> vt (geh) reprender; **sie schalt ihn einen Narren** le tachó de loco

Schema ['ʃeːma] nt <-s, -s o Schemen o Schemata> ❶ (Konzept) esquema m; **nach ~ F** (abw) siempre igual; **er passt in kein ~** no se ajusta a [o no cuadra en] ningún esquema
❷ (Schaubild) diagrama m

schematisch [ʃeˈmaːtɪʃ] adj esquemático; **etw ~ darstellen** representar algo esquemáticamente

schematisieren* [ʃematiˈziːrən] vt ❶ (darstellen) esquematizar
❷ (vereinfachen) simplificar

Schemel ['ʃeːməl] m <-s, -> taburete m

Schemen¹ pl von **Schema**

Schemen² ['ʃeːmən] m <-s, -> (geh: Umriss) contorno m; **eine Person als ~ erkennen** reconocer (sólo) la silueta de una persona

schemenhaft ['ʃeːmənhaft] adj (geh) vago, borroso

Schenke ['ʃɛŋkə] f <-, -n> tasca f, bodeguilla f, cantina f CSur, Mex

Schenkel ['ʃɛŋkəl] m <-s, -> ❶ (Teil des Beines) muslo m; **sich dat auf die ~ klopfen** [o schlagen] darse palmaditas en los muslos
❷ (MATH) lado m

Schenkelbruch m <-(e)s, -brüche> (MED) fractura f femoral [o del fémur]; **Schenkelhals** m <-es, -hälse> cuello m del fémur

schenken ['ʃɛŋkən] vt ❶ (Geschenk) regalar, obsequiar Am; **etw geschenkt bekommen** recibir algo como regalo; **jdm etw ~** regalar algo a alguien; **was schenkst du ihr zu Weihnachten?** ¿qué le regalas por Navidades?; **das möchte ich nicht mal geschenkt haben!** ¡no lo quiero ni regalado!; **das ist ja geschenkt!** (fam) ¡esto es regalado!; **jdm sein Vertrauen ~** (geh) confiar en alguien; **einem Kind das Leben ~** (geh) dar la vida a un niño
❷ (erlassen): **jdm etw ~** dispensar a alguien de algo; **geschenkt!** ¡olvídalo!; **in dem Beruf wird einem nichts geschenkt** en esta profesión no le dan a uno nada gratis; **sich dat etw ~** (nichts tun) ahorrarse algo; **die Mühe hätte ich mir ~ können** me hubiera podido ahorrar el esfuerzo; **du hast verbissen gekämpft und dir nichts geschenkt** has luchado encarnizadamente y te lo has ganado todo a pulso
❸ (widmen): **jdm Aufmerksamkeit/Liebe/Zeit ~** dedicar atención/cariño/tiempo a alguien

Schenkkolben m <-s, -> (CHEM) embolo m de condonación

Schenkung f <-, -en> donación f; **unter Lebenden** donación inter vivos; **~ von Todes wegen** donación por causa de muerte; **gemischte ~** donación mixta; **mittelbare ~** donación indirecta; **~ unter Auflage** donación con imposición

Schenkungsempfänger(in) m(f) <-s, -; -, -nen> (JUR) donatario, -a m, f

Schenkungssteuer f <-, -n> (FIN) impuesto m sobre donaciones; **Schenkungssteuersubjekt** nt <-(e)s, -e> (JUR, ADMIN) sujeto m pasivo del impuesto de donaciones

Schenkungsversprechen nt <-s, -> (JUR) promesa f de donación; **Schenkungsvertrag** m <-(e)s, -träge> (JUR) contrato m de donación; **Schenkungswiderruf** m <-(e)s, -e> (JUR) revocación f de la donación

scheppern ['ʃɛpən] vi (fam) meter ruido

Scherbe ['ʃɛrbə] f <-, -n> pedazo m; (Glas~) pedazo m de vidrio; **in ~n gehen** hacerse añicos; **~n bringen Glück** (prov) los vidrios rotos traen suerte

Scherbenhaufen m <-s, ->: **vor einem ~ stehen** estar ante un montón de ruinas

Schere ['ʃeːrə] f <-, -n> ❶ (Werkzeug) tijera(s) f(pl); **die ~ im Kopf haben** autocensurarse para agradar a la mayoría
❷ (von Krebsen) pinza f, tenaza f
❸ (SPORT) tijera f

scheren¹ ['ʃeːrən] <schert, schor, geschoren> vt ❶ (Mensch) rapar, pelar; (Schaf) esquilar; **kurz geschorenes Haar** pelo al rape
❷ (Rasen) cortar

scheren² ['ʃeːrən] vr: **sich nicht um etw ~** importar(le) algo a alguien un rábano [o un comino]; **sie scherte sich nicht darum, was er sagte** le importó un comino lo que él dijo; **scher dich nicht um Dinge, die dich nichts angehen** no te metas en lo que no te importa, métete en [o ocúpate de] tus propios asuntos; **was schert mich das?** ¿a mí qué (me importa)?; **scher dich endlich ins Bett** vete ya a la cama; **scher dich zum Teufel!** ¡vete al diablo!

Scherengitter nt <-s, -> valla f extensible, verja f extensible; **Scherenschleifer(in)** m(f) <-s, -; -, -nen> afilador(a) m(f); **Scherenschnitt** m <-(e)s, -e> silueta f (en papel)

Schererei [ʃeːrəˈraɪ] f <-, -en> (fam) molestia f, fastidio m; **mit jdm ~en bekommen** (wegen etw) tener un disgusto con alguien (por algo)

Scherflein ['ʃɛrflaɪn] nt <-s, ->: **sein ~ zu etw beisteuern** [o beitragen] poner su granito de arena en [o para] algo

Scherge ['ʃɛrgə] m <-n, -n> (abw) esbirro m

Scherkopf m <-(e)s, -köpfe> cabezal m; **ein Elektrorasierer mit abnehmbarem ~** m(f) una máquina de afeitar eléctrica con cabezal extraíble

Scherung f <-, -en> (TECH) cizalladura f

Scherwind m <-(e)s, -e> viento m de cizallamiento

Scherz [ʃɛrts] m <-es, -e> broma f, guasa f, chanza f Am, jarana f Am, changa f SAm, Cuba; **im ~** en broma; **einen ~ machen** gastar una broma; **mit so etwas macht man keine ~e!** ¡con esto no se bromea!; **sich dat mit jdm einen ~ erlauben** gastarle una broma [o una jugarreta] a alguien; **ohne ~!** (fam) ¡en serio!

Scherzartikel m <-s, -> artículo m de broma

scherzen ['ʃɛrtsən] vi bromear, chancear Am; **damit ist nicht zu ~** no es cosa de broma; **du beliebst wohl zu ~?** ¿lo dices en serio?, ¿estás de broma?; **mir ist nicht zum S~ zumute** [o zu Mute] no estoy para bromas

Scherzfrage f <-, -n> adivinanza f

scherzhaft adj chistoso, gracioso; **das war nur ~ gemeint** era sólo una [o de] broma

Scherzi pl von **Scherzo**

Scherzkeks m <-es, -e> (fam) gracioso, -a m, f, bromista mf

Scherzo ['skɛrtso, pl:ˈskɛrtsi] nt <-s, -s o Scherzi> (MUS) scherzo m

scheu [ʃɔɪ] adj ❶ (schüchtern) tímido, penoso Am; (zurückhaltend) reservado
❷ (Tier) espantadizo; **~ werden** (Pferd) desbocarse

Scheu [ʃɔɪ] f <-, ohne pl> timidez f; **seine ~ verlieren** perder la timidez; **ohne jede ~** sin vergüenza alguna

scheuchen ['ʃɔɪçən] vt espantar; **die Hühner abends ins Hühnerhaus ~** oxear a las gallinas para que entren al corral a dormir

scheuen ['ʃɔɪən] I. vi (Pferd) desbocarse (vor ante)
II. vt (Arbeit, Verantwortung) huir (de); **keine Ausgaben ~** no reparar en gastos
III. vr: **sich ~** tener miedo (vor de); **sie scheute sich ihm die Wahrheit zu sagen** tenía miedo de decirle la verdad

Scheuer ['ʃɔɪə] f <-, -n> (reg: Scheune) granero m, hórreo m

Scheuerbürste f <-, -n> escobilla f para fregar; **Scheuerlappen** m <-s, -> bayeta f; **Scheuerleiste** f <-, -n> ❶ (Fußleiste) zócalo m
❷ (NAUT) cintón m

scheuermannsche Krankheit[RR] ['ʃɔɪəmanʃə ˈkraŋkhaɪt] f <-n -, ohne pl> enfermedad f de Scheuermann

Scheuermittel nt <-s, -> producto m de limpieza

scheuern ['ʃɔɪən] I. vt fregar; **etw sauber/blank ~** frotar algo hasta dejarlo limpio/reluciente; **Dreck vom Fußboden/aus der Pfanne ~** quitar la suciedad del suelo/de la sartén a base de frotar; **jdm eine ~** (fam) darle una bofetada a alguien
II. vi (Schuhe, Kleidung) rozar

Scheuklappe ['ʃɔɪ-] f <-, -n> anteojera f; **~n haben** [o **tragen**] (fig) ser estrecho de miras

Scheune ['ʃɔɪnə] f <-, -n> granero m, hórreo m

Scheunendrescher m <-s, ->: **(fr)essen wie ein ~** (fam) comer como una fiera [o una lima]

Scheusal ['ʃɔɪzaːl] nt <-s, -e> (abw) monstruo m

scheußlich ['ʃɔɪslɪç] adj horrible; (abstoßend) asqueroso; (Verbrechen) atroz; **er hatte ~e Schmerzen** (fam) tenía unos dolores fortísimos [o terribles]; **das riecht/schmeckt ja ~** huele/sabe fatal; **es ist ~ kalt** hace un frío horrible

Scheußlichkeit¹ f <-, -en> (Tat) atrocidad f, monstruosidad f

Scheußlichkeit² f <-, ohne pl> (scheußliche Art) atrocidad f

Schi [ʃiː] m <-s, -(er)> s. **Ski**

Schicht [ʃɪçt] f <-, -en> ❶ (Luft-, Farb~) capa f; (GEO) estrato m; **mehrere ~en Teig** varias capas de bizcocho
❷ (Gesellschafts~) clase f, capa f
❸ (Arbeits~) turno m; **der Betrieb arbeitet in drei ~en** la empresa tiene tres turnos de trabajo; **ich muss zur** [o **auf die**] **~** tengo que ir(me)

Schichtarbeit

al trabajo; **er arbeitet ~** trabaja por turnos; **jetzt ist aber ~!** (*sl*) ¡se acabó (lo que se daba)!

Schichtarbeit *f* <-, *ohne pl*> trabajo *m* por turnos; **Schichtarbeiter(in)** *m(f)* <-s, -; -, -nen> trabajador(a) *m(f)* de turno

schichten ['ʃɪçtən] *vt* apilar (*auf* en)

Schichtfläche *f* <-, -n> (GEO) plano *m* de estratificación

Schichtung *f* <-, -en> (GEO) estratificación *f*

Schichtwechsel *m* <-s, -> cambio *m* de turno

schichtweise *adv* ❶ (*in Schichten*) por capas, capa por capa ❷ (*in Gruppen*) por grupos, en tandas

Schichtwolke *f* <-, -n> estrato *m*

Schichtzulage *f* <-, -n> suplemento *m* por turnos

schick [ʃɪk] *adj* elegante, chic, paquete *Arg*; **sich ~ machen** vestirse elegantemente; **es gilt als ~, in dieses Lokal zu gehen** está de moda ir a este local

Schick [ʃɪk] *m* <-(e)s, *ohne pl*> elegancia *f*, gracia *f*; **~ haben** tener elegancia [*o* clase]; **obwohl er teuer gekleidet ist, fehlt ihm irgendwie der ~** a pesar de que lleva ropa muy cara le falta ese toque de distinción

schicken ['ʃɪkən] **I.** *vt* mandar, enviar; **jdm etw ~** mandar algo a alguien; **etw mit der Post ~** mandar algo por correo; **das Kind in die Schule ~** mandar al niño al colegio; **sie schickt den Jungen Bier holen** manda al niño a por cerveza; **sie haben mich wieder nach Hause geschickt** (*rausgeworfen*) han vuelto a expulsarme [*o* despedirme]; **sie schickte nach einem Arzt** (*geh*) mandó llamar al médico **II.** *vr*: **sich ~** ❶ (*sich gehören*) **das schickt sich nicht** esto no se hace ❷ (*sich abfinden*) conformarse (*in* con), entrar conforme (*in* con), tomar con resignación (*in*)

Schickeria [ʃɪkaˈriːa] *f* <-, *ohne pl*> guaperío *m*

Schickimicki [ʃɪkiˈmɪki] *m* <-s, -s> (*fam*) pijo, -a *m, f*

schicklich ['ʃɪklɪç] *adj* (*geh: angemessen*) conveniente, adecuado; (*anständig*) de buena educación

Schicksal¹ ['ʃɪkzaːl] *nt* <-s, -e> (*Ereignis, Lebensplan*) destino *m*; **jdn seinem ~ überlassen** dejar a alguien a merced de su suerte, abandonar a alguien a su suerte; **dein ~ ist besiegelt!** (*geh*) ¡tu suerte está echada!; **sich in sein ~ ergeben** (*geh*) rendirse [*o* ante] su destino; **das ist ~!** ¡así es la vida!

Schicksal² ['ʃɪkzaːl] *nt* <-s, *ohne pl*> (*höhere Macht*) destino *m*, suerte *f*; **das wollte es, dass ...** quiso el destino que... +*subj*; **sie versuchte, ein wenig ~ zu spielen** (*fam*) intentó manipular los acontecimientos

schicksalhaft *adj* ❶ (*unabwendbar*) fatal ❷ (*ausschlaggebend*) decisivo

Schicksalsgemeinschaft *f* <-, -en> (grupo *m* de) personas *fpl* que comparten un mismo destino; **unsere Ehe war mehr eine ~ als ein Bund der Liebe** nuestro matrimonio era más consecuencia del destino que una unión basada en el amor; **Schicksalsschlag** *m* <-(e)s, -schläge> golpe *m* del destino, revés *m* de la fortuna

Schickschuld *f* <-, *ohne pl*> (JUR) obligación *f* de enviar [*o* de envío]

Schiebedach *nt* <-(e)s, -dächer> techo *m* corredizo; **Schiebefenster** *nt* <-s, -> ventana *f* corrediza; **Schiebeleiste** *f* <-, -n> (INFOR) barra *f* de desplazamiento; **vertikale ~** (INFOR) barra para el desplazamiento vertical

schieben ['ʃiːbən] <schiebt, schob, geschoben> **I.** *vt* ❶ (*bewegen*) empujar; **hier musst du das Fahrrad ~** aquí tienes que empujar la bici; **sie schob ihn ins Zimmer** lo metió a empujones en la habitación; **den Riegel vor das Tor ~** correr el cerrojo del portón; **etw zur Seite ~** apartar algo; **etw auf jdn/etw ~** echar algo a alguien/a algo; **sie schob die ganze Schuld auf ihn** le echó toda la culpa (a él); **etw von sich** *dat* **~** (*fig*) rechazar algo; **er schob den Teller von sich** retiró el plato; **er schob alle Verantwortung von sich** rechazó toda responsabilidad; **etw vor sich** *dat* **her ~** (*fig*) aplazar algo continuamente ❷ (*stecken*) meter (*in* en); **ineinander ~** encajar, meter; **etw in den Ofen ~** meter algo en el horno; **ich schob mir ein Bonbon in den Mund** me metí un caramelo en la boca ❸ (*fam: handeln*) traficar (con) ❹ (*sl: ableisten*): **Dienst/Wache ~** estar de servicio/de guardia **II.** *vi* traficar (*mit* con) **III.** *vr*: **sich ~** pasar (*durch* por, *auf/an* a), atravesar (*durch* über); **der Umzug schiebt sich langsam/mühsam durch die Straßen** el desfile avanza lentamente/con dificultades por las calles; **eine Wolke schob sich vor die Sonne** una nube se colocó delante del sol

Schiebepfeil *m* <-(e)s, -e> (INFOR) flecha *f* de desplazamiento

Schieber¹ *m* <-s, -> (TECH) corredera *f*; (*Riegel*) cerrojo *m*

Schieber(in)² *m(f)* <-s, -; -, -nen> (*fam abw: Händler*) traficante *mf*

Schiebetür *f* <-, -en> (puerta *f*) corredera *f*

Schiebleere *f* <-, -n> (TECH) pie *m* de rey, vernier *m*

Schiebung *f* <-, -en> (*fam abw*) ❶ (*Schiebergeschäft*) chanchullo *m*, negocio *m* sucio ❷ (*Bevorzugung*) enchufe *m*; (SPORT) tongo *m*; **das ist ja ~!** ¡esto es un tongo!

schied [ʃiːt] *3. imp von* **scheiden**

Schiedsausschuss[RR] *m* <-es, -schüsse> (JUR) junta *f* de arbitraje [*o* conciliación]; **Schiedsgericht** ['ʃiːts-] *nt* <-(e)s, -e> ❶ (JUR) tribunal *m* arbitral; **eine Sache dem ~ unterbreiten** someter un asunto a arbitraje ❷ (SPORT) jurado *m*

schiedsgerichtlich *adj* del arbitraje, arbitral; **es wurde eine ~e Entscheidung getroffen** se tomó una decisión arbitrada

Schiedsgerichtsabrede *f* <-, -n> (JUR) acuerdo *m* de arbitraje

Schiedsgerichtsbarkeit *f* <-, *ohne pl*> jurisdicción *f* arbitral; **internationale ~** jurisdicción arbitral internacional

Schiedsgerichtshof *m* <-(e)s, -höfe> tribunal *m* arbitral [*o* de conciliación]; **Schiedsgerichtsvereinbarung** *f* <-, -en> convenio *m* de arbitraje; **Schiedsgerichtsverfahren** *nt* <-s, -> procedimiento *m* de arbitraje [*o* conciliación]

Schiedsgutachten *nt* <-s, -> laudo *m* arbitral, dictamen *m* arbitral; **Schiedskommission** *f* <-, -en> comisión *f* de arbitraje; **Schiedsmann** *m* <-(e)s, -männer *o* -leute> (JUR) hombre *m* bueno; **Schiedsrichter(in)** *m(f)* <-s, -; -, -nen> árbitro *mf*, colegiado, -a *m, f Am*

schiedsrichterlich *adj* (JUR): **~es Verfahren** procedimiento arbitral

Schiedsrichtervertrag *m* <-(e)s, -träge> (JUR) contrato *m* de compromisario; **Schiedssache** *f* <-, -n> (JUR) objeto *m* de arbitrio; **Schiedsspruch** *m* <-(e)s, -sprüche> (JUR) sentencia *f* arbitral, laudo *m* arbitral; **einen ~ aufheben/für nichtig erklären** anular/declarar nulo un laudo arbitral; **einen ~ fällen** conocer en arbitraje; **sich einem ~ unterwerfen** someterse a un laudo arbitral; **Schiedsstelle** *f* <-, -n> (JUR) organismo *m* arbitral; **Schiedsurteil** *nt* <-s, -e> (JUR) sentencia *f* arbitral; **Schiedsverfahren** *nt* <-s, -> arbitraje *m*, procedimiento *m* arbitral judicial; **Schiedsvergleich** *m* <-(e)s, -e> (JUR) compromiso *m* de arbitraje; **Schiedsvertrag** *m* <-(e)s, -träge> (JUR) contrato *m* de arbitraje

schief [ʃiːf] *adj* ❶ (*krumm*) torcido; (*nicht senkrecht*) inclinado, ladeado; **die Mütze sitzt ~** el gorro está ladeado; **das Bild hängt ~** el cuadro está torcido; **auf die ~e Bahn geraten** ir por mal camino; **jdn ~ ansehen** (*fam*) mirar a alguien de reojo; **ein ~es Grinsen** una sonrisa maliciosa ❷ (*falsch*) falso, equívoco; **in ein ~es Licht geraten** dar una impresión equívoca

Schiefer ['ʃiːfɐ] *m* <-s, -> esquisto *m*, pizarra *f*

Schieferdach *nt* <-(e)s, -dächer> tejado *m* de pizarra; **Schiefertafel** *f* <-, -n> pizarra *f*

schief|gehen *irr vi sein s.* **gehen 3.**

schiefgewickelt *adj* (*fam*) *s.* **wickeln 3.**

schief|lachen *vr*: **sich ~** (*fam*) desternillarse de risa

Schieflage *f* <-, -n> situación *f* difícil [*o* crítica]; **in eine finanzielle ~ geraten** pasar por dificultades económicas [*o* por una crisis económica]

schief|laufen *irr vi sein s.* **laufen 6.**

schielen ['ʃiːlən] *vi* bizquear, tener estrabismo, ser bizco *fam*; **sie schielt auf dem linken Auge** tuerce el ojo izquierdo; **er schielt nach etw/jdm** (*fam: begehrlich*) se le van los ojos detrás de algo/alguien; (*heimlich*) mira algo/a alguien de reojo; **er schielt auf einen Posten in der Verwaltung** le tiene echado el ojo a [*o* anda detrás de] un puesto en la administración

Schieltraining *nt* <-s, -s> (MED) ejercicios *mpl* para la corrección del estrabismo

schien [ʃiːn] *3. imp von* **scheinen**

Schienbein *nt* <-(e)s, -e> tibia *f*, espinilla *f fam*; **jdm vor [*o* gegen] das ~ treten** dar una patada en la espinilla a alguien

Schiene ['ʃiːnə] *f* <-, -n> ❶ (*Eisenbahn~*) carril *m*, rail *m*; **aus den ~n springen** descarrilarse; **auf der ~ Lehrer-Schüler läuft nichts** (*sl*) usando la relación profesor-alumno no se llega a nada [*o* ninguna parte] ❷ (MED) tablilla *f*, férula *f*

schienen ['ʃiːnən] *vt* entablillar

Schienenausbau *m* <-(e)s, *ohne pl*> ampliación *f* de la red ferroviaria

Schienenbus *m* <-ses, -se> automotor *m*, ferrobús *m*; **Schienenfahrzeug** *nt* <-(e)s, -e> vehículo *m* sobre carriles; **Schienennetz** *nt* <-es, -e> red *f* ferroviaria; **Schienenstrang** *m* <-(e)s, -stränge> vía *f* férrea; **Schienenverkehr** *m* <-s, *ohne pl*> transporte *m* por ferrocarril; **Schienenweg** *m* <-(e)s, -e> vía *f* férrea; **auf dem ~** por ferrocarril

schier [ʃiːɐ̯] **I.** *adj* (*reg*) puro; **aus ~er Bosheit** por pura maldad **II.** *adv* casi; **das ist ~ unmöglich** eso es casi imposible

Schierling ['ʃiːɐ̯lɪŋ] *m* <-s, -e> cicuta *f*

Schießbefehl *m* <-(e)s, -e> orden *f* de disparar; **~ erteilen** dar la orden de disparar

Schießbude *f* <-, -n> barraca *f* de tiro (al blanco); **Schießbudenfigur** *f* <-, -en>: **aussehen wie eine ~** (*fam*) tener pinta de payaso

Schießeisen *nt* <-s, -> (*fam*) pipa *f*

schießen ['ʃiːsən] <schießt, schoss, geschossen> **I.** *vi* ❶ (*Schütze*) disparar (*auf* a/contra); (SPORT) tirar, lanzar; **auf das Tor/an die Latte/**

Schießerei ins Netz ~ lanzar [*o* disparar] a la meta/contra el listón/a la red; **man hat auf mich geschossen** me han disparado; **etw ist zum S~** (*fam*) algo es para morirse de la risa

❷ *sein* (*sich schnell bewegen*) moverse como un rayo; **sie schoss herein** entró como un rayo; **eine Idee schoss ihr durch den Kopf** una idea se le pasó por la mente

❸ *sein* (*schnell wachsen*): **in die Höhe ~** crecer rápidamente; **der Junge ist in die Höhe geschossen** el chico pegó un gran estirón; **der Salat schießt** la lechuga echa tallo

❹ *sein* (*herausquellen*) brotar (*aus de*); **das Wasser schießt ins Tal** el agua baja con fuerza; **die Röte schoss ihm ins Gesicht** se puso colorado

II. *vt* ❶ (*Geschoss*) disparar

❷ (*Person*): **sie schoss ihn in den Arm** le pegó un tiro en el brazo

❸ (*Satellit, Rakete, Ball*) lanzar; **ein Tor ~** meter un gol

❹ (*Wild*) matar (de un tiro)

❺ (*Foto*) hacer, sacar

Schießerei *f* <-, -en> tiroteo *m*

Schießgewehr *nt* <-(e)s, -e> (*iron*) fusil *m;* **Schießhund** *m* <-(e)s, -e> (*fam*): **aufpassen wie ein ~** permanecer ojo avizor; **Schießplatz** *m* <-es, -plätze> campo *m* de tiro; **Schießpulver** *nt* <-s, -> pólvora *f;* **Schießscharte** *f* <-, -n> tronera *f,* barbacana *f,* mampuesto *m Am;* **Schießscheibe** *f* <-, -n> blanco *m;* **Schießsport** *m* <-(e)s, *ohne pl*> tiro *m* deportivo; **Schießstand** *m* <-(e)s, -stände> campo *m* de tiro

Schiff [ʃɪf] *nt* <-(e)s, -e> ❶ (*Wasserfahrzeug*) barco *m,* buque *m;* **mit dem ~ fahren** viajar en barco; **klar ~ machen** (NAUT) limpiar el barco; (*fam: eine Angelegenheit bereinigen*) aclarar un asunto

❷ (ARCHIT) nave *f*

❸ (COM): **ab ~ ex** [*o* franco] buque; **per ~** en barco, por vía marítima

Schiffahrt *f* <-, *ohne pl*> *s.* **Schifffahrt**

Schiffahrtsgesellschaft *f* <-, -en> *s.* Schifffahrtsgesellschaft; **Schiffahrtslinie** *f* <-, -n> *s.* Schifffahrtslinie; **Schiffahrtsstraße** *f* <-, -n> (*formal*) *s.* Schifffahrtsstraße; **Schiffahrtsweg** *m* <-(e)s, -e> *s.* **Schifffahrtsweg**

schiffbar *adj* navegable

Schiffbau *m* <-(e)s, *ohne pl*> construcción *f* naval [*o* de buques]

Schiffbauer(in) *m(f)* <-s, -; -, -nen> constructor(a) *m(f)* naval [*o* de buques]

Schiffbruch *m* <-(e)s, -brüche> naufragio *m;* **~ erleiden** naufragar; (*fig*) fracasar

schiffbrüchig *adj* náufrago

Schiffbrüchige(r) *mf* <-n, -n; -n, -n> náufrago, -a *m, f*

Schiffchen [ˈʃɪfçən] *nt* <-s, -> ❶ (*kleines Schiff*) barquito *m*

❷ (*fam: Kopfbedeckung*) gorro *m*

❸ (*Weber-*) lanzadera *f*

schiffen I. *vi* (*fam: urinieren*) mear

II. *vunpers* (*fam: heftig regnen*) llover a cántaros; (*Platzregen*) caer un chaparrón; **es schifft den ganzen Tag** lleva todo el día lloviendo a cántaros

Schiffer(in) *m(f)* <-s, -; -, -nen> navegante *mf*

Schifferklavier *nt* <-s, -e> bandoneón *m;* **Schifferknoten** *m* <-s, -> (NAUT) nudo *m* marinero; **Schiffermütze** *f* <-, -n> gorra *f* de marino

Schifffahrt[RR] *f* <-, *ohne pl*> navegación *f*

Schifffahrtsgesellschaft[RR] *f* <-, -en> compañía *f* naviera; **Schifffahrtslinie**[RR] *f* <-, -n> ❶ (*befahrene Strecke*) línea *f* marítima ❷ (*Unternehmen*) compañía *f* naviera; **Schifffahrtsstraße**[RR] *f* <-, -n>, **Schifffahrtsweg**[RR] *m* <-(e)s, -e> ❶ (*Wasserstraße*) vía *f* navegable ❷ (*festgelegte Route*) ruta *f* marítima

Schiffsagentur *f* <-, -en> agencia *f* marítima; **Schiffsapotheke** *f* <-, -n> ❶ (*Laden*) farmacia *f* a bordo ❷ (*Arzneischrank*) botiquín *m* de a bordo; **Schiffsarzt, -ärztin** *m, f* <-(e)s, -ärzte; -, -nen> médico, -a *m, f* de a bordo; **Schiffsbauer(in)** *m(f)* <-s, -; -, -nen> *s.* **Schiffbauer**

Schiffsbauregister *nt* <-s, -> (JUR) registro *m* de barcos en construcción

Schiffsbefrachter *m* <-s, -> fletador *m;* **Schiffsbefrachtung** *f* <-, -en> fletamento *m*

Schiffschaukel *f* <-, -n> góndola *f*

Schiffseigner(in) *m(f)* <-s, -; -, -nen> naviero, -a *m, f*

Schiffshypothek *f* <-, -en> hipoteca *f* naval; **Schiffshypothekenforderung** *f* <-, -en> derecho *m* de crédito de hipoteca naval; **Schiffshypothekengläubiger(in)** *m(f)* <-s, -; -, -nen> acreedor(a) *m(f)* de hipoteca naval

Schiffsjunge *m* <-n, -n> grumete *m;* **Schiffskoch** *m* <-(e)s, -köche> cocinero *m* de(l) barco [*o* de a bordo]; **Schiffsladung** *f* <-, -en> cargamento *m* (de un barco); **Schiffsmakler(in)** *m(f)* <-s, -; -, -nen> agente *mf* marítimo, corredor(a) *m(f)* de buques; **Schiffsmiete** *f* <-, -n> flete *m;* **Schiffspapiere** *ntpl* documentación *f* del barco;

Schiffspatent *nt* <-(e)s, -e> patente *f* de un barco; **Schiffsraum** *m* <-(e)s, *ohne pl*> tonelaje *m,* bodega *f;* **leerer/verfügbarer ~** tonelaje en vacío/disponible; **Schiffsrumpf** *m* <-(e)s, -rümpfe> cuerpo *m* del buque, casco *m;* **Schiffsschraube** *f* <-, -n> hélice *f* de un barco; **Schiffstaufe** *f* <-, -n> bautizo *m* de un barco; **Schiffsverkehr** *m* <-s, *ohne pl*> tráfico *m* marítimo; **Schiffszwieback** *m* <-(e)s, -bäcke *o* -e> pan *m* tostado

Schiit(in) [ʃiˈiːt] *m(f)* <-en, -en; -, -nen> chiíta *mf*

schiitisch *adj* chiíta

Schikane [ʃiˈkaːnə] *f* <-, -n> traba *f,* cortapisa *f;* **das macht er aus reiner ~** (*fam*) esto lo hace de mala leche; **mit allen ~n** (*fam*) por todo lo alto

Schikaneverbot *nt* <-(e)s, -e> (JUR) prohibición *f* de abuso

schikanieren* [ʃikaˈniːrən] *vt* incordiar, fastidiar; (*quälen*) hacer la vida imposible (a), putear *sl;* (*behindern*) poner trabas (a)

schikanös [ʃikaˈnøːs] *adj* fastidioso; (JUR) abusivo

Schikoree[RR] *m* <-s, *ohne pl*>, *f* <-, *ohne pl*> *s.* **Chicorée**

Schild[1] [ʃɪlt] *m* <-(e)s, -e> ❶ (*Schutz~*) escudo *m;* **nichts Gutes im ~e führen** tramar algo; **jdn auf den ~ (er)heben** (*geh*) poner a alguien en un altar

❷ (*Mützenschirm*) visera *f*

Schild[2] [ʃɪlt] *nt* <-(e)s, -er> (*Verkehrs~*) señal *f* (de tráfico); (*Tür~, Hinweis~*) letrero *m;* (*Etikett, Preis~*) etiqueta *f*

Schildbürger(in) *m(f)* <-s, -; -, -nen> (*abw*) filisteo, -a *m, f*

Schildbürgerstreich *m* <-(e)s, -e> (*abw*) tontería *f,* bobada *f*

Schilddrüse *f* <-, -n> (glándula *f*) tiroides *m inv*

Schilddrüsenkrebs *m* <-es, -e> (MED) cáncer *m* de la glándula tiroides; **Schilddrüsenüberfunktion** [---ˈ----] *f* <-, *ohne pl*> (MED) hipertiroidismo *m;* **Schilddrüsenunterfunktion** [---ˈ----] *f* <-, *ohne pl*> (MED) hipotiroidismo *m*

Schildermaler(in) *m(f)* <-s, -; -, -nen> rotulista *mf*

schildern [ˈʃɪldɐn] *vt* (*erzählen*) narrar; (*darlegen*) exponer; (*beschreiben*) describir

Schilderung *f* <-, -en> (*Beschreibung*) descripción *f;* (*Erzählung*) relato *m*

Schilderwald *m* <-(e)s, -wälder> (*fam*) lío *m* de señales; **in diesem ~ findet man sich nicht mehr zurecht** con esta maraña [*o* este lío] de señales no hay quien se aclare

Schildkröte *f* <-, -n> tortuga *f*

Schildkrötensuppe *f* <-, -n> sopa *f* de tortuga

Schildlaus *f* <-, -läuse> cochinilla *f*

Schildpatt [ˈʃɪltpat] *nt* <-s, *ohne pl*> (concha *f*) carey *m*

Schilf [ʃɪlf] *nt* <-(e)s, -e> ❶ (*Pflanze*) caña *f,* carrizo *m*

❷ (*Röhricht*) cañaveral *m*

Schilfdach *nt* <-(e)s, -dächer> tejado *m* de caña; **Schilfgras** *nt* <-es, -gräser> junco *m;* **Schilfrohr** *nt* <-(e)s, -e> junco *m*

Schillerlocke *f* <-, -n> (GASTR) ❶ (*Fisch*) tira *f* de pescado ahumado ❷ (*Gebäck*) (pasta *f* de) hojaldre *m* (*con un relleno de nata o crema*)

schillern [ˈʃɪlɐn] *vi* irisar; **in allen Farben ~** con irisaciones en todos los colores

schillernd *adj* ❶ (*Farbe*) irisado, tornasolado

❷ (*Charakter*) ambiguo

Schilling [ˈʃɪlɪŋ] *m* <-s, -e> chelín *m*

schilpen [ˈʃɪlpən] *vi* (ZOOL) gorjear

schilt [ʃɪlt] *3. präs von* **schelten**

Schimäre [ʃiˈmɛːrə] *f* <-, -n> (*geh*) quimera *f,* ilusión *f,* desvarío *m*

Schimmel[1] [ˈʃɪml] *m* <-s, -> (*Tier*) caballo *m* blanco

Schimmel[2] [ˈʃɪml] *m* <-s, *ohne pl*> (*pilz*) moho *m*

schimm(e)lig *adj* enmohecido, mohoso; **~ werden** criar moho

schimmeln *vi haben o sein* enmohecer(se), criar moho

Schimmelpilz *m* <-es, -e> moho *m*

Schimmer [ˈʃɪmɐ] *m* <-s, *ohne pl*> brillo *m,* resplandor *m;* **der ~ einer Hoffnung/eines Verdachtes** el atisbo de una esperanza/sospecha; **keinen (blassen) ~ von etw haben** (*fam*) no tener ni (la más remota) idea de algo

schimmern [ˈʃɪmɐn] *vi* (*Licht*) lucir (tenuemente); (*glänzen*) brillar, relucir

schimmlig *adj s.* **schimm(e)lig**

Schimpanse [ʃɪmˈpanzə] *m* <-n, -n> chimpancé *m*

Schimpf [ʃɪmpf] *m:* **mit ~ und Schande** con cajas destempladas

schimpfen [ˈʃɪmpfən] *vi* ❶ (*tadeln*) reñir (*mit* a), reprender (*mit* a), echar una bronca (*mit* a) *fam*

❷ (*verfluchen*) echar pestes (*auf/über* contra); (*kritisieren*) criticar (*auf/über* a)

Schimpfkanonade *f* <-, -n> (*fam*) sarta *f* de insultos; **jdn mit einer lauten ~ empfangen** recibir a alguien con una sarta [*o* ristra] de insultos; **über jdn bricht eine ~ herein** a alguien le cae encima una lluvia de insultos

schimpflich *adj* vergonzoso, deshonroso, oprobioso

Schimpfname *m* <-ns, -n> mote *m*; **jdn mit einem ~n belegen** poner a alguien un mote; **Schimpfwort** *nt* <-(e)s, -wörter> palabrota *f*, taco *m fam*, bascosidad *f Ecua*
Schindel ['ʃɪndəl] *f* <-, -n> ripia *f*
Schindeldach *nt* <-(e)s, -dächer> tejado *m* de ripia(s)
schinden ['ʃɪndən] <schindet, schindete *o* schund, geschunden>
I. *vt* ❶ (*quälen*) vejar, maltratar
❷ (*Wend*): **Zeit ~** ganar tiempo; **Eindruck bei jdm ~** causar una buena impresión a alguien
II. *vr*: **sich ~** (*fam*) afanarse (*um zu* por), echar el bofe
Schinder(in) *m(f)* <-s, -; -, -nen> tirano, -a *m, f*, verdugo, -a *m, f*
Schinderei *f* <-, -en> (*abw*) ❶ (*Strapaze*) paliza *f*
❷ (*Plackerei*) ajetreo *m*
Schinderin *f* <-, -nen> *s*. **Schinder**
Schindluder ['ʃɪntluːdɐ] *nt* (*fam*): **mit jdm ~ treiben** abusar de alguien; **mit etw ~ treiben** derrochar algo
Schinken ['ʃɪŋkən] *m* <-s, -> ❶ (*Fleisch*) jamón *m*; **gekochter ~** jamón cocido [*o* de York]; **roher ~** ≈ jamón serrano
❷ (*fam abw*: *Buch*) mamotreto *m*; (*Gemälde*) mamarracho *m*; (*Film*) peliculón *m*
Schinkenspeck *m* <-(e)s, -a> jamón *m* con tocino; **Schinkenwurst** *f* <-, -würste> fiambre *m* de jamón
Schippe ['ʃɪpə] *f* <-, -n> (*nordd, reg*) pala *f*; **jdn auf die ~ nehmen** (*fam fig*) tomar el pelo a alguien; **etw auf die ~ nehmen** (*fam*) pitorrearse de algo
schippen ['ʃɪpən] *vt* (*nordd, reg*) palear; **Erde/Kies in etw ~** echar palas de tierra/de arena en algo
schippern ['ʃɪpɐn] *vi sein* (*fam*) navegar
Schirm [ʃɪrm] *m* <-(e)s, -e> ❶ (*Regen~*) paraguas *m inv*; (*Sonnen~*) sombrilla *f*
❷ (*Fall~*) paracaídas *m inv*
❸ (*Mützen~*) visera *f*
❹ (*Lampen~*) pantalla *f*
❺ (BOT: *von Pilzen*) sombrerete *m*
Schirmbildaufnahme *f* <-, -n> (MED) radiografía *f*
Schirmherr(in) *m(f)* <-(e)n, -en; -, -nen> patrocinador(a) *m(f)*, auspiciador(a) *m(f)*; **Schirmherrschaft** *f* <-, ohne *pl*> auspicio *m*, patrocinio *m*; **unter jds ~** bajo los auspicios de alguien; **die ~ von etw übernehmen** auspiciar algo
Schirmhülle *f* <-, -n> funda *f* del paraguas; **Schirmmütze** *f* <-, -n> gorra *f* de visera; **Schirmpilz** *m* <-es, -e> (BOT) parasol *m*; **Schirmständer** *m* <-s, -> paragüero *m*
Schirokko [ʃiˈrɔko] *m* <-s, -s> (METEO) siroco *m*
schiss^{RR} [ʃɪs], **schiß** 3. *imp von* **scheißen**
Schiss^{RR} [ʃɪs] *m* <-es, ohne *pl*>, **Schiß** *m* <-sses, ohne *pl*> ❶ (*vulg*: *Kot*) cagada *f*
❷ (*fam*: *Angst*) cague *m*, cagalera *f*; **~ haben** cagarse de miedo, tener cague; **da kriegte er ~** entonces le entró la cagalera
Schisser(in) ['ʃɪsɐ] *m(f)* <-s, -; -, -nen> (*fam abw*) cagado, -a *m, f*
schizophren [ʃitsoˈfreːn] *adj* (MED, PSYCH) esquizofrénico
Schizophrenie [ʃitsofreˈniː] *f* <-, ohne *pl*> (MED, PSYCH) esquizofrenia *f*
schlabberig ['ʃlabərɪç] *adj* (*fam*) ❶ (*wässrig*) aguado, acuoso
❷ (*schmiegsam*) suave, flexible
schlabbern ['ʃlabɐn] I. *vi* (*fam*) ❶ (*abw: kleckern*) pringarse (al comer)
❷ (*Kleidung*) colgar (por todos los sitios)
II. *vt* (*fam: auflecken*) sorber (con ruido)
Schlacht [ʃlaxt] *f* <-, -en> (*a. fig*) batalla *f*; **jdm eine ~ liefern** pelearse con alguien
Schlachtbank *f* <-, -bänke> matadero *m*; **sich wie ein Lamm zur ~ führen lassen** (*geh*) ir como un cordero al matadero
schlachten ['ʃlaxtən] *vt* matar, sacrificar, carnear *CSur*
Schlachtenbummler(in) *m(f)* <-s, -; -, -nen> hincha *mf* (*que viaja a todos los lugares donde juega su equipo*)
Schlachter(in) ['ʃlaxtɐ] *m(f)* <-s, -; -, -nen> (*nordd*), **Schlächter(in)** *m(f)* <-s, -; -, -nen> (*nordd*) carnicero, -a *m, f*
Schlachterei [ʃlaxtəˈraɪ] *f* <-, -en>, **Schlächterei** [ʃlɛçtəˈraɪ] *f* <-, -en> ❶ (*nordd: Metzgerei*) carnicería *f*
❷ (*abw: Niedermetzeln*) matanza *f*
Schlachterin *f* <-, -nen>, **Schlächterin** *f* <-, -nen> *s*. **Schlachter**, **Schlächter**
Schlachtfeld *nt* <-(e)s, -er> campo *m* de batalla; **das Zimmer sieht aus wie ein ~** está todo patas arriba
Schlachthaus *nt* <-es, -häuser> matadero *m*; **Schlachthof** *m* <-(e)s, -höfe> matadero *m*
Schlachtplan *m* <-(e)s, -pläne> (*fam a.* MIL) plan *m* de acción; **Schlachtross**^{RR} *nt* <-es, -e> (HIST) caballo *m* de batalla; **Schlachtruf** *m* <-(e)s, -e> grito *m* de guerra; **Schlachtschiff** *nt* <-(e)s, -e> (MIL) acorazado *m*
Schlachtung *f* <-, -en> matanza *f*

Schlachtvieh *nt* <-(e)s, ohne *pl*> reses *fpl* de matadero
Schlacke ['ʃlakə] *f* <-, -n> ❶ (TECH) escoria *f*
❷ *pl* (*Ballaststoffe*) fibras *fpl*
schlackern ['ʃlakɐn] *vi* (*nordd*) bambolear, tambalearse (*gegen/um* contra/alrededor de); **mit den Ohren ~** (*fam fig*) quedarse mudo de la sorpresa
Schlaf [ʃlaːf] *m* <-(e)s, ohne *pl*> sueño *m*, apolillo *m Arg*; **sich** *dat* **den ~ aus den Augen reiben** quitarse las telarañas de los ojos; **einen leichten/festen ~ haben** tener un sueño ligero/profundo; **keinen ~ finden** (*geh*) no conciliar el sueño; **im ~ sprechen** hablar en sueños; **im tiefsten ~ liegen** dormir como un tronco [*o* a pierna suelta]; **in tiefen ~ fallen** caer en un sueño profundo; **jdn aus dem ~ reißen** despertar a alguien (bruscamente); **den ~ des Gerechten schlafen** (*fam*) dormir el sueño de los justos; **etw im ~ können** saberse algo al dedillo
Schlafanzug *m* <-(e)s, -züge> pijama *m*, piyama *m Am*
Schläfchen ['ʃlɛːfçən] *nt* <-s, -> siestecita *f*; **ein ~ machen** echarse una siestecita
Schlafcouch *f* <-, -s *o* -en> sofá *m* cama
Schläfe ['ʃlɛːfə] *f* <-, -n> sien *f*; **graue ~n** sienes plateadas
schlafen ['ʃlaːfən] <schläft, schlief, geschlafen> *vi* ❶ (*im Schlaf liegen*) dormir, apolillar *Arg: argot*; **hast du gut ge~?** ¿has dormido bien?; **noch halb ~** estar medio dormido; **er schläft tief und fest** duerme a pierna suelta; **ich gehe jetzt ~** ahora me voy a dormir; **schlaf gut!** ¡que duermas bien!; **er hat sich ~ gelegt** se fue a dormir; **darüber muss ich erst noch mal ~** lo tengo que consultar con la almohada; **bei jdm ~** dormir en casa de alguien; **der Ärger ließ ihn nicht ~** no podía dormir del disgusto; **sich ~d stellen** hacerse el dormido; **mit jdm ~** acostarse con alguien
❷ (*fam: nicht aufpassen*) dormirse; **schlaf nicht!** ¡no te duermas!, ¡espabila!; **die Konkurrenz schläft nicht** la competencia no se duerme
Schläfenbein *nt* <-(e)s, -e> (ANAT) (hueso *m*) temporal *m*
Schlafengehen *nt* <-s, ohne *pl*>: **vor dem ~ trinke ich gerne noch ein Glas Wein** antes de irme a la cama [*o* de acostarme] me gusta tomar un vaso de vino
Schlafenszeit *f* <-, -en> hora *f* de dormir [*o* de acostarse]; **es ist ~** es hora de acostarse
Schläfer¹ ['ʃlɛːfɐ] *m* <-s, -> (*Nagetier*) lirón *m*
Schläfer(in)² *m(f)* <-s, -; -, -nen> (*Schlafender*) durmiente *mf*
schlaff [ʃlaf] *adj* ❶ (*Seil, Disziplin*) flojo; (*Haut*) flá(c)cido
❷ (*nicht prall*) blando, fofo
❸ (*kraftlos*) débil, trägue aplatanado, soso
Schlaffheit *f* <-, ohne *pl*> ❶ (*ohne Straffheit*) flojedad *f*; (*der Haut*) flac(c)idez *f*
❷ (*Weichheit*) blandura *f*
❸ (*Kraftlosigkeit*) debilidad *f*, falta *f* de energía; (*Trägheit*) flojera *f fam*
Schlafgelegenheit *f* <-, -en> lugar *m* para dormir
Schlafittchen [ʃlaˈfɪtçən] *nt*: **jdn am** [*o* **beim**] **~ nehmen** [*o* **kriegen**] (*fam*) agarrar [*o* coger] a alguien por el cuello [*o* del pescuezo]
Schlafkrankheit *f* <-, ohne *pl*> enfermedad *f* del sueño; **Schlaflied** *nt* <-(e)s, -er> canción *f* de cuna, nana *f*, arrorró *m SAm*
schlaflos *adj* (*Person*) insomne; (*Nacht*) en vela
Schlaflosigkeit *f* <-, ohne *pl*> insomnio *m*
Schlafmittel *nt* <-s, -> somnífero *m*, dormitivo *m*; **Schlafmütze** *f* <-, -n> (*fam*) ❶ (*Langschläfer*) dormilón, -ona *m, f* ❷ (*abw: träger Mensch*) pasmarote *mf*, plasta *mf*
schläfrig ['ʃlɛːfrɪç] *adj* (*müde*) soñoliento; (*fast schlafend*) adormitado; (*träge*) lento; **~ machen** adormecer
Schläfrigkeit *f* <-, ohne *pl*> somnolencia *f*, sopor *m*, modorra *f*; **die Augen fielen ihm vor ~ fast zu** los ojos casi se le cerraban de sueño
Schlafrock *m* <-(e)s, -röcke> ❶ (*Morgenrock*) bata *f* (de estar por casa) ❷ (*Wend*): **im ~** (GASTR) en hojaldre; **Schlafsaal** *m* <-(e)s, -säle> dormitorio *m*; **Schlafsack** *m* <-(e)s, -säcke> saco *m* de dormir; **Schlafstadt** *f* <-, -städte> (*fam*) ciudad *f* dormitorio; **Schlafstelle** *f* <-, -n> lugar *m* para dormir; **die Berghütte hat sechs ~n** en la cabaña de la montaña pueden dormir seis personas; **Schlafstörung** *f* <-, -en> (MED) insomnio *m*
schläft [ʃlɛːft] 3. *präs von* **schlafen**
Schlaftablette *f* <-, -n> somnífero *m*, pastilla *f* para dormir
schlaftrunken ['ʃlaːftrʊŋkən] *adj* (*geh*) soñoliento; **~ blinzeln** parpadear con soñolencia
Schlafwagen *m* <-s, -> coche-cama *m*; **Schlafwagenplatz** *m* <-es, -plätze> plaza *f* en coche-cama
schlafwandeln *vi haben o sein* (*die Eigenart haben*) padecer sonambulismo, ser sonámbulo; **sie hat** [*o* **ist**] **gestern Nacht geschlafwandelt** ayer por la noche se levantó sonámbula
Schlafwandler(in) *m(f)* <-s, -; -, -nen> sonámbulo, -a *m, f*
schlafwandlerisch *adj* (como un) sonámbulo; **mit ~er Sicherheit bewegte er sich durch die Großstadt** se movía con una seguridad intuitiva por la gran ciudad

Schlafzimmer *nt* <-s, -> dormitorio *m*, recámara *f MAm*; **Schlafzimmerblick** *m* <-(e)s, -e> (*fam*) mirada *f* seductora

Schlag [ʃlaːk, *pl:* ˈʃlɛːgə] *m* <-(e)s, Schläge> ❶ (*allgemein, Schicksals-*) golpe *m*; (*mit der Faust*) puñetazo *m*, impacto *m Am*; (*mit der Hand*) manotazo *m*; (*mit einem Stock*) porrazo *m*; (*mit einer Peitsche*) latigazo *m*; **ein ~ ins Gesicht** un golpe en la cara; **ein ~ unter die Gürtellinie** un golpe bajo; **das war ein schwerer ~ für ihn** fue un golpe duro para él; **ein ~ ins Wasser** un golpe fallido; **~ auf ~** ininterrumpidamente; **keinen ~ tun** (*fig fam*) no dar ni golpe; **etw auf einen ~ tun** (*fam*) hacer varias cosas a la vez; **mit einem ~** (*fam*) de golpe; **mit jdm zu ~ kommen** (*Schweiz*) llevarse bien [*o* hacer buenas migas] con alguien; **mit etw zu ~ kommen** (*Schweiz*) vencer [*o* superar] algo ❷ *pl* (*Prügel*) paliza *f*; **Schläge bekommen** recibir una paliza ❸ (*einer Uhr, Glocke*) campanada *f*; (*Herz-*) latido *m*; (*Puls-*) pulsación *f*; **~ sechs Uhr** a las seis en punto ❹ (*Stromstoß*) calambre *m*; **einen ~ bekommen** darse un calambre ❺ (*fam: ~anfall*) ataque *m* de apoplejía; **ihn hat der ~ getroffen** sufrió un ataque de apoplejía; (*fig*) se quedó de piedra; **ich glaube, mich trifft** [*o* **rührt**] **der ~** creo que me va a dar algo [*o* un patatús] ❻ (*Tauben-*) palomar *m* ❼ (*fam: Portion*) ración *f*; **ein ~ Suppe** un cazo de sopa ❽ (*Menschen-*) tipo *m*; **vom gleichen ~ sein** ser del mismo tipo

Schlagabtausch *m* <-(e)s, ohne *pl*> ❶ (*beim Boxen*) intercambio *m* de golpes ❷ (*Auseinandersetzung*) disputa *f*

Schlagader *f* <-, -n> arteria *f*

Schlaganfall *m* <-(e)s, -fälle> ataque *m* de apoplejía

schlagartig I. *adj* brusco, repentino II. *adv* de repente, de un golpe; **der Lärm hörte ~ auf** el ruido cesó súbitamente; **sie ist ~ berühmt geworden** se hizo famosa de la noche a la mañana

Schlagball[1] *m* <-(e)s, ohne *pl*> (SPORT: *Spiel*) juego parecido al béisbol

Schlagball[2] *m* <-(e)s, -bälle> (SPORT: *Ball*) pelota utilizada en "*schlagball*"

schlagbar *adj* (SPORT) vencible; **diese Mannschaft ist ~** este equipo puede ser vencido [*o* derrotado]

Schlagbaum *m* <-(e)s, -bäume> barrera *f*

Schlagbohrer *m* <-s, ->, **Schlagbohrmaschine** *f* <-, -n> taladradora *f* (eléctrica) con percutor

Schlägel *m* <-s, -> ❶ (*Werkzeug*) martillo *m*, mazo *m*, mallete *m*, golpe *m Mex* ❷ (MUS) palillo *m*, varilla *f*

schlagen [ˈʃlaːɡən] <schlägt, schlug, geschlagen> I. *vt* ❶ (*hauen*) golpear, asestar un golpe a, fajar *Am*, virar *MAm, Ant*; **er schlug sie zu Boden** la tiró al suelo de un golpe; **ehe ich mich ~ lasse** (*fam*) antes de dejar que me peguen; **er schlug ihr das Buch aus der Hand** le arrancó el libro de la mano; **die Hände vors Gesicht ~** taparse la cara con las manos; **~ alles kurz und klein** hizo todo trizas; **etw zu Scherben ~** hacer algo añicos; **jdn zum Krüppel ~** moler [*o* romper los huesos] a alguien de una paliza ❷ (*Gegner, Feind*) ganar a; (*Schachfigur, Spielstein*) comer; (*Rekord*) batir; **er gab sich ge~** se dio por vencido; **sie schlugen die deutsche Mannschaft mit 3:1** ganaron al equipo alemán por 3 a 1; **sie schlug ihn dreimal beim Schachspiel** le ganó tres veces al ajedrez; **er hat ihn um drei Meter ge~** le ha ganado por tres metros ❸ (*befestigen*) clavar, fijar; **sie schlägt den Nagel in die Wand** clava el clavo en la pared ❹ (*Loch, Kerbe*) hacer; **einen Bogen um jdn/etw ~** evitar a alguien/algo; **einen Kreis ~** trazar un círculo ❺ (*Eiweiß, Sahne*) batir ❻ (*fällen*) cortar, talar, tumbar *Am* ❼ (*Trommel*) tocar; (*Uhrzeit*) dar, tocar; **den Takt ~** llevar el ritmo; **Alarm ~** dar la alarma; **die Uhr hat 12 ge~** el reloj dio las 12; **eine ge~e Stunde** una hora entera ❽ (*Greifvogel*) capturar ❾ (*Wend*) **sich** *dat* **den Bauch voll ~** (*fam*) atiborrarse (de comida); **Gewinn aus etw ~** sacar provecho de algo; **etw in Papier ~** envolver algo con papel; **ein paar Eier in die Pfanne ~** freír unos huevos II. *vi* ❶ (*einen Schlag versetzen*) golpear; **sie schlug an die Tür** golpeó la puerta; **nach jdm ~** dar un golpe a alguien; **um sich ~** golpear a diestro y siniestro ❷ *sein* (*aufprallen*) darse (*auf/gegen* con/contra/en), golpear (*auf/gegen* contra/en); **er schlug mit dem Kopf gegen die Tischkante ~** se dio con la cabeza contra el canto de la mesa ❸ (*Puls, Herz*) latir, palpitar; (*Uhr, Glocke*) tocar ❹ *haben o sein* (*Regen*) golpear (*an/gegen* en/contra), (*Flammen*) salir (*aus* por) ❺ (*Nachtigall, Fink*) cantar ❻ *sein* (*fam: ähnlich*) parecerse (*nach* a); **die Jüngste schlägt nach der Mutter** la menor ha salido a la madre ❼ *sein* (*in Mitleidenschaft ziehen*): **jdm** [*o* **bei jdm**] **auf den Magen ~** sentar como una patada en el estómago a alguien III. *vr*: **sich ~** ❶ (*sich prügeln*) pegarse, fajarse *Am*; **sich um etw ~** pegarse por algo ❷ (*sich behaupten*): **ihr habt euch tapfer ge~!** ¡os habéis portado [*o* lo habéis hecho] muy bien! ❸ (*Wend*) **sich auf jds Seite ~** tomar partido por alguien

schlagend I. *adj* ❶ (*Bemerkung*) acertado, oportuno ❷ (*Beweis*) irrefutable, incuestionable; **die Fotos waren ~e Beweise** las fotos eran una prueba irrefutable [*o* contundente] II. *adv* con contundencia

Schlager [ˈʃlaːɡɐ] *m* <-s, -> ❶ (*Lied*) canción *f* de moda [*o* de éxito] ❷ (*Verkaufs-*) artículo *m* de gran éxito, exitazo *m fam*

Schläger [ˈʃlɛːɡɐ] *m* <-s, -> ❶ (*Tennis-*) raqueta *f*; (*Golf-, Hockey-*) stick *m* ❷ (*abw: Mensch*) matón *m*, camorrista *m*

Schlägerbande *f* <-, -n> (*abw*) banda *f* (de camorristas)

Schlägerei *f* <-, -en> riña *f*, pelea *f*, bulla *f SAm*

Schlagerfestival *nt* <-s, -s> festival *m* de canciones de moda [*o* de música actual]; **Schlagersänger(in)** *m(f)* <-s, -; -, -nen> intérprete *mf* de canciones de moda

schlagfertig *adj* agudo, sagaz

Schlagfertigkeit *f* <-, ohne *pl*> capacidad *f* de réplica

Schlagholz *nt* <-es, -hölzer> (SPORT) bate *m*; **den Ball mit dem ~ treffen** dar a la pelota con el bate

Schlaginstrument *nt* <-(e)s, -e> instrumento *m* de percusión

Schlagkraft *f* ❶ (*Wucht*) fuerza *f* ❷ (*Kampfkraft*) fuerza *f* de combate ❸ (*Wirkungskraft*) eficacia *f*

schlagkräftig *adj* ❶ (*Person*) fuerte; (*Armee*) combativo ❷ (*Argument*) contundente

Schlaglicht *nt* <-(e)s, -er> rayo *m* de luz; **ein (bezeichnendes) ~ auf jdn/etw werfen** aportar una caracterización (muy típica) de alguien/algo

Schlagloch *nt* <-(e)s, -löcher> bache *m*, pozo *m SAm*

Schlagmann *m* <-(e)s, -männer> (SPORT) cabo *m* (de un barco de remo)

Schlagobers *nt* <-, ohne *pl*> (*Österr*), **Schlagrahm** *m* <-(e)s, ohne *pl*> (*südd, Österr, Schweiz*) *s.* **Schlagsahne**

schlagreif *adj* tallar; **~ sein** tallar, estar listo para ser talado; **Pappeln sind oft schon mit 25 Jahren ~** con 25 años los chopos están a veces listos para su tala

Schlagring *m* <-(e)s, -e> llave *f* estrella de golpe

Schlagsahne *f* <-, ohne *pl*> (*flüssig*) nata *f* líquida [*o* para montar]; (*geschlagen*) nata *f* montada, crema *f Am*

Schlagseite *f* <-, ohne *pl*> (NAUT) escora *f*; **~ haben** escorar

Schlagstock *m* <-(e)s, -stöcke> porra *f*, bolillo *m Kol*; **Schlagstockeinsatz** *m* <-es, -sätze> uso *m* de la porra

schlägt [ʃlɛkt] 3. *präs von* **schlagen**

Schlagwerk *nt* <-(e)s, -e> sonería *f*

Schlagwetter *ntpl* (BERGB) grisú *m*

Schlagwort[1] *nt* <-(e)s, -e *o* -wörter> ❶ (*Parole*) (e)slogan *m* ❷ (*Gemeinplatz*) tópico *m*

Schlagwort[2] *nt* <-(e)s, -wörter> (*Stichwort*) palabra *f* clave

Schlagwortkatalog *m* <-(e)s, -e> catálogo *m* de materias

Schlagzeile *f* <-, -n> titular *m*, cabecera *f*, encabezado *m Guat, Mex*; **~n machen** saltar a las primeras páginas

schlagzeilen *vt* (*sl*) poner como titular, anunciar con titulares

Schlagzeug *nt* <-(e)s, -e> (MUS) percusión *f*; (*einer Rockband*) batería *f*

Schlagzeuger(in) *m(f)* <-s, -; -, -nen>, **Schlagzeugspieler(in)** *m(f)* <-s, -; -, -nen> batería *mf*

schlaksig [ˈʃlaksɪç] *adj* (*fam*) larguirucho

Schlamassel [ʃlaˈmasəl] *m o nt* <-s, ohne *pl*> (*fam*) embrollo *m*, lío *m*; **da haben wir den ~!** ¡ya se armó la marimorena!

Schlamm [ʃlam, *pl:* ˈʃlɛmə] *m* <-(e)s, Schlämme *o* -e> lodo *m*, barro *m*

Schlammablagerung *f* <-, -en> depósito *m* de lodos; **Schlammbad** *nt* <-(e)s, -bäder> baño *m* de barro [*o* de lodo]; **Schlammbelebung** *f* <-, -en> activación *f* de lodos; **Schlammfaulung** *f* <-, -en> putrefacción *f* de fangos

schlammig *adj* lodoso, fangoso

Schlammpackung *f* <-, -en> (MED) envoltura *f* de fango; **Schlammschlacht** *f* <-, -en> (*fam*) ❶ (*Fußballspiel*) partido *m* en campo lodoso ❷ (*Streit*) pelea *f* (con golpes bajos); **Schlammvulkan** *m* <-s, -e> volcán *m* de lodo

Schlampe [ˈʃlampə] *f* <-, -n> (*fam abw*) dejada *f*, cachimba *f Cuba*

schlampen [ˈʃlampən] *vi* (*fam abw: bei Arbeit*) chapucear; (*mit Sachen*) ser desordenado

Schlamper ['ʃlampɐ] m <-s, -> (reg: abw: nachlässig) persona f dejada; (unordentlich) persona f desordenada
Schlamperei¹ f <-, -en> (fam abw: schlechte Arbeit) chapuza f, chapucería f; **so eine ~!** ¡vaya chapuza!
Schlamperei² f <-, ohne pl> (fam: Unordnung) desorden m
schlampig adj (fam abw) ① (unordentlich) desordenado; (Aussehen) descuidado
② (Arbeit) chapucero
schlang [ʃlaŋ] 3. imp von **schlingen**
Schlange ['ʃlaŋə] f <-, -n> ① (Tier) serpiente f
② (abw: Person) víbora f
③ (Menschen~) cola f; (Fahrzeug~) caravana f (de coches); **~ stehen** hacer cola, esperar (la) cola
schlängeln ['ʃlɛŋəln] vr: **sich ~** ① (Schlange, Weg) serpentear
② (Mensch) abrirse camino (durch por entre)
Schlangenbeschwörer(in) m(f) <-s, -; -, -nen> encantador(a) m(f) de serpientes; **Schlangenbiss**^RR m <-es, -e> mordedura f de serpiente, picadura f de serpiente; **Schlangengift** nt <-(e)s, -e> veneno m de serpiente; **Schlangenleder** nt <-s, -> piel f de serpiente; **Schlangenlinie** f <-, -n> línea f sinuosa; (in) **~n fahren** ir haciendo eses; **Schlangenmensch** m <-en, -en> contorsionista mf
Schlangestehen nt <-s, ohne pl> (hacer m) cola f
schlank [ʃlaŋk] adj delgado; **~ werden** adelgazar; **der Mantel macht dich ~** el abrigo te hace delgada
Schlankheit f <-, ohne pl> delgadez f; **die neue Diät soll ihm wieder zu seiner einstigen ~ verhelfen** la nueva dieta debe ayudarle a recuperar su antigua esbeltez [o su antiguo peso]
Schlankheitsdiät f <-, -en> dieta f de adelgazamiento; **Schlankheitskur** f <-, -en> cura f para adelgazar
schlankweg ['ʃlaŋkvɛk] adv (fam) sin más, categóricamente; **sie hat es ~ abgelehnt** lo ha rechazado sin más
schlapp [ʃlap] adj ① (nicht straff) flojo
② (ohne Kraft) flojo, débil; (erschöpft) agotado; **sich ~ lachen** (fam) desternillarse de risa
③ (fam abw: träge) soso
④ (fam): **für ~e 500 Euro** por la miseria de 500 euros
Schlappe ['ʃlapə] f <-, -n> derrota f; **eine ~ erleiden** [o **einstecken**] sufrir una derrota
Schlappen ['ʃlapən] m <-s, -> (fam) pantufla f
Schlappheit f <-, ohne pl> flojedad f, flojera f
Schlapphut m <-(e)s, -hüte> sombrero m de ala ancha, chambergo m
schlapp|machen vi (fam) tirar la toalla, darse por vencido
Schlappohr nt <-(e)s, -en> (ZOOL: iron) oreja f caída [o gacha]; **Schlappschwanz** m <-es, -schwänze> (fam abw) blandengue m, calzonazos m inv
Schlaraffenland [ʃla'rafən-] nt <-(e)s, ohne pl> (país m de) Jauja f; **ein Leben wie im ~** una vida como en el país de Jauja
schlau [ʃlau] adj ① (listig) astuto, vivo, cuco fam, gaucho SAm, emponchado Guat, Mex
② (fam: klug) listo; **aus jdm/etw nicht ~ werden** no entender a alguien/algo; **das ist ein ganz S~er!** (fam iron) ¡es muy listo [o listillo]!
Schlauberger [-bɛrgɐ] m <-s, -> (fam) zorro, -a m, f, cuco, -a m, f
Schlauch [ʃlaux, pl: 'ʃlɔyçə] m <-(e)s, Schläuche> ① (Wasser~) manguera f; (Gas~) tubo m flexible; **auf dem ~ stehen** (fam fig) estar desorientado
② (Reifen~) cámara f de aire
Schlauchboot nt <-(e)s, -e> bote m neumático
schlauchen I. vi (fam) cansar
II. vt (fam) ① (Arbeit) agotar; **geschlaucht sein** estar hecho polvo; **diese Arbeit schlaucht mich** este trabajo me agota
② (Vorgesetzter) hacer trabajar mucho (a), hacer sudar (a)
Schlauchfilter m <-s, -> filtro m tubular
schlauchlos adj sin cámara
Schläue ['ʃlɔyə] f <-, ohne pl> astucia f, ingenio m
Schlaufe ['ʃlaufə] f <-, -n> ① (zum Tragen) lazo m
② (am Gürtel) pasador m
Schlauheit f <-, ohne pl> s. **Schläue**
Schlaukopf m <-(e)s, -köpfe> (fam), **Schlaumeier** m <-s, -> (fam) vivo, -a m, f, marrullero, -a m, f
Schlawiner [ʃla'vi:nɐ] m <-s, -> (fam abw) pillo, -a m, f, bribón, -ona m, f
schlecht [ʃlɛçt] I. adj ① (nicht gut) mal(o); **einen ~en Geschmack haben** tener mal gusto; **das ist ein ~er Scherz** es una broma de mal gusto; **etw ist über jdn sagen** hablar mal de alguien; **das ist keine ~e Idee** no es mala idea; **ein ~es Gewissen haben** tener mala conciencia; **mir ist ~** me siento [o me encuentro] mal; **es sind ~e Zeiten** son tiempos difíciles
② (verdorben) malo, pasado; (verfault) podrido; (Luft) viciado; **~ werden** echarse a perder
③ (gemein) malo, bruto; (boshaft) malicioso
II. adv mal; **auf jdn ~ zu sprechen sein** no sentir simpatía por alguien; **er kann ~ Nein sagen** le cuesta mucho decir que no; **heute geht es ~** hoy me viene mal; **er ist ~ zu verstehen** es difícil entenderlo; **das kann ich ~ sagen** no sabría decirlo exactamente; **er hat nicht ~ gestaunt** (fam) se ha sorprendido bastante; **mehr ~ als recht** con más pena que gloria; **es sieht ~ aus mit ihm** no tiene negro; **wird er es schaffen? – es sieht ~ aus** ¿lo conseguirá? – la cosa está un poco negra [o no tiene buena pinta]
schlechterdings adv (alt) completamente, absolutamente; **das ist ~ unmöglich!** ¡es totalmente [o sencillamente] imposible!
Schlechterfüllung f <-, ohne pl> (JUR) cumplimiento m defectuoso
Schlechterstellung f <-, ohne pl> empeoramiento m; **Verbot der ~** prohibición de empeoramiento
schlecht|gehen irr vunpers sein s. **gehen** I.1.
schlecht|gelaunt adj s. **gelaunt**
Schlechtheit f <-, ohne pl> maldad f
schlechthin ['-'-] adv ① (an sich) por antonomasia; **sie gilt als die Geschäftsfrau ~** es considerada la mujer de negocios por antonomasia
② (geradezu) simplemente, sin más
③ (absolut) totalmente
Schlechtigkeit¹ f <-, -en> (Tat) fechoría f, granujada f
Schlechtigkeit² f <-, ohne pl> (Beschaffenheit) maldad f, perversidad f
Schlechtleistung f <-, -en> rendimiento m de la agravación; **Schlechtlieferung** f <-, -en> (JUR) entrega f defectuosa
schlecht|machen vt s. **machen** I.4.
Schlechtwettergeld nt <-(e)s, ohne pl> apoyo económico para los trabajadores de la construcción cuando las condiciones meteorológicas imposibilitan el trabajo
schlecken ['ʃlɛkən] I. vt (lecken) lamer; (essen) comer(se); (trinken) beber(se)
II. vi ① (lecken) lamer (an)
② (naschen) comer golosinas
Schleckerei f <-, -en> (Österr, südd) dulce m, golosina f
Schleckermaul nt <-(e)s, -mäuler> (fam) goloso, -a m, f
Schlegel¹ ['ʃle:gəl] m <-s, -> (südd, Österr, Schweiz: Geflügelkeule) pata f, muslo m
Schlegel² m <-s, -> (Werkzeug, a. MUS) s. **Schlägel**
Schlehdorn ['ʃle:dɔrn] m <-(e)s, -e> endrino m
Schlehe ['ʃle:ə] f <-, -n> ① (Strauch) endrino m
② (Frucht) endrina f
schleichen ['ʃlaiçən] <schleicht, schlich, geschlichen> I. vi sein ① (leise) avanzar a hurtadillas
② (langsam) avanzar despacio, ir a paso lento; **die Zeit schleicht** el tiempo pasa lentamente
II. vr: **sich ~** (hinein~) entrar a hurtadillas (in en/a); (hinaus~) salir a hurtadillas (aus de), escurrirse (aus de); **heimlich schlich er sich in die Küche** entró a hurtadillas en la cocina; **schleich dich!** (südd, Österr) ¡sal [o piérdete] de mi vista!
schleichend adj (Krankheit, Gift) lento; (Inflation) latente
Schleicher(in) ['ʃlaiçɐ] m(f) <-s, -; -, -nen> (abw) lameculos mf inv vulg
Schleichhandel m <-s, ohne pl> comercio m clandestino (mit de); (Schmuggel) contrabando m (mit de); **Schleichware** f <-, -n> mercancía f de contrabando; **Schleichweg** [-ve:k] m <-(e)s, -e> camino m secreto; **Schleichwerbung** f <-, -en> publicidad f encubierta
Schleie ['ʃlaiə] f <-, -n> tenca f
Schleier ['ʃlaiɐ] m <-s, -> ① (für Gesicht, Kopf, a. FOTO) velo m; **alles wie durch einen ~ sehen** verlo todo a través de un velo; **den ~ von etw lüften** (geh) descorrer el velo de algo; **den ~ des Vergessens über etw breiten** (geh) correr un tupido velo sobre algo
② (Dunst) cortina f
Schleiereule f <-, -n> lechuza f
schleierhaft adj: **für jdn ~ sein/bleiben** ser incomprensible para alguien; **es ist mir ~, wie ...** no me explico cómo...; **das wird mir ~ bleiben** nunca me lo explicaré
Schleierkraut nt <-(e)s, ohne pl> gipsófila f; **Schleierwolke** f <-, -n> nube f de velo
Schleife ['ʃlaifə] f <-, -n> ① (Schlinge) lazo m; (beim Schuhebinden) nudo m; (Haar~) lazo m, cinta f
② (Kurve) curva f
schleifen¹ ['ʃlaifən] vt ① (ziehen) arrastrar; **sie hat ihre kleine Schwester mit in die Disko geschleift** (fam) ha ido a la discoteca acarreando a su hermana pequeña; **du kannst deine Arbeit nicht länger ~ lassen** (fam) tienes que ocuparte de tu trabajo de una vez
② (niederreißen) arrasar, derribar
schleifen² <schleift, schliff, geschliffen> vt ① (schärfen) afilar
② (glätten) lijar; (Glas) esmerilar; (Edelstein) tallar; **etw glatt ~** lijar

algo (hasta dejarlo liso); **geschliffene Reden/Dialoge** discursos/diálogos muy conseguidos [*o* esmerados]
❸ (*fam: hart drillen*) hacer sudar (la gota gorda) (a)
Schleifer(in) *m(f)* <-s, -; -, -nen> ❶ (*jd, der schleift: Schere*) afilador(a) *m(f)*; (*Glas*) pulidor(a) *m(f)*; (*Edelsteine*) tallista *mf*
❷ (MIL: *sl: Ausbilder*) instructor(a) *m(f)* negrero, -a
Schleiflack *m* <-(e)s, -e> barniz *m* para pulir; **Schleifmaschine** *f* <-, -n> afiladora *f*, lijadora *f*; **Schleifpapier** *nt* <-s, -e> papel *m* de lija; **Schleifstein** *m* <-(e)s, -e> piedra *f* de afilar [*o* de amolar]
Schleim [ʃlaɪm] *m* <-(e)s, -e> ❶ (*Sekret*) moco *m*, flema *f*; (*einer Pflanze*) mucílago *m*
❷ (*Brei*) papilla *f*
Schleimdrüse *f* <-, -n> (MED) glándula *f* mucosa
schleimen *vi* (*fam abw: schmeichel*) hacer la pelota; **bei jdm ~** adular a alguien, hacer la pelota a alguien
Schleimer(in) [ʃlaɪmɐ] *m(f)* <-s, -; -, -nen> (*abw*) pelota *mf*
Schleimhaut *f* <-, -häute> (MED) (membrana *f*) mucosa *f*
schleimig *adj* ❶ (*Absonderung*) mucoso; (*zähflüssig, klebrig*) viscoso
❷ (*abw: kriecherisch*) zalamero, adulador
Schleimscheißer(in) *m(f)* <-s, -; -, -nen> (*vulg abw*) lameculos *mf inv*
schlemmen [ʃlɛmən] **I.** *vi* comer opíparamente
II. *vt: etw ~* comer algo en abundancia
Schlemmer(in) *m(f)* <-s, -; -, -nen> gourmet *mf*
Schlemmerei *f* <-, -en> (*Gelage*) comilona *f*, empipada *f Am*
Schlemmerin *f* <-, -nen> *s.* **Schlemmer**
schlendern [ʃlɛndɐn] *vi sein* deambular (*durch* por)
Schlendrian [ʃlɛndriːa:n] *m* <-(e)s, *ohne pl*> (*fam abw*) dejadez *f*, descuido *m*
Schlenker [ʃlɛŋkɐ] *m* <-s, -> (*fam*) ❶ (*Bogen*) curva *f*; **einen ~ machen** (*Straße*) hacer una curva; (*Fahrzeug*) torcer
❷ (*Umweg*) rodeo *m*; **einen ~ machen** dar un rodeo
schlenkern [ʃlɛŋkɐn] *vi, vt* balancear, bambolear; **sie schlenkerte die [*o* mit den] Beinen** balanceaba las piernas; **der Rock schlenkert um ihre Beine** la falda se bamboleaba en torno a sus piernas
Schlepp [ʃlɛp] *m*: **ein Auto/Boot in ~ nehmen** remolcar un coche/una barca; **jdn im ~ haben** (*begleitet werden*) ir acompañado por alguien; (*verfolgt werden*) tener a alguien en los talones
Schleppdampfer *m* <-s, -> (NAUT) remolcador *m*
Schleppe [ʃlɛpə] *f* <-, -n> cola *f* (del vestido)
schleppen [ʃlɛpən] **I.** *vt* ❶ (*ziehen*) arrastrar; (*ab~*) remolcar; **sie hat mich durch das ganze Museum geschleppt** (*fam*) me arrastró por todo el museo
❷ (*tragen*) cargar (con)
❸ (*transportieren*) llevar
II. *vr: sich ~* ❶ (*sich fortbewegen*) andar a trancas y barrancas (*über* por, *in/(bis) zu* hasta); (*kriechen*) arrastrarse (*in/(bis) zu* hasta)
❷ (*sich hinziehen*) durar (mucho tiempo), demorarse
schleppend *adj* (*langsam*) lento; (*Unterhaltung*) pesado, difícil; **~e Nachfrage** poca demanda
Schlepper *m* <-s, -> ❶ (*Schleppschiff*) remolcador *m*
❷ (*Traktor*) tractor *m*
❸ (*fam abw: Person*) gancho *m*
Schleppfischerei *f* <-, *ohne pl*> pesca *f* de arrastre; **Schleppkahn** *m* <-(e)s, -kähne> lancha *f* de remolque, bongo *m Am*; **Schlepplift** *m* <-(e)s, -e> telesquí *m*
Schleppnetz *nt* <-es, -e> traína *f*, red *f* barredera [*o* de arrastre]; **Schleppnetzfahndung** *f* <-, -en> (JUR) pesquisa *f* de cerco reticular
Schlepptau *nt* <-(e)s, -e> cuerda *f* de arrastre, cable *m* de remolque; **jdn/etw im ~ haben** llevar a alguien/algo a remolque; **jdn ins ~ nehmen** (*fam fig*) llevar a alguien (consigo) a todas partes
Schlesien [ʃleːziən] *nt* <-s> Silesia *f*
Schlesier(in) *m(f)* <-s, -; -, -nen> silesio, -a *m, f*
schlesisch *adj* silesio
Schleswig-Holstein [ʃleːsvɪçˈhɔlʃtaɪn] *nt* <-s> Schleswig-Holstein *m*
Schleuder [ʃlɔɪdɐ] *f* <-, -n> ❶ (*für Geschosse*) catapulta *f*, honda *f*
❷ (*Wäsche~*) centrifugadora *f*
❸ (*Zentrifuge*) centrífuga *f*
Schleuderball[1] *m* <-(e)s, -bälle> (SPORT: *Ball*) pelota *f* de piel con un lazo atado para lanzarla
Schleuderball[2] *m* <-(e)s, *ohne pl*> (SPORT: *Spiel*) juego *m* de equipo con una "schleuderball"
Schleudergefahr *f* <-, -en> peligro *m* de deslizamiento; **Schleuderhonig** *m* <-s, -e> miel *f* colada [*o* extraída]
schleudern [ʃlɔɪdɐn] **I.** *vi sein* (*Auto*) patinar, colear *M Am, Ant*; **ins S~ kommen** [*o* geraten] patinar, colear *M Am, Ant*; (*fig*) verse en apuros
II. *vt* ❶ (*werfen*) lanzar, arrojar; **er wurde zu Boden geschleudert** fue arrojado al suelo

❷ (*Wäsche*) centrifugar
Schleuderpreis *m* <-es, -e> (*fam*) precio *m* tirado [*o* regalado]; **etw zum ~ verkaufen** vender algo a un precio ruinoso [*o* irrisorio]; vender algo a precio tirado *fam*; **Schleudersitz** *m* <-es, -e> (AERO) asiento *m* proyectable; **Schleuderspur** *f* <-, -en> marca *f* del patinazo, huella *f* del patinazo
schleunig [ʃlɔɪnɪç] *adv* (*geh*) rápidamente, a toda prisa; **benachrichtigen Sie mich ~, wenn es soweit ist** infórmeme sin demora cuando llegue el momento
schleunige(r, s) [ʃlɔɪnɪɡɐ, -ɡə, -ɡəs] *adj* (*geh*) rápido
schleunigst [ʃlɔɪnɪçst] *adv* ahora mismo, lo antes posible, al tiro *Am*
Schleuse [ʃlɔɪzə] *f* <-, -n> esclusa *f*
schleusen *vt* ❶ (*Schiff*) hacer pasar por la esclusa
❷ (*geleiten*) conducir; **eine Kolonne durch eine Stadt ~** escoltar una brigada a través de la ciudad
❸ (*illegal*) hacer pasar (*durch* por, *in* a); **jdn über die grüne Grenze ~** ayudar a alguien a pasar la frontera (ilegalmente)
Schleusengeld *nt* <-(e)s, -er> derechos *mpl* de esclusa; **Schleusenkammer** *f* <-, -n> (cámara *f* de la) esclusa *f*; **Schleusenwärter(in)** *m(f)* <-s, -; -, -nen> vigilante *mf* de la esclusa
Schleuserbande *f* <-, -n> banda *f* clandestina de tráfico de mano de obra
schlich [ʃlɪç] 3. *imp von* **schleichen**
Schlich *m* <-(e)s, -e> truco *m*; **alle ~e kennen** conocer todos los trucos; **jdm auf die ~e kommen** ver(le) a alguien el juego; **hinter jds ~e kommen** descubrir(le) el truco a alguien
schlicht [ʃlɪçt] *adj* ❶ (*einfach*) simple, sencillo; **~ und einfach** (*fam*) sencillamente, simple y llanamente; **ich habe ~ und ergreifend keine Lust mehr** (*fam*) simplemente no tengo más ganas
❷ (*bescheiden*) modesto
schlichten [ʃlɪçtən] **I.** *vt* ❶ (*Streit*) mediar (en), intervenir como mediador (en)
❷ (TECH: *Oberfläche*) alisar
II. *vi* intervenir como mediador (*in* en), mediar (*in* en); **in etw ~d eingreifen** mediar [*o* terciar] en algún asunto
Schlichter(in) *m(f)* <-s, -; -, -nen> mediador(a) *m(f)*, intermediario, -a *m, f*
Schlichtheit *f* <-, *ohne pl*> sencillez *f*, simplicidad *f*
Schlichtung *f* <-, -en> conciliación *f*
Schlichtungsausschuss[RR] *m* <-es, -schüsse> comisión *f* de arbitraje [*o* de reconciliación]; **Schlichtungsklausel** *f* <-, -n> cláusula *f* de arbitraje; **Schlichtungskomitee** *nt* <-s, -s> comisión *f* de arbitraje; **Schlichtungsstelle** *f* <-, -n> órgano *m* de arbitraje; **Schlichtungsverfahren** *nt* <-s, -> arbitraje *m*, acto *m* de conciliación; **Schlichtungsverhandlungen** *fpl* negociaciones *fpl* de conciliación; **Schlichtungsvertrag** *m* <-(e)s, -träge> acuerdo *m* de conciliación
Schlick [ʃlɪk] *m* <-(e)s, -e> légamo *m*, cieno *m*
schliddern [ʃlɪdɐn] *vi sein* (*nordd*) *s.* **schlittern**
schlief [ʃliːf] 3. *imp von* **schlafen**
Schliere [ʃliːrə] *f* <-, -n> estría *f*, cuerda *f*
Schließe [ʃliːsə] *f* <-, -n> cierre *m*
schließen [ʃliːsən] <schließt, schloss, geschlossen> **I.** *vi* ❶ (*zugehen, Geschäft*) cerrar
❷ (*aufhören*) terminar
❸ (*ab~*) cerrar; **der Schlüssel schließt gut** la llave cierra bien
❹ (FIN) cerrar; **fest ~** cerrar (en) firme; **flau/schwächer ~** cerrar flojo/más bajo
❺ (*folgern*) deducir (*aus* de), derivar (*aus* de); **aus dieser Beobachtung schloss er auf die Tatsache, dass ...** de este comentario dedujo el hecho de que...
❻ (*umfassen*) **jdn in die Arme ~** abrazar a alguien
II. *vt* ❶ (*zumachen*) cerrar; **das Fahrrad mit einer Kette an einen Pfahl ~** atar la bicicleta a un poste con una cadena; **eine Lücke ~** tapar un hueco
❷ (*beenden*) terminar, concluir, dar por terminado; (*Kongress*) clausurar; **eine Sitzung ~** levantar la sesión; **sie schloss den Vortrag mit den Worten ...** terminó la conferencia diciendo...
❸ (*Bündnis, Vertrag*) firmar; (*Ehe*) contraer; **Frieden ~** (*nach Krieg*) firmar la paz; (*nach Streit*) hacer las paces; **Freundschaft ~** trabar amistad
❹ (ELEK: *an~*) conectar (*an a*/con)
III. *vr: sich ~* (*zugehen*) cerrarse; **da schließt sich der Kreis** (*Fügung*) pasó lo que tenía que pasar
Schließfach *nt* <-(e)s, -fächer> ❶ (*bei der Post*) apartado *m* de correos, casilla *f Am*; (*bei einer Bank*) caja *f* fuerte
❷ (*für Gepäck*) consigna *f* automática
schließlich *adv* ❶ (*am Ende*) finalmente, después de todo
❷ (*im Grunde*) al fin y al cabo
Schließmuskel *m* <-s, -n> esfínter *m*

Schließung f <-, -en> cierre m; (Beendigung) conclusión f; (Sitzung, Kongress) clausura f
Schließungsanordnung f <-, -en> orden f de cierre
schliff [ʃlɪf] 3. imp von **schleifen**
Schliff [ʃlɪf] m <-(e)s, ohne pl> (Glas~) esmerilado m; (Edelstein~) tallado m; **jdm den letzten ~ verleihen** [o **verpassen**] pulir a alguien/dar los últimos toques a algo; **etw** dat **den letzten ~ verleihen** [o **verpassen**] dar los últimos toques a algo
schlimm [ʃlɪm] I. adj ❶ (unangenehm, schlecht) mal(o); (schrecklich) terrible; **es gibt S~eres** hay cosas peores; **im ~sten Fall** en el peor de los casos; **umso ~er** todavía peor; **~,~!** ¡huy, huy, huy!
❷ (schwerwiegend) grave; **das ist nicht so ~** no es para tanto; **es ist nicht weiter ~** (fam) no pasa nada; **es ist ~ genug, dass ...** ya es bastante grave que... (+subj)
❸ (fam: entzündet) irritado
II. adv mal; **~ enden** acabar mal; **wenn es ganz ~ kommt** en el peor de los casos; **es steht ~ damit** la cosa tiene mal color [o mala pinta]; **es steht ~ um ihn** está en muy mala situación
schlimmstenfalls [ˈʃlɪmstənfals] adv en el peor de los casos, a lo peor
Schlinge [ˈʃlɪŋə] f <-, -n> (allgemein, Falle) lazo m; (Schlaufe) nudo m corredizo; (Arm~) cabestrillo m; **den Arm in der ~ tragen** llevar el brazo en cabestrillo; **~n legen** tender trampas [o lazos]; **den Kopf aus der ~ ziehen** (fig) (saber) salir del apuro
Schlingel [ˈʃlɪŋəl] m <-s, -> (fam) pillo, -a m, f, bribón, -ona m, f
schlingen [ˈʃlɪŋən] <schlingt, schlang, geschlungen> I. vi (beim Essen) tragar, zampar
II. vt (binden) atar (um alrededor de); **sich** dat **einen Schal um den Hals ~** ponerse una bufanda
III. vr: **sich ~** (Pflanze) trepar (um por)
schlingern [ˈʃlɪŋɐn] vi dar [o pegar] bandazos
Schlingpflanze f <-, -n> (planta f) trepadora f
Schlips [ʃlɪps] m <-es, -e> corbata f; **in** [o **mit**] **~ und Kragen** de etiqueta; **sich auf den ~ getreten fühlen** sentirse ofendido
schlitteln [ˈʃlɪtəln] vi sein (Schweiz) montar en trineo
Schlitten [ˈʃlɪtən] m <-s, -> ❶ (Rodel~) trineo m, tobogán m; **mit jdm ~ fahren** (fam fig) tratar a alguien a patadas, fastidiar a alguien
❷ (an der Schreibmaschine) carro m
❸ (fam: Auto) coche m, auto m Am
Schlittenfahrt f <-, -en> paseo m en trineo
Schlitterbahn f <-, -en> (reg) tobogán m, deslizadero m
schlittern [ˈʃlɪtɐn] vi sein ❶ (Wagen, Person, Eisstock) patinar (auf sobre, über por), resbalar (auf sobre, über por), deslizarse (auf sobre, über por)
❷ (hineingeraten) verse implicado (in en)
Schlittschuh m <-(e)s, -e> patín m para hielo; **~ laufen** patinar (sobre hielo)
Schlittschuhbahn f <-, -en> pista f de hielo; **Schlittschuhläufer(in)** m(f) <-s, -; -, -nen> patinador(a) m(f) sobre hielo
Schlitz [ʃlɪts] m <-es, -e> ❶ (an Automaten, Briefkasten) ranura f; (Spalt) hendidura f
❷ (an Kleidung) raja f
Schlitzaugen ntpl ojos mpl rasgados
schlitzäugig [ˈʃlɪtsɔɪɡɪç] adj de ojos rasgados
schlitzen [ˈʃlɪtsən] vt rajar
Schlitzohr nt <-(e)s, -en> (fam) zorro, -a m, f, vivo, -a m, f
schlitzohrig adj (fam) astuto, zorro
Schlögel m <-s, -> (südd, Österr, Schweiz: Geflügelkeule) pata f, muslo m
schlohweiß [ˈʃloːvaɪs] adj cano
schloss[RR] [ʃlɔs], **schloß** 3. imp von **schließen**
Schloss[RR] [ʃlɔs], auch **Schloß** nt <-es, Schlösser>, **Schloß** nt <-sses, Schlösser> ❶ (Burg) castillo m; (Palast) palacio m
❷ (Tür~) cerradura f, chapa f Am; (an Schmuck, Koffer) cierre m; (Vorhänge~) cerrojo m; **eine Tür fällt ins ~** una puerta se cierra; **hinter ~ und Riegel** a buen recaudo
Schlosser(in) [ˈʃlɔsɐ] m(f) <-s, -; -, -nen> cerrajero, -a m, f
Schlosserei f <-, -en> cerrajería f
Schlosserin f <-, -nen> s. **Schlosser**
Schlossherr(in)[RR] m(f) <-(e)n, -en; -, -nen> señor(a) m(f) del castillo; (im Mittelalter) castellano, -a m, f; **Schlosshund**[RR] m <-(e)s, -e> (fam): **heulen wie ein ~** llorar a moco tendido; **Schlosspark**[RR] m <-s, -s o -e> jardines mpl del palacio
Schlot [ʃloːt] m <-(e)s, -e> (reg) chimenea f; **rauchen wie ein ~** (fam) fumar como un carretero [o una chimenea]
schlott(e)rig [ˈʃlɔt(ə)rɪç] adj ❶ (zitternd) tembloroso; **mit ~en Knien** temblando de miedo
❷ (Kleidung) holgado
schlottern [ˈʃlɔtɐn] vi ❶ (Person) temblar, tiritar; **vor Kälte ~** temblar de frío

❷ (Kleidung) colgar (por todos los sitios)
schlottrig adj s. **schlott(e)rig**
Schlucht [ʃlʊxt] f <-, -en> garganta f, quebrada f
schluchzen [ˈʃlʊxtsən] vi sollozar, chillar Am
Schluchzer m <-s, -> sollozo m
Schluck [ʃlʊk] m <-(e)s, -e> trago m, sorbo m, golpe m Mex; **einen ~ nehmen** dar un sorbo; **etw in einem ~ austrinken** beberse algo de un trago; **in kleinen ~en trinken** beber a sorbos; **etw ~ für ~ genießen** sacarle el gustillo a algo
Schluckauf [ˈʃlʊkʔaʊf] m <-s, ohne pl> hipo m
Schluckbeschwerden fpl (MED) molestias fpl de deglución
schlucken [ˈʃlʊkən] I. vi tragar; **ich musste erst mal ~** (fig) primero tuve que reponerme
II. vt ❶ (Speise) tragar
❷ (fam: hinnehmen) aguantar, tragarse; **jede Entschuldigung ~** tragarse cualquier excusa
❸ (fam: verbrauchen) gastar, tragar; **wie viel schluckt deine Karre auf 100 km?** ¿cuánto traga tu coche cada 100 km?
❹ (fam abw: übernehmen) absorber, tragar(se) fam
Schlucker m <-s, -> (fam): **armer ~** pobre diablo
Schluckimpfstoff m <-(e)s, -e> vacuna f por vía oral; **Schluckimpfung** f <-, -en> vacuna(ción) f por vía oral; **Schluckspecht** m <-(e)s, -e> (fam): **er ist ein ~** le gusta empinar el codo [o ir de copeo]
schluckweise adj a tragos
Schluderei [ʃluːdəˈraɪ] f <-, -en> (fam abw) s. **Schlamperei**[1]
schlud(e)rig [ˈʃluːd(ə)rɪç] adj (fam abw) ❶ (Kleidung) descuidado
❷ (Arbeit) chapucero
schludern [ˈʃluːdɐn] vi (fam abw) hacer una chapuza
schludrig adj (fam abw) s. **schlud(e)rig**
schlug [ʃluːk] 3. imp von **schlagen**
Schlummer [ˈʃlʊmɐ] m <-s, ohne pl> (geh) sueño m ligero, duermevela m
schlummern [ˈʃlʊmɐn] vi ❶ (geh: schlafen) dormir, dormitar
❷ (Talent) estar oculto [o desaprovechado]
Schlund [ʃlʊnt, pl: ˈʃlʏndə] m <-(e)s, Schlünde> garganta f, gaznate m; (eines Tieres) fauces fpl
schlüpfen [ˈʃlʏpfən] vi sein ❶ (hinein~, hindurch~) pasar (in a, durch por); (hinaus~) salir (aus de); (in Kleidung) ponerse (in); **aus den Kleidern ~** quitarse la ropa
❷ (Küken): (aus dem Ei) ~ salir (del huevo)
Schlüpfer m <-s, -> calzón m, braga-pantalón f, bombacha f CSur
Schlupfloch nt <-(e)s, -löcher> (Versteck) escondrijo m; (Zuflucht) refugio m
schlüpfrig [ˈʃlʏpfrɪç] adj ❶ (rutschig) resbaladizo
❷ (abw: anstößig) obsceno, verde fam
Schlüpfrigkeit[1] f <-, -en> (Bemerkung) grosería f, escabrosidad f
Schlüpfrigkeit[2] f <-, ohne pl> (Anstößigkeit) lascivia f, obscenidad f
Schlupfwinkel m <-s, -> escondrijo m, escondite m, guarida f, aguantadero m Arg, Urug, cucho m Ecua, Peru
schlurfen [ˈʃlʊrfən] vi sein arrastrar los pies; **durch das Zimmer ~** arrastrar los pies por la habitación
schlürfen [ˈʃlʏrfən] vi, vt sorber con ruido
Schluss[RR] [ʃlʊs, pl: ˈʃlʏsə] m <-es, Schlüsse>, **Schluß** m <-sses, Schlüsse> ❶ (Ende) fin m, final m; **~ für heute!** ¡basta por hoy!; **~ damit!** (kein Wort mehr) ¡corta el rollo!; **jetzt ist aber ~!** (gibt es nichts mehr) ¡se acabó!; (reicht es) ¡ya está bien!; **zum ~ hat sie dann doch noch nachgegeben** al final cedió; **bis zum ~ bleiben** quedarse hasta el final; **mit jdm ~ machen** romper con alguien
❷ (Folgerung) conclusión f; **zu dem ~ kommen, dass ...** llegar a la conclusión de que...; **Schlüsse aus etw ziehen** sacar conclusiones de algo
Schlussabrechnung[RR] f <-, -en> cuenta f final, liquidación f final; **Schlussakte**[RR] f <-, -n> acta f final; **Schlussanhörung**[RR] f <-, -en> (JUR) audición f final; **Schlussantrag**[RR] m <-(e)s, -träge> conclusión f (definitiva); **Schlussbemerkung**[RR] f <-, -en> observación f final; **Schlussbesteuerung**[RR] f <-, -en> gravamen m definitivo; **Schlussbilanz**[RR] f <-, -en> (WIRTSCH) balance m de cierre; **Schlussdividende**[RR] f <-, -n> (WIRTSCH) dividendo m final [o complementario]
Schlüssel [ˈʃlʏsəl] m <-s, -> ❶ (Tür~, Schrauben~) llave f
❷ (Noten-, Lösungs~) clave f; **der ~ zum Erfolg/zum Verständnis** la clave del triunfo/de la comprensión
❸ (Schema) esquema m
Schlüsselanhänger m <-s, -> llavero m; **Schlüsselbein** nt <-(e)s, -e> clavícula f; **Schlüsselblume** f <-, -n> primavera f; **Schlüsselbrett** nt <-(e)s, -er> tabla f para colgar las llaves; **Schlüsselbund** m o nt <-(e)s, -e> manojo m de llaves; **Schlüsseldaten** ntpl datos mpl clave; **Schlüsseldienst** m <-(e)s, -e> (für Duplikate) servicio m de copia de llaves; (zum Aufschließen) servicio m de cerrajería; **Schlüsselerlebnis** nt <-ses, -se> (PSYCH) experiencia f clave [o crucial]; **Schlüsseletui** nt <-s, -s> llavero m

schlüsselfertig *adj* de llave en mano
Schlüsselfigur *f* <-, -en> figura *f* clave; **Schlüsselindustrie** *f* <-, ohne *pl*> (WIRTSCH) industria *f* clave; **Schlüsselkind** *nt* <-(e)s, -er> (*fam*) niño que vuelve solo a casa del colegio porque los padres están trabajando; **Schlüsselloch** *nt* <-(e)s, -löcher> ojo *m* de la cerradura; **durchs ~ gucken** mirar por el ojo de la cerradura; **Schlüsselposition** *f* <-, -en> posición *f* clave; **Schlüsselroman** *m* <-s, -e> novela *f* de clave; **Schlüsselstellung** *f* <-, -en> posición *f* clave
schlussfolgernRR *vt* concluir (*aus* de), deducir (*aus* de)
SchlussfolgerungRR *f* <-, -en> conclusión *f*; **aus etw** *dat* **~en ziehen** sacar conclusiones de algo
SchlussformelRR *f* <-, -n> fórmula *f* de despedida
schlüssig [ˈʃlʏsɪç] *adj* concluyente, contundente; **die Klage ist ~** (JUR) la demanda es concluyente; **sich** *dat* (**über etw**) **~ werden** tomar una resolución (respecto a algo)
SchlusskursRR *m* <-es, -e> (FIN) cotización *f* final, cotización *f* de cierre [*o* de última hora]; **Schlusslicht**RR *nt* <-(e)s, -er> ❶ (AUTO) luz *f* trasera ❷ (*fam: Person*) colista *mf*; **er war** [*o* **bildete**] **das ~** era el último; **Schlussnote**RR *f* <-, -n> (JUR) nota *f* final; **Schlussnotierung**RR *f* <-, -en> (FIN) cotización *f* de cierre; **Schlusspfiff**RR *m* <-(e)s, -e> (SPORT) pitido *m* final; **Schlusspunkt**RR *m* <-(e)s, -e> ❶ (*Satzpunkt*) punto *m* ❷ (*Schlussstrich*) punto *m* final; **einen ~ unter/hinter etw setzen** poner punto final a algo; **Schlussrunde**RR *f* <-, -n> (SPORT) vuelta *f* final; **Schlussstrich**RR *m* <-(e)s, -e> punto *m* final; **einen ~ ziehen** hacer borrón y cuenta nueva; **Schlussurteil**RR *nt* <-s, -e> (JUR) sentencia *f* definitiva; **Schlussverkauf**RR *m* <-(e)s, -käufe> rebajas *fpl* de fin de temporada; **Schlussvortrag**RR *m* <-(e)s, -träge> (JUR) conclusiones *fpl*; **~ in der Hauptverhandlung** conclusiones en la vista oral; **Schlusswort**RR *nt* <-(e)s, -e> comentario *m* final
Schmach [ʃmaːx] *f* <-, ohne *pl*> (*geh: Schande*) vergüenza *f*, deshonra *f*; (*Kränkung*) ofensa *f*; (*Demütigung*) humillación *f*
schmachten [ˈʃmaxtən] *vi* (*geh*): **nach etw ~** ansiar algo; **nach jdm ~** añorar a alguien; **vor Durst ~** morirse de sed
schmachtend *adj* ❶ (*sehnsüchtig*) lleno de añoranza, nostálgico, lánguido ❷ (*sentimental*) sentimental
schmächtig [ˈʃmɛçtɪç] *adj* flaco, delgado, delgaducho *fam*
schmachvoll *adj* (*geh*) vergonzoso
schmackhaft [ˈʃmakhaft] *adj* sabroso; **jdm etw ~ machen** (*fam*) hacer a alguien la boca agua con algo
schmähen [ˈʃmɛːən] *vt* (*geh*) injuriar, ofender
schmählich *adj* (*geh*) vergonzoso
Schmähung *f* <-, -en> ❶ (*das Schmähen*) ofensa *f*, injuria *f* ❷ (*Äußerung*) improperio *m*, insulto *m*
schmal [ʃmaːl] *adj* <schmaler *o* schmäler, am schmalsten *o* am schmälsten> (*schlank*) delgado; (*eng*) estrecho, angosto; **sie ist ~er geworden** ha adelgazado; **ein ~es Einkommen** (*geh*) ingresos escasos; **ein ~es Angebot** (*geh*) una oferta muy pobre [*o* reducida]
schmalbrüstig *adj* estrecho de pecho
schmäler *adj kompar von* **schmal**
schmälern [ˈʃmɛːlɐn] *vt* reducir, disminuir; **die Bedeutung von etw ~** quitarle importancia a algo
Schmälerung *f* <-, -en> reducción *f*, disminución *f*; **~ der Gewinnmargen** disminución de los márgenes de beneficio
Schmalfilm *m* <-(e)s, -e> película *f* estrecha [*o* de súper 8]; **Schmalfilmkamera** *f* <-, -s> cámara *f* de película estrecha [*o* de súper 8]
Schmalhans *m*: **dort/bei ihm ist ~ Küchenmeister** (*fam*) allí/en su casa escasea la comida [*o* tienen la despensa vacía]
Schmalseite *f* <-, -n> lado *m* estrecho, parte *f* estrecha
Schmalspur *f* <-, ohne *pl*> (EISENB) vía *f* estrecha
Schmalspurbahn *f* <-, -en> (EISENB) tren *m* de vía estrecha
schmälste(r, s) *adj superl von* **schmal**
Schmalz[1] [ʃmalts] *nt* <-es, -e> (*Fett*) manteca *f*
Schmalz[2] *m* <-es, ohne *pl*> (*fam abw: Sentimentalität*) sentimentalismo *m*, sensiblería *f*
schmalzig *adj* (*abw*) sentimental, empalagoso
Schmankerl [ˈʃmaŋkɐl] *nt* <-s, -n> (*Österr*, *südd*) exquisitez *f*, plato *m* exquisito
schmarotzen* [ʃmaˈrɔtsən] *vi* ❶ (BIOL) vivir como parásito (*auf/in* en), parasitar (*auf/in* en) ❷ (*abw: Mensch*) vivir de gorra (*bei* a costa de), garronear (*bei* a costa de) *Arg*
Schmarotzer[1] *m* <-s, -> (BIOL) parásito *m*
Schmarotzer(in)[2] *m(f)* <-s, -; -, -nen> (*abw: Person*) gorrón, -ona *m*, *f*, parásito *m*, pepenche *m Mex*
Schmarren [ˈʃmarən] *m* <-s, -> ❶ (*Österr*, *südd: Mehlspeise*) tortilla *f* dulce hecha a base de harina, huevos, leche y pasas ❷ (*fam abw: Unsinn*) chorrada *f* ❸ (*Wend*): **das geht dich einen ~ an!** (*fam*) ¡eso a ti te importa un cuerno!
schmatzen [ˈʃmatsən] I. *vi* (*beim Essen*) hacer ruido al comer II. *vt*: **jdm einen Kuss auf den Mund ~** pegarle [*o* soltarle] un beso en la boca a alguien
Schmaus [ʃmaʊs, *pl*: ˈʃmɔɪzə] *m* <-es, Schmäuse> (*alt*) comilona *f*; **was für ein köstlicher ~ war das!** ¡vaya comilona más exquisita!
schmausen [ˈʃmaʊzən] *vi* comer con placer
schmecken [ˈʃmɛkən] I. *vi* ❶ (*Geschmack haben*) saber (*nach* a), tener sabor (*nach* a); **das schmeckt nach Fisch** esto sabe a pescado; **das schmeckt nach mehr!** (*fam*) ¡esto sabe a más! ❷ (*gut ~*) gustar; **es schmeckt ihm** le gusta; **schmeckt dir die Suppe?** ¿te gusta la sopa?; **es hat gut geschmeckt** estaba rico; **es sich** *dat* **~ lassen** comer con ganas; **lass es dir ~!** ¡que aproveche!; **die neue Arbeit schmeckt ihm nicht** (*fam*) no le gusta el trabajo nuevo II. *vt* probar; **etw zu ~ bekommen** (*fam fig*) sacarle el gusto a algo
Schmeichelei [ʃmaɪçəˈlaɪ] *f* <-, -en> halago *m*, lisonja *f*, caravana *f Mex*
schmeichelhaft *adj* halagüeño, lisonjero; **das ist wenig ~ für ihn** no le va a gustar demasiado [*o* nada]
schmeicheln [ˈʃmaɪçəln] *vi* ❶ (*loben, gefallen*) halagar, lisonjear; (*abw*) adular, barbear *Guat*, *Mex*; **es schmeichelte ihm, von der Chefin gefragt zu werden** le halagaba que la jefa le preguntara ❷ (*vorteilhaft aussehen lassen*) favorecer
Schmeichler(in) *m(f)* <-s, -; -, -nen> lisonjeador(a) *m(f)*; (*abw*) zalamero, -a *m*, *f*
schmeichlerisch *adj* lisonjero, zalamero; (*abw*) adulador
schmeißen [ˈʃmaɪsən] <schmeißt, schmiss, geschmissen> *vt* (*fam*) ❶ (*werfen*) tirar, lanzar; **er schmiss Steine nach ihm** le tiró piedras; **jdn aus dem Haus ~** echar a alguien de la casa; **mit etw um sich ~** (*fig*) despilfarrar algo ❷ (*abbrechen*) abandonar, dejar ❸ (*bewältigen*) poner a flote, encargarse (de); **wir werden den Laden schon ~** (*fig*) ya nos (las) arreglaremos ❹ (*spendieren*): **eine Runde ~** pagar una ronda
Schmeißfliege *f* <-, -n> moscarda *f*, mosca *f* de la carne
Schmelz [ʃmɛlts] *m* <-es, -e> (*Zahn~*) esmalte *m* (dental)
Schmelze [ˈʃmɛltsə] *f* <-, -n> ❶ (*allgemein*) derretimiento *m*; (*Schnee~*) deshielo *m* ❷ (TECH) fundición *f*
schmelzen [ˈʃmɛltsən] <schmilzt, schmolz, geschmolzen> I. *vi sein* (*Butter*, *Eis*, *Schnee*) derretirse; (*Käse*, *Glas*, *Metall*) fundirse II. *vt* (*Butter*, *Schnee*) derretir; (*Metall*, *Glas*) fundir
Schmelzhütte *f* <-, -n> fundición *f*; **Schmelzkäse** *m* <-s, -> queso *m* para fundir, queso *m* fundido; **Schmelzofen** *m* <-s, -öfen> (TECH) horno *m* de fusión; **Schmelzpunkt** *m* <-(e)s, -e> (PHYS) punto *m* de fusión; **Schmelztiegel** *m* <-s, -> crisol *m*; (*fig*) crisol *m* de las razas; **Schmelzverhalten** *nt* <-s, -> (CHEM) fusibilidad *f*; **Schmelzwasser** *nt* <-s, -> agua *f* de deshielo; **Schmelzzone** *f* <-, -n> (CHEM) zona *f* de fusión
Schmerbauch [ˈʃmeːɐ̯-] *m* <-(e)s, -bäuche> (*fam abw*) barrigón *m*
Schmerz [ʃmɛrts] *m* <-es, -en> dolor *m*; (*Kummer*) pena *f*; **~en haben** tener dolores; **vor ~en schreien** gritar de(l) dolor; **jdn mit ~ erfüllen** hacer sufrir a alguien; **hast du sonst noch ~en?** (*fam iron*) ¿alguna otra cosa?
schmerzbetäubend I. *adj* analgésico II. *adv* analgésicamente
schmerzempfindlich *adj* sensible al dolor
schmerzen [ˈʃmɛrtsən] I. *vi* doler (a) II. *vt* doler; (*betrüben*) afligir
Schmerzensgeld *nt* <-(e)s, -er> (JUR) indemnización *f* por daño personal; **Schmerzensgeldanspruch** *m* <-(e)s, -sprüche> (JUR) reclamación *f* de indemnización por daños personales
Schmerzenslaut *m* <-(e)s, -e> gemido *m* de dolor; **Schmerzensschrei** *m* <-(e)s, -e> grito *m* de dolor
Schmerzgrenze *f* <-, -n> (*fig*) límite *m* (máximo); **die ~ überschreiten** pasarse de la raya
schmerzhaft *adj* doloroso
schmerzlich *adj* doloroso, penoso; **ein ~er Verlust** una pérdida dolorosa; **die ~e Gewissheit** la triste certeza; **etw ~ vermissen** echar algo de menos con toda el alma
schmerzlindernd *adj* analgésico, calmante
schmerzlos *adj* sin dolores; **kurz und ~** rápidamente
Schmerzmittel *nt* <-s, -> analgésico *m*
schmerzstillend *adj* analgésico, calmante
Schmerztablette *f* <-, -n> analgésico *m*; **Schmerztherapeut(in)** *m(f)* <-en, -en; -, -nen> terapéutico, -a *m*, *f* analgésico, -a; **Schmerztherapie** *f* <-, -n> analgoterapia *f*
schmerzverzerrt *adj*: **ein ~es Gesicht** un rostro desfigurado por el

schmerzvoll

dolor
schmerzvoll *adj s.* **schmerzlich**
Schmetterball *m* <-(e)s, -bälle> (*beim Tennis*) mate *m*, smash *m*; (*beim Volleyball*) remate *m*
Schmetterling ['ʃmɛtɐlɪŋ] *m* <-s, -e> (ZOOL, SPORT) mariposa *f*; 100 m ~ 100 m mariposa
Schmetterlingsblütler [-bly:tlɐ] *m* <-s, -> (BOT) papilionácea *f*
Schmetterlingsstil *m* <-(e)s, *ohne pl*> (SPORT) estilo *m* mariposa
schmettern ['ʃmɛtɐn] I. *vt* ❶ (*werfen*) arrojar, lanzar; (*Tennis*) dar un smash (a)
❷ (*Lied*) cantar con brío
II. *vi* ❶ (*erklingen*) (re)sonar
❷ (*aufprallen*) chocar; **mit dem Kopf gegen etw** ~ darse un golpe en la cabeza contra algo
❸ (*Tennis*) dar un smash
Schmied [ʃmi:t] *m* <-(e)s, -e> herrero *m*; (*Huf-*) herrador *m*; **jeder ist seines Glückes** ~ (*prov*) cada uno forja su suerte
Schmiede ['ʃmi:də] *f* <-, -n> herrería *f*, fragua *f*
Schmiedearbeit *f* <-, -en> (obra *f* de) forja *f*; **Schmiedeeisen** *nt* <-s, -> hierro *m* forjado
schmiedeeisern *adj* de hierro forjado
Schmiedehammer *m* <-s, -hämmer> martillo *m* de forja(r)
schmieden ['ʃmi:dən] *vt* ❶ (*Eisen*) fraguar, forjar; **man muss das Eisen** ~, **solange es heiß ist** (*prov*) cuando el hierro está encendido, entonces ha de ser batido
❷ (*Pläne*) urdir, fraguar
schmiegen ['ʃmi:gən] *vr:* **sich** ~ ❶ (*Kleidung*) ajustarse (*an* a)
❷ (*kuscheln*): **sich an etw** ~ recostarse contra algo; **sich an jdn** ~ arrimarse cariñosamente a alguien
schmiegsam *adj* flexible
Schmiere ['ʃmi:rə] *f* <-, -n> ❶ (*Fett*) untura *f*, grasa *f*
❷ (*Schmutz*) mugre *f*
❸ (*fam abw: Theater*) teatro *m* de provincias, farándula *f*
❹ (*fam*): ~ **stehen** hacer de espía
schmieren ['ʃmi:rən] I. *vt* ❶ (*mit Fett*) engrasar, lubri(fi)car; (*mit Öl*) enaceitar; **es läuft wie geschmiert** (*fam*) marcha como la seda
❷ (*Brot, Brötchen*) untar, preparar; (*auftragen*) poner; (*Aufstrich, Butter*) untar, poner; **Butter aufs Brot** ~ untar mantequilla en el pan
❸ (*fam abw: bestechen*) untar, comprar, sobornar
❹ (*fam abw: beschmutzen*): **voll** ~ embadurnar; (*Wände*) llenar de garabatos; **die Wände mit Politikernamen voll** ~ garabatear nombres de políticos en las paredes
❺ (*Wend*): **jdm eine** ~ (*fam*) darle un bofetón a alguien
II. *vi* (*fam*) ❶ (*Stift*) manchar
❷ (*abw: beim Schreiben*) garabatear, hacer garabatos
III. *vr:* **sich voll** ~ ensuciarse completamente, embadurnarse
Schmiererei *f* <-, -en> (*fam abw: Gemaltes*) mamarrachada *f*; (*Geschriebenes*) garabatos *mpl*
Schmierfett ['ʃmi:ɐ-] *nt* <-(e)s, -e> grasa *f* lubri(fi)cante; **Schmierfink** *m* <-en, -en> (*fam*) cochino, -a *m, f*; **Schmiergeld** *nt* <-(e)s, -er> (*fam abw*) unto *m*, soborno *m*; **Schmierheft** *nt* <-(e)s, -e> borrador *m*, cuaderno *m* en [*o* de] [*o* para] sucio
schmierig *adj* ❶ (*feucht*klebrig) resbaladizo
❷ (*schmutzig*) mugriento; (*fettig*) pringoso
❸ (*abw: schmeichlerisch*) adulador, zalamero
❹ (*abw: obszön*) obsceno, verde
Schmiermittel *nt* <-s, -> lubri(fi)cante *m*; **Schmieröl** *nt* <-(e)s, -e> aceite *m* lubri(fi)cante; **Schmierpapier** *nt* <-s, -e> (*fam*) (papel *m* de) borrador *m*; **Schmierseife** *f* <-, -n> jabón *m* verde; **Schmierstoff** *m* <-(e)s, -e> lubricante *m*, materia *f* lubri(fi)cante
Schmierung *f* <-, -en> engrasado *m*, engrase *m*
Schmierzettel *m* <-s, -> borrador *m*
schmilzt [ʃmɪltst] *3. präs von* **schmelzen**
Schminke ['ʃmɪŋkə] *f* <-, -n> maquillaje *m*, pintura *f fam*
schminken ['ʃmɪŋkən] I. *vt* maquillar, pintar *fam*; **grell geschminkt sein** ir pintado como una mona
II. *vr:* **sich** ~ maquillarse, pintarse *fam*
Schminkkoffer *m* <-s, -> neceser *m* de belleza; **Schminktäschchen** [-tɛʃçən] *nt* <-s, -> neceser *m*; **Schminktisch** *m* <-es, -e> tocador *m*
schmirgeln ['ʃmɪrgəln] *vt* lijar
Schmirgelpapier *nt* <-s, -e> papel *m* de lija
schmiss[RR] [ʃmɪs], **schmiß** *3. imp von* **schmeißen**
Schmiss[RR] [ʃmɪs] *m* <-es, -e>, **Schmiß** *m* <-sses, -sse> cicatriz *f*
schmissig *adj* (*fam*) alegre, animado
Schmöker ['ʃmøːkɐ] *m* <-s, -> (*fam*) novelón *m*
schmökern ['ʃmøːkɐn] *vi* (*fam*) enfrascarse en la lectura; **in einem Buch** ~ leer un libro
Schmollecke *f* <-, -n> (*fam*): **sich in die** ~ **zurückziehen** estar de un humor de perros; **in der** ~ **sitzen** estar de morros
schmollen ['ʃmɔlən] *vi* estar de morros
Schmollmund *m* <-(e)s, -münder> morro *m*, hocico *m*
schmolz [ʃmɔlts] *3. imp von* **schmelzen**
Schmorbraten ['ʃmoːɐ-] *m* <-s, -> estofado *m*
schmoren ['ʃmoːrən] I. *vi* (*Fleisch*) cocerse (a fuego lento), asarse
II. *vt* estofar, cocer a fuego lento; **sie schmorte stundenlang in der Sonne** (*fam*) estuvo horas tostándose al sol; **jdn** ~ **lassen** (*fam*) tener a alguien en ascuas
Schmortopf *m* <-(e)s, -töpfe> cazuela *f* para guisar (a fuego lento)
Schmu [ʃmuː] *m* <-s, *ohne pl*> (*fam*) timo *m*, estafa *f*; ~ **machen** hacer trampas
schmuck *adj* (*alt*) bonito
Schmuck [ʃmʊk] *m* <-(e)s, *ohne pl*> ❶ (*Juwelen*) joyas *fpl*, alhajas *fpl*; (*Mode-*) bisutería *f*
❷ (*Verzierung*) adorno *m*, decoración *f*
schmücken ['ʃmʏkən] *vt* adornar, decorar; **er schmückt sich gern mit fremden Federn** le gusta apropiarse de los méritos ajenos
Schmuckgegenstand *m* <-(e)s, -stände> alhaja *f*, joya *f*; **Schmuckkästchen** [-kɛstçən] *nt* <-s, -> joyero *m*, alhajera *f Arg, Chil*
schmucklos *adj* sin adorno, austero
Schmucklosigkeit *f* <-, *ohne pl*> sobriedad *f*, austeridad *f*; **die** ~ **eines Raumes** la sobria decoración de una habitación
Schmucksachen *fpl* joyas *fpl*, alhajas *fpl*; **Schmuckstück** *nt* <-(e)s, -e> alhaja *f*, joya *f*; **Schmuckwaren** *fpl* joyas *fpl*, alhajas *fpl*
schmudd(e)lig ['ʃmʊd(ə)lɪç] *adj* (*fam abw: Person*) desaliñado, deseado; (*Ding*) sucio, mugriento
Schmuddelkind *nt* <-(e)s, -er> niño, -a *m, f* descuidado, -a
schmuddlig *s.* **schmudd(e)lig**
Schmuggel ['ʃmʊgəl] *m* <-s, *ohne pl*> contrabando *m*, facuya *f Mex*
Schmuggelei *f* <-, -en> contrabando *m* (continuado)
Schmuggelgut *nt* <-(e)s, -güter> mercancía *f* de contrabando
schmuggeln I. *vi* hacer contrabando
II. *vt* pasar [*o* meter] de contrabando; **einen blinden Passagier an Bord eines Schiffes** ~ introducir a bordo de un barco a un polizón; **jdn außer Landes** ~ ayudar a alguien a salir del país ilegalmente
Schmuggelware *f* <-, -n> mercancía *f* de contrabando
Schmuggler(in) *m(f)* <-s, -; -, -nen> contrabandista *mf*
schmunzeln ['ʃmʊntsəln] *vi* sonreírse (satisfecho) (*über* de)
Schmus [ʃmuːs] *m* <-es, *ohne pl*> (*fam: wortreiches Getue*) ampulosidad *f*; (*schöne Worte*) zalamería *f*, coba *f*; (*Gerede*) palabrería *f*; **mach** [*o* **red**] **nicht so einen** ~! (*Getue*) ¡no seas tan enfático!; (*schöne Worte*) ¡no te pongas tan zalamero!; (*Gerede*) ¡déjate de tonterías!
Schmusekurs *m* <-es, *ohne pl*> (*fam*) fase *f* de cariñitos
schmusen ['ʃmuːzən] *vi* (*fam: liebkosen*) acariciar (*mit*); (*küssen*) besuquear (*mit*); (*miteinander*) besuquearse, acariciarse
Schmusepuppe *f* <-, -n> muñeca *f* preferida
Schmutz [ʃmʊts] *m* <-es, *ohne pl*> ❶ (*Zustand*) suciedad *f*, inmundicia *f*
❷ (*herumliegender*) basura *f*, mugre *f*; (*Staub*) polvo *m*; (*Lehm*) barro *m*, fango *m*; ~ **und Schund** (LIT) literatura barata; **etw/jdn in** [*o* **durch**] **den** ~ **ziehen** arrastrar algo/a alguien por el fango; **jdn mit** ~ **bewerfen** (*fig*) injuriar a alguien
schmutzen ['ʃmʊtsən] *vi* ensuciarse, mancharse; **leicht/schnell** ~ ensuciarse con mucha facilidad/rápidamente
Schmutzfink *m* <-en *o* -s, -en> (*fam*) cochino, -a *m, f*, guarro, -a *m, f*; **Schmutzfleck** *m* <-(e)s, -e(n)> mancha *f*
schmutzig *adj* ❶ (*dreckig, unlauter*) sucio; (*beschmiert*) embadurnado, pringado *fam*; **leicht** ~ **werden** ensuciarse enseguida; **sich** *dat* **nicht die Finger** ~ **machen** no ensuciarse las manos; ~**e Wäsche waschen** (*abw*) sacar los trapos sucios a relucir; ~**e Geschäfte** negocios sucios
❷ (*unanständig*) obsceno, sucio, verde *fam*; **eine** ~**e Fantasie** una fantasía sucia
Schmutzkampagne *f* <-, -n> (POL) campaña *f* de acoso y derribo, campaña *f* desleal; **Schmutzschicht** *f* <-, -en> capa *f* de mugre; **Schmutzstoff** *m* <-(e)s, -e> contaminante *m*; **Schmutztitel** *m* <-s, -> (TYPO) portadilla *f*, anteportada *f*; **Schmutzwäsche** *f* <-, *ohne pl*> ropa *f* sucia; **Schmutzwasser** *nt* <-s, -wässer> agua *f* sucia [*o* de fregar]; (*Abwasser*) agua *f* residual
Schnabel ['ʃnaːbəl, *pl:* 'ʃnɛːbəl] *m* <-s, Schnäbel> ❶ (*eines Vogels*) pico *m*
❷ (*an einer Kanne*) pitorro *m*
❸ (*fam: Mund*) pico *m*; **halt den** ~! ¡cierra el pico!; **sie redet, wie ihr der** ~ **gewachsen ist** (*fam fig*) habla porque tiene boca
schnäbeln *vi* rozarse el pico; (*fam fig: sich küssen*) darse el pico
Schnabeltasse *f* <-, -n> pistero *m*; **Schnabeltier** *nt* <-(e)s, -e> ornitorrinco *m*
Schnake ['ʃnaːkə] *f* <-, -n> ❶ (*Wiesen-*) moscardón *m*

Schnalle

② (reg: Stechmücke) mosquito m, zancudo m Am
Schnalle ['ʃnalə] f <-, -n> hebilla f, broche m
schnallen vt ① (fest~) atar (auf a); (los~) soltar; etw enger/weiter ~ ceñir/aflojar algo; **wir müssen den Gürtel** [o **Riemen**] **enger ~** (fam) tenemos que apretarnos el cinturón
② (fam: begreifen) captar, coger; **ich schnall das nicht** no lo cojo
Schnallenschuh m <-(e)s, -e> zapato m con hebilla
schnalzen ['ʃnaltsən] vi chasquear; **mit den Fingern ~** castañetear los dedos; **mit der Zunge ~** chasquear la lengua
Schnäppchen ['ʃnɛpçən] nt <-s, -> (reg: fam) ganga f, pichincha f Arg; **ein ~ machen** hacer un buen negocio [o una buena compra]
Schnäppchenjäger(in) m(f) <-s, -; -, -nen> (reg: fam) cazador(a) m(f) de oportunidades [o de gangas], cazaofertas mf inv
schnappen ['ʃnapən] I. vi ① (Hund) (intentar) pillar (nach); **nach Luft ~** (fam) jadear
② sein (Bewegung) **die Tür schnappt ins Schloss** la puerta se cierra
II. vt (packen) coger; (fam) pescar; (Dieb) pillar; **ich schnappte mir meinen Mantel und ging** pesqué mi abrigo y me fui; **den schnappe ich mir und vertrimme ihn!** lo voy a coger y lo voy a calentar
Schnappmesser nt <-s, -> navaja f de muelles, charrasca f; **Schnappschloss**^{RR} nt <-es, -schlösser> cerradura f de resorte [o de picaporte]; **Schnappschuss**^{RR} m <-es, -schüsse> instantánea f
Schnaps [ʃnaps, pl: 'ʃnɛpsə] m <-es, Schnäpse> aguardiente m
Schnapsbrennerei f <-, -en> destilería f; **Schnapsfahne** f <-, -n> (fam) tufo m de aguardiente; **eine ~ haben** apestar a aguardiente; **ihr Mann kommt fast jede Nacht mit einer starken ~ nach Hause** su marido llega casi cada noche a casa apestando a aguardiente; **Schnapsflasche** f <-, -n> botella f de aguardiente; **Schnapsglas** nt <-es, -gläser> vaso m para chupitos (de aguardiente [o de licor]); **Schnapsidee** f <-, -n> (fam) idea f descabellada [o extravagante]; **Schnapsnase** f <-, -n> (fam) nariz f de borrachín; **Schnapszahl** f <-, -en> (fam) número m con todas las cifras idénticas
schnarchen ['ʃnarçən] vi roncar
Schnarcher(in) m(f) <-s, -; -, -nen> roncador(a) m(f)
schnarren ['ʃnarən] vi rechinar, chirriar
schnattern ['ʃnatən] vi ① (Gans, Ente) graznar
② (fam: schwatzen) hablar por los codos
schnauben ['ʃnaʊbən] <schnaubt, schnaubte o schnob, geschnaubt o geschnoben> vi (Mensch) resollar, resoplar; (Tier) bufar; **vor Wut ~** bufar de ira; **ins Taschentuch ~** sonarse la nariz
schnaufen ['ʃnaʊfən] vi ① (keuchen) resollar, jadear
② (reg: atmen) respirar
Schnauferl ['ʃnaʊfɐl] nt <-s, – o -n> (Österr: fam) coche m antiguo (bien conservado)
Schnauz [ʃnaʊts, pl: 'ʃnɔɪtsə] m <-es, Schnäuze> (Schweiz), **Schnauzbart** m <-(e)s, -bärte> bigote m
Schnauze ['ʃnaʊtsə] f <-, -n> ① (vom Tier) hocico m, morro m
② (fam abw: Mund) bocaza f, morro m; **eine große ~ haben** ser un bocazas; **die ~ voll haben** estar hasta el gorro; **halt die ~!** ¡cierra el pico!; **mit etw auf die ~ fallen** (fig) llevarse un chasco con algo; **frei** (nach) **~** a buen juicio [o gusto], a la buena voluntad
schnauzen ['ʃnaʊtsən] vi (fam) berrear, vociferar
schnäuzen^{RR} ['ʃnɔɪtsən] vr: **sich ~** sonarse
Schnauzer m <-s, -> ① (Hunderasse) grifón m
② (fam: Schnauzbart) bigote m
Schnäuzer ['ʃnɔɪtsɐ] m <-s, -> (reg) bigote m
Schnecke ['ʃnɛkə] f <-, -n> ① (Tier) caracol m; (Meeres~) caracola f; **jdn zur ~ machen** (fam) cantar(le) las cuarenta a alguien
② (Gebäck) caracola f
③ (TECH: ~ngewinde) tornillo m sin fin
schneckenförmig [-fœrmɪç] adj en espiral, acaracolado
Schneckengehäuse nt <-s, -> concha f del caracol, casita f del caracol; **Schneckenhaus** nt <-es, -häuser> concha f del caracol, casita f del caracol; **sich in sein ~ verkriechen** [o **zurückziehen**] meterse en su concha; **Schneckentempo** nt (fam): **im ~** a paso de tortuga
Schnee [ʃneː] m <-s, ohne pl> ① (Niederschlag) nieve f; **es fällt ~** está nevando; **das ist ~ von gestern** (fam fig) eso ya pasó a la historia
② (Ei~) clara f (de huevo) batida; **Eiweiß zu ~ schlagen** batir las claras a punto de nieve
③ (sl: Kokain) nieve f
Schneeanzug m <-(e)s, -züge> traje m de nieve
Schneeball m <-(e)s, -bälle> ① (aus Schnee) bola f de nieve
② (Pflanze) viburno m, mundillo m; **Schneeballeffekt** m <-(e)s, ohne pl> efecto m multiplicador; **Schneeballschlacht** f <-, -en> batalla f con bolas de nieve; **Schneeballsystem** nt <-s, -e> (Warenabsatz) sistema f de venta en pirámide
schneebedeckt adj cubierto de nieve
Schneebesen m <-s, -> varillas fpl
schneeblind adj cegado por la nieve
Schneeblindheit f <-, ohne pl> (MED) conjuntivitis f actínica; **Schneebob** m <-s, -s> (SPORT) "bobsleigh" m; **Schneebrille** f <-, -n> gafas fpl de nieve [o de esquiador]; **Schneedecke** f <-, -n> capa f de nieve; **Schneefall** m <-(e)s, -fälle> nevada f; **Schneeflocke** f <-, -n> copo m de nieve; **Schneefräse** f <-, -n> fresadora f quitanieves [o de nieve]
schneefrei adj ① (ohne Schnee) sin nieve
② (Wend): **~ haben** (SCH) tener un día libre de escuela por motivo de las nevadas
Schneegans f <-, -gänse> ánsar m (nival); **Schneegestöber** nt <-s, -> ventisca f
schneeglatt adj resbaladizo por estar helado; **er rutschte auf dem ~en Bürgersteig aus** resbaló en la acera que estaba helada
Schneeglätte f <-, ohne pl> nieve f resbaladiza; **Schneeglöckchen** [-glœkçən] nt <-s, -> campanilla f blanca [o de invierno]; **Schneegrenze** f <-, -n> límite m de las nieves, nivel m de las nieves perpetuas; **Schneehemd** nt <-(e)s, -en> (MIL) anorak m blanco de camuflaje; **Schneekanone** f <-, -n> cañón m de nieve; **Schneeketten** fpl (AUTO) cadenas fpl antideslizantes; **Schneekönig** m: **sich freuen wie ein ~** (fam) estar más contento que unas pascuas; **Schneemann** m <-(e)s, -männer> muñeco m de nieve; **Schneematsch** m <-(e)s, ohne pl> nieve f medio derretida; **Schneemobil** [-mobiːl] nt <-(e)s, -e> vehículo m de oruga (para la nieve); **Schneepflug** m <-(e)s, -pflüge> (máquina f) quitanieve(s) m(pl); **Schneeraupe** f <-, -n> (vehículo m) oruga-quitanieves f; **Schneeregen** m <-s, ohne pl> aguanieve f, agua f nieve
schneereich adj abundante en nieves
Schneeschauer m <-s, -> chubasco m en forma de nieve; **Schneeschaufel** f <-, -n>, **Schneeschippe** f <-, -n> (reg) pala f para recoger la nieve; **Schneeschmelze** f <-, -n> deshielo m; **Schneeschuh** m <-(e)s, -e> ① (Geflecht) raqueta f ② (alt: Ski) esquí m
schneesicher adj con nieve asegurada, con nevadas aseguradas; **ein ~es Gebiet** un lugar con suficiente nieve (para esquiar)
Schneeskooter m <-s, -> scooter m de nieve, moto f de nieve; **Schneesturm** m <-(e)s, -stürme> temporal m de nieve; **Schneetreiben** nt <-s, ohne pl> ventisca f; **Schneeverhältnisse** fpl estado m de la nieve, condiciones fpl de la nieve; **Schneeverwehung** f <-, -en>, **Schneewehe** f <-, -n> acumulación f de nieve (por el viento), remolinos mpl de nieve
schneeweiß ['--] adj blanco como la nieve
Schneewittchen [ʃneːˈvɪtçən] nt <-s> Blancanieves f
Schneezaun m <-(e)s, -zäune> empalizada f contra la nieve
Schneid [ʃnaɪt] m <-(e)s, ohne pl> (fam) agallas fpl, coraje m; **jdm den ~ abkaufen** desanimar a alguien; **sich** dat **den ~ abkaufen lassen** dejarse meter miedo (en el cuerpo)
Schneidbrenner m <-s, -> (TECH) soplete m cortante
Schneide [ʃnaɪdə] f <-, -n> filo m; (Klinge) cuchilla f
Schneidemaschine f <-, -n> máquina f cortadora; **Schneidemesser** nt <-s, -> cuchillo m (para cortar)
schneiden ['ʃnaɪdən] <schneidet, schnitt, geschnitten> I. vt ① (allgemein) cortar; **etw klein ~** cortar algo (en trozos pequeños); **etw in Stücke ~** trocear algo; **ich habe mich in den Finger geschnitten** me he cortado (en) el dedo, me he hecho un corte en el dedo; **sich** dat **die Haare ~ lassen** cortarse el pelo; **das Hemd ist eng geschnitten** la camisa tiene un corte estrecho; **die Luft ist hier zum S~** aquí el aire está muy cargado
② (eingravieren) grabar, tallar
③ (FILM, TV, RADIO) montar
④ (kreuzen) cruzar; **eine Kurve ~** coger una curva derecho; **dort schneidet die Bahnlinie die Straße** las vías del tren atraviesan la calle en ese punto
⑤ (meiden) ignorar
⑥ (Wend): **Grimassen ~** hacer muecas
II. vr: **sich ~** ① (verletzen) cortarse (an con)
② (sich kreuzen) cortarse, cruzarse, atravesarse
③ (reg: irren) equivocarse; **da hat er sich aber geschnitten** en este punto está equivocado
III. vi (Kälte, Strick) cortar
schneidend adj cortante; (Schmerz) agudo; (Kälte) penetrante
Schneider[1] m <-s, ohne pl> (beim Skat): **(im) ~ sein** acabar una partida de skat con menos de treinta puntos; **aus dem ~ sein** (fig) haber salido del apuro
Schneider(in)[2] m(f) <-s, -; -, -nen> (Beruf) sastre, -a m, f; (Damen~) modisto, -a m, f; **ich friere wie ein ~** (fam) estoy congelado
Schneiderei[1] f <-, ohne pl> ① (das Schneidern) costura f, confección f
② (Handwerk) sastrería f
Schneiderei[2] f <-, -en> (Werkstatt) sastrería f
Schneiderin f <-, -nen> s. **Schneider**[2]
schneidern ['ʃnaɪdɐn] vt hacer, confeccionar; **sich** dat **etw ~** coserse

Schneiderpuppe *f* <-, -n> maniquí *m;* **Schneidersitz** *m* <-es, ohne pl>: **im ~ sitzen** estar sentado con las piernas cruzadas
Schneidezahn *m* <-(e)s, -zähne> (diente *m*) incisivo *m*
schneidig *adj* gallardo, aguerrido
schneien ['ʃnaɪən] **I.** *v unpers* nevar; **es schneit** está nevando; **es schneite große Flocken** caían grandes copos de nieve
II. *vi:* jdm ins Haus ~ hacer(le) una visita inesperada a alguien
Schneise ['ʃnaɪzə] *f* <-, -n> (Feuer~) cortafuego *m*, pique *m* SAm; (Flug~) pasillo *m* aéreo
schnell [ʃnɛl] **I.** *adj* rápido; **auf die S~e** (*fam*) deprisa y corriendo; **eine ~e Mark machen** (*fam*) ganar dinero fácil
II. *adv* de prisa, rápidamente; ~ **wütend werden** enojarse fácilmente; ~**er als der Schall** más veloz que el viento; **wie ~ geht es mit dem Flugzeug?** ¿cuánto se tarda con el avión?; **nicht so ~!** ¡más despacio!; **mach ~!** (*fam*) ¡date prisa!
Schnellader *m* <-s, -> (AUTO) *s.* **Schnelllader**
Schnellanalyse *f* <-, -n> análisis *m inv* rápido
Schnellläufer¹ *m* <-s, -> (ASTR) *s.* **Schnellläufer¹**
Schnellläufer(in)² *m(f)* <-s, -; -, -nen> (SPORT: *alt*) *s.* **Schnellläufer²**
Schnellbahn *f* <-, -en> tren *m* rápido; **Schnellbauweise** *f* <-, ohne pl> construcción *f* con piezas prefabricadas; **Schnellboot** *nt* <-(e)s, -e> lancha *f* torpedera; **Schnelldrucker** *m* <-s, -> impresora *f* rápida
Schnelle ['ʃnɛlə] *f* <-, ohne pl> velocidad *f;* **auf die ~** (*fam*) a toda prisa; **solche Aufgaben lassen sich auf die ~ nicht machen** (*fam*) estas tareas llevan su tiempo [*o* no se pueden hacer con prisas]; **können Sie mir die Ware auf die ~ liefern?** (*fam*) ¿puede suministrarme la mercancía en breve?
schnellebig *adj s.* **schnelllebig**
Schnelleingreiftruppe *f* <-, -n> (MIL) tropa *f* de intervención rápida
schnellen ['ʃnɛlən] *vi sein* saltar; **der Pfeil schnellt durch die Luft** la flecha atraviesa el aire; **die Preise schnellten in die Höhe** los precios se dispararon
Schnellfeuergewehr *nt* <-(e)s, -e> (MIL) fusil *m* de tiro rápido [*o* automático]; **Schnellfeuerwaffe** *f* <-, -n> arma *f* de tiro rápido; **Schnellgaststätte** *f* <-, -n> local *m* de comida rápida; **Schnellgericht** *nt* <-(e)s, -e> ❶ (GASTR) comida *f* rápida ❷ (JUR) tribunal *m* sumario [*o* de urgencia]; **Schnellhefter** *m* <-s, -> carpeta *f*
Schnelligkeit *f* <-, ohne pl> velocidad *f*, rapidez *f*
Schnellimbiss^RR *m* <-es, -e> snack-bar *m;* **Schnellkochplatte** *f* <-, -n> placa *f* calentadora rápida; **Schnellkochtopf** *m* <-(e)s, -töpfe> olla *f* a presión; **Schnellkurs** *m* <-es, -e> curso *m* acelerado; **Schnelllader^RR** *m* <-s, -> (AUTO) cargador *m* rápido
Schnellläufer¹^RR *m* <-s, -> (ASTR) estrella *f* de gran velocidad
Schnellläufer(in)²^RR *m(f)* <-s, -; -, -nen> (SPORT: *alt*) velocista *mf*
schnelllebig^RR *adj* (hektisch) agitado; (kurzlebig) efímero
Schnellpaket *nt* <-(e)s, -e> paquete *m* urgente; **Schnellreinigung** *f* <-, -en> servicio *m* rápido de tintorería; **Schnellrestaurant** *nt* <-s, -s> local *m* de comida rápida; **Schnellrücklauf** *m* <-(e)s, ohne pl> rebobinado *m* rápido
schnellstens ['ʃnɛlstəns] *adv* lo más rápido posible
Schnellstraße *f* <-, -n> autovía *f;* **Schnellsuchlauf** *m* <-(e)s, ohne pl> (función *f* de) búsqueda *f* rápida
schnelltrocknend *adj s.* **trocknen I.**
schnellverderblich *adj s.* **verderblich 1.**
Schnellverfahren *nt* <-s, -> ❶ (TECH) método *m* rápido ❷ (JUR) juicio *m* sumario [*o* rápido]; **etw im ~ erledigen** (*fam fig*) hacer algo corre que te corre
schnellverkäuflich *adj s.* **verkäuflich**
schnellverschleißend *adj s.* **verschleißen II.**
Schnellvorlauf *m* <-(e)s, ohne pl> avance *m* rápido; **Schnellzug** *m* <-(e)s, -züge> tren *m* expreso *m*
Schnepfe ['ʃnɛpfə] *f* <-, -n> (ZOOL) chocha *f*, becada *f*
schnetzeln ['ʃnɛtsəln] *vt* (*südd, Schweiz*) trocear (con el cuchillo)
schneuzen ['ʃnɔɪtsən] *vr:* **sich ~** *s.* **schnäuzen**
Schnickschnack ['ʃnɪkʃnak] *m* <-(e)s, ohne pl> (*fam*) ❶ (wertloses Zeug) cachivaches *mpl;* (Beiwerk) accesorios *mpl* (innecesarios) ❷ (Gerede) necedades *fpl*
schniefen ['ʃniːfən] *vi* (reg) sorberse los mocos
Schnippchen ['ʃnɪpçən] *nt* <-s, -> (*fam*): **jdm ein ~ schlagen** hacer(le) a alguien una jugarreta
Schnippel ['ʃnɪpəl] *m o nt* <-s, -> (*fam*) recorte *m*
schnippeln ['ʃnɪpəln] **I.** *vt* (*fam*) ❶ (Loch) cortar ❷ (in kleine Stücke) picar
II. *vi* cortar (*an*)
schnippen ['ʃnɪpən] **I.** *vt* lanzar (con un golpe del dedo)
II. *vi:* **mit den Fingern ~** castañetear los dedos
schnippisch ['ʃnɪpɪʃ] *adj* (abw) respondón
Schnipsel ['ʃnɪpsəl] *m o nt* <-s, -> recorte *m*

schnipseln *vt, vi* (*fam*) *s.* **schnippeln**
schnipsen ['ʃnɪpsən] *vt, vi* (*fam*) *s.* **schnippen**
schnitt [ʃnɪt] *3. imp von* **schneiden**
Schnitt [ʃnɪt] *m* <-(e)s, -e> ❶ (*das Schneiden, Einschnitt, Haar~, von Kleidung*) corte *m;* (~*muster*) patrón *m;* **der goldene ~** (MATH) la sección áurea
❷ (FILM) montaje *m*
❸ (*fam: Durch~*) término *m* medio; **im ~** por término medio; **bei etw einen guten ~ machen** (*fig*) salir bien parado de algo
Schnittblumen *fpl* flores *fpl* cortadas; **Schnittbohne** *f* <-, -n> judía *f* verde
Schnitte ['ʃnɪtə] *f* <-, -n> (*reg*) ❶ (*Scheibe*) rebanada *f*, loncha *f;* (*Blechkuchen*) trozo *f*
❷ (*belegtes Brot*) rebanada *f* de pan (con embutido o queso); **der kriegt bei ihr keine ~** (*sl*) ella no tiene el más mínimo interés por él
Schnittfläche *f* <-, -n> superficie *f* de corte
schnittig *adj* de línea elegante
Schnittkäse *m* <-s, -> queso *m* en lonchas; **Schnittlauch** *m* <-(e)s, ohne pl> cebollino *m;* **Schnittmenge** *f* <-, -n> (MATH) intersección *f* de los conjuntos
Schnittmuster *nt* <-s, -> patrón *m;* **Schnittmusterbogen** *m* <-s, -bögen> patrón *m*
Schnittpunkt *m* <-(e)s, -e> (*a.* MATH) (punto *m* de) intersección *f;* **Schnittstelle** *f* <-, -n> (INFOR) interfaz *m*, interface *m;* **parallele/serielle ~** interface paralelo/serie; **Schnittverletzung** *f* <-, -en> herida *f* de incisión, cortadura *f;* **Schnittwunde** *f* <-, -n> cortadura *f*, corte *m*
Schnitz [ʃnɪts] *m* <-es, -e> (*südd, Schweiz*) pedazo *m;* (*Orangen~*) gajo *m*
Schnitzel¹ ['ʃnɪtsəl] *nt* <-s, -> (*Fleischstück*) escalope *m;* **paniertes ~** escalope rebozado, milanesa *f Am*
Schnitzel² *m o nt* <-s, -> (*Papier~*) pedacito *m* (de papel)
Schnitzeljagd *f* <-, -en> juego *m* en el bosque, para el cual se dejan instrucciones en papelillos
schnitzeln ['ʃnɪtsəln] *vt* (GASTR) picar
schnitzen ['ʃnɪtsən] *vi, vt* tallar (en madera), esculpir (en madera (*aus de, in en*); **er schnitzt gerade an einer Skulptur** está trabajando en una escultura
Schnitzer¹ *m* <-s, -> (*fam: Fehler*) desliz *m*, error *m*
Schnitzer(in)² *m(f)* <-s, -; -, -nen> escultor(a) *m(f)* en madera
Schnitzerei [ʃnɪtsəˈraɪ] *f* <-, -en> talla *f* (en especial de madera)
Schnitzerin *f* <-, -nen> *s.* **Schnitzer²**
Schnitzmesser *nt* <-s, -> cuchillo *m* de tallar, escoplo *m*
schnob (*alt*) *3. imp von* **schnauben**
schnodd(e)rig ['ʃnɔd(ə)rɪç] *adj* (*fam*) irrespetuoso, insolente; **eine ~e Art haben** ser un descarado [*o* impertinente]
schnöde ['ʃnøːdə] *adj* (*abw*) ❶ (*verachtenswert*) desdeñable; (*erbärmlich*) mezquino, vil; **jdn ~ ausnutzen** aprovecharse vilmente de alguien
❷ (*geringschätzig*) desdeñoso
Schnorchel ['ʃnɔrçəl] *m* <-s, -> tubo *m* de respiración
schnorcheln *vi* bucear con ayuda de un respirador
Schnörkel ['ʃnœrkəl] *m* <-s, -> (*an Möbeln*) voluta *f;* (*bei der Unterschrift*) rúbrica *f*
schnörkelig ['ʃnœrkəlɪç] *adj* sinuoso, adornado; **eine ~e Handschrift haben** escribir con una letra (muy) florida
schnörkellos *adj* sin adornos
schnorren ['ʃnɔrən] **I.** *vt* (*fam*) gorronear, embestir, pechar *Arg*
II. *vi* ❶ (*fam: erbetteln*) pedir, mendigar
❷ (*Schweiz: abw: daherreden*) hablar mucho [*o* sin ton ni son]
Schnorrer(in) *m(f)* <-s, -; -, -nen> (*fam*) gorrón, -ona *m, f,* pechador(a) *m(f) Arg*
Schnösel ['ʃnøːzəl] *m* <-s, -> (*fam abw*) descarado, -a *m, f,* impertinente *mf*
schnuck(e)lig ['ʃnʊk(ə)lɪç] *adj* (*fam*) mono, lindo *Am*
Schnüffelei *f* <-, ohne pl> (*abw*) ❶ (*fam: Spionieren*) husmeo *m*
❷ (*von Klebstoff*) inhalación *f*
schnüffeln ['ʃnʏfəln] **I.** *vi* ❶ (*schnuppern*) olisquear (*an*), olfatear (*an*); **der Hund schnüffelt an dem Auto** el perro olfatea el coche
❷ (*fam abw: spionieren*) husmear (*in en*), fisgar (*in en*)
❸ (*fam: Klebstoff*) esnifar
II. *vt* (*fam*) esnifar, inhalar
Schnüffler(in) *m(f)* <-s, -; -, -nen> (*abw*) ❶ (*Spion*) espía *mf*, rana *mf Am*
❷ (*Neugieriger*) fisgón, -ona *m, f*, husmeador(a) *m(f)*, averigüetas *mf inv Mex*, bate *m Cuba*
Schnuller ['ʃnʊlə] *m* <-s, -> chupete *m*
Schnulze ['ʃnʊltsə] *f* <-, -n> (*Lied*) canción *f* sentimental; (*Film*) película *f* sentimental, melodrama *m*
Schnulzensänger(in) *m(f)* <-s, -; -, -nen> (*fam abw*) cantante *mf* de

schnulzig *adj* (*fam abw*) sentimental(oide), empachoso
schnupfen ['ʃnʊpfən] **I.** *vt* (*Tabak*) tomar; (*Kokain*) esnifar **II.** *vi* (*Tabak*) tomar rapé
Schnupfen ['ʃnʊpfən] *m* <-s, -> constipado *m*, catarro *m*; ~ **haben** estar resfriado; ~ **bekommen** coger un constipado
Schnupfenmittel *nt* <-s, -> remedio *m* contra el resfriado
Schnupftabak *m* <-s, -e> rapé *m*; **Schnupftabak(s)dose** *f* <-, -n> caja *f* para el rapé, tabaquera *f* para el rapé
schnuppe ['ʃnʊpə] *adj* (*fam*): **das ist mir ~** me importa un rábano
Schnupperkurs *m* <-es, -e> curso *m* de prueba (*para saber si a uno le gusta una cosa*)
schnuppern ['ʃnʊpɐn] *vi* olfatear (*an*), husmear (*an*)
Schnur [ʃnuːɐ, *pl*: 'ʃnyːrə] *f* <-, Schnüre> cuerda *f*; (*dünn*) cordel *m*, cordón *m*, piola *f SAm*; (*Kabel*) cable *m*
Schnürband *nt* <-es, -bänder> cordón *m*
Schnürchen ['ʃnyːɐçən] *nt* <-s, -> (*fam*): **wie am ~** a las mil maravillas, a pedir de boca; **etw wie am ~ können** saber algo de carrerilla
schnüren ['ʃnyːrən] *vt* atar; **sein Bündel ~** hacer su hatillo, empaquetar sus trastos
schnurgerade ['--'--] *adj* (*fam*) (todo) derecho, en línea recta
schnurlos *adj* inalámbrico; **~es Telefon** teléfono inalámbrico [*o* sin hilos]
Schnurrbart ['ʃnʊrbaːɐt] *m* <-(e)s, -bärte> bigote *m*
schnurrbärtig ['ʃnʊrbɛːɐtɪç] *adj* con bigote, (*mit starkem Schnurrbart*) bigotudo
schnurren ['ʃnʊrən] *vi* (*Katze*) ronronear; (*Nähmaschine, Ventilator, Kameras*) zumbar, hacer estrépito
Schnurrhaare *ntpl* vibrisas *fpl*, bigotes *mpl*
schnurrig ['ʃnʊrɪç] *adj* (*alt*) gracioso, divertido
Schnürschuh *m* <-(e)s, -e> zapato *m* de cordones; **Schnürsenkel** ['ʃnyːɐzɛŋkəl] *m* <-s, -> (*reg*) cordón *m* de los zapatos [*o* para zapatos]; **sich** *dat* **die ~ zuschnüren** atarse los cordones de los zapatos; **Schnürstiefel** *m* <-s, -> bota *f* de cordones
schnurstracks ['ʃnuːɐ'ʃtraks] *adv* (*fam*) directamente, sin rodeos; (*sofort*) en el acto
schnurz [ʃnʊrts] *adj* (*fam*): **das ist mir ~** eso me importa un comino
Schnute ['ʃnuːtə] *f* <-, -n> (*nordd: fam*) boquita *f*, morritos *mpl*; **eine ~ ziehen** (*vor Ärger*) poner morros [*o* una jeta], (*vor Enttäuschung*) hacer pucheros
schob [ʃoːp] 3. *imp von* **schieben**
Schober ['ʃoːbɐ] *m* <-s, -> pajar *m*
Schock [ʃɔk] *m* <-(e)s, -s> shock *m*, choque *m*, conmoción *f*; **unter ~ stehen** estar bajo (los efectos de un) shock; **einen ~ bekommen** [*o* **erleiden**] sufrir un shock; **einen ~ auslösen** desencadenar una conmoción; **jdm einen ~ versetzen** conmocionar a alguien
schocken ['ʃɔkən] *vt* (*fam*) chocar, causar un shock (a); (*moralisch*) escandalizar
Schocker *m* <-s, -> (FILM: *fam*) película *f* de terror
Schockfarbe *f* <-, -n> (*fam*) color *m* chillón
schockieren* ['ʃɔˈkiːrən] *vt* chocar, causar un shock (a); (*moralisch*) escandalizar; **über etw schockiert sein** estar escandalizado por algo
Schockschaden *m* <-s, -schäden> daños *mpl* de choque; **Schocktherapie** *f* <-, -n> terapia *f* de choque; **Schockwelle** *f* <-, -n> onda *f* de choque; **Schockwirkung** *f* <-, -en> efecto *m* de choque
schofel ['ʃoːfəl] *adj* (*fam abw*), **schof(e)lig** *adj* (*fam abw*) infame
Schöffe, -in ['ʃœfə] *m*, *f* <-n, -n; -, -nen> jurado, -a *m*, *f*, adjunto, -a *m*, *f*
Schöffenamt *nt* <-(e)s, ohne *pl*> juraduría *f*; **Schöffengericht** *nt* <-(e)s, -e> tribunal *m* de jurados [*o* de escabinos]; **erweitertes ~** tribunal de jurados ampliado; **Schöffenwahlausschuss**^RR *m* <-es, -schüsse> comisión *f* electora de jurados
schoflig *adj* (*fam abw*) infame
Schokolade [ʃoko'laːdə] *f* <-, -n> chocolate *m*; **eine Tafel ~** una tableta de chocolate; **eine Tasse ~** una taza de chocolate
Schokoladenriegel *m* <-s, -> chocolatina *f*; **Schokoladenseite** *f* <-, -n> (*fam*) lado *m* agradable
Schokoriegel *m* <-s, -> chocolatina *f*
Scholastik [ʃoˈlastɪk] *f* <-, ohne *pl*> (a. PHILOS) escolástica *f*, escolasticismo *m*
Scholastiker(in) [ʃoˈlastɪkɐ] *m(f)* <-s, -; -, -nen> (PHILOS) escolástico, -a *m*, *f*
Scholle ['ʃɔlə] *f* <-, -n> ❶ (*Fisch*) platija *f*
❷ (*Eis~*) témpano *m*
❸ (*Erd~*) terrón *m*
Scholli ['ʃɔli] *m*: **mein lieber ~, wenn ich dich noch einmal bei einer Lüge erwische!** (*fam*) ¡ay ti si te pillo mintiendo otra vez!
schon [ʃoːn] *adv* ❶ (*zeitlich*) ya; **musst du ~ gehen?** ¿te tienes que ir ya?; **~ oft** varias veces ya; **~ wieder** otra vez ya; **und ~ war er weg** y ya se había ido; **~ gestern** ya ayer; **~ bald darauf** poco después; **das war ~ immer so** siempre ha sido así; **ich komme ja ~!** ¡ya voy!; **nun mach ~!** (*fam: beeil dich*) ¡apúrate ya!
❷ (*allein*) (tan) sólo; **~ der Gedanke daran macht mich nervös** sólo el pensar en ello me pone nervioso; **wenn ich das ~ sehe!** ¡tan sólo (con) verlo!
❸ (*tatsächlich*) de hecho; **das ist ~ möglich** de hecho es posible; **das stimmt ~, aber ...** de hecho es cierto pero...; **was heißt das ~?** eso no quiere decir nada; **na, wenn ~!** ¿y qué más da?; **wer fragt ~ danach, ob ...?** ¿quién demonios pregunta si...?; **du wirst ~ sehen** ya verás; **ich bin ~ froh, dass ...** ya me contento con que...
❹ (*doch, ja*) sí; **ich denke ~** supongo que sí; **sie ist nicht zufrieden, aber ich ~** ella no está contenta pero yo sí; **Lust habe ich ~, nur ...** ganas sí que tengo pero...
schön [ʃøːn] **I.** *adj* hermoso, bonito, lindo *Am*; **Akademie der ~en Künste** Academia de Bellas Artes; **das Wetter ist ~** hace buen tiempo; **nichts als ~e Worte** tan sólo bonitas palabras; **~e Ferien!** ¡que lo pases bien en las vacaciones!; **~es Wochenende!** ¡buen fin de semana!; **das war nicht ~ von dir** eso no fue un detalle bonito por tu parte; **eine ~e Bescherung!** (*fam*) ¡buena se ha armado aquí!; **das wäre ja noch ~er!** (*fam*) ¡no faltaba más!; **das S~ste kommt erst noch: ...** (*iron*) y ahora viene lo mejor:...; **er hat mit ~er Regelmäßigkeit geklaut** (*iron*) ha robado periódicamente; **das sind ja ~e Aussichten!** ¡menudas perspectivas!; **na ~!** ¡en fin!, ¡bueno!; **das ist gut und ~, aber ...** (*fam*) todo esto suena muy bien, pero...; **zu ~, um wahr zu sein** (*fam*) demasiado bonito para ser cierto
II. *adv* bien; (*ziemlich*) bastante; (*fam*) de lo lindo; **sie singt ~** canta bien; **das hat ja ganz ~ weh getan** esto me ha dolido de lo lindo; **hier ist es ~ warm** aquí hace calorcito, se está calentito aquí; **ihr habt es ~ bei euch** se está muy bien en vuestra casa; **sei ~ brav!** (*fam*) ¡pórtate bien!; **danke ~** muchas gracias; **bitte ~** de nada; **wie man so ~ sagt** como se suele decir
Schonbezug *m* <-(e)s, -züge> funda *f* (protectora)
Schöne ['ʃøːnə] *f* <-n, -n> belleza *f*; „**Die ~ und das Biest**" "La Bella y la Bestia"
schonen ['ʃoːnən] **I.** *vt* (*Person*) ser benévolo (con); (*Gegenstand*) tratar con cuidado; (*schützen*) proteger; (*Kräfte*) ahorrar, reservar; **seine Gesundheit ~** cuidarse; **er schont weder sich noch seine Familie** es muy exigente, tanto consigo mismo como con su familia; **wir legen eine Decke auf das Sofa, um die Bezüge zu ~** ponemos una manta en el sofá para proteger las fundas
II. *vr*: **sich ~** cuidarse; **du solltest dich mehr ~!** ¡deberías cuidarte más!
schönen ['ʃøːnən] *vt* mejorar, (*Wein*) clarificar; (*Textilien*) avivar; **eine geschönte Statistik** una estadística trucada [*o* manipulada]
schonend *adj* (*behutsam, vorsichtig*) cauteloso, prudente; (*rücksichtsvoll*) considerado, respetuoso; (*nachsichtig*) indulgente; **jdn ~ behandeln** tratar a alguien con miramiento; **etw ~ behandeln** tratar algo con cuidado; **du musst es ihr ~ beibringen** debes decírselo con mucha precaución
Schoner *m* <-s, -> ❶ (*Schiff*) cubierta *f* pequeña
❷ (*Schonbezug*) funda *f*, protector *m*
schön|färben *vt*: **etw ~** ver algo de color de rosa; **diesen Angaben traue ich nicht, die sind bestimmt schöngefärbt** no me fío de estos datos, seguro están manipulados
Schönfärberei [---'-] *f* <-, -en> idealización *f*; **~ betreiben** idealizar
Schonfrist *f* <-, -en> plazo *m* de gracia [*o* de respiro]; **Schongang** *m* <-s, -gänge> ❶ (AUTO) sobremarcha *f* ❷ (*Schonwaschgang*) lavado *m* de ropa delicada
Schöngeist *m* <-(e)s, -er> esteta *mf*
schöngeistig *adj* erudito, intelectual
Schönheit[1] *f* <-, ohne *pl*> (*das Schönsein*) belleza *f*, hermosura *f*, bonitura *f Am*
Schönheit[2] *f* <-, -en> (*Person, etwas Schönes*) belleza *f*
Schönheitschirurg(in) *m(f)* <-en, -en; -, -nen> cirujano, -a *m*, *f* plástico, -a; **Schönheitschirurgie** *f* <-, ohne *pl*> cirugía *f* plástica; **Schönheitschirurgin** *f* <-, -nen> *s*. **Schönheitschirurg**; **Schönheitsfehler** *m* <-s, -> imperfección *f*, desperfecto *m*; **Schönheitsideal** *nt* <-(e)s, -e> ideal *m* de belleza, belleza *f* ideal; **(nicht) dem gängigen ~ entsprechen** (no) corresponder al ideal estético habitual; **Schönheitskönigin** *f* <-, -nen> miss *f*; **Schönheitsoperation** *f* <-, -en> operación *f* de cirugía estética; **Schönheitspflege** *f* <-, ohne *pl*> cosmética *f*, cuidados *mpl* de belleza; **Schönheitsreparatur** *f* <-, -en> reparación *f* de daños menores; **Schönheitswettbewerb** *m* <-(e)s, -e> concurso *m* de belleza
Schonkost *f* <-, ohne *pl*> dieta *f*, comida *f* de régimen
Schönling *m* <-s, -e> (*abw*) guaperas *m inv*
schön|machen *vr*: **sich ~** (*fam*) ponerse guapo (*für* para); **für wen machst du dich heute Abend schön?** ¿quién te espera hoy que te pones tan guapo [*o* te arreglas tanto]?
Schönschrift *f* <-, ohne *pl*> caligrafía *f*

schön|tun *irr vi* (*fam*): **jdm ~** (*schmeicheln*) lisonjear a alguien; (*abw*) hacer la pelota a alguien

Schonung[1] *f* <-, *ohne pl*> (*Sorgfalt*) cuidado *m*; (*Nachsicht*) indulgencia *f*; (*Schutz*) protección *f*; **die Kranke braucht ~** la enferma necesita reposo; **um ~ bitten** pedir indulgencia

Schonung[2] *f* <-, -en> (*im Wald*) coto *m* de bosque recién plantado

schonungsbedürftig *adj* necesitado de cuidados

schonungslos I. *adj* despiadado, brutal
II. *adv* sin piedad, sin miramientos

Schonungslosigkeit *f* <-, *ohne pl*> falta *f* de miramientos [o de piedad]; **mit absoluter ~ ging er gegen seinen Widersacher an** sin la más mínima indulgencia arremetió contra su adversario

Schönwetterlage *f* <-, -n> (METEO) tiempo *m* anticiclónico

Schonzeit *f* <-, -en> (tiempo *m* de) veda *f*

Schopf [ʃɔpf, *pl*: ˈʃœpfə] *m* <-(e)s, Schöpfe> ❶ (*Haar~*) cabellera *f*, moño *m* Chil; **die Gelegenheit beim ~e packen** no dejar escapar la ocasión
❷ (*eines Vogels*) penacho *m*, copete *m*
❸ (*Schweiz: Schuppen*) cobertizo *m*

schöpfen [ˈʃœpfən] *vt* ❶ (*Flüssigkeit*) sacar (*aus* de); **Suppe auf den Teller ~** servir la sopa
❷ (*Mut, Vertrauen*) cobrar; (*Hoffnung*) concebir; **Verdacht ~** sospechar; **er schöpfte Trost aus ihren Worten** se consoló con sus palabras
❸ (*geh: Atem*) respirar; **Luft ~** tomar (el) aire

Schöpfer[1] *m* <-s> (*Gott*) Creador *m*

Schöpfer(in)[2] *m(f)* <-s, -; -, -nen> (*kreativer Mensch*) creador(a) *m(f)*

schöpferisch *adj* creador, creativo

Schöpfkelle *f* <-, -n> cazo *m*; **Schöpflöffel** *m* <-s, -> cucharón *m*, bombilla *f Mex*

Schöpfung[1] *f* <-, -en> (*geh: Kunstwerk*) creación *f*

Schöpfung[2] *f* <-, *ohne pl*> (REL) creación *f*, génesis *f inv*

Schöpfungsgeschichte *f* <-, *ohne pl*> (REL) (libro *m* del) Génesis *m*

Schoppen [ˈʃɔpən] *m* <-s, -> ❶ (*Viertelliter*) cuarto *m* de litro; (*halber Liter*) medio litro *m*
❷ (*südd, Schweiz: Babyfläschchen*) biberón *m*

Schöps [ʃœps] *m* <-es, -e> (*Österr: Hammel*) carnero *m*

schor [ʃoːɐ̯] *3. imp von* **scheren**

Schorf [ʃɔrf] *m* <-(e)s, -e> costra *f*, postilla *f*

Schorle *f* <-, -n> (GASTR: *Weinschorle*) vino blanco con agua mineral; (*Apfelsaftschorle*) zumo de manzana con agua mineral

Schornstein [ˈʃɔrnʃtaɪn] *m* <-s, -e> chimenea *f*, tronera *f Mex*; **etw in den ~ schreiben** (*fam fig*) dar algo por perdido

Schornsteinfeger(in) *m(f)* <-s, -; -, -nen> deshollinador(a) *m(f)*

schoss[RR] [ʃɔs], **schoß** *3. imp von* **schießen**

Schoß [ʃoːs, *pl*: ˈʃøːsə] *m* <-es, Schöße> ❶ (*Körpermitte*) regazo *m*; **jdn auf den ~ nehmen** tomar a alguien en el regazo; **die Hände in den ~ legen** cruzarse de brazos; **das ist ihr nicht in den ~ gefallen** no le ha llovido del cielo
❷ (*geh: Mutterleib, a. fig*) seno *m*; **im ~ der Familie** en el seno de la familia

Schoßhund [ˈʃoːs-] *m* <-(e)s, -e> perro *m* faldero

Schössling[RR] [ˈʃœslɪŋ] *m* <-s, -e>, **Schößling** *m* <-s, -e> retoño *m*, vástago *m*

Schote [ˈʃoːtə] *f* <-, -n> vaina *f*

Schott [ʃɔt] *nt* <-(e)s, -en> (NAUT) mamparo *m*

Schotte[1] [ˈʃɔtə] *f* <-, *ohne pl*> (*südd, Schweiz: Molke*) suero *m* (de la leche)

Schotte, -in[2] [ˈʃɔtə] *m, f* <-n, -n; -, -nen> (*Einwohner*) escocés, -esa *m, f*

Schottenkaro *nt* <-s, -s>, **Schottenmuster** *nt* <-s, -> estampado *m* de [o a] cuadros escoceses; **Schottenrock** *m* <-(e)s, -röcke> falda *f* escocesa

Schotter [ˈʃɔtə] *m* <-s, -> ❶ (*Straßen~*) grava *f*, gravilla *f*, ripio *m Am*; (*für Gleisbau*) balasto *m*
❷ (*Flussgeröll*) guijas *fpl*
❸ (*fam: Geld*) pasta *f*

schottern [ˈʃɔtən] *vt* rociar con [o salpicar de] grava

Schotterstraße *f* <-, -n> calle *f* sin asfaltar, carretera *f* sin asfaltar

Schottin *f* <-, -nen> *s.* **Schotte**[2]

schottisch *adj* escocés

Schottland *nt* <-s> Escocia *f*

schraffieren* [ʃraˈfiːrən] *vt* sombrear, rayar

Schraffierung *f* <-, -en> ❶ (*das Schraffieren*) sombreado *m*
❷ *s.* **Schraffur**

Schraffur [ʃraˈfuːɐ̯] *f* <-, -en> rayado *m*

schräg [ʃrɛːk] **I.** *adj* ❶ (*nicht gerade*) oblicuo; (*geneigt*) inclinado; (*diagonal*) diagonal
❷ (*fam: unüblich*) estrafalario, estrambótico; **~e Musik** música estrambótica; **~e Vorstellungen haben** tener ideas estrafalarias; **so ein ~er Vogel!** (*fam*) ¡vaya pájaro!
II. *adv* al sesgo; **jdn ~ ansehen** (*fam*) mirar a alguien de reojo; **~ einbiegen** torcer; **~ gegenüber** casi enfrente

Schräge [ˈʃrɛːɡə] *f* <-, -n> superficie *f* inclinada

Schrägheck *nt* <-(e)s, -s> (AUTO) parte *f* trasera oblicua; **Schrägschrift** *f* <-, *ohne pl*> (TYPO) letra *f* itálica; **Schrägstreifen** *m* <-s, -> tira *f* diagonal; **Schrägstrich** *m* <-(e)s, -e> barra *f*

schrak [ʃraːk] *3. imp von* **schrecken**

Schramme [ˈʃramə] *f* <-, -n> arañazo *m*, rasguño *m*

Schrammelmusik [ˈʃraml-] *f* <-, *ohne pl*> música *f* popular vienesa

Schrammeln [ˈʃramln] *pl* (Österr: MUS) cuarteto *m* vienés de música popular (*formado por dos violines, guitarra y acordeón*)

schrammen [ˈʃramən] *vt* rozar; **sich** *dat* **die Hand ~** rasguñarse la mano

Schrank [ʃraŋk, *pl*: ˈʃrɛŋkə] *m* <-(e)s, Schränke> armario *m*, escaparate *m Am*; (*Kleider~*) ropero *m*

Schrankbett *nt* <-(e)s, -en> cama *f* plegable

Schranke [ˈʃraŋkə] *f* <-, -n>, **Schranken** [ˈʃraŋkən] *m* <-s, -> (Österr) barrera *f*; **immanente ~** (JUR) barrera inmanente; **etw in ~n halten** mantener algo dentro de los límites; **jdn in seine ~n weisen** [o **verweisen**] parar los pies a alguien; **er kennt keine ~n** no conoce ningún límite

schrankenlos *adj* ❶ (*grenzenlos*) ilimitado, sin límites ❷ (*maßlos*) desmesurado; **Schrankentrias** *f* <-, -> (JUR) tríada *f* limitadora; **Schrankenwärter(in)** *m(f)* <-s, -; -, -nen> guardabarrera *mf*

Schrankfach *nt* <-(e)s, -fächer> anaquel *m*; **Schrankkoffer** *m* <-s, -> baúl *m* ropero; **Schrankwand** *f* <-, -wände> pared *f* estantería

Schrat [ʃraːt] *m* <-(e)s, -e> duende *m* de los bosques (*que unas veces es burlón y otras bueno*)

Schraubdeckel *m* <-s, -> tapón *m* de rosca [o roscado]; **Schraubdeckelglas** *nt* <-es, -gläser> tarro *m*, frasco *m*

Schraube [ˈʃraʊbə] *f* <-, -n> ❶ (*Bolzen*) tornillo *m*; **bei ihm ist eine ~ locker** (*fam*) le falta un tornillo; **das ist eine ~ ohne Ende** (*fig*) es la historia de nunca acabar
❷ (*Schiffs~*) hélice *f*

schrauben [ˈʃraʊbən] *vt* ❶ (*an~*) atornillar (*an* a/en); (*ab~*) desatornillar; **fester ~** apretar el tornillo
❷ (*festdrehen*) enroscar; (*abdrehen*) desenroscar; **sie schraubte den Deckel von der/auf die Flasche** desenroscó/enroscó la tapa de la botella; **er schraubte den Stuhl etwas höher** fijó la silla a mayor altura; **Erwartungen in die Höhe ~** subir las exigencias

Schraubendreher *m* <-s, -> *s.* **Schraubenzieher**; **Schraubengewinde** *nt* <-s, -> rosca *f* de tornillo; **Schraubenkopf** *m* <-(e)s, -köpfe> cabeza *f* de tornillo; **Schraubenschlüssel** *m* <-s, -> llave *f* de tuercas; **Schraubenzieher** *m* <-s, -> destornillador *m*, desatornillador *m Am*

Schraubfassung *f* <-, -en> portalámpara *m* en rosca; **Schraubglas** *nt* <-es, -gläser> tarro *m*, frasco *m*; **Schraubstock** *m* <-(e)s, -stöcke> tornillo *m* de banco, taquilla *f Am*; **Schraubverschluss**[RR] *m* <-es, -schlüsse> cierre *m* de rosca; **Schraubzwinge** *f* <-, -n> (TECH) gato *m*, cárcel *f*

Schrebergarten [ˈʃreːbɐ-] *m* <-s, -gärten> huerto *m* familiar

Schreck [ʃrɛk] *m* <-(e)s, -e> susto *m*, jabón *m Arg, PRico*, naco *m Arg*; **einen ~ bekommen** llevarse un susto; **jdm einen ~ einjagen** asustar a alguien; **ihm sitzt der ~ noch in allen Gliedern** todavía tiene el susto metido en el cuerpo; **vor ~ zittern** temblar del susto; **~, lass nach!** (*fam*) ¡cielos!

schrecken[1] [ˈʃrɛkən] *vt* ❶ (*geh: ängstigen*) asustar, amedrentar
❷ (*abschrecken: Eier, Nudeln*) meter en agua fría después de cocer

schrecken[2] <schreckt *o* schrickt, schreckte *o* schrak, geschreckt> *vi sein* (*auf~*) sobresaltarse; **sie schreckte** [o **schrak**] **aus dem Schlaf** se despertó sobresaltada

Schrecken [ˈʃrɛkən] *m* <-s, -> ❶ (*Schreck*) susto *m*, batata *f CSur*; (*Entsetzen*) espanto *m*; **~ erregend** terrorífico, espantoso, horroroso; **mit dem ~ davonkommen** no sufrir más que el susto consiguiente; **etw** *dat* **den ~ nehmen** hacer perder a alguien el miedo a algo; **mit ~ feststellen, dass ...** advertir horrorizado que...
❷ *pl* (*des Krieges*) horrores *mpl*

schreckenerregend *adj s.* **Schrecken 1.**

schreckensbleich *adj* pálido, blanco como la pared

Schreckensbotschaft *f* <-, -en> noticia *f* alarmante; **Schreckensherrschaft** *f* <-, *ohne pl*> régimen *m* de terror; **Schreckensnachricht** *f* <-, -en> noticia *f* aterradora; **Schreckensvision** *f* <-, -en> visión *f* aterradora

Schreckgespenst *nt* <-(e)s, -er> espectro *m*

schreckhaft *adj* asustadizo, miedoso

Schreckhaftigkeit *f* <-, *ohne pl*> naturaleza *f* asustadiza, miedo *m*

schrecklich *adj* ❶ (*furchtbar*) horrible, horroroso
❷ (*fam: groß, sehr*) tremendo, enorme; **ich habe mich ~ gefreut/**

gelangweilt me alegré/aburrí enormemente
Schreckschraube *f* <-, -n> (*fam abw*) cardo *m*, bruja *f*
Schreckschuss^{RR} *m* <-es, -schüsse> tiro *m* al aire; **Schreckschusspistole**^{RR} *f* <-, -n> pistola *f* de fogueo
Schrecksekunde *f* <-, -n> segundo *m* de reacción
Schrei [ʃraɪ] *m* <-(e)s, -e> grito *m*; (*schrill*) chillido *m*; (*abw*) berrido *m*; **einen ~ ausstoßen** lanzar un grito; **ein ~ der Empörung/des Entsetzens** un grito de indignación/de pánico; **der letzte ~** (*fam*) el último grito; **sich nach dem letzten ~ kleiden** (*fam*) vestir según el último grito, vestirse a la última
Schreibarbeit *f* <-, -en> trabajo *m* de oficina, papeleo *m fam*; **Schreibblock** *m* <-(e)s, -blöcke> bloc *m* (de notas); **Schreibdichte** *f* <-, -n> (INFOR) densidad *f* de escritura
Schreibe [ˈʃraɪbə] *f* <-, *ohne pl*> (*fam*) modo *m* de escribir, estilo *m*
schreiben [ˈʃraɪbən] <schreibt, schrieb, geschrieben> **I.** *vi, vt* escribir (*auf en*), plumear (*auf en*) MAm, Mex; (*notieren*) anotar, apuntar; **auf der Maschine ~** escribir a máquina; **mit links ~** ser zurdo (para escribir); **jdm/an jdn** (**einen Brief**) **~** escribir (una carta) a alguien; **jdm eine Rechnung ~** hacer la cuenta [*o* factura] a alguien; **rote Zahlen ~** estar en números rojos; **Gewinne ~** obtener ganancias [*o* beneficios]; **sie schreibt an einem Roman** está escribiendo una novela; **das Wort ist falsch geschrieben** la palabra está mal escrita; **der Artikel ist verständlich geschrieben** el artículo está escrito con claridad; **hast du was zum S~?** ¿tienes algo que escribir?; **er voll ~** llenar algo (escribiendo); **was schreibt die Zeitung?** ¿qué pone en el periódico? **II.** *vr:* **sich ~** ❶ (*Briefe*) escribirse, cartearse; **wir ~ uns seit Jahren** hace años que nos escribimos
❷ (*fam: geschrieben werden*) escribirse; **sein Name schreibt sich mit „dt"** su nombre se escribe con "dt"; **wie schreibst du dich?** ¿cómo se escribe tu nombre?
Schreiben [ˈʃraɪbən] *nt* <-s, -> escrito *m*; (*Brief*) carta *f*; **Ihr ~ vom …** su carta del…
Schreiber(in) *m(f)* <-s, -; -, -nen> (*Roman*) escritor(a) *m(f)*; (*Brief*) autor(a) *m(f)*
Schreiberling *m* <-s, -e> (*abw*) autorzuelo *m*, manchapapeles *m inv*, plumario *m* MAm, Mex
schreibfaul *adj* vago para escribir
Schreibfeder *f* <-, -n> pluma *f*; **Schreibfehler** *m* <-s, -> falta *f* de ortografía; **Schreibgerät** *nt* <-(e)s, -e> utensilio *m* para escribir; **Schreibheft** *nt* <-(e)s, -e> cuaderno *m*; **Schreibkopf** *m* <-(e)s, -köpfe> (INFOR) cabeza *f* de escritura; **Schreibkraft** *f* <-, -kräfte> mecanógrafo, -a *m, f*; **Schreibkrampf** *m* <-(e)s, -krämpfe> calambre *m* en la mano (*producido por escribir mucho*); **Schreibmappe** *f* <-, -n> carpeta *f*, portafolios *m inv*
Schreibmaschine *f* <-, -n> máquina *f* de escribir; **er kann ~ schreiben** sabe escribir a máquina; **etw auf der ~ schreiben** escribir algo a máquina; **Schreibmaschinenpapier** *nt* <-s, -e> papel *m* para máquina de escribir
Schreibpapier *nt* <-s, -e> papel *m* de escribir; **Schreibposition** *f* <-, -en> postura *f* para escribir, posición *f* para escribir; **Schreibpult** *nt* <-(e)s, -e> pupitre *m*; **Schreibschrank** *m* <-(e)s, -schränke> escritorio *m*, secreter *m*; **Schreibschrift** *f* <-, *ohne pl*> letra *f*; **Schreibschutz** *m* <-es, *ohne pl*> protección *f* contra escritura
schreibschützen *vt* (INFOR) proteger contra sobreescritura
Schreibschutzkerbe *f* <-, -n> (INFOR) muesca *f* de protección contra escritura; **Schreibschutzloch** *nt* <-(e)s, -löcher> (INFOR) ventana *f* de protección contra escritura
Schreibtisch *m* <-(e)s, -e> escritorio *m*, mesa *f* de despacho, carpeta *f* Peru; **am** [*o* **hinter dem**] **~ sitzen** estar sentado en el escritorio; **Schreibtischlampe** *f* <-, -n>, **Schreibtischleuchte** *f* <-, -n> lámpara *f* de escritorio; (*beweglich*) flexo *m*; **Schreibtischtäter(in)** *m(f)* <-s, -; -, -nen> autor(a) *m(f)* moral
Schreibübung *f* <-, -en> (SCH) ejercicio *m* de escritura [*o* de caligrafía]
Schreibung *f* <-, -en> (modo *m* de) escritura *f*, grafía *f*
Schreibunterlage *f* <-, -n> vade *m*
Schreibwaren *fpl* artículos *mpl* de escritorio [*o* de papelería]; **Schreibwarengeschäft** *nt* <-(e)s, -e> *s.* **Schreibwarenhandlung**; **Schreibwarenhändler(in)** *m(f)* <-s, -; -, -nen> papelero, -a *m, f*; **Schreibwarenhandlung** *f* <-, -en> papelería *f*
Schreibweise *f* <-, -n> ❶ (*Orthographie*) grafía *f* ❷ (*Schreibstil*) estilo *m*; **Schreibzeug** *nt* <-s, *ohne pl*> utensilios *mpl* para escribir
schreien [ˈʃraɪən] <schreit, schrie, geschrie(e)n> **I.** *vi* ❶ (*Mensch*) gritar, dar (*o* lanzar) gritos; (*schrill*) chillar; (*wütend*) vociferar; (*abw*) berrear, dar berridos; **nach etw ~** pedir algo a gritos; **nach jdm ~** llamar a alguien a gritos; **er schrie vor Angst** gritó de miedo; **um Hilfe ~** pedir socorro; **die Menge schrie vor Begeisterung** la multitud lanzaba gritos de entusiasmo; **sie schrie sich heiser** gritó hasta quedarse afónica; **es war zum S~** (*fam*) era para morirse; **~ wie am Spieß** gritar como un poseso; **immer gleich nach der Polizei ~** llamar a la policía enseguida; **das schreit zum Himmel** esto clama al cielo
❷ (*Esel*) rebuznar; (*Vogel*) chillar, gritar; (*Stier*) bramar; (*Kalb*) berrear **II.** *vt* gritar
schreiend *adj* ❶ (*Farbe*) chillón
❷ (*Unrecht*) manifiesto, que clama al cielo
Schreier(in) [ˈʃraɪɐ] *m(f)* <-s, -; -, -nen> (*fam*) ❶ (*jd, der laut ist*) gritón, -ona *m, f*; (*chillón*, -ona *m, f*)
❷ (*laut fordernder Mensch*) vocinglero, -a *m, f*; (*Unruhestifter*) alborotador(a) *m(f)*
Schreierei *f* <-, -en> (*abw*) griterío *m*, vocerío *m*, vocinglería *f*
Schreierin *f* <-, -nen> *s.* **Schreier**
Schreihals *m* <-es, -hälse> (*fam*) gritón, -ona *m, f*; **Schreikrampf** *m* <-(e)s, -krämpfe> gritos *mpl* histéricos
Schrein [ʃraɪn] *m* <-(e)s, -e> (*geh*) cofre *m*; (*für Reliquien*) relicario *m*
Schreiner(in) [ˈʃraɪnɐ] *m(f)* <-s, -; -, -nen> carpintero, -a *m, f*
Schreinerei *f* <-, -en> carpintería *f*
Schreinerin *f* <-, -nen> *s.* **Schreiner**
schreinern [ˈʃraɪnɐn] **I.** *vi* hacer trabajos de carpintería **II.** *vt* hacer
schreiten [ˈʃraɪtən] <schreitet, schritt, geschritten> *vi sein* (*geh*) ❶ (*gehen*) caminar [*o* ir] (solemnemente); **er schreitet im Zimmer auf und ab** anda de un lado para otro de la habitación
❷ (*beginnen*): **zu etw ~** empezar con algo, pasar a algo; **die Versammlung schritt zur Abstimmung** la asamblea procedió a la votación; **lasst uns zur Tat ~!** ¡pongamos manos a la obra!
schrickt [ʃrɪkt] 3. *präs von* **schrecken**
schrie [ʃriː] 3. *imp von* **schreien**
schrieb [ʃriːp] 3. *imp von* **schreiben**
Schrieb [ʃriːp] *m* <-(e)s, -e> (*fam*) carta *f*
Schrift [ʃrɪft] *f* <-, -en> ❶ (~*system*) escritura *f*; (~*zeichen*) caracteres *mpl*; **in kursiver ~** en (letra) itálica; **die lateinische ~** los caracteres romanos
❷ (*Hand~*) letra *f*
❸ (*Text*) escrito *m*; (*Abhandlung*) tratado *m*; **die Heilige ~** las Sagradas Escrituras
❹ *pl* (*Schweiz: Papiere*) documentos *mpl*
Schriftart *f* <-, -en> (TYPO) tipo *m* de imprenta, carácter *m* de imprenta; (INFOR) tipo *m* de letra; **Schriftbild** *nt* <-en, -er> escritura *f*, caligrafía *f*; (TYPO) ojo *m*; **Schriftdeutsch** *nt* <-en, *ohne pl*> alemán *m* estándar; (*Papierdeutsch*) lenguaje *m* administrativo
Schriftform *f* <-, *ohne pl*> (JUR) forma *f* escrita; **etw bedarf der ~** algo ha de ser puesto por escrito; **Schriftformerfordernis** *nt* <-ses, *ohne pl*> (JUR) requisito *m* de forma escrita; **Schriftformklausel** *f* <-, -n> (JUR) cláusula *f* de forma escrita
Schriftführer(in) *m(f)* <-s, -; -, -nen> secretario, -a *m, f*; **Schriftgelehrte(r)** *m* <-n, -n> (REL) escriba *m*; (*der Gesetze*) doctor *m* de la ley; **Schriftgrad** *m* <-(e)s, -e> (TYPO) cuerpo *m* de la letra de imprenta; **Schriftgröße** *f* <-, -n> (INFOR) tamaño *m* de la fuente
Schriftleitung[1] *f* <-, -en> (*Redakteure*) redacción *f*
Schriftleitung[2] *f* <-, *ohne pl*> (*Tätigkeit*) redacción *f*
schriftlich *adj* por escrito; **ein ~er Antrag** una solicitud por escrito; **die ~en Unterlagen** los documentos; **~e Prüfung** examen escrito; **das kann ich dir ~ geben** (*fam fig*) eso te lo garantizo
Schriftsachverständige(r) *mf* <-n, -n; -, -n> grafólogo, -a *m, f*
Schriftsatz *m* <-es, -sätze> ❶ (TYPO) composición *f* ❷ (JUR) alegaciones *fpl*; **bestimmender ~** escrito de alegaciones determinante; **nachgereichter ~** escrito de alegaciones entregado con posterioridad; **vorbereitender ~** escrito de alegaciones preparativo; **Schriftsatzfrist** *f* <-, -en> (JUR) plazo *m* para el escrito de alegaciones
Schriftschablone *f* <-, -n> plantilla *f* de letras; **Schriftsetzer(in)** *m(f)* <-s, -; -, -nen> cajista *m*, tipógrafo, -a *m, f*; **Schriftsprache** *f* <-, -n> lenguaje *m* literario [*o* culto]; (*Hochdeutsch*) alemán *m* estándar
Schriftsteller(in) *m(f)* <-s, -; -, -nen> escritor(a) *m(f)*
Schriftstellerei *f* <-, *ohne pl*> creación *f* literaria, profesión *f* de escritor(a); **von der ~ können nur wenige Autoren leben** pocos escritores pueden vivir de su obra
Schriftstellerin *f* <-, -nen> *s.* **Schriftsteller**
schriftstellerisch *adj* literario, de [*o* para] escribir
schriftstellern *vi* (*fam*) escribir obras literarias, trabajar de escritor; **in meiner Freizeit schriftstellere ich ein bisschen** en mi tiempo libre escribo un poco
Schriftstück *nt* <-(e)s, -e> documento *m*; **Schrifttyp** *m* <-s, -en> (INFOR) estilo *m* de la fuente; **Schriftverkehr** *m* <-(e)s, *ohne pl*> correspondencia *f*; **mit jdm in ~ treten** entablar/mantener correspondencia con alguien; **Schriftwechsel** *m* <-s, -> correspondencia *f*; **Schriftzeichen** *nt* <-s, -> carácter *m* (gráfico); **Schriftzug** *m* <-(e)s, -züge> ❶ (*Wort*) palabra *f* escrita ❷ (*Charakteristik*) trazo *m*

schrill [ʃrɪl] *adj* estridente, penetrante; **in ~er Aufmachung** vestido de forma extravagante; **er ist ein ~er Typ** es un tipo muy estrafalario; **~ auflachen** reír a carcajadas estridentes
schrillen [ˈʃrɪlən] *vi* resonar, retiñir
schritt [ʃrɪt] *3. imp von* **schreiten**
Schritt [ʃrɪt] *m* <-(e)s, -e> ❶ (*beim Gehen*) paso *m*; **mit schnellen ~en** a paso ligero; **einen ~ zur Seite gehen** dar un paso al lado; **auf ~ und Tritt** a cada paso; **nur ein paar ~e von hier** a un par de pasos de aquí; **mit jdm ~ halten** seguir la marcha de alguien; **mit etw ~ halten** (*fig*) estar al tanto de algo; **den zweiten ~ vor dem ersten tun** empezar la casa por el tejado; **~ für ~** paso a paso, poco a poco ❷ (*~tempo*): (**im**) **~ fahren** avanzar al paso, conducir a la velocidad de los peatones ❸ (*einer Hose*) entrepierna *f*, bragadura *f* ❹ (*Handlung*) paso *m*; (*Maßnahme*) medida *f*; (*amtlich*) trámite *m*; **gerichtliche ~e einleiten** adoptar medidas judiciales; **den ersten ~ tun** dar el primer paso; **~e in die Wege leiten** iniciar trámites [*o* acciones]; **gegen jdn ~e unternehmen** tomar medidas contra alguien
Schritttempo *nt* <-s, *ohne pl*> *s.* **Schrittempo**
Schrittgeschwindigkeit *f* <-, *ohne pl*> velocidad *f* de paso;
Schrittmacher *m* <-s, -> ❶ (SPORT) liebre *f* ❷ (*Herz~*) marcapasos *m inv*; **Schritttempo**^RR *nt* <-s, *ohne pl*>: (**im**) **~ fahren** avanzar al paso
schrittweise *adv* paso a paso
schroff [ʃrɔf] *adj* ❶ (*Felsen, Abhang*) escarpado, abrupto; **eine ~ abfallende Felswand** una peña [*o* un despeñadero] que desciende abruptamente ❷ (*Mensch*) rudo, áspero; **etw ~ ablehnen** rechazar algo categóricamente; **sie lehnte es ~ ab mitzukommen** se negó rotundamente a venir
Schroffheit[1] *f* <-, -en> (*Äußerung*) grosería *f*, descortesía *f*; **bitte, verzeihe mir meine ~en dir gegenüber** por favor, perdóname las groserías que te he dicho
Schroffheit[2] *f* <-, *ohne pl*> (*Art*) rudeza *f*, brusquedad *f*; **ist dir seine ~ aufgefallen, als er uns begrüßte?** ¿te has dado cuenta de su saludo tan adusto [*o* seco]?
schröpfen [ˈʃrœpfən] *vt* ❶ (MED) sangrar ❷ (*fam: Person*) desplumar
Schröpfkopf *m* <-(e)s, -köpfe> (MED) ventosa *f*
Schrot[1] [ʃroːt] *m o nt* <-(e)s, *ohne pl*> (*Getreide~*) grano *m* partido; **von altem** [*o* **echtem**] **~ und Korn** (*fig*) de buena cepa
Schrot[2] *m o nt* <-(e)s, -e> (*Munition*) perdigones *mpl*; (*größer*) postas *fpl*
Schrotbrot *nt* <-(e)s, -e> ≈pan *m* integral
schroten *vt* moler, machacar
Schrotflinte *f* <-, -n> escopeta *f* de perdigones [*o* de postas]; **Schrotkugel** *f* <-, -n> perdigón *m*; **Schrotladung** *f* <-, -en> perdigonada *f*; **Schrotpatrone** *f* <-, -n> cartucho *m* de perdigones
Schrott [ʃrɔt] *m* <-(e)s, *ohne pl*> ❶ (*Altmetall*) chatarra *f*; **ein Auto zu ~ fahren** destrozar un coche ❷ (*fam: Unbrauchbares*) cachivaches *mpl*
Schrotthalde *f* <-, -n> depósito *m* de chatarra; **Schrotthändler(in)** *m(f)* <-s, -; -, -nen> chatarrero, -a *m, f*; **Schrotthaufen** *m* <-s, -> ❶ (*Ansammlung*) montón *m* de chatarra ❷ (*fam: altes Auto*) cacharro *m*; **Schrottplatz** *m* <-es, -plätze> depósito *m* de chatarra
schrottreif *adj* para el desguace, para chatarra; **ein Auto ~ fahren** destrozar un coche
Schrottwert *m* <-(e)s, *ohne pl*> valor *m* de desecho
schrubben [ˈʃrʊbən] *vt* (*Ding*) fregar; (*Person, Körperteil*) frotar; **sich dat den Hals ~** restregarse el cuello
Schrubber *m* <-s, -> (*fam*) escobillón *f*, cepillo *m* con palo
Schrulle [ˈʃrʊlə] *f* <-, -n> manía *f*, capricho *m*
schrullig *adj* (*fam*) chiflado, tocado
schrump(e)lig [ˈʃrʊmp(ə)lɪç] *adj* (*fam*) arrugado, lleno de arrugas
schrumpfen [ˈʃrʊmpfən] *vi sein* ❶ (*Gewebe*) encoger ❷ (*Vorräte, Interesse*) disminuir, reducirse; **auf die Hälfte ~** quedarse en la mitad
Schrumpfkopf *m* <-(e)s, -köpfe> chancha *f*, cabeza *f* reducida; **Schrumpfleber** *f* <-, -n> (MED) hígado *m* cirrótico; **Schrumpfniere** *f* <-, -n> (MED) cirrosis *f inv* renal
Schrumpfung *f* <-, -en> ❶ (*das Sichzusammenziehen*) encogimiento *m* ❷ (*Abnahme*) disminución *f*
schrumplig *adj s.* **schrump(e)lig**
Schrunde [ˈʃrʊndə] *f* <-, -n> (MED, GEO) grieta *f*
schrundig [ˈʃrʊndɪç] *adj* agrietado
Schub [ʃuːp, *pl:* ˈʃyːbə] *m* <-(e)s, Schübe> ❶ (*Stoß*) empujón *m*, empellón *m* ❷ (PHYS, TECH) empuje *m* ❸ (*Gruppe*) grupo *m*

schubartig *adj* a empujones
Schuber [ˈʃuːbɐ] *m* <-s, -> funda *f* de un libro
Schubfach *nt* <-(e)s, -fächer> cajón *m*, gaveta *f*; **Schubkarre** *f* <-, -n>, **Schubkarren** *m* <-s, -> carretilla *f*; **Schubkasten** *m* <-s, -kästen> *s.* Schubfach; **Schubkraft** *f* <-, -kräfte> (PHYS, TECH) (fuerza *f* de) empuje *m*
Schublade *f* <-, -n> cajón *m*; **die ~ aufziehen** abrir el cajón; **in der ~** en el cajón; **eine Arbeit für die ~** un trabajo inédito
schubladisieren* [ʃuːpladiˈziːrən] *vt* (*Schweiz*) dar carpetazo (a)
Schublehre *f* <-, -n> (TECH) pie *m* de rey
Schubs [ʃʊps] *m* <-es, -e> (*fam*) empujón *m*; **jdm einen ~ geben** dar(le) a alguien un empujón
schubsen [ˈʃʊpsən] *vt* (*fam*) empujar, quiñar *Am*; **jdn zu Boden/ins Wasser ~** tirar [*o* arrojar] a alguien al suelo/al agua de un empujón
schubweise [ˈʃuːpvaɪzə] *adv* a empujones, por partes
schüchtern [ˈʃʏçtɐn] *adj* tímido, penoso *Am*
Schüchternheit *f* <-, *ohne pl*> timidez *f*
schuf [ʃuːf] *3. imp von* **schaffen**
Schuft [ʃʊft] *m* <-(e)s, -e> (*abw*) canalla *mf*, granuja *mf*
schuften [ˈʃʊftən] *vi* (*fam*) bregar, currar
Schufterei *f* <-, -en> (*fam abw: Tätigkeit*) trabajo *m* pesado
schuftig *adj* (*abw*) caradura, descarado
Schuftigkeit[1] *f* <-, -en> (*abw: Handlung*) canallada *f*, vileza *f*
Schuftigkeit[2] *f* <-, *ohne pl*> (*abw: Art*) encanallamiento *m*, envilecimiento *m*
Schuh [ʃuː] *m* <-(e)s, -e> zapato *m*; **ein Paar ~e** un par de zapatos; **ich weiß, wo ihn der ~ drückt** (*fam*) yo sé donde le aprieta el zapato; **jdm etw in die ~e schieben** echar a alguien la culpa de algo, colgar(le) el sambenito a alguien de algo; **umgekehrt wird ein ~ daraus** (*fam*) (justo al revés [*o* contrario])
Schuhanzieher *m* <-s, -> calzador *m*; **Schuhband** *nt* <-(e)s, -bänder> (*reg*), **Schuhbändel** [ˈʃuːbɛndəl] *nt* <-s, -> (*südd, Schweiz*) cordón *m* (del zapato); **Schuhbürste** *f* <-, -n> cepillo *m* para el calzado; **Schuhcreme** *f* <-, -s> crema *f* para el calzado, betún *m*, unto *m Chil*; **Schuhgeschäft** *nt* <-(e)s, -e> zapatería *f*, tienda *f* de zapatos [*o* de calzados], peletería *f MAm, Ant*; **Schuhgröße** *f* <-, -n> número *m* del calzado; **welche ~ haben Sie?** ¿qué número calza Ud.?; **Schuhlöffel** *m* <-s, -> calzador *m*; **Schuhmacher(in)** *m(f)* <-s, -; -, -nen> zapatero, -a *m, f*
Schuhmacherei[1] *f* <-, -en> (*Werkstatt*) zapatería *f*; **in einer ~ arbeiten** trabajar en una zapatería
Schuhmacherei[2] *f* <-, *ohne pl*> (*Handwerk*) zapatería *f*, arte *m* de hacer zapatos; **die ~ erlernen** aprender zapatería [*o* el oficio de zapatero]
Schuhmacherin *f* <-, -nen> *s.* **Schuhmacher**
Schuhnummer *f* <-, -n> número *m* del calzado; **Schuhplattler** [ˈʃuːplatlɐ] *m* <-s, -> baile en el que los hombres se dan palmadas en las suelas de zapatos, rodillas y pantalón alternativamente según el ritmo mientras saltan; **Schuhputzer(in)** *m(f) Am*, limpiabotas *mf inv*, lustrador(a) *m(f) Am*, lustrabotas *mf inv Am*, bolero *m Mex*; **Schuhputzmittel** *nt* <-s, -> crema *f* para el calzado; **Schuhputzzeug** *nt* <-s, *ohne pl*> utensilios *mpl* para la limpieza de los zapatos; **Schuhriemen** *m* <-s, -> (*reg*) cordón *m* (del zapato); **Schuhsohle** *f* <-, -n> suela *f*; **Schuhspanner** *m* <-s, -> horma *f*; **Schuhwerk** *nt* <-(e)s, *ohne pl*> calzado *m*
Schukostecker [ˈʃuːko-] *m* <-s, -> toma *f* de tierra
Schulabgänger(in) *m(f)* <-s, -; -, -nen> escolar *mf* que termina la escuela [*o* que se saca el graduado (escolar)]; **die ~ wurden mit einer kleinen Feier verabschiedet** a los que se sacaban el graduado [*o* que acababan la escuela] se les hizo una pequeña fiesta de despedida; **Schulalter** *nt* <-s, *ohne pl*> edad *f* escolar; **ins ~ kommen** llegar a la edad escolar; **im ~ sein** estar en edad escolar; **Schulamt** *nt* <-(e)s, -ämter> departamento *m* del ministerio de educación; **Schulanfang** *m* <-(e)s, -fänge> vuelta *f* al colegio; **Schulanfänger(in)** *m(f)* <-s, -; -, -nen> niño, -a *m, f* que empieza su etapa escolar [*o* de primer curso]; **Schularbeit** *f* <-, -en> ❶ *pl* (*Hausaufgaben*) deberes *mpl*; **seine ~en machen** hacer los deberes [*o* las tareas] ❷ (*Österr: Klassenarbeit*) examen *m*; **Schularzt, -ärztin** *m, f* <-es, -ärzte; -, -nen> médico *mf* escolar; **Schulaufgaben** *fpl s.* Schularbeit 1.; **Schulausflug** *m* <-(e)s, -flüge> excursión *f* escolar; **Schulbank** *f* <-, -bänke> banco *m* de escuela; **die ~ drücken** (*fam*) ir a la escuela; **Schulbeginn** *m* <-(e)s, *ohne pl*> vuelta *f* al colegio; **Schulbeispiel** *nt* <-(e)s, -e> ejemplo *m* clásico [*o* típico], arquetipo *m*; **ein ~ für etw sein** ser un clásico [*o* típico] ejemplo de algo; **Schulbesuch** *m* <-(e)s, -e> asistencia *f* a la escuela, escolarización *f*; **einen Schüler vom ~ suspendieren** eximir a un escolar de la asistencia obligatoria a la escuela; **Schulbildung** *f* <-, *ohne pl*> estudios *mpl*, formación *f* escolar; **keine abgeschlossene ~ haben** no haber terminado la escuela
Schulbuch *nt* <-(e)s, -bücher> libro *m* de texto; **Schulbuchverlag** *m* <-(e)s, -e> editorial *f* de libros de texto [*o* de manuales]

Schulbus *m* <-ses, -se> autobús *m* escolar

schuld [ʃʊlt] *adj:* **an etw ~ sein** tener la culpa de algo

Schuld[1] [ʃʊlt] *f* <-, *ohne pl*> (*Verantwortung*) culpa *f* (*an* de); (JUR) culpabilidad *f;* **besondere Schwere der ~** gravedad especial de la culpa; **Maß der ~** medida de la culpa; **durch Urteil festgestellte ~** culpabilidad establecida por sentencia; **erhöhte ~** culpa aumentada; **die ~ an etw haben** ser culpable de algo, tener la culpa de algo; **jdm ~ geben** echar la culpa a alguien; **jdm die ~ zuschieben** echar(le) a alguien la culpa; **~ auf sich laden** alimentar sentimientos de culpa; **die ~ auf sich nehmen** declararse culpable; **sich** *dat* **etw zu ~en kommen lassen** cometer un error; **sich** *dat* **keiner ~ bewusst sein** no sentirse culpable; **dich trifft keine ~ an der Situation** tú no tienes ninguna culpa de esa situación; **es war meine ~** yo tengo la culpa, es culpa mía

Schuld[2] *f* <-, -en> ❶ (*Geldbetrag*) deuda *f*, golilla *f Cuba;* **fällige ~** deuda vencida; **frei von ~en** libre de deudas, sin deudas, solvente; **~en abtragen** [*o* **abzahlen**] pagar las deudas; **~en eintreiben** cobrar una deuda; **~en machen** contraer deudas, endeudarse; **eine ~ tilgen** amortizar una deuda; **ich habe 500 Euro ~en** tengo 500 euros de deudas
❷ (*geh*): **ich stehe in deiner ~** estoy en deuda contigo

Schuldabtretung *f* <-, -en> cesión *f* de una deuda; **Schuldanerkenntnis** *nt* <-ses, -se> (JUR) reconocimiento *m* de una deuda; **Schuldangemessenheit** *f* <-, *ohne pl*> (JUR) equidad *f* de la deuda; **Schuldausgleich** *m* <-(e)s, *ohne pl*> (JUR) compensación *f* de deuda **Schuldausschließungsgrund** *m* <-(e)s, -gründe> (JUR) causa *f* de exculpación; **Schuldbefreiung** *f* <-, *ohne pl*> (JUR) liberación *f* de la deuda; **Schuldbegriff** *m* <-(e)s, *ohne pl*> (JUR) concepto *m* de culpa; **Schuldbeitritt** *m* <-(e)s, -e> (JUR) adhesión *f* a la deuda (de un tercero); **Schuldbekenntnis** *nt* <-ses, -se> (*a.* JUR) declaración *f* de culpabilidad; **ein ~ ablegen** confesarse [*o* declararse] culpable

schuldbewusst[RR] *adj* consciente de su culpabilidad
Schuldbewusstsein[RR] *nt* <-s, *ohne pl*> conciencia *f* de culpa(bilidad)
Schuldeintreibung *f* <-, -en> (JUR) asiento *m* de la deuda

schulden [ˈʃʊldən] *vt* deber, estar en deuda (con), debitar *Am;* **jdm etw ~** deber algo a alguien; **was schulde ich Ihnen?** ¿cuánto le debo?; **er schuldet mir noch eine Erklärung** todavía me debe una explicación

Schuldenabtragung *f* <-, -en> amortización *f* de deudas; **Schuldenaufnahme** *f* <-, -n> aceptación *f* de deudas; **Schuldenbegleichung** *f* <-, -en> pago *m* de una deuda; **Schuldenberg** *m* <-(e)s, -e> montaña *f* de deudas; **Schuldendienst** *m* <-(e)s, -e> servicio *m* de la deuda; **Schuldeneintreibung** *f* <-, -en> cobro *m* de deudas; **Schuldenerlass**[RR] *m* <-es, -e> condonación *f* de una deuda, remisión *f* de una deuda

schuldenfrei *adj* libre de deudas, exento de deudas
Schuldenkrise *f* <-, -n> crisis *f inv* (provocada) por endeudamiento; **Schuldenlast** *f* <-, -en> endeudamiento *m*; **Schuldenmasse** *f* <-, -n> (FIN, WIRTSCH) pasivo *m* (total), conjunto *m* de deudas; **Schuldensaldo** *m* <-s, -s *o* -salden *o* -saldi> (FIN, WIRTSCH) saldo *m* pasivo; **Schuldentilgung** *f* <-, -en> (FIN, WIRTSCH) amortización *f* de una deuda; **Schuldenverwaltung** *f* <-, -en> gestión *f* de deudas; **staatliche ~** gestión de la deuda pública

Schulderfordernis *nt* <-ses, -se> (JUR) requisito *m* de la culpa; **Schulderfüllungstheorie** *f* <-, *ohne pl*> (JUR) teoría *f* del cumplimiento de la culpa

Schuldfähigkeit *f* <-, *ohne pl*> (JUR): **verminderte ~** (capacidad *f* de) culpabilidad *f* disminuida; **Schuldfrage** *f* <-, -n> cuestión *f* de culpabilidad; **die ~ klären** aclarar la cuestión de la culpabilidad; **Schuldgefühl** *nt* <-(e)s, -e> sentimiento *m* de culpa; **Schuldgeständnis** *nt* <-ses, -se> confesión *f*; **ein ~ ablegen** confesar

schuldhaft *adj* culpable
Schuldhaftung *f* <-, *ohne pl*> (JUR) responsabilidad *f* por deudas
Schuldienst *m* <-(e)s, *ohne pl*> docencia *f* (*en la enseñanza primaria y secundaria*); **im ~ (tätig) sein** ejercer como profesor, ejercer la docencia

schuldig [ˈʃʊldɪç] *adj* ❶ (*a.* JUR: *verantwortlich*) culpable (*an* de); **wer ist ~?** ¿quién tiene la culpa?; **jdn für ~ befinden, jdn ~ sprechen** declarar culpable a alguien; **sich ~ bekennen** declararse culpable; **sich einer Tat ~ machen** ser culpable de un crimen; **~ geschieden werden** ser culpable del divorcio
❷ (*Geld*): **jdm etw ~ sein** deber algo a alguien; **wie viel bin ich ~?** ¿cuánto le debo?; **die Antwort ~ bleiben** no contestar; **jdm nichts ~ bleiben** (*fig*) estar [*o* quedar] en paz con alguien

Schuldige(r) *mf* <-n, -n; -, -n> culpable *mf*
Schuldigkeit *f:* **seine ~ tun** cumplir con su deber
Schuldinterlokut *nt* <-(e)s, -e> (JUR) auto *m* interlocutorio de la culpabilidad

schuldlos *adj:* **~ sein** no tener la culpa (*an* de); **~ geschieden werden** conseguir el divorcio como la parte inocente
Schuldlosigkeit *f* <-, *ohne pl*> inocencia *f*
Schuldmerkmal *nt* <-s, -e> (JUR) característica *f* de la culpa; **besonderes ~** característica especial de la culpa; **Schuldnachweis** *m* <-es, -e> (JUR) prueba *f* de culpabilidad

Schuldner(in) [ˈʃʊldnɐ] *m(f)* <-s, -; -, -nen> deudor(a) *m(f)*; **flüchtiger/gepfändeter/säumiger ~** deudor fugitivo/embargado/moroso
Schuldnerbegünstigung *f* <-, -en> favorecimiento *m* de un deudor; **Schuldnerberater(in)** *m(f)* <-s, -; -, -nen> asesor(a) *m(f)* de deudores
Schuldnerin *f* <-, -nen> *s.* **Schuldner**
Schuldnerland *nt* <-(e)s, -länder> país *m* deudor; **Schuldnermehrheit** *f* <-, -en> mayoría *f* de deudores; **Schuldnerstaat** *m* <-(e)s, -en> Estado *m* deudor
Schuldnerverzeichnis *nt* <-ses, -se> lista *f* de deudores; **Schuldnerverzeichnisverordnung** *f* <-, -en> orden *f* de lista de deudores
Schuldnerverzug *m* <-, *ohne pl*> mora *f* del deudor; **Schuldnerwechsel** *m* <-s, -> cambio *m* de deudor

Schuldprinzip *nt* <-s, *ohne pl*> (JUR) principio *m* de la culpabilidad; **Schuldrahmen** *m* <-s, -> (JUR) margen *m* de culpabilidad; **Schuldrecht** *nt* <-s, *ohne pl*> (JUR) derecho *m* de obligaciones; **allgemeines/besonderes ~** derecho obligacionista general/especial

schuldrechtlich *adj* (JUR) jurídico-obligacional
Schuldrechtsübereinkommen *f* <-s, -> (JUR) convenio *m* sobre derecho de obligaciones
Schuldschein *m* <-(e)s, -e> pagaré *m*; **Schuldscheininhaber(in)** *m(f)* <-s, -; -, -nen> tenedor(a) *m(f)* de un pagaré
Schuldschwereklausel *f* <-, -n> (JUR) cláusula *f* sobre gravedad de la culpa
Schuldspruch *m* <-(e)s, -sprüche> sentencia *f*, fallo *m*, veredicto *m* de culpabilidad; **einen ~ aufheben/fällen** revocar/fallar un veredicto de culpabilidad; **einen ~ verkünden** pronunciar una sentencia; **Schuldspruchberichtigung** *f* <-, -en> (JUR) enmienda *f* del veredicto

Schuldtatbestand *m* <-(e)s, -stände> (JUR) resultandos *mpl* de la culpabilidad; **Schuldteilnahmetheorie** *f* <-, -n> (JUR) teoría *f* sobre participación en la culpa; **Schuldtheorie** *f* <-, -n> (JUR) teoría *f* de la culpa; **Schuldtitel** *m* <-s, -> (FIN) título *m* de deuda; **vollstreckbarer ~** título de deuda ejecutorio; **Schuldübergang** *m* <-(e)s, *ohne pl*> (FIN) sucesión *f* de deuda, transmisión *f* de deuda; **gesetzlicher ~** sucesión [*o* transmisión] legal de deuda; **Schuldübernahme** *f* <-, -n> (FIN) asunción *f* de deuda, novación *f* subjetiva; **Schuldüberschreitungsverbot** *nt* <-(e)s, -e> (FIN) prohibición *f* de exceder la deuda; **Schuldunfähigkeit** *f* <-, *ohne pl*> (JUR) incapacidad *f* de culpabilidad; **Schuldverhältnis** *nt* <-ses, -se> (JUR) relación *f* de deuda; **verwaltungsrechtliches ~** relación de deuda jurídico-administrativa; **Schuldverschreibung** *f* <-, -en> (FIN, WIRTSCH) obligación *f*, título *m* obligacional; **~ auf den Inhaber** título obligacional al tenedor; **~ der öffentlichen Hand** bono del Tesoro; **~ in privater Unternehmen** obligaciones de empresas privadas; **Ausgabe von ~en** emisión *f* de obligaciones; **öffentliche ~** título obligacional público; **staatliche ~en** Pagarés del Tesoro; **Schuldversprechen** *nt* <-s, -> (FIN, JUR) promesa *f* de deuda, compromiso *m* de deuda [*o* de pago]; **schenkweise erteiltes ~** promesa de deuda hecha en forma de donativo

Schuldvertrag *m* <-(e)s, -träge> (FIN) contrato *m* obligacional; **Schuldvertragsrecht** *nt* <-(e)s, *ohne pl*> (FIN) régimen *m* del contrato obligacional
Schuldwechsel *m* <-s, -> (FIN) efecto *m* a pagar, deuda *f* documentada; **Schuldzinsenabzug** *m* <-(e)s, -züge> (FIN, JUR) deducción *f* de intereses (de deuda); **Schuldzuweisung** *f* <-, -en> (*a.* JUR) acusación *f*

Schule[1] [ˈʃuːlə] *f* <-, -n> ❶ (*Institution, Gebäude*) colegio *m*, escuela *f*; **in die ~ kommen** ser escolarizado; **in die** [*o* **zur**] **~ gehen** ir al colegio; **durch eine harte ~ gegangen sein** pasar muchas penalidades [*o* mucho] (en la vida)
❷ (*Richtung*) escuela *f*; **ein Richter der alten ~** un juez de la vieja escuela; **~ machen** hacer escuela

Schule[2] *f* <-, *ohne pl*> ❶ (*Unterricht*) clase *f*; **~ haben** tener clase; **die ~ ist um 14 Uhr aus** las clases terminan a las 2
❷ (*Wend*): **die hohe ~ der Kunst** el gran conocimiento del arte; **die hohe ~ des Kochens** el gran dominio de la cocina

schulen *vt* ❶ (*Mitarbeiter*) formar, capacitar; **geschultes Personal** personal cualificado
❷ (*Auge, Gedächtnis*) entrenar; **mit geschultem Blick** con ojo experto; **ein geschultes Gedächtnis haben** tener una memoria entrenada

Schüler(in) [ˈʃyːlɐ] *m(f)* <-s, -; -, -nen> ❶ (*in der Schule*) alumno, -a *m, f*
❷ (*Anhänger*) discípulo, -a *m, f*

Schüleraustausch *m* <-(e)s, *ohne pl*> intercambio *m* de alumnos [*o* escolar]; **Schülerausweis** *m* <-es, -e> carné *m* de estudiante
Schülerin *f* <-, -nen> *s.* **Schüler**
Schülerkarte *f* <-, -n> abono *m* para escolares; **Schülerlotse, -in** *m, f* <-n, -n; -, -nen> escolar que detiene el tráfico para que otros cole-

giales puedan cruzar la calle; **Schülermitverwaltung** f <-, -en> representación f de alumnos
Schülerschaft f <-, -en> alumnado m
Schülersprache f <-, ohne pl> lenguaje m escolar, jerga f escolar; **Schülerzeitung** f <-, -en> periódico m escolar
Schulfach nt <-(e)s, -fächer> asignatura f escolar; **Schulferien** pl vacaciones fpl escolares; **Schulfernsehen** nt <-s, ohne pl> programa m escolar de televisión; **Schulflugzeug** nt <-(e)s, -e> avión-escuela m, avión m para realizar prácticas de vuelo
schulfrei adj libre; **die Kinder haben ~** los niños no tienen clase; **es ist ~** no hay clase
Schulfreund(in) m(f) <-(e)s, -e; -, -nen> compañero, -a m, f de clase [o de(l) colegio]; **Schulfunk** m <-s, ohne pl> emisión f escolar, programa m escolar de radio; **Schulgebäude** nt <-s, -> edificio m escolar; **Schulgebrauch** m: **für den ~** para uso escolar; **etw ist für den ~ bestimmt/zugelassen** algo es adecuado para su uso escolar/el uso de algo está permitido en las escuelas; **Schulgeld** nt <-(e)s, ohne pl> cuota f escolar, tasa f de matrícula; **Schulheft** nt <-(e)s, -e> cuaderno m escolar; **Schulhof** m <-(e)s, -höfe> patio m de la escuela
schulisch adj escolar
Schuljahr nt <-(e)s, -e> ① (Zeitraum) curso m, año m escolar ② (Klasse) clase f, curso m; **im achten ~ sein** estar en octavo; **Schuljunge** m <-n, -n> (fam) escolar m, colegial m; **jdn wie einen (dummen) ~n behandeln** tratar a alguien como si fuera un niñato; **Schulkamerad(in)** m(f) <-en, -en; -, -nen> compañero, -a m, f de clase; **Schulkenntnisse** fpl conocimientos mpl adquiridos en la escuela; **Schulkind** nt <-(e)s, -er> escolar mf; **Schulkindergarten** m <-s, -gärten> jardín m de infancia [para niños que estando en edad escolar aún no están preparados para empezar la escuela]; **Schulklasse** f <-, -n> clase f, curso m; **Schullandheim** nt <-(e)s, -e> residencia f escolar en el campo, granja f escolar; **Schullehrer(in)** m(f) <-s, -; -, -nen> (fam) maestro, -a m, f (de escuela); **Schulleiter(in)** m(f) <-s, -; -, -nen> director(a) m(f) de escuela; **Schulmädchen** nt <-s, -> colegiala f; **Schulmappe** f <-, -n> cartera f, busaca f Ven; **Schulmedizin** f <-, ohne pl> medicina f oficial [o convencional]; **Schulmeinung** f <-, -en> opinión f admitida; **Schulmeister(in)** m(f) <-s, -; -, -nen> (alt) maestro, -a m, f, profesor(a) m(f)
schulmeisterlich adj (abw) pedante, pedantesco
schulmeistern ['---] vi, vt (abw) corregir de manera pedante
Schulpflicht f <-, ohne pl> enseñanza f obligatoria
schulpflichtig adj en edad escolar
Schulranzen m <-s, -> cartera f (para llevar a la espalda); **Schulrat, -rätin** m, f <-(e)s, -räte; -, -nen> inspector(a) m(f) de enseñanza; **Schulreform** f <-, -en> reforma f escolar; **Schulschiff** nt <-(e)s, -e> buque m escuela; **Schulschluss**^RR m <-es, ohne pl> salida f de clase; **Schulspeisung** f <-, ohne pl> servicio m escolar de comedor; **Schulsprecher(in)** m(f) <-s, -; -, -nen> portavoz mf del alumnado; **Schulstress**^RR m <-es, ohne pl> estrés m escolar; **Schulstube** f <-, -n> (Schweiz) clase f, aula f; **Schulstunde** f <-, -n> clase f; **Schultag** m <-(e)s, -e> día m de colegio; **Montag ist wieder ~** el lunes hay colegio otra vez; **Schultasche** f <-, -n> cartera f
Schulter ['ʃʊltɐ] f <-, -n> hombro m; (GASTR) paletilla f; **~ an ~** hombro con hombro; **jdm auf die ~ klopfen** dar(le) a alguien una palmada en el hombro; **etw auf den ~n tragen** llevar algo a cuestas; **es ruht auf seinen ~n** pesa sobre sus espaldas; **jdm über die ~ gucken** mirar a alguien por encima del hombro; **die ~n hängen lassen** hundir los hombros; **mit den ~n zucken** encogerse de hombros; **etw auf die leichte ~ nehmen** tomar algo a la ligera; **jdm die kalte ~ zeigen** dar la espalda a alguien
Schulterblatt nt <-(e)s, -blätter> omoplato m, omóplato m
schulterfrei adj que deja los hombros descubiertos
Schultergelenk nt <-(e)s, -e> articulación f del húmero; **Schulterhöhe** f <-, -n> altura f del hombro; **in ~** a la altura del hombro; **Schulterklappe** f <-, -n> hombrera f; (an einer Uniform) galón m
schulterlang adj hasta los hombros
schultern vt echar al hombro
Schulterpolster nt <-s, -> hombrera f; **Schulterriemen** m <-s, - > bandolera f; **Schulterschluss**^RR m <-es, ohne pl> acto m solidario; **Schultersieg** m <-(e)s, -e> (SPORT) victoria f por puesta de espaldas (del adversario); **Schulterstück** nt <-(e)s, -e> s. **Schulterklappe**
Schulträger m <-s, -> (entidad f) titular m del centro docente; **Schultüte** f <-, -n> cucurucho de papel con golosinas y objetos de escritorio que reciben los niños el primer día de escuela
Schulung ['ʃuːlʊŋ] f <-, -en> ① (von Personal) formación f, instrucción f; (der Stimme) entrenamiento m ② (Lehrgang) cursillo m; **innerbetriebliche ~** cursillo (de formación) dentro de la empresa
Schulunterricht m <-(e)s, -e> clases fpl escolares; **Schulversagen** nt <-s, ohne pl> fracaso m escolar; **Schulversager(in)** m(f) <-s, -; -, -nen> niño, -a m, f que fracasa en la escuela; **Schulwanderung** f <-, -en> excursión f escolar (a pie); **Schulweg** m <-(e)s, -e> camino m a la escuela; **sie traf ihn auf dem ~** lo encontró camino a la escuela; **Schulweisheit** f <-, -en> sabiduría f escolar; **Schulwesen** nt <-s, ohne pl> enseñanza f; **Schulzeit** f <-, -en> años mpl escolares; **seit meiner ~** desde que salí del colegio; **nach dreizehnjähriger ~** después de 13 años de colegio; **Schulzeugnis** nt <-ses, -se> notas fpl, (hoja f de) calificaciones fpl
schummeln ['ʃʊmǝln] I. vi (fam: beim Spiel) hacer trampas; (in der Schule) copiar
II. vt (fam) pasar sin ser visto
schumm(e)rig ['ʃʊm(ǝ)rɪç] adj (fam) de poca luz, poco iluminado; (dämmerig) crepuscular; **~es Licht** luz débil
schund 3. imp von **schinden**
Schund [ʃʊnt] m <-(e)s, ohne pl> (fam abw) baratija f, chuchería f
Schundroman m <-s, -e> (fam abw) novelón m
schunkeln ['ʃʊŋkǝln] vi balancearse rítmicamente cogidos del brazo
Schupfer ['ʃʊpfɐ] m <-s, -> (Österr: fam: Stoß) empujón m
Schuppe ['ʃʊpǝ] f <-, -n> ① (bei Tieren) escama f
② pl (beim Menschen) caspa f; **mir fiel es wie ~n von den Augen** se me cayó la venda de los ojos
schuppen I. vt escamar
II. vr: **sich ~** (d)escamarse, pelarse
Schuppen ['ʃʊpǝn] m <-s, -> (Bau) cobertizo m, galpón m Am
schuppenartig adj como escamas, escamoso
Schuppenflechte f <-, -n> (MED) psoriasis f inv; **Schuppentier** nt <-(e)s, -e> pangolín m
schuppig adj (Fisch, Haut) escamoso; (Kopfhaut) con caspa; **ihr Haar ist ~** tiene caspa; **der Anstrich blättert ~ ab** la mano de pintura se descascarilla
Schur [ʃuːɐ] f <-, -en> esquileo m
schüren ['ʃyːrǝn] vt ① (Feuer) avivar, atizar
② (Hass, Eifersucht) alimentar, fomentar
schürfen ['ʃʏrfǝn] I. vt ① (Haut) excoriar, levantar fam; **sich** dat **die Hand ~** excoriarse la mano, levantarse la piel de la mano
② (BERGB) extraer
II. vr: **sich ~** excoriarse (an en); (sich kratzen) arañarse (an)
III. vi: **nach etw ~** buscar algo; **tief ~d** (wesentlich) hondo, exhaustivo
Schürfung f <-, -en> (Verletzung) desolladura f
Schürfwunde f <-, -n> excoriación f
Schürhaken m <-s, -> hurgón m, atizador m
Schurke, -in ['ʃʊrkǝ] m, f <-n, -n; -, -nen> (abw) bribón, -ona m, f, bellaco, -a m, f
Schurkenstreich m <-(e)s, -e> (abw) jugarreta f, (mala) jugada f
Schurkin f <-, -nen> (abw) s. **Schurke**
schurkisch adj vil, infame, ignominioso
Schurwolle f <-, ohne pl> lana f virgen
Schurz [ʃʊrts] m <-es, -e> ① (Schürze) delantal m, mandil m
② (Lenden~) taparrabo m
Schürze ['ʃʏrtsǝ] f <-, -n> delantal m; **jdm an der ~ hängen** (fig) depender [o necesitar el visto bueno] de alguien
schürzen ['ʃʏrtsǝn] vt ① (Rock, Kleid) levantar, remangar
② (Lippen) fruncir
③ (geh: Knoten) hacer, atar
Schürzenjäger m <-s, -> (fam abw) mujeriego m, donjuán m
Schuss^RR [ʃʊs, pl: ˈʃʏsǝ] m <-es, Schüsse>, **Schuß** m <-sses, Schüsse> ① (aus einer Waffe) tiro m, disparo m, chumbo m Arg; **einen ~ abgeben** disparar (un tiro); **es fielen mehrere Schüsse** se escucharon varios disparos; **jd/etw ist keinen ~ Pulver wert** (fam) alguien/algo no vale un duro; **jdm einen ~ vor den Bug geben** (fam) darle un toque a alguien; **das war ein ~ in den Ofen** (fam) fue un fracaso total; **der ~ ging nach hinten los** (fam) salió el tiro por la culata; **weit vom ~ sein** (fam) estar en el quinto pino; **in ~ sein** (fam) estar a punto; **etw in ~ bringen** (fam) poner algo a punto; **etw in ~ halten** (fam) mantener algo en buen estado
② (Spritzer) chorrito m; **ein ~ Essig** un chorrito de vinagre; **Cola mit ~** coca-cola con un poco de alcohol
③ (SPORT: Fußball) tiro m; (Ski) schuss m
④ (beim Weben) trama f
⑤ (sl: Drogeninjektion) chute m, pico m; **sich** dat **einen ~ setzen** chutarse, darse [o ponerse] un chute [o pico]; **der goldene ~** sobredosis f inv, dosis mortal
schussbereit^RR adj listo [o dispuesto] para disparar
Schussel ['ʃʊsǝl] m <-s, -> (fam: zerstreut) despistado, -a m, f; (ungeschickt) manazas mf inv, torpe mf
Schüssel ['ʃʏsǝl] f <-, -n> ① (Servier~) fuente f, platón m Am; (Salat~) ensaladera f; (Suppen~) sopera f; (Wasch~) palangana f
② (fam: WC-Becken) inodoro m, taza f fam
③ (fam: Satelliten~) antena f parabólica
schusselig ['ʃʊsǝlɪç] adj (fam abw) distraído, despistado

Schusseligkeit¹ *f* <-, -en> *(fam abw: Handlung)* torpeza *f*
Schusseligkeit² *f* <-, ohne pl> *(fam abw: Art)* distracción *f*, despiste *m*
Schussfahrtᴿᴿ *f* <-, -en> (SPORT) (descenso *m*) schuss *m*
schussligᴿᴿ *adj*, **schußlig** *adj (fam abw) s.* **schusselig**
Schusslinieᴿᴿ *f* <-, -n> línea *f* de tiro [*o* de fuego]; *(einer Kugel)* trayectoria *f* de la bala; **in die ~ geraten** *(fig)* estar en la línea de fuego, verse expuesto a duras críticas; **jdn aus der ~ nehmen** *(fig)* sustraer [*o* apartar] a alguien de las críticas de otros; **Schussrichtung**ᴿᴿ *f* <-, -en> dirección *f* de tiro; **Schussverletzung**ᴿᴿ *f* <-, -en> herida *f* de bala
Schusswaffeᴿᴿ *f* <-, -n> arma *f* de fuego; **mit vorgehaltener ~** (apuntando) con un arma de fuego; **Schusswaffengebrauch**ᴿᴿ *m* <-(e)s, ohne pl> uso *m* de armas de fuego
Schusswechselᴿᴿ *m* <-s, -> tiroteo *m*; **Schussweite**ᴿᴿ *f* <-, ohne pl> alcance *m* de tiro; **außer ~** fuera de alcance; **in ~** a tiro; **Schusswunde**ᴿᴿ *f* <-, -n> herida *f* de bala
Schuster(in) ['ʃuːstɐ] *m(f)* <-s, -; -, -nen> zapatero, -a *m*, *f* remendón, -ona; **auf ~s Rappen** *(fam)* a pie; **~, bleib bei deinem Leisten!** *(prov)* ¡zapatero a tus zapatos!
schustern ['ʃuːstɐn] *vi, vt (fam abw)* chapucear
Schutt [ʃʊt] *m* <-(e)s, ohne pl> escombros *mpl*; **~ abladen verboten!** ¡prohibido verter escombros!; **eine Stadt in ~ und Asche legen** reducir una ciudad a cenizas
Schuttabladeplatz *m* <-es, -plätze> escombrera *f*
Schüttelfrost *m* <-(e)s, ohne pl> escalofríos *mpl*, chucho *m* *Am*; **Schüttellähmung** *f* <-, ohne pl> (MED) parálisis *f* agitante
schütteln ['ʃʏtəln] I. *vt (Baum, Kissen)* sacudir; *(Gefäß)* agitar; *(Kopf)* mover; **sie schüttelte ihm zur Begrüßung die Hand** lo saludó con un apretón de manos; **sie schüttelte verneinend den Kopf** negó con la cabeza; **Nüsse/Oliven vom Baum ~** varear las nueces/las aceitunas; **sie wurde von einem Fieberanfall geschüttelt** sufrió un ataque de fiebre; **„vor Gebrauch ~"** 'agítese antes de usar'
II. *vr:* **sich ~** sacudirse; **sich vor Kälte ~** temblar de frío; **sich vor Ekel ~** estremecerse de asco; **er schüttelte sich vor Lachen** se desternilló de risa
Schüttelreim *m* <-(e)s, -e> (LIT) rima *f* con metátesis entre vocablos
Schüttelrutsche *f* <-, -n> (BERGB) rampa *f* vibradora [*o* de canales oscilantes]
schütten ['ʃʏtən] I. *vt (gießen)* verter *(in* en); *(ver-)* derramar; **sich** *dat* **Wein ins Glas ~** servirse vino
II. *vunpers (fam)* llover a cántaros
schütter ['ʃʏtɐ] *adj* ralo, poco espeso
Schüttgewicht *nt* <-(e)s, ohne pl> peso *m* a granel; **Schüttgut** *nt* <-(e)s, -güter> (COM) carga *f* a granel
Schutthalde *f* <-, -n> escombrera *f*; **Schutthaufen** *m* <-s, -> montón *m* de escombros
Schüttstein *m* <-(e)s, -e> *(Schweiz: Ausguss)* pila *f*
Schutz [ʃʊts] *m* <-es, ohne pl> protección *f (vor/gegen* contra), amparo *m*; *(Verteidigung)* defensa *f (vor/gegen* contra); **im ~e der Dunkelheit** al amparo de la oscuridad; **zum ~ der Augen** para proteger los ojos; **der ~ der Menschenrechte** la defensa de los derechos humanos; **sich in jds ~ begeben** acogerse al amparo de alguien; **jdn in ~ nehmen** defender a alguien; **unter jds ~ stehen** estar bajo la protección [*o* el amparo] de alguien; **in einem Haus ~ suchen** refugiarse en una casa; **~ suchend** en busca de protección; *(nach Obdach)* en busca de refugio
Schutzabkommen *nt* <-s, -> acuerdo *m* de protección; **Schutzanstrich** *m* <-(e)s, -e> *(Farbe)* pintura *f* protectora; **Schutzanzug** *m* <-(e)s, -züge> traje *m* protector
schutzbedürftig *adj* que necesita protección
Schutzbefohlene(r) *mf* <-n, -n; -, -n> (JUR) súbdito, -a *m*, *f* protegido, -a; **Misshandlung eines ~n** maltrato de un súbdito; **Schutzbehauptung** *f* <-, -en> declaración *f* encubridora; **Schutzbehörde** *f* <-, -n> autoridad *f* de protección; **Schutzbereich** *m* <-(e)s, -e> zona *f* protegida; **normgeprägter ~** zona protegida preñada de normas; **Schutzblech** *nt* <-(e)s, -e> ❶ *(am Fahrrad)* guardabarros *m inv* ❷ *(an Maschinen)* chapa *f* de protección; **Schutzbrief** *m* <-(e)s, -e> ❶ (POL) salvoconducto *m* ❷ *(einer Versicherung)* seguro *m* de protección durante viajes; **Schutzbrille** *f* <-, -n> gafas *fpl* protectoras; **Schutzdach** *nt* <-(e)s, -dächer> techo *m* protector; **Schutzdamm** *m* <-(e)s, -dämme> dique *m* protector; **Schutzdauer** *f* <-, ohne pl> (JUR) tiempo *m* de vida legal
Schütze¹ ['ʃʏtsə] *m* <-n, -n> (ASTR) Sagitario *m*
Schütze, -in² *f, m* <-n, -n; -, -nen> ❶ *(mit einer Waffe; Mitglied im ~nverein)* tirador(a) *m(f)*
❷ *(Tor-)* goleador(a) *m(f)*
❸ *(Soldat)* soldado *m* raso
schützen ['ʃʏtsən] I. *vt* proteger *(vor/gegen* de/contra); *(bewahren)* guardar *(vor* de), proteger *(vor* de); *(verteidigen)* defender *(vor/gegen* contra); **geschützte Pflanzen** plantas protegidas; **urheberrechtlich geschützt** reservados los derechos del autor; **gesetzlich geschützt** protegido por la ley; **wir müssen ihn vor dieser Gefahr ~** tenemos que protegerle del peligro; **ein geschützter Platz** un sitio al abrigo; **vor Nässe ~!** ¡protéjase de la humedad!; **Gott schütze dich!** ¡Dios te ampare!
II. *vr:* **sich ~** protegerse *(vor/gegen* de/contra); *(gegen Schaden)* asegurarse *(gegen* contra)
schützend *adj* protector
Schützenfest *nt* <-(e)s, -e> fiesta *f* acompañada de una competición de tiro
Schutzengel *m* <-s, -> ángel *m* de la guarda [*o* custodio]
Schützengraben *m* <-s, -gräben> trinchera *f*; **Schützenhaus** *nt* <-es, -häuser> local *m* de una sociedad de tiro; **Schützenhilfe** *f* <-, ohne pl> *(fam)* respaldo *m*; **jdm ~ geben** respaldar a alguien; **Schützenkönig(in)** *m(f)* <-s, -e; -, -nen> ganador(a) *de la competición de tiro de la fiesta anual de una sociedad de tiro*; **Schützenpanzer** *m* <-s, -> carro *m* de combate
schützenswert *adj* digno de protección
Schützenverein *m* <-(e)s, -e> sociedad *f* de tiro
Schutzfaktor *m* <-s, -en> factor *m* de protección; **Schutzfärbung** *f* <-, -en> (ZOOL) coloración *f* protectora; **Schutzfrist** *f* <-, -en> (JUR) plazo *m* de protección; **Schutzgebiet** *nt* <-(e)s, -e> reserva *f* natural; **Schutzgebühr** *f* <-, -en> tasa *f* de apoyo
Schutzgeld *nt* <-(e)s, -er> cuota *f* de protección; **~er erpressen** extorsionar cuotas de protección; **Schutzgelderpressung** *f* <-, -en> extorsión *f* a cambio de protección; **Schutzgeldsperrung** *f* <-, -en> congelación *f* monetaria proteccionista
Schutzgesetz *nt* <-es, -e> ley *f* de protección; **Schutzgitter** *nt* <-s, -> rejilla *f* de protección; **Schutzhaft** *f* <-, ohne pl> prisión *f* preventiva; **jdn in ~ nehmen** tomar a alguien en arrestro preventivo; **Schutzhandschuh** *m* <-(e)s, -e> guante *m* protector; **Schutzhaube** *f* <-, -n> cubierta *f* protectora; *(für Schreibmaschinen)* funda *f* protectora; **Schutzheilige(r)** *mf* <-n, -n; -, -n> (REL) patrón, -ona *m*, *f*; **jds ~r sein** ser el patrono [*o* el patrón] de alguien; **Schutzhelm** *m* <-(e)s, -e> casco *m* protector; **Schutzhülle** *f* <-, -n> funda *f* protectora; **Schutzhütte** *f* <-, -n> refugio *m*
schutzimpfen <schutzimpft, schutzimpfte, schutzgeimpft> *vt* (MED) vacunar (de forma preventiva) *(gegen* contra); **Sie sollten sich gegen Virushepatitis B ~ lassen!** ¡debería vacunarse contra el virus de la hepatitis B!
Schutzimpfstoff *m* <-(e)s, -e> vacuna *f* preventiva; **Schutzimpfung** *f* <-, -en> vacunación *f* preventiva
Schützin *f* <-, -nen> *s.* **Schütze**
Schutzkappe *f* <-, -n> *(von Stiften)* capuchón *m* protector; (TECH) caja *f* protectora; **Schutzklausel** *f* <-, -n> cláusula *f* de protección; **Schutzkontakt** *m* <-(e)s, -e> (ELEK) contacto *m* de toma de tierra; **Schutzleiste** *f* <-, -n> listón *m* protector
Schützling ['ʃʏtslɪŋ] *m* <-s, -e> protegido, -a *m*, *f*; pupilo, -a *m*, *f*
schutzlos *adj* indefenso, sin amparo; **jdm/etw** *dat* **~ ausgeliefert sein** estar indefenso ante alguien/algo, estar a la merced de alguien/algo
Schutzmacht *f* <-, -mächte> (POL) potencia *f* protectora; **Schutzmann** *m* <-(e)s, -männer *o* -leute> policía *m*, guardia *m*; **eiserner ~** *(iron)* puesto telefónico para llamar a la policía en caso de emergencia; **Schutzmarke** *f* <-, -n> marca *f* registrada; **Schutzmaske** *f* <-, -n> máscara *f* protectora, careta *f* protectora; **Schutzmaßnahme** *f* <-, -n> medida *f* de protección; **gegen etw ~n treffen** tomar medidas preventivas contra algo; **Schutzmittel** *nt* <-s, -> medio *m* protector; **Schutznormtheorie** *f* <-, ohne pl> (JUR) teoría *f* de la norma de protección; **Schutzpatron(in)** *m(f)* <-s, -e; -, -nen> (santo, -a *m*, *f*) patrono, -a *m*, *f*; **Schutzpflanzung** *f* <-, -en> plantación *f* protegida; **Schutzpflicht** *f* <-, -en> (JUR) deber *m* de protección; **~ des Staates** deber de protección del estado; **Schutzpolizei** *f* <-, ohne pl> guardia *f* municipal, policía *f* urbana; **Schutzraum** *m* <-(e)s, -räume> refugio *m*
Schutzrecht *nt* <-(e)s, -e> derecho *m* de protección; **~ am geistigen Eigentum** derecho de protección de la propiedad intelectual; **angemeldetes ~** derecho de protección inscrito; **gewerbliches ~** derecho de protección comercial [*o* de la propiedad industrial]; **Schutzrechtsüberschreitung** *f* <-, -en> extralimitación *f* del derecho de protección, transgresión *f* del derecho de protección; **Schutzrechtsverwarnung** *f* <-, -en> amonestación *f* por infracción del derecho de protección
Schutzschicht *f* <-, -en> capa *f* protectora; **Schutzschrift** *f* <-, -en> acta *f* de protección; **Schutzstreifen** *m* <-s, -> faja *f* protectora, banda *f* protectora
schutzsuchend *adj s.* **Schutz**
Schutzumfang *m* <-(e)s, ohne pl> ámbito *m* de protección; **Schutzumschlag** *m* <-(e)s, -schläge> sobrecubierta *f*; **Schutzverfügung** *f* <-, -en> disposición *f* de protección, tutelar *m*; **Schutzverletzung** *f* <-, -en> (INFOR) violación *f* de protección; **Schutzvorrichtung** *f* <-, -en> dispositivo *m* de protección; **Schutzvorschrift** *f* <-, -en>

norma f de protección; **Schutzwald** m <-(e)s, -wälder> bosque m de protección; **Schutzwall** m <-(e)s, -wälle> muro m protector; **die Bewohner bauten Schutzwälle, um vor der Flut sicher zu sein** los habitantes levantaron diques protectores para protegerse de las inundaciones; **Schutzweg** m <-(e)s, -e> (*Österr: Zebrastreifen*) paso m peatonal [*o* de peatones]
schutzwürdig *adj* (JUR) tutelable, digno de protección
Schutzwürdigkeitstheorie f <-, *ohne pl*> (JUR) teoría f sobre la idoneidad de la protección
Schutzzoll m <-(e)s, -zölle> derechos mpl (aduaneros) protectores
Schutzzweck m <-(e)s, -e> (JUR) objeto m de la protección; ~ **der Norm** objeto de la protección de la norma; **Schutzzweckzusammenhang** m <-(e)s, -hänge> (JUR) relación f con el objeto de la protección
Schwa [ʃvaː] nt <-(s), -(s)> (LING) "schwa" f, vocal f murmurada (*vocal media central alemana*)
Schwab [ʃvaːp] m <-en, -en> (*Schweiz: abw*) alemán m
schwabb(e)lig [ˈʃvab(ə)lɪç] *adj* (*fam*) fofo
schwabbeln [ˈʃvabəln] *vi* (*fam*) ❶ (*zittern*) temblequear, temblar
❷ (*schwätzen*) darle al pico, chismorrear
schwabblig *adj* (*fam*) fofo
Schwabe¹ [ˈʃvaːbə] m, **Schwäbin** f <-n, -; -, -nen> suabo, -a m, f
schwäbeln [ˈʃvɛːbəln] *vi* (*fam*) hablar en dialecto suabio
Schwaben [ˈʃvaːbən] nt <-s> (*Region*) Suabia f
Schwabenstreich m <-(e)s, -e> (*iron*) tontería f, necedad f
Schwäbin f <-, -nen> *s.* **Schwabe**
schwäbisch [ˈʃvɛːbɪʃ] *adj* suabo
schwach [ʃvax] *adj* <schwächer, am schwächsten> débil; (*Getränk, Argument, Börse*) flojo; (*Nachfrage, Leistung, Beteiligung*) escaso; (*Gesundheit*) frágil, delicado; (*Hoffnung*) vago; (*Licht*) tenue; **sich ~ fühlen** sentirse débil; **~er Punkt** punto débil; **sie hatte ein ~es Gedächtnis** era floja de memoria; **ein ~er Redner** un orador mediocre; **er ist ~ in Physik** está flojo en física; **~e Winde** vientos débiles; **die Batterie ist sehr ~** la pila está casi vacía; **sein Auftritt war eine ~e Vorstellung** su actuación dejó mucho que desear; **meine Augen werden immer schwächer** cada vez veo menos [*o* estoy más corto de vista]; **sie hat eine ~e Blase** tiene problemas con la vejiga; **bei Torten wird sie immer ~** las tartas son su debilidad; **mach mich nicht ~!** ¡bueno, déjame!; **die Halle war nur ~ besetzt** el pabellón estaba casi vacío
schwachaktiv *adj s.* **aktiv**
Schwäche¹ [ˈʃvɛçə] f <-, *ohne pl*> ❶ (*mangelnde Kraft/Stärke*) debilidad f; (*Gebrechlichkeit*) fragilidad f
❷ (*Vorliebe*) debilidad f; **eine ~ für etw haben** tener debilidad por algo
Schwäche² f <-, -n> (*Fehler*) debilidad f, punto m débil; **menschliche ~n** debilidades humanas
Schwächeanfall m <-(e)s, -fälle> desmayo m, desvanecimiento m
schwächen [ˈʃvɛçən] *vt* debilitar, aguadar Guat; **er war von der Krankheit geschwächt** estaba debilitado por la enfermedad, la enfermedad lo había debilitado
schwächer *adj kompar von* **schwach**
Schwachheit f <-, *ohne pl*> (*Kraftlosigkeit*) debilidad f
Schwachheiten *fpl:* **sich** *dat* **keine ~ einbilden** (*fam*) no hacerse falsas ilusiones
Schwachkopf m <-(e)s, -köpfe> (*abw*) idiota mf, imbécil mf
schwächlich [ˈʃvɛçlɪç] *adj* débil; (*kränklich*) enfermizo
Schwächlichkeit f <-, -en> debilidad f (de constitución); (MED) astenia f
Schwächling [ˈʃvɛçlɪŋ] m <-s, -e> (*abw*) persona f débil, carnero m CSur, chota f PRico
Schwachpunkt m <-(e)s, -e> punto m débil
Schwachsinn m <-(e)s, *ohne pl*> ❶ (MED) debilidad f mental, demencia f
❷ (*fam abw: Blödsinn*) imbecilidad f; **so ein ~!** ¡qué imbecilidad!
schwachsinnig *adj* ❶ (MED) deficiente mental
❷ (*fam abw: blödsinnig*) idiota, imbécil
Schwachsinnige(r) mf <-n, -n; -n, -n> (MED) deficiente mf mental
schwächste(r, s) *adj superl von* **schwach**
Schwachstelle f <-, -n> punto m débil
Schwachstrom m <-(e)s, -ströme> (ELEK) corriente f de baja intensidad
Schwächung f <-, -en> debilitación f
Schwaden [ˈʃvaːdən] m <-s, -> ❶ (*in der Luft*) mofeta f
❷ (BERGB) vapores mpl
Schwadron [ʃvaˈdroːn] f <-, -en> (MIL) escuadrón m
schwadronieren* [ʃvadroˈniːrən] *vi* hablar por los codos, soltar peroratas
Schwafelei [ʃvaːfəˈlaɪ] f <-, -en> (*fam abw*) sandeces fpl, bobadas fpl
schwafeln [ˈʃvaːfəln] *vi* (*fam abw*) hablar a tontas y a locas (*über* sobre)
Schwafler(in) m(f) <-s, -; -, -nen> (*fam abw*) charlatán, -ana m, f (que no sabe de lo que habla)
Schwager [ˈʃvaːɡɐ] m, **Schwägerin** f <-s, Schwäger; -, -nen> cuñado, -a m, f, hermano, -a m, f político, -a
Schwalbe [ˈʃvalbə] f <-, -n> ❶ (*Vogel*) golondrina f; **eine ~ macht noch keinen Sommer** (*prov*) una golondrina no hace verano
❷ (*im Fußball*): **eine ~ machen** tirarse al suelo
Schwalbennest nt <-(e)s, -er> nido m de golondrina
Schwall [ʃval] m <-(e)s, -e> (*Wasser~, Menschen~*) aluvión m; (*Geruchs~*) nube f; **ein ~ Fragen** un aluvión de preguntas
schwamm [ʃvam] 3. *imp von* **schwimmen**
Schwamm [ʃvam, *pl:* ˈʃvɛmə] m <-(e)s, Schwämme> ❶ (*Putz~, Tier*) esponja f; **Schwamm drüber!** (*fam*) ¡borrón y cuenta nueva!
❷ (*Österr, südd: Pilz*) hongo m, seta f, callampa f Am
❸ (*Haus~*) moho m
schwammig *adj* (*abw*) ❶ (*Gesicht, Körper*) fofo
❷ (*Begriff*) vago, poco claro
Schwan [ʃvaːn, *pl:* ˈʃvɛːnə] m <-(e)s, Schwäne> cisne m; **mein lieber ~!** (*fam*) ¡madre mía!
schwand [ʃvant] 3. *imp von* **schwinden**
schwanen [ˈʃvaːnən] *vi* (*fam*): **jdm schwant etw** alguien intuye algo; **mir schwant nichts Gutes** ya me olí yo algo malo
schwang [ʃvaŋ] 3. *imp von* **schwingen**
Schwang [ʃvaŋ] *m:* **etw ist im ~e** algo está de moda
schwanger [ˈʃvaŋɐ] *adj* embarazada; **~ sein** estar embarazada, tener antojos SAm; **~ werden** quedar embarazada; **sie ist im 5. Monat ~** está embarazada de 5 meses; **mit etw ~ gehen** acarrear algo desde hace tiempo
Schwangere [ˈʃvaŋərə] f <-n, -n> (*mujer f*) embarazada f, gruesa f CRi
schwängern [ˈʃvɛŋɐn] *vt* dejar embarazada; **mit** [*o* **von**] **Rauch geschwängerte Luft** aire cargado de humo
Schwangerschaft f <-, -en> embarazo m; **unerwünschte ~** embarazo no deseado
Schwangerschaftsabbruch m <-(e)s, -brüche> interrupción f del embarazo, aborto m; **Schwangerschaftsfrühtest** m <-(e)s, -s *o* -e> test m del embarazo, diagnóstico m precoz del embarazo; **Schwangerschaftsgymnastik** f <-, *ohne pl*> gimnasia f preparto; **Schwangerschaftsstreifen** mpl (MED) estrías fpl de embarazo; **Schwangerschaftstest** m <-(e)s, -s *o* -e> prueba f de embarazo; **Schwangerschaftsunterbrechung** f <-, -en> (MED) interrupción f (voluntaria) del embarazo, aborto m; **Schwangerschaftsurlaub** m <-s, *ohne pl*> vacaciones fpl por embarazo; **Schwangerschaftsverhütung** f <-, *ohne pl*> contracepción f, anticoncepción f
Schwank [ʃvaŋk, *pl:* ˈʃvɛŋkə] m <-(e)s, Schwänke> ❶ (LIT) farsa f, sainete m
❷ (*Anekdote*) anécdota f divertida; **erzähl mal einen ~ aus deinem Leben!** cuéntame un par de tus anécdotas [*o* batallas]
schwanken [ˈʃvaŋkən] *vi* ❶ (*wanken*) temblar; (*hin und her*) balancear; **der Boden schwankte unter unseren Füßen** el suelo temblaba bajo nuestros pies; **das Gerüst geriet ins S~** el andamio comenzó a tambalearse
❷ *sein* (*torkeln*) ir haciendo eses; (*heraus~*) salir tambaleando (*aus* de)
❸ (*Preise, Temperatur*) oscilar, fluctuar
❹ (*zögern*) vacilar, dudar; **ich schwankte noch, ob ...** dudaba todavía si...; **sie schwankte zwischen Zorn und Bewunderung** vacilaba entre la rabia y la admiración
schwankend *adj* (*Bewegung, Charakter*) vacilante; (*Preise*) fluctuante, oscilante; (*zögernd*) vacilante, titubeante; **mit ~em Schritt** con paso vacilante
Schwankung f <-, -en> oscilación f, vacilación f; (*a.* WIRTSCH) fluctuación f; **jahreszeitliche/konjunkturelle ~** fluctuación estacional/coyuntural; **saisonale ~en ausschalten** eliminar las fluctuaciones estacionales; **der Sturm versetzte die Brücke in ~en** la tormenta hizo que el puente se tambaleara
Schwankungsbereich m <-(e)s, -e> banda f de fluctuación; **Schwankungsbreite** f <-, -n> margen m de fluctuación
Schwanz [ʃvants, *pl:* ˈʃvɛntsə] m <-es, Schwänze> ❶ (*eines Tieres*) cola f, rabo m; **(sich) einziehen** (*fam*) irse con el rabo entre las piernas; **lass nicht den ~ hängen, wenn es nicht sofort klappt** (*fam*) no te desanimes, si no sale a la primera; **es war kein ~ da!** (*fam*) no había ni un gato
❷ (*fam: Penis*) picha f, pico m Am
schwänzeln [ˈʃvɛntsəln] *vi* (*Hund*) mover la cola
schwänzen [ˈʃvɛntsən] **I.** *vi* (*fam*) hacer novillos, jubilarse MAm
II. *vt* (*fam*) fumarse, pavear And; **Biologie ~** fumarse la clase de biología
Schwanzfeder f <-, -n> pluma f de la cola; **Schwanzflosse** f <-, -n> aleta f caudal, cola f del pez fam
schwappen [ˈʃvapən] *vi* ❶ *sein* (*irgendwohin ~*) derramarse; (*heraus~*) salirse (*aus* de); **etwas Bier ist auf die Tischdecke geschwappt** se ha derramado un poco de cerveza sobre el mantel

❷ *(sich hin und her bewegen)*: **das Badewasser schwappt in der Wanne** el agua hace olas en la bañera
Schwarm [ʃvarm, *pl:* ˈʃvɛrmə] *m* <-(e)s, Schwärme> ❶ *(Bienen~, Menschen~)* enjambre *m*; *(Vogel~, Sardinen~)* bandada *f*, parvada *f Am* ❷ *(Mensch)* persona *f* adorada; **er ist mein ~** estoy loco perdido por él
schwärmen [ˈʃvɛrmən] *vi* ❶ *sein (Insekten)* zumbar; *(Menschen)* ir en masa *(zu/in* a*)*
❷ *(begeistert sein)* entusiasmarse *(für* por*)*, morirse *(für* por*) fam*; **sie schwärmt für Männer mit Bart** se muere por [*o* le encantan] los hombres con barba; **ins S~ kommen** apasionarse; **er schwärmte vom guten spanischen Essen** ponía la comida española por las nubes; **sie geriet ins S~ über die italienische Küche** se deshizo en elogios sobre la cocina italiana
Schwärmer[1] *m* <-s, -> *(Schmetterling)* esfinge *f*
Schwärmer(in)[2] *m(f)* <-s, -; -, -nen> *(Person)* soñador(a) *m(f)*, idealista *mf*
Schwärmerei *f* <-, -en> entusiasmo *m (für* por*)*; **sich in ~en über etw ergehen** deshacerse en elogios [*o* alabanzas] para con algo; poner algo por las nubes *fam*
Schwärmerin *f* <-, -nen> *s.* **Schwärmer**[2]
schwärmerisch *adj (begeistert)* entusiasta, exaltado; *(träumerisch)* soñador
Schwarte [ˈʃvartə] *f* <-, -n> ❶ *(Speck~)* corteza *f* de cerdo [*o* de tocino]; **er muss pauken, bis (ihm) die ~ kracht** *(fam)* tiene que empollar un montón
❷ *(fam: Buch)* mamotreto *m*
Schwartenmagen *m* <-s, -mägen *o* -> (GASTR) embuchado *m (de cabeza de cerdo o ternera y tocino)*
schwarz [ʃvarts] *adj* <schwärzer, am schwärzesten> ❶ *(Farbe)* negro; **~er Kaffee** café solo; **~ wie Kohle** [*o* **die Nacht**] [*o* **ein Rabe**] negro como el azabache [*o* la noche] [*o* el ala de cuervo] [*o* la boca de lobo]; **etw ~ färben** teñir algo de negro; **das ~e Brett** el tablón de anuncios; **~es Loch** (ASTR) agujero negro; **mir wurde es ~ vor (den) Augen** perdí el conocimiento; **der Reis ist ~ geworden** *(fam)* el arroz se quemó; **er hatte ~e Fingernägel** *(fam)* tenía las uñas sucias [*o* de luto]; **~ malen** *(fig fam)* ser pesimista; **etw ~ malen** *(fig fam)* ver algo negro [*o* de forma pesimista]; **alles ~ sehen** *(fig fam)* todo negro; **für deine Prüfung sehe ich ~** te veo muy mal para el examen; **das kann ich dir ~ auf weiß geben** *(fam)* te lo puedo dar por escrito; **da kannst du warten, bis du ~ wirst** *(fam)* puedes esperar hasta que las ranas críen pelo; **er hat sich ~ geärgert** *(fam)* se ha puesto negro; **ins S~e treffen** dar en el blanco; **ins S~e treffen** dar (justo) en el clavo con algo; **du stehst auch auf der ~en Liste** tú también estás fichado
❷ *(fam: konservativ)* conservador
❸ *(fam: illegal)* clandestino
❹ *(unglücklich)* desventurado, desafortunado, desdichado; **es war ein ~er Tag für sie** fue un día desastroso [*o* fatal] para ella
❺ *(makaber)* lúgubre, macabro
Schwarz *nt* <-(es), -> negro *m*; **~ tragen** ir de negro; *(Trauer)* ir de [*o* llevar] luto
Schwarzafrika *nt* <-s> África *f* Negra; **Schwarzafrikaner(in)** *m(f)* <-s, -; -, -nen> negroafricano, -a *m, f*, afronegroide *mf*
schwarzafrikanisch *adj* negroafricano; **~e Sprachen** lenguas negroafricanas
Schwarzarbeit *f* <-, ohne *pl*> trabajo *m* ilegal [*o* clandestino]; **etw in ~ errichten** edificar algo clandestinamente
schwarz|arbeiten *vi* trabajar clandestinamente
Schwarzarbeiter(in) *m(f)* <-s, -; -, -nen> trabajador(a) *m(f)* clandestino, -a [*o* ilegal]
schwarzäugig *adj* de [*o* con] ojos negros; **~ sein** tener los ojos negros; **eine ~e Schönheit** una belleza de ojos negros
Schwarzbau *m* <-s, ohne *pl*> construcción *f* clandestina
schwarzblau *adj* azul oscuro [*o* negruzco], azur
schwarzbraun *adj* marrón oscuro; **meine Freundin hat ~e Haare** mi amiga tiene el cabello de color castaño oscuro
Schwarzbrennerei *f* <-, ohne *pl*> destilación *f* clandestina
Schwarzbrot *nt* <-(e)s, -e> pan *m* negro
Schwarze(r) *mf* <-n, -; -, -n> negro, -a *m, f*
Schwärze [ˈʃvɛrtsə] *f* <-, ohne *pl*> ❶ *(Färbung)* negrura *f*
❷ *(Drucker~)* tinta *f* de imprenta
schwärzen [ˈʃvɛrtsən] *vt* ennegrecer, teñir de negro
schwärzer *adj kompar von* **schwarz**
Schwarzerde *f* <-, ohne *pl*> (GEO) tierra *f* negra
schwärzeste(r, s) *adj superl von* **schwarz**
schwarz|fahren *irr vi sein (ohne Fahrkarte)* viajar sin billete; *(ohne Führerschein)* conducir sin tener carnet de conducir
Schwarzfahrer(in) *m(f)* <-s, -; -, -nen> *(ohne Fahrkarte)* viajero, -a *m, f* sin billete; **Schwarzgeld** *nt* <-es, ohne *pl*> dinero *m* negro, ganancias *fpl* ilegales

schwarzhaarig *adj* moreno
Schwarzhaarige(r) *mf* <-n, -n; -, -n> persona *f* de [*o* con] el pelo negro; **ihr Freund ist ein ~r mit Schnurrbart** su novio tiene el pelo negro y lleva bigote
Schwarzhandel *m* <-s, ohne *pl*> mercado *m* negro, estraperlo *m*; **mit etw ~ treiben** estraperlear [*o* negociar de estraperlo] con algo; **Schwarzhändler(in)** *m(f)* <-s, -; -, -nen> estraperlista *mf*
schwarz|hören *vi en Alemania,* escuchar la radio sin haber declarado el aparato *m* y pagado las cuotas correspondientes
Schwarzhörer(in) *m(f)* <-s, -; -, -nen> persona que elude el pago de las cuotas correspondientes de radio y televisión *(en Alemania)*
schwärzlich [ˈʃvɛrtslɪç] *adj* negruzco
schwarz|malen *vi, vt (fam)* **s. schwarz** 1.
Schwarzmaler(in) *m(f)* <-s, -; -, -nen> *(fam)* pesimista *mf*; **Schwarzmalerei** *f* <-, -en> *(fam)* pesimismo *m*; **Schwarzmalerin** *f* <-, -nen> *s.* **Schwarzmaler**
Schwarzmarkt *m* <-(e)s, -märkte> mercado *m* negro, bolsa *f* negra *Am*; **Schwarzmarktpreis** *m* <-es, -e> precio *m* en el mercado negro
Schwarzpulver *nt* <-s, ohne *pl*> pólvora *f* negra
schwarzrotgolden *adj* negro, rojo, dorado *(colores de la bandera alemana)*
schwarz|sehen *irr vi en Alemania,* usar un televisor sin haber declarado el aparato *m* y pagado las cuotas correspondientes
Schwarzseher(in) *m(f)* <-s, -; -, -nen> ❶ *(fam: Pessimist)* pesimista *mf*
❷ (TV) telespectador(a) *m(f)* pirata
Schwarzseherei *f* <-, -en> *(fam)* visión *f* catastrofista [*o* negativa]
Schwarzseherin *f* <-, -nen> *s.* **Schwarzseher**
Schwarzsender *m* <-s, -> (RADIO) emisora *f* pirata [*o* clandestina]
Schwarztee *m* <-s, -s> té *m* negro
Schwärzung *f* <-, -en> ennegrecimiento *m*
Schwarzwald *m* <-(e)s> Selva *f* Negra
Schwarzwälder(in) *m(f)* <-s, -; -, -nen> originario, -a *m, f* de la Selva Negra
schwarzweiß [-ˈ-] *adj*, **schwarz-weiß**[RR] *adj* (en) blanco y negro; **~ malen** *(fig)* pintarlo todo blanco o negro, no matizar, no diferenciar
Schwarzweißaufnahme *f* <-, -n> *s.* **Schwarzweißfoto**; **Schwarzweißfernseher** *m* [-ˈ-----] <-s, -> televisor *m* en blanco y negro; **Schwarzweißfilm** *m* <-(e)s, -e> (FILM, FOTO) película *f* en blanco y negro; **einen ~ drehen** rodar en blanco y negro; **mit ~ fotografieren** fotografiar en blanco y negro; **Schwarzweißfoto** *nt* <-s, -s> (FOTO) foto(grafía) *f* en blanco y negro
schwarzweiß|malen *vi, vt s.* **schwarzweiß**
Schwarzweißmalerei *f* <-, ohne *pl*> **~ betreiben** explicar algo en términos absolutos (positivos o negativos) [*o* sin hacer matizaciones] [*o* pintándolo todo blanco o negro]
Schwarzwild *nt* <-(e)s, ohne *pl*> jabalíes *mpl*
Schwarzwurzel *f* <-, -n> salsifí *m* negro [*o* de España], escorzonera *f*
Schwatz [ʃvats] *m* <-es, -e> *(fam)* cháchara *f*, parloteo *m*; **einen kleinen ~ mit jdm halten** parlotear con alguien; **sie halten einen ~ auf der Straße** están de cháchara en la calle
schwatzen *vi, vt*, **schwätzen** [ˈʃvɛtsən] *vi, vt (reg)* charlar *(über* de*)*, estar de cháchara *(über* de*)*; *(klatschen)* cotorrear *(über* sobre*)*; **schwatz keinen Blödsinn!** ¡no digas tonterías [*o* bobadas]!
Schwätzer(in) *m(f)* <-s, -; -, -nen> *(abw: gesprächig, klatschhaft)* charlatán, -ana *m, f*, parlanchín, -ina *m, f*; *(Angeber)* bocazas *mf inv*
schwatzhaft *adj (abw)* parlanchín, cotorra
Schwatzhaftigkeit *f* <-, ohne *pl*> *(Gesprächigkeit)* locuacidad *f*; *(Klatschsucht)* indiscreción *f*
Schwebe [ˈʃveːbə] *f:* **in der ~** pendiente; **eine Stange in der ~ halten** hacer malabarismos con una barra
Schwebebahn *f* <-, -en> *(an einer Schiene)* aerotrén *m*; *(an Seilen)* teleférico *m*; **Schwebebalken** *m* <-s, -> (SPORT) barra *f* de equilibrios
schweben [ˈʃveːbən] *vi* ❶ *sein (Vogel, Ballon)* flotar; *(Flugzeug)* planear
❷ *(an einem Seil)* colgar *(an* de*)*, pender *(an* de*)*; **er schwebt in Lebensgefahr** está entre la vida y la muerte; **in Gefahr ~** estar en peligro
❸ *(in Gang sein)* estar en trámite, estar pendiente; **in ein ~des Verfahren eingreifen** intervenir en un asunto pendiente
schwebend *adj* (JUR) pendiente, sub iudice
Schwebezeit *f* <-, ohne *pl*> (JUR) período *m* de pendencia [*o* sub iudice]; **Schwebezustand** *m* <-(e)s, -stände> suspense *m*, incertidumbre *f*; **etw bleibt im ~** algo sigue en el aire [*o* siendo inseguro]; **sich im ~ befinden** estar por decidir, estar por resolverse
Schwebstoff *m* <-(e)s, -e> (CHEM) partículas *fpl* en suspensión, materia *f* en suspensión
Schwede, -in *m, f* <-n, -n; -, -nen> sueco, -a *m, f*
Schweden [ˈʃveːdən] *nt* <-s> Suecia *f*

Schwedenstahl *m* <-(e)s, -stähle> acero *m* sueco [*o* de Suecia]
Schwedin *f* <-, -nen> *s.* **Schwede**
schwedisch *adj* sueco
Schwefel [ˈʃveːfəl] *m* <-s, *ohne pl*> (CHEM) azufre *m*
Schwefeldioxid [--ˈ---] *nt* <-s, -e> (CHEM) dióxido *m* de azufre
schwefelhaltig *adj* sulfuroso
schwef(e)lig *adj* (a. CHEM) sulfuroso; ~e **Säure** ácido sulfuroso
Schwefelkohlenstoff *m* <-(e)s, *ohne pl*> (CHEM) sulfuro *m* de carbono
schwefeln *vt* sulfurar
Schwefelsäure *f* <-, *ohne pl*> ácido *m* sulfúrico; **Schwefelwasserstoff** [--ˈ---] *m* <-(e)s, -e> (CHEM) sulfuro *m* de hidrógeno, hidrógeno *m* sulfurado
schweflig *adj s.* **schwef(e)lig**
Schweif [ʃvaɪf] *m* <-(e)s, -e> (*geh*) cola *f*, golilla *f Cuba*
schweifen *vi sein* (*geh*) vagar (*durch* por); **seine Gedanken ~ lassen** dar rienda suelta a sus pensamientos; **den Blick ~ lassen** dejar vagar la mirada; **warum in die Ferne ~, wenn das Gute liegt so nah?** (*prov*) el paraíso está a la vuelta de la esquina
Schweigegeld *nt* <-(e)s, *ohne pl*> soborno *m;* **der Erpresser forderte ~ el** chantajista exigió dinero por su silencio [*o* puso precio a su silencio]; **Schweigemarsch** *m* <-(e)s, -märsche> marcha *f* silenciosa; **Schweigeminute** *f* <-, -n> minuto *m* de silencio
schweigen [ˈʃvaɪɡən] <schweigt, schwieg, geschwiegen> *vi* callar(se) (*zu/über* ante, *vor/aus* de/por), guardar silencio (*zu/über* sobre/ante), remacharse (*zu/über* sobre/ante) *Kol;* **sie schwieg zu diesen Vorwürfen** guardó silencio ante estos reproches; **dazu schwieg er** sobre esto guardó silencio; **kannst du ~?** ¿puedes guardar silencio?; **ich schweige wie ein Grab** soy una tumba; **ganz zu ~ von ...** sin mencionar...; **als die Waffen schwiegen** (*geh*) cuando cesaron las hostilidades
Schweigen *nt* <-s, *ohne pl*> silencio *m;* **jdn zum ~ bringen** hacer callar a alguien; **das ~ brechen** romper el silencio; **sich in ~ hüllen** mantenerse [*o* permanecer] en silencio; **es herrscht ~ im Walde** (*fam fig*) nadie abre la boca [*o* dice ni mu]; **als Annahme/Nichtannahme** (JUR) silencio en señal de aceptación/no aceptación
schweigend I. *adj* callado, silencioso; **die ~e Mehrheit** la mayoría silenciosa
II. *adv* silenciosamente, en silencio; **jdm ~ zuhören** escuchar a alguien en silencio
Schweigepflicht *f* <-, *ohne pl*> deber *m* de guardar secreto, secreto *m* profesional; **unter ~ stehen, der ~ unterliegen** estar obligado al secreto profesional; **Schweigerecht** *nt* <-(e)s, *ohne pl*> derecho *m* de secreto
schweigsam *adj* callado, remachado *Kol*
Schweigsamkeit *f* <-, *ohne pl*> taciturnidad *f,* silencio *m*
Schwein [ʃvaɪn] *nt* <-(e)s, -e> ❶ (*Tier*) cerdo *m,* puerco *m,* chancho *m Am,* tocino *m Arg*
❷ (*fam: Mensch*) cochino, -a *m, f,* marrano, -a *m, f And;* **ein armes ~** un pobre diablo; **kein ~ kümmert sich darum** nadie se ocupa por eso; **du faules ~!** ¡holgazán!; **du altes ~!** ¡marrano!
❸ (*fam: Glück*): **~ haben** tener suerte, haber nacido de pie
Schweineborste *f* <-, -n> cerda *f* (de cerdo); **Schweinebraten** *m* <-s, -> asado *m* de cerdo; **Schweinefett** *nt* <-(e)s, -e> grasa *f* de cerdo; **Schweinefleisch** *nt* <-(e)s, *ohne pl*> carne *f* de cerdo [*o* de puerco]; **Schweinefraß** *m* <-es, *ohne pl*> (*fam abw*) porquería *f;* **Schweinefutter** *nt* <-s, *ohne pl*> pienso *m* para cerdos, cebo *m* para cerdos; **Schweinegeld** [ˈ---] *nt* <-(e)s, *ohne pl*> (*fam*): **ein ~ verdienen** ponerse las botas, forrarse; **ein ~ für etw zahlen** pagar una fortuna por algo; **Schweinehund** *m* <-(e)s, -e> (*vulg*) hijo *m* de puta, vergajo *m And;* **seinen inneren ~ überwinden** dominar los bajos instintos; **Schweinekotelett** *nt* <-s, -s> chuleta *f* de cerdo; **Schweinepest** *f* <-, *ohne pl*> peste *f* porcina
Schweinerei *f* <-, -en> ❶ (*Schmutz*) porquería *f,* cochinada *f*
❷ (*Ärgernis*) guarrada *f,* marranada *f,* canana *f Am*
❸ (*Unanständiges*) guarrería *f,* cochinada *f;* **so eine ~!** ¡qué cochinada!
Schweineschmalz *nt* <-es, -e> manteca *f* de cerdo; **Schweinestall** *m* <-(e)s, -ställe> ❶ (*Stall*) pocilga *f,* porqueriza *f* ❷ (*fam abw: Zimmer*) pocilga *f*
Schweinigel *m* <-s, -> (*fam*) ❶ (*Ferkel*) cochinillo *m,* lechón *m*
❷ (*abw: obszöner Mensch*) cerdo, -a *m, f,* guarro, -a *m, f*
schweinisch *adj* (*fam*) ❶ (*schmutzig*) guarro, puerco
❷ (*anstößig*) grosero, guarro, verde, chancho *Am*
Schweinkram *m* <-(e)s, *ohne pl*> (*fam*) guarrada *f,* guarrería *f,* porquería *f*
Schweinsäuglein [ˈʃvaɪnsʔɔɪɡlaɪn] *nt* <-s, -> ojillo *m* de cerdo;
Schweinshaxe *f* <-, -n> (*südd, Österr*) pierna *f* de cerdo;
Schweinskram *m* <-(e)s, -e> (*fam*) *s.* **Schweinkram**;
Schweinsleder *nt* <-s, -> cuero *m* de cerdo, piel *f* de cerdo
schweinsledern *adj* (*Sitz*) de piel de cerdo; (*Handschuhe*) de cuero de cerdo

Schweinsohr *nt* <-(e)s, -en> ❶ (*vom Schwein*) oreja *f* de cerdo
❷ (*Gebäck*) palmera *f*
Schweiß [ʃvaɪs] *m* <-es, *ohne pl*> sudor *m,* transpiración *f;* **kalter ~ stand ihm auf der Stirn** tenía un sudor frío en la frente; **in ~ gebadet** empapado de sudor; **mir brach der ~ aus** empecé a sudar; **im ~e meines Angesichts** con el sudor de mi frente
Schweißausbruch *m* <-(e)s, -brüche> sudoración *f,* transpiración *f*
schweißbedeckt *adj* sudado, cubierto de sudor
Schweißbrenner *m* <-s, -> soplete *m* para soldar; **Schweißbrille** *f* <-, -n> (TECH) gafas *fpl* de soldar
Schweißdrüse *f* <-, -n> glándula *f* sudorípara
schweißen [ˈʃvaɪsən] *vt* soldar
Schweißen *nt* <-s, *ohne pl*> soldadura *f;* **beim ~ muss eine Schutzbrille getragen werden** para soldar hay que llevar gafas protectoras
Schweißer(in) *m(f)* <-s, -; -, -nen> soldador(a) *m(f)*
Schweißfleck *m* <-(e)s, -e> mancha *f* de sudor; **Schweißfuß** *m* <-es, -füße> pie *m* sudado; **Schweißfüße haben** tener los pies sudados
schweißgebadet [ˈ--ˈ---] *adj* bañado en sudor, sudoroso
Schweißgeruch *m* <-(e)s, -rüche> olor *m* a sudor; **~ haben** oler a sudor
Schweißnaht *f* <-, -nähte> (costura *f* de) soldadura *f*
schweißnass^RR [ˈ--ˈ-] *adj* empapado en sudor, bañado en sudor
Schweißperle *f* <-, -n> gota *f* de sudor
Schweißstelle *f* <-, -n> soldadura *f*
schweißtreibend *adj* sudorífico; **~es Mittel** sudorífico *m*
schweißtriefend [ˈ--ˈ---] *adj* chorreando sudor, empapado en sudor
Schweißtropfen *m* <-s, -> gota *f* de sudor
Schweiz [ʃvaɪts] *f* <-> Suiza *f;* **in die ~ fahren** ir a Suiza; **in der ~ wohnen** vivir en Suiza; **die französische/italienische ~** la Suiza francesa/italiana
Schweizer[1] *adj inv* suizo
Schweizer(in)[2] *m(f)* <-s, -; -, -nen> suizo, -a *m, f*
schweizerdeutsch *adj* del [*o* en] alemán de Suiza
Schweizerdeutsch *nt* <-(s)> suizo-alemán *m*
Schweizergarde *f* <-, *ohne pl*> guardia *f* suiza
Schweizerin *f* <-, -nen> *s.* **Schweizer**[2]
schweizerisch [ˈʃvaɪtsərɪʃ] *adj* suizo
Schwelbrand *m* <-(e)s, -brände> fuego *m* sin llama
schwelen [ˈʃveːlən] *vi* ❶ (*brennen*) quemarse sin llama
❷ (*geh: Hass*) latir
schwelgen [ˈʃvɛlɡən] *vi* ❶ (*gut essen*) comer opíparamente, banquetear
❷ (*in Gedanken, Gefühlen*) deleitarse (*in* en/con); **sie schwelgte in Erinnerungen** se deleitó con sus recuerdos; **im Überfluss ~** nadar en la abundancia
schwelgerisch *adj* (*fasziniert*) exaltado, apasionado; (*ausschweifend*) lujurioso
❷ (*Mahl*) opíparo
Schwelle [ˈʃvɛlə] *f* <-, -n> ❶ (*Tür~*) umbral *m;* **keinen Fuß mehr über jds ~ setzen** (*geh*) no poner un pie en la casa de alguien; **der kommt mir nicht mehr über die ~** ése no vuelve a entrar aquí; **an der ~ zum 21. Jahrhundert** en el umbral del siglo XXI
❷ (*Bahn~*) traviesa *f*
❸ (GEO) elevación *f*
schwellen[1] [ˈʃvɛlən] <schwillt, schwoll, geschwollen> *vi sein* hincharse; **ihm schwillt der Kamm** alza la cresta
schwellen[2] *vt* ❶ (*geh: blähen*) hinchar, inflar
❷ (*Schweiz: weich kochen*) cocer
Schwellenangst *f* <-, *ohne pl*> (PSYCH) miedo *m* ante situaciones nuevas; **Schwellenland** *nt* <-(e)s, -länder> país *m* emergente; **Schwellenpreis** *m* <-es, -e> (WIRTSCH) precio *m* umbral [*o* de entrada]; **Schwellenwert** *m* <-(e)s, -e> (CHEM, PHYS) valor *m* límite; **kritischer ~** valor umbral crítico; **Schwellenwertvereinbarung** *f* <-, -en> (WIRTSCH) acuerdo *m* del valor umbral
Schwellkörper *m* <-s, -> (ANAT) cuerpo *m* cavernoso, tejido *m* eréctil
Schwellung *f* <-, -en> (MED) tumefacción *f,* hinchazón *f*
Schwemme [ˈʃvɛmə] *f* <-, -n> (WIRTSCH) oferta *f* excesiva
schwemmen [ˈʃvɛmən] *vt* ❶ (*schwimmen lassen*) arrastrar
❷ (*Österr: spülen*) aclarar
❸ (*einweichen, wässern*) remojar
❹ (*Österr: flößen*) acarrear, aguar
Schwemmland *nt* <-(e)s, *ohne pl*> (terreno *m* de) aluvión *m*
Schwengel [ˈʃvɛŋəl] *m* <-s, -> ❶ (*Glocken~*) badajo *m*
❷ (*Pumpen~*) palanca *f*
Schwengelpumpe *f* <-, -n> bomba *f* con palanca
Schwenk [ʃvɛŋk] *m* <-(e)s, -s *o* -e> ❶ (FILM, TV) toma *f* panorámica
❷ (*Drehung*) giro *m*
Schwenkarm *m* <-(e)s, -e> (TECH) brazo *m* orientable

schwenkbar *adj* giratorio, orientable
schwenken ['ʃvɛŋkən] **I.** *vi sein* girar
II. *vt* ❶ (*drehen*) virar, girar; **ein Mikrofon zur Seite** ~ girar un micrófono; **Gläser in heißem Wasser** ~ aclarar los vasos en [*o* con] agua caliente
❷ (*Arme*) mover; (*Fahne*) (hacer) ondear; **er schwenkte seinen Hut** saludó con el sombrero; **sie schwenkte ein Telegramm** agitó un telegrama (en el aire)
❸ (GASTR) saltear, sofreír; **Kartoffeln in Butter** ~ rehogar [*o* saltear] las patatas en mantequilla
Schwenker ['ʃvɛŋkɐ] *m* <-s, -> copa *f* de coñac [*o* de brandy]
Schwenkung *f* <-, -en> viraje *m*, cambio *m* de dirección
schwer [ʃveːɐ] **I.** *adj* ❶ (*Gewicht*) pesado; **ein drei Kilo ~es Paket** un paquete de tres kilos de peso; **wie ~ ist das?** ¿cuánto pesa?; **ein ~es Motorrad** una moto muy potente; **~er Lehmboden** suelo arcilloso [*o* rico en arcilla]
❷ (*ernst, schlimm*) grave; (*Enttäuschung*) grande; (*Strafe*) severo; (*Gewitter*) fuerte; **ein ~er Irrtum** un error grave; **ein ~er Fehler** un tremendo error
❸ (*Tag, Arbeit*) pesado, duro; **ein ~es Leben haben** tener una vida dura
❹ (*schwierig*) difícil; **das ist ~ zu sagen** es difícil decirlo; **eine ~e Geburt** (*a. fig*) un parto difícil; **sie hat es ~ mit ihm** pasa lo suyo con él
❺ (*Duft*) pesado; (*Essen*) fuerte, pesado
II. *adv* (*sehr: + Adjektiv*) muy; (*+ Verb*) mucho; **ich bin ~ enttäuscht** estoy muy decepcionado; **~ beladen** [*o* **bepackt**] **sein** ir muy cargado; **~ erkrankt/verletzt sein** estar gravemente enfermo/herido; **~ atmen** respirar con dificultad; **~ bewaffnet** fuertemente armado; **~ bestrafen** castigar severamente; **sich ~ täuschen** equivocarse totalmente; **sie ist ~ gestürzt** ha sufrido una grave caída; **das will ich ~ hoffen** (*fam*) lo espero; **da musst du ~ aufpassen!** (*fam*) ¡tienes que tener mucho cuidado!; **sie hat mich ~ geschröpft** (*fam*) me ha sangrado
Schwerarbeit *f* <-, *ohne pl*> trabajo *m* pesado; **Schwerarbeiter(in)** *m(f)* <-s, -; -, -nen> trabajador(a) *m(f)* en trabajos pesados
Schwerbehinderte(r) *mf* <-n, -n; -n, -n> minusválido, -a *m, f* grave; **Schwerbehindertengesetz** *nt* <-es, -e> ley *f* sobre minusvalidez grave
schwerbeladen *adj s.* **schwer II.**
schwerbepackt *adj s.* **schwer II.**
Schwerbeschädigte(r) *mf* <-n, -n; -n, -n> mutilado, -a *m, f*
schwerbewaffnet *adj s.* **schwer II.**
Schwere ['ʃveːrə] *f* <-, *ohne pl*> (*geh*) ❶ (*Gewicht*) peso *m*
❷ (*Schwierigkeit*) dificultad *f*
❸ (*Ernsthaftigkeit*) gravedad *f*
❹ (*Ausmaß*) dimensión *f*; (*einer Strafe*) severidad *f*; **besondere ~ der Schuld** gravedad especial de la culpa; **~ der Tat** gravedad del hecho
Schwerefeld *nt* <-(e)s, -er> (PHYS) campo *m* gravitatorio
schwerelos *adj* ingrávido
Schwerelosigkeit *f* <-, *ohne pl*> ingravidez *f*
Schwerenöter [-nøːtɐ] *m* <-s, -> (*fam*) castigador *m*, galanteador *m*
schwererziehbar ['--'--] *adj s.* **erziehbar**
Schweretheorie *f* <-, *ohne pl*> (JUR) teoría *f* de la gravedad
schwerfallen *irr vi sein s.* **fallen 9.**
schwerfällig [-fɛlɪç] *adj* lento; (*Bewegung*) torpe, petacón *Kol*; (*Stil*) pesado; **sich ~ bewegen** moverse con torpeza
Schwerfälligkeit *f* <-, *ohne pl*> torpeza *f*, lentitud *f*
Schwergewicht¹ *nt* <-(e)s, -e> (SPORT) *Sportler*) peso *m* pesado
Schwergewicht² *nt* <-(e)s, *ohne pl*> ❶ (*Nachdruck*): **das ~ auf etw legen** centrar su atención en algo; **das ~ liegt auf ...** es lo que tiene mayor importancia; **das ~ verlagern** centrar su atención en otra cosa
❷ (SPORT: *Gewichtsklasse*) peso *m* pesado
schwergewichtig *adj* obeso, de mucho peso; **~e Menschen bewegen sich langsam** las personas obesas [*o* que pesan mucho] se mueven con lentitud
Schwergewichtler *m* <-s, -> (SPORT) peso *m* pesado
Schwergut *nt* <-(e)s, -güter> mercancías *fpl* pesadas
schwerhörig *adj* (algo) sordo, duro de oído
Schwerhörigkeit *f* <-, *ohne pl*> sordera *f*
Schwerindustrie *f* <-, *ohne pl*> industria *f* pesada
Schwerkraft *f* <-, *ohne pl*> (PHYS, ASTR) fuerza *f* de gravedad, gravitación *f*
schwerkrank ['--] *adj s.* **krank**
Schwerkranke(r) *mf* <-n, -n; -n, -n> enfermo, -a *m, f* de gravedad
schwerlich *adv* difícilmente, escasamente, adifés *Guat*; **das dürfte ~ geeignet sein** dudo mucho que eso sea lo apropiado
schwerlöslich ['--'--] *adj s.* **löslich**
schwermachen *vt s.* **machen 4.**
Schwermetall *nt* <-s, -e> metal *m* pesado
Schwermut *f* <-, *ohne pl*> melancolía *f*, flato *m Am*

schwermütig *adj* melancólico
schwernehmen *irr vt s.* **nehmen 7.**
Schweröl *nt* <-(e)s, -e> crudo *m* pesado, aceite *m* pesado
Schwerpunkt *m* <-(e)s, -e> ❶ (PHYS) centro *m* de gravedad
❷ (*fig*) centro *m*; **der ~ seiner These liegt in ...** lo esencial de su tesis reside en...; **den ~ auf etw setzen** conceder prioridad [*o* mayor importancia] a algo
schwerpunktmäßig *adv* con especial intensidad, especialmente; **etw ~ abhandeln** tratar algo de manera especial, concentrarse en el tratamiento de algo
Schwerpunktstreik *m* <-(e)s, -s> huelga *f* neurálgica; **Schwerpunkttheorie** *f* <-, *ohne pl*> (JUR) teoría *f* del centro de gravedad
schwerreich ['-'-] *adj* (*fam*) muy rico, acaudalado, opulento
Schwert [ʃveːɐt] *nt* <-(e)s, -er> ❶ (*Waffe*) espada *f*; **ein zweischneidiges ~** (*fig*) una espada de dos filos
❷ (NAUT) orza *f*
Schwertfisch *m* <-(e)s, -e> pez *m* espada; (GASTR) emperador *m*; **Schwertlilie** *f* <-, -n> lirio *m*
Schwertransport *m* <-(e)s, -e> transporte *m* de mercancías pesadas
Schwertschlucker(in) *m(f)* <-s, -; -, -nen> tragasables *mf inv*
schwertun *irr vr*: **sich ~** *s.* **tun III.**
Schwertwal *m* <-(e)s, -e> (ZOOL) orca *f*
Schwerverbrecher(in) *m(f)* <-s, -; -, -nen> criminal *mf* peligroso, -a
schwerverdaulich ['--'--] *adj s.* **verdaulich**
Schwerverkehrsabgabe *f* <-, -n> impuesto *m* para el transporte pesado
schwerverletzt *adj s.* **verletzen I.1.**
Schwerverletzte(r) *mf* <-n, -n; -n, -n> herido, -a *m, f* grave
schwerverständlich ['--'--] *adj s.* **verständlich**
Schwerverwundete(r) *mf* <-n, -n; -n, -n> herido, -a *m, f* grave
Schwerwasserreaktor *m* <-s, -en> reactor *m* de agua pesada
schwerwiegend *adj* grave, de mucho peso
Schwester ['ʃvɛstɐ] *f* <-, -n> ❶ (*Verwandte*) hermana *f*; **meine ältere/jüngere ~** mi hermana mayor/menor
❷ (*Kranken~*) enfermera *f*
❸ (*Nonne*) hermana *f*; (*in der Anrede*) sor *f*
Schwesterfirma *f* <-, -firmen> (WIRTSCH) casa *f* asociada; **Schwestergesellschaft** *f* <-, -en> (WIRTSCH) compañía *f* asociada; **Schwesterherz** *nt* <-es, *ohne pl*> (*fam*) hermanita *f*
schwesterlich *adj* fraternal, de [*o* como] hermanas
Schwesternhelferin *f* <-, -nen> enfermera *f* auxiliar
Schwesternorden *m* <-s, -> (REL) orden *f* religiosa femenina
Schwesternwohnheim *nt* <-(e)s, -e> residencia *f* para enfermeras
Schwesterschiff *nt* <-(e)s, -e> buque *m* gemelo
schwieg [ʃviːk] 3. *imp von* **schweigen**
Schwiegereltern ['ʃviːɡɐ-] *pl* suegros *mpl*, padres *mpl* políticos; **Schwiegermutter** *f* <-, -mütter> suegra *f*, madre *f* política; **Schwiegersohn** *m* <-(e)s, -söhne> yerno *m*, hijo *m* político; **Schwiegertochter** *f* <-, -töchter> nuera *f*, hija *f* política; **Schwiegervater** *m* <-s, -väter> suegro *m*, padre *m* político
Schwiele ['ʃviːlə] *f* <-, -n> callo *m*, callosidad *f*
schwielig *adj* calloso
schwierig ['ʃviːrɪç] *adj* difícil; (*kompliziert*) complicado; (*heikel*) delicado; **er ist ein ~er Charakter** tiene un carácter muy difícil
Schwierigkeit *f* <-, -en> dificultad *f*; **in ~en kommen** [*o* **geraten**] verse en dificultades; **jdn in ~en bringen** meter a alguien en líos, causar dificultades a alguien; **mach keine ~en!** ¡no des problemas!
Schwierigkeitsgrad *m* <-(e)s, -e> grado *m* de dificultad
schwillt [ʃvɪlt] 2. *präs von* **schwellen**
Schwimmbad *nt* <-(e)s, -bäder> piscina *f*, pileta *f RíoPl*; **Schwimmbassin** *nt* <-s, -s>, **Schwimmbecken** *nt* <-s, -> piscina *f*, pileta *f Am*; **Schwimmblase** *f* <-, -n> (ZOOL) vejiga *f* natatoria; **Schwimmbrille** *f* <-, -n> (SPORT) gafas *fpl* de natación; **Schwimmdock** *nt* <-s, -s> dique *m* flotante
schwimmen ['ʃvɪmən] <schwimmt, schwamm, geschwommen> **I.** *vi haben o sein* ❶ (*Person, Fisch*) nadar; **wir gehen ~** vamos a la piscina; **er kann nicht ~** no sabe nadar; **auf dem Rücken ~** nadar de espaldas; **über den See ~** cruzar el lago a nado; **gegen den Strom ~** nadar contra corriente; **es schwimmt mir vor den Augen** se me nubla la vista; **ins S~ geraten** [*o* **kommen**] encasquillarse, atrancarse; **er schwimmt in Geld** nada en dinero; **in ~dem Fett backen** freír en aceite abundante
❷ (*Ding*) flotar (*auf* en)
II. *vt sein*: **einen Rekord ~** establecer un récord en natación
Schwimmer¹ *m* <-s, -> ❶ (TECH) flotador *m*
❷ (*an einer Angel*) veleta *f*
Schwimmer(in)² *m(f)* <-s, -; -, -nen> nadador(a) *m(f)*
Schwimmflosse *f* <-, -n> aleta *f*; **Schwimmflügel** *m* <-s, -> flotador *m* para el brazo; **Schwimmfuß** *m* <-es, -füße> (ZOOL) pata *f* palmípeda; **Schwimmgürtel** *m* <-s, -> cinturón *m* de corcho;

Schwimmhalle *f* <-, -n> piscina *f* cubierta; **Schwimmhaut** *f* <-, -häute> (ZOOL) membrana *f* interdigital (de las aves palmípedas); **Schwimmlehrer(in)** *m(f)* <-s, -; -, -nen> profesor(a) *m(f)* de natación; **Schwimmsport** *m* <-(e)s, ohne pl> natación *f*; **Schwimmstil** *m* <-(e)s, -e> (SPORT) estilo *m* de natación; **Schwimmunterricht** *m* <-(e)s, -e> clase(s) *f(pl)* de natación; „~ **für Kleinkinder**" "cursillo de natación para niños pequeños"; **Schwimmvogel** *m* <-s, -vögel> (ave *f*) palmípeda *f*; **Schwimmweste** *f* <-, -n> chaleco *m* salvavidas

Schwindel *m* <-s, ohne pl> ❶ (~*gefühl*) vértigo *m*, mareo *m*; **vor einem Abgrund**) vértigo *m*; ~ **erregend** vertiginoso; **unter ~ leiden** padecer de vértigo

❷ (*fam abw: Betrug*) timo *m*; (*Lüge*) embuste *m*, milonga *f And, CSur*; **der ganze ~ ist aufgeflogen** se ha deshecho el entuerto, el entuerto salió a la luz

Schwindelanfall *m* <-(e)s, -fälle> vértigo *m*, mareo *m*; **einen ~ bekommen** marearse

Schwindelei *f* <-, -en> (*abw*) ❶ (*Betrug*) estafa *f*

❷ (*Lüge*) bola *f*, mentirijilla *f*

schwindelerregend *adj s*. **Schwindel 1.**

schwindelfrei *adj*: **~ sein** no tener vértigo; **nicht ~ sein** tener vértigo

Schwindelgefühl *nt* <-(e)s, -e> (sensación *f* de) vértigo *m*; **Schwindelgeschäft** *nt* <-(e)s, -e> operación *f* fraudulenta

schwind(e)lig *adj* mareado; **mir ist ~** estoy mareado, tengo vértigo; **mir wird ~** me mareo

schwindeln ['ʃvɪndəln] **I.** *vi* (*fam: lügen*) mentir, decir una bola, macanear *CSur*; **das ist alles geschwindelt** eso es todo mentira **II.** *vunpers* (*sich schwindelig fühlen*): **mir schwindelt** me mareo; **es schwindelte mir** sentí un mareo

Schwindelunternehmen *nt* <-s, -> empresa *f* de transacciones fraudulentas

schwinden ['ʃvɪndən] <schwindet, schwand, geschwunden> *vi sein* (*geh*) ❶ (*abnehmen*) disminuir, menguar; **die Vorräte sind im S~ begriffen** los recursos están en vías de consumirse [*o* acabarse]

❷ (*ver~*) desaparecer

Schwindler(in) ['ʃvɪndlɐ] *m(f)* <-s, -; -, -nen> (*abw: Lügner*) bolero, -a *m, f*, embustero, -a *m, f*, mulero, -a *m, f Río Pl*; (*Betrüger*) estafador(a) *m(f)*

schwindlig ['ʃvɪndlɪç] *adj s*. **schwind(e)lig**

Schwindsucht ['ʃvɪnt-] *f* <-, -süchte *o* -suchten> tisis *f inv*, tuberculosis *f inv* pulmonar

schwindsüchtig *adj* tísico

Schwinge ['ʃvɪŋə] *f* <-, -n> ❶ (*geh: Flügel*) ala *f*

❷ (TECH) biela *f* oscilante

schwingen ['ʃvɪŋən] <schwingt, schwang, geschwungen> **I.** *vi* ❶ *haben o sein* (*Schaukel, Person*) bambolearse; (*Pendel*) oscilar

❷ (*vibrieren*) vibrar; **die Saiten ~** las cuerdas vibran; **in seinen Worten schwang Ärger** en el tono de su voz indicaba su enfado; **schön geschwungene Augenbrauen** cejas hermosamente arqueadas

II. *vt* mover; (*Fahne*) (hacer) ondear; (*Axt, Peitsche, Stock*) agitar; **das Tanzbein ~** (*fam*) mover el esqueleto; **sie schwang die Beine über die Sessellehne** bamboleaba las piernas sobre el brazo de la butaca; **große Reden ~** pronunciar discursos

III. *vr*: **sich auf etw ~** montar(se) en [*o* sobre] algo; **sich über etw ~** saltar algo; **sich in die Lüfte ~** remontar el vuelo; **er schwang sich auf das Fahrrad** montó con agilidad sobre la bicicleta; **die Brücke schwingt sich über das Tal** el puente se eleva sobre el valle

Schwinger *m* <-s, -> (SPORT) swing *m*, golpe *m* de gancho

Schwingtür *f* <-, -en> puerta *f* de vaivén; **eine ~ aufstoßen** abrir una puerta de vaivén

Schwingung *f* <-, -en> (*a*. PHYS) oscilación *f*; (*Vibration*) vibración *f*; **in ~ sein** oscilar; **etw in ~ versetzen** hacer que algo vibre

Schwips [ʃvɪps] *m* <-es, -e> (*fam*) chispa *f*; **sich *dat* einen ~ antrinken** coger una mona

schwirren ['ʃvɪrən] *vi sein* (*Mücken*) zumbar; (*Pfeil, Kugel*) silbar; (*Gerüchte*) correr; **Gedanken schwirrten mir durch den Kopf** las ideas me zumbaban en la cabeza

Schwitzbad *nt* <-(e)s, -bäder> baño *m* turco [*o* de vapor]

Schwitze ['ʃvɪtsə] *f* <-, -n> (GASTR) salsa *f* rubia

schwitzen ['ʃvɪtsən] *vi, vt* sudar; **ins S~ kommen** empezar a sudar; **Blut ~** (*fig*) sudar sangre

Schwitzkasten *m* <-s, -kästen> (SPORT) llave *f* (de estrangulación); **jdn im ~ haben** tener a alguien inmovilizado (con una llave); **jdn in den ~ nehmen** inmovilizar a alguien con una llave

Schwof [ʃvoːf] *m* <-(e)s, -e> (*fam*) baile *m* popular, bailongo *m*

schwofen ['ʃvoːfən] *vi* (*fam*) (salir a) bailar

schwoll [ʃvɔl] *3. imp von* **schwellen**

schwor [ʃvoːɐ] *3. imp von* **schwören**

schwören ['ʃvøːrən] <schwört, schwor, geschworen> *vi, vt* jurar; (*auf/bei* por); **einen Meineid ~** perjurar, jurar en falso; **sie schwor auf die Bibel** juró por la Biblia; **ich schwöre es dir bei meiner Ehre** te lo juro por mi honor; **ich hätte ~ können, dass ...** (*fam*) juraría que...; **sich *dat* Treue ~** jurarse fidelidad (mutua); **ich habe mir geschworen, dort nie wieder hinzugehen** me he jurado no volver allí jamás; **auf etw/jdn ~** (*vertrauen*) confiar ciegamente en algo/alguien

schwul [ʃvuːl] *adj* (*fam*) marica, maricón *abw*

schwül [ʃvyːl] *adj* sofocante, bochornoso; **es ist ~** hace un calor sofocante

Schwule(r) *m* <-n, -n> (*fam*) marica *m*, gay *m*, naco *m MAm*

Schwüle ['ʃvyːlə] *f* <-, ohne pl> bochorno *m*, calor *m* sofocante

Schwulität [ʃvuliˈtɛːt] *f* <-, -en> (*fam*) apuro *m*; **in ~en sein** estar en apuros

Schwulst [ʃvʊlst] *m* <-(e)s, ohne pl> (*abw*) recargamiento *m*, ampulosidad *f*; **ein Gedicht voller ~** un poema con un estilo muy recargado [*o* con un lenguaje muy ampuloso]; **dieses Bild zeigt ein Übermaß an ~** esta foto muestra un exceso de ornamentación

schwulstig ['ʃvʊlstɪç] *adj* (*Österr: abw*), **schwülstig** ['ʃvʏlstɪç] *adj* (*abw*) pomposo, ampuloso

Schwund [ʃvʊnt] *m* <-(e)s, ohne pl> ❶ (*Abnahme*) merma *f*; (MED) atrofia *f*

❷ (*Verlust*) pérdida *f*

Schwung[1] [ʃvʊŋ, *pl:* ˈʃvʏŋə] *m* <-(e)s, Schwünge> (*Drehung*) curva *f*, giro *m*

Schwung[2] *m* <-(e)s, ohne pl> ❶ (*Antrieb*) impulso *m*, empuje *m*; **~ holen** coger impulso; **jdn in ~ bringen** activar a alguien; **in ~ kommen** (*fam: Person*) animarse; **richtig in ~ sein** (*fam*) estar [*o* encontrarse] bien; **das Geschäft ist in ~** el negocio va muy bien

❷ (*Elan*) ímpetu *m*, entusiasmo *m*

❸ (*fam: Menge*) montón *m*; **ein ganzer ~ Bücher** un montón de libros

Schwungfeder *f* <-, -n> (ZOOL) remera *f*

schwunghaft *adj* floreciente, próspero

Schwungrad *nt* <-(e)s, -räder> (TECH) volante *m*

schwungvoll *adj* dinámico, activo

Schwur [ʃvuːɐ, *pl:* ˈʃvyːrə] *m* <-(e)s, Schwüre> juramento *m*; **einen ~ leisten** hacer juramento

Schwurgericht *nt* <-(e)s, -e> jurado *m*, tribunal *m* de jurados

Schwyz [ˈʃviːts] *n* <-> Schwyz

Sciencefiction[RR] [saɪnsˈfɪktʃən] *f* <-, ohne pl> ciencia ficción *f*

Sciencefictionfilm[RR] *m* <-(e)s, -e> película *f* de ciencia ficción; **Sciencefictionroman**[RR] *m* <-(e)s, -e> novela *f* de ciencia ficción

Scientologykirche[RR] [saɪənˈtɔlədʒɪ-] *f* <-, ohne pl> iglesia *f* de la Cientología

scil. *Abk. von* **scilicet** es decir, o sea

Screening [ˈskriːnɪŋ] *nt* <-(s), -s> (MED) selección *f*

Scrip *m* <-s, -s> (WIRTSCH) abonaré *m*, vale *m*

Script *nt* <-(s), -s> (INFOR, TEL) Sript *m* (*archivo de instrucciones escritas*)

Scylla [ˈstsʏla] *f s*. **Szylla**

SDI [ɛsdiˈʔaɪ] *Abk. von* **Strategic Defense Initiative** iniciativa *f* de defensa estratégica

SDR *m* <-> (RADIO) *Abk. von* **Süddeutscher Rundfunk** radio *f* del sur de Alemania

Se (CHEM) *Abk. von* **Selen** Se

Séance [zeˈãːs(ə)] *f* <-, -n> sesión *f* de espiritismo; **eine ~ abhalten** hacer espiritismo

sec *Abk. von* **Sekunde** s.

sechs [zɛks] *adj inv* seis; *s. a.* **acht**[1]

Sechs *f* <-, -en> seis *m*; (*Schulnote*) insuficiente *m*

Sechseck *nt* <-(e)s, -e> hexágono *m*

sechseckig *adj* hexagonal

Sechser *m* <-s, -> (*fam*) seis *m*; (*Schulnote*) suspenso *m*; **sie haben einen ~ im Lotto** les ha tocado el gordo de la primitiva

sechserlei [ˈzɛksɐˈlaɪ] *adj inv* de seis clases [*o* formas] diferentes, seis clases (diferentes) de; *s. a.* **achterlei**

Sechserpack *m* <-(e)s, -s *o* -e> paquete *m* de seis (unidades); **etw im ~ kaufen** comprar algo en un paquete de seis

sechsfach I. *adj* seis veces, séxtuplo; **das S~e** el séxtuplo **II.** *adv* seis veces; *s. a.* **achtfach**

Sechsfüßer *m* <-s, -> (LIT) hexámetro *m*

sechshundert [ˈ-ˈ-ˈ-] *adj inv* seiscientos; *s. a.* **achthundert**

sechshundertste(r, s) [ˈzɛksˈhʊndɐtstə, -tɐ, -təs] *adj* sexcentésimo; *s. a.* **achthundertste**

sechshunderttausend *adj* seiscientos mil

sechsjährig *adj* (*sechs Jahre alt*) de seis años; (*sechs Jahre dauernd*) que dura seis años [*o* un sexenio]; *s. a.* **achtjährig**

Sechsjährige(r) *mf* <-n, -n; -n, -n> niño, -a *m, f* de seis años; **unser Sohn kam als ~r in die Schule** nuestro hijo empezó el colegio a los seis años

sechsköpfig *adj* de seis personas; **eine ~e Familie** una familia de seis

miembros
sechsmal *adv* seis veces; *s. a.* **achtmal**
sechsmalig *adj* sexto, (que tiene lugar) seis veces; **nach ~em Anruf habe ich es aufgegeben dich zu erreichen** tras seis intentos fallidos dejé de llamarte (por teléfono)
sechsseitig *adj* de seis hojas
sechsstellig *adj* de seis cifras; **hier sind die Telefonnummern ~** aquí los números de teléfono tienen seis cifras
sechsstöckig *adj* de seis pisos
sechsstündig *adj* de seis horas; **eine ~e Klausur** un examen de seis horas (de duración)
sechsstündlich *adj* cada seis horas
sechst: zu ~ (*in Sechsergruppen*) de seis en seis; (*zusammen, als Gruppe von sechs*) entre (los) seis; *s. a.* **acht²**
Sechstagerennen [-'----] *nt* <-s, -> (SPORT) carrera *f* (ciclista) de los seis días
sechstägig *adj* de seis días (de duración)
sechstausend ['-'--] *adj inv* seis mil; *s. a.* **achttausend**
Sechstausender *m* <-s, -> (GEO) pico *m* (de una montaña) de (más de) 6.000 m de altura
sechste(r, s) *adj* sexto; **sie hat einen ~n Sinn** tiene un sexto sentido; *s. a.* **achte(r, s)**
sechsteilig *adj* (TV) de seis capítulos
sechstel ['zɛkstəl] *adj inv* sexto; *s. a.* **achtel**
Sechstel ['zɛkstəl] *nt* <-s, -> sexto, -a *m, f*, sexta parte *f*; *s. a.* **Achtel**
sechstens ['zɛkstəns] *adv* en sexto lugar; (*bei einer Aufzählung*) sexto; *s. a.* **achtens**
sechstletzte(r, s) *adj* en sexto lugar empezando por detrás [*o* por la cola]; *s. a.* **achtletzte(r, s)**
sechswöchentlich *adj* cada seis semanas
sechswöchig *adj* de seis semanas
sechszeilig *adj* de seis líneas; (*Gedicht*) de seis versos
Sechszimmerwohnung *f* <-, -en> vivienda *f* con seis habitaciones [*o* con cinco habitaciones más salón]
Sechszylinder *m* <-s, -> (AUTO) ❶ (*Wagen*) coche *m* de seis cilindros ❷ (*Motor*) motor *m* de seis cilindros
sechzehn ['zɛçtseːn] *adj inv* dieciséis; *s. a.* **acht**
sechzehnte(r, s) *adj* decimosexto; *s. a.* **achte(r, s)**
Sechzehntel *nt* <-s, -> ❶ (*Teil*) dieciseisavo, -a *m, f*, dieciseisava parte *f*; *s. a.* **Achtel**
❷ (MUS) *s.* **Sechzehntelnote**
Sechzehntelnote *f* <-, -n> (MUS) semicorchea *f*
sechzig ['zɛçtsɪç] *adj inv* sesenta; *s. a.* **achtzig**
Sechziger ['zɛçtsɪɡɐ] *f* <-, -> (*fam*) sello *m* de sesenta pfennigs
Sechzigerjahre ['---'--] *ntpl* (años *mpl*) sesenta *mpl*
Sechzigjährige(r) *mf* <-n, -; -n, -n> persona *f* de sesenta años; **als ~r reiste er nach New York** con sesenta años viajó a Nueva York
sechzigste(r, s) *adj* sexagésimo; *s. a.* **achzigste(r, s)**
sechzigstel *adj* sesentavo, sexagésimo; *s. a.* **achtel**
Sechzigstel *nt* <-s, -> sesentavo, -a *m, f*, sexagésimo, -a *m, f*; *s. a.* **Achtel**
Secondhandladen [sɛkənt'hɛ(ː)ntlaːdən] *m* <-s, -läden> tienda *f* de segunda mano; **Secondhandmarkt** *m* <-(e)s, -märkte> mercado *m* de artículos de segunda mano
SED [ɛsʔeːˈdeː] *f* (HIST, POL) *Abk. von* **Sozialistische Einheitspartei Deutschlands** Partido *m* Socialista Unificado Alemán (*partido del gobierno en la ex-RDA*)
Sedativum [zedaˈtiːvʊm, *pl:* zedaˈtiːva] *nt* <-s, Sedativa> (MED) sedativo *m*
sedentär [zedɛnˈtɛːɐ] *adj* sedentario
Sediment [zediˈmɛnt] *nt* <-(e)s, -e> ❶ (GEO: *Gestein*) rocas *fpl* sedimentarias
❷ (CHEM) sedimento *m*
Sedimentationsbecken *nt* <-s, -> pila *f* de sedimentación
Sedimentgestein *nt* <-(e)s, -e> (GEO) petrificación *f* de sedimento
See¹ [zeː, *pl:* ˈzeːən] *m* <-s, -n> (*Binnengewässer*) lago *m*; **der ~ Genezareth** el lago de Genesaret [*o* (de) Tiberíades]; **der Genfer ~** el lago Leman, el lago de Ginebra
See² *f* <-, *ohne pl*> (*Meer*) mar *m o f*; **an die ~ fahren** ir a la costa; **auf hoher ~** en alta mar; **die offene ~** el mar abierto; **in ~ stechen** hacerse a la mar; **zur ~ fahren** ser marino; **auf ~** en el mar
Seeaal *m* <-(e)s, *ohne pl*> (GASTR) congrio *m*; **Seeadler** *m* <-s, -> águila *f* marina; **Seeanemone** *f* <-, -n> (ZOOL) anémona *f* de mar; **Seebad** *nt* <-(e)s, -bäder> balneario *m* a orillas del mar; **Seebär** *m* <-en, -en> ❶ (*Tier*) oso *m* marino ❷ (*fam: Seemann*) (viejo) lobo *m* de mar; **Seebeben** *nt* <-s, -> maremoto *m*; **Seeelefant**ᴿᴿ *m* <-en, -en>, **See-Elefant** *m* <-en, -en> (ZOOL) elefante *m* marino; **Seefahrer** *m* <-s, -> navegante *m*
Seefahrt¹ *f* <-, *ohne pl*> (*Schifffahrt*) navegación *f*

Seefahrt² *f* <-, -en> (*Schiffsreise*) viaje *m* en barco (por el mar); (*Kreuzfahrt*) crucero *m*
Seefisch *m* <-(e)s, -e> pez *m* marino; (*als Gericht*) pescado *m* de mar
Seefracht *f* <-, -en> (WIRTSCH) flete *m* marítimo, transporte *m* marítimo; **Seefrachtbrief** *m* <-(e)s, -e> póliza *f*; **Seefrachtrecht** *nt* <-(e)s, *ohne pl*> régimen *m* de fletamento; **Seefrachtvertrag** *m* <-(e)s, -träge> contrato *m* de fletamento
Seegang *m* <-(e)s, *ohne pl*> marejada *f*; **starker ~** fuerte marejada; **Seegefecht** *nt* <-(e)s, -e> (MIL) batalla *f* naval
seegestützt *adj* estacionado [*o* con base] en un barco de guerra
Seegras *nt* <-es, -gräser> zostera *f*
seegrün *adj* verdemar
Seehafen *m* <-s, -häfen> puerto *m* marítimo; **Seehandel** *m* <-s, *ohne pl*> comercio *m* marítimo; **Seehecht** *m* <-(e)s, -e> merluza *f*; **Seeherrschaft** *f* <-, *ohne pl*> soberanía *f* marítima; **Seehund** *m* <-(e)s, -e> foca *f*; **Seeigel** *m* <-s, -> erizo *m* de mar; **Seekarte** *f* <-, -n> mapa *m* marítimo
seeklar *adj* (NAUT) listo para zarpar; **~ sein** estar listo para zarpar; **ein Schiff ~ machen** preparar un barco para zarpar
Seeklima *nt* <-s, -s> clima *m* marítimo; **Seekonnossement** *nt* <-(e)s, -e> (WIRTSCH) conocimiento *m* de embarque marítimo
seekrank *adj* mareado; **~ werden** marearse
Seekrankheit *f* <-, *ohne pl*> mareo *m* de mar, mal *m* del mar; **Seekrieg** *m* <-(e)s, -e> guerra *f* marítima; **Seekuh** *f* <-, -kühe> (ZOOL) vaca *f* marina, manatí *m*; **Seelachs** *m* <-es, -e> abadejo *m*, carbonero *m*
Seele ['zeːlə] *f* <-, -n> alma *f*; **sie sind ein Herz und eine ~** son uña y carne; **es liegt mir auf der ~** es muy importante para mí; **sich** *dat* **etw von der ~ reden** desahogarse de algo contándolo; **jdm aus der ~ sprechen** (*fam*) decir exactamente lo que otro piensa; **mit ganzer ~** con toda el alma; **eine ~ von Mensch** un alma de Dios, un bendito; **sie ist die ~ des Betriebs** es el alma de la empresa; **sich** *dat* **die ~ aus dem Leib schreien** (*fam*) desgañitarse, gritar a voz en cuello; **jetzt hat die liebe** [*o* **arme**] **~ (endlich) Ruh** (*fam: gibt's nichts mehr*) se acabó
Seelenfriede(n) *m* <-(n)s, *ohne pl*> paz *f* interior; **Seelengröße** *f* <-, -n> (*geh*) grandeza *f* de espíritu, magnanimidad *f*
seelengut *adj* bondadoso; **jd ist ~** alguien es una buena persona
Seelenheil *nt* <-(e)s, *ohne pl*> (REL) salvación *f* (eterna); **Seelenlage** *f* <-, -n> (estado *m* de) ánimo *m*, situación *f* emocional; **sprich erst mit ihm, wenn sich deine ~ etwas beruhigt hat** habla con él cuando te hayas tranquilizado un poco; **Seelenleben** *nt* <-s, *ohne pl*> (*geh*) vida *f* interior; **Seelenmassage** *f* <-, -n> (*fam*) consuelo *m*; **Seelenqual** *f* <-, -en> (*geh*) angustia *f*, agobio *m*; **etw verursacht jdm große ~en** algo le causa a alguien una gran angustia [*o* un gran sufrimiento]; **Seelenruhe** ['----, '-'--] *f* <-, *ohne pl*> tranquilidad *f* interior; **in aller ~** con toda tranquilidad
seelenruhig ['-'--] *adv* con mucha calma
Seelenverkäufer *m* <-s, -> (NAUT) barco en mal estado que se utiliza aun a sabiendas de poner con ello en peligro a sus ocupantes
seelenverwandt *adj* espiritualmente afín; **(mit jdm) ~ sein** ser el alma gemela (de alguien)
Seelenwanderung *f* <-, -en> (REL) reencarnación *f*
Seeleute *pl* marineros *mpl*
seelisch *adj* mental; **~es Gleichgewicht** equilibrio mental; **~e Grausamkeit** crueldad mental; **~ bedingt** psicogénico, causado por la psique
Seelöwe *m* <-n, -n> león *m* marino
Seelsorge *f* <-, *ohne pl*> cuidado *m* de almas
Seelsorger *m* <-s, -> pastor *m* de almas, padre *m* espiritual
seelsorgerisch I. *adj* de [*o* relacionado con] la ayuda espiritual; **die ~en Pflichten des Gemeindepfarrers** las obligaciones del pastor como padre [*o* director] espiritual
II. *adv* como padre espiritual; **~ tätig sein** prestar una ayuda [*o* un apoyo] espiritual
Seeluft *f* <-, *ohne pl*> aire *m* de mar; **Seemacht** *f* <-, -mächte> potencia *f* naval; **Seemakler(in)** *m(f)* <-s, -; -, -nen> corredor(a) *m(f)* de buques; **Seemann** *m* <-(e)s, -leute> marinero *m*
seemännisch I. *adj* marino, marinero; **eine ~e Ausbildung machen** formarse en una escuela náutica
II. *adv* [*o* como] marin(er)o; **~ sehr erfahren sein** ser un lobo de mar
Seemannsausdruck *m* <-(e)s, -drücke> expresión *f* marinera; (*Fachwort*) término *m* náutico; **Seemannsgarn** *nt* <-s, *ohne pl*> (*fam*) anécdota *f* de marinero; **~ spinnen** contar aventuras (mayormente imaginarias); **Seemannslied** *nt* <-(e)s, -er> canción *f* de marinero; **Seemannssprache** *f* <-, -n> lenguaje *m* marinero
Seemeile *f* <-, -n> milla *f* marítima; **Seemine** *f* <-, -n> (MIL) mina *f* submarina
Seenot *f* <-, *ohne pl*> peligro *m* marítimo [*o* de zozobrar]; **in ~ geraten** estar en peligro de zozobrar; **Seenotrettungsdienst** *m* <-(e)s, -e> servicio *m* de salvamento en el mar; **Seenotrettungskreuzer** *m*

<-s, -> buque *m* de salvamento; (*kleiner*) lancha *f* de salvamento

Seenotruf *m* <-(e)s, -e> llamada *f* de socorro (de un barco)

Seenplatte ['zeːən-] *f* <-, -n> (GEO) plataforma *f* de lagos

Seepferdchen *nt* <-s, -> caballito *m* de mar; **Seeräuber(in)** *m(f)* <-s, -; -, -nen> pirata *mf*; **Seeräuberei** *f* <-, ohne *pl*> piratería *f*; **Seeräuberin** *f* <-, -nen> *s.* Seeräuber; **Seerecht** *nt* <-(e)s, ohne *pl*> derecho *m* marítimo; **Seereederei** *f* <-, -en> compañía *f* naviera; **Seereise** *f* <-, -n> viaje *m* marítimo, (*Kreuzfahrt*) crucero *m*; **Seerose** *f* <-, -n> nenúfar *m*; **Seesack** *m* <-(e)s, -säcke> petate *m*; **Seeschaden** *m* <-s, -schäden> daño *m* ocasionado por el (agua del) mar; **Seeschiffahrt**^{RR} *f* <-, ohne *pl*> navegación *f* marítima; **Seeschlacht** *f* <-, -en> batalla *f* naval; **Seeschlange** *f* <-, -n> serpiente *f* de mar; **Seespediteur(in)** *m(f)* <-s, -e; -, -nen> agente *mf* de transportes marítimos; **Seestern** *m* <-(e)s, -e> estrella *f* marina; **Seestreitkräfte** *fpl* (MIL) fuerzas *fpl* navales; **Seetang** *m* <-(e)s, -e> algas *fpl* marinas; **Seetestament** *nt* <-(e)s, -e> testamento *m* marítimo; **Seeteufel** *m* <-s, -> rape *m*; **Seetier** *nt* <-(e)s, -e> animal *m* marino

Seetransportgeschäft¹ *nt* <-(e)s, -e> (*Transaktion*) negocio *m* de transporte marítimo

Seetransportgeschäft² *nt* <-(e)s, ohne *pl*> (*Branche*) transporte *m* marítimo

Seetransportversicherung *f* <-, -en> seguro *m* (de transporte) marítimo

seetüchtig *adj* en buen estado para la navegación

Seeufer *nt* <-s, -> orilla *f* del lago; **Seeverbindung** *f* <-, -en> línea *f* de navegación; **Seeverkehr** *m* <-(e)s, ohne *pl*> tráfico *m* marítimo, transporte *m* por mar

seeverpackt *adj* embalado para el mar

Seeverpackung *f* <-, -en> embalaje *m* marítimo; **Seevogel** *m* <-s, -vögel> ave *f* marina; **Seevölkerrecht** *nt* <-(e)s, ohne *pl*> derecho *m* internacional marítimo; **Seewarte** *f* <-, -n> observatorio *m* marítimo

seewärts ['zeːvɛrts] *adv* mar adentro; **die kleine Insel lag zehn Kilometer ~** el islote estaba a diez kilómetros de la costa

Seewasser *nt* <-s, ohne *pl*> agua *f* de mar; **Seeweg** *m* <-(e)s, -e> vía *f* marítima, ruta *f* marítima; **auf dem ~ reisen** viajar por mar; **Seewind** *m* <-(e)s, -e> viento *m* del mar; **Seezeichen** *nt* <-s, -> (NAUT) señal *f* marítima; **Seezunge** *f* <-, -n> lenguado *m*

Segel ['zeːɡəl] *nt* <-s, -> vela *f*; **die ~ setzen** poner velas; **die ~ einholen** recoger las velas; **mit vollen ~** (*a. fig*) a todo trapo, a toda vela; **die ~ streichen** (*geh fig*) darse por vencido

Segelboot *nt* <-(e)s, -e> barco *m* de vela, velero *m*; (*Einmaster*) balandro *m*

segel|fliegen *irr vi sein* volar sin motor; **hier können Sie ~ lernen** aquí puede usted aprender vuelo sin motor

Segelfliegen *nt* <-s, ohne *pl*> planeo *m*, vuelo *m* sin motor

Segelflieger(in) *m(f)* <-s, -; -, -nen> piloto *mf* de planeador

Segelflug¹ *m* <-(e)s, -flüge> (*Flug*) vuelo *m* en planeador

Segelflug² *m* <-(e)s, ohne *pl*> (*das Segelfliegen*) planeo *m*, vuelo *m* sin motor

Segelflugplatz *m* <-es, -plätze> aeródromo *m* para planeadores; **Segelflugzeug** *nt* <-(e)s, -e> planeador *m*; **Segeljacht** *f* <-, -en> yate *m* de vela; **Segelklub** *m* <-s, -s> club *m* náutico; **Segelmacher(in)** *m(f)* <-s, -; -, -nen> velero, -a *m*, *f*

segeln ['zeːɡəln] *vi sein* navegar a vela; (*als Sport*) practicar el deporte de la vela, (*Vogel*, *Segelflugzeug*) planear; **~ gehen** salir a navegar; **er segelte durch die Prüfung** (*fam*) le cargaron en el examen

Segeln *nt* <-s, ohne *pl*> navegación *f* a vela; **zum ~ gehen** ir a navegar (a vela)

Segelohren *ntpl* (*fam*) orejas *fpl* de soplillo

Segelregatta *f* <-, -regatten> regata *f* de veleros, yachting *m*; **Segelschiff** *nt* <-(e)s, -e> *s.* Segelboot; **Segelschulschiff** *nt* <-(e)s, -e> barco *m* (de vela) escuela; **die Gorch Fock ist das bekannteste deutsche ~** el Gorch Fock es el barco (de vela) escuela alemán más conocido; **Segelsport** *m* <-(e)s, ohne *pl*> deporte *m* de la vela; **Segeltörn** *m* <-s, -s>, **Segeltour** *f* <-, -en> excursión *f* en un barco a vela; **Segeltuch** *nt* <-(e)s, -e> lona *f*

Segen ['zeːɡən] *m* <-s, ohne *pl*> ① (*Einwilligung, a.* REL) bendición *f*; **jdm den ~ geben** bendecir a alguien; **seinen ~ zu etw geben** (*fam*) dar su bendición a algo; **ihren ~ hast du!** (*fam*) ¡tienes su bendición!

② (*göttlicher ~*) gracia *f* de Dios [*o* divina]

③ (*Glück, Wohltat*) suerte *f*, bendición *f*; **es ist ein ~, dass ...** es una bendición que... +*subj*

④ (*fam iron: Menge*) montón *m*; **der ganze ~** todo (el montón)

segensreich *adj* beneficioso

Segler¹ *m* <-s, -> ① (*Schiff*) barco *m* de vela, velero *m*

② (*Flugzeug*) planeador *m*

Segler(in)² *m(f)* <-s, -; -, -nen> (*Sportler*) balandrista *mf*

Segment [zɛˈɡmɛnt] *nt* <-(e)s, -e> (*a.* LING, MATH) segmento *m*

segnen ['zeːɡnən] *vt* bendecir; **Gott segne dich!** (*geh*) ¡Dios te bendiga!; **ich segne die Stunde, in der ich dich traf** (*geh*) bendita sea la hora en que te conocí; **das Zeitliche ~** fallecer, abandonar este mundo

Segnung *f* <-, -en> ① (REL) *das Segnen* bendición *f*

② *pl* (*Vorzüge*) ventajas *fpl* (+*gen* de), efectos *mpl* beneficiosos (+*gen* de)

Segregation [zegrega'tsjoːn] *f* <-, -en> (BIOL) segregación *f*

sehbehindert *adj* que ve mal; **leicht/stark ~ sein** tener una deficiencia óptica leve/grave

Sehbehinderte(r) *mf* <-n, -n; -n, -n> persona *f* con deficencia visual

sehen ['zeːən] <sieht, sah, gesehen> I. *vt* ver; (*betrachten*) mirar; (*hervor~*) asomar; (*bemerken*) notar; **wir ~ uns morgen** nos vemos mañana; **ich freue mich Sie zu ~** me alegro de verle; **jdn wieder ~** volver a ver a alguien; **wann ~ wir uns wieder?** ¿cuándo volveremos a vernos?; **ich sehe das anders** yo lo veo de otro modo; **sich bei jdm ~ lassen** (*fam*) visitar a alguien; **er hat sich schon lange nicht mehr zu Hause ~ lassen** (*fam*) hace tiempo que no ha estado en casa; **lass dich ja nicht mehr hier ~** no vengas nunca más por aquí; **kann ich mich in diesem Anzug ~ lassen?** ¿puedo salir a la calle en este traje?; **das wird hier nicht gern ge~** eso no está bien visto aquí; **ich habe dich selten so niedergeschlagen ge~** raras veces te he visto tan deprimido; **so ge~ hast du natürlich Recht** visto de ese modo por supuesto que tienes razón; **die Gefahr kommen ~** ver venir el peligro; **sich gezwungen ~ zu ...** verse obligado a...; **sich in der Lage ~ zu ...** verse en condiciones de...; **ich sehe es nicht gern, wenn ...** no me gusta lo que... +*subj*; **du bist ja kaum zu ~** apenas se te ve (el pelo); **ich kann so etwas nicht ~** (*ertragen*) no lo soporto [*o* aguanto]; **etw nicht mehr ~ können** (*fam: satt haben*) estar harto de algo; **hat man so was schon ge~!** (*fam*) ¡habráse visto (semejante cosa)! II. *vi* ver; (*blicken*) mirar (*auf*); **gut/schlecht ~** ver bien/mal; **du musst ~, dass du fertig wirst** tienes que ver de acabarlo; **die müssen ~, wo sie bleiben** ellos sabrán (por) dónde andan; **sie sieht sehr auf Äußerlichkeiten** da mucha importancia al aspecto; **nach jdm ~** cuidar a alguien; **nach dem Rechten ~** ver si todo está en orden; **wir kennen uns vom S~** nos conocemos de vista; **sieh mal!** ¡mira!; **mal ~, ob das stimmt** (*fam*) ya veremos si es verdad; **sehe ich recht?** (*stimmt es*) ¿será verdad?; **du wirst schon ~, dass es funktioniert** ya verás que funciona; **siehe oben** véase arriba; **lass mal ~, was du da hast** a ver qué tienes ahí; **siehste!** (*fam*) ¡ves!

sehenswert *adj*, **sehenswürdig** *adj* digno de verse, que vale la pena visitar

Sehenswürdigkeit *f* <-, -en> monumento *m*, curiosidad *f* turística

Seher(in) *m(f)* <-s, -; -, -nen> vidente *mf*

Seherblick *m* <-(e)s, ohne *pl*> visión *f* (profética)

Seherin *f* <-, -nen> *s.* Seher

seherisch *adj* visionario

Sehfehler *m* <-s, -> defecto *m* visual; **Sehkraft** *f* <-, ohne *pl*> facultad *f* visual, vista *f*; **ihre ~ lässt nach** va perdiendo la vista; **Sehleistung** *f* <-, ohne *pl*> capacidad *f* visual

Sehne ['zeːnə] *f* <-, -n> ① (MED) tendón *m*

② (MATH) cuerda *f*

sehnen ['zeːnən] *vr*: **sich nach etw ~** anhelar algo, añorar algo; **er sehnte sich danach, wieder zu Hause zu sein** ansiaba volver a casa; **sich nach jdm ~** echar de menos a alguien, añorar a alguien

Sehnen *nt* <-s, ohne *pl*> (*geh*) añoranza *f*, nostalgia *f*; **die ersten Sonnenstrahlen erweckten in ihr ein ~ nach Frühling** los primeros rayos de sol despertaron en ella una sensación de nostalgia por la primavera

Sehnenriss^{RR} *m* <-es, -e> (MED) rotura *f* del tendón

Sehnenscheidenentzündung *f* <-, -en> (MED) tendovaginitis *f inv*

Sehnenzerrung *f* <-, -en> (MED) distensión *f* de un tendón

Sehnerv *m* <-s, -en> nervio *m* óptico

sehnig *adj* ① (*Körper*) musculoso, nervudo

② (*Fleisch*) tendinoso

sehnlich *adj* ardiente, vehemente; **wir haben sie ~st erwartet** la hemos esperado con ansiedad

Sehnsucht *f* <-, -süchte> ansia *f* (*nach* de), ansiedad *f* (*nach* de); (*nach Vergangenem*) nostalgia *f* (*nach* de); **~ nach jdm/etw haben** tener añoranza de alguien/algo; **sich vor ~ verzehren** morirse [*o* consumirse] de nostalgia

sehnsüchtig *adj*, **sehnsuchtsvoll** *adj* (*geh*) ansioso, anhelante; (*Wunsch*) ardiente; (*ungeduldig*) impaciente; **jdn ~ anschauen** mirar a alguien con añoranza [*o* vehemencia]

sehr [zeːɐ] <mehr, am meisten> *adv* (*mit Adjektiv*) muy; (*mit Verb*) mucho; **das ist ~ schwierig** esto es muy difícil; **~ freundlich!** ¡muy amable!; **~ viel** muchísimo; **~ viele Studentinnen** muchísimas estudiantes; **ich habe ~ viel gegessen** he comido muchísimo; **~ sogar!** ¡mucho incluso!; **nicht ~** no mucho; **~ erfreut!** ¡encantado!; **so ~ sie**

sich auch bemühte ... por mucho que se esforzó...; ~ geehrte Frau X estimada Señora X; zu ~ demasiado; ~ oft muy a menudo; so ~ tanto
Sehschärfe *f* <-, *ohne pl*> agudeza *f* visual; **Sehstörung** *f* <-, -en> trastorno *m* visual; **Sehtest** *m* <-s, -s *o* -e> test *m* visual; **Sehtraining** *nt* <-s, -s> (MED) entrenamiento *m* de la vista; **Sehvermögen** *nt* <-s, *ohne pl*> facultad *f* visual, vista *f*; **Sehweise** *f* <-, -n> modo *m* de ver
seicht [zaɪçt] *adj* ❶ (*Gewässer*) poco profundo, vadeable
❷ (*abw: banal*) trivial, banal
seid [zaɪt] *2. pl präs von* **sein**
Seide ['zaɪdə] *f* <-, -n> seda *f*
Seidel ['zaɪdəl] *nt* <-s, -> ❶ (*Bierglas*) jarra *f* de cerveza
❷ (*alt: Hohlmaß*) pinta *f*, cuartillo *m*
Seidelbast *m* <-(e)s, -e> torvisco *m*
seiden ['zaɪdən] *adj* ❶ (*aus Seide*) de seda
❷ (*wie Seide*) sedoso, asedado
Seidenglanz *m* <-es, *ohne pl*> brillo *m* satinado; **Seidenmalerei** *f* <-, -en> pintura *f* sobre seda; **Seidenpapier** *nt* <-s, -e> papel *m* de seda
Seidenraupe *f* <-, -n> gusano *m* de seda; **Seidenraupenzucht** *f* <-, -en> cría *f* del gusano de seda, seri(ci)cultura *f*
Seidenschwanz *m* <-es, -schwänze> (ZOOL) ámpelis *m* europeo; **Seidenspinner** *m* <-s, -> (ZOOL) mariposa *f* de la seda; **Seidenstrumpf** *m* <-(e)s, -strümpfe> media *f* de seda; **Seidenwaren** *fpl* artículos *mpl* de seda
seidenweich ['--'-] *adj* suave como la seda
seidig *adj* sedoso
Seife ['zaɪfə] *f* <-, -n> jabón *m*; **ein Stück ~** una pastilla de jabón
seifen ['zaɪfən] *vt* (*reg*) jdm etw ~ (en)jabonar algo a alguien
Seifenblase *f* <-, -n> pompa *f* de jabón; **zerplatzen wie eine ~** desvanecerse; **Seifenfabrik** *f* <-, -en> jabonería *f*; **Seifenlauge** *f* <-, -n> lejía *f* de jabón; **Seifenoper** *f* <-, -n> serial *m*; **Seifenpulver** *nt* <-s, -> jabón *m* en polvo; **Seifenschale** *f* <-, -n> jabonera *f*; **Seifenschaum** *m* <-(e)s, -schäume> espuma *f* de jabón; **Seifenspender** *m* <-s, -> distribuidor *m* de jabón; **Seifenwasser** *nt* <-s, *ohne pl*> agua *f* jabonosa
seifig *adj* jabonoso
seihen ['zaɪən] *vt* colar
Seiher ['zaɪɐ] *m* <-s, -> (*südd, Österr*) colador *m*
Seil [zaɪl] *nt* <-(e)s, -e> cuerda *f*, soga *f*; (*für Seiltanz*) cuerda *f* floja; **auf dem ~ tanzen** hacer equilibrios en la cuerda floja; **in den ~en hängen** (*fam fig*) estar hecho polvo
Seilakrobat(in) *m(f)* <-en, -en; -, -nen> funámbulo, -a *m, f*, equilibrista *mf*; **Seilbahn** *f* <-, -en> funicular *m*, teleférico *m*
Seiler(in) ['zaɪlɐ] *m(f)* <-s, -; -, -nen> cordelero, -a *m, f*
seil|hüpfen *vi sein* saltar a la comba
Seilschaft *f* <-, -en> ❶ (*Bergsteiger*) cordada *f*
❷ (*in der Politik*) enchufistas *mpl*
seil|springen *irr vi sein* saltar a la comba
Seilspringen *nt* <-s, *ohne pl*> (juego *m* de la) comba *f*; **die Kinder vertreiben sich** *dat* **die Zeit mit ~** los niños pasan el rato saltando a la comba; **Seiltänze** *mpl* (wahre) ~ **vollführen** (*fam fig*) hacer (auténticos) equilibrios, bailar en la cuerda floja; **Seiltänzer(in)** *m(f)* <-s, -; -, -nen> funámbulo, -a *m, f*; **Seilwinde** *f* <-, -n> torno *m* de cable
sein [zaɪn] <ist, war, gewesen> *vi sein* ❶ (*Identität, Herkunft*) ser; (*Alter*) tener; **ein Kind ~** un niño; **wir sind Freunde** somos amigos; **ist es ein Mädchen oder ein Junge?** ¿es niño o niña?; **der Schuldige ~** ser el culpable; **wir sind wieder wer** (*fam*) volvemos a ser alguien; **ohne Geld bist du nichts** sin dinero no eres nada; **sie ist Spanierin** es española; **ich bin aus Dortmund** soy de Dortmund; **ich bin 25 (Jahre alt)** tengo 25 años; **bist du's?** ¿eres tú?
❷ (*Beruf, Eigenschaften*): **sie ist Polizistin** es policía; **sie ist bei der Polizei** está [*o* trabaja] en la policía; **ich will ja nicht so ~** no quiero ser así; **zwei und zwei ist vier** dos y dos son cuatro; **das Hemd ist aus Seide** la camisa es de seda; **es ist kalt** hace frío; **sie ist kleiner als er** es más pequeña que él; **böse/lieb/dumm/klug ~** ser malo/cariñoso/tonto/listo; **freundlich/gemein zu jdm ~** ser agradable/descarado con [*o* hacia] alguien; **seien Sie (mir) nicht böse, aber ...** no se enfade (conmigo) pero...; **seien Sie so freundlich, und ...** hágame el favor de...; **Sie sind so freundlich zu mir!** ¡es Ud. muy amable conmigo!; **es ist kaum zu ertragen** es insoportable; **das ist schwer zu sagen** es difícil de precisar, no se puede decir con precisión; **das ist durchaus zu schaffen** esto puede hacerse perfectamente; **sie ist nicht zu sehen** no hay quien la vea; **das war ja vorauszusehen** esto era de esperar; **wie ist das zu verstehen?** ¿cómo debe entenderse esto?; **wie wäre es mit einem Bier?** ¿qué tal una cerveza?; **ein Eis wäre mir lieber gewesen** hubiera preferido un helado; **es wäre besser gewesen, ...** habría sido mejor...; **es wäre schön, wenn ...** sería bonito si ... +*subj*; **das wäre ja noch schöner!** ¡no faltaría más (que eso)!

❸ (*Zustand*) estar; **sie ist verheiratet** está casada, es casada *Am;* **du bist wohl verrückt!** ¡estás loco o qué!; **kann ~!** ¡puede ser!; **es kann nicht ~, was nicht ~ darf** lo que no pueder ser, no puede ser; **lass es ~!** ¡déjalo!; **es ist nicht mehr das, was es einmal war** ya no es lo que era; **das ist es ja gerade!** ¡es eso precisamente!; **es ist nichts** no es nada; **das war's** se acabó; **es ist an dir zu entscheiden** tú decides; **was ist mit ihm?** ¿qué es lo que le pasa?; **nun sei doch nicht so!** ¡no te pongas así!; **das ist nun einmal so** desgraciadamente es así; **ist es nicht so?** ¿no es así?; **es ist schon immer so gewesen** siempre ha sido así; **dem ist so/ist nicht so** es así/no es así; **muss das ~?** ¿tiene que ser ahora?; **was ~ muss, muss ~** si hay que hacerlo, hay que hacerlo; **das darf doch nicht wahr ~!** ¡no me digas!; **wie dem auch sei** sea como sea; **sei es, dass ..., oder sei es, dass ...** o..., o...; **es sei denn, dass ...** a no ser que... +*subj*; **das ist mir egal** eso me da igual; **mir ist kalt** tengo frío; **mir ist schlecht** no me encuentro bien; **mir ist schwindlig** me mareo; **mir ist, als hätte ich Stimmen gehört** tengo la impresión de haber oído voces; **mir ist heute nicht nach Kuchen** (*fam*) hoy no me apetece comer tarta

❹ (*vorhanden sein*) haber; **was nicht ist, kann (ja) noch werden** mientras hay vida, hay esperanza; **ist jemand?** ¿hay alguien allí?; **es waren viele Leute da** había mucha gente; **es war einmal ...** érase una vez...

❺ (*sich befinden*) estar; **ich bin wieder da** ya estoy aquí; **wir sind gleich da** ya casi estamos, ya casi llegamos; **ist da jemand?** ¿hay alguien?; **wo warst du so lange?** ¿dónde has estado durante tanto tiempo?; **sie sind in Chile** están en Chile; **morgen bin ich in Düsseldorf** mañana estaré en Düsseldorf; **im Kühlschrank sind noch Eier** en la nevera quedan huevos; **weißt du, wo meine Brille ist?** ¿sabes dónde están mis gafas?

❻ (*mit Zeitangabe*) ser; (*stattfinden*) tener lugar, ser; (*Wetter*) hacer; **es ist 14.30 Uhr** son las dos y media; **heute ist Montag** hoy es lunes; **es ist Juni** es junio, estamos en junio; **der Vortrag ist um 8 Uhr** la conferencia es [*o* tiene lugar] a las 8; **die Party war gestern** la fiesta fue ayer; **es ist sonnig/heiß/schlechtes Wetter** hace sol/calor/mal tiempo; **es sind jetzt drei Wochen, dass sie wegging** han pasado tres semanas desde que se marchó; **das ist über 10 Jahre her** esto fue hace más de 10 años; **morgen sind es 10 Jahre, dass wir uns kennen** mañana hace 10 años que nos conocemos

❼ (*geschehen*) ocurrir, suceder; **muss das ~?** ¿tiene que ser?, ¿no hay más remedio?; **das muss ~ tiene que ser; was ist?** ¿qué pasa?; **ist was?** ¿sucede algo?; **sei's drum!** ¡que así sea!; **was ist mit dem Buch?** ¿qué pasa con el libro?

❽ (*Hilfsverb*) haber; **wenn er nicht gewesen wäre** si no hubiera sido por él; **wir sind gefahren/gelaufen** hemos venido en coche/a pie; **er ist bewusstlos geworden** ha perdido el conocimiento; **er ist gebissen worden** le han mordido; **ich bin krank gewesen** he estado enfermo; **er ist nicht ausfindig zu machen** no hay modo de encontrarle; **etw ist auszuführen/zu befolgen/zu erledigen** algo debe realizarse/seguirse/hacerse; **sie ist misstrauisch geworden** se ha vuelto desconfiado; **das Auto ist früher rot gewesen** el coche era rojo antes; **sie sind schwimmen (gegangen)** han ido a nadar; **sie ist verurteilt worden** ha sido juzgada
Sein [zaɪn] *nt* <-s, *ohne pl*> (PHILOS) ser *m*; (*Da-~*) existencia *f*
sein, seine, sein [zaɪn, 'zaɪnə, zaɪn] *pron poss* (*adjektivisch*) su, sus *pl*; ~ **Sohn/Auto** su hijo/su coche; **~e Freundin/Kinder** su novia/sus hijos; **er erzählt gerne von ~em Haus/~er Frau/~en Plänen** le gusta hablar de su casa/de su mujer/de sus planes; **jeder hat ~e Schwächen** cada cual tiene sus debilidades; **er trinkt so ~e sechs Flaschen Bier am Tag** se bebe sus seis botellas de cerveza al día; **er wiegt so ~e 90 Kilo** pesa sus buenos 90 kilos
seine(r, s) [zaɪnə, -nəs] *pron poss* (el) suyo *m*, (la) suya *f*, (los) suyos *mpl*, (las) suyas *fpl*; **der schwarze Mantel ist ~r** el abrigo negro es (el) suyo; **meine Arbeit ist ähnlich wie ~e** mi trabajo es similar al suyo; *s. a.* **sein, seine, sein**
Seine ['zɛːn(ə)] *f* <-> Sena *m*
seiner *pron pers gen von* **er, es** de él; **gedenke ~!** (*geh*) ¡piensa en él!
seinerseits *adv* por su parte
seinerzeit *adv* entonces, en aquel tiempo
seinesgleichen ['-'---] *pron indef inv* sus semejantes, de su condición; **er behandelte ihn wie ~** lo trataba como si fuera de su condición
seinethalben ['zaɪnət'halbən] *adv* (*alt*), **seinetwegen** ['zaɪnət-'veːgən] *adv* por él; (*negativ*) por su culpa
seinetwillen ['zaɪnət'vɪlən] *adv*: **um ~** por él, por consideración a él
seinige ['zaɪnɪgə] *pron poss geh* **für seine(r, s)**: **der/die/das ~** el suyo/la suya; **die ~n S~n**, los suyos/las suyas
sein|lassen *irr vt s.* **lassen 1.**
seins [zaɪns] *pron poss s.* **seine(r, s)**
Seismik *f* <-, *ohne pl*> s(e)ismicidad *f*
Seismograf[RR] *m* <-en, -en>, **Seismograph** [zaɪsmo'graːf] *m* <-en,

Seismologie

-en> sismógrafo *m*
Seismologie *f* <-, *ohne pl*> sismología *f*
seismologisch *adj* sismológico
Seismometer [zaɪsmo'meːtɐ] *nt* <-s, -> sismómetro *m*
seit [zaɪt] I. *präp* +*dat* (*Zeitpunkt*) desde; (*Zeitraum*) desde hace; ~ wann ...? ¿desde cuándo...?; ~ **kurzem/langem** desde hace poco/mucho; ~ **etwa einem Jahr** desde hace un año aproximadamente; ~ **eh und je** desde tiempos inmemoriales
II. *konj* desde que; ~ **ich ihn kenne, geht er mir auf die Nerven** me revienta desde que lo conozco
seitdem [-'-] I. *adv* desde entonces; **ich habe ihn ~ nie wieder gesehen** desde entonces no lo he vuelto a ver
II. *konj* desde que; ~ **sie in Berlin arbeitet, ruft sie manchmal an** desde que trabaja en Berlín llama de vez en cuando
Seite ['zaɪtə] *f* <-, -n> ❶ (*allgemein*) lado *m*; (*Stoff-, Schallplatten-*) cara *f*; ~ **an** ~ codo con codo; **auf beiden** ~ **n der Straße** a ambos lados de la calle; **nach allen** ~**n offen sein** (*für Vorschläge*) estar abierto a todo tipo de propuestas; **von allen** ~**n** de todas partes; **sie kamen von allen** ~**n** venían de todos lados; **zur** ~ **gehen** apartarse; **etw zur** [*o* **auf die**] ~ **legen** apartar algo; **jdn von der** ~ **ansehen** mirar a alguien de lado [*o* de reojo]; **er weicht nicht von ihrer** ~ (*fam*) no se aparta de su lado; **jdn auf seiner** ~ **haben** tener a alguien de su parte; **jdm zur** ~ **stehen** apoyar a alguien; **jdm jdn an die** ~ **stellen** mandar a alguien en ayuda de alguien; **etw auf die** ~ **legen** (*fam: sparen*) ahorrar algo; **jdn zur** ~ **nehmen um ihm etw zu sagen** apartar a alguien para decirle algo; **etw auf die** ~ **schaffen** (*fam*) apartar [*o* reservar] algo
❷ (*Hinsicht, Aspekt*) parte *f*, lado *m*; (*Charakterzug*) lado *m*; **alles hat zwei** ~**n** [*o* **eine gute und eine schlechte** ~] todas las cosas tienen su contra [*o* su lado bueno y su lado malo]; **das Recht ist auf seiner** ~ la razón está de su parte; **auf der einen** ~ **hast du Recht, auf der anderen ...** por una parte tienes razón, por otra...; **von dieser** ~ **kenne ich ihn gar nicht** no lo conozco así; **sich von seiner besten** ~ **zeigen** mostrar su mejor cara; **sie lernte ihn von einer anderen** ~ **kennen** descubrió un aspecto nuevo de su personalidad; **das ist ihre schwache** ~ (*fam*) esto es su punto débil; **das ist ihre starke** ~ (*fam*) esto es su fuerte
❸ (*Buch-*) página *f*; **neue** ~ página nueva; **nummerierte** ~ página numerada; **auf der ersten** ~ en la primera página; **siehe** ~ **15** véase página 15; **die gelben** ~**n** las páginas amarillas
❹ (*Verhandlungspartner*) parte *f*; **beide** ~**n waren einverstanden** ambas partes estaban de acuerdo
❺ (*Interessensgrupee*) **von kirchlicher** ~ de parte de la Iglesia; **wie von offizieller** ~ **verlautete, ...** como indicaron fuentes oficiales...
seiten ['zaɪtən] *s.* **aufseiten, vonseiten**
Seitenaltar *m* <-s, -täre> altar *m* lateral; **Seitenangabe** *f* <-, -n> indicación *f* de la página; **Seitenansicht** *f* <-, -en> vista *f* lateral; **Seitenarm** *m* <-(e)s, -e> (GEO) brazo *m* de río; **Seitenaufbau** *m* <-(e)s, -ten> (INFOR, TYPO) diseño *m* de página; **Seitenaufprallschutz** *m* <-es, -e> (AUTO) barra *f* de protección lateral; **Seitenausgang** *m* <-(e)s, -gänge> puerta *f* lateral; **Seitenblick** *m* <-(e)s, -e> mirada *f* de reojo; **jdm einen ~ zuwerfen** mirar a alguien de reojo; **Seiteneingang** *m* <-(e)s, -gänge> entrada *f* lateral; **Seiteneinsteiger(in)** *m(f)* <-s, -; -, -nen> persona proveniente de otro sector que hace carrera en la política con gran rapidez; **Seitenflügel** *m* <-s, -> ala *f* lateral; **Seitengang** *m* <-(e)s, -gänge> pasaje *m* lateral; (*im Zug*) pasillo *m* (lateral); **Seitengebäude** *nt* <-s, -> (edificio *m*) anexo *m*; **Seitenhieb** *m* <-(e)s, -e> (*Kritik*) indirecta *f*; **Seitenlage** *f* <-, -n> posición *f* de lado; **stabile ~** posición lateral de seguridad
seitenlang I. *adj* de varias páginas
II. *adv* en páginas enteras
Seitenlänge *f* <-, -n> ❶ (*Pyramide, Möbelstück*) longitud *f* de arista ❷ (*Umfang einer Manuskriptseite*) extensión *f* de la página; **Seitenlehne** *f* <-, -n> brazo *m*; **Seitenlinie** *f* <-, -n> ❶ (SPORT) línea *f* de banda ❷ (*Genealogie*) línea *f* lateral; **Seitennummerierung**ᴿᴿ *f* <-, -en> (INFOR, TYPO) numeración *f* de página; ~ **oben** numeración de página – arriba; **Seitenruder** *nt* <-s, -> (AERO) timón *m* de mando
seitens ['zaɪtəns] *präp* +*gen* de parte de, por parte de
Seitenscheitel *m* <-s, -> raya *f* a un [*o* de un] lado; **Seitenschiff** *nt* <-(e)s, -e> (ARCHIT) nave *f* lateral; **Seitenschneider** *m* <-s, -> alicates *mpl* de corte lateral; **Seitensprung** *m* <-(e)s, -sprünge> (*fig*): **einen ~ machen** ser infiel; (*Verheiratete*) cometer adulterio; **Seitenstechen** *nt* <-s, *ohne pl*> punzadas *fpl* en el costado; **Seitenstraße** *f* <-, -n> calle *f* lateral; **Seitenstreifen** *m* <-s, -> arcén *m*, berma *f Am*; **~ nicht befahrbar** prohibido conducir en el arcén; **Seitentasche** *f* <-, -n> bolsillo *m* lateral; **er zog ein Taschentuch aus seiner rechten ~** sacó un pañuelo de su bolsillo derecho; **Seitenumbruch** *m* <-(e)s, *ohne pl*> (INFOR, TYPO) salto *m* de página
seitenverkehrt *adj* invertido lateralmente
Seitenwagen *m* <-s, -> (*Schweiz*) sidecar *m*; **Seitenwechsel** *m* <-s, -> (SPORT) cambio *m* de campo; **Seitenwind** *m* <-(e)s, -e> viento *m* lateral [*o* de lado]; **Seitenzahl** *f* <-, -en> ❶ (*Gesamtzahl*) número *m* de páginas ❷ (*auf einer Seite*) número *m* de página
seither [-'-] *adv* desde entonces
seitlich I. *adj* lateral, al lado; **der Eingang ist ~** la entrada está al lado
II. *adv* ❶ (*Richtung, Winkel*) de lado; (*seitwärts*) hacia un lado; **~ abfallen** descender lateralmente
❷ (*neben*): ~ **davon** al lado; ~ **von ...** al lado de...
❸ (*auf der Seite*) en el lado; **etw ~ beschädigen** dañar el lado de algo
III. *präp* +*gen* al lado de, a un lado de; ~ **des Weges** a un lado del camino
seitwärts ['zaɪtvɛrts] *adv* hacia un lado
sek., Sek. *Abk. von* **Sekunde** s
Sekante [ze'kantə] *f* <-, -n> (MATH) secante *f*
sekkieren* [zɛ'kiːrən] *vt* (*Österr: geh*) molestar, importunar; **jdn (mit etw** *dat*) **~** importunar a alguien (con algo)
Sekret [ze'kreːt] *nt* <-(e)s, -e> (MED, BIOL) secreción *f*
Sekretär¹ [zekre'tɛːɐ] *m* <-s, -e> (*Möbelstück*) escritorio *m*, secreter *m*
Sekretär(in)² *m(f)* <-s, -e; -, -nen> (*Angestellter*) secretario, -a *m, f*
Sekretariat [zekretari'aːt] *nt* <-(e)s, -e> secretaría *f*, secretariado *m*
Sekretärin *f* <-, -nen> *s.* **Sekretär**²
Sekretion [zekre'tsjoːn] *f* <-, -en> secreción *f*, segregación *f*
Sekretolytikum [zekreto'lyːtikʊm] *nt* <-s, Sekretolytika> (MED) expectorante *m*
Sekt [zɛkt] *m* <-(e)s, -e> cava *m*, champán *m*; ~ **oder Selters** (*fam*) o calvo o tres pelucas, o Don Juan o Juanillo
Sekte ['zɛktə] *f* <-, -n> secta *f*
Sektfrühstück *nt* <-(e)s, -e> desayuno *m* con champaña [*o* con champán]
Sektglas *nt* <-es, -gläser> copa *f* de champaña [*o* de champán]
Sektierer(in) [zɛk'tiːrɐ] *m(f)* <-s, -; -, -nen> miembro *mf* de una secta, sectario, -a *m, f*
sektiererisch [zɛk'tiːrərɪʃ] *adj* (*eine Sekte betreffend*) sectario
Sektion [zɛk'tsjoːn] *f* <-, -en> ❶ (*Abteilung*) sección *f*, rama *f* ❷ (MED) disección *f*
Sektionschef(in) *m(f)* <-s, -s; -, -nen> (*Österr*) cargo superior de un funcionario ministerial
Sektkelch *m* <-(e)s, -e> copa *f* alta para champán; **Sektkühler** *m* <-s, -> enfriabotellas *m inv*; **Sektlaune** *f* <-, *ohne pl*> (*iron*) estado eufórico producido por el consumo de champán; **aus einer ~ heraus etw tun** hacer algo bajo los efectos del champán
Sektor ['zɛkto:ɐ] *m* <-s, -en> (*a.* MATH) sector *m*; **primärer/sekundärer ~** (WIRTSCH) sector primario/secundario; **staatlicher ~** sector público
Sekundant [zekʊn'dant] *m* <-en, -en> padrino *m* (en un duelo)
sekundär [zekʊn'dɛːɐ] *adj* secundario
Sekundäranspruch *m* <-(e)s, -sprüche> (JUR) derecho *m* secundario; **Sekundärboykott** *m* <-(e)s, -e *o* -s> (JUR) boicot *m* secundario; **Sekundärkonsument** *m* <-en, -en> (BIOL) consumidor *m* secundario
Sekundarlehrer(in) [zekʊn'daːɐ-] *m(f)* <-s, -; -, -nen> (*Schweiz*) profesor del segundo ciclo en el sistema de enseñanza suizo
Sekundärliteratur *f* <-, *ohne pl*> literatura *f* secundaria; **Sekundärmarkt** *m* <-(e)s, -märkte> (FIN) mercado *m* secundario de valores; **Sekundärpflicht** *f* <-, *ohne pl*> (JUR) obligación *f* secundaria; **Sekundärprodukt** *nt* <-(e)s, -e> producto *m* secundario; **Sekundärrecht** *nt* <-(e)s, *ohne pl*> (JUR) derecho *m* secundario; **Sekundärrohstoff** *m* <-(e)s, -e> materia *f* secundaria
Sekundarschule *f* <-, -n> (*Schweiz*) escuela del segundo ciclo en el sistema de enseñanza suizo; **Sekundarstufe** *f* <-, -n> (SCH) nivel *m* de educación secundaria (en Alemania); ~ **I** (*5.-10. Schuljahr*) nivel I de educación secundaria (*equivalente al tercer ciclo de primaria y al segundo de secundaria españoles*); ~ **II** (*11.-13. Schuljahr*) nivel II de educación secundaria (*equivalente al bachillerato o a la F.P. de grado medio españoles*)
Sekundärverkabelung *f* <-, -en> (INFOR) cableado *m* (backbone) de edificio
Sekundawechsel *m* <-s, -> (FIN) segunda *f* de cambio
Sekunde [ze'kʊndə] *f* <-, -n> ❶ (*Zeiteinheit*) segundo *m*; **auf die ~ genau** al segundo; **eine ~ bitte!** (*fam*) ¡un segundo, por favor!; **hast du eine ~ (Zeit)?** ¿tienes un segundo?
❷ (MUS) segunda *f*; **große ~** segunda mayor
Sekundenbruchteil *m* <-(e)s, -e> fracción *f* de segundo; **Sekundenkleber** *m* <-s, -> pegamento *m* rápido
sekundenlang I. *adj* de (unos) segundos; **nach ~em Zögern stimmte er zu** tras unos segundos dio su conformidad
II. *adv* unos (pocos) segundos, un(os) momento(s); **ihre Unentschlossenheit dauerte nur ~** su indecisión duró sólo un momento
Sekundenschnelle [-'--] *f*: **in ~** en un abrir y cerrar de ojos; **Sekundenzeiger** *m* <-s, -> segundero *m*

sekundieren* [zekʊn'diːrən] *vi* (*geh*) secundar (*bei* en)

selbe(r, s) ['zɛlbə, -bɐ, -bəs] *adj* mismo; **im ~n Haus** en la misma casa

selber ['zɛlbɐ] *pron dem inv* (*fam*) *s.* **selbst**

Selbermachen *nt:* **zum ~** para hacer uno mismo

selbige(r, s) ['zɛlbɪɡə, ɡɐ, -ɡəs] *pron dem* (*alt*) mismo; **noch am ~n Tag wurde er verurteilt** ese mismo día fue condenado

selbst [zɛlpst] I. *pron dem inv* mismo; **ich/sie/wir ~** yo mismo/ella misma/nosotros mismos; **Fritz ~ hat es gesagt** el mismo Fritz lo ha dicho; **Fritz hat es ~ gesagt** Fritz mismo lo ha dicho; **ich kann mich nicht ~ darum kümmern** no puedo ocuparme de eso yo mismo; **das versteht sich von ~** esto se entiende por sí solo; **du Idiot! – ~ einer!** ¡idiota! – ¡lo mismo que tú!; **wie geht's? – gut, und ~?** ¿qué tal? – bien, ¿y tú?; **er ist gar nicht mehr er ~** ya no es él mismo; **sie denkt nur an sich ~** sólo piensa en sí misma; **er kam ganz von ~** vino por sí mismo; **eine Sache um ihrer ~ willen tun** hacer algo por la cosa misma; **er ist die Ruhe ~** es la calma [*o* tranquilidad] en persona
II. *adv* (*sogar*) incluso, hasta; **~ seine Freunde haben ihn im Stich gelassen** incluso sus amigos lo dejaron; **~ wenn** incluso si +*subj*, aun cuando +*subj*

Selbst *nt* <-, *ohne pl*> (*geh*) personalidad *f*; **sein anderes ~** su otro yo

Selbstablehnung *f* <-, *ohne pl*> (JUR) autorrehusamiento *m*; **~ einer Gerichtsperson** autorrehusamiento de persona jurídica; **Selbstachtung** *f* <-, *ohne pl*> autoestima *f*

selbstständig ['zɛlpʃtɛndɪç] *adj o adv s.* **selbstständig**

Selbständige(r) *mf* <-n, -n; -n, -n> *s.* **Selbstständige(r)**

Selbständigkeit *f* <-, *ohne pl*> *s.* **Selbstständigkeit**

Selbstanzeige *f* <-, -n> (JUR) autodenuncia *f*; **Selbstaufopferung** *f* <-, -en> sacrificio *m* personal; (*stärker*) sacrificio *m* de la propia vida [*o* de sí mismo]; **bis zur** (*völligen*) **~** con absoluta entrega; **Selbstauslöser** *m* <-s, -> (FOTO) disparador *m* automático

Selbstbedienung *f* <-, *ohne pl*> autoservicio *m*; **Selbstbedienungsladen** *m* <-s, -läden> (tienda *f* de) autoservicio *m*; **Selbstbedienungsrestaurant** *nt* <-s, -s> restaurante *m* autoservicio [*o* "self-service"]

Selbstbefriedigung *f* <-, -en> masturbación *f*; **Selbstbefruchtung** *f* <-, -en> (BOT) autofructificación *f*; **Selbstbehauptung** *f* <-, *ohne pl*> defensa *f* propia [*o* de los propios intereses]; (PSYCH) autoconfirmación *f*; **Selbstbeherrschung** *f* <-, *ohne pl*> dominio *m* sobre sí mismo, autodominio *m*, autocontrol *m*; **die ~ wahren/verlieren** mantener/perder el control (sobre sí mismo); **Selbstbelastung** *f* <-, -en> (JUR) autocargo *m*; **Selbstbelieferungsvorbehalt** *m* <-(e)s, -e> (WIRTSCH) reserva *f* de autoabastecimiento; **Selbstbeschränkung** *f* <-, -en> (WIRTSCH) autolimitación *f*; **im internationalen Handel** autolimitación en el comercio internacional; **Selbstbestätigung** *f* <-, *ohne pl*> (PSYCH) autoconfirmación *f*, autorrefuerzo *m*; **Selbstbetäubung** *f* <-, *ohne pl*> autopolinización *f*

Selbstbestimmung *f* <-, *ohne pl*> (POL) autodeterminación *f*; **sexuelle ~** autodeterminación sexual; **Selbstbestimmungsrecht** *nt* <-(e)s, *ohne pl*> (JUR) derecho *m* de autodeterminación; **~ der Völker** derecho de autodeterminación de los pueblos

Selbstbeteiligung *f* <-, -en> (*Summe*) (cuota *f* de) retención *f* propia, pleno *m* de retención; **Selbstbetrug** *m* <-(e)s, *ohne pl*> autoengaño *m*

selbstbewusst[RR] *adj* ① (*selbstsicher*) seguro de sí mismo ② (PHILOS) consciente de sí mismo

Selbstbewusstsein[RR] *nt* <-s, *ohne pl*> ① (*Selbstsicherheit*) seguridad *f* en sí mismo ② (PHILOS) conciencia *f* de sí mismo; **Selbstbildnis** *nt* <-ses, -se> (KUNST) autorretrato *m*; **Selbstbindung** *f* <-, -en> (JUR) autovinculación *f*; **~ der Verwaltung** autovinculación de la administración; **Selbstbräuner** [-brɔɪnɐ] *m* <-s, -> autobronceador *m*; **Selbstbräunungscreme** *f* <-, -s> crema *f* autobronceadora; **Selbstdisziplin** *f* <-, *ohne pl*> auto-disciplina *f*, autocontrol *m*

Selbsteintritt *m* <-(e)s, *ohne pl*> (JUR, WIRTSCH) actuación *f* de contraparte; **Selbsteintrittsrecht** *nt* <-(e)s, -e> (JUR, WIRTSCH) derecho *m* a actuar de contraparte

Selbstentzündung *f* <-, -en> autoinflamación *f*, encendido *m* automático

Selbsterfahrung *f* <-, *ohne pl*> (PSYCH) autoanálisis *m inv*, autognosis *f inv*; **Selbsterfahrungsgruppe** *f* <-, -n> (PSYCH) grupo *m* de autognosis

Selbsterhaltung *f* <-, *ohne pl*> supervivencia *f*; **Selbsterhaltungstrieb** *m* <-(e)s, -e> instinto *m* de autoconservación

Selbsterkenntnis *f* <-, *ohne pl*> autoconocimiento *m*, autognosis *f inv*; **~ ist der erste Schritt zur Besserung** (*prov*) conocerse a sí mismo es el primer paso para mejorarse

selbsternannt *adj s.* **ernennen**

Selbstfinanzierung *f* <-, -en> (WIRTSCH) financiación *f* interna, autofinanciación *f*; **Selbstfindung** *f* <-, *ohne pl*> (*geh*) descubrimiento *m* de uno mismo, encuentro *m* con uno mismo; **Selbstgebrauch**

<-(e)s, *ohne pl*> uso *m* personal; (JUR) autoconsumo *m*; **Selbstgedrehte** *f* <-n, -n> (*fam*) cigarrillo *m* liado por uno mismo; **Selbstgefährdung** *f* <-, *ohne pl*> exposición *f* voluntaria a riesgos

selbstgefällig I. *adj* (*abw*) autocomplaciente, autosuficiente
II. *adv* (*abw*) con autosuficiencia

Selbstgefälligkeit *f* <-, *ohne pl*> (*abw*) autocomplacencia *f*, autosuficiencia *f*

selbstgenügsam *adj* satisfecho con [*o* de] uno mismo; **~ sein** estar satisfecho (con [*o* de] uno mismo)

selbstgerecht *adj* ególatra; (*eingebildet*) engreído, vanidoso

Selbstgespräch *nt* <-(e)s, -e> monólogo *m*, soliloquio *m*; **~e führen** monologar; **Selbstgestaltungsrecht** *nt* <-(e)s, *ohne pl*> derecho *m* potestativo; **~ der Gemeinde** derecho potestativo de la municipalidad

selbstgestrickt *adj s.* **stricken**

Selbstheilungskraft *f* <-, -kräfte> (MED) poder *m* de curación (propio) del organismo

selbstherrlich *adj* autoritario, despótico

Selbstherrlichkeit *f* <-, *ohne pl*> autoritarismo *m*, despotismo *m*

Selbsthilfe *f* <-, *ohne pl*> autosuficiencia *f*, autoayuda *f*; **in ~** ayudándose mutuamente, con los propios recursos; **zur ~ greifen** tomarse la justicia por su mano

Selbsthilfegruppe *f* <-, -n> grupo *m* de ayuda mutua; **Selbsthilfekauf** *m* <-(e)s, -käufe> (WIRTSCH) venta *f* de oficio por cuenta del comprador; **Selbsthilferecht** *nt* <-(e)s, *ohne pl*> derecho *m* de acción directa; **Selbsthilfeverkauf** *m* <-(e)s, -käufe> (WIRTSCH) reventa *f*

Selbstjustiz *f* <-, *ohne pl*> (JUR): **~ üben** tomarse la justicia por su mano

Selbstklebeetikett *nt* <-(e)s, -en> etiqueta *f* autoadhesiva

selbstklebend *adj* autoadhesivo

Selbstkontrahent(in) *m(f)* <-en, -en; -, -nen> (JUR) autocontratante *mf*

Selbstkontrahieren *nt* <-s, *ohne pl*> (JUR) autocontratación *f*

Selbstkosten *pl* (WIRTSCH) costes *mpl* propios, gastos *mpl* directos; **~ veranschlagen** presupuestar costes propios; **niedrige ~** costes propios bajos

Selbstkostenberechnung *f* <-, -en> (WIRTSCH) cálculo *m* del precio de coste; **Selbstkostenbeteiligung** *f* <-, -en> (*Summe*) cuota *f* de autoseguro; **Selbstkostenpreis** *m* <-es, -e> (WIRTSCH) precio *m* de coste; **Selbstkostenwert** *m* <-(e)s, -e> (WIRTSCH) valor *m* real [*o* líquido]

Selbstkritik *f* <-, *ohne pl*> autocrítica *f*

selbstkritisch *adj* autocrítico

Selbstlaut *m* <-(e)s, -e> vocal *f*

Selbstlerner(in) *m(f)* <-s, -; -, -nen> autodidacta *mf*; **ein Programm für ~** un programa para autodidactas

selbstlos *adj* desinteresado, altruista

Selbstlosigkeit *f* <-, *ohne pl*> desinterés *m*, altruismo *m*

Selbstmitleid *nt* <-(e)s, *ohne pl*> (*abw*) autocompasión *f*; **Selbstmord** *m* <-(e)s, -e> suicidio *m*; **~ begehen** suicidarse; **mit ~ drohen** amenazar con suicidarse; **Selbstmörder(in)** *m(f)* <-s, -; -, -nen> suicida *mf*

selbstmörderisch *adj* suicida

selbstmordgefährdet *adj* propenso al suicidio

Selbstmordkandidat(in) *m(f)* <-en, -en; -, -nen> suicida *mf* potencial, persona *f* con tendencias suicidas; **Selbstmordkommando** *nt* <-s, -s> comando *m* suicida; **Selbstmordversuch** *m* <-(e)s, -e> intento *m* de suicidio; **einen ~ machen** intentar suicidarse

selbstprüfend *adj* introspectivo

selbstredend *adv* naturalmente, por supuesto

selbstregulierend *adj* autorregulador

Selbstregulierung *f* <-, -en> autorregulación *f*

Selbstreinigung *f* <-, -en> (BIOL) purificación *f* natural; **Selbstreinigungskraft** *f* <-, -kräfte> capacidad *f* de autodepuración

selbstschuldnerisch *adj* (JUR) autodefendible; **~e Bürgschaft** garantía *f* autodefendible

Selbstschussanlage[RR] *f* <-, -n> dispositivo *m* de disparo automático

Selbstschutz *m* <-es, *ohne pl*> autodefensa *f*, autoprotección *f*

selbstsicher *adj* seguro de sí mismo; **~ auftreten** presentarse (en público) demostrando seguridad en uno mismo

Selbstsicherheit *f* <-, *ohne pl*> seguridad *f* en uno mismo

selbstständig[RR] I. *adj* ① (*unabhängig*) independiente; **~e Anordnung** (JUR) disposición autónoma
② (*beruflich*) por su propia cuenta, no asalariado; **sich ~ machen** establecerse por su cuenta; **der Auspuff hatte sich ~ gemacht** (*fam*) el tubo de escape se soltó por el camino
II. *adv* por sí solo; (WIRTSCH) por su propia cuenta

Selbstständige(r)[RR] *mf* <-n, -n; -n, -n> trabajador(a) *m(f)* autónomo, -a

Selbstständigkeit^RR *f* <-, *ohne pl*> independencia *f*; **wirtschaftliche ~** independencia económica

Selbststudium *nt* <-s, *ohne pl*> estudios *mpl* autodidácticos; **im ~** mediante estudios autodidácticos; **Selbstsucht** *f* <-, *ohne pl*> egoísmo *m*

selbstsüchtig *adj* egoísta

selbsttätig *adj* ❶ (*automatisch*) automático
❷ (*aktiv*) activo

Selbsttäuschung *f* <-, *ohne pl*> autoengaño *m*; **Selbsttötung** *f* <-, -en> (*formal*) suicidio *m*; **Selbstüberschätzung** *f* <-, *ohne pl*> presunción *f*, aprecio *m* excesivo de las propias facultades; **in ~** en un acto de presunción; **er leidet an ~** se lo tiene muy creído, tiene delirios de grandeza; **Selbstüberwindung** *f* <-, *ohne pl*> autodominio *m*, fuerza *f* de voluntad; **es kostet mich ~, das zu lernen** me cuesta trabajo obligarme a estudiar eso; **Selbstveranlagung** *f* <-, -en> (FIN) autoliquidación *f*; **Selbstverbrauch** *m* <-(e)s, *ohne pl*> autoconsumo *m*, consumo *m* propio; **Selbstverbrennung** *f* <-, -en> acción *f* de quemarse vivo; **der Mönch protestierte durch ~ gegen ...** el monje protestó contra... quemándose vivo

selbstverdient *adj s.* **verdienen 1.**

Selbstverkaufsrecht *nt* <-(e)s, *ohne pl*> (JUR) derecho *m* de venta en nombre propio

Selbstverlag *m*: **im ~ (erschienen)** editado por el autor; **Selbstverleugnung** *f* <-, *ohne pl*> autonegación *f*; (*Selbstlosigkeit*) abnegación *f*; **Selbstverschulden** *nt* <-s, *ohne pl*> (*formal*) falta *f* propia, culpa *f* propia; **bei ~** en caso de culpa propia

selbstverschuldet *adj* por falta [*o* culpa] propia [*o* personal]

Selbstversorger(in) *m(f)* <-s, -; -, -nen> auto-abastecedor(a) *m(f)*

selbstverständlich ['--('-)--] I. *adj* natural, evidente; **das ist doch ~!** ¡esto se sobreentiende!; **etw für ~ halten** dar algo por hecho
II. *adv* por supuesto, desde luego; **das tue ich ~ gern** por supuesto, lo hago con gusto; **kann ich mitkommen? – ~** ¿puedo ir yo también? – desde luego; **~ nicht** por supuesto que no; **er ist wie ~ mitgekommen** se ha venido como si estuviera la mar de claro

Selbstverständlichkeit ['--('--)---] *f* <-, -en> (*Unbefangenheit*) naturalidad *f*; (*Offensichtlichkeit*) evidencia *f*; **das war doch eine ~** no faltaba más; **etw für eine ~ halten** considerar algo como lo más natural del mundo; **sie hat ihn mit der größten ~ unterstützt** lo ha apoyado con la mayor naturalidad

Selbstverständnis *nt* <-ses, *ohne pl*> autognosis *f*; **mein ~ als Frau und Mutter** el modo de verme a mí misma como mujer y como madre; **Selbstverstümmelung** *f* <-, -en> automutilación *f*, mutilación *f* voluntaria; **Selbstversuch** *m* <-(e)s, -e> (MED) prueba *f* en uno mismo; **etw im ~ testen** comprobar algo probándolo uno mismo

Selbstverteidigung *f* <-, *ohne pl*> autodefensa *f*; **individuelle/kollektive ~** autodefensa individual/colectiva; **Selbstverteidigungsrecht** *nt* <-(e)s, *ohne pl*> (JUR) derecho *m* de legítima defensa; **das ~ ausüben** ejercicio del derecho de legítima defensa

Selbstvertrauen *nt* <-s, *ohne pl*> confianza *f* en sí mismo, autoconfianza *f*

Selbstverwaltung *f* <-, -en> autogestión *f*; **kommunale ~** autoadministración comunal; **Selbstverwaltungsangelegenheit** *f* <-, -en> asunto *m* de autoadministración

Selbstverwirklichung *f* <-, *ohne pl*> (PHILOS, PSYCH) autorrealización *f*; **Selbstvornahme** *f* <-, -n> (JUR) acción *f* consigo mismo; **Selbstwählfunktion** *f* <-, -en> (TEL) función *f* de marcado automático

Selbstwertgefühl *nt* <-(e)s, *ohne pl*> (PSYCH) autoestima *f*

selbstzerstörerisch *adj* autodestructivo; **Selbstzerstörung** *f* <-, -en> autodestrucción *f*; **Selbstzweck** *m* <-(e)s, *ohne pl*> fin *m* absoluto, finalidad *f* en sí

selchen ['zɛlçən] *vt* (*südd, Österr: räuchern*) ahumar

Selchfleisch *nt* <-(e)s, *ohne pl*> (*südd, Österr: Rauchfleisch*) carne *f* ahumada

selektieren* [zelɛk'tiːrən] *vt* seleccionar

Selektion [zelɛk'tsjoːn] *f* <-, -en> (BIOL) selección *f*

selektiv *adj* selectivo

Selektivherbizid *nt* <-(e)s, -e> herbicida *m* selectivo

Selektorkanal *m* <-s, -näle> (INFOR) canal *m* selector

Selen [ze'leːn] *nt* <-s, *ohne pl*> (CHEM) selenio *m*

Selfmademan ['sɛlfmeɪd'mɛn, *pl*: 'sɛlfmeɪd'mɛn] *m* <-, Selfmademen> hombre *m* que se ha hecho a sí mismo

selig ['zeːlɪç] *adj* ❶ (*glücklich*) feliz, en las nubes *fam*
❷ (REL) bienaventurado; (~ **gesprochen**) beato; (*verstorben*) difunto; **Gott hab ihn ~!** ¡Dios lo tenga en su gloria! **wer's glaubt, wird ~** (*fam iron*) más tonto aquel que lo crea; **ihr ~er Vater** su padre que en paz descanse; **jdn ~ sprechen** beatificar a alguien

Selige(r) *mf* <-n, -n; -n, -n> ❶ (*Verstorbener*) difunto, -a *m, f*; **mein ~r** pflegte zu sagen ... (*a. iron*) mi marido, que en paz descanse, solía decir...

❷ (REL: *Seliggesprochener*) beato, -a *m, f*

Seligkeit *f* <-, *ohne pl*> ❶ (REL) bienaventuranza *f* (eterna), beatitud *f*
❷ (*Glück*) felicidad *f*, dicha *f*

seligsprechen *irr vt* (REL) *s.* **selig 2.**

Seligsprechung *f* <-, -en> (REL) beatificación *f*

Sellerie ['zɛləri] *m* <-s, -(s)>, *f* <-, -> apio *m*

selten ['zɛltən] I. *adj* ❶ (*nicht häufig*) raro
❷ (*außergewöhnlich*) extraordinario; (*merkwürdig*) curioso
II. *adv* ❶ (*nicht häufig*) raras veces, raramente; **~ so gelacht!** ¡rara vez me he reído tanto!
❷ (*außergewöhnlich*) extraordinariamente; **er hat sich ~ dämlich angestellt** se comportó de manera extraordinariamente estúpida

Seltenheit[1] *f* <-, *ohne pl*> (*Vorkommen*) rareza *f*; **es ist eine ~, dass ...** ocurre raras veces que... (+*subj*)

Seltenheit[2] *f* <-, -en> (*Stück*) curiosidad *f*

Seltenheitswert *m* <-(e)s, *ohne pl*> valor *m* de pieza rara

Selters ['zɛltɐs] *nt* <-, -> (*fam*), **Selterswasser** *nt* <-s, -wässer> agua *f* mineral, agua *f* de Selz

seltsam ['zɛltzaːm] *adj* extraño, singular; **er kam ihr ~ bekannt vor** le pareció particularmente conocido

seltsamerweise ['zɛltzaːmɐˈvaɪzə] *adv* curiosamente, extrañamente

Seltsamkeit[1] *f* <-, *ohne pl*> (*seltsame Art*) extrañeza *f*, extravagancia *f*

Seltsamkeit[2] *f* <-, -en> (*seltsame Erscheinung, Vorfall*) rareza *f*, curiosidad *f*

Semantik [ze'mantɪk] *f* <-, *ohne pl*> (LING) semántica *f*

semantisch [ze'mantɪʃ] *adj* (LING) semántico

Semester [ze'mɛstɐ] *nt* <-s, -> semestre *m*; **im siebten ~ sein** estar en el séptimo semestre; **er ist schon ein älteres ~** (*fam fig*) ya tiene unos cuantos años encima

Semesterferien *pl* (UNIV) vacaciones *fpl* semestrales (*en primavera y verano*)

semiarid *adj* (GEO) semiárido

Semifinale *nt* <-s, -> (SPORT) semifinal *f*

Semikolon [zemi'koːlɔn] *nt* <-s, -s *o* Semikola> punto *m* y coma

Seminar [zemi'naːɐ] *nt* <-s, -e> ❶ (*Lehrveranstaltung, Priester~*) seminario *m*; **an einem ~ über Lexikographie teilnehmen** asistir a un seminario de lexicografía
❷ (*Institut*) departamento *m*

Seminararbeit *f* <-, -en> (UNIV) trabajo *m* escrito

Seminarist [zemina'rɪst] *m* <-en, -en> (REL) seminarista *m*

Seminarschein *m* <-(e)s, -e> (UNIV) ≈papeleta *f*; **einen ~ machen** hacer un curso (para obtener una papeleta)

Semiotik [zemi'oːtɪk] *f* <-, *ohne pl*> ❶ (LING) semiótica *f*
❷ (MED) semiología *f*

semipermeabel *adj*: **semipermeable Membran** membrana *f* semipermeable

Semit(in) [ze'miːt] *m(f)* <-en, -en; -, -nen> semita *mf*

semitisch *adj* semítico, semita

Semmel ['zɛməl] *f* <-, -n> (*Österr, reg*) panecillo *m*; **weggehen wie warme ~n** (*fam*) venderse como rosquillas

Semmelbrösel *mpl* (*Österr, südd*) pan *m* rallado; **Semmelknödel** *m* <-s, -> (*südd, Österr*) albóndiga hecha a base de pan, harina, huevos, condimentos, etc.; **Schweinebraten mit ~n** asado de cerdo con "semmelknödel"; **Semmelmehl** *nt* <-(e)s, *ohne pl*> pan *m* rallado

sen. *Abk. von* **senior** padre

Senat [ze'naːt] *m* <-(e)s, -e> ❶ (HIST, POL) senado *m*; **gemeinsamer ~** senado común
❷ (UNIV) claustro *m*
❸ (JUR) consejo *m* judicial

Senator(in) [ze'naːtoːɐ] *m(f)* <-s, -en; -, -nen> senador(a) *m(f)*

Senatsausschuss^RR *m* <-es, -schüsse> comisión *f* senatorial

Sendeanlage *f* <-, -n> (ELEK) estación *f* emisora *f*; **Sendeanstalt** *f* <-, -en> (RADIO, TV) cadena *f* de radiotelevisión; **Sendeantenne** *f* <-, -n> (ELEK) antena *f* emisora; **Sendebereich** *m* <-(e)s, -e> (RADIO, TV) zona *f* de emisión

sendebereit *adj* (TEL) listo para enviar

Sendefolge *f* <-, -n> (RADIO, TV) programa *m*; **Sendegebiet** *nt* <-(e)s, -e> (RADIO, TV) zona *f* de emisión; **Sendegerät** *nt* <-(e)s, -e> (RADIO, TV) (aparato *m*) emisor *m*; **Sendeleiter(in)** *m(f)* <-s, -; -, -nen> (RADIO, TV) director(a) *m(f)* de la emisión

senden ['zɛndən] <sendet, sandte *o* sendete, gesandt *o* gesendet> *vt* ❶ (*geh: schicken*) mandar (*nach/zu* a), enviar (*nach/zu* a); **er sendet dir Grüße** te manda saludos; **die Regierung sandte ihn ins Krisengebiet** el gobierno le envió al territorio en conflicto
❷ (*ausstrahlen*) emitir, transmitir

Sendepause *f* <-, -n> (RADIO, TV) pausa *f*; **solange ich rede, hast du ~!** (*fam*) ¡ten la boca cerrada y los oídos abiertos mientras yo hablo!

Sender *m* <-s, -> (RADIO, TV) (estación *f*) emisora *f*

Senderaum *m* <-(e)s, -räume> (RADIO, TV) estudio *m*; **Sendereihe** *f*

<-, -n> (RADIO, TV) serial m; **Sendeschluss**^RR m <-es, ohne pl> (RADIO, TV) cierre m de la emisión; **Sendezeichen** nt <-s, -> (RADIO, TV) sintonía f; **Sendezeit** f <-, -en> (RADIO, TV) tiempo m de emisión
Sendung f <-, -en> ❶ (Waren~) envío m; **postlagernde ~** envío a lista de correos
❷ (RADIO, TV: das Senden) emisión f, transmisión f; **auf ~ gehen** comenzar a emitir; **auf ~ sein** estar en el aire
❸ (RADIO, TV: einzelne ~) programa m; **eine ~ ausstrahlen** emitir un programa
Sendungsbewusstsein^RR nt <-s, ohne pl> conciencia f misionera
Senegal ['ze:negal] m <-s> Senegal m
Senegalese, -in [zenega'le:zə] m, f <-n, -n; -, -nen> senegalés, -esa m, f
senegalesisch adj senegalés
Senf [zɛnf] m <-(e)s, -e> mostaza f; **seinen ~ dazugeben** (fam fig) meter baza
Senfgas nt <-es, -e> gas m mostaza; **Senfgurke** f <-, -n> pepinillo m en vinagre y mostaza; **Senfkorn** nt <-(e)s, -körner> grano m de mostaza, semilla f de mostaza; **Senfsoße** f <-, -n> (salsa f de) mostaza f
sengen ['zɛŋən] vt chamuscar; **in der ~den Sonne** bajo el sol abrasador
senil [ze'ni:l] adj senil
Senilität [zenili'tɛ:t] f <-, ohne pl> senilidad f
senior ['ze:njoɐ] adj: **Karl Meyer ~** Karl Meyer (padre)
Senior(in) ['ze:njoɐ, pl: ze'njo:rən] m(f) <-s, -en; -, -nen> ❶ (Rentner) persona f mayor [o de la tercera edad]
❷ (SPORT) sénior mf
Seniorchef(in) m(f) <-s, -s; -, -nen> jefe, -a m, f
Seniorenheim nt <-(e)s, -e> residencia f para la tercera edad; **Seniorenkarte** f <-, -n> tarjeta f de la tercera edad; **Seniorenmannschaft** f <-, -en> (SPORT) equipo m de veteranos; **Seniorenpass**^RR m <-es, -pässe> (HIST) ≈tarjeta f dorada (abono de tren con reducción para personas de la tercera edad)
Seniorin f <-, -nen> s. **Senior**
Seniorpartner(in) m(f) <-s, -; -, -nen> socio, -a m, f principal
Senkblei nt <-(e)s, -e> (ARCHIT) plomada f; **etw mit dem ~ messen** medir algo con la plomada
Senke ['zɛŋkə] f <-, -n> depresión f en un terreno
Senkel ['zɛŋkəl] m <-s, -> cordón m (del zapato); **jdn in den ~ stellen** cantarle a alguien las cuarenta, echar una bronca a alguien
senken ['zɛŋkən] I. vt ❶ (allgemein) bajar; (Kopf) inclinar; **die Stimme ~ bajar** la voz
❷ (Kosten) bajar, disminuir; (Preise) rebajar
II. vr: **sich ~** ❶ (herunterkommen) bajar; (absinken) hundirse; **der Grundwasserspiegel hat sich gesenkt** el nivel freático ha descendido
❷ (geh: Abend, Nacht) caer
Senkfuß m <-es, -füße> (MED) pie m plano; **Senkgrube** f <-, -n> pozo m negro [o ciego]
senkrecht adj vertical; (MATH) perpendicular (zu a); **die Geraden stehen ~ aufeinander** las (líneas) rectas están dispuestas perpendicularmente
Senkrechte f <-n, -n, nach Zahlen: -(n)> (recta f) vertical f, (línea f) perpendicular f
Senkrechtstart m <-(e)s, -s> (AERO) despegue m vertical
Senkrechtstarter¹ m <-s, -> ❶ (AERO) avión m de despegue y aterrizaje vertical
❷ (fam: Buch, Film) éxito m rotundo
Senkrechtstarter(in)² m(f) <-s, -; -, -nen> (fam: Person) joven mf prometedor(a)
Senkung¹ f <-, ohne pl> ❶ (des Kopfes) inclinación f
❷ (Verringerung) reducción f (um en, auf a), disminución f (um en)
Senkung² f <-, -en> (GEO) depresión f (de un terreno), hundimiento m (de un terreno)
Senkwaage f <-, -n> (PHYS) areómetro m
Senn [zɛn] m <-(e)s, -e> (südd, Österr, Schweiz) s. **Senner**
Senne ['zɛnə] f <-, -n> (südd, Österr: Alm) pasto m de alta montaña
Senner(in) m(f) <-s, -; -, -nen> (Österr, südd) vaquero, -a m, f alpino, -a
Sennerei f <-, -en> (südd, Österr, Schweiz) pasto m alpino (en el que se elaboran mantequilla y queso con la leche obtenida)
Sennerin f <-, -nen> (Österr, südd) s. **Senner**
Sennhütte f <-, -n> (Österr, südd) cabaña f alpina
Sensation [zɛnza'tsjo:n] f <-, -en> sensación f
sensationell [zɛnzatsjo'nɛl] adj sensacional
Sensationsblatt nt <-(e)s, -blätter> (abw) periódico m sensacionalista; **Sensationsgier** f <-, ohne pl> (abw), **Sensationslust** f <-, ohne pl> (abw) sensacionalismo m
sensationslüstern adj (abw) ávido de sensacionalismos
Sensationsmache f <-, ohne pl> (PUBL) amarillismo m; **Sensationsnachricht** f <-, -en> noticia f sensacional

Sense ['zɛnzə] f <-, -n> guadaña f; **jetzt ist ~!** (fam) ¡y sanseacabó!
Sensenmann m <-(e)s, -männer> ❶ (alt: jd, der Gras mäht) guadañero m
❷ (fig: Tod) (muerte f de la) guadaña f
sensibel [zɛn'zi:bəl] adj sensible
Sensibelchen [zɛn'zi:bəlçən] nt <-s, -> (fam) sensiblero, -a m, f
sensibilisieren* [zɛnzibili'zi:rən] vt (a. FOTO, MED) sensibilizar
Sensibilisierung f <-, -en> (a. FOTO, MED) sensibilización f
Sensibilität [zɛnzibili'tɛ:t] f <-, ohne pl> (a. FOTO) sensibilidad f
Sensor ['zɛnzoɐ] m <-s, -en> (TECH) sensor m
Sensorauge nt <-s, -n> (TECH) ojo m sensor
sensorisch adj (MED) sensorial
Sensortaste f <-, -n> (TECH) sensor m
Sentenz [zɛn'tɛnts] f <-, -en> (geh) sentencia f
sentimental [zɛntimɛn'ta:l] adj sentimental
Sentimentalität [zɛntimɛntali'tɛ:t] f <-, ohne pl> (Art) sentimentalismo m
separat [zepa'ra:t] I. adj separado; (Eingang) independiente
II. adv aparte
Separatismus [zepara'tɪsmʊs] m <-, ohne pl> separatismo m
Separatist(in) [zepara'tɪst] m(f) <-en, -en; -, -nen> separatista mf
separatistisch adj separatista
Separee^RR nt <-s, -s>, **Séparée** [zepa're:] nt <-s, -s> reservado m
Sepia¹ ['ze:pia, pl: ze:'piən] f <-, Sepien> (ZOOL) sepia f
Sepia² f <-, ohne pl> (Farbstoff) (color m) sepia f
Sepiatinte f <-, -n> tinta f de color sepia; **Sepiazeichnung** f <-, -en> dibujo m en sepia
Sepien pl von **Sepia**¹
Sepsis ['zɛpsɪs] f <-, Sepsen> (MED) sepsis f inv, septicemia f
September [zɛp'tɛmbɐ] m <-(s), -> se(p)tiembre m; s. a. **März**
Septett [zɛp'tɛt] nt <-(e)s, -e> (MUS) septeto m
Septime [zɛp'ti:mə] f <-, -n> (MUS) séptima f
septisch ['zɛptɪʃ] adj (MED) séptico
sequentiell [zekvɛn'tsjɛl] adj s. **sequenziell**
Sequenz [ze'kvɛnts] f <-, -en> (a. FILM, MUS) secuencia f
sequenziell^RR [zekvɛn'tsjɛl] adj (INFOR) secuencial; **~er Zugriff** acceso secuencial; **~e Datei** fichero secuencial
Sequestration [zekvɛstra'tsjo:n] f <-, -en> (JUR) secuestro m
Sera pl von **Serum**
Serbe, -in ['zɛrbə] m, f <-n, -n; -, -nen> serbio, -a m, f
Serbien ['zɛrbiən] nt <-s> Serbia f
Serbin f <-, -nen> s. **Serbe**
serbisch adj serbio
serbokroatisch [zɛrbokro'a:tɪʃ] adj serbo-croata
Seren pl von **Serum**
Serenade [zere'na:də] f <-, -n> (MUS) serenata f, albazo m Peru, alborada f PRico
Serie ['ze:riə] f <-, -n> (a. TV) serie f; **in ~ herstellen** producir en serie
seriell [zeri'ɛl] adj en serie; **~e Schnittstelle** (INFOR) interfaz serie, puerto serie
Serienanlauf m <-(e)s, -läufe> (WIRTSCH) arranque m en serie; **Serienartikel** m <-s, -> artículo m fabricado en serie; **Serienausführung** f <-, ohne pl> (Produktion) producción f en serie, fabricación f en serie; **Serienausstattung** f <-, -en> (a. AUTO) equipamiento m de serie; **Airbags gehören bei diesem Modell zur ~** este modelo lleva el airbag de serie; **Serienfertigung** f <-, ohne pl> producción f en serie
serienmäßig I. adj ❶ (Herstellung) en serie
❷ (AUTO: Ausstattung) de serie; **~e Klimaanlage** aire acondicionado de serie
II. adv en serie
Seriennummer f <-, -n> número m de serie; **Serienproduktion** f <-, -en> producción f en serie; **Serienreife** f <-, ohne pl> (WIRTSCH): **etw bis zur ~ entwickeln** desarrollar algo hasta que esté listo para ser producido en serie; **Serienschaltung** f <-, -en> (ELEK) conexión f en serie; **Serientaten** fpl (JUR) delitos mpl en serie
serienweise adv en serie
Serife [ze'ri:fə] f <-, -n> (TYPO) remate m, bigotello m
seriös [zeri'ø:s] adj serio; **ein ~es Angebot** una oferta seria; **er ist sehr ~ geworden** se ha vuelto muy formal
Seriosität [zeriozi'tɛ:t] f <-, -en (geh)> seriedad f
Sermon [zɛr'mo:n] m <-s, -e> (fam) sermón m
seropositiv adj seropositivo
serostatisch adj serostático; **~e Zusatzberechnung** cálculo adicional serostático
Serpentine [zɛrpɛn'ti:nə] f <-, -n> serpentina f, curva f cerrada
Serum ['ze:rʊm] nt <-s, Seren o Sera> suero m
Server ['sœrvɐ] m <-s, -> (INFOR) server m, servidor m
Service¹ [zɛr'vi:s] nt <-(s), -> (Geschirr) juego m de café
Service² ['sœrvɪs] m <-, ohne pl> ❶ (Bedienung) servicio m; (Kunden-

dienst) asistencia *f* técnica
② (SPORT) saque *m*, servicio *m*
Servicekennung *f* <-, -en> (TEL) identificación *f* del tipo de servicio (*en RSDI*); **Service-Provider** *m* <-s, -> (TEL) proveedor *m* de servicios; **Serviceverpflichtung** *f* <-, -en> (WIRTSCH) obligación *f* de prestación de servicios
Servierbrett *nt* <-(e)s, -er> bandeja *f*
servieren* [zɛrˈviːrən] I. *vt* servir
II. *vi* (*Tennis*) servir, sacar
Serviererin [zɛrˈviːrərɪn] *f* <-, -nen> camarera *f*
Serviertisch *m* <-(e)s, -e> trinchero *m*; **Serviertochter** *f* <-, -töchter> (*Schweiz*) *s.* **Serviererin**; **Servierwagen** *m* <-s, -> carrito *m* de servir
Serviette [zɛrˈvjɛtə, zɛrviˈɛtə] *f* <-, -n> servilleta *f*
Serviettenring *m* <-(e)s, -e> servilletero *m*
servil [zɛrˈviːl] *adj* (*geh*) servil, adulador, zalamero
Servilität *f* <-, *ohne pl*> (*geh*) servilismo *m*
Servitut [zɛrviˈtuːt] *nt* <-(e)s, -e>, *f* <-, -en> (*Schweiz:* JUR) servidumbre *f*
Servobremse [ˈzɛrvo-] *f* <-, -n> (TECH) servofreno *m*; **Servolenkung** *f* <-, -en> (TECH) dirección *f* asistida, servodirección *f*; **Servomotor** *m* <-s, -en> (TECH) servomotor *m*
Servus [ˈsɛrvʊs] *interj* (*Österr, südd*) ¡adiós!
Sesam [ˈzeːzam] *m* <-s, -s> sésamo *m*, ajonjolí *m*; ~, **öffne dich!** ¡ábrete, sésamo!
Sessel [ˈzɛsəl] *m* <-s, -> sillón *m*; (*im Kino*) butaca *f*
Sessellift *m* <-(e)s, -e *o* -s> telesilla *f*
sesshaft^RR [ˈzɛshaft] *adj*, **seßhaft** *adj* sedentario; **in einem Ort** ~ **werden** fijar su domicilio en un lugar, asentarse en un lugar
Set [sɛt] *m o nt* <-(s), -s> (*zusammengehöriger Dinge*) conjunto *m*, juego *m*
Setup *nt* <-(s), -s> (INFOR) setup *m*, programa *m* de ajuste
setzen [ˈzɛtsən] I. *vt* ① (*allgemein*) poner (*auf* en/sobre); (*stellen*) colocar (*auf* en/sobre); (*Kind*) sentar; **sie setzte das Kind auf einen Stuhl** sentó al niño en una silla; **setz den Topf schon mal aufs Feuer!** ¡pon a calentar la olla!; **er setzte seine Unterschrift darunter** lo firmó; ~ **Sie bitte meinen Namen auf die Liste** ponga mi nombre en la lista, por favor; **etw auf die Tagesordnung** ~ poner algo en el orden del día; **ein Inserat in die Zeitung** ~ poner un anuncio en el periódico; **etw an den Mund** ~ llevar(se) algo a la boca; **etw in Anführungszeichen/Klammern** ~ poner algo entre comillas/paréntesis; **ein Kind in die Welt** ~ (*fam*) traer un hijo al mundo
② (*Pflanze*) plantar
③ (*Ofen*) instalar; (*Denkmal*) erigir, levantar; (*Segel*) izar
④ (*Norm*) fijar, establecer; (*Frist, Termin*) fijar, señalar, dar *fam*; (*Hoffnung, Vertrauen*) poner; **ich setze mein ganzes Vertrauen in dich** pongo toda mi confianza en ti; **wir müssen seinem Eifer Grenzen** ~ tenemos que poner límites a su diligencia; **ich habe mir ein Ziel gesetzt** me he puesto una meta; **etw** *dat* **ein Ende** ~ poner fin a algo
⑤ (TYPO) componer
⑥ (*Geld*) apostar (*auf* por), poner; **ich setze 50 Euro auf Rot** apuesto 50 euros al rojo
⑦ (*fam: injizieren*): **sich** *dat* **eine Spritze** ~ ponerse una inyección
⑧ (*Wend*): **gesetzt den Fall, er kommt** [*o* **dass er kommt**] supongamos que venga; **gleich setzt es was!** (*fam*) ¡que te doy!
II. *vr:* **sich** ~ ① (*Person*) sentarse, tomar asiento; **setz dich auf deinen Platz!** ¡siéntate en tu sitio!; **bitte,** ~ **Sie sich!** ¡siéntese, por favor!, ¡tome asiento, por favor!; **er setzt sich an den Tisch/in die Sonne** se sienta en la mesa/al sol; **darf ich mich zu Ihnen** ~**?** ¿puedo sentarme con Ud.?
② (*Flüssigkeit*) depositarse, posarse; (*Staub, Geruch*) pegarse (*in/auf* a)
③ (*beginnen*): **sich an etw** ~ ponerse a hacer algo; **ich setz mich jetzt an die Arbeit** ahora me pongo [*o* siento] a trabajar
III. *vi* ① (*im Spiel*) jugar
② (*überqueren*): **über etw** ~ cruzar algo
Setzer(in) *m(f)* <-s, -; -, -nen> (TYPO) cajista *mf*, tipógrafo, -a *m, f*
Setzerei *f* <-, -en> (TYPO) taller *m* de composición, tipografía *f*
Setzerin *f* <-, -nen> *s.* **Setzer**
Setzfehler *m* <-s, -> (TYPO) error *m* tipográfico; **Setzkasten** *m* <-s, -kästen> (TYPO) cajón *m* de imprenta
Setzling *m* <-s, -e> ① (*Pflanze*) plantón *m*
② (*Fisch*) alevín *m*
Setzmaschine *f* <-, -n> ① (TYPO) máquina *f* componedora
② (BERGB) criba *f* hidráulica
Seuche [ˈzɔyçə] *f* <-, -n> epidemia *f*; (*fig*) peste *f*
Seuchenbekämpfung *f* <-, *ohne pl*> lucha *f* contra las epidemias; **Seuchenerreger** *m* <-s, -> agente *m* de una epidemia; **Seuchengebiet** *nt* <-(e)s, -e> zona *f* contaminada; **Seuchenherd** *m* <-(e)s, -e> foco *m* de la epidemia

seufzen [ˈzɔyftsən] *vi* suspirar
Seufzer *m* <-s, -> suspiro *m*
Sex [sɛks] *m* <-(es), *ohne pl*> (*fam*) sexo *m*, sexualidad *f*; **sie hat** ~ **es (muy) sexy**; **sie hatten** ~ **(miteinander)** (*fam*) tuvieron [*o* mantuvieron] relaciones sexuales
Sexappeal^RR [ˈzɛksəpiːl] *m* <-s, *ohne pl*> sex-appeal *m*; **Sexbombe** *f* <-, -n> (*fam*) mujer *f* con sex-appeal; **Sexfilm** *m* <-(e)s, -e> película *f* erótica [*o* pornográfica]
Sexismus [sɛˈksɪsmʊs, zɛˈksɪsmʊs] *m* <-, *ohne pl*> sexismo *m*, machismo *m*
Sexist(in) [sɛˈksɪst, zɛˈksɪst] *m(f)* <-en, -en; -, -nen> sexista *mf*, machista *mf*
sexistisch *adj* sexista, machista
Sexorgie *f* <-, -n> (*fam*) orgía *f* (sexual); **Sexshop** *m* <-s, -s> sex-shop *m*
Sexta [ˈzɛksta, *pl:* ˈzɛkstən] *f* <-, Sexten> (SCH) ① (*alt: erste Klasse des Gymnasiums*) primer curso de un instituto de enseñanza secundaria en Alemania
② (*Österr: sechste Klasse des Gymnasiums*) sexto curso de un instituto de enseñanza secundaria en Austria
Sextaner(in) *m(f)* <-s, -; -, -nen> (SCH) estudiante *mf* del primer curso (de secundaria)
Sextant [zɛksˈtant] *m* <-en, -en> (NAUT) sextante *m*
Sexte [ˈzɛkstə] *f* <-, -n> (MUS) sexta *f*
Sextelefon *nt* <-s, -e> línea *f* erótica
Sexten *pl von* **Sexta**, **Sexte**
Sextett [zɛksˈtɛt] *nt* <-(e)s, -e> (MUS) sexteto *m*
Sextourismus *m* <-, *ohne pl*> turismo *m* sexual
Sexualdelikt *nt* <-(e)s, -e> delito *m* sexual; **Sexualerziehung** [zɛksuˈaːl-, zɛksuˈaːl-] *f* <-, *ohne pl*> educación *f* sexual; **Sexualforscher(in)** *m(f)* <-s, -; -, -nen> investigador(a) *m(f)* de la conducta sexual; **Sexualforschung** *f* <-, *ohne pl*> sexología *f*; **Sexualhormon** *nt* <-s, -e> hormona *f* sexual
Sexualität [zɛksualiˈtɛːt, zɛksualiˈtɛːt] *f* <-, *ohne pl*> sexualidad *f*
Sexualkunde *f* <-, *ohne pl*> educación *f* sexual; **Sexualkundeunterricht** *m* <-(e)s, -e> (SCH) clase *f* de educación sexual
Sexualleben *nt* <-s, *ohne pl*> vida *f* sexual; **Sexualmoral** *f* <-, *ohne pl*> moral *f* sexual; **Sexualmord** *m* <-(e)s, -e> asesinato *m* sexual; **Sexualobjekt** *nt* <-(e)s, -e> objeto *m* sexual; **Sexualtäter(in)** *m(f)* <-s, -; -, -nen> delincuente *mf* sexual, autor(a) *m(f)* de un delito sexual; **Sexualtrieb** *m* <-(e)s, -e> instinto *m* sexual; **Sexualverbrechen** *nt* <-s, -> delito *m* sexual; **Sexualwissenschaft** *f* <-, *ohne pl*> sexología *f*
sexuell [zɛksuˈɛl, zɛksuˈɛl] *adj* sexual; **jdn** ~ **missbrauchen** abusar sexualmente de alguien
sexy [ˈsɛksi, ˈzɛksi] *adj inv* (*fam*) sexy
Sezession¹ [zetseˈsjoːn] *f* <-, *ohne pl*> (KUNST) modernismo *m* austríaco
Sezession² *f* <-, -en> (POL) secesión *f*
Sezessionskrieg *m* <-(e)s, *ohne pl*> guerra *f* de Secesión
sezieren* [zeˈtsiːrən] *vt* diseccionar
Seziersaal *m* <-(e)s, -säle> (UNIV) sala *f* de disección
SFB *m* <-> (RADIO) *Abk. von* **Sender Freies Berlin** emisora *f* del Berlín Libre
s-förmig^RR [ˈɛsfœrmɪç] *adj*, **S-förmig** *adj* en forma de ese
SGML (INFOR) *Abk. von* **Standard Generalized Markup Language** SGML
Shampoo [ˈʃampu] *nt* <-s, -s> champú *m*
shampoonieren* [ʃampoˈniːrən, ʃɛmpoˈniːrən] *vt* (en)jabonar [*o* lavar] con champú
Shareware [ˈʃeːɐweː] *f* <-, -s> (INFOR) software *m* compartido, programas *mpl* compartidos
Sheriff [ˈʃɛrɪf] *m* <-s, -s> sheriff *m*
Sherry [ˈʃɛri] *m* <-s, -s> jerez *m*
Shifttaste *f* <-, -n> (INFOR) tecla *f* de mayúsculas (en el ordenador)
Shorts [ʃɔːts, ʃɔrts] *pl* pantalones *mpl* cortos
Show [ʃoʊ] *f* <-, -s> espectáculo *m*, show *m*; **eine** ~ **abziehen** (*fam fig*) dárselas de ser alguien
Showbusiness^RR *nt* <-, *ohne pl*>, **Showbusineß** *nt* <-, *ohne pl*> mundo *m* del espectáculo
Showdown [ˈʃoʊdaʊn] *m* <-(s), -s> enfrentamiento *m*, confrontación *f*; **der** ~ **war sehr spannend** (FILM) el momento en que los dos protagonistas se enfrentan era de gran suspense
Showgeschäft *nt* <-(e)s, *ohne pl*> mundo *m* del espectáculo
Showmaster(in) [-maːstɐ] *m(f)* <-s, -; -, -nen> presentador(a) *m(f)*
Si (CHEM) *Abk. von* **Silicium** Si
Siam [ˈziːam] *nt* <-s> (HIST) Siam *m*
siamesisch [ziaˈmeːzɪʃ] *adj* siamés; ~**e Zwillinge** hermanos siameses
Siamkatze *f* <-, -n> gato *m* siamés
Sibirer(in) [ziˈbiːrɐ] *m(f)* <-s, -; -, -nen> siberiano, -a *m, f*

Sibirien [zi'bi:riən] *nt* <-s> Siberia *f*
sibirisch *adj* siberiano
sibyllinisch [zɪby'li:nɪʃ] *adj* (*geh*) sibilino
sich [zɪç] *pron refl akk/dat von* **er, sie, es, Sie** *akk/dat von pl* **sie, Sie** se; (*betont*) a sí (se); (*mit Präposition*) sí; **sie wäscht ~** se lava; **sie wäscht ~ dat die Haare** se lava el pelo; **er denkt nur an ~** sólo piensa en sí mismo; **bitte, setzen Sie ~!** ¡siéntese/siéntense, por favor!; **hier sitzt es ~ gut** aquí se está cómodo; **das Auto fährt ~ prima** el coche se lleva estupendamente; **bei Nebel fährt es ~ schlecht** es difícil conducir con niebla; **sie hat kein Geld bei ~** no lleva dinero consigo [*o* encima]; **er lud ihn zu ~ nach Hause ein** lo invitó a su casa; **jeder für ~ cada** cual por su cuenta; **dies ist eine Sache für ~** es una cosa aparte
Sichel ['zɪçəl] *f* <-, -n> hoz *f;* **Hammer und ~** la hoz y el martillo
sichelförmig *adj* con forma de hoz, falciforme; **ein ~er Mond** una luna en cuarto creciente
Sichentziehen *nt* <-s, *ohne pl*> sustracción *f*
sicher ['zɪçɐ] I. *adj* (*ungefährdet, ungefährlich*) seguro; (*gewiss*) seguro, cierto; (*erfahren*) experto; (*zuverlässig*) fidedigno; **~ ist ~** por si acaso [*o* las moscas]; **man ist nirgendwo vor ihm ~** no se está a salvo de él en ninguna parte; **aus ~er Quelle** de fuente fidedigna; **aus ~er Entfernung** a una distancia prudente; **ein ~er Arbeitsplatz** un puesto de trabajo seguro; **sich ~ fühlen** sentirse seguro; **das bedeutet den ~en Tod** esto supone la muerte segura; **ist das ~?** ¿está seguro?; **bist du dir ~?** ¿estás seguro?; **er ist sich seiner Sache sehr ~** está muy seguro de sí mismo; **ich bin mir des Erfolges ~** estoy absolutamente seguro de que resultará; **auf Nummer S~ gehen** (*fam*) ir a lo seguro
II. *adv* ❶ (*wahrscheinlich*) seguramente; **er kommt ~ bald** seguramente vendrá pronto
❷ (*gewiss*) con seguridad; **ja, ~** (*doch*)! (*fam*) ¡pues claro!; **langsam aber ~** (*fam*) despacio pero seguro
❸ (*ungefährdet, ungefährlich*): **sie fährt sehr ~** conduce de una forma muy segura; **etw ~ aufbewahren** mantener algo en sitio seguro
sicher|gehen *irr vi sein* ir sobre seguro, estar seguro; **er will ganz ~, dass ...** quiere estar seguro de que... (+*subj*); **um sicherzugehen, dass ...** para estar seguro de que... (+*subj*)
Sicherheit¹ *f* <-, *ohne pl*> ❶ (*allgemein*) seguridad *f;* **jdn/etw in ~ bringen** salvar a alguien/algo; **öffentliche/innere ~** seguridad ciudadana/interna; **sich in ~ befinden** estar a salvo; **sich/jdn in ~ wiegen** creer uno/hacer creer a alguien (equivocadamente) que ha pasado el peligro
❷ (*im Auftreten*) aplomo *m*
❸ (*Gewissheit*) certeza *f*, seguridad *f;* **~ des Arbeitsplatzes** seguridad en el puesto de trabajo; **ich kann es (nicht) mit ~ sagen** (no) lo puedo confirmar con certeza; **mit an ~ grenzender Wahrscheinlichkeit** con una probabilidad que raya en la certeza
Sicherheit² *f* <-, -en> (WIRTSCH) garantía *f;* **~ leisten** prestar [*o* rendir] caución, otorgar garantía
Sicherheitsabstand *m* <-(e)s, -stände> distancia *f* de seguridad; **Sicherheitsausschuss**^RR *m* <-es, -schüsse> comisión *f* de seguridad; **Sicherheitsbeamte(r)** *mf* <-n, -n; -n, -n>, **Sicherheitsrat** *m* <-(e)s, -nen> guardia *mf* de seguridad; **Sicherheitsbedenken** *ntpl* reservas *fpl* de seguridad; **Sicherheitsberater(in)** *m(f)* <-s, -; -, -nen> consejero, -a *m, f* de seguridad; **Sicherheitsbindung** *f* <-, -en> (SPORT) fijación *f* de seguridad; **Sicherheitsglas** *nt* <-es, -gläser> vidrio *m* de seguridad; **Sicherheitsgurt** *m* <-(e)s, -e> cinturón *m* de seguridad; **den ~ anlegen** abrocharse el cinturón de seguridad
sicherheitshalber [-halbɐ] *adv* para estar seguro, para mayor seguridad
Sicherheitskette *f* <-, -n> cadena *f* de seguridad; **Sicherheitsklausel** *f* <-, -n> cláusula *f* de seguridad; **Sicherheitskode** *m* <-s, -s> (INFOR) código *m* de seguridad; **Sicherheitskontrolle** *f* <-, -n> control *m* de seguridad; **Sicherheitskopie** *f* <-, -n> (INFOR) copia *f* de seguridad; **Sicherheitsleistung** *f* <-, *ohne pl*> (constitución *f* de) garantía *f*, depósito *m* de garantía, fianza *f;* **Aufhebung des Arrests gegen ~** levantamiento del arresto contra la prestación de seguridad; **Einstellung der Vollstreckung gegen ~** suspensión de la ejecución contra la prestación de seguridad; **gegen ~ vorläufig vollstreckbar** provisionalmente ejecutorio contra la prestación de seguridad; **Sicherheitsnadel** *f* <-, -n> imperdible *m*, alfiler *m* de gancho *Arg;* **Sicherheitspolitik** *f* <-, *ohne pl*> política *f* de seguridad; **Sicherheitsprüfung** *f* <-, -en> (INFOR) control *m* de seguridad; **Sicherheitsrat** *m* <-(e)s, *ohne pl*> Consejo *m* de Seguridad; **Sicherheitsrücklage** *f* <-, -n> (WIRTSCH) reserva *f*, fondo *m* de garantía; **Sicherheitsschloss**^RR *nt* <-es, -schlösser> cerradura *f* de seguridad, cierre *m* de seguridad; **Sicherheitsstandard** *m* <-s, -s> estándar *m* de seguridad, norma *f* de seguridad; **Sicherheitsüberprüfungsgesetz** *nt* <-es, -e> derecho *m* de comprobación de seguridad; **Sicherheitsventil** *nt* <-s, -e> válvula *f* de seguridad; **Sicherheitsverschluss**^RR *m* <-es, -schlüsse> cierre *m* de seguridad; **Sicherheitsverwahrung** *f* <-, *ohne pl*> (JUR) custodia *f* de seguridad; **Sicherheitsvorkehrung** *f* <-, -en> medida *f* de seguridad; **~en treffen** tomar precauciones; **Sicherheitsvorschrift** *f* <-, -en> norma *f* de seguridad; **Sicherheitszone** *f* <-, -n> zona *f* de seguridad
sicherlich *adv* seguramente
sichern ['zɪçɐn] I. *vt* ❶ (*schützen*) proteger (*gegen/vor* contra), salvaguardar (*gegen/vor* contra); (*Rechte*) asegurar, garantizar; **ihre Zukunft ist gesichert** tiene su futuro asegurado; **sich dat etw ~** reservarse algo; **Spuren ~** levantar [*o* embalar] la evidencia física
❷ (*Tür*) cerrar firmemente; (*Gewehr*) asegurar
❸ (*befestigen*) consolidar
❹ (INFOR: *speichern*) almacenar; **vor Zugriff ~** proteger [*o* preservar] del acceso
II. *vr:* **sich ~** (*beim Bergsteigen*) asegurarse
sicher|stellen *vt* ❶ (*beschlagnahmen*) intervenir, confiscar
❷ (*gewährleisten*) asegurar, garantizar; **wir müssen ~, dass ...** tenemos que asegurar que... +*subj*
Sicherstellung *f* <-, -en> aseguramiento *m;* **~ durch Beschlagnahme** aseguramiento por confiscación; **~ durch dinglichen Arrest** aseguramiento por arresto de cosa; **~ von Gegenständen** aseguramiento de objetos
Sicherung¹ *f* <-, *ohne pl*> ❶ (*Schutz*) protección *f* (*gegen* contra), aseguramiento *m;* **die ~ der Zukunft** el aseguramiento del futuro
❷ (INFOR: *Speicherung*) almacenamiento *m*, retención *f* de datos, memorización *f*
Sicherung² *f* <-, -en> ❶ (ELEK) fusible *m*, plomo *m;* (*bei Waffen*) seguro *m;* **die ~ ist durchgebrannt** se fundieron los plomos; **bei ihm ist die ~ durchgebrannt** (*fam fig*) se ha puesto hecho una furia
❷ (*Befestigung*) consolidación *f*
Sicherungsabtretung *f* <-, -en> (WIRTSCH) cesión *f* fiduciaria; **Sicherungsanlage** *f* <-, -n> (WIRTSCH) inversión *f* de garantía; **Sicherungsanordnung** *f* <-, -en> (JUR) disposición *f* de garantía; **Sicherungsbeschlagnahme** *f* <-, -n> (JUR) embargo *m* preventivo; **Sicherungsbetrug** *m* <-(e)s, *ohne pl*> (JUR) engaño *m* de seguridad; **Sicherungseigentum** *nt* <-s, *ohne pl*> (JUR) propiedad *f* fiduciaria; **Sicherungserpressung** *f* <-, -en> (JUR) coacción *f* de seguridad; **Sicherungsgegenstand** *m* <-(e)s, -stände> (WIRTSCH) objeto *m* de garantía; **Sicherungsgrundschuld** *f* <-, -en> (JUR, FIN) deuda *f* básica de seguridad; **Sicherungsgut** *nt* <-(e)s, -güter> (JUR) objeto *m* de aseguramiento; **Sicherungshaft** *f* <-, *ohne pl*> (JUR) arresto *m* preventivo; **Sicherungshaftbefehl** *m* <-(e)s, -e> (JUR) orden *f* de arresto preventivo; **Sicherungshypothek** *f* <-, -en> (FIN, JUR) hipoteca *f* de garantía; **Sicherungskasten** *m* <-s, -kästen> caja *f* de fusibles; **Sicherungskauf** *m* <-(e)s, -käufe> (WIRTSCH) compra *f* de garantía; **Sicherungskopie** *f* <-, -n> (INFOR) copia *f* de seguridad; **Sicherungstechnik** *f* <-, *ohne pl*> técnica *f* de seguridad; **Sicherungstreuhand** *f* <-, *ohne pl*> (JUR, FIN) fideicomiso *m* de garantía; **Sicherungsübereignung** *f* <-, -en> (JUR) cesión *f* de una propiedad a título de garantía; **Sicherungsverfahren** *nt* <-s, -> (JUR) procedimiento *m* de internamiento; **Sicherungsvertrag** *m* <-(e)s, -träge> (JUR) contrato *m* de seguridad [*o* de garantía real]; **Sicherungsverwahrung** *f* <-, *ohne pl*> (JUR) internamiento *m* preventivo [*o* de seguridad], custodia *f* de seguridad; **Sicherungsvollstreckung** *f* <-, -en> (JUR) ejecución *f* del internamiento; **Sicherungszession** *f* <-, -en> (JUR) cesión *f* en garantía
Sicht [zɪçt] *f* <-, *ohne pl*> ❶ (*~verhältnisse*) visibilidad *f;* (*Ausblick*) vista *f;* **die ~ betrug nicht einmal 100 Meter** la visibilidad no era ni de 100 metros; **heute haben wir klare ~** hoy tenemos una buena visibilidad; **in ~ kommen** aparecer; **Land in ~!** ¡tierra a la vista!; **jdm die ~ versperren** tapar a alguien la vista; **auf lange ~** a largo plazo
❷ (~*weise*) (punto *m* de) vista *f;* **aus** [*o* **in**] **heutiger ~** desde el punto de vista actual; **aus meiner ~ hast du falsch gehandelt** desde mi punto de vista has obrado mal; **ich teile deine ~ der Dinge nicht** no comparto tu punto de vista
❸ (COM: *Vorlage*) vista *f;* **bei ~ fällig werden** vencimiento a la vista; **zahlbar bei ~** (*Wechsel*) pagadero a la vista
sichtbar *adj* ❶ (*zu sehen*) visible; (*wahrnehmbar*) perceptible
❷ (*offensichtlich*) evidente, manifiesto, obvio; **~ werden** manifestarse; **~e Fortschritte machen** hacer progresos notables [*o* notorios]
Sichteinlage *f* <-, -n> (FIN) depósito *m* a la vista
sichten ['zɪçtən] *vt* ❶ (*erblicken*) avistar, divisar
❷ (*durchsehen*) revisar; (*ordnen*) ordenar, clasificar
Sichtfenster *nt* <-s, -> ventana *f*
Sichtflug *m* <-(e)s, -flüge> (AERO) vuelo *m* visual; **Sichtgerät** *nt* <-(e)s, -e> monitor *m;* **Sichtgrenze** *f* <-, -n> límite *m* de visibilidad; **Sichthülle** *f* <-, -n> funda *f* transparente
sichtlich *adv* evidente, visible; **er hat sich ~ gefreut** se alegró visiblemente
Sichtmappe *f* <-, -n> clasificador *m* transparente; **Sichttratte** *f* <-,

-n> (FIN) letra f a la vista, giro m a la vista
Sichtung¹ f <-, ohne pl> (*das Erspähen*) distinción f
Sichtung² f <-, -en> (*das Durchsehen*) examen m; (*das Ordnen, Sortieren*) clasificación f
Sichtverbindlichkeiten fpl (FIN) obligaciones fpl a la vista; **Sichtverhältnisse** ntpl (condiciones fpl de) visibilidad f; **Sichtvermerk** m <-(e)s, -e> visado m Am; **Sichtwechsel** m <-s, -> (FIN) letra f a la vista; **Sichtweite** f <-, -n> visibilidad f; **außer/in ~ sein** estar fuera del/al alcance de la vista
Sickerfeld nt <-(e)s, -er> campo m filtrante; **Sickergrube** f <-, -n> sumidero m
sickern ['zɪkɐn] vi sein (*durch~*) colarse (*durch* por), filtrarse (*durch* por); (*hinein~*) infiltrarse (*in* en), ser absorbido (*in* por); **das Wasser sickerte in die Erde** el agua fue absorbida por la tierra; **von diesem Plan darf auf keinen Fall etwas nach draußen ~** nadie debe enterarse de algo relacionado con este plan
Sickerwasser nt <-s, ohne pl> agua f de infiltración
Sideboard ['saɪtbɔːt] nt <-s, -s> aparador m
sie [ziː] pron pers ❶ nom 3. sg f ella; **wo bleibt Julia? – da ist ~ ja!** ¿dónde se ha metido Julia? – ¡allí viene!; **wenn ich ~ wäre** si yo fuera ella; **du bist größer als ~** eres más alta que ella; **ist dein Hund ein Er oder eine S~?** ¿el tuyo es perro o perra?; **wo hast du die Zeitschrift? – ~ liegt auf dem Tisch** ¿dónde tienes la revista? – está en la mesa
❷ nom 3. Pl m o f ellos mpl, ellas fpl; **~ sind Lehrerinnen** (ellas) son maestras; **waren ~ auf der Party?** ¿estaban en la fiesta?
❸ akk von sg sie la; (*betont*) a ella (la); (*mit Präposition*) ella; **ich treffe ~ heute Abend** la veo esta noche; **das ist eine Karte von Gerd, willst du ~ lesen?** es una tarjeta de Gerd, ¿quieres leerla?; **mit ihm bin ich gut befreundet, aber ~ kenne ich noch nicht** él es buen amigo mío, pero a ella todavía no la conozco; **die Bücher sind für ~** los libros son para ella
❹ akk von Pl sie (*auf Menschen bezogen*) los mpl; (*nur auf Frauen bezogen*) las; (*auf Sachen bezogen*) los mpl, las fpl; (*betont: Menschen*) a ellos (los) mpl, a ellas (las) fpl; (*mit Präposition: Menschen*) ellos mpl, ellas fpl; **ich habe ~ lange nicht gesehen** hace mucho que no les [*o* los] veo; **wo sind deine Freundinnen? – ich habe ~ nicht eingeladen** ¿dónde están tus amigas? – no las he invitado; **hast du schon die letzten Neuigkeiten gehört? – nein, erzähl ~ mir!** ¿has oído ya las últimas novedades? – no, ¡cuéntamelas!; **die Kinder sind draußen, rufst du ~?** los niños están fuera, ¿los llamas?; **wir machen alles nur für ~** lo hacemos todo por ellos
Sie [ziː] pron pers (*Höflichkeitsform*) ❶ nom (*eine Person*) usted, Ud.; (*mehrere Personen*) ustedes, Uds.; **wenn ich ~ wäre** si yo fuera usted; **~ Geizkragen!** ¡(vaya) tacaño [*o* agarrado]!; **hallo, ~!** ¡eh, usted!; **jdn mit ~ anreden** tratar a alguien de usted
❷ akk von Sie (*einen Mann*) lo; (*eine Frau*) la; (*mehrere Personen*) los mpl; (*mehrere Frauen*) las; (*betont*) a usted [*o* Ud.] (lo) m, a usted [*o* Ud.] (la) f, a ustedes [*o* Uds.] (los) mpl, a ustedes [*o* Uds.] (las) fpl; (*mit Präposition: eine Person*) usted, Ud.; (*mehrere Personen*) ustedes, Uds.; **darf ich ~ mal stören?** ¿puedo molestarlo(s) un momento?; **ich meine ~!** ¡me refiero a usted(es)!
Sieb [ziːp] nt <-(e)s, -e> (*Sand~, Getreide~*) criba f; (*Mehl~*) cedazo m; (*feines ~*) tamiz m; (*für Flüssigkeiten*) colador m; (*für Gemüse, Nudeln*) escurridor m, escurreverduras m inv; **etw durch ein ~ gießen** colar algo; **er hat ein Gedächtnis wie ein ~** (*fam*) tiene muy mala memoria
Siebanlage f <-, -n> instalación f de cribado; **Siebdruck** m <-(e)s, ohne pl> (*Verfahren*) serigrafía f
sieben¹ ['ziːbən] I. vt ❶ (*Sand*) cribar; (*Mehl*) tamizar, cerner
❷ (*auswählen*) seleccionar
II. vi seleccionar; **an der Schule wird gnadenlos gesiebt** en la escuela se cargan a la gente sin misericordia alguna
sieben² ['ziːbən] adj inv siete; **die ~ Weltwunder** las siete maravillas del mundo; **ein Buch mit ~ Siegeln** un misterio; s. a. **acht**
Siebenbürgen [-'bʏrɡən] nt <-s> Transilvania f
Siebeneck nt <-(e)s, -e> heptágono m
siebeneckig adj heptagonal
siebenerlei ['ziːbənɐ'laɪ] adj inv de siete clases [*o* formas] diferentes, siete clases (diferentes) de; s. a. **achterlei**
siebenfach I. adj séptuplo, siete veces; **das S~e** el séptuplo
II. adv siete veces; s. a. **achtfach**
Siebengebirge ['ziːbənɡəbɪrɡə] nt <-s> "Siebengebirge" m, Siete Montañas fpl
siebengeschossig adj de siete pisos [*o* plantas]
Siebengestirn nt <-s, ohne pl> (ASTR) Pléyade(s) f(pl)
siebenhundert ['--'--] adj inv setecientos; s. a. **achthundert**
siebenhundertste(r, s) adj septingentésimo; s. a. **achthundertste(r, s)**
siebenjährig adj (*sieben Jahre alt*) de siete años (de edad), sieteñal; (*sieben Jahre dauernd*) de siete años (de duración); s. a. **achtjährig**
Siebenjährige(r) mf <-n, -n; -n, -n> niño, -a m, f de siete años; **unsere Tochter kam als ~ in die Schule** nuestra hija empezó en la escuela a los siete años
siebenköpfig adj de siete miembros
siebenmal adv siete veces; s. a. **achtmal**
siebenmalig ['ziːbənmaːlɪç] adj que se repite siete veces
Siebenmeilenstiefel mpl: **mit ~n** (*fam*) a pasos agigantados; **~ anhaben** (*fam*) ir a paso de carga
Siebenmeter [--'--] m <-s, -> (SPORT) penalti m
Siebenmeterbrett nt <-(e)s, -er> (SPORT) trampolín m de siete metros
Siebenmonatskind nt <-(e)s, -er> sietemesino, -a m, f
Siebensachen ['--'--] fpl (*fam*) trastos mpl, chismes mpl; **seine ~ zusammensuchen** ir recogiendo sus trastos; **Siebenschläfer** [-ʃlɛːfɐ] m <-s, -> lirón m
siebenseitig adj de siete páginas
siebenstellig adj de siete cifras
siebenstöckig adj de siete pisos [*o* plantas]
siebenstrophig adj de siete estrofas
siebenstündig adj de siete horas (de duración)
siebenstündlich adj cada siete horas
siebentägig [-tɛːɡɪç] adj de siete días (de duración)
siebentausend ['--'--] adj inv siete mil
Siebentausender m <-s, -> (GEO) pico m (de montaña) de (más de) 7.000 m de altura
siebente(r, s) ['ziːbəntə, -tə, -təs] adj s. **siebte(r, s)**
Siebenteiler m <-s, -> (TV) programa con [*o* de] siete partes [*o* capítulos]
siebenteilig adj (TV) que tiene siete partes [*o* capítulos]
Siebentel nt <-s, -> s. **Siebtel**
siebentens ['ziːbəntəns] adv s. **siebtens**
siebenzeilig adj de siete líneas
Siebenzimmerwohnung f <-, -en> vivienda f de siete habitaciones [*o* de seis habitaciones más salón]
siebt: zu ~ (*in Siebenergruppen*) de siete en siete; (*zusammen, als Gruppe von sieben*) entre (los) siete; s. a. **acht**²
siebte(r, s) ['ziːptə, -tə, -təs] adj séptimo; s. a. **achte(r, s)**
siebtel ['ziːptəl] adj inv séptimo; s. a. **achtel**
Siebtel ['ziːptəl] nt <-s, -> séptimo, -a m, f, séptima parte f; s. a. **Achtel**
siebtens ['ziːptəns] adv en séptimo lugar; (*bei einer Aufzählung*) séptimo; s. a. **achtens**
siebtletzte(r, s) adj en séptimo lugar empezando por detrás [*o* por la cola]; s. a. **achtletzte(r, s)**
siebzehn ['ziːptseːn] adj inv diecisiete; s. a. **acht**
siebzehnte(r, s) adj diecisieteavo; s. a. **achte(r, s)**
Siebzehntel nt <-s, -> diecisieteavo m, diecisieteava parte f; s. a. **Achtel**
siebzig ['ziːptsɪç] adj inv setenta; s. a. **achtzig**
siebziger adj inv ❶ (*1970 bis 1979*) de (la década de) los setenta
❷ (*von 1970*) del setenta; s. a. **achtziger**
Siebziger¹ m <-s, -> ❶ (*Wein*) vino m de la añada de 1970
❷ (*Wend*) **in den ~n sein** ser un setentón; s. a. **Achtziger**
Siebziger(in)² m(f) <-s, -; -, -nen> (*fam*) setentón, -ona m, f
Siebzigerjahre mpl: **die ~** los años setenta
siebzigjährig adj de sesenta años; s. a. **achtjährig**
Siebzigjährige(r) mf <-n, -n; -n, -n> septuagenario, -a m, f, setentón, -ona m, f
siebzigste(r, s) adj septuagésimo; s. a. **achzigste(r, s)**
Siebzigstel nt <-s, -> setentavo m, setentava parte f; s. a. **Achtel**
siech [ziːç] adj (*geh*) achacoso, enfermizo; (*mickrig*) raquítico, canijo
Siechtum nt <-s, ohne pl> larga enfermedad f; **der Tod erlöste sie von ihrem langen ~** la muerte la liberó de su larga enfermedad
siedeln ['ziːdəln] vi asentarse
sieden ['ziːdən] <siedet, sott *o* siedete, gesotten *o* gesiedet> vi hervir, estar en ebullición; **~d heiß** (*reg*) hirviendo, en ebullición; **plötzlich fiel mir ~d heiß ein, dass ...** (*fam*) de pronto me acordé de que ...
siedendheiß ['--'-] adj s. **sieden**
Siedepunkt m <-(e)s, -e> (PHYS) punto m de ebullición
Siedewasserreaktor m <-s, -en> reactor m de agua en ebullición
Siedler(in) ['ziːdlɐ] m(f) <-s, -; -, -nen> colono m, poblador(a) m(f)
Siedlung ['ziːdlʊŋ] f <-, -en> ❶ (*Wohn~*) urbanización f
❷ (HIST) población f, asentamiento m; (*Kolonie*) colonia f
Siedlungsraum m <-(e)s, -räume> espacio m de asentamiento
Sieg [ziːk] m <-(e)s, -e> victoria f (*über* sobre), triunfo m (*über* sobre); **um den ~ kämpfen** luchar por la victoria; **den ~ davontragen** [*o* **erringen**] conseguir la victoria; **das hat ihn den ~ gekostet, das hat ihn um den ~ gebracht** le ha costado la victoria; **der Gerechtigkeit/der Vernunft zum ~ verhelfen** contribuir al triunfo de la justicia/razón
Siegel ['ziːɡəl] nt <-s, -> sello m; **unter dem ~ der Verschwiegenheit** bajo la condición de guardar el secreto; **das ist für mich ein Buch mit sieben ~n** no me entra en la cabeza

Siegelbruch *m* <-(e)s, -brüche> (JUR) violación *f* de sellos; **Siegellack** *m* <-(e)s, -e> lacre *m*
siegeln ['ziːgəln] *vt* sellar
Siegelring *m* <-(e)s, -e> anillo *m* de sello
siegen ['ziːgən] *vi* ganar (*über* a), vencer (*über* a); **sie siegten mit 1:3 über die gegnerische Mannschaft** ganaron al equipo contrario por 1:3
Sieger(in) *m(f)* <-s, -; -, -nen> vencedor(a) *m(f)*, campeón, -ona *m, f*; **zweiter ~ sein** quedar segundo; **die dreimalige ~in** la tres veces [*o* triple] campeona; **als ~ aus etw hervorgehen** salir vencedor [*o* victorioso] de algo
Siegerehrung *f* <-, -en> ceremonia *f* de entrega de (los) premios
Siegerin *f* <-, -nen> *s.* **Sieger**
Siegerpodest *nt* <-(e)s, -e> podio *m* (de vencedores), podium *m* de vencedores; **Siegerpose** *f* <-, -n> pose *f* de vencedor; **Siegerstraße** *f* <-, -n> (SPORT): **auf der ~ sein** ir ganando; **Siegertreppchen** *nt* <-s, -> podio *m*, podium *m;* **Siegerurkunde** *f* <-, -n> certificado *m* de vencedor
siegesbewusst[RR] *adj* seguro del triunfo
Siegesfreude *f* <-, *ohne pl*> alegría *f* por la victoria [*o* por el triunfo]
siegesgewiss[RR] *adj* (*geh*) *s.* **siegessicher**
Siegesgöttin *f* <-, -nen> diosa *f* de la Victoria; **Siegeskranz** *m* <-es, -kränze> corona *f* de la victoria, laureola *f*, lauréola *f*
siegessicher *adj* seguro de triunfar; **~ lächeln** sonreír seguro del triunfo
Siegeszug *m* <-(e)s, -züge> cortejo *m* triunfal
siegreich *adj* victorioso; (SPORT) ganador; **aus etw ~ hervorgehen** salir vencedor [*o* victorioso] de algo
sieht [ziːt] *1. präs von* **sehen**
SI-Einheit *f* <-, -en> unidad *f* SI
Siel [ziːl] *m o nt* <-(e)s, -e> (*nordd*) ❶ (*Deichschleuse*) esclusa *f* de dique, arqueta *f*
❷ (*Abwasserkanal*) cloaca *f*
Sielrecht *nt* <-(e)s, *ohne pl*> derecho *m* de canalizaciones
siezen ['ziːtsən] *vt* tratar de usted; **sie ~ sich** se tratan de usted
Sigel ['ziːgəl] *nt* <-s, -> ❶ (*Kürzel*) abreviatura *f* taquigráfica, sigla *f*
❷ (*für Buchtitel*) signatura *f*
Sightseeing ['saɪtsiːɪŋ] *nt* <-(s), *ohne pl*> visita *f* turística, recorrido *m* turístico
Signal [zɪˈgnaːl] *nt* <-s, -e> señal *f;* **~e geben** hacer señales; **ein ~ setzen** poner una señal
Signalanlage *f* <-, -n> sistema *m* de señalización
Signalement *nt* <-s, -s> (*Schweiz*) descripción *f* física
Signalflagge *f* <-, -n> (NAUT) bandera *f* de señales
signalisieren* [zɪɡnaliˈziːrən] *vt* ❶ (*andeuten*) señalar
❷ (*Schweiz: ausschildern*) señalizar
Signalkanal *m* <-s, -näle> (TEL) canal *m* D [*o* de señalización] (*en RSDI*); **Signallampe** *f* <-, -n> ❶ (*Licht*) lámpara *f* de señalización
❷ (EISENB) indicador *m* luminoso; **Signalmast** *m* <-(e)s, -e(n)> ❶ (EISENB) poste *m* para señales ❷ (*Ampelmast*) poste *m* de semáforo; **Signalpistole** *f* <-, -n> pistola *f* de señales; **Signalwirkung** *f* <-, -en>: **~ haben** marcar la pauta; **von etw geht eine ~ aus** algo sirve de modelo [*o* de norma]
Signatar(in) [zɪɡnaˈtaːɐ̯] *m(f)* <-s, -e; -, -nen> signatario, -a *m, f*, firmante *mf*
Signatur [zɪɡnaˈtuːɐ̯] *f* <-, -en> ❶ (*eines Buchs, a.* TYPO) signatura *f*
❷ (*auf Landkarten*) signos *mpl* convencionales
Signet [zɪˈɡneːt, zɪnˈjeː] *nt* <-s, -s> ❶ (*Verlagszeichen*) pie *m* editorial
❷ (*Markenzeichen*) marca *f*
signieren* [zɪˈɡniːrən] *vt* firmar
Signierung *f* <-, -en> firma *f*
signifikant [zɪɡnifiˈkant] *adj* (*geh*) significativo
Sikh [ziːk] *m* <-s, -s> sij *m* [*o* sikh] *m*
Silage *f* <-, *ohne pl*> (AGR) ensilaje *m*
Silbe ['zɪlbə] *f* <-, -n> sílaba *f;* **etw mit keiner ~ erwähnen** no decir ni una palabra de algo
Silben(kreuzwort)rätsel *nt* <-s, -> crucigrama *m* silábico
Silbentrennung *f* <-, -en> separación *f* silábica; **Silbentrennungsprogramm** *nt* <-s, -e> (INFOR) programa *m* de división de palabras
Silber ['zɪlbɐ] *nt* <-s, *ohne pl*> ❶ (*Metall, a.* CHEM) plata *f;* **etw mit ~ überziehen** platear algo; **aus ~ de plata**
❷ (*Tafel~*) (cubiertos *mpl* de) plata *f*
Silberbesteck *nt* <-(e)s, -e> cubertería *f* de plata; **Silberblick** *m* <-(e)s, *ohne pl*> (*fam*) estrabismo *m*
silberfarben *adj*, **silberfarbig** *adj* plateado
Silberfischchen *nt* <-s, -> lepisma *f*, pececito *m* de plata; **Silberfuchs** *m* <-es, -füchse> zorro *m* gris; **Silbergehalt** *m* <-(e)s, -e> ley *f* de plata; **Silbergeschirr** *nt* <-s, *ohne pl*> vajilla *f* de plata
silbergrau *adj* gris plateado [*o* plata]; **Platin ist ein ~es Edelmetall** el platino es un metal precioso de color plateado

silberhaltig *adj* argentífero
silberhell *adj* argentina; **eine ~e Stimme** una voz argentina [*o* argentada]; **ihr Lachen tönte ~** tenía una risa argentina
Silberhochzeit *f* <-, -en> bodas *fpl* de plata; **Silbermedaille** *f* <-, -n> medalla *f* de plata; **Silbermünze** *f* <-, -n> moneda *f* de plata
silbern ['zɪlbɐn] *adj* ❶ (*aus Silber*) de plata; **~e Hochzeit feiern** celebrar las bodas de plata
❷ (*Farbton*) plateado
Silberpapier *nt* <-s, -e> papel *m* de plata; **Silberpappel** *f* <-, -n> álamo *m* blanco; **Silberschmied(in)** *m(f)* <-(e)s, -e; -, -nen> platero, -a *m, f;* **Silberstimme** *f* <-, -n> voz *f* argentada; **Silberstreifen** *m* <-s, -> raya *f* plateada; **es zeichnet sich ein ~ am Horizont ab** se vislumbra un rayo de esperanza
silberweiß *adj* gris plata, plateado
silbrig ['zɪlbrɪç] *adj* ❶ (*silbern*) plateado
❷ (*wohltönend*) armonioso, melodioso; (*Stimme*) argentino
Silhouette [ziluˈɛtə] *f* <-, -n> silueta *f;* **sich als ~ abzeichnen** [*o* abheben] apreciarse la silueta de (*gegen* frente)
Silierung *f* <-, *ohne pl*> (AGR) ensilado *m*
Silikat [ziliˈkaːt] *nt* <-(e)s, -e> (CHEM) silicato *m*
Silikon [ziliˈkoːn] *nt* <-s, -e> (CHEM) silicona *f*
Silikose [ziliˈkoːzə] *f* <-, -n> (MED) silicosis *f inv*
Silizium [ziˈliːtsiʊm] *nt* <-s, *ohne pl*> (CHEM) silicio *m*
Silo ['ziːlo] *nt o m* <-s, -s> silo *m*, cía *f* Arg
Silofutter *nt* <-s, *ohne pl*> (AGR) forraje *m* ensilado
Silvester [zɪlˈvɛstɐ] *m o nt* <-s, -> Nochevieja *f;* **~ feiern** (*ein Fest veranstalten*) hacer una fiesta de Nochevieja; **wir wollen ~ in Paris feiern** (*verbringen*) queremos pasar la Nochevieja en París
Silvesterabend *m* <-s, -e> (tarde-noche *f* de) Nochevieja *f;* **Silvesterfeier** *f* <-, -n> fiesta *f* de Noche Vieja; **Silvesternacht** *f* <-, -nächte> (noche *f* de) Nochevieja *f;* **Silvesterparty** *f* <-, -s> *s.* **Silvesterfeier**
simpel ['zɪmpəl] *adj* simple
Simpel ['zɪmpəl] *m* <-s, -> (*reg: fam*) tonto, -a *m, f,* simple *mf*
Simplex *nt* <-, *ohne pl*> (INFOR, TEL) simplex *m*, transmisión *f* unidireccional
simplifizieren* [zɪmplifiˈtsiːrən] *vt* (*geh*) simplificar
Sims [zɪms] *m o nt* <-es, -e> repisa *f*, moldura *f*
Simsalabim *interj* ¡abracadabra!
Simulant(in) [zimuˈlant] *m(f)* <-en, -en; -, -nen> simulador(a) *m(f)*
Simulation *f* <-, -en> simulación *f*
Simulator [zimuˈlaːtoːɐ̯] *m* <-s, -en> simulador *m*
simulieren* [zimuˈliːrən] *vi, vt* simular
simultan [zimʊlˈtaːn] *adj* simultáneo; **~ dolmetschen** traducir simultáneamente
Simultandolmetschen *nt* <-s, *ohne pl*> interpretación *f* simultánea; **Simultandolmetscher(in)** *m(f)* <-s, -; -, -nen> traductor(a) *m(f)* simultáneo, -a; **Simultanhaftung** *f* <-, -en> (JUR) responsabilidad *f* simultánea [*o* unitaria]
sin (MATH) *Abk. von* **Sinus** seno *m*
Sinaihalbinsel ['ziːnai-] *f* Península *f* del Sinaí
sind [zɪnt] *1. o 3. Pl präs von* **sein**
sine tempore ['ziːnə ˈtɛmpore] *adv* (UNIV) en punto, sin el cuarto de hora académico
Sinfonie [zɪnfoˈniː] *f* <-, -n> sinfonía *f*
Sinfoniekonzert *nt* <-(e)s, -e> concierto *m* sinfónico; **Sinfonieorchester** *nt* <-s, -> orquesta *f* sinfónica
sinfonisch [zɪnˈfoːnɪʃ] *adj* (MUS) sinfónico
Singapur ['zɪŋɡapuːɐ̯] *nt* <-s> Singapur *m*
singen ['zɪŋən] <singt, sang, gesungen> *vi, vt* cantar; **falsch ~** desentonar, desafinar; **er sang etwas zur Gitarre** cantó acompañándose con la guitarra; **vor sich hin ~** canturrear; **jdn in den Schlaf ~** arrullar a alguien; **er hat gleich am ersten Tag gesungen** (*fam*) cantó ya el primer día; **das kann ich schon ~!** (*fam: sicher sein*) ¡y tanto!; **das kannst du (aber) ~!** (*fam: wirst du sehen*) ¡espera y verás!
Singerei [zɪŋəˈraɪ] *f* <-, *ohne pl*> (*pej: fam*) canturreo *m;* **Schluss jetzt endlich mit der ~, ich will meine Ruhe haben!** ¡dejad ya de canturrear que quiero descansar!
Singhalese, -in [zɪŋɡaˈleːzə] *m, f* <-n, -n; -, -nen> singalés, -esa *m, f,* cingalés, -esa *m, f*
Single¹ ['sɪŋ(ɡ)əl] *f* <-, -(s)> (*Schallplatte*) (disco *m*) sencillo *m*
Single² ['sɪŋ(ɡ)əl] *m* <-(s), -s> (*Person*) soltero, -a *m, f* (y sin pareja)
Singsang ['zɪŋzaŋ] *m* <-s, *ohne pl*> canto *m* monótono
Singspiel *nt* <-(e)s, -e> (MUS) opereta *f*, zarzuela *f;* **Singstimme** *f* <-, -n> ❶ (*die Stimme*) voz *f* de alguien que canta ❷ (MUS) parte *f* de un canto
Singular ['zɪŋɡulaːɐ̯] *m* <-s, -e> (LING) singular *m*
Singularsukzession *f* <-, -en> (JUR) sucesión *f* a título singular
Singvogel *m* <-s, -vögel> pájaro *m* cantor [*o* canoro]

sinister [zi'nɪstɐ] *adj* (*geh*) siniestro
sinken ['zɪŋkən] <sinkt, sank, gesunken> *vi sein* ❶ (*nieder~*) descender; (*Schiff*) hundirse; **auf die Knie ~** arrodillarse; **er sank auf einen Stuhl** se dejó caer en una silla; **er sank nach vorn** se cayó hacia delante ❷ (*sich senken, abnehmen*) bajar; (*Vertrauen, Einfluss, Hoffnung*) disminuir; **er sank in meiner Achtung** disminuyó en mi estima; **die Temperaturen/Preise ~** las temperaturas/los precios bajan; **sie ließ alle Hoffnung ~** perdió toda esperanza
Sinkstoffe *mpl* sedimentos *mpl*
Sinn¹ [zɪn] *m* <-(e)s, -e> (*Wahrnehmungs~*) sentido *m;* **die fünf ~e** los cinco sentidos; **sein sechster ~** su sexto sentido; **seine fünf ~e auf etw verwenden** poner sus cinco sentidos en algo; **von ~en sein, seine fünf ~e nicht beisammen haben** no estar en su sano juicio
Sinn² *m* <-(e)s, *ohne pl*> ❶ (*Verständnis*) sentido *m* (*für* de), sensibilidad *f* (*für* para); **~ für Humor haben** tener sentido del humor
❷ (*Zweck*) objetivo *m*, sentido *m;* **das ist nicht der ~ der Sache** no se trata de eso, eso no es lo que se pretende; **der ~ des Lebens** el sentido de la vida; **das hat keinen ~** eso no tiene sentido; **worin liegt hier der tiefere ~?** ¿dónde reside el sentido profundo de esto?; **ohne ~ und Verstand** sin pies ni cabeza
❸ (*Bedeutung*) significado *m*, sentido *m;* **im wörtlichen/übertragenen ~** en el sentido literal/figurado; **der Satz ergibt keinen ~** la frase no tiene sentido; **im wahrsten ~e des Wortes** en el más amplio sentido de la palabra; **im engeren/weiteren ~e des Wortes** en sentido específico/general; **in gewissem ~** en cierto sentido; **in diesem ~e** en este sentido
❹ (*geh: das Denken*): **etw kommt ihm in den ~** algo se le viene a la cabeza; **wir sind eines ~es** somos de la misma opinión; **etw im ~ haben** tener la intención de hacer algo; **in jds ~ handeln** obrar como alguien lo hubiera hecho; **das ist nicht in seinem ~** no es de su gusto; **mir steht der ~ nicht nach Fernsehen** no tengo ganas de ver la televisión; **schlag dir das aus dem ~!** ¡quítatelo de la cabeza!
Sinnbild *nt* <-(e)s, -er> símbolo *m* (*für* de)
sinnbildlich *adj* simbólico
sinnen ['zɪnən] <sinnt, sann, gesonnen> *vi* (*geh*) ❶ (*nachdenken*) pensar (*über* en), recapacitar (*über* sobre)
❷ (*trachten*) aspirar (*auf* a)
Sinnenlust *f* <-, *ohne pl*> sensualidad *f*, voluptuosidad *f*
sinnentleert *adj* (*geh*) sin sentido, carente de sentido
sinnentstellend *adj* que desfigura el sentido
Sinnesänderung *f* <-, -en> cambio *m* de opinión; **Sinneseindruck** *m* <-(e)s, -drücke> impresión *f*, sensación *f;* **Sinnesorgan** *nt* <-s, -e> órgano *m* sensorial [*o* sensitivo]; **Sinnesstörung** *f* <-, -en> trastorno *m* sensorial; **Sinnestäuschung** *f* <-, -en> alucinación *f;* **Sinneswahrnehmung** *f* <-, -en> percepción *f* sensorial; **Sinneswandel** *m* <-s, *ohne pl*> cambio *m* de opinión
sinnfällig *adj* evidente, manifiesto
sinngemäß *adj* conforme al sentido
sinngetreu *adj* fiel (al sentido)
sinnieren* [zɪ'niːrən] *vi* (*geh*) cavilar (*über* sobre), meditar (*über* sobre)
sinnig *adj* sensato, bien pensado; **sehr ~!** (*iron*) ¡qué oportuno [*o* bonito]!
sinnlich *adj* ❶ (*auf Sinnesorgane bezogen*) sensorial
❷ (*Mensch, Genuss*) sensual
Sinnlichkeit *f* <-, *ohne pl*> sensualidad *f*
sinnlos *adj* (*unsinnig*) sin sentido, insensato; (*zwecklos*) inútil; (*widersinnig*) absurdo; **das ist völlig ~** esto no tiene ningún sentido; **sich ~ betrinken** emborracharse hasta perder el sentido, ahogar sus penas en alcohol
Sinnlosigkeit *f* <-, *ohne pl*> falta *f* de sentido, absurdidad *f*
sinnreich *adj* ingenioso
sinnverwandt *adj* (LING) sinónimo
sinnvoll *adj* ❶ (*vernünftig*) sensato
❷ (*nützlich*) útil, práctico
❸ (*Satz*) con sentido
sinnwidrig *adj* (*geh*) absurdo
Sinologe, -in [zino'loːgə] *m, f* <-n, -n; -, -nen> sinólogo, -a *m, f*
Sinologie [zinolo'giː] *f* <-, *ohne pl*> sinología *f*
Sinologin *f* <-, -nen> *s.* **Sinologe**
Sintflut ['zɪntfluːt] *f* <-, *ohne pl*> diluvio *m;* **nach mir die ~** y luego que caiga quien caiga; **eine ~ von Briefen** una avalancha de cartas
sintflutartig *adj* como un diluvio, en avalancha, (todo) de golpe
Sinti ['zɪnti] *pl* gitanos *mpl*, gitanas *fpl*
Sinus ['ziːnʊs] *m* <-, -(se)> (MATH) seno *m*
Siphon [zi'foː, 'ziːfõ] *m* <-s, -s> sifón *m*
Sippe ['zɪpə] *f* <-, -n> clan *m;* (*Verwandtschaft*) parentela *f*
Sippenhaft *f* <-, *ohne pl*> pena *f* de arresto para un miembro de un clan que ha cometido un delito
Sippschaft *f* <-, -en> (*abw*) chusma *f*, gentuza *f*

Sirene [zi'reːnə] *f* <-, -n> sirena *f*
Sirenengeheul *nt* <-s, *ohne pl*> ulular *m* de las sirenas
sirren ['zɪrən] *vi* zumbar
Sirup ['ziːrʊp] *m* <-s, -e> jarabe *m*
Sisal ['ziːzal] *m* <-s, *ohne pl*> sisal *m*, fibra *f* de pita
Sisalagave *f* <-, -n> agave *f* americana, pita *f*
sistieren* [zɪs'tiːrən] *vt* ❶ (*geh: unterbrechen*) interrumpir, sobreseer
❷ (JUR: *festnehmen*) detener, arrestar
Sisyphusarbeit ['ziːzyfʊs-] *f* <-, -en> trabajo *m* de nunca acabar [*o* de Sísifo]; **das ist die reinste ~!** ¡esto es un auténtico trabajo de nunca acabar!
Sitte ['zɪtə] *f* <-, -n> ❶ (*Brauch*) costumbre *f;* **es ist ~, dass ...** es costumbre que... (+*subj*); **das ist hier nicht ~** eso no es costumbre entre nosotros; **andere Länder, andere ~n** (*prov*) donde fueres, haz lo que vieres
❷ *pl* (*Sittlichkeit*) moral *f;* **ein Verstoß gegen die guten ~n** un agravio a las buenas costumbres
❸ *pl* (*Manieren*) modales *mpl*
Sittenapostel *m* <-s, -> (*abw*) apóstol *m* de las buenas costumbres; **sich** (**bei jdm**) **als ~ aufspielen** hacer de apóstol de las buenas costumbres (delante de alguien); **Sittendezernat** *nt* <-(e)s, -e> departamento *m* de buenas costumbres; **Sittengeschichte** *f* <-, -n> historia *f* de las costumbres; **Sittenlehre** *f* <-, -n> moral *f*, ética *f*
sittenlos *adj* inmoral
Sittenlosigkeit *f* <-, *ohne pl*> inmoralidad *f*
Sittenpolizei *f* <-, *ohne pl*> (*fam*) brigada *f* contra el vicio y las malas costumbres
sittenstreng *adj* (*alt*) austero, de [*o* que sigue] estrictas costumbres morales
Sittenstrolch *m* <-(e)s, -e> delincuente *m* sexual; **Sittenverfall** *m* <-(e)s, *ohne pl*> corrupción *f* moral, depravación *f* de las costumbres; **Sittenverstoß** *m* <-es, -stöße> contravención *f* de las buenas costumbres
sittenwidrig *adj* (JUR) inmoral, contrario a la moral [*o* las buenas costumbres]
Sittenwidrigkeit *f* <-, *ohne pl*> inmoralidad *f*, atentado *m* contra las buenas costumbres
Sittich ['zɪtɪç] *m* <-s, -e> (ZOOL) papagayo *m*, loro *m*
sittlich *adj* moral, ético; **~e Pflicht** deber moral; **~er Notstand** emergencia moral; **~es Verschulden** culpabilidad moral
Sittlichkeit *f* <-, *ohne pl*> moral *f*
Sittlichkeitsdelikt *nt* <-(e)s, -e> delito *m* contra la honestidad [*o* la moralidad]; **Sittlichkeitsverbrechen** *nt* <-s, -> acto *m* inmoral, delito *m* sexual
sittsam *adj* ❶ (*gesittet*) de buenos modales, bien educado; **sich ~ verhalten** portarse con educación
❷ (*tugendhaft*) virtuoso; (*zurückhaltend*) recatado, pudoroso; **sie ist ein ~es Mädchen** es una muchacha honesta; **~ erröten** ruborizarse
Situation [zitua'tsjoːn] *f* <-, -en> situación *f;* **eine ausweglose ~** un callejón sin salida; **der ~ gewachsen sein** dominar la situación, estar a la altura de las circunstancias; **die heutige ~** la situación actual; **eine psychosoziale ~** una situación (p)sicosocial
Situationsgebundenheit *f* <-, *ohne pl*> (JUR): **~ des Eigentums** vinculación a la situación de la propiedad
situieren* *vt* situar, colocar
situiert *adj:* **gut ~ sein** tener una situación (económica) acomodada [*o* desahogada]; **schlecht ~ sein** tener una situación económica poco boyante
Sitz [zɪts] *m* <-es, -e> ❶ (*~gelegenheit*) asiento *m;* (*im Kino*) butaca *f*
❷ (POL) escaño *m;* **sie mussten fünf ~e an ... abgeben** tuvieron que ceder cinco escaños a...; **~ und Stimme haben** tener voz y voto
❸ (*einer Firma*) sede *f;* **~ des Käufers** domicilio (social) del comprador; **eine Gesellschaft mit ~ in Madrid** una sociedad con sede en Madrid
Sitzbad *nt* <-(e)s, -bäder> baño *m* de asiento; **Sitzbadewanne** *f* <-, -n> bañera *f* de asiento; **Sitzbank** *f* <-, -bänke> banco *m* (para sentarse); **Sitzblockade** *f* <-, -n> sentada *f;* **Sitzecke** *f* <-, -n> tresillo *m*
sitzen ['zɪtsən] <sitzt, saß, gesessen> *vi haben o Österr, Schweiz, südd: sein* ❶ (*Person*) estar sentado (*auf* en, *an* en/al lado de); (*Vogel*) estar posado (*auf* en); **sitz gerade!** ¡siéntate derecho!; **bitte bleiben Sie ~!** ¡no se levante!, ¡quédese sentado!; **~ Sie bequem?** ¿está cómodo?; **am Tisch ~** estar sentado a la mesa; **wer hat am Steuer gesessen?** ¿quién iba al volante?, ¿quién manejó? *Am;* **du sitzt wohl auf den Ohren?** (*fam*) ¡pareces sordo!; **vor dem Fernseher ~** mirar la tele; (jdm) **Modell ~** posar (para alguien); **sie saßen beim Essen** estaban comiendo; **im S~ arbeiten** trabajar sentado; **Schmerzen vom ständigen S~ bekommen** acabar teniendo dolores de estar continuamente sentado; **er hat lange an dieser Arbeit gesessen** ha estado ocupado mucho tiempo con este trabajo; **~ bleiben** (*fam: in der Schule*) repetir

curso; **auf einer Ware ~ bleiben** (*fam*) no poder vender una mercancía; **jdn ~ lassen** (*fam: Familie*) dejar plantado a alguien; (*bei einer Verabredung*) dar un plantón a alguien; **auf seinem Geld ~** (*fam*) ser tacaño

❷ (*sich befinden*) estar, hallarse; (*Firma*) tener su sede (*in* en); **der Haken sitzt zu weit rechts** el gancho está muy a la derecha; **der Splitter saß unter der Haut** la astilla se hallaba debajo de la piel; **der Schmerz sitzt im Oberschenkel** el dolor está localizado en el muslo; **er sitzt irgendwo in der Verwaltung** trabaja en algún sector de la administración; **im Parlament ~** ser diputado; **in einem Ausschuss ~** ser miembro de una comisión

❸ (*Kleidung*) quedar (bien); **der Anzug sitzt/sitzt schlecht** el traje queda [*o* sienta] bien/mal; **der Hut sitzt schief** el sombrero está ladeado
❹ (*fam: Schuss*) dar en el punto adecuado; (*Bemerkung*) hacer efecto; **das saß** (*Wirkung erzielen*) fue muy oportuno; **die Grammatik sitzt jetzt endlich** por fin tengo la gramática bien asentada
❺ (*fam: im Gefängnis*) estar en chirona, pasar un tiempo a la sombra; **er hat (zwei Jahre) gesessen** ha estado (dos años) en chirona
❻ (*Wend*): **einen ~ haben** (*fam*) tener una trompa; **etw auf sich ~ lassen** tragarse algo

sitzen|bleiben *irr vi sein s.* **sitzen 1.**
sitzend I. *adj* sentado; (*Lebensweise*) sedentario; **eine ~e Tätigkeit ausüben** realizar una actividad sedentaria
II. *adv* sentado; **jdn ~ begrüßen** saludar a alguien estando [*o* permaneciendo] sentado
sitzen|lassen *irr vt s.* **sitzen 1.**
Sitzfleisch *nt* <-(e)s, *ohne pl*> (*fam*) paciencia *f*; **kein ~ haben** no aguantarse sentado, no tener paciencia; **Sitzgelegenheit** *f* <-, -en> asiento *m*; **Sitzkissen** *nt* <-s, -> cojín *m*; **Sitzordnung** *f* <-, -en> distribución *f* de los asientos; **die ~ festlegen** distribuir los asientos; **Sitzplatz** *m* <-es, -plätze> asiento *m*; **jdm seinen ~ anbieten** ofrecer a alguien su asiento; **Sitzreihe** *f* <-, -n> fila *f* de asientos; **Sitzstreik** *m* <-(e)s, -s *o* -e> huelga *f* (sentada)
Sitzung *f* <-, -en> sesión *f*; (*Versammlung*) reunión *f*; **eine ~ vertagen** aplazar una reunión; **die ~ ist geschlossen** se levanta la sesión
Sitzungsbericht *m* <-(e)s, -e> acta *f* de la reunión; **Sitzungsgeld** *nt* <-es, *ohne pl*> dieta *f* de asistencia; **Sitzungspolizei** *f* <-, *ohne pl*> policía *f* de estrados; **Sitzungsprotokoll** *nt* <-s, -e> acta *f* de sesión; **Sitzungssaal** *m* <-(e)s, -säle> sala *f* de sesiones
Sitzverlegung *f* <-, -en> (JUR) traslado *m* del domicilio social; **~ von Gesellschaften** traslado del domicilio social de sociedades
Sitzverteilung *f* <-, -en> (POL) distribución *f* de los escaños
Sixpack ['sɪkspak] *m* <-s, -s> lote *m* de seis, "pack" *m* de seis
Sizilianer(in) *m(f)* <-s, -; -, -nen> siciliano, -a *m, f*
sizilianisch *adj* siciliano
Sizilien [zi'tsi:liən] *nt* <-s> Sicilia *f*
Skala ['ska:la] *f* <-, -s *o* Skalen> escala *f*
Skaleneinteilung ['ska:lən-] *f* <-, -en> división *f* de la escala; **Skalenertrag** *m* <-(e)s, -träge> (WIRTSCH) rendimiento *m* a escala; **Skalenstrich** *m* <-(e)s, -e> línea *f* de la escala
skalierbar *adj* (INFOR, TYPO) escalable
Skalierbarkeit *f* <-, *ohne pl*> (INFOR, TEL) escalabilidad *f*
Skalp [skalp] *m* <-s, -e> cabellera *f* (arrancada con la piel)
Skalpell [skal'pɛl] *nt* <-s, -e> escalpelo *m*
skalpieren* [skal'pi:rən] *vt* arrancar el cuero cabelludo (a)
Skandal [skan'da:l] *m* <-s, -e> escándalo *m*
skandalös [skanda'lø:s] *adj* escandaloso
skandalträchtig *adj* escandaloso
skandieren* [skan'di:rən] *vt* (*geh*) escandir
Skandinavien [skandi'na:viən] *nt* <-s> Escandinavia *f*
Skandinavier(in) [skandi'na:viɐ] *m(f)* <-s, -; -, -nen> escandinavo, -a *m, f*
skandinavisch *adj* escandinavo
Skarabäus [skara'bɛ:ʊs, *pl:* skara'bɛ:ən] *m* <-, Skarabäen> ❶ (ZOOL) escarabajo *m*
❷ (KUNST) escarabeo *m*
Skat [ska:t] *m* <-(e)s, -e *o* -s> skat *m*
Skateboard ['skɛɪtbɔːt] *nt* <-s, -s> monopatín *m*; **~ fahren** patinar
Skatspiel *nt* <-(e)s, -e> baraja *f* de cartas para jugar al "skat"; **Skatspieler(in)** *m(f)* <-s, -; -, -nen> jugador(a) *m(f)* de "skat"
Skelett [ske'lɛt] *nt* <-(e)s, -e> esqueleto *m*, cacastle *m* MAm, Mex
Skepsis ['skɛpsɪs] *f* <-, *ohne pl*> escepticismo *m*; **voller ~** lleno de escepticismo
Skeptiker(in) ['skɛptikɐ] *m(f)* <-s, -; -, -nen> escéptico, -a *m, f*
skeptisch ['skɛptɪʃ] *adj* escéptico; **~ dreinblicken** poner cara de escepticismo
Skeptizismus [skɛpti'tsɪsmʊs] *m* <-, *ohne pl*> escepticismo *m*
Sketch *m* <-(es), -(e)s *o* -s>, **Sketsch**[RR] [skɛtʃ] *m* <-, -e> sketch *m*, escena *f* cómica

Ski [ʃiː] *m* <-s, -(er)> esquí *m*; **~ laufen** [*o* **fahren**] esquiar
Skianzug *m* <-(e)s, -züge> traje *m* de esquiador; **Skiausrüstung** *f* <-, -en> equipo *m* de esquiar
Skier ['ʃiːɐ] *pl von* **Ski**
Skifahrer(in) *m(f)* <-s, -; -, -nen> esquiador(a) *m(f)*; **Skigymnastik** *f* <-, *ohne pl*> gimnasia *f* para esquiadores; **Skihaserl** *nt* <-s, -(n)> (*südd, Österr: iron*) joven *f* esquiadora; **Skihose** *f* <-, -n> pantalón *m* de esquiar; **Skikurs** *m* <-es, -e> cursillo *m* de esquí; **Skilanglauf** *m* <-(e)s, *ohne pl*> (SPORT) esquí *m* de fondo; **~ betreiben** practicar el esquí de fondo; **Skilauf** *m* <-(e)s, *ohne pl*>: **nordischer/alpiner ~** esquí nórdico/alpino; **Skilaufen** *nt* <-s, *ohne pl*> (deporte *m* del) esquí *m*; **Skiläufer(in)** *m(f)* <-s, -; -, -nen> esquiador(a) *m(f)*; **Skilehrer(in)** *m(f)* <-s, -; -, -nen> profesor(a) *m(f)* de esquí; **Skilift** *m* <-(e)s, -e *o* -s> telesquí *m*
Skinhead ['skɪnhɛt] *m* <-s, -s> cabeza *m* rapada
Skipass[RR] *m* <-es, -pässe> "forfait" *m*; **Skipiste** *f* <-, -n> pista *f* de esquí; **Skischule** *f* <-, -n> escuela *f* de esquí; **Skisport** *m* <-(e)s, *ohne pl*> esquí *m*; **Skispringen** *nt* <-s, *ohne pl*> saltos *mpl* de esquí; **Skispringer(in)** *m(f)* <-s, -; -, -nen> saltador(a) *m(f)* de esquí; **Skistiefel** *m* <-s, -> bota *f* de esquiar; **Skistock** *m* <-(e)s, -stöcke> bastón *m* de esquí; **Skiträger** *m* <-s, -> portaesquís *m inv*; **Skiurlaub** *m* <-(e)s, -e> vacaciones *fpl* en la nieve [*o* de esquí]; **Skizirkus** *m* <-, -se> (*sl*) sistema *m* de remontes
Skizze ['skɪtsə] *f* <-, -n> ❶ (*Zeichnung*) croquis *m inv*, boceto *m*
❷ (*Entwurf*) esbozo *m*
Skizzenblock *m* <-(e)s, -blöcke> bloc *m* de dibujo
skizzenhaft *adj* a manera de esbozo
skizzieren* [skɪ'tsiːrən] *vt* bosquejar, esbozar; **ein Projekt/Gebäude ~** esbozar un proyecto/un edificio
Skizzierung *f* <-, -en> ❶ (*Umreißung*) boceto *m*, líneas *fpl* generales
❷ (*Darstellung*) croquis *m inv*, esquema *m*
Sklave, -in ['skla:və] *m, f* <-n, -n; -, -nen> esclavo, -a *m, f*; **jdn zum ~n machen** esclavizar a alguien; **er ist ~ seiner Sucht** es un esclavo de su adicción; **mach dich nicht zum ~n deiner Arbeit** trabaja para vivir, no vivas para trabajar
Sklavenarbeit *f* <-, -en> ❶ (*fam: Schufterei*) trabajo *m* de negros
❷ (HIST) trabajo *m* de esclavos; **Sklavenhalter(in)** *m(f)* <-s, -; -, -nen> (*a. fig*) negrero, -a *m, f*; **Sklavenhandel** *m* <-s, *ohne pl*> tráfico *m* de esclavos, trata *f* de esclavos; **Sklavenhändler(in)** *m(f)* <-s, -; -, -nen> (HIST) traficante *mf* de esclavos; **Sklaventreiber(in)** *m(f)* <-s, -; -, -nen> negrero, -a *m, f*
Sklaverei *f* <-, *ohne pl*> ❶ (HIST) esclavitud *f*
❷ (*abw: Arbeit*) trabajo *m* de negros
Sklavin *f* <-, -nen> *s.* **Sklave**
sklavisch *adj* (*abw*) ❶ (*unterwürfig*) servil
❷ (*Nachahmung*) meticuloso; **eine Anweisung ~ befolgen** seguir una instrucción al pie de la letra
Sklerose [skle'ro:zə] *f* <-, -n> (MED) esclerosis *f inv*; **multiple ~** esclerosis múltiple
Skonto ['skɔnto] *m o nt* <-s, -s *o* Skonti> (WIRTSCH) descuento *m*; **wir gewähren 2 Prozent ~** concedemos un descuento del dos por ciento
Skorbut [skɔr'buːt] *m* <-(e)s, *ohne pl*> (MED) escorbuto *m*, berbén *m* Mex
Skore [skɔː] *nt* <-s, -s> (*Schweiz*) marcador *m*
skoren ['skoːrən] *vt, vi* (*Schweiz:* SPORT): **ein Tor/einen Punk) ~** marcar [*o* apuntarse] un gol/un punto
Skorpion [skɔr'pjoːn] *m* <-s, -e> ❶ (ZOOL) escorpión *m*
❷ (ASTR) Escorpio *m*
Skript [skrɪpt] *nt* <-(e)s, -en *o* -s> ❶ (*Manuskript*) manuscrito *m*
❷ (*einer Vorlesung*) apuntes *mpl*
❸ (FILM) guión *m*
Skrotum ['skro:tʊm, *pl:* 'skro:ta] *nt* <-s, Skrota> (MED) escroto *m*
Skrupel ['skruːpəl] *m* <-s, -> escrúpulo *m*; **keine ~ haben** no tener escrúpulos
skrupellos *adj* sin escrúpulos
Skrupellosigkeit *f* <-, *ohne pl*> falta *f* de escrúpulos
Skulptur [skʊlp'tuːɐ] *f* <-, -en> escultura *f*
Skunk [skʊŋk] *m* <-s, -s *o* -e> (ZOOL) mofeta *f*
skurril [skʊ'riːl] *adj* (*geh*) grotesco, extravagante
S-Kurve ['ɛskʊrvə] *f* <-, -n> curva *f* doble
Skyline ['skaɪlaɪn] *f* <-, -s> horizonte *m*
s.l. *Abk. von* **sine loco** sin indicación del lugar de publicación
Slalom ['sla:lɔm] *m* <-s, -s> eslálom *m*, slalom *m*
Slang [slɛŋ] *m* <-s, *ohne pl*> ❶ (*saloppe Sprache*) lenguaje *m* coloquial, habla *f* de la calle
❷ (*Jargon*) jerga *f*, argot *m*
Slapstick ['slɛpstɪk] *m* <-s, -s> gag *m*; (*abw*) payasada *f*, bufonada *f*
Slawe, -in ['sla:və] *m, f* <-n, -n; -, -nen> eslavo, -a *m, f*
slawisch *adj* eslavo

Slawist(in) [slaˈvɪst] *m(f)* <-en, -en; -, -nen> eslavista *mf*
Slawistik [slaˈvɪstɪk] *f* <-, ohne *pl*> eslavística *f*, filología *f* eslava
Slawistin *f* <-, -nen> *s.* **Slawist**
Slip [slɪp] *m* <-s, -s> slip *m*, braga *f*
Slipeinlage *f* <-, -n> protegeslip *m*
Slipper [ˈslɪpɐ] *m* <-s, -> mocasín *m*
Slogan [ˈsloːɡən] *m* <-s, -s> eslogan *m*
Slowake, -in [sloˈvaːkə] *m*, *f* <-n, -n; -, -nen> eslovaco, -a *m*, *f*
Slowakei [slovaˈkaɪ] *f* Eslovaquia *f*
Slowakin *f* <-, -nen> *s.* **Slowake**
slowakisch *adj* eslovaco; **S~e Republik** República Eslovaca
Slowene, -in [sloˈveːnə] *m*, *f* <-n, -n; -, -nen> esloveno, -a *m*, *f*
Slowenien [sloˈveːniən] *nt* <-s> Eslovenia *f*
Slowenin *f* <-, -nen> *s.* **Slowene**
slowenisch *adj* esloveno
Slum [slam] *m* <-s, -s> barrio *m* de chabolas, barriada *f* de chabolas
sm (NAUT) *Abk. von* **Seemeile** milla *f* náutica
Sm (CHEM) *Abk. von* **Samarium** Sm
Smalltalk^RR [ˈsmɔːltɔːk] *m o nt* <-s, -s>, **Small Talk**^RR *m* <- -s, - -s> charloteo *m*, conversación *f*
Smaragd [smaˈrakt] *m* <-(e)s, -e> esmeralda *f*
smaragden [smaˈrakdən] *adj (geh)* de color esmeralda
smaragdgrün [-ˈ-ˈ-] *adj* verde esmeralda
smart [smaːet, smart] *adj* elegante
Smog [smɔk] *m* <-(s), -s> smog *m*
Smogalarm *m* <-(e)s, -e> alarma *f* de smog
Smoking [ˈsmoːkɪŋ] *m* <-s, -s> esmoquin *m*
SMV *f* <-> (SCH) *Abk. von* **Schülermitverwaltung** representación *f* (y cogestión) de los alumnos
Sn (CHEM) *Abk. von* **Stannum** (**Zinn**) Sn
Snob [snɔp] *m* <-s, -s> *(abw)* (e)snob *mf*
Snobismus [snoˈbɪsmʊs] *m* <-, ohne *pl*> *(abw)* esnobismo *m*
snobistisch [snoˈbɪstɪʃ] *adj (abw)* (e)snob
Snowboard [ˈsnoʊbɔːɐt] *nt* <-s, -s> snowboard *m*
so [zoː] **I.** *adv* ❶ *(auf diese Weise)* así, de esta manera; **~ macht man das** así se hace; **stell dich nicht ~ an!** ¡no te pongas así!; **sie ist nun einmal ~** es así, qué se le va a hacer; **~ ist das Leben** así es la vida; **~ ist es eben** [*o* **nun mal**] así son las cosas; **~ gesehen, hast du Recht** visto de esta manera tienes razón; **gut ~!** ¡bien hecho!; **ach, ~ ist das!** ¡ah, es así!; **~ oder ~** *(unterschiedlich)* de una manera o de otra; *(auf jeden Fall)* de todas maneras; **mir ist ~, als ob ...** tengo la impresión de que...; **nur ~, tun, als ob ...** hacer como que...; **ich nehm's gleich ~ mit** me lo llevo así tal cual; **und ~ weiter** etcétera
❷ *(Zustand, Maß, Eigenschaft: bei Adjektiv + Adverb)* tan; *(bei Verb)* tanto; **das ist nicht ~ schwer** no es tan difícil; **sie tut mir ~ Leid** me da tanta pena; **~ sehr/viel** tanto; **~ früh wie möglich** tan pronto como sea posible; **er ist ~ groß wie Fernando** es tan alto como Fernando; **lass es ~, wie es ist** déjalo (tal) como está; **ich mache das ~ wie du** lo hago igual que tú; **der Fisch war ~ groß** el pez era así de grande; **wie ~ oft** como tantas veces; **er lief ~ schnell, dass er hinfiel** andaba tan rápido que se cayó
❸ *(fam: solch)* semejante, tal; **bei ~ einem Wetter** con semejante tiempo; **~ ein Zufall!** ¡qué coincidencia!; **~ eine blöde Gans!** ¡menuda imbécil! [*o* idiota]!; **~ (et)was Blödes!** ¡vaya tontería!; **~ (et)was una cosa** así; **na ~ was!** ¡mira qué cosa!; **... und ~ ... y tal**
❹ *(fam: ungefähr)* más o menos, aproximadamente; **er heißt Traugott oder ~** se llama Traugott o algo parecido; **ich komme ~ gegen acht** vengo a las ocho más o menos; **es war nur ~ eine Idee** sólo era una idea; **er sagt das nur ~** no lo dice así, sin más
II. *konj* ❶ **~ dass ...** de modo que..., de manera que...; **er hat sich Mühe gegeben, ~ dass er jetzt glänzend dasteht** se esforzó mucho, de modo que ahora está en una posición inmejorable
❷ **~ ..., dass ...** tan(to)... que...; **die Kiste ist ~ schwer, dass man sie nicht bewegen kann** la caja es tan pesada que no se puede mover; **ich musste ~ lange warten, dass es dunkel wurde** tuve que esperar tanto que se hizo de noche
III. *(Partikel)* bueno; **~, das war's für heute** bueno, eso es todo por hoy; **~, ~** vaya, vaya; **ach ~!** ¡(ah) ya!; **wie geht's denn ~?** ¿cómo te va?
s.o. *Abk. von* **siehe oben** véase arriba
SO *Abk. von* **Südosten** SE
sobald [zoˈbalt] *konj* tan pronto como +*subj*, en cuanto +*subj*; **komm, ~ du Zeit hast!** ¡ven tan pronto como tengas tiempo!
Socke [ˈzɔkə] *f* <-, -n> calcetín *m*, media *f Am*; **sich auf die ~n machen** *(fam)* marcharse, empuntárselas *Kol*; **von den ~n sein** *(fam)* quedarse de piedra
Sockel [ˈzɔkəl] *m* <-s, -> zócalo *m*; **das reißt mich nicht vom ~** *(fam)* esto no me maravilla
Sockelbetrag *m* <-es, -träge> (FIN, WIRTSCH) cantidad *f* fija como parte de un aumento de sueldo; **Sockeltarif** *m* <-s, -e> (FIN, WIRTSCH) tarifa *f* de aumento salarial
Socken [ˈzɔkən] *m* <-s, -> *(Schweiz, Österr, südd)* calcetín *m*
Soda¹ [ˈzoːda] *f* <-, ohne *pl*>, *nt* <-s, ohne *pl*> *(Natriumkarbonat)* carbonato *m* de sodio
Soda² *nt* <-, ohne *pl*> *(~wasser)* soda *f*
sodann [zoˈdan] *adv* después, luego
sodass^RR [zoˈdas] *konj*, **sodaß** *konj* de modo que, de manera que; **er hat sich Mühe gegeben, ~ er jetzt glänzend dasteht** se esforzó mucho, de modo que ahora está en una posición inmejorable
Sodawasser *nt* <-s, -wässer> soda *f*
Sodbrennen [ˈzoːt-] *nt* <-s, ohne *pl*> acidez *f* de estómago, vinagrera *f Am*
Sode [ˈzoːdə] *f* <-, -n> pan *m* de césped
Sodomie [zodoˈmiː] *f* <-, ohne *pl*> sodomía *f*
soeben [zoˈʔeːbən] *adv* en este momento, ahora mismo; **~ etw getan haben** acabar de hacer algo
Sofa [ˈzoːfa] *nt* <-s, -s> sofá *m*
Sofakissen *nt* <-s, -> cojín *m* (de sofá)
sofern [zoˈfɛrn] *konj* si, siempre y cuando +*subj*; **~ nicht** a no ser que +*subj*, en tanto que no +*subj*
soff [zɔf] *3. imp von* **saufen**
Sofia [ˈzɔfia, ˈzoːfia] *nt* <-s> Sofía *f*
sofort [zoˈfɔrt] *adv* ❶ *(unverzüglich)* enseguida, ahora mismo, al tiro *Am*; **komm ~ her!** ¡ven aquí enseguida!; **ich komme ~** voy enseguida ❷ *(unmittelbar)* en el acto; **der Fahrer war ~ tot** el conductor murió en el acto
Sofortabschreibung *f* <-, -en> (WIRTSCH) amortización *f* inmediata; **Sofortbildkamera** *f* <-, -s> cámara *f* de fotos al instante, Polaroid® *f*; **Soforthilfe** *f* <-, -n> ayuda *f* inmediata
sofortige(r, s) *adj* inmediato; **mit ~r Wirkung** con efecto inmediato
Sofortmaßnahme *f* <-, -n> medida *f* inmediata [*o* de urgencia]; **Sofortwirkung** *f* <-, -en> efecto *m* inmediato; **Sofortzahlung** *f* <-, -en> pago *m* inmediato
Softdrink^RR *m* <-s, -s> (GASTR) bebida *f* no alcohólica, refresco *m* sin alcohol
Softeis^RR *nt* <-es, ohne *pl*> (GASTR) helado *m* cremoso
Softie [ˈsɔfti] *m* <-s, -s> *(fam)* hombre *m* de carácter dulce
Softporno [ˈsɔft-] *m* <-s, -s> blandiporno *m*
Software [ˈsɔftwɛːɐ] *f* <-, -s> software *m*, soporte *m* lógico
Softwarehaus *nt* <-es, -häuser> empresa *f* de software; **Softwarepaket** *nt* <-(e)s, -e> paquete *m* de software
sog [zoːk] *3. imp von* **saugen**
sog. *Abk. von* **so genannt** así llamado
Sog [zoːk] *m* <-(e)s, -e> remolino *m*
sogar [zoˈɡaːɐ] *adv* incluso; **~ Chinesisch spricht sie** incluso habla chino; **~ wenn** aun cuando, incluso si
sogenannt [ˈzoːɡənant] *adj s.* **nennen I.4.**
sogleich [zoˈɡlaɪç] *adv s.* **sofort**
Sohle [ˈzoːlə] *f* <-, -n> ❶ *(Fuß~)* planta *f*; *(Schuh~)* suela *f*; *(Einlege~)* plantilla *f*; **auf leisen ~n** a la chita callando; **sich an jds ~n heften** *(fam)* pisarle los talones a alguien; **eine kesse ~ aufs Parkett legen** *(fam)* dejarse los pies en la pista de baile ❷ *(Tal~)* fondo *m*
Sohn [zoːn, *pl*: ˈzøːnə] *m* <-(e)s, Söhne> hijo *m*; **der verlorene ~** (REL) el hijo pródigo; **ja, mein ~!** *(fam iron)* ¡sí, guapo!
Sohnemann *m* <-(e)s, ohne *pl*> *(fam)* hijo *m* (pequeño)
Soja [ˈzoːja] *f* <-, Sojen> soja *f*
Sojabohne *f* <-, -n> soja *f*; **Sojabohnenkeime** *mpl* brotes *mpl* de soja
Sojamehl *nt* <-(e)s, -e> harina *f* de soja; **Sojaöl** *nt* <-(e)s, -e> aceite *m* de soja; **Sojasoße** *f* <-, -n> salsa *f* de soja; **Sojaspross**^RR *m* <-es, -en> brote *m* de soja
Sojen *pl von* **Soja**
solang(e) [zoˈlaŋ(ə)] **I.** *adv* entretanto; **ich lese ~ Zeitung** mientras tanto leo el periódico
II. *konj* mientras (que) +*subj*; **~ bis ...** hasta que...; **ich kann nichts tun, ~ er nicht kommt** no puedo hacer nada hasta que él (no) llegue [*o* mientras (que) él no llegue]; **~ du noch hier bist** mientras estés aquí, en lo que estés aquí; **~ du willst** todo el tiempo que quieras
solar [zoˈlaːɐ] *adj* (ASTR, METEO, PHYS) solar
Solarenergie *f* <-, ohne *pl*> (PHYS) energía *f* solar
Solarium [zoˈlaːriʊm] *nt* <-s, Solarien> solario *m*, solárium *m*
Solarkollektor *m* <-s, -en> colector *m* solar; **Solarkraftwerk** *nt* <-(e)s, -e> central *f* solar
Solarplexus *m* <-, -> (ANAT) plexo *m* solar
Solarrechner *m* <-s, -> calculadora *f* solar; **Solartechnik** *f* <-, ohne *pl*> tecnología *f* solar; **Solarzeitalter** *nt* <-s, ohne *pl*> era *f* solar; **Solarzelle** *f* <-, -n> (PHYS, ELEK) célula *f* solar

Solawechsel *m* <-s, -> (FIN) letra *f* girada a la propia orden
Solbad *nt* <-(e)s, -bäder> ① (*Kurort*) balneario *m* de aguas salinas
② (*Bad*) baño *m* en aguas salinas
solch [zɔlç] *adj inv* (*geh*) tal; ~ **ein Mensch/Problem** una persona/un problema tal [*o* semejante]; *s. a.* **solche(r, s)**
solche(r, s) *adj* ① (*so beschaffen*) tal, semejante; **ein ~r Mensch** semejante persona, tal persona
② (*Intensität: adjektivisch*) tanto; (*adverbiell*) tan; **ich habe ~n Durst** tengo tanta sed; **das macht ~n Spaß!** ¡es tan divertido!
③ (*allein stehend*) tal; **die Natur als ~** la naturaleza como tal; **Experten und ~, die es werden wollen** expertos y los que aspiran a serlo; **es gibt ~ und ~** (*fam*) hay de todo
solcherlei [ˈzɔlçɐˈlaɪ] *adj inv* (*geh*) de este tipo, tales
Sold [zɔlt] *m* <-(e)s, -e> soldada *f*, paga *f*; **in jds ~ stehen** (*abw*) trabajar para alguien, estar al servicio de alguien
Soldat(in) [zɔlˈdaːt] *m(f)* <-en, -en; -, -nen> soldado *mf*
Soldatenfriedhof *m* <-(e)s, -höfe> cementerio *m* militar [*o* de guerra]
Soldateska [zɔldaˈtɛska] *f* <-, Soldatesken> (*abw*) soldadesca *f*
Soldatin *f* <-, -nen> *s.* **Soldat**
soldatisch *adj* de soldado
Soldbuch *nt* <-(e)s, -bücher> (HIST) *cartilla militar de los soldados alemanes en la "wehrmacht"*
Soldierung *f* <-, -en> (FIN) paga *f*, salario *m*
Söldner(in) [ˈzœldnɐ] *m(f)* <-s, -; -, -nen> mercenario, -a *m, f*
Sole [ˈzoːlə] *f* <-, -n> agua *f* salina
Solei [ˈzoːlʔaɪ] *nt* <-(e)s, -er> huevo *m* en salmuera [*o* escabeche]
Solequelle *f* <-, -n> fuente *f* de aguas salinas
Soli *pl von* **Solo**
solid [zoˈliːt] *adj s.* **solide**
Solidarbeitrag [zoliˈdaːɐ̯-] *m* <-(e)s, -träge> cuota *f* de solidaridad; **Solidarbürgschaft** *f* <-, -en> fianza *f* solidaria, garantía *f* solidaria; **Solidargemeinschaft** *f* <-, -en> sociedad *f* solidaria
solidarisch [zoliˈdaːrɪʃ] *adj* solidario; **sich mit jdm ~ zeigen** mostrarse solidario con alguien
solidarisieren* [zolidariˈziːrən] *vr: sich ~* solidarizarse
Solidarität [zolidariˈtɛːt] *f* <-, *ohne pl*> solidaridad *f*; **aus ~** en solidaridad
Solidaritätsbeitrag *m* <-(e)s, -träge> cuota *f* de solidaridad; **Solidaritätszuschlag** *m* <-(e)s, -schläge> (FIN, POL) tasa *f* complementaria de solidaridad (*impuesto en la R.F.A. para apoyar económicamente a la (antigua) R.D.A.*)
Solidarzuschlag *m* <-(e)s, -schläge> recargo *m* solidario
solide [zoˈliːdə] *adj* ① (*Bauweise, Kenntnisse*) sólido
② (*Leben*) ordenado; (*Person*) serio
Solidität [zolidiˈtɛːt] *f* <-, *ohne pl*> solidez *f*
Solist(in) [zoˈlɪst] *m(f)* <-en, -en; -, -nen> solista *mf*
Solitär¹ [zoliˈtɛːɐ̯] *m* <-s, -e> ① (*Edelstein*) solitario *m*
② (*Baum*) árbol *m* aislado (*que se encuentra fuera de un bosque*)
Solitär² [zoliˈtɛːɐ̯] *nt* <-s, *ohne pl*> (*Spiel*) solitario *m*
Soll [zɔl] *nt* <-(s), -(s)> ① (FIN) debe *m*; **~ und Haben** debe y haber
② (*Plan~*) norma *f* de producción; **sein ~ erfüllen** alcanzar la norma de producción
Sollaufkommen^{RR} *nt* <-(e)s, -> (FIN, WIRTSCH) rendimiento *m* esperado; **Sollbeschaffenheit**^{RR} *f* <-, *ohne pl*> (FIN, WIRTSCH) calidad *f* prevista; **Sollbesteuerung**^{RR} *f* <-, -en> (FIN, WIRTSCH) estimación *f* objetiva; **Sollbuchung**^{RR} *f* <-, -en> (FIN, WIRTSCH) asiento *m* de débito; **Solleinnahmen**^{RR} *fpl* (FIN, WIRTSCH) ingresos *mpl* previstos
sollen¹ [ˈzɔlən] <soll, sollte, sollen> *Modalverb* ① (*müssen*) deber; **was soll ich tun?** ¿qué debo hacer?; **ich soll Ihnen sagen, dass …** debo decirle que…; **ich sollte mit dir schimpfen** te debería reñir; **sie hätten es ihm geben ~** deberían habérselo dado; **das hättest du nicht tun ~** no deberías haber hecho eso
② (*Befehl*): **du sollst leise sein!** ¡que te calles!; **du sollst nicht töten** (REL) no matarás
③ (*Notwendigkeit*) deber, haber que; **der Mantel soll große Taschen haben** el abrigo debería tener bolsillos grandes; **man sollte mehr sparen** habría que ahorrar más
④ (*Wunsch*) querer que +*subj*; **soll ich auf dich warten?** ¿quieres que te espere?; **sie ~ wissen …** (quiero que sepan…); **was soll ich (dir) dazu sagen?** ¿qué quieres que te diga?; **das soll sie haben** esto es para ella; **hoch soll er leben!** ¡que viva muchos años!; **das sollst du mir büßen** me lo pagarás
⑤ (*Vermutung*) dicen que, parece que; **er soll ein guter Lehrer sein** dicen que es un buen profesor; **es soll morgen schneien** parece que mañana va a nevar; **das soll ich sein?** ¿éste se supone que soy yo?; **so etwas soll es geben** hay de todo en este mundo
⑥ (*Ungewissheit, Frage*): **sollte es möglich sein, dass …?** ¿será posible que…?; **was soll das heißen?** ¿qué quiere decir eso?; **soll das alles sein?** ¿eso es todo?; **wer soll das sein?** ¿(y) ése quién es?; **was hätte** ich denn anders machen ~? ¿qué tendría que haber hecho si no?
⑦ (*Erwartung*): **du solltest dich was schämen!** ¡debería darte vergüenza!; **man sollte glauben, dass …** uno pensaría que…
⑧ (*konditional*): **solltest du ihn sehen, sag ihm …** si lo ves, dile que…
⑨ (*können*): **es hat nicht sein ~** no ha podido ser, no estaba de Dios; **mir soll es gleich sein** me da lo mismo
⑩ (*Voraussage*): **er sollte sie nie wieder sehen** no volvería a verla nunca más; **es sollte nicht lange dauern, bis …** no pasó mucho tiempo hasta que…
sollen² *vi:* **was soll's?** ¿qué más da?; **was soll der Mist?** ¿qué significa esta tontería?
Söller [ˈzœlɐ] *m* <-s, -> (*Schweiz: Fußboden*) suelo *m*
Sollertrag^{RR} *m* <-(e)s, -träge> (FIN, WIRTSCH) beneficio *m* teórico; **Sollertragssteuer**^{RR} *f* <-, -n> (FIN, WIRTSCH) estimación *f* objetiva del impuesto sobre los beneficios
Sollfertigungszeit^{RR} *f* <-, -en> (WIRTSCH) tiempo *m* de fabricación previsto; **Sollkaufmann**^{RR} *m* <-(e)s, -leute> (WIRTSCH) empresario *m* objetivo, empresario *m* obligado a inscribirse como comerciante en el registro; **Sollkosten**^{RR} *pl* (WIRTSCH) costes *mpl* previstos; **Sollsaldo** *m* <-s, -s *o* -salden *o* -saldi> (FIN, WIRTSCH) saldo *m* deudor; **Sollseite** *f* <-, -n> (FIN, WIRTSCH) debe *m*; **Sollstärke**^{RR} *f* <-, -n> (MIL) efectivos *mpl* previstos; **Sollvorschrift**^{RR} *f* <-, -en> (JUR) prescripción *f* no imperativa; **Sollzahlen**^{RR} *fpl* (WIRTSCH) cifras *fpl* estimadas; **Sollzeit**^{RR} *f* <-, -en> (WIRTSCH) tiempo *m* previsto; **Sollzinsen**^{RR} *mpl* (FIN) intereses *mpl* deudores [*o* en contra], cargos *mpl* en concepto de interés
solo [ˈzoːlo] *adj inv* ① (MUS) en solitario
② (*fam: ohne Begleitung*): **~ sein/kommen** estar/venir solo [*o* sin compañía]
Solo [ˈzoːlo] *nt* <-s, -s *o* Soli> solo *m*
Solothurn [ˈzoːlotʊrn] *nt* <-s> Solothurn *m*
Solquelle *f* <-, -n> *s.* **Solequelle**
solvendi causa (JUR) solvendi causa
solvent [zɔlˈvɛnt] *adj* (FIN, WIRTSCH) solvente
Solvenz [zɔlˈvɛnts] *f* <-, -en> (FIN, WIRTSCH) solvencia *f*
Somalia [zoˈmaːlia] *nt* <-s> Somalia *f*
Somalier(in) [zoˈmaːliɐ] *m(f)* <-s, -; -, -nen> somalí *mf*
somalisch *adj* somalí
somit [ˈzoːmɪt, zoˈmɪt] *adv* por consiguiente, por lo tanto
Sommer [ˈzɔmɐ] *m* <-s, -> verano *m*, estío *m*; **den ~ über** durante el verano; **im ~** en verano; **~ wie Winter** (durante) todo el año
Sommeranfang *m* <-(e)s, -fänge> comienzo *m* del verano; **Sommerfahrplan** *m* <-(e)s, -pläne> horario *m* de verano; **Sommerferien** *pl* vacaciones *fpl* de verano; **Sommerfrische** *f* <-, *ohne pl*> veraneo *m*; **zur ~ sein** estar de veraneo; **in die ~ fahren** ir de veraneo; **Sommerhalbjahr** *nt* <-(e)s, -e> semestre *m* de verano; **Sommerkleidung** *f* <-, *ohne pl*> ropa *f* de verano
sommerlich *adj* veraniego, de verano, estival; **sie ist zu ~ gekleidet** va demasiado veraniega
Sommerloch *nt* <-(e)s, *ohne pl*> (*fam*) época *f* veraniega (de pocas actividades); **Sommermantel** *m* <-s, -mäntel> abrigo *m* de verano; **Sommermonat** *m* <-(e)s, -e> mes *m* de verano [*o* veraniego]; **Sommerolympiade** *f* <-, -n> Juegos *mpl* Olímpicos de Verano; **Sommerpause** *f* <-, -n> descanso *m* veraniego; (*des Parlaments*) período *m* de clausura; **Sommerreifen** *m* <-s, -> neumático *m* de verano
sommers *adv* en (el) verano; **~ wie winters** (durante) todo el año
Sommersaison *f* <-, -s *o Österr:* -en> sesión *f* veraniega, temporada *f* alta (de verano); **Sommerschlussverkauf**^{RR} *m* <-(e)s, -käufe> rebajas *fpl* de verano; **Sommersemester** *nt* <-s, -> semestre *m* de verano
Sommersmog *m* <-(s), -s> smog *m* de verano; **bei ~ gilt Fahrverbot** en caso de smog de verano está prohibida la circulación; **Sommersmogverordnung** *f* <-, -en> decreto *m* para reducir en verano el índice de smog
Sommersonnenwende *f* <-, -n> solsticio *m* de verano; **Sommerspiele** *ntpl* (SPORT): **die (Olympischen) ~** los Juegos (Olímpicos) de Verano; **Sommersprosse** *f* <-, -n> peca *f*
sommersprossig *adj* pecoso
Sommerurlaub *m* <-(e)s, -e> vacaciones *fpl* de verano
Sommerzeit¹ *f* <-, *ohne pl*> (*Jahreszeit*) (temporada *f* de) verano *m*, período *m* estival
Sommerzeit² *f* <-, -en> (*Uhrzeit*) horario *m* de verano; **die Uhren auf ~ umstellen** cambiar los relojes al horario de verano
Sonar *nt* <-s, -e> (TECH) sonar *m*, radar *m* ultrasónico
Sonate [zoˈnaːtə] *f* <-, -n> (MUS) sonata *f*
Sonde [ˈzɔndə] *f* <-, -n> (MED, AERO, TECH) sonda *f*
Sonderabnehmervertrag *m* <-(e)s, -träge> (JUR) contrato *m* de usuario especial
Sonderabschreibung *f* <-, -en> (FIN, WIRTSCH) amortización *f* extraor-

dinaria; **Sonderanfertigung** ['zɔndɐ-] f <-, -en> modelo m (de fabricación) especial; **Sonderangebot** nt <-(e)s, -e> oferta f especial; **die Äpfel sind im ~** las manzanas están en oferta; **Sonderausführung** f <-, -en> modelo m especial; **Sonderausgabe** f <-, -n> edición f especial; **Sonderausschüttung** f <-, -en> (FIN) reparto m extraordinario
sonderbar adj raro, extraño
sonderbarerweise ['-----'--] adv curiosamente
Sonderbeauftragte(r) mf <-n, -n; -n, -n> (a. POL) delegado, -a m, f especial; **Sonderbeilage** f <-, -n> suplemento m especial; **Sonderberechnung** f <-, -en> suplemento m de precio; **gegen ~** con suplemento de precio
Sonderbetriebsausgaben fpl costes mpl de explotación extraordinarios; **Sonderbetriebseinnahmen** fpl ingresos mpl de explotación extraordinarios; **Sonderbetriebsvermögen** nt <-s, -> activo m de explotación extraordinario; **Sonderbilanz** f <-, -en> (WIRTSCH) balance m extraordinario; **Sonderdelikt** nt <-(e)s, -e> (JUR) delito m especial; **Sonderdeponie** f <-, -n> (ÖKOL) vertedero m de residuos tóxicos; **Sondereigentum** nt <-s, ohne pl> (JUR) propiedad f privada [o particular]; **Sondereinlage** f <-, -n> (FIN) depósito m extraordinario; **Sondereinsatz** m <-es, -sätze> operación f especial; **Sonderentgelt** nt <-(e)s, -e> (WIRTSCH) compensación f extraordinaria; **Sonderermäßigung** f <-, -en> descuento m especial; **Sonderfahrt** f <-, -en> viaje m extraordinario; **Sonderfall** m <-(e)s, -fälle> caso m particular; (Ausnahme) excepción f; **Sondergenehmigung** f <-, -en> autorización f especial, permiso m especial; **Sondergerichtsbarkeit** f <-, ohne pl> jurisdicción f especial
sondergleichen ['--'--] adv sin igual; **eine Begabung ~** un talento sin igual
Sonderkartell nt <-s, -e> cartel m especial; **Sonderkommando** nt <-s, -s> comando m especial; **Sonderkonto** nt <-s, -konten o -s> cuenta f especial [o separada]; **Sonderleistung** f <-, -en> ❶ (Arbeitsleistung) rendimiento m excepcional ❷ (finanziell) prestación f especial
sonderlich adj ❶ (sonderbar) raro, extraño
❷ (groß) especial; **ohne ~es Interesse** sin interés especial; **sie war nicht ~ angetan** no parecía que la idea la volviese loca
Sonderling ['zɔndɐlɪŋ] m <-s, -e> tipo m raro
Sondermarke f <-, -n> sello m de colección; **Sondermüll** m <-(e)s, ohne pl> residuos mpl tóxicos
sondern¹ ['zɔndɐn] konj sino; **nicht er, ~ sie fuhr zur Tagung** al congreso no fue él sino ella; **nicht nur ..., ~ auch ...** no sólo... sino también...
sondern² ['zɔndɐn] vt (geh) separar (von de), apartar (von de)
Sondernachlassᴿᴿ m <-es, -lässe o -e> rebaja f especial; **Sondernummer** f <-, -n> número m especial [o extraordinario]; **Sondernutzungserlaubnis** f <-, -se> (JUR) permiso m de utilización especial; **Sondernutzungsrecht** nt <-(e)s, -e> (JUR) derecho m especial de aprovechamiento; **Sonderpreis** m <-es, -e> precio m de oferta [o especial]
Sonderrecht nt <-(e)s, -e> privilegio m, derecho m exclusivo [o especial]; **~ im Straßenverkehr** derecho especial en el tráfico vial; **Sonderrechtstheorie** f <-, ohne pl> teoría f del derecho especial; **Sonderrechtsverhältnis** nt <-ses, -se> relación f del derecho especial
Sonderregelung f <-, -en> reglamentación f especial
sonders ['zɔndɐs] adv: **samt und ~** todos sin excepción
Sonderschule f <-, -n> escuela f de educación especial; **Sonderschullehrer(in)** m(f) <-s, -; -, -nen> profesor(a) m(f) de educación especial; **Sonderstellung** f <-, -en> posición f privilegiada; **eine ~ einnehmen** tener una posición privilegiada; **Sonderstempel** m <-s, -> matasellos m inv especial; **Sondersubvention** f <-, -en> (FIN, WIRTSCH) subvención f extraordinaria; **Sondertarif** m <-s, -e> (FIN, WIRTSCH) tarifa f especial; **Sonderurlaub** m <-(e)s, -e> (MIL) permiso m especial; **Sondervergütung** f <-, -en> gratificación f especial; **Sonderverkauf** m <-(e)s, -käufe> venta f especial; **Sondervermögen** nt <-s, -> patrimonio m especial [o separado]; **Sonderverwahrung** f <-, -en> depósito m bancario de títulos-valores; **Sonderverwaltungsgericht** nt <-(e)s, -e> tribunal m administrativo especial; **Sondervollmacht** f <-, -en> (JUR) poder m especial; **Sonderwahlbezirk** m <-(e)s, -e> distrito m electoral adicional; **Sonderwunsch** m <-(e)s, -wünsche> deseo m extraordinario; **Sonderzeichen** nt <-s, -> (INFOR) carácter m especial; **Sonderzug** m <-(e)s, -züge> tren m especial; **Sonderzuwendung** f <-, -en> (FIN) asignación f especial
sondieren* [zɔnˈdiːrən] vt ❶ (Lage, Markt) sondear, tantear
❷ (MED, TECH) sondar
Sondierung f <-, -en> sondeo m
Sonett [zoˈnɛt] nt <-(e)s, -e> (LIT) soneto m
Song [sɔŋ] m <-s, -s> ❶ (fam: Pop-) canción f
❷ (Lied mit zeitkritischem Inhalt) canción f protesta
Sonnabend ['zɔnʔaːbənt] m <-s, -e> (nordd, reg) sábado m; s. a.

Montag
sonnabends ['zɔnʔaːbənts] adv (nordd, reg) los sábados; s. a. montags
Sonne ['zɔnə] f <-, -n> sol m; **die ~ geht auf/unter** el sol sale/se pone; **in der prallen ~** a pleno sol; **sich in die ~ legen** tumbarse al sol; **die ~ scheint** hace sol; **hier haben die Pflanzen mehr ~** aquí tienen las plantas más luz [o sol]
sonnen vr: **sich ~** tomar el sol; **er sonnt sich in seinem Ruhm** se recrea en su fama
Sonnenanbeter(in) m(f) <-s, -; -, -nen> (iron) persona a la que le encanta estar al sol o tomar el sol; **Sonnenaufgang** m <-(e)s, -gänge> salida f del sol; **bei ~ aufstehen** levantarse al salir el sol [o al cantar el gallo]; **Sonnenbad** nt <-(e)s, -bäder> baño m de sol; **ein ~ nehmen** tomar un baño de sol
sonnen|baden vi tomar el sol
sonnenbeschienen [-bəʃiːnən] adj soleado
Sonnenbestrahlung f <-, ohne pl> radiación f solar
Sonnenblume f <-, -n> girasol m, maravilla f Am, gigantón m Mex; **Sonnenblumenöl** nt <-(e)s, -e> aceite m de girasol
Sonnenbrand m <-(e)s, -brände> quemadura f del sol; **einen ~ bekommen** quemarse, asolearse Arg, Mex; **einen ~ haben** haberse quemado, haberse asoleado Arg, Mex; **Sonnenbräune** f <-, ohne pl> moreno m; **Sonnenbrille** f <-, -n> gafas fpl de sol; **Sonnencreme** f <-, -s> crema f solar; **eine ~ mit hohem/niedrigem Schutzfaktor** una crema solar con un factor de protección alto/bajo; **Sonnendach** nt <-(e)s, -dächer> toldo m; **Sonnendeck** nt <-(e)s, -s> (NAUT) cubierta f; **Sonneneinstrahlung** f <-, ohne pl> radiación f solar; **Sonnenenergie** f <-, ohne pl> (PHYS) energía f solar; **Sonneneruption** f <-, -en> erupción f solar; **Sonnenfinsternis** f <-, -se> (ASTR) eclipse m solar [o de sol]; **eine totale/partielle ~** un eclipse total/parcial de sol; **Sonnenfleck** m <-(e)s, -e(n)> (ASTR) mancha f solar
sonnengebräunt adj moreno; **~ sein** estar moreno
Sonnengeflecht nt <-(e)s, -e> (ANAT) plexo m solar
Sonnengott m <-(e)s, -götter> dios m del sol; **Sonnenhitze** f <-, ohne pl> calor m (intenso)
sonnenhungrig adj con ganas de tomar el sol [o de estar al sol]; **~ sein** tener ganas de tomar el sol [o de estar al sol]
sonnenklar adj (fam) ❶ (hell und sonnig) claro y soleado
❷ (eindeutig) claro como el agua
Sonnenkollektor m <-s, -en> colector m solar; **Sonnenkönig** m <-s, ohne pl> (HIST) **der ~** el rey Sol; **Sonnenkraftwerk** nt <-(e)s, -e> central f solar; **Sonnenlicht** nt <-(e)s, ohne pl> luz f del sol [o solar]; **Sonnenmilch** f <-, ohne pl> leche f solar; **Sonnenöl** nt <-(e)s, -e> aceite m bronceador [o solar]; **Sonnenpaddel** nt <-s, -> paleta f colectora de energía solar; **Sonnenschein** m <-(e)s, ohne pl> luz f del sol; **bei strahlendem ~** bajo [o a] los rayos del sol; **Sonnenschirm** m <-(e)s, -e> sombrilla f, parasol m, quitasol m
Sonnenschutz m <-es, ohne pl> ❶ (Maßnahme) protección f solar
❷ (Konstruktion) parasol m; **Sonnenschutzmittel** nt <-s, -> crema f protectora para el sol
Sonnensegel nt <-s, -> ❶ (Schutzdach) toldo m ❷ (in der Raumfahrt) vela f solar desplegable; **Sonnenseite** f <-, -n> lado m expuesto al sol; **die ~ des Lebens** el lado alegre de la vida; **Sonnenstich** m <-(e)s, -e> (MED) insolación f; **Sonnenstrahl** m <-(e)s, -en> rayo m solar [o de sol]; **Sonnensystem** nt <-s, -e> (ASTR) sistema m solar; **Sonnenuhr** f <-, -en> reloj m de sol; **Sonnenuntergang** m <-(e)s, -gänge> puesta f del sol; **Sonnenwende** f <-, -n> solsticio m; **Sonnenwind** m <-(e)s, -e> (ASTR) viento m solar; **Sonnenzelle** f <-, -n> (ELEK, PHYS) célula f solar
sonnig adj ❶ (Wetter, Tag) soleado; **hier ist es zu ~** aquí hace demasiado sol
❷ (Gemüt) alegre; **du hast ein ~es Gemüt!** (iron) ¡tú tienes un carácter alegre!
Sonnseite f <-, -n> (Öster, Schweiz, südd) s. **Sonnenseite**
Sonntag ['zɔntaːk] m <-(e)s, -e> domingo m; **geschäftsfreier ~** domingo exento de actividad comercial; **Weißer ~** Domingo de Cuasimodo; **Sonn- und Feiertage** domingos y festivos; s. a. Montag
Sonntagabend m <-s, -e> noche f del domingo, domingo m por la noche; s. a. Montagabend
sonntagabendsᴿᴿ adv los domingos por la noche; s. a. montagabends
sonntäglich adj dominical; **sich ~ anziehen** ponerse el traje de los domingos, endomingarse
Sonntagnachmittag m <-(e)s, -e> domingo m por la tarde; s. a. Montagnachmittag
sonntags ['zɔntaːks] adv los domingos; **sonn- und feiertags** domingos y festivos; s. a. montags
Sonntagsarbeit f <-, ohne pl> trabajo m dominical; **Sonntagsausflug** m <-(e)s, -flüge> excursión f dominical; **Sonntagsdienst** m <-(e)s, -e> servicio m dominical; **Sonntagsfahrer(in)** m(f) <-s, -; -, -nen> (abw) (conductor(a) m(f)) dominguero, -a m, f; **Sonntags-**

frage *f* <-, -n> encuesta *f* demoscópica sobre la intención de voto (electoral); **Sonntagskind** *nt* <-(e)s, -er> ❶ (*an einem Sonntag geboren*) persona *f* nacida en domingo; **ein ~ sein** haber nacido en [*o* un] domingo ❷ (*Glückskind*) afortunado, -a *m, f*; **du hast im Lotto gewonnen? du bist ein wahres ~!** ¿te ha tocado la lotería? ¡los hay con suerte!; **Sonntagsrede** *f* <-, -n> (*abw*) sermón *m*, perorata *f*; **eine ~ halten** echar un sermón [*o* una perorata]; **Sonntagsruhe** *f* <-, ohne *pl*> descanso *m* dominical; **Sonntagsstaat** *m* <-(e)s, ohne *pl*> (*iron: für Frauen*) vestido *m* de los domingos; (*für Männer*) traje *m* de los domingos
Sonnwendfeier *f* <-, -n> fiesta *f* del solsticio
Sonografie^RR [zonogra'fi:] *f* <-, -n>, **Sonographie** *f* <-, -n> (MED) ecografía *f*
sonor [zo'no:ɐ] *adj* (*geh*) sonoro
sonst [zɔnst] *adv* ❶ (*außerdem*) más; (*im Übrigen*) por lo demás; **war ~ noch jemand da?** ¿había alguien más?; **~ nichts** nada más; **~ niemand** nadie más; **~ was** (*fam*) cualquier cosa; **~ noch Fragen?** ¿alguna pregunta más?; **~ geht's dir gut?** (*fam iron*) ¿y por lo demás todo en orden?; **... und wer weiß, was ~ noch alles** (*fam*) ... y a saber qué más ❷ (*für gewöhnlich*) normalmente; (*immer*) siempre; **du bist doch ~ nicht so** normalmente no eres así; **es war genau wie ~** fue igual que siempre; **mehr als ~** más que normalmente ❸ (*ehemals*) antes; (*in anderen Fällen*) en ocasiones anteriores; **war das auch ~ der Fall?** ¿sucedió lo mismo en ocasiones anteriores? ❹ (*andernfalls*) si no, en caso contrario; **was/wer/wie denn ~?** (*fam*) ¿qué/quién/cómo si no?; **komm sofort her, ~ gibt's Prügel** ven enseguida, si no te doy una paliza ❺ (*unbestimmt*): **da kann ja ~ was passieren** puede suceder cualquier cosa; **~ wer** (*fam*) cualquiera; **er bildet sich ~ ein, ~ wer zu sein** [*o* **er wäre ~ wer**] (*etwas Besonderes*) se cree que es alguien; **~ wie** (*fam*) de otra manera; **~ wo** (*fam*) en otra parte [*o* otro lugar]; **~ wohin** (*fam*) en donde sea, en cualquier otro lugar
sonstige(r, s) *adj* otro; **ihr ~s Verhalten war recht gut** por lo demás se comportó bastante bien; **S~s** varios
sonstwas ['zɔnstvas] *pron indef s.* **sonst 5.**
sonstwer ['zɔnstveːɐ] *pron indef s.* **sonst 5.**
sonstwie *adv* (*fam*) *s.* **sonst 5.**
sonstwo *adv* (*fam*) *s.* **sonst 5.**
sonstwohin *adv* (*fam*) *s.* **sonst 5.**
sooft [zo'ɔft] *konj* cada vez que, siempre que; **~ ich dich treffe, musst du mich ärgern** cada vez que quedamos tienes que hacerme enfadar; **~ er uns besuchte, wurde der Tag lang** siempre que nos visitaba nos quedábamos hasta tarde; **du darfst meinen Computer benutzen, ~ du ihn brauchst** puedes utilizar mi ordenador siempre que quieras; **~ ich auch darüber nachdenke, ich sehe keine Lösung** por más que lo pienso, no encuentro una solución
Soor [zoːɐ] *m* <-(e)s, -e> (MED) afta *f*
Sophist(in) [zo'fɪst] *m(f)* <-en, -en; -, -nen> (*geh a.* PHILOS) sofista *mf*
Sopran [zo'praːn] *m* <-s, -e> (MUS) soprano *m*, tiple *m*
Sopranist(in) [zopra'nɪst] *m(f)* <-en, -en; -, -nen> (MUS) soprano *mf*
Sorbe, -in ['zɔrbə] *m* <-n, -n; -, -nen> sorbo, -a *m, f*, sorabo, -a *m, f*
Sorbet ['zɔrbɛt, zɔr'beː] *m o nt* <-s, -s>, **Sorbett** *m o nt* <-(e)s, -e> (GASTR) sorbete *m*
Sorbin *f* <-, -nen> *s.* **Sorbe**
Sorbinsäure [zɔr'biːn-] *f* <-, -n> (CHEM) ácido *m* sórbico
sorbisch ['zɔrbɪʃ] *adj* sorbo, sorabo
Sorge¹ ['zɔrɡə] *f* <-, -n> (*Angst, Problem*) preocupación *f* (*um por*); (*innere Unruhe*) inquietud *f* (*um por*); (*Kummer*) pena *f*; **es macht mir ~, dass ...** me preocupa que... (*+subj*); **seine Gesundheit bereitet ihm ~** su (estado de) salud le preocupa; **sich** *dat* **wegen etw ~n machen** preocuparse por algo, estar preocupado por algo; **in ~ um jdn sein, sich** *dat* **um jdn ~n machen** estar preocupado por alguien; **keine ~!** ¡no te preocupes!; **der hat ~n!** (*fam*) ¡vaya problemas que tiene!; **wir haben nichts als ~n mit dir** no nos causas más que problemas; **deine ~n möchte ich haben!** (*fam*) ¡eso no es nada!
Sorge² *f* <-, ohne *pl*> (*Für~*) cuidado *m*; **die elterliche ~ ausüben** ejercer el cuidado paterno; **dafür ~ tragen, dass ...** (*geh*) ocuparse [*o* encargarse] de que... (*+subj*); **lass das nur meine ~ sein** yo me encargaré de eso
sorgeberechtigt *adj* que tiene la custodia
Sorgeerklärung *f* <-, -en> (JUR) declaración *f* de cuidado
sorgen ['zɔrɡən] I. *vi* ❶ (*sich kümmern*) preocuparse (*für* de), ocuparse (*für* de); **für jdn ~** cuidar a alguien; **dafür ~, dass ...** ocuparse de que *+subj*
❷ (*beschaffen*) proporcionar (*für*), aportar (*für*); **für eine gute Ausbildung ~** proporcionar una buena educación
II. *vr*: **sich ~** preocuparse (*um* por); **er sorgte sich um ihre Gesundheit** se preocupó por su salud
sorgenfrei *adj* sin preocupaciones

Sorgenkind *nt* <-(e)s, -er> niño, -a *m, f* problemático, -a
sorgenlos *adj s.* **sorgenfrei**
sorgenvoll *adj* lleno de preocupaciones
Sorgepflicht *f* <-, ohne *pl*> (JUR) obligación *f* de guarda (y custodia) (*für* de)
Sorgerecht *nt* <-(e)s, ohne *pl*> (JUR) custodia *f*, derecho *m* de guarda; **gemeinsames ~** derecho de guarda mancomunado; **das ~ für die drei Kinder wurde dem Vater zugesprochen** concedieron la custodia de los tres hijos al padre; **Sorgerechtsverfahren** *nt* <-s, -> (JUR) procedimiento *m* de atribución de la patria potestad
Sorgfalt ['zɔrkfalt] *f* <-, ohne *pl*> cuidado *m*, esmero *m*; **eigenübliche ~** esmero debido; **mangelnde ~** esmero defectuoso; **verkehrsübliche ~** esmero propio del tráfico
sorgfältig [-fɛltɪç] *adj* cuidadoso, esmerado; **etw ~ vorbereiten** preparar algo con todo detalle
Sorgfaltspflicht *f* <-, -en> obligación *f* de (obrar con) diligencia; **seine ~(en) verletzen** obrar con negligencia
sorgfaltswidrig *adj* negligente, falto de diligencia
Sorgfaltswidrigkeit *f* <-, ohne *pl*> negligencia *f*, falta *f* de diligencia
sorglos *adj* ❶ (*unachtsam*) despreocupado, negligente; **mit etw (allzu) ~ umgehen** tratar algo con (demasiada) indolencia [*o* con abandono]
❷ (*sorgenfrei*) sin preocupaciones
Sorglosigkeit *f* <-, ohne *pl*> despreocupación *f*
sorgsam *adj* cuidadoso, diligente
Sorte ['zɔrtə] *f* <-, -n> ❶ (*Art*) tipo *m*, clase *f*; (*Marke*) marca *f*; **eine bestimmte ~ von ...** un determinado tipo de...
❷ *pl* (*Devisen*) moneda *f* extranjera
Sortenabteilung *f* <-, -en> (FIN) departamento *m* de cambio de divisas, departamento *m* de monedas extranjeras; **Sortenkurs** *m* <-es, -e> (FIN) cotización *f* de monedas extranjeras; **Sortenschutzgesetz** *nt* <-es, -e> (JUR) ley *f* de especies protegidas
sortieren* [zɔr'tiːrən] *vt* clasificar (*nach* por), ordenar (*nach* por); **Briefe in Fächer ~** distribuir las cartas en los casilleros
Sortierlauf *m* <-(e)s, -läufe> clasificación *f*; **Sortiermaschine** *f* <-, -n> (*máquina f*) clasificadora *f*; **Sortierprogramm** *nt* <-s, -e> (INFOR) programa *m* de ordenación
Sortiment [zɔrti'mɛnt] *nt* <-(e)s, -e> ❶ (*Warenangebot*) surtido *m*
❷ (*~sbuchhandel*) librería *f* general [*o* de depósito]
Sortimentsanpassung *f* <-, -en> (WIRTSCH) adaptación *f* del surtido (*an a*); **Sortimentsbreite** *f* <-, -n> (WIRTSCH) amplitud *f* del surtido
SOS [ɛsʔoː'ʔɛs] *nt* <-, ohne *pl*> *Abk. von* **save our souls** S.O.S. *m*; **~ funken** mandar un S.O.S.
sosehr [zo'zeːɐ] *konj* por mucho que (*+subj*), por más que (*+subj*); **~ es mir (auch) schwer fällt ...** por más [*o* mucho] que lo sienta...
soso [zo'zoː] I. *interj*: **das fünfte Kind ist unterwegs – ~!** ¡esperamos el quinto! – ¡no me digas!
II. *adv* (*fam*) regular; **wie geht es dir? – na ja, ~** ¿qué tal te va? – vaya, tirando
Soße ['zoːsə] *f* <-, -n> salsa *f*
Soßenlöffel *m* <-s, -> cuchara *f* para la salsa
sott [zɔt] 3. *imp von* **sieden**
Soufflé [zu'fleː] *nt* <-s, -s>, **Soufflee**^RR *nt* <-s, -s> (GASTR) soufflé *m*
Souffleur, -euse [zu'fløːɐ] *m, f* <-s, -e; -, -n> (THEAT) apuntador(a) *m(f)*
Souffleurkasten *m* <-s, -kästen> (THEAT) concha *f* (del apuntador)
Souffleuse *f* <-, -n> *s.* **Souffleur**
soufflieren* [zu'fliːrən] *vi, vt* (THEAT) apuntar
Sound [saʊnd] *m* <-s, -s> (MUS) sonido *m*
Soundkarte *f* <-, -n> (INFOR) ficha *f* de sonido, tarjeta *f* de sonido [*o* de audio]
soundso ['zoː'ʔʊntso] I. *adj* (*fam*): **das steht auf Seite ~** esto está en la página tal y tal; **Herr S~** el Sr. Tal y Tal, el Sr. Nosequé
II. *adv* (*fam*) tal y tal, tan y tan; **~ groß** de tal y tal tamaño; **~ oft** tantas y tantas veces
soundsovielte(r, s) ['zoː'ʔʊntsofiːltə, -tɐ, -təs] *adj* (*fam*) el no sé cuántos; **das ~ Mal** la no sé qué vez
Soutane [zu'taːnə] *f* <-, -n> (REL) sotana *f*
Souterrain [zutɛ'rɛ̃ː] *nt* <-s, -s> sótano *m*
Souvenir [zuvə'niːɐ] *nt* <-s, -s> recuerdo *m*
Souvenirladen *m* <-s, -läden> tienda *f* de recuerdos
souverän [zuvə'rɛːn] I. *adj* ❶ (POL) soberano
❷ (*geh: überlegen*) superior
II. *adv* con superioridad
Souverän [zuvə'rɛːn] *m* <-s, -e> ❶ (*Schweiz: Stimmbürger*) ciudadano, -a *m, f* con derecho a voto
❷ (HIST: *Herrscher*) soberano, -a *m, f*
Souveränität [zuvərɛni'tɛːt] *f* <-, ohne *pl*> ❶ (*von Staaten*) soberanía *f*
❷ (*geh: Überlegenheit*) superioridad *f*
soviel [zo'fiːl] I. *adv s.* **viel I.2.**

sovielmal

II. *konj* ❶ (*soweit*) por lo que, de acuerdo con lo que; **~ ich weiß ...** por lo que yo sé...
❷ (*sosehr*) por mucho que (+*subj*), por más que (+*subj*); **~ er sich auch abmüht, er schafft es nicht** por mucho que se esfuerza no lo consigue; **~ du auch darauf beharrst, werde ich dir nicht Recht geben** por más que insistas no te voy a dar la razón
sovielmal [zoˈfiːlmaːl] *konj* cada vez que, siempre que; **~ ich ihn auch fragte, er lehnte jedes Mal ab** siempre que le preguntaba decía que no
soweit [zoˈvaɪt] **I.** *adv s.* **weit I.5.**
II. *konj* por lo que; **~ ich sehen kann, ...** por lo que puedo observar...
sowenig [zoˈveːnɪç] **I.** *adv s.* **wenig**
II. *konj* por poco que +*subj*; **~ sie auch weiß, sie will doch mitreden** quiere dar su opinión aún sin tener ni idea; **du wirst es schaffen, ~ du dich auch bemühst** lo conseguirás por poco que te esfuerces
sowie [zoˈviː] *konj* ❶ (*sobald*) tan pronto como +*subj*, en cuanto +*subj*; **~ ich fertig bin, komme ich** voy en cuanto haya terminado
❷ (*außerdem*) así como, además de; **er hat Gedichte und Theaterstücke ~ einen Roman geschrieben** ha escrito poemas y obras de teatro así como una novela
sowieso [zoviˈzoː, ˈzoːvizo] *adv* ❶ (*ohnehin*) de todas maneras; **ich muss ~ zur Bank** tengo que ir al banco de todas maneras; **das ~!** (*fam*) ¡de todas todas!
❷ (*Schweiz: selbstverständlich*) por supuesto
Sowjet [zɔˈvjɛt, ˈzɔvjɛt] *m* <-s, -s> (HIST) soviet *m*; **der Oberste ~** (POL) el Soviet Supremo
Sowjetbürger(in) *m(f)* <-s, -; -, -nen> (ciudadano, -a *m, f*) soviético, -a *m, f*
sowjetisch [zɔˈvjɛtɪʃ] *adj* soviético
Sowjetrepublik *f* <-, -en> República *f* Soviética; **Sowjetrusse, -in** *m, f* <-n, -; -, -nen> (*fam*) *s.* **Sowjetbürger**
Sowjetunion [zɔˈvjɛt-, ˈzɔvjɛt-] *f* <-> (HIST) Unión *f* Soviética; **die Staaten der früheren ~** los estados de la antigua Unión Soviética
sowohl [zoˈvoːl] *konj:* **~ ... als auch ...** tanto... como...; **~ die Klausur als auch die mündliche Prüfung waren sehr gut** tanto el examen escrito como el oral fueron muy buenos
Sozi [ˈtsoːtsi] *m* <-s, -s> (*fam a. abw*) socialdemócrata *mf*, sociata *mf sl*
Sozia [ˈzoːtsia] *f* <-, -s> acompañante *f*
sozial [zoˈtsjaːl] *adj* social; **der ~e Wohnungsbau** la vivienda social; **~ eingestellt sein** interesarse por los temas sociales
Sozialabbau *m* <-(e)s, *ohne pl*> reducción *f* de los servicios sociales; **Sozialabgaben** *fpl* cuotas *fpl* sociales; **Sozialadäquanz** [-adɛˈkvants, -atsɛˈkvants] *f* <-, *ohne pl*> adecuación *f* social; **~ des Vorverhaltens** (JUR) adecuación social del comportamiento; **Sozialamt** *nt* <-(e)s, -ämter> departamento *m* de asistencia social; **Sozialarbeit** *f* <-, *ohne pl*> trabajo *m* social, labor *f* social; **Sozialarbeiter(in)** *m(f)* <-s, -; -, -nen> asistente *mf* social; **Sozialausgaben** *fpl* gastos *mpl* sociales; **Sozialberuf** *m* <-(e)s, -e> profesión *f* en el ámbito del trabajo social; **Sozialbilanz** *f* <-, -en> (WIRTSCH) memoria *f* y balance *m*; **Sozialbindungstheorie** *f* <-, -n> teoría *f* de la socialización; **Sozialdarwinismus** *m* <-, *ohne pl*> (POL) darwinismo *m* social; **Sozialdaten** *pl* datos *mpl* sociales; **Sozialdemokrat(in)** *m(f)* <-en, -en; -, -nen> socialdemócrata *mf*; **Sozialdemokratie** *f* <-, *ohne pl*> socialdemocracia *f*; **Sozialdemokratin** *f* <-, -nen> *s.* **Sozialdemokrat**
sozialdemokratisch *adj* socialdemócrata
Sozialeinrichtung *f* <-, -en> institución *f* social; **Sozialfall** *m* <-(e)s, -fälle> receptor(a) *m(f)* de asistencia social; **Sozialforschung** *f* <-, *ohne pl*> investigación *f* social; **empirische ~** investigación social empírica; **Sozialgeheimnis** *nt* <-ses, -se> secreto *m* social; **Sozialgericht** *nt* <-(e)s, -e> tribunal *m* de seguridad social; **Sozialgerichtsbarkeit** *f* <-, *ohne pl*> jurisdicción *f* social; **Sozialgerichtsgesetz** *nt* <-es, -e> legislación *f* social; **Sozialgesetzbuch** *nt* <-(e)s, -bücher> legislación *f* sobre la seguridad social; **Sozialgesetzgebung** *f* <-, *ohne pl*> legislación *f* social
Sozialhilfe *f* <-, -n> ayuda *f* social, asistencia *f* pública; **Sozialhilfeempfänger(in)** *m(f)* <-s, -; -, -nen> receptor(a) *m(f)* de asistencia social; **Sozialhilferecht** *nt* <-(e)s, *ohne pl*> derecho *m* de la ayuda social
Sozialisation [zotsializaˈtsjoːn] *f* <-, *ohne pl*> (SOZIOL, PSYCH) integración *f* social
sozialisieren* [zotsialiˈziːrən] *vt* (WIRTSCH, PSYCH) socializar
Sozialisierung *f* <-, -en> ❶ (WIRTSCH) socialización *f*
❷ (SOZIOL, PSYCH) integración *f* social
Sozialismus [zotsjaˈlɪsmʊs] *m* <-, *ohne pl*> socialismo *m*
Sozialismustheorie *f* <-, -n> (POL) teoría *f* del socialismo
Sozialist(in) [zotsjaˈlɪst] *m(f)* <-en, -en; -, -nen> socialista *mf*
sozialistisch *adj* socialista; **~ regierte Staaten** estados de régimen socialista
Sozialklausel *f* <-, -n> (JUR) cláusula *f* social; **Sozialleistung** *f* <-, -en> prestación *f* social; **Sozialpädagoge, -in** *m, f* <-n, -n; -, -nen> pedagogo, -a *m, f* social; **Sozialpädagogik** *f* <-, *ohne pl*> pedagogía *f* social; **Sozialpädagogin** *f* <-, -nen> *s.* **Sozialpädagoge**; **Sozialpakt** *m* <-(e)s, -e> (POL) pacto *m* social; **Sozialpartner** *mpl* patrones *mpl* y sindicatos; **Sozialplan** *m* <-(e)s, -pläne> (POL) plan *m* social; **Sozialpolitik** *f* <-, *ohne pl*> política *f* social
sozialpolitisch *adj* político-social
Sozialprestige [-prɛsˈtiːʒə] *nt* <-s, *ohne pl*> prestigio *m* social; **Sozialprodukt** *nt* <-(e)s, -e> (WIRTSCH) producto *m* nacional; **Sozialrecht** *nt* <-(e)s, -e> (JUR) derecho *m* social
sozialrechtlich *adj* de derecho social; **~er Herstellungsanspruch** (JUR) derecho de realización del derecho social
Sozialrente *f* <-, -n> pensión *f* del Estado [*o* de la seguridad social]; **Sozialrentner(in)** *m(f)* <-s, -; -, -nen> pensionista *mf* de la seguridad social
sozialschwach *adj* menesteroso, necesitado
Sozialstaat *m* <-(e)s, -en> Estado *m* social; **Sozialstaatsprinzip** *nt* <-s, *ohne pl*> (JUR) principio *m* del Estado social; **Sozialstation** *f* <-, -en> servicio *m* de asistencia a ancianos
sozialtypisch *adj* típico social; **~es Verhalten** comportamiento típico social
Sozialverhalten *nt* <-s, *ohne pl*> civismo *m*, comportamiento *m* (social), conducta *f* (social); **einem Kind angemessenes ~ beibringen** educar a un niño a comportarse correctamente (en sociedad); **Sozialversicherung** *f* <-, -en> seguro *m* social, mutual *f CSur*; **Sozialversicherungsausweis** *m* <-es, -e> tarjeta *f* de la seguridad social; **Sozialversicherungsbeitrag** *m* <-(e)s, -träge> cotización *f* a la Seguridad Social
sozialversicherungspflichtig *adj* obligado a cotizar a la Seguridad Social
Sozialversicherungsrecht *nt* <-(e)s, *ohne pl*> derecho *m* de la seguridad social
sozialverträglich *adj* socialmente compatible
Sozialwissenschaften *fpl* ciencias *fpl* sociales; **Sozialwohnung** *f* <-, -en> vivienda *f* social; **Sozialwucher** *m* <-s, *ohne pl*> usura *f* social; **Sozialzwecksteuer** *f* <-, -n> impuesto *m* redistributivo
Soziëtätsvertrag *m* <-(e)s, -träge> contrato *m* de sociedad
soziokulturell [zoːtsjokʊltuˈrɛl] *adj* sociocultural
Soziolekt [zotsjoˈlɛkt] *m* <-(e)s, -e> (LING) sociolecto *m*
Soziolinguistik [zo(ː)tsjolɪŋgʊˈɪstɪk] *f* <-, *ohne pl*> (LING) sociolingüística *f*
soziolinguistisch *adj* (LING) sociolingüístico
Soziologe, -in [zotsjoˈloːgə] *m, f* <-n, -n; -, -nen> sociólogo, -a *m, f*
Soziologie [zotsjoloˈgiː] *f* <-, *ohne pl*> sociología *f*
Soziologin *f* <-, -nen> *s.* **Soziologe**
soziologisch *adj* sociológico
sozioökonomisch [zoːtsjoʔøkoˈnoːmɪʃ] *adj* socioeconómico
Sozius [ˈzoːtsiʊs] *m* <-, -se *o* Sozii> ❶ (WIRTSCH) socio, -a *m, f*
❷ (*Beifahrer*) acompañante *mf*
❸ (*fam: Genosse*) socio, -a *m, f*, compañero, -a *m, f*
Soziussitz *m* <-es, -e> asiento *m* trasero (de una moto)
sozusagen [zoːtsuˈzaːgən, '----] *adv* por así decir
Spachtel [ˈʃpaxtəl] *m* <-s, -> espátula *f*
Spachtelmasse *f* <-, -n> masilla *f*; (*aus Gips*) emplaste *m*
spachteln I. *vt* (*glätten*) alisar; (*Loch, Ritze*) tapar
II. *vi* (*fam: essen*) devorar, tragar
Spagat[1] *m o nt* <-(e)s, -e> (*Ballet*) figura *f* con piernas abiertas; **einen ~ machen, in den ~ gehen** hacer una caída de piernas abiertas
Spagat[2] *m* <-(e)s, -e> (*Österr: Schnur*) bramante *m*
Spaghetti[RR] *pl* [ʃpaˈgɛti] *m* espaguetis *mpl*
spähen [ˈʃpɛːən] *vi* (*beobachten*) otear (*auf*), acechar (*auf*); **sie spähte auf die Straße** oteaba la calle; **durch einen Spalt ~** mirar por un hueco; **nach jdm/etw ~** buscar a alguien/algo con la vista
Späher(in) *m(f)* <-s, -; -, -nen> (HIST) vigía *mf*; (*Kundschafter*) explorador(a) *m(f)*; (*abw: Spitzel*) espía *mf*
Spähtrupp *m* <-s, -s> (MIL) patrulla *f*
Spalier [ʃpaˈliːɐ] *nt* <-s, -e> ❶ (*für Pflanzen*) enrejado *m*, espaldera *f*
❷ (*Menschengasse*) calle *f*; **~ stehen, ein ~ bilden** formar calle
Spalt [ʃpalt] *m* <-(e)s, -e> rendija *f*, resquicio *m*; (*Riss*) grieta *f*, hendidura *f*; **die Tür/Augen einen ~ öffnen** entreabrir la puerta/los ojos; **die Tür stand einen ~ offen** la puerta estaba entreabierta [*o* un resquicio abierta]
spaltbar *adj* (PHYS) fisible
spaltbreit *adj* entreabierto
Spalte [ˈʃpaltə] *f* <-, -n> ❶ (*Öffnung*) hendidura *f*, raja *f*; (*Riss*) grieta *f*
❷ (TYPO) columna *f*
spalten [ˈʃpaltən] <spaltet, spaltete, gespalten *o* gespaltet> *vt*
❶ (*teilen*) dividir, partir; (*Partei, Gruppe*) escindir; **gespaltenes Bewusstsein** una conciencia dividida; (MED) esquizofrenia *f*

spaltfähig — **spaßeshalber**

❷ *(der Länge nach)* hender, rajar; *(Holz)* partir; **meine Haare ~ sich an den Spitzen** tengo las puntas abiertas
❸ (CHEM) descomponer, disociar; (PHYS) desintegrar
spaltfähig *adj* (PHYS) fisible
Spaltgesellschaft *f* <-, -en> (JUR) sociedad *f* escindida; **Spaltprodukt** *nt* <-(e)s, -e> ❶ (PHYS) producto *m* de fisión ❷ (CHEM) producto *m* de disociación
Spaltung *f* <-, -en> ❶ *(eines Landes, einer Gruppe)* división *f*; *(einer Partei)* escisión *f*; **~ eines Rechtsträgers** separación de uno de los titulares; **~ des Vertrages** separación del contrato; **~ von Gesellschaften** escisión de sociedades
❷ (CHEM) descomposición *f*; (PHYS) fisión *f*
❸ (PSYCH) disociación *f*
Spaltungsbeschluss^{RR} *m* <-s, -schlüsse> (JUR) acuerdo *m* de escisión; **Spaltungsgesetz** *nt* <-es, -e> (JUR) ley *f* de escisión; **Spaltungsverfahren** *nt* <-s, -> (JUR) procedimiento *m* de escisión; **Spaltungsvertrag** *m* <-(e)s, -träge> (JUR) contrato *m* de escisión
Span [ʃpaːn, *pl:* ˈʃpɛːnə] *m* <-(e)s, Späne> astilla *f*, viruta *f*; **arbeiten, dass die Späne fliegen** trabajar como un león [*o* a toda marcha]; **wo gehobelt wird, da fallen Späne** *(prov)* no se hacen tortillas sin romper huevos
Spanferkel *nt* <-s, -> lechón *m*, cochinillo *m*
Spange [ˈʃpaŋə] *f* <-, -n> ❶ *(Haar~)* pasador *m*, horquilla *f*
❷ *(Zahn~)* aparato *m* de ortodoncia
Spanglish [ˈspɛŋlɪʃ] *nt* <-(s), *ohne pl*> espanglis *m*
Spanien [ˈʃpaːniən] *nt* <-s> España *f*
Spanier(in) [ˈʃpaːniɐ] *m(f)* <-s, -; -, -nen> español(a) *m(f)*; **stolz wie ein ~** muy orgulloso
spanisch *adj* español; *(Sprache)* español, castellano; **~e Wand** biombo *m*; **das kommt mir ~ vor** *(fam fig)* esto me suena a chino
Spanisch *nt* <-s, *ohne pl*>, **Spanische** *nt* <-n, *ohne pl*> español *m*, castellano *m*; **~ sprechen/lernen** hablar (en)/aprender español; **aus dem ~en/ins ~e übersetzen** traducir del/al español
spanischsprachig *adj* hispanohablante, castellanohablante; **~e Länder** países de habla hispana
spann [ʃpan] *3. imp von* **spinnen**
Spann [ʃpan] *m* <-(e)s, -e> empeine *m*
Spannbeton *m* <-s, *ohne pl*> hormigón *m* pretensado; **Spannbetttuch**^{RR} *nt* <-(e)s, -tücher> sábana *f* con cuatro puntos de ajuste
Spanne [ˈʃpanə] *f* <-, -n> ❶ *(Zeit~)* intervalo *m*, espacio *m* de tiempo
❷ *(Handels~)* margen *m*
spannen [ˈʃpanən] **I.** *vt* ❶ *(dehnen)* estirar; *(Seil, Muskeln)* tensar; *(Bogen)* fijar, sujetar; **die Hängematte zwischen zwei Bäume ~** colgar la hamaca entre dos árboles
❷ *(Leine, Netz)* tender
❸ *(ein~: Werkstück)* sujetar (con abrazadera); *(in die Schreibmaschine)* meter
❹ *(Gewehr)* amartillar
❺ *(fam: merken)* percibir, apercibir; **ich hoffe, er hat's gespannt** espero que haya caído en la cuenta
II. *vi* ❶ *(Kleidung)* quedar estrecho, apretar; *(Haut)* tirar
❷ *(fam: warten):* **darauf ~, dass ...** esperar que... +*subj*
III. *vr:* **sich ~** ❶ *(straff/fest werden)* ponerse tenso
❷ *(sich wölben)* arquearse *(über* sobre*)*
spannend *adj (fesselnd)* cautivador, fascinante; *(interessant)* muy interesante; *(Buch, Film)* de suspense; **mach's nicht so ~!** *(fam)* ¡no te hagas tanto de rogar!, ¡suéltalo de una vez!
Spanner *m* <-s, -> ❶ *(Spannvorrichtung)* tensor *m*
❷ *(Schmetterling)* geométrido *m*
❸ *(fam: Voyeur)* mirón *m*, voyeur *m*
Spannkraft *f* <-, *ohne pl*> elasticidad *f*, fuerza *f* elástica; **Spannschraube** *f* <-, -n> tornillo *m* tensor; **Spannteppich** *m* <-s, -e> *(Schweiz)* moqueta *f*, alfombrado *m*
Spannung¹ *f* <-, *ohne pl*> ❶ *(Erwartung, innere ~, a.* PHYS*)* tensión *f*; **jdn in ~ halten** tener en vilo a alguien; **etw mit ~ erwarten** esperar algo con impaciencia
❷ *(eines Films)* suspense *m*, suspenso *m Am*
Spannung² *f* <-, -en> ❶ *(Feindseligkeit)* tirantez *f*, tensión *f*
❷ *(Stromstärke)* voltaje *m*, tensión *f*
Spannungsgebiet *nt* <-(e)s, -e> región *f* de tensiones
Spannungsmesser *m* <-s, -> (ELEK) voltímetro *m*; **Spannungsprüfer** *m* <-s, -> (ELEK) detector *m* de tensión; **Spannungsspitzen** *fpl* (ELEK, INFOR) picos *mpl*, spikes *mpl*
Spannweite *f* <-, -n> ❶ *(Vogel, Flugzeug)* envergadura *f*
❷ (ARCHIT) luz *f*
Spanplatte *f* <-, -n> tabla *f* de madera aglomerada
Sparanleihe *f* <-, -n> *(FIN)* empréstito *m* de ahorro; **Sparbeschluss**^{RR} *m* <-es, -schlüsse> (POL) determinación *f* de ahorro; **Sparbrief** *m* <-(e)s, -e> cédula *f* de ahorro; **Sparbuch** *nt* <-(e)s, -bücher> libreta *f* de ahorro; **Sparbüchse** *f* <-, -n>, **Spardose** *f* <-, -n> hucha *f*; **Spareinlage** *f* <-, -n> (FIN) ahorro(s) *m(pl)*; **~n mit gesetzlicher/vereinbarter Kündigungsfrist** depósito de ahorro con un plazo legal/acordado; **befristete/jederzeit rückzahlbare ~n** depósitos de ahorro a plazo fijo/reembolsables en todo momento
sparen [ˈʃpaːrən] **I.** *vt* ahorrar; **sie spart jeden Monat 100 Euro** ahorra 100 euros al mes; **spar dir deine Ratschläge!** ¡ahórrate tus consejos!; **den Weg hätte ich mir ~ können** me hubiera podido ahorrar el camino; **die Bemerkung hättest du dir ~ können!** ¡podrías haberte ahorrado el comentario!
II. *vi* ❶ *(Geld)* ahorrar
❷ *(zurückhalten)* escatimar *(an/mit* en*)*; **sie hat nicht mit Lob gespart** no escatimó en alabanzas
Sparer(in) *m(f)* <-s, -; -, -nen> ahorrador(a) *m(f)*
Sparerfreibetrag *m* <-(e)s, -träge> importe *m* (de intereses) libre de impuestos
Sparerin *f* <-, -nen> *s.* **Sparer**
Sparflamme *f* <-, *ohne pl*> llama *f* pequeña; **auf ~** a medio gas
Spargel [ˈʃpargəl] *m* <-s, -> espárrago *m*
Spargelder *fpl* ahorros *mpl*
Spargelspitzen *fpl* (GASTR) puntas *fpl* de espárrago
Sparguthaben *nt* <-s, -> ahorros *mpl*; **Sparheft** *nt* <-(e)s, -e> *(Schweiz) s.* **Sparbuch**
Sparkapital *nt* <-s, -e *o* -ien> ahorros *mpl*; **Sparkapitalbildung** *f* <-, -en> constitución *f* de ahorros
Sparkasse *f* <-, -n> caja *f* de ahorros; **Sparkassengesetz** *nt* <-es, -e> ley *f* de cajas de ahorros; **Sparkassenverband** *m* <-(e)s, -bände> asociación *f* de las cajas de ahorros
Sparkonto *nt* <-s, -s *o* -konten> cuenta *f* de ahorro; **Sparkontovertrag** *m* <-(e)s, -träge> (FIN, JUR) contrato *m* de cuenta de ahorro
Sparkurs *m* <-es, *ohne pl*> (fase *f* de) ahorro *m*; **auf ~ sein** ahorrar, economizar, apretarse el cinturón
spärlich [ˈʃpɛːrlɪç] *adj* escaso; *(ärmlich)* pobre; **~e Reste** restos escasos; **der Vortrag war nur ~ besucht** la conferencia estuvo poco concurrida; **~ bekleidet sein** llevar poca ropa encima
Sparmaßnahme *f* <-, -n> medida *f* de ahorro; **Sparpackung** *f* <-, -en> tamaño *m* económico, caja *f* económica; **Sparprämie** *f* <-, -n> (FIN) prima *f* de ahorro; **Sparpreis** *m* <-es, -e> precio *m* económico; **Sparquote** *f* <-, -n> propensión *f* al ahorro
Sparren *m* <-s, -> *(Dach~)* cabrio *m*
Sparring *nt* <-s, *ohne pl*> (SPORT) sparring *m*
Sparringspartner(in) *m(f)* <-s, -; -, -nen> (SPORT) sparring *m*
sparsam *adj* económico; *(Person)* poco gastador; **~ wirtschaften** economizar; **ein ~er Motor** un motor de consumo reducido; **im Verbrauch sein** (AUTO) consumir poco; **~ mit etw umgehen** ser ahorrativo con algo, hacer economías con algo
Sparsamkeit *f* <-, *ohne pl*> economía *f*; **aus ~** por razones de economía
Sparschwein *nt* <-(e)s, -e> cerdito *m* hucha, hucha *f* (en forma de cerdo)
Spartaner(in) [ʃparˈtaːnɐ, sparˈtaːnɐ] *m(f)* <-s, -; -, -nen> (HIST) espartano, a, *m, f*
spartanisch [ʃparˈtaːnɪʃ] *adj* ❶ *(aus Sparta)* espartano
❷ *(sparsam, einfach)* espartano, sobrio, austero; **~ leben** vivir austeramente
Sparte [ˈʃpartə] *f* <-, -n> ❶ *(Abteilung, Gebiet)* rama *f*, sector *m*
❷ *(Rubrik)* sección *f*
Sparvertrag *m* <-(e)s, -träge> (FIN) contrato *m* de ahorro; **Sparzertifikat** *nt* <-s, -e> certificado *m* de ahorro; **Sparzins** *m* <-es, -en> (FIN) interés *m* de la libreta de ahorros; **Sparzwang** *m* <-(e)s, *ohne pl*> (WIRTSCH) ahorro *m* forzoso
spasmisch [ˈspasmɪʃ, ˈʃpasmɪʃ] *adj* (MED) espasmódico
Spasmolytikum [ʃpasmoˈlyːtikum, spasmo-] *nt* <-s, Spasmolytika> (MED) espasmolítico *m*, antiespasmódico *m*
Spaß¹ [ʃpaːs, *pl:* ˈʃpɛːsə] *m* <-es, Späße> *(Scherz)* broma *f*, burla *f*, changa *f SAm, Cuba,* trisca *f MAm, Ant*; **~ machen** bromear, triscar *MAm, Ant*; **(keinen) ~ verstehen** tener (poca) correa; **~ beiseite!** ¡bromas aparte!; **aus [***o* im*] ~ gesagt** dicho de broma; **ich hab doch nur ~ gemacht!** ¡era sólo una [*o* de] broma!; **da hört bei mir der ~ auf** eso ya pasa de castaño oscuro
Spaß² *m* <-es, *ohne pl*> *(Vergnügen)* diversión *f*, gusto *m*, jarana *f Am*; **~ muss sein** hay que divertirse; **~ machen** dar gusto, ser divertido; **sich** ***dat*** **aus etw einen ~ machen** hacer algo de cachondeo; **es war ein ~ zu sehen ...** daba gusto ver...; **jdm den ~ verderben** aguar(le) la fiesta a alguien; **viel ~!** ¡que te diviertas!; **er hat ~ an Radtouren** le gusta hacer excursiones en bicicleta; **das war ein teurer ~** costó un riñón
spaßen [ˈʃpaːsən] *vi* bromear, gastar bromas; **damit ist nicht zu ~** no es cosa de broma; **sie lässt nicht mit sich ~** no está para bromas
spaßeshalber [ˈʃpaːsəshalbɐ] *adv (fam)* en broma, por bromear; **wir**

spaßhaft

versuchen es ~ mal lo intentamos por bromear
spaßhaft *adj* gracioso, chistoso
spaßig *adj* divertido, gracioso, chistoso; **du hast ~e Ideen!** ¡qué ocurrencias tienes!
Spaßmacher(in) *m(f)* <-s, -; -, -nen> bromista *mf*, guasón, -ona *m, f*; **Spaßverderber(in)** *m(f)* <-s, -; -, -nen> aguafiestas *mf inv*; **Spaßvogel** *m* <-s, -vögel> bromista *mf*, guasón, -ona *m, f*
Spastiker(in) ['ʃpastikɐ, 'ʃpastikɐ] *m(f)* <-s, -; -, -nen> (MED) espástico, -a *m, f*, paralítico, -a *m, f* cerebral
spastisch ['ʃpastɪʃ, 'ʃpastɪʃ] *adj* (MED) espástico
Spat [ʃpaːt, *pl*: 'ʃpɛːtə] *m* <-(e)s, -e> espato *m*
spät [ʃpɛːt] I. *adj* tardío, avanzado; **am ~en Vormittag** a última hora de la mañana; **von früh bis ~** desde la mañana hasta la noche; **im ~en Mittelalter** en la baja Edad Media; **~e Reue** arrepentimiento tardío
II. *adv* tarde; **zu etw zu ~ kommen** llegar tarde a algo; **wie ~ ist es?** ¿qué hora es?; **du bist heute aber ~ dran!** (*fam: kommst/gehst*) ¡llegas/vas muy tarde hoy!; **es wird heute ~(er)** se va a hacer tarde hoy; **besser ~ als nie** (*prov*) más vale tarde que nunca
spätabends [ʃpɛːtˈʔaːbənts] *adv* a última hora de la tarde, entrada de la noche; **wieso kommst du erst ~ nach Hause?** ¿por qué llegas tan tarde a casa?
Spätaussiedler(in) *m(f)* <-s, -; -, -nen> emigrante de origen alemán de los estados de Europa del Este; **Spätdienst** *m* <-(e)s, ohne *pl*> turno *m* de tarde [*o* de noche]
Spatel ['ʃpaːtəl] *m* <-s, -> espátula *f*
Spaten ['ʃpaːtən] *m* <-s, -> laya *f*
Spatenstich *m* <-(e)s, -e> pal(et)ada *f*; **der erste ~** el comienzo de las obras
Spätentwickler(in) *m(f)* <-s, -; -, -nen> (MED, PSYCH) niño, -a *m, f* con desarrollo lento
später ['ʃpɛːtɐ] I. *adj* posterior, ulterior; (*künftig*) futuro
II. *adv* más tarde, más adelante; **bis ~!** ¡hasta luego!; **einige Stunden ~** unas horas después; **früher oder ~** tarde o temprano
spätestens ['ʃpɛːtəstəns] *adv* lo más tarde, a más tardar; **~ in einer Stunde** a más tardar dentro de una hora
Spätfolge *f* <-, -n> efecto *m* tardío; **Spätgeburt** *f* <-, -en> ❶ (*verspätete Geburt*) parto *m* tardío ❷ (*Kind*) bebé *m* postmaduro; **Spätgotik** *f* <-, ohne *pl*> gótico *m* tardío; **Spätheimkehrer(in)** *m(f)* <-s, -; -, -nen> repatriado, -a *m, f* tardío, -a; **Spätherbst** *m* <-(e)s, -e> otoño *m* tardío, final *m* de otoño; **im ~** a finales de otoño; **Spätlese** *f* <-, -n> cosecha *f* tardía [*o* de la rebusca]; **Spätobst** *nt* <-(e)s, ohne *pl*> fruta *f* tardía; **Spätschaden** *m* <-s, -schäden> daño *m* tardío; **Spätschicht** *f* <-, -en> turno *m* de tarde [*o* de noche]; **Spätsommer** *m* <-s, -> estío *m* tardío, final *m* de verano; **im ~** a finales de verano; **Spätstadium** *nt* <-s, -stadien> estado *m* avanzado; **Spätvorstellung** *f* <-, -en> sesión *f* de noche
Spatz [ʃpats] *m* <-en *o* -es, -en> ❶ (*Vogel*) gorrión *m*; **das pfeifen die ~en von den Dächern** (*fam*) es (ya) un secreto a voces; **besser ein ~ in der Hand als eine Taube auf dem Dach** (*prov*) más vale pájaro en mano que ciento volando
❷ (*fam: Schatz*) tesoro *m*, cariño *m*
Spatzenhirn *nt* <-(e)s, -e> (*abw*) cabeza *mf* de chorlito; **ein ~ haben** tener la cabeza de pájaros, ser un cabeza de chorlito
Spätzle ['ʃpɛtslə] *pl*, **Spätzli** ['ʃpɛtsli] *pl* (*Schweiz, südd*) pasta de huevo típica de Suabia
Spätzünder *m* <-s, -> (*fam*): **ein ~ sein** ser corto de entendederas; **Spätzündung** *f* <-, -en> (TECH) encendido *m* retardado; **~ haben** (*fam*) ser lento de entendederas
spazieren* [ʃpaˈtsiːrən] *vi sein* pasear (*durch* por), dar un paseo [*o* una vuelta] (*durch* por); **(im Auto) ~ fahren** dar una vuelta (en coche), pasear(se) (en coche); **jdn (im Auto) ~ fahren** llevar a alguien a pasear (en coche); **er fährt das Baby im Kinderwagen ~** lleva [*o* saca] al bebé a pasear en el cochecito; **jdn ~ führen** llevar a alguien a pasear, sacar a alguien de paseo; **im Wald ~ gehen** pasear(se) por el bosque, dar un paseo [*o* una vuelta] en [*o* por] el bosque, voltear por el bosque *Am*
spazieren|fahren *irr* I. *vi sein s.* spazieren
II. *vt s.* spazieren
spazieren|führen *vt s.* spazieren
spazieren|gehen *irr vi sein s.* spazieren
Spazierfahrt *f* <-, -en> (*im Auto*) paseo *m* en coche; **Spaziergang** *m* <-(e)s, -gänge> paseo *m*; **einen ~ machen** dar un paseo; **das ist kein ~!** ¡no es precisamente un paseo!
Spaziergänger(in) [-gɛŋɐ] *m(f)* <-s, -; -, -nen> paseante *mf*
Spazierstock *m* <-(e)s, -stöcke> bastón *m*; **Spazierweg** *m* <-(e)s, -e> paseo *m*
SPD [ɛspeːˈdeː] *f Abk. von* **Sozialdemokratische Partei Deutschlands** Partido *m* Socialdemócrata Alemán

Specht [ʃpɛçt] *m* <-(e)s, -e> pájaro *m* carpintero, pico *m* picapinos
Speck [ʃpɛk] *m* <-(e)s, -e> ❶ (*Nahrungsmittel*) tocino *m*; (*geräuchert*) bacon *m*; **ran an den ~!** (*fam*) ¡manos a la obra!; **mit ~ fängt man Mäuse** (*prov*) las moscas acuden a la miel
❷ (*fam: bei Menschen*) grasa *f*; (*~bauch*) panza *f*; **~ ansetzen** echar carnes
Speckbauch *m* <-(e)s, -bäuche> (*fam*) barrigón *m*
speckig *adj* ❶ (*schmierig*) pringoso, (*schmutzig*) mugriento
❷ (*fam abw: dick*) gordo
Speckschwarte *f* <-, -n> corteza *f* de tocino, piel *f* de tocino; **Speckseite** *f* <-, -n> trozo *m* de tocino; **Speckstein** *m* <-(e)s, ohne *pl*> esteatita *f*
Spediteur(in) [ʃpediˈtøːɐ] *m(f)* <-s, -e; -, -nen> transportista *mf*, agente *mf* de transporte
Spedition [ʃpediˈtsjoːn] *f* <-, -en> empresa *f* de transportes
Speditionsauftrag *m* <-(e)s, -träge> orden *f* de transporte [*o* de expedición]; **Speditionsgewerbe** *nt* <-s, ohne *pl*> ramo *m* de transportes; **Speditionskosten** *pl* gastos *mpl* de expedición [*o* de transporte]; **Speditionspfandrecht** *nt* <-(e)s, -e> (JUR) derecho *m* prendario de la expedición; **Speditionsvertrag** *m* <-(e)s, -träge> contrato *m* de transporte [*o* expedición]
speditiv [ʃpediˈtiːf] *adj* (*Schweiz: zügig*) expeditivo
Speed [spiːt] *nt* <-s, -s> (*sl: Droge*) espid *m*
Speer [ʃpeːɐ] *m* <-(e)s, -e> lanza *f*, pica *f* (SPORT) jabalina *f*
Speerspitze *f* <-, -n> extremo *m* (de la lanza), punta *f* (de la lanza); **Speerwerfen** *nt* <-s, ohne *pl*> (SPORT) lanzamiento *m* de jabalina; **Speerwerfer(in)** *m(f)* <-s, -; -, -nen> (SPORT) lanzador(a) *m(f)* de jabalina
Speiche ['ʃpaɪçə] *f* <-, -n> (*a.* MED) radio *m*
Speichel ['ʃpaɪçəl] *m* <-s, ohne *pl*> saliva *f*
Speicheldrüse *f* <-, -n> glándula *f* salival; **Speichelfluss**[RR] *m* <-es, ohne *pl*> (MED) salivación *f*, afluencia *f* de saliva; **Speichellecker(in)** *m(f)* <-s, -; -, -nen> (*abw*) pelotillero, -a *m, f*, lameculos *mf inv vulg*; **Speichelleckerei** *f* <-, ohne *pl*> (*abw*) coba *f*; **~ treiben** dar coba, hacer la pelotilla
Speichenrad *nt* <-(e)s, -räder> rueda *f* de rayos
Speicher ['ʃpaɪçɐ] *m* <-s, -> ❶ (*Lager*) almacén *m*; (*Getreide~*) granero *m*
❷ (*Dachboden*) desván *m*
❸ (TECH: *Wasser~*) depósito *m*
❹ (INFOR) memoria *f*; **flüchtiger ~** memoria volátil
Speicherauszug *m* <-(e)s, -züge> (INFOR) volcado *m* de memoria, vaciado *m* de memoria; **Speicherbereich** *m* <-(e)s, -e> (INFOR) área *f* de memoria; **Speicherdichte** *f* <-, -n> (INFOR) densidad *f* de almacenamiento [*o* de grabación]; **Speicherfunktion** *f* <-, -en> (INFOR) función *f* de memoria; **Speicherkapazität** *f* <-, -en> (INFOR) capacidad *f* de memoria [*o* de almacenamiento]
speichern ['ʃpaɪçɐn] *vi, vt* (*a.* INFOR) almacenar, guardar, memorizar; **Daten auf Diskette ~** almacenar datos en un disquete
Speicherplatz *m* <-es, ohne *pl*> (INFOR) espacio *m* de memoria
speicherprogrammierbar *adj* (INFOR) programable desde la memoria
Speicherschreibmaschine *f* <-, -n> máquina *f* de escribir con memoria; **Speicherschutz** *m* <-es, ohne *pl*> (INFOR) protección *f* de memoria
Speicherung *f* <-, -en> almacenamiento *m*
Speicherverwaltung *f* <-, -en> (INFOR) administración *f* de memoria
speien ['ʃpaɪən] <speit, spie, gespie(e)n> I. *vi* (*geh*) ❶ (*spucken*) escupir
❷ (*sich übergeben*) vomitar
II. *vt* (*geh*) escupir, arrojar; **der Vulkan spie Lava und Asche** el volcán arrojaba lava y cenizas
Speis [ʃpaɪs] *m* <-es, ohne *pl*> (*reg*) mortero *m*, argamasa *f*
Speise ['ʃpaɪzə] *f* <-, -n> comida *f*; (*Gericht*) plato *m*; **kalte ~n** (*Gerichte*) fiambres *mpl*; **Speis und Trank** (*geh*) comida y bebida
Speiseeis *nt* <-es, ohne *pl*> helado *m*; **Speisekammer** *f* <-, -n> despensa *f*; **Speisekarte** *f* <-, -n> carta *f* (del menú), lista *f* de platos
speisen ['ʃpaɪzən] I. *vi* (*geh*) comer; **was wünschen Sie zu ~?** ¿qué desea de comer?
II. *vt* ❶ (*geh: ernähren*) dar de comer (a), alimentar
❷ (*(genüsslich) essen*) degustar, paladear
❸ (TECH) alimentar
Speisenaufzug *m* <-(e)s, -züge> montaplatos *m inv*; **Speisenfolge** *f* <-, -n> (orden *m* del) menú *m*
Speiseöl *nt* <-(e)s, -e> aceite *m* de mesa; **Speisepilz** *m* <-es, -e> hongo *m* comestible; **Speisequark** *m* <-(e)s, ohne *pl*> ≈requesón *m*, ≈quesillo *m Am*; **Speisereste** *mpl* ❶ (*einer Mahlzeit*) sobras *fpl*
❷ (*zwischen den Zähnen*) restos *mpl* de comida; **Speiseröhre** *f* <-, -n> esófago *m*; **Speisesaal** *m* <-(e)s, -säle> comedor *m*; **Speisesalz** *nt* <-es, -e> sal *f* de cocina [*o* común]; **jodiertes ~** sal de cocina

yodada; **Speisewagen** *m* <-s, -> coche *m* restaurante
Speisung *f* <-, -en> (*a.* TECH) alimentación *f*
speiübel ['ʃpaɪʔyːbəl] *adj:* **mir ist ~** tengo ganas de vomitar; **wenn man das sieht, kann einem ~ werden** viendo eso le entran ganas de vomitar a uno
Spektakel¹ [ʃpɛkˈtaːkəl] *m* <-s, -> (*fam: Lärm*) alboroto *m*, jaleo *m*, balumba *f SAm*
Spektakel² *nt* <-s, -> (*Vorgang*) espectáculo *m*
spektakulär [ʃpɛktakuˈlɛːɐ] *adj* espectacular; **ein ~er Unfall** un accidente aparatoso
Spektra [ˈʃpɛktra] *pl von* **Spektrum**
Spektralanalyse [ʃpɛkˈtraːl-] *f* <-, -n> (PHYS, CHEM, ASTR) análisis *m inv* espectral; **Spektralfarbe** *f* <-, -n> (PHYS) color *m* del espectro (solar); **Spektralphotometer** *nt* <-s, -> (CHEM) espectrofotómetro *m*
Spektrographie *f* <-, -en> (TECH) espectrografía *f*
Spektrum [ˈʃpɛktrʊm] *nt* <-s, Spektren *o* Spektra> (*fig a.* PHYS) espectro *m*
Spekulant(in) [ʃpekuˈlant] *m(f)* <-en, -en; -, -nen> especulador(a) *m(f)*
Spekulation [ʃpekulaˈtsjoːn] *f* <-, -en> (*a.* WIRTSCH, PHILOS) especulación *f*; **über etw ~en anstellen** especular acerca de algo
Spekulationsgeschäft *nt* <-(e)s, -e> negocio *m* especulativo, operación *f* especulativa; **Spekulationsgewinn** *m* <-(e)s, -e> (WIRTSCH, FIN) ganancias *fpl* debidas a especulaciones; **Spekulationsobjekt** *nt* <-(e)s, -e> (WIRTSCH) objeto *m* de especulación; **Spekulationstätigkeit** *f* <-, -en> (WIRTSCH, FIN) actividad *f* especulativa
spekulativ [ʃpekulaˈtiːf] *adj* ❶ (*hypothetisch*) especulativo
❷ (WIRTSCH) especulador
spekulieren* [ʃpekuˈliːrən] *vi* (*a.* WIRTSCH) especular (*mit* con, *in* en, *über* sobre); **auf etw ~** (*fam*) contar con algo
Spelunke [ʃpeˈlʊŋkə] *f* <-, -n> (*abw*) ❶ (*Kneipe*) tabernucho *m*
❷ (*Unterkunft*) cuchitril *m*
spendabel [ʃpɛnˈdaːbəl] *adj* (*fam*) rumboso, generoso
Spende [ˈʃpɛndə] *f* <-, -n> (*Geld-*) donativo *m*; (*Schenkung*) donación *f*; (*Almosen*) limosna *f*; **für gemeinnützige Zwecke** donativo para fines benéficos; **eine kleine ~ für die Armen, bitte** una limosna para los necesitados, por favor
spenden *vt* ❶ (*Geld, Kleidung*) donar; **Blut ~** donar sangre
❷ (*geh: Wärme, Schatten*) dar; **Beifall ~** aplaudir
Spendenkonto *nt* <-s, -konten *o* -s> cuenta *f* para donativos
Spender¹ *m* <-s, -> (*Gerät*) dispensador *m*, distribuidor *m*
Spender(in)² *m(f)* <-s, -; -, -nen> (*Person*) donador(a) *m(f)*, donante *mf*
Spenderausweis *m* <-es, -e> carnet *m* de donante, credencial *f* de donante
Spenderbox *f* <-, -en> caja *f* de donativos, bote *m* de donativos; (REL) cepillo *m*
Spenderin *f* <-, -nen> *s.* **Spender**
spendieren* [ʃpɛnˈdiːrən] *vt* (*fam*) pagar; **jdm ein Eis ~** invitar a alguien a tomar un helado
Spendierhosen *fpl:* **seine ~ anhaben** (*fam*) estar generoso, estar rumboso
Spengler(in) [ˈʃpɛŋlɐ] *m(f)* <-s, -; -, -nen> (*südd, Österr*) fontanero, -a *m, f*
Sperber [ˈʃpɛrbɐ] *m* <-s, -> gavilán *m*
Sperenzchen [ʃpeˈrɛntsçən] *pl* (*fam abw*), **Sperenzien** [ʃpeˈrɛntsjən] *pl* (*fam abw*) aspavientos *mpl*; **lass die ~!** ¡déjate de aspavientos!; **~ machen** complicar las cosas
Sperling [ˈʃpɛrlɪŋ] *m* <-s, -e> gorrión *m*
Sperma [ˈʃpɛrma] *nt* <-s, Spermen *o* -ta> (BIOL) esperma *m o f*
Spermium *nt* <-s, Spermien> (BIOL) espermio *m*
spermizid [ʃpɛrmiˈtsiːt] *adj* (MED) espermicida
Sperrabrede *f* <-, -n> (JUR) acuerdo *m* de suspensión [*o* congelación]
sperrangelweit [ˈ-ˈ--ˈ-] *adv:* **~ offen** abierto de par en par
Sperrauftrag *m* <-(e)s, -träge> (FIN) orden *f* de bloqueo; **Sperrbetrag** *m* <-(e)s, -träge> (FIN) importe *m* bloqueado; **Sperrbezirk** *m* <-s, -e> zona *f* prohibida
Sperre [ˈʃpɛrə] *f* <-, -n> ❶ (*Schranke*) barrera *f*; (*Straßen-*) barricada *f*
❷ (*Embargo*) embargo *m*, bloqueo *m*; (*Nachrichten-*) censura *f*; **eine ~ verhängen** (*Embargo*) declarar un bloqueo; (*Nachrichten-*) ejercer la censura
❸ (SPORT) suspensión *f*
sperren [ˈʃpɛrən] **I.** *vt* ❶ (*für den Verkehr*) cerrar; **für Lastwagen gesperrt** cerrado para camiones; **für den Verkehr gesperrt** cerrado al tráfico
❷ (*verbieten*) bloquear, prohibir; **jdm den Urlaub ~** aplazar las vacaciones a alguien
❸ (*Telefon, Strom*) cortar; (*Konto, Kredit*) bloquear; (*Daten*) inhibir
❹ (SPORT) suspender

❺ (TYPO) espaciar
❻ (*ein-~*): **jdn in etw ~** encerrar a alguien en algo
II. *vr:* **sich ~** oponerse (*gegen* a); **sie hat sich gegen alle Vorschläge gesperrt** se cerró en banda a toda propuesta
Sperrerklärung *f* <-, -en> (JUR) declaración *f* de bloqueo; **Sperrfeuer** *nt* <-s, *ohne pl*> (MIL) fuego *m* de barrera; **Sperrfrist** *f* <-, -en> (JUR) plazo *m* de suspensión [*o* de espera]; **Sperrgebiet** *nt* <-(e)s, -e> zona *f* prohibida; **militärisches ~** zona militar; **Sperrgrundstück** *nt* <-(e)s, -e> terreno *m* vedado; **Sperrgut** *nt* <-(e)s, *ohne pl*> géneros *mpl* voluminosos, mercancía(s) *f* voluminosa(s) *(pl)*; **Sperrholz** *nt* <-es, *ohne pl*> contrachapado *m*
sperrig *adj* voluminoso, abultado
Sperrklausel *f* <-, -n> (JUR) cláusula *f* de bloqueo; **Sperrkonto** *nt* <-s, -s *o* -konten> (FIN) cuenta *f* bloqueada [*o* congelada]; **Sperrminderheit** *f* <-, -en>, **Sperrminorität** *f* <-, -en> (POL) minoría *f* de bloqueo; (WIRTSCH) minoría *f* de bloqueo
Sperrmüll *m* <-s, *ohne pl*> basura *f* voluminosa; **Sperrmüllabfuhr** *f* <-, -en> recogida *f* de basura voluminosa
Sperrpatent *nt* <-(e)s, -e> (JUR) patente *f* de obstrucción; **Sperrsitz** *m* <-es, -e> (*im Kino*) butaca *f* en las últimas filas; (*im Zirkus, Theater*) butaca *f* en las primeras filas; **Sperrstunde** *f* <-, -n> hora *f* de cierre
Sperrung *f* <-, -en> ❶ (*einer Straße*) cierre *m*, corte *m*
❷ (*Verbot*) prohibición *f*, bloqueo *m*
❸ (*des Stroms, Telefons*) corte *m*; (*von Geldern, Konten*) bloqueo *m*
❹ (SPORT) suspensión *f*
Sperrvermerk *m* <-(e)s, -e> nota *f* de no negociabilidad, nota *f* de bloqueo; **Sperrwirkung** *f* <-, -en> efecto *m* del bloqueo
Spesen [ˈʃpeːzən] *pl* dietas *fpl*, gastos *mpl* reembolsados por la empresa; **auf ~ essen/reisen** comer/viajar por cuenta de la empresa; **außer ~ nichts gewesen** (*fam*) no ha valido la pena
Spesenabrechnung *f* <-, -en> liquidación *f* de gastos; **Spesenkonto** *nt* <-s, -konten> cuenta *f* de gastos
Spessart [ˈʃpɛsart] *m* <-s> Spessart *m*
Speyer [ˈʃpaɪɐ] *nt* <-s> Espira *f*, Spira *f*
Spezi¹ [ˈʃpeːtsi] *m* <-s, -(s)> (*südd: fam: Kumpel*) colegilla *mf*, amiguete *m*
Spezi² *m o nt* <-s, -(s)> (*fam: Getränk*) refresco *m* a base de limonada y coca-cola
Spezialanfertigung [ʃpeˈtsjaːl-] *f* <-, -en> fabricación *f* especial; **Spezialausbildung** *f* <-, -en> formación *f* especial; **Spezialausführung** *f* <-, -en> modelo *m* especial; **Spezialeffekt** *m* <-(e)s, -e> (FILM) efecto *m* especial; **Spezialfall** *m* <-(e)s, -fälle> caso *m* especial; **Spezialgebiet** *nt* <-(e)s, -e> especialidad *f*; **Spezialhandlungsvollmacht** *f* <-, -en> (JUR) poder *m* mercantil especial
spezialisieren* [ʃpetsjaliˈtsiːrən] *vr:* **sich ~** especializarse (*auf* en); **ich habe mich auf Datenbanken spezialisiert** me especialicé en bancos de datos
Spezialisierung *f* <-, -en> especialización *f*
Spezialisierungskartell *nt* <-s, -e> cártel *m* de especialización
Spezialist(in) [ʃpetsjaˈlɪst] *m(f)* <-en, -en; -, -nen> especialista *mf* (*für* en); **er ist vielleicht ein ~!** (*fam*) ¡qué tío más inteligente!
Spezialität [ʃpetsjaliˈtɛːt] *f* <-, -en> especialidad *f*; **eine ~ des Hauses** una especialidad de la casa; **ihre ~ sind Linolschnitte** lo suyo son los grabados en linóleo
Spezialitätsprinzip *nt* <-, *ohne pl*> principio *m* de la especialidad
Spezialmarkt *m* <-(e)s, -märkte> mercado *m* especial; **Spezialprävention** *f* <-, -en> (JUR) prevención *f* especial; **Spezialvollmacht** *f* <-, -en> (JUR) poder *m* especial
speziell [ʃpeˈtsjɛl] *adj* especial, particular; **auf ~en Wunsch** a petición especial; **auf dein/Ihr ganz S~es!** (*fam*) ¡a tu/su salud!
Spezies [ˈʃpeːtsjɛs, *pl:* ˈʃpeːtsjeːs] *f* <-, -> (BIOL) especie *f*; **eine besondere ~ Mensch** un tipo de persona muy particular
Spezieskauf *m* <-(e)s, -käufe> (JUR) compraventa *f* de cosa específica; **Speziesschuld** *f* <-, *ohne pl*> (JUR: *Stückschuld*) obligación *f* de cosa específica [*o* de cosa cierta y determinada]
Spezifikation *f* <-, -en> (INFOR) especificación *f*
Spezifikationskauf *m* <-(e)s, -käufe> (JUR, WIRTSCH) compraventa *f* de cosa mueble determinable por el comprador; **Spezifikationspflicht** *f* <-, *ohne pl*> (JUR, WIRTSCH) deber *m* de determinación [*o* especificación]
spezifisch [ʃpeˈtsiːfɪʃ] *adj* específico; **das ~e Gewicht** (PHYS) el peso específico; **eine ~e Besonderheit der Spanier** una singularidad específica de los españoles
spezifizieren* [ʃpetsifiˈtsiːrən] *vt* especificar, detallar
Sphäre [ˈsfɛːrə] *f* <-, -n> esfera *f*; **in höheren ~n schweben** vivir en las nubes
Sphärentheorie *f* <-, *ohne pl*> teoría *f* de las esferas
sphärisch *adj* esférico
Sphinx [sfɪŋks] *f* <-, -e> esfinge *f*

spicken ['ʃpɪkən] I. vt ① (GASTR) mechar ② (fam: reichlich versehen) llenar (mit de); **eine mit Fehlern gespickte Arbeit** un trabajo lleno de faltas; **eine mit Zitaten gespickte Rede** un discurso salpicado de citas II. vi (reg: fam: abschreiben) chuletear; **bei** [o **von**] **jdm ~** copiar de alguien

Spickzettel m <-s, -> (reg: fam) chuleta f, machete m Arg

spie [ʃpi:] 3. imp von **speien**

Spiegel ['ʃpi:gəl] m <-s, -> ① (allgemein) espejo m; **in den ~ sehen** mirarse en el espejo; **sich im ~ sehen** verse en el espejo; **im ~ der Öffentlichkeit** en el espejo de la opinión pública; **jdm den ~ vorhalten** (fig) mantener una postura crítica frente a alguien ② (MED) espéculo m ③ (Wasser~, Alkohol~) nivel m

Spiegelbild nt <-(e)s, -er> imagen f reflejada; (fig) reflejo m
spiegelbildlich adj invertido lateralmente
spiegelblank ['--'-] adj limpio como un espejo; (glänzend) brillante
Spiegelei nt <-(e)s, -er> huevo m frito
Spiegelfechterei f <-, -en> camelo m, paripé m; **ich glaube dir nichts, das ist alles ~!** ¡no te creo una palabra, todo esto es pura comedia!; **die ganze Auseinandersetzung ist nichts als ~** toda la discusión no es más que una pantomima
spiegelglatt ['--'-] adj ① (rutschig) muy resbaladizo ② (eben) liso como un espejo
spiegelgleich adj simétrico
spiegeln I. vi ① (glänzen) brillar, relucir ② (blenden) reflejar II. vt reflejar, reflectar III. vr: **sich ~** reflejarse (in en)
Spiegelreflexkamera [---'----] f <-, -s> (FOTO) cámara f de espejo
Spiegelschrank m <-(e)s, -schränke> armario m (de tocador) con espejo; **Spiegelschrift** f <-, -en> escritura f invertida; **Spiegelteleskop** nt <-s, -e> (PHYS) telescopio m reflector
Spiegelung f <-, -en> reflejo m
spiegelverkehrt adj invertido lateralmente

Spiel¹ [ʃpi:l] nt <-(e)s, -e> ① (Glücks~, Gesellschafts~, Kinder~, Vergnügen) juego m; **das ~ ist aus** se acabó; **sein Geld im ~ verlieren** perder el dinero jugando; **einen neuen Gesichtspunkt (mit) ins ~ bringen** aportar otro punto de vista; **jdm das ~ verderben** aguar la fiesta a alguien; **ein doppeltes ~ treiben** hacer juego doble; **das war ein abgekartetes ~** (fam) fue una confabulación [o conspiración]; **ein ~ mit dem Feuer treiben** jugar con el fuego; **leichtes ~ mit** [o **bei**] **jdm haben** vencer a alguien fácilmente; **dabei steht dein Ruf auf dem ~** lo que está en juego es tu buen nombre; **etw aufs ~ setzen** poner algo en juego, jugarse algo; **im ~ sein** estar en juego; **jdn/etw aus dem ~ lassen** dejar a alguien/algo fuera de juego; **für ihn ist das alles nur ~** para él todo esto sólo es un juego ② (SPORT) partido m; **das ~ endete 1:1 unentschieden** el partido acabó empatado 1 a 1; **die Olympischen ~e** los Juegos Olímpicos

Spiel² nt <-(e)s, ohne pl> ① (eines Schauspielers) interpretación f, actuación f ② (TECH) juego m, holgura f; **die Lenkung hat zu viel ~** el volante tiene demasiada holgura

Spielart f <-, -en> variante f
Spielautomat m <-en, -en> (máquina f) tragaperras f inv; **Spielautomatensteuer** f <-, -n> impuesto m sobre máquinas de juego automáticas
Spielball m <-(e)s, -bälle> ① (Ball) pelota f, balón m ② (Person) juguete m; **sie war ein ~ der Leidenschaften** era un juguete a merced de las pasiones; **Spielbank** f <-, -en> casino m; **Spielbeginn** m <-(e)s, -e> comienzo m del partido; **Spielbrett** nt <-(e)s, -er> tablero m (de juego); **Spielcomputer** m <-s, -> ordenador m de juegos, computadora f de juegos Am; **Spieldose** f <-, -n> caja f de música; **eine ~ aufziehen** darle cuerda a una caja de música
spielen ['ʃpi:lən] I. vt ① (Spiel) jugar; **spielst du Schach?** ¿juegas al ajedrez?; **Fußball ~** jugar al fútbol, jugar fútbol Am ② (Instrument) tocar; **eine Platte ~** (fam) poner un disco ③ (aufführen) dar; **was wird hier gespielt?** (fam fig) ¿qué (es lo que pasa) aquí? ④ (Rolle) representar, interpretar; **wer hat den Hamlet gespielt?** ¿quién ha interpretado a Hamlet? ⑤ (vortäuschen) hacerse, fingir; **er spielt den Unschuldigen** se hace el inocente ⑥ (Wend): **er ließ seine Beziehungen ~** tocó todos los registros II. vi ① (Spiel, a. SPORT) jugar; **er spielt um hohe Summen** juega grandes sumas; **auf Zeit/Sieg ~** jugar contra el reloj/a ganar; **wir haben 1:1 gespielt** empatamos 1 a 1; **wir ~ morgen in Köln gegen Aachen** mañana tenemos un partido en Colonia contra el Aquisgrán; **mit dem Feuer ~** jugar con fuego; **mit dem Gedanken ~ zu ...** jugar con la idea de... ② (herum~) juguetear; **sie spielte mit** [o **an**] **ihrer Kette** jugueteaba con su collar ③ (sich zutragen) desarrollarse (in en), tener lugar (in en) ④ (Radio, Plattenspieler) estar encendido, estar sonando

spielend adv (problemlos) fácilmente, sin esfuerzo; **das schaffst du doch ~** puedes conseguirlo sin dificultad (alguna)
Spielende nt <-s. -s> (SPORT) final m del partido; (Gesellschaftsspiel) final m de la partida; **das ~ ist erreicht, wenn der erste Spieler ...** la partida se acaba cuando el primer jugador...
Spieler(in) m(f) <-s, -; -, -nen> jugador(a) m(f)
Spielerei¹ f <-, ohne pl> (abw: dauerndes Spielen) jugueteo m; **lass die ~!** ¡deja de juguetear!
Spielerei² f <-, -en> ① (Kleinigkeit) juego m ② (Gegenstand) chisme m
Spielerin f <-, -nen> s. **Spieler**
spielerisch adj ① (verspielt) juguetón ② (mit Leichtigkeit) como jugando ③ (SPORT): **die ~e Leistung** la actuación de los jugadores
Spielerwechsel m <-s, -> cambio m de jugadores
Spielfeld nt <-(e)s, -er> terreno m de juego, cancha f; (Tennis) pista f; **Spielfilm** m <-(e)s, -e> largometraje m; **Spielgefährte, -in** m, f <-n, -n; -, -nen> amigo, -a m, f de infancia; **als Kinder waren wir ~n, heute gehen wir uns aus dem Weg** de niños jugábamos siempre juntos, ahora nos evitamos; **Spielgeld** nt <-(e)s, ohne pl> dinero m de juguete; **Spielhalle** f <-, -n> salón m recreativo [o con máquinas de juego]; **Spielhölle** f <-, -n> (abw) salón m de juego; **Spielkamerad(in)** m(f) <-en, -en; -, -nen> compañero, -a m, f de juego; **Spielkarte** f <-, -n> naipe m; **Spielkasino** nt <-s, -s> casino m de juego; **Spielklasse** f <-, -n> (SPORT) división f, categoría f; **eine ~ aufsteigen/absteigen** subir/bajar de categoría; **die Bundesliga ist die höchste deutsche ~** la "Bundesliga" es la primera división en Alemania; **Spielleidenschaft** f <-, -en> pasión f por el juego; **Spielleiter(in)** m(f) <-s, -; -, -nen> ① (Regisseur) director(a) m(f) ② (TV) presentador(a) m(f); **Spielmacher(in)** m(f) <-s, -; -, -nen> (SPORT) líder mf del juego; **Spielmann** m <-(e)s, -leute> ① (fahrender Sänger) juglar m ② (des Spielmannszuges) miembro m de una banda de música; **Spielmarke** f <-, -n> ficha f de juego; **Spielminute** f <-, -n> (SPORT) minuto m de juego; **das Tor fiel in der 58.~** el gol tuvo lugar en el minuto 58
Spielothek [ʃpi:lo'te:k] f <-, -en> s. **Spielhalle**
Spielplan m <-(e)s, -pläne> (THEAT) programa m, cartelera f; **auf dem ~ stehen** estar en cartel; **Spielplatz** m <-es, -plätze> parque m infantil; **Spielraum** m <-(e)s, ohne pl> espacio m, libertad f de movimiento; (fig) margen m
Spielraumtheorie f <-, ohne pl> teoría f del margen de tolerancia
Spielregel f <-, -n> regla f de juego; **Spielsachen** fpl juguetes mpl; **Spielschuld** f <-, -en> deuda f de juego; **Spielstand** m <-(e)s, -stände> (SPORT) tanteo m; **wie ist denn der ~?** ¿cómo va el juego?; **beim ~ von 1 zu 1 ...** con el marcador uno a uno...; **Spielsucht** f <-, ohne pl> ludopatía f, adicción f al juego; **Spielsüchtige(r)** mf <-n, -n; -n, -n> ludópata m; **Spieltisch** m <-(e)s, -e> mesa f de juego; **Spieltrieb** m <-(e)s, ohne pl> instinto m lúdico; **Spieluhr** f <-, -en> reloj m de música; **Spielverbot** nt <-(e)s, -e> (SPORT) suspensión f; **Spielverderber(in)** m(f) <-s, -; -, -nen> aguafiestas mf inv
Spielwaren fpl juguetes mpl; **Spielwarengeschäft** nt <-(e)s, -e> juguetería f, tienda f de juguetes
Spielwiese f <-, -n> campo m de juegos; **Spielzeit** f <-, -en> ① (THEAT) temporada f (de teatro); (FILM) período m en el cual una película está en cartelera ② (SPORT) duración f del partido; **nach einer ~ von 30 Minuten** después de 30 minutos de juego; **Spielzeug** nt <-(e)s, -e> juguete m
Spieß [ʃpi:s] m <-es, -e> ① (Waffe) pica f, lanza f, picana f SAm; **den ~ umdrehen** [o **umkehren**] (fam) volver la tortilla; **wie am ~ schreien** (fam) gritar como un poseso ② (Brat~) asador m, broqueta f, brocheta f ③ (Speise) pincho m, pinchito m
Spießbraten m <-s, -> pincho m (moruno)
Spießbürger(in) m(f) <-s, -; -, -nen> (abw) burgués, -esa m, f
spießbürgerlich adj (abw) burgués
spießen ['ʃpi:sən] vt clavar (auf en), espetar (auf con); **etw auf etw ~** (auf einen (Brat)spieß) clavar algo en algo, espetar algo con algo; (auf eine Gabel, einen Zahnstocher) pinchar algo con algo; **eine Olive auf die Gabel ~** pinchar una aceituna con el tenedor
Spießer(in) m(f) <-s, -; -, -nen> (fam abw) burgués, -esa m, f
Spießgeselle, -in m, f <-n, -n; -, -nen> ① (abw: Komplize) cómplice mf, compinche mf ② (fam: Kamerad) compañero, -a m, f
spießig adj (fam abw) burgués

Spießrute f <-, -n>: **~n laufen** (MIL) pasar por la baqueta; (fig) verse expuesto a la vergüenza pública [o a las miradas de los curiosos]
Spikes ['ʃpaɪks] mpl ❶ (Metalldornen, -stifte) clavos mpl, púas fpl ❷ (Sportschuhe) zapatillas fpl con clavos ❸ (Reifen) neumáticos mpl claveteados [o con púas] ❹ (ELEK, INFOR) picos mpl, spikes mpl
Spinat [ʃpi'na:t] m <-(e)s, -e> espinaca f; **er mag keinen ~** no le gustan las espinacas
Spind [ʃpɪnt] m o nt <-(e)s, -e> taquilla f, armarito m
Spindel ['ʃpɪndəl] f <-, -n> ❶ (am Spinnrad) huso m ❷ (ARCHIT) eje m ❸ (TECH) husillo m
spindeldürr ['---] adj flaco; **~ sein** estar en los huesos
Spinett [ʃpi'nɛt] nt <-(e)s, -e> espineta f
Spinnaker ['ʃpɪnake] m <-s, -> (NAUT) balón m
Spinne ['ʃpɪnə] f <-, -n> araña f; **pfui ~!** (fam) ¡qué asco!
Spinnefeind[RR] ['---] (fam): **~ sein** andar como el perro y el gato
spinnen ['ʃpɪnən] <spinnt, spann, gesponnen> I. vi ❶ (Garn) hilar ❷ (fam abw: verrückt sein) estar loco; **du spinnst ja!** ¡estás loco!; **ich glaub ich spinne!** ¡no me lo puedo creer! II. vt ❶ (Garn) hilar ❷ (Spinne) tejer
Spinnennetz nt <-es, -e> tela f de araña, telaraña f; **Spinnentier** nt <-(e)s, -e> arácnido m
Spinner(in) m(f) <-s, -; -, -nen> ❶ (Beruf) hilandero, -a m, f ❷ (fam abw: Verrückter) loco, -a m, f, chiflado, -a m, f
Spinnerei[1] f <-, ohne pl> ❶ (das Garnspinnen) hilado m ❷ (Verrücktsein) locura f, chifladura f
Spinnerei[2] f <-, -en> ❶ (Betrieb) hilandería f ❷ (fam abw: Unsinn) locura f, chifladura f
Spinnerin f <-, -nen> s. **Spinner**
Spinngewebe nt <-s, -> telaraña f; **Spinnmaschine** f <-, -n> hiladora f, máquina f de hilar; **Spinnrad** nt <-(e)s, -räder> rueca f; **Spinnrocken** m <-s, -> rueca f; **Spinnwebe** f <-, -n> telaraña f
Spin-off m <-s, -s> producto m secundario
Spion[1] [ʃpi'o:n] m <-s, -e> (Guckloch) mirilla f
Spion(in)[2] m(f) <-s, -e; -, -nen> (Agent) espía mf
Spionage [ʃpio'na:ʒə] f <-, ohne pl> espionaje m; **für jdn ~ treiben** espiar para alguien
Spionageabwehr f <-, ohne pl> contraespionaje m; **Spionagenetz** nt <-es, -e>, **Spionagering** m <-(e)s, -e> red f de espionaje; **Spionagezwecke** mpl: **zu ~n** por cuestiones de espionaje
spionieren* [ʃpio'ni:rən] vi espiar
Spionin f <-, -nen> s. **Spion**[2]
Spiralblock m <-(e)s, -blöcke> bloc m (de notas) con espiral
Spirale [ʃpi'ra:lə] f <-, -n> ❶ (Linie) espiral f ❷ (fam: zur Empfängnisverhütung) DIU m
Spiralfeder f <-, -n> muelle m en espiral
spiralförmig [-fœrmɪç] adj en espiral, helicoidal
Spiralhefter m <-s, -> clasificador m con espiral; **Spiralnebel** m <-s, -> (ASTR) nebulosa f espiral
Spiritismus [ʃpiri'tɪsmʊs, spiri-] m <-, ohne pl> espiritismo m
Spiritist(in) [ʃpiri'tɪst, spiri-] m(f) <-en, -en; -, -nen> espiritista mf
spiritistisch adj espiritista
spirituell [ʃpiritu'ɛl, spiri-] adj espiritual
Spirituose f <-, -n> bebida f alcohólica
Spiritus ['ʃpi:ritʊs] m <-, -se> alcohol m (de quemar)
Spiritusbrenner m <-s, ->, **Spirituskocher** m <-s, -> infiernillo m de alcohol, reverbero m Am; **Spirituslampe** f <-, -n> lámpara f de alcohol
Spital [ʃpi'ta:l, pl: ʃpi'tɛ:lə] nt <-s, -täler> (Schweiz) hospital m
spitz [ʃpɪts] adj ❶ (Gegenstand, a. MATH) agudo, puntiagudo; (Nase, Kinn) afilado, delgado ❷ (Geräusch) agudo ❸ (spöttisch) mordaz, agudo; **~e Bemerkungen machen** hacer comentarios agudos; **eine ~e Zunge haben** (fig) tener una lengua muy afilada ❹ (fam: scharf) codicioso (auf de), deseoso (auf de)
Spitz [ʃpɪts] m <-es, -e> (ZOOL) lulú m
Spitzbart m <-(e)s, -bärte> perilla f; **Spitzbauch** m <-(e)s, -bäuche> panza f
spitzbekommen irr vt (fam): **etw ~** enterarse de algo
Spitzbogen m <-s, -bögen> (ARCHIT) ojiva f
Spitzbube, -bübin m <-n, -n; -, -nen> ❶ (abw: Betrüger) ladrón, -ona m, f, ratero, -a m, f ❷ (fam: Schelm) pícaro, -a m, f, pillo, -a m, f, cipote m MAm
spitzbübisch [-by:bɪʃ] adj pícaro, pillo
Spitze ['ʃpɪtsə] f <-, -n> ❶ (eines Gegenstandes) punta f; **auf der ~ stehen** estar sobre la punta; **und das ist erst die ~ des Eisbergs!** ¡y eso es sólo la punta del iceberg!; **etw auf die ~ treiben** llevar algo al extremo; **einem Vorwurf die ~ nehmen** quitar importancia a un reproche ❷ (Berg~) cima f, cumbre f ❸ (Führung) cabeza f; (von Unternehmen) dirección f; **an der ~ stehen/liegen** estar a la cabeza; **sich an die ~ setzen, die ~ übernehmen** ponerse a la cabeza ❹ (Gewebe) encaje m ❺ (Stichelei) indirecta f; **das ist eine ~ gegen sie** es una indirecta contra ella ❻ (Höchstwert, das Höchste) máximo m, punta f; **der Wagen fährt 200 ~** (fam) este coche alcanza una velocidad punta de 200 kms/h; **jd/etw ist ~** (fam) alguien/algo es de primera; **~!** (fam) ¡estupendo!, ¡genial!, ¡guay! fam ❼ (Zigaretten~) boquilla f
Spitzel ['ʃpɪtsəl] m <-s, -> (abw) espía mf, soplón, -ona m, f
spitzeln vi (abw) espiar
spitzen ['ʃpɪtsən] vt afilar, aguzar, sacar punta (a); **die Ohren ~** aguzar el oído; **den Mund ~** poner morros
Spitzenaktie f <-, -n> (FIN) acción f de punta; **Spitzenangebot** nt <-(e)s, -e> oferta f máxima; **Spitzenbedarf** m <-(e)s, ohne pl> consumo m máximo (an de), demanda f máxima (an de); **Spitzenbelastung** f <-, -en> carga f máxima; **Spitzenbetrag** m <-(e)s, -träge> saldo m; **Spitzenerzeugnis** nt <-ses, -se> (WIRTSCH) producto m de primera calidad; **Spitzengehalt** nt <-(e)s, -hälter> sueldo m elevado [o máximo]; **Spitzengeschwindigkeit** f <-, -en> velocidad f máxima [o punta]; **Spitzengespräch** nt <-(e)s, -e> (WIRTSCH) conversación f en la cumbre; **Spitzengruppe** f <-, -n> (SPORT) grupo m de cabeza; **Spitzenkandidat(in)** m(f) <-en, -en; -, -nen> candidato, -a m, f principal, cabeza mf de lista; **Spitzenklasse** f <-, -n> primera categoría f; **dieser Wein ist ~** este vino es de primera categoría
Spitzenkleid nt <-(e)s, -er> vestido m de encajes
Spitzenleistung f <-, -en> ❶ (Leistung) rendimiento m máximo ❷ (SPORT: Rekord) récord m; **Spitzenlohn** m <-(e)s, -löhne> salario m máximo
spitzenmäßig adj (fam) guay, tope, genial
Spitzenpapier nt <-(e)s, -e> papel m con puntilla [o encaje]; **Spitzenpolitiker(in)** m(f) <-s, -; -, -nen> político mf con mucha clase; **Spitzenqualität** f <-, -en> calidad f suprema; **Spitzenreiter** m <-s, -> (Ware, Schlager) éxito m; (SPORT) líder m; **Spitzensportler(in)** m(f) <-s, -; -, -nen> deportista mf de gran clase; **Spitzensteuersatz** m <-es, -sätze> tipo m máximo de gravamen, tipo m impositivo (más alto); **Spitzentechnologie** f <-, ohne pl> alta tecnología f, última tecnología f; **Spitzenumsatz** m <-es, -sätze> volumen m máximo de ventas; **Spitzenverband** m <-(e)s, -bände> (WIRTSCH) asociación f central, federación f central; **Spitzenverdiener(in)** m(f) <-s, -; -, -nen> persona f con ingresos elevados; **Spitzenverdienst** m <-es, -e> ingresos mpl elevados; **Spitzenwert** m <-(e)s, -e> valor m máximo; **Spitzenzeit** f <-, -en> ❶ (im Verkehr) hora f punta ❷ (SPORT) tiempo m récord
Spitzer m <-s, -> (fam) sacapuntas m inv
spitzfindig adj (abw) sutil
Spitzfindigkeit[1] f <-, ohne pl> (das Spitzfindigsein) sutileza f
Spitzfindigkeit[2] f <-, -en> (Bermerkung) sutileza f
Spitzhacke f <-, -n> pico m; **Spitzkehre** f <-, -n> ❶ (Haarnadelkurve) curva f muy cerrada ❷ (SPORT: Skifahren) giro m de 180 grados
spitzkriegen vt (fam) descubrir, enterarse (de)
Spitzmaus f <-, -mäuse> musaraña f
Spitzname m <-ns, -n> apodo m, sobrenombre m
Spitzwegerich m <-s, -e> (BOT) llantén m menor
spitzwinklig adj de ángulo agudo, acutángulo; **~ abzweigen/einmünden** bifurcarse/desembocar en un ángulo muy agudo
Spleen [ʃpli:n] m <-s, -e o -s> manía f, capricho m; **das ist so ein ~ von ihr** es una manía suya; **du hast ja einen ~!** ¡vaya manía que te ha dado!
spleenig adj maniático, caprichoso
Splint[1] [ʃplɪnt] m <-(e)s, -e> (TECH) clavija f hendida, chaveta f partida
Splint[2] m <-(e)s, ohne pl> (weiches Holz) albura f
Splitt [ʃplɪt] m <-(e)s, -e> grava f, gravilla f
Splitter ['ʃplɪtɐ] m <-s, -> (Holz~) astilla f; (Glas-/Knochen~) esquirla f; (Granaten~) metralla f; **die Hand voller ~ haben** tener la mano llena de cristales
Splitterbombe f <-, -n> (MIL) bomba f de metralla
splitterfasernackt adj (fam) en cueros, en porretas
Splittergruppe f <-, -n> grupúsculo m
splittern ['ʃplɪtɐn] vi sein ❶ (zerbrechen) hacerse pedazos ❷ (Holz) astillarse
splitternackt adj (fam) en cueros (vivos), en pelota(s)
Splitterpartei f <-, -en> partido m minúsculo; **Splittersiedlung** f

<-, -en> población *f* dispersa
Splitting¹ ['ʃplɪtɪŋ, 'splɪtɪŋ] *nt* <-s, *ohne pl*> (FIN) partición *f*
Splitting² *nt* <-s, -s> (POL) segregación *f*, separación *f*
Splittingtarif *m* <-s, *ohne pl*> (FIN) (tarifa *f* para la) declaración *f* individual
SPÖ [ɛspeː'ʔøː] *f Abk. von* **Sozialistische Partei Österreichs** Partido *m* Socialista Austriaco
Spoiler ['ʃpɔɪlɐ] *m* <-s, -> (AUTO) spoiler *m*, alerón *m*
sponsern ['ʃpɔnzɐn] *vt* patrocinar, sponsorizar
Sponsor(in) ['ʃpɔnzɐ, ʃpɔnzoːrə] *m(f)* <-s, -en; -, -nen> promotor(a) *m(f)*, patrocinador(a) *m(f)*, propiciador(a) *m(f) Am*
Sponsoring ['ʃpɔnzɔrɪŋ, 'spɔnzɔrɪŋ] *nt* <-s, *ohne pl*> patrocinamiento *m*, sponsoring *m*
spontan [ʃpɔn'taːn] *adj* espontáneo
Spontaneität [ʃpɔntaneiɛˈtɛːt] *f* <-, *ohne pl*> espontaneidad *f*
Spontankauf *m* <-(e)s, -käufe> compra *f* impulsiva; **Spontanversammlung** *f* <-, -en> reunión *f* espontánea
Spooler *m* <-s, -> (INFOR) spooler *m*, integrador *m*
sporadisch [ʃpoˈraːdɪʃ] **I.** *adj* esporádico
II. *adv* de vez en cuando
Spore ['ʃpoːrə] *f* <-, -n> (BOT) espora *f*
Sporen *mpl* espuelas *fpl*; **einem Pferd die ~ geben** espolear al caballo; **sich** *dat* **die (ersten) ~ verdienen** cosechar los primeros éxitos
Sport [ʃpɔrt] *m* <-(e)s, *ohne pl*> deporte *m*; (*als Schulfach*) educación *f* física; **~ treiben** practicar deportes; **sich** *dat* **eine ~ daraus machen, etw zu tun** (*fam*) dedicarse a hacer (repetidamente) algo por fastidiar
Sportabzeichen *nt* <-s, -> insignia *f* deportiva; **Sportanzug** *m* <-(e)s, -züge> chándal *m*; **Sportart** *f* <-, -en> disciplina *f* (deportiva); **Sportartikel** *m* <-s, -> artículo *m* deportivo; **gibt es hier in der Nähe ein Geschäft für ~?** ¿hay cerca de aquí una tienda de deportes?; **Sportarzt, -ärztin** *m, f* <-(e)s, -ärzte; -, -nen> médico, -a *m, f* deportivo, -a; **Sportbericht** *m* <-(e)s, -e> crónica *f* deportiva; **Sportbund** *m* <-(e)s, -bünde> federación *f* deportiva; **der Deutsche ~** la Federación del Deporte Alemán; **Sportfest** *nt* <-(e)s, -e> festival *m* deportivo; **Sportflugzeug** *nt* <-(e)s, -e> (AERO) avión *m* deportivo; **Sportgerät** *nt* <-(e)s, -e> aparato *m* para el deporte; **Sportgeschäft** *nt* <-(e)s, -e> tienda *f* de artículos de deporte; **Sporthalle** *f* <-, -n> gimnasio *m*, pabellón *m* de deportes; **Sporthemd** *nt* <-(e)s, -en> camiseta *f* de deporte [*o* deportiva]; **Sporthochschule** *f* <-, -n> escuela *f* superior de educación física
sportiv [ʃpɔrˈtiːf] *adj* deportivo, de apariencia deportiva
Sportkleidung *f* <-, -en> ropa *f* deportiva; **Sportklub** *m* <-s, -s> club *m* deportivo; **Sportlehrer(in)** *m(f)* <-s, -; -, -nen> profesor(a) *m(f)* de educación física
Sportler(in) ['ʃpɔrtlɐ] *m(f)* <-s, -; -, -nen> deportista *mf*
sportlich ['ʃpɔrtlɪç] *adj* deportivo; (*fair*) justo; **sich ~ betätigen** hacer deporte; **~e Kleidung** ropa deportiva; **~es Verhalten** comportamiento deportivo
Sportlichkeit *f* <-, *ohne pl*> ① (*Trainiertheit*) condición *f* física; **jeden Morgen 70 Liegestütze? Donnerwetter, das nenne ich ~!** ¿cada mañana 70 planchas? ¡jolín, eso sí que es estar en forma!; **regelmäßiger Skilanglauf ist das Geheimnis ihrer ~** la práctica regular del esquí de fondo es el secreto de su aspecto atlético
② (*Fairness*) deportividad *f*
Sportmedizin *f* <-, *ohne pl*> medicina *f* deportiva; **Sportmeldung** *f* <-, -en> noticia *f* deportiva [*o* del deporte]; **Sportnachrichten** *fpl* (RADIO, TV) noticias *fpl* deportivas; **Sportplatz** *m* <-es, -plätze> campo *m* de deportes; **Sportschuh** *m* <-(e)s, -e> ① (*Turnschuh*) zapatilla *f* de deportes ② (*sportlicher Schuh*) (zapatillas *fpl*) deportivas *fpl*
Sportsfreund *m* <-(e)s, -e> (*fam*): **so haben wir nicht gewettet, ~, das war nur geliehen!** ¡eso no es lo que acordamos, amigo mío, sólo te lo presté!; **hallo, ~, haste mal 'ne Mark für mich?** oye, tú, ¿no tendrías un marco para mí?
Sportunfall *m* <-(e)s, -fälle> accidente *m* deportivo; **Sportveranstaltung** *f* <-, -en> acto *m* deportivo; **Sportverein** *m* <-(e)s, -e> club *m* deportivo; **Sportwagen** *m* <-s, -> ① (*Auto*) coche *m* deportivo ② (*Kinderwagen*) cochecito *m*, carrito *m*; **Sportzeitung** *f* <-, -en> periódico *m* deportivo
Spot [ʃpɔt] *m* <-s, -s> spot *m*, anuncio *m*, aviso *m Am*
Spotgeschäft *nt* <-(e)s, -e> (WIRTSCH) negocio *m* de ocasión, negocio *m* irrisorio; **Spotmarkt** *m* <-(e)s, -märkte> (WIRTSCH) mercado *m* al contado
Spott [ʃpɔt] *m* <-(e)s, *ohne pl*> burla *f*, escarnio *m*, ganga *f Mex*, cacho *m MAm*; **mit jdm seinen ~ treiben** burlarse [*o* mofarse] de alguien
Spottbild *nt* <-(e)s, -er> caricatura *f*
spottbillig ['-'--] **I.** *adj* (*fam*) tirado, regalado, botado
II. *adv* (*fam*) a precio tirado [*o* regalado]
Spöttelei¹ [ʃpœtəˈlaɪ] *f* <-, *ohne pl*> (*das Spötteln*) burla *f*, guasa *f*
Spöttelei² *f* <-, -en> (*Bemerkung*) burla *f*, guasa *f*

spötteln ['ʃpœtəln] *vi* hacer comentarios irónicos; (*sagen*) decir irónicamente; **über jdn ~** burlarse de alguien
spotten ['ʃpɔtən] *vi* mofarse (*über* de), burlarse (*über* de); **das spottet jeder Beschreibung** (*geh*) esto es indescriptible
Spötter(in) ['ʃpœtɐ] *m(f)* <-s, -; -, -nen> burlón, -ona *m, f*, socarrón, -ona *m, f*
spöttisch *adj* burlón, socarrón
Spottpreis *m* <-es, -e> (*fam*) precio *m* tirado [*o* regalado]; **etw zu einem ~ kaufen/bekommen** comprar/conseguir algo a precio tirado
sprach [ʃpraːx] *3. imp von* **sprechen**
Sprachatlas *m* <-(ses), -atlanten *o* -se> (LING) atlas *m inv* lingüístico
Sprachbarriere *f* <-, -n> barrera *f* lingüística; **die Integration von Ausländern scheitert oft an den ~n** la integración de los extranjeros fracasa a menudo debido a los problemas del idioma [*o* lingüísticos]
sprachbegabt *adj* que tiene facilidad para los idiomas
Sprachbegabung *f* <-, *ohne pl*> don *m* de lenguas, facilidad *f* para los idiomas; **Sprachblockade** *f* <-, -n> (MED) bloqueo *m* de la voz; **Sprachcomputer** *m* <-s, -> ordenador *m* de lenguas, computadora *f* de lenguas *Am*
Sprache¹ ['ʃpraːxə] *f* <-, -n> (*Sprachsystem*) lengua *f*, idioma *m*; **in italienischer ~** en lengua italiana; **die ~ der Musik** la lengua de la música; **lebende/tote ~** lengua viva/muerta; **das spricht eine deutliche ~** eso habla por sí mismo
Sprache² *f* <-, *ohne pl*> (*Ausdrucksweise*) lenguaje *m*; (*Sprechfähigkeit*) habla *f*; **die ~ auf ein Thema bringen** abordar un tema; **etw zur ~ bringen** poner algo sobre la mesa; **jdm bleibt die ~ weg** alguien se queda sin habla; **die ~ wieder finden** recobrar el habla; **heraus mit der ~!** (*fam*) ¡desembucha ya!
Sprachebene *f* <-, -n> nivel *m* lingüístico; **Spracherkennung** *f* <-, *ohne pl*> (INFOR) reconocimiento *m* de voz; **Spracherwerb** *m* <-(e)s, *ohne pl*> adquisición *f* de lenguas; **Sprachfamilie** *f* <-, -n> familia *f* lingüística [*o* de lenguas]; **Sprachfehler** *m* <-s, -> defecto *m* de articulación; **Sprachforscher(in)** *m(f)* <-s, -; -, -nen> lingüista *mf*; **Sprachforschung** *f* <-, *ohne pl*> lingüística *f*; **Sprachführer** *m* <-s, -> manual *m* de conversación; **Sprachgebrauch** *m* <-(e)s, *ohne pl*> uso *m* del idioma; **Sprachgefühl** *nt* <-(e)s, *ohne pl*> sentido *m* lingüístico, intuición *f* lingüística; **Sprachgeschichte** *f* <-, *ohne pl*> historia *f* de la lengua; **Sprachgrenze** *f* <-, -n> frontera *f* lingüística; **Sprachkanal** *m* <-s, -näle> (INFOR, TEL) canal *m* de voz; **Sprachkenntnisse** *fpl* conocimientos *mpl* de idioma; **mit spanischen ~n** con conocimientos de español; **Sprachkompetenz** *f* <-, *ohne pl*> (LING) competencia *f*
sprachkundig *adj* versado en idiomas, políglota
Sprachkurs *m* <-es, -e> curso *m* de idioma; **Sprachlabor** *nt* <-s, -e> laboratorio *m* de idiomas; **Sprachlehre** *f* <-, -n> gramática *f*; **Sprachlehrer(in)** *m(f)* <-s, -; -, -nen> profesor(a) *m(f)* de idiomas
sprachlich *adj* lingüístico, de la lengua; **~es Handeln** relaciones lingüísticas
sprachlos *adj*: **~ sein** quedarse sin habla
Sprachlosigkeit *f* <-, *ohne pl*> estupefacción *f*; **vor lauter ~ sagte sie gar nichts mehr** se quedó tan estupefacta que ya no volvió a abrir la boca
Sprachraum *m* <-(e)s, -räume> área *f* lingüística; **im deutschen ~** en los países de habla alemana; **Sprachregelung** *f* <-, -en> *instrucción oficial acerca del tratamiento deseado que se ha de conceder a un tema ante la opinión pública*; **Sprachreise** *f* <-, -n> viaje *m* para aprender un idioma; **Sprachrohr** *nt* <-(e)s, -e> megáfono *m*; (*fig*) portavoz *mf*; **sich zum ~ der Rechtlosen machen** erigirse en portavoz de los desamparados; **Sprachschule** *f* <-, -n> escuela *f* de idiomas, academia *f* de idiomas; **Sprachstörung** *f* <-, -en> trastorno *m* de fonación
Sprachstudium¹ *nt* <-s, -studien> (*Erforschung*) estudio *m* de idiomas
Sprachstudium² *nt* <-s, *ohne pl*> (*akademische Ausbildung*) carrera *f* de filología
Sprachsystem *nt* <-s, -e> (LING) sistema *m* lingüístico; **Sprachtherapeut(in)** *m(f)* <-en, -en; -, -nen> (MED) logopeda *mf*; **Sprachtherapie** *f* <-, -n> (MED) logopedia *f*; **Sprachübung** *f* <-, -en> (SCH, UNIV) (clases *fpl*) prácticas *fpl* de un idioma; **Sprachunterricht** *m* <-(e)s, -e> (SCH) clase *f* de idiomas; **Pauschalreisen mit integriertem ~** viajes organizados con cursos de idiomas inclusive; **Sprachurlaub** *m* <-s, -e> vacaciones *fpl* para aprender un idioma; **Sprachwandel** *m* <-s, *ohne pl*> (LING) cambio *m* lingüístico; **Sprachwissenschaft** *f* <-, *ohne pl*> lingüística *f*; **Sprachwissenschaftler(in)** *m(f)* <-s, -; -, -nen> lingüista *mf*
sprachwissenschaftlich *adj* lingüístico
Sprachzentrum *nt* <-s, *ohne pl*> (ANAT) centro *m* del lenguaje
sprang [ʃpraŋ] *3. imp von* **springen**
Spray [ʃpreː, ʃpreɪ, spreɪ] *m o nt* <-s, -s> (e)spray *m*
Spraydose *f* <-, -n> envase *m* aerosol, pulverizador *m*

sprayen ['ʃprɛɪən, 'sprɛɪən] I. vi echar (e)spray (*gegen* contra) II. vt echar (e)spray (en)
Sprechanlage f <-, -n> intercomunicador m; (*an der Haustür*) portero m automático; **Sprechblase** f <-, -n> (*in Comics*) bocadillo m; **Sprechchor** m <-(e)s, -chöre> coro m (de voces); **im ~ rufen** gritar al unísono
sprechen ['ʃprɛçən] <spricht, sprach, gesprochen> I. vi hablar (*von/über* de/sobre); (*sich unterhalten*) conversar (*von/über* de/sobre); **wer spricht?** (*am Telefon*) ¿de parte de quién?; **~ Sie!** ¡hable!; **deutlich ~** pronunciar bien; **kann ich mit dem Chef ~?** ¿puedo hablar con el jefe?; **~ wir von etwas anderem** hablemos de otra cosa; **sie sprach davon, das Land zu verlassen** habló de salir del país; **darüber spricht man nicht** de eso no se habla; **ins Mikrofon ~** hablar por el micrófono; **sie sprach frei** improvisó un discurso; **spanisch** [*o* **Spanisch**] **~** hablar español; **ich bin (für ihn) nicht zu ~** no estoy (para él); **das spricht für ihre Intelligenz** es una prueba de su inteligencia; **es sprach alles gegen ihn** todo estaba en su contra; **sie ist nicht gut auf mich zu ~** no quiere oír hablar de mí; **wir ~ uns noch!** ¡ya nos veremos las caras!; **aus seinen Augen sprach Entsetzen** en sus ojos se leía el espanto II. vt hablar; (*sagen*) decir; **jdn ~** hablar con alguien; **kann ich Sie einen Augenblick ~?** ¿podría hablar con Ud. un momento?; **mehrere Sprachen ~** hablar varios idiomas; **das Urteil ~** dictar sentencia; **ein Machtwort ~** imponer su autoridad; **er spricht die Nachrichten im Radio** es el locutor de [*o* **que da**] las noticias de la radio
Sprechen nt <-s, *ohne pl*> ❶ (*die menschliche Sprache*) habla f; **jdm das ~ beibringen** enseñar a alguien a hablar
❷ (*das Reden*) hablar m; **sich im ~ einer Fremdsprache üben** hacer ejercicios orales en un idioma extranjero; **jdn am ~ hindern** impedir a alguien que hable; **jdn zum ~ bringen** hacer hablar a alguien
sprechend adj ❶ (*Teddybär, Puppe*) que habla; **ein ~er Vogel** un pájaro que habla [*o* parlante]
❷ (*Augen, Miene*) expresivo, elocuente
Sprecher(in) m(f) <-s, -; -, -nen> (*Redner*) orador(a) m(f), conferenciante mf; (TV, RADIO) locutor(a) m(f); (*Wortführer, Presse~*) portavoz mf, vocero mf Am; **sich zum ~ von jdm/etw machen** erigirse en portavoz de alguien/algo
Sprecherziehung f <-, *ohne pl*> logopedia f, clases fpl de locución [*o* de pronunciación]
Sprechfunk m <-s, *ohne pl*> radiotelefonía f, telecomunicación f; (*Apparat*) radioteléfono m; **Sprechfunkgerät** nt <-(e)s, -e> radioteléfono m, walkie-talkie m; **Sprechfunkverkehr** m <-s, *ohne pl*> radiotelefonía f, telecomunicación f
Sprechmuschel f <-, -n> (TEL) (boquilla f de) micrófono m
Sprechstunde f <-, -n> ❶ (*Öffnungszeit*) horario m de atención ❷ (*Arzt*) (hora f de) consulta f; (SCH, UNIV) hora f de tutoría, atención f a alumnos; **kommen Sie bitte in meine ~** venga a mi consulta, por favor; **~ haben** pasar consulta; **Sprechstundenhilfe** f <-, -n> auxiliar mf de médico
Sprechübung f <-, -en> ejercicio m de articulación; **Sprechweise** f <-, -n> manera f de hablar, modo m de expresarse; **Sprechzeit** f <-, -en> ❶ (*für ein Gespräch*) hora f de visita ❷ (TEL) tiempo m de conversación ❸ *s.* Sprechstunde; **Sprechzimmer** nt <-s, -> despacho m; (*Arzt*) consultorio m
spreizen ['ʃpraɪtsən] I. vt (*Beine, Finger*) abrir; (*Flügel*) desplegar II. vr: **sich ~** (*sich sträuben*) oponerse (*gegen* a), resistirse (*gegen* a)
Spreizfuß m <-es, -füße> (MED) pie m con los dedos abiertos
Sprengbombe f <-, -n> bomba f explosiva
Sprengel ['ʃprɛŋəl] m <-s, -> (REL) parroquia f
sprengen ['ʃprɛŋən] I. vt ❶ (*mit Sprengstoff*) volar, dinamitar; **etw in die Luft ~** volar algo; **Eis hat die Flasche gesprengt** el hielo ha hecho reventar la botella
❷ (*Schloss, Tür*) forzar; (*Versammlung*) disolver; (*Spielbank*) desbancar
❸ (*Rasen*) regar; (*Straße, Wäsche*) rociar
II. vi sein (*geh*) galopar (*über* por); **durchs Tor ~** pasar a galope por el portal
Sprengkommando nt <-s, -s> grupo m dinamitero; **Sprengkopf** m <-(e)s, -köpfe> (MIL) cabeza f (explosiva); **nuklearer ~** cabeza nuclear; **Sprengkörper** m <-s, -> artefacto m explosivo; **Sprengkraft** f <-, *ohne pl*> fuerza f explosiva; **Sprengladung** f <-, -en> carga f explosiva; **Sprengmeister(in)** m(f) <-s, -; -, -nen> dinamitero, -a m, f; **Sprengsatz** m <-es, -sätze> carga f explosiva, artefacto m explosivo
Sprengstoff m <-(e)s, -e> explosivo m; **Sprengstoffanschlag** m <-(e)s, -schläge> atentado m con explosivos; **auf jdn/etw einen ~ verüben** cometer un atentado con explosivos contra alguien/algo; **Sprengstoffgesetz** nt <-es, -e> ley f sobre explosivos
Sprengung f <-, -en> ❶ (*Gebäude*) voladura f
❷ (*Versammlung*) disolución f
Sprengwagen m <-s, -> camión m de riego
Sprengwirkung f <-, *ohne pl*> efecto m explosivo

Sprenkel ['ʃprɛŋkəl] m <-s, -> mota f, salpicadura f
Spreu [ʃprɔɪ] f <-, *ohne pl*> granzas fpl; **die ~ vom Weizen trennen** (*geh*) separar el grano de la paja
spricht ['ʃprɪçt] 3. präs von **sprechen**
Sprichwort ['ʃprɪç-] nt <-(e)s, -wörter> refrán m, proverbio m
sprichwörtlich adj proverbial; **sein ~es Glück** su proverbial suerte
sprießen ['ʃpriːsən] <sprießt, spross *o* sprießte, gesprossen *o* gesprießt> vi sein (*geh*) brotar
Springbrunnen m <-s, -> fuente f
springen ['ʃprɪŋən] <springt, sprang, gesprungen> vi sein ❶ (*Mensch, Tier*) saltar, dar un salto; (*hüpfen*) brincar; **in die Höhe ~** dar un salto; **zur Seite ~** saltar a un lado; **über ein Hindernis ~** saltar un obstáculo; **über Bord ~** saltar por la borda; **er braucht kaum was zu sagen, schon springt sie** (*fam*) sólo hace falta que él diga algo para que ella salte; **von einem Thema zum anderen ~** saltar de un tema a otro
❷ (*Funken, Ball, a.* SPORT) saltar; **die Ampel springt auf Grün** el semáforo cambia a verde; **aus den Gleisen ~** descarrilar; **der ~de Punkt dabei ist, dass ...** el meollo [*o* el quid] de la cuestión es que...; **mir ist ein Funken ins Auge gesprungen** me ha saltado una chispa al ojo; **ins Auge ~** saltar a la vista; **für jdn eine Runde Bier ~ lassen** (*fam*) invitar a alguien a una ronda de cerveza
❸ (*Glas*) rajarse, resquebrajarse; **in Stücke ~** hacerse pedazos
❹ (*Schweiz, südd: laufen*) correr, ir (volando); **bitte, spring mal eben zum Supermarkt!** ¡échate una carrera al supermercado, por favor!
Springer[1] m <-s, -> (*beim Schach*) caballo m
Springer(in)[2] m(f) <-s, -; -, -nen> ❶ (SPORT) saltador(a) m(f)
❷ (*im Betrieb*) sustituto, -a m, f
Springerstiefel mpl botas fpl militares
Springflut f <-, -en> marea f viva; **Springreiten** nt <-s, *ohne pl*> concurso m de saltos; **Springrollo** nt <-s, -s> estor m; **Springseil** nt <-(e)s, -e> comba f, cuerda f de saltar
Sprinkler ['ʃprɪŋklɐ] m <-s, -> aspersor m
Sprinkleranlage f <-, -n> sistema m de aspersión automática
Sprint [ʃprɪnt] m <-s, -s> (SPORT) sprint m; **einen ~ einlegen** hacer un sprint
sprinten ['ʃprɪntən] vi haben *o* sein esprintar, correr a toda velocidad; **ich sprinte mal eben zum Bäcker** (*fam*) voy a la panadería de una carrera
Sprinter(in) m(f) <-s, -; -, -nen> (SPORT) velocista mf
Sprit [ʃprɪt] m <-(e)s, -e> ❶ (*fam: Benzin*) gasolina f
❷ (*fam: Schnaps*) aguardiente m
❸ (*Äthylalkohol*) etanol m, alcohol m etílico
Spritzbesteck nt <-(e)s, -e> agujas y jeringuillas fpl; **Spritzbeutel** m <-s, -> (GASTR) manga f
Spritze ['ʃprɪtsə] f <-, -n> ❶ (MED: Gerät) jeringa f, jeringuilla f; (*Injektion*) inyección f; **eine ~ geben** poner una inyección; **sie hat eine ~ bekommen** le han puesto una inyección
❷ (*Feuer~*) bomba f de incendios
❸ (*fam: Geld~*) subvención f (financiera)
spritzen ['ʃprɪtsən] I. vt ❶ (*Flüssigkeit*) salpicar; **etw auf den Boden ~** rociar el suelo con algo; **jdn nass ~** salpicar a alguien; **sich dat Soße auf die Jacke ~** salpicarse la chaqueta de salsa
❷ (*Straße, Rasen*) regar
❸ (*mit Pflanzenschutzmitteln*) tratar con pesticida
❹ (*lackieren*) barnizar con pistola
❺ (*Schmerzmittel*) inyectar
II. vi ❶ (*Fett, Mensch*) salpicar; (*aus der Pfanne*) saltar
❷ (*sein heraus~*) salir a chorro (*aus* de)
❸ (*fam: Drogen*) pincharse
Spritzenhaus nt <-es, -häuser> (*fam*) cuartel m de bomberos
Spritzer m <-s, -> ❶ (*Tropfen*) chispa f
❷ (*Fleck*) salpicadura f
spritzfertig adj listo para inyectar
spritzig adj ❶ (*Auto*) de aceleración rápida, rápido
❷ (*lebhaft*) con chispa, alegre; **~e Dialoge** diálogos animados
❸ (*Wein*) burbujeante
Spritzkanne f <-, -n> (*Schweiz*) regadera f; **Spritzkolben** m <-s, -> (CHEM) émbolo m de inyección; **Spritzkuchen** m <-s, -> buñuelo m; **Spritzlackierung** f <-, -en> barnizado m a pistola; **Spritzpistole** f <-, -n> pistola f (de pintor); **Spritztour** f <-, -en> (*fam*) escapada f; **Spritzverfahren** nt <-s, -> (CHEM) pulverización f por pistola
spröde ['ʃprøːdə] adj ❶ (*Material*) quebradizo
❷ (*Haar, Haut*) seco
❸ (*Stimme*) seco, bronco
❹ (*Thema*) seco, difícil
❺ (*Person*) reservado, bronco
Sprödigkeit f <-, *ohne pl*> ❶ (*des Materials*) fragilidad f
❷ (*spröde Art*) carácter m reservado, sequedad f

spross^{RR} [ʃprɔs], **sproß** 3. imp von **sprießen**
Spross^{RR} [ʃprɔs] m <-es, -e>, **Sproß** m <-sses, -sse> ① (junger Trieb) renuevo m, brote m
② (geh: Nachkomme) retoño m
Sprosse [ˈʃprɔsə] f <-, -n> (Leiter~) travesaño m; (Fenster~) baquetilla f, travesaño m de ventana
sprossen [ˈʃprɔsən] vi (geh) ① (Sprossen treiben) echar renuevos
② sein (sprießen) brotar
Sprossenkohl m <-(e)s, ohne pl> (Österr: Rosenkohl) col f de Bruselas
Sprossenwand f <-, -wände> (SPORT) espaldera f
Sprössling^{RR} [ˈʃprœslɪŋ] m <-s, -e>, **Spößling** m <-s, -e> (fam) retoño m
Sprotte [ˈʃprɔtə] f <-, -n> espadín m
Spruch [ʃprʊx, pl: ˈʃprʏçə] m <-(e)s, Sprüche> ① (Aus~) dicho m; (Sinn~) sentencia f, máxima f; (Motto) lema m; **Sprüche machen** [o **klopfen**] (fam abw: angeben) fanfarronear
② (Bibel~) versículo m
③ (JUR: Schieds~) fallo m arbitral; (Urteils~) sentencia f; **einen ~ fällen** dictar un fallo; **der ~ der Geschworenen** el veredicto
Spruchband nt <-(e)s, -bänder> pancarta f
Sprücheklopfer(in) m(f) <-s, -; -, -nen> (fam abw) parlanchín, -ina m, f; (Angeber) fanfarrón, -ona m, f
Spruchkörper m <-s, -> (JUR) oficio m del tribunal
spruchreif adj ① (JUR) listo para sentencia
② (zu entscheiden) a punto de decidirse; (endgültig) definitivo; (anhängig) pendiente; **die Angelegenheit ist ~** el asunto está a punto de decidirse
Spruchreife f <-, ohne pl> (JUR) conclusión f para la vista; **Spruchrichterprivileg** nt <-(e)s, -ien> (JUR) privilegio m del juez en lo civil
Sprudel [ˈʃpruːdəl] m <-s, -> agua f mineral con gas
sprudeln vi ① sein (hervorquellen) salir a borbotones (aus de); (Quelle) brotar (aus de); **der Sekt sprudelt über den Rand des Glases** la espuma del cava rebosa del vaso
② (Limonade) burbujear; (durch Kochen) hervir
③ (vor Freude) rebosar (vor de)
Sprudeltablette f <-, -n> pastilla f efervescente
Sprudler [ˈʃpruːdlɐ] m <-s, -> (Österr: Quirl) molinillo m
Sprühdose f <-, -n> spray m, atomizador m
sprühen [ˈʃpryːən] I. vi ① (Funken) saltar; (Wasser) salpicar
② (überquellen) rebosar (vor de); **sie sprühte vor guten Ideen** rebosaba de buenas ideas
II. vt echar; (zerstäuben) pulverizar; **Funken ~** echar chispas, chisporrotear; **Wasser auf die Pflanzen ~** rociar las plantas (con agua)
sprühend adj (Temperament) vivo
Sprühflasche f <-, -n> pulverizador m; **Sprühkleber** m <-s, -> pegamento m para pulverizar; **Sprühnebel** m <-s, ohne pl> pulverización f de niebla; **Sprühregen** m <-s, ohne pl> llovizna f, calabobos m, brizna f Am
Sprung [ʃprʊŋ, pl: ˈʃprʏŋə] m <-(e)s, Sprünge> ① (Bewegung, a. SPORT) salto m; (Hüpfer) brinco m; (ins Wasser) zambullida f; **zum ~ ansetzen** ponerse en posición para saltar; **auf dem ~ sein** (fam) estar con prisa; **keine großen Sprünge machen können** (fam fig) andar apretado de dinero; **ein großer ~ nach vorn** (fig) un gran paso hacia adelante; **jdm auf die Sprünge helfen** (fam) dar(le) a alguien una indicación; **auf einen ~ bei jdm vorbeischauen** (fam) pasar un rato por (la) casa de alguien; **jdm auf die Sprünge kommen** (fam) verle el plumero a alguien
② (Riss) resquebrajadura f, raja f; **einen ~ bekommen** rajarse; **der hat einen ~ in der Schüssel** (fam) éste está mal de la cabeza, a éste le falta un tornillo
sprungbereit adj preparado [o dispuesto] para saltar
Sprungbrett nt <-(e)s, -er> trampolín m; **Sprungfeder** f <-, -n> (TECH) muelle m (elástico); **Sprunggelenk** nt <-(e)s, -e> articulación f del tobillo; (beim Pferd) corvejón m; **Sprunggrube** f <-, -n> (SPORT) foso m
sprunghaft adj ① (unstet) versátil, inconstante
② (abrupt) repentino; (unerwartet) inesperado; **die Preise stiegen ~ an** los precios se dispararon
Sprunghaftigkeit f <-, ohne pl> inconstancia f, versatilidad f
Sprungrechtsbeschwerde f <-, -n> (JUR) queja f de regreso legal directo; **Sprungrevision** f <-, -en> (JUR) recurso m directo de revisión; **Sprungschanze** f <-, -n> trampolín m de saltos de esquí; **Sprungstab** m <-(e)s, -stäbe> (SPORT) pértiga f; **Sprungtaste** f <-, -n> (INFOR) tecla f rápida; **Sprungtuch** nt <-(e)s, -tücher> ① (der Feuerwehr) lona f de bomberos, tela f salvavidas ② (SPORT) lona f de saltos; **Sprungturm** m <-(e)s, -türme> (SPORT) torre f de saltos, palanca f
Spucke [ˈʃpʊkə] f <-, ohne pl> (fam) saliva f; **da bleibt mir die ~ weg** ahí me quedo pasmado
spucken [ˈʃpʊkən] I. vi ① (aus~) escupir; **in die Hände ~** (fam fig) poner manos a la obra
② (fam: zurückweisen): **auf jdn ~** tratar a alguien con desprecio; **auf etw ~** despreciar algo
③ (reg: sich übergeben) vomitar
II. vt escupir
Spucknapf m <-(e)s, -näpfe> escupidera f
Spuk [ʃpuːk] m <-(e)s, ohne pl> aparición f (de fantasmas)
spuken [ˈʃpuːkən] I. vi trasguear
II. vunpers: **hier spukt es** aquí hay fantasmas; **bei dir spukt es im Kopf** (fam) te falta un tornillo, estás mal de la cabeza
Spukgeschichte f <-, -n> cuento m de fantasmas [o de terror]; **Spukschloss**^{RR} nt <-es, -schlösser> castillo m de fantasmas [o encantado]
Spülbecken nt <-s, -> fregadero m, pileta f RíoPl
Spule [ˈʃpuːlə] f <-, -n> ① (Garn~, Film~) bobina f, carrete m
② (ELEK) bobina f
Spüle [ˈʃpyːlə] f <-, -n> fregadero m, pila f de fregar
spulen [ˈʃpuːlən] vt bobinar
spülen [ˈʃpyːlən] I. vt ① (Geschirr) fregar; (Waschmaschine) enjuagar; **du spülst, ich trockne ab** tú friegas y yo seco los platos
② (Toilette) tirar de la cadena
II. vt ① (Geschirr) fregar
② (Wäsche) aclarar, enjuagar; (Mund) enjuagar; (Wunde) lavar, limpiar
③ (anschwemmen) arrastrar a la orilla; **eine Leiche wurde an Land gespült** un cadáver fue arrastrado a la orilla; **Chemieabwässer in einen Fluss ~** arrojar las aguas residuales de la industria química a un río
Spülkasten m <-s, -kästen> depósito m (del wáter); **Spüllappen** m <-s, -> trapo m para fregar; **Spülmaschine** f <-, -n> lavavajillas m inv, lavaplatos m inv
spülmaschinenfest adj apto para lavaplatos
Spülmittel nt <-s, -> (líquido m) lavavajillas m inv; **Spülprogramm** nt <-s, -e> programa m de lavado; **Spülstein** m <-(e)s, -e>, **Spültrog** m <-(e)s, -tröge> (Schweiz) fregadero m
Spülung f <-, -en> ① (MED) irrigación f
② (Toilette: das Spülen) descarga f de agua; (Spülkasten) cisterna f; **die ~ betätigen** tirar de la cadena
Spülwasser nt <-s, ohne pl> agua f de fregar
Spulwurm m <-(e)s, -würmer> ascáride f, lombriz f fam, piduye m Chil
Spund¹ [ʃpʊnt, pl: ˈʃpʏndə] m <-(e)s, Spünde o -e> (Verschluss) tapón m, bitoque m
Spund² m <-(e)s, -e> (fam: Mensch): **junger ~** tarugo m
Spundloch nt <-(e)s, -löcher> canillero m
Spunten [ˈʃpʊntən] m <-s, -> (Schweiz) ① (Spund) tapón m
② (Wirtschaft) taberna f
Spur [ʃpuːɐ̯] f <-, -en> ① (Abdruck, Anzeichen) rastro m, huella f; (Fährte) pista f; **eine heiße ~** una pista caliente; **von den Tätern fehlt jede ~** no hay ni rastro de los delincuentes; **jdm auf der ~ sein** estar sobre la pista de alguien, seguir la pista de alguien; **jdm auf die ~ kommen** seguir la pista a alguien; **die ~en des Krieges** las huellas de la guerra; **~en hinterlassen** dejar huellas
② (Fahr~) carril m, pista f Am; **die ~ wechseln** cambiar de carril; **auf der linken ~ fahren** ir por el carril izquierdo; **aus der ~ geraten** salirse de la calzada
③ (TECH) distancia f entre ejes
④ (eines Tonbandes) pista f
⑤ (Menge) pizca f; **eine ~ schärfer** un poquitín más picante; **eine ~ zu laut** demasiado alto; **nicht die** [o **keine**] **~** ni rastro, ni un pelo; **der ist eine ~ zu dumm** es un poco tonto
spürbar adj palpable; (offensichtlich) patente; **~ werden** hacerse sentir
Spurbreite f <-, -n> (AUTO, EISENB) s. Spurweite; **Spurbus** m <-ses, -se> autobús que circula exclusivamente por el carril reservado a los autobuses
spuren [ˈʃpuːrən] vi ① (eine Spur machen) trazar una pista
② (fam: gehorchen) no salirse del redil
spüren [ˈʃpyːrən] vt (wahrnehmen) sentir; (erfahren) experimentar, notar; **ich habe das am eigenen Leibe gespürt** lo he experimentado en mi propia carne; **sie ließ ihn ihre Abneigung ~** le hizo sentir su rechazo; **ihr werdet es noch zu ~ bekommen, dass ...** ya os harán sentir que...
Spurenakte f <-, -n> acta f de huellas; **Spurenelement** nt <-(e)s, -e> oligoelemento m; **Spurensicherung** f <-, ohne pl> levantamiento m de la evidencia, aseguramiento m de las huellas
Spürhund m <-(e)s, -e> perro m rastreador
spurlos adv sin dejar huella [o rastro]; **~ verschwinden** desaparecer sin dejar rastro; **das ist nicht ~ an ihm vorübergegangen** no pasó sin dejar huella en él
Spürnase f <-, ohne pl> (fam: Spürsinn) (buen) olfato m; **eine ~ für etw haben** tener buen olfato para algo
Spurrille f <-, -n> surco m en la vía

Spürsinn *m* <-(e)s, *ohne pl*> ❶ (*des Tieres*) olfato *m* ❷ (*Instinkt*) instinto *m*, olfato *m;* **einen feinen ~ für etw haben** tener buen olfato para algo

Spurt [ʃpʊrt] *m* <-(e)s, -s *o* -e> (SPORT) esprint *m;* **zum ~ ansetzen** hacer un esprint

spurten ['ʃpʊrtən] *vi haben o sein* (SPORT) esprintar

Spürtrupp *m* <-s, -s> destacamento *m* de exploración

Spurweite *f* <-, -n> ❶ (AUTO) distancia *f* entre ejes ❷ (EISENB) ancho *m* de la vía, trocha *f Am*

sputen ['ʃpuːtən] *vr:* **sich ~** (*reg*) darse prisa, apurarse *Am*

SQL *f* <-, *ohne pl*> (INFOR) *Abk. von* **Structured Query Language** SQL *m*

Squash ['skvɔʃ, 'skwɔʃ] *nt* <-, *ohne pl*> (SPORT) squash *m*

Squashhalle *f* <-, -n> pabellón *m* de squash

Sr (CHEM) *Abk. von* **Strontium** Sr

SR *m* <-> (RADIO) *Abk. von* **Saarländischer Rundfunk** radio *m* del Sarre

Sri Lanka ['sriː 'laŋka] *nt* <- -s> Sri Lanka *m*

Sri-Lanker(in)[RR] ['sri'laŋkɐ] *m(f)* <-s, -; -, -nen> (e)srilanqués, -esa *m, f*

sri-lankisch[RR] *adj* (e)srilanqués

SS *f* <-, *ohne pl*> (HIST: *Nationalsozialismus*) *Abk. von* **Schutzstaffel** SS *f*

SSV *Abk. von* **Sommerschlussverkauf** rebajas *fpl* de verano

s.t. (UNIV) *Abk. von* **sine tempore** en punto; **die Übung beginnt um 15.00 Uhr ~** la clase empieza a las 3 de la tarde en punto

St. ❶ *Abk. von* **Stunde** h ❷ *Abk. von* **Sankt** S.

Staat[1] [ʃtaːt] *m* <-(e)s, -en> ❶ (POL) Estado *m;* **Vater ~** papá-Estado; **ein ~ im ~e** un Estado dentro del Estado (*organismo que adquiere demasiado poder y hasta cierto punto se independiza del Estado*) ❷ (ZOOL) colonia *f*

Staat[2] *m* <-(e)s, *ohne pl*> (*Pracht*): **mit etw ist kein ~ zu machen** algo no da el pego

Staatenbund *m* <-(e)s, -bünde> confederación *f* (de Estados); **Staatengemeinschaftsrecht** *nt* <-(e)s, *ohne pl*> derecho *m* de comunidades internacionales de estados

staatenlos *adj* apátrida

Staatenlose(r) *mf* <-n, -n; -n, -n> apátrida *mf*

staatenübergreifend *adj* interestatal

staatlich I. *adj* estatal, del Estado; (*von der Regierung*) gubernamental; (*national*) nacional; (*öffentlich*) público
II. *adv* por el Estado; **~ anerkannt** reconocido oficialmente; **~ gefördert** promovido por el Estado, promocionado por el gobierno

staatlicherseits *adv* de parte del estado

Staatsabgaben *fpl* impuestos *mpl;* **Staatsaffäre** *f:* **eine ~ aus etw** *dat* **machen** (*übertreiben*) darle a algo más importancia de lo que tiene; (*großen Aufwand betreiben*) darle a algo más pompa de la necesaria; **Staatsakt** *m* <-(e)s, -e> ceremonia *f* oficial; **Staatsaktion** *f* <-, -en> asunto *m* de Estado; **Staatsangehörige(r)** *mf* <-n, -n; -n, -n> ciudadano, -a *m, f,* súbdito, -a *m, f*

Staatsangehörigkeit *f* <-, -en> nacionalidad *f;* **doppelte ~** doble nacionalidad; **Staatsangehörigkeitsgesetz** *nt* <-es, -e> ley *f* de nacionalidad; **Staatsangehörigkeitsprinzip** *nt* <-s, *ohne pl*> principio *m* de la nacionalidad

Staatsanleihe *f* <-, -n> empréstito *m* estatal [*o* del Estado]; **fundierte ~** empréstito estatal consolidado; **Staatsanwalt, -anwältin** *m, f* <-(e)s, -wälte; -, -nen> fiscal *mf;* **Staatsanwaltschaft** *f* <-, -en> fiscalía *f*

staatsanwaltschaftlich *adj:* **~es Verfahrensregister** (JUR) registro procesal fiscal; **Staatsapparat** *m* <-(e)s, -e> aparato *m* del Estado; **Staatsaufsicht** *f* <-, *ohne pl*> control *m* estatal, fiscalización *f* estatal; **Staatsausgaben** *fpl* gasto *m* público; **Staatsbeamte(r)** *mf* <-n, -n; -n, -n>, **-beamtin** *f* <-, -nen> funcionario, -a *m, f* público, -a; **Staatsbegräbnis** *nt* <-ses, -se> entierro *m* oficial; **Staatsbesitz** *m* <-es, *ohne pl*> propiedad *f* del Estado; **Staatsbesuch** *m* <-(e)s, -e> visita *f* oficial [*o* de Estado]; **Staatsbetrieb** *m* <-(e)s, -e> empresa *f* pública; **Staatsbürger(in)** *m(f)* <-s, -; -, -nen> ciudadano, -a *m, f*

staatsbürgerlich *adj* cívico; **~e Rechte und Pflichten** derechos y obligaciones cívicos

Staatsbürgerschaft *f* <-, -en> ciudadanía *f,* nacionalidad *f;* **Staatschef(in)** *m(f)* <-s, -s; -, -nen> jefe, -a *m, f* de Estado; **Staatsdefizit** *nt* <-s, -e> déficit *m inv* público [*o* del Estado]; **Staatsdienst** *m* <-es, *ohne pl*> servicio *m* público; **im ~ stehen** [*o* **sein**] trabajar en el servicio público; **Staatsduma** [-duːma] *f* <-, -s> (POL) duma *f* de Estado, consejo *m* de Estado

staatseigen *adj:* **~er Betrieb** empresa *f* que pertenece al Estado

Staatseigentum *nt* <-s, *ohne pl*> bienes *mpl* nacionales, propiedad *f* del Estado; **Staatseinnahmen** *fpl* ingresos *mpl* presupuestarios [*o* del Estado]; **Staatsempfang** *m* <-(e)s, -pfänge> recepción *f* de Estado; **Staatsexamen** *nt* <-s, -> examen *m* de estado (*requisito para el reconocimiento oficial de diversos estudios y profesiones*); **Staatsfeind(in)** *m(f)* <-(e)s, -e; -, -nen> enemigo, -a *m, f* público, -a; **Staatsfinanzen** *pl* Hacienda *f* pública; **Staatsflagge** *f* <-, -n> bandera *f* nacional; **Staatsform** *f* <-, -en> forma *f* de Estado; **Staatsgebiet** *nt* <-(e)s, -e> territorio *m* nacional

staatsgefährdend *adj* que amenaza la seguridad del Estado

Staatsgeheimnis *nt* <-ses, -se> secreto *m* de Estado; **Staatsgewalt** *f* <-, *ohne pl*> poder *m* estatal; **richterliche ~** poder judicial; **gesetzgebende ~** poder legislativo; **vollziehende ~** poder ejecutivo; **Widerstand gegen die ~** resistencia al poder público; **Staatsgrenze** *f* <-, -n> frontera *f* nacional

Staatshaftung *f* <-, -en> responsabilidad *f* del estado; **Staatshaftungsgesetz** *nt* <-es, -e> ley *f* sobre responsabilidad del Estado

Staatshaushalt *m* <-(e)s, *ohne pl*> presupuesto *m* nacional [*o* del Estado]; **Staatshoheit** *f* <-, *ohne pl*> soberanía *f* nacional; **Staatskanzlei** *f* <-, -en> (departamento *m* de la) presidencia *f* del gobierno del land; **Staatskarosse** *f* <-, -n> coche *m* oficial; **Staatskasse** *f* <-, -n> (FIN) tesoro *m* público, erario *m* público; **Staatskirche** *f* <-, *ohne pl*> Iglesia *f* nacional; **Staatsknete** *f* <-, *ohne pl*> (*fam*) pasta *f* del estado; **Staatskosten** *pl:* **auf ~ a** expensas del Estado; **Staatsmann** *m* <-(e)s, -männer> (*geh*) hombre *m* de Estado

staatsmännisch ['ʃtaːtsmɛnɪʃ] *adj* político

Staatsminister(in) *m(f)* <-s, -; -, -nen> ministro, -a *m, f* de gobierno; (*ohne Ministeramt*) ministro, -a *m, f* sin cartera; **Staatsnotwehr** *f* <-, *ohne pl*> (JUR) legítima *f* defensa del Estado; **Staatsoberhaupt** *nt* <-(e)s, -häupter> jefe, -a *m, f* de Estado; **Staatsobligation** *f* <-, -en> (WIRTSCH) obligaciones *fpl* públicas; **Staatsorgan** *nt* <-s, -e> órgano *m* estatal; **Staatspapier** *nt* <-s, -e> título *m* de deuda del Estado; **Staatspolizei** *f* <-, -en> policía *f* del Estado; **Staatspräsident(in)** *m(f)* <-en, -en; -, -nen> presidente, -a *m, f* de la república; **Staatsprüfung** *f* <-, -en> *s.* **Staatsexamen; Staatsräson** *f* <-, *ohne pl*> razón *f* de Estado; **Staatsrat** *m* <-(e)s, -räte> ❶ (*in der ehemaligen DDR*) consejo *m* de Estado ❷ (*Schweiz*) consejo *m* de Estado (*denominación que reciben los gobiernos de algunos cantones suizos*) ❸ (*Titel*) consejero *m* de Estado

staatsrechtlich *adj* jurídico-interno

Staatsschuld *f* <-, -en> deuda *f* pública [*o* del Estado]; **Staatsschuldbuch** *nt* <-(e)s, -bücher> libro *m* de deudas del Estado

Staatsschutzdelikt *nt* <-(e)s, -e> (POL, JUR) delito *m* de protección del Estado; **Staatsschutzkammer** *f* <-, -n> (POL, JUR) cámara *f* de protección del Estado

Staatssekretär(in) *m(f)* <-s, -e; -, -nen> secretario, -a *m, f* de Estado

Staatssicherheitsdienst ['-'-----] *m* <-(e)s, *ohne pl*> (HIST) Servicio *m* (Secreto) de Seguridad del Estado (*policía política de la ex-RDA*)

Staatsstreich *m* <-(e)s, -e> golpe *m* de Estado; **Staatstheater** *nt* <-s, -> teatro *m* nacional

staatstragend *adj* del estado

Staatstrauer *f* <-, *ohne pl*> luto *m* nacional; **eine zweitägige ~ anordnen** declarar dos días de luto nacional; **Staatsunternehmen** *nt* <-s, -> empresa *f* pública; **Staatsverbrauch** *m* <-(e)s, *ohne pl*> gasto *m* público, consumo *m* público; **Staatsverdrossenheit** *f* <-, *ohne pl*> desinterés *m* por los asuntos del Estado; **Staatsverschuldung** *f* <-, *ohne pl*> endeudamiento *m* público [*o* del Estado]; **innere ~** endeudamiento público nacional; **Staatsvertrag** *m* <-(e)s, -träge> tratado *m* internacional; **Staatsverwaltung** *f* <-, *ohne pl*> (POL) administración *f* del Estado; **mittelbare/unmittelbare ~** administración directa/indirecta del Estado; **Staatswesen** *nt* <-s, *ohne pl*> Estado *m;* **im demokratischen ~ sind die Menschenrechte garantiert** en el Estado democrático están garantizados los derechos humanos

Stab [ʃtaːp, *pl:* 'ʃtɛːbə] *m* <-(e)s, Stäbe> ❶ (*Stock*) palo *m;* (*Spazier~*) bastón *m;* (*Mess~*) varilla *f;* (*Bischofs~*) báculo *m;* (*Zauber~*) varita *f;* **den ~ über jdn brechen** (*geh*) condenar a alguien ❷ (SPORT: *für ~hochsprung*) pértiga *f;* (*für Staffellauf*) testigo *m* ❸ (*Mitarbeiter*) plantilla *f* ❹ (MIL) Estado *m* Mayor

Stäbchen ['ʃtɛːpçən] *nt* <-s, -> ❶ *pl* (*Ess~*) palillos *mpl;* **mit ~ essen** comer con palillos ❷ (*fam: Zigarette*) pitillo *m*

stabförmig *adj* en forma de varilla

Stabhochspringer(in) *m(f)* <-s, -; -, -nen> saltador(a) *m(f)* de pértiga; **Stabhochsprung** *m* <-(e)s, *ohne pl*> salto *m* con pértiga

stabil [ʃtaˈbiːl] *adj* ❶ (*Material*) sólido ❷ (*Währung, Preise*) estable ❸ (*Gesundheit*) robusto

Stabilisator [ʃtabiliˈzaːtoːɐ] *m* <-s, -en> (TECH, CHEM) estabilizador *m*

stabilisieren* [ʃtabiliˈziːrən] I. *vt* estabilizar
II. *vr:* **sich ~** estabilizarse

Stabilisierung *f* <-, -en> estabilización *f*

Stabilisierungsanleihe *f* <-, -n> (FIN) empréstito *m* de consolidación; **Stabilisierungsbad** *nt* <-(e)s, -bäder> (CHEM) baño *m* de estabiliza-

ción; **Stabilisierungskrise** f <-, -n> (FIN) crisis f inv de estabilización
Stabilität [ʃtabiliˈtɛːt] f <-, ohne pl> estabilidad f; **wirtschaftliche ~** estabilidad económica
Stabilitätsgesetz nt <-es, ohne pl> ley f de fomento de la estabilidad; **Stabilitätsimport** m <-s, -e> (WIRTSCH) importación f de estabilidad
stabilitätsorientiert adj (WIRTSCH) enfocado hacia la estabilidad
Stabilitätspakt m <-(e)s, -e> (WIRTSCH) pacto m de estabilidad; **Stabilitätspolitik** f <-, ohne pl> (WIRTSCH) política f de estabilidad; **Stabilitätsvorlage** f <-, -n> (WIRTSCH) modelo m de la estabilidad
Stablampe f <-, -n> linterna f; **Stabmagnet** m <-en o -(e)s, -e(n)> imán m (en forma) de barra; **Stabmixer** m <-s, -> batidor m, miniprimer m fam
Stabreim m <-(e)s, -e> (LIT) aliteración f
Stabsarzt m <-es, -ärzte> capitán m médico; **Stabschef** m <-s, -s> jefe m del Estado Mayor; **Stabsfeldwebel** m <-s, -> sargento m mayor del Estado Mayor; **Stabsoffizier(in)** m(f) <-s, -e; -, -nen> oficial mf del estado mayor
Stabwechsel m <-s, -> (SPORT) entrega f del testigo
stach [ʃtaːx] 3. imp von **stechen**
Stachel [ˈʃtaxəl] m <-s, -> ❶ (einer Pflanze) espina f, púa f ❷ (eines Igels) púa f, pincho m; (von Insekten) aguijón m ❸ (spitzes Teil) púa f
Stachelbeere f <-, -n> ❶ (Frucht) grosella f espinosa, uva f espinosa ❷ (Strauch) uva f espina, grosellero m (espinoso)
Stachelbeerstrauch m <-(e)s, -sträucher> uva f espina, grosellero m (espinoso)
Stacheldraht m <-(e)s, -drähte> alambre m de espino; **Stacheldrahtverhau** m o nt <-(e)s, -e> alambrada f de espino; **Stacheldrahtzaun** m <-(e)s, -zäune> cerca f de alambre de espino, alambrada f de espino
stach(e)lig adj espinoso
Stachelschwein nt <-(e)s, -e> puerco m espín, puercoespín m
stachlig adj espinoso
Stadel [ˈʃtaːdəl] m <-s, -> (südd, Österr, Schweiz) granero m
Stadien pl von **Stadion**, **Stadium**
Stadion [ˈʃtaːdiɔn] nt <-s, Stadien> (SPORT) estadio m
Stadium [ˈʃtaːdiʊm] nt <-s, Stadien> etapa f, estadio m, fase f
Stadt [ʃtat, pl: ˈʃtɛ(ː)tə] f <-, Städte> ❶ (Ort) ciudad f; **die ~ Sevilla** la ciudad de Sevilla; **in die ~ ziehen** mudarse a la ciudad; **in die ~ gehen** ir al centro; **in ~ und Land** en la ciudad y en el campo; **die ganze ~ spricht von diesem Skandal** toda la ciudad habla de este escándalo ❷ (~verwaltung) municipio m; **bei der ~ arbeiten** trabajar para el municipio
städt. Abk. von **städtisch** municipal, urbano
stadtauswärts adv (hacia) (a)fuera de la ciudad; **die ~ führenden Straßen sind um diese Zeit verstopft** las calles que salen de la ciudad están colapsadas a esta hora
Stadtautobahn f <-, -en> autopista f urbana; **Stadtbahn** f <-, -en> ≈suburbano m, ≈cercanías fpl inv
stadtbekannt [ˈ---] adj conocido en toda la ciudad
Stadtbezirk m <-(e)s, -e> distrito m municipal; **Stadtbibliothek** f <-, -en> biblioteca f municipal; **Stadtbild** nt <-(e)s, ohne pl> aspecto m urbano; **Stadtbücherei** f <-, -en> biblioteca f municipal; **Stadtbummel** m <-s, -> paseo m por la ciudad; **einen ~ machen** dar un paseo por la ciudad
Städtchen [ˈʃtɛ(ː)tçən] nt <-s, -> pequeña ciudad f
Stadtdirektor(in) m(f) <-s, -en; -, -nen> (ADMIN) jefe, -a m, f del cuerpo de funcionarios municipal
Städtebau m <-s, ohne pl> urbanismo m
städtebaulich adj urbanístico; **~e Eigenart** peculiaridad urbanística; **~er Entwicklungsbereich** sector de desarrollo urbanístico; **~e Entwicklungsmaßnahme** medida de desarrollo urbanístico; **~es Gebot** precepto urbanístico; **~e Sanierungsmaßnahme** medida de saneamiento urbanístico; **~er Vertrag** contrato urbanístico
Städtebaurecht nt <-(e)s, ohne pl> derecho m urbanístico; **allgemeines/besonderes ~** derecho urbanístico general/especial
stadteinwärts adv (hacia) (a)dentro de la ciudad; **nehmen Sie die ~ fahrende Straßenbahn** tome el tranvía que va (en dirección) a la ciudad
Stadtentwicklung f <-, -en> desarrollo m de la ciudad
Städtepartnerschaft f <-, -en> hermanamiento m de ciudades
Städter(in) [ˈʃtɛ(ː)tɐ] m(f) <-s, -; -, -nen> habitante mf de una ciudad
Städtetag m <-(e)s, -e> federación f de municipios
Stadtflucht f <-, ohne pl> éxodo m urbano
Stadtführer[1] m <-s, -> (Buch) guía f turística (de una ciudad)
Stadtführer(in)[2] m(f) <-s, -; -, -nen> (Person) guía mf
Stadtführung f <-, -en> visita f guiada a una ciudad; **Stadtgas** nt <-es, ohne pl> gas m de ciudad; **Stadtgebiet** nt <-(e)s, -e> término m municipal; **Stadtgespräch** nt: **~ sein** ser la comidilla de toda la ciudad; **Stadtgrenze** f <-, -n> límite m de un municipio; **Stadthalle** f

<-, -n> auditorio m municipal, sala f de congresos
städtisch [ˈʃtɛ(ː)tɪʃ] adj ❶ (kommunal) municipal, comunal ❷ (urban) urbano
Stadtkämmerer, -in m, f <-s, -; -, -nen> (FIN) tesorero, -a m, f municipal; **Stadtkasse** f <-, -n> (FIN) tesoro m municipal; **Stadtkern** m <-s, -e> núcleo m urbano, centro m urbano; **Stadtkommandant** m <-en, -en> comandante m de una ciudad; **Stadtmauer** f <-, -n> muralla f de la ciudad; **Stadtmensch** m <-en, -en> urbanita mf; **Stadtmitte** f <-, ohne pl> centro m (de la) ciudad; **Stadtplan** m <-(e)s, -pläne> plano m de la ciudad; **Stadtplaner(in)** m(f) <-s, -; -, -nen> urbanista mf, planificador(a) m(f) de la ciudad; **Stadtplanung** f <-, ohne pl> urbanismo m, planificación f urbana
Stadtrand m <-(e)s, -ränder> periferia f, afueras fpl, orillas fpl Am, gotera f Am; **am ~ wohnen** vivir en la periferia de la ciudad; **Stadtrandsiedlung** f <-, -en> urbanización f en las afueras de la ciudad
Stadtrat[1] m <-(e)s, -räte> (Gremium) consejo m municipal
Stadtrat, -rätin[2] m, f <-(e)s, -räte; -, -nen> (Mitglied) miembro mf del consejo municipal
Stadtrundfahrt f <-, -en> vuelta f por la ciudad; **Stadtstaat** m <-(e)s, -en> ciudad-Estado f; **Stadtstreicher(in)** m(f) <-s, -; -, -nen> vagabundo, -a m, f urbano, -a; **Stadtteil** m <-(e)s, -e> barrio m; **Stadttor** nt <-(e)s, -e> (HIST) puerta f de la ciudad; **Stadtväter** mpl (fam) concejales mpl; **Stadtverkehr** m <-s, ohne pl> tráfico m urbano; **Stadtverwaltung** f <-, -en> (Institution) administración f municipal, ayuntamiento m; **Stadtviertel** nt <-s, -> barrio m; **Stadtwappen** nt <-s, -> escudo m (de armas) de una ciudad; **Stadtwerke** ntpl compañía f (municipal) de electricidad, gas, agua y transportes públicos; **Stadtwohnung** f <-, -en> piso m (de ciudad); **Stadtzentrum** nt <-s, -zentren> centro m de (la) ciudad
Stafette [ʃtaˈfɛtə] f <-, -n> (HIST) estafeta f
Staffage [ʃtaˈfaːʒə] f <-, -n> accesorios mpl, ornamento m
Staffel [ˈʃtafəl] f <-, -n> ❶ (MIL, AERO) escuadrilla f ❷ (SPORT) relevo m
Staffelbesteuerung f <-, -en> imposición f progresiva
Staffelei f <-, -en> caballete m
Staffellauf m <-(e)s, -läufe> (SPORT) carrera f de relevos
Staffelläufer(in) m(f) <-s, -; -, -nen> (SPORT) corredor(a) m(f) de relevos, relevista mf
Staffellohn m <-(e)s, -löhne> salario m diferencial
staffeln [ˈʃtafəln] vt ❶ (anordnen) escalonar ❷ (abstufen) graduar; **gestaffelte Preise** precios de distintas categorías
Staffelpreis m <-es, -e> (WIRTSCH) precio m progresivo [o escalonado]
Staffelschwimmen nt <-s, ohne pl> (SPORT) natación f (en la modalidad) de relevos
Staffelung f <-, -en> ❶ (Aufstellen, Anordnen) escalonamiento m ❷ (Einteilung, Abstufung) graduación f
Stagflation [ʃtakflaˈtsjoːn] f <-, -en> (WIRTSCH) recesión f con inflación
Stagnation [ʃtagnaˈtsjoːn] f <-, -en> estancamiento m, estagnación f MAm
Stagnationsperiode f <-, -n> (WIRTSCH) período m de estancamiento [o de paralización]
stagnieren* [ʃtaˈgniːrən] vi estancarse, estar paralizado
Stagnierung f <-, -en> estancamiento m, paralización f
stahl [ʃtaːl] 3. imp von **stehlen**
Stahl [ʃtaːl, pl: ˈʃtɛːlə] m <-(e)s, Stähle> acero m
Stahlätztinte f <-, -n> (CHEM) tinta f cáustica para acero
Stahlbau[1] m <-(e)s, ohne pl> (Bauweise) construcción f metálica [o mecánica]
Stahlbau[2] m <-(e)s, -ten> (Bauwerk) estructura f de acero
Stahlbeton m <-s, ohne pl> (ARCHIT) hormigón m armado; **Stahlblech** nt <-s, -e> chapa f de acero
stählen [ˈʃtɛːlən] vt (geh) fortalecer
stählern [ˈʃtɛːlɐn] adj de acero
Stahlfeder f <-, -n> ❶ (zum Schreiben) pluma f de acero ❷ (TECH) resorte m de acero; **Stahlgerüst** nt <-(e)s, -e> armazón m o f de acero
stahlhart [ˈ---] adj duro como (el) acero
Stahlhelm m <-(e)s, -e> casco m de acero; **Stahlindustrie** f <-, -n> industria f del acero; **Stahlkammer** f <-, -n> cámara f acorazada; **Stahlkocher** m <-s, -> (fam) trabajador m del acero
Stahlrohr nt <-(e)s, -e> tubería f de acero, tubo m de acero; **Stahlrohrmöbel** nt <-s, -> mueble m de acero tubular
Stahlträger m <-s, -> viga f de acero; **Stahlwaren** fpl artículos mpl de acero; **Stahlwerk** nt <-(e)s, -e> fábrica f de acero, acería f
stak [ʃtaːk] 3. imp von **stecken**
Stake [ˈʃtaːkə] f <-, -n> (nordd) bichero m
staken [ˈʃtaːkən] vt (nordd) hacer avanzar con el bichero
Stakkato [ʃtaˈkaːto, staˈkaːto] nt <-s, -s o Stakkati> (MUS) staccato m
staksen [ˈʃtaːksən] vi sein (fam) andar como un pato

staksig [ˈʃtaːksɪç] I. *adj* torpe, desgarbado; **nachdem man ihr den Gips abgenommen hatte, versuchte sie die ersten ~en Schritte** cuando le quitaron el yeso intentó dar sus primeros pasos en tanganillas [*o* sus primeros pasos vacilantes]
II. *adv* tambaleante; **das junge Tier kam ~ auf uns zugelaufen** el joven animal vino hacia nosotros tambaleándose
Stalagmit [ʃtalaˈɡmiːt] *m* <-s *o* -en, -e(n)> (GEO) estalagmita *f*
Stalaktit [ʃtalakˈtiːt] *m* <-s *o* -en, -e(n)> (GEO) estalactita *f*
Stalinismus [ʃtaliˈnɪsmʊs] *m* <-, *ohne pl*> estalinismo *m*
Stalinist(in) [ʃtaliˈnɪst] *m(f)* <-en, -en; -, -nen> estalinista *mf*
stalinistisch [ʃtaliˈnɪstɪʃ] *adj* estalinista
Stalinorgel *f* <-, -n> (HIST) lanzacohetes *m inv* múltiple
Stall [ʃtal, *pl:* ˈʃtɛlə] *m* <-(e)s, Ställe> establo *m*; (*Hühner~*) gallinero *m*; (*Kuh~*) vaqueriza *f*; (*Pferde~, Gestüt*) caballeriza *f*, cuadra *f*, ensenada *f* Arg; (*Schweine~*) pocilga *f*; (*Renn~*) cuadra *f* de caballos de carreras
Stallaterne *f* <-, -n> *s.* **Stalllaterne**
Stallburche *m* <-n, -n> mozo *m* de cuadra; **Stallhase** *m* <-n, -n> (*fam*) conejo *m* doméstico [*o* de corral]; **Stallknecht** *m* <-(e)s, -e> (*alt*) mozo *m* de cuadras; **Stalllaterne**[RR] *f* <-, -n> farol *m* de (un) establo; **Stallmeister(in)** *m(f)* <-s, -; -, -nen> caballerizo, -a *m, f*
Stallung *f* <-, -en> establo *m*, caballeriza *f*
Stamm[1] [ʃtam, *pl:* ˈʃtɛmə] *m* <-(e)s, Stämme> ❶ (*Baum~*) tronco *m*
❷ (*Volks~*) tribu *f*; **vom ~e Nimm sein** (*fam*) ser de los que siempre tienen la mano extendida
❸ (BIOL) filo *m*
❹ (LING) radical *m*
Stamm[2] *m* <-(e)s, *ohne pl*> (*Kunden~*) clientela *f* fija; (*der Belegschaft*) plantilla *f*
Stammaktie *f* <-, -n> (FIN, WIRTSCH) acción *f* ordinaria [*o* común]; **Stammaktionär(in)** *m(f)* <-s, -e; -, -nen> (FIN, WIRTSCH) accionista *mf* ordinario; **Stammbaum** *m* <-(e)s, -bäume> árbol *m* genealógico; (*eines Tieres*) pedigrí *m*; **Stammbetrieb** *m* <-(e)s, -e> empresa *f* central; **Stammbuch** *nt* <-(e)s, -bücher> libro *m* de familia; **jdm etw ins ~ schreiben** (*fig*) cantarle a uno las cuarenta; **Stammdatei** *f* <-, -en> archivo *m* maestro [*o* principal]; **Stammeinlage** *f* <-, -n> (FIN) capital *m* suscrito
stammeln [ˈʃtaməln] *vi, vt* balbucear
stammen [ˈʃtamən] *vi* provenir (*aus/von* de), proceder (*aus/von* de); (*örtlich*) ser (natural) (*aus/von* de); **ich stamme aus Süddeutschland** soy del sur de Alemania; **die Uhr stammt aus dem 16. Jahrhundert** el reloj procede del siglo XVI
Stammform *f* <-, -en> (LING) forma *f* radical; **Stammgast** *m* <-(e)s, -gäste> cliente, -a *m, f* habitual; **Stammgut** *nt* <-(e)s, -güter> (JUR) patrimonio *m* familiar; **Stammhalter** *m* <-s, -> (*hijo m*) primogénito *m*; **Stammhaus** *nt* <-es, -häuser> casa *f* central [*o* matriz]
stämmig [ˈʃtɛmɪç] *adj* fornido, robusto
Stammkapital *nt* <-s, *ohne pl*> (WIRTSCH) capital *m* original [*o* social]; **gezeichnetes ~** capital social suscrito; **Stammkneipe** *f* <-, -n> (*fam*) bar *m* habitual; **Stammkunde, -in** *m, f* <-n, -n; -, -nen> cliente, -a *m, f* fijo, -a; **Stammkundschaft** *f* <-, *ohne pl*> clientela *f* habitual [*o* fija]; **für unsere ~ halten wir interessante Angebote bereit** para nuestros clientes habituales tenemos unas interesantes ofertas; **Stammlokal** *nt* <-s, -e> bar *m* habitual; **Stammmutter**[RR] *f* <-, -mütter> progenitora *f*; **Stammplatz** *m* <-es, -plätze> sitio *m* habitual [*o* de costumbre]; **Stammsitz** *m* <-es, -e> sede *f*, domicilio *m* principal; **Stammtisch** *m* <-(e)s, -e> ❶ (*Tisch*) mesa *f* reservada para la clientela habitual ❷ (*Personen*) tertulia *f*, peña *f*; **zum ~ gehen** ir a la tertulia
Stammutter *f* <-, -mütter> *s.* **Stammmutter**
Stammvater *m* <-s, -väter> progenitor *m*
stammverwandt *adj* ❶ (*Völker*) de la misma raza
❷ (LING) de la misma raíz, afín; **~e Wörter** palabras afines
Stammverzeichnis *nt* <-ses, -se> (INFOR) directorio *m* raíz; **Stammvokal** *m* <-s, -e> (LING) vocal *f* radical; **Stammwähler(in)** *m(f)* <-s, -; -, -nen> votante *mf* fijo, -a
stampfen [ˈʃtampfən] I. *vi* ❶ (*vor Wut, zum Protest*) patalear, patear; (*Pferd*) piafar
❷ (*Schiff*) cabecear
❸ *sein* (*stapfen*) caminar pesadamente
II. *vt* ❶ (*zerkleinern*) machacar; (*Trauben*) pisar; **Kartoffeln zu Brei ~** hacer puré de patatas
❷ (*festtreten*) pisotear
Stampfer *m* <-s, -> ❶ (TECH) pisón *m*
❷ (*Küchengerät*) machacadera *f*
stand [ʃtant] 3. *imp von* **stehen**
Stand[1] [ʃtant] *m* <-(e)s, *ohne pl*> ❶ (*Stehen*) posición *f* vertical; **aus dem ~** sin tomar impulso; **diese Frage kann ich dir so aus dem ~ heraus nicht beantworten** (*fam*) esta pregunta no te la puedo contestar sin pensarlo; **einen schweren ~ haben** (*fam*) estar en una posición difícil; **etw zu ~e bringen** lograr algo, realizar algo; **zu ~e kommen** llevarse a cabo; **nicht zu ~e kommen** malograrse
❷ (*Entwicklungs~*) nivel *m*; (*Zu~*) situación *f*; (*Stadium*) fase *f*; **~ der Aktiva und Passiva** estado de cuentas de activo y pasivo; **außer ~e sein etw zu tun** no estar en condiciones de hacer algo; **im ~e sein etw zu tun** ser capaz de hacer algo; **beim heutigen ~ der Technik** con el nivel de la técnica de hoy; **etw auf den neuesten ~ bringen** actualizar algo; **jdn in ~ setzen etw zu tun** poner a alguien en condiciones de hacer algo; **etw in ~ setzen/halten** arreglar/conservar algo; **gut in ~ sein** estar en buen estado; **nach ~ der Dinge** tal como son las cosas; **der ~ der Ermittlungen** el estado de la instrucción; **in den (heiligen) ~ der Ehe treten** (*geh*) contraer matrimonio
Stand[2] [ʃtant, *pl:* ˈʃtɛndə] *m* <-(e)s, Stände> ❶ (*Verkaufs~*) puesto *m*, trucha *f* MAm; (*Informations~, Messe~*) (e)stand *m*, trucha *f* MAm; (*Taxi~*) parada *f*
❷ (*Konto~*) estado *m*; (*Öl~, Wasser~*) nivel *m*; (*Sonnen~*) posición *f*; (*Spiel~*) tanteo *m*; **um 12 Uhr erreicht die Sonne ihren höchsten ~** a las 12 el sol alcanza el punto más alto
❸ (FIN) cotización *f*, cambio *m*
❹ (*soziale Stellung*) clase *f*
Standard [ˈʃtandart] *m* <-s, -s> ❶ (*Maßstab*) estándar *m*, norma *f*
❷ (*Niveau*) nivel *m*
Standardanschluss[RR] *m* <-es, -schlüsse> (TEL) conexión *f* estándar (*servicios portadores en RSDI*); **Standardartikel** *m* <-s, -> artículo *m* estándar; **Standardausführung** *f* <-, -en> modelo *m* estándar, versión *f* estándar; **Standardbauweise** *f* <-, -n> contrucción *f* estándar; **Standard-Befehlssatz** *m* <-es, -sätze> (INFOR, TEL) conjunto *m* de órdenes AT [*o* comandos AT]; **Standardbrief** *m* <-(e)s, -e> carta *f* modelo [*o* tipo]; **Standarddrucker** *m* <-s, -> (INFOR) impresora *f* estándar; **Standardeinstellung** *f* <-, -en> (INFOR: *Anordnung*) posición *f* estándar; **Standarderzeugnis** *nt* <-ses, -se> producto *m* estándar [*o* tipo]; **Standardformat** *nt* <-(e)s, -e> (INFOR) formato *m* estándar
standardisieren* [ʃtandardiˈziːrən] *vt* estandarizar, normalizar
Standardisierung *f* <-, -en> estandarización *f*, normalización *f*
Standardmaßnahme *f* <-, -n> medida *f* estándar; **Standardmuster** *nt* <-s, -> modelo *m* estándar; **Standardselbstkosten** *pl* (WIRTSCH) costes *mpl* propios planificados; **Standardsoftware** *f* <-, -s> software *m* estándar; **Standardsortiment** *nt* <-s, -e> surtido *m* representativo; **Standardtarif** *m* <-s, -e> tarifa *f* normal; **Standardtyp** *m* <-s, -en> modelo *m*, tipo *m* normal; **Standardverfahren** *nt* <-s, -> procedimiento *m* típico; **Standardvertrag** *m* <-(e)s, -träge> contrato *m* típico [*o* uniforme]; **Standardverzeichnis** *nt* <-ses, -se> (INFOR) directorio *m* estándar, nómina *f* estándar; **Standardwerk** *nt* <-(e)s, -e> bibliografía *f* básica, literatura *f* básica; **Standardwert** *m* <-(e)s, -e> (INFOR) valor *m* estándar, cifra *f* patrón
Standarte [ʃtanˈdartə] *f* <-, -n> estandarte *m*
Standbild *nt* <-(e)s, -er> estatua *f*
Stand-by-Kredit [stɛntˈbaɪ-] *m* <-(e)s, -e> crédito *m* stand-by [*o* de ayuda]; **Stand-by-Taste** *f* <-, -n> (RADIO, TV) tecla *f* sleep
Ständchen [ˈʃtɛntçən] *nt* <-s, -> serenata *f*; **jdm ein ~ bringen** dar(le) una serenata a alguien
Ständer [ˈʃtɛndɐ] *m* <-s, -> ❶ (*Gestell*) caballete *m*; (*Schirm~*) paragüero *m*; (*Kleider~*) perchero *m*; (*Noten~*) latril *m*
❷ (*fam: erigierter Penis*) estaca *f*
Ständerat[1] [ˈʃtɛndəraːt] *m* <-(e)s, *ohne pl*> (*Schweiz: Organ*) cámara *f* de los representantes cantonales suizos
Ständerat, -rätin[2] *m, f* <-(e)s, -e; -, -nen> (*Schweiz: Ratsmitglied*) miembro *m* de la cámara de representantes cantonales suizos
Ständerecht *nt* <-(e)s, -e> derecho *m* de corporaciones
Ständerlampe *f* <-, -n> (*Schweiz*) lámpara *f* de pie
Standesamt *nt* <-(e)s, -ämter> registro *m* civil
standesamtlich I. *adj*: **~e Trauung** matrimonio civil; **~e Urkunde** documento del registro civil
II. *adv*: **~ heiraten** casarse por lo civil
Standesbeamte(r) *mf* <-n, -n; -n, -n>, **-beamtin** *f* <-, -nen> empleado, -a *m, f* del registro civil
standesgemäß *adj* conforme al nivel social; **~ wohnen** vivir como corresponde al nivel social
Standesregister *nt* <-s, -> (JUR) registro *m* civil
standfest *adj* ❶ (*sicher stehend*) estable
❷ *s.* **standhaft**
Standfestigkeit *f* <-, *ohne pl*> ❶ (*sicherer Stand*) estabilidad *f*
❷ (*Standhaftigkeit*) firmeza *f*
Standgeld *nt* <-(e)s, -er> derechos *mpl* de puesto
Standgericht *nt* <-(e)s, -e> (MIL) consejo *m* de guerra
standhaft I. *adj* firme
II. *adv* con firmeza; **~ bleiben** permanecer firme; **sich ~ weigern** negarse con firmeza

Standhaftigkeit *f* <-, *ohne pl*> firmeza *f*

stand|halten *irr vi* resistir; **sie hielten den Angriffen des Gegners stand** resistieron los ataques del enemigo; **die Aussagen hielten einer näheren Überprüfung nicht stand** las declaraciones no resistieron un examen más minucioso

Standheizung *f* <-, -en> (AUTO) calefacción *f* de estacionamiento

ständig ['ʃtɛndɪç] *adj* continuo, permanente; (*Wohnsitz*) fijo; **wir haben ~ Ärger mit ihm** continuamente tenemos líos con él; **dieser ~e Lärm** este ruido continuo; **er ist ~er Mitarbeiter bei uns** es un colaborador permanente de nuestra empresa

Standleitung *f* <-, -en> (TEL, INFOR) línea *f* arrendada, circuito *m* alquilado; **Standlicht** *nt* <-(e)s, *ohne pl*> (AUTO) luz *f* de cruce

Standmiete *f* <-, -n> derecho *m* de un puesto (de venta)

Standort *m* <-(e)s, -e> ❶ (*Ort*) sitio *m*, lugar *m*, ubicación *f* Am ❷ (*Industrie*) emplazamiento *m* ❸ (MIL) guarnición *f*; **Standortanalyse** *f* <-, -n> análisis *m inv* de emplazamiento; **Standortanforderung** *f* <-, -en> exigencias *fpl* en lo que se refiere al emplazamiento

standortbedingt *adj* condicionado por el emplazamiento

Standortfaktor *m* <-s, -en> (WIRTSCH) factor *m* del hábitat; **Standortoptimierung** *f* <-, *ohne pl*> emplazamiento *m* óptimo; **Standortpolitik** *f* <-, *ohne pl*> (WIRTSCH) política *f* económica de una zona o región determinada; **Standortsicherung** *f* <-, *ohne pl*> seguridad *f* de la sede; **Standortwahl** *f* <-, *ohne pl*> elección *f* del emplazamiento

Standpauke *f* <-, -n> (*fam*) sermón *m*; **jdm eine ~ halten** echar(le) un sermón a alguien; **Standplatz** *m* <-es, -plätze> estacionamiento *m*; (*für Taxis*) parada *f*; **Standpunkt** *m* <-(e)s, -e> punto *m* de vista; (*Meinung*) opinión *f*; **einen ~ einnehmen** tener una opinión; **einen eigenen ~ vertreten** defender un punto de vista propio; **jdm seinen ~ klarmachen** explicar(le) a alguien su punto de vista; **ich stehe auf dem ~, dass ...** yo opino que...; **von seinem ~ aus hat er Recht** desde su punto de vista tiene razón; **etw von einem bestimmten ~ aus betrachten** considerar algo desde un punto de vista particular

Standrecht *nt* <-(e)s, *ohne pl*> (MIL) ley *f* marcial

standrechtlich *adj* por aplicación de la ley marcial; **jdn ~ erschießen** fusilar a alguien según la ley marcial

Standspur *f* <-, -en> arcén *m*

Stand-still-Klausel *f* <-, -n> (JUR) cláusula *f* usual del ramo

Standuhr *f* <-, -en> reloj *m* de pie

Stange ['ʃtaŋə] *f* <-, -n> ❶ (*Stab*) vara *f*, palo *m*; (*Fahnen~*) asta *f*; (*Hühner~*) percha *f* (del gallinero); (*Gardinen~, Kleider~*) barra *f*; **eine ~ Zimt** una rama de canela; **etw von der ~ kaufen** (*fam*) comprar algo de confección; **bei der ~ bleiben** (*fig*) seguir haciendo algo; **jdm die ~ halten** (*fam fig*) estar de parte de alguien; **jdn bei der ~ halten** (*fam*) apoyar a alguien (hasta que acabe)
❷ (*Zigaretten~*) cartón *m*
❸ (*Wend*): **eine ~ Geld** (*fam*) un dineral

Stängel[RR] ['ʃtɛŋəl] *m* <-s, -> tallo *m*; **sie fiel fast vom ~, als ...** (*fam*) casi se cae del susto, cuando...

Stängelgemüse[RR] *nt* <-s, -> verduras *fpl* de tallo

Stangenbrot *nt* <-(e)s, -e> pan *m* en barra, barra *f* de pan; **Stangensellerie** *m* <-s, -(s)>, *f* <-, -> apio *m*

stank [ʃtaŋk] *3. imp von* **stinken**

Stänkerei [ʃtɛŋkəˈraɪ] *f* <-, -en> (*fam abw*) intrigas *fpl*, confabulaciones *fpl*, maquinaciones *fpl*; **ich kann deine ewigen ~en nicht mehr hören!** ¡ya estoy harto de oír esas maquinaciones tuyas!

Stänkerer, -in ['ʃtɛŋkərɐ] *m, f* <-s, -; -, -nen> (*fam abw*) intrigante *mf*

stänkern ['ʃtɛŋkərn] *vi* (*fam abw*) conspirar, intrigar

Stanniol [ʃtaˈnjoːl] *nt* <-s, -e>, **Stanniolpapier** *nt* <-s, -e> papel *m* de aluminio [*o* de plata]

Stanze ['ʃtantsə] *f* <-, -n> estampa *f*; (*Loch~*) punzón *m*

stanzen ['ʃtantsən] *vt* (*prägen*) estampar; (*Loch*) punzonar; (*schneiden*) cortar

Stapel ['ʃtaːpəl] *m* <-s, -> ❶ (*Haufen*) montón *m*, pila *f*
❷ (NAUT) grada *f*; **vom ~ lassen** lanzar al agua; **eine Rede/Witze vom ~ lassen** (*fam*) pronunciar un discurso/contar chistes; **eine Bemerkung vom ~ lassen** (*fam*) hacer un comentario

Stapelartikel *m* <-s, -> artículo *m* almacenado; **Stapelbetrieb** *m* <-(e)s, *ohne pl*> (INFOR) operación *f* por lotes; **Stapeldatei** *f* <-, -en> (INFOR) archivo *m* por lotes; **Stapelgut** *nt* <-(e)s, -güter> mercancía *f* almacenada; **Stapellauf** *m* <-(e)s, -läufe> botadura *f*

stapeln ['ʃtaːpəln] I. *vt* amontonar, apilar
II. *vr:* **sich ~** amontonarse, apilarse

Stapelverarbeitung *f* <-, -en> (INFOR) procesamiento *m* por lotes [*o* por tandas]

stapfen ['ʃtapfən] *vi sein* caminar a paso cargado; **durch den Schnee ~** andar por la nieve

Staphylokokkus *m* <-, -kokken> (MED) estafilococo *m*

Star[1] [ʃtaːɐ] *m* <-(e)s, -e> (*Tier*) estornino *m*

Star[2] [ʃtaːɐ] *m* <-(e)s, *ohne pl*> (*Augenerkrankung*): **grüner ~** glaucoma *m*; **grauer ~** catarata *f*

Star[3] [staːɐ] *m* <-s, -s> (*Person*) estrella *f*

Starallüren ['staːɐˌlyːrən] *pl* (*abw*) manías *fpl* de estrella de cine; **Staranwalt, -anwältin** ['staːɐ-, -vɛltɪn] *m, f* <-(e)s, -wälte; -, -nen> abogado, -a *m, f* estrella

starb [ʃtarp] *3. imp von* **sterben**

stark [ʃtark] <*stärker, am stärksten*> I. *adj* ❶ (*allgemein*) fuerte; (*kräftig*) robusto, garrudo Mex; **das Recht des Stärkeren** la ley del más fuerte; **er ist groß und ~ geworden** ha crecido y se ha puesto fuerte; **~e Medikamente** medicamentos fuertes; **~er Kaffee** café fuerte; **~e Zigaretten** cigarrillos fuertes; **jds ~e Seite** el fuerte de alguien; **sich für jdn/etw ~ machen** (*fam*) apoyar a alguien/algo; **das ist ein ~es Stück!, das ist ~er Tabak!** (*fam fig*) ¡esta sí que es buena!, ¡qué fuerte!
❷ (*dick, stabil*) grueso; **ein mehrere Zentimeter ~es Brett** una tabla de varios centímetros de grosor; **ein hundert Seiten ~es Buch** un libro de cien páginas
❸ (*beträchtlich*) considerable; **~e Schmerzen haben** tener dolores fuertes [*o* agudos]
❹ (*leistungs~*) potente; (*mächtig*) poderoso; (*Brille*) de cristales gruesos
❺ (*Verkehr, Hitze, Schneefall*) intenso; (*Raucher, Trinker*) empedernido; (*Nachfrage*) grande
❻ (*fam: hervorragend*) guay, tope; **das find ich echt [*o* voll] ~** me parece genial

II. *adv* (+ *Adjektiv*) muy; (+ *Verb*) mucho; **die Veranstaltung war ~ besucht** el acto fue muy visitado; **~ beschädigt sein** estar muy estropeado; **~ erkältet sein** tener un fuerte resfriado; **~ gewürzt** muy condimentado; **~ schneien** nevar mucho; **das Foto ist ~ verkleinert** la foto ha sido muy reducida; **du siehst total [*o* voll] ~ aus** (*sl*) te ves muy bien

Starkbier *nt* <-(e)s, -e> cerveza *f* fuerte

Stärke[1] ['ʃtɛrkə] *f* <-, *ohne pl*> ❶ (*allgemein*) fuerza *f*; (*Leistung*) potencia *f*
❷ (*Dicke*) espesor *m*, grueso *m*; (*Festigkeit*) solidez *f*
❸ (*Anzahl*) tamaño *m*

Stärke[2] *f* <-, -n> ❶ (*Intensität*) intensidad *f*; (*von Erdbeben*) magnitud *f*; (*Konzentration*) concentración *f*
❷ (*Fähigkeit*) (punto *m*) fuerte *m*; **Mathematik war nie meine ~** las matemáticas no fueron nunca mi fuerte; **darin liegt seine ~** eso es su fuerte
❸ (*Substanz*) fécula *f*; (*Wäsche~*) almidón *m*

Stärkefermentation *f* <-, -en> (CHEM) amilofermentación *f*

stärkehaltig *adj* amilífero

Stärkemehl *nt* <-(e)s, -e> fécula *f*

stärken ['ʃtɛrkən] I. *vt* ❶ (*Körper, Position*) fortalecer; **jdm den Rücken ~** (*fig*) apoyar a alguien
❷ (*Wäsche*) almidonar
II. *vr:* **sich ~** fortalecerse

stärker *adj kompar von* **stark**

stärkste(r, s) *adj superl von* **stark**

Starkstrom *m* <-(e)s, *ohne pl*> (ELEK) corriente *f* de alta intensidad; **Starkstromleitung** *f* <-, -en> línea *f* de alta tensión

Stärkung[1] *f* <-, -en> (*Erfrischung*) refresco *m*; (*Imbiss*) tentempié *m*

Stärkung[2] *f* <-, *ohne pl*> (*das Kräftigen*) fortalecimiento *m*

Stärkungsmittel *nt* <-s, -> (MED) tónico *m*

Staroperation *f* <-, -en> (MED) operación *f* de cataratas

starr [ʃtar] *adj* ❶ (*allgemein, a.* TECH) rígido; (*steif*) tieso; (*Glieder*) entumecido
❷ (*Blick*) fijo; (*vor Schreck*) aterrado (*vor* de); (*vor Staunen*) atónito (*vor* de/ante); **~ vor Entsetzen** paralizado de terror; **jdn ~ ansehen** mirar a alguien fijamente (*auf*)
❸ (*unbeugsam*) inflexible

Starre ['ʃtarə] *f* <-, *ohne pl*> ❶ (*Steifheit*) rigidez *f*
❷ (*Feststehen*) inmovilidad *f*; (MED) entumecimiento *m*
❸ (*Strenge*) severidad *f*, rigidez *f*

starren ['ʃtarən] *vi* ❶ (*blicken*) mirar fijamente, clavar los ojos (*auf* en); **ins Leere ~** tener la mirada perdida
❷ (*strotzen*) estar lleno (*vor* de); **das Zimmer starrt vor Schmutz** la habitación está llena de mugre

Starrheit *f* <-, *ohne pl*> ❶ (*von Material, Achse*) rigidez *f*, inflexibilidad *f*; (*der Glieder*) entumecimiento *m*
❷ (*Starrköpfigkeit*) testarudez *f*, obstinación *f*

Starrkopf *m* <-(e)s, -köpfe> (*abw*) testarudo, -a *m, f*, cabezota *mf fam*

starrköpfig *adj s.* **starrsinnig**

Starrkrampf *m* <-(e)s, *ohne pl*> tétano(s) *m*; **Starrsinn** *m* <-(e)s, *ohne pl*> (*abw*) terquedad *f*, testarudez *f*, cabezonería *f fam*

starrsinnig *adj* (*abw*) terco, testarudo, cabezota *fam*

Start [ʃtart] *m* <-(e)s, -s> ❶ (SPORT: *Beginn*) salida *f*; (*~ort*) punto *m* de salida; **er ist am ~** está por [*o* a punto de] salir
❷ (*Flugzeug~*) despegue *m*, decolaje *m* SAm; (*Auto*) arranque *m*; (*Rake-*

ten~) lanzamiento *m* ❸ (*Beginn*) comienzo *m*; **jdm einen guten ~ wünschen** desear(le) a alguien un buen comienzo

Startautomatik *f* <-, -en> (AUTO) starter *m* automático; **Startbahn** *f* <-, -en> pista *f* de despegue; **Startbefehl** *m* <-(e)s, -e> (INFOR) orden *f* de arranque

startbereit *adj* preparado para ponerse en marcha, listo para empezar; (*Flugzeug*) listo para despegar [*o* para el despegue]

Startbit *nt* <-(s), -(s)> (INFOR, TEL) bit *m* de arranque; **Startblock** *m* <-(e)s, -blöcke> ❶ (*Leichtathletik*) bloque *m* de salida ❷ (*Schwimmen*) podio *m* de salida; **Startdiskette** *f* <-, -n> (INFOR) disquete *m* de arranque; **Startdividende** *f* <-, -n> (WIRTSCH) dividendo *m* inicial

starten ['ʃtartən] **I.** *vi sein* ❶ (*allgemein*) salir (*nach* hacia/para), partir (*nach* hacia/para); (*beginnen*) comenzar
❷ (SPORT: *loslaufen/-fahren*) tomar salida; (*teilnehmen*) participar; **sie startet für ihre Heimatstadt/für Spanien** representa a su ciudad/a España
❸ (*Auto*) arrancar
❹ (*Flugzeug*) despegar, decolar *SAm*
II. *vt* ❶ (*Auto, Motor*) arrancar
❷ (*Rakete*) lanzar
❸ (*Kampagne*) comenzar
❹ (*Computer*) poner en marcha; (*Programm*) iniciar

Starter ['ʃtartɐ] *m* <-s, -> (AUTO) starter *m*

Starterlaubnis *f* <-, *ohne pl*> ❶ (SPORT) permiso *m* de salida ❷ (AERO) permiso *m* de despegue; **Startflagge** *f* <-, -n> (SPORT) bandera *f* de salida; **Startfreigabe** *f* <-, -n> (AERO) permiso *m* de despegue; **Startgeld** *nt* <-(e)s, -er> (SPORT) ❶ (*von Sportlern*) precio *m* de la inscripción ❷ (*an Sportler*) prima *f* de participación, dinero *m* de salida

Starthilfe *f* <-, -n> ❶ (FIN) ayuda *f* inicial ❷ (AUTO: *Vorrichtung*) estárter *m*, starter *m*; **Starthilfekabel** *nt* <-s, -> cables *mpl* de empalme

Startkapital *nt* <-s, -e *o* -ien> capital *m* inicial

startklar *adj s.* **startbereit**

Startlinie *f* <-, -n> línea *f* de salida; (*bei Rennen*) arrancadero *m*; **Startloch** *nt* <-(e)s, -löcher> (SPORT) casilla *f* de salida; **schon in den Startlöchern sitzen** [*o* **stehen**] (*fam fig*) estar a punto de salir, tener un pie dentro y otro fuera; **Startnummer** *f* <-, -n> (SPORT) dorsal *m*, número *m* (de inscripción); **der Läufer mit der ~ 17 wurde disqualifiziert** el corredor con el dorsal 17 fue descalificado; **Startrampe** *f* <-, -n> (MIL) rampa *f* de lanzamiento; **Startschuss**^{RR} *m* <-es, -schüsse> señal *f* de salida; **den ~ geben** dar la señal de salida; **Startseite** *f* <-, -n> (INFOR) página *f* de arranque; **Startsignal** *nt* <-s, -e> (SPORT) señal *f* de salida; **Startverbot** *nt* <-(e)s, -e> (SPORT) sanción *f*, prohibición *f* de competir; **jdn mit einem ~ belegen** prohibir a alguien tomar parte en una competición ❷ (AERO) prohibición *f* de despegue; **~ haben** no tener permiso para despegar; **Startzeichen** *nt* <-s, -> señal *f* de salida

Stasi ['ʃtaːzi] *f* <-, *ohne pl*> (HIST: *fam*) *Abk. von* **Staatssicherheitsdienst** Servicio *m* (Secreto) de Seguridad del Estado (*policía política de la ex-RDA*)

Statement ['steɪtmənt] *nt* <-s, -s> declaración *f* oficial

Statik ['ʃtaːtɪk] *f* <-, *ohne pl*> (PHYS) estática *f*

Statiker(in) ['ʃtaːtɪkɐ] *m(f)* <-s, -; -, -nen> ingeniero, -a *m, f* de estática

Station [ʃtaˈtsjoːn] *f* <-, -en> ❶ (*Bahnhof, Radio-, Wetter-*) estación *f*; (*Haltestelle*) parada *f*; **~ machen** detenerse
❷ (*Krankenhaus-*) unidad *f*

stationär [ʃtatsjoˈnɛːɐ] *adj* ❶ (*an einen Standort gebunden*) fijo
❷ (MED): **~e Behandlung** tratamiento clínico

stationieren* [ʃtatsjoˈniːrən] *vt* estacionar

Stationierung *f* <-, -en> estacionamiento *m*

Stationsarzt, -ärztin *m, f* <-es, -ärzte; -, -nen> médico, -a *m, f* jefe de sección; **Stationsschwester** *f* <-, -n> enfermera *f* jefe de sección; **Stationsvorsteher(in)** *m(f)* <-s, -; -, -nen> jefe, -a *m, f* de estación

statisch ['ʃtaːtɪʃ] *adj* (*a.* PHYS) estático

Statist(in) [ʃtaˈtɪst] *m(f)* <-en, -en; -, -nen> figurante *mf*, comparsa *mf*

Statistik [ʃtaˈtɪstɪk] *f* <-, -en> estadística *f*; **amtliche ~** estadística oficial

Statistiker(in) [ʃtaˈtɪstɪkɐ] *m(f)* <-s, -; -, -nen> estadista *mf*, estadístico, -a *m, f*

Statistin *f* <-, -nen> *s.* **Statist**

statistisch [ʃtaˈtɪstɪʃ] *adj* estadístico; **etw ~ berechnen** hacer un cálculo estadístico de algo; **etw ~ erfassen** recoger datos estadísticos de algo

Stativ [ʃtaˈtiːf] *nt* <-(e)s, -e> trípode *m*

statt [ʃtat] **I.** *präp* +*gen* en lugar de, en vez de
II. *konj*: **~ zu ... en lugar de..., en vez de...**; **~ zu schweigen ...** en vez de callarse...

Statt [ʃtat] *f* <-, *ohne pl*> (*geh*) lugar *m*; **jdn an Kindes ~ annehmen** adoptar a alguien; **etw an Eides ~ erklären** declarar algo bajo juramento

stattdessen^{RR} *adv* (*dafür*) en lugar de eso; (*hingegen*) por el contrario

Stätte ['ʃtɛtə] *f* <-, -n> (*geh*) lugar *m*, sitio *m*

statt|finden *irr vi* tener lugar, celebrarse

statt|geben *irr vi* (*Bitte, Wunsch*) acceder (a); (*Gesuch*) atender

statthaft *adj* (*geh*) lícito, permitido

Statthaftigkeit *f* <-, *ohne pl*> (JUR) licitud *f*; **~ eines Rechtsmittels** licitud de un recurso legal

Statthalter(in) *m(f)* <-s, -; -, -nen> ❶ (HIST) gobernador(a) *m(f)*
❷ (*Schweiz: Bürgermeister*) alcalde(sa) *m(f)*

stattlich ['ʃtatlɪç] *adj* ❶ (*beeindruckend*) impresionante, imponente; (*hoch gewachsen*) alto
❷ (*Betrag*) considerable

Statue ['ʃtaːtuə] *f* <-, -n> estatua *f*

statuieren* [ʃtatuˈiːrən] *vt* establecer, instituir; **ein Exempel (mit etw) ~** establecer un ejemplo (con algo)

Statur [ʃtaˈtuːɐ] *f* <-, -en> estatura *f*, talla *f*; **von großer ~** de elevada estatura

Status ['ʃtaːtʊs] *m* <-, -> ❶ (*Lage*) situación *f*; **~ quo** statu quo *m*
❷ (*Soziologie*) categoría *f* social, estatus *m inv*
❸ (MED) estado *m*

Statusanzeige *f* <-, -n> (INFOR) visualización *f* de estado; **Statusinformation** *f* <-, -en> (INFOR) información *f* de estado; **Statusleiste** *f* <-, -n> (INFOR) barra *f* de estado; **Statusprozess**^{RR} *m* <-es, -e> (JUR) proceso *m* de estado familiar; **Statussymbol** *nt* <-s, -e> símbolo *m* de categoría social; **Statuszeile** *f* <-, -n> (INFOR) línea *f* de estado

Statut [ʃtaˈtuːt] *nt* <-(e)s, -en> estatuto *m*

Statutenwechsel *m* <-s, -> (JUR) cambio *m* estatutario

Stau [ʃtaʊ] *m* <-(e)s, -s *o* -e> ❶ (*Verkehrs-*) atasco *m*, retención *f*, taco *m Am*; **im ~ stehen** estar (metido) en un atasco
❷ (*im Wasser*) estancamiento *m*

Staub [ʃtaʊp] *m* <-(e)s, -e *o* Stäube> polvo *m*; **~ wischen** quitar [*o* pasar] el polvo; **sich aus dem ~ machen** (*fam*) poner pies en polvorosa; **~ aufwirbeln** (*fam fig*) causar alboroto

Staubbeutel *m* <-s, -> (BOT) antera *f*; **Staubbindemittel** *nt* <-s, -> agente *m* aglutinante del polvo; **Staubblatt** *nt* <-(e)s, -blätter> (BOT) estambre *m*; **Staubblüte** *f* <-, -n> (BOT) flor *f* estaminífera

Staubecken *nt* <-s, -> embalse *m*

stauben ['ʃtaʊbən] *vi* soltar polvo, levantar polvo

stäuben ['ʃtɔʏbən] **I.** *vi* ❶ (*Staub absondern*) desprender polvo
❷ (*zerstieben*) disiparse, dispersarse
II. *vt* ❶ (*Staub entfernen*) limpiar el polvo (de), sacudir el polvo (de)
❷ (*streuen*) esparcir; (*Flüssigkeiten*) pulverizar (*auf/über* en/sobre)
III. *vunpers*: **beim Kehren stäubt es sehr** al barrer se levanta mucho polvo

Staubfaden *m* <-s, -fäden> (BOT) filamento *m*; **Staubfänger** ['ʃtaʊpfɛŋɐ] *m* <-s, -> (*abw*) nido *m* de polvo; **Staubflocke** *f* <-, -n> polvillo *m*; (*Fluse*) pelusilla *f*; **Staubgefäß** *nt* <-es, -e> (BOT) estambre *m*

staubig *adj* polvoriento, empolvado

Staubkammer *f* <-, -n> cámara *f* colectora de polvo; **Staubkorn** *nt* <-(e)s, -körner> mota *f* de polvo; **Staublunge** *f* <-, -n> (MED) neumoconiosis *f inv*

staub|saugen ['---] *vi, vt* pasar la aspiradora (por)

Staubsauger *m* <-s, -> aspiradora *f*, aspirador *m*; **Staubschicht** *f* <-, -en> capa *f* de polvo; **Staubschleier** *m* <-s, -> velo *m* de polvo

staubtrocken *adj* (*fam*) sequísimo; (*Brot*) reseco

Staubtuch *nt* <-(e)s, -tücher> trapo *m* del polvo; **Staubwolke** *f* <-, -n> nube *f* de polvo, terral *m PRico, Peru*

stauchen ['ʃtaʊxən] *vt* ❶ (TECH) recalcar
❷ (*fam: zurechtweisen*) echar una bronca a

Staudamm *m* <-(e)s, -dämme> presa *f*

Staude ['ʃtaʊdə] *f* <-, -n> (BOT) planta *f* vivaz

Staudensellerie *m* <-s, -(s)> apio *m* en rama

stauen ['ʃtaʊən] **I.** *vt* embalsar, estancar
II. *vr*: **sich ~** (*Wasser*) estancarse; (*Verkehr*) atascarse; (*Ärger*) acumularse; (*Menschen*) agolparse

Staugefahr *f* <-, *ohne pl*>: **es besteht ~** hay peligro de que se produzcan atascos; **Staumauer** *f* <-, -n> (muro *m* de contención de una) presa *f*

staunen ['ʃtaʊnən] *vi* ❶ (*sich wundern*) asombrarse (*über* de/por), sorprenderse (*über* de), quedarse boquiabierto (*über* por); (*verwundert sein*) estar asombrado (*über* de/por), abismarse *Am*; **ich staune, wie gut du Arabisch sprichst** estoy asombrada de lo bien que hablas árabe; **da staunst du, was?** ¿qué, te quedas con la boca abierta?; **man höre und staune** aunque parezca mentira; **jdn in S~ versetzen** dejar a alguien atónito [*o* pasmado]
❷ (*Schweiz: in Gedanken sein*) estar ausente [*o* absorto]

Staupe ['ʃtaʊpə] *f* <-, -n> moquillo *m*

Stauraum *m* <-(e)s, *ohne pl*> (*Schiff*) bodega *f*; (*LKW*) superficie *f* de carga; **Stausee** *m* <-s, -n> embalse *m*, pantano *m*

Stauung *f* <-, -en> ① (*von Gewässern*) estancamiento *m*; (*von Blut*) hemostasis *f* inv, hemostasia *f*
② (*Verkehrsstau*) atasco *m*, taco *m* Am

Std. *Abk. von* **Stunde** hora *f*

Steak [ste:k] *nt* <-s, -s> bistec *m*, filete *m* de carne, bife *m* Am

Stearin [ʃtea'ri:n, stea'ri:n] *nt* <-s, -e> (CHEM) estearina *f*

Stechapfel *m* <-s, -äpfel> estramonio *m*

Stechbecken *nt* <-s, -> (*alt*) cuña *f*

stechen ['ʃtɛçən] <sticht, stach, gestochen> I. *vt* ① (*allgemein*) pinchar; (*Insekt*) picar; (*mit einem Messer*) acuchillar, pinchar *fam*; **Löcher in etw** ~ perforar algo; **es sticht mich im Rücken** me dan punzadas en la espalda
② (*Torf, Spargel*) extraer
③ (*beim Kartenspiel*) cortar, matar
④ (*in Kupfer*) grabar (*in* en); **ihre Handschrift ist wie gestochen** tiene una letra de caligrafía
II. *vi* ① (*allgemein, Insekt, Sonne*) picar; **mit einem Messer nach jdm** ~ acuchillar a alguien; **etw sticht ins Auge** algo salta a la vista; **der scharfe Gestank sticht in der Nase** la peste se mete en la nariz; **die Farbe sticht ins Rötliche** el color tiene un matiz rojizo
② (*beim Kartenspiel*) hacer baza
III. *vr*: **sich** ~ pincharse (*an* con, *in* en); **ich habe mich in den Finger gestochen** me he pinchado (en) un dedo

stechend *adj* (*Blick, Geruch*) penetrante; (*Schmerz*) punzante

Stechginster *m* <-s, -> aulaga *f*; **Stechkarte** *f* <-, -n> ficha *f* (de control); **Stechmücke** *f* <-, -n> mosquito *m*, zancudo *m* Am; **Stechpalme** *f* <-, -n> acebo *m*; **Stechuhr** *f* <-, -en> reloj *m* de control [*o* para fichar]; **Stechzirkel** *m* <-s, -> compás *m* de punta fija

Steckbrief *m* <-(e)s, -e> (JUR) (carta *f*) requisitoria *f*, orden *f* de busca y captura

steckbrieflich *adv* por vía requisitoria; ~ **gesucht** buscado por vía requisitoria

Steckdose *f* <-, -n> enchufe *m*, tomacorriente *m* Arg, Peru

stecken[1] ['ʃtɛkən] *vt* ① (*hinein-*) meter (*in* en); (*investieren*) invertir (*in* en); **sie steckte die Hände in die Tasche** metió las manos en los bolsillos; **sich** *dat* **etw in den Mund** ~ meterse algo en la boca; **ich habe viel Geld/Arbeit in das Projekt gesteckt** he invertido mucho dinero/trabajo en el proyecto
② (*auf-*) poner (*auf/an* en); (*fest-*, *an-*) fijar (*an* en/a); (*mit Nadeln*) prender (*an* en); **eine Brosche an die Jacke** ~ prender un broche en la chaqueta; **den Saum** ~ prender el dobladillo con alfileres; **jdm etw** ~ (*fam*) indicar algo a alguien; **ich weiß im Moment gar nicht, wohin ich dich** ~ **soll** (*fam*) en este momento no sé qué hacer contigo; **das kannst du dir an den Hut** ~ (*fam fig*) métetelo donde te quepa

stecken[2] <steckt, steckte, *geh*: stak, gesteckt> *vi* ① (*sich befinden*) estar metido (*in* en), estar (*in* en); **ich stecke mitten in der Arbeit** estoy metido de lleno en el trabajo; **du musst zeigen, was in dir steckt** tienes que mostrar lo que hay en ti; **der Schlüssel steckt** la llave está puesta; **in meinem Finger steckt ein Splitter** tengo una astilla clavada en el dedo; **wo steckt er?** (*fam: Person*) ¿dónde se ha metido?; **wer steckt bloß hinter dieser Geschichte?** (*fam*) ¿quién demonios está detrás de este asunto?
② (*festsitzen*) quedar fijo

Stecken ['ʃtɛkən] *m* <-s, -> (*reg*) palo *m*; **Dreck am** ~ **haben** no estar limpio [*o* libre] de culpa

stecken|bleiben *irr vi sein s.* **bleiben 2.**
stecken|lassen *irr vt s.* **lassen 1.**

Steckenpferd *nt* <-(e)s, -e> ① (*für Kinder*) caballito *m* (de juguete)
② (*Hobby*) hobby *m*, afición *f*

Stecker *m* <-s, -> enchufe *m*

steckerkompatibel *adj* (INFOR) compatible por conexión

Steckkarte *f* <-, -n> (INFOR) tarjeta *f* de expansión; **Steckkontakt** *m* <-(e)s, -e> enchufe *m*

Steckling ['ʃtɛklɪŋ] *m* <-s, -e> estaca *f*, plantón *m*

Stecknadel *f* <-, -n> alfiler *m*; **eine** ~ **im Heuhaufen suchen** buscar una aguja en un pajar; **Steckplatz** *m* <-es, -plätze> (INFOR) panel *m* de operaciones [*o* de conmutaciones]; **Steckrübe** *f* <-, -n> (*reg*) nabo *m*; **Steckschlüssel** *m* <-s, -> llave *f* tubular [*o* de vaso]; **Steckschuss**[RR] *m* <-es, -schüsse> herida *f* de bala sin orificio de salida; **die Geisel überlebte den** ~ **nicht** el rehén no sobrevivió la herida de bala

Steg [ʃte:k] *m* <-(e)s, -e> ① (*Brücke*) puentecillo *m*, pasarela *f*
② (*Boots-*) (des)embarcadero *m*
③ (*bei Saiteninstrumenten*) puente *m*
④ (*an einer Hose*) trabilla *f*

Stegelektrode *f* <-, -n> electrodo *m* de brida

Stegreif ['ʃte:kraɪf] *m*: **aus dem** ~ improvisando

Stehaufmännchen ['ʃte:ʔaʊfmɛnçən] *nt* <-s, -> tentetieso *m*, tentempié *m*; **ein** ~ **sein** (*fam fig*) no darse nunca por vencido

Stehcafé ['ʃte:kafe:] *nt* <-s, -s> bar *m* sin sillas

stehen ['ʃte:ən] <steht, stand, gestanden> *haben o Österr, Schweiz, südd*: *sein* I. *vi* ① (*aufrecht: Mensch*) estar de pie; (*Gegenstand*) estar derecho; **ich kann nicht mehr** ~ ya no puedo estar más tiempo de pie; **im S~** de pie; **~d k.o. sein** (*fam*) estar hecho polvo; **er hat einen** ~ (*fam*) tiene una estaca [*o* banderilla]
② (*sein*) estar; (*sich befinden*) encontrarse; **an der Tür** ~ estar junto a la puerta; **sie steht an der Spitze des Unternehmens** está al frente de la empresa; **der Schweiß stand ihr auf der Stirn** tenía la frente perlada de sudor; **auf welcher Seite stehst du?** ¿de qué lado estás?; **das Auto steht in der Garage** el coche está en el garaje; **neben jdm** ~ estar al lado de alguien; **unter Alkohol/Drogen** ~ estar bajo los efectos del alcohol/de las drogas; **unter Anklage** ~ estar acusado; **unter Druck** ~ estar bajo presión; **unter Schock** ~ tener un shock [*o* una conmoción]; **wir** ~ **kurz vor einem Krieg** estamos a punto de entrar en guerra; **wir** ~ **vor der Schwierigkeit, dass ...** nos encontramos ante la dificultad de que...; **jdm zur Verfügung** ~ estar a disposición de alguien; **die Sache steht mir bis hier** [*o* **oben**] [*o* **zum Hals**] (*fam*) estoy hasta aquí [*o* estoy hasta las narices] del asunto, estoy harto del asunto; **die Schulden** ~ **ihr bis zum Hals** está cargada de deudas; **hoch ~d** (*fig*) de alto nivel, en posición superior; **ein geistig hoch ~der Mensch** una persona de alto nivel intelectual; **der Sekt steht kalt** el champán está frío; **jdm nahe** ~ ser muy amigo de alguien, tener una relación estrecha con alguien; **einer Sache nahe** ~ estar vinculado a algo, simpatizar con algo; **offen** ~ (*Tür, Fenster*) estar abierto; (*Rechnung*) estar sin saldar, estar pendiente; (*zugänglich sein*) estar abierto; **die Schwimmbäder** ~ **jedermann** las piscinas están abiertas a todo el mundo; **die ganze Welt steht dir offen** lo tienes todo por delante; **die Sache steht schlecht** el asunto está mal; **tief ~d** bajo; **so wahr ich hier stehe** tan cierto como que estoy aquí
③ (*geschrieben sein*) estar (escrito) (*auf/in* en); (*in einer Liste*) figurar (*auf/in* en); **wo steht das?** ¿dónde está escrito?; **hier steht geschrieben, dass ...** aquí dice que...; **hier steht es schwarz auf weiß** aquí está escrito en letra de imprenta; **so steht es bei Goethe** así lo dice Goethe; **das Wort steht im Imperfekt** la palabra está en imperfecto; **das stand in der Zeitung** estaba en el periódico; **was steht in seinem Brief?** ¿qué pone su carta?; **in der Bibel steht, dass ...** en la Biblia está escrito que...; **„gegen" steht mit dem Akkusativ, nach „gegen" steht der Akkusativ** "gegen" rige acusativo, detrás de "gegen" va acusativo; **unten** ~d abajo mencionado
④ (*stillstehen*) estar parado; (*Verkehr*) estar paralizado; **die Uhr steht** el reloj se ha (quedado) parado; **etw kommt zum S~** algo se para; **etw zum S~ bringen** parar algo
⑤ (*anzeigen*) marcar; **das Thermometer steht auf 30 Grad** el termómetro marca 30 grados; **die Nadel steht im roten Bereich** la aguja se encuentra en la zona roja; **die Ampel steht auf Rot** el semáforo está en rojo; **wie steht das Pfund?** ¿a cuánto está [*o* se cotiza] la libra?; **das Pfund steht bei 1,60 Euro** la libra se cotiza a 1,60 euros; **wie steht das Fußballspiel?** ¿cómo están?; **es steht 3:1** están 3 a 1; **na, wie** ~ **die Aktien?** (*fam: wie geht's dir*) ¿qué tal estás?
⑥ (*kleiden*) sentar, quedar; **der Bart steht dir gut/schlecht** la barba te queda bien/mal
⑦ (JUR): **auf etw steht Gefängnis** algo tiene una pena de prisión; **auf seine Ergreifung steht eine Belohnung** por su captura está establecida una recompensa
⑧ (*Standpunkt, Unterstützung, Bekenntnis*): **hinter jdm** ~ apoyar a alguien; **zu seinen Fehlern** ~ reconocer sus errores; **ich stehe fest zu dir** estoy totalmente de tu parte; **wie stehst du zu dem Plan?** ¿qué te parece el plan?; **zu seinem Versprechen** ~ cumplir con lo prometido; **ich habe das versprochen, und ich stehe dazu!** ¡lo prometí y mantengo mi palabra!
⑨ (*feststehen*): **die Mannschaft steht noch nicht** el equipo aún no está decidido; **unser Projekt steht und fällt mit dir** tú eres el alma de nuestro proyecto; **so, unser Projekt steht jetzt!** (*fam*) ¡bueno, los preparativos para nuestro proyecto están listos!
⑩ (*Wend*): **auf jdn/etw** ~ (*fam*) irle alguien/algo a alguien; **stehst du auf Techno?** (*fam*) ¿te va [*o* gusta] el tecno?
II. *vt*: **Wache** ~ estar de guardia; **Modell** ~ hacer de modelo, posar
III. *vr*: **sich gut/schlecht mit jdm** ~ (*fam*) llevarse bien/mal con alguien; **jd steht sich besser/schlechter, wenn ...** (*fam*) a alguien le va mejor/peor, cuando...
IV. *vunpers*: (**wie gehts,**) **wie stehts?** (*fam*) ¿qué tal?; **wie steht es bei euch?** (*fam*) ¿cómo estáis [*o* os va]?; **die Dinge** ~ **nicht gut** las cosas no van bien; **mit seiner Gesundheit steht es nicht zum Besten** su salud no es la mejor; **es steht schlimm um sie** está muy mal; **es steht zu befürchten, dass ...** es de temer que... (+*subj*); **es steht dir offen zu ...** tienes la posibilidad de..., puedes decidir tú mismo si...

stehen|bleiben *irr vi sein s.* **bleiben 2.**

stehend *adj* ❶ (*aufrecht*) en pie, de pie
❷ (*nicht in Bewegung*) parado; (*Gewässer*) estancado
❸ (*Wend*): **ein leer ~es Haus** una casa desocupada [*o* deshabitada]
stehen|lassen *irr vt s.* **stehen 1.**
Stehgeiger(in) *m(f)* <-s, -; -, -nen> violinista *mf* (que toca en un local o una plaza pública); **ungarische ~ spielten gestern in der Fußgängerzone auf** ayer había violinistas húngaros tocando en la zona peatonal; **Stehkneipe** *f* <-, -n> bar *m* sin sillas; **Stehkragen** *m* <-s, -> cuello *m* alzado; **Stehlampe** *f* <-, -n> lámpara *f* de pie; **Stehleiter** *f* <-, -n> escalera *f* de tijera
stehlen ['ʃteːlən] <stiehlt, stahl, gestohlen> **I.** *vt, vi* robar, mochar *Arg;* **du stiehlst mir die Zeit** me robas mi tiempo; **er kann mir gestohlen bleiben** (*fam*) por mí, que se pierda; **du sollst nicht ~** (*Bibel*) no robarás
II. *vr:* **sich ~** ❶ (*schleichen*): **sich aus dem Haus ~** salir furtivamente de la casa; **sich nach Hause ~** irse [*o* escaparse] a casa a hurtadillas
❷ (*sich drücken vor*) escaparse (*aus* de)
Stehplatz *m* <-es, -plätze> ❶ (*Platz*) localidad *f* de pie ❷ (*Ticket*) entrada *f* de pie; **Stehpult** *nt* <-(e)s, -e> pupitre *m* para escribir de pie; **Stehvermögen** *nt* <-s, *ohne pl*> ❶ (*Ausdauer*) fortaleza *f,* aguante *m*
❷ (*Durchhaltevermögen*) firmeza *f,* solidez *f*
Steiermark ['ʃtaɪɐmark] *f* <-> Estiria *f*
steif [ʃtaɪf] *adj* ❶ (*starr*) tieso, rígido; **~ und fest behaupten** (*fam*) sostener firmemente
❷ (*Gliedmaßen*) entumecido, anquilosado; **~er Hals** tortícolis *m inv;* **~es Glied** (*fam*) miembro erecto
❸ (*unelastisch*) inflexible; (*ungelenk*) torpe
❹ (*förmlich*) formal; **ein ~er Empfang** una recepción oficial
❺ (*Pudding*) consistente; **Eiweiß ~ schlagen** batir las claras a punto de nieve; **Sahne ~ schlagen** montar la nata
steifen ['ʃtaɪfən] *vt* ❶ (*reg: stärken*) almidonar
❷ (*anspannen*) tensar
❸ (ARCHIT: *Baugrube*) entibar; (*Wand*) apuntalar
Steifheit *f* <-, *ohne pl*> ❶ (*Festigkeit, Starre*) rigidez *f,* tiesura *f*
❷ (*eines Körperteils, Gelenks*) anquilosis *f,* anquilosamiento *m*
❸ (*im Benehmen*) envaramiento *m*
Steigbügel *m* <-s, -> (*a.* ANAT) estribo *m;* **Steigbügelhalter(in)** *m(f)* <-s, -; -, -nen> (*abw*) enchufe *m fam*
Steige ['ʃtaɪɡə] *f* <-, -n> (*Österr, südd*) ❶ (*steile Straße*) cuesta *f*
❷ (*Treppe*) escalera *f*
Steigeisen *nt* <-s, -> (*für Schuhe*) trepador *m*
steigen ['ʃtaɪɡən] <steigt, stieg, gestiegen> *vi sein* ❶ (*hinauf~*) subir (*auf/in* a); (*hinunter~*) bajar (*von/aus* de); (*klettern*) escalar, trepar (*auf* a); **in den Bus ~** subir al autobús; **aufs Fahrrad/Pferd ~** montarse en la bicicleta/en el caballo; **sie stiegen aus dem Zug** bajaron del tren; **aus dem Bett ~** levantarse de la cama; **mit jdm ins Bett ~** (*fam*) acostarse con alguien; **er lässt seinen Drachen ~** hace subir su cometa; **die Tränen stiegen ihr in die Augen** le brotaron las lágrimas; **der Wein/der Erfolg ist ihr zu Kopf gestiegen** el vino/el éxito se le ha subido a la cabeza
❷ (*zunehmen*) aumentar (*um* en, *in* de); (*Wasser*) subir, crecer; (*Aktie, Fieber*) subir; **etw steigt im Preis/Wert** algo sube de precio/de valor; **dadurch ist er in meiner Achtung gestiegen** con ello ha aumentado mi estima por él, con ello ha subido en mi estimación; **die Stimmung steigt** la fiesta se va animando; **die Spannung steigt** la tensión aumenta
❸ (*fam: stattfinden*) ser; **weißt du, wann die Party steigt?** ¿sabes cuándo es la fiesta?
steigend *adj* ❶ (*zunehmend*) creciente; (*Preise*) en aumento; **~e Tendenz** tendencia alcista
Steiger *m* <-s, -> (BERGB) capataz *m* de minas
steigern ['ʃtaɪɡɐn] **I.** *vt* ❶ (*erhöhen*) aumentar (*um* en); (*verstärken*) reforzar, intensificar
❷ (LING) establecer los grados (del adjetivo)
II. *vr:* **sich ~** ❶ (*zunehmen*) aumentar (*um* en), crecer (*um* en)
❷ (*sich verbessern*) mejorar; **er konnte sich noch um einiges ~** pudo mejorar un tanto
❸ (*sich hinein~*) enzarzarse (*in* en), engolfarse (*in* en)
Steigerung *f* <-, -en> ❶ (*Zunahme*) aumento *m;* (*der Leistung*) mejora *f;* **~ der Einfuhren** (WIRTSCH) incremento de las importaciones; **eine ~ um 5% gegenüber dem Vorjahr** (WIRTSCH) un incremento del 5% con relación al año anterior
❷ (LING) comparación *f*
❸ (*Schweiz: Ver~*) subasta *f*
Steigerungsform *f* <-, -en> (LING) gradación *f*
Steigflug *m* <-(e)s, -flüge> (AERO) vuelo *m* ascensional
Steigung *f* <-, -en> ❶ (*im Gelände*) elevación *f;* (*einer Straße*) cuesta *f*
❷ (TECH) paso *m*
steil [ʃtaɪl] *adj* ❶ (*Gelände, Treppe*) empinado, escarpado; (*Küste*) acantilado

❷ (*Karriere*) vertiginoso, rápido
Steilhang *m* <-(e)s, -hänge> pendiente *f* escarpada, despeñadero *m;* **Steilheck** *nt* <-(e)s, -s *o* -e> (AUTO) parte *f* trasera recta
Steilheit *f* <-, *ohne pl*> pendiente *f,* escarpa *f* (dura)
Steilküste *f* <-, -n> acantilado *m;* **Steilpass**ᴿᴿ *m* <-es, -pässe> (SPORT) pase *m* en profundidad; **Steilufer** *nt* <-s, -> acantilado *m;* **Steilwand** *f* <-, -wände> (SPORT: *am Berg*) pared *f;* **eine ~ hochklettern** escalar una pared a pico
Stein [ʃtaɪn] *m* <-(e)s, -e> ❶ (*allgemein*) piedra *f;* (*Edel~*) piedra preciosa; **aus ~** de piedra; **die Lava erstarrt zu ~** la lava se solidifica; **es blieb kein ~ auf dem anderen** no quedó piedra sobre piedra; **mir fällt ein ~ vom Herzen** se me quita un gran peso de encima; **dir fällt kein ~ aus der Krone, wenn ...** no se te van a caer los anillos por... +*inf;* **jdm ~e in den Weg legen** poner(le) a alguien piedras en el camino; **jdm alle ~e aus dem Weg räumen** prepararle el camino a alguien; **den ~ ins Rollen bringen** (*fam fig*) desencadenar algo; **es friert ~ und Bein** (*fam*) hace un frío que se hielan las palabras; **~ und Bein schwören** (*fam*) jurar por lo que más se quiere [*o* todos los santos]; **schlafen wie ein ~** (*fam*) dormir como un tronco; **der ~ des Anstoßes** (*geh*) la piedra del escándalo; **der ~ der Weisen** (*geh*) la piedra filosofal
❷ (MED) cálculo *m*
❸ (*einer Frucht*) hueso *m,* carozo *m CSur, Bol, Mex*
❹ (*Spiel~*) ficha *f;* (*bei Brettspielen*) pieza *f;* **bei jdm einen ~ im Brett haben** (*fam*) hacer buenas migas con alguien
Steinadler *m* <-s, -> águila *f* real
steinalt ['-'-] *adj* muy viejo, más viejo que Matusalén
Steinbock *m* <-(e)s, -böcke> ❶ (ZOOL) cabra *f* montés, macho *m* cabrío ❷ (ASTR) Capricornio *m;* **Steinbruch** *m* <-(e)s, -brüche> cantera *f;* **Steinbutt** *m* <-(e)s, -e> rodaballo *m;* **Steineiche** *f* <-, -n> encina *f*
steinern ['ʃtaɪnɐn] *adj* (*a. fig*) de piedra
Steinerweichen *nt:* **zum ~ schreien** lanzar gritos desgarradores; **zum ~ weinen** gritar de tal modo que a uno le parte el corazón
Steinfraß *m* <-es, *ohne pl*> erosión *f* de la piedra
Steinfrucht *f* <-, -früchte> fruta *f* de hueso
Steinfußboden *m* <-s, -böden> suelo *m* de piedra; **Steingut** *nt* <-(e)s, *ohne pl*> (*objetos mpl de*) gres *m*
steinhart ['-'-] *adj* duro como una piedra
steinig *adj* pedregoso
steinigen ['ʃtaɪnɪɡən] *vt* lapidar, apedrear
Steinkohle *f* <-, -n> carbón *m* (de piedra), hulla *f;* **Steinkohlenbergbau** *m* <-(e)s, *ohne pl*> explotación *f* hullera; **Steinkohlenbergwerk** *nt* <-(e)s, -e> mina *f* de carbón [*o* de hulla]
Steinmarder *m* <-s, -> garduña *f;* **Steinmetz(in)** ['ʃtaɪnmɛts] *m(f)* <-en, -en; -, -nen> cantero *mf,* picapedrero, -a *m, f*
Steinobst *nt* <-(e)s, *ohne pl*> fruta *f* con hueso
Steinpilz *m* <-es, -e> boleto *m*
steinreich ['-'-] *adj* ❶ (*sehr reich*) riquísimo, platudo *Am*
❷ (*steinig*) pedregoso
Steinsalz *nt* <-es, *ohne pl*> sal *f* gema; **Steinsarg** *m* <-(e)s, -särge> ataúd *m* de piedra; **Steinschlag** *m* <-(e)s, -schläge> (*Herabstürzen*) desprendimiento *m* de piedras; **Steinwurf** *m* <-(e)s, -würfe> pedrada *f;* (*nur*) **einen ~ weit (entfernt)** (sólo) a tiro de piedra (de aquí); **Steinwüste** *f* <-, -n> desierto *m* rocoso; **Steinzeit** *f* <-, *ohne pl*> Edad *f* de Piedra; **Bürokraten aus der ~ der Partei** (*fig*) burócratas de los comienzos del partido
steinzeitlich *adj* ❶ (*aus der Steinzeit*) de la Edad de Piedra
❷ (*fam: veraltet*) anticuado, prehistórico
Steinzertrümmerer *m* <-s, -> (MED) destructor *m* de cálculos
Steiß [ʃtaɪs] *m* <-es, -e> ❶ (*~bein*) coxis *m inv,* rabadilla *f fam*
❷ (*Gesäß*) trasero *m*
Steißbein *nt* <-(e)s, -e> coxis *m inv,* rabadilla *f fam;* **Steißlage** *f* <-, *ohne pl*> (MED) presentación *f* de nalgas; **das Baby befindet sich in der ~** el bebé viene de nalgas
Stele ['steːlə, 'ʃteːlə] *f* <-, -n> (KUNST) estela *f*
Stellage [ʃtɛˈlaːʒə] *f* <-, -n> (FIN) doble opción *f*
stellar [ʃtɛˈlaːɐ, stɛˈlaːɐ] *adj* (ASTR) estelar
Stelldichein ['ʃtɛldɪçʔaɪn] *nt* <-(s), -(s)> cita *f;* **sich ein ~ geben** concertar una cita
Stelle ['ʃtɛlə] *f* <-, -n> ❶ (*Platz, Ort*) lugar *m,* sitio *m;* **an erster ~** en primer lugar; **an ~ von etw** en vez de algo; **(ich) an deiner ~ ...** (yo) en tu lugar...; **an jds ~ treten** presentarse en lugar de alguien; **an dieser ~** en este lugar; **an späterer ~** más tarde; **auf der ~ treten** (*fam*) no avanzar; **etw nicht von der ~ bekommen** no poder mover algo de su sitio; **jd/etw rührt sich nicht von der ~** alguien/algo no se mueve de su sitio; **zur ~ sein** estar presente; **bei euch gibt es eine undichte ~** (*fam*) teneis un soplón en vuestras filas; **auf der ~** (*sofort*) inmediatamente, al tiro *Am*
❷ (*Bereich*) parte *f;* (*Punkt*) punto *m;* **beschädigte ~n** partes deteriora-

das
③ (*Text~*) parte *f*; (*Abschnitt*) pasaje *m*
④ (*Arbeits~*) puesto *m* (de trabajo), plaza *f*; **freie ~** vacante *f*; **eine ~ antreten** empezar a trabajar; **seine ~ aufgeben/wechseln** dejar el/cambiar de trabajo
⑤ (*Dienst~*) autoridad *f*; **staatliche ~** organismo público; **ich werde mich an höherer ~ beschweren** me quejaré a instancias superiores; **da bist du bei mir an der richtigen ~** (*iron*) has ido a parar en buenas manos
⑥ (MATH) decimal *m*, cifra *f*; **bis auf drei ~n hinter dem Komma** hasta el tercer decimal

stellen ['ʃtɛlən] **I.** *vt* ① (*hin~, auf~*) poner (*auf* en), colocar (*auf* en); (*hinein~*) meter (*in* en); **du sollst es ~, nicht legen** tienes que ponerlo vertical y no horizontalmente; **stell bitte das Fahrrad in den Keller** pon la bicicleta en el sótano, por favor; **etw mit altem Gerümpel voll ~** llenar algo de trastos viejos; **etw an die Wand ~** adosar algo a la pared; **die Szene wirkt gestellt** la escena ha salido muy poco natural; **die Katze stellt den Schwanz** al gato se le pone el rabo de punta; **auf sich selbst gestellt sein** tener que arreglárselo uno solo
② (*regulieren*) ajustar, regular; (*lauter, höher*) subir; (*leiser, kleiner*) bajar; **stell das Radio leiser/lauter** baja/sube la radio; **hast du den Herd auf Null gestellt?** ¿has apagado el horno?; **die Uhr ~** poner el reloj en hora; **den Wecker auf 7 Uhr ~** poner el despertador para las siete; **etw kalt ~** poner algo a refrescar; **etw ruhig ~** (MED: *Arm, Bein*) inmovilizar algo; **jdn ruhig ~** (MED) administrar tranquilizantes a alguien; **etw warm ~** poner algo al fuego
③ (*bereit~*) proporcionar, poner a disposición, presentar
④ (*Verbrecher*) capturar, coger
⑤ (*Frage*) hacer; (*Aufgabe*) poner; (*Thema*) plantear; (*Antrag*) presentar; **jdm ein Horoskop ~** elaborar el horóscopo de alguien; **sie stellten ihn vor die Alternative, zu ...** le pusieron ante la alternativa de...; **das stellt uns vor die Aufgabe, zu ...** esto nos impone la tarea de...; **eine Sache über eine andere ~** dar más importancia a una cosa que a otra; **etw in Frage ~** poner algo en duda; **etw richtig ~** corregir algo, rectificar algo; **etw zur Diskussion ~** poner algo a discusión; **ich stelle es in Ihr Ermessen** lo pongo a su elección
⑥ (*Wend*) **wir sind finanziell gut gestellt** gozamos de una economía saludable; **jdn vor Gericht ~** llevar a alguien a los tribunales; **jdn unter Anklage ~** someter a alguien a proceso; **etw unter Strafe ~** poner una multa a algo

II. *vr*: **sich ~** ① (*sich hin~*) ponerse (de pie) (*auf* en); **er stellte sich ans Fenster** se puso junto a la ventana; **sie stellte sich ihm in den Weg** se le puso en medio; **sich auf Zehenspitzen ~** ponerse de puntillas
② (*vortäuschen*) fingir, hacerse; **er stellt sich taub** se hace el sueco; **er stellt sich krank** finge que está enfermo; **nun stell dich nicht so dumm** no te hagas el tonto
③ (*der Polizei*) entregarse
④ (*nicht ausweichen*): **sich etw** *dat* **~** enfrentarse a algo; **sie stellte sich den Journalisten** se presentó a los periodistas
⑤ (*Frage, Aufgabe*) **uns stellten sich uns allerlei Probleme** nos surgieron varios problemas
⑥ (*Standpunkt, Unterstützung*): **wie ~ Sie sich zu dem neuen Projekt?** ¿qué opina Ud. del nuevo proyecto?; **sich gegen etw ~** oponerse a algo; **sich hinter jdn ~** apoyar a alguien
⑦ (*Wend*): **sich gut (mit jdm) stellen** llevarse bien (con alguien)

Stellenangebot *nt* <-(e)s, -e> oferta *f* de empleo; **Stellenanteil** *m* <-(e)s, -e> proporción *f* de puestos de trabajo; **Stellenanzeige** *f* <-, -n> anuncio *m* de oferta de empleo; „**~n**" ofertas de empleo; **ich bewerbe mich auf ihre ~ vom ...** quisiera presentarme para el empleo que salió publicado del día...; **Stellenausschreibung** *f* <-, -en> anuncio *m* de empleo; **Stellengesuch** *nt* <-(e)s, -e> demanda *f* de empleo
Stellenvermittlung *f* <-, -en> (*Einrichtung*) agencia *f* de empleo, bolsa *f* de empleo; **Stellenvermittlungsbüro** *nt* <-s, -s> agencia *f* de colocaciones
stellenweise *adv* en algunos puntos, en algunas partes; **~ Glatteis** hielo en algunas partes
Stellenwert *m* <-(e)s, -e> valor *m*, importancia *f*
Stellmesser *nt* <-s, -> (*Schweiz*) navaja *f* de muelle; **Stellplatz** *m* <-es, -plätze> (*für Autos*) aparcamiento *m*
Stellschraube *f* <-, -n> (TECH) tornillo *m* de ajuste
Stellung¹ *f* <-, -en> ① (*Körperhaltung*) postura *f*, posición *f*; **in liegender ~** tumbado; **in kniender ~** de rodillas
② (*Anordnung*) posición *f*; **etw in ~ bringen** poner algo en la posición correcta
③ (*beruflich*) puesto *m*; (*Amt*) cargo *m*; **in meiner ~ als Minister** como ministro; **eine führende ~ einnehmen** ocupar un puesto directivo
④ (MIL) posición *f*; **die ~ halten** mantener la posición; **Geschütze in ~ bringen** emplazar las armas
Stellung² *f* <-, *ohne pl*> ① (*sozial*) posición *f* (social), condición *f*; **die ~ der Frau in der Dritten Welt** la situación de la mujer en el Tercer Mundo
② (*Ein~*) opinión *f*; **zu etw ~ nehmen** [*o* **beziehen**] tomar cartas en un asunto
Stellungnahme¹ *f* <-, *ohne pl*> (*das Sichäußern*) toma *f* de posición [*o* de postura]; **eine ~ zu etw abgeben** opinar respecto a algo
Stellungnahme² *f* <-, -n> (*Meinung*) opinión *f*
Stellungsbefehl *m* <-(e)s, -e> (MIL) orden *f* de incorporación a filas
stellungslos *adj* sin empleo, en paro, cesante *Am*
Stellungssuchende(r) *mf* <-n, -n; -n, -n> persona *f* que busca empleo; **Stellungswechsel** *m* <-s, -> cambio *m* de (puesto de) trabajo [*o* de empleo]
stellvertretend *adj* suplente, interino; **~e Vorsitzende** vicepresidenta en funciones; **~ für jdn sprechen** hablar representando a alguien
Stellvertreter(in) *m(f)* <-s, -; -, -nen> suplente *mf*, sustituto, -a *m, f*; (ADMIN) interino, -a *m, f*; **Stellvertretung** *f* <-, -en> su(b)stitución *f*; (ADMIN) interinidad *f*; **direkte/indirekte ~** representación directa/indirecta; **gesetzliche ~** representación legal; **in ~ von jdm** sustituyendo a alguien
Stellwerk *nt* <-(e)s, -e> puesto *m* de enclavamiento
Stelze ['ʃtɛltsə] *f* <-, -n> ① (*Holzgestell*) zanco *m*; **auf ~n gehen** andar en zancos
② (*Vogel*) lavandera *f*
③ (*fam: Bein*) zanca *f*
④ (*Österr: Schweinsfuß*) mano *f* de cerdo
stelzen *vi sein* ① (*auf Stelzen*) andar con zancos
② (*mit steifen Schritten*) dar zancadas; **eine gestelzte Sprache** un lenguaje rebuscado
Stelzvogel *m* <-s, -vögel> ave *f* zancuda
Stemmbogen *m* <-s, -bögen> (SPORT) viraje *m* en cuña
Stemmeisen *nt* <-s, -> formón *m*
stemmen ['ʃtɛmən] **I.** *vt* ① (*Gewichte*) levantar
② (*meißeln*): **ein Loch in etw ~** agujerear algo (con el formón)
③ (*drücken*): **sie hatte die Arme in die Hüften gestemmt** estaba puesta en jarras
II. *vr*: **sich ~** ① (*drücken*) apoyarse (pesadamente) (*gegen* contra); **sie stemmten sich gegen die Tür** se apostaron contra la puerta
② (*widersetzen*) oponerse (*gegen* a)
III. *vi* (*Ski*) pararse en cuña
Stempel ['ʃtɛmpəl] *m* <-s, -> ① (*Gerät, Abdruck*) sello *m*; (*Post~*) matasellos *m inv*; **etw** *dat* **seinen ~ aufdrücken** (*fig*) dar(le) a algo un toque personal; **der Plan trägt seinen ~** el plan lleva su sello [*o* firma]
② (BOT) pistilo *m*
③ (TECH) punzón *m*
Stempelblüte *f* <-, -n> (BOT) pistilo *m*, flor *f* hembra; **Stempelfarbe** *f* <-, -n> tinta *f* de timbrar; **Stempelkissen** *nt* <-s, -> almohadilla *f*, tampón *m* de tinta
stempeln *vt* sellar, timbrar; (*postalisch*) matasellar; **jdn zu etw ~** tildar [*o* tachar] a alguien de algo; **~ gehen** (*fam*) cobrar el paro
Stempeluhr *f* <-, -en> reloj *m* de control de asistencia [*o* para fichar]
Stengel ['ʃtɛŋəl] *m* <-s, -> *s*. **Stängel**
Stengelgemüse *nt* <-s, -> *s*. **Stängelgemüse**
Steno ['ʃte:no] *f* <-, *ohne pl*> taquigrafía *f*
Stenoblock *m* <-(e)s, -blöcke> bloc *m* para taquigrafiar
Stenograf(in) [ʃteno'graːf] *m(f)* <-en, -en; -, -nen> taquígrafo, -a *m, f*
Stenografie [ʃtenograˈfiː] *f* <-, -n> taquigrafía *f*, estenografía *f*
stenografieren* [ʃtenograˈfiːrən] *vi, vt* taquigrafiar, estenografiar
Stenografin *f* <-, -nen> *s*. **Stenograf**
stenografisch *adj* taquigráfico, estenográfico
Stenogramm [ʃtenoˈgram] *nt* <-s, -e> estenograma *m*
Stenogrammblock *m* <-(e)s, -blöcke> bloc *m* de estenografía [*o* de taquigrafía]
Stenograph(in) [ʃtenoˈgraːf] *m(f)* <-en, -en; -, -nen> *s*. **Stenograf**
Stenographie [ʃtenograˈfiː] *f* <-, -n> *s*. **Stenografie**
stenographieren* [ʃtenograˈfiːrən] *vi, vt s*. **stenografieren**
Stenographin *f* <-, -nen> *s*. **Stenograph**
stenographisch *adj s*. **stenografisch**
Stenotypist(in) [ʃtenotyˈpɪst] *m(f)* <-en, -en; -, -nen> taquimecanógrafo, -a *m, f*
Step *m* <-s, -s>, **Stepp**ᴿᴿ [ʃtɛp, stɛp] *m* <-s, -s> claqué *m*; **~ tanzen** bailar claqué
Steppdecke *f* <-, -n> edredón *m*
Steppe ['ʃtɛpə] *f* <-, -n> estepa *f*
steppen ['ʃtɛpən] **I.** *vi* bailar claqué
II. *vt* pespuntear
Stepptanzᴿᴿ ['ʃtɛp-] *m* <-es, -tänze> claqué *m*
Sterbebegleiter(in) *m(f)* <-s, -; -, -nen> acompañante *mf* en la ago-

nía; **Sterbebett** nt <-(e)s, -en> lecho m de muerte; **auf dem ~ liegen** estar en el lecho de muerte; **Sterbebuch** nt <-(e)s, -bücher> (JUR) libro m de defunciones; **Sterbefall** m <-(e)s, -fälle> fallecimiento m, defunción f, obituario m Am; **Sterbegeld** nt <-(e)s, ohne pl> indemnización f por defunción, cuota f mortuoria; **Sterbehilfe** f <-, ohne pl> ❶ (*Euthanasie*) eutanasia f ❷ (*Sterbegeld*) indemnización f por defunción; **Sterbekasse** f <-, -n> caja f de defunción

sterben [ˈʃtɛrbən] <*stirbt, starb, gestorben*> vi morir (*an* de), morirse (*an/vor* de, *für* por) *fam*, fallecer *geh*, petatearse *Mex*; **er ist an Typhus gestorben** murió de tifus; **sie liegt im S~** está agonizando; **er starb als Christ** murió como cristiano [*o* cristianamente]; **ich bin vor Angst fast gestorben** (*fam*) casi me morí de miedo; **daran wirst du schon nicht ~** (*fam*) no te vas a morir de [*o* por] eso, no te va a dar [*o* pasar] nada; **er ist für mich gestorben** (*fam fig*) para mí ya no cuenta; **das Projekt ist gestorben** el proyecto ha sido suspendido

Sterbende(r) *mf* <-n, -n; -n, -n> moribundo, -a *m, f*

sterbenselend *adj* (*fam*) muy mal; **jdm ist ~** alguien está [*o* se encuentra] fatal; **sich ~ fühlen** sentirse de pena

sterbenskrank [ˈʃtɛrbənsˈkraŋk] *adj* (*todkrank*) enfermo de muerte; (*im Sterben liegend*) moribundo

Sterbenswörtchen [ˈ--ˈvœrtçən] *nt:* **kein ~ sagen** no decir ni pío [*o* ni mu]

Sterberate f <-, -n> tasa f de mortalidad; **Sterberegister** nt <-s, -> registro m de defunciones; **Sterbesakramente** ntpl (REL) últimos sacramentos mpl; **Sterbeurkunde** f <-, -n> certificado m de defunción, acta f de defunción; **Sterbeziffer** f <-, -n> mortalidad f, número m de defunciones; **Sterbezimmer** nt <-s, -> habitación f donde fallece alguien

sterblich *adj* mortal; **die ~en Reste** los restos mortales
Sterbliche(r) *mf* <-n, -n; -n, -n> (*geh*) mortal *mf*
Sterblichkeit f <-, ohne pl> mortalidad f
Sterblichkeitsrate f <-, -n>, **Sterblichkeitsziffer** f <-, -n> (tasa f de) mortalidad f

Stereo [ˈsteːreo] nt <-s, ohne pl> estéreo m; **eine Sendung in ~** una emisión en estéreo
Stereoanlage f <-, -n> equipo m estereofónico [*o* de música estéreo]; **Stereoaufnahme** f <-, -n> grabación f en estéreo [*o* estereofónica]
stereofon[RR] *adj s.* **stereophon**
Stereofonie[RR] f <-, ohne pl> s. **Stereophonie**
stereophon [ʃtereoˈfoːn] *adj* estereofónico; **eine ~e Aufnahme** una grabación estereofónica
Stereophonie [ʃtereofoˈniː] f <-, ohne pl> estereofonía f
Stereoskop [ʃtereoˈskoːp] nt <-s, -e> estereoscopio m
stereotyp [ʃtereoˈtyːp] *adj* estereotipado
Stereotyp [ʃtereoˈtyːp] nt <-s, -e> estereotipo m
steril [ʃteˈriːl] *adj* (*a.* BIOL, MED) estéril
Sterilisation [ʃteriliza'tsjoːn] f <-, -en> (*a.* MED) esterilización f
sterilisieren* [ʃteriliˈziːrən] vt (*a.* MED) esterilizar
Sterilisierung f <-, -en> (*a.* MED) esterilización f
Sterilität [ʃteriliˈtɛːt] f <-, ohne pl> (*a.* BIOL, MED) esterilidad f
Sterlingblock [ˈʃtɛrlɪŋ-, stœːlɪŋ-] m <-(e)s, ohne pl> bloque m de la libra (esterlina)
Sterlingblock-Land nt <-(e)s, -Länder> país m alineado al bloque de la libra

Stern [ʃtɛrn] m <-(e)s, -e> estrella f; (*Gestirn*) astro m; **nach den ~en greifen** (*geh*) tener grandes pretensiones; **das steht noch in den ~en** eso todavía está por verse; **ihr ~ geht auf** está camino del éxito; **unter einem glücklichen [o guten] ~ stehen** (*geh*) tener buena estrella; **ein Hotel mit fünf ~en** un hotel de cinco estrellas; **~e sehen** (*fam*) ver las estrellas

Sternanis m <-(es), -e> anís m estrellado, badiana f; **Sternbild** nt <-(e)s, -er> constelación f
Sternchen nt <-s, -> (TYPO) asterisco m
Sternenbanner nt <-s, -> bandera f estrellada
sternenbedeckt *adj* (*geh*) estrellado; **~ sein** estar estrellado
sternenhell *adj s.* **sternhell**
Sternenhimmel m <-s, ohne pl> (*geh*) cielo m estrellado; **mit einem Teleskop den ~ absuchen** explorar el firmamento con un telescopio
sternenklar *adj* estrellado
Sternenzelt nt <-(e)s, ohne pl> (*geh*) cielo m estrellado
Sternfahrt f <-, -en> carrera f radial
sternförmig *adj* estrellado, en forma de estrella; **der Grundriss der alten Festung ist ~** los cimientos de la antigua fortaleza tienen forma de estrella
Sternfrucht f <-, -früchte> carambola f
sternhagelblau *adj* (*fam*), **sternhagelvoll** [ˈ---ˈ-] *adj* (*fam*) borracho como una cuba; **~ sein** estar trompa, tener un pedo [*o* pedal]
Sternhaufen m <-s, -> (ASTR) enjambre m (de estrellas)
sternhell *adj* estrellado; **~ sein** estar estrellado; **der Himmel/die Nacht war ~** el cielo estaba estrellado/la noche era estrellada
Sternkarte f <-, -n> planisferio m celeste
sternklar *adj* estrellado
Sternkunde f <-, ohne pl> astronomía f; **Sternmarsch** m <-(e)s, -märsche> marcha f radial; **Sternschnuppe** f <-, -n> estrella f fugaz; **Sternsinger(in)** m(f) <-s, -; -, -nen> niño, -a que el día de Reyes va cantando de puerta en puerta; **Sternstunde** f <-, -n> (*geh*) momento m estelar; **Sternsystem** nt <-s, -e> (ASTR) sistema m estelar, galaxia f; **Sterntopologie** f <-, ohne pl> (INFOR) topología f en estrella; **Sternwarte** f <-, -n> observatorio m astronómico; **Sternzeichen** nt <-s, -> (ASTR) signo m astrológico; **was bist du für ein ~?** ¿de qué signo eres?; **Sternzeit** f <-, ohne pl> (ASTR) tiempo m sideral
Steroid [ʃteroˈiːt, pl: ʃteroˈiːdə] nt <-(e)s, -e> (BIOL, CHEM) esteroide m
Sterz [ʃtɛrts] m <-es, -e> cola f, rabo m
stet [ʃteːt] *adj* (*geh*) s. **stetig**
Stethoskop [ʃtetoˈskoːp, stetoˈskoːp] nt <-s, -e> (MED) estetoscopio m
stetig *adj* continuo, permanente
Stetigkeit f <-, ohne pl> (*Beständigkeit*) constancia f; (*Kontinuität*) continuidad f
stets [ʃteːts] *adv* siempre; **er ist ~ hilfsbereit** siempre está dispuesto a ayudar

Steuer[1] [ˈʃtɔɪɐ] nt <-s, -> (*Auto, Flugzeug*) volante m; (*Schiff*) timón m; **am [o hinter dem] ~ sitzen** ir al volante; **jdn ans ~ lassen** dejar el control (del volante) a alguien; **am ~ stehen** llevar el timón; **das ~ fest in der Hand haben** dirigir con mano segura; **das ~ herumwerfen [o herumreißen]** dar volantazos; (*fig*) tomar otro rumbo

Steuer[2] f <-, -n> (*Abgaben*) impuesto m; **~n und Abgaben** tasas e impuestos; **~n vom Einkommen** impuestos sobre la renta; **fällige/kommunale ~n** impuestos pendientes/municipales; **konjunkturpolitisch motivierte ~n** impuestos motivados por la coyuntura política; **progressive ~** impuesto progresivo; **proportionale ~** impuesto proporcional; **~n abführen/entrichten** abonar/pagar impuestos; **etw von der ~ absetzen** deducir algo de los impuestos; **eine ~ auf etw erheben** gravar algo con un impuesto; **~n hinterziehen** defraudar impuestos; **der ~ unterliegen** estar sujeto a impuestos; **~n zahlen** pagar impuestos
Steuerabgrenzung f <-, -en> delimitación f del impuesto; **Steuerabzug** m <-(e)s, -züge> retención f fiscal
steuerabzugsfähig *adj* desgravable
Steuerangleichung f <-, -en> reajuste m fiscal, actualización f fiscal; **Steueranmeldung** f <-, ohne pl> declaración-liquidación f tributaria; **Steueranpassung** f <-, -en> adaptación f fiscal, (re)ajuste m impositivo; **Steueranrechnung** f <-, -en> imputación f tributaria, deducción f tributaria; **Steueranreiz** m <-es, -e> incentivo m fiscal; **Steueranspruch** m <-(e)s, -sprüche> crédito m tributario; **Steuerarrest** m <-(e)s, -e> arresto m tributario; **Steueraufkommen** nt <-s, ohne pl> ingresos mpl tributarios [*o* fiscales]; **~ pro Kopf der Bevölkerung** ingresos fiscales per cápita, total de impuestos per cápita; **Steueraufwendungen** fpl gastos mpl fiscales; **Steuerausfall** m <-(e)s, -fälle> déficit m inv en la recaudación de impuestos; **Steuerausgleich** m <-(e)s, ohne pl> nivelación f fiscal, reajuste m impositivo
steuerbefreit *adj* (JUR) exento de tributación, libre de impuestos
Steuerbefreiung f <-, ohne pl> exención f tributaria [*o* de impuestos]
steuerbegünstigt *adj* ❶ (*niedriger besteuert*) con privilegio fiscal ❷ (*abzugsfähig*) deducible
Steuerbegünstigung f <-, -en> ventaja f fiscal; **Steuerbehörde** f <-, -n> Hacienda f
Steuerbelastung f <-, -en> cargas fpl fiscales; **Steuerbelastungsvergleich** m <-(e)s, -e> comparación f de cargas fiscales
Steuerbemessungsgrundlage f <-, -n>: **individuelle Ermittlung der ~** estimación f directa; **Steuerbenachteiligung** f <-, -en> perjuicio m fiscal, discriminación f fiscal; **Steuerberater(in)** m(f) <-s, -; -, -nen> asesor(a) m(f) fiscal; **Steuerberechnung** f <-, -en> cálculo m tributario; **Steuerberechtigte(r)** mf <-n, -n; -n, -n> acreedor(a) m(f) del impuesto, -a m, f; **Steuerbescheid** m <-(e)s, -e> liquidación f de impuestos, notificación f de impuestos; **Steuerbetragsermäßigung** f <-, -en> reducción f de la cuota tributaria; **Steuerbetrug** m <-(e)s, ohne pl> fraude m fiscal; **Steuerbevollmächtigte(r)** mf <-n, -n; -n, -n> apoderado, -a m, f tributario, -a
Steuerbilanz f <-, -en> balance m fiscal; **Steuerbilanzrecht** nt <-(e)s, ohne pl> régimen m del balance fiscal; **Steuerbilanzwert** m <-(e)s, -e> (JUR) valor m del balance fiscal
steuerbord [ˈʃtɔɪɐbɔrt] *adv* (AERO, NAUT) a estribor
Steuerbord [ˈʃtɔɪɐbɔrt] nt <-(e)s, ohne pl> (AERO, NAUT) estribor m
steuerbords [ˈʃtɔɪɐbɔrts] *adv* (AERO, NAUT) a estribor
Steuerdebatte f <-, -n> debate m fiscal; **Steuerdefizit** m <-s, -e> déficit m inv fiscal; **Steuerdelikt** nt <-(e)s, -e> delito m fiscal; **Steuerdiskriminierung** f <-, -en> discriminación f tributaria
Steuereinheit f <-, -en> (INFOR) unidad f de control; **zentrale ~** (INFOR)

unidad central de control; **Steuereinnahmen** *fpl* ingresos *mpl* fiscales; **Steuerelektrode** *f <-, -n>* electrodo *m* de control
Steuererhebung *f <-, ohne pl>* recaudación *f* tributaria; **Steuererhebungsverfahren** *nt <-s, ->* procedimiento *m* de recaudación tributaria
Steuererhöhung *f <-, -en>* aumento *m* de (los) impuestos; **Steuererklärung** *f <-, -en>* declaración *f* de la renta; **gemeinsame/vereinfachte** ~ declaración conjunta/simplificada; **seine** ~ **machen** hacer la declaración de la renta; **Steuererlass**RR *m <-es, -e>* desgravación *f* (fiscal) [*o* (de impuestos)]; **Steuererleichterung** *f <-, -en>* privilegio *m* fiscal; ~**en gewähren** conceder privilegios fiscales; **Steuerermäßigung** *f <-, -en>* reducción *f* de impuestos; **Steuerersparnis** *f <-, ohne pl>* ahorro *m* de impuestos; **Steuererstattung** *f <-, -en>* devolución *f* de impuestos; **Steuerertragshoheit** *f <-, ohne pl>* potestad *f* recaudatoria; **Steuerfachgehilfe, -in** *m, f <-n, -n; -, -nen>* asistente *mf* fiscal; **Steuerfahndung** *f <-, -en>* (*das Fahnden*) pesquisa *f* fiscal; **Steuerfestsetzung** *f <-, ohne pl>* liquidación *f* tributaria; **Steuerflucht** *f <-, ohne pl>* evasión *f* fiscal [*o* de impuestos]; **Steuerformular** *nt <-(e)s, -e>* formulario *m* de declaración tributaria
steuerfrei *adj* libre de impuestos
Steuerfreibetrag *m <-(e)s, -träge>* desgravación *f* fiscal, importe *m* exento de impuestos; **Steuerfreigrenze** *f <-, -n>* mínimo *m* de imposición; **Steuerfreistellung** *f <-, ohne pl>* exención *f* fiscal; **Steuerfuß** *m <-es, -füße>* (*Schweiz*) en Suiza tasa del impuesto municipal y del impuesto general aplicada a la contribución general según la ley fiscal; **Steuergeheimnis** *nt <-ses, -se>* secreto *m* fiscal; **Steuergelder** *ntpl* fondos *mpl* recaudados
Steuergerät *nt <-(e)s, -e>* ❶ (ELEK) aparato *m* de mando ❷ (RADIO) sintonizador *m*
Steuergerechtigkeit *f <-, ohne pl>* equidad *f* fiscal
Steuergesetz *nt <-es, -e>* ley *f* tributaria; **Steuergesetzgebung** *f <-, ohne pl>* legislación *f* fiscal
Steuergläubiger(in) *m(f) <-s, -; -, -nen>* acreedor(a) *m(f)* tributario; **Steuergrundlage** *f <-, -n>* base *f* impositiva; **Steuergutschrift** *f <-, ohne pl>* haber *m* fiscal; **Steuerharmonisierung** *f <-, -en>* equiparación *f* fiscal; **Steuerhinterziehung** *f <-, -en>* fraude *m* fiscal; **Steuerhöchstgrenze** *f <-, -n>* límite *m* fiscal máximo; **Steuerhöchstsatz** *m <-es, -sätze>* tipo *m* impositivo máximo; **Steuerhoheit** *f <-, ohne pl>* soberanía *f* fiscal; **Steuerinländer(in)** *m(f) <-s, -; -, -nen>* (JUR) sujeto *m* pasivo por obligación personal; **Steuerjahr** *nt <-(e)s, -e>* ejercicio *m* fiscal, año *m* fiscal; **Steuerkarte** *f <-, -n>* tarjeta *f* para la declaración del impuesto sobre la renta; **Steuerklasse** *f <-, -n>* categoría *f* fiscal [*o* tributaria]
Steuerknüppel *m <-s, ->* palanca *f* de mando
Steuerlast *f <-, -en>* (FIN) carga *f* fiscal; **Steuerlastverschiebung** *f <-, -en>* desplazamiento *m* de la carga fiscal
steuerlich *adj* fiscal, tributario; ~ **absetzbar** desgravable; ~ **privilegiert** con privilegios fiscales; **aus ~en Gründen** por razones fiscales; ~ **begünstigt sein** gozar de privilegios fiscales
steuerlos *adj* sin timón
Steuermann *m <-(e)s, -leute o -männer>* (NAUT, SPORT) timonel *m*; **Steuermannspatent** *nt <-(e)s, -e>* patente *f* de timonel
Steuermarke *f <-, -n>* timbre *m* fiscal
SteuermessbescheidRR *m <-(e)s, -e>* acto *m* administrativo de determinación de la base imponible; **Steuermessbetrag**RR *m <-(e)s, -träge>* líquido *m* imponible
steuern ['ʃtɔɪɐn] I. *vi* ❶ (*am Steuer sitzen: Auto*) conducir, manejar *Am*; (*Schiff*) llevar el timón, timonear; **nach rechts/links** ~ tirar a la derecha/izquierda
❷ *sein* (*Richtung einschlagen*) dirigirse (*nach* a)
II. *vt* ❶ (*Auto*) conducir, manejar *Am*; (*Schiff, Flugzeug*) pilotar
❷ (TECH) controlar, regular
❸ (*beeinflussen*) influir; **ein Gespräch geschickt in seinem Sinne ~** dirigir una conversación al punto deseado
SteuernachlassRR *m <-es, -lässe>* desgravación *f* fiscal; **Steuernachzahlung** *f <-, -en>* pago *m* de impuestos atrasados; **Steuernummer** *f <-, -n>* (*einer natürlichen Person*) número *m* de identificación fiscal; (*einer juristischen Person*) código *m* de identificación fiscal; **Steueroase** *f <-, -n>* (*fam*) paraíso *m* fiscal; **Steuerordnungswidrigkeit** *f <-, -en>* infracción *f* tributaria; **Steuerparadies** *nt <-, -e>* (*fam*) paraíso *m* fiscal; **Steuerpauschale** *f <-, -n>* impuesto *m* concertado; **Steuerperiode** *f <-, -n>* ciclo *m* fiscal, periodo *m* impositivo; **Steuerpflicht** *f <-, -en>* deberes *mpl* impositivos; **der ~ unterliegen** (*formal*) estar sujeto al pago de impuestos
steuerpflichtig *adj* sujeto a impuesto
Steuerpflichtige(r) *mf <-n, -n; -, -n>* sujeto *m* pasivo; **Steuerpflichtigkeit** *f <-, ohne pl>* sujeción *f* a tributación; **Steuerpolitik** *f <-, ohne pl>* política *f* fiscal

steuerpolitisch *adj*: ~**e Maßnahmen** medidas *fpl* político-fiscales
Steuerprivileg *nt <-(e)s, -ien>* privilegio *m* fiscal
Steuerprogramm *nt <-s, -e>* (INFOR) programa *m* de control
Steuerprogression *f <-, -en>* progresión *f* fiscal; **Steuerprüfer(in)** *m(f) <-s, -; -, -nen>* inspector(a) *m(f)* fiscal [*o* de Hacienda]; **Steuerprüfung** *f <-, -en>* inspección *f* fiscal
Steuerpult *nt <-(e)s, -e>* (ELEK) pupitre *m* de mando
Steuerquote *f <-, -n>* cuota *f* fiscal
Steuerrad *nt <-(e)s, -räder>* (AUTO) volante *m*; (NAUT) rueda *f* del timón; (TECH) palanca *f* de mando
Steuerrecht *nt <-(e)s, -e>* derecho *m* fiscal; **Steuerrechtsangleichung** *f <-, -en>* armonización *f* del derecho tributario; **Steuerrechtsfähigkeit** *f <-, ohne pl>* tributabilidad *f*; **Steuerrechtsordnung** *f <-, -en>* ordenamiento *m* fiscal; **Steuerrechtsperson** *f <-, -en>* sujeto *m* tributario; **Steuerrechtsverhältnis** *nt <-ses, -se>* relación *f* jurídico-tributaria
Steuerreform *f <-, -en>* reforma *f* fiscal; **Steuerregression** *f <-, ohne pl>* regresión *f* fiscal; **Steuerrückerstattung** *f <-, -en>* devolución *f* de impuestos; **Steuerrückstellung** *f <-, -en>* (WIRTSCH) reserva *f* fiscal [*o* destinada a impuestos]
Steuerruder *nt <-s, ->* (NAUT) timón *m*
Steuersatz *m <-es, -sätze>* tasa *f* de impuesto; **ermäßigter ~** tipo impositivo reducido; **Steuersatzermäßigung** *f <-, -en>* bonificación *f* del tipo de gravamen, reducción *f* del tipo de gravamen
Steuerschraube *f <-, -n>* (*fam*): **an der ~ drehen, die ~ anziehen** aumentar los impuestos (drásticamente); **Steuerschuld** *f <-, -en>* deuda *f* fiscal [*o* tributaria]; **Steuerschuldner(in)** *m(f) <-s, -; -, -nen>* deudor(a) *m(f)* tributario, -a; **Steuerschuldrecht** *nt <-(e)s, ohne pl>* (JUR) régimen *m* de obligaciones tributarias; **Steuersenkung** *f <-, ohne pl>* reducción *f* de impuestos; **gestaffelte/lineare ~** reducción fiscal progresiva/linear; **Steuerstrafrecht** *nt <-(e)s, ohne pl>* derecho *m* penal tributario; **Steuerstraftat** *f <-, -en>* delito *m* fiscal; **Steuerstrafverfahren** *nt <-s, ->* procedimiento *m* por delito fiscal; **Steuersünder(in)** *m(f) <-s, -; -, -nen>* defraudador(a) *m(f)* fiscal
Steuersystem *nt <-s, -e>* ❶ (TECH) sistema *m* de dirección ❷ (*Besteuerung*) sistema *m* tributario; **Steuertarif** *m <-s, -e>* escala *f* de gravamen; **Steuertatbestand** *m <-(e)s, -stände>* hecho *m* imponible; **Steuertilgung** *f <-, -en>* amortización *f* fiscal; **Steuerträger** *m <-s, ->* contribuyente *mf*; **Steuerumgehung** *f <-, ohne pl>* evasión *f* fiscal; **legale ~** evasión fiscal dentro de la legalidad
Steuerung[1] *f <-, ohne pl>* (*das Steuern*) pilotaje *m*; (TECH) control *m*
Steuerung[2] *f <-, -en>* (TECH, AUTO) dirección *f*; (NAUT, AERO) timón *m*; (ELEK) mando *m*
Steuerungselektronik *f <-, ohne pl>* electrónica *f* de dirección; **Steuerungssystem** *nt <-s, -e>* (TECH) sistema *m* de dirección
Steuerveranlagung *f <-, -en>* tasación *f* de los impuestos; **Steuerverbindlichkeit** *f <-, -en>* responsabilidad *f* fiscal; **latente ~en** responsabilidades fiscales latentes; **Steuervereinbarung** *f <-, -en>* convenio *m* fiscal; **Steuervereinfachung** *f <-, -en>* simplificación *f* tributaria, facilitación *f* tributaria; **Steuerverfahrensrecht** *nt <-(e)s, ohne pl>* derecho *m* procesal tributario; **Steuervergleich** *m <-, -e>* comprobación *f* tributaria; **Steuervergünstigung** *f <-, -en>* beneficio *m* fiscal, ventaja *f* fiscal; **Steuervergütung** *f <-, -en>* reintegro *m* del impuesto; **Steuerverkürzung** *f <-, ohne pl>* reducción *f* de impuestos; **Steuervermeidung** *f <-, -en>* elusión *f* de impuestos; **Steuervorauszahlung** *f <-, -en>* pago *m* anticipado de impuestos
Steuervorteil *m <-(e)s, -e>* beneficio *m* fiscal; **Steuervorteilswahrung** *f <-, ohne pl>* salvaguardia *f* de las ventajas fiscales
Steuerwerk *nt <-(e)s, -e>* (INFOR) unidad *f* de control
Steuerzahler(in) *m(f) <-s, -; -, -nen>* contribuyente *mf*, rentero, -a *m, f Arg*; **Steuerzahlerbund** *m <-(e)s, -bünde>* asociación *f* de contribuyentes
Steuerzahlerin *f <-, -nen>* *s.* **Steuerzahler**
Steuerzeichen *nt <-s, ->* (INFOR) carácter *m* de mando; **Steuerzuschlag** *m <-(e)s, -schläge>* recargo *m* fiscal
Steven ['ʃteːvən] *m <-s, ->* (NAUT) estrave *m*, roda *f*, roa *f*
Steward ['stjuːɐt] *m <-s, -s>* (AERO) auxiliar *m* de vuelo; (NAUT) camarero *m*
StewardessRR ['stjuːɐdɛs] *f <-, -en>*, **Stewardeß** *f <-, -ssen>* (AERO) auxiliar *f* de vuelo, azafata *f*; (NAUT) camarera *f*
StGB [ɛsteːgeːˈbeː] *nt <-(s)>* *Abk. von* **Strafgesetzbuch** ≈CP *m*
stibitzen* [ʃtiˈbɪtsən] *vt* (*fam*) birlar
Stich[1] [ʃtɪç] *m <-(e)s, -e>* ❶ (*Dorn, Stachel, Nadel*) pinchazo *m*, puntada *f*; (*Insekten~*) picadura *f*; (*Messer~*) cuchillada *f*
❷ (*Näh~*) puntada *f*, punto *m*; (MED) punto *m* de sutura
❸ (KUNST) grabado *m*
❹ (*beim Kartenspiel*) baza *f*; **einen ~ machen** hacer baza; **einen ~ bekommen** recibir una baza

⑤ (*Schmerz*) punzada *f*, pinchazo *m*; **einen ~ in der Seite haben** tener un dolor (agudo) en el costado; **es gab mir einen ~ ins Herz** me dio una punzada en el corazón

Stich² *m* <-(e)s, ohne pl> **①** (*Farbschimmer*): **einen ~ ins Gelbe haben** tirar a amarillo

② (*Wend*): **jdn im ~ lassen** dejar a alguien en la estacada; **einen ~ haben** (*fam: Person*) estar chiflado; (*Lebensmittel*) estar picado; (*Milch*) estar pasado

Stichel ['ʃtɪçəl] *m* <-s, -> buril *m*

Stichelei¹ *f* <-, -en> (*fam abw: Bemerkung*) pulla *f*, pullazo *m*, puntada *f*

Stichelei² *f* <-, ohne pl> (*fam abw: Ärgern*) burla *f*, zumba *f*

sticheln ['ʃtɪçəln] *vi* **①** (*gehässig reden*) dar pullazos (*gegen* a) **②** (*nähen*) dar puntadas

Stichentscheid *m* <-(e)s, -e> voto *m* decisivo

stichfest *adj*: **hieb- und ~** fundado, sólido; (*Argumentation*) contundente

Stichflamme *f* <-, -n> llama *f*

stichhaltig *adj* sólido; (*überzeugend*) convincente

Stichhaltigkeit *f* <-, ohne pl> solidez *f*, validez *f*; **von der ~ ihrer Beweismittel bin ich nicht überzeugt** no estoy convencido de que sus pruebas sean válidas [*o* concluyentes]

Stichling ['ʃtɪçlɪŋ] *m* <-s, -e> espinoso *m*

Stichprobe *f* <-, -n> prueba *f* al azar; **eine ~ machen** hacer una prueba al azar

Stichprobenauswahl *f* <-, ohne pl> muestreo *m* (aleatorio)

Stichpunkt *m* <-(e)s, -e> punto *m*

Stichsäge *f* <-, -n> serrucho *m* de calar

sticht [ʃtɪçt] 3. *präs von* **stechen**

Stichtag *m* <-(e)s, -e> día *m* fijado; (*letzter ~*) plazo *m* límite

Stichtagsprinzip *nt* <-s, ohne pl> principio *m* del vencimiento

Stichwaffe *f* <-, -n> arma *f* punzante

Stichwahl *f* <-, -en> segunda vuelta *f* (electoral)

Stichwort¹ *nt* <-(e)s, -wörter> (*im Wörterbuch*) entrada *f*, lema *m*; (*im ~register*) voz *f* guía; **unter einem ~ nachschlagen** buscar una palabra

Stichwort² *nt* <-(e)s, -e> **①** (THEAT) entrada *f*
② (*Schlüsselwort*) palabra *f* clave; **jdm das ~ liefern** [*o* **geben**] pronunciar la palabra clave para alguien
③ (*Stichpunkt*) punto *m*; (*Gedächtnisstütze*) apunte *m*; **sich** *dat* **~e machen** tomar apuntes

stichwortartig *adj* por puntos; (*bündig*) breve; **~e Zusammenfassung** resumen *m*; **~ zusammenfassen** resumir brevemente

Stichwortkatalog *m* <-(e)s, -e> (*in Bibliothek*) catálogo *m* por secciones; **Stichwortvertrag** *m* <-(e)s, -träge> (JUR) contrato *m* de palabra clave; **Stichwortverzeichnis** *nt* <-ses, -se> índice *m* (alfabético)

Stichwunde *f* <-, -n> (*Messer*) cuchillada *f*, navajazo *m*; (*Dolch*) puñalada *f*

sticken ['ʃtɪkən] *vi, vt* bordar; **von Hand ~** bordar a mano; **ein Ornament auf etw ~** bordar un adorno en algo

Stickerei *f* <-, -en> bordado *m*

Stickgarn *nt* <-(e)s, -e> hilo *m* de bordar

stickig ['ʃtɪkɪç] *adj* sofocante, asfixiante

Stickmuster *nt* <-s, -> patrón *m* de bordado; **Sticknadel** *f* <-, -n> aguja *f* de bordar

Stickoxid *nt* <-(e)s, -e> (CHEM) óxido *m* nítrico

Stickrahmen *m* <-s, -> bastidor *m* de bordar

Stickstoff *m* <-(e)s, ohne pl> (CHEM) nitrógeno *m*; **Stickstoffbindung** *f* <-, -en> (CHEM) enlace *m* de nitrógeno; **Stickstoffdünger** *m* <-s, -> abono *m* nitrogenado

stieben ['ʃti:bən] <stiebt, stob *o* stiebte, gestoben *o* gestiebt> *vi* **①** *haben o sein* (*Funken*) saltar; (*Staub*) volar
② *sein* (*Menge*) disiparse

Stiefbruder ['ʃti:f-] *m* <-s, -brüder> hermanastro *m*

Stiefel ['ʃti:fəl] *m* <-s, -> bota *f*; **einen ~ vertragen** (*fam*) tener buen saque; **das sind zwei Paar ~** (*fam*) eso es harina de otro costal

Stiefelette *f* <-, -n> botín *m*

Stiefelknecht *m* <-(e)s, -e> sacabotas *m inv*

stiefeln *vi sein* (*fam*) caminar dando zancadas

Stiefeltern *pl* padrastros *mpl*; **Stiefgeschwister** *pl* hermanastros *mpl*; **Stiefkind** *nt* <-(e)s, -er> hijastro, -a *m*, *f*; **Stiefmutter** *f* <-, -mütter> madrastra *f*; **Stiefmütterchen** *nt* <-s, -> (BOT) pensamiento *m*

stiefmütterlich I. *adj* poco cariñoso
II. *adv*: **etw ~ behandeln** no tratar algo con la debida atención; **jdn ~ behandeln** tratar a alguien con desprecio

Stiefschwester *f* <-, -n> hermanastra *f*; **Stiefsohn** *m* <-(e)s, -söhne> hijastro *m*; **Stieftochter** *f* <-, -töchter> hijastra *f*; **Stiefvater** *m* <-s, -väter> padrastro *m*

stieg [ʃti:k] 3. *imp von* **steigen**

Stiege ['ʃti:gə] *f* <-, -n> escalera *f* (estrecha y empinada)

Stiegenhaus *nt* <-es, -häuser> (*südd*, *Österr*) escalera *f*

Stieglitz ['ʃti:glɪts] *m* <-es, -e> jilguero *m*

stiehlt [ʃti:lt] 3. *präs von* **stehlen**

Stiel [ʃti:l] *m* <-(e)s, -e> **①** (*Griff*) mango *m*; (*Besen~*) palo *m*; (*am Weinglas*) pie *m*; **ein Eis am ~** un polo
② (*Blumen~*) tallo *m*; (*Blatt~*) pecíolo *m*; (*an einer Frucht*) rabillo *m*

Stielaugen *ntpl* (*fam*): **er bekam/machte ~** se le pusieron/puso los ojos como platos

stieläugig ['ʃti:lʔɔɪgɪç] *adj* de ojos saltones

Stielkamm *m* <-(e)s, -kämme> peine *m* de mango; **Stieltopf** *m* <-es, -töpfe> cacerola *f*, cazo *m*

stier [ʃti:ɐ] *adj* fijo; **mit ~em Blick vor sich hinstarren** tener la mirada perdida

Stier *m* <-(e)s, -e> **①** (*Tier*) toro *m*; **den ~ bei den Hörnern packen** [*o* **fassen**] tomar [*o* coger] al toro por los cuernos [*o* las astas]
② (ASTR) Tauro *m*

stieren ['ʃti:rən] *vi* mirar fijamente (*auf*)

Stierkampf *m* <-(e)s, ohne pl> (*~kunst*) tauromaquia *f*

Stierkampf² *m* <-es, -kämpfe> (*Veranstaltung*) corrida *f* (de toros)

Stierkampfarena *f* <-, -arenen> ruedo *m*, arena *f*

Stierkämpfer(in) *m(f)* <-s, -; -, -nen> torero, -a *m*, *f*

Stiernacken *m* <-s, -> cuello *m* de toro

stiernackig *adj* cogotudo; **~ sein** ser cogotudo, tener el cogote grueso

stieß [ʃti:s] 3. *imp von* **stoßen**

Stift¹ [ʃtɪft] *m* <-(e)s, -e> **①** (*Blei~*) lápiz *m*; (*Bunt~*) lápiz *m* de color
② (*Metall~*, *Holz~*) espiga *f*
③ (*fam: Lehrling*) aprendiz(a) *m(f)*

Stift² *nt* <-(e)s, -e> convento *m*

stiften ['ʃtɪftən] *vt* **①** (*spenden*) donar; (*einrichten*) crear, fundar
② (*spendieren*) regalar, pagar; **er hat einen Kasten Bier gestiftet** ha regalado una caja de cerveza
③ (*bewirken*) causar; **Frieden ~** poner paz
④ (*verschwinden*): **~ gehen** (*fam*) esfumarse, largarse

stiften|gehen *irr vi sein s.* **stiften 4.**

Stifter(in) *m(f)* <-s, -; -, -nen> **①** (*Spender*) donador(a) *m(f)*, donante *mf*
② (*Gründer*) fundador(a) *m(f)*

Stiftsschlüssel *m* <-s, -> (TECH) llave *f* hexagonal

Stiftskirche *f* <-, -n> colegiata *f*

Stiftung *f* <-, -en> **①** (*Institution*) fundación *f*, institución *f*; **~ des öffentlichen Rechts** institución de derecho público; **gemeinnützige ~** fundación de utilidad pública
② (JUR: *Spende*) donación *f*

Stiftungsbeirat *m* <-(e)s, -räte> patronato *m*; **Stiftungskapital** *nt* <-s, -e *o* -ien> capital *m* de fundación; **Stiftungsrecht** *nt* <-(e)s, ohne pl> derecho *m* fundacional, régimen *m* de fundaciones; **Stiftungsvermögen** *nt* <-s, -> patrimonio *m* fundacional; **Stiftungsvorstand** *m* <-(e)s, -stände> presidente *m* de la fundación

Stiftzahn *m* <-(e)s, -zähne> diente *m* de espiga

Stil [ʃti:l] *m* <-(e)s, -e> estilo *m*; **er schreibt einen flüssigen ~** su estilo es muy fluido; **im ~ des Barock** en estilo barroco; **im großen ~** en gran escala; **das ist nicht sein ~** éste no es su estilo; **~ haben** tener estilo

Stilblüte *f* <-, -n> error *m* estilístico, gazapo *m fam*; **Stilbruch** *m* <-(e)s, -brüche> ruptura *f* de(l) estilo

stilecht *adj* (de estilo) auténtico

Stilett [ʃti'lɛt] *nt* <-s, -e> estilete *m*

Stilgefühl *nt* <-(e)s, ohne pl> sentido *m* del estilo

stilgetreu *adj* (*dem Stil entsprechend*) conforme al estilo; (*korrekt*) en estilo correcto

stilisieren* [ʃtili'zi:rən] *vt* estilizar

Stilisierung *f* <-, -en> estilización *f*

Stilistik [ʃti'lɪstɪk] *f* <-, ohne pl> estilística *f*

stilistisch [ʃti'lɪstɪʃ] *adj* estilístico

still [ʃtɪl] *adj* **①** (*lautlos*) silencioso; (*ruhig*) tranquilo, quieto; (*sei*) ~! ¡calla!; **es ist ~ um sie geworden** no se oye nada de ella; **in einer ~en Stunde** en una hora tranquila; **ein ~er Vorwurf** una recriminación silenciosa; **~ und heimlich** a la chita callando; **im S~en hofft er, dass sie zurückkommt** para sí (*o* sus adentros) espera que vuelva
② (*reglos*) quieto, tranquilo; **der S~ Ozean** el Océano Pacífico; **~er Teilhaber** (WIRTSCH) socio comanditario; **halt doch mal ~!** ¡quédate quieto!
③ (*Person*) taciturno, silencioso; **du bist heute so ~** estás muy pensativo hoy
④ (*wirtsch*): **~er Gesellschafter** (WIRTSCH) socio tácito; **~e Partnerschaft** (WIRTSCH) asociación tácita

Stille ['ʃtɪlə] *f* <-, ohne pl> **①** (*Schweigen*) silencio *m*; (*Ruhe*) calma *f*, tranquilidad *f*

② (*Unbewegtheit*) quietud *f*, calma *f*
③ (*Wend*): **in aller ~** (*im engsten Kreis*) en la intimidad
Stillleben *nt* <-s, -> *s.* **Stillleben**
stillegen <legt still, legte still, stillgelegt> *vt s.* **stilllegen**
Stillegung *f* <-, -en> *s.* **Stilllegung**
stillen ['ʃtɪlən] **I.** *vi* dar de mamar
II. *vt* ① (*Säugling*) dar el pecho (a), amamantar
② (*Blutung*) cortar, restañar; (*Schmerz*) mitigar
③ (*Hunger, Durst*) saciar, calmar; (*Neugier*) satisfacer
Stillerkennung *f* <-, *ohne pl*> (TEL) reconocimiento *m* automático de llegada de fax
Stillhalteabkommen *nt* <-s, -> ① (FIN) moratoria *f*, prórroga *f*
② (POL) acuerdo *m* de no agresión (entre partidos)
still|halten *irr vi* ① (*sich nicht bewegen*) quedarse quieto
② (*sich nicht wehren*) aguantar
stilliegen <liegt still, lag still, stillgelegen> *vi s.* **stillliegen**
StilllebenRR *nt* <-s, -> bodegón *m*
still|legenRR <legt still, legte still, stillgelegt> *vt* (*Betrieb, Strecke*) cerrar; (*Fahrzeug*) retirar del servicio
StilllegungRR *f* <-, -en> cierre *m*
StilllegungsverfügungRR *f* <-, -en> (JUR) disposición *f* de cierre
still|liegenRR <liegt still, lag still, stillgelegen> *vi* (*Betrieb*) estar cerrado
stillos ['ʃtiːlloːs] *adj* sin estilo
Stillschweigen *nt* <-s, *ohne pl*> silencio *m*; **über etw ~ bewahren** guardar silencio respecto a algo
stillschweigend *adj* callado, tácito; **~er Haftungsausschluss** (JUR) irresponsabilidad tácita; **etw ~ akzeptieren** aceptar algo tácitamente
still|sitzen *irr vi* estar(se) quieto
Stillstand *m* <-(e)s, *ohne pl*> ① (*Verhandlung, Entwicklung*) estancamiento *m*; **~ des Prozesses** (JUR) receso del proceso; **~ der Rechtspflege** (JUR) receso de la administración de justicia
② (*Gerät, Produktion*) paralización *f*; **~ der Anlage** paralización de la instalación
③ (*Verkehr*) detención *f*; **etw zum ~ bringen** detener algo; **zum ~ kommen** detenerse
Stillstandsperiode *f* <-, -n> (WIRTSCH) período *m* de inacción; **Stillstandszeit** *f* <-, -en> tiempo *m* que (una máquina) está fuera de servicio; (*wirtsch*) período *m* de inacción; **störungsbedingte ~** período de inacción debido a averías
still|stehen *irr vi* (*Mensch, Maschine*) estar parado; (*Entwicklung, Produktion, Verkehr*) estar paralizado; **stillgestanden!** (MIL) ¡firmes!
stillvergnügt *adj* íntimamente satisfecho; **sie schmunzelte ~ vor sich hin** se sonrió con íntima satisfacción
Stilmöbel *nt* <-s, -> mueble *m* de época
stilvoll *adj* refinado, elegante; **ein Zimmer ~ einrichten** decorar una habitación con (mucho) gusto
Stimmabgabe *f* <-, *ohne pl*> votación *f*
Stimmband *nt* <-(e)s, -bänder> cuerda *f* vocal
Stimmbandentzündung *f* <-, -en> inflamación *f* de las cuerdas vocales
stimmberechtigt *adj* con derecho a voto
Stimmberechtigte(r) *mf* <-n, -n; -, -n> persona *f* con derecho a voto; **Stimmbeteiligung** *f* <-, -en> (*Schweiz*) participación *f* electoral; **Stimmbezirk** *m* <-(e)s, -e> circunscripción *f* electoral
Stimmbindung *f* <-, -en> sindicación *f* de acciones; **Stimmbindungsvertrag** *m* <-(e)s, -träge> pacto *m* de sindicación de acciones
Stimmbruch *m* <-(e)s, *ohne pl*> cambio *m* de voz, muda *f*; **im ~ sein** estar de muda
Stimmbürger(in) *m(f)* <-s, -; -, -nen> (*Schweiz: Wähler*) votante *mf*
Stimme ['ʃtɪmə] *f* <-, -n> ① (*menschliche ~*) voz *f*; **mit lauter/leiser ~ sprechen** hablar en voz alta/baja; **kritische ~n wurden laut** se escucharon opiniones críticas; **ich mehren sich, dass ...** cada vez se oye más que...; **ein Gewirr von ~n** un barullo [*o* jaleo] de voces; **die ~ des Herzens** la voz del corazón; **der inneren ~ folgen** seguir la voz interior
② (*bei einer Wahl*) voto *m*; **ungültige ~** voto nulo; **sich der ~ enthalten** abstenerse del voto; **jdm seine ~ geben** votar por alguien, dar su voto a alguien; **die entscheidende ~** el voto decisivo
③ (MUS: *Stimmlage, Orgelregister*) registro *m*; (*Part*) parte *f*, voz *f*
stimmen ['ʃtɪmən] **I.** *vi* ① (*richtig sein*) ser correcto, ser verdad; **stimmt!** (*Trinkgeld*) ¡exacto!; **es stimmt, was sie gesagt hat** es correcto lo que ha dicho; **stimmt es, dass ...?** ¿es verdad que...?; **irgendetwas stimmt nicht mit ihr** algo le pasa, tiene algo; **stimmt so!** ¡está bien!
② (*wählen*): **für/gegen jdn/etw ~** votar por/contra alguien/algo, sufragar por/contra alguien/algo *Am*
II. *vt* ① (*Instrument*) afinar, templar
② (*Mensch*): **jdn versöhnlich ~** conciliar a alguien; **jdn traurig ~** entristecer a alguien; **ein nachdenklich gestimmter Mensch** un hombre reflexivo; **trotz ihrer Schicksalsschläge war sie immer froh gestimmt** a pesar de los reveses que había sufrido siempre estaba alegre
III. *vunpers*: **zwischen den beiden stimmt es schon lange nicht mehr** hace tiempo que no se llevan bien
Stimmenauszählung *f* <-, -en> escrutinio *m*, recuento *m* de votos, balotaje *m Mex*; **Stimmengewinn** *m* <-(e)s, -e> subida *f* de votos; **Stimmengewirr** *nt* <-(e)s, *ohne pl*> vocerío *m*, griterío *m*; **Stimmengleichheit** *f* <-, *ohne pl*> empate *m*, igualdad *f* de votos; **bei ~ entscheidet der Vorsitzende** en caso de igualdad de votos decide el presidente; **Stimmenmehrheit** *f* <-, *ohne pl*> mayoría *f* de votos
Stimmenthaltung *f* <-, -en> abstención *f* de(l) voto
Stimmenverlust *m* <-es, -e> pérdida *f* de votos
Stimmgabel *f* <-, -n> (MUS) diapasón *m*
stimmhaft *adj* (LING) sonoro
stimmig *adj* armónico, coherente
Stimmigkeit *f* <-, -en> coherencia *f*
Stimmlage *f* <-, -n> (MUS) registro *m*
stimmlos *adj* ① (*tonlos*) afónico
② (LING) sordo
Stimmpflicht *f* <-, *ohne pl*> deber *m* de votar
Stimmrecht *nt* <-(e)s, *ohne pl*> derecho *m* de voto; **Aktie ohne ~** acción sin voto; **(kein) ~ haben** (no) tener derecho a voto; **Stimmrechtsausschluss**RR *m* <-es, -schlüsse> exclusión *f* del derecho de voto; **Stimmrechtsausübung** *f* <-, *ohne pl*> ejercicio *m* del derecho de voto; **Stimmrechtsbeschränkung** *f* <-, -en> limitación *f* del derecho de voto; **Stimmrechtsbindung** *f* <-, -en> vinculación *f* del derecho de voto
stimmrechtslos *adj* sin derecho a voto
StimmrechtsmissbrauchRR *m* <-(e)s, -bräuche> abuso *m* del derecho de voto; **Stimmrechtsträger** *m* <-s, -> titular *mf* del derecho de voto; **Stimmrechtübertragung** *f* <-, -en> transmisión *f* del derecho de voto
Stimmritze *f* <-, -n> (ANAT) glotis *f inv*
Stimmung *f* <-, -en> ① (*Gemütsverfassung*) estado *m* de ánimo, humor *m*; **in guter/schlechter ~** de buen/mal humor; **nicht in der ~ sein etw zu tun** no estar de vena para hacer algo; **in ~ kommen** (*fam*) animarse
② (*einer Gesellschaft, Landschaft*) ambiente *m*, atmósfera *f*; **~ in etw bringen** animar algo
③ (*öffentliche Meinung*) opinión *f* pública; **für/gegen jdn/etw ~ machen** hacer campaña a favor/en contra de alguien/algo
④ (MUS) afinación *f*
Stimmungsbarometer *nt* <-s, -> opinión *f* general, barómetro *m* de la opinión pública; **das ~ steht auf Null** (*fam*) la atmósfera es mala, el estado de ánimo es malo; **das ~ steigt** (*fam*) la atmósfera [*o* el estado de ánimo] mejora; **Stimmungskanone** *f* <-, -n> (*fam*) animador(a) *m(f)*; **Stimmungslage** *f* <-, -n> (*allgemeine ~*) atmósfera *f*; (*eines Einzelnen*) estado *m* de ánimo; **Stimmungsmache** *f* <-, *ohne pl*> (*abw*) intento de predisponer a alguien a favor o en contra de algo o alguien utilizando medios sucios; **durch geschickte ~ versuchte sie, die Kollegen gegen den neuen Chef einzunehmen** hábilmente intentó predisponer a todos sus compañeros en contra de su nuevo jefe, concitó hábilmente a sus compañeros contra el nuevo jefe; **Stimmungsumschwung** *m* <-(e)s, -schwünge> ① (*Person*) cambio *m* de humor ② (FIN, WIRTSCH) cambio *m* de tendencia
stimmungsvoll *adj* (*ausdrucksstark*) muy expresivo; (*Fest*) muy animado; (*gemütlich*) acogedor
Stimmungswandel *m* <-s, *ohne pl*> cambio *m* de humor [*o* de ánimo]
Stimmverlust *m* <-(e)s, -e> (MED) pérdida *f* de la voz; **Stimmwechsel** *m* <-s, -> cambio *m* de la voz; **Stimmzettel** *m* <-s, -> (papeleta *f* de) voto *m*, boleta *f Mex, Peru, PRico*
Stimulans ['ʃtiːmulans, *pl:* ʃtiˈmuˈlantsiən] *nt* <-, Stimulanzien *o* Stimulantia> estimulante *m*
Stimulation [ʃtimulaˈtsjoːn] *f* <-, -en> estímulo *m*, estimulación *f*
Stimuli *pl von* **Stimulus**
stimulieren* [ʃtimuˈliːrən] *vt* estimular
Stimulus ['ʃtiːmuluːs, *pl:* 'ʃtiːmuli] *m* <-, Stimuli> estímulo *m*
Stinkbombe *f* <-, -n> bomba *f* fétida
Stinkefinger *m* <-s, *ohne pl*> (*fam*) dedo *m* (asqueroso)
stinken ['ʃtɪŋkən] <stinkt, stank, gestunken> *vi* oler mal, apestar (*nach* a), bufar *Am*; **das stinkt nach Verrat** (*fam*) huele a traición; **er stinkt wie die Pest** huele que apesta; **das stinkt ja zum Himmel** esto clama al cielo; **die Sache stinkt mir** (*fam*) estoy harto de esta cosa; **mir stinkt's!** (*fam*) ¡estoy harto!; **an dir stinkt mir einiges!** (*fam*) ¡algunas cosas tuyas me molestan [*o* revientan]!
stinkfaul ['-'-] *adj* (*fam*) muy vago; **~ sein** no dar golpe, no dar palo al agua
stinklangweilig ['-'---] *adj* (*fam*) aburridísimo; **das ist ~!** ¡esto me

aburre a morir!
Stinkmorchel f <-, -n> (BOT) falo m
stinksauer ['-'--] adj (fam) de un humor de perros; **sie ist ~ auf dich** está enfadadísima contigo
Stinktier nt <-(e)s, -e> mofeta f, yagaré m Am, zorrillo m Am; **Stinkwut** ['-'-] f <-, ohne pl> (fam) rabia f tremenda; **eine ~ auf jdn haben** estar muy enojado con alguien
Stint [ʃtɪnt] m <-(e)s, -e> (ZOOL) eperlano m
Stipendiat(in) [ʃtɪpɛnˈdjaːt] m(f) <-en, -en; -, -nen> becario, -a m, f
Stipendium [ʃtiˈpɛndiʊm] nt <-s, Stipendien> beca f; **ein ~ gewähren** conceder una beca; **sich um ein ~ bewerben** solicitar una beca
stippen [ˈʃtɪpən] vt (nordd) ① (kurz tauchen) mojar
② (herausholen) rebañar
③ (tippen) tocar; **jdn an die Schulter ~** dar(le) a alguien una palmadita en el hombro
④ (sich stoßen) darse (gegen contra)
Stippvisite [ˈʃtɪp-] f <-, -n> (fam) visita f corta
stirbt [ʃtɪrpt] 3. präs von **sterben**
Stirn [ʃtɪrn] f <-, -en> frente f; **eine hohe/niedrige ~** una frente alta/estrecha; **die ~ runzeln** arrugar la frente; **die Haare fallen ihm in die ~** el pelo le cae por la frente; **jdm die ~ bieten** hacer frente a alguien; **die ~ besitzen etw zu tun** tener la poca vergüenza [o cara dura] de hacer algo
Stirnband nt <-(e)s, -bänder> cinta f (para poner en la frente); **Stirnbein** nt <-(e)s, -e> hueso m frontal; **Stirnfalte** f <-, -n> arruga f en la frente; **wenn er nachdenkt, bekommt er immer tiefe ~n** cuando reflexiona, se le arruga mucho la frente; **Stirnglatze** f <-, -n> media calva f, calva f incipiente
Stirnhöhle f <-, -n> seno m frontal; **Stirnhöhlenentzündung** f <-, -en> sinusitis f inv; **Stirnhöhlenvereiterung** f <-, -en> sinusitis f inv
Stirnrad nt <-(e)s, -räder> (TECH) rueda f dentada recta
Stirnrunzeln nt <-s, ohne pl> ceño m (fruncido); **seine Aussagen riefen bei ihr ~ hervor** al escuchar sus declaraciones frunció el ceño; **Stirnseite** f <-, -n> frente f
stob [ʃtoːp] 3. imp von **stieben**
stöbern [ˈʃtøːbɐn] vi (fam) revolver (in en); (neugierig) hurgar (in en); **in einer Schublade nach etw ~** rebuscar algo en un cajón
stochern [ˈʃtɔxɐn] vi hurgar (in en); **im Essen ~** comer sin apetito; **in den Zähnen ~** hurgarse los dientes con un palillo; **mit einem Schürhaken im Feuer ~** atizar el fuego, remover el fuego
Stock¹ [ʃtɔk, pl: ˈʃtœkə] m <-(e)s, Stöcke> ① (Stab) palo m; (Spazier-, Ski-) bastón m; (Takt-) batuta f; (Billard-) taco m; **am ~ gehen** (fig fam) ir a rastras, estar hecho polvo
② (Pflanze) planta f; (Baumstumpf) tocón m; **über ~ und Stein** a campo través
Stock² m <-(e)s, -> (~werk) piso m, planta f; **er wohnt im vierten ~** vive en el cuarto piso
Stock³ m <-s, ohne pl> (Schweiz) ① (GASTR) puré m de patatas
② (Haus) en Suiza casa situada al lado de la granja donde viven los padres de los granjeros
stockbesoffen ['--'--] adj (fam) borracho como una cuba
Stockbett nt <-(e)s, -en> litera f
stockdumm ['-'-] adj (fam) más tonto que Picio, tonto perdido
stockdunkel ['-'--] adj (fam) oscuro como la boca del lobo
Stöckelabsatz m <-es, -sätze> tacón m alto [o (de) aguja]
stöckeln [ˈʃtœkəln] vi sein (fam) andar (sobre tacones altos) dando tropezones
Stöckelschuh m <-(e)s, -e> zapato m de tacón alto
stocken [ˈʃtɔkən] vi ① (stillstehen) pararse; (Atmung) cortarse; **mir stockt der Atem** me quedo sin respiración
② (nicht vorangehen) interrumpirse; (Verkehr, beim Sprechen) atascarse; (Verhandlungen) estar paralizado; **ins S~ geraten** no adelantar
③ (reg: gerinnen) cuajar
stockend adj (Sprechweise) entrecortado; **~er Verkehr** caravana f, atasco m
stockfinster ['-'--] adj (fam) oscuro como la boca de lobo; **~e Nacht** noche cerrada
Stockfisch m <-(e)s, -e> ① (Fisch) bacalao m (salado)
② (fam: Person) persona f sosa
Stockfleck m <-(e)s, -e> mancha f de moho
Stockhieb m <-(e)s, -e> bastonazo m, garrotazo m, estacazo m
Stockholm [ˈʃtɔkhɔlm, -ˈ-] nt <-s> Estocolmo m
stockkonservativ ['-----'-] adj (fam) ultraconservador, momio Am
stocksauer ['-'--] adj (fam) de un humor de perros
Stockschirm m <-(e)s, -e> paraguas m inv (con bastón)
stocksteif ['-'-] adj (fam) tieso como una tabla
stocktaub adj (fam) sordo como una tapia; **~ sein** estar como una tapia
Stockung f <-, -en> ① (Verlangsamung) paralización f; (Unterbre-
chung) interrupción f
② (Verkehrs~) atasco m, congestión f
Stockwerk nt <-(e)s, -e> piso m, planta f
Stoff¹ [ʃtɔf] m <-(e)s, -e> ① (PHILOS) materia f
② (fam: Drogen) polvo m
Stoff² m <-(e)s, -e> ① (Gewebe) tejido m, tela f
② (Substanz) su(b)stancia f, materia f, material m; **wiederverwertbare ~e** materiales recuperables
③ (Unterrichts-, Film-) materia f; (Thema) tema m
Stoffbahn f <-, -en> ancho m; **Stoffballen** m <-s, -> bala f de tela
stoffbezogen adj sustancial; **~e Produktverantwortung** responsabilidad sustancial por el producto
Stoffel [ˈʃtɔfəl] m <-s, -> (fam abw) torpe m, paleto m
Stoffetzen m <-s, ->, **StofffetzenRR** m <-s, -> trozo m de tela
Stoffgleichheit f <-, ohne pl> igualdad f sustancial
stofflich adj ① (das Material betreffend) (del) material; **die ~e Qualität der Hosen** la calidad de la tela de los pantalones; **~ gute Waren** productos hechos con buenos materiales
② (das Thema betreffend) del tema, temático
Stoffpuppe f <-, -n> muñeca f de trapo; **Stoffrest** m <-(e)s, -e> retal m; **etw aus ~en nähen** hacer algo con retales; **Stofftier** nt <-(e)s, -e> animal m de trapo; (Plüschtier) animal m de peluche
Stoffwechsel m <-s, -> metabolismo m; **Stoffwechselkrankheit** f <-, -en> enfermedad f metabólica; **Stoffwechselprodukt** nt <-(e)s, -e> metabolito m
stöhnen [ˈʃtøːnən] vi gemir (vor a causa de); (klagen) lamentarse (über de), quejarse (über de); **unter etw dat ~** (fig) sufrir con algo
stoisch [ˈʃtoːɪʃ, ˈstoːɪʃ] adj (die Stoa betreffend) estoico; (geh: unerschütterlich) estoico, imperturbable, impasible, inalterable
Stola [ˈʃtoːla, ˈstoːla] f <-, Stolen> estola f
Stolle [ˈʃtɔlə] f <-, -n> pastel navideño de pasas, almendras y especias
Stollen [ˈʃtɔlən] m <-s, -> ① (BERGB) galería f
② s. **Stolle**
③ (am Schuh) taco m
Stolperdraht m <-(e)s, -drähte> cable m trampa [o camuflado] (para hacer tropezar a alguien)
stolpern [ˈʃtɔlpɐn] vi sein tropezar (über con); **ich bin nur zufällig über den Artikel gestolpert** me he encontrado el artículo por [o de] (pura) casualidad; **der Politiker ist über einen Skandal gestolpert** el político se topó con un escándalo
stolz [ʃtɔlts] adj ① (auf einen Erfolg) orgulloso (auf de); **der ~e Vater** el orgulloso padre
② (hochmütig) orgulloso, altanero, soberbio
③ (imposant) imponente, majestuoso
④ (fam: Summe) considerable
Stolz m <-es, ohne pl> orgullo m; (Hochmut) altanería f; **die Kinder sind sein ganzer ~** sus hijos son todo su orgullo; **seinen ~ haben** tener su orgullo
stolzieren* [ʃtɔlˈtsiːrən] vi sein pavonearse (durch/über por), andar con paso majestuoso
stop [ʃtɔp] interj (Verkehrsschild, Telegramm) ¡alto!
Stop-and-go-Verkehr [stɔpʔɛntˈgoʊ-] nt <-s, ohne pl> tráfico que comienza a circular y se detiene repetidamente
Stopbit nt <-(s), -(s)> (INFOR) bit m de parada
Stopfei nt <-(e)s, -er> huevo m (de madera) para zurcir
stopfen [ˈʃtɔpfən] I. vt ① (Kleidung) remendar, zurcir
② (Loch) tapar; **jdm das Maul ~** (fam) taparle a alguien la boca
③ (hinein~) meter (in a la fuerza) (in en)
④ (füllen) llenar (mit de/con); **etw voll ~** atiborrar algo, llenar algo, atapuzar algo Ven; **die Pfeife ~** llenar la pipa
II. vi ① (fam: schlingen) tragar, zampar
② (fam: sättigen) llenar
③ (die Verdauung hemmen) estreñir
Stopfen [ˈʃtɔpfən] m <-s, -> (reg: Verschluss) tapón m, obturador m
Stopfgarn nt <-(e)s, -e> hilo m de zurcir; **Stopfnadel** f <-, -n> aguja f de zurcir
stopp [ʃtɔp] interj ¡alto!
Stopp [ʃtɔp] m <-s, -s> ① (Auto) parada f; (Flugzeug) escala f
② (Import, Export, Löhne) congelación f
Stoppel¹ [ˈʃtɔpəl] f <-, -n> ① (Getreide~) rastrojo m
② (Bart~) cañón m
Stoppel² m <-s, -(n)> (Österr: Pfropfen) tapón m
Stoppelbart m <-(e)s, -bärte> (fam) barba f de tres días; **Stoppelfeld** nt <-(e)s, -er> (campo m de) rastrojo m
stopp(e)lig adj (unrasiert) sin rasurar
stoppen [ˈʃtɔpən] I. vi parar(se), detenerse
II. vt ① (anhalten) detener, parar
② (Zeit, Geschwindigkeit) cronometrar
Stopper m <-s, -> (SPORT) freno m del patín

stopplig adj (unrasiert) mal afeitado
Stoppschild nt <-(e)s, -er> señal f de stop [o de alto]; **Stoppstraße** f <-, -n> calle f con señal de stop; **Stoppuhr** f <-, -en> cronómetro m
Stöpsel ['ʃtœpsəl] m <-s, -> ① (Pfropfen) tapón m
② (fam: Junge) chicuelo m, muchachito m
stöpseln ['ʃtœpsəln] vt: etw in etw ~ insertar algo en algo; (ELEK) enchufar algo en algo
Stör [ʃtøːɐ] m <-s, -e> esturión m
störanfällig adj delicado, que se estropea con facilidad
Storch [ʃtɔrç, pl: 'ʃtœrçə] m <-(e)s, Störche> cigüeña f
Storchennest nt <-(e)s, -er> nido m de cigüeña
Störchin ['ʃtœrçɪn] f <-, -nen> cigüeña f (hembra)
Storchschnabel m <-s, -schnäbel> (Gerät) pantógrafo m
Store [stɔː, stoːɐ] m <-s, -s> ① (Lager) almacén m
② (Vorhang) visillo m
stören ['ʃtøːrən] I. vt ① (belästigen) estorbar, molestar, amolar Am; lassen Sie sich durch mich nicht ~ no se moleste por mí; **stört es Sie, wenn ich rauche?** ¿le molesta si fumo?; **es gibt so einiges, was mich an ihm stört** hay algunas cosas que me molestan de él
② (Frieden, Verkehr) perturbar; (Ordnung) alterar; (Gespräch) interrumpir
II. vi molestar, incomodar; **störe ich?** ¿molesto?; **bitte nicht ~!** ¡no molestar, por favor!; **die Musik stört bei der Arbeit** la música distrae durante el trabajo; **etw als ~d empfinden** sentir algo como molesto; **ich empfinde es als ~d, wenn ihr ständig kichert** me fastidia que soltéis risitas continuamente
III. vr: sich ~ (fam) escandalizarse (an por), amolarse (an por) Am
Störenfried [-friːt] m <-(e)s, -e> perturbador(a) m(f), buscapleitos mf inv
Störer(in) m(f) <-s, -; -, -nen> alborotador(a) m(f), perturbador(a) m(f); **polizeilicher ~** perturbador policial
Störfaktor m <-s, -en> factor m perturbador; **Störfall** m <-(e)s, -fälle> incidente m
Störfallbeauftragte(r) mf <-n, -n; -n, -n> delegado, -a m, f para casos de perturbaciones; **Störfallkommission** f <-, -en> comisión f de perturbaciones
Störgeräusch nt <-(e)s, -e> (RADIO) interferencia f; **Störmanöver** nt <-s, -> maniobra f de petubación
Storni pl von **Storno**
stornieren* [ʃtɔr'niːrən, stɔr'niːrən] vt ① (Auftrag) anular
② (FIN) rescontrar
Stornierung f <-, -en> (COM, FIN) anulación f, cancelación f, rescuentro m, contrapartida f; **eines Auftrags** cancelación [o anulación] de un pedido; **~ einer Bestellung** anulación de un pedido
Storno ['ʃtɔrno, 'stɔrno, pl: 'ʃtɔrni, 'stɔrni] m o nt <-s, Storni> asiento m de rescuento [o cancelatorio], cancelación f de una partida
Stornogebühr f <-, -en> tasa f de cancelación
störrisch ['ʃtœrɪʃ] adj terco, obstinado
Störsender m <-s, -> emisora f interferente
Störung f <-, -en> ① (Belästigung) molestia f, estorbo m
② (der Ordnung) alteración f; (eines Gesprächs) interrupción f; (Verkehrs-, a. RADIO) perturbación f; **~ der öffentlichen Sicherheit oder Ordnung** perturbación de la seguridad o el orden públicos; **atmosphärische ~en** (METEO) perturbaciones atmosféricas
③ (technische ~) avería f
④ (gesundheitliche ~) irregularidad f; **krankhafte seelische ~** perturbación patógeno-sicótica
Störungsdienst m <-es, -e> servicio m de averías
störungsfrei adj (TEL, RADIO) sin interferencias; **~ funktionieren** (TECH) funcionar sin dificultades técnicas
Störungsstelle f <-, -n> servicio m de reparaciones
Story ['stɔri] f <-, -s> ① (fam: Geschichte) historia f, cuento m, chisme m; **die ~ kaufe ich dir nicht ab!** ¡no me lo creo!
② (Bericht, Report) informe m, reportaje m
③ (Inhalt eines Films, Romans) historia f, trama f
Stoß [ʃtoːs, pl: ʃtøːsə] m <-es, Stöße> ① (Schubs) empujón m, empellón m; (Schlag) golpe m; (mit dem Ellbogen) codazo m; (mit der Faust) puñetazo m, impacto m Am; **jdm einen ~ geben** [o **versetzen**] dar(le) un empujón a alguien; **sich dat** [o **seinem Herzen**] **einen ~ geben** hacer de tripas corazón
② (Erd~) temblor m, sacudida f
③ (Stapel) pila f, montón m
④ (beim Schwimmen) brazada f
Stoßband nt <-(e)s, -bänder> ribete m; **Stoßbetrieb** m <-(e)s, ohne pl> (INFOR) modo m estallido; **Stoßdämpfer** m <-s, -> (AUTO) amortiguador m
Stößel ['ʃtøːsəl] m <-s, -> ① (für Mörser) majadero m, mano f de mortero
② (TECH) varilla f de levantamiento

Stoßelastizität f <-, -en> elasticidad f de choque
stoßen ['ʃtoːsən] <stößt, stieß, gestoßen> I. vt ① (schubsen) empujar, quiñar Am; (mit dem Fuß) dar un puntapié (a); **er wurde zur Seite ge~** lo empujaron a un lado; **sich dat den Kopf an der Wand ~** darse con la cabeza [o un cabezazo] contra la pared; **jdn vor den Kopf ~** (fam fig) ofender a alguien
② (hinein~) clavar, hundir; **er stieß ihm das Messer in die Brust** le hundió el cuchillo en el pecho; **ein Loch in etw ~** abrir un agujero en algo
③ (hinaus~) arrojar
④ (zerkleinern) machacar
⑤ (SPORT: Kugel, Stein) lanzar
⑥ (Schweiz: schieben) empujar
II. vi ① sein (prallen) chocar (an/gegen contra/con/en), pegarse (an/gegen contra); **sie stieß an** [o **gegen**] **die Scheibe** chocó contra el cristal; **mit dem Kopf gegen die Wand ~** darse con la cabeza [o un cabezazo] contra la pared
② (schlagen) golpear (gegen contra), dar un golpe (gegen contra); **sie stieß mit dem Messer nach ihm** intentó clavarle el cuchillo; **der Stier stieß mit den Hörnern nach ihm** el toro intentó hincarle los cuernos [o darle una cornada]
③ sein (treffen, finden) encontrar (auf), dar (auf con); **auf Erdöl ~** dar con petróleo; **auf Widerstand ~** encontrar resistencia; **zu jdm ~** unirse a alguien
④ (angrenzen) limitar (an con)
⑤ (Schweiz: schieben, drücken) empujar
III. vr: sich ~ ① (anprallen) golpearse, darse; **ich habe mich an dem Schrank ge~** me he dado in contra el armario; **ich habe mich am Kopf gestoßen** me he dado (un golpe) en la cabeza
② (Anstoß nehmen): **sich an etw** dat **~** ofenderse por algo
stoßfest adj resistente a golpes [o choques]
Stoßgebet nt <-(e)s, -e> jaculatoria f; **Stoßkarrette** [-ka'rɛtə] f <-, -n> (Schweiz) carretilla f; **Stoßseufzer** m <-s, -> suspiro m hondo; **Stoßstange** f <-, -n> (AUTO) parachoques m inv, defensa f Mex, bómper m Am
stößt [ʃtøːst] 3. präs von **stoßen**
Stoßtrupp m <-s, -s> (MIL) pelotón m de asalto
Stoßverkehr m <-s, ohne pl> tráfico m de las horas punta
Stoßwaffe f <-, -n> arma f de estocada
stoßweise adv ① (ruckartig) esporádicamente; (regelmäßig) periódicamente
② (stapelweise): **es kamen ~ Bewerbungen** las solicitudes llegaron a empujones
Stoßwelle f <-, -n> onda f de choque; **Stoßwind** m <-(e)s, -e> ráfaga f; **Stoßzahn** m <-(e)s, -zähne> colmillo m
Stoßzeit f <-, -en> hora f punta
Stotterei [ʃtɔtə'raɪ] f <-, -en> (abw) tartamudeo m
Stotterer, -in ['ʃtɔtərə] m, f <-s, -; -, -nen> tartamudo, -a m, f
stottern ['ʃtɔtən] I. vi ① (Mensch) tartamudear; **ins S~ kommen** perder el hilo
② (fam: Wagen, Motor) traquetear
II. vt balbucear
Stövchen ['ʃtøːfçən] nt <-s, -> calientaplatos m inv (generalmente para teteras)
StPO [ɛstepeː'ʔoː] f (JUR) Abk. von **Strafprozessordnung** código m de procedimiento penal [o de enjuiciamiento criminal]
Str. Abk. von **Straße** C/
stracks [ʃtraks] adv ① (direkt) directamente
② (sofort) inmediatamente
Strafänderung f <-, -en> (JUR) modificación f de la pena; **benannte/unbenannte ~** modificación de la pena señalada/no señalada; **Strafandrohung** f <-, -en> amenaza f penal, apercibimiento m de pena; **jdn unter ~ vorladen** citar a alguien bajo apercibimiento de pena; **Strafanstalt** f <-, -en> penitenciaría f, penal m; **Strafantrag** m <-(e)s, -träge> ① (für Strafverfahren) querella f (penal); **Rücknahme des ~s** retirada de la querella; **Verzicht auf den ~** renuncia a la querella; **einen ~ stellen** presentar una querella ② (durch den Staatsanwalt) petición f del fiscal; **Strafanzeige** f <-, -n> denuncia f; **~ gegen jdn erstatten** presentar una denuncia contra alguien; **Strafarbeit** f <-, -en> castigo m; **jdm eine ~ aufgeben** poner a alguien tareas para casa como castigo; **Strafarrest** m <-(e)s, -e> (JUR) arresto m penal; **Strafaufhebungsgrund** m <-(e)s, -gründe> (JUR) causa f de supresión de la pena; **Strafaufschub** m <-(e)s, -schübe> aplazamiento m de la ejecución penal; **Strafausdehnungsgrund** m <-(e)s, -gründe> (JUR) causa f de ampliación de la pena; **Strafausschließungsgrund** m <-(e)s, -gründe> (JUR) fundamento m de exención de la pena; **Strafaussetzung** f <-, -en> suspensión f de la pena, condonación f de la pena; **~ zur Bewährung** condonación de la pena en libertad condicional; **Strafausstand** m <-(e)s, ohne pl> (JUR) rebelión f penal; **Strafbank**

strafbar

f <-, -bänke> (SPORT) banquillo *m*, banco *m* de penalti
strafbar *adj* punible [*o* sancionable]; **~e Handlung** acto punible; **sich ~ machen, eine ~e Handlung begehen** incurrir en un delito, fatalizarse *Kol*
Strafbarkeit *f* <-, *ohne pl*> culpabilidad *f*, penalidad *f*
Strafbedürftigkeit *f* <-, *ohne pl*> necesidad *f* penal
Strafbefehl *m* <-(e)s, -e> orden *f* penal; **Strafbefehlsantrag** *m* <-(e)s, -träge> demanda *f* de orden penal; **Strafbefehlsverfahren** *nt* <-s, -> procedimiento *m* de orden penal
Strafbemessung *f* <-, -en> determinación *f* de la pena; **Strafbestimmungen** *fpl* disposiciones *fpl* penales
Strafe ['ʃtraːfə] *f* <-, -n> ❶ (*allgemein*) pena *f*, castigo *m*; **~ muss sein!** ¡eso se merece un castigo!; **bei ~ verboten** prohibido bajo pena; **seine gerechte** [*o* **verdiente**] **~ bekommen** recibir merecido castigo; **unter ~ stehen** estar penado; **etw unter ~ stellen** poner algo bajo pena, penar algo; **zur ~** como castigo; **mit ihm arbeiten zu müssen ist eine ~** (*fam*) tener que trabajar con él es un castigo
❷ (*Geld~*) multa *f*; **10 Euro ~ zahlen** pagar 10 euros de multa
❸ (*Freiheits~*) pena *f*; **eine ~ absitzen** cumplir una pena; **eine ~ zur Bewährung aussetzen** conceder remisión condicional
Strafeinheit *f* <-, *ohne pl*> (JUR) unidad *f* de pena; **Strafeinschränkungsgrund** *m* <-(e)s, -gründe> (JUR) causa *f* de limitación de la pena; **Strafempfänglichkeit** *f* <-, *ohne pl*> susceptibilidad *f* de la pena; **Strafempfindlichkeit** *f* <-, *ohne pl*> sensibilidad *f* a la pena
strafen ['ʃtraːfən] *vt* castigar (*für* por); (*mit einer Geldstrafe*) multar; **ein ~der Blick** una severa mirada
Strafentlassene(r) *mf* <-n, -n; -n, -n> ex recluso, -a *m*, *f*; **Straferlass** *m* <-es, -e> condonación *f*, remisión *f* de la pena; (*Amnestie*) amnistía *f*
straff [ʃtraf] *adj* (*gespannt*) tirante, tenso; (*Haut*) terso, sin arrugas; (*Stil*) conciso; (*Disziplin*) riguroso, severo; **etw ~ ziehen** tensar algo; **~ durchorganisiert** organizado hasta en los más mínimos detalles
straffällig ['ʃtraːffɛlɪç] *adj* criminal, delincuente; **~ werden** incurrir en un delito
straffen ['ʃtrafən] **I.** *vt* ❶ (*Seil*) tensar; (*Haut*) estirar
❷ (*Text*) condensar
II. *vr*: **sich ~** estirarse
Straffheit *f* <-, *ohne pl*> ❶ (*Organisation, System*) rigidez *f*, rigurosidad *f*
❷ (*Glattheit*) tersura *f*
straffrei *adj* impune, exento de pena; **der Angeklagte ging ~ aus** el acusado fue declarado libre
Straffreierklärung *f* <-, -en> (JUR) declaración *f* de libertad penal
Straffreiheit *f* <-, *ohne pl*> impunidad *f*; **Strafgefangene(r)** *mf* <-n, -n; -n, -n> preso, -a *m*, *f*; **Strafgericht** *nt* <-(e)s, -e> ❶ (JUR) tribunal *m* (de lo) penal ❷ (*Bestrafung*) castigo *m*; **ein ~ über jdn abhalten** castigar a alguien; **das göttliche ~** el juicio de Dios [*o* divino]
Strafgesetz *nt* <-es, -e> ley *f* penal; **Strafgesetzbuch** *nt* <-(e)s, -bücher> código *m* penal
Strafhäufung *f* <-, -en> (JUR) acumulación *f* de penas; **Strafjustiz** *f* <-, *ohne pl*> justicia *f* penal; **Strafkammer** *f* <-, -n> (JUR) Sala *f* de lo Penal [*o* Criminal]; **Strafklageverbrauch** *m* <-(e)s, *ohne pl*> (JUR) uso *m* de acción penal; **Strafklausel** *f* <-, -n> (JUR) cláusula *f* penal; **Strafkolonie** *f* <-, -n> colonia *f* penitenciaria; **Straflager** *nt* <-s, -> (*a.* MIL) campo *m* de castigo
sträflich ['ʃtrɛːflɪç] *adj* censurable, recriminable; **etw ~ vernachlässigen** desatender algo de manera censurable; **~er Leichtsinn** descuido imperdonable
Sträfling ['ʃtrɛːflɪŋ] *m* <-s, -e> preso, -a *m*, *f*
Sträflingskleidung *f* <-, -en> ropas *fpl* de presidiario
straflos *adj* impune; **~ ausgehen** quedar impune
Strafmakel *m* <-s, -> mancha *f* penal; **Strafmandat** *nt* <-(e)s, -e> multa *f*; **Strafmaß** *nt* <-es, -e> pena *f*; **Strafmaßnahme** *f* <-, -n> sanción *f* (correccional)
strafmildernd ['--'--] *adj* atenuante sobre la pena
Strafmilderung *f* <-, *ohne pl*> atenuación *f* de una pena
strafmündig *adj* (JUR) en edad penal; **nicht ~ sein** no estar en edad penal
Strafporto *nt* <-s, -s *o* -porti> recargo *m* de franqueo; **Strafpredigt** *f* <-, -en> (*fam*) sermón *m*, chaparrón *m And, PRico*; **jdm eine ~ halten** echar(le) un sermón a alguien
StrafprozessRR *m* <-es, -e> proceso *m* penal; **Strafprozessordnung**RR *f* <-, -en> (JUR) código *m* de procedimiento penal [*o* de enjuiciamiento criminal]; **Strafprozessrecht**RR *nt* <-(e)s, *ohne pl*> derecho *m* de procedimiento penal
Strafpunkt *m* <-(e)s, -e> (SPORT) punto *m* de penalización
Strafrahmen *m* <-s, -> (JUR) marco *m* penal
Strafraum *m* <-(e)s, *ohne pl*> (SPORT) área *f* de penalti
Strafrecht *nt* <-(e)s, *ohne pl*> (JUR) derecho *m* penal; **internationales ~** derecho penal internacional; **Strafrechtler(in)** *m(f)* <-s, -; -, -nen> (JUR) criminalista *mf*, penalista *mf*
strafrechtlich *adj* jurídico-penal, penal; **~ verfolgen** perseguir por la ley; **jdn wegen etw ~ belangen** demandar a alguien por alguna causa por lo penal
Strafrechtsdogmatik *f* <-, *ohne pl*> dogmática *f* del derecho penal; **Strafrechtspflege** *f* <-, *ohne pl*> justicia *f* criminal; **Strafrechtsreformgesetz** *nt* <-es, -e> ley *f* de reforma penal
Strafregister *nt* <-s, -> registro *m* de antecedentes penales
Strafrestaussetzung *f* <-, -en> (JUR) sobreseimiento *m* del resto de la pena
Strafrichter(in) *m(f)* <-s, -; -, -nen> (JUR) juez *mf* (de lo) penal; **Strafsache** *f* <-, -n> (JUR) causa *f* penal; **die ~ Nabuk gegen Müller** la causa Nabuk contra Müller; **Strafsanktionen** *fpl* sanciones *fpl* penales; **Strafsenat** *m* <-(e)s, -e> (JUR) sala *f* penal; **Strafstoß** *m* <-es, -stöße> (SPORT) penalty *m*, penalti *m*
Straftat *f* <-, -en> delito *m*, crimen *m*; **Anleitung zu ~en** inducción a cometer un delito; **Nichtanzeige einer drohenden ~** no denuncia de un delito inminente; **politische ~** delito político; **eine ~ begehen** cometer un delito; **Straftatbestand** *m* <-(e)s, -stände> delito *m*; **Straftäter(in)** *m(f)* <-s, -; -, -nen> delincuente *mf*; **jugendlicher ~** delincuente juvenil; **Straf- und Ordnungswidrigkeitenrecht** *nt* <-(e)s, *ohne pl*> régimen *m* de infracciones penales y administrativas; **Strafunmündigkeit** *f* <-, *ohne pl*> minoría *f* de edad para la pena; **Strafurteil** *nt* <-s, -e> sentencia *f* condenatoria; **Strafverbüßung** *f* <-, *ohne pl*> cumplimiento *m* de la pena; **Strafvereitelung** *f* <-, *ohne pl*> encubrimiento *m*, obstaculación *f* de la punición; **Strafverfahren** *nt* <-s, -> procedimiento *m* penal [*o* criminal], proceso *m* penal; **Strafverfolgung** *f* <-, -en> prosecución *f* (por vía) penal; **Strafverfolgungshindernis** *nt* <-ses, -se> impedimento *m* de la acción penal
Strafverlangen *nt* <-s, *ohne pl*> petición *f* de pena
strafverschärfend ['--'--] *adj* agravante (sobre la pena)
strafversetzen* *vt* trasladar disciplinariamente
Strafversetzung *f* <-, -en> traslado *m* forzoso; **Strafverteidiger(in)** *m(f)* <-s, -; -, -nen> abogado, -a *m*, *f* defensor(a)
Strafvollstreckung *f* <-, *ohne pl*> ejecución *f* de una [*o* la] pena; **Strafvollstreckungskammer** *f* <-, -n> cámara *f* de ejecución de la pena
Strafvollzug *m* <-(e)s, *ohne pl*> ejecución *f* de la pena, cumplimiento *m* de la pena; **offener ~** régimen *m* de puerta abierta, reclusión nocturna *Am*; **Strafvollzugsanstalt** *f* <-, -en> establecimiento *m* penitenciario, centro *m* penitenciario, prisión *f*, penitenciaría *f*; **Strafvollzugsgesetz** *nt* <-es, -e> ley *f* sobre ejecución de la pena
Strafvorbehalt *m* <-(e)s, -e> (JUR) reserva *f* penal
Strafwurf *m* <-(e)s, -würfe> (SPORT) tiro *m* de penalty *m*
Strafzettel *m* <-s, -> (*fam*) multa *f*; **jdm einen ~ verpassen** (*fam*) poner una multa a alguien; **Strafzumessung** *f* <-, *ohne pl*> graduación *f* de la pena; **Strafzwecktheorie** *f* <-, -en> (JUR) teoría *f* sobre el objetivo de la pena
Strahl [ʃtraːl] *m* <-(e)s, -en> ❶ (*Licht~, Sonnen~, a.* PHYS) rayo *m*; **ultraviolette ~en** rayos ultravioletas; **den ~ auf etw richten** enfocar (a) algo; **im ~ der Taschenlampe** a la luz de la linterna
❷ (*Wasser~*) chorro *m*
Strahlantrieb *m* <-(e)s, -e> (TECH) propulsión *f* por chorro
Strahlemann *m* <-(e)s, -männer> (*fam*) hombre *m* de la sonrisa eterna
strahlen ['ʃtraːlən] *vi* ❶ (*Licht, Sonne*) brillar, relucir; (*glänzen*) brillar, resplandecer; (*funkeln*) destellar; (*radioaktiv*) despedir rayos radi(o)activos; **auf etw ~** iluminar algo; **bei ~dem Wetter** con un sol radiante; **ein ~des Weiß** un blanco radiante
❷ (*Mensch*) resplandecer (*vor* de), estar radiante (*vor* de); **sie strahlt übers ganze Gesicht** está radiante; **sie strahlt vor Freude** resplandece de alegría
strählen ['ʃtrɛːlən] **I.** *vt* (*Schweiz: kämmen*) peinar
II. *vr*: **sich ~** (*Schweiz*) peinarse
Strahlenbehandlung *f* <-, -en> (MED) radioterapia *f*; **Strahlenbelastung** *f* <-, -en> (MED) carga *f* de radiación; **Strahlenbiologie** *f* <-, *ohne pl*> radiobiología *f*; **Strahlenbrechung** *f* <-, -en> (PHYS) refracción *f* de la luz; **Strahlenbündel** *nt* <-s, -> (PHYS, MATH) haz *m* de rayos; **Strahlendosis** *f* <-, -dosen> (MED) dosis *f inv* de radiación
strahlenempfindlich *adj* sensible a los rayos
Strahlenkrankheit *f* <-, -en> (MED) síndrome *m* de radiación; **Strahlenrisiko** *nt* <-s, -s *o* -risiken> (MED) peligro *m* de radiación; **Strahlenschäden** *mpl* (MED, PHYS) lesiones *fpl* por radiaciones
Strahlenschutz *m* <-es, *ohne pl*> protección *f* contra radiaciones; **Bundesamt für ~** oficina federal para la protección contra las radiaciones; **Strahlenschutzregister** *nt* <-s, -> registro *m* de la protección contra las radiaciones; **Strahlenschutzvorsorgegesetz** *nt* <-es,

Strahlentherapie *f* <-, -n> (MED) radioterapia *f*
strahlenverseucht *adj* contaminado por radiación
Strahler *m* <-s, -> ❶ (*Heiz~*) radiador *m*
❷ (*Licht~*) reflector *m*
Strahlstrom *m* <-(e)s, -ströme> (METEO) corriente *f* de chorro; **Strahltriebwerk** *nt* <-(e)s, -e> (TECH) motor *m* a reacción, reactor *m*
Strahlung *f* <-, -en> (PHYS) (ir)radiación *f*; **kosmische ~** radiación cósmica; **radioaktive ~** radiación radiactiva
strahlungsarm *adj* de [*o* con] baja radiación
Strahlungsdichte *f* <-, -n> (PHYS) densidad *f* de radiación; **Strahlungsenergie** *f* <-, ohne *pl*> (PHYS) energía *f* de radiación; **Strahlungsintensität** *f* <-, ohne *pl*> (PHYS) intensidad *f* de la radiación; **Strahlungspyrometer** *nt* <-s, -> (PHYS) pirómetro *m* de radiación; **Strahlungsverbrennung** *f* <-, -en> quemadura *f* por irradiación; **Strahlungswärme** *f* <-, ohne *pl*> calor *m* de radiación
Strähnchen ['ʃtrɛːnçən] *ntpl* mechas *fpl*
Strähne ['ʃtrɛːnə] *f* <-, -n> ❶ (*Haar~*) mechón *m*, greña *f abw*
❷ (*Phase*) fase *f*
strähnig *adj* greñudo, desgreñado *abw*
stramm [ʃtram] *adj* ❶ (*straff*) tenso, tirante; **~ sitzen** (*Kleidung*) venir justo; **~ ziehen** estirar; **~e Waden** pantorrillas musculosas
❷ (*kräftig*) fuerte, robusto
❸ (*gerade aufgerichtet*) derecho
❹ (*streng*) rígido, severo; **~ durcharbeiten** trabajar de firme
stramm|stehen *irr vi* cuadrarse
stramm|ziehen *irr vt*: **jdm den Hosenboden ~** (*fam*) calentar a alguien las posaderas
Strampelanzug *m* <-(e)s, -züge> pelele *m*, mameluco *m Am*; **Strampelhöschen** [-ˈhøːsçən] *nt* <-s, -> pelele *m*
strampeln ['ʃtrampəln] *vi* ❶ (*Baby*) patalear; **das Baby strampelt mit den Füßen** el bebé patalea
❷ *sein* (*fam: Rad fahren*) ir en bici
❸ (*fam: sich anstrengen*) esforzarse
Strampler *m* <-s, -> *s*. **Strampelanzug**
Strand [ʃtrant, *pl*: ˈʃtrɛndə] *m* <-(e)s, Strände> playa *f*; **an den** [*o* **zum**] **~ gehen** ir a la playa; **am ~ liegen** estar en la playa
Strandbad *nt* <-(e)s, -bäder> playa *f*; **Stranddistel** *f* <-, -n> cardo *m*, abrozo *m* palustre
stranden ['ʃtrandən] *vi sein* ❶ (*Schiff*) encallar, varar
❷ (*geh: scheitern*) fracasar, naufragar
Strandgut *nt* <-(e)s, ohne *pl*> objetos *mpl* arrojados por el mar; **Strandhafer** *m* <-s, ohne *pl*> elimo *m* arenario; **Strandhotel** *nt* <-s, -s> hotel *m* de playa; **Strandkorb** *m* <-(e)s, -körbe> sillón *m* de playa; **Strandläufer** *m* <-s, -> correlimos *m inv* común; **Strandpromenade** *f* <-, -n> paseo *m* marítimo
Strang [ʃtraŋ, *pl*: ˈʃtrɛŋə] *m* <-(e)s, Stränge> ❶ (*Seil*) cuerda *f*, soga *f*; **am gleichen ~ ziehen** tirar de la misma cuerda; **Tod durch den ~** (*geh*) muerte en la horca; **über die Stränge schlagen** (*fam*) pasarse de rosca, tirar la chancleta *Arg*
❷ (*Woll~*) madeja *f*
❸ (*Nerven~*) cordón *m*
❹ (*Schienen~*) vía *f*
Strangulation [ʃtraŋgulaˈtsi̯oːn] *f* <-, -en> estrangulación *f*; **Tod durch ~** muerte por estrangulación
strangulieren* [ʃtraŋguˈliːrən] *vt* estrangular
Strapaze [ʃtraˈpaːtsə] *f* <-, -n> esfuerzo *m* (enorme), agobio *m*; **es ist eine ~** es muy agotador
strapazfähig *adj* (*Österr*) resistente
strapazieren* [ʃtrapaˈtsiːrən] *vt* ❶ (*Material*) gastar
❷ (*Person*) agotar; (*Augen*) cansar (mucho); (*Geduld, Nerven*) poner a prueba; **das ist eine häufig strapazierte Ausrede** (*fam*) es una excusa muy manida
strapazierfähig *adj* resistente
strapaziös [ʃtrapaˈtsi̯øːs] *adj* agotador
Straps [ʃtraps] *m* <-es, -e> liguero *m*
Straßburg [ˈʃtraːsbʊrk] *nt* <-s> Estrasburgo *m*
Straße [ˈʃtraːsə] *f* <-, -n> ❶ (*in einer Ortschaft*) calle *f*; (*große*) avenida *f*, paseo *m*; (*Land~*) carretera *f*; **auf der ~** en la calle; **auf offener ~** en plena calle; **auf die ~ gehen** salir a la calle; **er wohnt drei ~n weiter** vive tres calles más allá; **jdn auf die ~ setzen** [*o* **werfen**] poner a alguien de patitas en la calle; **Jugendliche von der ~ holen** acoger a jóvenes desamparados; **dem Druck der ~ nachgeben** ceder ante la presión ejercida por la opinión pública; **er liegt** [*o* **sitzt**] **auf der ~** (*fam: arbeitslos*) está parado; (*obdachlos*) vive en la calle
❷ (*Meeresenge*) estrecho *m*; **die ~ von Gibraltar** el estrecho de Gibraltar

Straßenanzug *m* <-(e)s, -züge> traje *m* de calle; **Straßenarbeiten** *fpl* obras *fpl* (en la calle); **wegen ~ ist dieser Streckenabschnitt vorübergehend gesperrt** esta ruta está temporalmente cerrada al tráfico por obras; **Straßenarbeiter** *m* <-s, -> peón *m* caminero; **Straßenaufsicht** *f* <-, ohne *pl*> vigilancia *f* vial
Straßenbahn *f* <-, -en> tranvía *m*; **(mit der) ~ fahren** ir en tranvía
Straßenbahner(in) *m(f)* <-s, -; -, -nen> (*fam*) tranviario, -a *m, f*, guarda *mf Arg*
Straßenbahnfahrer(in) *m(f)* <-s, -; -, -nen> ❶ (*Führer*) conductor(a) *m(f)* de tranvía ❷ (*Fahrgast*) usuario, -a *m, f* del tranvía; **~ sein** viajar (regularmente) en tranvía; **Straßenbahnhaltestelle** *f* <-, -n> parada *f* de tranvía; **Straßenbahnlinie** *f* <-, -n> línea *f* de tranvía; **Straßenbahnnetz** *nt* <-es, -e> red *f* tranviaria; **Straßenbahnschiene** *f* <-, -n> raíl *m* del tranvía
Straßenbau *m* <-(e)s, ohne *pl*> construcción *f* de carreteras; **Ingenieur für ~** ingeniero de caminos; **Straßenbauamt** *nt* <-(e)s, -ämter> Obras *fpl* Públicas; **Straßenbaulast** *f* <-, -en> cargas *fpl* sobre construcción vial
Straßenbelag *m* <-(e)s, -läge> firme *m*; **Straßenbeleuchtung** *f* <-, ohne *pl*> alumbrado *m* público; **Straßenbenutzungsabgabe** *f* <-, -n>, **Straßenbenutzungsgebühr** *f* <-, -en> peaje *m*; **Straßendecke** *f* <-, -n> firme *m*; **Straßenfeger(in)** *m(f)* <-s, -; -, -nen> barrendero, -a *m, f*; **Straßenfest** *nt* <-(e)s, -e> fiesta *f* en la calle; **Straßenführung** *f* <-, ohne *pl*> trazado *m* (de una carretera); **Straßenglätte** *f* <-, ohne *pl*> hielo *m* en las carreteras; **in höheren Lagen herrscht erhöhte Gefahr durch ~** en las grandes alturas aumenta el riesgo a causa de la formación de hielo en las carreteras; **Straßengraben** *m* <-s, -gräben> cuneta *f*; **Straßenhaftung** *f* <-, ohne *pl*> (AUTO) adhesión *f* a la carretera; **Straßenhändler(in)** *m(f)* <-s, -; -, -nen> vendedor(a) *m(f)* callejero, -a; **Straßenjunge** *m* <-n, -n> golfo *m*, golfillo *m*; **Straßenkampf** *m* <-(e)s, -kämpfe> enfrentamiento *m* callejero; **Straßenkarte** *f* <-, -n> mapa *m* de carreteras; **Straßenkehrer(in)** *m(f)* <-s, -; -, -nen> (*reg*) barrendero, -a *m, f*; **Straßenkehrmaschine** *f* <-, -n> barredera *f*; **Straßenkreuzer** *m* <-s, -> (*fam*) cochazo *m*; **Straßenkreuzung** *f* <-, -en> cruce *m*; **Straßenlage** *f* <-, ohne *pl*> (AUTO) comportamiento *m* en carretera, adherencia *f* a la carretera; **der Wagen hat eine gute ~** el coche va bien en carretera; **Straßenlärm** *m* <-(e)s, ohne *pl*> ruido *m* de la calle; **Straßenlaterne** *f* <-, -n> farol *m*; **Straßenmarkierung** *f* <-, -en> señalización *f* en la carretera [*o* calle]; **Straßenmeisterei** *f* <-, ohne *pl*> ≈Departamento *m* del Ministerio de Obras Públicas; **Straßenmusikant(in)** *m(f)* <-en, -en; -, -nen> músico, -a *m, f* ambulante; **Straßenname** *m* <-ns, -n; -, -n> nombre *m* de una calle; **wie war der ~? Kepler-Straße?** ¿cómo se llamaba la calle? ¿Kepler-Straße?; **Straßennetz** *nt* <-es, -e> red *f* de carreteras; **Straßenrand** *m* <-(e)s, -ränder> margen *m* de la calle; **Straßenraub** *m* <-(e)s, ohne *pl*> atraco *m* a mano armada (en vía pública); **Straßenrecht** *nt* <-(e)s, ohne *pl*> derecho *m* de viabilidad; **Straßenreinigung** *f* <-, ohne *pl*> limpieza *f* callejera; **Straßenrennen** *nt* <-s, -> (SPORT) carrera *f* (ciclista) en carretera; **Straßensammlung** *f* <-, -en> cuestación *f* pública; **Straßensänger(in)** *m(f)* <-s, -; -, -nen> cantante *mf* callejero, -a; **Straßenschild** *nt* <-(e)s, -er> señal *f* indicadora, letrero *m*; **Straßenseite** *f* <-, -n> lado *m* de la calle [*o* de la carretera]; **auf der anderen ~** al otro lado de la calle; **Straßensperre** *f* <-, -n> barrera *f*, barricada *f*; **Straßensperrung** *f* <-, -en> cierre *m* de una calle [*o* de una carretera] a la circulación; **Straßenstrich** *m* <-(e)s, ohne *pl*> prostitución *f* callejera; **auf den ~ gehen** ejercer la prostitución en la calle; **Straßentransport** *m* <-(e)s, -e> transporte *m* por carretera; **Straßentunnel** *m* <-s, -> túnel *m* de carretera; **Straßenüberführung** *f* <-, -en> paso *m* elevado; **Straßen- und Wegerecht** *nt* <-(e)s, ohne *pl*> derecho *m* de paso; **Straßenunterführung** *f* <-, -en> paso *m* subterráneo; **Straßenverhältnisse** *ntpl* estado *m* de las carreteras; **Straßenverkauf** *m* <-(e)s, ohne *pl*> ❶ (*Handel*) comercio *m* ambulante ❷ (*über die Straße*) venta *f* callejera
Straßenverkehr *m* <-s, ohne *pl*> tráfico *m* (rodado); **Gefährdung des ~s** puesta en peligro del tráfico rodado
Straßenverkehrsabgabe *f* <-, -n> impuesto *m* de circulación; **Straßenverkehrsgesetz** *nt* <-es, ohne *pl*> código *m* de circulación; **Straßenverkehrsordnung** [ˈ---ˈ---] *f* <-, ohne *pl*> código *m* de circulación; **Straßenverkehrsrecht** *nt* <-(e)s, ohne *pl*> derecho *m* de circulación vial; **Straßenverkehrssicherungspflicht** *f* <-, ohne *pl*> deber *m* de seguridad en el tráfico; **Straßenverkehrs-Zulassungs-Ordnung** *f* <-, ohne *pl*> código *m* sobre permisos de circulación
Straßenwischer(in) *m(f)* <-s, -; -, -nen> (*Schweiz*) barrendero, -a *m, f*; **Straßenzug** *m* <-(e)s, -züge> calle *f*
Straßenzustand *m* <-(e)s, -stände> estado *m* de las carreteras; **Straßenzustandsbericht** *m* <-(e)s, -e> informe *m* sobre el estado de las carreteras
Stratege, -in [ʃtraˈteːgə] *m, f* <-n, -n; -, -nen> estratega *mf*
Strategie [ʃtrateˈgiː] *f* <-, -n> estrategia *f*

Strategiepapier *nt* <-s, -e> plan *m* estratégico
Strategin *f* <-, -nen> *s.* **Stratege**
strategisch *adj* estratégico; **ein ~ denkender Mensch** una persona que piensa estratégicamente
Strati *pl von* **Stratus**
Stratokumulus *m* <-, -kumuli> (METEO) estratocúmulo *m*
Stratosphäre [ʃtratoˈsfɛːrə, strato-] *f* <-, *ohne pl*> (METEO) estratosfera *f*
Stratus *m* <-s, Strati> (METEO) estrato *m*
sträuben [ˈʃtrɔɪbən] I. *vr:* **sich ~ ❶** (*Haare, Fell*) erizarse, ponerse de punta
❷ (*sich wehren*) oponerse (*gegen* a), resistirse (*gegen* a)
II. *vt* erizar; (*Gefieder*) hinchar; (*Fell*) poner tieso [*o* de punta]
Strauch [ʃtraʊx, *pl:* ˈʃtrɔɪçə] *m* <-(e)s, Sträucher> arbusto *m*, mata *f*
straucheln [ˈʃtraʊxəln] *vi sein* ❶ (*geh: stolpern*) tropezar (*über* con), dar un traspié(s) (*über* con)
❷ (*scheitern*) fracasar
Strauß¹ [ʃtraʊs] *m* <-es, -e> (*Vogel*) avestruz *m*
Strauß² [ʃtraʊs, *pl:* ˈʃtrɔɪsə] *m* <-es, Sträuße> (*Blumen-*) ramo *m* (de flores)
Straußenei *nt* <-(e)s, -er> huevo *m* de avestruz; **Straußenfeder** *f* <-, -n> pluma *f* de avestruz
Strauß(en)wirtschaft *f* <-, -en> (*südd, Österr*) taberna abierta sólo temporalmente con el fin de vender el vino joven de cosecha propia
Streamer [ˈstriːmɐ] *m* <-s, -> (INFOR) streamer *m*
Strebe [ˈʃtreːbə] *f* <-, -n> puntal *m*
Strebebogen *m* <-s, -bögen> (ARCHIT) arbotante *m*
streben [ˈʃtreːbən] *vi* ❶ *sein* (*sich bewegen*) dirigirse (*zu/nach* hacia), ir (*directamente*) (*zu/nach* a); **an die** [*o* **zur**] **Macht ~** (*geh*) aspirar al poder
❷ (*sich bemühen*): **nach etw ~** ansiar algo, aspirar a algo
Streben [ˈʃtreːbən] *nt* <-s, *ohne pl*> ambición *f* (*nach* de), afán *m* (*nach* de)
Strebepfeiler *m* <-s, -> contrafuerte *m*
Streber(in) *m(f)* <-s, -; -, -nen> (*abw*) ambicioso, -a *m, f*, arribista *mf*, olfa *mf RíoPl*; (*in der Schule*) empollón, -ona *m, f*
Streberei *f* <-, *ohne pl*> (*abw*) arribismo *m*
streberhaft *adj* (*abw*) ambicioso; (*Schüler*) empollón
Streberin *f* <-, -nen> *s.* **Streber**
Strebertum *nt* <-s, *ohne pl*> (*abw*) arribismo *m*, peloteo *m fam*
strebsam *adj* aplicado, diligente; (*ehrgeizig*) ambicioso
Strebsamkeit *f* <-, *ohne pl*> aplicación *f*, diligencia *f*; (*Ehrgeiz*) ambición *f*
Strecke [ˈʃtrɛkə] *f* <-, -n> ❶ (*Wegabschnitt*) trayecto *m*, tramo *m*; (*Eisenbahn-*) línea *f*; (SPORT) recorrido *m*; **gerade ~** línea recta; **auf freier/halber ~** durante el recorrido; **über weite ~n** (*größtenteils*) en grandes partes; **auf der ~ bleiben** (*fam fig*) quedarse en la estacada
❷ (*Entfernung*) distancia *f*; **eine ziemliche ~ zu fahren/gehen** una distancia grande con el coche/a pie
❸ (*Weg, Route*) camino *m*, ruta *f*
❹ (BERGB) galería *f*
❺ (MATH) segmento *m* rectilíneo
❻ (*Wend*): **jdn zur ~ bringen** (*verhaften*) echarle el guante a alguien; (*töten*) cargarse a alguien
strecken [ˈʃtrɛkən] I. *vt* ❶ (*Körperteil*) estirar; **lang gestreckt** alargado, largo; **er streckte die Beine von sich** estiró las piernas; **den Oberkörper ~** estirarse, desperezarse; **den Finger ~** (*fam*) levantar la mano [*o* el dedo]; **jdn zu Boden ~** derribar a alguien de un golpe; **den Kopf aus dem Fenster ~** asomar la cabeza por la ventana; **die Beine unter den Tisch ~** estirar las piernas por debajo de la mesa
❷ (*Metall*) laminar
❸ (*Vorräte, Geld*) alargar, hacer rendir; (*verdünnen*) aguar
II. *vr:* **sich ~ ❶** (*sich aus-*) estirarse, tenderse
❷ (*sich recken*) desperezarse
❸ (*sich hinziehen*): **der Weg streckt sich** (*fam*) el camino se hace largo
Streckenabschnitt *m* <-(e)s, -e> tramo *m*, sección *f*; **Streckenarbeiter** *m* <-s, -> peón *m* de vía; **Streckenfracht** *f* <-, -en> (COM) flete *m* vía línea regular; **Streckengeschäft** *nt* <-(e)s, -e> (COM) venta *f* directa
Streckennetz *nt* <-es, -e> red *f* de líneas; **Streckennetzplan** *m* <-(e)s, -pläne> mapa *m* ferroviario
Streckenstilllegung^RR *f* <-, -en> cierre *m* de vías; **Streckenwärter(in)** *m(f)* <-s, -; -, -nen> guardavía *mf*
streckenweise *adv* en (algunas) partes; **die Arbeit ist ~ gut** el trabajo es bueno en algunas partes
Streckmuskel *m* <-s, -n> (MED) músculo *m* extensor; **Streckverband** *m* <-(e)s, -bände> (MED) vendaje *m* distensor
Streetworker(in) [ˈstriːtvœːkɐ] *m(f)* <-s, -; -, -nen> educador(a) *m(f)* de calle

Streich [ʃtraɪç] *m* <-(e)s, -e> ❶ (*geh: Schlag*) golpe *m*; **jdm einen ~ versetzen** golpear a alguien
❷ (*Schabernack*) jugarreta *f*, travesura *f*, ganga *f Mex*, cargada *f Arg*, fajada *f Ven*; **jdm einen ~ spielen** hacer(le) una jugarreta a alguien; **da hat mir mein Gedächtnis einen ~ gespielt** mi memoria me ha jugado [*o* gastado] una mala pasada
Streicheleinheiten *fpl* (*fam a.* PSYCH) caricias *fpl*, papachos *mpl Mex*
streicheln [ˈʃtraɪçəln] *vt* acariciar
streichen [ˈʃtraɪçən] <streicht, strich, gestrichen> I. *vt* ❶ (*an-*) pintar; **frisch gestrichen!** ¡recién pintado!
❷ (*durch-*) tachar, borrar, radiar *Am*; (*Zuschuss*) suprimir; (*Plan, Auftrag*) anular; **ich habe mich aus der Liste ~ lassen** hice que me tacharan de la lista; „**Nichtzutreffendes ~**" "táchese lo que no corresponda"
❸ (*Brötchen*) untar, preparar; (*Aufstrich*) untar; **Butter auf das Brot ~** untar mantequilla en el pan
❹ (*entfernen*) quitar; **ich strich mir das Haar aus der Stirn** me quité [*o* aparté] el pelo de la frente
❺ (*Stoff, Haare*): **glatt ~** alisar; **etw (mit der Hand) glatt ~** pasar la mano por algo
II. *vi* ❶ *sein* (*umherstreifen*) vagar (*durch* por)
❷ (*darüber ~*) pasar (*mit, durch/über* por); (*mit der Hand*) pasar la mano (*durch/über* por); (*zärtlich*) acariciar (*über/durch*); **ein gestrichener Esslöffel Mehl** una cuchara rasa de harina
Streicher *pl* (MUS: *Orchesterteil*) instrumentos *mpl* de arco
streichfähig *adj* untable
Streichholz *nt* <-es, -hölzer> cerilla *f*, fósforo *m*, cerillo *m Mex*
Streichholzschachtel *f* <-, -n> caja *f* de cerillas, cerillero *m Am*
Streichinstrument *nt* <-(e)s, -e> instrumento *m* de cuerda [*o* de arco]; **Streichkäse** *m* <-s, -> queso *m* para untar; **Streichmusik** *f* <-, *ohne pl*> música *f* de arco; **~ machen** tocar un instrumento de arco
Streichorchester *nt* <-s, -> orquesta *f* de cuerda
Streichung *f* <-, -en> ❶ (*Abschaffung*) anulación *f*, cancelación *f*; (*von Stellen, im Etat*) recorte *m*; **~ einer Rechtssache im Register** cancelación de un negocio jurídico en el registro
❷ (*im Text*) tachadura *f*
Streichwurst *f* <-, -würste> embutido *m* para untar
Streifband *nt* <-(e)s, -bänder> faja *f*
Streifbandzeitung *f* <-, -en> periódico *m* enviado con faja
Streife [ˈʃtraɪfə] *f* <-, -n> patrulla *f*; **auf ~ gehen/sein** andar/estar de patrulla
streifen [ˈʃtraɪfən] I. *vt* ❶ (*berühren*) rozar, tocar ligeramente; (*Frage, Problem*) tocar de pasada; **das Fahrzeug/Geschoss streifte sie am Oberschenkel** el coche/la bala le rozó la pierna; **er streift das Thema nur** sólo toca el tema por encima
❷ (*ziehen*) sacar (*von* de), quitar (*von* de); (*überziehen*) poner (*auf* a); **ich streifte mir den Ring auf den Finger** me puse el anillo en el dedo; **ich streifte mir den Ring vom Finger** me saqué el anillo del dedo
II. *vi sein:* **durch ein Gebiet ~** caminar por [*o* recorrer] una región
Streifen [ˈʃtraɪfən] *m* <-s, -> ❶ (*Linie*) raya *f*, línea *f*
❷ (*aus Stoff, Papier*) tira *f*; **etw in ~ schneiden** hacer tiras de algo
❸ (*fam: Film*) peli *f*
Streifendienst *m* <-(e)s, -e> ❶ (*Dienst*) (servicio *m* de) patrulla *f*; **~ haben** salir [*o* estar] de patrulla, hacer la ronda
❷ (*Personen*) patrulla *f*
Streifenkarte *f* <-, -n> tarjeta *f* multiviaje (*en la que se marcan franjas según las zonas*)
Streifenkode *m* <-s, -s> código *m* de barras
Streifenmuster *nt* <-s, -> diseño *m* de rayas, dibujo *m* de rayas; **Krawatten mit ~** corbatas a rayas
Streifenpolizist(in) *m(f)* <-en, -en; -, -nen> policía *mf* de patrulla; **Streifenwagen** *m* <-s, -> coche *m* patrulla
streifig *adj* rayado; **~ sein** estar rayado; **die Fenster sind ganz ~** las ventanas están completamente rayadas [*o* llenas de rayas]
Streiflicht *nt* <-(e)s, -er> ❶ (*Lichtschein*) reflejo *m* de luz ❷ (*Erläuterung*) explicación *f* (breve); **~er auf etw werfen** explicar algo (brevemente); **Streifschuss**^RR *m* <-es, -schüsse> disparo *m* que pasa rozando; **Streifzug** *m* <-(e)s, -züge> ❶ (*Erkundungszug*) excursión *f* (*durch* por/en) ❷ (*kurzer Überblick*) panorama *m* (*durch* de)
Streik [ʃtraɪk] *m* <-(e)s, -s> huelga *f*; **in** (**den**) **~ treten** declararse en huelga; **zum ~ aufrufen** convocar una huelga; **im ~ stehen** estar en huelga; **einen ~ beschließen** acordar declararse en huelga; **einen ~ brechen** interrumpir una huelga; **örtlich begrenzter ~** huelga (de carácter) local; **wilder ~** huelga no organizada [*o* espontánea]
Streikabstimmung *f* <-, -en> votación *f* de huelga; **Streikankündigung** *f* <-, -en> aviso *m* de huelga; **Streikaufruf** *m* <-(e)s, -e> llamamiento *m* a la huelga; **Streikbrecher(in)** *m(f)* <-s, -; -, -nen> esquirol *mf*
streiken [ˈʃtraɪkən] *vi* ❶ (*Arbeiter*) ponerse en huelga (*für* para), estar en huelga (*für* para)

Streikende ② (*fam: sich weigern*) pasar; (*Motor*) no funcionar
Streikende(r) *mf* <-n, -n; -n, -n> huelguista *mf*
Streikgeld *nt* <-es, *ohne pl*> subsidio *m* de huelga; **Streikkasse** *f* <-, -n> caja *f* de subsidio (*para los huelguistas*); **Streikposten** *m* <-s, -> piquete *m* (de huelga); **Streikrecht** *nt* <-(e)s, *ohne pl*> derecho *m* de huelga; **Streikwelle** *f* <-, -n> oleada *f* de huelgas
Streit [ʃtraɪt] *m* <-(e)s, -e> riña *f*, disputa *f* (*um* por, *über* sobre), pelea *f* (*um* por); (*Rechts~*) litigio *m*, pleito *m*; **einen ~ schlichten** zanjar una discusión; **wir haben ~** estamos peleados; **wegen etw mit jdm ~ bekommen** pelearse con alguien por algo; **ein ~ um Worte** una disputa por palabras; **in ~ geraten** ponerse a pelear; **du suchst wohl ~?** ¿andas buscando [*o* tienes ganas de] pelea?; **ich will keinen ~ mit dir** no tengo ganas de pelearme contigo; **wir trennten uns im ~** acabamos peleados
Streitaxt *f* <-, -äxte> (HIST) hacha *f* de combate
streitbar *adj* (*geh*) combativo
streitbefangen *adj* (JUR) litigioso; **~e Sache** causa litigiosa
Streitbeilegung *f* <-, *ohne pl*> (JUR) arreglo *m* amistoso
streiten [ˈʃtraɪtən] <streitet, stritt, gestritten> **I.** *vi* ① (*zanken*) pelear (*um* por)
② (*mit Worten*) discutir (*über* sobre), debatir (*über* sobre); **darüber lässt sich ~** esto es discutible
II. *vr*: **sich ~** pelearse (*um/wegen* por); **sie streitet sich mit ihm wegen jeder Kleinigkeit** se pelea con él por cualquier tontería; **wenn zwei sich ~, freut sich der Dritte** (*prov*) cuando se pelean dos se alegra un tercero
Streiter(in) [ˈʃtraɪtɐ] *m(f)* <-s, -; -, -nen> (*geh*) luchador(a) *m(f)*; **ein ~ für eine gerechte Sache** un defensor [*o* paladín] de una causa justa
Streiterei *f* <-, -en> (*abw*) querellas *fpl*, disputas *fpl*
Streiterin *f* <-, -nen> *s.* **Streiter**
Streitfall *m* <-(e)s, -fälle> conflicto *m*; (JUR) litigio *m*; (POL) contencioso *m*; **im ~** en caso de litigio; **Streitfrage** *f* <-, -n> ① (*strittiger Punkt*) objeto *m* de disputa; (JUR) punto *m* litigioso ② (*Streitfall*) controversia *f*; **Streitgehilfe, -in** *f* <-n, -n; -, -nen> (JUR) ayudante *m* de litigio; **Streitgenosse, -in** *m, f* <-n, -n; -, -nen> (JUR) litisconsorte *m*; **notwendiger ~** litisconsorte necesario; **Streitgenossenschaft** *f* <-, -en> (JUR) litisconsorcio *m*; **Streitgespräch** *nt* <-(e)s, -e> disputa *f*, contienda *f*, controversia *f*; **Streithammel** *m* <-s, -> (*fam*) buscapleitos *mf inv*, buscarruidos *mf inv*; **nun seid doch keine ~ und vertragt euch wieder** venga, dejad de andar a la greña y haced de nuevo las paces; **Streithelfer** *m* <-s, -> (JUR) coligante *m*; **Antrag auf Zulassung als ~** solicitud de admisión como coligante
Streithilfe *f* <-, *ohne pl*> (JUR) intervención *f* adhesiva; **Streithilfeantrag** *m* <-(e)s, -träge> (JUR) solicitud *f* de intervención adhesiva; **Streithilfeschriftsatz** *m* <-es, -sätze> (JUR) escrito *m* de intervención adhesiva
streitig *adj* ① (JUR) litigioso, contencioso; **~es Verfahren** procedimiento contencioso; **~e Verhandlung** juicio contradictorio
② (*strittig*) controvertido, disputable; **~es Urteil** sentencia controvertida; **jdm etw ~ machen** disputar algo a alguien
Streitigkeit *f* <-, -en> riña *f*, contienda *f*; **öffentlich-rechtliche ~** contienda de derecho público; **vermögensrechtliche ~** litigio sobre derecho patrimonial
Streitkräfte *fpl* fuerzas *fpl* armadas
streitlustig *adj* disputador, (*aggressiv*) agresivo
Streitmacht *f* <-, *ohne pl*> (*alt*) fuerzas *fpl* armadas, ejército *m*; **Streitpartei** *f* <-, -en> (JUR) parte *f* litigante; **Streitpunkt** *m* <-(e)s, -e> punto *m* de discordia; **Streitsache** *f* <-, -n> (JUR) asunto *m* litigioso [*o* contencioso]; **Streitschlichtungsverfahren** *nt* <-s, -> procedimiento *m* arbitral de solución de conflictos; **Streitschrift** *f* <-, -en> escrito *m* polémico
streitsüchtig *adj* pendenciero, fregado *Mex*
Streitverkündung *f* <-, -en> denuncia *f* de un litigio; **Streitwagen** *m* <-s, -> (HIST) carro *m* de guerra
Streitwert *m* <-(e)s, -e> (JUR) cuantía *f* litigiosa, valor *m* de la demanda; **Streitwertbeschwerde** *f* <-, -n> (JUR) queja *f* por la cuantía del litigio; **Streitwertfestsetzung** *f* <-, -en> (JUR) determinación *f* de la cuantía del litigio; **Streitwertherabsetzung** *f* <-, -en> (JUR) reducción *f* de la cuantía de litigio; **Streitwertrevision** *f* <-, -en> (JUR) revisión *f* de la cuantía de letigio
streng [ʃtrɛŋ] *adj* ① (*allgemein*) severo, fregado *Ecua, Pan*; (*hart*) duro, riguroso; (*genau*) estricto; **~e Bewachung** estrecha vigilancia; **jdn ~ ansehen, das wird ~ bestraft** esto se castiga duramente, mirar a alguien severamente; **~ genommen** en rigor; **~ genommen ist das verboten** en rigor está prohibido; **jdm mit etw ~ zu ~ nehmen** ser riguroso con algo; **er ist sehr ~ zu** [*o* mit] **ihr** es muy severo con ella; **das ist ~ verboten!** ¡eso está terminantemente prohibido!
② (*Stillschweigen, Diskretion*) absoluto; **~ geheim** bajo absoluta discreción; **~ vertraulich** absolutamente confidencial; **~e Bettruhe verordnen** ordenar un reposo absoluto
③ (*Geruch, Geschmack*) acre, fuerte
④ (*schmucklos*) austero
⑤ (*Kälte*); (*Winter*) duro
⑥ (*konsequent*) consecuente
⑦ (*Schweiz: anstrengend*) duro, fatigoso; **wir haben es ~ gehabt** lo hemos pasado muy mal
Strengbeweis *m* <-es, -e> (JUR) prueba *f* tasada
Strenge [ˈʃtrɛŋə] *f* <-, *ohne pl*> ① (*Striktheit*) severidad *f*; (*Exaktheit*) exactitud *f*
② (*Schmucklosigkeit*) austeridad *f*
③ (*eines Geruchs, Geschmacks*) acritud *f*
④ (*des Winters*) rigor *m*
strenggenommen *adv s.* **streng 1.**
strenggläubig *adj* (muy) creyente, ortodoxo
streng|nehmen *vt irr s.* **streng 1.**
Streptokokkus [ʃtrɛptoˈkɔkʊs] *m* <-, -kokken> estreptococo *m*
Stress^RR [ʃtrɛs] *m* <-es, *ohne pl*>, **Streß** *m* <-sses, *ohne pl*> estrés *m*; **(voll) im ~ sein** (*fam*) estar (muy) liado; **unter ~ stehen** estar bajo estrés [*o* estresado]
stressen [ˈʃtrɛsən] *vi, vt* (*fam*) estresar, producir estrés (a); **die Arbeit stresst mich total** el trabajo me estresa un montón
Stressfaktor^RR *m* <-s, -en> factor *m* de presión
stressfrei^RR *adj* sin estrés
stressgeplagt^RR **I.** *adj* torturado por el estrés
II. *adv* bajo un terrible estrés
stressig *adj* (*fam*) estresante, agobiante
Stresssituation^RR *f* <-, -en> situación *f* de estrés
Stretching [ˈstrɛtʃɪŋ] *nt* <-s, *ohne pl*> estiramiento *m*
Streu [ʃtrɔɪ] *f* <-, *ohne pl*> paja *f* (*como lecho*)
Streubüchse *f* <-, -n> (*für Salz*) salero *m*; (*für Zucker*) azucarero *m*; (*für Pfeffer*) pimentero *m*; **Streudiagramm** *nt* <-s, -e> (INFOR) diagrama *m* de puntos
Streudose *f* <-, -n> *s.* **Streubüchse**
streuen [ˈʃtrɔɪən] **I.** *vt* ① (*verteilen*) esparcir (*durch/auf* por), dispersar (*auf* por); (*Pulver*) espolvorear; **Zucker auf den Kuchen ~** espolvorear el pastel con azúcar; **Gerüchte ~** levantar rumores
② (*Straße*) echar arenilla [*o* sal] (*contra el hielo*) (a)
II. *vi* ① (*Straße*) echar arenilla [*o* sal]
② (PHYS) dispersar
Streuer *m* <-s, -> *s.* **Streubüchse**
Streufahrzeug *nt* <-(e)s, -e> camión *m* esparcidor de arenilla; **Streugut** *nt* <-s, *ohne pl*> sal *o* arenilla que se esparce para evitar hielos
streunen [ˈʃtrɔɪnən] *vi sein* vagabundear (*durch* por); **durch die Stadt ~** callejear; **~der Hund** perro vagabundo [*o* callejero]
Streusalz *nt* <-es, *ohne pl*> sal *f* de deshielo; **Streusand** *m* <-(e)s, *ohne pl*> arenilla *f*
Streusel [ˈʃtrɔɪzəl] *m o nt* <-s, -> bolita de mantequilla, azúcar y harina para cubrir pasteles
Streuselkuchen *m* <-s, -> pastel cubierto con bolitas de mantequilla, azúcar y harina
Streuung *f* <-, -en> (*a.* PHYS) dispersión *f*
strich [ʃtrɪç] 3. *imp von* **streichen**
Strich^1 [ʃtrɪç] *m* <-(e)s, *ohne pl*> ① (*Linie*) línea *f*, raya *f*; (*auf Skalen*) marca *f*; (*Pinsel~*) pincelada *f*; **jdm einen ~ durch die Rechnung machen** (*fam fig*) desbaratar los proyectos de alguien; **einen ~ unter etw ziehen** (*fig*) poner punto final a algo; **unter dem ~** (*als Ergebnis*) a fin de cuentas; **sie ist nur noch ein ~ in der Landschaft** (*fam*) está en los huesos
Strich^2 *m* <-(e)s, *ohne pl*> ① (*der Haare, des Fells*) sentido *m*; **gegen den ~** a contrapelo; **mit dem ~** en el sentido del pelo; **das geht mir gegen den ~** (*fam*) eso me viene a contrapelo; **jdn nach ~ und Faden verprügeln** (*fam*) dar(le) una buena paliza a alguien
② (*fam: Prostitution*) prostitución *f* callejera; **auf den ~ gehen** hacer la carrera
Strichcode *m* <-s, -s> *s.* **Strichkode**
stricheln [ˈʃtrɪçəln] *vt* ① (*zeichnen*) trazar a rayas; **eine gestrichelte Linie** una línea discontinua
② (*schraffieren*) rayar
Stricher(in) *m(f)* <-s, -; -, -nen> (*fam*) puto, -a *m, f* callejero, -a
Strichjunge *m* <-n, -n> (*fam*) chapero *m*, puto *m* callejero
Strichkode *m* <-s, -s> código *m* de barras
strichlieren* [ʃtrɪçˈliːrən] *vt* (*Österr*) *s.* **stricheln**
Strichliste *f* <-, -n> lista *f* a rayas; **Strichmädchen** *nt* <-s, -> (*fam*) puta *f* callejera; **Strichmännchen** *nt* <-s, -> monigote *m*; **Strichpunkt** *m* <-(e)s, -e> punto *m* y coma; **Strichvogel** *m* <-s, -vögel> ave *f* de paso
strichweise *adv* en algunas partes; **~ Schneefall** nevadas locales
Strichzeichnung *f* <-, -en> dibujo *m* a rayas
Strick [ʃtrɪk] *m* <-(e)s, -e> ① (*Seil*) cuerda *f*, soga *f*; **wenn alle ~e reißen** (*fam fig*) en el peor de los casos; **jdm aus etw einen ~ drehen**

(*fig*) utilizar algo en contra de alguien; **dann kann ich mir den ~ nehmen** [*o* **einen ~ kaufen**] (*fam*) entonces ya puedo colgarme (de un árbol)
② (*fam: Schlingel*) bribón, -ona *m, f*
Strickbündchen *nt* <-s, -> ribete *m* de punto
stricken ['ʃtrɪkən] I. *vt* hacer a punto; **selbst gestrickt** hecho por uno mismo, tejido por uno mismo *Am;* **ist dieser Pullover selbst gestrickt?** ¿has hecho tú este jersey?; **eine gestrickte Jacke** una chaqueta de punto; **er strickt einen Pullover** hace un jersey de punto
II. *vi* hacer punto; **an einem Pullover ~** hacer un jersey de punto
Strickgarn *nt* <-(e)s, -e> hilo *m* para labores de punto; **Strickhemd** *nt* <-(e)s, -en> camiseta *f* de punto; **Strickjacke** *f* <-, -n> rebeca *f*, chaqueta *f* de punto
Strickleiter *f* <-, -n> escala *f* de cuerda
Strickmaschine *f* <-, -n> (*fam:* tricotosa *f*; **Strickmuster** *nt* <-s, -> patrón *m* de punto; **Stricknadel** *f* <-, -n> aguja *f* para hacer punto; **Strickwaren** *fpl* géneros *mpl* de punto; **Strickweste** *f* <-, -n> chaqueta *f* de punto; **Strickzeug** *nt* <-(e)s, *ohne pl*> (*Handarbeit*) labor *m* de punto
Striegel ['ʃtriːɡəl] *m* <-s, -> almohaza *f*
striegeln *vt* (*Pferd*) almohazar; (*bürsten*) cepillar
Strieme ['ʃtriːmə] *f* <-, -n>, **Striemen** ['ʃtriːmən] *m* <-s, -> verdugón *m*
strikt [ʃtrɪkt] *adj* estricto, riguroso; **etw ~ befolgen** cumplir algo estrictamente
String [ʃtrɪŋ] *m* <-s, -s> (INFOR: *Zeichenkette*) cadena *f* de caracteres
stringent [ʃtrɪŋˈɡɛnt, strɪŋˈɡɛnt] *adj* convincente, contundente; (*logisch*) lógico
Strip [strɪp] *m* <-s, -s> *Kurzw. für* **Striptease**
Strippe ['ʃtrɪpə] *f* <-, -n> (*fam*) cuerda *f*, cordón *m*; **jdn an der ~ haben** tener a alguien al teléfono
strippen ['ʃtrɪpən] *vi* (*fam: sich ausziehen*) hacer un strip-tease; (*als Stripper(in) arbeiten*) trabajar como artista de strip-tease
Stripper(in) *m(f)* <-s, -; -, -nen> artista *mf* de strip-tease
Striptease ['ʃtrɪptiːs, 'strɪptiːs] *m o nt* <-, *ohne pl*> estriptis *m inv*, strip-tease *m inv*, strip-tease *m inv*
Stripteaselokal *nt* <-(e)s, -e> sala *f* de striptease [*o* de strip-tease]; **Stripteasetänzer(in)** *m(f)* <-s, -; -, -nen> bailarín, -ina *m, f* de strip-tease [*o* de strip-tease]
stritt [ʃtrɪt] *3. imp von* **streiten**
strittig ['ʃtrɪtɪç] *adj* disputable, cuestionable; (*umstritten*) discutido
Stroh [ʃtroː] *nt* <-(e)s, *ohne pl*> paja *f*; **~ im Kopf haben** (*fam*) tener la cabeza llena de paja; **leeres ~ dreschen** (*fam*) hablar de cosas muy superficiales
Strohballen *m* <-s, -> paca *f* de paja
strohblond ['--] *adj* rubio pajizo
Strohblume *f* <-, -n> siempreviva *f*; **Strohdach** *nt* <-(e)s, -dächer> techo *m* de paja
strohdumm ['--] *adj* (*fam*) tonto, imbécil
Strohfeuer *nt* <-s, -> fuego *m* de paja; **es war nur ein ~** (*fig*) ha sido sólo la emoción del primer momento; **Strohhalm** *m* <-(e)s, -e>
① (*Halm*) tallo *m* de paja; **nach dem rettenden ~ greifen** agarrarse a un clavo ardiendo; **sich an jeden ~ klammern, nach jedem ~ greifen** (*fig*) agarrarse a cualquier cosa ② (*Trinkhalm*) pajita *f*, popote *m Mex*;
Strohhut *m* <-(e)s, -hüte> sombrero *m* de paja, cogollo *m MAm, Ant*
strohig ['ʃtroːɪç] *adj* pajizo, a [*o* de] paja; **seine Haare waren ~** tenía el cabello estropajoso; **die Plätzchen hatten einen ~en Geschmack** las galletas estaban muy secas
Strohkopf *m* <-(e)s, -köpfe> (*fam abw*) imbécil *mf*, cabeza *f* hueca; **Strohmann** *m* <-(e)s, -männer> testaferro *m*, hombre *m* de paja, palo *m* blanco *Am;* **Strohmannsgeschäft** *nt* <-(e)s, -e> negocio *m* testaférreo; **Strohsack** *m* <-(e)s, -säcke> jergón *m* (de paja); **ach du heiliger ~!** (*fam*) ¡caramba!, ¡corcho!, ¡contra!; **Strohwitwe** *f* <-, -n> (*fam*): **~ sein** estar sin marido; **Strohwitwer** *m* <-s, -> (*fam*): **~ sein** estar de Rodríguez
Strolch [ʃtrɔlç] *m* <-(e)s, -e> ① (*abw: Gauner*) golfo, -a *m, f*, gamberro, -a *m, f*
② (*fam: Kind*) pilluelo, -a *m, f*, golfillo, -a *m, f*
Strom [ʃtroːm] *m* <-(e)s, Ströme> ① (*Fluss, Strömung*) corriente *f*; (*a. fig*) río *m*, raudal *m*; **der Wein floss in Strömen** el vino corría a raudales; **in Strömen regnen** llover a cántaros; **gegen den ~ schwimmen** nadar contra la corriente; **mit dem ~ schwimmen** dejarse llevar por la corriente
② (ELEK) corriente *f*; **~ führend** conductor, con corriente; **unter ~ stehen** (*Kabel, Zaun*) estar conectado a la corriente (eléctrica); (*fam: Mensch*) echar humo por las orejas de tanto trabajo
③ (*Menschen~*) oleada *f*
Stromabnehmer *m* <-s, -> ① (*Person*) consumidor(a) *m(f)*, abonado, -a *m, f*

② (ELEK) toma *f* de corriente, tomacorriente *m Am*
stromabwärts [-'--] *adv* río abajo
stromaufwärts [-'--] *adv* río arriba
Stromausfall *m* <-(e)s, -fälle> apagón *m*
strömen ['ʃtrøːmən] *vi sein* ① (*Fluss*) fluir
② (*Blut, Wasser*) correr
③ (*Menschen*) acudir en masa (*zu/nach* a)
Stromer ['ʃtroːmɐ] *m* <-s, -> (*fam*) vagabundo, -a *m, f;* **na, du kleiner ~, wo kommst du denn her?** y tú qué, andarín, ¿de dónde vienes?
Stromerzeuger *m* <-s, -> generador *m*; **Stromerzeugung** *f* <-, -> generación *f* de corriente
stromführend *adj s*. **Strom 2**.
Stromgebiet *nt* <-(e)s, -e> cuenca *f* (de un río)
Stromkabel *nt* <-s, -> línea *f* eléctrica; **Stromkreis** *m* <-es, -e> circuito *m* (eléctrico); **Stromleitung** *f* <-, -en> conducción *f* de corriente (eléctrica); **Stromlieferant** *m* <-en, -en> suministrador(a) *m(f)* de corriente (eléctrica), abastecedor(a) *m(f)* de corriente (eléctrica)
Stromlinienform *f* <-, -en> forma *f* aerodinámica
stromlinienförmig *adj* aerodinámico
Stromnetz *nt* <-es, -e> red *f* eléctrica; **Stromquelle** *f* <-, -n> fuente *f* de corriente; **Stromrechnung** *f* <-, -en> cuenta *f* de electricidad
Stromschnelle *f* <-, -n> rápido *m*, correderá *f CSur*
Stromsparfunktion *f* <-, -en> (INFOR, TECH) función *f* para ahorrar energía; **Stromsperre** *f* <-, -n> corte *m* de corriente; **Stromstärke** *f* <-, -n> intensidad *f* de la corriente; **Stromstoß** *m* <-es, -stöße> impulso *m* de corriente
Strömung *f* <-, -en> corriente *f*
Strömungsmesser *m* <-s, -> (PHYS) medidor *m* de flujo, reómetro *m*, hidrómetro *m*
Stromverbrauch *m* <-(e)s, *ohne pl*> consumo *m* de electricidad; **Stromversorgung** *f* <-, *ohne pl*> suministro *m* de corriente; **Stromzähler** *m* <-s, -> contador *m* eléctrico
Strontium ['ʃtrɔntsiʊm, 'strɔntsiʊm] *nt* <-s, *ohne pl*> (CHEM) estroncio *m*
Strophantin [ʃtrɔfanˈtiːn, strɔfanˈtiːn] *nt* <-s, -e> estrofanto *m*
Strophe ['ʃtroːfə] *f* <-, -n> estrofa *f*
strotzen ['ʃtrɔtsən] *vi* (*vor Freude, Gesundheit*) rebosar (*von/vor* de); (*voll sein*) estar lleno (*von/vor* de); **der Aufsatz strotzt vor Fehlern** la redacción está llena de faltas
strubbelig ['ʃtrʊbəlɪç] *adj* desgreñado, enmarañado
Strubbelkopf *m* <-(e)s, -köpfe> (*fam*) ① (*Kopfhaar*) greña *f*; **mit deinem ~ könntest du mal wieder zum Friseur gehen** ya podrías ir otra vez al barbero con esas greñas que tienes [*o* con lo greñudo que estás]
② (*Mensch*) greñudo, -a *m, f*
Strudel ['ʃtruːdəl] *m* <-s, -> ① (*im Wasser*) remolino *m*; **in einen ~ geraten** (*Boot*) echarse a perder
② (*Speise*) rollo de hojaldre relleno, strudel *m Am*
strudeln ['ʃtruːdəln] *vi* (ar)remolinarse, hacer remolinos
Struktur [ʃtrʊkˈtuːɐ] *f* <-, -en> estructura *f*
Strukturalismus *m* <-, *ohne pl*> (LING) estructuralismo *m*
Strukturanpassungsprogramm *nt* <-s, -e> programa *m* de reajuste estructural; **Struktureinheit** *f* <-, -en> unidad *f* estructural
strukturell [ʃtrʊktuˈrɛl] *adj* estructural; **~e Gewalt** (POL) poder estructural
Strukturformel *f* <-, -n> (CHEM) fórmula *f* estructural; **Strukturhilfe** *f* <-, -n> (WIRTSCH) ayuda *f* estructural
strukturieren* [ʃtrʊktuˈriːrən] *vt* estructurar
Strukturierung *f* <-, -en> estructuración *f*
Strukturkrise *f* <-, -n> (WIRTSCH) crisis *f inv* estructural; **Strukturkrisenkartell** *nt* <-s, -e> (WIRTSCH) cártel *m* de crisis estructural
Strukturreform *f* <-, -en> reforma *f* estructural
strukturschwach *adj* (WIRTSCH) poco desarrollado
Strukturschwäche *f* <-, -n> (WIRTSCH) falta *f* de infraestructura, déficit *m inv* estructural
strukturverändernd *adj* que cambia la estructura
Strukturverschiebung *f* <-, -en> cambio *m* estructural; **Strukturwandel** *m* <-s, *ohne pl*> cambio *m* de estructura
Strumpf [ʃtrʊmpf, *pl:* 'ʃtrʏmpfə] *m* <-(e)s, Strümpfe> media *f*; (*kurzer*) calcetín *m*; **auf Strümpfen** descalzo
Strumpfband *nt* <-(e)s, -bänder> liga *f*
Strumpfhalter *m* <-s, -> liguero *m*, portaligas *m inv Am*; **Strumpfhaltergürtel** *m* <-s, -> liguero *m*
Strumpfhose *f* <-, -n> panty *m*, pantimedia(s) *f(pl) Mex*; **Strumpfmaske** *f* <-, -n> media *f* (para tapar la cara); **Strumpfwaren** *fpl* medias *fpl*
Strunk [ʃtrʊŋk, *pl:* 'ʃtrʏŋkə] *m* <-(e)s, Strünke> ① (*von Gemüse*) troncho *m*
② (*Baum~*) tronco *m*
struppig ['ʃtrʊpɪç] *adj* hirsuto, erizado

Struwwelpeter [ˈʃtruvəlpeːtɐ] *m* <-s, -> (*fam: Kind*) niño, -a *m, f* desgreñado, -a [*o* greñudo, -a] *m, f*; **der ~** (*Kinderbuch*) Pedro el Greñas
Strychnin [ʃtrʏçˈniːn, strʏçˈniːn] *nt* <-s, *ohne pl*> estricnina *f*
Stube [ˈʃtuːbə] *f* <-, -n> cuarto *m*, habitación *f*; **die gute ~** el salón
Stubenälteste(r) [-ʔɛltəstə] *mf* <-n, -n; -n, -n> jefe, -a *m, f* de cuarto (por antigüedad); **Stubenarrest** *m* <-(e)s, -e> (*fam*): **~ haben/bekommen** no poder salir (*un niño, como castigo, de casa o de su habitación*); **Stubenfliege** *f* <-, -n> mosca *f* (doméstica); **Stubengelehrte(r)** *mf* <-n, -n; -n, -n> (*alt abw*) erudito, -a *m, f* encerrado, -a en su mundo [*o* aislado, -a del mundo]; **Stubenhocker(in)** *m(f)* <-s, -; -, -nen> (*fam abw*) persona *f* casera
stubenrein *adj* (*Tier*) aseado; (*Witz*) decoroso, suave, para todos los públicos
Stuck [ʃtʊk] *m* <-(e)s, *ohne pl*> ❶ (*Material*) estuco *m*
❷ (*~arbeit*) estucado *m*
Stück [ʃtʏk] *nt* <-(e)s, -e> ❶ (*allgemein*) pieza *f*; (*Vieh*) cabeza *f*; **am** [*o* **im**] **~** (*auf einmal*) de un golpe; **ich nehme sechs ~ von diesen Eiern** me llevo seis huevos de éstos; **sie kosten drei Euro das ~** cuestan tres euros cada uno; **ich brauche ein ~ Papier** necesito una hoja; **Land ~** parcela *f*; **ein seltenes ~** un ejemplar raro; **du bist mein/unser bestes ~** (*fam*) eres lo que más quiero/queremos; **ein ~ spazieren gehen** pasear un rato; **das ist ein starkes ~!** (*fam*) ¡qué barbaridad!; **kein ~!** (*fam*) ¡ni hablar!
❷ (*Teil*) trozo *m*, pedazo *m*, troncho *m CSur*; **etw in ~e schlagen** romper algo en trozos; **die Vase ist in ~e gegangen** el jarrón se ha hecho pedazos; **~ für ~** pieza por pieza; (*fig*) poco a poco; **große ~e auf jdn halten** (*fam*) estimar mucho a alguien; **das ist ein schweres ~ Arbeit** es mucho trabajo; **wir sind ein gutes ~ weitergekommen** hemos avanzado bastante; **aus freien ~en** voluntariamente
❸ (*Theater~*) obra *f*, pieza *f*
❹ (*Musik~*) pieza *f*
❺ (*fam abw: Person*): **du gemeines ~!** ¡hijo de perra!
Stückarbeit *f* <-, *ohne pl*> ❶ (*Akkordarbeit*) (trabajo *m* a) destajo *m*
❷ (*fam: Flickwerk*) chapucería *f*
Stuckateur(in)^RR [ʃtʊkaˈtøːɐ] *m(f)* <-s, -e; -, -nen> estucador(a) *m(f)*
stückeln [ˈʃtʏkəln] *vt* (COM) fraccionar
Stückelung *f* <-, -en> (FIN) fraccionamiento *m*; **~ von Aktien** fraccionamiento de acciones; **in welcher ~ hätten Sie die 40 Euro gern?** ¿cómo quiere los 40 euros: en billetes, en monedas?
Stückgut *nt* <-(e)s, -güter> bulto *m* suelto, mercancía *f* en fardos; **als ~ versenden** enviar en bultos sueltos
Stückgutladung *f* <-, -en> (WIRTSCH, COM) cargamento *m* de bultos sueltos; **Stückgutlieferung** *f* <-, -en> entrega *f* de mercancías sueltas; **Stückgutsendung** *f* <-, -en> envío *m* de mercancías sueltas; **Stückgutverkehr** *m* <-(e)s, *ohne pl*> tráfico *m* de mercancías sueltas
Stückkosten *pl* coste *m* por unidad
Stücklohn *m* <-es, -löhne> (WIRTSCH) salario *m* por unidad; **Stücklohnarbeit** *f* <-, -en> (WIRTSCH) trabajo *m* a destajo
Stückpreis *m* <-es, -e> precio *m* por pieza [*o* por unidad]; **Stückschuld** *f* <-, *ohne pl*> (JUR) obligación *f* específica; **Stückvermächtnis** *nt* <-ses, -se> (JUR) legado *m* por unidad
stückweise *adv* por piezas, suelto
Stückwerk *nt* <-s, *ohne pl*> obra *f* inacabada, trabajo *m* imperfecto; **~ bleiben** quedar incompleto; **Stückzahl** *f* <-, -en> (WIRTSCH) número *m* de piezas; **große ~** número elevado de piezas
stud. *Abk. von* **studiosus** estudiante
Student(in) [ʃtuˈdɛnt] *m(f)* <-en, -en; -, -nen> estudiante *mf*, universitario, -a *m, f*
Studentenausschuss^RR *m* <-es, -schüsse> (UNIV) comité *m* de estudiantes; **Studentenausweis** *m* <-es, -e> carné *m* de estudiante; **Studentenfutter** *nt* <-s, *ohne pl*> mezcla de frutos secos y pasas con alto valor alimenticio; **Studentenheim** *nt* <-(e)s, -e> *s.* **Studentenwohnheim**; **Studentenleben** *nt* <-s, *ohne pl*> vida *f* de estudiante [*o* estudiantil]
Studentenschaft *f* <-, *ohne pl*> estudiantado *m*
Studentenverbindung *f* <-, -en> (UNIV) *asociación estudiantil jerarquizada, con uniforme y reglas propias más o menos estrictas que ofrece a sus miembros alojamiento, apoyo profesional, etc.*; **Studentenwerk** *nt* <-(e)s, -e> *en Alemania institución universitaria para la asistencia social de los estudiantes*; **Studentenwohnheim** *nt* <-(e)s, -e> residencia *f* estudiantil, Colegio *m* Mayor
Studentin *f* <-, -nen> *s.* **Student**
studentisch *adj* estudiantil
Studie [ˈʃtuːdiə] *f* <-, -n> ❶ (*Entwurf*) esbozo *f*
❷ (*Untersuchung*) estudio *m*
Studien *pl von* **Studie**, **Studium²**
Studienabbrecher(in) *m(f)* <-s, -; -, -nen> estudiante *mf* que abandona la carrera universitaria

Studienabschluss^RR *m* <-es, -schlüsse> (*Grad*) título *m* (universitario); **Studienanfänger(in)** *m(f)* <-s, -; -, -nen> estudiante *mf* de primer año; **Studienbeihilfe** *f* <-, -n> ayuda *f* financiera para los estudios; **Studienberater(in)** *m(f)* <-s, -; -, -nen> asesor(a) *m(f)* de estudios; **Studienberatung** *f* <-, -en> servicio *m* de asesoramiento para estudiantes; **Studienbuch** *nt* <-(e)s, -bücher> ≈certificación *f* académica personal (*librillo en el que constan todos los datos referidos a los estudios universitarios*); **Studiendirektor(in)** *m(f)* <-s, -en; -, -nen> (SCH) jefe, -a *m, f* de estudios (*en un instituto de enseñanza media*); **Studienfach** *nt* <-(e)s, -fächer> asignatura *f*; **Studienfahrt** *f* <-, -en> *s.* **Studienreise**; **Studienfreund(in)** *m(f)* <-(e)s, -e; -, -nen> compañero, -a *m, f* de la universidad; **Studiengang** *m* <-(e)s, -gänge> carrera *f*; **Studiengebühr** *f* <-, -en> (derechos *mpl* de) matrícula *f*
studienhalber [-halbɐ] *adv* por razón de estudios
Studienjahr *nt* <-(e)s, -e> curso *m* (académico)
Studienplatz *m* <-es, -plätze> plaza *f* (universitaria); **Studienplatztausch** *m* <-(e)s, *ohne pl*> cambio *m* de plaza universitaria
Studienrat, -rätin *m, f* <-(e)s, -räte; -, -nen> (SCH) catedrático, -a *m, f* de Instituto; **Studienreferendar(in)** *m(f)* <-s, -e; -, -nen> (SCH) aspirante *mf* a profesor(a) de instituto; **Studienreise** *f* <-, -n> viaje *m* de estudios, (*am Schuljahresende*) viaje *m* fin de curso
Studienzeit *f* <-, -en> años *mpl* de carrera; **etw während der ~ machen** hacer algo durante la carrera; **sich gerne an seine ~ zurückerinnern** recordar con agrado los tiempos de la facultad; **Studienzeitbegrenzung** *f* <-, -en> límite *m* de duración de los estudios universitarios
Studienzweck *m* <-(e)s, -e> objeto *m* de estudio; **zu ~en** para estudiar
studieren* [ʃtuˈdiːrən] *vi, vt* estudiar (*an/in* en); **Hispanistik ~** estudiar Filología Hispánica
Studierende *mf* <-n, -n; -n, -n> estudiante *mf*
studiert [ʃtuˈdiːɐt] *adj* (*fam*) que ha estudiado; (*gebildet*) culto, leído
Studierzimmer *nt* <-s, -> (*alt*) (habitación *f* de) estudio *m*
Studio [ˈʃtuːdio] *nt* <-s, -s> estudio *m*
Studiosus [ʃtuˈdi̯oːzʊs] *m* <-, Studiosi> (*fam*) estudiante *m*
Studium¹ [ˈʃtuːdiʊm] *nt* <-s, *ohne pl*> (*akademische Ausbildung*) carrera *f*, estudios *mpl* universitarios; **das ~ der Chemie** la carrera de química; **er ist noch im ~** estudia todavía; **ein ~ mit einer Zwei abschließen** acabar una carrera con una nota media de notable
Studium² *nt* <-s, Studien> (*Erforschung*) estudio *m*
Stufe [ˈʃtuːfə] *f* <-, -n> ❶ (*Treppen~*) peldaño *m*, escalón *m*; **Vorsicht, ~!** ¡cuidado con el escalón!
❷ (*Ebene*) nivel *m*; (*Rang*) grado *m*; **sich mit jdm auf eine ~ stellen** equipararse con alguien
❸ (*Abschnitt*) fase *f*, etapa *f*; **die Produktion erfolgt in mehreren ~n** la producción tiene varias fases
stufen [ˈʃtuːfən] *vt* ❶ (*Boden*) escalonar; (*Hang*) escalonar, abancalar; **eine gestufte Frisur** un corte (de pelo) escalonado
❷ (*staffeln: Skala*) escalonar, graduar; (*Themen*) clasificar
Stufenbarren *m* <-s, -> (SPORT) paralelas *fpl* asimétricas
stufenförmig [-fœrmɪç] *adj* escalonado; **~ aufstellen** escalonar
Stufenheck *nt* <-(e)s, -s *o* -e> (AUTO) parte *f* trasera escalonada; **Stufenklage** *f* <-, -n> (JUR) demanda *f* escalonada; **Stufenlehre** *f* <-, *ohne pl*> doctrina *f* del escalonamiento; **Stufenleiter** *f* <-, -n> escala *f* jerárquica, (*im Betrieb*) escalafón *m*; **gesellschaftliche ~** escala social
stufenlos *adj* (TECH) sin fases, sin etapas
Stufenmodell *nt* <-s, -e> modelo *m* gradual [*o* por etapas]; **Stufenplan** *m* <-(e)s, -pläne> plan *m* gradual [*o* por etapas]; **Stufenproduktion** *f* <-, *ohne pl*> (WIRTSCH) producción *f* en etapas; **Stufenrakete** *f* <-, -n> cohete *m* de propulsión escalonada; **Stufenschalter** *m* <-s, -> (ELEK) interruptor *m* (de contacto) escalonado; **Stufenschnitt** *m* <-(e)s, -e> corte *m* escalonado
stufenweise *adj* gradual, progresivo; **der ~ Abbau der Arbeitslosigkeit** la reducción gradual del desempleo
stufig *adj* ❶ (*Land*) escalonado
❷ (*Haar*) a [*o* en] capas
Stuhl [ʃtuːl, *pl:* ˈʃtyːlə] *m* <-(e)s, Stühle> ❶ (*Möbel*) silla *f*; **jdm einen ~ anbieten** ofrecer(le) una silla a alguien; **ist dieser ~ noch frei?** ¿está libre esta silla?; **elektrischer ~** silla eléctrica; **zwischen zwei Stühlen sitzen** (*fig*) nadar entre dos aguas; **jdm den ~ vor die Tür setzen** (*fig*) poner a alguien de patitas en la calle; **das reißt** [*o* **haut**] **mich nicht vom ~** (*fam*) esto no me maravilla
❷ (REL) sede *f*; **der Heilige ~** la Santa Sede
❸ (MED): **~gang** evacuación *f*, defecación *f*; (*Kot*) restos *mpl* fecales, excremento *m*
Stuhlbein *nt* <-(e)s, -e> pata *f* de la silla
Stuhlgang *m* <-(e)s, *ohne pl*> evacuación *f*, defecación *f*; **~ haben** defecar, evacuar

Stuhllehne *f* <-, -n> respaldo *m* (de una silla)
Stukkateur(in) *m(f)* <-s, -e; -, -nen> *s.* **Stuckateur**
Stulle ['ʃtʊlə] *f* <-, -n> (*nordd*) bocadillo *m*, bocata *m fam*
Stulpe ['ʃtʊlpə] *f* <-, -n> vuelta *f*
stülpen ['ʃtʏlpən] *vt:* etw auf/über etw ~ tapar algo con algo; jdm eine Mütze auf den Kopf ~ poner un gorro a alguien; etw nach außen ~ volver algo (al revés)
Stulpenstiefel *m* <-s, -> bota *f* con bordes acampanados
stumm [ʃtʊm] *adj* ❶ (*sprechunfähig, a.* LING) mudo; ~ werden enmudecer
❷ (*schweigsam*) silencioso, callado; ~ wie ein Fisch callado como un muerto; jdn ~ ansehen mirar a alguien sin decir palabra
Stumme(r) *mf* <-n, -n; -n, -n> mudo, -a *m, f*
Stummel ['ʃtʊməl] *m* <-s, -> (*Bleistift~*) pedazo *m*; (*Kerzen~*) cabo *m*; (*Zigaretten~*) colilla *f*
Stummfilm *m* <-(e)s, -e> película *f* muda
Stumpen ['ʃtʊmpən] *m* <-s, -> breva *f*
Stümper(in) ['ʃtʏmpɐ] *m(f)* <-s, -; -, -nen> (*abw*) chapucero, -a *m, f*
Stümperei *f* <-, -en> (*abw: Arbeit*) chapuza *f*, chapucería *f*
stümperhaft *adj* (*abw*) chapucero
Stümperin *f* <-, -nen> *s.* **Stümper**
stümpern ['ʃtʏmpɐn] *vi* (*abw*) chapucear
stumpf [ʃtʊmpf] *adj* ❶ (*nicht scharf*) desafilado, sin filo; (*nicht spitz*) sin punta, romo
❷ (*rau*) tosco, áspero
❸ (*glanzlos*) opaco, mate
❹ (MATH) obtuso
❺ (*teilnahmslos*) apático; (*gleichgültig*) indiferente
Stumpf [ʃtʊmpf, *pl:* 'ʃtʏmpfə] *m* <-(e)s, Stümpfe> (*Baum~*) tocón *m*; (*Kerzen~*) cabo *m*; (*von Gliedmaßen*) muñón *m*; etw mit ~ und Stiel ausrotten acabar con algo de raíz; etw mit ~ und Stiel aufessen comerse algo y rebañar el plato
Stumpfheit *f* <-, *ohne pl*> ❶ (*eines Messers*) embotamiento *m*
❷ (*Rauheit*) tosquedad *f*, aspereza *f*
❸ (*Glanzlosigkeit*) opacidad *f*
❹ (*Teilnahmslosigkeit*) apatía *f*; (*Gleichgültigkeit*) indiferencia *f*
Stumpfsinn *m* <-(e)s, *ohne pl*> ❶ (*Teilnahmslosigkeit*) apatía *f*, indiferencia *f*
❷ (*Monotonie*) monotonía *f*
stumpfsinnig *adj* ❶ (*teilnahmslos*) apático, indiferente
❷ (*monoton*) monótono, aburrido
stumpfwinklig *adj* (MATH) de ángulo obtuso, obtusángulo
Stunde ['ʃtʊndə] *f* <-, -n> hora *f*; (*Unterrichts~*) clase *f*; drei viertel ~n tres cuartos de hora; in einer ~ dentro de una hora; vor einer halben ~ hace media hora; alle halbe ~ fährt sie ein Zug cada media hora pasa un tren; alle zwei ~n cada dos horas; bis zur ~ hasta ahora; zu später ~ muy tarde; sie nimmt 15 Euro pro ~ cobra 15 euros la hora; ~n nehmen/geben tomar/dar clases; die ~ der Wahrheit la hora de la verdad; in der ~ der Not en los tiempos de necesidad; die ~ Null/X la hora cero/hache; ein Mann der ersten ~ uno de los fundadores; das ist deine große ~! ¡es tu gran oportunidad!; in einer schwachen ~ en un momento de debilidad; seine letzte ~ ist gekommen le ha llegado la hora; sie weiß, was die ~ geschlagen hat (*fig*) sabe cómo están las cosas
stunden ['ʃtʊndən] *vt:* jdm etw ~ acordar con alguien una moratoria para algo, conceder a alguien una prórroga para algo
Stundenfrist *f* <-, -en> plazo *m* horario; **Stundengeschwindigkeit** *f* <-, -en> velocidad *f* por hora; **Stundenhotel** *nt* <-s, -s> casa *f* de citas, albergue *m* transitorio *Arg*; **Stundenkapazität** *f* <-, -en> (WIRTSCH) capacidad *f* (de producción) por hora; **Stundenkilometer** *m* <-s, -> (*fam*) kilómetro *m* por hora
stundenlang I. *adj* de varias horas
II. *adv* horas y horas
Stundenlohn *m* <-(e)s, -löhne> salario *m* por hora; **Stundenplan** *m* <-(e)s, -pläne> horario *m*; **Stundentakt** *m* <-(e)s, *ohne pl*> im ~ cada hora
stundenweise *adv* por horas
Stundenzeiger *m* <-s, -> horario *m*
Stündlein ['ʃtʏntlaɪn] *nt* <-s, ->: dein letztes ~ hat geschlagen ha llegado tu última hora
stündlich ['ʃtʏntlɪç] I. *adj* horario
II. *adv* cada hora; der Zug verkehrt ~ el tren está en servicio cada hora; dreimal ~ tres veces por hora
Stundung *f* <-, -en> prolongación *f*, moratoria *f*
Stundungsfrist *f* <-, -en> prórroga *f*; **Stundungsmöglichkeit** *f* <-, -en> posibilidad *f* de aplazamiento; **Stundungsverfahren** *nt* <-s, -> procedimiento *m* de moratoria
Stunk [ʃtʊŋk] *m* <-s, *ohne pl*> (*fam abw*) bronca *f*, camorra *f*; ~ machen armar camorra; es gibt ~ hay pelea
Stunt [stant] *m* <-s, -s> (FILM) escena *f* peligrosa
Stuntfrau *f* <-, -en> (FILM) especialista *f*; **Stuntleute** *pl* (FILM) especialistas *mpl*; **Stuntman** ['stantmən] *m* <-s, Stuntmen> (FILM) especialista *m*; **Stuntwoman** ['stantwʊmən, *pl:* 'stantwɪmɪn] *f* <-, Stuntwomen> (FILM) *s.* **Stuntfrau**
stupfen ['ʃtʊpfən] *vt* (*südd, Österr, Schweiz*) *s.* **stupsen**
stupid(e) [ʃtu'piːt, ʃtu'piːdə] *adj* (*abw*) ❶ (*Person*) estúpido
❷ (*Tätigkeit*) monótono
Stups [ʃtʊps] *m* <-es, -e> (*fam*) empujón *m*
stupsen ['ʃtʊpsən] *vt* (*fam*) empujar
Stupsnase *f* <-, -n> nariz *f* respingona
stur [ʃtuːɐ] *adj* tozudo, testarudo, cabezota *fam*, fregado *Kol*; sich bei etw ~ stellen, bei etw auf ~ schalten (*fam*) encabezonarse en algo, empuntarse *Ven*
Sturheit *f* <-, *ohne pl*> (*fam abw*) terquedad *f*, tozudez *f*
Sturm [ʃtʊrm, *pl:* 'ʃtʏrmə] *m* <-(e)s, Stürme> ❶ (*Unwetter*) tormenta *f*, borrasca *f*; (*Wind*) temporal *m*, tempestad *f*; die Ruhe vor dem ~ la calma antes de la tempestad; ein ~ der Begeisterung una tempestad de entusiasmo; ein ~ im Wasserglas una tormenta en un vaso de agua; ~ klingeln [*o* läuten] tocar a rebato; ~ und Drang (LIT) Tempestad e Ímpetu (*período de la literatura prerromántica alemana a fines del siglo XVIII, también llamado la Época de los genios*)
❷ (*Angriff*) ataque *m* (*auf* contra), asalto *m* (*auf* a); gegen etw ~ laufen (*fig*) protestar contra algo; es setzte ein ~ auf die Kaufhäuser ein un tumulto se avalanzó a las galerías comerciales; die Herzen im ~ erobern conquistar (todos) los corazones en seguida
❸ (SPORT) delantera *f*; er spielt im ~ juega en la delantera
Sturmabteilung *f* <-, -en> sección *f* de asalto; **Sturmangriff** *m* <-s, -e> asalto *m* (*auf* a)
Sturmbö *f* <-, -en> ráfaga *f*, bocanada *f* (de viento)
stürmen ['ʃtʏrmən] I. *vi* ❶ *sein* (*rennen*) precipitarse (*zu/nach* hacia)
❷ (SPORT) atacar
II. *vt* tomar por asalto; (*Bank, Geschäfte*) asaltar
III. *vunpers:* es stürmt hay temporal
Stürmer(in) *m(f)* <-s, -; -, -nen> (SPORT) delantero *mf*
Sturmflut *f* <-, -en> marea *f* muy alta
sturmgepeitscht *adj* azotado por el temporal
stürmisch *adj* ❶ (*Wetter*) tempestuoso, borrascoso; (*Meer*) bravo, agitado
❷ (*ungestüm*) impetuoso; (*heftig*) violento; (*Liebhaber*) apasionado; (*Entwicklung*) frenético; (*Beifall*) frenético; nicht so ~! ¡no tan rápido!
Sturmschaden *m* <-s, -schäden> daño *m* causado por la tempestad
Sturmschritt *m:* im ~ deprisa y corriendo, a pasos agigantados
Sturmtief *nt* <-s, -s> (METEO) borrasca *f*
Sturm-und-Drang-Zeit *f* <-, *ohne pl*> (HIST, LIT) época *f* del movimiento "Tempestad e Ímpetu"; *s. a.* **Sturm** 1.
Sturmvogel *m* <-s, -vögel> (ZOOL) petrel *m*; **Sturmwarnung** *f* <-, -en> aviso *m* de tempestad
Sturz [ʃtʊrts, *pl:* 'ʃtʏrtsə] *m* <-es, Stürze> ❶ (*Fall*) caída *f* (*von* de, *aus* por); ein ~ von der Leiter una caída de la escalera
❷ (*Rückgang*) descenso *m* (brusco), bajón *m*
❸ (*einer Regierung*) derrocamiento *m*, caída *f*
❹ (*oberer Abschlussbalken*) dintel *m*
❺ (*Achs~*) inclinación *f*
Sturzbach *m* <-(e)s, -bäche> torrente *m*
sturzbesoffen *adj* (*fam*), **sturzbetrunken** *adj* (*fam*) (borracho) como una cuba
stürzen ['ʃtʏrtsən] I. *vi sein* ❶ (*fallen*) caer(se); (*Temperatur, Währung*) bajar; sie ist schwer gestürzt se hizo mucho daño al caerse; vom Fahrrad ~ caerse de la bicicleta; zu Boden ~ caer al suelo; der Minister ist über diesen Skandal gestürzt el ministro cayó a causa de este escándalo
❷ (*in die Tiefe*) precipitarse, despeñarse; auf einen Felsen ~ estrellarse contra una roca
❸ (*rennen*) precipitarse (*zu/an* hacia, *in* a); er kam ins Zimmer gestürzt entró de golpe a la habitación
II. *vt* ❶ (*um~*) derribar, hacer caer; (*umkippen*) volcar; (*Regierung*) derrocar
❷ (*hinunter~*) arrojar, precipitar; (*von einem Felsen*) despeñar; sie hat ihn ins Unglück gestürzt lo hundió en la miseria
❸ (*Kuchen, Puddingform*) desprender
III. *vr:* sich ~ (*hinunterspringen*) precipitarse (*in* a, *von* desde), arrojarse (*aus* por); sich auf jdn ~ abalanzarse sobre alguien, echarse sobre alguien; sich auf etw ~ lanzarse sobre/a algo; die Journalisten hatten sich auf den Minister gestürzt los periodistas se habían abalanzado sobre el ministro; ich stürzte mich gleich auf den Kuchen/in die Arbeit enseguida me lancé sobre el pastel/al trabajo; sich ins Vergnügen ~ divertirse; sich in Unkosten ~ meterse en muchos gastos
Sturzflug *m* <-(e)s, -flüge> vuelo *m* en picado; im ~ en picado;

Sturzhelm *m* <-(e)s, -e> casco *m* (protector); **Sturzsee** *f* <-, -n>, **Sturzwelle** *f* <-, -n> cachón *m*

StussRR [ʃtʊs] *m* <-es, *ohne pl*>, **Stuß** *m* <-sses, *ohne pl*> (*fam abw*) disparates *mpl*

Stute *f* <-, -n> yegua *f*

Stuttgart ['ʃtʊtgart] *nt* <-s> Stuttgart *m*

Stutz [ʃtʊts] *m* <-es, -> (*Schweiz: fam: Franken*) franco *m* suizo

Stütze ['ʃtʏtsə] *f* <-, -n> (*a. fig*) sostén *m*, apoyo *m*; (ARCHIT) soporte *m*; **eine ~ für jdn sein** ser el sostén de alguien

stutzen ['ʃtʊtsən] **I.** *vi* (*innehalten*) interrumpirse; (*erstaunt*) sorprenderse
II. *vt* cortar; (*Baum*) podar; (*Flügel, Schwanz*) recortar

Stutzen ['ʃtʊtsən] *m* <-s, -> ❶ (TECH: *Rohrstück*) tubo *m* de empalme ❷ (*Jagdgewehr*) carabina *f* ❸ (*Strumpf*) medias *fpl* de deporte

stützen ['ʃtʏtsən] **I.** *vt* (*Person, Mauer*) sostener, apoyar; (*Kandidatur, Argument, Währung*) apoyar; (*aufstützen*) apoyar; **den Kopf auf die Hände ~** apoyar la cabeza en las manos; **sie stützt ihren Verdacht nur auf Vermutungen** su sospecha se basa sólo en suposiciones; **die neuen Erkenntnisse ~ ihre Theorie** los nuevos descubrimientos apoyan su teoría
II. *vr*: **sich ~** ❶ (*sich auf~*) apoyarse (*auf* en); **sie stützte sich auf meinen Arm** se apoyó en mi brazo ❷ (*beruhen*) basarse (*auf* en); **das stützt sich nur auf Vermutungen** esto se basa solamente en suposiciones

stutzig *adj*: **~ werden** sorprenderse; **~ machen** (*argwöhnisch machen*) hacer sospechar; (*verwirren*) desconcertar

Stützkurs *m* <-es, -e> (SCH) curso *m* de refuerzo [*o* de apoyo] (para alumnos con dificultades); **Stützmauer** *f* <-, -n> muro *m* de apoyo [*o* maestro]; **Stützpfeiler** *m* <-s, -> (ARCHIT) pilar *m* (de apoyo); **Stützpunkt** *m* <-(e)s, -e> ❶ (*einer Last*) punto *m* de apoyo ❷ (MIL) base *f*

Stützungskauf *m* <-(e)s, -käufe> (FIN) compra *f* de apoyo

stv. *Abk. von* **stellvertretend** suplente, interino

StVO [ɛstefaʊˈʔoː] *f Abk. von* **Straßenverkehrsordnung** código *m* de circulación

stylen ['staɪlən] **I.** *vt* diseñar; **sich *dat* die Haare ~** arreglarse el pelo
II. *vr*: **sich ~** (*fam*) ponerse (guapo)

Styling ['staɪlɪŋ] *nt* <-s, *ohne pl*> diseño *m*, estilo *m*; **das passende ~ ihrer Haare überlässt sie dem Frisör** ella deja que el peluquero decida el peinado con más estilo [*o* el peinado más estiloso]

Styropor® [ʃtyroˈpoːɐ, styro-] *nt* <-s, *ohne pl*> poliestireno *m*, plumavit® *m Am*

s.u. *Abk. von* **siehe unten** véase abajo

Subadressierung *f* <-, -en> (TEL) subdireccionamiento *m*

subaltern [zʊpʔalˈtɛrn] *adj* subalterno

Subdominante *f* <-, -n> (MUS) ❶ (*einer Tonleiter*) subdominante *m* ❷ (*Dreiklang*) trítono *m* subdominante

Subduktion [zʊpdʊkˈtsjoːn] *f* <-, -en> (GEO) subducción *f*

Subjekt [zʊpˈjɛkt] *nt* <-(e)s, -e> (*a.* LING) sujeto *m*; **ein verdächtiges ~** (*abw*) un sujeto sospechoso

subjektiv [zʊpjɛkˈtiːf] *adj* subjetivo; **~e Theorie** teoría subjetiva; **~es Verfahren** procedimiento subjetivo

Subjektivität [zʊpjɛktiviˈtɛːt] *f* <-, *ohne pl*> subjetividad *f*

Subjektstheorie *f* <-, *ohne pl*> teoría *f* del sujeto

Subkontinent *m* <-(e)s, -e> (GEO) subcontinente *m*; **Subkultur** ['zʊpkʊltuːɐ] *f* <-, -en> subcultura *f*

subkutan [zʊpkuˈtaːn] *adj* (ANAT, MED) subcutáneo, hipodérmico

Sublimat *nt* <-(e)s, -e> (CHEM) sublimado *m*

Sublimation [zublimaˈtsjoːn] *f* <-, -en> (*a.* CHEM) sublimación *f*

Sublimationswärme *f* <-, *ohne pl*> (CHEM) calor *m* de sublimación

sublimieren* **I.** *vt haben* (CHEM) sublimar
II. *vi, vr*: **sich ~ sein** (CHEM) sublimarse

submarin *adj* submarino

Submissionsabsprache *f* <-, -n> acuerdo *m* sobre el precio de subasta

Subordinationstheorie *f* <-, *ohne pl*> teoría *f* de la subordinación

subsidiär *adj* subsidiario

Subsidiarität *f* <-, *ohne pl*> (POL, JUR) subsidiariedad *f*

Subsidiaritätsprinzip *nt* <-s, *ohne pl*> (POL, JUR) principio *m* de subsidiariedad

Subskribent(in) [zʊpskriˈbɛnt] *m(f)* <-en, -en; -, -nen> suscriptor(a) *m(f)* de una publicación (antes de que ésta salga al mercado)

subskribieren* [zʊpskriˈbiːrən] *vt* (PUBL) suscribir, suscribirse (a)

Subskription [zʊpskrɪpˈtsjoːn] *f* <-, -en> (*a.* FIN) suscripción *f*; **etw durch ~ kaufen** suscribirse a algo

Subskriptionspreis *m* <-es, -e> precio *m* de suscripción

substantiell [zʊpstanˈtsjɛl] *adj s.* **substanziell**

Substantiv ['zʊpstantiːf] *nt* <-s, -e> (LING) sustantivo *m*

Substanz[1] [zʊpˈstants] *f* <-, -en> (*Materie*) sustancia *f*; **die graue ~** la materia gris

Substanz[2] *f* <-, *ohne pl*> (*Essenz, Grundstock*) sustancia *f*; **von der ~ leben** vivir de las rentas; **das geht an die ~** (*fam*) esto llega al alma

Substanzertragsteuer *f* <-, -n> impuesto *m* sobre el rendimiento efectivo

substanziellRR [zʊpstanˈtsjɛl] *adj* sustancial

substanziierenRR *vt* sustanciar; **substanziiertes Bestreiten** (JUR) impugnación sustanciada

Substanztheorie *f* <-, *ohne pl*> teoría *f* de la sustancia; **Substanzverlust** *m* <-es, -e> (WIRTSCH) pérdida *f* de capital

Substanzwertgarantie *f* <-, -n> (WIRTSCH) garantía *f* del valor efectivo

substituieren* [zʊpstituˈiːrən] *vt* sustituir (*durch* por)

Substitut(in) [zʊpstiˈtuːt] *m(f)* <-en, -en; -, -nen> (*Schweiz*) sustituto, -a *m, f*

Substitution *f* <-, -en> sustitución *f*

Substitutionsrate *f* <-, *ohne pl*> (WIRTSCH) relación *f* de sustituciones

Substrat [zʊpˈstraːt] *nt* <-(e)s, -e> (BIOL) sustrato *m*

Subsumtion *f* <-, -en> (JUR) subsunción *f*

Subsumtionsirrtum *m* <-s, -tümer> (JUR) error *m* de subsunción; **umgekehrter ~** error de subsunción inverso

Subsystem *nt* <-s, -e> subsistema *m*

subterran *adj* subterráneo

subtil [zʊpˈtiːl] *adj* sutil

Subtilität *f* <-, *ohne pl*> sutilidad *f*, sutileza *f*

Subtrahend *m* <-en, -en> (MATH) su(b)straendo *m*

subtrahieren* [zʊptraˈhiːrən] *vt* (MATH) restar (*von* a), sustraer (*von* de); **subtrahiere 15 von 20** réstale 15 a 20

Subtraktion [zʊptrakˈtsjoːn] *f* <-, -en> (MATH) sustracción *f*, resta *f*

Subtraktionszeichen *nt* <-s, -> (MATH) signo *m* de sustracción

Subtropen ['zʊptroːpən] *pl* (GEO) regiones *fpl* subtropicales

subtropisch *adj* (GEO) subtropical

Subunternehmen *nt* <-s, -> subempresa *f*; **einen Vertrag mit einem ~ abschließen** cerrar un trato con una subempresa; **ein ~ verpflichten** contratar a un subempresario

Subunternehmer(in) ['zʊp-] *m(f)* <-s, -; -, -nen> (WIRTSCH) subcontratista *mf*; **einen ~ verpflichten** obligar a un subcontratista

Subvention [zʊpvɛnˈtsjoːn] *f* <-, -en> (WIRTSCH) subvención *f*

subventionieren* [zʊpvɛntsjoˈniːrən] *vt* (WIRTSCH) subvencionar

Subventionsbetrug *m* <-(e)s, *ohne pl*> (WIRTSCH, JUR) fraude *m* de subvenciones; **Subventionsdarlehen** *nt* <-s, -> (WIRTSCH) préstamo *m* subvencionado; **Subventionserschleichung** *f* <-, -en> (WIRTSCH, JUR) adquisición *f* fraudulenta de subvenciones; **Subventionskontrolle** *f* <-, -n> (WIRTSCH, JUR) fiscalización *f* de subvenciones; **Subventionsrecht** *nt* <-(e)s, *ohne pl*> (JUR) derecho *m* de subvención; **Subventionsrichtlinie** *f* <-, -n> (WIRTSCH, JUR) directiva *f* sobre subvenciones; **Subventionsverbot** *nt* <-(e)s, -e> (WIRTSCH, JUR) prohibición *f* de subvención

subversiv [zʊpvɛrˈziːf] *adj* subversivo

Suchaktion *f* <-, -en> operación *f* de búsqueda; **Suchbedingung** *f* <-, -en> (INFOR) condición *f* de búsqueda; **Suchbegriff** *m* <-(e)s, -e> (INFOR) concepto *m* de búsqueda, término *m* de búsqueda; **Suchdienst** *m* <-(e)s, -e> servicio *m* de búsqueda

Suche ['zuːxə] *f* <-, -n> busca *f*, búsqueda *f*; **sich auf die ~ nach jdm/etw begeben** [*o* **machen**] salir en busca de alguien/algo; **auf der ~ nach jdm/etw sein** estar en busca de alguien/algo

suchen ['zuːxən] *vi, vt* buscar; **such!** ¡busca!; **nach etw/jdm ~** buscar algo/a alguien; **was** [*o* **wonach**] **suchst du?** ¿qué buscas?; **da kannst du lange ~** (*fam*) buscas en vano; **sie suchte nach Worten** buscaba las palabras adecuadas; **diese Aufführung sucht ihresgleichen** esta representación ha sido insuperable; **du hast dabei nichts zu ~!** (*fam*) ¡a ti no te ha dado nadie vela en este entierro!

Sucher *m* <-s, -> (FOTO) visor *m*

Suchfunktion *f* <-, -en> (INFOR) función *f* de búsqueda; **Suchgerät** *nt* <-(e)s, -e> (*aparato m*) detector *m*; **Suchkriterium** *nt* <-s, -kriterien> (INFOR) criterio *m* de búsqueda; **Suchlauf** *m* <-(e)s, -läufe> (RADIO, TV) búsqueda *f* automática; **Suchmannschaft** *f* <-, -en> equipo *m* de rastreo [*o* de búsqueda]; **Suchmaschine** *f* <-, -n> motor *m* de búsqueda, buscador *m*; **Suchpfad** *m* <-(e)s, -e> (INFOR) camino *m* de búsqueda, vía *f* de búsqueda

Sucht [zʊxt] *f* <-, -en *o* Süchte> ❶ (*Abhängigkeit*) adicción *f* (*nach* a); **~ erzeugend** que crea adicción, adictivo; **etw wird zur ~** algo se convierte en una adicción
❷ (*Verlangen*) manía *f* (*nach* de), afán *m* (*nach* de)

Suchtbeauftragte(r) *mf* <-n, -n; -n, -n> responsable *mf* de adicciones patológicas; **Suchtberater(in)** *m(f)* <-s, -; -, -nen> asesor(a) *m(f)* de adicciones patológicas

suchterzeugend *adj s.* **Sucht 1.**

Suchtforscher(in) *m(f)* <-s, -; -, -nen> investigador(a) *m(f)* de adicciones patológicas; **Suchtgefahr** *f* <-, *ohne pl*> peligro *m* de adicción

süchtig ['zʏçtɪç] *adj* ❶ (*alkohol~, tabletten~*) adicto (*nach* a); (*drogen~*) drogadicto, toxicómano; ~ **machen** producir adicción ❷ (*begierig*) ávido (*nach* de)

Süchtige(r) *mf* <-n, -n; -n, -n> adicto, -a *m, f;* (*Drogen~*) toxicómano, -a *m, f,* drogadicto, -a *m, f*

Süchtigkeit *f* <-, *ohne pl*> adicción *f*

Suchtkranke(r) *mf* <-n, -n; -n, -n> adicto, -a *m, f;* (*durch Drogen*) toxicómano, -a *m, f*

Suchzeit *f* <-, -en> (INFOR) tiempo *m* de búsqueda

Sud [zu:t] *m* <-(e)s, -e> decocción *f*

Süd [zy:t] *m* <-(e)s, *ohne pl*> (a. NAUT, METEO) sur *m;* **der Wind kommt aus ~** el viento viene del sur

Südafrika ['-'---] *nt* <-s> ❶ (*Republik*) Sudáfrica *f,* Suráfrica *f* ❷ (*Teil des Kontinents*) África *f* del Sur; **Südafrikaner(in)** ['---'--] *m(f)* <-s, -; -, -nen> sudafricano, -a *m, f*

südafrikanisch ['----'--] *adj* sudafricano

Südamerika ['--'---] *nt* <-s> América *f* del Sur, Sudamérica *f,* Suramérica *f;* **Südamerikaner(in)** ['-----'--] *m(f)* <-s, -; -, -nen> sudamericano, -a *m, f,* suramericano, -a *m, f,* latino, -a *m, f fam*

südamerikanisch ['-----'--] *adj* suramericano, sudamericano, latino *fam*

Sudan [zu'da:n] *m* <-s> Sudán *m*

Sudanese, -in [zuda'ne:zə] *m, f* <-n, -n; -, -nen> sudanés, -esa *m, f*

sudanesisch *adj* sudanés

Südasien *nt* <-s> Asia *f* del Sur, sur *m* de Asia

süddeutsch *adj* de Alemania del Sur

Süddeutsche(r) *mf* <-n, -n; -n, -n> alemán, -ana *m, f* del Sur; **Süddeutschland** *nt* <-s> (*Region*) Alemania *f* del Sur; (*südlicher Teil*) sur *m* de Alemania

Sudel ['zu:dəl] *m* <-s, -> *Schweiz: Kladde*) borrador *m*

Sudelei [zu:də'laɪ] *f* <-, -en> (*fam*) ❶ (*Schmiererei*) embadurnamiento *m;* (*beim Schreiben*) garabatos *mpl*
❷ (*Schlamperei*) chapucería *f*

sudeln ['zu:dəln] *vi, vt* (*fam abw: beim Schreiben*) garabatear; (*beim Zeichnen*) pintarrajear; (*mit Matsch schmieren*) embardurnar, embarrar

Süden ['zy:dən] *m* <-s> *ohne pl*> sur *m;* **im ~** en el sur; **im ~ von ...** (*südlich von*) al sur de...; (*im südlichen Teil von*) en el sur de; **von** [*o* **aus dem**] **~** del sur; **nach ~** hacia el sur; **gen ~** en dirección sur; **in den ~** hacia el sur; **im ~ von Berlin** en el sur de Berlín; **das Zimmer liegt nach ~** la habitación da al sur

Sudeten [zu'de:tən] *pl* Sudetes *mpl*

Sudetenland *nt* <-(e)s, *ohne pl*> (HIST) País *m* de los Sudetes

Südeuropa ['--'---] *nt* <-s> (*Region*) Europa *f* del Sur [*o* Meridional]; (*südlicher Teil*) sur *m* de Europa; **Südfrankreich** *nt* <-s> sur *m* de Francia, Francia *f* meridional; **Südfrucht** *f* <-, -früchte> fruta *f* tropical; **Südhalbkugel** *f* <-, *ohne pl*> hemisferio *m* sur [*o* austral]; **Südhang** *m* <-(e)s, -hänge> pendiente *f* sur; **Süditalien** *nt* <-s> sur *m* de Italia, Italia *f* meridional; **Süditaliener(in)** *m(f)* <-s, -; -, -nen> italiano, -a *m, f* meridional

süditalienisch *adj* de la Italia meridional, del sur de Italia

Südkorea *nt* <-s> Corea *f* del Sur; **Südkoreaner(in)** *m(f)* <-s, -; -, -nen> coreano, -a *m, f* del Sur

südkoreanisch *adj* de Corea del Sur

Südküste *f* <-, -n> costa *f* meridional [*o* (del) Sur]; **Südlage** *f* <-, -n> orientación *f* al sur

Südländer(in) [-lɛndɐ] *m(f)* <-s, -; -, -nen> habitante de un país mediterráneo

südländisch *adj* del sur de Europa; **ein ~es Aussehen haben** tener aspecto mediterráneo; **~es Temperament** temperamento latino

südlich ['zy:tlɪç] **I.** *adj* del sur, meridional; **in ~er Richtung** en dirección sur; **52 Grad ~e Breite** 52 grados latitud sur; **die ~e Halbkugel** el hemisferio sur
II. *präp +gen* al sur de; **~ von Granada** al sur de Granada

Südlicht *nt* <-(e)s, -er> ❶ (*Polarlicht*) aurora *f* austral ❷ (*iron: Mensch*) alemán, -ana *m, f* del sur; **Südostasien** *nt* <-s> sureste *m* asiático; **Südosten** ['-'--] *m* <-s, *ohne pl*> sudeste *m,* sureste *m;* **aus** [*o* **von**] **~** del sudeste

südöstlich [-'--] *adj* del sudeste; **~ von Santiago** al sudeste de Santiago

Südpol *m* <-s, *ohne pl*> ❶ (*der Erde*) polo *m* sur [*o* antártico] ❷ (*eines Magneten*) polo *m* sur; **Südpolargebiet** *nt* <-(e)s, *ohne pl*> región *f* antártica; **Südpolarmeer** *nt* <-(e)s, *ohne pl*> Océano *m* Glacial Antártico, Océano *m* Glacial del Polo Sur; **Südsee** *f* <-> Mares *mpl* del Sur, Pacífico *m* meridional; **Südseite** *f* <-, -n> lado *m* sur; **Südspanien** ['-'--] *nt* <-s> (*Region*) España *f* Meridional; (*südlicher Teil*) sur *m* de España; **Südstaaten** *mpl* Estados *mpl* del Sur

Südstaatler(in) [-ʃta:tlɐ] *m(f)* <-s, -; -, -nen> habitante *mf* de los Estados del sur

Südtirol *nt* <-s> sur *m* del Tirol

südwärts ['zy:tvɛrts] *adv* (*nach Süden*) hacia el sur; (*im Süden*) al sur

Südwein *m* <-(e)s, -e> vino *m* del Sur; **Südwesten** ['-'--] *m* <-s, *ohne pl*> sudoeste *m,* suroeste *m*

Südwester [-'--] *m* <-s, -> sueste *m*

südwestlich [-'--] *adj* del Sudoeste; **~ von Sevilla** al sudoeste de Sevilla

Südwind *m* <-(e)s, -e> viento *m* del sur

Sueskanal ['zu:ɛs-] *m* <-s> Canal *m* de Suez

Suff [zʊf] *m* <-(e)s, *ohne pl*> (*fam*) borrachera *f,* trinca *f Am;* **dem ~ verfallen** darse a la bebida; **im ~** borracho

süffeln ['zʏfəln] *vt* (*fam*) saborear (*una bebida alcohólica*)

süffig ['zʏfɪç] *adj* (*fam*) suave y ligero

süffisant [zʏfi'zant] *adj* (*geh*) suficiente, de suficiencia

Suffix ['zʊfɪks, -'-] *nt* <-es, -e> (LING) sufijo *m*

Suffragette [zʊfra'gɛtə] *f* <-, -n> sufragista *f*

suggerieren* [zʊgɛ'ri:rən] *vt* ❶ (*einreden*) sugerir, insinuar ❷ (*Eindruck erwecken*) aparentar

Suggestion[1] [zʊgɛs'tjo:n] *f* <-, *ohne pl*> ❶ (*Beeinflussung*) sugestión *f*
❷ (*Wirkung*) efecto *m* sugestivo

Suggestion[2] *f* <-, -en> (*das Suggerierte*) sugestión *f*

suggestiv [zʊgɛs'ti:f] *adj* sugestivo

Suggestivfrage *f* <-, -n> pregunta *f* sugestiva; **Suggestivwirkung** *f* <-, -en> efecto *m* sugestivo

Suhle ['zu:lə] *f* <-, -n> bañadero *m;* (*schlammig*) barrizal *m*

suhlen ['zu:lən] *vr: sich ~** revolcarse (*in* en)

Sühne ['zy:nə] *f* <-, *ohne pl*> (*geh*) expiación *f*

sühnen ['zy:nən] *vt* (*geh*) expiar

Sühneversuch *m* <-(e)s, -e> (JUR) tentativa *f* de conciliación

sui generis (JUR) sui generis

Suite ['svi:tə, zu'i:tə] *f* <-, -n> (a. MUS) suite *f*

Suizid [zui'tsi:t, *pl:* zui'tsi:də] *m* <-(e)s, -e> (*geh*) suicidio *m*

Sujet [zy'ʒe:] *nt* <-s, -s> (*geh*) tema *m*

sukkulent *adj* (BIOL, MED) suculento

Sukkurs [zʊ'kʊrs] *m* <-es, *ohne pl*> (*Schweiz*) ayuda *f,* refuerzo *m*

Sukzession *f* <-, -en> ❶ (*Erbfolge*) sucesión *f*
❷ (ÖKOL) secuencia *f; ökologische/klimatisch bedingte ~* secuencia condicionada ecológicamente/climáticamente

Sukzessionsprinzip *nt* <-s, *ohne pl*> principio *m* sucesorio

sukzessiv [zʊktsɛ'si:f] *adj* sucesivo

Sukzessivlieferung *f* <-, -en> entrega *f* de tracto sucesivo

Sulfat [zʊl'fa:t] *nt* <-(e)s, -e> (CHEM) sulfato *m*

Sulfid [zʊl'fi:t] *nt* <-(e)s, -e> (CHEM) sulfuro *m*

Sulfit [zʊl'fi:t] *nt* <-s, -e> (CHEM) sulfito *m*

Sulfonamid [zʊlfona'mi:t] *nt* <-(e)s, -e> (MED) sulfamida *f*

Sultan(in) ['zʊlta:n] *m(f)* <-s, -e; -, -nen> sultán, -ana *m, f*

Sultanat [zʊlta'na:t] *nt* <-(e)s, -e> ❶ (*Herrschaftsgebiet*) sultanía *f*
❷ (*Herrschaft*) sultanato *m*

Sultanin *f* <-, -nen> *s.* **Sultan**

Sultanine [zʊlta'ni:nə] *f* <-, -n> pasa *f* sultana

Sülze ['zʏltsə] *f* <-, -n> (*Fleisch~*) carne *f* en gelatina; (*Fisch~*) pescado *m* en gelatina

sülzen ['zʏltsən] *vi, vt* (*fam*) parlotear, cotorrear

summa cum laude ['zʊma kʊm 'laʊdə] *adv* (UNIV) con un sobresaliente cum laude

Summand [zʊmant, *pl:* zʊmandən] *m* <-en, -en> (MATH) sumando *m*

summarisch [zʊ'ma:rɪʃ] *adj* sumario

summa summarum ['zʊma zʊma:rʊm] *adv* en total, sumándolo todo; **Sie schulden mir ~ 500 Euro** me debe en total 500 euros

Summationseffekt *m* <-(e)s, -e> efecto *m* de sumación

Summe ['zʊmə] *f* <-, -n> ❶ (MATH) suma *f,* total *m*
❷ (*Geldbetrag*) importe *m,* suma *f; ~* **der Einnahmen** suma [*o* montante] de los ingresos; **eine ~ von 500 Euro** una suma de 500 euros; **ausstehende/geschuldete ~** importe pendiente/debido; **eine runde ~** una suma redonda

summen ['zʊmən] **I.** *vi* ❶ (*Insekten, Motor*) zumbar
❷ (*Mensch*) tararear una melodía
II. *vt* (*Melodie*) tararear
III. *vunpers:* **es summt mir in den Ohren** me zumban los oídos

Summenbilanz *f* <-, -en> (WIRTSCH) balance *m* de cuentas; **Summeninteresse** *nt* <-s, -n> interés *m* acumulativo; **Summenverwahrung** *f* <-, -en> depósito *m* voluntario irregular

Summer *m* <-s, -> zumbador *m*

summieren* [zʊ'mi:rən] **I.** *vt* sumar
II. *vr: sich ~* acumularse

Sumpf [zʊmpf, *pl:* 'zʏmpfə] *m* <-(e)s, Sümpfe> pantano *m,* ciénaga *f,* moca *m Ecua*

Sumpfblüte *f* <-, -n> (*fam abw*) basura *f;* **lass dich nicht mit den ~n aus dem Drogenmilieu ein!** ¡no te mezcles con esa escoria del mundo de la droga!; **die immer häufiger auftretenden Kindesmisshandlungen sind ~, die es früher nicht gab** los casos cada vez más frecuentes de malos tratos a los niños son actos depravados que antes no existían;

Sumpfboden *m* <-s, -böden> suelo *m* pantanoso; **Sumpfdotterblume** *f* <-, -n> calta *f*; **Sumpffieber** *nt* <-s, *ohne pl*> malaria *f*, paludismo *m*; **Sumpfgas** *nt* <-es, -e> gas *m* de pantano; **Sumpfgebiet** *nt* <-(e)s, -e> región *f* pantanosa, zona *f* pantanosa, vega *f* Chil
sumpfig *adj* pantanoso, cenagoso
Sumpfkuh *f* <-, -kühe> (*fam*) pendón *m*; **Sumpfland** *nt* <-(e)s, *ohne pl*> terreno *m* pantanoso; **Sumpfotter** *m* <-s, -> (ZOOL) visón *m*; **Sumpfpflanze** *f* <-, -n> planta *f* de pantano [*o* palustre]; **Sumpfvogel** *m* <-s, -vögel> ave *f* de laguna
Sund [zʊnt] *m* <-(e)s, -e> (GEO) estrecho *m*
Sünde ['zʏndə] *f* <-, -n> pecado *m*; **lässliche ~** pecado venial; **eine ~ begehen** cometer un pecado
Sündenbock *m* <-(e)s, -böcke> (*fam*) cabeza *f* de turco; **jdn zum ~ machen** convertir a alguien en cabeza de turco; **Sündenfall** *m* <-(e)s, *ohne pl*> (REL) pecado *m* original; **Sündenregister** *nt* <-s, -> (REL) (registro *m* de) pecados *mpl*; **sein ~ ist lang** (*fam iron*) tiene muchos pecados en su haber
Sünder(in) *m(f)* <-s, -; -, -nen> pecador(a) *m(f)*
sündhaft *adj* pecaminoso; **~ teuer** carísimo
sündig *adj* pecador; (*lasterhaft*) vicioso, pecaminoso
sündigen ['zʏndɪɡən] *vi* pecar
sündteuer *adj* (*Österr: fam*) carísimo
super ['zuːpɐ] **I.** *adj inv* (*fam*) fantástico, de putamadre *fam*, piocha *Mex* **II.** *adv* de maravilla, de putamadre *fam*
Super *nt* <-s, *ohne pl*> súper *f*; **was tankst du? – ~** ¿qué pones? – súper
Super-8-Film *m* <-(e)s, -e> película *f* de súper 8; **Super-8-Kamera** *f* <-, -s> cámara *f* de súper 8
Superbenzin *nt* <-s, *ohne pl*> gasolina *f* súper; **bleifreies ~** gasolina súper sin plomo; **Superchip** *m* <-s, -s> (INFOR) superchip *m*, superpastilla *f*; **Superding** *nt* <-(e)s, -er> (*fam*) cosa *f* fantástica [*o* alucinante]; **Superdividende** *f* <-, -n> (FIN) dividendo *m* extraordinario; **Super-GAU** *m* <-(s), *ohne pl*> (*fam*) super GAU *m*
Superior(in) [zuˈpeːrioːɐ, *pl*: zupeˈrioːrən] *m(f)* <-s, -en; -, -nen> (REL) superior(a) *m(f)*
superklug *adj* (*iron*) sabiondo, sabelotodo
Superlativ ['zuːpɐlatiːf] *m* <-s, -e> (LING) superlativo *m*
Supermacht *f* <-, -mächte> (*fam*) superpotencia *f*; **Supermann** *m* <-(e)s, -männer> (*fam*) supermán *m*; **Supermarkt** *m* <-(e)s, -märkte> supermercado *m*; **Superphosphat** *nt* <-(e)s, -e> superfosfato *m*; **Superpreis** *m* <-es, -e> (*fam*) precio *m* regalado; **zu einem ~** a precio regalado; **Superrevisionsinstanz** *f* <-, -en> (JUR) instancia *f* de superrevisión; **Superstar** *m* <-s, -s> superestrella *f*, megaestrella *f*; **Supertanker** *m* <-s, -> superpetrolero *m*
Suppe ['zʊpə] *f* <-, -n> sopa *f*; (*klare ~*) consomé *m*; **ein Teller ~** un plato de sopa; **die ~ hast du dir selbst eingebrockt** (*fam*) en esto te has metido tú solito; **die ~ auslöffeln müssen** (*fam fig*) pagar los platos rotos [*o* el pato]; **jdm die ~ versalzen** (*fam fig*) aguar(le) a alguien la fiesta; **jdm in die ~ spucken** (*fam fig*) desbaratar los planes a alguien
Suppenfleisch *nt* <-(e)s, *ohne pl*> carne *f* para sopa; **Suppengemüse** *nt* <-s, -> surtido *m* de verduras (para hacer sopa); **ein Bund ~** un surtido de verduras para la sopa; **Suppengrün** *nt* <-s, *ohne pl*> verdura *f* de sopa; **Suppenhuhn** *nt* <-(e)s, -hühner> pollo *m* para hacer sopa; **Suppenkelle** *f* <-, -n> cucharón *m* de sopa; **Suppenküche** *f* <-, -n> olla *f* común; **Suppenlöffel** *m* <-s, -> cuchara *f* para sopa; **Suppennudel** *f* <-, -n> fideo *m* *f*; **Suppenschüssel** *f* <-, -n> sopera *f*; **Suppenteller** *m* <-s, -> plato *m* hondo [*o* sopero]; **Suppenterrine** *f* <-, -n> sopera *f*; **Suppenwürfel** *m* <-s, -> pastilla *f* de caldo, cubito *m* de caldo
Supplementband *m* <-(e)s, -bände> (PUBL) tomo *m* de suplemento
Suppositorium [zʊpoziˈtoːriʊm] *nt* <-s, Suppositorien> (MED) supositorio *m*
supraleitend ['zuːpralaɪtənt] *adj* (ELEK) superconductor
Supraleiter *m* <-s, -> (ELEK) superconductor *m*
supranational *adj* supranacional
Sure ['zuːrə] *f* <-, -n> sura *f*
Surfbrett ['sœːf-] *nt* <-(e)s, -er> tabla *f* de surf
surfen ['sœːfən] *vi* ❶ (SPORT) practicar el surf, hacer surf ❷ (INFOR) navegar, surfear; **im Web/Internet ~** navegar en [*o* por] la web/en internet
Surfer(in) ['sœːfɐ] *m(f)* <-s, -; -, -nen> ❶ (SPORT) surfista *mf* ❷ (INFOR) internauta *m*, navegante *mf*
Surfing ['sœːfɪŋ] *nt* <-s, *ohne pl*> (SPORT) ❶ (*Windsurfen*) windsurf *m*, windsurfing *m* ❷ (*Wellenreiten*) surf *m*, surfing *m*
Surplus ['sœːplas] *nt* <-, -> (WIRTSCH) superávit *m*
Surplusprodukt *nt* <-(e)s, *ohne pl*> (WIRTSCH) producto *m* excedentario
Surrealismus [zʊreaˈlɪsmʊs] *m* <-, *ohne pl*> (KUNST, LIT) surrealismo *m*
surrealistisch *adj* (KUNST, LIT) surrealista

surren ['zʊrən] *vi* zumbar
Surrogat [zʊroˈɡaːt] *nt* <-(e)s, -e> sucedáneo *m*
Surrogation *f* <-, -en> (JUR) subrogación *f*
Surrogationstheorie *f* <-, *ohne pl*> (JUR) teoría *f* de la subrogación
suspekt [zʊsˈpɛkt] *adj* sospechoso; **das ist mir ~** esto me parece sospechoso
suspendieren* [zʊspɛnˈdiːrən] *vt* suspender (*von* de); **er wurde vom Dienst suspendiert** lo suspendieron de sus funciones
Suspendierung *f* <-, -en> suspensión *f*; **~ von Vertragspflichten** suspensión de las obligaciones contractuales
Suspendierungsklausel *f* <-, -n> (JUR) cláusula *f* suspensiva
Suspension [zʊspɛnˈzjoːn] *f* <-, -en> suspensión *f*
Suspensionsmittel *nt* <-s, -> (CHEM) agente *m* de suspensión; **Suspensions-Polymerisation** *f* <-, *ohne pl*> (CHEM) polimerización *f* por suspensión
Suspensiveffekt *m* <-(e)s, -e> (JUR) efecto *m* suspensivo
süß [zyːs] *adj* ❶ (*Geschmack*) dulce; (*gesüßt*) azucarado; (*Duft*) fragante; **~ schmecken** tener sabor dulce ❷ (*lieblich*) suave, dulce ❸ (*niedlich*) mono
Süße ['zyːsə] *f* <-, *ohne pl*> dulzor *m*, dulzura *f*
süßen ['zyːsən] *vt* endulzar; (*mit Zucker*) azucarar
Süßholz *nt* <-es, *ohne pl*> orozuz *m*, regaliz *m*; **~ raspeln** (*fam*) echar piropos
Süßigkeit *f* <-, -en> dulce *m*
Süßkartoffel *f* <-, -n> batata *f*, boniato *m*; **Süßkirsche** *f* <-, -n> ❶ (*Frucht*) cereza *f* ❷ (*Baum*) cerezo *m*
süßlich *adj* dulzón, dulzarrón
Süßmost *m* <(e)s, -e> mosto *m*
süßsauer ['-ˈ-] *adj* agridulce
Süßspeise *f* <-, -n> plato *m* dulce
Süßstoff *m* <-(e)s, -e> edulcorante *m*; **Süßstofftablette** *f* <-, -n> pastilla *f* edulcorante [*o* de sacarina]
Süßungsmittel *nt* <-s, -> substancia *f* edulcorante
Süßwaren *fpl* dulces *mpl*; **Süßwarengeschäft** *nt* <-(e)s, -e> (*Laden*) bombonería *f*; **Süßwarenindustrie** *f* <-, -n> industria *f* de golosinas
Süßwasser *nt* <-s, -> agua *f* dulce; **Süßwasserbiologie** *f* <-, *ohne pl*> biología *f* del agua dulce; **Süßwasserfisch** *m* <-(e)s, -e> (ZOOL) pez *m* de agua dulce
Süßwein *m* <-(e)s, -e> vino *m* dulce
SW *Abk. von* **Südwesten** SO
Sweatshirt ['svɛtʃœːt] *nt* <-s, -s> suéter *m*, sudadera *f*
SWF *m* <-> (RADIO, TV) *Abk. von* **Südwestfunk** radio *f* del suroeste de Alemania
Swimmingpool ['svɪmɪŋpuːl, 'svɪmɪŋ-] *m* <-s, -s> piscina *f*, pileta *f* Am
Swing [svɪŋ] *m* <-, *ohne pl*> (WIRTSCH) crédito *m* swing [*o* de traspaso sin intereses]
Switching ['svɪtʃɪŋ] *nt* <-(s), *ohne pl*> (INFOR, TEL) conmutación *f*
Symbiose [zʏmbiˈoːzə] *f* <-, -n> (BIOL) simbiosis *f inv*
Symbol [zʏmˈboːl] *nt* <-s, -e> símbolo *m* (*für* de)
Symbolfigur *f* <-, -en> símbolo *m* (*für* de), figura *f* simbólica (*für* de)
symbolisch *adj* simbólico (*für* de)
symbolisieren* [zʏmboliˈziːrən] *vt* simbolizar
Symbolismus *m* <-, *ohne pl*> (HIST, KUNST) Simbolismo *m*
Symbolleiste *f* <-, -n> (INFOR) listón *m* de símbolos, barra *f* de trabajo
Symmetrie [zʏmeˈtriː] *f* <-, -n> simetría *f*
Symmetrieachse *f* <-, -n> (MATH) eje *m* de simetría
symmetrisch [zʏˈmeːtrɪʃ] *adj* simétrico; **~es Datenkabel** (INFOR, TEL) cable de pares trenzados
Sympathie [zʏmpaˈtiː] *f* <-, -n> simpatía *f* (*für* por); **~ für jdn empfinden** sentir simpatía por alguien
Sympathiebekundung *f* <-, -en> muestra *f* de simpatía; **Sympathiekundgebung** *f* <-, -en> acto *m* de adhesión [*o* de apoyo]; **es kam zu einer spontanen ~ der Beschäftigten** los trabajadores hicieron un acto de adhesión espontáneo; **Sympathiestreik** *m* <-(e)s, -e> huelga *f* de solidaridad
Sympathisant(in) [zʏmpatiˈzant] *m(f)* <-en, -en; -, -nen> simpatizante *mf*
sympathisch [zʏmˈpaːtɪʃ] *adj* simpático; **er ist mir ~** me es simpático, me cae bien *fam*
sympathisieren* [zʏmpatiˈziːrən] *vi* simpatizar
Symphonie [zʏmfoˈniː] *f* <-, -n> sinfonía *f*
Symposium [zʏmˈpoːziʊm] *nt* <-s, Symposien> simposio *m*
Symptom [zʏmpˈtoːm] *nt* <-s, -e> (*a.* MED) síntoma *m* (*für* de)
symptomatisch [zʏmptoˈmaːtɪʃ] *adj* (*a.* MED) sintomático (*für* de)
Symptomtat *f* <-, -en> (JUR) hecho *m* sintomático
Synagoge [zynaˈɡoːɡə] *f* <-, -n> sinagoga *f*

Synallagma [zy'nalagma, zyn'ʔalagma] *nt* <-s, Synallagmen> (JUR) sinalagma *f*
synchron [zyn'kro:n] *adj* (*a.* LING) sincrónico
Synchronisation [zynkroniza'tsjo:n] *f* <-, -en> ❶ (TECH) sincronización *f*
❷ (FILM) doblaje *m*
synchronisieren* [zynkroni'zi:rən] *vt* ❶ (TECH) sincronizar
❷ (FILM) doblar
Synchronisierung *f* <-, -en> *s.* **Synchronisation**
Syndikalismus *m* <-, *ohne pl*> sindicalismo *m*
Syndikat [zyndi'ka:t] *nt* <-(e)s, -e> (WIRTSCH) consorcio *m*
Syndikus *m* <-, -se *o* Syndizi> (JUR) síndico *m*
Syndikusanwalt, -anwältin *m, f* <-(e)s, -wälte, -, -nen> (JUR) asesor(a) *m(f)* jurídico, -a
Syndrom [zyn'dro:m] *nt* <-s, -e> (MED) síndrome *m* (*für* de)
Synergie [zynɛr'gi:, zynɛr'gi:] *f* <-, *ohne pl*> sinergia *f*
Synergieeffekt *m* <-(e)s, -e> efecto *m* sinérgico
Synergismus *m* <-, *ohne pl*> (CHEM, MED, REL) sinergismo *m*
Synode [zy'no:də] *f* <-, -n> (REL) sínodo *m*
synonym [zyno'ny:m] *adj* (LING) sinónimo (*zu* de)
Synonym [zyno'ny:m] *nt* <-s, -e *o* -a> (LING) sinónimo *m* (*zu* de)
Synonymwörterbuch *nt* <-(e)s, -bücher> diccionario *m* de sinónimos
syntaktisch [zyn'taktɪʃ] *adj* (LING) sintáctico
Syntax ['zyntaks] *f* <-, -en> (LING) sintaxis *f inv*
Syntaxfehler *m* <-s, -> (INFOR, LING) error *m* de sintaxis; **Syntaxprüfung** *f* <-, -en> (INFOR, LING) control *m* de sintaxis
Synthese [zyn'te:zə] *f* <-, -n> (*a.* PHILOS, CHEM) síntesis *f inv*
Synthesegestein *nt* <-(e)s, -e> roca *f* de síntesis
Synthesizer ['syntəsaɪzɐ] *m* <-s, -> sintetizador *m*
Synthetik [zyn'te:tɪk] *nt* <-s, *ohne pl*> (*Gewebe*) tejido *m* sintético
synthetisch [zyn'te:tɪʃ] *adj* (*a.* CHEM) sintético
synthetisieren* [zynteti'zi:rən] *vt* (CHEM) sintetizar
Syphilis ['zy:filɪs] *f* <-, *ohne pl*> sífilis *f*
Syrakus [zyra'ku:s] *nt* <-> Siracusa *f*
Syrer(in) ['zy:rɐ] *m(f)* <-s, -; -, -nen> sirio, -a *m, f*
Syrien ['zy:riən] *nt* <-s> Siria *f*
Syrier(in) ['zy:riɐ] *m(f)* <-s, -; -, -nen> *s.* **Syrer**
syrisch ['zy:rɪʃ] *adj* sirio
System [zys'te:m] *nt* <-s, -e> sistema *m*; **duales ~** (ÖKOL) sistema dual; **~ in etw bringen** sistematizar algo; **mit ~** (+ *Verb*) sistemáticamente
Systemabschluss[RR] *m* <-es, *ohne pl*> (INFOR) cierre *m* del sistema; **Systemabsturz** *m* <-s, -stürze> (INFOR) caída *f* del sistema; **Systemanalyse** *f* <-, -n> (INFOR) análisis *m inv* de sistemas; **Systemanalytiker(in)** *m(f)* <-s, -; -, -nen> (INFOR) analista *mf* de sistemas; **Systemanbieter** *m* <-s, -> (INFOR) servidor *m*
Systematik [zyste'ma:tɪk] *f* <-, -en> ❶ (*Ordnung*) orden *m*
❷ (BIOL) sistemática *f*
systematisch [zyste'ma:tɪʃ] *adj* sistemático
systematisieren* [zystemati'zi:rən] *vt* sistematizar
systembedingt *adj* debido al sistema
Systemeinheit *f* <-, -en> (INFOR) unidad *f* del sistema; **Systemfehler** *m* <-s, -> (INFOR) error *m* del sistema
systemisch *adj* (BIOL, MED) sistémico, general
Systemkonfiguration *f* <-, -en> (INFOR) configuración *f* del sistema; **Systemkritiker(in)** *m(f)* <-s, -; -, -nen> disidente *mf*
systemkritisch I. *adj* crítico con el sistema; **~e Zeitungen sind in diesem Land verboten** los periódicos críticos con [*o* que critican] el sistema están prohibidos en este país
II. *adv* de manera crítica con el sistema; **Journalisten, die sich in diesem Land ~ äußern, ...** los periodistas que en este país critican el sistema...
systemlos *adj* sin sistema, asistemático
Systemmanagement *nt* <-s, *ohne pl*> (INFOR) administración *f* del sistema; **Systemmenü** *nt* <-s, -s> (INFOR) menú *m* del sistema; **Systemplaner** *m* <-s, -> planificador *m* de sistemas; **Systemplatine** *f* <-, -n> (INFOR) placa *f* madre [*o* base]; **Systemregelung** *f* <-, -en> regulación *f* de sistemas; **Systemressource** *f* <-, -n> (INFOR) recurso *m* de sistema; **Systemsoftware** *f* <-, *ohne pl*> (INFOR) software *m* de sistemas; **Systemverwalter** *m* <-s, -> (INFOR) administrador *m* del sistema; **Systemzwang** *m* <-(e)s, -zwänge> restricción *f* impuesta por el sistema
Systole ['zystole, zys'to:lə, *pl:* zys'to:lən] *f* <-, -n> (MED) sístole *f*
systolisch [zys'to:lɪʃ] *adj* (MED) sistólico
Szenario [stse'na:rio] *nt* <-s, -s> (*Zukunftsvision*) visión *f* de futuro, perspectiva *f* de futuro
Szenarium [stse'na:riʊm] *nt* <-s, Szenarien> (*a.* THEAT, FILM) escenario *m*
Szene ['stse:nə] *f* <-, -n> ❶ (THEAT) escena *f*; **sie erhielt Beifall auf offener ~** recibió un aplauso en medio de la escena; **ein Stück in ~ setzen** poner una obra en escena; **sich in ~ setzen** lucirse, darse grandes aires; **jdm eine ~ machen** montar(le) a alguien una escena
❷ (*fam: Milieu*) ambiente *m;* **sich in der ~ auskennen** (*fam: im Nachtleben/kulturellen Leben*) conocer la movida
Szenenwechsel *m* <-s, -> (THEAT) cambio *m* de escena
Szenerie [stsenə'ri:] *f* <-, -n> (*a.* THEAT) escenario *m*
szenisch ['stse:nɪʃ] *adj* escénico; **die ~e Leitung** la dirección escénica
Szepter ['stsɛptɐ] *nt* <-s, -> (*alt*) cetro *m*
Szylla ['stsyla] *f:* **zwischen ~ und Charybdis** (*geh*) entre Escila y Caribdis, entre dos peligros

T

T, t [te:] *nt* <-, -> T, t *f;* **~ wie Theodor** T de Tarragona
t *Abk. von* **Tonne** t
Ta (CHEM) *Abk. von* **Tantal** Ta
Tabak ['tabak] *m* <-s, -e> tabaco *m*
Tabakbau *m* <-(e)s, *ohne pl*> (AGR) cultivo *m* de tabaco; **Tabakhändler(in)** *m(f)* <-s, -; -, -nen> tabaquero, -a *m, f,* tabacalero, -a *m, f;* (*Verkäufer am Kiosk*) estanquero, -a *m, f;* **Tabakindustrie** *f* <-, -n> industria *f* de tabaco [*o* tabacalera]; **Tabakladen** *m* <-s, -läden> estanco *m,* tabaquería *f;* **Tabakplantage** *f* <-, -n> plantación *f* de tabaco
Tabaksbeutel *m* <-s, -> petaca *f;* **Tabaksdose** *f* <-, -n> tabaquera *f;* **Tabakspfeife** *f* <-, -n> pipa *f* (de fumar)
Tabaksteuer *f* <-, -n> impuesto *m* sobre el tabaco; **Tabakwaren** *fpl* tabacos *mpl*
tabellarisch [tabɛ'la:rɪʃ] *adj* en forma de cuadro; **~ anordnen** ordenar en forma de cuadro
Tabelle [ta'bɛlə] *f* <-, -n> tabla *f,* cuadro *m*
Tabellenangabe *f* <-, -n> dato *m* en el cuadro; **Tabellenfeld** *nt* <-(e)s, -er> casilla *f* del cuadro; **Tabellenform** *f* <-, -en>: **etw in ~ darstellen** representar algo mediante un cuadro; **Tabellenführer** *m* <-s, -> (SPORT) líder *m;* **Tabellenkalkulation** *f* <-, -en> (INFOR, MATH) hoja *f* de cálculo; **Tabellenplatz** *m* <-es, -plätze> (SPORT) puesto *m* en la clasificación; **Tabellenspalte** *f* <-, -n> columna *f* de la tabla; **Tabellenstand** *m* <-(e)s, *ohne pl*> (SPORT) clasificación *f*; **Tabellenzeile** *f* <-, -n> fila *f* de la tabla
Tabernakel [tabɐr'na:kəl] *m o nt* <-s, -> (REL) tabernáculo *m*
Tablar ['tabla:ɐ] *nt* <-s, -e> (*Schweiz*) estante *m*
Tablett [ta'blɛt] *nt* <-(e)s, -s *o* -e> bandeja *f,* charol *m Am,* azafata *f Chil;* **jdm etw auf einem silbernen ~ servieren** servirle a alguien algo en bandeja de plata
Tablette [ta'blɛtə] *f* <-, -n> pastilla *f,* comprimido *m*
Tablettenmissbrauch[RR] *m* <-s, -bräuche> abuso *m* de fármacos; **Tablettensucht** *f* <-, -en *o* -süchte> adicción *f* a las pastillas, fármacodependencia *f*
tablettensüchtig *adj* adicto a las pastillas, fármacodependiente; **~ sein** ser adicto a las pastillas
Tablettensüchtige(r) *mf* <-n, -n; -, -n> adicto, -a *m, f* a los fármacos
tabu [ta'bu:] *adj inv:* **~ sein** ser un tabú; **diese Angelegenheit ist ~** este asunto es tabú
Tabu [ta'bu:] *nt* <-s, -s> tabú *m*
tabuisieren* [tabui'zi:rən] *vt* convertir en tabú
Tabula rasa[RR] ['ta:bula 'ra:za] *f:* **~ machen** (*geh*) hacer tabla rasa
Tabulator [tabu'la:to:ɐ] *m* <-s, -en> tabulador *m*
Tabulatortaste *f* <-, -n> (INFOR) tecla *f* tabuladora
Taburett [tabu'rɛt] *nt* <-s, -e> (*Schweiz*) taburete *m*
Tacheles ['taxələs] *f:* **(mit jdm) ~ reden** (*fam*) hablar sin rodeos (con alguien)
Tacho ['taxo] *m* <-s, -s> (*fam*) ❶ (*Geschwindigkeitsmesser*) velocímetro *m*
❷ (*Drehzahlmesser*) tacómetro *m*
Tachometer [taxo'me:tɐ] *m o nt* <-s, -> ❶ (*Geschwindigkeitsmesser*) velocímetro *m*
❷ (*Drehzahlmesser*) tacómetro *m*
Tachometerstand *m* <-(e)s, -stände> (AUTO) valor *m* indicado por el velocímetro
Tadel ['ta:dəl] *m* <-s, -> ❶ (*Kritik*) crítica *f;* (*Rüge*) reprimenda *f*
❷ (*geh: Mangel*) defecto *m;* **ohne jeden ~** sin defecto alguno
tadellos *adj* impecable; (*vollkommen*) perfecto
tadeln ['ta:dəln] *vt* (*rügen*) reprender (*wegen* por), glosar (*wegen* por) *Kol;* (*kritisieren*) criticar (*wegen* por); **jds Verhalten ~** desaprobar el comportamiento de alguien
tadelnd *adj* reprobador, reprobatorio; **ein ~er Blick** una mirada de

reproche

tadelnswert *adj* reprochable, reprobable

Tadschikistan [taˈdʒiːkista(ː)n] *nt* <-s> Tayikistán *m*

TAE *f* <-, -s> *Abk. von* **Telekommunikations-Anschlusseinheit** interfaz *m* para la conexión de sistemas de telecomunicación

Tafel [ˈtaːfəl] *f* <-, -n> ❶ (*Brett, Anzeige~*) tabla *f*; (*Gedenk~*) placa *f* (conmemorativa)
❷ (*in der Schule*) pizarra *f*
❸ (*für Vertäfelung*) panel *m*
❹ (*Schokoladen~*) tableta *f*
❺ (*Tabelle*) tabla *f*, cuadro *m*
❻ (*Illustration*) lámina *f*
❼ (*geh: Esstisch*) mesa *f*; **die ~ aufheben** levantar la mesa

Tafelberg *m* <-(e)s, -e> (GEO) meseta *f*

tafelfertig *adj* (GASTR) listo para el consumo

tafeln *vi* (*geh*) yantar, celebrar un ágape

täfeln [ˈtɛːfəln] *vt* revestir (de madera)

Tafelobst *nt* <-es, *ohne pl*> fruta *f* de mesa; **Tafelrunde** *f* <-, -n> (*geh*) tertulia *f*; **Tafelsilber** *nt* <-s, *ohne pl*> cubertería *f* de plata

Täfelung *f* <-, -en> revestimiento *m* (de madera)

Tafelwasser *nt* <-s, -wässer> agua *f* mineral; **Tafelwein** *m* <-(e)s, -e> vino *m* de mesa

Täfer [ˈtɛːfe] *nt* <-s, -> (*Schweiz*) *s.* **Täfelung**

Taft [taft] *m* <-(e)s, -e> tafetán *m*

Tag¹ [taːk] *m* <-(e)s, -e> ❶ (*allgemein*) día *m*; (*im Verlauf*) jornada *f*; **es wird ~** amanece; **jeden ~** todos los días; **jeden dritten ~** cada tres días; **zweimal am ~** dos veces al día; **am folgenden ~** al día siguiente; **den ganzen ~ lang** durante todo el día; **den lieben langen ~ über nichts tun** no hace nada durante todo el día; **vor 5 ~en** hace 5 días; **in 8 ~en** dentro de 8 días; **~ für ~** día tras día; **von ~ zu ~** de día en día; **von einem ~ auf den anderen** de un día para otro, de la noche al día; **guten ~!** ¡buenos días!; **welcher ~ ist heute?** ¿qué día es hoy?; **eines (schönen) ~es** un (buen) día; **der ~ der offenen Tür** día de puertas abiertas; **der ~ X** día X; **zu ~e kommen** [*o* **treten**] aparecer; **etw kommt an den ~** algo sale a la luz; **~ und Nacht** día y noche; **ein Unterschied wie ~ und Nacht** una diferencia como del día a la noche; **einen guten/schlechten ~ haben** estar de buen/de mal humor; **er hat heute seinen sozialen ~** (*fam*) hoy se siente generoso; **er musste auf seine alten ~e noch umlernen** a su edad todavía tuvo que aprender un nuevo oficio; **in den ~ hinein leben** vivir al día; **etw an den ~ legen** hacer patente algo; **etw zu ~e fördern** [*o* **bringen**] sacar algo a la luz; **es ist noch nicht aller ~e Abend** todavía no está todo perdido; **man soll den ~ nicht vor dem Abend loben** (*prov*) no hay que echar las campanas al vuelo antes de tiempo
❷ (BERGB): **unter/über ~e arbeiten** trabajar en la mina/a cielo abierto
❸ *pl* (*fam: Menstruation*) regla *f*; **sie hat ihre ~e** está con la regla

Tag² [tɛg] *m* <-(s), -s> (INFOR) identificador *m*, rótulo *m*

tagaus [-ˈ-] *adv*: **tagein, ~** todos los días

Tagebau *m* <-(e)s, *ohne pl*> (BERGB) explotación *f* (minera) a cielo abierto; **Tagebuch** *nt* <-(e)s, -bücher> diario *m*; **ein ~ führen** llevar un diario; **Tagedieb(in)** *m(f)* <-(e)s, -e; -, -nen> (*abw*) gandul(a) *m(f)*; **Tagegeld** *nt* <-(e)s, -er> ❶ (*bei einer Dienstreise*) dietas *fpl*
❷ (*bei Krankenhausaufenthalt*) gastos *mpl* de hospital a cargo de la Seguridad Social

tagein [-ˈ-] *adv s.* **tagaus**

tagelang I. *adj* de varios días
II. *adv* durante días enteros

Tagelöhner(in) *m(f)* <-s, -; -, -nen> jornalero, -a *m, f*

tagen [ˈtaːɡən] I. *vi* ❶ (*konferieren*) reunirse (en sesión); **der Ausschuss tagt montags** la comisión se reúne los lunes; **sie ~ seit acht Uhr** están reunidos en sesión desde las ocho
II. *vunpers* (*geh: Tag werden*) amanecer; **es tagt** amanece

Tagesablauf *m* <-(e)s, -läufe> tra(n)scurso *m* del día; **Tagesabschluss**ᴿᴿ *m* <-es, -schlüsse> (WIRTSCH) final *m* de la jornada; **Tagesanbruch** *m* <-(e)s, *ohne pl*> amanecer *m*, amanezquera *f* Mex, PRico; **bei ~** al alba; **Tagesausflug** *m* <-(e)s, -flüge> salida *f* de un día, excursión *f* de un día; **Tagesbefehl** *m* <-s, -e> (MIL) orden *f* del día; **Tagescreme** *f* <-, -s> crema *f* de día; **Tagesdecke** *f* <-, -n> cubrecama *m*, colcha *f*; **Tagesdosis** *f* <-, -dosen> dosis *f inv* diaria; **Tageseinnahme** *f* <-, -n> (COM) ingresos *mpl* del día, caja *f* del día; **Tagesfahrt** *f* <-, -en> viaje *m* de un día, viaje *m* de una jornada; **Tagesfrist** *f* <-, -en> (JUR) plazo *m* actual; **Tagesgeld** *nt* <-(e)s, -er> (FIN) préstamo *m* a un día, per diem *m*; **Tagesgericht** *nt* <-(e)s, -e> (GASTR) plato *m* del día; **Tagesgeschäft** *nt* <-(e)s, -e> operación *f* al contado; **Tagesgeschehen** *nt* <-s, *ohne pl*> acontecimientos *mpl* del día; **Tagesgespräch** *nt* <-(e)s, -e> tema *m* del día; **Tagesgewinn** *m* <-(e)s, -e> ganancias *fpl* diarias; **Tageshälfte** *f* <-, -n> mitad *f* del día; **Tageshöchstkurs** *m* <-es, -e> (FIN) cotización *f* máxima del día; **Tageshöchstsatz** *m* <-es, -sätze> (FIN) tasa *f* máxima del día; **Tageskarte** *f* <-, -n> ❶ (*Speisekarte*) menú *m* del día
❷ (*Fahrkarte*) billete *m* que vale un solo día; **Tageskasse** *f* <-, -n> taquilla *f*; **Tageskauf** *m* <-(e)s, -käufe> (FIN) compra *f* del día; **Tageskurs** *m* <-es, -e> (FIN) valor *m* del día, cotización *f* del día

Tageslicht *nt* <-(e)s, *ohne pl*> luz *f* del sol [*o* del día]; **bei ~** de día; **etw ans ~ bringen** sacar algo a la luz; **ans ~ kommen** salir a la luz; **Tageslichtprojektor** *m* <-s, -en> retroproyector *m*, proyector *m* de transparencias

Tageslohn *m* <-(e)s, -löhne> jornal *m*; **im ~ arbeiten** trabajar de jornalero; **Tagesmarsch** *m* <-(e)s, -märsche> marcha *f* de un día (de duración); **wie weit ist der Truppenübungsplatz von hier entfernt? – einen ~** ¿a cuánto está de aquí el campo de entrenamiento de la tropa? – a un día de marcha; **Tagesmutter** *f* <-, -mütter> mujer-canguro *f*, niñera *f* (que cuida a niños en su propia casa); **Tagesnachrichten** *fpl* (PUBL, TV: *Meldungen*) noticias *fpl* del día; (TV: *Sendung*) noticias *fpl*, noticiero *m* Am; **in den ~ kam heute, dass ...** hoy en las noticias ha salido que...; **Tagesniedrigstkurs** *m* <-es, -e> (FIN) cotización *f* mínima del día; **Tagesordnung** *f* <-, -en> orden *m* del día; **auf der ~ stehen** figurar en el orden del día; **an der ~ sein** ser moneda corriente, ser el pan de cada día; **zur ~ übergehen** volver a la actividad diaria; **etw auf die ~ setzen** incluir algo en el orden del día; **Tagesordnungspunkt** *m* <-(e)s, -e> punto *m* del orden del día

Tagespreis *m* <-es, -e> (WIRTSCH) precio *m* del día; **Tagesproduktion** *f* <-, *ohne pl*> producción *f* diaria; **Tagesration** *f* <-, -en> ración *f* diaria; **Tagesreise** *f* <-, -n> *s.* **Tagesfahrt**; **Tagessatz** *m* <-es, -sätze> ❶ (JUR) tasa *f* diaria ❷ (*im Krankenhaus*) importe *m* diario; **Tagesschau** *f* <-, -en> (TV) telediario *m*; **Tagesschwankung** *f* <-, -en> (FIN) variaciones *fpl* del día, fluctuaciones *fpl* del día; **Tagessoll** *nt* <-(s), -(s)> (WIRTSCH) meta *f* de producción diaria; **Tagessuppe** *f* <-, -n> sopa *f* del día; **Tagestiefstkurs** *m* <-es, -e> (FIN) cotización *f* mínima del día; **Tagesumsatz** *m* <-es, -sätze> caja *f* del día; **Tageswert** *m* <-(e)s, -e> (FIN) valor *m* del día, cotización *f* del día; **Tageszeit** *f* <-, -en> hora *f* del día; **zu jeder Tages- und Nachtzeit** día y noche; **Tageszeitung** *f* <-, -en> diario *m*, periódico *m*

tageweise [ˈtaːɡəvaɪzə] *adv* por días

Tagewerk *nt* <-(e)s, *ohne pl*> trabajo *m* diario; **sein ~ vollbracht haben** haber acabado el trabajo diario

Tagfalter *m* <-s, -> (ZOOL) mariposa *f* diurna; **Taggeld** *nt* <-(e)s, -er> (*Schweiz*) dieta *f*

taghell [ˈ-ˈ-] *adj* claro como el día; **es ist schon ~** ya es (de) día

täglich [ˈtɛːklɪç] I. *adj* cotidiano, diario
II. *adv* todos los días, al día; **dreimal ~** tres veces al día; **~ acht Stunden arbeiten** trabajar ocho horas diarias

Tagliste *f* <-, -n> (*Schweiz*) *s.* **Tagesordnung**; **Tagreise** *f* <-, -n> (*Schweiz*) *s.* **Tagesreise**

tags [taːks] *adv* durante el día, de día; **~ darauf** al día siguiente; **~ zuvor** el día anterior

Tagschicht *f* <-, -en> turno *m* de día

tagsüber [ˈ---] *adv* durante el día, de día

tagtäglich [ˈ-ˈ-] I. *adj* diario, de todos los días
II. *adv* todos los días, a diario

Tagtraum *m* <-(e)s, -träume> soñar *m* despierto; **bleib bei der Sache und versink nicht immer in Tagträume!** ¡concéntrate y no te quedes siempre soñando despierto!

Tagundnachtgleiche *f* <-, -n> equinoccio *m*

Tagung [ˈtaːɡʊŋ] *f* <-, -en> congreso *m*, simposio *m*

Tagungsbüro *nt* <-s, -s> oficina *f* de organización de congresos; **Tagungsgeld** *nt* <-es, *ohne pl*> dieta *f* para congresos; **Tagungsort** *m* <-(e)s, -e> lugar *m* donde se celebra un congreso; **Tagungsraum** *m* <-(e)s, -räume> sala *f* de conferencias; **Tagungsteilnehmer(in)** *m(f)* <-s, -; -, -nen> congresista *mf*

Tagwechsel *m* <-s, -> (FIN) letra *f* a día fijo; **Tagwerk** *nt* <-(e)s, -e> (*Schweiz*) *s.* **Tagewerk**

Taifun [taɪˈfuːn] *m* <-s, -e> tifón *m*

Taiga [ˈtaɪɡa] *f* <-, *ohne pl*> taiga *f*

Taille [ˈtaljə] *f* <-, -n> cintura *f*

Taillenweite *f* <-, -n> talle *m*, (medida *f* de) cintura *f*

tailliert [taˈjiːɐt] *adj* entallado

Taiwan [ˈtaɪvan, taɪˈva(ː)n] *nt* <-s> Taiwan *m*

Taiwaner(in) [taɪˈvaːnɐ] *m(f)* <-s, -; -, -nen> taiwanés, -esa *m, f*

taiwanisch *adj* taiwanés

Takelage [takəˈlaːʒə] *f* <-, -n> (NAUT) jarcias *fpl*

takeln [ˈtaːkəln] *vt* (NAUT) aparejar

Takt¹ [takt] *m* <-(e)s, -e> ❶ (MUS) compás *m*; **im ~ der Musik** al compás de la música; **den ~ schlagen** marcar el compás; **im ~ bleiben** llevar el compás; **aus dem ~ kommen** perder el compás; **als die ersten ~e erklangen ...** al sonar los primeros compases...; **sich nicht aus dem ~ bringen lassen** no dejarse desconcertar; **dazu möchte ich auch ein paar ~e sagen** (*fam*) a esto quisiera añadir algunas palabras

❷ (TECH: *Arbeitsabschnitt*) fase *f*
❸ (INFOR, TEL) paso *m*

Takt² *m* <-(e)s, ohne *pl*> (*~gefühl*) tacto *m*, discreción *f*; **keinen ~ am Leibe haben** (*fam*) no tener ni pizca de tacto

Taktgefühl *nt* <-(e)s, ohne *pl*> tacto *m*, discreción *f*; (**kein**) **~ haben** (no) tener tacto

taktieren* [tak'tiːrən] *vi* (*in Verhandlungen*) emplear [*o* seguir] una táctica

Taktik ['taktɪk] *f* <-, -en> táctica *f*

Taktiker(in) ['taktike] *m(f)* <-s, -; -, -nen> táctico, -a *m*, *f*

taktisch *adj* táctico; **~ klug/falsch** tácticamente inteligente/equivocado

taktlos *adj* indiscreto, sin tacto

Taktlosigkeit *f* <-, -en> falta *f* de tacto

Taktstock *m* <-(e)s, -stöcke> (MUS) batuta *f*; **Taktstrich** *m* <-(e)s, -e> (MUS) barra *f* de compás

taktvoll *adj* con (mucho) tacto, discreto

Tal [taːl, *pl:* 'tɛːlə] *nt* <-(e)s, Täler> valle *m*

talabwärts *adv* valle abajo

Talar [taˈlaːɐ] *m* <-s, -e> ❶ (*von Geistlichen*) sotana *f*, traje *m* talar
❷ (*von Richtern*) toga *f*

Talaue *f* <-, -n> pradera *f* de valle

talaufwärts [-'--] *adv* valle arriba

Talent [taˈlɛnt] *nt* <-(e)s, -e> talento *m* (*für/zu* para); **viel ~ zu etw dat haben** tener mucho talento para algo; **er ist ein großes ~** es hombre de gran talento; **junge ~e** jóvenes talentos

talentiert [talɛnˈtiːɐt] *adj* dotado, aventajado

Taler ['taːlɐ] *m* <-s, -> (HIST) tálero *m*

Talfahrt *f* <-, -en> bajada *f*, descenso *m*; (*einer Währung*) caída *f*; **die Konjunktur ist in der ~** (WIRTSCH) la coyuntura se encuentra en un período de recesión

Talg [talk] *m* <-(e)s, -e> sebo *m*

Talgdrüse *f* <-, -n> glándula *f* sebácea; **Talgfettsäure** *f* <-, -n> (CHEM) ácido *m* graso esteárico

Talisman ['taːlɪsman] *m* <-s, -e> talismán *m*

Talk¹ [talk] *m* <-(e)s, ohne *pl*> (BERGB) talco *m*

Talk² [toːk] *m* <-s, -s> (*sl: Gespräch*) charla *f*

Talkessel *m* <-s, -> (GEO) depresión *f*, circo *m*

Talkmaster(in) [toːkˈmaːstɐ] *m(f)* <-s, -; -, -nen> (TV) presentador(a) *m(f)*

Talkpuder *m o nt* <-s, -> *s.* **Talkum**

Talkshowᴿᴿ ['tɔːkʃɔʊ] *f* <-, -s> (TV) talk show *m*, programa *m* de entrevistas

Talkum ['talkʊm] *nt* <-s, ohne *pl*> (polvos *mpl* de) talco *m*

Talmi ['talmi] *nt* <-s, ohne *pl*> oropel *m*

Talmigold *nt* <-(e)s, ohne *pl*> similor *m*

Talmoor *nt* <-(e)s, -e> pantano *m* de valle

Talmud ['talmuːt] *m* <-s, ohne *pl*> (REL) Talmud *m*

Talmulde *f* <-, -n> (GEO) cañada *f*, valle *m*

Talon *m* <-s, -s> (FIN) talón *m*

Talschaft *f* <-, -en> (*Schweiz*) habitantes *mpl* de un valle

Talsohle *f* <-, -n> (GEO) fondo *m* del valle; **konjunkturelle ~** (WIRTSCH) recesión coyuntural; **Talsperre** *f* <-, -n> presa *f*, embalse *m Arg*; **Talstation** *f* <-, -en> estación *f* (funicular) de abajo

talwärts ['taːlvɛrts] *adv* hacia el valle, al valle

Tamarinde [tamaˈrɪndə] *f* <-, -n> (BOT: *Baum, Frucht*) tamarindo *m*

Tamariske [tamaˈrɪskə] *f* <-, -n> (BOT) tamarisco *m*

Tambour [tamˈbuːɐ] *m* <-s, -e, *Schweiz:* -en> (ARCHIT) tambor *m*

Tamburin [tambuˈriːn] *nt* <-s, -e> pandereta *f*

Tampon ['tampɔn] *m* <-s, -s> tampón *m*; (*für Wunden*) tapón *m*

Tamtam¹ [tamˈtam] *nt* <-s, -s> (*Instrument*) tam-tam *m*

Tamtam² *nt* <-s, ohne *pl*> (*fam abw: Getöse*) jaleo *m*, bulla *f*; **viel ~ um etw machen** dar mucho bombo a algo

TAN *f* <-, -s> (INFOR, TEL) *Abk. von* **Transaktionsnummer** número *m* de transacción (*en homebanking*)

Tand [tant] *m* <-(e)s, ohne *pl*> baratijas *fpl*

Tändelei [tɛndəˈlaɪ] *f* <-, -en> ❶ (*Spielerei*) jugueteo *m*
❷ (*Flirt*) coqueteo *m*, flirteo *m*

tändeln ['tɛndəln] *vi* juguetear

Tandem ['tandɛm] *nt* <-s, -s> tándem *m*

Tandler(in) ['tandlɐ] *m(f)* <-s, -; -, -nen> (*Österr: fam*) prendero, -a *m*, *f*

Tang [taŋ] *m* <-(e)s, -e> algas *fpl* marinas

Tanga ['taŋɡa] *m* <-s, -s> tanga *m*

Tangens ['taŋɡɛns] *f* <-, -> (MATH) tangente *f*

Tangente [taŋˈɡɛntə] *f* <-, -n> (MATH) tangente *f*; **eine ~ ziehen** trazar una tangente

tangential [taŋɡɛnˈtsjaːl] *adj* (MATH) tangencial

tangieren* [taŋˈɡiːrən] *vt* ❶ (*geh: berühren*) afectar
❷ (MATH) tocar tangencialmente

Tango ['taŋɡo] *m* <-s, -s> tango *m*

Tank [taŋk] *m* <-s, -s *o* -e> depósito *m*, tanque *m*

Tankdeckel *m* <-s, -> (AUTO) tapa *f* del depósito de carburante, cierre *m* del tanque de gasolina

tanken *vi, vt* echar [*o* repostar] gasolina; **ich tanke bleifrei** echo gasolina sin plomo; **wo kann man hier ~?** ¿dónde se puede echar gasolina aquí?; **10 Liter ~** echar 10 litros (de gasolina); **voll ~** llenar el depósito (del todo); **bitte voll ~!** ¡por favor llénelo!; **frische Luft ~** (*fam*) respirar aire fresco; **er hat ordentlich getankt** (*fam*) ha bebido de lo lindo

Tanker *m* <-s, -> buque *m* cisterna, petrolero *m*

Tankfüllstutzen *m* <-s, -> manga *f* para llenar el depósito, turbuladura *f* alimentadora del depósito; **Tankfüllung** *f* <-, -en> (AUTO) depósito *m* (lleno); **ich komme mit einer ~ über 700 Kilometer weit** con un depósito [*o* con el depósito lleno] hago más de 700 kilómetros; **Tankinhalt** *m* <-(e)s, -e> volumen *m* del tanque; **Tanklager** *nt* <-s, -> depósito *m* de petróleo; **Tanklaster** *m* <-s, ->, **Tanklastzug** *m* <-(e)s, -züge> camión *m* cisterna; **Tanksäule** *f* <-, -n> surtidor *m* de gasolina; **Tankschiff** *nt* <-(e)s, -e> petrolero *m*; **Tankstelle** *f* <-, -n> gasolinera *f*, estación *m* de servicio, grifo *m Peru*; **Tankuhr** *f* <-, -en> (AUTO) indicador *m* del nivel de gasolina; **Tankverschluss**ᴿᴿ *m* <-es, -schlüsse> ❶ (*Verschluss eines Tanks*) cierre *m* de un depósito ❷ (AUTO: *formal*) *s.* **Tankdeckel**; **Tankwagen** *m* <-s, -> camión *m* cisterna; **Tankwart(in)** ['-vart] *m(f)* <-(e)s, -e; -, -nen> empleado, -a *m*, *f* de una gasolinera; **Tankzug** *m* <-(e)s, -züge> camión *m* cisterna (con remolque)

Tanne ['tanə] *f* <-, -n> abeto *m*

Tannenbaum *m* <-(e)s, -bäume> ❶ (*Tanne*) abeto *m* ❷ (*fam: Weihnachtsbaum*) árbol *m* de Navidad; **Tannenholz** *nt* <-es, ohne *pl*> madera *f* de abeto; **Tannennadel** *f* <-, -n> aguja *f* de abeto; **Tannenwald** *m* <-(e)s, -wälder> bosque *m* de abetos; **Tannenzapfen** *m* <-s, -> piña *f* de abeto

Tannin [taˈniːn] *nt* <-s, -e> tanino *m*

Tantal *nt* <-s, ohne *pl*> (CHEM) tántalo *m*

Tantalusqualen *fpl*: **~ leiden** (*geh*) sufrir el suplicio de Tántalo, pasar un suplicio [*o* un tormento]

Tante ['tantə] *f* <-, -n> tía *f*

Tante-Emma-Laden [tantəˈʔɛmalaːdən] *m* <-s, -Läden> (*fam*) tienda *f* de la esquina

Tantieme [tɛ̃ˈtjɛːmə] *f* <-, -n> ❶ (*Gewinnbeteiligung*) participación *f* en los beneficios
❷ *pl* (*von Autoren*) derechos *mpl* de autor

Tantiemenabrechnung *f* <-, -en> cálculo *m* de los derechos de autor (sobre su participación en los beneficios)

Tantiemesteuer *f* <-, -n> impuesto *m* sobre la participación porcentual de beneficios; **Tantievergütung** *f* <-, -en> retribución *f* porcentual de beneficios

Tanz¹ [tants, *pl:* 'tɛntsə] *m* <-es, Tänze> (MUS) baile *m*, danza *f*, dancing *m Am*; **jdn zum ~ auffordern** sacar a alguien a bailar; **darf ich Sie um den nächsten ~ bitten?** ¿me concede el próximo baile?; **ein ~ auf dem Vulkan** juego con fuego; **wegen etw** *gen/dat* **einen ~ aufführen** (*fam*) montar un número por algo

Tanz² *m* <-es, ohne *pl*> (*~veranstaltung*) baile *m*

Tanzabend *m* <-s, -e> (velada *f* de) baile *m*; **Tanzbein** *nt*: **das ~ schwingen** (*fam*) mover el esqueleto; **Tanzcafé** *nt* <-s, -s> café *m* con pista de baile

tänzeln ['tɛntsəln] *vi* ❶ haben *o* sein (*Mensch*) andar con paso ligero; (*hüpfen*) brincar
❷ (*Pferd*) dar escarceos

tanzen I. *vi* ❶ (*Mensch*) bailar; **~ gehen** ir a bailar; **nach jds Pfeife ~** bailar al son que alguien toca
❷ (*Boot*) balancearse (*auf* en)
❸ (*Mücken*) volar
❹ *sein* (*tänzeln*) andar con paso ligero
II. *vt* bailar; **Tango ~** bailar tango

Tänzer(in) ['tɛntsɐ] *m(f)* <-s, -; -, -nen> bailador(a) *m(f)*; (*professionell*) bailarín, -ina *m*, *f*; (*Flamenco~*) bailaor(a) *m(f)*; **er ist ein schlechter ~** es un mal bailarín

tänzerisch *adj* en cuanto al baile

Tanzfläche *f* <-, -n> pista *f* de baile; **Tanzgruppe** *f* <-, -n> conjunto *m* de baile; **Tanzkapelle** *f* <-, -n> orquesta *f* de baile; **Tanzkurs** *m* <-es, -e> curso *m* de baile; **Tanzlehrer(in)** *m(f)* <-s, -; -, -nen> profesor(a) *m(f)* de baile; **Tanzlokal** *nt* <-(e)s, -e> sala *f* de baile, dancing *m Am*; **Tanzmusik** *f* <-, -en> música *f* bailable [*o* para bailar]; **Tanzorchester** *nt* <-s, -> orquesta *f* de baile; **Tanzpartner(in)** *m(f)* <-s, -; -, -nen> pareja *f* (de baile); **Tanzschritt** *m* <-(e)s, -e> paso *m* de baile; **Tanzschule** *f* <-, -n> escuela *f* de danza [*o* de baile]; **Tanzstunde** *f* <-, -n> clase *f* de danza [*o* de baile]; **Tanztee** *m* <-s, -s> té *m* (amenizado con música para bailar); **Tanzturnier** *nt* <-s, -e> concurso *m* de baile

Tapet [ta'pe:t] *nt* (*fam*): etw aufs ~ **bringen** poner algo sobre el tapete
Tapete [ta'pe:tə] *f* <-, -n> papel *m* pintado
Tapetenbahn *f* <-, -en> tira *f* de papel pintado [*o* de empapelado]; **Tapetenmuster** *nt* <-s, -> dibujo *m* del papel pintado, motivo *m* del papel pintado; **Tapetenrolle** *f* <-, -n> rollo *m* de papel pintado; **Tapetentür** *f* <-, -en> puerta *f* secreta (*empapelada como el resto de la pared*); **Tapetenwechsel** *m* <-s, -> (*fam*) cambio *m* de aires
tapezieren* [tape'tsi:rən] *vi, vt* empapelar
Tapezierer(in) *m(f)* <-s, -; -, -nen> empapelador(a) *m(f)*
Tapeziertisch *m* <-(e)s, -e> mesa *f* de caballete
tapfer ['tapfɐ] *adj* valiente, valeroso; **sich ~ schlagen** defenderse con bravura
Tapferkeit *f* <-, *ohne pl*> valor *m*, valentía *f*
Tapferkeitsmedaille *f* <-, -n> (MIL) medalla *f* al valor
Tapir ['ta:pi:ɐ] *m* <-s, -e> (ZOOL) tapir *m*, danta *f Ven*
tappen ['tapən] *vi sein* andar (a tientas)
täppisch ['tɛpɪʃ] *adj* (*abw*) torpe
tapsen ['tapsən] *vi sein* (*fam*) caminar silenciosamente
tapsig *adj* (*fam*) torpe, desmañado
Tara ['ta:ra] *f* <-, Taren> tara *f*
Tarantel [ta'rantəl] *f* <-, -n> (BOT) tarántula *f*; **wie von der ~ gestochen** (*fam*) como si le hubiera picado un bicho
Taren *pl von* **Tara**
Tarent [ta'rɛnt] *nt* <-s> Tarento *m*
tarieren* *vt* ❶ (WIRTSCH: *Tara bestimmen*) fijar la tara, determinar la tara ❷ (PHYS: *Gewicht ausgleichen*) tarar
Tarif [ta'ri:f] *m* <-s, -e> tarifa *f*; **laut ~** según tarifa; **geltender/gestaffelter ~** tarifa vigente/escalonada; **~ angleichen/festsetzen/senken** armonizar/fijar/bajar la tarifa; **nach/über/unter ~ bezahlt werden** ser pagado según la/sobre la/por debajo de la tarifa
Tarifabbau *m* <-(e)s, *ohne pl*> (WIRTSCH) reducción *f* salarial; **Tarifabkommen** *nt* <-s, -> (COM) convenio *m* colectivo (sobre el salario mínimo interprofesional), acuerdo *m* arancelario; **Tarifabschluss**[RR] *m* <-es, -schlüsse> (*firma f del*) convenio *m* colectivo; **Tarifauseinandersetzung** *f* <-, -en> (WIRTSCH) negociaciones *fpl* colectivas (sobre el salario mínimo interprofesional); **Tarifautonomie** *f* <-, -n> autonomía *f* de tarifa; **Tarifbelastung** *f* <-, -en> (WIRTSCH) carga *f* arancelaria
tarifbesteuert *adj* (WIRTSCH) con imposición tarifaria
Tarifbezirk *m* <-(e)s, -e> área *f* de validez del convenio colectivo; **Tarifbindung** *f* <-, -en> (WIRTSCH) obligación *f* impuesta por un convenio colectivo; **Tariffähigkeit** *f* <-, *ohne pl*> (WIRTSCH) capacidad *f* para concertar convenios colectivos; **Tarifgefüge** *nt* <-s, -> (WIRTSCH) sistema *m* salarial; **Tarifgehalt** *nt* <-(e)s, -hälter> salario *m* según tarifa; **Tarifgestaltung** *f* <-, *ohne pl*> (WIRTSCH) tarificación *f*; **Tarifgruppe** *f* <-, -n> (WIRTSCH) categoría *f* laboral [*o* de tarifas]; **jdn in eine höhere/niedrigere ~ einstufen** clasificar a alguien en una categoría laboral superior/inferior
tarifieren* *vt* tarifar
Tarifkommission *f* <-, -en> comisión *f* de tarifas; **Tarifkonflikt** *m* <-(e)s, -e> conflicto *m* de tarifas
tariflich *adj* de la tarifa; (*Bezahlung*) según la tarifa
Tariflohn *m* <-(e)s, -löhne> salario *m* según el convenio colectivo
tarifmäßig *adj* (WIRTSCH) arancelario; **Tarifpartei** *f* <-, -en> (WIRTSCH) parte *f* contratante en un convenio colectivo; **die ~ des Einzelhandels** las partes negociadoras del convenio del comercio minorista; **Tarifpartner** *m* <-s, -> interlocutor *m* social; **Tarifpolitik** *f* <-, *ohne pl*> política *f* salarial; **Tarifrecht** *nt* <-(e)s, *ohne pl*> derecho *m* regulador de los convenios colectivos
tarifrechtlich *adj* jurídico-arancelario
Tarifrunde *f* <-, -n> negociaciones *fpl* colectivas; **Tarifspanne** *f* <-, -n> (WIRTSCH) margen *m* salarial; **Tarifstaffelung** *f* <-, -en> escalonamiento *m* de los baremos salariales; **Tariftonne** *f* <-, -n> tarifa *f* de toneladas; **Tarifunterschiede** *mpl* diferencias *fpl* salariales; **örtlich bedingte ~** diferencias salariales de carácter local; **Tarifurlaub** *m* <-(e)s, -e> (WIRTSCH) vacaciones *fpl* según convenio; **Tarifvereinbarung** *f* <-, -en> (WIRTSCH) convenio *m* colectivo; **Tarifverhandlungen** *fpl* negociaciones *fpl* de los convenios colectivos; **Tarifvertrag** *m* <-(e)s, -träge> convenio *m* colectivo; **arbeitsrechtliche Tarifverträge** convenios colectivos de trabajo; **einen ~ aushandeln** negociar un convenio colectivo
tarifvertraglich *adj* relativo al convenio colectivo
Tarifvertragspartner *m* <-s, -> parte *f* de un convenio colectivo; **Tarifvertragspolitik** *f* <-, *ohne pl*> política *f* de negociación colectiva; **Tarifvertragsrecht** *nt* <-(e)s, *ohne pl*> derecho *m* regulador de la negociación colectiva; **Tarifvertragssystem** *nt* <-s, -e> régimen *m* de negociación colectiva; **Tarifvorschrift** *f* <-, -en> reglamento *m* salarial; **Tarifwert** *m* <-(e)s, -e> valor *m* arancelario; **Tarifwesen** *nt* <-s, *ohne pl*> régimen *m* salarial; **Tarifzone** *f* <-, -n> zona *f* de tarifas; **Tarifzuständigkeit** *f* <-, -en> competencia *f* arancelaria
Tarnanstrich *m* <-(e)s, -e> (MIL) pintura *f* de camuflaje; **Tarnanzug** *m* <-(e)s, -züge> (MIL) uniforme *m* de camuflaje
tarnen ['tarnən] **I.** *vt* camuflar (*mit* con, *gegen* contra)
II. *vr*: **sich ~** camuflarse; **sich als Polizist ~** camuflarse de policía
Tarnfarbe ['tarn-] *f* <-, -n> color *m* de camuflaje, pintura *f* de camuflaje; **Tarnfirma** *f* <-, -firmen> empresa *f* tapadera; **Tarnkappe** *f* <-, -n> caperuza *f* mágica, manto *m* mágico (*que hace invisible a quien lo lleva*); **Tarnname** *m* <-ns, -n> nombre *m* falso; **Tarntracht** *f* <-, -en> (ZOOL) vestimenta *f* de camuflaje
Tarnung *f* <-, -en> camuflaje *m*
Tarock [ta'rɔk] *m o nt* <-s, -s> (*reg*) tarot *m*; **~ spielen** jugar al tarot
Tasche ['taʃə] *f* <-, -n> ❶ (*an Kleidung*) bolsillo *m* ❷ (*Hand-*) bolso *m*, busaca *f Kol, Ven*; (*Reise-*) bolsa *f* (de viaje); (*Akten-, Schul-*) cartera *f*; **in die eigene ~ arbeiten** [*o* **wirtschaften**] (*fam*) llenarse los bolsillos (de modo fraudulento); **etw aus der eigenen ~ bezahlen** (*fam*) pagar algo del propio bolsillo; **jdm das Geld aus der ~ ziehen** (*fam*) timar a alguien; **jdm auf der ~ liegen** (*fam*) vivir a costa de alguien; **jdn in die ~ stecken** (*fam*) poder a alguien; **tief in die ~ greifen** (*fam*) aflojar la mosca; **jdn in der ~ haben** (*fam*) tener a alguien en el bolsillo; **sich** *dat* **in die ~ lügen** (*fam*) engañarse uno mismo
Taschenausgabe *f* <-, -n> edición *f* de bolsillo
Taschenbuch *nt* <-(e)s, -bücher> libro *m* de bolsillo; **Taschenbuchausgabe** *f* <-, -n> edición *f* de bolsillo
Taschencomputer *m* <-s, -> miniordenador *m*, ordenador *m* de bolsillo; **Taschendieb(in)** *m(f)* <-(e)s, -e; -, -nen> carterista *mf*, ratero, -a *m, f*, bolsista *mf MAm, Mex*; **Taschenformat** *nt* <-(e)s, -e> tamaño *m* de bolsillo; **Taschengeld** *nt* <-(e)s, -e> dinero *m* para (pequeños) gastos personales; **Taschenkalender** *m* <-s, -> agenda *f* de bolsillo; **Taschenkrebs** *m* <-es, -e> (ZOOL) masera *f*, buey *m*; **Taschenlampe** *f* <-, -n> linterna *f*; **Taschenmesser** *nt* <-s, -> navaja *f*; **Taschenrechner** *m* <-s, -> calculadora *f* (de bolsillo); **Taschenschirm** *m* <-(e)s, -e> paraguas *m inv* plegable [*o* de bolsillo]; **Taschenspiegel** *m* <-s, -> espejo *m* de bolsillo
Taschenspielertrick *m* <-s, -s> truco *m* de prestidigitación, juego *m* de manos
Taschentuch *nt* <-(e)s, -tücher> pañuelo *m*; **Taschenuhr** *f* <-, -en> reloj *m* de bolsillo; **Taschenwörterbuch** *nt* <-(e)s, -bücher> diccionario *m* de bolsillo
Tasse ['tasə] *f* <-, -n> taza *f*; **eine ~ Kaffee bitte!** ¡una taza de café, por favor!; **er hat nicht alle ~n im Schrank** (*fam*) le falta un tornillo, anda mal de la azotea; **das ist eine trübe ~** (*fam*) ese es un muermo
tassenfertig *adj* instantáneo
Tastatur [tasta'tu:ɐ] *f* <-, -en> teclado *m*
Tastaturanschluss[RR] *m* <-es, -schlüsse> conexión *f* para el teclado; **Tastaturbelegung** *f* <-, -en> (INFOR) asignación *f* al teclado; **Tastatursperre** *f* <-, -n> (INFOR) bloqueo *m* del teclado
tastbar *adj* (*a.* MED) apreciable al tacto, palpable; **eine ~e Geschwulst** un tumor palpable
Taste ['tastə] *f* <-, -n> tecla *f*; **eine ~ drücken** apretar una tecla; **in die ~n greifen** (*fam*) tocar (el piano) con energía
tasten ['tastən] **I.** *vi*: **nach etw** *dat* **~** buscar algo a tientas; **er tastete nach dem Lichtschalter** buscó a tientas el interruptor de la luz
II. *vt* (*er-~*) palpar, tentar
III. *vr*: **sich ~** andar a tientas; **sich durch** [*o* **über**] **etw ~** andar a tientas por algo
Tastenbelegung *f* <-, -en> (INFOR) asignación *f* a una tecla; **Tastenblock** *m* <-(e)s, -blöcke> (INFOR) bloque *m* de teclas; **Tasteninstrument** *nt* <-(e)s, -e> instrumento *m* de teclados; **Tastentelefon** *nt* <-s, -e> teléfono *m* de teclas
Tastorgan *nt* <-(e)s, -e> órgano *m* del tacto; **Tastsinn** *m* <-(e)s, *ohne pl*> (sentido *m* del) tacto *m*
tat [ta:t] *3. imp von* **tun**
Tat [ta:t] *f* <-, -en> (*das Handeln*) hecho *m*, acción *f*; (*Handlung*) acto *m*; (*Straf-*) delito *m*; **fortgesetzte ~** (JUR) hecho reiterado; **gleichartige ~** (JUR) hecho del mismo tipo; **die Schwere der ~** (JUR) la gravedad del delito; **eine gute ~ tun** hacer una buena acción; **etw in die ~ umsetzen** poner algo en práctica; **zur ~ schreiten** pasar a los hechos; **jdn auf frischer ~ ertappen** coger a alguien con las manos en la masa, coger a alguien asando elotes *MAm*; **in der ~!** ¡en efecto!
Tatar[1] [ta'ta:ɐ] *nt* <-s, *ohne pl*> (*Hackfleisch*) tártaro *m*
Tatar(in)[2] *m(f)* <-en, -en; -, -nen> tártaro, -a *m*
Tatbestand *m* <-(e)s, -stände> (*a.* JUR) situación *f* de hecho, estado *m* de cosas, hecho; **Berichtigung des ~s** enmienda de hechos; **mehrgliedriger ~** resultandos pluriarticulados; **einer Norm resultandos** de una norma; **objektiver/subjektiver ~** resultandos objetivos/subjetivos; **privilegierter ~** resultandos privilegiados; **qualifizierter ~** resultandos cualificados; **~ des Urteils** resultandos de la sentencia

Tatbestandselement *nt* <-(e)s, -e> (JUR) elemento *m* constitutivo del tipo; **Tatbestandsirrtum** *m* <-s, -tümer> (JUR) error *m* destructivo del tipo legal
tatbestandsmäßig *adj* (JUR) fáctico
Tatbestandsmerkmal *nt* <-s, -e> (JUR) rasgo *m* constitutivo del tipo; **Tatbestandswirkung** *f* <-, -en> (JUR) efectos *mpl* de hecho
Tatbeteiligung *f* <-, -en> (JUR) participación *f* en los hechos; **Tateinheit** *f* <-, ohne pl> (JUR) concurrencia *f* ideal, unidad *f* de acto; **Mord in ~ mit Raub** asesinato en unidad de acto con robo
Tatendrang *m* <-(e)s, ohne pl> dinamismo *m*, espíritu *m* emprendedor
tatenlos I. *adj* inactivo, pasivo
II. *adv* de brazos cruzados; **wir mussten ~ zusehen** tuvimos que presenciarlo de brazos cruzados
Tatentschluss[RR] *m* <-es, -schlüsse> (JUR) resolución *f* de cometer el acto
Täter(in) ['tɛːte] *m(f)* <-s, -; -, -nen> autor(a) *m(f)* de un delito; **jugendlicher ~** delincuente juvenil; **mutmaßlicher ~** presunto autor
Täter-Opfer-Ausgleich *m* <-(e)s, ohne pl> (JUR) compensación *f* autor-víctima
Täterprognose *f* <-, -n> (JUR) pronóstico *m* del perpetrador
Täterschaft[1] *f* <-, ohne pl> (*Beteiligung*) autoría *f*; **mittelbare ~** autoría indirecta
Täterschaft[2] *f* <-, -en> (*Schweiz: Gesamtheit der Täter*) autores *mpl* del hecho
Tatherrschaft *f* <-, ohne pl> (JUR) dominio *m* del hecho; **funktionelle ~** dominio funcional del hecho; **Lehre von der ~** teoría del dominio del hecho
tätig ['tɛːtɪç] *adj* activo (*für* para, *bei* en); **~ sein** (*Person*) trabajar, dedicarse (*als* a); (*Vulkan*) estar activo; **~e Reue** (JUR) arrepentimiento activo; **als was sind Sie ~?** ¿a qué se dedica Ud.?; **als Lehrer ~ sein** ser profesor; **unter jds ~er Mithilfe** con la cooperación activa de alguien; **in einer Sache ~ werden** intervenir en un asunto
tätigen ['tɛːtɪɡən] *vt* realizar, efectuar
Tätigkeit[1] *f* <-, -en> ① (*Beschäftigung*) actividad *f*; **berufliche/geschäftliche ~** actividad profesional/comercial; **erwerbswirtschaftliche ~** actividad remunerada; **freiberufliche ~** actividad profesional libre; **keiner geregelten ~ nachgehen** no dedicarse a ninguna actividad reglada; **während meiner ~ als Arzt** durante mi trabajo como médico
② (*Arbeit*) trabajo *m*; **eine ~ ausüben** ejercer una profesión; **bisherige ~** actividad (desempeñada) hasta la fecha
Tätigkeit[2] *f* <-, ohne pl> (*Funktionieren*) funcionamiento *m*; **außer ~ sein** estar parado; **in ~ setzen** poner en marcha; **in ~ treten** activarse, entrar en funcionamiento
Tätigkeitsbereich *m* <-(e)s, -e> ámbito *m* de acción, campo *m* de acción; **Tätigkeitsbericht** *m* <-(e)s, -e> memoria *f*; **Tätigkeitsdelikt** *nt* <-(e)s, -e> (JUR) delito *m* de actividad; **Tätigkeitsform** *f* <-, -en> (LING) voz *f* activa; **Tätigkeitsmerkmale** *ntpl* características *fpl* de la profesión; **Tätigkeitstheorie** *f* <-, ohne pl> teoría *f* de la actividad; **Tätigkeitsvergütung** *f* <-, -en> remuneración *f* de la actividad; **Tätigkeitswort** *nt* <-(e)s, -wörter> (LING) verbo *m*
Tatirrtum *m* <-s, -tümer> (JUR) error *m* de hecho
Tatkraft *f* <-, ohne pl> energía *f*, dinamismo *m*
tatkräftig *adj* enérgico, dinámico; **jdn ~ unterstützen** apoyar a alguien enérgicamente
tätlich ['tɛːtlɪç] *adj* de obra, de hecho; **gegen jdn ~ werden** hacer uso de la violencia física contra alguien
Tätlichkeiten *fpl* actos *mpl* de violencia
Tatlösung *f* <-, -en> (JUR) solución *f* del hecho; **Tatmehrheit** *f* <-, ohne pl> (JUR) pluralidad *f* de actos; **Tatmotiv** *nt* <-(e)s, -e> móvil *m* del crimen; **Tatort** *m* <-(e)s, -e> lugar *m* de los hechos
tätowieren* [tɛtoˈviːrən] *vt* tatuar; **sich ~ lassen** hacerse un tatuaje
Tätowierung *f* <-, -en> tatuaje *m*
Tatplantheorie *f* <-, -n> (JUR) teoría *f* de la planificación del acto
Tatprinzip *nt* <-s, -ien> (JUR) principio *m* del hecho
Tatsache *f* <-, -n> hecho *m*; **~ ist, dass ...** es un hecho que...; **~!** (*fam*) ¡de verdad!; **anspruchsbegründende ~** (JUR) hecho fundamentador; **offenkundige ~** (JUR) hecho notorio; **rechtserhebliche ~** (JUR) hecho jurídicamente relevante; **unwesentliche/wesentliche ~n** (JUR) hechos irrelevantes/relevantes; **unter Vorspiegelung falscher ~n** bajo falsas apariencias; **vollendete ~n schaffen** crear hechos consumados; **vor vollendeten ~n stehen** enfrentarse a hechos consumados
Tatsachenbehauptung *f* <-, -en> (JUR) afirmación *f* de los hechos; **Tatsachenbericht** *m* <-(e)s, -e> informe *m* de los hechos, relato *m* auténtico; **Tatsachenbeweis** *m* <-es, -e> (JUR) prueba *f* fáctica; **Tatsachenfeststellung** *f* <-, -en> (JUR) establecimiento *m* de los hechos; **Tatsachenvortrag** *m* <-(e)s, -träge> (JUR) alegaciones *fpl* de hecho
tatsächlich ['---, -ˈ--] I. *adj* real, verdadero; **~e Feststellung** constata-

ción real; **sein ~er Name ist Igor** su verdadero nombre es Igor
II. *adv* de hecho, realmente; **ist das ~ wahr?** ¿es realmente cierto?; **er ist es ~** efectivamente es él
tätscheln ['tɛtʃəln] *vt* dar palmaditas (a); (*streicheln*) acariciar
Tatschwere *f* <-, ohne pl> (JUR) gravedad *f* de los hechos
Tattergreis(in) ['tate-] *m(f)* <-es, -e; -, -nen> (*fam abw*) viejo, -a *m*, *f* decrépito, -a
Tatterich ['tatərɪç] *m* (*fam*): **einen ~ haben** temblequear; **einen ~ bekommen** pillarle a alguien el temblequeo
tatterig ['tatərɪç] *adj* (*fam*) temblón, tembloroso
Tatumstand *m* <-(e)s, -stände> (JUR) circunstancia *f* de hecho; **erschwerende/mildernde ~** circunstancias agravantes/atenuantes de hecho; **Tatverantwortung** *f* <-, ohne pl> (JUR) responsabilidad *f* por el hecho; **Tatverdacht** *m* <-(e)s, ohne pl> (JUR) sospecha *f*; **einfacher/hinreichender ~** sospecha simple/suficiente de criminalidad objetiva; **unter ~ stehen** estar bajo sospecha; **es besteht ~** existe la sospecha
tatverdächtig *adj* (JUR) sospechoso
Tatverdächtige(r) *mf* <-n, -n; -n, -n> (JUR) sospechoso, -a *m*, *f*; **Tatwaffe** *f* <-, -n> (JUR) arma *f* del crimen
Tatze ['tatsə] *f* <-, -n> ① (*von Tieren*) zarpa *f*
② (*fam: Hand*) pata *f*, zampa *f*
Tatzeit *f* <-, -en> (JUR) hora *f* del crimen; **Tatzeuge, -in** *m*, *f* <-n, -n; -, -nen> (JUR) testigo *mf* presencial
Tau[1] [taʊ] *m* <-s, ohne pl> (*Niederschlag*) rocío *m*
Tau[2] *nt* <-(e)s, -e> (NAUT) cabo *m*, amarra *f*; **ein ~ kappen** cortar un cabo
taub [taʊp] *adj* ① (*gehörlos*) sordo; **sich ~ stellen** hacerse el sordo; **auf einem Ohr ~ sein** ser sordo de un oído; **~ werden** ensordecer; **bist du ~?** (*fam*) ¿estás sordo o qué?
② (*Körperteil*) entumecido
③ (*Nuss*) vacío
④ (*Gestein*) estéril
Taube ['taʊbə] *f* <-, -n> (ZOOL) paloma *f*; **~n und Falken** (POL) palomas y halcones
Taube(r) ['taʊbə] *mf* <-n, -n; -n, -n> sordo, -a *m*, *f*
taubenblau *adj* azul grisáceo pálido
Taubenei *nt* <-(e)s, -er> huevo *m* de paloma
taubengrau *adj* azul grisáceo pálido
Taubenhaus *nt* <-es, -häuser>, **Taubenschlag** *m* <-(e)s, -schläge> palomar *m*; **hier geht es zu wie im ~** (*fam*) esto parece un hormiguero
Tauber ['taʊbe] *m* <-s, ->, **Täuber** *m* <-s, ->, **Tauberich** *m* <-s, -e>, **Täuberich** *m* <-s, -e> palomo *m*
Taubheit *f* <-, ohne pl> ① (*Gehörlosigkeit*) sordera *f*
② (*der Glieder*) entumecimiento *m*
Taubnessel *f* <-, -n> (BOT) ortiga *f* muerta
taubstumm ['--] *adj* sordomudo
Taubstumme(r) *mf* <-n, -n; -n, -n> sordomudo, -a *m*, *f*; **Taubstummensprache** *f* <-, ohne pl> lenguaje *m* de los sordomudos
Tauchbad *nt* <-(e)s, -bäder> (CHEM) baño *m* de inmersión
tauchen ['taʊxən] I. *vi haben* o *sein* (*Mensch*) bucear, sumergirse (*in* en); (*Ente, U-Boot*) sumergirse (*in* en); **nach jdm/etw** *dat* **~** buscar (buceando) a alguien/algo
II. *vt* mojar (*in* en), sumergir (*in* en)
Tauchen *nt* <-s, ohne pl> submarinismo *m*, deporte *m* de inmersión; **ich gehe zum ~** voy a hacer submarinismo
Taucher(in) *m(f)* <-s, -; -, -nen> buceador(a) *m(f)*; (*Berufs~*) buzo *mf*, hombre-rana *m*, mujer-rana *f*
Taucheranzug *m* <-(e)s, -züge> traje *m* de buzo; **Taucherausrüstung** *f* <-, -en> equipo *m* de buceo [*o* de buzo]; **Taucherbrille** *f* <-, -n> gafas *fpl* de bucear; **Taucherflosse** *f* <-, -n> aleta *f* (de buceador); **Taucherglocke** *f* <-, -n> campana *f* de buzo; **Taucherhelm** *m* <-(e)s, -e> casco *m* de inmersión [*o* de la escafandra]
Taucherin *f* <-, -nen> *s.* **Taucher**
Taucherkrankheit *f* <-, ohne pl> aeremia *f*; **Tauchermaske** *f* <-, -n> gafas *fpl* de buceador
Tauchsieder ['-ziːdɐ] *m* <-s, -> calentador *m* de líquidos (por inmersión); **Tauchstation** *f*: **auf ~ gehen** (*fam*) esfumarse; **Tauchtiefe** *f* <-, -n> profundidad *f* de sumersión
tauen ['taʊən] I. *vi* (*Schnee, Eis*) derretirse; (*Fluss*) deshelarse
II. *vunpers*: **es taut** (*es ist Tauwetter*) se está derritiendo la nieve; (*Tau schlägt sich nieder*) está cayendo rocío
Tauern *pl* (cordillera *f* de los) Tauern *mpl*
Taufbecken *nt* <-s, -> pila *f* bautismal
Taufe[1] ['taʊfə] *f* <-, ohne pl> (*Sakrament*) bautismo *m*
Taufe[2] *f* <-, -n> (*Akt*) bautizo *m*; **etw aus der ~ heben** (*fam*) fundar algo
taufen ['taʊfən] *vt* bautizar; **sich ~ lassen** bautizarse; **sie tauften ihn**

auf den Namen Paul le bautizaron con el nombre de Paul
Täufer ['tɔɪfɐ] *m* <-s, -> (REL) bautista *m;* **Johannes der** ~ San Juan Bautista
Taufkapelle *f* <-, -n> baptisterio *m;* **Taufkleid** *nt* <-(e)s, -er> faldón *m,* faldellín *m Ant, Ven*
Taufliege *f* <-, -n> mosca *f* de vinagre
Täufling ['tɔɪflɪŋ] *m* <-s, -e> niño, -a *m, f* bautizado, -a
Taufname *m* <-ns, -n> nombre *m* de pila; **Taufpate, -in** *m, f* <-n, -; -, -nen> padrino *m* de bautismo, madrina *f* de bautismo; **Taufregister** *nt* <-s, -> registro *m* de bautizos
taufrisch ['tau'frɪʃ] *adj* ❶ (*feucht*) húmedo de rocío
❷ (*frisch*) muy fresco; **er ist nicht mehr ganz** ~ (*fam*) se le notan los años
Taufschein *m* <-(e)s, -e> partida *f* de bautismo; **Taufstein** *m* <-(e)s, -e> (REL) pila *f* bautismal
taugen ['taugən] *vi* servir (*für/zu* para); **wenig/etwas** ~ (*Gegenstand*) servir poco/bastante; (*Film*) no ser muy bueno/ser bastante bueno; **er taugt nicht zum Lehrer** no sirve para profesor; **der Kerl taugt nichts** el chico no sirve para nada
Taugenichts ['taugənɪçts] *m* <-(es), -e> (*abw*) inútil *mf*
tauglich *adj* apto, (*geeignet*) apropiado (*für* para), idóneo (*für* para); (*brauchbar*) útil; **jdn für** ~ **erklären** (MIL) declarar a alguien apto (para el servicio militar)
Tauglichkeit *f* <-, *ohne pl*> aptitud *f* (*für* para), idoneidad *f* (*für* para); (MIL) aptitud *f* para el servicio militar
Tauglichkeitsprüfung *f* <-, -en> prueba *f* de aptitud; **Tauglichkeitszeugnis** *nt* <-ses, -se> certificado *m* de aptitud
Taumel ['taumǝl] *m* <-s, -> ❶ (*Schwindel*) vértigo *m,* mareo *m*
❷ (*Rausch*) delirio *m,* paroxismo *m;* **im** ~ **der Begeisterung** en el éxtasis de la emoción
taumelig *adj* vacilante, tambaleante; **mir wird ganz** ~ siento vértigo; ~ **gehen** andar con paso vacilante
taumeln ['taumǝln] *vi haben o sein* tambalearse; **gegen die Wand** ~ ir dando tumbos contra la pared
Taunus ['taunʊs] *m* <-> Taunus *m*
Tausch [tauʃ] *m* <-(e)s, -e> cambio *m,* trueque *m;* **etw zum** ~ **anbieten** ofrecer algo para cambiar; **im Tausch gegen** [*o* **für**] **etw** a cambio de algo; **einen guten/schlechten** ~ **machen** hacer un buen/mal cambio
tauschen ['tauʃǝn] *vi, vt* cambiar (*für/gegen* por); **lass uns die Plätze** ~ cambiemos de sitio; **ich möchte nicht mit ihm** ~ no quisiera estar en su lugar; **Blicke** ~ cruzar las miradas
täuschen ['tɔɪʃǝn] I. *vi* engañar; **das täuscht** esto engaña
II. *vt* engañar; **wenn mich nicht alles täuscht ...** si no me equivoco...; **wenn mich mein Gedächtnis nicht täuscht** si no me falla la memoria; **sich von jdm** ~ **lassen** dejarse engañar por alguien
III. *vr:* **sich** ~ equivocarse; **darin** ~ **Sie sich** en esto se equivoca Ud.; **ich habe mich in dir getäuscht** me equivoqué contigo; **sich in seiner Hoffnung getäuscht sehen** verse decepcionado en sus esperanzas
täuschend *adj* engañoso, que engaña; **von** ~ **er Ähnlichkeit** casi idéntico; ~ **echt** que parece real; **sie sehen sich** *dat* ~ **ähnlich** se parecen tanto que engaña
Tauschgeschäft *nt* <-(e)s, -e> (operación *f* de) trueque *m;* **Tauschhandel** *m* <-s, *ohne pl*> (WIRTSCH) (comercio *m* de) trueque *m;* **Tauschobjekt** *nt* <-(e)s, -e> objeto *m* de canje
Täuschung *f* <-, -en> ❶ (*das Täuschen*) engaño *m;* (*Betrug*) fraude *m;* **arglistige** ~ (JUR) dolo *m*
❷ (*Irrtum*) error *m;* **optische** ~ ilusión óptica
Täuschungsabsicht *f* <-, -en> (JUR) ánimo *m* defraudatorio; **Täuschungsgefahr** *f* <-, -en> (JUR) riesgo *m* de fraude; **Täuschungshandlung** *f* <-, -en> (JUR) acción *f* engañosa; **Täuschungsmanöver** *nt* <-s, -> truco *m;* **Täuschungsversuch** *m* <-(e)s, -e> intento *m* de engaño
Tauschvertrag *m* <-(e)s, -träge> contrato *m* de permuta; **Tauschverwahrung** *f* <-, *ohne pl*> depósito *m* fungible; **Tauschwert** *m* <-(e)s, *ohne pl*> valor *m* de cambio; **Tauschwirtschaft** *f* <-, *ohne pl*> economía *f* de trueque
tausend ['tauzǝnt] *adj inv* mil; ~ **Dank** un millón de gracias; *s. a.* **achttausend**
Tausend *nt* <-s, -e> millar *m;* **ein halbes** ~ medio millar; ~**e von ... miles de...;** **mehrere** ~ varios millares de; **die Ausgaben gehen in die** ~**e** (*fam*) los gastos se elevan a unos cuantos miles
Tausender ['tauzǝndɐ] *m* <-s, -> ❶ (MATH) millar *m*
❷ (*fam: Geldschein*) billete *m* de mil
tausenderlei ['tauzǝndɐ'laɪ] *adj inv* (*fam*) de mil clases [*o* formas] diferentes, mil clases (diferentes) de; *s. a.* **achterlei**
tausendfach I. *adj* multiplicado por mil
II. *adv* mil veces; *s. a.* **achtfach**
Tausendfüßler *m* <--fy:slɐ] *m* <-s, -> (ZOOL) ciempiés *m inv*
Tausendjahrfeier *f* <-, -n> celebración *f* del milenario; **zur** ~ **der Stadt Münster ...** para las fiestas del milenario de la ciudad de Münster...
tausendjährig *adj* milenario; *s. a.* **achtjährig**
tausendmal *adv* mil veces; **ich bitte** ~ **um Entschuldigung** le pido mil perdones; *s. a.* **achtmal**
Tausendmarkschein *m* <-(e)s, -e> billete *m* de 1000 marcos
Tausendsassa *m* <-s, -(s)>: **sie singt, tanzt und schauspielert – ein richtiger** ~ canta, baila y actúa – una artista total [*o* polifacética); **er hat den Fernseher wieder repariert, der** ~ ha vuelto a arreglar el televisor, el manitas ese
Tausendschönchen *nt* <-s, -> (BOT) amaranto *m*
tausendste(r, s) ['tauzǝntstǝ, -tǝs] *adj* milésimo; **du bist der T**~**, der bei unserem Gewinnspiel anruft** eres el número mil de los que han llamado para nuestro concurso
tausendstel ['tauzǝnstǝl] *adj inv* milésimo
Tausendstel *nt* <-s, -> milésimo *m,* milésima parte *f*
tausendundein *adj* mil (y) uno, 1000 Schrauben, ~**e Schraube,** 1002 Schrauben ... mil tornillos, mil uno, mil dos...; **ein Märchen aus T**~**er Nacht** un cuento de las mil y una noches
Tautologie [tautolo'gi:] *f* <-, -n> (LING) tautología *f*
tautologisch [tauto'lo:gɪʃ] *adj* (LING) tautológico
Tautropfen ['tau-] *m* <-s, -> gota *f* de rocío
Tauwasser *nt* <-s, -> agua *f* de deshielo
Tauwerk *nt* <-(e)s, *ohne pl*> cordaje *m,* jarcias *fpl*
Tauwetter *nt* <-s, *ohne pl*> deshielo *m*
Tauziehen *nt* <-s, *ohne pl*> ❶ (*Spiel*) juego *m* de la cuerda
❷ (*Hin und Her*) lucha *f,* pugna *f;* **das war ein** ~ (*fig*) fue un tira y afloja
Taverne [ta'vɛrnǝ] *f* <-, -n> taberna *f*
Taxameter [taksa'me:tɐ] *m o nt* <-s, -> taxímetro *m*
Taxation [taksa'tsjo:n] *f* <-, -en> (WIRTSCH) tasación *f*
Taxator(in) [ta'ksa:to:ɐ] *m(f)* <-s, -en; -, -nen> (WIRTSCH) perito, -a *m, f* tasador(a)
Taxcard ['tɛkska:ɐt] *f* <-, -s> (*Schweiz: Steuerkarte*) tarjeta *f* de impuestos
Taxe ['taksǝ] *f* <-, -n> ❶ (*Gebühr*) tasa *f,* impuesto *m*
❷ (*Taxi*) taxi *m*
❸ (*Schätzung*) tasación
Taxi ['taksi] *nt* <-s, -s> taxi *m,* coche *m Mex,* concho *m Ant, Cuba;* **ein** ~ **nehmen** coger un taxi, tomar un taxi *Am*
taxieren* [ta'ksi:rǝn] *vt* tasar, evaluar; **jdn von oben herab** ~ (*fam*) repasar a alguien de arriba a abajo
Taxifahrer(in) *m(f)* <-s, -; -, -nen> taxista *mf;* **Taxifahrt** *f* <-, -en> viaje *m* en taxi; **Taxistand** *m* <-(e)s, -stände> parada *f* de taxis
Taxon *nt* <-s, Taxa> (BIOL) taxón *m*
Taxonomie *f* <-, *ohne pl*> (BOT, ZOOL) taxonomía *f*
Taxpreis *m* <-es, -e>, **Taxwert** ['taksve:ɐt] *m* <-(e)s, -e> valor *m* de tasación
Tb¹ [te:'be:] (CHEM) *Abk. von* Terbium Tb
Tb² [te:'be:] *f* <->, **Tbc** [te:be:'tse:] *f* <-> (MED) *Abk. von* Tuberkulose tuberculosis *f inv*
Tb(c)-krank *adj* (MED) tuberculoso; ~ **sein** estar tuberculoso
Tc (CHEM) *Abk. von* Technetium Tc
TCDD (CHEM) *Abk. von* Tetrachlordibenzodioxin tetraclorodibenzodioxina *f*
Te (CHEM) *Abk. von* Tellur Te
Teakholz *nt* <-es, *ohne pl*> madera *f* de teca
Team [ti:m] *nt* <-s, -s> equipo *m;* **im** ~ **arbeiten** trabajar en equipo
Teamarbeit *f* <-, *ohne pl*> trabajo *m* colectivo [*o* en equipo]; **etw im** ~ **anfertigen** hacer algo en equipo; **Teamgeist** *m* <-(e)s, *ohne pl*> espíritu *m* de equipo; **Teamwork** ['ti:mwœ:k] *nt* <-s, *ohne pl*> *s.* **Teamarbeit**
Technetium [tɛçne'tsiʊm] *nt* <-s, *ohne pl*> (CHEM) tecnecio *m*
Technik¹ ['tɛçnɪk] *f* <-, *ohne pl*> ❶ (*Technologie*) tecnología *f;* (*Ausstattung*) instalaciones *fpl* técnicas; **der neueste Stand der** ~ lo último en tecnología; **der Betrieb ist mit modernster** ~ **ausgestattet** la empresa está provista de las más modernas instalaciones técnicas
❷ (*Abteilung*) (sección *f*) técnica *f*
Technik² *f* <-, -en> (*Arbeitsweise*) técnica *f;* (*Methode*) método *m*
Technika *pl von* **Technikum**
technikbesessen *adj* obsesionado con las nuevas tecnologías
Techniken *pl von* **Technik, Technikum**
Techniker(in) ['tɛçnikɐ] *m(f)* <-s, -; -, -nen> técnico, -a *m, f*
technikfeindlich *adj* enemigo de [*o* contrario a] las nuevas tecnologías
Technikfolgenabschätzung *f* <-, -en> valoración *f* de las consecuencias de la técnica; **Technikfolgenanalyse** *f* <-, -n> análisis *m inv* de consecuencias técnicas
Technikum ['tɛçnikʊm] *nt* <-s, Technika *o* Techniken> escuela *f* (poli)técnica
technisch *adj* técnico; **T**~**e Hochschule** Escuela Superior Técnica; ~

technisieren begabt dotado para la técnica; **~es Zeichnen** dibujo técnico; **~er Leiter** ingeniero jefe; **T~er Überwachungsverein** (organismo que realiza la) Inspección Técnica de Vehículos; **das ist ~ unmöglich** esto es técnicamente imposible

technisieren* [tɛçni'ziːrən] vt automatizar, mecanizar

Technisierung f <-, -en> automatización f, mecanización f

Technisierungsgrad m <-(e)s, -e> grado m de automatización

Techno ['tɛkno] m o nt <-(s), ohne pl> (MUS) bakalao m, bacalao m

Technokrat(in) [tɛçno'kraːt] m(f) <-en, -en; -, -nen> tecnócrata mf

Technokratie f <-, ohne pl> tecnocracia f

Technokratin f <-, -nen> s. **Technokrat**

technokratisch adj tecnócrata

Technologe, -in m, f <-n, -n; -, -nen> tecnólogo, -a m, f

Technologie f <-, -n> tecnología f; **abfallarme ~** tecnología pobre en desperdicios; **alternative ~** tecnología alternativa; **angepasste** [o **integrierte**] **~** tecnología integrada; **fortgeschrittene/veraltete ~** tecnología avanzada/anticuada; **neueste ~** última tecnología

Technologiepark m <-s, -s> parque m tecnológico; **Technologietransfer** m <-s, -s> transferencia f de tecnología; **Technologiezentrum** nt <-s, -zentren> centro m de tecnología

Technologin f <-, -nen> s. **Technologe**

technologisch adj tecnológico

Techtelmechtel [tɛçtəl'mɛçtəl] nt <-s, -> flirt m; **mit jdm ein ~ haben** tener una aventura con alguien

Teddybär ['tɛdibɛːɐ̯] m <-en, -en> osito m de peluche

Tee [teː] m <-s, -s> té m; (Kräuter~) infusión f; **schwarzer ~ trinken** tomar té; **~ kochen** hacer té; **zwei Tassen ~, bitte!** ¡dos tazas de té, por favor!; **abwarten und ~ trinken!** (fam) ¡paciencia!; **einen im ~ haben** (fam) estar achispado

TEE [teːeːeː] m <-(s), -(s)> (EISENB) Abk. von **Trans-Europ-Express** expreso m transeuropeo, "Trans-Europe-Express" m

Teebeutel m <-s, -> bolsita f de té; **Teeblatt** nt <-(e)s, -blätter> hoja f de té; **Teeei**[RR] nt <-(e)s, -er>, **Tee-Ei** nt <-(e)s, -er> bola f de té; **Teefilter** m <-s, -> filtro m de té; **Teegebäck** nt <-(e)s, ohne pl> pastas fpl de té; **Teeglas** nt <-es, -gläser> vaso m de té; **Teekanne** f <-, -n> tetera f; **Teekessel** m <-s, -> tetera f; **Teelicht** nt <-(e)s, -er> lamparilla f (mariposa); **Teelöffel** m <-s, -> cucharilla f de té

Teen [tiːn] m <-s, -s>, **Teenager** ['tiːnɛɪdʒɐ] m <-s, -> adolescente mf, joven mf

Teenie ['tiːni] m <-s, -s> (fam), **Teeny** m <-s, -s> (fam) quinceañero, -a m, f

Teer [teːɐ̯] m <-(e)s, -e> alquitrán m

teeren ['teːrən] vt alquitranar; (Straße) asfaltar, embrear

Teerfarbe f <-, -n> pintura f a base de alquitrán; **Teergrube** f <-, -n> pozo m de alquitrán

Teerose f <-, -n> (BOT) rosa f de té

Teerpappe f <-, -n> cartón m alquitranado [o de brea]

Teeservice nt <-(s), -> juego m de té; **Teesieb** nt <-(e)s, -e> colador m de té; **Teestrauch** m <-(e)s, -sträucher> (BOT) (arbusto m del) té m; **Teestube** f <-, -n> salón m de té; **Teetasse** f <-, -n> taza f para té; **Teewagen** m <-s, -, südd, Österr: -wägen> carrito m de servicio; **Teewurst** f <-, -würste> embutido ahumado parecido a la butifarra

Teflon® [tɛf'loːn] nt <-s, ohne pl> teflón® m

Teich [taɪç] m <-(e)s, -e> estanque m, tanque m Am

Teichrose f <-, -n> (BOT) nenúfar m; **Teichwirtschaft** f <-, ohne pl> cría f de peces en viveros

Teig [taɪk] m <-(e)s, -e> masa f; **den ~ gehen lassen** dejar reposar la masa

teigig ['taɪgɪç] adj ❶ (wie Teig) pastoso
❷ (schwammig) fláccido, blando

Teigwaren fpl pastas fpl

Teil[1] [taɪl] m <-(e)s, -e> (a. JUR) parte f; (Bestand~) componente m; **weite ~e des Landes** amplias partes del país; **zum ~ en parte**; **ich habe es zum größten ~ gemacht** he hecho la mayor parte; **in zwei ~e zerbrechen** romperse en dos

Teil[2] nt <-(e)s, -e> (einzelnes Stück) pieza f; (Ersatz~) recambio m; **ein Puzzle mit 1.000 ~en** un puzzle de 1.000 piezas

Teil[3] m o nt <-(e)s, -e> (Anteil, Beitrag) parte f; **ich für mein(en) ~** yo, por mi parte; **sich** dat **sein(en) ~ denken** pensarse lo suyo; **sie erben zu gleichen ~en** heredan a partes iguales; **er hat sein(en) ~ dazu beigetragen** ha contribuido con lo suyo

teilabgeschrieben adj (WIRTSCH) parcialmente amortizado [o depreciado]

Teilabnahme f <-, -n> recepción f parcial; **Teilabschnitt** m <-(e)s, -e> sección f, parte f; **Teilabtretung** f <-, -en> cesión f parcial; **Teilakkreditiv** nt <-s, -e> (FIN) carta f de crédito parcial; **Teilaktie** f <-, -n> acción f parcial; **Teilamortisationsvertrag** m <-(e)s, -träge> (JUR) contrato m de amortización parcial; **Teilanerkenntnisurteil** nt <-s, -e> (JUR) sentencia f de llamamiento parcial; **Teilanfechtung** f <-, -en> (JUR) impugnación f parcial; **Teilansicht** f <-, -en> vista f parcial; **Teilaufhebung** f <-, ohne pl> (JUR) revocación f parcial; **Teilauflage** f <-, -n> tirada f parcial

teilbar ['-baːɐ̯] adj divisible (durch por); **~e Leistung** servicio divisible

Teilbarkeit f <-, ohne pl> divisibilidad f

Teilbereich m <-(e)s, -e> parte f, sector m; **Teilbesitz** m <-es, ohne pl> posesión f parcial; **Teilbetrag** m <-(e)s, -träge> suma f parcial, parte f; **Teilbetriebsaufgabe** f <-, -n> función f de la unidad de explotación; **Teilbetriebsveräußerung** f <-, -en> enajenación f de una unidad de explotación

Teilbeweis m <-es, -e> (JUR) prueba f parcial

Teilchen ['taɪlçən] nt <-s, -> ❶ (PHYS) partícula f
❷ (reg: Gebäck) bollo m, dulce m

Teilchenbeschleuniger m <-s, -> (PHYS) acelerador m de partículas

Teileigentum nt <-s, ohne pl> propiedad f parcial; **Teileigentumsgrundbuch** nt <-(e)s, -bücher> registro m de la propiedad parcial

teilen I. vt ❶ (zer~) partir (in en), dividir (in en)
❷ (auf~) repartir (unter entre); **sich** dat **etw (mit jdm) ~** compartir algo (con alguien); **jds Meinung ~** compartir la opinión de alguien; **die Meinungen waren geteilt** las opiniones estaban divididas
❸ (MATH) dividir (durch por); **27 lässt sich durch 3 ~** 27 se puede dividir por 3
II. vr: **sich ~** ❶ (auseinander gehen) dividirse (in en); (Partei) escindirse
❷ (Straße, Fluss) bifurcarse

Teiler m <-s, -> (MATH) divisor m

Teilerfolg ['taɪl-] m <-(e)s, -e> éxito m parcial; **Teilerfüllung** f <-, -en> cumplimiento m parcial; **Teilergebnis** nt <-ses, -se> resultado m parcial; **Teilerzeugnis** nt <-ses, -se> producto m parcial; **Teilforderung** f <-, -en> crédito m parcial; **Teilfreispruch** m <-(e)s, -sprüche> (JUR) absolución f parcial; **Teilfusion** f <-, -en> fusión f parcial; **Teilgebiet** nt <-(e)s, -e> ramo m, sector m; **Teilgeschäftsfähigkeit** f <-, ohne pl> (JUR) capacidad f parcial para contratar; **Teilgewinnabführungsvertrag** m <-(e)s, -träge> (JUR) contrato m de transferencia parcial de beneficios

teil|haben irr vi participar (an en), tomar parte (an en)

Teilhaber(in) m(f) <-s, -; -, -nen> (WIRTSCH) socio, -a m, f; **beschränkt/unbeschränkt haftender ~** socio de responsabilidad limitada/ilimitada; **geschäftsführender/stiller ~** socio gerente/pasivo; **als ~ eintreten** entrar como partícipe; **jdn zum ~ machen** hacer partícipe a alguien

teilhaberähnlich adj (WIRTSCH) análogo al partícipe

Teilhaberecht nt <-(e)s, ohne pl> derecho m de participación

Teilhaberschaft f <-, ohne pl> participación f; **eine ~ auflösen/eingehen** disolver/extinguir una participación; **eine ~ begründen** fundar una sociedad en participación

Teilhabersteuer f <-, -n> (WIRTSCH) impuesto m sobre participaciones

Teilhafter(in) m(f) <-s, -; -, -nen> (JUR) socio, -a m, f comanditario, -a [o de responsabilidad limitada]

Teilhaftung f <-, -en> (JUR) responsabilidad f parcial

Teilhypothek f <-, -en> (FIN) hipoteca f parcial; **Teilhypothekenbrief** m <-(e)s, -e> (FIN) cédula f hipotecaria parcial

Teilindossament nt <-s, -e> (FIN) endoso m parcial

teilkaskoversichert adj con seguro parcial (que cubre incendios, catástrofes naturales y robo); **ein ~es Auto** un coche con seguro parcial

Teilkaskoversicherung f <-, -en> seguro contra robo, incendio y daños causados por fuerza mayor

Teilklage f <-, -n> (JUR) demanda f parcial; **Teilklausel** f <-, -n> (JUR) cláusula f parcial; **Teilkonzernabschluss**[RR] m <-es, -schlüsse> balance m parcial de consorcio; **Teilkündigung** f <-, -en> denuncia f parcial, rescisión f parcial; **Teilladung** f <-, -en> cargamento m parcial; **in ~en zum Versand bringen** enviar cargamentos parciales; **Teilleistung** f <-, -en> (JUR) prestación f parcial; **Teillieferung** f <-, -en> envío m parcial, entrega f parcial; **Teilmenge** f <-, -n> (MATH) subconjunto m

teilmöbliert adj parcialmente amueblado

Teilnahme ['-naːmə] f <-, ohne pl> ❶ (allgemein) participación f (an en); (Mitarbeit) colaboración f (an en); (an einem Kurs) asistencia f (an a); **~ an einer Straftat** participación en un delito
❷ (Interesse) interés m
❸ (geh: Mitgefühl) simpatía f; (Beileid) pésame m; **seine ~ aussprechen** dar el pésame

Teilnahmebedingung f <-, -en> condición f de participación

teilnahmeberechtigt adj con derecho de participación

teilnahmslos ['taɪlnaːmsloːs] adj indiferente, apático

Teilnahmslosigkeit ['--loːzɪçkaɪt] f <-, ohne pl> falta f de interés, apatía f

teilnahmsvoll adj compasivo, interesado

teil|nehmen irr vi participar (an en), tomar parte (an en); (an einem Kurs) asistir (an a)

Teilnehmer(in) m(f) <-s, -; -, -nen> participante mf; (Kurs~) cursillista

m; (TEL) abonado, -a *m, f*
Teilnehmergebühr *f* <-, -en> (TEL) cuota *f* (telefónica) de abono; **Teilnehmerwährung** *f* <-, -en> (FIN) moneda *f* de los países participantes; **die bilateralen Kurse zwischen den ~en** los tipos de cambio bilaterales de las respectivas monedas de los países participantes
Teilnichtigkeit *f* <-, *ohne pl*> (JUR) nulidad *f* parcial; **Teilobsiegen** *nt* <-s, *ohne pl*> (JUR) victoria *f* parcial; **Teilpfändung** *f* <-, -en> (JUR) embargo *m* parcial; **Teilreaktion** *f* <-, -en> (CHEM) reacción *f* parcial; **Teilrechtskraft** *f* <-, *ohne pl*> (JUR) valor *m* ejecutivo parcial; **Teilrücktritt** *m* <-(e)s, -e> retirada *f* parcial
teils [taɪls] *adv* en parte; ~ **heiter,** ~ **wolkig** con nubes y claros; ~ ..., ~ ... por un lado... por otro...
Teilschuldner(in) *m(f)* <-s, -; -, -nen> deudor(a) *m(f)* parcial; **Teilsendung** *f* <-, -en> envío *m* parcial; **Teilstrecke** *f* <-, -n> etapa *f*; **Teilstrich** *m* <-(e)s, -e> marca *f*; **Teilstück** *nt* <-(e)s, -e> parte *f*
Teilung *f* <-, -en> ❶ (*allgemein*) división *f*; (*einer Partei*) escisión *f*; (*Ver~*) reparto *m*, repartición *f*
❷ (*eines Wegs*) bifurcación *f*
Teilungsanordnung *f* <-, -en> (JUR) ordenanza *f* de partición; **Teilungsartikel** *m* <-s, -> (LING) artículo *m* partitivo; **Teilungserklärung** *f* <-, -en> (JUR) declaración *f* de división horizontal; **Teilungsmasse** *f* <-, -n> (JUR) caudal *m* partible; **Teilungsplan** *m* <-(e)s, -pläne> (JUR) plan *m* de partición; **Teilungssache** *f* <-, -n> (JUR) objeto *m* de partición
Teilunterliegen *nt* <-s, *ohne pl*> (JUR) vencimiento *m* parcial; **Teilvereidigung** *f* <-, -en> (JUR) toma *f* de juramento parcial; **Teilvergleich** *m* <-(e)s, -e> (JUR) convenio *m* parcial; **Teilverhandeln** *nt* <-s, *ohne pl*> (JUR) negociado *m* parcial; **Teilvertrag** *m* <-(e)s, -träge> (JUR) contrato *m* parcial; **Teilverurteilung** *f* <-, -en> (JUR) condena *f* parcial; **Teilverweisung** *f* <-, -en> (JUR) remisión *f* parcial; **Teilverzug** *m* <-(e)s, *ohne pl*> (JUR) mora *f* parcial; **Teilvollstreckung** *f* <-, -en> (JUR) ejecución *f* parcial
teilweise ['-vaɪzə] I. *adj* parcial
II. *adv* en parte, parcialmente
Teilweiterbehandlung *f* <-, -en> renegociación *f* parcial
Teilwert *m* <-(e)s, -e> (WIRTSCH) valor *m* parcial; ~ **von Anlagegegenständen** valor parcial de elementos de inversión; **Teilwertabschreibung** *f* <-, -en> (FIN) amortización *f* de valor parcial; **Teilwertberichtigung** *f* <-, -en> (FIN) rectificación *f* de un valor parcial
Teilzahlung *f* <-, -en> pago *m* a plazos; **etw auf ~ kaufen** comprar algo a plazos; **bei ~** pagando a plazos; **Teilzahlungsgeschäft** *nt* <-(e)s, -e> (FIN) operación *f* a plazos; **Teilzahlungskauf** *m* <-(e)s, -käufe> compra *f* a plazos; **Teilzahlungskredit** *m* <-(e)s, -e> (FIN) crédito *m* a devolver a plazos; **Teilzahlungspreis** *m* <-es, -e> precio *m* de compra a plazos; **Teilzahlungsverpflichtung** *f* <-, -en> (FIN) obligación *f* a plazos; **Teilzahlungswechsel** *m* <-s, -> (FIN) letra *f* a plazos
Teilzeitarbeit *f* <-, -en> trabajo *m* a tiempo parcial [*o* de jornada reducida]
teilzeitbeschäftigt *adj* empleado a tiempo parcial [*o* por horas]
Teilzeitbeschäftigte(r) *mf* <-n, -n; -n, -n> trabajador(a) *m(f)* a tiempo parcial; **Teilzeitbeschäftigung** *f* <-, -en> trabajo *m* a tiempo parcial [*o* por horas]; **Teilzeitkraft** *f* <-, -kräfte> empleado, -a *m, f* a tiempo parcial [*o* por horas]; **Teilzeitnutzungsrecht** *nt* <-(e)s, -e> derecho *m* de utilización temporal; **Teilzeitwohnrecht** *nt* <-(e)s, -e> derecho *m* de habitación temporal; **Teilzeit-Wohnrechtegesetz** *nt* <-es, *ohne pl*> (JUR) ley *f* sobre derecho de habitación temporal
Tein [te'i:n] *nt* <-s, *ohne pl*> teína *f*
Teint [tɛ̃:] *m* <-s, -s> tez *f*, complexión *f Am*
T-Eisen *nt* <-s, -> (TECH) hierro *m* en (forma de) T
tektonisch [tɛk'to:nɪʃ] *adj* (GEO) tectónico
Telearbeit ['te:le-] *f* <-, *ohne pl*> teletrabajo *m*; **Telebanking** *nt* <-, *ohne pl*> (INFOR) telebanca *f*; **Telebrief** *m* <-(e)s, -e> telecarta *f*; **Telefax** ['te:lefaks] *nt* <-es, -e> telefax *m inv*
telefaxen ['----] *vt* mandar por fax
Telefaxgerät *nt* <-(e)s, -e> telefax *m inv*
Telefon ['te:lefo:n, tele'fo:n] *nt* <-s, -e> teléfono *m*; **schnurloses ~** teléfono inalámbrico; **ans ~ gehen** coger el teléfono, atender al teléfono *Am*; **haben Sie ~?** ¿tiene Ud. teléfono?; **das ~ läutet** suena el teléfono
Telefonabonnent(in) *m(f)* <-en, -en; -, -nen> (*Schweiz*) abonado, -a *m, f* de la compañía de teléfonos; **Telefonanlage** *f* <-, -n> instalación *f* telefónica
Telefonanruf *m* <-(e)s, -e> llamada *f* telefónica; **Telefonanrufbeantworter** *m* <-s, -> contestador *m* automático
Telefonanschluss[RR] *m* <-es, -schlüsse> conexión *f* a la red telefónica
Telefonat [telefo'na:t] *nt* <-(e)s, -e> llamada *f* telefónica
Telefonauskunft *f* <-, *ohne pl*> información *f* (telefónica); **rufen Sie die ~ an!** ¡llame a información!; **Telefonbanking** *nt* <-s, *ohne pl*>

(FIN) telebanco *m*; **Telefonbuch** *nt* <-(e)s, -bücher> guía *f* telefónica; **Telefongebühren** *fpl* tasas *fpl* por la conexión y el equipo; **Telefongesellschaft** *f* <-, -en> compañía *f* telefónica; **Telefongespräch** [--'---] *nt* <-(e)s, -e> llamada *f* telefónica; (*Ferngespräch*) conferencia *f* telefónica; **ein ~ führen** hablar por teléfono; **Telefonhäuschen** *nt* <-s, -> *s*. Telefonzelle; **Telefonhörer** *m* <-s, -> auricular *m*, audífono *m Am*
telefonieren* [telefo'ni:rən] *vi* ❶ (*sprechen*) hablar por teléfono; **ich habe zwei Stunden mit ihr telefoniert** he hablado por teléfono con ella durante dos horas
❷ (*anrufen*) llamar por teléfono; **ich muss dringend ~** tengo que llamar por teléfono urgentemente; **kann ich bei Ihnen mal ~?** ¿puedo utilizar su teléfono?; **nach München/Amerika ~** llamar a Múnich/América; **beim T~ kommen mir die besten Ideen** por teléfono se me ocurren las mejores ideas
telefonisch [tele'fo:nɪʃ] I. *adj* telefónico
II. *adv* por teléfono; **ich habe versucht ihn ~ zu erreichen** he intentado localizarlo por teléfono
Telefonist(in) [telefo'nɪst] *m(f)* <-en, -en; -, -nen> telefonista *mf*
Telefonkabel *nt* <-s, -> cable *m* de teléfono; **Telefonkarte** *f* <-, -n> tarjeta *f* telefónica; **Telefonkonferenz** *f* <-, -en> conversación *f* telefónica múltiple, llamada *f* a tres; **Telefonleitung** *f* <-, -en> línea *f* telefónica; **Telefonmarketing** *nt* <-s, *ohne pl*> venta *f* por teléfono, marketing *m* telefónico; **Telefonnetz** *nt* <-es, -e> red *f* telefónica; **Telefonnummer** *f* <-, -n> (número *m* de) teléfono *m*; **gibst du mir deine ~?** ¿me das tu teléfono?; **Telefonrechnung** *f* <-, -en> cuenta *f* del teléfono, factura *f* del teléfono; **Telefonregister** *nt* <-s, -> directorio *m* telefónico; **Telefonseelsorge** *f* <-, *ohne pl*> teléfono *m* de la esperanza; **Telefonsex** *m* <-es, *ohne pl*> (*fam*) sexo *m* telefónico; **Telefonverbindung** *f* <-, -en> conexión *f* telefónica; **Telefonverzeichnis** *nt* <-ses, -se> listín *m* (de teléfonos); **Telefonzelle** *f* <-, -n> cabina *f* telefónica; **Telefonzentrale** *f* <-, -n> central *f* telefónica, conmutador *m MAm, Arg, Kol*
telegen [tele'ge:n] *adj* telegénico
Telegraf [tele'gra:f] *m* <-en, -en> telégrafo *m*; **drahtloser ~** telégrafo sin hilos
Telegrafenamt *nt* <-(e)s, -ämter> oficina *f* de telégrafos; **Telegrafenleitung** *f* <-, -en> línea *f* telegráfica; **Telegrafenmast** *m* <-(e)s, -e(n)> poste *m* telegráfico
Telegrafie [telegra'fi:] *f* <-, *ohne pl*> telegrafía *f*
telegrafieren* [telegra'fi:rən] *vi, vt* telegrafiar
telegrafisch [tele'gra:fɪʃ] I. *adj* telegráfico
II. *adv* por telégrafo
Telegramm [tele'gram] *nt* <-s, -e> telegrama *m*; **ein ~ aufgeben** enviar un telegrama
Telegrammadresse *f* <-, -n> dirección *f* telegráfica; **Telegrammformular** *nt* <-s, -e> impreso *m* para telegramas; **Telegrammgebühr** *f* <-, -en> tasa *f* telegráfica; **Telegrammstil** *m* <-(e)s, *ohne pl*> estilo *m* telegráfico
Telegraph *m* <-en, -en> *s*. Telegraf
Teleheimarbeit *f* <-, *ohne pl*> (TEL) teletrabajo *m* domiciliario
Telekinese [teleki'ne:zə] *f* <-, *ohne pl*> telequinesia *f*
Telekolleg ['te:lekɔlɛk] *nt* <-s, -s> curso *m* a distancia (emitido por televisión)
Telekom *f* <-, *ohne pl*> Telekom *f* (*compañía de teléfonos alemana*)
Telekommunikation *f* <-, *ohne pl*> telecomunicación *f*; **Telekommunikationsgesetz** *nt* <-es, -e> (JUR) ley *f* de telecomunicaciones
Telekonsultation *f* <-, -en> (MED, TEL) teleconsulta *f*; **Telekopie** *f* <-, -n> (tele)fax *m inv*; **Telekopierer** *m* <-s, -> (tele)fax *m inv*; **Telelearning** ['te:lələɶnɪŋ] *nt* <-, *ohne pl*> (INFOR) teleenseñanza *f*, teleeducación *f*; **Telemarketing** *nt* <-s, *ohne pl*> telemarketing *m*
Telematik *f* <-, *ohne pl*> (INFOR, TEL) telemática *f*
Teleobjektiv *nt* <-s, -e> (FOTO) teleobjetivo *m*
Telepathie [telepa'ti:] *f* <-, *ohne pl*> telepatía *f*
telepathisch I. *adj* telepático; **an die ~e Übermittlung von Gedanken glauben** creer en la transmisión telepática de los pensamientos
II. *adv* telepáticamente, por (medio de la) telepatía; **mit jdm ~ in Verbindung treten** entrar en contacto telepático con alguien
Teleprompter® *m* <-s, -> (TV) teleprompter® *m*; **Teleshopping** *nt* <-s, *ohne pl*> teletienda *f*, telecompra *f*
Teleskop [tele'sko:p] *nt* <-s, -e> telescopio *m*
Telespiel *nt* <-(e)s, -e> videojuego *m*
Teletex ['te:letɛks] *nt* <-, *ohne pl*> teletex *m inv*
Teleworking *nt* <-, *ohne pl*> teletrabajo *m*
Telex ['te:lɛks] *nt* <-, -(e)> télex *m inv*
Telexanschluss[RR] *m* <-es, -schlüsse> conexión *f* de télex
telexen ['te:lɛksən] *vt* mandar por télex
Teller ['tɛlɐ] *m* <-s, -> plato *m*; **ein flacher/tiefer ~** un plato llano/hondo; **ein ~ Suppe** un plato de sopa

Tellergericht *nt* <-(e)s, -e> plato *m* combinado; **Tellermine** *f* <-, -n> (MIL) mina *f* de plato; **Tellerwärmer** *m* <-s, -> calientaplatos *m inv*; **Tellerwäscher(in)** *m(f)* <-s, -; -, -nen> friegaplatos *mf inv*, lavavajillas *mf inv*

Tellur [tɛˈluːɐ] *nt* <-s, *ohne pl*> (CHEM) telurio *m*

Tempel [ˈtɛmpəl] *m* <-s, -> templo *m*

Tempeltänzerin *f* <-, -nen> danzarina *f* de un templo

Tempera [ˈtɛmpəra] *f* <-, -s>, **Temperafarbe** *f* <-, -n> pintura *f* al temple, témpera *f*

Temperament [tɛmp(ə)raˈmɛnt] *nt* <-(e)s, -e> temperamento *m*; (*Lebhaftigkeit*) vivacidad *f*; **ein hitziges ~ haben** ser pronto de genio; **(kein) ~ haben** (no) tener temperamento

temperamentlos *adj* sin temperamento

Temperament(s)sache *f*: **das ist ~** es cuestión de temperamento

temperamentvoll *adj* (*lebhaft*) vivo; (*ungestüm*) temperamental

Temperatur [tɛmpəraˈtuːɐ] *f* <-, -en> temperatura *f*; (*Fieber*) fiebre *f*; **die ~ steigt/fällt** la temperatura sube/baja; **bei solchen ~en** con estas temperaturas; **(erhöhte) ~ haben** tener fiebre

Temperaturanstieg *m* <-(e)s, -e> subida *f* de la temperatura; **Temperaturdifferenz** *f* <-, -en> diferencia *f* de temperaturas; **Temperaturfühler** *m* <-s, -> sensor *m* de temperatura; **Temperaturgefälle** *nt* <-s, -> gradiente *m* de temperatura, caída *f* de temperatura; **Temperaturkurve** *f* <-, -n> curva *f* de temperatura; **Temperaturregler** *m* <-s, -> termostato *m*; **Temperaturrückgang** *m* <-(e)s, -gänge> descenso *m* de la(s) temperatura(s); **Temperaturschreiber** *m* <-s, -> registrador *m* de temperatura; **Temperaturschwankung** *f* <-, -en> oscilación *f* de la(s) temperatura(s); **Temperatursturz** *m* <-es, -stürze> descenso *m* brusco de la(s) temperatura(s), caída *f* de la(s) temperatura(s)

temperieren* [tɛmpəˈriːrən] *vt* (a)temperar, templar; **der Raum ist gut temperiert** hay una temperatura agradable en la habitación

Tempi *pl von* **Tempo²**

Tempo¹ [ˈtɛmpo] *nt* <-s, -s> (*Geschwindigkeit*) velocidad *f*; **~!** (*fam*) ¡deprisa!; **mit hohem ~** a gran velocidad

Tempo² *nt* <-s, Tempi> (MUS) tiempo *m*, ritmo *m*; **das ~ angeben** marcar el ritmo

Tempo®³ *nt* <-s, -s> (*fam*) pañuelo *m* de papel, kleenex® *m*

Tempo-30-Zone *f* <-, -n> zona *f* de velocidad limitada a 30 km/h; **sie wohnen in einer kinderfreundlichen ~** viven en un lugar favorable a los niños, donde no se puede circular a más de 30 por hora

Tempolimit *nt* <-s, -s *o* -e> límite *m* de velocidad

Tempora [ˈtɛmpora] *pl von* **Tempus**

temporal [tɛmpoˈraːl] *adj* (LING) temporal

Temporalsatz *m* <-es, -sätze> (LING) oración *f* temporal, oración *f* circunstancial de tiempo

temporär [tɛmpoˈrɛːɐ] *adj* temporal

Temposünder(in) *m(f)* <-s, -; -, -nen> conductor que circula a más velocidad de la permitida

Tempotaschentuch *nt* <-(e)s, -tücher> (*fam*) pañuelo *m* de papel, kleenex® *m*

Tempus [ˈtɛmpʊs, *pl*: ˈtɛmpora] *nt* <-, Tempora> (LING) tiempo *m*

Tendenz [tɛnˈdɛnts] *f* <-, -en> tendencia *f* (*zu* a); **kurserholende ~** (FIN) tendencia de recuperación de la cotización (en bolsa); **steigende ~** tendencia al alza; **eine rezessive/nachgebende/günstige ~ aufweisen** (FIN) presentar una tendencia recesiva/a la baja/favorable; **die ~ geht zu ...** se observa una tendencia a...; **sie hat die ~ zu übertreiben** tiene tendencia a exagerar

tendenziell [tɛnˈdɛntsjɛl] *adj* según la tendencia

tendenziös [tɛndɛnˈtsjøːs] *adj* (*abw*) tendencioso, parcial

Tendenzstück *nt* <-(e)s, -e> (LIT, THEAT: *a. abw*) obra *f* (políticamente) tendenciosa; **Tendenzunternehmen** *nt* <-s, -> (WIRTSCH) empresa *f* tendenciosa; **Tendenzwende** *f* <-, -n> cambio *m* de tendencia

Tender [ˈtɛndɐ] *m* <-s, -> ❶ (EISENB) ténder *m*
❷ (NAUT) embarcación *f* de avituallamiento

tendieren* [tɛnˈdiːrən] *vi* tender (*zu/nach* a); **die Inflation tendiert nach oben** hay una tendencia inflacionista

Teneriffa [teneˈrɪfa] *nt* <-s> Tenerife *m*; **aus ~** tinerfeño

Tenn [tɛn] *nt* <-s, -e> (*Schweiz*), **Tenne** [ˈtɛnə] *f* <-, -n> era *f*

Tennis [ˈtɛnɪs] *nt* <-, *ohne pl*> tenis *m*

Tennisarm *m* <-(e)s, -e> brazo *m* de tenis; **Tennisball** *m* <-(e)s, -bälle> pelota *f* de tenis; **Tennishalle** *f* <-, -n> pista *f* de tenis cubierta; **Tennisklub** *m* <-s, -s> club *m* de tenis; **Tennis Open** [ˈtɛnɪs ˈɔʊpən] *nt* <- -, - -> abierto *m* de tenis; **Tennisplatz** *m* <-es, -plätze> pista *f* de tenis, cancha *f* de tenis; **Tennisschläger** *m* <-s, -> raqueta *f* (de tenis); **Tennisspiel** *nt* <-(e)s, -e> partido *m* de tenis; **Tennisspieler(in)** *m(f)* <-s, -; -, -nen> tenista *mf*; **Tennisturnier** *nt* <-s, -e> torneo *m* de tenis

Tenor¹ [ˈteːnoːɐ] *m* <-s, *ohne pl*> (*Sinn*) tenor *m*; **~ einer gerichtlichen Entscheidung** tenor de una decisión judicial; **in diesem ~** a este tenor

Tenor² [teˈnoːɐ, *pl*: teˈnøːrə] *m* <-s, Tenöre> (MUS) tenor *m*

Tenorstimme *f* <-, -n> (*voz f de*) tenor *m*

Tensid *nt* <-(e)s, -e> agente *m* tensioactivo

Tentakel [tɛnˈtaːkəl] *m o nt* <-s, -> (ZOOL) tentáculo *m*

Tenue [təˈnyː] *nt* <-s, -s> (*Schweiz*) uniforme *m*

Teppich [ˈtɛpɪç] *m* <-s, -e> alfombra *f*; **einen ~ knüpfen** hacer una alfombra de nudos; **etw unter den ~ kehren** (*fig*) disimular algo; **auf dem ~ bleiben** (*fig*) mantener los pies en tierra

Teppichboden *m* <-s, -böden> moqueta *f*, alfombrado *m Am*; **etw mit ~ auslegen** enmoquetar algo; **Teppichfliese** *f* <-, -n> loseta *f* de moqueta; **Teppichkehrer** *m* <-s, -> cepillo *m* mecánico (para alfombras y moquetas); **Teppichkehrmaschine** *f* <-, -n> barredera *f* de alfombras; **Teppichklopfer** *m* <-s, -> sacudidor *m* de alfombra; **Teppichreiniger** *m* <-s, -> limpiaalfombras *m inv*; **Teppichschaum** *m* <-(e)s, -schäume> espuma *f* para alfombras, limpiaalfombras *m inv*; **Teppichstange** *f* <-, -n> barra *f* para sacudir alfombras

teratogen *adj* (MED) teratógeno

Terbium [ˈtɛrbiʊm] *nt* <-s, *ohne pl*> (CHEM) terbio *m*

Term *m* <-(e)s, -e> (INFOR, LING, MATH, PHYS) término *m*

Termin [tɛrˈmiːn] *m* <-s, -e> ❶ (*Frist*) plazo *m*; **einen ~ einhalten** cumplir un plazo; **an feste ~e gebunden sein** estar sujeto a plazos fijos ❷ (*Zeitpunkt*) fecha *f*; **~ zur mündlichen Verhandlung** llamamiento para la vista oral; **~ zur Verkündung einer Entscheidung** convocatoria para comunicación de una decisión; **zu einem bestimmten ~ fällig werden** vencer en una fecha determinada; **der ~ kam näher** se acercó la fecha ❸ (*beim Arzt*) cita *f*; **sich** *dat* **einen ~ geben lassen** pedir hora; **einen ~ vereinbaren** fijar una fecha, acordar una hora; **einen ~ beim Zahnarzt haben** tener hora en el dentista; **er gab uns einen ~ um neun Uhr** nos dio cita para las nueve

Terminablauf¹ *m* <-(e)s, -läufe> (*Verlauf*) (trans)curso *m* de una cita

Terminablauf² *m* <-(e)s, *ohne pl*> (*Fristende*) vencimiento *m* de un plazo

Terminal¹ [ˈtœmɪnəl] *m o nt* <-s, -s> (*Flughafen, Bahnhof*) terminal *f*

Terminal² *nt* <-s, -s> (INFOR) terminal *m*

Terminbörse *f* <-, -n> (FIN) bolsa *f* de valores a plazo fijo; **Termindruck** *m* <-(e)s, *ohne pl*> agobio *m* de tiempo; **Termineinlage** *f* <-, -n> (FIN) depósito *m* a plazo; **Termingeld** *nt* <-(e)s, -er> (FIN) capital *m* a plazo fijo

termingemäß *adj* conforme a la fecha fijada, dentro del plazo previsto

termingerecht *adj* en el plazo fijado, en la fecha prevista

Termingeschäft *nt* <-(e)s, -e> (FIN) operación *f* a plazo (fijo); **bedingtes/festes ~** operación a plazo condicional/a plazo en firme; **Terminhandel** *m* <-s, *ohne pl*> (FIN) operaciones *fpl* a plazo [*o* a término]; **~ für Kartoffeln** operaciones a plazo para las patatas

Termini [ˈtɛrmini] *pl von* **Terminus**

Terminkalender *m* <-s, -> agenda *f*; **Terminkauf** *m* <-(e)s, -käufe> (FIN) compra *f* a plazo [*o* a término]; **Terminkäufer(in)** *m(f)* <-s, -; -, -nen> (FIN) comprador(a) *m(f)* a plazo [*o* a término]

terminlich I. *adj*: **~e Verpflichtungen haben** tener citas concertadas, tener compromisos; **bezüglich unseres Treffens gibt es ~e Probleme** con relación a nuestro encuentro ha surgido un problema de fechas **II.** *adv*: **etw ~ festlegen** acordar una fecha para algo; **~ in Anspruch genommen werden** tener muchas citas concertadas [*o* muchos compromisos]; **nächste Woche bin ich ~ (voll) ausgebucht** la próxima semana no tengo ni un hueco en la agenda [*o* la tengo completa]

Terminlieferung *f* <-, -en> (WIRTSCH) entrega *f* a término; **Terminmarkt** *m* <-(e)s, -märkte> (FIN) mercado *m* a término

Terminologie [tɛrminoloˈgiː] *f* <-, -n> terminología *f*

terminologisch [tɛrminoˈloːgɪʃ] *adj* terminológico

Terminplan *m* <-(e)s, -pläne> agenda *f* (de trabajo); **wie sieht dein ~ für die kommende Woche aus?** ¿cómo tienes la agenda para la próxima semana?; **in dieser Woche habe ich keine Zeit, mein ~ ist voll** esta semana no tengo tiempo, no me queda ni un hueco en la agenda; **Terminplaner** *m* <-s, -> agenda *f*; **Terminplanung** *f* <-, -en> fijación *f* de fechas [*o* de plazos], calendario *m*; **Terminschwierigkeiten** *fpl* dificultades *fpl* para acordar [*o* encontrar] una fecha, problemas *mpl* de horario

Terminus [ˈtɛrminʊs, *pl*: ˈtɛrmini] *m* <-, Termini> término *m*; **~ technicus** término técnico

Terminverkauf *m* <-(e)s, -käufe> (WIRTSCH) venta *f* a plazo [*o* a término]; **Terminverlegung** *f* <-, -en> aplazamiento *m*; **Terminversäumnis** *f* <-ses, -se> olvido *m* de una cita; (JUR) incomparecencia *f*; **Terminvollmacht** *f* <-, -en> poder *m* a término

Termite [tɛrˈmiːtə] *f* <-, -n> termita *f*, termes *m inv*, comején *m Am*

Termitenhügel *m* <-s, -> termitero *m*, comejenera *f*; **Termitenstaat** *m* <-(e)s, -en> (ZOOL) termitero *m*

Terpentin [tɛrpɛnˈtiːn, tɛrpənˈtiːn] *nt* <-s, -e> aguarrás *m*, trementina *f*

Terpentinöl *nt* <-(e)s, -e> (CHEM) esencia *f* de trementina, aguarrás *m*
Terrain [tɛrɛ̃ː] *nt* <-s, -s> terreno *m*
Terrakotta[1] [tɛraˈkɔta] *f* <-, Terrakotten> (*Figur aus ~*) (figura *f* de) terracota *f*
Terrakotta[2] *f* <-, *ohne pl*> (*gebrannter Ton*) terracota *f*
Terrarium [tɛˈraːriʊm] *nt* <-s, Terrarien> terrario *m*
Terrasse [tɛˈrasə] *f* <-, -n> terraza *f*
Terrassendach [tɛˈrasə-, -dɛçɐ] azotea *f*
terrassenförmig *adj* en bancales
Terrassenhaus *nt* <-es, -häuser> (ARCHIT) casa *f* en terrazas
Terrazzo [tɛˈratso, *pl:* tɛˈratsi] *m* <-s, Terrazzi> (ARCHIT) terrazo *m*
terrestrisch [tɛˈrɛstrɪʃ] *adj* ① (*a.* BIOL, GEO) terrestre
② (TV) por antena
Terrier [ˈtɛriɐ] *m* <-s, -> (perro *m*) terrier *m*
terrikol *adj* terrícola
Terrine [tɛˈriːnə] *f* <-, -n> sopera *f*
territorial [tɛritoriˈaːl] *adj* territorial
Territorialherrschaft *f* <-, -en> dominio *m* territorial, control *m* territorial
Territorialitätsprinzip *nt* <-s, *ohne pl*> (JUR) principio *m* de territorialidad; **Territorialitätsrecht** *nt* <-(e)s, *ohne pl*> (JUR) derecho *m* territorial
Territorium [tɛriˈtoːriʊm] *nt* <-s, Territorien> territorio *m*
Terror [ˈtɛroːɐ] *m* <-s, *ohne pl*> terror *m*
Terrorakt *m* <-(e)s, -e> acto *m* terrorista; **Terroranschlag** *m* <-(e)s, -schläge> atentado *m* terrorista
terrorisieren* [tɛroriˈziːrən] *vt* aterrorizar
Terrorismus [tɛroˈrɪsmʊs] *m* <-, *ohne pl*> terrorismo *m*
Terrorismusbekämpfung *f* <-, -en> lucha *f* contra el terrorismo
Terrorist(in) [tɛroˈrɪst] *m(f)* <-en, -en; -, -nen> terrorista *mf*
terroristisch *adj* terrorista; **~e Vereinigung** asociación terrorista
tertiär [tɛrˈtsjɛːɐ] *adj* terciario
Tertiär [tɛrˈtsjɛːɐ] *nt* <-s, *ohne pl*> (GEO) terciario *m*, era *f* terciaria
Tertiärkonsument *m* <-en, -en> (BIOL) consumidor *m* terciario; **Tertiärverkabelung** *f* <-, -en> (INFOR, TEL) cableado *m* (backbone) horizontal [*o* de planta]
Terz[1] [tɛrts] *f* <-, -en> (MUS) tercera *f*
Terz[2] *m:* **~ machen** (*fam*) armar escándalo
Terzett [tɛrˈtsɛt] *nt* <-(e)s, -e> (MUS) terceto *m*
Tesafilm® [ˈteːza-] *m* <-(e)s, *ohne pl*> cinta *f* adhesiva, tesafilm® *m*
Tessin [tɛˈsiːn] *nt* <-s> Tesino *m*
Test [tɛst] *m* <-(e)s, -s *o* -e> prueba *f*, test *m*
Testament [tɛstaˈmɛnt] *nt* <-(e)s, -e> testamento *m;* **eigenhändiges ~** testamento ológrafo; **gemeinschaftliches ~** testamento mancomunado; **öffentliches ~** testamento público; **ordentliches ~** testamento solemne; **ein ~ aufsetzen** redactar un testamento; **ein ~ errichten** otorgar un testamento; **das ~ eröffnen** abrir el testamento; **sein ~ machen** hacer testamento; **ein ~ vollstrecken** ejecutar un testamento; **Altes/Neues ~** (REL) Viejo/Nuevo Testamento
testamentarisch [tɛstamɛnˈtaːrɪʃ] **I.** *adj* testamentario
II. *adv* por testamento; **~ verfügen** disponer en el testamento
Testamentsanfechtung *f* <-, -en> (JUR) impugnación *f* del testamento; **Testamentsauslegung** *f* <-, -en> (JUR) interpretación *f* del testamento; **Testamentsausschlagung** *f* <-, *ohne pl*> (JUR) repudio *m* del testamento; **Testamentseröffnung** *f* <-, -en> (JUR) apertura *f* del testamento; **Testamentsvollstrecker(in)** *m(f)* <-s, -; -, -nen> (JUR) albacea *mf*, testamentario, -a *m, f;* **Testamentsvollstreckung** *f* <-, -en> (JUR) ejecución *f* testamentaria
Testat [tɛsˈtaːt] *nt* <-(e)s, -e> (*a.* JUR) firma *f*
Testator [tɛsˈtaːtoɐ] *m* <-s, -en> (JUR) testador *m*
Testbild *nt* <-(e)s, -er> (TV) carta *f* de ajuste
testen [ˈtɛstən] *vt* examinar; **etw auf seine Haltbarkeit ~** comprobar la resistencia de algo; **jdn auf einen Erreger ~** hacerle una prueba a alguien para comprobar si tiene un virus
Testergebnis *nt* <-ses, -se> resultado *m* de una prueba; **Testfahrer(in)** *m(f)* <-s, -; -, -nen> (AUTO) conductor(a) *m(f)* de pruebas; **Testfrage** *f* <-, -n> pregunta *f* de prueba
testieren* [tɛsˈtiːrən] *vt* ① (*geh: attestieren*) certificar
② (JUR) testar
testierfähig *adj* (JUR) capaz para testar; **nicht ~** incapaz para testar
Testierfähigkeit *f* <-, *ohne pl*> (JUR) capacidad *f* para testar
testierunfähig *adj* (JUR) incapaz para testar
Testikel [tɛsˈtiːkəl] *m* <-s, -> (MED) testículo *m*
Testosteron [tɛstɔsteˈroːn] *nt* <-s, *ohne pl*> (MED) testosterona *f*
Testperson *f* <-, -en> persona *f* objeto de pruebas; **Testpilot(in)** *m(f)* <-en, -en; -, -nen> piloto *mf* de pruebas; **Testprogramm** *nt* <-s, -e> programa *m* de pruebas; **Testreihe** *f* <-, -n> serie *f* de tests; **Teststrecke** *f* <-, -n> tramo *m* de pruebas; **Testversuch** *m* <-(e)s, -e> prueba *f*, ensayo *m*

Tetanus [ˈtɛtanʊs, ˈteːtanʊs] *m* <-, *ohne pl*> (MED) tétano(s) *m* (*inv*)
Tetanusschutzimpfung *f* <-, -en> vacuna *f* antitetánica, vacunación *f* (preventiva) contra el tétano(s)
Tete-a-tete[RR] *nt* <-, -s>, **Tête-à-tête** [tɛtaˈtɛːt] *nt* <-, -s> cita *f* amorosa
Tetraeder [tetraˈʔeːdɐ] *nt* <-s, -> (MATH) tetraedro *m*
teuer [ˈtɔɪɐ] *adj* ① (*kostspielig*) caro, salado *CSur*; (*wertvoll*) valioso; **etw ~ kaufen/verkaufen** comprar/vender algo caro; **wie ~ ist das?** ¿cuánto vale [*o* cuesta]?; **teurer werden** subir de precio; **es ist (um) drei Euro teurer geworden** ha subido tres euros; **etw kommt jdn ~ zu stehen** algo le resulta caro a alguien; **den Verrat wird er ~ bezahlen müssen** pagará cara la traición; **ein ~ erkaufter Sieg** una victoria pagada a un precio muy alto; **etw für teures Geld kaufen** (*fam*) comprar algo a un precio elevado
② (*geh: geschätzt*) querido, apreciado; **bei allem, was mir lieb und ~ ist** por lo que más quiero
Teuerung [ˈtɔɪərʊŋ] *f* <-, -en> inflación *f*, carestía *f*
Teuerungsrate *f* <-, -n> inflación *f;* **Teuerungszulage** *f* <-, -n> plus *m* por carestía (de vida); **Teuerungszuschlag** *m* <-(e)s, -schläge> suplemento *m* por carestía de la vida
Teufel [ˈtɔɪfəl] *m* <-s, -> diablo *m*, demonio *m*, mandinga *m Am*, pillán *m Chil*; **wie/was zum ~ …?** ¿cómo/qué diablos…?; **weiß der ~!** (*fam*) ¡yo qué sé!; **scher dich zum ~!**, **hol dich der ~!** (*fam*) ¡vete al demonio!; **den soll der ~ holen!** (*fam*) ¡al diablo con él!; **sie schert [*o* kümmert] sich den ~ um ihn** (*fam*) a ella él le importa un pepino; **den ~ an die Wand malen** (*fam*) imaginarse lo peor; **das müsste schon mit dem ~ zugehen** (*fam*) ni con la ayuda del diablo; **du kommst in ~s Küche** (*fam*) las vas a pasar moradas; **auf ~ komm raus** (*fam*) cueste lo que cueste; **da ist der ~ los!** (*fam*) ¡menudo jaleo que hay allí!; **den ~ werde ich tun!** ¡y un cuerno!; **den ~ mit [*o* durch] Beelzebub austreiben** acabar con algo malo empleando algo todavía peor; **der ~ steckt im Detail** son los detalles los que causan problemas; **wenn man vom ~ spricht(, kommt er)** hablando del ruin [*o* del rey] de Roma (por la puerta asoma)
Teufelei [tɔɪfəˈlaɪ] *f* <-, -en> acto *m* diabólico, acción *f* diabólica
Teufelsaustreibung *f* <-, -en> exorcismo *m;* **Teufelskerl** *m* <-s, -e> (*fam*) tío *m* valiente; **Teufelskreis** *m* <-es, -e> círculo *m* vicioso
teuflisch *adj* ① (*bösartig*) diabólico
② (*fam: groß*) tremendo; **das schmeckt ~ gut** esto sabe a gloria
Teutone, -in [tɔɪˈtoːnə] *m, f* <-n, -n; -, -nen> (*abw o iron*) teutón, -ona *m, f*
teutonisch [tɔɪˈtoːnɪʃ] *adj* (*abw o iron*) teutón; **etw mit ~er Gründlichkeit erledigen** hacer algo con el esmero propio de los teutones [*o* de los alemanes]
Text [tɛkst] *m* <-(e)s, -e> ① (*allgemein*) texto *m;* **der ~ lautet folgendermaßen: …** el texto dice lo siguiente:…; **weiter im ~!** (*fam*) ¡sigue!; **jdn aus dem ~ bringen** (*fam*) desconcertar a alguien; **aus dem ~ kommen** (*fam*) perder el hilo
② (*Lied~*) letra *f*
③ (*unter einer Abbildung*) leyenda *f*
Textaufgabe *f* <-, -n> (SCH) problema *m;* **Textbaustein** *m* <-(e)s, -e> componente *m;* **Textbuch** *nt* <-(e)s, -bücher> libreto *m;* **Textdatei** *f* <-, -en> (INFOR) archivo *m* de texto; **Textdichter(in)** *m(f)* <-s, -; -, -nen> autor(a) *m(f)* de la letra (de una canción); (*von Opern*) libretista *mf;* **Textdokument** *nt* <-(e)s, -e> (INFOR) documento *m* de texto; **Texteditor** *m* <-s, -en> (INFOR) editor *m* de texto; **Textelement** *nt* <-(e)s, -e> (INFOR) elemento *m* de texto
texten [ˈtɛkstən] *vt* redactar
Texter(in) *m(f)* <-s, -; -, -nen> (*von Liedern*) autor(a) *m(f)* de la letra; (*von Werbetexten*) redactor(a) *m(f)* de textos (publicitarios)
textil [tɛksˈtiːl] *adj* de tela, de tejido; **~e Tapeten** papel pintado de tela; **~es Material** material de tela, tejido *m*
Textilarbeiter(in) [tɛksˈtiːl-] *m(f)* <-s, -; -, -nen> trabajador(a) *m(f)* textil; **Textilfabrik** *f* <-, -en> fábrica *f* textil; **Textilfaser** *f* <-, -n> fibra *f* textil; **Textilgeschäft** *nt* <-(e)s, -e> tienda *f* de telas
Textilien [tɛksˈtiːliən] *pl* (*productos mpl*) textiles *mpl*; (*Stoffe*) tejidos *mpl*, telas *fpl*; (*Kleidung*) ropa *f*
Textilindustrie *f* <-, -n> industria *f* textil
Textkritik *f* <-, *ohne pl*> crítica *f* textual; **Textmarker** [ˈtɛkstmarkɐ] *m* <-s, -> rotulador *m* fluorescente; **Textstelle** *f* <-, -n> pasaje *m* (en un texto); **Textsystem** *nt* <-s, -e> (INFOR) *s.* **Textverarbeitungssystem**
Textur *f* <-, -en> textura *f*
Textverarbeitung *f* <-, -en> (INFOR) tratamiento *m* de textos; **Textverarbeitungsanlage** *f* <-, -n> (INFOR) instalación *f* de tratamiento de textos; **Textverarbeitungsprogramm** *nt* <-s, -e> (INFOR) (programa *m* de) tratamiento *m* de textos; **Textverarbeitungssystem** *nt* <-s, -e> (INFOR) sistema *m* de tratamiento [*o* de procesamiento] de textos

Tezett ['te:tsɛt, te'tsɛt] *nt* <-s, -s> (*fam*): **bis ins ~** con todos los detalles
Th (CHEM) *Abk. von* **Thorium** Th
TH [te:'ha:] *f* <-, -s> *Abk. von* **Technische Hochschule** Escuela *f* Superior Técnica
Thai¹ [taɪ] *mf* <-(s), -(s); -, -(s)> tailandés, -esa *m, f*
Thai² *nt* <-, *ohne pl*> (*Sprache*) tailandés *m*
Thailand ['taɪlant] *nt* <-s> Tailandia *f*
Thailänder(in) ['taɪlɛndɐ] *m(f)* <-s, -; -, -nen> tailandés, -esa *m, f*
thailändisch *adj* tailandés
Thallium ['talɪʊm] *nt* <-s, *ohne pl*> (CHEM) talio *m*
Theater [te'a:tɐ] *nt* <-s, -> teatro *m*; (*Aufführung*) representación *f*; **ins ~ gehen** ir al teatro; **sie ging zum ~** se hizo actriz de teatro; **das ~ fängt um acht Uhr an** la función empieza a las ocho; **ein furchtbares ~ wegen etw** *gen/dat* **machen** (*fam*) armar un escándalo tremendo por algo; **das ist doch nur ~** (*fam*) eso es sólo teatro
Theaterabonnement *nt* <-s, -s> abono *m* para el teatro; **Theateraufführung** *f* <-, -en> representación *f* teatral, función *f* de teatro; **Theaterbesuch** *m* <-(e)s, -e> asistencia *f* a una representación teatral; **Theaterbesucher(in)** *m(f)* <-s, -; -, -nen> espectador(a) *m(f)*; **Theaterdirektor(in)** *m(f)* <-s, -en; -, -nen> director(a) *m(f)* de teatro; **Theaterferien** *pl* cierre *m* (de un teatro) por vacaciones; **wie langweilig ist die Zeit der ~** qué aburrido es cuando el teatro está cerrado por vacaciones; **Theaterkarte** *f* <-, -n> entrada *f* para el teatro; **Theaterkasse** *f* <-, -n> despacho *m* de localidades (para el teatro), taquilla *f*; **Theaterkritiker(in)** *m(f)* <-s, -; -, -nen> crítico, -a *m, f* de teatro; **Theaterprobe** *f* <-, -n> ensayo *m* de teatro; **Theaterpublikum** *nt* <-s, *ohne pl*> público *m* de teatro; **Theaterregisseur(in)** *m(f)* <-s, -e; -, -nen> director(a) *m(f)* de teatro; **Theaterstück** *nt* <-(e)s, -e> pieza *f* teatral, obra *f* de teatro; **Theatervorstellung** *f* <-, -en> representación *f* teatral, función *f* de teatro
theatralisch [tea'tra:lɪʃ] *adj* teatral
Theismus [te'ɪsmʊs] *m* <-, *ohne pl*> (REL) teísmo *m*
Theke ['te:kə] *f* <-, -n> ❶ (*in einer Gaststätte*) barra *f* ❷ (*Ladentisch*) mostrador *m*
Thema ['te:ma, *pl*: 'te:mən] *nt* <-s, Themen> (*a.* MUS) tema *m*; (*Angelegenheit*) asunto *m*; **vom ~ abschweifen** desviarse del tema; **das gehört nicht zum ~** esto no tiene nada que ver con este tema; **das ist für mich erledigt** para mí el asunto está concluido; **das ist (doch) kein ~!** (*fam: spielt keine Rolle*) eso no es importante; (*steht nicht zur Debatte*) ese asunto no está sobre la mesa
Thematik [te'ma:tɪk] *f* <-, -en> temática *f*
thematisch *adj* temático
thematisieren* [temati'zi:rən] *vt* tematizar
Themen ['te:mən] *pl von* **Thema**
Themse ['tɛmzə] *f* <-> Támesis *m*
Theologe, -in [teo'lo:gə] *m, f* <-n, -n; -, -nen> teólogo, -a *m, f*
Theologie [teolo'gi:] *f* <-, *ohne pl*> teología *f*
Theologin *f* <-, -nen> *s.* **Theologe**
theologisch *adj* teológico
Theorem [teo're:m] *nt* <-s, -e> (*geh*) teorema *m*
Theoretiker(in) [teo're:tikɐ] *m(f)* <-s, -; -, -nen> teórico, -a *m, f*
theoretisch *adj* teórico
theoretisieren* [teoreti'zi:rən] *vi* teorizar
Theorie [teo'ri:] *f* <-, -n> teoría *f*; **darwinistische ~** teoría darvinista; **kritische ~** teoría crítica; **das ist graue ~** eso no es más que teoría
Therapeut(in) [tera'pɔyt] *m(f)* <-en, -en; -, -nen> (MED, PSYCH) terapeuta *mf*
Therapeutik [tera'pɔytɪk] *f* <-, *ohne pl*> (MED) terapéutica *f*
Therapeutin *f* <-, -nen> *s.* **Therapeut**
therapeutisch *adj* terapéutico
Therapie [tera'pi:] *f* <-, -n> (MED, PSYCH) terapia *f*
therapieren* *vt* dar un tratamiento médico
Thermalbad [tɛr'ma:l-] *nt* <-(e)s, -bäder> ❶ (*Kurort*) estación *f* termal, centro *m* termal ❷ (*Bad*) baño *m* termal; **Thermalquelle** *f* <-, -n> fuente *f* termal, aguas *fpl* termales
Thermen ['tɛrmən] *fpl* termas *fpl*
Thermik *f* <-, *ohne pl*> (METEO) corriente *f* térmica ascendente
thermisch *adj* térmico
Thermodrucker ['tɛrmo-] *m* <-s, -> impresora *f* térmica; **Thermodynamik** [tɛrmody'na:mɪk] *f* <-, *ohne pl*> termodinámica *f*
thermodynamisch [---'--] *adj* termodinámica
thermoelektrisch [---'--] *adj* termoeléctrico
Thermograph *m* <-en, -en> (METEO) termógrafo *m*
Thermohose ['tɛrmo-] *f* <-, -n> pantalón *m* acolchado
Thermometer [tɛrmo'me:tɐ] *nt* <-s, -> termómetro *m*; **das ~ zeigt 15 Grad** el termómetro marca 15 grados; **Thermometerstand** *m* <-(e)s, *ohne pl*> altura *f* del termómetro
thermonuklear [----'-] *adj* termonuclear
Thermopapier ['----] *nt* <-s, *ohne pl*> papel *m* de fax; **Thermopapierfax** *nt* <-, -(e)> fax *m* de papel térmico
thermophil *adj* (BIOL) termófilo
thermoplastisch *adj* (CHEM): **~e Kunststoffe** termoplásticos *mpl*
Thermosflasche ['tɛrmɔs-] *f* <-, -n> termo *m*; **Thermoskanne** *f* <-, -n> termo *m*
Thermosphäre *f* <-, *ohne pl*> termosfera *f*
Thermostat [tɛrmo'sta:t] *m* <-(e)s *o* -en, -e(n)> termostato *m*
Thesaurus [te'zaʊrʊs] *m* <-, Thesauren *o* Thesauri> tesauro *m*
These ['te:zə] *f* <-, -n> tesis *f inv*; **eine ~ aufstellen** formular una tesis
Thesenpapier *nt* <-(e)s, -e> esquema *m* (de un trabajo escrito), guión *m* (de un trabajo escrito)
Thessalien [tɛ'sa:lɪən] *nt* <-s> Tesalia *f*
Thiamin *nt* <-s, *ohne pl*> tiamina *f*
Thomasschlacke *f* <-, -n> escoria *f* de Thomas
Thon [to:n] *m* <-s, -s> (*Schweiz:* ZOOL) atún *m*
Thorax *m* <-(es), -e> (ANAT) tórax *m inv*
Thorium ['to:rɪʊm] *nt* <-s, *ohne pl*> (CHEM) torio *m*
Threonin *nt* <-s, -e> (CHEM) treonina *f*
Thriller ['θrɪlɐ] *m* <-s, -> (*Film*) película *f* de suspense [*o* de miedo]; (*Buch*) novela *f* de suspense [*o* de miedo]
Thrombose [trɔm'bo:zə] *f* <-, -n> (MED) trombosis *f inv*
Thron [tro:n] *m* <-(e)s, -e> trono *m*; **den ~ besteigen** subir al trono; **jds ~ wackelt** (*fig*) el trono de alguien tambalea; **von seinem ~ herabsteigen** (*fig*) bajar del trono
Thronbesteigung *f* <-, -en> subida *f* al trono
thronen ['tro:nən] *vi* dominar; **das Schloss thront über der Stadt** el castillo domina la ciudad
Thronerbe, -in *m, f* <-n, -n; -, -nen> heredero, -a *m, f* de la corona
Thronfolge *f* <-, *ohne pl*> sucesión *f* al trono; **die ~ antreten** suceder en el trono
Thronfolger(in) *m(f)* <-s, -; -, -nen> sucesor(a) *m(f)* al trono
Thronrede *f* <-, -n> discurso *m* de la Corona
Thulium ['tu:lɪʊm] *nt* <-s, *ohne pl*> (CHEM) tulio *m*
Thunfisch ['tu:n-] *m* <-(e)s, -e> atún *m*, bonito *m*
Thurgau ['tu:ɐgaʊ] *m* <-s> Thurgau *m*
Thüringen ['ty:rɪŋən] *nt* <-s> Turingia *f*
Thüringer(in) *m(f)* <-s, -; -, -nen> turingio, -a *m, f*
thüringisch *adj* turingio
THW [te:ha:'ve:] *nt* <-, -s> *Abk. von* **Technisches Hilfswerk** organización *f* de asistencia técnica en situaciones de crisis, ≈Protección *f* Civil
Thymian ['ty:mia:n] *m* <-s, -e> tomillo *m*
Ti (CHEM) *Abk. von* **Titan** Ti
Tiara ['tja:ra] *f* <-, Tiaren> (REL) tiara *f*
Tiber ['ti:bɐ] *m* <-s> Tíber *m*
Tibet ['ti:bɛt] *nt* <-s> Tíbet *m*
Tick [tɪk] *m* <-(e)s, -s> ❶ (MED) tic *m* ❷ (*fam: Eigenart*) manía *f*; **einen ~ haben** estar tocado
ticken ['tɪkən] *vi* (*Uhr*) hacer tictac; **bei dir tickt's ja nicht richtig!** (*fam*) ¡no estás bien de la cabeza!
Ticket *nt* <-s, -s> ❶ (*Fahr-, Flugschein*) billete *m* ❷ (*Eintrittskarte*) entrada *f*
Ticktack ['tɪk'tak] *f* <-, -s> (*Kindersprache: Uhr*) reloj *m*
Tide *f* <-, -n> marea *f*
Tiebreak^RR *m o nt* <-s, -s>, **Tie-Break** ['taɪbreɪk] *m o nt* <-s, -s> (SPORT) tie break *m*
tief [ti:f] **I.** *adj* ❶ (*nicht flach*) profundo, hondo; (*fig*) profundo; **fünf Meter ~ fallen** caer desde una altura de cinco metros; **ein zwei Meter ~es Loch** un agujero de dos metros de profundidad; **wie ~ ist das?** ¿qué profundidad tiene?; **das Regal ist 20 cm ~** el estante tiene 20 cm de profundidad; **eine ~e Verbeugung machen** hacer una gran reverencia; **~ unten im Tal** en lo más profundo del valle; **~er Schnee** nieve alta; **~sten Afrika** en lo más profundo de África; **aus ~stem Herzen** de todo corazón; **~ in Gedanken versunken sein** estar ensimismado; **aus ~ster Verzweiflung (heraus)** desde la más profunda desesperación; **was ist der ~ere Sinn dieses Vorgehens?** ¿cuál es el sentido último de proceder así?; **~es Schweigen** silencio profundo; **im ~sten Winter** en pleno invierno; **in eine ~e Ohnmacht sinken** perder completamente el sentido
❷ (*niedrig*) bajo; **~e Temperaturen** temperaturas bajas; **~er gelegt** (AUTO) con la carrocería baja; **~ gestelltes Zeichen** (TYPO) subíndice *m*; **sie wohnen eine Etage ~er** viven en el piso de abajo
❸ (*Ton*) bajo; (*Stimme*) grave, profundo
❹ (*Farbe*) intenso
II. *adv* ❶ (*nach unten*) profundamente; (*niedrig*) bajo; **sich ~ bücken** inclinarse profundamente; **die Sonne steht schon ~** el sol ya está bajo; **zehn Meter ~ tauchen** bajar (buceando) diez metros; **sie wohnt ~ in den Bergen** vive montañas adentro; **das Flugzeug fliegt (zu) ~** el avión vuela (demasiado) bajo
❷ (*stark*) mucho, profundamente; **jdm ~ in die Augen sehen** mirar a

alguien profundamente a los ojos; **jdn ~ beeindrucken** impresionar a alguien profundamente; **etw ~ bedauern** lamentar algo profundamente; **er ist ~ gesunken** ha degenerado mucho; **~ ausgeschnitten** (*Kleidung*) muy escotado; **bis ~ in die Nacht hinein** hasta bien entrada la noche; **das lässt ja ~ blicken!** ¡eso da que pensar!
Tief [ti:f] *nt* <-s, -s> ❶ (METEO) depresión *f* atmosférica, área *f* de bajas presiones atmosféricas
❷ (PSYCH) depresión *f*
Tiefbau *m* <-(e)s, *ohne pl*> ingeniería *f* de caminos, obras *fpl* de caminos
tiefbetrübt ['---] *adj s.* **betrübt**
tiefbewegt ['---] *adj s.* **bewegt 2.**
Tiefdruck *m* <-(e)s, *ohne pl*> ❶ (METEO) baja presión *f* ❷ (TYPO) huecograbado *m*; **Tiefdruckgebiet** *nt* <-(e)s, -e> (METEO) zona *f* de baja presión, ciclón *m*; **Tiefdruckkeil** *m* <-(e)s, -e> (METEO) cuña *f* de bajas presiones
Tiefe¹ ['ti:fə] *f* <-, -n> profundidad *f*; **eine ~ von 15 Metern** una profundidad de 15 metros; **die Höhen und ~n des Lebens** los altibajos de la vida; **in der ~ seiner Seele** en el fondo de su alma; **jdn in die ~ reißen** arrastrar a alguien a las profundidades
Tiefe² *f* <-, *ohne pl*> ❶ (*einer Farbe*) intensidad *f*
❷ (*der Stimme*) gravedad *f*
Tiefebene *f* <-, -n> (GEO) llanura *f*
Tiefenpsychologie *f* <-, *ohne pl*> (p)sicología *f* profunda; **Tiefenschärfe** *f* <-, *ohne pl*> (FOTO) profundidad *f* de campo; **Tiefenstrategie** *f* <-, -n> (*Mediaplanung*) estrategia *f* vertical; **Tiefenwirkung** *f* <-, -en> efecto *m* en profundidad
Tiefflieger *m* <-s, -> avión *m* en vuelo a baja cota; **Tiefflug** *m* <-(e)s, -flüge> vuelo *m* rasante [*o* a baja altura]; **Tiefgang** *m* <-(e)s, *ohne pl*> ❶ (NAUT) calado *m* ❷ (*geistiger Gehalt*) fondo *m*, profundidad *f*; **Tiefgarage** *f* <-, -n> aparcamiento *m* subterráneo
tiefgefroren *adj* congelado
tiefgekühlt *adj* congelado
tiefgreifend *adj s.* **greifen I.2.**
tiefgründig ['ti:fgrʏndɪç] *adj* profundo
Tiefkühlfach *nt* <-(e)s, -fächer> congelador *m*; **Tiefkühlkost** *f* <-, *ohne pl*> alimentos *mpl* congelados; **Tiefkühlschrank** *m* <-(e)s, -schränke> congelador *m*; **Tiefkühltruhe** *f* <-, -n> congelador *m*
Tieflader *m* <-s, -> (AUTO) camión *m* de plataforma baja para el transporte de carga pesada; **Tiefland** *nt* <-(e)s, -länder *o* -e> tierra *f* baja, bajío *m Am*
tiefliegend *adj s.* **liegen 2.**
Tiefpunkt *m* <-(e)s, -e> punto *m* más bajo; **die Stimmung war auf dem ~** (**angelangt**) el ambiente había llegado a su punto más bajo; **in den Beziehungen beider Staaten war ein ~ erreicht** la relación entre los dos estados había tocado fondo; **Tiefschlaf** *m* <-(e)s, *ohne pl*> sueño *m* profundo; **Tiefschlag** *m* <-(e)s, -schläge> (SPORT) golpe *m* bajo
tiefschürfend *adj s.* **schürfen III.**
tiefschwarz ['--'] *adj* negro profundo
Tiefsee *f* <-, *ohne pl*> (GEO) aguas *fpl* abisales; **Tiefseefauna** *f* <-, -faunen> fauna *f* abisal; **Tiefseeforschung** *f* <-, *ohne pl*> investigación *f* abisal; **Tiefseegraben** *m* <-s, -gräben> (GEO) fosa *f* submarina, sima *f* abisal; **Tiefseekabel** *nt* <-s, -> cable *m* de alta mar; **Tiefseetaucher(in)** *m(f)* <-s, -; -, -nen> buceador(a) *m(f)* de aguas abisales
Tiefsinn *m* <-(e)s, *ohne pl*> ❶ (*Gedankentiefe*) sentido *m*
❷ (*Schwermut*) melancolía *f*
tiefsinnig *adj* profundo, hondo
Tiefstand *m* <-(e)s, *ohne pl*> nivel *m* más bajo
Tiefstapelei *f* <-, *ohne pl*> falsa modestia *f*; **er fährt nur alte Wagen, aber das ist ~, in Wirklichkeit ist er Millionär** sólo conduce coches viejos, pero se trata de una falsa modestia, en realidad es millonario
tief|stapeln *vi* infravalorar (los propios conocimientos [*o* méritos])
tiefstehend *adj s.* **stehen I.2.**
tief|stellen *vt* (INFOR, TYPO) subindexar, escribir por debajo de la línea
Tiefstpreis ['ti:fst-] *m* <-es, -e> precio *m* más bajo; **Tiefsttemperatur** *f* <-, -en> temperatura *f* mínima; **Tiefstwert** *m* <-(e)s, -e>
❶ (METEO) temperatura *f* mínima ❷ (FIN) cotización *f* mínima
Tiegel ['ti:gəl] *m* <-s, -> ❶ (*zum Kochen*) cacerola *f*
❷ (*Schmelz~*) crisol *m*
Tier [ti:ɐ] *nt* <-(e)s, -e> animal *m*; (*Raub~*) fiera *f*; **ein hohes** [*o* **großes**] **~** (*fam*) un pez gordo
Tierart *f* <-, -en> especie *f* animal; **Tierarzt, -ärztin** *m, f* <-es, -ärzte; -, -nen> veterinario, -a *m, f*
tierärztlich *adj* del [*o* del] veterinario; **ein Tier ~ untersuchen lassen** dejar que el veterinario reconozca a un animal
Tierbändiger(in) *m(f)* <-s, -; -, -nen> domador(a) *m(f)* de fieras
Tierchen ['ti:ɐçən] *nt* <-s, -> animalito *m*; **jedem ~ sein Pläsierchen** (*fam*) cada loco con su tema

Tierexperiment *nt* <-(e)s, -e> experimento *m* con [*o* en] animales; **Tierfreund(in)** *m(f)* <-(e)s, -e; -, -nen> amigo, -a *m, f* de los animales; **Tiergarten** *m* <-s, -gärten> parque *m* zoológico
Tierhalter(in) *m(f)* <-s, -; -, -nen> dueño, -a *m, f* de un animal doméstico [*o* de compañía]; **Tierhalterhaftung** *f* <-, *ohne pl*> responsabilidad *f* del poseedor de animales
Tierhaltung *f* <-, *ohne pl*> cría *f* de ganado; **Tierhandlung** *f* <-, -en> tienda *f* de animales domésticos, pajarería *f*
tierisch ['ti:rɪʃ] *adj* ❶ (*Tiere betreffend, von Tieren*) animal; **~e Fette** grasas animales
❷ (*abw: roh, triebhaft*) animal, bestial; (*grausam*) brutal
❸ (*fam: sehr, groß*) bestial; **ich habe ~en Durst** tengo una sed bestial; **mit ~em Ernst** más serio que en un velatorio; **das schmeckt ~ gut** esto sabe divino; **es tat ~ weh** hacía un daño bestial
Tierklinik *f* <-, -en> clínica *f* veterinaria
Tierkreis *m* <-es, *ohne pl*> (ASTR) zodíaco *m*, zodiaco *m*; **Tierkreiszeichen** *nt* <-s, -> (ASTR) signo *m* del zodíaco
Tierkunde *f* <-, *ohne pl*> zoología *f*
tierlieb *adj* amante de los animales; **sehr ~ sein** amar a los animales
Tierliebe *f* <-, *ohne pl*> amor *m* a los animales
tierliebend *adj s.* **tierlieb**
Tiermedizin *f* <-, *ohne pl*> veterinaria *f*; **Tiernahrung** *f* <-, *ohne pl*> comida *f* para animales; **Tierpark** *m* <-s, -s> (parque *m*) zoológico *m*; **Tierpfleger(in)** *m(f)* <-s, -; -, -nen> cuidador(a) *m(f)*; **Tierproduktion** *f* <-, -en> producción *f* pecuaria; **Tierquäler(in)** *m(f)* <-s, -; -, -nen> persona *f* cruel con los animales [*o* que maltrata a los animales]; **Tierquälerei** ['----'] *f* <-, -en> maltrato *m* de animales; **Tierquälerin** *f* <-, -nen> *s.* **Tierquäler**; **Tierreich** *nt* <-(e)s, *ohne pl*> reino *m* animal
Tierschutz *m* <-es, *ohne pl*> protección *f* de animales; **Tierschutzbeauftragte(r)** *mf* <-n, -n; -n, -n> delegado, -a *m, f* para la protección de animales
Tierschützer(in) *m(f)* <-s, -; -, -nen> protector(a) *m(f)* de animales
Tierschutzgesetz *nt* <-es, -e> ley *f* sobre la protección de animales; **Tierschutzkommission** *f* <-, -en> comisión *f* para la protección de animales; **Tierschutzverein** *m* <-(e)s, -e> asociación *f* protectora de animales
Tierseuchengesetz *nt* <-es, -e> ley *f* sobre epizootias; **Tierversuch** *m* <-(e)s, -e> experimento *m* con [*o* en] animales; **Tierwelt** *f* <-, *ohne pl*> fauna *f*; **Tierzucht** *f* <-, *ohne pl*> cría *f* de animales, zootecnia *f*; **Tierzüchter(in)** *m(f)* <-s, -; -, -nen> criador(a) *m(f)* de animales, zootécnico, -a *m, f*
Tiger ['ti:gɐ] *m* <-s, -> tigre *m*
Tigerauge *nt* <-s, -n> (BERGB) ojo *m* de tigre
Tigerin *f* <-, -nen> tigra *f*, tigresa *f*
tigern ['ti:gɐn] *vi sein* (*fam*) andar; **durch die Stadt ~** recorrer la ciudad
Tilde ['tɪldə] *f* <-, -n> ❶ (*über Buchstaben*) tilde *f*
❷ (*in Wörterbüchern*) signo *m* de repetición
tilgbar *adj* (WIRTSCH, FIN) amortizable; **nicht ~** no amortizable
tilgen ['tɪlgən] *vt* ❶ (FIN, WIRTSCH, INFOR) (*Schulden*) liquidar
❷ (*geh: beseitigen*) eliminar (*aus* de), suprimir
Tilgung *f* <-, -en> (FIN, WIRTSCH) amortización *f*; (*der Schuld*) liquidación *f*; **teilweise ~** amortización parcial; **~ der Verpflichtungen** extinción de las obligaciones
Tilgungsanleihe *f* <-, -n> (WIRTSCH) empréstito *m* de amortización; **Tilgungsbestimmung** *f* <-, -en> (WIRTSCH) disposición *f* sobre amortización; **Tilgungsfonds** *m* <-, -> (WIRTSCH) fondo *m* de amortización
tilgungsfrei *adj* (WIRTSCH) no amortizable, de amortización diferida
Tilgungsrate *f* <-, -n> (FIN, WIRTSCH) tasa *f* de amortización
Tilgungsschuld *f* <-, -en> (FIN, WIRTSCH) deuda *f* amortizable; **Tilgungsschuldverschreibung** *f* <-, -en> (FIN, WIRTSCH) obligación *f* amortizable, bono *m* amortizable
Tilgungssumme *f* <-, -n> (FIN) cantidad *f* amortizable; **Tilgungsverpflichtung** *f* <-, -en> (WIRTSCH) obligación *f* de amortización; **den ~en nachkommen** cumplir la obligación de amortización; **Tilgungszeitraum** *m* <-(e)s, -räume> (FIN, WIRTSCH) plazo *m* de devolución, período *m* de amortización
Timbre ['tɛ̃:brə] *nt* <-s, -s> (MUS) timbre *m*
timen ['taɪmən] *vt* calcular el tiempo (para); (*festsetzen*) fijar la hora (de); **deine Ankunft war gut getimt** llegaste en el momento oportuno
Timesharing^{RR} ['taɪmʃɛːrɪŋ] *nt* <-s, -s> (*a.* INFOR) time-sharing *m*
Timing ['taɪmɪŋ] *nt* <-s, -s> cálculo *m* del tiempo; (*Koordination*) coordinación *f*; **das war perfektes ~!** ¡la coordinación ha sido perfecta!
tingeln ['tɪŋəln] *vi* (*fam*) ❶ (*auftreten*) trabajar como artista ambulante
❷ *sein* (*umherziehen*) ir actuando de bar en bar
Tinktur [tɪŋk'tu:ɐ] *f* <-, -en> tintura *f*
Tinnef ['tɪnɛf] *m* <-s, *ohne pl*> (*fam abw*) ❶ (*Kram*) baratijas *fpl*
❷ (*Unsinn*) chorradas *fpl*; **red keinen ~!** ¡déjate de chorradas!
Tinte ['tɪntə] *f* <-, -n> tinta *f*; **in der ~ sitzen** (*fam*) verse en apuros

TintenfassRR *nt* <-es, -fässer> tintero *m*; **Tintenfisch** *m* <-(e)s, -e> (ZOOL) sepia *f*; (*kleiner*) calamar *m*, chipirón *m*; **Tintenfleck** *m* <-(e)s, -e> mancha *f* de tinta; **Tintengummi** *m* <-s, -s> goma *f* para borrar tinta; **Tintenklecks** *m* <-es, -e> borrón *m*, mancha *f* de tinta; **Tintenradiergummi** *m* <-s, -s> *s*. Tintengummi; **Tintenstift** *m* <-(e)s, -e> lápiz *m* tinta

Tintenstrahldrucker *m* <-s, -> impresora *f* de inyección de tinta [*o* de chorro de tinta]

Tip *m* <-s, -s>, **Tipp**RR [tɪp] *m* <-s, -s> ❶ (*fam: Rat*) consejo *m*; jdm einen ~ geben recomendar algo a alguien; ich habe einen heißen ~ tengo una sugerencia fantástica
❷ (SPORT) pronóstico *m*

Tippelbruder *m* <-s, -brüder> (*abw*) vagabundo *m*

tippeln ['tɪpəln] *vi sein* (*fam*) caminar, ir a pie

tippen ['tɪpən] I. *vi* ❶ (*berühren*) tocar (ligeramente); sie tippte ihm auf die Schulter le tocó ligeramente el hombro
❷ (*fam: Maschine schreiben*) escribir a máquina
❸ (*fam: wetten*) apostar (*auf* por); ich tippe (darauf), dass ... apuesto que...; da hast du falsch [*o* daneben] getippt has hecho una mala apuesta
❹ (*Lotto spielen*) jugar a la lotería primitiva
II. *vt* ❶ (*fam: Text*) pasar a máquina
❷ (*im Lotto*) apostar (por); sie tippt immer die 24 siempre apuesta por el 24

Tipp-Ex® [tɪp'ʔɛks] *nt* <-, *ohne pl*> Tipp-Ex® *m*, líquido *m* corrector

Tippfehler *m* <-s, -> errata *f*

Tippschein *m* <-(e)s, -e> boleto *m* de quiniela

Tippse ['tɪpsə] *f* <-, -n> (*fam abw*) mecanógrafa *f*

tipptopp ['tɪp'tɔp] *adj* (*fam*) impecable, perfecto; es ist alles ~ in Ordnung está todo en perfecto orden

Tippzettel *m* <-s, -> (*fam*) boleto *m* de las apuestas

Tirade [ti'ra:də] *f* <-, -n> (*geh*) perorata *f*

Tirana [ti'ra:na] *nt* <-s> Tirana *f*

Tirol [ti'ro:l] *nt* <-s> Tirol *m*

Tiroler(in) *m(f)* <-s, -; -, -nen> tirolés, -esa *m*, *f*

Tirolerhut *m* <-(e)s, -hüte> sombrero *m* tirolés

Tirolerin *f* <-, -nen> *s*. Tiroler

Tisch [tɪʃ] *m* <-(e)s, -e> mesa *f*; den ~ decken poner la mesa; am ~ sitzen estar sentados a la mesa; die Suppe steht auf dem ~ la sopa está servida; am runden ~ en una mesa redonda; vom grünen ~ aus de manera teórica, de manera burocrática; mit der Faust auf den ~ hauen imponerse; die Karten offen auf den ~ legen poner las cartas sobre la mesa; sich an den gedeckten ~ setzen (*fig*) vivir a cuerpo de rey; etw unter den ~ fallen lassen (*fam*) pasar algo por alto; jdn unter den ~ trinken (*fam*) aguantar más que otro bebiendo; etw ist vom ~ (*fam*) algo está resuelto [*o* solucionado]; reinen ~ machen (*fam*) hacer tabla rasa; Einwände vom ~ wischen no dar importancia a las objeciones; jdn über den ~ ziehen (*fig*) dar a alguien gato por liebre; jd ist zu ~ (*geh*) alguien está a la mesa

Tischbein *nt* <-(e)s, -e> pata *f* de la mesa; **Tischdame** *f* <-, -n> acompañante *f* de mesa (de un caballero); **Tischdecke** *f* <-, -n> mantel *m*

tischen ['tɪʃən] *vi* (*Schweiz*) poner la mesa

Tischende *nt* <-s, -n> extremo *m* (de la mesa); am anderen ~ sitzen estar sentado al otro extremo (de la mesa)

tischfertig *adj* listo para servir

Tischfeuerzeug *nt* <-(e)s, -e> encendedor *m* de mesa; **Tischfußball** *m* <-s, *ohne pl*> futbolín *m*; **Tischgebet** *nt* <-(e)s, -e> bendición *f* de la mesa; **Tischgesellschaft** *f* <-, -en> comensales *mpl*; **Tischgespräch** *nt* <-(e)s, -e> conversación *f* de mesa; (*nach dem Essen*) sobremesa *f*; **Tischherr** *m* <-(e)n, -en> acompañante *m* de mesa (de una señora); **Tischkante** *f* <-, -n> borde *m* de la mesa; **Tischkarte** *f* <-, -n> tarjeta *f* de mesa; **Tischlampe** *f* <-, -n> lámpara *f* de mesa

Tischler(in) *m(f)* <-s, -; -, -nen> carpintero, -a *m*, *f*

Tischlerei *f* <-, -en> carpintería *f*

Tischlerin *f* <-, -nen> *s*. Tischler

tischlern ['tɪʃlɐn] I. *vi* (*fam*) carpintear, hacer trabajos de carpintería [*o* de bricolaje con madera]; in seiner Freizeit tischlert er en su tiempo libre se dedica a carpintear
II. *vt* (*fam*) hacer; einen Schrank/ein Regal ~ hacer un armario/una estantería

Tischlerwerkstatt *f* <-, -stätten> (taller *m* de) carpintería *f*

Tischleuchte *f* <-, -n> lámpara *f* de mesa; **Tischmanieren** *pl* modales *mpl* en la mesa; **Tischnachbar(in)** *m(f)* <-n, -n; -, -nen> compañero, -a *m*, *f* de mesa; **Tischordnung** *f* <-, -en> disposición *f* de los comensales; gibt es hier eine ~ oder darf ich mich setzen, wohin ich will? ¿está establecido dónde se sienta cada uno o puedo sentarme donde me apetezca?; **Tischplatte** *f* <-, -n> tablero *m* de la mesa; **Tischrechner** *m* <-s, -> calculadora *f*; **Tischrede** *f* <-, -n> discurso *m* de sobremesa; **Tischsitten** *fpl* modales *mpl* en la mesa

Tischtennis *nt* <-, *ohne pl*> tenis *m* de mesa, ping-pong *m*, pimpón *m*, microtenis *m Am*; **Tischtennisball** *m* <-(e)s, -bälle> pelota *f* de ping--pong, bola *f* de ping-pong; **Tischtennisplatte** *f* <-, -n> mesa *f* de ping-pong [*o* de pimpón]; **Tischtennisschläger** *m* <-s, -> pala *f* de ping-pong [*o* de pimpón]

Tischtuch *nt* <-(e)s, -tücher> mantel *m*; **Tischwäsche** *f* <-, *ohne pl*> mantelería *f*; **Tischwein** *m* <-(e)s, -e> vino *m* de mesa

Titan [ti'ta:n] *nt* <-s, *ohne pl*> (CHEM) titanio *m*

Titel ['ti:təl] *m* <-s, -> (*a*. SPORT, JUR, PUBL) título *m*; akademischer ~ título académico; vollstreckbarer ~ (JUR) título ejecutivo; um den ~ spielen (SPORT) competir por el título; der ~ lautet ... el título es...; der ~ ist zur Zeit vergriffen este título está agotado por el momento

Titelanwärter(in) *m(f)* <-s, -; -, -nen> (*a*. SPORT) aspirante *mf* al título; **Titelbild** *nt* <-(e)s, -er> portada *f*; **Titelblatt** *nt* <-(e)s, -blätter> portada *f*; **Titelhalter(in)** *m(f)* <-s, -; -, -nen> (SPORT) campeón, -ona *m*, *f*; der ~ in etw *dat* sein ser el campeón actual en algo; **Titelheld(in)** *m(f)* <-en, -en; -, -nen> (FILM, THEAT) papel *m* principal, protagonista *mf*; (LIT) héroe *m*, heroína *f*; Johanna ist die ~in seines neuen Romans Johanna es la protagonista [*o* la heroína] de su nueva novela; **Titelkampf** *m* <-(e)s, -kämpfe> (SPORT) lucha *f* por un título; in diesem ~ geht es um den Titel des Weltmeisters im Säbelfechten en esta competición se disputa el título de campeón del mundo de sable; **Titelleiste** *f* <-, -n> (INFOR) barra *f* de título; **Titelmissbrauch**RR *m* <-(e)s, *ohne pl*> abuso *m* de título

titeln *vt* titular

Titelrolle *f* <-, -n> (FILM, THEAT) papel *m* principal [*o* de protagonista]; **Titelschutz** *m* <-es, *ohne pl*> (JUR) protección *f* del título; **Titelseite** *f* <-, -n> portada *f*; **Titelträger(in)** *m(f)* <-s, -; -, -nen> (SPORT) poseedor(a) *m(f)* del título; **Titelverteidiger(in)** *m(f)* <-s, -; -, -nen> (SPORT) defensor(a) *m(f)* del título; **Titelvorspann** *m* <-(e)s, -e> (FILM, TV) genérico *m*

Titration [titra'tsjo:n] *f* <-, -en> (CHEM) titración *f*

Titrierapparatur *f* <-, -en> (CHEM) dispositivo *m* de titración; **Titrierkolben** *m* <-s, -> (CHEM) matraz *m* de titración

Titte ['tɪtə] *f* <-, -n> (*vulg*) teta *f*

Titularprokura *f* <-, -en> (JUR) poder *m* por título

titulieren* [titu'li:rən] *vt* llamar, calificar (*als* de); sie hat ihn als „Idiot" tituliert le llamó "idiota"

tja [tja] *interj* (*fam*) ¡bueno!

Tl (CHEM) *Abk. von* Thallium Tl

Tm (CHEM) *Abk. von* Thulium Tm

TNT [te:ʔɛn'te:] *nt* <-, *ohne pl*> *Abk. von* Trinitrotoluol TNT *m*

Toast [to:st] *m* <-(e)s, -e *o* -s> ❶ (~*scheibe*) tostada *f*; (~*brot*) pan *m* para tostar
❷ (*Trinkspruch*) brindis *m inv*; einen ~ auf jdn ausbringen brindar por alguien

Toastbrot *nt* <-(e)s, -e> pan *m* para tostar, pan *m* bimbo; (*Scheibe*) tostada *f*

toasten ['to:stən] *vt* (*Brot*) tostar

Toaster *m* <-s, -> tostador *m*, tostadora *f*

Tobak ['to:bak] *m* (*fam*): das ist starker ~! ¡esto es duro de tragar!

toben ['to:bən] *vi* ❶ (*vor Wut*) estar fuera de sí, rabiar; (*vor Begeisterung*) estar entusiasmado
❷ (*Kinder*) alborotar
❸ (*Sturm*) bramar; (*Meer*) encresparse, embravecerse

Tobsucht *f* <-, *ohne pl*> rabia *f*, furia *f*

tobsüchtig *adj* furioso, frenético

Tobsuchtsanfall *m* <-s, -fälle> ataque *m* de rabia; einen ~ bekommen dar(le) a alguien un ataque de rabia

Tochter ['tɔxtɐ, *pl*: 'tœçtɐ] *f* <-, Töchter> ❶ (*Kind*) hija *f*; die ~ des Hauses la mayor de la casa
❷ (*Schweiz: Bedienung*) camarera *f*; (*Haushaltshilfe*) mujer *f* de la limpieza

Tochterfirma *f* <-, -firmen> (WIRTSCH) filial *f*; **Tochtergeschwulst** *f* <-, -schwülste> (MED) metástasis *f inv*; **Tochtergesellschaft** *f* <-, -en> (WIRTSCH) (sociedad *f*) filial *f*; **Tochtergesellschafter(in)** *m(f)* <-s, -; -, -nen> (WIRTSCH) socio, -a *m*, *f* de sociedad filial; **Tochterunternehmen** *nt* <-s, -> (WIRTSCH) empresa *f* filial; **Tochterzelle** *f* <-, -n> (BIOL) célula *f* hija

Tod [to:t] *m* <-(e)s, -e> muerte *f*, fallecimiento *m geh*, defunción *f geh*, petateada *f Mex*; ~ durch Fahrlässigkeit/Unfall muerte por imprudencia/accidente; ~ durch den Strang muerte por ahorcamiento; von ~es wegen por causa de muerte; eines gewaltsamen/natürlichen ~es sterben morir de muerte violenta/natural; bei etw *dat* den ~ finden (*geh*) encontrar la muerte haciendo algo; etw mit dem ~ bezahlen pagar algo con la muerte; jdn zum ~e verurteilen condenar a alguien a muerte; jdn zu ~e erschrecken asustar de muerte a alguien; freiwillig in den ~ gehen suicidarse; sich zu ~e langweilen aburrirse como una

todbringend | 697 | **Tongeschirr**

ostra, morirse de aburrimiento; **sich zu ~e schämen** morirse de vergüenza; **zu ~e betrübt sein** estar muerto de tristeza; **jdn auf den ~ nicht leiden können** (*fam*) odiar a alguien a muerte; **du holst dir noch den ~** (*iron fam*) vas a pillar un resfriado

todbringend *adj* mortífero, mortal

todernst ['--] *adj* (*fam*) más serio que un poste

Todesangst *f* <-, -ängste> miedo *m* de muerte, angustia *f* mortal; **Todesanzeige** *f* <-, -n> esquela *f* (mortuaria), obituario *m Am*; **Todeserklärung** *f* <-, -en> declaración *f* de muerte [*o* de fallecimiento]; **Todesfall** *m* <-(e)s, -fälle> muerte *f*, defunción *f*; **Todesfalle** *f* <-, -n> trampa *f* mortal

Todesfallversicherung *f* <-, -en> seguro *m* en caso de muerte

Todesfolge *f* <-, *ohne pl*> (JUR) resultado *m* letal; **Todesgefahr** *f* <-, -en> peligro *m* de muerte; **Todeskampf** *m* <-(e)s, *ohne pl*> agonía *f*; **Todeskandidat(in)** *m(f)* <-en, -en; -, -nen> (*durch Krankheit*) moribundo, -a *m, f*; (*durch Todesurteil*) condenado, -a *m, f* a muerte; **Todeskommando** *nt* <-s, -s> comando *m* de la muerte; **Todeslager** *nt* <-s, -> campo *m* de muerte

todesmutig *adj* temerario, arrojado

Todesopfer *nt* <-s, -> víctima *f* (mortal); **der Unfall forderte vier ~** el accidente se cobró cuatro víctimas; **Todesschuss**^RR *m* <-es, -schüsse> tiro *m* mortal; **gezielter ~** tiro mortal intencionado; **Todesschütze, -in** *m, f* <-n, -n; -, -nen> persona *f* que mata a alguien de un tiro, asesino, -a *m, f*; **nach dem Mord an dem Minister fahndet die Polizei nach dem ~n** tras el atentado mortal al ministro, la policía busca al asesino; **Todesschwadron** *f* <-, -en> escuadrón *m* de la muerte; **Todesstoß** *m* <-es, -stöße> golpe *m* mortal; **jdm/etw** *dat* **den ~ versetzen** darle la puntilla a alguien/a algo; **Todesstrafe** *f* <-, -n> pena *f* de muerte; **bei ~** bajo pena de muerte; **Todesstreifen** *m* <-s, -> franja *f* de la muerte; **Todesstunde** *f* <-, -n> hora *f* suprema [*o* de la muerte]; **jds ~ ist gekommen** a alguien le ha llegado su hora; **Todestag** *m* <-(e)s, -e> día *m* de la muerte; (*Jahrestag*) aniversario *m* de la muerte; **Todesursache** *f* <-, -n> causa *f* de la muerte; **Todesurteil** *nt* <-s, -e> sentencia *f* de muerte; **Todesverachtung** *f* <-, *ohne pl*> desprecio *m* a la muerte; **mit ~** (*fam*) haciendo de tripas corazón; **Todeszelle** *f* <-, -n> celda *f* de un condenado a muerte

todfeind *adj* enemigo a muerte; **früher waren sie Freunde, heute sind sie sich** [*o einander*] **~** antes eran amigos, ahora se llevan a matar

Todfeind(in) *m(f)* <-(e)s, -e; -, -nen> enemigo, -a *m, f* mortal

todgeweiht *adj* (*geh*) marcado por la muerte

todkrank ['--] *adj* enfermo de muerte, moribundo

todlangweilig ['----] *adj* aburridísimo

tödlich ['tøːtlɪç] I. *adj* mortal; **Unfall mit ~em Ausgang** accidente con desenlace fatal; **in ~er Gefahr** en peligro de muerte; **das war absolut ~** (*fam*) eso fue absolutamente fatal
II. *adv* a muerte, mortalmente; **~ verletzt** herido mortalmente [*o* de muerte]; **~ verunglücken** morir en un accidente; **sich ~ langweilen** morirse de aburrimiento

todmüde ['---] *adj* muerto de sueño

todschick ['--] *adj* (*fam*) elegantísimo; **sich ~ kleiden** vestirse de punta en blanco

todsicher ['---] I. *adj* (*fam*) segurísimo, infalible
II. *adv* (*fam: auf jeden Fall*) sin falta; (*zweifellos*) indudablemente

Todsünde *f* <-, -n> (REL) pecado *m* mortal

todtraurig *adj* (*fam*) muerto de pena, tristísimo (*über* por); **~ dreinblicken** tener cara de muchísima pena

todunglücklich ['-----] *adj* muy infeliz

Töff [tœf] *m o nt* <-s, -s> (*Schweiz: fam*) moto *f*

Toga ['toːga] *f* <-, Togen> (HIST) toga *f*

Tohuwabohu [toːhuvaˈboːhu] *nt* <-(s), -s> caos *m inv*, desorden *m*, bayoya *f PRico, RDom*

toi [tɔɪ] *interj* (*fam*): **~, ~, ~!** ¡suerte!

Toilette[1] [tɔaˈlɛta] *f* <-, *ohne pl*> (*geh: Körperpflege*) aseo *m*

Toilette[2] *f* <-, -n> (*WC*) servicio *m*, baño *m*; **chemische ~** retrete químico *m*; **öffentliche ~n** servicios públicos; **~ mit Wasserspülung** retrete químico con lavado de agua; **auf die** [*o* **zur**] **~ gehen** ir al baño

Toilettenartikel *m* <-s, -> artículo *m* de tocador; **Toilettenfrau** *f* <-, -en> encargada *f* de los lavabos; **Toilettengarnitur** *f* <-, -en> juego *m* de tocador; **Toilettenmann** *m* <-(e)s, -männer> encargado *m* de los lavabos; **Toilettenpapier** *nt* <-(e)s, -e> papel *m* higiénico, papel *m* confort *Am*; **Toilettenseife** *f* <-, -n> jabón *m* de tocador

Token Ring *m* <- -(s), - -s> (INFOR, TEL) token ring *m*, anillo *m* de señales

Tokio ['toːkio] *nt* <-s> Tokio *m*

Tokioter[1] [toˈkioːtɐ] *adj inv* de Tokio; **ein ~ Hotel** un hotel de Tokio

Tokioter(in)[2] *m(f)* <-s, -; -, -nen> habitante *mf* de Tokio

Töle ['tøːla] *f* <-, -n> (*reg: fam*) chucho *m*

tolerant [toleˈrant] *adj* tolerante

Toleranz [toleˈrants] *f* <-, -en> (*a*. TECH, MED) tolerancia *f*

Toleranzbereich *m* <-(e)s, -e> (*a*. TECH) margen *m* de tolerancia; **Toleranzdosis** *f* <-, -dosen> (MED) dosis *f inv* tolerable; **Toleranzgrenze** *f* <-, -n> límite *m* de tolerancia; **obere/untere ~** límite (máximo) de tolerancia/límite (mínimo) de tolerancia; **Toleranzklausel** *f* <-, -n> (JUR) cláusula *f* de tolerancia

tolerieren* [toleˈriːrən] *vt* (*dulden, a*. TECH) tolerar, consentir

toll [tɔl] *adj* (*fam*) ❶ (*unglaublich*) increíble
❷ (*großartig*) fantástico, genial, achalay *Arg, Peru*, achachay *Kol, Ecua*, piocha *Mex*; **das ist ja ~** (esto) es genial
❸ (*schlimm*) terrible; **es zu ~ treiben** pasarse

Tolle ['tɔlə] *f* <-, -n> tupé *m*, copete *m*

tollen ['tɔlən] *vi* ❶ (*toben*) alborotar
❷ *sein* (*laufen*) correr (*durch* por)

Tollkirsche *f* <-, -n> (BOT) belladona *f*

tollkühn *adj* audaz, osado

Tollkühnheit *f* <-, -en> audacia *f*, osadía *f*

Tollpatsch^RR ['tɔlpatʃ] *m* <-(e)s, -e> torpe *mf*

tollpatschig^RR *adj* torpe

Tollwut *f* <-, *ohne pl*> (MED) rabia *f*

tollwütig *adj* rabioso

Tolpatsch *m* <-(e)s, -e> *s*. **Tollpatsch**

tolpatschig *adj s*. **tollpatschig**

Tölpel ['tœlpəl] *m* <-s, -> (*abw*) cateto, -a *m, f*, paleto, -a *m, f*, naco *m Mex*

tölpelhaft *adj* (*abw*) palurdo, paleto

Tomate [toˈmaːtə] *f* <-, -n> tomate *m*; **passierte ~n** tomates (triturados y) tamizados; **treulose ~** (*fam*) amigo infiel; **hast du ~n auf den Augen?** (*fam*) ¿pero tú estás ciego o qué?

Tomatenketchup *m o nt* <-s, -s>, **Tomatenketschup**^RR *m o nt* <-s, -s> ketchup *m*; **Tomatenmark** *nt* <-(e)s, *ohne pl*> concentrado *m* de tomate, tomate *m* concentrado; **Tomatensalat** *m* <-(e)s, -e> ensalada *f* de tomate; **Tomatensoße** *f* <-, -n> salsa *f* de tomate; **Tomatensuppe** *f* <-, -n> sopa *f* de tomate

Tombola ['tɔmbola] *f* <-, -s> tómbola *f*, sorteo *m*

Tomografie^RR *f* <-, -n> *s*. **Tomographie**

Tomogramm *nt* <-s, -e> (MED) tomograma *m*

Tomograph *m* <-en, -en> (MED) tomógrafo *m*

Tomographie [tomograˈfiː] *f* <-, -n> (MED) tomografía *f*

Ton[1] [toːn] *m* <-(e)s, -e> (*Erde*) arcilla *f*; (*zum Töpfern*) barro *m*, greda *f Am*; **eine Vase aus ~** un florero de barro

Ton[2] [toːn, *pl*: ˈtøːnə] *m* <-(e)s, Töne> ❶ (*Klang, a*. RADIO, TV) sonido *m*
❷ (*Farb~, Sprechweise, a*. MUS) tono *m*; **der gute ~** las buenas formas; **der ~ macht die Musik** lo que cuenta no es lo que dices sino cómo lo dices; **etw in freundlichem ~ sagen** decir algo en un tono amable; **sich im ~ vergreifen** salirse de tono; **ich verbitte mir diesen ~** no tolero que me hablen en este tono; **einen anderen ~ anschlagen** cambiar de tono; **den ~ angeben** llevar la voz cantante; **jdn in den höchsten Tönen loben** poner a alguien por las nubes; **im ~ aufeinander abgestimmt sein** estar a tono; **er hat einen unangenehmen ~ am Leibe** (*fam*) es un hombre rudo
❸ (*Betonung*) acento *m*
❹ (*fam: Äußerung*) palabra *f*; **keinen ~ sagen** no decir ni mu; **große Töne spucken** (*abw*) darse importancia; **hast du Töne!** ¡habráse visto!

Tonabnehmer *m* <-s, -> (RADIO) fonocaptor *m*

tonangebend *adj* (*fig*) que lleva la batuta

Tonarchiv *nt* <-s, -e> (RADIO, TV) archivo *m* de sonido

Tonarm *m* <-(e)s, -e> brazo *m* de la aguja; **Tonarmlift** *m* <-(e)s, -e> elevador *m* del brazo (de la aguja)

Tonart *f* <-, -en> ❶ (MUS) tonalidad *f*
❷ (*Tonfall*) tono *m*; **jdm gegenüber eine bestimmte ~ anschlagen** usar una determinada forma de hablar al dirigirse a alguien

Tonaufnahme *f* <-, -n> grabación *f* de sonido, registro *m* de sonido

Tonband *nt* <-(e)s, -bänder> ❶ (*Tonträger*) cinta *f* magnetofónica, casete *m o f*; **etw auf ~ aufnehmen** grabar algo (en cinta magnetofónica) ❷ (*fam: Gerät*) magnetófono *m*; **Tonbandaufnahme** *f* <-, -n> grabación *f* magnetofónica; **Tonbandgerät** *nt* <-(e)s, -e> magnetófono *m*, casete *m o f*

tönen ['tøːnən] I. *vi* ❶ (*er~*) sonar; (*dumpf*) retumbar
❷ (*fam abw: angeben*) fanfarronear
II. *vt* (*Farbton verleihen*) matizar; (*färben*) color(e)ar

Toner ['toːnɐ, ˈtʊnɐ] *m* <-s, -> toner *m*

Tonerde *f* <-, *ohne pl*> ❶ (*Ton*) tierra *f* arcillosa
❷ (CHEM) alúmina *f*

tönern ['tøːnɐn] *adj* de barro, de greda *Am*

Tonfall *m* <-s, -fälle> ❶ (*Sprachmelodie*) acento *m*, tonada *f Am*
❷ (*Art des Sprechens*) tono *m*; **in freundlichem ~** en un tono amable; **Tonfilm** *m* <-(e)s, -e> película *f* sonora; **Tonfolge** *f* <-, -n> (MUS) serie *f* de tonos [*o* de sonidos]

Tongefäß *nt* <-es, -e> recipiente *m* de barro, vasija *f* de barro; **Tonge-**

schirr *nt* <-s, *ohne pl*> vajilla *f* de barro, vajilla *f* de greda *Am*
tonhaltig *adj* arcilloso
Tonhöhe *f* <-, -n> altura *f* del tono
Tonic *nt* <-s, -s> (agua *f*) tónica *f*
Tonikum ['to:nikum, *pl:* 'to:nika] *nt* <-s, Tonika> (MED) tónico *m*
Toningenieur(in) *m(f)* <-s, -e; -, -nen> ingeniero, -a *m, f*, de sonido;
Tonkamera *f* <-, -s> ① (FILM: *für Tonaufnahmen*) cámara *f* sonora [*o* de sonido] ② (*Filmkamera*) tomavistas *m inv* con registro de sonido, cámara *f* con registro de sonido; **Tonkopf** *m* <-(e)s, -köpfe> cabeza *f* sonora [*o* de sonido]
Tonkrug *m* <-(e)s, -krüge> jarro *m* de barro, jarra *f* de barro
Tonlage *f* <-, -n> (MUS) registro *m*; **Tonleiter** *f* <-, -n> (MUS) escala *f* musical
tonlos *adj* (*unbetont*) átono; (*Stimme*) apagado
Tonnage [tɔ'na:ʒə] *f* <-, -n> (NAUT) tonelaje *m*
Tonne ['tɔnə] *f* <-, -n> ① (*Behälter*) tonel *m*; (*Regen~*) bidón *m*; (*Müll~*) cubo *m* (de la basura); **grüne ~** *contenedor verde en el sistema dual de separación de basuras*
② (*Maßeinheit*) tonelada *f*
③ (NAUT) boya *f*
④ (*fam: Mensch*) tonel *m*
Tonnengewölbe *nt* <-s, -> (ARCHIT) bóveda *f* de cañón
tonnenweise *adv* por toneladas
Tonregler *m* <-s, -> botón *m* de control de tono; **Tonspur** *f* <-, -en> (FILM) pista *f* sonora; **Tonstörung** *f* <-, -en> (RADIO, FILM, TV) interferencias *fpl*; **Tonstudio** *nt* <-s, -s> estudio *m* de grabación
Tonsur [tɔn'zu:ɐ] *f* <-, -en> tonsura *f*
Tontaube *f* <-, -n> (SPORT) plato *m* de tiro; **Tontaubenschießen** *nt* <-s, *ohne pl*> (SPORT) tiro *m* al plato
Tontechniker(in) *m(f)* <-s, -; -, -nen> técnico, -a *m, f* de sonido; **Tonträger** *m* <-s, -> soporte *m* del sonido
Tönung ['tø:nʊŋ] *f* <-, -en> ① (*das Tönen*) tinte *m*
② (*Farbton*) tono *m*
Tonwahl *f* <-, *ohne pl*> (TEL) marcación *f* de tonos [*o* multifrecuencia]; **Tonwiedergabe** *f* <-, -n> reproducción *f* sonora [*o* del sonido]
Tool [tu:l] *nt* <-s, -s> (INFOR) herramienta *f*
Toolbox *f* <-, -en> (INFOR) caja *f* de herramientas
Top [tɔp] *nt* <-s, -s> top *m*
Topas [to'pa:s] *m* <-es, -e> topacio *m*
Topf [tɔpf, *pl:* 'tœpfə] *m* <-(e)s, Töpfe> ① (*Koch~*) olla *f*, cazuela *f*; **ein ~ Wasser/Suppe** una olla de agua/de sopa; **alles in einen ~ werfen** (*fam*) meter todo en el mismo saco; **jeder ~ findet seinen Deckel** (*prov*) no hay olla tan fea que no encuentre su cobertera
② (*Nacht~*) orinal *m*, bacinilla *f*; (*fam: Toilette*) lavabo *m*; **ich muss mal auf den ~** tengo que ir al lavabo
③ (*Blumen~*) maceta *f*
④ (FIN) fondo *m*
Topfblume *f* <-, -n> (planta *f* de) maceta *f*
Töpfchen ['tœpfçən] *nt* <-s, -> orinal *m*, bacinilla *f*
Topfen ['tɔpfən] *m* <-s, *ohne pl*> (*Österr, südd*) queso *m* fresco
Töpfer(in) ['tœpfɐ] *m(f)* <-s, -; -, -nen> alfarero, -a *m, f*
Töpferei [tœpfə'raɪ] *f* <-, -en> alfarería *f*, locería *f Am*
Töpferin *f* <-, -nen> *s.* **Töpfer**
töpfern ['tœpfɐn] *vt, vi* hacer vasijas de barro; (*Kunst*) hacer cerámica
Töpferscheibe *f* <-, -n> torno *m* (de alfarero); **Töpferwaren** *fpl* loza *f*
Topfgucker(in) *m(f)* <-s, -; -, -nen> (*fam*) entrometido, -a *m, f*, fisgón, -ona *m, f*
topfit ['tɔp'fɪt] *adj* (*fam*) a tope
Topfkuchen *m* <-s, -> bizcocho *m* (de molde); **Topflappen** *m* <-s, -> agarrador *m*
Topform ['tɔpfɔrm] *f* <-, *ohne pl*> (*fam a.* SPORT) plena forma *f*
Topfpflanze *f* <-, -n> planta *f* de maceta
Topinambur [topinam'bu:ɐ] *m* <-s, -s *o* -e>, *f* <-, -en> ① (*Pflanze*) aguaturma *f*, ajipa *f CSur*
② (*Frucht*) cotufa *f*
topisch *adj* (MED) tópico
Topmanagement *nt* <-s, *ohne pl*> alta dirección *f*; **Topmodel** *nt* <-s, -s> "top model" *f*
Topografie[RR] *f* <-, -n> *s.* **Topographie**
topografisch[RR] *adj s.* **topographisch**
Topographie [topogra'fi:] *f* <-, -n> (GEO) topografía *f*
topographisch [topo'grafɪʃ] *adj* topográfico
Topologie *f* <-, -n> (INFOR, PHYS) topología *f*
Tor[1] [to:ɐ] *nt* <-(e)s, -e> ① (*große Tür*) portal *m*, puerta *f*
② (*Monument*) puerta *f*
③ (SPORT: *Gehäuse*) portería *f*; (*Treffer*) gol *m*; **im ~ stehen** estar en la portería; **ein ~ schießen** marcar un gol
Tor[2] [to:ɐ] *m*, **Törin** *f* <-en, -en; -, -nen> (*geh: Person*) necio *m*, mentecato *m*
Torbogen *m* <-s, -bögen> arco *m* (de un portal); **Toreinfahrt** *f* <-, -en> puerta *f* cochera
Torero [to're:ro] *m* <-s, -s> torero *m*
Toresschluss[RR] *m: kurz vor ~* en el último momento; **nach ~** demasiado tarde
Torf [tɔrf] *m* <-(e)s, -e> turba *f*
Torfboden *m* <-s, -böden> tierra *f* turbosa; **Torfgewinnung** *f* <-, *ohne pl*> extracción *f* de turba
torfig *adj* turboso
Torfmoor *nt* <-(e)s, -e> turbera *f*; **Torfmoos** *nt* <-es, -e> (BOT) musgo *m* esfagnáceo; **Torfmull** *m* <-(e)s, -e> serrín *m* de turba
Torfrau *f* <-, -en> *s.* **Torwart**
Torheit *f* <-, -en> (*geh*) necedad *f*, majadería *f*; **eine ~ begehen** hacer una majadería
Torhüter(in) *m(f)* <-s, -; -, -nen> (SPORT) portero, -a *m, f*, arquero, -a *m, f Am*
töricht ['tø:rɪçt] *adj* (*abw*) ① (*unvernünftig*) insensato
② (*einfältig*) corto, de pocas luces, apantallado *Mex*
③ (*unsinnig*) estúpido
törichterweise *adv* insensatamente; **jetzt habe ich ~ die Unterlagen vergessen!** ¡seré insensato [*o* tonto]!, ¡me he dejado los documentos!
Törin *f* <-, -nen> *s.* **Tor**[2]
torkeln ['tɔrkəln] *vi sein* tambalearse
Torlinie *f* <-, -n> (SPORT) línea *f* de portería
Törn [tœrn] *m* <-s, -s> ① (*Segel~*) viaje *m* en velero
② (*Turnus*) turno *m*
Tornado [tɔr'na:do] *m* <-s, -s> (METEO) tornado *m*
Tornister [tɔr'nɪstɐ] *m* <-s, -> ① (*der Soldaten*) mochila *f*
② (*reg: der Schüler*) cartera *f*
torpedieren[*] [tɔrpe'di:rən] *vt* (MIL) torpedear (a); **jds Pläne ~** torpedear los proyectos de alguien
Torpedo [tɔr'pe:do] *m* <-s, -s> torpedo *m*
Torpedoboot *nt* <-(e)s, -e> torpedero *m*
Torpfosten *m* <-s, -> (SPORT) poste *m* (de la portería); **Torraum** *m* <-(e)s, -räume> (SPORT) área *f* de meta
Torschluss[RR] *m s.* **Toresschluss**; **Torschlusspanik**[RR] *f* <-, -en> miedo a perderse algo importante en la vida
Torschütze, -in *m, f* <-n, -n; -, -nen> (SPORT) goleador(a) *m(f)*; **Torschützenkönig** *m* <-s, -e> (SPORT) pichichi *m*
Torsi *pl von* **Torso**
Torsion [tɔr'zjo:n] *f* <-, -en> (MED, PHYS) torsión *f*
Torso ['tɔrzo] *m* <-s, -s *o* Torsi> (KUNST) torso *m*
Torte ['tɔrtə] *f* <-, -n> tarta *f*
Tortenboden *m* <-s, -böden> base *f* de masa (para las tartas); **Tortendiagramm** *nt* <-s, -e> (INFOR) diagrama *m* de pastel, gráfico *m* de tarta; **Tortenguss**[RR] *m* <-es, -güsse> gelatina *f* para tartas
Tortenheber *m* <-s, -> paleta *f* para tartas
Tortenplatte *f* <-, -n> plato *m* para tartas
Tortur [tɔr'tu:ɐ] *f* <-, -en> tortura *f*
Torverhältnis *nt* <-ses, -se> (SPORT) diferencia *f* de goles (entre los partidos jugados); **Torwart, -frau** ['to:ɐvart] *m, f* <-(e)s, -e; -, -en> (SPORT) portero, -a *m, f*, arquero, -a *m, f Am*
Torweg *m* <-(e)s, -e> portón *m*
tosen ['to:zən] *vi* (*Meer; Sturm*) rugir
tosend *adj* atronador; ~**er Beifall** un aplauso atronador, una tempestad de aplausos
Toskana [tɔs'ka:na] *f* <-> Toscana *f*
tot [to:t] *adj* muerto; (*verstorben*) fallecido; (*leblos*) inánime; **~ geboren** nacido muerto; **klinisch ~** clínicamente muerto; **er war auf der Stelle ~** falleció en el acto; **jdn für ~ erklären** declarar muerto a alguien; **sich ~ stellen** hacerse el muerto; **der ~e Winkel** el ángulo muerto; **das T~e Meer** el Mar Muerto; **~es Kapital** capital inactivo; **~er Punkt** punto muerto; **den ~en Mann machen** hacer el muerto; **mehr ~ als lebendig** más muerto que vivo; **halb ~** medio muerto; **halb ~ vor Angst sein** (*fam*) estar muerto de miedo; **total ~e Hose** (*fam*) superaburrido
total [to'ta:l] I. *adj* ① (*vollständig*) total, absoluto
② (*fam: völlig*) completo, verdadero; **das ist ja ~er Wahnsinn** esto es una verdadera locura
II. *adv* por completo
Total [to'ta:l] *nt* <-s, -e> (*Schweiz*) total *m*
Totalausverkauf *m* <-(e)s, -käufe> liquidación *f* total; **Totalentnahme** *f* <-, -n> desafectación *f* total; **Totalgewinn** *m* <-(e)s, -e> (WIRTSCH) ganancia *f* total
totalitär [totali'tɛ:ɐ] *adj* totalitario
Totalitarismus [totalita'rɪsmʊs] *m* <-, *ohne pl*> (POL) totalitarismo *m*
Totalität [totali'tɛ:t] *f* <-, *ohne pl*> totalidad *f*
Totaloperation *f* <-, -en> (MED) extracción *f*; **Totalrestitution** *f* <-,

-en> (JUR) restitución f total; **Totalschaden** m <-s, -schäden> siniestro m total; **Totalvorbehalt** m <-(e)s, -e> (JUR) reserva f total

tot|arbeiten vr: sich ~ (fam) matarse a trabajar

tot|ärgern vr: sich ~ (fam) reventar de rabia

Tote(r) ['to:tɐ] mf <-n, -n; -n, -n> muerto, -a m, f, difunto, -a m, f geh; **wie ein ~r schlafen** (fam) dormir como un tronco

Tote-Hand-Steuer f <-, -n> (WIRTSCH) impuesto m sobre el capital improductivo

Totem ['to:tɛm] nt <-s, -s> tótem m

Totempfahl m <-(e)s, -pfähle> poste m totémico

töten ['tø:tən] vt matar, achicar Kol; (ermorden) asesinar, victimar Am; **du sollst nicht ~** (biblisch) no matarás; **wenn Blicke ~ könnten ...** si las miradas matasen...; **das kann einem den Nerv ~** es para volverse loco

Totenbett nt <-(e)s, -en> lecho m mortuorio

totenblass[RR] ['--'-] adj blanco como la cera, lívido

Totenblässe f <-, ohne pl> palidez f cadavérica, lividez f cadavérica

totenbleich adj lívido

Totenfeier f <-, -n> funerales mpl, ceremonia f funeraria; **Totenglocke** f <-, -n> toque m de difuntos; **die ~n läuten** tocar a muertos; **Totengräber** ['--grɛ:bɐ] m <-s, -> sepulturero m, enterrador m; **Totenhemd** nt <-(e)s, -en> mortaja f; **Totenkopf** m <-(e)s, -köpfe> calavera f; **Totenmaske** f <-, -n> mascarilla f; **Totenmesse** f <-, -n> misa f de réquiem; **Totenschädel** m <-s, -> calavera f; **Totenschein** m <-(e)s, -e> certificado m de defunción; **den ~ ausstellen** expedir el certificado de defunción; **Totensonntag** m <-(e)s, -e> (REL) día m de (los) difuntos; **Totenstarre** f <-, ohne pl> rigidez f cadavérica

totenstill ['--'-] adj silencioso como una tumba; **es war ~** reinaba un silencio sepulcral

Totenstille ['--'--] f <-, ohne pl> silencio m sepulcral; **Totentanz** m <-es, -tänze> danza f macabra; **Totenwache** f <-, -n> velatorio m; **die ~ halten** velar a un difunto

tot|fahren irr vt matar por atropello

totgeboren adj s. tot

Totgeburt f <-, -en> ❶ (Geburt) nacimiento m de un niño muerto ❷ (Kind) mortinato, -a m, f

Totgeglaubte(r) mf <-n, -n; -n, -n> persona de la que se cree que ha muerto y que en realidad aún vive

tot|gehen irr vi sein (fam) morir

Totgesagte(r) mf <-n, -n; -n, -n> persona de la que se ha dicho que ha muerto pero que en realidad aún vive

tot|kriegen vt (fam) acabar (con); **diese Mode ist nicht totzukriegen** no hay quien acabe con esta moda; **sie ist nicht totzukriegen** no hay quien le pueda

tot|lachen vr: sich ~ (fam) morirse de (la) risa; **es ist zum T~** es para morirse de risa

tot|laufen irr vr: sich ~ (fam) acabar en nada

tot|machen I. vt (fam) matar, cargarse II. vr: sich ~ (fam) matarse a trabajar

Toto ['to:to] m o nt <-s, -s> quiniela f

Totoschein m <-(e)s, -e> quiniela f, boleto m de las quinielas

Totpunkt m <-(e)s, -e> (TECH) punto m muerto

tot|sagen vt declarar muerto

tot|schießen irr vt (fam) matar de un tiro [o a tiros]

Totschlag m <-(e)s, ohne pl> (JUR) homicidio m

tot|schlagen irr vt matar (a palos); **die Zeit ~** (fam) matar el tiempo; **du kannst mich ~, ich weiß es nicht** (fam) ya me puedes matar que no lo sé

Totschläger[1] m <-s, -> (Waffe) rompecabezas m inv

Totschläger(in)[2] m(f) <-s, -; -, -nen> (abw: Person) homicida mf

tot|schweigen irr vt silenciar, callar

tot|stellen vr: sich ~ s. tot

tot|treten irr vt matar a pisotones [o a pisadas]

Tötung f <-, -en> matanza f; (Totschlag) homicidio m; **fahrlässige/vorsätzliche ~** homicidio involuntario/premeditado; **~ auf Verlangen** homicidio con consentimiento de la víctima

Tötungsabsicht f <-, -en> (JUR) propósito m homicida; **Tötungsversuch** m <-(e)s, -e> (JUR) intento m de homicidio

Touch [tatʃ] m <-s, -s> aire m, toque m; **ihre Romane haben einen intellektuellen ~** sus novelas tienen un aire [o un toque] intelectual

Touchscreen[RR] ['tatʃskri:n] m <-s, -s>, **Touch-Screen** m <-s, -s> (INFOR) pantalla f táctil

Toupet [tu'pe:] nt <-s, -s> ❶ (Haarteil) bisoñé m ❷ (Schweiz: Frechheit) insolencia f

toupieren* [tu'pi:rən] vt cardar

Tour [tu:ɐ] f <-, -en> ❶ (Ausflug) excursión f (in a); (Rundfahrt) tour m (durch por), vuelta f (durch por); **eine ~ in die Berge machen** ir de excursión a la montaña ❷ (Strecke) recorrido m ❸ (fam: Trick) truco m; **mit der ~ brauchst du mir gar nicht kommen** no me vengas con esas; **immer die gleiche ~!** ¡siempre el mismo cuento! ❹ (fam: Vorhaben) plan m; **ich werde ihr die ~ vermasseln** le echaré su plan por los suelos ❺ (TECH: Umdrehung) revolución f, vuelta f; **den Motor auf ~en bringen** poner el coche al máximo de revoluciones; **auf vollen ~en arbeiten** trabajar a toda máquina; **in einer ~** (fam) continuamente ❻ (Wend): **mach keine krummen ~en!** (fam) ¡no hagas tonterías!; **das lief auf eine ganz linke ~** (fam) se llevó a cabo de mala manera; **er hat mal wieder seine ~** (fig) ya le ha dado otra vez el ataque

Tourenrad ['tu:rən-] nt <-(e)s, -räder> bicicleta f de excursión; **Tourenski** m <-s, -er> esquí m para carreras a campo través

Tourenzahl f <-, -en> (TECH) número m de revoluciones; **Tourenzähler** ['tu:rən-] m <-s, -> (TECH) cuentarrevoluciones m inv

Tourismus [tu'rɪsmʊs] m <-, ohne pl> turismo m; **sanfter ~** turismo moderado [o verde]

Tourist(in) [tu'rɪst] m(f) <-en, -en; -, -nen> turista mf

Touristenführer(in) m(f) <-s, -; -, -nen> guía mf turístico, -a; **Touristenklasse** f <-, ohne pl> clase f turista

Touristennepper(in) m(f) <-s, -; -, -nen> cazaturistas mf inv; **Touristenvisum** nt <-s, -visa> visado m de turista, visa f de turista Am; **Touristenzentrum** nt <-s, -zentren> centro m turístico

Touristik [tu'rɪstɪk] f <-, ohne pl> turismo m

Touristikbranche f <-, -n> (WIRTSCH) sector m turístico; **Touristikunternehmen** nt <-s, -> empresa f turística

Touristin f <-, -nen> s. **Tourist**

touristisch adj turístico

Tournee [tʊr'ne:] f <-, -s o -n> gira f; **auf ~ sein/gehen** estar/salir de gira

Tower ['taʊɐ] m <-s, -> (AERO) torre f de control

Toxika pl von **Toxikum**

Toxikologe, -in [tɔksiko'lo:gə] m, f <-n, -n; -, -nen> toxicólogo, -a m, f

Toxikologie [tɔksikolo'gi:] f <-, ohne pl> toxicología f

Toxikologin f <-, -nen> s. **Toxikologe**

toxikologisch [tɔksiko'lo:gɪʃ] adj toxicológico

Toxikose f <-, -n> (MED) toxicosis f inv

Toxikum nt <-s, Toxika> (MED) tóxico m

Toxin nt <-s, -e> (BIOL, MED) toxina f

toxisch ['tɔksɪʃ] adj tóxico

Toxizität f <-, ohne pl> (MED) toxicidad f; **akute/chronische ~** toxicidad aguda/crónica

Trab [tra:p] m <-(e)s, ohne pl> trote m; **im ~** al trote; **sich in ~ setzen** (fam) ponerse a correr; **(ganz schön) auf ~ sein** (fam) estar ocupadísimo; **jdn auf ~ bringen** (fam) meter prisa a alguien; **jdn in ~ halten** (fam) mantener a alguien ocupado

Trabant [tra'bant] m <-en, -en> (ASTR, AERO) satélite m

Trabantenstadt f <-, -städte> ciudad f satélite

Trabbi ['trabi] m <-s, -s> (fam) coche del tipo Trabant típicos de la ex RDA

traben ['tra:bən] vi haben o sein ir al trote, trotar

Traber m <-s, -> (SPORT) (caballo m) trotón m

Trabi m <-s, -s> s. **Trabbi**

Trabrennbahn f <-, -en> pista f para carreras al trote; **Trabrennen** nt <-s, -> carrera f al trote

Tracer m <-s, -> (MED) trazador m

Tracht [traxt] f <-, -en> ❶ (von Berufsgruppen) uniforme m; (bei Volksgruppen) traje m nacional [o regional] ❷ (Wend): **eine ~ Prügel** una tunda, una zumba Am, una pela Am, una trilla Am, una biaba Arg, Urug, una marimba Arg, una fajada Arg, una golpiza Ecua, Mex

trachten ['traxtən] vi (geh): **nach etw** dat **~** anhelar algo, ansiar algo; **jdm nach dem Leben ~** atentar contra la vida de alguien

Trachten ['traxtən] nt <-s, ohne pl> empeño m

trächtig ['trɛçtɪç] adj preñado

Trackball ['trɛkbɔ:l] m <-s, -s> (INFOR) trackball m

tradieren* [tra'di:rən] vt (geh) transmitir

Tradition [tradi'tsjo:n] f <-, -en> tradición f; **aus ~** por tradición

Traditionalismus [traditsjona'lɪsmʊs] m <-, ohne pl> tradicionalismo m

Traditionalist(in) m(f) <-en, -en; -, -nen> tradicionalista mf

traditionell [traditsjo'nɛl] adj tradicional

traditionsbewusst[RR] adj tradicionalista

traditionsgemäß adv según es tradición

Traditionspapier nt <-s, -e> (JUR) título m de tradición

traditionsreich adj con mucha tradición, de larga tradición; **der ~e Verein war um neue Mitglieder bemüht** el club, de tan larga tradición, se esforzaba por conseguir nuevos socios

Traditionstheorie f <-, -n> (JUR) teoría f de la tradición
traf [traːf] 3. imp von **treffen**
Trafik [traˈfɪk] f <-, -en> (Österr) estanco m
Trafikant(in) [trafiˈkant] m(f) <-en, -en; -, -nen> (Österr) estanquero, -a m, f
Trafo [ˈtrafo] m <-(s), -s> transformador m
Tragbahre f <-, -n> camilla f, angarillas fpl
tragbar adj ① (Geräte) portátil
② (Kleidung) que se puede llevar
③ (erträglich) soportable, tolerable; (Entwicklung) sostenible; **das ist wirtschaftlich nicht mehr ~** esto ya no es soportable económicamente
Trage [ˈtraːgə] f <-, -n> (Traggestell) andas fpl; (Tragbahre) angarillas fpl
träge [ˈtrɛːgə] adj ① (langsam) lento; (lustlos) apático; (faul) perezoso, poncho Am, conchudo Mex, Kol, echado Nic, CRi
② (PHYS) inerte
Tragekorb m <-(e)s, -körbe> banasta f, cuévano m
tragen [ˈtraːgən] <trägt, trug, getragen> I. vt ① (Last, Kleidung, Aufschrift, Brille) llevar; **etw bei sich** dat ~ llevar algo consigo; **auf dem Arm ~** llevar en brazos; **auf dem Rücken ~** llevar a cuestas; **er trug ihr den Koffer** le llevó la maleta; **der Baum trägt Früchte** el árbol produce frutos; **so etwas trägt man nicht mehr** esto ya no se lleva; **sie trägt das Haar lang** lleva el pelo largo; **der Brief trägt seine Unterschrift** la carta lleva su firma
② (stützen) soportar, sostener
③ (er~) llevar, soportar; (Verantwortung, Folgen) asumir; (Verlust, Schaden) responder (de), hacerse cargo (de); **die Kosten trägt ...** los gastos corren a cargo de...; **jeder hat sein Päckchen zu ~** cada cual tiene su cruz
II. vi ① (Eis) resistir, aguantar
② (Baum, Acker) dar frutos; **die Bäume ~ dieses Jahr gut** los árboles están cargados de fruta este año
③ (Tier) estar preñado
④ (Kleidung, Mode) llevarse; **diesen Winter trägt man wieder länger** este invierno se lleva otra vez la ropa larga
⑤ (an Verantwortung, Schuld) tener; **zum T~ kommen** surtir efecto
III. vr: **sich** ① (sich finanzieren) **sich selbst ~** autofinanciarse
② (in Erwägung ziehen): **sich mit dem Gedanken ~ etw zu tun** tener la intención de hacer algo, jugar con la idea de hacer algo; **er trägt sich mit dem Gedanken zu heiraten** fantasea con la idea de casarse
③ (Kleidung, Stoff) vestirse; **der Stoff trägt sich angenehm** este tejido es cómodo de llevar
tragend adj ① (ARCHIT, TECH) portante, de soporte; **~e Konstruktion** construcción portante [o sustentadora]
② (zu Grunde liegend) que está en la base; (Gedanke, Idee) fundamental, básico
Träger¹ [ˈtrɛːgɐ] m <-s, -> ① (ARCHIT) viga f
② (an Kleidung) tirante m
③ (Institution) entidad f responsable, institución f responsable
④ (INFOR, TEL) portadora f
Träger(in)² m(f) <-s, -; -, -nen> ① (Gepäck~) mozo, -a m, f
② (Preis~) titular mf
③ (einer Entwicklung) representante mf; (JUR) titular mf; **~ öffentlicher Gewalt** titular de poder público
④ (einer Krankheit) portador(a) m(f)
Trägerhose f <-, -n> pantalón m de [o con] tirantes
Trägerin f <-, -nen> s. **Träger²**
Trägerkleid nt <-(e)s, -er> vestido m de [o con] tirantes
trägerlos adj sin tirantes; **ein ~es Top tragen** llevar un top sin tirantes
Trägerrakete f <-, -n> cohete m portador
Trägerrock m <-(e)s, -röcke> falda f de [o con] tirantes
Tragetasche f <-, -n> ① (Einkaufstasche) bolsa f de la compra
② (Plastiktüte) bolsa f de plástico
tragfähig adj sólido, firme; **ein ~er Kompromiss** un firme compromiso
Tragfähigkeit f <-, ohne pl> capacidad f de carga
Tragfläche f <-, -n> (AERO) plano m de sustentación; **Tragflächenboot** nt <-(e)s, -e>, **Tragflügelboot** nt <-(e)s, -e> hidroala m
Trägheit [ˈtrɛːkhaɪt] f <-, ohne pl> ① (Faulheit) pereza f; (Langsamkeit) lentitud f; (Lustlosigkeit) apatía f
② (PHYS) inercia f
Trägheitsgesetz nt <-es, ohne pl> (PHYS) ley f de la inercia; **Trägheitsmoment** nt <-(e)s, -e> (PHYS) momento m de inercia
Tragik [ˈtraːgɪk] f <-, ohne pl> tragedia f, fatalidad f; (LIT) lo trágico
Tragikomik f <-, ohne pl> (geh) tragicomedia f
tragikomisch [traːgiˈkoːmɪʃ, '----] adj (geh) tragicómico
Tragikomödie [tragikoˈmøːdja, '-----] f <-, -n> (LIT) tragicomedia f
tragisch [ˈtraːgɪʃ] adj (a. LIT, THEAT) trágico; **auf ~e Weise ums Leben kommen** morir en circunstancias trágicas; **das ist nicht so ~** (fam) no es tan grave; **nimm's nicht so ~** (fam) no te lo tomes tan a la tremenda
Tragkraft f <-, ohne pl> (TECH, ARCHIT) capacidad f de carga; **Traglast** f

<-, -en> carga f
Traglufthalle f <-, -n> (ARCHIT) pabellón m neumático [o hinchable]
Tragödie [traˈgøːdja] f <-, -n> (a. THEAT) tragedia f; **aus etw** dat **eine ~ machen** pintar algo más negro de lo que es
Tragriemen m <-s, -> correa f (del hombro)
trägt 3. präs von **tragen**
Tragweite f <-, -n> alcance m, tra(n)scendencia f; **er war sich** dat **der ~ seiner Entscheidung bewusst** era consciente del alcance de su decisión
Tragwerk nt <-(e)s, -e> alas fpl
Trailer [ˈtreːlɐ] m <-s, -> (a. FILM) tráiler m
Trainer¹ [ˈtrɛːnɐ] m <-s, -> (Schweiz: Trainingsanzug) chándal m
Trainer(in)² [ˈtrɛːnɐ] m(f) <-s, -; -, -nen> entrenador(a) m(f)
trainieren* [trɛˈniːrən, treˈniːrən] I. vi entrenarse
II. vt entrenar
Training [ˈtrɛːnɪŋ] nt <-s, -s> entrenamiento m; **autogenes ~** entrenamiento autógeno
Trainingsanzug m <-(e)s, -züge> chándal m; **Trainingshose** f <-, -n> pantalón m de(l) chándal; **Trainingsjacke** f <-, -n> chaqueta f de(l) chándal; **Trainingslager** nt <-s, -> (SPORT) campo m de entrenamiento
Trakt [trakt] m <-(e)s, -e> (ARCHIT) ala f
Traktanden pl von **Traktandum**
Traktandenliste [trakˈtandən-] f <-, -n> (Schweiz: Tagesordnung) orden m del día
Traktandum [trakˈtandʊm] nt <-s, Traktanden> (Schweiz: Verhandlungsgegenstand) tema m de la negociación
Traktat m o nt <-(e)s, -e> (geh) tratado m
traktieren* [trakˈtiːrən] vt ① (angreifen) molestar, torturar; **jdn mit den Fäusten ~** dar a alguien unos puñetazos; **jdn mit Vorwürfen ~** poner a alguien por los suelos
② (bewirten) agasajar
Traktor [ˈtraktoːɐ] m <-s, -en> tractor m
trällern [ˈtrɛlɐn] I. vi tararear una melodía
II. vt tararear
Tram [tram] f <-, -s> (reg), **Trambahn** f <-, -en> (südd) tranvía m
Trampel [ˈtrampəl] m o nt <-s, -> (fam abw) borde mf, patán, -ana m, f
trampeln [ˈtrampəln] I. vi patalear, patear; **vor Begeisterung mit den Füßen ~** patalear de entusiasmo
II. vt: **etw platt ~** pisotear algo; (sich dat) **einen Weg in den Schnee ~** abrirse un camino pisoteando la nieve; **jdn zu Tode ~** pisotear a alguien hasta matarle
Trampelpfad m <-(e)s, -e> sendero m trillado; **Trampeltier** nt <-(e)s, -e> ① (Kamel) camello m ② (fam: Trampel) patán, -ana m, f
trampen [ˈtrɛmpən] vi sein ir a dedo, hacer autostop, pedir cola Am: argot
Tramper(in) m(f) <-s, -; -, -nen> autoestopista mf
Trampolin [ˈtrampoliːn, --ˈ-] nt <-s, -e> trampolín m
Trampschiff nt <-(e)s, -e> tramp m (buque sin itinerario fijo); **Trampschifffahrt**ᴿᴿ f <-, ohne pl> navegación f sin ruta fija
Tramway [ˈtramvaɪ] f <-, -s> (Österr) tranvía m
Tran [traːn] m <-s, -e> (vom Wal) aceite m de ballena; (vom Fisch) aceite m de hígado de bacalao; **wie im ~** (fam: benommen) confuso; (zerstreut) despistado
Trance [ˈtrãs(ə)] f <-, -n> trance m; **sich in ~ versetzen** entrar en trance
Trancezustand m <-(e)s, -stände> estado m de trance; **jdn (durch etw) in einen ~ versetzen** hacer entrar a alguien (mediante algo) en estado de trance
Tranchierbesteck [trãˈʃiːr-] nt <-(e)s, -e> s. **Transchierbesteck**
tranchieren* [trãˈʃiːrən] vt s. **transchieren**
Tranchiermesser [trãˈʃiːr-] nt <-s, -> s. **Transchiermesser**
Träne [ˈtrɛːnə] f <-, -n> lágrima f; **den ~n nahe sein** estar a punto de romper a llorar; **~n lachen** llorar de risa; **zu ~n gerührt sein** estar muy conmovido; **~n vergießen** derramar lágrimas; **in ~n aufgelöst** hecho un mar de lágrimas; **bittere** [o **heiße**] **~n weinen** llorar a lágrima viva; **dem weine ich keine ~ nach** ni una lágrima derramaré yo por él; **mir kommen die ~n!** (iron) ¡huy, qué pena me das!
tränen vi lagrimear, llorar fam; **mir ~ die Augen** me lloran los ojos
Tränendrüse f <-, -n> glándula f lagrimal; **auf die ~n drücken** (abw) arrancar las lágrimas; **Tränengas** nt <-es, ohne pl> gas m lacrimógeno; **Tränensack** m <-(e)s, -säcke> (ANAT) saco m lagrimal
tranig [ˈtraːnɪç] adj ① (nach Tran schmeckend) aceitoso
② (fam: träge) pesado
trank [traŋk] 3. imp von **trinken**
Trank [traŋk, pl: ˈtrɛŋkə] m <-(e)s, Tränke> (geh) bebida f
Tränke [ˈtrɛŋkə] f <-, -n> abrevadero m, pileta f RíoPl
tränken [ˈtrɛŋkən] vt ① (Tiere) abrevar
② (durchnässen) empapar (in en, mit de)

Transaktion [transʔakˈtsjoːn] f <-, -en> transacción f; ~**en im militärischen Bereich** transacciones en el sector militar; **geschäftliche** ~ transacción comercial; **risikoreiche/unsichtbare** ~**en** transacciones arriesgadas/ocultas [o invisibles]
Transaktionskosten fpl (WIRTSCH) costes mpl de transacción
Transaktionswert m <-(e)s, -e> (FIN) valor m de transacción
Transatlantikflug m <-(e)s, -flüge> vuelo m transatlántico [o transoceánico]
transatlantisch adj transatlántico
Transchierbesteck [tranˈʃiːr-] nt <-(e)s, -e> cuchillo m de trinchar
transchieren* [tranˈʃiːrən] vt (GASTR) trinchar
Transchiermesser [tranˈʃiːr-] nt <-s, -> cuchillo m de trinchar
Transfer [transˈfeːɐ] m <-s, -s> ① (WIRTSCH, PSYCH) tra(n)sferencia f
② (auf Reisen) traslado m
③ (SPORT) traspaso m
Transfergenehmigung f <-, -en> (WIRTSCH) autorización f de transferencia
transferieren* [transfeˈriːrən] vt ① (WIRTSCH) tra(n)sferir
② (SPORT) traspasar
Transferleitung f <-, -en> (WIRTSCH) gestión f de transferencias; **Transferzahlung** f <-, -en> (WIRTSCH) transferencia f corriente
Transformation [transfɔrmaˈtsjoːn] f <-, -en> tra(n)sformación f
Transformator [transfɔrˈmaːtoːɐ] m <-s, -en> transformador m
Transformatorenhäuschen [-ˈhɔɪsçən] nt <-s, -> caseta f del transformador
transformieren* [transfɔrˈmiːrən] vt tra(n)sformar (in en)
Transfusion [transfuˈzjoːn] f <-, -en> (MED) tra(n)sfusión f (de sangre)
transgen adj transgénico
Transistor [tranˈzɪstoːɐ] m <-s, -en> transistor m
Transistorradio nt <-s, -s> transistor m; **Transistorzündung** f <-, -en> encendido m transistorizado
Transit [tranˈziːt, tranˈzɪt] m <-s, -e> tránsito m
Transitabkommen nt <-s, -> convenio m de tránsito; **Transitgüter** ntpl mercancías fpl en tránsito; **Transithandel** m <-s, ohne pl> comercio m de tránsito
transitiv [ˈtranzitiːf, --ˈ-] adj (LING) transitivo; ~**es Verb** (verbo) transitivo
Transitraum m <-(e)s, -räume> (AERO) sala f de espera para viajeros en tránsito; **Transitreisende(r)** mf <-n, -n; -n, -n> viajero, -a m, f en tránsito; **Transitverkehr** m <-s, ohne pl> tráfico m de tránsito; **Transitvisum** nt <-s, -visa> visado m de tránsito, visa f de tránsito Am; **Transitzoll** m <-(e)s, -zölle> derechos mpl de tránsito
transkribieren* [transkriˈbiːrən] vt (LING, MUS) tra(n)scribir
Transkription [transkrɪpˈtsjoːn] f <-, -en> (LING, MUS) tra(n)scripción f
Transliteration [translɪteraˈtsjoːn] f <-, -en> (LING) transliteración f
transliterieren* [translɪteˈriːrən] vt (LING) transliterar
Transmission [transmɪˈsjoːn] f <-, -en> (TECH) transmisión f
transparent [transpaˈrɛnt] adj tra(n)sparente
Transparent [transpaˈrɛnt] nt <-(e)s, -e> (Spruchband) pancarta f
Transparentpapier nt <-(e)s, -e> papel m vegetal
Transparenz [transpaˈrɛnts] f <-, ohne pl> transparencia f
Transparenzgebot nt <-(e)s, -e> (JUR) deber m de transparencia; **Transparenzrichtlinien** fpl (JUR) directivas fpl sobre transparencia
Transpiration [transpiraˈtsjoːn] f <-, -en> (a. BOT) tra(n)spiración f
transpirieren* [transpiˈriːrən] vi transpirar
Transplantat [transplanˈtaːt] nt <-(e)s, -e> (MED) órgano m trasplantado, injerto m
Transplantation [transplantaˈtsjoːn] f <-, -en> (MED, BOT) trasplante m
transplantieren* [transplanˈtiːrən] vt (MED) trasplantar
Transport [transˈpɔrt] m <-(e)s, -e> tra(n)sporte m
transportabel [transpɔrˈtaːbəl] adj (tra(n)sportable; (tragbar) portátil
Transportarbeiter(in) m(f) <-s, -; -, -nen> obrero, -a m, f que trabaja en el transporte [o en el ramo del transporte], transportista mf; **Transportaufkommen** nt <-s, -> volumen m global en (materia de) transporte; **Transportband** nt <-(e)s, -bänder> cinta f transportadora
Transporter m <-s, -> vehículo m de tra(n)sporte
Transporteur(in) [transpɔrˈtøːɐ] m(f) <-s, -e; -, -nen> transportista mf
transportfähig adj (Person) en condiciones de ser trasladado
transportfertig adj listo para ser transportado
Transportflugzeug nt <-(e)s, -e> avión m de transporte; **Transportgefahr** f <-, -en> riesgo m de transporte; **Transportgefährdung** f <-, -en> (JUR) peligro m en el transporte
transportieren* [transpɔrˈtiːrən] vt ① (Waren) tra(n)sportar
② (Personen) trasladar
③ (Ideen, Werte) trasladar
Transportkosten pl gastos mpl de tra(n)sporte, porte m; **Transportmittel** nt <-s, -> medio m de tra(n)sporte; **Transportpapiere** ntpl documentos mpl de transporte; **Transportpflicht** f <-, ohne pl> deber m de transportar; **Transportrecht** nt <-(e)s, ohne pl> derecho m de transporte; **Transportschaden** m <-s, -schäden> daños mpl causados en el transporte; **Transportschiff** nt <-(e)s, -e> buque m de tra(n)sporte; **Transportunternehmen** nt <-s, -> empresa f de transportes; **Transportunternehmer(in)** m(f) <-s, -; -, -nen> transportista mf; **Transportversicherung** f <-, -en> seguro m de tra(n)sporte; **Transportvolumen** nt <-s, -> volumen m de transporte; **Transportvorschrift** f <-, -en> norma f de transporte; **Transportweg** m <-(e)s, -e> vía f de transporte; **Transportwesen** nt <-s, ohne pl> servicio m de transporte
Transposition [transpoziˈtsjoːn] f <-, -en> transposición f; ~ **von Sachenrechten** (JUR) transposición f de derechos reales
transsexuell [transzɛksuˈɛl] adj transexual
Transsexuelle(r) mf <-n, -n; -n, -n> transexual mf
Transsexuellengesetz nt <-es, -e> ley f sobre transexuales
Transuran nt <-s, -e> (CHEM) transuránido m
Transvestit [transvɛsˈtiːt] m <-en, -en> travesti m, travestí m
transzendent [transtsɛnˈdɛnt] adj (PHILOS) trascendente; ~**e Erfahrungen machen** tener experiencias trascendentes
transzendental [transtsɛndɛnˈtaːl] adj (PHILOS) tra(n)scendental
Transzendenz [transtsɛnˈdɛnts] f <-, ohne pl> (geh. a. PHILOS) trascendencia f
Trapez [traˈpeːts] nt <-es, -e> (Turngerät, a. MATH) trapecio m
Trapezakt m <-(e)s, -e> número m del trapecio
Trara [traˈraː] nt <-s, ohne pl> (fam abw) jaleo m
Trassant m <-en, -en> (WIRTSCH) librador(a) m(f), girador(a) m(f)
Trassat m <-en, -en> (WIRTSCH) librado, -a m, f, girado, -a m, f
Trasse [ˈtrasə] f <-, -n> trazado m
trassieren* [traˈsiːrən] vt ① (WIRTSCH) girar, librar
② (eine Strecke) trazar
trat [traːt] 3. imp von **treten**
Tratsch [traːtʃ] m <-(e)s, ohne pl> (fam abw) cotilleo m, chismorreo m
tratschen [ˈtraːtʃən] vi (fam abw) cotillear (über sobre), chismorrear (über sobre)
Tratscherei [traːtʃəˈraɪ] f <-, -en> (fam abw) cotilleo m, chismorreo m
Tratte [ˈtratə] f <-, -n> (FIN) giro m; **eine ~ akzeptieren/ausstellen/einlösen** aceptar/girar/pagar una letra (de cambio)
Trattenankündigung f <-, -en> (FIN) notificación f de un giro [o de una letra]; **Trattenavis** m o nt <-(es), -(e)> (FIN) aviso m de una letra
Traualtar [ˈtraʊʔaltaːɐ] m <-(e)s, -täre> altar m nupcial; **jdn zum ~ führen** llevar a alguien al altar
Traube [ˈtraʊbə] f <-, -n> ① (Wein~) uva f; **blaue/grüne ~n** uvas negras/blancas
② (BOT) racimo m
③ (Menschen~) grupo m
traubenförmig adj en forma (de racimo) de uva, arracimado; **eine ~e Ansammlung von Menschen** un grupo de gente arracimada [o enracimada]
Traubenlese f <-, -n> vendimia f; **Traubensaft** m <-(e)s, -säfte> zumo m de uva, jugo m de uva Am, baya f Chil; **Traubenzucker** m <-s, ohne pl> glucosa f
trauen [ˈtraʊən] I. vi confiar, tener confianza; **jdm/etw** dat ~ confiar en alguien/algo, fiarse de alguien/algo; **ich traute meinen Augen/Ohren nicht** no podía dar crédito a mis ojos/oídos; **trau, schau wem!** (prov) antes de que te cases mira lo que haces
II. vt casar; **sich ~ lassen** casarse
III. vr: **sich ~** atreverse; **sich ~ etw zu tun** atreverse a hacer algo; **sie traut sich nicht mehr nach Hause** no se atreve a volver a casa; **traust du dich?** ¿te atreves?
Trauer [ˈtraʊɐ] f <-, ohne pl> tristeza f; (um Tote) luto m; ~ **tragen** llevar luto
Traueranzeige f <-, -n> esquela f de defunción; **Trauerarbeit** f <-, ohne pl> (PSYCH) superación f de la tristeza (por la pérdida de un ser querido); **Trauerbinde** f <-, -n> brazal m de luto; **Trauerbrief** m <-(e)s, -e> esquela f mortuoria; **Trauerressen** nt <-s, -> (Schweiz) comida f celebrada el día del funeral; **Trauerfall** m <-(e)s, -fälle> defunción f; **Trauerfamilie** f <-, -n> (Schweiz) familia f del difunto; **Trauerfeier** f <-, -n> funeral m; **Trauerflor** [-floːɐ] m <-(e)s, -e> crespón m (de luto); **Trauergottesdienst** m <-(e)s, -e> funeral m; **Trauerjahr** nt <-(e)s, -e> año m de luto; **Trauerkleidung** f <-, ohne pl> luto m; ~ **tragen** llevar luto; **Trauerkloß** m <-(e)s, -klöße> (fam) soso, -a m, f; **Trauermarsch** m <-(e)s, -märsche> (MUS) marcha f fúnebre; **Trauermiene** f <-, -n> (fam) cara f de circunstancias
trauern [ˈtraʊən] vi llevar luto; **um jdn ~** llorar la muerte de alguien
Trauerrand m <-(e)s, -ränder> ① (bei Briefen, Anzeigen) orla f negra
② pl (fam: schmutzige Fingernägel) uñas fpl sucias; **Trauerspiel** nt <-(e)s, -e> (a. fig) tragedia f; **es ist ein einziges ~ mit ihm** (fam) es realmente patético; **Trauerweide** f <-, -n> sauce m llorón; **Trauerzirkular** nt <-(e)s, -e> (Schweiz) esquela f postal; **Trauerzug** m <-(e)s, -züge> cortejo m fúnebre

Traufe ['traʊfə] *f* <-, -n> canalón *m*; **vom Regen in die ~ kommen** [*o* **geraten**] (*fam*) salir de Guatemala y entrar en Guatepeor
träufeln ['trɔʏfəln] *vt* verter gota a gota (*in* en)
Traum [traʊm, *pl*: 'trɔʏmə] *m* <-(e)s, Träume> sueño *m*; **im ~ reden** hablar en sueños; **das fällt mir nicht im ~ ein** eso no se me ocurre ni en sueños; **es war immer mein ~, eine Weltreise zu machen** siempre soñé con hacer un viaje alrededor del mundo; **aus der ~!** ¡vuelta a la realidad!; **Träume sind Schäume** (*prov*) los sueños, sueños son
Trauma ['traʊma] *nt* <-s, Traumen *o* Traumata> (MED, PSYCH) traumatismo *m*, trauma *m*
traumatisch [traʊ'ma:tɪʃ] *adj* (MED, PSYCH) traumático
Traumberuf *m* <-(e)s, -e> trabajo *m* ideal, oficio *m* soñado; **Traumdeuter(in)** *m(f)* <-s, -; -, -nen> intérprete *mf* de sueños; **Traumdeutung** *f* <-, -en> interpretación *f* de los sueños
Traumen ['traʊmən] *pl von* **Trauma**
träumen ['trɔʏmən] *vi* soñar (*von* con); **ich habe gestern Nacht von dir geträumt** anoche soñé contigo; **er träumt mit offenen Augen** sueña despierto; **das hätte ich mir nicht ~ lassen** nunca hubiese soñado con ello; **du träumst wohl?** (*fam*) ¿estás soñando o qué?
Träumer(in) *m(f)* <-s, -; -, -nen> soñador(a) *m(f)*
Träumerei *f* <-, -en> sueños *mpl*, fantasías *fpl*
Träumerin *f* <-, -nen> *s.* **Träumer**
träumerisch *adj* soñador
traumhaft *adj* ① (*wie im Traum*) de ensueño
② (*fam: wunderbar*) maravilloso, de película
Traumlandschaft *f* <-, -en> paisaje *m* de ensueños; **Traumpaar** *nt* <-(e)s, -e> pareja *f* ideal; **Traumtänzer(in)** *m(f)* <-s, -; -, -nen> (*abw*) iluso, -a *m(f)*, soñador(a) *m(f)*
traumverloren *adj* ensimismado, sumido en pensamientos; **ein ~er Blick** una mirada perdida [*o* absorta]
traurig ['traʊrɪç] *adj* ① (*bekümmert*) triste, afligido, agüitado *Mex*, achucutado *Kol*; **über etw ~ sein** estar triste por algo; **jdn ~ machen** entristecer a alguien; **~ werden** ponerse triste, acuchamarse *Ven*
② (*beklagenswert*) triste, doloroso; **eine ~e Pflicht** un triste deber
③ (*erbärmlich*) deplorable, miserable; **damit sieht es ~ aus** tiene mal aspecto
Traurigkeit *f* <-, *ohne pl*> tristeza *f*, aflicción *f*
Trauring *m* <-(e)s, -e> anillo *m* de boda, alianza *f*; **Trauschein** *m* <-(e)s, -e> acta *f* de matrimonio
traut [traʊt] *adj* (*geh*) ① (*vertraut*) íntimo
② (*Heim*) querido
Trauung ['traʊʊŋ] *f* <-, -en> boda *f*, casamiento *m*; **kirchliche/standesamtliche ~** casamiento por la iglesia/por lo civil
Trauzeuge, -in *m, f* <-n, -n; -, -nen> padrino *m* de boda, madrina *f* de boda
Travestie [travɛs'ti:, *pl*: travɛs'ti:ən] *f* <-, -n> (LIT) parodia *f*
Travestieshow *f* <-, -s> espectáculo *m* de travestís
Trawler ['trɔ:lɐ] *m* <-s, -> (NAUT) barco *m* de arrastre
Treck [trɛk] *m* <-s, -s> caravana *f*
Trecker ['trɛkɐ] *m* <-s, -> tractor *m*
Trecking^{RR} ['trɛkɪŋ] *nt* <-s, -s> *s.* **Trekking**
Treff [trɛf] *m* <-s, -s> (*fam*) ① (*das Treffen*) encuentro *m*, cita *f*
② (*Treffpunkt*) lugar *m* de encuentro
treffen ['trɛfən] <trifft, traf, getroffen> I. *vi* (*Ziel*) acertar; **nicht ~** errar el tiro
II. *vt* ① (*begegnen*) encontrar; (*zufällig*) encontrarse (con), dar (con)
② (*erreichen*) alcanzar, dar; **sie traf das Ziel sofort** inmediatamente dio en el blanco; **mit deinem Job hast du es ja gut getroffen** acertaste con tu trabajo
③ (*kränken*) ofender, afectar; **das trifft mich nicht** eso no me afecta
④ (*be~*) afectar, concernir; **das trifft dich** eso se refiere a ti; **mich trifft keine Schuld** yo no tengo la culpa
⑤ (*ergreifen*): **Maßnahmen ~ gegen etw** adoptar medidas contra algo; **eine Entscheidung ~** tomar una decisión; **eine Vereinbarung ~** llegar a un acuerdo; **seine Wahl ~** elegir, escoger
III. *vr*: **sich ~** ① (*zusammenkommen*) encontrarse; (*sich versammeln*) reunirse, juntarse
② (*geschehen*) suceder, ocurrir; **das trifft sich gut!** ¡eso me viene como anillo al dedo!
Treffen ['trɛfən] *nt* <-s, -> (*a.* SPORT) encuentro *m*; **ein ~ veranstalten** organizar un encuentro; **ein ~ vereinbaren** acordar una cita
treffend I. *adj* (*richtig*) justo; (*angemessen*) adecuado, apropiado
II. *adv* con exactitud
Treffer *m* <-s, -> ① (*Schießen*) tiro *m* certero; (*Ballspiele*) gol *m*; (*Boxen*) golpe *m* certero; (*Einschuss*) impacto *m*
② (*in einer Lotterie*) premio *m*
③ (*Erfolg*) exitazo *m*
Treffgenauigkeit *f* <-, *ohne pl*> precisión *f* de tiro
trefflich I. *adj* excelente
II. *adv* muy bien
Treffpunkt *m* <-(e)s, -e> lugar *m* de encuentro
treffsicher *adj* certero
Treffsicherheit *f* <-, *ohne pl*> certeza *f*, precisión *f*; (*beim Schießen*) precisión *f* del tiro
Treibeis ['traɪp-] *nt* <-es, *ohne pl*> témpano *m*, hielo *m* flotante
treiben ['traɪbən] <treibt, trieb, getrieben> I. *vt* ① (*hinbringen*) llevar; (*schieben*) empujar; (*mit Zwang*) hacer avanzar; **der Wind treibt die Blätter durch die Straßen** el viento arrastra las hojas por las calles; **sich (von der Strömung) ~ lassen** dejarse llevar (por la corriente); **die Preise in die Höhe ~** hacer subir los precios; **es trieb ihr den Schweiß auf die Stirn** sudaba por la frente
② (*an~*) apremiar (*zu* a); (TECH) hacer funcionar; **er trieb sie zur Eile** le metió prisa; **er treibt mich noch zum Wahnsinn** me va a volver loco
③ (*hineinschlagen*) clavar (*in* en); (*Tunnel*) cavar
④ (*be~, tun*) dedicarse (a); (SPORT) practicar; **Spionage ~** espiar; **Missbrauch mit etw** *dat* **~** abusar de algo; **er treibt nur dummes Zeug** (*fam*) no hace más que tonterías; **es zu toll ~** ir demasiado lejos; **es mit jdm ~** (*fam*) tener relaciones sexuales con alguien
⑤ (*Blüten, Knospen*) echar
II. *vi* ① *sein* (*fortbewegt werden*) ser llevado; (*von der Strömung*) ser arrastrado (por la corriente); (*auf Wasser*) flotar (*auf/in* en)
② (*Pflanze*) brotar
③ (*fam: Bier, Kaffee*) ser diurético
Treiben *nt* <-s, *ohne pl*> ① (*auf der Straße*) movimiento *m*; (*Belebtheit*) animación *f*
② (*Handeln*) actividad *f*
treibend *adj*: **die ~e Kraft** la fuerza motriz
Treiber *m* <-s, -> (INFOR) controlador *m*
Treibgas *nt* <-es, -e> gas *m* propulsor [*o* impulsor]; **Treibgut** *nt* <-(e)s, *ohne pl*> mercancía *f* que flota en el agua
Treibhaus *nt* <-es, -häuser> invernadero *m*; **Treibhauseffekt** *m* <-(e)s, *ohne pl*> efecto *m* invernadero; **Treibhausgas** *nt* <-es, -e> gas *m* invernadero; **Treibhausluft** *f* <-, *ohne pl*> aire *m* sofocante [*o* viciado]; **lüfte mal, hier herrscht ja eine richtige ~!** ¡abre las ventanas, el aire aquí es sofocante a más no poder [*o* es irrespirable]!; **Treibhauspflanze** *f* <-, -n> planta *f* de invernadero
Treibholz *nt* <-es, *ohne pl*> madera *f* flotante; **Treibjagd** *f* <-, -en> batida *f*; **Treibladung** *f* <-, -en> carga *f* propulsora; **Treibmittel** *nt* <-s, -> (GASTR) levadura *f*
Treibnetz *nt* <-es, -e> red *f* de arrastre; **Treibnetzfischerei** *f* <-, *ohne pl*> pesca *f* de arrastre
Treibsand *m* <-(e)s, *ohne pl*> arena *f* movediza; **Treibsatz** *m* <-es, -sätze> (TECH) propergol *m*; **Treibstoff** *m* <-(e)s, -e> carburante *m*, combustible *m*
Trekking ['trɛkɪŋ] *nt* <-s, -s> trekking *m*
Trema ['tre:ma] *nt* <-s, -s *o* Tremata> (LING) diéresis *f inv*
Tremolo ['tre:molo] *nt* <-s, -s *o* Tremoli> (MUS) trémolo *m*
Trenchcoat ['trɛntʃkoʊt] *m* <-(s), -s> gabardina *f*, trinchera *f*
Trend [trɛnt] *m* <-s, -s> tendencia *f* (*zu* a); **modischer ~** moda *f*; **mit etw** *dat* **voll im ~ liegen** (*fam*) ir con algo completamente a la moda
Trendsetter(in) ['trɛntsɛtɐ] *m(f)* <-s, -; -, -nen> iniciador(a) *m(f)* de una moda; **Trendwende** *f* <-, -n> cambio *m* de tendencia
trennbar *adj* separable
Trennblatt *nt* <-(e)s, -blätter> hoja *f* separadora; **Trennelektrode** *f* <-, -n> (CHEM) electrodo *m* de separación
trennen ['trɛnən] I. *vt* separar (*von* de); (*absondern*) apartar, (*Begriffe*) distinguir; (*Silben*) dividir; **zahlen Sie zusammen oder getrennt?** ¿en una cuenta, o por separado?; **die beiden ~ Welten** los separan mundos; **sie wurden durch den Krieg (voneinander) getrennt** fueron separados por la guerra; **das Innenfutter aus dem Mantel ~** sacar el forro del abrigo
II. *vr*: **sich ~** ① (*auseinander gehen*) separarse (*von* de); **hier ~ sich unsere Wege** aquí se separan nuestros caminos; **sie haben sich getrennt** se separaron; **wir haben uns von diesem Mitarbeiter getrennt** hemos despedido a este trabajador
② (*weggeben*) desprenderse (*von* de); **sie konnte sich nicht davon ~** no se pudo desprender de esto
Trennkanalisation *f* <-, *ohne pl*> alcantarillado *m* separado; **Trennlinie** *f* <-, -n> línea *f* divisoria; **Trennschärfe** *f* <-, *ohne pl*> selectividad *f*; **Trennsubstanz** *f* <-, -en> agente *m* de separación
Trennung *f* <-, -en> separación *f*; (*Teilung*) división *f*; (*Absonderung*) aislamiento *m*; **sie stehen kurz vor der ~** están a punto de separarse
Trennungsentschädigung *f* <-, -en>, **Trennungsgeld** *nt* <-(e)s, -er> indemnización *f* por separación de la familia (*que paga la empresa cuando obliga a un trabajador a trasladarse a otra ciudad*); **Trennungsstrich** *m* <-(e)s, -e> (LING) guión *m*; **Trennungstheorie** *f* <-, -n> (JUR) teoría *f* de la división
Trennwand *f* <-, -wände> pared *f* divisoria, tabique *m*; **Trennzei-**

Trense

chen *nt* <-s, -> (INFOR, TYPO) carácter *m* de separación
Trense ['trɛnzə] *f* <-, -n> bocado *m*
treppab [trɛp'ʔap] *adv* escaleras abajo
treppauf [trɛp'ʔaʊf] *adv* escaleras arriba
Treppe ['trɛpə] *f* <-, -n> escalera *f*; **die ~ hinauf-/hinuntergehen** subir/bajar la(s) escalera(s)
Treppenabsatz *m* <-es, -sätze> descansillo *m*, rellano *m*; **Treppenflur** *m* <-(e)s, -e> (cubo *m* de la) escalera *f*; **Treppengeländer** *nt* <-s, -> barandilla *f*, pasamanos *m inv*; **Treppenhaus** *nt* <-es, -häuser> (caja *f* de la) escalera *f*; **Treppenstufe** *f* <-, -n> peldaño *m*, escalón *m*
Tresen ['tre:zən] *m* <-s, -> (*nordd*) ❶ (*in einer Gaststätte*) barra *f* ❷ (*Ladentisch*) mostrador *m*
Tresor [tre'zo:ɐ] *m* <-s, -e> ❶ (*Schrank*) caja *f* fuerte ❷ (*~raum*) cámara *f* acorazada
Tresorraum *m* <-(e)s, -räume> cámara *f* acorazada
Tresse ['trɛsə] *f* <-, -n> (*einer Uniform*) galón *m*; (*einer Livree*) ribete *m*, galón *m*
Tretboot *nt* <-(e)s, -e> patín *m* a pedales; **Treteimer** *m* <-s, -> cubo *m* con pedal
treten ['tre:tən] <tritt, trat, getreten> I. *vi* ❶ *sein* (*hinaus~*) salir (*auf* a); (*ein~*) entrar (*in* a/en); (*sich stellen*) ponerse (*vor* delante de, *hinter* detrás de, *neben* al lado de); **zur Seite ~** apartarse; **er trat auf die Bühne** subió [*o* salió] al escenario; **ans Fenster ~** asomarse a la ventana; **~ Sie näher!** ¡acérquese!; **Schweiß trat ihr auf die Stirn** le sudaba la frente; **der Fluss trat über die Ufer** el río se desbordó; **an jds Stelle ~** sustituir a alguien; **auf die Bremse ~** pisar el freno; **in den Staatsdienst ~** hacerse funcionario; **in den Ruhestand ~** jubilarse; **in den Streik ~** declararse en huelga; **in Aktion ~** entrar en acción; **in jds Leben ~** entrar en la vida de alguien
❷ *sein* (*mit dem Fuß*) pisar; (*absichtlich*) pisotear; **jdm auf den Fuß ~** pisar a alguien; **in ein Fettnäpfchen ~** meter la pata
❸ (*Tritt versetzen*) dar (*D* pegar) una patada (*gegen* contra, *nach* a); **jdm ans Bein ~** dar a alguien una patada en la pierna
❹ (*beim Radfahren*) pedalear
II. *vt* (*Person, Tier, Pedal*) pisar; (*Tritt geben*) pegar [*o* dar] una patada; **sich dat einen Nagel in den Fuß ~** clavarse un clavo en el pie
Treter *m* <-s, -> (*fam*) zapato *m* (viejo)
Tretmine *f* <-, -n> (MIL) mina *f*; **~n legen** sembrar de minas, minar; **Tretmühle** *f* <-, -n> (*fam abw*) rutina *f* diaria; **Tretroller** *m* <-s, -> patinete *m*
treu [trɔy] *adj* fiel; (*loyal*) leal; (*zuverlässig*) de confianza; **seinen Grundsätzen ~ bleiben** ser fiel a sus principios; **sich** *dat* **selbst ~ bleiben** ser fiel a uno mismo; **ein ~ ergebener Mitarbeiter** un trabajador leal [*o* fiel]; **jdm ~ ergeben sein** serle fiel a alguien; **jdm ~ sein** ser fiel a alguien; **~er Familienvater** padre de familia muy preocupado por el bienestar de los suyos
Treubruch *m* <-(e)s, -brüche> (*geh*) violación *f* de la fe jurada
Treubruchtatbestand *m* <-(e)s, -stände> (JUR) delito *m* de infidelidad
treudoof ['-'-] *adj* (*fam*) cándido, inocente
Treue ['trɔyə] *f* <-, *ohne pl*> ❶ (*Treusein*) fidelidad *f*; (*Loyalität*) lealtad *f*; **gegen Treu und Glauben verstoßen** infringir la buena fe; **jdm die ~ halten** ser fiel a alguien; **auf Treu und Glauben** (JUR) de buena fe; **nach Treu und Glauben** (JUR) según la buena fe
❷ (*Genauigkeit*) precisión *f*
Treueid *m* <-(e)s, -e> juramento *m* de fidelidad
Treuekonto *nt* <-s, -konten> cuenta *f* de fidelidad; **Treuepflicht** *f* <-, *ohne pl*> (JUR) obligación *f* de fidelidad; **Treueprämie** *f* <-, -n> prima *f* por fidelidad
Treuerabattkartell *nt* <-s, -e> (WIRTSCH) cártel *m* de descuentos por fidelidad
treuergeben *adj s.* **treu**
Treueschwur *m* <-(e)s, -schwüre> ❶ (*von Geliebten*) promesa *f* (solemne) de fidelidad ❷ (HIST: *Eid*) juramento *m* de fidelidad [*o* de lealtad]; **einen ~ leisten/ablegen** jurar lealtad [*o* fidelidad]; **Treueverhältnis** *nt* <-ses, -se> relación *f* de fidelidad; **öffentlich-rechtliches ~** relación jurídico-pública de fidelidad
Treugut *nt* <-(e)s, -güter> cosa *f* en custodia, propiedad *f* fiduciaria; **Treuhand** *f* <-, *ohne pl*> (JUR) fideicomiso *m*; **die ~** *s.* **Treuhandanstalt**; **Treuhandanstalt** *f* <-, *ohne pl*> organismo encargado de la privatización de las empresas de la RDA
Treuhänder(in) [-hɛndɐ] *m(f)* <-s, -; -, -nen> (JUR) fiduciario, -a *m, f*
Treuhänderhaftung *f* <-, -en> (JUR) responsabilidad *f* del administrador fiduciario
treuhänderisch I. *adj* fiduciario
II. *adv* fiduciariamente; **etw ~ verwalten** administrar algo fiduciariamente
Treuhandgeschäft *nt* <-(e)s, -e> (JUR) negocio *m* fiduciario; **Treuhandgesellschaft** *f* <-, -en> (JUR) sociedad *f* fiduciaria; **Treuhand-KG** *f* <-, -s> (JUR) SC *f* fiduciaria; **Treuhandkonto** *nt* <-s, -konten> cuenta *f* fiduciaria; **Treuhandunternehmen** *nt* <-s, -> empresa *f* fiduciaria; **Treuhandvermögen** *nt* <-s, -> (JUR) patrimonio *m* fideicomisario; **Treuhandvertrag** *m* <-(e)s, -träge> (JUR) contrato *m* fiduciario
treuherzig *adj* ingenuo, cándido
Treuherzigkeit *f* <-, *ohne pl*> candor *m*, sinceridad *f*
treulos *adj* infiel, desleal; (*verräterisch*) traidor
Treulosigkeit *f* <-, *ohne pl*> infidelidad *f*, deslealtad *f*; (*Verrat*) traición *f*
treusorgend *adj* (*fam*) *s.* **treu**
Treuvergütung *f* <-, -en> (JUR) remuneración *f* por fidelidad
Triangel ['tri:aŋəl, -'--] *m*, Österr: *nt* <-s, -> triángulo *m*
Triathlon ['tri:atlɔn] *nt* <-s, -s> (SPORT) triatlón *m*
Tribun [tri'bu:n] *m* <-s *o* -en, -e(n)> (HIST) ❶ (*Militär~*) tribuno *m* militar
❷ (*Volks~*) tribuno *m* de la plebe
Tribunal [tribu'na:l] *nt* <-s, -e> tribunal *m*
Tribüne [tri'by:nə] *f* <-, -n> tribuna *f*, palco *m* Am
Tribut [tri'bu:t] *m* <-(e)s, -e> tributo *m*; **jdm/etw** *dat* **~ zollen** elogiar a alguien/algo
tributpflichtig *adj* sujeto a tributo
Trichine [trɪ'çi:nə] *f* <-, -n> triquina *f*
Trichter ['trɪçtɐ] *m* <-s, -> ❶ (*zum Einfüllen*) embudo *m*; **auf den ~ kommen** (*fam*) cogerle el truco a algo
❷ (*Schall~*) bocina *f*; (*an Musikinstrumenten*) pabellón *m*
❸ (*Bomben~, ..*) cráter *m*
trichterförmig *adj* en forma de embudo
Trichtermündung *f* <-, -en> (GEO) embocadura *f* de embudo
Trick [trɪk] *m* <-s, -s> truco *m*, manganeta *f* Hond; **keine faulen ~s!** ¡no hay truco que valga!; **sie hat den ~ raus** (*fam*) ha pillado el truco; **~ siebzehn** (*fam*) ¡magia potagia!
Trickaufnahme *f* <-, -n> trucaje *m*, efectos *mpl* especiales; **Trickbetrug** *m* <-(e)s, *ohne pl*> timo *m*; **Trickbetrüger(in)** *m(f)* <-s, -; -, -nen> timador(a) *m(f)*; **Trickfilm** *m* <-(e)s, -e> dibujos *mpl* animados; **Trickkiste** *f* <-, -n> (*fam*) trucos *mpl*; **in die ~ greifen** recurrir a trucos; **aus wessen ~ stammt das?** ¿de quién es el truco?
trickreich *adj* que sabe muchos trucos
tricksen ['trɪksən] I. *vi* (*fam*) hacer trucos; (*betrügen*) engañar
II. *vt* (*fam*) arreglar; **wir werden das schon ~** ya lo arreglaremos
Tricktrack ['trɪktrak] *nt* <-s, -s> (*Brettspiel*) chaquete *m*
trieb [tri:p] 3. *imp von* **treiben**
Trieb [tri:p] *m* <-(e)s, -e> ❶ (PSYCH, BIOL) impulsión *f*, pulsión *f*; (*Instinkt*) instinto *m*; (*Neigung*) inclinación *f* (*zu* a)
❷ (BOT) brote *m*, renuevo *m*
Triebabfuhr *f* <-, -en> satisfacción *f* del instinto sexual; **Triebfeder** *f* <-, -n> ❶ (TECH) resorte *m* ❷ (*Beweggrund*) móvil *m*
triebhaft *adj* instintivo, impulsivo
Triebhaftigkeit *f* <-, *ohne pl*> impulsividad *f*
Triebhandlung *f* <-, -en> (JUR) acto *m* de motivación instintiva; **Triebkraft** *f* <-, -kräfte> (TECH, PSYCH) fuerza *f* motriz; **Triebtäter** *m* <-s, -> delincuente *m* sexual; **Triebverbrechen** *nt* <-s, -> delito *m* de motivación instintiva; (*Sexualverbrechen*) delito *m* sexual; **Triebverbrecher** *m* <-s, -> delincuente *m* sexual; **Triebwagen** *m* <-s, -> automotor *m*; **Triebwerk** *nt* <-(e)s, -e> (AERO) máquina *f*, motores *mpl*
Triefauge *nt* <-s, -n> (MED) ojo *m* lagrimoso [*o* acuoso]
triefäugig *adj* (MED) que tiene los ojos lagrimosos [*o* llorosos]; **~ sein** tener los ojos lagrimosos [*o* llorosos]
triefen ['tri:fən] <trieft, triefte *o* troff, getrieft *o* getroffen> *vi* ❶ *sein* (*rinnen*) chorrear (*von/aus* por/de)
❷ (*nass sein*) estar empapado (*von/vor* de/por); **sie war ~d nass** estaba calada hasta los huesos
Trient [tri'ɛnt] *nt* <-s> Trento *m*
Trier [tri:ɐ] *nt* <-s> Tréveris *m*
Triest [tri'ɛst] *nt* <-s> Trieste *m*
triezen ['tri:tsən] *vt* (*fam*) fastidiar, dar la lata
trifft [trɪft] 3. *präs von* **treffen**
triftig ['trɪftɪç] *adj* (*überzeugend*) convincente; (*begründet*) bien fundado; **eine ~e Entschuldigung** una excusa válida
Trigonometrie [trigonome'tri:] *f* <-, *ohne pl*> (MATH) trigonometría *f*
Trikolore [triko'lo:rə] *f* <-, -n> bandera *f* tricolor francesa
Trikot [tri'ko:] *nt* <-s, -s> camiseta *f*; **das gelbe ~** (SPORT) el maillot amarillo
Trikotwerbung *f* <-, *ohne pl*> publicidad *f* en las camisetas de deporte
Triller ['trɪlɐ] *m* <-s, -> (MUS) trino *m*
trillern ['trɪlɐn] *vi* (*Vogel*) trinar; (*Mensch*) tararear
Trillerpfeife *f* <-, -n> pito *m*, silbato *m*
Trilliarde [trɪ'ljardə] *f* <-, -n> mil trillones *mpl*

Trillion [trɪˈljoːn] *f* <-, -en> trillón *m*
Trilogie [triloˈgiː] *f* <-, -n> trilogía *f*
Trimester [triˈmɛstɐ] *nt* <-s, -> trimestre *m*
Trimm-dich-Pfad [ˈtrɪmdɪçpfaːt] *m* <-(e)s, -e> *s.* **Trimmpfad**
trimmen [ˈtrɪmən] **I.** *vt* ❶ (*durch Sport*) entrenar
❷ (NAUT, AERO) equilibrar; (*verstauen*) arrumar
❸ (*Hund, Rasen: scheren*) esquilar
II. *vr:* sich ~ mantenerse en forma
Trimmpfad *m* <-(e)s, -e> circuito *m* gimnástico (en el bosque)
trinkbar *adj* bebedero, bebedizo; (*Wasser*) potable
trinken [ˈtrɪŋkən] <trinkt, trank, getrunken> *vi, vt* beber (*aus* de/por, *auf* a); (*Kaffee, Tee*) tomar; **aus der Flasche ~** beber de la botella; **du kannst aus meinem Glas ~** puedes beber de mi vaso; **gibst du mir bitte etwas zu ~?** ¿me das algo para [*o* de] beber, por favor?; **sie hat die Flasche leer getrunken** se ha bebido toda la botella; **ich habe nichts zu ~ im Haus** no tengo nada para beber en casa; **einen ~ gehen** (*fam*) ir a tomar una copa; **einen über den Durst ~** emborracharse; **ich trinke auf deine Gesundheit** bebo a tu salud; **darauf müssen wir einen ~** hay que brindar por ello
Trinker(in) *m(f)* <-s, -; -, -nen> bebedor(a) *m(f)*, borracho, -a *m, f abw*
Trinkerheilanstalt *f* <-, -en> centro *m* de desintoxicación
Trinkerin *f* <-, -nen> *s.* **Trinker**
trinkfest *adj* que tiene aguante para la bebida
Trinkgefäß *nt* <-es, -e> recipiente *m* para beber; **wir müssen den Wein aus Bechern trinken, ich habe im Moment keine anderen ~e** tenemos que beber el vino en tazas, ahora mismo no tengo otros vasos; **Trinkgelage** *nt* <-s, -> bacanal *f*; **Trinkgeld** *nt* <-(e)s, -er> propina *f*, gato *m Mex*, feria *f CRi, ElSal*; **jdm ein ~ geben** dar una propina a alguien; **hohes ~** mucha propina; **Trinkglas** *nt* <-es, -gläser> vaso *m* para beber; **Trinkhalle** *f* <-, -n> ❶ (*im Kurort*) galería *f*
❷ (*Kiosk*) quiosco *m* (de refrescos); **Trinkhalm** *m* <-(e)s, -e> pajita *f*; **Trinkkur** *f* <-, -en> (MED) cura *f* de aguas; **eine ~ machen** tomar las aguas; **Trinkspruch** *m* <-(e)s, -sprüche> brindis *m inv*; **einen ~ auf jdn ausbringen** brindar por alguien
Trinkwasser *nt* <-s, -wässer> agua *f* potable; **kein ~!** ¡prohibido beber!, ¡no potable!; **Trinkwasseraufbereitung** *f* <-, -en> depuración *f* de aguas; **Trinkwasseraufbereitungsanlage** *f* <-, -n> planta *f* potabilizadora; **Trinkwasserknappheit** *f* <-, ohne *pl*> escasez *f* de agua potable; **Trinkwasserversorgung** *f* <-, ohne *pl*> abastecimiento *m* de agua potable, traída *f* de las aguas
Trio [ˈtriːo] *nt* <-s, -s> (MUS) trío *m*
Trip [trɪp] *m* <-s, -s> (*fam*) ❶ (*Reise*) excursión *f*
❷ (*durch Drogen*) pedal *m*; **auf einem ~ sein** flipar; **auf dem metaphysischen ~ sein** (*sl*) tener un cuelgue metafísico
trippeln [ˈtrɪpəln] *vi* andar a pasos cortos
Tripper [ˈtrɪpɐ] *m* <-s, -> gonorrea *f*
trist [trɪst] *adj* (*geh*) triste
Tritium [ˈtriːtsiʊm] *nt* <-s, ohne *pl*> (CHEM) tritio *m*
tritt [trɪt] *3. präs von* **treten**
Tritt [trɪt] *m* <-(e)s, -e> ❶ (*Schritt, Gang*) paso *m*; **einen falschen ~ machen** dar un paso en falso; **wieder ~ fassen** recuperar el rumbo
❷ (*Fuß~*) patada *f*, puntapié *m*; **jdm einen ~ versetzen** [*o* **geben**] dar una patada [*o* un puntapié] a alguien
Trittblech *nt* <-(e)s, -e> estribo *m*
Trittbrett *nt* <-(e)s, -er> estribo *m*; **Trittbrettfahrer(in)** *m(f)* <-s, -; -, -nen> (*abw*) aprovechado, -a *m, f*
Tritthocker *m* <-s, -> banco *m* escalera; **Trittleiter** *f* <-, -n> escalerilla *f*
Triumph [triˈʊmf] *m* <-(e)s, -e> triunfo *m*; **einen ~ erringen** triunfar; **~e feiern** tener un gran éxito
triumphal [triʊmˈfaːl] *adj* triunfal
Triumphator [triʊmˈfaːtoːɐ] *m* <-s, -en> (*geh a.* HIST) triunfador *m*
Triumphbogen *m* <-s, -bögen> arco *m* de triunfo; **Triumphgeschrei** *nt* <-s, ohne *pl*> gritos *mpl* de triunfo
triumphieren* [triʊmˈfiːrən] *vi* triunfar (*über* sobre)
triumphierend *adj* triunfante
Triumphzug *m* <-(e)s, -züge> marcha *f* triunfal
Triumvirat [triʊmviˈraːt] *nt* <-(e)s, -e> (HIST) triunvirato *m*
trivial [triˈvjaːl] *adj* trivial, vanal
Trivialität [trivjaliˈtɛːt] *f* <-, -en> trivialidad *f*
Trivialliteratur *f* <-, -en> literatura *f* trivial [*o* de pacotilla]
trocken [ˈtrɔkən] *adj* seco; (*langweilig*) aburrido; **sich ~ rasieren** afeitarse con máquina (eléctrica); **da bleibt kein Auge ~** todos van a sacar el pañuelo; **~er Humor** humor lacónico (*o* inglés); **auf dem T~en sitzen** (*fam: keine Lösung finden*) no salir adelante; (*aus finanziellen Gründen*) estar en un aprieto económico; (*nichts zu trinken haben*) no tener para beber
Trockenabort *m* <-(e)s, -e> excusado *m* seco; **Trockenautomat** *m* <-en, -en> secadora *f*

Trockenbeerenauslese *f* <-, -n> (GASTR) vino muy dulce a base de uvas seleccionadas
Trockenbrennstoff *m* <-(e)s, -e> combustible *m* seco; **Trockendock** *nt* <-s, -s> dique *m* seco [*o* de carena]; **Trockeneis** *nt* <-es, ohne *pl*> hielo *m* seco; **Trockenfäule** *f* <-, ohne *pl*> putrefacción *f* seca; **Trockengebiet** *nt* <-(e)s, -e> región *f* seca; **Trockengestell** *nt* <-(e)s, -e> secadero *m*; (*für Wäsche*) tendedero *m*; **Trockengewicht** *nt* <-(e)s, ohne *pl*> peso *m* en seco; **Trockenhaube** *f* <-, -n> secador *m* (del pelo)
Trockenheit *f* <-, -en> sequedad *f*, aridez *f*; (*Dürrezeit*) sequía *f*
Trockenkammer *f* <-, -n> (CHEM) cámara *f* de secado; **Trockenkurs** *m* <-es, -e> curso *m* básico de teoría (*antes de aprender un deporte, a conducir, etc.*); **bevor wir die ersten Schwimmversuche machen, beginnen wir mit einem ~** antes de hacer los primeros ejercicios en el agua empezaremos con la teoría
trocken|legen *vt* ❶ (*Kind*) cambiar los pañales
❷ (*Sumpf*) drenar, avenar
Trockenlegung *f* <-, -en> desecación *f*; **~ von Sümpfen** desecación de pantanos; **Trockenlöscher** *m* <-s, -> extintor *m* seco; **Trockenmilch** *f* <-, ohne *pl*> leche *f* en polvo; **Trockenobst** *nt* <-(e)s, ohne *pl*> frutos *mpl* secos; **Trockenplatz** *m* <-es, -plätze> tendedero *m* para ropa; **Trockenrasierer** *m* <-s, -> máquina *f* de afeitar (eléctrica); **Trockenrasur** *f* <-, -en> afeitado *m* en seco
trocken|reiben *irr vt* secar frotando; **sich** *dat* **die Haare ~** secarse el cabello frotando (con la toalla); **das gespülte Geschirr ~** secar la vajilla (con un trapo)
Trockenreinigung *f* <-, -en> limpieza *f* en seco; **Trockenschlaf** *m* <-(e)s, ohne *pl*> (ZOOL) pernoctación *f* bajo techo; **Trockenschleuder** *f* <-, -n> secadora *f* (centrífuga); **Trockenschrank** *m* <-(e)s, -schränke> (CHEM) estufa *f* de secado; **Trockenshampoo** *nt* <-s, -s> champú *m* en polvo; **Trockenspiritus** *m* <-, ohne *pl*> alcohol *m* seco; **Trockenwäsche** *f* <-, ohne *pl*> (peso *m* de la) ropa *f* en seco; **Trockenzeit** *f* <-, -en> (temporada *f* de) sequía *f*, estación *f* seca
trocknen [ˈtrɔknən] **I.** *vi sein* secarse; **schnell ~d** de secado rápido
II. *vt* secar; **jdm den Schweiß von der Stirn ~** secarle a alguien el sudor de la frente
Trockner *m* <-s, -> secadora *f*
Troddel [ˈtrɔdəl] *f* <-, -n> borla *f*
Trödel [ˈtrøːdəl] *m* <-s, ohne *pl*> ❶ (*fam: Dinge*) cachivaches *mpl*, baratijas *fpl*
❷ *s.* **Trödelmarkt**
Trödelei *f* <-, -en> (*fam abw*) pérdida *f* de tiempo
Trödelkram *m* <-(e)s, ohne *pl*> (*abw*) cachivaches *mpl*, trastos *mpl*; **Trödelmarkt** *m* <-(e)s, -märkte> mercadillo *m*
trödeln [ˈtrøːdəln] *vi* (*fam*) perder el tiempo, demorarse (mucho) *Am*
Trödler(in) [ˈtrøːdlɐ] *m(f)* <-s, -; -, -nen> ❶ (*abw: Bummler*) tortuga *f*
❷ (*Altwarenhändler*) prendero, -a *m, f*, cambalachero, -a *m, f Arg, Urug*
troff [trɔf] *3. imp von* **triefen**
trog [troːk] *3. imp von* **trügen**
Trog [troːk, ˈtroːgə] *m* <-(e)s, Tröge> artesa *f*, tina *f*, canoa *f Am*
Troll [trɔl] *m* <-(e)s, -e> trol(l) *m*, espíritu *m* maligno
trollen [ˈtrɔlən] *vr:* sich ~ (*fam*) largarse
Trolleybus [ˈtrɔlibʊs] *m* <-ses, -se> (*Schweiz*) trolebús *m*
Trommel [ˈtrɔməl] *f* <-, -n> (MUS, TECH) tambor *m*; (*Revolver~*) barrilete *m*; (*Kabel~*) tambor *m*
Trommelbremse *f* <-, -n> (AUTO) freno *m* de tambor; **Trommelfell** *nt* <-(e)s, -e> (ANAT) tímpano *m*; **Trommelfeuer** *nt* <-s, -> (MIL) fuego *m* nutrido; **Trommelgalvanisierung** *f* <-, ohne *pl*> (TECH) galvanización *f* de tambor
trommeln I. *vi* (MUS) tamborilear (*auf* sobre), tocar el tambor; **Regen trommelt ans Fenster** la lluvia bate contra la ventana
II. *vt* tocar en el tambor
Trommelrevolver *m* <-s, -> revólver *m* de barrilete; **Trommelstock** *m* <-(e)s, -stöcke> (MUS) baqueta *f*, palillo *m*; **Trommelwirbel** *m* <-s, -> redoble *m* (del tambor); **Trommelzentrifuge** *f* <-, -n> (TECH) centrifugadora *f* de tambor
Trommler(in) [ˈtrɔmlɐ] *m(f)* <-s, -; -, -nen> tambor *mf*, tamborilero, -a *m, f*
Trompete [trɔmˈpeːtə] *f* <-, -n> trompeta *f*
trompeten* [trɔmˈpeːtən] *vi* ❶ (MUS) tocar la trompeta
❷ (*Elefant*) barritar, berrear
❸ (*lautstark äußern*) anunciar [*o* proclamar] en voz alta; (*sich laut schnäuzen*) sonarse con fuerza
Trompeter(in) *m(f)* <-s, -; -, -nen> trompeta *mf*, trompetista *mf*
Tropen [ˈtroːpən] *pl* trópicos *mpl*, zona *f* tropical
Tropenanzug *m* <-(e)s, -züge> traje *m* (para un clima) tropical; **Tropenhelm** *m* <-(e)s, -e> salacot *m*; **Tropenholz** *nt* <-es, -hölzer> madera *f* tropical; **Tropenkrankheit** *f* <-, -en> enfermedad *f* tropical; **Tropenpflanze** *f* <-, -n> planta *f* tropical; **Tropenwald** *m* <-(e)s,

-wälder> selva *f* tropical

Tropf¹ [trɔpf] *m* <-(e)s, -e> (MED) gotero *m* intravenoso; **am ~ hängen** (*fam*) tener el gotero puesto

Tropf² [*pl:* 'trœpfə] *m* <-(e)s, Tröpfe> bobo, -a *m, f*, simplón, -ona *m, f*

Tropfbewässerung *f* <-, -en> regadío *m* por goteo

tröpfchenweise *adv* gotita a gotita, gota a gota

tröpfeln ['trœpfəln] I. *vi sein* (*herunter~*) gotear, caer gota a gota
II. *vt* verter gota a gota (*auf/in* sobre/en)
III. *vunpers* (*fam: regnen*) gotear

tropfen ['trɔpfən] *vi* gotear

Tropfen *m* <-s, -> gota *f*; **ein ~ Blut** una gota de sangre; **es fallen ein paar ~** caen unas gotas; **ich habe noch keinen ~ getrunken** todavía no he tomado ni una gota; **bis auf den letzten ~** hasta la última gota; **dreimal täglich zehn ~** diez gotas tres veces al día; **haben Sie das Mittel auch als ~?** ¿tiene el medicamento también en gotas?; **ein guter ~** un vino excelente; **steter ~ höhlt den Stein** (*prov*) la gota de agua horada la piedra; **das ist (nur) ein ~ auf den heißen Stein** (sólo) es una gota en medio del océano

tropfenweise *adv* gota a gota

Tropfinfusion *f* <-, -en> (MED) infusión *f* gota a gota

tropfnass^{RR} ['-'-] *adj* sin exprimir, chorreando *fam*

Tropfstein *m* <-(e)s, -e> (*hängend*) estalactita *f*; (*aufsteigend*) estalagmita *f*; **Tropfsteinhöhle** *f* <-, -n> cueva *f* de estalactitas y estalagmitas

Trophäe [troˈfɛːə] *f* <-, -n> trofeo *m*

tropisch ['troːpɪʃ] *adj* tropical

Troposphäre [tropoˈsfɛːrə] *f* <-, ohne pl> (METEO) troposfera *f*

Tross^{RR} [trɔs] *m* <-es, -e>, **Troß** *m* <-sses, -sse> ① (*Gefolge*) seguidores *mpl*, partidarios *mpl*; **in jds ~ marschieren** ser partidario de alguien ② (*Zug*) caravana *f*; **der ~ der Flüchtlinge** la caravana de refugiados

Trosse ['trɔsə] *f* <-, -n> (NAUT) amarra *f*

Trost [troːst] *m* <-(e)s, ohne pl> consuelo *m*; **als ~ de** [*o como*] consuelo; **du bist mein einziger ~** eres mi único consuelo; **das ist ein schwacher ~** eso no me consuela mucho; **zum ~ kann ich sagen, dass ...** como consuelo puedo decir que...; **du bist wohl nicht ganz bei ~!** (*fam*) ¡debes estar loco!; **das ist ein schöner ~!** (*iron*) ¡vaya consuelo!

trösten ['trøːstən] I. *vt* consolar
II. *vr: sich ~* consolarse; **er tröstete sich mit dem Gedanken, dass ...** se consolaba con la idea de que...

Tröster(in) *m(f)* <-s, -; -, -nen> consolador(a) *m(f)*

tröstlich ['trøːstlɪç] *adj* consolador; **das ist ja sehr ~!** (*iron*) ¡vaya consuelo!

trostlos *adj* ① (*Person*) desesperado, desconsolado
② (*Ding, Zustand*) desolador, desesperante

Trostlosigkeit *f* <-, ohne pl> desolación *f*, desesperación *f*

Trostpflaster *nt* <-s, -> (pequeño) consuelo *m*; **Trostpreis** *m* <-es, -e> accésit *m*

trostreich *adj* consolador

Tröstung *f* <-, -en> consolación *f*, consuelo *m*

Trott [trɔt] *m* <-(e)s, -e> ① (*Gangart*) trote *m*
② (*Routine*) rutina *f*; (**wieder**) **in den alten ~ verfallen** caer (de nuevo) en la vieja rutina

Trottel ['trɔtəl] *m* <-s, -> (*fam abw*) imbécil *mf*, idiota *mf*, zorzal *m Am*, babasfrías *m inv Kol: fam*

trottelig *adj* (*fam abw*) estúpido

trotten ['trɔtən] *vi sein* trotar

Trottinett ['trɔtinɛt] *nt* <-s, -e> (*Schweiz*) patinete *m*

Trottoir [trɔˈtoaːɐ] *nt* <-s, -e *o* -s> (*reg*) acera *f*, vereda *f Am*

trotz *präp* +*gen/dat* a pesar de, pese a; **~ des schlechten Wetters** a pesar del mal tiempo; **~ alle(de)m** pese a todo, con todo; **~ dessen** pese a ello

Trotz *m* <-es, ohne pl> obstinación *f*, terquedad *f*; **aus ~** por despecho; **allen Warnungen zum ~ etw tun** hacer algo a pesar de todas las advertencias

Trotzalter *nt* <-s, ohne pl> edad *f* rebelde [*o* del pavo]

trotzdem ['--, -'-] *konj* no obstante, sin embargo; **es regnet, aber ich gehe ~ spazieren** llueve, pero no obstante voy a ir de paseo

trotzen ['trɔtsən] *vi* ① (*Kind*) emperrarse, estar de morros *fam*
② (*geh: widerstehen*) hacer frente (a)

trotzig *adj* obstinado, terco

Trotzkopf *m* <-(e)s, -köpfe> terco, -a *m, f*, cabezota *mf*; **seinen ~ durchsetzen** (*fam*) imponerse con testarudez; **Trotzreaktion** *f* <-, -en> terquedad *f* por despecho, obstinación *f* por despecho

Troubadour ['truːbaduːɐ, trubaˈduːɐ] *m* <-s, -s *o* -e> trovador *m*

trüb(e) [tryːp, 'tryːbə] *adj* ① (*Flüssigkeit*) turbio, opaco, empañado
② (*Licht*) opaco, (*Farbe*) apagado; **eine ~e Funzel** una luz mortecina
③ (*Himmel, Tag*) nublado, cubierto; (*Wetter*) nuboso
④ (*Stimmung*) melancólico, triste; **eine ~e Tasse sein** (*fam abw*) ser un muermo; **im T~en fischen** (*fam*) pescar en río revuelto; **es sieht ~ für dich aus** no te sonríe la vida precisamente

Trubel ['truːbəl] *m* <-s, ohne pl> barullo *m*, bulla *f*

trüben ['tryːbən] I. *vt* ① (*Flüssigkeit*) enturbiar; (*Glas*) empañar; **kein Wässerchen ~ können** (*fam*) no haber roto nunca un plato
② (*Freude, Erinnerung*) nublar, empañar
II. *vr: sich ~* ① (*Flüssigkeit*) enturbiarse; (*Glas*) empañarse
② (*Himmel*) oscurecerse
③ (*Stimmung, Beziehung*) enturbiarse, empañarse; (*Bewusstsein*) nublarse

Trübsal¹ ['tryːpzaːl] *f* <-, -e> (*geh: Leid*) aflicción *f*

Trübsal² *f* <-, ohne pl> (*geh: Schwermut*) melancolía *f*; **~ blasen** (*fam*) estar triste

trübselig *adj* melancólico; (*düster*) lóbrego, tétrico

Trübsinn *m* <-(e)s, ohne pl> tristeza *f*, melancolía *f*

trübsinnig *adj* melancólico; (*bekümmert*) afligido

Trübung *f* <-, -en> ① (*das Trübwerden, Beeinträchtigung*) enturbiamiento *m*
② (*des Bewusstseins*) ofuscación *f*, ofuscamiento *m*

Trübungsmittel *nt* <-s, -> (CHEM) agente *m* de enturbiamiento

trudeln ['truːdəln] *vi sein* (*Ball*) rodar despacio (dando tumbos); **das Flugzeug geriet ins T~** el avión entró en barrena

Trüffel ['trʏfəl] *f* <-, -n> trufa *f*

trug [truːk] *3. imp von* **tragen**

Trug [truːk] *m* <-(e)s, ohne pl> (*geh*) ① (*Täuschung*) engaño *m*, embuste *m*; **Lug und ~** patrañas *fpl*
② (*Schein*) ilusión *f*

Trugbild *nt* <-(e)s, -er> espejismo *m*

trügen ['tryːgən] <trügt, trog, getrogen> *vi, vt* engañar; **wenn mich nicht alles trügt** si no me equivoco; **der Schein trügt** las apariencias engañan

trügerisch ['tryːgərɪʃ] *adj* engañoso, ilusorio

Trugschluss^{RR} *m* <-es, -schlüsse> conclusión *f* errónea

Truhe ['truːə] *f* <-, -n> arca *f*

Trümmer ['trʏmɐ] *pl* ruinas *fpl*, cascotes *mpl*; (*Schutt*) escombros *mpl*; **etw liegt in ~n** algo está en ruinas

Trümmerfeld *nt* <-(e)s, -er> campo *m* de ruinas; **Trümmerfrauen** *fpl* (HIST) mujeres que limpiaron de escombros las ciudades alemanas después de la II Guerra Mundial; **Trümmerhaufen** *m* <-s, -> escombrera *f*, montón *m* de escombros

Trumpf [trʊmpf, *pl:* 'trʏmpfə] *m* <-(e)s, Trümpfe> triunfo *m*; **seinen letzten ~ ausspielen** (*fig*) quemar el último cartucho; **einen ~ in der Hand haben** (*fig*) tener un as en la manga

trumpfen ['trʊmpfən] *vi* matar con un triunfo; **er trumpfte mit Kreuzass** mató con [*o* jugó el] as de trébol

Trumpfkarte *f* <-, -n> triunfo *m*

Trunk [trʊŋk] *m* <-(e)s, Trünke> (*geh*) ① (*Getränk*) bebida *f*
② (*~sucht*) alcoholismo *m*; **dem ~ verfallen** [*o* **ergeben**] **sein** haber caído en la bebida

trunken ['trʊŋkən] *adj* (*geh*) ebrio (*vor* de); **~ vor Glück** ebrio de felicidad; **~ machen** embriagar

Trunkenbold [-bɔlt] *m* <-(e)s, -e> (*abw*) borracho, -a *m, f*

Trunkenheit *f* <-, ohne pl> embriaguez *f*, bimba *f Am*; **~ im Verkehr** ebriedad al volante; **bei ~ am Steuer** al conducir en estado de embriaguez

Trunksucht *f* <-, ohne pl> alcoholismo *m*

trunksüchtig *adj* alcohólico

Trupp [trʊp] *m* <-s, -s> grupo *m*; (MIL) pelotón *m*, destacamento *m*

Truppe ['trʊpə] *f* <-, -n> ① (MIL) tropa *f*; **von der schnellen ~ sein** (*fig*) ser rápido; **nicht von der schnellen ~ sein** (*fig*) ser lento
② (*Schauspiel~, Artisten~*) compañía *f*

Truppenabbau *m* <-(e)s, ohne pl> reducción *f* de las tropas; **Truppenabzug** *m* <-(e)s, ohne pl> retirada *f* de las tropas; **Truppenansammlung** *f* <-, -en> concentración *f* de tropas; **Truppenbewegung** *f* <-, -en> movimiento *m* de tropas; **Truppendienstgericht** *nt* <-(e)s, -e> (JUR) tribunal *m* de servicio militar; **Truppengattung** *f* <-, -en> arma *f*; **Truppenkontingent** *nt* <-(e)s, -e> contingente *m* de tropas; **Truppenparade** *f* <-, -n> desfile *m* militar; **Truppenstärke** *f* <-, -n> efectivo *m* militar; **Truppenteil** *m* <-(e)s, -e> unidad *f*

Truppenübung *f* <-, -en> maniobras *fpl*, instrucción *f* militar; **Truppenübungsplatz** *m* <-es, -plätze> campo *m* de instrucción [*o* de maniobras]

Truppenverschiebung *f* <-, -en> movimiento *m* de tropas

Trust [trast] *m* <-(e)s, -e *o* -s> (WIRTSCH) trust *m*

Trute ['truːtə] *f* <-, -n> (*Schweiz*: ZOOL) pava *f*

Truthahn, -henne ['truːt-] *m, f* <-(e)s, -hähne; -, -n> (ZOOL) pavo, -a

m, f, guajalote *m Mex*, pisco *m Kol, Ven*
Trutzwehr *f <-, ohne pl>* (JUR) resistencia *f* defensiva
Tschad [tʃat] *m <-s>* Chad *m*
Tschador [tʃa'do:ɐ] *m <-s, -s>* chador *m*
tschau [tʃaʊ] *interj (fam)* ¡adiós!
Tscheche, -in ['tʃɛça] *m, f <-n, -n; -, -nen>* checo, -a *m, f*
Tschechien ['tʃɛçiən] *nt <-s>* Chequia *f*
Tschechin *f <-, -nen> s.* **Tscheche**
tschechisch *adj* checo; **T~e Republik** República Checa
Tschechoslowake, -in [tʃɛçoslo'va:kə] *m, f <-n, -n; -, -nen>* checoslovaco, -a *m, f*
Tschechoslowakei [-slova'kaɪ] *f* Checoslovaquia *f*
Tschechoslowakin *f <-, -nen> s.* **Tschechoslowake**
tschechoslowakisch *adj* checoslovaco
tschilpen ['tʃɪlpən] *vi* gorjear
tschüs *interj*, **tschüss**^{RR} [tʃʏs] *interj* ¡hasta luego!, ¡chau! *Am*
Tsd *Abk. von* **Tausend** mil
Tsetsefliege ['tsɛtse-] *f <-, -n>* mosca *f* tse-tse
T-Shirt ['tiːʃœːt] *nt <-s, -s>* camiseta *f*, polera *f Am*, playera *f Guat, Mex*
T-Träger ['teːtrɛːgɐ] *m <-s, ->* viga *f* (de acero) en forma de T
TU [teːʔuː] *f <-, -s> Abk. von* **Technische Universität** Universidad *f* Técnica
Tuba ['tuːba] *f <-, Tuben>* ❶ (MUS) tuba *f*
❷ (MED) trompa *f* de Eustaquio
Tube ['tuːbə] *f <-, -n>* ❶ *(Behälter)* tubo *m*; **auf die ~ drücken** *(fam)* darle al acelerador
❷ (MED) trompa *f* de Eustaquio
Tuben *pl von* **Tuba, Tube**
Tuberkelbazillus *m <-, -bazillen>* (MED) bacilo *m* de la tuberculosis
tuberkulös [tubɛrku'løːs] *adj* (MED) tuberculoso
Tuberkulose [tubɛrku'loːzə] *f <-, -n>* tuberculosis *f inv*
tuberkulosekrank *adj* tuberculoso; **~ sein** ser tuberculoso, padecer tuberculosis; **ein ~er Patient** un paciente tuberculoso
Tuberkulosekranke(r) *mf <-n, -n; -n, -n>* tuberculoso, -a *m, f*
Tübingen ['tyːbɪŋən] *nt <-s>* Tubinga *f*
Tuch¹ [tuːx] *nt <-(e)s, -e>* *(Stoff)* género *m*, paño *m*
Tuch² [tuːx, *pl* 'tyːçɐ] *nt <-(e)s, Tücher>* ❶ *(Hals~, Kopf~)* pañuelo *m*
❷ *(Wisch~)* trapo *m*
❸ *(für Stierkampf)* capote *m*; **das wirkt wie ein rotes ~ auf ihn** *(fam)* le pone como al toro delante del capote
Tuchballen *m <-s, ->* pieza *f* de tela [*o* de paño]
Tuchfühlung *f <-, ohne pl> (fam)* contacto *m*; **mit jdm auf ~ sitzen** estar sentado codo a codo con alguien; **mit jdm auf ~ kommen** [*o* **gehen**] aproximarse (físicamente) a alguien; **~ mit jdm haben** rozar a alguien; **auf ~ bleiben** mantener el contacto
Tuchhändler(in) *m(f) <-s, -; -, -nen>* comerciante *mf* de telas [*o* de paños], pañero, -a *m, f*
tüchtig ['tʏçtɪç] **I.** *adj* ❶ *(fähig)* eficiente, capaz; *(erfahren)* versado; *(fleißig)* aplicado; *(gut)* excelente, bueno
❷ *(fam: groß)* grande; *(beachtlich)* considerable; **eine ~e Tracht Prügel** una paliza de padre y muy señor mío
II. *adv (sehr)* mucho; *(ziemlich viel)* bastante; **du musst ~ essen** tienes que comer como Dios manda
Tüchtigkeit *f <-, ohne pl> (Fähigkeit)* eficiencia *f*, capacidad *f*; *(Fleiß)* aplicación *f*, empeño *m*
Tücke¹ ['tʏka] *f <-, -n>* *(Mangel)* defecto *m*, truco *m*; **der Toaster hat seine ~n** la tostadora tiene truco [*o* tiene sus defectos]
Tücke² *f <-, ohne pl>* *(Bosheit)* maldad *f*, malicia *f*; **das ist die ~ des Objekts** esto es lo malo de la cosa [*o* del asunto]
tuckern ['tʊkɐn] *vi* hacer ruidos explosivos
tückisch ['tʏkɪʃ] *adj* ❶ *(boshaft)* malicioso
❷ *(unberechenbar)* imprevisible
❸ *(gefährlich)* peligroso
Tüftelei [tʏfta'laɪ] *f <-, -en> (fam)* tarea *f* complicada
tüfteln ['tʏftəln] *vi* romperse la cabeza *(an* con), sutilizar
Tugend ['tuːgənt] *f <-, -en>* virtud *f*
tugendhaft *adj* virtuoso
Tugendhaftigkeit *f <-, ohne pl>* carácter *m* virtuoso
Tukan ['tuːkan, tu'kaːn] *m <-s, -e>* (ZOOL) tucán *m*
Tüll [tʏl] *m <-s, -e>* tul *m*
Tülle ['tʏlə] *f <-, -n>* ❶ *(reg)* *(an einer Kanne)* pico *m*, pitorro *m*
❷ *(an einem Werkzeug)* boquilla *f*
Tulpe ['tʊlpə] *f <-, -n>* (BOT) tulipán *m*
Tulpenzwiebel *f <-, -n>* (BOT) bulbo *m* de tulipán
Tumbler ['tambleɐ] *m <-s, ->* secadora *f* (de ropa) eléctrica
tummeln ['tʊməln] *vr*: **sich ~** ❶ *(herumtollen)* corretear, retozar
❷ *(reg: sich beeilen)* darse prisa, apurarse *Am*
Tummelplatz *m <-es, -plätze>* ❶ *(Spielplatz)* área *f* de juegos
❷ *(Schauplatz)* campo *m* de acción

Tümmler ['tʏmlɐ] *m <-s, ->* (ZOOL) delfín *m* mular, bufeo *m Am*
Tumor [tu'moːɐ] *m <-s, -e(n)>* (MED) tumor *m*
Tümpel ['tʏmpəl] *m <-s, ->* charca *f*
Tumult [tu'mʊlt] *m <-(e)s, -e>* tumulto *m*, batifondo *m CSur*, bola *f Mex*
tun [tuːn] *<tut, tat, getan>* **I.** *vi, vt* hacer; **jdm etw zu ~ geben** dar(le) a alguien algo que hacer; **ich habe Wichtigeres zu ~, als …** tengo cosas más importantes que hacer que…; **damit ist es nicht getan** con eso no basta; **das ist leichter gesagt als getan** es más fácil decirlo que hacerlo; **sie hat es aus Liebe/aus Neid getan** lo ha hecho por amor/por envidia; **sie hat nichts zu ~** no tiene nada que hacer; **du kannst ~ und lassen, was du willst** puedes hacer lo que quieras; **was kann ich für Sie ~?** ¿en qué puedo ayudarle?; **er hat viel für ihre Karriere getan** le ha ayudado mucho en su carrera profesional; **was tust du denn hier?** ¿pero qué haces tú aquí?; **wir haben getan, was wir konnten** hicimos lo que pudimos; **so etwas tut man nicht!** ¡eso no se hace!; **tu das nicht!** ¡no lo hagas!; **tu's doch!** ¡hazlo!; **tu, was du nicht lassen kannst!** *(fam)* ¡haz lo que creas que tengas que hacer!; **ich habe mein Bestes getan** hice todo lo que pude; **das tut nichts zur Sache** esto no tiene nada que ver; **meine Uhr tut (es) nicht mehr** *(fam)* mi reloj ya no funciona; **gut ~** hacer bien, sentir bien; **ihr Lob tut ihm gut** su elogio le viene bien; **wohl ~** *(geh)* hacer bien; **jdm wohl ~** hacer bien a alguien; **hat er dir was getan?** ¿te hizo algo?; **der Hund tut nichts** el perro no hace nada; **tu mir doch den Gefallen und …** hazme el favor y…; **wir haben es hier mit einem Mörder zu ~** nos las tenemos que ver con un asesino; **er bekam es mit der Angst zu ~** le entró miedo; **nach getaner Arbeit** después del trabajo; **ich habe noch in der Stadt zu ~** aún tengo cosas que hacer en la ciudad; **damit habe ich nichts zu ~** no tengo nada que ver con ello; **das hat doch mit der Angelegenheit gar nichts zu ~** eso no tiene nada que ver con el asunto; **ich will mit ihm nichts mehr zu ~ haben** no quiero tener más trato(s) con él; **so ~, als ob …** hacer como si… *+subj*; **sie tat so, als ob nichts gewesen wäre** hizo como si no hubiese pasado nada; **tu doch nicht so!** *(fam)* ¡deja de fingir!; **du tätest gut daran, zu schweigen** harías bien en callarte; **tu nicht so schlau!** ¡no te hagas el listo!; **wenn das noch mal passiert, kriegt er es mit mir zu ~** *(fam)* si vuelve a ocurrir se las verá conmigo
II. *vt (fam: setzen, stellen, legen)* poner; **tu es in den Schrank** ponlo en el armario
III. *vr*: **sich ~**: **es tut sich etwas** *(fam)* la cosa avanza; **sich schwer mit/bei etw** *dat* **~** *(fam)* tener dificultades con algo, tener problemas con algo; **Stefan tut sich schwer mit dem Lernen** a Stefan le cuesta estudiar
Tun *nt <-s, ohne pl>* ❶ *(Beschäftigung)* actividades *fpl*
❷ *(Verhalten)* conducta *f*
Tünche ['tʏnçə] *f <-, -n>* lechada *f* (de cal), jalbegue *m*
tünchen *vt* blanquear, encalar
Tundra ['tʊndra] *f <-, Tundren>* tundra *f*
tunen ['tjuːnən] *vt* (AUTO) trucar
Tuner ['tjuːnɐ] *m <-s, ->* (ELEK) sintonizador *m*
Tunesien [tu'neːziən] *nt <-s>* Túnez *m*
Tunesier(in) *m(f) <-s, -; -, -nen>* tunecino, -a *m, f*
tunesisch *adj* tunecino
Tunfisch^{RR} *m <-(e)s, -e> s.* **Thunfisch**
Tunichtgut ['tuːnɪç(t)guːt] *m <- o -(e)s, -e>* pillo, -a *m, f*
Tunke ['tʊŋkə] *f <-, -n>* (GASTR) salsa *f* (fría)
tunken *vt (reg)* mojar
tunlich ['tuːnlɪç] *adj* ❶ *(möglich)* posible
❷ *(angebracht)* oportuno
tunlichst ['tuːnlɪçst] *adv* ❶ *(möglichst)* a ser posible
❷ *(auf jeden Fall)* en cualquier caso
Tunnel ['tʊnəl] *m <-s, -(s)>* túnel *m*
Tunneldiode *f <-, -n>* (ELEK) diodo *m* túnel
Tunte ['tʊntə] *f <-, -n>* *(fam abw)* ❶ *(Frau)* bruja *f*
❷ *(Homosexueller)* marica *m*
Tüpfelchen ['tʏpfəlçən] *nt <-s, ->* manchita *f*, puntito *m*; **das ~ auf dem i** el punto sobre la i
tüpfeln ['tʏpfəln] *vt* puntear, salpicar
tupfen ['tʊpfən] *vt* ❶ *(auftragen)* aplicar unas gotas (de)
❷ *(ab~)* quitar
Tupfen ['tʊpfən] *m <-s, ->* *(Fleck)* mancha *f*; *(Punkt)* punto *m*; *(auf Stoff)* lunar *m*
tupfengleich *adj (südd, Schweiz)* moteado
Tupfer *m <-s, ->* ❶ *(fam: Punkt)* punto *m*; *(auf Stoff)* lunar *m*
❷ *(Wattebausch)* torunda *f*
Tuple *nt <-s, -s>* (INFOR) tupla *f (registro o fila en la administración de bases de datos relacionales)*
Tür [tyːɐ] *f <-, -en>* puerta *f*; **in der ~ stehen** estar en la puerta; **~ an ~ mit jdm wohnen** vivir puerta a puerta con alguien; **hinter verschlossenen ~en** a puerta cerrada; **Weihnachten steht kurz vor der ~** las

Navidades están a la vuelta de la esquina; **jdn vor die ~ setzen** (*fam*) poner a alguien de patitas en la calle; **jdm die ~ vor der Nase zuschlagen** (*fam*) dar(le) a alguien con la puerta en las narices; **ihr stehen alle ~en offen** tiene todas las puertas abiertas; **jdm/etw** *dat* **~ und Tor öffnen** favorecer a alguien/algo; **bei jdm mit etw** *dat* **offene ~en einrennen** hacer una propuesta a alguien de algo que no (le) es nuevo; **mit der ~ ins Haus fallen** (*fig*) ir directamente al grano; **zwischen ~ und Angel** (*fig*) a toda prisa; **jdm die ~ einrennen** (*fig*) tirar(le) la puerta abajo a alguien; **du kriegst die ~ nicht zu!** (*fig*) ¡no me digas!

Türangel *f* <-, -n> gozne *m*
Turban ['tʊrba:n] *m* <-s, -e> turbante *m*
Turbine [tʊr'bi:nə] *f* <-, -n> (TECH) turbina *f*
Turbinenantrieb *m* <-(e)s, -e> turbopropulsión *f*
Turbo ['tʊrbo] *m* <-s, -s> (AUTO) ❶ (*Turbolader*) "turbo" *m*, turboalimentador *m* ❷ (*Auto*) (coche *m*) "turbo" *m*
Turbodiesel *m* <-s, -> turbodiesel *m*; **Turbolader** *m* <-s, -> turboalimentador *m*; **Turbomotor** *m* <-s, -en> turbomotor *m*
Turbo-Prop-Maschine *f* <-, -n> (AERO) avión *m* turbohélice
turbulent [tʊrbu'lɛnt] *adj* turbulento
Turbulenz [tʊrbu'lɛnts] *f* <-, -en> (*a.* PHYS, ASTR, METEO) turbulencia *f*
Türdrücker *m* <-s, -> (*Türöffner*) portero *m* automático (de la puerta)
Türe *f* <-, -n> (*reg*) *s.* **Tür**
Türfalle *f* <-, -n> (*Schweiz*) picaporte *m*; **Türflügel** *m* <-s, -> hoja *f* de la puerta, batiente *m* de la puerta; **Türfüllung** *f* <-, -en> panel *m* de la puerta
Türgriff *m* <-(e)s, -e> manilla *f* de la puerta; **Türgriffsicherung** *f* <-, -en> dispositivo *m* de seguridad para el tirador
Turin [tu'ri:n] *nt* <-s> Turín *m*
Türke, -in ['tʏrkə] *m*, *f* <-n, -n; -, -nen> turco, -a *m*, *f*
Türkei [-'-] *f* <-> Turquía *f*
türken *vt* (*fam: Interview*) manipular; (*Angaben, Papiere*) falsificar; (*Filmszene*) trucar
Türkin *f* <-, -nen> *s.* **Türke**
türkis *adj inv* (de color) turquesa
Türkis [tʏr'ki:s] *m* <-es, -e> turquesa *f*
türkisch *adj* turco
türkisfarben *adj* (de color) turquesa
Türklinke *f* <-, -n> pestillo *m* de la puerta; **Türklopfer** *m* <-s, -> aldaba *f*, picaporte *m*
Turkmenien [tʊrk'me:niən] *nt* <-s> Turkmenistán *m*
Türknauf *m* <-(e)s, -knäufe> pomo *m*
Turm [tʊrm, *pl*: 'tʏrmə] *m* <-(e)s, Türme> ❶ (*Bauwerk, Schachfigur*) torre *f*; (*Glocken~*) campanario *m* ❷ (SPORT: *Sprung~*) palanca *f* ❸ (*eines U-Boots*) torreta *f*
türmen ['tʏrmən] **I.** *vt* apilar, amontonar **II.** *vi sein* (*fam*) poner pies en polvorosa **III.** *vr: sich* ~ acumularse, amontonarse
Turmfalke *m* <-n, -n> (ZOOL) cernícalo *m*
turmhoch ['-'-] *adj* alto como una torre; **jdm ~ überlegen sein** estar muy por encima de alguien
Turmspringen *nt* <-s, *ohne pl*> salto *m* de palanca [*o* de trampolín]; **Turmuhr** *f* <-, -en> reloj *m* de torre
Turnanzug *m* <-(e)s, -züge> traje *m* de gimnasia, chándal *m*
turnen *vi, vt* hacer (ejercicios de) gimnasia; **am Barren/am Reck ~** hacer ejercicios en las paralelas/en la barra fija; **der Affe turnt auf dem Baum** el mono trepa por todo el árbol; **eine Kür ~** hacer un ejercicio libre de suelo
Turnen ['tʊrnən] *nt* <-s, *ohne pl*> gimnasia *f*, ejercicios *mpl* gimnásticos; (*Turnunterricht*) clase *f* de educación física
Turner(in) *m(f)* <-s, -; -, -nen> gimnasta *mf*
turnerisch I. *adj* gimnástico; **das gezeigte ~e Können war nicht mehr überbietbar** el talento gimnástico mostrado era insuperable **II.** *adv* en gimnasia; **die Wettkämpfer gaben ~ ihr Bestes** los competidores dieron lo mejor de sí (mismos) a nivel gimnástico
Turngerät *nt* <-(e)s, -e> aparato *m* de gimnasia; **Turnhalle** *f* <-, -n> gimnasio *m*; **Turnhemd** *nt* <-(e)s, -en> camiseta *f* de gimnasia; **Turnhose** *f* <-, -n> pantalón *m* de gimnasia
Turnier [tʊr'ni:ɐ] *nt* <-s, -e> torneo *m*, competición *f*
Turnierpferd *nt* <-(e)s, -e> caballo *m* de torneo; **Turnierreiter(in)** *m(f)* <-s, -; -, -nen> jinete *mf* que participa en torneos
Turnlehrer(in) *m(f)* <-s, -; -, -nen> profesor(a) *m(f)* de gimnasia; **Turnschuh** *m* <-(e)s, -e> tenis *m inv*; (*für Gymnastik*) zapatilla *f* de deporte; **Turnstunde** *f* <-, -n> clase *f* de gimnasia; **Turnübung** *f* <-, -en> ejercicio *m* de gimnasia; **Turnunterricht** *m* <-(e)s, *ohne pl*> clase *f* de gimnasia
Turnus ['tʊrnʊs] *m* <-, -se> turno *m*; **in regelmäßigem ~** por turno regular; **im ~ von drei Jahren** cada tres años

Turnverein *m* <-(e)s, -e> club *m* gimnástico [*o* de gimnasia]; **Turnzeug** *nt* <-(e)s, *ohne pl*> ropa *f* de gimnasia; **für den Sportunterricht steckte sie ihr ~ ein** para la clase de gimnasia puso en la bolsa la ropa de gimnasia
Türöffner *m* <-s, -> portero *m* automático; **Türpfosten** *m* <-s, -> jamba *f*; **Türrahmen** *m* <-s, -> marco *m* de la puerta; **Türriegel** *m* <-s, -> pestillo *m* de la puerta; **Türschild** *nt* <-(e)s, -er> letrero *m* (en la puerta); **Türschloss**^{RR} *nt* <-es, -schlösser> cerradura *f* de la puerta, chapa *f Am*; **Türschnalle** *f* <-, -n> (*Österr*) picaporte *m*; **Türschwelle** *f* <-, -n> umbral *m*; **Türspalt** *m* <-(e)s, -e> resquicio *m*; **Türsteher(in)** *m(f)* <-s, -; -, -nen> portero, -a *m*, *f*; **Türsturz** *m* <-es, -e *o* -stürze> (ARCHIT) dintel *m*
turteln ['tʊrtəln] *vi* amartelarse, pavear *CSur*
Turteltaube *f* <-, -n> ❶ (ZOOL) tórtola *f* ❷ *pl* (*fam: Verliebte*) tortolito *m*
Türvorleger *m* <-s, -> felpudo *m*
Tusch [tʊʃ] *m* <-(e)s, -e> toque *m*
Tusche ['tʊʃə] *f* <-, -n> tinta *f* china
tuscheln ['tʊʃəln] *vi, vt* cuchichear
tuschen ['tʊʃən] *vt* (*a.* KUNST) lavar [*o* pintar] con tinta china; **sich** *dat* **die Wimpern ~** dar rímel
Tuschkasten *m* <-s, -kästen> (*reg*) caja *f* de pinturas; **Tuschzeichnung** *f* <-, -en> dibujo *m* a pluma
Tussi ['tʊsi] *f* <-, -s> (*fam abw*) tía *f* exagerada
tut [tu:t] *3. präs von* **tun**
Tute ['tu:tə] *f* <-, -n> (*fam*) clarín *m*
Tüte ['ty:tə] *f* <-, -n> bolsa *f*; **eine ~ Bonbons** una bolsa de caramelos; **Suppe aus der ~** sopa de sobre; **das kommt nicht in die ~!** (*fam*) ¡ni hablar del peluquín!
tuten ['tu:tən] *vi* tocar la bocina, pitar *Am*; **von T~ und Blasen keine Ahnung haben** (*fam*) no saber ni jota
Tütensuppe *f* <-, -n> sopa *f* de sobre
Tutor(in) ['tu:to:ɐ] *m(f)* <-s, -en; -, -nen> tutor(a) *m(f)*
TÜV [tʏf] *m* <-, *ohne pl*> *Abk. von* **Technischer Überwachungs-Verein** ITV *f*
TÜV-Plakette *f* <-, -n> pegatina que da fe de la inspección técnica del vehículo
TV [te:'faʊ] ❶ *Abk. von* **Television** televisión *f* ❷ *Abk. von* **Turnverein** club *m* de gimnasia
TV-Moderator(in) *m(f)* <-s, -en; -, -nen> presentador(a) *m(f)* de televisión
Tweed [tvi:t] *m* <-s, -s *o* -e> tweed *m*
Twen [tvɛn] *m* <-(s), -s> joven *mf*
Twinset ['tvɪnzɛt] *nt o m* <-(s), -s> "twinset" *m* (*conjunto de jersey y chaqueta*)
Twist [tvɪst] *m* <-s, -s> (*Tanz*) twist *m*
Typ [ty:p] *m* <-s, -en> ❶ (*Art*) tipo *m*; **er ist nicht mein ~** (*fam*) no es mi tipo; **dein ~ wird verlangt** (*fam*) te llaman; **dein ~ ist nicht gefragt** (*fam*) aquí eres persona non grata ❷ (*fam: Mann*) tío *m*, gallo *m Am*
Type ['ty:pə] *f* <-, -n> ❶ (TYPO) letra *f* de molde ❷ (*fam: Mensch*) tipo *m*, tipejo, -a *m*, *f*
Typen ['ty:pən] *pl von* **Typ**, **Type**, **Typus**
Typenbezeichnung *f* <-, -en> (TECH) denominación *f* de modelo; **Typenkartell** *nt* <-s, -e> (WIRTSCH) cártel *m* de tipos
Typenrad *nt* <-(e)s, -räder> margarita *f*; **Typenraddrucker** *m* <-s, -> impresora *f* de margarita; **Typenradschreibmaschine** *f* <-, -n> máquina *f* de escribir con margarita
Typenreihe *f* <-, -n> serie *f* de tipos
Typhus ['ty:fʊs] *m* <-, *ohne pl*> tifus *m inv* (vulgar), fiebre *f* tifoidea
typisch [-ɪʃ] *adj* típico (*für* de); **ein ~er Fall von ...** un caso típico de...; **~ Mann** típico de los hombres; **das war mal wieder ~ für sie** otra vez algo típico de ella
typisieren* [typi'zi:rən] *vt* tipificar
Typisierung *f* <-, -en> tipificación *f*
Typisierungslehre *f* <-, *ohne pl*> (JUR) teoría *f* de la estandarización
Typografie^{RR} [typogra'fi:] *f* <-, -n> tipografía *f*
typografisch^{RR} [typo'gra:fɪʃ] *adj* tipográfico
Typographie [typogra'fi:] *f* <-, -n> *s.* **Typografie**
typographisch [typo'gra:fɪʃ] *adj s.* **typografisch**
Typologie [typolo'gi:] *f* <-, -n> tipología *f*
typologisch [typo'lo:gɪʃ] *adj* tipológico
Typoskript *nt* <-(e)s, -e> (TYPO) manuscrito *m* (escrito a máquina)
Typus ['ty:pʊs] *m* <-, Typen> tipo *m*
Tyrann(in) [ty'ran] *m(f)* <-en, -en; -, -nen> tirano, -a *m*, *f*
Tyrannei [tyra'naɪ] *f* <-, *ohne pl*> tiranía *f*
Tyrannin *f* <-, -nen> *s.* **Tyrann**
tyrannisch *adj* tiránico
tyrannisieren* [tyrani'zi:rən] *vt* tiranizar; **sich von jdm ~ lassen**

dejarse tiranizar por alguien
Tz [te:tset] *nt s.* **Tezett**

U

U, u [u:] *nt* <-, -> U, u *f;* ~ **wie Ulrich** U de Uruguay
u. *Abk. von* **und** y
U (CHEM) *Abk. von* **Uran** U
Ü, ü [y:] *nt* <-, – *o fam:* -s> u *f* con diéresis
u. a. ❶ *Abk. von* **und andere(s)** y más
❷ *Abk. von* **unter anderem/anderen** entre otros
u. ä., u. Ä. ᴿᴿ *Abk. von* **und Ähnliche(s)** y otras cosas parecidas [*o* por el estilo]
u. A. w. g., U. A. w. g. *Abk. von* **um Antwort wird gebeten** se ruega respuesta, se ruega contestación
UB *Abk. von* **Universitätsbibliothek** biblioteca *f* universitaria
U-Bahn ['u:ba:n] *f* <-, -en> metro *m;* **U-Bahnhof** ['u:ba:nho:f] *m* <-(e)s, -höfe> estación *f* de metro; **U-Bahn-Netz** *nt* <-es, -e> red *f* del metro; **U-Bahn-Station** *f* <-, -en> estación *f* del metro
übel ['y:bəl] I. *adj* (*schlimm, schlecht*) mal(o); (*unangenehm*) desagradable; **das ist eine üble Sache** este es un asunto desagradable; **mir ist** ~ me siento mal; **mir wird** ~ me dan náuseas; **da kann es einem ja** ~ **werden** esto le pone malo a cualquiera; **er ist ein übler Bursche** es un tipo de cuidado; **nicht** ~ (*fam*) bastante bien; **nicht** ~ **Lust haben etw zu tun** (*fam*) tener bastantes ganas de hacer algo; **das ist gar nicht (so)** ~ (*fam*) esto no está nada mal
II. *adv* mal; ~ **dran sein** estar en una situación difícil; **das schmeckt gar nicht** ~ esto no sabe tan mal; **jdm** ~ **mitspielen** jugarle a uno una mala pasada a alguien; **jdm etw** ~ **auslegen** tomarle a mal algo a alguien
Übel *nt* <-s, -> mal *m;* (*Unglück*) desgracia *f;* **etw ist von** ~ algo es dañino; **ein notwendiges** ~ un mal necesario; **das kleinere** ~ el mal menor; **zu allem** ~ ... para colmo de males..., lo peor es que...
übelgelaunt *adj s.* **gelaunt**
Übelkeit¹ *f* <-, -en> (*Zustand*) malestar *m*, indisposición *f*
Übelkeit² *f* <-, *ohne pl*> (*Gefühl*) náuseas *fpl;* ~ **erregend** nauseabundo
übellaunig *adj* malhumorado
Übellaunigkeit *f* <-, *ohne pl*> malhumor *m*
übel|nehmen *irr vt s.* **nehmen 7.**
übelriechend *adj s.* **riechen**
Übelstand *m* <-(e)s, -stände> mal *m;* (*Fehler*) defecto *m;* **Übeltat** *f* <-, -en> (*geh*) fechoría *f;* (*gesetzeswidrig*) delito *m;* **Übeltäter(in)** *m(f)* <-s, -; -, -nen> malhechor(a) *m(f)*, maleante *mf*
übell|wollen *irr vi s.* **wollen² 2.**
üben ['y:bən] I. *vi* (*allgemein*) practicar; (SPORT) entrenarse; **auf dem Klavier** ~ practicar piano
II. *vt* practicar; (THEAT) ensayar; (*Finger*) ejercitar; **mit geübtem Auge** con ojo experto; **Rache** ~ vengarse; **Kritik** ~ criticar; **sich in etw** *dat* ~ iniciarse en algo
über ['y:bɐ] I. *präp* +*dat* ❶ (*oberhalb*) sobre, (por) encima de; (*darauf*) en, sobre; (*auf der anderen Seite*) al otro lado de; (*weiter als*) más allá de; **das Bild hängt** ~ **dem Bett** el cuadro está colgado encima de la cama; **er trägt einen Pullover** ~ **dem Hemd** lleva puesto un jersey por encima de la camisa; **unsere Eltern wohnen** ~ **der Straße/~ uns** nuestros padres viven al otro lado de la calle/encima de nosotros
❷ (*während, bei*) durante; **ich bin** ~ **der Arbeit eingeschlummert** me quedé adormecida durante el trabajo
❸ (*Grenze*) por encima de, sobre; ~ **dem Durchschnitt** por encima del promedio; **zwei Grad** ~ **Null** dos grados sobre cero
❹ (*Überlegenheit, Überordnung*) por encima de, sobre; ~ **jdm stehen** estar por encima de alguien
❺ (*kausal*) a causa de, debido a; ~ **all der Aufregung habe ich ganz vergessen, dass ...** debido a todo el jaleo olvidé por completo que...
II. *präp* +*akk* ❶ (*Richtung: durch*) por; (*auf dem Weg* ~) vía, pasando por; (~ *hinweg*) por, sobre; **sie legt den Mantel** ~ **den Stuhl** pone el abrigo en la silla; **nach Münster** ~ **Dortmund** a Münster vía Dortmund; **er fuhr sich** *dat* ~ **die Stirn** se pasó la mano por la frente; ~ **die Straße gehen** cruzar la calle; ~ **die Grenze fahren** pasar la frontera; ~ **einen See schwimmen** cruzar un lago a nado; ~ **eine Mauer springen** saltar un muro; ~ **die Felder/die Dörfer fahren** ir por [*o* cruzar] los campos/los pueblos; **bis** ~ **beide Ohren verliebt sein/in Arbeit stecken** estar enamorado hasta la médula/lleno de trabajo; **Schande** ~ **mich!** (*a. iron*) ¡qué vergüenza me da!
❷ (*zeitlich*): ~ **Ostern** durante la Semana Santa; ~ **Nacht** durante la noche; **das ist schon** ~ **3 Jahre her** esto pasó hace ya más de 3 años; ~

... **hinaus** más allá de; ~ **das Alter hinaus sein** haber pasado la edad
❸ (*von, betreffend*) sobre, acerca de; **ein Film** ~ ... una película sobre...; **was wissen Sie** ~ **ihn?** ¿qué sabe Ud. sobre él?
❹ (*in Höhe von*) por, de; **ein Scheck** ~ **4000 Euro** un cheque por valor de 4000 euros; **ein Rennen** ~ **2000 Meter** una carrera de 2000 metros
❺ (*von mehr als*) de más de; **Kinder** ~ **12 Jahre** niños de más de 12 años
❻ (*mehr und mehr*): **Autos** ~ **Autos** coche tras coche
❼ (*mittels*) por medio de, a través de; **die Wohnung habe ich** ~ **ein Inserat bekommen** he conseguido el piso por medio de un anuncio
❽ (*Überordnung*): ~ **jdn herrschen/Macht haben** reinar/tener poder sobre alguien
❾ (*vor, wichtiger als*): **es geht nichts** ~ **Fußball** no hay nada mejor que el fútbol; **jdn/etw** ~ **alles lieben** querer a alguien/algo más que a nadie/nada [*o* sobre todas las cosas]
III. *adv* ❶ (*mehr als*) (de) más de; ~ **zwei Meter lang/breit** de más de dos metros de largo/ancho; **sind Sie** ~ **30?** ¿pasa Ud. de 30 años?
❷ (*völlig*): ~ **und** ~ completamente
❸ (*Zeitraum*): **die ganze Zeit** ~ durante todo el tiempo
IV. *adj* (*fam*) ❶ (*übrig*) sobrante; **da ist noch Kuchen** ~ ahí queda todavía pastel
❷ (*überlegen*) superior (*in* en); **geistig ist sie mir** ~ intelectualmente me supera [*o* está por encima de mí]
überall ['y:bɐˈʔal] *adv* por [*o* en] todas partes; **ich habe dich schon** ~ **gesucht** ya te he buscado por todas partes; ~ **in Deutschland** en toda Alemania
überallher ['---'-] *adv* de todas partes
überallhin ['---'-] *adv* a todas partes
überaltert [--'--] *adj* anciano, viejo; (*überholt*) anticuado
Überalterung [--'---] *f* <-, *ohne pl*> envejecimiento *m;* ~ **der Vereinsmitglieder** envejecimiento de los socios
Überangebot *nt* <-(e)s, -e> exceso *m* de oferta, oferta *f* excesiva
überängstlich *adj* demasiado preocupado; (*Kind*) sobreprotector; ~ **sein** preocuparse demasiado; (*Kind*) sobreproteger
überanstrengen* I. *vt* cansar excesivamente
II. *vr:* **sich** ~ hacer un esfuerzo excesivo; **überanstreng dich nicht!** ¡no hagas excesos!
Überanstrengung [--'---] *f* <-, -en> esfuerzo *m* excesivo; **die** ~ **der Augen** la fatiga excesiva de los ojos
überantworten* *vt* (*geh*) hacer responsable (de); **jdn/etw jdm** ~ hacer a alguien responsable de alguien/algo; poner a alguien/algo en manos de alguien
überarbeiten* I. *vt* corregir, revisar; **eine überarbeitete Fassung** una versión revisada
II. *vr:* **sich** ~ trabajar en exceso
Überarbeitung¹ [--'---] *f* <-, -en> (*Vorgang*) revisión *f;* (*Ergebnis*) versión *f* revisada
Überarbeitung² *f* <-, *ohne pl*> (*Überanstrengung*) agotamiento *m*
überaus ['---, --'-] *adv* sumamente; (*äußerst*) extremadamente
überbacken* *irr vt* gratinar
Überbau¹ *m* <-(e)s, -e *o* -ten> ❶ (ARCHIT) superestructura *f;* (*Vorsprung*) voladizo *m*
❷ (JUR) construcción *f* sobre predio vecino
Überbau² *m* <-(e)s, -e> (*Marxismus*) superestructura *f*
überbaubar *adj* sobreedificable; ~**e Grundstücksfläche** superficie sobreedificable
überbauen* *vt* construir más allá de [*o* encima de]
überbeanspruchen* [------] *vt* (*Person*) exigir demasiado (de); (*Material*) someter a un esfuerzo [*o* uso] excesivo; (**arbeitsmäßig**) **überbeansprucht sein** estar sobrecargado de trabajo
Überbeanspruchung *f* <-, -en> (*eines Materials*) uso *m* excesivo, desgaste *m*
Überbein *nt* <-(e)s, -e> sobrehueso *m*
über|bekommen* *irr vt* (*fam*) hartarse de, estar hasta el gorro de; **ich bekomme diese ständigen Streitereien langsam über** me estoy empezando a hartar de tanta discusión; **ich habe Kaviar ~, weil ich davon mal eine ganze Dose gegessen habe** el caviar me empalaga porque una vez me comí una lata entera
überbelasten* [------] *vt* sobrecargar
überbelegen* [------] *vt* llenar en exceso; **wegen des Flugzeugabsturzes ist das Krankenhaus überbelegt** el hospital está abarrotado de pacientes debido a la caída del avión; **das Hotel ist überbelegt** el hotel está ocupado por encima de la capacidad normal
Überbelegung *f* <-, -en> (*eines Hotels*) overbooking *m*
überbelichten* ['------] *vt* (FOTO) sobreexponer
Überbelichtung *f* <-, -en> (FOTO) sobr(e)exposición *f;* **Überbeschäftigung** *f* <-, -en> (WIRTSCH) exceso *m* de empleo, sobreempleo *m*
überbetonen* ['------] *vt* dar demasiada importancia (a), insistir demasiado (en)

überbevölkert ['-----] *adj* superpoblado

Überbevölkerung *f* <-, *ohne pl*> superpoblación *f*; **Überbeweidung** *f* <-, *ohne pl*> pasteamiento *m* en exceso

überbewerten* ['-----] *vt* sobrevalorar

Überbewertung *f* <-, -en> sobrevaloración *f*, supervaloración *f*

überbezahlen* *vt* pagar demasiado [*o* en exceso]; **eine überbezahlte Hilfskraft** un auxiliar al que/una auxiliar a la que se remunera en exceso; **er wird überbezahlt** se le está pagando más de lo que le corresponde

Überbezahlung *f* <-, -en> remuneración *f* excesiva

überbietbar *adj* superable; **nicht ~ sein** ser insuperable; **der Film war an Primitivität nicht mehr ~** la película era de un primitivismo que no se podía superar

überbieten* *irr* **I.** *vt* ❶ (*übertreffen*) sobrepujar (*an/um* en); (*Rekord*) batir; **jdn ~** pujar más que alguien; **der Film ist an Brutalität nicht mehr zu ~** el grado de brutalidad de la película es insuperable ❷ (*bei einer Auktion*) hacer una mayor oferta, sobrepujar (*um* en) **II.** *vr:* **sich ~** excederse (*an* en), superarse (*an* en)

Überbietung *f* <-, -en> mejora *f*, superación *f*

überbinden* *irr vt* (*Schweiz*) imponer; **die Kosten des Verfahrens wurden dem Kläger überbunden** los costes del proceso corrieron a cargo del demandante

über|bleiben *irr vi sein* (*fam*) quedar

Überbleibsel ['y:bəblaɪpsəl] *nt* <-s, -> (*fam*) resto *m*

Überblendung *f* <-, -en> ❶ (FILM, TV: *Bild*) superposición *f* de imágenes ❷ (RADIO, MUS: *Ton*) mezcla *f*

Überblick ['---] *m* <-(e)s, -e> ❶ (*Aussicht*) vista *f* panorámica (*über* de), vista *f* general (*über* de) ❷ (*über Zusammenhänge*) visión *f* de conjunto; **den ~ verlieren** perder la orientación; **mir fehlt der ~ über meine Finanzen** me falta una visión general sobre mis finanzas; **sich** *dat* **einen ~ über etw verschaffen** hacerse una idea general de algo ❸ (*Zusammenfassung*) resumen *m*, sinopsis *f inv*

überblicken* *vt* ❶ (*sehen*) abarcar [*o* alcanzar] con la vista ❷ (*Zusammenhänge*) comprender, captar; (*Situation*) controlar

überbordend ['----] *adj* (*Verkehr*) desbordante; (*Temperament*) extremadamente fuerte; (*Fantasie*) desbordante

überboten *pp von* **überbieten**

überbracht *pp von* **überbringen**

überbreit ['---] *adj* ❶ (*sehr breit*) bien ancho; **~es Bett** cama camera ❷ (*zu breit*) demasiado ancho

Überbreite *f* <-, -n> anchura *f* superior; **Autoreifen mit ~** neumáticos de coche (super)anchos

überbringen* *irr vt* (*geh*) entregar, transmitir

Überbringer(in) ['----] *m(f)* <-s, -; -, -nen> portador(a) *m(f)*

Überbringerscheck *m* <-s, -s> talón *m* al portador, cheque *m* al portador

überbrückbar *adj* conciliable, superable; **~ sein** ser conciliable, ser superable; **nicht ~e Gegensätze/Positionen** diferencias/posturas inconciliables

überbrücken* *vt* ❶ (*Frist, Zeitraum*) franquear; **mit ihren Ersparnissen überbrückten sie die erste Zeit nach seiner Entlassung** cuando lo despidieron, franquearon el primer tiempo con sus ahorros ❷ (*Gegensätze*) superar ❸ (ELEK) puentear

Überbrückung *f* <-, -en> ❶ (*eines Zeitraums*) superación *f* ❷ (*von Gegensätzen*) conciliación *f*, acercamiento *m*; **wir haben in Gesprächen die ~ der konträren Positionen versucht** en las conversaciones hemos intentado acercar las posiciones contrarias ❸ (ELEK) puenteo *m*

Überbrückungsbeihilfe *f* <-, -n> prestación *f* social adicional en caso de necesidad; **Überbrückungskredit** [--'----] *m* <-(e)s, -e> (FIN) crédito *m* transitorio [*o* de empalme]; **Überbrückungsregelung** *f* <-, -en> reglamento *m* transitorio

überbuchen* *vt* hacer una sobrerreserva [*o* una sobreventa]

überbunden *pp von* **überbinden**

überdachen* *vt* construir un tejadillo (para), techar; **eine überdachte Veranda** un balcón con sobradillo

überdacht *pp von* **überdachen**, **überdenken**

überdauern* *vt* perdurar; **das Stadttor hat alle Kriege überdauert** la puerta de la ciudad ha sobrevivido todas las guerras

überdecken* *vt* ❶ (*bedecken*) cubrir (*mit* de); **Schnee überdeckt die Stadt** la ciudad está cubierta de nieve ❷ (*verdecken*) ocultar; **das Make-up überdeckte die Spuren der Nacht in ihrem Gesicht** el maquillaje ocultaba las huellas que la noche había dejado en su rostro

überdehnen* *vt* extender en exceso

überdenken *irr vt* reflexionar (sobre), cavilar; **sie wollte das Angebot ~** quería reflexionar una vez más acerca de la propuesta

überdeutlich *adj* extremadamente claro

überdies [--'-] *adv* aparte de eso, además

überdimensional *adj* enorme, gigantesco

Überdividende *f* <-, -n> (FIN) sobredividendo *m*, superdividendo *m*

überdosieren* ['-----] *vt* sobredosificar

Überdosis *f* <-, -dosen> sobredosis *f inv* (*an* de)

überdrehen* *vt* (*Schraube*) pasar de rosca; (*Uhr*) dar demasiada cuerda (a); (*Motor*) embalar

überdreht *adj* (*fam*) sobreexcitado

Überdruck *m* <-(e)s, -drücke> (PHYS) exceso *m* de presión

Überdruckventil *nt* <-(e)s, -e> (TECH) válvula *f* de seguridad

Überdruss^RR ['y:bedrʊs] *m* <-es, *ohne pl*>, **Überdruß** *m* <-sses, *ohne pl*> fastidio *m* (*an* por), tedio *m* (*an* por); **am Wochenende sehen wir fern bis zum ~** los fines de semana siempre miramos la televisión hasta hartarnos

überdrüssig ['y:bedrʏsɪç] *adj*: **jds/etw** *gen* **~ sein** estar harto de alguien/algo; **jds/etw** *gen* **~ werden** hartarse de alguien/algo

überdüngen* *vt* fertilizar en exceso

Überdüngung [--'--] *f* <-, -en> fertilización *f* excesiva

überdurchschnittlich *adj* por encima del promedio, superior al promedio

übereck [y:be'ʔɛk] *adv* de través en un rincón; **ein Regal ~ stellen** poner una estantería de través en el rincón

Übereifer *m* <-s, *ohne pl*> empeño *m* excesivo

übereifrig *adj* demasiado solícito

übereignen* *vt*: **jdm etw ~** transferir algo a alguien; (*Geschäft*) traspasar algo a alguien

Übereignung *f* <-, -en> traspaso *m* del dominio, cesión *f* en propiedad

Übereignungsanspruch *m* <-(e)s, -sprüche> (JUR) derecho *m* de traspaso del dominio; **Übereignungsurkunde** *f* <-, -n> escritura *f* de cesión

übereilen* *vt* precipitar; **~ Sie nichts!** ¡no precipite nada!

übereilt *adj* (*Aufbruch*) precipitado, apresurado; (*Entschluss*) irreflexivo

übereinander [---'--] *adv* ❶ (*räumlich*) uno encima del otro; **~ legen** superponer, poner encima de otro; **~ liegen** estar (colocados) uno encima del otro; **~ schlagen** poner encima de otro; (*Arme, Beine*) cruzar ❷ (*von sich*) uno del otro

übereinander|legen *vt s.* **übereinander 1.**

übereinander|liegen *irr vi s.* **übereinander 1.**

übereinander|schlagen *irr vt s.* **übereinander 1.**

überein|kommen [y:be'ʔaɪn-] *irr vi sein* (*geh*) convenir (*zu +inf* en *+inf*); **wir sind darin übereingekommen, dass die Preise erhöht werden müssen** convenimos en que hay que subir los precios

Übereinkommen *nt* <-s, -> acuerdo *m*, convenio *m*; **landesweit gültiges ~** acuerdo con validez en todo el país [*o* a nivel nacional]; **stillschweigendes ~** acuerdo tácito; **ein ~ treffen** [*o* **erzielen**] llegar a un acuerdo; **in strittigen Punkten ein ~ erzielen** llegar a un acuerdo en los puntos litigiosos

Übereinkunft *f* <-, -künfte> *s.* **Übereinkommen**

überein|stimmen [y:be'ʔaɪn-] *vi* ❶ (*einer Meinung sein*) estar de acuerdo (*in* sobre), abundar (*in* en) *Chil, PRico* ❷ (*gleich sein*) coincidir (*in* en); (*passen*) armonizar (*mit* con)

übereinstimmend *adj* (*einhellig*) unánime; (*gleich*) idéntico; **sie erklärten ~, dass ...** declararon unánimemente que...

Übereinstimmung *f* <-, -en> coincidencia *f*; (*Einklang*) armonía *f*; (*von Meinungen*) conformidad *f*, consenso *m*; **in ~ mit ...** acorde con...; **in ~ bringen** armonizar; **in strittigen Punkten ~ erzielen** lograr un consenso en puntos controvertidos

überempfindlich *adj* hipersensible, demasiado sensible; **auf etw ~ reagieren** reaccionar a algo con hipersensibilidad

Überempfindlichkeit *f* <-, *ohne pl*> hipersensibilidad *f*, sensibilidad *f* excesiva; **Überernährung** *f* <-, *ohne pl*> sobrealimentación *f*

überessen[1] <überisst, überaß, übergessen> *vr:* **sich ~** comer demasiado (*an* de), hincharse (*an* de)

über|essen[2] *vr vt:* **sich** *dat* **etw ~** hartarse de algo

überfahren* *irr vt* ❶ (*Person, Tier*) atropellar, arrollar ❷ (*Ampel*) pasar, saltar(se) ❸ (*fam: überrumpeln*) coger de sorpresa

Überfahrt ['---] *f* <-, -en> pasaje *m*, travesía *f*

Überfall ['---] *m* <-(e)s, -fälle> asalto *m* (*auf* a); (*Raub~*) atraco *m* (*auf* a); (MIL) ataque *m* (por sorpresa); **hinterlistiger ~** asalto alevoso; **einen ~ auf etw/jdn verüben** asaltar algo/a alguien

überfallen* *irr vt* ❶ (*angreifen*) atacar, acometer; (*Bank, Person*) asaltar; (*bewaffnet*) atracar; **sie überfielen ihn mit Fragen** le acosaron con preguntas ❷ (*Müdigkeit, Gefühle*) acometer; (*überraschend*) coger desprevenido

überfällig *adj* ❶ (*Verkehrsmittel*) retrasado, con retraso; **das Flugzeug ist seit gestern ~** el avión está con retraso desde ayer

❷ (*Zahlung, Rate*) vencido; (*Besuch, Entschuldigung*) tardío, con retraso

Überfallkommando *nt* <-s, -s> (*fam*) brigada *f* antidisturbios

überfischen* *vt* pescar en demasía; **der Bestand an Walen ist so überfischt, dass sie vom Aussterben bedroht sind** las ballenas han sido depredadas de tal manera que están en peligro de extinción; **schwimmende Fabriken ~ die Gewässer vor der Küste Afrikas** los buques-factoría pescan en las aguas de la costa de África hasta agotar las reservas de peces

überfliegen* *irr vt* ❶ (*mit dem Flugzeug*) sobrevolar

❷ (*Text*) echar una ojeada (a)

Überflieger(in) [--'--] *m(f)* <-s, -; -, -nen> (*fam*) superdotado, -a *m, f*; **er ist ein ~ in Mathematik** es una bestia en matemáticas

über|fließen *irr vi sein* ❶ (*Gefäß*) rebosar

❷ (*Flüssigkeit*) derramarse

❸ (*Farben*): **ineinander ~** mezclarse

überflogen *pp von* **überfliegen**

Überflug ['---] *m* <-(e)s, -flüge> (AERO) sobrevuelo *m*

überflügeln* *vt* sobrepasar, superar

Überfluss[RR] *m* <-es, *ohne pl*>, **Überfluß** *m* <-sses, *ohne pl*> (super)abundancia *f* (*an* de), exuberancia *f*; **im ~ leben** vivir en la abundancia; **zu allem ~** para colmo

Überflussgesellschaft[RR] *f* <-, -en> sociedad *f* opulenta

überflüssig *adj* superfluo, redundante; (*unnötig*) innecesario; **sich** *dat* **~ vorkommen** sentirse de más; **~ zu sagen, dass ...** está de más decir que...

überflüssigerweise *adv* innecesariamente, sin razón fundada; **sich ~ Sorgen machen** preocuparse de forma innecesaria

überfluten* *vt* inundar, anegar

Überflutung *f* <-, -en> ❶ (*über die Ufer*) desbordamiento *m*; **die ~ eines Flusses** el desbordamiento de un río

❷ (*Überschwemmen, a. fig*) inundación *f*

überfordern* *vt* exigir demasiado (de); **ich bin mit dieser Arbeit überfordert** este trabajo me exige demasiado

Überforderung *f* <-, -en> sobreexigencia *f*, exigencia *f* excesiva; **eine ~ der Schüler kann den Lernerfolg beeinträchtigen** exigir demasiado de los alumnos puede influir negativamente en el éxito del aprendizaje

überfrachten* *vt* sobrecargar

überfragen* *vt* pedir demasiada información; **da bin ich überfragt** no lo sé

überfremden* [y:bɛˈfrɛmdən] *vt* extranjerizar (*introducir demasiadas influencias extranjeras en un país, subyugando la propia cultura*); **die irrationalen Ängste vieler Deutschen, überfremdet zu werden** los miedos irracionales de muchos alemanes de ser subyugados por las culturas extranjeras

Überfremdung [--'--] *f* <-, -en> extranjerización *f*

überfressen* [y:bɛˈfrɛsən] *irr vr*: **sich ~** hincharse de comer, darse un atracón

überfrieren* *irr vi sein* helarse; **~de Nässe** heladas *fpl*

überfroren *pp von* **überfrieren**

überführen*1 *vt* ❶ (*Schuld nachweisen*) probar la culpabilidad (de), declarar culpable; **jdn eines Verbrechens ~** declarar a alguien culpable de un delito

❷ s. **überführen**²

über|führen² *vt* ❶ (*transportieren*) trasladar (*in/zu/nach* a), llevar (*in/zu/nach* a)

❷ (*Zustand verändern*) convertir; **Wasser in den gasförmigen Zustand ~** gasificar agua

Überführung [--'--] *f* <-, -en> ❶ (*Transport*) traslado *m* (*in/nach/zu* a)

❷ (JUR) convicción *f*

❸ (*Übergang*) puente *m*

Überführungsstück *nt* <-(e)s, -e> (JUR) pieza *f* de convicción

Überfülle *f* <-, *ohne pl*> abundancia *f*, profusión *f*

überfüllt [--'-] *adj* abarrotado, repleto

Überfüllung [--'--] *f* <-, -en> (*mit Menschen*) abarrotamiento *m*; **wegen ~ geschlossen** cerrado por abarrotamiento; **das Tanzlokal musste eine Stunde lang wegen ~ geschlossen werden** el salón de baile tuvo que ser cerrado durante una hora porque estaba muy lleno;

Überfunktion *f* <-, -en> (MED) hiperfunción *f*

überfüttern* *vt* sobrealimentar

Übergabe ['----] *f* <-, -n> entrega *f*; (*eines Bauwerks*) inauguración *f*; (*Kapitulation*) rendición *f*

Übergabeprotokoll *nt* <-s, -e> acta *f* de entrega

Übergang¹ ['---] *m* <-(e)s, -gänge> ❶ (*das Überqueren*) paso *m*, cruce *m*

❷ (*über einen Fluss*) puente *m*; (*über ein Bahngleis*) paso *m* a nivel; (*über einen Berg*) paso *m*

❸ (*von Besitz*) traspaso *m* (*zu* a); **auf Dritte ~** transmisión a terceros; **~ von Forderungen** transferencia de créditos

Übergang² *m* <-(e)s, *ohne pl*> ❶ (*Übergangszeit*) periodo *m* transitorio

❷ (*Übergangslösung*) solución *f* transitoria [*o* provisional]

übergangen *pp von* **übergehen¹**

Übergangsbestände *mpl* (WIRTSCH) stock *m* acumulado; **Übergangsbestimmung** *f* <-, -en> disposición *f* transitoria; **Übergangserscheinung** *f* <-, -en> fenómeno *m* transitorio; **Übergangsgeld** *nt* <-(e)s, -er> (JUR) subsidio *m* transitorio

übergangslos *adv* sin transición

Übergangslösung *f* <-, -en> solución *f* transitoria [*o* provisional]; **Übergangsmantel** *m* <-s, -mäntel> abrigo *m* de entretiempo; **Übergangsmaßnahme** *f* <-, -n> medida *f* provisional [*o* transitoria]; **Übergangsperiode** *f* <-, -n> período *m* de transición; **Übergangsphase** *f* <-, -n> transición *f*; **Übergangsrecht** *nt* <-(e)s, *ohne pl*> derecho *m* transitorio; **Übergangsregelung** *f* <-, -en> regulación *f* transitoria [*o* provisional]; **Übergangsstadium** *nt* <-s, -stadien> estado *m* transitorio; **Übergangsstichtag** *m* <-(e)s, -e> fecha *f* de transición; **Übergangsvorschrift** *f* <-, -en> disposición *f* transitoria; **Übergangswirtschaft** *f* <-, *ohne pl*> régimen *m* económico transitorio; **Übergangszeit** *f* <-, -en> período *m* transitorio [*o* de transición]

Übergardine *f* <-, -n> cortina *f*

übergeben* *irr* I. *vt* entregar; (*Angelegenheit*) poner en manos (de); (*Bauwerk*) inaugurar; (*Amt*) transferir; (*Geschäft*) traspasar; **der Fall wurde dem Rechtsanwalt ~** el caso fue puesto en manos del abogado

II. *vr*: **sich ~** vomitar

Übergebot *nt* <-(e)s, -e> (JUR) sobrepuja *f*

übergehen*1 *irr vt* ❶ (*nicht wahrnehmen*) pasar por alto; **sich übergangen fühlen** sentirse ignorado

❷ (*überspringen*) saltar(se); **er wurde bei der Beförderung übergangen** le saltaron a la hora de los ascensos

über|gehen² *irr vi sein* ❶ (*Besitzer wechseln*) pasar (*auf* a); **der Betrieb ging in die Hände des Staates über** la empresa pasó a ser propiedad del estado; **alle Rechte gingen auf seine Frau über** todos los derechos pasaron a manos de su mujer

❷ (*bei einer Tätigkeit*) pasar (*zu* a); **zu einem anderen Thema ~** cambiar de tema

❸ (*sich verwandeln*) convertirse (*in* en), transformarse (*in* en); **ihre Stimme ging in Schreien über** su voz se convirtió en un grito; **die Kirschen gehen in Fäulnis über** las cerezas se están pudriendo; **die Farben gehen ineinander über** los colores se esfuman uno en el otro

übergenau *adj* quisquilloso

übergenug *adv* de sobra, más que suficiente

übergeordnet *adj* de mayor importancia

Übergepäck *nt* <-(e)s, *ohne pl*> exceso *m* de equipaje

übergeschnappt ['y:bɐɡəʃnapt] *adj* (*fam*) chiflado

übergessen *pp von* **überessen¹**

Übergewand *nt* <-(e)s, -wänder> (*Schweiz*) sobretodo *m*

Übergewicht *nt* <-(e)s, *ohne pl*> ❶ (*von Menschen, Sachen*) exceso *m* de peso; **der Koffer hat ~** la maleta tiene exceso de peso; **~ bekommen** (*fam*) perder el equilibrio

❷ (*Bedeutung*) preponderancia *f*, mayor importancia *f*; **~ haben** predominar

übergewichtig *adj* de peso excesivo; **~ sein** pesar demasiado

übergießen* *irr vt* rociar

überglücklich *adj* loco de alegría, más feliz que un niño con zapatos nuevos

übergossen *pp von* **übergießen**

über|greifen *irr vi* extenderse (*auf* a), propagarse (*auf* a)

übergreifend *adj* general, que abarca varios sectores

Übergriff *m* <-(e)s, -e> intrusión *f*

übergroß *adj* (*Kleidungsstück*) de talla grande; (*Möbelstück*) de medidas especiales, más grande de lo normal; **~ sein** (*Kleidungsstück*) ser de talla grande; (*Möbelstück*) tener medidas especiales, ser más grande de lo normal

Übergröße *f* <-, -n> talla *f* especial

über|haben *irr vt* (*fam*) ❶ (*Kleidung*) llevar (puesto)

❷ (*überdrüssig sein*) estar harto (de)

❸ (*reg: übrig haben*) tener de sobra; **sie hat noch 15 Euro über** le quedan todavía 15 euros

überhand[RR] [y:bɐˈhant] *adv*: **~ nehmen** aumentar excesivamente, llegar a ser excesivo

überhand|nehmen *irr vi s.* **überhand**

Überhang *m* <-(e)s, -hänge> ❶ (ARCHIT) saledizo *m*

❷ (*Felsen*) peña *f* saliente; (*Zweige*) rama *f* colgante

❸ (*Überschuss*) exceso *m*, excedente *m*; **~ an Aufträgen** remanente de pedidos; **~ an Investitionen** reserva de inversiones

über|hängen¹ *irr vi* (ARCHIT) sobresalir; (*Felsen*) salir, sobresalir; (*Zweige*) colgar

über|hängen² *vt:* sich *dat* etw ~ ponerse algo por encima; **ich habe mir den Mantel übergehängt** me he echado el abrigo sobre los hombros

Überhangmandat *nt* <-(e)s, -e> (POL) mandato *m* excedentario

überhasten* I. *vt* precipitar
II. *vr:* sich ~ precipitarse

überhastet *adj* precipitado, apresurado; ~ **entscheiden** decidir precipitadamente

überhäufen* *vt* colmar (*mit* de), llenar (*mit* de); **jdn mit Vorwürfen ~** abrumar a alguien con reproches

überhaupt [y:bɐˈhaʊpt, '---] *adv* ❶ (*im Allgemeinen*) en general
❷ (*eigentlich*) en realidad; **wer hat dir das ~ gesagt?** ¿en realidad quién te lo ha dicho?; **weißt du ~, wie spät es ist?** ¿sabes la hora que es?
❸ (*bei Verneinung*): ~ **nicht** en absoluto; **ich denke ~ nicht daran!** ¡ni hablar!; ~ **nichts** nada de nada; ~ **keine Möglichkeit** ninguna posibilidad
❹ (*schließlich*) después de todo, a fin de cuentas; **das ist ~ die beste Lösung** después de todo es la mejor solución; **und ~, ...** (*abgesehen davon*) aparte; (*überdies*) además; **wenn ~, dann ...** dado el caso, entonces...

überheblich [y:bɐˈheːplɪç] *adj* presuntuoso, arrogante

Überheblichkeit *f* <-, *ohne pl*> presunción *f*, arrogancia *f*

überheizen* *vt* calentar demasiado [o en exceso]

überhitzen* *vt* calentar demasiado; **der Motor ist überhitzt** el motor se ha recalentado

überhitzt [--'-] *adj* (*Temperatur, Konjunktur*) sobrecalentado; (*Charakter*) exaltado

überhöht [--'-] *adj* excesivo; **~e Geschwindigkeit** exceso de velocidad

überholen*¹ *vt* ❶ (*Fahrzeug*) adelantar
❷ (*durch Leistung*) aventajar, superar
❸ (*überprüfen*) revisar, chequear *Am*

über|holen² I. *vt* (*befördern*) llevar a la otra orilla
II. *vi* (NAUT: *sich neigen*) escorarse

Überholen *nt* <-s, *ohne pl*> adelantamiento *m;* **beim ~ sollte man nichts riskieren** al adelantar no se debería correr ningún riesgo

Überholmanöver *nt* <-s, -> maniobra *f* de adelantamiento; **Überholspur** *f* <-, -en> carril *m* de adelantamiento

überholt [--'-] *adj* pasado de moda, anticuado

Überholverbot [--'---] *nt* <-(e)s, -e> prohibición *f* de adelantar

überhören* *vt* no oír; (*absichtlich*) pasar por alto, hacerse el sordo; **das möchte ich überhört haben** prefiero pasarlo por alto

Überichᴿᴿ ['yːbɐʔɪç] *nt* <-s, *ohne pl*> (PSYCH) superyó *m*

überinterpretieren* *vt* interpretar (más de lo necesario)

überirdisch *adj* celestial, sobrenatural

überkandidelt ['yːbɐkandiˌdəlt] *adj* (*fam*) excéntrico, más loco que una cabra

Überkapazität *f* <-, -en> (WIRTSCH) exceso *m* de capacidad

Überkapitalisierung *f* <-, -en> (WIRTSCH) sobrecapitalización *f*, exceso *m* de capitalización

überkleben* *vt:* etw ~ pegar algo por encima; **ich habe das alte Plakat überklebt** he pegado otro anuncio [*o cartel*] encima del viejo

Überkleid *nt* <-(e)s, -er> (*Schweiz*) ropa *f* de abrigo

über|kochen *vi sein* salirse (al hervir); **die Milch ist übergekocht** se me rebasó la leche

überkommen¹ *adj* transmitido por tradición, tradicional

überkommen*² *irr vt* (*Gefühl*) invadir; (*Schlaf*) vencer; **es überkam sie heiß und kalt** sintió escalofríos; **Müdigkeit überkam ihn** lo venció el sueño; **es überkam ihn plötzlich, und er zog sie an sich** una extraña sensación lo invadió [*o se apoderó de él*] y la atrajo hacia sí

überkreuzen* *vr:* sich ~ cruzarse

überkrustet *adj* costroso, (cubierto) con una capa; ~ **sein** estar cubierto con costra [*o con una capa*]; **nach dem Bad im Meer kam ich mit einem weißlich ~en Körper wieder an Land** tras bañarme en el mar tenía el cuerpo cubierto de una capa blanquecina; **die Amphoren waren völlig ~** las ánforas estaban completamente cubiertas con una costra

überkultiviert *adj* sobrecultivado

überladen¹ *adj* (*Stil, Fassade*) recargado

überladen*² *irr vt* sobrecargar (*mit* de)

überlagern* *vt, vr:* sich ~ superponer(se), traslapar(se)

Überlagerung *f* <-, -en> ❶ (*Überdecken*) superposición *f*; (*Überschneiden*) coincidencia *f*
❷ (PHYS) interferencia *f*

Überlandbus *m* <-ses, -se> autobús *m* interurbano, autocar *m;* **Überlandleitung** *f* <-, -en> línea *f* de transmisión a larga distancia; **Überlandomnibus** *m* <-ses, -se> *s.* **Überlandbus**

überlang *adj* ❶ (*Hemd, Hose*) extra largo; **~ sein** ser extra largo
❷ (*Film*) de duración superior a la normal; **~ sein** ser muy largo

Überlänge *f* <-, -n> exceso *m* de longitud; (*Kleider*) largo *m* especial; (*Zeit*) larga duración *f*; **Film mit ~** película *f* de duración extraordinaria

überlappen* [yːbɐˈlapən] *vr:* sich ~ (*Gegenstände*) solaparse; (*Aussagen*) coincidir parcialmente

überlassen* *irr vt* ❶ (*abgeben*): **jdm etw ~** dejar algo a alguien
❷ (*anheim stellen*): **es jdm ~, etw zu tun** dejar algo a cuenta de alguien; **es ist dir ~, das zu entscheiden** es cosa tuya decidirlo; **etw dem Zufall ~** dejar que la suerte decida algo; **überlass das bitte mir!** ¡déjamelo a mí!
❸ (*anvertrauen*): **jdm etw ~** confiarle algo a alguien; **jdn sich** *dat* **selbst ~** abandonar a alguien

Überlassung *f* <-, -en> (*zur Verfügung stellen*) entrega *f*, cesión *f*; **die ~ des Autos erfolgte sogar kostenlos** pusieron el coche a su disposición incluso de manera gratuita

Überlassungspflicht *f* <-, *ohne pl*> (JUR) deber *m* de dejación; **Überlassungsvertrag** *m* <-(e)s, -träge> (JUR) contrato *m* de cesión

überlasten* *vt* sobrecargar; **sie ist überlastet** está agobiada de trabajo

Überlastung *f* <-, -en> (*durch Gewicht, Überanspruchung*) sobrecarga *f*; (*durch Arbeit*) exceso *m* de trabajo

Überlastungsschutz *m* <-es, *ohne pl*> protección *f* contra sobrecargas

Überlauf ['---] *m* <-(e)s, -läufe> rebosadero *m*

überlaufen¹ [--'--] *adj* muy frecuentado, muy concurrido

überlaufen*² *irr vt* ❶ (*Gefühl*) sentir; (*Angst*) invadir; **ein Schauer überlief mich** me estremecí; **es überläuft ihn (heiß und) kalt** le dan escalofríos

über|laufen³ *irr vi sein* ❶ (*Flüssigkeit*) desbordarse, salirse; **jetzt läuft das Maß über** (*fig*) esto es demasiado; **ineinander ~** (*Farben*) mezclarse
❷ (*die Seiten wechseln*) pasarse (*zu* a); **zum Feind ~** pasarse a las filas enemigas

Überläufer(in) *m(f)* <-s, -; -, -nen> ❶ (MIL) desertor(a) *m(f)*
❷ (POL) trá(n)sfuga *mf*

Überläuferkartell *nt* <-s, -e> (WIRTSCH) cártel *m* de tránsfugas

überleben* I. *vi* sobrevivir; (*cosas*) perdurar
II. *vt* sobrevivir (a); **er hat seine Frau um viele Jahre überlebt** sobrevivió en muchos años a su mujer; **einen Unfall ~** sobrevivir a un accidente; **das wirst du schon ~!** (*fam*) ¡ya lo sobrevivirás!; **das überlebe ich nicht!** (*fam*) ¡no lo sobreviviré!
III. *vr:* sich ~ pasar de moda; **überlebte Ansichten** opiniones [*o ideas*] trasnochadas

Überlebende(r) [--'---] *mf* <-n, -n; -, -n> sobreviviente *mf*, superviviente *mf*

Überlebenschance [--'-----] *f* <-, -n> posibilidad *f* de supervivencia

überlebensgroß ['--'---] *adj* de tamaño más que natural

Überlebensgröße *f:* **in ~** en tamaño sobrenatural, más grande que en tamaño natural

Überlebenskampf [--'---] *m* <-(e)s, -kämpfe> lucha *f* de supervivencia; **Überlebensrate** *f* <-, -n> cuota *f* de supervivencia; **Überlebenstraining** *nt* <-s, -s> entrenamiento *m* de supervivencia

überlegen¹ I. *adj* ❶ (*besser*) superior; **jdm (in/an etw** *dat*) **~ sein** ser superior a alguien (en algo)
❷ (*hochmütig*) arrogante
II. *adv* con aire de superioridad

überlegen*² I. *vi* pensar, reflexionar; **ich habe hin und her überlegt** lo he pensado una y otra vez; **ohne zu ~** sin pensar; **wohl überlegt** (*geh*) bien pensado, bien meditado; **wohl überlegt handeln** obrar con mesura; **überleg doch mal!** ¡piensa un momento!
II. *vt* (*nachdenken*) reflexionar (sobre), pensar; (*erwägen*) considerar; **ich habe es mir anders überlegt** he cambiado de opinión; **das hätten Sie sich** *dat* **vorher ~ müssen** eso lo tendría que haber pensado antes; **ich werde es mir ~** me lo pensaré; **hast du dir das auch gut überlegt?** ¿te lo has pensado bien?; **wenn man's sich** *dat* **recht überlegt, ...** pensándolo bien...

über|legen³ I. *vt* echar por encima
II. *vr:* sich ~ inclinarse

Überlegenheit *f* <-, *ohne pl*> superioridad *f* (*in* en)

überlegt I. *adj* ponderado, sensato
II. *adv* con ponderación

Überlegung [--'--] *f* <-, -en> reflexión *f*; (*Erwägung*) consideración *f*; **bei genauerer ~** al reflexionarlo más detalladamente; **das wäre wohl eine ~ wert** merecería la pena tenerlo en consideración; **~en** *dat* **anstellen** reflexionar sobre algo; **nach/bei reiflicher ~** tras madura reflexión; **mit ~ vorgehen** actuar reflexionadamente, proceder con reflexión

über|leiten *vi* conectar, unir; **von Thema zu Thema ~** pasar de un

tema a otro
Überleitung f <-, -en> (*Übergang*) transición f; (*Verbindung*) conexión f; ~ **von Verträgen** (JUR) transición de contratos
Überleitungsgesetz nt <-es, -e> (JUR) ley f transitoria; **Überleitungsvertrag** m <-(e)s, -träge> (JUR) contrato m transitorio
überlesen* irr vt ① (*überfliegen*) leer por encima
② (*übersehen*) no ver, no darse cuenta (de)
überliefern* vt transmitir; **überlieferte Bräuche** costumbres tra(n)smitidas (de generación en generación); **etw ist nur als Fragment überliefert** algo ha llegado a nuestros días sólo en forma fragmentaria
Überlieferung[1] [--'--] f <-, ohne pl> (*das Überliefern*) transmisión f
Überlieferung[2] f <-, -en> (*Tradition*) tradición f; **an der ~ festhalten** atenerse a las tradiciones
Überliquidität f <-, ohne pl> (WIRTSCH) exceso m de liquidez
überlisten* vt engañar
überm ['y:bəm] (*fam*) = **über dem** s. **über**
Übermacht f <-, ohne pl> (*Überlegenheit*) superioridad f; (*Vorherrschaft*) predominio m; **wirtschaftliche ~** supremacía económica; **in der ~ sein** tener más poder
übermächtig adj ① (*Institution*) prepotente; (*Gegner*) superior
② (*Gefühl*) fuerte, incontenible; (*Wunsch, Verlangen*) irresistible
übermalen* vt ① (*um zu verdecken*) pintar por encima (de)
② (*für zweiten Anstrich*) repintar, dar otra mano de pintura
übermannen* vt vencer, rendir
Übermaß nt <-es, ohne pl> exceso m (*an/von* de); **etw im ~ haben** tener algo en abundancia; **im ~** excesivamente; **bis zum ~** hasta el exceso
übermäßig I. adj excesivo; (*maßlos*) desmesurado; (*übertrieben*) exagerado
II. adv ① (*zu viel*) demasiado
② (*überaus*) excesivamente; **sie haben nicht ~ gut gespielt** (SPORT) no han jugado muy bien; (MUS) no han tocado muy bien
Übermensch m <-en, -en> superhombre m
übermenschlich adj sobrehumano
übermitteln* vt transmitir, comunicar
Übermitt(e)lung f <-, -en> envío m, transmisión f; **ich bitte um telefonische ~ dieser Nachricht** le ruego que haga llegar este mensaje por teléfono; **und vergiss bei deinem Besuch nicht die ~ meiner Grüße!** ¡y no te olvides saludarle de mi parte cuando le visites!
übermorgen ['----] adv pasado mañana; ~ **Abend** pasado mañana por la tarde
übermüdet [--'--] adj agotado, rendido, hecho polvo *fam*
Übermüdung [--'--] f <-, -en> exceso m de fatiga, cansancio m excesivo
Übermut m <-(e)s, ohne pl> ① (*Fröhlichkeit*) alegría f desbordante; (*Mutwille*) travesura f; **aus purem ~** de pura alegría
② (*Selbstüberschätzung*) desatino m
③ (*Überheblichkeit*) arrogancia f
übermütig adj loco de alegría, travieso
übern ['y:bən] (*fam*) = **über den** s. **über**
übernächste(r, s) adj subsiguiente; **in der ~n Woche** dentro de dos semanas; **~n Sonntag** el domingo de la semana que viene; **es ist die ~ Haltestelle** faltan dos paradas; **du bist als Ü~r dran** te toca después del siguiente
übernachten* vi pernoctar (*bei* en casa de, *in* en), pasar la noche (*in* en, *bei* en casa de) *fam*
übernächtig ['----] adj (*Österr*), **übernächtigt** [y:bɐˈnɛçtɪçt, y:bəˈnɛçtɪkt] adj trasnochado
Übernachtung [y:bɐˈnaxtʊŋ] f <-, -en> pernoctación f, estancia f de una noche; ~ **mit Frühstück** habitación con desayuno
Übernachtungsmöglichkeit f <-, -en> alojamiento m
Übernahme [----] f <-, ohne pl> toma f; (*eines Amtes*) toma f de posesión; (*einer Methode, Meinung, Sitte*) adopción f; (*von Verantwortung*) asunción f; **die ~ der Kosten zusichern** garantizar el pago de los costes; **nach der ~ des Geschäftes entließ er zwanzig Leute** después de haberse encargado [o de haberse hecho cargo] del negocio despidió a veinte personas
Übernahmeangebot nt <-(e)s, -e> (COM) oferta f de adquisición;
Übernahmegewinn m <-(e)s, -e> (COM) beneficio m de aceptación;
Übernahmehaftung f <-, -en> (JUR) responsabilidad f de la aceptación; **Übernahmeklage** f <-, -n> (JUR) demanda f de aceptación;
Übernahmekonnossement nt <-(e)s, -e> (WIRTSCH) conocimiento m de embarque; **Übernahmekonsortium** nt <-s, -konsortien> (WIRTSCH) consorcio m de adquisición; **Übernahmekurs** m <-es, -e> (FIN) cambio m de suscripción; **Übernahmerecht** nt <-(e)s, ohne pl> derecho m de suscripción; **Übernahmeverlust** m <-(e)s, -e> pérdida f de aceptación; **Übernahmevertrag** m <-(e)s, -träge> contrato m de adquisición; **Übernahmewert** m <-(e)s, -e> valor m de suscripción

übernational adj supranacional
übernatürlich ['-----] adj sobrenatural
übernehmen* irr I. vt ① (*allgemein*) tomar; (*Geschäft, Aufgabe*) hacerse cargo (de), encargarse (de); (*Amt*) tomar posesión (de); (*Kosten*) correr (con); (*Methode*) adoptar; (*Verantwortung*) asumir; **übernimmst du es, dich um den Transport zu kümmern?** ¿te encargas tú del transporte?; **wer übernimmt den Vorsitz?** ¿quien asumirá la presidencia?; **sie wurde ins Beamtenverhältnis übernommen** pasó a ser funcionaria; **wir ~ Ihren Vorschlag** admitimos su propuesta
② (*entgegennehmen*) recibir, aceptar
II. vr: **sich ~** excederse; **er hat sich bei der Tour übernommen** se ha esforzado demasiado en la excursión; **mit seinen finanziellen Verpflichtungen hat er sich völlig übernommen** se ha metido con sus obligaciones financieras en camisa de once varas
übernervös adj muy nervioso; ~ **sein** estar muy nervioso
über|nehmen s. **übernehmen**
über|ordnen vt: **etw etw** dat ~ anteponer algo a algo; **die Karriere der Familie ~** anteponer la carrera a la familia
überparteilich adj imparcial, suprapartidista
Überpfändung f <-, -en> (JUR) sobrembargo m
Überproduktion f <-, -en> (WIRTSCH) sobreproducción f
überproportional adj desproporcionado
überprüfbar [--'--] adj revisable; **kaum/leicht/schwer ~** apenas/fácilmente/difícilmente revisable
überprüfen* vt examinar, revisar, chequear *Am*; (*amtlich*) controlar, inspeccionar; (INFOR) chequear
Überprüfung [--'--] f <-, -en> examen m, revisión f; (*amtlich*) control m, inspección f; (INFOR) chequeo m; ~ **der Bestände** comprobación [o control] de existencias; **gerichtliche ~** inspección (judicial)
Überprüfungspflicht f <-, ohne pl> deber m de comprobación
Überqualifikation f <-, -en> sobrecalificación f
über|quellen irr vi sein desbordar, rebosar (*vor* de)
überqueren* vt cruzar, atravesar
Überquerung f <-, -en> travesía f, cruce m; **die ~ des Flusses war schwierig** fue difícil atravesar el río
überragen*[1] vt ① (*an Größe*) descollar (por encima); (*Person*) superar en altura (*um*); **die Kirche überragt sämtliche Häuser des Dorfes** la iglesia descuella por encima de todas las casas del pueblo; **er überragt uns alle mindestens um einen Kopf** nos lleva a todos por lo menos una cabeza
② (*übertreffen*) superar (*an* en), aventajar (*an* en)
über|ragen[2] vi descollar, sobresalir
überragend [--'--] adj destacado, extraordinario; ~**e Begabung** talento sobresaliente
überrannt pp von **überrennen**
überraschen* [y:bɐˈraʃən] vt sorprender; **es überraschte mich nicht, dass ...** no me sorprendió que... +*subj*; **sie wurden von einem Gewitter überrascht** fueron sorprendidos por una tormenta; **jdn bei einer Tat ~** sorprender a alguien haciendo algo; **jdn dabei ~, wie ...** sorprender a alguien mientras...; **lassen wir uns ~** dejémonos sorprender; **sie sah mich überrascht an** me miró sorprendida
überraschend [--'--] I. adj sorprendente, sorpresivo *Am*; (*unerwartet*) inesperado; **ein ~er Besuch** una visita sorpresa
II. adv inesperadamente; **das kam für mich völlig ~** me cogió totalmente de sorpresa; **sie ist ~ abgereist** se ha ido de viaje inesperadamente
überraschenderweise adv de forma sorprendente [o inesperada]
Überraschung [y:bɐˈraʃʊŋ] f <-, -en> sorpresa f; **zu meiner großen ~ kam er nicht** para mi gran sorpresa no vino; **das ist aber eine ~!** ¡qué sorpresa!
Überraschungsangriff m <-(e)s, -e> (MIL) ataque m por sorpresa;
Überraschungseffekt m <-(e)s, -e> factor m sorpresa, impacto m;
Überraschungsmoment nt <-(e)s, -e> factor m sorpresa
Überreaktion f <-, -en> reacción f exagerada
überreden* vt persuadir; (*überzeugen*) convencer; **jdn zu etw** dat ~ persuadir a alguien para que haga algo; **sie überredeten den Chef, auf ihren Vorschlag einzugehen** persuadieron al jefe para que aceptara su propuesta; **sich ~ lassen** dejarse convencer
Überredung f <-, -en> persuasión f; **erst versuchten sie es mit ~, dann mit Drohungen** primero intentaron persuadirle, luego lo amenazaron
Überredungskunst [--'---] f <-, -künste> arte m de persuasión; **seine ganzen Überredungskünste aufbieten** usar toda su fuerza persuasiva
überregional adj supraregional
überreich adj riquísimo (*an* en)
überreichen* vt hacer entrega (de), entregar; **überreicht von ...** cortesía de...
überreichlich I. adj copioso, muy abundante
II. adv de forma copiosa [o muy abundante]

Überreichung *f* <-, -en> entrega *f*; **die ~ der Ehrenurkunden** la entrega de los diplomas de honor
überreif *adj* demasiado maduro; **~ werden** pasarse
überreizen* [y:bɐ'raɪtsən] *vt* (*Augen*, *Haut*) irritar; **überreizte Nerven haben** tener los nervios de punta *fam*; **wir sind alle etwas überreizt, das liegt am Stress** estamos todos un poco sobr(e)excitados [*o* de los nervios] por culpa del estrés *fam*
Überreizung *f* <-, -en> crispación *f*, irritabilidad *f*
überrennen* *irr vt* ❶ (*überwältigen*) arrollar
❷ (*niederrennen*) atropellar (corriendo), derribar (al correr)
❸ (*fam: überrumpeln*) dejar fuera de combate, coger de sorpresa; **er hat mich mit seinen Argumenten völlig überrannt** con sus argumentos me dejó fuera de combate
überrepräsentiert *adj* representados en mayoría
Überreste *mpl* ❶ (*Zurückgebliebenes*) restos *mpl*; **die sterblichen ~** los restos mortales
❷ (*Ruinen*) ruinas *fpl*
❸ (CHEM) residuos *mpl*, remanente *m*
überrieseln* *vt* (*geh*) rociar; **im Sommer überrieselt nur noch ein Rinnsal den Felsen** en verano es sólo un pequeño arroyuelo lo que rocía la roca; **Schauer überrieselten sie** (*fig*) la estremeció un escalofrío
Überrollbügel *m* <-s, -> (AUTO) arco *m* de seguridad
überrollen* *vt* arrollar
überrumpeln* *vt* coger de sorpresa, sorprender
Überrump(e)lung *f* <-, -en>: **er machte viele seiner Geschäfte durch ~ ahnungsloser Rentner** hizo muchos de sus negocios a base de engañar [*o* embaucar] a pensionistas desprevenidos
überrunden* *vt* ❶ (SPORT) sacar una vuelta de ventaja, adelantar; **jdn überrundet haben** llevar una vuelta de ventaja a alguien
❷ (*übertreffen*) superar, aventajar
übers ['y:bɐs] (*fam*) = **über das** *s*. **über**
Übersalzung *f* <-, *ohne pl*> sobresalado *m*; **~ des Bodens** sobresalado del suelo
übersandt *pp von* **übersenden**
übersät [--'-] *adj* lleno (*von/mit* de)
übersättigen* *vt* sobresaturar
Übersättigung *f* <-, -en> saturación *f*
übersäuern* *vt* acidular en exceso
Übersäuerung *f* <-, -en> hiperacidificación *f*
Überschallflug *m* <-(e)s, -flüge> vuelo *m* supersónico; **Überschallflugzeug** *nt* <-(e)s, -e> avión *m* supersónico; **Überschallgeschwindigkeit** *f* <-, -en> velocidad *f* supersónica; **Überschallknall** *m* <-(e)s, -e> (PHYS) estallido *m* supersónico, estampido *m* supersónico
überschallschnell I. *adj* (AERO) supersónico
II. *adv* (AERO) a velocidad supersónica
überschatten* *vt* ❶ (*Schatten spenden*) ensombrecer
❷ (*trüben*) empañar; **die Gespräche waren überschattet von …** las conversaciones estuvieron empañadas por…
überschätzen* *vt* sobreestimar, sobrevalorar
Überschätzung *f* <-, -en> supervaloración *f*, sobrevaloración *f*
überschaubar *adj* (*Kosten*, *Risiko*) apreciable; (*Firma*) abarcable
Überschaubarkeit *f* <-, *ohne pl*> (*Kosten*, *Risiko*) apreciación *f*; (*Firma*) visión *f* de conjunto
überschauen* *vt s.* **überblicken**
über|schäumen *vi sein* ❶ (*Flüssigkeit*) rebosar, salirse; (*Gefäß*) estar a rebosar
❷ (*vor Wut*, *Freude*) rebosar (*vor* de)
überschlafen* *irr vt* consultar con la almohada *fam*
Überschlag *m* <-(e)s, -schläge> ❶ (*Schätzung*) tanteo *m*, cálculo *m* aproximativo
❷ (SPORT) vuelta *f* de campana, voltereta *f*, volantín *m* *Am*; (*Looping*) rizo *m*
überschlagen*¹ *irr* I. *vt* ❶ (*auslassen*) saltar
❷ (*schätzen*) calcular aproximadamente
II. *vr:* **sich ~** ❶ (*Fahrzeug*) volcar, voltearse *Am*; **ihre Stimme überschlug sich** soltó un gallo
❷ (*fam: vor Höflichkeit*) volcarse (*vor* con/en)
❸ (*Ereignisse*) precipitarse
über|schlagen² *irr* I. *vi sein* ❶ (*Funken*) saltar
❷ (*übergehen*) convertirse (*in* en)
II. *vt* (*Beine*) cruzar; **mit übergeschlagenen Beinen** con las piernas cruzadas
überschlägig ['y:bɐʃlɛ:gɪç], **überschläglich** ['y:bɐʃlɛ:klɪç] I. *adj* aproximado II. *adv* de manera aproximada
über|schnappen *vi sein* (*fam*) ❶ (*verrückt werden*) volverse loco; **du bist wohl übergeschnappt** estás como una cabra
❷ (*sich überschlagen*): **seine Stimme schnappt über** da gallos al hablar

überschneiden* *irr vr:* **sich ~** ❶ (*Linien*) (entre)cruzarse
❷ (*Termine*) coincidir; (*Themen*) coincidir en parte
Überschneidung [--'--] *f* <-, -en> ❶ (*zeitlich*) coincidencia *f*; (*von Interessen*) coincidencia *f* parcial
❷ (*von Linien*, *Flächen*) intersección *f*
überschnitten *pp von* **überschneiden**
überschreiben* *irr vt* ❶ (*übertragen*) transferir (*auf* a); (*Geschäft*) traspasar (*auf* a); **sie überschrieb ihrem Mann das Grundstück** le transfirió el terreno a su marido
❷ (*betiteln*) titular
❸ (INFOR: *Datei*) sobreescribir
überschreien* [y:bɐ'ʃraɪən] *irr vt* gritar más fuerte que otro, acallar a gritos
überschreiten* *irr vt* ❶ (*übertreten*) pasar; (*Anzahl*) pasar (de), sobrepasar; (*Mittel*, *Kräfte*, *Fähigkeiten*) exceder, superar; (*überqueren*) atravesar, cruzar; **er hat die 80 schon überschritten** ya ha pasado de los 80
❷ (*Befugnisse*) abusar (de); (*Geschwindigkeit*) rebasar; **Ü~ der Kompetenzen/der Machtbefugnisse** extralimitación de competencias/de poder; **das überschreitet die Grenze des Erlaubten** esto rebasa el límite de lo permitido
Überschreitung *f* <-, -en> ❶ (*einer Frist*) rebasamiento *m*; **~ des Liefertermins** rebasamiento del plazo de entrega
❷ (*der Befugnisse*) abuso *m* de poder, extralimitación *f*
überschrieben *pp von* **überschreiben**
überschrien *pp von* **überschreien**
Überschrift *f* <-, -en> título *m*, encabezado *m* *Guat*, *Mex*
überschritten *pp von* **überschreiten**
Überschuh *m* <-(e)s, -e> chanclo *m*
überschuldet *adj* excesivamente endeudado, cargado de deudas
Überschuldung [y:bɐ'ʃʊldʊŋ] *f* <-, -en> exceso *m* de deudas, sobreendeudamiento *m*
Überschuss[RR] *m* <-es, -schüsse>, **Überschuß** *m* <-sses, -schüsse> excedente *m*, sobrante *m*; (*finanziell*) superávit *m inv*; **buchmäßiger ~** saldo contable; **~ abwerfen** arrojar un superávit; **einen ~ erwirtschaften** obtener [*o* conseguir] un excedente
Überschusseinkünfte[RR] *pl* ingresos *mpl* excedentarios
überschüssig ['y:bɐʃʏsɪç] *adj* sobrante, excedente
Überschusspersonengesellschaft[RR] *f* <-, -en> (JUR) sociedad *f* personalista excedentaria; **Überschussproduktion**[RR] *f* <-, -en> producción *f* excedentaria [*o* sobrante]; **Überschussrechnung**[RR] *f* <-, -en> cálculo *m* del excedente; **Überschussreserve**[RR] *f* <-, -n> (WIRTSCH) reserva *f* de excedentes; **Überschusssituation**[RR] *f* <-, -en> (WIRTSCH) situación *f* excedentaria
überschütten*¹ *vt* ❶ (*bedecken*) cubrir; **etw mit Benzin ~** rociar algo con gasolina
❷ (*überhäufen*) colmar (*mit* de); **jdn mit Fragen ~** acosar a alguien a preguntas
über|schütten² *vt* derramar
Überschwang ['y:bɐʃvaŋ] *m* <-(e)s, *ohne pl*> desborde *m*; **im ~ der Freude** desbordante de alegría; **im ersten ~** en el primer momento de euforia
überschwänglich[RR] ['y:bɐʃvɛŋlɪç] *adj* exuberante, exaltado
Überschwänglichkeit[RR] *f* <-, *ohne pl*> entusiasmo *m*, exaltación *f*; **ich kann die ~ deiner Begeisterung nicht verstehen** no puedo comprender ese entusiasmo desbordante tuyo
über|schwappen *vi sein* (*fam: Flüssigkeit*) rebosar, desbordarse; (*Gefäß*) estar a rebosar
überschwemmen* *vt* inundar (*mit* de); **Billigwaren überschwemmten den Markt** productos baratos inundaron el mercado
Überschwemmung [--'--] *f* <-, -en> inundación *f*, aniego *m* *Mex*
Überschwemmungsgebiet *nt* <-(e)s, -e> zona *f* de inundación; **Überschwemmungskatastrophe** *f* <-, -n> catástrofe *f* por inundación; **Überschwemmungswiese** *f* <-, -n> pradera *f* de inundación
überschwenglich *adj s.* **überschwänglich**
Überschwenglichkeit *f* <-, *ohne pl*> *s.* **Überschwänglichkeit**
Übersee ['---] *f*: **in/nach/aus ~** en/a/de ultramar
Überseedampfer *m* <-s, -> tra(n)satlántico *m*; **Überseehafen** *m* <-s, -häfen> puerto *m* de tra(n)satlánticos; **Überseehandel** *m* <-s, *ohne pl*> comercio *m* ultramarino
überseeisch *adj* tra(n)satlántico; (*Produkte*) ultramarino
übersehbar [--'--] *adj* ❶ (*Gelände*) que se puede abarcar con la vista
❷ (*absehbar*) calculable; **schwer/klar ~e Auswirkungen** consecuencias difícilmente/claramente calculables
übersehen*¹ *irr vt* ❶ (*Gegend*) abarcar con la vista
❷ (*Zusammenhänge sehen*) comprender, entender; (*Folgen*) calcular; **soweit ich die Angelegenheit übersehe, …** según tengo entendido…
❸ (*nicht sehen*) saltar, no ver; (*absichtlich*) pasar por alto, hacer la vista

übersehen gorda *fam;* **etw stillschweigend ~** hacer caso omiso de algo

über|sehen² *irr vt (fam: satt sehen)* estar saturado de ver; **ich habe mir die Tapete übergesehen** me he cansado del empapelado

übersenden* *irr vt* enviar, mandar

Übersendung *f <-, -en>* envío *m;* **die ~ der Dokumente sollte per Einschreiben erfolgen** los documentos deberían ser enviados por correo certificado

übersetzbar *adj* traducible; **gut/schwer ~ sein** ser fácil/difícil de traducir

übersetzen*¹ *vt* traducir *(von/aus* de, *in* a); **sie hat das Buch vom Englischen ins Deutsche übersetzt** tradujo el libro del inglés al alemán; **das lässt sich schlecht ins Griechische ~** es difícil traducirlo al griego

über|setzen² I. *vi haben o sein* cruzar, pasar (a la otra orilla); **über den Fluss ~** cruzar el río
II. *vt* llevar [*o* conducir] a la otra orilla

Übersetzer(in) [--'--] *m(f) <-s, -; -, -nen>* traductor(a) *m(f);* **vereidigte ~in** traductora jurada

Übersetzung [--'--] *f <-, -en>* ❶ *(Text)* traducción *f*
❷ (TECH) transmisión *f*

Übersetzungsbüro *nt <-s, -s>* agencia *f* de traducciones; **Übersetzungsfehler** *m <-s, ->* falta *f* de traducción

Übersicht ['---] *f <-, -en>* ❶ *(Überblick)* visión *f* general *(über* de); *(über Zusammenhänge)* visión *f* de conjunto *(über* de); **die ~ verlieren** perder la visión de conjunto
❷ *(Resümee)* resumen *m (über* de), síntesis *f inv (über* de); *(Darstellung)* cuadro *m* de conjunto *(über* de)

übersichtlich *adj* ❶ *(räumlich)* fácil de abarcar (con la vista); *(Gelände)* abierto
❷ *(deutlich)* claro

Übersichtlichkeit *f <-, ohne pl>* disposición *f* clara

Übersichtskarte *f <-, -n>* mapa *m* sinóptico

über|siedeln *vi sein* ❶ *(umziehen)* mudarse *(nach/in* a), trasladarse *(nach/in* a)
❷ *(emigrieren)* emigrar; *(ins Land kommen)* inmigrar

Übersiedelung *f <-, -en> s.* **Übersiedlung**

Übersiedler(in) *m(f) <-s, -; -, -nen> (Ausreisender)* emigrante *mf; (Einreisender)* inmigrante *mf*

Übersiedlung *f <-, -en>* traslado *m* (de domicilio), cambio *m* de domicilio; **ich plane seit einiger Zeit eine ~ ins Ausland** desde hace un tiempo planeo trasladarme al extranjero

übersinnlich *adj* tra(n)scendental

überspannen* *vt* ❶ *(überziehen)* revestir
❷ *(hinwegführen über)* cubrir; **eine Hängebrücke überspannt den Fluss** un puente colgante cruza el río de orilla a orilla
❸ *(zu stark spannen)* tensar en exceso; **den Bogen ~** *(fig)* pasarse de la raya

überspannt [--'-] *adj* ❶ *(übertrieben)* exagerado; **~e Forderungen** reivindicaciones exageradas
❷ *(verschroben)* extravagante

Überspannung *f <-, -en>* (ELEK, INFOR) sobretensión *f*

Überspannungsableiter *m <-s, ->* (ELEK) descargador *m* de sobretensión

überspielen* *vt* ❶ (RADIO, TV) grabar *(auf* en)
❷ *(verstecken)* disimular, encubrir

überspitzen* *vt* exagerar, llevar al límite; **überspitzt gesagt ...** cargando las tintas...

überspitzt [--'-] *adj* exagerado

überspringen*¹ *irr vt* ❶ *(Hindernis)* saltar; **eine Pfütze ~** saltar un charco
❷ *(auslassen)* saltarse, omitir

über|springen² *irr vi sein* ❶ *(übergehen)* saltar *(auf* a); *(Feuer)* pasar *(auf* a); *(Begeisterung)* transmitirse *(auf* a); *(Infektion)* extenderse *(auf* a); **das Feuer ist vom Stall auf das Wohnhaus übergesprungen** el incendio pasó de la cuadra a la casa

über|sprudeln *vi sein* rebosar(se), desbordar(se); **der Champagner/ die Soße ist übergesprudelt** el champán/la salsa se ha rebosado; **vor Freude/Ideen ~** rebosar de alegría/de ideas, desbordar alegría/ideas; **ihr Temperament sprudelt über** rebosa temperamento

übersprungen *pp von* **überspringen¹**

überspülen* *vt* regar

überstaatlich *adj* supranacional

überstanden *pp von* **überstehen¹**

überstehen*¹ *irr vt (hinter sich bringen)* pasar, superar; *(überleben)* sobrevivir; *(ertragen)* soportar; **das Schlimmste ist jetzt überstanden** lo peor ya pasó

über|stehen² *irr vi* sobresalir *(über* de), descollar

übersteigen* *irr vt* ❶ *(Zaun, Mauer)* pasar por encima (de)
❷ *(übertreffen)* sobrepasar, exceder; **das überstieg alle unsere Erwartungen** superó todas nuestras expectativas

übersteigern* *vt* exagerar; *(Preise)* incrementar con exceso; **übersteigertes Selbstbewusstsein** excesiva confianza en sí mismo

Übersteigerung *f <-, -en>* ❶ *(des Preises)* aumento *m* excesivo, incremento *m* excesivo, subida *f* excesiva
❷ *(der Eitelkeit, des Selbstbewusstseins)* superación *f*, acentuación *f*, exageración *f*

überstellen* *vt (formal)* trasladar

übersteuern* I. *vi (Auto)* sobreexcitar
II. *vt (Verstärker)* sobrecargar

überstiegen *pp von* **übersteigen**

überstimmen* *vt* ❶ *(besiegen)* vencer por mayoría de votos; **die anderen haben uns überstimmt** quedamos en minoría
❷ *(ablehnen)* rechazar por mayoría de votos

überstrahlen* *vt* resplandecer; **große Freude überstrahlt sein Gesicht** su rostro resplandece de alegría; **die Sonne überstrahlte die Hügel** las colinas resplandecían al sol

überstrapazieren* *vt* desgastar en exceso; **ich möchte ihre Geduld nicht ~** no quiero acabar con su paciencia

überstreichen* *irr vt* pintar (encima)

über|streifen *vt* ponerse (sin cuidado)

überstrichen *pp von* **überstreichen**

überströmen* *vt* rebosar, desbordar; **das Wasser überströmte die Deiche** el agua desbordó los diques; **Schweiß überströmte sein Gesicht** el sudor le corría por la cara

über|stülpen *vt* poner por encima

Überstunde *f <-, -n>* hora *f* extra; **geleistete ~n** horas extraordinarias realizadas; **~n machen** hacer horas extraordinarias

Überstundenzuschlag *m <-(e)s, -schläge>* (WIRTSCH) sobresueldo *m* por horas extra

überstürzen* I. *vt* precipitar; **nur nichts ~** no hay que precipitarse; **überstürzte Abreise** partida precipitada
II. *vr:* **sich ~** agolparse, precipitarse; **die Ereignisse überstürzten sich** los acontecimientos se agolparon

Überstürzung *f <-, ohne pl>* precipitación *f*

übertariflich *adj* (WIRTSCH) extratarifario; **~e Bezahlung** remuneración por encima de lo estipulado en convenio

überteuert [--'--] *adj* ❶ *(übermässig teuer)* demasiado caro, prohibitivo
❷ *(teurer gemacht)* encarecido

übertölpeln* [yːbeˈtœlpəln] *vt* embaucar

Übertölpelung *f <-, -en>* embaucamiento *m*, engaño *m*

übertönen* *vt* acallar, ahogar

Übertopf *m <-(e)s, -töpfe>* maceta *f* exterior, cubretiesto *m*

Übertrag ['yːbetraːk, *pl:* 'yːbtrɛːgə] *m <-(e)s, -träge>* traslado *m* a cuenta nueva

übertragbar [--'--] *adj* transferible *(auf* a); *(Krankheit)* contagioso; **nicht ~** intransferible

übertragen¹ *adj (Österr: gebraucht)* usado

übertragen*² *irr* I. *vt* ❶ (RADIO, TV, TECH) transmitir; **das Spiel wird live im Fernsehen ~** el partido se transmite en directo por televisión
❷ *(anwenden)* aplicar *(auf* a); **in diesem Fall lässt sich die Methode nicht ~** en este caso no se puede aplicar el método; **in ~er Bedeutung** en sentido figurado
❸ *(Begeisterung, Krankheit)* transmitir *(auf* a)
❹ *(Besitz, Rechte)* transferir; *(Verantwortung)* conferir; *(Vollmacht)* otorgar; *(Aufgabe)* encargar, asignar; *(Befugnis, Kompetenz)* conferir
❺ *(abschreiben)* copiar
❻ *(geh: übersetzen)* trasladar *(aus* de, *in* a)
❼ (TECH: *weiterleiten)* transmitir
II. *vr:* **sich ~** transmitirse *(auf* a); **ihre Begeisterung übertrug sich auf uns** nos contagió su entusiasmo

Überträger(in) [--'--] *m(f) <-s, -; -, -nen>* (MED) transmisor(a) *m(f)*

Übertragung [--'--] *f <-, -en>* ❶ (RADIO, TV, TECH) transmisión *f*
❷ *(Anwendung)* aplicación *f*
❸ *(einer Krankheit)* contagio *m*, transmisión *f*
❹ *(von Rechten, Besitz)* transferencia *f (auf* a), cesión *f;* *(Amt)* asignación *f;* **einseitige/unentgeltliche ~en** transferencias unilaterales/a título gratuito
❺ *(Übersetzung)* traducción *f*

Übertragungsbilanz *f <-, -en>* (WIRTSCH) balanza *f* de transferencias; **Übertragungsbilanzdefizit** *nt <-s, -e>* (WIRTSCH) déficit *m inv* en la balanza de transferencias

Übertragungsdauer *f <-, ohne pl>* (INFOR, TEL) tiempo *m* de transmisión, duración *f* de la transmisión; **Übertragungsfehler** *m <-s, ->* error *m* de transmisión; **Übertragungsgeschwindigkeit** *f <-, -en>* velocidad *f* de transmisión; **mit hoher ~** de alta velocidad; **Übertragungsgewinn** *m <-(e)s, -e>* (JUR) beneficio *m* de transferencia; **Übertragungsnetz** *nt <-es, -e>* (TEL) red *f* de transferencias; **Übertragungsrate** *f <-, -n>* (INFOR, TEL) velocidad *f* de transferencia de

datos; **mit hoher ~** de alta velocidad; **Übertragungsurkunde** f <-, -n> documento m de cesión; **Übertragungsvertrag** m <-(e)s, -träge> contrato m de traspaso; **Übertragungswagen** m <-s, -> (RADIO, TV) unidad f móvil
übertreffen* irr I. vt sobrepasar, superar (an en); **das übertrifft alle meine Erwartungen** esto supera todas mis expectativas
II. vr: sich ~ superarse; **sich selbst mit etw** dat ~ superarse a sí mismo con algo
übertreiben* irr vi, vt exagerar; **das ist stark übertrieben** eso es bastante exagerado; **man kann es auch ~** esto sería exagerar; **ohne zu ~** sin exagerar
Übertreibung [--'--] f <-, -en> exageración f
übertreten*¹ irr vt ❶ (Grenze) cruzar, pasar
❷ (Gesetz, Verbot) infringir, transgredir
über|treten² irr vi sein ❶ sein (Gewässer) desbordarse
❷ sein (zu einer Religion) convertirse (zu a); (zu einer Partei) pasarse (zu a); **er ist zum Islam übergetreten** se convirtió al islam
❸ sein (übergehen) pasar (in a)
❹ haben o sein (SPORT) pisar [o pasar] la línea
Übertretung [--'--] f <-, -en> infracción f, transgresión f
übertrieben [y:bɐ'tri:bən] I. pp von **übertreiben**
II. adj exagerado; (Preise) exorbitante
III. adv en exceso
Übertritt m <-(e)s, -e> (zu einer Partei) adhesión f (zu a), incorporación f; (zu einer Religion) conversión f (zu a)
übertroffen pp von **übertreffen**
übertrumpfen* vt ❶ (beim Kartenspiel) contrafallar, matar
❷ (übertreffen) superar con holgura
übertünchen* vt blanquear, enlucir
überübermorgen ['y:bɐʔy:bɐmɔrgən] adv (fam) dentro de tres días; **übermorgen habe ich keine Zeit, aber vielleicht ~** pasado mañana no tengo tiempo, pero quizá al día siguiente
Über- und Unterordnungsverhältnis nt <-ses, -se> (JUR) relación f de supraordenación y subordenación
überversichern* vt sobreasegurar; **mit diesem Versicherungspaket sind Sie völlig überversichert** con este seguro global esta Ud. totalmente sobreasegurado
übervölkert [--'--] adj superpoblado
Übervölkerung [--'---] f <-, ohne pl> superpoblación f
übervoll adj repleto (mit/von de), colmado (mit/von de)
übervorsichtig adj exageradamente cuidadoso
übervorteilen* vt aprovecharse (de)
überwachen* vt (beobachten) vigilar; (kontrollieren) controlar, supervisar; (mit Monitor) monitorizar
Überwachung [--'--] f <-, -en> vigilancia f; (Kontrolle) control m, supervisión f; (mit Monitor) monitorización f; **elektronische ~** control electrónico; **innerbetriebliche ~** vigilancia interna, supervisión interna; **polizeiliche ~** vigilancia policial
Überwachungsapparat m <-(e)s, -e> sistema m de vigilancia
überwachungsbedürftig adj que requiere vigilancia; **~e Anlage** instalación que requiere vigilancia
Überwachungsstaat m <-(e)s, -en> estado m policial; **Überwachungssystem** nt <-s, -e> sistema m de vigilancia; **Überwachungsverfahren** nt <-s, -> procedimiento m de control [o vigilancia]
überwältigen* [y:bɐ'vɛltɪgən] vt ❶ (bezwingen) vencer, someter
❷ (beeindrucken) impresionar; (Angst) apoderarse (de)
überwältigend [--'---] adj impresionante; (großartig) grandioso; (Mehrheit) abrumador; **nicht gerade ~** no muy impresionante precisamente
Überwältigung f <-, -en> reducción f; **fünf starke Kerle waren für seine ~ nötig** fueron necesarios cinco tipos fuertes para reducirle
Überwälzung f <-, -en> (WIRTSCH) repercusión f; **~ von Steuern** repercusión de impuestos
über|wechseln vi sein cambiar (von de), pasarse (zu a); **ins feindliche Lager/auf die andere Seite ~** pasarse al lado enemigo/al otro bando
Überweg m <-(e)s, -e> paso m de peatones
Überweidung f <-, ohne pl> sobrepasteamiento m
überweisen* irr vt (Geld) transferir; **jdn zu einem Facharzt ~** mandar a alguien a un especialista
Überweisung [--'--] f <-, -en> (FIN) giro m, transferencia f
Überweisungsauftrag m <-(e)s, -träge> (FIN) orden f de transferencia; **Überweisungsbeschluss**ᴿᴿ m <-es, -schlüsse> (JUR) resolución f de transferencia; **Überweisungsformular** nt <-s, -e> formulario m para transferencias; **Überweisungsgesetz** nt <-es, -e> (FIN) ley f de transferencia; **Überweisungsscheck** m <-s, -s> cheque m cruzado [o de transferencia]; **Überweisungsschein** m <-(e)s, -e> (MED) volante m de transferencia; **Überweisungsverfahren** nt <-s, -> (FIN) procedimineto m de transferencias; **Überweisungsvertrag** m <-(e)s, -träge> (JUR) contrato m de transferencia

Überweite f <-, -n> talla f grande; **Kleider in ~** vestidos en tallas grandes
überwerfen*¹ irr vr: **sich mit jdm ~** romper con alguien; **ich habe mich mit ihm überworfen** he roto con él
über|werfen² irr vt echar por encima; **sich** dat **den Mantel ~** echarse el abrigo por encima
überwiegen* irr vi predominar, prevalecer
überwiegend adv en su mayoría, principalmente
überwiesen pp von **überweisen**
überwinden* irr I. vt (Misstrauen, Bedenken, Hindernis) superar; (Gegner) vencer
II. vr: **sich ~ etw zu tun** hacer un esfuerzo para hacer algo
Überwindung [--'--] f <-, ohne pl> ❶ (einer Schwierigkeit) superación f
❷ (Selbst~) esfuerzo m; **es kostete ihn große ~, dorthin zu gehen** tuvo que hacer un gran esfuerzo para ir allí
überwintern* vi pasar el invierno (in en); (Vögel) invernar (in en)
Überwinterungsgebiet nt <-(e)s, -e> región f de invernada
überwogen pp von **überwiegen**
überworfen pp von **überwerfen¹**
überwuchern* vt cubrir por completo; **der Efeu hat den Garten völlig überwuchert** la hiedra se ha hecho dueña absoluta del jardín
überwunden pp von **überwinden**
Überzahl f <-, ohne pl> mayoría f; **in der ~ sein** tener (una) mayoría
überzahlen* vt (überbezahlen) pagar de más
überzählig ['y:bɐtsɛːlɪç] adj excedente, sobrante; **~ sein** sobrar
Überzeichnung f <-, -en> (FIN) suscripción f que está por encima de la suma del empréstito
überzeugen* I. vt convencer (von de); (überreden) persuadir (von de); **ich habe ihn von meiner Unschuld überzeugt** lo convencí de mi inocencia; **ich bin (davon) überzeugt, dass ...** estoy convencido de que...; **er war sehr von sich** dat **überzeugt** estaba muy seguro de sí mismo; **ich lasse mich (von Ihnen) gern vom Gegenteil ~** demuéstreme lo contrario
II. vr: **sich ~** convencerse (von de), asegurarse (von de); **ich habe mich selbst davon überzeugt, dass alles in Ordnung ist** yo mismo me convencí de que todo está en orden
überzeugend adj convincente; (Beweis) contundente; **~ klingen** sonar convincente
überzeugt adj convencido
Überzeugung [--'--] f <-, -en> convencimiento m, convicción f; **politische ~** convicciones políticas; **im Brustton der ~** en un tono de plena convicción; **ich bin der festen ~, dass ...** estoy plenamente convencido de que..., tengo el total convencimiento de que...; **zu der ~ gelangen** [o **kommen**]**, dass ...** llegar al convencimiento de que...; **nach meiner ~, meiner ~ nach** a mi juicio
Überzeugungsarbeit f <-, ohne pl> (POL) propaganda f política, campaña f política (en la antigua RDA); **~ leisten** hacer campaña [o propaganda] política; **Überzeugungsgrundsatz** m <-es, ohne pl> (JUR) principio m de la convicción; **Überzeugungskraft** f <-, -kräfte> capacidad f de persuasión, fuerza f persuasiva; **Überzeugungstäter(in)** m(f) <-s, -; -, -nen> (JUR) criminal por razones políticas o religiosas
überziehen*¹ irr vt ❶ (bedecken) cubrir (mit de); (mit Stoff) revestir (mit de), recubrir (mit de); (mit Schokolade) bañar (mit con); **das Bett frisch ~** cambiar la ropa de la cama; **die Oberfläche ist mit Schimmel/mit Rost überzogen** la superficie está cubierta de moho/de óxido
❷ (Konto) dejar al descubierto; **das Konto überzogen haben** estar al descubierto; **er hat sein Konto um 1.000 Euro überzogen** tiene una deuda de 1.000 euros en el banco
❸ (Zeit) rebasar (la hora) (um por)
❹ (mit Forderungen, Prozessen) exagerar, ir demasiado lejos; (mit Krieg) invadir; **überzogene Ansprüche** pretensiones desmesuradas; **überzogene Forderungen** solicitudes que están fuera de lugar; **überzogene Kritik** crítica exagerada
über|ziehen² irr vt ponerse; **ich ziehe mir lieber einen Pullover über** mejor me pongo un jersey; **jdm eins ~** pegar una torta a alguien
Überzieher ['y:bɐtsiːɐ] m <-s, -> ❶ (Mantel) abrigo m de entretiempo, abrigo m ligero
❷ (fam: Kondom) goma f, globo m
Überziehung [--'--] f <-, -en> (FIN) giro m en descubierto
Überziehungskredit m <-(e)s, -e> (FIN) crédito m en descubierto; **Überziehungsprovision** f <-, -en> (FIN) comisión f en descubierto; **Überziehungszinsen** mpl (FIN) beneficio m de intereses
überzogen pp von **überziehen¹**
überzüchtet adj (Pflanze) debilitado por el cultivo excesivo, hipertrófico; (Tier) debilitado por cría excesiva; (Motor) desarrollado en exceso
Überzug m <-(e)s, -züge> ❶ (Schicht) capa f, baño m
❷ (Bezug) funda f, revestimiento m

Ubiquitätsprinzip nt <-s, ohne pl> (JUR) principio m de la omnipresencia

übler adj kompar von **übel**

üblich ['y:plɪç] adj usual, habitual; (herkömmlich) tradicional, clásico; **das Ü~e** lo de siempre; **wie ~** como siempre; **das ist hier so ~** esta es la costumbre aquí; **zum ~en Preis** por el precio habitual; **es ist bei uns ~, dass ...** acostumbramos a... +inf

üblicherweise ['y:plɪçɐ'vaɪzə] adv: ~ **verbringen wir den Winter im Dorf** acostumbramos [o solemos] pasar el invierno en el pueblo; ~ **essen wir hier nicht** no acostumbramos [o no solemos] comer aquí

U-Boot ['u:bo:t] nt <-(e)s, -e> submarino m

U-Boot-Krieg m <-(e)s, -e> guerra f de submarinos; **U-Boot-Stützpunkt** m <-(e)s, -e> (MIL) base f de submarinos

übrig ['y:brɪç] adj restante; **der/die/das Ü~e** el resto (von de); **die ~en Bücher** el resto de los libros; ~ **sein** sobrar, quedar; **von dem Salat ist noch etwas ~** aún queda algo de ensalada; ~ **bleiben** sobrar, quedar; **jdm bleibt nichts anderes ~, als ...** alguien no tiene más remedio que...; **was bleibt mir anderes ~?** ¿qué remedio me queda?; ~ **bleibt nur noch, ...** únicamente resta...; ~ **lassen** dejar; **viel lässt nichts/einiges zu wünschen ~** algo no deja nada/deja que desear; **ein Ü~es tun** hacer lo que queda por hacer; **für jdn/etw nichts ~ haben** no querer tener nada que ver con alguien/algo; **im Ü~en** por lo demás; **die Ü~en** los demás; **haben Sie vielleicht eine Zigarette für mich ~?** ¿me puede dar un cigarrillo?; **ich habe noch 20 Euro ~** todavía me quedan 20 euros; **alles Ü~e** todo lo demás

übrig|bleiben irr vi sein s. **übrig**

übrigens ['y:brɪgəns] adv por cierto, a propósito; (beiläufig) dicho sea de paso; **er kommt ~ erst morgen** por cierto, no viene hasta mañana; ~, **weißt du schon, ...?** por cierto, ¿sabes ya...?

übrig|lassen irr vt s. **übrig**

Übung¹ ['y:bʊŋ] f <-, ohne pl> (Erfahrung) práctica f; **aus der ~ kommen** perder la práctica; **damit ich in ~ bleibe** para no perder la práctica; **völlig aus der ~ sein** haber perdido totalmente la práctica; ~ **macht den Meister** (prov) la práctica hace al maestro

Übung² f <-, -en> ❶ (allgemein, a. SPORT, MUS) ejercicio m; **das ist eine meiner leichtesten ~en** (fam) para mí esto tiene pocos lances ❷ (MIL) ejercicios mpl

Übungsarbeit f <-, -en> examen m de prueba (que no se puntúa); **Übungsaufgabe** f <-, -n> (SCH) ejercicio m; **Übungsbuch** nt <-(e)s, -bücher> libro m de ejercicios; **Übungsgelände** nt <-s, -> (MIL) campo de maniobras [o de ejercicios]

u.d.M. Abk. von **unter dem Meeresspiegel** por debajo del nivel del mar

ü.d.M. Abk. von **über dem Meeresspiegel** por encima del nivel del mar

UdSSR [u:de:?ɛs?ɛs?ɛr] f <-> (HIST) Abk. von **Union der Sozialistischen Sowjetrepubliken** URSS f

u.E. Abk. von **unseres Erachtens** según nuestra opinión

UEFA-Cup [u'e:fakap] m <-s, -s>, **UEFA-Pokal** m <-s, -e> Copa f de la UEFA

U-Eisen ['u:?aɪzən] nt <-s, -> (TECH) hierro m en U

Ufer ['u:fɐ] nt <-s, -> orilla f; **am ~** en la orilla; **der Fluss tritt über die ~** el río se desborda

Uferbefestigung f <-, -en> consolidación f de la orilla; **Uferböschung** f <-, -en> terraplén m de la orilla; **Uferdamm** m <-(e)s, -dämme> dique m de contención; **Uferlandschaft** f <-, -en> ribera f

uferlos adj desmesurado, ilimitado; **ins U~e gehen** no llevar a ninguna parte

Uferpromenade f <-, -n> paseo m marítimo; **Uferrandstreifen** m <-s, -> banda f al borde de la orilla; **Uferstraße** f <-, -n> carretera f ribereña [o del litoral]

uff [ʊf] interj (fam) ¡uf!

Ufo ['u:fo] nt <-s, -s> Abk. von **Unbekanntes Flugobjekt** ovni m

u-förmigᴿᴿ ['u:fœrmɪç] adj, **U-förmig** adj en forma de U

Uganda [u'ganda] nt <-s> Uganda f

Ugander(in) [u'gandɐ] m(f) <-s, -; -, -nen> ugandés, -esa m, f

ugandisch adj ugandés

U-Haft ['u:haft] f <-, ohne pl> detención f preventiva, arresto m provisional

Uhr [u:ɐ] f <-, -en> ❶ (Gerät) reloj m; **biologische/innere ~** reloj biológico/interno; **die ~ aufziehen** dar cuerda al reloj; **die ~ stellen** poner el reloj en hora; **auf die ~ sehen** mirar el reloj; **nach meiner ~ ist es halb zehn** por mi reloj son las nueve y media; **die ~ geht vor/nach** el reloj va adelantado/atrasado; **deine ~ geht nach dem Mond** tu reloj marcha con la luna; **meine innere ~** mi reloj interior; **rund um die ~** (fam) las 24 horas al día; **seine ~ ist abgelaufen** (geh) le ha llegado su hora
❷ (bei Zeitangabe) hora f; **wie viel ~ ist es?** ¿qué hora es?; **um wie viel ~?** ¿a qué hora?; **es ist genau** [o **Punkt**] **acht ~** son exactamente las ocho, son las ocho en punto; **um elf ~** a las once (horas); **neun ~ drei** las nueve y tres minutos; **um fünf ~ früh** a las cinco de la madrugada; **um fünf ~ morgens/nachmittags** a las cinco de la mañana/de la tarde

Uhrarmband nt <-(e)s, -bänder> pulsera f de(l) reloj

Uhrenindustrie f <-, -n> industria f relojera; **Uhrenvergleich** m <-(e)s, -e> sincronización f de (los) relojes; **einen ~ machen** sincronizar los relojes

Uhrglas nt <-es, -gläser> cristal m del reloj; **Uhrkette** f <-, -n> cadena f de reloj; **Uhrmacher(in)** m(f) <-s, -; -, -nen> relojero, -a m, f; **Uhrwerk** nt <-(e)s, -e> mecanismo m del reloj

Uhrzeiger m <-s, -> manecilla f de(l) reloj, aguja f de(l) reloj; **Uhrzeigersinn** m <-(e)s, ohne pl>: **im ~** en el sentido de las agujas del reloj; **gegen den ~** en sentido contrario a las agujas del reloj

Uhrzeit f <-, -en> hora f; **haben Sie die genaue ~?** ¿tiene la hora exacta?

Uhu ['u:hu] m <-s, -s> búho m

Ukas ['u:kas, pl: 'u:kasə] m <-ses, -se> ucase m, orden f despótica [o de arriba] fam

Ukraine [ukra'i:nə, u'kraɪnə] f <-> Ucrania f

Ukrainer(in) [ukra'i:nɐ, u'kraɪnɐ] m(f) <-s, -; -, -nen> ucraniano, -a m, f, ucranio, -a m, f

ukrainisch [ukra'i:nɪʃ, u'kraɪnɪʃ] adj ucraniano, ucranio

UKW [u:ka:'ve:] (RADIO, PHYS) Abk. von **Ultrakurzwelle** onda f ultracorta; **auf ~** en la onda ultracorta

Ulk [ʊlk] m <-(e)s, -e> broma f, cachondeo m; **aus ~** de broma, de chanza

ulken ['ʊlkən] vi estar de guasa, bromear

ulkig adj (fam) ❶ (lustig) divertido, gracioso
❷ (seltsam) raro, extraño

Ulm [ʊlm] nt <-s, -> Ulm m

Ulme ['ʊlmə] f <-, -n> (BOT) olmo m

Ulmenkrankheit f <-, -en> (BOT) grafiosis f inv del olmo

Ultimaten pl von **Ultimatum**

ultimativ [ʊltima'ti:f] adj amenazador; **jdn ~ auffordern etw zu tun** exigir de alguien a modo de ultimátum que haga algo

Ultimatum [ʊlti'ma:tʊm] nt <-s, -s o Ultimaten> ultimátum m; **jdm ein ~ stellen** dar a alguien un ultimátum

Ultimo ['ultimo] m <-s, -s> (COM) fin m de mes; **bis ~** hasta fin de mes

Ultimoabrechnung f <-, -en> (FIN) liquidación f mensual; **Ultimoabschluss**ᴿᴿ m <-es, -schlüsse> (FIN) finiquito m, liquidación f final; **Ultimogeld** nt <-es, ohne pl> dinero m a fin de mes

Ultra m <-s, -s> ultra m

Ultrakurzwelle [ultra'kʊrtsvɛlə] f <-, -n> (RADIO, PHYS) onda f ultracorta; **Ultrakurzwellenempfänger** m <-s, -> (RADIO) receptor m de ondas ultracortas; **Ultrakurzwellensender** m <-s, -> emisora f de onda ultracorta

Ultramarin nt <-s, ohne pl> azul m de ultramar [o ultramarino]

Ultrarot nt <-s, ohne pl> (PHYS) (rayo m) infrarrojo m

Ultraschall m <-(e)s, ohne pl> (PHYS) ultrasonido m

Ultraschallaufnahme f <-, -n> (MED) ecografía f; **Ultraschallbehandlung** f <-, -en> (MED, TECH) tratamiento m con ultrasonidos; **Ultraschallbild** nt <-(e)s, -er> ecografía f; **Ultraschallgerät** nt <-(e)s, -e> aparato m de ecografía; **Ultraschalluntersuchung** f <-, -en> ecografía f; **Ultraschallwelle** f <-, -n> (PHYS) onda f ultrasónica

ultraviolett ['-----] adj (PHYS) ultravioleta

um [ʊm] I. präp +akk ❶ (räumlich): ~ **...** (**herum**) alrededor de, en torno a; (in der Nähe) cerca de, en los alrededores de; **sie ging ~ den Tisch** (herum) dio una vuelta a la mesa; **er hat gern Freunde ~ sich** le gusta tener amigos a su alrededor; ~ **die Ecke** a la vuelta de la esquina; **sie legte den Arm ~ ihn** le pasó el brazo por encima del hombro; **sie wohnt in der Gegend ~ Freiburg** vive en los alrededores de Friburgo; **sie schlug ~ sich** se puso a dar puñetazos a diestro y siniestro
❷ (bei Uhrzeit) a; ~ **drei Uhr/halb fünf** a las tres/las cuatro y media
❸ (ungefähr) sobre, hacia; **sie kommt so ~ den Fünfzehnten** viene sobre el quince
❹ (Wiederholung) tras; **es verging Woche ~ Woche** pasó semana tras semana
❺ (Differenz) en; **sie ist ~ ein Jahr älter/~ einiges überlegen** es un año mayor/bastante superior; **wir müssen die Ausgaben ~ 10% senken** tenemos que reducir los gastos en un 10%
❻ (über, bezüglich) de; **es geht ~s Geld** se trata del dinero, es cuestión de dinero; **es handelt sich ~ deine Gesundheit** se trata de tu salud
❼ (wegen) por; **es geht ~s Prinzip** es una cuestión de principios; **die Sorge ~ ihn** la preocupación por él; **keinen Preis** ~ **nada del mundo**; **was** ~ **alles in der Welt wolltest du damit?** ¿qué demonios querías hacer con esto?; **sich** ~ **etw streiten** discutir por algo; **sich** ~ **jdn kümmern** cuidar de alguien
II. präp +gen: ~ **... willen** por...; ~ **Himmels willen!** ¡cielos!; ~ **Gottes willen!** ¡por amor de Dios!
III. konj ❶ (final): ~ **... zu** para, con el fin de; **er tut das alles nur, ~ dir**

zu imponieren hace todo esto sólo para deslumbrarte ❷ *(konsekutiv)*: ~ ... **zu** como para +*inf*; **er ist klug genug, ~ seinen Fehler zuzugeben** es lo suficientemente inteligente como para admitir su error
IV. *adv* ❶ *(ungefähr)* alrededor (de), aproximadamente
❷ *(fam: vorbei)*: ~ **sein** acabar; **die Pause ist gleich/in zwei Minuten ~** la pausa se acaba enseguida/en dos minutos; **die Ferien sind ~** las vacaciones han terminado
❸ *(Wend)*: ~ **und ~** *(reg)* por donde se mire

um|adressieren* *vt* cambiar la dirección (de)
um|ändern *vt* cambiar, modificar; *(Kleidung)* arreglar
um|arbeiten *vt* rehacer, transformar; *(Kleidung)* arreglar; *(für einen Film)* adaptar
umarmen* **I.** *vt* abrazar, dar un abrazo
II. *vr:* **sich ~** abrazarse, darse un abrazo
Umarmung [-'--] *f* <-, -en> abrazo *m*
Umbau *m* <-(e)s, -ten> reformas *fpl*, reconstrucción *f;* **wegen ~ geschlossen** cerrado por reformas
umbauen*¹ *vt* rodear (de edificios), cercar (con edificios)
um|bauen² *vt* *(Gebäude)* reconstruir, reformar; *(Bühnenbild)* cambiar; **eine Wohnung zu einem Büro ~** transformar una vivienda en una oficina
Umbaute *f* <-, -n> *(Schweiz)* s. **Umbau**
um|benennen* *irr vt* cambiar de nombre; **unsere Schule wird in „Goethe-Schule" umbenannt** nuestra escuela será rebautizada con el nombre de "Goethe-Schule"
Umbenennung *f* <-, -en> cambio *m* de nombre
um|besetzen* *vt* ❶ (POL) reorganizar
❷ (THEAT) cambiar el reparto (de)
❸ (SPORT) cambiar la alineación (de)
Umbesetzung *f* <-, -en> (POL) reorganización *f* del gabinete; (THEAT) cambios *mpl* en el reparto; **~en vornehmen** hacer cambios
um|bestellen* *vt* ❶ *(Patient)* cambiar la hora *(auf* a)
❷ *(Bestellung)* hacer cambios; **wir müssen die Lieferung ~** tenemos que hacer cambios en el pedido
um|betten *vt* cambiar de cama; *(Gebeine)* trasladar (los restos)
um|biegen *irr vt* doblar; **jdm den Arm ~** retorcer el brazo a alguien
um|bilden *vt* transformar, reestructurar; *(Kabinett)* reorganizar
Umbildung *f* <-, -en> remodelación *f*, reestructuración *f*, reorganización *f*, reajuste *m*; **die ~ des Kabinetts** la remodelación del Gabinete, el reajuste ministerial
um|binden *irr vt:* **sich** *dat* **etw ~** ponerse algo
um|blättern *vi* volver la hoja, dar vuelta a la página
um|blicken *vr:* **sich ~** ❶ *(rundherum)* mirar (a su) alrededor
❷ *(nach hinten)* volver la cabeza, mirar hacia atrás
Umbra ['umbra] *f* <-, *ohne pl*> sombra *f*
umbrechen*¹ *irr vt* (TYPO) compaginar
um|brechen² *irr vt* ❶ *(umknicken)* doblar, derribar
❷ *(umpflügen)* labrar
um|bringen *irr* **I.** *vt* matar, asesinar *(durch/mit* a/con), ultimar *Am*; **diese Arbeit bringt mich noch um** *(fam)* este trabajo va a acabar conmigo
II. *vr:* **sich ~** ❶ *(Selbstmord begehen)* suicidarse
❷ *(übereifrig sein)* volcarse *(vor* en), matarse *(vor* por); **er bringt sich um vor Hilfsbereitschaft** se mata por ayudar a los demás
umbrochen *pp von* **umbrechen¹**
Umbruch¹ *m* <-(e)s, -brüche> *(Wandel)* cambio *m* (radical); **etw ist im ~** algo está cambiando
Umbruch² *m* <-(e)s, *ohne pl*> (TYPO) compaginación *f*, ajuste *m*
um|buchen *vt* ❶ (WIRTSCH) transferir, pasar a otra cuenta
❷ *(Reise)* cambiar la reserva (de)
Umbuchung *f* <-, -en> ❶ (WIRTSCH) cambio *m* de asiento, traslado *m* a otra cuenta
❷ *(einer Reise)* cambio *m* (de la reserva); **eine ~ vornehmen** realizar un cambio de la reserva
um|denken *vi* cambiar su modo de pensar, reorientarse
um|dirigieren* *vt* mandar a otro sitio, cambiar el destino (de)
um|disponieren* *vi* reorganizar, planear de nuevo
um|drehen **I.** *vt* volver, voltear *Am;* *(Schlüssel)* dar vuelta (a); **jdm den Arm ~** torcerle el brazo a alguien; **jdm den Hals ~** retorcerle el cuello a alguien; **jede Mark** [*o* **jeden Pfennig**] **~ (müssen)** (tener que) ser ahorrativo
II. *vi* **haben** *o* **sein** volver, dar la vuelta
III. *vr:* **sich ~** volverse *(nach* hacia), volver la cabeza *(nach* hacia), voltearse *Am*; **auf der Straße drehten sich die Leute nach uns um** la gente en la calle se daba la vuelta para mirarnos; **mir dreht sich der Magen um** se me revuelve el estómago
Umdrehung [-'--] *f* <-, -en> vuelta *f;* *(um eine Achse)* rotación *f;* *(eines Motors)* revolución *f*

Umdrehungszahl *f* <-, -en> número *m* de revoluciones [*o* de vueltas]
umeinander [--'--] *adv* ❶ *(räumlich)* uno alrededor del otro
❷ *(gegenseitig)* uno del otro; **sie kümmern sich nicht ~** no se preocupan uno del otro
um|erziehen* *irr vt* reeducar
umfahren*¹ *irr vt* ❶ *(umkreisen)* dar la vuelta (a); **ein Kap ~** doblar un cabo
❷ *(ausweichen)* esquivar, evitar; **einen Stau ~** evitar un embotellamiento
um|fahren² *irr vt* derribar; *(Person)* atropellar, arrollar
Umfahrung [-'--] *f* <-, -en> *(Schweiz)* carretera *f* de circunvalación
Umfall *m* <-(e)s, -fälle> *(fam abw)* cambio *m* repentino de opinión
um|fallen *irr vi* **sein** ❶ *(allgemein)* caerse; **mir ist die Vase umgefallen** se me ha caído el jarrón
❷ *(ohnmächtig werden)* desplomarse; **ich bin zum U~ müde** me caigo de sueño [*o* de cansancio]; **tot ~** caerse muerto
❸ *(fam abw: Gesinnung wechseln)* rajarse; *(nachgeben)* darse por vencido
Umfang *m* <-(e)s, -fänge> ❶ *(Ausdehnung)* extensión *f;* *(Dicke)* volumen *m;* *(Größe)* tamaño *m;* **das Buch hat einen ~ von 300 Seiten** el libro tiene 300 páginas
❷ *(Kreis~)* circunferencia *f*
❸ *(Ausmaß)* dimensiones *fpl;* **in begrenztem ~** de manera limitada; **in großem ~** a gran escala; **jdn in vollem ~ freisprechen** absolver a alguien totalmente
umfangen* *irr vt* *(geh)* rodear
umfangreich *adj* amplio, extenso
um|färben *vt* reteñir
umfassen* *vt* ❶ *(mit den Armen)* rodear (con los brazos); *(umarmen)* abrazar
❷ *(bestehen aus)* comprender, abarcar
umfassend *adj* amplio; *(vollständig)* completo
Umfeld *n* <-(e)s, -er> entorno *m*
umfliegen* *irr vt* volar en torno (a)
umflogen *pp von* **umfliegen**
um|formen *vt* ❶ *(umändern)* modificar, transformar; **etw völlig ~** rehacer algo
❷ (ELEK) convertir
Umformer *m* <-s, -> (ELEK) convertidor *m*
um|formulieren* *vt* reformular, formular de otro modo
Umformung *f* <-, -en> ❶ *(Umänderung)* modificación *f*, transformación *f*
❷ (ELEK) conversión *f*
Umfrage *f* <-, -n> encuesta *f*, sondeo *m* (de opinión); **eine ~ machen** hacer una encuesta
umfrieden* [ʊm'fri:dən] *vt* *(geh)*, **umfriedigen*** *vt* *(geh)* cercar *(mit* con), vallar *(mit* con)
Umfriedung [-'--] *f* <-, -en> seto *m*, tapia *f*
um|füllen *vt* tra(n)svasar, trasegar
um|funktionieren* *vt* transformar *(zu/in* en), convertir *(zu/in* en)
Umgang *m* <-(e)s, *ohne pl*> ❶ *(Beziehungen)* relaciones *fpl;* *(Gesellschaft)* compañía *f;* **sie ist kein ~ für dich** *(fam)* es mala compañía para ti; **mit jdm ~ haben** [*o* **pflegen**] tener [*o* mantener] relaciones con alguien
❷ *(das Umgehen mit Personen)* trato *m;* *(mit Dingen)* manejo *m;* **sparsamer ~** tratamiento parsimonioso; **im ~ mit Kindern** en el trato con niños
umgangen *pp von* **umgehen¹**
umgänglich ['ʊmgɛnlɪç] *adj* afable, sociable
Umgangsformen *fpl* modales *mpl;* **Umgangssprache** *f* <-, -n> (LING) lenguaje *m* familiar [*o* coloquial]
umgangssprachlich *adj* coloquial
Umgangston *m* <-(e)s, -töne> trato *m*
umgarnen* *vt* embaucar
umgeben* *irr vt* rodear; *(mit Zaun)* cercar; **der Redner war von zahlreichen Zuhörern ~** el orador estaba rodeado de muchos oyentes
Umgebung [-'--] *f* <-, -en> ❶ *(Gebiet)* alrededores *mpl*, cercanías *fpl;* *(Nachbarschaft)* vecindad *f;* **in der näheren ~ Münchens** en los alrededores de Múnich; **ist hier in der ~ ein Campingplatz?** ¿hay un camping por aquí cerca?
❷ *(Milieu)* ambiente *m*, entorno *m;* **sich in eine neue ~ eingewöhnen** acostumbrarse a un nuevo entorno
Umgebungstemperatur *f* <-, -en> temperatura *f* ambiente
Umgegend *f* <-, -en> *(fam)* alrededores *mpl*
umgehen*¹ *irr vt* ❶ *(herumgehen)* pasar [*o* dar la vuelta] alrededor (de)
❷ *(vermeiden)* evitar; **das ist nicht zu ~** no se puede evitar
❸ *(nicht beachten)* eludir, pasar por alto
um|gehen² *irr vi* **sein** ❶ *(Gerücht)* correr, circular; *(Gespenst)* andar; **das Gerücht geht um, dass ...** corre el rumor de que...

umgehend

② (*mit Personen*) tratar (*mit* a); (*mit Dingen*) manejar (*mit*); **sparsam mit etw** *dat* ~ economizar algo; **gleichgültig/vorsichtig mit etw** *dat* ~ tratar algo con indiferencia/con cuidado; **er kann nicht mit Geld** ~ no sabe manejar el dinero; **er ging sehr gut mit ihm um** se portó muy bien con él

umgehend ['---] I. *adj* inmediato
II. *adv* de inmediato

Umgehung [-'--] *f* <-, -en> ① (*das Vermeiden*) evitación *f*; **unter ~ der Vorschriften** pasando por alto las normas
② (*~sstraße*) circunvalación *f*

Umgehungsgeschäft *nt* <-(e)s, -e> (JUR) negocio *m* fraudulento; **Umgehungshandlung** *f* <-, -en> (JUR) acto *m* fraudulento; **Umgehungsstraße** *f* <-, -n> carretera *f* de circunvalación; **Umgehungsverbot** *nt* <-(e)s, -e> (JUR) prohibición *f* de fraude; **Umgehungsverkehr** *m* <-s, *ohne pl*> tráfico *m* de circunvalación

umgekehrt I. *adj* ① (*umgedreht*) invertido
② (*entgegengesetzt*) contrario, opuesto; **in ~er Richtung** en sentido contrario; **mit ~en Vorzeichen** (MATH) con signos opuestos; **die Sache ist genau ~** es justo lo contrario
II. *adv* ① (*umgedreht*) a la inversa
② (*entgegengesetzt*) al revés, al contrario

um|gestalten* *vt* transformar, remodelar
Umgestaltung *f* <-, -en> remodelación *f*, modificación *f*; (*eines Systems*) reforma *f*
um|gewöhnen* *vr*: **sich ~** acostumbrarse a algo nuevo
um|gießen *irr vt* (*in ein anderes Gefäß*) trasegar, trasvasar; (*Metall*) refundir
Umgliederung *f* <-, -en> reestructuración *f*
um|graben *irr vt* cavar; **den Garten ~** remover la tierra del jardín
umgreifen* *irr vt* ① (*mit der Hand*) sujetar, agarrar
② (*fig: umfassen*) comprender
umgrenzen* *vt* (*Gelände*) limitar; (*mit einer Mauer*) cercar, vallar; (*Aufgabe, Thema*) delimitar
umgriffen *pp von* **umgreifen**
um|gruppieren* *vt* reagrupar
um|gucken *vr*: **sich ~** (*fam*) *s.* **umsehen**
um|haben *irr vt* (*fam*) tener [*o* llevar] puesto
Umhang *m* <-(e)s, -hänge> capa *f*
um|hängen *vt* ① (*an andere Stelle*) colgar en otro sitio
② (*Tasche*): **sich** *dat* **eine Tasche ~** colgarse el bolso al hombro; **er hängt sich** *dat* **den Rucksack um** se cuelga la mochila a la espalda
③ (*Decke, Mantel*): **sich** *dat* **einen Mantel ~** ponerse un abrigo por encima; **als sie das Haus verließen, hängte sie sich** *dat* **ihr Cape um** al abandonar la casa se echó la capa sobre los hombros
Umhängetasche *f* <-, -n> bolso *m* de bandolera
um|hauen¹ <haut um, haute *o* hieb um, umgehauen> *vt* (*fällen*) cortar, talar
um|hauen² <haut um, haute um, umgehauen> *vt* (*fam*) ① (*niederschlagen*) derribar (de un golpe)
② (*verblüffen*) dejar atontado [*o* boquiabierto]
umhegen* *vt* (*geh*) velar (por)
umher [ʊmˈheːɐ] *adv* (*hier und da*) por aquí, por allá; (*überall*) por todas partes
umher|blicken *vi* mirar (a su) alrededor; **fragend ~** mirar alrededor sin comprender
umher|fahren *irr vi sein* dar vueltas (*con el coche, la bicicleta, etc.*)
umher|gehen *irr vi sein* ir de un lado para otro; (*ziellos herumgehen*) deambular; (*spazieren gehen*) pasear; **im Park ~** pasear por el parque
umher|irren *vi sein* vagar (*in por*), errar (*in por*)
umher|laufen *irr vi sein* (*ziellos herumlaufen*) andar de un lado a otro; (*spazieren gehen*) pasear (*in por*)
umher|liegen *irr vi* estar tirado
umher|schlendern *vi sein* deambular; (*in der Stadt*) callejear
umher|wandern *vi sein* dar un paseo, vagabundear; **als Ortsunkundige solltest du nicht alleine im Moor ~** sin conocer la zona no deberías pasear solo por el pantano
umher|ziehen *irr vi sein* ir de aquí para allá, trasladarse de un lugar a otro; **seit Jahrhunderten ziehen die Nomaden rastlos umher** desde hace siglos, los nómadas van sin descanso de un lugar a otro
umhin|kommen *irr vi sein*, **umhin|können** *irr vi*: **nicht ~ etw zu tun** no poder evitar hacer algo
um|hören *vr*: **sich ~** informarse; **wir haben uns in der Nachbarschaft nach einer freien Wohnung umgehört** estuvimos preguntando en el vecindario si alguien sabe algo de un piso libre; **ich werde mich danach ~** voy a ver si me entero de algo al respecto
umhüllen* *vt* envolver (*mit* en/con); (*bedecken*) cubrir
um|jubeln* *vt* vitorear, ovacionar
umkämpft [ʊmˈkɛmpft] *adj* reñido
Umkehr *f* <-, *ohne pl*> vuelta *f*, regreso *m*; **jdn zur ~ zwingen** obligar a alguien a regresar
umkehrbar *adj* reversible; **nicht ~** irreversible
um|kehren I. *vi sein* volver, regresar; **auf halbem Wege ~** dar la vuelta a medio camino
II. *vt* ① (*umdrehen*) dar vuelta (a), volver del revés
② (*ins Gegenteil verkehren*) invertir
III. *vr*: **sich ~**: **dabei kehrt sich mir der Magen um** esto me da náuseas, esto me revuelve el estómago
Umkehrschluss^RR *m* <-es, -schlüsse> (JUR) conclusión *f* inversa
Umkehrung *f* <-, -en> inversión *f*
um|kippen I. *vi sein* ① (*umfallen*) caerse; (*Wagen*) volcar, voltear *Am*; (*Boot*) zozobrar; **er kippte mit dem Stuhl/mit dem Fahrrad um** se cayó de la silla/de la bicicleta
② (*fam: ohnmächtig werden*) desmayarse, desplomarse
③ (*fam abw: Gesinnung wechseln*) cambiar de chaqueta; **ihre gute Laune kippte in Wut um** su buen humor se convirtió en furia
④ (*fam: Gewässer*) contaminarse; (*Wein*) volverse
II. *vt* derribar, volcar
umklammern* *vt* agarrar; (*umarmen*) abrazar (fuertemente); **etw umklammert halten** agarrarse a algo
Umklammerung [-'---] *f* <-, -en> agarrón *m*; (*Umarmung*) abrazo *m* (fuerte)
um|klappen *vt* plegar
Umkleidekabine [ˈʊmklaɪdə-] *f* <-, -n> caseta *f*, desvestidora *f SAm*
umkleiden*¹ *vt* revestir (*mit* con/de)
um|kleiden² *vr*: **sich ~** (*geh*) cambiarse de ropa
Umkleideraum ['----] *m* <-(e)s, -räume> vestuario *m*, desvestidora *f Am*
um|knicken I. *vi sein* ① (*Mast, Baum*) doblarse
② (*Fuß*) torcerse el pie; **ich bin (mit dem Fuß) umgeknickt** me he torcido el pie
II. *vt* doblar; (*brechen*) partir
um|kommen *irr vi sein* ① (*sterben*) morir, resultar muerto; **ich komme um vor Hitze** (*fam*) me muero de calor
② (*Lebensmittel*) echarse a perder; **sie kann nichts ~ lassen** no permite que se eche algo a perder
Umkreis *m* <-es, *ohne pl*> alrededores *mpl*, cercanías *fpl*; **im ~ von fünf Kilometern** en un radio de cinco kilómetros
umkreisen* *vt* girar alrededor de
Umkreisung *f* <-, -en> giro *m* (+*gen* alrededor de), vuelta *f* (+*gen* alrededor de); (*Vollendung einer Umlaufbahn*) vuelta *f*
um|krempeln ['ʊmkrɛmpəln] *vt* ① (*Kleidung*) subirse, (ar)remangarse
② (*durchwühlen*) poner patas arriba, revolver
③ (*fam: vollständig ändern*) cambiar por completo
Umladegut *nt* <-(e)s, -güter> mercancía *f* a transbordar; **Umladehafen** *m* <-s, -häfen> puerto *m* de transbordo; **Umladekonnossement** *nt* <-(e)s, -e> (WIRTSCH) conocimiento *m* de transbordo; **Umladekosten** *pl* costes *mpl* de transbordo; **Umladekran** *m* <-(e)s, -kräne> grúa *f* de transbordo
um|laden *irr vt* tra(n)sbordar
Umlage *f* <-, -n> (FIN) contribución *f*
Umlagebefreiung *f* <-, *ohne pl*> exención *f* contributiva; **Umlagegrundlage** *f* <-, -n> fundamento *m* de la derrama
umlagepflichtig *adj* sujeto a una contribución
umlagern* *vt* rodear
Umland *nt* <-(e)s, *ohne pl*> alrededores *mpl*
Umlauf¹ *m* <-(e)s, *ohne pl*> ① (*von Geld, Blut*) circulación *f*; **im ~ sein** estar en circulación; **in ~ bringen** poner en circulación
② (*Umkreisen*) revolución *f*
Umlauf² *m* <-(e)s, -läufe> ① (*Rundschreiben*) circular *f*
② (*einzelne Kreisbewegung*) vuelta *f*
Umlaufbahn *f* <-, -en> (ASTR) órbita *f*
umlaufen*¹ *irr vt* dar una vuelta (a), correr alrededor (de); (*Himmelskörper*) girar alrededor (de)
um|laufen² *irr* I. *vi sein* (*zirkulieren*) circular
II. *vt* (*umrennen*) atropellar corriendo [*o* al correr]
Umlauffähigkeit *f* <-, *ohne pl*> (WIRTSCH) capacidad *f* de circulación; **Umlaufgeschwindigkeit** *f* <-, -en> ① (*eines Planeten*) velocidad *f* de revolución ② (WIRTSCH) velocidad *f* de circulación; **Umlaufkapital** *nt* <-s, -e *o* -ien> (WIRTSCH) capital *m* circulante; **Umlaufkühlung** *f* <-, -en> (TECH) refrigeración *f* por circulación; **Umlaufrendite** *f* <-, -n> (WIRTSCH) réditos *mpl* circulantes; **Umlaufverdampfer** *m* <-s, -> (TECH) evaporador *m* por circulación; **Umlaufvermögen** *nt* <-s, -> (WIRTSCH) activo *m* circulante
Umlaut *m* <-(e)s, -e> (LING) vocal *f* modificada
um|lauten *vt* (LING): **ein Vokal wird umgelautet** una vocal sufre una metafonía (*zu* pasando a); **das „o" in „Horn" wird im Plural zu „ö" umgelautet** la "o" de "Horn" se convierte en (el) plural en "ö"
um|legen *vt* ① (*in die waagerechte Lage bringen: Mast, Bäume*) derri-

bar; (*Hebel, Schalter*) cambiar de posición; (*Lehne*) plegar; (*Bäume fällen*) talar; **der Sturm legte in unserer Straße zwei Bäume um** la tormenta derribó dos árboles en nuestra calle

② (*um den Körper: Kleidungsstücke*) poner por encima, echar por encima; (*Halskette, Verband*) poner

③ (*fam: erschießen*) cargarse, tronar *Mex*

④ (*Termin*) cambiar; (*auf später*) aplazar (*auf* a); (*vorverlegen*) adelantar (*auf* a)

⑤ (*örtlich*) cambiar de sitio; **der Patient wurde auf ein anderes Zimmer umgelegt** han cambiado al paciente de habitación

⑥ (*Ausgaben*) distribuir (*auf* entre), repartir (*auf* entre)

Umlegung *f* <-, -en> distribución *f*, reparto *m*; ~ **von Kosten** distribución de costes

Umlegungsverfahren *nt* <-s, -> (JUR) procedimiento *m* de concentración parcelaria

um|leiten *vt* desviar

Umleitung *f* <-, -en> desviación *f*, desvío *m*

um|lernen *vt* cambiar de método; (*Beruf wechseln*) cambiar de profesión

umliegend *adj* vecino, de los alrededores

Umluft *f* <-, *ohne pl*> aire *m* que circula

Umluftherd *m* <-(e)s, -e> horno *m* por aire (de circulación)

ummanteln* *vt* revestir

Ummantelung *f* <-, -en> (TECH) revestimiento *m*

ummauern* *vt* amurallar

um|melden *vt* cambiar de registro

Ummeldung *f* <-, -en>: **bei Umzügen an einen anderen Wohnort ist eine ~ polizeilich vorgeschrieben** si uno cambia de lugar de residencia debe notificarlo a la policía

um|modeln [ˈʊmːmoːdəln] *vt* modificar, transformar

umnachtet [-ˈ--] *adj*: **geistig ~** demente

Umnachtung [-ˈ--] *f* <-, -en> (*geh*) enajenación *f* mental; **in geistiger ~** en estado de enajenación mental

Umorganisation *f* <-, -en> reorganización *f*; **eine weitgehende/tiefgreifende ~ durchführen** llevar a cabo una reorganización de gran alcance/profunda

um|organisieren* *vt* reorganizar

um|packen *vt* ① (*anders einpacken*) cambiar el embalaje (de)

② (*neu packen*) empaquetar de nuevo; (*Koffer*) rehacer, volver a hacer; **etw aus dem Koffer in eine Tasche ~** sacar algo de la maleta y ponerlo en un bolso

um|pflanzen *vt* tra(n)splantar

um|pflügen *vt* arar, roturar

um|polen *vt* (PHYS, ELEK) invertir la polaridad (de)

um|quartieren* *vt* cambiar de alojamiento; (*evakuieren*) evacuar

umrahmen* *vt*: **etw musikalisch ~** acompañar algo con música

umranden* *vt* bordear, rodear; **etw rot ~** encuadrar algo de rojo

Umrandung [-ˈ--] *f* <-, -en> reborde *m*

umranken* [ʊmˈraŋkən] *vt* trepar por, emparrarse por; **viele Sagen ~ dieses geheimnisvolle Schloss** (*fig*) hay muchas leyendas alrededor de este castillo

um|räumen *vt* (*anders anordnen*) disponer de otra manera, cambiar de sitio

um|rechnen *vt* (*Maßeinheiten*) convertir (*in* en); (*Währungen*) calcular en otra moneda; **der Flug kostet umgerechnet 1.000 Euro** el vuelo cuesta (calculado) en moneda europea 1.000 euros

Umrechnung *f* <-, -en> cambio *m*, conversión *f*

Umrechnungskurs *m* <-es, -e> cotización *f*, tipo *m* de cambio; **amtlicher ~** tipo de cambio oficial; **zum ~ von ...** al (tipo de) cambio de...

umreißen[RR]*1 irr vt* esbozar; **er konnte die Probleme nur kurz ~** sólo pudo exponer los problemas a grandes rasgos

um|reißen[2] *irr vt* ① (*umwerfen*) echar [*o* arrojar] al suelo

② (*Mauer*) derribar, demoler

um|rennen *irr vt* atropellar corriendo, derribar al correr

umringen* *vt* rodear

Umriss[RR] [-ˈ--] *m* <-es, -e>, **Umriß** *m* <-sses, -sse> contorno *m*, silueta *f*; **etw in groben Umrissen darstellen** exponer algo a grandes rasgos

umrissen [ʊmˈrɪsən] I. *pp von* **umreißen**[1]
II. *adj*: **scharf ~** claramente definido

um|rühren *vt* remover; **unter ständigem U~ aufkochen** hervir sin dejar de mezclar

umrunden* *vt* rodear, dar una vuelta (a)

um|rüsten I. *vt* (*Fahrzeug*) transformar
II. *vi* (MIL) reequipar [*o* reorganizar] el armamento

ums [ʊms] = **um das** *s.* **um**

um|satteln *vi* (*fam: beruflich*) cambiar de profesión; (*im Studium*) cambiar de carrera; **er hat von Kellner auf Koch umgesattelt** cambió de camarero para cocinero

Umsatz *m* <-es, -sätze> volumen *m* de ventas; **gut behaupteter ~** volumen de negocios firme; **geringe Umsätze tätigen** tener una baja cifra de negocios [*o* un bajo volumen de ventas]; **einen hohen ~ machen** (*fam*) tener un gran volumen de ventas

Umsatzabgabe *f* <-, -n> impuesto *m* sobre el volumen de negocios; **Umsatzanstieg** *m* <-(e)s, *ohne pl*> aumento *m* del volumen [*o* de la cifra] de negocios; **Umsatzbelebung** *f* <-, -en> reactivación *f* de la cifra de ventas, reanimación *f* de la cifra de ventas; **Umsatzbeteiligung** *f* <-, -en> (FIN, WIRTSCH) participación *f* en los beneficios; **jdm 10% ~** [*o* **eine ~ von 10%**] **gewähren** conceder a alguien el 10% de participación [*o* una participación del 10%] en los beneficios; **Umsatzbonus** *m* <-, *o*-ses, *o*-se *o*-boni> (WIRTSCH) bono *m* sobre la cifra de negocios, prima *f* sobre el volumen de ventas; **Umsatzentwicklung** *f* <-, -en> (WIRTSCH) evolución *f* de la cifra de negocios; **rückläufige ~** evolución recesiva de la cifra de negocios; **Umsatzkapital** *nt* <-s, -e *o* -ien> (WIRTSCH) capital *m* circulante; **Umsatzkostenverfahren** *nt* <-s, -> (WIRTSCH) procedimiento *m* de costes de venta; **Umsatzplus** *nt* <-, *ohne pl*> (WIRTSCH, FIN) aumento *m* de la cifra de negocios; **Umsatzprovision** *f* <-, -en> (WIRTSCH) comisión *f* sobre la cifra de ventas; **Umsatzrendite** *f* <-, -n> (WIRTSCH) réditos *mpl* circulantes; **Umsatzrückgang** *m* <-(e)s, -gänge> (WIRTSCH) retroceso *m* de las ventas; **Umsatzschwankung** *f* <-, -en> fluctuación *f* de la cifra de ventas; **Umsatzspitzenreiter** *m* <-s, -> éxito *m* de ventas; **Umsatzstatistik** *f* <-, -en> estadística *f* de ventas; **Umsatzsteigerung** *f* <-, -en> (FIN, WIRTSCH) aumento *m* de los beneficios; **eine ~ von 25% erzielen/verzeichnen** alcanzar/registrar un aumento de los beneficios del 25%

Umsatzsteuer *f* <-, -n> impuesto *m* sobre el volumen de ventas [*o* sobre la cifra de negocios]; **allgemeine ~** impuesto general sobre la cifra de negocios; **Umsatzsteuererhöhung** *f* <-, -en> incremento *m* del impuesto sobre la cifra de negocios; **Umsatzsteuererklärung** *f* <-, -en> declaración *f* del impuesto sobre el volumen de ventas; **eine ~ einreichen** presentar una declaración del impuesto sobre el volumen de ventas

umsatzsteuerfrei *adj* (JUR) exento del impuesto sobre la cifra de negocios

Umsatzsteuerharmonisierung *f* <-, *ohne pl*> armonización *f* del impuesto sobre la cifra de negocios; **Umsatzsteueridentifikationsnummer** *f* <-, -n> número *m* de identificación fiscal

umsatzsteuerpflichtig *adj* sujeto al impuesto sobre la cifra de negocios

Umsatzsteuerrecht *nt* <-(e)s, *ohne pl*> régimen *m* del impuesto sobre el volumen de ventas; **Umsatzsteuerrückerstattung** *f* <-, -en> (FIN) devolución *f* del impuesto sobre la cifra de negocios, reembolso *m* del impuesto sobre la cifra de negocios

Umsatzvolumen *nt* <-s, -> volumen *m* de ventas; **Umsatzwachstum** *nt* <-s, *ohne pl*> incremento *m* del volumen de negocios; **Umsatzzahl** *f* <-, -en> cifra *f* de negocios; **Umsatzzunahme** *f* <-, -n> incremento *m* de la cifra de negocios; **Umsatzzuwachs** *m* <-es, -wächse> crecimiento *m* de la cifra de ventas [*o* del volumen de negocios]

umsäumen*[1] *vt* (*geh: umgeben*) rodear

um|säumen[2] *vt* (*Stoffrand*) hacer un dobladillo (a)

um|schalten I. *vi* ① (*Einstellung ändern*) cambiar; **die Ampel schaltet von Rot auf Grün um** el semáforo cambia [*o* pasa] del rojo al verde

② (RADIO, TV: *Programm*) cambiar de canal; (*verbinden*) conectar, ponerse en contacto; **auf das zweite Programm ~** cambiar a la segunda cadena; **wir schalten jetzt um nach Hamburg** ahora conectamos con Hamburgo

③ (*fam: sich umstellen*) reorientarse; **nach langer Krankheit auf Berufsleben ~** reacostumbrarse a la vida laboral después de una larga enfermedad

II. *vt* (ELEK) conmutar

Umschalter *m* <-s, -> conmutador *m*; (*der Schreibmaschine*) tecla *f* de mayúsculas/minúsculas

Umschalttaste *f* <-, -n> interruptor *m* de cambio; (*an der Schreibmaschine*) tecla *f* de (las) mayúsculas

Umschaltung *f* <-, -en> (RADIO) cambio *m* de emisora; (TV) cambio *m* de canal

Umschau *f* <-, *ohne pl*> ① (*Rundblick*) vista *f*, panorama *m*

② (*das Sichumsehen*) visita *f*; **freie ~** entrada libre; **nach etw** *dat*/**jdm ~ halten** buscar algo/a alguien (con la vista)

um|schauen *vr*: **sich ~** (*reg*) *s.* **umsehen**

um|schichten *vt* ① (*Stapel*) apilar de nuevo

② (*neu einteilen*) reestructurar, reagrupar

Umschichtung *f* <-, -en> reagrupación *f*, reagrupación *f*; **soziale ~** cambio en la estratificación de la sociedad

umschiffen* *vt* (NAUT) circunnavegar, navegar alrededor (de); **ein Kap ~** doblar un cabo

Umschlag[1] *m* <-(e)s, -schläge> ① (*Buch~*) cubierta *f*

Umschlag

② (Brief-) sobre m
③ (MED) compresa f; (heiß) cataplasma m
Umschlag² m <-(e)s, ohne pl> ① (Veränderung) cambio m (brusco)
② (WIRTSCH: Umladung) tra(n)sbordo m
Umschlagbahnhof m <-(e)s, -höfe> estación f de tra(n)sbordo; **Umschlagbetrieb** m <-(e)s, -e> negocio m de transbordo
um|schlagen irr I. vt ① (Ärmel) (ar)remangar; (Buchseite) volver, dar la vuelta (a)
② (Güter) tra(n)sbordar; (Ladung) operar
II. vi sein ① (Wetter, Stimmung) cambiar repentinamente; (Stimme) transformarse repentinamente; **ins Gegenteil** ~ caer en el otro extremo
② (Boot) zozobrar; (Fahrzeug) volcar
Umschlaghafen m <-s, -häfen> puerto m de tra(n)sbordo; **Umschlagplatz** m <-es, -plätze> lugar m de tra(n)sbordo; **Umschlagskosten** pl (WIRTSCH) gastos mpl de transbordo; **Umschlagszeit** f <-s, -en> tiempo m para el transbordo, tiempo m de rotación; **Umschlagtarif** m <-s, -e> tarifa f de transbordo
umschließen* irr vt ① (umgeben) cercar, rodear
② (umzingeln) poner cerco (a)
③ (einschließen) encerrar, encercar
umschlingen* irr vt (mit den Armen) rodear con los brazos, abrazar; **eng umschlungen** estrechamente abrazados; **jdn eng umschlungen halten** mantener a alguien estrechamente abrazado
umschlossen pp von **umschließen**
umschlungen pp von **umschlingen**
umschmeicheln* vt (schöntun) adular, agasajar; **der Wind umschmeichelt ihr Haar** la brisa acaricia su pelo
um|schmeißen irr vt (fam) ① (Gegenstand) tirar, derribar; (Pläne) echar por tierra
② (erschüttern) dejar atontado
um|schnallen vt (Gürtel) ponerse
umschreiben*¹ irr vt ① (festlegen) determinar, delimitar
② (mit anderen Worten) parafrasear
③ (MATH) circunscribir
um|schreiben² irr vt ① (Text) refundir; (ändern) cambiar
② (Hypothek) transferir (auf a)
③ (transkribieren) transcribir
Umschreibung¹ ['---] f <-, ohne pl> (schriftliche Änderung) ① (eines Textes) refundición f; (in andere Schrift) transcripción f
② (einer Hypothek) tranferencia f (auf a)
③ (JUR) transcripción f; ~ **des Grundbuchs** transcripción del registro de la propiedad
Umschreibung² [-'--] f <-, -en> (umschreibender Ausdruck) perífrasis f inv; (von Aufgaben) delimitación f
umschrieben pp von **umschreiben¹**
Umschrift ['--] f <-, -en> (LING) transcripción f
um|schulden vt (FIN) convertir
Umschuldung f <-, -en> (FIN) (re)conversión f (de la deuda), reestructuración f (de la deuda)
um|schulen vt ① (Kind) enviar [o mandar] a otro colegio, cambiar de colegio
② (beruflich) readaptar (profesionalmente); **er lässt sich zum Programmierer** ~ hace un curso (del INEM) para programador
Umschulung f <-, -en> ① (Kind) cambio m de escuela
② (beruflich) readaptación f profesional; **eine** ~ **machen** hacer un curso de readaptación profesional
Umschulungskurs m <-es, -e> curso m de readaptación profesional
um|schütten vt ① (umfüllen) trasegar
② (umwerfen) derramar
umschwärmen* vt ① (umfliegen) revolotear alrededor (de), volar alrededor (de)
② (verehren) idolatrar
Umschweife mpl rodeos mpl; **ohne** ~ sin rodeos; **keine** ~ **machen** no dar rodeos
um|schwenken vi ① (Marschierer, Kolonne) variar el frente
② (seine Meinung ändern) cambiar su parecer (auf por)
umschwirren* vt revolotear alrededor (de)
Umschwung m <-(e)s, -schwünge> ① (Veränderung) cambio m (brusco); ~ **in der Leistungsbilanz** (WIRTSCH) viraje en la balanza por cuenta corriente, cambio brusco en la balanza por cuenta corriente
② (Schweiz: umgebendes Gelände) tierra f circundante
umsegeln* vt circunnavegar, navegar alrededor (de)
um|sehen irr vr: sich ~ ① (zurückblicken) volver la cabeza, mirar hacia atrás; **er sieht sich nach ihr um** la sigue con la mirada
② (umhersehen) mirar alrededor; **ich sehe mich nur mal um** voy a echar solamente un vistazo; **ich sehe mich etwas im Dorf um** voy a dar una vuelta por el pueblo; **darf ich mich bei Ihnen mal ein bisschen ~?** ¿puedo mirar un poquito lo que tienen?; **du wirst dich noch ~!** (fam) ¡ya verás lo que es bueno!
③ (suchen) buscar (nach), ir en busca (nach de); **sich nach einem neuen Mantel** ~ ir en busca de un abrigo nuevo; **wir müssen uns nach einem neuen Auftraggeber** ~ tenemos que buscarnos un nuevo cliente
um|sein irr vi sein (fam) s. **um IV. 2.**
umseitig ['ʊmzaɪtɪç] adj a la vuelta, al dorso; **siehe** ~**e Abbildung** véase la ilustración al dorso
um|setzen I. vt ① (anders setzen) poner en otro sitio, cambiar de sitio; (Pflanzen) trasplantar
② (verkaufen) vender; **heute wurden Waren im Wert von 10.000 Euro umgesetzt** hoy se han vendido mercancías por valor de 10.000 euros
③ (umwandeln) transformar (in en); **ein Theaterstück filmisch** ~ plasmar una obra de teatro cinematográficamente; **sein Geld in Schallplatten** ~ invertir su dinero en discos
④ (anwenden) realizar; **ein Projekt** ~ poner un proyecto en práctica; **etw in die Tat** ~ llevar algo a la práctica
II. vr: sich ~ sentarse en otro sitio
Umsetzung f <-, -en> (JUR) traslado m; ~ **eines Beamten** traslado de un funcionario
Umsicht f <-, ohne pl> cautela f; **mit viel** ~ **handeln** actuar con mucha cautela
umsichtig adj cauteloso, prudente
um|siedeln I. vi sein trasladarse (nach/in a)
II. vt trasladar
Umsiedler(in) m(f) <-s, -; -, -nen> persona f desplazada (de su país)
Umsiedlung f <-, -en> ① (Umzug) traslado m
② (der Bevölkerung) traslado m de la población
um|sinken irr vi sein caer(se), desplomarse; **ohnmächtig** ~ desmayarse; **vor Erschöpfung** ~ caerse de cansancio
umso^RR ['ʊmzo] konj tanto más...
umsonst [ʊm'zɔnst] adv ① (unentgeltlich) gratis, de coca Mex; **das ist** ~ esto es gratis
② (vergeblich) en vano, para nada; **alles** ~ todo en vano
③ (grundlos) sin motivo; **das hat er nicht** ~ **getan** por algo lo hizo
umsorgen* vt: **jdn** ~ cuidar de alguien; **ihr Ehemann umsorgt sie nach einem harten Arbeitstag** su marido la llena de atenciones después de un arduo día de trabajo
umspannen*¹ vt ① (umgreifen) rodear
② (einschließen) abarcar, comprender
um|spannen² vt (ELEK: Strom) transformar
Umspannstation f <-, -en> estación f transformadora; **Umspannwerk** ['---] nt <-(e)s, -e> central f transformadora
umspielen* [ʊm'ʃpiːlən] vt (geh: umgeben) adivinarse, asomar; **ein ironischer Gesichtsausdruck umspielte seinen Mund** una expresión irónica se insinuaba en sus labios
um|springen irr vi sein ① (Ampel) cambiar (von de, auf a); (Wind) cambiar (bruscamente) de dirección
② (abw: behandeln) tratar (mal) (mit a); **so kannst du nicht mit ihr** ~ no puedes tratarla así
um|spulen vt rebobinar (auf a)
umspülen* vt bañar, regar
Umstand m <-(e)s, -stände> ① (Tatsache) hecho m; (Einzelheit) detalle m
② (JUR) circunstancia f; **mildernde Umstände** circunstancias atenuantes
③ pl (Verhältnisse) circunstancias fpl, condiciones fpl; (Lage) situación f; **unter Umständen** eventualmente, tal vez; **unter keinen Umständen** de ningún modo; **unter diesen Umständen** dadas las circunstancias; **unter allen Umständen** cueste lo que cueste, a toda costa; **den Umständen entsprechend** de acuerdo a las circunstancias; **wegen unvorhergesehener Umstände** debido a circunstancias imprevistas; **wenn es die Umstände erlauben** si las circunstancias lo permiten; **in anderen Umständen sein** estar encinta
④ pl (Mühe, Aufwand) molestia f; **ohne große Umstände** sin muchas molestias; **das macht gar keine Umstände** no es ninguna molestia; **Umstände bereiten** causar molestias; **machen Sie sich keine Umstände!** ¡no se moleste!
umstandehalber adv por circunstancias particulares; ~ **zu verkaufen** venta de ocasión
umständlich adj ① (ausführlich) detallado; (weitschweifig) prolijo
② (verwickelt) complicado
③ (beschwerlich) molesto; (lästig) pesado; **das ist mir zu** ~ me resulta demasiado molesto
④ (förmlich) ceremonioso; **er ist schrecklich** ~ es terriblemente ceremonioso
⑤ (übergenau) minucioso
Umständlichkeit f <-, ohne pl> ① (Weitschweifigkeit) prolijidad f; **was mich an Werner am meisten aufregt, ist seine** ~ lo que me saca

de quicio de Werner es lo complicado que es
② (*Aufwändigkeit*) laboriosidad *f*, complicación *f*; **wir haben diese Methode wegen ihrer ~ wieder verworfen** hemos desechado de nuevo este método por lo laborioso [*o* complicado] que es

Umstandsbestimmung *f* <-, -en> (LING) complemento *m* circunstancial; **Umstandskleid** *nt* <-(e)s, -er> vestido *m* (de) premamá [*o* de embarazada]; **Umstandskleidung** *f* <-, -en> ropa *f* de premamá [*o* de embarazada]; **Umstandskrämer(in)** *m(f)* <-s, -; -, -nen> (*fam*) persona *f* obtusa e irresoluta; **Umstandswort** *nt* <-(e)s, -wörter> (LING) adverbio *m*

umstehend *adj* ① (*ringsum stehend*) presente; **die ~en Leute** los presentes
② (*umseitig*) al dorso

um|steigen *irr vi sein* ① (*Fahrzeug wechseln*) hacer tra(n)sbordo; **in den Intercity ~** coger el intercity; **in einen anderen Zug ~** cambiar de tren
② (*fam: überwechseln*) pasar (*auf* a)

Umsteiger(in) *m(f)* <-s, -; -, -nen> viajero, -a *m*, *f* que hace transbordo

umstellen*¹ *vt* rodear, cercar; **das Haus war von allen Seiten umstellt** la casa estaba completamente rodeada

um|stellen² I. *vt* ① (*Dinge*) poner en otro sitio, colocar de otro modo; (*Reihenfolge*) invertir
② (*Uhr*) cambiar; **ich habe vergessen die Uhr umzustellen** me he olvidado de cambiar la hora
③ (*Betrieb*) reorganizar; (*Ernährung*) cambiar (*auf* a); **etw auf Maschinenbetrieb ~** mecanizar algo; **die Heizung auf Erdgas ~** adaptar la calefacción a gas natural
④ (*ändern*) modificar
II. *vr: sich* ~ adaptarse (*auf* a)

Umstellung ['---] *f* <-, -en> ① (*von Dingen*) cambio *m* de lugar; (*der Reihenfolge*) inversión *f* del orden
② (*Anpassung*) adaptación *f* (*auf* a); (*eines Betriebs*) reorganización *f*; **~ auf Computer** computarización *f*; **~ auf Maschinen** mecanización *f*
③ (*Veränderung*) cambio *m*, modificación *f*; **~ auf neue Erzeugnisse** readaptación a nuevos productos; **~ der Produktion** reajuste de la producción

Umstellungskosten *pl* costes *mpl* de reconversión

um|stimmen *vt* ① (*Instrument*) cambiar la afinación (de)
② (*Person*) hacer cambiar de opinión; **sie ließ sich nicht ~** no se dejó persuadir

um|stoßen *irr vt* ① (*Gegenstand*) volcar, tirar
② (*Plan*) echar por tierra

umstritten [-'--] *adj* controvertido, discutido

um|strukturieren* *vt* reestructurar

Umstrukturierung *f* <-, -en> reestructuración *f*

Umstrukturierungsprozess^RR *m* <-es, -e> proceso *f* de reestructuración

um|stülpen ['ʊmʃtʏlpən] *vt* ① (*Behälter*) volcar; (*Tasche*) volver (al revés)
② (*ändern*) cambiar a fondo

Umsturz *m* <-es, -stürze> golpe *m* de estado, revolución *f*

um|stürzen I. *vi sein* (*umfallen*) caerse; (*einstürzen*) derribarse; (*Wagen*) volcar
II. *vt* ① (*umstoßen*) volcar, tumbar; (*Regierung*) derribar, derrocar
② (*ändern*) cambiar; (*grundlegend*) revolucionar

umstürzlerisch *adj* revolucionario, subversivo

Umsturzversuch *m* <-(e)s, -e> intento *m* de golpe de estado

um|taufen *vt* cambiar de nombre

Umtausch *m* <-(e)s, -e> ① (*von Waren*) cambio *m*, canje *m*; **die Waren sind vom ~ ausgeschlossen** las mercancías no se pueden cambiar; **im ~ gegen etw** a cambio de algo
② (*von Geld*) cambio *m*

um|tauschen *vt* cambiar (*gegen* por)

Umtauschrecht *nt* <-(e)s, *ohne pl*> derecho *m* de canje [*o* de cambio]

um|topfen *vt* cambiar de maceta

Umtrieb *m* <-(e)s, -e> ① *pl* (*Aktivitäten*) agitaciones *fpl*
② (*Schweiz: Mühe, Aufwand*) esfuerzo *m*

umtriebig ['ʊmtriːbɪç] *adj* diligente

Umtrunk *m* <-(e)s, -trünke> juerguecita *f*, francachela *f*

um|tun *irr vr: sich* ~ (*fam*) ir en busca (*nach* de), buscar (*nach*); **ich muss mich nach einer neuen Wohnung ~** tengo que buscar un nuevo piso

U-Musik ['uːmuziːk] *f* <-, *ohne pl*> música *f* ligera

Umverpackung *f* <-, -en> envase *m* exterior, envoltura *f* exterior

um|verteilen* *vt* redistribuir

Umverteilung *f* <-, -en> (WIRTSCH) redistribución *f*; **~ von Haushaltsmitteln** redistribución del presupuesto

um|wälzen *vt* hacer circular

umwälzend *adj* revolucionario

Umwälzpumpe *f* <-, -n> bomba *f* de circulación

Umwälzung *f* <-, -en> ① (TECH) circulación *f*
② (*gesellschaftlich*) cambio *m* profundo [*o* radical]

um|wandeln *vt* transformar (*in* en), convertir (*in* en); (*Strafe*) conmutar (*in* por); **Sie sind wie umgewandelt** Ud. parece otro

Umwandlung *f* <-, -en> transformación *f* (*in* en), cambio *m*; (*einer Strafe*) conmutación *f* (*in* por); **~ der Exporterlöse** (WIRTSCH) conversión de los ingresos de exportación; **~ einer Gesellschaft** (JUR) transformación de una sociedad; **formwechselnde ~** (JUR) transformación formal

Umwandlungsantrag *m* <-(e)s, -träge> (JUR) solicitud *f* de transformación, propuesta *f* de transformación; **Umwandlungsbeschluss**^RR *m* <-es, -schlüsse> (JUR) acuerdo *m* de transformación; **Umwandlungsbilanz** *f* <-, -en> (WIRTSCH) balance *m* de transformación [*o* de conversión]; **Umwandlungserklärung** *f* <-, -en> (JUR) declaración *f* de transformación; **Umwandlungsgesetz** *nt* <-es, -e> (JUR) ley *f* de transformación; **Umwandlungsklage** *f* <-, -n> (JUR) demanda *f* de transformación; **Umwandlungssteuergesetz** *nt* <-es, -e> (JUR) ley *f* del impuesto de transformación; **Umwandlungsverfahren** *nt* <-s, -> (JUR) procedimiento *m* de transformación; **Umwandlungswärme** *f* <-, *ohne pl*> (CHEM) calor *m* de transformación

um|wechseln *vt* cambiar (*in* por)

Umweg *m* <-(e)s, -e> rodeo *m*; **einen ~ machen** dar un rodeo; **auf ~en** con rodeos, por vía indirecta; **etw auf ~en erfahren** enterarse de algo por terceros

Umwelt *f* <-, *ohne pl*> entorno *m*; (ÖKOL) medio ambiente

Umweltabgaben *fpl* tributos *mpl* medioambientales; **Umweltauflage** *f* <-, -n> tasa *f* medioambiental; **Umweltausschuss**^RR *m* <-es, -schüsse> comisión *f* de medio ambiente; **Umweltbeauftragte(r)** *mf* <-n, -n; -, -n> delegado, -a *m*, *f* de medio ambiente; **Umweltbedingungen** *fpl* condiciones *fpl* medioambientales

umweltbelastend *adj* contaminante

Umweltbelastung *f* <-, -en> contaminación *f* del medio ambiente

umweltbewusst^RR *adj* concienciado ecológicamente

Umweltbewusstsein^RR *nt* <-s, *ohne pl*> conciencia *f* ambiental [*o* ecológica]; **Umweltbundesamt** ['--'---] *nt* <-(e)s, *ohne pl*> Oficina *f* Federal del Medio Ambiente; **Umweltdiskussion** *f* <-, -en> discusión *f* sobre el medio ambiente; **Umwelteinfluss**^RR *m* <-es, -flüsse> influencia *f* ambiental; **Umweltengel** *m* <-s, -> (ÖKOL) ecoetiqueta *f*, etiqueta *f* de productos ecológicos

Umwelterziehung *f* <-, *ohne pl*> educación *f* medioambiental; **Umweltfaktor** *m* <-, -en> factor *m* ambiental [*o* ecológico]

umweltfeindlich *adj* contaminante, nocivo para el medio ambiente

Umweltforschung *f* <-, *ohne pl*> ① (BIOL) ecología *f*
② (SOZIOL) investigación *f* de la influencia del hombre sobre el medio ambiente

umweltfreundlich *adj* no contaminante

Umweltgefahr *f* <-, -en> peligro *m* ambiental [*o* para el medio ambiente]

umweltgefährdend *adj* agresivo para el medio ambiente, que perjudica el medio ambiente

Umweltgefährdung *f* <-, -en> amenaza *f* ambiental [*o* para el medio ambiente]; **Umweltgeologie** *f* <-, *ohne pl*> geología *f* del medio ambiente

umweltgerecht *adj* acorde con el medio ambiente

Umweltgift *nt* <-(e)s, -e> (sustancia *f*) contaminante *m*; **Umwelthaftungsgesetz** *nt* <-es, -e> ley *f* de responsabilidad medioambiental; **Umweltinformationsgesetz** *nt* <-es, -e> ley *f* de información sobre el medio ambiente; **Umweltkatastrophe** *f* <-, -n> desastre *m* ecológico; **Umweltkriminalität** *f* <-, *ohne pl*> delincuencia *f* ambiental; **Umweltlobby** *f* <-, -s> lobby *m* del medio ambiente; **Umweltmaßnahme** *f* <-, -n> medida *f* de protección del medio ambiente; **Umweltmedizin** *f* <-, *ohne pl*> medicina *f* del medio ambiente; **Umweltminister(in)** *m(f)* <-s, -; -, -nen> ministro, -a *m*, *f* del Medio Ambiente; **Umweltministerium** *nt* <-s, -ministerien> Ministerio *m* del Medio Ambiente; **Umweltorganisation** *f* <-, -en> organización *f* para la protección del medio ambiente; **Umweltpapier** *nt* <-s, -e> papel *m* reciclado; **Umweltplanung** *f* <-, -en> planificación *f* ecológica; **Umweltpolitik** *f* <-, -en> política *f* del medio ambiente; **Umweltprogramm** *nt* <-s, -e> programa *m* ambiental; **Umweltqualität** *f* <-, *ohne pl*> calidad *f* ambiental; **Umweltredakteur(in)** *m(f)* <-s, -e; -, -nen> redactor(a) *m(f)* del medio ambiente; **Umweltreferent(in)** *m(f)* <-en, -en; -, -nen> ponente *mf* del medio ambiente; **Umweltsanierung** *f* <-, -en> saneamiento *m* del medio ambiente; **Umweltschäden** *mpl* daños *mpl* ecológicos

umweltschädlich *adj* nocivo para el medio ambiente

Umweltschadstoff *m* <-(e)s, -e> sustancia *f* contaminante del medio ambiente

Umweltschutz *m* <-es, *ohne pl*> protección *f* del medio ambiente, defensa *f* del medio ambiente; **Umweltschutzbeauftragte(r)** *mf* <-n, -n; -n, -n> comisionado, -a *m, f* para la protección del medio ambiente; **Umweltschutzbewegung** *f* <-, -en> movimiento *m* ecologista

Umweltschützer(in) *m(f)* <-s, -; -, -nen> defensor(a) *m(f)* del medio ambiente, ecologista *mf*

Umweltschutzorganisation *f* <-, -en> organización *f* para la defensa del medio ambiente; **Umweltschutzpapier** *nt* <-s, -e> papel *m* reciclado; **Umweltschutzpolitik** *f* <-, -en> política *f* de defensa ecológica; **Umwelt(schutz)recht** *nt* <-(e)s, *ohne pl*> derecho *m* (de prevención) medioambiental; **Umweltschutztechnik** *f* <-, *ohne pl*> ingeniería *f* ambiental [*o* del medio ambiente]

Umweltskandal *m* <-s, -e> escándalo *m* ecológico; **Umweltsonderabgaben** *fpl* tributos *mpl* medioambientales especiales; **Umweltsteuer** *f* <-, -n> impuesto *m* ecológico; **Umweltstrafrecht** *nt* <-(e)s, *ohne pl*> derecho *m* penal del medio ambiente; **Umweltstreitigkeiten** *fpl* disputas *fpl* ecológicas; **Umweltsünder(in)** *m(f)* <-s, -; -, -nen> (*fam*) contaminador(a) *m(f)* del medio ambiente; **Umwelttechnologie** *f* <-, -n> tecnología *f* medioambiental; **Umweltterrorismus** *m* <-, *ohne pl*> terrorismo *m* medioambiental; **Umweltverband** *m* <-(e)s, -bände> asociación *f* ecologista; **Umweltvergehen** *nt* <-s, -> delito *m* ecológico; **Umweltvergiftung** *f* <-, -en> contaminación *f* ambiental; **Umweltverschmutzer(in)** *m(f)* <-s, -; -, -nen> contaminador(a) *m(f)* del medio ambiente; **Umweltverschmutzung** *f* <-, -en> contaminación *f* del medio ambiente

umweltverträglich *adj* compatible con el medio ambiente

Umweltverträglichkeit *f* <-, *ohne pl*> impacto *m* ambiental; **Umweltverträglichkeitsprüfung** *f* <-, -en> análisis *m inv* del impacto ambiental; **Umweltverträglichkeitsprüfungsgesetz** *nt* <-es, -e> ley *f* de control del impacto medioambiental

Umweltzeichen *nt* <-s, -> (ÖKOL) *s.* **Umweltengel**; **Umweltzerstörung** *f* <-, *ohne pl*> destrucción *f* del medio ambiente

um|wenden *irr* I. *vt* dar la vuelta (a), volver
II. *vr*: **sich ~** darse la vuelta, volver la cabeza (*nach* a/hacia)

umwerben* *irr vt* galantear, cortejar, pastorear *Arg, Urug*

um|werfen* *irr vt* ① (*Gegenstand*) volcar, tirar
② (*fam*: *Plan*) echar por tierra
③ (*fam*: *aus der Fassung bringen*) dejar atontado, dejar con la boca abierta

umwerfend *adj* deslumbrante, impresionante

umwickeln* *vt* envolver

um|widmen *vt* (*formal*) convertir (*zu/in* en)

um|wölken* [ʊmˈvœlkən] I. *vt* cubrir de nubes
II. *vr*: **sich ~** (*Himmel*) cubrirse de nubes; (*Blick*) volverse sombrío

umworben *pp von* **umwerben**

umzäunen* [ʊmˈtsɔɪnən] *vt* cercar

Umzäunung [-'--] *f* <-, -en> cerco *m*, vallado *m*

um|ziehen *irr* I. *vi sein* mudarse (*nach* a), trasladarse (*nach* a); **sie will nach Berlin** ~ quiere mudarse a Berlín
II. *vr*: **sich ~** cambiarse (de ropa), mudarse (de ropa)

umzingeln* *vt* rodear, cercar

Umzingelung *f* <-, -en> ① (*das Umzingeln*) cercamiento *m* alt
② (*umzingelter Zustand*) cerco *m*

Umzug *m* <-(e)s, -züge> ① (*Wohnungswechsel*) mudanza *f*
② (*Festzug*) desfile *m*

Umzugskarton *m* <-s, -s> caja *f* de embalaje

Umzugskosten *pl* costos *mpl* de mudanza; **Umzugskostenvergütung** *f* <-, -en> (JUR) compensación *f* por gastos de mudanza

UN [uːˈʔɛn] *f* <-> *Abk. von* **United Nations** NU *fpl*

unabänderlich ['--'--] *adj* inalterable; (*unwiderruflich*) irrevocable

unabdingbar ['--'--] *adj* indispensable; **die ~e Voraussetzung ist ...** el requisito indispensable es...

Unabdingbarkeit *f* <-, *ohne pl*> inderogabilidad *f*

unabhängig *adj* independiente (*von* de); (*Staat*) autónomo; **sich von jdm/etw** *dat* ~ **machen** independizarse de alguien/algo; **etw ~ voneinander machen** hacer algo independientemente el uno del otro; **das ist ~ davon, ob ...** esto es independiente de que si...

Unabhängigkeit *f* <-, *ohne pl*> independencia *f* (*von* de); (*wirtschaftlich*) autarquía *f*; **richterliche ~** (JUR) independencia judicial

Unabhängigkeitserklärung *f* <-, -en> proclamación *f* de la independencia

unabkömmlich ['--'--] *adj* ① (*sehr beschäftigt*) ocupado
② (*unersätzlich*) insustituible; **sie ist im Moment ~** no podemos prescindir de ella en este momento

Unabkömmlichstellung *f* <-, *ohne pl*> (JUR) posición *f* insustituible

unablässig ['--'--] *adj* incesante, constante; **~ reden** hablar sin cesar

unabsehbar ['--'--] *adj* ① (*Folgen*) imprevisible, incalculable; **auf ~e Zeit** por tiempo indefinido
② (*räumlich*) vasto

unabsichtlich I. *adj* involuntario
II. *adv* sin querer

unabwendbar ['--'--] *adj* inevitable, ineludible

unachtsam *adj* (*unaufmerksam*) desatento; (*nachlässig*) descuidado

Unachtsamkeit *f* <-, *ohne pl*> (*Unaufmerksamkeit*) falta *f* de atención; (*Nachlässigkeit*) descuido *m*

unähnlich *adj* diferente; **er ist seinem Bruder nicht ~** se parece mucho a su hermano

Unähnlichkeit *f* <-, *ohne pl*> diferencia *f*, desigualdad *f*

unanfechtbar ['--'--] *adj* indiscutible; (*Urteil*) inapelable; (*Argument*) intacable

Unanfechtbarkeit *f* <-, *ohne pl*> (*a.* JUR) inapelabilidad *f*

unangebracht *adj* inoportuno, fuera de lugar; **ich halte es für ~ ...** me parece inoportuno...

unangefochten *adj* indiscutido

unangemeldet I. *adj* no anunciado
II. *adv* sin anunciar, sin previo aviso

unangemessen *adj* inadecuado, impropio; **die Uhr ist ~ teuer** el precio del reloj está fuera de toda proporción

unangenehm *adj* desagradable; (*lästig*) molesto, odioso *Am*; (*unsympathisch*) antipático; **~ auffallen** causar una mala impresión; **das kann noch ~ für uns werden** esto puede tener aún malas consecuencias para nosotros; **es ist mir sehr ~, dass ...** me da mucha vergüenza que... *+subj*; **~ werden** volverse desagradable; **er kann sehr ~ werden** puede ser muy desagradable; **hier riecht es ~** aquí hay un olor desagradable

unangepasst^{RR} *adj*, **unangepaßt** *adj* no asimilado; (*oppositionell*) no conformista

unangetastet *adj* intacto

unangreifbar ['--'--] *adj* intocable; (*Argument*) irrebatible

unannehmbar ['--'--] *adj* inaceptable, inadmisible

Unannehmlichkeit *f* <-, -en> ① (*Mühe*) molestia *f*, odiosidad *f Am*; (*Ärger*) disgusto *m*; **~en bekommen** tener disgustos; **jdm ~en machen** [*o* **bereiten**] causar molestias a alguien, ser molestia para alguien

unansehnlich *adj* de aspecto desagradable; **die Tapete ist ~ geworden** el empapelado tiene ya mal aspecto

unanständig *adj* indecente, verde *fam*; (*obszön*) obsceno

Unanständigkeit¹ *f* <-, *ohne pl*> (*Art*) indecencia *f*

Unanständigkeit² *f* <-, -en> (*Äußerung*) obscenidad *f*; **der hat schon wieder eine ~ von sich** *dat* **gegeben** ya ha vuelto a soltar una chocarrería

unantastbar ['--'--] *adj* intangible; (JUR) inviolable; (REL) sagrado

unappetitlich *adj* ① (*Essen*) poco apetitoso
② (*abstoßend*) asqueroso

Unart ['ʊnˈʔaːɐt] *f* <-, -en> ① (*Angewohnheit*) mala costumbre *f*
② (*eines Kindes*) travesura *f*

unartig *adj* travieso, malo

unartikuliert *adj* inarticulado

unästhetisch *adj* poco estético; (*abstoßend*) de mal gusto

unaufdringlich *adj* ① (*Parfüm*) discreto
② (*Mensch*) agradable

Unaufdringlichkeit *f* <-, *ohne pl*> ① (*eines Parfüms*) suavidad *f*, discreción *f*
② (*zurückhaltende Art*) discreción *f*, reserva *f*

unauffällig *adj* ① (*Kleidung, Verhalten*) poco llamativo, discreto; (*Kratzer, Narbe*) discreto
② (*unbemerkt*) disimulado; **folgen Sie mir ~!** ¡sígame con discreción!

unauffindbar ['--'--] *adj* ilocalizable

unaufgefordert *adj* voluntario; (*spontan*) espontáneo; **etw ~ tun** hacer algo espontáneamente; **etw ~ zurückgeben** devolver algo voluntariamente

unaufgeklärt *adj* no aclarado; **der Fall blieb ~** el caso quedó sin aclararse

unaufhaltsam ['--'--] *adj* incontenible, imparable

unaufhebbar *adj* inderogable

unaufhörlich ['--'--] I. *adj* incesante, continuo
II. *adv* sin cesar, sin parar

Unauflösbarkeit *f* <-, *ohne pl*> indisolubilidad *f*

unauflöslich ['--'--] *adj* (*a.* CHEM, JUR) indisoluble

unaufmerksam *adj* ① (*nicht aufmerksam*) desatento; (*zerstreut*) distraído, despistado
② (*nicht zuvorkommend*) descortés, desatento

Unaufmerksamkeit *f* <-, *ohne pl*> ① (*Verhalten*) falta *f* de atención; (*Zerstreutheit*) distracción *f*
② (*Unhöflichkeit*) descortesía *f*

unaufrichtig *adj* insincero

Unaufrichtigkeit¹ f <-, ohne pl> (Art) insinceridad f, falsedad f
Unaufrichtigkeit² f <-, -en> (Tat) falsedad f
unaufschiebbar ['--'--] adj inaplazable
unausbleiblich ['--'--] adj inevitable
unausführbar adj irrealizable
Unausführbarkeit f <-, ohne pl> impracticabilidad f, imposibilidad f de poder llevar a cabo
unausgefüllt adj ❶ (Formular) en blanco; ~ **lassen** dejar en blanco; ~**es Formular** impreso en blanco
❷ (Person) insatisfecho; (Leben) vacío
unausgeglichen adj ❶ (ungleichmäßig) desequilibrado, falto de equilibrio
❷ (wechselhaft) inestable
Unausgeglichenheit f <-, ohne pl> ❶ (Ungleichmäßigkeit) falta f de equilibrio
❷ (Wechselhaftigkeit) inestabilidad f
unausgegoren adj (abw) inmaduro
unausgeschlafen adj medio dormido
unausgesprochen adj no pronunciada, no formulada; **in ihrem Blick las er einen ~en Vorwurf** en su mirada leyó un reproche silencioso
unausgewogen adj desequilibrado
Unausgewogenheit f <-, ohne pl> desequilibrio m, falta f de equilibrio
unauslöschlich ['--'--] adj (geh) imborrable, duradero
unausrottbar adj ~ **sein** no se puede erradicar; **manche Vorurteile scheinen ~ zu sein** algunos prejuicios parece que no se pueden erradicar
unaussprechbar ['--'--] adj indecible
unaussprechlich ['--'--] adj (Gefühl) indecible, inefable; (Elend, Freude) increíble
unausstehlich ['--'--] adj insoportable, inaguantable
unausweichlich ['--'--] adj inevitable, ineludible
unbändig ['ʊnbɛndɪç] adj ❶ (wild) indomable, desenfrenado; **sich ~ aufführen** comportarse indisciplinadamente
❷ (heftig) incontenible; **sich ~ auf etw freuen** sentir una alegría incontenible por algo
unbarmherzig adj despiadado, sin compasión
Unbarmherzigkeit f <-, ohne pl> inhumanidad f, dureza f
unbeabsichtigt I. adj impensado, impremeditado
II. adv sin querer, sin mala intención
unbeachtet adj inadvertido, desapercibido; **das darf man nicht ~ lassen** esto no puede pasar inadvertido
unbeanstandet I. adj no reclamado; **etw ~ lassen** no reclamar algo
II. adv sin reclamación
unbeantwortet adj sin respuesta; ~ **bleiben/lassen** quedar/dejar sin respuesta
unbearbeitet adj no labrado, no laboreado
unbeaufsichtigt adj no vigilado
unbebaut adj (Acker) no cultivado, yermo; (Grundstück) sin edificar
unbedacht adj (Person) irreflexivo; (Handlung) impensado; ~ **handeln** actuar irreflexivamente
unbedarft adj ingenuo
unbedeckt adj descubierto
unbedenklich I. adj inofensivo, inocuo
II. adv sin reparo, sin objeción
Unbedenklichkeit f <-, ohne pl> ausencia f de objeciones [o de reparos]
Unbedenklichkeitsbescheinigung f <-, -en> (JUR) certificado m de no objeción; **Unbedenklichkeitserklärung** f <-, -en> (JUR) declaración f de no objeción; **Unbedenklichkeitsvorbehalt** m <-(e)s, -e> (JUR) reserva f de no objeción
unbedeutend adj ❶ (unwichtig) insignificante, poco importante
❷ (geringfügig) mínimo
unbedingt ['---, '--'-] I. adj absoluto; (bedingungslos) incondicional
II. adv sin falta, a toda costa; **ist das ~ nötig?** ¿es realmente indispensable?; **das will ich ~ wissen** tengo que saberlo sin falta; **nicht ~** no necesariamente; **nicht länger als ~ nötig** nada más de lo absolutamente necesario; **das hat nicht ~ damit zu tun** no tiene que ver necesariamente con eso
unbeeindruckt adj nada impresionado; ~ **bleiben** no dejarse impresionar; ~ **lassen** no impresionar en absoluto; ~ **fortfahren** continuar sin inmutarse
unbeeinflussbar^RR adj, **unbeeinflußbar** adj no influible
unbefahrbar ['--'--] adj intransitable, impracticable
unbefangen adj ❶ (ungehemmt) despreocupado, natural
❷ (unvoreingenommen) imparcial, sin prejuicios
Unbefangenheit f <-, ohne pl> ❶ (Ungehemmtheit) ingenuidad f, naturalidad f
❷ (Unvoreingenommenheit) imparcialidad f

unbefleckt adj (geh: Mensch) inmaculado; (Gegenstand) sin manchas
unbefriedigend adj poco satisfactorio; (stärker) no satisfactorio
unbefriedigt adj insatisfecho
unbefristet adj ilimitado, por tiempo indefinido; ~**er Arbeitsvertrag** contrato de trabajo por tiempo indefinido
unbefugt adj no autorizado, ilícito
Unbefugte(r) mf <-n, -n; -n, -n> persona f no autorizada; ~**n ist das Betreten verboten** entrada prohibida a personas ajenas al servicio
unbegabt adj poco talentoso (für para); **musikalisch ~ sein** no tener talento para la música
unbegehbar ['--'--] adj intransitable, impracticable
unbeglichen adj no pagar, no pagado, impagado
unbegreiflich ['--'--] adj (unverständlich) inconcebible, incomprensible; (unerklärlich) inexplicable; **es ist mir ~, wie das passieren konnte** no me explico cómo pudo ocurrir esto
unbegreiflicherweise adv incomprensiblemente, inexplicablemente
unbegrenzt adj ilimitado, sin límites; **in ~er Höhe** en cantidades ilimitadas
unbegründet adj injustificado, sin motivo; (JUR) improcedente
unbehaart adj (ohne Haare) sin pelo; (ohne Körperhaar) sin vello; (ohne Bart) lampiño; (ohne Kopfhaar) calvo
Unbehagen ['ʊnbahaːgən] nt <-s, ohne pl> disgusto m, malestar m
unbehaglich adj desagradable; **sich ~ fühlen** no estar a gusto
unbehandelt adj no tratado
unbehelligt ['ʊnbɛhɛlɪçt] adj sin ser molestado; ~ **bleiben** no ser molestado; ~ **lassen** no molestar
unbeherrscht I. adj desenfrenado; (Person) que no sabe dominarse
II. adv desmesuradamente
unbehindert ['ʊnbəhɪndɛt, 'ʊnbəhɪndɛt] adj libre
unbeholfen ['ʊnbəhɔlfən] adj torpe, bota Mex
Unbeholfenheit f <-, ohne pl> torpeza f
unbeirrbar ['--'--] adj, **unbeirrt** adj imperturbable, inalterable
unbekannt adj desconocido; ~ **verzogen** (domicilio) desconocido; **eine mir ~e Stadt** una ciudad que me es desconocida; **mit ~em Ziel verreisen** viajar sin destino fijo; **es ist mir nicht ~, dass ...** no ignoro que... +subj; **Anzeige gegen ~** (JUR) denuncia contra persona desconocida [o contra quien resulta responsable]
Unbekannte¹ f <-n, -n> (MATH) incógnita f
Unbekannte(r)² mf <-n, -n; -n, -n> (Person) desconocido, -a m, f; **er ist dort kein ~r mehr** allí ya no es ningún desconocido
unbekannterweise ['ʊnbəkantɐvaɪzə] adv sin conocerse; **grüßen sie Ihre Frau ~** dele un saludo a su mujer, aunque yo no tenga el gusto
unbekleidet adj desnudo
unbekümmert adj despreocupado; **seien Sie ganz ~!** ¡no se preocupe usted en absoluto!, ¡pierda cuidado!
Unbekümmertheit f <-, ohne pl> despreocupación f; **voller ~ lachen/spielen** reír/jugar con total despreocupación
unbelastet adj ❶ (frei) libre (von de); (ohne Sorgen) despreocupado
❷ (ohne Hypotheken) sin cargos hipotecarios
unbelebt adj desanimado; (Ort) desierto
unbelehrbar ['--'--] adj incorregible; (halsstarrig) obstinado
Unbelehrbarkeit f <-, ohne pl> incorregibilidad f, obstinación f
unbeleuchtet adj no iluminado; (Fahrzeug) con los faros apagados; ~**e Straßen** calles sin alumbrado
unbelichtet adj (FOTO) sin impresionar
unbeliebt adj que goza de pocas simpatías (bei entre), impopular; **sich ~ machen** hacerse impopular; **er ist bei allen ~** le cae mal a todos
Unbeliebtheit f <-, ohne pl> impopularidad f
unbemannt adj no tripulado, sin tripulación
unbemerkt adj inadvertido, desapercibido; ~ **bleiben** pasar desapercibido
unbemittelt ['ʊnbəmɪtəlt] adj sin medios económicos
unbenommen ['--'--] adj: **etw bleibt** [o **ist**] **jdm ~** alguien es (muy) dueño [o libre] de hacer algo
unbenutzbar adj inutilizable
unbenutzt adj no usado; **etw ~ zurückgeben** devolver algo sin haberlo usado
unbeobachtet adj no observado; **wenn sie sich ~ fühlt** cuando ella cree que nadie la mira; **in einem ~en Augenblick** en un momento de descuido
unbequem adj ❶ (Sessel) incómodo
❷ (Frage, Person) molesto, amargo Ven; ~**e Menschen sind nicht immer die dümmsten** los inconformistas no siempre lo son por tontos
Unbequemlichkeit¹ f <-, -en> (Mühe, Schwierigkeit) molestia f
Unbequemlichkeit² f <-, ohne pl> (von Möbeln) incomodidad f
unberechenbar ['--'---] adj incalculable; **er ist ~** es imprevisible
Unberechenbarkeit f <-, ohne pl> imprevisión f, veleidad f, volubilidad f; **gerade ihre ~ macht sie so gefährlich** precisamente su carácter veleidoso [o imprevisible] la hace tan peligrosa

unberechtigt *adj* injusto, no autorizado
unberechtigterweise *adv* sin autorización
unberücksichtigt *adj* desatendido; ~ **bleiben/lassen** quedar/dejar desatendido
Unberührbare(r) *mf* <-n, -n; -n, -n> intocable *mf*; **die Kaste der ~n** la casta de los intocables
unberührt *adj* intacto; (*Frau*) virgen; **das lässt ihn alles ~** todo eso no le afecta
unbeschadet I. *präp +gen* ❶ (*trotz*) a pesar de
❷ (*ohne Schaden für*) sin perjuicio de
II. *adv*: **etw ~ überstehen** (*Person*) salir ileso de algo; (*Sache*) quedar sin daños en algo; **der Wagen hat den Unfall ~ überstanden** el coche quedó intacto en el accidente
unbeschädigt *adj* no dañado, indemne
unbeschäftigt *adj* sin ocupación; (*ohne Arbeit*) sin trabajo
unbescheiden *adj* indiscreto, petulante
Unbescheidenheit *f* <-, *ohne pl*> inmodestia *f*
unbescholten ['ʊnbəʃɔltən] *adj* ❶ (*integer*) de buena reputación, sin tacha
❷ (JUR) sin antecedentes penales
unbeschränkt ['ʊnbəʃrɛŋkt] *adj* ilimitado; ~ **haften** (JUR) responder ilimitadamente
unbeschrankt ['ʊnbəʃraŋkt] *adj* sin barrera
unbeschränkt *adj* ilimitado; (*Macht*) absoluto; ~ **haften** tener una responsabilidad ilimitada
unbeschreiblich ['--'--] I. *adj* indescriptible
II. *adv* extremamente
unbeschrieben *adj* en blanco; **ein ~es Blatt sein** (*unbekannt sein*) ser novel; (*unerfahren sein*) ser novato
unbeschwert *adj* libre de toda preocupación; (*Kindheit*) despreocupado; (*Gewissen*) limpio
unbesehen ['---] *adv* a ciegas; **etw ~ kaufen** comprar algo a ciegas; **das glaube ich ~** lo creo a ciegas
unbesiegbar ['--'--] *adj* invencible, imbatible
unbesiegt *adj* invicto
unbesoldet *adj* sin salario, no retribuido
unbesonnen *adj* (*überlegt*) irreflexivo; (*unvorsichtig*) imprudente
Unbesonnenheit¹ *f* <-, *ohne pl*> (*im Wesen*) irreflexión *f*
Unbesonnenheit² *f* <-, -en> (*Handlung*) imprudencia *f*
unbesorgt *adj* despreocupado, tranquilo; **sei ~ !** ¡no te preocupes!; **das können Sie ~ tun** puede hacerlo tranquilamente
unbeständig *adj* ❶ (*Person*) inconstante, versátil
❷ (*wechselhaft*) inestable; (*Wetter*) variable
Unbeständigkeit *f* <-, *ohne pl*> ❶ (*eines Menschen*) inconstancia *f*, versatilidad *f*
❷ (*Wechselhaftigkeit*) inestabilidad *f*; (*des Wetters*) variabilidad *f*
unbestätigt *adj* no confirmado
unbestechlich *adj* incorruptible, insobornable
Unbestechlichkeit *f* <-, *ohne pl*> incorruptibilidad *f*, insobornabilidad *f*
unbestimmbar ['--'--] *adj* indeterminable
unbestimmt *adj* ❶ (*unklar*) vago; (*ungenau*) impreciso
❷ (*nicht festgelegt*) indefinido, indeterminado; (*unsicher*) incierto; **auf ~e Zeit** por tiempo indefinido
❸ (LING) indefinido
Unbestimmtheit *f* <-, *ohne pl*> ❶ (*Undeutlichkeit*) vaguedad *f*; (*Ungenauigkeit*) imprecisión *f*
❷ (*Ungewissheit*) indeterminación *f*; (*Unsicherheit*) inseguridad *f*
unbestreitbar ['--'--] *adj* incuestionable, innegable
unbestritten ['--(')--] I. *adj* indiscutido, indiscutible; **es ist ~, dass ...** es indiscutible que... +*subj*
II. *adv* sin duda (alguna)
unbeteiligt *adj* ❶ (*desinteressiert*) indiferente
❷ (*nicht teilnehmend*) ajeno; **an etw** *dat* ~ **sein** no haber participado en algo
Unbeteiligte(r) *mf* <-n, -n; -n, -n> (*desinteressiert*) desinteresado, -a *m, f*; (*nicht teilnehmend*) el que no participa, la que no participa; **bei dem Attentat wurden auch ~ verletzt** en el atentado también hubo víctimas inocentes
unbetont *adj* átono
unbeträchtlich *adj* insignificante
unbeugsam ['---] *adj* (*Person*) inexorable, implacable; (*Wille*) inquebrantable
unbewacht *adj* no vigilado; (*schutzlos*) indefenso
unbewaffnet *adj* desarmado, no armado
unbewältigt *adj* no superado, no solucionado
unbeweglich *adj* ❶ (*bewegungslos*) inmóvil
❷ (*nicht zu bewegen*) inmovible, fijo; ~**er Preis** precio fijo; ~**e Sachen** (JUR) cosas inmuebles; ~**es Vermögen** (JUR) bienes inmuebles
❸ (*geistig*) inflexible; (*Blick*) fijo; (*Gesichtsausdruck*) impasible
Unbeweglichkeit *f* <-, *ohne pl*> ❶ (*Bewegungslosigkeit*) inmovilidad *f*
❷ (*von Dingen*) rigidez *f*
❸ (*geistig*) inflexibilidad *f*
unbewegt *adj* inmóvil
unbewiesen *adj* no probado; **es ist noch ~, ob .../dass ...** aún no está probado si.../que... +*subj*
unbewohnbar ['--'--] *adj* inhabitable
unbewohnt *adj* (*Gegend*) despoblado, desierto; (*Haus, Wohnung*) deshabitado
unbewusst^{RR} *adj*, **unbewußt** *adj* inconsciente; (*instinktiv*) instintivo
Unbewusste(s)^{RR} *nt* <-n, *ohne pl*>, **Unbewußte(s)** *nt* <-n, *ohne pl*> (PSYCH) subconsciente *m*
unbezahlbar ['--'--] *adj* ❶ (*teuer*) impagable
❷ (*wertvoll*) valioso; (*unersetzlich*) inapreciable; **ihre Hilfe ist ~** su ayuda no tiene precio
unbezahlt *adj* no pagado, impagado, impago *Ant*; ~**er Urlaub** vacaciones no remuneradas
unbezähmbar ['--'--] *adj* indomable; (*Neugier, Hunger*) grandísimo
unbezweifelbar ['--'--] *adj* indudable, indiscutible
unbezwingbar ['--'--] *adj*, **unbezwinglich** [ʊnbə'tsvɪŋlɪç, 'ʊnbətsvɪŋlɪç] *adj* ❶ (*Gegner*) invencible; (*Festung*) inexpugnable
❷ (*Gefühl, Drang*) indomable, incontrolable
Unbilden *pl* (*geh*) inclemencia(s) *f(pl)*
unbillig *adj* (JUR) inequitativo
Unbilligkeit *f* <-, *ohne pl*> (JUR) falta *f* de equidad; **grobe ~** falta grave de equidad
unblutig I. *adj* incruento
II. *adv* sin derramamiento de sangre
unbotmäßig *adj* no conformista, insubordinado; ~**e Kritik** crítica extremadamente fuerte; **sich ~ verhalten** tener un comportamiento insubordinado
Unbotmäßigkeit *f* <-, *ohne pl*> insubordinación *f*, rebeldía *f*
unbrauchbar ['---] *adj* inutilizable, no aprovechable, inoperante *Am*; (*ungeeignet*) no apropiado; (*Person*) inútil
unbürokratisch *adj* poco burocrático; ~**e Hilfe** ayuda espontánea
unchristlich *adj* ❶ (*nicht christlich*) poco cristiano
❷ (*fam: ungerecht*) injusto
und [ʊnt] *konj* y; (*vor* (*h*)*i*) e; (MATH) más; (*Steigerung*) más y más; **ich ~ du tú y yo; Mutter ~ Tochter** madre e hija; ~ **so weiter** etcétera; **na ~ ?** ¿y qué?; ~ **wenn schon!** ¡y aunque así sea!; ~**? seid ihr fertig geworden?** ¿y qué?, ¿habéis terminado?; **hat es dir gefallen? – ~ ob/wie!** ¿te ha gustado? – ¡y tanto/cómo!; **der Wagen wurde schneller ~ schneller** el coche iba cada vez más rápido; **wir redeten ~ redeten** hablamos y hablamos; **der ~ Lehrer?** ¿él, profesor?
Undank *m* <-(e)s, *ohne pl*> (*geh*) ingratitud *f*, desagradecimiento *m*; ~ **ernten** recibir sólo ingratitud; ~ **ist der Welt Lohn** (*prov*) de desagradecidos está el mundo [*o* el infierno] lleno
undankbar *adj* ❶ (*Mensch*) desagradecido, ingrato
❷ (*Arbeit, Aufgabe*) ingrato
Undankbarkeit *f* <-, *ohne pl*> ingratitud *f*, desagradecimiento *m*
undatiert *adj* sin fecha
undefinierbar ['---'--] *adj* indefinible
undeklariert *adj* sin declarar, no declarado
undeklinierbar ['---'--] *adj* (LING) no declinable, indeclinable
undemokratisch *adj* poco democrático
undenkbar ['--'--] *adj* impensable, inimaginable
undenklich [(')-'--] *adj*: **seit/vor ~en Zeiten** desde/hace tiempos inmemoriales
Undercoveragent(in) [andə'kavɐ'eɪdʒənt] *m(f)* <-en, -en; -, -nen> agente *mf* secreto, -a; policía *mf* camuflado, -a [*o* infiltrado, -a]
Underdog ['andədɔg] *m* <-s, -s> desvalido, -a *m, f*, (socialmente) desamparado, -a *m, f*
Understatement [andə'steɪtmənt] *nt* <-s, -s> falsa modestia *f*; **während sie zu Übertreibungen neigt, gefällt er sich** *dat* **eher in ~s** mientras que ella tiende a la exageración, él más bien peca de falsa modestia
undeutlich *adj* ❶ (*ungenau*) vago, impreciso
❷ (*Umrisse*) indistinto; (FOTO) borroso; (*Schrift*) ilegible; ~ **sprechen** no vocalizar al hablar, no hablar claro
undicht *adj* permeable; (*Fenster*) que no cierra herméticamente; ~ **sein** tener escape; ~**e Stelle** fuga *f*
undifferenziert *adj* no diferenciado, indiferenciado
Unding *nt*: **das ist ein ~!** ¡eso es absurdo!
undiplomatisch *adj* poco diplomático
undiszipliniert *adj* indisciplinado
undogmatisch *adj* (POL, REL) no dogmático
unduldsam *adj* intolerante (*gegen* (para) con)

Unduldsamkeit f <-, ohne pl> intolerancia f (gegen (para) con)
undurchdringlich ['--'--] adj ❶ (Gebüsch, Wildnis) impenetrable
❷ (Miene) inescrutable, impenetrable
undurchführbar ['--'--] adj irrealizable, impracticable; **der Plan erwies sich als ~** el plan resultó irrealizable
undurchlässig adj impermeable, hermético
undurchschaubar ['--'--] adj impenetrable
undurchsichtig adj ❶ (Glas, Stoff) opaco, no transparente
❷ (Mensch) impenetrable; (Methoden, Geschäfte) turbio; (Verhalten) ambiguo
uneben adj (Oberfläche, Straße) desigual; (Gelände) accidentado
Unebenheit[1] f <-, ohne pl> (Unebensein) irregularidad f, desigualdad f
Unebenheit[2] f <-, -en> (Erhebung) irregularidad f; **die ~en des Geländes** las irregularidades del terreno
unecht adj falso; (nachgemacht) de imitación
unehelich adj ilegítimo, natural
unehrenhaft adj deshonroso
unehrlich adj falso, deshonesto
Unehrlichkeit f <-, ohne pl> falta f de sinceridad, deshonestidad f
uneidlich adj sin juramento; **~e Falschaussage** testimonio falso sin juramento
uneigennützig adj desinteresado
uneinbringlich adj (FIN) incobrable, irrecuperable; **~e Forderung** deuda f morosa, crédito m incobrable [o irrecuperable]
Uneinbringlichkeit f <-, ohne pl> (FIN) incobrabilidad f; **der Kaufpreisforderung** incobrabilidad del crédito del precio de compraventa
uneingeschränkt adj ilimitado, absoluto; **wir stimmen ~ zu** estamos absolutamente de acuerdo
uneingeweiht adj (in Geheimnis, Erzählung) no enterado; (in Handhabung) no iniciado
uneinheitlich adj irregular; **~e Tendenz am Aktienmarkt** tendencia irregular en el mercado de acciones
uneinig adj desavenido; **mit jdm über etw ~ sein** no estar de acuerdo con alguien en algo; **in diesem Punkt sind sie sich** dat **~** no están de acuerdo en este punto
Uneinigkeit f <-, -en> desavenencia f, desacuerdo m; **es besteht ~ über …** no hay acuerdo sobre…
uneinnehmbar ['--'--] adj inconquistable, inexpugnable
uneins ['ʊnʔaɪns] adj s. **uneinig**
uneinsichtig adj obstinado, terco, tenaz
unempfänglich adj insensible (für a)
unempfindlich adj ❶ (unsensibel) insensible (gegen a)
❷ (widerstandsfähig) robusto; (gegen Krankheit) inmune
Unempfindlichkeit f <-, ohne pl> ❶ (Unsensibilität) insensibilidad f (gegen a)
❷ (Widerstandsfähigkeit) robustez f; (gegen Krankheit) inmunidad f
unendlich [--'--] I. adj ❶ (zeitlich, räumlich, a. MATH) infinito; **sie diskutieren bis ins U~e** no terminan nunca de discutir; **das Objektiv auf ~ einstellen** (FOTO) enfocar el objetivo al infinito
❷ (groß) inmenso, infinito
II. adv tremendamente; **~ viel** un sinfín de
Unendlichkeit [-'---] f <-, ohne pl> infinidad f
unentbehrlich ['--'--] adj indispensable, imprescindible; **sich ~ machen** hacerse imprescindible
unentgeltlich ['--'--] I. adj gratuito
II. adv gratis
unentrinnbar [ʊnʔɛnt'rɪnbaːɐ, 'ʊnʔɛntrɪnbaːɐ] adj (geh) inevitable, ineludible, ineluctable
unentschieden adj ❶ (Angelegenheit) pendiente; **~ sein** quedar pendiente
❷ (Person) indeciso, vacilante
❸ (SPORT) empatado; **sie spielten 0:0** ~ empataron a cero
Unentschieden nt <-s, -> (SPORT) empate m
unentschlossen adj indeciso, irresoluto; **sich ~ verhalten** actuar sin decisión
Unentschlossenheit f <-, ohne pl> indecisión f, irresolución f
unentschuldbar ['--'--] adj inexcusable, imperdonable
unentschuldigt I. adj injustificado
II. adv sin excusa, sin excusarse; **~ fehlen** faltar sin (haber aportado una) excusa
unentwegt ['--'-] I. adj constante
II. adv sin parar, constantemente
Unentwegte(r) mf <-n, -n; -n, -n> persona f impertérrita [o imperturbable]; **bei strömendem Regen hielten im Stadion nur noch einige ~ aus** sólo algunos espectadores aguantaban impertérritos en el estadio bajo la lluvia tormentosa
unentwirrbar ['--'--] adj enmarañado, inextricable
unerbittlich ['--'--] adj inexorable, implacable; (gnadenlos) sin piedad
Unerbittlichkeit f <-, ohne pl> inexorabilidad f, implacabilidad f; (Gnadenlosigkeit) falta f de piedad, crudeza f
unerfahren adj inexperto (in en), sin experiencia (in en), novato (in en)
Unerfahrene(r) mf <-n, -n; -n, -n> inexperto, -a m, f
Unerfahrenheit f <-, ohne pl> inexperiencia f (in en), falta f de experiencia (in en)
unerfindlich ['--'--] adj (geh) incomprensible, inconcebible; **aus ~en Gründen** por razones inconcebibles
unerfreulich adj desagradable
unerfüllbar ['--'--] adj irrealizable
unerfüllt adj no realizado
unergiebig adj (Boden) improductivo; (Thema) que no da para mucho
unergründbar ['--'--] adj, **unergründlich** ['--'--] adj insondable, impenetrable; (geheimnisvoll) misterioso
unerheblich adj (geringfügig) insignificante; (unwichtig) irrelevante, de poca importancia
unerhört ['--'--] I. adj ❶ (gewaltig) tremendo, enorme
❷ (abw: empörend) indignante, escandaloso; **das ist ja ~!** ¡habráse visto!
❸ (geh: Bitte) desatendido; **~ bleiben** no ser correspondido
II. adv extremamente; **~ viel** muchísimo, un montón (de) fam
unerkannt adv sin ser reconocido; **~ entkommen** escapar sin ser reconocido
unerklärbar ['--'--] adj, **unerklärlich** ['--'--] adj inexplicable; **es ist mir ~, warum …** no me explico por qué…
unerlässlich[RR] ['--'--] adj, **unerläßlich** adj imprescindible, insoslayable
unerlaubt adj ❶ (nicht zulässig) prohibido
❷ (gesetzwidrig) ilícito; **~e Handlung** actuación ilícita; **~e Werbung** publicidad ilícita
❸ (ohne Erlaubnis) sin permiso; **sich ~ entfernen** alejarse sin permiso
unerledigt adj sin hacer, por hacer; (Post) sin contestar; (schwebend) pendiente; **~ sein/bleiben** estar/quedar sin hacer
unermesslich[RR] ['--'--] adj, **unermeßlich** adj ❶ (unendlich, unbegrenzt) inconmensurable, infinito; **~ wertvoll** de un valor infinito; **~ reich** de una riqueza inconmensurable
❷ (groß) enorme, inmenso
unermüdlich ['--'--] adj infatigable, incansable
unerquicklich adj (geh) poco edificante
unerreichbar ['--'--] adj inalcanzable, inaccesible
unerreicht adj inalcanzado; (Rekord) inigualado
unersättlich ['--'--] adj insaciable
unerschlossen adj ❶ (unerforscht) inexplorado, no explorado; **~e Märkte** mercados inexplorados
❷ (nicht besiedelt) no colonizado
unerschöpflich ['--'--] adj inagotable, interminable
unerschrocken adj intrépido
unerschütterlich ['--'---] adj inquebrantable, firme; **~ für etw eintreten** intervenir firmemente en favor de algo
unerschwinglich ['--'--] adj (Preis) desorbitado, excesivo; (Ware) inasequible
unersetzlich ['--'--] adj (Person) insustituible, irreemplazable; (Schaden) irreparable
unersprießlich [ʊnʔɛr'ʃpriːslɪç, 'ʊnʔɛrʃpriːslɪç] adj (geh: nutzlos) infructuoso, improductivo; (unerfreulich) desagradable
unerträglich ['--'--] adj insoportable; **es ist ~ heiß** hace un calor insoportable; **sich ~ aufführen** tener un comportamiento inaguantable
unerwähnt adj no mencionado; **etw ~ lassen** no mencionar algo
unerwartet I. adj inesperado, imprevisto, sorpresivo Am
II. adv de improviso
unerwidert adj no correspondido
unerwünscht adj indeseado, no deseado
unerzogen adj mal educado
UNESCO [uˈnɛsko] f <-> Abk. von **United Nations Educational, Scientific and Cultural Organization** UNESCO f
unfähig adj (nicht imstande) incapaz (zu de); (beruflich) incompetente
Unfähigkeit f <-, ohne pl> incapacidad f (zu de); (beruflich) incompetencia f
unfair adj injusto; (SPORT) sucio
Unfall m <-(e)s, -fälle> accidente m; **einen ~ haben** tener un accidente; **einen tödlichen ~ haben** morir en un accidente
Unfallanzeige f <-, -n> aviso m de(l) accidente; **Unfallarzt, -ärztin** m, f <-es, -ärzte; -, -nen> médico, -a m, f del servicio de emergencias; **Unfallbeteiligte(r)** mf <-n, -n; -n, -n> implicado, -a m, f en el accidente; **Unfallchirurgie** f <-, ohne pl> cirugía f traumática, traumatología f; **Unfallfahrer(in)** m(f) <-s, -; -, -nen> conductor(a) m(f) que provoca un accidente; **Unfallflucht** f <-, ohne pl> fuga f en caso de accidente; **~ begehen** darse a la fuga (después de provocar un accidente); **Unfallfolgen** fpl consecuencias fpl del accidente; **das Kind starb an den ~** el niño/la niña falleció a consecuencia del accidente

unfallfrei *adj* libre de accidentes
Unfallgefahr *f* <-, -en> peligro *m* de accidente; **Unfallhaftpflicht** *f* <-, *ohne pl*> responsabilidad *f* civil en accidentes de circulación; **Unfallhäufigkeit** *f* <-, -en> siniestralidad *f*; **Unfallkrankenhaus** *nt* <-es, -häuser> (clínica *f* de) urgencias *fpl*; **Unfallopfer** *nt* <-s, -> víctima *f* de (un) accidente; **Unfallort** *m* <-(e)s, -e> lugar *m* del accidente; **Unfallquote** *f* <-, -n>, **Unfallrate** *f* <-, -n> siniestralidad *f* (en carretera), número *m* de accidentes; ~ **am Arbeitsplatz** siniestralidad laboral; **Unfallrisiko** *nt* <-s, -risiken> riesgo *m* de accidente(s); **Unfallschaden** *m* <-s, -schäden> daño *m* resultante de un accidente; **Unfallschutz** *m* <-es, *ohne pl*> protección *f* contra accidentes; **Unfallstation** *f* <-, -en> puesto *m* de socorro; **Unfallstatistik** *f* <-, -en> estadística *f* de accidentes; **Unfallstelle** *f* <-, -n> lugar *m* del accidente; **Unfalltod** *m* <-(e)s, -e> muerte *f* por [o en un] accidente; **Unfalltote(r)** *mf* <-n, -n; -n, -n> muerto, -a *m, f* por [o en un] accidente
unfallträchtig *adj* peligroso; **diese Ecke ist** ~ en esta esquina ocurren muchos accidentes
Unfallursache *f* <-, -n> causa *f* del accidente
Unfallverhütung *f* <-, -en> prevención *f* de accidentes; **Unfallverhütungsvorschrift** *f* <-, -en> (JUR) norma *f* de prevención de accidentes; **Unfallverletzte(r)** *mf* <-n, -n; -n, -n> herido, -a *m, f* por [o en un] accidente; **Unfallversicherung** *f* <-, -en> ❶ (*Versicherungspolice*) seguro *m* de accidentes ❷ (*Unternehmen*) empresa *f* de seguros de accidentes; **Unfallwagen** *m* <-s, -> ❶ (*am Unfall beteiligter Wagen*) coche *m* accidentado ❷ (*Rettungswagen*) ambulancia *f*; **Unfallzeuge, -in** *m, f* <-n, -n; -, -nen> testigo *mf* presencial (de un accidente)
unfassbarᴿᴿ ['-'--] *adj*, **unfaßbar** *adj* inconcebible; (*unglaublich*) increíble
unfasslichᴿᴿ *adj*, **unfäßlich** *adj s.* **unfassbar**
unfehlbar ['-'--] I. *adj* infalible
II. *adv* (*sicher*) seguramente, sin falta
Unfehlbarkeit [-'---] *f* <-, *ohne pl*> infalibilidad *f*
unfein *adj* poco delicado, grosero
unfertig *adj* ❶ (*unvollendet*) inacabado
❷ (*unreif*) inmaduro
unflätig ['ʊnflɛ:tɪç] *adj* (*geh abw*) indecente
unförmig ['ʊnfœrmɪç] *adj* deforme
Unförmigkeit *f* <-, *ohne pl*> deformidad *f*
unfrankiert *adj* sin franqueo
unfrei *adj* ❶ (*nicht frei*) dependiente, oprimido
❷ (*unfrankiert*) sin franqueo
Unfreie(r) *mf* <-n, -n; -n, -n> (HIST) siervo, -a *m, f*
Unfreiheit *f* <-, *ohne pl*> falta *f* de libertad
unfreiwillig *adj* involuntario; ~ **komisch** cómico sin querer
unfreundlich *adj* ❶ (*Person*) desatento, poco amable
❷ (*Wetter*) desapacible
Unfreundlichkeit *f* <-, *ohne pl*> falta *f* de amabilidad, desabrimiento *m*
Unfriede *m* <-ns, *ohne pl*> discordia *f*; **in** ~**n leben** vivir en la discordia
unfruchtbar *adj* ❶ (*Boden*) estéril, improductivo
❷ (*Tier, Person*) estéril, infecundo
Unfruchtbarkeit *f* <-, *ohne pl*> ❶ (*Boden*) esterilidad *f*
❷ (*Mensch, Tier*) infecundidad *f*
Unfug ['ʊnfu:k] *m* <-(e)s, *ohne pl*> ❶ (*Handlung*) bobada *f*, tontería *f*; ~ **treiben** hacer bobadas; **lass den** ~**!** ¡déjate de tonterías!; **grober** ~ (JUR) desórdenes públicos
❷ (*Äußerung*) disparate *m*
Ungar(in) ['ʊŋɡa:ɐ] *m(f)* <-n, -n; -, -nen> húngaro, -a *m, f*
ungarisch ['ʊŋɡarɪʃ] *adj* húngaro
Ungarn ['ʊŋɡarn] *nt* <-s> Hungría *f*
ungastlich *adj* inhospitalario
ungeachtet ['--'--] *präp* +*gen* (*geh*) a pesar de; ~ **dessen** no obstante; **dessen** ~ (*geh*) no obstante, sin embargo; ~ **der weltweiten Proteste, setzte die Regierung X ihre Offensive fort** el gobierno X continuó su ofensiva haciendo caso omiso de las protestas internacionales
ungeahnt ['--'-] *adj* inesperado, insospechado
ungebärdig ['ʊnɡəbɛ:ɐdɪç] *adj* díscolo, indócil, difícil de dominar; **wie ein ~es Fohlen sprang sie durch den Raum** iba saltando por la habitación como un potro desbocado
ungebeten I. *adj* no invitado
II. *adv* sin ser invitado
ungebildet *adj* inculto
ungeboren *adj* por nacer, aún no nacido
ungebräuchlich *adj* poco usado, poco corriente
ungebraucht *adj* no usado; **etw** ~ **zurückgeben** devolver algo sin haberlo usado
ungebrochen *adj* inquebrantable

ungebührlich *adj* (*geh*) ❶ (*ungehörig*) improcedente, irrespetuoso
❷ (*übermäßig*) desmesurado
ungebunden *adj* ❶ (*Buch*) sin encuadernar
❷ (*frei*) libre, independiente
ungedeckt *adj* ❶ (*schutzlos*) indefenso; (*Spieler*) descubierto, desmarcado
❷ (FIN) al descubierto, sin fondos; ~**er Scheck** cheque en descubierto
❸ (*Tisch*) sin poner
Ungeduld *f* <-, *ohne pl*> impaciencia *f*; **voller** ~ lleno de impaciencia; **von** ~ **erfüllt sein** estar en vilo
ungeduldig *adj* impaciente; ~ **sein** tener malas pulgas; ~ **warten** esperar con impaciencia; ~ **werden** perder la paciencia
ungeeignet *adj* no apropiado (*für* para), inadecuado (*für* para); (*Person*) incompetente (*für* para); (*Moment*) inoportuno
ungefähr ['ʊnɡəfɛ:ɐ, '--'-] I. *adj* aproximado, aproximativo; ~ **300 Euro** unos 300 euros
II. *adv* aproximadamente, más o menos; **von** ~ por casualidad; **nicht von** ~ no por nada, por una buena razón; **so** ~ **habe ich mir das vorgestellt** más o menos así me lo he imaginado; **was wird das wohl** ~ **kosten?** ¿cuánto va a costar aproximadamente?
ungefährdet *adj* no expuesto a ningún peligro
ungefährlich *adj* no peligroso; (*harmlos*) inofensivo
ungefällig ['ʊnɡəfɛlɪç] *adj* poco servicial, poco complaciente
ungefärbt *adj* ❶ (*Stoff, Haare*) no teñido, sin teñir; (*Lebensmittel*) sin colorantes
❷ (*Wahrheit*) puro
ungefragt *adv* sin ser preguntado; **er hat** ~ **Bericht erstattet** nos ha informado sin que nadie se lo hubiese pedido
ungehalten *adj* (*geh*) incomodado (*über/wegen* por), disgustado (*über/wegen* por); ~ **auf etw reagieren** expresar su disgusto por algo
ungeheizt ['ʊnɡəhaɪtst] *adj* sin calefacción; ~ **sein** no tener la calefacción puesta
ungehemmt *adj* desenvuelto, desembarazado
ungeheuer ['----, '--'-] I. *adj* enorme, inmenso
II. *adv* enormemente, sobremanera
Ungeheuer *nt* <-s, -> monstruo *m*
ungeheuerlich ['--'---] *adj* (*abw*) escandaloso; (*schrecklich*) atroz; (*unerhört*) inaudito; **das ist ja ~!** ¡esto sí que es inaudito!
Ungeheuerlichkeit[1] *f* <-, *ohne pl*> (*des Verhaltens*) monstruosidad *f*, barbaridad *f*
Ungeheuerlichkeit[2] *f* <-, -en> (*Handlung*) monstruosidad *f*, atrocidad *f*
ungehindert *adj* libre
ungehobelt *adj* ❶ (*Brett*) sin cepillar
❷ (*Mensch*) tosco, torpe
ungehörig *adj* insolente, indebido; (*frech*) impertinente
Ungehörigkeit *f* <-, -en> insolencia *f*; (*Frechheit*) impertinencia *f*
ungehorsam *adj* ❶ desobediente; **jdm gegenüber** ~ **sein** ser desobediente con alguien
❷ (JUR) insumiso
Ungehorsam *m* <-s, *ohne pl*> ❶ desobediencia *f*; **ziviler** ~ desobediencia civil
❷ (JUR) insumisión *f*
ungehört ['ʊnɡəhø:ɐt] *adv* sin ser oído; **ihre Hilferufe verhallten** ~ nadie oyó sus gritos de socorro [o auxilio]
Ungeist *m* <-(e)s, *ohne pl*> (*geh*) espíritu *m* destructivo
ungekämmt *adj* despeinado, sin peinar
ungeklärt *adj* ❶ (*Frage, Verbrechen*) no resuelto, no aclarado
❷ (*Abwasser*) sucio, no filtrado
ungekündigt *adj* (*Person*) no despedido; ~ **sein** seguir en su puesto de trabajo; ~**er Arbeitsvertrag** contrato de trabajo vigente
ungekünstelt *adj* natural, genuino; (*Sprache*) sin afectación
ungekürzt *adj* (*Buch, Film*) íntegro, no abreviado; **etw** ~ **abdrucken** imprimir [o reproducir] algo íntegramente
ungeladen *adj* ❶ (*Person*) no invitado
❷ (*Waffe*) no cargado, descargado
ungelegen I. *adj* inoportuno
II. *adv* a deshora, a destiempo; **komme ich ~?** ¿llego en mal momento?; **das kommt mir sehr** ~ me coge en muy mal momento
Ungelegenheiten *fpl* molestias *fpl*; **jdm** ~ **bereiten** causar molestias a alguien
ungelehrig *adj* poco inteligente; (*nicht fügsam*) indócil; (*störrisch*) testarudo
ungelenk *adj* (*geh*) torpe, poco hábil
ungelenkig *adj* poco flexible, poco ágil
ungelernt *adj* que no ha cursado estudios; ~**e Arbeitskräfte** mano de obra no cualificada
ungeliebt *adj* no querido, detestado
ungelogen ['--'--] *adv* (*fam*) de verdad, en serio

ungelöst *adj* no resuelto, sin resolver
Ungemach ['ʊngəma:x] *nt* <-s, *ohne pl*> (*geh alt: Unannehmlichkeiten*) molestias *fpl*, contrariedad *f*; (*Ärger*) problemas *mpl*, desgracia *f*, infortunio *m*
ungemahlen *adj* sin moler, en grano; **der Kaffee ist ~** el café no está molido
ungemein ['--'-] I. *adj* extraordinario, enorme
 II. *adv* muy, sobremanera
ungemütlich *adj* ❶ (*Stuhl*) incómodo; (*Atmosphäre*) desagradable ❷ (*Mensch*) molesto, desagradable; (*Wetter*) desapacible; **er kann manchmal ~ werden** (*fam*) puede ser muy desagradable a veces
Ungemütlichkeit *f* <-, *ohne pl*> (*Stuhl*) incomodidad *f*; (*Raum, Atmosphäre*) inconfortabilidad *f*
ungenannt *adj* anónimo
ungenau *adj* impreciso, inexacto; **sich ~ ausdrücken** expresarse sin precisión
Ungenauigkeit *f* <-, -en> inexactitud *f*, imprecisión *f*
ungeniert ['ʊnʒe(')ni:ɐt] *adj* desenvuelto, campechano; **ganz ~ reden** hablar sin inhibiciones
Ungeniertheit *f* <-, *ohne pl*> desenvoltura *f*, desinhibición *f*; **sie sonnten sich in völliger ~ nackt am Strand** tomaban el sol desnudos en la playa sin mostrar la más mínima inhibición
ungenießbar ['--'--] *adj* ❶ (*Speise*) incomible; (*Getränk*) no bebible; **~e Pilze** setas venenosas
 ❷ (*fam: Person*) insoportable; **er ist für mich ~** a ése no lo trago
ungenügend *adj* (*a. Note*) insuficiente
ungenutzt *adj*, **ungenützt** *adj* desaprovechado, desperdiciado; **eine Chance ~ verstreichen lassen** desaprovechar una ocasión
ungeordnet *adj* desordenado
ungepflegt *adj* descuidado; (*Person*) desaseado
ungeprüft *adj* no revisado; **etw ~ übernehmen/abdrucken** aceptar/imprimir algo sin haberlo revisado
ungerade *adj* (MATH) impar
ungerechnet *adj* sin contar, excluyendo
ungerecht *adj* injusto; **sich ~ behandelt fühlen** sentirse tratado injustamente
ungerechterweise *adv* injustamente, de manera injusta; **Maria wurde ~ bestraft** castigaron injustamente a Maria
ungerechtfertigt *adj* injustificado; **~e Bereicherung** enriquecimiento injusto; **~e Kündigung** despido improcedente
Ungerechtigkeit *f* <-, -en> injusticia *f*
ungeregelt *adj* ❶ (*ungeordnet*) desordenado; (*unregelmäßig*) irregular ❷ (*offen*) pendiente
ungereimt *adj* ❶ (*Vers*) sin rima, libre ❷ (*verworren*) incongruente, absurdo
Ungereimtheit[1] *f* <-, *ohne pl*> (*Art*) inconsistencia *f*, incongruencia *f*
Ungereimtheit[2] *f* <-, -en> (*Äußerung*) incongruencia *f*
ungern *adv* de mala gana; **das tue ich nur höchst ~** esto lo hago realmente de mala gana; **das macht er gar nicht ~** le gusta hacerlo
ungerührt ['ʊngəry:ɐt] *adj* imperturbable; **~ zusehen** mirar impasible
ungesalzen *adj* no salado, sin sal
ungesättigt *adj* (CHEM) no saturado
ungeschält *adj* sin pelar
ungeschehen *adj*: **etw ~ machen** deshacer lo hecho
Ungeschick *nt* <-(e)s, *ohne pl*>, **Ungeschicklichkeit** *f* <-, -en> torpeza *f*, falta *f* de habilidad
ungeschickt *adj* torpe, poco hábil; **das war ~ von ihm** eso fue bastante torpe por su parte; **stell dich nicht so ~ an!** ¡no seas tan torpe!
Ungeschicktheit *f* <-, *ohne pl*> torpeza *f*, falta *f* de habilidad
ungeschlacht ['ʊngəʃlaxt] *adj* ❶ (*unförmig*) enorme, descomunal ❷ (*unhöflich*) descortés, desconsiderado
ungeschlagen *adj* (SPORT) sin vencer, sin batir
ungeschlechtlich *adj* (BIOL) asexual
ungeschliffen *adj* ❶ (*Diamant, Glas*) no tallado; (*Klinge*) no afilado ❷ (*Manieren*) grosero
ungeschminkt *adj* ❶ (*Person*) sin maquillar ❷ (*Wahrheit*) crudo, puro
ungeschoren *adj* (*Tier*) sin esquilar; **~ davonkommen** salir sin que le hubieran tocado un pelo; **jdn ~ lassen** dejar en paz a alguien
ungeschrieben *adj* no escrito
ungeschützt *adj* (*a.* INFOR) no protegido
ungesehen *adj* inadvertido
ungesellig *adj* insociable
ungesetzlich *adj* ilegal
ungesichert *adj* no garantizado
ungestempelt *adj* sin sellar
ungestillt *adj* (*geh: Durst*) sin apagar, no saciado; (*Hunger, Verlangen*) insatisfecho, no saciado
ungestört I. *adj* tranquilo; (*Unterhaltung*) ininterrumpido
 II. *adv* sin ser estorbado, en paz
ungestraft I. *adj* impune
 II. *adv* sin castigo
ungestüm ['ʊngəʃty:m] I. *adj* (*geh*) vehemente, impetuoso
 II. *adv* (*geh*) con vehemencia, con ímpetu
Ungestüm *nt* <-(e)s, *ohne pl*> (*geh*) ímpetu *m*, vehemencia *f*; **voller ~** desenfrenado
ungesühnt ['ʊngəzy:nt] *adj* (*geh*) impune; **etw bleibt ~** algo queda impune; **diese Tat darf nicht ~ bleiben** este crimen no puede quedar impune
ungesund *adj* ❶ (*kränklich*) enfermizo
 ❷ (*Speise, Lebensweise*) poco sano; (*schädlich*) perjudicial (para la salud)
ungesüßt *adj* no azucarado; **Tee ~ trinken** tomar el té sin azúcar
ungeteilt *adj* no dividido; (*ganz*) entero; **mit ~er Aufmerksamkeit** con toda atención, con todo cuidado
ungetrübt *adj* no turbado; **eine ~e Harmonie** una harmonía perfecta
Ungetüm ['ʊngəty:m] *nt* <-(e)s, -e> monstruo *m*
ungeübt *adj* no ejercitado (*in* en); (*unerfahren*) sin experiencia (*in* en); **in etw** *dat* **~ sein** no tener práctica en algo
ungewandt ['ʊngəvant] *adj* torpe
ungewiss[RR] *adj*, **ungewiß** *adj* ❶ (*fraglich*) incierto
 ❷ (*unentschieden*) indeciso, inseguro; **ich bin mir noch ~, ob ...** aún no estoy seguro de si...; **jdn über etw im U~en lassen** dejar a alguien en la incertidumbre respecto a algo
Ungewissheit[RR] *f* <-, -en>, **Ungewißheit** *f* <-, -en> incertidumbre *f*, duda *f*; (*Unsicherheit*) inseguridad *f*
ungewöhnlich *adj* ❶ (*außergewöhnlich*) insólito, poco común; **das ist nichts U~es** no es nada insólito
 ❷ (*außerordentlich*) extraordinario
ungewohnt *adj* ❶ (*fremd*) raro, extraño
 ❷ (*neu*) nuevo
 ❸ (*unüblich*) poco habitual; **es ist für mich noch ganz ~** aún tengo que acostumbrarme a ello
ungewollt *adj* sin querer; **~e Schwangerschaft** embarazo no deseado
ungezählt *adj* ❶ (*unzählig*) innumerable
 ❷ (*nicht gezählt*) sin contar
Ungeziefer ['ʊngətsi:fɐ] *nt* <-s, *ohne pl*> parásitos *mpl*, bichos *mpl fam*
ungezogen *adj* maleducado, boga Kol; (*frech*) impertinente
Ungezogenheit[1] *f* <-, *ohne pl*> (*im Wesen*) desobediencia *f*
Ungezogenheit[2] *f* <-, -en> (*Handlung*) impertinencia *f*
ungezügelt *adj* desenfrenado
ungezwungen I. *adj* natural, espontáneo; (*ohne Hemmungen*) desenvuelto
 II. *adv* con naturalidad
Ungezwungenheit *f* <-, *ohne pl*> (*ohne Hemmungen*) desenvoltura *f*, soltura *f*; (*Natürlichkeit*) naturalidad *f*, espontaneidad *f*
ungiftig *adj* no venenoso, atóxico
ungiriert *adj* (FIN) sin endoso
Unglaube *m* <-ns, *ohne pl*> ❶ (*Zweifel*) incredulidad *f*
 ❷ (REL) falta *f* de fe
unglaubhaft *adj* inverosímil
ungläubig *adj* ❶ (*zweifelnd*) incrédulo; **er sah mich ~ an** me miró con cara de asombro
 ❷ (REL) infiel, no creyente
Ungläubige(r) *f*(*m*) <-n, -n; -n, -n> incrédulo, -a *m, f*, descreído, -a *m, f*
unglaublich [-'--, '-'--] *adj* ❶ (*unwahrscheinlich*) increíble
 ❷ (*empörend*) increíble, inaudito
 ❸ (*fam: groß*) tremendo; **er ist ~ dick/dünn** está tremendamente gordo/delgado
unglaubwürdig *adj* ❶ (*Person*) de poco crédito; **du machst dich ~** te desacreditas tú mismo
 ❷ (*Dokument, Aussage*) inverosímil
Unglaubwürdigkeit *f* <-, *ohne pl*> (*von Angaben*) inverosimilitud *f*; (*von Zeugen*) poca credibilidad *f*
ungleich I. *adj* desigual; (*verschieden*) diferente
 II. *adv* (*weitaus*) mucho más; **~ besser** mucho mejor
 III. *präp* +*dat*: **sie ist, ~ ihrer Mutter, sehr viel erfolgreicher** tiene a diferencia de su madre mucho más exito
ungleichartig *adj* heterogéneo
Ungleichgewicht *nt* <-(e)s, -e> desequilibrio *m*; **~ in der Außenhandelsbilanz** (WIRTSCH) desequilibrio en la balanza comercial exterior
Ungleichheit *f* <-, -en> desigualdad *f*
ungleichmäßig *adj* ❶ (*nicht gleich*) desigual
 ❷ (*nicht regelmäßig*) irregular
Ungleichmäßigkeit *f* <-, *ohne pl*> ❶ (*Unregelmäßigkeit*) irregularidad *f*
 ❷ (*Ungleichheit*) desequilibrio *m*, desigualdad *f*

Ungleichung f <-, -en> (MATH) inecuación f

Unglück nt <-(e)s, -e> ① (*Unheil*) desgracia f; **Glück im ~ haben** tener suerte en la desgracia; **jd/etw bringt jdm ~** alguien/algo trae [o da] mala suerte a alguien; **ein ~ kommt selten allein** (*prov*) un mal llama a otro, a perro flaco todo son pulgas
② (*Pech*) mala suerte f; (*Missgeschick*) desdicha f, infortunio m; **zu allem ~ ..., um das ~ voll zu machen...** para colmo (de las desdichas)...
③ (*Unfall*) accidente m; (*Katastrophe*) catástrofe f; **ein schweres ~ hat sich ereignet** ocurrió una catástrofe
④ (*Elend, Verderben*) miseria f, ruina f; **jdn ins ~ stürzen** hundir a alguien en la miseria; **in sein ~ rennen** (*fam*) provocar su propia ruina

unglücklich adj ① (*traurig*) infeliz, triste; **~ verliebt sein** estar enamorado y no ser correspondido; **Sie machen sich ~!** ¡se está arruinando la vida!
② (*unheilvoll*) desdichado, desgraciado, salado *Am*; (*widrig*) adverso; **~ ausgehen** acabar mal
③ (*ungeschickt*) torpe; **eine ~e Figur abgeben** dar una mala impresión; **~ stürzen** caerse con torpeza

unglücklicherweise ['----'--] adv desgraciadamente, por desgracia

Unglücksbote, -in m, f <-n, -n; -, -nen> portador(a) m(f) de malas noticias, gafe m; **Unglücksbotschaft** f <-, -en> mala(s) noticia(s) f(pl)

unglückselig ['ʊnglʏkzeːlɪç] adj ① (*vom Unglück verfolgt*) desgraciado, perseguido por la mala suerte; **eine ~e Expedition, die von Anfang an zum Scheitern verurteilt war** una infortunada expedición que desde un principio estaba condenada al fracaso
② (*verhängnisvoll*) fatal, funesto; **er wollte die ~en Ereignisse vergessen** quería olvidar el terrible suceso

Unglücksfall m <-(e)s, -fälle> siniestro m, catástrofe f; **Unglücksrabe** m <-n, -n> (*fam*) ave f de mal agüero; **Unglückstag** m <-(e)s, -e> ① (*schlechter Tag*) día m aciago [o de mala suerte] ② (*Tag eines Unglücks*) día m de la desgracia, día m en el que se produce la desgracia; **Unglückszahl** f <-, -en> número m de la mala suerte

Ungnade f: **bei jdm in ~ fallen** provocar la ira de alguien; **sich** *dat* **jds ~ zuziehen** perder las simpatías [o la aceptación] de alguien

ungnädig adj poco complaciente, de mal humor

ungültig adj no válido, sin validez; (*Pass*) caducado; (*Stimmzettel*) nulo; **eine Ehe für ~ erklären** anular un matrimonio; **~ werden** caducar

Ungültigkeit f <-, ohne pl> invalidez f

Ungültigkeitserklärung f <-, -en> anulación f, declaración f de nulidad

Ungunst f <-, -en> (*geh*) disfavor m; **zu jds ~en** en perjuicio de alguien

ungünstig adj desfavorable; (*nachteilig*) desventajoso; (*Aussichten*) poco propicio; (*Moment*) inoportuno

ungut adj (*unbehaglich*) desagradable; (*schlecht*) mal(o); **ein ~es Gefühl haben** tener un mal presentimiento; **nichts für ~!** ¡no te enfades!

unhaltbar [-'--, -'--] adj ① (*Zustand, Behauptung, a.* MIL) insostenible; (*unerträglich*) inaguantable
② (SPORT) imparable

unhandlich adj poco práctico, difícil de manejar

unharmonisch adj inarmónico

Unheil nt <-s, ohne pl> (*geh*) mal m, desgracia f; (*Katastrophe*) desastre m; **~ anrichten** causar una desgracia

unheilbar ['---, -'--] adj incurable; **~ krank sein** tener una enfermedad incurable

unheilvoll adj funesto

unheimlich I. adj ① (*beängstigend*) tenebroso, inquietante; (*düster*) lúgubre; **ein ~er Anblick** un aspecto inquietante; **mir wurde ~ (zumute** [*o* **zu Mute**]**) bei dem Gedanken** esa idea me inquietó
② (*fam: groß*) enorme
II. adv (*sehr*) muy; **~ viel** un montón (de); **er hat sich ~ gefreut** se ha alegrado un montón

unhöflich adj descortés, mal educado, guaso *SAm*, faíno *Cuba*

Unhöflichkeit f <-, -en> falta f de educación, descortesía f

Unhold m <-(e)s, -e> espíritu m maligno; (*Person*) bruto m

unhörbar ['-'--] adj inaudible

unhygienisch adj antihigiénico

uni [ʊni] adj inv de un solo color, liso

Uni ['ʊni] f <-, -s> (*fam*) uni f, universidad f

UNICEF ['uːnitsɛf] f <-> *Abk. von* **United Nations International Children's Emergency Fund** UNICEF f

unidiomatisch adj no idiomático; **sich ~ ausdrücken** expresarse de modo poco idiomático

unifarben [uniˈfarbən] adj de un solo color, monocolor

Uniform [uniˈfɔrm, ˈʊnifɔrm] f <-, -en> uniforme m

uniformiert [unifɔrˈmiːɐ̯t] adj (*gekleidet*) uniformado; (*eintönig, gleichförmig*) uniforme

Uniformierte(r) mf <-n, -n; -n, -n> persona f uniformada

Unika pl von **Unikum**

Unikat [uniˈkaːt] nt <-(e)s, -e> ejemplar m único

Unikum [ˈuːnikʊm, pl: ˈuːnika] nt <-s, Unika o -s> ① (*Einzelstück*) ejemplar m único
② (*fam: Person*) tipo m raro

unilateral adj (a. POL) unilateral

uninteressant adj poco interesante

uninteressiert adj (*gleichgültig*) indiferente (*an* a); (*abgeneigt*) desinteresado (*an* en)

Union [uˈnjoːn] f <-, -en> unión f; **die ~** (POL) la Unión; **die Junge ~** (POL) la Unión de Juventudes Democristianas

unisono [uniˈzoːno] adv (*geh*) al unísono

unitarisch adj (JUR) unitario; **~er Bundesstaat** estado federal unitario

universal [univɛrˈzaːl] adj universal

Universalerbe, -in m, f <-n, -n; -, -nen> heredero, -a m, f universal; **Universalgenie** [-ʒeˈniː] nt <-s, -s> (a. iron) genio m universal; **Universalitätsprinzip** nt <-s, ohne pl> principio m de universalidad; **Universalkleber** m <-s, -> pegamento m universal; **Universalmittel** nt <-s, -> remedio m universal, panacea f; **Universalprinzip** nt <-s, ohne pl> principio m universal; **Universalrechtsgut** nt <-(e)s, -güter> (JUR) bien m jurídico universal; **Universalsukzession** f <-, -en> (JUR) sucesión f universal

universell [univɛrˈzɛl] adj universal

Universität [univɛrziˈtɛːt] f <-, -en> universidad f

Universitätsbibliothek f <-, -en> (UNIV) biblioteca f universitaria; **Universitätsklinik** f <-, -en> clínica f universitaria; **Universitätsstadt** f <-, -städte> ciudad f universitaria; **Universitätsstudium** nt <-s, -studien> carrera f universitaria, estudios mpl universitarios

Universum [uniˈvɛrzʊm] nt <-s, ohne pl> universo m

UNIX® nt <-, ohne pl> (INFOR) *Abk. von* **Uniplexed Information and Computing System** UNIX m

unkameradschaftlich I. adj falto de compañerismo, poco amistoso
II. adv: **sich ~ verhalten** ser un mal compañero/una mala compañera

Unke [ˈʊŋkə] f <-, -n> ① (*Tier*) sapo m
② (*Schwarzseher*) ave f de mal agüero

unken [ˈʊŋkən] vi predecir [o pronosticar] desgracias

unkenntlich [ˈʊnkɛntlɪç] adj desfigurado; (*Inschrift*) no descifrable; **sich ~ machen** disfrazarse

Unkenntlichkeit f <-, ohne pl>: **nach dem Kampf war der Boxer bis zur ~ entstellt** el boxeador quedó totalmente desfigurado al acabar la pelea

Unkenntnis f <-, ohne pl> (*in einem Wissensgebiet*) ignorancia f; (*von Tatsachen*) desconocimiento m; **aus ~** por ignorancia; **fahrlässige ~** (JUR) ignorancia supina; **jdn in ~ über etw akk lassen** dejar a alguien a oscuras sobre algo; **in ~ der Sache** en desconocimiento del asunto

Unkenruf m <-(e)s, -e> ① (*Ruf der Unken*) canto m del sapo
② (*pessimistische Voraussage*) mal agüero m

unklar adj ① (*undeutlich*) poco claro; (*verschwommen*) borroso; (*Umrisse*) indistinto
② (*unbestimmt*) vago
③ (*unverständlich*) incomprensible; **es ist mir ~, wie das passieren konnte** me resulta incomprensible cómo pudo suceder esto
④ (*ungewiss*) incierto; (*fraglich*) dudoso; **sich** *dat* **über etw im U~en sein** tener dudas sobre algo; **jdn im U~en über etw lassen/halten** dejar/tener a alguien a oscuras respecto a algo

Unklarheit f <-, -en> falta f de claridad; (*Unbestimmtheit*) vaguedad f; (*Verwirrung*) confusión f; **darüber herrscht noch ~** el asunto todavía no está claro

unklug adj poco inteligente, poco táctico; **sich ~ verhalten** tener un comportamiento poco táctico

unkollegial adj falto de compañerismo; **sich ~ verhalten** tener mal compañerismo

unkompliziert adj sencillo, poco complicado; **etw ~ erklären** explicar algo de una manera sencilla

unkontrollierbar ['---'--] adj incontrolable; **etw wird ~ für jdn** algo se escapa del control de alguien

unkontrolliert adj incontrolado

unkonventionell adj inusual, extraordinario; **sich ~ kleiden** vestir extremado

unkonzentriert adj distraído, no concentrado (*bei* en); **~ arbeiten** no (poder) concentrarse en el trabajo; **schnell ~ werden** distraerse con facilidad

unkoordiniert adj no coordinado

Unkosten pl gastos mpl; **abzüglich der ~** deduciendo los gastos; **sich in ~ stürzen** gastar un dineral; **die ~ belaufen sich auf ...** los gastos ascienden a...

Unkostenbeitrag m <-(e)s, -träge> contribución f a los gastos; **Unkostendeckung** f <-, -en> cobertura f de los gastos; **Unkosten-**

einsparung f <-, -en> recorte m de los gastos; **Unkostenrechnung** f <-, -en> cálculo m de los gastos; **Unkostenverteilung** f <-, -en> distribución f de los gastos

Unkraut nt <-(e)s, -kräuter> mala hierba f, maleza f, yuyo m CSur; ~ **vergeht nicht** (prov) mala hierba nunca muere

Unkrautbekämpfung f <-, -en> acción f de desherbar, escarda f; **Unkrautbekämpfungsmittel** nt <-s, ->, **Unkrautvernichter** m <-s, ->, **Unkrautvertilgungsmittel** nt <-s, -> herbicida m

unkritisch adj falto de crítica, poco crítico

unkultiviert adj ❶ (Feld) yermo
❷ (Person) inculto

unkündbar ['---, '-'--] adj (Stellung) perpetuo; (Vertrag) irrevocable; **sie ist ~** no se le puede echar

Unkündbarkeit f <-, ohne pl> (einer Stellung) perpetuidad f; (eines Vertrags) irrevocabilidad f

unkundig adj (geh) ignorante; **des Lesens ~ sein** ser analfabeto

unlängst adv hace poco, recientemente, recién Am

unlauter ['ʊnlaʊtɐ] adj (geh) ❶ (unehrlich) deshonesto; ~**e Geschäfte** negocios turbios
❷ (unfair) desleal; ~**er Wettbewerb** competencia desleal

Unlauterkeitsrecht nt <-(e)s, ohne pl> régimen m de las prácticas desleales

unleidlich ['ʊnlaɪtlɪç] adj insoportable, insufrible; **~ sein** ser insoportable, ser insufrible

unleserlich adj ilegible

unleugbar ['---, '-'--] adj innegable, indiscutible

unlieb adj: **es ist ihm nicht ~, wenn …/dass …** no le viene mal si…/que… +subj

unliebsam adj desagradable, molesto; ~**e Überraschung** sorpresa desagradable

unlin(i)iert adj no rayado, sin rayar

unlogisch adj ilógico

unlösbar ['---, '-'--] adj ❶ (nicht trennbar) inseparable, indisoluble; (Knoten) imposible de desatar
❷ (Aufgabe) insoluble; **ein ~es Problem** un problema imposible de resolver
❸ (Substanz) indisoluble, insoluble

unlöslich ['---, '-'--] adj ❶ (nicht trennbar) indisoluble
❷ (Substanz) insoluble

Unlust f <-, ohne pl> desgana f; (Abneigung) aversión f; **mit ~** a disgusto

unmanierlich ['ʊnmaniːɐlɪç] I. adj maleducado
II. adv: **sich ~ benehmen** no tener buenos modales

unmännlich ['ʊnmɛnlɪç] adj (a. abw) poco varonil, impropio de un hombre

Unmaß nt <-es, ohne pl> (geh) exceso m (an/von de)

Unmasse f <-, -n> (fam) s. **Unmenge**

unmaßgeblich adj insignificante, irrelevante; **nach meiner ~en Meinung** en mi humilde opinión

unmäßig adj desmesurado, excesivo

Unmäßigkeit f <-, ohne pl> inmoderación f, falta f de moderación

Unmenge f <-, -n> gran cantidad f (an/von de), montón m (an/von de) fam; **er trinkt ~n (von) Bier** toma cantidades impresionantes de cerveza

Unmensch m <-en, -en> (abw) bestia f, monstruo m; **ich bin ja kein ~** (fam) no soy ningún monstruo

unmenschlich adj ❶ (Person, Verhalten) inhumano; (grausam) cruel
❷ (menschenunwürdig) indigno de un ser humano
❸ (unerträglich) atroz, monstruoso

Unmenschlichkeit[1] f <-, ohne pl> (das Unmenschliche) inhumanidad f

Unmenschlichkeit[2] f <-, -en> (Handlung) atrocidad f, barbaridad f

unmerklich ['---, '-'--] adj imperceptible; **es ist ~ dunkler geworden** se ha hecho imperceptiblemente de noche

unmethodisch I. adj sin método; **sie hat eine völlig ~e Arbeitsweise** trabaja sin método alguno
II. adv sin método, de manera desordenada; **wieso gehen Sie in diesem Fall so ~ vor?** ¿por qué trabaja este caso de manera tan poco metódica [o tan caótica]?

unmissverständlichᴿᴿ, **unmißverständlich** I. adj inequívoco, claro
II. adv rotundamente; **jdm ~ seine Meinung sagen** decirle a alguien su opinión rotundamente

unmittelbar I. adj (direkt) directo
❷ (zeitlich) inmediato; **~ danach** inmediatamente después; **~ bevorstehen** ser inminente, estar a punto de suceder; **~e Gefahr** peligro inminente

Unmittelbarkeitsgrundsatz m <-es, ohne pl> (JUR) principio m de la inmediación

unmöbliert adj desamueblado

unmodern adj pasado de moda; **~ werden** pasar(se) de moda; **sich ~ kleiden** llevar vestidos pasados de moda

unmöglich ['-'--] I. adj imposible; (nicht tragbar) inadmisible; (ausgefallen) raro; **das U~e wollen** querer lo imposible; **er benimmt sich ~** su comportamiento es inadmisible; **das macht es mir ~, daran teilzunehmen** eso es lo que me impide participar; **er hat sich bei ihr ~ gemacht** (fam) se portó de un modo inadmisible con ella
II. adv (fam: auf keinen Fall) de ninguna manera; **ich kann ihn ~ im Stich lassen** no lo puedo dejar de ninguna manera en la estacada

Unmöglichkeit ['----, '-'---] f <-, ohne pl> (a. JUR) imposibilidad f; ~ **der Erfüllung** imposibilidad del cumplimiento; **anfängliche ~** imposibilidad inicial; **nachträgliche/rechtliche ~** imposibilidad sobrevenida/jurídica; **objektive/subjektive ~** imposibilidad objetiva/subjetiva; **teilweise ~** imposibilidad parcial; **zeitweilige ~** imposibilidad temporal; **ein Ding der ~** algo imposible; **die ~ der Leistung einwenden** oponer la imposibilidad de la prestación

Unmoral f <-, ohne pl> inmoralidad f

unmoralisch adj inmoral

unmotiviert adj ❶ (grundlos) sin motivo, injustificado
❷ (nicht motiviert) desganado, falto de motivación

unmündig adj ❶ (minderjährig) menor de edad
❷ (unselbständig) inmaduro

Unmündigkeit f <-, ohne pl> ❶ (Minderjährigkeit) minoría f de edad
❷ (Unselbständigkeit) falta f de madurez

unmusikalisch adj que no tiene talento musical, poco musical

Unmut m <-(e)s, ohne pl> (geh) ❶ (Missfallen) descontento m
❷ (Ärger) disgusto m

unmutig I. adj (geh) malhumorado
II. adv (geh) con mal humor, con enojo

unnachahmlich ['-'---] adj inimitable, único

unnachgiebig adj (Person) intransigente; (Material) inflexible

Unnachgiebigkeit f <-, ohne pl> inflexibilidad f, intransigencia f

unnachsichtig adj riguroso; **jdn ~ bestrafen** castigar a alguien rigurosamente

Unnachsichtigkeit f <-, ohne pl> severidad f, rigor m

unnahbar ['-'--] adj inaccesible, poco afable

unnatürlich adj ❶ (nicht natürlich) poco natural; (künstlich) artificial
❷ (gekünstelt) artificial, afectado

Unnatürlichkeit f <-, ohne pl> ❶ (keine Natürlichkeit) anormalidad f
❷ (Künstlichkeit) artificialidad f

unnormal adj anormal

unnötig I. adj innecesario
II. adv sin necesidad; **er regt sich ~ auf** se altera sin necesidad (alguna)

unnötigerweise ['----'--] adv innecesariamente

unnütz adj inútil

UNO ['uːno] f <-> Abk. von **United Nations Organization** ONU f

UNO-Friedenstruppen fpl tropas fpl de la ONU para misiones de paz [o para el mantenimiento de la paz]

unordentlich adj desordenado; (Kleidung) descuidado, chasco Am

Unordentlichkeit f <-, ohne pl> desorden m

Unordnung f <-, ohne pl> desorden m; (Durcheinander) confusión f; **in ~ geraten** quedar en desorden; **etw in ~ bringen** poner algo en desorden, desacomodar algo Arg

unorthodox adj poco ortodoxo, informal

unparteiisch adj imparcial, objetivo

Unparteiische(r) mf <-n, -n; -n, -n> (SPORT: fam) árbitro, -a m, f

unpassend adj (Zeitpunkt) inoportuno; (Bemerkung) inconveniente

unpassierbar ['-'---] adj intransitable

unpässlichᴿᴿ adj, **unpäßlich** adj (geh) mal dispuesto; **sich ~ fühlen** sentirse indispuesto

Unpässlichkeitᴿᴿ f <-, -en>, **Unpäßlichkeit** f <-, -en> indisposición f; **in letzter Zeit häufen sich ihre ~en** últimamente acostumbra a estar indispuesta con frecuencia

unpersönlich adj (a. LING) impersonal

unpfändbar adj (JUR) inembargable; ~**e Bezüge** haberes inembargables; ~**e Sache** objeto inembargable

Unpfändbarkeit f <-, ohne pl> (JUR) inembargabilidad f

Unpfändbarkeitsbescheinigung f <-, -en> (JUR) certificado m de inembargabilidad

unpolitisch adj apolítico

unpopulär adj impopular

unpraktisch adj ❶ (Gerät) poco práctico, difícil de manejar
❷ (Person) poco práctico

unproblematisch adj poco problemático

unproduktiv adj improductivo

unpünktlich adj impuntual; ~ **ankommen** llegar tarde; **der Zug ist ~** el tren viene con retraso

Unpünktlichkeit f <-, ohne pl> ❶ (unpünktliche Art) falta f de puntualidad, impuntualidad f; **ich bin deine ~ leid!** ¡estoy hasta el gorro de que seas impuntual [o de que nunca llegues a la hora]!

unqualifiziert ❷ (*verspätetes Eintreffen*) retraso *m*; **die ~ dieses Zuges ist nichts Neues** no es nada nuevo que este tren llegue con retraso
unqualifiziert *adj* ❶ (*Person*) sin título, sin estudios
❷ (*Bemerkung*) incompetente
unrasiert *adj* sin afeitar
Unrast *f* <-, *ohne pl*> (*geh*) inquietud *f*, desasosiego *m*
Unrat *m* <-(e)s, *ohne pl*> (*geh*) inmundicias *fpl*; **~ wittern** temer lo peor
unrationell *adj* (WIRTSCH) no rentable
unrealistisch *adj* no realista; **etw ~ einschätzen** hacer una estimación poco realista de algo
unrecht *adj* ❶ (*geh: falsch*) equivocado; (*verwerflich*) reprochable
❷ (*unpassend*) inoportuno
❸ (*Wend*): **jdm ~ tun** ser injusto con alguien, tratar a alguien de manera inadecuada [*o* injusta]
Unrecht *nt* <-(e)s, *ohne pl*> injusticia *f*; **zu ~** injustamente; **~ haben** equivocarse, estar equivocado; **jdm ~ geben** descalificar la opinión de alguien; **im ~ sein** (*sich irren*) estar equivocado; (*im Rechtsstreit*) no tener razón; **sich durch etw ins ~ setzen** perder la razón a causa de algo
unrechtmäßig *adj* ilegal, ilegítimo
Unrechtsbewusstsein^RR *nt* <-s, *ohne pl*> consciencia *f* de injusticia; **Unrechtskontinuität** *f* <-, *ohne pl*> (JUR) continuidad *f* de la injusticia
unredlich *adj* (*geh*) deshonesto, desleal; (*Geschäft*) fraudulento
Unredlichkeit *f* <-, *ohne pl*> deslealtad *f*, mala fe *f*
unreell *adj* insincero; (*Preis*) exorbitante
unregelmäßig *adj* irregular
Unregelmäßigkeit *f* <-, -en> irregularidad *f*
Unregierbarkeit ['--'---] *f* <-, *ohne pl*> ingobernabilidad *f*
unreif *adj* ❶ (*Obst*) inmaduro, verde *fam*, tierno *Chil, Ecua, Guat*; **etw ~ ernten** cosechar algo aún verde
❷ (*Person*) inmaduro
unrein *adj* ❶ (*schmutzig*) impuro, sucio; **ins U~e schreiben** hacer un borrador
❷ (REL) impuro
unrentabel *adj* poco rentable
unrettbar ['---, '-'--] *adj* insalvable; **das ist ~ verloren** es irrecuperable
unrichtig *adj* incorrecto, inexacto; (*falsch*) falso
Unrichtigkeit *f* <-, *ohne pl*> (JUR) inexactitud *f*; **offenbare ~** inexactitud manifiesta
Unruhe *f* <-, *ohne pl*> ❶ (*mangelnde Ruhe*) inquietud *f*, intranquilidad *f*; (*Lärm*) alboroto *m*; **~ stiften** causar alboroto
❷ (*ständige Bewegung*) agitación *f*
❸ (*Besorgnis*) preocupación *f*; (*innere ~*) desasosiego *m*; **in ~ sein** estar preocupado
Unruhen *fpl* (*Krawalle*) enfrentamientos *mpl*, disturbios *mpl*; **in der Hauptstadt kam es zu schweren ~** hubo grandes disturbios en la capital
Unruhestifter(in) *m(f)* <-s, -; -, -nen> (*abw*) pendenciero, -a *m, f*, buscaruidos *mf inv*, buscapleitos *mf inv Am*
unruhig *adj* ❶ (*nicht ruhig*) inquieto; (*Meer*) agitado; **er ist ein ~er Geist** tiene un espíritu inquieto; **~ schlafen** dormir agitado [*o* con sobresaltos]
❷ (*laut*) bullicioso, ruidoso
❸ (*nicht gleichmäßig*) irregular; (*Zeiten*) turbulento
❹ (*besorgt*) preocupado; (*innerlich*) desasosegado; **~ auf und ab gehen** caminar ansiosamente de aquí para allá
unrühmlich *adj* nada glorioso
uns [ʊns] **I.** *pron pers dat/akk von* **wir** nos; (*betont*) a nosotros/nosotras... (nos); (*mit Präposition*) nosotros/nosotras; **wie lange haben wir ~ nicht gesehen?** ¿cuánto hace que no nos hemos visto?; **~ ist es egal** a nosotros/nosotras nos da igual; **ist das für ~?** ¿es para nosotros?; **mit ~** con nosotros/nosotras; **ein Freund von ~** un amigo nuestro; **~ gehört das nicht** esto no es nuestro; **bei ~ zu Hause** en (nuestra) casa; **du kannst jederzeit zu ~ kommen** puedes venir a (nuestra) casa siempre que quieras; **an ~ soll es nicht liegen** por nosotros que no quede; **unter ~ gesagt ...** que quede entre nosotros...
II. *pron refl dat/akk von* **wir** nos; **wir kümmern ~ schon darum** nos ocuparemos de ello; **wir haben ~ ein neues Auto gekauft** nos hemos comprado un coche nuevo
unsachgemäß *adj* inadecuado; **etw ~ behandeln** usar algo inadecuadamente
unsachlich *adj* subjetivo, parcial; **werden Sie nicht ~!** ¡aténgase a los hechos!
Unsachlichkeit[1] *f* <-, *ohne pl*> (*mangelnde Objektivität*) falta *f* de objetividad, parcialidad *f*
Unsachlichkeit[2] *f* <-, -en> (*Bemerkung*) comentario *m* impropio [*o* que no viene al caso]; **diese Unterstellung war ganz klar eine ~** esta

imputación estaba fuera de lugar [*o* era totalmente gratuita]
unsagbar ['---, '-'--] *adj*, **unsäglich** ['---, '-'--] *adj* (*geh*) indecible, indescriptible; (*Schmerzen*) atroz; **seine Trauer ist ~** su pena está más allá de las palabras
unsanft *adj* rudo, poco suave; **jdn ~ wecken** despertar a alguien con brusquedad
unsauber *adj* ❶ (*schmutzig*) sucio, mugriento
❷ (*nachlässig*) inexacto; **~ arbeiten** hacer chapuzas
❸ (*Geschäfte*) turbio
unschädlich *adj* inofensivo, no dañino; **etw ~ machen** hacer algo inofensivo; **jdn ~ machen** (*fam*) eliminar a alguien del mapa
Unschädlichkeitszeugnis *nt* <-ses, -se> (JUR) certificado *m* de inocuidad
unscharf *adj* ❶ (FOTO) borroso, poco nítido
❷ (*ungenau*) impreciso; (*Erinnerung*) borroso, poco claro; **eine ~e Beschreibung** una vaga descripción
Unschärfe *f* <-, -n> borrosidad *f*, opacidad *f*
unschätzbar ['---, '-'--] *adj* incalculable; **ein Diamant von ~em Wert** un diamante de incalculable valor
unscheinbar *adj* ❶ (*unwichtig*) insignificante
❷ (*unauffällig*) poco llamativo; **er war eine ~e Erscheinung** tenía una apariencia gris
❸ (*bescheiden*) modesto
unschicklich [ʊnʃɪklɪç] *adj* (*geh*) impropio, indecoroso
unschlagbar ['-'--] *adj* invencible, imbatible
unschlüssig *adj* indeciso, irresoluto; **sich *dat* über etw ~ sein** no poder tomar una decisión respecto de algo
Unschlüssigkeit *f* <-, *ohne pl*> indecisión *f*, irresolución *f*
unschön *adj* feo; (*unangenehm*) desagradable; **das war ~ von dir** fue feo de tu parte
Unschuld *f* <-, *ohne pl*> ❶ (JUR) inocencia *f*; **jds ~ beweisen** probar la inocencia de alguien
❷ (*Naivität*) inocencia *f*, ingenuidad *f*; **die ~ vom Lande sein** ser la inocencia en persona; **in aller ~ etw sagen** decir algo con la mayor inocencia; **seine Hände in ~ waschen** lavarse las manos
❸ (*Jungfräulichkeit*) virginidad *f*; **seine ~ verlieren** perder la inocencia
unschuldig *adj* ❶ (JUR) inocente (*an* de); **~ im Gefängnis sitzen** estar en prisión siendo inocente; **für ~ erklären** declarar inocente
❷ (*naiv*) inocente, ingenuo; **ein ~es Gesicht machen** poner cara de inocente; **~ tun** hacerse el tonto
❸ (*jungfräulich*) virgen
Unschuldige(r) *mf* <-n, -n; -, -n> inocente *mf*
Unschuldsbeteuerung *f* <-, -en> manifestaciones *fpl* (insistentes) de inocencia; **allen ~en zum Trotz verhaftete man ihn** a pesar de asegurar [*o* de insistir en] que era inocente lo detuvieron; **Unschuldsengel** *m* <-s, -> (*iron*) inocente *mf*, angelito, -a *m, f*; **spiel doch nicht den ~!** ¡no te hagas el inocente!; **Unschuldslamm** *nt* <-(e)s, -lämmer> (*iron*) (*pobre*) inocente *mf*, alma *f* de Dios, alma *f* cándida; **kein ~ sein** no ser precisamente un santo; **Unschuldsmiene** *f* <-, -n> cara *f* de inocente; **Unschuldsvermutung** *f* <-, -en> (JUR) presunción *f* de inocencia
unschwer *adv* fácilmente, sin dificultad; **daran kann man ~ erkennen, dass ...** en esto se puede reconocer sin dificultad que...
unselbständig *adj* dependiente; **~e Arbeit** trabajo asalariado; **er ist so ~** no puede hacer nada solo
Unselbständigkeit *f* <-, *ohne pl*> dependencia *f*
unselbstständig^RR *adj* s. **unselbständig**
Unselbstständigkeit^RR *f* <-, *ohne pl*> s. **Unselbständigkeit**
unselig *adj* (*geh*) desdichado
unser ['ʊnzɐ] *pron pers gen von* **wir** de nosotros/nosotras
unser, uns(e)re, unser *pron poss* (*adjektivisch*) nuestro *m*, nuestra *f*, nuestros *mpl*, nuestras *fpl*; **~ Vater/Leben** nuestro padre/nuestra vida; **uns(e)re Zeit/Verwandten/Briefe** nuestro tiempo/nuestros parientes/nuestras cartas; **wir fahren mit uns(e)rem Kind/uns(e)rer Tante/uns(e)ren Katzen** viajamos con nuestro hijo/nuestra tía/nuestros gatos
uns(e)re(r, s) ['ʊnz(ə)rə, -rə, -rəs] *pron poss* (*substantivisch*) (el) nuestro *m*, (la) nuestra *f*, (los) nuestros *mpl*, (las) nuestras *fpl*; **der rote Koffer ist ~r** la maleta roja es (la) nuestra; **seine Tochter heißt genauso wie ~** su hija se llama igual que la nuestra; **wir tun das U~** hacemos lo nuestro; *s. a.* **unser, uns(e)re, unser**
unsereiner ['ʊnzɐʔaɪnɐ] *pron indef* uno, (personas como) nosotros; **~ hat es nicht leicht** uno no lo tiene fácil
unsereins ['ʊnzɐʔaɪns] *pron indef* (*fam*) *s.* **unsereiner**
uns(e)rerseits ['ʊnz(ə)rəzaɪts] *adv* de nuestra parte
uns(e)resgleichen ['ʊnz(ə)rəsˈglaɪçən] *pron indef* de nuestra condición, nuestros semejantes; **~ ist so was nicht recht** a la gente como nosotros no nos gusta una cosa así
unser(e)twegen ['ʊnzərətˈveːɡən, 'ʊnzɐtˈveːɡən] *adv* por nosotros;

unseretwillen (*negativ*) por nuestra culpa; **du brauchst dir ~ keine Sorgen zu machen** no hace falta que te preocupes por nosotros; **~ kannst du das machen** por nosotros puedes hacerlo

unser(e)twillen ['ʊnzərətvɪlən, ˌʊnzɐt'vɪlən] *adv:* **um ~** en consideración a nosotros, por nosotros

unserige(r, s) *pron poss* (*geh*) *s.* **unsrige(r, s)**

unseriös *adj* ❶ (*Geschäfte*) dudoso, turbio
❷ (*Person*) poco cabal
❸ (*Studie*) poco serio

unsertwegen *adv s.* **unser(e)twegen**
unsertwillen *adv s.* **unser(e)twillen**

unsicher *adj* ❶ (*gefährlich*) inseguro, peligroso
❷ (*ungewiss*) incierto; (*zweifelhaft*) dudoso
❸ (*nicht selbstbewusst, ungeübt*) inseguro; **er steht noch ~ auf den Beinen** aún está un poco inseguro al andar; **du machst mich ganz ~** me pones nervioso; **lass dich doch davon nicht ~ machen** no dejes que esto te haga sentir inseguro
❹ (*gefährdet*) poco seguro, inestable

Unsicherheit *f* <-, -en> inseguridad *f;* (*Ungewissheit*) incertidumbre *f*
Unsicherheitsfaktor *m* <-s, -en> factor *m* de inseguridad
unsichtbar *adj* invisible (*für* a)
Unsichtbarkeit *f* <-, *ohne pl*> invisibilidad *f*
Unsinn *m* <-(e)s, *ohne pl*> ❶ (*fehlender Sinn*) absurdo *m*
❷ (*Unfug*) disparates *mpl*, tonterías *fpl*, macana *f Am*, arracachada *f Kol*; **red doch keinen ~** no digas tonterías; **mach keinen ~** no hagas tonterías; **lass den ~** déjate de disparates

unsinnig *adj* absurdo, insensato
Unsitte *f* <-, -n> mala costumbre *f*
unsittlich *adj* deshonesto, inmoral; **jdn ~ berühren** manosear a alguien, sobar a alguien, meter mano a alguien *fam*

unsolide *adj* ❶ (*Angebot, Person*) poco serio; (*Lebensweise*) inconstante
❷ (*Möbel*) poco estable

unsozial *adj* poco social, antisocial; **die Mieten sind ~ hoch** los alquileres están por las nubes

unsportlich *adj* ❶ (*Person*) poco deportivo
❷ (*unfair*) antideportivo

Unsportlichkeit¹ *f* <-, *ohne pl*> (*unsportliche Art*) aptitudes *fpl* poco deportistas
Unsportlichkeit² *f* <-, -en> (*unfaire Handlung*) actitud *f* poco deportiva, comportamiento *m* poco deportivo

unsre(r, s) ['ʊnzrə, -re, -res] *pron poss s.* **unser, uns(e)re(r, s)**
unsrerseits *adv s.* **uns(e)rerseits**
unsresgleichen *pron indef s.* **uns(e)resgleichen**
unsretwegen *adv s.* **unser(e)twegen**
unsretwillen *adv s.* **unser(e)twillen**

unsrige(r, s) *pron poss:* **der/die/das ~** [*o* U~] el nuestro/la nuestra/lo nuestro; **die ~n** [*o* U~n] los nuestros

unstatthaft *adj* ❶ (*unangebracht*) intolerable, inadmisible
❷ (*verboten*) ilícito

unsterblich [(')--'--] *adj* inmortal; **~ verliebt** locamente enamorado
Unsterblichkeit [-'----] *f* <-, *ohne pl*> inmortalidad *f*
unstet *adj* (*geh*) ❶ (*unbeständig*) versátil, inconstante
❷ (*unruhig*) inquieto

unstillbar ['-'--, '---] *adj* insaciable
Unstimmigkeit *f* <-, -en> ❶ (*Ungenauigkeit*) inexactitud *f*, imprecisión *f*
❷ (*Meinungsverschiedenheit*) divergencias *fpl*

unstreitig *adj* indiscutible, indisputable; **~ feststehen** ser indiscutible
Unsumme *f* <-, -n> suma *f* enorme, fortuna *f fam*, dineral *m fam*
unsymmetrisch *adj* asimétrico
unsympathisch *adj* antipático; **er ist mir ~** me resulta antipático, me cae mal *fam*
unsystematisch *adj* no sistemático; **~ arbeiten** trabajar sin orden ni concierto

untadelig *adj* impecable, intachable
Untat *f* <-, -en> hecho *m* atroz; (*Verbrechen*) crimen *m*
untätig *adj* inactivo, pasivo; **~ zusehen** mirar pasivamente
Untätigkeit *f* <-, *ohne pl*> inactividad *f*, ociosidad *f;* **~ der Unternehmensführung** inactividad de la dirección de la empresa; **zur ~ verdammt sein** estar condenado a la inactividad

Untätigkeitsbeschwerde *f* <-, -n> (JUR) recurso *m* por silencio administrativo; **Untätigkeitseinspruch** *m* <-(e)s, -sprüche> (JUR) alegación *f* de silencio administrativo; **Untätigkeitsklage** *f* <-, -n> (JUR) acción *f* en caso de silencio administrativo

untauglich *adj* (*Gerät*) no apto (*für* para); (*Person*) inepto (*für* para); (*für den Militärdienst*) inútil
Untauglichkeit *f* <-, *ohne pl*> inutilidad *f;* **wegen ~ wurde er ausgemustert** lo declararon inútil (en el reconocimiento)

unteilbar ['-'--, '---] *adj* indivisible
Unteilbarkeit *f* <-, *ohne pl*> indivisibilidad *f*

unten ['ʊntn] *adv* ❶ (*tief*) abajo; **dort/da ~** allí/allá abajo; **nach ~** hacia abajo; **von ~** de abajo; **von oben bis ~** de arriba a abajo; **rechts ~** abajo a la derecha; **~ am Fluss** abajo en el río; **sie ist ~ im Hof** está abajo en el patio
❷ (*Ende, Unterseite*) en el fondo de, en la parte de abajo de; **~ auf dem Bild** en la foto abajo; **~ auf der Seite** al pie de la página; **~ in der Kiste** en la parte de abajo de la caja; **mit dem Gesicht nach ~** boca abajo; **fass ~ an!** ¡cógelo por abajo!
❸ (*im Text*): **siehe ~** véase abajo; **weiter ~** más adelante
❹ (*Hierarchie*): **sie hat ganz ~ angefangen** empezó abajo de todo
❺ (*fam: im Süden*) en el sur; **wir bleiben zwei Wochen da ~** nos quedamos dos semanas en el sur
❻ (*Wend*): **wir sind bei ihm ~ durch** (*fam*) ya no quiere saber nada más de nosotros

untendrunter [--'--] *adv* (*fam*) por debajo
untenerwähnt *adj s.* **erwähnen**
untengenannt *adj s.* **nennen I.3.**
untenherum *adv* (*fam*) por debajo
untenstehend *adj s.* **stehen I.3.**

unter ['ʊntɐ] **I.** *präp +dat* ❶ (*unterhalb*) debajo de, bajo; **sie trägt die Tasche ~ dem Arm** lleva el bolso bajo el brazo; **~ etw** *dat* **hindurch** por debajo de algo; **~ freiem Himmel** al aire libre; **~ Tage** en la mina
❷ (*inmitten, zwischen*) entre; **er ist einer ~ vielen, die ...** es uno entre muchos que...; **~ anderem** entre otras cosas; **~ Freunden** entre amigos; **vier Augen** a solas; **wir sind hier ganz ~ uns** aquí estamos completamente solos; **das bleibt ~ uns** esto queda entre nosotros; **~ uns gesagt** dicho en confianza
❸ (*weniger als*) menos de; **Kinder ~ 12 Jahren** niños menores de 12 años; **trau keinem ~ 30** no te fíes de nadie por debajo de los 30; **~ dem Durchschnitt** por debajo del promedio
❹ (*Art und Weise*): **~ Protest** bajo protestas; **~ Tränen** llorando; **~ der Bedingung, dass ...** a condición de que...; **~ allen Umständen** en todo caso; **~ Vorbehalt** con reservas; **~ falschem Namen** con nombre falso
❺ (*Zustand*) bajo; **~ Strom** bajo corriente; **das Haus steht ~ Denkmalschutz** la casa es patrimonio nacional
❻ (*Unterordnung*) bajo; **sie hat mehrere Mitarbeiter ~ sich** *dat* tiene a varios colaboradores a su cargo; **~ seiner Leitung** bajo su dirección
❼ (*Zuordnung, Zugehörigkeit*) bajo; **~ dem Motto ...** bajo el lema...; **~ der Überschrift ...** bajo el título...; **was verstehen Sie ~ ...?** ¿qué entiende Ud. por...?
II. *präp +akk* (*Richtung*): **er nahm das Paket ~ den Arm** tomó el paquete bajo el brazo; **bis ~ das Dach** hasta debajo del tejado; **die Temperaturen sinken ~ Null** las temperaturas bajan a menos [*o* por debajo] de cero grados

Unterabteilung *f* <-, -en> subsección *f;* **Unteranspruch** *m* <-(e)s, -sprüche> (JUR) pretensión *f* secundaria; **Unterarm** *m* <-(e)s, -e> antebrazo *m;* **Unterart** *f* <-, -en> (BIOL) subespecie *f;* **Unterauftrag** *m* <-(e)s, -träge> submandato *m;* **einen ~ vergeben** otorgar un submandato; **Unterauftragnehmer** *m* <-s, -> submandatario *m;* **einen ~ bestellen** designar un submandatario

Unterbau¹ *m* <-(e)s, *ohne pl*> (*Grundlage*) base *f*
Unterbau² *m* <-(e)s, -ten> (ARCHIT) fundamento *m*
Unterbegriff *m* <-(e)s, -e> (*a.* LING) concepto *m* subordinado
unterbelegt *adj* con baja ocupación; **zu 50 % ~ sein** tener una ocupación del 50 %

unterbelichten* ['-----] *vt* (FOTO) subexponer; **geistig unterbelichtet sein** (*fam*) ser un poco tonto
Unterbelichtung *f* <-, -en> (FOTO) subexposición *f*, exposición *f* insuficiente; **Unterbeschäftigung** *f* <-, -en> (WIRTSCH) subempleo *m*
unterbesetzt *adj:* **personell ~ sein** no tener el debido personal, trabajar con menos personal del necesario; **der Kurs ist ~** quedan algunas plazas libres en el curso

Unterbeteiligung *f* <-, -en> (*a.* FIN) subparticipación *f*
unterbewerten* ['-----] *vt* infravalorar
Unterbewertung *f* <-, -en> infravaloración *f;* **die ~ einer Aktie** (FIN) la infravaloración de una acción

unterbewusst^RR *adj,* **unterbewußt** *adj* subconsciente; **etw ~ ahnen** intuir algo
Unterbewusstsein^RR *nt* <-s, *ohne pl*>, **Unterbewußtsein** *nt* <-s, *ohne pl*> (PSYCH) subconsciente *m*

unterbezahlen* *vt* pagar de menos; **ein unterbezahlter Angestellter** un empleado insuficientemente retribuido; **sie wird unterbezahlt** a ella se le está pagando menos [*o* por debajo] de lo que le corresponde

unterbieten* *irr vt* ❶ (*Konkurrenten*) ofrecer a precio más bajo; (*Preis*) rebajar más que los demás (*um* por)
❷ (*Rekord*) batir (*um* por); **die Aufführung ist nicht zu ~** la función no

podía ser peor

Unterbietungswettbewerb *m* <-(e)s, *ohne pl*> (WIRTSCH) competencia *f* desleal

unterbinden* *irr vt* impedir; (*verhindern*) prevenir

unterbleiben* *irr vi sein* (*nicht geschehen*) no suceder, no pasar; (*aufhören*) acabar; (*sich nicht wiederholen*) no repetirse; **das wäre besser unterblieben** mejor que no hubiese sucedido

unterblieben *pp von* **unterbleiben**

Unterboden *m* <-s, -böden> subsuelo *m*; **Unterbodenschutz** *m* <-es, *ohne pl*> (AUTO) protección *f* anticorrosiva del chasis

unterboten *pp von* **unterbieten**

unterbrechen* *irr vt* interrumpir; (*Verbindung, Stromzufuhr*) cortar; **entschuldigen Sie, wenn ich Sie unterbreche** perdone si le interrumpo

Unterbrechung [--'--] *f* <-, -en> (a. JUR) interrupción *f*; (*der Stromversorgung*) corte *m*; ~ **der Beziehungen** interrupción de las relaciones; ~ **des Kausalzusammenhangs** interrupción de la causalidad; ~ **der Verjährung** interrupción de la prescripción; **ohne** ~ sin interrupción

Unterbrechungsfrist *f* <-, -en> (JUR) plazo *m* de interrupción; **Unterbrechungshandlung** *f* <-, -en> (JUR) acto *m* suspensivo; **Unterbrechungsmodell** *nt* <-s, -e> (JUR) modelo *m* de interrupción; **Unterbrechungstaste** *f* <-, -n> (INFOR) tecla *f* de interrupción; **Unterbrechungszeichen** *nt* <-s, -> (INFOR) carácter *m* de interrupción

unterbreiten* *vt* (*geh*): **jdm etw** ~ presentar algo a alguien; **jdm einen Vorschlag** ~ hacer una propuesta a alguien

unter|bringen *irr vt* ❶ (*verstauen*) meter, colocar; **ich kenne ihn, weiß aber nicht, wo ich ihn** ~ **soll** le conozco pero no sé dónde encasillarle

❷ (*einquartieren*) alojar, hospedar; **seid ihr gut untergebracht?** ¿tenéis un buen alojamiento?

❸ (*fam: Stellung beschaffen*) acomodar

Unterbringung *f* <-, -en> ❶ (*von Personen*) alojamiento *m*, cobijo *m*

❷ (JUR) internamiento *m*; ~ **von Jugendlichen zur Beobachtung** internamiento de jóvenes para observación; ~ **im psychiatrischem Krankenhaus** internamiento en hospital psiquiátrico

❸ (FIN, WIRTSCH) colocación *f*; **private** ~ **von ausländischen Wertpapieren** colocación privada de títulos de valor extranjeros

Unterbringungsbefehl *m* <-(e)s, -e> (JUR) orden *f* de internamiento; **Unterbringungsmaßnahme** *f* <-, -n> (JUR) medida *f* de internamiento

unterbrochen *pp von* **unterbrechen**

Unterbruch *m* <-(e)s, -brüche> (*Schweiz*) *s.* **Unterbrechung**

unterbunden *pp von* **unterbinden**

unter|buttern *vt* (*fam*) oprimir; **sich von jdm** ~ **lassen** dejarse dominar por alguien

Unterdeck *nt* <-(e)s, -s> (NAUT) cubierta *f* inferior

unterderhand ['ʊntɐdeːɐ'hant] *adv s.* **Hand**

unterdessen [--'--] *adv* entretanto, mientras tanto

Unterdruck¹ *m* <-(e)s, -drücke> (PHYS, TECH) presión *f* hipoatmosférica

Unterdruck² *m* <-(e)s, *ohne pl*> (MED) baja presión *f*

unterdrücken* *vt* ❶ (*Gefühle*) reprimir; (*Seufzer, Tränen*) contener

❷ (*Information*) ocultar, suprimir

❸ (*Menschen*) oprimir; (*Aufstand*) sofocar, reprimir

Unterdrücker(in) *m(f)* <-s, -; -, -nen> tirano, -a *m, f*, opresor(a) *m(f)*

Unterdrückung [--'--] *f* <-, -en> ❶ (*von Gefühlen*) represión *f*

❷ (*von Informationen*) supresión *f*; (JUR) ocultación *f*; ~ **von technischen Aufzeichnungen/Urkunden** ocultación de grabaciones técnicas/documentos; ~ **von Vermögenswerten** ocultación de valores patrimoniales

❸ (*von Menschen*) opresión *f*; (*eines Aufstands*) represión *f*

unterdurchschnittlich *adj* inferior al promedio; ~ **verdienen** ganar menos del promedio

untere(r, s) ['ʊntərə, -rɐ, -rəs] *adj* inferior, bajo

untereinander [---'--] *adv* ❶ (*räumlich*) uno debajo del otro

❷ (*miteinander*) entre sí; (*gegenseitig*) mutuamente, recíprocamente; **das können wir** ~ **ausmachen** esto lo podemos fijar entre nosotros

unterentwickelt *adj* ❶ (*geistig und körperlich*) atrasado

❷ (POL) subdesarrollado, en vías de desarrollo

unterernährt *adj* desnutrido, subalimentado

Unterernährung *f* <-, *ohne pl*> desnutrición *f*, subalimentación *f*

Unterfangen [--'--] *nt* <-s, -> (*geh*) empresa *f*

unter|fassen *vt* ❶ (*stützen*) sostener

❷ (*fam: einhaken*) coger del brazo; **sie haben sich gegenseitig untergefasst** se sujetaron el uno al otro; **untergefasst gehen** ir cogidos del brazo

Unterfrachtführer(in) *m(f)* <-s, -; -, -nen> subporteador(a) *m(f)*

Unterführung [--'--] *f* <-, -en> paso *m* subterráneo

Unterfunktion *f* <-, -en> (MED) hipofunción *f*

Untergang *m* <-(e)s, -gänge> ❶ (*von Schiffen*) hundimiento *m*, naufragio *m*

❷ (*von Gestirnen*) puesta *f*

❸ (*Verderb*) ruina *f*; (*von Kulturen*) extinción *f*; (*von Reichen*) caída *f*; ~ **eines Pfandes/von Waren** (JUR) extinción de una prenda/pérdida de mercancías; **zufälliger** ~ (JUR) pérdida fortuita; **dem** ~ **geweiht sein** estar predestinado a la ruina

Untergangsstimmung *f* <-, -en> ambiente *m* de (gran) desaliento [o de (gran) desánimo]; **wieso herrscht hier denn so eine** ~**?** ¿a qué se debe el ambiente tan desanimado que hay aquí?; **ich traf alle in** ~ **an** los encontré a todos con los ánimos por los suelos

untergeben *adj* subordinado; **jdm** ~ **sein** estar bajo [o a] las órdenes de alguien

Untergebene(r) [--'---] *mf* <-n, -n; -n, -n> subordinado, -a *m, f*, subalterno, -a *m, f*

unter|gehen *irr vi sein* ❶ (*Schiff*) hundirse, naufragar

❷ (*Gestirn*) ponerse

❸ (*zugrunde gehen*) desmoronarse; (*Kultur*) extinguirse; (*Reich*) caer; **davon geht die Welt nicht unter!** ¡no es para tanto!

❹ (*Ruf, Schrei*) perderse (*in en*)

untergeordnet *adj* subordinado; (*zweitrangig*) secundario

Untergericht *nt* <-(e)s, -e> (JUR) tribunal *m* inferior; **Untergeschoss**^RR *nt* <-es, -e> piso *m* bajo, bajos *mpl*; **Untergestell** *nt* <-(e)s, -e> ❶ (*Träger*) bastidor *m* inferior ❷ (*fam iron: Beine*) piernas *fpl*; **Untergewicht** *nt* <-(e)s, *ohne pl*> peso *m* insuficiente, falta *f* de peso

untergewichtig *adj* falto de peso

untergliedern* *vt* (sub)dividir (*in* en)

untergraben*¹ *irr vt* socavar, minar

unter|graben² *irr vt* descalzar, socavar

Untergrund *m* <-(e)s, *ohne pl*> ❶ (AGR) subsuelo *m*

❷ (*Hintergrund*) fondo *m*

❸ (POL) clandestinidad *f*; **in den** ~ **gehen** pasar a la clandestinidad

Untergrundbahn *f* <-, -en> metro *m*; **Untergrundbewegung** *f* <-, -en> movimiento *m* clandestino; **Untergrundorganisation** *f* <-, -en> (POL) organización *f* clandestina

unter|haken *vt* (*fam*): **jdn** ~ coger del brazo a alguien; **sich bei jdm** ~ colgársele a alguien del brazo

unterhalb *präp +gen* por debajo de

Unterhalt *m* <-(e)s, *ohne pl*> ❶ (*Lebens~*) sustento *m*, mantenimiento *m*; **für jds** ~ **aufkommen** mantener a alguien

❷ (*~szahlungen*) alimentos *mpl*, pensión *f* alimenticia; ~ **zahlen** pagar una pensión alimenticia

❸ (*Instandhaltung*) manutención *f*

unterhalten* *irr* I. *vt* ❶ (*versorgen*) mantener

❷ (*Bauwerk*) mantener, conservar

❸ (*Pension*) llevar

❹ (*Beziehungen, Kontakte*) mantener

❺ (*vergnügen*) entretener, divertir

II. *vr*: **sich** ~ (*sprechen*) conversar, hablar (*über* sobre/de), versar (*über* sobre/acerca de) *MAm, Ant*; **worüber habt ihr euch** ~**?** ¿sobre qué habéis hablado?; **wir müssen uns mal** ~ tenemos que hablar

unterhaltend [--'--] *adj* entretenido

Unterhalter(in) *m(f)* <-s, -; -, -nen> animador(a) *m(f)*

Unterhaltsabfindung *f* <-, -en> (FIN, JUR) indemnización *f* por alimentos

unterhaltsam [--'--] *adj* divertido, entretenido

Unterhaltsanspruch *m* <-(e)s, -sprüche> (JUR) derecho *m* a alimentos; **Unterhaltsbeitrag** *m* <-(e)s, -träge> (JUR) contribución *f* alimenticia

unterhaltsberechtigt *adj* con derecho a alimentos; **jdm gegenüber** ~ **sein** tener derecho a manutención por parte de alguien

Unterhaltsberechtigte(r) *mf* <-n, -n; -n, -n> alimentista *mf*; **Unterhaltsgeld** *nt* <-(e)s, -er> alimentos *mpl*, subsidio *m* de manutención; **Unterhaltsgewährung** *f* <-, *ohne pl*> (JUR) prestación *f* de alimentos; **Unterhaltsklage** *f* <-, -n> (JUR) demanda *f* por reclamación de alimentos; **Unterhaltskosten** *pl* ❶ (*für Unterhaltsberechtigte*) costes *mpl* de manutención ❷ (*für Gebäude, Anlagen*) costes *mpl* de conservación ❸ (*für Fahrzeuge*) costes *mpl* de mantenimiento; **Unterhaltspflicht** *f* <-, *ohne pl*> deber *m* de manutención

unterhaltspflichtig *adj* (JUR) deudor de manutención; **jdm gegenüber** ~ **sein** deber pagar la manutención de alguien

Unterhaltspflichtverletzung *f* <-, -en> (JUR) abandono *m* de los deberes familiares

Unterhaltsrecht *nt* <-(e)s, *ohne pl*> derecho *m* de alimentos; **Unterhaltsrente** *f* <-, -n> (JUR) pensión *f* alimenticia; **Unterhaltssache** *f* <-, -n> (JUR) causa *f* de alimentos; **Unterhaltssicherung** *f* <-, *ohne pl*> (JUR) aseguramiento *m* de los alimentos; **Unterhaltsverfahren** *nt*

<-s, -> (JUR) procedimiento *m* de alimentos; **Unterhaltsverfügung** *f* <-, -en> (JUR) disposición *f* de alimentos; **Unterhaltsverletzung** *f* <-, -en> (JUR) infracción *f* del deber de alimentos; **Unterhaltsverzicht** *m* <-(e)s, -e> (JUR) renuncia *f* al derecho de alimentos; **Unterhaltszahlung** *f* <-, -en> pago *m* de alimentos
Unterhaltung¹ [--'--] *f* <-, ohne *pl*> (*das Instandhalten*) mantenimiento *m*
Unterhaltung² *f* <-, -en> ❶ (*Gespräch*) conversación *f* (*über* sobre/de); **eine ~ mit jdm führen** conversar con alguien
❷ (*Vergnügen*) entretenimiento *m*, diversión *f*; **wir wünschen angenehme ~** esperamos que lo pasen bien
Unterhaltungsarbeiten *fpl* trabajos *mpl* de mantenimiento [*o* de entretenimiento]; **Unterhaltungselektronik** *f* <-, ohne *pl*> electrónica *f* recreativa [*o* de entretenimiento], equipo *m* de audio y vídeo hogareño; **Unterhaltungsindustrie** *f* <-, -n> industria *f* de productos recreativos; **Unterhaltungskosten** *pl* (FIN) gastos *mpl* de manutención; **Unterhaltungsliteratur** *f* <-, ohne *pl*> literatura *f* amena; **Unterhaltungswert** *m* <-(e)s, ohne *pl*>: **etw hat hohen ~** algo es muy entretenido; **der ~ dieses Filmes ist gleich null** esta película no es nada entretenida
unterhandeln* *vi* (POL) negociar; **über etw ~** negociar algo
Unterhändler(in) ['----] *m(f)* <-s, -; -, -nen> (POL) negociador(a) *m(f)*, mediador(a) *m(f)*; **Unterhandlung** *f* <-, -en> (POL) negociación *f*; **mit jdm in ~ eintreten** entrar en negociaciones con alguien
Unterhaus *nt* <-es, -häuser> (POL) cámara *f* baja; **Unterhauswahl** *f* <-, -en> elecciones *fpl* a la cámara baja
Unterhemd *nt* <-(e)s, -en> camiseta *f*
unterhöhlen* *vt* socavar
Unterholz *nt* <-es, ohne *pl*> mata *f*
Unterhose *f* <-, -n> (*für Herren*) calzoncillos *mpl*, bombacha *f* CSur; (*für Damen*) bragas *fpl*; **kurze/lange ~(n)** calzas cortas/largas
unterirdisch *adj* subterráneo, -a; **~ verlaufen** circular bajo tierra
unterjochen* *vt* subyugar, someter
Unterjochung *f* <-, -en> subyugación *f*, sometimiento *m*
unterjubeln *vt* (*fam*) ❶ (*zuschieben*) encajar, endilgar; **jdm einen Auftrag ~** encajarle a alguien un encargo
❷ (*andrehen*) engatusar; **er hat sich *dat* von ihr ein Auto ~ lassen** se dejó engatusar para que se comprase un coche
Unterkapitalisierung *f* <-, -en> (WIRTSCH) infracapitalización *f*
unterkellern* *vt* proveer de sótano
Unterkiefer *m* <-s, -> maxilar *m* inferior, mandíbula *f* inferior
Unterkleidung *f* <-, -en> ropa *f* interior
unterkommen *irr vi sein* ❶ (*Unterkunft finden*) alojarse (*bei/in* en), encontrar alojamiento (*bei/in* en)
❷ (*fam: Arbeit finden*) colocarse (*bei/in* en)
❸ (*reg: begegnen*) pasar; **so etwas ist mir noch nicht untergekommen** nunca me pasó nada semejante
Unterkörper *m* <-s, -> ❶ (*Taille bis Füße*) parte *f* inferior del cuerpo
❷ (*unterer Rumpf*) bajo vientre *m*
unterkriegen *vt* (*fam*) doblegar, avasallar; **lass dich nicht ~** no te dejes doblegar; **sie ist nicht unterzukriegen** no hay quien la someta
unterkühlen* I. *vt* ❶ (*Temperatur senken*) congelar
❷ (TECH) sobreenfriar, subenfriar
II. *vr*: **sich ~** (*fam*) congelarse
unterkühlt *adj* ❶ (*durchgefroren*) congelado
❷ (*betont kühl*) refrigerado en exceso
❸ (LIT, KUNST): **~er Stil** estilo *m* frígido
Unterkühlung [--'--] *f* <-, -en> ❶ (MED) enfriamiento *m*, hipotermia *f*
❷ (TECH) sobrefusión *f*, subfusión *f*
Unterkunft ['ʊntɐkʊnft, *pl:* -kʏnftə] *f* <-, -künfte> alojamiento *m*, hospedaje *m*; **jdm ~ geben** alojar a alguien; **~ und Verpflegung** casa y comida, alojamiento y avituallamiento
Unterlage *f* <-, -n> ❶ (*Schreib~*) carpeta *f*; (*Kissen*) cojín *m*
❷ *pl* (*Dokumente*) documentos *mpl*, documentación *f*; **geschäftliche ~n** documentación del negocio
❸ (*Grundlage*) base *f*
Unterlass^RR ['ʊntɐlas] *m*, **Unterlaß** *m*: **ohne ~** sin parar
unterlassen* *irr vt* ❶ (*absichtlich nicht tun*) dejar, abstenerse (de); **~e Hilfeleistung** denegación *f* de auxilio; **qualifiziertes U~** (JUR) omisión cualificada
❷ (*versäumen*) omitir
Unterlassung *f* <-, -en> abstención *f*, omisión *f*; **ich bestehe auf sofortiger ~ dieser Lärmbelästigung** insisto en que cese de una vez este ruido; **Unterlassungsanordnung** *f* <-, -en> mandato *m* de cese de una actividad ilegal; **Unterlassungsanspruch** *m* <-(e)s, -sprüche> (JUR) pretensión *f* omisional; **einfacher/qualifizierter ~** pretensión omisional simple/cualificada; **Unterlassungsdelikt** *nt* <-(e)s, -e> (JUR) delito *m* omisional [*o* de omisión]; **echtes/unechtes ~** delito de omisión real/irreal; **Unterlassungsfall** [--'---] *m* <-(e)s,

-fälle> (JUR): **im ~** en caso de omisión; **Unterlassungsklage** [--'----] *f* <-, -n> (JUR) acción *f* de abstención; **Unterlassungsurteil** *nt* <-s, -e> (JUR) sentencia *f* inhibitoria; **Unterlassungsverfügung** *f* <-, -en> (JUR) disposición *f* inhibitoria
Unterlauf *m* <-(e)s, -läufe> curso *m* inferior (de un río)
unterlaufen¹ *adj*: **ein mit Blut ~es Auge** un ojo inyectado de sangre
unterlaufen*² *irr* I. *vi sein*: **jdm unterläuft ein Fehler/ein Irrtum** alguien comete una falta/un error
II. *vt* (*Hindernis*) esquivar; (*Zensur*) burlar; (*Gesetz*) infringir, violar
unterlegen¹ [--'--] I. *pp von* **unterliegen**
II. *adj* inferior; **jdm (zahlenmäßig) ~ sein** ser inferior a alguien (en número)
unterlegen*² *vt* (*mit Musik*) acompañar (*mit* de); **der Text war mit Musik unterlegt** el texto iba acompañado de música
unter|legen³ *vt* ❶ (*unterschieben*) poner [*o* colocar] por debajo
❷ (*verdrehen*) atribuir; **jdm etw ~** atribuir algo a alguien
Unterlegene(r) *mf* <-n, -n; -, -n> perdedor(a) *m(f)*
Unterlegenheit *f* <-, ohne *pl*> inferioridad *f* (*gegenüber* respecto a)
Unterlegscheibe ['-----] *f* <-, -n> (TECH) arandela *f*
Unterleib *m* <-(e)s, -e> abdomen *m*, bajo vientre *m*; (ANAT) hipogastrio *m*
unterliegen* *irr vi* ❶ *sein* (*verlieren*) ser derrotado (*por*), perder (*contra*); (*Versuchung, Krankheit*) sucumbir (a)
❷ (*unterworfen sein*) estar sujeto (+*dat* a); **er unterliegt der Schweigepflicht** está sujeto al secreto profesional; **einem Irrtum ~** tratarse de un error, deberse a una equivocación
Unterlippe *f* <-, -n> labio *m* inferior
unterm ['ʊntɐm] (*fam*) = **unter dem** *s.* **unter**
untermalen* *vt* (*mit Musik*) acompañar (*mit* de)
Untermalung *f* <-, -en> acompañamiento *m* (musical)
untermauern* *vt* ❶ (*Gebäude*) fundamentar, apoyar
❷ (*Behauptung*) fundamentar, corroborar
Untermenü *nt* <-s, -s> (INFOR) submenú *m*; **Untermiete** *f* <-, ohne *pl*> subarriendo *m*; **bei jdm zur ~ wohnen** ser subinquilino de alguien; **Untermieter(in)** *m(f)* <-s, -; -, -nen> subinquilino, -a *m, f*
unterminieren* [ʊntɐmi'niːrən] *vt* minar, socavar
unter|mischen *vt* añadir, mezclar (con)
untern ['ʊntɐn] (*fam*) = **unter den** *s.* **unter**
unternehmen* *irr vt* realizar, hacer; (*Reise*) emprender; **etw zusammen ~** salir y hacer algo juntos; **man muss etwas dagegen ~** hay que tomar medidas en contra de eso; **gegen jdn/etw Schritte ~** hacer las gestiones convenientes contra alguien/algo
Unternehmen [--'--] *nt* <-s, -> ❶ (*Vorhaben*) proyecto *m*
❷ (*Firma*) empresa *f*; **gemeinnütziges ~** empresa de utilidad pública; **öffentliches ~** empresa pública; **verbundene ~** empresas asociadas
Unternehmensabsprache *f* <-, -en> (WIRTSCH) acuerdo *m* empresarial; **unzulässige ~** acuerdo empresarial prohibido; **wettbewerbsbeschränkende ~** acuerdo empresarial restrictivo de la competencia; **Unternehmensbeihilfe** *f* <-, -en> subvenciones *fpl* para empresas; **Unternehmensberater(in)** *m(f)* <-s, -; -, -nen> asesor(a) *m(f)* de empresas, consejero, -a *m, f* de gestión; **Unternehmensberatungsfirma** *f* <-, -firmen> consultoría *f*; **Unternehmensbereich** *m* <-(e)s, -e> sector *m* empresarial; **Unternehmensbesteuerung** *f* <-, ohne *pl*> tributación *f* de la empresa; **Unternehmensbewertung** *f* <-, -en> valoración *f* empresarial
unternehmensbezogen *adj* empresarial; **~es Geschäft** negocio empresarial
Unternehmensbilanzstatistik *f* <-, -en> (WIRTSCH) estadística *f* de los balances de empresa; **Unternehmensertrag** *m* <-(e)s, -träge> beneficios *mpl* de la empresa; **Unternehmensform** *f* <-, -en> forma *f* de organización empresarial; **Unternehmensforschung** *f* <-, -en> investigación *f* de empresas [*o* operacional]; **Unternehmensfortführung** *f* <-, -en> continuidad *f* de la empresa
unternehmensfremd *adj* ajeno a la empresa
Unternehmensführung *f* <-, ohne *pl*> *s.* **Unternehmensleitung**; **Unternehmensfusion** *f* <-, -en> (WIRTSCH) fusión *f* de empresas; **Unternehmensgesetz** *nt* <-es, -e> ley *f* empresarial; **Unternehmensgewinn** *m* <-(e)s, -e> ganancias *fpl* de la empresa; **Unternehmensgründung** *f* <-, -en> constitución *f* de empresa; **Unternehmenshaftung** *f* <-, ohne *pl*> responsabilidad *f* empresarial
Unternehmenskauf *m* <-(e)s, -käufe> adquisición *f* de empresa; **Unternehmenskaufvertrag** *m* <-(e)s, -träge> contrato *m* de adquisición de empresa
Unternehmensleiter(in) *m(f)* <-s, -; -, -nen> jefe, -a *m, f* de la empresa; **Unternehmensleitung** *f* <-, ohne *pl*> (*Tätigkeit*) dirección *f* de empresas; (*Führungsspitze*) gerencia *f*; **Unternehmensliquidation** *f* <-, -en> (WIRTSCH) liquidación *f* de empresa; **Unternehmensneugründung** *f* <-, -en> constitución *f* de nuevas empresas; **Unternehmenspachtvertrag** *m* <-(e)s, -träge> contrato *m* de

arrendamiento de empresas; **Unternehmensplanung** *f* <-, -en> planificación *f* empresarial; **Unternehmenspolitik** *f* <-, -en> política *f* de la compañía; **Unternehmensrecht** *nt* <-(e)s, *ohne pl*> derecho *m* empresarial; **Unternehmensrestitution** *f* <-, -en> (WIRTSCH) restitución *f* de empresas; **Unternehmenssanierung** *f* <-, -en> (WIRTSCH) saneamiento *m* de empresas; **Unternehmenssatzung** *f* <-, -en> estatutos *mpl* de la empresa; **Unternehmensspaltung** *f* <-, -en> escisión *f* de empresas; **Unternehmensspitze** *f* <-, -n> cúpula *f* de la empresa, altos directivos *mpl*

Unternehmenssteuer *f* <-, -n> impuesto *m* empresarial; **Unternehmenssteuerrecht** *nt* <-(e)s, *ohne pl*> régimen *m* fiscal de las empresas

Unternehmensstruktur *f* <-, -en> estructura *f* de la empresa; **Unternehmenstätigkeit** *f* <-, -en> actividad *f* empresarial; **Unternehmensträger(in)** *m(f)* <-s, -; -, -nen> titular *mf* de la empresa; **Unternehmensumwandlung** *f* <-, -en> transformación *f* empresarial, reconversión *f* empresarial; **Unternehmensverbindlichkeit** *f* <-, -en> pasivo *m* de la empresa; **Unternehmensverbindung** *f* <-, -en> unión *f* empresarial; **Unternehmensvereinigung** *f* <-, -en> asociación *f* empresarial; **Unternehmensverfassung** *f* <-, -en> régimen *m* orgánico empresarial; **Unternehmensvertrag** *m* <-(e)s, -träge> contrato *m* de empresas; **Unternehmensziel** *nt* <-(e)s, -e> objetivo *m* de la empresa; **Unternehmenszusammenschluss**[RR] *m* <-es, -schlüsse> (WIRTSCH) fusión *f* de empresas

Unternehmer(in) [--'---] *m(f)* <-s, -; -, -nen> empresario, -a *m*, *f*; selbständiger ~ (empresario) autónomo; **privater** ~ jefe de una empresa privada

Unternehmerfreiheit *f* <-, *ohne pl*> libertad *f* de empresa; **Unternehmergewinn** *m* <-(e)s, -e> beneficios *mpl* del empresario, excedente *m* empresarial

unternehmerisch [--'---] I. *adj* empresarial; ~er Geist espíritu emprendedor

II. *adv* como un empresario; ~ tätig werden emprender un negocio

Unternehmerkreise *fpl* círculos *mpl* empresariales; **in ~n wird behauptet, dass ...** en los círculos empresariales se dice que...; **Unternehmerpflicht** *f* <-, *ohne pl*> deber *m* del empresario; **Unternehmerrisiko** *nt* <-s, -s *o* -risiken> riesgo *m* de empresario

Unternehmerschaft *f* <-, -en> (WIRTSCH) empresariado *m*

Unternehmertätigkeit *f* <-, -en> actividad *f* empresarial

Unternehmertum *nt* <-s, *ohne pl*> empresariado *m*; **das freie ~ wird nicht genug gefördert** el empresariado libre no es promovido todo lo necesario

Unternehmerverband *m* <-(e)s, -bände> organización *f* empresarial; **Unternehmerwechsel** *m* <-s, -> cambio *m* de empresario

Unternehmung *f* <-, -en> empresa *f*, proyecto *m*

Unternehmungsform *f* <-, -en> clase *f* (jurídica) de la empresa; **Unternehmungsgeist** *m* <-(e)s, *ohne pl*> iniciativa *f*, espíritu *m* emprendedor; **Unternehmungslust** *f* <-, *ohne pl*> espíritu *m* emprendedor; **er ist ständig aktiv und voller ~** siempre está en acción y con ganas de emprender algo nuevo

unternehmungslustig *adj* emprendedor, vivo

Unternehmungszusammenlegung *f* <-, -en> (WIRTSCH) fusión *f* de empresas

unternommen *pp von* **unternehmen**

Unteroffizier *m* <-(e)s, -e> (MIL) suboficial *m*

unter|ordnen I. *vt* subordinar, someter

II. *vr*: **sich ~** someterse; **er will sich einfach nicht ~** no quiere subordinarse

Unterordnungskonzern *m* <-s, -e> consorcio *m* de subordinación

unterprivilegiert *adj* subprivilegiado, desvalido

Unterproduktion *f* <-, -en> producción *f* deficitaria

Unterprogramm *nt* <-s, -e> (INFOR) subprograma *m*

unterproportional *adj* por debajo de la proporción

Unterpunkt *m* <-(e)s, -e> (*untergeordnet*) subnota *f*; (*nachfolgend*) nota *f* subsiguiente

Unterredung [--'--] *f* <-, -en> conversación *f*, entrevista *f*; **eine ~ mit jdm haben** [*o* **führen**] entrevistarse con alguien

unterrepräsentiert *adj* representado en minoría

Unterricht ['ʊntɐrɪçt] *m* <-(e)s, -e> (*das Unterrichten*) enseñanza *f*; (~*sstunde*) clase *f*; **jdm ~ erteilen** [*o* **geben**] dar clases a alguien; **bei jdm ~ nehmen** dar clases con alguien; **~ haben** tener clases; **ich muss in den ~** tengo que entrar en clase

unterrichten* *vt* ❶ (*Fach*) dar clase(s) (de); (*Schüler*) dar clase(s) (a); **sie unterrichtet die Schüler in Deutsch** da clases de alemán a los alumnos; **er unterrichtet Deutsch am Gymnasium** da clases de alemán en el instituto

❷ (*informieren*) informar (*über* sobre, *von* de); **gut unterrichtet** bien informado; **von gut unterrichteter Seite** de fuentes bien informadas; **man hat ihn telefonisch unterrichtet** se le informó por teléfono

Unterrichtserfahrung *f* <-, -en> experiencia *f* docente; **Unterrichtsfach** *nt* <-(e)s, -fächer> asignatura *f*; **Unterrichtsgegenstand** *m* <-(e)s, -stände> tema *m* de una clase, materia *f* de una clase; **Unterrichtsstoff** *m* <-(e)s, -e> materia *f* de la asignatura; **Unterrichtsstunde** *f* <-, -n> clase *f*; (*Universität*) hora *f* lectiva

Unterrichtung [--'---] *f* <-, -en> información *f*, instrucción *f*

Unterrichtungspflicht *f* <-, *ohne pl*> deber *m* de instrucción

Unterrock *m* <-(e)s, -röcke> enaguas *fpl*

unters ['ʊntɐs] (*fam*) = **unter das** *s.* **unter**

untersagen* *vt* prohibir; **das Betreten des Grundstücks ist strengstens untersagt** la entrada al solar queda estrictamente prohibida; **der Arzt hat mir das Rauchen untersagt** el médico me ha prohibido fumar

Untersagung *f* <-, -en> interdicción *f*; **~ von Zusammenschlüssen** interdicción de la concentración de empresas

Untersagungsermächtigung *f* <-, -en> (JUR) facultad *f* de interdicción; **Untersagungsverfügung** *f* <-, -en> (JUR: *Bundeskartellamt*) disposición *f* de interdicción

Untersatz *m* <-es, -sätze> platillo *m*; (*für Gläser*) posavasos *m inv*; **ein fahrbarer ~** (*fam*) coche, bicicleta u otro vehículo

unterschätzen* *vt* infravalorar, subestimar; **ein nicht zu ~der Gegner** un contrincante que no se debe subestimar

Unterschätzung *f* <-, -en> infravaloración *f*, subestimación *f*

unterscheidbar *adj* distinguible; **etw ist (leicht/kaum/schwer) ~** algo se puede distinguir (fácilmente/apenas/difícilmente)

unterscheiden* *irr* I. *vt* distinguir (*von* de), diferenciar (*von* de); **woran kann man sie ~?** ¿cómo se les puede diferenciar?; **sie sind schwer zu ~** son difíciles de distinguir

II. *vi* hacer una distinción (*zwischen* entre)

III. *vr*: **sich ~** diferenciarse (*von* de), distinguirse (*von* de); **sie ~ sich in fast nichts voneinander** no se diferencian en casi nada

Unterscheidung [--'---] *f* <-, -en> distinción *f*, diferenciación *f*

Unterschenkel *m* <-s, -> pantorrilla *f*; **Unterschicht** *f* <-, -en> capa *f* inferior

unterschieben*[1] *irr vt*: **jdm etw ~** (*unangenehme Arbeit*) endosar algo a alguien; (*unterstellen*) atribuir algo (falsamente) a alguien

unter|schieben[2] *irr vt* (*Kissen*) poner (por) debajo

Unterschied ['ʊntɐʃiːt] *m* <-(e)s, -e> diferencia *f* (*zwischen* entre); (*Unterscheidung*) distinción *f* (*zwischen* entre); **ohne ~** sin distinción; **der kleine ~** (*fam*) la pequeña diferencia; **der feine ~** la sutil diferencia; **einen ~ machen** hacer una distinción; **das macht keinen ~** esto no cambia nada; **es besteht ein ~ zwischen ...** hay una diferencia entre...; **im ~ zu etw** *dat*/**jdm** a diferencia de algo/alguien; **mit dem ~, dass ...** con la diferencia de que...; **das ist ein gewaltiger ~** hay una gran diferencia

unterschieden *pp von* **unterscheiden**

unterschiedlich *adj* distinto, diferente; **sie sind ~ groß** son de distinto tamaño; **~ reagieren** reaccionar de diferente manera; **etw ~ einschätzen** hacer estimaciones distintas de algo

unterschiedslos *adj* sin diferencia

unterschlagen*[1] *irr vt* ❶ (*Geld*) malversar; (*Brief*) interceptar ❷ (*verschweigen*) ocultar, suprimir

unter|schlagen[2] *irr vt* (*Arme, Beine*) cruzar

Unterschlagung [--'---] *f* <-, -en> ❶ (*von Geld*) malversación *f* (de fondos); **~ im Amt** malversación en el cargo; **~ von Geldern** malversación de fondos, desfalco *m*

❷ (*von Informationen*) supresión *f*; **~ von Beweismaterial** ocultación de pruebas

Unterschlupf ['ʊntɐʃlʊpf] *m* <-(e)s, -e> refugio *m*; (*Versteck*) guarida *f*; **jdm ~ gewähren** alojar [*o* hospedar] a alguien, albergar a alguien

unter|schlupfen *vi* (*südd: fam*), **unter|schlüpfen** *vi* (*fam*) refugiarse (*bei* en casa de)

unterschoben *pp von* **unterschieben**[1]

unterschreiben* *vt* firmar; **eigenhändig ~** firmar de propio puño; **unterschrieben und besiegelt** sellado y firmado; **er hat mit vollem Namen unterschrieben** firmó con su nombre completo; **das würde ich nicht (wollen)** yo no lo firmaría

unterschreiten* *irr vt* quedar debajo (de), descender (a)

unterschrieben *pp von* **unterschreiben**

Unterschrift ['---] *f* <-, -en> firma *f*; **zur ~ vorlegen** presentar a la firma; **~ per prokura** firma por poder; **seine ~ unter etw setzen** firmar algo; **~en sammeln** recoger firmas

Unterschriftensammlung *f* <-, -en> recogida *f* de firmas

unterschriftsberechtigt *adj* (JUR) autorizado a firmar

unterschriftsreif *adj* (JUR) listo para firmar

Unterschriftszeichnung *f* <-, -en> firma *f*

unterschritten *pp von* **unterschreiten**

unterschwellig ['ʊntɐʃvɛlɪç] *adj* subliminal

Unterseeboot *nt* <-(e)s, -e> submarino *m*

unterseeisch *adj* submarino

Unterseekabel *nt* <-s, -> cable *m* submarino
Unterseite *f* <-, -n> lado *m* inferior, parte *f* inferior
untersetzen*¹ *vt* (AUTO) desmultiplicar
unter|setzen² *vt* poner debajo
Untersetzer *m* <-s, -> platillo *m*; *(für Gläser)* posavasos *m inv*
untersetzt [--'-] *adj* robusto, rollizo
Untersetzungsverhältnis *nt* <-ses, -se> (TECH) relación *f* de reducción
Unterspannung *f* <-, -en> (ELEK, INFOR) hipotensión *f*, tensión *f* reducida
unterspülen* *vt* socavar
Unterstand *m* <-(e)s, -stände> ❶ (MIL) refugio *m* subterráneo ❷ *(Zuflucht)* refugio *m*, abrigo *m*
unterstanden *pp von* **unterstehen**
unterste(r, s) ['ʊntɛstɐ, -tɐ, -təs] *adj superl von* **untere(r, s)**
unterstehen* *irr* I. *vi* *(unterliegen)* estar sujeto (a); **jdm** ~ estar subordinado a alguien, (MIL) estar bajo las órdenes de alguien
 II. *vr:* sich ~ etw zu tun atreverse a hacer algo; **untersteh dich!** ¡atrévete!; **was** ~ **Sie sich?** ¿cómo se atreve Ud.?
unterstellen*¹ *vt* ❶ *(annehmen)* suponer; **wir wollen einmal** ~, **dass** ... supongamos que... ❷ *(unterordnen)* subordinar (a), poner bajo el mando (de); **ihm sind zehn Mitarbeiter unterstellt** tiene diez colaboradores a su mando ❸ *(unterschieben)* atribuir (falsamente)
unter|stellen² I. *vt* *(abstellen)* dejar *(in* en), poner *(in* en)
 II. *vr:* sich ~ refugiarse *(in* en), ampararse *(in* en)
Unterstellung *f* <-, -en> ❶ *(Unterordnung)* subordinación *f* ❷ *(falsche Behauptung)* imputación *f*
unterstreichen* *irr vt* ❶ *(Strich ziehen)* subrayar; **etw rot** ~ subrayar algo en rojo ❷ *(betonen)* subrayar, poner de relieve
Unterstreichung *f* <-, -en> ❶ *(Markierung)* subrayado *m* ❷ *(Hervorhebung)* acentuación *f*, resalto *m*
unterstrichen *pp von* **unterstreichen**
Unterströmung *f* <-, -en> corriente *f* de las aguas
Unterstufe *f* <-, -n> (SCH) cursos de 5º a 8º de EGB
unterstützen* *vt* ❶ *(Beistand leisten)* apoyar, respaldar *(bei/in* en); *(helfen)* ayudar *(bei* en) ❷ *(fördern)* fomentar *(bei* en); *(mit Geld)* subvencionar
Unterstützung [--'--] *f* <-, -en> apoyo *m*, respaldo *m*; *(Hilfe)* ayuda *f*; *(finanziell)* subvención *f*, ayuda *f* económica; **staatliche** ~ subvenciones públicas, ayudas públicas
Untersuch [--'-] *m* <-s, -e> *(Schweiz)* s. **Untersuchung**
untersuchen* *vt* ❶ *(analysieren)* analizar; *(wissenschaftlich)* investigar ❷ *(prüfen)* controlar; *(Gelände, Gepäck)* inspeccionar ❸ *(Kranke)* examinar *(auf* de), chequear *Am;* **sich ärztlich** ~ **lassen** hacerse *[o* someterse a*]* un examen médico
Untersuchung [--'--] *f* <-, -en> ❶ *(Analyse)* análisis *m inv*, estudio *m*; *(a.* JUR) investigación *f*; **gerichtliche** ~ instrucción *f* (de la causa), pesquisa *f*, indagación *f* (judicial); **eine** ~ **anstellen** realizar una investigación *[o* un estudio*]*; **eine** ~ **einleiten** promover una investigación ❷ *(Überprüfung)* inspección *f*, revisión *f* ❸ (MED) examen *m* (médico); **sich einer** ~ **unterziehen** someterse a un examen médico
Untersuchungsausschuss^RR *m* <-es, -schüsse> comisión *f* investigadora; **Untersuchungsergebnis** *nt* <-ses, -se> resultado *m* de la investigación *[o* de las investigaciones*]*; **Untersuchungsfrist** *f* <-, -en> plazo *m* de instrucción *[o* investigación*]*; **Untersuchungsgefangene(r)** *mf* <-n, -n; -n, -n> preso, -a *m, f* preventivo, -a; **Untersuchungsgefängnis** *nt* <-ses, -se> prisión *f* preventiva; **Untersuchungsgrundsatz** *m* <-es, *ohne pl*> máxima *f* de instrucción; **Untersuchungshaft** *f* <-, *ohne pl*> prisión *f* preventiva; **Höchstdauer der** ~ duración máxima de la prisión preventiva; **Verlängerung der** ~ prolongación de la prisión preventiva; ~ **anrechnen** computar la prisión preventiva; **in** ~ **sitzen** estar en prisión preventiva; **Untersuchungshäftling** *m* <-s, -e> preso, -a *m, f* preventivo, -a; **Untersuchungskommission** *f* <-, -en> (JUR, POL) comisión *f* investigadora; **Untersuchungspflicht** *f* <-, *ohne pl*> (JUR) deber *m* de instrucción *[o* investigación*]*; **Untersuchungsrecht** *nt* <-(e)s, *ohne pl*> derecho *m* de vista; **Untersuchungsrichter(in)** *m(f)* <-s, -; -, -nen> juez(a) *m(f)* instructor(a); **Untersuchungszimmer** *nt* <-s, -> sala *f* de consulta (médica)
Untertagebau *m* <-(e)s, *ohne pl*> (BERGB) explotación *f* (minera) subterránea
untertags [ʊntɐˈtaːks] *adv* *(Österr, Schweiz, südd)* durante el día
untertan ['ʊntɐtaːn] *adj:* **sich** *dat* **etw/jdn** ~ **machen** someter a algo/a alguien
Untertan(in) ['ʊntɐtaːn] *m(f)* <-s *o* -en, -en; -, -nen> súbdito, -a *m, f*
untertänig ['ʊntɐtɛːnɪç] *adj* *(abw)* sumiso
Untertanin *f* <-, -nen> s. **Untertan**
untertariflich *adj* por debajo de lo pactado en convenio; **viele Frauen werden** ~ **bezahlt** a muchas mujeres se las remunera por debajo de lo pactado en convenio
Untertasse *f* <-, -n> platillo *m*; **fliegende** ~ platillo volante
unter|tauchen I. *vi sein* ❶ *(Schwimmer, Vogel)* sumergirse, hundirse ❷ *(verschwinden)* desaparecer; (POL) pasar a la clandestinidad; **im Ausland** ~ irse al extranjero; **bei Freunden** ~ esconderse en casa de amigos; **der Dieb tauchte in einer Menschenmenge unter** el ladrón se perdió entre la multitud
 II. *vt* sumergir, hundir
Unterteil *nt* <-(e)s, -e> parte *f* inferior *[o* baja*]*
unterteilen* *vt* subdividir *(in* en)
Unterteilung [--'--] *f* <-, -en> subdivisión *f (in* en)
Unterteller *m* <-s, -> *(Schweiz, südd)* platillo *m*
Untertemperatur *f* <-, *ohne pl*> (MED) hipotermia *f*
Untertitel *m* <-s, -> subtítulo *m*
Unterton *m* <-(e)s, -töne> ❶ (MUS) semitono *m*, mal tono *m* ❷ *(Beiklang)* matiz *m*; **er sagte es mit einem** ~ **von Spott** lo dijo dándole un matiz sarcástico
untertourig ['ʊntɐtuːrɪç] *adj* *(Motor)* ahogado; ~ **fahren** ir con la marcha demasiado larga
untertreiben* *irr vt* quitar importancia (a), subestimar
Untertreibung [--'--] *f* <-, -en> subestimación *f*
untertrieben *pp von* **untertreiben**
untertunneln* *vt* construir un túnel (debajo de)
Untertunnelung [--'---] *f* <-, -en> construcción *f* de un túnel (debajo de)
Untervergabe *f* <-, -n> (WIRTSCH: *von Aufträgen*) subcontrata *f*
untervermieten* ['-----] *vt* subarrendar
Untervermietung *f* <-, -en> subalquiler *m*; **Unterverpachtung** *f* <-, -en> subarriendo *m*
unterversichert *adj* asegurado insuficientemente
Unterversicherung *f* <-, -en> infraseguro *m*; **Unterverzeichnis** *nt* <-ses, -se> (INFOR) subdirectorio *m*; **Untervollmacht** *f* <-, -en> (JUR) subdelegación *f*
Unterwalden ['ʊntɐvaldən] *nt* <-s> Unterwalden *m*
unterwandern* *vt* infiltrarse (en)
Unterwanderung [--'---] *f* <-, -en> infiltración *f*
Unterwäsche *f* <-, *ohne pl*> ropa *f* interior
Unterwasserkamera [--'-----] *f* <-, -s> cámara *f* submarina; **Unterwassermassage** [--'-----] *f* <-, -n> masaje *m* subacuático
unterwegs [ʊntɐˈveːks] *adv* ❶ *(auf dem Weg)* en camino; *(auf Reisen)* de viaje; ~ **nach** ... camino de...; **sie ist** ~ **nach Freiburg** está camino de Friburgo; **wir sind schon** ~ ya estamos en camino; **ich bin** ~ **zu dir** voy hacia tu casa; **bei ihr ist ein Kind** ~ *(fam)* está embarazada ❷ *(während der Reise)* en el camino; **für** ~ para el camino, para el viaje; **wir haben** ~ **drei Mal angehalten** paramos tres veces en el camino
unterweisen* *irr vt (geh)* instruir *(in* en), enseñar *(in* en)
Unterweisung [--'--] *f* <-, -en> instrucción *f (in* en), enseñanza *f (in* de)
Unterwelt *f* <-, *ohne pl*> mundo *m* del hampa
unterwerfen* *irr* I. *vt* ❶ *(Volk, Gebiet)* someter, avasallar ❷ *(einer Kontrolle)* someter; **etw** *dat* **unterworfen sein** estar sujeto a algo
 II. *vr:* sich ~ someterse; **sich jds Anordnungen** ~ someterse a las órdenes de alguien
Unterwerfung [--'--] *f* <-, -en> avasallamiento *m*, sumisión *f*
Unterwerfungserklärung *f* <-, -en> declaración *f* de sometimiento *[o* sujeción*]*
unterwiesen *pp von* **unterweisen**
unterworfen *pp von* **unterwerfen**
unterwürfig ['ʊntɐvʏrfɪç, --'--] *adj (abw)* sumiso, servil
Unterwürfigkeit *f* <-, *ohne pl*> *(abw)* servilismo *m*
unterzeichnen* *vt* firmar
Unterzeichner(in) [--'--] *m(f)* <-s, -; -, -nen> *(Dokument)* firmante *mf*, signatario, -a *m, f*; *(Vertrag)* (parte *f*) contratante *mf*
Unterzeichnerstaat *m* <-(e)s, -en> país *m* signatario *[o* firmante*]*
Unterzeichnete(r) *mf* <-n, -n; -n, -n> s. **Unterzeichner(in)**
Unterzeichnung *f* <-, -en> firma *f*; ~ **des Kaufvertrags** firma del contrato de compra(venta)
Unterzeug *nt* <-(e)s, *ohne pl*> *(fam)* ropa *f* interior, muda *f*
unterziehen*¹ *irr* I. *vt* someter a; **etw einer Qualitätskontrolle** ~ someter algo a un control de calidad; **etw einer Prüfung** ~ examinar algo; **jdn einem Verhör** ~ interrogar a alguien
 II. *vr:* sich ~ someterse *(+dat* a*)*; **sich einer Prüfung** ~ someterse a un examen
unter|ziehen² *irr vt* ❶ *(Kleidung)* poner(se) por debajo *(unter* de*)*; **zieh**

Unterziehpulli

eine Bluse unter! ¡ponte una blusa por debajo!
❷ (GASTR) incorporar; **den Eischnee unter den Teig ~** incorporar a la masa cuidadosamente y sin revolver las claras batidas a punto de nieve
Unterziehpulli m <-s, -s> (fam) jersey m (que se pone debajo de otro)
unterzogen pp von **unterziehen¹**
Unterzuckerung [ʊntɐˈtsuːkərʊŋ] f <-, -en> (MED) hipoglucemia f, falta f de azúcar en la sangre
Untiefe f <-, -n> ❶ (seichte Stelle) bajo m, bajío m
❷ (Tiefe) abismo m
Untier nt <-(e)s, -e> bestia f
untilgbar adj impagable, inextinguible
untragbar ['-'--] adj ❶ (nicht finanzierbar) incosteable
❷ (unerträglich) insostenible; **~e Zustände** una situación intolerable; **er ist für seine Partei ~** el partido no puede permitirse tenerlo en sus filas
untrennbar ['-'--] adj inseparable
untreu adj infiel; **jdm ~ werden** ser infiel a alguien; **er ist seiner Frau ~** le es infiel a su mujer; **sich** dat **selbst ~ werden** apartarse de sus principios
Untreue f <-, ohne pl> ❶ (gegenüber Menschen) infidelidad f
❷ (JUR) desfalco m
untröstlich ['---, -'--] adj inconsolable, desconsolado (über por); **ich bin ~** estoy profundamente desconsolado
untrüglich ['---, -'--] adj infalible, seguro
Untugend f <-, -en> mala costumbre f
untypisch adj atípico
unübel adj (fam): **(gar) nicht (so) ~** nada mal
unüberbrückbar ['---'--] adj infranqueable
unüberhörbar ['---'--] adj ❶ (laut) fuerte, intenso
❷ (offensichtlich) evidente, manifiesto
unüberlegt adj irreflexivo, imprudente; **~ handeln** actuar sin pensar
Unüberlegtheit¹ f <-, ohne pl> ❶ (unüberlegte Art) imprudencia f, irreflexión f
❷ (Übereiltheit) precipitación f
Unüberlegtheit² f <-, -en> (Äußerung) ligereza f
unübersehbar ['----'--] adj ❶ (groß) enorme, inmenso; (nicht zu übersehen) que salta a la vista
❷ (nicht abschätzbar) incalculable
unübersetzbar ['-----, ---'--] adj intraducible
unübersichtlich adj poco claro, complejo; **eine ~e Kreuzung** un cruce en el que no se ve con claridad qué sucede
Unübertragbarkeit f <-, ohne pl> intransferibilidad f
unübertrefflich ['---'--] adj insuperable
unübertroffen ['---'--] adj sin par, no superado
unüberwindlich ['---'--] adj (Gegner) invencible; (Gegensätze, Probleme, Vorurteile) insuperable
unüblich adj poco común, raro; (stärker) fuera de lo común
unumgänglich ['---'--] adj indispensable, imprescindible
unumschränkt ['-'--] adj ilimitado; (Macht) absoluto; **~ herrschen** dominar despóticamente
unumstößlich ['---'--] adj irrevocable, irrefutable; **~ feststehen** ser irrevocable
unumstritten ['---'--] adj indiscutido
unumwunden ['---'--] adv abiertamente, francamente; **etw ~ zugeben** admitir algo abiertamente
ununterbrochen ['---'--] I. adj ininterrumpido, continuo
II. adv sin parar; **er redet ~** habla sin parar
unveränderlich ['-----, ---'--] adj invariable
unverändert ['-'--] I. adj inalterado; (beständig) estable
II. adv como siempre; **morgen ist es wieder ~ kalt/heiter** mañana seguirá haciendo frío/estando despejado
unverantwortlich ['-----, -'--] adj irresponsable; **~ leichtsinnig** tonto irresponsable
unverarbeitet adj (TECH) sin labrar
unveräußerlich adj inalienable
unverbesserlich ['---'--] adj incorregible
unverbindlich adj ❶ (nicht bindend) sin compromiso; **~e Preisempfehlung** precio recomendado; **etw ~ anfordern** pedir algo sin ningún compromiso
❷ (reserviert) reservado
Unverbindlichkeit¹ f <-, ohne pl> (Distanziertheit) carácter m distante
Unverbindlichkeit² f <-, -en> (Äußerung) evasiva f
unverbleit adj sin plomo
unverblümt I. adj franco, sincero
II. adv francamente, sin rodeos
unverbraucht adj ❶ (frisch) fresco
❷ (voller Elan) lleno de energía
unverdächtig adj nada sospechoso; **sich ~ verhalten** no levantar sospechas con su comportamiento

unverdaulich adj indigesto
unverdaut ['ʊnfɛɐdaʊt, ʊnfɛɐˈdaʊt] I. adj no digerido
II. adv sin digerir, sin ser digerido
unverdient adj inmerecido; **jdm ~ zuteil werden** tocar a alguien injustamente en suerte
unverdientermaßen ['----'--] adv, **unverdienterweise** ['----'--'-] adv sin haberlo merecido, sin merecerlo
unverdorben ['----] adj ❶ (Speise, Ware) en buen estado, fresco
❷ (sittlich) incorrupto; (unverfälscht) genuino, auténtico
unverdrossen adj incansable, infatigable
unverdünnt adj no diluido, sin diluir; **etw ~ trinken** beber algo sin diluir [o sin haberlo diluido]
unvereinbar ['----] adj incompatible
Unverfallbarkeit f <-, ohne pl> irrescindibilidad f
unverfälscht adj puro, auténtico
unverfänglich adj inofensivo
unverfroren adj fresco, descarado; **er ist so ~ mir zu sagen, dass ...** tiene la insolencia [o la cara] de decirme que...
Unverfrorenheit¹ f <-, ohne pl> (Art) descaro m, frescura f
Unverfrorenheit² f <-, -en> (Äußerung) insolencia f
unvergänglich adj imperecedero, eterno
unvergessen adj inolvidado; **sie wird (uns) ~ bleiben** siempre la recordaremos
unvergesslichʀʀ ['-'--] adj, **unvergeßlich** adj inolvidable
unvergleichbar ['---'--] adj incomparable
unvergleichlich ['---'--] adj incomparable; (einzigartig) único
unverhältnismäßig adj desproporcionado; (maßlos) desmesurado
unverheiratet adj soltero
unverhofft ['-'--] adj inesperado; (zufällig) casual; **~ kommt oft** (prov) donde menos se piensa salta la liebre
unverhohlen I. adj abierto, franco
II. adv sin disimulo
unverhüllt adj ❶ (offensichtlich) evidente; (Wahrheit) escueto
❷ (unverhohlen) abierto, franco
Unverjährbarkeit f <-, ohne pl> (JUR) imprescriptibilidad f
unverkäuflich adj ❶ (nicht zum Verkauf bestimmt) fuera de venta, no destinado a la venta
❷ (nicht zum Verkauf geeignet) invendible
unverkennbar ['--'--] adj (eindeutig) evidente, manifiesto; (nicht zu verwechseln) inconfundible; **es ist ~, dass ...** es obvio que... +subj
unverlässlichʀʀ adj, **unverläßlich** adj de poca confianza; **~ sein** ser de poca confianza, no ser de fiar
Unverletzlichkeit f <-, ohne pl> (JUR) inviolabilidad f; **~ der Wohnung** inviolabilidad de la vivienda
unverletzt adj ileso, sano y salvo; **bei etw** dat **~ bleiben** salir ileso de algo
unvermeidbar ['--'--] adj, **unvermeidlich** ['--'--] adj ineludible, inevitable; **sich ins U~e fügen** resignarse ante lo inevitable
unvermindert adj constante; **~ anhalten** seguir; **die Kämpfe wurden mit ~er Härte fortgesetzt** las luchas continuaron con la misma dureza
unvermittelt I. adj súbito
II. adv de repente
Unvermögen nt <-s, ohne pl> incapacidad f, incompetencia f; **anfängliches/nachträgliches ~** incapacidad inicial/posterior; **teilweises ~** incapacidad parcial
unvermögend adj sin recursos, sin fondos
unvermutet adj imprevisto, inesperado
Unvernunft f <-, ohne pl> falta f de juicio, insensatez f
unvernünftig adj insensato, necio
unveröffentlicht adj inédito, sin publicar
unverpackt adj no embalado, sin embalaje
unverputzt adj no enlucido
unverrichtet adj: **~er Dinge** sin haber logrado nada
unverrichteterdinge ['-----'--] adv sin haber logrado nada
unverrückbar adj inamovible; **ihr Entschluss stand ~ fest** su decisión era inamovible
unverschämt ['ʊnfɛɐʃɛːmt, -'--] adj ❶ (Benehmen, Mensch) impertinente, desvergonzado, conchudo Am, pechugón Am; **grins nicht so ~** no te sonrías tan desvergonzadamente
❷ (fam: außerordentlich) extraordinario; (Preis) exorbitante; **er sieht ~ gut aus** está buenísimo
Unverschämtheit ['----, -'--] f <-, -en> desfachatez f, insolencia f, pechuga f Am, empaque m Am; **die ~ besitzen etw zu tun** tener la desfachatez de hacer algo
unverschlossen ['ʊnfɛɐʃlɔsən, ʊnfɛɐˈʃlɔsən] adj ❶ (Fenster, Tür) no cerrado con llave; **~ sein** no estar cerrado con llave
❷ (Brief) (con el sobre) abierto; (Kuvert) abierto; **~ sein** estar abierto
unverschmutzt adj incontaminado
unverschuldet adj ❶ (Unfall) no causado por uno mismo

unversehens | **737** | **unzivilisiert**

② (FIN) libre de deudas
unversehens *adv* de repente, de súbito
unversehrt *adj* ① (*Person*) ileso, sano y salvo
② (*Ding*) intacto, íntegro
Unversehrtheit *f* <-, *ohne pl*> (JUR) integridad *f*; (**Recht auf**) **körperliche** ~ (derecho a la) integridad física
unversöhnlich ['----] *adj* irreconciliable
Unversöhnlichkeit *f* <-, *ohne pl*> carácter *m* irreconciliable, postura *f* irreconciliable; **alle Versuche, sich zu vertragen, scheiterten an seiner** ~ todos los intentos de hacer las paces fracasaron debido a su intransigencia
unversorgt *adj* desatendido, desabastecido
Unverstand *m* <-(e)s, *ohne pl*> insensatez *f*; **grober** ~ (JUR) falta de comprensión grave
unverstanden *adj* incomprendido; **sich** ~ **fühlen** sentirse incomprendido
unverständig ['ʊnfɛʃtɛndɪç] *adj* que no comprende, sin capacidad para entender [*o* razonar]; ~ **sein** no comprender, no entender, no tener la capacidad de razonamiento; **sei nicht böse auf ihn, er ist eben noch ein ~es Kind** no te enfades con él, sólo es un niño y todavía no puede entenderlo [*o* no sabe razonar]
unverständlich ['----, '--'--] *adj* ① (*nicht hörbar*) inaudible, incomprensible
② (*nicht begreifbar*) incomprensible
Unverständnis *nt* <-ses, *ohne pl*> falta *f* de comprensión
unversteuert I. *adj* libre de impuestos; ~**es Einkommen** renta no gravada
II. *adv* sin pagar impuestos
unversucht *adj*: **nichts** ~ **lassen** no omitir esfuerzos (**um** para)
unverträglich *adj* ① (*streitsüchtig*) pendenciero, pleitista
② (*unverdaulich*) indigesto
③ (*unvereinbar*) incompatible
Unverträglichkeit *f* <-, *ohne pl*> intolerancia *f*
unverwandt *adj* fijo; **jdn** ~ **anstarren** mirar fijamente a alguien; **er sah sie** ~ **an** no le quitaba los ojos de encima
unverwechselbar ['--'---] *adj* inconfundible
unverwertbar ['--'--] *adj* no utilizable
unverwundbar ['--'--] *adj* invulnerable
unverwüstlich ['--'--] *adj* ① (*Dinge*) indestructible, irrompible
② (*Mensch*) inquebrantable
unverzagt *adj* (*sicher*) firme, seguro; (*unerschrocken*) intrépido
unverzeihlich ['--'--] *adj* imperdonable, inexcusable
unverzichtbar ['--'--] *adj* irrenunciable; **ein ~es Recht** un derecho inalienable; **eine ~e Voraussetzung** una condición esencial
unverzinslich *adj* (FIN) sin interés
unverzollt I. *adj* libre de derechos (arancelarios)
II. *adv* sin pagar derechos (arancelarios)
unverzüglich ['--'--] I. *adj* inmediato
II. *adv* de inmediato, en el acto
Unverzüglichkeit *f* <-, *ohne pl*> (JUR) inmediatez *f*; ~ **der Vorführung** inmediatez de la exhibición
unvollendet *adj* inacabado
unvollkommen *adj* ① (*mit Schwächen*) imperfecto
② (*unvollständig*) incompleto
Unvollkommenheit *f* <-, -en> imperfección *f*
unvollständig *adj* incompleto, fragmentario; ~ **ausgefüllt** no rellenado completamente
Unvollständigkeit *f* <-, *ohne pl*> estado *m* incompleto; **etw wegen seiner** ~ **bemängeln** criticar algo por ser/estar incompleto
unvorbereitet *adj* no preparado (**auf** para), sin preparación; (*Rede*) improvisado; (*unversehens*) desprevenido; **die Nachricht traf uns völlig** ~ la noticia nos cogió completamente desprevenidos
unvoreingenommen *adj* objetivo, sin prejuicios; **etw** ~ **beurteilen** juzgar algo objetivamente [*o* con imparcialidad]
Unvoreingenommenheit *f* <-, *ohne pl*> imparcialidad *f*
unvorhergesehen ['--'-----] *adj* inesperado, imprevisto
unvorschriftsmäßig *adj* irregular, contrario a las prescripciones
unvorsichtig *adj* imprudente; **sich** ~ **verhalten** ser incauto
unvorsichtigerweise ['-----'--] *adv* por falta de cuidado
Unvorsichtigkeit *f* <-, -en> imprudencia *f*
unvorstellbar ['--'--] *adj* inimaginable; (*unbegreiflich*) inconcebible
unvorteilhaft *adj* ① (*Kleidung*) poco favorecedor; ~ **aussehen** lucir poco atractivo; **auf dem Bild sieht er** ~ **aus** no salió bien en la foto
② (*Geschäft*) poco ventajoso; **sich** ~ **auf etw auswirken** tener consecuencias negativas para algo
unwägbar ['ʊn'vɛːkbaːɐ] *adj* imponderable
unwahr *adj* falso; **Verbreitung ~er Tatsachen** divulgación de hechos inciertos
Unwahrheit *f* <-, -en> falsedad *f*; (*Lüge*) mentira *f*; **die** ~ **sagen** mentir

unwahrscheinlich ['----, '--'--] *adj* ① (*kaum möglich*) improbable; **es ist** ~, **dass ...** es improbable que... +*subj*
② (*unglaubhaft*) increíble, inverosímil; **er hat ~es Glück gehabt** tuvo una suerte increíble
③ (*fam: groß, viel*) increíble, enorme
Unwahrscheinlichkeit *f* <-, *ohne pl*> improbabilidad *f*
unwandelbar *adj* (*geh*) inmutable, inalterable
Unwandelbarkeit *f* <-, *ohne pl*> inmutabilidad *f*, inalterabilidad *f*; ~ **des Erfolgsortes/des Güterstandes** inmutabilidad del lugar de producción del resultado/del estado de la mercancía
unwegsam *adj* intransitable
unweiblich *adj* no femenino, poco femenino; ~ **sein** no ser femenino, ser poco femenino
unweigerlich *adv* sin falta
unweit *präp* +*gen* no lejos de, cerca de
Unwesen *nt* <-s, *ohne pl*> (*geh*) abusos *mpl*, excesos *mpl*; **sein** ~ **treiben** cometer excesos
unwesentlich *adj* irrelevante, insignificante; **er ist nur** ~ **dicker als du** es sólo un poco más gordo que tú
Unwetter *nt* <-s, -> temporal *m*
unwichtig *adj* sin importancia, poco importante; **das ist** ~ eso no tiene importancia
unwiderlegbar ['---'--] *adj* irrefutable
unwiderruflich ['---'--] *adj* irrevocable; **es steht** ~ **fest, dass ...** es irrevocable que... +*subj*
unwidersprochen *adj* indiscutido, sin réplica
unwiderstehlich ['---'--] *adj* irresistible
unwiederbringlich ['---'--] *adj* (*geh*) irrecuperable; (*Verlust*) irreparable
Unwille(n) *m* <-(n)s, *ohne pl*> (*geh*) indignación *f*; (*Ärger*) enojo *m*; **jds** ~**n erregen** provocar la indignación de alguien
unwillig I. *adj* indignado; (*ärgerlich*) enojado
II. *adv* (*widerwillig*) de mala gana
unwillkommen *adj* inoportuno; **wir sind dort** ~ ahí nos reciben de mala gana
unwillkürlich *adj* instintivo, involuntario; (*automatisch*) automático; **ich musste** ~ **lachen** no pude contener la risa
unwirklich *adj* (*geh*) irreal
unwirksam *adj* inefectivo, ineficaz; **für** ~ **erklären** declarar sin efecto, declarar nulo; ~ **werden** caducar
Unwirksamkeit *f* <-, *ohne pl*> inefectividad *f*, ineficacia *f*; ~ **eines Rechtsgeschäfts** ineficacia de un negocio jurídico; **absolute/relative** ~ inefectividad absoluta/relativa; **schwebende/teilweise** ~ invalidez pendiente/parcial
Unwirksamkeitserklärung *f* <-, -en> (JUR) declaración *f* de ineficacia [*o* invalidez]
unwirsch ['ʊnvɪrʃ] *adj* malhumorado; (*unfreundlich*) descortés
unwirtlich *adj* inhóspito, inhospitalario
unwirtschaftlich *adj* poco económico, no rentable
Unwissen *nt* <-s, *ohne pl*> ignorancia *f*
unwissend *adj* ignorante; (*unerfahren*) inexperto; (*Kind*) naiv
Unwissenheit *f* <-, *ohne pl*> ignorancia *f*
unwissenschaftlich *adj* poco científico
unwissentlich I. *adj* inconsciente
II. *adv* sin querer, inconscientemente
unwohl *adj* ① (*gesundheitlich*) indispuesto
② (*unbehaglich*) mal; **bei dem Gedanken wird mir** ~ de pensarlo me pongo malo; **sich** ~ **fühlen** no estar a gusto
Unwohlsein *nt* <-s, *ohne pl*> indisposición *f*, malestar *m*
unwohnlich *adj* inhabitable
unwürdig *adj* indigno; **er hat sich der Auszeichnung/des Titels** ~ **erwiesen** ha demostrado ser indigno de la condecoración/del título; **dieses Benehmen ist seiner** ~ este comportamiento no es digno de él
Unzahl *f* <-, *ohne pl*> sinnúmero *m* (de), sinfín *m* (de), montón *m* (de) *fam*
unzählbar [ʊn'tsɛːlbaːɐ, 'ʊntsɛːlbaːɐ] *adj* incontable, innumerable
unzählig *adj* innumerable, incontable; ~**e Mal** incontables [*o* infinitas] veces
unzähligemal ['ʊntsɛːlɪɡə'maːl] *adv s.* **unzählig**
Unze ['ʊntsə] *f* <-, -n> onza *f*
Unzeit *f* <-, -en> (*geh*): **zur** ~ a deshora
unzeitgemäß *adj* anacrónico
unzerbrechlich ['---'--] *adj* irrompible, inquebrantable
unzerkaut I. *adj* no masticado
II. *adv* sin masticar; **die Tabletten** ~ **schlucken** tragar las pastillas sin masticar
unzerstörbar ['--'--] *adj* indestructible
unzertrennlich ['--'--] *adj* inseparable
unzivilisiert *adj* incivilizado, grosero

Unzucht *f* <-, *ohne pl*> (JUR) abusos *mpl* deshonestos; **~ mit Kindern** abuso infantil [*o* de menores]; **gewerbsmäßige ~** prostitución *f*
unzüchtig *adj* impúdico; (*obszön*) obsceno; (*pornografisch*) pornográfico
unzufrieden *adj* insatisfecho (*mit* con), descontento (*mit* de/con/por)
Unzufriedenheit *f* <-, *ohne pl*> descontento *m* (*mit* de/con/por), insatisfacción *f* (*mit* con)
unzugänglich *adj* inaccesible, impenetrable; **~ für etw sein** ser insensible a algo, ser sordo a algo
Unzukömmlichkeit *f* <-, -en> (*Schweiz*) insuficiencia *f*
unzulänglich *adj* (*geh*) insuficiente, deficiente
Unzulänglichkeit *f* <-, -en> insuficiencia *f*
unzulässig *adj* ilícito, prohibido
Unzulässigkeit *f* <-, *ohne pl*> inadmisibilidad *f*, improcedencia *f*
unzumutbar *adj* inaceptable; (*übertrieben*) desmedido; **~e Härte** (JUR) dureza inadmisible
Unzumutbarkeit *f* <-, *ohne pl*> (JUR) inadmisibilidad *f*; **nachträgliche ~** inadmisibilidad posterior
unzurechnungsfähig *adj* incapacitado mental; **jdn für ~ erklären** (JUR) declarar a alguien incapacitado mental
Unzurechnungsfähigkeit *f* <-, -en> (*Schweiz*) incapacidad *f* mental; (JUR) inimputabilidad *f*
unzureichend *adj* insuficiente
unzusammenhängend *adj* incoherente
unzuständig *adj* incompetente; **für eine Klage ~** (JUR) incompetente para conocer de una demanda
Unzuständigkeit *f* <-, *ohne pl*> incompetencia *f*
unzustellbar *adj* de destinatario ignoto; **falls ~, bitte zurück an Absender** en caso de ausencia, devuélvase al remitente
unzutreffend *adj* falso, erróneo; **U~es bitte streichen!** ¡táchese lo que no corresponda!
unzuverlässig *adj* (*Person*) de poca confianza; (*Wetter*) inestable; **~ sein** no ser de fiar
Unzuverlässigkeit *f* <-, *ohne pl*> falta *f* de seriedad; (*Nachlässigkeit*) negligencia *f*
unzweckmäßig *adj* poco conveniente, inadecuado
Unzweckmäßigkeit *f* <-, *ohne pl*>: **bedingt durch die ~ des Schuhwerks bekam ich Blutblasen** debido al calzado inadecuado que llevaba me salieron llagas
unzweideutig *adj* inequívoco
unzweifelhaft **I.** *adj* indudable, innegable
II. *adv* sin duda
Update ['apdɛɪt] *nt* <-s, -s> (INFOR) ❶ (*Updaten*) actualización *f* ❷ (*aktualisierte Version*) versión *f* actualizada
Updaten ['apdɛɪtən] *nt* <-s, *ohne pl*> (INFOR) actualización *f*
uploaden ['aplʊdən] *vt* (INFOR) cargar (en el servidor)
üppig ['ʏpɪç] *adj* (*Vegetation*) exuberante; (*Essen*) abundante; **eine ~e Figur haben** ser gordito
Üppigkeit *f* <-, *ohne pl*> exuberancia *f*; (*Reichhaltigkeit*) opulencia *f*, abundancia *f*; (*Luxus*) suntuosidad *f*
U-Profil ['uːproˌfiːl] *nt* <-s, -e> (TECH) perfil *m* en U
up to date ['aptəˈdeɪt] *adj* (*geh*) al día; **~ sein** estar al día
Ur [uːɐ] *m* <-(e)s, -e> (ZOOL) uro *m*
Urabstimmung ['uːɐ-] *f* <-, -en> referéndum *m* (de huelga)
Uradel *m* <-s, *ohne pl*> nobleza *f* antigua
Urahn(e) *m(f)* <-en o -(e)s, -en; -, -n> (*Vorfahr*) antepasado *m*
Ural [uˈraːl] *m* <-(s)> ❶ (*Gebirge*) (montes *mpl*) Urales *mpl* ❷ (*Fluss*) río *m* Ural
uralt ['uːˌʔalt] *adj* vetusto; (*Person*) viejísimo
Uran [uˈraːn] *nt* <-s, *ohne pl*> (CHEM) uranio *m*
Uranus ['uːranʊs] *m* <-, *ohne pl*> (ASTR) Urano *m*
Uranvorkommen *nt* <-s, -> yacimiento *m* de uranio
uraufˈführen ['uːɐʔaʊfˌfyːrən] *vt* estrenar
Uraufführung *f* <-, -en> estreno *m*
urban [ʊrˈbaːn] *adj* urbano
Urbanisierung *f* <-, -en> urbanización *f*
Urbanität [ʊrbaniˈtɛːt] *f* <-, *ohne pl*> (*geh*) urbanidad *f*
urbar ['uːɐbaːɐ] *adj*: **~ machen** hacer apto para el cultivo, poner en cultivo
Urbarmachung *f* <-, -en> puesta *f* en cultivo
Urbild *nt* <-(e)s, -er> ❶ (*Ursprung*) modelo *m* ❷ (*Ideal*) prototipo *m*, arquetipo *m*
urchig ['ʊrçɪç] *adj* (*Schweiz*) *s.* **urig**
ureigen ['uːɐˌʔaɪgən] *adj* propio; **in ihrem ~en Interesse** en interés propio; **das ist meine ~e Angelegenheit** este asunto me concierne a mí y a nadie más
Ureinwohner(in) *m(f)* <-s, -; -, -nen> indígena *mf*
Urenkel(in) *m(f)* <-s, -; -, -nen> bisnieto, -a *m*, *f*
urgemütlich ['-ˈ---] *adj* (*Stuhl*) comodísimo; (*Atmosphäre*) agradabilísimo, muy acogedor
Urgeschichte *f* <-, *ohne pl*> prehistoria *f*
urgeschichtlich *adj* prehistórico
Urgestein *nt* <-(e)s, -e> roca *f* primitiva [*o* arcaica]
Urgewalt *f* <-, -en> (*geh*) fuerza *f* bruta
Urgroßeltern *pl* bisabuelos *mpl*; **Urgroßmutter** *f* <-, -mütter> bisabuela *f*; **Urgroßvater** *m* <-s, -väter> bisabuelo *m*
Urheber(in) *m(f)* <-s, -; -, -nen> autor(a) *m(f)*; **geistiger ~** promotor espiritual
Urheberpersönlichkeitsrecht *nt* <-(e)s, -e> (JUR) derecho *m* moral de autor; **Urheberrecht** *nt* <-(e)s, -e> (JUR) derechos *mpl* de autor (*an* sobre), derecho *m* de la propiedad intelectual
urheberrechtlich *adj* (JUR) concerniente a los derechos de autor; **~ geschützt** reservados los derechos de autor
Urheberrechtsgesetz *nt* <-es, -e> (JUR) ley *f* sobre la propiedad intelectual; **Urheberrechtsverletzung** *f* <-, -en> (JUR) violación *f* del derecho de la propiedad intelectual; **Urheberrechtsvertrag** *m* <-(e)s, -träge> (JUR) contrato *m* sobre la propiedad intelectual
Urheberschaft *f* <-, *ohne pl*> autoría *f*
Urheberschutz *m* <-es, *ohne pl*> (JUR) protección *f* de la propiedad intelectual; **Urhebervergütung** *f* <-, -en> (JUR) remuneración *f* por derechos de autor
Uri ['uːri] *nt* <-s> (GEO) Uri *m*
urig ['uːrɪç] *adj* (*Mensch*) singular; (*urwüchsig*) castizo, auténtico; **ein ~es Fest** una fiesta autóctona
Urin [uˈriːn] *m* <-s, -e> orina *f*
Urinal [uriˈnaːl] *nt* <-s, -e> ❶ (*Becken*) váter *m* de pared, retrete *m* de pared ❷ (*Gefäß*) cuña *f*
urinieren* [uriˈniːrən] *vi* orinar
Urinprobe *f* <-, -n> prueba *f* de orina
Urinstinkt ['uːɐ-] *m* <-(e)s, -e> instinto *m* primitivo
Urknall *m* <-(e)s, *ohne pl*> big bang *m*
urkomisch ['-ˈ---] *adj* graciosísimo, hilarante
Urkraft *f* <-, -kräfte> fuerza *f* bruta
Urkunde ['uːɐkʊndə] *f* <-, -n> documento *m*, boleta *f SAm*; (*Bescheinigung*) certificado *m*; (*Akte*) acta *f*; **notarielle ~** documento notarial; **öffentliche ~** documento público; **unechte ~** documento falso; **verfälschte ~** documento falsificado; **vollstreckbare ~** documento ejecutivo; **eine ~ über etw ausstellen** expedir un certificado de algo
Urkundenbeweis *m* <-es, -e> (JUR) prueba *f* documental; **Urkundenfälschung** *f* <-, -en> falsificación *f* de documentos; **Urkundenprozess**^RR *m* <-es, -e> (JUR) proceso *m* documental; **Urkundensprache** *f* <-, *ohne pl*> lenguaje *m* documental; **Urkundenunterdrückung** *f* <-, -en> (JUR) ocultación *f* documental; **Urkundenverlesung** *f* <-, -en> (JUR) lectura *f* de documentos
urkundlich *adj* auténtico
Urkundsbeamte(r) *mf* <-n, -n; -n, -n>, **-beamtin** *f* <-, -nen> (JUR) oficial(a) *m(f)* fedatario, -a; **~ der Geschäftsstelle** oficial fedatario de la administración de justicia; **Urkundsperson** *f* <-, -en> (JUR) escribano *m*
URL *m* (INFOR) *Abk. von* **Uniform Resource Locator** URL *m*
urˈladen *irr vt* (INFOR) iniciar el funcionamiento del ordenador
Urladeprogramm *nt* <-s, -e> (INFOR) programa *m* para iniciar el ordenador
Urlandschaft *f* <-, -en> paisaje *m* primitivo [*o* en su estado original]
Urlaub ['uːɐlaʊp] *m* <-(e)s, -e> vacaciones *fpl*; (MIL) licencia *f*; **bezahlter/unbezahlter ~** vacaciones remuneradas/no remuneradas; **~ haben** tener vacaciones; **in** [*o* **im**] **~ sein** estar de vacaciones; **er macht in Portugal ~** está de vacaciones en Portugal; **zwei Wochen ~** dos semanas de vacaciones; **sich** *dat* **einen Tag ~ nehmen** pedir un día libre; **von der Familie/vom Alltag machen** tomarse unas vacaciones de la familia/de la cotidianidad
Urlauber(in) *m(f)* <-s, -; -, -nen> turista *mf*; (*Sommer~*) veraneante *mf*
Urlaubsabgeltung *f* <-, -en> vacaciones *fpl* pagadas [*o* retribuidas]; **Urlaubsanspruch** *m* <-(e)s, -sprüche> derecho *m* a vacaciones; **einen ~ von 26 Tagen haben** tener derecho a 26 días de vacaciones; **Urlaubsgeld** *nt* <-(e)s, -er> paga *f* (extra) de vacaciones, suplemento *m* de vacaciones; **Urlaubsort** *m* <-(e)s, -e> lugar *m* de vacaciones
urlaubsreif *adj* (*fam*): **~ sein** necesitar unas vacaciones
Urlaubsreise *f* <-, -n> viaje *m* (de vacaciones); **Urlaubsschein** *m* <-(e)s, -e> (MIL) hoja *f* de permiso; **Urlaubsstimmung** *f* <-, *ohne pl*> ambiente *m* de vacaciones; **in ~ sein** estar pensando (ya) en las vacaciones, tener ganas de que lleguen las vacaciones [*o* de ir de vacaciones]; **Urlaubstag** *m* <-(e)s, -e> día *m* libre [*o* de vacaciones]; **Urlaubsvertretung** *f* <-, -en> sustitución *f* por vacaciones; **für jdn eine ~ übernehmen** sustituir a alguien durante sus vacaciones; **Urlaubswoche** *f* <-, -n> semana *f* de vacaciones; **Urlaubszeit** *f* <-, -en> época *f* de vacaciones

Urmensch m <-en, -en> hombre m primitivo
Urne ['ʊrnə] f <-, -n> urna f; **zu den ~n gehen** ir a las urnas
Urnenfriedhof m <-(e)s, -höfe> cementerio m de urnas; **Urnengang** m <-(e)s, -gänge> elección f, comicio m; **Urnengrab** nt <-(e)s, -gräber> tumba f con urnas (cinerarias); **Urnenhalle** f <-, -n> sala f de urnas cinerarias
Urologe, -in [uro'lo:gə] m, f <-n, -n; -, -nen> (MED) urólogo, -a m, f
Urologie [urolo'gi:] f <-, ohne pl> (MED) urología f
Urologin f <-, -nen> s. **Urologe**
urologisch adj (MED) urológico; **Chefarzt der ~en Abteilung** médico jefe de la sección de urología
Uroma ['u:ro-] f <-, -s> (fam) bisabuela f; **Uropa** ['u:ɛ-] m <-s, -s> (fam) bisabuelo m
urplötzlich ['-'--] I. adj súbito, repentino
II. adv de repente, de golpe fam
Ursache f <-, -n> causa f; (Beweggrund) motivo m; (Grund) razón f; **~ und Wirkung** causa y efecto; **keine ~!** ¡no hay de qué!; **aus ungeklärter ~** por motivos desconocidos; **die ~ für etw sein** ser la causa de algo; **kleine ~, große Wirkung** (prov) con chica brasa se enciende una casa
Ursachenzusammenhang m <-(e)s, -hänge> (JUR) relación f de causalidad
ursächlich adj causal
Urschrift f <-, -en> escritura f original
Ursprung m <-(e)s, -sprünge> origen m; (Herkunft) procedencia f; (Anfang) principio m; **seinen ~ in etw** dat **haben** tener su origen en algo; **der Stein ist vulkanischen ~s** la piedra es de origen volcánico
ursprünglich ['u:ɐʃprʏŋlɪç] I. adj ❶ (anfänglich) inicial
❷ (unverfälscht) original; (natürlich) natural
II. adv al principio
Ursprünglichkeit f <-, ohne pl> (Unverfälschtheit) originalidad f; (Natürlichkeit) naturalidad f
Ursprungsbezeichnung f <-, -en> denominación f de origen; **Ursprungserzeugnis** nt <-ses, -se> producto m originario; **Ursprungsflughafen** m <-s, -häfen> aeropuerto m de partida; **Ursprungsland** nt <-(e)s, -länder> país m de origen; **Ursprungsvermerk** m <-(e)s, -e> indicación f de origen; **Ursprungszeugnis** nt <-ses, -se> certificado m de origen
Urteil ['ʊrtaɪl] nt <-s, -e> ❶ (Meinung) opinión f, juicio m; **nach meinem ~** en mi opinión; **rechtskräftiges ~** sentencia firme; **das ~ verkünden** pronunciar la sentencia; **sich** dat **ein ~ über etw erlauben** permitirse opinar sobre algo; **ein ~ über jdn fällen** emitir un juicio sobre alguien; **sich** dat **ein ~ über jdn/etw bilden** formarse una idea de alguien/algo
❷ (JUR) sentencia f, fallo m; **abweisendes ~** sentencia rechazable; **rechtskräftiges ~** sentencia firme; **vorläufig vollstreckbares ~** sentencia ejecutoria provisional; **Bekanntmachung des ~** publicación de la sentencia; **Niederlegung des ~** presentación de la sentencia; **ein ~ abändern/aufheben** modificar/anular una sentencia; **ein ~ abfassen** redactar una sentencia; **das ~ über jdn sprechen** dictar sentencia sobre alguien
urteilen ['ʊrtaɪlən] vi juzgar; (meinen) opinar; **urteile selbst!** ¡juzga tú mismo!; **du hast vorschnell über ihn geurteilt** le has juzgado prematuramente; **nach seinem Aussehen zu ~ ...** a juzgar por su aspecto exterior...
Urteilsausfertigung f <-, -en> copia f de la sentencia; **Urteilsbegründung** f <-, -en> considerandos mpl; **Urteilsberichtigung** f <-, -en> corrección f de sentencia; **Urteilsergänzung** f <-, -en> complemento m de sentencia; **Urteilserschleichung** f <-, -en> (JUR) obrepción f de sentencia; **Urteilsforderung** f <-, -en> (JUR) reclamación f de sentencia; **Urteilskraft** f <-, ohne pl> juicio m, discernimiento m; **Urteilsrubrum** nt <-s, -rubra o -rubren> (JUR) encabezamiento m de sentencia; **Urteilsspruch** m <-(e)s, -sprüche> sentencia f, fallo m; **Urteilsverkündung** f <-, -en> pronunciación f de la sentencia, pronunciamiento f de la sentencia; **Urteilsvermögen** nt <-s, ohne pl> capacidad f para juzgar, discernimiento m; **Urteilsvollstreckung** f <-, -en> ejecución f de la sentencia; **Urteilszustellung** f <-, -en> notificación f de la sentencia
Urtext m <-es, -e> texto m original
Urtierchen ['u:ɐti:ɛçən] nt <-s, -> (ZOOL) protozoo m
urtümlich ['u:ɐty:mlɪç] adj primitivo, castizo, arcaico
Uruguay [uru'ɡuaɪ] nt <-s> Uruguay m
Uruguayer(in) [uru'ɡua:jɐ] m(f) <-s, -; -, -nen> uruguayo, -a m, f
uruguayisch [uru'ɡua:jɪʃ] adj uruguayo
Ururenkel(in) ['u:ɐʔu:ɐ-] m(f) <-s, -; -, -nen> tataranieto, -a m, f; **Ururgroßmutter** f <-, -mütter> tatarabuela f; **Ururgroßvater** m <-s, -väter> tatarabuelo m
urverwandt ['u:ɐfɛɐvant] adj (a. LING) de origen común; **miteinander ~ sein** (Sprachen) proceder de un mismo tronco [o de una misma lengua común]

Urviech ['u:ɐfi:ç] nt <-(e)s, -er>, **Urvieh** nt <-(e)s, -viecher> (fam) tío m raro, tía f rara
Urvogel m <-s, -vögel> archaeopteryx m
Urwald ['u:ɐvalt, pl: 'u:ɐvɛldɐ] m <-(e)s, -wälder> selva f
Urwelt f <-, -en> mundo m primitivo
urweltlich adj primitivo
urwüchsig ['u:ɐvy:ksɪç] adj de pura cepa, castizo; (natürlich) natural
Urzeit f <-, -en> tiempos mpl primitivos; (HIST) prehistoria f; **vor ~en** hace un montón de tiempo fam; **seit ~en** desde que el mundo existe
urzeitlich adj prehistórico
Urzustand m <-(e)s, -stände> estado m primitivo
USA [u:ʔɛs'ʔa:] pl Abk. von **United States of America** EE.UU. mpl
US-Amerikaner(in) [u:'ʔɛs-] m(f) <-s, -; -, -nen> estadounidense mf
US-amerikanisch adj estadounidense
Usance [y'zã:s] f <-, -n> (geh a. COM) costumbre f (comercial), uso m (mercantil)
usancegemäß adj (COM) conforme a los usos mercantiles
Usbeke, -in [ʊs'be:kə] m, f <-n, -n; -, -nen> uzbeko, -a m, f
usbekisch adj uzbeko
Usbekistan [ʊs'be:kista:n] nt <-s> Uzbekistán m
User ['ju:zɐ] m <-s, -> (INFOR) usuario m
User-ID f <-, -s> (INFOR) Abk. von **User-Identification** identificación f del usuario
usf. Abk. von **und so fort** y así sucesivamente
Usowechsel m <-s, -> (FIN) letra f de vencimiento usual
Usurpator(in) [uzʊr'pa:toːɐ] m(f) <-s, -en; -, -nen> usurpador(a) m(f)
usurpieren* [uzʊr'pi:rən] vt usurpar
Usus ['u:zʊs] m <-, ohne pl> (fam) costumbre f; **das ist hier so ~** es la costumbre
usw. Abk. von **und so weiter** etc.
Utensil nt <-s, -ien> utensilio m
Uterus ['u:tərʊs, pl: 'u:teri] m <-s, Uteri> (MED) útero m
Utilitarismus [utilita'rɪsmʊs] m <-, ohne pl> (PHILOS) utilitarismo m
utilitaristisch adj utilitarista
Utopie [uto'pi:] f <-, -n> utopía f
utopisch [u'to:pɪʃ] adj utópico
Utopist(in) m(f) <-en, -en; -, -nen> utopista mf
u.U. Abk. von **unter Umständen** dado el caso
u.ü.V. Abk. von **unter üblichem Vorbehalt** salvo buen fin
UV Abk. von **Ultraviolett** rayos mpl ultravioletas
u.v.a.(m.) Abk. von **und viele(s) andere (mehr)** y mucho(s) más
U.v.D. m <-s, -s> (MIL) Abk. von **Unteroffizier vom Dienst** suboficial m de servicio
UV-Strahlen [u:'faʊ-] mpl radiaciones fpl ultravioletas
Ü-Wagen m <-s, -, südd, Österr: -Wägen> (RADIO, TV) coche m tra(n)smisor

V

V, v [faʊ] nt <-, -> V, v f; **~ wie Viktor** V de Valencia
v. Abk. von **von** de
V ❶ Abk. von **Volt** V
❷ Abk. von **Volumen** vol.
❸ (CHEM) Abk. von **Vanadium** V
VA Abk. von **Voltampere** VA
Vabanquespiel [va'bãk-] nt <-(e)s, -e> juego m de alto riesgo
Vaduz [fa'dʊts, va'du:ts] nt <-> Vaduz m
Vagabund(in) m(f) <-en, -en; -, -nen> vagabundo, -a m, f; bagamán m Kol, DomR
vagabundieren* [vaɡabʊn'di:rən] vi sein vagabundear (durch por)
Vagabundin f <-, -nen> s. **Vagabund**
vage [va:gə] adj vago, impreciso
Vagina [va'gi:na] f <-, Vaginen> (ANAT) vagina f
vaginal [vagi'na:l] adj vaginal
Vaginalzäpfchen nt <-s, -> (MED) supositorio m vaginal
Vaginen pl von **Vagina**
vakant [va'kant] adj vacante
Vakanz [va'kants] f <-, -en> (puesto m) vacante f
Vakuum ['va:kuʊm, pl: 'va:kua] nt <-s, Vakua o Vakuen> vacío m
Vakuumdestillation f <-, -en> (CHEM) destilación f al vacío; **Vakuumfilter** m <-s, -> (TECH) filtro m de vacío; **Vakuummetallisierung** f <-, -en> (TECH) metalización f al vacío; **Vakuumröhre** f <-, -n> tubo m de vacío; **Vakuumspektrograph** m <-en, -en> (TECH) espectrógrafo m de vacío; **Vakuumtrocknung** f <-, ohne pl> (TECH) secado m al vacío; **Vakuumverdampfer** m <-s, -> (TECH) evaporador

m al vacío
vakuumverpackt *adj* envasado al vacío
Vakuumverpackung *f* <-, -en> envase *m* al vacío
Vakzin *nt* <-s, -e> (MED), **Vakzine** *f* <-, -n> (MED) vacuna *f*
Valentinstag ['valɛntiːns-] *m* <-(e)s, -e> día *m* de San Valentín, día *m* de los enamorados
Valenz [va'lɛnts] *f* <-, -en> (CHEM, LING) valencia *f*
Valetta [va'lɛta] *f*: **La ~** La Valetta *f*
Valoren *mpl* (WIRTSCH) ❶ (*Wertsachen*) objetos *mpl* de valor
❷ (*Wertpapiere*) valores *mpl*
Valuta [va'luːta] *f* <-, Valuten> (WIRTSCH, FIN) ❶ (*Währung*) moneda *f* extranjera, divisa *f*; **harte ~** divisa fuerte, moneda extranjera fuerte
❷ (*Wertstellung*) (fijación *f* del) valor *m*
Valutaaufwertung *f* <-, -en> (WIRTSCH) revaluación *f* de divisas; **Valutadumping** *nt* <-s, ohne pl> (WIRTSCH) dumping *m* de divisas; **Valutaeinnahmen** *fpl* (WIRTSCH) ingresos *mpl* en divisas; **Valutaentwertung** *f* <-, -en> (WIRTSCH) depreciación *f* de divisas, desvalorización *f* de divisas; **Valutageschäft** *nt* <-(e)s, -e> (WIRTSCH) operación *f* en divisas; **Valutakurs** *m* <-es, -e> (WIRTSCH) tipo *m* de cambio de divisas; **Valutanotierung** *f* <-, -en> (WIRTSCH) cotización *f* de divisas; **Valutarisiko** *nt* <-s, -risiken> (WIRTSCH) riesgo *m* en el cambio de divisas; **Valutaschuld** *f* <-, -en> (WIRTSCH) deuda *f* en divisas; **Valutaverhältnis** *nt* <-ses, -se> (FIN) relación *f* entre las divisas; **Valutawechsel** *m* <-s, -> (FIN) cambio *m* de moneda; **Valutawerte** *mpl* (FIN) valores *mpl* en divisas
Vamp [vɛ(ː)mp] *m* <-s, -s> vampiresa *f*
Vampir [vam'piːɐ] *m* <-s, -e> vampiro *m*
Vanadium [va'naːdiʊm] *nt* <-s, ohne pl> (CHEM) vanadio *m*
Vandale, -in [van'daːlə] *m, f* <-n, -n; -, -nen> (*a.* HIST) vándalo, -a *m, f*
Vandalismus [vanda'lɪsmʊs] *m* <-, ohne pl> vandalismo *m*
Vanille [va'nɪl(j)ə] *f* <-, ohne pl> vainilla *f*
Vanilleeis *nt* <-es, ohne pl> helado *m* de vainilla; **Vanillepudding** *m* <-s, -s *o* -e> (GASTR) budín *m* de vainilla, pudding *m* de vainilla (*similar a las natillas*); **Vanillesauce** *f* <-, -n> salsa *f* de vainilla; **Vanilleschote** *f* <-, -n>, **Vanillestange** *f* <-, -n> vainilla *f* en rama; **Vanillezucker** *m* <-s, ohne pl> vainilla *f* azucarada
Vanillin [vanɪ'liːn] *nt* <-s, ohne pl> esencia *f* de vainilla, vainillina *f*
variabel [vari'aːbəl] *adj* variable
Variable [vari'aːblə] *f* <-n, -n> (MATH, PHYS) variable *f*
Variante [vari'antə] *f* <-, -n> (*a.* LIT) variante *f*
Varianz [vari'ants] *f* <-, -en> (MATH) varianza *f*
Variation [varia'tsjoːn] *f* <-, -en> (*a.* MUS, MATH, BIOL) variación *f*
Varietät [varie'tɛːt] *f* <-, -en> variedad *f*
Varieté *nt* <-s, -s>, **Varietee**^{RR} [varie'teː] *nt* <-s, -s> (espectáculo *m* de) variedades *fpl*
variieren* [vari'iːrən] *vt, vi* variar, cambiar
Vasall [va'zal] *m* <-en, -en> (*a. fig* HIST) vasallo, -a *m, f*
Vase ['vaːzə] *f* <-, -n> jarrón *m*; (*Blumen~*) florero *m*
Vaseline *f* <-, ohne pl> vaselina *f*
Vasoresektion *f* <-, -en> (MED) vasectomía *f*
Vater ['faːtɐ, *pl*: 'fɛːtɐ] *m* <-s, Väter> padre *m*; **~ von zwei Kindern** padre de dos hijos; **der Heilige ~** el Santo Padre; **~ Staat bestimmt unsere Steuern** el bueno del Estado decide los impuestos que tenemos que pagar
Vaterhaus *nt* <-es, -häuser> (*geh*) casa *f* paterna, hogar *m* paterno; **Vaterland** *nt* <-(e)s, -länder> (*geh*) patria *f*
vaterländisch *adj* (*geh*) patriótico
Vaterlandsliebe *f* <-, ohne pl> amor *m* a la patria; **Vaterlandsverräter(in)** *m(f)* <-s, -; -, -nen> (POL) traidor(a) *m(f)* a la patria
väterlich ['fɛːtɐlɪç] *adj* ❶ (*vom Vater*) paterno
❷ (*wie ein Vater*) paternal
väterlicherseits [-tsaɪts] *adv* por parte de padre, por línea paterna; **meine Großeltern ~** mis abuelos paternos
Vaterliebe *f* <-, ohne pl> amor *m* de padre
vaterlos *adj* sin padre; (*verwaist*) huérfano de padre
Vatermord *m* <-(e)s, -e> parricidio *m*; **Vatermörder(in)** *m(f)* <-s, -; -, -nen> parricida *mf*
Vaterschaft *f* <-, -en> paternidad *f*; **die ~ anerkennen** reconocer la paternidad
Vaterschaftsanerkennung *f* <-, ohne pl> reconocimiento *m* de la paternidad; **Vaterschaftsfeststellung** *f* <-, ohne pl> constatación *f* de la paternidad; **Vaterschaftsklage** *f* <-, -n> acción *f* de filiación; **Vaterschaftsnachweis** *m* <-es, -e> prueba *f* de paternidad; **Vaterschaftsvermutung** *f* <-, ohne pl> presunción *f* de paternidad
Vaterstadt *f* <-, -städte> ciudad *f* natal; **Vaterstelle** *f* <-, ohne pl>: **bei** [*o* **an**] **jdm ~ vertreten** hacer las veces de padre con alguien; **Vatertag** *m* <-(e)s, -e> día *m* del padre
Vaterunser ['--'--, --'--] *nt* <-s, -> padrenuestro *m*; **das ~ sagen/beten** decir/rezar el Padrenuestro

Vati ['faːti] *m* <-s, -s> (*fam*) papá *m*, papi *m*, tata *m Am*
Vatikan [vati'kaːn] *m* <-s> Vaticano *m*
Vatikanstadt *f* Ciudad *f* del Vaticano
V-Ausschnitt ['faʊʔaʊsʃnɪt] *m* <-(e)s, -e> escote *m* de pico
v. Chr. *Abk. von* **vor Christus** a.C., a. de C.
VEB *Abk. von* **volkseigener Betrieb** empresa *f* nacionalizada
V-Effekt *m* <-(e)s, -e> (LIT) *s.* **Verfremdungseffekt**
Vegetarier(in) [vege'taːriɐ] *m(f)* <-s, -; -, -nen> vegetariano, -a *m, f*
vegetarisch *adj* vegetariano; **sie isst nur ~** come sólo comida vegetariana
Vegetation [vegeta'tsjoːn] *f* <-, -en> vegetación *f*
Vegetationsdecke *f* <-, -n> capa *f* de vegetación; **Vegetationszeit** *f* <-, -en> tiempo *m* de vegetación
vegetativ [vegeta'tiːf] *adj* (MED, BIOL) vegetativo; **das ~e Nervensystem** el sistema nervioso vegetativo; **sich ~ vermehren** reproducirse vegetativamente
vegetieren* [vege'tiːrən] *vi* ❶ (BOT) vegetar
❷ (*abw: Mensch*) vivir miserablemente
vehement [vehe'mɛnt] *adj* vehemente
Vehemenz [vehe'mɛnts] *f* <-, ohne pl> vehemencia *f*
Vehikel [ve'hiːkəl] *nt* <-s, -> ❶ (*fam: Auto*) cacharro *m*, cafetera *f*
❷ (*Hilfsmittel, a.* MED) vehículo *m*
Veilchen ['faɪlçən] *nt* <-s, -> ❶ (BOT) violeta *f*
❷ (*fam: blaues Auge*) ojo *m* morado
veilchenblau ['---'-] *adj* violáceo, violeta
Vektor ['vɛktoːɐ] *m* <-s, -en> (MATH, PHYS) vector *m*
Vektorgrafik *f* <-, -en> (INFOR) gráfico *m* de vectores; **Vektorrechnung** *f* <-, -en> análisis *m inv* vectorial
Velar [ve'laːɐ, *pl*: ve'laːrə] *m* <-s, -e>, **Velarlaut** *m* <-(e)s, -e> (LING) (sonido *m*) velar *m*
Velo ['veːlo] *nt* <-s, -s> (*Schweiz*) bicicleta *f*
Velours [ve'luːɐ] *m* <-, -> terciopelo *m*
Veloursleder *nt* <-s, -> terciopelo *m*; **Veloursteppichboden** *m* <-s, -böden> moqueta *f* de terciopelo
Vene ['veːnə] *f* <-, -n> (ANAT) vena *f*
Venedig [ve'neːdɪç] *nt* <-s> Venecia *f*
Venenentzündung *f* <-, -en> flebitis *f inv*; **Venenmittel** *nt* <-s, -> (MED) medicamento *m* para las venas
venerisch [ve'neːrɪʃ] *adj* (MED) venéreo
Venetien [ve'neːtsiən] *nt* <-s> Véneto *m*
venezianisch [vene'tsjaːnɪʃ] *adj* veneciano
Venezolaner(in) [venetso'laːnɐ] *m(f)* <-s, -; -, -nen> venezolano, -a *m, f*
venezolanisch *adj* venezolano
Venezuela [venetsu'eːla] *nt* <-s> Venezuela *f*
venös [ve'nøːs] *adj* (MED) venoso
Ventil [vɛn'tiːl] *nt* <-s, -e> ❶ (TECH) válvula *f*
❷ (*an Musikinstrument*) pistón *m*
Ventilation [vɛntila'tsjoːn] *f* <-, -en> ventilación *f*
Ventilator [vɛntila'toːɐ] *m* <-s, -en> ventilador *m*
ventilieren* [vɛnti'liːrən] *vt* ❶ (*lüften*) ventilar, airear
❷ (*prüfen, erörtern*) ventilar, considerar detenidamente
ventral *adj* (MED) ventral
Venus ['veːnʊs] *f* <-, ohne pl> ❶ (ASTR) Venus *m*
❷ (*Göttin*) Venus *f*
verabfolgen* *vt* (*formal alt*) *s.* **verabreichen**
verabreden* [fɛɐ'ʔapreːdən] I. *vt* convenir; (*Zeit, Ort*) fijar; **wie verabredet** como estaba convenido; **zum verabredeten Zeitpunkt** a la hora convenida; **wir haben verabredet, dass ...** quedamos en que...; **mit jdm verabredet sein** tener una cita con alguien; **ich bin schon verabredet** ya he quedado, tengo un compromiso
II. *vr*: **sich ~** citarse, quedar *fam*; **wir haben uns um acht verabredet** hemos quedado a las ocho; **sie haben sich am Bahnhof verabredet** han quedado en la estación
Verabredung *f* <-, -en> ❶ (*Treffen*) cita *f*; **eine ~ einhalten** acudir (puntualmente) a una cita
❷ (*Vereinbarung*) acuerdo *m*, convenio *m*; **eine ~ einhalten** cumplir con un compromiso; **mit jdm eine ~ treffen** llegar a un acuerdo con alguien
verabreichen* *vt* (*Medizin*) administrar, dar
verabscheuen* *vt* detestar, aborrecer
verabschieden* [fɛɐ'ʔapʃiːdən] I. *vt* ❶ (*Person*) despedir
❷ (*Gesetz, Haushalt*) aprobar
II. *vr*: **sich ~** despedirse (*von de*)
Verabschiedung *f* <-, -en> ❶ (*Person*) despedida *f*
❷ (*Gesetz, Haushalt*) aprobación *f*
verabsolutieren* [fɛɐʔapsolu'tiːrən] *vt* generalizar
verachten* *vt* despreciar, desdeñar; **etw ist nicht zu ~** (*fam*) algo no está nada mal

Verächter(in) *m(f)* <-s, -; -, -nen> despreciador(a) *m(f)*
verachtfachen* I. *vt* octuplicar; **... und diese Zahl müssen Sie ~** ...y esta cifra multiplíquela por ocho
II. *vr:* **sich ~** octuplicarse
verächtlich [fɛɐˈʔɛçtlɪç] I. *adj* ❶ (*mit Verachtung*) desdeñoso, despectivo
❷ (*abw: verachtenswert*) desdeñable, despreciable, pinche *Mex;* **etw/jdn ~ machen** desprestigiar algo/a alguien
II. *adv* con desprecio
Verachtung *f* <-, *ohne pl*> desprecio *m*, menosprecio *m;* **voller ~** lleno de desprecio; **jdn mit ~ strafen** mostrar desprecio por alguien
veralbern* *vt* tomar el pelo, poner en ridículo
verallgemeinern* [---ˈ--] *vt* generalizar
Verallgemeinerung *f* <-, -en> generalización *f*
veralten* [fɛɐˈʔaltən] *vi sein* (*Geräte*) anticuarse; (*Ansichten*) pasar de moda; (*Wort, Methode*) caer en desuso
veraltet [fɛɐˈʔaltət] *adj* (*Gerät*) anticuado; (*Ansichten, Methode*) anticuado, pasado de moda
Veranda [veˈranda] *f* <-, Veranden> terraza *f* acristalada
veränderlich [fɛɐˈʔɛndɛlɪç] *adj* variable; (*Wesen*) versátil
Veränderlichkeit *f* <-, -en> variabilidad *f;* (*im Wesen*) versatilidad *f*
verändern* I. *vt* cambiar, modificar; (*verwandeln*) transformar; **seine Frisur ~** cambiar de peinado
II. *vr:* **sich ~** cambiar; (*beruflich*) cambiar de trabajo; **du hast dich sehr verändert** has cambiado mucho; **er hat sich zu seinem Nachteil verändert** ha cambiado para peor
Veränderung *f* <-, -en> cambio *m;* (*Abänderung*) modificación *f;* (*Verwandlung*) transformación *f;* **-en unterliegen** estar sujeto a cambios; **eine ~ an etw** *dat* **vornehmen** realizar cambios en algo, hacer una modificación en algo
verängstigen* *vt* intimidar, amedrentar
verankern* *vt* ❶ (*Schiff*) fondear
❷ (*Säule*) sujetar, fijar; **etw in der Verfassung ~** establecer algo en la constitución
Verankerung *f* <-, -en> fijación *f*, anclaje *m*
veranlagen* [fɛɐˈʔanlaːgən] *vt* tasar (*mit* en); **die Steuern ~** fijar la tributación; **zu hoch ~** sobretasar; **nicht veranlagt** no tasado
veranlagt [fɛɐˈʔanlaːkt] *adj:* **für etw ~ sein** tener predisposición para algo; **künstlerisch ~ sein** tener talento artístico; **praktisch ~ sein** ser un manitas; **nicht ~ sein etw zu tun** no tener predisposición para hacer algo
Veranlagung *f* <-, -en> ❶ (*Neigung*) predisposición (*zu* para/a)
❷ (FIN) tasación *f* de los impuestos, liquidación *f* tributaria; **gemeinsame ~** tasación conjunta, liquidación tributaria conjunta; **getrennte ~** liquidación tributaria separada
veranlagungsfähig *adj* (JUR) liquidable
Veranlagungsgrundlage *f* <-, -n> (FIN) base *f* de la tasación; **Veranlagungsjahr** *nt* <-(e)s, -e> (FIN) ejercicio *m* de la tasación
veranlagungspflichtig *adj* (FIN) sujeto a liquidación
Veranlagungssteuer *f* <-, -n> (FIN) impuesto *m* sujeto a liquidación; **Veranlagungszeitraum** *m* <-(e)s, -räume> (FIN) período *m* de tasación
veranlassen* *vt* ❶ (*anordnen*) disponer, ordenar; **bitte ~ Sie, dass ...** por favor disponga que... +*subj;* **wir werden alles weitere ~** arreglaremos todo lo demás
❷ (*bewirken*) motivar, llevar; **sich zu etw** *dat* **veranlasst sehen** verse obligado a hacer algo; **jdn zu etw** *dat* **~** inducir a alguien a hacer algo; **was hat dich zu diesem Schritt veranlasst?** ¿qué te ha llevado a dar este paso?
Veranlassung *f* <-, -en> ❶ (*Grund*) motivo *m*, razón *f;* **keine(rlei) ~ haben etw zu tun** no tener (ninguna) razón para hacer algo; **dazu besteht keine ~** no existe motivo para eso
❷ (*Anordnung*) orden *f;* (*Anregung*) iniciativa *f;* **auf jds ~** por orden de alguien; **auf meine ~** siguiendo mis deseos, por iniciativa mía
Veranlassungsprinzip *nt* <-s, *ohne pl*> (JUR) principio *m* de la causación
veranschaulichen* *vt* ilustrar; (INFOR) visualizar
Veranschaulichung *f* <-, -en> ilustración *f;* (INFOR) visualización *f;* **zur ~** a modo de explicación [*o* de aclaración]
veranschlagen* *vt* (*Zeit*) calcular (*für* para); (*Kosten*) evaluar (*mit/auf* en), tasar (*mit/auf* en)
veranstalten* *vt* (*planen*) organizar; (*durchführen*) realizar, hacer
Veranstalter(in) *m(f)* <-s, -; -, -nen> organizador(a) *m(f)*
Veranstaltung *f* <-, -en> acto *m*
Veranstaltungskalender *m* <-s, -> cartelera *f* de espectáculos; **Veranstaltungsort** *m* <-(e)s, -e> lugar *m* del acto
verantworten I. *vt* responder (de), ser responsable (de); **das kann ich nicht ~** no asumo la responsabilidad; **es ist nicht zu ~, dass ...** es irresponsable que... +*subj;* **wer verantwortet es, wenn ...?** ¿quién se hace responsable de si...?
II. *vr:* **sich ~** justificarse (*für/wegen* por); **sie muss sich vor Gericht ~** tiene que justificarse ante el tribunal
verantwortlich *adj* ❶ (*Person*) responsable (*für* de); **für jdn/etw ~ sein** ser responsable de alguien/algo; **er ist dem Chef ~** tiene que responsabilizarse ante el jefe; **jdn für etw ~ machen** responsabilizar a alguien de algo
❷ (*Tätigkeit*) de responsabilidad
Verantwortliche(r) *mf* <-n, -n; -n, -n> responsable *mf;* **der für etw ~ sein** ser el responsable de algo
Verantwortlichkeit *f* <-, -en> responsabilidad *f;* **~ delegieren** delegar responsabilidad; **alleinige/strafrechtliche ~** responsabilidad exclusiva/jurídico-penal
Verantwortung *f* <-, -en> responsabilidad *f* (*für* de); **soziale ~** responsabilidad social; **die ~ für etw tragen** ser responsable de alguien/algo; **die ~ für etw übernehmen** asumir la responsabilidad de algo; **jdn für etw zur ~ ziehen** hacer a alguien responsable de algo; **jdn gerichtlich zur ~ ziehen** hacer responder a alguien por vía judicial; **sich aus der ~ stehlen** eludir la responsabilidad, lavarse las manos; **auf eigene ~** bajo propia responsabilidad; **auf deine ~!** ¡bajo tu (propia) responsabilidad!
verantwortungsbewusst[RR] *adj* consciente de su responsabilidad
Verantwortungsbewusstsein[RR] *nt* <-s, *ohne pl*> sentido *m* de responsabilidad
verantwortungslos *adj* irresponsable; **sich ~ verhalten** comportarse de manera [*o* como un] irresponsable
Verantwortungslosigkeit *f* <-, *ohne pl*> irresponsabilidad *f*
verantwortungsvoll *adj* ❶ (*Aufgabe, Tat*) de gran responsabilidad
❷ (*Person*) muy responsable
veräppeln* [fɛɐˈʔɛpəln] *vt* (*fam*) tomar el pelo (a), guasearse (de)
verarbeiten* *vt* ❶ (*Material*) emplear, utilizar
❷ (*bearbeiten*) trabajar, manufacturar; (*umwandeln*) transformar (*zu* en); **~de Industrie** industria transformadora; **der Roman ist zu einem Film verarbeitet worden** la novela fue adaptada al cine
❸ (*verbrauchen*) gastar
❹ (*Speisen, Eindrücke*) digerir, asimilar
verarbeitet *adj:* **gut/schlecht ~ sein** bien/mal fabricado [*o* hecho]; **sorgfältig/nachlässig ~ sein** estar fabricado [*o* hecho] a conciencia/con dejadez
Verarbeitung *f* <-, -en> ❶ (*Bearbeitung*) trabajo *m*, tratamiento *m;* (*von Daten*) tratamiento *m*, procesamiento *m;* (*Umwandlung*) transformación *f*
❷ (*Verdauung*) digestión *f*
❸ (*Aussehen, Ausführung*) acabado *m*
Verarbeitungsbetrieb *m* <-(e)s, -e> empresa *f* de transformación; **Verarbeitungsindustrie** *f* <-, -n> industria *f* de transformación; **Verarbeitungskosten** *pl* costes *mpl* de transformación; **Verarbeitungsprogramm** *nt* <-s, -e> (INFOR) programa *m* de procesamiento; **Verarbeitungszeit** *f* <-, -en> (INFOR) tiempo *m* de procesamiento
verargen* [fɛɐˈʔargən] *vt* (*geh*): **jdm etw ~** tomar a mal algo a alguien; **ich kann es ihm nicht ~, dass ...** no le puedo tomar a mal que... +*subj*
verärgern* *vt* fastidiar
verärgert *adj* enfadado, enojado, incómodo *CSur*, grifo *Mex*
Verärgerung *f* <-, -en> enfado *m*, contrariedad *f*, disgusto *m;* **seine ~ war ihm anzumerken** se le notaba el enfado [*o* que estaba contrariado] [*o* que estaba disgustado]
verarmen* *vi sein* empobrecer; **eine Bevölkerung ~ lassen** pauperizar una población
Verarmung *f* <-, *ohne pl*> empobrecimiento *m;* **~ des Schenkers** empobrecimiento del donador
verarschen* *vt* (*fam*) tomar el pelo (a), cachondearse (de) *vulg;* **willst du mich ~?** ¿quieres tomarme el pelo?
verarzten* *vt* (*fam*) tratar
veraschen* *vt* incinerar
Veraschung *f* <-, *ohne pl*> incineración *f*
verästeln* [fɛɐˈʔɛstəln] *vr:* **sich ~** ramificarse (*in* en)
Verästelung *f* <-, -en> ramificación *f*
Verätzung *f* <-, -en> (MED) abrasión *f*
verausgaben* [-ˈ---] *vr:* **sich ~** agotar sus fuerzas, dejarse la piel (*bei* en) *fam;* **sie hat sich völlig verausgabt** ha puesto toda la carne en el asador; **sich finanziell ~** agotar todos sus recursos económicos
verauslagen* [fɛɐˈʔaʊslaːgən] *vt* (*formal*) pagar por adelantado, adelantar; **die Reisekosten für jdn ~, jdm die Reisekosten ~** pagar por adelantado los gastos de viaje a alguien
veräußerbar *adj* enajenable
Veräußerer, -in *m, f* <-s, -; -, -nen> enajenante *mf*, transmitente *mf*
veräußerlich *adj* enajenable
veräußern* *vt* ❶ (*übereignen*) transferir (*an* a); (*verkaufen*) vender (*an* a)

❷ (JUR: *abtreten*) ceder (*an* a)

Veräußerung *f* <-, -en> ❶ (*Übereignung*) enajenación *f*; (*Verkauf*) venta *f*; ~ **des Streitgegenstandes** enajenación del objeto contencioso; ~ **von Vermögenswerten** traspaso de valores patrimoniales ❷ (JUR: *Abtreten*) cesión *f*

Veräußerungsbeschränkungen *fpl* limitaciones *fpl* de enajenación; ~ **durch Zwangsvollstreckung** limitaciones de enajenación por ejecución forzosa; **arbeitsrechtliche/sachenrechtliche** ~ limitaciones jurídico-laborales/jurídico-reales; **Veräußerungseinkünfte** *pl* ingresos *mpl* por enajenación; **Veräußerungserlös** *m* <-es, -e> producto *m* de la enajenación; **Veräußerungsgewinn** *m* <-(e)s, -e> beneficios *mpl* de venta; **Veräußerungskosten** *pl* costes *mpl* de enajenación; **Veräußerungspflicht** *f* <-, *ohne pl*> deber *m* de enajenación; **Veräußerungspreis** *m* <-es, -e> precio *m* de enajenación; **Veräußerungsrecht** *nt* <-(e)s, -e> derecho *m* de traspaso [*o* de cesión]; **Veräußerungsverbot** *nt* <-(e)s, -e> prohibición *f* de enajenar [*o* de enajenación]; **gesetzliches/rechtsgeschäftliches** ~ prohibición legal/comercial de enajenar; **Veräußerungsverlust** *m* <-(e)s, -e> pérdida *f* por [*o* de] enajenación; **Veräußerungsvertrag** *m* <-(e)s, -träge> contrato *m* de enajenación

Verb [vɛrp] *nt* <-s, -en> (LING) verbo *m*
Verba *pl von* **Verbum**
verbal [vɛrˈbaːl] *adj* (a. LING) verbal
verballhornen* [fɛɐˈbalhɔrnən] *vt* desfigurar
Verbalphrase *f* <-, -n> (LING) locución *f* verbal
Verband *m* <-(e)s, -bände> ❶ (MED) vendaje *m*
❷ (*Vereinigung*) asociación *f*
❸ (MIL) unidad *f*
Verband(s)kasten *m* <-s, -kästen> botiquín *m* de emergencia
Verbandsklage *f* <-, -n> (JUR) demanda *f* colectiva, acción *f* colectiva
Verband(s)material *nt* <-s, -ien> (MED) material *m* de vendaje, apósitos *mpl*; **Verband(s)mull** *m* <-(e)s, -e> (MED) gasa *f* hidrófila; **Verband(s)päckchen** *nt* <-s, -> venda *f*, vendaje *m*; **Verband(s)pflaster** *nt* <-s, -> esparadrapo *m* (para vendajes)
Verbandsrecht *nt* <-(e)s, *ohne pl*> (JUR) derecho *m* de asociación; **Verband(s)stoff** *m* <-(e)s, -e> tela *f* para vendajes
Verbandsübereinkunft *f* <-, -künfte> (JUR) convenio *m* de asociación
Verband(s)watte *f* <-, *ohne pl*> algodón *m* (hidrófilo); **Verband(s)zellstoff** *m* <-(e)s, -e> celulosa *f* para vendajes; **Verband(s)zeug** *nt* <-(e)s, -e> vendaje *m*, apósitos *mpl*
verbannen* [fɛɐˈbanən] *vt* desterrar, proscribir; **ein Wort aus seinem Wortschatz** ~ suprimir [*o* desterrar] una palabra de su vocabulario
Verbannte(r) *mf* <-n, -n; -n, -n> desterrado, -a *m, f*
Verbannung *f* <-, -en> destierro *m*; **jdn in die** ~ **schicken** desterrar a alguien
verbarrikadieren* [fɛɐbarikaˈdiːrən] I. *vt* levantar barricadas (en); (*Eingang*) bloquear (*mit con*)
II. *vr:* **sich** ~ montar una barricada
verbauen* *vt* ❶ (*versperren*) obstruir (con edificios); (*Aussicht*) quitar, tapar; **du hast dir alle Chancen verbaut** te has cerrado el camino
❷ (*Material*) emplear en la construcción; (*Geld*) gastar en la construcción
❸ (*abw: schlecht bauen*) construir mal
verbeamten* [--ˈ--] *vt* nombrar funcionario (público)
verbeißen* *irr* I. *vt:* **sich** *dat* **etw** ~ reprimir algo, contener algo; (*Schmerz*) aguantar; **ich konnte mir das Lachen kaum** ~ apenas pude contener la risa
II. *vr:* **sich** ~ (*Tier*) hincar los dientes (*in* en); (*Person*) obstinarse (*in* en); **sie hat sich in das Problem verbissen** se ha obcecado en el problema
Verben *pl von* **Verb**, **Verbum**
verbergen* *irr* I. *vt* ❶ (*verstecken*) esconder (*vor* ante), ocultar (*vor* ante); **er verbarg sein Gesicht in den Händen** ocultó su rostro en las manos
❷ (*verheimlichen*) ocultar; **ich habe nichts zu** ~ no tengo nada que ocultar
II. *vr:* **sich** ~ esconderse; **hinter seiner Arroganz verbarg sich Unsicherheit** tras su arrogancia se escondía inseguridad
verbessern* I. *vt* ❶ (*besser machen*) mejorar, perfeccionar; (*Rekord*) batir
❷ (*berichtigen*) corregir
II. *vr:* **sich** ~ ❶ (*Lage*) mejorar; **sich finanziell** ~ mejorar su situación financiera
❷ (*beim Sprechen*) corregirse; **ich muss mich** ~ tengo que corregirme
Verbesserung *f* <-, -en> ❶ (*Änderung*) mejora *f*, mejoramiento *m*
❷ (*Korrektur*) corrección *f*
verbesserungsbedürftig *adj* que requiere mejoras
verbesserungsfähig *adj* mejorable, corregible
Verbesserungspatent *nt* <-(e)s, -e> (JUR) patente *f* de mejora [*o* de perfeccionamiento]; **Verbesserungsvorschlag** *m* <-(e)s, -schläge> propuesta *f* de mejora

verbeten *pp von* **verbitten**
verbeugen* *vr:* **sich** ~ inclinarse (*vor* ante), hacer una reverencia (*vor* ante); **sich tief** ~ inclinarse profundamente
Verbeugung *f* <-, -en> reverencia *f*
verbeulen* *vt* abollar
verbiegen* *irr* I. *vt* torcer, doblar
II. *vr:* **sich** ~ torcerse, doblarse
verbiestert [fɛɐˈbiːstɐt] *adj* ❶ (*verstört*) trastornado, perturbado
❷ (*verärgert*) enfadado; (*missmutig*) gruñón
verbieten* *irr* I. *vt* prohibir; **jdm etw** ~ prohibir algo a alguien; „**Rauchen verboten!**" ¡prohibido fumar!
II. *vr:* **sich** ~ quedar descartado; **etw verbietet sich von selbst** algo no entra en consideración [*o* queda descartado]
verbildlichen* *vt* ilustrar, ejemplificar
verbilligen* I. *vt* abaratar, rebajar (el precio de); **verbilligter Eintritt für Senioren** entrada reducida para la tercera edad
II. *vr:* **sich** ~ abaratarse
verbinden* *irr* I. *vt* ❶ (*zusammenfügen*) unir (*mit* con); **die Insel ist mit dem Festland durch eine Brücke verbunden** la isla está unida con el continente por medio de un puente; **mit ihm verbindet mich nichts mehr** ya no me une nada a él; **das Angenehme mit dem Nützlichen** ~ unir lo agradable con lo práctico
❷ (*mit sich bringen*) conllevar, acarrear; **die damit verbundenen Kosten** los gastos ocasionados
❸ (*geh: zur Dankbarkeit verpflichten*) obligar; **ich wäre Ihnen sehr verbunden, wenn ...** le quedaría muy obligado [*o* agradecido] si... +*subj*
❹ (*Holz*) ensamblar; (*Kabel*) empalmar, empatar *Am*; (*koppeln*) enganchar
❺ (TEL) comunicar (*mit* con); ~ **Sie mich bitte mit Zimmer 44** póngame con la habitación 44, por favor; **Sie sind falsch verbunden** (*am Telefon*) se ha equivocado de número
❻ (*assoziieren*) asociar (*mit* con); **ich verbinde mit diesem Begriff eine ganz andere Vorstellung** yo asocio con ese concepto una cosa muy distinta
❼ (MED) vendar; **mit verbundenen Augen** con los ojos vendados
II. *vr:* **sich** ~ juntarse (*mit* con), unirse (*mit* con); (CHEM) combinarse
verbindlich *adj* ❶ (*liebenswürdig*) amable; **~sten Dank!** ¡muchísimas gracias!
❷ (*bindend*) vinculante; (*verpflichtend*) obligatorio
Verbindlichkeit *f* <-, -en> ❶ (*Höflichkeit*) amabilidad *f*
❷ (*bindender Charakter*) compromiso *m*; (*Pflicht*) obligación *f*; **kurzfristige/langfristige ~en** pasivo exigible a corto plazo/a largo plazo; **ohne** ~ sin compromiso; **seinen ~en (nicht) nachkommen** (no) cumplir con sus obligaciones
❸ *pl* (COM: *Schulden*) deudas *fpl*, obligaciones *fpl*; **~en gegenüber der Bank** deudas con el banco; **~en und Forderungen** deuda pasiva y activa; **~en aus Lieferungen und Leistungen** deudas resultantes de entregas y prestaciones; **~en begleichen** satisfacer obligaciones; **~en eingehen/erfüllen** contraer/cumplir con las obligaciones; **seinen ~en nachkommen** atender sus obligaciones; **seinen ~en nicht nachkommen** desatender sus obligaciones
Verbindung *f* <-, -en> ❶ (*Zusammenhang, Beziehung*) conexión *f*, relación *f* (*zwischen* entre, *mit* con); **in** ~ **mit** junto con; **etw/jdn mit etw** *dat* **in** ~ **bringen** relacionar algo/a alguien con algo; **eine** ~ **mit jdm eingehen** contraer matrimonio con alguien
❷ (*Kontakt*) contacto *m*; **mit jdm in** ~ **stehen** estar en contacto con alguien; **sich mit jdm in** ~ **setzen** ponerse en contacto con alguien; **zu jdm/etw** *dat* **~en haben** tener relaciones con alguien/algo; **seine ~en spielen lassen** (*fam*) hacer valer sus influencias
❸ (TECH) unión *f*, conexión *f*; (*Kopplung*) enganche *m*; **aromatische** ~ (CHEM) compuesto aromático
❹ (*Verkehrsweg, a.* TEL) comunicación *f*; **unsere** ~ **wurde unterbrochen** se cortó nuestra comunicación; **eine direkte** ~ **nach München** un enlace directo con Múnich
❺ (INFOR) conexión *f*, enlace *m*
❻ (*Vereinigung*) asociación *f*, unión *f*; (UNIV) corporación *f* estudiantil
❼ (CHEM) compuesto *m*; **eine** ~ **eingehen** asociarse, formar un compuesto
Verbindungsfrau *f* <-, -en> *s.* **Verbindungsmann**; **Verbindungsglied** *nt* <-(e)s, -er> elemento *m* de unión; **Verbindungslinie** *f* <-, -n> ❶ (*Linie*) línea *f* de unión; (*a. fig*) línea *f* de enlace; **eine ~ zwischen zwei Punkten ziehen** trazar una línea entre dos puntos, unir dos puntos mediante una línea ❷ (MIL) línea *f* de comunicación; **Verbindungsmann, -frau** *m, f* <-(e)s, -männer *o* -leute; -, -en> (*der Polizei*) (agente *mf* de) enlace *m*; (*Mittelsmann, -frau*) mediador(a) *m(f)*, intermediario, -a *m, f*; **Verbindungsoffizier** *m* <-s, -e> (MIL) oficial *m* de enlace; **Verbindungsstück** *nt* <-(e)s, -e> pieza *f* de unión,

Verbindungstür

ensambladura *f*; **Verbindungstür** *f* <-, -en> puerta *f* de comunicación
verbissen [fɛɐˈbɪsən] **I.** *pp von* **verbeißen**
II. *adj* ❶ (*hartnäckig*) encarnizado, obstinado
❷ (*Gesichtsausdruck*) avinagrado
III. *adv* con obstinación; **man darf das nicht so ~ sehen** (*fam*) no hay que tomarlo tan al pie de la letra
Verbissenheit *f* <-, *ohne pl*> obstinación *f*, encarnizamiento *m*
verbitten *irr vt:* **sich** *dat* **etw ~** no tolerar algo, no permitir algo; **ich verbitte mir diese Anspielung!** ¡no tolero esa alusión!
verbittern* *vt* amargar
Verbitterung *f* <-, -en> amargura *f*
verblassen* *vi sein* ❶ (*Stoff, Foto*) perder (el) color; (*Farbe*) apagarse
❷ (*geh: Eindrücke*) borrarse, desvanecerse
verbläuen*ʀʀ [fɛɐˈblɔɪən] *vt* (*fam*) apalear, moler a palos, poner morado
Verbleib [fɛɐˈblaɪp] *m* <-(e)s, *ohne pl*> (*geh*) ❶ (*Ort*) paradero *m*
❷ (*Verbleiben*) permanencia *f*; **sie entschieden über seinen ~ in der Organisation** tomaron una decisión acerca de su permanencia en la organización
verbleiben* *irr vi sein* ❶ (*übereinkommen*) quedar en; **wir sind so verblieben, dass...** hemos quedado en que...
❷ (*geh: übrig sein*) quedar; **mir verblieb nur noch ein minimaler Restbetrag** me quedó sólo un saldo mínimo; **in Erwartung Ihrer Antwort verbleibe ich...** quedo en espera de su respuesta...
Verbleiberecht *nt* <-(e)s, *ohne pl*> derecho *m* de residencia [*o* de permanencia]
verbleichen <verbleicht, verblich *o* verbleichte, verblichen *o* verbleicht> *vi sein* (*Farbe*) apagarse; (*Stoff*) perder (el) color, desteñirse
verbleien* [fɛɐˈblaɪən] *vt* (ᴛᴇᴄʜ) emplomar
verbleit [fɛɐˈblaɪt] *adj* con plomo; **~es Benzin** gasolina con plomo
verblenden* *vt* ❶ (*Person*) deslumbrar
❷ (*Wand, Fassade*) revestir (*mit* de)
Verblendung *f* <-, -en> ❶ (*einer Person*) deslumbramiento *m*
❷ (*von Wand, Fassade*) revestimiento *m* (*mit* de)
verbleuen* [fɛɐˈblɔɪən] *vt s.* **verbläuen**
verblichen [fɛɐˈblɪçən] **I.** *pp von* **verbleichen**
II. *adj* ❶ (*Farbe*) apagado; (*Stoff*) desteñido, descolorido
❷ (*Ruhm*) desvanecido
Verblichene(r) *mf* <-n, -n; -n, -n> (*geh*) finado, -a *m, f*, difunto, -a *m, f*
verblieben *pp von* **verbleiben**
verblöden* [fɛɐˈbløːdən] **I.** *vi sein* (*fam*) atontarse, volverse tonto
II. *vt* (*fam*) atontar
Verblödung *f* <-, *ohne pl*> (*fam*) atontamiento *m*, entontecimiento *m*; **etw führt zur ~** algo atonta [*o* entontece]
verblüffen* [fɛɐˈblʏfən] *vt* desconcertar, dejar perplejo
Verblüffung *f* <-, -en> estupefacción *f*, perplejidad *f*; **zu meiner ~...** para mi gran sorpresa...
verblühen* *vi sein* marchitarse
verbluten* *vi sein* desangrarse
verbocken* *vt* (*fam*) estropear, echar a perder
verbogen *pp von* **verbiegen**
verbohren* *vr:* **sich ~** (*fam*) ❶ (*hartnäckig festhalten*) aferrarse (*in* a), obstinarse (*in* en)
❷ (*intensiv beschäftigen*) meterse de lleno (*in* en)
verbohrt [fɛɐˈboːɐt] *adj* (*fam abw*) testarudo, terco (como una mula)
Verbohrtheit *f* <-, *ohne pl*> testarudez *f*, terquedad *f*
verborgen¹ [fɛɐˈbɔrɡən] **I.** *pp von* **verbergen**
II. *adj* escondido, oculto; **etw ~ halten** tener algo oculto; **das ist mir nicht ~ geblieben** ya me he enterado; **im V~en bleiben** permanecer oculto [*o* en secreto]
verborgen*² *vt* prestar (*an* a); **ich habe das Buch an Susanne verborgt** he prestado el libro a Susanne
Verborgenheit *f* <-, *ohne pl*> clandestinidad *f*
Verböserung *f* <-, -en> (ᴊᴜʀ) empeoramiento *m*
Verbot [fɛɐˈboːt] *nt* <-(e)s, -e> prohibición *f*; **gesetzliches ~** prohibición legal; **ein ~ umgehen** eludir una prohibición; **gegen ein ~ verstoßen** contravenir una prohibición; **sich an ein ~ halten** cumplir una orden
verboten [fɛɐˈboːtən] **I.** *pp von* **verbieten**
II. *adj* ❶ (*untersagt*) prohibido; **es ist ihm ~, sich hier aufzuhalten** tiene prohibido permanecer aquí
❷ (*fam: unmöglich*) fatal; **~ aussehen** tener una pinta horrible
Verbotsbestimmungen *fpl* (ᴊᴜʀ) disposiciones *fpl* prohibitivas; **Verbotsgesetzgebung** *f* <-, *ohne pl*> (ᴊᴜʀ) legislación *f* prohibitiva
Verbotsirrtum *m* <-s, -tümer> (ᴊᴜʀ) error *m* de la prohibición; **abstrakter/konkreter ~** error abstracto/concreto de la prohibición; **direkter/indirekter ~** error directo/indirecto de la prohibición; **umgekehrter ~** error inverso de la prohibición; **unvermeidbarer/vermeidbarer**

~ error inevitable/evitable de la prohibición; **Verbotsschild** *nt* <-(e)s, -er> señal *f* de prohibición
verbracht *pp von* **verbringen**
verbrämen* [fɛɐˈbrɛːmən] *vt* (*geh*) ataviar, adornar
verbrannt *pp von* **verbrennen**
verbraten* *irr vt* (*fam: Geld*) gastar(se)
Verbrauch *m* <-(e)s, *ohne pl*> consumo *m* (*an* de); **~ pro Kopf** consumo per cápita; **gewerblicher/inländischer ~** consumo industrial/nacional; **privater ~** consumo privado; **einen großen ~ an etw** *dat* **haben** tener un gran consumo de algo; **der Wagen ist sparsam im ~** el coche tiene un consumo muy bajo
verbrauchbar *adj* (ᴊᴜʀ): **~e Sache** objeto de consumo
verbrauchen* *vt* (*verwenden, ausgeben*) gastar; (*konsumieren*) consumir; (*aufbrauchen*) agotar; **verbrauchte Luft** aire viciado; **das Geld war schon nach einer Woche verbraucht** el dinero se agotó en una semana; **das Auto verbraucht fünf Liter Benzin auf 100 km** el coche consume cinco litros de gasolina cada 100 km
Verbraucher(in) *m(f)* <-s, -; -, -nen> consumidor(a) *m(f)*
Verbraucherberatung *f* <-, -en> Oficina *f* del Consumidor
verbraucherfeindlich *adj* anti-consumidor
Verbraucherforschung *f* <-, -en> investigación *f* del consumidor
verbraucherfreundlich *adj* pro-consumidor
Verbrauchergewohnheit *f* <-, -en> hábito *m* de consumo
Verbraucherin *f* <-, -nen> *s.* **Verbraucher**
Verbraucherinformation *f* <-, -en> información *f* al consumidor; **Verbraucherinsolvenzverfahren** *nt* <-s, -> procedimiento *m* sobre insolvencia del consumidor; **Verbraucherklage** *f* <-, -n> demanda *f* de consumo; **Verbraucherkreditgesetz** *nt* <-es, -e> ley *f* sobre crédito al consumo; **Verbrauchermarkt** *m* <-(e)s, -märkte> hipermercado *m*; **Verbrauchernachfrage** *f* <-, -n> (ᴄᴏᴍ) demanda *f* (por parte) de los consumidores; **Verbraucherpreis** *m* <-es, -e> precio *m* de venta al público; **Verbrauchersachen** *fpl* (ᴊᴜʀ) causas *fpl* en materia de consumo
Verbraucherschutz *m* <-es, *ohne pl*> defensa *f* del consumidor, protección *f* al consumidor; **Verbraucherschutzbewegung** *f* <-, -en> movimiento *m* de protección del consumidor; **Verbraucherschutzgesetz** *nt* <-es, -e> ley *f* de protección de los consumidores
Verbraucherverband *m* <-(e)s, -bände> asociación *f* de consumidores; **Verbraucherverhalten** *nt* <-s, *ohne pl*> comportamiento *m* de los consumidores; **Verbrauchervertrag** *m* <-(e)s, -träge> contrato *m* de consumo; **Verbraucherzentrale** *f* <-, -n> asociación *f* de consumidores
Verbrauchsartikel *m* <-s, -> artículo *m* de consumo; **Verbrauchserhebung** *f* <-, -en> (ᴡɪʀᴛsᴄʜ) encuesta *f* de consumo; **Verbrauchsgewerbe** *nt* <-s, -> (ᴡɪʀᴛsᴄʜ) sector *m* de artículos de consumo; **Verbrauchsgüter** *ntpl* bienes *mpl* de consumo; **kurzlebige/langlebige ~** bienes de consumo de poca duración/duraderos; **Verbrauchskonjunktur** *f* <-, -en> (ᴡɪʀᴛsᴄʜ) coyuntura *f* de consumo; **Verbrauchsrecht** *nt* <-s, *ohne pl*> derecho *m* de consumo; **Verbrauchsrückgang** *m* <-(e)s, -gänge> retroceso *m* del consumo; **Verbrauch(s)steuer** *f* <-, -n> impuesto *m* sobre el consumo; **Verbrauchsverhältnis** *nt* <-ses, -se> (ᴡɪʀᴛsᴄʜ) relación *f* del consumo
verbraucht *adj* gastado; (*Luft*) viciado; (*Mensch*) agotado
verbrechen* *irr vt* (*fam*): **was habe ich denn jetzt schon wieder verbrochen?** ¿qué mal he hecho esta vez?; **wer hat diesen Salat verbrochen?** ¿quién ha hecho esta ensalada asquerosa?
Verbrechen *nt* <-s, -, *ohne pl*> crimen *m*; **ein ~ aufklären** esclarecer un crimen; **das organisierte ~** el crimen organizado; **schweres ~** delito grave; **ein ~ an jdm verüben** cometer un delito contra alguien; **ein ~ begehen** cometer un delito, perpetrar un crimen
Verbrechensbegriff *m* <-(e)s, *ohne pl*> (ᴊᴜʀ) concepto *m* del delito; **formeller/materieller ~** concepto formal/material del delito
Verbrechensbekämpfung *f* <-, -en> lucha *f* contra el crimen; **Verbrechensbekämpfungsgesetz** *nt* <-es, -e> ley *f* de lucha contra el crimen
Verbrechensmerkmal *nt* <-s, -e> característica *f* del crimen; **allgemeines ~** característica general del crimen; **Verbrechenswelle** *f* <-, -n> oleada *f* de crímenes
Verbrecher(in) *m(f)* <-s, -; -, -nen> criminal *mf*, delincuente *mf*
Verbrecherbande *f* <-, -n> cuadrilla *f* de delincuentes, pandilla *f* de delincuentes
Verbrecherin *f* <-, -nen> *s.* **Verbrecher**
verbrecherisch [fɛɐˈbrɛçərɪʃ] *adj* criminal
Verbrecherkartei *f* <-, -en> fichero *m* de criminales [*o* de delincuentes]
Verbrechertum *nt* <-s, *ohne pl*> criminalidad *f*
verbreiten* **I.** *vt* ❶ (*Neuigkeit*) divulgar, difundir; **sie hat überall Lügen über mich verbreitet** ha difundido mentiras sobre mí por todas partes; **diese Meinung ist weit verbreitet** esta opinión se escucha por

todas partes; **eine weit verbreitete Ansicht** una opinión muy extendida

❷ (*Licht, Wärme, Ruhe*) irradiar; (*Geruch*) despedir; (*Stimmung, Gefühl*) sembrar; **er verbreitete Angst und Schrecken** sembró miedo y pánico

❸ (*Erreger, Krankheit*) contagiar, transmitir

II. *vr:* **sich ~** ❶ (*Nachricht*) divulgarse, difundirse

❷ (*Krankheit*) contagiarse, transmitirse

❸ (*Duft*) extenderse

❹ (*sich auslassen*) explayarse (*über* acerca de)

verbreitern* I. *vt* ensanchar, ampliar (*um* en, *auf* a)

II. *vr:* **sich ~** ensancharse, ampliarse

Verbreiterung *f* <-, -en> ensanche *m*, ampliación *f*

verbreitet *adj* extendido, común, tupido *Mex;* **eine weit ~e Meinung/Krankheit** una opinión/enfermedad muy común [*o* extendida]

Verbreitung *f* <-, *ohne pl*> ❶ (*von Nachrichten*) divulgación *f*, difusión *f*; **weite ~ finden** tener gran aceptación

❷ (*von Krankheiten*) propagación *f*, contagio *m*

Verbreitungsbeschränkungen *fpl* (WIRTSCH) limitaciones *fpl* de difusión [*o* divulgación]; **Verbreitungsgebiet** *nt* <-(e)s, -e> (*einer Ware*) área *f* de distribución; (*einer Krankheit*) área *f* afectada; **Verbreitungsrecht** *nt* <-(e)s, -e> (WIRTSCH) derecho *m* de difusión

verbrennen* *irr* I. *vt* (*Holz, Mensch, Papier*) quemar; (*Leiche, Müll*) incinerar; **ich habe mir die Finger am Bügeleisen verbrannt** me he quemado los dedos con la plancha; **sich** *dat* **den Mund** [*o* **die Zunge**] **~** (*fam*) meter la pata; **sie wurde als Hexe verbrannt** fue quemada por bruja; **verbrannte Erde** tierra quemada

II. *vi sein* (*Haus, Braten*) quemarse; (*Person*) morir abrasado [*o* calcinado]

III. *vr:* **sich ~** quemarse (*an* con)

Verbrennung *f* <-, -en> ❶ (*das Verbrennen*) combustión *f*, quema *f*; (*Leichen~, Müll~*) incineración *f*; **offene ~** combustión abierta

❷ (MED) quemadura *f*; **~en zweiten Grades** quemaduras de segundo grado

Verbrennungsanlage *f* <-, -n> planta *f* de combustión; **Verbrennungskammer** *f* <-, -n> (TECH) cámara *f* de combustión; **Verbrennungsmotor** *m* <-s, -en> motor *m* de combustión interna; **Verbrennungsofen** *m* <-s, -öfen> horno *m* de combustión; (*für Müll*) incineradora *f;* **Verbrennungsreaktor** *m* <-s, -en> reactor *m* de combustión; **Verbrennungsrückstände** *mpl* residuos *mpl* de (la) combustión; **Verbrennungswärme** *f* <-, *ohne pl*> calor *m* de combustión

verbriefen* *vt:* **jdm etw ~** confirmar [*o* garantizar] algo a alguien por escrito

verbrieft *adj* (*geh*) documentado

verbringen* *irr vt* ❶ (*zubringen*) pasar (*mit* con); **ich habe den Tag mit Lesen verbracht** (me) he pasado el día leyendo

❷ (*transportieren*) transportar

verbrochen [fɛɐ'brɔxən] *pp von* **verbrechen**

verbrüdern* [fɛɐ'bry:dən] *vr:* **sich ~** hermanarse

Verbrüderung [fɛɐ'bry:dəruŋ] *f* <-, -en> hermanamiento *m*

verbrühen* *vt* escaldar; **sich** *dat* **die Hand ~** escaldarse la mano

Verbrühung *f* <-, -en> escaldadura *f*

verbuchen* *vt* (FIN) contabilizar; **etw auf der Habenseite ~** hacer un asiento [*o* sentar] en el haber; **er hat das als Erfolg für sich verbucht** (*fam*) se apuntó el éxito

Verbuchung *f* <-, -en> (COM, FIN) asiento *m*

Verbuchungsdatum *nt* <-s, -daten> fecha *f* de un asiento

verbuddeln* *vt* (*fam*) enterrar

Verbum ['vɛrbʊm, *pl:* 'vɛrba] *nt* <-s, Verben *o* Verba> (LING) verbo *m*

verbummeln* *vt* (*fam*) ❶ (*Zeit*) perder, desperdiciar

❷ (*vergessen*) olvidar; (*verlieren*) perder

Verbund [fɛɐ'bʊnt] *m* <-(e)s, -e> ❶ (WIRTSCH) unión *f;* **im ~ arbeiten** cooperar

❷ (TECH) ensamblaje *m*, ensambladura *f*

verbunden [fɛɐ'bʊndən] I. *pp von* **verbinden**

II. *adj* ❶ (*verknüpft*) unido (*mit* a); (*gekoppelt*) acoplado (*mit* a); **damit sind Probleme ~** esto supone problemas; **die damit ~en Verhandlungen** las negociaciones que esto supone; **Sie sind falsch ~** (*am Telefon*) se ha equivocado (de número)

❷ (*dankbar*): **ich bin Ihnen sehr ~** le estoy muy agradecido; **ich wäre Ihnen sehr ~, wenn Sie ...** le estaría muy agradecido si... +*subj*

verbünden* [fɛɐ'byndən] *vr:* **sich ~** unirse (*mit* a), aliarse (*mit* con); **verbündete Staaten** naciones aliadas

Verbundenheit *f* <-, *ohne pl*> (*zwischen Personen*) afecto *m* (*mit* a), apego *m* (*mit* a); (*zu Heimat, Sitten*) lazo *m*, vínculo *m* (*mit* con)

Verbündete(r) *mf* <-n, -n; -n, -n> aliado, -a *m, f*

Verbundfahrausweis *m* <-es, -e> billete *m* combinado (válido en todos los medios de transporte público); **Verbundglas** *nt* <-es, *ohne pl*> (TECH) cristal *m* de seguridad; **Verbundklausel** *f* <-, -n> (JUR) cláusula *f* conexa; **Verbundmaterial** *nt* <-s, -ien> envases *mpl* (de diversa clase), embalajes *mpl* (de diversa clase); **Verbundnetz** *nt* <-es, -e> (ELEK) red *f* de distribución; **Verbundprodukt** *nt* <-(e)s, -e> producto *m* combinado

Verbundstein *m* <-(e)s, -e> adoquín *m* encajable; **Verbundsteinpflaster** *nt* <-s, -> pavimento *m* de adoquines encajables

Verbundstoffe *mpl* (TECH) materiales *mpl* compuestos; **Verbundsystem** *nt* <-s, -e> sistema *m* unificado [*o* de billetes combinados]; **Verbundszuständigkeit** *f* <-, -en> competencia *f* conexa; **Verbundurteil** *nt* <-s, -e> (JUR) sentencia *f* integrada; **Verbundvertrag** *m* <-(e)s, -träge> contrato *m* conexo; **Verbundwerbung** *f* <-, *ohne pl*> publicidad *f* común; **Verbundwerkstoff** *m* <-(e)s, -e> material *m* compuesto

verbürgen* I. *vt* garantizar

II. *vr:* **sich ~** responder (*für* de); **ich verbürge mich für ihn** yo respondo de él

verbürgt *adj* garantizado; **~e Rechte** derechos garantizados

Verbürgung *f* <-, -en> aval *m*, garantía *f*

verbüßen* *vt* purgar; (JUR) cumplir

Verbüßung *f* <-, *ohne pl*> (JUR) cumplimiento *m*, purgación *f*

verchromen* [fɛɐ'kro:mən] *vt* cromar; **eine verchromte Stoßstange** un parachoques cromado

verdacht *pp von* **verdenken**

Verdacht [fɛɐ'daxt] *m* <-(e)s, -e> sospecha *f* (*auf* de); **~ erregen** despertar sospechas; **jdn in ~ bringen** hacer recaer las sospechas en [*o* sobre] alguien; **in ~ geraten** [*o* **kommen**] estar bajo sospecha; **jdn in ~ haben** sospechar de alguien; **den ~ haben, dass ...** tener la sospecha de que..., sospechar que...; **im ~ stehen etw getan zu haben** ser sospechoso de haber hecho algo; **gegen jdn ~ schöpfen** concebir sospechas contra alguien; **über jeden ~ erhaben sein** estar fuera de toda sospecha; **es besteht ~ auf Krebs** se sospecha que se trata de cáncer; **etw auf ~ tun** hacer algo por pura intuición

verdächtig [fɛɐ'dɛçtɪç] *adj* sospechoso; **er ist der Tat ~** es sospechoso del delito; **sich ~ machen** hacerse sospechoso; **die Sache ist mir ~** el asunto me da mala espina; **das klingt sehr ~** esto me huele mal; **das kommt mir ~ vor** me da mala espina, me parece muy raro; **es war ~ still** había un silencio sospechoso

Verdächtige(r) [fɛɐ'dɛçtɪgə] *mf* <-n, -n; -n, -n> sospechoso, -a *m, f*

verdächtigen* *vt* sospechar (de); **er wird des Diebstahls verdächtigt** es sospechoso del robo; **sie wird als Diebin verdächtigt** sospechan de ella como ladrona

Verdächtigung *f* <-, -en> sospecha *f*

Verdachtsmoment *nt* <-(e)s, -e> (JUR) indicio *m;* **Verdachtsstrafe** *f* <-, -n> (JUR) pena *f* indiciaria

verdaddeln* *vt* (*fam*) tirar el dinero (jugando), perder dinero (jugando); **wieviel hast du an dem Automaten verdaddelt?** ¿cuánto dinero has perdido en la (máquina) tragaperras?

verdammen* [fɛɐ'damən] *vt* condenar (*zu* a); (REL) anatematizar; **der Plan war zum Scheitern verdammt** el plan estaba condenado al fracaso

verdammenswert *adj* condenable

Verdammnis *f* <-, *ohne pl*> condenación *f*; (REL) anatema *m o f*

verdammt I. *adj* (*fam abw*) maldito; **~ noch mal!** ¡maldita sea!, ¡joder! *vulg*, ¡concho! *Am;* **~e Scheiße!** (*vulg*) ¡me cago en la mierda!; **du ~r Idiot!** ¡idiota de mierda!

II. *adv* (*fam abw*) terriblemente; **das ist ~ teuer** cuesta un ojo de la cara; **er ist ~ hübsch** está como un tren; **das ist ~ wenig** esto es una mierdita; **~ gut** de putamadre *vulg*

verdampfen *vi sein* evaporarse, vaporizarse

Verdampfung *f* <-, -en> evaporación *f*, vaporización *f*

verdanken* *vt* (*dankbar sein*): **jdm etw ~** deber algo a alguien, tener que agradecer algo a alguien; **ich habe ihr viel zu ~** le debo mucho; **das ist ihm zu ~** eso hay que agradecérselo a él

❷ (*Schweiz: Dank aussprechen*) agradecer

Verdankung *f* <-, -en> (*Schweiz*) agradecimiento *m;* **unter ~ der geleisteten Dienste** como muestra de gratitud por los servicios prestados

verdarb [fɛɐ'darp] *3. imp von* **verderben**

verdattert [fɛɐ'datɛt] *adj* (*fam*) pasmado, estupefacto; **~ dastehen** quedarse de piedra [*o* patidifuso]

verdauen* [fɛɐ'daʊən] *vt* ❶ (*Nahrung*) digerir

❷ (*fam: Nachricht*) asimilar, digerir

verdaulich *adj:* **leicht ~** fácil de digerir; **schwer ~** difícil de digerir, indigesto

Verdaulichkeit *f* <-, *ohne pl*> digestibilidad *f*

Verdauung *f* <-, *ohne pl*> digestión *f*; **eine gute/schlechte ~ haben** tener buena/mala digestión

Verdauungsapparat *m* <-(e)s, -e> (ANAT) aparato *m* digestivo; **Verdauungsbeschwerden** *fpl* indigestión *f*; **Verdauungsmittel** *nt*

<-s, -> (MED) digestivo m; **Verdauungsorgan** nt <-s, -e> (ANAT) órgano m digestivo; **Verdauungsprobleme** ntpl trastornos mpl digestivos; **Verdauungssäfte** mpl (MED) jugos mpl gástricos; **Verdauungsspaziergang** m <-(e)s, -gänge> (fam) paseo m (tras la comida, para hacer mejor la digestión); **Verdauungsstörungen** fpl trastornos mpl digestivos; **Verdauungstrakt** m <-(e)s, -e> (ANAT) conducto m digestivo

Verdeck [fɛɐˈdɛk] nt <-(e)s, -e> ❶ (AUTO) capota f; **mit aufklappbarem ~** descapotable
❷ (NAUT) puente m, cubierta f

verdecken* vt ❶ (den Blicken entziehen, bedecken) cubrir, tapar; **das Hochhaus verdeckt die Aussicht** el rascacielos tapa la vista; **er verdeckt sein Gesicht mit den Händen** se tapa la cara con las manos
❷ (verheimlichen) ocultar, disimular

verdeckt adj ❶ (nicht sichtbar) tapado
❷ (verborgen) oculto; **~er Ermittler** investigador secreto; **~e Ermittlungen** pesquisas encubiertas; **~es Fenster** (INFOR) ventana oculta

Verdeckungsabsicht f <-, -en> (JUR) intención f de encubrimiento

verdenken* irr vt (geh) tomar a mal algo a alguien; **ich kann es ihr nicht ~, dass sie es getan hat** no le puedo tomar a mal que lo haya hecho

Verderb [fɛɐˈdɛrp] m <-(e)s, ohne pl> (von Lebensmitteln) deterioro m

verderben [fɛɐˈdɛrbən] <verdirbt, verdarb, verdorben> I. vi sein (Lebensmittel) estropearse, abombarse Am; (Person) echarse a perder
II. vt estropear, echar a perder; (moralisch) corromper, pervertir; **ich habe mir den Magen verdorben** he cogido una indigestión; **sich** dat **die Augen ~** estropearse la vista; **er hat mir die Laune verdorben** me ha quitado las ganas, me ha agriado el humor; **du hast es dir mit mir verdorben** conmigo ya te has cerrado todas las puertas; **du willst es dir mit niemandem ~** quieres estar a [o quedar] bien con todos

Verderben nt <-s, ohne pl> ruina f, perdición f; **in sein ~ rennen** arruinarse; **jdn ins ~ stürzen** arruinar a alguien; **jds ~ sein** ser la ruina [o perdición] de alguien

verderblich [fɛɐˈdɛrplɪç] adj ❶ (Lebensmittel) perecedero; **leicht ~e Lebensmittel** alimentos perecederos; **schnell ~** muy perecedero
❷ (schädlich) nocivo, dañino

verdeutlichen* vt aclarar

Verdeutlichung f <-, -en> explicación f, aclaración f; **zur ~ von etw** para ilustrar algo

verdeutschen* vt ❶ (eindeutschen) adaptar al alemán; **er hat seinen Namen verdeutscht** usa la forma alemana de su nombre
❷ (fam: erläutern) explicar en cristiano

verdichten* I. vt (PHYS, TECH) condensar
❷ (Straßennetz) ampliar
II. vr: sich ~ (Nebel) volverse más denso; (Gerücht, Verdacht) aumentar

Verdichtung f <-, -en> ❶ (Kondensation) condensación f; (Kompression) compresión f
❷ (des Straßennetzes) ampliación f
❸ (a. JUR) concentración f; **räumliche ~** concentración [o densificación] espacial

Verdichtungsraum m <-(e)s, -räume> (ÖKOL) aglomeración f urbana

verdicken* I. vt espesar
II. vr: sich ~ ❶ (von Flüssigkeiten) espesar(se)
❷ (von festen Stoffen) hincharse, inflarse

Verdickung f <-, -en> ❶ (von Flüssigkeiten) espesamiento m
❷ (von festen Stoffen) aumento m de tamaño

verdienen* vt ❶ (Lohn) ganar; **sie verdient 2000 Euro im Monat** gana 2000 euros al mes; **sie verdient gut** tiene un buen sueldo; **seine Brötchen ~** ganarse el pan; **das erste selbst verdiente Geld** el primer dinero ganado por uno mismo; **das ist leicht verdientes Geld** eso es dinero fácil; **an** [o **bei**] **dem Geschäft hat er ein Vermögen verdient** con ese negocio ha ganado una fortuna; **ich verdiene mir mein Studium mit Nachhilfeunterricht** me costeo los estudios dando clases particulares
❷ (Lob, Vertrauen, Strafe) merecer; **sie hat nichts Besseres verdient** no se merece nada mejor; **du hast dir die Belohnung redlich verdient** te has ganado la recompensa a pulso

Verdiener(in) m(f) <-s, -; -, -nen> asalariado, -a m, f; **wir sind zu Hause drei ~** en casa somos tres los que ganamos dinero [o los que cobramos un sueldo]

Verdienst¹ nt <-(e)s, -e> mérito m; **~e machen bei jdm** hacer méritos con alguien; **es war einzig und allein sein ~** el mérito fue todo suyo; **sich** dat **~e um etw erwerben** comprometerse por algo

Verdienst² m <-(e)s, -e> (Einkommen) sueldo m, salario m; (Gewinn) ganancias fpl, beneficios mpl; **effektiver ~** ingresos reales

Verdienstausfall m <-(e)s, -fälle> pérdida f de ganancias; **Verdienstausfallentschädigung** f <-, -en> indemnización f por pérdida de ganancias

Verdienstmöglichkeit f <-, -en> posibilidad f de ganancia; **Verdienstspanne** f <-, -n> (WIRTSCH) margen m o f de beneficio

verdienstvoll adj ❶ (Tat) meritorio
❷ (Person) de gran mérito

verdient adj ❶ (Person) de gran mérito
❷ (Sieg, Lohn, Strafe) merecido; **Celta de Vigo hat ~ gewonnen** el Celta de Vigo ha ganado merecidamente; **sich um etw ~ machen** comprometerse con algo; **sie hat sich um die Firma ~ gemacht** ha hecho mucho por la empresa

verdientermaßen [-'--'--] adv, **verdienterweise** adv merecidamente

verdingen <verdingt, verdingte o verdang, o verdungen> vr: sich ~ (alt) entrar al servicio (bei de, als de/como); **sie hatte sich bei verschiedenen Bauern als Magd verdingt** [o **verdungen**] había servido en casa de varios campesinos

Verdingungskartell nt <-s, -e> (JUR) cártel m de adjudicación de contratas; **Verdingungsordnung** f <-, -en> (JUR) reglamento m de contratos del estado

verdirbt [fɛɐˈdɪrpt] 3. präs von **verderben**

verdolmetschen* vt (fam): **jdm etw ~** interpretar algo para alguien

verdonnern* vt (fam) condenar (zu a); **er wurde zu drei Jahren (Gefängnis) verdonnert** fue condenado a tres años (de cárcel)

verdoppeln* I. vt doblar (auf a), duplicar (auf a)
II. vr: sich ~ duplicarse; s. a. **verachtfachen**

Verdopp(e)lung f <-, -en> duplicación f

verdorben [fɛɐˈdɔrbən] I. pp von **verderben**
II. adj ❶ (Fest, Lebensmittel) estropeado, en mal estado; **einen ~en Magen haben** haber cogido un empacho
❷ (moralisch) depravado

Verdorbenheit f <-, ohne pl> depravación f

verdorren* [fɛɐˈdɔrən] vi sein secarse, resecarse

verdrahten* vt ❶ (verschließen) alambrar
❷ (ELEK) conectar

verdrängen* vt ❶ (wegdrängen) echar (aus de); (aus Amt) desbancar, suplantar
❷ (ersetzen) sustituir
❸ (NAUT) desplazar
❹ (PSYCH) reprimir

Verdrängung f <-, -en> ❶ (von Person) expulsión f (aus de); (aus Amt) suplantación f
❷ (Ersetzung) sustitución f
❸ (NAUT) desplazamiento m
❹ (PSYCH) represión f

Verdrängungskünstler(in) m(f) <-s, -; -, -nen>: **ein ~ sein** ser un artista a la hora de reprimir (algo)

verdrecken* I. vi sein (fam abw) ensuciarse
II. vt (fam abw) ensuciar

verdrehen* vt ❶ (Glieder) (re)torcer; **die Augen ~** torcer los ojos; **jdm den Kopf ~** (fam) hacer perder la cabeza a alguien
❷ (fam abw: falsch darstellen) tergiversar, desfigurar; **die Tatsachen ~** tergiversar los hechos

verdreifachen* I. vt triplicar
II. vr: sich ~ triplicarse; s. a. **verachtfachen**

Verdreifachung f <-, -en> triplicación f

verdreschen* irr vt (fam) propinar una paliza, trillar Am

verdrießen [fɛɐˈdriːsən] <verdrießt, verdross, verdrossen> vt (geh) contrariar, disgustar; **es verdrießt mich, dass ...** me disgusta que... +subj; **es sich** dat **nicht ~ lassen** no amargarse

verdrießlich adj (Miene) avinagrado; **~ sein** estar de mal humor

verdroschen pp von **verdreschen**

verdrossᴿᴿ vt, **verdroß** 3. imp von **verdrießen**

verdrossen [fɛɐˈdrɔsən] I. pp von **verdrießen**
II. adj malhumorado; (unzufrieden) descontento
III. adv con disgusto

Verdrossenheit f <-, ohne pl> (Verdrießlichkeit) mal humor m; (Lustlosigkeit) desgana f, indiferencia f

verdrücken* I. vt (fam: essen) tragar, zampar
II. vr: sich ~ (fam: verschwinden) largarse, esfumarse

Verdrussᴿᴿ [fɛɐˈdrʊs] m <-es, -e>, **Verdruß** m <-sses, -sse> disgusto m; (Ärger) fastidio m; **zu meinem ~** para mi disgusto; **jdm ~ bereiten** fastidiar a alguien

verduften* vi sein (fam) pirarse, alcanforarse Kol, Ven

verdummen* I. vi sein volverse tonto, entontecerse
II. vt entontecer, atontar

Verdummung f <-, ohne pl> atontamiento m, entontecimiento m

verdungen pp von **verdingen**

verdunkeln* I. vt ❶ (Raum) oscurecer
❷ (JUR) ocultar, encubrir
II. vr: sich ~ (Himmel) nublarse, oscurecerse; **seine Miene verdunkelte sich** frunció el ceño

Verdunk(e)lung *f* <-, *ohne pl*> oscurecimiento *m;* (JUR) entorpecimiento *m* de la acción judicial; ~ **des Sachverhalts** encubrimiento de los hechos
Verdunk(e)lungsgefahr *f* <-, *ohne pl*> (JUR) peligro *m* de entorpecimiento de la acción judicial
verdünnen* *vt* diluir, desparramar *Arg;* (*Sauce*) rebajar; (*Wein*) aguar
Verdünner *m* <-s, -> diluyente *m,* diluente *m*
verdünnisieren* [fɛɐdyniˈziːrən] *vr:* **sich** ~ (*fam*) largarse, esfumarse
Verdünnung *f* <-, -en> ❶ (*Verdünntsein*) adelgazamiento *m*
❷ (*Mittel zum Verdünnen*) diluyente *m*
Verdünnungsmittel *nt* <-s, -> diluyente *m*
verdunsten* *vi sein* evaporarse, volatilizarse
Verdunster *m* <-s, -> humectador *m,* humidificador *m*
Verdunstung *f* <-, -en> evaporación *f,* volatilización *f*
verdursten* *vi sein* morir(se) de sed
verdüstern* [fɛɐˈdyːstən] *vr:* **sich** ~ (*Himmel*) nublarse, cubrirse de nubes; **seine Miene verdüsterte sich** (*geh*) frunció el ceño
verdutzen* *vt* desconcertar
verdutzt [fɛɐˈdʊtst] *adj* aturdido, perplejo
verebben* *vi sein* (*geh*) disminuir
veredeln* *vt* mejorar, perfeccionar; (*Metalle*) afinar, refinar; (*Erdöl*) refinar; (*Pflanzen*) injertar
Vered(e)lung *f* <-, -en> (AGR) injerto *m*
Vered(e)lungsindustrie *f* <-, -n> industria *f* de perfeccionamiento
Vered(e)lungsprozessᴿᴿ *m* <-es, -e> proceso *m* de perfeccionamiento
verehelichen* *vr:* **sich** ~ (*formal*) contraer matrimonio, desposarse
Verehelichung *f* <-, -en> (*formal*) matrimonio *m,* desposorio *m alt*
verehren* *vt* ❶ (*geh: schätzen*) respetar, venerar; **verehrte Anwesende!** ¡señoras y señores!
❷ (REL) venerar; (*anbeten*) adorar
❸ (*schenken*) regalar; **jdm etw** ~ obsequiar a alguien con algo
Verehrer(in) *m(f)* <-s, -; -, -nen> admirador(a) *m(f);* **sie hat einen neuen** ~ (*fam*) tiene un nuevo ligue
Verehrung *f* <-, *ohne pl*> ❶ (*von Person*) respeto *m,* veneración *f*
❷ (REL) veneración *f;* (*Anbetung*) adoración *f*
verehrungswürdig *adj* muy digno de respeto
vereidigen* [fɛɐˈʔaɪdɪɡən] *vt* juramentar, tomar juramento; **er wurde auf die Verfassung vereidigt** juró la constitución
vereidigt *adj* jurado; **~e Übersetzerin** traductora jurada
Vereidigung *f* <-, -en> prestación *f* de juramento; (*auf ein Amt*) jura *f* de un cargo; ~ **von Dolmetschern** toma de juramento de intérpretes; ~ **von Sachverständigen** toma de juramento de peritos
Vereidigungsverbot *nt* <-(e)s, -e> prohibición *f* de toma de juramento
Verein [fɛɐˈʔaɪn] *m* <-(e)s, -e> asociación *f,* club *m;* (*Sport~, Fußball~*) club *m* deportivo; **eingetragener** ~ asociación registrada; **gemeinnütziger** ~ asociación no lucrativa [*o* de utilidad pública]; **nicht rechtsfähiger** ~ asociación sin capacidad jurídica
vereinbar *adj* compatible (*mit* con); **nicht miteinander** ~ no compatible
vereinbaren* *vt* ❶ (*verabreden*) concertar, acordar; (*festlegen*) fijar, establecer; **wir haben vereinbart, dass ...** hemos acordado que...
❷ (*in Einklang bringen*) aunar, conciliar (*mit* con); **das kann ich nicht mit meinem Gewissen** ~ no puedo conciliarlo con mi conciencia; **wie ist das miteinander zu** ~? ¿cómo pueden ser compatibles ambas cosas?
Vereinbarung *f* <-, -en> acuerdo *m;* (*schriftlich*) convenio *m;* **laut** ~ según (lo establecido en el) acuerdo; **Sprechstunde nach** ~ consulta previa cita; **entgegen früheren ~en** contrario a acuerdos anteriores; **sich an eine** ~ **halten** atenerse a un acuerdo; **stillschweigende** ~ acuerdo tácito; **wettbewerbsbeschränkende** ~ pacto restrictivo de la competencia; **eine** ~ **treffen** llegar a un acuerdo
vereinbarungsgemäß *adv* según lo acordado [*o* establecido]
Vereinbarungstreuhand *f* <-, *ohne pl*> (JUR) fiducia *f* convencional
vereinen* I. *vt* (*geh*) unir; (*in Einklang bringen*) conciliar; **die Vereinten Nationen** las Naciones Unidas; **sie vereint alle notwendigen Eigenschaften** reúne todas las características necesarias; **unsere Vorstellungen sind miteinander zu** ~ nuestras ideas son compatibles; **mit vereinten Kräften** todos juntos
II. *vr:* **sich** ~ (*geh*) reunirse, juntarse
vereinfachen* *vt* simplificar; **etw stark vereinfacht darstellen** exponer algo de forma muy simple
Vereinfachung *f* <-, -en> simplificación *f*
vereinheitlichen* *vt* uniformar; (*normierend*) estandarizar
Vereinheitlichung *f* <-, -en> unificación *f;* (TECH) normalización *f,* tipificación *f,* estandarización *f*
vereinigen* I. *vt* unir, juntar; (*zusammenführen*) reunir; (*Firmen*) fusionar; **wieder** ~ reunificar; **die beiden Ämter sind in seiner Hand vereinigt** ambos cargos están en su mano; **er konnte alle Stimmen auf sich** ~ obtuvo todos los votos
II. *vr:* **sich** ~ unirse, juntarse; (*zusammenkommen*) reunirse; **sich wieder** ~ reunificarse
vereinigt *adj* unido; **V~e Arabische Emirate** Emiratos Árabes Unidos; **V~e Staaten (von Nordamerika)** Estados Unidos (de Norteamérica); **V~es Königreich** Reino Unido
Vereinigung *f* <-, -en> ❶ (*das Vereinigen*) unión *f,* reunión *f;* (*von Firmen*) fusión *f;* (POL) unificación *f;* **die deutsche** ~ la unificación alemana
❷ (JUR: *Organisation*) asociación *f;* **forstwirtschaftliche** ~ asociación de explotación forestal; **kriminelle** ~ organización criminal
Vereinigungsfreiheit *f* <-, *ohne pl*> libertad *f* de asociación; **Vereinigungskriminalität** *f* <-, *ohne pl*> crimen *m* organizado; **Vereinigungstheorie** *f* <-, *ohne pl*> (JUR) teoría *f* mixta
vereinnahmen* *vt* ❶ (*Geld, Zinsen*) cobrar
❷ (*Beruf, Person*) acaparar; **die Arbeit vereinnahmt sie völlig** el trabajo la acapara por completo
Vereinnahmung *f* <-, -en> (FIN) cobro *m*
vereinsamen* *vi sein* ir quedándose solo
vereinsamt *adj* aislado, solitario
Vereinsamung *f* <-, *ohne pl*> aislamiento *m*
Vereinsfreiheit *f* <-, *ohne pl*> libertad *f* de asociación; **Vereinsgesetz** *nt* <-es, -e> ley *f* de asociación; **Vereinslokal** *nt* <-(e)s, -e> club *m,* local *m* social; **Vereinsmitglied** *nt* <-(e)s, -er> miembro *m* de una asociación, socio, -a *m, f* de un club; **Vereinsregister** *nt* <-s, -> registro *m* de asociaciones; **Vereinssatzung** *f* <-, -en> estatutos *mpl* de la asociación; **Vereinsverfassung** *f* <-, -en> constitución *f* de la asociación; **Vereinsvermögen** *nt* <-s, -> patrimonio *m* de asociación; **Vereinsvormundschaft** *f* <-, -en> tutela *f* de institución; **Vereinsvorstand** *m* <-(e)s, -stände> directiva *f* de la asociación
vereinzelt [fɛɐˈʔaɪntsəlt] *adj* aislado; (*Schauer*) ocasional; **es regnet** ~ hay lluvias aisladas
vereisen* [fɛɐˈʔaɪzən] I. *vi sein* (*Straße*) cubrirse de hielo
II. *vt* (MED) anestesiar (con frío)
vereiteln* [fɛɐˈʔaɪtəln] *vt* hacer fracasar, frustrar
Vereitelung *f* <-, *ohne pl*> frustración *f,* malogro *m*
vereitern* *vi sein* supurar
Vereiterung *f* <-, -en> supuración *f*
verelenden* [fɛɐˈʔeːlɛndən] *vi sein* caer en la miseria, depauperarse
Verelendung *f* <-, -en> depauperación *f,* lumpenización *f Am*
verenden* *vi sein* morir, perecer
verengen* I. *vt* estrechar
II. *vr:* **sich** ~ (*Straße*) estrecharse, hacerse estrecho; (*Pupille*) contraerse
verengern* [fɛɐˈʔɛŋən] I. *vt* estrechar
II. *vr:* **sich** ~ estrecharse
Verengung *f* <-, -en> estrechamiento *m,* estrechez *f*
vererben* I. *vt* ❶ (*hinterlassen*) dejar (en herencia), legar
❷ (BIOL, MED) transmitir por herencia (*auf* a)
II. *vr:* **sich** ~ (BIOL, MED) transmitirse por herencia
vererblich *adj* hereditario, transmisible por herencia
Vererblichkeit *f* <-, *ohne pl*> (JUR) heredabilidad *f;* ~ **von Rechten** heredabilidad *f* de derechos
Vererbung *f* <-, -en> (BIOL, MED) transmisión *f* por herencia
Vererbungslehre *f* <-, *ohne pl*> genética *f*
verewigen* [fɛɐˈʔeːvɪɡən] *vt* perpetuar (*auf* a)
verfahren¹ *adj* sin salida, embrollado
verfahren*² *irr* I. *vi sein* ❶ (*vorgehen*) proceder (*nach* según), actuar (*nach* según); **wie sollen wir weiter** ~? ¿cómo hemos de proceder?
❷ (*behandeln*) tratar (*mit* a); **streng mit jdm** ~ tratar a alguien severamente
II. *vt* (*Geld*) gastar (en dinero); (*Benzin*) gastar (en gasolina); **wir haben 30 l/150 Euro** ~ gastamos 30 l de gasolina/150 euros (para el viaje)
III. *vr:* **sich** ~ perderse; **sich in der Innenstadt** ~ perderse en el centro
Verfahren *nt* <-s, -> ❶ (*Vorgehen, a.* JUR) procedimiento *m;* (*Methode*) método *m,* sistema *m;* **Intervention in das** ~ intervención en el procedimiento; **in jeder Lage des ~s** en toda situación del procedimiento; **objektives** ~ procedimiento objetivo; **schriftliches** ~ procedimiento escrito; **vereinfachtes** ~ procedimiento simplificado; **vorbereitendes** ~ procedimiento preparatorio; **das** ~ **aussetzen/einstellen** suspender/sobreseer el procedimiento
❷ (JUR: *Prozess*) causa *f;* **abgekürztes/anhängiges** ~ proceso sumario/pendiente; **beschleunigtes** ~ juicio acelerado; ~ **der freiwilligen Gerichtsbarkeit** expediente de jurisdicción voluntaria; **streitiges** ~ juicio contencioso; **summarisches** ~ proceso sumario; **Unterbrechung des ~s** interrupción del proceso; **gegen jdn läuft ein** ~ un proceso legal contra alguien está aún pendiente; **ein** ~ **gegen jdn einleiten** instruir una causa contra alguien, levantar acta a alguien
Verfahrensablauf *m* <-(e)s, -läufe> desarrollo *m* del proceso; **Verfahrensabschnitt** *m* <-(e)s, -e> fase *f* procesal; **Verfahrensanweisungen** *fpl* instrucción *f* del procedimiento; **Verfahrensart** *f*

<-, -en> tipo *m* de proceso [*o* procedimiento]; **Verfahrensbeteiligte(r)** *mf* <-n, -n; -n, -n> parte *f* procesal, sujeto *m* procesal; **Verfahrensbeteiligung** *f* <-, -en> participación *f* procesal; **Verfahrensbevollmächtigte(r)** *mf* <-n, -n, -n, -n> apoderado, -a *m*, *f* procesal; **Verfahrensdauer** *f* <-, *ohne pl*> duración *f* del proceso [*o* procedimiento]; **Verfahrenseinleitung** *f* <-, -en> iniciación *f* del procedimiento, incoación *f* del procedimiento; **Verfahrenseinstellung** *f* <-, -en> sobreseimiento *m* del proceso; **Verfahrenseinwand** *m* <-(e)s, -wände> excepción *f* procesal; **Verfahrensfehler** *m* <-s, -> error *m* procesal; **Verfahrensfragen** *fpl* cuestiones *fpl* de procedimiento; **Verfahrensfrist** *f* <-, -en> término *m* procesal; **Verfahrensgebühren** *fpl* derechos *mpl* de tramitación; **Verfahrensgrundsätze** *mpl* fundamentos *mpl* procesales; **Verfahrenshandlung** *f* <-, -en> acto *m* procesal; **eine ~ vornehmen** celebrar un acto procesal; **Verfahrenshindernis** *nt* <-ses, -se> impedimento *m* procesal; **Verfahrenskosten** *pl* costas *fpl*; **~ verteilen** hacer un reparto de costas; **Verfahrenslizenz** *f* <-, -en> licencia *f* de tramitación [*o* provisional]; **Verfahrensmängel** *mpl* defectos *mpl* del procedimiento, vicios *mpl* del procedimiento
verfahrensmäßig *adj* (JUR) procedimental, procesal
Verfahrensnorm *f* <-, -en> norma *f* procesal; **Verfahrensordnung** *f* <-, -en> ordenamiento *m* procesal; **~ des Gerichts** ordenamiento procesal del juzgado; **Verfahrensrecht** *nt* <-(e)s, *ohne pl*> derecho *m* procesal
verfahrensrechtlich *adj* de derecho procesal, jurídico-procesal
Verfahrensregeln *fpl* reglas *fpl* procesales; **Verfahrensregister** *nt* <-s, -> registro *m* procesal; **Verfahrensrevision** *f* <-, -en> revisión *f* del procedimiento; **Verfahrensrichtlinien** *fpl* directivas *fpl* procesales [*o* del procedimiento]; **Verfahrensrüge** *f* <-, -en> recurso *m* en la forma; **Verfahrenssprache** *f* <-, *ohne pl*> lenguaje *m* procesal; **Verfahrenstechnik** *f* <-, *ohne pl*> ingeniería *f* de procesos; **Verfahrenstrennung** *f* <-, -en> separación *f* procesal
Verfahrens- und Formvorschriften *fpl* normas *fpl* procedimentales y formales
Verfahrensvorschrift *f* <-, -en> norma *f* de tramitación; **Verfahrensweise** *f* <-, -n> método *m*, procedimiento *m*
Verfall *m* <-(e)s, *ohne pl*> ❶ (*von Gebäude*) desmoronamiento *m*, ruina *f*; **vom ~ bedroht sein** amenazar ruina ❷ (*geistig, gesundheitlich*) decaimiento *m* ❸ (*Niedergang*) decadencia *f*; **städtischer ~** decadencia municipal ❹ (*von Gutschein, Eintrittskarte*) caducidad *f* ❺ (*jur*) vencimiento *m*; **erweiterter ~** vencimiento ampliado; **~ eines Rechtes** vencimiento de un derecho; **~ einer Marke** vencimiento de una marca; **~ der Sicherheit** vencimiento de la seguridad; **bei ~** al vencimiento
Verfalldatum *nt* <-s, -daten> fecha *f* de caducidad
verfallen* *irr vi sein* ❶ (*Gebäude*) desmoronarse ❷ (*körperlich, geistig, kulturell*) decaer ❸ (*ungültig werden*) caducar; (*ablaufen*) vencer ❹ (*abhängig werden*) depender (de, en); **er ist dem Alkohol ~** es alcohólico; **in alte Fehler ~** recaer en viejos errores ❺ (*kommen auf*) caer en la cuenta (*auf* de); **sie verfiel auf die Idee, ...** se le ocurrió...; **wie konntest du nur auf ihn ~?** ¿cómo se te ocurrió pensar en él?
Verfallfrist *f* <-, -en> (FIN) plazo *m* de vencimiento
Verfallsanordnung *f* <-, -en> (JUR) disposición *f* de caducidad; **Verfallsbeteiligung** *f* <-, -en> (JUR) participación *f* en la caducidad; **Verfallsdatum** *nt* <-s, -daten> fecha *f* de caducidad; **Verfallserscheinung** *f* <-, -en> ❶ (*eines Imperiums*) síntoma *m* de decadencia ❷ (*gesundheitlich*) síntoma *m* de decaimiento; **Verfallsklausel** *f* <-, -n> (JUR) cláusula *f* de caducidad; **Verfallstag** *m* <-(e)s, -e> (FIN) día *m* de vencimiento; **Verfallvertrag** *m* <-(e)s, -träge> (JUR) contrato *m* de vencimiento
verfälschen* *vt* ❶ (*Lebensmittel, Wein*) adulterar ❷ (*Bericht, Wahrheit, Daten*) falsificar, falsear
Verfälschung *f* <-, -en> ❶ (*von Lebensmitteln*) adulteración *f* ❷ (*von Bericht, Daten*) falsificación *f*, falseamiento *m*
verfangen* *irr* I. *vi* surtir efecto; **seine Schmeicheleien ~ bei mir nicht** sus halagos me dejan frío
II. *vr: sich ~* enredarse; **sich in Widersprüchen ~** contradecirse
verfänglich [fɛɐˈfɛŋlɪç] *adj* (*Frage*) capcioso; (*Situation*) embarazoso
verfärben* *vr: sich ~* cambiar de color; (*Kleidung*) desteñirse
Verfärbung *f* <-, -en> ❶ (*Verlust der Farbe*) decoloración *f*, pérdida *f* del color ❷ (*Annahme anderer Farbe*) tinte *m* ❸ (*abweichende Färbung*) (de)coloración *f*
verfassen* *vt* redactar, escribir
Verfasser(in) *m(f)* <-s, -; -, -nen> autor(a) *m(f)*
Verfassung *f* <-, -en> ❶ (POL) constitución *f*; **auf die ~ vereidigt werden** jurar la Constitución ❷ (*Zustand*) condición *f*; (*seelisch*) estado *m* de ánimo; **in guter/schlechter ~ sein** estar en buenas/malas condiciones; **ich bin nicht in der ~ zu der Party zu gehen** no estoy en condiciones de ir a la fiesta
Verfassungsänderung *f* <-, -en> modificación *f* de la constitución; **Verfassungsbeschwerde** *f* <-, -n> (JUR) recurso *m* de amparo (constitucional)
verfassungsfeindlich *adj* (JUR) anticonstitucional
verfassung(s)gebend *adj* (JUR) constituyente; **~e Gewalt** poder legislativo; **~e Versammlung** asamblea constituyente
Verfassungsgericht *nt* <-(e)s, -e> tribunal *m* constitucional; **Verfassungsgerichtshof** *m* <-(e)s, -höfe> tribunal *m* de garantías constitucionales; **Verfassungsgerichtsurteil** *nt* <-s, -e> sentencia *f* del tribunal constitucional
Verfassungsgrundsatz *m* <-es, -sätze> principio *m* constitucional; **Verfassungsklage** *f* <-, -n> recurso *m* de inconstitucionalidad
verfassungskonform *adj* conforme con la constitución; **~e Auslegung** interpretación conforme con la constitución
verfassungsmäßig *adj* (JUR) constitucional; **~e Ordnung** orden constitucional
Verfassungsmäßigkeit *f* <-, *ohne pl*> (JUR) constitucionalidad *f*
Verfassungsorgan *nt* <-s, -e> (JUR) órgano *m* constitucional; **Verfassungsorgantreue** *f* <-, *ohne pl*> (JUR) fidelidad *f* al organismo constitucional
Verfassungsrecht *nt* <-(e)s, *ohne pl*> derecho *m* constitucional
verfassungsrechtlich *adj* (JUR): **~e Rechtfertigung** justificación constitucional; **~e Streitigkeit** litigio constitucional
Verfassungsrechtsverletzung *f* <-, -en> lesión *f* del derecho constitucional; **spezifische ~** lesión específica del derecho constitucional; **Verfassungsreform** *f* <-, -en> reforma *f* constitucional; **Verfassungsrichter(in)** *m(f)* <-s, -; -, -nen> juez(a) *m(f)* del tribunal constitucional; **Verfassungsschutz** *m* <-es, *ohne pl*> Oficina *f* Federal de Protección de la Constitución; **Verfassungstreue** *f* <-, *ohne pl*> fidelidad *f* constitucional
verfassungswidrig *adj* anticonstitucional, inconstitucional; **~es Gesetz** ley anticonstitucional; **~e Partei** partido anticonstitucional
verfaulen* *vi sein* pudrirse, descomponerse
verfechten* *irr vt* propugnar, defender
Verfechter(in) *m(f)* <-s, -; -, -nen> defensor(a) *m(f)*
verfehlen *vt* ❶ (*Zug*) perder; (*Person*) no encontrar; **wir haben uns verfehlt** no nos hemos encontrado ❷ (*Ziel, Zweck*) no alcanzar, no conseguir; (*Schütze*) fallar [*o* errar] (el blanco); **ich halte es für verfehlt, das zu tun** me parece equivocado hacer eso; **seine Wirkung ~** no surtir efecto; **die Worte hatten ihre Wirkung nicht verfehlt** las palabras surtieron (su) efecto; **das Thema ~** no acertar el tema
verfehlt *adj* (*nicht angebracht*) inadecuado; (*falsch*) falso
Verfehlung *f* <-, -en> falta *f*
verfeinden* [fɛɐˈfaɪndən] *vr: sich ~* enemistarse, contrapuntearse *Am*; **die Geschwister sind (miteinander) verfeindet** los hermanos están peleados (entre sí)
verfeinern* [fɛɐˈfaɪnɐn] *vt* (*Geschmack*) mejorar, refinar; (*Methode*) afinar, perfeccionar
Verfeinerung *f* <-, -en> ❶ (*eines Gerichts*) mejoramiento *m*; **Sahne dient der geschmacklichen ~ verschiedener Gerichte** la nata sirve para realzar el sabor de diversos platos ❷ (*einer Methode*) refinamiento *m*
verfemen* [fɛɐˈfeːmən] *vt* (*geh*) proscribir; **ein verfemter Autor** un autor ignorado (injustamente)
verfertigen* *vt* hacer, elaborar
verfestigen* I. *vt* solidificar
II. *vr: sich ~* solidificarse
verfetten* *vi sein* acumular grasa, volverse graso
Verfettung *f* <-, -en> (MED) adiposidad *f*, adiposis *f inv*
verfeuern* *vt* ❶ (*Brennstoff*) quemar ❷ (*Munition*) gastar, agotar
Verfeuerung *f* <-, -en> combustión *f*
verfilmen* *vt* llevar a la pantalla
Verfilmung *f* <-, -en> adaptación *f* cinematográfica
verfilzen* *vi sein* (*Haare*) enredarse; (*Wolle, Pullover*) apelmazarse; **Politik und Wirtschaft sind miteinander verfilzt** la política y la economía están enredadas una con otra
verfinstern* *vr: sich ~* oscurecerse
verflachen* *vi sein* (*Gelände*) volverse llano; (*Gewässer*) hacerse menos profundo, perder profundidad; (*Gespräch*) hacerse superficial
verflechten* *irr vt* entretejer; **Blumen zu einem Kranz ~** hacer una corona de flores [*o* entretejiendo flores]
Verflechtung *f* <-, -en> ❶ (*Verbindung*) entrelazamiento *m* ❷ (*Zusammenhang*) interdependencia *f*

verfliegen* *irr* I. *vi sein* ① (*Duft, Alkohol*) evaporarse ② (*Ärger, Begeisterung*) desvanecerse; (*Zeit*) pasar volando, volar II. *vr: sich* ~ perderse, perder la orientación

verfließen* *irr vi sein* ① (*geh: Zeit*) pasar, transcurrir ② (*Farben*) correrse

verflixt [fɛɐˈflɪkst] *adj* (*fam*) endemoniado; ~ **schwierig** endemoniadamente difícil; ~ **und zugenäht!** ¡maldito sea!; **das ist ja eine ~e Situation** esta sí que es una situación jodida

verflochten *pp von* **verflechten**

verflogen *pp von* **verfliegen**

verflossen [fɛɐˈflɔsən] I. *pp von* **verfließen** II. *adj* (*fam*) antiguo, ex; **ihr V~er** su ex

verfluchen* *vt* maldecir

verflucht *adj* (*fam*) maldito; **so ein ~er Idiot!** ¡maldito idiota!; **wir haben ~es Glück** tenemos una suerte del demonio; ~ **noch mal!** ¡joder!

verflüchtigen* *vr: sich* ~ ① (*Duft, Alkohol*) evaporarse ② (*Ärger, Hoffnung*) desaparecer, desvanecerse; (*Bedenken*) disiparse ③ (*fam: Person*) perderse [*o* borrarse] (del mapa)

verflüssigen* I. *vt* (*Luft*) licuar II. *vr: sich* ~ licuarse

Verflüssigung *f* <-, -en> licuación *f*, licuefacción *f*

verfochten *pp von* **verfechten**

verfolgen* *vt* ① (*allgemein*) perseguir; **etw gerichtlich** ~ perseguir algo judicialmente; **vom Unglück verfolgt** perseguido por la desgracia; **sie wurden wegen ihres Glaubens verfolgt** fueron perseguidos a causa de sus creencias; **welche Absicht verfolgt er?** ¿qué intención persigue? ② (*Spur*) seguir, bandear *MAm;* **sie verfolgte ihn mit den Augen** le siguió con la mirada ③ (*Vorgang, Handlung*) observar; (*Unterricht*) seguir

Verfolger(in) *m(f)* <-s, -; -, -nen> perseguidor(a) *m(f)*

Verfolgte *mf* <-n, -n; -n, -n> perseguido, -a *m, f;* **politisch** ~ perseguidos políticos

Verfolgung *f* <-, -en> persecución *f*, siga *f Chil;* **strafrechtliche** ~ persecución jurídico-penal; **die ~ des Flüchtigen aufnehmen** emprender la persecución del fugitivo

Verfolgungsjagd *f* <-, -en> persecución *f;* **Verfolgungskampagne** *f* <-, -n> campaña *f* de persecución; **Verfolgungsrecht** *nt* <-(e)s, *ohne pl*> (JUR) derecho *m* de persecución; **Verfolgungsvereit(e)lung** *f* <-, *ohne pl*> (JUR) desbaratamiento *m* de la persecución; **Verfolgungsverjährung** *f* <-, -en> (JUR) prescripción *f* de la acción penal; **Verfolgungswahn** *m* <-(e)s, *ohne pl*> (PSYCH) manía *f* persecutoria

verformen* I. *vt* deformar II. *vr: sich* ~ deformarse

Verformung *f* <-, -en> deformación *f;* **~en aufweisen** presentar deformaciones

verfrachten* *vt* despachar, expedir; (*mit Schiff*) fletar; **jdn in das Auto** ~ meter a alguien en el coche; **etw in den Kofferraum** ~ (*fam*) poner algo en el maletero

Verfrachter(in) *m(f)* <-s, -; -, -nen> fletante *mf;* (COM) expedidor(a) *m(f);* ~ **und Befrachter** expedidor y fletador

verfranzen* [fɛɐˈfrantsən] *vr: sich* ~ (*fam*) desorientarse, perderse

verfremden* *vt* distanciar

Verfremdung *f* <-, -en> distanciamiento *m*

Verfremdungseffekt *m* <-(e)s, -e> (LIT) efecto *m* de distanciamiento

verfressen¹ *adj* (*fam abw*) tragón, glotón

verfressen*² *irr vt* (*fam*) gastar en comida

Verfressenheit *f* <-, *ohne pl*> (*fam abw*) glotonería *f*, tragonería *f*, gula *f*

Verfristung *f* <-, -en> (JUR) aplazamiento *m*

verfrühen* *vr: sich* ~ llegar demasiado temprano [*o* antes de tiempo]

verfrüht *adj* prematuro; **eine ~e Entscheidung** una decisión prematura; **ich halte das für** ~ me parece prematuro

verfügbar *adj* disponible; **~er Satz** (INFOR) registro disponible

verfugen* [fɛɐˈfuːɡən] *vt* rejuntar, llaguear

verfügen* I. *vi* (*Zeit, Besitz*) disponer (*über* de); (*ausgestattet sein*) estar provisto (*über* de), contar (*über* con); **über Erfahrung** ~ tener experiencia; ~ **Sie über mich!** ¡estoy a su disposición!; **ich kann über meine Zeit frei** ~ soy dueño y señor de mi tiempo II. *vt* decretar, ordenar

Verfügung *f* <-, -en> ① (*Anordnung*) orden *f*, decreto *m;* **einstweilige** ~ auto *m*, resolución provisional; **gerichtliche/testamentarische** ~ disposición judicial/testamentaria; **letztwillige** ~ última disposición; **nachträgliche** ~ disposición ulterior; **eine ~ erlassen** decretar una orden; **eine ~ beantragen/vorläufig aufheben** solicitar/anular provisionalmente un mandamiento ② (*Disposition*) disposición *f;* ~ **von Todes wegen** disposición por causa de muerte; **bedingte** ~ disposición condicionada; **befristete** ~ disposición comisoria; **unentgeltliche** ~ disposición gratuita; **zur freien** ~ a libre disposición; **etw zu seiner/zur ~ haben** tener algo a su disposición; **jdm etw zur ~ stellen** poner algo a disposición de alguien; **jdm zur ~ stehen** estar a disposición de alguien; **sich zur ~ halten** mantenerse a disposición; **für etw zur ~ stehen** estar a disposición para algo

Verfügungsbefugnis *f* <-, -se> facultad *f* de disposición; **Verfügungsberechtigte(r)** *mf* <-n, -n; -n, -n> titular *mf* del derecho de disposición; **Verfügungsberechtigung** *f* <-, *ohne pl*> facultad *f* de disposición; **Verfügungsbeschränkung** *f* <-, -en> limitación *f* de la disposición, desapoderamiento *m;* **Verfügungsfreiheit** *f* <-, *ohne pl*> libertad *f* de disposición; **Verfügungsgewalt** *f* <-, *ohne pl*> poder *m* de disposición; **Verfügungsmacht** *f* <-, *ohne pl*> potestad *f* dispositiva; **Verfügungsmöglichkeit** *f* <-, -en> posibilidad *f* de disposición; **Verfügungsprinzip** *nt* <-s, *ohne pl*> principio *m* de la disposición; **Verfügungsrecht** *nt* <-(e)s, *ohne pl*> derecho *m* de disposición; **(alleiniges)** ~ **über etw haben** poseer el derecho (exclusivo) de disposición sobre una cosa

verführen* *vt* ① (*anstiften*) inducir (*zu* a), seducir (*zu* a) ② (*sexuell*) seducir

Verführer(in) *m(f)* <-s, -; -, -nen> seductor(a) *m(f)*

verführerisch *adj* seductor, tentador

Verführung *f* <-, -en> seducción *f;* ~ **Minderjähriger** corrupción de menores

verfuhrwerken* *vt* (*Schweiz*) *s.* **verpfuschen**

verfünffachen* I. *vt* quintuplicar II. *vr: sich* ~ quintuplicarse; *s. a.* **verachtfachen**

verfüttern* *vt* dar de comer; **Hafer an die Pferde** ~ dar de comer avena a los caballos

Vergabe *f* <-, -n> adjudicación *f*, concesión *f*

Vergabebedingungen *fpl* pliego *m* de condiciones; **Vergabekammer** *f* <-, -n> cámara *f* de adjudicación; **Vergabeprüfstelle** *f* <-, -n> centro *m* de control de adjudicaciones; **Vergaberecht** *nt* <-(e)s, *ohne pl*> derecho *m* de la adjudicación; **Vergaberichtlinien** *fpl* directivas *fpl* sobre contratación administrativa; **Vergabeverfahren** *nt* <-s, -> procedimiento *m* de contratación administrativa

vergackeiern* [fɛɐˈgakʔaɪɐn] *vt* (*fam*): **jdn** ~ tomar por tonto a alguien

vergällen* [fɛɐˈgɛlən] *vt* (*Alkohol*) desnaturalizar; **jdm das Leben** ~ amargar a alguien la vida; **jdm den Spaß an etw** *dat* ~ quitarle a alguien las ganas de algo

Vergällungsmittel *nt* <-s, -> (CHEM) agente *m* de desnaturalización

vergaloppieren* *vr: sich* ~ (*fam*) meter la pata

vergammeln* I. *vi sein* (*fam: verfaulen*) pudrirse II. *vt* (*fam: Zeit*) perder

vergammelt *adj* (*fam*) ① (*Nahrung*) podrido ② (*abw: Aussehen*) miserable, cutre

vergangen [fɛɐˈɡaŋən] *pp von* **vergehen**

Vergangenheit *f* <-, *ohne pl*> ① (*Zurückliegendes*) pasado *m;* **das gehört der** ~ **an** esto pertenece al pasado; **er hat eine bewegte** ~ tiene un pasado muy movido; **in der jüngsten** ~ en el pasado reciente, recientemente; **das Schloss hat eine düstere** ~ el castillo tiene un pasado sombrío ② (LING) pretérito *m*

Vergangenheitsbewältigung *f* <-, *ohne pl*> enfrentamiento *m* crítico con el pasado

vergänglich [fɛɐˈɡɛŋlɪç] *adj* pasajero, efímero

Vergänglichkeit *f* <-, *ohne pl*> carácter *m* transitorio [*o* efímero]

vergären* *irr* I. *vt haben* poner a fermentar II. *vi sein* fermentar

Vergärung *f* <-, -en> fermentación *f*

vergasen* [fɛɐˈɡaːzən] *vt* ① (*Kohle, Koks*) gasificar ② (*Menschen*) asfixiar con gas

Vergaser *m* <-s, -> (AUTO) carburador *m*

vergaß [fɛɐˈɡaːs] 3. *imp von* **vergessen**

Vergasung *f* <-, -en> gasificación *f;* **bis zur** ~ (*fam*) hasta no poder más

Vergasungsanlage *f* <-, -n> planta *f* de gasificación

vergeben* *irr vt* ① (*allgemein*) dar; (*zuweisen*) adjudicar; (*verteilen*) distribuir; (*Stipendium, Preis*) conceder, dar; **die Olympischen Spiele werden nach Melbourne** ~ los Juegos Olímpicos son adjudicados a Melburne; **der Auftrag ist noch zu** ~ el encargo no se ha adjudicado todavía a nadie; **er/sie ist schon** ~ él/ella tiene novia/novio [*o* compromiso] ② (*Chance, Möglichkeit*) desperdiciar, no aprovechar; **du wirst dir nichts** ~, **wenn ...** no vas a perder tu nombre por... +*inf* ③ (*zuteilen*) distribuir, repartir ④ (*geh: verzeihen*) perdonar; **jdm** ~ perdonar a alguien; **vergib mir!** ¡perdóname!; **die Sache ist** ~ **und vergessen** el asunto está perdonado y olvidado

vergebens [fɛɐ̯'geːbəns] *adv* en vano, inútilmente, ñudo *Am*
vergeblich I. *adj* inútil
II. *adv* en vano
Vergeblichkeit *f* <-, *ohne pl*> inutilidad *f*
Vergebung *f* <-, -en> (*geh*) perdón *m*; (*von Sünden*) remisión *f*; **jdn für etw um ~ bitten** pedir perdón a alguien por algo
vergegenwärtigen* [---'---] *vt*: **sich** *dat* **etw ~** (*vor Augen rufen*) tener algo presente; (*sich vorstellen*) imaginarse algo; (*sich erinnern*) acordarse de algo
vergehen* *irr* I. *vi sein* ❶ (*Zeit*) pasar, transcurrir; **die Zeit vergeht wie im Flug** el tiempo pasa volando; **wie die Zeit vergeht!** ¡cómo pasa el tiempo!; **vergangene Woche** la semana pasada; **vergangene Pracht/Größe** suntuosidad/grandeza del pasado
❷ (*aufhören*) pasar(se), quitarse; (*verschwinden*) desaparecer; (*nachlassen*) disminuir; **mir ist der Appetit vergangen** se me ha quitado el apetito; **dir wird das Lachen noch ~!** ¡tú ríete, ya verás!
❸ (*schmachten*) morirse (*vor* de)
II. *vr*: **sich ~** contravenir, infringir; **sich gegen das Gesetz ~** infringir la ley; **sich an jdm ~** abusar de alguien
Vergehen *nt* <-s, -> infracción *f*, delito *m*; **anzeigepflichtiges ~** delito que debe ser denunciado (ante las autoridades); **schweres ~** delito grave
vergeigen* *vt* (*fam*) malograr
Vergeilung *f* <-, -en> (BOT) etiolación *f*
vergeistigen* *vt* espiritualizar; **ein vergeistigter Mensch** una persona espiritual; **vergeistigt sein** tener una profunda vida interior
vergelten* *irr vt*: **jdm etw ~** devolver algo a alguien; (*rächen*) desquitarse de algo con alguien; **Gleiches mit Gleichem ~** pagar algo con la misma moneda, **vergelt's Gott!** ¡Dios se lo pague!
Vergeltung *f* <-, -en> ❶ (*Belohnung*) recompensa *f*
❷ (*Rache*) desquite *m*, revancha *f*; **~ für etw üben** desquitarse de algo
Vergeltungsmaßnahme *f* <-, -n> represalia *f*; **~n durchführen** tomar represalias; **Vergeltungsschlag** *m* <-(e)s, -schläge> acto *m* de represalia
vergesellschaften* *vt* (WIRTSCH) socializar
Vergesellschaftung *f* <-, -en> (WIRTSCH) nacionalización *f*
vergessen [fɛɐ̯'gɛsən] <vergisst, vergaß, vergessen> I. *vt* olvidar; **jd vergisst etw** algo se le olvida a alguien; **ich habe ~, was ich sagen wollte** se me ha olvidado lo que quería decir; **damit ich es nicht vergesse [*o* ehe ich es vergesse], ...** antes de que se me olvide...; **nicht zu ~ ...** no olvide...; **das kannst du ~!** (*fam*) ¡olvídate de eso!; **das werde ich dir nie ~** no olvidaré jamás lo que has hecho
II. *vr*: **sich ~** propasarse, perder la cabeza *fam*
Vergessenheit *f* <-, *ohne pl*> olvido *m*; **in ~ geraten** caer en el olvido
vergesslichRR *adj*, **vergeßlich** *adj* olvidadizo, despistado *fam*
VergesslichkeitRR *f* <-, *ohne pl*>, **Vergeßlichkeit** *f* <-, *ohne pl*> falta *f* de memoria
vergeuden* [fɛɐ̯'gɔʏdən] *vt* desperdiciar, malgastar; (*Geld*) despilfarrar, derrochar
Vergeudung *f* <-, -en> desperdicio *m*; (*von Geld*) despilfarro *m*, derroche *m*
vergewaltigen* [fɛɐ̯gə'valtɪgən] *vt* violar
Vergewaltigung *f* <-, -en> violación *f*
Vergewaltigungsindikation *f* <-, *ohne pl*> indicación *f* de violación
vergewissern* [fɛɐ̯gə'vɪsɐn] *vr*: **sich ~** asegurarse (*über* de), cerciorarse (*über* de); **haben Sie sich seiner Zustimmung vergewissert?** ¿se ha cerciorado de que él está de acuerdo?; **hast du dich vergewissert, dass ...?** ¿te has cerciorado de que...?
vergießen* *irr vt* derramar, verter; **deswegen werde ich doch keine Träne ~** no voy a derramar ni una lágrima por eso
vergiften* I. *vt* intoxicar; (*tödlich*) envenenar
II. *vr*: **sich ~** intoxicarse; (*tödlich*) envenenarse; **sich durch verdorbenes Fleisch ~** intoxicarse con carne en mal estado
Vergiftung *f* <-, -en> envenenamiento *m*; (MED) intoxicación *f*
vergilben* [fɛɐ̯'gɪlbən] *vi sein* amarillear, ponerse amarillo [*o* amarillento]
vergilbt *adj* amarillento
VergissmeinnichtRR [fɛɐ̯'gɪsmaɪnɪçt] *nt* <-(e)s, -(e)>, **Vergißmeinnicht** *nt* <-(e)s, -(e)> (BOT) nomeolvides *m inv*
vergisstRR [fɛɐ̯'gɪst], **vergißt** 3. präs *von* **vergessen**
vergittern* *vt* enrejar
Vergitterung *f* <-, -en> enrejado *m*
verglasen* [fɛɐ̯'glaːzən] *vt* acristalar, poner cristales (a)
Verglasung *f* <-, -en> vidrios *mpl*, cristales *mpl*; **~ radioaktiver Abfälle** vitrificación de residuos radi(o)activos
Vergleich *m* <-(e)s, -e> ❶ (*das Vergleichen*) comparación *f*; **~e ziehen [*o* anstellen]** establecer una comparación; **einem ~ standhalten** resistir la comparación; **in keinem ~ zu etw** *dat* **stehen** no tener comparación con algo; **im ~ zu [*o* mit] jdm/etw** *dat* comparado [*o* en comparación] con alguien/algo

❷ (JUR) acuerdo *m*, arreglo *m*; **außergerichtlicher/gerichtlicher ~** conciliación extrajudicial/judicial; **gütlicher ~** arreglo amistoso; **einen ~ schließen** llegar a un acuerdo
vergleichbar *adj* comparable (*mit* a); **etwas V~es habe ich noch nicht erlebt!** ¡en la vida he visto algo semejante!
vergleichen* *irr* I. *vt* comparar; **das kann man nicht ~** (*fam*) esto no se puede comparar; **vergleiche oben/Seite 12** véase [*o* compárese] arriba/página 12; **~de Sprachwissenschaft** lingüística comparada; **verglichen mit ...** comparado con...; **zwei Städte miteinander ~** comparar dos ciudades (entre sí)
II. *vr*: **sich ~** (JUR) ponerse de acuerdo, llegar a un acuerdo
Vergleichsabkommen *nt* <-s, -> (JUR) acuerdo *m* de transacción; **Vergleichsantrag** *m* <-(e)s, -träge> (JUR) solicitud *f* de conciliación [*o* de convenio], petición *f* (de un acto) de conciliación; **einen ~ stellen** presentar una solicitud de conciliación [*o* de convenio]; **Vergleichsbedingungen** *fpl* <-, -n> condiciones *fpl* del convenio (de acreedores); **Vergleichsbehörde** *f* <-, -n> autoridad *f* conciliadora; **Vergleichsbilanz** *f* <-, -en> (WIRTSCH) balance *m* de referencia; **Vergleichseröffnung** *f* <-, -en> (JUR) apertura *f* de la conciliación; **Vergleichsgebühr** *f* <-, -en> derechos *mpl* de conciliación; **Vergleichsgericht** *nt* <-(e)s, -e> (JUR) juzgado *m* de conciliación; **Vergleichsgrundlage** *f* <-, -n> (JUR) base *f* del convenio, fundamento *m* de la conciliación [*o* transacción]; **Vergleichsjahr** *nt* <-(e)s, -e> año *m* de referencia; **Vergleichskosten** *pl* (JUR) gastos *mpl* de conciliación; **Vergleichsmaßstab** *m* <-(e)s, -stäbe> (JUR) término *m* de comparación; **Vergleichsoperator** *m* <-s, -en> (INFOR) operador *m* de relación; **Vergleichsordnung** *f* <-, *ohne pl*> ley *f* de transacción; **Vergleichspreis** *m* <-(e)s, -e> precio *m* de referencia; **Vergleichsrecht** *nt* <-(e)s, *ohne pl*> (JUR) derecho *m* convencional; **Vergleichsregelung** *f* <-, -en> (JUR) regulación *f* del convenio; **Vergleichstest** *m* <-(e)s, -s *o* -e> (*a.* INFOR) test *m* de comparación; **Vergleichsverfahren** *nt* <-s, -> (JUR) procedimiento *m* de conciliación; **Vergleichsvertrag** *m* <-(e)s, -träge> (JUR) contrato *m* de transacción; **Vergleichsverwalter(in)** *m(f)* <-s, -; -, -nen> (JUR) síndico, -a *m*, *f* del convenio; **Vergleichsvorschlag** *m* <-(e)s, -schläge> (JUR) propuesta *f* de convenio
vergleichsweise *adv* en comparación; **das ist ~ wenig** esto es poco en comparación
Vergleichswert *m* <-(e)s, -e> (JUR) valor *m* de referencia; **Vergleichszahl** *f* <-, -en> cifra *f* comparativa; **der Absatz ist gestiegen, die ~en vom Vormonat sehen nicht so gut aus** las ventas han aumentado, las cifras correspondientes al mes anterior no son tan positivas; **Vergleichszeitraum** *m* <-(e)s, -räume> período *m* correspondiente [*o* de referencia]
verglichen *pp von* **vergleichen**
verglimmen <verglimmt, verglomm *o* verglimmte, verglommen *o* verglimmt> *vi sein* ir apagándose
verglommen *pp von* **verglimmen**
verglühen* *vi sein* irse extinguiendo, apagarse lentamente
vergnatzt [fɛɐ̯'gnatst] *adj* (*reg: fam*) enfadado, enojado
vergnügen* [fɛɐ̯'gnyːgən] I. *vr*: **sich ~** divertirse
II. *vt* divertir, entretener; **der Anblick schien ihn zu ~** la escena parecía divertirle
Vergnügen¹ *nt* <-s, *ohne pl*> (*Gefallen, Spaß*) gusto *m*, placer *m*; **es ist ein ~ ihm zuzusehen** da gusto verle; **es ist mir ein ~** encantado, **es ist kein reines ~ etw zu tun** no es ningún placer hacer algo; **an etw** *dat* **~ haben [*o* finden]** tener placer en [*o* con] algo; **das macht [*o* bereitet] mir ~** eso me encanta; **er macht sich ~ daraus, etw zu tun** le encanta [*o* chifla] hacer algo; **mit wem habe ich das ~?** ¿con quién tengo el gusto de hablar?; **viel ~!** ¡que lo pase(s) bien!; **mit ~** con mucho gusto
Vergnügen² *nt* <-s, -> (*Zeitvertreib*) diversión *f*; **das war ein teures ~** fue una diversión muy cara; **zum reinen ~** por pura diversión; **sich ins ~ stürzen** (*fam*) darse el entregarse de lleno al placer; (*iron*) poner manos a la obra
vergnüglich *adj* entretenido, divertido
vergnügt *adj* alegre (*über* por); **~ lachen** reírse satisfecho
Vergnügung *f* <-, -en> diversión *f*, entretenimiento *m*
Vergnügungsindustrie *f* <-, -n> (WIRTSCH) industria *f* del entretenimiento; **Vergnügungspark** *m* <-s, -s *o* -e> parque *m* de atracciones; **Vergnügungsreise** *f* <-, -n> viaje *m* de placer; **Vergnügungssteuer** *f* <-, -n> impuesto *m* sobre espectáculos; **Vergnügungssucht** *f* <-, *ohne pl*> deseo *m* de diversión, afán *m* de divertirse
vergnügungssüchtig *adj* loco por divertirse
Vergnügungsviertel *nt* <-s, -> barrio *m* de entretenimiento
vergolden* *vt* dorar; **jdm seine Falschaussage ~** (*fam*) pagar a alguien su falso testimonio a peso de oro
vergolten *pp von* **vergelten**
vergönnen* *vt* ❶ (*geh: gewähren*): **jdm etw ~** conceder algo a alguien; **es war mir nicht vergönnt mich auszuruhen** no tuve la posibilidad de

vergossen reposar

②(*Schweiz: nicht gönnen*) no conceder; **die Chance zu verreisen wurde ihm vergönnt** le fue negada la posibilidad de irse de viaje

vergossen *pp von* **vergießen**

vergöttern* [fɛɐˈgœtən] *vt* adorar, idolatrar

Vergöttlichung *f* <-, -en> divinización *f*

vergraben* *irr* I. *vt* enterrar; **das Gesicht in den Händen ~** ocultar el rostro en las manos
II. *vr:* **sich ~** (*sich zurückziehen*) encerrarse (*in* en), retirarse (*in* a)

vergrämen* *vt* espantar, ahuyentar

vergrämt [fɛɐˈgrɛːmt] *adj* acongojado, afligido

vergrätzen* [fɛɐˈgrɛtsən] *vt* (*fam*) enfadar, irritar

vergraulen* [fɛɐˈgraʊlən] *vt* (*fam*) ahuyentar, espantar

vergreifen* *irr vr:* **sich ~** ①(*danebengreifen*) equivocarse; **da hast du dich im Ton vergriffen** te has equivocado de tono; **der Gitarrist hat sich vergriffen** el guitarrista ha errado el tono
②(*angreifen*): **sich an jdm ~** atacar a alguien, tomarla con alguien *fam*; (*sexuell*) abusar de alguien; **er vergreift sich immer an Schwächeren** siempre ataca a los más débiles; **sich an etw** *dat* **~** usurpar algo; **vergreif dich nicht an meinem Bier!** ¡quita tus manos de mi cerveza!
③(*sich unpassend ausdrücken*) equivocarse (*in* con)

vergreisen* [fɛɐˈgraɪzən] *vi sein* ①(*senil werden*) volverse senil
②(*Bevölkerung*) envejecer

Vergreisung *f* <-, *ohne pl*> ①(*einer Person*) senescencia *f geh*
②(*der Bevölkerung*) envejecimiento *m*

vergriffen [fɛɐˈɡrɪfən] I. *pp von* **vergreifen**
II. *adj* (*Ware*) agotado

vergrößern* [fɛɐˈgrøːsɐn] I. *vt* ①(*räumlich*) agrandar, ampliar; (*Lupe, Linse*) aumentar; (FOTO) ampliar
②(*vermehren*) aumentar, acrecentar; (*Wissen*) ampliar; **den Betrieb um 20 Mitarbeiter auf 100 ~** ampliar la plantilla de la empresa a 100 trabajadores con 20 nuevos contratos
③(*verschlimmern*) agravar
II. *vr:* **sich ~** ①(*sich erweitern*) ampliarse; (*Pupille, Organ*) dilatarse
②(*zunehmen*) aumentar

Vergrößerung *f* <-, -en> ①(*räumlich*) agrandamiento *m*, ampliación *f*; (FOTO) ampliación *f*; (*Optik*) aumento *m*; **von einem Foto eine ~ machen** ampliar una foto; **in 500facher ~** ampliado en una escala de 500:1
②(*Zunahme*) aumento *m*, incremento *m*
③(*Verschlimmerung*) agravación *f*

Vergrößerungsglas *nt* <-es, -gläser> cristal *m* de aumento

Vergrusung [fɛɐˈgruːzʊŋ] *f* <-, -en> (GEO) desagregación *f*

vergucken* *vr:* **sich ~** (*fam*) ①(*irren*) equivocarse
②(*verlieben*) enamorarse (*in* de); **ich habe mich in seine schönen Augen verguckt** me he enamorado de sus bonitos ojos

vergünstigt *adj* (*Preis*) rebajado; **etw ~ kaufen** comprar algo a precio rebajado

Vergünstigung *f* <-, -en> ventaja *f*; (*bei Preis*) rebaja *f*, descuento *m*; **~en erhalten** obtener rebajas; **~en gewähren** conceder bonificaciones; **soziale ~en** concesiones sociales; **steuerliche ~en** ventajas fiscales

vergüten* [fɛɐˈɡyːtən] *vt* ①(*Arbeit*) remunerar; **jdm etw ~** (*entschädigen*) indemnizar a alguien por algo; (*erstatten*) reembolsar algo a alguien
②(*Metall*) templar
③(*Linse, Objektiv*) proveer de una capa antireflectora

Vergütung *f* <-, -en> ①(*für Arbeit*) remuneración *f*; **angemessene ~** remuneración adecuada; **~ in Sachleistungen** remuneración en especie
②(*Rückerstattung*) reembolso *m*, restitución *f*
③(TECH) temple *m*, templado *m*

Vergütungsanspruch *m* <-(e)s, -sprüche> derecho *m* a retribución [*o* a remuneración]; **Vergütungspaket** *nt* <-(e)s, -e> (JUR) paquete *m* retributivo

verh. *Abk. von* **verheiratet** casado

verhackstücken* [fɛɐˈhakʃtʏkən] *vt* ①(*fam abw: verreißen*) hacer trizas, poner verde
②(*nordd fam: besprechen*) discutir

verhaften* [fɛɐˈhaftən] *vt* arrestar, detener; **Sie sind verhaftet!** ¡está Ud. detenido!

Verhaftete(r) *mf* <-n, -n; -n, -n> preso, -a *m, f*, recluso, -a *m, f*

Verhaftung *f* <-, -en> detención *f*, arresto *m*

Verhaftungswelle *f* <-, -n> oleada *f* de detenciones

verhaken* *vt* enganchar

verhallen* *vi sein* ①(*Ton*) extinguirse, perderse a lo lejos
②(*Bitten*) no ser atendido [*o* escuchado]; **seine Worte verhallten ungehört** sus palabras no fueron escuchadas

verhalten¹ *adj* reservado; **die ~e Wut** la rabia contenida

verhalten*² *irr vr:* **sich ~** ①(*sich benehmen*) comportarse, portarse; **sich jdm gegenüber unverschämt ~** comportarse desvergonzadamente con alguien

②(*Sache, a.* MATH) ser (*zu* a); **A verhält sich zu B wie C zu D** A es a B como C a D; **wie verhält es sich mit …?** ¿qué pasa con…?; **in Wirklichkeit verhält es sich ganz anders** la realidad es muy distinta

Verhalten *nt* <-s, *ohne pl*> ①(*Benehmen*) comportamiento *m*, conducta *f*; (*Haltung*) actitud *f*; **abgestimmtes/gleichförmiges ~** comportamiento concertado/uniforme, conducta concertada/uniforme
②(CHEM) reacción *f*

Verhaltensforscher(in) *m(f)* <-s, -; -, -nen> investigador(a) *m(f)* del comportamiento, etólogo, -a *m, f*; **Verhaltensforschung** *f* <-, *ohne pl*> etología *f*

verhaltensgestört *adj* trastornado

Verhaltenshaftung *f* <-, *ohne pl*> responsabilidad *f* por la conducta; **Verhaltenskodex** *m* <-(es), -e *o* -kodizes> código *m* de conducta; **Verhaltensmaßregel** *f* <-, -n> regla *f* de comportamiento, norma *f* de conducta; **Verhaltensmuster** *nt* <-s, -> modelo *m* de conducta; **Verhaltensstörer(in)** *m(f)* <-s, -; -, -nen> (JUR) perturbador(a) *m(f)* del comportamiento; **Verhaltensstörung** *f* <-, -en> (MED, PSYCH) trastorno *m* en el comportamiento; **Verhaltensweise** *f* <-, -n> comportamiento *m*; (JUR) modo *m* de actuar; **abgestimmte ~** modo de actuar concertado

Verhältnis [fɛɐˈhɛltnɪs] *nt* <-ses, -se> ①(*Relation*) relación *f*, proporción *f*; **das entspricht einem ~ von fünf zu eins** eso responde a una relación de cinco por uno; **die Kosten stehen in keinem ~ zum Erfolg** los gastos no están en relación ninguna con el éxito; **im ~ zu seinem Alter** en relación a su edad
②(*persönliches ~*) relación *f*; **vertragsähnliches ~** cuasicontrato *m*; **er hat kein ~ zur Malerei** no entiende nada de pintura; **ein freundschaftliches ~** una relación amistosa; **ein gestörtes ~ zu jdm/etw haben** tener una relación difícil con alguien/algo
③(*fam: Liebes~*) relaciones *fpl*, lío *m fam*, ligue *m fam*; **ein ~ mit jdm haben** tener un lío con alguien
④ *pl* (*Umstände*) condiciones *fpl*, circunstancias *fpl*; **sie lebt über ihre ~se** vive por encima de sus posibilidades; **in bescheidenen ~sen leben** vivir modestamente; **dieses Haus geht über meine ~se** esta casa está por encima de mis posibilidades; **so wie die ~se liegen** tal y como están las cosas; **klare ~se schaffen** poner las cosas en claro; **ein Opfer der politischen ~se** una víctima de la situación política

verhältnismäßig *adv* ①(*relativ*) relativamente
②(*proportional*) proporcionalmente

Verhältnismäßigkeit *f* <-, -en> proporcionalidad *f*; **die ~ wahren** guardar la proporcionalidad; **die ~ der Mittel** la conveniencia de los medios; **Grundsatz der ~** principio de la proporcionalidad

Verhältnismäßigkeitsprinzip *nt* <-s, *ohne pl*> (JUR) principio *m* de la moderación en el comportamiento

Verhältniswahl *f* <-, -en> (POL) representación *f* proporcional; **Verhältniswahlrecht** *nt* <-(e)s, *ohne pl*> sistema *m* electoral proporcional; **Verhältniswahlsystem** *nt* <-s, -e> sistema *m* electoral proporcional

Verhältniswort *nt* <-(e)s, -wörter> (LING) preposición *f*

verhandeln* I. *vi* negociar (*über*); **er verhandelt mit mir über die Verlängerung des Vertrages** negocia conmigo la renovación del contrato
II. *vt* (JUR) ver; **dieser Fall wird morgen verhandelt** este caso se verá mañana

Verhandlung *f* <-, -en> ①(*das Verhandeln*) negociación *f*; **die zur ~ stehende Frage** el asunto en negociación; **~en führen** negociar; **mit jdm ~en aufnehmen** [*o* **in ~en treten**] entrar en negociaciones con alguien
②(JUR) juicio *m*, litigio *m*; **abgesonderte ~** vista separada; **erneute ~** nueva tramitación; **gerichtliche ~** audición judicial; **öffentliche ~** vista [*o* audición] pública; (**ohne**) **mündliche ~** (sin) audiencia verbal; **nichtstreitige ~** negociado no contencioso; **in der ~ erscheinen** comparecer en la vista; **~ unter Ausschluss der Öffentlichkeit** vista a puerta cerrada

Verhandlungsbasis *f* <-, -basen> base *f* de negociación

verhandlungsbereit *adj* dispuesto a negociar

Verhandlungsbereitschaft *f* <-, *ohne pl*> disposición *f* a negociar; **Verhandlungsdolmetschen** *nt* <-s, *ohne pl*> interpretación *f* en negociaciones

verhandlungsfähig *adj* (JUR) capaz de litigar

Verhandlungsfähigkeit *f* <-, *ohne pl*> capacidad *f* de litigar; **Verhandlungsführer(in)** *m(f)* <-s, -; -, -nen> negociador(a) *m(f)*; **Verhandlungsgebühr** *f* <-, -en> derechos *mpl* de litigio; **Verhandlungsgegenstand** *m* <-(e)s, -stände> (WIRTSCH, JUR) asunto *m*, cuestión *f*, objeto *m* de litigio; **Verhandlungsgeschick** *nt* <-(e)s, *ohne pl*> capacidad *f* negociadora, habilidad *f* negociadora; **Verhandlungsgrundsatz** *m* <-es, *ohne pl*> principio *m* del litigio; **Verhandlungslinie** *f* <-, -n> línea *f* de negociación; **Verhandlungspartner(in)** *m(f)* <-s, -; -, -nen> (JUR, WIRTSCH) negociador(a) *m(f)*; (*Prozesspartei*)

litigante *mf*; (*Vertrag*) contratante *mf*; **Verhandlungsposition** *f* <-, -en> postura *f* negociadora; **Verhandlungsreife** *f* <-, ohne *pl*> conclusión *f* para la vista; **Verhandlungsrunde** *f* <-, -en> ronda *f* de negociaciones; **Verhandlungssache** *f* <-, -n> tema *m* de negociación; **der Preis ist ~** precio a convenir; **Verhandlungsspielraum** *m* <-(e)s, -räume> margen *m* de negociación; **Verhandlungssprache** *f* <-, -n> idioma *m* de negociaciones; **Englisch ist auf internationaler Ebene die gebräuchlichste** ~ el inglés es a nivel internacional el idioma que más se emplea en negociaciones; **Verhandlungstermin** *m* <-s, -e> (JUR) término *m* de señalamiento; **Verhandlungstisch** *m* <-(e)s, -e> mesa *f* de negociaciones; **Verhandlungsunfähigkeit** *f* <-, ohne *pl*> (JUR) incapacidad *f* para litigar
verhandlungswillig *adj* dispuesto a negociar
verhangen [fɛɐ'haŋən] *adj* cubierto; **das Fenster ist mit Efeu ~** la ventana está cubierta de hiedra
verhängen* *vt* ❶ (*zuhängen*) cubrir, tapar
❷ (JUR: *Strafe*) imponer (*über* a); (*Embargo*) ordenar (*über* para), decretar (*über* para); (*Ausnahmezustand*) proclamar (*über* en), decretar (*über* en)
Verhängnis *nt* <-ses, -se> perdición *f*, ruina *f*; (*Katastrophe*) desastre *m*; **das wurde ihr zum** ~ eso fue su perdición
verhängnisvoll *adj* fatal, funesto
Verhängung *f* <-, -en> (JUR) imposición *f*; ~ **einer Strafe/von Zwangsmaßnahmen** imposición de una pena/de medidas coercitivas
verharmlosen* *vt* minimizar, quitar importancia
Verharmlosung *f* <-, -en> minimización *f*
verhärmt [fɛɐ'hɛrmt] *adj* apesumbrado, acongojado
verharren *vi* (*geh*) ❶ (*beharrlich sein*): **auf** [*o* **bei**] **etw** *dat* ~ perseverar en algo; **in seinem Zweifel** ~ perseverar en sus dudas
❷ (*bleiben, innehalten*): **in einer Stellung** ~ perseverar en una posición
verharschen* [fɛɐ'harʃən] *vi sein* (*Schnee*) endurecerse
verhärten* I. *vt* endurecer
II. *vr: sich* ~ endurecerse
Verhärtung *f* <-, -en> ❶ (*Verhärten*) endurecimiento *m*
❷ (*Schwiele*) callo *m*, callosidad *f*
Verharzungsanlage *f* <-, -n> instalación *f* de engomado
verhaspeln* [fɛɐ'haspəln] *vr: sich* ~ (*fam*) ❶ (*beim Sprechen*) atascarse
❷ (*in Fäden*) embrollarse, enredarse
verhasst[RR] [fɛɐ'hast] *adj*, **verhaßt** *adj* odiado; **sich bei jdm ~ machen** atraerse el odio de alguien; **diese Arbeit ist mir ~** odio este trabajo; **das Regime ist wegen seiner Brutalität in der Bevölkerung ~** el pueblo odia al régimen por la brutalidad que lo caracteriza
verhätscheln* [fɛɐ'hɛtʃəln] *vt* mimar (demasiado), malcriar, engreír *Am*, pastorear *MAm*
Verhau [fɛɐ'haʊ] *m o nt* <-(e)s, -e> empalizada *f*
verhauen <verhaut, verhaute, verhauen> I. *vt* (*fam*) ❶ (*prügeln*) propinar [*o* dar una paliza]
❷ (*schlecht machen*): **die Klausur hab' ich ~!** ¡el examen me salió de pena!
II. *vr: sich* ~ (*fam*) meter la pata
verheben* *irr vr: sich* ~ hacerse daño al levantar un peso
verheddern* [fɛɐ'hɛdɐn] *vr: sich* ~ (*fam*) ❶ (*Fäden*) enredarse, embrollarse (*in* en)
❷ (*sich versprechen*) atascarse
verheeren [fɛɐ'heːrən] *vt* asolar, devastar
verheerend *adj* ❶ (*furchtbar*) desastroso, horrible
❷ (*fam: scheußlich*) espantoso
Verheerung *f* <-, -en> desolación *f*, devastación *f*; ~**en anrichten** causar estragos
verhehlen* [fɛɐ'heːlən] *vt* (*geh*) ocultar, encubrir; **jdm etw ~** ocultar algo a alguien; **ich möchte Ihnen nicht ~, dass ...** no le quiero ocultar que...
verheilen *vi sein* (*Wunde*) cerrarse; (*vernarben*) cicatrizar
verheimlichen* *vt* ocultar, esconder; **ich habe nichts zu ~** no tengo nada que ocultar; **es lässt sich nicht länger ~, dass ...** ya no se puede ocultar durante más tiempo que...
Verheimlichung *f* <-, -en> ocultación *f*; (JUR) encubrimiento *m*
verheiraten* I. *vt* casar
II. *vr: sich* ~ casarse; **jung verheiratet** recién casado; **sie ist glücklich verheiratet** está felizmente casada
verheißen* *irr vt* (*geh*) prometer; **viel ~d** altamente [*o* muy] prometedor; **ihre Miene verheißt nichts Gutes** su cara no revela nada bueno
Verheißung *f* <-, -en> (*geh*) promesa *f*; **das Land der ~** (REL) la Tierra de Promisión [*o* Prometida]
verheißungsvoll *adj* alentador, prometedor; **wenig ~ klingen** no sonar demasiado prometedor
verheizen* *vt* ❶ (*als Brennstoff verwenden*) quemar

❷ (*sl abw: sinnlos opfern*) agotar, reventar; **die Sportler wurden während des Trainings verheizt** quemaron a los deportistas durante el entrenamiento
verhelfen* *irr vi*: **jdm zu etw** *dat* ~ ayudar a alguien a conseguir algo; **das hat ihm zum Durchbruch verholfen** le ayudó a conseguir el éxito; **das hat dem Vorhaben zum Durchbruch verholfen** esto contribuyó a la realización del plan; **jdm zur Flucht ~** ayudar a alguien a fugarse
verherrlichen* *vt* glorificar, enaltecer
Verherrlichung *f* <-, -en> glorificación *f*, enaltecimiento *m*
verhetzen* *vt* incitar (*gegen* contra), instigar; **jdn dazu ~, etw zu tun** poner espuelas [*o* chinchar] a alguien para que haga algo
verheult [fɛɐ'hɔɪlt] *adj* (*fam*) lloroso; ~**e Augen haben** tener los ojos hinchados de haber llorado
verhexen* *vt* embrujar, hechizar, embichar *Arg*; **das ist wie verhext!** (*fam*) ¡esto está embrujado!
verhindern* *vt* impedir, barajar *Chil, Mex*; (*vermeiden*) evitar; **das lässt sich leider nicht ~** desgraciadamente esto no se puede evitar; **ich war gestern dienstlich verhindert** ayer no pude venir por cuestión de negocios
verhindert *adj* (*mit verborgener Begabung*) frustrado
Verhinderung *f* <-, -en> impedimento *m*
verhoben *pp von* **verheben**
verhohlen *adj* solapado, disimulado; **kaum ~** directo, descarado
verhöhnen* *vt* burlarse (de), mofarse (de), pifiar *Arg, And*
Verhöhnung *f* <-, -en> burla *f*
verhökern* [fɛɐ'høːkɐn] *vt* (*fam*) vender barato
verholfen *pp von* **verhelfen**
Verhör [fɛɐ'høːɐ; *f* <-(e)s, -e> interrogatorio *m*; **jdn ins ~ nehmen** [*o* **einem ~ unterziehen**] (*fam*) pedir(le) cuentas a alguien
verhören* I. *vt* interrogar, tomar declaración
II. *vr: sich* ~ entender mal, oír mal; **du musst dich verhört haben** tienes que haberlo oído mal
Verhörsperson *f* <-, -en> (JUR) interrogador *m*
verhüllen* *vt* ❶ (*bedecken*) cubrir, tapar
❷ (*beschönigen*) ocultar, disimular; **eine verhüllte Morddrohung** una amenaza de muerte disimulada
verhundertfachen* *vt* multiplicar por cien, centuplicar
verhungern* *vi sein* morir de hambre [*o* de inanición]; **am V~ sein** padecer hambre
Verhungernde(r) *mf* <-n, -n; -n, -n> persona *f* que se está muriendo de hambre
Verhungerte(r) *mf* <-n, -n; -n, -n> persona *f* que padece inanición
verhunzen* [fɛɐ'hʊntsən] *vt* (*fam abw*) fastidiar
verhüten* *vt* (*Schaden, Krankheit*) prevenir; (*verhindern*) impedir; **die Empfängnis ~** usar métodos anticonceptivos
Verhüterli *nt* <-s, -> (*Schweiz: Kondom*) condón *m*
verhütten* *vt* fundir, beneficiar
Verhüttung *f* <-, -en> fundición *f* de minerales, beneficio *m*
Verhütung *f* <-, -en> prevención *f*; (*Empfängnis~*) contracepción *f*
Verhütungsmittel *nt* <-s, -> anticonceptivo *m*
verhutzelt [fɛɐ'hʊtsəlt] *adj* (*fam*) arrugado, ajado
Verifikation *f* <-, -en> verificación *f*, comprobación *f*
Verifikationsabkommen *nt* <-s, -> (JUR) acuerdo *m* de verificación
verifizieren* [verifi'tsiːrən] *vt* verificar
Verifizierung *f* <-, -en> verificación *f*
verinnerlichen* *vt* interiorizar
Verinnerlichung *f* <-, -en> interiorización *f*
verirren* *vr: sich* ~ extraviarse, perderse; **hierhin ~ sich nur selten Touristen** por aquí vienen muy raramente turistas
verjagen* *vt* ahuyentar, expulsar, echar *fam*
verjähren* [fɛɐ'jɛːrən] *vi sein* prescribir; **verjährte Schuld** debito prescrito
Verjährung *f* <-, -en> prescripción *f*; ~ **von Ansprüchen** prescripción de derechos; ~ **der Tat** prescripción del hecho; **Beginn der ~** comienzo de la prescripción; **Hemmung der ~** suspensión de la prescripción; **kurze ~** prescripción breve; **regelmäßige ~** prescripción regular; **Ruhen der ~** interrupción de la prescripción; **eine ~ ausschließen** excluir una prescripción; **nicht der ~ unterliegender Anspruch** derecho no sujeto a prescripción
Verjährungsbeginn *m* <-(e)s, ohne *pl*> (JUR) comienzo *m* de la prescripción; **Verjährungseinrede** *f* <-, -n> (JUR) excepción *f* de prescripción; **Verjährungsfrist** *f* <-, -en> (JUR) plazo *m* prescriptivo, término *m* prescriptorio; **gesetzliche ~** plazo legal de prescripción; **Verjährungsgesetz** *nt* <-es, -e> (JUR) ley *f* de prescripción; **Verjährungsunterbrechung** *f* <-, -en> (JUR) interrupción *f* de la prescripción
verjubeln* *vt* (*fam*) despilfarrar, derrochar
verjüngen* [fɛɐ'jyŋən] I. *vt* ❶ (*Aussehen*) rejuvenecer
❷ (*Belegschaft*) renovar
II. *vr: sich* ~ ❶ (*schmaler, enger werden*) estrecharse

Verjüngung

❷ (*jüngeres Aussehen bekommen*) rejuvenecerse
Verjüngung *f* <-, -en> ❶ (*des Aussehens*) rejuvenecimiento *m*
❷ (*des Personals*) renovación *f*
Verjüngungskur *f* <-, -en> cura *f* de rejuvenecimiento
verkabeln* *vt* tender cables
Verkabelung *f* <-, -en> cableado *m*
verkalken* *vi sein* ❶ (*Maschine*) cubrirse de cal
❷ (MED) calcificarse
❸ (*fam: Person*) volverse chocho; **er ist schon ziemlich verkalkt** está bastante chocho
verkalkulieren* *vr:* **sich ~** equivocarse en el cálculo (*bei/in* de), calcular mal (*bei/in*)
Verkalkung *f* <-, -en> ❶ (*Kalkablagerung*) calcificación *f*
❷ (*der Arterien*) esclerosis *f inv*
❸ (*fam: Vergreisung*) senilidad *f*
verkannt [fɛɐˈkant] I. *pp von* **verkennen**
II. *adj* no apreciado
verkappt [fɛɐˈkapt] *adj* disfrazado, enmascarado
verkapseln* [fɛɐˈkapsəln] I. *vt* (*Tabletten*) capsular
II. *vr:* **sich ~** encerrarse; **eine verkapselte Tuberkulose** (MED) una tuberculosis cerrada
verkarsten* [fɛɐˈkarstən] *vi sein* (GEO) carstificarse
verkatert [fɛɐˈkaːtɛt] *adj* (*fam*) trasnochado; **ich bin ~** tengo resaca
Verkauf¹ *m* <-(e)s, -käufe> (*des Verkaufen*) venta *f*; **~ unter Eigentumsvorbehalt** venta bajo reserva de propiedad; **~ per Internet** venta por Internet; **~ auf Kommissionsbasis/Probe/Teilzahlung** venta a comisión/sobre muestra/a plazos; **~ auf Probe** venta a prueba; **~ für Rechnung eines anderen** venta por cuenta ajena; **~ mit Rückgaberecht** venta con derecho a devolución; **~ nach Muster** venta sobre muestra; **~ auf Teilzahlung** venta a plazos; **freihändiger ~** venta directa [*o* a la vista]; **zum ~ anbieten** poner a la venta; **zum ~ stehen** estar en venta
Verkauf² *m* <-(e)s, ohne pl> (*~sabteilung*) departamento *m* de ventas
verkaufen* I. *vt* ❶ (*veräußern*) vender (*an* a, *für* por), trocar *CSur;* **zu ~** se vende; **meistbietend ~** vender al mejor postor; **jdn für dumm ~** tomar a alguien por tonto; **er verkaufte den Wagen für 2000 Euro** vendió el coche por 2000 euros; **wem** [*o* **an wen**] **hast du das Haus verkauft?** ¿a quién le has vendido la casa?; **verkauft wie besichtigt** (JUR) vendido con todos los defectos
❷ (*sl: glauben machen*) hacer creer; **man muss eine Story gut ~** hay que saber meter una bola [*o* trola]; **etw als große Leistung ~** poner algo como si fuera una cosa del otro mundo
II. *vr:* **sich ~** venderse, tener salida; **sich teuer ~** venderse caro; **er ist begabt, aber er kann sich nicht ~** es muy dotado, pero no sabe venderse; **das Buch verkauft sich gut/schlecht** el libro se vende bien/mal [*o* tiene buena/mala salida]
Verkäufer(in) *m(f)* <-s, -; -, -nen> vendedor(a) *m(f)*; (*in Geschäft*) dependiente, -a *m, f*
Verkäufermarkt *m* <-(e)s, ohne pl> (WIRTSCH) mercado *m* favorable a los vendedores; **Verkäuferoption** *f* <-, -en> (WIRTSCH, JUR) opción *f* del vendedor; **Verkäuferpflichten** *fpl* (WIRTSCH, JUR) obligaciones *fpl* del vendedor; **Verkäuferrecht** *nt* <-(e)s, ohne pl> (WIRTSCH, JUR) derecho *m* del vendedor
verkäuflich *adj* a la venta, en venta; **schnell ~** de salida inmediata, de fácil salida; **das Ausstellungsstück ist nicht ~** la pieza expuesta no está en venta; **schwer ~ sein** venderse mal
Verkaufsabkommen *nt* <-s, -> (WIRTSCH) convenio *m* de venta, acuerdo *m* de venta; **Verkaufsabteilung** *f* <-, -en> sección *f* de ventas; **Verkaufsangebot** *nt* <-(e)s, -e> oferta *f* de venta; **Verkaufsantrag** *m* <-(e)s, -träge> oferta *f* de venta; **Verkaufsapparat** *m* <-(e)s, -e> organización *f* de ventas; **Verkaufsargument** *nt* <-(e)s, -e> argumento *m* para vender; **Verkaufsartikel** *m* <-s, -> artículo *m* en venta; **Verkaufsauftrag** *m* <-(e)s, -träge> orden *f* de venta; **Verkaufsausstellung** *f* <-, -en> exposición *f* de ventas; **Verkaufsbedingungen** *fpl* condiciones *fpl* de venta; **allgemeine ~** condiciones generales de venta; **Verkaufsbeschränkung** *f* <-, -en> limitación *f* de venta; **Verkaufsbestätigung** *f* <-, -en> confirmación *f* de venta; **Verkaufs-Deckungsgeschäft** *nt* <-(e)s, -e> (WIRTSCH) operación *f* de venta y cobertura; **Verkaufserlös** *m* <-es, -e> (WIRTSCH) producto *m* de la venta
verkaufsfähig *adj* (WIRTSCH) vendible, negociable
Verkaufsfläche *f* <-, -n> superficie *f* de venta; **Verkaufsförderung** *f* <-, -en> promoción *f* de ventas; **Verkaufsgegenstand** *m* <-(e)s, -stände> artículo *m* en venta, objeto *m* en venta; **Verkaufskurs** *m* <-es, -e> (FIN) cambio *m* de venta; **Verkaufsleiter(in)** *m(f)* <-s, -; -, -nen> jefe, -a *m, f* (del servicio) de ventas; **Verkaufsmethode** *f* <-, -n>: **unlautere ~n** métodos de venta desleales
verkaufsoffen *adj:* **~er Samstag** sábado *m* en el que las tiendas están abiertas durante todo el día
Verkaufsoption *f* <-, -en> opción *f* de venta; **Verkaufspersonal** *nt* <-s, ohne pl> vendedores *mpl;* **Verkaufspolitik** *f* <-, -en> política *f* de ventas; **Verkaufspraktiken** *fpl* métodos *mpl* de venta; **Verkaufspreis** *m* <-es, -e> precio *m* de venta; **Verkaufsprognose** *f* <-, -n> estimación *f* de ventas, pronóstico *m* de ventas; **Verkaufsrechnung** *f* <-, -en> cuenta *f* de venta; **Verkaufsschlager** *m* <-s, -> éxito *m* de ventas, superventas *m inv;* **Verkaufssyndikat** *nt* <-(e)s, -e> junta *f* de liquidación; **Verkaufsveranstaltung** *f* <-, -en> promoción *f* de ventas; **Verkaufsversprechen** *nt* <-s, -> promesa *f* de venta; **Verkaufsverweigerung** *f* <-, -en> objeción *f* de venta; **Verkaufsvollmacht** *f* <-, -en> facultad *f* de venta; **Verkaufsvolumen** *nt* <-s, -> volumen *m* de ventas; **Verkaufswert** *m* <-(e)s, -e> valor *m* de venta; **Verkaufszahlen** *fpl* cifras *fpl* de venta
Verkehr [fɛɐˈkeːɐ] *m* <-(e)s, ohne pl> ❶ (*Fahrzeug~, Güter~*) tránsito *m*, tráfico *m;* (*Umlauf, Straßen~*) circulación *f;* **den ~ regeln** regular el tráfico; **Artikel/Banknoten in den ~ bringen** poner artículos/papel moneda en circulación; **etw aus dem ~ ziehen** retirar algo de la circulación; (*Fahrzeug*) retirar del servicio; **jdn aus dem ~ ziehen** (*fam*) quitar de en medio a alguien
❷ (*Umgang*) relaciones *fpl,* contacto *m;* **in regem ~ mit jdm stehen** tener mucho contacto con alguien
❸ (*Geschlechts~*) relaciones *fpl* sexuales
verkehren* I. *vi* ❶ **haben** *o* **sein** (*auf Strecke*) cubrir el recorrido (*zwischen... und* de... a); (*Verkehrsmittel*) circular; **der Bus verkehrt montags bis freitags jede halbe Stunde** el autobús circula de lunes a viernes cada media hora
❷ (*sich aufhalten*) frecuentar; **in dem Lokal verkehre ich nicht** no frecuento este local; **mit jdm ~** tener trato con alguien; (*brieflich*) estar en correspondencia con alguien; (*Geschlechtsverkehr haben*) mantener relaciones sexuales con alguien; **ich verkehre nur noch schriftlich mit ihr** tengo sólo contacto por escrito con ella
II. *vt:* **etw ins Gegenteil ~** tergiversar algo hasta obtener lo contrario; **Liebe verkehrt sich in Hass** el amor se vuelve odio
Verkehrsabgaben *fpl* impuesto *m* de circulación; **Verkehrsader** *f* <-, -n> arteria *f* (de tráfico); **Verkehrsampel** *f* <-, -n> semáforo *m;* **Verkehrsamt** *nt* <-(e)s, -ämter> oficina *f* de turismo; **Verkehrsanwalt, -wältin** *m, f* <-(e)s, -wälte; -, -nen> abogado, -a *m, f* de tráfico
verkehrsarm *adj* de poca circulación
Verkehrsaufkommen *nt* <-s, ohne pl> volumen *m* de tráfico, intensidad *f* del tráfico; **Verkehrsbehinderung** *f* <-, -en> (JUR) obstáculo *m* para el tráfico; **eine ~ darstellen** obstaculizar el tráfico
verkehrsberuhigt *adj:* **~e Zone** zona *f* de tráfico reducido
Verkehrsberuhigung *f* <-, -en> reducción *f* de tráfico; **Verkehrsbetrieb** *m* <-(e)s, -e> servicio *m* de transporte (público); **die städtischen ~e** los servicios de transporte municipales; **Verkehrschaos** *nt* <-, ohne pl> caos *m inv* en la circulación; (*außerhalb von Ortschaften*) caos *m inv* en la carretera; **Verkehrsdelikt** *nt* <-(e)s, -e> delito *m* de la circulación; **Verkehrsdichte** *f* <-, ohne pl> densidad *f* del tráfico; **Verkehrsdurchsage** *f* <-, -n> información *f* de tráfico; **Verkehrseröffnung** *f* <-, -en> (JUR) apertura *f* al tráfico; **Verkehrserziehung** *f* <-, -en> educación *f* vial; **Verkehrsfähigkeit** *f* <-, ohne pl> (JUR) comerciabilidad *f;* **Verkehrsflugzeug** *nt* <-(e)s, -e> avión *m* de línea; **Verkehrsfluss**ᴿᴿ *m* <-es, ohne pl> flujo *m* del tráfico; **Verkehrsfunk** *m* <-s, ohne pl> servicio *m* radiofónico de información sobre el estado de las carreteras
verkehrsgefährdend *adj* que pone en peligro la circulación [*o* el tráfico]
Verkehrsgefährdung *f* <-, -en> peligro *m* para (el resto del) tráfico; **Verkehrsgeltung** *f* <-, ohne pl> (COM) vigencia *f* comercial, validez *f* comercial; **Verkehrsgeschäft** *nt* <-(e)s, -e> (COM) operación *f* comercial
verkehrsgünstig *adj* bien situado (en relación a la infraestructura y medios de transporte), bien ubicado *Am*
Verkehrshindernis *nt* <-ses, -se> obstáculo *m* para la circulación [*o* para el tráfico]; **ein ~ sein** ser un obstáculo para la circulación, obstaculizar la circulación; **Verkehrshinweis** *m* <-es, -e> información *f* sobre el estado de las carreteras; **Verkehrshypothek** *f* <-, -en> (JUR) hipoteca *f* común; **Verkehrsinfarkt** *m* <-(e)s, -e> (AUTO) colapso *m* de tráfico; **Verkehrsinsel** *f* <-, -n> isleta *f;* **Verkehrsknotenpunkt** *m* <-(e)s, -e> nudo *m* de comunicaciones; **Verkehrskontrolle** *f* <-, -n> control *m* de la circulación; **Verkehrslage** *f* <-, -n> situación *f* del tráfico
Verkehrslärm *m* <-(e)s, ohne pl> ruido *m* de tráfico; **Verkehrslärmschutzverordnung** *f* <-, -en> ley *f* de protección contra el ruido del tráfico
Verkehrsleitsystem *nt* <-s, -e> (AUTO) sistema *m* de dirección del tráfico; **Verkehrsminister(in)** *m(f)* <-s, -; -, -nen> ministro, -a *m, f* de Transportes; **Verkehrsmittel** *nt* <-s, -> medio *m* de transporte; **die öffentlichen ~** los medios de transporte públicos, el transporte público; **Verkehrsmonopol** *nt* <-s, -e> monopolio *m* de transportes; **Ver-**

Verkehrsopfer *nt* <-s, -> víctima *f* de un accidente de circulación; **Verkehrsordnung** *f* <-, ohne *pl*> (ADMIN) código *m* de la circulación
verkehrsordnungswidrig *adj* (ADMIN) contrario a las reglas de tráfico
Verkehrsordnungswidrigkeit *f* <-, -en> (ADMIN) infracción *f* del código de la circulación; **Verkehrsplanung** *f* <-, -en> planificación *f* de la infraestructura vial; **Verkehrspolizei** *f* <-, ohne *pl*> policía *f* urbana [*o* de tráfico]; **Verkehrspolizist(in)** *m(f)* <-en, -en; -, -nen> policía *mf* urbano, -a [*o* de tráfico]; **Verkehrsrecht** *nt* <-(e)s, ohne *pl*> derecho *m* de la circulación; **Verkehrsregel** *f* <-, -n> norma *f* de circulación, regla *f* de tráfico
Verkehrsregelung *f* <-, -en> (*durch Polizei*) regulación *f* del tráfico; (*durch Verkehrszeichen*) señalización *f*; **Verkehrsregelungspflicht** *f* <-, ohne *pl*> deber *m* de regulación del tránsito
verkehrsreich *adj* de mucho tráfico
Verkehrssache *f* <-, -n> (JUR) causa *f* de tráfico; **Verkehrsschild** *nt* <-(e)s, -er> señal *f* de tráfico
verkehrsschwach *adj* poco frecuentado, de tráfico reducido
verkehrssicher *adj* apto para la circulación
Verkehrssicherheit *f* <-, ohne *pl*> seguridad *f* vial; **Verkehrssicherstellungsgesetz** *nt* <-es, -e> ley *f* sobre seguridad del tráfico; **Verkehrssicherungspflicht** *f* <-, ohne *pl*> deber *m* de garantizar la seguridad del tráfico; **Verkehrssitte** *f* <-, -n> costumbre *f* general; **Verkehrssprache** *f* <-, -n> (LING) idioma *m* de uso general, coiné *f*; **Verkehrsstau** *m* <-s, -s> atasco *m*; **Verkehrsstauung** *f* <-, -en> congestión *f* del tráfico, taco *m Am*; **Verkehrsstockung** *f* <-, -en> atasco *m*, taco *m Am*; **Verkehrsstraße** *f* <-, -n> carretera *f*; **Verkehrsstreife** *f* <-, -n> patrulla *f* de tráfico
Verkehrssünder(in) *m(f)* <-s, -; -, -nen> infractor(a) *m(f)* de las reglas de tráfico; **Verkehrssünderkartei** *f* <-, -en> (*fam*) s. **Verkehrszentralregister**
verkehrstechnisch *adj*: ~e Schwierigkeiten dificultades *fpl* técnicas en relación al tráfico; **Verkehrsteilnehmer(in)** *m(f)* <-s, -; -, -nen> usuario, -a *m, f* de la vía pública; **Verkehrstote(r)** *mf* <-n, -n; -n, -n> muerto, -a *m, f* en accidente de tráfico
verkehrstüchtig *adj* en condiciones de poder circular; **nur ~e Fahrzeuge werden zum Straßenverkehr zugelassen** sólo aquellos vehículos que han pasado la ITV reciben el permiso para circular
Verkehrstüchtigkeit *f* <-, ohne *pl*> aptitud *f* vial; **Verkehrsunfall** *m* <-(e)s, -fälle> accidente *m* de tráfico; **Verkehrsunterricht** *m* <-(e)s, ohne *pl*> clase *f* de conducir; **Verkehrsverbund** *m* <-(e)s, -e> asociación *f* de empresas de transporte público; **Verkehrsverein** *m* <-(e)s, -e> oficina *f* de turismo; **Verkehrsverstoß** *m* <-es, -stöße> infracción *f* de tráfico; **Verkehrsvorschriften** *fpl* reglamento *m* de la circulación; **Verkehrswacht** *f* <-, ohne *pl*> patrulla *f* de tráfico; **Verkehrsweg** *m* <-(e)s, -e> vía *f* de comunicación; **Verkehrswert** *m* <-(e)s, -e> (WIRTSCH) valor *m* comercial [*o* de mercado]; **Verkehrswesen** *nt* <-s, ohne *pl*> servicio *m* de transportes y comunicaciones
Verkehrswesentlichkeit *f* <-, ohne *pl*> (JUR) esencia *f* del tráfico
verkehrswidrig *adj* contrario a las reglas de tráfico; **sich ~ verhalten** infringir las reglas de tráfico
Verkehrswirtschaftsrecht *nt* <-(e)s, ohne *pl*> régimen *m* de economía de mercado; **Verkehrszählung** *f* <-, -en> censo *m* del tráfico; **Verkehrszeichen** *nt* <-s, -> señal *f* de tráfico; **Verkehrszentralregister** *nt* <-s, -> registro central de las infracciones de tráfico; **Auszug aus dem ~** extracto del registro central de tráfico; **Eintragung im ~** anotación en el registro central de tráfico
verkehrt [fɛɐ̯'keːɐ̯t] I. *adj* equivocado, erróneo; **am ~en Ende sparen** ahorrar donde no es necesario; **das ist total ~** esto es completamente erróneo; **das ist gar nicht so ~** esto no está del todo mal; **(mit etw** *dat*) **an den V~en geraten** (*fam*) dirigirse (con algo) a la persona errónea; **er ist der V~e für diese Aufgabe** no es el adecuado para este trabajo; **ich will nichts V~es sagen** no quiero decir algo equivocado [*o* meter la pata]
II. *adv* (*umgekehrt*) al revés, a la inversa; (*falsch*) mal; **~ herum** al revés, a la inversa; **etw ~ herum anhaben** llevar algo (puesto) del revés; **das Buch ~ herum halten** sostener el libro del revés; **etw ~ machen** hacer algo mal
verkeilen* I. *vt* (*Fahrzeug usw.*) acuñar, asegurar con cuñas
II. *vr*: **sich ~** agarrotarse
verkennen* *irr vt* (*falsch beurteilen*) juzgar mal, ignorar; (*unterschätzen*) subestimar; **es ist nicht zu ~, dass ...** no se puede negar que...; **du verkennst den Ernst der Lage** no te das cuenta de lo grave de la situación; **ein verkanntes Genie** un genio incomprendido
Verkennung *f* <-, -en> juicio *m* equivocado, ignorancia *f*; (*Unterschätzung*) subestimación *f*; **in ~ der wahren Vorkommnisse** juzgando mal [*o* ignorando] los acontecimientos reales
verketten* I. *vt* encadenar
II. *vr*: **sich ~** juntarse
Verkettung *f* <-, -en> ❶ (*Verketten*) encadenamiento *m*; **eine ~ verheerender Umstände** una serie de acontecimientos funestos
❷ (LING) concatenación *f*
Verkieselung *f* <-, -en> (GEO) silicificación *f*
verkitten* *vt* enmasillar
verklagen* *vt*: **jdn ~** entablar un pleito contra alguien (*auf/wegen* por), querellarse contra alguien (*auf/wegen* por); **sie verklagte ihn auf Unterhaltszahlung** se querelló contra él por el pago de la pensión de manutención
verklammern* *vr*: **sich ~** engancharse
verklappen* *vt* verter al mar
Verklappung *f* <-, -en> vertido *m* al mar
verklären* *vr*: **sich ~** ❶ (*heiter werden*) ponerse radiante, rebosar felicidad; **ein verklärter Blick** una mirada radiante [*o* llena de felicidad] [*o* que rebosa felicidad]
❷ (*Vergangenheit*) embellecerse; **in der Erinnerung verklärt sich die Vergangenheit** el pasado se embellece [*o* se hace más bonito] en los recuerdos [*o* al recordarlo]
Verklarung *f* <-, -en> (JUR) protesta *f* de mar
verklausulieren* [fɛɐ̯klauzuˈliːrən] *vt* poner cláusulas
verklausuliert I. *adj* lleno de cláusulas; **diese ~en Vertragsbestimmungen verstehen die Kunden nicht** los clientes no entienden estas estipulaciones del contrato llenas de cláusulas
II. *adv* de forma rebuscada [*o* alambicada]; **drücken Sie sich bitte nicht so ~ aus!** ¡haga el favor de no hablar con tanto rebuscamiento!
verkleben* I. *vt* ❶ (*festkleben*) pegar; **Flächen miteinander ~** pegar superficies unas con otras
❷ (*zukleben*) tapar
II. *vi sein* pegarse
verkleckern* *vt* derramar; **Bier ~** manchar(se) con cerveza
verkleiden* I. *vt* ❶ (*Wand*) revestir (*mit* de)
❷ (*kostümieren*) disfrazar (*als* de)
II. *vr*: **sich ~** disfrazarse (*als* de); **er hat sich als Matrose verkleidet** se ha disfrazado de marinero
Verkleidung *f* <-, -en> ❶ (*von Person*) disfraz *m*
❷ (*von Wand*) revestimiento *m* (*mit* de)
verkleinern* [fɛɐ̯ˈklainɐn] I. *vt* (*allgemein*) reducir (en tamaño); (*vermindern*) disminuir; (*Firma*) reducir la plantilla; **etw um die Hälfte ~** reducir algo a la mitad; **das Kopiergerät kann vergrößern und ~** la fotocopiadora puede hacer ampliaciones y reducciones
II. *vr*: **sich ~** (*allgemein*) reducirse; (*abnehmen*) disminuir (*um* en)
verkleinert *adj* reducido; **in ~em Maßstab** de escala reducida
Verkleinerung *f* <-, -en> reducción *f* (*auf* a); (*Verminderung*) disminución *f*
Verkleinerungsform *f* <-, -en> (LING) diminutivo *m*
verklemmen* *vr*: **sich ~** atascarse
verklemmt *adj* ❶ (*Tür*) atascado
❷ (*Person*) cohibido, cortado *fam*
verklickern* [fɛɐ̯ˈklɪkɐn] *vt* (*fam*) **jdm etw ~** explicar algo a alguien detalladamente
verklingen* *irr vi sein* ir terminando; (*sich verlieren*) perderse
verkloppen* [fɛɐ̯ˈklɔpən] *vt* (*fam*) ❶ (*verhauen*) zurrar; **jdn ~** dar una paliza [*o* zurra] a alguien
❷ (*verkaufen*) vender
verklungen *pp von* **verklingen**
verknacken* *vt* (*fam*) condenar (*zu* a); **jdn zu Gefängnis ~** meter a alguien en chirona
verknacksen* *vt*: **sich** *dat* **etw ~** (*fam*) torcerse algo
verknallen* I. *vt* (*fam: Knallkörper*) lanzar; (*Geld*) gastar en cohetes
II. *vr*: **sich ~** (*fam*) enamorarse locamente (*in* de), colarse (*in* por)
Verknappung [fɛɐ̯ˈknapʊŋ] *f* <-, -en> escasez *f*; **infolge zeitweiliger ~** a causa de una insuficiencia temporal
verknautschen* [fɛɐ̯ˈknautʃən] I. *vi sein* (*fam*) arrugarse
II. *vt* (*fam*) arrugar, chafar; **sich** *dat* **die Bluse ~** arrugarse la blusa
verkneifen* *irr vr* (*abw*): **sich** *dat* **etw ~** (*verzichten*) renunciar a algo; (*unterdrücken*) contener algo, reprimir algo; **ich konnte mir diese Bemerkung nicht ~** no pude contener esa alusión
verkniffen [fɛɐ̯ˈknɪfən] I. *pp von* **verkneifen**
II. *adj* (*abw*) amargado; **du siehst das zu ~** (*fam*) te lo tomas demasiado a pecho
verknittern* *vt* estrujar, arrugar
verknöchert [fɛɐ̯ˈknœçɐt] *adj* fosilizado
verknoten* I. *vt* anudar; **die Enden miteinander ~** anudar los extremos
II. *vr*: **sich ~** anudarse, enredarse
verknüpfen* *vt* ❶ (*verknoten*) enlazar
❷ (*in Beziehung setzen*) unir, relacionar
❸ (*verbinden*) combinar; **er verknüpfte den Ausflug mit einem**

Verknüpfung

Museumsbesuch combinó la excursión con la visita a un museo ❹ (INFOR: *Programme*) ligar, encadenar
Verknüpfung *f* <-, -en> (INFOR: *von Programmen*) ligado *m*, interconexión *f*
verkochen* *vi sein* ❶ (*verdampfen*) evaporarse
❷ (*breiig werden*) cocer (demasiado); (*Reis*) pasarse; **die Nudeln sind total verkocht** la pasta está apelmazada
verkohlen* **I.** *vi sein* (*Holz*) carbonizarse
II. *vt* (*fam: Person*) tomar el pelo
verkommen¹ *adj* ❶ (*Gebäude*) desmoronado; (*Sachen*) en mal estado; (*Sitten*) decaído, corrompido
❷ (*Person*) venido a menos; **ein ~es Subjekt** un degenerado, un pervertido
verkommen*² *irr vi sein* ❶ (*verderben*) echarse a perder, corromperse
❷ (*Gebäude*) desmoronarse, venirse abajo; (*Sachen*) echarse a perder; (*Sitten*) decaer, corromperse
❸ (*Person: moralisch*) pervertirse, abarrajarse *Peru*; (*äußerlich*) descuidar (su aspecto); (*soziale Stellung*) venir a menos; **er ist zum Säufer ~** se ha convertido en un borracho; **sie verkam in Elend und Dreck** ha acabado en el arroyo
Verkommenheit *f* <-, *ohne pl*> ❶ (*von Gebäude, Sachen*) mal estado *m*, estado *m* ruinoso
❷ (*von Person*) depravación *f*
verkomplizieren* [fɛɛkɔmpliˈtsiːrən] *vt* hacer más complicado, complicar demasiado
verkonsumieren* *vt* (*fam*) consumir
verkoppeln* *vt* enganchar (*mit* con), acoplar (*mit* con)
verkorken* *vt* encorchar
verkorksen* [fɛɛˈkɔrksən] *vt* (*fam*) estropear, echar a perder; **sich** *dat* **mit etw** *dat* **den Magen ~** fastidiarse el estómago con algo
verkorkst *adj* (*fam*) estropeado; **ein ~er Magen** una indigestión; **ein total ~er Abend** una tarde desastrosa; **jetzt ist es richtig ~!** ¡qué follón!
verkörpern* *vt* ❶ (*symbolisieren*) encarnar, personificar
❷ (THEAT, FILM) representar, interpretar
Verkörperung *f* <-, -en> ❶ (*Personifizierung*) personificación *f*, encarnación *f*
❷ (THEAT, FILM) representación *f*, interpretación *f*
verkosten* *vt* probar; (*Wein*) catar
verköstigen* [fɛɛˈkœstɪɡŋ̍] *vt* dar de comer, alimentar
verkrachen* *vr:* **sich ~** (*fam*) romper, enemistarse
verkracht *adj* (*fam: gescheitert*) fracasado; (*ruiniert*) arruinado; **ein ~er Student** un estudiante fracasado; **eine ~e Existenz** un fracasado
verkraften* *vt* (*Arbeit*) poder (con), dar abasto (con); (*Schock*) resistir; **diese Straße wird zusätzlichen Verkehr nicht ~** esta calle no soportará tráfico adicional
verkrallen* *vr:* **sich in etw ~** (*Mensch*) agarrarse a algo, clavar los dedos en algo; (*Katze*) clavar las uñas en algo
verkrampfen* *vr:* **sich ~** ❶ (*Muskel*) contraerse
❷ (*Mensch*) ponerse tenso [*o* nervioso]
verkrampft *adj* contraído; (*Lächeln*) forzado; (*Haltung*) tenso, tieso *fam*
Verkrampfung *f* <-, -en> agarrotamiento *m*
verkriechen* *irr vr:* **sich ~** (*verstecken*) esconderse; (*isolieren*) encerrarse; **du kannst dich doch nicht wochenlang ~** no puedes encerrarte durante semanas enteras
verkrochen *pp von* **verkriechen**
verkrümeln* [fɛɛˈkryːml̩n] *vr:* **sich ~** (*fam*) largarse, evaporarse
verkrümmen* *vr:* **sich ~** encorvarse; (*Holz*) alabearse
Verkrümmung *f* <-, -en> encorvadura *f*
verkrüppeln* **I.** *vt* lisiar, tullir
II. *vi sein* echarse a perder, achapararse
verkrüppelt *adj* (*Arm, Fuß*) lisiado, tullido, tronchado *And*; (*Baum, Strauch*) echado a perder, achaparrado
verkrusten* *vi sein* (*Wunde*) encostrarse, formar (una) costra
verkrustet *adj* ❶ (*Wunde*) costroso
❷ (*Strukturen*) anquilosado, sin espíritu innovador
verkühlen* *vr:* **sich ~** (*reg*) resfriarse, coger un resfriado; **sich** *dat* **die Blase ~** coger un enfriamiento de vejiga
Verkühlung *f* <-, -en> (*reg*) resfriado *m*
verkümmern* *vi sein* ❶ (*Glied, Organ*) atrofiarse; (*Pflanze*) marchitarse
❷ (*Talent*) perderse, venir a menos
verkünden* *vt* (*geh*) ❶ (*ankündigen*) anunciar; (*vorhersagen*) predecir
❷ (*bekannt machen*) dar a conocer; (*Urteil*) pronunciar; (*Gesetz*) promulgar
❸ (*erklären*) declarar
Verkünder(in) *m(f)* <-s, -; -, -nen> (*geh*) proclamador(a) *m(f)*, divulgador(a) *m(f)*, pregonero, -a *m, f*

verlangen

verkündigen* *vt* (*geh*) *s.* **verkünden**
Verkündigung *f* <-, -en> ❶ (*Ankündigung*) anunciación *f*
❷ (*Bekanntmachung*) publicación *f*, comunicación *f*; (*Urteil*) pronunciación *f*; (*Gesetz*) promulgación *f*
Verkündung *f* <-, -en> ❶ (JUR) proclamación *f*; (*Gesetz*) promulgación *f*, publicación *f*; (*Testament*) notificación *f*; (*Beschluss*) expedición *f*; **vereinfachte ~** notificación simplificada
❷ (*Schweiz: Aufgebot*) amonestación *f* matrimonial, admonición *f*
verkupfern* *vt* encobrar
verkuppeln* *vt* emparejar (*mit/an* con); **er hat seine Tochter an ihn verkuppelt** ha emparejado a su hija con él
verkürzen* **I.** *vt* acortar; (*Zeit, Weg, Text*) abreviar; (*verringern*) reducir (*um* en, *auf* a); **um die Wartezeit zu ~** para entretenerse (durante la espera)
II. *vr:* **sich ~** acortarse
Verkürzung *f* <-, -en> acortamiento *m*; (*Verringerung*) reducción *f* (*um* en, *auf* a); **~ der Wochenarbeitszeit** reducción de la semana laboral
verlachen* *vt* reírse (de)
Verlad [fɛɛˈlaːt] *m* <-(e)s, *ohne pl*> (*Schweiz*) expedición *f*, cargamento *m*
Verladeauftrag *m* <-(e)s, -träge> orden *f* de embarque [*o* de transporte]; **Verladebahnhof** *m* <-(e)s, -höfe> estación *f* de carga
verladebereit *adj* listo para ser cargado; (*auf ein Schiff*) listo para ser embarcado
Verladebrücke *f* <-, -n> puente *m* (grúa) de carga; **Verladeeinrichtung** *f* <-, -en> instalación *f* de carga; **Verladegewicht** *nt* <-(e)s, *ohne pl*> peso *m* de embarque [*o* de transporte]
verladen* *irr vt* ❶ (*aufladen*) cargar (*auf* en); (*auf Schiffe*) embarcar; **die Waren auf den Lastwagen ~** cargar las mercancías en el camión; **das Gepäck wird vom Lastwagen in das Flugzeug ~** el equipaje se transborda del camión al avión
❷ (*fam: hintergehen*) embaucar, dar gato por liebre; **sich von jdm ~ lassen** dejarse engañar [*o* tomar el pelo] por alguien
Verladerampe *f* <-, -n> rampa *f* de carga; **Verladeschein** *m* <-(e)s, -e> recibo *m* de carga
Verladung *f* <-, -en> carga *f*; (*auf Schiff*) embarque *m*; **zur ~ bereit** (*auf ein Schiff*) listo para ser embarcado
Verladungsschein *m* <-(e)s, -e> certificado *m* de carga; (*von Schiffsladung*) certificado *m* de embarque
Verlag [fɛɛˈlaːk] *m* <-(e)s, -e> editorial *f*, casa *f* editora; **in** [*o* **bei**] **welchem ~ ist das Wörterbuch erschienen?** ¿en qué editorial se ha publicado el diccionario?
verlagern* **I.** *vt* cambiar; (*Waren*) almacenar en otro lugar; (*örtlich*) trasladar (*auf* a); **seine Interessen ~** cambiar de intereses; **den Schwerpunkt auf den anderen Fuß ~** trasladar el centro de gravedad al otro pie
II. *vr:* **sich ~** desplazarse; (METEO) moverse; **das Problem verlagert sich auf ...** el problema recae sobre...
Verlagerung *f* <-, -en> ❶ (*von Interessen, Arbeitsgebiet*) cambio *m*; (*örtlich*) traslado *m* (*nach* a); **spannungsfreie ~** transferencia sin tensiones
❷ (METEO) movimiento *m*
Verlagsbuchhandel *m* <-s, *ohne pl*> comercio *m* editorial; **Verlagsbuchhändler(in)** *m(f)* <-s, -; -, -nen> (*alt*) editor(a) *m(f)*; **Verlagsbuchhandlung** *f* <-, -en> librería *f* editorial; **Verlagsgesetz** *nt* <-es, -e> ley *f* editorial; **Verlagshaus** *nt* <-es, -häuser> casa *f* editora, editorial *f*; **Verlagskatalog** *m* <-(e)s, -e> catálogo *m* de la editorial [*o* de libros publicados]; **Verlagskauffrau** *f* <-, -en> comercial *f* del ramo editorial; **Verlagskaufmann** *m* <-(e)s, -leute> comercial *m* del ramo editorial; **Verlagsleiter(in)** *m(f)* <-s, -; -, -nen> director(a) *m(f)* de la editorial
Verlagsrecht¹ *nt* <-(e)s, *ohne pl*> derecho *m* editorial
Verlagsrecht² *nt* <-(e)s, -e> derechos *mpl* de impresión; **die ~e beantragen** solicitar los derechos de impresión
verlagsrechtlich *adj* jurídico-editorial; **~ geschützt** protegido por el derecho editorial
Verlagsredakteur(in) *m(f)* <-s, -e; -, -nen> redactor(a) *m(f)* editorial; **Verlagsvertrag** *m* <-(e)s, -träge> contrato *m* de edición; **Verlagsvertreter(in)** *m(f)* <-s, -; -, -nen> representante *mf* editorial; **Verlagswesen** *nt* <-s, -> industria *f* editorial
verlanden* *vi sein* desecarse, convertirse en tierra
Verlandung *f* <-, -en> desecamiento *m*, desecación *f*
verlangen* [fɛɛˈlaŋən] **I.** *vt* ❶ (*fordern*) exigir; (*bitten, bei Bezahlung*) pedir; (*Ausweis*) pedir, solicitar; **ich verlange von dir, dass du ...** exijo que... +*subj*; **ist das nicht ein bisschen viel verlangt?** ¿no es pedir demasiado?; **wie viel verlangst du für den Wagen?** ¿cuánto pides por el coche?; **Sie werden am Telefon verlangt** le llaman por teléfono

Verlangen

②(*erfordern*) exigir, requerir
II. *vi:* **nach etw** *dat* ~ pedir algo; (*sich sehnen*) anhelar algo; **er verlangt nach etw** pide que vengas; **die Kranke verlangt nach einem Arzt/ nach einem Glas Wasser** la enferma pide ver al médico/un vaso de agua
Verlangen *nt* <-s, -> (*geh*) ①(*Wunsch*) deseo *m;* (*Bedürfnis*) ansia *f;* **ich habe kein ~ danach** eso no me apetece
②(*Forderung*) petición *f;* **auf ~** cuando se requiere
verlangend *adj* ①(*fordernd*) exigente
②(*sehnsüchtig*) ansioso
verlängern* [fɛɐˈlɛŋɐn] I. *vi* (SPORT) establecer una prórroga
II. *vt* ①(*räumlich, zeitlich*) alargar, prolongar (*um*); (*Vertrag, Pass*) renovar; (*Frist*) prorrogar (*um*); **ein verlängertes Wochenende** un (fin de semana con) puente
②(*Suppe*) rebajar, aclarar
III. *vr:* **sich ~** ①(*räumlich*) alargarse (*um*)
②(*zeitlich*) prolongarse, prorrogarse (*um*)
Verlängerung *f* <-, -en> alargamiento *m*, prolongación *f;* (SPORT) prórroga *f;* **stillschweigende ~** (JUR) renovación tácita
Verlängerungskabel *nt* <-s, ->, **Verlängerungsschnur** *f* <-, -schnüre> (ELEK) cable *m* alargador [*o* de empalme]; **Verlängerungswechsel** *m* <-s, -> (FIN) letra *f* prorrogable
verlangsamen* I. *vt* (*Geschwindigkeit*) reducir; (*Entwicklung, Fortschritt*) frenar, retardar
II. *vr:* **sich ~** (*Geschwindigkeit*) reducirse; (*Entwicklung*) retardarse
Verlangsamung *f* <-, -en> ①(*Geschwindigkeit*) reducción *f* (de la velocidad)
②(*Entwicklung*) retardación *f*, dilación *f*, demora *f*
Verlassʳʳ [fɛɐˈlas] *m*, **Verlaß** *m:* **auf jdn/etw ist (kein) ~** (no) se puede contar con alguien/algo
verlassen¹ *adj* ①(*einsam*) solitario; (*öde*) desierto
②(*zurückgelassen*) abandonado
verlassen*² *irr* I. *vt* abandonar; (*hinausgehen, -fahren*) salir de; **die Hoffnung hatte ihn ~** ya no tenía esperanzas; **sie hat ihren Mann ~** ha dejado a su marido; **~ Sie sofort mein Haus!** ¡salga inmediatamente de mi casa!
II. *vr:* **sich ~** fiarse (*auf* de), confiar (*auf* en); **darauf können Sie sich ~** puede estar seguro de ello; **man kann sich auf ihn ~** se puede confiar en él; **worauf du dich ~ kannst!** ¡de eso puedes estar seguro!
Verlassenheit *f* <-, *ohne pl*> (*eines Menschen*) soledad *f;* (*einer Gegend*) desolación *f*
verlässlichʳʳ [fɛɐˈlɛslɪç] *adj*, **verläßlich** *adj* (*Auskunft*) seguro; (*Person*) fiable, de confianza, de fiar
Verlässlichkeitʳʳ *f* <-, *ohne pl*>, **Verläßlichkeit** *f* <-, *ohne pl*> fiabilidad *f;* **wie hoch schätzen Sie die ~ unseres Informanten ein?** ¿hasta qué punto cree Ud. que podemos fiarnos de nuestro informador?
Verlaub [fɛɐˈlaʊp] *m* (*geh*)**: mit ~** con (su) permiso; **mit ~ gesagt ...** si se me permite decir...
Verlauf *m* <-(e)s, -läufe> ①(*zeitlich*) (trans)curso *m;* (*Entwicklung*) desarrollo *m;* (*von Krankheit*) curso *m;* **im ~ der letzten Monate** en el transcurso de los últimos meses; **im weiteren ~** a continuación; **einen guten/unerwarteten ~ nehmen** tomar un rumbo favorable/imprevisto
②(*von Straße, Grenze*) trazado *m;* (*von Fluss*) curso *m*
verlaufen* *irr* I. *vi sein* ①(*ablaufen*) desenvolverse, desarrollarse; (*Zeitraum, Untersuchung*) transcurrir; **wie ist die Operation ~?** ¿cómo transcurrió la operación?
②(*Grenze, Weg*) pasar (*durch* por), correr (*durch* por)
③(*sich verlieren*) desaparecer, perderse; **im Sand ~** (*fam*) quedar sin efecto
④(*Butter*) derretirse; (*Farbe*) correrse
II. *vr:* **sich ~** ①(*sich verirren*) perderse, extraviarse
②(*Menschenmenge*) dispersarse; (*Wasser*) decrecer, bajar
Verlaufsform *f* <-, -en> (LING) gerundio *m*
verlaust [fɛɐˈlaʊst] *adj* piojoso
verlautbaren* [fɛɐˈlaʊtbaːrən] *vt* comunicar, notificar
Verlautbarung *f* <-, -en> publicación *f*, promulgación *f*
verlauten* *vi sein:* **etwas/nichts ~ lassen** decir algo/no decir nada; **wie aus offiziellen Kreisen verlautet** según manifiestan círculos oficiales; **sie hat verlauten lassen, dass ...** ha manifestado que...
verleben* *vt* ①(*verbringen*) pasar, vivir
②(*fam: verbrauchen*) gastar
verlebt *adj* ajado, marchito
verlegen¹ *adj* avergonzado; (*verklemmt*) cortado; (*schüchtern*) apocado, tímido; **~ zu Boden sehen** mirar abochornado al suelo; **nie um eine Ausrede ~ sein** tener siempre una excusa
verlegen*² I. *vt* ①(*örtlich*) cambiar de lugar; (*Geschäft, Patient*) trasladar
②(*Termin*) aplazar (*von* de, *auf* para); **die Prüfung wurde auf Donnerstag verlegt** el examen se aplazó para el jueves
③(*an falsche Stelle*) no encontrar, perder; **ich habe meine Brille verlegt** no encuentro mis gafas
④(*Kabel*) tender; (*Teppichboden*) colocar
⑤(*herausgeben*) publicar, editar
II. *vr:* **sich ~** dedicarse (*auf* a)
Verlegenheit¹ *f* <-, *ohne pl*> vergüenza *f*, bochorno *m;* (*Befangenheit*) timidez *f*, cortedad *f;* **jdn in ~ bringen** abochornar a alguien; **in ~ kommen** abochornarse
Verlegenheit² *f* <-, -en> (*unangenehme Lage*) apuro *m*, situación *f* embarazosa; **jdm aus einer ~ helfen** sacar a alguien de un apuro
Verlegenheitslösung *f* <-, -en> solución *f* de emergencia
Verleger(in) *m(f)* <-s, -; -, -nen> editor(a) *m(f)*
Verlegung *f* <-, -en> ①(*zeitlich*) aplazamiento *m* (*von* de, *auf* para)
②(*örtlich*) traslado *m* (*von* de, *nach* a); (*von Truppen*) desplazamiento *m* (*von* de, *nach* a)
③(*von Leitungen*) tendido *m*, colocación *f;* (*von Rohren*) montaje *m;* (*von Teppichboden*) colocación *f*
verleiden* *vt* ①(*vergällen*)**: jdm etw ~** quitar a alguien las ganas de algo
②(*Schweiz, südd: zuwider werden*) aguarse; **ihr ist die Freude am Tanzen verleidet** se le han pasado [*o* quitado] las ganas de bailar
Verleih [fɛɐˈlaɪ] *m* <-(e)s, -e> ①(*das Verleihen*) (servicio *m* de) préstamo *m*
②(*Firma*) empresa *f* de alquiler; (*Film~*) distribuidora *f* de cine
verleihen* *irr vt* ①(*ausleihen*) prestar (*an* a); (*gegen Gebühr*) alquilar (*an* a)
②(*Preis*) conceder (*an* a), otorgar (*an* a); (*Titel*) conferir (*an* a); **etw** *dat* **Nachdruck ~** poner énfasis en algo; **er verlieh seiner Empörung Ausdruck** dio rienda suelta a su enfado
Verleiher(in) *m(f)* <-s, -; -, -nen> prestamista *mf;* (*von Filmen*) distribuidor(a) *m(f)*
Verleihung *f* <-, -en> ①(*von Geld, Buch*) préstamo *m;* (*gegen Gebühr*) alquiler *m*
②(*von Auszeichnung*) concesión *f* (*an* a); (*Übergabe*) entrega *f* (*an* a)
verleiten* *vt* inducir (*zu* a)
Verleitung *f* <-, -en> inducción *f* (*zu* a); **~ zur Falschaussage** inducción al falso testimonio; **~ zum Vertragsbruch** inducción al quebrantamiento contractual
verlernen* *vt* perder la práctica (de); (*völlig*) olvidar
verlesen* *irr* I. *vt* ①(*Text*) leer, dar lectura (a)
②(*Gemüse*) limpiar; (*Körner*) escoger, seleccionar
II. *vr:* **sich ~** equivocarse al leer
Verlesung *f* <-, -en> (JUR)**: der Anträge** lectura de las demandas; **~ des Protokolls** lectura del acta
verletzbar *adj* vulnerable; **er ist leicht ~** se ofende fácilmente
verletzen* [fɛɐˈlɛtsən] I. *vt* ①(*verwunden*) herir (*an* en); **leicht/ schwer verletzt** levemente/gravemente herido
②(*beleidigen*) ofender, herir
③(*Gesetz*) infringir, violar; (*Sitten, Recht*) atentar (contra); **das verletzt den guten Geschmack** eso atenta contra el buen gusto
II. *vr:* **sich ~** herirse (*an* en)
verletzend *adj* hiriente, ofensivo
verletzlich *adj* sensible, vulnerable
Verletzte(r) *mf* <-n, -n; -n, -n> herido, -a *m, f*
Verletzung *f* <-, -en> ①(*Wunde*) herida *f*, lesión *f;* **innere ~en** contusiones internas; **er ist seinen schweren ~en erlegen** murió a causa de las graves heridas
②(*Beleidigung*) ofensa *f*
③(*von Gesetz*) infracción *f*, violación *f;* **~ des Garantieversprechens/ eines Vertrages** violación de la promesa de garantía/de un contrato; **~ der Privatsphäre/des Urheberrechts** violación de la esfera privada/ de la propiedad intelectual; **~ von Warenzeichen** violación de la marca de fabricación
Verletzungsdelikt *nt* <-(e)s, -e> delito *m* de lesión; **Verletzungsgefahr** *f* <-, -en> riesgo *m* de lesiones; **Verletzungshandlung** *f* <-, -en> (JUR) acto *m* lesivo; **Verletzungsklage** *f* <-, -n> (JUR) demanda *f* por lesiones; **Verletzungstatbestand** *m* <-(e)s, -stände> (JUR) delito *m* de lesiones
verleugnen* *vt* negar; **jdn ~** negar a alguien; **er ließ sich ~** mandó decir que no estaba en casa; **es lässt sich nicht ~, dass ...** no se puede negar que...
verleumden* [fɛɐˈlɔʏmdən] *vt* calumniar, difamar
Verleumder(in) *m(f)* <-s, -; -, -nen> calumniador(a) *m(f)*, difamador(a) *m(f)*
verleumderisch *adj* difamatorio, calumnioso
Verleumdung *f* <-, -en> calumnia *f*, difamación *f;* (JUR) libelo *m;* **strafbare ~** calumnia punible
Verleumdungskampagne *f* <-, -n> (POL) campaña *f* difamatoria;

Verleumdungsklage f <-, -n> (JUR) denuncia f por difamación; **Verleumdungsprozess**RR m <-es, -e> (JUR) proceso m por calumnias
verlieben* vr: sich ~ enamorarse (in de), templarse Am, ladearse Chil, amelcocharse Cuba, alebrestarse Hond; **er hat sich unsterblich in sie verliebt** se ha enamorado perdidamente de ella; **das Foto ist zum V~** la foto es una preciosidad
verliebt adj enamorado
Verliebte(r) mf <-n, -n; -n, -n> enamorado, -a m, f
Verliebtheit f <-, ohne pl> enamoramiento m
verliehen pp von **verleihen**
verlieren [fɛɐˈliːrən] <verliert, verlor, verloren> I. vt perder; **wir dürfen keine Zeit mehr ~** no podemos perder más tiempo; **seine Stelle ~** perder su trabajo; **die Beherrschung ~** perder la serenidad; **Luft ~** perder aire; **was hast du hier verloren?** (fam) ¿qué se te ha perdido (por) aquí?; **so etwas hat hier nichts verloren** (fam) aquí no hay sitio para algo semejante; **er hat nichts mehr zu ~** no tiene nada que perder; **er verlor kein Wort darüber** no dijo nada al respecto
II. vr: sich ~ perderse (in en), desaparecer; **der Lärm verlor sich in der Ferne** el ruido se perdió en la lejanía; **sich in Details ~** perderse en detalles
III. vi perder; **das Flugzeug verliert an Höhe** el avión pierde altura; **die Währung verliert an Wert** la moneda se devalúa
Verlierer(in) m(f) <-s, -; -, -nen> perdedor(a) m(f)
Verliererstraße f: **auf der ~ sein** perder constantemente, no ganar (ni) una
Verlies [fɛɐˈliːs] nt <-es, -e> calabozo m, mazmorra f
verlischt 3. präs von **verlöschen**
verloben* vr: sich ~ prometerse (mit con); **verlobt sein** estar prometido; **sie sind miteinander verlobt** están prometidos
Verlobte(r) mf <-n, -n; -n, -n> prometido, -a m, f
Verlobung f <-, -en> compromiso m matrimonial
verlocken* vt (geh) tentar, seducir (zu a); **etw verlockt dazu, etw zu tun** algo incita a hacer algo
verlockend adj tentador; (verführend) seductor; **ein ~es Angebot** una oferta tentadora; **das klingt ~** [o **hört sich ~ an**] suena tentador
Verlockung f <-, -en> tentación f; (Verführung) seducción f
verlogen [fɛɐˈloːɡən] adj (abw: Person) mentiroso; (Aussage) falaz
Verlogenheit f <-, ohne pl> (einer Person) carácter m mentiroso; (einer Aussage) hipocresía f; **die ~ ihrer Moral** lo hipócrita de su moral
verlor [fɛɐˈloːɐ] 3. imp von **verlieren**
verloren [fɛɐˈloːrən] I. pp von **verlieren**
II. adj perdido; **~ gehen** perderse; **an ihr ist eine Schauspielerin ~ gegangen** (fam) hubiera sido una buena actriz; **jdn/etw ~ geben** dar a alguien/algo por perdido; **auf ~em Posten stehen** defender una causa perdida
verloren|gehen irr vi sein s. **verloren II.**
Verlorenheit f <-, ohne pl> soledad f, abandono m
verlosch 3. imp von **verlöschen**
verloschen pp von **verlöschen**
verlöschen <verlischt, verlosch o verlöschte, verloschen o verlöscht> vi sein extinguir, apagar
verlosen* [fɛɐˈloːzən] vt sortear, rifar
Verlosung f <-, -en> sorteo m, rifa f
verlöten* vt soldar
verlottern* [fɛɐˈlɔtɐn] vi sein (abw) ① (Person) malearse, encanallarse ② (Firma, Lokal) venir a menos; **etw ~ lassen** dejar algo venirse abajo
verlottert adj (abw) ① (moralisch) maleado, encanallado; (im Aussehen) harapiento, astroso
② (heruntergewirtschaftet) venido a menos
Verlust [fɛɐˈlʊst] m <-(e)s, -e> pérdida f; (Schaden) daño m; **~ bringend** deficitario; **~ der Beamtenrechte** pérdida de los derechos de funcionario; **~ der deutschen Staatsangehörigkeit** pérdida de la nacionalidad alemana; **~ der Rechtsfähigkeit** pérdida de la capacidad jurídica; **mit ~ verkaufen** vender con pérdidas; **als ~ abschreiben** deducir las pérdidas; **einen ~ decken** cubrir una pérdida; **ohne Rücksicht auf ~** sin miramientos; **der Gegner erlitt schwere ~e** (MIL) el enemigo sufrió numerosas pérdidas [o bajas]
Verlustabdeckung f <-, -en> (WIRTSCH) cobertura f de pérdidas; **VerlustabschlussRR** m <-es, -schlüsse> (WIRTSCH) cierre m con pérdidas; **Verlustabzug** m <-(e)s, -züge> (WIRTSCH) deducción f de pérdidas; **Verlustanteil** m <-(e)s, -e> (WIRTSCH) participación f en las pérdidas; **Verlustanzeige** f <-, -n> s. **Verlustmeldung**; **Verlustartikel** m <-s, -> artículo m con pérdida
verlustaufweisend adj (WIRTSCH) que presenta pérdidas
Verlustausgleich m <-(e)s, ohne pl> (WIRTSCH) compensación f de pérdidas; **Verlustbeteiligung** f <-, -en> (WIRTSCH) participación f en pérdidas; **Verlustbetrieb** m <-(e)s, -e> (WIRTSCH) empresa f deficitaria
verlustbringend adj deficitario
Verlustbringer m <-s, -> (WIRTSCH) producto m que causa pérdidas;

Verlustersatz m <-es, ohne pl> reposición f de pérdidas; **Verlusterstellung** f <-, -en> (WIRTSCH) generación f de pérdidas [o de déficit]; **Verlustgeschäft** nt <-(e)s, -e> (WIRTSCH) negocio m con pérdidas
verlustieren* [fɛlʊsˈtiːrən] vr: sich ~ (fam) pasarlo bien, divertirse
verlustig adj (WIRTSCH) **etw gen ~ gehen** verse privado de algo, perder algo
Verlustmeldung f <-, -en> parte m de pérdida, aviso m de pérdida; **eine ~ machen** dar parte de la pérdida; **Verlustminderung** f <-, -en> reducción f de pérdidas; **Verlustrealisierung** f <-, -en> (WIRTSCH) realización f de pérdidas; **Verlustrechnung** f <-, -en> (WIRTSCH) cuenta f de pérdidas
verlustreich adj ① (Geschäft) deficitario
② (Kampf) sangriento
Verlustrücktrag m <-(e)s, -träge> (FIN: Steuerwesen) deducción f de pérdidas de ejercicios anteriores; **Verlustsaldo** m <-s, -s o -salden o -saldi> (FIN) saldo m pasivo; **Verlustspanne** f <-, -n> (FIN) margen m de pérdidas; **Verlusttilgung** f <-, -en> (FIN) amortización f de pérdidas; **Verlustübernahme** f <-, -n> (FIN) absorción f de pérdidas, asunción f de pérdidas; **Verlustumlage** f <-, -n> (FIN) reparto m de pérdidas; **Verlustvortrag** m <-(e)s, -träge> (FIN: Steuerwesen) traspaso m de pérdidas, traslado m de pérdidas; **Verlustzeit** f <-, -en> (WIRTSCH) tiempo m muerto; **Verlustzone** f <-, -n> (COM, FIN) zona f de pérdidas; **aus der ~ kommen** salir de la zona de pérdidas; **Verlustzuweisung** f <-, -en> (FIN) dotación f de pérdidas
vermachen* vt: **jdm etw ~** (vererben) legar algo a alguien, (schenken) regalar algo a alguien
Vermächtnis [fɛɐˈmɛçtnɪs] nt <-ses, -se> legado m; **alternatives ~** legado alternativo; **gemeinschaftliches ~** legado mancomunado
Vermächtnisanspruch m <-(e)s, -sprüche> derecho m de legado; **Vermächtnisempfänger(in)** m(f) <-s, -; -, -nen> beneficiario, -a m, f del legado; **Vermächtnisgeber(in)** m(f) <-s, -; -, -nen> legador(a) m(f); **Vermächtnisnehmer(in)** m(f) <-s, -; -, -nen> legitimario, -a m, f; **Vermächtnissteuern** fpl imposición f sobre los legados
vermählen* [fɛɐˈmɛːlən] vr: sich ~ (geh) desposarse
Vermählte(r) mf <-n, -n; -n, -n> (geh) desposado, -a m, f
Vermählung f <-, -en> (geh) enlace m matrimonial, boda f
vermaledeit adj (fam) maldito; **wenn nur diese ~en Kopfschmerzen nicht wären ...** si no fuera por estos malditos dolores de cabeza...
vermarkten* vt comercializar; **sich gut/schwer ~ lassen** comercializarse bien/mal
Vermarktung f <-, -en> comercialización f
Vermarktungsgesellschaft f <-, -en> compañía f de comercialización; **Vermarktungssystem** nt <-s, -e> sistema m de comercialización
vermasseln* [fɛɐˈmasəln] vt (fam) echar a perder, estropear; **er hat mir alles vermasselt** me ha estropeado todos los planes; **ich habe die Prüfung vermasselt** he hecho un examen de pena
vermauern* vt (zumauern) murar, tapiar, cerrar
vermehren* I. vt aumentar, acrecentar; (zahlenmäßig) multiplicar (um por)
II. vr: sich ~ ① (zunehmen) aumentar, incrementar (um, auf a)
② (sich fortpflanzen) multiplicarse, reproducirse
Vermehrung f <-, -en> ① (Zunahme) aumento m, incremento m; (Vervielfachung) multiplicación f
② (Fortpflanzung) reproducción f; (von Pflanzen) propagación f; **ungeschlechtliche/vegetative ~** multiplicación asexual/vegetativa; **~ durch Ableger** propagación por esquejes
vermeidbar adj evitable, eludible
Vermeidbarkeitstheorie f <-, ohne pl> (JUR) teoría f de la evitabilidad
vermeiden* irr vt evitar; (umgehen) eludir; **es lässt sich nicht ~, dass ...** es inevitable que... +subj
Vermeidewillen m <-s, ohne pl> (JUR) voluntad f de evitar
Vermeidung f <-, -en> prevención f; **zur ~ weiterer Verluste** para prevenir pérdidas adicionales
vermeintlich [fɛɐˈmaɪntlɪç] adj presunto, supuesto
vermelden* vt comunicar, notificar; **hast du auch was zu ~?** (iron) ¿tú también tienes algo que decir?
vermengen* [fɛɐˈmɛŋən] vt ① (vermischen) mezclar(se)
② (durcheinander bringen) confundir
vermenschlichen* vt ① (menschlich machen) humanizar
② (personifizieren) personificar
Vermerk m <-(e)s, -e> apunte m, nota f
vermerken* vt ① (notieren) anotar, apuntar
② (zur Kenntnis nehmen) tomar en consideración; **etw ärgerlich ~** dar cuenta de algo en tono malhumorado; **jdm etw übel ~** tomarle algo a mal a alguien
vermessen¹ adj (geh: anmaßend) atrevido, presuntuoso; (tollkühn) osado

vermessen*² *irr* I. *vt* medir; (*Gelände*) hacer el catastro (de)
II. *vr*: **sich ~ ❶** (*falsch messen*) equivocarse (al medir)
❷ (*geh: sich anmaßen*) tomarse la libertad (de), tener la osadía (de)
Vermessenheit *f* <-, -en> (*Anmaßung*) presunción *f*; (*Tollkühnheit*) osadía *f*
Vermessung *f* <-, -en> medición *f*; (*Land~*) agrimensura *f*; (*Tiefen~*) sondeo *m*
Vermessungsamt *nt* <-(e)s, -ämter> oficina *f* topográfica; **Vermessungsingenieur(in)** *m(f)* <-s, -e; -, -nen> agrimensor(a) *m(f)*
vermieden *pp von* **vermeiden**
vermiesen* [fɛɐˈmiːzən] *vt* (*fam*): **jdm etw ~** estropear(le) algo a alguien, aguar la fiesta a alguien; **sich** *dat* **den Urlaub nicht ~ lassen** no dejarse arruinar las vacaciones
vermietbar *adj* arrendable; **schwer/leicht ~** difícil/fácil de alquilar [*o* arrendar]; **~ sein** poderse alquilar [*o* arrendar]
vermieten* *vt* alquilar (*an* a), arrendar (*an* a) *Am*; **Zimmer zu ~** se alquilan habitaciones; **sie vermietet nur an Studenten** sólo alquila habitaciones a estudiantes
Vermieter(in) *m(f)* <-s, -; -, -nen> casero, -a *m, f*; (*von Haus*) dueño, -a *m, f* de la casa; (*von Wohnung*) dueño, -a *m, f* del piso
Vermieterpfandrecht *nt* <-(e)s, *ohne pl*> (JUR) derecho *m* de prenda del arrendador
Vermietung *f* <-, -en> alquiler *m*, arrendamiento *m*, arriendo *m Am*
vermindern* I. *vt* disminuir, reducir; (*Schmerzen*) aliviar
II. *vr*: **sich ~ ❶** (*geringer werden*) disminuir, reducirse (*um, auf* a)
❷ (*sich abschwächen*) decrecer; (*Schmerzen*) aliviarse
Verminderung *f* <-, -en> (*Rückgang*) disminución *f*; (*eines Wachstums*) decrecimiento *m*; (*von Schmerzen*) alivio *m*
verminen* *vt* (MIL) minar
Verminung *f* <-, -en> (MIL) minado *m*
vermischen* I. *vt* mezclar; **die Zutaten gründlich ~** mezclar bien los ingredientes
II. *vr*: **sich ~** mezclarse
Vermischte(s) *nt* <-n, *ohne pl*> miscelánea *f*
Vermischung *f* <-, -en> mezcla *f*
vermissen* [fɛɐˈmɪsən] *vt* echar de menos, echar en falta, extrañar *Am*; **jdn als vermisst melden** dar a alguien por desaparecido; **wir haben dich sehr vermisst** te hemos echado mucho de menos; **ich vermisse etwas Toleranz an ihm** echo en falta un poco de tolerancia por su parte; **er vermisst seine Schlüssel** no encuentra sus llaves
Vermisste(r)^RR *mf* <-n, -n; -n, -n>, **Vermißte(r)** *mf* <-n, -n; -n, -n> desaparecido, -a *m, f*
Vermisstenanzeige^RR *f* <-, -n> parte *m* de desaparición
vermittelbar *adj* ❶ (*Arbeitslose*) **gut/schwer ~** que encuentra trabajo fácilmente/con dificultades; **er/sie ist schwer ~** le cuesta encontrar trabajo
❷ (*Idee, Gefühl*) comunicable; **dieser Stoff ist leicht ~** esta materia es fácil de enseñar
vermitteln* I. *vt* ❶ (*beschaffen*) proporcionar, facilitar; **jdm** [*o* **an jdn**] **eine Wohnung ~** proporcionarle a alguien un piso
❷ (*Treffen, Ehe*) arreglar; (*amtlich*) gestionar; **ein Gespräch ~** (TEL) poner línea
❸ (*aushandeln*) negociar; **Frieden ~** poner paz
❹ (*Eindruck*) ofrecer, dar
❺ (*Wissen*) transmitir
II. *vi* mediar (*zwischen* entre), actuar de intermediario (*zwischen* entre); **~de Worte** palabras conciliadoras; **~d eingreifen** intervenir como intermediario; **in einem Streit ~** actuar como intermediario en una pelea
vermittels *präp* +*gen* por medio de, mediante
Vermittler(in) *m(f)* <-s, -; -, -nen> ❶ (POL) mediador(a) *m(f)*
❷ (WIRTSCH) intermediario, -a *m, f*, agente *mf* comercial
Vermittlung *f* <-, -en> ❶ (*bei Streit*) mediación *f* (*zwischen* entre), intercesión *f*
❷ (*von Treffen*) arreglo *m*; (*amtlich*) gestión *f*
❸ (*Beschaffung*) facilitación *f*
❹ (TEL) centralita *f*
Vermittlungsagent(in) *m(f)* <-en, -en; -, -nen> agente *mf* intermediario, -a; **Vermittlungsagentur** *f* <-, -en> correduría *f*; **Vermittlungsausschuss**^RR *m* <-es, -schüsse> comisión *f* mediadora [*o* de mediación]; **Vermittlungsdienst** *m* <-(e)s, -e> servicio *m* de colocaciones
vermittlungsfähig *adj* con capacidad de intermediación
Vermittlungsgebühr *f* <-, -en> (WIRTSCH) comisión *f*, retribución *f*; **Vermittlungsprovision** *f* <-, -en> derechos *mpl* de mediación; **Vermittlungsstelle** *f* <-, -n> (TEL) centralita *f*; **digitale ~** centralita digital; **Vermittlungsversuch** *m* <-(e)s, -e> (POL) intento *m* de mediación
vermöbeln* [fɛɐˈmøːbəln] *vt* (*fam*) zurrar
vermocht *pp von* **vermögen**

vermodern* [fɛɐˈmoːdɐn] *vi sein* pudrirse, descomponerse
vermöge [fɛɐˈmøːgə] *präp* +*gen* (*geh*) con ayuda de, mediante
vermögen* *irr vt* (*geh*) ❶ (*imstande sein*): **~ etw zu tun** ser capaz de hacer algo, estar en condiciones de hacer algo; **niemand vermochte zu sagen, wie es weitergehen würde** nadie fue capaz de decir como se desarrollarían las cosas
❷ (*ausrichten*) conseguir, alcanzar; **sie vermag bei ihm viel/wenig** tiene mucha/poca influencia sobre él
❸ (*Schweiz: sich leisten können*) poder costearse
Vermögen¹ [fɛɐˈmøːgən] *nt* <-s, -> (*Besitz*) bienes *mpl*, patrimonio *m*; (*Reichtum*) fortuna *f*, platal *m Am*; **flüssiges ~** bienes líquidos; **gegenwärtiges/künftiges ~** bienes actuales/futuros; **gemeinschaftliches ~** bienes comunes; **öffentliches ~** bienes públicos; **das kostet ein ~** esto cuesta una fortuna, esto cuesta un ojo de la cara *fam*
Vermögen² *nt* <-s, *ohne pl*> (*geh: Fähigkeit*) capacidad *f*
vermögend *adj* rico, adinerado, fondeado *Am*, alhajado *Kol*
Vermögensabgabe *f* <-, -n> (FIN) impuesto *m* sobre el capital; **Vermögensanlage** *f* <-, -n> (FIN) inversión *f* de capital; **Vermögensanspruch** *m* <-(e)s, -sprüche> derecho *m* patrimonial; **Vermögensart** *f* <-, -en> (FIN) clase *f* de patrimonio; **Vermögensaufstellung** *f* <-, -en> inventario *m* (de bienes); **Vermögensauseinandersetzung** *f* <-, -en> liquidación *f* patrimonial; **Vermögensausgleich** *m* <-(e)s, *ohne pl*> liquidación *f* patrimonial; **Vermögensausweis** *m* <-es, -e> documentación *f* del patrimonio; **Vermögensberater(in)** *m(f)* <-s, -; -, -nen> agente *mf* de la propiedad; **Vermögensbeschlagnahme** *f* <-, *ohne pl*> confiscación *f* de bienes; **Vermögensbestand** *m* <-(e)s, -stände> activo *m*
vermögensbildend *adj* que fomenta la formación de capital
Vermögensbildung *f* <-, -en> formación *f* de capital; **Vermögensdelikt** *nt* <-(e)s, -e> delito *m* patrimonial; **Vermögenseinkünfte** *pl* rentas *fpl* del patrimonio; **Vermögenseinnahmen** *fpl* rentas *fpl* de(l) capital; **Vermögensertrag** *m* <-(e)s, -träge> beneficio *m* de capital; **Vermögenserwerb** *m* <-(e)s, -e> adquisición *f* patrimonial; **Vermögensgefährdung** *f* <-, -en> peligro *m* del capital; **Vermögensgesetz** *nt* <-es, -e> ley *f* del capital; **Vermögensmasse** *f* <-, -n> masa *f* de bienes; **Vermögensnachteil** *m* <-(e)s, -e> daño *m* patrimonial; **Vermögensrecht** *nt* <-s, *ohne pl*> derecho *m* patrimonial
vermögensrechtlich *adj* jurídico-patrimonial, de derecho patrimonial
Vermögensschaden *m* <-s, -schäden> perjuicio *m* patrimonial; **negativer/positiver ~** perjuicio patrimonial negativo/positivo; **Vermögenssorge** *f* <-, *ohne pl*> cuidado *m* del patrimonio
Vermögenssteuer *f* <-, -n> impuesto *m* sobre el patrimonio; **Vermögenssteuererklärung** *f* <-, -en> declaración *f* de bienes
Vermögensteile *ntpl* elementos *mpl* patrimoniales; **Vermögensübergang** *m* <-(e)s, -en> cesión *f* patrimonial; **Vermögensübertragung** *f* <-, -en> transmisión *f* del patrimonio; **Vermögensverfall** *m* <-(e)s, *ohne pl*> caducidad *f* de bienes; **Vermögensverfügung** *f* <-, -en> disposición *f* de bienes; **Vermögensvergleich** *m* <-(e)s, -e> convenio *m* de bienes; **Vermögensverhältnisse** *ntpl* situación *f* económica [*o* financiera]; **Vermögensverschiebung** *f* <-, -en> alzamiento *m* de bienes; **betrügerische ~** alzamiento fraudulento de bienes; **Vermögensverschleierung** *f* <-, -en> encubrimiento *m* de bienes; **Vermögensverwalter(in)** *m(f)* <-s, -; -, -nen> administrador(a) *m(f)* de bienes; **Vermögensverwaltung** *f* <-, -en> administración *f* de bienes; **Vermögensverzeichnis** *nt* <-ses, -se> inventario *m* del patrimonio; **Vermögenswert** *m* <-(e)s, -e> valor *m* de capital; **blockierte/eingefrorene ~e** valores bloqueados/congelados; **immaterielle/materielle ~e** valores inmuebles/muebles
vermögenswirksam *adj s.* **vermögensbildend**
Vermögenszuwachs *m* <-es, -wächse> incremento *m* patrimonial [*o* del patrimonio]
vermummen* [fɛɐˈmʊmən] I. *vt* (*einhüllen*) encapuchar; (*warm*) abrigar
II. *vr*: **sich ~** (*sich verkleiden*) encapucharse, embozarse
vermummt *adj* ❶ (*Demonstrant*) encapuchado
❷ (*warm angezogen*) bien abrigado
Vermummung *f* <-, -en> disfraz *m*; **in dieser ~ hätte ich dich beinahe nicht erkannt!** ¡con tantas capas de ropa como llevas casi ni yo te hubiera reconocido!
Vermummungsverbot *nt* <-(e)s, -e> prohibición *f* de ir encapuchado (en manifestaciones)
vermurksen* [fɛɐˈmʊrksən] *vt* (*fam*) estropear, echar a perder
vermuten* [fɛɐˈmuːtən] *vt* suponer, presumir; (*erwarten*) esperar; **es ist zu ~, dass …** es de suponer que… +*subj*; **das hatte ich nicht vermutet** no me lo había esperado; **wir ~ sie bei einer Freundin** creemos que está en casa de una amiga; **man vermutet dahinter eine Intrige** se cree que detrás de esto se está urdiendo una intriga
vermutlich I. *adj* presunto, supuesto

II. *adv* presumiblemente; (*wahrscheinlich*) probablemente; **sie kommt ~ morgen** viene mañana presumiblemente

Vermutung *f* <-, -en> suposición *f*, especulación *f*; (*Mutmaßung*) conjetura *f*; (JUR) presunción *f*; **gesetzliche ~** presunción legal; **~en (über etw) anstellen** hacer suposiciones (sobre algo)

Vermutungstatbestand *m* <-(e)s, -stände> (JUR) supuesto *m* de presunción

vernachlässigen* [fɛɐ̯ˈnaːxlɛsɪɡən] *vt* descuidar, desatender; (*außer Acht lassen*) pasar por alto, dejar de lado; **sie fühlt sich von ihm etwas vernachlässigt** se siente un poco abandonada por él; **diese Details können wir getrost ~** podemos dejar de lado estos detalles tranquilamente

Vernachlässigung *f* <-, -en> descuido *m*, negligencia *f*

vernageln* *vt* cerrar con clavos

vernagelt *adj* (*fam abw*) corto de entendederas, de corto alcance; **er ist wie/völlig ~** está como/completamente atontado

vernähen* *vt* ❶ (*nähen*) coser; **eine Wunde ~** coser una herida
❷ (*verbrauchen*) gastar; **viel Garn ~** gastar mucho hilo

Vernalisation *f* <-, -en> (BOT) vernalización *f*

vernarben* *vi sein* cicatrizar; **ein vernarbtes Gesicht** una cara llena de cicatrices

Vernarbung *f* <-, -en> cicatrización *f*

vernarren* [fɛɐ̯ˈnarən] *vr*: **sich ~** estar loco [*o* chiflado] (*in* por); **er ist ganz vernarrt in sie** está loco por ella

vernaschen* *vt* ❶ (*Geld*) gastar en golosinas [*o* en dulces]
❷ (*fam: Person*) tirarse

vernässtᴿᴿ *adj*, **vernäßt** *adj* encharcado

vernebeln* *vt* ❶ (*versprühen*) pulverizar
❷ (*verschleiern*) (en)cubrir

vernehmbar *adj* (*geh*) perceptible; (*hörbar*) audible

vernehmen* *irr vt* ❶ (*geh: hören*) oír; (*wahrnehmen*) percibir
❷ (*geh: erfahren*) (llegar a) saber
❸ (JUR: *verhören*) interrogar, tomar declaración (*zu* sobre)

Vernehmen *nt*: **dem ~ nach** según dicen

Vernehmlassung *f* <-, -en> (*Schweiz*) proclamación *f*, pregón *m*

vernehmlich *adj* perceptible; (*deutlich*) claro; **laut und ~ sprechen** hablar alto y claramente

Vernehmung *f* <-, -en> (JUR) interrogatorio *m*

vernehmungsfähig *adj* (JUR) apto para ser interrogado, capaz de prestar declaración

Vernehmungsmethode *f* <-, -n> método *m* de interrogación; **verbotene/unzulässige ~** método de interrogación prohibido/inadmisible; **Vernehmungsprotokoll** *nt* <-s, -e> acta *f* de interrogatorio

vernehmungsunfähig *adj* (JUR) incapaz de ser interrogado, incapaz de prestar declaración

verneigen* *vr*: **sich ~** inclinarse (*vor* ante), hacer una reverencia (*vor* ante)

Verneigung *f* <-, -en> (*geh*) inclinación *f* (*vor* ante), reverencia *f* (*vor* ante)

verneinen* [fɛɐ̯ˈnaɪnən] *vt* ❶ (*Frage*) contestar negativamente; **~d den Kopf schütteln** mover la cabeza en sentido negativo; **eine ~de Antwort** una respuesta negativa
❷ (*leugnen*) negar

Verneinung *f* <-, -en> negación *f*; (*einer Frage*) respuesta *f* negativa

vernetzen* *vt* ❶ (*verbinden*) unir (*mit* a), conectar
❷ (INFOR) integrar en la red

Vernetzung *f* <-, -en> conexión *f*; (INFOR) integración *f* en la red

vernichten* [fɛɐ̯ˈnɪçtən] *vt* aniquilar; (*zerstören*) destruir; (*ausrotten*) extirpar, exterminar; **Arbeitsplätze ~** eliminar puestos de trabajo

vernichtend *adj* ❶ (*zerstörerisch*) destructor
❷ (*Kritik, Niederlage*) abrumador, aplastante; (*Blick*) fulminante; **~ geschlagen werden** sufrir una derrota aplastante

Vernichtung *f* <-, -en> exterminio *m*, aniquilamiento *m*; (*Zerstörung*) destrucción *f*; (*Ausrottung*) exterminio *m*; (*Dezimierung*) estragos *mpl*

Vernichtungslager *nt* <-s, -> campo *m* de exterminio; **Vernichtungswaffe** *f* <-, -n> arma *f* de exterminio [*o* de destrucción]

vernickeln* *vt* niquelar

verniedlichen* *vt* minimizar, quitar importancia (a)

vernieten* *vt* remachar, roblonar

Vernissage [vɛrnɪˈsaːʒə] *f* <-, -n> inauguración *f*, presentación *f*

vernommen *pp von* **vernehmen**

Vernunft [fɛɐ̯ˈnʊnft] *f* <-, *ohne pl*> razón *f*; (*gesunder Menschenverstand*) sentido *m* común; **~ annehmen** atender a razones; **zur ~ kommen** recobrar la razón; **jdn zur ~ bringen** hacer entrar a alguien en razón

Vernunftehe *f* <-, -n> matrimonio *m* de conveniencia

vernünftig [fɛɐ̯ˈnʏnftɪç] I. *adj* ❶ (*Vernunft besitzend*) razonable; (*überlegt*) sensato; **sei doch ~!** ¡sé razonable!; **mit ihm kann man kein ~es Wort reden** con él no se puede hablar sensatamente; **es wäre das V~ste gewesen, nach Hause zu gehen** lo más sensato hubiera sido haberse ido a casa
❷ (*fam: ordentlich*) decente
II. *adv* (*fam*) como es debido; **zieh dich mal ~ an!** ¡vístete como es debido!

Vernunftmensch *m* <-en, -en> persona *f* muy racional; **ein (reiner) ~ sein** ser muy racional

vernunftorientiert *adj* racional

veröden* I. *vi sein* ❶ (*Stadt*) despoblarse, quedar despoblado
❷ (*Land, Boden*) devastar, asolar, arrasar
II. *vt* (MED) obliterar

Verödung *f* <-, -en> ❶ (*einer Stadt*) despoblación *f*
❷ (*des Bodens*) desertización *f*, desertificación *f*
❸ (MED) obliteración *f*

veröffentlichen* *vt* publicar

Veröffentlichung *f* <-, -en> publicación *f*

verordnen* *vt* ❶ (*Arzt*) prescribir; (*auf Rezept*) recetar; **wenn vom Arzt nicht anders verordnet** de no recetarse lo contrario; **die Ärztin verordnete ihm ein Beruhigungsmittel** la médico le recetó un calmante
❷ (*anordnen*) ordenar, decretar

Verordnung *f* <-, -en> ❶ (*von Arzt*) prescripción *f*; **nach ärztlicher ~** según prescripción médica
❷ (*Anordung*) decreto *m*; **städtische ~** disposición municipal

verpachten* *vt* arrendar (*an* a), dar en arriendo (*an* a)

Verpächter(in) *m(f)* <-s, -; -, -nen> arrendador(a) *m(f)*

Verpachtung *f* <-, -en> arrendamiento *m*, arriendo *m*

verpacken* *vt* embalar; (*in Pakete*) empaquetar; (*in Dosen*) envasar; **etw als Geschenk ~** envolver algo para regalo

Verpackung *f* <-, -en> embalaje *m*, envoltorio *m*; **~ besonders berechnet** embalaje cargado aparte, embalaje no incluido; **einschließlich ~** embalaje incluido; **feste/handelsübliche ~** embalaje sólido/usual; **zum Selbstkostenpreis** embalaje a precio de coste [*o* envase a precio de coste]

verpackungsarm *adj* con poco embalaje

Verpackungsgewicht *nt* <-(e)s, *ohne pl*> tara *f*; **Verpackungsindustrie** *f* <-, -n> industria *f* de embalajes; **Verpackungskosten** *pl* gastos *mpl* de embalaje; **Verpackungsmaterial** *nt* <-s, -ien> material *m* de embalar [*o* de embalaje]; **Verpackungsmüll** *m* <-s, *ohne pl*> embalajes *mpl* desechados; **Verpackungsschaden** *m* <-s, -schäden> daño *m* de embalaje; **Verpackungssteuer** *f* <-, -n> impuesto *m* de [*o* sobre el] embalaje; **Verpackungsverordnung** *f* <-, -en> ordenación *f* de embalajes

verpassen* *vt* ❶ (*Zug*) perder; (*Person*) no encontrar
❷ (*Gelegenheit*) desaprovechar, dejar escapar
❸ (*fam*): **jdm etw ~** dar(le) algo a alguien; (*aufzwingen*) plantar(le) algo a alguien; **sie haben ihm eine neue Frisur verpasst** le plantaron un nuevo peinado; **ich habe ihm eins** [*o* **eine**] **verpasst** le planté [*o* sacudí] una bofetada; **jdm einen Denkzettel ~** dar(le) una lección a alguien

verpatzen* [fɛɐ̯ˈpatsən] *vt* (*fam*) estropear, echar a perder

verpennen* I. *vi* (*fam*) quedarse dormido
II. *vt* (*fam: verpassen*) perder; (*vergessen*) olvidar; **ich habe den Film verpennt** me perdí la película; **ich habe das Treffen verpennt** se me olvidó el encuentro

verpesten* *vt* (*abw*) apestar; (*Abgase, Rauch*) contaminar

Verpestung *f* <-, -en> contaminación *f*

verpetzen* *vt* (*abw*) chivarse, ser un acusica [*o* chivato]; **jdn (beim Lehrer) ~** chivarse a alguien (al profesor)

verpfänden* *vt* empeñar

Verpfändung *f* <-, -en> empeño *m*, donación *f* en prenda

Verpfändungsklausel *f* <-, -n> cláusula *f* prendaria; **Verpfändungsvertrag** *m* <-(e)s, -träge> contrato *m* de prenda

verpfeifen* *irr vt* (*fam abw: anzeigen*) denunciar (*bei* a); (*Person*) soplar (*bei* a); (*Plan*) revelar; **jdn bei der Polizei ~** soplar el nombre de alguien a la policía

verpfiffen *pp von* **verpfeifen**

verpflanzen* *vt* (BOT, MED) trasplantar

Verpflanzung *f* <-, -en> (*a.* MED) trasplante *m*

verpflegen* *vt* alimentar, dar de comer

Verpflegung¹ *f* <-, *ohne pl*> (*das Verpflegen*) alimentación *f*, alimento *m*

Verpflegung² *f* <-, -en> (*Essen*) comida *f*, manutención *f*; **mit voller ~** en pensión completa

Verpflegungsanspruch *m* <-(e)s, -sprüche> derecho *m* a alimentos; **Verpflegungskosten** *pl* gastos *mpl* de manutención

verpflichten* I. *vt* ❶ (*binden*) obligar, comprometer; **das verpflichtet zu nichts** eso no compromete a nada; **jdn zu etw** *dat* **~** obligar a alguien a algo; **ich fühle mich verpflichtet Ihnen zu sagen, dass ...** me siento obligado a decirle que...; **ich bin ihm sehr verpflichtet** le estoy muy obligado; **Adel verpflichtet** nobleza obliga

②(*Schauspieler*) firmar un contrato; (*Sportler*) fichar (*für* por) **II.** *vr:* **sich ~** ❶ (*sich bereit erklären*) comprometerse (*zu* a); (*Sportler*) fichar

②(MIL): **sich für zwei Jahre ~** alistarse por dos años
verpflichtend *adj* (*a.* JUR) obligatorio, obligacional
verpflichtet *adj* (*a.* JUR) obligado
Verpflichtete(r) *mf* <-n, -n; -n, -n> (*a.* JUR) obligado, -a *m, f*
Verpflichtung *f* <-, -en> ❶ (*Bindung*) compromiso *m;* (*Pflicht*) deber *m*, obligación *f;* **finanzielle ~en** deudas *fpl;* **bindende ~** obligación vinculante; **gesetzliche ~** compromiso legal; **vertragliche ~** obligación contractual; **eine ~ einhalten** cumplir un compromiso; **seinen ~en nachkommen** cumplir con sus obligaciones

②(*von Künstler*) contratación *f;* (*von Sportler*) fichaje *m*
Verpflichtungsermächtigung *f* <-, -en> (JUR) autorización *f* de compromiso; **Verpflichtungsgeschäft** *nt* <-(e)s, -e> (JUR) negocio *m* de obligación; **Verpflichtungsklage** *f* <-, -n> (JUR) acción ante una autoridad para que dicte un acto administrativo
verpfuschen* *vt* (*fam*) estropear, echar a perder; (*Arbeit*) chapucear; (*Leben*) destrozar
verpissen* *vr:* **sich ~** (*fam*) ❶ (*verunreinigen*) mearse

②(*fig: verschwinden*) irse al cuerno, irse a freír espárragos; **verpiss dich!** ¡piérdete!
verplanen* *vt* ❶ (*falsch planen*) planificar mal

②(*Geld*) incluir en la planificación; (*Zeit*) hacer planes; **ich bin auf Tage hinaus verplant** no tengo ni un minuto libre en los próximos días; **für morgen bin ich schon verplant** mañana tengo todo el día ocupado
verplappern* *vr:* **sich ~** (*fam*) irse de la lengua
verplaudern* *vr:* **sich ~** (*fam*) darle a la lengua; (*etw verraten*) irse de la lengua
verplempern* [fɛɐˈplɛmpɐn] *vt* (*fam*) ❶ (*Geld*) malgastar, despilfarrar; (*Zeit*) perder

②(*reg: verschütten*) derramar
verplomben* *vt* precintar
verpönt [fɛɐˈpøːnt] *adj:* **~ sein** ser mal visto (*bei* por), ser despreciado (*bei* por)
verprassen* [fɛɐˈprasən] *vt* despilfarrar, derrochar
verprellen* *vt* irritar, mosquear *fam*
verprügeln* *vt* zurrar, moler a palos, festejar *Am*, pelar *Am*, dar la biaba *Arg, Urug*
verpuffen* *vi sein* ❶ (*explodieren*) explotar, detonar

②(*Freude*) perderse, esfumarse; (*Maßnahme, Elan*) fracasar, ser en vano
Verpuffung *f* <-, -en> explosión *f,* detonación *f*
verpulvern* *vt* (*fam*) malgastar, gastar a lo loco
verpumpen* *vt* (*fam*) prestar
verpuppen* *vr:* **sich ~** transformarse en crisálida
Verputz *m* <-es, *ohne pl*> revoque *m*
verputzen* *vt* ❶ (*Wand*) revocar

②(*fam: essen*) soplar(se)

③(*fam: vergeuden*) despilfarrar
verqualmen* *vt* llenar de humo
verqualmt *adj* lleno de humo
verquast [fɛɐˈkvaːst] *adj* confuso, embrollado
verquatschen* **I.** *vt* (*fam*) pasar charlando; **wir haben die ganze Zeit verquatscht** pasamos todo el tiempo charlando
II. *vr:* **sich ~** (*fam*) irse de la lengua
verquer *adj* atravesado; **jdm geht etw/alles ~** algo/todo sale mal a alguien
verquicken* [fɛɐˈkvɪkən] *vt* unir, combinar; (*vermischen*) mezclar
verquirlen* *vt* batir
verquollen [fɛɐˈkvɔlən] *adj* hinchado
verrammeln* [fɛɐˈraməln] *vt* (*fam*) atrancar
verramschen* *vt* (*fam*) malvender
Verramschung *f* <-, -en> liquidación *f* (de un stock) a bajo precio
verrannt *pp von* **verrennen**
Verrat [fɛɐˈraːt] *m* <-(e)s, *ohne pl*> traición *f;* **~ an jdm begehen** traicionar a alguien; **~ üben** cometer traición
verraten* *irr* **I.** *vt* ❶ (*preisgeben*) delatar, revelar; **soll ich Ihnen was ~?** (*fam*) ¿quiere que le diga una cosa?

②(*Treue brechen*) traicionar; **~ und verkauft sein** estar perdido; **seine Ideale ~** ser infiel a sus ideales

③(*zeigen*) denotar, revelar; **diese Aussage verrät große Intelligenz** esta declaración revela una gran inteligencia

④(*zu erkennen geben*) delatar; **sein Dialekt verrät ihn** su dialecto le delata

II. *vr:* **sich ~** ❶ (*durch Geste, Sprache*) delatarse

②(*sich zeigen*) revelarse
Verräter(in) [fɛɐˈrɛːtɐ] *m(f)* <-s, -; -, -nen> traidor(a) *m(f),* batidor(a) *m(f) Arg*
verräterisch *adj* ❶ (*Person*) traidor, traicionero

②(*Geste*) delator
verrauchen* **I.** *vi sein* evaporarse, desvanecerse

II. *vt* (*Geld*) gastar en tabaco; **verrauchte Zimmer** habitaciones cargadas de humo
verräuchert *adj* lleno de humo
verrechnen* **I.** *vt* compensar; (*gutschreiben*) abonar en cuenta; **die Gewinne mit den Verlusten ~** compensar las ganancias con las pérdidas

II. *vr:* **sich ~** ❶ (*falsch rechnen*) equivocarse en el cálculo; **sich um fünf Euro ~** equivocarse en cinco euros

②(*sich täuschen*) equivocarse; **mit dem Wetter hatten wir uns verrechnet** nos equivocamos con el tiempo
Verrechnung *f* <-, -en> compensación *f;* **bargeldlose ~** (FIN) abono en cuenta; **gegenseitige ~** compensación bilateral; **nur zur ~** (FIN) sólo para abono en cuenta
Verrechnungskonto *nt* <-s, -konten> (FIN) cuenta *f* de compensación; **Verrechnungsrate** *f* <-, -n> (WIRTSCH) plazo *m* de compensación; **Verrechnungsscheck** *m* <-s, -s> (WIRTSCH, FIN) cheque *m* cruzado [*o* de abono (en cuenta)]; **Verrechnungstag** *m* <-(e)s, -e> (WIRTSCH) fecha *f* de compensación; **Verrechnungsverbot** *nt* <-(e)s, -e> (WIRTSCH) prohibición *f* de compensación; **Verrechnungsvertrag** *m* <-(e)s, -träge> (WIRTSCH, JUR) pacto *m* de compensación; **Verrechnungswährung** *f* <-, -en> (WIRTSCH) moneda *f* de compensación; **Verrechnungszeitraum** *m* <-(e)s, -räume> (WIRTSCH) período *m* de compensación
verrecken* [fɛɐˈrɛkən] *vi sein* (*fam*) ❶ (*Tier, Mensch*) estirar la pata, diñarla *vulg;* **verreck doch!** ¡muérete!; **ums V~ nicht** ni a tiros

②(*kaputtgehen*) echarse a perder
verregnet *adj* lluvioso; **~e Ernte** cosecha estropeada por la lluvia; **der Urlaub war völlig ~** las vacaciones resultaron pasadas por agua
verreiben* *irr vt* extender (frotando) (*in/auf* sobre)
verreisen* *vi sein* irse [*o* salir] de viaje (*nach* a); **verreist sein** estar de viaje; **dienstlich ~** estar en viaje de negocios
verreißen* *irr vt* ❶ (*hart kritisieren*) criticar duramente, poner verde *fam*

②(*reg: fam: zerreißen*): **mich verreißt's vor Freude** estoy loco de alegría
verrenken* [fɛɐˈrɛŋkən] **I.** *vt* torcer; **sich** *dat* **den Knöchel ~** torcerse el tobillo

II. *vr:* **sich ~** retorcerse, contorsionarse; **sie verrenkt sich vor Schmerz** se retuerce de dolor
Verrenkung *f* <-, -en> ❶ (*Verletzung*) torcedura *f*

②(*unnatürliche Stellung*) contorsión *f;* **was für ~en machst du denn da?** ¿por qué te retuerces de esa manera?; **man muss ~en machen um etwas zu sehen** hay que retorcerse para ver algo
verrennen* *irr vr:* **sich ~** meterse en un callejón sin salida; **sich in etw ~** obsesionarse con algo, aferrarse a algo; **er hat sich völlig in seine Vorstellungen verrannt** se aferra totalmente a sus ideas
verrichten* *vt* efectuar, realizar; **ein Gebet ~** pronunciar una oración; **seine Notdurft ~** hacer sus necesidades
Verrichtung *f* <-, -en> ❶ (*das Verrichten*) ejecución *f,* realización *f*

②(*Angelegenheit*) asunto *m;* **die täglichen ~en** los quehaceres cotidianos
Verrichtungsgehilfe, -in *m, f* <-n, -n; -, -nen> (JUR) auxiliar *mf*
verrieben *pp von* **verreiben**
verriegeln* *vt* cerrar con cerrojo
verringern* [fɛɐˈrɪŋɐn] **I.** *vt* reducir, disminuir (*um* en); (*Preis*) rebajar; (*Abstand*) acortar

II. *vr:* **sich ~** disminuir, bajar
Verringerung *f* <-, -en> reducción *f;* (*Abnahme*) disminución *f*
verrinnen* *irr vi sein* ❶ (*versickern*) ser absorbido [*o* embebido] por el suelo; **der Regen verrinnt im Boden/Kies** el suelo/la arena se traga la lluvia

②(*geh: Zeit*) pasar, transcurrir
Verriss[RR] *m* <-es, -e>, **Verriß** *m* <-sses, -sse> (*fam*) dura crítica *f*
verrissen *pp von* **verreißen**
verrohen* **I.** *vi sein* embrutecerse; **sie sind völlig verroht** están absolutamente embrutecidos

II. *vt* embrutecer
Verrohung *f* <-, -en> embrutecimiento *m*
verronnen *pp von* **verrinnen**
verrosten* *vi sein* oxidarse
verrotten* [fɛɐˈrɔtən] *vi sein* ❶ (*faulen*) pudrirse, descomponerse

②(*zerfallen*) desmoronarse
verrucht [fɛɐˈruːxt] *adj* (*Ort*) de mala fama; (*Blick*) malvado, malicioso; (*Schurke*) vil, infame
verrücken* *vt* desplazar, cambiar de sitio

verrückt *adj* (*geistesgestört*) loco, chalado *fam;* **du machst mich noch ~** me vas a volver loco; **bei der Musik kann man ja ~ werden** con esta música se puede uno volver loco; **ich werd' ~!** ¡qué locura!; **wie ~** (*fam*) de locura, como loco; **es schneit wie ~** está nevando a lo bestia; **~ spielen** (*fam*) estar fuera de quicio; **auf etw ~ sein** (*fam*) estar loco por algo; **auf jdn** [*o* **nach jdm**] **~ sein** (*fam*) estar loco por alguien; **du bist wohl ~!** ¡debes estar loco!

Verrückte(r) *mf* <-n, -n; -n, -n> loco, -a *m, f,* chalado, -a *m, f fam*

Verrücktheit *f* <-, -en> locura *f,* chaladura *f fam,* pendejada *f Am;* **in einem Anfall von ~ hat er sich zehn neue Hemden gekauft** en un ataque de locura se compró diez camisas nuevas

Verrücktwerden *nt* (*fam*): **es ist zum ~** es para volverse loco

Verruf *m:* **in ~ geraten** [*o* **kommen**] caer en descrédito; **etw/jdn in ~ bringen** desacreditar algo/a alguien

verrufen *adj* de mala fama, malmirado; **~ sein** tener mala fama

verrühren* *vt* mezclar

verrußen* *vi sein* cubrirse de hollín, tiznarse

verrutschen* *vi sein* correrse

Vers [fɛrs] *m* <-es, -e> ❶ (*Gedichtzeile*) verso *m;* (*Strophe*) estrofa *f;* **~e schmieden** hacer versos, versificar; **darauf** [*o* **daraus**] **kann ich mir keinen ~ machen** (*fam*) no me lo explico
❷ (*Bibel~*) versículo *m*

versachlichen* *vt* objetivar

versacken* *vi sein* (*fam*) ❶ (*in Schlamm*) hundirse (*in* en)
❷ (*in Kneipe, auf Party*) estar toda la noche de juerga

versagen* I. *vi* ❶ (*Maschine*) fallar, no funcionar
❷ (*Mensch*) fracasar, chingarse *Am;* (*Gedächtnis, Stimme*) fallar; **er hat bei der Prüfung versagt** fracasó en el examen
II. *vt:* **jdm etw ~** negar algo a alguien; **sich** *dat* **etw ~** renunciar a algo; **das ist uns leider versagt geblieben** desgraciadamente no pudimos conseguirlo; **etw** *dat* **seine Zustimmung ~** rechazar algo

Versagen *nt* <-s, *ohne pl*> (*von Maschine*) avería *f;* (*von Mensch*) fracaso *m;* (*von Organ*) deficiencia *f;* **menschliches ~** error humano

Versager(in) *m(f)* <-s, -; -, -nen> fracasado, -a *m, f*

Versagung *f* <-, -en> negación *f*

Versagungsgegenklage *f* <-, -n> contrademanda *f* de recusación; **Versagungsgrund** *m* <-(e)s, -gründe> causa *f* de la recusación; **besonderer ~** causa especial de la recusación; **spezieller ~** causa especial de la recusación

versalzen*¹ *irr vt* (*Essen*) echar demasiada sal, salar demasiado; **jdm etw ~** (*fig fam*) fastidiar algo a alguien; **jdm die Suppe ~** (*fig fam*) aguarle a alguien la fiesta

versalzen*² *vi sein* salarse

Versalzung *f* <-, -en> salinización *f*

versammeln* I. *vt* juntar, reunir; **vor versammelter Mannschaft** delante de todo el equipo
II. *vr:* **sich ~** reunirse

Versammlung *f* <-, -en> reunión *f;* **beratende/gesetzgebende ~** asamblea consultiva/legislativa; **öffentliche/nichtöffentliche ~** reunión pública/a puerta cerrada; **eine ~ abhalten** celebrar una reunión [*o* una junta]; **eine ~ einberufen** convocar una reunión

Versammlungsfreiheit *f* <-, *ohne pl*> libertad *f* de reunión; **negative/positive ~** libertad de reunión negativa/positiva; **Versammlungsgesetz** *nt* <-es, -e> ley *f* sobre la reunión; **Versammlungsleiter(in)** *m(f)* <-s, -; -, -nen> director(a) *m(f)* de la junta; **Versammlungslokal** *nt* <-s, -e> local *m* de reunión; (*im Hotel*) sala *f* de conferencias; **Versammlungsrecht** *nt* <-(e)s, *ohne pl*> derecho *m* de reunión; **Versammlungsverbot** *nt* <-(e)s, -e> (JUR) prohibición *f* del derecho de reunión

Versand [fɛɐ'zant] *m* <-(e)s, *ohne pl*> ❶ (*das Versenden*) envío *m,* expedición *f;* **zum ~ bringen** enviar, expedir
❷ (*~abteilung*) servicio *m* de expedición, departamento *m* de expedición; **im ~ arbeiten** trabajar en el departamento de expedición

Versandabteilung *f* <-, -en> departamento *m* de expedición; **Versandanschrift** *f* <-, -en> dirección *f* de envío; **Versandanweisung** *f* <-, -en> instrucción *f* de envío; **Versandanzeige** *f* <-, -n> aviso *m* de envío; **Versandauftrag** *m* <-(e)s, -träge> orden *f* de envío; **Versandbahnhof** *m* <-(e)s, -höfe> estación *f* expedidora; **Versandbedingungen** *fpl* condiciones *fpl* de envío [*o* de expedición]

versandbereit *adj* listo para ser enviado [*o* expedido]

Versandbestellung *f* <-, -en> encargo *m* de expedición; **Versanddokument** *nt* <-(e)s, -e> documento *m* de expedición

versanden* [fɛɐ'zandən] *vi sein* ❶ (*Flussmündung*) cubrirse de arena
❷ (*schwächer werden*) perderse; (*Angelegenheit*) quedar en agua de borrajas

versandfähig *adj* en condiciones de ser enviado

versandfertig *adj* listo para ser expedido

Versandgeschäft *nt* <-(e)s, -e> venta *f* por correspondencia [*o* por catálogo]; **Versandgewicht** *nt* <-(e)s, *ohne pl*> peso *m* de envío; **Versandhafen** *m* <-s, -häfen> puerto *m* de embarque; **Versandhandel** *m* <-s, *ohne pl*> venta *f* por correspondencia [*o* por catálogo]; **Versandhaus** *nt* <-es, -häuser> empresa *f* de venta por correspondencia [*o* catálogo]; **Versandhauskatalog** *m* <-(e)s, -e> catálogo *m* de ventas por correspondencia

Versandkosten *pl* (COM, WIRTSCH) gastos *mpl* de envío; **zuzüglich Porto und ~** más franqueo y gastos de envío; **Versandmarkierung** *f* <-, -en> (COM, WIRTSCH) marca *f* de envío; **Versandpapiere** *ntpl* documentos *mpl* de envío; **Versandschein** *m* <-(e)s, -e> nota *f* de envío

versandt *pp von* **versenden**

Versandtasche *f* <-, -n> sobre *m;* (*wattiert*) sobre *m* acolchado [*o* enguatado]; **Versandverkehr** *m* <-(e)s, -käufe> venta *f* por correspondencia; **Versandwechsel** *m* <-s, -> (WIRTSCH) letra *f* de salida; **Versandweg** *m* <-(e)s, -e> ruta *f* de expedición

Versatzstück *nt* <-(e)s, -e> decoraciones *fpl* portátiles

versauen* [fɛɐ'zaʊən] *vt* (*sl*) ❶ (*beschmutzen*) ensuciar
❷ (*verderben*) estropear, fastidiar

Versauerung *f* <-, -en>, **Versäuerung** [fɛɐ'zɔɪərʊŋ] *f* <-, -en> acidificación *f*

versaufen* *irr vt* (*fam: Geld*) gastar en bebidas

versäumen* [fɛɐ'zɔɪmən] *vt* ❶ (*Gelegenheit*) perder, desaprovechar; (*Zug, Zeit*) perder; **da haben Sie wirklich nichts versäumt** la verdad es que no se perdió Ud. nada
❷ (*Pflicht*) faltar (a); **~ zu zahlen** no observar el plazo de pago; **das Versäumte nachholen** recuperar lo perdido; **es nicht ~ sich zu bedanken** no omitir dar las gracias
❸ (*Treffen, Unterricht*) faltar (a), no asistir (a)

Versäumnis *nt* <-ses, -se> omisión *f;* (*Vernachlässigung*) descuido *m,* negligencia *f*

Versäumnisgebühr *f* <-, -en> recargo *m* de demora; **Versäumnisurteil** *nt* <-s, -e> (JUR) sentencia *f* contumacial [*o* en rebeldía]; **echtes/unechtes ~** sentencia en rebeldía real/irreal; **zweites ~** segunda sentencia en rebeldía; **Versäumnisverfahren** *nt* <-s, -> (JUR) procedimiento *m* en rebeldía; **Versäumniszwischenurteil** *nt* <-s, -e> (JUR) sentencia *f* provisional en rebeldía

verschachern* *vt* (*abw*) trapichear (con), pichulear *CSur*

verschaffen* *vt* procurar, proporcionar; **sich** *dat* **etw ~** obtener algo, conseguir algo; **sich** *dat* **Respekt ~** hacerse respetar; **sich** *dat* **Gewissheit über etw ~** asegurarse de algo

verschalen* *vt* revestir de madera [*o* de tablas]

Verschalung *f* <-, -en> revestimiento *m*

verschämt [fɛɐ'ʃɛːmt] *adj* avergonzado; (*schüchtern*) tímido; **~ lächeln** sonreír tímidamente

verschandeln* [fɛɐ'ʃandəln] *vt* (*fam*) estropear, afear

Verschand(e)lung *f* <-, -en> deformación *f,* desfiguración *f*

verschanzen* [fɛɐ'ʃantsən] *vr:* **sich ~** ❶ (MIL) atrincherarse (*hinter* detrás de)
❷ (*Vorwand suchen*) escudarse (*hinter* en)

verschärfen* I. *vt* intensificar; (*verschlimmern*) agravar, agudizar; (*Spannung*) aumentar; **verschärfte Vorschriften** órdenes más severas [*o* rigurosas]; **das Tempo ~** acelerar; **der Zwischenfall hat die Lage noch verschärft** el incidente ha empeorado [*o* agravado] la situación
II. *vr:* **sich ~** intensificarse; (*sich verschlimmern*) agravarse; (*Lage*) agudizarse; (*Spannung*) aumentar

Verschärfung *f* <-, -en> (*Spannung*) aumento *m;* (*Tempo*) aceleración *f;* (*Lage*) empeoramiento *m,* agudización *f,* agravamiento *m*

verscharren* *vt* enterrar, soterrar

verschätzen* *vr:* **sich ~** equivocarse (*um* en, *in* con), calcular mal; **in der Sache habe ich mich verschätzt** con este asunto me he equivocado; **ich habe mich um ein paar Tage verschätzt** me he equivocado en un par de días; **ich habe mich in ihm verschätzt** lo he juzgado mal

verschaukeln* *vt* (*fam*) estafar, timar; **sie lässt sich nicht ~** no la puedes timar

verscheiden* *irr vi sein* (*geh*) expirar, fenecer

verscheißen* *irr vt* (*fam*) ❶ (*verschmutzen*) cagarse; **der Kleine hat sich** *dat* **die Hosen verschissen** el peque se ha cagado (en) los pantalones
❷ (*Wend*): **bei jdm verschissen haben** cagarla con alguien; **du hast endgültig bei mir verschissen!** ¡conmigo la has cagado!

verscheißern* [fɛɐ'ʃaɪsən] *vt* (*fam*) tomar el pelo

verschenken* ❶ (*schenken*) regalar (*an* a)
❷ (*ungenutzt lassen*) desaprovechar, desperdiciar

verscherbeln* [fɛɐ'ʃɛrbəln] *vt* (*fam*) vender por un real

verscherzen* *vr:* **sich** *dat* **etw ~** perder algo por una tontería; **es sich** *dat* **mit jdm ~** perder las simpatías de alguien

verscheuchen* *vt* ahuyentar, espantar

verscheuern* [fɛɐ'ʃɔɪɐn] *vt* (*fam*) liquidar

verschicken* *vt* enviar, mandar; (*Sträflinge*) deportar; **Schulkinder zur Kur ~** mandar a colegiales a un balneario

verschiebbar *adj* ❶ (*Möbel*) desplazable; (*Tür*) corredizo; (*beweglich*) móvil
❷ (*Treffen, Termin*) aplazable
Verschiebebahnhof *m* <-(e)s, -höfe> estación *f* de maniobras
verschieben* *irr* I. *vt* ❶ (*verrücken*) cambiar de sitio, desplazar; (*verrutschen*) correr; **etw um ein paar Meter ~** correr algo un par de metros
❷ (*verlegen*) aplazar (*auf* para), dejar (*auf* para); **wir haben den Termin auf Donnerstag verschoben** hemos aplazado la cita para el jueves
❸ (*fam: Waren*) traficar (con)
II. *vr: sich ~* ❶ (*verrutschen*) correrse
❷ (*zeitlich*) aplazarse; (*sich verspäten*) retrasarse; **die Ankunft verschiebt sich um zehn Minuten** la llegada se retrasa diez minutos
Verschiebung *f* <-, -en> ❶ (*örtlich*) desplazamiento *m*, cambio *m* de sitio
❷ (*zeitlich*) aplazamiento *m* (*auf* para)
❸ (*fam: von Waren*) venta *f* clandestina
verschieden [fɛɐˈʃiːdən] I. *pp von* **verscheiden**
II. *adj* ❶ (*unterschiedlich*) distinto, diferente; (*~artig*) variado, diverso; **auf ~e Weise** de distinta manera; **das ist von Fall zu Fall ~** esto es en cada caso distinto; **sie sind ~ groß** son de distinto tamaño; **die Geschwister sind sehr ~** los hermanos son muy distintos
❷ *pl* (*mehrere, manche*) diversos; **~e Leute meldeten sich** llamaron varias personas
verschiedenartig *adj* ❶ (*verschieden*) distinto
❷ (*mannigfaltig*) variado, diverso
Verschiedenartigkeit *f* <-, *ohne pl*> ❶ (*Unterschiedlichkeit*) diferencia *f*, heterogeneidad *f*
❷ (*Vielfalt*) diversidad *f*, variedad *f*
verschiedenerlei [ˈ   (ˈ)-] *adj inv* diverso, distinto, de diversos tipos, de diferentes clases
Verschiedenheit *f* <-, -en> ❶ (*Unterschied*) diferencia *f*; (*Unähnlichkeit*) desigualdad *f*
❷ (*Mannigfaltigkeit*) variedad *f*, diversidad *f*
verschiedentlich *adv* varias veces, repetidamente; **das habe ich schon ~ versucht** esto ya lo he intentado repetidamente
verschießen* *vt* ❶ (*a.* MIL: *aufbrauchen*) agotar, gastar; **er hat in zehn Minuten einen ganzen Film verschossen** ha gastado un carrete entero en diez minutos
❷ (SPORT) fallar
verschiffen* *vt* embarcar
Verschiffung *f* <-, -en> embarque *m*
Verschiffungshafen *m* <-s, -häfen> puerto *m* de embarque; **Verschiffungskonnossement** *nt* <-(e)s, -e> (WIRTSCH) conocimiento *m* de embarque; **Verschiffungskosten** *pl* gastos *mpl* de embarque; **Verschiffungskredit** *m* <-(e)s, -e> crédito *m* de embarque; **Verschiffungspapiere** *ntpl* documentación *f* de embarque
verschimmeln* *vi sein* enmohecer(se); **verschimmeltes Brot** pan enmohecido
verschissen [fɛɐˈʃɪsən] *pp von* **verscheißen**
verschlafen¹ *adj* (medio) dormido; **ein ~es Dorf** un pueblo aburrido
verschlafen*² *irr* I. *vi* quedarse dormido
II. *vt* ❶ (*Tag*) pasar durmiendo
❷ (*fam: versäumen*) perder; (*Termin*) olvidar
Verschlag *m* <-(e)s, -schläge> cobertizo *m*
verschlagen¹ *adj* (abw) astuto, pícaro; **~ grinsen** sonreír con picardía
verschlagen*² *irr vt* ❶ (*nehmen*) quitar; **das hat mir fast die Sprache ~** eso me dejó de piedra
❷ (*an einen Ort*) ir a parar (*nach* en)
❸ (SPORT) no transformar
❹ (*verblättern*) perder la página
❺ (*reg: verprügeln*) dar una paliza, zurrar
Verschlagenheit *f* <-, *ohne pl*> astucia *f*, picardía *f*
verschlammen* *vi sein* embarrar(se), enlodar(se)
verschlampen* *vt* (*fam*), **verschlampern*** *vt* (*reg: fam*) ❶ (*verlieren*) perder
❷ (*vergessen*) olvidar
verschlechtern* [fɛɐˈʃlɛçtɐn] I. *vt* empeorar; (*verschlimmern*) agravar
II. *vr: sich ~* (*schlechter werden*) empeorar; (*Zustand*) agravarse, agudizarse; (*Leistung*) bajar; **sie hat sich finanziell verschlechtert** económicamente le va peor
Verschlechterung *f* <-, -en> empeoramiento *m*; (*Verschlimmerung*) agravación *f*; **eine berufliche ~** una degradación profesional
verschleiern* I. *vt* ❶ (*Gesicht*) velar, cubrir con un velo
❷ (*Skandal*) encubrir, ocultar
II. *vr: sich ~* (*Frau*) cubrirse (con un velo); (*a. fig*) velarse, cubrirse
verschleiert *adj* ❶ (*Gesicht*) cubierto con un velo; **~e Frauen** mujeres que cubren su rostro con un velo
❷ (*Himmel*) cubierto

Verschleierung *f* <-, -en> ❶ (*Verhüllung*) encubrimiento *m*
❷ (*Irreführung*) ocultación *f*; **~ von Vermögenswerten** ocultación de valores de capital
Verschleierungstaktik *f* <-, -en> táctica *f* de disimulación
verschleimen* *vi sein* obstruir(se) con flema [*o* mucosidades]
Verschleiß [fɛɐˈʃlaɪs] *m* <-es, *ohne pl*> ❶ (*Abnutzung*) desgaste *m*; **einem ständigen ~ unterliegen** estar sometido a un desgaste continuo
❷ (*Österr: Verkauf*) venta *f* (al por menor)
verschleißen [fɛɐˈʃlaɪsən] <verschleißt, verschliss, verschlissen> I. *vt* (des)gastar
II. *vi sein* (des)gastarse; **schnell ~d** de rápido desgaste
Verschleißerscheinung *f* <-, -en> (MED, TECH) manifestación *f* de desgaste
verschleißfest *adj* resistente al desgaste; **~ sein** ser resistente al desgaste, no desgastarse
Verschleißfestigkeit *f* <-, *ohne pl*> resistencia *f* al desgaste; **Verschleißgrad** *m* <-(e)s, -e> grado *m* de desgaste; **Verschleißteil** *nt* <-(e)s, -e> pieza *f* de desgaste
verschleppen* *vt* ❶ (*Personen*) deportar; (*entführen*) secuestrar
❷ (*Krankheit*) curar mal, arrastrar
❸ (*weiterverbreiten*) transmitir, propagar
❹ (*hinauszögern*) retrasar, retardar
Verschleppung *f* <-, -en> ❶ (*von Personen*) deportación *f*; (*Entführung*) secuestro *m*
❷ (*von Krankheit*) curación *f* insuficiente
❸ (*Weiterverbreitung*) transmisión *f*, propagación *f*
❹ (*Verzögerung*) retraso *m*, dilación *f*
Verschleppungsabsicht *f* <-, -en> propósito *m* dilatorio; **Verschleppungstaktik** *f* <-, -en> táctica *f* dilatoria
verschleudern* *vt* ❶ (*abw: Geld*) despilfarrar, malgastar
❷ (*Waren*) malvender, vender a precio tirado
verschließbar *adj* con cierre; (*mit Schloss*) con cerradura
verschließen* *irr* I. *vt* ❶ (*Tür, Behälter*) cerrar; **hinter verschlossenen Türen** a puerta cerrada; **etw bleibt jdm verschlossen** algo queda vedado a alguien; **wir standen vor verschlossener Tür** nos encontramos con la puerta cerrada
❷ (*einschließen*) encerrar; **die Arzneimittel vor den Kindern ~** guardar los medicamentos fuera del alcance de los niños
II. *vr: sich (vor) etw dat ~* cerrarse a algo, no querer saber nada de algo; **sich (vor) jdm ~** no abrirse a alguien
verschlimmbessern* [fɛɐˈʃlɪmbɛsɐn] *vt* (*fam*) empeorar (a pesar de haber tenido la intención de mejorar algo)
Verschlimmbesserung *f* <-, -en> (*fam*) empeoramiento *m* (a pesar de haber querido un mejoramiento de algo)
verschlimmern* [fɛɐˈʃlɪmɐn] I. *vt* agravar, agudizar
II. *vr: sich ~* agravarse, agudizarse, acentuarse *Am*
Verschlimmerung *f* <-, -en> agravamiento *m*, agravamiento *m*
verschlingen* *irr* I. *vt* (*a. fig*) devorar, engullir; **jdn mit den Augen ~** devorar a alguien con los ojos; **das Projekt hat schon ein Heidengeld verschlungen** el proyecto ha costado ya una barbaridad
II. *vr: sich ~* liarse, embrollarse; **die Schnüre verschlingen sich ineinander** los cordones se enredan (entre sí)
verschlissᴿᴿ [fɛɐˈʃlɪs], **verschliß** 3. *imp von* **verschleißen**
verschlissen [fɛɐˈʃlɪsən] I. *pp von* **verschleißen**
II. *adj* desgastado, raído
verschlossen [fɛɐˈʃlɔsən] I. *pp von* **verschließen**
II. *adj* (*Person*) introvertido, reservado
Verschlossenheit *f* <-, *ohne pl*> reserva *f*, introversión *f*
verschlucken* I. *vt* ❶ (*Speisen*) tragar(se); (*Silben*) comerse
❷ (*Bemerkung*) tragarse, callar; **das Dämmaterial verschluckt Geräusche** el material aislante amortigua los ruidos
II. *vr: sich ~* atragantarse (*an* con)
verschludern* [fɛɐˈʃluːdɐn] *vt* (*fam*) ❶ (*verlieren*) perder
❷ (*verderben*) poner feo, echar a perder
❸ (*verkommen lassen*) desperdiciar
verschlungen [fɛɐˈʃlʊŋən] I. *pp von* **verschlingen**
II. *adj* (*Weg*) sinuoso, zigzagueante
Verschlussᴿᴿ [fɛɐˈʃlʊs] *m* <-es, -schlüsse>, **Verschluß** *m* <-sses, -schlüsse> ❶ (*Vorrichtung*) cierre *m*; (*Stöpsel*) tapón *m*; **etw unter ~ halten** tener algo bajo llave; **etw unter ~ nehmen** guardar algo
❷ (MED) oclusión *f*
Verschlussdeckelᴿᴿ *m* <-s, -> cierre *m*, tapa *f*
verschlüsseln* *vt* codificar, cifrar; **eine verschlüsselte Botschaft** un mensaje en clave; **verschlüsselte Daten** (INFOR) datos codificados
Verschlüsselung *f* <-, -en> (INFOR) codificación *f*
Verschlusskappeᴿᴿ *f* <-, -n> capuchón *m*; **Verschlusslaut**ᴿᴿ *m* <-(e)s, -e> (LING) oclusiva *f*, sonido *m* oclusivo; **Verschlusssache**ᴿᴿ *f* <-, -n> documento *m* secreto [*o* confidencial]
verschmachten* *vi sein* (*geh*) consumirse (*vor* de); **vor Durst ~**

morirse de sed

verschmähen* [fɛɐˈʃmɛːən] vt (geh: ablehnen) rechazar, rehusar; (verachten) despreciar, desdeñar, ajotar Cuba

verschmelzen* irr I. vi sein fundirse, fusionarse
II. vt fundir, fusionar

Verschmelzung f <-, -en> ❶ (das Verschmelzen) fundición f
❷ (WIRTSCH) fusión f

Verschmelzungsverfahren nt <-s, -> (JUR) procedimiento m de fusión; **Verschmelzungsvertrag** m <-(e)s, -träge> (JUR) contrato m de fusión

verschmerzen* vt sobreponerse (a), reponerse (de); (vergessen) olvidar

verschmieren* vt ❶ (Loch, Riss) tapar; (verputzen) revocar
❷ (beschmutzen) pringar, embadurnar
❸ (Farbe, Lippenstift) correr; (Blatt Papier) emborronar; **die Butter auf dem Brot ~** (fam) untar el pan con mantequilla

verschmitzt [fɛɐˈʃmɪtst] adj pícaro, pillo

Verschmitztheit f <-, ohne pl> picardía f

verschmolzen pp von **verschmelzen**

verschmoren* vi sein (ELEK) fundirse

verschmutzen* I. vi sein ensuciar(se)
II. vt ensuciar; (Umwelt) contaminar

Verschmutzung f <-, -en> ensuciamiento m; (der Umwelt) contaminación f

verschnaufen* vi descansar un poco, tomar aliento

Verschnaufpause f <-, -n> respiro m

verschneiden* irr vt ❶ (zurechtschneiden) (re)cortar
❷ (falsch zuschneiden) cortar mal
❸ (zusammenfügen) **etw zu einer Collage ~** hacer un collage con trozos de algo
❹ (kastrieren) castrar
❺ (vermischen) mezclar

verschneit [fɛɐˈʃnaɪt] adj nevado, cubierto de nieve; **tief ~** totalmente cubierto de nieve

Verschnitt m <-(e)s, -e> ❶ (von Alkoholika, Tabak) mezcla f
❷ (Reste) desperdicios mpl

verschnitten pp von **verschneiden**

verschnörkelt adj con arabescos

verschnupft [fɛɐˈʃnʊpft] adj resfriado, acatarrado

verschnüren* [fɛɐˈʃnyːrən] vt atar (con una cuerda), encordelar

Verschnürung f <-, -en> atadura f

verschoben pp von **verschieben**

verschollen adj desaparecido, ausente

Verschollene(r) mf <-n, -n; -n, -n> desaparecido, -a m, f

verschonen* vt (Sturm) no afectar; **verschont werden** [o **bleiben**] **(von etw** dat) librarse (de algo), salvarse (de algo); **jdn mit etw** dat **~** dejar a alguien en paz con algo, ahorrar algo a alguien; **verschone mich damit!** ¡ahórramelo!

verschönern* [fɛɐˈʃøːnɐn] vt embellecer

Verschönerung f <-, -en> embellecimiento m

Verschonung f <-, -en>: **sie bat den Richter um die ~ ihres Sohnes** pidió al juez que exculpara a su hijo; **für die ~ der Stadt zahlten die Bürger dem Feldherrn 7000 Dukaten** los ciudadanos pagaron 7000 ducados al general para salvar la ciudad

verschossen I. pp von **verschießen**
II. adj: **in jdn ~ sein** estar locamente enamorado de alguien

verschrammen* I. vt rajar(se)
II. vi sein estar arañado [o rayado]

verschränken* [fɛɐˈʃrɛŋkən] vt cruzar; **mit verschränkten Armen** con los brazos cruzados

verschrauben* vt atornillar

verschrecken* vt asustar; **verschreckt sein** estar aterrado [o horrorizado]; **ein verschreckter Gesichtsausdruck** una cara aterrorizada

verschreiben* irr I. vt ❶ (verordnen) prescribir; (Medikament) recetar
❷ (Papier, Stift) gastar
II. vr: sich **~** equivocarse al escribir; **sich einer Tätigkeit ~** dedicarse plenamente a una actividad, consagrarse a una actividad

Verschreibung f <-, -en> ❶ (Verordnung) prescripción f
❷ (Rezept) receta f

verschreibungspflichtig adj de prescripción obligatoria, de receta obligatoria

verschrieben pp von **verschreiben**

verschrie(e)n [fɛɐˈʃriː(ə)n] adj mal visto; **~ sein als ...** tener (la mala) fama de...

verschroben [fɛɐˈʃroːbən] adj (abw) excéntrico, extravagante

verschrotten* vt aprovechar como chatarra, desguazar

Verschrottung f <-, -en> desguace m

verschrumpeln* [fɛɐˈʃrʊmpəln] vi sein (fam) arrugarse (como una pasa)

verschrumpelt adj (fam) arrugado, chupado

verschüchtert [fɛɐˈʃʏçtɐt] adj intimidado; (schüchtern) tímido

verschulden* I. vt causar, tener la culpa (de)
II. vr: sich **~** endeudarse, cargarse de deudas
III. vi sein endeudarse, llenarse de deudas; **hoch verschuldet sein** estar cargado de deudas

Verschulden nt <-s, ohne pl> culpa f; **bei Vertragsverhandlungen culpas en la negociación contractual; konkurrierendes ~** concurso de culpas; **durch eigenes ~** por propia culpa; **durch fremdes ~** por culpa ajena; **es ist ohne mein ~ passiert** yo no tengo culpa de eso

Verschuldenshaftung f <-, -en> (JUR) responsabilidad f por culpa; **Verschuldensprinzip** nt <-s, ohne pl> (JUR) principio m de culpabilidad; **Verschuldensvermutung** f <-, -en> (JUR) suposición f de culpabilidad

Verschuldung f <-, -en> endeudamiento m; **~ der öffentlichen Hand** deuda pública

Verschuldungsgrad m <-(e)s, -e> grado m de endeudamiento; **Verschuldungsgrenze** f <-, -n> límite m de endeudamiento

verschütten* vt ❶ (Flüssigkeit) verter, derramar
❷ (unter sich begraben) enterrar, sepultar
❸ (zuschütten) llenar

verschwägert [fɛɐˈʃvɛːgɐt] adj emparentado (por matrimonio)

verschweigen* irr vt callar, silenciar; **jdm etw ~** callar algo a alguien

Verschweigen nt <-s, ohne pl> callar m; (JUR) reticencia f; **arglistiges ~ von Tatsachen** reticencia dolosa de hechos

verschweißen* vt soldar

verschwenden* [fɛɐˈʃvɛndən] vt (Geld) derrochar, despilfarrar; (Zeit) perder; (Energie, Wasser) despilfarrar; **keinen einzigen Blick auf jdn ~** no dirigir ni una mirada a alguien

Verschwender(in) m(f) <-s, -; -, -nen> derrochador(a) m(f), despilfarrador(a) m(f), botarate m Am

verschwenderisch adj ❶ (großzügig) despilfarrador, derrochador, botador Am; **mit etw** dat **umgehen** derrochar algo
❷ (üppig) lujoso, opulento

Verschwendung f <-, -en> derroche m, despilfarro m

Verschwendungssucht f <-, ohne pl> prodigalidad f

verschwendungssüchtig adj despilfarrador, dilapidador; **~ sein** ser un despilfarrador [o dilapidador]

verschwiegen [fɛɐˈʃviːgən] I. pp von **verschweigen**
II. adj ❶ (Person) discreto, reservado
❷ (still, einsam) retirado, solitario

Verschwiegenheit f <-, ohne pl> discreción f; **strengste ~ zusagen** garantizar absoluta discreción; **zur ~ verpflichtet sein** estar obligado a guardar el secreto (profesional)

Verschwiegenheitspflicht f <-, ohne pl> deber m de secreto

verschwimmen* irr vi sein (Umrisse) desdibujarse; (Farben) correrse; **mir verschwimmt alles vor den Augen** se me nublan los ojos

verschwinden* irr vi sein desaparecer, fletarse Cuba, Mex; **etw ~ lassen** (wegzaubern) hacer desaparecer algo; **einen Gegenstand in der Tasche ~ lassen** meterse [o guardarse] un objeto en el bolsillo; **verschwinde!** (fam) ¡lárgate!

Verschwinden nt <-s, ohne pl> desaparición f; **sein ~ wurde erst heute bemerkt** su desaparición no ha sido advertida hasta hoy

verschwindend adj: **~ klein** diminuto, minúsculo, microscópico

verschwistert [fɛɐˈʃvɪstɐt] adj hermano

verschwitzen* vt ❶ (Kleidung) empapar de sudor
❷ (fam: vergessen) olvidar, olvidarse de

verschwitzt adj sudoroso, empapado en sudor

verschwollen [fɛɐˈʃvɔlən] adj hinchado

verschwommen [fɛɐˈʃvɔmən] I. pp von **verschwimmen**
II. adj (Aussage) impreciso; (Licht) difuso; (Foto, Erinnerung) borroso; **ohne Brille sehe ich alles ~** sin gafas lo veo todo borroso

verschworen [fɛɐˈʃvoːrən] I. pp von **verschwören**
II. adj conspirador, confabulado; **ein ~er Haufen** una peña muy unida

verschwören* irr vr: sich **~** conjurarse, conspirar (gegen contra); **alles hat sich gegen mich verschworen** todo se ha vuelto en mi contra

Verschworene(r) mf <-n, -n; -n, -n> ❶ (Verschwörer) conjurado, -a m, f, conspirador(a) m(f)
❷ (Komplize) cómplice mf

Verschwörer(in) m(f) <-s, -; -, -nen> conjurado, -a m, f, conspirador(a) m(f)

verschwörerisch adj conspirativo

Verschwörung f <-, -en> conjuración f, conspiración f

verschwunden pp von **verschwinden**

versechsfachen* I. vt sextuplicar
II. vr: sich **~** sextuplicarse; s. a. **verachtfachen**

versehen* irr I. vt ❶ (ausstatten) proveer (mit de), equipar (mit con), munir (mit de) CSur; **er hat sie mit dem Nötigsten ~** la ha provisto de lo necesario; **jdn mit einer Vollmacht ~** otorgar a alguien plenos poderes; **etw mit seiner Unterschrift/einem Stempel ~** firmar/sellar algo
❷ (Dienst, Amt) desempeñar

II. *vr:* sich ~ ❶ (*irren*) equivocarse, ver mal
❷ (*sich gefasst machen*): ehe man sich's versieht(, ist es passiert) cuando uno menos lo espera (salta la liebre)
❸ (*sich versorgen*): sich mit etw *dat* ~ proveerse de algo
Versehen *nt* <-s, -> (*Fehler*) error *m*; (*Nachlässigkeit*) descuido *m*; etw aus ~ tun hacer algo sin querer
versehentlich *adv* por descuido, por error
versehren* [fɛɐˈzeːrən] *vt* (*alt: verletzen*) herir; (*beschädigen*) deteriorar, dañar
Versehrte(r) [fɛɐˈzeːɐte] *mf* <-n, -n; -n, -n> mutilado, -a *m, f*, tullido, -a *m, f*, inválido, -a *m, f*
Versehrtenrente *f* <-, -n> pensión *f* de mutilado
verselbständigen*, verselbstständigen*RR I. *vt* independizar; rechtlich ~ independizar por ley
II. *vr:* sich ~ establecerse (por su cuenta)
versenden* *irr vt* enviar, remitir
Versender(in) *m(f)* <-s, -; -, -nen> expedidor(a) *m(f)*, remitente *mf*
Versendung *f* <-, -en> envío *m*, expedición *f*; während der ~ en el envío
Versendungskauf *m* <-(e)s, -käufe> venta *f* por correspondencia
Versendungsort *m* <-(e)s, -e> punto *m* de envío
versengen* [fɛɐˈzɛŋən] *vt* chamuscar; sich *dat* die Haare an einer Flamme ~ chamuscarse el pelo en una llama
versenkbar *adj* abatible; eine ~e Antenne una antena retractable
versenken* I. *vt* ❶ (*Schiff*) echar a pique, hundir
❷ (*in Flüssigkeit*) sumergir (*in* en); etw in die Erde ~ enterrar algo
II. *vr:* sich ~ sumergirse (*in* en), hundirse (*in* en)
Versenkung *f* <-, -en> ❶ (*von Schiffen*) hundimiento *m*
❷ (*Meditation*) ensimismamiento *m*; in der ~ verschwinden (*fam*) caer en el olvido; aus der ~ auftauchen (*fam*) aparecer como por arte de magia
versessen [fɛɐˈzɛsən] *adj:* auf etw ~ sein estar empeñado en algo, estar obsesionado por algo; er war ganz ~ darauf zu helfen estaba muy empeñado en ayudar
Versessenheit *f* <-, -en> obsesión *f* (*auf* por)
versetzen* I. *vt* ❶ (*umsetzen*) cambiar de sitio, desplazar; (*Pflanzen*) trasplantar
❷ (*beruflich*) trasladar; er ist nach Münster versetzt worden le han trasladado a Münster
❸ (SCH) hacer pasar al curso siguiente; sie ist in die fünfte Klasse versetzt worden pasó al quinto curso; er wird nicht versetzt tiene que repetir el curso
❹ (*verpfänden*) empeñar, pignorar
❺ (*vermischen*) mezclar; etw mit Alkohol/Wasser ~ añadir alcohol a algo/aguar algo
❻ (*Schlag*) propinar, asestar, fletar *Chil, Peru*, chantar *Chil*; jdm einen Schrecken ~ asustar a alguien
❼ (*antworten*) replicar, responder
❽ (*fam: warten lassen*) dar un plantón
❾ (*in Zustand bringen*): jdn in Zorn ~ enfurecer a alguien; die Geräusche versetzten ihn in Angst los ruidos le causaron miedo; jdn in die Lage ~ etw zu tun permitir algo a alguien; ein Pendel in Schwingung ~ hacer oscilar un péndulo
❿ (*zurück~*) llevar de vuelta
II. *vr:* sich in jdn [*o* jds Lage] ~ ponerse en la situación de alguien; versetz dich in meine Lage ponte en mi lugar
Versetzung *f* <-, -en> ❶ (*örtlich*) cambio *m* de lugar, desplazamiento *m*
❷ (*beruflich*) traslado *m*; ~ eines Beamten traslado de un funcionario; ~ in den Ruhestand jubilación *f*
❸ (SCH) paso *m* al curso siguiente; deine ~ ist gefährdet está en juego el que apruebes el curso
❹ (*Verpfändung*) empeño *m*
Versetzungszeugnis *nt* <-ses, -se> calificaciones *fpl* finales
verseuchen* [fɛɐˈzɔʏçən] *vt* contaminar
Verseuchung *f* <-, -en> contaminación *f*
Versfuß *m* <-es, -füße> (LIT) pie *m*
versicherbar *adj* (JUR) asegurable
Versicherer [fɛɐˈzɪçərɐ] *m* <-s, -> asegurador *m*, compañía *f* aseguradora
versichern I. *vt* ❶ (*bestätigen*) asegurar; jdm etw ~ asegurar algo a alguien; das kann ich dir ~ te lo aseguro; sie versicherte ihm ihre Freundschaft (*geh*) le aseguró que podía contar con su amistad
❷ (*Versicherung abschließen*) asegurar (*gegen* contra)
II. *vr:* sich ~ ❶ (*sich vergewissern*) asegurarse (+*gen* de), cerciorarse (+*gen* de); sich etw *gen* ~ cerciorarse de algo, asegurarse de algo
❷ (*Versicherung abschließen*) asegurarse (*gegen* contra); sich gegen Diebstahl ~ asegurarse contra robos; versichert sein estar asegurado
Versicherte(r) *mf* <-n, -n; -n, -n> asegurado, -a *m, f*

Versichertenkarte *f* <-, -n> tarjeta *f* (de la caja) del seguro
Versicherung *f* <-, -en> ❶ (*Vertrag*) seguro *m* (*gegen* contra); ~ auf den Erlebensfall/Todesfall seguro en caso de vida/en caso de muerte; ~ auf Gegenseitigkeit seguro de mutualidad; ~ zu Gunsten eines Dritten seguro a favor de terceros; ~ für fremde Rechnung seguro por cuenta ajena; eine ~ abschließen/kündigen hacerse/cancelar un seguro
❷ (*~sgesellschaft*) compañía *f* de seguros
❸ (*Versprechen*) promesa *f*; (*Behauptung*) afirmación *f*; eidesstattliche ~, ~ an Eides statt declaración bajo juramento
Versicherungsagent(in) *m(f)* <-en, -en; -, -nen> agente *mf* de seguros; **Versicherungsaktie** *f* <-, -n> acción *f* de una compañía de seguros; **Versicherungsanspruch** *m* <-(e)s, -sprüche> (JUR) derecho *m* a indemnización por parte del seguro; **Versicherungsbedingungen** *fpl* condiciones *fpl* de seguro; **allgemeine** ~ condiciones generales de seguro; **Versicherungsbeginn** *m* <-(e)s, *ohne pl*> entrada *f* en vigor de un seguro; **Versicherungsbeitrag** *m* <-(e)s, -träge> cuota *f* de seguro; **Versicherungsbestand** *m* <-(e)s, -stände> cartera *f* de seguros; **Versicherungsbetrug** *m* <-(e)s, *ohne pl*> estafa *f* de seguros; **Versicherungsbranche** *f* <-, *ohne pl*> ramo *m* asegurador; **Versicherungsdeckung** *f* <-, -en> cobertura *f* de un seguro
versicherungsfähig *adj* asegurable
Versicherungsfall *m* <-(e)s, -fälle> contingencia *f* asegurada; **Versicherungsgegenstand** *m* <-(e)s, -stände> objeto *m* asegurado [*o* de seguro]; **Versicherungsgesellschaft** *f* <-, -en> compañía *f* de seguros; **Versicherungskapital** *nt* <-s, -e *o* -ien> capital *m* asegurado; **Versicherungskarte** *f* <-, -n> tarjeta *f* del seguro; **Versicherungskauffrau** *f* <-, -en> corredora *f* de seguros; **Versicherungskaufmann** *m* <-(e)s, -männer *o* -leute> corredor *m* de seguros; **Versicherungsmakler(in)** *m(f)* <-s, -; -, -nen> corredor(a) *m(f)* de seguros, -a *m, f*, suscriptor(a) *m(f)* del seguro; **Versicherungsnehmer(in)** *m(f)* <-s, -; -, -nen> asegurado, -a *m, f*; **Versicherungsperiode** *f* <-, -n> (JUR) período *m* de vigencia del seguro; **Versicherungspflicht** *f* <-, *ohne pl*> obligatoriedad *f* del seguro
versicherungspflichtig *adj* sujeto (obligadamente) al seguro, de seguro obligatorio
Versicherungspolice *f* <-, -n> póliza *f* del seguro; **Versicherungsprämie** *f* <-, -n> prima *f* del seguro; **Versicherungssache** *f* <-, -n> (JUR) cosa *f* asegurada; **Versicherungsschein** *m* <-(e)s, -e> certificado *m* de seguro; **vollen** ~ **haben** tener cobertura total (de seguro); **Versicherungsschutz** *m* <-es, *ohne pl*> protección *f* de seguro; **Versicherungssteuer** *f* <-, -n> impuesto *m* sobre primas (de seguro); **Versicherungssumme** *f* <-, -n> suma *f* asegurada; **Versicherungsträger(in)** *m(f)* <-s, -; -, -nen> asegurador(a) *m(f)*; **Versicherungsunterlagen** *fpl* documentos *mpl* del seguro; **Versicherungsverhältnis** *nt* <-ses, -se> relación *f* de seguro
Versicherungsvertrag *m* <-(e)s, -träge> contrato *m* de seguro; **einen** ~ **abschließen** contratar un seguro; **Versicherungsvertragsgesetz** *nt* <-es, -e> ley *f* sobre contrato de seguros; **Versicherungsvertragsrecht** *nt* <-(e)s, *ohne pl*> derecho *m* del contrato de seguros
Versicherungsvertreter(in) *m(f)* <-s, -; -, -nen> agente *mf* de seguros; **Versicherungswert** *m* <-(e)s, -e> valor *m* asegurado; **Versicherungszulassung** *f* <-, *ohne pl*> admisión *f* de seguro; **Versicherungszwang** *m* <-(e)s, -zwänge> seguro *m* obligatorio
versickern* *vi sein* ser absorbido por el suelo
versiebenfachen* I. *vt* septuplicar
II. *vr:* sich ~ septuplicarse; *s. a.* **verachtfachen**
versiegeln* *vt* ❶ (*Brief*) sellar, lacrar
❷ (*Fußboden*) vitrificar
❸ (*Fläche, Boden*) sellar, barnizar
versiegen* *vi sein* (*Quelle*) secarse; (*Kräfte*) agotarse; (*Gespräch*) terminarse
versiert [vɛrˈziːɐt] *adj* versado, ducho; in etw *dat* ~ sein ser versado en algo
Versiertheit *f* <-, *ohne pl*> experiencia *f*, competencia *f*
versilbern* *vt* ❶ (*mit Silber überziehen*) platear, dar un baño de plata (a)
❷ (*fam: verkaufen*) vender
Versilberung *f* <-, -en> plateado *m*, baño *m* de plata
versinken* *irr vi sein* ❶ (*in Flüssigkeit*) sumergirse (*in* en); (*Schnee, Schlamm; Schiff*) hundirse (*in* en); ich hätte vor Scham im Boden ~ mögen! ¡ojalá me hubiera tragado la tierra!; die Sonne versinkt hinter dem Horizont el sol se pierde en el horizonte
❷ (*sich hingeben*) sumergirse (*in* en), perderse (*in* en); in Gedanken versunken absorto en sus pensamientos
versinnbildlichen* [fɛɐˈzɪnbɪltlɪçən] *vt* simbolizar, representar
Version [vɛrˈzjoːn] *f* <-, -en> versión *f*
Versionsnummer *f* <-, -n> (INFOR) número *m* de versión

versippt [fɛɐˈzɪpt] *adj* emparentado (por casamiento)
versklaven* *vt* esclavizar
Versklavung *f* <-, -en> esclavización *f*
Verslehre *f* <-, -n> (LIT, LING) métrica *f*
verslumen* [fɛɐˈslamən] *vi sein* deteriorarse, venir a menos [*o* poco]
Versmaß *nt* <-es, -e> (LIT) metro *m*
versnobt [fɛɐˈsnɔpt] *adj* (*abw*) esnob, hecho un esnob
versoffen [fɛɐˈzɔfən] I. *pp von* **versaufen**
 II. *adj* borrachín
versohlen* *vt* (*fam*) moler a palos, dar una zurra; **jdm den Hintern ~** darle a alguien una buena tunda en el trasero
versöhnen* [fɛɐˈzøːnən] I. *vt* ❶ (*Streitende*) reconciliar
 ❷ (*versöhnlich stimmen*) apaciguar
 II. *vr: sich ~* reconciliarse, hacer las paces
versöhnlich *adj* conciliador, conciliatorio; **jdn ~ stimmen** apaciguar [*o* calmar] a alguien
Versöhnung *f* <-, -en> reconciliación *f*
Versöhnungsklausel *f* <-, -n> cláusula *f* de conciliación
versonnen [fɛɐˈzɔnən] *adj* meditabundo, ensimismado
versorgen I. *vt* ❶ (*verschaffen, beliefern*) proveer (*mit* de), abastecer (*mit* de), premunir (*mit* de) *Am*
 ❷ (*unterhalten*) mantener, sustentar
 ❸ (*betreuen*) cuidar de, ocuparse (de)
 II. *vr: sich ~* abastecerse (*mit* de); **sich selbst ~** autoabastecerse
Versorger(in) *m(f)* <-s, -; -, -nen> (WIRTSCH) proveedor(a) *m(f)*, abastecedor(a) *m(f)*, suministrador(a) *m(f)*
Versorgung *f* <-, *ohne pl*> ❶ (*Belieferung*) abastecimiento *m* (*mit* de), aprovisionamiento *m* (*mit* de)
 ❷ (*Unterhalt*) manutención *f*, sustento *m*; (*Rente*) pensión *f*
 ❸ (*Betreuung*) cuidados *mpl*; **ärztliche ~** asistencia médica
Versorgungsanspruch *m* <-(e)s, -sprüche> derecho *m* pasivo; **Versorgungsanwartschaft** *f* <-, -en> expectativa *f* de renta; **Versorgungsausfall** *m* <-(e)s, -fälle> falta *f* de suministro, corte *m* de suministro
versorgungsberechtigt *adj* que tiene derecho a una pensión
Versorgungsberechtigte(r) *mf* <-n, -n; -n, -n> derechohabiente *mf* de la renta; **Versorgungsbetrieb** *m* <-(e)s, -e> empresa *f* pública de abastecimiento (de agua, gas y electricidad); **Versorgungsbezüge** *mpl* haberes *mpl* pasivos; **Versorgungsempfänger(in)** *m(f)* <-s, -; -, -nen> beneficiario, -a *m, f* del suministro; **Versorgungsengpass**^{RR} *m* <-es, -pässe> problemas *mpl* de abastecimiento; **Versorgungsfreibetrag** *m* <-(e)s, -träge> importe *m* de manutención exento; **Versorgungsgüter** *ntpl* bienes *mpl* de abastecimiento; **Versorgungslage** *f* <-, -n> situación *f* de abastecimiento; **angespannte ~** estado *m* crítico de abastecimiento; **Versorgungsleitung** *f* <-, -en> (*Rohre*) tubería *f* de abastecimiento; (*Kabel*) cable *m* de abastecimiento; **Versorgungslücke** *f* <-, -n> déficit *m inv* de abastecimiento; **Versorgungsnetz** *nt* <-es, -e> red *f* de abastecimiento; **Versorgungsprinzip** *nt* <-s, -prinzipien> principio *m* de abastecimiento; **Versorgungsrücklage** *f* <-, -n> reserva *f* de previsión; **Versorgungsschwierigkeiten** *fpl* problemas *mpl* de abastecimiento; **Versorgungsvertrag** *m* <-(e)s, -träge> contrato *m* de abastecimiento; **Versorgungswirtschaft** *f* <-, *ohne pl*> abastecimiento *m* público; **Versorgungszusage** *f* <-, -n> compromiso *m* de pensión
verspachteln* *vt* ❶ (*Fugen*) rellenar (usando una espátula)
 ❷ (*fam: aufessen*) comerse; **sie haben den ganzen Pudding verspachtelt** se comieron todo el pudín
verspannen* I. *vt* reforzar con alambres tensores
 II. *vr: sich ~* tensarse
Verspannung *f* <-, -en> arriostramiento *m*, arriostrado *m*
verspäten* *vr: sich ~* retrasarse, llegar tarde; **sich um eine Stunde ~** llegar con una hora de retraso
verspätet I. *adj* atrasado; **der ~e Zug hat Einfahrt nach Gleis drei** el tren con retraso efectúa su entrada en vía tres
 II. *adv* con retraso; **sie wird ~ eintreffen** llegará con retraso
Verspätung *f* <-, -en> retraso *m*; **zehn Minuten ~ haben** tener diez minutos de retraso
Verspätungszuschlag *m* <-(e)s, -schläge> recargo *m* por [*o* de] demora
verspeisen* *vt* (*geh*) comer
verspekulieren* I. *vt* (*Geld*) perder en especulaciones
 II. *vr: sich ~* ❶ (*bei Geschäften*) equivocarse al especular
 ❷ (*fam: sich irren*) equivocarse
versperren* *vt* ❶ (*blockieren*) obstruir, bloquear; **die Durchfahrt ~** cerrar el paso; **mir ist die Sicht versperrt** no puedo ver nada
 ❷ (*Österr, reg: zuschließen*) cerrar
verspielen* I. *vi* perder, no ganar; **er ist bei ihr verspielt** (*fam*) ella no quiere saber nada de él; **du hast verspielt** has agotado tus posibilidades
 II. *vt* ❶ (*Geld*) perder en el juego

 ❷ (*Chance*) perder
 III. *vr: sich ~* (MUS) equivocarse al tocar
verspielt *adj* ❶ (*Kind, Tier*) juguetón
 ❷ (*Muster*) alegre
versponnen [fɛɐˈʃpɔnən] *adj* excéntrico, extravagante
verspotten* *vt* burlarse (de), reírse (de)
Verspottung *f* <-, -en> mofa *f*, burla *f*
versprechen* *irr* I. *vt* prometer; **viel ~d** (muy) prometedor; **sich viel ~d anhören** sonar prometedor; **ich kann dir nichts ~** no te puedo prometer nada; **sich dat etwas ~** esperar algo (*von* de); **das Wetter verspricht heute gut zu werden** hoy el tiempo promete ser bueno; **sein Gesicht verspricht nichts Gutes** su expresión no promete nada bueno; **der Abend/die Veranstaltung verspricht interessant/ein Erfolg zu werden** la tarde/el acto promete ser interesante/un éxito
 II. *vr: sich ~* (*falsch aussprechen*) equivocarse al hablar
Versprechen *nt* <-s, -> promesa *f*; **ein ~ brechen** faltar a una promesa; **jdm ein ~ geben** prometer(le) algo a alguien; **jdm das ~ abnehmen etw zu tun** hacer prometer a alguien que hará algo; **ein ~ einhalten** cumplir una promesa
Versprechensempfänger(in) *m(f)* <-s, -; -, -nen> (JUR) beneficiario, -a *m, f* de una promesa
Versprecher *m* <-s, -> lapsus *m inv* linguae
Versprechung *f* <-, -en> promesa *f*; **leere** [*o* **falsche**] **~en machen** hacer falsas promesas
versprengen* *vt* ❶ (*auseinander treiben*) dispersar; **versprengte Truppen** tropas dadas a la fuga en desbandada
 ❷ (*versprizen*) salpicar, rociar
verspritzen* *vt* ❶ (*verteilen*) esparcir
 ❷ (*bespritzen*) salpicar
 ❸ (*voll spritzen*) rociar; (**jdm**) **etw ~** mojar (a alguien) algo
versprochen *pp von* **versprechen**
versprühen* *vt* pulverizar
verspüren* *vt* sentir
verstaatlichen* *vt* nacionalizar
Verstaatlichung *f* <-, -en> nacionalización *f*
Verstädterung [fɛɐˈʃtɛ(ː)tərʊŋ] *f* <-, -en> urbanización *f*
verstand [fɛɐˈʃtant] *3. imp von* **verstehen**
Verstand [fɛɐˈʃtant] *m* <-(e)s, *ohne pl*> (*Denkfähigkeit*) inteligencia *f*, intelecto *m*; (*Urteilskraft*) juicio *m*; (*Vernunft*) razón *f*; **den ~ verlieren** perder la razón; **bei klarem ~ sein** estar en pleno juicio; **du bist wohl nicht ganz bei ~!** (*fam*) ¡estás chiflado!; **das geht über meinen ~** (*fam*) eso no me entra; **etw mit/ohne ~ genießen** disfrutar de algo con/sin prudencia; **jdn um den ~ bringen** hacer perder la razón a alguien
verstanden [fɛɐˈʃtandən] *pp von* **verstehen**
Verstandeskraft *f* <-, -kräfte> (*Intelligenz*) inteligencia *f*; (*Urteilskraft*) (capacidad *f* de) juicio *m*; (*Verstehen*) (capacidad *f* de) razonamiento *m*
verstandesmäßig *adj* ❶ (*auf Verstand beruhend*) racional
 ❷ (*intellektuell*) intelectual
Verstandesmensch *m* <-en, -en> persona *f* cerebral
verständig [fɛɐˈʃtɛndɪç] *adj* (*vernünftig*) sensato, razonable; (*klug*) inteligente
verständigen* [fɛɐˈʃtɛndɪɡən] I. *vt* (*benachrichtigen*) avisar, informar (*von* de/sobre)
 II. *vr: sich ~* ❶ (*kommunizieren*) entenderse
 ❷ (*sich einigen*) ponerse de acuerdo (*über* sobre), llegar a un acuerdo (*über* sobre)
Verständigkeit *f* <-, *ohne pl*> (*Verstand*) sensatez *f*, razonamiento *m*; (*Einsichtigkeit*) comprensibilidad *f*; (*Klugheit*) inteligencia *f*
Verständigung *f* <-, -en> ❶ (*Benachrichtigung*) aviso *m*, información *f*
 ❷ (*Kommunikation*) comunicación *f*
 ❸ (*Einigung*) acuerdo *m*; **zu einer ~ kommen** [*o* **gelangen**] alcanzar [*o* llegar a] un acuerdo
verständigungsbereit *adj* dispuesto a llegar a un acuerdo
Verständigungsbereitschaft *f* <-, *ohne pl*> disposición *f* conciliadora; **~ zeigen** mostrar voluntad de entendimiento; **Verständigungsschwierigkeiten** *fpl* dificultades *fpl* de entendimiento; **Verständigungsvereinbarung** *f* <-, -en> (JUR) convenio *m* de conciliación; **Verständigungsverfahren** *nt* <-s, -> (JUR) procedimiento *m* de conciliación
verständlich [fɛɐˈʃtɛntlɪç] *adj* inteligible, comprensible; (*deutlich*) claro; **leicht ~** de fácil comprensión; **schwer ~** difícil de comprender; **sich ~ machen** explicarse; **sich ~ ausdrücken** expresarse claramente; **jdm etw ~ machen** aclararle algo a alguien; **das ist (mir) durchaus ~** esto lo entiendo perfectamente
verständlicherweise [-ˈ---ˈ--] *adv* con razón
Verständlichkeit *f* <-, *ohne pl*> inteligibilidad *f*, comprensibilidad *f*;

(*Deutlichkeit*) claridad *f*
Verständnis [fɛɐˈʃtɛntnɪs] *nt* <-ses, *ohne pl*> ❶ (*Begreifen, Mitgefühl*) comprensión *f*; **für jdn/etw kein ~ haben** [*o* **aufbringen**] no tener comprensión con alguien/para algo; **dafür hast du mein vollstes ~** tienes todas mis simpatías con respecto a eso; **wir bitten um Ihr ~** rogamos su comprensión
❷ (*Sinn, Gefühl*) sensibilidad *f* (*für* para)
verständnislos *adj* incomprensivo
Verständnislosigkeit *f* <-, *ohne pl*> incomprensión *f*
verständnisvoll *adj* comprensivo
verstärken* I. *vt* ❶ (*stabiler machen*) reforzar
❷ (*vergrößern*) aumentar; **die Belegschaft um drei Mitarbeiter auf 20 verstärken** aumentar la plantilla a 20 trabajadores con tres nuevos contratos
❸ (*Lautstärke, Instrumente*) amplificar
II. *vr:* **sich ~** intensificarse, aumentar
Verstärker *m* <-s, -> (TECH, ELEK) amplificador *m*
Verstärkung *f* <-, -en> ❶ (*der Stabilität*) refuerzo *m*
❷ (*Vergrößerung*) aumento *m*
❸ (*der Lautstärke*) amplificación *f*
❹ (*a.* MIL: *Personengruppe*) refuerzos *mpl*; **wir müssen ~ anfordern** tenemos que pedir refuerzos
verstauben* [fɛɐˈʃtaʊbn] *vi sein* empolvarse, llenarse de polvo
verstaubt [fɛɐˈʃtaʊpt] *adj* ❶ (*schmutzig*) lleno de polvo
❷ (*veraltet*) anticuado, pasado de moda
verstauchen* [fɛɐˈʃtaʊxən] *vt:* **sich** *dat* **etw ~** torcerse algo
Verstauchung *f* <-, -en> esguince *m*, torcedura *f*, gambeta *f SAm*
verstauen* *vt* guardar (*in* en), poner (*in* en)
Versteck [fɛɐˈʃtɛk] *nt* <-(e)s, -e> escondrijo *m*, escondite *m*; **~ spielen** jugar al escondite
verstecken* I. *vt* esconder (*vor* de); (*verbergen*) ocultar (*vor* de)
II. *vr:* **sich ~** esconderse (*vor* de), escorarse *Cuba, Hond*; **V~ spielen** jugar al escondite; **ich habe das Gefühl, du spielst vor** [*o* **mit**] **mir V~** (*fig*) tengo la sensación de que juegas conmigo al escondite; **du brauchst dich neben** [*o* **vor**] **ihm nicht zu ~** (*fig*) no tienes nada que envidiarle
Versteckspiel *nt* <-(e)s, -e> juego *m* del escondite, escondido(s) *m(pl) Am*; **lass das ~!** ¡déjate de jueguecitos!
versteckt *adj* ❶ (*verborgen*) escondido, oculto
❷ (*Anspielung*) indirecto; (*heimlich*) secreto
verstehen <versteht, verstand, verstanden> I. *vt* ❶ (*begreifen*) entender, comprender, captar *fam*; **er gab mir zu ~, dass ...** me dio a entender que...; **um sechs Uhr bist du wieder hier, verstanden?** a las seis estás de vuelta, ¿entendido?; **das hast du falsch verstanden** eso lo has entendido mal; **versteh mich recht** no me malinterpretes; **wie soll** [*o* **darf**] **ich das ~?** ¿qué quieres decir con eso?; **was verstehst du denn schon davon?** ¿qué entiendes tú de eso?; **unter Freiheit verstehe ich etwas anderes** para mí, la libertad significa otra cosa
❷ (*hören, meinen*) entender (*unter* por); **bei dem Lärm habe ich kein Wort verstanden** con el ruido no he entendido ni una palabra; **was verstehst du unter diesem Begriff?** ¿qué entiendes por este término?
❸ (*können*) saber; **nichts von etw** *dat* **~** no entender nada de algo; **er versteht es, mit Kindern umzugehen** sabe cómo tratar a los niños
❹ (*Verständnis haben*) comprender; **ich kann ihn gut verstehen** lo comprendo muy bien; **ich verstehe deinen Ärger** puedo comprender tu rabia
II. *vr:* **sich ~** ❶ (*auskommen*) entenderse, llevarse bien, hacer buenas migas *fam*; **ich verstehe mich gut mit ihr** me llevo bien con ella
❷ (*sich einschätzen*): **sich ~ als** tenerse por
❸ (*beherrschen*): **sich auf etw ~** ser experto en algo
❹ (*zu verstehen sein*): **die Preise ~ sich zuzüglich Mehrwertsteuer** se sobreentiende que el IVA será sumado a los precios; **das versteht sich doch von selbst** eso es evidente; **versteht sich!** ¡por supuesto!, ¿cómo no? *Am*
versteifen* *vr:* **sich ~** obstinarse (*auf* en), empeñarse (*auf* en)
Versteifung *f* <-, -en> ❶ (*Gegenstände*) endurecimiento *m*
❷ (*Muskeln*) rigidez *f*
❸ (*Wertpapiere*) rigidez *f*; **~ des Geldmarktes** consolidación del mercado monetario
versteigen* *irr vr:* **sich ~** ❶ (*beim Bergsteigen*) perderse (al practicar alpinismo)
❷ (*behaupten*) atreverse (*zu* a), llegar incluso (*zu* a); **sie verstieg sich zu der Aussage, dass er sich bald scheiden lassen würde** llegó incluso a afirmar que él iba a divorciarse pronto
Versteigerer, -in *m, f* <-s, -; -, -nen> subastador(a) *m(f)*, rematador(a) *m(f) Am*
versteigern* *vt* subastar, vender en subasta, rematar *Am*
Versteigerung *f* <-, -en> subasta *f*, remate *m Am*; **öffentliche ~** subasta pública; **zur ~ kommen** ser subastado; **etw zur ~ bringen** sacar algo a subasta

Versteigerungskauf *m* <-(e)s, -käufe> (JUR) compra *f* en subasta; **Versteigerungsverfahren** *nt* <-s, -> (JUR) procedimiento *m* de remate; **Versteigerungsvermerk** *m* <-(e)s, -e> (JUR) nota *f* de remate
versteinern* *vi sein* ❶ (*zu Stein werden*) petrificarse, fosilizarse
❷ (*starr werden*) quedarse de piedra [*o* una pieza]
Versteinerung *f* <-, -en> ❶ (*das Versteinern*) petrificación *f*
❷ (*Objekt*) fósil *m*
verstellbar *adj* graduable, ajustable; **in der Höhe ~** de altura graduable
verstellen* I. *vt* ❶ (*örtlich*) cambiar (de sitio); (*falsch stellen*) poner mal, colocar mal
❷ (*einstellen*) ajustar; (*regulieren*) regular
❸ (*versperren*) bloquear; **das Auto verstellt die Einfahrt** el coche bloquea la entrada; **jdm den Weg ~** atajar el paso a alguien
❹ (*Stimme, Handschrift*) disimular
II. *vr:* **sich ~** ❶ (*Person*) fingir, disimular; **sie kann sich gut ~** sabe fingir muy bien
❷ (TECH) desajustarse
Verstellschraube *f* <-, -n> tornillo *m* de ajuste
Verstellung¹ *f* <-, -en> ❶ (*örtlich*) traslado *m*, cambio *m* de sitio
❷ (*Einstellung*) ajuste *m*; (*Regulierung*) regulación *f*; (*nach Skala*) graduación *f*
Verstellung² *f* <-, *ohne pl*> (*Täuschung*) fingimiento *m*
Verstellungskünstler(in) *m(f)* <-s, -; -, -nen> farsante *mf*, embaucador(a) *m(f)*
versteppen* *vi sein* transformarse en estepa
Versteppung *f* <-, -en> transformación *f* en estepa
versterben* *irr vi sein* (*geh*) fallecer, faltar; **mein verstorbener Vater** mi difunto padre
versteuern* *vt* pagar impuestos (por)
Versteuerung *f* <-, -en> pago *m* de impuestos
verstiegen *pp von* **versteigen**
verstimmen* *vt* ❶ (*Instrument*) desafinar
❷ (*verärgern*) poner de mal humor, fastidiar; **sich** *dat* **den Magen ~** fastidiarse el estómago
verstimmt *adj* ❶ (*Instrument*) desafinado
❷ (*Person*) enfadado; **einen ~en Magen haben** tener una indigestión
Verstimmung *f* <-, -en> ❶ (MUS) desafinamiento *m*
❷ (*Meinungsverschiedenheit*) contrariedad *f*, desavenencia *f*
verstockt [fɛɐˈʃtɔkt] *adj* (*abw*) obstinado, porfiado
Verstocktheit *f* <-, *ohne pl*> (*abw*) obstinación *f*, porfía *f*
verstoffwechseln* *vt* metabolizar
verstohlen [fɛɐˈʃtoːlən] *adj* furtivo, disimulado
verstopfen* I. *vi sein* obstruirse, atascarse, tupirse *Am*
II. *vt* ❶ (*Loch*) obturar, taponar; **sich** *dat* **die Ohren ~** taponarse los oídos
❷ (*Abfluss*) atascar
verstopft *adj* (*Abfluss*) obstruido, obturado, tupido *Am*; (*Nase*) tapado, taponado; (*Mensch*) estreñido; **~e Straßen** atascos de tráfico
Verstopfung *f* <-, -en> ❶ (*eines Lochs*) obstrucción *f*; (*von Abfluss*) atasco *m*
❷ (MED) estreñimiento *m*
❸ (*Stau*) congestión *f* (de tráfico), atasco *m*, taco *m Am*
verstorben [fɛɐˈʃtɔrbn] I. *pp von* **versterben**
II. *adj* difunto, fallecido, extinto *SAm, Mex*
Verstorbene(r) *mf* <-n, -n; -n, -n> difunto, -a *m, f*, muerto, -a *m, f*, extinto, -a *m, f SAm, Mex*
verstören* *vt* (per)turbar, trastornar, aturdir
verstört [fɛɐˈʃtøːɐt] *adj* aturdido, (MED) trastornado, perturbado
Verstoß *m* <-es, -stöße> violación *f* (*gegen* de), infracción *f* (*gegen* contra); (JUR) vulneración *f*; **~ gegen die guten Sitten** vulneración de las buenas costumbres; **einen ~ begehen** cometer una infracción
verstoßen* *irr* I. *vi* faltar (*gegen* a); (*gegen Gesetz*) infringir, contravenir
II. *vt* expulsar, echar; (*Frau*) repudiar
verstrahlen* *vt* contaminar con radiactividad; **verstrahlt sein** estar contaminado con radiactividad
Verstrebung [fɛɐˈʃtreːbʊŋ] *f* <-, -en> (ARCHIT) jabalcón *m*, puntal *m*
verstreichen* *irr* I. *vi sein* (*geh: Zeit*) pasar, transcurrir; (*Frist*) vencer; **er ließ die Gelegenheit ungenutzt ~** desperdició la oportunidad
II. *vt* ❶ (*Farbe, Butter*) extender (*auf* en)
❷ (*Ritz, Spalt*) tapar
verstreuen* *vt* diseminar, esparcir, desparramar *fam*, desperdigar *fam*; **seine Spielsachen überall ~** desperdigar sus juguetes por todas partes
verstreut [fɛɐˈʃtrɔyt] *adj* (*Gehöfte, Ortschaften*) diseminado, disperso, desperdigado
verstrichen *pp von* **verstreichen**
verstricken* I. *vt* ❶ (*Wolle*) gastar haciendo punto
❷ (*verwickeln*) implicar (*in* en), enredar (*in* en); **er war in einen Skan-**

Verstrickung

dal verstrickt estaba implicado en un escándalo
II. *vr:* sich ~ ❶ (*Personen*) liarse (*in* en), meterse (*in* en)
❷ (*Strickarbeit*) equivocarse al hacer punto
Verstrickung *f* <-, -en> enredo *m* (*in* en), complicación *f* (*in* en)
Verstrickungsbruch *m* <-(e)s, -brüche> (JUR) sustracción *f* de cosa propia
verstromen* *vt* usar para producir electricidad
verströmen* *vt* emanar, exhalar, despedir
verstümmeln* [fɛɐ'ʃtʏmǝln] *vt* mutilar
Verstümmelung *f* <-, -en> mutilación *f*
verstummen* *vi sein* (*geh: Person*) enmudecer, callar(se); (*Geräusch*) cesar
Versuch [fɛɐ'zuːx] *m* <-(e)s, -e> ❶ (*Handlung, a.* SPORT) intento *m*; **sie machte einen neuen ~** hizo un nuevo intento; **das käme auf einen ~ an** debería intentarse
❷ (*a.* JUR) tentativa *f*; **beendeter/unbeendeter ~** tentativa acabada/inacabada; **fehlgeschlagener ~** tentativa malograda; **irrealer ~** tentativa irreal; **qualifizierter ~** tentativa cualificada; **Rücktritt vom ~** desistimiento de la tentativa; **unvollendeter/vollendeter ~** tentativa no consumada/consumada
❸ (*Experiment*) experimento *m*; (*Test*) prueba *f*; **einen ~ durchführen** llevar a cabo una prueba, realizar un experimento; **an jdm einen ~ machen** hacer una prueba con alguien
versuchen* I. *vt* ❶ (*ausprobieren*) intentar; **lass (es) mich mal ~!** ¡déjame intentarlo a mí!; **ich werde es noch ein letztes Mal mit dir ~** te voy a dar una última oportunidad; **~ Sie keine Tricks!** ¡no intente ningún truco!
❷ (*kosten*) probar
❸ (*geh: erproben*) tentar, probar; **ich bin versucht es mal auszuprobieren** estoy tentado de probarlo
II. *vr:* sich an [*o* in] etw *dat* ~ intentar algo
Versucher(in) *m(f)* <-s, -; -, -nen> (REL) tentador(a) *m(f)*
Versuchsabteilung *f* <-, -en> sección *f* experimental, departamento *m* piloto; **Versuchsanlage** *f* <-, -n> ❶ (*Forschungsanstalt*) planta *f* de pruebas, centro *m* de experimentación ❷ (*neue Anlage*) instalación *f* piloto; **Versuchsanordnung** *f* <-, -en> (*a.* CHEM, PHYS) método *m* probatorio; **Versuchsanstalt** *f* <-, -en> centro *m* de experimentación; **Versuchsballon** *m* <-s, -s> (METEO) globo *m* sonda; **einen ~ steigen lassen** (*fig*) lanzar una idea para tantear el terreno; **Versuchsbeginn** *m* <-(e)s, *ohne pl*> (JUR) inicio *m* de la tentativa
Versuchsbetrieb[1] *m* <-(e)s, -e> (*Unternehmen*) empresa *f* experimental
Versuchsbetrieb[2] *m* <-(e)s, *ohne pl*> (*das Arbeiten*) personal *m* experimental
Versuchsbohrung *f* <-, -en> sondeo *m* de exploración; **Versuchsergebnis** *nt* <-ses, -se> resultado *m* del ensayo; **Versuchsgelände** *nt* <-s, -> terreno *m* de exploración; **Versuchskaninchen** *nt* <-s, -> (*fam abw*) conejillo *m* de Indias; **Versuchslauf** *m* <-(e)s, -läufe> marcha *f* experimental [*o* de prueba]; **Versuchsperson** *f* <-, -en> (MED, PSYCH) sujeto *m* de experimentación; **Versuchspräparat** *nt* <-(e)s, -e> preparado *m* experimental; **Versuchsreihe** *f* <-, -n> serie *f* de ensayos; **Versuchsstadium** *nt* <-s, -stadien> fase *f* experimental; **Versuchsstrecke** *f* <-, -n> pista *f* de pruebas; **Versuchstier** *nt* <-(e)s, -e> animal *m* de laboratorio
versuchsweise [-vaɪzǝ] *adv* a modo de prueba, como prueba
Versuchszweck *m* <-(e)s, -e> objeto *m* de la experimentación; **zu ~en** para fines de experimentación
Versuchung *f* <-, -en> tentación *f*; **jdn in ~ führen** tentar a alguien; **in ~ geraten** [*o* **kommen**] caer en la tentación
versumpfen* *vi sein* ❶ (*Gebiet, See*) empantanarse
❷ (*fam: verwahrlosen*) envilecer, encanallarse; (*auf Party*) estar toda la noche de juerga
versündigen* *vr:* sich ~ (*geh*) pecar (*an* contra); **sich an jdm ~** ofender a alguien
versunken [fɛɐ'zʊŋkǝn] I. *pp von* **versinken**
II. *adj* ❶ (*Kultur*) desaparecido; **~es Königsreich** reino perdido
❷ (*vertieft*) ensimismado, absorto (*in* en); **in Gedanken ~** absorto en sus pensamientos
versüßen* *vt* endulzar
Vertäfelung [fɛɐ'tɛːfǝlʊŋ] *f* <-, -en> (*der Wand*) revestimiento *m* (de madera); (*der Decke*) artesonado *m*
vertagen* [fɛɐ'taːɡǝn] I. *vt* aplazar (*auf* para), posponer (*auf* para)
II. *vr:* sich ~ aplazar la reunión (*auf* para)
Vertagung *f* <-, -en> aplazamiento *m* (*auf* para); **~ der Verhandlung** aplazamiento de la vista
Vertagungsantrag *m* <-(e)s, -träge> petición *f* de aplazamineto
vertan *pp von* **vertun**
vertäuen* [fɛɐ'tɔɪǝn] *vt* (NAUT) amarrar, afrenillar
vertauschen* *vt* ❶ (*verwechseln*) confundir (*mit* con)

❷ (*austauschen*) cambiar (*gegen/mit* por), canjear (*gegen/mit* por)
vertebral *adj* (ANAT, MED) vertebral
Vertebrat *m* <-en, -en> (ZOOL) vertebrado *m*
verteidigen* [fɛɐ'taɪdɪɡǝn] I. *vt* (*a.* SPORT, JUR) defender (*gegen* de/contra)
II. *vr:* sich ~ defenderse (*mit* con, *gegen* de/contra); (*sich rechtfertigen*) justificarse
Verteidiger(in) *m(f)* <-s, -; -, -nen> ❶ (SPORT) defensa *mf*
❷ (JUR) abogado, -a *m, f* defensor(a); **bestellter ~** defensor nombrado
Verteidigerausschuss[RR] *m* <-es, -schlüsse> (JUR) exclusión *f* de defensor; **Verteidigerbestellung** *f* <-, *ohne pl*> (JUR) designación *f* de defensor; **Verteidigerpost** *f* <-, *ohne pl*> (JUR) correspondencia *f* de defensor
Verteidigung *f* <-, -en> (*a.* JUR, SPORT, MIL) defensa *f* (*gegen* contra/de); **notwendige ~** defensa necesaria; **was können Sie zu Ihrer ~ vorbringen?** ¿qué puede alegar en su defensa?; **die ~ plädierte auf Freispruch** la defensa abogó por absolución; **in der ~ spielen** jugar en la defensa
Verteidigungsausschuss[RR] *m* <-es, -schüsse> comisión *f* de la defensa nacional; **Verteidigungsbond** *m* <-s, -s> (FIN) obligación *f* de defensa; **Verteidigungsfähigkeit** *f* <-, -en> capacidad *f* de defensa; **Verteidigungsfall** *m* <-(e)s, -fälle> (MIL) estado *m* de defensa [*o* de guerra]; **Verteidigungskrieg** *m* <-(e)s, -e> guerra *f* defensiva; **Verteidigungsminister(in)** *m(f)* <-s, -; -, -nen> ministro, -a *m, f* de Defensa; **Verteidigungsministerium** *nt* <-s, -ministerien> Ministerio *m* de Defensa; **Verteidigungsmittel** *nt* <-s, -> medio *m* de defensa; **Verteidigungsnotstand** *m* <-(e)s, -stände> estado *m* de necesidad defensiva; **Verteidigungsrede** *f* <-, -n> ❶ (JUR) informe *m* de la defensa ❷ (*Apologie*) apología *f*; **Verteidigungsschriftsatz** *m* <-es, -sätze> escrito *m* de defensa; **Verteidigungswille** *m* <-ns, *ohne pl*> voluntad *f* de defensa; **Verteidigungszweck** *m:* für ~**e**, **zu ~en** para fines defensivos
verteilen* I. *vt* ❶ (*austeilen*) repartir (*unter/an* entre), distribuir (*unter/an* entre); (*zuteilen*) asignar
❷ (*aufteilen*) repartir (*auf* entre); **neu ~** redistribuir; **die Kosten wurden gleichmäßig auf alle Mitglieder verteilt** los gastos se repartieron a partes iguales entre los socios; **übers ganze Land verteilt** repartido por todo el país
❸ (*ausbreiten*) extender
❹ (*verstreichen*) untar, extender
II. *vr:* sich ~ extenderse, distribuirse
Verteiler *m* <-s, -> distribuidor *m*; (WIRTSCH) distribuidor *m*, detallista *m*
Verteilerkasten *m* <-s, -kästen> (ELEK) distribuidor *m* de corriente; **Verteilerliste** *f* <-, -n> lista *f* de distribuidores; **Verteilerschlüssel** *m* <-s, -> lista *f* de personas (que tienen que recibir copia); **Verteilersteckdose** *f* <-, -n> (ELEK) caja *f* de enchufe repartidora, enchufe *m* de distribución
Verteilung *f* <-, -en> ❶ (*Austeilung*) distribución *f* (*an/unter* entre), reparto *m* (*an/unter* entre); (*Zuteilung*) asignación *f*; **zur ~ gelangen** ser distribuido
❷ (*Aufteilung*) repartición *f*
❸ (WIRTSCH) distribución *f*
Verteilungsstreitigkeit *f* <-, -en> conflicto *m* de distribución; **Verteilungstermin** *m* <-s, -e> plazo *m* de distribución; **Verteilungsverfahren** *nt* <-s, -> procedimiento *m* de distribución; **schifffahrtsrechtliches ~** procedimiento de distribución en derecho naval; **Verteilungsverzeichnis** *nt* <-ses, -se> lista *f* de distribución
vertelefonieren* *vt* (*fam: Geld*) gastar en teléfono
verteuern* I. *vt* encarecer (*um, auf* a)
II. *vr:* sich ~ encarecerse, subir de precio (*um, auf* a)
Verteuerung *f* <-, -en> encarecimiento *m* (*um* en)
verteufeln* *vt* (*abw*) condenar
verteufelt *adj* (*fam*) endiablado, endemoniado; **es war ~ heiß** hacía un calor de mil demonios
Verteufelung *f* <-, -en> condenación *f*
vertiefen* I. *vt* profundizar, ahondar
II. *vr:* sich ~ (*tiefer werden*) ahondarse, hacerse más profundo; **sich in etw ~** sumergirse en algo; **in etw vertieft sein** estar absorbido por algo, estar absorto en algo; **in Gedanken vertieft** ensimismado, absorto en sus pensamientos
Vertiefung *f* <-, -en> ❶ (*von Graben, Thema*) profundización *f*, ahondamiento *m*; (*im Gelände*) depresión *f*
❷ (*von Person*) ensimismamiento *m*
vertikal [vɛrti'kaːl, '---] *adj* vertical
Vertikalabsprache *f* <-, -n> (JUR) acuerdo *m* vertical
Vertikale [vɛrti'kaːlǝ] *f* <-n, -n> vertical *f*; **in der ~n** en la vertical
Vertikalkonzern *m* <-s, -e> (JUR) consorcio *m* vertical
vertilgen* *vt* ❶ (*Ungeziefer, Unkraut*) exterminar, aniquilar
❷ (*fam: essen*) zampar, devorar

Vertilgung f <-, -en> ❶ (von Ungeziefer) exterminio m; (von Unkraut) extirpación f
❷ (fam: Essen) zampar m, devorar m
Vertilgungsmittel nt <-s, -> (gegen Ungeziefer) insecticida m; (gegen Unkraut) pesticida m
vertippen* vr: **sich ~** (fam) equivocarse al escribir a máquina
vertonen* [fɛɐ̯ˈtoːnən] vt poner música (a)
Vertonung f <-, -en> versión f musical; **die ~ des Werkes von Bach gefällt mir besser** la música que puso Bach a la obra me gusta más
vertrackt [fɛɐ̯ˈtrakt] adj (fam) complicado, liado
Vertrag [fɛɐ̯ˈtraːk, pl: fɛɐ̯ˈtrɛːɡə] m <-(e)s, -träge> ❶ (a. JUR) contrato m; **~ mit Schutzwirkung zugunsten Dritter** contrato con efecto protector para terceros; **~ zugunsten Dritter** contrato a favor de terceros; **anfechtbarer ~** contrato impugnable; **atypischer/typischer ~** contrato atípico/típico; **bedingter ~** contrato condicionado; **befristeter ~** contrato por cierto tiempo; **dinglicher ~** contrato realista; **einseitig verpflichtender ~** contrato de obligación unilateral; **faktischer ~** contrato de hecho; **gemischter ~** contrato mixto; **mehrseitiger ~** contrato multilateral; **notarieller ~** contrato notarial; **offener ~** convenio abierto; **öffentlich-rechtlicher ~** contrato de derecho público; **rechtsverbindlicher ~** contrato vinculante legalmente; **schuldrechtlicher ~** contrato obligacional; **synallagmatischer ~** contrato conmutativo; **völkerrechtlicher ~** tratado internacional; **zweiseitiger ~** contrato bilateral; **einen ~ (ab)schließen** firmar un contrato; **einen ~ annullieren** anular un contrato; **einen ~ aufkündigen** rescindir un contrato; **einen ~ aufsetzen/brechen** redactar/violar un contrato; **durch ~ gebunden sein** estar obligado por contrato; **einen ~ rückgängig machen** cancelar un contrato; **gegen einen ~ verstoßen** violar un contrato; **einen schriftlichen ~ abschließen** hacer un contrato escrito; **ich habe ihn unter ~ genommen** le he contratado; **unter ~ stehen** estar bajo contrato; **~ für den, den es angeht** contrato para quien concierna
❷ (POL) tratado m; **der Berliner/Versailler ~** el Tratado de Berlín/de Versalles
vertragen* irr I. vt ❶ (Klima, Aufregung) aguantar, soportar; (Kälte) aguantar
❷ (Speisen, Medikamente) tolerar; **ich vertrage keine Milch** la leche me sienta mal; **ich könnte noch ein Bier ~** (fam) no me importaría tomar otra cerveza; **das Haus könnte einen neuen Anstrich ~** (fam) a la casa no le vendría mal una mano de pintura
❸ (Schweiz: austragen) repartir, distribuir
II. vr: **sich ~** ❶ (Personen) llevarse bien, hacer buenas migas fam; **wir haben uns wieder ~** hemos hecho las paces
❷ (vereinbar sein) ser compatible, compaginar, pegar fam; **diese Haltung verträgt sich nicht mit unseren Grundsätzen** esa actitud no es compatible con nuestros principios
vertraglich I. adj contractual
II. adv por contrato; **~ festgelegt** [o festgesetzt] estipulado contractualmente; **~ gebunden sein** estar sujeto a un contrato; **sich ~ binden** [o **verpflichten**] comprometerse [o vincularse] contractualmente; **etw ~ vereinbaren** convenir [o pactar] algo
verträglich [fɛɐ̯ˈtrɛːklɪç] adj ❶ (Speisen) digestible, digerible; **gut ~ de fácil digestión**, fácilmente digerible; **schlecht ~** no digestible
❷ (Personen) tratable, sociable
Verträglichkeit f <-, ohne pl> ❶ (von Speisen) digestibilidad f, digeribilidad f
❷ (von Personen) tolerancia f
Vertragsablauf m <-(e)s, ohne pl> extinción f del contrato, expiración f del contrato; **Vertragsabschluss**^RR m <-es, -schlüsse> cierre m del contrato; (POL) cierre m del tratado
vertragsähnlich adj cuasicontractual
Vertragsanbahnung f <-, -en> (JUR) preparación f del contrato; **Vertragsänderung** f <-, -en> modificación f contractual; **Vertragsangebot** nt <-(e)s, -e> proposición f de contrato; **Vertragsannahme** f <-, -n> aceptación f contractual; **Vertragsanpassung** f <-, -en> adaptación f contractual; **Vertragsanspruch** m <-(e)s, -sprüche> derecho m contractual
Vertragsaufhebung f <-, -en> rescisión f contractual [o de un contrato]; **Vertragsaufhebungsklage** f <-, -n> demanda f de rescisión contractual; **Vertragsaufhebungsrecht** nt <-(e)s, ohne pl> derecho m de rescisión contractual
Vertragsaufsage f <-, -n> declamación f de un contrato; **Vertragsaufsetzer** m <-s, -> redactor m del contrato; **Vertragsauslegung** f <-, -en> interpretación f del contrato; **Vertragsausschließungsgewalt** f <-, ohne pl> potestad f de expulsión contractual; **Vertragsbedingung** f <-, -en> condición f contractual [o de contratación]; **unzulässige ~** condición inadmisible en el contrato; **vereinbarte ~en** condiciones estipuladas contractualmente; **Vertragsbeendigung** f <-, ohne pl> extinción f de un contrato; **einverständliche ~** extinción de un contrato de común acuerdo; **Vertragsbefugnis** f <-, -se> facultad f contractual; **Vertragsbeginn** m <-(e)s, ohne pl> entrada f en vigor de un contrato; **Vertragsbeitritt** m <-(e)s, -e> adhesión f a un contrato; **~ anderer Parteien** adhesión de otras partes a un contrato; **Vertragsbestandteil** m <-(e)s, -e> elemento m de un contrato; **Vertragsbestimmungen** fpl modalidades fpl de un contrato, estipulaciones fpl de un contrato, disposiciones fpl de un contrato; **nach den ~** de acuerdo a lo pactado en el contrato; **Vertragsbeteiligte(r)** mf <-n, -n; -n, -n> contratante mf; **Vertragsbruch** m <-(e)s, -brüche> ruptura f de(l) contrato; **schwerer ~** incumplimiento grave de un contrato
vertragsbrüchig adj refractario; **~ werden** romper un contrato
vertragsschließend adj contratante; **~e Partei** parte contratante
Vertragselement nt <-(e)s, -e> elemento m contractual; **Vertragsende** nt <-s, ohne pl> fin m del contrato; **Vertragsentwurf** m <-(e)s, -würfe> proyecto m de contrato; **Vertragserbe, -in** m, f <-n, -n; -, -nen> heredero, -a m, f contractual; **Vertragserfordernis** nt <-ses, -se> solemnidad f del contrato; **Vertragserfüllung** f <-, ohne pl> cumplimiento m del contrato; **Vertragsergänzung** f <-, -en> complemento m del contrato; **Vertragsformverbot** nt <-(e)s, -e> prohibición f formal del contrato; **Vertragsfreiheit** f <-, ohne pl> libertad f contractual; **Vertragsgarantie** f <-, -n> garantía f contractual; **Vertragsgegenstand** m <-(e)s, -stände> causa f del contrato
vertragsgemäß adj: **nicht ~** no conforme a lo estipulado en el contrato
Vertragsgemeinschaft f <-, -en> unión f contractual; **Vertragsgestaltung** f <-, ohne pl> configuración f del contrato; **Vertragsgrundlage** f <-, -n> base f del contrato; **Vertragshaftung** f <-, -en> responsabilidad f contractual; **Vertragshändler** m <-s, -> concesionario m (oficial); **Vertragshilfeverfahren** nt <-s, -> procedimiento m de adaptación del contrato; **Vertragsinhalt** m <-(e)s, ohne pl> contenido m del contrato; **Vertragsinteresse** nt <-s, -n> interés m contractual; **negatives ~** interés contractual negativo
Vertragskartell nt <-s, -e> (WIRTSCH) cártel m convencional
Vertragsklausel f <-, -n> cláusula f contractual; **Vertragskonzeption** f <-, -en> concepción f contractual [o del contrato]; **Vertragskosten** pl gastos mpl del contrato; **Vertragslückenschließungsverfahren** nt <-s, -> (JUR) procedimiento m para colmar las lagunas del contrato; **Vertragsmittler(in)** m(f) <-s, -; -, -nen> agente mf de contratación; **Vertragsmuster** nt <-s, -> modelo m de contrato; **Vertragspartei** f <-, -en> parte f contratante
Vertragspartner(in) m(f) <-s, -; -, -nen> (parte f) contratante mf; **Vertragspartnerwechsel** m <-s, -> cambio m de parte contratante
Vertragspflicht f <-, -en> deber m contractual; **Vertragsrecht** nt <-(e)s, ohne pl> derecho m contractual; **Vertragsrevision** f <-, -en> revisión f del contrato
Vertragsschließungskompetenz f <-, -en> facultad f para concluir contratos; **Vertragsschließungsverfahren** nt <-s, -> procedimiento m de contratación
Vertragsschluss^RR m <-es, -schlüsse>: **bei ~** en caso de contratación; **Vertragsschlusskompetenz**^RR f <-, ohne pl> competencia f para la conclusión contractual
Vertragsschuldrecht nt <-(e)s, ohne pl> (JUR) régimen m de obligaciones contractuales; **Vertragsspaltung** f <-, -en> escisión f del contrato; **Vertragsspediteur(in)** m(f) <-(e)s, -e; -, -nen> transportista mf contratante; **Vertragsstaat** m <-(e)s, -en> Estado m contratante
Vertragsstrafe f <-, -n> pena f contractual, cláusula f penal; **Vertragsstrafenvorbehalt** m <-(e)s, -e> reserva f de pena convencional
Vertragstext m <-(e)s, -e> texto m del convenio [o del contrato]; **Vertragstreuhänder(in)** m(f) <-s, -; -, -nen> fiduciario, -a m, f contractual; **Vertragstyp** m <-s, -en> figura f contractual; **Vertragsübernahme** f <-, -n> aceptación f del contrato; **Vertragsübertragung** f <-, -en> transmisión f contractual; **Vertragsumstände** mpl circunstancias fpl de contratación
vertragsunfähig adj (JUR) incapacitado para contratar
Vertragsunternehmen nt <-s, -> empresa f contratante; **Vertragsurkunde** f <-, -n> escritura f contractual; **Vertragsvereinbarung** f <-, -en> acuerdo m contractual; **ausdrückliche ~** convenio (contractual) expreso; **Vertragsverhandlungen** fpl negociaciones fpl contractuales; **Verschulden bei ~** culpabilidad en negociaciones contractuales
Vertragsverletzung f <-, -en> violación f de(l) contrato, quebrantamiento m contractual; **Vertragsverletzungsverfahren** nt <-s, -> procedimiento m sobre violación de contrato
Vertragsvorbehalt m <-(e)s, -e> reserva f contractual; **Vertragsvorlauf** m <-(e)s, -läufe> antecedentes mpl del contrato; **Vertragswerk** nt <-(e)s, -e> tratado m; **Vertragswerkstatt** f <-, -stätten>, **Vertragswerkstätte** f <-, -n> (geh) taller m concertado; **Vertragswert** m <-(e)s, -e> valor m de un contrato
vertragswesentlich adj contractualmente esencial
vertragswidrig adj contrario al contrato

Vertragswidrigkeit f <-, ohne pl> vulneración f del contrato [o tratado]; **Vertragszeit** f <-, -en> tiempo m del contrato; **Vertragsziel** nt <-(e)s, -e> objetivo m del contrato [o tratado]

vertrauen* vi: jdm/etw dat ~, auf jdn/etw ~ fiarse de alguien/de algo, confiar en alguien/de algo; **darauf ~, dass ...** confiar en que...

Vertrauen nt <-s, ohne pl> confianza f (auf/in/zu en); **im ~ (gesagt)** (dicho sea) entre nosotros; **im ~ darauf, dass ...** confiando en que...; **jdn ins ~ ziehen** confiarse a alguien; **~ zu jdm haben** tener confianza en alguien; **sie besitzt mein volles ~** goza de mi plena confianza; **das ~ zu jdm/etw verlieren** perder la confianza en alguien/algo; **sein ~ auf jdn/etw setzen** poner su confianza en alguien/algo; **zu jdm ~ fassen** adquirir confianza con alguien; **jdm das ~ aussprechen/entziehen** (POL) otorgar/retirar la confianza a alguien

vertrauenerweckend adj s. **erwecken 2**.

Vertrauensantrag m <-(e)s, -träge> demanda f de confianza; **Vertrauensarzt, -ärztin** m, f <-es, -ärzte; -, -nen> inspector(a) m/f médico, -a, médico, -a m, f controlador(a); **Vertrauensbasis** f <-, ohne pl>: **Geschäft/Rechnungsstellung auf ~** negocio/facturación sobre la base de mutua confianza

vertrauensbildend adj que crea confianza

Vertrauensbruch m <-(e)s, -brüche> abuso m de confianza; **Vertrauensfrage** f <-, -n> (a. POL) cuestión f de confianza; **die ~ stellen** plantear la cuestión de confianza; **Vertrauensfrau** f <-, -en> ❶ (Interessenvertreterin) persona f de confianza ❷ (Vermittlerin) mediadora f; (gewerkschaftlich) enlace m (sindical) ❸ (Agentin) informante f, agente f (secreto); **Vertrauensgrundsatz** m <-es, ohne pl> (JUR: Handelsregister) principio m de confianza; **Vertrauenshaftung** f <-, -en> (JUR) responsabilidad f por quebrantamiento de la confianza; **Vertrauensinteresse** nt <-s, -n> (JUR) interés m de confianza; **Vertrauenskrise** f <-, -n> (a. POL) crisis f inv de confianza; **Vertrauenslehrer(in)** m(f) <-s, -; -, -nen> profesor(a) m/f de confianza; **Vertrauensmann** m <-(e)s, -männer o -leute> ❶ (Interessenvertreter) persona f de confianza ❷ (Vermittler) mediador m; (gewerkschaftlich) enlace m (sindical) ❸ (Agent) informante m, agente m (secreto); **Vertrauensperson** f <-, -en> persona f de confianza; **Vertrauensprämie** f <-, -n> prima f por confianza

Vertrauenssache¹ f <-, ohne pl> (Frage des Vertrauens) cuestión f de confianza

Vertrauenssache² f <-, -n> (zur vertraulichen Behandlung) asunto m confidencial

Vertrauensschaden m <-s, -schäden> (JUR) daño m de la confianza, interés m negativo; **Vertrauensschutz** m <-es, ohne pl> (JUR) protección f de la confianza; **Vertrauensschwund** m <-(e)s, ohne pl> pérdida f de confianza; **vertrauensselig** adj (demasiado) confiado; **Vertrauensstellung** f <-, -en> puesto m de confianza; **Vertrauensverhältnis** nt <-ses, -se> relación f de confianza; **ein gutes ~ zu jdm haben/unterhalten** tener/mantener una relación de confianza con alguien

vertrauensvoll I. adj confiado, lleno de confianza
II. adv con toda confianza; **wenden Sie sich ~ an ...** diríjase con toda confianza a...

Vertrauensvotum nt <-s, -vota o -voten> (POL) voto m de confianza
vertrauenswürdig adj fiable, digno de confianza
Vertrauenswürdigkeit f <-, ohne pl> fiabilidad f
vertraulich adj ❶ (geheim) confidencial; **~e Mitteilung** confidencia f; **streng ~** de alto secreto
❷ (persönlich) íntimo, familiar; **~ werden** confraternizar
Vertraulichkeit¹ f <-, ohne pl> (Eigenschaft) carácter m confidencial; **es wird absolute ~ zugesagt** se garantiza absoluta discreción
Vertraulichkeit² f <-, -en> (Aufdringlichkeit) confianza f excesiva, indiscreción f; **plumpe ~en** excesiva confianza
Vertraulichkeitszusage f <-, -n> promesa f de confidencia
verträumen* vt pasar soñando
verträumt [fɛɐ̯ˈtʀɔɪmt] adj ❶ (Person) soñador
❷ (Ort) romántico
vertraut [fɛɐ̯ˈtʀaʊ̯t] adj ❶ (eng verbunden) familiarizado, (Freund) íntimo; **~ miteinander sein** tenerse confianza
❷ (bekannt) familiar; **sich mit etw dat ~ machen** familiarizarse con algo; **sich mit dem Gedanken ~ machen, dass ...** familiarizarse con la idea de que...
Vertraute(r) mf <-n, -n; -n, -n> confidente mf
Vertrautheit f <-, ohne pl> ❶ (enge Verbundenheit) intimidad f
❷ (Bekanntheit) familiaridad f
vertreiben* irr vt ❶ (Personen) expulsar (aus de), echar (aus de); **wir wollten Sie nicht von Ihrem Platz ~** (fam) no era nuestra intención quitarles el sitio
❷ (Mücken) ahuyentar; (Müdigkeit) quitar, hacer desaparecer; **sie vertrieben sich dat die Zeit mit Spielen** se entretenían jugando; **jdm die Langeweile ~** entretener a alguien
❸ (verkaufen) vender

Vertreibung f <-, -en> expulsión f (aus de)
vertretbar adj ❶ (Maßnahme) justificable, defendible; **~e Handlung** acto defendible; **~e Sache** causa defendible
❷ (JUR) fungible; **~e Güter** bienes fungibles
Vertretbarkeitslehre f <-, ohne pl> (JUR) doctrina f de la imputabilidad
vertreten* irr vt ❶ (ersetzen) sustituir, reemplazar
❷ (als Beauftragter, Handelsvertreter) representar; (als Anwalt) defender (la causa de); **sich selbst ~** defender su propia causa
❸ (Interessen) velar (por); (Ansicht, These) sostener; (verantworten) responsabilizarse de; **etw zu ~ haben** ser responsable de algo; **(nicht) ~ sein** (no) estar presente, (no) figurar (unter entre); **stark/schwach ~ sein** tener mucha/poca representación
❹ (verstauchen) torcerse; **sich dat den Fuß ~** torcerse el pie; **sich dat die Füße [o Beine] ~** estirar las piernas
Vertretene(r) mf <-n, -n; -n, -n> (JUR) representado, -a m, f
Vertretenmüssen nt <-s, ohne pl> (JUR) responsabilidad f obligatoria
Vertreter(in) m(f) <-s, -; -, -nen> ❶ (Stell~) sustituto, -a m, f, suplente mf; **gesetzlicher ~** representante legal; **rechtmäßiger ~** representante legal; **~ ohne Vertretungsmacht** representante sin poder de representación; **~in der Anklage** representante de la acusación
❷ (Beauftragter) representante mf, personero, -a m, f Am
❸ (Handlungsreisender) agente mf, agenciero, -a m, f Arg; **alleiniger ~** representante (comercial) único
❹ (Verfechter) defensor(a) m(f)
Vertreterbesuch m <-(e)s, -e> visita f de un representante; **Vertreterhaftung** f <-, -en> (JUR) responsabilidad f del representante
Vertreterin f <-, -nen> s. **Vertreter**
Vertretung f <-, -en> ❶ (Stell~) su(b)stitución f, suplencia f; (Person) su(b)stituto, -a m, f, suplente mf; **mit der ~ beauftragt sein** estar encargado de la su(b)stitución; **in ~ von jdm [o in jds ~] handeln** actuar en representación de alguien; **für jdn [o von jdm] die ~ übernehmen** su(b)stituir [o suplantar] a alguien
❷ (Delegation) representación f; **~ vor Gericht** representación procesal; **die diplomatische ~** (POL) la misión diplomática; **beschränkte ~** representación limitada; **mit der ~ beauftragt sein** (JUR) tener encomendada la representación
❸ (Niederlassung) agencia f; (Filiale) sucursal f, filial f; **die ~ für etw haben** (COM) llevar la representación de algo
Vertretungsbefugnis f <-, -se> (JUR) facultad f de representación; **außerhalb seiner ~ handeln** actuar fuera de sus facultades de representación
vertretungsberechtigt adj (JUR) con derecho de representación
Vertretungsberechtigung f <-, ohne pl> (JUR) facultad f de representación; **Vertretungsmacht** f <-, ohne pl> (JUR) poder m de representación; **~ kraft Rechtsscheins** poder de representación en virtud de la apariencia jurídica
Vertretungsrecht nt <-(e)s, ohne pl> (JUR) derecho m de representación; **Vertretungstheorie** f <-, ohne pl> (JUR) teoría f de la representación; **Vertretungsverbot** nt <-(e)s, -e> (JUR) prohibición f de representación; **Vertretungsvollmacht** f <-, -en> (JUR) poder m de representación
vertretungsweise adv en representación, a título de representante
Vertretungszwang m <-(e)s, ohne pl> (JUR) obligación f de representación
Vertrieb [fɛɐ̯ˈtriːp] m <-(e)s, ohne pl> ❶ (von Waren) venta f, distribución f; **den ~ für etw haben** ser distribuidor de algo
❷ (Abteilung) departamento m de venta(s)
vertrieben pp von **vertreiben**
Vertriebene(r) [fɛɐ̯ˈtriːbənə] mf <-n, -n; -n, -n> expulsado, -a m, f
Vertriebsabteilung f <-, -en> sección f de ventas; **Vertriebsapparat** m <-(e)s, -e> organización f de ventas; **Vertriebsaufwand** m <-(e)s, ohne pl> gastos mpl de distribución; **Vertriebsbedingungen** fpl condiciones fpl de distribución; **Vertriebsbindung** f <-, -en> acuerdo m de distribución; **Vertriebserlös** m <-es, -e> beneficio m de ventas; **Vertriebsgebiet** nt <-(e)s, -e> área f de distribución; **Vertriebsgemeinkosten** pl (WIRTSCH) gastos mpl generales de venta; **Vertriebsgesellschaft** f <-, -en> sociedad f distribuidora; **Vertriebskanal** m <-s, -näle> canal m de distribución; **Vertriebskooperation** f <-, -en> (WIRTSCH) cooperación f en la distribución; **Vertriebskosten** pl (WIRTSCH) costes mpl de distribución [o de venta]; **Vertriebsleiter(in)** m(f) <-s, -; -, -nen> jefe, -a m, f de ventas; **Vertriebsleitung** f <-, -en> dirección f de ventas; **Vertriebslizenz** f <-, -en> licencia f de distribución; **Vertriebsnetz** nt <-es, -e> red f de distribución [o comercial]; **Vertriebsort** m <-(e)s, -e> (JUR) lugar m de distribución; **Vertriebspolitik** f <-, -en> estrategia f de venta; **Vertriebssystem** nt <-s, -e> sistema m de distribución; **Vertriebsunternehmen** nt <-s, -> casa f distribuidora; **Vertriebsverbot** nt

Vertriebsvereinbarung <-(e)s, -e> prohibición *f* de distribución; **Vertriebsvereinbarung** *f* <-, -en> acuerdo *m* de distribución; **Vertriebsvertrag** *m* <-(e)s, -träge> contrato *m* de distribución

vertrimmen* *vt* (*fam*) apalear, poner morado [*o* romper los huesos] (de una paliza)

vertrinken* *irr vt* gastar en bebidas

vertrocknen* *vi sein* secarse

vertrocknet [fɛɐ'trɔknət] *adj* seco

verträdeln* *vt* (*fam abw: Zeit*) perder; (*Termin*) olvidarse (de)

vertrösten* *vt:* jdn ~ hacer esperar a alguien; **jdn auf den nächsten Tag** ~ dar largas a alguien

vertrottelt [fɛɐ'trɔtəlt] *adj* atontado

vertrunken *pp von* **vertrinken**

vertun* *irr* **I.** *vt* desperdiciar, malgastar; **eine vertane Gelegenheit** una oportunidad desaprovechada

II. *vr:* sich ~ (*fam*) equivocarse; **da gibt es kein V~!** (*fam*) ¡es así (y basta)!

vertuschen* [fɛɐ'tʊʃən] *vt* encubrir, ocultar; **etw lässt sich nicht** ~ no hay forma de disimular algo

Vertuschung *f* <-, -en> encubrimiento *m*, ocultación *f*

verübeln* [fɛɐ'ʔy:bəln] *vt:* jdm etw ~ tomar a mal algo a alguien; **man kann es ihm nicht** ~ no se le puede tomar a mal

verüben* *vt* cometer, perpetrar; **Selbstmord** ~ suicidarse

verulken* [fɛɐ'ʔʊlkən] *vt* burlarse (de), tomar el pelo *fam*

verunfallen* *vi sein* (*Schweiz*) *s*. **verunglücken**

verunglimpfen* [fɛɐ'ʔʊnɡlɪmpfən] *vt* (*geh*) difamar, denigrar

Verunglimpfung *f* <-, -en> difamación *f*, denigración *f*; ~ **des Andenkens Verstorbener** difamación del recuerdo de difuntos

verunglücken* *vi sein* ❶ (*Unfall haben*) sufrir [*o* tener] un accidente; **tödlich** ~ morir en un accidente

❷ (*misslingen*) malograrse, salir mal

Verunglückte(r) *mf* <-n, -n; -n, -n> víctima *f* (de accidente)

verunmöglichen* [--'---] *vt* (*Schweiz*) imposibilitar

verunreinigen* [fɛɐ'ʔʊnraɪnɪɡən] *vt* ensuciar, manchar; (*Umwelt*) contaminar

Verunreinigung *f* <-, -en> ❶ (*Vorgang*) ensuciamiento *m*; (*der Umwelt*) contaminación *f*

❷ (*Stoff*) impureza *f*, suciedad *f*

verunsichern* *vt* confundir, desconcertar

verunsichert [fɛɐ'ʔʊnzɪçɐt] *adj* (*verwirrt*) confundido, desconcertado; (*unsicher*) inseguro

Verunsicherung *f* <-, -en> (*Verwirrung*) confusión *f*, desconcierto *m*; (*Zweifel*) duda *f*; **das führte zur** ~ **der Kunden** esto infundió dudas a los clientes

verunstalten* [fɛɐ'ʔʊnʃtaltən] *vt* desfigurar

Verunstaltung *f* <-, -en> deformación *f*, desfiguración *f*

veruntreuen* [fɛɐ'ʔʊntrɔɪən] *vt* (JUR) desfalcar

Veruntreuung *f* <-, -en> (JUR) desfalco *m*; (*öffentlicher Mittel*) malversación *f*; ~ **von Geldern** malversación de fondos

verurkunden* [fɛɐ'ʔu:ekʊndən] *vt* (*Schweiz*) escriturar, hacer una escritura

verursachen* [fɛɐ'ʔu:ezaxən] *vt* originar, causar, comportar *CSur*

Verursacher(in) *m(f)* <-s, -; -, -nen> causante *mf*

Verursacherprinzip *nt* <-s, -ien> (JUR) principio *m* causante-pagador; (*im Umweltbereich*) principio *m* "quien contamina paga"

Verursachungstheorie *f* <-, ohne *pl*> (JUR) teoría *f* de la causación; **Verursachungsvermutung** *f* <-, -en> (JUR) presunción *f* de causación

verurteilen* [fɛɐ'ʔʊrtaɪlən] *vt* (*a*. JUR) condenar (*zu* a); **er wurde zum Tode verurteilt** fue condenado a muerte; **wir** ~ **seine Handlungsweise scharf** reprobamos severamente su conducta; **der Plan ist zum Scheitern verurteilt** el plan está condenado al fracaso

Verurteilte(r) *mf* <-n, -n; -n, -n> (JUR) condenado, -a *m, f*, convicto, -a *m, f*, procesado, -a *m, f*

Verurteilung *f* <-, -en> (*a*. JUR) condena *f*; ~ **zu lebenslänglicher Freiheitsstrafe** condena perpetua

vervielfachen* [fɛɐ'fi:lfaxən] *vt* multiplicar, amuchar *Arg, Bol, Chil*

Vervielfachung *f* <-, -en> multiplicación *f*

vervielfältigen* [fɛɐ'fi:lfɛltɪɡən] *vt* (TYPO) reproducir; (*fotokopieren*) fotocopiar, mimeografiar *Am*

Vervielfältigung *f* <-, -en> ❶ (TYPO) reproducción *f*

❷ (*Kopie*) copia *f*; **streng untersagt** reproducción prohibida

Vervielfältigungsrecht *nt* <-(e)s, -e> derecho *m* de reproducción [*o* de copia]

vervierfachen* [fɛɐ'fi:ɐfaxən] **I.** *vt* cuadruplicar

II. *vr:* sich ~ cuadruplicarse; *s*. *a*. **verachtfachen**

vervollkommnen* [fɛɐ'fɔlkɔmnən] **I.** *vt* perfeccionar

II. *vr:* sich ~ mejorarse (*auf/in* en), perfeccionar (*auf/in*)

Vervollkommnung *f* <-, -en> perfeccionamiento *m*

vervollständigen* *vt* completar

Vervollständigung *f* <-, -en> completamiento *m*

verw. *Abk. von* **verwitwet** viudo

verwachsen* *irr vi sein* ❶ (*zuheilen*) cicatrizarse, cerrarse

❷ (*sich normalisieren*) corregirse

❸ (*zusammenwachsen*) unificarse; **sie sind zu einer Familie** ~ se han convertido en una (pequeña) familia

verwackeln* *vt* (*fam*) mover

verwählen* *vr:* sich ~ (*fam*) equivocarse de número (al marcar), marcar mal

verwahren* [fɛɐ'va:rən] **I.** *vt* (*aufbewahren*) guardar, custodiar

II. *vr:* sich ~ protestar (*gegen* contra)

Verwahrer(in) *m(f)* <-s, -; -, -nen> (JUR) depositario *m*; ~ **von Wertpapieren** depositario de valores

verwahrlosen* [fɛɐ'va:ɐlo:zən] *vi sein* venir a menos [*o* a poco], venirse abajo; **jdn/etw** ~ **lassen** dejar que alguien/algo se arruine

verwahrlost [fɛɐ'va:ɐlo:st] *adj* ❶ (*vernachlässigt*) abandonado; (*ungepflegt*) descuidado, desaseado

❷ (*moralisch*) depravado

Verwahrlosung *f* <-, ohne *pl*> ❶ (*Vernachlässigung*) abandono *m*; (*Ungepflegtheit*) descuido *m*, desaseo *m*

❷ (*moralisch*) depravación *f*

Verwahrung *f* <-, ohne *pl*> (*a*. JUR) custodia *f*, depósito *m*; (*zwangsweise Unterbringung*) internamiento *m*; ~ **von Wertpapieren** depósito de títulos [*o* de valores]; **amtliche** ~ custodia oficial; **gerichtliche/sichere** ~ depósito judicial/seguro; **unregelmäßige** ~ custodia irregular; **jdm etw in** ~ **geben** dar a alguien algo en custodia; **etw in gerichtliche** ~ **geben** entregar algo en depósito judicial; **jdn/etw in** ~ **nehmen** tomar a alguien/algo bajo custodia; **etw in** ~ **haben** guardar algo

Verwahrungsbruch *m* <-(e)s, -brüche> (JUR) infracción *f* del depósito; **Verwahrungsbuch** *nt* <-(e)s, -bücher> (JUR) libro *m* registro de depósitos; **Verwahrungsgeschäft** *nt* <-(e)s, -e> (JUR) operación *f* de depósito; **Verwahrungsrecht** *nt* <-(e), ohne *pl*> (JUR) derecho *m* de depósito; **Verwahrungsvertrag** *m* <-(e)s, -träge> (JUR) contrato *m* de depósito

verwaisen* *vi sein* ❶ (*zur Waise werden*) quedarse huérfano; **ein verwaistes Mädchen** una niña huérfana; **sie sind verwaist** son huérfanos

❷ (*verlassen werden*) quedar desierto [*o* abandonado]; **verwaist sein** estar desierto; **die Innenstadt ist verwaist** el centro (de la ciudad) está desierto; **das sind typische Saisonhotels, die ~, wenn die Saison vorüber ist** son hoteles típicos de temporada que se quedan vacíos cuando se acaba la temporada

verwalten* *vt* administrar; (*Amt*) desempeñar, ejercer; (INFOR) actualizar

Verwalter(in) *m(f)* <-s, -; -, -nen> administrador(a) *m(f)*, hacedor(a) *m(f) Am*

Verwaltung *f* <-, -en> administración *f*; (INFOR) actualización *f*; **bundeseigene** ~ administración federal; **öffentliche/örtliche** ~ administración pública/local

Verwaltungsakt *m* <-(e)s, -e> (JUR) acto *m* administrativo; ~ **mit Doppelwirkung** acto administrativo de efecto doble; **Änderung des** ~**s** modificación del acto administrativo; **Aufhebung eines** ~**s** revocación de un acto administrativo; **Auflage zum** ~ adición al acto administrativo; **automatisierter** ~ acto administrativo automatizado; **Bedingung zum** ~ condición para el acto administrativo; **befehlender** ~ acto administrativo preceptual; **Befristung des** ~**s** aplazamiento del acto administrativo; **begünstigender/belastender** ~ acto administrativo favorable/comprometedor; **Bekanntgabe des** ~**s** publicación del acto administrativo; **dinglicher** ~ acto administrativo realista; **Fehler des** ~**s** error del acto administrativo; **feststellender** ~ acto administrativo declaratorio; **gebundener** ~ acto administrativo vinculatorio; **Gesetzmäßigkeit des** ~**s** legitimidad del acto administrativo; **gestaltender** ~ acto administrativo configurativo; **mehrstufiger** ~ acto administrativo escalonado; **Nebenbestimmung zum** ~ accesoriedad al acto administrativo; **Nichtigkeit des** ~**s** nulidad del acto administrativo; **Rücknahme des** ~**s** retirada del acto administrativo; **Unzweckmäßigkeit des** ~**s** inoportunidad del acto administrativo; **Vollstreckbarkeit des** ~**s** ejecutabilidad del acto administrativo; **Widerruf des** ~**s** revocación del acto administrativo; **Wirksamkeit des** ~**s** efectividad del acto administrativo; **einen** ~ **anfechten** impugnar un acto administrativo; **einen** ~ **erlassen** promulgar un acto administrativo

Verwaltungsakzessorietät *f* <-, -en> accesoriedad *f* administrativa; **Verwaltungsapparat** *m* <-(e)s, -e> aparato *m* administrativo; **Verwaltungsaufsicht** *f* <-, ohne *pl*> inspección *f* administrativa, fiscalización *f* administrativa; **Verwaltungsausschuss**^RR *m* <-es, -schüsse> consejo *m* de administración; **Verwaltungsbeamte(r)** *mf* <-n, -n; -n, -n>, -**beamtin** *f* <-, -nen> funcionario, -a *m, f* administrativo, -a; **Verwaltungsbehörde** *f* <-, -n> administración *f*; **Verwaltungsbezirk** *m* <-(e)s, -e> distrito *m* administrativo, departamento *m*; **Verwaltungsentscheidung** *f* <-, -en> decisión *f* administrativa; **Verwaltungsermessen** nt <-s, ohne pl> arbitrio m administrativo

Verwaltungsgericht nt <-(e)s, -e> Tribunal m (Contencioso-)Administrativo; **Verwaltungsgerichtsbarkeit** f <-, ohne pl> jurisdicción f administrativa; **Verwaltungsgerichtshof** m <-(e)s, -höfe> Tribunal m Superior (Contencioso-)Administrativo; **Verwaltungsgerichtsordnung** f <-, -en> reglamento m del tribunal contencioso-administrativo; **Verwaltungsgerichtsverfahren** nt <-s, -> procedimiento m contencioso-administrativo

Verwaltungshandeln nt <-s, ohne pl> acción f administrativa; **Verwaltungshelfer(in)** m(f) <-s, -; -, -nen> ayudante m administrativo; **Verwaltungsklage** f <-, -en> reclamación f administrativa; **Verwaltungskompetenz** f <-, -en> competencia f administrativa

Verwaltungskosten pl (FIN) gastos mpl de gestión, costes mpl administrativos; **allgemeine** ~ costes administrativos generales; **Verwaltungskostengesetz** nt <-es, -e> ley f sobre costes administrativos

Verwaltungsmaßnahme f <-, -n> medida f administrativa; **Verwaltungsmonopol** nt <-s, -e> monopolio m administrativo; **Verwaltungspraxis** f <-, ohne pl> práctica f administrativa; **Verwaltungsprivatrecht** nt <-(e)s, ohne pl> derecho m privado administrativo; **Verwaltungsrat** m <-(e)s, -räte> (ADMIN) consejo m administrativo [o de administración]; **Verwaltungsratsvorsitzende(r)** mf <-n, -n; -n, -n> presidente, -a m, f del consejo de administración

Verwaltungsrecht nt <-(e)s, -e> (JUR) derecho m administrativo; **Verwaltungsrechtsakzessorietät** f <-, -en> (JUR) accesoriedad f del derecho administrativo; **Verwaltungsrechtsrat** m <-(e)s, -räte> consejo m del derecho administrativo; **Verwaltungsrechtsverhältnis** nt <-ses, -se> relación f del derecho administrativo; **Verwaltungsrechtsweg** m <-(e)s, -e> cauce m del derecho administrativo

Verwaltungsrichter(in) m(f) <-s, -; -, -nen> juez mf administrativo, -a; **Verwaltungsstreitigkeit** f <-, -en> contienda f administrativa

verwaltungstechnisch adj administrativo; **aus ~en Gründen** por motivos administrativos

Verwaltungstreuhand f <-, ohne pl> (JUR) administración f fiduciaria; **Verwaltungsübung** f <-, ohne pl> práctica f administrativa

Verwaltungsverfahren nt <-s, -> procedimiento m administrativo; **Verwaltungsverfahrensgesetz** nt <-es, ohne pl> ley f de procedimiento administrativo; **Verwaltungsverfahrensrecht** nt <-(e)s, ohne pl> derecho m de procedimiento administrativo

Verwaltungsverordnung f <-, -en> reglamento m administrativo; **Verwaltungsvertrag** m <-(e)s, -träge> contrato m administrativo

Verwaltungsvollstreckung f <-, -en> ejecución f administrativa; **Verwaltungsvollstreckungsgesetz** nt <-es, -e> ley f sobre ejecución administrativa

Verwaltungsvorschrift f <-, -en> prescripción f administrativa; **Verwaltungsweg** m <-(e)s, -e>: **auf dem ~** por vía administrativa; **Verwaltungszustellungsgesetz** nt <-es, -e> ley f sobre notificación administrativa; **Verwaltungszwangsverfahren** nt <-s, -> (JUR) procedimiento m ejecutivo administrativo

verwandelbar adj transformable (in en), convertible (in en)

verwandeln* I. vt ❶ (allgemein) cambiar; (verhexen) convertir (in en); **er ist wie verwandelt** parece otro
❷ (CHEM, PHYS) convertir (in en), transformar (in en)
II. vr: **sich ~** transformarse (in en)

Verwandlung f <-, -en> transformación f (in en), cambio m

Verwandlungsszene f <-, -n> (THEAT) escena f de transformación

verwandt [fɛɐ̯ˈvant] I. pp von **verwenden**
II. adj (ähnlich) similar (mit a), afín; **mit jdm ~ sein** ser pariente de alguien, estar emparentado con alguien; **sie sind (miteinander) ~ son parientes**

verwandte [fɛɐ̯ˈvantə] 3. imp von **verwenden**

Verwandte(r) mf <-n, -n; -n, -n> pariente mf; **ein naher/entfernter ~r** un pariente cercano/lejano; **~r in aufsteigender Linie** pariente en línea ascendente

Verwandtschaft¹ f <-, -en> ❶ (das Verwandtsein) parentesco m; **~ in gerader Linie** parentesco en línea directa; **~ in Seitenlinie** parentesco colateral
❷ (Ähnlichkeit) afinidad f, semejanza f

Verwandtschaft² f <-, ohne pl> (Angehörige) parentela f, parientes mpl

verwandtschaftlich adj de parentesco; **~ verbunden** emparentados

Verwandtschaftsgrad m <-(e)s, -e> grado m de parentesco

verwanzen* [fɛɐ̯ˈvantsn̩] vt vigilar con micrófonos (secretos)

verwanzt [fɛɐ̯ˈvantst] adj ❶ (von Wanzen befallen) lleno de chinches
❷ (abgehört) vigilado con micrófonos, pinchado; **das Telefon ist verwanzt** el teléfono está pinchado

verwarnen* vt amonestar, advertir; **jdn gebührenpflichtig ~** multar [o poner una multa] a alguien

Verwarnung f <-, -en> amonestación f, advertencia f; **mündliche ~** amonestación f; **schriftliche ~** advertencia por escrito; **gebührenpflichtige ~** amonestación devengadora de tasas; **~ mit Strafvorbehalt** represión con reserva penal; **eine ~ aussprechen** formular una amonestación [o un apercibimiento]

Verwarnungsgeld nt <-(e)s, -er> multa f

verwaschen adj (Stoff) descolorido, desteñido; (Farbe) pálido; (Inschrift) borroso

verwässern* vt aguar

verweben* irr vt ❶ (ineinander weben) entretejer
❷ (verbrauchen) gastar el hilo tejiendo

verwechseln* vt confundir; **sie hat ihn mit dir verwechselt** lo ha confundido contigo; **sie sehen sich** dat **zum V~ ähnlich** se parecen como dos gotas de agua

Verwechs(e)lung f <-, -en> confusión f; (Irrtum) error m

verwegen [fɛɐ̯ˈveːɡən] adj audaz, osado

Verwegenheit f <-, ohne pl> audacia f, osadía f

verwehen* I. vt ❶ (auseinander treiben) diseminar, dispersar; **(das ist) vom Winde verweht!** ¡ya está olvidado!
❷ (verwischen) borrar
II. vi sein (sich verlieren) esfumarse, disiparse; **seine schlechte Laune verwehte** su mal humor se esfumó [o se disipó]

verwehren* vt: **jdm etw ~** prohibir algo a alguien

Verwehung f <-, -en> (Schnee~) nieve f arremolinada, (Sand~) arena f arremolinada

verweichlichen* [fɛɐ̯ˈvaɪ̯çlɪçən] I. vi sein debilitarse
II. vt debilitar; (verwöhnen) mimar (demasiado)

verweichlicht adj (körperlich) débil; (charakterlich) afeminado, débil

Verweichlichung f <-, ohne pl> debilitación f; (Verwöhnung) mimo m

Verweigerer, -in m, f <-s, -; -, -nen> pasota mf; (des Militärdienstes) objetor(a) m(f) (de conciencia)

verweigern* vt rehusar, no aceptar; **jdm etw ~** negar algo a alguien, prohibir algo a alguien; **den Gehorsam ~** negar obediencia; **den Kriegsdienst ~** ser objetor de conciencia, objetar fam

Verweigerung f <-, -en> (Ablehnung) rechazo m, no aceptación f; (Absage) negativa f; (Verbot) prohibición f; **~ der Annahme** rehusamiento de la aceptación; **~ eines Kredits** no aceptación de un crédito; **~ des Rechtsschutzes** rehusamiento de la protección jurídica; **~ des Wehrdienstes** objeción de conciencia

verweilen* vi (geh) quedarse, permanecer; (stehen bleiben) detenerse

verweint [fɛɐ̯ˈvaɪ̯nt] adj lloroso, lacrimoso

Verweis [fɛɐ̯ˈvaɪ̯s] m <-es, -e> ❶ (Rüge) reproche m, reprimenda f; **jdm einen ~ erteilen** reprender a alguien
❷ (Hinweis) referencia f (auf a)

verweisen* irr I. vt ❶ (hinweisen) remitir (auf/an a)
❷ (ausweisen) expulsar (aus de); **er wurde des Landes verwiesen** fue expulsado del país; **jdn vom Platz ~** (SPORT) expulsar a alguien del campo (de juego)
❸ (geh: rügen) reprender, censurar
❹ (JUR: überweisen) remitir (an a)
II. vi indicar (auf), señalar (auf)

Verweisung f <-, -en> (JUR) remisión f, referencia f; **~ eines Rechtsstreits** remisión de un conflicto jurídico; **~ an ein höheres Gericht** remisión a un tribunal superior; **~ auf den Privatklageweg** remisión a la vía de acción privada

Verweisungsbeschluss^RR m <-es, -schlüsse> auto m de remisión; **Verweisungsgesetz** nt <-es, -e> ley f de expulsión; **Verweisungsprivileg** nt <-(e)s, ohne pl> privilegio m de remisión; **Verweisungszuständigkeit** f <-, ohne pl> (JUR) competencia f de remisión

verwelken* vi sein marchitarse

verwendbar adj utilizable (zu/für para), aprovechable (zu/für para); **mehrfach ~** de uso múltiple; **wieder ~** reutilizable

verwenden* <verwendet, verwendete o verwandte, verwendet o verwandt> I. vt usar (zu/für para, bei en); (Methode, Mittel) emplear (zu/für para, bei en); **kann man verschimmeltes Brot noch ~?** ¿se puede gastar todavía del pan enmohecido?; **alles, was Sie sagen, kann gegen Sie verwendet werden** todo lo que diga puede ser utilizado en su contra
II. vr: **sich ~** (geh) interceder (für por, bei ante); **er will sich beim Direktor für mich ~** va a interceder por mí ante el director

Verwendung f <-, -en> empleo m, uso m; **missbräuchliche/unsachgemäße ~** utilización abusiva/impropia; **notwendige ~** empleo necesario; **nützliche ~** empleo útil; **~ finden** ser utilizado m; **ich habe dafür keine ~** no sé qué hacer con eso; **für dich findet sich immer eine ~** tú siempre eres de utilidad

Verwendungsbereich m <-(e)s, -e> campo m de aplicación
verwendungsfähig adj utilizable, aplicable
verwendungsgebunden adj (JUR) afectado a un uso

Verwendungsmöglichkeit *f* <-, -en> (*eines Menschen*) (possible) función *f*; (*eines Gerätes*) (possible) función *f*, (possible) uso *m*; **Verwendungszeitraum** *m* <-(e)s, -räume> periodo *m* de utilización [*o* explotación]; **Verwendungszweck** *m* <-(e)s, -e> uso *m* previsto

verwerfen *irr* I. *vt* ① (*ablehnen*) rechazar; (*aufgeben*) desechar
② (JUR: *zurückweisen*) reprobar, repudiar
II. *vr*: **sich ~** ① (*Holz, Tür*) alabearse, bornearse
② (GEO) formarse una falla

verwerflich *adj* (*geh*) reprobable, reprochable

Verwerflichkeit *f* <-, *ohne pl*> (*geh*) carácter *m* reprobable [*o* reprochable]

Verwerfung *f* <-, -en> ① (JUR: *Zurückweisung*) reprobación *f*, repudio *m*; **~ von Rechtsmitteln** desestimación de recursos legales
② (GEO: *Verschiebung*) dislocación *f*

Verwerfungskompetenz *f* <-, *ohne pl*> (JUR) competencia *f* de reprobación; **Verwerfungsurteil** *nt* <-s, -e> (JUR) sentencia *f* reprobatoria

verwertbar *adj* utilizable, aprovechable

Verwertbarkeit *f* <-, *ohne pl*> (re)utilización *f*

verwerten* *vt* utilizar, aprovechar; **wieder ~** recuperar

Verwertung *f* <-, -en> aprovechamiento *m*, utilización *f*; **die erneute ~** el uso repetido

Verwertungsgesellschaft *f* <-, -en> ① (ÖKOL) empresa *f* de reciclaje
② (JUR) sociedad *f* de autores, corporación *f* de defensa de los derechos de autor; **Verwertungsnachweis** *m* <-es, -e> (ÖKOL) comprobación *f* de aprovechamiento; **Verwertungsrechte** *ntpl* (JUR) derechos *mpl* de explotación [*o* de autor]; **Verwertungsverbot** *nt* <-(e)s, -e> prohibición *f* de explotación

verwesen* [fɛɐ̯ˈveːzən] *vi sein* descomponerse, pudrirse

Verwesung *f* <-, -en> descomposición *f*, putrefacción *f*; **in ~** en estado de descomposición; **in ~ übergehen** (empezar a) pudrirse

verwetten* *vt* apostar; **ein Vermögen verwettet haben** haber perdido una fortuna en apuestas

verwickeln* I. *vt*: **jdn in etw ~** envolver a alguien en algo, implicar a alguien en algo
II. *vr*: **sich ~** (*Fäden*) enredarse, enmarañarse; **sich in etw ~ enredarse** en algo, envolverse en algo, engarzarse en algo *Am*; **sich in Widersprüche ~** incurrir en contradicciones

verwickelt *adj* complicado, complejo

Verwicklung *f* <-, -en> ① (*in Skandal*) implicación *f* (*in* en)
② (*Schwierigkeit*) complicación *f*, embrollo *m*; **diplomatische ~en** complicaciones diplomáticas

verwiesen *pp von* **verweisen**

verwildern* [fɛɐ̯ˈvɪldɐn] *vi sein* ① (*Park, Garten*) cubrirse de maleza, estar abandonado
② (*Haustier*) volverse salvaje, encimarronarse, alzarse *Am*
③ (*Sitten*) degenerar; **die Klasse ist ziemlich verwildert** la clase es bastante indisciplinada

verwildert *adj* ① (*Garten*) abandonado
② (*Tier*) salvaje, cimarrón
③ (*Aussehen*) descuidado; (*Kind*) indisciplinado, malcriado

Verwilderung *f* <-, *ohne pl*> ① (*Garten*) abandono *m*, descuido *m*; **erst durch beide bewusste ~ eines Gartens entsteht eine romantische Atmosphäre** sólo dejando crecer a propósito la maleza en un jardín se crea una atmósfera romántica
② (*Tier*): **frei umherstreifende Katzen neigen zur ~** los gatos que andan sueltos por la calle tienden a volverse salvajes
③ (*Kind*) falta *f* de disciplina

verwinden* *irr vt* (*geh*) sobreponerse (a), superar

verwinkelt [fɛɐ̯ˈvɪŋkəlt] *adj* de muchos rincones

verwirken* *vt* (*geh*) perder; **sein Leben verwirkt haben** merecer la muerte

verwirklichen* I. *vt* realizar, poner en práctica, hacer realidad
II. *vr*: **sich ~** ① (*Wirklichkeit werden*) realizarse, hacerse realidad
② (*Mensch*) realizarse

Verwirklichung *f* <-, -en> realización *f*

Verwirkung *f* <-, *ohne pl*> (JUR) caducidad *f*; **~ von Ansprüchen** [*o* **Rechten**] caducidad de derechos

Verwirkungsklausel *f* <-, -n> cláusula *f* de caducidad

verwirren* [fɛɐ̯ˈvɪrən] I. *vt* ① (*Fäden*) enmarañar, enredar; (*Haare*) enmarañar
② (*verunsichern*) desconcertar, confundir, historiar *Am*
II. *vr*: **sich ~** ① (*Fäden*) enredarse, enmarañarse; (*Haare*) enmarañarse
② (*Sinne*) turbarse

verwirrend *adj* confuso, desconcertante

Verwirrspiel [fɛɐ̯ˈvɪr-] *nt* <-(e)s, -e> confusión *f*

verwirrt *adj* ① (*Fäden, Angelegenheit*) enredado
② (*Person*) confuso, perturbado, giro *Cuba*

Verwirrung *f* <-, -en> ① (*Durcheinander*) confusión *f*, desconcierto *m*
② (*Verstörtheit*) turbación *f*

verwischen* I. *vt* ① (*Schrift*) emborronar; (*beim Malen*) difuminar
② (*beseitigen*) borrar
II. *vr*: **sich ~** (*Erinnerung, Umrisse*) desdibujarse, difuminarse; (*Grenzen*) borrarse

verwittern* [fɛɐ̯ˈvɪtɐn] *vi sein* desmoronarse

verwittert *adj* (*Gebäude, Gestein*) desmoronado; (*Gesicht*) curtido

Verwitterung *f* <-, -en> desmoronamiento *m*

verwitwet [fɛɐ̯ˈvɪtvət] *adj* viudo; **sie ist ~** es viuda

verwoben *pp von* **verweben**

verwöhnen* [fɛɐ̯ˈvøːnən] *vt* mimar, consentir, pastorear *MAm*; **sich von jdm ~ lassen** dejarse querer [*o* mimar] por alguien

verwohnt [fɛɐ̯ˈvoːnt] *adj* estropeado por el uso

verwöhnt [fɛɐ̯ˈvøːnt] *adj* ① (*Kind*) mimado, engreído *Am*
② (*anspruchsvoll*) exigente; (*Geschmack*) refinado

verworfen [fɛɐ̯ˈvɔrfən] I. *pp von* **verwerfen**
II. *adj* (*geh*) vil, infame

Verworfenheit *f* <-, *ohne pl*> (*geh*) vileza *f*, infamia *f*

verworren [fɛɐ̯ˈvɔrən] *adj* confuso

verwundbar *adj* vulnerable

verwunden¹ [fɛɐ̯ˈvʊndən] *pp von* **verwinden**

verwunden*² *vt* herir, victimar *Am*

verwunderlich [fɛɐ̯ˈvʊndɐlɪç] *adj* (*erstaunlich*) asombroso, sorprendente; (*sonderbar*) raro; **was ist daran ~?** ¿qué hay de raro en ello?; **ist es nicht verwunderlich, dass …?** ¿no es asombroso que…? +*subj*

verwundern* *vt* sorprender, asombrar; **es hat mich sehr verwundert, dass …** me ha sorprendido mucho que… +*subj*

verwundert *adj* asombrado, sorprendido, admirado; **~ gucken** mirar extrañado

Verwunderung *f* <-, *ohne pl*> asombro *m*, deslumbramiento *m*; **zu meiner ~** para mi sorpresa; **voller ~** admirado, mudo de admiración

verwundet *adj* herido; **leicht ~** levemente herido

Verwundete(r) *mf* <-n, -n; -n, -n> herido, -a *m, f*

Verwundung *f* <-, -en> herida *f*

verwunschen [fɛɐ̯ˈvʊnʃən] *adj* encantado

verwünschen* *vt* maldecir

verwünscht *adj* ① (*verflucht*) maldito
② (*verhext*) encantado

Verwünschung *f* <-, -en> maldición *f*; **~en ausstoßen** lanzar [*o* soltar] maldiciones

verwurzeln* *vi sein* arraigar (*in* en), echar raíces (*in* en)

verwurzelt *adj* enraizado (*in/mit* en), arraigado (*in/mit* en)

verwüsten* [fɛɐ̯ˈvyːstən] *vt* asolar, devastar

Verwüstung *f* <-, -en> asolamiento *m*, devastación *f*; (*Wüstenbildung*) desertificación *f*; **~en anrichten** devastar; **das Stadtzentrum bot ein Bild der ~** el centro de la ciudad ofrecía un aspecto de desolación

verzagen* [fɛɐ̯ˈtsaːɡən] *vi sein o haben* (*geh*) desalentarse, desanimarse, achipolarse *Mex*, acholarse *Arg, Chil, Peru*

verzagt [fɛɐ̯ˈtsaːkt] *adj* desanimado, desalentado

verzählen* *vr*: **sich ~** equivocarse al contar

verzahnt [fɛɐ̯ˈtsaːnt] *adj* ① (TECH) engranado
② (*zusammenhängend*) encajado

Verzahnung [fɛɐ̯ˈtsaːnʊŋ] *f* <-, -en> engranaje *m*

verzanken* *vr*: **sich ~** (*fam*) reñir (*wegen* por)

verzapfen* [fɛɐ̯ˈtsapfən] *vt* (*fam abw*): **Blödsinn/Mist ~** contar [*o* decir] tonterías/chorradas

verzärteln* [fɛɐ̯ˈtsɛːɐ̯təln] *vt* afeminar

verzaubern* *vt* encantar, hechizar; **jdn in etw ~** transformar a alguien en algo, convertir a alguien en algo; **von jds Anmut verzaubert sein** estar cautivado [*o* fascinado] por la gracia de alguien

Verzauberung *f* <-, -en> encantamiento *m*, transformación *f* (por arte de magia)

verzehnfachen* [fɛɐ̯ˈtseːnfaxən] I. *vt* decupl(ic)ar
II. *vr*: **sich ~** decupl(ic)arse; *s. a.* **verachtfachen**

Verzehr [fɛɐ̯ˈtseːɐ̯] *m* <-(e)s, *ohne pl*> ① (*das Verzehren*) consumo *m*; **vor/nach dem ~ einer Speise** antes de/tras la consumición de un plato
② (*das Verzehrte*) consumición *f*

Verzehrbon *m* <-s, -s> vale *m* de consumición, tíquet *m* de consumición

verzehren* I. *vt* consumir
II. *vr* (*geh*): **sich nach etw** *dat* **~** suspirar por algo; **sich vor Sehnsucht nach etw** *dat* **~** consumirse en deseos de algo

verzeichnen* *vt* ① (*vermerken*) anotar, apuntar; (*aufzeichnen*) registrar; **große Erfolge ~** registrar grandes éxitos, apuntarse buenos tantos
② (*falsch zeichnen*) dibujar mal

Verzeichnis *nt* <-ses, -se> lista *f*; (*im Buch*) índice *m*; (*von Dateien, Programmen*) directorio *m*

Verzeichnispfad *m* <-(e)s, -e> (INFOR) vía *f* del directorio; **Verzeichnisstruktur** *f* <-, -en> (INFOR) estructura *f* del directorio, árbol *m*

verzeigen* vt (Schweiz) denunciar
Verzeigung f <-, -en> (Schweiz) denuncia f
verzeihen [fɛɐ'tsaɪən] <verzeiht, verzieh, verziehen> vt perdonar, disculpar; **jdm etw ~** perdonar algo a alguien; **das wird er dir nie ~** no te lo perdonará jamás; **~ Sie!** ¡perdone!; **das ist nicht zu ~** no tiene perdón (de Dios)
verzeihlich adj perdonable, excusable
Verzeihung f <-, ohne pl> perdón m; **~!** ¡perdón!; **jdn um ~ bitten** pedir(le) perdón a alguien
verzerren* I. vt ❶ (Gesicht) desfigurar; **die Anstrengung verzerrte ihr Gesicht** el esfuerzo le desfiguró la cara; **das Gesicht vor Schmerz ~** tener la cara desfigurada de dolor
❷ (Sehne) distorsionar, torcer
❸ (Spiegel) desfigurar, deformar; (Lautsprecher) distorsionar
❹ (Ereignisse, Bericht) tergiversar; (Wettbewerb) trucar; **etw verzerrt wiedergeben** contar algo trastocándolo
II. vr: **sich ~** desfigurarse
verzerrt adj ❶ (Gesicht, Tatsache) desfigurado
❷ (Sehne) distorsionado, torcido
❸ (Bild) deformado; (Ton) distorsionado
Verzerrung f <-, -en> ❶ (des Gesichts, der Tatsachen) desfiguración f
❷ (MED) distorsión f
❸ (im Spiegel) deformación f; (im Radio) distorsión f
verzetteln* [fɛɐ'tsɛtəln] I. vt escribir en fichas
II. vr: **sich ~** perderse en detalles
Verzicht [fɛɐ'tsɪçt] m <-(e)s, -e> renuncia f (auf a); **~ leisten** [o **üben**] renunciar; **~ auf Einrede der Vorausklage** renuncia al beneficio de excusión
verzichten* vi renunciar (auf a); (auf ein Recht) desistir (auf de); **darauf kann ich ~** puedo renunciar a ello
Verzichtserklärung f <-, -en> (JUR) declaración f de renuncia, manifestación f de renuncia; **Verzichtsurteil** nt <-s, -e> (JUR) sentencia f de renuncia
verzieh [fɛɐ'tsi:] 3. imp von **verzeihen**
verziehen¹ pp von **verzeihen**
verziehen*² irr I. vi sein (umziehen) mudarse (nach a), cambiar de domicilio; **unbekannt verzogen** destinatario [o domicilio] desconocido; **sie sind nach Stuttgart verzogen** se han mudado a Stuttgart
II. vt ❶ (Kind) malcriar, mimar (demasiado)
❷ (Mund, Züge) torcer; **ohne eine Miene zu ~** sin mover ni un músculo (de la cara); **vor Schmerz das Gesicht ~** torcer el gesto debido al dolor
III. vr: **sich ~** ❶ (Holz, Tür) bornearse, alabearse; (Stoff) dar de sí
❷ (Gesicht) desfigurarse
❸ (Nebel, Wolken) disiparse; (Gewitter) pasar
❹ (fam: weggehen) largarse; (heimlich) esfumarse; **los, verzieh dich!** ¡lárgate!
verzieren* vt adornar, decorar
Verzierung f <-, -en> adorno m, ornamento m; **sich** dat **keine ~ abbrechen** (fam) no quebrarse [o romperse] (la espalda)
verzinsen* [fɛɐ'tsɪnzən] I. vt pagar intereses (mit de); **etw mit fünf Prozent ~** pagar intereses del cinco por ciento por algo; **niedrig verzinst werden** devengar un interés bajo
II. vr: **sich ~** producir intereses (mit de); **sich gut ~** producir [o dar] un interés alto
verzinslich adj a interés; **~ sein** arrojar interés (mit/zu de); **~ anlegen** poner a rédito
Verzinsung f <-, -en> (das Verzinsen) pago m de intereses; (Zinsertrag) rendimiento m de los intereses; (Zinssatz) interés m; **durchschnittliche/effektive/gesetzliche ~** interés medio/real/legal
Verzinsungsanteil m <-s, -e> tasa f de interés; **Verzinsungsfaktor** m <-s, -en> factor m en materia de pago de intereses
verzocken* vt (sl: beim Karten spielen) perder
verzogen [fɛɐ'tso:gən] I. pp von **verziehen**
II. adj ❶ (Holz, Tür) alabeado, borneado
❷ (Kind) mimado, malcriado
❸ (umgezogen): **~ sein** haber cambiado de domicilio; **unbekannt ~** destinatario desconocido
verzögern* I. vt (hinausziehen) aplazar; (verspäten) retrasar (um)
II. vr: **sich ~** retrasarse (um)
Verzögerung f <-, -en> retraso m (von de); **zeitliche ~** retraso m, demora f
Verzögerungsschaden m <-s, -schäden> perjuicio m por demora; **Verzögerungstaktik** f <-, -en> táctica f dilatoria; **Verzögerungszeit** f <-, -en> (INFOR, TEL) tiempo m de retardo
verzollen* [fɛɐ'tsɔlən] vt pagar aduana (por); **haben Sie etwas zu ~?** ¿tiene algo que declarar?
verzollt adj con los derechos de aduana pagados
verzückt [fɛɐ'tsʏkt] adj encantado; (ekstatisch) extático; **~ lauschen** escuchar embelesado
Verzückung [fɛɐ'tsʏkʊŋ] f <-, -en> encanto m, embeleso m; (Ekstase) éxtasis m inv; **in ~ geraten** embelesarse
Verzug [fɛɐ'tsu:k] m <-(e)s, ohne pl> (bei Lieferung) (de)mora f; (bei Zahlung) retraso m; **in ~ geraten** [o **kommen**] retrasarse; **in ~ sein** incurrir en demora; **jdn in ~ setzen** retrasar a alguien, hacer incurrir a alguien en mora; **es ist Gefahr im ~** se avecina un peligro, hay moros en la costa fam; **anhaltender ~** (JUR) mora persistente
Verzugseintritt m <-(e)s, ohne pl> (JUR) incursión f en mora; **Verzugsfolge** f <-, -n> (JUR) consecuencia f de la mora; **Verzugszinsen** mpl (FIN) intereses mpl de mora
verzweifeln* vi sein desesperar; **an etw** dat **~** desesperarse a causa de algo; **es ist zum V~** es para desesperarse
verzweifelt adj desesperado; **ich bin völlig ~** estoy completamente desesperado
Verzweiflung f <-, -en> desesperación f; **etw aus ~ tun** hacer algo por desesperación; **in seiner ~** en su desesperación; **jdn zur ~ treiben** [o **bringen**] llevar a alguien a la desesperación; **vor lauter ~** de pura desesperación
Verzweiflungstat f <-, -en> acto m de desesperación
verzweigen* [fɛɐ'tsvaɪgən] vr: **sich ~** ramificarse; (in zwei Richtungen) bifurcarse; **weit verzweigt** (oft verzweigt) muy ramificado; (ausgedehnt) amplio, muy extenso
Verzweigung f <-, -en> ❶ (in mehrere Richtungen) ramificación f; (in zwei Richtungen) bifurcación f
❷ (Schweiz: Kreuzung) cruce m
verzwickt [fɛɐ'tsvɪkt] adj (fam) lioso, enredado
Vesper¹ ['fɛspɐ] f <-, -n> (REL) vísperas fpl
Vesper² f <-, -n>, **südd** nt <-s, -> tentempié m, piscolabis m inv; (nachmittags) merienda f
Vesperbrot¹ nt <-(e)s, ohne pl> s. **Vesper²**
Vesperbrot² nt <-(e)s, -e> (Brot) (rebanada f de) pan m (que se toma como tentempié o merienda)
vespern ['fɛspɐn] vi (reg) tomar un tentempié [o un piscolabis]; (nachmittags) merendar
Vesuv [ve'zu:f] m <-s> Vesuvio m
Veteran [vete'ra:n] m <-en, -en> veterano m
Veterinär(in) [veteri'nɛ:ɐ] m(f) <-s, -e; -, -nen> veterinario, -a m
Veterinärmedizin f <-, ohne pl> veterinaria f; **Veterinärmediziner(in)** m(f) <-s, -; -, -nen> veterinario, -a m, f
veterinärmedizinisch adj veterinario
Veto ['ve:to] nt <-s, -s> (POL) veto m; **sein ~ gegen etw einlegen** poner el veto a algo
Vetorecht nt <-(e)s, ohne pl> derecho m de veto, **~ besitzen** disponer del derecho de veto
Vetter ['fɛtɐ] m <-s, -n> primo m
Vetternwirtschaft f <-, ohne pl> (abw) nepotismo m
V-Form ['faʊfɔrm] f <-, -en> forma f de uve; **in ~** en (forma de) uve; **ein Pullover mit einem Ausschnitt in ~** un jersey con cuello de pico
v-förmig^RR ['faʊfœrmɪç] adj, **V-förmig** adj en forma de uve, en [o de] pico
V-Frau ['faʊfraʊ] f <-, -en> (Verbindungsfrau) enlace m; (Agentin) informante f, confidenta f; (Vermittlerin) intermediaria f
vgl. Abk. von **vergleiche** cf.
v.g.u. Abk. von **vorgelesen, genehmigt, unterschrieben** leído, aprobado, firmado
v.H. Abk. von **vom Hundert** p %
VHS [faʊha:'ʔɛs] f <-, ohne pl> Abk. von **Volkshochschule** universidad f popular
via [vi:a] präp +akk vía; **~ London nach Managua fliegen** volar a Managua vía Londres
Viadukt [via'dʊkt] m o nt <-(e)s, -e> viaducto m
Vibration [vibra'tsjo:n] f <-, -en> vibración f
vibrationsfrei adj sin vibraciones
Vibrator [vi'bra:to:ɐ] m <-s, -en> vibrador m
vibrieren* [vi'bri:rən] vi vibrar
Video ['vi:deo] nt <-s, -s> vídeo m, video m Am; **etw auf ~ haben** tener algo en vídeo
Videoanlage f <-, -n> equipo m de vídeo (vídeo, cámara, etc.); **Videoaufzeichnung** ['vi:deo-] f <-, -en> vídeo-tape m, grabación f en vídeo; **Videoband** nt <-(e)s, -bänder> cinta f de vídeo; **Videoclip** m <-s, -s> vídeo-clip m, videoclip m; **Videofilm** m <-(e)s, -e> película f de vídeo; **Videogerät** nt <-(e)s, -e> aparato m de vídeo; **Videokamera** f <-, -s> cámara f de vídeo, videocámara f
Videokassette f <-, -n> casete m o f de vídeo, cinta f de vídeo, videocasete f; **Videokassettenrecorder** m <-s, -> (aparato m de) vídeo m
Videokonferenz f <-, -en> conferencia f por vídeo
Video-on-Demand [vɪdiɔʊɔndɪˈmaːnd] nt <-, -s> (INFOR, TV) video m

Videorecorder m <-s, -> (aparato m de) vídeo m; **Videospiel** nt <-(e)s, -e> videojuego m; **Videotelefon** nt <-s, -e> videoteléfono m; **Videotext** m <-(e)s, -e> videotexto m
Videothek [vidéo'teːk] f <-, -en> videoteca f
Videothekar(in) m(f) <-s, -e; -, -nen> propietario, -a m, f de un videoclub
Videoüberwachung f <-, -en> vigilancia f por (cámara de) vídeo; **Videoüberwachungssystem** nt <-s, -e> dispositivo m de televisión
VideoverleihRR m <-(e)s, -e> videoclub m, tienda f de alquiler de vídeos
Viech [fiːç] nt <-(e)s, -er> (fam) ❶ (Tier) bicho m; (größer) bestia f ❷ (Mensch) bestia mf, bruto, -a m, f
Vieh [fiː] nt <-(e)s, ohne pl> ❶ (Rinder) ganado m; (einzelnes) res f; **zehn Stück ~** diez reses
❷ (fam: Tier) bestia f, bicho m
❸ (fam abw: Mensch) bestia mf, bruto, -a m, f
Viehbestand m <-(e)s, -stände> número m de reses [o de cabezas]; **Viehfutter** nt <-s, ohne pl> forraje m, pasto m; **Viehhalter(in)** m(f) <-s, -; -, -nen> ganadero, -a m, f; **Viehhaltung** f <-, -en> ganadería f; **artgerechte ~** ganadería biológica; **Viehhandel** m <-s, ohne pl> comercio m de ganado; **Viehhändler(in)** m(f) <-s, -; -, -nen> tratante mf de ganado; **Viehherde** f <-, -n> rebaño m (de ganado)
viehisch ['fiːɪʃ] adj (abw) ❶ (menschenunwürdig) inhumano ❷ (bestialisch) bestial
Viehkauf m <-(e)s, -käufe> compra f de ganado; **Viehmarkt** m <-(e)s, -märkte> feria f de ganado; **Viehseuche** f <-, -n> epizootia f; **Viehstall** m <-(e)s, -ställe> establo m; **Viehtränke** f <-, -n> abrevadero m, bebedero m Am; **Viehwaggon** m <-s, -s> vagón m para ganado; **Viehzeug** nt <-(e)s, ohne pl> (fam a. abw) animaluchos mpl; **Viehzucht** f <-, ohne pl> ganadería f, cría f de ganado; **Viehzüchter(in)** m(f) <-s, -; -, -nen> ganadero, -a m, f, hacendado, -a m, f Arg, Chil
viel [fiːl] I. adj o pron indef <mehr, am meisten> ❶ (eine Menge) mucho; **~e Briefe** muchas letras; **es gibt ~ Arbeit** hay mucho trabajo; **~ Spaß!** ¡que lo pases bien!, ¡que te diviertas!; **mit ~ Mühe** con mucho [o gran] esfuerzo; **~/nicht ~ von etw** dat **halten** tener algo en gran/poca consideración; **er weiß ~** sabe mucho; **~e Menschen/Dinge** mucha gente/muchas cosas; **~e kamen** vino bastante gente; **in ~er Hinsicht hat er Recht** en muchos sentidos tiene razón; **vom ~en Essen/Biertrinken** de tanto comer/beber cerveza; **sie gleichen sich in ~em** se parecen en muchas cosas; **so geschieht es ihm mit ~em** lo mismo le ocurre con muchas cosas; **sie ist um ~es jünger** ella es mucho más joven
❷ **so ~** tanto; **so ~ wollte ich gar nicht** no quería tanto; **nimm, so ~ du willst** coge lo que [o tanto como] quieras; **das ist so ~ wie ein Geständnis** esto es prácticamente una confesión; **das ist so ~ wie gar nichts** eso y nada es lo mismo; **noch mal so ~** otro tanto; **halb/doppelt so ~ Arbeit** la mitad/el doble de trabajo
❸ **wie ~?** ¿cuánto?; **wie ~ kostet das?** ¿cuánto vale eso?; **wie ~ Uhr ist es?** ¿qué hora es?; **um wie ~ größer ... ?** ¿cuánto más grande...?; **wie ~ ist vier mal acht?** ¿cuánto es cuatro por ocho?; **wie ~ das wieder gekostet hat!** ¡qué caro!; **wenn du wüsstest, wie ~ Leute gestern hier waren** si supieras cuánta gente había ayer aquí; **wie ~e Leute waren da?** ¿cuántas personas había?
❹ **zu ~** demasiado; **eine zu ~** una de más; **das wäre zu ~ verlangt** esto sería pedir demasiado; **mir ist das alles zu ~** esto es demasiado para mí; **ich krieg' zu ~** (fam) me va a dar un ataque; **was zu ~ ist, ist zu ~** para todo hay un límite; **sie hat einen zu ~ getrunken** (fam) ha bebido una copa de más
II. adv ❶ (häufig) mucho, (muy) a menudo, con frecuencia
❷ (wesentlich) considerablemente; **~ teurer** mucho más caro; **zu kurz** demasiado corto; **~ zu ~** demasiado
vielbeschäftigt adj s. **beschäftigt 1.**
vieldeutig ['fiːldɔytɪç] adj ambiguo, impreciso; (LING) polisémico
Vieldeutigkeit f <-, ohne pl> ambigüedad f; (LING) polisemia f
vieldiskutiert adj s. **diskutieren**
Vieleck ['fiːlʔɛk] nt <-(e)s, -e> polígono m
vieleckig adj poligonal
Vielehe f <-, -n> poligamia f
vielerlei ['fiːle'laɪ] adj inv ❶ (attributiv) mucho, diverso
❷ (allein stehend) mucho, muchas cosas; **~ gesehen haben** haber visto mucho
vielerorts ['fiːle'ʔɔrts] adv en muchos sitios, en muchas regiones
vielfach ['fiːlfax] I. adj ❶ (viele Male) múltiple; (wiederholt) reiterado; **auf ~en Wunsch** a petición general; **die ~e Menge brauchen** necesitar esa cantidad varias veces más
❷ (vielfältig) diverso, vario

II. adv con frecuencia, a menudo, repetidas veces; **größer als ~ angenommen** mayor de lo que a menudo se piensa
Vielfache(s) nt <-n, ohne pl> múltiplo m (von de); **um ein ~s mucho más**; **ich importiere direkt, im Geschäft würde die Ware doch das ~ kosten** importo directamente, en la tienda costaría muchísimo más; **18 ist ein ~s von 6** 18 es (un) múltiplo de 6
Vielfahrer(in) m(f) <-s, -; -, -nen> persona f que viaja mucho
Vielfalt ['fiːlfalt] f <-, ohne pl> variedad f (von/an de), diversidad f (von/an de)
vielfältig ['fiːlfɛltɪç] adj variado; (Mensch) polifacético
Vielfältigkeit f <-, ohne pl> s. **Vielfalt**
vielfarbig adj multicolor
Vielflieger(in) m(f) <-s, -; -, -nen> pasajero, -a m, f habitual
Vielfraß ['fiːlfraːs] m <-es, -e> (ZOOL) glotón m; (fam: Person) glotón, -ona m, f, tragón, -ona m, f
vielgekauft adj s. **kaufen**
vielgeliebt adj s. **lieben 1.**
vielköpfig adj de [o con] varias cabezas; **eine ~e Gesellschaft** una reunión numerosa
vielleicht [fi'laɪçt] adv ❶ (möglicherweise) quizá(s), tal vez, capaz Am; **kommst du heute Abend?** – **~** ¿vienes esta noche? – quizás; **~ sagst du mir mal, warum ...** quizá te dignes a decirme por qué...
❷ (etwa) por casualidad, acaso; **hast du ~ meinen Schlüssel gesehen?** ¿has visto por casualidad mi llave?; **soll ich ~ alles alleine machen?** ¿acaso tengo que hacerlo todo yo solo?
❸ (ungefähr) más o menos, quizás; **es waren ~ 500 Leute dort** habría más o menos 500 personas allí; **ich war ~ aufgeregt** no te puedes imaginar qué excitado estaba; **du bist ~ ein Idiot!** ¡pero qué idiota eres!
vielmals ['-maːls] adv: **ich bitte ~ um Entschuldigung** mil perdones; **danke ~!** ¡mil gracias!
vielmehr ['--] adv ❶ (richtig, besser) mejor dicho
❷ (im Gegenteil) más bien; **ich glaube ~, dass ...** creo más bien que...
vielpolig adj (ELEK) multipolar
vielsagend adj s. **sagen**
vielschichtig adj ❶ (aus vielen Schichten) de muchas capas
❷ (komplex) complejo, heterogéneo
Vielschreiber(in) m(f) <-s, -; -, -nen> escritor(a) m(f) de pacotilla
vielseitig adj ❶ (umfassend) amplio; (abwechslungsreich) variado; **~ anwendbar** de uso múltiple; **~ interessiert** con [o de] intereses variados
❷ (Mensch) polifacético
vielsprachig adj políglota
vielstimmig adj de varias voces; (MUS) polifónico
vielverheißend adj (geh) s. **verheißen**
vielversprechend adj s. **versprechen I.**
Vielvölkerstaat m <-(e)s, -en> estado m multiétnico [o plurinacional]
Vielweiberei [-vaɪbə'raɪ] f <-, ohne pl> (Ethnologie) poligamia f
Vielzahl f <-, ohne pl> multitud f (an/von de), sinnúmero m (an/von de)
vielzellig adj (BIOL) pluricelular
Vielzweckreiniger m <-s, -> limpiador m multiuso [o general]
vier [fiːɐ] adj inv cuatro; **jdn unter ~ Augen sprechen** hablar con alguien a solas; **sich auf seine ~ Buchstaben setzen** sentarse sobre donde la espalda pierde su digno nombre; **auf allen ~en** (fam) a gatas; **alle ~e von sich** dat **strecken** desperezarse; s. a. **acht**
Vier f <-, -en> cuatro m; (Schulnote) suficiente m; **ich habe eine ~ in Mathe** he sacado un suficiente en matemáticas; **die (Linie) ~** (Straßenbahn) la línea cuatro, el cuatro
vierarmig adj con [o de] cuatro brazos
Vieraugengespräch [-'----] nt <-(e)s, -e> (fam) conversación f a solas
vierbändig ['fiːɐbɛndɪç] adj de cuatro tomos
Vierbeiner m <-s, -> cuadrúpedo m
vierbeinig adj cuadrúpedo, de cuatro patas
vierblätt(e)rig ['fiːɐblɛt(ə)rɪç] adj cuadrifolio
vierdimensional ['-dimɛnzjonaːl] adj de cuatro dimensiones
Vierdrahtleitung f <-, -en> (TEL) medio m de transmisión a cuatro hilos
Viereck ['fiːɐʔɛk] nt <-(e)s, -e> cuadrilátero m; (Quadrat) cuadrado m
viereckig adj cuadrangular; (quadratisch) cuadrado
viereinhalb ['---] adj inv cuatro y medio
Vierer ['fiːɐɐ] m <-s, -> ❶ (Boot) bote m de a cuatro; **~ ohne Steuermann** bote de a cuatro sin timonel
❷ (reg: Note) suficiente m
Viererbob m <-s, -s> bobsleigh m de cuatro; **Vierergruppe** f <-, -n> grupo m de cuatro; **sich in ~n aufteilen** repartirse en [o hacer] grupos de cuatro
viererlei ['fiːrɐ'laɪ] adj de cuatro clases [o formas] diferentes, cuatro clases (diferentes) de; s. a. **achterlei**
Viererreihe f <-, -n> fila f de cuatro
vierfach ['fiːɐfax] I. adj cuádruplo; **~ vorhanden sein** estar disponible

cuatro veces; **um das V~e** por cuatro
II. *adv* cuatro veces; *s. a.* **achtfach**
Vierfarbendruck [-'---] *m* <-(e)s, -e> cuatricromía *f*
Vierfüßer *m* <-s, -> (ZOOL) cuadrúpedo, -a *m, f*
vierfüßig *adj* ❶ (*mit vier Füßen*) cuadrúpedo
❷ (LIT: *mit vier Hebungen*) cuaternario
Vierganggetriebe *nt* <-s, -> caja *f* de cambios de cuatro velocidades
viergeschossig *adj* de cuatro pisos
vierhändig ['fiːɐhɛndɪç] *adj* (MUS) a cuatro manos; **~ spielen** tocar a cuatro manos
vierhundert ['-'--] *adj inv* cuatrocientos; *s. a.* **achthundert**
Vierhundertjahrfeier *f* <-, -n> cuarto centenario *m*
vierhundertste(r, s) *adj* cuadringentésimo; *s. a.* **achthundertste(r, s)**
Vierjahresplan ['-'---] *m* <-(e)s, -pläne> plan *m* cuadrienal
vierjährig [-'jɛːrɪç] *adj* (*vier Jahre alt*) de cuatro años; (*vier Jahre dauernd*) de cuatro años de duración; *s. a.* **achtjährig**
Vierjährige(r) *mf* <-n, -n; -n, -n> niño, -a *m, f* de cuatro años
Vierkant ['-kant] *m o nt* <-(e)s, -e> (TECH) cuadrado *m*
Vierkanteisen *nt* <-s, -> hierro *m* cuadrado
vierkantig *adj* cuadrangular
Vierkantschlüssel *m* <-s, -> (TECH) llave *f* para tornillos de cabeza cuadrada
vierköpfig *adj* con [*o* de] cuatro cabezas
Vierlinge ['fiːɐlɪŋə] *mpl* cuatrillizos *mpl*
Viermächteabkommen ['-'-----] *nt* <-s, *ohne pl*> convenio *m* cuadripartito
viermal *adv* cuatro veces; *s. a.* **achtmal**
viermalig *adj* cuatro veces; **die ~e Olympiasiegerin** la cuatro veces campeona olímpica
Viermaster *m* <-s, -> (NAUT) velero *m* de cuatro palos
viermotorig *adj* cuatrimotor
vierphasig *adj* de cuatro fases; (ELEK) tetrafásico
Vierradantrieb *m* <-(e)s, -e> (AUTO) tracción *f* a las cuatro ruedas
vierräd(e)rig ['fiːɐrɛːd(ə)rɪç] *adj* de cuatro ruedas
vierschrötig ['-ʃrøːtɪç] *adj* ❶ (*Gestalt*) rechoncho
❷ (*Charakter*) grosero, basto
vierseitig *adj* ❶ (MATH) de cuatro lados, cuadrilátero
❷ (*Prospekt*) de cuatro páginas
Viersitzer *m* <-s, -> (AUTO) coche *m* de cuatro plazas
viersitzig *adj* (AUTO) de cuatro plazas; **~ sein** tener cuatro plazas
vierspaltig *adj* de cuatro columnas; **~ sein** tener cuatro columnas
Vierspänner *m* <-s, -> coche *m* de cuatro caballos
vierspännig I. *adj* tirado por cuatro caballos; **eine ~e Kutsche** una carroza de cuatro caballos
II. *adv:* **~ fahren** ir en un carruaje tirado por cuatro caballos
vierspurig ['-ʃpuːrɪç] *adj* de cuatro carriles
vierstellig *adj* de cuatro cifras
Viersternehotel ['-'----] *nt* <-s, -s> hotel *m* de cuatro estrellas
vierstimmig *adj* (MUS) ❶ (*Chor*) a cuatro voces
❷ (*Chorlied*) para cuatro voces
vierstöckig [-'ʃtœkɪç] *adj* de cuatro pisos
vierstrahlig *adj* (AERO) cuatrirreactor; **~ sein** tener cuatro motores de reacción
vierstrophig *adj* de cuatro estrofas; **~ sein** tener cuatro estrofas
Vierstufenrakete *f* <-, -n> cohete *m* de cuatro etapas
vierstufig *adj* de cuatro etapas
vierstündig ['-ʃtʏndɪç] *adj* de cuatro horas
vierstündlich *adj* cada cuatro horas
viert: zu ~ de a cuatro, de cuatro en cuatro; *s. a.* **acht²**
Viertagewoche *f* <-, -n> semana *f* laboral de cuatro días
viertägig *adj* que dura [*o* de] cuatro días; **ein ~es Symposium** un simposio de cuatro días
Viertaktmotor *m* <-s, -en> (AUTO) motor *m* de cuatro tiempos
viertausend ['-'--] *adj inv* cuatro mil; *s. a.* **achttausend**
Viertausender *m* <-s, -> montaña *f* de cuatro mil metros
vierte(r, s) ['fiːɐtə, -tə, -təs] *adj* cuarto; **als V~r** el cuarto; **sie wurde V~** quedó cuarta; *s. a.* **achte(r, s)**
vierteilen *vt* ❶ (*Menschen*) descuartizar
❷ (*Gegenstände*) dividir en cuatro partes, partir en cuartos
Vierteiler *m* <-s, -> película *f* de cuatro partes [*o* de cuatro capítulos]
vierteilig *adj* de cuatro partes; **ein ~er Fernsehfilm** un telefilm en cuatro capítulos
viertel ['fɪrtəl] *adj inv* cuarto; *s. a.* **achtel**
Viertel ['fɪrtəl] *nt* <-s, -> ❶ (*Maß*) cuarto *m*; **ein ~ Wein** un cuartillo
❷ (*Teil*) cuarto *m*, cuarta parte *f*; **drei ~ der Bevölkerung** tres cuartas partes de la población; **~ nach/vor drei** las tres y/menos cuarto; **das akademische ~** el cuarto de hora académico; *s. a.* **Achtel**
❸ (*Stadt~*) barrio *m*
Vierteldrehung *f* <-, -en> cuarto *m* de vuelta; **eine ~ (nach rechts)**

machen dar un cuarto de vuelta (hacia la derecha); **Viertelfinale** *nt* <-s, -(s)> (SPORT) cuarto *m* de final
Vierteljahr ['-'--] *nt* <-(e)s, -e> trimestre *m*, tres meses *mpl*; **Vierteljahresschrift** ['-'----] *f* <-, -en> revista *f* trimestral
Vierteljahrhundert [fɪrtəljaːˈhʊndɐt] *nt* <-s, -e> cuarto *m* de siglo
vierteljährig ['fɪrtəljɛːrɪç, fɪrtəlˈjɛːrɪç] *adj* de tres meses, trimestral
vierteljährlich I. *adj* trimestral
II. *adv* cada tres meses
Viertelliter ['-'---] *m o nt* <-s, -> cuarto *m* de litro
vierteln *vt* dividir en cuatro partes, partir en cuartos
Viertelnote *f* <-, -n> (MUS) corchea *f*; **Viertelpause** *f* <-, -n> (MUS) pausa *f* de corchea; **Viertelpfund** ['fɪrtəlpfʊnt, fɪrtəl'pfʊnt] *nt* <-(e)s, -e> 125 gramos *mpl*; **Viertelstunde** ['-'--] *f* <-, -n> cuarto *m* de hora
viertelstündig [-ʃtʏndɪç] *adj* de un cuarto de hora
viertelstündlich I. *adj* de un cuarto de hora
II. *adv* cada cuarto de hora
Viertelton *m* <-(e)s, -töne> (MUS) cuarto *m* de tono
viertens ['fiːɐtəns] *adv* en cuarto lugar; (*bei einer Aufzählung*) cuarto; *s. a.* **achtens**
Viertklässler(in) RR *m(f)* <-s, -; -, -nen>, **Viertkläßler(in)** *m(f)* <-s, -; -, -nen> (*südd, Schweiz*) alumno, -a *m, f* de la cuarta clase (de la enseñanza primaria)
viertletzte(r, s) *adj* en cuarto lugar empezando por la cola; *s. a.* **achtletzte(r, s)**
Viertonner *m* <-s, -> camión *m* de cuatro toneladas
Viertürer [-tyːrɐ] *m* <-s, -> coche *m* de cuatro puertas
viertürig [-tyːrɪç] *adj* de cuatro puertas
Viervierteltakt ['-'---] *m* <-(e)s, -e> (MUS) compás *m* de compasillo
Vierwaldstätter See ['--ʃtɛtɐ 'zeː] *m* <- -s> (GEO) Lago *m* de los Cuatro Cantones
vierwertig *adj* con [*o* de] cuatro valencias
vierwöchentlich *adj o adv* cada cuatro semanas
vierwöchig *adj* de cuatro semanas (de duración); **von ~er Dauer sein** durar cuatro semanas
vierzehn ['fɪrtseːn] *adj inv* catorce; **in ~ Tagen** en quince días, en dos semanas; *s. a.* **acht**
vierzehntägig [-tɛːgɪç] *adj* quincenal, de quince días; *s. a.* **achttägig**
vierzehntäglich *adj* cada quince días, cada dos semanas
vierzehnte(r, s) *adj* decimocuarto; **am ~n Februar** el catorce de febrero; *s. a.* **achte(r, s)**
Vierzeiler *m* <-s, -> cuarteto *m*
vierzeilig *adj* de cuatro líneas; (*Gedicht*) de cuatro versos
vierzig ['fɪrtsɪç] *adj inv* cuarenta; *s. a.* **achtzig**
vierziger ['fɪrtsɪgɐ] *adj inv:* **die ~ Jahre** los años cuarenta; *s. a.* **achtziger**
Vierzigerjahre *ntpl:* **die ~** la década de los cuarenta
Vierzigjährige(r) *mf* <-n, -n; -, -n> persona *f* de cuarenta años
vierzigste(r, s) ['fɪrtsɪçstə, -tə, -təs] *adj* cuadragésimo; *s. a.* **achtzigste(r, s)**
vierzigstel *adj inv* cuarentavo, cuadragésimo; *s. a.* **achtel**
Vierzigstel *nt* <-s, -> cuarentava parte *f*, cuadragésima parte *f*; *s. a.* **Achtel**
Vierzigstundenwoche *f* <-, -n> semana *f* laboral de 40 horas
Vierzimmerwohnung ['-'-----] *f* <-, -en> piso *m* de cuatro habitaciones
Vierzylindermotor *m* <-s, -en> motor *m* de cuatro cilindros
vierzylindrig *adj* de cuatro cilindros
Vietcong¹ [viɛtˈkɔŋ, ˈviɛtkɔŋ] *m* <-(s), *ohne pl*> (*Guerillabewegung*) Vietcong *m*
Vietcong² *m* <-(s), -(s)> (*Mitglied*) miembro *m* del Vietcong
Vietnam [viɛtˈnam] *nt* <-s> Vietnam *m*
Vietnamese, -in [viɛtnaˈmeːzə] *m, f* <-n, -n; -, -nen> vietnamita *mf*
vietnamesisch *adj* vietnamita
Vietnamisierung *f* <-, -en> vietnamización *f*
Vignette [vɪnˈjɛtə] *f* <-, -n> viñeta *f*
Vikar(in) [viˈkaːɐ] *m(f)* <-s, -e; -, -nen> vicario, -a *m, f*
Viktimologie [vɪktimoloˈgiː] *f* <-, *ohne pl*> (JUR) victimología *f*
Villa ['vɪla] *f* <-, Villen> villa *f*
Villach ['fɪlax] *nt* <-s> Villach *m*
Villen *pl von* **Villa**
Villenviertel *nt* <-s, -> barrio *m* residencial de lujo
Vindikation [vɪndikaˈtsjoːn] *f* <-, -en> (JUR) vindicación *f*
Vindikationsklage *f* <-, -n> (JUR) acción *f* vindicatoria [*o* petitoria]; **Vindikationslegat** *nt* <-(e)s, -e> (JUR) legado *m* per vindicationem; **Vindikationszession** *f* <-, -en> (JUR) cesión *f* del derecho de restitución
violett [vioˈlɛt] *adj* violeta, morado
Violine [vioˈliːnə] *f* <-, -n> violín *m*
Violinist(in) [violiˈnɪst] *m(f)* <-en, -en; -, -nen> violinista *mf*
Violinschlüssel *m* <-s, -> (MUS) clave *f* de sol

Violoncello [vjɔlɔnˈtʃɛlo] *nt* <-s, -celli *o* -s> violonc(h)elo *m*, cello *m*
VIP, V.I.P. [vɪp] *mf* <-s, -s; -, -s> *Abk. von* **Very Important Person** vip *mf*
Viper [ˈviːpɐ] *f* <-, -n> (ZOOL) víbora *f*
Vipernnatter *f* <-, -n> (ZOOL) culebra *f* viperina
Viren [ˈviːrən] *pl von* **Virus**
Virensuchprogramm *nt* <-s, -e> (INFOR) programa *m* cazavirus
Virologe, -in [viroˈloːgə] *m, f* <-n, -n; -, -nen> virólogo, -a *m, f*
Virologie [virolo'giː] *f* <-, *ohne pl*> (BIOL, MED) virología *f*
Virologin *f* <-, -nen> (BIOL, MED) *s*. **Virologe**
virologisch *adj* (BIOL, MED) virológico
virtuell [vɪrtuˈɛl] *adj* (INFOR) virtual; **~er Raum** espacio virtual
virtuos [vɪrtuˈoːs] *adj* virtuoso
Virtuose, -in [vɪrtuˈoːzə] *m, f* <-n, -n; -, -nen> virtuoso, -a *m, f*
virulent [viruˈlɛnt] *adj* (MED) virulento
Virus [ˈviːrʊs] *m o nt* <-, Viren> (*a*. INFOR) virus *m inv*
Virusgrippe *f* <-, -n> (MED) gripe *f* vírica; **Virusinfektion** *f* <-, -en> (MED) infección *f* vírica; **Viruskrankheit** *f* <-, -en> enfermedad *f* viral [*o* vírica]
Visa [ˈviːza] *pl von* **Visum**
Vis absoluta *f* <- -, *ohne pl*> (JUR) vis absoluta *f*
Visage [viˈzaːʒə] *f* <-, -n> (*fam abw*) facha *f*
Visagist(in) [vizaˈʒɪst] *m(f)* <-en, -en; -, -nen> técnico, -a *m, f* facial
vis-a-vis^RR, vis-à-vis [vizaˈviː] *präp + dat* enfrente de, frente a
Visavis [vizaˈviː] *nt* <-, -> (*geh*): **mein ~** mi vecino de enfrente
Vis compulsiva *f* <- -, *ohne pl*> (JUR) vis compulsiva *f*
Visen [ˈviːzən] *pl von* **Visum**
Visier [viˈziːɐ] *nt* <-s, -e> ① (*am Helm*) visera *f* ② (*am Gewehr*) (punto *m* de) mira *f*, visor *m*; **jdn/etw ins ~ nehmen** tener a alguien/algo en el punto de mira, fijar su atención en alguien/algo
visieren* [viˈziːrən] *vt* (*Schweiz*) ① (*abzeichnen*) marcar, designar ② (*beglaubigen*) certificar
Vision [viˈzjoːn] *f* <-, -en> visión *f*
visionär [vizjoˈnɛːɐ] *adj* visionario
Visionär(in) *m(f)* <-s, -e; -, -nen> visionario, -a *m, f*
Visit [ˈvɪzɪt] *m* <-s, -s> (INFOR) visita *f*
Visitation [vizitaˈtsjoːn] *f* <-, -en> ① (*Durchsuchung*) registro *m* ② (*des Geistlichen*) visita *f* (de inspección)
Visite [viˈziːtə] *f* <-, -n> (MED) visita *f*; **~ machen** pasar visita
Visitenkarte *f* <-, -n> tarjeta *f* de visita
visitieren* [viziˈtiːrən] *vt* ① (*durchsuchen*) registrar ② (*zur Überprüfung*) inspeccionar
viskos *adj* (CHEM) viscoso
Viskose [vɪsˈkoːzə] *f* <-, *ohne pl*> (CHEM) viscosa *f*
Viskosefaser *f* <-, -n> (CHEM) fibra *f* de viscosa
Viskosität [vɪskoziˈtɛːt] *f* <-, *ohne pl*> (CHEM, TECH) viscosidad *f*
visuell [vizuˈɛl] *adj* visual
Visum [ˈviːzʊm] *nt* <-s, Visa *o* Visen> ① (*Sichtvermerk*) visado *m*, visa *f Am*; **das ~ ist abgelaufen** el visado ha caducado ② (*Schweiz: Namenskürzel*) firma *f*
Visumpflicht *f* <-, *ohne pl*> obligación *f* de visado; **Visumzwang** *m* <-(e)s, -zwänge> obligación *f* de llevar visado
Vita [ˈviːta] *f* <-, Viten *o* Vitae> (*geh*) currículum *m* vitae
vital [viˈtaːl] *adj* vital
vitalisieren* [vitaliˈziːrən] *vt* vitalizar
Vitalität *f* <-, *ohne pl*> vitalidad *f*
Vitamin [vitaˈmiːn] *nt* <-s, -e> vitamina *f*; **~ B haben** (*fam*) tener enchufe
vitaminarm *adj* pobre en vitaminas; **~ sein** ser pobre en vitaminas
Vitamingehalt *m* <-(e)s, -e> contenido *m* vitamínico; **Vitaminkomplexe** *mpl* (CHEM) complejos *mpl* vitamínicos; **~ für kosmetische Zwecke** complejos vitamínicos para fines cosméticos; **Vitaminkonzentrate** *ntpl* (CHEM) concentrados *mpl* vitamínicos
Vitaminmangel *m* <-s, *ohne pl*> carencia *f* de vitaminas; **Vitaminmangelkrankheit** *f* <-, -en> avitaminosis *f inv*
Vitaminpräparat *nt* <-(e)s, -e> complejo *m* vitamínico
vitaminreich *adj* rico en vitaminas
Vitamintablette *f* <-, -n> pastilla *f* de vitaminas
Viten *pl von* **Vita**
Vitrine [viˈtriːnə] *f* <-, -n> vitrina *f*
vivipar *adj* (BIOL) vivíparo
Vivisektion *f* <-, -en> vivisección *f*
Vize [ˈfiːtsə] *mf* <-s, -s; -, -s> (*fam*) vice *mf*
Vizeadmiral(in) *m(f)* <-s, -e *o* -räle; -, -nen> (MIL) vicealmirante *mf*; **Vizekanzler(in)** *m(f)* <-s, -; -, -nen> vicecanciller *mf*; **Vizekönig(in)** *m(f)* <-s, -e; -, -nen> virrey *m*, virreina *f*; **Vizepräsident(in)** *m(f)* <-en, -en; -, -nen> vicepresidente, -a *m, f*
Vlies [fliːs] *nt* <-es, -e> ① (*Schafwolle*) vellocino *m* ② (*Fasermaterial*) fieltro *m*
V-Mann [ˈfaʊman] *m* <-(e)s, -Männer *o* -Leute> (*Verbindungsmann*) enlace *m*; (*Agent*) informante *m*, confidente *m*; (*Vermittler*) intermediario *m*
Vogel [ˈfoːgəl, *pl*: ˈføːgəl] *m* <-s, Vögel> ① (*Tier*) pájaro *m*; **flugunfähiger ~** ave incapaz de volar; **einen ~ haben** (*fam*) estar chiflado; **jdm einen ~ zeigen** ≈dar(le) a alguien un corte de mangas; **den ~ abschießen** (*fam*) llevarse la palma; **friss, ~, oder stirb** (*fam*) o lo tomas o lo dejas; **der ~ ist ausgeflogen** (*fam*) (el pájaro) ha volado [*o* se ha fugado] ② (*fam: Mensch*) tipo *m* raro; **ein komischer ~** un tipo extraño [*o* singular]
Vogelart *f* <-, -en> (ZOOL) tipo *m* de pájaro; **Vogelbauer** *m o nt* <-s, -> jaula *f* de pájaros
Vogelbeerbaum *m* <-(e)s, -bäume> (BOT) serbal *m*
Vogelbeere *f* <-, -n> (BOT) serba *f*
Vögelchen *nt* <-s, -> pajarito *m*
Vogeldreck *m* <-(e)s, *ohne pl*> excrementos *mpl* de pájaro; **Vogelei** [ˈfoːgəlʔaɪ] *nt* <-(e)s, -er> huevo *m* de pájaro; **Vogelfänger(in)** *m(f)* <-s, -; -, -nen> pajarero, -a *m, f*
vogelfrei *adj* fuera de la ley, proscrito; **jdn für ~ erklären** declarar a alguien fuera de la ley, proscribir a alguien
Vogelfutter *nt* <-s, *ohne pl*> comida *f* para pájaros; **Vogelhaus** *nt* <-es, -häuser> pajarera *f*; **Vogelkäfig** *m* <-s, -e> jaula *f*; **Vogelkirsche** *f* <-, -n> (BOT) cereza *f* silvestre; **Vogelkunde** *f* <-, *ohne pl*> ornitología *f*; **Vogelmännchen** *nt* <-s, -> pájaro *m* macho; **Vogelmilbe** *f* <-, -n> ácaro *m* (de gallinas)
vögeln [ˈføːgəln] *vi, vt* (*vulg*) joder, follar, coger *Am*
Vogelnest *nt* <-(e)s, -er> nido *m* de pájaro; **Vogelperspektive** *f* <-, -n> vista *f* de pájaro; **aus der ~** a vista de pájaro; **Vogelscheiße** *f* <-, *ohne pl*> (*vulg*) *s*. Vogeldreck; **Vogelscheuche** *f* <-, -n> espantapájaros *m inv*, espantajo *m*
Vogelschutz *m* <-es, *ohne pl*> protección *f* de las aves; **Vogelschutzgebiet** *nt* <-(e)s, -e> reserva *f* ornitológica
Vogelschwarm *m* <-(e)s, -schwärme> bandada *f*, parvada *f Am*
Vogel-Strauß-Politik [--'-----] *f* <-, *ohne pl*> (*fam*) comportamiento *m* del avestruz
Vogelwarte [-vartə] *f* <-, -n> estación *f* ornitológica; **Vogelweibchen** *nt* <-s, -> pájaro *m* hembra; **Vogelzug** *m* <-(e)s, -züge> migración *f* de las aves
Vogerlsalat *m* <-(e)s, -e> (*Österr:* BOT) rapónchigo *m*, ruiponce *m*
Vogesen [voˈgeːzən] *pl*: **die ~** Vosgos *mpl*
Voice-Funktion [vɔɪs-] *f* <-, -en> (INFOR, TEL) función *f* de voz; **Voice-Recorder** *m* <-s, ->, **Voice-Rekorder** *m* <-s, -> (AERO) registrador *m* de conversaciones
Vokabel [voˈkaːbəl] *f* <-, -n> vocablo *m*
Vokabular [vokabuˈlaːɐ] *nt* <-s, -e> vocabulario *m*
Vokal [voˈkaːl] *m* <-s, -e> (LING) vocal *f*
vokalisch *adj* vocálico
Vokalmusik *f* <-, *ohne pl*> música *f* vocal
Vokativ [ˈvoːkatiːf, --'-] *m* <-s, -e> (LING) vocativo *m*
Voliere [voˈljɛːra, voˈliːrə] *f* <-, -n> pajarera *f*
Volk¹ [fɔlk, *pl*: ˈfœlkə] *nt* <-(e)s, Völker> ① (*allgemein*) pueblo *m*; (*Nation*) nación *f*; **das ~ der Dichter und Denker** el pueblo de los poetas y los pensadores (*alusión poética a Alemania*) ② (ZOOL) colonia *f*
Volk² *nt* <-(e)s, *ohne pl*> ① (*Bevölkerung*) población *f*; **der Mann aus dem ~** el hombre de la calle; **dem ~ aufs Maul schauen** observar cómo habla el pueblo ② (*Leute*) gente *f*; (*Menschenmenge*) multitud *f*; **etw unters ~ bringen** divulgar algo; **viel ~** una masa; **sich unters ~ mischen** mezclarse con la gente
Völkchen *nt* <-s, -> (*fam: Leute*) gente *f*; **ein ~ für sich sein** ser gente muy singular
Völkerball *m* <-(e)s, *ohne pl*> (SPORT) coma *m*; **Völkerbund** *m* <-(e)s, *ohne pl*> Sociedad *f* de Naciones; **Völkergemeinschaft** *f* <-, *ohne pl*> comunidad *f* de naciones; **Völkergewohnheitsrecht** *nt* <-(e)s, -e> derecho *m* internacional consuetudinario
Völkerkunde *f* <-, *ohne pl*> etnología *f*; **Völkerkundemuseum** *nt* <-s, -museen> museo *m* etnológico
Völkerkundler(in) [-kʊntlɐ] *m(f)* <-s, -; -, -nen> etnólogo, -a *m, f*
Völkermord *m* <-(e)s, -e> genocidio *m*; **Völkerrecht** *nt* <-(e)s, *ohne pl*> derecho *m* internacional
völkerrechtlich *adj* de derecho internacional; **~er Vertrag** tratado internacional; **~e Vertretungsmacht** poder de representación internacional
Völkerrechtssubjektivität *f* <-, *ohne pl*> (JUR) subjetividad *f* jurídico-internacional; **Völkerstrafrecht** *nt* <-(e)s, *ohne pl*> (JUR) derecho *m* penal internacional; **Völkerverständigung** *f* <-, *ohne pl*> entendimiento *m* entre los pueblos; **Völkerwanderung** *f* <-, -en> ① (SO-

ZIOL) migración f de los pueblos ❷ (fam: Menschenstrom) afluencia f masiva

völkisch adj (HIST) nacional

Volksabstimmung f <-, -en> referéndum m, plebiscito m; **Volksbank** f <-, -en> (FIN) banco m popular; **Volksbefragung** f <-, -en> consulta f popular; **Volksbegehren** nt <-s, -> (POL) petición f de referéndum

Volksbelustigung¹ f <-, -en> (Ereignis) festejo m popular, diversión f popular

Volksbelustigung² f <-, ohne pl> (Belustigtsein) diversión f general; **der ~ dienen** provocar la hilaridad general

Volkscharakter m <-s, ohne pl> carácter m nacional; **Volksdemokratie** f <-, -n> democracia f popular

volkseigen adj nacionalizado; **~er Betrieb** empresa nacionalizada [o del Estado]

Volkseinkommen nt <-s, -> (WIRTSCH) renta f nacional; **Volksempfinden** nt <-s, ohne pl> opinión f pública; **das gesunde ~** el sentido común; **Volksentscheid** m <-(e)s, -e> (POL) plebiscito m; **Volksetymologie** f <-, ohne pl> (LING) etimología f popular; **Volksfest** nt <-(e)s, -e> fiesta f popular [o folklórica]; **Volksfront** f <-, -en> (POL) frente m popular; **Volksgerichtshof** m <-(e)s, ohne pl> (HIST: Nationalsozialismus) Tribunal m del Pueblo; **Volksgesundheit** f <-, ohne pl> salud f pública; **Volksglaube(n)** m <-(n)s, ohne pl> creencia f pupular; **Volksgruppe** f <-, -n> grupo m étnico, etnia f; **Volksheld(in)** m(f) <-en, -en; -, -nen> héroe, heroína m, f nacional; **Volkshochschule** f <-, -n> universidad f popular, ≈centro m de formación de adultos; **Kurse an der ~ besuchen** asistir a cursos en la universidad popular; **Volksinitiative** f <-, -n> (Schweiz) s. Volksbegehren; **Volkskrankheit** f <-, -en> enfermedad f muy extendida; **Volkskunde** f <-, ohne pl> folklore m

Volkskundler(in) m(f) <-s, -; -, -nen> folclorista mf, folklorista mf

volkskundlich adj folklórico

Volkskunst f <-, ohne pl> arte m popular; **Volkslauf** m <-(e)s, -läufe> (SPORT) carrera f popular; **Volkslied** nt <-(e)s, -er> canción f popular; **Volksmärchen** nt <-s, -> cuento m popular; **Volksmehr** nt <-s, ohne pl> (Schweiz) en Suiza mayoría de las personas con derecho a tomar parte en un sufragio de la Confederación; **Volksmenge** f <-, -n> muchedumbre f, gentío m; **Volksmund** m <-(e)s, ohne pl> lenguaje m popular; **Volksmusik** f <-, -en> música f folklórica [o tradicional]; **Volkspolizei** f <-, ohne pl> policía f del pueblo (policía de la antigua RDA); **Volksrede** f <-, -n> (fam) **~n halten** dar un [o el] mitin; **halt keine ~n!** ¡no te enrolles!, ¡no nos des el mitin!; **Volksrepublik** f <-, -en> república f popular; **Volksschicht** f <-, -en> capa f social; **Volksschule** f <-, -n> escuela f de enseñanza primaria; **Volkssport** m <-(e)s, -e> deporte m popular; **Volksstamm** m <-(e)s, -stämme> tribu f; **Volksstück** nt <-(e)s, -e> (THEAT) comedia f costumbrista [o de costumbres]; **Volkssturm** m <-(e)s, ohne pl> (HIST: Nationalsozialismus) "volkssturm" m (en la SGM, última leva militar de la Alemania nacionalsocialista para ayudar a la "Wehrmacht"); **Volkstanz** m <-es, -tänze> baile m folklórico, danza f folklórica; **Volkstracht** f <-, -en> traje m nacional [o regional]

Volkstum nt <-s, ohne pl> carácter m nacional, características fpl nacionales

volkstümlich [ˈfɔlkstyːmlɪç] adj popular

volksverbunden adj solidario con el pueblo; (volksnahe) cercano al pueblo

Volksverdummung f <-, -en> (fam abw) engaño m del pueblo; **Volksverhetzung** f <-, -en> instigación f del pueblo; **Volksvermögen** nt <-s, -> (WIRTSCH) patrimonio m nacional; **Volksversammlung** f <-, -en> (POL) ❶ (Versammlung) asamblea f popular; (Kundgebung) concentración f popular ❷ (Parlament) asamblea f nacional; **Volksvertreter(in)** m(f) <-s, -; -, -nen> representante mf del pueblo; (Abgeordneter) diputado, -a m, f; **Volksvertretung** f <-, -en> parlamento m; **Volkswirt(in)** m(f) <-(e)s, -e; -, -nen> economista mf; **Volkswirtschaft** f <-, -en> economía f política [o nacional]

Volkswirtschaftler(in) m(f) <-s, -; -, -nen> economista mf

volkswirtschaftlich adj económico-nacional

Volkswirtschaftslehre f <-, ohne pl> economía f política, Ciencias fpl Económicas

Volkszählung f <-, -en> censo m nacional

voll [fɔl] I. adj ❶ (gefüllt) lleno (von/mit de); (besetzt) ocupado; **brechend ~** lleno a reventar [o hasta los topes], a tope sl; **halb ~** medio lleno; **~ mit Wasser** lleno de agua; **der Saal war ~ von Leuten/~er Menschen** la sala estaba llena de gente; **mit ~em Mund** con la boca llena; **ich habe die Nase ~ (bis oben hin)** (fam) estoy (absolutamente) lleno; **ich habe die Nase ~ (davon)** estoy hasta las narices (de esto); **einen Teller ~ essen** comer un plato (de algo); **aus dem V~en schöpfen** gastar a manos llenas; **ein Gefäß ~ Dreck/Mehl/Wein** un envase lleno de basura/harina/vino

❷ (erfüllt) rebosante (de); **~(er) Freude** rebosante de alegría
❸ (fam: betrunken) borracho
❹ (rundlich) regordete, lleno
❺ (Geschmack, Aroma) intenso; (Stimme) sonoro, potente; (Farbton) subido, intenso; **~es Haar haben** tener mucho pelo
❻ (vollständig) entero, completo; **eine ~e Stunde warten** esperar una hora entera; **~e drei Jahre** tres años enteros; **in ~er Größe** de cuerpo entero; **das ~e Ausmaß der Katastrophe** el alcance total de la catástrofe; **mit dem ~en Namen unterschreiben** firmar con el nombre completo; **in ~er Fahrt** en plena marcha; **die ~e Verantwortung tragen** cargar con toda la responsabilidad; **in ~em Ernst** completamente en serio; **in ~em Lauf** en plena carrera; **~e Kanne** (sl) a toda pastilla; **jdn nicht für ~ nehmen** no tomar a alguien en serio; **in ~er Ausrüstung** con todo el equipo; **in ~er Schönheit** (a. iron) en toda su belleza; **der ~e Kaufpreis** el importe íntegro; **aus dem V~en gefertigt** (TECH) mecanizado a partir de un bloque

II. adv ❶ (vollkommen, vollständig) completamente, plenamente; **~ bezahlen** pagar a precio regular; **~ und ganz** completamente; **~ dahinter stehen** dar la cara enteramente
❷ (mit aller Wucht) con toda (su) fuerza
❸ (sl: total) total; **~ gut** guay, de putamadre

vollabern <labert voll, laberte voll, vollgelabert> vt s. **labern**
volladen [ˈfɔlaːdən] <läd voll, lud voll, vollgeladen> vt s. **laden 1.**
Vollamortisationsvertrag m <-(e)s, -träge> (JUR) contrato m de amortización integral

Vollast f <-, -en> s. **Volllast**

vollauf [ˈ--] adv abundantemente, absolutamente

vollaufen [ˈfɔlaʊfən] <läuft voll, lief voll, vollgelaufen> vi sein s. **laufen I. 1.**

vollautomatisch [ˈ---ˈ--] adj completamente automático
vollautomatisiert [ˈ------ˈ-] adj plenamente automatizado
Vollbad nt <-(e)s, -bäder> baño m (de cuerpo) entero; **Vollbart** m <-(e)s, -bärte> barba f cerrada
vollberechtigt adj de pleno derecho
vollbeschäftigt adj con contrato de jornada completa
Vollbeschäftigung f <-, ohne pl> (WIRTSCH) pleno empleo m; **Vollbesitz** m: **im ~ en plena posesión** (+gen de); **im ~ seiner geistigen Kräfte** en plena posesión de sus facultades mentales; **Vollbesteuerung** f <-, -en> (FIN) gravamen m íntegro; **Vollbild** nt <-(e)s, -er> ❶ (MED) cuadro m clínico ❷ (TYPO) ilustración f a toda página; **Vollblut** nt <-(e)s, -blüter>, **Vollblüter** m <-s, -> (ZOOL) caballo m de pura sangre, purasangre m
vollblütig adj (ZOOL) purasangre; **~e Rennpferde** purasangres mpl
Vollblutpferd nt <-(e)s, -e> s. **Vollblüter**
vollbracht pp von **vollbringen**
Vollbremsung f <-, -en> frenazo m en seco; **eine ~ machen** frenar en seco
vollbringen* [ˈ---] irr vt (geh) realizar, llevar a cabo
vollbusig adj de pechos turgentes, tetuda fam, tetona fam
Volldampf m <-(e)s, ohne pl> (mit): **~ voraus** a toda máquina; **mit ~** (fam) a toda pastilla; **hinter etw** dat **~ machen** (fam) avivar [o animar] algo
voll|dröhnen vr: **sich ~** s. **dröhnen 2.**
Vollduplex nt <-, ohne pl> (INFOR, TEL) dúplex m (integral), bidireccional m simultáneo
Völlegefühl [ˈføːlə-] nt <-(e)s, ohne pl> sensación f de pesadez [o de estar lleno]
Volleigentum nt <-s, ohne pl> (JUR) plena propiedad f
vollelektronisch [ˈ---ˈ--] adj completamente electrónico
vollenden* vt ❶ (abschließen) acabar, concluir; (Lebensalter) cumplir; **er vollendet heute sein sechzigstes Lebensjahr** hoy cumple sesenta años; **jdn vor vollendete Tatsachen stellen** presentar(le) a alguien un hecho consumado
❷ (vervollständigen) completar
vollendet [fɔlˈʔɛndət] adj perfecto
vollends [ˈfɔlɛnts] adv completamente, totalmente
Vollendung¹ f <-, -en> (Beendung) terminación f; **etw steht kurz vor der ~** algo está a punto de ser acabado; **mit** [o **nach**] **~ des 18. Lebensjahres** con 18 años cumplidos
Vollendung² f <-, ohne pl> (Vollkommenheit) perfección f; **ein Kunstgenuss in höchster ~** una obra de arte de una perfección absoluta
voller [ˈfɔlɐ] adj inv ❶ (gefüllt, bedeckt) lleno (de)
❷ (erfüllt) rebosante (de)
Völlerei [fœləˈraɪ] f <-, -en> (abw) gula f, glotonería f
Volley [ˈvɔli] m <-s, -s> (SPORT) volea f, voleo m; **gute ~s schlagen** volear bien, tener una buena volea
Volleyball¹ [ˈvɔlibal] m <-(e)s, ohne pl> (SPORT) balonvolea m, voleibol m
Volleyball² m <-(e)s, -bälle> (Ball) pelota f de voleibol [o de balonvo-

vollfett adj graso
voll|fressen irr vr: sich ~ s. **fressen I.1.**
vollführen* vt realizar, llevar a cabo
voll|füllen vt s. **füllen 1.**
Vollgas nt <-es, ohne pl> mit ~ fahren ir a toda velocidad; ~ **geben** pisar el acelerador a fondo; **mit** ~ (fam) a toda mecha; **Vollgefühl** nt <-(e)s, ohne pl> im ~ seiner Kräfte/Macht plenamente consciente de sus fuerzas/su poder
vollgepfropft ['-gəpfrɔpft] adj s. **pfropfen 2.**
voll|gießen irr vt s. **gießen I.4.**
Vollgiro nt <-s, -s> (FIN) endoso m completo; **Vollhafter(in)** m(f) <-s, -; -, -nen> (WIRTSCH, JUR) socio, -a m, f colectivo, -a [o ilimitadamente responsable]; **Vollhaftung** f <-, -en> (JUR) responsabilidad f ilimitada; **Vollidiot(in)** m(f) <-en, -en; -, -nen> (fam abw) idiota mf completo, -a, imbécil mf total, tonto, -a m, f del culo
völlig ['fœlɪç] I. adj completo, total; **das ist mein ~er Ernst** hablo completamente en serio
II. adv del todo, completamente; **er hat** ~ **Recht** tiene toda la razón
Vollimprägnierung f <-, -en> (CHEM) impregnación f completa
Vollindossament nt <-(e)s, -e> (FIN) endoso m completo
Vollinvalidität f <-, ohne pl> invalidez f total
volljährig ['-jɛːrɪç] adj (JUR) mayor de edad; ~ **werden** alcanzar la mayoría de edad
Volljährigkeit f <-, ohne pl> mayoría f de edad; **die** ~ **erreichen** alcanzar la mayoría de edad
voll|jammern vt s. **jammern**
Volljurist(in) m(f) <-en, -en; -, -nen> jurista mf que, tras aprobar dos exámenes de estado, está facultado para acceder a la judicatura
vollkaskoversichert adj asegurado contra todo riesgo
Vollkaskoversicherung f <-, -en> seguro m a todo riesgo; **Vollkaufmann** m <-(e)s, -leute> (JUR) comerciante m de pleno derecho
vollklimatisiert ['-----'-] adj plenamente climatizado
vollkommen [-'--] adj ❶ (unübertrefflich) perfecto; (vollständig) completo; **niemand ist** ~ nadie es perfecto
❷ (völlig) absoluto, total; **ich bin** ~ **deiner Meinung** estoy absolutamente de acuerdo contigo
Vollkommenheit [-'---] f <-, ohne pl> perfección f
Vollkornbrot nt <-(e)s, -e> pan m integral
VolllastRR f <-, -en> plena carga f
voll|machen vt s. **machen I.1.**
Vollmacht f <-, -en> autorización f, plenos poderes mpl; **außerhalb der** ~ fuera del poder; **kraft** ~ en virtud de poder; **laut** ~ según poder; **mit allen ~en ausgestattet sein** estar dotado de todos los poderes; **jdm eine** ~ **erteilen** [o **ausstellen**] otorgar a alguien plenos poderes
Vollmachtgeber m <-s, -> (JUR) poderdante m; **Vollmachtsbeschränkung** f <-, -en> (JUR) limitación f del poder; **Vollmachtserteilung** f <-, ohne pl> (JUR) otorgamiento m de poder; **Vollmachtsindossament** nt <-(e)s, -e> (JUR) endoso m de poder; **Vollmachtsumfang** m <-(e)s, ohne pl> (JUR) ámbito m del poder; **Vollmachtsurkunde** f <-, -n> (JUR) (documento m habilitante de) poder m
Vollmatrose, -in m, f <-n, -n; -, -nen> (NAUT) marinero, -a m, f de primera
Vollmilch f <-, ohne pl> leche f entera
Vollmilchschokolade f <-, -n> chocolate m con leche
Vollmitglied nt <-(e)s, -er> (JUR) miembro m pleno [o de pleno derecho]; **Vollmitgliedschaft** f <-, -en> (JUR) calidad f de miembro pleno; **Vollmond** m <-(e)s, -e> luna f llena; **bei** ~ con luna llena
vollmundig adj ❶ (Geschmack) sabroso; **ein ~er Wein** un vino con un gran bouquet
❷ (Äußerung) farolero, pegotero
Vollnarkose f <-, -n> (MED) anestesia f total
voll|packen vt s. **packen I.2.**
Vollpension f <-, ohne pl> pensión f completa; **mit** ~ con pensión completa
voll|pfropfen vt (fam) s. **pfropfen 2.**
Vollpipette f <-, -n> (CHEM) pipeta f volumétrica sin graduación
voll|pumpen vt s. **pumpen 1.**
Vollrausch m <-(e)s, -räusche> embriaguez f absoluta, ciego m sl
vollreif adj (bien) maduro
voll|saugen irr vr: sich ~ s. **saugen III.2.**
voll|schlagen irr vt s. **schlagen I.9.**
vollschlank adj metido en carnes
voll|schmieren I. vt s. **schmieren I.4.**
II. vr: sich ~ s. **schmieren I.4.**
voll|schreiben irr vt s. **schreiben I.**
Vollsitzung f <-, -en> (JUR) sesión f plenaria; **der Gerichtshof entscheidet in** ~ el tribunal delibera en sesión plenaria [o en pleno]
vollständig adj ❶ (komplett) completo, íntegro

❷ (gänzlich) total, absoluto
Vollständigkeit f <-, ohne pl> integridad f; **der** ~ **halber** para completar
Vollständigkeitserfordernis nt <-ses, -se> (WIRTSCH) requisito m de integridad; **Vollständigkeitsgebot** nt <-(e)s, ohne pl> (WIRTSCH) deber m de integridad; **Vollständigkeitsklausel** f <-, -n> (WIRTSCH) cláusula f de testación completa
voll|stellen vt s. **stellen I.1.**
voll|stopfen vt s. **stopfen I.4.**
vollstreckbar [fɔl'ʃtrɛkbaːɐ] adj (JUR) ejecutable, ejecutorio; **nicht** ~ no ejecutorio; **der Beschluss ist sofort** ~ la resolución es inmediatamente ejecutoria
Vollstreckbarkeit f <-, ohne pl> (JUR) ejecutoriedad f; **sofortige** ~ ejecutoriedad inmediata; **vorläufige** ~ ejecutoriedad provisional
Vollstreckbarkeitsbescheinigung f <-, -en> (JUR) certificado m de ejecutoriedad; **Vollstreckbarkeitserklärung** f <-, -en> (JUR) auto m de ejecución
vollstrecken* vt ❶ (JUR) ejecutar; (Urteil) llevar a efecto; **die Todesstrafe an jdm** ~ ejecutar a alguien
❷ (SPORT) ejecutar
Vollstrecker(in) [-'---] m(f) <-s, -; -, -nen> (JUR) ejecutor(a) m(f), ejecutante m
Vollstreckung [-'---] f <-, -en> (JUR) ejecución f; **die** ~ **eines Urteils** la ejecución de una sentencia; **die** ~ **in ein Vermögen** el apremio sobre un patrimonio
Vollstreckungsabkommen nt <-s, -> (JUR) convenio m sobre ejecución de decisiones judiciales; **Vollstreckungsabwehr** f <-, ohne pl> (JUR) oposición f a la ejecución; **Vollstreckungsanspruch** m <-(e)s, -sprüche> (JUR) derecho m de ejecución; **Vollstreckungsanstalt** f <-, -en> (JUR) institución f ejecutiva; **Vollstreckungsantrag** m <-(e)s, -träge> (JUR) demanda f ejecutiva; **Vollstreckungsanweisung** f <-, -en> (JUR) orden f de ejecución; **Vollstreckungsaufschub** m <-(e)s, -schübe> (JUR) suspensión f temporal de una ejecución; **Vollstreckungsauftrag** m <-(e)s, -träge> (JUR) mandamiento m de ejecución; **Vollstreckungsbeamte(r)** mf <-n, -n; -n, -n>, **-beamtin** f <-, -nen> (JUR) agente mf ejecutivo, -a; **Vollstreckungsbefehl** m <-(e)s, -e> (JUR) orden f de ejecución; **Vollstreckungsbehörde** f <-, -n> (JUR) autoridad f ejecutiva; **Vollstreckungsbescheid** m <-(e)s, -e> (JUR) instrucción f de ejecución; **Vollstreckungsbeschluss**RR m <-es, -schlüsse> (JUR) decisión f de ejecución; **Vollstreckungsersuchen** nt <-s, -> (JUR) exhorto m ejecutivo
vollstreckungsfähig adj (JUR) ejecutorio; **~er Inhalt** contenido ejecutable
Vollstreckungsgericht nt <-(e)s, -e> (JUR) tribunal m ejecutivo; **Vollstreckungsgläubiger(in)** m(f) <-s, -; -, -nen> (JUR) acreedor(a) m(f) ejecutante; **Vollstreckungshaftbefehl** m <-(e)s, -e> (JUR) orden f de detención ejecutoria; **Vollstreckungshindernis** nt <-ses, -se> (JUR) impedimento m para la ejecución; **Vollstreckungsklage** f <-, -n> (JUR) acción f ejecutiva; **Vollstreckungsklausel** f <-, -n> (JUR) cláusula f ejecutiva; **Vollstreckungskosten** pl (JUR) costas fpl del procedimiento de apremio; **Vollstreckungsleiter(in)** m(f) <-s, -; -, -nen> (JUR) juez mf ejecutor(a); **Vollstreckungsmaßnahme** f <-, -n> (JUR) diligencia f de embargo; **Vollstreckungsorgan** nt <-s, -e> (JUR) órgano m ejecutivo; **Vollstreckungsrecht** nt <-(e)s, ohne pl> (JUR) derecho m ejecutivo; **Vollstreckungsreife** f <-, ohne pl> (JUR) madurez f ejecutiva; **Vollstreckungsschuldner(in)** m(f) <-s, -; -, -nen> (JUR) deudor(a) m(f) ejecutado, -a; **Vollstreckungstitel** m <-s, -> (JUR) título m ejecutivo; **Vollstreckungsübereinkommen** nt <-s, -> (JUR) convenio m de ejecución; **Vollstreckungsunterbrechung** f <-, -en> (JUR) interrupción f de la ejecución; **Vollstreckungsunterwerfung** f <-, ohne pl> (JUR) sujeción f a ejecución; **Vollstreckungsurteil** nt <-s, -e> (JUR) sentencia f de exequátur; **Vollstreckungsverbot** nt <-(e)s, -e> (JUR) prohibición f de ejecución; **Vollstreckungsverfahren** nt <-s, -> (JUR) procedimiento m de ejecución [o ejecutivo]; **Vollstreckungsverjährung** f <-, -en> (JUR) prescripción f de la pena
vollsynchronisiert adj plenamente sincronizado
voll|tanken vi, vt s. **tanken**
volltönend adj sonoro
Volltreffer m <-s, -> impacto m total; (beim Schießen) impacto m en la diana
volltrunken [fɔl'trʊŋkən] adj totalmente ebrio; **in ~em Zustand** totalmente embriagado [o borracho]
vollumfänglich adj (Schweiz) completo
Vollverb nt <-(e)s, -en> (LING) verbo m pleno; **Vollverlust** m <-(e)s, -e> (WIRTSCH) pérdida f del valor total; **Vollversammlung** f <-, -en> asamblea f plenaria, pleno m; **Vollwaise** f <-, -n> huérfano, -a m, f de padre y madre; **Vollwaschmittel** nt <-s, -> detergente m
Vollwerternährung f <-, -en> alimentación f integral

vollwertig *adj:* ~**er Ersatz** sustituto de igual valía
Vollwertkost *f* <-, *ohne pl*> alimentos *mpl* integrales
vollzählig ['fɔltsɛːlɪç] *adj* completo; **sind wir ~?** ¿estamos todos?
Vollziehbarkeit *f* <-, *ohne pl*> (JUR) **sofortige ~** ejecutoriedad *f* inmediata
vollziehen* *irr* I. *vt* ❶ (*ausführen*) llevar a cabo, efectuar, implementar *Am*
❷ (JUR) ejecutar; **die ~de Gewalt** el poder ejecutivo
II. *vr:* **sich ~** realizarse, efectuarse; **die Veränderung vollzog sich rasch** el cambio se realizó rápidamente
vollziehend *adj* (JUR): ~**e Gewalt** poder ejecutivo
Vollziehung *f* <-, -en> ejecución *f*; **sofortige ~** (JUR) ejecución inmediata
vollzogen *pp von* **vollziehen**
Vollzug [-'-] *m* <-(e)s, *ohne pl*> ❶ (*das Vollziehen*) realización *f*; (JUR) ejecución *f*; **nationaler ~ von Europarecht** ejecución nacional del derecho europeo; **etw außer ~ setzen** suspender la ejecución de algo, acordar la suspensión de algo
❷ (*Straf-*) ejecución *f* de la pena; **offener ~** cumplimiento abierto
Vollzugsanordnung *f* <-, -en> (JUR) disposición *f* de ejecución; **Vollzugsanstalt** *f* <-, -en> (JUR) centro *m* penitenciario; **Vollzugsbeamte(r)** *mf* <-n, -n; -n, -n>, **-beamtin** *f* <-, -nen> funcionario, -a *m, f* ejecutivo, -a; **Vollzugslockerung** *f* <-, -en> (JUR) relajamiento *m* de la ejecución
Volontär(in) [vɔlɔn'tɛːɐ] *m(f)* <-s, -e; -, -nen> practicante *mf*
Volontariat [vɔlɔntari'aːt] *nt* <-(e)s, -e> voluntariado *m*
Volontärin *f* <-, -nen> *s.* **Volontär**
volontieren* [vɔlɔn'tiːrən] *vi* trabajar como voluntario
Volt [vɔlt] *nt* <- *o* -(e)s, -> (PHYS, ELEK) voltio *m*
Voltameter [vɔlta'meːtɐ] *nt* <-s, -> (ELEK) voltámetro *m*
Voltampere [vɔlt?am'pɛːɐ] *nt* <-(s), -> (ELEK, PHYS) voltamperio *m*
Volumen¹ [vo'luːmən] *nt* <-s, -> (*Ausdehnung, Umfang*) volumen *m*
Volumen² *nt* <-s, Volumina> (*Buchwesen*) volumen *m*
Volumenprozent *nt* <-(e)s, -e> (CHEM) porcentaje *m* en volumen
Volumina *pl von* **Volumen²**
voluminös [volumi'nøːs] *adj* voluminoso
vom [fɔm] = **von dem** *s.* **von**
von [fɔn] *präp* +*dat* ❶ (*allgemein, räumlich*) de; ~ **Münster nach Leipzig** de Münster a Leipzig; **südlich ~ Dortmund** al sur de Dortmund; ~ **oben nach unten** de arriba abajo; ~ **weit her** de muy lejos; ~ **hier aus** desde aquí; **die Jugend ~ heute** la juventud de hoy; **die Königin ~ England** la Reina de Inglaterra; **ein Gedicht ~ Neruda** un poema de Neruda; **das Kind ist ~ ihm** el niño es de él [*o* suyo]; **das war ein Fehler ~ dir** fue un error por tu parte; ~ **allein** por sí solo; **er ist ein Freund ~ mir** es un amigo mío; **einer ~ euch** uno de vosotros; **Tausende ~ Menschen** miles de personas; **im Alter ~ 40 Jahren** a la edad de 40 años; **ein Betrag ~ 200 Euro** un importe de 200 euros; **eine Seele ~ Mensch** un pedazo de pan; **er ist Linguist ~ Beruf** de profesión es lingüista; ~ **Natur aus** por naturaleza; ~ **Seiten** de parte de; ~ **Berufs wegen** por causa del trabajo; ~ **wegen!** (*fam*) ¡y qué más!; ~ **wegen verschwiegen!** (*fam*) ¡me parecía calladito!
❷ (*zeitlich*) desde, de, a partir de; ~ **nun an** de ahora en adelante; ~ **diesem Tag an** desde ese día; ~ **vorn anfangen** empezar desde el principio; ~ **morgens bis abends** de la mañana a la noche; ~ **Zeit zu Zeit** de tiempo en tiempo; ~ **wann datiert der Brief?** ¿de cuándo es la carta?
❸ (*beim Passiv*) por; **der Kurs wird ~ Johannes geleitet** el curso es dirigido por Johannes
Von-bis-Preis *m* <-es, -e> margen *m* de precios; **Von-bis-Spanne** *f* <-, -n> margen *m*
voneinander [--'--] *adv* uno de otro, el uno del otro
vonnöten [fɔn'nøːtən] *adj:* ~ **sein** ser necesario
vonseiten^RR [fɔn'zaɪtən] de [*o* por] parte de; ~ **der Regierung** por parte del gobierno
vonstatten [fɔn'ʃtatən] *adv:* ~ **gehen** tener lugar, desarrollarse
vor [foːɐ] I. *präp* +*dat* ❶ (*räumlich*) delante de; **sie ging ~ ihm her** iba delante de él; **eine Herde ~ sich** *dat* **her treiben** conducir el ganado; **eine Reihe ~ mir** una fila delante de mí; **zehn Kilometer ~ Münster** diez kilómetros antes de llegar a Münster; **was glauben Sie eigentlich, wen Sie ~ sich haben?** (*fam*) ¿a quién se cree Ud. que tiene delante?
❷ (*zeitlich*) antes de; (*Zeitraum*) hace; (*bei Uhrzeit*) menos; (*zukünftig*) por delante; **sie wird ~ fünf Uhr nicht zurück sein** no estará de vuelta antes de las cinco; **es ist fünf (Minuten) ~ drei** son las tres menos cinco; ~ **kurzem** hace poco; ~ **Jahren** hace años; ~ **ein paar Tagen** hace unos días, el otro día; ~ **Christi Geburt** antes de Jesucristo; ~ **unserer Zeit** antes de nuestra era; **ich glaube, ich bin ~ Ihnen dran** me parece que me toca antes que a Ud.; **wir haben die ganze Arbeit noch ~ uns** tenemos todo el trabajo por delante
❸ (*über*) sobre; **das hat Vorrang ~ anderen Dingen** esto tiene preferencia sobre otras cosas; ~ **allem** sobre todo

❹ (*gegen, gegenüber*) a, ante; **Angst ~ jdm haben** tener(le) miedo a alguien; **Schutz ~ etw** *dat* **suchen** buscar protección contra algo
❺ (*bedingt durch*): ~ **Kälte** de frío; ~ **Freude** de alegría; ~ **lauter Arbeit** de tanto trabajo
II. *präp* +*akk* (*Richtung*): **stell die Sachen ~ das Haus** pon las cosas delante de la casa; ~ **eine Mauer prallen** estrellarse contra un muro; **er pfiff ~ sich hin** silbó para sí
III. *adv* adelante; ~ **und zurück** adelante y atrás; **zwei Schritte ~!** ¡dos pasos al frente!; **Freiwillige ~!** ¿quién se ofrece voluntario?
vorab [foːɐ'?ap] *adv* (*zuerst*) ante todo; (*im Voraus*) de antemano
Vorabend *m* <-s, -e> víspera *f*; **am ~ der Uraufführung** en vísperas del estreno
Vorabentscheid *m* <-(e)s, -e> cuestión *f* prejudicial
Vorabentscheidung *f* <-, -en> decisión *f* previa; **Vorabentscheidungsverfahren** *nt* <-s, -> procedimiento *m* prejudicial
Vorabinformation *f* <-, -en> información *f* de antemano [*o* previa]
Vorahnung *f* <-, -en> presentimiento *m*, corazonada *f*
voran [fo'ran] *adv* ❶ (*vorn*) adelante, delante; **mit dem Kopf ~** con la cabeza por delante
❷ (*vorwärts*) hacia delante; **immer ~!** ¡siempre hacia delante!
voran|bringen *irr vt* llevar adelante; (*fördern*) fomentar
voran|gehen *irr vi sein* ❶ (*vorne gehen*) ir delante, ir en cabeza
❷ (*zeitlich*) preceder; **wie im ~den Kapitel dargestellt** como aparece en el capítulo precedente
❸ (*Fortschritte machen*) avanzar, hacer progresos; **es geht voran** esto progresa [*o* va progresando]
vorangehend *adj* precedente
voran|kommen *irr vi sein* ❶ (*räumlich*) avanzar
❷ (*Fortschritte machen*) avanzar (*mit* en), progresar (*mit* en); **ich komme nur langsam mit der Arbeit voran** apenas avanzo en el trabajo
Vorankündigung *f* <-, -en> ❶ (*Ankündigen*) notificación *f* previa, aviso *m* previo; **nach ~** previo aviso ❷ (*Notiz, Mitteilung*) anuncio *m* previo; **Voranmeldung** ['foːɐ?an-] *f* <-, -en> (*Termin*) cita *f* previa; (*Mitteilung*) previo aviso *m*; **Voranschlag** ['foːɐ?an-] *m* <-(e)s, -schläge> (WIRTSCH) presupuesto *m*; **einen ~ aufstellen/einreichen** elaborar/presentar un presupuesto
voran|treiben *irr vt* propulsar, impulsar
Voranzeige ['foːɐ?an-] *f* <-, -n> avance *m*; (*für Film*) tráiler *m*; **Vorarbeit** *f* <-, -en> trabajo *m* preparatorio; **gute ~ leisten** preparar algo muy bien
vor|arbeiten I. *vi* ❶ (*im Voraus arbeiten*) trabajar por adelantado
❷ (*Vorarbeit leisten*) hacer los trabajos preparatorios
II. *vr:* **sich ~** abrirse camino, ganar terreno
Vorarbeiter(in) *m(f)* <-s, -; -, -nen> capataz *mf*
Vorarlberg ['foːɐ?arlbɛrk] *nt* <-s> Vorarlberg *m*
voraus [fo'raʊs] *adv* (*vorne*) delante; (*an der Spitze*) a la cabeza; **er war uns schon weit ~** nos llevaba una gran ventaja; **im V~** de antemano, previamente
Vorausabtretung *f* <-, -en> (JUR) cesión *f* anticipada; **Vorausabtretungsklausel** *f* <-, -n> (JUR) cláusula *f* de cesión previa
voraus|ahnen *vt* presentir
voraus|berechnen* *vt* calcular previamente
Vorausbestellung *f* <-, -en> encargo *m* con anticipación, reserva *f* (previa)
voraus|bestimmen* *vt* predeterminar, establecer de antemano; (*jdm*) **vorausbestimmt sein** estar predestinado (a alguien)
vorausblickend *adj* previsor
voraus|datieren* *vt* antefechar
voraus|eilen *vi sein* adelantarse (corriendo); **sie eilte voraus um einen guten Platz zu bekommen** se adelantó corriendo para coger un buen sitio
voraus|fahren *irr vi sein* salir antes (con el coche)
voraus|gehen *irr vi sein* ❶ (*vorne gehen*) ir delante; (*früher gehen*) salir primero; **sie ist schon vorausgegangen** ya salió; **ihm geht der Ruf voraus, dass ...** tiene fama de... +*inf*
❷ (*früher geschehen*) preceder
vorausgesetzt [fo'raʊsɡəzɛtst] *adj:* ~**, dass ...** siempre que... +*subj*, siempre y cuando... +*subj*, con tal que... +*subj*
voraus|haben *irr vt:* **jdm etw ~** aventajar a alguien en algo, llevar ventaja a alguien en algo; **sie hat mir viel an Erfahrung voraus** me aventaja mucho en experiencia
Vorausklage *f* <-, -n> (JUR) excepción *f* de excusión
Vorausleistungspflicht *f* <-, -en> (JUR) deber *m* de prestación anticipada
Vorauspfändung *f* <-, -en> (JUR) embargo *m* previo
Voraussage *f* <-, -n> pronóstico *m;* **eine ~ machen** realizar un pronóstico
voraus|sagen *vt* pronosticar, predecir, augurar; **habe ich es dir nicht**

vorausgesagt? ¿no te lo había augurado?
vorausschauend [-'---] *adj* previsor
voraus|schicken *vt* ❶ (*Paket*) mandar con anticipación
❷ (*Bemerkung*) anticipar; **etwas ~** hacer una observación previa; **meinem Vortrag möchte ich Folgendes ~ ...** antes de comenzar con mi conferencia, quisiera hacer la siguiente observación previa...
voraussehbar *adj* previsible
Voraussehbarkeit *f* <-, *ohne pl*> (JUR) previsibilidad *f*; **objektive/subjektive ~** previsibilidad objetiva/subjetiva
voraus|sehen *irr vt* prever; **das war ja vorauszusehen** esto se veía venir
voraus|setzen *vt* (*annehmen*) presuponer, suponer; (*verlangen*) requerir; **ich setze voraus, dass ...** presupongo que... +*subj*; **das setze ich als bekannt voraus** esto lo doy por sabido; **vorausgesetzt, dass ...** suponiendo que... +*subj*, siempre que... +*subj*, siempre y cuando... +*subj*, con tal que... +*subj*
Voraussetzung *f* <-, -en> ❶ (*Annahme*) suposición *f*, hipótesis *f inv*; **von falschen ~en ausgehen** partir de hipótesis falsas
❷ (*Vorbedingung*) condición *f* previa; **unter der ~, dass ...** bajo la condición de que... +*subj*; **unter anderen ~en wäre das nicht passiert** en otras circunstancias esto no habría ocurrido
❸ (*Anforderung*) requisito *m*; **die ~en erfüllen** cumplir los requisitos; **~: Berufsausbildung** cualificación exigida: formación profesional
Voraussicht [-'--] *f* <-, *ohne pl*> previsión *f*; **aller ~ nach** según todos los indicios; **in weiser ~** con toda probabilidad
voraussichtlich I. *adj* previsto
II. *adv* probablemente
Vorausvermächtnis *nt* <-ses, -se> (JUR) prelegado *m*
Vorauswechsel *m* <-s, -> (FIN) letra *f* anticipada
voraus|zahlen *vt* pagar por adelantado; **50 Euro ~** pagar 50 euros por adelantado
Vorauszahlung [-'---] *f* <-, -en> pago *m* anticipado [*o* por adelantado]
Vorbau *m* <-(e)s, -ten> ❶ (ARCHIT) voladizo *m*, antecuerpo *m*
❷ (*sl: Busen*) pechonalidad *f*, delantera *f*
vor|bauen I. *vi* prevenir, tomar precauciones; **der kluge Mann baut vor** (*prov*) más vale prevenir que curar
II. *vt* añadir (construyendo)
Vorbeben *nt* <-s, -> pretemblor *m*; **Vorbedacht** ['-bədaxt] *m*: **mit/ohne ~** con/sin premeditación; **Vorbedeutung** *f* <-, -en> agüero *m*, augurio *m*; **Vorbedingung** *f* <-, -en> condición *f* previa
Vorbehalt ['-bəhalt] *m* <-(e)s, -e> reserva *f*; (*Ausnahme*) salvedad *f*; **~ des Gesetzes** salvedad de la ley; **~ der Rechte** reserva de los derechos; **geheimer ~** salvedad secreta; **einen ~ gegen etw haben** abrigar reservas respecto a algo; **unter dem ~, dass ...** con la salvedad de que... +*subj*, salvo en caso de que... +*subj*; **ohne/unter ~** sin/con reservas [*o* restricciones]
vor|behalten* *irr vt*: **sich** *dat* **etw ~** reservarse (el derecho de hacer) algo; **ich behalte mir das Recht vor, Änderungen vorzunehmen** me reservo el derecho de realizar algunos cambios; **Änderungen ~** excepto [*o* salvo] (posibles) modificaciones; **jdm ~ sein** [*o* **bleiben**] quedar reservado para alguien; **dieses Recht ist dem Staatsoberhaupt ~** este derecho queda reservado al jefe de Estado; **die Aufklärung bleibt einem Prozess ~** el esclarecimiento queda sujeto de un proceso judicial
vorbehaltlich I. *präp* +*gen* salvo, a reserva de; **~ neuer Bestimmungen** salvo nuevas disposiciones
II. *adj* con reserva
vorbehaltlos I. *adj* incondicional, sin reservas
II. *adv* incondicionalmente
Vorbehaltseigentum *nt* <-s, *ohne pl*> (JUR) propiedad *f* reservada; **Vorbehaltserklärung** *f* <-, -en> (JUR) declaración *f* de reserva, manifestación *f* de reserva; **Vorbehaltsklausel** *f* <-, -n> (JUR) cláusula *f* de reserva; **Vorbehaltsurteil** *nt* <-s, -e> (JUR) sentencia *f* reservativa
Vorbehandlung *f* <-, -en> tratamiento *m* previo
vorbei [fo:ɐ̯'baɪ, fɔr'baɪ] *adv* ❶ (*räumlich*) pasado; (*entlang*) por delante, a lo largo; **am Bahnhof ~ und dann rechts** pasada la estación y luego a la derecha; **sie möchte hier ~** quiere pasar por aquí
❷ (*zeitlich*) pasado; (*zu Ende*) terminado, acabado; **es ist drei Uhr ~** son las tres pasadas; **aus und ~** acabado y más que acabado; **~ ist ~** se acabó (lo que se daba); **damit ist es nun ~** con esto se ha terminado
vorbei|bringen *irr vt* (*fam*) traer, acercar
vorbei|dürfen *irr vi* (*fam*) poder pasar; **entschuldigen Sie, darf ich hier vorbei?** perdone, ¿puedo pasar [*o* me permite (pasar)]?
vorbei|fahren *irr vi sein* ❶ (*entlangfahren*) pasar (en coche) (*an* por (delante de))
❷ (*nicht anhalten*) pasar de largo; **aneinander vorbeifahren** cruzarse en el camino; **im V~** al pasar (en coche)
❸ (*fam: aufsuchen*) pasar (*bei* por casa de); **ich bin noch kurz bei ihr vorbeigefahren** pasé un rato por su casa
vorbei|führen *vi* pasar (*an* por (delante de)); **unsere Straße führt am Bahnhof vorbei** nuestra calle pasa por la estación
vorbei|gehen *irr vi sein* ❶ (*entlanggehen*) pasar (*an* por (delante de)); **im V~** de pasada; **bei jdm ~** (*fam*) pasar por casa de alguien
❷ (*Schuss*) errar
❸ (*vergehen*) pasar; **mach dir keine Sorgen, das geht vorbei!** no te preocupes, ¡ya pasará!
vorbei|kommen *irr vi sein* ❶ (*entlangkommen*) pasar (*an* por); **hier kommt kein Bus vorbei** por aquí no pasa ningún autobús
❷ (*an Hindernis*) poder pasar (*an* por)
❸ (*fam: besuchen*) pasar (*bei* por casa de)
vorbei|können *irr vi* (*fam*) poder pasar; **an einer Stelle/an jdm ~** poder pasar por delante de un lugar/de alguien
vorbei|lassen *irr vt* (*fam*) dejar pasar
Vorbeimarsch *m* <-es, -märsche> desfile *m*
vorbei|marschieren* *vi sein* desfilar (*an* ante)
vorbei|reden *vi*: **an etw** *dat* **~** irse por las ramas; **wir haben aneinander vorbeigeredet** hablamos sin entendernos
vorbei|schauen *vi* (*fam*): **bei jdm ~** pasar por casa de alguien; **schau mal vorbei!** ¡pásate!
vorbei|schießen *irr vi* ❶ (*nicht treffen*) errar el tiro; **am Ziel ~** no dar en el blanco
❷ *sein* (*schnell laufen*) pasar como un rayo (*an* delante de)
vorbei|schrammen *vi sein* (*fam*) evitar por los pelos (*an* de); **die Firma ist gerade noch einmal an Konkurs vorbeigeschrammt** la empresa se ha vuelto a librar por los pelos de la quiebra
vorbei|sehen *irr vi s.* **vorbeischauen**
vorbei|ziehen *irr vi sein* ❶ (*vorüberziehen*) pasar (*an* por delante de); **Erinnerungen zogen in ihrem Kopf vorbei** los recuerdos desfilaban por su cabeza
❷ (*überholen*) adelantar (*an*)
vorbei|zwängen *vr*: **sich ~** abrirse paso (*an* por entre)
vorbelastet *adj* con antecedentes; **erheblich ~ sein** tener muchos antecedentes; **erblich ~ sein** llevar una tara hereditaria
Vorbelastungsverbot *nt* <-(e)s, -e> (JUR) prohibición *f* de cargas anteriores
Vorbemerkung *f* <-, -en> advertencia *f* preliminar [*o* previa]
Vorbenutzung *f* <-, -en> (JUR) utilización *f* anterior; **Vorbenutzungshandlung** *f* <-, -en> (JUR) acto *m* de utilización anterior; **Vorbenutzungsrecht** *nt* <-(e)s, -e> (JUR) derecho *m* de uso preferente
vor|bereiten* I. *vt* preparar; **darauf war ich nicht vorbereitet** no estaba preparado para eso; **ein vorbereitetes Gericht** un plato precocinado
II. *vr*: **sich ~** prepararse (*auf* para), aprestarse (*auf* a)
vorbereitend *adj* preparatorio
Vorbereitung *f* <-, -en> (*Tätigkeit*) preparación *f*, apronte *m Am*; (*Maßnahme*) preparativo *m*; **~ der mündlichen Verhandlung** preparación de la vista oral; **~en für etw treffen** hacer preparativos para algo; **das Fest ist in ~** se están haciendo los preparativos para la fiesta
Vorbereitungsdienst *m* <-(e)s, -e> (SCH) período *m* de prácticas (para futuros profesores)
Vorbescheid *m* <-(e)s, -e> (JUR) notificación *f* previa
Vorbeschichtung *f* <-, -en> (TECH) prerevestimiento *m*
Vorbesitzer(in) *m(f)* <-s, -; -, -nen> propietario, -a *m*, *f* anterior
Vorbesprechung *f* <-, -en> consulta *f* previa, reunión *f* preliminar
vor|bestellen* *vt* reservar
Vorbestellung *f* <-, -en> reserva *f*
Vorbestimmung *f* <-, -en> (REL) predestinación *f*
vorbestraft *adj* con antecedentes penales; **~ sein** tener antecedentes penales
Vorbestrafte(r) *mf* <-n, -n; -, -n> persona *f* con antecedentes penales
vor|beten I. *vi* (REL) rezar, orar
II. *vt* (*fam*): **jdm etw ~** recitar [*o* soltar] algo a alguien (de carrerilla)
Vorbeter(in) *m(f)* <-s, -; -, -nen> recitador(a) *m(f)* (*persona que dice un rezo o una plegaria para que la repitan los feligreses*)
Vorbeugehaft *f* <-, *ohne pl*> prisión *f* preventiva; **in ~ nehmen** detener preventivamente
vor|beugen I. *vi* (*a.* MED) prevenir; **~ ist besser als heilen** (*prov*) más vale prevenir que curar
II. *vt* inclinar hacia delante
III. *vr*: **sich ~** inclinarse hacia delante; **beug dich nicht so weit vor!** ¡no te inclines tanto hacia delante!
vorbeugend *adj* preventivo; **~e Maßnahmen** medidas preventivas
Vorbeugung *f* <-, *ohne pl*> prevención *f* (*gegen* de); (MED) profilaxis *f inv*; **zur ~ gegen etw** como profilaxis contra algo
Vorbeugungsmaßnahme *f* <-, -n> medida *f* preventiva
Vorbilanz *f* <-, -en> (WIRTSCH) balance *m* provisional [*o* previo]
Vorbild *nt* <-(e)s, -er> ejemplo *m*, modelo *m*; **sich** *dat* **jdn zum ~ nehmen** tomar a alguien como ejemplo; **als ~ dienen** servir de modelo; **ein leuchtendes/schlechtes ~ sein** ser un excelente/mal modelo

vorbildlich *adj* ejemplar, modelo; **sich ~ benehmen** tener un comportamiento excelente [*o* ejemplar]
Vorbildung *f* <-, *ohne pl*> formación *f* previa
vor|binden *irr vt* poner (por delante), atar (por delante)
vor|blättern *vt* (INFOR) pasar la página adelante
Vorbörse *f* <-, -n> (FIN) bolsín *m* de la mañana, operaciones *fpl* antes de la apertura de la bolsa
Vorbote *m* <-n, -n> indicio *m*, señal *f*
vor|bringen *irr vt* ❶ (*Wunsch, Einwand*) manifestar, formular; (*Gründe*) aducir; **verspätetes V~** (JUR) alegación tardía; **was hast du zu deiner Entschuldigung vorzubringen?** ¿qué aduces en tu defensa?
❷ (*fam: nach vorn bringen*) llevar hacia delante
Vorbringen *nt* <-s, *ohne pl*> (JUR) presentación *f*, alegación *f*; **~ von Beweismaterial** presentación de material probatorio; **~ der Parteien** alegaciones de las partes; **nachträgliches/rechtlich unzulässiges ~** alegación posterior/jurídicamente improcedente
vorchristlich *adj* precristiano
Vordach *nt* <-(e)s, -dächer> (ARCHIT) colgadizo *m*
vor|datieren* *vt* antedatar, adelantar la fecha (de)
Vordenker(in) *m(f)* <-s, -; -, -nen> precursor(a) *m(f)*
Vorderachse ['fɔrdə-] *f* <-, -n> eje *m* delantero; **Vorderansicht** *f* <-, -en> vista *f* de frente; **Vorderasien** ['--'--] *nt* <-s> Oriente *m* Próximo; **Vorderbein** *nt* <-(e)s, -e> pata *f* delantera; **Vorderdeck** *nt* <-(e)s, -s> (NAUT) cubierta *f* de proa
vordere(r, s) ['fɔrdərə, -rə, -rəs] *adj* delantero, de delante; **in der ~n Reihe** en primera fila; **der V~ Orient** el Oriente Próximo
Vorderfront *f* <-, -en> fachada *f*; **Vordergrund** *m* <-(e)s, -gründe> primer plano *m*; **im ~ stehen** tener prioridad; **sich in den ~ schieben** [*o* **drängen**] estar siempre en primera fila; **etw in den ~ rücken** [*o* **stellen**] poner algo de relieve; **in den ~ treten** ganar importancia, convertirse en foco de interés
vordergründig ['fɔrdəɡrʏndɪç] *adj* superficial
vorderlastig *adj* (*Schiff, Flugzeug*) pesado de proa
Vorderlauf *m* <-(e)s, -läufe> pata *f* delantera; **Vordermann** *m* <-(e)s, -männer> persona *f* que precede a otra; **mein ~** el que me precede; **jeder steht hinter seinem ~** todos están en fila india; **jdn/etw auf ~ bringen** (*fam*) dar(le) caña a alguien/poner algo a flote; **Vorderpfote** *f* <-, -n> pata *f* delantera
Vorderrad *nt* <-(e)s, -räder> rueda *f* delantera; **Vorderradantrieb** *m* <-(e)s, -e> tracción *f* delantera
Vorderreifen *m* <-s, -> neumático *m* delantero; **Vorderreihe** *f* <-, -n> fila *f* delantera; **Vorderschinken** *m* <-s, -> jamón *m* de paletilla; **Vorderseite** *f* <-, -n> parte *f* delantera; **Vordersitz** *m* <-es, -e> asiento *m* delantero
vorderste(r, s) ['fɔrdəstə, -tə, -təs] *adj superl von* **vordere(r, s)** primero
Vorderteil *nt* <-(e)s, -e> parte *f* delantera
Vordiplom *nt* <-s, -e> (UNIV) examen *m* intermedio (*de diplomatura, que permite el acceso al segundo ciclo*)
vor|drängeln *vr:* **sich ~** (*fam*) colarse
vor|drängen *vr:* **sich ~** abrirse paso a codazos
vor|dringen *irr vi sein* ❶ (*sich ausbreiten*) avanzar, ganar terreno
❷ (*eindringen*) penetrar (*in* en); (*bis*) **zu jdm ~** llegar hasta alguien
vordringlich *adj* urgente, apremiante; **~e Aufgaben** tareas urgentes; **etw ~ behandeln** dar prioridad a algo
Vordruck *m* <-(e)s, -e> formulario *m*, impreso *m*
vorehelich *adj* prematrimonial; **~e Beziehungen** relaciones (sexuales) prematrimoniales
voreilig *adj* precipitado; (*unüberlegt*) irreflexivo; **nicht so ~!** ¡no tan deprisa!; **~e Schlüsse ziehen** sacar conclusiones precipitadas; **~ urteilen** emitir un juicio precipitado, juzgar a la ligera
voreinander [foːɛʔaɪˈnandə] *adv* uno ante otro, el uno delante del otro; **sie haben keine Geheimnisse ~** no tienen secretos entre sí [*o* el uno para el otro]
voreingenommen *adj* lleno de prejuicios; **jdm gegenüber ~ sein** estar lleno de prejuicios contra alguien
Voreingenommenheit *f* <-, *ohne pl*> prejuicio *m*
Voreinstellung *f* <-, -en> (*a.* INFOR) ajuste *m* previo
Voreintragung *f* <-, -en> (JUR) registro *m* previo; **~ im Grundbuch** registro previo en el registro de la propiedad
Voreltern *pl* (JUR) antepasados *mpl*
vor|enthalten* *irr vt* retener; **jdm etw ~** (*Information*) ocultar algo a alguien; (*Rechte*) privar a alguien de algo; **diese Nachricht möchte ich euch nicht ~** no quiero ocultaros esta noticia
Vorenthaltungsschaden *m* <-s, -schäden> (JUR) daño *m* de detentación
Vorentladung *f* <-, -en> predescarga *f*
Vorentscheidung *f* <-, -en> decisión *f* previa, resolución *f* previa
Vorentscheidungskampf *m* <-(e)s, -kämpfe> (SPORT) semifinal(es) *f(pl)*; **Vorentscheidungsrunde** *f* <-, -n> (SPORT) vuelta *f* eliminatoria, eliminatoria *f*
Vorentwurf *m* <-(e)s, -würfe> anteproyecto *m*
Vorerbschaft *f* <-, -en> (JUR) fideicomiso *m* (temporal); **befreite ~** fideicomiso temporal sin posibilidad de disposición posterior
vorerst ['foːɐʔeːɐ̯st, -ˈ-] *adv* por el momento, de momento
vor|exerzieren* *vt* (*fam*) mostrar; **jdm etw ~** mostrar algo a alguien
Vorfahr(in) ['foːɐ̯faːɐ̯] *m(f)* <-en, -en; -, -nen> antepasado, -a *m, f*; **gemeinsamer ~** antecedente común
vor|fahren *irr sein* I. *vi* ❶ (*ankommen*) llegar (*mit/in* en), venir (*mit/in* en); **vor etw** *dat* **~** parar delante de algo; **die Wagen fahren vor dem Rathaus vor** los coches paran delante del ayuntamiento; **sie sind mit dem** [*o* **im**] **Taxi vorgefahren** han llegado en taxi; **man ließ die Kutsche ~** se hizo venir el coche
❷ (*vorne fahren*) ir delante; (*vorausfahren*) adelantarse; **sie sind schon vorgefahren** ya salieron
❸ (*nach vorne fahren*) avanzar
II. *vt* (*vorrücken*) avanzar
Vorfahrin ['-faːrɪn] *f* <-, -nen> *s.* **Vorfahr**
Vorfahrt *f* <-, *ohne pl*> prioridad *f* (de paso), preferencia *f* de paso; **die ~ beachten** ceder el paso; **jdm die ~ nehmen** quitar(le) a alguien la prioridad; **~ haben** tener preferencia
vorfahrt(s)berechtigt *adj* con preferencia; **~ sein** tener preferencia
Vorfahrt(s)regel *f* <-, -n> norma *f* de prioridad [*o* de preferencia de paso]; **Vorfahrt(s)schild** *nt* <-(e)s, -er> señal *f* de prioridad de paso; **Vorfahrt(s)straße** *f* <-, -n> (*im Ort*) calle *f* prioritaria; (*auf Landstraße*) carretera *f* prioritaria; **Vorfahrt(s)zeichen** *nt* <-s, -> señal *f* de prioridad (de paso)
Vorfall *m* <-(e)s, -fälle> ❶ (*Ereignis*) acontecimiento *m*, suceso *m*
❷ (MED) prolapso *m*
vor|fallen *irr vi sein* ❶ (*geschehen*) suceder, pasar
❷ (*nach vorne fallen*) caer hacia delante
Vorfeld *nt* <-(e)s, -er> preludio *m*; **im ~ von etw** como preludio de algo; **im ~ der Veranstaltung** antes de dar paso [*o* comienzo] al acto; **Vorfilm** *m* <-(e)s, -e> trailer *m*, avance *m*
vor|finanzieren* *vt* (FIN) prefinanciar, adelantar fondos
Vorfinanzierung *f* <-, -en> (FIN) prefinanciación *f*
vor|finden *irr vt* encontrar (al llegar), encontrarse (con)
Vorfluter *m* <-s, -> cauce *m* de desagüe; **Vorform** *f* <-, -en> forma *f* primitiva; **Vorfreude** *f* <-, -n> alegría *f* previa
vorfristig *adj* antes del plazo acordado
Vorfrühling *m* <-s, -e> primavera *f* precoz
vor|fühlen *vi* tantear el terreno
vor|führen *vt* ❶ (*Person*) llevar; **dem Richter ~** llevar ante el juez
❷ (*zeigen*) enseñar, mostrar; (*Mode*) presentar; (*Versuch, Gerät*) demostrar
❸ (FILM) exhibir, proyectar, poner *fam*, dar *fam*; (*Kunststück*) presentar
❹ (*fam: bloßstellen*) desenmascarar
Vorführgerät *nt* <-(e)s, -e> ❶ (*Projektor*) proyector *m* ❷ (*zu Demonstrationszwecken*) aparato *m* de demostración; **Vorführraum** *m* <-(e)s, -räume> cabina *f* de proyección
Vorführung *f* <-, -en> ❶ (*Vorstellung*) representación *f*
❷ (*von Mode*) presentación *f*; (*von Gerät*) demostración *f*
❸ (*von Film*) proyección *f*; (*von Kunststück*) presentación *f*
❹ (JUR) comparecencia *f*; **~ ausbleibender Zeugen** comparecencia de los testigos ausentes; **~ des ausgebliebenen Angeklagten** comparecencia del acusado ausente; **~ des Festgenommenen** comparecencia del detenido
Vorführungsrecht *nt* <-(e)s, *ohne pl*> derecho *m* de demostración
Vorführwagen *m* <-s, -> modelo *m* de demostración
Vorgabe *f* <-, -n> ❶ (SPORT) ventaja *f*
❷ (*Richtlinie*) norma *f*, regla *f*
Vorgabezeit *f* <-, -en> (WIRTSCH) (tiempo *m* de) ventaja *f*
Vorgang *m* <-(e)s, -gänge> ❶ (*Ereignis*) suceso *m*, acontecimiento *m*; (*Ablauf, a.* CHEM, TECH) proceso *m*; **arbeitsintensiver ~** procedimiento de gran intensidad laboral
❷ (ADMIN: *Akten*) expediente *m*
Vorgänger(in) ['-ɡɛŋɐ] *m(f)* <-s, -; -, -nen> predecesor(a) *m(f)*, antecesor(a) *m(f)*
vorgängig ['-ɡɛŋɪç] *adj* (*Schweiz*) previo, anterior
Vorgarten *m* <-s, -gärten> jardín *m* delante de la casa
vor|gaukeln ['-ɡaʊkəln] *vt:* **jdm etw ~** hacer creer algo a alguien
vor|geben *irr vt* ❶ (*vortäuschen*) poner como pretexto, fingir; **sie gab vor, müde zu sein** puso como pretexto que estaba cansada; **er gab vor, nichts gewusst zu haben** pretendió no saber nada al respecto
❷ (*fam: nach vorn geben*) pasar hacia delante (*zu* a)
❸ (*festsetzen*) fijar
Vorgebirge *nt* <-s, -> (GEO) cordillera *f* secundaria; (*Ausläufer*) estribaciones *fpl*
vorgeblich ['-ɡeːplɪç] *adj* supuesto

vorgefasst[RR] ['-gəfast] *adj*, **vorgefaßt** *adj* preconcebido; ~e **Meinungen** opiniones preconcebidas
vorgefertigt ['-gəfɛrtɪçt] *adj* prefabricado
Vorgefühl *nt* <-(e)s, -e> presentimiento *m*
vorgeheizt *adj* precalentado
vor|gehen *irr vi sein* ❶ (*nach vorne gehen*) pasar adelante; (*vorrücken*) avanzar; (*vorne gehen*) ir delante
❷ (*vorausgehen*) adelantarse
❸ (*Uhr*) adelantar
❹ (*handeln*) obrar; (*verfahren*) proceder; **ich werde gerichtlich gegen ihn** ~ le llevaré ante los tribunales; **gegen etw** ~ adoptar medidas contra algo; **sie ging bei der Planung systematisch vor** lo planeó todo sistemáticamente
❺ (*geschehen*) suceder; **er begriff nicht, was um ihn herum vorging** no comprendió lo que sucedía a su alrededor; **was geht** (**nur**) **in dir vor?** ¿en qué piensas?
❻ (*Vorrang haben*) tener prioridad; **die Sicherheit geht vor** la seguridad ante todo
Vorgehen *nt* <-s, *ohne pl*> manera *f* de proceder, procedimiento *m*; **gerichtliches** ~ litigio *m*, procesamiento judicial
Vorgehensweise *f* <-, -n> manera *f* de proceder
vorgelagert *adj* situado delante (+*dat* de)
Vorgeschichte[1] *f* <-, -n> (*eines Geschehens*) antecedentes *mpl*
Vorgeschichte[2] *f* <-, *ohne pl*> (*Urgeschichte*) Prehistoria *f*
vorgeschichtlich *adj* prehistórico
Vorgeschmack *m* <-(e)s, *ohne pl*> prueba *f*, cata *f*; **das gibt uns einen** ~ **von dem, was uns bevorsteht** esto nos da una idea de lo que nos espera
vorgeschrieben *adj* (*a.* JUR) prescrito; ~**es Formblatt** formulario legal; ~**e Preise** precios impuestos
Vorgesetzte(r) *mf* <-n, -n; -n, -n> jefe, -a *m, f*, superior *mf*
Vorgespräch *nt* <-(e)s, -e> conversación *f* previa
vorgestern *adv* anteayer; ~ **Abend/Morgen/Mittag** anteayer por la tarde/por la mañana/al mediodía; **von** ~ (*vorgestrig*) de anteayer; (*antiquiert*) del año de Maricastaña [*o* de la nana]
vorgestrig *adj* ❶ (*von vorgestern*) de anteayer
❷ (*fam: überholt*) anticuado
vor|greifen *irr vi* actuar prematuramente; **jdm** ~ anticiparse a alguien; **einer Entscheidung** ~ adelantarse a una decisión
Vorgreiflichkeit *f* <-, *ohne pl*> (JUR) precedencia *f*
Vorgriff *m* <-(e)s, -e> anticipación *f*; **im** ~ **auf etw** anticipándose a algo
vor|gucken *vi* (*fam: Mensch*) asomarse; (*Gegenstand*) verse
vor|haben *irr vt* ❶ (*beabsichtigen*) proponerse, tener la intención (*zu* de)
❷ (*geplant haben*) pensar hacer, tener planeado; **hast du heute Abend schon etwas vor?** ¿tienes algún plan para esta noche?; **was hast du mit ihm vor?** ¿qué piensas hacer con él?
Vorhaben *nt* <-s, -> ❶ (*Absicht*) intención *f*, proyecto *m*
❷ (*Plan*) plan *m*, proyecto *m*
Vorhalle *f* <-, -n> (*außen*) pórtico *m*, atrio *m*, pretil *m Am*
❷ (*innen*) vestíbulo *m*, antesala *f*
Vorhalt *m* <-(e)s, -e> (JUR) reconvención *f*; ~ **von Schriftstücken** reconvención de elementos escritos
Vorhaltekosten *pl* (JUR) costos *mpl* de reconvención
vor|halten *irr* I. *vt* ❶ (*davor halten*) poner delante; **halt dir die Hand vor, wenn du hustest** tápate la boca con la mano al toser
❷ (*vorwerfen*): **jdm etw** ~ reprochar algo a alguien; **er hielt ihm seine Unpünktlichkeit vor** le reprochó su poca puntualidad
II. *vi* (*fam*) durar
Vorhaltung *f* <-, -en> recriminación *f*, reproche *m*; **jdm** (**wegen etw** *gen/dat*) ~**en machen** hacer(le) recriminaciones a alguien (por algo)
Vorhand *f* <-, *ohne pl*> ❶ (SPORT) golpe *m* derecho
❷ (*vom Pferd*) mano *f* delantera
vorhanden [foːɐˈhandən] *adj* (*existierend*) existente, presente; (*verfügbar*) disponible
Vorhandensein [-'---] *nt* <-s, *ohne pl*> existencia *f*; (*Verfügbarkeit*) disponibilidad *f*
Vorhang *m* <-(e)s, -hänge> ❶ (*an Fenster*) cortina *f*
❷ (THEAT) telón *m*; **der Eiserne** ~ (HIST) el telón de acero
Vorhängeschloss[RR] *nt* <-es, -schlösser> candado *m*
Vorhaus *nt* <-es, -häuser> (*Österr*) vestíbulo *m*, entrada *f*
Vorhaut *f* <-, -häute> (ANAT) prepucio *m*
vorher [foːɐˈheːɐ, '--] *adv* antes; (*im Voraus*) de antemano; **kurz** ~ poco antes; **das hättest du mir auch** ~ **sagen können** también me lo podrías haber dicho antes; **am Tag** ~ el día anterior
vorher|bestimmen* [foːɐˈheːɐ-] *vt* predestinar
Vorherbestimmung *f* <-, *ohne pl*> (REL) predestinación *f*
vorhergehend *adj* anterior
vorherige(r, s) *adj* anterior, previo; **nur nach** ~**r Vereinbarung** sólo después de haber llegado a un acuerdo previo
Vorherrschaft *f* <-, *ohne pl*> predominio *m*, preponderancia *f*; (*Hegemonie*) hegemonía *f*
vor|herrschen *vi* prevalecer, predominar, imperar; ~**de Marktlage** situación predominante del mercado; **die** ~**de Meinung** la opinión predominante [*o* preponderante] [*o* de la mayoría]; **die** ~**den Ansichten** las opiniones imperantes
Vorhersage *f* <-, -n> pronóstico *m*; (*Wetter~*) previsión *f*
vorher|sagen [-'---] *vt* pronosticar, predecir
vorhersehbar *adj* previsible
vorher|sehen [-'---] *irr vt* prever
vor|heucheln *vt* (*fam abw*) fingir; **er heuchelte ihr Verständnis vor** fingió que la comprendía
vorhin [foːɐˈhɪn, '--] *adv* antes, hace un momento
Vorhinein[RR] *nt* ['foːɐhɪnaɪn]: **im** ~ de antemano
Vorhof *m* <-(e)s, -höfe> ❶ (ANAT) aurícula *f* ❷ (*Vestibulum*) vestíbulo *m*; **Vorhölle** *f* <-, *ohne pl*> (REL) limbo *m*
Vorhut ['foːɐhuːt] *f* <-, -en> (MIL) vanguardia *f*
vorige(r, s) ['foːrɪgə, -gɐ, -gəs] *adj* anterior; (*vergangen*) pasado; ~ **Woche** la semana pasada; **das** ~ **Mal** la otra vez
Vorjahr *nt* <-(e)s, -e> año *m* anterior [*o* pasado]; **im** ~ el año pasado
Vorjahresergebnis *nt* <-ses, -se> resultado *m* del año anterior [*o* precedente]; **vergleichbares** ~ año anterior comparable; **Vorjahresniveau** *nt* <-s, -s> nivel *m* del año anterior; **hohes** ~ alto nivel del año anterior; **Vorjahresrate** *f* <-, -n> plazo *m* del año anterior; **Vorjahresvergleich** *m* <-(e)s, -e> comparación *f* con el año anterior; **Vorjahreszeitraum** *m* <-(e)s, -räume> período *m* correspondiente del año anterior
vorjährige(r, s) *adj* del año pasado [*o* anterior]
vor|jammern *vt* (*fam*): **jdm etwas** ~ molestar a alguien con sus lamentos [*o* penas y desgracias]
Vorkämpfer(in) *m(f)* <-s, -; -, -nen> precursor(a) *m(f)*, pionero, -a *m, f*
Vorkasse *f* <-, *ohne pl*> (COM) pago *m* anticipado
vor|kauen *vt* ❶ (*Nahrung*) masticar (primero), mascar (primero)
❷ (*fam: erklären*): **jdm etw** ~ dar a alguien las cosas mas(ti)cadas, explicar algo detalladamente a alguien
Vorkauf *m* <-(e)s, -käufe> compra *f* preferente, retracto *m*; **zum** ~ **berechtigt sein** tener derecho de compra preferente, tener derecho de retracto
Vorkaufspreis *m* <-es, -e> (WIRTSCH) precio *m* de retracto; **Vorkaufsrecht** *nt* <-(e)s, -e> (JUR) derecho *m* de preferencia; **Ausübung des** ~**s** ejercicio del derecho preferencial de compra; **subjektiv-dingliches/subjektiv-persönliches** ~ derecho preferencial de compra subjetivo realista/subjetivo personal
Vorkehr ['foːɐkeːɐ] *f* <-, -en> (*Schweiz*), **Vorkehrung** ['foːɐkeːrʊŋ] *f* <-, -en> precaución *f*; ~**en treffen** tomar precauciones
Vorkenntnis *f* <-, -se> conocimiento(s) *m(pl)* previo(s)
vor|knöpfen *vr* (*fam*): **sich** *dat* **jdn** ~ cantarle las cuarenta a alguien, echarle una bronca a alguien; **den Burschen werde ich mir mal** ~ **a** ese chico le voy a cantar las cuarenta
vor|kommen *irr vi sein* ❶ (*nach vorne kommen*) venir hacia delante
❷ (*sich ereignen*) pasar, ocurrir; **das kommt schon mal vor** son cosas que pasan; **das kommt in der besten Familie vor** (*fam*) esto pasa en las mejores familias; **das wird nicht wieder** ~ esto no volverá a repetirse; **so etwas ist mir ja noch nie vorgekommen** en la vida había visto cosa semejante
❸ (*vorhanden sein*) existir; **oft** ~ ser frecuente
❹ (*erscheinen*) aparecer; (*in Liste*) figurar (*in* en); **hinter etw** *dat* ~ salir detrás de algo
❺ (*scheinen*) parecer; **das kommt mir seltsam vor** esto me parece raro; **dieses Lied kommt ihm bekannt vor** esta canción le suena; **sie kommt mir bekannt vor** me parece que la conozco, me suena su cara *fam*; **ich komme mir vor wie ein Idiot** me siento como un idiota; **du kommst dir wohl sehr schlau vor?** ¿te crees muy listo, verdad?; **wie kommst du mir eigentlich vor?** (*fam*) ¿pero tú qué te crees [*o* quién crees que eres]?
Vorkommen[1] *nt* <-s, *ohne pl*> (*Vorhandensein*) existencia *f*
Vorkommen[2] *nt* <-s, -> (*von Rohstoffen*) yacimiento *m*
Vorkommnis *nt* <-ses, -se> suceso *m*, acontecimiento *m*; **es gab keine besonderen** ~**se** no hubo sucesos especiales
Vorkriegszeit *f* <-, -en> (*época f de la*) anteguerra *f*, preguerra *f*
vor|laden *irr vt* citar
Vorladung *f* <-, -en> citación *f*; ~ **vor Gericht** citación judicial
Vorlage[1] *f* <-, *ohne pl*> (*das Vorlegen*) presentación *f*; **gegen** ~ **einer Bescheinigung** previa presentación de un certificado; **mit einem Betrag in** ~ **treten** realizar el pago anticipado de una suma
Vorlage[2] *f* <-, -n> ❶ (*Gesetzes~*) proyecto *m* (de ley); **eine** ~ **einbringen** presentar un proyecto [*o* una moción]
❷ (*Muster*) modelo *m*; (*für Handarbeit*) patrón *m*

Vorlagepflicht

❸ (TYPO) original *m*
❹ (SPORT) pase *m*
❺ *Schweiz: Vorleger*) felpudo *m*, esterilla *f*
Vorlagepflicht *f* <-, *ohne pl*> (JUR) obligación *f* de presentar
Vorland *nt* <-(e)s, *ohne pl*> (GEO) terreno *m* situado antes de una sierra
vor|lassen *irr vt* ❶ (*fam: nach vorne lassen*) dejar pasar
❷ (*empfangen*) ser recibido (*zu* por)
Vorlauf *m* <-(e)s, -läufe> ❶ (SPORT) carrera *f* preliminar [*o* eliminatoria]
❷ (TECH) avance *m*
❸ (*Tonband, Videokassette*) marcha *f* hacia adelante
vor|laufen *irr vi sein (fam)* ❶ (*vorauslaufen*) adelantarse; **sie lief vor um die Eintrittskarten zu kaufen** se adelantó para sacar las entradas
❷ (*nach vorne laufen*) pasar hacia adelante
Vorläufer(in) *m(f)* <-s, -; -, -nen> precursor(a) *m(f)*
vorläufig I. *adj* provisional; (*kurzfristig*) temporal
II. *adv* provisionalmente; (*kurzfristig*) temporalmente; (*fürs Erste*) por el momento
Vorlaufinvestition *f* <-, -en> (WIRTSCH) inversión *f* preferencial
vorlaut *adj* impertinente, descarado
Vorleben *nt* <-s, *ohne pl*> vida *f* anterior, pasado *m*
Vorlegebesteck *nt* <-(e)s, -e> cubierto *m* de servir
vor|legen *vt* ❶ (*zeigen*) mostrar, enseñar; (*Ausweis, Gesetzentwurf*) presentar; (*Speise*) servir; **der Brief wurde ihm zur Unterschrift vorgelegt** le presentaron la carta para que la firmara
❷ (*Kette*) poner; (*Riegel*) correr
❸ (SPORT) hacer un pase adelantado
Vorleger *m* <-s, -> (*Bett~*) felpudo *m*, alfombra *f*; (*WC~*) alfombrilla *f*
Vorlegung *f* <-, -en> presentación *f*, exhibición *f*; **~ der Handelsbücher** presentación [*o* exhibición] de los libros de comercio
Vorlegungsfrist *f* <-, -en> (JUR: *eines Wechsels*) plazo *m* de presentación [*o* exhibición]; **Vorlegungspflicht** *f* <-, -en> (JUR) deber *m* de presentación [*o* exhibición]
vor|lehnen *vr: sich* ~ inclinarse hacia delante
Vorleistung *f* <-, -en> anticipo *m*, pago *m* por adelantado
vor|lesen *irr vt* leer en voz alta; **jdm etw** ~ leer algo a alguien
Vorleser(in) *m(f)* <-s, -; -, -nen> recitador(a) *m(f)*
Vorlesung *f* <-, -en> (*Universität*) clase *f*; (*Vortrag*) conferencia *f*; (*~sreihe*) curso *m*; **eine ~ über etw halten** dar una clase magistral sobre algo
vorlesungsfrei *adj* (UNIV) no lectivo; **in der ~en Zeit** en el período no lectivo; **~ haben** no tener clases
Vorlesungsverzeichnis *nt* <-ses, -se> programa *m* de cursos y asignaturas de la universidad
vorletzte(r, s) *adj* penúltimo; (*zeitlich*) anterior; **~ Woche** la semana anterior
vorlieb[RR] [foːɐˈliːp] *adv*: **mit jdm/etw** *dat* ~ **nehmen** contentarse con alguien/algo, darse por contento con alguien/algo
Vorliebe *f* <-, -n> preferencia *f* (*für* por), predilección *f* (*für* por); **eine ~ für etw/jdn haben** tener una preferencia por algo/alguien, sentir una predilección por algo/alguien; **etw mit ~ tun** hacer algo con muchísimo gusto; **diesen Wein trinke ich mit ganz besonderer ~** me gusta especialmente beber este vino
vorlieb|nehmen *irr vi s.* **vorlieb**
vor|liegen *irr vi* ❶ (*vorhanden sein*) existir, haber; **liegt etwas Besonderes vor?** ¿hay algo especial?; **es liegt nichts gegen ihn vor** no se le acusa de nada; **hier muss ein Irrtum/Missverständnis ~** debe de haber [*o* tratarse de] un error/malentendido
❷ (*zur Begutachtung*) haber sido presentado; **jdm liegen alle Unterlagen vor** alguien tiene todos los documentos (a la vista); **die ~de Beschreibung** la descripción en cuestión; **im ~den Fall** en el presente caso
❸ (*fam: Kette*) estar echado
vorliegend *adj* (*Unterlagen*) presente; (*Gründe*) existente; (*Angelegenheit, Probleme*) en cuestión; **nach den bisher ~en Erkenntnissen** según los conocimientos de los que disponemos hasta el momento
vor|lügen *irr vt* (*fam*): **jdm etwas ~** mentir a alguien
vorm. ❶ *Abk. von* **vormals** antes
❷ *Abk. von* **vormittags** por la mañana
vor|machen *vt* (*fam*) ❶ (*zeigen*) enseñar, mostrar; **auf dem Gebiet macht ihr so leicht keiner was vor** no es fácil ganarle en este sector; **der kann dir noch etwas ~** puedes aprender algo de él
❷ (*täuschen*) hacer creer, engañar; **sie lässt sich** *dat* **nichts ~** no es posible tomarle el pelo; **er macht sich** *dat* **selbst was vor** se engaña a sí mismo
Vormacht *f* <-, *ohne pl*> (*a.* POL) supremacía *f*, hegemonía *f*
Vormachtstellung *f* <-, -en> hegemonía *f*, supremacía *f*; **gegenüber jdm eine ~ innehaben** gozar de la supremacía frente a alguien
vormalige(r, s) *adj* anterior, antiguo
vormals [ˈfoːɐmaːls] *adv* antiguamente, antes

Vormann *m* <-(e)s, -männer> ❶ (*Vorarbeiter*) capataz *m*
❷ (*Vorgänger*) antecesor *m*
❸ (*Österr: früherer Eigentümer*) propietario *m* anterior
Vormarsch *m* <-(e)s, -märsche> avance *m*; **auf dem ~ sein** avanzar; (*fig*) extenderse
vor|merken *vt* apuntar, anotar; (*reservieren*) reservar (*für* para); **ein Buch in der Bibliothek ~ lassen** reservar un libro (que está prestado) en la biblioteca; **sich** *dat* **etw ~** apuntarse algo; **sich für etw ~ lassen** apuntarse para algo
Vormerkung *f* <-, -en> ❶ (*in Bücherei*) reserva *f*
❷ (*a.* JUR) nota *f*; **eine ~ in das Grundbuch eintragen** hacer una anotación preventiva en el registro de la propiedad
Vormieter(in) *m(f)* <-s, -; -, -nen> inquilino, -a *m, f* anterior
vormittag *adv s.* **Vormittag**
Vormittag *m* <-(e)s, -e> mañana *f*; **am ~ por la mañana**; **gestern/heute/morgen ~** ayer/hoy/mañana por la mañana
vormittags *adv* por la mañana
Vormonat *m* <-(e)s, -e> mes *m* anterior
Vormund *m* <-(e)s, -e *o* -münder> tutor(a) *m(f)*
Vormundschaft *f* <-, -en> tutela *f*; **befreite ~** tutela dispensada; **gerichtliche ~** tutela judicial; **unter ~ stehen** estar bajo tutela; **jdn unter ~ stellen** poner a alguien bajo tutela
Vormundschaftsgericht *nt* <-(e)s, -e> (JUR) tribunal *m* tutelar; **Vormundschaftsrichter(in)** *m(f)* <-s, -; -, -nen> (JUR) juez *mf* tutelar; **Vormundschaftssachen** *fpl* asuntos *mpl* tutelares
vorn [fɔrn] *adv* ❶ (*an vorderer Stelle*) delante; (*am vorderen Ende*) en la parte delantera, en el extremo delantero; (*im Vordergrund*) en el primer plano; (*auf der Vorderseite*) por delante; **von ~ sieht der Wagen ganz gut aus** por delante el coche ofrece un buen aspecto; **wir saßen ganz ~** estábamos sentados delante del todo; **das Auto da ~** el coche de allí delante; **von/nach ~** de/hacia delante; **weiter ~** más adelante; **von ~ bis hinten** de delante atrás; (*fam*) completamente; **sie hat ihn von ~ bis hinten belogen** (*fam*) le mintió de principio a fin; **das Zimmer liegt nach ~** (*fam*) el cuarto da a la calle; **es reicht hinten und ~e nicht** no alcanza por ningún lado
❷ (*an der Spitze*) a la cabeza (de), al frente (de); **~ liegen** estar a la cabeza
❸ (*am Anfang*) al principio; **von ~** de nuevo; **er begann noch mal von ~e** comenzó otra vez desde el principio; **weiter ~** (*im Text*) más arriba
Vornahmeklage *f* <-, -n> (JUR) acción mediante la cual se exige a la administración una actividad en determinado sentido
Vorname *m* <-ns, -n> nombre *m* de pila; **Vor- und Zuname** nombre y apellido
vorne *adv s.* **vorn**
vornehm [ˈfoːɐneːm] *adj* ❶ (*fein*) distinguido, aseñorado *Am*
❷ (*edel, adlig*) noble; **sich** *dat* **zu ~ für etw sein** ser demasiado (fino) para algo; **~ tun** (*fam abw*) hacerse el fino
❸ (*elegant*) elegante
vor|nehmen *irr vt* ❶ (*ausführen*) hacer, efectuar
❷ **sich** *dat* **etw ~** (*vorhaben*) proponerse algo; (*planen*) planear algo; (*in Angriff nehmen*) ponerse a hacer algo; **ich habe mir zu viel vorgenommen** me he propuesto demasiadas cosas
❸ (*fam: ermahnen*): **sich** *dat* **jdn ~** echar una bronca a alguien; **den werde ich mir mal ordentlich ~** a este le voy a echar una buena bronca
❹ (*fam: bevorzugt abfertigen*) atender primero
Vornehmheit *f* <-, *ohne pl*> elegancia *f*
vornehmlich *adv* (*geh*) especialmente, principalmente
vor|neigen I. *vt* inclinar; **den Kopf ~** inclinar la cabeza
II. *vr: sich* ~ inclinarse
vorneweg [ˈfɔrnəvɛk, --ˈ-] *adv* ❶ (*zuerst*) de antemano
❷ (*an der Spitze*) delante, a la cabeza
vornherein [ˈ---] *adv*: **von ~** desde el principio [*o* el comienzo]
vornüber [ˈ---] *adv* hacia delante
Vorort *m* <-(e)s, -e> suburbio *m*, barrio *m* periférico
Vor-Ort-Reporter(in) [---'--] *m(f)* <-s, -; -, -nen> (PUBL) reportero, -a *m, f* en el lugar de los hechos, enviado, -a *m, f* especial
Vorort(s)zug *m* <-(e)s, -züge> tren *m* de cercanías
Vorpfändung *f* <-, -en> (JUR) embargo *m* anticipado
Vorplatz *m* <-es, -plätze> explanada *f*
Vorposten *m* <-s, -> (MIL) puesto *m* avanzado, avanzadilla *f*
vor|preschen *vi sein* ❶ (*laufen*) precipitarse (*zu* a)
❷ (*in einer Angelegenheit*): **zu weit ~** precipitarse (*in* en)
Vorprodukt *nt* <-(e)s, -e> producto *m* semielaborado
vorprogrammiert *adj* programado, previsible
Vorprüfung *f* <-, -en> (UNIV) examen *m* preliminar
Vorrang [ˈfoːɐraŋ] *m* <-(e)s, *ohne pl*> ❶ (*Priorität*) primacía *f* (*vor* sobre), prioridad *f* (*vor* sobre); **~ des Gesetzes** supremacía de la ley; **den ~ vor etw** *dat* **haben** [*o* **genießen**] tener primacía sobre algo; **jdm/**

vorrangig

etw *dat* den ~ geben [*o* einräumen] dar trato preferente a alguien/algo; **etw wird mit ~ erledigt** algo es despachado con prioridad
② (*Österr: Vorfahrt*) prioridad *f*
vorrangig *adj* prioritario; **etw ~ behandeln** dar trato prioritario a algo; **~ sein** tener prioridad
Vorrangstellung *f* <-, *ohne pl*> primacía *f*, precedencia *f*; **eine ~ einnehmen** gozar de supremacía (*vor* sobre)
Vorrat [ˈfoːraːt, *pl:* ˈfoːrɛːtə] *m* <-(e)s, -räte> provisión *f*, acopio *m*; (WIRTSCH) existencias *fpl*, stock *m*; **ein großer ~ an Lebensmitteln** una gran provisión de alimentos; **von etw** *dat* **einen ~ anlegen** hacer acopio de algo; **etw auf ~ kaufen** comprar grandes cantidades de algo (para almacenarlo); **solange der ~ reicht** hasta que se agoten las existencias
Vorrätemehrung *f* <-, -en> (WIRTSCH) aumento *m* de existencias, incremento *m* de existencias
vorrätig [ˈføːrɛːtɪç] *adj* (*auf Lager*) en almacén, en depósito; (*verfügbar*) disponible; **nicht ~** no disponible; **nicht mehr ~** agotado; **etw ~ haben** tener algo en almacén
Vorratsbehälter *m* <-s, -> depósito *m*; **Vorratskammer** *f* <-, -n> despensa *f*; **Vorratspatent** *nt* <-(e)s, -e> (JUR) patente *f* no explotada; **Vorratspfändung** *f* <-, -en> (JUR) embargo *m* de stocks; **Vorratsraum** *m* <-(e)s, -räume> almacén *m*; **Vorratsschuld** *f* <-, -en> (JUR) obligación *f* genérica delimitada; **Vorratsvermögen** *nt* <-s, -> (FIN) patrimonio *m* constituido por las existencias
Vorraum *m* <-(e)s, -räume> antecámara *f*, vestíbulo *m*
vor|rechnen *vt:* **jdm etw ~** hacer el cálculo de algo a alguien; **er rechnete uns vor, wie viel es kosten wird** nos hizo un presupuesto
Vorrecht *nt* <-(e)s, -e> ① (*Privileg*) privilegio *m*; **gewisse ~e genießen** gozar de ciertos privilegios; **jdm ein ~ einräumen** otorgar un privilegio a alguien
② (JUR) prerrogativa *m*; **~e und Erleichterungen** prerrogativas y facilidades
Vorrechtsaktie *f* <-, -n> (WIRTSCH) acción *f* preferente
Vorrede *f* <-, -n> introducción *f*, discurso *m* preliminar
Vorredner(in) *m(f)* <-s, -; -, -nen> orador(a) *m(f)* anterior(a) [*o* precedente]
Vorreiter(in) *m(f)* <-s, -; -, -nen> (*fam*) precursor(a) *m(f)*; **den ~ für jdn machen** (*fam*) abrir el camino a alguien
Vorrichtung *f* <-, -en> dispositivo *m*, mecanismo *m*
vor|rücken I. *vi sein* ① (*aufsteigen*) ascender, subir; **er rückte auf den dritten Platz vor** ha subido al tercer puesto; **zu vorgerückter Stunde** (*geh*) a altas horas de la madrugada
② (MIL) avanzar (*nach/gegen* a/hacia, *bis zu/nach* hasta)
③ (*nach vorn rücken*) avanzar; **mit einem Spielstein ~** avanzar con una ficha
II. *vt* mover (hacia delante); (*nähern*) aproximar, acercar
Vorruhestand *m* <-(e)s, *ohne pl*> prejubilación *f*, jubilación *f* anticipada; **in den ~ treten** pasar a la jubilación anticipada
Vorruhestandsregelung *f* <-, -en> reglamentación *f* de jubilación anticipada
Vorrunde *f* <-, -n> (SPORT) (prueba *f*) eliminatoria *f*
vor|sagen *vt* ① (*vorsprechen*) decir; (*zum Mitschreiben*) dictar; (*Gedicht*) recitar, declamar; **sich** *dat* **etw ~** repetir algo para sí
② (*in Prüfung*) soplar
Vorsaison *f* <-, -s> temporada *f* baja, pretemporada *f*
Vorsänger(in) *m(f)* <-s, -; -, -nen> ① (REL) chantre *mf*
② (MUS) primer(a) cantor(a) *m(f)*
Vorsatz *m* <-es, -sätze> ① (*Absicht*) intención *f*, propósito *m*; (*Entschluss*) decisión *f*; **den ~ haben etw zu tun** tener la intención de hacer algo; **bei seinen Vorsätzen bleiben** mantener sus propósitos; **den ~ fassen abzuhauen** tomar la decisión de largarse
② (JUR) dolo *m*; **alternativer ~** dolo alternativo; **bedingter ~** dolo necesario; **direkter ~** dolo directo; **natürlicher ~** dolo natural; **vermuteter ~** dolo presunto; **~ zweiten Grades** dolo de segundo grado
③ (*in der Buchbinderei*) guardas *fpl*
Vorsatzblatt *nt* <-(e)s, -blätter> guarda *f*; **Vorsatzdelikt** *nt* <-(e)s, -e> (JUR) delito *m* premeditado; **Vorsatz-Fahrlässigkeits-Kombination** *f* <-, -en> (JUR) combinación *f* de dolo y negligencia
vorsätzlich [ˈfoːrɛtslɪç] I. *adj* premeditado; (JUR) doloso
II. *adv* a propósito; (JUR) con premeditación
Vorsätzlichkeit *f* <-, *ohne pl*> (JUR) premeditación *f*
Vorsatzlinse *f* <-, -n> (FOTO) lente *f* adicional; **Vorsatztheorie** *f* <-, *ohne pl*> (JUR) teoría *f* de la premeditación
Vorschau *f* <-, -en> avance *m* informativo (*auf* acerca de)
Vorschein *m:* **zum ~ kommen** salir a la luz; **etw zum ~ bringen** sacar algo a la luz, poner algo al descubierto
vor|schicken *vt* ① (*Gepäck*) mandar con antelación
② (*mit Auftrag*) mandar; **sie schicken immer die Sekretärin vor** siempre mandan a la secretaria
vor|schieben *irr vt* ① (*nach vorn schieben*) empujar hacia delante; **ein vorgeschobener Posten** (MIL) una avanzadilla; **einen Strohmann ~** mandar una avanzadilla
② (*Riegel*) correr
③ (*zur Entschuldigung*) poner como pretexto
vor|schießen *irr* I. *vi sein* (*fam*) correr rápidamente hacia delante
II. *vt* (*fam*) anticipar
Vorschiff *nt* <-(e)s, -e> (NAUT) proa *f*
Vorschlag *m* <-(e)s, -schläge> propuesta *f*; (*Empfehlung*) recomendación *f*; **einen ~ machen/annehmen** hacer/aceptar una propuesta; **auf einen ~ eingehen** asumir una propuesta; **auf ~ von ...** a propuesta de...; **ein ~ zur Güte** una propuesta para llegar a un acuerdo
vor|schlagen *irr vt* proponer (*für* para, *als* como); (*empfehlen*) recomendar; **ich schlage vor, wir gehen jetzt** propongo que nos vayamos ahora
Vorschlaghammer *m* <-s, -hämmer> martillo *m* a dos manos
Vorschlagsrecht *nt* <-(e)s, *ohne pl*> (JUR) derecho *m* de proposición; **Vorschlagswesen** *nt* <-s, *ohne pl*> sistema *m* de sugestiones
vorschnell *adj* irreflexivo, precipitado
vor|schreiben *irr vt* ① (*Text*) escribir en borrador
② (*anordnen*) prescribir, ordenar; **jdm ~, was er/sie zu tun hat** ordenar a alguien lo que tiene que hacer
Vorschrift *f* <-, -en> prescripción *f*; (*Anweisung*) instrucciones *fpl*; (*Bestimmung*) reglamento *m*; **jdm ~en machen** dar(le) instrucciones a alguien; **sich an die ~en halten** atenerse a las instrucciones; **das verstößt gegen die ~** esto va en contra del reglamento; **von dem lasse ich mir keine ~en machen** no admito órdenes de él; **Dienst nach ~** huelga de celo
vorschriftsmäßig I. *adj* reglamentario
II. *adv* conforme a las ordenanzas, según lo prescrito
vorschriftswidrig *adj* antirreglamentario, contrario a las ordenanzas [*o* instrucciones]
Vorschub *m:* **etw** *dat* **~ leisten** apoyar algo
Vorschulalter *nt* <-s, *ohne pl*> edad *f* preescolar
Vorschule *f* <-, -n> centro *m* de educación preescolar
Vorschulerziehung *f* <-, *ohne pl*> educación *f* preescolar; **Vorschulkind** *nt* <-(e)s, -er> niño, -a *m, f* en edad preescolar
Vorschuss^RR *m* <-es, -schüsse>, **Vorschuß** *m* <-sses, -schüsse> anticipo *m*, adelanto *m*; **auf etw einen ~ leisten** pagar un anticipo de algo
Vorschussanspruch^RR *m* <-(e)s, -sprüche> derecho *m* al anticipo
Vorschusslorbeeren^RR *mpl* laureles *mpl* anticipados; **für etw ~ ernten** recoger laureles anticipadamente
vor|schützen *vt* poner como pretexto, alegar; **nur keine Müdigkeit ~!** ¡no hay cansancio que valga!
vor|schwärmen *vi* deshacerse en elogios; **jdm von etw** *dat* **~** hablar a alguien con gran entusiasmo de algo
vor|schweben *vi* flotar (ante); **jdm schwebt etw vor** alguien se imagina algo
vor|schwindeln *vt* mentir; **jdm etw ~** mentir a alguien con algo
vor|sehen *irr* I. *vt* ① (*planen*) prever (*für* para); **die Eröffnung ist für nächste Woche vorgesehen** la inauguración está prevista para la próxima semana; **der Plan sieht vor, dass ...** el plan prevé que... +*subj*; **wie vorgesehen** como estaba previsto, según lo previsto; **es ist vorgesehen, dass ...** está previsto que... +*subj*
② (*bestimmen*) destinar (*für* a); **sie haben die Gelder für die Forschung vorgesehen** han destinado el dinero a la investigación
II. *vr:* **sich ~** precaverse (*vor* de); (*aufpassen*) tener cuidado (*vor* con); **sieh dich vor, dass du nicht fällst** ten cuidado de no caerte; **du musst dich vor ihm ~** debes tener cuidado con él
III. *vi* mirar (*hinter* detrás de)
Vorsehung *f* <-, *ohne pl*> providencia *f*; **göttliche ~** Divina Providencia
vor|setzen *vt* ① (*nach vorne setzen, davorsetzen*) colocar (*vor* delante de), poner (*vor* delante de)
② (*Speisen*) servir; (*Programm, Lügen*) presentar, echar *fam*
Vorsicht *f* <-, *ohne pl*> precaución *f*, cuidado *m*; **~ Glas!** ¡frágil!; **hier ist ~ geboten** aquí hay que andar con cuidado; **er ist mit ~ zu genießen** hay que tener cuidado con él; **~ ist die Mutter der Weisheit** [*o* **der Porzellankiste**] (*prov*) la prudencia es la madre de todas las ciencias; **~ ist besser als Nachsicht** (*prov*) más vale prevenir que curar
vorsichtig I. *adj* prudente, cuidadoso; **sehr ~ sein** tener mucho cuidado
II. *adv* con cuidado; **fahr bitte ~!** ¡conduce con cuidado, por favor!
vorsichtshalber [-halbə] *adv* por si acaso, por precaución
Vorsichtsmaßnahme *f* <-, -n>, **Vorsichtsmaßregel** *f* <-, -n> medida *f* de precaución; **als ~ como medida de precaución; ~n treffen** tomar medidas preventivas
Vorsilbe *f* <-, -n> (LING) prefijo *m*
vor|singen *irr* I. *vi* (*als Prüfung*) dar una audición
II. *vt* cantar; **jdm etw ~** cantar algo a alguien

vorsintflutlich adj (fam) antediluviano

Vorsitz m <-es, -e> presidencia f; **unter dem ~ von jdm** bajo la presidencia de alguien; **den ~ haben** [o **führen**] presidir; **den ~ übernehmen/abgeben** hacerse cargo de/renunciar a la presidencia

vor|sitzen irr vi: **etw** dat **~** presidir algo; **~der Richter am Landgericht/Bundesgerichtshof** juez presidente de la audiencia provincial/del tribunal supremo federal

Vorsitzende(r) mf <-n, -n; -n, -n> presidente, -a m, f

Vorsorge f <-, ohne pl> previsión f; (Maßnahme) precaución f; **zur ~** por precaución; **bilanzielle ~** previsión del balance; **~ treffen** tomar precauciones

vor|sorgen vi tomar precauciones (für para)

Vorsorge-Pauschbetrag m <-(e)s, -träge> (JUR) importe m global de previsión; **Vorsorgeuntersuchung** f <-, -en> (MED) chequeo m preventivo; **Vorsorgevollmacht** f <-, -en> (JUR) poder m preventivo

vorsorglich I. adj preventivo
II. adv por precaución

Vorspann ['foːɐ̯ʃpan] m <-(e)s, -e> ❶ (von Text) introducción f
❷ (FILM) avance m

vor|spannen vt (Tier) enganchar

Vorspeise f <-, -n> (GASTR) entrada f, entremés m

vor|spiegeln vt fingir, simular; **jdm etw ~** aparentar algo (falso) ante alguien

Vorspiegelung f <-, -en> simulación f, fingimiento m; **unter ~ falscher Tatsachen** bajo falsas apariencias

Vorspiel nt <-(e)s, -e> ❶ (MUS) preludio m; (THEAT) prólogo m
❷ (sexuell) juegos mpl eróticos previos

vor|spielen vt ❶ (Lied) tocar; **jdm etw ~** tocar algo para alguien
❷ (Sketch) representar
❸ (vortäuschen) fingir, simular; **jdm etw ~** hacer creer algo a alguien; **jdm eine Komödie ~** hacer una comedia a alguien

Vorsprache f <-, -n> ❶ (Text) lectura f
❷ (Anliegen) cita f previa

vor|sprechen irr I. vi: **bei jdm** (**wegen etw** gen/dat) **~** ir a hablar con alguien (sobre algo)
II. vt ❶ (zum Nachsprechen) decir para que otro lo repita
❷ (THEAT) recitar

vor|springen irr vi sein ❶ (nach vorn springen) lanzarse hacia adelante
❷ (hervorragen) resaltar

vorspringend adj (Ecke, Kante) saledizo, saliente; (Nase, Kinn) prominente

Vorsprung m <-(e)s, -sprünge> ❶ (Mauer~, Fels~) saliente m, resalto m
❷ (Abstand) ventaja f (vor sobre, von de); **jdm einen ~ geben** dar(le) ventaja a alguien; **~ haben** llevar ventaja

Vorstadium nt <-s, -stadien> primera etapa f, fase f previa; (MED) período m prodrómico; **Vorstadt** f <-, -städte> periferia f, suburbio m, arrabal m; **Vorstädter(in)** m(f) <-s, -; -, -nen> habitante mf de un suburbio, suburbano, -a m, f

vorstädtisch adj suburbano

Vorstand m <-(e)s, -stände> ❶ (Gremium) (junta f) directiva f
❷ (~smitglied) miembro mf de la junta directiva

Vorstandsaktie f <-, -n> acción f de la junta directiva; **Vorstandsbericht** m <-(e)s, -e> informe m de la junta directiva; **Vorstandsbeschluss**^RR m <-es, -schlüsse> acuerdo m de la junta directiva; **Vorstandsetage** f <-, -n> salones mpl de la directiva; **Vorstandsmitglied** nt <-(e)s, -er> miembro mf de la junta directiva; **Vorstandssitzung** f <-, -en> reunión f de la junta directiva; **Vorstandssprecher(in)** m(f) <-s, -; -, -nen> portavoz mf de la junta directiva; **Vorstandsvorsitzende(r)** mf <-n, -n; -n, -n> presidente, -a m, f de la junta directiva

vor|stehen irr vi ❶ (hervorragen) resaltar, sobresalir
❷ (geh: leiten): **etw** dat **~** dirigir algo; (Vorsitz haben) presidir algo

vorstehend adj citado anteriormente, susodicho; **das ~ bereits Gesagte** lo susodicho

Vorsteher(in) m(f) <-s, -; -, -nen> responsable mf; (Chef) jefe, -a m, f; director(a) m(f)

Vorsteherdrüse f <-, -n> (ANAT) próstata f

Vorsteherin f <-, -nen> s. **Vorsteher**

vorstellbar adj imaginable, concebible; **das ist schwer ~** esto es inimaginable

vor|stellen I. vt ❶ (nach vorn, davor stellen) poner delante (vor de), colocar delante (vor de)
❷ (Uhr) adelantar
❸ (vorführen, bekannt machen) presentar; **jdm eine neue Kollektion ~** mostrar una nueva colección a alguien; **jdm jdn ~** presentar alguien a alguien; **darf ich Ihnen Frau Müller ~?** permítame presentarle a la Sra. Müller; **wir sind uns** [o **einander**] **noch nicht vorgestellt worden** todavía no nos han presentado

❹ (bedeuten) significar; **was soll das ~?** ¿qué significa esto?
❺ (darstellen) representar
❻ (ausmalen): **sich** dat **etw ~** imaginarse algo, figurarse algo; **das muss man sich mal ~** imagínatelo; **das kann ich mir gut ~** me lo puedo imaginar muy bien; **darunter kann ich mir nichts ~** eso no me dice nada; **ich kann sie mir gut als Ärztin ~** me la puedo imaginar muy bien como médica; **stell dir das nicht so einfach vor** no te creas que es tan fácil; **stell dir mal vor!** (fam) ¡imagínate!
❼ (Konditionen, Preis): **sich** dat **etw ~** tener pensado algo
❽ (mit etw verbinden): **sich** dat **etwas/nichts unter etw** dat **~** tener una idea/no tener ni idea de qué puede ser algo
II. vr: **sich ~** (sich bekannt machen) presentarse; (bewerben) presentarse (bei en); **er hat sich schon bei vielen Firmen vorgestellt** ya se ha presentado en muchas empresas

vorstellig adj: **bei jdm ~ werden** dirigirse a alguien

Vorstellung¹ f <-, -en> ❶ (Bekanntmachung, das Sichvorstellen) presentación f
❷ (Bild) idea f; **sich** dat **eine falsche ~ von etw** dat **machen** formarse una idea equivocada de algo; **du machst dir keine ~en davon** no te lo puedes imaginar; **das entspricht nicht meinen ~en** no acaba de convencerme; **etw übertrifft alle ~en** algo excede todo lo imaginable
❸ (THEAT) función f, sección f Arg; (FILM) sesión f

Vorstellung² f <-, ohne pl> (Fantasie) imaginación f; **das existiert nur in deiner ~** esto es sólo producto de tu imaginación

Vorstellungsgespräch nt <-(e)s, -e> entrevista f de trabajo

Vorstellungskraft f <-, ohne pl> (poder m de) imaginación f, fuerza f imaginativa

Vorstellungstheorie f <-, ohne pl> (JUR) teoría f de la representación

Vorstellungsvermögen nt <-s, ohne pl> s. **Vorstellungskraft**

Vorsteuer f <-, -n> impuesto m deducible sobre el valor añadido

Vorsteuerabzug m <-(e)s, -züge> deducción f de impuestos pagados, retención f en la fuente; **Vorsteuergewinn** m <-(e)s, -e> (WIRTSCH) beneficio m después de haber deducido el impuesto sobre el valor añadido

Vorstopper(in) m(f) <-s, -; -, -nen> (SPORT) defensa mf central

Vorstoß m <-es, -stöße> ❶ (MIL) avance m
❷ (Versuch) intento m; **einen ~ machen** [o **unternehmen**] intentar algo

vor|stoßen irr I. vi sein avanzar, penetrar (in en)
II. vt empujar hacia delante

Vorstrafe f <-, -n> (JUR) antecedente m penal

Vorstrafenregister nt <-s, -> (JUR) registro m de antecedentes penales

vor|strecken vt ❶ (Arme) (ex)tender hacia delante
❷ (Geld) anticipar; **jdm etw ~** conceder [o dar] un anticipo a alguien

Vorstufe f <-, -n> primera etapa f, fase f previa; **die ~ einer Entwicklung** la fase previa de un desarrollo

vorsündflutlich^RR adj (fam) antediluviano

Vortag m <-(e)s, -e> víspera f, día m anterior; **am ~ des Festes** la víspera de la fiesta

Vortat f <-, -en> (JUR) acto m anterior

vor|täuschen vt fingir, simular; **jdm etw ~** aparentar algo ante alguien; **das V~ einer Straftat** la simulación de un delito

Vortäuschung f <-, -en> simulación f, fingimiento m; **~ von Tatsachen** simulación de hechos; **unter ~ falscher Tatsachen** con falsificación de los hechos

Vorteil ['fɔrtaɪl] m <-(e)s, -e> ventaja f; (Nutzen) provecho m; **steuerliche ~e** privilegios fiscales; **die Vor- und Nachteile von ...** los pros y los contras de...; **die Sache hat den ~, dass ...** esto tiene la ventaja de que... +subj; **auf seinen ~ bedacht sein** pensar en el propio provecho; **einen ~ aus etw** dat **ziehen** sacar provecho de algo; **das ist für dich von ~** a ti te conviene; **gegenüber jdm im ~ sein** llevar ventaja sobre alguien; **er hat sich zu seinem ~ verändert** ha cambiado para mejor

vorteilhaft adj ventajoso; (Geschäft, Angebot) provechoso, beneficioso; (Kleidung) favorecedor; **in etw** dat **sehr/wenig ~ aussehen** sentarle [o quedarle] a uno muy bien/mal algo, estar/no estar favorecido con algo

Vorteilsabsicht f <-, -en> (JUR) intención f de lucro; **Vorteilsannahme** f <-, -n> (JUR) recepción f de beneficios; **Vorteilsausgleichung** f <-, -en> (JUR) compensación f de beneficios; **Vorteilsgewährung** f <-, -en> (JUR) otorgamiento m de beneficios; **Vorteilsvergleich** f <-, -en> (JUR) composición f de intereses

Vortrag ['foːɐ̯traːk, pl: 'foːɐ̯trɛːɡə] m <-(e)s, -träge> ❶ (Rede) discurso m, conferencia f; **einen ~ halten** dar una conferencia (über acerca de/sobre)
❷ (von Lied) interpretación f; (von Musikstück) ejecución f; (von Gedicht) declamación f, recitación f

vor|tragen irr vt ❶ (Gedicht) recitar, declamar; (Lied) cantar; (Kunststück) presentar
❷ (darlegen) exponer
❸ (fam: nach vorne tragen) llevar hacia delante

Vortragende(r) *mf* <-n, -n; -n, -n> (*von Gedichten*) recitador(a) *m(f)*; (*von Liedern*) cantante *mf*; (*von Reden*) conferenciante *mf*
Vortragsabend *m* <-s, -e> (sesión *f* de) conferencia *f*; (*Konzert*) recital *m*; **Vortragsreihe** *f* <-, -n> ciclo *m* de conferencias
vortrefflich [foːˈtrɛflɪç] *adj* excelente, magnífico
Vortrefflichkeit *f* <-, *ohne pl*> excelencia *f*, perfección *f*
vor|treiben *irr vt* hacer avanzar; (*schieben*) empujar; (BERGB) abrir
vor|treten *irr vi sein* ❶ (*nach vorne treten*) adelantarse; (*aus Reihe*) salir de la fila
❷ (*fam: hervorragen*) sobresalir, resaltar
Vortritt *m* <-(e)s, *ohne pl*> ❶ (*Vorrang, Vorzug*) precedencia *f*; **jdm den ~ lassen** ceder(le) a alguien el paso
❷ (*Schweiz: Vorfahrt*) preferencia *f*
vorüber [foˈryːbə] *adv* ❶ (*räumlich*) pasado; (*entlang*) a lo largo
❷ (*zeitlich*) pasado, terminado
vorüber|gehen *irr vi sein* ❶ (*aufhören*) cesar
❷ (*örtlich*) pasar (*an par* (delante de)); **die Jahre gingen (nicht) spurlos an ihm** – los años (no) pasaron por él sin dejar huella; **das erledigt sie im V~** esto lo hace de pasada
vorübergehend *adj* transitorio, pasajero
Vorübergehende(r) *mf* <-n, -n; -n, -n> transeúnte *mf*
Vorübung *f* <-, -en> ejercicio *m* preparatorio
Voruntersuchung *f* <-, -en> ❶ (MED) control *m* preliminar, análisis *m inv*
❷ (JUR) inspección *f* previa; **gerichtliche ~** instrucción [*o* investigación] preliminar
Vorurteil *nt* <-s, -e> prejuicio *m* (*gegen* contra)
vorurteilsfrei *adj*, **vorurteilslos** *adj* sin prejuicios
Vorväter [ˈfoːɐˌfɛːtɐ] *mpl* (*geh*) antepasados *mpl*
Vorverfahren *nt* <-s, -> (JUR) actuaciones *fpl* preliminares, diligencias *fpl* previas; **schriftliches ~** actuaciones preliminares escritas; **Vorvergangenheit** *f* <-, -en> (LING) pluscuamperfecto *m*; **Vorverhandlung** *f* <-, -en> conversaciones *fpl* preliminares, negociaciones *fpl* preliminares; (JUR) vista *f* preliminar
Vorverkauf *m* <-(e)s, *ohne pl*> venta *f* anticipada; **Vorverkaufsstelle** *f* <-, -n> despacho *m* de venta anticipada
vor|verlegen* *vt* (*Termin*) adelantar, anticipar (*auf a*)
Vorveröffentlichung *f* <-, -en> (JUR) publicación *f* previa; **Vorverstärker** *m* <-s, -> (ELEK) preamplificador *m*; **Vorvertrag** *m* <-(e)s, -träge> (JUR) contrato *m* preliminar, antecontrato *m*; **Vorverwaltungsakt** *m* <-(e)s, -e> (JUR) acto *m* preadministrativo
vorvorgestern [ˈ----] *adv* hace tres días
vorvorige(r, s) [ˈ----] *adj* (*fam*) antepenúltimo
vorvorletzte(r, s) [ˈ----] *adj* antepenúltimo
vorvorvorletzte(r, s) [ˈ-----] *adj* trasantepenúltimo
vor|wagen *vr: sich ~* atreverse a avanzar (*aus* de); **sich mit einer Forderung zu weit ~** llevar una pretensión demasiado lejos
Vorwahl *f* <-, -en> ❶ (TEL) prefijo *m*
❷ (POL) elecciones *fpl* primarias [*o* preliminares]
vor|wählen, *vt* (TEL) marcar primero [*o* de prefijo]; **wählen Sie eine 9 vor, dann bekommen Sie das Amt** marque un 9 y le saldrá la central
Vorwahlnummer *f* <-, -n> (TEL) prefijo *m* (telefónico)
Vorwand *m* <-(e)s, -wände> pretexto *m*, excusa *f*; **unter dem ~, dass ...** con el pretexto de que... +*subj*
vor|wärmen *vt* precalentar
vor|warnen *vt* advertir, prevenir, alertar
Vorwarnung *f* <-, -en> advertencia *f*, prevención *f*, alerta *f*; **ohne ~** sin aviso previo
vorwärts [ˈfoːɐvɛrts, ˈfɔrvɛrts] *adv* hacia adelante; **~!** ¡adelante!; **~ bringen** sacar adelante, llevar adelante; **~ gehen** (*fam*) adelantar, avanzar; **~ kommen** (*räumlich*) avanzar; **sie kamen nur langsam ~** avanzaban a paso lento; **mit etw** *dat* **~ kommen** (*Fortschritte machen*) salir adelante con algo, hacer progresos en algo; **im Leben ~ kommen** salir adelante en la vida; **beruflich ~ kommen** progresar profesionalmente, hacer carrera
vorwärts|bringen *irr vt s.* **vorwärts**
Vorwärtsgang *m* <-(e)s, -gänge> (TECH) marcha *f* adelante
vorwärts|gehen *irr vi sein s.* **vorwärts**
vorwärts|kommen *irr vi sein s.* **vorwärts**
Vorwäsche *f* <-, -n> prelavado *m*
vor|waschen *irr vt* prelavar
Vorwaschgang *m* <-(e)s, -gänge> prelavado *m*
vorweg [foːɐˈvɛk] *adv* ❶ (*vorher*) primero
❷ (*im Voraus*) por adelantado
❸ (*an der Spitze*) a la cabeza, por delante
❹ (*fam: von vornherein*) de antemano
❺ (*vor allem*) sobre todo
Vorwegnahme *f* <-, -n> anticipación *f*, anticipo *m*, antelación *f*
vorweg|nehmen *irr vt* anticipar

Vorwegpfändung *f* <-, -en> (JUR) embargo *m* anticipado
Vorweis [ˈfoːɐvaɪs] *m* <-es, -e> (*Schweiz*) presentación *f*; **bitte legitimieren Sie sich durch ~ Ihres Passes!** ¡identifíquese, por favor, con el pasaporte!
vor|weisen *irr vt* (*Pass*) enseñar, presentar; (*Erfahrungen, Kenntnisse*) mostrar, hacer gala (de); **etw ~ können** tener algo
vor|werfen *irr vt* ❶ (*tadeln*): **jdm etw ~** reprochar algo a alguien, recriminar algo a alguien, enrostrar algo a alguien *Am*; **ich habe mir in dieser Sache nichts vorzuwerfen** en este asunto no tengo nada que reprocharme
❷ (*hinwerfen*): **jdm/einem Tier etw ~** echar algo (de comer) a alguien/a un animal
vorwiegend *adv* principalmente, sobre todo
Vorwissen *nt* <-s, *ohne pl*> conocimientos *mpl* previos
Vorwitz *m* <-es, *ohne pl*> ❶ (*Neugierde*) curiosidad *f*
❷ (*vorlautes Wesen*) impertinencia *f*
vorwitzig *adj* ❶ (*neugierig*) curioso, fisgón
❷ (*vorlaut*) cargante, impertinente
Vorwort *nt* <-(e)s, -e> prólogo *m*, prefacio *m*
Vorwurf *m* <-(e)s, -würfe> reproche *m*, recriminación *f*; **jdm etw zum ~ machen** echar en cara algo a alguien, enrostrar algo a alguien *Am*; **jdm wegen etw** *gen/dat* **Vorwürfe machen** hacer reproches a alguien por algo; **ich habe mir keine Vorwürfe zu machen** no tengo nada que reprocharme
vorwurfsvoll *adj* lleno de reproches
vor|zählen *vt*: **jdm etw ~** contar algo delante de alguien
Vorzeichen *nt* <-s, -> ❶ (*Omen*) presagio *m*, augurio *m*
❷ (MUS) accidente *m*
❸ (MATH) signo *m*
vor|zeichnen *vt* ❶ (*skizzieren*) hacer un croquis (de), bosquejar; (*Umrisse*) delinear; (*zum Nachzeichnen*) dibujar; **jdm etw ~** hacerle una muestra de algo a alguien
❷ (*festlegen*) señalar, trazar; **mein Schicksal ist vorgezeichnet** mi suerte está echada
vorzeigbar *adj* (*fam*) presentable
Vorzeigefrau *f* <-, -en> (*fam*) orgullo *m*; (*abw*) mujer-objeto *f*; **sie ist die ~ des Kabinetts** el gabinete se jacta de ella; **Vorzeigemodell** *nt* <-s, -e> muestra *f*
vor|zeigen *vt* enseñar, mostrar; (*Pass etc.*) presentar
Vorzeigeobjekt *nt* <-(e)s, -e> objeto *m* de muestra; **Vorzeigeprodukt** *nt* <-(e)s, -e> producto *m* emblemático
Vorzeit *f* <-, -en> tiempo(s) *m(pl)* prehistórico(s); **in/aus grauer ~** en/de tiempos remotos
vorzeitig I. *adj* prematuro, anticipado
II. *adv* con anticipación, antes de tiempo
vorzeitlich *adj* de tiempos remotos, de la antigüedad
Vorzensur *f* <-, *ohne pl*> (JUR) censura *f* previa
vor|ziehen *irr vt* ❶ (*nach vorne ziehen*) tirar hacia adelante; (*Gardine*) correr
❷ (*fam: hervorziehen*) sacar (*vor* de); **sie zog die Pappe unter dem Bett vor** sacó la cartulina de debajo de la cama
❸ (*vorverlegen*) adelantar, anticipar; **vorgezogene Wahlen** elecciones anticipadas
❹ (*bevorzugen*) preferir; (*Person*) dar trato preferente; **er zog es vor zu schweigen** prefirió guardar silencio; **ich ziehe Bier dem Wein vor** prefiero la cerveza al vino
Vorzimmer *nt* <-s, -> ❶ (*Sekretariat*) antesala *f*, antecámara *f*
❷ (*Österr: Diele*) vestíbulo *m*
Vorzimmerdame *f* <-, -n> (*fam*) secretaria *f* de recepción
Vorzug¹ *m* <-(e)s, *ohne pl*> (*Vorrang*) prioridad *f*; (*Vorliebe*) preferencia *f*; **etw** *dat*/**jdm den ~ geben** preferir algo/a alguien, dar preferencia a algo/a alguien
Vorzug² *m* <-(e)s, -züge> ❶ (*Vorrecht*) privilegio *m*
❷ (*Vorteil*) ventaja *f*; **den ~ haben, dass ...** tener la ventaja de que...; **er hat durchaus seine Vorzüge** también tiene sus ventajas
vorzüglich [foːɐˈtsyːklɪç] *adj* excelente; (*Speisen*) exquisito; **~ speisen** comer por todo lo alto
Vorzugsaktie *f* <-, -n> acción *f* preferente [*o* prioritaria]; **Vorzugsbehandlung** *f* <-, -en> trato *m* preferente; **Vorzugsdividende** *f* <-, -n> (FIN) dividendo *m* preferente; **kumulative ~** dividendo preferente acumulativo; **Vorzugsgewinnanteil** *m* <-(e)s, -e> (FIN) dividendo *m* preferente; **Vorzugsgläubiger(in)** *m(f)* <-s, -; -, -nen> (FIN, WIRTSCH) acreedor(a) *m(f)* preferente; **Vorzugsklage** *f* <-, -n> demanda *f* preferencial; **Vorzugskonditionen** *fpl* condiciones *fpl* de favor; **Vorzugsmilch** *f* <-, *ohne pl*> leche *f* de primera calidad; **Vorzugspreis** *m* <-es, -e> precio *m* rebajado; **Vorzugsrabatt** *m* <-(e)s, -e> descuento *m* especial; **Vorzugsrecht** *nt* <-(e)s, -e> derecho *m* preferente [*o* privilegiado]
vorzugsweise *adv* principalmente, preferentemente

Vota ['vo:ta], **Voten** ['vo:tən] pl von **Votum**
votieren* [vo'ti:rən] vi (geh) votar (für a favor de, gegen en contra de)
Votivbild [vo'ti:f-] nt <-(e)s, -er> (REL) exvoto m
Votum ['vo:tʊm] nt <-s, Voten o Vota> voto m; **einstimmiges ~** voto por unanimidad
Voucher ['vaʊtʃe] m o nt <-s, -(s)> (Touristik) vale m, bono m
Voyeur(in) [voa'jø:ɐ] m(f) <-s, -e; -, -nen> voyeur m, mirón, -ona m, f
Voyeurismus [voajø'rɪsmʊs] m <-, ohne pl> voyeurismo m
voyeuristisch adj voyeurista
v.T. Abk. von **vom Tausend** por mil
vulgär [vʊl'gɛ:ɐ] adj vulgar
Vulgarität [vʊlgari'tɛ:t] f <-, ohne pl> vulgaridad f
Vulkan [vʊl'ka:n] m <-s, -e> volcán m; **aktiver** [o **tätiger**] **~** volcán activo; **untätiger ~** volcán inactivo
Vulkanausbruch m <-(e)s, -brüche> erupción f volcánica
Vulkanfiber f <-, ohne pl> fibra f vulcanizada
Vulkanisationswanne f <-, -n> (CHEM) cuba f de vulcanización
vulkanisch adj volcánico
vulkanisieren* [vʊlkani'zi:rən] vt (TECH) vulcanizar
Vulkanismus m <-, ohne pl> (GEO) vulcanismo m
Vulkanit m <-s, -e> vulcanita f
Vulkanologie [vʊlkanolo'gi:] f <-, ohne pl> (GEO) vulcanología f
Vulkanschlot m <-(e)s, -e o -schlöte> chimenea f volcánica
Vulva ['vʊlva] f <-, Vulven> (ANAT) vulva f
v.u.Z. Abk. von **vor unserer Zeitrechnung** antes de nuestros días, antes de nuestra era

W

W, w [ve:] nt <-, -> W, w f; **~ wie Wilhelm** W de Washington
W ① Abk. von **Westen** O
② (CHEM) Abk. von **Wolfram** wolfram(io) m, W
WAA [ve:ʔa:'ʔa:] f <-, -(s)> Abk. von **Wiederaufbereitungsanlage** planta f de reprocesamiento
Waadt [va(:)t] f <-> Waadt m
Waage ['va:gə] f <-, -n> ① (Gerät) balanza f; **die Vor- und Nachteile hielten sich** dat **die ~ los** pros y los contras eran proporcionales; **das Zünglein an der ~ sein** ser el fiel de la balanza
② (ASTR) Libra f
Waagebalken m <-s, -> astil m de la balanza
waagerecht adj horizontal
Waagerechte f <-n, -n, nach Zahlen: -(n)> horizontal f; **in der ~n** en posición horizontal
Waagschale f <-, -n> platillo m de la balanza; **jedes Wort auf die ~ legen** (fam) tomar algo al pie de la letra; **etw in die ~ werfen** hacer uso de algo para conseguir algo
wabb(e)lig ['vab(ə)lɪç] adj (fam) fofo, flácido
wabbeln ['vabəln] vi (fam) temblar
wabblig adj (fam) fofo, flácido
Wabe ['va:bə] f <-, -n> panal m
wabenförmig adj en forma de panal
Wabenhonig m <-s, -e> miel f en panales
wach [vax] adj ① (nicht schlafend) despierto; **halb ~** medio despierto; **~ halten** (nicht einschlafen lassen) mantener despierto; **~ werden** despertarse; **~ liegen** estar tumbado despierto
② (lebhaft) espabilado, vivo
Wachablösung f <-, -en> relevo m de la guardia
Wache ['vaxə] f <-, -n> ① (Wachdienst) guardia f; (Kranken~) vela f; (auf) **~ stehen** estar de guardia; **bei jdm ~ halten** velar a alguien; **~ schieben** (fam) estar de guardia
② (Person) guardia mf; (Gruppe) (cuerpo m de) guardia f
③ (Gebäude) (puesto m de) guardia f; (Polizei~) comisaría f
wachen ['vaxən] vi ① (Wache halten) velar; **bei jdm ~** velar a alguien
② (aufpassen) velar (über por)
③ (geh: wach sein) estar despierto
wachhabend adj de guardia
Wachhabende(r) mf <-n, -n; -, -n> oficial mf de guardia
wach|halten irr vt (fortdauern lassen) conservar vivo
Wachhund m <-(e)s, -e> perro m guardián; **Wachlokal** nt <-(e)s, -e> puesto m de guardia
Wachmacher m <-s, -> (fam) estimulante m
Wachmann m <-(e)s, -männer o -leute> ① (Wächter) guarda m
② (Österr: Polizist) policía m; **Wachmannschaft** f <-, -en> cuerpo m de guardia
Wacholder [va'xɔldɐ] m <-s, -> ① (BOT) enebro m

② (~schnaps) ginebra f
Wacholderbeere f <-, -n> (BOT) enebrina f; **Wacholderschnaps** m <-es, -schnäpse> (fam) ginebra f
Wachposten m <-s, -> centinela m
wach|rufen irr vt evocar, despertar
Wachs [vaks] nt <-es, -e> cera f; **~ in jds Händen sein** ser la marioneta de alguien; **weich wie ~** blando como la cera
wachsam ['-za:m] adj vigilante; (aufmerksam) atento; **ein ~es Auge auf jdn haben** vigilar a alguien atentamente
Wachsamkeit f <-, ohne pl> vigilancia f; (Aufmerksamkeit) atención f
wachsartig adj como de cera
wachsbleich adj pálido como la cera; **vor Schreck wurde sie ~ im Gesicht** del susto se puso blanca como el papel
Wachsbohne f <-, -n> (BOT) judía f (de vaina) amarilla, fréjol m
wachsen¹ ['vaksən] <wächst, wuchs, gewachsen> vi sein (allgemein) crecer; (zunehmen) aumentar; **hoch ge~** de estatura alta, espigado; **in die Breite/Länge/Höhe ~** crecer a lo ancho/a lo largo/en altura; **sich** dat **einen Bart ~ lassen** dejarse crecer la barba; **mit ~der Begeisterung** con creciente entusiasmo; **jdm ge~ sein** poder con alguien; **etw** dat **ge~ sein** ser capaz de cumplir con algo; **die Einwohnerzahl ist um die Hälfte ge~** el número de habitantes ha aumentado a la mitad; **das Bäumchen ist gut ge~** el árbol ha crecido mucho
wachsen² vt (Fußboden, Ski) encerar
wächsern ['vɛksɐn] adj céreo, de cera
Wachsfigur f <-, -en> figura f de cera; **Wachsfigurenkabinett** nt <-s, -e> museo m de cera, gabinete m de figuras de cera
Wachskerze f <-, -n> vela f de cera
Wachsmalkreide f <-, -n>, **Wachsmalstift** m <-(e)s, -e> lápiz m de cera
Wachspapier nt <-(e)s, -e> papel m parafinado
wächst [vɛkst] 3. präs von **wachsen¹**
Wachstube f <-, -n> s. **Wachlokal**
Wachstuch¹ nt <-(e)s, -e> (Gewebe) hule m
Wachstuch² nt <-(e)s, -tücher> (Tischdecke) mantel m de hule, ahulado m AmL, Mex
Wachstum ['vakstu:m] nt <-s, ohne pl> crecimiento m; (Zunahme) aumento m; (Entwicklung) desarrollo m; **exponentielles ~** crecimiento exponencial; **stetiges/verhaltenes ~** (WIRTSCH) crecimiento contínuo/contenido; **im ~ zurückgeblieben** atrasado en el crecimiento
Wachstumsaktie f <-, -n> acción f en crecimiento; **Wachstumsbranche** f <-, -n> (WIRTSCH) ramo m en crecimiento; **Wachstumsdynamik** f <-, ohne pl> (WIRTSCH) dinámica f del crecimiento
wachstumsfördernd adj que estimula el crecimiento
Wachstumsförderung f <-, ohne pl> estimulación f del crecimiento; **Wachstumsgrenze** f <-, -n> (WIRTSCH) límite m de crecimiento; **Wachstumsgröße** f <-, -n> (WIRTSCH) variable f de crecimiento; **hohe ~** variable elevada de crecimiento
wachstumshemmend adj que inhibe el crecimiento
Wachstumshormon nt <-s, -e> hormona f del crecimiento; **Wachstumsimpuls** m <-es, -e> (WIRTSCH) impulso m de crecimiento; **Wachstumsindustrie** f <-, -n> (WIRTSCH) industria f en desarrollo; **Wachstumsmarkt** m <-(e)s, -märkte> (WIRTSCH) mercado m en crecimiento; **Wachstumsmotor** m <-s, -en> (WIRTSCH) motor m de crecimiento
wachstumsorientiert adj orientado hacia el crecimiento
Wachstumsperspektive f <-, -n> (WIRTSCH) perspectiva f de crecimiento; **Wachstumspotential** nt <-s, -e> (WIRTSCH) potencial m económico; **Wachstumsprognose** f <-, -n> (WIRTSCH) previsiones fpl de crecimiento; **Wachstumsrate** f <-, -n> (WIRTSCH) tasa f de crecimiento, índice m de crecimiento; **Wachstumsregulator** m <-s, -en> regulador m del crecimiento; **Wachstumsschranke** f <-, -n> (WIRTSCH) barrera f de crecimiento
wachstumsschwach adj (WIRTSCH) con una baja tasa de crecimiento; **Wachstumsspielraum** m <-(e)s, -räume> (WIRTSCH) margen m de crecimiento
wachstumsstark adj (WIRTSCH) con alta tasa de crecimineto
Wachstumsstörung f <-, -en> (MED) trastornos mpl del crecimiento; **Wachstumstempo** nt <-s, -s> ritmo m de crecimiento; **Wachstumsträger** m <-s, -> (WIRTSCH) factor m de crecimiento
wachsweich ['--] adj ① (Material, Position) blando como la cera; **~es Ei** huevo m pasado por agua
② (nachgiebig) dúctil
Wachtel ['vaxtəl] f <-, -n> (ZOOL) codorniz f
Wächter(in) ['vɛçtɐ] m(f) <-s, -; -, -nen> guarda mf, vigilante mf; (Nacht~) guardia mf
Wachtmeister(in) m(f) <-s, -; -, -nen> guardia mf; **Wachtposten** m <-s, -> centinela m
Wachtraum m <-(e)s, -träume> (PSYCH) sueño m diurno
Wach(t)turm m <-(e)s, -türme> atalaya f

Wach- und Schließgesellschaft f <-, -en> compañía f de seguridad

Wachwechsel m <-s, -> relevo m de la guardia

Wachzustand m <-(e)s, ohne pl> im ~ (estando) despierto

wack(e)lig ['vak(ə)lıç] adj ❶ (Person) tambaleante; (Tisch) cojo, que cojea; (Zahn) flojo; **er ist noch ~ auf den Beinen** anda todavía con paso vacilante

❷ (fam: Arbeitsplätze) inseguro

Wackelkontakt m <-(e)s, -e> contacto m flojo, conexión f floja

wackeln ['vakəln] vi ❶ (durch Erschütterung) tambalearse, vacilar; (Möbel) cojear; (Zahn) moverse

❷ (fam: Position, Disziplin) tambalear, vacilar; **an/mit etw** dat ~ (fam) menear algo; **mit dem Kopf** ~ menear la cabeza

Wackelpeter m <-s, -> (fam iron), **Wackelpudding** m <-s, -e o -s> (fam) flan m

wacker ['vakɐ] adj (alt: tüchtig) eficiente, aplicado; (tapfer) valiente; **sich ~ durchs Leben schlagen** ir tirando sin arrugarse [o acobardarse]; **du hast dich ~ gehalten!** (iron) ¡qué bien has aguantado!, ¡has sabido estar a la altura de las circunstancias!

wacklig adj s. **wack(e)lig**

Wade ['va:də] f <-, -n> pantorrilla f, canilla f Kol, Peru

Wadenbein nt <-(e)s, -e> peroné m; **Wadenkrampf** m <-(e)s, -krämpfe> calambre m en la pantorrilla

Waffe ['vafə] f <-, -n> arma f; **eine ~ tragen** portar un arma; **er machte Gebrauch von seiner ~** hizo uso de su arma; **die ~n ruhen** hay tregua; **jdn mit seinen eigenen ~n schlagen** derrotar a alguien con sus propias armas; **die ~n strecken** (geh) rendir las armas; **zu den ~n greifen** tomar las armas

Waffel ['vafəl] f <-, -n> (Eistüte) barquillo m; (Gebäck) gofre m

Waffeleisen nt <-s, -> (für Eistüten) barquillero m eléctrico; (für Gebäck) molde m para hacer gofres

Waffenbesitz m <-es, ohne pl> tenencia f de armas; **unerlaubter ~** tenencia f ilícita de armas; **Waffenbesitzkarte** f <-, -n> credencial f de tenencia de armas

Waffenbuch nt <-(e)s, -bücher> catálogo m de armas; **Waffenembargo** nt <-s, -s> embargo m armamentístico [o de armas]; **das ~ brechen** saltarse el embargo de armas; **die Einhaltung des ~s überwachen** controlar el cumplimiento del embargo de armas; **Waffengattung** f <-, -en> (MIL) clase f de arma; **Waffengebrauchsrecht** nt <-(e)s, ohne pl> derecho m de uso de armas; **Waffengesetz** nt <-es, -e> (JUR) ley f sobre las armas; **Waffengewalt** f <-, ohne pl> fuerza f de las armas; **mit ~** a mano armada; **Waffenhandel** m <-s, ohne pl> comercio m de armas, tráfico m de armas; **~ betreiben** traficar con armas; **Waffenhändler(in)** m(f) <-s, -; -, -nen> traficante mf de armas; **Waffenkammer** f <-, -n> armería f; **Waffenlager** nt <-s, -> depósito m de armas, arsenal m; **Waffenlieferung** f <-, -en> suministro m de armas; **Waffenruhe** f <-, ohne pl> tregua f; **die ~ einhalten/brechen** mantener/romper la tregua; **Waffenschein** m <-(e)s, -e> licencia f de armas; **Waffenschmied** m(f) <-(e)s, -e; -, -nen> forjador(a) m(f) de armas; **Waffenschmuggel** m <-s, ohne pl> contrabando m de armas; **Waffen-SS** f <-, ohne pl> (HIST: Nationalsozialismus) sección f armada de la SS

Waffenstillstand m <-(e)s, ohne pl> armisticio m; **Waffenstillstandsverhandlungen** fpl negociaciones fpl para (acordar) el armisticio

Waffensystem nt <-s, -e> (MIL) sistema m de armas

Wagemut ['va:gəmu:t] m <-(e)s, ohne pl> osadía f, atrevimiento m

wagemutig adj osado, atrevido

wagen ['va:gən] I. vt ❶ (riskieren) arriesgar; **ich werde einen Versuch ~** lo intentaré; **wer nicht wagt, der nicht gewinnt** (prov) quien no se arriesga, no pasa el río; **frisch gewagt ist halb gewonnen** (prov) acometer hace vencer

❷ (sich getrauen) atreverse (zu a +inf); **ich wage es nicht, ihn darum zu bitten** no me atrevo a pedírselo

II. vr: **sich ~** atreverse (a); **ich wage mich nicht mehr auf die Straße** ya no me atrevo a salir a la calle; **sich an etw ~** (atreverse a) emprender algo

Wagen ['va:gən] m <-s, -> ❶ (PKW) coche m, carro m Am; (LKW) camión m; (Liefer~) furgoneta f

❷ (Eisenbahn~, Straßenbahn~) vagón m, coche m; (Pferde~) carro m, carruaje m; (Plan~) carreta f, carromato m; **sich nicht vor jds ~ spannen lassen** no dejarse enredar por alguien; **das fünfte Rad am ~ sein** estar de más [o de sobra]

❸ (Kinder~) cochecito m (de niños), carrito m; (Einkaufs~) carro m, carrito m

❹ (an der Schreibmaschine) carro m

❺ (ASTR): **der Kleine/Große ~** la Osa Menor/Mayor

wägen <wägt, wog, gewogen> vt ponderar

Wagenburg f <-, -en> (HIST) barrera f de carros en forma circular;

Wagendach nt <-(e)s, -dächer> techo m de la carrocería; **Wagenfenster** nt <-s, -> ventana f de coche, ventanilla f de coche; **Wagenführer(in)** m(f) <-s, -; -, -nen> conductor(a) m(f); **Wagenheber** m <-s, -> gato m, gata f Chil; **Wagenkolonne** f <-, -n> convoy m de coches; **Wagenladung** f <-, -en> carga f, carretada f; **Wagenlenker** m <-s, -> (HIST) auriga m; **Wagenpark** m <-s, -s> parque m móvil; **Wagenpflege** f <-, ohne pl> mantenimiento m y cuidado del coche; **Wagenrad** nt <-(e)s, -räder> rueda f de automóvil; **Wagenrennen** nt <-s, -> (HIST) carrera f de carros; **Wagenschlag** m <-(e)s, -schläge> (alt: eines Autos) puerta f del coche; (einer Kutsche) portezuela f del coche de caballos [o del carruaje]; **Wagenschmiere** f <-, -n> grasa f para coches (de caballo); **Wagentür** f <-, -en> puerta f del coche; **Wagenwäsche** f <-, -n> lavado m del coche

Waggon [va'gɔŋ, va'gõ:] m <-s, -s> vagón m

Waggonladung f <-, -en> vagonada f

waggonweise adv en varios vagones

waghalsig ['va:khalzıç] adj ❶ (Mensch) temerario, atrevido

❷ (Unternehmen) arriesgado, atrevido

Wagner(in) ['va:gnɐ] m(f) <-s, -; -, -nen> (südd, Österr, Schweiz) ❶ (Wagenmacher) carretero, -a m, f

❷ (Kutschenmacher) carrocero, -a m, f

Wagnis ['va:knıs] nt <-ses, -se> ❶ (Vorhaben) empresa f arriesgada

❷ (Risiko) riesgo m; **kalkuliertes ~** (WIRTSCH) riesgo calculatorio; **ein ~ eingehen** correr un riesgo; **sich auf kein ~ einlassen** no exponerse a ningún riesgo

Wagon^RR m <-s, -s> s. **Waggon**

Wagonladung^RR f <-, -en> s. **Waggonladung**

wagonweise^RR adv s. **waggonweise**

Wahl [va:l] f <-, -en> ❶ (Aus~) elección f; (zwischen zwei Möglichkeiten) opción f, alternativa f; **erste ~** (WIRTSCH) primera calidad; **zweite ~** (WIRTSCH) segunda opción [o calidad]; **seine ~ treffen** elegir; **die ~ fiel auf ihn** fue elegido él; **die ~ fiel auf diesen Film** esta película fue la escogida; **ich habe keine andere ~** no tengo otra alternativa; **in die engere ~ kommen** pasar a la fase siguiente; **drei Orte stehen zur ~** hay tres lugares para elegir; **wer die ~ hat, hat die Qual** (prov) elegir es sufrir

❷ (POL) elección f, votación f; **geheime/freie ~en** elecciones secretas/libres; **direkte/indirekte ~en** elecciones directas/indirectas; **zur ~ gehen** ir a votar; **die ~ annehmen** aceptar la elección; **jdn zur ~ aufstellen/vorschlagen** presentar/proponer la candidatura de alguien; **sich zur ~ stellen** presentarse como candidato; **seine ~ in den Vorstand/zum Präsidenten** su elección en la junta/como presidente

Wahlalter nt <-s, -> (POL) edad f (legal) para votar; **Wahlaufruf** m <-(e)s, -e> llamada f a las urnas; **Wahlausgang** m <-(e)s, -gänge> resultado m de las elecciones; **Wahlausschuss**^RR m <-es, -schüsse> comité m electoral, junta f electoral

Wahlautomatik f <-, -en> marcado m automático, discado m automático Am

wählbar ['vɛlba:ɐ] adj elegible

Wählbarkeit f <-, ohne pl> elegibilidad f

Wahlbeamte(r) mf <-n, -n; -n, -n>, **-beamtin** f <-, -nen> (JUR) funcionario, -a m, f electivo, -a; **Wahlbenachrichtigung** f <-, -en> (formal) aviso m sobre fecha y lugar de elecciones

wahlberechtigt adj con derecho a voto; **er/sie ist ~** tiene derecho a voto

Wahlberechtigte(r) mf <-n, -n; -n, -n> persona f con derecho a voto; **Wahlberechtigung** f <-, ohne pl> derecho m de voto; **Wahlbeteiligung** f <-, -en> participación f electoral; **Wahlbetrug** m <-(e)s, ohne pl> fraude m electoral; **Wahlbezirk** m <-(e)s, -e> distrito m electoral; **Wahlbürger(in)** m(f) <-s, -; -, -nen> elector(a) m(f), votante mf

wählen ['vɛ:lən] I. vi ❶ (Wahlen abhalten) celebrar elecciones; (Stimme abgeben) votar

❷ (aussuchen) elegir, escoger; **da hast du klug gewählt** has elegido inteligentemente; **haben Sie schon gewählt?** ¿ya ha elegido?

❸ (am Telefon) marcar

II. vt ❶ (POL) votar; **jdn ~** votar a alguien; (bei einer Abstimmung) votar por alguien; **jdn wieder ~** reelegir a alguien; **er wurde in den Vorstand gewählt** fue votado para un puesto en el directorio; **sie wurde zur Präsidentin gewählt** fue elegida presidenta

❷ (aus~) escoger, elegir

❸ (Telefonnummer) marcar

Wähler(in) m(f) <-s, -; -, -nen> votante mf, elector(a) m(f)

Wählerauftrag m <-(e)s, -träge> mandato m otorgado por los electores; **Wählerbestechung** f <-, -en> corrupción f electoral

Wahlerfolg m <-(e)s, -e> éxito m electoral; **Wahlergebnis** nt <-ses, -se> resultado m electoral; **das vorläufige/endgültige ~ bekannt geben** anunciar el resultado provisional/definitivo de las elecciones

Wählerin f <-, -nen> s. **Wähler**

wählerisch *adj* exigente, difícil de contentar

Wählerliste *f* <-, -n> (POL) lista *f* electoral; **sich in die ~ eintragen** apuntarse en la lista electoral; **Wählerpotential** *nt* <-s, -e> potencial *m* electoral

Wählerschaft *f* <-, -en> electorado *m*

Wählerschicht *f* <-, -en> parte *f* del electorado; **Wählerstimme** *f* <-, -n> voto *m*; **Wählerverzeichnis** *nt* <-ses, -se> registro *m* electoral; **Wählerwille** *m* <-ns, -n> voluntad *f* del electorado

Wahlfach *nt* <-(e)s, -fächer> asignatura *f* optativa; **Wahlfälschung** *f* <-, -en> fraude *m* electoral

wahlfrei *adj* (INFOR) opcional, aleatorio; **~er Zugriff** acceso opcional

Wahlfreiheit *f* <-, ohne *pl*> libertad *f* de voto; **Wahlgang** *m* <-(e)s, -gänge> votación *f*; **im ersten ~** en la primera vuelta electoral; **Wahlgegenüberstellung** *f* <-, -en> (JUR) confrontación *f* electoral; **Wahlgeheimnis** *nt* <-ses, ohne *pl*> secreto *m* de voto; **Wahlgerichtsstand** *m* <-(e)s, -stände> jurisdicción *f* opcional, fuero *m* opcional; **Wahlgeschenk** *nt* <-(e)s, -e> regalo *m* electoral; **Wahlgesetz** *nt* <-es, -e> ley *f* electoral; **Wahlheimat** *f* <-, ohne *pl*> patria *f* adoptiva; **Wahlhelfer(in)** *m(f)* <-s, -; -, -nen> escrutador(a) *m(f)*; **Wahlkabine** *f* <-, -n> cabina *f* electoral

Wahlkampf *m* <-(e)s, -kämpfe> campaña *f* electoral; **einen ~ führen** llevar a cabo una campaña electoral; **Wahlkampfkosten** *pl* costos *mpl* de la campaña electoral

Wahlkreis *m* <-es, -e> (formal) distrito *m* electoral; **Wahlkreiskommission** *f* <-, -en> comisión *f* de distrito electoral

Wahlleiter(in) *m(f)* <-s, -; -, -nen> presidente *mf* de la mesa electoral; **Wahllokal** *nt* <-s, -e> colegio *m* electoral

wahllos *adv* sin orden ni concierto; **sie aß alles ~ durcheinander** comió de todo sin orden ni concierto

Wahlmann *m* <-(e)s, -männer> compromisario *m*, delegado *m*; **Wahlniederlage** *f* <-, -n> derrota *f* electoral; **Wahlordnung** *f* <-, ohne *pl*> reglamento *m* electoral; **Wahlparole** *f* <-, -n> lema *m* electoral; **Wahlperiode** *f* <-, -n> período *m* electoral, legislatura *f*; **Wahlpflicht** *f* <-, ohne *pl*> voto *m* obligatorio, obligación *f* de votar; **Wahlpflichtfach** *nt* <-(e)s, -fächer> asignatura *f* optativa obligatoria; **Wahlplakat** *nt* <-(e)s, -e> cartel *m* de propaganda electoral; **Wahlprogramm** *nt* <-s, -e> programa *m* electoral; **Wahlpropaganda** *f* <-, ohne *pl*> propaganda *f* electoral

Wahlprüfungsausschuss^RR *m* <-es, -schüsse> junta *f* electoral; **Wahlprüfungsgesetz** *nt* <-es, -e> ley *f* de control electoral

Wahlrecht *nt* <-(e)s, ohne *pl*> ① (*des Einzelnen*) derecho *m* de voto; **aktives/passives ~** derecho de voto activo/pasivo; **von seinem ~ Gebrauch machen** utilizar su derecho de voto; **allgemeines ~** sufragio universal ② (*Gesetz*) derecho *m* electoral; **Wahlrechtsgrundsatz** *m* <-es, ohne *pl*> (JUR) principio *m* del derecho electoral

Wahlrede *f* <-, -n> discurso *m* electoral; **Wahlredner(in)** *m(f)* <-s, -; -, -nen> orador(a) *m(f)* electoral

Wählscheibe *f* <-, -n> dial *m*

Wahlschein *m* <-(e)s, -e> papeleta *f* de votación; **Wahlschlappe** *f* <-, -n> (fam) derrota *f* electoral; **eine ~ einstecken müssen** tener que encajar una derrota electoral; **Wahlschuld** *f* <-, -en> (JUR) obligación *f* alternativa; **Wahlsieg** *m* <-(e)s, -e> victoria *f* electoral; **Wahlsieger(in)** *m(f)* <-s, -; -, -nen> ganador(a) *m(f)* de las votaciones; **Wahlsignal** *nt* <-s, -e> (TEL) señal *f* de marcar

Wahlsperre *f* <-, -n> (INFOR, TEL) bloqueo *m* de marcado; **Wahlspot** *m* <-s, -s> spot *m* electoral; **Wahlspruch** *m* <-(e)s, -sprüche> lema *m*, divisa *f*; **Wahlsystem** *nt* <-s, -e> sistema *m* electoral; **gemischtes ~** sistema electoral mixto; **Wahltag** *m* <-(e)s, -e> día *m* de las elecciones [*o* de la votación]

Wählton *m* <-(e)s, -töne> señal *f* (para marcar)

Wahlurne *f* <-, -n> urna *f* electoral, ánfora *f Mex*; **Wahlverfahren** *nt* <-s, -> procedimiento *m* electoral; **Wahlvermächtnis** *nt* <-ses, -se> legado *m* alternativo; **Wahlversammlung** *f* <-, -en> mitin *m* electoral; **Wahlversprechen** *nt* <-s, -> promesa *f* electoral; **Wahlverteidigung** *f* <-, -en> defensa *f* designada

wahlweise *adv* facultativamente, alternativamente

Wahlwiederholung *f* <-, -en> (TEL) rellamada *f*; **Wahlzettel** *m* <-s, -> papeleta *f* de votación

Wahn [va:n] *m* <-(e)s, ohne *pl*> ① (*geh: Einbildung*) ilusión *f* ② (MED) manía *f*

Wahndelikt *nt* <-(e)s, -e> (JUR) delito *m* imaginario

wähnen ['vɛːnən] *vt* (geh) suponer (erróneamente), pensar

Wahnsinn ['va:nzɪn] *m* <-(e)s, ohne *pl*> ① (*Geistesgestörtheit*) demencia *f*, enajenación *f* mental

② (*fam: Unvernunft*) locura *f*, loquera *f Am*; **das ist doch ~** es una locura; **den ~ mache ich nicht mit** no contéis conmigo para esta locura; **es ist zwar ~, doch es hat Methode** parece absurdo pero tiene lógica

wahnsinnig I. *adj* ① (*geistesgestört*) maníaco, demente, loco *fam*, como una cabra *fam*; **du bist ja ~** (*fam*) estás como una cabra; **das macht mich ~** (*fam*) esto me vuelve loco

② (*fam: groß*) tremendo, enorme

II. *adv* (*fam: sehr*) tremendamente, enormemente; **ich habe mich ~ gefreut** me he alegrado tremendamente

Wahnsinnige(r) *mf* <-n, -n; -n, -n> maníaco, -a *m, f*, demente *mf*, loco, -a *m, f fam*

Wahnsinnigwerden *nt*: **es ist zum ~** (*fam*) es para volverse loco

Wahnsinnsarbeit ['--'--] *f* <-, -en> (*fam*) trabajo *m* tremendo [*o* de locos]

Wahnvorstellung *f* <-, -en> alucinación *f*

Wahnwitz *m* <-es, ohne *pl*> locura *f*, idea *f* descabellada

wahnwitzig *adj* (*Idee*) descabellada; **ein ~es Unterfangen** una empresa de locos; **mit einer ~en Geschwindigkeit fahren** conducir como un loco

wahr [va:ɐ] *adj* ① (*der Wahrheit entsprechend*) verdadero; (*wahrheitsgetreu*) verídico; **das ist zu schön, um ~ zu sein** (*fam*) es demasiado bonito para ser cierto; **nicht ~?** ¿verdad?, ¿no es cierto? *Am*; **da ist was W~es dran** (*fam*) algo de verdad hay en ello

② (*wirklich*) real; **etw ~ machen** realizar algo; **~ werden** realizarse; **so ~ ich hier stehe** tan cierto como que estoy aquí; **er ist ein ~er Freund** es un amigo de verdad; **das darf doch nicht ~ sein** (*fam*) no puede ser; **im ~sten Sinne des Wortes** en toda la extensión de la palabra; **das ist schon gar nicht mehr ~** (*fam*) eso fue hace siglos; **das ist das einzig W~e** es lo único que sirve de verdad [*o* práctico]

③ (*geh: echt*) auténtico

④ (*fam: ausgesprochen*) verdadero

wahren ['va:rən] *vt* (geh) ① (*be~*) guardar; **den Schein ~** guardar las apariencias

② (*Rechte*) defender

währen ['vɛːrən] *vi* (geh) durar; **was lange währt, wird endlich gut** (*prov*) un buen final se hace esperar

während ['vɛːrənt] I. *präp* +*gen*; *fam*: +*dat* durante

II. *konj* ① (*zeitlich*) mientras; **~ du kochst, mache ich mich fertig** mientras [*o* en lo que] tú cocinas yo voy a arreglarme

② (*wohingegen*) mientras que; **er interessiert sich für Computer, ~ sie lieber Autos repariert** a él le interesan los ordenadores, mientras que ella prefiere arreglar coches

währenddessen [vɛːrənt'dɛsən] *adv* entretanto, mientras tanto

wahrhaben ['---] *vt*: **etw nicht ~ wollen** no querer admitir algo

wahrhaft ['va:ɐhaft] I. *adj* (geh) verdadero, auténtico

II. *adv* (geh) realmente

wahrhaftig ['-'--] I. *adj* (geh) mientras; (*aufrichtig*) sincero; **~er Gott!** ¡por Dios!

II. *adv* (geh: tatsächlich) realmente; (*allerdings*) en efecto, efectivamente

Wahrheit¹ *f* <-, -en> (*Tatbestand*) verdad *f*; **die halbe ~** la verdad a medias; **die volle ~** toda la verdad; **die ~ sagen** decir la verdad; **in ~** en realidad; **bei der ~ bleiben** no alterar la verdad; **er nimmt es mit der ~ nicht so genau** a veces falta a la verdad; **die ~ ist, dass ...** la verdad es que...; **um die ~ zu sagen ...** a decir verdad...

Wahrheit² *f* <-, ohne *pl*> (*das Wahrsein*) veracidad *f*; **die ~ einer These bezweifeln** poner en duda la veracidad de una tesis

Wahrheitsbeweis *m* <-es, -e> prueba *f* de la verdad; **Wahrheitsfindung** *f* <-, -en> esclarecimiento *m* de la verdad; **wenn es der ~ dient, ...** si sirve para esclarecer la verdad...

wahrheitsgemäß, wahrheitsgetreu I. *adj* verídico

II. *adv* conforme a la verdad

Wahrheitsliebe *f* <-, ohne *pl*> amor *f* a la verdad, sinceridad *f*, veracidad *f*

wahrheitsliebend *adj* (*die Wahrheit liebend*) amante de la verdad; (*ehrlich*) franco

Wahrheitspflicht *f* <-, ohne *pl*> deber *m* de la verdad

wahrlich *adv* (geh) efectivamente, realmente; **ich habe ~ genug zu tun** tengo realmente suficiente trabajo

wahrnehmbar *adj* perceptible

wahr|nehmen *irr vt* ① (*bemerken*) notar, darse cuenta (de); (*Sinneseindrücke*) percibir

② (*nutzen*) aprovechar; **eine Gelegenheit ~** aprovechar una oportunidad

③ (*Interessen*) defender; **einen Termin ~** acudir a una cita

Wahrnehmung *f* <-, -en> ① (*Sinnes~*) percepción *f*

② (*von Interessen*) salvaguardia *f*; (*eines Termins*) asistencia *f* (a); (*einer Frist*) observación *f*; **~ berechtigter Interessen** salvaguardia de intereses justos; **jdn mit der ~ seiner Geschäfte betrauen** poner a alguien a cargo de sus negocios

wahrsagen, wahr|sagen I. *vi* decir la buenaventura; **sich** *dat* **~ lassen** hacerse decir la buenaventura; **aus den Karten ~** echar las cartas

II. *vt*: **jdm etw ~** profetizar algo a alguien

Wahrsager(in) *m(f)* <-s, -; -, -nen> adivino, -a *m, f*

Wahrsagerei¹ *f* <-, ohne *pl*> (*abw: das Wahrsagen*) adivinación *f*
Wahrsagerei² *f* <-, -en> (*abw: Äußerung*) predicción *f*
Wahrsagerin *f* <-, -nen> *s.* **Wahrsager**
Wahrsagung¹ *f* <-, ohne *pl*> (*das Wahrsagen*) adivinación *f*
Wahrsagung² *f* <-, -en> (*das Prophezeite*) predicción *f*
währschaft ['vɛːɐʃaft] *adj* (*Schweiz*) ❶ (*gediegen*) sólido; **nichts W~es** nada más sólido ❷ (*tüchtig*) competente, eficiente
wahrscheinlich [vaːɐˈʃaɪnlɪç] I. *adj* probable; **es ist ~, dass ...** es probable que... +*subj*
II. *adv* probablemente; **kommst du heute Abend? – ~** ¿vienes esta noche? – probablemente
Wahrscheinlichkeit *f* <-, -en> probabilidad *f*; **mit großer** [*o* **hoher**] **~** es muy probable que... +*subj*; **aller ~ nach** según toda probabilidad
Wahrscheinlichkeitsgrad *m* <-(e)s, -e> grado *m* de probabilidad; **Wahrscheinlichkeitsrechnung** *f* <-, -en> (MATH) cálculo *m* de probabilidades; **Wahrscheinlichkeitstheorie** *f* <-, ohne *pl*> (JUR) teoría *f* de la probabilidad
Wahrung ['vaːrʊŋ] *f* <-, ohne *pl*> ❶ (*Be~*) salvaguardia *f*
❷ (*von Rechten*) defensa *f*; **die ~ seiner Rechte/Interessen** la defensa de sus derechos/intereses; **unter ~ seiner Ansprüche** sin perjuicio de sus derechos
Währung ['vɛːrʊŋ] *f* <-, -en> moneda *f*; **beschränkt/frei konvertierbare ~** moneda de convertibilidad limitada/libre; **gängige/gemeinsame/notierte ~** moneda en uso/común/de cambio; **gesetzliche/harte/weiche ~** moneda dirigida/fuerte/débil
Währungsabkommen *nt* <-s, -> acuerdo *m* monetario; **Währungsabwertung** *f* <-, -en> devaluación *f* monetaria; **Währungsangleichung** *f* <-, -en> reajuste *m* monetario; **Währungsanleihe** *f* <-, -n> empréstito *m* en moneda extranjera; **Währungsaufwertung** *f* <-, -en> revaluación *f* monetaria, apreciación *f* de la moneda; **Währungsausgleich** *m* <-(e)s, -e> compensación *f* de los cambios (monetarios); **Währungsbehörde** *f* <-, -n> (FIN, WIRTSCH) autoridad *f* monetaria
Währungsbuchhaltung *f* <-, -en> contabilidad *f* plurimonetaria; **doppelte ~** doble contabilidad de caja; **Währungsdelikt** *nt* <-(e)s, -e> (JUR, FIN) delito *m* monetario; **Währungseinheit** *f* <-, -en> unidad *f* monetaria, moneda *f*; **Währungsfonds** *m* <-, -> fondo *m* monetario; **Internationaler ~** Fondo Monetario Internacional; **Währungsgebiet** *nt* <-(e)s, -e> área *f* monetaria, zona *f* monetaria; **Währungsgesetz** *nt* <-es, ohne *pl*> ley *f* monetaria; **Währungshoheit** *f* <-, ohne *pl*> soberanía *f* monetaria; **Währungshüter** *m* <-s, -> (FIN, WIRTSCH) guardián *m* de la moneda; **Währungskonferenz** *f* <-, -en> conferencia *f* sobre temas monetarios; **Währungskonto** *nt* <-s, -konten> (FIN, WIRTSCH) cuenta *f* en moneda extranjera; **Währungskorb** *m* <-(e)s, -körbe> (FIN, WIRTSCH) cesta *f* de monedas; **Währungskrise** *f* <-, -n> crisis *f inv* monetaria; **Währungskurs** *m* <-es, -e> curso *m* de cambio, cotización *f* de la moneda; **Neufestsetzung der ~e** revisión de los tipos de cambio; **Währungsparität** *f* <-, -en> (WIRTSCH) paridad *f* monetaria [*o* de monedas]; **Neufestsetzung der ~en** revisión de los cambios [*o* de la paridad monetaria]; **Währungspolitik** *f* <-, -en> política *f* monetaria
währungspolitisch *adj* (FIN) político-monetario
Währungsrecht *nt* <-(e)s, ohne *pl*> derecho *m* monetario; **Währungsreform** *f* <-, -en> reforma *f* monetaria; **eine ~ durchführen** realizar una reforma monetaria; **Währungsrembours** *m* <-, -> (FIN) reembolso *m* en moneda extranjera; **Währungsreserve** *f* <-, -n> (WIRTSCH, FIN) reserva *f* monetaria [*o* en moneda extranjera]; **amtliche ~n** (WIRTSCH, FIN) reservas monetarias oficiales; **Stärkung der ~n** fortalecimiento de las reservas monetarias; **Währungsrisiko** *nt* <-s, -s *o* -risiken> (FIN, WIRTSCH) riesgo *m* monetario; **Währungsschlange** *f* <-, -n> (FIN, WIRTSCH) serpiente *f* monetaria; **Währungsschwankung** *f* <-, -en> (FIN) fluctuación *f* monetaria; **Währungssystem** *nt* <-s, -e> sistema *m* monetario; **Währungsturbulenz** *f* <-, -en> (FIN) turbulencia *f* monetaria; **Währungsumstellung** *f* <-, -en> conversión *f* de la moneda, reforma *f* monetaria; **Währungsunion** *f* <-, -en> (WIRTSCH) unión *f* monetaria; **Europäische ~** Unión Monetaria Europea; **Währungsverbund** *m* <-(e)s, -e> (WIRTSCH) bloque *m* monetario; **Währungsverfall** *m* <-s, ohne *pl*> depreciación *f* monetaria; **Währungszusammenbruch** *m* <-(e)s, -e> quiebra *f* monetaria
Wahrzeichen *nt* <-s, -> (*einer Stadt*) monumento *m* característico
Wais (INFOR) *Abk. von* **W**ide **A**rea **I**nformation **S**ervers WAIS
Waise ['vaɪzə] *f* <-, -n> huérfano, -a *m, f*
Waisengeld *nt* <-(e)s, -er> subsidio *m* de orfandad; **Waisenhaus** *nt* <-es, -häuser> orfanato *m*, orfelinato *m*; **Waisenkind** *nt* <-(e)s, -er> huérfano, -a *m, f*; **Waisenknabe** *m* <-n, -n> (*geh*) huérfano *m*; **gegen ihn ist ein Dieb der reinste ~** (*fam*) comparado con él un ladrón es un inocente; **Waisenrente** *f* <-, -n> (*pensión f de*) orfandad *f*
Wal [vaːl] *m* <-(e)s, -e> (ZOOL) ballena *f*

Wald [valt, *pl:* ˈvɛldə] *m* <-(e)s, Wälder> bosque *m;* **der Bayerische ~** la selva bávara; **er sieht den ~ vor lauter Bäumen nicht** los árboles le impiden ver el bosque; **ein ganzer ~ von ...** una gran cantidad de...; **wie man in den ~ hineinruft, so schallt es heraus** (*prov*) el que siembra recoge
Waldameise *f* <-, -n> (ZOOL) hormiga *f* roja; **Waldarbeiter(in)** *m(f)* <-s, -; -, -nen> trabajador(a) *m(f)* forestal; **Waldbestand** *m* <-(e)s, -stände> recursos *mpl* forestales; **Waldboden** *m* <-s, -böden> suelo *m* del bosque; **Waldbrand** *m* <-(e)s, -brände> incendio *m* forestal
Wäldchen *f* <-s, -> bosquecillo *m*
Walderdbeere *f* <-, -n> fresa *f* silvestre; **Waldgrenze** *f* <-, -n> límite *m* del bosque; **Waldhorn** *nt* <-(e)s, -hörner> (MUS) cuerno *m* de caza; **Waldhüter(in)** *m(f)* <-s, -; -, -nen> (*alt*) guarda *mf* forestal
waldig *adj* boscoso, con bosque
Waldland *nt* <-(e)s, -e> terreno *m* boscoso; **Waldlauf** *m* <-(e)s, -läufe> carrera *f* en [*o* por] el bosque; **Waldlehrpfad** *m* <-(e)s, -e> circuito *m* forestal didáctico; **Waldmeister** *m* <-s, ohne *pl*> (BOT) galio *m* oloroso
Waldorfschule ['valdɔrf-] *f* <-, -n> escuela *f* Waldorf [*o* Rudolf-Steiner]
Waldrand *m* <-(e)s, -ränder> borde *m* del bosque; **Waldrebe** *f* <-, -n> (BOT) hierba *f* de los lazarosos
waldreich *adj* rico en bosques
Waldschaden *m* <-s, -schäden> daños *mpl* forestales; **Waldsterben** *nt* <-s, ohne *pl*> muerte *f* de los bosques (a causa de la polución del medio ambiente), muerte *f* forestal; **Waldstreu** *f* <-, -en> cama *f* de hojas secas
Waldung *f* <-, -en> (*región f de*) bosques *mpl*
Waldweg *m* <-(e)s, -e> camino *m* forestal; **Waldwiese** *f* <-, -n> prado *m* dentro del bosque; (*Lichtung*) claro *m;* **Waldwirtschaft** *f* <-, ohne *pl*> economía *f* forestal
Wales [weɪls] *nt* <-> (país *m* de) Gales *m*
Walfang *m* <-(e)s, ohne *pl*> pesca *f* de la ballena
Walfänger¹ *m* <-s, -> (*Schiff*) ballenero *m*
Walfänger(in)² *m(f)* <-s, -; -, -nen> (*Fischer*) ballenero, -a *m, f*
Walfangflotte *f* <-, -n> flota *f* de pesca de ballenas; **Walfangschiff** *nt* <-(e)s, -e> barco *m* ballenero
Walfisch *m* <-(e)s, -e> (*fam*) *s.* **Wal**
Walhalla [valˈhala] *nt* <-(s), ohne *pl*>, *f* <-, ohne *pl*> Valhalla *m*, Walhalla *m*
Waliser(in) [vaˈliːzɐ] *m(f)* <-s, -; -, -nen> galés, -esa *m, f*
walisisch *adj* galés
walken ['valkən] *vt* (*Leder, Stoff*) abatanar; (*Teig*) amasar bien
Walkie-Talkieᴿᴿ [ˈwɔːkitɔːki] *nt* <-(s), -s> walkie-talkie *m*
Walkman® [ˈwɔːkmɛ(ː)n] *m* <-s, Walkmen> walkman® *m*
Walküre [valˈkyːrə] *f* <-, -n> walkiria *f*, valquiria *f*
Wall [val, *pl:* ˈvɛlə] *m* <-(e)s, Wälle> (*Erd~*) terraplén *m*, albardón *m* CSur; (*Schutz~*) muralla *f*
Wallach [ˈvalax] *m* <-(e)s, -e> caballo *m* castrado
wallen [ˈvalən] *vi* ❶ (*Flüssigkeit*) borbotar
❷ *sein* (*geh: Haar, Gewänder*) ondear
Wallfahrer(in) *m(f)* <-s, -; -, -nen> peregrino, -a *m, f*
Wallfahrt *f* <-, -en> peregrinación *f*, romería *f*
Wallfahrtskirche *f* <-, -n> (REL) iglesia *f* de peregrinación, santuario *m;* **Wallfahrtsort** *m* <-(e)s, -e> lugar *m* de peregrinación
Wallis [ˈvalɪs] *nt* <-> (GEO) Valais *m*
Walliser(in) [ˈvalizɐ] *m(f)* <-s, -; -, -nen> habitante *m* del Valais
Wallone, -in [vaˈloːnə] *m, f* <-n, -n; -, -nen> valón, -ona *m, f*
Wallriff *nt* <-(e)s, -e> escollo *m* de dique
Wallung [ˈvalʊŋ] *f* <-, -en> ebullición *f*; **in ~ geraten** acalorarse; **jds Blut in ~ bringen** encender [*o* quemar] la sangre de alguien
Walmdach [ˈvalm-] *nt* <-(e)s, -dächer> tejado *m* a cuatro aguas
Walnussᴿᴿ *f* <-, -nüsse> ❶ (*Frucht*) nuez *f*
❷ (*Baum*) nogal *m*
Walnussbaumᴿᴿ *m* <-(e)s, -bäume> nogal *m*
Walpurgisnacht [valˈpʊrɡɪs-] *f* <-, -nächte> noche *f* de los Walpurgis
Walrossᴿᴿ [ˈvaːl-] *m* <-es, -rosse>, **Walroß** *nt* <-sses, -rosse> ❶ (*Tier*) morsa *f* ❷ (*fam: Mensch*) cachazudo, -a *m, f*; **Walspeck** *m* <-(e)s, -e> grasa *f* de ballena
walten [ˈvaltən] *vi* (*geh*) reinar; **Vernunft ~ lassen** dejar que reine la razón; **seines Amtes ~** ejercer su cargo
Walzblech *nt* <-(e)s, -e> chapa *f* laminada
Walze [ˈvaltsə] *f* <-, -n> ❶ (MATH) cilindro *m*
❷ (*an Maschinen*) rodillo *m*, cilindro *m*
❸ (*Straßen~*) apisonadora *f*
walzen [ˈvaltsən] *vt* ❶ (*Metall*) laminar
❷ (*Straße*) apisonar
wälzen [ˈvɛltsən] I. *vt* ❶ (*rollen*) hacer rodar; **die Schuld auf jdn ~** echar la culpa a alguien
❷ (GASTR) **etw in etw** *dat* **~** cubrir algo de algo; (*in Paniermehl*) empa-

walzenförmig

nar algo con algo ❸ (*fam: Bücher*) consultar; (*Probleme*) dar vueltas (a) **II.** *vr:* **sich ~** ❶ (*Lawine*) rodar ❷ (*Tier, Person*) revolcarse (*in* en), dar vueltas (*in* en); **sie wälzte sich von einer Seite auf die andere** dio vueltas de un lado a otro

walzenförmig *adj* cilíndrico

Walzer ['valtsɐ] *m* <-s, -> vals *m;* **langsamer ~** vals lento; **Wiener ~** vals vienés

Wälzer ['vɛltsɐ] *m* <-s, -> (*fam*) mamotreto *m*

Walzermusik *f* <-, -en> música *f* de vals

Walzstraße *f* <-, -n> tren *m* de laminado (continuo); **Walzwerk** *nt* <-(e)s, -e> taller *m* de laminación, laminador *m*

Wampe ['vampǝ] *f* <-, -n> (*fam abw*) panza *f,* barriga *f*

Wams [vams, *pl:* 'vɛmzǝ] *nt* <-es, Wämser> jubón *m*

WAN *nt* <-s, -s> (INFOR) *Abk. von* **Wide Area Network** WAN *f*

wand [vant] *3. imp von* **winden**

Wand [vant, *pl:* 'vɛndǝ] *f* <-, Wände> pared *f;* **~ an ~** con una pared en medio; **spanische ~** mampara *f;* **in seinen (eigenen) vier Wänden** (*fam*) en casa; **die Wände hochgehen** (*fam*) subirse por las paredes; **bei ihm redet man wie gegen eine ~** hablar con él es como hablarle a las paredes; **jdn an die ~ stellen** (*fam*) pasar a alguien por las armas; **jdn an die ~ drücken** (*fam*) arrinconar a alguien; **jdn an die ~ spielen** superar a alguien en algo; (THEAT) eclipsar a alguien; **…, dass die Wände wackeln** (*fam*) … que retumbará la casa; **weiß wie die ~** blanco como una sábana; **mit dem Kopf durch die ~ wollen** querer lo imposible

Wandale, -in [van'daːlǝ] *m, f* <-n, -n; -, -nen> (*a.* HIST) vándalo, -a *m, f*

Wandalismus [vanda'lɪsmʊs] *m* <-, *ohne pl*> vandalismo *m*

Wandbehang *m* <-(e)s, -hänge> tapiz *m*

Wandel ['vandǝl] *m* <-s, *ohne pl*> cambio *m,* transformación *f;* **im ~ der Zeit** en el transcurso del tiempo; **einem ~ unterliegen** estar sujeto a un cambio

Wandelanleihe *f* <-, -n> (FIN) empréstito *m* convertible, (obligaciones *fpl* convertibles de) obligaciones *fpl* convertibles

wandelbar *adj* (*geh*) ❶ (*nicht beständig*) versátil; (*veränderlich*) variable ❷ (FIN) convertible

Wandelbarkeit *f* <-, *ohne pl*> (*a.* JUR) variabilidad *f;* **~ des Vertragsstatuts** variabilidad del estatuto contractual

Wandelgang *m* <-(e)s, -gänge> arcada *f;* **Wandelhalle** *f* <-, -n> foyer *m,* vestíbulo *m*

wandeln ['vandǝln] **I.** *vi sein* (*geh*) caminar, andar; **Klaus ist ein ~des Lexikon** (*fam*) Klaus es una enciclopedia andante **II.** *vt* cambiar; (JUR) convertir **III.** *vr:* **sich ~** (*geh*) cambiar; **sich in etw ~** convertirse en algo; **Wandelschuldverschreibung** *f* <-, -en> (FIN) obligación *f* convertible (en acción)

Wanderarbeiter(in) *m(f)* <-s, -; -, -nen> temporero, -a *m, f* (*obligado a trabajar lejos de su lugar de residencia*); **Wanderausstellung** *f* <-, -en> exposición *f* itinerante; **Wanderbewegung** *f* <-, -en> movimiento *m* migratorio; **Wanderbühne** *f* <-, -n> teatro *m* ambulante; **Wanderdüne** *f* <-, -n> duna *f* movediza

Wanderer, -in *m, f* <-s, -; -, -nen> excursionista *mf*

Wanderfalke *m* <-n, -n> (ZOOL) halcón *m* peregrino; **Wanderfeldbau** *m* <-(e)s, *ohne pl*> rotación *f* de cultivos; **Wanderheuschrecke** *f* <-, -n> (ZOOL) langosta *f*

Wanderin *f* <-, -nen> *s.* **Wanderer**

Wanderkarte *f* <-, -n> mapa *m* para excursiones

wandern ['vandɐn] *vi sein* ❶ (*Wanderung machen*) hacer una excursión (a pie), caminar, (*Völker*) migrar; (*Gletscher, Düne*) ser movedizo ❷ (*herumgehen*) recorrer, caminar (*in/durch* por); **sie wanderte ruhelos im Zimmer auf und ab** caminaba inquieta por la habitación; **ihr Blick wanderte von einer Seite zur anderen** dejó vagar la mirada de un lado al otro ❸ (*fam: hinkommen*) acabar (*in* en), ir a parar (*in* a); **der Brief ist gleich in den Papierkorb gewandert** la carta fue a parar en seguida a la papelera; **ins Gefängnis/ins Feuer ~** acabar en la cárcel/en el fuego

Wandern *nt* <-s, *ohne pl*> senderismo *m*

Wanderniere *f* <-, -n> (MED) riñón *m* flotante; **Wanderpokal** *m* <-s, -e> copa *f* ambulante; **Wanderprediger(in)** *m(f)* <-s, -; -, -nen> predicador(a) *m(f)* ambulante; **Wanderratte** *f* <-, -n> rata *f* común [*o* de alcantarilla]

Wanderschaft *f: auf ~ gehen* ir a correr mundo; **auf ~ sein** correr mundo

Wanderschuh *m* <-(e)s, -e> bota *f* (deportiva)

Wandersmann *m* <-(e)s, -leute> (*alt*) excursionista *mf;* **na du ~, wo bist du heute entlanggelaufen?** (*iron*) ¡qué, andarín! ¿qué ruta has hecho hoy?

Wandertag *m* <-(e)s, -e> (día *m* de) excursión *f* (escolar); **morgen ist ~** mañana salimos de excursión; **hat Ihnen der ~ gefallen?** ¿le gustó la excursión?

Wanderung *f* <-, -en> ❶ (*Ausflug*) excursión *f* (a pie), caminata *f;* **eine ~ unternehmen** [*o* **machen**] salir de excursión, dar una caminata ❷ (*von Tieren, Völkern*) migración *f*

Wanderungsbewegung *f* <-, -en> migración *f*

Wanderverein *m* <-(e)s, -e> club *m* de excursionistas, asociación *f* de excursionistas; **Wandervogel** *m* <-s, -vögel> (*fam*) ❶ (*Wanderer*) excursionista *mf* ❷ (*unsteter Mensch*) ave *f* de paso; **Wanderweg** *m* <-(e)s, -e> camino *m,* sendero *m;* **Wanderzirkus** *m* <-, -se> circo *m* ambulante

Wandgemälde *nt* <-s, -> mural *m,* pintura *f* mural; **Wandkalender** *m* <-s, -> calendario *m* de pared; **Wandkarte** *f* <-, -n> mapa *m* mural; **Wandkasten** *m* <-s, -kästen> (*Schweiz*) *s.* **Wandschrank; Wandlampe** *f* <-, -n> aplique *m*

Wandler *m* <-s, -> (TECH) transductor *m;* **optisch-elektrischer ~** transductor óptico-eléctrico

Wandlung ['vandlʊŋ] *f* <-, -en> ❶ (*Veränderung*) cambio *m,* transformación *f* ❷ (REL) transubstanciación *f* ❸ (JUR) redhibición *f;* **~ bei Verschlechterung der Vermögenslage** redhibición en caso de deterioro de la situación financiera

wandlungsfähig *adj* cambiable, transformable

Wandlungsklage *f* <-, -n> (JUR) acción *f* redhibitoria

Wandschrank *m* <-(e)s, -schränke> armario *m* empotrado; **Wandspiegel** *m* <-s, -> espejo *m* de pared; **Wandtafel** *f* <-, -n> pizarra *f*

wandte ['vantǝ] *3. imp von* **wenden**

Wandteller *m* <-s, -> plato *m* (decorativo) de pared; **Wandteppich** *m* <-s, -e> tapiz *m;* **Wandtresor** *m* <-s, -e> caja *f* fuerte (empotrada) en la pared; **Wanduhr** *f* <-, -en> reloj *m* de pared; **Wandverkleidung** *f* <-, -en> revestimiento *m* de la pared; **Wandzeitung** *f* <-, -en> periódico *m* mural

Wange ['vaŋǝ] *f* <-, -n> (*geh*) mejilla *f;* **~ an ~** muy apretados; **jdn auf beide ~n küssen** besar a alguien en ambas mejillas

Wankelmotor ['vaŋkǝl-] *m* <-s, -en> (TECH) motor *m* Wankel

Wankelmut ['vaŋkǝlmuːt] *m* <-(e)s, *ohne pl*> (*geh abw*) versatilidad *f,* veleidad *f*

wankelmütig *adj* (*geh abw*) versátil, veleidoso

Wankelmütigkeit *f* <-, *ohne pl*> (*geh abw*) *s.* **Wankelmut**

wanken ['vaŋkǝn] *vi* ❶ (*schwanken*) vacilar; (*Macht*) tambalearse; **das brachte seinen Entschluss ins W~** esto le hizo vacilar en su decisión; **ins W~ geraten** empezar a tambalearse ❷ *sein* (*schwankend gehen*) tambalearse

wann [van] *adv* ❶ (*interrogativ*) ¿cuándo?; **~ kommst du?** ¿cuándo vienes?; **~ etwa** [*o* **ungefähr**]? ¿cuándo más o menos?; **ich weiß noch nicht, ~ ich komme** no sé todavía cuándo vendré; **seit ~?** ¿desde cuándo?; **bis ~?** ¿hasta cuándo?; **von ~ bis ~?** ¿desde cuándo y hasta cuándo?; **ab ~ gilt die Dosis als gefährlich?** ¿a partir de cuándo resulta peligrosa la dosis? ❷ (*Wend*) **~ (auch) immer** cuando sea; **dann und ~** de vez en cuando

Wanne ['vanǝ] *f* <-, -n> tina *f;* (*Bade~*) bañera *f;* **in der ~ liegen** (*fam*) estar en la bañera

Wannenbad *nt* <-(e)s, -bäder> baño *m* (en la bañera)

Wanst [vanst, *pl:* 'vɛnstǝ] *m* <-(e)s, Wänste> (*fam abw*) barriga *f,* tripa *f;* **sich dat den ~ voll schlagen** llenarse la barriga

Want [vant] *f* <-, -en> (NAUT) obenque *m*

Wanze ['vantsǝ] *f* <-, -n> ❶ (ZOOL) chinche *f* ❷ (*sl: Abhör~*) micrófono *m* oculto [*o* ilegal]

Wappen ['vapǝn] *nt* <-s, -> escudo *m* (de armas), blasón *m;* **etw im ~ führen** llevar algo en el escudo de armas

Wappenkunde *f* <-, *ohne pl*> heráldica *f,* blasón *m;* **Wappenschild** *m* o *nt* <-(e)s, -er> escudo *m;* **Wappentier** *nt* <-(e)s, -e> animal *m* heráldico

wappnen ['vapnǝn] *vr:* **sich ~** (*geh*) **sich gegen etw ~** prepararse para algo; **sich mit etw** *dat* **~** armarse de algo; **gegen solche Zwischenfälle sind wir in Zukunft gewappnet** (de aquí) en adelante estamos preparados contra tales incidentes

war [vaːɐ] *3. imp von* **sein**

warb [varp] *3. imp von* **werben**

ward [vart] (*geh*) *3. imp von* **werden[1]**

Ware ['vaːrǝ] *f* <-, -n> mercancía *f;* (*Artikel*) artículo *m;* **abgepackte/gebrauchsfertige ~** mercancía empaquetada/lista para el uso; **börsengängige ~** mercancía que cotiza en bolsa; **heiße ~** (*sl*) artículo ilegal; **lagerfähige ~** mercancía almacenable; **marktgängige ~** mercancía fácil de comercializar; **~n des Grundbedarfs** mercancías de primera necesidad

Ware-Geld-Austausch *m* <-(e)s, *ohne pl*> (WIRTSCH) intercambio *m* de dinero y mercancía

Warenabsatz *m* <-es, -sätze> venta *f* de mercancía, entrega *f* de mercancía; **Warenabsender(in)** *m(f)* <-s, -; -, -nen> consignatario, -a *m, f,* remitente *mf* de la mercancía; **Warenakkreditiv** *nt* <-s, -e> (FIN)

crédito *m* documentario; **Warenakzept** *nt* <-(e)s, -e> (FIN) aceptación *f* comercial; **Warenangebot** *nt* <-(e)s, -e> oferta *f* de mercancías; **Warenannahme** *f* <-, -n> recepción *f* de mercancías; **Warenaufzug** *m* <-(e)s, -züge> ascensor *m* para mercancías; **Warenausgabe** *f* <-, -n> salida *f* de mercancías; **Warenausgang** *m* <-(e)s, -gänge> salida *f* de mercancías; **Warenauslage** *f* <-, -n> exposición *f* de mercancías

Warenaustausch *m* <-(e)s, *ohne pl*> intercambio *m* de mercancías; **Warenaustauschgeschäft** *nt* <-(e)s, -e> operación *f* de intercambio de mercancías

Warenautomat *m* <-en, -en> vendedor *m* automático; **Warenbegleitschein** *m* <-(e)s, -e> hoja *f* de ruta; **Warenbeschaffung** *f* <-, -en> obtención *f* de la mercancía; **Warenbestand** *m* <-(e)s, -stände> existencias *fpl*, stock *m*; **Warenbestellung** *f* <-, -en>: eine ~ aufgeben hacer un pedido (de mercancía); **Warenbezeichnung** *f* <-, -en> designación *f* de la mercancía; **Warenbörse** *f* <-, -n> (WIRTSCH) bolsa *f* de mercancías; **Warendiskont** *m* <-s, -e> (FIN) descuento *m* comercial; **Wareneinkaufsbuch** *nt* <-(e)s, -bücher> registro *m* de compras de la mercancía; **Wareneinsatz** *m* <-es, -sätze> utilización *f* de mercancías; **Wareneinstandspreis** *m* <-es, -e> (WIRTSCH) precio *m* de coste de la mercancía; **Warenempfänger(in)** *m(f)* <-s, -; -, -nen> consignatario, -a *m, f*; **Warenempfangsbestätigung** *f* <-, -en> acuse *m* de recibo de la mercancía; **Warenerhalt** *m* <-(e)s, *ohne pl*> recibo *m* de la mercancía; **Warengeschäft** *nt* <-(e)s, -e> transacción *f* comercial; **Warenhandel** *m* <-s, *ohne pl*> comercio *m* de mercancías

Warenhaus *nt* <-es, -häuser> grandes almacenes *mpl*, emporio *m* *MAm*; **Warenhauskette** *f* <-, -n> cadena *f* de grandes almacenes

Warenkalkulation *f* <-, -en> cálculo *m* mercantil; **Warenkapital** *nt* <-s, -e *o* -ien> capital *m* en mercancías; **Warenkonto** *nt* <-s, -konten> cuenta *f* de mercancías; **Warenkorb** *m* <-(e)s, -körbe> cesta *f* de la compra; **Warenkreditbürgschaft** *f* <-, -en> (JUR) aval *m* de crédito comercial; **Warenlager** *nt* <-s, -> almacén *m*; **Warenlieferung** *f* <-, -en> suministro *m* de mercancías; **Warenlombard** *m o nt* <-(e)s, -e> (FIN) préstamo *m* sobre mercancías, adelanto *m* sobre mercancías; **Warenmuster** *nt* <-s, -> muestra *f* (de la mercancía); ~ ohne Handelswert muestra sin valor comercial; **Warennachfrage** *f* <-, -n> (COM) demanda *f* de mercancías; **Warennomenklatur** *f* <-, -en> (WIRTSCH) nomenclatura *f* comercial; **Warennotierung** *f* <-, -en> (WIRTSCH) cotización *f* de las mercancías; **Warenpapier** *nt* <-s, -e> (WIRTSCH) valor *m* comercial; **Warenpreis** *m* <-es, -e> precio *m* de la mercancía; **Warenprobe** *f* <-, -n> muestra *f*; **Warenprüfer(in)** *m(f)* <-s, -; -, -nen> inspector(a) *m(f)* comercial; **Warenprüfung** *f* <-, -en> inspección *f* comercial; **Warenreserve** *f* <-, -n> reserva *f* en mercancías; **Warensaldo** *m* <-s, -salden *o* -s *o* -saldi> (WIRTSCH) remanente *m* de mercancías; **Warensendung** *f* <-, -en> envío *m* de mercancías; **Warensortiment** *nt* <-(e)s, -e> línea *f* de productos

warenspezifisch *adj* específico de las mercancías

Warentausch *m* <-(e)s, *ohne pl*> trueque *m*, intercambio *m* de mercancías; **Warenterminbörse** *f* <-, -n> (WIRTSCH) mercado *m* de futuros; **Warentermingeschäft** *nt* <-(e)s, -e> (WIRTSCH) operación *f* comercial a plazo; **Warentest** *m* <-s, -s> (WIRTSCH) test *m* de calidad; Stiftung ~ *fundación alemana que realiza y publica periódicamente tests de calidad*; **Warenüberfluss**^RR *m* <-es, *ohne pl*> excedente *m* de mercancías; **Warenübergabe** *f* <-, -n> entrega *f* de mercancías; **Warenumsatzsteuer** *f* <-, -n> (*Schweiz*) impuesto *m* sobre el valor añadido

Warenumschlag *m* <-(e)s, *ohne pl*> (COM) rotación *f* de stocks; **Warenumschlagskredit** *m* <-(e)s, -e> (FIN, COM) crédito *m* sobre la cifra de ventas

Waren- und Dienstleistungsverkehr *m* <-(e)s, *ohne pl*> circulación *f* de mercancías y servicios, tráfico *m* de mercancías y servicios

Warenverkaufsbuch *nt* <-(e)s, -bücher> registro *m* de ventas de mercancías

Warenverkehr *m* <-(e)s, *ohne pl*> circulación *f* de mercancías, tráfico *m* de mercancías; freier ~ libre circulación de mercancías; grenzüberschreitender ~ tráfico internacional de mercancías; innergemeinschaftlicher ~ circulación intracomunitaria de las mercancías; den freien ~ gewährleisten garantizar la libre circulación de mercancías; **Warenverkehrsbescheinigung** *f* <-, -en> certificado *m* de circulación de mercancías; **Warenverkehrsfreiheit** *f* <-, *ohne pl*> (JUR) libertad *f* de circulación de mercancías

Warenverknappung *f* <-, -en> escasez *f* de bienes; **Warenvertriebskosten** *pl* costes *mpl* de distribución comercial; **Warenvorrat** *m* <-(e)s, -räte> stock *m*, existencias *fpl*; **Warenwechsel** *m* <-s, -> (FIN) letra *f* comercial

Warenzeichen *nt* <-s, -> marca *f* comercial, marca *f* de fábrica; eingetragenes ~ marca registrada; als ~ eintragen inscribir como marca registrada; ein ~ anmelden solicitar la inscripción de una marca comercial; ein ~ löschen/nachahmen cancelar/falsificar una marca comercial; ein ~ verletzen violar una marca de fabricación; **Warenzeichenlizenz** *f* <-, -en> licencia *f* de marca comercial; **Warenzeichenrecht** *nt* <-(e)s, *ohne pl*> derecho *m* de marcas comerciales; **Warenzeichenschutz** *m* <-es, *ohne pl*> protección *f* de marcas comerciales; **Warenzeichenverletzung** *f* <-, -en> quebrantamiento *m* de marca comercial

warf [varf] *3. imp von* **werfen**

warm [varm] *adj* <wärmer, am wärmsten> **❶** (*allgemein*) caliente; (*Farbe, Ton, Klima*) cálido; (*Wetter*) caluroso; (*Kleidung*) que abriga, abrigador *Am*; es ist (sehr) ~ hace (mucho) calor; mir ist ~ tengo calor; sich ~ anziehen abrigarse; ~ duschen tomar una ducha caliente; sich ~ laufen hacer el calentamiento; den Motor ~ laufen lassen calentar el motor; das hält ~ esto abriga; ihr habt es schön ~ se está caliente aquí (en vuestra casa); ins W-e gehen ir adonde hace calor; das Essen ~ machen poner la comida a calentar; das Essen ~ halten mantener la comida caliente; das Zimmer kostet 180 Euro ~ (*fam*) la habitación cuesta, gastos (de calefacción) incluidos, 180 euros
❷ (~*herzig*) cálido, caluroso; jdm etw wärmstens empfehlen recomendar algo a alguien de corazón; mit jdm ~ werden (*fam*) hacerse amigo de alguien; mit etw *dat* ~ werden familiarizarse con algo

Warmblut *nt* <-(e)s, -e> (ZOOL) mediasangre *f*
Warmblüter ['-bly:tɐ] *m* <-s, -> (ZOOL) animal *m* de sangre caliente
warmblütig *adj* (ZOOL) de sangre caliente
Wärme ['vɛrmə] *f* <-, *ohne pl*> (*a.* PHYS) calor *m*; 25 Grad ~ 25 grados sobre cero
Wärmeableitung *f* <-, *ohne pl*> liberación *f* de calor; **Wärmeaufnahme** *f* <-, *ohne pl*> (TECH) absorción *f* de calor; **Wärmeaustausch** *m* <-(e)s, *ohne pl*> (TECH) (inter)cambio *m* de calor; **Wärmeaustauscher** *m* <-s, -> (TECH) intercambiador *m* térmico; (AUTO) transformador *m* de calor; **Wärmebelastung** *f* <-, -en> (ÖKOL) impacto *m* de la contaminación térmica
wärmebeständig *adj* (TECH) resistente al calor
wärmedämmend *adj* termoaislante
Wärmedämmung *f* <-, -en> aislamiento *m* térmico
wärmeempfindlich *adj* sensible al calor
Wärmeenergie *f* <-, -n> energía *f* térmica; **Wärmefluss**^RR *m* <-es, -flüsse> (TECH) flujo *m* de calor; **Wärmegewinnung** *f* <-, -en> obtención *f* de calor; **Wärmegrad** *m* <-(e)s, -e> grado *m* de calor; **Wärmehaushalt** *m* <-(e)s, *ohne pl*> equilibrio *m* térmico; **Wärmeisolierung** *f* <-, *ohne pl*> (PHYS) aislamiento *m* térmico; **Wärmekraftwerk** *nt* <-(e)s, -e> central *f* térmica; **Wärmelehre** *f* <-, *ohne pl*> (PHYS) termología *f*; **Wärmeleiter** *m* <-s, -> (PHYS) conductor *m* térmico; **Wärmeleitung** *f* <-, *ohne pl*> (PHYS) conducción *f* del calor
wärmeliebend *adj* amante del calor
wärmen ['vɛrmən] **I.** *vi* (*Ofen*) calentar; (*Kleidung*) abrigar **II.** *vr*: sich ~ calentarse
Wärmepumpe *f* <-, -n> (TECH) bomba *f* térmica; **Wärmequelle** *f* <-, -n> fuente *f* de calor, foco *m* térmico
wärmer *adj* kompar *von* **warm**
Wärmeregler *m* <-s, -> termostato *m*; **Wärmerückgewinnung** *f* <-, -en> recuperación *f* del calor; **Wärmespeicher** *m* <-s, -> acumulador *m* de calor; **Wärmespeicherung** *f* <-, -en> almacenamiento *m* de calor; **Wärmestrahlung** *f* <-, *ohne pl*> (PHYS) radiación *f* térmica; **Wärmestrom** *m* <-(e)s, -ströme> (TECH) flujo *m* de calor; **Wärmetauscher** *m* <-s, -> (TECH, AUTO) *s.* Wärmeaustauscher; **Wärmetechnik** *f* <-, *ohne pl*> termotecnia *f*; **Wärmeverbrauch** *m* <-(e)s, *ohne pl*> consumo *m* de calor; **Wärmeverlust** *m* <-(e)s, -e> pérdida *f* de calor; **Wärmezufuhr** *f* <-, *ohne pl*> suministro *m* de calor
Wärmflasche *f* <-, -n> calentador *m*
Warmfront *f* <-, -en> (METEO) frente *m* cálido
Warmhaltekanne *f* <-, -n> (cafetera *f*) termo® *m*
warm|halten *irr vt*: sich *dat* jdn ~ conservar las simpatías de alguien
Warmhalteplatte *f* <-, -n> calientaplatos *m inv*
warmherzig *adj* cariñoso, caluroso
warm|laufen *irr vi sein s.* warm 1.
Warmluft *f* <-, *ohne pl*> (TECH, METEO) aire *m* caliente; **Warmluftzufuhr** *f* <-, *ohne pl*> suministro *m* de aire caliente
Warmmiete *f* <-, -n> (*fam*) alquiler *m* con los gastos de calefacción incluidos; **Warmstart** *m* <-s, -s> (INFOR) reinicio *m*
wärmste(r, s) *adj superl von* **warm**
Warmwasseraufbereitung *f* <-, -en> tratamiento *m* de agua caliente; **Warmwasserbereiter** [-'-----] *m* <-s, -> (TECH) calentador *m* de agua, termo *m Am*; **Warmwasserheizung** *f* <-, -en> (TECH) calefacción *f* de agua caliente; **Warmwasserspeicher** [-'-----] *m* <-s, -> depósito *m* de agua caliente; **Warmwasserversorgung** [-'-----] *f* <-, *ohne pl*> abastecimiento *m* de agua caliente
Warnanlage *f* <-, -n> (sistema *m* de) alarma *f*
Warnblinkanlage *f* <-, -n> (AUTO) dispositivo *m* de luces de aviso intermitentes; **Warnblinkleuchte** *f* <-, -n> (AUTO) lámpara *f* de luz inter-

mitente de emergencia

Warndreieck *nt* <-(e)s, -e> (AUTO) triángulo *m* de emergencia

warnen ['varnən] *vt* avisar (*vor* de que), advertir (*vor* de); **die Polizei warnt vor Schneeglätte** la policía avisa que hay peligro de deslizamiento; **ich warne dich!** ¡te lo advierto!; **vor … wird gewarnt!** ¡cuidado con…!

warnend *adj* de aviso

Warnfeld *nt* <-(e)s, -er> (INFOR) campo *m* de advertencias; **Warnkreuz** *nt* <-es, -e> cruz *f* de advertencia; **Warnleuchte** *f* <-, -n> luz *f* de aviso

Warnlicht *nt* <-(e)s, -er> luz *f* de advertencia; **Warnlichtschalter** *m* <-s, -> interruptor *m* de la luz de advertencia

Warnmeldung *f* <-, -en> aviso *m* de peligro; **Warnruf** *m* <-(e)s, -e> grito *m* de alarma; **Warnschild** *nt* <-(e)s, -er> señal *f* de aviso; (*Verkehrsschild*) señal *m* de peligro; **Warnschuss**ᴿᴿ *m* <-es, -schüsse> tiro *m* al aire; **Warnsignal** *nt* <-s, -e> señal *f* de aviso; **Warnstreik** *m* <-(e)s, -s> huelga *f* de advertencia; **Warnton** *m* <-(e)s, -töne> (INFOR) tono *m* de advertencia

Warnung *f* <-, -en> advertencia *f* (*vor* de), aviso *m* (*vor* de); **ohne vorherige ~** sin previo aviso; **lass dir das eine ~ sein!** ¡que te sirva de lección!

Warnzeichen *nt* <-s, -> ❶ (*Warnsignal*) señal *f* de aviso ❷ (*Verkehrszeichen*) señal *f* de peligro

Warschau ['varʃaʊ] *nt* <-s> Varsovia *f*

Warschauer Pakt *m* <- -(e)s, *ohne pl*> (POL) Pacto *m* de Varsovia

Warte ['vartə] *f* <-, -n> (*geh*) puesto *m* de observación; **von meiner ~ aus** según mi punto de vista

Wartefrist *f* <-, -en> plazo *m* de espera; **Wartehalle** *f* <-, -n> sala *f* de espera; **Warteliste** *f* <-, -n> lista *f* de espera; **sich auf die ~ setzen lassen** inscribirse en la lista de espera

warten ['vartən] **I.** *vi* esperar; **auf etw ~** esperar algo; **warte mal!** ¡espera un momento!; **ich kann nicht länger ~** no puedo esperar más; **wartet ihr mit dem Essen auf mich?** ¿me esperáis para comer?; **ich warte draußen (auf dich)** (te) espero fuera; **die Arbeit kann ~** el trabajo puede esperar; **etw lässt nicht lange auf sich ~** algo no tarda mucho en llegar; **worauf wartest du?** ¿a qué esperas?; **er lässt (heute) lange auf sich ~** (hoy) se hace esperar; **auf dich habe ich gerade noch gewartet** (*iron*) tú eres lo que me faltaba; **da kannst du ~, bis du schwarz wirst** (*fam*) te puedes morir esperando; **da kannst du lange ~** (*fam*) puedes esperar sentado; **na, der kann ~!** (*fam*) ¡va, que se espere!; **na, warte!** (*fam*) ¡espera! **II.** *vt* (TECH) inspeccionar; **sein Auto ~ lassen** llevar el coche a revisar

Wärter(in) ['vɛrtə] *m(f)* <-s, -; -, -nen> guarda *mf*, guardián, -ana *m, f*

Warteraum *m* <-(e)s, -räume> sala *f* de espera

Wärterin *f* <-, -nen> *s*. **Wärter**

Wartesaal *m* <-(e)s, -säle> sala *f* de espera; **Warteschlange** *f* <-, -n> (*a.* INFOR) cola *f* (de espera); (INFOR: *beim Drucken*) cola *f* de impresión; **Warteschleife** *f* <-, -n> (AERO) **~n ziehen** dar vueltas (en espera del aterrizaje); **ich bin schon seit Minuten in der ~** (*Telefon*) llevo ya un buen rato esperando; **Wartezeit** *f* <-, -en> tiempo *m* de espera, período *m* de espera; **Wartezimmer** *nt* <-s, -> sala *f* de espera

Wartung *f* <-, -en> inspección *f*, mantenimiento *m*; **laufende ~** mantenimiento permanente

wartungsarm *adj* de pocas inspecciones; **dieses Gerät ist ~** este aparato necesita pocas inspecciones

Wartungsaufwand *m* <-(e)s, *ohne pl*> gastos *mpl* de mantenimiento

wartungsfrei *adj* no necesita inspecciones; **dieses Gerät ist ~** este aparato no necesita inspecciones

Wartungsvertrag *m* <-(e)s, -träge> contrato *m* de mantenimiento

warum [va'rʊm] *adv* por qué; **~ hast du das getan?** ¿por qué lo has hecho?; **~ nicht?** ¿por qué no?; **~ nicht gleich so?** (*fam*) ¿por qué no lo has hecho así desde el principio?

Warze ['vartsə] *f* <-, -n> ❶ (*Haut~*) verruga *f* ❷ (*Brust~*) pezón *m*

Warzenhof *m* <-(e)s, -höfe> aréola *f* del pezón; **Warzenpflaster** *nt* <-s, -> (MED) parche *m* para verrugas

was [vas] **I.** *pron inter* qué; **~ kostet das?** ¿qué cuesta?; **~ heißt „Haus" auf Spanisch?** ¿cómo se dice "Haus" en castellano?; **~ denkst du?** ¿tú qué piensas?; **~ hast du denn bloß?** ¿pero qué demonios te pasa?; **~ weiß ich!** (*fam*) ¡qué sé yo!; **~ soll das?** ¿a qué viene esto?, ¿pero qué significa esto?; **~ ist schon dabei?** ¿qué tiene de extraño?; **~ für ein Wagen ist das?** ¿qué coche es?; **~ für eine Hitze/ein Glück!** ¡qué [*o* vaya] calor/suerte!; **~ der Kerl für ein Schwein ist!** ¡será puerco el tío ese!; **sie hat abgesagt – ~?** ha dicho que no – ¿qué?; **nicht schlecht, ~?** (*fam*) no está mal, ¿eh?; **um ~ geht es?** ¿de qué se trata?; **~ denn?** (*fam*) ¿qué pasa?; **~ denn, bist du schon fertig?** ¿qué hay, estás ya listo?; **~ ist, hast du Lust?** (*fam*) ¿qué, tienes ganas?; **ach ~!** (*fam*) ¡qué va! **II.** *pron rel* (lo) que; **das Beste, ~ du tun kannst** lo mejor que puedes hacer; **nichts, ~ du tust …** nada de lo que haces…; (*das*) **~ sie sagt …** lo que dice…; **alles, ~ du willst** todo lo que quieras **III.** *pron indef* (*fam: etwas*) algo; **hast du ~?** ¿te pasa algo?; **das ist immerhin ~** ya es algo; **das ist ~ anderes** eso es otra cosa; **na, so ~!** ¡qué cosa!; **nein, so ~!** ¡no me digas!; **so ~ Blödes/von Tollpatschigkeit!** ¡pero qué cosa más tonta/qué torpeza!

Waschanlage *f* <-, -n> ❶ (*Auto~*) lavado *m* de coches ❷ (TECH) lavadero *m*; **Waschanleitung** *f* <-, -en> instrucciones *fpl* para el lavado; **Waschautomat** *m* <-en, -en> lavadora *f* automática

waschbar *adj* lavable

Waschbär *m* <-en, -en> (ZOOL) mapache *m*; **Waschbecken** *nt* <-s, -> lavabo *m*

Waschbeton *m* <-s, -e> hormigón *m* de piedras salientes; **Waschbetonplatte** *f* <-, -n> losa *f* de hormigón de piedras salientes

Waschbrett *nt* <-(e)s, -er> tabla *f* de lavar

Wäsche¹ ['vɛʃə] *f* <-, -n> (*das Waschen*) lavado *m*; **etw in die ~ geben** dar algo a lavar; **das Kleid ist bei der letzten ~ eingelaufen** el vestido encogió en el último lavado

Wäsche² *f* <-, *ohne pl*> ❶ (*zu waschende Textilien*) ropa *f* sucia; **30 Grad ~** ropa para lavar a 30 grados; **~ waschen** lavar la ropa; **seine schmutzige ~ (vor anderen Leuten) waschen** sacar los trapos sucios a relucir (delante de otros) ❷ (*Unter~, Bett~*) ropa *f*; **die ~ wechseln** cambiar la ropa; **dumm aus der ~ gucken** (*fam*) mirar atontado

Wäschebeutel *m* <-s, -> bolsa *f* para la ropa sucia

waschecht *adj* ❶ (*Kleidung*) lavable, resistente al lavado; (*Farbe*) sólido ❷ (*fam: typisch*) de pura cepa; **ein ~er Madrider** un madrileño de pura cepa

Wäschegeschäft *nt* <-(e)s, -e> tienda *f* de lencería; **Wäscheklammer** *f* <-, -n> pinza *f* para la ropa; **Wäschekorb** *m* <-(e)s, -körbe> cesta *f* para la ropa; **Wäscheleine** *f* <-, -n> cuerda *f* de la ropa; **Wäschemangel** *f* <-, -n> calandria *f* (de ropa)

waschen ['vaʃən] <wäscht, wusch, gewaschen> **I.** *vt* ❶ (*reinigen*) lavar; **sich** *dat* **die Hände/Haare ~** lavarse las manos/el pelo; **W~ und Legen** (*beim Friseur*) lavar y marcar; **jdn rein ~** exculpar a alguien ❷ (*fam: Geld*) blanquear **II.** *vr*: **sich ~** lavarse; **sich warm/kalt ~** lavarse con agua caliente/fría; **sich rein ~** justificarse; **eine Prüfung, die sich gewaschen hat** (*fam*) un examen de padre y muy señor mío

Wäschepuff *m* <-s, -e *o* -s> cesta *f* para la ropa sucia (*con una tapadera tapizada*)

Wäscher(in) *m(f)* <-s, -; -, -nen> lavandero, -a *m, f*; (TECH) lavador *m*

Wäscherei [vɛʃə'raɪ] *f* <-, -en> lavandería *f*

Wäscherin *f* <-, -nen> *s*. **Wäscher**

Wäscheschleuder *f* <-, -n> centrifugadora *f* (para ropa); **Wäscheschrank** *m* <-(e)s, -schränke> ropero *m*; **Wäscheständer** *m* <-s, -> tendedero *m*; **Wäschestärke** *f* <-, -n> almidón *m* para ropa; **Wäschetrockner** *m* <-s, -> ❶ (*elektrisch*) secadora *f* para ropa ❷ (*Wäscheständer*) tendedero *m*; **Wäschetruhe** *f* <-, -n> arcón *m* para la ropa; **Wäschezeichen** *nt* <-s, -> tira *f* pequeña con el nombre (para marcar la ropa)

Waschgang *m* <-(e)s, -gänge> fase *f* de lavado; **Waschgelegenheit** *f* <-, -en> servicio *m* para lavarse; **Waschhandschuh** *m* <-(e)s, -e> guante *m* de baño; **Waschkessel** *m* <-s, -> caldera *f* del lavadero; **Waschküche** *f* <-, -n> ❶ (*Raum*) lavadero *m* ❷ (*fam: Nebel*) niebla *f* densa; **Waschlappen** *m* <-s, -> ❶ (*zum Waschen*) manopla *f* para baño ❷ (*fam abw: Mensch*) cobarde *mf*, mangajo, -a *m, f Ecua, Peru*; **Waschlauge** *f* <-, -n> lejía *f*; **Waschleder** *nt* <-s, -> gamuza *f*, cuero *m* lavable; **Waschmaschine** *f* <-, -n> lavadora *f*; **etw in** [*o* mit] **der ~ waschen** lavar algo en la lavadora; **etw in die ~ stecken** meter algo en la lavadora

waschmaschinenfest *adj* que puede lavarse en lavadora; **ist dieser Stoff ~?** ¿se puede lavar este tejido en la automática?

Waschmittel *nt* <-s, -> detergente *m*; **Waschpulver** *nt* <-s, -> detergente *m* en polvo; **Waschraum** *m* <-(e)s, -räume> lavabo *m*, aseos *mpl*; **Waschsalon** *m* <-s, -s> lavandería *f*; **Waschschüssel** *f* <-, -n> palangana *f*, jofaina *f*; **Waschstraße** *f* <-, -n> (AUTO) tren *m* de lavado

wäscht [vɛʃt] *3. präs von* **waschen**

Waschtag *m* <-(e)s, -e> día *m* de la colada; **~ haben** hacer la colada; **Waschtisch** *m* <-(e)s, -e> palanganero *m*

Waschung *f* <-, -en> (*geh*) lavado *m*

Waschwanne *f* <-, -n> tina *f* para lavar la ropa; **Waschwasser** *nt* <-s, *ohne pl*> agua *f* de lavar; **Waschweib** *nt* <-(e)s, -er> (*fam abw*) cotilla *mf*; **Waschzettel** *m* <-s, -> (*im Buch*) texto *m* de la solapa; **Waschzeug** *nt* <-(e)s, *ohne pl*> utensilios *mpl* de aseo (personal)

Wasser ['vasɐ] *nt* <-s, -> agua *f*; **hartes ~** agua dura; **kölnisch ~** (agua de) Colonia; **schweres ~** agua pesada; **stilles ~** agua sin gas; **weiches ~** agua blanda; **~ abstoßend** [*o* **abweisend**] hidrófugo; **ein Boot zu ~ las-**

sen botar un barco; **~ lassen** orinar; **das ~ nicht halten können** no poder aguantarse el pipí; **sich über ~ halten** mantenerse a flote; **etw unter ~ setzen** inundar algo; **ins ~ fallen** (*fig: nicht stattfinden*) no tener lugar; **er ist ein stilles ~** es una persona tranquila; **nahe am ~ gebaut haben** (*fam*) ser un(a) llorica; **er kann ihr nicht das ~ reichen** no le llega ni a la suela del zapato; **jdm das ~ abgraben** quitarle a alguien el sustento; **ihr steht das ~ bis zum Hals** (*fam*) está con el agua al cuello; **mit allen ~n gewaschen sein** (*fam*) tener mucha mili [*o* muchas horas de vuelo]; **da fließt noch viel ~ den Rhein hinunter** aún ha de llover mucho hasta entonces; **da wird auch nur mit ~ gekocht** en todas partes cuecen habas, no es tan fiero el león como lo pintan; **bei ~ und Brot** a pan y agua; **das ist ~ auf ihrer Mühle** le viene de perlas; **das ~ läuft mir im Mund zusammen** (*fam*) se me hace la boca agua; **stille ~ sind tief** (*prov*) del agua mansa me libre Dios (que de la brava me guardaré yo)

Wasserabscheider *m* <-s, -> (TECH) separador *m* del agua
wasserabstoßend *adj*, **wasserabweisend** *adj s.* **Wasser**
Wasserader *f* <-, -n> vena *f* de agua; **Wasseranschluss**RR *m* <-es, -schlüsse> toma *f* de agua
wasserarm *adj* árido
Wasseraufbereitung *f* <-, -en> tratamiento *m* del agua; **Wasseraufbereitungsanlage** *f* <-, -n> instalación *f* de tratamiento del agua
Wasserbad *nt* <-(e)s, -bäder> (GASTR) baño *m* María; **etw im ~ erhitzen** calentar algo al baño María
Wasserball¹ *m* <-(e)s, *ohne pl*> (SPORT) waterpolo *m*
Wasserball² *m* <-(e)s, -bälle> (*Ball*) pelota *f* de waterpolo; (*aufblasbar*) balón *m* inflable
Wasserbau *m* <-(e)s, *ohne pl*> ingeniería *f* hidráulica, hidrotecnia *f*; **Wasserbecken** *nt* <-s, -> pila *f*; **Wasserbehälter** *m* <-s, -> depósito *m* de agua, tanque *m* de agua; **Wasserbeständigkeit** *f* <-, *ohne pl*> resistencia *f* al agua; **Wasserbett** *nt* <-(e)s, -en> cama *f* de agua; **Wasserbob** *m* <-s, -s> bobsleigh *m* acuático; **Wasserbombe** *f* <-, -n> (MIL) carga *f* de profundidad, bomba *f* de profundidad; **Wasserbuch** *nt* <-(e)s, -bücher> (JUR) registro *m* de aguas; **Wasserburg** *f* <-, -en> castillo *m* rodeado de un foso con agua
Wässerchen ['vɛsɛçən] *nt*: **aussehen, als ob man kein ~ trüben könne** (*fam*) parecer una mosquita muerta
Wasserdampf *m* <-(e)s, -dämpfe> vapor *m* de agua
wasserdicht *adj* ① (*Uhr*) resistente al agua; (*Kleidung*) impermeable ② (*fam: Alibi*) perfecto; **einen Vertrag ~ machen** hacer un contrato hermético
Wasserdruck *m* <-(e)s, -drücke *o* -e> presión *f* hidráulica [*o* del agua]
wasserdurchlässig *adj* permeable al agua
Wassereimer *m* <-s, -> balde *m*, cubo *m* (para agua); **Wasserenthärter** *m* <-s, -> desenducedor *m* de agua, ablandador *m* de agua; (*Filter*) filtro *m* antical; **Wasserentziehung** *f* <-, -en> (CHEM), **Wasserentzug** *m* <-(e)s, *ohne pl*> deshidratación *f*; **Wassererhitzer** *m* <-s, -> calentador *m* de agua; **Wasserfahrzeug** *nt* <-(e)s, -en> embarcación *f*; **Wasserfall** *m* <-(e)s, -fälle> cascada *f*, salto *m* de agua; (*größer*) catarata *f*; **wie ein ~ reden** (*fam*) ser una cotorra; **Wasserfarbe** *f* <-, -n> color *m* de acuarela, aguada *f*
wasserfest *adj* resistente al agua
Wasserfleck *m* <-(e)s, -e> mancha *f* de agua; **Wasserfloh** *m* <-(e)s, -flöhe> pulga *f* de agua; **Wasserflugzeug** *nt* <-(e)s, -e> hidroavión *m*; **Wasserfrosch** *m* <-(e)s, -frösche> rana *f* común
wassergekühlt *adj* refrigerado por agua
wassergesättigt *adj* saturado de agua
Wasserglas *nt* <-es, -gläser> ① (*Gefäß*) vaso *m* para agua ② (CHEM: *Natron~*) silicato *m* de sodio; (*Kali~*) silicato *m* de potasio; **Wasserglätte** *f* <-, *ohne pl*> aquaplaning *m*; **Wassergraben** *m* <-s, -gräben> ① (*um eine Burg*) foso *m* de agua ② (SPORT) ría *f*; **Wassergymnastik** *f* <-, *ohne pl*> gimnasia *f* acuática; **Wasserhahn** *m* <-(e)s, -hähne> grifo *m*, llave *f* del agua, canilla *f CSur*; **Wasserhärte** *f* <-, -n> dureza *f* del agua
Wasserhaushalt *m* <-(e)s, -e> (MED, BIOL) equilibrio *m* hídrico; **Wasserhaushaltsgesetz** *nt* <-es, *ohne pl*> ley *f* sobre régimen de aguas
Wasserhose *f* <-, -n> (METEO) tromba *f* de agua; **Wasserhuhn** *nt* <-(e)s, -hühner> focha *f*, foja *f*
wässerig ['vɛsərɪç] *adj* (*verdünnt*) aguado *m*; (*Wasser enthaltend*) acuoso; (*fade*) insípido; **jdm den Mund ~ machen** hacerse(le) a alguien la boca agua
Wasserkanister *m* <-s, -> bidón *m* de agua; **Wasserkessel** *m* <-s, -> hervidor *m*; **Wasserklosett** *nt* <-s, -s *o* -e> inodoro *m*; **Wasserkopf** *m* <-(e)s, -köpfe> ① (MED) hidrocefalia *f* ② (*fig: überproportionales Gebilde*) monstruo *m*
Wasserkraft *f* <-, -kräfte> fuerza *f* hidráulica; **Wasserkraftwerk** *nt* <-(e)s, -e> central *f* hidroeléctrica
Wasserkreislauf *m* <-(e)s, *ohne pl*> (METEO) ciclo *m* del agua; **Wasserkühlung** *f* <-, -en> (TECH) refrigeración *f* por agua

Wasserlassen *nt* <-s, *ohne pl*> micción *f*, acción *f* de orinar
Wasserlauf *m* <-(e)s, -läufe> corriente *f* de agua; **Wasserleiche** *f* <-, -n> (*fam*) cadáver *m* de un ahogado; **Wasserleitung** *f* <-, -en> cañería *f* de agua, tubería *f* de agua; **Wasserlilie** *f* <-, -n> lirio *m* de agua; **Wasserlinie** *f* <-, -n> (NAUT) línea *f* de flotación; **Wasserloch** *nt* <-(e)s, -löcher> abrevadero *m*, aguadero *m*, charco *m*
wasserlöslich *adj* soluble
Wassermangel *m* <-s, *ohne pl*> escasez *f* de agua, falta *f* de agua; **Wassermann** *m* <-(e)s, -männer> (ASTR) Acuario *m*; **Wassermelone** *f* <-, -n> sandía *f*; **Wassermühle** *f* <-, -n> molino *m* de agua
wassern ['vasən] *vi haben o sein* (AERO) amarar, amerizar
wässern ['vɛsən] *vt* ① (GASTR) poner en remojo ② (*gießen*) regar
Wassernixe *f* <-, -n> ondina *f*; **Wassernutzungsrecht** *nt* <-(e)s, -e> derecho *m* de aprovechamiento de aguas; **Wasseroberfläche** *f* <-, -n> superficie *f* del agua; **auf** [*o* **an**] **der ~ treiben** flotar en la superficie; **Wasserpfeife** *f* <-, -n> narguile *m*; **Wasserpflanze** *f* <-, -n> planta *f* acuática; **Wasserpistole** *f* <-, -n> pistola *f* de agua; **Wasserpocken** *fpl* (MED) varicela *f*, viruela *f* loca; **Wasserrad** *nt* <-(e)s, -räder> rodezno *m*; **Wasserratte** *f* <-, -n> ① (ZOOL) rata *f* de agua ② (*fam: Mensch*) persona a la que le gusta estar en el agua; **Wasserrecht** *nt* <-(e)s, *ohne pl*> (JUR) derecho *m* de aguas
wasserreich *adj* ① (*Gebiet*) abundante en agua ② (*Fluss*) caudaloso
Wasserreservoir *nt* <-s, -e> ① (*Behälter*) depósito *m* de agua ② (*Vorrat*) reserva *f* de agua; **Wasserrohr** *nt* <-(e)s, -e> tubería *f* de(l) agua; **Wasserrutschbahn** *f* <-, -en> tobogán *m* acuático; **Wasserschaden** *m* <-s, -schäden> daño *m* causado por el agua; **Wasserscheide** *f* <-, -n> (GEO) línea *f* divisoria de las aguas
wasserscheu *adj* que tiene miedo al agua; **~ sein** tener miedo al agua
Wasserschildkröte *f* <-, -n> (ZOOL) tortuga *f* de agua
Wasserschlange¹ *f* <-, -n> (ZOOL) serpiente *f* acuática, culebra *f* de agua
Wasserschlange² *f* <-, *ohne pl*> (ASTR) Hidra *f*
Wasserschlauch *m* <-(e)s, -schläuche> manguera *f*; **Wasserschloss**RR *nt* <-es, -schlösser> castillo *m* (rodeado de agua)
Wasserschutzgebiet *nt* <-(e)s, -e> reserva *f* ecológica; **Wasserschutzpolizei** *f* <-, *ohne pl*> policía *f* fluvial; **Wassersicherstellungsgesetz** *nt* <-es, *ohne pl*> (JUR) ley *f* de salvaguardia del abastecimiento de aguas
Wasserski *nt* <-s, *ohne pl*> esquí *m* acuático; **Wasserskooter** *m* <-s, -> moto *f* acuática; **Wasserspeicher** *m* <-s, -> depósito *m* de agua; **Wasserspeier** *m* <-s, -> gárgola *f*; **Wasserspiegel** *m* <-s, -> ① (*Wasseroberfläche*) superficie *f* del agua ② (*Wasserstand*) nivel *m* del agua; **Wasserspiele** *ntpl* fuentes *fpl* luminosas [*o* de juegos luminotécnicos]; **Wassersport** *m* <-(e)s, *ohne pl*> deporte *m* acuático [*o* náutico]; **Wassersportler(in)** *m(f)* <-s, -; -, -nen> deportista *mf* náutico; **Wasserspülung** *f* <-, -en> cisterna *f*
Wasserstand *m* <-(e)s, -stände> nivel *m* del agua; **Wasserstandsanzeiger** *m* <-s, -> indicador *m* del nivel del agua; **Wasserstandsmeldung** *f* <-, -en> información *f* (radiofónica) sobre el nivel del agua
Wasserstoff *m* <-(e)s, *ohne pl*> (CHEM) hidrógeno *m*; **schwerer ~** hidrógeno pesado; **Wasserstoffbombe** *f* <-, -n> bomba *f* de hidrógeno; **Wasserstoffperoxyd** ['---'---] *nt* <-(e)s, -e> (CHEM) peróxido *m* de hidrógeno, agua *f* oxigenada; **Wasserstoffsuperoxyd** ['---'----] *nt* <-(e)s, -e> (CHEM) superóxido *m* de hidrógeno
Wasserstrahl *m* <-(e)s, -en> chorro *m* de agua; **Wasserstraße** *f* <-, -n> vía *f* fluvial [*o* navegable]; **Wassersucht** *f* <-, *ohne pl*> (MED) hidropesía *f*; **Wassertank** *m* <-(e)s, -s> tanque *m* de agua; **Wassertemperatur** *f* <-, -en> temperatura *f* del agua; **Wassertier** *nt* <-(e)s, -e> animal *m* acuático; **Wassertreten** *nt* <-s, *ohne pl*> paseo *m* por el agua (mojándose los tobillos); **Wassertropfen** *m* <-s, -> gota *f* de agua; **Wasserturm** *m* <-(e)s, -türme> torre *f* de agua, cambija *f*; **Wasseruhr** *f* <-, -en> contador *m* de agua
wasserundurchlässig *adj* impermeable al agua
Wasserung *f* <-, -en> amaraje *m*, amerizaje *m*
Wässerung *f* <-, -en> riego *m*
Wasserverbrauch *m* <-(e)s, *ohne pl*> consumo *m* de agua; **Wasserverdrängung** *f* <-, *ohne pl*> desplazamiento *m* de agua; **Wasserverschmutzung** *f* <-, -en> contaminación *f* del agua; **Wasserversorgung** *f* <-, *ohne pl*> abastecimiento *m* de agua, suministro *m* de agua; **Wasserverunreinigung** *f* <-, -en> ① (*das Verunreinigen*) contaminación *f* del agua ② (*Fremdkörper*) impurezas *fpl* del agua; **Wasservogel** *m* <-s, -vögel> ave *f* acuática; **Wasservorhang** *m* <-(e)s, -hänge> (CHEM: *zum Binden von Gaswolken bei Chemieunfällen*) cortina *f* de agua; **Wasservorrat** *m* <-(e)s, -räte> reserva *f* de agua; **Wasserwaage** *f* <-, -n> (TECH) nivel *m* de agua; **Wasserweg** *m* <-(e)s, -e> vía *f* navegable [*o* fluvial]; **auf dem ~** por vía fluvial; **Wasserwelle** *f* <-, -n> marcado *m*; **Wasserwerfer** *m* <-s, -> camión *m*

cisterna, vehículo *m* lanza-agua; **Wasserwerk** *nt* <-(e)s, -e> central *f* de abastecimiento de aguas; **Wasserwirtschaft** *f* <-, ohne *pl*> régimen *m* de aguas; **Wasserzähler** *m* <-s, -> contador *m* de(l) agua; **Wasserzeichen** *nt* <-s, -> marca *f* de agua
wässrig^RR ['vɛsrɪç] *adj*, **wäßrig** *adj s.* **wässerig**
waten ['va:tən] *vi sein* caminar (*durch* por)
Waterkant ['va:tekant] *f* <-, ohne *pl*> costa *f* del norte de Alemania
Watsche ['vatʃə] *f* <-, -n> (*südd, Österr: fam*) bofetada *f*, torta *f*
watscheln ['vatʃəln] *vi sein* andar como un pato
Watt¹ [vat] *nt* <-(e)s, -en> (*am Meer*) marisma *f*
Watt² *nt* <-s, -> (PHYS, TECH) vatio *m*
Watte ['vatə] *f* <-, -n> algodón *m*; **du hast wohl ~ in den Ohren** (*fam*) ¿estás sordo?; **jdn in ~ packen** (*fam*) llevar a alguien en palmitas
Wattebausch *m* <-(e)s, -e> tapón *m* de algodón
Wattenmeer *nt* <-s, -e> marismas *fpl* (*en las aguas bajas del Mar del Norte*)
Wattestäbchen [-ʃtɛːpçən] *nt* <-s, -> bastoncillo *m* de algodón
wattieren* *vt* enguatar, acolchar
Wattierung *f* <-, -en> guata *f*
Wattstunde *f* <-, -n> (PHYS, ELEK) vatio-hora *f*
Watvogel *m* <-s, -vögel> ave *f* palmípeda
wau (**wau**) [vaʊ] *interj* (*fam*) ¡guau!
WBS *Abk. von* **Wohnungsberechtigungsschein** *certificado para acceder a una vivienda social*
WC *nt* <-(s), -(s)> WC *m*
WDR *m* <-(s), ohne *pl*> *Abk. von* **Westdeutscher Rundfunk** radiotelevisión *f* del Oeste de Alemania
Web [wɛb] *nt* <-s, ohne *pl*> (INFOR) web *f*
Webdesigner ['wɛbdizaɪnɐ] *m* <-s, -> (INFOR) creador *m* de páginas web
weben¹ ['ve:bən] *vt, vi* tejer; **an einem Teppich ~** tejer una alfombra
weben² <webt, wob, gewoben> I. *vt* (*fig*) tejer
 II. *vr:* **sich ~** (*fig*) circular, haber (*um alrededor de*)
Weber(in) *m(f)* <-s, -; -, -nen> tejedor(a) *m(f)*
Weberei¹ *f* <-, -en> (*Betrieb*) tejeduría *f*
Weberei² *f* <-, ohne *pl*> (*das Weben*) tejeduría *f*
Weberin *f* <-, -nen> *s.* **Weber**
Weberknecht *m* <-(e)s, -e> (ZOOL) araña *f* zancuda; **Webervogel** *m* <-s, -vögel> (ZOOL) tejedor *m*
Webfehler *m* <-s, -> fallo *m* en el tejido
Webmaster ['wɛbmaːstɐ] *m* <-s, -> (INFOR) webmaster *m* (*experto en la confección de páginas de Internet*); **Webseite** ['wɛbzaɪtə] *f* <-, -n> (INFOR) página *f* web; **Webserver** ['wɛbsœːvɐ] *m* <-s, -> (INFOR) servidor *m*; **Website** ['wɛbsaɪt] *f* <-, -s> (INFOR) espacio *m* web
Webstuhl *m* <-(e)s, -stühle> telar *m*; **Webwaren** *fpl* tejidos *mpl*, telas *fpl*
Wechsel ['vɛksəl] *m* <-s, -> ❶ (*das Wechseln, Veränderung*) cambio *m*; **im ~ mit ...** alternando con...; **in stündlichem ~** cambiando cada hora ❷ (FIN) letra *f* de cambio; **befristeter/eigener ~** letra a plazo fijo/al cargo propio; **erstklassige ~** letras (de cambio) de primera; **fälliger/verfallener ~** letra vencida/perjudicada; **gezogener ~** letra girada; **trassiert eigener ~** letra con libramiento propio; **einen ~ ausstellen** emitir una letra de cambio; **einen ~ zur Einlösung vorlegen** presentar una letra al cobro; **~ auf lange Sicht** letra a largo plazo
Wechselannahme *f* <-, -n> (FIN) aceptación *f* de una letra; **Wechselausstellung** *f* <-, -en> (FIN) emisión *f* de una letra (de cambio), libramiento *m* de una letra; **Wechselbad** *nt* <-(e)s, -bäder> baño *m* alterno caliente y frío; **jdn einem ~ der Gefühle aussetzen** tratar a alguien según la vena que le dé; **Wechselbetrug** *m* <-(e)s, ohne *pl*> (JUR) fraude *m* cambial; **Wechselbeziehung** *f* <-, -en> correlación *f* (*zwischen* entre), reciprocidad *f* (*zwischen* entre); **die Probleme stehen in ~ zueinander** los problemas están correlacionados; **Wechselbuch** *nt* <-(e)s, -bücher> (FIN) registro *m* de efectos; **Wechselbürgschaft** *f* <-, -en> aval *m* (de letra); **eine ~ leisten** avalar una letra; **Wechseldiskontierung** *f* <-, -en> (FIN) descuento *m* de letras; **Wechseldiskontkredit** *m* <-(e)s, -e> (FIN) crédito *m* cambiario; **Wechselduplikat** *nt* <-(e)s, -e> (FIN) duplicado *m* de letra de cambio; **Wechseleinreicher** *m* <-s, -> (FIN) remitente *mf* de una letra; **Wechselfähigkeit** *f* <-, ohne *pl*> capacidad *f* cambiaria; **Wechselfälle** *mpl* vicisitudes *fpl*, altibajos *mpl*; **die ~ des Lebens** los altibajos [*o* avatares] de la vida; **Wechselfieber** *nt* <-s, ohne *pl*> (MED) malaria *f*; **Wechselforderung** *f* <-, -en> (FIN) efecto *m* a cobrar, crédito *m* cambiario; **Wechselfrist** *f* <-, -en> (FIN) plazo *m* de la cambial; **Wechselgeld** *nt* <-(e)s, ohne *pl*> vuelta *f*, cambio *m*, vuelto *m Am*, feria *f USA, Mex*; **Wechselgiro** *nt* <-s, -s> (FIN) endoso *m* de una letra; **Wechselgläubiger(in)** *m(f)* <-s, -; -, -nen> (FIN) acreedor(a) *m(f)* cambiario, -a
wechselhaft *adj* variable, inestable; (*Person*) inconstante
Wechselindossament *nt* <-(e)s, -e> (FIN) endoso *m* de letra de cambio;

Wechselinhaber(in) *m(f)* <-s, -; -, -nen> portador(a) *m(f)* de una letra; **Wechselinkasso** *nt* <-s, -s *o* -inkassi> (FIN) cobro *m* de letras; **Wechseljahre** *ntpl* climaterio *m*; (*der Frau*) menopausia *f*; **in die ~ kommen** tener la menopausia; **Wechselklage** *f* <-, -n> (JUR, FIN) acción *f* cambiaria; **Wechselkurs** *m* <-es, -e> (FIN) tipo *m* de cambio
wechselkursbedingt *adj* (FIN) condicionado por los tipos de cambio
Wechselkursmechanismus *m* <-, -mechanismen> mecanismo *m* de los tipos de cambio; **Wechselkursnotierung** *f* <-, -en> (FIN) cotización *f* de los tipos de cambio; **Wechselkursparität** *f* <-, -en> (FIN) paridad *f* del tipo de cambio; **Wechselkursrisiko** *nt* <-s, -risiken> riesgo *m* de cambio; **Wechselkursschwankung** *f* <-, -en> (FIN) variación *f* de los tipos de cambio; **Wechselkursspanne** *f* <-, -n> (FIN) margen *m* de cambio; **Wechselkurssystem** *nt* <-s, -e> sistema *m* monetario [*o* de los tipos de cambio]
Wechsellaufzeit *f* <-, -en> (FIN) plazo *m* de vencimiento (de una letra); **Wechsellombard** *m o nt* <-(e)s, -e> (FIN) adelanto *m* sobre una letra; **Wechselmahnbescheid** *m* <-(e)s, -e> (FIN) notificación *f* admonitoria; **Wechselmakler(in)** *m(f)* <-s, -; -, -nen> (FIN) corredor(a) *m(f)* de letras
wechseln ['vɛksəln] I. *vi* cambiar; **mit ~dem Erfolg** con éxito irregular; **ich kann leider nicht ~** desgraciadamente no tengo cambio; **zu einer anderen Firma ~** cambiar de empresa
 II. *vt* cambiar (*in en*); (*austauschen*) intercambiar; **Wäsche zum W~** muda *f*; **lass uns das Thema ~** cambiemos de tema; **ich möchte 200 Euro in Dollar ~** quisiera cambiar 200 euros en dólares; **können Sie 50 Euro ~?** ¿tiene cambio de 50 euros?; **sie wechselten ein paar Worte miteinander** intercambiaron unas palabras; **die Seiten ~** (SPORT) cambiar de lado
wechselnd *adj* ❶ (*im Wechsel*) cambiante; (*ab~*) alternativo, alterno; (*Stimmung, Charakter*) variable; **~ bewölkt** nubosidad con claros ❷ (*unterschiedlich*) diferente
Wechselnehmer *m* <-s, -> (FIN) tomador *m(f)* de una letra de cambio, beneficiario, -a *m*, *f* de una letra de cambio; **Wechselobligationen** *fpl* (WIRTSCH) obligaciones *fpl* en letras de cambio; **Wechselprotest** *m* <-(e)s, -e> (WIRTSCH) protesto *m* de una letra (de cambio); **~ einlegen** presentar un protesto (de una letra); **Wechselprozess**^RR *m* <-es, -e> (JUR) proceso *m* cambiario; **Wechselrahmen** *m* <-s, -> marco *m* intercambiable; **Wechselrecht** *nt* <-s, ohne *pl*> derecho *m* de cambio; **Wechselregress**^RR *m* <-es, -e> (FIN) recurso *m* cambiario; **Wechselreiterei** *f* <-, ohne *pl*> (FIN) libramiento *m* de letras cruzadas; **Wechselschuld** *f* <-, -en> (FIN) obligación *f* cambiaria, deuda *f* cambiaria; **Wechselschuldner(in)** *m(f)* <-s, -; -, -nen> (FIN) deudor(a) *m(f)* de una letra de cambio
wechselseitig *adj* recíproco, mutuo
Wechselspiel *nt* <-(e)s, -e> interacción *f* (*zwischen* entre); **Wechselsteuer** *f* <-, -n> (JUR) timbre *m* sobre letras de cambio; **Wechselstrom** *m* <-(e)s, -ströme> (ELEK) corriente *f* alterna; **Wechselstube** *f* <-, -> oficina *f* de cambio, casa *f* de cambio; **Wechsel- und Scheckrecht** *nt* <-(e)s, ohne *pl*> (JUR) derecho *m* cambiario y del cheque
wechselvoll *adj* variado; (*Leben*) movido, lleno de vicisitudes
Wechselwähler(in) *m(f)* <-s, -; -, -nen> votante *mf* que no vota siempre al mismo partido
wechselweise *adv* alternativamente, por turnos
Wechselwirkung *f* <-, -en> acción *f* recíproca, interacción *f*; **in ~ zueinander** [*o* **miteinander**] **stehen** estar interaccionado; **Wechselwirkungslehre** *f* <-, ohne *pl*> (JUR) teoría *f* de la interacción
Wechsler *m* <-s, -> cambiadiscos *m inv*
wecken ['vɛkən] *vt* (*a. fig*) despertar; **wann möchten Sie geweckt werden?** ¿a qué hora quiere Ud. que le despierte?; **sich von jdm ~ lassen** decirle a alguien que le despierte a uno; **Erinnerungen ~** despertar los recuerdos; **jds Interesse ~** despertar el interés de alguien
Wecken ['vɛkən] *m* <-s, -> (*Österr, südd*) panecillo *m*
Wecker *m* <-s, -> despertador *m*; **jdm auf den ~ gehen** [*o* **fallen**] (*fam*) dar(le) la lata a alguien
Weckglas® *nt* <-es, -gläser> tarro *m* de conservas
Weckmittel *nt* <-s, -> estimulante *m*
Weckring® *m* <-(e)s, -e> goma *f* de la tapa de un tarro de conservas
Wedel ['ve:dəl] *m* <-s, -> ❶ (*Staub~*) plumero *m* ❷ (*Blatt*) fronda *f*
wedeln ['ve:dəln] *vi*: **mit etw** *dat* **~** mover algo; **mit dem Schwanz ~** menear la cola; **Krümel von der Kleidung ~** sacudirse las migas de la ropa
weder ['ve:dɐ] *konj*: **~ ... noch ...** ni... ni...; **er ist ~ schön, noch hat er Verstand** ni es guapo ni inteligente; **es gab ~ Honig noch Marmelade** no había ni miel ni mermelada
weg [vɛk] *adv* ❶ (*abwesend*) ausente; (*verloren*) perdido; (*verschwunden*) desaparecido; **ich müsste schon längst ~ sein** me tendría que haber ido hace tiempo; **weit ~ von hier** muy lejos de aquí; **meine Brille**

Weg ist ~ he perdido mis gafas; **er ist ~ vom Fenster** ha desaparecido; **drüber ~ sein** haberlo superado; **sie war ganz ~** estaba totalmente confusa; **er war total ~** [o **hin und ~**] **von der Sängerin** (fam) estaba completamente entusiasmado con la cantante

② (bei Aufforderung) fuera; **Kopf ~!** ¡fuera con la cabeza!; **~ mit dir!** ¡fuera contigo!; **~ da!** ¡fuera de allí!; **~ damit!** ¡fuera con esto!; **nichts wie ~ hier** nada como irse de aquí; **Finger ~!** ¡fuera los dedos!

Weg [ve:k] m <-(e)s, -e> ① (allgemein) camino m; (Pfad) sendero m; (Durchgang) paso m; **am ~e** en el camino; **jdm den ~ ebnen** allanar(le) el camino a alguien; **jdm über den ~ laufen** tropezar con alguien; **jdn/etw aus dem ~ räumen** (fam) quitar a alguien/algo de en medio; **jdm aus dem ~ gehen** evitar a alguien; **Problemen aus dem ~ gehen** evitar problemas; **jdm im ~ stehen** estorbar a alguien; **sich** dat **selbst im ~ stehen** perjudicarse a sí mismo; **sich jdm in den ~ stellen** cruzarse [o atravesarse] en el camino de alguien; **steh hier nicht im ~ rum!** ¡quítate de en medio!; **dem steht nichts im ~** no hay inconvenientes; **jdm nicht über den ~ trauen** no fiarse en absoluto de alguien; **jdm Steine in den ~ legen** poner(le) trabas a alguien; **die Post liegt auf meinem ~** la oficina de Correos está de camino; **jdm etw mit auf den ~ geben** dar(le) a alguien un consejo

② (Strecke) trayecto m, recorrido m; (Reise~) ruta f; **noch zwei Stunden ~ vor sich** dat **haben** quedar(le) a alguien todavía un recorrido de dos horas; **auf halbem ~ stehen bleiben/umkehren** quedarse/volverse en mitad del camino; **etw zu ~e bringen** conseguir algo, lograr algo; **etw in die ~e leiten** poner algo en marcha, tramitar algo; **sich auf den ~ machen** ponerse en camino; **neue ~e einschlagen** abrir nuevos caminos; **vom rechten ~ abkommen** desviarse del buen camino; **den ~ des geringsten Widerstands gehen** seguir el camino más fácil; **daran führt kein ~ vorbei** no hay más remedio que afrontarlo; **auf dem besten ~ sein etw zu tun** estar a punto de hacer algo; **auf dem ~ der Besserung sein** ir mejorando; **jdn auf seinem letzten ~ begleiten** (geh) asistir al entierro de alguien; **sie wird ihren ~ schon machen** sin duda seguirá su camino; **hier trennen sich unsere ~e** aquí se separan nuestros caminos

③ (Mittel) vía f; (Art und Weise) modo m, manera f; (Methode) método m; **auf legalem ~** por vía legal; **sich auf friedlichem ~e einigen** llegar a un acuerdo amistoso; **auf schriftlichem ~e** por escrito; **es bleibt (mir) kein anderer ~** no (me) queda otro remedio

weg|bekommen* ['vɛk-] irr vt (fam) ① (entfernen können) conseguir eliminar [o quitar]

② (tragen können) conseguir llevar; (bewegen können) conseguir mover [o correr]

Wegbereiter(in) ['ve:k-] m(f) <-s, -; -, -nen> precursor(a) m(f), pionero, -a m, f; **~ für etw/jdn sein** abrir el camino a algo/a alguien

Wegbiegung f <-, -en> revuelta f (de un camino), recodo m (de un camino)

weg|blasen ['vɛk-] irr vt soplar, quitar de un soplo; **meine Schmerzen sind wie weggeblasen** mis dolores han desaparecido como de milagro

weg|bleiben irr vi sein (fam) ① (nicht kommen) no venir (más); (Strom) cortarse; **lange ~ tardar** en venir; **mir blieb die Sprache** [o **Spucke**] **weg** se me cortó el aliento

② (ausgelassen werden) omitirse

weg|bringen irr vt ① (an einen anderen Ort) llevar

② s. **wegbekommen**

weg|denken irr vt: **sich** dat **etw ~ imaginarse** algo sin algo; **der Computer ist aus unserem Leben nicht mehr wegzudenken** ya no nos es posible imaginarnos una vida sin ordenadores

weg|diskutieren* vt hacer desaparecer discutiendo; **das lässt sich nicht ~** esto no se soluciona discutiéndolo

weg|drehen I. vt apartar; **das Gesicht** [o **den Kopf**] **~** apartar la vista
II. vr: **sich ~** apartarse; **er drehte sich weg** se apartó

weg|dürfen irr vi (fam: ausgehen dürfen) poder salir

Weg(e)geld nt <-(e)s, -er> peaje m; **Wegelagerer** ['ve:gəla:gərɐ] m <-s, -> (abw) salteador m

wegen ['ve:gən] präp +gen/dat ① (aufgrund von) a causa de, debido a; **~ des schlechten Wetters** debido al mal tiempo

② (bezüglich) respecto a; **mach dir keine Gedanken ~ des Telefonierens** no te preocupes por lo de llamar por teléfono; **von ~!** (fam) ¡ni hablar!

③ (um... willen) por, a causa de; **~ dir** por ti, por tu causa; **nur ~ des Geldes** sólo por el dinero

Wegerich ['ve:gərɪç] m <-s, -e> (BOT) llantén m

weg|fahren irr I. vi sein partir (nach para); **der Bus fuhr ihr vor der Nase weg** perdió el autobús por un pelo
II. vt llevar

Wegfall m <-(e)s, ohne pl> pérdida f; **der Bereicherung** pérdida del enriquecimiento; **~ der Geschäftsgrundlage** pérdida la base del negocio

weg|fallen irr vi sein (ausgelassen werden) omitirse; (abgeschafft werden) suprimirse; **etw ~ lassen** omitir algo

weg|fegen vt quitar [o recoger] con la escoba

weg|fliegen irr vi sein (Vogel) irse volando, salir volando; (Passagier) irse [o partir] en avión; (Flugzeug) salir; (Dinge) volar, ser llevado por el viento

weg|führen I. vi: **von etw** dat **~** no llevar a algo, no conducir a algo; **der Weg führt vom Dorf weg** el camino no conduce al pueblo
II. vt llevar

Weggabelung f <-, -en> bifurcación f; **bei der ~ steht eine alte Eiche** donde el camino se bifurca hay un viejo roble

Weggang ['vɛkgaŋ] m <-(e)s, ohne pl> partida f, salida f; (aus einem Amt) cese m; **nach ~ der Kollegin** después del cese de la colega

weg|geben irr vt dar; **etw zur Reparatur ~** llevar algo a reparar

Weggefährte, -in m, f <-n, -n; -, -nen> compañero, -a m, f de camino

weg|gehen irr vi sein ① (Person) irse, marcharse; **geh weg!** ¡lárgate!; **geh weg mit deinen dreckigen Fingern!** (fam) ¡quita estos dedos sucios!

② (fam: verschwinden) desaparecer; (Fleck) salir

③ (fam: sich verkaufen) venderse

④ (fam: ignorieren): **über etw ~** ignorar algo; **sie ging lächelnd über meine Einwände weg** ignoró mis objeciones con una sonrisa

weg|gießen irr vt tirar, botar Am

weg|gucken vi (fam) s. **wegsehen**

weg|haben irr vt (fam: Fleck) haber quitado, haber sacado; **seine Strafe ~** haber recibido su merecido; **in Mathematik hat er was weg** tiene mucha idea de matemáticas; **der hat doch einen weg!** ¡ese está algo tocado!; **er will mich aus der Firma ~** quiere echarme de la empresa

weg|hängen vt colgar en otro sitio

weg|holen vt ir a buscar; **sich** dat **etw ~** (fam) pillar algo

weg|hören vi hacerse el sordo

weg|jagen vt ahuyentar, espantar

weg|kommen irr vi sein (fam) ① (abhanden kommen) perderse

② (sich entfernen) salir (von de), irse (von de); **mach, dass du wegkommst!** ¡lárgate!; **über etw ~** superar algo; **ich komme über seinen Tod einfach nicht weg** no soy capaz de superar su muerte

③ (loskommen) independizarse (von de), abandonar; **von der Kernkraft als Energiequelle ~** abandonar la energía nuclear como fuente de energía; **gut/schlecht bei etw** dat **~** salir bien/mal librado de algo; **er kam bei der Sache ganz gut weg** salió bien librado del asunto

Wegkreuz nt <-es, -e> crucero m; **Wegkreuzung** f <-, -en> cruce m de caminos

weg|kriegen vt (fam) s. **wegbekommen**

weg|lassen irr vt ① (gehen lassen) dejar ir(se)

② (fam: auslassen) omitir, suprimir; (Zutaten) no poner

weg|laufen irr vi sein ① (fortlaufen) irse corriendo, echar a correr; **das läuft mir nicht weg** eso no corre prisa; **vor einem Hund ~** huir de un perro; **die Arbeit läuft dir nicht weg!** (fam) ¡el trabajo puede esperar!

② (fam: ausreißen) escaparse; **ihm ist die Frau weggelaufen** su mujer le ha dejado plantado

weg|legen vt poner aparte

weg|leugnen vt negar (una evidencia)

weg|loben vt alabar a alguien para que se marche

weg|machen I. vt (fam) quitar, eliminar
II. vr: **sich ~** (fam) largarse, pirarse

Wegmarkierung f <-, -en> señalización f del camino

weg|müssen irr vi (fam) tener que irse; **musst du schon weg?** ¿te tienes que ir ya?; **das Paket muss noch heute weg** hay que llevar el paquete hoy mismo a Correos; **die alten Sachen müssen weg** hay que tirar los trastos viejos; **die Kiste muss hier weg** hay que quitar la caja de en medio

Wegnahmegebühr f <-, -en> (JUR) tasa f de aprehensión; **Wegnahmerecht** nt <-(e)s, ohne pl> (JUR) derecho m a recuperar la posesión

weg|nehmen irr vt ① (fortnehmen) quitar

② (entwenden) hurtar, quitar; **jdm etw ~** quitar algo a alguien; **man wollte ihm die Kinder ~** querían quitarle los niños

③ (Platz) ocupar; (Zeit, Licht) quitar

weg|packen vt poner en otro sitio, guardar en otro sitio; **pack deine Schulbücher weg und komm mit uns ins Freibad** guarda los libros de la escuela y vente con nosotros a la piscina

Wegrand m <-(e)s, -ränder> margen m o f de un camino

weg|rasieren* vt (Bart) afeitar; **sich** dat **etw ~** afeitarse algo

weg|rationalisieren* vt quitar racionalizando; **1.000 Arbeitsplätze wurden wegrationalisiert** desaparecieron 1.000 puestos de trabajo a causa de la racionalización

weg|räumen irr vt ① (aufräumen) guardar, recoger

② (Hindernisse) quitar

weg|reißen irr vt ① (aus der Hand): **jdm etw ~** arrancarle de las manos algo a alguien

② (abreißen): **jdm etw ~** arrancarle algo a alguien

weg|rennen *irr vi sein s.* **weglaufen**
weg|retuschieren* *vt* hacer desaparecer retocándolo
weg|rücken I. *vi sein* apartarse (*von* de), alejarse (*von* de); **mit dem Stuhl vom Kamin ~** apartarse con la silla de la chimenea
II. *vt haben* apartar (*von* de), alejar (*von* de)
weg|rutschen *vi sein* ❶ (*ausrutschen*) resbalar, patinar
❷ (*wegrücken*) correr, apartar; (*Person*) correrse, apartarse
weg|schaffen *vt* quitar (de en medio), apartar
weg|schauen *vi s.* **wegsehen**
weg|schenken *vt* (*fam*) dar de regalo; **die alten Kleider werde ich ~** la ropa vieja la daré (a alguien)
weg|scheren *vr*: **sich ~** (*fam*) irse al diablo
weg|schicken *vt* ❶ (*Person*) mandar fuera, despedir
❷ (*Brief*) despachar, enviar
weg|schieben *irr vt* correr
weg|schleppen I. *vt* (*fam*) llevar arrastrando
II. *vr*: **sich ~** (*fam*) ir a rastras, ir a trancas y barrancas
weg|schließen *irr vt* guardar bajo llave
weg|schmeißen *irr vt* (*fam*) tirar, botar *Am*
weg|schnappen *irr vt* (*fam*) quitar, arrebatar; **jdm etw vor der Nase ~** quitarle algo a alguien delante de las narices
weg|schütten *vt* tirar, botar *Am*
weg|schwemmen *vt* arrastrar; **das Hochwasser schwemmte den Bootssteg am Fluss weg** la riada se llevó por delante el embarcadero del río
weg|sehen *irr vi* ❶ (*wegblicken*) apartar la vista
❷ (*fam*): **über etw ~** no hacer caso de algo, hacer la vista gorda a algo
weg|setzen I. *vt* apartar, cambiar de sitio
II. *vr*: **sich ~** ❶ (*umsetzen*) sentarse en otro lugar
❷ (*fam: ignorieren*): **sich über etw ~** pasar por alto algo, no hacer caso de algo; **er hat sich über meine Anordnungen weggesetzt** no hizo caso de mis instrucciones
weg|sollen *vi* (*fam*) tener que marcharse (de); **es heißt, dass Frau Söllner aus dieser Abteilung wegsoll** se dice que la señora Söllner tiene que marcharse de este departamento
weg|spülen *vt* ❶ (*im Ausguss*) tirar por el desagüe
❷ *s.* **wegschwemmen**
weg|stecken *vt* (*fam*) ❶ (*aufbewahren*) guardar; (*heimlich*) esconder
❷ (*hinnehmen*) tragar, asimilar
weg|stehlen *irr vr*: **sich ~** escabullirse
weg|stellen *vt* quitar, poner en otro lugar; (*aufräumen*) guardar
weg|sterben *irr vi sein* (*fam*) morirse; **drei Kinder sind ihr weggestorben** se le murieron tres hijos
weg|stoßen *irr vt* apartar empujando; (*mit dem Fuß*) apartar con una patada
Wegstrecke ['ve:k-] *f* <-, -n> trayecto *m*; **Wegstunde** *f* <-, -n> hora *f* (de viaje [o de camino])
weg|tauchen *vi sein* (*fam*) desaparecer, esfumarse; **immer wenn es Probleme gibt, taucht er weg** siempre que hay problemas se esfuma [o escurre el bulto]
weg|tragen *irr vt* llevarse
weg|treiben *irr* I. *vi sein* ser arrastrado (por la corriente); **der Kahn muss gut festgemacht werden, sonst treibt er weg** hay que amarrar bien el bote o se lo llevará la corriente
II. *vt haben* ❶ (*woandershin treiben*) arrastrar; **die Strömung hatte das Boot vom Ufer weggetrieben** la corriente se había llevado el bote de la costa
❷ (*vertreiben*) expulsar, echar; **treib die Rinder von der Straße weg!** ¡quita la vacas de en medio de la calle!
weg|treten *irr* I. *vi sein* ❶ (*beiseite treten*) apartarse
❷ (MIL) romper filas; **weggetreten sein** (*fam*) estar en las nubes
II. *vt* dar una patada (a)
weg|tun *irr vt* ❶ (*wegräumen*) guardar, recoger; (*wegnehmen*) quitar
❷ (*wegschmeißen*) tirar, botar *Am*
weg|wählen *vt* (*Schweiz*) no votar, no reelegir
wegweisend ['ve:kvaɪzənt] *adj* que abre nuevos horizontes [o nuevas perspectivas]
Wegweiser ['ve:k-] *m* <-s, -> indicador *m* de camino
weg|werfen *irr vt* tirar, botar *Am*
wegwerfend *adj*: **eine ~e Handbewegung machen** hacer un gesto despreciativo con la mano
Wegwerfflasche *f* <-, -n> botella *f* no retornable; **Wegwerfgesellschaft** *f* <-, -en> (*abw*) sociedad *f* de consumo; **Wegwerfpackung** *f* <-, -en> caja *f* desechable; **Wegwerfwindel** *f* <-, -n> pañal *m* de un solo uso [o de usar y tirar]
weg|wischen *vt* (*Staub*) quitar (con un trapo); (*an der Tafel*) borrar
weg|wollen <will weg, wollte weg, weggewollt> *vi* (*fam*) ❶ (*gehen wollen*) querer irse (*von* de)
❷ (*ausgehen wollen*) querer salir (a divertirse [o de marcha])

Wegzehrung *f* <-, -en> (*geh*) provisiones *fpl*
weg|ziehen *irr* I. *vi sein* ❶ (*Wohnort wechseln*) mudarse, cambiar de domicilio [o de casa]
❷ (*Zugvögel*) migrar
II. *vt* apartar tirando, quitar
Wegzugsbesteuerung *f* <-, -en> (JUR) gravamen *m* por cambio de domicilio; **Wegzugsrecht** *nt* <-(e)s, *ohne pl*> (JUR) derecho *m* de cambio de domicilio; **~ von juristischen Personen** derecho de cambio de domicilio de las personas jurídicas
weh [ve:] I. *interj*: **o ~!** ¡ay, Dios mío!
II. *adj* (*fam*): **~ sein** doler
Weh [ve:] *nt* <-(e)s, -e> (*geh*) pena *f*, aflicción *f*; **mit ~ und Ach** (*fam*) con ayes y gemidos
wehe ['ve:ə] *interj* ¡cuidad(it)o!; **~, wenn du das tust!** ¡cuidadito con hacerlo!
Wehe ['ve:ə] *f* <-, -n> ❶ *pl* (*bei einer Geburt*) contracciones *fpl*, dolores *mpl* de parto; **in den ~n liegen** tener contracciones
❷ (*Schnee~*) nevisca *f*
wehen ['ve:ən] I. *vi* ❶ (*Wind*) soplar; **es weht eine steife Brise** sopla un fuerte viento
❷ (*Fahne*) ondear; **mit ~den Fahnen** con banderas ondeantes
II. *vt* soplar, hacer volar
wehenauslösend *adj* (MED) iniciador de las contracciones del parto
Wehenmittel *nt* <-s, -> (MED) remedio *m* contra las contracciones del parto
Wehklage *f* <-, -n> (*geh*) lamento *m*, lamentación *f*
wehklagen ['---] *vi* (*geh*) lamentarse (*über* de)
wehleidig *adj* (*abw*: *Person*) quejica; (*Stimme*) quejicoso
Wehleidigkeit *f* <-, *ohne pl*> (*abw*) quejido *m* (de dolor) exagerados; **du gehst mir furchtbar auf die Nerven mit deiner ständigen ~** me pones los nervios de punta con tus constantes quejidos
Wehmut *f* <-, *ohne pl*> (*geh*) melancolía *f*, nostalgia *f*; **Augen voller ~** ojos llenos de melancolía
wehmütig *adj* melancólico
Wehr¹ [ve:ɐ] *f*: **sich zur ~ setzen** defenderse
Wehr² *nt* <-(e)s, -e> (*Stau~*) presa *f*
Wehrbeauftragte(r) *mf* <-n; -n, -n> comisario, -a (*parlamentario*, -a) de las Fuerzas Armadas (*de la ex-RFA*); **Wehrbereich** *m* <-(e)s, -e> zona *f* militar (del ejército alemán)
Wehrdienst *m* <-(e)s, *ohne pl*> servicio *m* militar (en la ex-RFA); **jdn zum ~ einberufen** llamar(le) a alguien a filas; **~ leisten** prestar el servicio militar; **Wehrdienstgericht** *nt* <-(e)s, -e> tribunal *m* militar
wehrdiensttauglich *adj* apto para el servicio militar
Wehrdienstverhältnis *nt* <-ses, *ohne pl*> (JUR) relación *f* militar; **Wehrdienstverweigerer** *m* <-s, -> objetor *m* de conciencia; **Wehr- und Wehrersatzdienstverweigerer** insumiso *m*; **Wehrdienstverweigerung** *f* <-, -en> objeción *f* de conciencia
wehren ['ve:rən] I. *vr*: **sich ~** ❶ (*sich verteidigen*) defenderse (*gegen* contra)
❷ (*sich sträuben*) oponer resistencia (*gegen* a)
II. *vi*: **etw** *dat* **~** reprimir algo, oponerse a algo; **wehret den Anfängen!** ¡hay que cortarlo de raíz!
Wehrersatzbehörde *f* <-, -n> oficina *f* de reclutamiento (del ejército alemán)
Wehrersatzdienst *m* <-(e)s, -e> prestación *f* (social) sustitutoria
Wehrexperte, -in *m, f* <-n, -n; -, -nen> perito, -a *m, f* militar
wehrfähig *adj* apto [o útil] para el servicio militar
wehrhaft *adj* ❶ (*Person, Tier*) capaz de defenderse; (*tapfer*) valiente
❷ (*befestigt*) fortificado
Wehrkraftzersetzung *f* <-, *ohne pl*> (MIL) desmoralización *f* del ejército
wehrlos *adj* indefenso; **gegen eine solche Übermacht sind wir ~** contra tal superioridad no podemos hacer nada; **jdm ~ ausgeliefert sein** no poder defenderse contra alguien
Wehrlosigkeit *f* <-, *ohne pl*> indefensión *f*
Wehrmacht *f* (HIST) Ejército alemán de la época de 1921 a 1945; **Wehrmann** *m* <-(e)s, -männer> (*Schweiz*) soldado *m*; **Wehrpass**[RR] *m* <-es, -pässe> cartilla *f* militar; **Wehrpflicht** *f* <-, *ohne pl*> servicio *m* militar obligatorio
wehrpflichtig *adj* sujeto al servicio militar obligatorio
Wehrpflichtige(r) *m* <-n, -n> recluta *m*, quinto *m*; **Wehrrecht** *nt* <-(e)s, *ohne pl*> derecho *m* militar; **Wehrsold** *m* <-(e)s, -e> soldada *f*; **Wehrsportgruppe** *f* <-, -n> grupo *m* paramilitar; **Wehrstrafgericht** *nt* <-(e)s, -e> tribunal *m* militar
wehrtauglich *adj* apto para el servicio militar
Wehrtauglichkeit *f* <-, *ohne pl*> aptitud *f* para el servicio militar; **Wehrtechnik** *f* <-, *ohne pl*> ingeniería *f* defensiva; **Wehrübung** *f* <-, -en> maniobra *f* militar (para reservistas)
weh|tun[RR] *vi* doler; **sich** *dat* **~** hacerse daño; **jdm ~** causar(le) daño a al-

guien; **der Rücken tut mir weh** me duele la espalda
Wehweh ['veːveː, veːˈveː] *nt* <-s, -s> (*fam*), **Wehwehchen** [veˈ(ː)veːçən] *nt* <-s, -> alifafe *m*, nana *f CSur*
Weib [vaɪp] *nt* <-(e)s, -er> mujer *f*
Weibchen ['vaɪpçən] *nt* <-s, -> (ZOOL) hembra *f*
Weiberfastnacht *f* <-, -nächte> (*reg*) jueves *m inv* gordo [*o* lardero]; **Weiberfeind** *m* <-(e)s, -e> misógino *m*; **Weiberheld** *m* <-en, -en> (*abw*) tenorio *m*, Don Juan *m*; **Weibervolk** *nt* <-(e)s, *ohne pl*> (*abw*) mujerío *m*
weibisch *adj* afeminado
Weiblein *nt* <-s, -> mujercita *f*
weiblich *adj* (*a.* LING) femenino
Weiblichkeit *f* <-, *ohne pl*> feminidad *f*
Weibsbild *nt* <-(e)s, -er> (*abw*) mujerota *f*; **Weibsstück** *nt* <-(e)s, -e> (*fam abw*) (vieja) bruja *f*
weich [vaɪç] *adj* ❶ (*nicht hart, Drogen, Charakter*) blando; (*formbar*) flexible; (*nicht zäh*) tierno; (*Ei*) pasado por agua; **etw ~ kochen** (*Ei*) pasar por agua; (*Gemüse*) cocer algo (hasta que está tierno); **ein ~es Herz haben** tener un corazón blando; **da wird er ~** empieza a ceder
❷ (*zart, wollig, Klang, Landung*) suave; **sich ~ anfühlen** ser suave al tacto; **~ landen** aterrizar suavemente
❸ (*Währung*) débil
Weichbild *nt* <-(e)s, -er> término *m* municipal
Weiche [ˈvaɪçə] *f* <-, -n> ❶ (*an Schienen*) aguja *f*; **die ~n für etw stellen** encauzar algo
❷ (*Flanke*) agujas *fpl*, verija *f Am*
weichen [ˈvaɪçən] <weicht, wich, gewichen> *vi sein* ❶ (*sich entfernen*) moverse, alejarse; **sie wich nicht von der Stelle** no se movió del sitio; **jdm nicht von der Seite ~** pegarse a alguien como una lapa
❷ (*zurück~*) retroceder (*vor* frente a), retirarse; (*Platz machen*) hacer sitio; **das alte Haus musste einem Neubau ~** el viejo caserón tuvo que hacer sitio al nuevo edificio
❸ (*nachlassen*) cesar
Weichensteller(in) *m(f)* <-s, -; -, -nen> guardagujas *mf inv*
weichgekocht *adj s.* **kochen** I.2.
Weichharz *nt* <-es, -e> resina *f* blanda
Weichheit *f* <-, *ohne pl*> blandura *f*, suavidad *f*
weichherzig *adj* blando de corazón; (*mitfühlend*) compasivo
Weichherzigkeit *f* <-, *ohne pl*> ternura *f* de corazón; (*Mitgefühl*) compasión *f*
Weichholz *nt* <-es, -hölzer> madera *f* blanda; **Weichkäse** *m* <-s, -> queso *m* blando
weich|kriegen *vt s.* **kriegen** I.1.
weichlich *adj* (*abw*) ❶ (*Material*) blando
❷ (*schwächlich*) flojo, débil
❸ (*nachgiebig*) blando, blandengue
Weichlichkeit *f* <-, *ohne pl*> ❶ (*Schwäche*) debilidad *f*, flojedad *f*
❷ (*Nachgiebigkeit*) blandura *f*
Weichling *m* <-s, -e> (*abw*) blandengue *m*, flojo *m*
Weichmacher *m* <-s, -> (CHEM, TECH) plastificante *m*
Weichmacheröl *nt* <-(e)s, -e> aceite *m* suavizante
Weichsel [ˈvaɪksəl] *f* <-, -n> (*reg*) ❶ (*Frucht*) guinda *f*
❷ (*Baum*) guindo *m*
Weichspüler *m* <-s, -> suavizante *m*
Weichteile *ntpl* partes *fpl* blandas; **Weichtiere** *ntpl* (ZOOL) moluscos *mpl*; **Weichzeichner** *m* <-s, -> (FOTO) objetivo *m* flou, filtro *m* de ablandamiento
Weide [ˈvaɪdə] *f* <-, -n> ❶ (*Vieh~*) pasto *m*; **das Vieh auf die ~ treiben** llevar el ganado a pastar
❷ (*Baum*) sauce *m*
Weideland *nt* <-(e)s, *ohne pl*> pastos *mpl*
weiden [ˈvaɪdən] **I.** *vi* pastar, pacer
II. *vt* (*Vieh*) apacentar, pastar
III. *vr:* **sich an etw** *dat* **~** recrearse con algo; (*schadenfroh*) regodearse con algo; **er/sie weidete sich an diesem Anblick** se recreaba con la escena
Weidengebüsch *nt* <-(e)s, -e> sauceda *f*, saucedal *m*; **Weidengeflecht** *nt* <-(e)s, -e> tejido *m* de mimbre; **Weidenkätzchen** [-kɛtsçən] *nt* <-s, -> (BOT) flor *f* del sauce; **Weidenkorb** *m* <-(e)s, -körbe> cesta *f* de mimbre; **Weidenrute** *f* <-, -n> varilla *f* de mimbre, otate *m Mex*
Weideplatz *m* <-es, -plätze> pasto *m*, pastizal *m*
weidgerecht [ˈvaɪt-] *adj* según las reglas de la caza; **ein Tier ~ erlegen** matar un animal conforme a las reglas de la caza
weidlich *adv* mucho; **sich ~ bemühen** esforzarse mucho
Weidmann [ˈvaɪtman] *m* <-(e)s, -männer> cazador *m*
weidmännisch [ˈvaɪtmɛnɪʃ] **I.** *adj* de cazador
II. *adv* como un cazador
Weidmannsdank [vaɪtmansˈdaŋk] *interj* ¡gracias! (*en respuesta a* "Weidmannsheil")
Weidmannsheil *interj* ¡buena caza!
weidwund *adj* con un disparo mortal (en el estómago)
weigern [ˈvaɪɡɐn] *vr:* **sich ~** negarse (*zu* a); **er weigerte sich mitzukommen** se negó a venir
Weigerung *f* <-, -en> negativa *f*
Weihbischof *m* <-s, -schöfe> (REL) obispo *m* sufragáneo
Weihe [ˈvaɪə] *f* <-, -n> consagración *f*; (*Priester~*) ordenación *f*; **die niederen/höheren ~n** las órdenes menores/mayores; **die geistlichen ~n empfangen** ordenarse
weihen [ˈvaɪən] *vt* (REL) consagrar; **jdm geweiht sein** estar consagrado a alguien
Weiher [ˈvaɪɐ] *m* <-s, -> (*reg, südd*) estanque *m*
weihevoll *adj* (*geh*) solemne
Weihnacht *f* <-, *ohne pl*> (*geh*) Navidad *f*
weihnachten *vunpers:* **es weihnachtet** ya viene la Navidad, se nota ya el ambiente de Navidad
Weihnachten [ˈvaɪnaxtən] *nt* <-, -> Navidad(es) *f(pl)*; **fröhliche** [*o* **gesegnete**] **~** feliz Navidad; **jdm etw zu ~ schenken** regalar(le) algo a alguien por Navidad; **zu** [*o* **an**] **~** en Navidades; **grüne/weiße ~** Navidad sin/con nieve
weihnachtlich *adj* navideño
Weihnachtsabend *m* <-s, -e> Nochebuena *f*; **Weihnachtsbaum** *m* <-(e)s, -bäume> árbol *m* de Navidad; **Weihnachtseinkäufe** *mpl* compras *fpl* de Navidad; **Weihnachtsfeier** *f* <-, -n> fiesta *f* de Navidad; **Weihnachtsfeiertag** *m* <-(e)s, -e> día *m* festivo en Navidad; **der erste/zweite ~** el primer/segundo día (festivo) de Navidad; **Weihnachtsfest** *nt* <-(e)s, -e> (fiesta *f* de) Navidad *f*; **Weihnachtsgans** *f* <-, -gänse> ganso *m* de Navidad; **jdn ausnehmen wie eine ~** (*fam*) sacarle a alguien hasta el último céntimo; **Weihnachtsgeld** *nt* <-(e)s, -er> paga *f* extra de Navidad, aguinaldo *m Arg*; **Weihnachtsgeschenk** *nt* <-(e)s, -e> regalo *m* de Navidad; **Weihnachtsgeschichte** *f* <-, -n> cuento *m* de Navidad; **Weihnachtsgratifikation** *f* <-, -en> paga *f* extraordinaria de Navidad; **Weihnachtskarte** *f* <-, -n> tarjeta *f* de Navidad, christma(s) *m* (*inv*) *fam*; **Weihnachtslied** *nt* <-(e)s, -er> villancico *m*, canción *f* de Navidad; **Weihnachtsmann** *m* <-(e)s, -männer> Papá *m* Noel, Viejo Pascuero *m Am*; **Weihnachtsmarkt** *m* <-(e)s, -märkte> mercado *m* navideño; **Weihnachtstag** *m* <-(e)s, -e> (*erster*) día *m* de Navidad; (*zweiter*) día *m* de san Esteban; **über die ~e** (durante) las fiestas de Navidad; **Weihnachtsteller** *m* <-s, -s> plato *m* de los dulces de Navidad (*con mazapán, turrones, etc.*); **Weihnachtszeit** *f* <-, *ohne pl*> época *f* de Navidad; **in der ~** por Navidades
Weihrauch *m* <-(e)s, *ohne pl*> incienso *m*
Weihrauchfass[RR] *nt* <-es, -fässer> incensario *m*
Weihwasser *nt* <-s, *ohne pl*> agua *f* bendita
Weihwasserbecken *nt* <-s, -> pila *f* de agua bendita
weil [vaɪl] *konj* porque; (*aufgrund von*) dado que, debido a que
Weilchen [ˈvaɪlçən] *nt* <-s, -> momentito *m*, ratito *m*
Weile [ˈvaɪlə] *f* <-, *ohne pl*> rato *m*; **ich musste eine ganze ~ warten** tuve que esperar un buen rato; **es dauerte eine ~** duró un rato; **vor einer ~** hace un rato; **das ist schon eine ganze ~ her** hace ya un (buen) rato
weilen [ˈvaɪlən] *vi* (*geh*) estar, hallarse; **er weilt nicht mehr unter uns** ya no se halla entre nosotros
Weiler [ˈvaɪlɐ] *m* <-s, -> cortijo *m*
Weimarer Republik [ˈvaɪmaːrɐ-] *f* <- -, *ohne pl*> (HIST) República *f* de Weimar
Weimarer Verfassung *f* <- -, *ohne pl*> (HIST) Constitución *f* de Weimar
Wein[1] [vaɪn] *m* <-(e)s, -e> (*Getränk*) vino *m*; **roter/weißer ~** vino tinto/blanco; **lieblicher/trockener ~** vino dulce/seco; **offener ~** vino a granel; **im ~ liegt Wahrheit** (*prov*) in vino veritas; **jdm reinen ~ einschenken** hablar en cristiano con alguien
Wein[2] *m* <-(e)s, *ohne pl*> ❶ (*~trauben*) uvas *fpl*; **~ lesen** vendimiar
❷ (*Pflanze*) vid *f*; **~ anbauen** cultivar vino; **wilder ~** cepa virgen
Weinanbau *m* <-(e)s, *ohne pl*>, **Weinbau** *m* <-(e)s, *ohne pl*> viticultura *f*; **Weinbauer** *m* <-n *o* -s, -n> viticultor *m*, viñador *m*
Weinbaugebiet *nt* <-(e)s, -e> región *f* vinícola
Weinbeere *f* <-, -n> ❶ (*Traube*) uva *f*
❷ (*Österr, Schweiz, südd: Rosine*) pasa *f*
Weinberg *m* <-(e)s, -e> viña *f*, viñedo *m*; **Weinbergschnecke** *f* <-, -n> caracol *m* de viñedo
Weinbrand *m* <-(e)s, -brände> brandi *m*
weinen [ˈvaɪnən] **I.** *vi* llorar (*vor/aus* de); **sie weinte vor Zorn** lloraba de rabia; **es ist zum W~** es para llorar; **ich weiß nicht, ob ich lachen oder ~ soll** no sé si reír o llorar; **um jdn ~** llorar la muerte de alguien
II. *vt* llorar; **Krokodilstränen ~** llorar lágrimas de cocodrilo; **bittere Tränen ~** llorar amargamente

weinerlich *adj* (*Person*) llorón; (*Stimme*) lloroso
Weinernte *f* <-, -n> vendimia *f*; **Weinessig** *m* <-s, -e> vinagre *m* de vino; **Weinfass**^RR *nt* <-es, -fässer> tonel *m* de vino, pipa *f* de vino; **Weinflasche** *f* <-, -n> botella *f* de vino; **Weingarten** *m* <-s, -gärten> viña *f*; **Weingegend** *f* <-, -en> región *f* vinícola; **Weingeist** *m* <-(e)s, *ohne pl*> alcohol *m* etílico; **Weinglas** *nt* <-es, -gläser> vaso *m* para vino, copa *f* para vino; **Weingummi** *o* *m* <-s, -s> gominola *f*; **Weingut** *nt* <-(e)s, -güter> explotación *f* vinícola; **Weinhändler(in)** *m(f)* <-s, -; -, -nen> negociante *mf* en vinos, vinatero, -a *m*, *f*; **Weinhandlung** *f* <-, -en> bodega *f*; **Weinjahr** *nt* <-(e)s, -e>: **ein gutes** ~ un año abundante en vinos; **ein schlechtes** ~ un año malo para el vino; **Weinkarte** *f* <-, -n> carta *f* de vinos; **Weinkeller** *m* <-s, -> bodega *f*; **Weinkellerei** *f* <-, -en> bodega *f*; **Weinkenner(in)** *m(f)* <-s, -; -, -nen> conocedor(a) *m(f)* de vinos; **Weinkönigin** *f* <-, -nen> reina *f* del vino (*joven que durante un año representa a una región vinícola en las fiestas*)
Weinkrampf *m* <-(e)s, -krämpfe> llanto *m* convulsivo
Weinladen *m* <-s, -läden> bodega *f*; **Weinlage** *f* <-, -n> región *f* vinícola; **Weinlaune** *f* <-, *ohne pl*>: **nach zwei, drei Glas Wein gerieten die Anwesenden bald in** ~ tras dos, tres vasos de vino, los que estaban allí se entonaron rápidamente; **in seiner** ~ **versprach er manches, was ihn später wieder reute** con unas cuantas copas de vino demás llegó a prometer ciertas cosas que más tarde lamentó; **Weinlese** *f* <-, -n> vendimia *f*; **Weinlokal** *nt* <-(e)s, -e> bodega *f*; **Weinprobe** *f* <-, -n> degustación *f* de vinos, cata *f* de vinos; **Weinranke** *f* <-, -n> sarmiento *m* (de la vid); **Weinrebe** *f* <-, -n> vid *f*
weinrot ['-'-] *adj* burdeos
Weinschaum *m* <-(e)s, *ohne pl*>, **Weinschaumcreme** *f* <-, -s> (GASTR) "zabaglione" *m*
weinselig *adj* (*Zecher*) entonado; (*Stimmung*) animado
Weinsorte *f* <-, -n> clase *f* de vino; **Weinstein** *m* <-(e)s, *ohne pl*> (crémor *m*) tártaro *m*; **Weinstock** *m* <-(e)s, -stöcke> vid *f*; **Weinstube** *f* <-, -n> taberna *f*, tasca *f*; **Weintraube** *f* <-, -n> uva *f*; **blaue/grüne ~n** uvas negras/blancas
weise ['vaɪzə] *adj* sabio; ~ **lächeln** reír sabiamente
Weise *f* <-, -n> ❶ (*Art*) manera *f*, modo *m*; (*Methode*) método *m*; **in gewisser** ~ en cierto modo; **auf diese** ~ de esta manera; **auf meine** ~ a mi manera; **auf jede nur erdenkliche** ~ de todas las maneras imaginables; **in der ~, dass ...** de modo que... +*subj*; **in keiner [*o* keinster]** ~ (*fam*) de ningún modo
❷ (*Melodie*) melodía *f*
Weise(r) *mf* <-n, -n; -n, -n> sabio, -a *m*, *f*; **die (drei) ~n aus dem Morgenland** los Reyes Magos de Oriente
weisen ['vaɪzən] <weist, wies, gewiesen> I. *vi*: **auf etw** ~ señalar algo II. *vt*: **jdm etw** ~ señalar(le) algo a alguien, indicar(le) algo a alguien; **sie wies ihm den Weg** le indicó el camino; **jdn zur Ordnung** ~ llamar a alguien al orden; **etw von sich** *dat* ~ rechazar algo; **das ist nicht von der Hand zu** ~ esto no se puede negar; **jdn aus dem Saal** ~ expulsar a alguien de la sala
Weisheit[1] *f* <-, *ohne pl*> sabiduría *f*; (*Wissen*) saber *m*; **mit seiner** ~ **am Ende sein** ya no saber qué hacer; **er glaubt, er habe die** ~ **mit Löffeln gefressen** (*fam*) se cree más sabio que el Lepe; **das ist nicht der letzter Schluss** éso no es la solución ideal; **sie tut, als habe sie die** ~ **für sich gepachtet** (*fam*) actúa como si se creyera muy inteligente
Weisheit[2] *f* <-, -en> (*Spruch*) sentencia *f*; (*Rat*) consejo *m*; **behalt deine ~en für dich!** (*fam*) ¡no necesito tus consejos!
Weisheitszahn *m* <-(e)s, -zähne> muela *f* del juicio, cordal *m*
weis|machen *vt* (*fam*): **jdm etw** ~ hacer creer algo a alguien; **sie wollte uns ~, dass ...** nos quería hacer creer que...
weiß[1] [vaɪs] *3. präs von* **wissen**
weiß[2] [vaɪs] *adj* (*Farbe*) blanco; **werden** ponerse blanco; **ihr Gesicht wurde** ~ se volvió pálida; **das ist ein ~er Fleck auf der Karte** es un territorio sin explorar; **eine ~e Weste haben** (*fam*) no tener antecedentes
Weiß *nt* <-(es), -> (color *m*) blanco *m*; **in ~ heiraten** casarse de blanco
weissagen *vt* <---> predecir, profetizar; **jdm etw** ~ hacer presentir algo a alguien
Weissagung *f* <-, -en> predicción *f*, profecía *f*
Weißbier *nt* <-(e)s, -e> cerveza *f* blanca [*o* de trigo]
weißblau ['-'-] *adj* azul y blanco
Weißblech *nt* <-(e)s, -e> hojalata *f*
weißblond *adj* rubio platino; ~ **sein** ser rubio platino
Weißbrot *nt* <-(e)s, -e> pan *m* blanco, birote *m* MAm; **Weißbuch** *nt* <-(e)s, -bücher> (POL) Libro *m* Blanco; **Weißdorn** *m* <-(e)s, -e> espino *m* albar [*o* blanco]
Weiße(r) *mf* <-n, -n; -n, -n> (*Rasse*) blanco, -a *m*, *f*
weißeln *vt* (*südd, Schweiz*), **weißen** ['vaɪsən] *vt* blanquear
Weißfisch *m* <-(e)s, -e> mújol *m*, albur *m*
weißglühend *adj s.* **glühend**
Weißglut *f* <-, *ohne pl*> (TECH) incandescencia *f*; **jdn zur** ~ **bringen** [*o* **treiben**] (*fam*) poner a alguien al rojo vivo; **Weißgold** *nt* <-(e)s, *ohne pl*> oro *m* blanco
weißhaarig *adj* cano, de pelo blanco
Weißherbst *m* <-(e)s, -e> (*südd*) (vino *m*) rosado *m*; **Weißkabis** *m* <-, *ohne pl*> (*Schweiz*) repollo *m*; **Weißkäse** *m* <-s, -> (*reg*) queso *m* blanco; **Weißkohl** *m* <-(e)s, *ohne pl*> repollo *m*; **Weißkraut** *nt* <-(e)s, *ohne pl*> repollo *m* blanco
weißlich *adj* blanquecino, blancuzco
Weißmacher *m* <-s, -> blanqueador *m*
Weißrussland^RR *nt* <-s> Bielorrusia *f*; **Weißtanne** *f* <-, -n> (BOT) abeto *m* común [*o* blanco]
Weißwandreifen *m* <-s, -> neumático *m* con raya blanca
Weißwein *m* <-(e)s, -e> vino *m* blanco; **Weißwurst** *f* <-, -würste> Weißwurst *m* (*salchicha blanca*)
Weisung ['vaɪzʊŋ] *f* <-, -en> ❶ (*Befehl*) orden *f*; **auf jds** ~ **handeln** actuar por orden de alguien
❷ (*geh: An~*) instrucción *f*
Weisungsbefugnis *f* <-, -se> poder *m* directivo
weisungsberechtigt *adj* que tiene poder directivo
weisungsgebunden *adj* jerárquicamente dependiente
weisungsgemäß *adv* conforme a las instrucciones
Weisungsrecht *nt* <-(e)s, -e> (JUR) facultad *f* de dirección
weit [vaɪt] I. *adj* ❶ (*räumlich ausgedehnt*) vasto, extenso; (*breit*) amplio; (*groß*) grande; ~ **e Kreise der Bevölkerung** amplios sectores de la población; **der Skandal zog ~e Kreise** el escándalo se extendió mucho; **das ist ein ~es Feld** éste es un campo amplio; **sie springt 3,50 m** ~ salta 3 metros 50; **etw** ~ **öffnen** abrir algo de par en par; **sie ist** ~ **herumgekommen** ha corrido mundo; **das W~e suchen** (*geh*) esfumarse
❷ (*geräumig*) espacioso; (*Kleidung*) ancho; **etw ~er machen** ensanchar algo
❸ (*entfernt*) lejano, distante; (*Reise, Weg*) largo; **in ~er Ferne** a lo lejos; **bis nach Hause ist es noch** ~ aún falta un trecho hasta casa; **wie** ~ **ist es nach ...?** ¿a qué distancia está...?; **ist es noch ~?** ¿falta mucho todavía?; **von ~em** desde lejos, de lejos; ~ **entfernt** remoto; **das ist** ~ **weg** (*fam*) eso queda muy lejos; **ich habe es nicht** ~ no me queda mucho
❹ (*zeitlich*) largo, prolongado; **bis Ostern ist es noch** ~ aún falta mucho para Pascua; **das liegt** ~ **zurück** de esto hace mucho tiempo; **bis ~ in den Morgen** hasta bien entrada la mañana
❺ (*Wend*): **bei ~em besser** mejor con distancia; **bei ~em nicht alles** no mucho (ni) con mucho; **es ist** ~ **und breit niemand zu sehen** no se ve a nadie en varias millas a la redonda; **so** ~ (*im Allgemeinen*) en general; (*bis jetzt*) por ahora, hasta el momento; **wir sind so** ~ **ganz zufrieden** en general estamos satisfechos; **so** ~ **haben wir keine Probleme** por el momento [*o* por ahora] no tenemos problemas; **so** ~, **so gut** hasta el momento sin problemas; **es ist so** ~ ya está, llegó el momento; **es ist bald so** ~ estará pronto; **es ist noch nicht so** ~ todavía no está; **bist du so ~?** (*fam*) ¿estás listo?; **endlich haben wir ihn so** ~ por fin le tenemos a punto de caramelo; **sie wird es noch** ~ **bringen** hará carrera; **du wirst es noch so** ~ **bringen, dass etwas passiert** lo llevarás a tal extremo que algo ocurrirá; **das geht** (**entschieden**) **zu ~!** ¡esto ya pasa de la raya!; **ich finde, du treibst es zu** ~ creo que llevas las cosas demasiado lejos; **das führt zu** ~ eso es demasiado; **er ist so** ~ **gegangen** (*fam*) se ha pasado; **wie** ~ **bist du mit der Arbeit?** ¿qué tal el trabajo?; **damit ist es nicht** ~ **her** no es nada del otro mundo; **das ist** ~ **hergeholt** esto está cogido de los pelos; **so** ~ **kommt's noch!** (*fam*) ¡hasta ahí podíamos llegar!
II. *adv* (*sehr, erheblich*) mucho; ~ **besser** mucho mejor; **etw** ~ **übertreffen** superar algo en mucho; **er ist** ~ **über sechzig** tiene bastante más de sesenta años; ~ **gefehlt!** ¡está Ud. completamente equivocado!; **das ist** ~ **verbreitet** está muy extendido
weitab ['vaɪt'ʔap] *adv* muy lejos; ~ **vom Dorf** muy lejos del pueblo
weitaus ['-'-] *adv* mucho; **er ist** ~ **besser** le supera con mucho
Weitblick *m* <-(e)s, *ohne pl*> visión *f* de futuro; (*Scharfsinn*) perspicacia *f*; **politischer** ~ visión política; **er hat** ~ **bewiesen** mostró tener visión de futuro
weitblickend *adj* previsor; (*scharfsinnig*) clarividente, perspicaz
Weite ['vaɪtə] *f* <-, -n> ❶ (*Ausdehnung*) extensión *f*, vastedad *f*; **die** ~ **des Meeres** la vastedad del mar
❷ (*Entfernung*) distancia *f*
❸ (*Durchmesser*) diámetro *m*; (*Größe*) tamaño *m*
❹ (*bei Kleidung*) ancho *m*, anchura *f*; **in der** ~ **passt die Jacke** la chaqueta queda bien de ancho
weiten ['vaɪtən] I. *vt* ensanchar
II. *vr*: **sich** ~ ensancharse; (*Gefäß, Pupille*) dilatarse
weiter ['vaɪtɐ] *adv* ❶ (*im Anschluss*) a continuación; (*danach*) después; **was geschah ~?** ¿qué sucedió después?
❷ (*außerdem*) además; (*sonst*) más; (*verneint*) nada más; ~ **weiß ich nichts** aparte de esto no sé nada más; **das ist nicht** ~ [*o* **nicht**]

schlimm eso no tiene la menor importancia; **wenn's ~ nichts ist** si no hay nada más; **und so ~** etcétera; **~!** ¡adelante!, ¡siga!
weiter|arbeiten *vi* seguir trabajando (*an* en)
weiter|befördern* *vt* transportar; **die Touristen wurden vom Flughafen mit Bussen zu den Hotels weiterbefördert** transportaron [*o* llevaron] a los turistas del aeropuerto al hotel en autobús
weiter|behandeln* *vt* (*Patienten, Thema*) seguir tratando
Weiterbehandlung *f* <-, -en> tratamiento *m* de seguimiento [*o* posterior]
Weiterbeschäftigung *f* <-, -en> prórroga *f* del empleo
Weiterbeschäftigungsanspruch *m* <-(e)s, -sprüche> (JUR) derecho *m* a la prolongación del empleo; **Weiterbeschäftigungspflicht** *f* <-, ohne *pl*> (JUR) obligación *f* de prolongación del empleo
weiter|bestehen* *irr vi* seguir existiendo
Weiterbestehen *nt* <-s, ohne *pl*> ❶ (*einer Einrichtung*) existencia *f*, supervivencia *f*
❷ (*Andauern*) continuación *f*
weiter|bilden I. *vt* perfeccionar
II. *vr:* **sich ~** ampliar sus conocimientos; (*in einem Kurs*) hacer un curso de perfeccionamiento
Weiterbildung *f* <-, ohne *pl*> ampliación *f* de estudios; (*als Kurs*) cursos *mpl* de perfeccionamiento
weiter|bringen *irr vt* llevar adelante, hacer progresar; **der Intensivkurs wird dich ~** el curso intensivo te va a hacer adelantar; **das bringt uns auch nicht weiter** con eso no ganamos nada
weiter|denken *irr vi* pensar en las consecuencias (a la larga [*o* previsoramente]); **du solltest ~ und die Konsequenzen deiner Entscheidung berücksichtigen** deberías pensar de cara al futuro y considerar las consecuencias de tu decisión
weitere(r, s) *adj* (*zusätzlich*) más, otro; (*zeitlich*) posterior, ulterior; **~ Kapitel folgen** seguirán más capítulos; **~ fünf Jahre** otros cinco años; **die ~ Entwicklung** el desarrollo posterior; **alles W~** todo lo demás; **bis auf ~s** hasta nuevo aviso; **ohne ~s** sin más
weiter|empfehlen* *irr vt* recomendar (a otros)
weiter|entwickeln* I. *vt* perfeccionar
II. *vr:* **sich ~** hacer progresos, desarrollarse
weiter|erzählen* *vt* contar (a otros), narrar (a otros); **du darfst es niemandem ~** no lo cuentes a nadie
weiter|fahren *irr vi sein* seguir, continuar (el viaje); **Sie können hier nicht ~** no puede seguir adelante
Weiterfahrt *f* <-, ohne *pl*> continuación *f* del viaje
weiter|fliegen *irr vi sein* continuar el viaje (en avión) (*nach* a); **nach einem kurzen Zwischenstopp flogen wir (nach Asunción) weiter** tras una corta escala, continuamos nuestro viaje (a Asunción)
Weiterflug *m* <-(e)s, ohne *pl*> continuación *f* del vuelo
weiter|führen I. *vi* seguir, continuar
II. *vt* ❶ (*fortsetzen*) continuar
❷ (*weiterbringen*) llevar adelante; **die Diskussion führt uns nicht weiter** la discusión no nos lleva a ninguna parte; **~de Schule** colegio con cursos que permiten el acceso posterior a la universidad
Weitergabe *f* <-, ohne *pl*> (*von Informationen*) transmisión *f*; (*von Dingen*) entrega *f*
weiter|geben *irr vt* dar (*an* a), pasar (*an* a); (*Erfahrungen*) transmitir (*an* a)
weiter|gehen *irr vi sein* ❶ (*seinen Weg*) seguir (andando); **alle einsteigen, es geht (wieder) weiter!** montaos que el viaje continúa
❷ (*andauern*) seguir, continuar; **wie lange soll das noch so ~?** ¿cuánto tiempo va a seguir así?; **so kann es nicht ~!** ¡esto no puede continuar así!
weitergehend *adj* (*Österr*) *kompar von* **weitgehend**
weiter|helfen *irr vi:* **jdm ~** ayudar a alguien (*in/bei* en/a)
weiterhin *adv* ❶ (*künftig*) en el futuro, en adelante
❷ (*außerdem*) además
❸ (*immer noch*) todavía
weiter|kämpfen *vi* seguir luchando
weiter|kommen *irr vi sein* ❶ (*räumlich*) avanzar; **Sie kommen hier nicht weiter** no puede avanzar
❷ (*Fortschritte machen*) salir adelante, avanzar; **so kommen wir nicht weiter** así no llegamos a ninguna parte
Weiterkommen *nt* <-s, ohne *pl*> ❶ (*Durchkommen*): **hier ist kein ~ möglich!** ¡es imposible seguir por aquí!, ¡por aquí no se puede continuar!; **durch ein undurchdringliches Gestrüpp wurden wir am ~ gehindert** no pudimos continuar debido a aquellos matorrales impenetrables
❷ (*Karriere*) promoción *f*, progreso *m;* **diese Seminare waren für sein ~ besonders wichtig** estos seminarios eran especialmente importantes para que él pudiera promocionarse
weiter|können *irr vi* poder continuar; **ich kann nicht weiter, meine Füße tun mir so weh** no puedo seguir andando [*o* más], me duelen mucho [*o* tanto] los pies

weiter|laufen *irr vi sein* ❶ (*den Lauf fortsetzen*) continuar (andando [*o* corriendo]); **obwohl er völlig erschöpft war, lief er immer weiter** aunque estaba completamente agotado, siguió andando [*o* no dejó de andar]
❷ (*Maschine, Motor*) seguir funcionando; **die Maschinen laufen auch am Wochenende weiter** las máquinas funcionan también durante el fin de semana
❸ (*Gehalt*): **bei Angestellten läuft das Gehalt auch im Krankheitsfall weiter** los empleados siguen cobrando aun estando de baja por enfermedad
❹ (*Zinsen*) seguir acumulándose
weiter|leben *vi* seguir viviendo; **seine Ideale leben in seinen Nachfolgern weiter** sus ideales siguen vivos en sus sucesores
weiter|leiten *vt* transmitir (*an* a)
weiter|machen *vi* (*fam*) continuar, seguir; **mach nur so weiter!** ¡sigue así!; **so können wir nicht ~** no podemos seguir así
weiter|reichen *vt* pasar (*an* a)
Weiterreise *f* <-, -n> continuación *f* del viaje; **auf der ~ kamen wir durch Toledo** continuando el viaje pasamos por Toledo; **gute ~!** ¡buen viaje!
weiters ['vaɪtɐs] *adv* (*Österr*) además
weiter|sagen *vt* decir [*o* contar] a otros; (*verbreiten*) divulgar; **nicht ~!** ¡no lo diga(s) a nadie!
Weitertransportverpflichtung *f* <-, -en> obligación *f* de reexpedición
Weiterung *f* <-, -en> (*formal*) consecuencia *f* desagradable, complicación *f*
weiter|verarbeiten* *vt* tratar, elaborar
Weiterverarbeitungsbefugnis *f* <-, -se> facultad *f* de reelaboración
Weiterveräußerung *f* <-, -en> enajenación *f* ulterior
weiter|verfolgen* *vt* continuar persiguiendo
Weiterverkauf *m* <-(e)s, -käufe> reventa *f*
weiter|verkaufen* *vt* vender a un tercero, revender
Weiterverkaufsrecht *nt* <-(e)s, ohne *pl*> derecho *m* de reventa
weiter|vermieten* *vt* realquilar (*an* a)
weiter|verwenden* *vt* seguir utilizando; **die alten Handtücher kann man noch als Putzlappen ~** las toallas viejas se pueden utilizar todavía como trapos de limpieza
weiter|verwerten* *vt* reutilizar; **Altglas wird gesammelt um es weiterzuverwerten** las botellas de vidrio se recogen para ser reutilizadas
weiter|wissen *irr vi* saber qué hacer; **ich weiß einfach nicht mehr weiter** ya no sé qué hacer
weiter|wollen <will weiter, wollte weiter, weitergewollt> *vi* (*fam*) querer continuar (el camino); **ich will gleich weiter, denn ich habe einen dringenden Termin** quiero seguir [*o* continuar] enseguida, porque tengo una cita apremiante [*o* urgente]
weiter|ziehen *irr vi sein* (pro)seguir su camino
weitestgehend *adj o adv superl von* **weitgehend**
weitgehend <weiter gehend *o* weitgehender, *Schweiz:* weitergehend, am weitestgehenden *o* am weitgehendsten> I. *adj* amplio, extenso
II. *adv* en su mayor parte, en gran parte
weitgereist *adj* que ha viajado mucho
weither ['--] *adv* (*geh*) de muy lejos
weitherzig ['vaɪthɛrtsɪç] *adj* liberal; (*tolerant*) tolerante
weithin ['--, '--] *adv* ❶ (*weitumher*) hasta muy lejos
❷ (*in hohem Maße*) en gran medida; **das ist ~ seine Schuld** es en gran medida culpa suya
weitläufig I. *adj* ❶ (*ausgedehnt*) vasto, extenso
❷ (*weitschweifend*) prolijo; (*ausführlich*) detallado
❸ (*Verwandter*) lejano
II. *adv* con todo detalle; **etw ~ erzählen** contar algo con todo detalle; **mit jdm ~ verwandt sein** ser pariente lejano de alguien
Weitläufigkeit *f* <-, ohne *pl*> amplitud *f*, extensión *f*
weitmaschig *adj* de mallas grandes
weiträumig *adj* espacioso, extenso; **die Unfallstelle ~ umfahren** dar un gran rodeo a la zona del accidente
weitreichend *adj* ❶ (*für große Entfernung*) de gran alcance
❷ (*umfassend*) extenso, amplio
weitschweifig *adj* prolijo, difuso
Weitschweifigkeit *f* <-, ohne *pl*> prolijidad *f*
Weitsicht *f* <-, ohne *pl*> *s.* **Weitblick**
weitsichtig *adj* ❶ (MED) hipermétrope
❷ (*umsichtig*) previsor
Weitsichtigkeit *f* <-, ohne *pl*> ❶ (MED) hipermetropía *f*
❷ (*im Handeln*) visión *f* de futuro; (*Umsicht*) previsión *f*, cuidado *m*
Weitspringer(in) *m(f)* <-s, -; -, -nen> (SPORT) saltador(a) *m(f)* de longi-

tud; **Weitsprung** *m* <-(e)s, -sprünge> (SPORT) salto *m* de longitud
weitverbreitet ['--'--] *adj* muy frecuente; (*Meinung*) muy divulgado
weitverzweigt ['--'-] *adj* ❶ (*ausgedehnt*) amplio, muy extenso; **ein ~es Netz** una red amplia; **seine ~e Verwandtschaft** su ramificada parentela
❷ (*oft verzweigt*) muy ramificado, de vasta ramificación
Weitwinkelobjektiv *nt* <-(e)s, -e> (FOTO) objetivo *m* gran angular
Weizen ['vaɪtsən] *m* <-s, -> trigo *m*
Weizenbier *nt* <-(e)s, -e> cerveza *f* de trigo; **Weizenbrot** *nt* <-(e)s, -e> pan *m* de trigo
Weizenkeim *m* <-(e)s, -e> germen *m* de trigo; **Weizenkeimöl** *nt* <-(e)s, -e> aceite *m* de germen de trigo
Weizenkleie *f* <-, -n> salvado *m* de trigo; **Weizenmehl** *nt* <-(e)s, -e> harina *f* de trigo
welch *pron inter:* ~ **eine(r, s)** qué; ~ **eine Freude!** ¡qué alegría!; *s. a.* **welche(r, s)**
welche(r, s) ['vɛlçə, -çə, -çəs] **I.** *pron inter* (*adjektivisch*) qué; (*substantivisch*) cuál; (*in Ausrufen*) qué, vaya; ~ **Tasche?** ¿qué bolso?; **~r von den beiden?** ¿cuál de los dos?; ~ **Freude!** ¡qué alegría!; ~ **Überraschung!** ¡vaya sorpresa!; **aus ~m Grund?** ¿por qué motivo?; **ich weiß nicht, ~n du meinst** no sé a cuál te refieres; **~r Mensch könnte behaupten, dass …?** ¿quién podría afirmar que…?
II. *pron rel* que; (*in weiterführenden Relativsätzen*) el/la/lo cual, los/las cuales *pl*; **das Kind, ~s das schönste Bild gemalt hat** el niño que ha pintado el cuadro más bonito; **er reiste ab, ~s auf das schlechte Wetter zurückzuführen war** se fue, lo cual se debía al mal tiempo
III. *pron indef* algunos; **es gibt ~, die glauben, dass …** hay algunos que piensan que…; **ich habe kein Papier dabei, hast du ~s?** no tengo papel, ¿tienes tú uno?
welcherlei ['vɛlçə'laɪ] *adj inv* sea cual fuere
welk [vɛlk] *adj* (*a. fig*) lacio; (*verwelkt*) marchito
welken ['vɛlkən] *vi sein* (*a. fig*) marchitarse
Wellblech ['vɛl-] *nt* <-(e)s, -e> chapa *f* ondulada; **Wellblechhütte** *f* <-, -n> chabola *f*
Welle ['vɛlə] *f* <-, -n> ❶ (*im Wasser*) ola *f*, onda *f*
❷ (*Protest~*) ola *f*; **hohe ~n schlagen** causar sensación
❸ (*Aktualität*): **die neue ~** la nueva ola
❹ (*im Haar*) ondulación *f*
❺ (PHYS, RADIO) onda *f*
❻ (TECH) eje *m*, árbol *m*
❼ (SPORT) molinete *m*
❽ (*Wend*): **grüne ~** semáforos programados (*para ponerse en verde pasando a la velocidad prescrita*)
wellen ['vɛlən] **I.** *vt* ondular
II. *vr:* **sich ~** ondularse
Wellenbad *nt* <-(e)s, -bäder> piscina *f* de olas; **Wellenbereich** *m* <-(e)s, -e> banda *f* de frecuencias; **Wellenberg** *m* <-(e)s, -e> cresta *f* (de una ola); (PHYS) cresta *f* (de una onda); **Wellenbewegung** *f* <-, -en> movimiento *m* ondulatorio; **Wellenbrecher** *m* <-s, -> rompeolas *m inv*; **Wellenenergie** *f* <-, -n> energía *f* de ondas
wellenförmig [-fœrmɪç] *adj* ondulado
Wellengang *m* <-(e)s, *ohne pl*> oleaje *m*; **Wellenkamm** *m* <-(e)s, -kämme> cresta *f* (de la ola); **Wellenkraftwerk** *nt* <-(e)s, -e> central *f* energética que aprovecha la energía de las olas de mar; **Wellenlänge** *f* <-, -n> (PHYS) longitud *f* de onda; **sie haben die gleiche ~, sie liegen auf der gleichen ~** (*fam*) están en la misma onda; **Wellenlinie** *f* <-, -n> línea *f* ondulada; **Wellenreiten** *nt* <-s, *ohne pl*> (SPORT) surf *m*; **Wellenschlag** *m* <-(e)s, -schläge> ritmo *m* de las olas; **Wellenschliff** *m* <-(e)s, -e> (*eines Messers*) afilado *m* ondulado; **Wellensittich** *m* <-s, -e> (ZOOL) perico *m*, periquito *m*; **Wellental** *nt* <-(e)s, -täler> seno *m* (de una ola)
wellig *adj* ondulado
Wellpappe *f* <-, -n> cartón *m* ondulado
Welpe ['vɛlpə] *m* <-n, -n> cachorro *m*
Wels [vɛls] *m* <-es, -e> (ZOOL) siluro *m*
welsch [vɛlʃ] *adj* (*Schweiz*) de la Suiza francófona
Welschland *nt* <-(e)s, *ohne pl*> (*Schweiz*) Suiza *f* francesa; **Welschschweiz** *f* <-> (*Schweiz*) Suiza *f* francófona; **Welschschweizer(in)** *m(f)* <-s, -; -, -nen> (*Schweiz*) suizo, -a *m, f* del cantón francés
welschschweizerisch *adj* (*Schweiz*) de la Suiza francófona
Welt [vɛlt] *f* <-, -en> mundo *m*; (*Erde*) tierra *f*; **die Entstehung der ~** la formación del mundo; **auf der ~** en el mundo; **auf die ~ kommen** venir al mundo; **aus aller ~** de todo el mundo; **die Alte/Neue/Dritte ~** el Viejo/Nuevo/Tercer Mundo; **die heile ~** el mundo ideal; **die große weite ~** el ancho mundo; **alle ~ spricht davon** todo el mundo habla de esto; **vor aller ~** delante de todo el mundo; **sie ist viel in der ~ herumgekommen** ha recorrido mucho mundo; **die ~ des Kindes/der Träume** el mundo del niño/de los sueños; **in einer anderen ~ leben** vivir en otro mundo; **uns trennen ~en** entre nosotros hay un mundo; **eine ~ brach für ihn zusammen** se le hundió el mundo; **sich von der ~ zurückziehen** retirarse del mundo; **mit sich** *dat* **und der ~ zufrieden sein** estar contento con uno mismo y con el mundo; **um nichts in der ~** por nada del mundo; **die ~ nicht mehr verstehen** ya no entender nada de nada; **das ist nicht aus der ~** (*fam*) no está lejos; **das kostet nicht die ~** (*fam*) eso no cuesta demasiado; **was in aller ~ hast du dir denn dabei gedacht?** (*fam*) ¿en qué diablos estabas pensando al hacer esto?; **davon geht die ~ nicht unter** (*fam*) no se acaba el mundo por eso; **nobel geht die ~ zugrunde** [*o* **zu Grunde**] (*fam*) no hay nada como montárselo a lo grande; **ein Gerücht in die ~ setzen** (*fam*) hacer correr un rumor; **das hat die ~ noch nicht gesehen!** (*fam*) ¡es una cosa nunca vista!
Weltall *nt* <-s, *ohne pl*> universo *m*, cosmos *m inv*
weltanschaulich *adj* ideológico
Weltanschauung *f* <-, -en> ideología *f*; **Weltanschauungsfreiheit** *f* <-, *ohne pl*> libertad *f* ideológica
Weltatlas *m* <-(ses), -atlanten *o* -se> atlas *m inv* universal; **Weltausstellung** *f* <-, -en> exposición *f* universal; **Weltbank** *f* <-, *ohne pl*> Banco *m* Mundial
weltbekannt ['--'-] *adj* mundialmente conocido
weltberühmt ['--'-] *adj* famoso en el mundo entero, de fama mundial
weltbeste(r, s) *adj* mejor del mundo
Weltbeste(r) *mf* <-n, -n; -n, -n> número *mf* uno del mundo; **Weltbestleistung** *f* <-, -en> (SPORT) récord *m* del mundo, mejor marca *f* mundial; **Weltbestzeit** *f* <-, -en> (SPORT) récord *m* del mundo; **die 100-m in ~ laufen** batir el récord del mundo de los 100 metros; **Weltbevölkerung** *f* <-, *ohne pl*> población *f* mundial
weltbewegend *adj* revolucionario
Weltbild *nt* <-(e)s, -er> concepto *m* del mundo, visión *f* del mundo; **Weltbürger(in)** *m(f)* <-s, -; -, -nen> cosmopolita *mf*; **Weltcup** [-kap] *m* <-s, -s> (SPORT) copa *f* del mundo
Weltenbummler(in) [-bʊmlɐ] *m(f)* <-s, -; -, -nen> trotamundos *mf inv*
Welterfolg *m* <-(e)s, -e> éxito *m* mundial
Weltergewicht ['vɛltɐ-] *nt* <-(e)s, *ohne pl*> (SPORT) peso *m* wélter; **Weltergewichtler(in)** *m(f)* <-s, -; -, -nen> (SPORT) peso *mf* welter
welterschütternd *adj:* **eine ~e Tragödie** una tragedia que conmociona el mundo; **ein ~es Ereignis** un acontecimiento de repercusión mundial; **~ sein** tener repercusión (a nivel) mundial
Weltfrauentag *m* <-(e)s, -e> día *m* (mundial) de la mujer
weltfremd *adj* ajeno al mundo; (*naiv*) ingenuo
Weltfremdheit *f* <-, *ohne pl*> idealismo *m*; (*Naivität*) ingenuidad *f*; **Weltfrieden** *m* <-s, *ohne pl*> paz *f* mundial; **Weltgeistliche(r)** *m* <-n, -n> (REL) clérigo *m* secular; **Weltgeltung** *f* <-, *ohne pl*> prestigio *m* internacional; **ein Forscher von ~** un investigador de prestigio internacional; **Weltgeschichte** *f* <-, *ohne pl*> historia *f* universal; **in der ~ herumfahren** (*fam*) recorrer mundo
weltgeschichtlich *adj* histórico; **von ~er Bedeutung** de transcendencia universal
Weltgesundheitsorganisation ['--'-------] *f* <-, *ohne pl*> Organización *f* Mundial de la Salud
weltgewandt *adj* de mundo, mundano
weltgrößte(r, s) *adj* más grande del mundo
Welthandel *m* <-s, *ohne pl*> comercio *m* internacional [*o* mundial]; **Welthandelskonjunktur** *f* <-, -en> coyuntura *f* económica internacional; **Welthandelsorganisation** *f* <-, *ohne pl*> Organización *f* Mundial del Comercio; **Welthandelswährung** *f* <-, -en> moneda *f* de la economía internacional
Weltherrschaft *f* <-, *ohne pl*> hegemonía *f* mundial
Welthilfssprache *f* <-, -n> lengua *f* internacional (artificial)
Weltkarte *f* <-, -n> mapamundi *m*; **Weltkonjunktur** *f* <-, -en> coyuntura *f* económica mundial; **Weltkrieg** *m* <-(e)s, -e> guerra *f* mundial; **Erster/Zweiter ~** primera/segunda guerra mundial; **Weltkugel** *f* <-, -n> globo *m* terráqueo
weltläufig *adj* (*geh*) cosmopolita
weltlich *adj* ❶ (*irdisch*) mundano, terreno
❷ (*nicht kirchlich*) laico, secular
Weltliteratur *f* <-, *ohne pl*> literatura *f* mundial; **Weltmacht** *f* <-, -mächte> potencia *f* mundial; **Weltmann** *m* <-(e)s, -männer> hombre *m* de mundo
weltmännisch ['vɛltmɛnɪʃ] *adj* de hombre de mundo; (*überlegen*) sofisticado
Weltmarkt *m* <-(e)s, *ohne pl*> (WIRTSCH) mercado *m* mundial; **auf dem ~** en el mercado mundial
weltmarktfähig *adj* competente en el mercado internacional
Weltmarktkonditionen *fpl* (WIRTSCH) condiciones *fpl* del mercado internacional; **Weltmarktnotierung** *f* <-, -en> (FIN, WIRTSCH) cotización *f* del mercado internacional; **Weltmarktpreis** *m* <-es, -e> (FIN, WIRTSCH) precio *m* del mercado internacional; **der ~ für Rohöl** el precio

del crudo en el mercado internacional

Weltmeer *nt* <-(e)s, -e> océano *m*; **Weltmeister(in)** *m(f)* <-s, -; -, -nen> campeón, -ona *m*, *f* del mundo; **Weltmeisterschaft** *f* <-, -en> ❶ (*Wettkampf*) campeonato *m* mundial, mundial(es) *m(pl) fam* ❷ (*Titel*) copa *f* mundial [*o* del mundo]; **Weltmonopol** *nt* <-s, -e> (WIRTSCH) monopolio *m* internacional [*o* mundial]

weltoffen *adj* abierto

Weltöffentlichkeit *f* <-, *ohne pl*> opinión *f* mundial; **Weltordnung** *f* <-, *ohne pl*> (PHILOS) orden *m* mundial [*o* del mundo]; **Weltpatent** *nt* <-(e)s, -e> patente *f* mundial; **Weltpolitik** *f* <-, *ohne pl*> política *f* internacional

weltpolitisch I. *adj* que afecta a la política internacional [*o* mundial] II. *adv* en la política internacional, a nivel de política mundial

Weltpresse *f* <-, *ohne pl*> prensa *f* internacional

Weltrang *m* <-(e)s, *ohne pl*> nivel *m* internacional; **Weltrangliste** *f* <-, -n> (SPORT) clasificación *f* mundial

Weltraum *m* <-(e)s, *ohne pl*> espacio *m* sideral

Weltraumbehörde *f* <-, -n> agencia *f* espacial; **Weltraumfähre** *f* <-, -n> nave *f* espacial; **Weltraumfahrer(in)** *m(f)* <-s, -; -, -nen> astronauta *mf*; **Weltraumfahrt** *f* <-, *ohne pl*> navegación *f* espacial; **Weltraumflug** *m* <-(e)s, -flüge> vuelo *m* espacial; **Weltraumforschung** *f* <-, *ohne pl*> investigación *f* espacial; **Weltraumkapsel** *f* <-, -n> cápsula *f* espacial; **Weltraumlabor** *nt* <-s, -s *o* -e> laboratorio *m* espacial; **Weltraummüll** *m* <-(e)s, *ohne pl*> basura *f* espacial; **Weltraumrakete** *f* <-, -n> cohete *m* espacial; **Weltraumrecht** *nt* <-(e)s, *ohne pl*> derecho *m* espacial; **Weltraumrüstung** *f* <-, *ohne pl*> armamento *m* espacial; **Weltraumschiff** *nt* <-(e)s, -e> nave *f* espacial; **Weltraumstation** *f* <-, -en> estación *f* espacial; **Weltraumteleskop** *nt* <-s, -e> telescopio *m* espacial; **Weltraumwaffe** *f* <-, -n> arma *f* espacial; **Weltrechtsgrundsatz** *m* <-es, *ohne pl*> principio *m* del derecho universal; **Weltreich** *nt* <-(e)s, -e> imperio *m*; **Weltreise** *f* <-, -n> viaje *m* alrededor del mundo; **Weltreisende(r)** *mf* <-n, -n; -n, -n> trotamundos *mf inv*

Weltrekord *m* <-(e)s, -e> récord *m* mundial [*o* del mundo]; **Weltrekordinhaber(in)** *m(f)* <-s, -; -, -nen> *s.* **Weltrekordler**

Weltrekordler(in) [-rekɔrtlɐ] *m(f)* <-s, -; -, -nen> plusmarquista *mf* mundial; **Weltreligion** *f* <-, -en> religión *f* mundial; **Weltruf** *m* <-(e)s, *ohne pl*> fama *f* mundial; **ein Wein von ~** un vino de prestigio internacional; **Weltruhm** *m* <-(e)s, *ohne pl*> fama *f* mundial; **Weltschmerz** *m* <-es, *ohne pl*> melancolía *f*; **Weltsicherheitsrat** [-'----] *m* <-(e)s, *ohne pl*> Consejo *m* de Seguridad de las Naciones Unidas; **Weltsprache** *f* <-, -n> idioma *m* universal; **Weltstadt** *f* <-, -städte> metrópoli *f*

weltstädtisch *adj* cosmopolita

Weltstar *m* <-s, -s> estrella *f* mundial; **Weltumsegelung** *f* <-, -en> (NAUT) circunnavegación *f*, vuelta *f* al mundo de vela

Weltuntergang *m* <-(e)s, -gänge> fin *m* del mundo; **Weltuntergangsstimmung** *f* <-, -en> catastrofismo *m*, ambiente *m* apocalíptico

Welturaufführung *f* <-, -en> estreno *m* mundial; **Weltverbesserer, -in** *m*, *f* <-s, -; -, -nen> idealista *mf*; **Weltwährungsfonds** *m* <-, *ohne pl*> Fondo *m* Monetario Internacional

weltweit ['-'-, '--'] I. *adj* mundial, universal II. *adv* a escala mundial

Weltwirtschaft *f* <-, *ohne pl*> economía *f* mundial

Weltwirtschaftsgipfel *m* <-s, -> cumbre *f* económica mundial [*o* internacional]; **Weltwirtschaftskrise** *f* <-, -n> crisis *f inv* económica mundial; **Weltwirtschaftssystem** *nt* <-s, -e> sistema *m* económico internacional

Weltwunder *nt* <-s, -> maravilla *f* del mundo; **die sieben ~** las siete maravillas del mundo

Weltzeit *f* <-, *ohne pl*> hora *f* universal, hora *f* local del meridiano; **Weltzeituhr** *f* <-, -en> reloj *m* universal

wem [ve:m] I. *pron inter dat von* **wer** a quién, a quiénes *pl*; **mit ~?** ¿con quién?; **von ~?** ¿de quién?; **bei ~?** ¿en casa de quién?; **zu ~?** a casa de quién?; **~ gefällt das?** ¿a quién le gusta esto?; **mit ~ fährst du? – mit Pia und Christian** ¿con quiénes vas? – con Pia y Christian; **ich zeige dir, ~ du helfen solltest** te voy a indicar a quién deberías ayudar II. *pron rel dat von* **wer** a quien, al que, a quienes, a los que *pl*; **~ das zu teuer ist, (der) soll es sagen** a quien/a quienes [*o* al/a los que] le resulte caro que lo diga; **mit ~ ich gehe, ist doch meine Sache** con quien yo vaya es mi problema

Wemfall *m* <-(e)s, -fälle> (LING) dativo *m*

wen [ve:n] I. *pron inter akk von* **wer** a quién, a quiénes *pl*; **an ~?** ¿a quién?; **für ~?** ¿para quién?; **~ kennst du nicht? – die beiden dort** ¿a quiénes no conoces? – a esos dos de allí; **~ meinst du?** ¿a quién te refieres?; **ich weiß nicht, an ~ ich mich wenden soll** no sé a quién debo dirigirme II. *pron rel akk von* **wer** a quien, al que, a quienes, a los que *pl*; **das**

betrifft a quien/quienes [*o* al/a los que] corresponda

Wende ['vɛndə] *f* <-, -n> ❶ (*Veränderung*) cambio *m*; **eine ~ zum Guten/Schlechten** un cambio para mejor/peor; **an der ~ des 19. Jahrhunderts, an der ~ zum 20. Jahrhundert** en la transición del siglo XIX al XX ❷ (*Schwimmen, Segeln*) viraje *m*; (*Turnen, Eiskunstlauf*) vuelta *f*

Wendefläche *f* <-, -n> área *f* para girar [*o* para dar la vuelta]; **Wendejacke** *f* <-, -n> chaqueta *f* reversible; **Wendekreis** *m* <-es, -e> ❶ (GEO) trópico *m*; **der nördliche/südliche ~** el trópico de Cáncer/de Capricornio; **der ~ des Krebses/Steinbocks** el trópico de Cáncer/de Capricornio ❷ (TECH) radio *m* de giro

Wendeltreppe ['vɛndəl-] *f* <-, -n> escalera *f* de caracol

Wendemantel *m* <-s, -mäntel> abrigo *m* reversible

wenden¹ ['vɛndən] I. *vi* (*Auto*) girar, dar la vuelta II. *vt* (*Braten, Blatt, Kleidung, Fahrzeug*) dar la vuelta (a), volver; **den Braten ~** dar la vuelta al asado; **bitte ~!** ¡véase al dorso!; **man kann die Sache drehen und ~, wie man will** mírese como se mire

wenden² <wendet, wendete *o* wandte, gewendet *o* gewandt> I. *vt* ❶ (*Kopf*) volver; **den Kopf ~** volver la cabeza ❷ (*Blick, Schritte*) dirigir; **seine Schritte in eine andere Richtung ~** dirigirse a otro lado; **den Blick nicht von etw** *dat* **~** no apartar la vista de algo ❸ (*auf~*) invertir (*an/auf* en); **sie haben viel Geld/Mühe daran gewendet** han invertido mucho dinero/esfuerzo en eso II. *vr*: **sich ~** (*Richtung einschlagen*) dirigirse (*zu* a), encaminarse (*zu* a); (*von jdm weg*) apartarse (*von* de); **er wollte sich schon zum Gehen ~** se disponía a irse; **sich zum Ausgang ~** dirigirse a la salida; **es wird sich alles zum Guten ~** todo saldrá bien; **seine gute Laune wandte sich ins Gegenteil** se le agrió el humor; **sich an jdn ~** dirigirse a alguien; **das Buch wendet sich auch an Anfänger** el libro está dirigido también a principiantes; **ich wandte mich an ihn um Hilfe** me dirigí a él en busca de ayuda; **etw wendet sich gegen jdn** algo se vuelve contra alguien; **sich gegen etw ~** oponerse a algo; **sich gegen jdn ~** volverse en contra de alguien; **einige Abgeordnete wandten sich gegen diesen Beschluss** algunos diputados se opusieron a esta decisión

Wendeplatz *m* <-es, -plätze> lugar *m* para girar [el coche]; **Wendepunkt** *m* <-(e)s, -e> ❶ (*Zeitpunkt*) momento *m* decisivo [*o* crucial] ❷ (ASTR) punto *m* solsticial; (MATH) punto *m* de inflexión

wendig *adj* ❶ (*Auto*) manejable, maniobrable ❷ (*Person*) ágil

Wendigkeit *f* <-, *ohne pl*> ❶ (*Auto*) manejabilidad *f* ❷ (*Person*) agilidad *f*

Wendung *f* <-, -en> ❶ (*Drehung*) giro *m*, vuelta *f* ❷ (*Kurve*) curva *f* ❸ (*Veränderung*) cambio *m*, giro *m*; **eine ~ zum Guten nehmen** tomar un giro favorable; **eine ~ zum Schlechten nehmen** tomar mal cariz; **eine unerwartete ~ nehmen** tomar un giro inesperado ❹ (*Rede~*) giro *m*, modismo *m*

Wenfall *m* <-(e)s, -fälle> (LING) acusativo *m*

wenig ['ve:nɪç] *adj o adv o pron indef* poco; **(nur) ~e** (sólo) pocos; **ein ~** un poco; **ein klein ~** un poquito; **ein ~ Geduld** un poco de paciencia; **etw ist zu ~** algo no llega; **das ist zu ~** es muy poco; **11 Euro zu ~** faltan 11 euros; **zu ~ essen/trinken** no comer/beber suficiente; **das ist viel zu ~** falta un montón; **das war schon ~ genug** fue insuficiente; **ich lese ~** leo poco; **ich habe ein ~ Zeitung gelesen** he leído un poco el periódico; **sehr ~e Fehler** poquísimas faltas; **so ~ ... so ~ wie möglich** lo menos posible; **du sprichst so ~** estás tan callado; **ich habe ~ Zeit** tengo poco tiempo; **ich habe zu ~ Geld/Zeit** no tengo suficiente dinero/tiempo; **es ist (nur) ~ Verkehr** hay poco tráfico; **mein ~es Geld** el poco dinero que tengo; **ihr Gehalt ist um ~es höher als meines** gana un poco más que yo; **mit ~en Ausnahmen** salvo pocas excepciones; **in ~en Wochen** dentro de pocas semanas; **einige ~e** unos pocos; **ihr seid zu ~e** sois muy pocos; **ich habe genauso ~ Lust wie du** no tengo más ganas que tú; **eine ~ bekannte Künstlerin** una artista poco conocida; **sie war nicht ~ überrascht, als ...** su sorpresa no fue poca cuando...; **es fehlte (nur) ~, und sie wäre zur Vorsitzenden ernannt worden** faltó poco para que la nombraran presidenta

weniger ['ve:nɪɡɐ] I. *adj o adv o pron indef kompar von* **wenig** menos; **~ als** menos *o*; (*bei Zahlen*) menos de; (*vor Verben*) menos de lo que; **es kamen ~ als gestern** vinieron menos que ayer; **~ als 100 Personen** menos de 100 personas; **er kommt in ~ als fünf Minuten** llega en menos de cinco minutos; **immer ~** cada vez menos; **viel ~** mucho menos; **~ werden** disminuir; **nicht mehr und nicht ~ als ...** ni más ni menos que...; **mehr oder ~** más o menos; **~ wäre mehr gewesen** lo que importa es la calidad y no la cantidad; **mein Geld wird immer ~** tengo cada vez menos dinero; **dieses Werk ist ~ bedeutend** esta obra es menos importante; **das finde ich ~ schön!** ¡esto no me gusta tanto!; **ich interessiere mich ~ für amerikanische Filme** no me intereso demasiado por películas americanas; **es ist ~ schwierig, als es aussieht**

es menos difícil de lo que parece; **um so ~** tanto menos; **je ~, desto besser** cuanto menos mejor; **je mehr ..., desto ~ ...** cuanto más..., menos...
II. *konj* menos; **zehn ~ drei ist sieben** diez menos tres son siete
Wenigkeit *f* <-, *ohne pl*> **eine ~** un poquito; **meine ~** (*iron*) mi modesta [*o* humilde] persona
wenigste ['ve:nɪçstə, 've:nɪkstə] *pron indef superl von* **wenig** ❶ (*kleinste Anzahl*): **die ~n** los menos, la menor parte, la minoría; **die ~n machen drei Mal pro Jahr Urlaub** los menos salen tres veces al año de vacaciones; **die ~n Strände sind völlig sauber** muy pocas playas están totalmente limpias
❷ (*kleinste Menge*): **das ~** lo menos; **das ~ wäre, ihn einmal anzurufen** lo menos sería llamarle una vez; **er hat von uns das ~ Geld** él es el que de nosotros tiene menos dinero; **das ist ja noch das ~!** (*fam*) ¡es lo mínimo!
wenigsten ['ve:nɪçstən, 've:nɪkstən] *superl von* **wenig**: **am ~** lo (que) menos
wenigstens ['ve:nɪçstəns, 've:nɪkstəns] *adv* ❶ (*zumindest*) por lo menos; **du bist ~ ehrlich** por lo menos eres sincero
❷ (*mindestens*) por lo menos, como mínimo; **ich habe ~ viermal angerufen** he llamado cuatro veces por lo menos
wenn [vɛn] *konj* ❶ (*zeitlich*) cuando; **jedesmal, ~ ...** cada vez que...
❷ (*konditional*) si; (*falls*) en caso de que +*subj*; **~ nicht** en otro caso, si no; **~ nur** con tal que +*subj*; **außer ~** excepto si; **~ er nicht gewesen wäre, hätte es nie geklappt** si no hubiese estado él, no lo hubiéramos podido hacer nunca; **~ es sein muss** si es absolutamente necesario
❸ (*konzessiv*): **auch ~** si bien, aunque +*subj*; **es ging, ~ auch mit einiger Mühe** funcionó, si bien nos costó bastante trabajo; **~ er auch nett ist, mag ich ihn nicht** no termina de caerme bien aunque sea majo
❹ (*Wunsch*): **~ ... nur** [*o* **bloß**] si +*subj*, ojalá +*subj*; **~ ich bloß schon in Berlin wäre** si estuviera de una vez en Berlín
wenngleich [-'-] *konj* aunque, si bien
Wenn-Nicht-Beschluss^{RR} *m* <-es, -schlüsse> (JUR) resolución *f* condicionada
wennschon ['--] *konj* aunque, si bien; **und ~!** (*fam*) ¡qué más da!; **~, dennschon!** (*fam*) ¡de hacerlo, hacerlo bien!
wer [ve:ɐ̯] I. *pron inter* quién, quiénes *pl*; **~ ist der Mann?** ¿quién es este hombre?; **~ sind diese Kinder?** ¿quiénes son estos niños?; **~ von euch beiden war das?** ¿quién de vosotros dos fue?; **~ war alles da?** ¿quiénes estaban?
II. *pron rel* quien, el que, quienes, los que *pl*; **~ etwas weiß, soll die Hand heben** el/los que [*o* quien/quienes] sepa/sepan algo, que levante/levanten la mano; **~ auch immer** quienquiera que sea
III. *pron indef* (*fam*) alguien; **~ da?** (MIL) ¿quién va?; **ist da ~?** ¿hay alguien ahí?
Werbeabteilung *f* <-, -en> sección *f* de publicidad; **Werbeagentur** *f* <-, -en> agencia *f* de publicidad; **Werbeanzeige** *f* <-, -n> anuncio *m* publicitario; **Werbeaufwendungen** *fpl* gastos *mpl* de publicidad; **Werbebanner** *nt* <-s, -> anuncio *m* en Internet; **Werbebeilage** *f* <-, -n> suplemento *m* publicitario; **Werbebeschränkung** *f* <-, -en> restricción *f* publicitaria; **Werbebestimmungen** *fpl* disposiciones *fpl* publicitarias; **Werbeblock** *m* <-(e)s, -blöcke> bloque *m* de anuncios; **Werbebranche** *f* <-, -> sector *m* publicitario; **Werbebrief** *m* <-(e)s, -e> circular *f* de propaganda; **Werbeetat** *m* <-s, -s> presupuesto *m* de publicidad; **Werbefachmann, -frau** *m, f* <-(e)s, -männer; -, -en> experto, -a *m, f* publicitario, -a [*o* en publicidad]; **Werbefeldzug** *m* <-(e)s, -züge> campaña *f* publicitaria; **Werbefernsehen** *nt* <-s, *ohne pl*> publicidad *f* televisada; **Werbefilm** *m* <-(e)s, -e> película *f* publicitaria [*o* de publicidad]; **Werbefläche** *f* <-, -n> cartelera *f*; **Werbefunk** *m* <-s, *ohne pl*> espacio *m* de publicidad (en la radio); **Werbegeschenk** *nt* <-(e)s, -e> regalo *m* de promoción; **Werbekampagne** *f* <-, -n> campaña *f* publicitaria; **Werbekosten** *pl* gastos *mpl* de publicidad; **Werbeleiter(in)** *m(f)* <-s, -; -, -nen> jefe, -a *m, f* de publicidad; **Werbemaßnahme** *f* <-, -n> medida *f* publicitaria; **Werbematerial** *nt* <-s, -ien> material *m* publicitario; **Werbemittel** *nt* <-s, -> medio *m* publicitario
werben ['vɛrbən] <wirbt, warb, geworben> I. *vi* (*für eine Ware*) hacer publicidad (*für* para); (*für eine Partei*) hacer propaganda (*für* para); **um etw ~** (*geh*) tratar de ganarse algo
II. *vt* (*Arbeitskräfte*) contratar, reclutar; (*Mitglieder*) afiliar; (*Kunden*) atraer, ganar
Werbeprospekt *m* <-(e)s, -e> (COM, WIRTSCH) folleto *m* publicitario
Werber^1 *m* <-s, -> (*alt*) ❶ (*von Soldaten*) reclutador *m*
❷ (*von Frauen*) pretendiente *m*
Werber(in)^2 *m(f)* <-s, -; -, -nen> (*fam*) publicista *mf*
Werberecht *nt* <-(e)s, *ohne pl*> (JUR) derecho *m* publicitario; **Werbeschrift** *f* <-, -en> folleto *m* publicitario [*o* POL folleto *m* propagandístico]; **Werbesendung** *f* <-, -en> ❶ (*Post*) envío *m* de publicidad ❷ (RADIO, TV) emisión *f* publicitaria; **Werbeslogan** *m* <-s, -s> eslogan *m* publicitario; **Werbespot** ['vɛrbɛspɔt] *m* <-s, -s> spot *m* (publicitario), anuncio *m* publicitario, comercial *m* *Am*; **Werbespruch** *m* <-(e)s, -sprüche> *s.* Werbeslogan; **Werbesteuer** *f* <-, -n> impuesto *m* publicitario; **Werbestrategie** *f* <-, -n> estrategia *f* publicitaria, táctica *f* publicitaria; **Werbetext** *m* <-(e)s, -e> texto *m* publicitario; **Werbetexter(in)** *m(f)* <-s, -; -, -nen> redactor(a) *m(f)* publicitario, -a; **Werbeträger** *m* <-s, -> soporte *m* publicitario; **Werbetrommel** *f* <-, -n> (*fam*): **die ~ für etw rühren** hacer propaganda para algo; **Werbeunterbrechung** *f* <-, -en> (RADIO, TV) interrupción *f* para publicidad; **Werbeverbot** *nt* <-(e)s, -e> (JUR) prohibición *f* de publicidad
werbewirksam *adj* de gran efecto publicitario
Werbewirkung *f* <-, -en> efecto *m* de la publicidad; **von großer ~** de gran efecto publicitario
Werbung^1 *f* <-, *ohne pl*> (*Reklame*) publicidad *f*, aviso *m* *Am*; **direkte/indirekte ~** publicidad directa/indirecta; **irreführende ~** publicidad engañosa; **vergleichende ~** publicidad comparativa; **für etw machen** hacer publicidad para algo
Werbung^2 *f* <-, -en> (*das Anwerben*) reclutamiento *m*; **die ~ neuer Abonnenten** el reclutamiento de nuevos suscriptores
Werbungskosten *pl* (FIN) cargas *fpl* profesionales (deducibles)
Werdegang *m* <-(e)s, -gänge> desarrollo *m*, evolución *f*; **der berufliche ~** la carrera profesional
werden^1 ['ve:ɐ̯dən] <wird, wurde *o* ward, geworden> *vi sein* ❶ (*Zustandsveränderung*) ponerse, volverse; (*allmählich*) hacerse; **alt ~** hacerse viejo; **krank ~** ponerse enfermo; **mir wird schlecht** me estoy mareando; **ich werde noch verrückt** me voy a volver loco, me estoy volviendo loco; **es wird schon dunkel** ya se hace de noche; **es ist ziemlich spät geworden** se ha hecho bastante tarde; **es wird Frühling** llega la primavera; **es wird Abend** se hace de noche; **dein Kaffee wird kalt** se te está enfriando el café
❷ (*Entwicklung*) llegar a ser, devenir; **~de Mutter** futura madre; **es wird ein Junge** será un niño; **Mode** [*o* **modern**] **~** ponerse de moda; **besser ~** mejorar; **schlechter ~** empeorar; **ein Traum wurde Wirklichkeit** un sueño se hizo realidad; **was willst du einmal ~?** ¿qué quieres ser de mayor?; **ich will Schreinerin ~** quiero ser carpintera; **was nicht ist, kann ja noch ~** todo es posible; **was soll nun (aus uns) ~?** ¿qué será de nosotros?; **das neue Haus wird allmählich** la nueva casa va tomando forma poco a poco
❸ (*Verwandlung*) convertirse (*zu* en), volverse; **er ist zum Verräter geworden** se convirtió en traidor; **meine Befürchtung wurde zur Gewissheit** mi temor se confirmó
❹ (*Resultat*) salir; **das ist nichts geworden** (*fam*) no salió; **wie sind die Fotos geworden?** ¿qué tal salieron las fotos?; **die Fotos sind gut geworden** las fotos salieron bien; **er ist 40 geworden** cumplió 40 años; **daraus wird nichts** de ahí no va a resultar [*o* salir] nada
❺ (*mit Zeitangabe*): **in einer halben Stunde wird es 12 Uhr** dentro de media hora serán las doce; **sie wird bald 12** va a cumplir 12 años; **es wird Zeit, dass wir gehen** es hora de que nos vayamos
❻ (*Wend*) **wird's bald?** ¡date prisa!; **ich werd' nicht mehr!** (*fam*) ¡no puede ser!, ¡estaré soñando!
werden^2 <wird, wurde, *ohne pp*> *aux* ❶ (*zur Bildung des Futurs*): **ich werde es tun** lo haré; **es wird schon ~** saldrá bien; **es wird gleich regnen** va a empezar a llover; **wer wird denn gleich herumbrüllen?** (*fam*) ¿pero por qué gritas?
❷ (*zur Bildung des Konjunktivs II*): **das würde ich mir gefallen lassen** eso me gustaría; **würden Sie bitte mal kommen?** ¿podría venir un momento, por favor?; **ich würde ja gerne kommen, aber ...** me gustaría ir, pero...
❸ (*Vermutung*): **es wird schon stimmen** será correcto; **er wird wohl ausgegangen sein** habrá salido; **das wird er sein** ese ha de ser
werden^3 <wird, wurde, worden> *aux* (*zur Bildung des Passivs*) ser; **sie ist entführt worden** ha sido secuestrada; **das Zimmer wird gerade gestrichen** están pintando la habitación; **hier wird nicht geraucht!** ¡aquí no se fuma!; **jetzt wird gearbeitet!** ¡a trabajar que toca!; **es darf getanzt ~** se puede bailar; **mir wurde gesagt, dass ...** me han dicho que...
Werden *nt* <-s, *ohne pl*> ❶ (*Entwicklung*) desarrollo *m*, desenvolvimiento *m*; **noch im ~ sein** estar en pleno desarrollo; **der Kuchen ist schon im ~** el bizcocho está a medio hacer
❷ (*Bildung*) formación *f*
❸ (PHILOS) devenir *m*
Werfall *m* <-(e)s, -fälle> (LING) nominativo *m*
werfen ['vɛrfən] <wirft, warf, geworfen> I. *vt* ❶ (*allgemein*) echar, tirar; (*schleudern*) lanzar, arrojar; **nicht ~!** ¡frágil!; **sie warf ihre Tasche in die Ecke** arrojó su bolsa a la esquina; **er warf ihn zu Boden** le tiró al suelo; **sie warf ihm das Kissen ins Gesicht** le tiró el cojín en la cara; **er warf die Tür ins Schloss** dio un portazo; **ein Messer nach jdm ~** tirarle un cuchillo a alguien; **die Arme nach oben ~** levantar los brazos; **einen Blick auf etw ~** echar un vistazo a algo; **etw auf den Markt ~**

Werfer lanzar algo al mercado; **wirf das Geld nicht aus dem Fenster!** ¡no tires el dinero por la ventana!; **ein Tor ~** (SPORT) marcar un gol; **eine Münze ~** echar a suertes; **jdn ins Gefängnis ~** meter a alguien en la cárcel; **er hatte ein Auge auf sie geworfen** le tenía echado el ojo; **jdn aus etw** dat **~** echar a alguien de algo; **er wurde aus der Kneipe geworfen** le echaron del bar

② (bilden) formar; **die Bäume warfen lange Schatten** los árboles formaban largas sombras; **die Flüssigkeit wirft Blasen** el líquido burbujea

③ (Tierjunge) parir

II. vr: **sich ~** ① (sich stürzen) lanzarse (auf sobre); (fig) volcarse (auf en); **die Angreifer warfen sich auf ihn** los atacantes se lanzaron sobre él; **der Torwart warf sich nach dem Ball** el portero se lanzó sobre la pelota; **sie warf sich auf ihr Studium** se volcó en su carrera

② (sich fallen lassen) echarse (auf sobre); **sie warf sich aufs Bett** se echó sobre la cama

③ (sich verziehen) alabearse

III. vi ① (a. SPORT) lanzar; **wie weit wirfst du?** ¿cuánto lanzas?; **sie warfen mit Tomaten auf den Kanzler** le lanzaron tomates al canciller; **mit Geld um sich ~** tirar el dinero por la ventana

② (Tier) parir

Werfer(in) m(f) <-s, -; -, -nen> (SPORT: Speer~) lanzador(a) m(f) de jabalina; (Hammer~) lanzador(a) m(f) de martillo; (Diskus~) lanzador(a) m(f) de disco

Werft [vɛrft] f <-, -en> (NAUT) astillero m; (AERO) hangar m

Werftarbeiter(in) m(f) <-s, -; -, -nen> (NAUT) obrero, -a m, f del astillero; (AERO) obrero, -a m, f del hangar; **Werftkran** m <-(e)s, -kräne> grúa f del arsenal

Werg [vɛrk] nt <-(e)s, ohne pl> estopa f

Werk [vɛrk] nt <-(e)s, -e> ① (Geschaffenes, Handlung) obra f; (Arbeit) trabajo m; (frei) **ab ~** (franco) en fábrica; **sämtliche/ausgewählte ~e** obras completas/escogidas; **ein dreibändiges ~ über Malerei** una obra sobre pintura en tres volúmenes; **sein ~ verdient unsere Aufmerksamkeit** su obra merece nuestra atención; **das ist sein ~** es obra suya; **ein gutes ~ (an jdm) tun** hacer una buena obra (para alguien); **ans ~ gehen, sich ans ~ machen** ponerse a trabajar; **vorsichtig zu ~e gehen** obrar con precaución; **da sind üble Kräfte am ~** hay algo sucio detrás de todo esto

② (Fabrik) fábrica f; (Unternehmen) empresa f; **Lieferung ab ~** entrega en fábrica

③ (Mechanismus) mecanismo m

Werkangehörige(r) mf <-n, -n; -n, -n> empleado, -a m, f de la empresa; **Werkarzt, -ärztin** m, f <-es, -ärzte; -, -nen> médico, -a m, f de la empresa; **Werkbank** f <-, -bänke> banco m de trabajo

werkeigen adj de la empresa; **der ~e Kindergarten** el jardín de infancia de la empresa

werkeln ['vɛrkəln] vi dar retoques (an a)

werken ['vɛrkən] vi ① (handwerklich arbeiten) hacer [o realizar] trabajos manuales

② (körperlich arbeiten) realizar un trabajo físico; **hier gibt es immer etwas zu ~** aquí siempre hay algo que hacer

Werken ['vɛrkən] nt <-s, ohne pl> (SCH) s. **Werkunterricht**

werkgetreu adj fiel al original

Werkhalle f <-, -n> nave f industrial; **Werkkantine** f <-, -n> cantina f de la empresa; **Werklehrer(in)** m(f) <-s, -; -, -nen> profesor(a) m(f) de manualidades; **Werkleistung** f <-, -en> prestación f de obra; **Werkleiter(in)** m(f) <-s, -; -, -nen> director(a) m(f) de la empresa; **Werkleitung** f <-, -en> dirección f de la empresa

Werklieferung f <-, -en> ejecución f de obra con aportación de materiales, entrega f de obra; **Werklieferungsvertrag** m <-(e)s, -träge> (JUR) contrato m de ejecución de obra con aportación de materiales, contrato m de obra

Werkmeister(in) m(f) <-s, -; -, -nen> contramaestre, -a m, f, jefe, -a m, f de taller; **Werksangehörige(r)** mf <-n, -n; -n, -n> empleado, -a m, f de la empresa; **Werksarzt, -ärztin** m, f <-es, -ärzte; -, -nen> s. **Werkarzt**

Werkschutz m <-es, ohne pl> servicio m de seguridad de la empresa

werkseigen adj s. **werkeigen**

Werksfeuerwehr f <-, -en> cuerpo m de bomberos de la empresa; **Werksgelände** nt <-s, -> terreno m de la empresa; **Werkshalle** f <-, -n> nave f de fábrica; **Werkskantine** f <-, -n> cantina f de la empresa; **Werksleiter(in)** m(f) <-s, -; -, -nen> director(a) m(f) de la empresa; **Werksleitung** f <-, -en> dirección f de la empresa; **Werk(s)spionage** f <-, ohne pl> espionaje m industrial

Werkstatt ['-ʃtat] f <-, -stätten> taller m; **Werkstattwagen** m <-s, -> coche-taller m

Werkstoff m <-(e)s, -e> material m de trabajo; **Werkstoffprüfung** f <-, -en> control m de materiales

Werkstor nt <-(e)s, -e> puerta f de entrada de la empresa

Werkstück nt <-(e)s, -e> pieza f de trabajo; **Werkstudent(in)** m(f) <-en, -en; -, -nen> (alt) estudiante que se sufraga los estudios trabajando

Werksvertrag m <-(e)s, -träge> contrato m de obra; **Werksvorfertigung** f <-, -en> prefabricación f; **Werkswohnung** f <-, -en> vivienda f de la empresa, piso m de la empresa

Werktag m <-(e)s, -e> día m laborable

werktäglich adj en días laborables

werktags adv los días laborales [o hábiles]

werktätig adj trabajador; **die ~e Bevölkerung** la población activa

Werktätige(r) ['-tɛːtɪɡə] mf <-n, -n; -n, -n> obrero, -a m, f, trabajador(a) m(f); **die ~n** la población activa

Werktor nt <-(e)s, -e> s. **Werkstor**

Werkunternehmer nt <-s, -> contratista m; **Werkunternehmerpfandrecht** nt <-(e)s, -e> derecho m de garantía real del contratista

Werkunterricht m <-(e)s, ohne pl> (clase f de) trabajos mpl manuales

Werkvertrag m <-(e)s, -träge> contrato m de obra; **Werkvertragsrecht** nt <-(e)s, ohne pl> régimen m del contrato de obra

Werkwohnung f <-, -en> s. **Werkswohnung**

Werkzeug nt <-(e)s, -e> herramienta f; (Instrument) instrumento m; **doloses ~** (JUR) instrumento doloso; **Werkzeugkasten** m <-s, -kästen> caja f de herramientas; **Werkzeugmacher(in)** m(f) <-s, -; -, -nen> obrero, -a m, f que fabrica herramientas; **Werkzeugmaschine** f <-, -n> máquina-herramienta f; **Werkzeugschrank** m <-(e)s, -schränke> armario m de herramientas; **Werkzeugtasche** f <-, -n> cartera f de las herramientas

Wermut ['veːrmuːt] m <-(e)s, ohne pl> ① (Pflanze) ajenjo m

② (Getränk) vermut m, vermú m

Wermut(s)tropfen m <-s, -> (geh) amargura f

wert [veːɐt] adj **etw ~ sein** valer algo; **nichts ~ sein** no valer nada; **das ist mir viel ~** esto significa mucho para mí; **wie viel [o was] ist das ~?** ¿cuánto vale?; **deine Idee ist Gold ~** tu idea vale su peso en oro; **einer Sache ~ sein** merecer algo; **aber das ist doch nicht der Rede ~** pero si esto no vale la pena; **wie ist Ihr ~er Name?** ¿cómo se llama usted?

Wert [veːɐt] m <-(e)s, -e> ① (a. fig) valor m; (Preis) precio m; **gemeiner ~** valor común; **kapitalisierter ~** (WIRTSCH) valor en capital [o capitalizado]; **sächlicher ~** valor material; **einen ~ von 50 Euro haben** tener un valor de 50 euros; **an ~ verlieren/zunehmen** disminuir/aumentar de valor; **~e schaffen** adquirir valores; **das sind bleibende ~e** son valores permanentes; **großen ~ auf etw legen** dar mucha importancia a algo; **keinen ~ auf etw legen** no dar importancia a algo; **das hat keinen ~** no merece la pena; **etw** dat **einen besonderen ~ beimessen** atribuir un valor especial a algo

② (Ergebnis) resultado m; (TECH) datos mpl

Wertangabe f <-, -n> declaración f de valor; **Wertarbeit** f <-, -en> trabajo m de calidad; **Wertbeeinträchtigung** f <-, -en> disminución f de valor; **Wertberechnung** f <-, -en> evaluación f de valor, cálculo m de valor; **Wertberichtigung** f <-, -en> (FIN) fondo m de amortización; **~ zu dubiosen Forderungen** provisión para créditos de cobro dudoso

wertbeständig adj de valor fijo

Wertbeständigkeit f <-, ohne pl> estabilidad f; **Wertbestimmung** f <-, -en> tasación f, valoración f; **Wertbrief** m <-(e)s, -e> carta f con valor declarado

Wertebereich m <-(e)s, -e> (a. INFOR) campo m de valores

Werteinbuße f <-, -n> pérdida f de valor

werten ['veːɐtən] vt valorar; (einschätzen) calificar (als de/como); (SPORT) dar como válido; **ich habe das als Erfolg gewertet** lo califiqué de éxito; **das Tor wurde nicht gewertet** el gol fue anulado

Wertentwicklung f <-, -en> evolución f de valores; **Werterhaltungspflicht** f <-, ohne pl> deber m de conservación del valor; **Wertermittlungsverfahren** nt <-s, -> método m de valoración

Wertesystem nt <-s, -e> sistema m de valores; **Wertevernichtung** f <-, -en> destrucción f de valores; **Wertewandel** m <-s, ohne pl> cambio m de valores

Wertfestsetzung f <-, -en> (JUR) tasación f

wertfrei adj imparcial, neutral

Wertgegenstand m <-(e)s, -stände> objeto m de valor; **Wertgrenze** f <-, -n> valores mpl tope

Wertigkeit f <-, -en> (CHEM, LING) valencia f

Wertinteresse nt <-s, -n> interés m del valor

wertkonservativ adj de valores conservadores

wertlos adj sin valor, de agache Ecua, pinche Mex

Wertmaßstab m <-(e)s, -stäbe> criterio m; **einen ~ anlegen** establecer un criterio; **Wertmesser** m <-s, -> norma f; **Wertminderung** f <-, -en> disminución f de valor; (von Aktien, Kursen) desvalorización f, depreciación f; **~ durch Überalterung** depreciación [o pérdida de valor] debido a la obsolescencia; **eine ~ erfahren** sufrir una depreciación; **Wertniveau** nt <-s, -s> (nivel m de) valor; **Wertpaket** nt <-(e)s, -e> paquete m (postal) con valor declarado

Wertpapier nt <-(e)s, -e> (WIRTSCH) valor m, efecto m; **~e des Anlagevermögens/mit festem Ertrag** títulos de los valores inmovilizados/con beneficios fijos; **disponible/fungible ~e** títulos disponibles/fungibles [o su(b)stituibles]; **festverzinsliche/wertlose/mündelsichere ~e** títulos de renta fija/sin valor/con garantía pupilar; **marktfähige/marktgängige ~e** títulos negociables/vendibles; **~e zur Börse zulassen** admitir valores a cotización; **Wertpapierbestand** m <-(e)s, -stände> (FIN) cartera f de títulos [o de valores]; **Wertpapierbörse** f <-, -n> (FIN) bolsa f de (títulos-)valores, mercado m de valores; **Wertpapierdarlehen** nt <-s, -> (FIN) préstamo m sobre valores bursátiles; **Wertpapieremission** f <-, -en> (FIN) emisión f de títulos [o de valores]; **Wertpapierfälschung** f <-, -en> (FIN) falsificación f de efectos bursátiles; **Wertpapierfonds** m <-, -> (FIN) fondo m de inversión mobiliaria; **Wertpapiergeschäft** nt <-(e)s, -e> (FIN) operación f de valores; **Wertpapierhandel** m <-s, ohne pl> (FIN) contratación f de valores; **Wertpapierhändler(in)** m(f) <-s, -; -, -nen> corredor(a) m(f) de títulos [o valores]

Wertpapiermarkt m <-(e)s, -märkte> (FIN) mercado m de valores; **Wertpapierrecht** nt <-(e)s, ohne pl> (JUR, FIN) régimen m de títulos-valores; **Wertpapierumsatz** m <-es, -sätze> (WIRTSCH, FIN) cifra f de venta de títulos

Wertprodukt nt <-(e)s, -e> (WIRTSCH) producto m de valor; **Wertrecht** nt <-(e)s, ohne pl> (JUR) derecho m de valores; **Wertsache** f <-, -n> objeto m de valor; **Wertschätzung** f <-, ohne pl> (geh) aprecio m, estimación f

Wertschöpfung f <-, -en> (WIRTSCH) valor m añadido; **Wertschöpfungssteuer** f <-, -n> (WIRTSCH) impuesto m sobre el valor añadido

Wertschrift f <-, -en> (Schweiz) s. Wertpapier; **Wertschwund** m <-(e)s, ohne pl> (JUR) merma f de valor; **Wertsendung** f <-, -en> envío m con valor declarado; **Wertsicherung** f <-, -en> (FIN) garantía f de valor; **Wertsteigerung** f <-, -en> aumento m de valor, incremento m de valor; **Wertstellung** f <-, -en> (FIN) valor m

Wertstoff m <-(e)s, -e> desecho m reciclable; **Wertstoffcontainer** m <-s, -> contenedor m para desechos reciclables

Wertung f <-, -en> valoración f; (SPORT) clasificación f, puntuación f

Werturteil n <-(e)s, -e> evaluación f, juicio m evaluador; **ein ~ über etw abgeben** emitir un juicio sobre algo; **Wertverlust** m <-(e)s, -e> pérdida f de valor, depreciación f

wertvoll adj valioso

Wertvorstellung f <-, -en> concepto m de valores; **Wertzeichen** nt <-s, -> sello m

Wertzoll m <-(e)s, -zölle> (WIRTSCH) derecho m de aduanas ad valorem, derecho m arancelario ad valorem; **Wertzollrecht** nt <-(e)s, ohne pl> (WIRTSCH) derechos mpl arancelarios ad valorem

Wertzuwachs m <-es, ohne pl> aumento m de valor, plusvalía f; **Wertzuwachssteuer** f <-, -n> impuesto m sobre la plusvalía

Werwolf ['veːɐ-] m <-(e)s, -wölfe> ogro m

Wesen¹ ['veːzən] nt <-s, ohne pl> ❶ (Grundeigenschaft) su(b)stancia f, esencia f; (PHILOS) ente m; **das liegt im ~ der Sache** es propio del asunto mismo

❷ (Charakter) carácter m, naturaleza f; **sein wahres ~ zeigen** quitarse la máscara

Wesen² nt <-s, -> (Lebe~) ser m; (Mensch) persona f; **ein menschliches ~** un ser humano; **das höchste ~** el Ser Supremo

wesenhaft adj ❶ (im Wesen begründet) esencial, sustancial
❷ (real existent) real

wesenlos adj (geh) ❶ (unwirklich) irreal
❷ (bedeutungslos) insignificante, insustancial

Wesensart f <-, ohne pl> carácter m, manera f de ser

wesensfremd adj ajeno a la persona (de), ajeno a la mentalidad (de); **das Feilschen ist ihm völlig ~** el regateo es por completo ajeno a su mentalidad

Wesensgehalt m <-(e)s, -e> (JUR) contenido m esencial; **absoluter/relativer ~** contenido esencial absoluto/relativo

wesensgleich adj idéntico; **sich dat ~ sein** ser idénticos, tener la misma naturaleza

Wesenszug m <-(e)s, -züge> rasgo m característico, característica f

wesentlich ['veːzəntlɪç] I. adj esencial; (grundlegend) fundamental, básico; (bedeutend) considerable, importante; **~er Bestandteil einer Sache** componente esencial de una cosa; **das ist im W~en nichts Neues** en esencia no es nada nuevo; **ich halte das für nicht ~** no lo considero importante; **nichts W~es** nada de importancia
II. adv (sehr, viel) mucho; **mir geht es schon ~ besser** ya me siento mucho mejor; **es wäre mir ~ lieber, wenn ...** preferiría mucho más que... +subj

Weser ['veːzɐ] f <-> Weser m

Wesfall m <-(e)s, -fälle> (LING) genitivo m

weshalb [vɛsˈhalp, '--] adv ❶ (fragend) por qué; **~ lachst du?** ¿por qué te ríes?
❷ (relativisch) por lo que, por lo cual; **der Grund, ~ ...** la razón por la cual...

Wesir [veˈziːɐ] m <-s, -e> (HIST) visir m

Wespe ['vɛspə] f <-, -n> (ZOOL) avispa f

Wespennest nt <-(e)s, -er> avispero m, nido m de avispas; **in ein ~ stechen** (fam) tocar un asunto delicado; **sich in ein ~ setzen** (fam) meterse en un avispero; **Wespenstich** m <-(e)s, -e> picadura f de avispa; **Wespentaille** f <-, -n> cintura f de avispa

wessen ['vɛsən] I. pron inter ❶ gen von **wer** de quién; **~ Auto ist das?** ¿de quién es el coche?; **auf ~ Veranlassung handeln Sie?** ¿por orden de quién actúa?
❷ gen von **was** de qué; **~ wird sie beschuldigt?** ¿de qué se la acusa?
II. pron rel de quien, del que, de quienes, de los que pl; **~ Schuld es ist, (der) soll es gestehen** aquel de quien sea la culpa, debe confesarlo

wessentwillen adv: **um ~** (alt) por quién, en interés de quién

Wessi ['vɛsi] mf <-s, -s; -, -s> (fam) habitante m de los estados federados del oeste de Alemania

West [vɛst] m <-, ohne pl> (NAUT, METEO) oeste m; **der Wind kommt aus ~** el viento viene del oeste

Westberlin ['---] nt <-s> (HIST) Berlín m Oeste, Berlín m Occidental; **Westbürger(in)** m(f) <-s, -; -, -nen> alemán, -ana m, f occidental (hasta 1990)

westdeutsch adj de la parte occidental de Alemania, del oeste de Alemania; (HIST) germanoccidental

Westdeutschland nt <-s> Oeste m de Alemania; (HIST) Alemania f del Oeste, Alemania f Occidental

Weste ['vɛstə] f <-, -n> chaleco m; **kugelsichere ~** chaleco antibalas; **eine reine [o weiße] ~ haben** (fam) tener las manos limpias

Westen ['vɛstən] m <-s, ohne pl> oeste m, occidente m; **im ~** en el oeste; **von ~** del oeste; **in den ~** al oeste; **der Wilde ~** el Salvaje Oeste; **aus (dem) ~** del oeste

Westentasche f <-, -n> bolsillo m del chaleco; **etw wie seine ~ kennen** (fam) conocer algo como la palma de la mano

Western ['vɛstɐn] m <-s, -> película f del Oeste, western m

Westerwald ['vɛstɐvalt] m <-(e)s> Westerwald m

Westeuropa ['---'--] nt <-s> Europa f Occidental

westeuropäisch adj de la Europa Occidental

Westfale, -fälin m, f <-n, -n; -, -nen> westfaliano, -a m, f

Westfalen [vɛstˈfaːlən] nt <-s> Westfalia f

Westfälin [-ˈfɛːlɪn] f <-, -nen> s. **Westfale**

westfälisch adj westfaliano

Westgeld nt <-(e)s, ohne pl> dinero m de la Alemania Occidental (frente al dinero de la Alemania Oriental hasta 1990)

westgermanisch adj (HIST, LING) germano-occidental

Westgote, -in m, f <-n, -n; -, -nen> (HIST) visigodo, -a m, f

westindisch ['---] adj de las Indias Occidentales

Westküste f <-, -n> costa f occidental

westlich I. adj; **~ von Berlin** al oeste de Berlín; **in ~er Richtung** en dirección oeste; **52 Grad ~er Länge** 52 grados longitud oeste
II. präp +gen al oeste de; **30 km ~ von Wien** 30 km al oeste de Viena

Westmächte ['vɛstmɛçtə] fpl (POL) potencias fpl occidentales; **Westmark** f <-, -> (fam) marco m de la RFA (frente a la de la antigua RDA hasta 1990); **Westniveau** nt <-s, -s> (WIRTSCH) nivel m occidental; **Westpreußen** nt <-s> (HIST) Prusia f Occidental; **Westrom** ['vɛstroːm] nt <-s> (HIST) Imperio m de Occidente

weströmisch adj (HIST) del Imperio de Occidente

Westseite f <-, -n> lado m oeste; **Westwall** m <-(e)s, ohne pl> (HIST) línea f Sigfrido

westwärts ['-vɛrts] adv hacia el oeste, en dirección oeste

Westwind m <-(e)s, -e> viento m del Oeste, poniente m

weswegen [vɛsˈveːgən] adv s. **weshalb**

wett [vɛt] adj: **mit jdm ~ sein** estar con alguien en paz

Wettannahme f <-, -n> oficina f de apuestas mutuas

Wettbewerb¹ ['vɛtbəvɛrp] m <-(e)s, -e> (Veranstaltung) concurso m; (SPORT) competición f; **mit jdm in ~ treten** competir con alguien

Wettbewerb² m <-(e)s, ohne pl> (WIRTSCH) competencia f; **freier ~** libre competencia; **unlauterer ~** competencia desleal; **Gesetz gegen unlauteren ~** ley contra la competencia desleal; **mit jdm in ~ stehen** competir con alguien

Wettbewerber(in) m(f) <-s, -; -, -nen> (a. WIRTSCH) concursante mf, competidor(a) m(f)

Wettbewerbsabrede f <-, -n> (WIRTSCH) acuerdo m de prohibición de competencia

Wettbewerbsaufsicht f <-, ohne pl> (WIRTSCH) control m de la competencia; **Wettbewerbsaufsichtsbehörde** f <-, -n> (WIRTSCH) autoridad f de defensa de la competencia

wettbewerbsbedingt adj (WIRTSCH) condicionado por la competencia

Wettbewerbsbedingungen fpl (WIRTSCH) condiciones fpl de competencia; **die ~ beeinträchtigen/verfälschen** alterar/falsear las condicio-

nes de competencia; **Wettbewerbsbeeinträchtigung** *f* <-, -en> (WIRTSCH) alteración *f* de la competencia
wettbewerbsbehindernd *adj* (WIRTSCH) restrictivo de la competencia
Wettbewerbsbehörde *f* <-, -n> (JUR) autoridad *f* de defensa de la competencia
wettbewerbsbeschränkend *adj* (WIRTSCH) restrictivo de la competencia
Wettbewerbsbeschränkung *f* <-, -en> (WIRTSCH) competitividad *f* restrictiva [*o* limitada]; **Wettbewerbsbestimmungen** *fpl* (WIRTSCH) disposiciones *fpl* de defensa de la competencia; **Wettbewerbsdruck** *m* <-(e)s, *ohne pl*> (WIRTSCH) presión *f* de competitividad
wettbewerbsfähig *adj* competitivo
Wettbewerbsfähigkeit *f* <-, *ohne pl*> competitividad *f*; **internationale ~** competitividad internacional; **die ~ stärken** reforzar [*o* aumentar] la competitividad
wettbewerbsfördernd *adj* (WIRTSCH) que favorece la competitividad
Wettbewerbsfreiheit *f* <-, *ohne pl*> (WIRTSCH) libertad *f* de competencia, libre competencia *f*; **Wettbewerbshandlung** *f* <-, -en> (WIRTSCH) acto *m* de competencia; **unlautere ~en** actos de competencia desleal; **Wettbewerbshemmnis** *nt* <-ses, -se> (WIRTSCH) obstáculo *m* en la competencia; **Wettbewerbsnachteil** *m* <-(e)s, -e> (WIRTSCH) desventaja *f* en la competencia; **Wettbewerbsneutralität** *f* <-, *ohne pl*> (WIRTSCH) neutralidad *f* concurrencial; **Wettbewerbsrecht** *nt* <-(e)s, -e> (WIRTSCH) derecho *m* de la competencia; **Wettbewerbsregeln** *fpl* (WIRTSCH) reglas *fpl* de la competencia; **Wettbewerbsspielraum** *m* <-(e)s, -räume> (WIRTSCH) margen *m* competitivo
Wettbewerbs- und Kostendruck *m* <-(e)s, *ohne pl*> (WIRTSCH) presión *f* de la competencia y los precios
Wettbewerbsverbot *nt* <-(e)s, -e> (WIRTSCH) prohibición *f* de la competencia; **Wettbewerbsverfälschung** *f* <-, *ohne pl*> (WIRTSCH) falseamiento *m* de la competencia; **Wettbewerbsverhalten** *nt* <-s, *ohne pl*> (WIRTSCH) comportamiento *m* competitivo, actitud *f* competitiva; **Wettbewerbsverstoß** *m* <-es, -stöße> (WIRTSCH) vulneración *f* de las normas de competencia; **Wettbewerbsverzerrung** *f* <-, -en> (WIRTSCH) distorsión *f* de la competencia; **Wettbewerbsvorteil** *m* <-(e)s, -e> (WIRTSCH) ventaja *f* de competencia
wettbewerbswidrig *adj* (WIRTSCH) anticoncurrencial
Wettbüro *nt* <-s, -s> despacho *m* de apuestas mutuas
Wette ['vɛtə] *f* <-, -n> apuesta *f*; **eine ~ mit jdm abschließen** hacer una apuesta con alguien; **die ~ annehmen** aceptar la apuesta; **ich gehe jede ~ ein, dass…** apuesto el cuello a que…; **was gilt die ~?** ¿qué te apuestas?; **die ~ gilt!** ¡hecho!; **um die ~** a porfía; **mit jdm um die ~ laufen** competir con alguien a ver quién corre más
Wetteifer *m* <-s, *ohne pl*> espíritu *m* de competencia, rivalidad *f*
wetteifern ['---] *vi*: **mit jdm um etw ~** competir con alguien por algo
wetten ['vɛtən] *vi, vt* apostar (*auf* por, *um*); (**mit jdm**) **um etw ~** apostar algo (con alguien); **ich wette mit dir um fünf Euro, dass…** te apuesto cinco euros a que…; **ich habe 50 Euro auf „Araber" gewettet** aposté 50 euros por "Araber"; (**wollen wir**) **~?** ¿apostamos?; **~, dass ich schneller bin?** ¿qué te apuestas a que soy más rápido?; **worum ~ wir?, um was wollen wir ~?** ¿qué apuestas?; **so haben wir nicht gewettet** (*fam*) esta no es la apuesta que hicimos
Wetter¹ ['vɛtɐ] *nt* <-s, *ohne pl*> (METEO) tiempo *m*; **was haben wir heute für (ein) ~?** ¿qué tiempo tenemos hoy?; **das ~ schlägt um** el tiempo cambia; **bei schlechtem ~** si hace mal tiempo; **bei jedem ~** no importa qué tiempo haga; **es ist [*o* wir haben] schönes ~** hace buen tiempo; **bei jdm gut ~ machen** (*fam*) halagar a alguien
Wetter² *nt* <-s, -> ❶ (*Un~*) temporal *m*
❷ *pl* (BERGB) grisú *m*; **schlagende ~** explosión de grisú
Wetter(in)³ *m(f)* <-s, -; -, -nen> apostante *mf*
Wetteramt *nt* <-(e)s, -ämter> instituto *m* meteorológico; **Wetteraussichten** *fpl* pronóstico *m* del tiempo; **Wetterbericht** *m* <-(e)s, -e> parte *m* meteorológico; **Wetterbesserung** *f* <-, -en> mejoría *f* del tiempo
wetterbeständig *adj* resistente a la intemperie
Wetterchen ['vɛtɐçən] *nt* <-s, *ohne pl*> (*fam*) buen tiempo *m*; **das ist ein ~ heute!** ¡qué día más magnífico!
Wetterdienst *m* <-(e)s, -e> servicio *m* meteorológico; **Wetterfahne** *f* <-, -n> veleta *f*
wetterfest *adj* resistente a la intemperie; (*wasserundurchlässig*) impermeable
Wetterfrosch *m* <-(e)s, -frösche> ❶ (*fam: Laubfrosch*) rana colocada en un recipiente de cristal con una escalerita que, según creencia popular, anuncia el buen tiempo cuando trepa por ella
❷ (*iron: Meteorologe*) meteoréologo, -a *m, f*, hombre *m* del tiempo, mujer *f* del tiempo
wetterfühlig *adj* sensible a los cambios de tiempo
Wetterfühligkeit *f* <-, *ohne pl*> sensibilidad *f* a los cambios de tiempo

Wetterhahn *m* <-(e)s, -hähne> veleta *f*
Wetterin *f* <-, -nen> *s.* **Wetter³**
Wetterkarte *f* <-, -n> mapa *m* meteorológico; **Wetterkunde** *f* <-, *ohne pl*> metereología *f*; **Wetterlage** *f* <-, -n> (METEO) situación *f* meteorológica
wetterleuchten *vunpers*: **es wetterleuchtet** está relampagueando
Wetterleuchten *nt* <-s, *ohne pl*> relampagueo *m*
wettern ['vɛtɐn] *vi* (*fam*) echar pestes; **gegen etw ~** maldecir algo
Wetterprognose *f* <-, -n> pronóstico *m* del tiempo, previsión *f* meteorológica; **Wettersatellit** *m* <-en, -en> satélite *m* meteorológico; **Wetterscheide** *f* <-, -n> línea *f* divisoria meteorológica; **Wetterseite** *f* <-, -n> lado *m* del viento; (NAUT) barlovento *m*; **Wetterstation** *f* <-, -en> estación *f* meteorológica; **Wettersturz** *m* <-es, -stürze> descenso *m* brusco de la temperatura; **Wetterumschlag** *m* <-(e)s, -schläge>, **Wetterumschwung** *m* <-(e)s, -schwünge> cambio *m* brusco del tiempo; **Wetterveränderung** *f* <-, -en> cambios *mpl* atmosféricos; **Wetterverschlechterung** *f* <-, -en> empeoramiento *m* del tiempo; **Wettervoraussage** *f* <-, -n>, **Wettervorhersage** *f* <-, -n> pronóstico *m* del tiempo, previsión *f* del tiempo; **mittelfristige/langfristige ~** predicción metereológica a corto plazo/a largo plazo; **Wetterwarte** *f* <-, -n> observatorio *m* meteorológico, estación *f* meteorológica
wetterwendisch *adj* versátil, veleidoso
Wetterwolke *f* <-, -n> nube *f* tormentosa
Wettfahrt *f* <-, -en> carrera *f* (*cualquier tipo de carrera competitiva, excepto las que se realizan a pie o en avión*); **Wettkampf** *m* <-(e)s, -kämpfe> (SPORT) competición *f*; **Wettkämpfer(in)** *m(f)* <-s, -; -, -nen> (SPORT) competidor(a) *m(f)*; **Wettlauf** *m* <-(e)s, -läufe> carrera *f* de velocidad; **~ mit der Zeit** maratón contrarreloj; **es war ein ~ mit der [*o* gegen die] Zeit** lo hicimos a contrarreloj
wettlaufen ['---] *vi* (*nur im Infinitiv*) hacer una carrera de velocidad
Wettläufer(in) *m(f)* <-s, -; -, -nen> corredor(a) *m(f)*
wett|machen ['vɛt-] *vt* (*fam*) compensar; (*Fehler*) corregir; (*Rückstand*) recuperar
Wettrennen *nt* <-s, -> carrera *f* de velocidad; **Wettrüsten** *nt* <-s, *ohne pl*> carrera *f* de armamentos; **Wettschwimmen** *nt* <-s, *ohne pl*> competición *f* de natación; **ein ~ machen** competir para ver quién nada más rápido; **Wettstreit** *m* <-(e)s, -e> competición *f*; **mit jdm in ~ treten** competir con alguien
wetzen ['vɛtsən] **I.** *vi sein* (*fam*) correr
II. *vt* afilar
Wetzstein *m* <-(e)s, -e> piedra *f* de afilar
WEU [veːʔɛːˈʔuː] *f* <-> *Abk. von* **Westeuropäische Union** Unión *f* Europea Occidental
WEZ [veːʔɛːˈtsɛt] *Abk. von* **westeuropäische Zeit** horario *m* de la Europa Occidental [*o* de Greenwich]
WG [veːˈgeː] *f* <-, -s> *Abk. von* **Wohngemeinschaft** gente *f* que comparte un piso
Whg. *Abk. von* **Wohnung** piso *m*
WHG [veːhaːˈgeː] *nt* <-, *ohne pl*> *Abk. von* **Wasserhaushaltsgesetz** ley *f* sobre el régimen hidráulico
Whirlpool® ['wœː(ɐ)lpuːl] *m* <-s, -s> (baño *m*) jacuzzi *m*
Whisky ['wɪski] *m* <-s, -s> whisky *m*, güisqui *m*
wich [vɪç] *3. imp von* **weichen**
Wichse¹ ['vɪksə] *f* <-, -n> (*fam: Schuhcreme*) crema *f* para el calzado, betún *m*
Wichse² *f* <-, *ohne pl*> (*fam: Prügel*) paliza *f*
wichsen ['vɪksən] **I.** *vt* ❶ (*fam: polieren*) pulir; (*Boden*) encerar; (*Schuhe*) lustrar; **etw blank ~** sacar brillo a algo
❷ (*reg: verprügeln*) dar una paliza; **jdm eine ~** dar una bofetada a alguien
II. *vi* (*vulg*) cascársela
Wichser *m* <-s, -> (*vulg*) pajero *m*
Wicht [vɪçt] *m* <-(e)s, -e> *s.* **Wichtelmännchen**
Wichtel ['vɪçtəl] *m* <-s, -> ❶ *s.* **Wichtelmännchen**
❷ (*Pfadfinderin*) "scout" *f*
Wichtelmännchen ['vɪçtəlmɛnçən] *nt* <-s, -> duende *m*, gnomo *m*
wichtig ['vɪçtɪç] *adj* importante; **sich ~ machen** hacerse el importante; **~ tun** (*fam*) ser engreído; **sich ~ nehmen** [*o* **vorkommen**] hacerse el importante; **eine ~e Miene aufsetzen** (*iron*) dárselas de algo; **etw ~ nehmen** dar importancia a algo; **ich habe jetzt W~eres zu tun** tengo cosas más importantes que hacer ahora
Wichtigkeit *f* <-, *ohne pl*> importancia *f*; **eine Sache von großer/höchster ~** un asunto de mucha/suma importancia
Wichtigmacher(in) *m(f)* <-s, -; -, -nen> (*Österr: fam*), **Wichtigtuer(in)** [-tuːɐ] *m(f)* <-s, -; -, -nen> (*fam*) presuntuoso, -a *m, f*, farolero, -a *m, f*
Wichtigtuerei [-tuːəˈraɪ] *f* <-, *ohne pl*> (*fam*) faroleo *m*, fanfarronería *f*
Wichtigtuerin *f* <-, -nen> *s.* **Wichtigtuer**

wichtigtuerisch ['vɪçtɪçtuːərɪʃ] *adj* (*fam abw*) fanfarrón, presumido; **~ sein** ser un fanfarrón [*o* un presumido]

Wicke ['vɪkə] *f* <-, -n> (BOT) arveja *f*, veza *f*

Wickel ['vɪkəl] *m* <-s, -> ① (MED) compresa *f*; **jdm einen heißen/kalten ~ machen** poner una compresa caliente/fría a alguien
② (*Locken~*) rulo *m*
③ (*Spule*) bobina *f*
④ (*Wend*): **jdn am** [*o* **beim**] **~ haben** (*fam*) llamar a alguien a capítulo; **jdn am** [*o* **beim**] **~ packen** [*o* **kriegen**] (*fam*) agarrar a alguien

Wickelkind *nt* <-(e)s, -er> ≈ niño *m* de pecho; **Wickelkommode** *f* <-, -n> envolvedor *m*

wickeln ['vɪkəln] *vt* ① (*auf~*) arrollar; (*auf eine Spule, Rolle*) bobinar; (*zu einem Knäuel*) ovillar; **sein Haar ~** ponerse rulos
② (*ein~*) envolver (*in* en); (*aus~*) desenvolver; (*ab~*) desenrollar; **etw in eine Decke ~, eine Decke um etw ~** envolver algo en una manta; **etw aus einem Papier ~** desenvolver algo; **sich** *dat* **einen Schal um den Hals ~** ponerse un pañuelo alrededor del cuello; **ein Kind in Windeln ~** poner pañales a un niño
③ (*Säugling*) poner un pañal (a), cambiar los pañales (a); **da bist du schief gewickelt** (*fam*) estás equivocado

Wickelraum *m* <-(e)s, -räume> cuarto para cambiar los pañales a un niño; **Wickeltisch** *m* <-(e)s, -e> envolvedor *m*

Widder ['vɪdɐ] *m* <-s, -> ① (ZOOL) carnero *m*
② (ASTR) Aries *m*

wider ['viːdɐ] *präp* +*akk* (*geh*) contra; **~ Erwarten** contra lo que era de esperar; **~ besseres Wissen** contra su propia convicción

widerborstig ['----] *adj* ① (*Person*) terco, obstinado
② (*Haar*) rebelde

widerfahren* [--'--] *irr vi sein* (*geh*) ocurrir, suceder; **jdm Gerechtigkeit ~ lassen** hacer justicia a alguien

Widerhaken ['----] *m* <-s, -> garfio *m*; (*an einer Angel*) púa *f*

Widerhall *m* <-(e)s, -e> eco *m*, resonancia *f*; **~ finden** tener eco; **bei jdm keinen ~ finden** no encontrar la aprobación de alguien

wider|hallen *vi* resonar (*von* de)

Widerhandlung *f* <-, -en> (*Schweiz*) infracción *f*; **Widerklage** *f* <-, -n> (JUR) reconvención *f*; **~ erheben** formular reconvención

widerlegbar [--'--] *adj* refutable, rebatible

widerlegen* *vt* rebatir, refutar; **sich leicht ~ lassen** rebatirse fácilmente

Widerlegung *f* <-, -en> ① (*das Widerlegen*) rebatimiento *m*, refutación *f*; **ein Argument zur ~ der vorgebrachten Behauptung anführen** ofrecer un argumento para rebatir las afirmaciones expuestas
② (*Text*) réplica *f* por escrito

widerlich ['viːdɐlɪç] *adj* ① (*abstoßend*) asqueroso, repugnante
② (*unangenehm*) desagradable

Widerling *m* <-(e)s, -e> (*abw*) asqueroso *m*

widernatürlich *adj* (*abw*) contranatural, antinatural

widerrechtlich *adj* ilegal, ilícito; **~e Besitzergreifung** usurpación *f*; **sich** *dat* **etw ~ aneignen** apropiarse de algo ilícitamente

Widerrede *f* <-, -n> réplica *f*, protesta *f*; **sie duldet keine ~** no admite protesta; **etw ohne ~ hinnehmen** aceptar algo sin protestar

Widerruf *m* <-(e)s, -e> (*einer Anordnung*) revocación *f*; (*einer Aussage*) retractación *f*; **von Haustürgeschäften** revocación de negocios a la puerta; **bis auf ~** hasta nuevo aviso

widerrufen* *irr vt* (*Gesetz, Urteil*) revocar; (*Aussage*) retractarse (de); (*Nachricht*) desmentir; (*Auftrag*) anular

widerruflich *adj* revocable; **etw ~ genehmigen** aprobar algo con carácter revocable

Widerrufsklausel *f* <-, -n> cláusula *f* de revocación; **Widerrufsrecht** *nt* <-(e)s, *ohne pl*> derecho *m* de revocación; **Widerrufsvorbehalt** *m* <-(e)s, -e> reserva *f* del derecho de revocación

Widersacher(in) *m(f)* <-s, -; -, -nen> adversario, -a *m, f*

Widerschein *m* <-(e)s, -e> reflejo *m*

widersetzen* *vr*: **sich ~** oponerse (a)

widersetzlich *adj* (*Schüler*) rebelde; (*Kind*) protestón, que lleva siempre la contraria; **sein ~** ser rebelde, llevar siempre la contraria

Widersetzlichkeit *f* <-, *ohne pl*> rebeldía *f*, desobediencia *f*

Widersinn *m* <-(e)s, *ohne pl*> absurdidad *f*, absurdo *m*

widersinnig *adj* absurdo

widerspenstig ['viːdɐʃpɛnstɪç] *adj* reacio, rebelde; (*trotzig*) obstinado, terco

Widerspenstigkeit *f* <-, -en> rebeldía *f*; (*Trotz*) obstinación *f*, terquedad *f*

wider|spiegeln I. *vt* reflejar
II. *vr*: **sich ~** reflejarse; **die Bäume spiegelten sich im See wider** los árboles se reflejaban en el lago

Widerspieg(e)lung *f* <-, -en> reflejo *m*, reflexión *f*

widersprechen* *irr vi*: **jdm ~** contradecir a alguien; **etw** *dat* **~** ir en contra de algo; **sich** *dat* **~** contradecirse; **du widersprichst?** ¿tú estás en contra?; **das widerspricht meinen Prinzipien** esto va en contra de mis principios; **ihre Aussagen ~ sich** sus afirmaciones se contradicen; **sich ~de Angaben** indicaciones contradictorias

widersprochen *pp von* **widersprechen**

Widerspruch¹ *m* <-(e)s, *ohne pl*> (*Widerrede*) réplica *f*; (*Protest*) protesta *f*; **er duldet keinen ~** no admite protesta; **ohne ~** sin protestar; **seine Äußerungen stießen auf ~** hubo protestas a sus declaraciones; **~ einlegen** (JUR) interponer recurso; **in** [*o* **im**] **~ zu** [*o* **mit**] **etw** *dat* **stehen** estar en contradicción con algo

Widerspruch² *m* <-(e)s, -sprüche> (*Gegensätzlichkeit*) contradicción *f* (*zu* con); **in ~ zu jdm/etw geraten** estar en contradicción con alguien/algo; **sich in Widersprüche verwickeln** incurrir en contradicciones

widersprüchlich [-ʃprʏçlɪç] *adj* contradictorio

Widerspruchsbehörde *f* <-, -n> (JUR) autoridad *f* de recursos; **Widerspruchsbescheid** *m* <-(e)s, -e> (JUR) resolución *f* del recurso de alzada; **Widerspruchsfrist** *f* <-, -en> (JUR) plazo *m* de oposición; **die ~ verstreichen lassen** dejar expirar el plazo de oposición; **Widerspruchsführer(in)** *m(f)* <-s, -; -, -nen> (JUR) oposicionista *mf*; **Widerspruchsgeist** *m* <-(e)s, *ohne pl*> espíritu *m* de contradicción; **Widerspruchsklage** *f* <-, -n> acción *f* de oposición

widerspruchslos *adj* sin objeción alguna, sin protestar

Widerspruchsrecht *nt* <-(e)s, *ohne pl*> derecho *m* de oposición; **Widerspruchsverfahren** *nt* <-s, -> procedimiento *m* de oposición

Widerstand *m* <-(e)s, -stände> (*a.* PHYS, ELEK) resistencia *f* (*gegen* a); **~ leisten** oponer resistencia; **passiver ~** resistencia pasiva; **auf ~ stoßen** encontrar resistencia; **~ gegen die Staatsgewalt** resistencia al poder estatal; **~ gegen Vollstreckungsbeamte** resistencia contra el oficial ejecutor; **allen Widerständen zum Trotz** contra viento y marea; **hinhaltender ~** (MIL) resistencia dilatoria

widerstanden *pp von* **widerstehen**

Widerstandsbewegung *f* <-, -en> (movimiento *m* de) resistencia *f*

widerstandsfähig *adj* resistente (*gegen* a); (*stabil*) sólido

Widerstandsfähigkeit *f* <-, *ohne pl*> (capacidad *f* de) resistencia *f* (*gegen* a); (*Stabilität*) solidez *f*; **Widerstandskämpfer(in)** *m(f)* <-s, -; -, -nen> guerillero, -a *m, f*, militante *mf* en la resistencia; **Widerstandskraft** *f* <-, -kräfte> (fuerza *f* de) resistencia *f*

widerstandslos *adv* ① (*ohne Widerstand zu leisten*) sin oponer resistencia
② (*ohne auf Widerstand zu stoßen*) sin encontrar resistencia

Widerstandsrecht *nt* <-(e)s, *ohne pl*> derecho *m* a la resistencia

widerstehen* *irr vi* resistir (+*dat* a); **der Versuchung ~** resistir a la tentación

widerstreben* *vi* ① (*zuwider sein*) repugnar; **es widerstrebt mir, das zu tun** me repugna hacerlo
② (*geh: sich widersetzen*): **jdm/etw** *dat* **~** oponerse a alguien/algo, resistirse a alguien/algo; **sie ging nur ~d mit** fue a regañadientes

Widerstreben [--'--] *nt* <-s, *ohne pl*> ① (*Widerstand*) oposición *f*
② (*Abneigung*) repugnancia *f*; **mit ~ gehorchen** obedecer a disgusto

Widerstreit *m* <-(e)s, -e> conflicto *m*; **im ~ mit etw** *dat* **stehen** ser contrario a algo

widerstreiten* [viːdɐˈʃtraɪtən] *irr vi* estar en contradicción (+*dat* con)

widerstritten *pp von* **widerstreiten**

widerwärtig ['viːdɐvɛrtɪç] *adj* ① (*widrig*) desfavorable, fastidioso
② (*ekelhaft*) asqueroso, repugnante; (*unangenehm*) desagradable; **~ schmecken** tener un sabor asqueroso

Widerwärtigkeit *f* <-, -en> ① (*Unannehmlichkeit*) contrariedad *f*, inconveniente *m*
② (*Ekelhaftigkeit*) asquerosidad *f*

Widerwille *m* <-ns, *ohne pl*> (*Abneigung*) repugnancia *f* (*gegen* a), aversión *f* (*gegen* a); (*Ekel*) asco *m*; **er hatte einen ~n gegen die Wohnung** el piso le dio asco; **etw mit größtem ~n tun** hacer algo de muy mala gana

widerwillig I. *adj* indignado, descontento
II. *adv* de mala gana, a regañadientes

Widerwort *nt* <-(e)s, -e> réplica *f*; **keine ~e!** ¡no repliques!; **jdm ~e geben** replicar a alguien

widmen ['vɪtmən] I. *vt* ① (*zueignen*) dedicar; **jdm etw ~** dedicar algo a alguien
② (*bestimmen*) consagrar, dedicar; **er widmete sein Leben der Wissenschaft** consagró su vida a la ciencia
II. *vr*: **sich jdm ~** atender a alguien; **sich etw** *dat* **~** dedicarse a algo; **sie widmete sich ganz ihrer neuen Aufgabe** se dedicó de lleno a su nueva tarea

Widmung *f* <-, -en> dedicatoria *f*

widrig ['viːdrɪç] *adj* desfavorable

Widrigkeit *f* <-, -en> dificultad *f*, inconveniente *m*

wie [viː] I. *adv* ① (*interrogativ: auf welche Art*) ¿cómo?; (*mit welchen Merkmalen, in welchem Grad*) ¿qué?; (*in welcher Weise*) ¿de qué

manera?; **geht das?** ¿cómo se hace?; **~ heißt das?** ¿cómo se llama esto?; **~ bitte?** ¿cómo (dice)?; **~ das?** ¿cómo!; **~ kommt es, dass …?** ¿cómo es que…?; **~ geht's?** ¿cómo te va?, ¿qué tal?; **~ oft?** ¿cuántas veces?; **~ viel?** ¿cuánto?; **~ alt bist du?** ¿cuántos años tienes?; **~ groß ist es?** ¿qué tamaño tiene?; **~ teuer ist das?** ¿cuánto vale?; **~ spät ist es?** ¿qué hora es?; **~ gefällt es dir?** ¿qué te parece?; **~ war's im Urlaub?** ¿qué tal fueron las vacaciones?; **~ ist es, wenn man plötzlich allein dasteht?** ¿qué se siente cuando uno se encuentra así de repente solo?; **~ wäre es, wenn …?** ¿qué tal si…? +*subj*; **wär's mit einem Bier?** ¿qué tal una cerveza?; **ich bin schon wer weiß ~ oft dort gewesen** la de veces que he estado yo allí; **gewusst ~!** (*fam*) ¡hay que saber (cómo)!; **sie wurden gefragt, ~ sie heißen** les preguntaron cómo se llamaban; **~ klug du auch immer sein magst** por más inteligente que seas; **~ auch immer sei** sea como sea; **~ dem auch sei** sea como fuere
② (*relativisch: auf welche Art*) como; (*in welchem Grad*) que; **die Art, ~ sie spricht** la manera como habla; **in dem Maße, ~ …** en la medida que…; **alle, ~ sie da sitzen, sind beteiligt** todos los allí sentados están implicados
③ (*Ausruf*) ¡cómo!, ¡qué!; **~ merkwürdig!** ¡qué raro!; **~ schade!** ¡qué lástima!; **~ groß du geworden bist, Kind!** ¡madre mía cuánto has crecido!; **und ~!** (*fam*) ¡y cómo!; **sie hat ihm die Meinung gesagt, und** [*o* **aber**] **~!** le ha dicho lo que pensaba, ¡y vaya si se lo ha dicho!
④ (*fam: nicht wahr*) ¿verdad?, ¿o no?; **das macht dir Spaß, ~?** esto te divierte, ¿o no?
II. *konj* ① (*Vergleich*) como; **weiß ~ Schnee** blanco como la nieve; **ich bin genauso groß ~ du** soy tan alto como tú; **das weißt du genauso gut ~ ich** lo sabes tan bien como yo; **er ist so gut ~ blind** está poco menos que ciego; **er rannte ~ wild** corría como loco; **~ immer** como siempre; **~ etwa** [*o* **zum Beispiel**] como por ejemplo; **der Film war nicht so gut, ~ ich erwartet hatte** la película no fue tan buena como yo esperaba; **mir ist, ~ wenn ich Schmerzen bekäme** (*fam*) es como si me vinieran dolores
② (*südd: als*): **das ist besser ~ das andere** esto es mejor que lo otro; **er hat nichts ~ leere Ideen** no tiene más que ideas vacías
③ (*sowie*): **einer ~ der andere** uno igual que el otro; **Frauen ~ Männer** (tanto) las mujeres como los hombres, lo mismo las mujeres que los hombres
④ (*gleichzeitig*) cuando, según; **~ er sich umdreht, sieht er den Dieb losrennen** al darse la vuelta [*o* según se da la vuelta] ve al ladrón echar a correr
⑤ (*mit Objektsatz*) cómo; **ich sah, ~ er das Fenster öffnete** vi cómo abría la ventana; **man hörte, ~ die Tür zufiel** se oyó cómo se cerraba la puerta de golpe

Wiedehopf ['viːdəhɔpf] *m* <-(e)s, -e> (ZOOL) abubilla *f* común; **stinken wie ein ~** (*fam*) oler que apesta

wieder ['viːdɐ] *adv* ① (*nochmals*) otra vez, de nuevo; **immer ~, ~ und ~** una y otra vez; **nie ~** nunca más; **schon ~** otra vez; **~ mal** de nuevo; **schön, dich ~ mal zu sehen!** ¡cuánto me alegra de verte otra vez!; **~ anfangen** recomenzar; **sich ~ setzen** volver a sentarse; **etw immer ~ machen** volver a hacer algo; **gib ihm das ~ zurück** devuélveselo; **da bin ich ~** aquí estoy de nuevo
② (*andererseits*) por otra parte, en cambio; **das ist auch ~ wahr** por otra parte esto también es cierto

Wiederanlage *f* <-, -n> reinversión *f*; **Wiederaufarbeitung** [--'----] *f* <-, -en> *s*. **Wiederaufbereitung**; **Wiederaufbau** [--'--] *m* <-(e)s, *ohne pl*> reconstrucción *f*
wieder|auf|bauen *vt s*. **aufbauen I.1.**, **I.7.**
Wiederaufbaukredit *m* <-(e)s, -e> (WIRTSCH, FIN) crédito *m* para la reconstrucción económica (de un país)
wieder|auf|bereiten* *vt s*. **aufbereiten I.1.**
Wiederaufbereitung [--'-----] *f* <-, -en> reprocesamiento *m*, reciclaje *m*; **Wiederaufbereitungsanlage** [--'-------] *f* <-, -n> planta *f* de reprocesamiento
Wiederaufforstung *f* <-, -en> repoblación *f* forestal
wiederaufladbar [--'------] *adj s*. **aufladen I.1.**
wieder|auf|laden *irr vt s*. **aufladen I.1.**
Wiederaufnahme [--'---] *f* <-, -n> (*einer Tätigkeit*) reanudación *f*; (*eines Gerichtsverfahrens*) revisión *f*; (*eines Theaterstücks*) reestreno *m*, reposición *f*; (*in einer Gruppe*) readmisión *f*; ~ **der Geschäftstätigkeit** reanudación de la actividad del negocio; ~ **des Prozesses/des Verfahrens** reanudación del proceso/del procedimiento
Wiederaufnahmeklage *f* <-, -n> (JUR) recurso *m* de revisión; **Wiederaufnahmeverfahren** [--'-------] *nt* <-s, -> (JUR) recurso *m* de revisión; **ein ~ beantragen** interponer el recurso de revisión
wieder|auf|nehmen *irr vt s*. **aufnehmen 1.**, **7.**
Wiederaufrüstung [--'----] *f* <-, -en> rearmamento *m*; **Wiederaufschwung** *m* <-(e)s, -schwünge> recuperación *f*
wieder|bekommen* *irr vt* recuperar, recobrar
wieder|beleben* *vt s*. **beleben I.**

Wiederbelebung *f* <-, -en> (*Person*) reanimación *f*; (*Wirtschaft*) reactivación *f*; ~ **der Produktion** reactivación de la producción; **konjunkturelle ~** reanimación coyuntural; **Wiederbelebungsversuch** *m* <-(e)s, -e> intento *m* de reanimación; **bei jdm ~e anstellen** intentar reanimar a alguien
Wiederbeschaffung *f* <-, *ohne pl*> recuperación *f*
Wiederbeschaffungskosten *pl* costes *mpl* de reposición; **Wiederbeschaffungsrücklage** *f* <-, -n> (WIRTSCH) reserva *f* de reposición; **Wiederbeschaffungswert** *m* <-(e)s, -e> (WIRTSCH, FIN) valor *m* de reposición
wieder|bringen *irr vt* devolver; **jdm etw ~** devolver algo a alguien
wieder|ein|führen *vt s*. **einführen 6.**
Wiedereinführung [--'----] *f* <-, -en> ① (*von Bräuchen*) restablecimiento *m*
② (*von Waren*) reimportación *f*
wieder|ein|gliedern *vt s*. **eingliedern**
Wiedereingliederung [--'------] *f* <-, -en> reintegración *f* (*in* en); (*von Gefangenen*) reinserción *f*; **berufliche ~** reincorporación *f*; **Wiedereinleitung** [--'----] *f* <-, -en> (ÖKOL) reintroducción *f*
wieder|ein|setzen *vt s*. **einsetzen II.2.**
Wiedereinsetzung *f* <-, -en> (JUR) restauración *f*; ~ **in den vorherigen Stand** restauración del estado anterior
wieder|ein|stellen *vt s*. **einstellen I.2.**
Wiedereinstellung [--'----] *f* <-, -en> readmisión *f*, reempleo *m*
Wiedereintritt *m* <-(e)s, -e> reingreso *m* (*in* en), reincorporación *f* (*in* a); **der ~ in die Erdatmosphäre** la reentrada en la atmósfera terrestre
wieder|ent|decken* *vt s*. **entdecken 2.**
Wiederentdeckung *f* <-, -en> redescubrimiento *m*
wieder|er|halten* *irr vt* recobrar, recuperar
wieder|er|kennen* *irr vt s*. **erkennen I.2.**
wieder|er|langen* *irr vt* recobrar, recuperar
Wiedererlangung *f* <-, -en> reintegro *m*, recuperación *f*
wieder|er|öffnen* *vt s*. **eröffnen I.1.**
Wiedereröffnung *f* <-, -en> reapertura *f*
wieder|er|statten* *vt* reembolsar; **jdm seine Ausgaben ~** reembolsar a alguien sus gastos
wieder|er|zählen* *vt* (*fam: weitererzählen*) contar; **du darfst es niemandem ~!** ¡no se lo cuentes a nadie!
wieder|finden *irr vt* I. *s*. **finden I.2.**
II. *vr*: **sich ~** encontrarse; **er fand sich plötzlich im Gefängnis wieder** de repente se encontró en la cárcel
Wiedergabe *f* <-, -n> ① (*einer Rede, eines Ereignisses*) relato *m*; (*einer Äußerung*) repetición *f*; (*Schilderung*) descripción *f*
② (*Aufführung*) representación *f*; (*eines Musikstücks*) ejecución *f*
③ (*in Bild, Ton, a*. TYPO) reproducción *f*
wieder|geben *irr vt* ① (*zurückgeben*) devolver; **ich gebe dir das Geld morgen wieder** mañana te devuelvo el dinero
② (*schildern*) describir; (*erzählen*) relatar
③ (*ausdrücken*) expresar; **geben Sie das in Ihren eigenen Worten wieder** exprésalo con sus propias palabras
④ (*wiederholen*) repetir; (*zitieren*) citar
⑤ (*darstellen, a*. TYPO) reproducir
Wiedergeburt *f* <-, -en> (REL) renacimiento *m*
wieder|gewinnen* *irr vt* recuperar, recobrar
Wiedergewinnung *f* <-, -en> (ÖKOL) recuperación *f*
wieder|gut|machen *vt s*. **gutmachen**
Wiedergutmachung [--'----] *f* <-, -en> ① (*eines Schadens*) reparación *f*
② (*Entschädigung*) resarcimiento *m*
wieder|haben *irr vt*: **hast du die Sachen wieder?** ¿te han devuelto las cosas?; **ich will das Heft ~** quiero que me devuelvan el cuaderno; **wir wollen unsere alte Lehrerin ~** queremos volver a tener a nuestra anterior profesora
wiederherstellbar [--'----] *adj* (*a*. INFOR) recuperable; **nicht ~** no recuperable
wieder|her|stellen [--'----] *vt* ① (*Ordnung*) restablecer
② (*reparieren*) restaurar; **der Arzt wird dich schon ~!** el médico te curará
Wiederherstellung [--'----] *f* <-, -en> ① (*der Ordnung, Ruhe*) restablecimiento *m*; ~ **der aufschiebenden Wirkung** restablecimiento del efecto suspensivo
② (*Reparatur*) reparación *f*, reconstrucción *f*
③ (INFOR) recuperación *f*
Wiederherstellungsanspruch *m* <-(e)s, -sprüche> (JUR) derecho *m* de restablecimiento; **Wiederherstellungsklage** *f* <-, -n> (JUR) demanda *f* de rehabilitación [*o* restablecimiento]
wiederholbar [--'---] *adj* repetible; **leicht/kaum ~** fácil/difícil de repetir
wiederholen*¹ I. *vt* repetir; (*Lernstoff*) repasar; **ich muss die Klasse ~**

wiederholen

tengo que repetir el curso; **ich möchte meinen Vorschlag ~** quisiera repetir mi propuesta; **er wiederholte, was sie ihm gesagt hatte** repitió lo que ella le había dicho; **~ Sie!** ¡repita!
II. *vr:* **sich ~** repetirse

wieder|holen² *vt* (*zurückholen*) ir a buscar otra vez

wiederholt [--'-] I. *adj* repetido, reiterado; **zum ~en Male** por milésima vez
II. *adv* en reiteradas ocasiones

Wiederholung [---'--] *f* <-, -en> repetición *f*; (*von Lernstoff*) repaso *m*; **ist eine ~ dieser Prüfung möglich?** ¿se puede repetir este examen?

Wiederholungsfall *m* <-(e)s, -fälle>: **im ~** (*formal*) en caso de reincidencia; **Wiederholungsgefahr** *f* <-, *ohne pl*> riesgo *m* de repetición; **Wiederholungstäter(in)** *m(f)* <-s, -; -, -nen> (JUR) reincidente *mf*

Wiederhören *nt:* **auf ~!** ¡adiós!, ¡hasta luego!

Wiederinstandsetzung [---'---] *f* <-, -en> reparación *f*

wieder|käuen ['vi:dekɔɪən] *vt* ❶ (*Tier*) rumiar
❷ (*abw: ständig wiederholen*) repetir por milésima vez

Wiederkäuer *m* <-s, -> (ZOOL) rumiante *m*

Wiederkauf *m* <-(e)s, -käufe> (JUR) readquisición *f*; **Wiederkaufsberechtigte(r)** *mf* <-n, -n; -, -n> (JUR) retrayente *mf*

Wiederkehr ['vi:deke:ɐ] *f* <-, *ohne pl*> (*geh*) ❶ (*Rückkehr*) retorno *m*, regreso *m*
❷ (*Wiederholung*) repetición *f*

wieder|kehren *vi sein* (*geh*) ❶ (*zurückkommen*) retornar (*von/aus* de), regresar (*von/aus* de)
❷ (*sich wiederholen*) repetirse

Wiederkehrschuldverhältnis *nt* <-ses, -se> (JUR) relación *f* obligatoria periódica

wieder|kommen *irr vi sein* ❶ (*zurückkommen*) volver (*von* de), regresar (*von* de); **kommen Sie bald wieder!** ¡vuelva pronto!
❷ (*sich wiederholen*) repetirse

Wiederschauen *nt:* **auf ~!** (*reg*) ¡adiós!, ¡hasta luego!

wieder|sehen *irr vt s.* **sehen I.**

Wiedersehen *nt* <-s, -> reencuentro *m;* **auf ~!** ¡adiós!, ¡hasta luego!; **bei unserem letzten ~** cuando nos vimos la última vez; **sie hofften auf ein baldiges ~** esperaban volver a verse pronto

Wiedersehensfreude *f* <-, *ohne pl*> alegría *f* (por el reencuentro)

Wiedertäufer *m* <-s, -> (HIST) anabaptista *m*

wiederum ['vi:dərʊm] *adv* ❶ (*nochmals*) otra vez, de nuevo
❷ (*andererseits*) por el contrario, por otra parte; **andere ~ behaupten, dass ...** por el contrario otros afirman que...

wieder|vereinigen* *vt s.* **vereinigen I.**
II. *vr:* **sich ~ s. vereinigen II.**

Wiedervereinigung *f* <-, -en> reunificación *f*; **Wiederverheiratung** *f* <-, -en> segundas nupcias *fpl;* **seit ihrer ~** desde que se casó la segunda vez; **Wiederverkauf** *m* <-(e)s, -käufe> (WIRTSCH) reventa *f*, retroventa *f*; **Wiederverkäufer(in)** *m(f)* <-s, -; -, -nen> (WIRTSCH) revendedor(a) *m(f)*; **Wiederverkaufspreis** *m* <-es, -e> (WIRTSCH) precio *m* de reventa; **Wiederverkaufswert** *m* <-(e)s, -e> (WIRTSCH) valor *m* de reventa

wiederverwendbar *adj s.* **verwendbar**

Wiederverwendung *f* <-, -en> reutilización *f*; **Wiederverwendungsverpackung** *f* <-, -en> envase *m* reutilizable, embalaje *m* reciclado

wieder|verwerten* *vt s.* **verwerten**

Wiederverwertung *f* <-, -en> reciclaje *m;* **Wiedervorlage** *f* <-, *ohne pl*> nueva presentación *f;* **zur ~** para nueva presentación; **Wiederwahl** *f* <-, -en> reelección *f*

wieder|wählen *vt s.* **wählen II.1.**

Wiederzulassung *f* <-, -en> readmisión *f*

Wiege ['vi:gə] *f* <-, -n> cuna *f;* **von der ~ bis zur Bahre** desde la cuna hasta la sepultura; **etw ist jdm in die ~ gelegt worden** alguien tiene algo de nacimiento; **ihre ~ stand in Madrid** nació en Madrid

Wiegemesser *nt* <-s, -> tajadera *f*

wiegen¹ ['vi:gən] I. *vt* ❶ (*bewegen*) mover, agitar; (*Kind*) mecer
❷ (*zerkleinern*) picar
II. *vr:* **sich ~** balancearse; **sich zur Musik in den Hüften ~** bambolear las caderas al son de la música; **sich in Sicherheit ~** creerse en seguridad

wiegen² <wiegt, wog, gewogen> I. *vi* (*Gewicht haben*) pesar; **wie viel wiegst du? – ich wiege 65 Kilo** ¿cuánto pesas? – peso 65 kilos; **der Koffer wiegt schwer** (*geh*) la maleta pesa mucho; **das Argument wiegt schwer** (*fig*) es un argumento de peso
II. *vt* pesar

Wiegenlied *nt* <-(e)s, -er> canción *f* de cuna, nana *f*

wiehern ['vi:ɐn] *vi* ❶ (*Pferd*) relinchar
❷ (*fam: lachen*) carcajearse

Wien [vi:n] *nt* <-s> Viena *f*

Wiener¹ *adj inv* de Viena; **~ Würstchen** salchicha de Viena

Wiener(in)² *m(f)* <-s, -; -, -nen> vienés, -esa *m, f*

wienern *vt* (*fam*) sacar brillo (a)

wies [vi:s] *3. imp von* **weisen**

Wiesbaden ['vi:sba:dən] *nt* <-s> Wiesbaden *m*

Wiese ['vi:zə] *f* <-, -n> prado *m*, pradera *f*

wiesehr [vi'ze:ɐ] *konj* (*Österr*) por mucho [*o* más] que

Wiesel ['vi:zəl] *nt* <-s, -> (ZOOL) comadreja *f;* **er ist flink wie ein ~** corre como una gacela

Wiesenschaumkraut *nt* <-(e)s, -kräuter> (BOT) cardamina *f*

wieso [vi'zo:] *adv* por qué; **er wusste auch nicht, ~** tampoco sabía por qué; **~ nicht?** ¿por qué no?

wieviel [vi'fi:l, '--] *adv s.* **viel I.3.**

wievielmal [vi'fi:lma:l, 'vi:fi:lma:l] *adv* cuántas veces; **~ sind Sie schon in Buenos Aires gewesen?** ¿cuántas veces ha estado ya en Buenos Aires?

wievielte(r, s) ['vi:vi:ltə, -te, -təs] *adj:* **zum ~n Mal bist du schon in Spanien?** ¿cuántas veces has estado ya en España?; **den W~n haben wir heute?** ¿a qué día estamos hoy?; **am W~n kommst du?** ¿qué día del mes llegas?; **der ~ Anruf war das?** ¿cuántas llamadas son?; **die W~ bist du?** ¿en qué lugar estás?

wieweit [vi'vart] *adv* hasta qué punto

Wikinger(in) ['vɪkɪŋe, 'vi:kɪŋe] *m(f)* <-s, -; -, -nen> vikingo, -a *m*

wild [vɪlt] *adj* ❶ (*Tier, Volk, Landschaft*) salvaje; (*Pflanze*) silvestre, salvaje; **~er Wein** viña virgen; **~ lebend** salvaje; **~ wachsend** silvestre; **~ wachsen** crecer espontáneamente; **der W~e Westen** el Salvaje Oeste
❷ (*heftig*) violento, impetuoso; (*wütend*) furioso; **ein ~es Durcheinander** un caos terrible; **unter ~en Flüchen** soltando terribles tacos; **in ~er Leidenschaft** con una pasión loca; **~ entschlossen** (*fam*) totalmente decidido; **~ werden** ponerse furioso; **wie ein ~ gewordener Stier** como un caballo loco por algo; **das macht mich ganz ~** (*fam*) esto me pone a cien; **auf etw sein** (*fam*) estar loco por algo; **wie ~** (*fam*) como loco; **das ist halb so ~** (*fam*) no es para tanto
❸ (*unkontrolliert*) incontrolado; (*illegal*) ilegal, ilícito; **~ zelten** acampar ilegalmente
❹ (*lebhaft*) turbulento; (*Kinder*) travieso; **wir waren ein ~er Haufen** éramos una pandilla de incontrolados
❺ (*übertrieben*) fantástico, increíble; **das sind doch nur ~e Vermutungen** no son más que suposiciones fantásticas

Wild *nt* <-(e)s, *ohne pl*> caza *f*, venado *m*

Wildbach *m* <-(e)s, -bäche> torrente *m*

Wildbahn *f:* **in freier ~** en libertad

Wildbret ['vɪltbrɛt] *nt* <-s, *ohne pl*> (*geh*) carne *f* de venado

Wilddieb(in) *m(f)* <-(e)s, -e; -, -nen> cazador(a) *m(f)* furtivo, -a; **Wilddiebstahl** *m* <-(e)s, -stähle> caza *f* furtiva

Wilde(r) *mf* <-n, -n; -, -n> (*abw*) salvaje *mf;* **wie ein ~r** (*fam*) como un loco

Wildente *f* <-, -n> pato *m* salvaje

Wilderei *f* <-, -en> caza *f* furtiva

Wilderer, -in *m, f* <-s, -; -, -nen> cazador(a) *m(f)* furtivo, -a

wildern ['vɪldɐn] *vi* cazar furtivamente

Wildfang *m* <-(e)s, -fänge> (*iron*) diablillo *m;* **unser Kind ist ein richtiger ~!** ¡nuestro hijo es un auténtico torbellino!

wildfremd ['--] *adj* totalmente desconocido

Wildfremde(r) *mf* <-n, -n; -, -n> persona *f* (completamente) desconocida

Wildgans *f* <-, -gänse> oca *f* silvestre

Wildheit *f* <-, *ohne pl*> carácter *m* salvaje; (*Ungestüm*) impetuosidad *f*; (*von Tieren*) ferocidad *f*

Wildhüter(in) *m(f)* <-s, -; -, -nen> guardabosque(s) *mf* (*inv*); **Wildkaninchen** *nt* <-s, -> conejo *m* de monte; **Wildkatze** *f* <-, -n> gato *m* montés; **Wildkraut** *nt* <-(e)s, -kräuter> hierbas *fpl* silvestres, plantas *fpl* silvestres

wildlebend *adj s.* **wild 1.**

Wildleder *nt* <-s, -> ante *m*

wildledern *adj* de ante; **eine ~e Jacke** una chaqueta de ante

Wildnis *f* <-, *ohne pl*> lugar *m* salvaje; (*Urwald*) selva *f;* **Tiere der ~** animales salvajes

Wildpark *m* <-s, -s *o* -e> reserva *f* de caza

wildreich *adj* abundante en venado

wildromantisch ['--'--] *adj* silvestre y romántico

Wildsau *f* <-, -säue> ❶ (ZOOL) jabalina *f*
❷ (*fam abw: Schimpfwort*) imbécil *mf*, idiota *mf*

Wildschaden *m* <-s, -schäden> daños *mpl* causados por el venado

Wildschutzgebiet *nt* <-(e)s, -e> zona *f* de reserva de caza

Wildschwein *nt* <-(e)s, -e> (ZOOL) jabalí *m*, verraco *m* MAm, Ant

wildwachsend *adj s.* **wild 1.**

Wildwasserboot *nt* <-(e)s, -e> (*Kanu*) piragua *f;* **Wildwasserfahrt** *f* <-, -en> bajada *f* en piragua en aguas bravas; **Wildwasserrennen**

nt <-s, -> piragüismo *m*
Wildwechsel *m* <-s, -> ❶ (*Weg*) paso *m* utilizado por el venado ❷ (*das Überwechseln*) cruce *m* de venado
Wildwestfilm ['-'--] *m* <-(e)s, -e> western *m*, película *f* del Oeste
Wildwuchs *m* <-es, *ohne pl*> crecimiento *m* silvestre
Wilhelm ['vɪlhɛlm] ≈Guillermo; ~ **Tell** Guillermo Tell
will [vɪl] *3. präs von* **wollen**
Wille ['vɪlə] *m* <-ns, -n> voluntad *f*; (*Wollen*) querer *m*; (*Absicht*) intención *f*; (*Entschlossenheit*) decisión *f*; **Dein ~ geschehe** (REL) hágase tu voluntad; **seinen eigenen ~n haben** saber lo que se quiere; **keinen eigenen ~n haben** no tener voluntad propia; **einen eisernen ~n haben** tener una voluntad de hierro; **seinen ~n durchsetzen** (**wollen**) (querer) imponer su voluntad; **auf seinem ~n bestehen** persistir en su voluntad; **wenn es nach meinem ~n ginge** si por mí fuera; **es geschah gegen meinen ~n** ocurrió contra mi voluntad; **jdm seinen ~n lassen** dejar que alguien actúe según su voluntad; **jdm zu ~n sein** cumplir la voluntad de alguien; **das hätte ich beim besten ~n nicht machen können** no hubiera podido hacerlo por más que hubiese querido; **es ist mein fester ~**, **das zu schaffen** tengo el firme propósito de conseguirlo; **es war dein freier ~**, **das zu tun** fue tu propia decisión de hacerlo; **es war kein böser ~** no fue con mala voluntad; **der gute ~ la buena voluntad**; **der letzte ~** (*Testament*) la última voluntad; **wider ~n** de mala gana, sin quererlo; **wo ein ~ ist, ist auch ein Weg** (*prov*) querer es poder
willen ['vɪlən] *präp +gen*: **um jds/etw gen ~** por alguien/algo; **um Gottes ~!** ¡por (el amor de) Dios!
willenlos *adj* abúlico, sin voluntad (propia); **etw ~ über sich ergehen lassen** soportar algo sin rechistar
willens ['vɪləns] *adj inv* (*geh*): **~ sein etw zu tun** estar dispuesto a hacer algo
Willenserklärung *f* <-, -en> (JUR) acto *m* de voluntad, declaración *f* de voluntad; **ausdrückliche/konkludente ~** declaración de voluntad expresa/concluyente; **empfangsbedürftige ~** declaración de voluntad recepticia; **Willensfreiheit** *f* <-, *ohne pl*> libre voluntad *f*; **Willenskraft** *f* <-, *ohne pl*> fuerza *f* de voluntad; **Willensmangel** *m* <-s, *ohne pl*> falta *f* de voluntad; (JUR) vicio *m* del consentimiento; **Anfechtung wegen ~** impugnación por vicio del consentimiento
willensschwach *adj* sin fuerza de voluntad, abúlico
Willensschwäche *f* <-, *ohne pl*> falta *f* de voluntad, abulia *f*
willensstark *adj* enérgico, voluntarioso
Willensstärke *f* <-, *ohne pl*> fuerza *f* de voluntad, energía *f*; **Willenstheorie** *f* <-, *ohne pl*> (JUR) teoría *f* de la voluntariedad
willentlich ['vɪləntlɪç] I. *adj* (*geh*) intencionado II. *adv* (*geh*) a propósito, intencionadamente
willfährig ['vɪlfɛːrɪç, '--'] *adj* (*geh*) dócil, sumiso
willig I. *adj* servicial; (*gehorsam*) obediente II. *adv* de buena gana, de buena voluntad
willkommen ['-'--] *adj* (*Person*) bienvenido; (*Sache*) oportuno, agradable; **herzlich ~!** ¡(sea Ud.) bienvenido!; **~ zu Hause!** ¡bienvenido a casa!; **jdn ~ heißen** dar la bienvenida a alguien; **du bist (mir) immer ~** eres siempre bienvenido; **eine ~e Veränderung** un cambio oportuno
Willkommen *nt* <-s, -> bienvenida *f*
Willkommenstrunk *m* <-(e)s, -trünke> (*geh*) copa *f* de bienvenida
Willkür ['vɪlkyːɐ] *f* <-, *ohne pl*> arbitrariedad *f*; **sie sind seiner ~ ausgeliefert** están a su merced; **reine ~** pura arbitrariedad
Willkürherrschaft *f* <-, *ohne pl*> despotismo *m*; **Willkürjustiz** *f* <-, *ohne pl*> (JUR) justicia *f* arbitraria
willkürlich *adj* ❶ (*Maßnahme*) arbitrario ❷ (*zufällig*) casual; **~ aussuchen** escoger al azar ❸ (*gewollt*) voluntario
Willkürverbot *nt* <-(e)s, -e> (JUR) prohibición *f* de la arbitrariedad
wimmeln ['vɪməln] *vi* pulular, bullir; **hier wimmelt es von Mücken** aquí pululan los mosquitos; **das Buch wimmelt von Fehlern** (*fam*) el libro está lleno de errores
wimmern ['vɪmɐn] *vi* gemir, gimotear
Wimpel ['vɪmpəl] *m* <-s, -> gallardete *m*, banderín *m*
Wimper ['vɪmpɐ] *f* <-, -n> ❶ (*des Menschen*) pestaña *f*; **ohne mit der ~ zu zucken** a sangre fría ❷ (BIOL) cilio *m*
Wimperntusche *f* <-, -n> rímel® *m*
Wind [vɪnt] *m* <-(e)s, -e> viento *m*; **steifer ~** viento muy fresco; **~ mit Orkanstärke** viento con fuerza huracanada; **bei ~ und Wetter** por mal tiempo que haga; **~ und Wetter ausgesetzt sein** estar a la intemperie; **der ~ dreht sich** el viento se ha girado; **jdm den ~ aus den Segeln nehmen** (*fam*) tomar la delantera a alguien; **sich** *dat* **den ~ um die Nase wehen lassen** ir a correr mundo; **wissen, woher der ~ weht** (*fam*) saber de dónde vienen los tiros; **daher weht also der ~!** (*fam*) ¡por ahí van los tiros!; **~ von etw** *dat* **bekommen** [*o* **kriegen**] (*fam*) enterarse de algo; **etw in den ~ schlagen** no hacer caso de algo;

in den ~ reden hablar con la pared; **viel ~ (um etw) machen** (*fam*) armar mucho escándalo (a propósito de algo); **hier weht ein neuer** [*o* **frischer**] **~** (*fam*) aquí soplan nuevos vientos; **sein Fähnchen nach dem ~ hängen** arrimarse al sol que más calienta; **in alle (vier) ~e** a los cuatro vientos; **wer ~ sät, wird Sturm ernten** (*prov*) quien siembra vientos, recoge tempestades
Windbeutel *m* <-s, -> buñuelo *m*; **Windbö(e)** *f* <-, -(e)n> ráfaga *f* de viento, racha *f*; **Windbruch** *m* <-(e)s, -brüche> daños *mpl* en los árboles (de un bosque) ocasionados por el viento
Winde ['vɪndə] *f* <-, -n> ❶ (TECH) cabestrante *m*, cabria *f* ❷ (BOT) enredadera *f*
Windei ['vɪntʔai] *nt* <-(e)s, -er> ❶ (*schalenloses Ei*) huevo *m* con cáscara blanda ❷ (*Reinfall*) chasco *m*; **sein Plan war ein ~** su plan no tenía futuro
Windel ['vɪndəl] *f* <-, -n> pañal *m*; **noch in den ~n stecken** (*fig*) estar todavía en pañales
Windeleinlage *f* <-, -n> pañal *m*; **Windelhöschen** ['vɪndəlhøːsçən] *nt* <-s, -> braga-pañal *m*; **Windelhose** *f* <-, -n> braga-pañal *m*
windelweich ['---'] *adj* (*fam*): **jdn ~ schlagen** moler a alguien a palos
winden¹ ['vɪndən] <windet, wand, gewunden> I. *vt* ❶ (*geh: Kranz*) hacer; **etw um etw ~** poner algo alrededor de algo; **sich** *dat* **ein Band ins Haar ~** ponerse una cinta en el pelo ❷ (*wegnehmen*) quitar, arrebatar; **jdm etw aus der Hand ~** arrancarle a alguien algo de las manos II. *vr*: **sich ~** ❶ (*Pflanze*) retorcerse (*um* alrededor de), enredarse (*um* por) ❷ (*Schlange*) deslizarse (*in* por) ❸ (*sich krümmen*) doblarse, retorcerse; **er wand sich vor Schmerzen** se dobló de puro dolor ❹ (*sich schlängeln*) serpentear (*durch* entre); **der Pfad windet sich durch die Wiesen** el camino serpentea por entre las praderas ❺ (*Ausflüchte suchen*) buscar pretextos
winden² *vunpers*: **es windet** hace viento
Windenergie *f* <-, *ohne pl*> energía *f* eólica; **Windenergieanlage** *f* <-, -n> parque *m* eólico
Winderosion *f* <-, -en> (GEO) erosión *f* eólica
Windeseile ['-'--] *f*: **mit** [*o* **in**] **~** a toda pastilla
Windfang *m* <-(e)s, -fänge> cancel *m*
windgeschützt *adj* protegido del viento
Windgeschwindigkeit *f* <-, -en> velocidad *f* del viento; **Windhauch** *m* <-(e)s, -e> soplo *m* de viento; **Windhose** *f* <-, -n> (METEO) torbellino *m*
Windhund *m* <-(e)s, -e> ❶ (ZOOL) galgo *m*, lebrel *m* ❷ (*fam abw: Mensch*) calavera *m*
windig *adj* ❶ (*Wetter, Tag*) ventoso; (*Ort*) expuesto al viento; **es ist ~** hace viento ❷ (*fam abw: Sache*) dudoso; (*Person*) pícaro
Windjacke *f* <-, -n> cazadora *f*; **Windjammer** *m* <-s, -> (NAUT) gran velero *m*; **Windkanal** *m* <-s, -näle> ❶ (TECH) túnel *m* aerodinámico ❷ (*an einer Orgel*) canal *m* de viento, conducto *m* de aire
Windkraft *f* <-, *ohne pl*> energía *f* eólica; **Windkraftanlage** *f* <-, -n>, **Windkraftwerk** *nt* <-(e)s, -e> central *f* eólica
Windlicht *nt* <-(e)s, -er> especie de quinqué con una vela; **Windmesser** *m* <-s, -> (METEO) anemómetro *m*
Windmühle *f* <-, -n> molino *m* de viento; **gegen ~n kämpfen** luchar en vano; **Windmühlenflügel** *m* <-s, -> aspa *f* de molino de viento
Windpark *m* <-s, -s *o* -e> parque *m* eólico
Windpocken *fpl* (MED) varicela *f*
Windrad *nt* <-(e)s, -räder> ❶ (TECH) rueda *f* de paletas ❷ (*Spielzeug*) molinete *m*, molinillo *m*; **Windradpumpe** *f* <-, -n> bomba *f* de rueda de viento
Windrichtung *f* <-, -en> dirección *f* del viento; **Windrose** *f* <-, -n> rosa *f* de los vientos
Windschatten *m* <-s, *ohne pl*> lado *m* protegido del viento; (NAUT) sotavento *m*; **im ~ eines Fahrzeugs fahren** ir protegido del viento por un vehículo; **Windschattenfahrer(in)** *m(f)* <-s, -; -, -nen> chuparruedas *mf inv*
windschief *adj* inclinado, ladeado
windschnittig *adj* aerodinámico
Windschutz *m* <-es, -e> tira *f* de lona que resguarda del viento; **Windschutzscheibe** *f* <-, -n> (AUTO) parabrisas *m inv*; **Windschutzstreifen** *m* <-s, -> (AUTO) valla *f* protectora contra el viento
Windseite *f* <-, -n> lado *m* expuesto al viento; (NAUT) barlovento *m*; **Windstärke** *f* <-, -n> fuerza *f* del viento; **es herrscht ~ drei** tenemos un viento de fuerza tres; **Windstern** *m* <-(e)s, -e> rosa *f* de los vientos
windstill *adj*: **es ist ~** no hace viento; **es ist absolut ~** hay calma chicha; **ein ~er Tag** un día que no hace viento
Windstille *f* <-, *ohne pl*> calma *f*; **völlige ~** calma chicha; **Windstoß** *m* <-es, -stöße> golpe *m* de viento, racha *f*; **Windsurfbrett** *nt*

windsurfen ['vɪntzø:əfən] vi practicar el windsurf
Windsurfen nt <-s, ohne pl> windsurf m; **Windsurfer(in)** m(f) <-s, -; -, -nen> surfista mf; **Windsurfing** ['vɪntzø:əfɪŋ] nt <-s, ohne pl> windsurf m
Windung f <-, -en> ❶ (allgemein) sinuosidad f; (Kurve) curva f; (Fluss~) meandro m
❷ (einer Spule) espira f; (einer Schraube) paso m
Wink [vɪŋk] m <-(e)s, -e> ❶ (Zeichen) seña f, señal f
❷ (Äußerung) indicación f; (Rat) consejo m; (Warnung) advertencia f; **von jdm einen ~ bekommen** recibir una indicación de alguien; **jdm einen ~ geben** hacer(le) una indicación a alguien; **ein ~ mit dem Zaunpfahl** una indirecta
Winkel ['vɪŋkəl] m <-s, -> ❶ (MATH) ángulo m; **rechter ~** ángulo recto; **spitzer/stumpfer ~** ángulo agudo/obtuso; **toter ~** ángulo muerto
❷ (~maß) regla f de ángulos, escuadra f
❸ (Ecke) rincón m; **ein stiller ~** un rincón tranquilo; **etw in allen Ecken und ~n suchen** buscar algo por todos los rincones
Winkeladvokat(in) m(f) <-en, -en; -, -nen> (abw) picapleitos mf inv;
Winkeleisen nt <-s, -> (TECH) hierro m de ángulo; **Winkelfunktion** f <-, -en> (MATH) función f trigonométrica; **Winkelhalbierende** f <-n, -n> (MATH) bisectriz f
wink(e)lig ['vɪŋk(ə)lɪç] adj (Gasse) torcido; (Haus, Stadt) de muchos rincones
Winkellineal nt <-s, -e> regla f de ángulo [o de escuadra]; **Winkelmaß** nt <-es, -e> ❶ (MATH: Einheit) medida f angular ❷ (Gerät) transportador m; **Winkelmesser** nt <-s, -> goniómetro m; **Winkelzug** m <-(e)s, -züge> jugada f maestra
winken ['vɪŋkən] <winkt, winkte, gewinkt, reg: gewunken> I. vi ❶ (Zeichen geben) hacer señas; **einem Taxi ~** llamar un taxi; **jdm mit der Zeitung ~** hacerle señas a alguien con un periódico
❷ (erwarten): **jdm winkt etw** algo le espera a alguien; **der Siegerin winkt eine Reise nach Chile** a la ganadora le espera un viaje a Chile
II. vt: **jdn zu sich dat ~** llamar a alguien; **er winkte den Kellner zu sich** llamó al camarero
winklig adj s. **wink(e)lig**
winseln ['vɪnzəln] vi gemir; **um Vergebung ~** (abw) implorar el perdón
Winter ['vɪntɐ] m <-s, -> invierno m; **ein harter** [o **strenger**] **~** un invierno duro [o severo]; **nuklearer ~** invierno nuclear; (gut) **über den ~ kommen** pasar (sano) el invierno
Winterabend m <-s, -e> tarde f de invierno; (ab 20 oder 21 Uhr) noche f de invierno; **Winteranfang** m <-(e)s, -fänge> comienzo m del invierno; **Winterdienst** m <-(e)s, -e> servicio m quitanieves; **Wintereinbruch** m <-s, -brüche> comienzo m brusco del invierno; **Winterfahrplan** m <-(e)s, -pläne> horario m de invierno; **Winterfell** nt <-(e)s, -e> pelo m de invierno; **Winterferien** pl vacaciones fpl de invierno
winterfest adj resistente al frío (invernal); **das Auto ~ machen** preparar el coche para el invierno
Wintergarten m <-s, -gärten> invernadero m; **Wintergetreide** nt <-s, -> cereales mpl de invierno; **Winterhalbjahr** nt <-(e)s, -e> semestre m de invierno (de octubre a marzo)
winterhart adj (BOT) de invierno
Winterkälte f <-, ohne pl> frío m invernal; **Winterkleidung** f <-, -en> ropa f de invierno; **Winterlandschaft** f <-, -en> paisaje m invernal
winterlich adj invernal, de invierno; **~ gekleidet** con ropa de invierno
Wintermantel m <-s, -mäntel> abrigo m de invierno; **Winterolympiade** f <-, -n> Juegos mpl Olímpicos de invierno; **Winterquartier** nt <-s, -e> cuarteles mpl de invierno; **Winterreifen** m <-s, -> neumático m de invierno; **Winterruhe** f <-, ohne pl> (ZOOL) descanso m invernal
winters ['vɪntɐs] adv: **sommers wie** [o **und**] **~** tanto en verano como en invierno
Wintersaison f <-, -s> temporada f de invierno; **Winterschlaf** m <-(e)s, ohne pl> (ZOOL) hibernación f; **~ halten** hibernar; **WinterschlussverkaufRR** m <-(e)s, -käufe> rebajas fpl de enero; **Wintersemester** nt <-s, -> semestre m de invierno; **Wintersmog** m <-(s), -s> smog m invernal; **Wintersonnenwende** f <-, -n> solsticio m de invierno; **Winterspeck** m <-(e)s, -e> (fam) quilos mpl de más adquiridos en invierno; **Winterspiele** ntpl: **die (Olympischen) ~** (SPORT) los Juegos (Olímpicos) de Invierno; **Wintersport** m <-(e)s, -e> deporte m de invierno; **zum ~ fahren** ir a esquiar
Winterszeit f <-, ohne pl> s. **Winterzeit**
Winterurlaub m <-(e)s, -e> vacaciones fpl de invierno; **Winterzeit** f <-, ohne pl> temporada f de invierno, época f invernal
Winzer(in) ['vɪntsɐ] m(f) <-s, -; -, -nen> viticultor(a) m(f)
winzig ['vɪntsɪç] adj diminuto, minúsculo, chiquitito fam; **~ klein** diminuto
Winzigkeit¹ f <-, ohne pl> (geringe Größe) pequeño tamaño m
Winzigkeit² f <-, -en> (fam) ❶ (winzige Menge) pequeña cantidad f; **noch einen Schnaps? – meinetwegen, aber nur eine ~** ¿otra copita de aguardiente? – bueno, pero sólo un poquito de nada
❷ (belanglose Sache) nimiedad f, bagatela f, nadería f
Winzling ['vɪntslɪŋ] m <-s, -e> (fam) chiquillo, -a m, f
Wipfel ['vɪpfəl] m <-s, -> cima f, copo m And
Wippe ['vɪpə] f <-, -n> balancín m
wippen ['vɪpən] vi ❶ (auf und ab) balancearse; (hin und her) oscilar
❷ (auf einer Wippe) balancearse
wir [vi:ɐ] pron pers 1. Pl nosotros mpl, nosotras fpl; **~ beiden/drei** nosotros/nosotras dos/tres; **~ sind Lehrerinnen** nosotras somos maestras; **wer war das? – ~ nicht** ¿quién hizo esto? – nosotros no; **trinken ~ erst mal einen!** ¡bebamos primero una copa!
Wirbel ['vɪrbəl] m <-s, -> ❶ (Wasser~, Luft~, Haar~) remolino m
❷ (Trubel) torbellino m, jaleo m fam; (Aufsehen) escándalo m; **~ um etw machen** armar un escándalo a propósito de algo
❸ (Knochen) vértebra f
❹ (an Saiteninstrumenten) clavija f
❺ (Trommel~) redoble m
Wirbelbruch m <-(e)s, -brüche> (MED) hernia f vertebral
wirbellos adj invertebrado
wirbeln ['vɪrbəln] I. vi sein ❶ (Staub) arremolinarse, remolinar; **durch die Luft ~** revolotear por el aire
❷ (fam: geschäftig sein) estar atareado; **sie wirbelt den ganzen Tag** no para en todo el día
II. vt (in die Luft) revolotear
Wirbelsäule f <-, -n> columna f vertebral; **Wirbelsäulengymnastik** f <-, ohne pl> gimnasia f para la columna vertebral
Wirbelsturm m <-(e)s, -stürme> ciclón m, tornado m
Wirbeltier nt <-(e)s, -e> (ZOOL) vertebrado m
Wirbelwind m <-(e)s, -e> (Wind, Mensch) torbellino m; **wie ein ~** como un torbellino
wirbt [vɪrpt] 3. präs von **werben**
wird [vɪrt] 3. präs von **werden**
wirft [vɪrft] 3. präs von **werfen**
wirken ['vɪrkən] I. vi ❶ (Wirkung haben) surtir efecto (bei con, auf en); **ihr Optimismus wirkt ansteckend** nos ha contagiado su optimismo; **beruhigend ~** tener un efecto calmante; **gut ~** surtir buen efecto; **gegen etw ~** surtir efecto contra algo
❷ (Eindruck machen) parecer, dar la impresión (de); **er wirkt etwas nervös auf mich** me da la impresión de estar un poco nervioso; **sie wirkt jünger, als sie ist** parece más joven de lo que es; **lächerlich ~** ser ridículo; **jugendlich ~** verse joven
❸ (zur Geltung kommen) destacar, resaltar; **der Sessel wirkt neben dem Fenster besser** el sillón destaca más al lado de la ventana; **ihre Brille wirkt sehr vorteilhaft** las gafas le favorecen mucho; **etw auf sich ~ lassen** degustar [o digerir] algo, disfrutar de algo
❹ (tätig sein) trabajar (als de, für para)
II. vt ❶ (hervorbringen): **Wunder ~** (fam) surtir efectos maravillosos; **dieses Medikament wirkt Wunder** este medicamento surte efectos maravillosos
❷ (Textilien) tejer
wirklich ['vɪrklɪç] I. adj real; (echt) verdadero, auténtico; **er war eine ~e Hilfe für mich** fue una auténtica ayuda para mí; **im ~en Leben** en la vida real
II. adv de verdad, de veras; **~ und wahrhaftig** de veras; **das ist ~ nett von Ihnen** es realmente muy amable de su parte; **ist das ~ wahr?** ¿de verdad que eso es cierto?; **nein ~?** no, ¿de verdad?; **ich war es ~ nicht** yo no lo hice, de verdad; **er hat es nicht ~ gesagt, aber ...** en realidad no lo ha dicho, pero...
Wirklichkeit f <-, -en> realidad f; **die raue ~ (des Alltags)** la dura realidad (de la vida cotidiana); **in ~** en realidad; **in ~ heißt er anders** en realidad tiene otro nombre
wirklichkeitsfremd adj ajeno a la realidad, poco realista
wirklichkeitsgetreu adj realístico, realista; **etw ~ schildern** hacer una descripción realista de algo
Wirklichkeitssinn m <-(e)s, ohne pl> sentido m de la realidad
wirksam adj eficaz, efectivo; **~ sein** (formal: gültig) ser vigente; **~ werden** (formal: gültig) entrar en vigor; **die Verordnung wird mit dem ersten Januar ~** el decreto entra en vigor el uno de enero; **eine äußerst ~e Droge** una droga muy eficaz
Wirksamkeit f <-, ohne pl> eficacia f, eficiencia f; (Gültigkeit) vigencia f; **~ eines Vertrags/des Geschäfts** (JUR) eficacia del contrato/del negocio
Wirksamwerden nt <-s, ohne pl> (JUR) entrada f en vigor
Wirkstoff m <-(e)s, -e> su(b)stancia f activa
Wirkung f <-, -en> efecto m; (Ergebnis) resultado m; (Folge) conse-

cuencia f; (Reaktion) reacción f; (Wirksamkeit) eficacia f; (Einfluss) influencia f; **aufschiebende ~** efecto suspensivo [o dilatorio]; **bindende ~** efecto vinculante; **heilende ~** efecto sanatorio; **unmittelbare ~** efecto inmediato; **mit sofortiger ~** con efecto inmediato; **eine durchschlagende/lindernde ~ haben** [o besitzen] tener un efecto radical/calmante; **seine ~ entfalten** surtir efecto; **seine ~ verfehlen** no surtir el efecto deseado; **ohne (jegliche) ~ bleiben** no producir (ningún) efecto; **mit ~ vom ersten April** con efecto a partir del uno de abril; **an ~ verlieren** perder eficacia
Wirkungsbereich m <-(e)s, -e> ❶ (Tätigkeitsbereich) esfera f de acción; **der ~ der Kaltfront** el área afectada por el frente frío ❷ (MIL) alcance m; **Wirkungsdauer** f <-, ohne pl> duración f del efecto; **Wirkungsgrad** m <-(e)s, -e> eficiencia f; **Wirkungskette** f <-, -n> (CHEM) cadena f de acción; **Wirkungskreis** m <-es, -e> campo m de acción, ámbito m de acción
wirkungslos adj ineficaz, sin efecto; **~ bleiben** no surtir efecto
Wirkungslosigkeit f <-, ohne pl> ineficacia f
wirkungsvoll adj eficaz; **~ sein** surtir efecto
Wirkungsweise f <-, -n> modo m de acción
wirr [vɪr] adj ❶ (ungeordnet) desordenado, revuelto; **alles lag ~ durcheinander** todo estaba revuelto ❷ (verworren) confuso; **~es Zeug reden** decir disparates
Wirren ['vɪrən] pl tiempos mpl revueltos; (Unruhen) disturbios mpl, tumultos mpl; **in den ~des Bürgerkrieges** en los tiempos revueltos de la guerra civil
Wirrkopf m <-(e)s, -köpfe> (abw) despistado, -a m, f
Wirrwarr ['vɪrvar] m <-s, ohne pl> caos m inv, follón m fam, merengue m CSur
Wirsing ['vɪrzɪŋ] m <-s, ohne pl> col f de Milán
Wirt¹ [vɪrt] m <-(e)s, -e> (BIOL) huésped m
Wirt(in)² [vɪrt] m(f) <-(e)s, -e; -, -nen> ❶ (Gast~) dueño, -a m, f de un restaurante; **Herr ~, noch zwei Bier!** ¡camarero, dos cervezas más! ❷ (Haus~) dueño, -a m, f de una casa
Wirtschaft ['vɪrtʃaft] f <-, -en> ❶ (Volks~) economía f; **die deutsche ~** la economía alemana; **freie ~** economía liberal; **staatlich gelenkte ~** economía dirigida por el Estado, economía planificada [o controlada]; **stockende ~** economía ralentizada [o estancada]; **die ~ ankurbeln** reactivar la economía; **er ist in der ~ tätig** trabaja en la industria ❷ (Gast~) restaurante m
wirtschaften I. vi administrar, llevar (la casa/empresa/los negocios etc); (sparsam ~) ahorrar, economizar; **gut/schlecht ~** llevar bien/mal los negocios; **mit Gewinn ~** sacar beneficios; **in die eigene Tasche ~** enriquecerse (de modo ilegal)
II. vt: **etw zugrunde** [o zu Grunde] **~** llevar algo a la ruina
Wirtschafter(in) m(f) <-s, -; -, -nen> ❶ (WIRTSCH) empresario, -a m, f ❷ (Verwalter) administrador(a) m(f); (in der Landwirtschaft) mayordomo m
Wirtschaftler(in) m(f) <-s, -; -, -nen> economista mf
wirtschaftlich adj económico; **~ schwach entwickelt** poco desarrollado en términos económicos; **aus ~en Gründen** por razones económicas; **jdm geht es ~ gut/schlecht** a alguien le va económicamente bien/mal; **wir planen streng ~** hacemos una planificación estrictamente racional
Wirtschaftlichkeit f <-, ohne pl> rentabilidad f, productividad f
Wirtschaftsabkommen nt <-s, -> acuerdo m económico; **Wirtschaftsartikel** m <-s, -> artículo m sobre economía; **Wirtschaftsaufschwung** m <-(e)s, -schwünge> auge m de la economía; **Wirtschaftsaufsicht** f <-, ohne pl> (WIRTSCH) fiscalización f económica; **Wirtschaftsbarometer** nt <-s, -> (WIRTSCH) barómetro m de la economía; **Wirtschaftsbelebung** f <-, -en> reactivación f de la economía, reanimación f económica; **Wirtschaftsberater(in)** m(f) <-s, -; -, -nen> consultor(a) m(f) económico, -a, asesor(a) m(f) económico, -a; **Wirtschaftsbereich** m <-(e)s, -e> sector m económico; **Wirtschaftsbeziehungen** fpl relaciones fpl económicas; **internationale ~** relaciones económicas internacionales; **~ fortsetzen** continuar las relaciones económicas
wirtschaftsbezogen adj relativo a la economía; **Wirtschaftsdarlehen** nt <-s, -> préstamo m comercial; **Wirtschaftsembargo** nt <-s, -s> embargo m económico; **Wirtschaftsentwicklung** f <-, ohne pl> desarrollo m económico; **Wirtschaftsethik** f <-, ohne pl> ética f económica; **Wirtschaftsexperte, -in** m, f <-n, -n; -, -nen> (WIRTSCH) experto, -a m, f en economía; **Wirtschaftsfaktor** m <-s, -en> factor m económico
wirtschaftsfeindlich adj antieconómico
Wirtschaftsfeld nt <-(e)s, -er> campo m económico, ámbito m económico; **Wirtschaftsflüchtling** m <-s, -e> refugiado, -a m, f económico, -a
Wirtschaftsförderung f <-, -en> fomento m del desarrollo económico, fomento m de la economía; **Wirtschaftsförderungsmaß-**

nahme f <-, -n> medida f para promover el desarrollo económico
Wirtschaftsform f <-, -en> sistema m económico; **Wirtschaftsforscher(in)** m(f) <-s, -; -, -nen> investigador(a) m(f) de la coyuntura; **Wirtschaftsforschungsinstitut** nt <-(e)s, -e> instituto m de investigación económica; **Wirtschaftsgebäude** nt <-s, -> dependencias fpl del servicio; **Wirtschaftsgefüge** nt <-s, ohne pl> estructura f económica; **Wirtschaftsgeld** nt <-(e)s, ohne pl> dinero m para (los) gastos domésticos; **Wirtschaftsgemeinschaft** f <-, -en> comunidad f económica; **Wirtschaftsgut** nt <-(e)s, -güter> (WIRTSCH) bienes mpl económicos; **kurzlebige/langlebige Wirtschaftsgüter** bienes económicos no duraderos/duraderos; **Wirtschaftsgymnasium** nt <-s, -gymnasien> instituto m de enseñanza media especializado en ciencias económicas; **Wirtschaftshilfe** f <-, -n> ayuda f económica; **Wirtschaftshistoriker(in)** m(f) <-s, -; -, -nen> historiador(a) m(f) especializado, -a en materia económica; **Wirtschaftsindikator** m <-s, -en> (WIRTSCH) indicador m económico; **Wirtschaftsjahr** nt <-(e)s, -e> (WIRTSCH) año m económico [o fiscal]; **Wirtschaftsjurist(in)** m(f) <-en, -en; -, -nen> jurista mf especializado en economía; **Wirtschaftskollisionsrecht** nt <-(e)s, ohne pl> (JUR, WIRTSCH) régimen m de colisión económica; **Wirtschaftskontakt** m <-(e)s, -e> relaciones fpl económicas; **Wirtschaftskraft** f <-, -kräfte> (WIRTSCH) fuerza f económica; **Wirtschaftskriminalität** f <-, ohne pl> delincuencia f económica; **Wirtschaftskrise** f <-, -n> (WIRTSCH) crisis f inv económica; **Wirtschaftslage** f <-, ohne pl> situación f económica; **allgemeine ~** situación económica general; **Wirtschaftsleben** nt <-s, ohne pl> vida f económica; **Wirtschaftsmacht** f <-, -mächte> ❶ (bedeutendes Land) potencia f económica ❷ (eines Landes) poder m económico; **Wirtschaftsminister(in)** m(f) <-s, -; -, -nen> ministro, -a m, f de Economía; **Wirtschaftsministerium** nt <-s, -ministerien> Ministerio m de Economía; **Wirtschaftsordnung** f <-, -en> (WIRTSCH) orden m económico; **Wirtschaftsplan** m <-(e)s, -pläne> (WIRTSCH) planificación f económica; **Wirtschaftsplaner** m <-s, -> planificador(a) m(f) de la economía; **Wirtschaftsplanung** f <-, -en> planificación f económica; **Wirtschaftspolitik** f <-, -en> política f económica
wirtschaftspolitisch adj de la política económica; **~ sinnvoll** razonable a nivel de política económica
Wirtschaftsprognose f <-, -n> previsión f económica; **Wirtschaftsprüfer(in)** m(f) <-s, -; -, -nen> revisor(a) m(f) de cuentas, interventor(a) m(f); **Wirtschaftsprüfung** f <-, -en> (WIRTSCH) revisión f de cuentas [o de balances]; **Wirtschaftsrat** m <-(e)s, ohne pl> (in der BRD) consejo m económico; **Wirtschaftsraum** m <-(e)s, -räume> ❶ (WIRTSCH) espacio m económico; **Europäischer ~** Espacio Económico Europeo ❷ (Wirtschaftsgebäude) dependencias fpl del servicio
Wirtschaftsrecht nt <-(e)s, ohne pl> (JUR) derecho m económico; **gemeinschaftliches ~** derecho económico comunitario; **Wirtschaftsrechtsvergleichung** f <-, -en> (JUR) derecho m económico comparado
Wirtschaftsredakteur(in) m(f) <-s, -e; -, -nen> redactor(a) m(f) de (la sección) de economía; **Wirtschaftsreform** f <-, -en> reforma f económica; **Wirtschaftssabotage** f <-, -n> sabotaje m industrial, sabotaje económico; **Wirtschaftssanktionen** fpl sanciones fpl económicas; **Wirtschaftsspionage** f <-, ohne pl> espionaje m industrial, espionaje m económico; **Wirtschaftsstrafgesetz** nt <-es, -e> ley f de delitos económicos; **Wirtschaftsstrafkammer** f <-, -n> (JUR) sala f de derecho penal económico; **Wirtschaftsstrafrecht** nt <-(e)s, ohne pl> (JUR) derecho m penal económico; **Wirtschaftssystem** nt <-s, -e> (WIRTSCH) sistema m económico; **kapitalistisches ~** sistema económico capitalista; **staatlich gelenktes ~** sistema económico controlado por el estado; **Wirtschaftstätigkeit** f <-, -en> actividad f económica; **allgemeine ~** actividad económica general; **Wirtschaftsteil** m <-(e)s, -e> sección f económica; **Wirtschaftstheorie** f <-, -n> teoría f económica; **Wirtschaftstrend** m <-s, -s> tendencia f económica; **Wirtschaftstreuhänder(in)** m(f) <-s, -; -, -nen> (WIRTSCH) fideicomisario, -a m, f económico, -a
Wirtschafts- und Währungsunion f <-, ohne pl> (EU) Unión f Económica y Monetaria
Wirtschaftsunternehmen nt <-s, ->: **kommunales ~** empresa f municipal; **Wirtschaftsverband** m <-(e)s, -bände> asociación f comercial; **Wirtschaftsverbrechen** nt <-s, -> crimen m económico, delito m económico; **Wirtschaftsvereinigung** f <-, -en> agrupación f económica; **Wirtschaftsverfassungsrecht** nt <-(e)s, ohne pl> derecho m constitucional económico; **Wirtschaftsverkehr** m <-s, ohne pl> relaciones fpl económicas; **Wirtschaftsverwaltungsrecht** nt <-(e)s, ohne pl> derecho m administrativo económico; **Wirtschaftswachstum** nt <-s, ohne pl> crecimiento m económico; **beschleunigtes ~** crecimiento económico activo; **das ~ ankurbeln** reactivar el crecimiento económico; **Wirtschaftswald** m <-(e)s,

-wälder> bosque *m* maderable; **Wirtschaftswissenschaft** *f* <-, -en> ciencias *fpl* económicas; **Wirtschaftswissenschaftler(in)** *m(f)* <-s, -; -, -nen> economista *mf*; **Wirtschaftswunder** *nt* <-s, -> (*fam*) milagro *m* económico; **Wirtschaftsziel** *nt* <-(e)s, -e> finalidad *f* económica; **Wirtschaftszusammenschluss**[RR] *m* <-es, -schlüsse> fusión *f* económica; **Wirtschaftszweig** *m* <-(e)s, -e> sector *m* económico; **wachstumsschwacher ~** [*o* **rezessionsgeschädigter**] sector de la economía con una baja tasa de crecimiento

Wirtshaus ['vɪrts-] *nt* <-es, -häuser> restaurante *m* (en el campo), cantina *f* Arg; **Wirtsleute** *pl* dueños *mpl*

Wirtsorganismus *m* <-, -organismen> (BIOL) hospedador *m*

Wisch [vɪʃ] *m* <-(e)s, -e> (*fam abw*) papelucho *m*

wischen ['vɪʃən] I. *vi* ① **über etw ~** (*putzen*) limpiar algo; (*darüber streichen*) pasar la mano por algo; **in der Küche ~** fregar la cocina; **du saugst, ich wische** tú pasas el aspirador, yo el trapo
② (*Schweiz: fegen*) barrer
II. *vt* ① (*reinigen*) limpiar, fregar (el suelo), trapear *Am*
② (*weg~*) quitar (*von* de); (*trocknen*) secar; **Staub ~** quitar el polvo; **sich** *dat* **den Schweiß von der Stirn ~** secarse el sudor de la frente
③ (*Ohrfeige*): **jdm eine ~** (*fam*) dar una bofetada a alguien
④ (*Schweiz: fegen*) barrer

Wischer *m* <-s, -> ① (AUTO) limpiaparabrisas *m inv*
② (*Grafik*) difumino *m*, esfumino *m*

Wischerblatt *nt* <-(e)s, -blätter> escobilla *f*

Wischiwaschi ['vɪʃɪ'vaʃɪ] *nt* <-s, *ohne pl*> (*fam abw*) palabrería *f*, cháchara *f*

Wischlappen *m* <-s, -> (*reg*) trapo *m*, bayeta *f*; **Wischtuch** *nt* <-(e)s, -tücher> trapo *m* (para limpiar los muebles)

Wisent ['viːzɛnt] *m* <-s, -e> (ZOOL) bisonte *m*

Wismut ['vɪsmuːt] *nt* <-(e)s, *ohne pl*> (CHEM) bismuto *m*

Wismutglanz *m* <-es, *ohne pl*> bismutina *f*

wispern ['vɪspɐn] *vi*, *vt* susurrar, cuchichear

Wissbegier(de)[RR] ['vɪs-] *f* <-, *ohne pl*>, **Wißbegier(de)** *f* <-, *ohne pl*> curiosidad *f* intelectual, deseo *m* de saber; **jds ~ befriedigen** satisfacer la curiosidad de alguien

wissbegierig[RR] *adj*, **wißbegierig** *adj* ávido de saber; (*neugierig*) curioso

wissen ['vɪsən] <weiß, wusste, gewusst> I. *vt* ① (*können*) saber; **er weiß es** (**halt**) **nicht anders** no sabe hacerlo de otra manera; **ich wusste mir nicht anders zu helfen** no supe de otra salida; **ich weiß nicht mehr ein noch aus** no sé cómo seguir; **ich hoffe, ihr wisst das zu schätzen** espero que sepáis apreciarlo; **ich weiß mit ihr umzugehen** sé como tratarla
② (*die Kenntnis besitzen*): **ich weiß nicht, wo er ist** no sé dónde está; **wusstest du, dass …?** ¿sabías que…?; **weißt du schon das Neueste?** ¿ya sabes lo último?; **woher soll ich das ~?** ¿cómo quiere(s) que lo sepa?; **woher weißt du das?** ¿cómo lo sabes?; **soviel ich weiß, ist er noch da** por lo que yo sé, sigue estando allí; **er weiß immer alles besser** siempre lo sabe todo mejor; **ich weiß, wovon ich rede** sé de lo que estoy hablando; **das musst du selbst ~** tú sabrás; **wenn ich das gewusst hätte …** si lo hubiera sabido…; **das hätte er ~ müssen** eso tendría que haberlo sabido; **sie weiß, was sie will** sabe lo que quiere; **was weißt du denn davon?** ¿y qué sabes al respecto?; **ich wüsste nicht, was ich lieber täte** no hay nada que me gustaría más; **das ist wer weiß wie teuer** (*fam*) esto quién sabe lo que costará; **… und was weiß ich noch alles** (*fam*) … y no sé cuántas cosas más; **weißt du was?** ¿sabes qué?; **gewusst, wie!** (*fam*) ¡a saber!
③ (*sich erinnern*) acordarse; **weißt du noch, wie schön es war?** ¿te acuerdas de lo bonito que era?
④ (*erfahren*): **ich möchte nicht ~, was das gekostet hat** no quiero saber lo que ha costado; **lassen Sie mich ~, wenn/ob …** hágame saber si…; **sie will nichts mehr von mir ~** no quiere saber nada más de mí; **ich will davon nichts ~** no quiero saber nada al respecto
⑤ (*die Sicherheit haben*): **ich weiß sie in guten Händen** (*geh*) sé que está en buenas manos
⑥ (*kennen*) conocer, saber (de); **weißt du einen guten Arzt?** ¿sabes de un buen médico?
II. *vi* (*informiert sein*) estar al corriente; **um etw/von etw** *dat* **~** saber de algo, estar al tanto [*o* al corriente] de algo; **ich weiß von nichts** no sé de nada; **man kann nie ~** (*fam*) nunca se sabe; **weiß der Henker!** (*fam*) ¡sabe Dios!; **nicht, dass ich wüsste** no que yo sepa; **wer weiß?** ¿quién sabe?; **ach, weißt du, …** mira,…; **was weiß ich** (*fam*) yo qué sé

Wissen *nt* <-s, *ohne pl*> saber *m*; (*Kenntnisse*) conocimientos *mpl*; **~ ist Macht** saber es poder; **meines ~s** que yo sepa; **etw nach bestem ~ und Gewissen tun** hacer algo de buena fe; **das geschah ohne mein ~** ocurrió sin que yo lo supiese; **wider** [*o* **gegen**] **besseres ~** contra su propia convicción

wissend *adj* de complicidad

Wissende(r) *mf* <-n, -n; -n, -n> (*geh*) iniciado, -a *m, f*

Wissenschaft *f* <-, -en> ciencia *f*; **angewandte ~** ciencia aplicada; **das ist eine ~ für sich** esto es bastante complicado

Wissenschaftler(in) *m(f)* <-s, -; -, -nen> científico, -a *m, f*

wissenschaftlich *adj* científico

Wissenschaftlichkeit *f* <-, *ohne pl*> carácter *m* científico

Wissenschaftsfreiheit *f* <-, *ohne pl*> libertad *f* científica; **Wissenschaftsminister(in)** *m(f)* <-s, -; -, -nen> ministro, -a *m, f* de la Ciencia; **Wissenschaftstheorie** *f* <-, *ohne pl*> (PHILOS) teoría *f* de la ciencia

Wissensdrang *m* <-(e)s, *ohne pl*>, **Wissensdurst** *m* <-(e)s, *ohne pl*> afán *m* de saber, ansia *f* de saber; **Wissensgebiet** *nt* <-(e)s, -e> campo *m* del saber, disciplina *f*; **Wissenslücke** *f* <-, -n> laguna *f* del saber; **Wissensstoff** *m* <-(e)s, *ohne pl*> conocimientos *mpl* de una materia; **sich** *dat* **einen ~ aneignen** adquirir conocimientos (de una materia); **einen umfangreichen ~ vermitteln** transmitir amplios conocimientos de una materia

wissenswert *adj* interesante

wissentlich ['vɪsəntlɪç] I. *adj* premeditado, deliberado; (*absichtlich*) intencionado
II. *adv* (*bewusst*) a sabiendas, deliberadamente; (*absichtlich*) intencionadamente

Witfrau ['vɪtfraʊ] *f* <-, -en> (*Schweiz*) viuda *f*

wittern ['vɪtɐn] I. *vi* ventear
II. *vt* ① (*Wild*) ventear
② (*ahnen*) sospechar, presentir; **Morgenluft ~** ver la oportunidad; **Verrat ~** sospechar la traición; **seine Chance ~** ver la oportunidad

Witterung *f* <-, -en> ① (*Wetter*) tiempo *m*; **bei guter ~** con buen tiempo
② (*Geruchssinn*) olfato *m*, viento *m*; (*Geruch*) viento *m*; **die ~ aufnehmen** tomar el viento; **von etw** *dat* **~ bekommen** (*fig*) percibir [*o* notar] algo

Witterungsumschlag *m* <-(e)s, -schläge> cambio *m* del tiempo; **Witterungsverhältnisse** *ntpl* condiciones *fpl* atmosféricas [*o* meteorológicas]

Witwe ['vɪtvə] *f* <-, -n> viuda *f*

Witwengeld *nt* <-(e)s, -er> pensión *f* de viudedad; **Witwenrente** *f* <-, -n> pensión *f* de viuda; **Witwenschleier** *m* <-s, -> velo *m* de viuda; **Witwenverbrennung** *f* <-, -en> inmolación *f* de las viudas hindúes (*que son incineradas junto a sus esposos fallecidos*)

Witwer ['vɪtvɐ] *m* <-s, -> viudo *m*

Witz[1] [vɪts] *m* <-es, -e> (*mit Pointe*) chiste *m*; (*Scherz*) broma *f*, trisca *f* *MAm, Ant*; **einen ~ erzählen** contar un chiste; **dreckige ~-e** chistes verdes; **~-e machen** bromear; **mach keine ~-e!** (*fam*) ¡no bromees!; **das soll doch wohl ein ~ sein!** esto es una broma, ¿no?; **der ~ bei** [*o* **an**] **der Sache ist, dass …** (*fam*) lo gracioso del asunto es que…; **das ist der ganze ~** (*fam*) eso es todo; **die Prüfung war ein ~** (*fam*) el examen era de risa

Witz[2] *m* <-es, *ohne pl*> (*Geist*) gracia *f*; **sie hat** (**viel**) **~** tiene (mucha) gracia; **etw mit beißendem ~ darstellen** contar algo con mucha ironía

Witzblatt *nt* <-(e)s, -blätter> revista *f* humorística

Witzbold ['vɪtsbɔlt] *m* <-(e)s, -e> (*fam*) guasón, -ona *m, f*, gracioso, -a *m, f*; **du ~!** (*fam iron*) ¡qué gracioso!

Witzelei *f* <-, -en> broma *f*, burla *f*

witzeln ['vɪtsəln] *vi* bromear, hacer gracias, versar *Mex*; **über jdn/etw ~** burlarse de alguien/algo

Witzfigur *f* <-, -en> hazmerreír *m*, fantoche *m*

witzig *adj* divertido, gracioso; **das ist ja ~!** (*fam*) ¡esto tiene gracia!; **sehr ~!** (*fam iron*) ¡muy gracioso!

witzlos *adj* ① (*ohne Witz*) soso, sin gracia
② (*fam: sinnlos*) sin sentido, inútil; **es ist ~, noch länger zu warten** no tiene sentido esperar más

WM [veːˈʔɛm] *f* <-, -s> *Abk. von* **Weltmeisterschaft** campeonato *m* mundial

wo [voː] I. *adv* ① (*interrogativ*) dónde; **~ bist du gewesen?** ¿dónde has estado?; **~ gibt's denn so was!** (*fam*) ¿dónde se ha visto algo parecido?
② (*relativisch*) donde; (*zeitlich*) cuando, que; **überall, ~ …** en todas partes donde…; **~ auch immer** donde sea, dondequiera que +*subj*; **sie ist wer weiß ~** sabe Dios donde estará; **jetzt, ~ ich Zeit habe** ahora que tengo tiempo; **ach ~!** (*fam*) ¡qué va!
II. *konj* ① (*da*) ya que
② (*obwohl*) aún cuando, aunque; **~ sie doch wusste, dass ich keine Zeit habe** aunque sabía que (yo) no tengo tiempo

woanders [-'--] *adv* en otra parte; **er war mit seinen Gedanken ganz ~** estaba (con sus pensamientos) a años luz

woandersher *adv* (*Ort*) de otro lugar, de otro sitio; **warum muss ich alles immer erst ~ erfahren?** ¿por qué siempre tengo que enterarme de todo por otros?

woandershin *adv* (*Ort*) a otro lugar, a otro sitio

wob [voːp] *3. imp von* **weben**[2]

wobei [voˈbaɪ] *adv* ❶ (*interrogativ*) ¿cómo?; ~ **ist das passiert?** ¿cómo ha pasado eso?; ~ **bist du gerade?** ¿qué estás haciendo?
❷ (*relativisch*) a lo cual; ~ **mir gerade einfällt …** lo que me hace venir a la mente…; **sie trat ein, ~ sie sagte …** entró diciendo…
Woche [ˈvɔxə] *f* <-, -n> semana *f*; **zweimal in der ~** dos veces a la semana; **unter der ~** durante la semana; **in drei ~n** dentro de tres semanas; **alle zwei ~n** cada dos semanas; **pro ~** cada semana; **wir verschieben es auf nächste ~** lo aplazamos hasta la próxima semana
Wochenarbeitszeit *f* <-, -en> jornada *f* semanal, semana *f* laboral; **die Verkürzung der ~ fordern** exigir la reducción de la semana laboral; **Wochenbericht** *m* <-(e)s, -e> informe *m* semanal; **Wochenbett** *nt* <-(e)s, -en> (MED) sobreparto *m*, puerperio *m*; **Wochenblatt** *nt* <-(e)s, -blätter> semanario *m*
Wochenendausgabe *f* <-, -n> edición *f* del fin de semana; **Wochenendbeilage** *f* <-, -n> suplemento *m* semanal
Wochenende *nt* <-s, -n> fin *m* de semana; **ein langes ~ haben** tener un puente de fin de semana; **schönes ~!** ¡buen fin de semana!
Wochenendhaus *nt* <-es, -häuser> casa *f* para (pasar) el fin de semana; **Wochenendticket** *nt* <-s, -s> (EISENB) billete *m* de fin de semana con tarifa especial – reducida – para viajar por toda Alemania
Wochenfrist *f* <-, -en> plazo *m* semanal [*o* de una semana]; **Wochenkarte** *f* <-, -n> billete *m* semanal, abono *m* semanal
wochenlang I. *adj* que dura semanas
II. *adv* semanas enteras, durante semanas
Wochenlohn *m* <-(e)s, -löhne> salario *m* semanal; **Wochenmarkt** *m* <-(e)s, -märkte> mercado *m* semanal; **Wochenschau** *f* <-, -en> (FILM) noticiario *m*; (TV) crónica *f* de la semana; **Wochentag** *m* <-(e)s, -e> día *m* de la semana; (*Werktag*) día *m* laborable
wochentags *adv* los días laborables
wöchentlich [ˈvœçəntlɪç] I. *adj* semanal
II. *adv* cada semana, semanalmente; **die Zeitung erscheint ~** el periódico se publica semanalmente; **zweimal ~** dos veces la semana
Wochenzeitschrift *f* <-, -en> revista *f* semanal; **Wochenzeitung** *f* <-, -en> semanario *m*
Wöchnerin [ˈvœçnərɪn] *f* <-, -nen> parturienta *f*
Wodan Wotan, Odín
Wodka [ˈvɔtka] *m* <-s, -s> vodka *m*
wodurch [voˈdʊrç] *adv* ❶ (*interrogativ*) ¿cómo?, ¿por medio de qué?; ~ **ist das geschehen?** ¿cómo pasó?
❷ (*relativisch*) por lo cual, por el cual
wofür [voˈfyːɐ] *adv* ❶ (*interrogativ*) ¿para qué?; ~ **ist das gut?** ¿para qué sirve esto?; ~ **hältst du mich?** ¿por quién me tomas?
❷ (*relativisch*) por lo cual, para lo cual
wog [voːk] *3. imp von* **wägen, wiegen**
Woge [ˈvoːgə] *f* <-, -n> (*geh*) ola *f*; **die ~n der Begeisterung schlugen hoch** hubo olas de entusiasmo; **wenn sich die ~n geglättet haben** en cuanto los ánimos se hayan calmado
wogegen [voˈgeːgən] I. *adv* ❶ (*interrogativ*) ¿contra qué?; ~ **hilft das?** ¿contra qué sirve?
❷ (*relativisch*) contra lo cual, frente a lo cual
II. *konj* mientras que
wogen [ˈvoːgən] *vi* (*geh: Wasser, Ähren*) ondular; (*Kampf, Schlacht*) desencadenarse
wogend *adj* (*Meer, Fluten*) ondulante; (*Hüften, Leiber*) bamboleante
woher [voˈheːɐ] *adv* ❶ (*interrogativ*) ¿de dónde?; (*auf welche Weise*) ¿cómo?; ~ **sind Sie?** ¿de dónde es Ud.?; ~ **weißt du das?** ¿quién te lo ha dicho?; ~ **kommt es eigentlich, dass …?** ¿cómo es que…?
❷ (*relativisch*) del cual; **ach, ~ (denn)!** (*fam*) ¡seguro que no!; ~ **du das auch hast, bring es sofort zurück!** ¡es igual de donde lo hayas sacado, devuélvelo enseguida!
wohin [voˈhɪn] *adv* ❶ (*interrogativ*) ¿adónde?; ~ **so eilig?** ¿adónde (vas) con tanta prisa?; ~ **damit?** (*fam*) ¿adónde lo pongo?
❷ (*relativisch*) adonde; ~ **man auch sieht** se mire por donde se mire; ~ **ich auch (immer) gehe, ich werde an dich denken** vaya adonde vaya siempre pensaré en ti
wohingegen [voˌhɪnˈgeːgən] *konj* mientras que
wohl [voːl] *adv* ❶ (*gesund, gut*) bien; (*angenehm*) a gusto; **ist dir nicht ~?** ¿no te encuentras bien?; **mir ist nicht ~** me siento mal; **sich ~ fühlen** sentirse bien, encontrarse a gusto; **bei dem Gedanken ist mir nicht ganz ~** la idea me desagrada; ~ **oder übel** por las buenas o por las malas; ~ **bekomm's!** ¡a vuestra salud!; **leb ~!/leben Sie ~!** ¡que te vaya/le vaya bien!, ¡adiós!; **gehab dich ~!** ¡que lo pases bien!
❷ (*durchaus*) perfectamente; **doch, das glaube ich ~** sí, yo sí lo creo; **das weiß ich sehr ~** lo sé perfectamente; ~ **kaum** difícilmente; **siehst du ~!** ¡ves!; **willst du ~ aufhören!** ¡quieres parar de una vez!; **ob ich ~ hereingehen kann?** ¿que puedo entrar?
❸ (*etwa*) cerca de, más o menos
❹ (*zwar*) a decir verdad, en efecto; **er hat es ~ versprochen, aber …** a decir verdad lo ha prometido, pero…
❺ (*wahrscheinlich*) probablemente; **das wird ~ das Beste sein** eso será probablemente lo mejor; **du bist ~ verrückt geworden!** ¡parece que te has vuelto loco!; **das ist doch ~ nicht dein Ernst!** ¡no lo dirás en serio!; **das mag ~ sein** puede ser; **man wird doch ~ noch fragen dürfen?** ¿se podrá preguntar por lo menos?
Wohl *nt* <-(e)s, *ohne pl*> bien *m*; (~ *ergehen*) bienestar *m*; **unser ~ und Wehe** nuestro destino; **auf jds ~ trinken** brindar por la salud de alguien; **auf dein ~!** ¡a tu salud!; **zum ~!** ¡salud!; **das geschieht alles nur zu eurem ~** todo esto se lleva a cabo sólo por vuestro bien; **für das leibliche ~ der Gäste ist gesorgt** a los invitados no les faltará ni comida ni bebida
wohlan [voːˈlʔan, volˈan] *adv* (*geh*) ¡adelante!
wohlauf [voːlˈʔaʊf, volˈaʊf] *adv* (*geh*): ~ **sein** estar bien
wohlausgewogen *adj s.* **ausgewogen**
wohlbedacht *adj s.* **bedenken 1.**
Wohlbefinden *nt* <-s, *ohne pl*> bienestar *m*; (*Gesundheit*) salud *f*
wohlbegründet [ˈ--ˈ--] *adj s.* **begründen 2.**
Wohlbehagen *nt* <-s, *ohne pl*> bienestar *m*, comodidad *f*
wohlbehalten [ˈ--ˈ--] *adj* ❶ (*unverletzt*) sano y salvo; ~ **ankommen** llegar sano y salvo
❷ (*unbeschädigt*) en buenas condiciones, intacto
wohlbekannt [ˈ--ˈ-] *adj s.* **bekannt II.1.**
wohldurchdacht [ˈ--ˈ-] *adj s.* **durchdenken**
Wohlergehen *nt* <-s, *ohne pl*> bienestar *m*; (*Gesundheit*) salud *f*
wohlerwogen *adj* (*geh*) (muy) bien meditado [*o* considerado]
wohlerzogen *adj* (*geh*) bien educado
Wohlfahrt *f* <-, *ohne pl*> servicio *m* de beneficencia pública
Wohlfahrtseinrichtung *f* <-, -en> institución *f* benéfica [*o* de beneficencia pública]; **Wohlfahrtsmarke** *f* <-, -n> sello *m* benéfico; **Wohlfahrtsstaat** *m* <-(e)s, -en> estado *m* del bienestar; **Wohlfahrtsverband** *m* <-(e)s, -bände> asociación *f* benéfica [*o* de beneficencia pública]
Wohlgefallen *nt* <-s, *ohne pl*> (*Gefallen*) agrado *m*, gusto *m*; (*Vergnügen*) placer *m*; (*Zufriedenheit*) satisfacción *f*, complacencia *f*; **mit ~** con agrado; ~ **an etw** *dat* **finden** complacerse en algo; **sich in ~ auflösen** (*fam: Skandal*) quedar en agua de borrajas; (*Pulli*) deshacerse; (*Gegenstand*) desaparecer
wohlgefällig I. *adj* satisfecho
II. *adv* con satisfacción
wohlgeformt *adj* bien formado, (*Körper*) bien proporcionado
wohlgelitten *adj* (*geh*) querido, apreciado; **bei jdm ~ sein** ser querido [*o* apreciado] por alguien
wohlgemeint *adj s.* **meinen 5.**
wohlgemerkt *adv* a saber
wohlgenährt *adj* bien alimentado, gordito *fam*
wohlgeordnet *adj s.* **ordnen**
wohlgeraten *adj* (*geh*) ❶ (*gut gelungen*) bien hecho
❷ (*gut erzogen*) bien educado
Wohlgeruch *m* <-(e)s, -rüche> (*geh*) aroma *m*, fragancia *f*; **Wohlgeschmack** *m* <-(e)s, *ohne pl*> (*geh*) sabor *m* agradable, gusto *m* agradable
wohlgesinnt *adj* bienintencionado; **er ist mir ~** tiene buenas intenciones para conmigo
wohlhabend *adj* acomodado, adinerado, fondeado *Am*
wohlig *adj* agradable; **sich ~ ausstrecken** arrellanarse
Wohlklang *m* <-(e)s, -klänge> (*geh*) armonía *f*, sonoridad *f*
wohlklingend *adj* (*geh*) melodioso
Wohlleben *nt* <-s, *ohne pl*> (*geh*) vida *f* holgada
wohlmeinend *adj* (*geh*) bienintencionado
wohlriechend *adj* (*geh*) aromático, fragante
wohlschmeckend *adj* (*geh*) sabroso
Wohlsein *nt* <-s, *ohne pl*> (*geh*): **zum ~!** ¡salud!; **auf Ihr ~!** ¡a su salud!
Wohlstand *m* <-(e)s, *ohne pl*> bienestar *m*, prosperidad *f*; **bei dir ist wohl der ~ ausgebrochen?** ¿no te ha tocado la lotería, verdad?
Wohlstandsgesellschaft *f* <-, -en> (*abw*) sociedad *f* del bienestar; **Wohlstandsmüll** *m* <-(e)s, *ohne pl*> (*abw*) basura *f* de la sociedad del bienestar; **Wohlstandsniveau** *nt* <-s, -s> nivel *m* de riqueza, grado *m* de riqueza; **Wohlstandsschere** *f* <-, -n> disparidad *f* del índice de prosperidad, diferencia *f* del índice de bienestar
Wohltat[1] *f* <-, -en> (*gute Tat*) buena obra *f*; (*Gefallen*) favor *m*; **jdm eine ~ erweisen** hacer(le) un favor a alguien
Wohltat[2] *f* <-, *ohne pl*> (*Genuss*) placer *m*; (*Erleichterung*) alivio *m*
Wohltäter(in) *m(f)* <-s, -; -, -nen> bienhechor(a) *m(f)*
wohltätig *adj* benéfico, caritativo; **für ~e Zwecke** para fines caritativos
Wohltätigkeit *f* <-, *ohne pl*> beneficencia *f*, caridad *f*
Wohltätigkeitsbasar *m* <-s, -e> mercadillo *m* benéfico, venta *f* benéfica de objetos; **Wohltätigkeitskonzert** *nt* <-(e)s, -e> concierto *m* benéfico; **Wohltätigkeitsveranstaltung** *f* <-, -en> fiesta *f* bené-

fica; **Wohltätigkeitsverein** m <-(e)s, -e> sociedad f benéfica
wohltuend adj agradable
wohltun irr vi s. **tun I.**
wohlüberlegt ['---'-] adj s. **überlegen¹ I.**
wohlverdient ['--'-] adj bien merecido, justo
Wohlverhalten nt <-s, ohne pl> buena conducta f
wohlverstanden adv (geh) a saber
wohlweislich adv con buen motivo, prudentemente
wohlwollen irr vi s. **wollen² I.2.**
Wohlwollen nt <-s, ohne pl> benevolencia f; (Geneigtheit) simpatía f; **bei allem ~** con la mejor voluntad
wohlwollend adj benévolo, favorable; **jdm/etw** dat **~ gegenüberstehen** ver a alguien/algo con buenos ojos
Wohnanhänger m <-s, -> caravana f; **Wohnanlage** f <-, -n> urbanización f; **Wohnbau** m <-(e)s, -ten> vivienda f; **Wohnberechtigungsschein** m <-(e)s, -e> (ADMIN) licencia f para alquilar un apartamento subvencionado por el Estado (de protección oficial); **Wohnbevölkerung** f <-, -en> población f residente; **Wohnbezirk** m <-(e)s, -e> área f residencial; **Wohnblock** m <-(e)s, -s o -blöcke> bloque m de pisos; **Wohncontainer** m <-s, -> contenedor m habitable; **Wohndichte** f <-, ohne pl> densidad f de viviendas [o de población]; **Wohneinheit** f <-, -en> (ARCHIT) unidad f residencial, vivienda f
wohnen ['vo:nən] vi vivir (in en, bei en casa de); (vorübergehend) estar alojado (in en, bei en casa de); **wo wohnst du?** ¿dónde vives?; **er wohnt sehr schön** tiene un piso muy bonito; **ich wohne bei ihr zur Untermiete** vivo en su casa como subinquilino; **zur Miete ~** vivir en un piso de alquiler
Wohnfläche f <-, -n> superficie f habitable; **Wohngebäude** nt <-s, -> vivienda f; **Wohngebiet** nt <-(e)s, -e> zona f residencial; **reines ~** zona estrictamente residencial; **Wohngegend** f <-, -en> zona f residencial; **eine teure ~** una zona residencial cara
Wohngeld nt <-(e)s, ohne pl> subsidio m de vivienda; **Wohngeldberechtigte(r)** mf <-n, -n; -n, -n> beneficiario, -a m, f de una subvención para la vivienda; **Wohngeldempfänger(in)** m(f) <-s, -; -, -nen> destinatario, -a m, f de una subvención de vivienda
Wohngemeinschaft f <-, -en> personas que comparten un piso; **in einer ~ leben** compartir un piso; **Wohngift** nt <-(e)s, -e> material m tóxico utilizado en la construcción de viviendas
wohnhaft adj (formal) domiciliado (in en), residente (in en); **~ in Salamanca** domiciliado en Salamanca
Wohnhaus nt <-es, -häuser> edificio m de viviendas; **Wohnheim** nt <-(e)s, -e> residencia f; **Wohnkomfort** m <-s, ohne pl> confort m (del hogar); **Wohnkosten** pl costes mpl de (una) vivienda; **Wohnküche** f <-, -n> cocina-comedor f; **Wohnlage** f <-, -n>: **eine gute/teure ~** una zona (residencial) buena/cara
wohnlich adj cómodo, acogedor; **es sich** dat **~ machen** acomodarse a su gusto
Wohnmobil nt <-s, -e> coche m caravana, coche m vivienda; **Wohnort** m <-(e)s, -e> domicilio m; **Wohnqualität** f <-, ohne pl> calidad f de la vivienda; **ein Viertel mit hoher ~** un barrio de viviendas de calidad [o de alto standing]
Wohnraum¹ m <-(e)s, -räume> (Raum) habitación f
Wohnraum² m <-(e)s, ohne pl> (Wohnungen) viviendas fpl; **es fehlt an ~** faltan viviendas
Wohnraumbeschaffung f <-, ohne pl> facilitación f de superficie habitable; **Wohnraummietrecht** nt <-(e)s, ohne pl> régimen m de arrendamiento de viviendas; **Wohnraummodernisierungssicherungsgesetz** nt <-es, ohne pl> ley f sobre aseguramiento de la modernización del espacio habitable
Wohnrecht nt <-(e)s, -e> (JUR) derecho m de habitación; **Wohnrevier** nt <-s, -e> zona f residencial; **Wohnschlafzimmer** nt <-s, -> salón-alcoba m; **Wohnsiedlung** f <-, -en> urbanización f; **Wohnsilo** m o nt <-s, -s> (fam abw) bloque m, conejera f
Wohnsitz m <-es, -e> domicilio m, residencia f; **gesetzlicher ~** domicilio legal; **gewählter ~** domicilio elegido; **gewillkürter ~** estancia convenida; **der erste ~** el domicilio principal; **ohne festen ~** sin domicilio fijo
Wohnsitzgericht nt <-(e)s, -e> (JUR) tribunal m del distrito de residencia; **Wohnsitzprinzip** nt <-s, ohne pl> principio m del lugar de residencia; **Wohnsitzverlegung** f <-, -en> traslado m de residencia
Wohnstock m <-(e)s, -stöcke> (Schweiz) piso m; **Wohnstube** f <-, -n> cuarto m de estar
Wohn- und Lebensverhältnisse ntpl condiciones fpl de vida y vivienda
Wohnung f <-, -en> vivienda f, piso m, departamento m Am
Wohnungsamt nt <-(e)s, -ämter> (fam) departamento m de la vivienda; **Wohnungsangebot** nt <-(e)s, -e> oferta f de viviendas
Wohnungsbau m <-(e)s, ohne pl> construcción f de viviendas; **öffentlicher ~** construcción pública de viviendas; **sozialer ~** construcción de

viviendas sociales; **Wohnungsbaudarlehen** nt <-s, -> crédito-vivienda m; **Wohnungsbauförderung** f <-, -en> fomento m de la construcción de viviendas; **Wohnungsbaugesetz** nt <-es, -e> ley f de fomento (de construcción) de viviendas; **Wohnungsbauprogramm** nt <-s, -e> programa m de construcción de viviendas
Wohnungsbedarf m <-(e)s, ohne pl> necesidad f de viviendas; (Nachfrage) demanda f de viviendas; **Wohnungsbesetzer(in)** m(f) <-s, -; -, -nen> okupa mf fam
Wohnungseigentümer(in) m(f) <-s, -; -, -nen> propietario, -a m, f (del apartamento); **Wohnungseigentümergemeinschaft** f <-, -en> comunidad f de propietarios de vivienda; **Wohnungseigentümerversammlung** f <-, -en> reunión f de propietarios de vivienda
Wohnungseigentumsgemeinschaft f <-, -en> comunidad f de propiedad horizontal; **Wohnungseinrichtung** f <-, -en> mobiliario m, moblaje m; **Wohnungsgeld** nt <-(e)s, -er> subsidio para el alquiler de la vivienda (que perciben los funcionarios); **Wohnungsgrundbuch** nt <-(e)s, -bücher> registro m de la vivienda; **Wohnungsinhaber(in)** m(f) <-s, -; -, -nen> dueño, -a m, f de la vivienda
wohnungslos adj sin vivienda; (obdachlos) sin domicilio
Wohnungsmangel m <-s, ohne pl> escasez f de viviendas
Wohnungsmarkt m <-(e)s, -märkte> mercado m de viviendas; **der freie ~** el mercado libre de viviendas; **Wohnungsmarktanzeige** f <-, -n> anuncio m de búsqueda de vivienda
Wohnungsmiete f <-, -n> alquiler m del piso; **Wohnungsnachfrage** f <-, ohne pl> demanda f de viviendas; **Wohnungsnot** f <-, ohne pl> escasez f de viviendas; **Wohnungspolitik** f <-, ohne pl> política f de la vivienda; **Wohnungsrecht** nt <-(e)s, ohne pl> derecho m de habitación; **Wohnungsschlüssel** m <-s, -> llave f del apartamento; **Wohnungssuche** f <-, ohne pl> búsqueda f de piso; **auf ~ sein** buscar piso; **Wohnungssuchende(r)** mf <-n, -n; -n, -n> persona f que busca piso; **Wohnungstausch** m <-(e)s, -e> cambio m de piso; **Wohnungstür** f <-, -en> puerta f del piso; **Wohnungswechsel** m <-s, -> cambio m de domicilio; **Wohnungswirtschaft** f <-, ohne pl> (WIRTSCH) sector m económico de la vivienda
Wohnviertel nt <-s, -> barrio m residencial; **Wohnwagen** m <-s, -> caravana f, casa f rodante; **Wohnwert** m <-(e)s, ohne pl> s. **Wohnqualität**; **Wohnzimmer** nt <-s, -> cuarto m de estar, salón m, living m Am
Wok [vɔk] m <-, -s> wok m (cazuela china de base redonda)
wölben ['vœlbən] I. vt arquear, curvar
II. vr: **sich ~** arquearse, curvarse; **die Brücke wölbt sich über ein Tal** el puente se extiende sobre un valle
Wölbung f <-, -en> curvatura f; (Bogen) arco m
Wolf¹ [vɔlf, pl: 'vœlfə] m <-(e)s, Wölfe> ❶ (ZOOL) lobo m; **mit den Wölfen heulen** (fam) bailar al son que le tocan; **ein ~ im Schafspelz** (fig) cara de beato y uñas de gato
❷ (Fleisch~) picadora f de carne; **Fleisch durch den ~ drehen** picar carne; **jdn durch den ~ drehen** (fam) hacer picadillo a alguien
Wolf² m <-(e)s, ohne pl> (Haut~) escaladura f; **sich** dat **einen ~ laufen** escaldarse
Wölfin ['vœlfɪn] f <-, -nen> (ZOOL) loba f
Wölfling ['vœlflɪŋ] m <-s, -e> joven "(boy)scout" m
Wolfram ['vɔlfram] nt <-s, ohne pl> (CHEM) wolframio m, volframio m
Wolfshund m <-(e)s, -e> (ZOOL) perro m lobo; **Wolfshunger** ['-'--] m <-s, ohne pl> (fam) hambre f canina; **einen ~ haben** tener un hambre canina
Wolga ['vɔlga] f <-> Volga m
Wolke ['vɔlkə] f <-, -n> nube f; **der Gipfel ist in ~n gehüllt** la cumbre está cubierta de nubes; **in** [o **über**] **den ~n schweben** andar en las nubes; **aus allen ~n fallen** (fam) quedarse de una pieza
Wolkenbank f <-, -bänke> banco m de nubes; **Wolkenbruch** m <-(e)s, -brüche> chaparrón m, aguacero m
wolkenbruchartig adj torrencial
Wolkendecke f <-, ohne pl> capa f de nubes; **geschlossene ~** cielo muy nuboso; **Wolkenformation** f <-, -en> formación f de nubes; **Wolkenkratzer** m <-s, -> rascacielos m inv
wolkenlos adj sin nubes, despejado
Wolkenschicht f <-, -en> capa f de nubes
wolkenverhangen adj cubierto de nubes; **ein grauer und ~er Himmel** un cielo encapotado
wolkig adj nuboso, nublado; **heiter bis ~** nuboso con claros
Wolldecke f <-, -n> manta f de lana, frazada f de lana Am
Wolle ['vɔlə] f <-, -n> lana f; **sich mit jdm in die ~ kriegen** pelearse con alguien
wollen¹ ['vɔlən] <will, wollte, wollen> (Modalverb) ❶ (mögen) querer; **etw machen ~** querer hacer algo; **das Auto will nicht anspringen** no arranca el coche; **komme, was wolle** pase lo que pase; **koste es, was es wolle** cueste lo que cueste
❷ (beabsichtigen) tener la intención de, querer; **ich wollte gerade**

wollen gehen estaba a punto de irme; **ich wollte dich bitten mir zu helfen** quería pedirte que me ayudaras; **was ich dir noch sagen wollte** ... lo que aún te quería decir...

③ (*behaupten*) decir; **er will dich gestern gesehen haben** dice haberte visto ayer; **das will ich meinen** eso digo; **und so jemand will Lehrer sein** y alguien como él pretende ser profesor

④ (*auffordern*): **wenn Sie bitte Platz nehmen** ~ siéntese, por favor; ~ **Sie das bitte zur Kenntnis nehmen?** ¿quiere tomar nota de ello, por favor?; ~ **wir uns nicht setzen?** ¿nos sentamos?; **willst du wohl still sein?** ¿te quieres callar?

⑤ (*erfordern*) requerir; **das will gelernt sein** esto requiere experiencia; **die Sache will gut überlegt sein** el asunto necesita ser bien meditado

⑥ (*Passiv: müssen*): **der Müll will runtergetragen werden** (*geh*) hay que bajar la basura

⑦ (*Wend*): **na gut, ich will mal nicht so sein** bueno, no voy a oponerme; **sie es will nicht heißen** lo cual ya quiere decir algo; **das will ich nicht gehört haben** lo doy por no oído; **ich will ja nichts gesagt haben, aber** ... no quiero intervenir pero...; **es will mir scheinen, dass** ... me parece que...; **was will man da machen?** ¿qué se le va a hacer?; **es wollte und wollte nicht gelingen** por más que lo intentamos, no lo logramos

wollen² [ˈvɔlən] <will, wollte, gewollt> I. *vi* ① (*den Willen haben*) querer; **lieber** ~ preferir; **ich will jetzt nach Hause** quiero irme a casa; **zu wem** ~ **Sie?** ¿a quién busca?; **er kann schon, wenn er nur will** sí que sabe, cuando quiere; **du musst nur** ~ sólo tienes que querer; **meine Beine** ~ **nicht mehr** (*fam*) me fallan las piernas; **wenn man so will** por mí; **wer nicht will, der hat schon** quien no quiere por algo será

② (*wünschen*) desear, querer; **jdm übel** ~ desearle mal a alguien, malquerer a alguien; **jdm wohl** ~ querer el bien de alguien; **ich wollte, er würde endlich kommen** quisiera que viniera de una vez; **ganz wie du willst** como quieras; **ob du willst oder nicht** quieras o no (quieras)

③ (*Wend*): **dann** ~ **wir mal!** (*fam*) ¡empezamos entonces!

II. *vt* ① (*haben* ~): **ich will noch ein Stück Kuchen** quiero otro trozo de tarta; **wir** ~ **keine Kinder** no queremos tener hijos; **hat er etwas Bestimmtes gewollt?** ¿quería algo especial?

② (*durchsetzen* ~): **er will (von mir), dass ich mich entschuldige** quiere que me disculpe

③ (*beabsichtigen*): **was willst du mit der Peitsche?** ¿qué te propones hacer con el látigo?; **ich weiß gar nicht, was du willst, das sieht doch gut aus** (*fam*) no sé qué quieres, tiene buena pinta; **das habe ich nicht gewollt** no era mi intención; **was willst du noch mehr?** ¿qué más quieres?; **ohne es zu** ~ sin querer

④ (*Wend*): **nichts zu** ~! ¡nada, nada!, ¡que no, que no!; **da ist nichts (mehr) zu** ~ (*fam*) ahí no hay nada que hacer; **du hast hier nichts zu** ~ (tú) no pintas nada aquí

wollen³ *adj* de lana

Wollgarn *nt* <-(e)s, -e> hilo *m* de lana

wollig *adj* (*Haar, Fell*) lanudo, lanoso; (*flauschig*) suave

Wolljacke *f* <-, -n> chaqueta *f* de lana; **Wollkleid** *nt* <-(e)s, -er> vestido *m* de lana; **Wollknäuel** *nt* <-s, -> ovillo *m* de lana; **Wollsachen** *fpl* (*fam*) ropa *f* de lana; **Wollsiegel** *nt* <-s, -> certificado *m* de calidad para géneros de pura lana; **Wollstoff** *m* <-(e)s, -e> tejido *m* de lana

Wollust [ˈvɔlʊst] *f* <-, ohne *pl*> (*geh*) voluptuosidad *f*; **mit wahrer** ~ con verdadero placer [*o* deleite]

wollüstig [ˈvɔlʏstɪç] *adj* voluptuoso

Wollwaren *fpl* artículos *mpl* de lana; **Wollwäsche** *f* <-, ohne *pl*> lavado *m* de lana

womit [voˈmɪt] *adv* ① (*interrogativ*) ¿con qué?, ¿en qué?; ~ **kann ich dienen?** ¿en qué puedo servirle?; ~ **habe ich das verdient?** ¿qué he hecho yo para merecer esto?

② (*relativisch*) con lo cual, con lo que; ~ **auch immer sie begann,** ... empezara con lo que empezara...

womöglich [voˈmøːklɪç] *adv* quizás +*subj*, posiblemente; ~ **schafft er es doch noch** quizás incluso lo consiga

wonach [voˈnaːx] *adv* ① (*interrogativ*) ¿qué?, ¿a qué?; ~ **riecht das?** ¿a qué huele esto?

② (*relativisch*) por lo que; (*gemäß*) según lo cual; ~ **es hier stinkt, weiß ich auch nicht** yo tampoco sé a qué huele aquí; ~ **auch immer ihr der Sinn stand, er brachte es ihr** quisiera lo que quisiera, él se lo traía

Wonne [ˈvɔnə] *f* <-, -n> placer *m*, delicia *f*; **es ist eine wahre** ~ es una verdadera delicia; **mit** ~ (*fam*) con mucho gusto; **die ~n der Liebe** los placeres del amor

wonnig *adj* (*Kind*) precioso, rico

woran [voˈran] *adv* ① (*interrogativ*) ¿en qué?, ¿a qué?; ~ **denkst du?** ¿en qué piensas?; ~ **liegt es?** ¿a qué se debe?; ~ **sind sie gestorben?** ¿de qué murieron?

② (*relativisch*) a que, en el cual; **wenn ich nur wüsste,** ~ **das liegt** si supiera a que se debe; **ich weiß nicht,** ~ **ich bin** no sé a que atenerme;

~ **auch immer du dich hältst, vergiss die Intuition nicht** sea lo que sea lo que tú mantengas no olvides la intuición

worauf [voˈrauf] *adv* ① (*interrogativ*) ¿a qué?; (*räumlich*) ¿sobre qué?; ~ **wartest du?** ¿a qué esperas?

② (*relativisch*) sobre el cual; (*zeitlich*) después de lo cual; ~ **du dich verlassen kannst** de eso puedes estar seguro

woraufhin [vɔrauˈfhɪn] *adv* ① (*interrogativ*) ¿por qué razón?

② (*relativisch*) con lo cual

woraus [voˈraus] *adv* ① (*interrogativ*) ¿de qué?; ~ **ist der Pullover?** ¿de qué está hecho el jersey?; ~ **schließt du das?** ¿de qué lo deduces?

② (*relativisch*) del cual, de lo cual; ~ **ich folgere, dass** ... de lo cual deduzco que...

worden [ˈvɔrdən] *pp von* **werden**

worin [voˈrɪn] *adv* ① (*interrogativ*) ¿en qué?, ¿dónde?; ~ **besteht der Nachteil?** ¿dónde está la desventaja?

② (*relativisch*) en el cual, en lo que

Workaholic [wœːkəˈhɔlɪk] *m* <-s, -s> (*sl*) esclavo *m* del trabajo

Workshop [ˈwɔːkʃɔp] *m* <-s, -s> taller *m*; **Workstation** [ˈwɔːkstɛɪʃən] *f* <-, -s> (INFOR) estación *f* de trabajo

Worldcup [ˈwœːk(ɐ)ltkap] *m* <-s, -s> (SPORT) campeonato *m* del mundo

World Wide Web *nt* <-, ohne *pl*> (INFOR) WorldWideWeb *f*

Wort [vɔrt, *pl:* ˈvœrtə] *nt* <-(e)s, -e *o* Wörter> palabra *f*; (*Ausdruck*) expresión *f*; (*Begriff*) término *m*; ~ **für** ~ palabra por palabra; **auf ein** ~! (*geh*) quisiera hablar (con Ud./contigo) un segundo; **auf mein** ~! ¡palabra de honor!; **im wahrsten Sinne des** ~**es** literalmente; **in** ~**en** en letra; **jedes** ~ **von ihr traf** hirió con cada una de sus palabras; **mir fehlen die** ~**e** no tengo palabras; **davon ist kein** ~ **wahr** ni una palabra de esto es verdad; **ein** ~ **wechseln** intercambiar cuatro palabras; **ein offenes/ernstes** ~ **mit jdm reden** hablar claramente/en serio con alguien; **ohne ein** ~ **des Bedauerns** sin decir ni un "lo siento"; **das** ~ **an jdn richten** dirigir la palabra a alguien; **nicht viele** ~**e machen** ir al grano; **man versteht ja sein eigenes** ~ **nicht** no se puede entender ni uno mismo; **eine Sprache in** ~ **und Schrift beherrschen** dominar un idioma en forma hablada y escrita; **in** ~ **und Bild** con texto e ilustraciones; **jdn mit leeren** ~**en abspeisen** despachar a alguien con buenas palabras; **etw mit keinem** ~ **erwähnen** no mencionar algo para nada; **mit anderen** ~**en** en otras palabras; **jdn (nicht) zu** ~ **kommen lassen** (no) dejar hablar a alguien; **ein** ~ **gab das andere** se desencadenó una fuerte discusión; **hast du** ~**e?** ¿habráse visto?; **das letzte** ~ **haben** tener la última palabra; **dein** ~ **in Gottes Ohr** (*fam*) que Dios te oiga; **den** ~**en Taten folgen lassen** acompañar las palabras con hechos; **das** ~ **hat Herr García** el señor García tiene la palabra; **das** ~ **ergreifen** tomar la palabra; **jdm das** ~ **erteilen/entziehen** conceder/quitar a alguien la palabra; **jdm das** ~ **verbieten** prohibir hablar a alguien; **für jdn ein gutes** ~ **einlegen** interceder por alguien; **du nimmst mir das** ~ **aus dem Munde** me quitas la palabra de la boca; **jdm das** ~ **im Munde herumdrehen** malinterpretar las palabras de alguien; **jdm ins** ~ **fallen** interrumpir a alguien; **ums** ~ **bitten** pedir la palabra; **etw in** ~**e fassen** formular [*o* expresar] algo con palabras; **das rechte** ~ **zur rechten Zeit** las palabras adecuadas en el momento adecuado; **das glaube ich dir aufs** ~ te lo creo a pie juntillas; **dabei habe ich auch noch ein** ~ **mitzureden** en esto también tengo que opinar yo; **geflügelte** ~**e** citas y frases hechas; **das geschriebene/gesprochene** ~ la palabra escrita/hablada; **jdm sein** ~ **geben** prometer algo a alguien; **sein** ~ **halten** cumplir su palabra; **sein** ~ **brechen** faltar a su palabra; **jdn beim** ~ **nehmen** tomar la palabra a alguien; **über jdn/etw kein** ~ **verlieren** no gastar ni una palabra sobre alguien/algo; **ich bin** [*o* **stehe**] **bei ihm im** ~ (*geh*) le he dado mi palabra; **hättest du doch ein** ~ **gesagt!** ¡hubieses abierto la boca!; **davon hat mir niemand ein** ~ **gesagt, davon hat man mir kein** ~ **gesagt** nadie me ha dicho ni una palabra al respecto

Wortart *f* <-, -en> (LING) parte *f* de la oración; **Wortbildung** *f* <-, -en> (LING) formación *f* de palabras; **Wortbruch** *m* <-(e)s, -brüche> falta *f* de palabra

wortbrüchig *adj:* ~ **werden** faltar a su palabra

Wörtchen [ˈvœrtçən] *nt* <-s, -> (*fam*): **ein** ~ **mitzureden haben** poder intervenir en un asunto; **ich habe mit dir noch ein** ~ **zu reden** tengo que decirte aún algunas cosillas; **wenn das** ~ "**wenn**" **nicht wär,** ... siempre hay algo que falla

Wörterbuch *nt* <-(e)s, -bücher> diccionario *m*; **einsprachiges/zweisprachiges** ~ diccionario monolingüe/bilingüe; **ein rückläufiges** ~ (LING) un diccionario inverso

Wörterbuchcomputer *m* <-s, -> diccionario *m* electrónico

Wörterverzeichnis *nt* <-ses, -se> glosario *m*

Wortfamilie *f* <-, -n> (LING) familia *f* de palabras; **Wortführer(in)** *m(f)* <-s, -; -, -nen> portavoz *mf*, vocero *mf Am*; **sich zum** ~ **machen** convertirse en el portavoz; **Wortgefecht** *nt* <-(e)s, -e> disputa *f*, enfrentamiento *m* verbal

wortgetreu *adj* literal, textual

wortgewandt *adj* elocuente

Wortgut *nt* <-(e)s, *ohne pl*> (*geh*) s. **Wortschatz**
wortkarg *adj* ❶ (*Person*) de pocas palabras, remachado *Kol* ❷ (*Äußerung*) lacónico
Wortklauber(in) *m(f)* <-s, -; -, -nen> (*abw*) quisquilloso, -a *m, f*, puntilloso, -a *m, f;* **du bist ein richtiger ~** eres realmente quisquilloso(, siempre te tienes que tomar todo al pie de la palabra); **Wortklauberei** [vɔrtklaʊbəˈraɪ] *f* <-, -en> (*abw*) verbalismo *m;* **Wortklauberin** *f* <-, -nen> s. Wortklauber; **Wortlaut** *m* <-(e)s, *ohne pl*> texto *m;* **der genaue ~ einer Rede** el texto literal de un discurso; **nach dem ~ des Vertrages** según los términos del contrato; **etw im ~ veröffentlichen** publicar algo textualmente; **... hat folgenden ~: ...** ... dice así:...
Wörtlein *nt* <-s, -> s. **Wörtchen**
wörtlich [ˈvœrtlɪç] I. *adj* literal, textual
II. *adv* ❶ (*dem Text entsprechend*) textualmente, literalmente; **~ zitieren** citar textualmente
❷ (*in der eigentlichen Bedeutung*) al pie de la letra; **das darfst du nicht ~ nehmen** no lo tomes al pie de la letra
wortlos I. *adj* silencioso
II. *adv* sin decir nada; **er drehte sich ~ um** se dio la vuelta sin decir nada
Wortmeldung *f* <-, -en> intervención *f;* **ich bitte um ~en** pido la palabra; **keine ~en mehr?** ¿nadie más quiere decir alguna cosa?
wortreich *adj* ❶ (*weitschweifig*) prolijo, (*Stil*) ampuloso; **sich ~ entschuldigen** disculparse con profusión de palabras
❷ (*Sprache*) de rico léxico
Wortschatz *m* <-es, -schätze> léxico *m*, vocabulario *m;* **aktiver/passiver ~** léxico activo/pasivo; **Wortschwall** *m* <-(e)s, -e> (*abw*) verborrea *f;* **jdn mit einem ~ überschütten** echarle un torrente de palabras a alguien; **Wortspiel** *nt* <-(e)s, -e> juego *m* de palabras, albur *m Mex;* **Wortstamm** *m* <-(e)s, -stämme> (LING) radical *m;* **Wortstellung** *f* <-, *ohne pl*> (LING) orden *m* de (las) palabras; **Wortwahl** *f* <-, *ohne pl*> selección *f* de palabras; **Wortwechsel** *m* <-s, -> disputa *f,* altercado *m,* argumento *m Am,* alegato *m Am*
wortwörtlich [ˈ--ˈ--] *adj o adv* s. **wörtlich**
worüber [voˈryːbɐ] *adv* ❶ (*interrogativ*) ¿de qué?, ¿sobre qué?
❷ (*relativisch*) sobre el cual, sobre el que; **das Thema, ~ ich sprechen werde** el tema sobre el que hablaré; **~ wir uns auch unterhalten, es endet stets im Streit** sea lo que sea lo que discutamos siempre se acaba en pelea
worum [voˈrʊm] *adv* ❶ (*interrogativ*) ¿de qué?, ¿sobre qué?; **~ handelt es sich?** ¿de qué se trata?
❷ (*relativisch*) de que, sobre el cual; **ich weiß nicht, ~ es geht** no sé de que se trata
worunter [voˈrʊntɐ] *adv* ❶ (*interrogativ*) ¿debajo de qué?
❷ (*relativisch*) debajo del cual, (*dazwischen*) entre los que
wovon [voˈfɔn] *adv* ❶ (*interrogativ*) ¿de qué?; **~ redet ihr?** ¿de qué habláis?; **~ bist du so müde?** ¿de qué estás tan cansado?
❷ (*relativisch*) de lo cual
wovor [voˈfoːɐ] *adv* ❶ (*interrogativ*) ¿de qué?; (*räumlich*) ¿delante de qué?; **~ hast du Angst?** ¿de qué tienes miedo?
❷ (*relativisch*) ante el cual, delante del cual; **das einzige, ~ ich mich fürchte, ...** lo único de lo que tengo miedo...
wozu [voˈtsuː] *adv* ❶ (*interrogativ*) ¿para qué?; **~ soll das gut sein?** ¿para qué sirve esto?
❷ (*relativisch*) a lo cual, al que; (*Zweck*) para lo cual; **das, ~ ich am meisten Lust hätte, ...** aquello de lo que más ganas tengo...; **~ du dich auch entschließt, ...** decidas lo que decidas...
wozwischen *adv* ❶ (*interrogativ*) entre qué
❷ (*relativisch*) entre los/las que; **ich suche die Buchseiten, ~ ich das Lesezeichen gelegt habe** estoy buscando las páginas en las que [o donde] puse la señal de lectura
Wrack [vrak] *nt* <-(e)s, -s *o* -e> (*Schiff*) barco *m* naufragado; (*Auto*) coche *m* de desguace; (*Flugzeug*) avión *m* de desguace; **ein menschliches ~** una piltrafa (humana)
wrang [vraŋ] *3. imp von* **wringen**
wringen [ˈvrɪŋən] <wringt, wrang, gewrungen> *vt* escurrir; **Wasser aus einem Tuch ~** escurrir el agua de un trapo
WS (UNIV) *Abk. von* **Wintersemester** semestre *m* de invierno
WTO [veːteːˈʔoː] *f* <-> *Abk. von* **World Trade Organization** Organización *f* Mundial de Comercio
Wucher [ˈvuːxɐ] *m* <-s, *ohne pl*> (*abw*) usura *f;* **~ treiben** usurar
Wucherer, -in [ˈvuːxərɐ] *m, f* <-s, -; -, -nen> (*abw*) usurero, -a *m, f;* (*mit Zinsen*) logrero, -a *m, f*
Wuchergeschäft *nt* <-(e)s, -e> usura *f;* **Wuchergesetzgebung** *f* <-, *ohne pl*> legislación *f* contra la usura
wucherisch *adj* (*abw*) usurero, usurario; (*Preise*) abusivo
Wuchermiete *f* <-, -n> (*abw*) alquiler *m* abusivo
wuchern [ˈvuːxɐn] *vi* ❶ *haben o sein* (*Pflanzen*) crecer excesivamente; (MED) proliferar
❷ (*Wucher treiben*) practicar la usura, usurar

wuchernd *adj* (*Pflanze*) de crecimiento excesivo
Wucherpreis *m* <-es, -e> (*abw*) precio *m* abusivo
Wucherung *f* <-, -en> (*Gebilde*) excrecencia *f*
Wucherzins *m* <-es, -en> (*abw*) interés *m* usurero [*o* de usura]; **zu ~en** a interés usurero
wuchs [vuːks] *3. imp von* **wachsen**[1]
Wuchs [vuːks] *m* <-es, *ohne pl*> ❶ (*Wachstum*) crecimiento *m*
❷ (*Gestalt*) estatura *f*
Wucht [vʊxt] *f* <-, *ohne pl*> ❶ (*Heftigkeit*) fuerza *f*, energía *f;* (*Schwung*) ímpetu *m;* **mit aller ~** con toda la fuerza; **mit voller ~** con toda fuerza; **das ist eine ~** (*fam*) es fenomenal
❷ (*reg: fam: Prügel*) paliza *f;* **eine ~ bekommen** recibir una paliza
wuchten [ˈvʊxtən] I. *vi sein* (*fam*) moverse con ímpetu; (*rennend*) correr con ímpetu; **eine Windböe wuchtete durch die Straßen** una ráfaga de viento arrasó las calles
II. *vt* (*fam: hochheben*) subir con gran esfuerzo (*auf* a); (*herunterholen*) bajar con gran esfuerzo (*von* de); **sie wuchtete den Stapel Bücher auf den/vom Tisch** con gran esfuerzo subió/bajó el montón de libros a la/de la mesa
wuchtig *adj* ❶ (*kräftig*) fuerte
❷ (*groß*) grande; (*Statur*) macizo
Wühlarbeit *f* <-, -en> hozadura *f*, hurgamiento *m*
wühlen [ˈvyːlən] I. *vi* ❶ (*allgemein*) hurgar (*in* en); (*graben*) cavar, excavar; (*mit der Schnauze*) hozar (*nach*); **im Schmutz ~** hurgar en la porquería
❷ (*fam: suchen*) rebuscar (*nach*), revolver; **sie wühlte in ihren Unterlagen** rebuscó en sus documentos
II. *vr:* **sich durch etw ~** abrirse camino a través de algo; **er musste sich durch einen Berg von Papieren ~** se tuvo que abrir camino a través de un montón de papeles
Wühlmaus *f* <-, -mäuse> (ZOOL) campañol *m;* **Wühltisch** *m* <-(e)s, -e> (*fam*) mesa *f* con géneros rebajados
Wulst [vʊlst, *pl:* ˈvʏlstə] *m* <-(e)s, Wülste>, *f* <-, Wülste> ❶ (*Verdickung*) bulto *m;* (MED) protuberancia *f*
❷ (ARCHIT) bocel *m*
wulstig *adj* abombado, abultado
Wulstlippen *fpl* bezos *mpl*
wund [vʊnt] *adj* excoriado, escocido; **ich habe mir die Füße ~ gelaufen** se me llagaron los pies de tanto andar; **sich ~ liegen** llagarse, decentarse; **sich** *dat* **die Finger ~ schreiben** (*fam*) llagarse los dedos de tanto escribir; **ein ~er Punkt** (*fig*) un punto débil
Wundbehandlung *f* <-, -en> tratamiento *m* de la herida; **Wundbrand** *m* <-(e)s, *ohne pl*> (MED) gangrena *f;* **Wunddesinfektionsmittel** *nt* <-s, -> desinfectante *m* de heridas
Wunde [ˈvʊndə] *f* <-, -n> (*a. fig*) herida *f;* **eine ~ auswaschen/verbinden** limpiar/vendar una herida; **die ~ heilt gut** la herida cicatriza bien; **alte ~n wieder aufreißen** abrir viejas heridas; **Salz in eine ~ streuen** (*fig*) hurgar en la herida; **den Finger auf die ~ legen** (*fig*) poner el dedo en la llaga
wunder [ˈvʊndɐ] *s.* **Wunder 2**.
Wunder [ˈvʊndɐ] *nt* <-s, -> ❶ (*außergewöhnliches Ereignis*) maravilla *f;* (*übernatürlich*) milagro *m;* **auf ein ~ hoffen** esperar un milagro; **an ~ glauben** creer en milagros; **das grenzt an ein ~** esto parece un milagro; **die ~ der Natur** las maravillas de la naturaleza; **~ wirkt** algo obra milagros; **ist es ein ~, dass ...?** (*fam*) ¿no es un milagro que...?; **es ist kein ~, dass ...** (*fam*) no es ningún milagro que... *+subj;* **wie durch ein ~** como por arte de magia; **der wird noch sein blaues ~ erleben!** (*fam*) ¡aún no sabe qué sorpresa le espera!
❷ (*Wend*): **~ was denken, sich** *dat* **~ was vorstellen** imaginarse algo extraordinario; **sich** *dat* **auf etw ~ was einbilden** estar muy orgulloso de algo
wunderbar I. *adj* ❶ (*wie ein Wunder*) milagroso
❷ (*schön*) maravilloso, fenomenal *fam*
II. *adv* (*sehr*) a las mil maravillas; **etw ist ~ bequem** algo es supercómodo
wunderbarerweise [ˈ----ˈ--] *adv* milagrosamente, como por milagro
Wunderglaube *m* <-ns, *ohne pl*> creencia *f* en los milagros; **Wunderheiler(in)** *m(f)* <-s, -; -, -nen> curador(a) *m(f)* milagroso, -a
wunderhübsch [ˈ--ˈ(ˈ)-] *adj* (*Person*) guapísimo; (*Sache*) muy bonito
Wunderkerze *f* <-, -n> bengala *f;* **Wunderkind** *nt* <-(e)s, -er> niño, -a *m, f* prodigio; **Wunderland** *nt* <-(e)s, -länder> país *m* de las maravillas; **Alice im ~** Alicia en el País de las Maravillas
wunderlich *adj* raro, extraño; **ein ~er Kauz** un tipo raro
Wundermittel *nt* <-s, -> remedio *m* milagroso
wundern [ˈvʊndɐn] I. *vt* asombrar, sorprender; **es wundert mich, dass ...** me sorprende que... *+subj,* me extraña que... *+subj;* **es sollte mich ~, wenn ...** me asombraría si... *+subj;* **das würde mich überhaupt nicht ~** no me sorprendería nada; **wundert dich das (etwa)?** ¿(acaso) te sorprende?

wundernehmen II. vr: **sich ~** sorprenderse (*über* de), maravillarse (*über* de); **ich muss mich doch sehr ~!** ¡no lo hubiera esperado!; **dann darfst du dich nicht ~, wenn ...** entonces no te sorprendas si...

wunder|nehmen *irr* I. *vi:* **es nimmt wunder, dass ...** sorprende que...
II. *vt* (*Schweiz*): **es nimmt jdn wunder, ob/wie/dass ...** alguien tiene curiosidad por saber si/cómo/qué...

wundersam *adj* enigmático, misterioso

wunderschön ['--('-)] *adj* hermosísimo, maravilloso; **wundervoll** *adj* maravilloso, magnífico

Wundfieber *nt* <-s, *ohne pl*> (MED) fiebre *f* traumática; **Wundinfektion** *f* <-, -en> (MED) infección *f* de una herida

wund|liegen *irr vr:* **sich ~** *s.* **wund**

Wundsalbe *f* <-, -n> ungüento *m* vulnerario

Wundstarrkrampf *m* <-(e)s, *ohne pl*> (MED) tétano(s) *m* (*inv*)

Wunsch [vʊnʃ, *pl:* 'vʏnʃə] *m* <-(e)s, Wünsche> deseo *m* (*nach* de); (*Verlangen*) anhelo *m* (*nach* por); (*Bitte*) petición *f*; (*Glück~*) felicidades *fpl*; **auf ~** a petición; (*ganz*) **nach ~** (totalmente) a su gusto, como lo desee; **ihr sehnlichster ~ war in Erfüllung gegangen** se había cumplido su deseo más ferviente; **jdm jeden ~ von den Augen ablesen** satisfacer todos los deseos de alguien; **dein ~ ist** [*o sei*] **mir Befehl** tus deseos son órdenes; **jdm einen ~ erfüllen** satisfacer a alguien un deseo; **sich** *dat* **einen ~ erfüllen** satisfacerse un deseo; **haben Sie sonst noch einen ~?** ¿desea algo más?; **auf eigenen ~** por propio deseo; **auf vielfachen ~** a petición de muchos; **es ging alles nach ~** todo salió a pedir de boca; **mit den besten Wünschen** con los mejores deseos; **das ist nur ein frommer ~** esto es sólo hacer castillos en el aire; **alle guten Wünsche zum Geburtstag!** ¡felicidades en el día de tu cumpleaños!; **da ist wohl der ~ der Vater des Gedankens** eso es lo que uno quisiera

wünschbar *adj* (*Schweiz*) *s.* **wünschenswert**

Wunschbild *nt* <-(e)s, -er> ideal *m;* **Wunschdenken** *nt* <-s, *ohne pl*> sueño *m*

Wünschelrute ['vʏnʃəlruːtə] *f* <-, -n> varilla *f* de zahorí; **Wünschelrutengänger(in)** *m(f)* <-s, -; -, -nen> zahorí *mf*

wünschen [vʏnʃən] *vt* desear; (*wollen*) querer; (*bitten*) pedir; **jdm etw ~** desear algo a alguien; **(ganz) wie Sie ~** como Ud. quiera; **ich wünsche, dass das sofort gemacht wird** deseo que esto se haga en seguida; **was ~ Sie?, Sie ~?** ¿en qué puedo servirle?; **wen ~ Sie zu sprechen?** ¿con quién desea hablar?; **ich wünsche Ihnen gute Besserung** le deseo que se mejore; **er wünschte uns eine gute Reise** nos deseó un buen viaje; **sie wünschte, sie hätte das nie gesagt** querría no haberlo dicho nunca; **sich** *dat* **etw von jdm ~** pedir algo a alguien; **ich habe mir ein Klavier zum Geburtstag gewünscht** me pedí un piano por mi cumpleaños; **du darfst dir von mir etw ~** puedes pedirme algo; **ich wünsche mir, dass ...** deseo que... +*subj*; **sie haben alles, was man sich** *dat* **nur ~ kann** tienen todo lo que uno puede desear; **ich wünsche mich auf eine einsame Insel** quisiera estar en una isla desierta; **wir ~ eine Auskunft** queríamos información; **sein Benehmen lässt viel zu ~ übrig** su comportamiento deja mucho que desear; **in dem Moment habe ich mich weit weg gewünscht** en aquel momento hubiese querido desaparecer del mapa

wünschenswert *adj* deseable; **es ist ~** es de desear; **ich halte es für ~, dass** [*o* **wenn**] **...** creo conveniente que...

Wunschform *f* <-, -en> (LING) (modo *m*) optativo *m*

wunschgemäß *adv* según los deseos; (*problemlos*) a pedir de boca

Wunschkind *nt* <-(e)s, -er> hijo, -a *m, f* deseado, -a; **Wunschkonzert** *nt* <-(e)s, -e> (RADIO) programa *m* de discos solicitados por los radioyentes; **Wunschliste** *f* <-, -n> lista *f* de deseos; **etw steht ganz oben auf jds ~** alguien desea algo con todas sus fuerzas; **ganz oben auf meiner ~ für dieses Jahr steht ...** lo que primero deseo este año es...

wunschlos *adj:* **~ glücklich sein** ser totalmente feliz

Wunschsatz *m* <-es, -sätze> (LING) oración *f* optativa [*o* desiderativa]; **Wunschtraum** *m* <-(e)s, -träume> ilusión *f*, sueño *m* dorado; **Wunschvorstellung** *f* <-, -en> ilusión *f*; **Wunschzettel** *m* <-s, -> carta *f* a los Reyes Magos; **auf unserem ~ steht jetzt noch ein Sofa** (*fig*) ahora nos gustaría tener un sofá

wurde ['vʊrdə] *3. imp von* **werden**

Würde¹ ['vʏrdə] *f* <-, *ohne pl*> (*Wert, Haltung*) dignidad *f*; **etw mit ~ tragen** soportar algo con dignidad; **unter aller ~** malísimo; **das ist unter meiner ~** no considero indigno para mí

Würde² *f* <-, -n> (*Rang*) categoría *f*, rango *m*; **zu hohen ~n gelangen** acceder a altas categorías; **in Amt und ~n sein** estar bien colocado

würdelos *adj* sin dignidad, indigno

Würdenträger(in) *m(f)* <-s, -; -, -nen> dignatario, -a *m, f*; **hohe ~** altos dignatarios

würdevoll I. *adj* digno, majestuoso
II. *adv* con dignidad

würdig *adj* ❶ (*ehrbar*) respetable
❷ (*wert*) digno; **sich jds/etw** *gen* **~ erweisen** ser digno de alguien/algo; **jdn ~ vertreten** representar a alguien con dignidad

würdigen ['vʏrdɪɡən] *vt* ❶ (*anerkennen*) apreciar, valorar; (*Verdienste*) reconocer; **ich weiß das zu ~** sé valorarlo
❷ (*für wert halten*) considerar digno (de); **sie würdigte mich keines Blickes** no se dignó a dirigirme ni una mirada

Würdigkeitsklausel *f* <-, -n> (JUR) cláusula *f* de merecimiento

Würdigung *f* <-, -en> ❶ (*einer Arbeit*) valoración *f*, apreciación *f*; (*Anerkennung*) reconocimiento *m;* **in ~ ihres Einsatzes** en reconocimiento a sus esfuerzos
❷ (*einer Persönlichkeit*) homenaje *m;* **in ~ Federico García Lorcas** en homenaje a Federico García Lorca

Wurf [vʊrf, *pl:* 'vʏrfə] *m* <-(e)s, Würfe> ❶ (*das Werfen*) tiro *m*; (SPORT) lanzamiento *m*; (*beim Würfeln*) jugada *f*; **zum ~ ausholen** tomar impulso para el lanzamiento
❷ (*Erfolg*) éxito *m;* **mit dem Roman ist ihr ein großer ~ gelungen** logró un gran éxito con la novela
❸ (ZOOL) camada *f*

Wurfbahn *f* <-, -en> trayectoria *f*

Würfel ['vʏrfəl] *m* <-s, -> ❶ (MATH) cubo *m*
❷ (*Spiel~*) dado *m;* **~ spielen** jugar a los dados; **die ~ sind gefallen** la suerte está echada
❸ (*Käse~*) taco *m;* (*Eis~*) cubo *m;* **etw in ~ schneiden** cortar algo en cuadraditos

Würfelbecher *m* <-s, -> cubilete *m* de los dados

würfelförmig [-fœrmɪç] *adj* cúbico, en forma de cubo

würf(e)lig ['vʏrf(ə)lɪç] *adj* cúbico; (*Käse*) en tacos; (*Stoff*) a cuadros

würfeln I. *vi* jugar a los dados; **um Geld ~** jugar a los dados por dinero
II. *vt* ❶ (*in Würfel schneiden*) cortar en cuadraditos
❷ (*eine Zahl*) tirar; **ich habe eine Sechs gewürfelt** he sacado un seis

Würfelspiel *nt* <-(e)s, -e> juego *m* de dados; **Würfelspieler(in)** *m(f)* <-s, -; -, -nen> jugador(a) *m(f)* de dados; **Würfelzucker** *m* <-s, *ohne pl*> azúcar *m* en terrones

WurfgeschossRR *nt* <-es, -e> proyectil *m;* **Wurfhammer** *m* <-s, -hämmer> martillo *m*

würflig *adj s.* **würf(e)lig**

Wurfmesser *nt* <-s, -> cuchillo *m* de lanzar; **Wurfpfeil** *m* <-(e)s, -e> dardo *m;* **Wurfsendung** *f* <-, -en> impresos *mpl* distribuidos por correo; **Wurfspiel** *nt* <-(e)s, -e> juego *m* de dardos; **Wurfspieß** *m* <-es, -e> (SPORT) jabalina *f;* **Wurfstern** *m* <-(e)s, -e> (*Waffe*) estrella *f* arrojadiza

Würgegriff *m* <-(e)s, -e> ❶ (*würgender Griff*) garrote *m*
❷ (*erdrückender Einfluss*) influencia *f* aplastante; **im ~ der Großkonzerne** bajo el total dominio de las multinacionales

würgen ['vʏrɡən] I. *vt* estrangular
II. *vi* (*Brechreiz haben*) tener arcadas, tener náuseas; **an etw** *dat* **~** intentar tragar algo; **mit Hängen und W~** (*fam*) por los pelos, con grandes dificultades

Würger(in) ['vʏrɡɐ] *m(f)* <-s, -; -, -nen> estrangulador(a) *m(f)*

Wurm [vʊrm, *pl:* 'vʏrmə] *m* <-(e)s, Würmer> gusano *m;* **Würmer haben** tener lombrices; **da steckt** [*o ist*] **der ~ drin** (*fam*) allí hay gato encerrado; **jdm die Würmer aus der Nase ziehen** (*fam*) tirar de la lengua a alguien

Würmchen ['vʏrmçən] *nt* <-s, -> (*fam*) chiquillo *m*, -a *m, f;* **das arme ~!** ¡el pobrecito!/¡la pobrecita!

wurmen ['vʊrmən] *vt* (*fam*) dar rabia, reconcomerse; **es wurmt mich, dass ...** me da rabia que... +*subj*

wurmförmig [-fœrmɪç] *adj* vermiforme

Wurmfortsatz *m* <-es, -sätze> (MED) apéndice *m*

wurmig *adj* agusanado, lleno de gusanos

wurmstichig *adj* ❶ (*Obst*) agusanado
❷ (*Holz*) carcomido

Wurst [vʊrst, *pl:* 'vʏrstə] *f* <-, Würste> embutido *m;* (*Würstchen*) salchicha *f;* **das ist mir ~** (*fam*) me importa un pepino; **es geht um die ~** (*fam*) ha llegado el momento de la verdad

Wurstbrot *nt* <-(e)s, -e> bocadillo *m* de embutido

Würstchen ['vʏrstçən] *nt* <-s, -> ❶ (GASTR) salchicha *f;* **Frankfurter ~** salchicha tipo Fráncfort; **heiße ~** perritos calientes
❷ (*fam: Mensch*) pobre diablo *m*

Würstchenbude *f* <-, -n>, **Würstchenstand** *m* <-(e)s, -stände> puesto *m* de salchichas asadas

wursteln ['vʊrstəln] *vi* (*fam*) entretenerse con pequeños trabajos; (*pfuschen*) chapucear

Wurstfabrik *f* <-, -en> fábrica *f* de embutidos; **Wurstfinger** *m* <-s, -> dedo *m* regordete; **Wursthaut** *f* <-, -häute> piel *f* del embutido [*o* del fiambre]

wurstig *adj* (*fam*) indiferente, desinteresado

Wurstigkeit *f* <-, *ohne pl*> (*fam*) indiferencia *f*, desinterés *m*

Wurstkonserve *f* <-, -n> embutido *m* enlatado; **Wurstsalat** *m* <-(e)s, -e> ensalada *f* de fiambre; **Wurstvergiftung** *f* <-, -en> botu-

lismo m; **Wurstwaren** fpl embutidos mpl, fiambres mpl; **Wurstzipfel** m <-s, -> punta f del embutido [o de la salchicha]
Württemberg ['vʏrtəmbɛrk] nt <-s> Wurtemberg m
Würzburg ['vʏrtsbʊrk] nt <-s> Wurtzburgo m
Würze ['vʏrtsə] f <-, -n> ❶ (Substanz) condimento m
❷ (Aroma) aroma m
Wurzel ['vʊrtsəl] f <-, -n> ❶ (von Pflanze, Haar, Zahn, a. MATH) raíz f; ~n schlagen echar raíces; das Unkraut mit der ~ ausreißen arrancar la mala hierba de raíz; die ~ ziehen (a. MATH) extraer la raíz (aus de); die dritte ~ aus acht (MATH) la raíz cúbica de ocho
❷ (Ursprung) origen m; (Ursache) causa f; die geistigen/historischen ~n los orígenes ideológicos/históricos; die ~ allen Übels la causa de todos los males; das Übel an der ~ packen cortar el mal de raíz
❸ (reg: Karotte) zanahoria f
Wurzelballen m <-s, -> cepellón m; **Wurzelbehandlung** f <-, -en> tratamiento m de la raíz; **Wurzelgemüse** nt <-s, -> tubérculo m
wurzellos adj sin raíces, que no tiene raíces
wurzeln vi (a. fig) arraigar (in en)
Wurzelstock m <-(e)s, -stöcke> raíces fpl, raigambre f; **Wurzelwerk** nt <-(e)s, ohne pl> raíces fpl, raigambre f; **Wurzelzeichen** nt <-s, -> (MATH) signo m de extracción de raíces; **Wurzelziehen** nt <-s, ohne pl> (MATH) extracción f de la raíz
würzen ['vʏrtsən] vt condimentar, sazonar
würzig adj bien condimentado, sabroso
Würzmittel nt <-s, -> condimento m; **Würzstoff** m <-(e)s, -e> condimento m
wusch [vuːʃ] 3. imp von **waschen**
Wuschelhaar nt <-(e)s, -e> (fam) pelo m muy rizado [o ensortijado]
wuschelig adj (fam: Haar) abundante y muy rizado; ~es Haar haben tener una pelambrera
Wuschelkopf m <-(e)s, -köpfe> (fam) pelambrera f
wussteRR ['vʊstə], **wußte** 3. imp von **wissen**
Wust¹ [vuːst] m <-(e)s, ohne pl> (abw: Durcheinander) caos m inv, lío m; (Menge) montón m; ein ~ von Papieren un montón de papeles
Wust² [vʊst] f <-, ohne pl> (Schweiz) Abk. von **Warenumsatzsteuer** IVA m
wüst [vyːst] adj ❶ (öde) desierto, despoblado; (unbebaut) yermo
❷ (unordentlich) desordenado; (wirr) confuso; ein ~es Durcheinander un caos m; hier sieht es ja ~ aus! ¡qué desorden!
❸ (abw: ausschweifend) licencioso, disipado
❹ (abw: rüde) grosero, vulgar; (gemein) vil; jdn ~ beschimpfen insultar rudamente a alguien
❺ (schlimm) terrible, horrible
❻ (abstoßend) repugnante
Wüste ['vyːstə] f <-, -n> desierto m; biologische ~ desierto biológico; die ~ Gobi el desierto del Gobi; jdn in die ~ schicken (fam) poner a alguien de patitas en la calle
Wüstenbildung f <-, -en> desertización f; **Wüstenklima** nt <-s, ohne pl> clima m desértico; **Wüstensand** m <-(e)s, ohne pl> arena f del desierto
Wüstling ['vyːstlɪŋ] m <-s, -e> (abw) libertino m, disoluto m
Wut [vuːt] f <-, ohne pl> rabia f, furor m; ich habe eine ~ auf ihn! ¡le tengo una rabia!; eine ~ im Bauch haben (fam) estar hecho una furia; seine ~ an jdm/etw dat auslassen desahogar su rabia en alguien/algo; jdn in ~ bringen poner furioso a alguien; in ~ geraten [o kommen] enfurecerse; vor ~ kochen rabiar
Wutanfall m <-(e)s, -fälle> ataque m de rabia; einen ~ bekommen [o kriegen] tener un ataque de rabia; **Wutausbruch** m <-(e)s, -brüche> acceso m de rabia [o de ira]; da kann man ja einen ~ kriegen! (fam) ¡es para entrarle la rabia a uno!
wüten ['vyːtən] vi (Krieg, Sturm, Seuche) hacer [o causar] estragos; gegen etw ~ rabiar contra algo
wütend adj furioso, enfurecido (über por, auf con/contra), alebrestado Kol, Ven; auf jdn ~ sein tener rabia a alguien; ~ werden enfurecerse (auf contra)
wutentbrannt ['vuːtʔɛntˌbrant] adj furibundo, rabioso
Wüterich ['vyːtərɪç] m <-s, -e> (abw) persona f furiosa
Wutgeheul nt <-(e)s, ohne pl> lloro m de rabia, lloriqueo m de rabia; **Wutgeschrei** nt <-s, ohne pl> gritos mpl de rabia
wutschnaubend adj echando espumarajos por la boca
Wutschrei m <-(e)s, -e> grito m de rabia; einen ~ ausstoßen lanzar un grito de rabia
wutverzerrt ['--ˈ-] adj desfigurado por la rabia
Wwe. Abk. von **Witwe** Vda.
WWF m <-> Abk. von **World Wide Fund for Nature** WWF m
WWF-Sprecher(in) m(f) <-s, -; -, -nen> portavoz mf del WWF
Wwr. Abk. von **Witwer** Vdo.
WWU [veːveːˈʔuː] f <-> Abk. von **Wirtschafts- und Währungsunion** UEM f

WWW [veːveːˈveː] nt <-> (INFOR) Abk. von **World Wide Web** WWW f
WWW-Client m <-, -s> (INFOR) cliente m de WWW; **WWW-Server** m <-s, -> (INFOR) servidor m de WWW
Wz Abk. von **Warenzeichen** marca f registrada

X

X, x [ɪks] nt <-, -> X, x f; ~ wie **Xanthippe** X de xilófono; **er lässt sich** dat **kein ~ für ein U vormachen** no le puedes dar gato por liebre
x-Achse f <-, -n> (MATH) eje m de abscisas
Xanthippe [ksanˈtɪpə] f <-, -n> (abw) arpía f
X-Beine ntpl piernas fpl zambas
x-beinigRR adj, **X-beinig** adj zambo
x-beliebig adj (fam) cualquiera; **eine ~e Zahl** un número cualquiera, cualquier número
x-Beliebige(r)RR mf <-n, -n; -n, -n>: **jeder ~** cualquiera
X-Chromosom nt <-s, -en> (BIOL) cromosoma m X
Xe (CHEM) Abk. von **Xenon** Xe
Xenon ['kseːnɔn] nt <-s, ohne pl> (CHEM) xenón m
xenophob [ksenoˈfoːp] adj xenófobo
Xenophobie [ksenofoˈbiː] f <-, ohne pl> xenofobia f
XerografieRR f <-, -n> (TYPO) s. **Xerographie**
xerografieren*RR vt (TYPO) s. **xerographieren***
Xerographie [kseroɡraˈfiː] f <-, -n> (TYPO) xerografía f
xerographieren* vt (TYPO) xerografiar
Xerokopie [kseroˈkoːpiː] f <-, -n> xerocopia f
xeromorph adj (BOT) xeromorfo
Xeromorphie [kseromɔrˈfiː] f <-, ohne pl> (GEO) xeromorfismo m
xerophil adj (BOT) xerófilo
Xerophyt m <-en, -en> (BOT) planta f xerófita
x-fach ['ɪksfax] adj (fam) múltiple; **trotz ~er Ermahnungen** a pesar de múltiples advertencias
x-förmigRR ['ɪksfœrmɪç] adj, **X-förmig** adj en forma de equis
x-mal ['ɪksmaːl] adv (fam) mil veces
x-te(r, s) ['ɪkstə, -tɐ, -təs] adj (fam a. MATH) enésimo; **in die ~ Potenz erheben** elevar a la enésima potencia; **das ~ Mal** la enésima vez; **zum ~n Mal** por enésima vez
x-temal ['ɪkstəmaːl] adv: **das ~** la enésima vez
x-tenmal adv: **zum ~** por enésima vez
XylofonRR nt <-s, -e>, **Xylophon** [ksyloˈfoːn] nt <-s, -e> xilófono m, xilofón m

Y

Y, y ['ʏpsilɔn] nt <-, -> Y, y f; ~ wie **Ypsilon** Y de Yucatán
Y (CHEM) Abk. von **Yttrium** Y
y-Achse f <-, -n> (MATH) eje m de las ordenadas
Yacht [jaxt] f <-, -en> yate m
Yak [jak] m <-s, -s> (ZOOL) yac m, yak m
Yang [jaŋ] nt <-(s), ohne pl> (PHILOS) Yang m
Yankee m <-s, -s> yanqui mf
Yard [jaːɐt] nt <-s, -s> yarda f
Yb (CHEM) Abk. von **Ytterbium** Yb
Y-Chromosom nt <-s, -en> (BIOL) cromosoma m Y
Yen [jɛn] m <-(s), -(s)> yen m
Yeti ['jeːti] m <-s, -s> (abominable) hombre m de las nieves, yeti m
Yin [jɪn] nt <-, ohne pl> (PHILOS) Yin m; ~ **und Yang** (el) Yin y (el) Yang
Yoga ['joːɡa] m o nt <-(s), ohne pl> yoga m
Yogasitz m <-es, ohne pl> posición f de loto
Yoghurt ['joːɡʊrt] m <-s, -s> s. **Joghurt**
Yogi ['joːɡi] m <-s, -s> yogui m
Yorkshireterrier ['jɔːkʃə-] m <-s, -> terrier m de Yorkshire
Yo-Yo ['joːjoː, joˈjoː] nt <-s, -s> yoyó m
Ypsilon ['ʏpsilɔn] nt <-(s), -s> ❶ (lateinisches Alphabet) i f griega
❷ (griechisches Alphabet) ípsilon f
Ytong® ['yːtɔŋ] m <-s, -s> bloque m de hormigón ligero
Ytterbium [ʏˈtɛrbiʊm] nt <-s, ohne pl> (CHEM) iterbio m
Yttrium ['ʏtriʊm] nt <-s, ohne pl> (CHEM) itrio m
Yucca ['jʊka] f <-, -s> (BOT) yuca f; (als Zierpflanze) tronco m del Brasil
Yuppie ['jʊpi] m <-s, -s> yuppie mf

Z

Z, z [tsɛt] *nt* <-, -> Z, z *f*; ~ **wie Zacharias** [*o* **Zeppelin**] Z de Zaragoza
zack *interj* (*fam*) ¡zas!; ~, ~! ¡rápido, rápido!
Zack [tsak] *m* (*fam*): **auf ~ sein** (*Person*) ser muy eficiente; (*Dinge*) funcionar a las mil maravillas; **jdn auf ~ bringen** poner a alguien a trabajar
Zacke ['tsakə] *f* <-, -n> diente *m*; (*Bergkamm*) punta *f*; (*Gabel, Rechen*) púa *f*
Zacken ['tsakən] *m* <-s, -> (*reg*) ❶ *s.* **Zacke**
❷ (*fam*) **sich** *dat* **keinen ~ aus der Krone brechen** no caérsele a alguien los anillos
zackig ['tsakɪç] *adj* ❶ (*gezackt*) dentado
❷ (*fam: Bewegung, Auftreten*) brioso; (*Person*) resoluto
zagen ['tsa:gən] *vi* acobardarse, amedrentarse
zaghaft *adj* vacilante; (*furchtsam*) temeroso; (*schüchtern*) tímido; **~ anklopfen** llamar a la puerta tímidamente
Zaghaftigkeit *f* <-, *ohne pl*> pusilanimidad *f*; (*Schüchternheit*) timidez *f*
Zagreb ['za:grɛp] *nt* <-s> Zagreb *m*
zäh [tsɛ:] *adj* ❶ (*Leder*) duro; (*Fleisch*) correoso
❷ (*~flüssig*) espeso, viscoso
❸ (*schleppend*) lento
❹ (*beharrlich*) pertinaz, tenaz; (*widerstandsfähig*) resistente
Zäheit ['tsɛ:haɪt] *f* <-, *ohne pl*> *s.* **Zähheit**
zähflüssig *adj* espeso, viscoso; (*Verkehr*) denso
Zähflüssigkeit *f* <-, *ohne pl*> viscosidad *f*; (*des Verkehrs*) densidad *f*
Zähheit^RR ['tsɛ:haɪt] *f* <-, *ohne pl*> ❶ (*Festigkeit*) dureza *f*
❷ (*Viskosität*) viscosidad *f*
❸ (*Langsamkeit*) lentitud *f*
❹ (*Beharrlichkeit*) tenacidad *f*, persistencia *f*
Zähigkeit *f* <-, *ohne pl*> ❶ (*Widerstandsfähigkeit*) resistencia *f*
❷ (*Ausdauer*) tenacidad *f*, pertinacia *f*
Zahl [tsa:l] *f* <-, -en> (*a.* MATH, LING) número *m*; (*Ziffer*) cifra *f*; **arabische/römische ~en** números arábigos/romanos; **eine dreistellige ~** un número de tres cifras; **gerade/ungerade/ganze ~en** números pares/impares/enteros; **rote ~en schreiben** estar en números rojos; **aus den roten ~en kommen** superar un déficit, superar una situación financiera difícil; **in großer ~** en gran número; **in voller ~** al completo; **fünf an der ~** (en número de) cinco; **etw in ~en ausdrücken** expresar algo en cifras
zahlbar *adj* pagadero, abonable; **~ bei Lieferung** pagadero a la entrega; **~ bei Sicht** pagadero a la vista; **in Raten ~** pagable a plazos
zählbar *adj* contable
zählebig *adj* resistente; **~ sein** tener siete vidas (como el gato)
zahlen ['tsa:lən] *vi, vt* pagar; (*Schuld*) satisfacer, liquidar; **Herr Ober, bitte ~!** camarero, ¡la cuenta, por favor!; **bar ~** pagar al contado; **mit einem Scheck ~** pagar con cheque; **kann ich in Euro ~?** ¿puedo pagar en euros?; **er zahlte mit einem Hunderter** pagó con un billete de cien; **lass mal, ich zahle!** ¡deja, ya pago yo!; **er zahlt die Miete/die Rechnung** paga el alquiler/la cuenta; **was habe ich zu ~?** ¿cuánto le debo?
zählen ['tsɛ:lən] **I.** *vi* contar; **bis zehn ~** contar hasta diez; **hier zählt nur die Leistung** aquí sólo cuenta el rendimiento; **das zählt nicht** eso no cuenta; **auf jdn/etw ~** contar con alguien/algo; **wir ~ fest auf seine Mitarbeit** contamos plenamente con su colaboración; **zu etw** *dat* **~** contarse [*o* figurar] entre algo; **er zählt zu den besten Stürmern der Liga** figura entre los mejores delanteros de la liga; **ich zähle mich zu seinen Freunden** me considero uno de sus amigos
II. *vt* contar, hacer recuento; (*Bevölkerung*) hacer el censo; (*Stimmen bei Wahlen*) escrutar, hacer el escrutinio; **seine Tage sind gezählt** sus días están contados; **ich zähle die Stunden bis zu seiner Ankunft** cuento las horas (que faltan) para su llegada
Zahlenangabe *f* <-, -n> indicación *f* numérica; **Zahlenfolge** *f* <-, -n> serie *f* de números; **Zahlengedächtnis** *nt* <-ses, -se> memoria *f* para los números; **Zahlenkombination** *f* <-, -en> combinación *f*; **die ~ eines Tresors knacken** hacer saltar la combinación de una caja fuerte
zahlenmäßig *adj* numérico; **~ überlegen** superior en número; **~ nicht zu erfassen** no expresable en términos numéricos
Zahlenmaterial *nt* <-s, *ohne pl*> datos *mpl* numéricos; **Zahlenreihe** *f* <-, -n> *s.* **Zahlenfolge**; **Zahlenschloss**^RR *nt* <-es, -schlösser> cerradura *f* de combinación; **Zahlenverhältnis** *nt* <-ses, -se> relación *f* numérica, proporción *f* (numérica)
Zahler(in) *m(f)* <-s, -; -, -nen> pagador(a) *m(f)*; **pünktlicher/säumiger ~** pagador puntual/moroso
Zähler[1] *m* <-s, -> ❶ (*Zählwerk*) contador *m*; **den ~ ablesen** leer el contador
❷ (MATH) numerador *m*
Zähler(in)[2] *m(f)* <-s, -; -, -nen> contador(a) *m(f)*

Zählerablesung *f* <-, -en> lectura *f* de contadores; **die ~ vornehmen** realizar la lectura de contadores, leer los contadores
Zahlerin *f* <-, -nen> *s.* **Zahler**
Zählerin *f* <-, -nen> *s.* **Zähler**[2]
Zählerstand *m* <-(e)s, -stände> nivel *m* del contador; **den ~ ablesen** leer el contador
Zahlkarte *f* <-, -n> impreso *m* para giro postal
zahllos *adj* innumerable, incontable
Zahlmeister(in) *m(f)* <-s, -; -, -nen> pagador(a) *m(f)*; (NAUT) sobrecargo *mf*
zahlreich **I.** *adj* numeroso; (*häufig*) frecuente
II. *adv* en gran número
Zahlstelle *f* <-, -n> (FIN) ❶ (*Kasse*) pagaduría *f*; (*Schalter*) contaduría *f*
❷ (FIN) domicilio *m*; **Zahlstellenscheck** *m* <-s, -s> (FIN) cheque *m* domiciliado
Zahltag *m* <-(e)s, -e> fecha *f* de pago, día *m* de pago
Zahlung *f* <-, -en> pago *m*, abono *m*; (*Betrag*) importe *m*; **anteilige/avisierte/geleistete ~** pago proporcional/notificado/efectuado; **jdn zur ~ auffordern** requerir a alguien que efectúe un pago; **~ bei Eingang der Waren** el pago (se realizará) al recibir las mercancías; **etw in ~ nehmen** tomar algo como pago parcial; **etw in ~ geben** dar [*o* adjudicar] algo en pago, ofrecer algo como pago parcial; **eine ~ leisten** efectuar un pago
Zählung *f* <-, -en> acto *m* de contar, recuento *m*; (*Volks~*) censo *m*
Zahlungsabkommen *nt* <-s, -> (WIRTSCH) acuerdo *m* de pagos; **Zahlungsabwicklung** *f* <-, -en> (WIRTSCH) realización *f* del pago; **Zahlungsankündigung** *f* <-, -en> (WIRTSCH) aviso *m* de pago; **Zahlungsanspruch** *m* <-(e)s, -sprüche> pretensión *f* de pago; **Zahlungsanweisung** *f* <-, -en> orden *f* de pago; **Zahlungsanzeige** *f* <-, -n> aviso *m* de pago; **Zahlungsart** *f* <-, -en> modalidad *f* de pago; **Zahlungsaufforderung** *f* <-, -en> requerimiento *m* de pago; **Zahlungsaufschub** *m* <-(e)s, -schübe> moratoria *f*; **jdm ~ gewähren** conceder una moratoria a alguien; **Zahlungsausgleich** *m* <-(e)s, -e> compensación *f* de pagos; **unbarer ~** compensación de pagos sin dinero en efectivo; **Zahlungsbedingungen** *fpl* (WIRTSCH) condiciones *fpl* de pago; **Zahlungsbefehl** *m* <-(e)s, -e> (JUR) mandamiento *m* de pago; **Zahlungsbeleg** *m* <-(e)s, -e> comprobante *m* de pago; **Zahlungsbereitschaft** *f* <-, *ohne pl*> (WIRTSCH) disposición *f* de pago
Zahlungsbilanz *f* <-, -en> (WIRTSCH) balanza *f* de pagos; **unausgeglichene ~** balanza de pagos desequilibrada; **Zahlungsbilanzausgleich** *m* <-(e)s, *ohne pl*> (WIRTSCH) nivelación *f* de la balanza de pagos; **Zahlungsbilanzdefizit** *nt* <-s, -e> (WIRTSCH) déficit *m inv* en la balanza de pagos, saldo *m* pasivo en la balanza de pagos; **Zahlungsbilanzmechanismus** *m* <-, -mechanismen> (WIRTSCH) mecanismo *m* de la balanza de pagos; **Zahlungsbilanzmultiplikator** *m* <-s, -en> (WIRTSCH) multiplicador *m* de la balanza de pagos; **Zahlungsbilanzsaldo** *m* <-s, -salden *o* -s *o* -saldi> (WIRTSCH) saldo *m* de la balanza de pagos; **Zahlungsbilanzsituation** *f* <-, -en> (WIRTSCH) situación *f* de la balanza de pagos; **Zahlungsbilanzüberschuss**^RR *m* <-es, -schüsse> (WIRTSCH) superávit *m* de la balanza de pagos, saldo *m* activo de la balanza de pagos
Zahlungsbürgschaft *f* <-, -en> (JUR) aval *m* de pago; **Zahlungseingang** *m* <-(e)s, *ohne pl*> entrada *f* en caja; **Zahlungseinstellung** *f* <-, -en> suspensión *f* de pagos; **Zahlungsempfänger** *m(f)* <-s, -; -, -nen> beneficiario, -a *m, f* de un pago; **Zahlungsempfangsbestätigung** *f* <-, -en> acuse *m* de recibo de un pago; **Zahlungserinnerung** *f* <-, -en> recordatorio *m* de pago; **Zahlungserleichterung** *f* <-, -en> facilidades *fpl* de pago; **Zahlungsermächtigung** *f* <-, -en> autorización *f* de pago
zahlungsfähig *adj* solvente
Zahlungsfähigkeit *f* <-, *ohne pl*> solvencia *f*; **über seine ~ kaufen** comprar por encima de su capacidad de pago; **Zahlungsfrist** *f* <-, -en> plazo *m* de pago; **die ~ einhalten** observar el plazo de pago; **Zahlungsgarantie** *f* <-, -n> garantía *f* de pago; **Zahlungsklage** *f* <-, -n> (JUR) demanda *f* de pago
zahlungskräftig *adj* (FIN) adinerado, de gran solvencia
zahlungskräftig *adj* (*fam*) adinerado
Zahlungsmitteilung *f* <-, -en> comunicación *f* de pago
Zahlungsmittel *nt* <-s, -> medio *m* de pago; **gesetzliches ~** moneda *f* de curso legal; **unbare ~** medios de pago sin movimiento de numerario; **Zahlungsmittelumlauf** *m* <-(e)s, *ohne pl*> circulación *f* fiduciaria; **Zahlungsmittelvolumen** *nt* <-s, -volumina> (WIRTSCH) volumen *m* de los medios de pago
Zahlungsnachweis *m* <-es, -e> comprobante *m* de pago; **Zahlungsort** *m* <-(e)s, -e> (JUR) lugar *m* de pago; **Zahlungspflicht** *f* <-, -en> (JUR) deber *m* de pago
zahlungspflichtig *adj* de pago obligatorio; (*Person*) obligado a pagar
Zahlungsrückstand *m* <-(e)s, -stände> retraso *m* en el pago; **Zahlungsschwierigkeiten** *fpl* dificultades *fpl* de pago; **Zahlungssperre** *f* <-, -n> congelación *f* de pagos; **Zahlungstermin** *m* <-(e)s,

zahlungsunfähig

-e> fecha *f* de pago, plazo *m* de pago; **letzter ~** último plazo de pago
zahlungsunfähig *adj* (JUR) insolvente; **~ werden** devenir insolvente; **jdn für ~ erklären** declararar a alguien insolvente
Zahlungsunfähige(r) *mf* <-n, -n; -n -n> insolvente *mf*
Zahlungsunfähigkeit *f* <-, *ohne pl*> insolvencia *f*
zahlungsunwillig *adj* no dispuesto a pagar; **sie ist ~** no está dispuesta a pagar
Zahlungsverbot *nt* <-(e)s, -e> (JUR) prohibición *f* de pago; **vorläufiges/endgültiges ~** prohibición de pago provisional/definitiva; **~ erteilen** conceder la prohibición de pago; **Zahlungsverjährung** *f* <-, -en> (JUR) prescripción *f* del pago; **Zahlungsverkehr** *m* <-(e)s, *ohne pl*> servicio *m* de pagos; **bargeldloser ~** servicio de pagos sin efectivo; **unbarer ~** pago sin movimiento de numerario; **Zahlungsverpflichtung** *f* <-, -en> obligación *f* de pago; **seinen -en nachkommen/nicht nachkommen** cumplir con/faltar a sus obligaciones de pago; **Zahlungsvertrag** *m* <-(e)s, -träge> contrato *m* de pago; **Zahlungsverweigerung** *f* <-, -en> negación *f* de pago; **Zahlungsverzug** *m* <-(e)s, *ohne pl*> demora *f* en el pago; **in ~ geraten** retrasarse en el pago; **Zahlungsweise** *f* <-, -n> forma *f* de pago, modalidad *f* de pago; **Zahlungswilligkeit** *f* <-, *ohne pl*> voluntad *f* de pago; **Zahlungsziel** *nt* <-(e)s, -e> plazo *m* de pago, fecha *f* de pago; **ein ~ einräumen** conceder un plazo (en el pago); **offenes ~** vencimiento abierto, plazo de pago ilimitado
Zählwerk *nt* <-(e)s, -e> contador *m*
Zählwertgleichheit *f* <-, *ohne pl*> igualdad *f* de valor de recuento
Zahlwort *nt* <-(e)s, -wörter> (LING) numeral *m*; **Zahlzeichen** *nt* <-s, -> cifra *f*
zahm [tsa:m] *adj* ❶ (*Tier*) manso; (*gezähmt*) domesticado
❷ (*fam: brav*) manso, bueno; (*mild*) suave
zähmbar *adj* domable, domesticable; **leicht/schwer ~** fácil/difícil de domesticar
zähmen ['tsɛ:mən] *vt* ❶ (*Tier*) domesticar, amansar
❷ (*geh: Ungeduld*) reprimir, refrenar
Zahmheit *f* <-, *ohne pl*> mansedumbre *f*
Zähmung *f* <-, -en> ❶ (*eines Tieres*) domesticación *f*, doma *f*
❷ (*geh: der Ungeduld*) refrenamiento *m*
Zahn [tsa:n, *pl*: 'tsɛ:nə] *m* <-(e)s, Zähne> diente *m*; (*Backen~*) muela *f*; **sich** *dat* **die Zähne putzen** cepillarse los dientes; **sie bekommt Zähne** le están saliendo los dientes; **die dritten Zähne** la dentadura postiza; **ein steiler ~** (*fam*) una buena moza; **der ~ der Zeit** (*fam*) los estragos del tiempo; **jdm einen ~ ziehen** (*fam fig*) desilusionar a alguien; **den ~ kannst du dir ziehen lassen!** (*fam*) ¡quítatelo de la cabeza!; **Haare auf den Zähnen haben** ser un sargento de caballería; **jdm die Zähne zeigen** (*fam*) enseñar los dientes a alguien; **jdm auf den ~ fühlen** (*fam*) tomar el pulso a alguien; **bis an die Zähne bewaffnet sein** estar armado hasta los dientes; **sich** *dat* **die Zähne an etw** *dat* **ausbeißen** (*fam*) romperse los dientes con algo, dejarse la piel en algo; **mit den Zähnen klappern/knirschen** castañetear/rechinar los dientes; **einen irren** [*o* **ganz schönen**] **~ drauf haben** (*fam: schnell fahren*) conducir a toda pastilla; (*schnell arbeiten*) trabajar a gran velocidad; **einen ~ zulegen** (*fam: schneller fahren*) conducir más rápido; (*sich beeilen*) darse prisa
Zahnarzt, -ärztin *m*, *f* <-es, -ärzte; -, -nen> dentista *mf*, odontólogo, -a *m*, *f*
Zahnarztbesuch *m* <-(e)s, -e> visita *f* al dentista; **Zahnarzthelfer(in)** *m(f)* <-s, -; -, -nen> ayudante *mf* del dentista
Zahnärztin *f* <-, -nen> *s*. **Zahnarzt**
zahnärztlich *adj* odontológico; **sich ~ behandeln lassen** ponerse en tratamiento odontológico
Zahnausfall *m* <-(e)s, *ohne pl*> caída *f* de los dientes; **Zahnbehandlung** *f* <-, -en> tratamiento *m* dentario; **Zahnbein** *nt* <-(e)s, *ohne pl*> (BIOL) dentina *f*; **Zahnbelag** *m* <-(e)s, -läge> sarro *m*, tártaro *m*; **Zahnbürste** *f* <-, -n> cepillo *m* de dientes; **Zahncreme** *f* <-, -s> *s*. **Zahnpasta**
Zähnefletschen [-flɛtʃən] *nt* <-s, *ohne pl*> rechinar *m* (de dientes); **unter ~** a regañadientes
zähnefletschend I. *adj* que regaña los dientes
II. *adv* regañando los dientes
Zähneklappern *nt* <-s, *ohne pl*> castañeteo *m* de dientes
zähneklappernd I. *adj* castañeteando (con los dientes); **er sah einen ~en Bettler** vio a un mendigo al que le castañeteaban los dientes
II. *adv* castañeteando (con los dientes); **~ saßen sie um das Feuer** estaban sentados en torno al fuego castañeteándoles los dientes
Zähneknirschen *nt* <-s, *ohne pl*> crujir *m* de dientes, rechinar *m* de dientes; **lass das ~, Kind!** ¡niño, deja ya de rechinar los dientes!; **unter ~** (*fig*) de mala gana
zähneknirschend *adv* rechinando los dientes; (*unwillig*) a regañadientes, refunfuñando; **sich ~ fügen** obedecer a regañadientes
zahnen ['tsa:nən] *vi* echar los dientes; **der Kleine zahnt** el niño está echando los dientes, le están saliendo los dientes al chico
Zahnersatz *m* <-es, *ohne pl*> diente *m* postizo; (*Gebiss*) dentadura *f* postiza; **Zahnfäule** *f* <-, *ohne pl*> caries *f inv*; **Zahnfehlstellung** *f* <-, -en> postura *f* viciada de los dientes
Zahnfleisch *nt* <-(e)s, *ohne pl*> encía(s) *f(pl)*; **auf dem ~ kriechen** (*fam: pleite sein*) estar en la ruina, no tener un duro; (*erschöpft sein*) estar hecho polvo [*o* trizas]
Zahnfleischbluten *nt* <-s, *ohne pl*>: **ich habe ~** me sangran las encías; **Zahnfleischentzündung** *f* <-, -en> (MED) inflamación *f* de las encías, gingivitis *f inv*
Zahnfüllung *f* <-, -en> empaste *m*; **Zahngold** *nt* <-(e)s, *ohne pl*> (MED) oro *m* dentario; **Zahnhals** *m* <-es, -hälse> (ANAT) cuello *m* del diente; **Zahnheilkunde** *f* <-, *ohne pl*> odontología *f*; **Zahnklammer** *f* <-, -n> *s*. **Zahnspange**; **Zahnklinik** *f* <-, -en> clínica *f* dental; **Zahnkranz** *m* <-es, -kränze> (TECH) corona *f* dentada; **Zahnlaut** *m* <-(e)s, -e> (LING) (sonido *m*) dental *f*
zahnlos *adj* sin dientes, desdentado
Zahnlücke *f* <-, -n> mella *f* en la dentadura; **Zahnmedizin** *f* <-, *ohne pl*> odontología *f*; **Zahnnerv** *m* <-s, -en> nervio *m* dental; **Zahnpasta** ['tsa:npasta] *f* <-, -pasten> pasta *f* dentífrica, dentífrico *m*, pasta *f* de dientes *fam*; **Zahnpflege** *f* <-, *ohne pl*> higiene *f* dental; **Zahnprothese** *f* <-, -n> dentadura *f* postiza, prótesis *f inv* dental
Zahnputzglas *nt* <-es, -gläser> vaso *m* para el cepillo de dientes
Zahnrad *nt* <-(e)s, -räder> (TECH) rueda *f* dentada
Zahnradbahn *f* <-, -en> (TECH) ferrocarril *m* de cremallera
Zahnschmelz *m* <-es, -e> esmalte *m* dental
Zahnschmerz *m* <-es, -en> dolor *m* de muelas; **Zahnschmerzmittel** *nt* <-s, -> remedio *m* contra el dolor de muelas
Zahnseide *f* <-, -n> seda *f* dental; **Zahnspange** *f* <-, -n> aparato *m* ortodóncico [*o* de ortodoncia]; **Zahnstange** *f* <-, -n> (TECH) cremallera *f*; **Zahnstein** *m* <-(e)s, *ohne pl*> placa *f* (bacteriana); **Zahnstocher** [-ʃtɔxɐ] *m* <-s, -> palillo *m*, pajuela *f* *Bol, Kol*; **Zahnstummel** *m* <-s, ->, **Zahnstumpf** *m* <-(e)s, -stümpfe> raigón *m*; **Zahntechniker(in)** *m(f)* <-s, -; -, -nen> mecánico, -a *m*, *f* dentista; **Zahnversiegelung** *f* <-, -en> (MED) sellado *m* dental; **Zahnwal** *m* <-(e)s, -e> ballena *f* dentada; **Zahnweh** *nt* <-s, *ohne pl*> (*fam*) dolor *m* de muelas; **Zahnwurzel** *f* <-, -n> (ANAT) raíz *f* del diente
Zaire [za'i:ɐ] *nt* <-s> Zaire *m*
Zampano [tsam'pa:no] *m* <-s, -s> bravucón *m*, fanfarrón *m*
Zander ['tsandɐ] *m* <-s, -> lucio *m*
Zange ['tsaŋə] *f* <-, -n> ❶ (*Werkzeug*) tenaza(s) *f(pl)*; (*Geburts~*) fórceps *m inv*; **jdn in die ~ nehmen** (*fam*) apretar las clavijas a alguien; **jdn in der ~ haben** (*fam*) tener a alguien en un puño; **etw nicht mit der ~ anfassen mögen** (*fam*) no querer coger algo ni con pinzas
❷ (*fam: von Tieren*) pinzas *fpl*
zangenförmig [-fœrmɪç] *adj* en forma de tenaza
Zangengeburt *f* <-, -en> parto *m* con fórceps
Zank [tsaŋk] *m* <-(e)s, *ohne pl*> disputa *f*; (*Streit*) riña *f*
Zankapfel *m* <-s, -äpfel> manzana *f* de la discordia, objeto *m* de controversia
zanken ['tsaŋkən] *vi, vr* pelearse; **sich mit jdm um etw ~** pelearse con alguien por algo; **sie zankt sich mit ihrem Bruder um das Buch** se pelea con su hermano por el libro
Zänkerei [tsɛŋkə'raɪ] *f* <-, -en> pelea *f*, riña *f*
zänkisch ['tsɛŋkɪʃ] *adj* pendenciero, camorrista
Zanksucht *f* <-, *ohne pl*> (*abw*) afán *m* de pelear
zanksüchtig *adj* pendenciero
Zapatist(in) *m(f)* <-en, -en; -, -nen> (POL) zapatista *mf*
zapatistisch *adj* zapatista; **Nationale Z-e Befreiungsarmee** Ejército Zapatista de Liberación Nacional, guerrilla zapatista
Zäpfchen ['tsɛpfçən] *nt* <-s, -> ❶ (ANAT) úvula *f*, campanilla *f*
❷ (*Medikament*) supositorio *m*
zapfen ['tsapfən] *vt* sacar (del tonel o barril); **Wein ~** sacar vino del barril; **Benzin ~** sacar gasolina del surtidor; **gezapftes Bier** cerveza de barril; **jdm Bier ~** servir cerveza de barril a alguien
Zapfen ['tsapfən] *m* <-s, -> ❶ (BOT) piña *f*
❷ (*Stöpsel*) tapón *m*
❸ (TECH: *in der Holzverarbeitung*) mecha *f*; (*an einer Welle, Achse*) perno *m*
Zapfenstreich *m* <-(e)s, -e> (MIL) toque *m* de retreta; **jetzt ist aber ~!** (*fam*) ¡ya está bien!, ¡se acabó (lo que se daba)!
zapfentragend *adj* (BOT) conífero
Zapfenzieher *m* <-s, -> (*Schweiz*) sacacorchos *m inv*
Zapfgeschwindigkeit *f* <-, -en> velocidad *f* del suministro; **Zapfhahn** *m* <-(e)s, -hähne> espita *f*, canilla *f*; **Zapfpistole** *f* <-, -n> pistola *f* del surtidor; **Zapfsäule** *f* <-, -n> surtidor *m* de gasolina; **Zapfventil** *nt* <-s, -e> válvula *f* del surtidor
zapp(e)lig ['tsap(ə)lɪç] *adj* (*fam*) inquieto, nervioso; **vor Neugier ganz ~ sein** estar muerto de curiosidad

zappeln ['tsapəln] *vi* agitarse, moverse; (*mit den Beinen*) patalear (*mit*); (*unruhig sein*) no parar quieto; **das Kind zappelte mit Armen und Beinen** el niño no paraba quieto; **jdn ~ lassen** (*fam*) tener a alguien en vilo

Zappelphilipp ['tsapəlfɪlɪp] *m* <-s, -s *o* -e> (*fam abw*) zarandillo *m*

zappen ['tsapən, 'zɛpən] *vi* (TV: *sl*) hacer zap(p)ing, zap(e)ar

zappenduster ['tsapən'du:stɐ] *adj* (*fam*) oscuro como la boca del lobo, muy oscuro; **mit etw** *dat* **ist es ~** (*hoffnungslos*) algo no tiene remedio; (*schlecht bestellt*) algo tiene mal color [*o* está muy negro]

Zapping ['tsapɪŋ, 'zɛpɪŋ] *nt* <-s, *ohne pl*> (TV: *sl*) zapping *m*, zapeo *m*

zapplig *adj* s. **zapp(e)lig**

Zar(in) [tsaːɐ̯] *m(f)* <-en, -en; -, -nen> zar *m*, zarina *f*

Zarge ['tsargə] *f* <-, -n> bastidor *m*, marco *m*

Zarin ['tsaːrɪn] *f* <-, -nen> s. **Zar**

zart [tsaːɐ̯t] *adj* ❶ (*Fleisch, Gemüse*) tierno; **im ~en Alter von ...** (*geh*) en la tierna edad de…
❷ (*fein*) fino; (*zerbrechlich*) frágil; (*empfindlich*) sensible; (*Haut, Gesundheit*) delicado
❸ (*Farbe, Klang, Berührung*) suave
❹ (*~fühlend*) tierno, delicado

zartbesaitet ['-.-'--] *adj* sensible; **sie ist eher ~** es un poco sensible [*o* impresionable]

zartbitter ['-'--] *adj*: **~e Schokolade** chocolate amargo [*o* sin leche] extrafino

Zartbitterschokolade *f* <-, -n> chocolate *m* amargo [*o* sin leche] extrafino

zartfühlend *adj* delicado, tierno

Zartgefühl *nt* <-(e)s, *ohne pl*> delicadeza *f*; (*Taktgefühl*) tacto *m* (fino)

zartglied(e)rig ['tsaːɐ̯tgliːd(ə)rɪç] *adj* (*fein*) grácil; (*zerbrechlich*) delicado

zartgrün ['-'-] *adj* verde pálido

Zartheit *f* <-, *ohne pl*> delicadeza *f*

zärtlich ['tsɛːɐ̯tlɪç] I. *adj* cariñoso, afectuoso; **sie wurden ~ (miteinander)** se pusieron cariñosos, comenzaron a acariciarse
II. *adv* con cariño

Zärtlichkeit¹ *f* <-, *ohne pl*> (*Zuneigung*) ternura *f*, cariño *m*

Zärtlichkeit² *f* <-, -en> (*Liebkosung*) caricia *f*; **~en austauschen** acariciarse; **jdm ~en ins Ohr flüstern** susurrar a alguien cariñitos al oído

ZAST [tsɛtʔaːʔɛsˈteː] *f* <-> *Abk. von* **Zinsabschlagsteuer** impuesto *m* sobre el interés

Zaster ['tsastɐ] *m* <-s, *ohne pl*> (*fam*) pasta *f* (gansa), guita *f*

Zäsur [tsɛˈzuːɐ̯] *f* <-, -en> (*geh a.* LIT, MUS) cesura *f*

Zäsurwirkung *f* <-, -en> efecto *m* de cesura

Zauber ['tsaʊbɐ] *m* <-s, *ohne pl*> ❶ (*~handlung, ~bann*) hechizo *m*, hechicería *f*; **fauler ~** (*fam abw*) embuste *m*; **schließlich flog der ganze ~ auf** (*fam*) al final se descubrió el pastel
❷ (*~kraft*) magia *f*
❸ (*Faszination, Reiz*) encanto *m*

Zauberei¹ [tsaʊbəˈraɪ] *f* <-, *ohne pl*> (*Magie*) magia *f*, hechicería *f*; **an ~ grenzen** parecer cosa de brujería

Zauberei² *f* <-, -en> (*Kunststück*) hechicería *f*, truco *m* de prestidigitación

Zauberer, -in ['tsaʊbərɐ] *m, f* <-s, -; -, -nen> hechicero, -a *m, f*; (*Zauberkünstler*) mago, -a *m, f*

Zauberflöte *f* <-, -n> flauta *f* mágica; **Zauberformel** *f* <-, -n> conjuro *m*, fórmula *f* mágica

zauberhaft *adj* encantador

Zauberhand *f*: **wie von** [*o* **durch**] **~** (como) por arte de magia, (como) por ensalmo

Zauberin *f* <-, -nen> s. **Zauberer**

Zauberkunst¹ *f* <-, *ohne pl*> (*Magie*) (arte *m* de) magia *f*, prestidigitación *f*

Zauberkunst² *f* <-, -künste> (*magische Fähigkeit*) hechicería *f*, hechizo *m*

Zauberkünstler(in) *m(f)* <-s, -; -, -nen> mago, -a *m, f*; (*Illusionist*) ilusionista *mf*, prestidigitador(a) *m(f)*; **Zauberkunststück** *nt* <-(e)s, -e> juego *m* de manos, truco *m* de prestidigitación; **Zauberlandschaft** *f* <-, -en> paisaje *m* encantado

zaubern ['tsaʊbɐn] I. *vi* ❶ (*Magie betreiben*) practicar la magia; **ich kann doch nicht ~** (*fam*) no puedo hacer milagros
❷ (*als Zauberkünstler*) hacer juegos de prestidigitación
II. *vt* ❶ (*herbei~*) hacer aparecer por arte de magia; **er zauberte ein Kaninchen aus dem Hut** hizo aparecer un conejo del sombrero por arte de magia
❷ (*kunstvoll herstellen*) hacer algo con mucho primor; **aus wenigen Zutaten ein wundervolles Gericht ~** cocinar un plato extraordinario con tan sólo pocos ingredientes; **wunderbare Melodien aus der Klarinette ~** extraer del clarinete melodías encantadoras

Zauberspruch *m* <-(e)s, -sprüche> dicho *m* mágico, conjuro *m*, payé *m* CSur; **Zauberstab** *m* <-(e)s, -stäbe> varita *f* mágica; **Zaubertrank** *m* <-(e)s, -tränke> filtro *m* mágico, bebedizo *m*; **Zaubertrick** *m* <-(e)s, -s> obra *f* de magia; **Zauberwort** *nt* <-(e)s, -e> palabra *f* mágica

Zauderer, -in *m, f* <-s, -; -, -nen> irresoluto, -a *m, f*

zaudern ['tsaʊdɐn] *vi* vacilar, titubear, trepidar *Am*; **ohne zu ~** sin vacilar

Zaudrer(in) *m(f)* <-s, -; -, -nen> irresoluto, -a *m, f*

Zaum [tsaʊm, *pl*: 'tsɔʏmə] *m* <-(e)s, Zäume> brida *f*; **jdn im ~ halten** atar corto a alguien; **sich im ~ halten** contenerse

zäumen ['tsɔʏmən] *vt* embridar, poner las bridas

Zaumzeug *nt* <-(e)s, -e> brida *f*

Zaun [tsaʊn, *pl*: 'tsɔʏnə] *m* <-(e)s, Zäune> cerca *f*, valla *f*; **einen Streit vom ~ brechen** buscar camorra

Zaungast *m* <-(e)s, -gäste> espectador(a) *m(f)* de gorra, mirón, -ona *m, f*, mosquetero, -a *m, f Arg, Bol*; **ich war nur ~** estuve sólo de mirón; **Zaunkönig** *m* <-s, -e> reyezuelo *m*; **Zaunlatte** *f* <-, -n> ripia *f*, tabla *f* de (una) cerca; **Zaunpfahl** *m* <-(e)s, -pfähle> estaca *f*; **jdm einen Wink mit dem ~ geben** (*fam*) lanzar(le) a alguien una indirecta

zausen ['tsaʊzən] I. *vi* tirar levemente (*an/in* de); **im Fell/an den Ohren der Katze ~** tirar al gato levemente del pelo/de las orejas
II. *vt* (*Haare, Fell*) desgreñar

z. B. *Abk. von* **zum Beispiel** p.ej.

ZDF [tsɛtdeːˈʔɛf] *nt* <-(s)> *Abk. von* **Zweites Deutsches Fernsehen** segundo canal *m* de la televisión pública alemana

Zebra ['tseːbra] *nt* <-s, -s> cebra *f*

Zebrastreifen *m* <-s, -> paso *m* (de) cebra

Zebu ['tseːbu] *nt* <-s, -s> (ZOOL) cebú *m*

Zeche ['tsɛçə] *f* <-, -n> ❶ (*Bergwerk*) mina *f*
❷ (*Rechnung*) cuenta *f*; **die ~ prellen** (*fam*) irse sin pagar; **die ~ bezahlen müssen** (*fam*) tener que asumir las consecuencias

zechen ['tsɛçən] *vi* (*fam*) empinar el codo, darle a la botella

Zecher(in) *m(f)* <-s, -; -, -nen> borrachín, -ina *m, f*

Zechgelage *nt* <-s, -> bacanal *f*; **Zechkumpan(in)** *m(f)* <-s, -e; -, -nen> (*fam*) compañero, -a *m, f* de copeo; **Zechpreller(in)** *m(f)* <-s, -; -, -nen> cliente *mf* que se marcha de un local sin pagar; **Zechprellerei** *f* <-, -en> marcharse *m* de un local sin pagar; (JUR) estafa *f* de consumición; **Zechprellerin** *f* <-, -nen> s. **Zechpreller**

Zeck [tsɛk] *m* <-(e)s, -en> (*Österr*), **Zecke** ['tsɛkə] *f* <-, -n> (ZOOL) garrapata *f*

Zeckenbiss^RR *m* <-es, -e> picadura *f* de garrapata; **Zeckenimpfung** *f* <-, -en> vacuna *f* contra las garrapatas

Zedent *m* <-en, -en> (JUR) endosante *m*

Zeder [ˈtseːdɐ] *f* <-, -n> (BOT) cedro *m*

Zedernholz *nt* <-es, *ohne pl*> (madera *f* de) cedro *m*

zedieren *vt* (JUR: *Forderung*) endosar

Zeh [tseː] *m* <-s, -en> dedo *m* del pie

Zehe ['tseːə] *f* <-, -n> ❶ (*Körperteil*) dedo *m* del pie; **die große ~** el dedo gordo del pie; **sich auf die ~n stellen** ponerse de puntillas; **jdm auf die ~n treten** (*fam*) ofender a alguien
❷ (*Knoblauch~*) diente *m*; **eine ~ Knoblauch** un diente de ajo

Zehennagel *m* <-s, -nägel> uña *f* (del dedo) del pie; **Zehenspitze** *f* <-, -n> punta *f* del pie; **auf ~n gehen** ir de puntillas; **sich auf die ~n stellen** ponerse de puntillas

zehn [tseːn] *adj inv* diez; **ungefähr ~** una decena; *s. a.* **acht**

Zehn *f* <-, -en> diez *m*

zehnbändig *adj* de [*o* en] diez tomos; **ein ~es Lexikon** una enciclopedia de [*o* en] diez tomos

Zehner *m* <-s, -> ❶ (*fam: Münze*) moneda *f* de diez pfennig; (*Geldschein*) billete *m* de diez marcos
❷ (*einer mehrstelligen Zahl*) decena *f*

Zehnerkarte *f* <-, -n> (*Bus, Bahn*) bono *m* de diez viajes; (*Schwimmbad*) abono *m* para diez visitas

zehnerlei ['-'--] *adj inv* de diez clases [*o* formas] diferentes, diez clases (diferentes); *s. a.* **achterlei**

Zehnerpackung *f* <-, -en> caja *f* de diez unidades

Zehnerstelle *f* <-, -n> (MATH) decena *f*

zehnfach I. *adj* diez veces más, por diez; **das Z~e** el décuplo
II. *adv* diez veces; *s. a.* **achtfach**

Zehnfingersystem [-'----] *nt* <-s, *ohne pl*> (sistema *m* de) escritura *f* con todos los dedos

zehnjährig *adj* (*zehn Jahre alt*) de diez años; (*zehn Jahre dauernd*) de diez años de duración; *s. a.* **achtjährig**

Zehnjährige(r) *mf* <-n, -n; -n, -n> niño, -a *m, f* de diez años

Zehnkampf *m* <-(e)s, -kämpfe> (SPORT) decatlón *m*; **Zehnkämpfer(in)** *m(f)* <-s, -; -, -nen> (SPORT) atleta *mf* de decatlón, decatleta *mf*

zehnmal *adv* diez veces; *s. a.* **achtmal**

Zehnmarkschein ['-'--] *m* <-(e)s, -e> billete *m* de diez marcos

Zehnmeterbrett *nt* <-(e)s, -er> (SPORT) trampolín *m* de diez metros

Zehnpfennigstück *nt* <-(e)s, -e> moneda *f* de diez pfennig
zehnt: zu ~ de a diez, de diez en diez; *s. a.* **acht²**
zehntausend *adj inv* diez mil; **die oberen ~** la flor y nata de la sociedad; *s. a.* **achttausend**
zehnte(r, s) ['tse:ntə, -tɐ, -təs] *adj* décimo; *s. a.* **achte(r, s)**
zehntel ['tse:ntəl] *adj inv* décimo; *s. a.* **achtel**
Zehntel ['tse:ntəl] *nt* <-s, -> décimo, -a *m, f,* décima parte *f; s. a.* **Achtel**
zehntens ['tse:ntəns] *adv* en décimo lugar; (*bei einer Aufzählung*) décimo; *s. a.* **achtens**
zehren ['tse:rən] *vi* consumir; (*schwächen*) enflaquecer, debilitar; **von etw** *dat* ~ alimentarse de algo, vivir de algo; **an etw** *dat* ~ consumir algo; **das lange Warten zehrte an unseren Nerven** la larga espera nos consumía los nervios
Zeichen ['tsaiçən] *nt* <-s, -> ❶ (*a.* ASTR, LING, MUS) signo *m;* (*Symbol*) símbolo *m;* (*Ab~*) distintivo *m;* (*Akten~*) referencia *f;* (*Waren~*) marca *f;* **eingetragenes ~** marca registrada; **unser/Ihr ~** nuestra/su referencia; **die ~ der Zeit erkennen** reconocer los signos de la época; **es ist ein ~ unserer Zeit** es un signo de nuestro tiempo; **sie ist im ~ des Löwen geboren** nació bajo el signo de Leo
❷ (*Signal*) señal *f;* (*mit der Hand*) seña *f;* (*Beweis*) prueba *f;* **das ~ zum Aufbruch geben** dar la señal para irse; **jdm ein ~ geben** hacer una seña a alguien; **ein ~ setzen** sentar un precedente; **zum ~, dass ...** en señal de...; **das ist kein gutes ~** ésa no es buena señal; **die ~ stehen auf Sturm** parece que hay tormenta [*o* bronca]; **zum** [*o* **als**] **~ der Versöhnung** como prueba de reconciliación
❸ (*An~*) indicio *m;* (MED) síntoma *m;* **das ist ein ~ von Müdigkeit** eso es un síntoma de agotamiento; **wenn nicht alle ~ trügen** según todos los indicios; **es geschehen noch ~ und Wunder!** ¡todavía se producen milagros!
Zeichenblock *m* <-(e)s, -s *o* -blöcke> bloc *m* de dibujo; **Zeichenbrett** *nt* <-(e)s, -er> tablero *m* de dibujo; **Zeichendreieck** *nt* <-s, -e> escuadra *f* (de dibujar); **Zeichenerkennung** *f* <-, ohne *pl*> (INFOR) reconocimiento *m* de caracteres; **optische ~** reconocimiento óptico de caracteres; **Zeichenerklärung** *f* <-, -en> explicación *f* de signos, leyenda *f;* **Zeichenfeder** *f* <-, -n> pluma *f* de dibujo; **Zeichenfolge** *f* <-, -n> (INFOR) secuencia *f* de caracteres, cadena *f* de caracteres; **Zeichenkunst** *f* <-, -künste> arte *m* de dibujar; **seine Zeichenkünste lassen zu wünschen übrig** sus dibujos dejan bastante que desear; **Zeichenlehrer(in)** *m(f)* <-s, -; -, -nen> profesor(a) *m(f)* de dibujo
zeichenorientiert *adj* (INFOR) orientado a caracteres
Zeichenpapier *nt* <-s, ohne *pl*> papel *m* de dibujo; **Zeichensaal** *m* <-(e)s, -säle> sala *f* de dibujo
Zeichensatz *m* <-es, -sätze> (INFOR) conjunto *m* de caracteres; **Zeichensetzung** *f* <-, ohne *pl*> puntuación *f;* **Zeichensprache** *f* <-, -n> lenguaje *m* por señas
Zeichenstift *m* <-(e)s, -e> lapicero *m;* **Zeichenstunde** *f* <-, -n> clase *f* de dibujo; **Zeichentisch** *m* <-(e)s, -e> mesa *f* de dibujo; **Zeichentrickfilm** *m* <-(e)s, -e> (película *f* de) dibujos *mpl* animados, caricaturas *fpl Mex;* **Zeichenunterricht** *m* <-(e)s, ohne *pl*> clase *f* de dibujo
zeichnen ['tsaiçnən] I. *vt* ❶ (*malen*) dibujar; (*skizzieren*) esbozar; **etw in Umrissen ~** trazar algo a grandes rasgos; **technisches Z~** dibujo técnico
❷ (*kenn~*) marcar
❸ (*fig: Spuren hinterlassen*) marcar; **die Landschaft war vom Tagebau gezeichnet** la comarca estaba marcada por la explotación a cielo abierto
❹ (*unterschreiben*) firmar; **Aktien ~** suscribir acciones
II. *vi* dibujar; **für etw ~** asumir la responsabilidad de algo; **gezeichnet Müller** firmado Müller; **den ~** *dat* ~ dibujar algo; **er hat den ganzen Tag an der Skizze gezeichnet** se ha pasado el día dibujando el croquis
Zeichner(in) *m(f)* <-s, -; -, -nen> ❶ (*Maler*) dibujante *mf;* **technischer ~/technische ~in** delineante *mf*
❷ (WIRTSCH) su(b)scriptor(a) *m(f)*
zeichnerisch *adj* gráfico, de dibujo; **etw ~ darstellen** representar algo gráficamente
Zeichnung *f* <-, -en> ❶ (*Darstellung*) dibujo *m;* **eine ~ von jdm/etw** *dat* **anfertigen** hacer un dibujo de alguien/algo
❷ (COM) su(b)scripción *f;* **öffentliche ~** suscripción pública
Zeichnungsantrag *m* <-(e)s, -träge> (COM, FIN) solicitud *f* de suscripción; **Zeichnungsbefugnis** *f* <-, -se> (COM) facultad *f* de firma
zeichnungsberechtigt *adj* (COM) autorizado para firmar
Zeichnungsberechtigte(r) *mf* <-n, -n; -n, -n> (COM) persona *f* autorizada para firmar; **Zeichnungsfrist** *f* <-, -en> (FIN) plazo *m* de su(b)scripción; **Zeichnungsrecht** *nt* <-(e)s, -e> (FIN) derecho *m* de suscripción; **Zeichnungsschein** *m* <-(e)s, -e> (FIN) resguardo *m* provisional; **Zeichnungsverbot** *nt* <-(e)s, -e> (FIN) prohibición *f* de suscripción; **Zeichnungsvollmacht** *f* <-, -en> poder *m* de firma

Zeigefinger *m* <-s, -> (dedo *m*) índice *m;* **mit dem ~ auf jdn deuten** señalar a alguien con el dedo
zeigen ['tsaigən] I. *vt* ❶ (*allgemein*) mostrar, enseñar; (*vorführen*) exhibir; (*Film*) proyectar, poner, echar *fam;* **jdm etw ~** mostrar algo a alguien; **ich zeige dir, wie man das macht** te voy a enseñar cómo se hace; **im Kino ~ sie den neuen Film von ...** en el cine ponen la nueva película *o* **dir werd' ich's ~!** (*fam*) ¡ya te enseñaré (yo)!; **dem hab ich's gezeigt!** (*fam*) ¡le he dado una buena lección!
❷ (*an~*) indicar, marcar; **das Thermometer zeigt zwei Grad** el termómetro marca dos grados
❸ (*an den Tag legen*) mostrar, manifestar; **sie zeigte ihm, was sie von ihm hielt** no le ocultó lo que pensaba de él
❹ (*beweisen*) demostrar, poner de manifiesto; **der Versuch zeigt, dass ...** el experimento ha demostrado que...; **hier kann er ~, was er gelernt hat** aquí puede demostrar lo que ha aprendido; **nun zeig mal, was du kannst!** (*fam*) ¡demuestra de qué eres capaz!
II. *vi* señalar (*nach* hacia); **auf etw/jdn ~** señalar algo/a alguien; **sie zeigt nach rechts** señala hacia la derecha; **die Leute ~ schon mit Finger auf dich** la gente ya te señala con el dedo; **zeig mal!** ¡déjame ver!
III. *vr:* **sich ~** ❶ (*allgemein*) mostrarse; (*sich sehen lassen*) dejarse ver; **sie zeigte sich besorgt über die rasche Entwicklung der Krankheit** se mostró preocupada por el rápido desarrollo de la enfermedad; **wie kann ich mich Ihnen erkenntlich ~?** ¿cómo puedo mostrarle mi agradecimiento?; **er zeigt sich heute von seiner besten Seite** hoy muestra su lado bueno; **mit ihm kann man sich überall ~** se puede ir con él a todos los sitios; **die Mannschaft zeigte sich wieder in ihrer alten Form** el equipo se mostró de nuevo como en los viejos tiempos
❷ (*sich herausstellen*) verse, demostrarse; (*zum Vorschein kommen*) aparecer; **ob ich Recht habe, wird sich ~** ya veremos si tengo razón; **das wird sich ~** eso ya se verá; **er hat sich stets als guter Freund gezeigt** siempre ha dado muestras de ser un buen amigo; **am Himmel ~ sich die ersten Sterne** las primeras estrellas aparecen en el cielo
Zeiger *m* <-s, -> indicador *m;* (*Uhr~*) aguja *f,* manecilla *f;* **der große ~** la aguja de las horas; **der kleine ~** la aguja de los minutos, el minutero
Zeigestab *m* <-(e)s, -stäbe>, **Zeigestock** *m* <-(e)s, -stöcke> puntero *m*
Zeile ['tsailə] *f* <-, -n> ❶ (*Text~*) línea *f,* renglón *m;* **jdm ein paar ~n schreiben** poner(le) a alguien unas letras; **neue ~** (*beim Diktat*) punto y aparte; **er hat das mit keiner ~ angedeutet** no ha dado a entender eso para nada; **zwischen den ~n lesen** leer entre líneas; **ein Buch bis zur letzten ~ verschlingen** tragarse un libro de principio a fin [*o* de arriba a abajo]
❷ (*Reihe*) fila *f*
Zeilenabstand *m* <-(e)s, -stände> interlínea *f,* espacio *m* interlineal; **Zeilenende** *nt* <-s, -n> final *f* de línea [*o* de renglón]; **Zeilenhonorar** *nt* <-s, -e> pago *m* por línea, remuneración *f* por línea; **Zeilenlänge** *f* <-, -n> longitud *f* de la línea; **Zeilenschaltung** *f* <-, -en> (INFOR) intercalación *f* de líneas; **Zeilenvorschub** *m* <-(e)s, -schübe> (INFOR) avance *m* de líneas
Zeisig ['tsaiziç] *m* <-s, -e> (ZOOL) chamariz *m*
zeit [tsait] *präp +gen:* **~ meines/seines Lebens** durante toda mi/su vida
Zeit [tsait] *f* <-, -en> (*a.* LING, SPORT) tiempo *m;* (*~punkt*) hora *f,* momento *m;* (*~raum*) período *m;* (*~alter*) época *f,* era *f;* (*Uhr~*) hora *f;* (*Jahres~*) estación *f;* **seit einiger/geraumer ~** desde hace algún/bastante tiempo; **zu gegebener ~ werden wir darauf zurückkommen** lo tendremos en cuenta cuando llegue el momento apropiado; **zu jeder ~** a cualquier hora, en cualquier momento; **eine ~ lang** durante algún tiempo; (*eine Weile*) un rato; **seit dieser ~** desde entonces; **kurze ~ warten** esperar un momento; **nach kurzer ~** después de unos minutos; (**keine**) **~ haben** (no) tener tiempo (*für* para); **auf ~ kaufen** (WIRTSCH) comprar a plazos; **auf ~ spielen** (SPORT) competir por tiempo; **wir wollen keine ~ verlieren** no queremos perder tiempo; **wir haben noch fünf Minuten ~, bis ...** aún tenemos cinco minutos hasta que... +*subj;* **eine Stunde ist doch keine ~ (dafür)!** ¡una hora no es suficiente (para eso)!; **sich an die verabredete ~ halten** atenerse a la hora acordada, ser puntual; **wo warst du denn die ganze ~?** ¿dónde has estado todo el tiempo?; **er hat die ganze ~ gemalt** ha estado todo el tiempo pintando; **die ~ wurde mir zu lang** el tiempo se me hizo muy largo; **die ~ arbeitet für uns** el tiempo está de nuestra parte; **die ~ drängt** no hay tiempo que perder; **~ gewinnen** [*o* **schinden**] ganar tiempo; **sich** *dat* (**mit etw** *dat*) **~ lassen** tomarse el tiempo necesario (para algo); **jdm die ~ stehlen** (*fam*) robarle [*o* hacer perder] el tiempo a alguien; **die ~ totschlagen** (*fam*) matar el tiempo; **jdm/sich** *dat* **mit etw** *dat* **die ~ vertreiben** entretener a alguien/entretenerse con algo; **das hat ~** eso no corre prisa; **die ~ ist um** ya ha pasado el tiempo; **auf ~** a plazo; **es wird (allmählich) ~ (ya)** va siendo hora; **es ist an der ~ (zu gehen)** ha llegado la hora (de ir); **es ist höchste ~ (, etw zu tun)** ya va siendo hora (de hacer algo);

morgen um diese ~ mañana a esta hora; **hast du die genaue ~?** ¿tienes la hora exacta?; **in der ~ von 10 bis 12 (Uhr)** entre las 10 y las 12 (horas); **um 12 Uhr mitteleuropäischer ~** a las doce horas, hora europea; **zu keiner ~** en ningún momento; **ein Politiker dieser ~** un político de este tiempo; **seiner ~ voraus sein** estar por delante de su época; **der größte Schwindler aller ~en** el mayor estafador de todos los tiempos; **zur ~** actualmente; **es ist nur eine Frage der ~** es sólo cuestión de tiempo; **zur rechten ~** en el momento oportuno; **alles zu seiner ~!** ¡cada cosa a su tiempo!; **von ~ zu ~** de vez en cuando; **eine gute ~ laufen** (SPORT) conseguir un buen tiempo; **die ~ überschreiten** pasar el plazo; **auf bestimmte ~** por cierto tiempo; **auf unbestimmte ~** por tiempo indefinido; **im Laufe der ~** en el transcurso del tiempo; **jdn nach ~ bezahlen** pagar a alguien por horas; **die heutige ~** los tiempos actuales; **die gute alte ~** los (buenos) viejos tiempos; **das waren noch ~en!** ¡qué tiempos aquellos!; **in früheren** [*o* **vergangenen**] **~en** en tiempos pasados; **zur ~, als ...** en tiempos de...; **in letzter ~** últimamente; **in nächster ~** en un futuro próximo; **für alle ~en** para siempre; **auf unabsehbare ~** por un período de tiempo indefinido; **die ~en ändern sich** los tiempos cambian; **das ist vor meiner ~ geschehen** eso sucedió antes de mi época; **zu meiner ~** en mis tiempos, en mi época; **hier bin ich die längste ~ gewesen** (*fam*) ya me cansé de estar aquí, me esfumo; **kommt ~, kommt Rat** con el tiempo maduran las uvas; **die ~ heilt alle Wunden** el tiempo todo lo cura; **du liebe ~!** ¡Dios mío!; **~ ist Geld** (*prov*) el tiempo es oro
Zeitabschnitt *m* <-(e)s, -e> lapso *m*, espacio *m* de tiempo; (*länger*) época *f*; **Zeitabstand** *m* <-(e)s, -stände> intervalo *m*; **mit einem ~ von fünf Minuten** con un intervalo de cinco minutos; **Zeitalter** *nt* <-s, -> era *f*, edad *f*; **das goldene ~** el Siglo de Oro; **Zeitangabe** *f* <-, -n> ❶ (*Uhrzeit*) hora *f*; (*Datum*) fecha *f* ❷ (LING) complemento *m* temporal; **Zeitansage** *f* <-, -n> información *f* horaria
Zeitarbeit *f* <-, *ohne pl*> (WIRTSCH) trabajo *m* temporal [*o* interino]; **Zeitarbeitsfirma** *f* <-, -firmen> (WIRTSCH) empresa *f* de trabajo temporal
Zeitaufnahme *f* <-, -n> (FOTO: *das Aufnehmen*) exposición *f*; (*Bild*) foto(grafía) *f* con exposición; **Zeitaufwand** *m* <-(e)s, *ohne pl*> inversión *f* de tiempo, consumo *m* de tiempo; **mit möglichst geringem** [*o* **wenig**] **~** en el menor tiempo posible
zeitaufwändig^RR *adj*, **zeitaufwendig** *adj* que requiere mucho tiempo
Zeitbombe *f* <-, -n> bomba *f* con detonador de tiempo, bomba *f* de relojería; **die ökologische ~** (*fig*) la bomba de tiempo ecológica; **Zeitcharter** *m* <-s, -s> (WIRTSCH) fletamento *m* temporal; **Zeitdauer** *f* <-, *ohne pl*> duración *f*; **Zeitdokument** *nt* <-(e)s, -e> documento *m* de la época; **Zeitdruck** *m* <-(e)s, *ohne pl*> premura *f* de tiempo, presión *f*; **unter ~ stehen** estar corto de tiempo; **in ~ sein** estar con el tiempo justo; **jdn unter ~ setzen** apremiar a alguien; **Zeiteinheit** *f* <-, -en> unidad *f* de tiempo; **Zeiteinteilung** *f* <-, -en> distribución *f* del tiempo
Zeitenfolge *f* <-, *ohne pl*> (LING) correlación *f* de tiempos, consecutio *f* temporum; **die ~ einhalten** respetar la correlación de tiempos
Zeiterfassungsuhr *f* <-, -en> reloj *m* marcador
Zeitersparnis *f* <-, *ohne pl*> ahorro *m* de tiempo; **aus Gründen der ~** para ahorrar tiempo; **Zeitfahren** *nt* <-s, *ohne pl*> (SPORT) carrera *f* contrarreloj, contrarreloj *f*; **100 km ~** 100 km contra reloj; **Zeitfrage** *f* <-, *ohne pl*> cuestión *f* de tiempo
zeitgebunden *adj* ❶ (*abhängig von der Zeit*) debido a la época [*o* a las circunstancias]
❷ (*vorübergehend*) temporal
Zeitgefühl *nt* <-(e)s, *ohne pl*> sentido *m* del tiempo; **Zeitgeist** *m* <-(e)s, *ohne pl*> espíritu *m* de la época
zeitgemäß *adj* conforme a la época, actual
Zeitgenosse, -in *m, f* <-n, -n; -, -nen> contemporáneo, -a *m, f*; **ein ~ Machados** un contemporáneo de Machado; **ein seltsamer/unangenehmer ~** (*fam*) un tío extraño/desagradable
zeitgenössisch *adj* contemporáneo
Zeitgeschäft *nt* <-(e)s, -e> (FIN) operación *f* a plazo; **Zeitgeschehen** *nt* <-s, *ohne pl*> actualidad *f*; **Zeitgeschichte** *f* <-, *ohne pl*> historia *f* contemporánea; **Zeitgeschmack** *m* <-(e)s, *ohne pl*> gusto *m* actual [*o* de la época]; **Zeitgewinn** *m* <-(e)s, *ohne pl*> ganancia *f* de tiempo
zeitgleich *adj* simultáneo; **~ durchs Ziel gehen** cruzar la meta al mismo tiempo
Zeithistoriker(in) *m(f)* <-s, -; -, -nen> historiador(a) *m(f)* contemporáneo, -a
zeitig I. *adj* temprano
II. *adv* a tiempo, con tiempo; **wir müssen ~ los** tenemos que salir a tiempo
zeitigen ['tsaɪtɪɡən] *vt* (*geh*) producir; **Ergebnisse ~** dar resultados
Zeitkarte *f* <-, -n> abono *m*; **Zeitkauf** *m* <-(e)s, -käufe> (WIRTSCH) compra *f* a plazo [*o* a crédito]; **Zeitkonstante** *f* <-, -n> (CHEM) constante *f* de tiempo
zeitkritisch *adj* crítico, con una crítica de la sociedad (del momento)
Zeitlang *f* <-, *ohne pl*> *s*. **Zeit**
zeitlebens [tsaɪt'leːbəns] *adv* durante toda la vida
zeitlich *adj* temporal; (*vergänglich*) pasajero; **in großem ~em Abstand** de vez en cuando; **~ zusammenfallen** coincidir; **das passt ihr ~ nicht** no le viene bien esa hora; **etw ist ~ begrenzt** hay un plazo limitado para algo; **das Z~e segnen** (*Personen*) fallecer, abandonar el mundo terrenal; (*fam: Sachen*) haber cumplido, tocar a su fin
Zeitlimit *nt* <-s, -s *o* -e> límite *m* de tiempo, tiempo *m* límite
zeitlos *adj* intemporal, independiente de la moda [*o* época]
Zeitlupe *f* <-, *ohne pl*> (FILM) cámara *f* lenta; **etw in ~ aufnehmen/filmen** grabar/filmar algo a cámara lenta; **Zeitlupenaufnahme** *f* <-, -n> (FILM) toma *f* a cámara lenta; (*Bildfolge*) imagen *f* a cámara lenta; **Zeitlupentempo** *nt* <-s, *ohne pl*> **im ~** a paso de tortuga
Zeitmangel *m* <-s, *ohne pl*> falta *f* de tiempo; **aus ~** por falta de tiempo; **Zeitmaschine** *f* <-, -n> máquina *f* del tiempo; **Zeitmessung** *f* <-, -en> medida *f* del tiempo; (*wissenschaftlich*) cronometría *f*; **Uhren dienen der ~** los relojes sirven para medir el tiempo; **Zeitmultiplexverfahren** *nt* <-s, -> (INFOR, TEL) multiplexado *m* por división en el tiempo; **Zeitnehmer(in)** *m(f)* <-s, -; -, -nen> (SPORT) cronometrador(a) *m(f)*; **Zeitnot** *f* <-, *ohne pl*> premura *f* de tiempo; **in ~ sein** estar corto de tiempo; **um nicht in ~ zu geraten** para que (al final) no nos falte tiempo; **Zeitplan** *m* <-(e)s, -pläne> horario *m*; **einen ~ einhalten/aufstellen** atenerse a/fijar un horario; **Zeitpunkt** *m* <-(e)s, -e> momento *m*; (*Datum*) fecha *f*; **einen günstigen ~ abwarten** esperar el momento oportuno; **zu diesem ~** en este momento
Zeitraffer [-rafe] *m* <-s, *ohne pl*> (FILM) cámara *f* rápida; **im ~** a cámara rápida; **Zeitrafferaufnahme** *f* <-, -n> (FILM) toma *f* a cámara rápida [*o* acelerada]; (*Bildfolge*) imagen *f* a cámara rápida [*o* acelerada]
zeitraubend *adj* que exige mucho tiempo; **~e Vorbereitungen** largos preparativos
Zeitraum *m* <-(e)s, -räume> espacio *m* de tiempo, período *m*; **in einem ~ von mehreren Monaten** en un espacio de tiempo de varios meses; **Zeitrechnung** *f* <-, -en> cronología *f*, era *f*; **nach christlicher ~** según la cronología cristiana; **nach jüdischer ~** según el calendario judío; **vor unserer ~** antes de nuestra era; **Zeitreise** *f* <-, -n> viaje *m* por el [*o* a través del] tiempo; **Zeitreisende(r)** *mf* <-n, -n; -, -nen> viajero, -a *m, f* por el tiempo; **Zeitschaltuhr** *f* <-, -en> interruptor *m* eléctrico automático, minutero *m*
Zeitscheibenverfahren *nt* <-s, -> (INFOR, TEL) repartición *f* por fracciones de tiempo
Zeitschrift *f* <-, -en> revista *f*; **die ~ erscheint vierzehntägig** es un revista quincenal
Zeitsoldat(in) *m(f)* <-en, -en; -, -nen> soldado *mf* voluntario, -a; **Zeitspanne** *f* <-, -n> lapso *m* de tiempo, período *m*
zeitsparend *adj* que ahorra tiempo; **~ arbeiten** trabajar ahorrando tiempo
Zeittafel *f* <-, -n> tabla *f* cronológica; **Zeittakt** *m* <-(e)s, -e> (TEL) duración *f* del paso (de contador); **Zeitumstellung** *f* <-, -en> cambio *m* de horario
Zeitung ['tsaɪtʊŋ] *f* <-, -en> periódico *m*; (*Tages~*) diario *m*; **es stand in der ~, dass ...** ponía en el periódico que...; **etw in die ~ bringen** (*Skandal*) llevar algo a los periódicos
Zeitunglesen *nt* <-s, *ohne pl*> lectura *f* del periódico; **beim ~ sein** estar leyendo el periódico
Zeitungsabonnement *nt* <-s, -s> su(b)scripción *f* a un periódico; **Zeitungsannonce** *f* <-, -n>, **Zeitungsanzeige** *f* <-, -n> anuncio *m* (en un periódico); **Zeitungsartikel** *m* <-s, -> artículo *m* de periódico; **Zeitungsausschnitt** *m* <-(e)s, -e> recorte *m* de(l) periódico; **Zeitungsausträger(in)** *m(f)* <-s, -; -, -nen> repartidor(a) *m(f)* de periódicos; **Zeitungsbeilage** *f* <-, -n> suplemento *m* del periódico; **Zeitungsbericht** *m* <-(e)s, -e> reportaje *m* periodístico; **Zeitungsente** *f* <-, -n> bulo *m*, noticia *f* falsa; **Zeitungsjargon** *m* <-s, -s> jerga *f* periodística; **Zeitungskiosk** *m* <-(e)s, -e> quiosco *m* de periódicos; **Zeitungsleser(in)** *m(f)* <-s, -; -, -nen> lector(a) *m(f)* de periódicos; **Zeitungsmeldung** *f* <-, -en>, **Zeitungsnotiz** *f* <-, -en> noticia *f* de prensa; **Zeitungspapier** *nt* <-s, *ohne pl*> papel *m* de periódico; **etw in ~ einwickeln** envolver algo en papel de periódico; **Zeitungsreklame** *f* <-, *ohne pl*> publicidad *f* periodística; **Zeitungsständer** *m* <-s, -> ❶ (*im Kiosk*) expositor *m* de periódicos ❷ (*zu Hause*) revistero *m*; **Zeitungsverkäufer(in)** *m(f)* <-s, -; -, -nen> vendedor(a) *m(f)* de periódicos, voceador(a) *m(f)* *Am*; **Zeitungsverleger(in)** *m(f)* <-s, -; -, -nen> editor(a) *m(f)* de un periódico; **Zeitungsverträger(in)** *m(f)* <-s, -; -, -nen> (*Schweiz*) *s*. **Zeitungsausträger**; **Zeitungswesen** *nt* <-s, *ohne pl*> prensa *f*; **Zeitungszar(in)** *m(f)* <-en, -en; -, -nen> (*fam*) magnate *mf* de la prensa
Zeitunterschied *m* <-(e)s, -e> diferencia *f* horaria [*o* de hora]; **zwi-**

schen Europa und den Kanaren besteht ein ~ von einer Stunde entre Europa y las Canarias la diferencia horaria es de una hora; **Zeitvergeudung** *f* <-, *ohne pl*> *s.* **Zeitverschwendung**; **Zeitverlust** *m* <-(e)s, *ohne pl*> pérdida *f* de tiempo; **Zeitverschiebung** *f* <-, -en> diferencia *f* horaria; **Zeitverschwendung** *f* <-, *ohne pl*> pérdida *f* de tiempo; **reine** ~ pura pérdida de tiempo, sólo tiempo perdido; **Zeitvertrag** *m* <-(e)s, -träge> contrato *m* temporal; **Zeitvertreib** *m* <-(e)s, -e> pasatiempo *m*; **etw zum ~ tun** hacer algo como pasatiempo; **Zeitverzögerung** *f* <-, -en> retraso *m*

zeitweilig ['tsaɪtvaɪlɪç] I. *adj* momentáneo, temporal
II. *adv* ❶ (*vorübergehend*) por momentos, durante algún tiempo
❷ (*manchmal*) a veces, de vez en cuando

zeitweise ['tsaɪtvaɪzə] *adv* ❶ (*manchmal*) de vez en cuando, a veces
❷ (*vorübergehend*) por momentos, durante cierto tiempo

Zeitwert *m* <-(e)s, -e> valor *m* actual; **Zeitwort** *nt* <-(e)s, -wörter> (LING) verbo *m*; **Zeitzeichen** *nt* <-s, -> (RADIO) señal *f* horaria; **beim ~ ist es 14 Uhr 30** al oír la señal serán las 14 horas 30 minutos; **Zeitzeuge, -in** *m*, *f* <-n, -n; -, -nen> testigo *mf* de su época, contemporáneo, -a *m*, *f*; **Zeitzone** *f* <-, -n> huso *m* horario; **Zeitzünder** *m* <-s, -> espoleta *f* retardada; **Zeitzündung** *f* <-, -en> (TECH) espoleta *f* de tiempo, mecanismo *m* de tiempo retardado; **eine Bombe mit ~** una bomba de relojería

zelebrieren* [tsele'briːrən] *vt* celebrar
Zellauflösung *f* <-, -en> (BIOL, MED) descomposición *f* celular; **Zellbildung** *f* <-, -en> (BIOL) formación *f* de la célula [*o* de células]
Zelle ['tsɛlə] *f* <-, -n> ❶ (*einer Organisation, a.* BIOL, ELEK) célula *f*; **lichtelektrische** [*o* **photoelektrische**] ~ célula fotoeléctrica; **die (kleinen) grauen ~n** (*fam*) la sustancia gris
❷ (*Telefon~*) cabina *f* telefónica
❸ (*Gefängnis~, Kloster~*) celda *f*
Zellenbildung *f* <-, -en> (BIOL) *s.* **Zellbildung**
❷ (POL) formación *f* de grupúsculos
Zellengenosse, -in *m*, *f* <-n, -n; -, -nen> compañero, -a *m*, *f* de celda
Zellgewebe *nt* <-s, -> (BIOL) tejido *m* celular; **Zellgift** *nt* <-(e)s, -e> (BIOL, MED) veneno *m* celular; **Zellkern** *m* <-(e)s, -e> (BIOL) núcleo *m* celular [*o* de la célula]; **Zellkultur** *f* <-, -en> (BIOL, MED) cultivo *m* celular; **Zellmembran** *f* <-, -en> (BIOL) membrana *f* celular
Zellophan [tsɛlo'faːn] *nt* <-s, *ohne pl*> celofán® *m*
Zellplasma *nt* <-s, -plasmen> (BIOL) plasma *m* celular
Zellstoff *m* <-(e)s, -e> celulosa *f*; **Zellstofftuch** *nt* <-(e)s, -tücher> paño *m* de celulosa
Zellteilung *f* <-, -en> (BIOL) división *f* celular
zellular *adj* (BIOL), **zellulär** *adj* (BIOL) celular
Zellulitis [tsɛlu'liːtɪs, *pl:* tsɛluli'tiːdən] *f* <-, Zellulitiden> (MED) celulitis *f inv*
Zellulitiscreme *f* <-, -s> crema *f* anticelulítica
Zelluloid [tsɛlu'lɔɪt] *nt* <-s, *ohne pl*> celuloide *m*
Zellulose [tsɛlu'loːzə] *f* <-, -n> celulosa *f*
Zellwand *f* <-, -wände> (BIOL) pared *f* celular
Zellwolle *f* <-, *ohne pl*> viscosilla *f*
Zellwucherung *f* <-, -en> (MED): **bösartige ~** excrecencia *f* celular maligna
Zelt [tsɛlt] *nt* <-(e)s, -e> tienda *f* de campaña; (*Zirkus~*) carpa *f*; **seine ~e aufschlagen** (*fam*) establecerse; **seine ~e abbrechen** (*fam*) marcharse
Zeltbahn *f* <-, -en> ❶ (*Stoffbahn*) tira *f* de lona ❷ (*Zeltplane*) lona *f*; **Zeltblache** *f* <-, -n> (*Schweiz*) *s.* **Zeltplane**; **Zeltdach** *nt* <-(e)s, -dächer> (ARCHIT) tejado *m* de pabellón
zelten ['tsɛltən] *vi* acampar, hacer camping, campear *Am*
Zelter(in) ['tsɛltɐ] *m(f)* <-s, -; -, -nen> campista *mf*
Zeltlager *nt* <-s, -> campamento *m*; **Zeltleine** *f* <-, -n> cuerda *f* tensora (de tienda); **Zeltleinwand** *f* <-, *ohne pl*> lona *f*; **Zeltmast** *m* <-(e)s, -e(n)> mástil *m* de una carpa; **Zeltpflock** *m* <-(e)s, -pflöcke> estaquilla *f*; **Zeltplane** *f* <-, -n> toldo *m*; **Zeltplatz** *m* <-es, -plätze> lugar *m* de acampada, (*Campingplatz*) camping *m*; **Zeltstange** *f* <-, -n> palo *m* de la tienda
Zement [tse'mɛnt] *m* <-(e)s, -e> cemento *m*
Zementfußboden *m* <-s, -böden> suelo *m* de cemento
Zementierbad *nt* <-(e)s, -bäder> (CHEM) baño *m* de cementación
zementieren* [tsemɛn'tiːrən] *vt* ❶ (*Wege*) cubrir de cemento, revestir de cemento
❷ (*festsetzen*) consolidar
❸ (*Stahl*) cementar
Zementmörtel *m* <-s, -> argamasa *f* de cemento
Zenit [tse'niːt] *m* <-(e)s, *ohne pl*> (*a. fig*) cenit *m*; **die Sonne steht im ~** el sol está en el cenit; **er steht im ~ seiner Schaffenskraft** está en el apogeo de su fuerza creadora
zensieren* [tsɛn'ziːrən] *vt* ❶ (*der Zensur unterwerfen*) censurar, someter a censura
❷ (*benoten*) calificar
Zensor(in) ['tsɛnzoːɐ] *m(f)* <-s, -en; -, -nen> censor(a) *m(f)*
Zensur¹ [tsɛn'zuːɐ] *f* <-, *ohne pl*> (*Kontrolle*) censura *f*; **eine ~ findet nicht statt** no hay censura; **der ~ unterliegen** estar sometido a censura
Zensur² *f* <-, -en> (*Note*) nota *f*, calificación *f*; **sie hat eine gute ~ in Chemie bekommen** sacó una buena nota en química
zensurieren* [tsɛnzu'riːrən] *vt* (*Schweiz, Österr*) censurar, someter a censura
Zensurverbot *nt* <-(e)s, -e> prohibición *f* de censura
Zensus ['tsɛnzʊs] *m* <-, -> censo *m* (electoral)
Zentigramm [tsɛnti'gram, 'tsɛntigram] *nt* <-s, -e, *nach Zahlen:* -> centigramo *m*
Zentiliter [tsɛnti'liːtɐ, 'tsɛntiliːtɐ] *m o nt* <-s, -> centilitro *m*
Zentimeter [tsɛnti-, 'tsɛnti-] *m o nt* <-s, -> centímetro *m*
Zentimetermaß *nt* <-es, -e> cinta *f* métrica
Zentner ['tsɛntnɐ] *m* <-s, -> ❶ (*50 kg*) quintal *m*
❷ (*Österr, Schweiz: 100 kg*) quintal *m* métrico
Zentnerlast *f* <-, -en> peso *m* enorme [*o* abrumador]; **mir fiel eine ~ vom Herzen** [*o* **von der Seele**] se me cayó un peso enorme de encima
zentnerschwer *adj* pesado, abrumador, atosigador
zentnerweise *adv* a quintales; **~ Tomaten vernichten** desechar quintales de tomates
zentral [tsɛn'traːl] *adj* central; **~ gelegen** céntrico; **in ~er Lage** en zona céntrica; **ich wohne hier ziemlich ~** aquí vivo a un paso del centro
Zentralabitur *nt* <-s, -e> exámenes *mpl* centrales de enseñanza media (*similares a la Selectividad*); **Zentralafrika** [-'-'---] *nt* <-s> África *f* Central; **Zentralamerika** [-'-'---] *nt* <-s> América *f* Central; **Zentralbank** *f* <-, -en> banco *m* central
zentralbankfähig *adj* negociable en el banco central
Zentralbankpräsident(in) *m(f)* <-en, -en; -, -nen> (FIN) presidente, -a *m*, *f* del Banco Central
Zentralbankstatut *nt* <-(e)s, -en> (FIN) estatuto *m* del Banco Central
Zentrale [tsɛn'traːlə] *f* <-, -n> central *f*; (*Telefon~*) centralita *f*
Zentraleinheit *f* <-, -en> (INFOR) unidad *f* central; **Zentralgewalt** *f* <-, -en> (POL) poder *m* central; **Zentralheizung** *f* <-, -en> calefacción *f* central
Zentralisation [tsɛntraliza'tsjoːn] *f* <-, -en> centralización *f*
zentralisieren* [tsɛntrali'ziːrən] *vt* centralizar
Zentralisierung *f* <-, -en> centralización *f*
Zentralismus [tsɛntra'lɪsmʊs] *m* <-, *ohne pl*> centralismo *m*
zentralistisch *adj* centralista
Zentralkasse *f* <-, -n> caja *f* central; **~ der Volksbanken** caja central de los bancos populares; **Zentralkomitee** *nt* <-s, -s> comité *m* central; **Zentralmassiv** *nt* <-s> Macizo *m* Central; **Zentralnervensystem** *nt* <-s, -e> (ZOOL, MED) sistema *m* nervioso central; **Zentralnotenbank** *f* <-, -en> banco *m* central; **Zentralorgan** *nt* <-s, -e> órgano *m* central; **Zentralrat** *m* <-(e)s, -räte> consejo *m* central; **Zentralrechner** *m* <-s, -> (INFOR) calculadora *f* central; **Zentralstelle** *f* <-, -n> (oficina *f*) central *f*; **Zentralvermittlungsstelle** *f* <-, -n> (TEL) central *f* telefónica; **Zentralverriegelung** *f* <-, -en> (AUTO) cierre *m* centralizado; **Zentralverwaltung** *f* <-, -en> administración *f* central
Zentren ['tsɛntrən] *pl von* **Zentrum**
zentrieren* [tsɛn'triːrən] *vt* (*a.* TECH) centrar; **ein Rad ~** centrar una rueda
Zentrierung *f* <-, -en> (*a.* TECH) centrado *m*, centraje *m*
zentrifugal [tsɛntrifu'gaːl] *adj* (PHYS, MED, BIOL) centrífugo
Zentrifugalkompressor *m* <-s, -en> (TECH) compresor *m* centrífugo
Zentrifugalkraft *f* <-, -kräfte> (PHYS) fuerza *f* centrífuga
Zentrifuge [tsɛntri'fuːgə] *f* <-, -n> centrifugadora *f*
Zentrifugenglas *nt* <-es, -gläser> (TECH) vasija *f* de centrifugación
Zentrifugieranlage *f* <-, -n> instalación *f* de centrifugación
zentripetal [tsɛntripe'taːl] *adj* (PHYS, MED, BIOL) centrípeto
Zentripetalkraft *f* <-, -kräfte> (PHYS) fuerza *f* centrípeta
zentrisch ['tsɛntrɪʃ] *adj* céntrico
Zentrum ['tsɛntrʊm] *nt* <-s, Zentren> centro *m*; **im ~ des öffentlichen Interesses stehen** estar en el centro del interés público; **die Zentren der Macht** los centros del poder; **sie wohnt im ~** vive en el centro
Zeppelin ['tsɛpəliːn] *m* <-s, -e> zepelín *m*, dirigible *m*
Zepter ['tsɛptɐ] *m o nt* <-s, -> cetro *m*; **das ~ führen** [*o* **schwingen**] (*fam*) llevar la voz cantante [*o* la batuta]
Zer [tseːɐ] *nt* <-s, *ohne pl*> (CHEM) cerio *m*
zerbeißen* [tsɛɐ-] *irr vt* romper con los dientes [*o* a mordiscos]
Zerbeißkapsel *f* <-, -n> cápsula *f* masticable
zerbersten* *irr vi sein* (*platzen*) reventar(se); **vor Wut ~** reventar de rabia
Zerberus ['tsɛrberʊs] *m* <-, -se> (can)cerbero *m*; **wie ein ~** al acecho
zerbeulen* *vt* abollar
zerbissen *pp von* **zerbeißen**

zerbomben* vt bombardear, destruir con bombas; **zerbombte Häuser** casas destruidas por bombas

zerbrechen* irr I. vt (zerstören) romper, quebrar; **zerbrich dir nicht den Kopf darüber** no te rompas la cabeza con eso
II. vi sein ❶ (entzweibrechen) romper(se), quebrar(se)
❷ (scheitern) fracasar; **ihre Ehe ist an Kleinigkeiten zerbrochen** su matrimonio fracasó por pequeñeces; **er ist an der Trennung seelisch zerbrochen** está totalmente hundido a causa de la separación

zerbrechlich adj frágil

zerbrochen pp von **zerbrechen**

zerbröckeln* I. vi sein (Mauer, Gestein) desmoronarse; (Brot) desmigajarse
II. vt desmenuzar; (Brot) desmigajar

zerdeppern* [tsɛɐˈdɛpɐn] vt (fam) hacer pedazos [o añicos]

zerdrücken* vt ❶ (zerquetschen) aplastar; (Knoblauch) machacar
❷ (fam: zerknittern) arrugar

Zerebellum nt <-s, Zerebella> (ANAT) cerebelo m

Zerebra pl von **Zerebrum**

zerebral [tsereˈbraːl] adj (MED) cerebral

zerebrospinal adj (MED) cerebroespinal

Zerebrum nt <-s, Zerebra> (ANAT) cerebro m

Zeremonie [tseremoˈniː, tsereˈmoːniə] f <-, -n> ceremonia f

zeremoniell [tseremoˈnjɛl] adj ceremonioso

Zeremoniell [tseremoˈnjɛl] nt <-s, -e> ceremonial m

Zeremonienmeister m <-s, -> maestro m de ceremonias

zerfahren adj distraído, despistado

Zerfahrenheit f <-, ohne pl> distracción f

Zerfall m <-(e)s, ohne pl> ruina f; (von Gebäuden) desmoronamiento m, derrumbamiento m; (CHEM) descomposición f; (PHYS) desintegración f

zerfallen* irr vi sein ❶ (Gebäude) desmoronarse; **~e Gebäude** edificios ruinosos; **zu Staub ~** convertirse en polvo
❷ (Reich, Kultur) desintegrarse, hundirse
❸ (PHYS) desintegrarse, (CHEM) descomponerse
❹ (sich gliedern): **in etw ~** dividirse en algo

Zerfallsprodukt nt <-(e)s, -e> (PHYS) producto m de desintegración

Zerfallsprozessᴿᴿ m <-es, -e> proceso m de descomposición; **Zerfallswärme** f <-, ohne pl> (PHYS) calor m de desintegración

zerfetzen* vt (des)garrar; **bei der Explosion wurde sein Arm zerfetzt** la explosión le desgarró el brazo; **eine zerfetzte Gardine** una cortina hecha jirones; **zerfetzte Körper** cuerpos despedazados

zerfledern* [tsɛɐˈfleːdɐn], **zerfleddern*** [tsɛɐˈflɛdɐn] vt estropear; (zerreißen) destrozar, hacer trizas

zerfleischen* vt despedazar, dilacerar; **sich gegenseitig verbal ~** despedazarse verbalmente

zerfließen* irr vi sein ❶ (schmelzen) fundirse; **vor Freundlichkeit ~** (iron) deshacerse en amabilidades
❷ (Farbe) correrse

zerflossen pp von **zerfließen**

zerfranst [tsɛɐˈfranst] adj deshilachado

zerfressen* irr vt ❶ (Würmer) carcomer; (Motten) comerse; (Krebs, Lepra) consumir
❷ (Rost) corroer

zerfurchen* vt ❶ (durch Fahrspuren) surcar; **den Boden/Weg ~** dejar marcas /o señales/ de ruedas en el suelo/camino; **Geländereifen hatten die Erde zerfurcht** la tierra estaba llena de rodadas de vehículos todoterreno
❷ (durch Falten) surcar (de arrugas), arrugar; **die alte Frau hatte ein zerfurchtes Gesicht** la anciana tenía el rostro surcado de arrugas

zergangen pp von **zergehen**

zergehen* irr vi sein deshacerse; **Butter in der Pfanne ~ lassen** derretir mantequilla al fuego; **auf der Zunge ~** deshacerse en la lengua

zergliedern* vt ❶ (Pflanze) descomponer; (Tier) desmembrar, descuartizar
❷ (analysieren) analizar

zerhacken* vt cortar en trozos, hacer pedazos; (fein) picar; (Holz) partir, cortar

zerhauen* irr vt despedazar; (Holz) partir

zerkauen* vt masticar, mascar

zerkleinern* vt desmenuzar; (in Stücke) trocear; (zermahlen) triturar, moler; (Holz) partir

zerklüftet [tsɛɐˈklʏftət] adj escabroso

zerknautschen* vt (fam) arrugar, chafar; **total zerknautscht aussehen** estar hecho un higo

zerknirscht adj compungido; (reuig) arrepentido

Zerknirschtheit f <-, ohne pl> contrición f, compunción f

Zerknirschung f <-, ohne pl> arrepentimiento m

zerknittern* vt (Papier) estrujar, arrugar; (Kleid) arrugar, chafar

zerknüllen* vt estrujar, arrugar

zerkochen* I. vi sein cocer demasiado, deshacerse cociendo
II. vt cocer demasiado

zerkratzen* vt (Dinge) rascar; (Haut) arañar, rasguñar; **ich habe mir an den Sträuchern das Bein zerkratzt** me he arañado la pierna con las matas

zerkrümeln* I. vi sein desmigajarse
II. vt desmigajar

zerlassen* irr vt (GASTR) derretir

zerlaufen* irr vi sein derretirse

zerlegbar adj desmontable

zerlegen* vt ❶ (Maschine, Möbel) desmontar, desarmar; **sie hat das Gerät in seine Einzelteile zerlegt** ha desmontado el aparato
❷ (Wild) descuartizar; (Fleisch) cortar, trinchar
❸ (CHEM) descomponer
❹ (LING) analizar

Zerlegung f <-, -en> ❶ (von Maschinen, Möbeln) desarme m, desarticulación f; (zur Verschrottung) desmantelamiento m
❷ (von Fleisch) descuartizamiento m
❸ (CHEM) descomposición f
❹ (LING) análisis m inv

Zerlegungsbescheid m <-(e)s, -e> (JUR) resolución f de fraccionamiento; **Zerlegungsverfahren** nt <-s, -> (JUR) procedimiento m de fraccionamiento

zerlesen adj manoseado, releído

zerlumpt adj andrajoso, harapiento, distraído Chil, Mex

zermahlen* irr vt triturar, moler; **das Getreide wurde zu Mehl zermahlen** molieron el grano para hacer harina

zermalmen* [tsɛɐˈmalmən] vt aplastar, triturar

zermanschen* [tsɛɐˈmanʃən] vt (fam) magullar

zermartern* vt: **sich** dat **den Kopf** [o **das Hirn**] **~** devanarse los sesos

zermürben* vt (körperlich) cansar, fatigar; (seelisch) desmoralizar, descorazonar

zernagen* vt ❶ (Ratten) roer
❷ (Rost) corroer

zerpflücken* vt ❶ (zerkleinern) desmenuzar; (Papier) romper en pedazos; (Blume) deshojar
❷ (kritisieren) criticar minuciosa y duramente, desollar

zerplatzen* vi sein estallar, reventar; **ihre Illusionen sind zerplatzt wie Seifenblasen** sus sueños se han deshecho como pompas de jabón

zerpulvern* vt pulverizar

zerquetschen* vt aplastar; **hundert Euro und ein paar Zerquetschte** (fam) cien euros y pico

zerraufen* vt desgreñar; **ihre Haare waren völlig zerrauft** iba completamente desgreñada, su cabello estaba totalmente desgreñado

Zerrbild [ˈtsɛrbɪlt] nt <-(e)s, -er> caricatura f, esperpento m

zerreden* vt tratar demasiado [o hasta hartarse]

zerreiben* irr vt triturar, moler; (fein) pulverizar

zerreißen* irr I. vi sein romperse, desgarrarse
II. vt ❶ romper, desgarrar; (in Stücke) hacer pedazos; **ich könnte ihn in Stücke** [o **in der Luft**] **~** (fam) podría hacerle pedazos; **es hat uns fast zerrissen** (fam) casi nos morimos de la risa; **er zerriss sich vor Arbeitseifer** (fam) se mató a trabajar; **ich kann mich doch nicht ~!** (fam) ¡no puedo partirme [o estar en todo]!

Zerreißprobe f <-, -n> (TECH) prueba f de rotura; (fig) prueba f de nervios

zerren [ˈtsɛrən] I. vi tirar violentamente (an de); **das zerrt an meinen Nerven** esto me destroza los nervios
II. vt ❶ (schleppen) arrastrar, llevar a rastras; **jdn vor Gericht ~** llevar a alguien a los tribunales; **etw an die Öffentlichkeit ~** sacar algo a la luz
❷ (überdehnen): **sich** dat **etw ~** distenderse algo

zerrieben pp von **zerreiben**

zerrinnen* irr vi sein (geh) ❶ (Schnee) derretirse
❷ (Traum, Hoffnung) desvanecerse, disiparse; (Zeit) pasar volando; **in nichts ~** quedar en nada; **wie gewonnen, so zerronnen** los dineros del sacristán cantando se vienen, cantando se van

zerrissen [tsɛɐˈrɪsən] I. pp von **zerreißen**
II. adj roto, desgarrado, hecho jirones; (Menschen) dividido, descontento

Zerrissenheit f <-, ohne pl> desgarramiento m, desgarro m; **innerliche ~** desgarro interior

zerronnen pp von **zerrinnen**

Zerrspiegel m <-s, -> espejo m deformante

Zerrung [ˈtsɛrʊŋ] f <-, -en> distensión f, tirón m fam

zerrütten* [tsɛɐˈrʏtən] vt (Gesundheit) quebrantar, arruinar; (Nerven) destrozar; **die Ehe ist zerrüttet** el matrimonio está destrozado; **jds Finanzen sind zerrüttet** alguien está arruinado

zersägen* vt serrar, cortar con la sierra

zerschellen* [tsɛɐˈʃɛlən] vi sein estrellarse (an contra)

zerschießen* irr vt ❶ (durch Geschosse zerstören) destrozar a tiros
❷ (INFOR: sl: Struktur zerstören): **sich** dat **die Festplatte/eine Datei ~**

cargarse el disco duro/un archivo
zerschlagen¹ I. *pp von* **zerschlagen**
II. *adj* agotado, hecho polvo *fam*; **ich fühle mich wie ~** me siento como si me hubieran dado una paliza
zerschlagen*² *irr* I. *vt* ❶ (*zerbrechen*) romper, hacer pedazos; (*zerstören*) destrozar
❷ (*Organisation*) desintegrar, desarticular
II. *vr*: **sich ~** frustrarse, quedar en nada; **alle seine Pläne ~ sich damit** con esto se han ido al traste todos sus planes
Zerschlagung *f* <-, -en> desmantelamiento *m*; (*einer Bande*) desarticulación *f*
zerschlissen [tsɛɐ'ʃlɪsən] *adj* desgastado
zerschmeißen* *irr vt* (*fam*) hacer (mil) pedazos [*o* añicos]
zerschmettern* *vt* romper (con violencia); (*Körperteil*) desmembrar
zerschmissen *pp von* **zerschmeißen**
zerschneiden* *irr vt* cortar; **sie hat sich** *dat* **an den Glasscherben die Hand zerschnitten** se ha cortado la mano con los cristales
zerschnitten *pp von* **zerschneiden**
zerschossen *pp von* **zerschießen**
zerschrammen* *vt* arañar, rasguñar, rayar
zersetzen I. *vt* ❶ (*auflösen*) descomponer
❷ (*untergraben*) minar; (*sittlich*) desmoralizar; **~de Artikel** artículos desmoralizadores
II. *vr*: **sich ~** descomponerse
Zersetzung *f* <-, -en> ❶ (*Auflösung*) descomposición *f*
❷ (*moralisch*) desmoralización *f*
Zersetzungsprodukt *nt* <-(e)s, -e> producto *m* de descomposición; **Zersetzungsprozess**ᴿᴿ *m* <-es, -e> proceso *m* de descomposición; **Zersetzungsspannung** *f* <-, -en> tensión *f* de descomposición; **Zersetzungswärme** *f* <-, *ohne pl*> calor *m* de descomposición
zersiedeln* *vt* (*formal*) edificar heterogéneamente; **zersiedeltes Gebiet** zona con urbanización desordenada
Zersiedelung *f* <-, -en> (*formal*) edificación *f* heterogénea; **~ der Städte** descolonización de las ciudades
zerspalten* *irr vt* partir; (*Partei*) escindir
zersplittern* I. *vi sein* (*Fensterscheibe*) hacerse añicos, romperse [*o* saltar] en pedazos; (*Knochen, Holz*) hacerse astillas; (*Partei*) dividirse, escindirse
II. *vt* fragmentar, hacer pedazos; (*Holz*) hacer astillas
zersprengen* *vt* ❶ (*in die Luft sprengen*) volar, dinamitar
❷ (*Menschenmenge, Truppen*) dispersar
zerspringen* *irr vi sein* romperse, hacerse añicos
zersprungen *pp von* **zerspringen**
zerstampfen* *vt* ❶ (*zerkleinern*) triturar, machacar
❷ (*zertreten*) pisotear
zerstäuben* [tsɛɐ'ʃtɔɪbən] *vt* pulverizar, atomizar
Zerstäuber *m* <-s, -> vaporizador *m*, pulverizador *m*, atomizador *m*
zerstechen* *irr vt* ❶ (*Insekten*) picar
❷ (*Reifen*) pinchar
zerstieben <zerstiebt, zerstob *o* zerstiebte, zerstoben *o* zerstiebt> *vi sein* (*geh*) disiparse, desaparecer (como por arte de magia)
zerstoben *pp von* **zerstieben**
zerstochen *pp von* **zerstechen**
zerstörbar *adj* destruible; **leicht/schwer ~** fácil/difícil de destruir
zerstören* *vt* destrozar, destruir; **ich bin am Boden zerstört** estoy con la moral por los suelos
Zerstörer *m* <-s, -> destructor *m*
zerstörerisch *adj* destructivo, destructor
Zerstörung *f* <-, -en> destrucción *f*, destrozo *m*
Zerstörungstrieb *m* <-(e)s, *ohne pl*> instinto *m* destructivo; **Zerstörungswahn** *m* <-(e)s, *ohne pl*> manía *f* destructora; **Zerstörungswut** *f* <-, *ohne pl*> vandalismo *m*
zerstoßen* *irr vt* machacar, triturar; (*zu Pulver*) pulverizar
zerstreiten* *irr vr*: **sich ~** pelearse (*über/wegen* por), reñir (*über/wegen* por); **mit jdm zerstritten sein** estar peleado [*o* reñido] con alguien; **sie ist mit ihm völlig zerstritten** está peleada a muerte con él
zerstreuen* I. *vt* ❶ (*auseinander treiben*) dispersar; (*Bedenken*) desvanecer, disipar
❷ (*verstreuen*) esparcir
II. *vr*: **sich ~** ❶ (*Menschenmenge*) dispersarse; (*Bedenken*) desvanecerse, disiparse
❷ (*sich unterhalten*) divertirse, distraerse; **wir wollten uns ein bisschen ~** queríamos distraernos un poco
zerstreut [tsɛɐ'ʃtrɔɪt] *adj* (*Person*) distraído, despistado
Zerstreutheit *f* <-, *ohne pl*> distracción *f*, despiste *m*
Zerstreuung¹ *f* <-, *ohne pl*> ❶ (*einer Menschenmenge*) dispersión *f*; (*eines Verdachts*) disipación *f*
❷ (*Zerstreutheit*) distracción *f*, despiste *m*
Zerstreuung² *f* <-, -en> (*Unterhaltung*) diversión *f*, entretenimiento *m*; **zur ~** para divertirse
zerstritten [tsɛɐ'ʃtrɪtən] *pp von* **zerstreiten**
zerstückeln* [tsɛɐ'ʃtʏkəln] *vt* despedazar, trocear
Zerstückelung *f* <-, -en> despedazamiento *m*, troceo *m*
zerteilen* *vt* partir (*in* en), dividir (*in* en); (*in Stücke*) trocear
Zertifikat [tsɛrtifi'ka:t] *nt* <-(e)s, -e> certificado *m*
Zertifizierung *f* <-, -en> certificación *f*
zertrampeln* *vt* pisotear, aplastar (con el pie)
zertreten* *irr vt* pisar, aplastar (con el pie)
zertrümmern* *vt* destrozar, destruir
Zervelatwurst [tsɛrvəˈlaːt-] *f* <-, -würste> tipo de embutido similar a un salami muy fino
zerwühlen* *vt* (*Bett*) revolver; (*Boden*) remover, revolver
Zerwürfnis [tsɛɐˈvʏrfnɪs] *nt* <-ses, -se> (*geh*) desavenencia *f*, desacuerdo *m*
zerzausen* [tsɛɐˈtsaʊzən] *vt* desgreñar, desmelenar
Zession *f* <-, -en> (JUR) cesión *f*
Zessionar *m* <-s, -e> (JUR) cesionario *m*
Zeter ['tseːtɐ]: **~ und Mordio schreien** (*fam*) poner el grito en el cielo
zetern ['tseːtɐn] *vi* (*abw*) poner el grito en el cielo, armar la marimorena
Zettel ['tsɛtəl] *m* <-s, -> papel *m*; (*Notiz*) nota *f*; (*Kassen~*) tíquet *m*, tique *m*
Zettelkasten *m* <-s, -kästen> fichero *m*
Zeug [tsɔɪk] *nt* <-(e)s, -e> (*fam: Sachen*) cosas *fpl*; (*wertlose Dinge*) chismes *mpl*, trastos *mpl*; **das ist doch dummes ~** eso son disparates; **red kein dummes ~!** ¡no digas tonterías!; **das ~ zu etw** *dat* **haben** tener madera de algo; **jdm etwas am ~ flicken** colgar a alguien el muerto; (*fahren/laufen*), **was das ~ hält** (conducir/correr) a más no poder; **sich für jdn ins ~ legen** defender a alguien contra viento y marea
Zeuge, -in ['tsɔɪɡə] *m, f* <-n, -n; -, -nen> testigo *mf*; **er war ~ des Gesprächs/des Verbrechens** fue testigo de la conversación/del crimen; **vor ~n** ante testigos; **~ der Anklage/Verteidigung** testigo de la acusación/de la defensa; **die ~n Jehovas** los testigos de Jehová
zeugen ['tsɔɪɡən] I. *vi* ❶ (*erkennen lassen*): **von etw** *dat* **~** demostrar algo, probar algo; **das zeugt nicht gerade von gutem Benehmen** esto demuestra su mala educación
❷ (*als Zeuge aussagen*) testificar (*für* a favor de, *gegen* contra/en contra de)
II. *vt* engendrar, procrear; **ein Kind ~** engendrar un hijo; **das wird noch Unheil ~** (*geh*) todavía dará lugar a una desgracia
Zeugenaussage *f* <-, -n> declaración *f* del testigo; **seine ~ machen** prestar declaración testimonial; **widersprüchliche ~n** declaración contradictoria de los testigos; **Zeugenbank** *f* <-, -bänke> banquillo *m* de los testigos; **Zeugenbelehrung** *f* <-, -en> (JUR) instrucción *f* de testigos; **Zeugenbeweis** *m* <-es, -e> (JUR) prueba *f* de testigos; **Zeugenentschädigung** *f* <-, -en> (JUR) indemnización *f* a los testigos; **Zeugengebühr** *f* <-, -en> (JUR) dieta *f* del testigo; **Zeugenladung** *f* <-, -en> (JUR) citación *f* de testigos; **Zeugenpflicht** *f* <-, *ohne pl*> (JUR) obligación *f* de comparecer como testigo; **Zeugenschutz** *m* <-es, *ohne pl*> (JUR) protección *f* de testigos; **Zeugenstand** *m* <-(e)s, *ohne pl*> estrado *m* de testigos; **in den ~ treten** subir al estrado [*o* a declarar]; **jdn in den ~ rufen** llamar a alguien a declarar; **Zeugenverhör** *nt* <-(e)s, -e> interrogatorio *m* de los testigos; **Zeugenvernehmung** *f* <-, -en> audición *f* de los testigos
Zeughaus *nt* <-es, -häuser> (MIL: *alt*) arsenal *m*
Zeugin *f* <-, -nen> *s.* **Zeuge**
Zeugnis ['tsɔɪknɪs] *nt* <-ses, -se> ❶ (*Schul~*) notas *fpl*; (*Arbeits~*) certificado *m*; **gute Noten im ~ haben** tener buenas notas; **bald gibt es ~se** pronto nos darán las notas; **jdm ein ~ ausstellen/schreiben** extender(le)/escribir(le) a alguien un certificado
❷ (*Gutachten*) dictamen *m*, certificado *m*; **ein amtliches/ärztliches ~ beibringen** presentar un dictamen oficial/un certificado médico
❸ (*geh: Beweis, Zeichen*) testimonio *m*, prueba *f*
Zeugnisfähigkeit *f* <-, *ohne pl*> (JUR) capacidad *f* de testar; **Zeugnispflicht** *f* <-, *ohne pl*> (JUR) obligación *f* de comparecer como testigo
Zeugnisverweigerung *f* <-, -en> (JUR) excusa *f* de testimonio; **Zeugnisverweigerungsrecht** *nt* <-(e)s, *ohne pl*> (JUR) derecho *m* de excusar el testimonio
Zeugs [tsɔɪks] *nt* <-, *ohne pl*> (*fam abw*) *s.* **Zeug**
Zeugung *f* <-, -en> procreación *f*, engendramiento *m*
Zeugungsakt *m* <-(e)s, -e> acto *m* generador
zeugungsfähig *adj* capaz de engendrar [*o* de procrear]
Zeugungsfähigkeit *f* <-, *ohne pl*> facultad *f* generativa, capacidad *f* de procrear
zeugungsunfähig *adj* incapaz de engendrar [*o* de procrear]
Zeugungsunfähigkeit *f* <-, *ohne pl*> incapacidad *f* de procrear
zeuseln ['tsɔɪzəln] *vi* (*Schweiz*) jugar con el fuego
z.H(d). *Abk. von* **zu Händen von** a la atención de

Zichorie [tsɪˈçoːriə] *f* <-, -n> achicoria *f*
Zicke [ˈtsɪkə] *f* <-, -n> ❶ (*weibliche Ziege*) cabra *f* ❷ (*Frau*) pava *f* ❸ *pl* (*fam: Dummheiten*) tonterías *fpl*; **~n machen** hacer de las suyas, hacer el tonto; (*Schwierigkeiten*) crear problemas; **lass diese ~** déjate de tonterías
zickig *adj* (*fam abw*) veleidoso, caprichoso
Zicklein *nt* <-s, -> cabrito *m*, cabritillo *m*
zickzack [ˈtsɪktsak] *adv* en zigzag; **~ fahren** ir en zigzag
Zickzack [ˈtsɪktsak] *m* <-(e)s, -e> zigzag *m*, eses *fpl*; **(im) ~ laufen** zigzaguear, hacer eses
zickzackförmig [-fœrmɪç] *adj* en zigzag, zigzagueante; **~e Wege** caminos en zigzag
Zickzackkurs *m* <-es, -e> zigzag *m*; **einen** [*o* **im**] **~ fahren** zigzaguear; (*fig*) ir haciendo eses
Ziege [ˈtsiːɡə] *f* <-, -n> ❶ (*Tier*) cabra *f* ❷ (*fam: Frau*) bruja *f*; **du dumme ~!** ¡tía idiota!
Ziegel [ˈtsiːɡəl] *m* <-s, -> ❶ (*Backstein*) ladrillo *m* ❷ (*Dach~*) teja *f*
Ziegelbau *m* <-(e)s, -ten> construcción *f* de ladrillo, edificio *m* de ladrillo; **Ziegelbrenner(in)** *m(f)* <-s, -; -, -nen> ladrillero, -a *m, f*; **Ziegeldach** *nt* <-(e)s, -dächer> tejado *m* de tejas
Ziegelei [tsiːɡəˈlaɪ] *f* <-, -en> fábrica *f* de tejas y ladrillos, galpón *m* Kol
ziegelrot *adj* color teja, rojo ladrillo
Ziegelstein *m* <-(e)s, -e> ladrillo *m*
Ziegenbart *m* <-(e)s, -bärte> ❶ (*Bart des Ziegenbockes*) barba *f* del macho cabrío; (*fam: Spitzbart*) barba *f* de chivo ❷ (*Pilz*) ramaria *f*; **Ziegenbock** *m* <-(e)s, -böcke> macho *m* cabrío, cabrón *m*; **Ziegenfell** *nt* <-(e)s, -e> piel *f* de cabra; **Ziegenhirte, -in** *m, f* <-n, -n; -, -nen> cabrero, -a *m, f*, pastor(a) *m(f)* de cabras; **Ziegenkäse** *m* <-s, -> queso *m* de (leche de) cabra; **Ziegenleder** *nt* <-s, -> cabritilla *f*; **Ziegenmilch** *f* <-, ohne *pl*> leche *f* de cabra; **Ziegenpeter** [-peːtɐ] *m* <-s, -> (*fam*) paperas *fpl*
Ziehbrunnen *m* <-s, -> pozo *m* (de garrucha)
ziehen [ˈtsiːən] <zieht, zog, gezogen> **I.** *vt* ❶ (*allgemein*) tirar (*an* de); (*zerren*) arrastrar; (*Anhänger*) remolcar; (*dehnen*) estirar; **die Kutsche wurde von vier Pferden gezogen** la carroza llevaba un tiro de cuatro caballos; **die Vorhänge vor die Fenster ~** correr las cortinas; **etw glatt ~** estirar algo; **die Notbremse ~** echar el freno; **er zog alle Register** (*fig*) hizo todo lo posible, tocó todos los resortes; **eine Silbe/ein Wort ~** alargar (la pronunciación de) una sílaba/palabra; **die (Wasser)spülung ~** tirar de la cadena del váter; **lass dich doch nicht so ~!** ¡no me hagas tirar de ti!; **er hat mich an den Haaren gezogen** me ha tirado de los cabellos; **jdn am Ärmel ~** tirar a alguien de la manga; **sie zog das Kind an sich** agarró al niño con fuerza; **er zog alle Blicke/die Aufmerksamkeit auf sich** (*fig*) atrajo sobre sí todas las miradas/la atención; **jdn auf seine Seite ~** (*fig*) conquistar a alguien para sus fines; **er zog ihn heimlich beiseite und sagte ihm ...** se lo llevó aparte a escondidas y le dijo...; **einen Faden durch das (Nadel)öhr ~** pasar una hebra por el ojo de la aguja, enhebrar una aguja; **etw in die Höhe ~** subir algo; **die Knie in die Höhe ~** levantar las rodillas; **die Stirn in Falten ~** arrugar la frente; **den Hut ~** quitarse el sombrero; **sich** *dat* **den Hut (tief) ins Gesicht ~** calar fuertemente el sombrero; **sie zog die Mütze über die Ohren** se ajustó la gorra; **eine (sich) eine Schutzbrille über die Augen ~** se pone unas gafas protectoras; **eine Bluse unter den Pullover ~** ponerse una blusa debajo del jersey; **den Ring vom Finger ~** quitarse el anillo; **jdn ins Gespräch ~** hacer que alguien participe en un diálogo; **musst du immer alles ins Komische ~?** (*fig*) ¿por qué tienes siempre que ridiculizarlo todo?; **die Rollläden nach oben ~** abrir las persianas; **der Pilot zog das Flugzeug nach oben** el piloto hizo ascender el avión; **im letzten Augenblick konnte sie den Wagen nach links ~** en el último momento pudo doblar a la izquierda; **etw nach sich** *dat* **~** (*fig*) acarrear algo; **der Fehler zog unangenehme Folgen nach sich** el error acarreó consecuencias desagradables; **durch die Hitze zieht das Pflaster Blasen** el asfalto se levanta por el calor; **der Honig zieht Fäden** la miel hace hebras; **Bilanz ~** hacer balance
❷ (*herausziehen*) sacar (*aus* de); (*Wurzeln*) arrancar (*aus* de); (*im Kartenspiel*) tomar una carta, robar; **er zog die Brieftasche/sein Scheckbuch** sacó la billetera/su talonario; **nach der Operation werden die Fäden gezogen** después de la operación se quitan los puntos; **eine Fahrkarte ~** sacar un billete (de la máquina); **ein Los ~** sacar un número (en un sorteo); **Proben ~** sacar pruebas; **den Revolver/das Schwert ~** sacar la pistola/desenvainar la espada; **jdm einen Zahn ~** sacarle a alguien un diente; (*fig*) quitarle algo de la cabeza a alguien; **Zigaretten ~** sacar cigarrillos; **aus dem Verkehr ~** (*Auto*) retirar del servicio; (*Geld*) retirar de la circulación; **einen Ertrinkenden aus dem Wasser ~** sacar a una persona que se está ahogando del agua; **muss ich dich aus dem Bett ~?** ¿tengo que sacarte de la cama?;
einen Vorteil aus etw *dat* **~** sacar una ventaja de algo
❸ (*heranziehen*) acercar (tirando) (*an/auf* a), arrimar (*an/auf* a); **sie zogen das Boot ans Ufer** acercaron el barco a la orilla; **es zog ihn in die weite Welt** se sentía atraído por el gran mundo; **am Sonntag zieht es uns ins Grüne** el domingo nos vamos al campo; **es zieht mich in die Ferne/nach Hause** tengo ganas de irme lejos/a casa; **mich zieht überhaupt nichts nach Schweden** en Suecia no hay nada que me atraiga; **mich zieht es ganz stark zu ihr** me siento muy atraído por ella
❹ (*anbringen*): **eine Linie ~** trazar [*o* dibujar] una línea; **Saiten auf ein Instrument ~** poner cuerdas a un instrumento; **Perlen auf eine Schnur ~** enfilar perlas; **einen Kreis/Bogen ~** dibujar un círculo/trazar un arco; **sich** *dat* **einen Scheitel ~** hacerse una raya; **einen Vergleich ~** establecer una comparación
❺ (*Graben*) abrir; (*Grenze*) establecer; (*Mauer, Zaun*) levantar; **einen Bewässerungskanal ~** abrir un canal de riego; **ein Kabel/eine Leitung ~** tender un cable/una conducción
❻ (*Pflanzen*) cultivar; (*Tiere*) criar; (*Kerzen*) hacer, fabricar; **Röhren ~** instalar tubos; **eine Kopie ~** sacar una copia; (**sich** *dat*) **Computerprogramme schwarz ~** copiar ilegalmente programas de ordenador
❼ (MATH) extraer; **die Wurzel aus einer Zahl ~** extraer la raíz de un número
II. *vi* ❶ (*a.* AUTO) tirar; **an etw** *dat* **~** tirar de algo; **das Auto/der Kamin zieht gut** el coche/la chimenea tira bien; **ich kann es nicht leiden, wenn der Hund so zieht** no soporto que el perro tire de esta manera; **er zog an seiner Pfeife** dio una chupada a la pipa; **lass mich mal ~** (*an der Zigarette*) déjame dar una calada
❷ *sein* (*umziehen*) mudarse (*nach/in/auf* a), ir a vivir (*nach/in/auf* a); (*zu jdm*) irse a vivir (*zu* con); **ich ziehe nach Aachen** me mudo a Aquisgrán; **sie ~ aufs Land** se van a vivir al campo; **sie zieht zu ihrem Freund** se va a vivir con su amigo
❸ *sein* (*gehen, wandern*) caminar (*zu/nach* a), marchar (*zu/nach* a); (*hineinziehen*) entrar (*in* a/en); (*durchqueren*) atravesar, pasar (*durch* por); (*Vögel*) migrar; **durch die Stadt ~** dar una vuelta por la ciudad; **der Gestank zieht durchs ganze Haus** la peste se extiende por toda la casa; **in den Krieg ~** ir a la guerra; **die Farbe zieht ins Holz** la madera chupa la pintura; **die Jahre zogen ins Land** pasaron los años; **die Schwalben zogen nach Süden** las golondrinas emigraban hacia el sur; **der Rauch/das Gewitter zog nach Osten** el humo/la tormenta se desplazaba hacia el este; **Aale und Lachse ~ zum Laichen flussaufwärts** las anguilas y los salmones remontan el río para desovar; **die Demonstranten zogen zum Rathaus** los manifestantes se encaminaron al ayuntamiento; **einen ~ lassen** (*fam: furzen*) tirarse un pedo
❹ (*im Spiel*) mover; **mit dem Turm/einem Bauern ~** mover la torre/un peón
❺ (*Tee, Kaffee*) reposar; (*Marinade*) marinar; **Klöße im siedenden Wasser ~ lassen** dejar las albóndigas con agua caliente; **Teig ~ lassen** dejar reposar la masa; **ich würde den Tee noch etwas ~ lassen** yo dejaría el té un poco más
❻ (*Kamin, Ofen, Pfeife*) tirar; **das Feuer zieht gut/schlecht** el fuego tira bien/mal
❼ (*Wirkung haben*) tener éxito, surtir efecto; **das zieht bei mir nicht** eso no vale conmigo; **dieser Trick zieht immer** este truco siempre tiene éxito
III. *vr*: **sich ~** ❶ (*sich erstrecken*) extenderse; (*vorhanden sein*) estar presente; **dieses Thema zieht sich durch das ganze Buch** este tema está presente en todo el libro; **der Sandstrand zieht sich kilometerweit am Meer entlang** la playa se extiende kilómetros y kilómetros a lo largo de toda la costa; **der Fluss zog sich in weiten Schlingen durch das Tal** el río serpenteaba por el valle formando amplios meandros; **die Grenze zieht sich quer durchs Land** la frontera se extiende de punta a punta del país; **eine Narbe zieht sich durch ihr ganzes Gesicht** tiene una cicatriz que le recorre toda la cara
❷ (*sich verziehen*) alabearse; **das Holz zieht sich** la madera se alabea [*o* se deforma]
❸ (*sich herausziehen*) salir de; **sich am eigenen Schopf aus dem Sumpf ~** salir de un apuro con las propias fuerzas; **sich aus der Affäre ~** salir del apuro
❹ (*fam: dauern*) durar, alargarse; **sich in die Länge ~** no acabar nunca, tardar mucho
IV. *vunpers* ❶ (*Luftzug*) haber corriente; **Tür zu, es zieht!** ¡cierra la puerta que hay corriente!; **wenn es dir zieht, kannst du das Fenster schließen** si tienes aire cierra la ventana; **es zieht an die Beine/mir an den Beinen** me da el aire en los pies; **es zieht wie Hechtsuppe!** (*fam*) hay una corriente de miedo
❷ (*schmerzen*) doler; **es zieht mir** [*o* **mir zieht's**] **im Rücken** me duele la espalda; **ein ~der Schmerz** un dolor punzante
Ziehen *nt* <-s, ohne *pl*> ❶ (*eines Wagens, Anhängers*) tracción *f* ❷ (*eines Zahnes*) extracción *f*

❸ (*von Pflanzen*) cultivo *m*
❹ (*Schmerz*) dolor *m* tirante
Ziehharmonika *f* <-, -s *o* -harmoniken> acordeón *m*
Ziehung *f* <-, -en> sorteo *m;* **die ~ der Lottozahlen** el sorteo en la lotería primitiva; **Ziehungstag** *m* <-(e)s, -e> día *m* de(l) sorteo
Ziel [tsi:l] *nt* <-(e)s, -e> ❶ (*Reise~*) destino *m;* **mit unbekanntem ~ abfahren** salir (de viaje) con destino desconocido; **sie ist am ~ ihrer Träume** ha conseguido todo lo que quería
❷ (SPORT) meta *f;* **als Erster durchs ~ gehen** ser el primero en cruzar la meta; **ins ~ kommen** cruzar la meta
❸ (*beim Schießen*) blanco *m;* **ins ~ treffen** dar en el blanco; **über das ~ hinausschießen** (*fam*) pasarse
❹ (*Zweck*) fin *m,* objetivo *m;* (*Absicht*) propósito *m;* **erklärtes ~ ist es,** ... el objetivo que se ha fijado es...; **ein klares ~ vor Augen haben** perseguir una meta fija; **etw zum ~ haben** tener algo como meta [*o* fin]; **bei jdm zum ~ gelangen** conseguir de alguien lo que se quiere; **sich** *dat* **ein ~ setzen** [*o* **stecken**] proponerse una meta; **mit dem ~ zu ...** con el fin de...
❺ (COM: *Zahlungsfrist*): **etw auf ~ kaufen** comprar algo a plazos [*o* a crédito]
Zielbahnhof *m* <-(e)s, -höfe> (EISENB) estación *f* de destino; **Zielband** *nt* <-(e)s, -bänder> (SPORT) cinta *f* de llegada
zielbewusst^RR *adj* decidido, resuelto; **~ verfahren** proceder de manera decidida
Zieldatei *f* <-, -en> (INFOR) archivo *m* de destino; **Zieldiskette** *f* <-, -n> (INFOR) disquete *m* de destino; **Zieleinheit** *f* <-, -en> (INFOR) unidad *f* de destino
zielen *vi* ❶ (*Mensch*) apuntar (*auf* a)
❷ (*Bemerkung*) referirse (*auf* a), dirigirse (*auf* a); **ihre Kritik zielt auf ...** su crítica se refiere a...
❸ (*zum Ziel haben*) tener como objetivo (*auf*); **der Plan zielt auf rasche Veränderungen** el objetivo del plan son cambios rápidos
Zielfernrohr *nt* <-(e)s, -e> mira *f* telescópica; **Zielfoto** *nt* <-s, -s> (SPORT) foto-finish *f;* **Zielgerade** *f* <-n, -n> (SPORT) recta *f* final; **Zielgerät** *nt* <-(e)s, -e> aparato *m* de puntería
zielgerichtet *adj* decidido, resuelto; (*methodisch*) metódico; **etw ~ planen** planear algo metódicamente
Zielgeschäft *nt* <-(e)s, -e> (WIRTSCH) operación *f* a término
Zielgruppe *f* <-, -n> grupo *m* destinatario; **Zielgruppenforschung** *f* <-, ohne *pl*> investigación *f* sobre grupos destinatarios
Zielhafen *m* <-s, -häfen> puerto *m* de destino; **Zielkamera** *f* <-, -s> (SPORT) cámara *f* de línea de meta; **Zielkauf** *m* <-(e)s, -käufe> (WIRTSCH) compra *f* a plazo; **Ziellaufwerk** *nt* <-(e)s, -e> (INFOR) unidad *f* de disco de destino, unidad *f* de destino; **Ziellinie** *f* <-, -n> (SPORT) línea *f* de llegada
ziellos *adj* sin objetivo, sin propósito fijo; **~ umherfahren** viajar sin rumbo fijo
Zielmarkt *m* <-(e)s, -märkte> (WIRTSCH) mercado *m* meta; **Zielort** *m* <-(e)s, -e> (punto *m* de) destino, lugar *m* de destino *m;* **Zielpunkt** *m* <-(e)s, -e> punto *m* de mira; **Zielscheibe** *f* <-, -n> diana *f,* blanco *m;* **als ~ dienen** servir de blanco; **Zielsetzung** *f* <-, -en> finalidad *f,* objetivo *m;* **kurzfristige/langfristige ~** objetivo a corto plazo/a largo plazo
zielsicher *adj* firme, seguro
Zielsprache *f* <-, -n> (LING) lengua *f* de destino
zielstrebig I. *adj* perseverante, resuelto; (*ausdauernd*) constante
II. *adv* con determinación
Zielstrebigkeit *f* <-, ohne *pl*> perseverancia *f*
Zielvorgabe *f* <-, -n> objetivo *m* previsto; **Zielvorrichtung** *f* <-, -en> dispositivo *m* de puntería; **Zielvorstellung** *f* <-, -en> objetivo *m*
ziemen ['tsi:mən] I. *vr:* **sich ~** (*geh: sich gehören*) estar bien, ser debido
II. *vi* (*geh: gebühren*) corresponder, pertenecer
ziemlich ['tsi:mlɪç] I. *adj* bastante; (*beträchtlich*) considerable; **mit ~er Sicherheit** con bastante seguridad; **das ist eine ~e Unverschämtheit!** (*fam*) ¡esto es una desvergüenza!
II. *adv* ❶ (*recht viel*) bastante; **~ lange** bastante tiempo; **~ viel** bastante (cantidad); **ich kenne ihn ~ gut** le conozco bastante bien
❷ (*fam: beinahe*) casi; **so ~ alles** casi todo
Zierat *m* <-(e)s, -e> *s.* **Zierrat**
Zierde ['tsi:ɐdə] *f* <-, -n> adorno *m,* ornamento *m;* **als ~ dienen** servir de adorno; **die ~ der Familie** el orgullo de la familia
zieren ['tsi:rən] I. *vt* (*geh*) decorar, adornar
II. *vr:* **sich ~** (*abw*) hacerse de rogar; **er zierte sich nicht lange** no se hizo de rogar demasiado
Zierfisch ['tsi:ɐ-] *m* <-(e)s, -e> pez *m* decorativo; **Ziergarten** *m* <-s, -gärten> jardín *m* de plantas ornamentales; **Zierleiste** *f* <-, -n> ❶ (*an Möbeln*) embellecedor *m,* moldura *f* decorativa ❷ (TYPO) viñeta *f*
zierlich *adj* grácil, delicado; (*fein*) fino

Zierlichkeit *f* <-, ohne *pl*> gracilidad *f,* delicadeza *f;* (*Feinheit*) finura *f*
Ziernaht *f* <-, -nähte> puntadas *fpl* de adorno; **Zierpflanze** *f* <-, -n> planta *f* ornamental
Zierrat^RR ['tsi:ra:t] *m* <-(e)s, -e> (*geh*) ornamento *m,* ornamentación *f*
Zierschrift *f* <-, -en> letra *f* ornamental; **Zierstrauch** *m* <-(e)s, -sträucher> arbusto *m* ornamental; **Ziervogel** *m* <-s, -vögel> pájaro *m* decorativo
Ziffer ['tsɪfɐ] *f* <-, -n> cifra *f;* (*Zahl*) número *m;* **römische/arabische ~n** números romanos/arábigos; **etw in ~n schreiben** escribir algo en cifras
Zifferblatt *nt* <-(e)s, -blätter> esfera *f*
Zifferntaste *f* <-, -n> (INFOR) tecla *f* numérica
zig [tsɪç] *adj inv* (*fam*) un montón (de), un mar (de); **es waren ~ Leute da** había la mar de gente
Zigarette [tsiga'rɛtə] *f* <-, -n> cigarrillo *m,* pitillo *m fam;* **sich** *dat* **eine ~ drehen** liar un cigarrillo
Zigarettenanzünder *m* <-s, -> encendedor *m* de cigarrillos; **Zigarettenautomat** *m* <-en, -en> máquina *f* expendedora de cigarrillos; **Zigarettenetui** *nt* <-s, -s> pitillera *f,* petaca *f;* **Zigarettenfilter** *m* <-s, -> filtro *m* de cigarrillo; **Zigarettenlänge** *f:* **auf eine ~** (*fam*) (en) el tiempo de fumar un cigarrillo; **Zigarettenpackung** *f* <-, -en> *s.* **Zigarettenschachtel; Zigarettenpapier** *nt* <-s, -e> papel *m* de liar, mortaja *f Am;* **Zigarettenpause** *f* <-, -n> (*fam*) pausa *f* para fumar un cigarrillo; **Zigarettenraucher(in)** *m(f)* <-s, -; -, -nen> fumador(a) *m(f)* de cigarr(ill)os; **Zigarettenschachtel** *f* <-, -n> cajetilla *f,* paquete *m* de cigarrillos, atado *m CSur;* **Zigarettenspitze** *f* <-, -n> boquilla *f;* **Zigarettenstummel** *m* <-s, -> colilla *f*
Zigarillo [tsiga'rɪlo] *m o nt* <-s, -s> purito *m*
Zigarre [tsi'garə] *f* <-, -n> puro *m,* habano *m*
Zigarrenabschneider *m* <-s, -> cortacigarros *m inv,* cortapuros *m inv;* **Zigarrenkiste** *f* <-, -n> caja *f* de puros; **Zigarrenraucher(in)** *m(f)* <-s, -; -, -nen> fumador(a) *m(f)* de puros; **Zigarrenspitze** *f* <-, -n> boquilla *f* (para puros); **Zigarrenstummel** *m* <-s, -> colilla *f* (de puro)
Zigeuner(in) ['tsi'gɔɪnɐ] *m(f)* <-s, -; -, -nen> gitano, -a *m, f*
Zigeunerlager *nt* <-s, -> campamento *m* de gitanos; **Zigeunerleben** *nt* <-s, ohne *pl*> vida *f* gitana, vida *f* de gitano; **Zigeunermusik** *f* <-, -en> música *f* gitana; **Zigeunerschnitzel** *nt* <-s, -> (GASTR) filete de cerdo o ternera en una salsa con tomate, cebolla y tiras de pimiento rojo; **Zigeunersprache** *f* <-, ohne *pl*> lengua *f* (de la etnia) gitana, caló *m;* **Zigeunerwagen** *m* <-s, -> carromato *m* de gitanos
zigfach ['tsɪçfax] I. *adj* (*fam*) múltiple; (*häufig*) frecuente
II. *adv* (*fam*) varias veces, mil veces
zigmal ['tsɪçma:l] *adv* (*fam*) mil veces
zigste(r, s) *adj* (*fam*) enésimo; **zum ~n Mal** por enésima vez
Zikade [tsi'ka:də] *f* <-, -n> (ZOOL) cigarra *f*
Zimbabwe [zɪm'bapvɛ] *nt* <-s> Zimbabwe *m,* Zimbabue *m*
zimbabwisch [zɪm'bapvɪʃ] *adj* zimbabuo
Zimbel ['tsɪmbəl] *f* <-, -n> címbalo *m*
Zimmer ['tsɪmɐ] *nt* <-s, -> habitación *f,* cuarto *m,* pieza *f Am;* **~ frei** habitación libre; **zu vermieten** se alquila habitación; **~ mit Frühstück** habitación con desayuno; **sich** *dat* **ein ~ im Hotel nehmen** tomar [*o* coger] una habitación en un hotel, alojarse en un hotel; **das ~ geht nach hinten** el cuarto da al patio; **eine Wohnung mit vier ~n** un piso de cuatro habitaciones
Zimmerantenne *f* <-, -n> antena *f* interior; **Zimmerdecke** *f* <-, -n> techo *m*
Zimmerei [tsɪmə'raɪ] *f* <-, -en> *s.* **Zimmerwerkstatt**
Zimmereinrichtung *f* <-, -en> mobiliario *m*
Zimmerer *m* <-s, -> *s.* **Zimmermann**
Zimmerflucht *f* <-, -en> conjunto *m* de habitaciones; (*im Hotel*) suite *f*
Zimmerhandwerk *nt* <-(e)s, -e> carpintería *f,* oficio *m* de carpintero
Zimmerkellner(in) *m(f)* <-s, -; -, -nen> camarero, -a *m, f* de habitación; **Zimmerlautstärke** *f* <-, ohne *pl*>: **das Radio auf ~ stellen** (*weil es zu laut war*) bajar la radio a un volumen medio; **Zimmerlinde** *f* <-, -n> (BOT) flor *f* de viento africana, cáñamo *m* africano; **Zimmermädchen** *nt* <-s, -> camarera *f*
Zimmermann *m* <-(e)s, -leute> carpintero *m* de obra; **jdm zeigen, wo der ~ das Loch gelassen hat** (*fam*) plantar a alguien en la calle
zimmern ['tsɪmɐn] I. *vi:* **an etw** *dat* **~** construir algo
II. *vt* hacer, construir
Zimmerpflanze *f* <-, -n> planta *f* de interior; **Zimmerservice** *m* <-, ohne *pl*> servicio *m* de habitaciones; **das Hotel hat einen guten ~** el hotel tiene un buen servicio de habitaciones; **er klopfte an der Tür ~** el servicio de habitaciones llamó a la puerta; **Zimmersuche** *f* <-, -n> búsqueda *f* de habitación [*o* de alojamiento]; **auf ~ sein** estar buscando habitación [*o* alojamiento]; **Zimmertemperatur** *f* <-, -en> temperatura *f* ambiente; **Zimmertheater** *nt* <-s, -> ❶ (*kleines Theater*) tea-

tro *m* de cámara [*o* de bolsillo] ❷ (*kleines Ensemble*) grupo *m* de teatro de cámara; **Zimmervermittlung** *f* <-, -en> servicio *m* de alquiler de habitaciones
Zimmerwerkstatt *f* <-, -stätten> (taller *m* de) carpintería *f*
zimperlich ['tsɪmpɐlɪç] *adj* (*abw: überempfindlich*) hipersensible; (*geziert*) remilgado; (*Kind*) ñoño
Zimperlichkeit *f* <-, *ohne pl*> (*abw: Überempfindlichkeit*) hipersensibilidad *f*; (*Geziertheit*) remilgo *m*, afectación *f*
Zimt [tsɪmt] *m* <-(e)s, -e> canela *f*
Zimtstange *f* <-, -n> palo *m* de canela, canela *f* en rama
Zink [tsɪŋk] *nt* <-(e)s, *ohne pl*> (CHEM) cinc *m*, zinc *m*
Zinkbad *nt* <-(e)s, -bäder> (CHEM) baño *m* de cinc; **Zinkblech** *nt* <-(e)s, -e> chapa *f* galvanizada [*o* de cinc]
Zinke ['tsɪŋkə] *f* <-, -n> púa *f*
zinken *vt* (*sl*) marcar
Zinken ['tsɪŋkən] *m* <-s, -> (*fam: Nase*) napias *fpl*
zinkhaltig *adj* con contenido en cinc [*o* zinc]; **dieses Metall ist stark ~** este metal tiene un alto contenido en cinc
Zinksalbe *f* <-, -n> pomada *f* de óxido de cinc; **Zinkweiß** *nt* <-(es), -> óxido *m* de cinc [*o* de zinc]
Zinn [tsɪn] *nt* <-(e)s, *ohne pl*> ❶ (CHEM) estaño *m* ❷ (*~geschirr*) vajilla *f* de estaño
Zinnbecher *m* <-s, -> vaso *m* de estaño
Zinne ['tsɪnə] *f* <-, -n> almena *f*
zinne(r)n ['tsɪnən, 'tsɪnɐn] *adj* de estaño
Zinnerz *nt* <-es, -e> mineral *m* de estaño; **Zinnfigur** *f* <-, -en> figura *f* de plomo; **Zinngeschirr** *nt* <-(e)s, -e> vajilla *f* de estaño; **Zinngießerei** *f* <-, -en> fundición *f* de estaño
zinnhaltig *adj* con contenido en estaño, estañífero; **dieses Metall ist stark ~** este metal tiene un alto contenido en estaño
Zinnie ['tsɪniə] *f* <-, -n> (BOT) zinnia *f*
Zinnober[1] [tsɪ'noːbɐ] *m* <-s, *ohne pl*> (*fam abw: Unsinn*) tontería *f*, disparate *m*; (*Zeug*) chismes *mpl*
Zinnober[2] *m* <-s, -> ❶ (*Mineral*) cinabrio *m* ❷ (*Farbe*) bermellón *m*
zinnoberrot *adj* de color de bermellón, bermejo
Zinnschicht *f* <-, -en> (CHEM) capa *f* de estaño; **Zinnsoldat** *m* <-en, -en> soldado *m* de plomo; **Zinnstein** *m* <-(e)s, -e> (GEO) casiterita *f*
Zins [tsɪns] *m* <-es, -en> ❶ (*Verzinsung*) interés *m*; **~en bringen** producir intereses; **die ~en senken** bajar los intereses; **jdm etw mit ~ und Zinseszins zurückgeben** [*o* **zurückzahlen**] devolver algo a alguien hasta el último céntimo; (*fig*) pagar algo a alguien con la misma moneda ❷ (*südd, Schweiz, Österr: Miete*) alquiler *m*, renta *f*
Zinsabschlag *m* <-(e)s, -schläge> descuento *m* de intereses, deducción *f* de intereses; **Zinsabschlagsteuer** *f* <-, -n> retención *f* tributaria sobre los intereses
Zinsabzug *m* <-(e)s, -züge> descuento *m* de intereses; **es erfolgt ein ~ bei Zahlung vor Fälligkeit** se descontarán intereses si el pago se realiza antes de la fecha de vencimiento; **Zinsanhebung** *f* <-, -en> subida *f* de los tipos de interés; **Zinsanspruch** *m* <-(e)s, -sprüche> (JUR) derecho *m* de intereses, pretensión *f* de intereses; **Zinsaufwendungen** *fpl* gastos *mpl* de intereses; **Zinsbelastung** *f* <-, -en> carga *f* de intereses; **Zinsbesteuerung** *f* <-, -en> imposición *f* de gravámenes sobre intereses; **Zinserhöhung** *f* <-, -en> aumento *m* de los tipos de interés, subida *f* de los intereses; **Zinsertrag** *m* <-(e)s, -träge> rédito *m*
Zinseszins ['tsɪnzəs-] *m* <-es, -en> interés *m* compuesto, intereses *mpl* acumulados
Zinsfestschreibung *f* <-, -en> fijación *f* de los intereses
Zinsfuß *m* <-es, -füße> (FIN) tipo *m* de interés; **Zinsgefälle** *nt* <-s, -> diferencial *m* en los tipos de interés
zinsgünstig *adj* (FIN) de un tipo de interés favorable
Zinslast *f* <-, -en> carga *f* de intereses
zinslos *adj* libre de interés, sin interés
Zinspflicht *f* <-, *ohne pl*> obligación *f* de intereses; **Zinsrechnung** *f* <-, -en> cálculo *m* de intereses; **Zinsrückstand** *m* <-(e)s, -stände> intereses *mpl* atrasados [*o* vencidos]; **Zinssatz** *m* <-es, -sätze> tipo *m* de interés; **gesetzlicher ~** tipo de interés legal; **die Zinssätze geben nach** los tipos de interés bajan; **Schwankungen der Zinssätze auf dem auf dem Geld- und Kapitalmarkt** fluctuaciones de los tipos de interés en el mercado monetario y de capitales; **Zinsschein** *m* <-(e)s, -e> (FIN) cupón *m* de intereses; **Zinssenkung** *f* <-, -en> reducción *f* de los tipos de interés, bajada *f* de los intereses; **Zinstabelle** *f* <-, -n> tabla *f* de intereses; **Zinstief** *nt* <-s, -s> (FIN) intereses *mpl* a la baja
zinstragend *adj* que produce intereses
zinsverbilligt *adj* con tipo de interés reducido
Zinsverlust *m* <-(e)s, -e> pérdida *f* de intereses; **Zinswucher** *m* <-s, *ohne pl*> interés *m* usurario

Zionismus [tsio'nɪsmʊs] *m* <-s, *ohne pl*> sionismo *m*
Zionist(in) [tsio'nɪst] *m(f)* <-en, -en; -, -nen> sionista *mf*
zionistisch *adj* sionista
Zipfel ['tsɪpfəl] *m* <-s, -> punta *f*, extremo *m*
Zipfelmütze *f* <-, -n> gorro *m* con borla
Zipperlein *nt* <-s, -> (*fam: Wehwehchen*) achaque *m*, alifafe *m*
Zippverschluss[RR] ['zɪp-] *m* <-es, -schlüsse> (*Österr*) cremallera *f*
Zirbeldrüse ['tsɪrbəl-] *f* <-, -n> (ANAT) epífisis *f inv*
Zirbelkiefer *f* <-, -n> (BOT) pino *m* suizo [*o* de los Alpes]
zirka ['tsɪrka] *adv* cerca de, aproximadamente; **~ drei Stunden/85 Euro** tres horas/85 euros aproximadamente; **~ ein km** cerca de un km; **in ~ zwei Wochen** en dos semanas aproximadamente
Zirkapreis *m* <-es, -e> (FIN) precio *m* aproximado
Zirkel ['tsɪrkəl] *m* <-s, -> ❶ (*Gerät*) compás *m* ❷ (*Kreis, Gruppe*) círculo *m*
Zirkelschluss[RR] *m* <-es, -schlüsse> círculo *m* vicioso
Zirkonium [tsɪr'koːniʊm] *nt* <-s, *ohne pl*> (CHEM) zirconio *m*, circonio *m*
Zirkulation [tsɪrkula'tsjoːn] *f* <-, -en> circulación *f*
Zirkulationskapital *nt* <-s, -e *o* -ien> (WIRTSCH) capital *m* circulante
zirkulieren* [tsɪrku'liːrən] *vi haben o sein* circular
Zirkumflex ['tsɪrkumflɛks] *m* <-es, -e> (LING) acento *m* circunflejo
Zirkus[1] ['tsɪrkʊs] *m* <-, -se> circo *m*; **in den ~ gehen** ir al circo
Zirkus[2] *m* <-, *ohne pl*> (*fam abw: Getue*) teatro *m*; (*Durcheinander*) follón *m*; **mach doch nicht solchen ~!** ¡no hagas tanto teatro!; **es gab wieder einen furchtbaren ~ zu Hause** otra vez hemos tenido una bronca [*o* trifulca] de campeonato en casa
Zirkuszelt *nt* <-(e)s, -e> carpa *f* de un circo
zirpen ['tsɪrpən] *vi* (*Grillen*) cantar
Zirrhose [tsɪ'roːzə] *f* <-, -n> (MED) cirrosis *f inv*
Zirruswolke ['tsɪrʊs-] *f* <-, -n> (METEO) cirro *m*
zisch [tsɪʃ] *interj* ¡chis!, ¡pss!
zischeln ['tsɪʃəln] *vi, vt* cuchichear
zischen ['tsɪʃən] *vi* (*Schlange*) silbar; (*Mensch*) silbar, sisear; **das Publikum zischte verärgert** el público silbó enfadado; **das Wasser zischte im Topf** el agua de la olla estaba hirviendo; **heute Abend ~ wir (uns) einen** (*fam*) esta noche nos vamos de copas
Zischlaut *m* <-(e)s, -e> (LING) (sonido *m*) sibilante *m*
ziselieren* [tsize'liːrən] *vt* cincelar
Ziselierung *f* <-, -en> cinceladura *f*
Zisterne [tsɪs'tɛrnə] *f* <-, -n> cisterna *f*
Zitadelle [tsita'dɛlə] *f* <-, -n> ciudadela *f*
Zitat [tsi'taːt] *nt* <-(e)s, -e> cita *f*
Zitatenlexikon *nt* <-s, -lexika> diccionario *m* de citas
Zither ['tsɪtɐ] *f* <-, -n> (MUS) cítara *f*
Zitherspieler(in) *m(f)* <-s, -; -, -nen> (MUS) tocador(a) *m(f)* de cítara, citarista *mf*
zitieren* [tsi'tiːrən] *vt* citar (*aus* de); **jdn zu sich** *dat* **~** llamar a alguien; **er wurde zum Chef zitiert** le requirieron que se presentara al jefe
Zitierfreiheit *f* <-, *ohne pl*> libertad *f* de cita [*o* de citación]
Zitronat [tsitro'naːt] *nt* <-(e)s, -e> cáscara *f* de cidra confitada, acitrón *m*
Zitrone [tsi'troːnə] *f* <-, -n> limón *m*; **eine ~ auspressen** exprimir un limón; **eine heiße ~ trinken** tomar un zumo de limón caliente; **jdn wie eine ~ ausquetschen** (*fam*) exprimir a alguien como un limón
Zitronenbaum *m* <-(e)s, -bäume> limonero *m*; **Zitroneneis** *nt* <-es, -> helado *m* de limón; **Zitronenfalter** *m* <-s, -> cleopatra *f*
zitronengelb *adj* (de color) amarillo limón
Zitronenlimonade *f* <-, -n> limonada *f*; **Zitronenmelisse** *f* <-, -n> hierba *f* luisa; **Zitronenpresse** *f* <-, -n> exprimidor *m*, exprimelimones *m inv*; **Zitronensaft** *m* <-(e)s, -säfte> zumo *m* de limón, jugo *m* de limón *Am*; **Zitronensäure** *f* <-, *ohne pl*> ácido *m* cítrico; **Zitronenschale** *f* <-, -n> cáscara *f* de limón
Zitrusfrucht ['tsiːtrʊs-] *f* <-, -früchte> fruto *m* cítrico
Zitteraal *m* <-(e)s, -e> (ZOOL) anguila *f* eléctrica
zitt(e)rig ['tsɪt(ə)rɪç] *adj* tembloroso
zittern ['tsɪtɐn] *vi* temblar (*vor* de); (*vibrieren*) vibrar; **sie zitterte vor Kälte/Angst** temblaba de frío/miedo; **mir ~ die Knie** me tiemblan las rodillas; **er zitterte, als er den Raum betrat** entró temblando en la sala
Zitterpappel *f* <-, -n> (BOT) álamo *m* temblón; **Zitterpartie** *f* <-, -n> (*fam*): **der Ausflug mit dem alten Auto war die reinste ~** en la excursión con el coche viejo nos entró varias veces un tembleque; **Zitterrochen** *m* <-s, -> (ZOOL) torpedo *m*, tembladera *f*
zittrig *adj s.* **zitt(e)rig**
Zitze ['tsɪtsə] *f* <-, -n> teta *f*, tetilla *f*
Zivi ['tsiːvi] *m* <-(s), -s> (*fam*) ❶ *Abk. von* **Zivildienstleistende(r)** objetor *m* de conciencia (*prestando su servicio social*) ❷ *Abk. von* **Zivilpolizist(in)** policía *mf* de paisano
zivil [tsi'viːl] *adj* ❶ (*nicht militärisch*) civil

❷ (*gemäßigt*) moderado; (*Preis*) módico
Zivil [tsi'viːl] *nt:* ~ **tragen** vestir de paisano; **in** ~ (vestido) de paisano
Zivilangestellte(r) *mf* <-n, -n; -n, -n> empleado, -a *m*, *f* civil; **Zivilbehörde** *f* <-, -n> autoridades *fpl* civiles; **Zivilberuf** *m* <-(e)s, -e> oficio *m* de civil; **im** ~ en el oficio de paisano; **Zivilbevölkerung** *f* <-, -en> población *f* civil; **Zivilcourage** *f* <-, *ohne pl*> valor *m* cívico; ~ **besitzen/zeigen/haben** poseer/mostrar/tener valor cívico
Zivildienst *m* <-(e)s, *ohne pl*> prestación *f* social sustitutoria, servicio *m* civil; **Zivildienstleistende(r)** *m* <-n, -n> objetor *m* cumpliendo el servicio civil
Zivilehe *f* <-, -n> (JUR) matrimonio *m* civil; **Zivilfahnder(in)** *m(f)* <-s, -; -, -nen> investigador/a *m(f)* (en) civil; **Zivilgericht** *nt* <-(e)s, -e> tribunal *m* civil; **Zivilgesetzbuch** *nt* <-(e)s, -bücher> (*Schweiz*) Código *m* Civil Suizo; **Zivilgesetzgebung** *f* <-, -en> código *m* civil, legislación *f* civil
Zivilisation [tsiviliza'tsjoːn] *f* <-, -en> civilización *f*
Zivilisationserscheinung *f* <-, -en> síntoma *m* de la civilización, fenómeno *m* de la civilización; **Zivilisationskrankheit** *f* <-, -en> enfermedad *f* de (la) civilización
zivilisatorisch [tsiviliza'toːrɪʃ] *adj* civilizador
zivilisieren* [tsivili'ziːrən] *vt* civilizar
zivilisiert [tsivili'ziːrt] *adj* civilizado; **sich** ~ **benehmen** portarse civilizadamente
Zivilist(in) [tsivi'lɪst] *m(f)* <-en, -en; -, -nen> civil *mf*, paisano, -a *m*, *f*
Zivilkammer *f* <-, -n> (JUR) sala *f* (de lo) civil; **Zivilklage** *f* <-, -n> (JUR) acción *f* civil, acusación *f* civil; **Zivilkleidung** *f* <-, -en> traje *m* de paisano; **Zivilleben** *nt* <-s, *ohne pl*> vida *f* civil; **Zivilperson** *f* <-, -en> civil *mf*, paisano, -a *m*, *f*
Zivilprozess[RR] *m* <-es, -e> (JUR) causa *f* civil; **Zivilprozessgesetz**[RR] *nt* <-es, -e> (JUR) ley *f* de enjuiciamiento civil; **Zivilprozessordnung**[RR] *f* <-, -en> (JUR) código *m* procesal civil; **Zivilprozessrecht**[RR] *nt* <-(e)s, *ohne pl*> (JUR) derecho *m* procesal civil
Zivilrecht *nt* <-(e)s, *ohne pl*> (JUR) derecho *m* civil
zivilrechtlich *adj* (JUR) de derecho civil
Zivilrechtsstreit *m* <-(e)s, -e> (JUR) litigio *m* de derecho civil; **Zivilrichter(in)** *m(f)* <-s, -; -, -nen> (JUR) juez(a) *m(f)* civil; **Zivilsache** *f* <-, -n> (JUR) causa *f* civil; **streitige** ~ causa civil litigiosa
Zivilschutz *m* <-es, *ohne pl*> protección *f* civil; **Bundesamt für** ~ autoridad federal para la protección civil; **Zivilschutzgesetz** *nt* <-es, -e> (JUR) ley *f* sobre protección civil
Zivilsenat *m* <-(e)s, -e> sala *f* de lo civil; **Zivilverfahrensrecht** *nt* <-(e)s, *ohne pl*> (JUR) derecho *m* procesal civil
Zloty ['zlɔti, 'slɔti] *m* <-s, -> zloty *m*
Zmittag ['tsmɪtaːk] *m* *o* *nt* <-s, *ohne pl*> (*Schweiz*) almuerzo *m*
Zmorgen ['tsmɔrgən] *m* *o* *nt* <-, *ohne pl*> (*Schweiz*) desayuno *m*
Zn (CHEM) *Abk. von* **Zink** Zn
Znacht [tsnaxt] *m* *o* *nt* <-, *ohne pl*> (*Schweiz*) cena *f*
ZNS [tsɛtʔɛn'ʔɛs] *nt* <-, -> *Abk. von* **Zentralnervensystem** SNC *m*
Znüni ['tsnyːni] *m* *o* *nt* <-, *ohne pl*> (*Schweiz*) desayuno *m* de media mañana
Zobel ['tsoːbəl] *m* <-s, -> (ZOOL) marta *f* cebellina
zockeln ['tsɔkəln] *vi sein* (*fam*) trotar lentamente
zocken ['tsɔkən] *vi* (*sl*) jugar (juegos de azar)
Zocker(in) ['tsɔkɐ] *m(f)* <-s, -; -, -nen> (*sl*) tahúr(a) *m(f)*
Zofe ['tsoːfə] *f* <-, -n> doncella *f*, criada *f*
Zoff ['tsɔf] *m* <-s, *ohne pl*> (*fam*) pelea *f*; ~ **haben** haberse peleado
zog [tsoːk] *3. imp von* **ziehen**
zögerlich ['tsøːɡɐlɪç] *adj* dudoso, vacilante, titubeante
zögern ['tsøːɡɐn] *vi* dudar, vacilar (*zu* en), trepidar *Am*; **ohne zu** ~ sin vacilar; ~**d einen Entschluss fassen** tomar una decisión con titubeos; **etw** ~**d preisgeben** revelar algo con recelo; **sie zögerte (nicht), das Angebot anzunehmen** (no) vaciló en aceptar la oferta
Zögern *nt* <-s, *ohne pl*> vacilación *f*, titubeo *m*
Zögling ['tsøːklɪŋ] *m* <-s, -e> pupilo, -a *m*, *f*
Zölibat [tsøli'baːt] *nt o m* <-(e)s, *ohne pl*> celibato *m*
Zoll[1] [tsɔl, *pl:* 'tsœlə] *m* <-(e)s, Zölle> (*Abgabe*) derechos *mpl* de aduana, aranceles *mpl*; **gemischter** ~ aduana mixta; **für etw** ~ **bezahlen** pagar derechos de aduana por algo; **Zölle erheben** establecer derechos de aduana; **etw aus dem** ~ **freigeben** declarar algo exento de aranceles
Zoll[2] *m* <-(e)s, *ohne pl*> (*Behörde*) aduana *f*; **durch den** ~ **kommen** pasar la aduana
Zoll[3] *m* <-(e)s, -> (*Längenmaß*) pulgada *f*; **jeder** ~ **ein Gentleman** un caballero de la cabeza a los pies, todo un caballero
Zollabfertigung *f* <-, -en> trámites *mpl* aduaneros; **Zollabfertigungsgebühr** *f* <-, -en> derechos *mpl* de trámites aduaneros
Zollabgabe *f* <-, -n> derechos *mpl* de aduana, arancel *m* (aduanero); **Zollabkommen** *nt* <-s, -> acuerdo *m* aduanero [*o* arancelario]; **Zollamt** *nt* <-(e)s, -ämter> (oficina *f* de) aduana *f*

zollamtlich *adj:* ~ **abfertigen** cumplir las formalidades aduaneras
Zollaufsicht *f* <-, -en> control *m* aduanero; **Zollausfuhrerklärung** *f* <-, -en> declaración *f* de salida; **Zollautonomie** *f* <-, -n> autonomía *f* aduanera; **Zollbeamte(r)** *m* <-n, -n; -n, -n>, **-beamtin** *f* <-, -nen> funcionario, -a *m*, *f* de aduanas, aduanero, -a *m*, *f*; **Zollbegleitpapiere** *ntpl* documentos *mpl* de aduana; **Zollbegleitschein** *m* <-(e)s, -e> guía *f* de circulación; **Zollbehörde** *f* <-, -n> aduana *f*; **Zollbestimmung** *f* <-, -en> disposición *f* aduanera; **wer gegen die** ~**en verstößt, muss mit einer Strafe rechnen** quien viola las leyes aduaneras debe contar con una sanción; **Zolldeklaration** *f* <-, -en> declaración *f* de aduana; **Zolleinfuhrschein** *m* <-(e)s, -e> certificado *m* de entrada, documento *m* de entrada; **Zolleinlagerung** *f* <-, -en> confinamiento *m* en aduana
zollen ['tsɔlən] *vt* (*geh*) tributar; **jdm Respekt** ~ tributar respeto a alguien; **jdm Bewunderung** ~ tributar admiración a alguien; **jdm Dank** ~ mostrarse agradecido a alguien
Zollerklärung *f* <-, -en> declaración *f* de aduana; **Zoll- und Devisenerklärung** declaración de aduana y de divisas; **Zollfahnder(in)** *m(f)* <-s, -; -, -nen> policía *mf* de aduanas; **Zollfahndung** *f* <-, -en> policía *f* de aduanas; **Zollfestsetzung** *f* <-, -en> estipulación *f* arancelaria, fijación *f* arancelaria; **Zollformalitäten** *fpl* formalidades *fpl* aduaneras
zollfrei *adj* libre de derechos de aduana
Zollfreiheit *f* <-, *ohne pl*> franquicia *f* arancelaria; **Zollfreizone** *f* <-, -n> zona *f* franca en aduana; **Zollgebiet** *nt* <-(e)s, -e> zona *f* aduanera, territorio *m* aduanero; **Zollgebühren** *fpl* aranceles *mpl*, derechos *mpl* arancelarios; **Zollgrenzbezirk** *m* <-(e)s, -e> (zona *f* de) frontera *f* aduanera; **Zollgrenze** *f* <-, -n> frontera *f* aduanera; **Zollhoheit** *f* <-, *ohne pl*> soberanía *f* aduanera [*o* arancelaria]; **Zollinhaltserklärung** [-'-----] *f* <-, -en> declaración *f* de aduana; **Zollkodex** *m* <-(es), -e *o* -kodizes> código *m* de aduanas; **Zollkontrolle** *f* <-, -n> control *m* aduanero, inspección *f* aduanera
Zöllner(in) ['tsœlnɐ] *m(f)* <-s, -; -, -nen> (*fam*) aduanero, -a *m*, *f*, funcionario, -a *m*, *f* de aduana
zollpflichtig *adj* sujeto a derechos de aduana
Zollrecht *nt* <-(e)s, *ohne pl*> derecho *m* arancelario [*o* aduanero]
zollrechtlich *adj* jurídico-arancelario
Zollrückvergütung *f* <-, -en> devolución *f* de derechos arancelarios; **Zollsatz** *m* <-es, -sätze> tasa *f* arancelaria, tipo *m* arancelario; **den** ~ **unterschreiten** descender por debajo del tipo arancelario; **Zollschranke** *f* <-, -n> barrera *f* aduanera; **Zollschuld** *f* <-, -en> deuda *f* aduanera; **Zollschuldner(in)** *m(f)* <-s, -; -, -nen> deudor(a) *m(f)* de derechos de aduana; **Zollsenkung** *f* <-, -en> reducción *f* de los aranceles [*o* de los derechos de aduana]
Zollstock *m* <-(e)s, -stöcke> metro *m* plegable
Zollstraftat *f* <-, -en> delito *m* aduanero; **Zolltarif** *m* <-(e)s, -e> arancel *m*; **Zollunion** *f* <-, -en> unión *f* aduanera [*o* arancelaria]; **Zollverfahrensrecht** *nt* <-(e)s, *ohne pl*> régimen *m* administrativo de aduanas; **Zollvergehen** *nt* <-s, -> delito *m* aduanero; **Zollverschluss**[RR] *m* <-es, -schlüsse> precinto *m* aduanero; **unter** ~ **bajo precinto aduanero**; **Zollverwaltung** *f* <-, -en> administración *f* de aduanas; **Zollwert** *m* <-(e)s, -e> valor *m* en aduana; **erklärter** ~ **(von Waren)** valor (de mercancías) declarado en aduana
Zombie ['tsɔmbi] *m* <-(s), -s> zombi(e) *m*
zonal *adj* por zonas
Zone ['tsoːnə] *f* <-, -n> zona *f*; **äquatoriale** ~ zona ecuatorial; **entmilitarisierte** ~ zona desmilitarizada; **gemäßigte** ~ zona templada
Zonengrenze *f* <-, -n> ❶ (*zwischen Besatzungszonen*) frontera *f* entre zonas de ocupación
❷ (HIST: *zur Ex-DDR*) frontera *f* interalemana
❸ (AUTO: *Zahlgrenze*) límite *m* de tarifa
Zonierung *f* <-, -en> zonificación *f*
Zoo [tsoː] *m* <-s, -s> zoo *m*, parque *m* zoológico
zoogeographisch *adj* zoogeográfico
Zoologe, -in [tsoo'loːɡə] *m*, *f* <-n, -n; -, -nen> zoólogo, -a *m*, *f*
Zoologie [tsoolo'giː] *f* <-, *ohne pl*> zoología *f*
Zoologin *f* <-, -nen> *s.* **Zoologe**
zoologisch *adj* zoológico
Zoom [zuːm] *nt* <-s, -s> (FILM, FOTO) zoom *m*
zoomen ['zuːmən] *vt* (FILM, FOTO) enfocar con el zoom
Zoomobjektiv *nt* <-s, -e> (FOTO) objetivo *m* zoom *m*
Zoophyt [tsoo'fyːt] *m* *o* *nt* <-en, -en> (ZOOL) zoofito *m*
Zootier *nt* <-(e)s, -e> animal *m* del zoo; **Zoowärter(in)** *m(f)* <-s, -; -, -nen> guardián, -ana *m*, *f* de jardín zoológico
Zopf [tsɔpf, *pl:* 'tsœpfə] *m* <-(e)s, Zöpfe> trenza *f*; **ein alter** ~ (*fam*) una costumbre anticuada
Zopfmuster *nt* <-s, -> (*bei Strickwaren*) ochos *mpl*; **ein Pullover mit** ~ un jersey de ochos; **Zopfspange** *f* <-, -n> prendedor *m* para el cabello

Zorn [tsɔrn] *m* <-(e)s, *ohne pl*> ira *f*, cólera *f*; **jdn packt der ~** alguien se pone como un energúmeno; **sein ~ hat sich gelegt** su cólera se ha aplacado; **jdn in ~ bringen** enfurecer a alguien; **auf jdn einen ~ haben** estar furioso con alguien; **in ~ geraten** ponerse furioso; **im ~** enfurecido

Zornesausbruch *m* <-(e)s, -brüche> ataque *m* de ira [*o* de cólera]; **Zornesröte** *f* <-, *ohne pl*> (*geh*): **das treibt einem die ~ ins Gesicht** es para enfurecerse

zornig I. *adj* iracundo, colérico, caribe *Ant*; **~ werden** encolerizarse (*auf* con); **auf jdn ~ sein** estar furioso con alguien
II. *adv* con ira

Zote ['tsoːtə] *f* <-, -n> (*abw*) obscenidad *f*, chiste *m* verde

zotig *adj* (*abw*) vulgar, ordinario, grosero

Zottelhaar *nt* <-(e)s, -e> (*fam*) lanas *fpl*, greñas *fpl*

zott(e)lig ['tsɔt(ə)lɪç] *adj s.* **zottig**

zottig ['tsɔtɪç] *adj* ① (*Fell*) hirsuto, chasco *Am* ② (*abw: Haare*) desgreñado

zottlig *adj s.* **zott(e)lig**

ZPO (JUR) *Abk. von* **Zivilprozessordnung** Código *m* de Procesamiento Civil

Zr (CHEM) *Abk. von* **Zirkonium** Zr

z.T. *Abk. von* **zum Teil** en parte

Ztr. *Abk. von* **Zentner** q.

zu [tsuː] I. *präp* + *dat* ① (*Richtung, Lage, Verhältnis*) a; (*in*) en; **~ Hause** en casa; **das Museum ~ Speyer** el Museo de Espira; **Herzog ~ X** el Duque de X; **~ beiden Seiten** a ambos lados; **~ seiner Rechten** a su derecha; **sie kommt ~ mir** viene a mi casa; **er geht ~m Bahnhof/~r Post** va a la estación/a Correos; **~m Zentrum sind es vier Kilometer** hay cuatro kilómetros al centro; **es fiel ~ Boden** cayó al suelo; **jdm hinsehen** mirar a alguien; **sie sah ~ ihm hinüber** le miró; **das Zimmer liegt ~r Straße hin** la habitación da a la calle; **~ jedem Topf gehört ein Deckel** cada oveja con su pareja; **~m Film wollen** querer dedicarse al cine
② (*hin~*, *da~*) con; **er setzte sich ~ den anderen** se sentó con los demás; **nehmen Sie Wein ~m Essen?** ¿toma Ud. vino con la comida?
③ (*zeitlich*): **~r rechten Zeit** en el momento oportuno; **~ jener Zeit** en aquel tiempo; **ich kündige ~m 1. Mai** rescindo mi contrato el primero de mayo; **~ Anfang** al principio; **~ Ostern** (*reg*) en Semana Santa; **~ Weihnachten** por [*o* en] Navidades; **~m ersten Mal** por primera vez; **~ Mittag/Abend essen** almorzar/cenar
④ (*Preis, Menge, Häufigkeit*): **~ dritt** de tres en tres, de a tres; **~m Teil** en parte; **in Kisten ~ (je) hundert Stück** en cajas de a cien; **~m halben Preis** a mitad de precio; **zehn Briefmarken ~ einem Euro** diez sellos de un euro; **das Kilo ~ zwei Euro** a dos euros el kilo
⑤ (*Art und Weise*): **~ Recht** con razón; **~ Fuß** a pie; **~ Deutsch** en alemán
⑥ (*Zweck, Ziel*) para, por; **~m Glück** por suerte; **~ allem Unglück** para colmo de desgracias; **~ deiner Beruhigung kann ich sagen, dass ...** para tu tranquilidad puedo decir que...; **ein Stift ~m Schreiben** un lápiz para escribir; **~r Unterhaltung** por diversión; **es ist ~m Weinen** es para llorar; **~m Essen/Lesen mitnehmen** llevarse algo para comer/leer; **kommst du ~m Frühstück/Abendessen?** ¿vienes a desayunar/cenar?; **jdm ~m [*o* seinem/ihrem] Geburtstag gratulieren** felicitar a alguien por el [*o* su] cumpleaños; **wo hat er die Informationen ~ diesem Artikel her?** ¿de dónde ha sacado la información para este artículo?
⑦ (*Verhältnis*) a, contra; **die Chancen stehen eins ~ zehn** hay una posibilidad contra diez; **eins ~ null für Real Madrid** uno a cero para el Real Madrid
⑧ (*in Bezug auf*) (con) respecto a; **~ dieser Frage möchte ich Folgendes sagen: ...** con respecto a esta pregunta quisiera decir lo siguiente:...
⑨ (*Verwandlung*) en; **das Wasser wurde ~ Eis** el agua se convirtió en hielo; **die Not machte ihn ~m Verbrecher** la necesidad le convirtió en un delincuente
II. *adv* ① (*allzu*) demasiado; **~ sehr/viel** demasiado; **er fährt ~ schnell** conduce demasiado rápido; **es war einfach ~ dumm** era sencillamente demasiado estúpido; **ich würde ja ~ gern abreisen** me encantaría irme de viaje
② (*Richtung*) hacia; **nach Süden ~** hacia el sur; **nur ~!** (*fam*) ¡adelante!
③ (*fam: geschlossen*) cerrado; **~ sein** (*ge-*, *verschlossen*) estar cerrado; (*betrunken*) estar colocado, tener un cuelgue; **die Tür ist ~** la puerta está cerrada; **Tür ~!** ¡cierra la puerta!
④ (*zeitlich*): **ab und ~** de vez en cuando, de cuando en cuando; **von Zeit ~ Zeit** de tiempo en tiempo
III. *konj* ① (*mit Infinitiv*): **es ist schön, neue Leute kennen ~ lernen** es bonito conocer gente nueva; **es ist leicht ~ finden** es fácil de encontrar; **sie raten mir, das Buch ~ kaufen** me aconsejan comprar [*o* que compre] el libro; **er ging, ohne sich ~ verabschieden** se fue sin despedirse; **ich rufe an, um dich ein~laden** llamo para invitarte
② (*mit Partizip Präsens*): **die ~ erledigende Post** el correo por despachar

zuallererst [-'---] *adv* ante todo, en primer lugar
zuallerletzt [-'---] *adv* por último, en último lugar
zubauen *vt* (*Lücke*) ocupar (con un edificio); (*Platz, Gelände*) llenar de edificios, construir por todos los lados; (*Blick*) tapar, quitar
Zubehör ['tsuːbəhøːɐ] *nt* <-(e)s, -e> accesorios *mpl*, implemento *m Am*; **~ eines Grundstücks** accesorios de un terreno
Zubehörteil *nt* <-(e)s, -e> accesorio *m*
zu|beißen *irr vi* morder, hincar los dientes
zu|bekommen* *irr vt* (*fam: Tür, Koffer*) lograr [*o* conseguir] cerrar; (*Kleidung*) conseguir [*o* lograr] abrochar
Zuber ['tsuːbɐ] *m* <-s, -> (*reg*) tina *f*
zu|bereiten* *vt* preparar; (*Speisen*) aderezar, guisar
Zubereitung *f* <-, -en> preparación *f*; (*von Speisen*) aderezo *m*
Zubettgehen [-'---] *nt* <-s, *ohne pl*> **vor dem ~** antes de irse a la cama [*o* a dormir]
zu|bewegen* I. *vt* mover (*auf* hacia)
II. *vr*: **sich ~** moverse (*auf* hacia)
zu|billigen *vt*: **jdm etw ~** conceder algo a alguien
zu|binden *irr vt* atar, ligar; **jdm die Augen ~** vendar a alguien los ojos; **sich *dat* die Schuhe ~** atarse los zapatos
zu|bleiben *irr vi sein* (*fam*) quedarse cerrado
zu|blinzeln *vi*: **jdm ~** guiñar el ojo a alguien, hacer un guiño a alguien; **sich *dat* [*o* einander] ~** hacerse guiños
zu|bringen *irr vt* ① (*verbringen*) pasar
② (*fam: schließen können*) lograr cerrar
Zubringer *m* <-s, -> (AUTO) ① (*Straße*) vía *f* de acceso
② (*Verkehrsmittel*) enlace *m*
Zubringerdienst *m* <-(e)s, -e> servicio *m* de enlace; **der ~ zum Flughafen** el servicio de enlace al aeropuerto; **Zubringerindustrie** *f* <-, -n> industria *f* auxiliar; **Zubringerstraße** *f* <-, -n> vía *f* de acceso
Zubrot *nt* <-(e)s, *ohne pl*> guarnición *f*; **sich *dat* ein ~ nebenher verdienen** ganarse unas pesetillas [*o* perras] extra
zu|buttern *vt* (*fam*): **jdm etw ~** dar una ayudita económica a alguien; **meine Eltern buttern mir noch etwas zu** mis padres me siguen echando una mano; **das Projekt wurde immer teurer, der Konzern musste Millionen ~** el proyecto fue encareciendo y la empresa tuvo que seguir poniendo millones y millones
Zucchino [tsu'kiːno, *pl*: tsu'kiːni] *m* <-s, Zucchini> calabacín *m*, zapallo *m* italiano *Am*
Zucht [tsʊxt] *f* <-, -en> (*von Tieren*) crianza *f*, cría *f*; (*von Pflanzen, Bakterien*) cultivo *m*; **hier herrscht ~ und Ordnung** aquí reina una disciplina severa
Zuchtbulle *m* <-n, -n> toro *m* semental, padrote *m MAm, Mex*; **Zuchtchampignon** *m* <-s, -s> champiñón *m* de cultivo
züchten ['tsʏçtən] *vt* (*Tiere*) criar; (*Pflanzen, Bakterien*) cultivar
Züchter(in) *m(f)* <-s, -; -, -nen> (*von Tieren*) criador(a) *m(f)*; (*von Pflanzen*) cultivador(a) *m(f)*
Zuchthaus[1] *nt* <-es, -häuser> (*Gebäude*) penitenciaría *f*, presidio *m*
Zuchthaus[2] *nt* <-es, *ohne pl*> (*strafe*) (pena *f* de) reclusión *f*; **er hat 3 Jahre ~ bekommen** le condenaron a 3 años de reclusión
Zuchthäusler(in) [-hɔɪslɐ] *m(f)* <-s, -; -, -nen> presidiario, -a *m, f*, recluso, -a *m, f*
Zuchthausstrafe *f* <-, -n> (pena *f* de) reclusión *f*; **eine ~ verbüßen/verhängen** cumplir/aplicar una pena de reclusión
Zuchthengst *m* <-(e)s, -e> caballo *m* semental, garañón *m Am*
züchtig ['tsʏçtɪç] *adj* casto
züchtigen ['tsʏçtɪgən] *vt* (*geh*) castigar (con golpes), potrear *Guat, Peru*
Züchtigung *f* <-, -en> castigo *m*; **körperliche ~** castigo corporal
Züchtigungsrecht *nt* <-(e)s, *ohne pl*> derecho *m* de corrección
zuchtlos *adj* indisciplinado
Zuchtlosigkeit *f* <-, *ohne pl*> indisciplina *f*, falta *f* de disciplina
Zuchtperle *f* <-, -n> perla *f* cultivada [*o* de cultivo]; **Zuchttier** *nt* <-(e)s, -e> (*männlich*) semental *m*; (*weiblich*) res *f* de vientre
Züchtung *f* <-, -en> (*von Tieren*) cría *f*; (*von Pflanzen*) cultivo *m*
Zuchtvieh *nt* <-s, *ohne pl*> ganado *m* de cría; **Zuchtwahl** *f* <-, -en> (BIOL) selección *f* reproductiva, reproducción *f* selectiva
zuckeln ['tsʊkəln] *vi sein* (*fam*) trotar
zucken ['tsʊkən] *vi* ① (*zusammenfahren*) trepidar; (*vor Schreck*) estremecerse; (*Muskel*) contraerse, crisparse; **die Achseln [*o* mit den Schultern] ~** encogerse de hombros; **ohne mit der Wimper zu ~** sin pestañear
② (*Blitz*) centellear, destellar
zücken ['tsʏkən] *vt* sacar; **die Geldbörse/den Kugelschreiber ~** sacar(se) el monedero/el bolígrafo
Zucker[1] ['tsʊkɐ] *m* <-s, -> (*Nahrungsmittel*) azúcar *m*; **ein Stück ~** un terrón de azúcar; **du bist doch nicht aus ~!** (*fam*) ¡que no eres de mantequilla!
Zucker[2] *m* <-s, *ohne pl*> (*fam: ~krankheit*) azúcar *m*, diabetes *f inv*; **~**

Zuckerbäcker haben tener diabetes

Zuckerbäcker(in) *m(f)* <-s, -; -, -nen> (*südd, Österr: alt*) confitero, -a *m, f*, pastelero, -a *m, f*; **Zuckerbrot** *nt:* **mit ~ und Peitsche** una de cal y otra de arena; **Zuckerdose** *f* <-, -n> azucarero *m*; **Zuckererbse** *f* <-, -n> tirabeque *m*, guisante *m* flamenco [*o* mollar]; **Zuckerersatz** *m* <-es, ohne *pl*> su(b)stitutivo *m* del azúcar; **Zuckerfabrik** *f* <-, -en> azucarera *f*, refinería *f* de azúcar; **Zuckerguss**^{RR} *m* <-es, -güsse> glaseado *m*; **einen Kuchen mit ~ überziehen** glasear un pastel

zuckerhaltig *adj* que contiene azúcar; **diese Frucht ist stark ~** esta fruta tiene un alto contenido en azúcar

Zuckerhut[1] *m* <-(e)s, -hüte> (GASTR) pan *m* de azúcar
Zuckerhut[2] *m* <-(e)s> (GEO) Pan *m* de Azúcar
zuck(e)rig ['tsʊk(ə)rɪç] *adj* ❶ (*mit Zucker bestreut*) azucarado ❷ (*aus Zucker*) de azúcar

zuckerkrank *adj* diabético
Zuckerkranke(r) *mf* <-n, -n; -n, -n> diabético, -a *m, f*; **Zuckerkrankheit** *f* <-, ohne *pl*> diabetes *f inv*

Zuckerl ['tsʊkel] *nt* <-s, -(n)> (*südd, Österr*) caramelo *m*
Zuckerlecken *nt:* **etw ist kein ~** (*fam*) algo no es (precisamente) agradable

Zuckermelone *f* <-, -n> melón *m*
zuckern ['tsʊkɐn] *vt* azucarar
Zuckerraffinerie *f* <-, -n> refinería *f* de azúcar; **Zuckerrohr** *nt* <-(e)s, ohne *pl*> caña *f* de azúcar; **Zuckerrübe** *f* <-, -n> remolacha *f* azucarera; **Zuckerstange** *f* <-, -n> alfeñique *m*, barra *f* de azúcar; **Zuckerstreuer** *m* <-s, -> azucarero *m*

zuckersüß ['--'] *adj* muy dulce; (*abw*) dulzón; (*a. fig*) empalagoso; **sie war ~ zu mir** estuvo empalagosa conmigo
Zuckerwatte *f* <-, ohne *pl*> algodón *m* de azúcar, nube(s) *f(pl)* de azúcar; **Zuckerzange** *f* <-, -n> tenacillas *fpl* para azúcar, pincitas *fpl* para azúcar

zuckrig *adj s.* **zuck(e)rig**

Zuckung *f* <-, -en> contracción *f* (involuntaria), convulsión *f*; **nervöse ~en** tic nervioso; **die letzten ~en** la agonía

Zudecke ['tsuːdɛkə] *f* <-, -n> (*reg*) manta *f*, frazada *f Am*
zu|decken *vt* tapar; (*im Bett*) arropar
zudem [tsuˈdeːm] *adv* (*geh*) además, aún encima
zu|denken *irr vt* (*geh*): **jdm etw ~** destinar algo a alguien; **ihm war die Rolle des Vermittlers zugedacht** le habían destinado el papel de intermediario; **die Rosen hatte ich dir als Geschenk zugedacht** había reservado las rosas para regalártelas
zu|drehen *vt* ❶ (*Wasserhahn*) cerrar; (*Schraube*) apretar; **das Gas ~** (*fam*) cerrar la llave del gas ❷ (*zuwenden*) volver; **sie drehte ihm den Rücken zu** le volvió la espalda

zudringlich ['tsuːdrɪŋlɪç] *adj* impertinente, pesado, pegajoso, fregado *Am*
Zudringlichkeit *f* <-, -en> impertinencia *f*
zu|dröhnen *vr:* **sich ~** (*fam*) coger un ciego [*o* colocón]
zu|drücken *vt* cerrar (empujando); **ein Auge ~** hacer la vista gorda; **jdm die Kehle ~** estrangular a alguien
zu|eignen *vt* ❶ (*geh: widmen*): **jdm etw ~** dedicar algo a alguien ❷ (*a.* JUR: *aneignen*): **sich dat etw ~** incautarse *o* apropiarse] de algo
Zueignung *f* <-, -en> ❶ (*Widmung*) dedicatoria *f* ❷ (*a.* JUR: *Aneignung*) apropiación *f*; **rechtswidrige ~** apropiación indebida
Zueignungsabsicht *f* <-, -en> (JUR) ánimo *m* de apropiación
zu|eilen *vi sein:* **auf jdn/etw ~** correr hacia alguien/algo
zueinander [tsuʔaɪˈnandɐ] *adv* el uno con el otro; **sie passen gut ~** hacen buena pareja; **seid nett ~** sed amables el uno con el otro; **ihr Verhältnis ~** la relación entre ellos; **~ sprechen** hablarse
zu|erkennen* *irr vt* (*Preis*) conceder, otorgar; (*Recht*) atribuir, otorgar; (JUR) adjudicar
zuerst [-ˈ-] *adv* ❶ (*als Erstes*) primero, (*vorrangig*) en primer lugar; **du musst es ~ lesen** primero tienes que leerlo ❷ (*erst, als Erster*) primero; **ich war ~ da** yo llegué primero; **ich komme ~ an die Reihe** primero me toca a mí; **wer ~ kommt, mahlt ~** (*prov*) primer venido, primer servido ❸ (*anfangs*) al principio; **~ mochte ich ihn nicht** al principio no me cayó bien ❹ (*erstmals*) por primera vez
zu|erteilen* *vt* ❶ (*austeilen*) repartir, distribuir ❷ (*Rolle, Aufgabe*) destinar, asignar
Zuerwerbsrecht *nt* <-(e)s, ohne *pl*> derecho *m* al ejercicio de una actividad secundaria
zu|fächeln *vt:* **jdm Luft ~** abanicar a alguien
zu|fahren *irr vi sein* ❶ (*in eine bestimmte Richtung*): **auf jdn/etw ~** dirigirse hacia alguien/algo; (*sich nähern*) acercarse a alguien/algo ❷ (*reg: schneller fahren*) conducir más rápido; **fahr zu, sonst kommen wir zu spät!** ¡corre más, si no, vamos a llegar tarde!

Zufahrt[1] *f* <-, -en> (*Weg, Straße*) vía *f* de acceso (*zu* a)
Zufahrt[2] *f* <-, ohne *pl*> (*das Zufahren*) acceso *m* (*zu* a)
Zufahrtsstraße *f* <-, -n> carretera *f* de acceso
Zufall *m* <-(e)s, -fälle> casualidad *f*, azar *m*; **das ist aber ein ~!** ¡esto sí que es una casualidad!; **es war ein glücklicher ~, dass …** fue una feliz coincidencia que…; **es ist kein ~, dass …** no es casualidad que… +*subj*; **etw dem ~ verdanken** agradecer algo al azar; **etw dem ~ überlassen** dejar algo al azar; **es war reiner ~, dass …** fue pura casualidad que…; **der ~ wollte es, dass …** dio la casualidad que…, quiso el azar que…; **durch** [*o per*] **~** (*fam*) por [*o* de] casualidad
zu|fallen *vi sein* ❶ (*Fenster, Tür*) cerrarse (de golpe); **ihm fallen vor Müdigkeit die Augen zu** se cae de sueño ❷ (*Vergünstigung, Aufgabe*) corresponder; **jdm ~** recaer en alguien, ser adjudicado a alguien; **ihr scheinen die guten Ideen einfach so zuzufallen** parece que a ella le lluevan las buenas ideas (del cielo)
zufällig I. *adj* ocasional, casual; **das war rein ~** fue pura casualidad II. *adv* por casualidad, casualmente; **jdn ~ treffen** encontrar a alguien por casualidad; **weißt du ~, wie viel das kostet?** (*fam*) ¿sabes por casualidad cuánto vale esto?
zufälligerweise ['----'--] *adv* por casualidad, casualmente
Zufälligkeit[1] *f* <-, ohne *pl*> (*das Zufälligsein*) carácter *m* fortuito; **der Fund wurde durch seine ~ noch sensationeller** el descubrimiento causó aún mayor sensación por ser casual
Zufälligkeit[2] *f* <-, -en> (*Zufall*) casualidad *f*
Zufallsbekanntschaft *f* <-, -en> persona que se conoce por azar; **das war eine ~** nos conocimos por azar; **Zufallsfund** *m* <-(e)s, -e> hallazgo *m* casual; **Zufallshaftung** *f* <-, ohne *pl*> (JUR) responsabilidad *f* accidental; **Zufallstreffer** *m* <-s, -> golpe *m* de suerte, acierto *m* casual; (*Ballspiele*) gol *m* de suerte; **Zufallsurkunde** *f* <-, -n> documento *m* por azar; **Zufallszugriff** *m* <-(e)s, -e> (INFOR) acceso *m* aleatorio
zu|fassen *vi* ❶ (*zugreifen*) agarrar, aferrar ❷ (*fam: helfen*) echar una mano
zu|fliegen *irr vi sein* ❶ (*Flugzeug*) dirigirse (volando) (hacia), volar (hacia) ❷ (*Vogel*) entrar (volando); **Pfeile flogen auf uns zu** las flechas venían volando en nuestra dirección; **ihm fliegt alles zu** aprende volando ❸ (*fam: Tür, Fenster*) cerrarse por una corriente de aire
zu|fließen *irr vi sein* ❶ (*Fluss*) fluir (hacia), correr (hacia); **der Tajo fließt dem Atlantik zu** el Tajo fluye hacia el Atlántico ❷ (*Geld*) ser destinado; **jdm Geld ~ lassen** proporcionar dinero a alguien
Zuflucht *f* <-, ohne *pl*> refugio *m* (*vor* de); **~ suchen/finden** buscar/encontrar refugio; **jdm ~ gewähren/bieten** ofrecer refugio a alguien; **du bist meine letzte ~!** ¡tú eres mi última esperanza!; **zu etw** *dat* **~ nehmen** recurrir a algo
Zufluchtsort *m* <-(e)s, -e> refugio *m*
Zufluss^{RR} *m* <-sses, -flüsse>, **Zufluß** *m* <-sses, -flüsse> afluente *m*
zu|flüstern *vt* decir al oído, susurrar al oído
zufolge [tsuˈfɔlgə] *präp* +*gen* (*nachgestellt:* +*dat*) según, de acuerdo con; **dem Bericht ~, ~ des Berichts** de acuerdo con el informe
zufrieden [tsuˈfriːdən] *adj* contento, satisfecho; **nicht ~ sein** estar descontento; **mit wenig ~ sein** contentarse con poco; **bist du jetzt endlich ~?** (*fam*) ¿por fin estás contento?; **sich ~ geben** darse por satisfecho, contentarse; **jdn ~ lassen** dejar a alguien en paz; **er nickte ~** asintió conforme; **jdn ~ stellen** satisfacer a alguien, contentar a alguien; **~ stellend sein** ser satisfactorio
zufrieden|geben *irr vr:* **sich ~** *s.* **zufrieden**
Zufriedenheit *f* <-, ohne *pl*> satisfacción *f*; **zu jds voller ~** a plena satisfacción de alguien
zufrieden|lassen *irr vt s.* **zufrieden**
zufrieden|stellen *vt s.* **zufrieden**
zufriedenstellend *adj s.* **zufrieden**
zu|frieren *irr vi sein* helarse (por completo); **der See ist zugefroren** el lago se ha helado (por completo)
zu|fügen *vt* ❶ (*hinzutun*) añadir, agregar ❷ (*Schaden, Schmerz*) causar; (*Niederlage*) infligir; **er hat mir mehrere Verletzungen zugefügt** me causó varias heridas; **jdm Leid ~** hacer sufrir a alguien
Zufuhr ['tsuːfuːɐ] *f* <-, ohne *pl*> (*Versorgung*) suministro *m*, abastecimiento *m*; (*Zustrom*) afluencia *f*; (*Zuleitung*) transporte *m*
zu|führen I. *vi* conducir (*auf* a), llevar (*auf* a) II. *vt* ❶ (*versorgen*) suministrar, abastecer; (*zuleiten*) alimentar; (*Geld*) dirigir (a); **einem Gerät Strom ~** alimentar un aparato con corriente eléctrica; **jdm Nahrung ~** alimentar a alguien, alimentar a alguien ❷ (*bringen*) llevar, conducir; **er führt unserer Firma viele Kunden zu** trae muchos clientes a nuestra empresa; **wer hat ihn dir zugeführt?** ¿quién te lo presentó?; **etw einer konkreten Verwendung ~** destinar

algo a una aplicación concreta

Zug¹ [tsu:k, *pl:* 'tsy:gə] *m* <-(e)s, Züge> ❶ (*Eisenbahn*) tren *m*; **der ~ nach Madrid** el tren con destino a Madrid; **mit dem ~ fahren** ir en tren; **sie kommt mit dem ~** viene en tren; **jdn zum ~ bringen** llevar a alguien al tren; **der ~ ist abgefahren** (*fam*) hemos perdido la ocasión; **auf den fahrenden ~ aufspringen** (*a. fig*) subir(se) a un tren en marcha; **im falschen ~ sitzen** (*fig*) haberse equivocado

❷ (*Tendenz*) tendencia *f*, corriente *f*; (*Neigung*) inclinación *f*; **das ist der ~ der Zeit** ésta es la tendencia de la época; **im ~e der neuen Entwicklung** como consecuencia de los últimos desarrollos

❸ (*Geleit~*) séquito *m*, comitiva *f*; (*Um~*) desfile *m*; (*von Fahrzeugen*) convoy *m*; (*Fest~*) cortejo *m*; **ein langer ~ von Demonstranten** una gran manifestación; **ein ~ von Flüchtlingen** una caravana de refugiados; **einen ~ durch die Gemeinde machen** (*fam*) irse de copas

❹ (*Atem~*) respiración *f*; (*beim Rauchen*) calada *f*; (*Pfeife*) chupada *f*; (*Schluck*) trago *m*; **das Glas in einem ~ austrinken** [*o* **leeren**] vaciar la copa de un trago; **in einem ~** de un tirón; **etw in vollen Zügen genießen** disfrutar plenamente de algo; **in den letzten Zügen liegen** (*fam*) estar en las últimas

❺ (*bei Brettspielen*) jugada *f*; **einen ~ machen** hacer una jugada; **du bist am ~** te toca (a ti)

❻ (*beim Schwimmen*) brazada *f*

❼ (*Charakter~, Schrift~, Gesichts~*) rasgo *m*; **etw in groben Zügen umreißen** trazar algo a grandes rasgos; **seine Züge hellten sich auf** su rostro se iluminó; **er hat einen energischen ~ um den Mund** tiene un gesto duro de boca; **das war kein schöner ~ von dir** eso no fue muy bonito de tu parte

❽ (*Krafteinwirkung*) tracción *f*

Zug² *m* <-(e)s, *ohne pl*> ❶ (*Luft~*) corriente *f* (de aire); **im ~ sitzen** estar en la corriente; **ich kann keinen ~ vertragen** no me sienta bien estar en la corriente

❷ (*im Ofen*) tiro *m*

Zug³ *m* <-s> (GEO) Zug *m*

Zugabe¹ *f* <-, *ohne pl*> (*das Hinzugeben*) añadidura *f*, yapa *f Am*

Zugabe² *f* <-, -n> ❶ (*Zusätzliches*) extra *m*

❷ (*bei einer Veranstaltung*) bis *m*; **~, ~!** ¡otra, otra!

Zugaberecht *nt* <-(e)s, *ohne pl*> (JUR) derecho *m* a la prestación suplementaria; **Zugabeverbot** *nt* <-(e)s, -e> (JUR) prohibición *f* de prestaciones suplementarias; **Zugabeverordnung** *f* <-, -en> (JUR) decreto *m* regulador de las prestaciones suplementarias

Zugabteil *nt* <-(e)s, -e> compartim(i)ento *m* (de tren)

Zugang *m* <-(e)s, -gänge> ❶ (*Zutritt*) acceso *m* (*zu* a); (*Eingang*) entrada *f* (*zu* a), aproches *mpl Am*; **~ verboten** paso prohibido; **~ zu Informationen haben** tener acceso a informaciones

❷ (*von Waren*) llegada *f*; (*von Büchern*) adquisición *f*; (*von Schülern*) entrada *f*; **einige neue Zugänge von Patienten** algunos ingresos (de pacientes nuevos)

zugange [tsu'gaŋə]: **mit jdm/etw** *dat* **~ sein** (*fam*) estar ocupado con alguien/algo

zugänglich ['tsu:gɛŋlɪç] *adj* ❶ (*erreichbar*) accesible

❷ (*verfügbar*) asequible, disponible; **jdm etw ~ machen** poner algo al alcance de alguien; **schwer ~e Informationen** informaciones de difícil acceso

❸ (*aufgeschlossen*) afable, accesible; **er ist für Vorschläge stets ~** siempre está abierto a propuestas

Zugänglichkeit *f* <-, *ohne pl*> ❶ (*Aufgeschlossenheit*) accesibilidad *f*, afabilidad *f*; **jds ~ für etw** la actitud abierta de alguien hacia algo

❷ (*Erreichbarkeit*) accesibilidad *f*

❸ (*Verfügbarkeit*) accesibilidad *f*; **die ~ der Dokumente ist für alle Mitarbeiter gewährleistet** se garantiza a todos los empleados el acceso a los documentos

Zugangskennung *f* <-, -en> (INFOR, TEL) entrada *f* de identificación, conexión *f*

Zugbegleiter(in) *m(f)* <-s, -; -, -nen> revisor(a) *m(f)*

Zugbrücke *f* <-, -n> puente *m* levadizo

zu|geben *irr vt* ❶ (*hinzufügen*) añadir, agregar

❷ (*einräumen*) admitir, (*gestehen*) reconocer, confesar; **ich muss ~, dass ...** tengo que admitir que...

zugegebenermaßen ['-----'--] *adv* con el reconocimiento; **das war ~ ein Fehler** hay que reconocer que fue un error

zugegen [-'--] *adj* (*geh*): **~ sein** estar presente (*bei* en)

zu|gehen *irr* I. *vi sein* ❶ (*hingehen*) dirigirse (*auf* a); **auf jdn ~** acercarse a alguien; **es geht auf den Winter zu** llega el invierno; **er geht schon auf die siebzig zu** ronda los setenta

❷ (*formal: zugestellt werden*) llegar; **das Schreiben geht Ihnen morgen zu** mañana recibirá Ud. la carta

❸ (*fam: sich schließen lassen*) cerrar(se)

II. *vunpers sein*: **bei der Diskussion ging es lebhaft zu** fue una discusión muy viva

Zugehfrau *f* <-, -en> (*südd, Österr*) asistenta *f*, señora *f* de la limpieza

zu|gehören* *vi* (*geh*) pertenecer (a), formar parte (de); **einem Ausschuss ~** pertenecer a una comisión, ser miembro de una comisión

zugehörig *adj* correspondiente

Zugehörigkeit *f* <-, *ohne pl*> pertenencia *f* (*zu* a); (*zu einem Verein, einer Partei*) afiliación *f* (*zu* a)

zugeknöpft *adj* (*fam*) callado, poco comunicativo

Zügel ['tsy:gəl] *m* <-s, -> rienda *f*; **die ~ anziehen** tirar de las riendas (*fig*) apretar las tuercas, volverse más exigente; **die ~ fest in der Hand haben** (*fig*) tener la sartén por el mango; **die ~ locker** [*o* **schleifen**] **lassen** (*a. fig*) aflojar las riendas

zugelassen *adj* ❶ (*gestattet*) autorizado; **nicht ~** ilegal; **staatlich ~** autorizado por el Estado; **zum Verkauf ~** autorizado para vender

❷ (*registriert*) registrado; (*Auto*) matriculado

zügellos I. *adj* desenfrenado; (*Lebenswandel*) disoluto

II. *adv* a rienda suelta

Zügellosigkeit *f* <-, -en> desenfreno *m*; (*im Lebenswandel*) disipación *f*, vida *f* disoluta

Zügelmann *m* <-(e)s, -männer> (*Schweiz*) empleado *m* de una empresa de mudanzas

zügeln I. *vt* ❶ (*Pferd*) refrenar

❷ (*Neugierde, Zorn*) contener, reprimir

II. *vr*: **sich ~** contenerse, reprimirse

III. *vi* (*Schweiz: umziehen*) mudarse

Zugereiste(r) *mf* <-n, -n; -n, -n> advenedizo, -a *m, f*

zu|gesellen* *vr*: **sich jdm ~** unirse a alguien

zugestandenermaßen ['-----'--] *adv* como hay que admitir; **~ hätte er auch kommen können** hay que admitir que él también hubiera podido venir

Zugeständnis *nt* <-ses, -se> concesión *f* (*an* a); **jdm ein ~ machen** conceder algo a alguien; **preisliche ~se machen** llegar a un acuerdo en el precio

zu|gestehen* *irr vt* ❶ (*zugeben*) reconocer, admitir

❷ (*bewilligen*) conceder, acordar *Arg, Chil*; **jdm etw ~** conceder algo a alguien

zugetan ['tsu:gəta:n] *adj*: **jdm ~ sein** sentir simpatía por alguien; **etw** *dat* **~ sein** tener apego a algo

Zugewinn *m* <-(e)s, -e> ganancia *f*; **die Partei erzielte leichte ~e** se registraron ligeros avances para el partido

Zugewinnausgleich *m* <-(e)s, *ohne pl*> (JUR) liquidación *f* del régimen de gananciales; **Zugewinngemeinschaft** *f* <-, -en> (JUR) separación *f* de bienes con sociedad de gananciales, comunidad *f* de gananciales

Zugezogene(r) *mf* <-n, -n; -n, -n> advenedizo, -a *m, f*

Zugfahrt *f* <-, -en> (EISENB) viaje *m* en tren; **morgen machen wir eine ~ nach Stuttgart** mañana vamos en tren a Stuttgart

Zugfeder *f* <-, -n> (TECH) resorte *m* de tracción

zugfest *adj* (TECH) ❶ (*Zugbeanspruchung*) resistente a la tracción

❷ (*Ausdehnung*) resistente al estiramiento

Zugfolge *f* <-, -n> (*Schach*) serie *f* de movimientos

Zugführer(in) *m(f)* <-s, -; -, -nen> jefe, -a *m, f* de tren

zu|gießen *irr vt* añadir (vertiendo); **darf ich noch ~?** ¿le sirvo un poco más?

zugig *adj* expuesto a las corrientes de aire; **hier ist es ~** aquí hay mucha corriente

zügig ['tsy:gɪç] I. *adj* (*rasch*) rápido; (*ununterbrochen*) ininterrumpido II. *adv* a buen paso, sin dificultad; (*ununterbrochen*) ininterrumpidamente; **~ vorankommen** avanzar a buen paso

zu|gipsen *vt* cerrar con yeso, enyesar

Zugkraft¹ *f* <-, -kräfte> (PHYS) fuerza *f* de tracción

Zugkraft² *f* <-, *ohne pl*> (*Anziehungskraft*) atractivo *m*

zugkräftig *adj* atractivo; (*Plakat, Titel*) llamativo; (*Ware*) de gran venta; (*Film, Schauspieler*) taquillero

zugleich [-'-] *adv* ❶ (*gleichzeitig*) al mismo tiempo, simultáneamente

❷ (*ebenso*) a la vez, al mismo tiempo; **die größte und ~ schönste Stadt des Landes** la mayor y al mismo tiempo la ciudad más bonita del país

Züglete ['tsy:glətə] *f* <-, -n> (*Schweiz*) mudanza *f*

Zugluft *f* <-, *ohne pl*> corriente *f* de aire; **~ bekommen** recibir corriente de aire

Zugmaschine *f* <-, -n> tractor *m*

Zugnummer *f* <-, -n> ❶ (*eines Zuges*) número *m* de(l) tren

❷ (*Hauptattraktion*) atracción *f* principal

Zugpersonal *nt* <-s, *ohne pl*> personal *m* de tren

Zugpferd *nt* <-(e)s, -e> ❶ (*Pferd*) caballo *m* de tiro

❷ (*Attraktion*) atracción *f*

Zugpflaster *nt* <-s, -> (MED) emplasto *m* vejigatorio [*o* vesicante], parche *m* epispástico

zu|greifen *irr vi* coger, agarrar; (*bei Tisch*) servirse; **greifen Sie zu!** ¡sír-

vase!; **auf Daten ~** acceder a los datos; **bei solch einer Gelegenheit muss man ~** hay que aprovechar semejante ocasión
Zugrestaurant *nt* <-s, -s> vagón *m* restaurante
Zugriff *m* <-(e)s, -e> ❶ (*das Zugreifen*) toma *f*, asimiento *m*; **sich dem ~ der Polizei entziehen** escapar a la detención de la policía; **sich dem ~ der Gerichte entziehen** sustraerse a la demanda
❷ (INFOR) acceso *m*; **direkter ~** acceso directo; **erster ~** primer acceso
Zugriffsberechtigung *f* <-, -en> (INFOR) autorización *f*, acceso;
Zugriffsgeschwindigkeit *f* <-, -en> (INFOR) velocidad *f* de acceso;
Zugriffsmethode *f* <-, -n> (INFOR) método *m* de acceso; **Zugriffsrecht** *nt* <-(e)s, -e> (INFOR) derecho *m* de acceso; **Zugriffszeit** *f* <-, -en> (INFOR) tiempo *m* de acceso; **durchschnittliche ~** tiempo de acceso por término medio
zugrunde [tsuˈɡrʊndə] *adv*: **etw ~ legen** tomar algo por base; **~ liegen** basarse en; **~ liegend** que sirve de base; **~ gehen** irse a pique, fundirse *Am*; **jdn/etw ~ richten** arruinar a alguien/estropear algo
Zugrundelegung *f* <-, -en>: **unter ~ considerando** (+*gen, von* +*dat*), basándose (+*gen* en, *von*+*dat* en); **das Urteil wurde unter ~ von Indizien gefällt** la sentencia se pronunció tomando como base [*o* considerando] los indicios
zugrundeliegend *adj s.* **zugrunde**
Zugschaffner(in) *m(f)* <-s, -; -, -nen> revisor(a) *m(f)*
Zugspitze *f* <-> (GEO) Zugspitze *m*
Zugtier *nt* <-(e)s, -e> animal *m* de tiro, bestia *f* (de tiro)
zu|gucken *vi* (*fam*) mirar; **mir wird schon vom Z~ schlecht** tan sólo con mirarlo me dan náuseas
Zug-um-Zug-Geschäft *nt* <-(e)s, -e> (JUR) operación *f* contra entrega;
Zug-um-Zug-Leistung *f* <-, -en> (JUR) prestación *f* contra entrega
Zugunglück *nt* <-(e)s, -e> accidente *m* ferroviario
zugunsten [-'--] *präp* +*gen* a favor de, en beneficio de
zugute [-'--] *adv* (*geh*): **~ halten** tener en consideración; **jdm/etw dat ~ kommen** favorecer a alguien/algo; **du hälst dir auf deine Kenntnisse einiges ~** haces mucho alarde de tus conocimientos
Zugverbindung *f* <-, -en> ❶ (*zwischen zwei Orten*) enlace *m* ferroviario ❷ (*Anschluss*) comunicación *f* ferroviaria; **eine gute/schlechte ~ haben** tener una buena/mala comunicación ferroviaria; **Zugverkehr** *m* <-(e)s, *ohne pl*> tráfico *m* ferroviario, servicio *m* de trenes
Zugvogel *m* <-s, -vögel> ave *f* migratoria; **Zugzwang** *m* <-(e)s, -zwänge>: **jdn in ~ bringen** obligar a alguien a reaccionar; **in ~ geraten** verse obligado a actuar
zu|haben *irr* I. *vi* (*fam*) tener cerrado, estar cerrado; **die Werkstatt hat zu** el taller está [*o* tiene] cerrado
II. *vt* (*fam*) tener cerrado; **die Augen ~** tener los ojos cerrados; **es dauerte lange, bis sie den Koffer zu hatte** tardó mucho en cerrar la maleta; **er hat den Mantel nie zu** nunca lleva el abrigo cerrado
zu|halten *irr* I. *vi*: **auf etw ~** dirigirse a algo, tomar rumbo a algo
II. *vt* ❶ (*geschlossen halten*) mantener cerrado
❷ (*bedecken*) tapar; **sich** *dat* **die Ohren ~** taparse los oídos
Zuhälter [ˈtsuːhɛltɐ] *m* <-s, -> proxeneta *m*, chulo *m fam*, padrote *m MAm, Mex*
Zuhälterei *f* <-, *ohne pl*> rufianería *f*
zuhanden [tsuˈhandən] *adv* (*Schweiz*) a entregar a, a la atención de
zu|hauen *irr* I. *vi* (*fam*) golpear; (*verprügeln*) dar una paliza; **hau zu!** ¡dale!
II. *vt* (*fam*) ❶ (*Tür, Fenster*) cerrar de golpe)
❷ (*Stein, Holz*) tallar
zuhauf [-'-] *adv* (*geh*) en masa
zuhause^RR *adv* (*Österr, Schweiz*) en casa
Zuhause [tsuˈhaʊzə] *nt* <-s, *ohne pl*> hogar *m*, casa *f*; **wo ist dein ~?** ¿de dónde eres?
zu|heilen *vt sein* curar; (*vernarben*) cicatrizarse
Zuhilfenahme [-'-----] *f* <-, *ohne pl*>: **ohne ~ von ...** sin ayuda de..., sin recurrir a...; **unter ~ von ...** con ayuda de..., recurriendo a...
zu|hören *vi* escuchar; **jdm ~** escuchar a alguien; **sie kann gut ~** sabe escuchar; **hör mal zu!** ¡escucha!
Zuhörer(in) *m(f)* <-s, -; -, -nen> oyente *mf*; (*am Radio*) radioyente *mf*; (~*schaft*) público *m*
Zuhörerschaft *f* <-, *ohne pl*> auditorio *m*
zu|jubeln *vi*: **jdm ~** aclamar a alguien, vitorear a alguien
zu|kaufen *vt* comprar adicionalmente
zu|kehren *vt* volver; **sie kehrte ihm das Gesicht zu** le miró de frente
zu|klappen I. *vi sein* cerrarse (de golpe)
II. *vt* cerrar (de golpe)
zu|kleben *vt* (*Loch*) tapar; (*Umschlag*) cerrar
zu|knallen I. *vt* (*fam*) cerrar de golpe [*o* con furia]; **die Tür ~** dar un portazo
II. *vi sein* (*fam*) cerrarse de golpe
zu|kneifen *irr vt* atenazar; **die Augen ~** cerrar los ojos muy fuerte, apretar los párpados

zu|knöpfen *vt* abotonar, abrochar
zu|knoten *vt* cerrar con un nudo, anudar; **knote den Sack ganz fest zu!** ¡cierra el saco con un nudo bien fuerte!
zu|kommen *irr vi sein* ❶ (*sich nähern*) acercarse (*auf* a); (*Aufgabe, Problem*) avecinarse, aproximarse; **es kommen harte Zeiten auf uns zu** se nos avecinan tiempos difíciles; **ich lasse die Entwicklung auf mich ~** voy a ver cómo vienen las cosas
❷ (*gebühren*) corresponder; **dem kommt eine große Bedeutung zu** esto tiene mucha importancia; **mir kommt heute die Ehre zu, Ihnen zu gratulieren** hoy tengo el honor de felicitarle; **es kommt Ihnen nicht zu, mich zu kritisieren** Ud. no es quién para criticarme
❸ (*geh: übermitteln, geben*) hacer llegar; **jdm etw ~ lassen** hacer llegar algo a alguien; **er ließ seiner Tochter monatlich 250 Euro ~** le hacía llegar [*o* enviaba] a su hija 150 euros al mes
zu|korken *vt* encorchar
zu|kriegen *vt* (*fam*) *s.* **zubekommen**
Zukunft [ˈtsuːkʊnft] *f* <-, *ohne pl*> futuro *m*, porvenir *m*; (LING) futuro *m*; **in ~** en el futuro; **in ferner/naher ~** en un futuro lejano/próximo; **das hat (keine) ~** eso (no) tiene futuro; **abwarten, was die ~ bringt** esperar a lo que traiga el futuro; **ein Beruf mit ~** una profesión con futuro
zukünftig I. *adj* futuro
II. *adv* en el futuro, de ahora en adelante
Zukunftsaussichten *fpl* perspectivas *fpl* para el futuro; **Zukunftsberuf** *m* <-(e)s, -e> profesión *f* del futuro; **Zukunftsbranche** *f* <-, -n> sector *m* (industrial) del futuro; **Zukunftsforscher(in)** *m(f)* <-s, -; -, -nen> futurólogo, -a *m, f*; **Zukunftsforschung** *f* <-, *ohne pl*> futurología *f*; **Zukunftsindustrie** *f* <-, -n> industria *f* del futuro; **Zukunftsmusik** *f* <-, *ohne pl*> utopía *f*; **das ist noch ~** eso son castillos en el aire
zukunftsorientiert *adj*: **~es Denken/Handeln** reflexiones/acciones orientadas al futuro
Zukunftsperspektive *f* <-, -n> perspectiva *f* para el futuro; **Zukunftsplan** *m* <-(e)s, -pläne> plan *m* para el futuro; **was hast du für Zukunftspläne?** ¿qué planes tienes para el futuro?; **Zukunftsroman** *m* <-s, -e> novela *f* futurista; **Zukunftstechnologie** *f* <-, -n> tecnología *f* del futuro
zukunftsträchtig *adj* de gran porvenir, prometedor
zukunftsweisend *adj* progresista
Zukurzgekommene(r) [-ˈ-----] *mf* <-n, -n; -n, -n> (*gesellschaftlich*) marginado, -a *m, f*
zu|lächeln *vi*: **jdm ~** sonreír a alguien
zu|lachen *vi*: **jdm ~** sonreír abiertamente a alguien
Zulage *f* <-, -n> plus *m*, gratificación *f*, extra *m*
zulande *adv s.* **Land**[1] **1.**
zu|langen *vi* ❶ (*fam: beim Essen*) servirse, cogerse
❷ (*fam: bei der Arbeit*) meterse a fondo
❸ (*reg: ausreichen*) bastar, alcanzar
zu|lassen *irr vt* ❶ (*gestatten*) permitir; (*dulden*) tolerar, consentir; **wie kannst du ~, dass ...?** ¿cómo puedes permitir que...? +*subj*
❷ (*Zugang gewähren, ermöglichen*) admitir; (*amtlich*) autorizar; (*Auto*) matricular; **ein Auto auf jdn ~** matricular un coche a nombre de alguien; **die heutige Situation lässt keine Veränderung zu** la situación actual no permite cambios; **keinen Zweifel ~** no dejar lugar a dudas
❸ (*fam: geschlossen lassen*) dejar cerrado
zulässig [ˈtsuːlɛsɪç] *adj* admisible; (*erlaubt*) autorizado; **~e Höchstgeschwindigkeit** velocidad máxima autorizada
Zulässigkeit *f* <-, *ohne pl*> admisibilidad *f*, procedencia *f*; **~ der Klage/des Vorbringens** (JUR) admisibilidad [*o* procedencia] de la demanda/alegación
Zulässigkeitsvoraussetzung *f* <-, -en> condición *f* de admisibilidad
Zulassung[1] *f* <-, *ohne pl*> (*Gewährung von Zugang*) admisión *f*; (*amtlich*) autorización *f*; (*als Anwalt*) habilitación *f*; (*Auto*) matrícula *f*; **~ zum Studium** admisión en la universidad; **Antrag auf ~ zur Magisterprüfung** solicitud de admisión para el examen final de carrera
Zulassung[2] *f* <-, -en> (*fam: KFZ-Schein*) documentación *f* del coche
Zulassungsantrag *m* <-(e)s, -träge> solicitud *f* de admisión; **Zulassungsbeschränkung** *f* <-, -en> limitación *f* de plazas; **Zulassungsbeschwerde** *f* <-, -n> recurso *m* de admisión; **Zulassungserfordernis** *nt* <-ses, -se> requisito *m* de admisión; **Zulassungsnummer** *f* <-, -n> (AUTO: *fam*) matrícula *f*; **Zulassungspapiere** *ntpl* documentación *f* del coche, permiso *m* de circulación; **Zulassungsschein** *m* <-(e)s, -e> (AUTO) permiso *m*, licencia *f*; **Zulassungssperre** *f* <-, -n> suspensión *f* de admisiones; **Zulassungsstelle** *f* <-, -n> (ADMIN, UNIV) admisión *f*; (AUTO) matriculación *f*; **Zulassungsverfahren** *nt* <-s, -> procedimiento *m* de admisión; **Zulassungsvoraussetzung** *f* <-, -en> condición *f* para la admisión [*o* de admisibilidad]; **subjektive ~** condición subjetiva para la admisión

Zulauf *m* <-(e)s, *ohne pl*> ❶ (*Zuspruch*) concurrencia *f*; **diese Kneipe hat großen ~** es un pub muy concurrido
❷ (*von Wasser*) afluencia *f*

zu|laufen *irr vi sein* ❶ (*hinlaufen*) correr (*auf* hacia), ir corriendo (*auf* hacia); (*auf den Sprecher*) venir corriendo; (*Weg*) conducir (*auf* a); **er kam auf mich zugelaufen** vino corriendo hacia mí
❷ (*fam: sich beeilen*) darse prisa; **lauf zu!** ¡date prisa!
❸ (*kommen*): **jdm ~** (*Tiere*) venir a casa de alguien; (*Kunden*) acudir en masa a alguien
❹ (*dazufließen*) afluir; **heißes Wasser ~ lassen** añadir agua caliente
❺ (*eine bestimmte Form haben*): **spitz ~** acabar en punta; **konisch ~de Säulen** columnas con forma de cono en la parte superior

zu|legen I. *vi, vt* (*fam*) darse prisa, apresurarse, apurarse *Am*; **einen Zahn ~** meter caña
II. *vt* (*fam*) ❶ (*anschaffen*): **sich** *dat* **etw ~** comprar(se) algo, adquirir algo; **ich habe mir einen neuen Wagen zugelegt** me he comprado un coche nuevo; **sie hat sich einen Geliebten zugelegt** se ha buscado un amante
❷ (*dicker werden*) engordar; **er hat fünf Kilo zugelegt** ha engordado cinco kilos
❸ (*reg: dazutun*) añadir, agregar; **mein Chef hat 50 Euro im Monat zugelegt** mi jefe me aumentó el sueldo en 50 euros al mes

zuleide [-'--] *adv*: **jdm etwas ~ tun** causar daño a alguien

zu|leiten *vt* ❶ (*Schreiben, Geld*) enviar, remitir
❷ (*Wasser*) conducir

Zuleitung¹ *f* <-, *ohne pl*> ❶ (*von Wasser*) conducción *f*
❷ (*von Nachrichten*) envío *m*

Zuleitung² *f* <-, -en> (*Leitung*) cable *m* de alimentación; (*Rohr*) tubería *f* de alimentación

Zuleitungsrohr *nt* <-(e)s, -e> tubo *m* de alimentación

zuletzt [-'--] *adv* ❶ (*als Letztes*) por último; **ganz ~** a última hora; **wir blieben bis ~** nos quedamos hasta el final; **nicht ~ wegen ...** no sólo por...
❷ (*als Letzter*) el último
❸ (*fam: zum letzten Mal*) por última vez; **wann hast du ihn ~ gesehen?** ¿cuándo le has visto por última vez?
❹ (*schließlich*) finalmente, después de todo; **~ kam sie doch** finalmente sí vino, al final sí que vino

zuliebe [-'--] *präp + dat*: **jdm/etw** *dat* **~** por (amor a) alguien/algo; **tu es mir ~!** ¡hazlo por mí!

Zulieferbetrieb *m* <-(e)s, -e> casa *f* suministradora, compañía *f* proveedora

Zulieferer *m* <-s, -> proveedor *m*, suministrador *m*

Zuliefererindustrie *f* <-, -n> *s.* **Zulieferindustrie**; **Zulieferervertrag** *m* <-(e)s, -träge> *s.* **Zuliefervertrag**; **Zuliefergarantie** *f* <-, -n> garantía *f* de abastecimiento [*o* de suministro]; **Zuliefergeschäft** *nt* <-(e)s, -e> establecimiento *m* proveedor; **Zulieferindustrie** *f* <-, -n> industria *f* suministradora

zu|liefern *vt* suministrar, abastecer, proveer

Zulieferprodukt *nt* <-(e)s, -e> producto *m* suministrado

Zulieferung *f* <-, -en> abastecimiento *m*, suministro *m*

Zuliefervertrag *m* <-(e)s, -träge> contrato *m* de proveedor

Zulu ['tsu:lu] *mf* <-(s), -(s); -, -(s)> zulú *mf*

zum [tsʊm] = **zu dem** *s.* **zu**

zu|machen I. *vi* ❶ (*fam: schließen*) cerrar
❷ (*reg: sich beeilen*) darse prisa, apurarse *Am*; **mach zu!** ¡date prisa!
II. *vt* cerrar; (*Loch*) tapar; (*Kleidung*) abrochar

zumal [-'-] **I.** *adv* especialmente, sobre todo
II. *konj* especialmente porque, sobre todo porque, tanto más... cuanto que...; **er war sehr freundlich zu ihr, ~ er wusste, wie schlecht es ihr ging** estuvo muy amable con ella especialmente porque sabía lo mal que se encontraba; **es ist sehr schwer, ~ ich keine Erfahrung habe** es tanto más difícil cuanto que no tengo experiencia

zu|mauern *vt* tapiar

zumeist [-'-] *adv* la mayoría de las veces

zu|messen *irr vt* (*geh*) asignar, adjudicar; **jdm die Schuld an etw** *dat* **~** culpar a alguien de algo; **etw** *dat* **(große) Bedeutung ~** dar (mucha) importancia a algo

zumindest [-'--] *adv* ❶ (*auf jeden Fall*) en todo caso, por lo menos
❷ (*wenigstens*) como mínimo

zumutbar *adj* exigible, justo (*für* para); **die Forderung ist nicht zumutbar** la exigencia no es razonable

Zumutbarkeit *f* <-, *ohne pl*> lo exigible, razón *f*; **bis an die Grenzen der ~** hasta el límite de lo razonable

Zumutbarkeitskriterium *nt* <-s, -kriterien> criterio *m* de exigibilidad; **Zumutbarkeitstheorie** *f* <-, *ohne pl*> teoría *f* de la exigibilidad

zumute [-'--] *adv*: **mir ist dabei gar nicht wohl ~** no me gusta ni un pelo; **mir ist nicht zum Lachen ~** no estoy para bromas

zu|muten ['tsu:mu:tən] *vt*: **jdm etw ~** exigir algo a alguien; **das kannst du niemandem ~** esto no se lo puedes exigir a nadie; **jdm zu viel ~** pedir demasiado a alguien; **sich** *dat* **zu viel ~** excederse

Zumutung *f* <-, -en> exigencia *f* exagerada; (*Unverschämtheit*) frescura *f*; **das ist eine ~!** ¡no hay derecho a que le pidan a uno algo así!

zunächst [-'-] *adv* ❶ (*anfangs*) al principio
❷ (*vorläufig*) de momento, por ahora; **~ einmal** en primer lugar

zu|nageln *vt* clavar

zu|nähen *vt* coser; **jdm etw ~** remendarle algo a alguien

Zunahme ['tsu:na:mə] *f* <-, -n> aumento *m* (*an* de), incremento *m* (*an* de); (*Anstieg*) subida *f* (*an* de); **eine ~ um 10%** un incremento del 10%; **saisonübliche ~** incremento estacional

Zuname ['tsu:na:mə] *m* <-ns, -n> apellido *m*

Zündanlage *f* <-, -n> (AUTO) instalación *f* de encendido [*o* de ignición], equipo *m* de encendido [*o* de ignición]; **Zündeinstellung** *f* <-, -en> (AUTO) ajuste *m* del encendido

zündeln ['tsʏndəln] *vi* jugar con fuego

zünden ['tsʏndən] **I.** *vi* (*Bombe*) hacer explosión; **bei ihm hat es gezündet** (*fam*) ha caído en la cuenta, se le ha encendido la bombilla
II. *vt* (*Sprengkörper*) activar; (*Rakete*) lanzar; (*Feuerwerk*) hacer estallar

zündend *adj* brillante, chispeante

Zunder ['tsʊndɐ] *m* <-s, *ohne pl*> (TECH) escamas *fpl* de óxido; **wie ~ brennen** arder como (la) paja; **jdm ~ geben** (*antreiben*) meter prisa a alguien; (*prügeln*) dar una paliza a alguien; **~ kriegen** (*fam*) recibir leña [*o* candela]

Zünder ['tsʏndɐ] *m* <-s, -> detonador *m*, fulminante *m*

Zunderpilz *m* <-es, -e>: **echter ~** (BOT) hongo *m* de yesca auténtico; **Zunderschwamm** *m* <-(e)s, -schwämme> (BOT) hongo *m* de yesca

Zündflamme *f* <-, -n> piloto *m*; **Zündfunke** *m* <-ns, -n> (AUTO) chispa *f* de encendido

Zündholz *nt* <-es, -hölzer> (*südd, Österr*) cerilla *f*, fósforo *m*, pajuela *f* *Bol*; **Zündholzschachtel** *f* <-, -n> caja *f* de cerillas [*o* de fósforos]

Zündhütchen ['tsʏnthy:tçən] *nt* <-s, -> cápsula *f* fulminante; **Zündintervall** *nt* <-(e)s, -e> (TECH) intervalo *m* de encendido; **Zündkabel** *nt* <-s, -> (AUTO) cable *m* de encendido; **Zündkerze** *f* <-, -n> (AUTO) bujía *f*; **Zündplättchen** *nt* <-s, -> pistones *mpl*; **Zündpulver** *nt* <-s, -> polvo *m* fulminante; **Zündschloss**[RR] *nt* <-es, -schlösser> (AUTO) contacto *m*; **Zündschlüssel** *m* <-s, -> (AUTO) llave *f* de contacto; **Zündschnur** *f* <-, -schnüre> mecha *f*; **Zündspannung** *f* <-, -en> (TECH) tensión *f* de encendido; **Zündspule** *f* <-, -n> (AUTO) bobina *f* de encendido; **Zündstoff** *m* <-(e)s, -e> ❶ (*Sprengstoff*) materia *f* inflamable ❷ (*Konfliktstoff*) motivo *m* de conflicto; **der Artikel enthält [*o* bietet] viel ~** el artículo es muy conflictivo; **Zündstrom** *m* <-(e)s, -ströme> (TECH) corriente *f* de gatillado

Zündung *f* <-, -en> (AUTO) encendido *m*

Zündungsschlüssel *m* <-s, -> (*Schweiz*) *s.* **Zündschlüssel**

Zündverteiler *m* <-s, -> (AUTO) distribuidor *m* de encendido; **Zündvorrichtung** *f* <-, -en> (TECH) dispositivo *m* de explosión [*o* explosivo]; **Zündzeitpunkt** *m* <-(e)s, -e> (AUTO) punto *m* de encendido [*o* de ignición], momento *m* de encendido [*o* de ignición]

zu|nehmen *irr* **I.** *vi* ❶ (*sich vergrößern, vermehren*) aumentar (*an* de); (*Mond*) crecer; (*Tag*) alargarse; **an Größe ~** aumentar de tamaño
❷ (*sich verstärken*) intensificarse; (*steigen*) incrementarse; (*sich verschlimmern*) agravarse; **an Heftigkeit ~** intensificarse; **der Wind nimmt an Heftigkeit zu** el viento arrecia
❸ (*schwerer, dicker werden*) aumentar de peso, engordar
II. *vt* ❶ (*schwerer werden*) engordar; **ich habe drei Kilo zugenommen** he engordado tres kilos
❷ (*bei Handarbeit*) aumentar

zunehmend I. *adj* creciente; **in ~em Maße** cada vez más; **mit ~em Alter** con los años
II. *adv* (*sichtbar*) visiblemente; (*fortschreitend*) progresivamente

zu|neigen I. *vi* simpatizar (con); **jdm sehr zugeneigt sein** tener mucho cariño a alguien
II. *vr*: **sich etw** *dat* **~** inclinarse hacia algo; **sich dem Ende ~** ir terminando

Zuneigung *f* <-, -en> afecto *m* (*für* por), cariño *m* (*für* por); **für jdn ~ empfinden** sentir afecto por alguien; **jds ~ erwidern** corresponder al cariño de alguien

Zunft [tsʊnft, *pl:* 'tsʏnftə] *f* <-, Zünfte> gremio *m*, corporación *f* (de artesanos); **von der ~ sein** ser del gremio, conocer la materia

zünftig ['tsʏnftɪç] *adj* como es debido, como Dios manda; **eine ~e Tracht Prügel** una soberana paliza

Zunge ['tsʊŋə] *f* <-, -n> ❶ (*Organ, Land~*) lengua *f*; **eine belegte ~ haben** una lengua saburrosa; **jdm die ~ herausstrecken** sacar(le) a alguien la lengua; **es liegt mir auf der ~** lo tengo en la punta de la lengua; **an dem Wort kann man sich** *dat* **die ~ abbrechen** esa palabra no hay quien la pronuncie; **Pfeffer brennt auf der ~** la pimienta quema en la lengua; **der Spargel zergeht auf der ~** el espárrago se deshace en la boca de puro tierno; **sich** *dat* **auf die ~ beißen** morderse la lengua; **mit gespal-**

züngeln

tener ~ **sprechen** ser un hipócrita [*o falso*]; **er hatte eine schwere ~** se le trababa la lengua (por el alcohol); **böse ~n behaupten, dass ... las malas lenguas afirman que...**; **sich** *dat* **die ~ verbrennen** irse de la lengua; **jdm die ~ lösen** (*geh*) soltar la lengua a alguien; **sie hat eine lose ~** es una deslenguada; **seine ~ hüten** [*o* **zügeln**] cuidar su lengua; **eine feine ~ haben** tener un paladar muy fino; **ihm hing die ~ zum Halse heraus** (*fam*) estaba más seco que un pozo; **seine ~ im Zaum halten** tener cuidado con lo que se dice

❷ (*Lasche, a.* MUS) lengüeta *f*

❸ (ZOOL: *See~*) lenguado *m*

züngeln ['tsʏŋəln] *vi* mover la lengua; (*Schlange*) silbar; (*Flammen*) echar llamaradas

Zungenbelag *m* <-(e)s, -läge> saburra *f*; **Zungenbrecher** *m* <-s, -> (*fam*) trabalenguas *m inv*

zungenfertig I. *adj* locuaz

II. *adv* con locuacidad

Zungenfertigkeit *f* <-, *ohne pl*> elocuencia *f*; **Zungenkuss**ᴿᴿ *m* <-es, -küsse> beso *m* de tornillo, lengüetazo *m fam*; **Zungenspitze** *f* <-, -n> punta *f* de la lengua; **Zungenwurst** *f* <-, -würste> (GASTR) morcilla *f* con trozos de lengua

Zünglein ['tsʏŋlaɪn] *nt*: **das ~ an der Waage sein** ser el fiel de la balanza

zunichte [-'--] *adv*: **etw ~ machen** estropear algo, (*Hoffnungen*) frustrar

zu|nicken *vi*: **jdm ~** hacer a alguien una seña con la cabeza, (*zum Gruß*) saludar a alguien con la cabeza

zunutze [-'--] *adv*: **sich** *dat* **etw ~ machen** aprovechar algo

zuoberst [tsuˈʔoːbɛst] *adv* ❶ (*auf einem Stapel*) encima de todo

❷ (*am oberen Rand*) en la parte superior

zu|ordnen *vt* clasificar, encasillar

Zuordnung *f* <-, -en> clasificación *f*; (*zu einer Gruppe*) filiación *f*

zu|packen *vi* ❶ (*zugreifen*) coger, agarrar

❷ (*kräftig arbeiten*) meterse a fondo

zu|parken *vt* aparcar cerrando el paso a otros vehículos

zupassᴿᴿ [tsuˈpas] *adv*, **zupaß** *adv* (*geh*): **jdm ~ kommen** venir muy bien a alguien; **dein Vorschlag kommt mir sehr ~** tu propuesta me viene muy bien

zupfen ['tsʊpfən] I. *vi* ❶ (*ziehen*) tirar (*an* de)

❷ (*Instrument*) puntear

II. *vt* ❶ (*ziehen*) tirar (*an* de); **ich zupfte ihn am Ärmel** le tiré de la manga

❷ (*Haar, Unkraut*) arrancar; **sich** *dat* **die Augenbrauen ~** depilarse las cejas

❸ (*Instrument*) puntear

Zupfinstrument *nt* <-(e)s, -e> instrumento *m* punteado

zu|prosten ['tsuː.proːstən] *vi* brindar

zur [tsuːɐ] = **zu der** *s.* **zu**

zurandeᴿᴿ *adv*: **mit jdm/mit etw** *dat* (**nicht**) **~ kommen** (*fam*) (no) poder con alguien/con algo

zurateᴿᴿ *adv*: **etw/jdn ~ ziehen** consultar algo/a alguien

zu|raten *irr vi* aconsejar; **er riet mir zu, das Auto zu kaufen** me aconsejó que comprara el coche; **auf ihr Z~** (**hin**) siguiendo sus consejos

zu|raunen *vt* (*geh*) susurrar, decir al oído

Zürcher(in) ['tsyɐçɐ] *m(f)* <-s, -; -, -nen> zuriguense *mf*

zu|rechnen *vt* ❶ (*zuordnen*) clasificar

❷ (*hinzurechnen*) incluir en la cuenta

❸ (*zur Last legen*) atribuir

Zurechnung *f* <-, -en> (JUR) imputación *f*

zurechnungsfähig *adj* en plena posesión de sus facultades mentales

Zurechnungsfähigkeit *f* <-, *ohne pl*> plena posesión *f* de las facultades mentales, imputabilidad *f*; **verminderte ~** imputabilidad atenuada

zurecht|biegen [tsuˈrɛçt-] *irr vt* ❶ (*Draht*) enderezar

❷ (*fam: Angelegenheit*) enderezar, arreglar

zurecht|finden *irr vr*: **sich ~** (*in einer Stadt*) orientarse (*in* en); (*vertraut werden*) familiarizarse

zurecht|kommen *irr vi sein* (*mit einem Gerät*) apañarse *fam*; (*mit einer Person*) entenderse; (*finanziell*) arreglárselas; **er kam mit der Gebrauchsanweisung nicht zurecht** no se apañó con las instrucciones; **sieh selbst zu, wie du zurechtkommst!** ¡apáñatelas como puedas!; **kommen Sie zurecht?** (*im Laden*) ¿puedo servirle de ayuda?

zurecht|legen *vt* preparar; **sich** *dat* **die Kleidung ~** prepararse la ropa; **sich** *dat* **eine Ausrede ~** tener preparada una excusa; **sich** *dat* **einen Plan ~** tramar un plan

zurecht|machen I. *vt* (*fam*) ❶ (*Essen*) preparar; (*Zimmer*) arreglar

❷ (*verschönen*) arreglar

II. *vr*: **sich ~** (*fam*) arreglarse

zurecht|rücken *vt* poner(se) bien; **sich** *dat* **etw ~** enderezarse algo

zurecht|weisen *irr vt* reprender, echar un sermón, retar *Am*

Zurechtweisung *f* <-, -en> reprimenda *f*

zu|reden *vi* instar; (*ermutigen*) alentar, animar; (*überreden*) persuadir; **du musst ihm gut ~** tienes que animarle; **auf mein Z~ hin** a mis instancias; **nach langem Z~** después de instar mucho

zu|reiten *irr* I. *vi sein* cabalgar (*auf* hacia); **dem Dorf** [*o* **auf das Dorf**] **~** cabalgar hacia el pueblo

II. *vt* amaestrar, potrear *Am*, jinetear *Am*, chalanear *Am*

Zürich ['tsyːrɪç] *nt* <-s> Zurich *m*

Züricher(in) ['tsyːrɪçɐ] *m(f)* <-s, -; -, -nen> zuriqués, -esa *m, f*

Zürichsee *m* <-s> Lago *m* de Zurich

zu|richten *vt* (*vorbereiten*) preparar; (TECH) trabajar, labrar; **jdn übel ~** maltratar a alguien; **etw übel ~** echar a perder algo

zu|riegeln *vt* cerrar con cerrojo, echar el cerrojo

zürnen ['tsʏrnən] *vi* (*geh*): **jdm ~** guardar rencor a alguien

Zurschaustellung [-'---] *f* <-, -en> exhibición *f*

zurück [tsuˈrʏk] *adv* ❶ (*wieder an den Ausgangspunkt*) de vuelta; **hin und ~** ida y vuelta; **es gibt kein Z~ mehr** ya no se puede dar marcha atrás; **ich bin gleich wieder ~** enseguida estoy de vuelta; **~ zum Thema** volviendo al tema (que nos ocupa), a lo que íbamos *fam*

❷ (*nach hinten*) (hacia) atrás; **zwei Schritte ~!** ¡dos pasos atrás!

❸ (*weiter hinten*) atrás; **etwas weiter ~ gingen die anderen** los otros iban un poco más atrás

❹ (*fam: ~ geblieben*) atrasado

zurück|behalten* *irr vt* ❶ (*nicht weitergeben*) retener

❷ (*haben*) conservar; **er hat von dem Sturz einige Narben ~** conserva algunas cicatrices de la caída

Zurückbehaltungsrecht *nt* <-(e)s, *ohne pl*> (JUR) derecho *m* de retención

zurück|bekommen* *irr vt* recobrar, recuperar; (*Wechselgeld*) recibir de vuelta; **ich habe alles ~** me lo han devuelto todo

zurück|belasten* *vt* (FIN) recargar (en cuenta), volver a cargar (en cuenta)

zurück|berufen* *irr vt* llamar de vuelta; (*offiziell*) dar orden de regresar; (POL: *Botschafter*) retirar

zurück|beugen I. *vt* doblar [*o* echar] hacia atrás

II. *vr*: **sich ~** doblarse [*o* echarse] hacia atrás

zurück|bezahlen* *vt* devolver; (*erstatten*) reembolsar

zurück|bilden *vr*: **sich ~** retroceder; (*Organ*) atrofiarse

zurück|blättern *vt* (INFOR) retroceder página

zurück|bleiben *vi sein* ❶ (*hinten bleiben*) quedarse atrás; (*Abstand halten*) mantenerse alejado (*von* de)

❷ (*im Tempo*) quedarse atrás, retrasarse; **hinter den Erwartungen ~** no corresponder a las expectativas; **geistig zurückgeblieben** retrasado mental

❸ (*übrig bleiben*) quedar, restar; **bei der Verbrennung bleiben giftige Stoffe zurück** después de la incineración quedan sustancias tóxicas; **von dem Unfall sind ihr ein paar Narben zurückgeblieben** le han quedado un par de cicatrices del accidente

zurück|blenden *vi* (FILM) hacer [*o* mostrar] una retrospectiva

zurück|blicken *vi* ❶ (*sich umsehen*) mirar (hacia) atrás

❷ (*auf Vergangenes*) pasar revista (*auf* a)

zurück|bringen *irr vt* ❶ (*zurückgeben*) devolver

❷ (*zurückbegleiten*) llevar (a casa)

zurück|datieren* *vt* antedatar, retrasar la fecha (de)

zurück|denken *irr vi* recordar el pasado; **an etw ~** recordar algo

zurück|drängen *vt* ❶ (*Personen*) hacer retroceder

❷ (*eindämmen*) contener

zurück|drehen *vt* volver [*o* girar] hacia atrás; **einen Regler ~** bajar un regulador

zurück|dürfen *irr vi* (*fam: zurückkehren dürfen*) tener permiso para volver [*o* regresar]; **er darf nicht zu seinen Eltern zurück** no puede volver a casa de sus padres

zurück|erhalten* *irr vt s.* **zurückbekommen**

zurück|erinnern *vr*: **sich ~** acordarse (*an* de), recordar (*an*)

zurück|erobern* *vt* reconquistar

zurück|erstatten* *vt* reintegrar, reembolsar

zurück|erwarten* *vt* esperar de vuelta

zurück|fahren *irr vi sein* ❶ (*zurückkehren*) volver, regresar; **mit dem Zug ~** volver en tren

❷ (*rückwärts fahren*) dar marcha atrás

❸ (*zurückschrecken*) retroceder (asustado)

II. *vt* ❶ (*zurückbringen: Person*) llevar a casa; (*Dinge*) devolver

❷ (*reduzieren*) reducir

zurück|fallen *irr vi sein* ❶ (*fallen*) volver a caer; (*Person*) caer hacia atrás; **sich ~ lassen** dejarse caer (*in* en); **er ließ sich in den Sessel ~** se dejó caer en el sillón

❷ (*in eine Gewohnheit*) recaer (*in* en), reincidir (*in* en)

❸ (SPORT) rezagarse, quedar(se) atrás

❹ (*Eigentum*) volver a pertenecer (*an* a), volver a formar parte (*an* de)

❺ (*sich auswirken*) recaer (*auf* sobre); **alles, was er tut, fällt irgendwann auch auf uns zurück** todo lo que él hace acaba por recaer sobre

nosotros
zurück|finden *irr vi* encontrar el camino de vuelta (*zu* a)
zurück|fliegen *irr vi sein* volar de vuelta; **ich fliege am Ersten zurück** vuelvo el día uno
zurück|fließen *irr vi sein* refluir (*zu/in* a)
zurück|fordern *vt* exigir la devolución (de), reclamar; (*Recht*) reivindicar
zurück|fragen *vi* ❶ (*eine Gegenfrage stellen*) responder a una pregunta con otra; **sie fragte zurück, warum er das wissen wolle** le preguntó a su vez que por qué quería saber eso
❷ (*rückfragen*) preguntar de nuevo, pedir una aclaración; **er fragte zurück, ob es beim Termin bliebe** preguntó para asegurarse de que la cita seguía en pie
zurück|führen I. *vi* volver (*zu* a); **es führt kein Weg zurück** no hay camino de vuelta
II. *vt* ❶ (*geleiten*) llevar a la vuelta, acompañar a la vuelta; **jdn nach Hause ~** llevar a alguien a casa
❷ (*herleiten*) reducir (*auf* a); **das lässt sich auf den gleichen Ursprung ~** esto tiene el mismo origen
❸ (*die Folge sein*) deberse (*auf* a); (*zuschreiben*) atribuir (*auf* a); **sein Verhalten ist darauf zurückzuführen, dass ...** su comportamiento se debe a que...
zurück|geben *irr vt* devolver, retornar, regresar *Mex*; (*Wechselgeld*) dar (la vuelta); **sie gab ihm das Kompliment sogleich zurück** le devolvió el cumplido enseguida
zurückgeblieben I. *pp von* **zurückbleiben**
II. *adj* retrasado; **geistig ~** retrasado mental
zurück|gehen *irr vi sein* ❶ (*zurückkehren*) volver; **etw ~ lassen** devolver algo; **ich lasse die Ware ~** devuelvo la mercancía
❷ (*nach hinten*) ir hacia atrás; **zwei Schritte ~** dar dos pasos atrás; **auf etw ~** tener su origen en algo
❸ (*nachlassen*) reducirse, disminuir; (*Preise*) bajar
zurück|gewinnen* *irr vt* recuperar
zurückgezogen I. *pp von* **zurückziehen**
II. *adj* retirado, solitario; **~ leben** llevar una vida retirada
Zurückgezogenheit *f* <-, *ohne pl*> retiro *m*, aislamiento *m*; **sie leben in (völliger) ~** viven (totalmente) aislados
zurück|greifen *irr vi*: **auf etw ~** recurrir a algo
zurück|gucken *vi* (*fam*) mirar hacia atrás
zurück|haben *irr vt* (*fam*) tener de vuelta
zurück|halten *irr vt* ❶ (*Person, Geld*) retener; (*Information*) ocultar; **etw für jdn ~** reservar algo para alguien; **jdn von etw** *dat* **~** hacer desistir a alguien de algo
❷ (*Gefühle*) reprimir, contener
II. *vr*: **sich ~** ❶ (*sich beherrschen*) contenerse; **er hält sich mit Lob/Kritik zurück** no hace grandes elogios/críticas
❷ (*im Hintergrund bleiben*) mantenerse en un segundo plano
III. *vi*: **mit etw** *dat* **~** abstenerse de hacer algo; **mit seiner Meinung ~** no opinar al respecto
zurückhaltend *adj* ❶ (*reserviert*) reservado; **sich sehr ~ über etw äußern** manifestarse con gran reserva sobre algo
❷ (*unaufdringlich*) discreto; (*gemäßigt*) moderado
Zurückhaltung *f* <-, *ohne pl*> ❶ (*Reserviertheit*) reserva *f*; **etw mit ~ aufnehmen** acoger algo con reserva
❷ (*Unaufdringlichkeit*) discreción *f*; (*Bescheidenheit*) moderación *f*; **~ üben** moderarse; **seine ~ aufgeben** abrirse
Zurückhaltungsrecht *nt* <-(e)s, -e> (FIN) derecho *m* de retención
zurück|holen *vt* ir a buscar; **sich** *dat* **etw von jdm ~** recoger algo que tenía alguien
zurück|kämmen *vt* peinar hacia atrás
zurück|kaufen *vt* readquirir, volver a comprar
zurück|kehren *vi sein* (*geh*) retornar (*aus/von* de, *nach/zu* a), regresar (*aus/von* de, *nach/zu* a), regresarse (*aus/von* de, *nach/zu* a) *Am*, devolverse (*aus/von* de, *nach/zu* a) *Am*
zurück|kommen *irr vi sein* volver (*aus/von* de, *nach/zu* a), regresar (*aus/von* de, *nach/zu* a); **auf etw ~** volver sobre algo; **um noch einmal darauf zurückzukommen** volviendo de nuevo sobre ello
zurück|können *irr vi* ❶ (*fam: zurückkehren können*) poder volver [*o* regresar]; **du kannst jederzeit nach Hause zurück** puedes volver a casa cuando quieras
❷ (*sich anders entscheiden können*) poder volverse [*o* echarse] atrás; **noch ist der Vertrag nicht unterschrieben, noch kann ich zurück** el contrato aún no está firmado, todavía puedo volverme atrás
zurück|kriegen *vt* (*fam*) *s.* **zurückbekommen**
zurück|lassen *irr vt* ❶ (*liegen lassen, hinterlassen*) dejar
❷ (*zurückkehren lassen*) dejar regresar
zurück|legen *vt* ❶ (*an seinen Platz*) volver a poner en su sitio, poner de nuevo en su sitio
❷ (*Waren*) reservar; (*Geld*) ahorrar; **sich** *dat* **etwas Geld ~** hacer unos ahorros

❸ (*Strecke*) recorrer; **eine Strecke zu Fuß ~** recorrer un trayecto a pie
zurück|lehnen *vr*: **sich ~** recostarse, reclinarse
zurück|liegen *irr vi* haber sucedido tiempo atrás; **der Vorfall liegt schon Jahre zurück** el incidente sucedió hace ya años; **in den ~den Jahren** en los últimos años
zurück|melden I. *vt* acusar ejecución
II. *vr*: **sich ~** dar aviso de su regreso
zurück|müssen *irr vi* (*fam*) tener que volver; **ich muss noch einmal ins Büro zurück, ich habe etwas vergessen** tengo que volver al despacho, he olvidado algo; **es wird spät, ich muss zurück** (**nach Hause**) se hace tarde, tengo que volver (a casa)
Zurücknahme [-naːmə] *f* <-, -n> ❶ (*von Waren*) devolución *f*; **es erfolgt keine ~ reduzierter Artikel** no se admiten devoluciones de artículos rebajados
❷ (*einer Bestellung*) anulación *f* del pedido; (*einer Aussage, Zustimmung*) retractación *f*; (*einer Klage*) desistimiento *m*; (*eines Gesetzes*) revocación *f*
zurück|nehmen *irr vt* ❶ (*Ware*) aceptar la devolución (de)
❷ (*Behauptung, Beleidigung*) retirar; (*Bestellung*) anular; (*Gesetz*) revocar; **nimm das sofort zurück!** ¡retira eso inmediatamente!; **ein Versprechen ~** retractarse
zurück|pfeifen *irr vt* (*fam*) llamar al orden
zurück|prallen *vi sein* ❶ (*Ball*) rebotar
❷ (*Person*) retroceder
zurück|reichen I. *vi* (*Erinnerung*) remontarse (*bis* a)
II. *vt* devolver
zurück|reisen *vi sein* emprender el viaje de vuelta (*in/nach* a), regresar (*in/nach* a)
zurück|reißen *irr vt* tirar hacia atrás; **wenn er mich nicht zurückgerissen hätte, wäre ich in den Abgrund gestürzt** si él no me hubiera sujetado tirando de mí, me hubiera caído al precipicio
zurück|rollen *vi sein* rodar de vuelta; **den Wagen ~ lassen** dejar rodar el coche hacia atrás
zurück|rufen *irr* I. *vi, vt* volver a llamar; **ich rufe** (**Sie**) **in zehn Minuten zurück** (le) vuelvo a llamar dentro de diez minutos
II. *vt* ❶ (*zurückbeordern*) hacer volver, ordenar volver
❷ (*antworten*) contestar; **sich** *dat* **etw ins Gedächtnis ~** recordar algo
zurück|schalten *vi* (AUTO) cambiar a una marcha inferior
zurück|schaudern *vi sein* estremecerse de horror (*vor* ante)
zurück|schauen *vi s.* **zurückblicken**
zurück|scheuen *vi sein*: **vor etw** *dat* **~** arredrarse ante algo, acobardarse ante algo; **er scheut auch vor Mord nicht zurück** ni siquiera retrocede ante un asesinato
zurück|schicken *vt* mandar de vuelta
zurück|schieben *irr vt* ❶ (*nach hinten*) empujar hacia atrás
❷ (*zur Seite*) correr; **die Gardinen ~** correr las cortinas
Zurückschiebung *f* <-, -en> reconducción *f* a la frontera
zurück|schlagen *irr* I. *vi* (*Armee*) contraatacar; (*Person*) devolver el golpe
❷ (*sich auswirken*) repercutir (*auf* en)
II. *vt* ❶ (*Angriff*) rechazar
❷ (*Decke*) apartar; (*Schleier*) levantar
❸ (*Ball*) devolver
zurück|schneiden *irr vt* entresacar, recortar
zurück|schnellen *vi sein* volver a su posición original; **er spannte das Gummi über seine Finger und lies es plötzlich ~** estiró la goma con el dedo y de pronto la soltó
zurück|schrauben *vt* reducir
zurück|schrecken *irr vi sein* ❶ (*zurückweichen*) retroceder (espantado)
❷ (*zurückscheuen*): **vor etw** *dat* **~** arredrarse ante algo, acobardarse ante algo; **er schreckt vor nichts zurück** no se arredra ante nada
zurück|schreiben *vt* (INFOR) restaurar
zurück|sehen *irr vi s.* **zurückblicken**
zurück|sehnen *vr*: **sich nach etw** *dat*/**zu jdm ~** echar de menos, extrañar algo/a alguien
zurück|senden *irr vt* mandar [*o* enviar] de vuelta
zurück|setzen I. *vi* ir (marcha) atrás
II. *vt* ❶ (*an einen Platz*) volver a poner en su sitio
❷ (*nach hinten*) poner (hacia) atrás, colocar (hacia) atrás; (*verschieben*) correr hacia atrás
❸ (*benachteiligen*) postergar (a), no hacer caso (de); **er fühlte sich dadurch zurückgesetzt** se sintió postergado a causa de eso
❹ (*Auto*) mover para atrás
III. *vr*: **sich ~** ❶ (*sich wieder setzen*) volver a sentarse
❷ (*nach hinten*) sentarse más atrás
zurück|springen *irr vi sein* ❶ (*Person*) dar un salto atrás
❷ (*zurückprallen*) rebotar

zurück|spulen vt rebobinar; **einen Film/eine Kassette ~** rebobinar un carreta/una cinta

zurück|stecken I. vi ❶ (*mit Ansprüchen*) moderarse; **ich glaube, du musst ein wenig ~** creo que tienes que frenarte un poco
❷ (*nachgeben*) transigir
II. vt ❶ (*wieder einstecken*) meter de nuevo, volver a guardar
❷ (*versetzen*) colocar hacia atrás

zurück|stehen irr vi ❶ (*weiter hinten stehen*) quedar atrás, estar atrás
❷ (*schlechter sein*) quedarse atrás; **er wollte nicht hinter ihnen ~** no quería quedarse atrás
❸ (*verzichten*) renunciar; **sie musste immer hinter den anderen ~** siempre tuvo que desistir a favor de los demás

zurück|stellen vt ❶ (*an einen Platz*) volver a poner en su sitio
❷ (*nach hinten*) mover hacia atrás, poner atrás; (*Uhr*) retrasar; (*Heizung*) bajar
❸ (*Waren*) reservar
❹ (*aufschieben*) aplazar, prorrogar; **Kinder bei der Einschulung um ein Jahr ~** aplazar un año la escolarización de niños
❺ (*Wünsche*) postergar, posponer; **ich habe meine Bedenken zurückgestellt** he dejado atrás mis reparos

Zurückstellung f <-, -en> (JUR) aplazamiento m; **unter ~ aller anderen Rechtssachen** con aplazamiento de todas las demás causas

zurück|stoßen irr vt ❶ (*wegstoßen*) empujar hacia atrás
❷ (*ablehnen*) rechazar

zurück|strömen vi sein ❶ (*Flüssigkeit*) refluir (*in/zu* a)
❷ (*Menschen*) volver (*in/zu* a); **die Fans strömten ins Stadion zurück** los aficionados volvían al estadio en masa

zurück|stufen vt degradar, hacer pasar a una categoría inferior

zurück|tragen irr vt volver a poner en su lugar

zurück|treiben irr vt hacer retroceder

zurück|treten irr **I.** vi sein ❶ (*nach hinten*) retroceder; **bitte ~!** ¡retrocedan, por favor!
❷ (*weniger wichtig werden*) disminuir, perder importancia; (*in den Hintergrund treten*) pasar al segundo plano
❸ (*von einem Amt*) dimitir (*von* de)
❹ (*von einem Vertrag, Vorhaben*) desistir (*von* de); (*von einem Recht*) renunciar (*von* a)
II. vt: **jdn ~** devolver el pisotón a alguien

zurück|verfolgen* vt buscar los orígenes (de)

zurück|verlangen* vt pedir la devolución (de); (*stärker*) exigir la devolución (de); **sie verlangte ihr Buch zurück** pidió que le devolvieran su libro

zurück|versetzen* vr: **sich ~** recordar, trasladarse a otra época; **wir fühlten uns in eine andere Zeit zurückversetzt** nos sentimos trasladados a otra época

zurück|verweisen* irr vt (a. JUR) remitir; **zur weiteren Entscheidung ~** remitir para nueva resolución

Zurückverweisung f <-, -en> (a. JUR) remisión f; **notwendige ~** remisión necesaria

zurück|weichen irr vi sein ❶ (*Person*) retroceder; (*Hochwasser*) decrecer
❷ (*vor einer Aufgabe*) retroceder (*vor* ante), recular (*vor* ante)

zurück|weisen irr vt (*Person, Anschuldigung*) rechazar; (*Einladung, Geschenk*) rehusar; (*mit Argumenten*) refutar; (*Klage*) recusar

Zurückweisung f <-, -en> rechazo m; (*einer Klage*) recusación f

Zurückweisungsrecht nt <-(e)s, ohne pl> derecho m de desestimación

zurück|werfen irr vt ❶ (*nach hinten*) echar (hacia) atrás
❷ (*Ball*) devolver
❸ (*Schall, Strahlen*) reflejar
❹ (*wirtschaftlich*) hacer retroceder, impedir el desarrollo (de); **das wirft uns um Jahre zurück** esto nos hace retroceder a la posición de hace años
❺ (*Feind*) rechazar

zurück|wirken vi repercutir (*auf* en)

zurück|wollen irr **I.** vi querer volver (*nach* a); **die meisten Flüchtlinge wollen in ihre Heimat zurück** la mayoría de los refugiados quiere volver a su patria
II. vt (*fam*) querer de vuelta; **ich will mein Geld zurück** quiero que me devuelvan mi dinero

zurück|zahlen vt devolver; (*Ausgaben*) reembolsar; **das werd' ich ihm ~!** (*fam*) ¡me lo pagará!

zurück|ziehen irr **I.** vt ❶ (*zum Ausgangspunkt*) volver (a poner en un lugar)
❷ (*nach hinten*) correr hacia atrás; (*Körperteil*) retirar; (*Vorhang, Riegel*) correr
❸ (*zurück-, widerrufen*) retirar; (*Gesetz*) revocar; (*Ansprüche*) desistir (de); (*Bestellung*) anular
❹ (*aus dem Verkehr ziehen*) retirar

❺ (*bewirken*) ser el motivo de la vuelta (*nach* a); (*anziehen*) atraer; **was zieht dich dorthin eigentlich zurück?** ¿qué es lo que te atrae de allí?
II. vr: **sich ~** retirarse (*von* de); (MIL) retirarse, replegarse; **sich aus einem besetzten Land ~** retirarse de un país ocupado; **sich zur Beratung ~** retirarse a deliberar
III. vi sein volver a vivir (*nach* a)

zurück|zucken vi sein estremecerse (*vor* de)

Zuruf ['--] m <-(e)s, -e> grito m; **auf ~ reagieren** reaccionar a base de gritos; **durch ~ wählen** elegir por aclamación

zu|rufen irr vt: **jdm etw ~** gritar algo a alguien

zurzeit [tsuːˈɛtsaɪt] adv (*Österr, Schweiz*) de momento

Zusage ['---] f <-, -n> (*positive Antwort*) contestación f afirmativa, respuesta f afirmativa; (*Bestätigung*) confirmación f; (*Versprechen*) promesa f, garantía f; **eine ~ geben** contestar afirmativamente; **eine ~ halten** cumplir su palabra; **eine (schriftliche) ~ bekommen** recibir una confirmación (por escrito)

zu|sagen I. vi ❶ (*Einverständnis erklären*) contestar afirmativamente; (*Einladung annehmen*) aceptar una invitación; (*sich verpflichten*) comprometerse
❷ (*gefallen*): **jdm ~** gustar a alguien, agradar a alguien; (*passen*) convenir a alguien; **ihre jetzige Arbeit sagt ihnen gar nicht zu** su actual trabajo no les gusta en absoluto
II. vt prometer; **er hat mir seine Hilfe fest zugesagt** me ha prometido firmemente que me va a ayudar

zusammen [tsuˈzamən] adv ❶ (*miteinander*) juntos; (*gleichzeitig*) al mismo tiempo; **~ mit** junto con; **~ sein** (*beieinander sein*) estar juntos [*o* reunidos]; (*fest befreundet sein*) salir juntos, ser novios; **sind die beiden noch ~?** ¿siguen juntos?; **wir sind ~ angekommen** llegamos al mismo tiempo; **~ arbeiten** (*am selben Arbeitsplatz*) trabajar juntos; **alle ~** todos juntos; **ich wohne mit meinem Freund ~** vivo con mi novio, mi novio y yo vivimos juntos; **~ sieht es schrecklich aus** la combinación es horrible
❷ (*insgesamt*) en total; **das macht ~ 14 Euro** son 14 euros en total

Zusammenarbeit f <-, ohne pl> colaboración f, cooperación f; **in ~ mit** en colaboración con

zusammen|arbeiten vi cooperar, colaborar

zusammen|ballen I. vt (*Schnee, Dreck*) formar [*o* hacer] bolas; **die Faust ~** cerrar el puño
II. vr: **sich ~** concentrarse; (*Wolken*) acumularse

zusammen|bauen vt montar, armar

zusammen|beißen irr vt: **die Zähne ~** apretar los dientes

zusammen|bekommen* irr vt (lograr) juntar [*o* reunir]

zusammen|binden irr vt atar, juntar

zusammen|bleiben irr vi sein quedar juntos; (*weiterhin*) seguir juntos

zusammen|brauen I. vt (*fam*) mezclar, preparar
II. vr: **sich ~** cernirse

zusammen|brechen irr vi sein ❶ (*einstürzen*) derrumbarse, venirse abajo; **für ihn ist eine Welt zusammengebrochen** se le desmoronaron todas sus esperanzas
❷ (*Mensch*) sufrir un colapso; (*ohnmächtig*) desmayarse
❸ (*Wirtschaft*) quebrarse; (*Verkehr*) colapsarse

zusammen|bringen irr vt ❶ (*Geld*) reunir, juntar
❷ (*Personen*) poner en contacto, juntar
❸ (*fam: sich erinnern*) recordar, acordarse (de)

Zusammenbruch m <-(e)s, -brüche> derrumbamiento m; (*Bankrott*) quiebra f; (*gesundheitlich, des Verkehrs*) colapso m

zusammen|drängen I. vt ❶ (*Menschen*) apiñar
❷ (*zusammenfassen*) reducir (*auf* a)
II. vr: **sich ~** ❶ (*Menschen*) apiñarse, aglomerarse
❷ (*Ereignisse*) concentrarse

zusammen|drücken vt apretar, comprimir; (*flach*) aplastar

zusammen|fahren irr **I.** vi sein ❶ (*Fahrzeuge*) chocar
❷ (*erschrecken*) estremecerse, sobresaltarse
II. vt (*Person, Tier*) arrollar, atropellar; (*Fahrzeug*) destrozar

zusammen|fallen irr vi sein ❶ (*einstürzen*) hundirse, desmoronarse
❷ (*an Volumen verlieren*) desinflarse
❸ (*Termine*) coincidir

zusammen|falten vt ❶ (*Papier, Stoff*) plegar, doblar
❷ (*Hände*) juntar

zusammen|fassen vt ❶ (*vereinigen*) juntar (*zu* en), reunir (*zu* en); (*in Gruppen*) agrupar
❷ (*Bericht*) resumir, compendiar; **~d lässt sich sagen, dass ...** en resumen se puede decir que...

Zusammenfassung f <-, -en> ❶ (*Resümee*) resumen m
❷ (*Vereinigung*) unión f; (*in Gruppen*) agrupación f

zusammen|fegen vt barrer, recoger con la escoba

zusammen|finden irr vr: **sich ~** ❶ (*sich vereinigen*) juntarse, reunirse
❷ (*treffen*) encontrarse

zusammen|flicken vt (*fam*) remendar, zurzir, (re)componer; **jdn wie-**

der ~ poner unos cuantos remiendos [o parches] a alguien
zusammen|fließen *irr vi sein* confluir
Zusammenfluss^RR *m* <-es, -flüsse> confluencia *f*
zusammen|fügen *vt* (*geh*) unir, juntar
zusammen|führen *vt* reunir; (*nach Streit*) reconciliar
zusammen|gehen *irr vi sein* ❶ (*koalieren*) formar una coalición
❷ (*reg: einlaufen*) encoger, menguar
zusammen|gehören* *vi* (*fam*) ❶ (*Personen*) pertenecer al mismo grupo, ser del mismo grupo; **wir haben geheiratet und wollen für immer ~** nos hemos casado y queremos pasar el resto de nuestras vidas juntos
❷ (*Gegenstände*) hacer juego; (*paarweise*) hacer pareja
zusammengehörig *adj* correspondiente
Zusammengehörigkeit *f* <-, *ohne pl*> afinidad *f*, unión *f*
Zusammengehörigkeitsgefühl *nt* <-(e)s, *ohne pl*> solidaridad *f*
zusammengesetzt *adj* compuesto; **~ sein aus ...** componerse de...
zusammengewürfelt *adj* mezclado, heterogéneo; **~e Tassen** tazas descabaladas
zusammen|haben *irr vt* (*fam*) tener, haber reunido [o juntado]; **bis Oktober werden wir die ganzen Unterlagen ~** para octubre tendremos [o habremos conseguido] todos los documentos; **nach zwei Jahren habe ich endlich das Geld für das Auto zusammen** después de dos años he reunido [o he logrado reunir] por fin el dinero para el coche
Zusammenhalt *m* <-(e)s, *ohne pl*> ❶ (*von Teilen*) consistencia *f*, cohesión *f*
❷ (*Bindung*) solidaridad *f*, unión *f*
zusammen|halten *irr* I. *vi* ❶ (*Mannschaft*) ser solidario; (*in der Not*) ayudarse mutuamente; **~ wie Pech und Schwefel** ser uña y carne, ser una piña
❷ (*Teile*) formar un cuerpo, estar unidos
II. *vt* ❶ (*Gruppe*) mantener juntos; (*Geld*) ahorrar; **seine Gedanken ~** no distraerse; **Essen und Trinken hält Leib und Seele zusammen** el hombre no se alimenta sólo de aire
❷ (*verbinden*) unir
Zusammenhang *m* <-(e)s, -hänge> (*Beziehung*) relación *f* (*zwischen/von* entre); (*innerer*) conexión *f*; (*im Text*) contexto *m*; **in ~ mit etw stehen** *dat* estar en relación con algo; **etw aus dem ~ reißen** sacar algo de contexto; **etw mit etw** *dat* **in ~ bringen** relacionar algo con algo; **mit diesen Aktionen möchte ich nicht in ~ gebracht werden** no quiero que me relacionen con estas acciones
zusammen|hängen *irr vi* ❶ (*Gegenstände*) estar unido, estar conectado
❷ (*in Beziehung stehen*) estar relacionado; **das hängt damit zusammen, dass ...** esto está relacionado con...
zusammenhängend *adj* coherente; (*ununterbrochen*) continuo
zusammenhang(s)los *adj* incoherente, deslabazado *fam*
Zusammenhang(s)losigkeit *f* <-, *ohne pl*> incoherencia *f*
zusammen|hauen <haut zusammen, haute zusammen, zusammengehauen> *vt* (*fam*) ❶ (*zusammenschlagen*) golpear, dar una paliza; **er wurde von einer Bande Skinheads zusammengehauen** un grupo de cabezas rapadas le dio una paliza
❷ (*zerschlagen*) hacer pedazos; (*in Scherben*) hacer añicos
❸ (*schnell machen*) enjaretar, hacer a toda prisa (y de cualquier manera); **den Aufsatz hast du wohl gestern im Schwimmbad zusammengehauen!** ¡esta redacción seguro que la hiciste ayer en la piscina de cualquier manera!
zusammen|heften *vt* encuadernar
zusammen|heilen *vi sein* (*fam: Knochen*) soldarse; (*Wunde*) cicatrizar, cerrarse
zusammen|kehren *vt* (*reg*) *s.* **zusammenfegen**
Zusammenklang *m* <-(e)s, -klänge> ❶ (MUS) consonancia *f*, concierto *m*
❷ (*Harmonie*) armonía *f*
zusammenklappbar *adj* plegable
zusammen|klappen I. *vi sein* (*Person*) sufrir un desmayo [o un colapso]
II. *vt* (*Stuhl, Tisch*) plegar; (*Messer*) cerrar
zusammen|kleben I. *vi* estar pegado
II. *vt* pegar, unir pegando
zusammen|kneifen *irr vt* apretar
zusammen|knoten *vt* anudar
zusammen|knüllen *vt* arrugar, hacer una bola (con)
zusammen|kommen *irr vi sein* ❶ (*sich treffen*) encontrarse; (*sich versammeln*) reunirse
❷ (*sich ansammeln*) acumularse
zusammen|krachen *vi sein* (*fam*) ❶ (*Stuhl, Tisch*) romperse; (*aus dem Leim gehen*) desencolarse
❷ (*Fahrzeuge*) chocar
zusammen|kratzen *vt* (*fam*) reunir penosamente

zusammen|kriegen *vt* (*fam*) juntar
Zusammenkunft [tsu'zamənkʊnft, *pl.:* -kʏnftə] *f* <-, -künfte> encuentro *m*; (*Versammlung*) reunión *f*
zusammen|läppern *vi:* **sich ~** (*fam*) amontonarse, apiñarse
zusammen|laufen *irr vi sein* ❶ (*Menschen*) apelotonarse, acudir (en masa)
❷ (*Flüsse*) confluir
❸ (*Linien*) juntarse; (MATH) converger
zusammen|leben *vi* convivir; **wir leben zusammen** vivimos juntos
Zusammenleben *nt* <-s, *ohne pl*> convivencia *f*, vida *f* en común
zusammenlegbar *adj* plegable
zusammen|legen I. *vt* ❶ (*falten*) doblar, plegar
❷ (*zueinander legen*) poner juntos, juntar
❸ (*vereinigen*) juntar; (*Firmen*) fusionar; (*Termine*) fijar a una misma hora; (*Personen*) agrupar
II. *vt* juntar dinero, contribuir; **wenn wir ~, reicht es** si todos contribuimos nos alcanza el dinero
Zusammenlegung *f* <-, -en> ❶ (*Vereinigung*) unión *f*; (*von Firmen*) fusión *f*; (*von Grundstücken*) concentración *f*; (*von Terminen*) fijación *f* de varias citas juntas
❷ (*von Personen*) agrupación *f*; (*von Gefangenen*) reunificación *f*
zusammen|nähen *vt* coser
zusammen|nehmen *irr* I. *vt* reunir, juntar; **seine Gedanken ~** concentrarse; **alles zusammengenommen** en total; **er nahm seinen ganzen Mut zusammen** hizo acopio de todo su coraje
II. *vr:* **sich ~** dominarse, controlarse; **nimm dich bitte zusammen!** ¡conténte!
zusammen|packen *vt* recoger
zusammen|passen *vi* ❶ (*Personen*) congeniar, armonizar, hacer buenas migas *fam*; (*Paar*) hacer (una) buena pareja; (*Gegenstände*) encajar, hacer juego; (*Farben*) ir bien, hacer juego
zusammen|pferchen *vt* ❶ (*Vieh*) acorralar
❷ (*Menschen*) apiñar, apelotonar
Zusammenprall *m* <-(e)s, -e> colisión *f*, choque *m*
zusammen|prallen *vi sein* colisionar, chocar
zusammen|pressen *vt* apretar, prensar
zusammen|raffen *vt* ❶ (*Sachen*) recoger a toda prisa
❷ (*abw: Vermögen*) acumular
zusammen|raufen *vr:* **sich ~** (*fam*) ponerse de acuerdo
zusammen|rechnen *vt* sumar, totalizar
zusammen|reimen I. *vt* (*fam*): **sich** *dat* **etw ~** deducir algo, imaginarse algo; **den Rest konnte man sich ~** el resto se lo podía imaginar cada uno
II. *vr:* **sich ~** (*fam*) explicarse; **wie reimt sich das zusammen?** ¿cómo se explica esto?
zusammen|reißen *irr vr:* **sich ~** (*fam*) controlarse, moderarse; **reiß dich zusammen!** ¡contrólate!
zusammen|rollen I. *vt* arrollar, enrollar
II. *vr:* **sich ~** enrollarse, enroscarse
zusammen|rotten [-rɔtən] *vr:* **sich ~** agruparse
zusammen|rücken I. *vi sein* juntarse
II. *vt* acercar
zusammen|rufen *irr vt* convocar, reunir
zusammen|sacken *vi sein* (*fam*) ❶ (*Haus*) derrumbarse
❷ (*Person*) sufrir un colapso
zusammen|scharen [-ʃaːrən] *vr:* **sich ~** agruparse, reunirse
zusammen|scheißen *irr vt* (*vulg*) poner a parir; **der hat mich vielleicht zusammengeschissen!** ¡vaya si me puso a parir!
zusammen|schießen *irr vt* (*fam*) abatir a tiros
zusammen|schlagen *irr vt* ❶ (*fam: zerstören*) destrozar, hacer pedazos
❷ (*fam: verprügeln*) moler a palos, dar una paliza; **ich schlag dich zusammen** te voy a moler a palos
❸ (*gegeneinander schlagen*): **sie schlug die Hände über dem Kopf zusammen** se llevó las manos a la cabeza
zusammen|schließen *irr vr:* **sich ~** agruparse, unirse; (*Firmen*) fusionarse
Zusammenschluss^RR *m* <-es, -schlüsse>, **Zusammenschluß** *m* <-sses, -schlüsse> agrupación *f*, unión *f*; (*von Firmen*) fusión *f*
Zusammenschlusskontrolle^RR *f* <-, -n> (JUR) control *m* de agrupaciones económicas
zusammen|schnüren *vt* atar; **der Schreck schnürte ihm die Kehle zusammen** del susto se le hizo un nudo en la garganta; **der Anblick schnürte mir das Herz zusammen** la escena me encogió el corazón
zusammen|schrauben *vt* atornillar, unir con tornillos, sujetar con tornillos
zusammen|schrecken *irr vi sein* sobresaltarse, estremecerse (del susto)
zusammen|schreiben *irr vt* ❶ (*Wörter*) escribir junto [o en una pala-

zusammenschrumpfen

bra]
② *(fam abw: verfassen)* borronear; **wer hat denn diesen Unsinn zusammengeschrieben?** ¿quién ha escrito este montón de tonterías?
zusammen|schrumpfen *vi sein* disminuir, reducirse, encogerse
zusammen|schweißen *vt* ① *(schweißend verbinden)* soldar
② *(Personen)* unir
zusammen|sein *irr vi sein s.* **zusammen 1.**
Zusammensein *nt <-s, ohne pl>* ① *(Treffen)* encuentro *m*, reunión *f*; **ein gemütliches ~** una reunión agradable
② *(Zusammenleben)* convivencia *f*
zusammen|setzen I. *vt* componer, montar; **ein zusammengesetztes Wort** una palabra compuesta
II. *vr: sich ~* ① *(zusammenkommen)* reunirse, juntarse; *(sich treffen)* encontrarse; **wir müssen uns mal wieder ~** tenemos que reunirnos un día de estos; **sich gemütlich ~** reunirse tranquilamente
② *(bestehen)* componerse *(aus* de), estar integrado [*o* compuesto] *(aus* por)
Zusammensetzung¹ *f <-, ohne pl> (das Zusammensetzen)* montaje *m*
Zusammensetzung² *f <-, -en>* ① *(Struktur, Mischung)* composición *f*, combinación *f*; **chemische ~** composición química; **eine ~ aus …** una combinación de…; **in dieser ~** en esta combinación; **die ~ der Belegschaft** el personal que compone la plantilla
② (LING) palabra *f* compuesta
zusammen|sinken *irr vi sein* ① *(zu Boden gleiten)* desmayarse, desvanecerse, desplomarse
② *(zusammenfallen)* derrumbarse, hundirse, caerse; **der Haufen ist in sich zusammengesunken** el montón se ha desmoronado
zusammen|sparen *vt:* **sich** *dat* **etw ~** ahorrar hasta poder comprar algo; **sie hat sich einen Computer zusammengespart** ahorró hasta que pudo comprarse un ordenador
Zusammenspiel *nt <-(e)s, ohne pl>* ① *(einer Mannschaft)* juego *m* del equipo
② *(von Kräften)* interacción *f*
zusammen|stauchen *vt (fam)* aplastar, (d)espachurrar
zusammen|stecken I. *vi (fam)* estar juntos
II. *vt* juntar; *(Stoff)* fijar con alfileres; **die Köpfe ~** andar con secretitos, secretear
zusammen|stehen *irr vi* ① *(nebeneinander)* estar juntos [*o* uno al lado del otro]
② *(einander unterstützen)* estar unidos, apoyarse mutuamente
zusammen|stellen *vt* ① *(nebeneinander stellen)* juntar, colocar juntos
② *(anordnen)* disponer, componer; *(in Gruppen)* agrupar; *(sortieren)* clasificar; *(kompilieren)* compilar; *(Farben, Menü)* combinar; *(Unterlagen)* reunir, juntar; *(Programm, Liste)* hacer, confeccionar
Zusammenstellung *f <-, -en>* ① *(Anordnung)* disposición *f*
② *(Zusammensetzung)* combinación *f*, composición *f*; *(systematisch)* clasificación *f*; *(in Gruppen)* agrupación *f*; *(eines Buchs)* compilación *f*
③ *(Übersicht)* cuadro *m* sinóptico; *(Liste)* lista *f*
Zusammenstoß *m <-es, -stöße>* ① *(von Fahrzeugen)* colisión *f*, choque *m*, quiñazo *m Am*
② *(fam: Streit)* altercado *m*, disputa *f*; *(Auseinandersetzung)* enfrentamiento *m*; **es kam zu blutigen Zusammenstößen mit der Polizei** hubo sangrientos enfrentamientos con la policía
zusammen|stoßen *irr vi sein* ① *(kollidieren)* chocar; **sie stießen mit den Köpfen zusammen** chocaron con la cabeza
② *(sich streiten)* chocar, pelearse
zusammen|streichen *irr vt (fam)* acortar, reducir *(auf* a)
zusammen|strömen *vi sein* ① *(Flüsse)* confluir
② *(Menschen)* acudir en masa
zusammen|stürzen *vi sein (Gebäude)* hundirse, derrumbarse; *(Plan)* venirse abajo, malograrse
zusammen|suchen *vt* (buscar y) reunir; **sich** *dat* **etw ~** escoger algo
zusammen|tragen *irr vt* acumular, reunir; *(Fakten)* compilar
zusammen|treffen *irr vi sein* ① *(Menschen)* encontrarse
② *(Ereignisse, Umstände)* coincidir
Zusammentreffen *nt <-s, ->* ① *(Begegnung)* encuentro *m;* **bei unserem letzten ~** en nuestro último encuentro
② *(von Ereignissen)* coincidencia *f*
zusammen|treiben *irr vt* reunir, juntar
zusammen|treten *irr vi sein* reunirse, celebrar una sesión
zusammen|trommeln *vt (fam)* convocar, llamar
zusammen|tun I. *vt (fam)* juntar, meter junto
II. *vr: sich ~ (fam)* unirse; *(sich verbünden)* aliarse, asociarse
Zusammenveranlagung *f <-, -en>* tributación *f* conjunta
zusammen|wachsen *irr vi sein* ① *(verheilen)* cerrarse, cicatrizar
② *(sich verbinden)* unirse
zusammen|werfen *irr vt* ① *(Gerümpel)* tirar [*o* echar] a un montón
② *(Begriffe, Ideen)* confundir, mezclar, hacer un cacao

③ *(fam: Geld)* poner en una cuenta común
zusammen|wirken *vi* ① *(Faktoren)* actuar (simultáneamente)
② *(geh: zusammenarbeiten)* colaborar *(bei* en), cooperar *(bei* en)
Zusammenwirken *nt <-s, ohne pl>* interacción *f*
zusammen|zählen *vt* sumar; **er kann nicht zwei und zwei ~** ni siquiera sabe sumar dos y dos
zusammen|ziehen *irr* I. *vt* ① *(enger machen)* estrechar, contraer; *(durch Säure)* astringir; *(Muskeln)* contraer; **die Augenbrauen ~** fruncir el ceño
② *(Polizei, Truppen)* reunir, concentrar
③ *(addieren)* sumar
II. *vr: sich ~* ① *(kleiner werden)* contraerse
② *(Gewitter, Unheil)* cernirse
III. *vi sein:* **mit jdm ~** ir a vivir con alguien
zusammen|zucken *vi sein* estremecerse *(vor* de), sobresaltarse *(vor* de)
Zusatz *m <-es, -sätze>* ① *(Substanz)* aditamento *m*; *(Lebensmittel~)* aditivo *m*; **ohne ~ von Konservierungsstoffen** sin conservantes ni colorantes
② *(zu einem Text)* suplemento *m*, apéndice *m*
Zusatzabkommen *nt <-s, ->* convenio *m* adicional; **Zusatzabrede** *f <-, -n>* acuerdo *m* adicional; **Zusatzadapter** *m <-s, ->* (*a.* INFOR) adaptador *m* adicional [*o* opcional]; **Zusatzanschluss**^RR *m <-es, -schlüsse>* (*a.* INFOR) puerto *m* adicional; **Zusatzausrüstung** *f <-, -en>* equipo *m* adicional; **Zusatzbedingung** *f <-, -en>* condición *f* adicional; **Zusatzbesteuerung** *f <-, -en>* (WIRTSCH) imposición *f* suplementaria; **Zusatzbestimmung** *f <-, -en>* disposición *f* suplementaria; **Zusatzeinrichtung** *f <-, -en>* (*a.* INFOR) dispositivo *m* adicional [*o* opcional]; **Zusatzgerät** *nt <-(e)s, -e>* aparato *m* suplementario; **Zusatzgewinn** *m <-(e)s, -e>* (WIRTSCH) beneficio *m* adicional; **Zusatzklausel** *f <-, -n>* cláusula *f* adicional; **Zusatzkosten** *pl* gastos *mpl* adicionales; **Zusatzleistung** *f <-, -en>* prestación *f* adicional
zusätzlich ['tsu:zɛtslɪç] I. *adj* adicional, suplementario
II. *adv* más
Zusatzlohn *m <-(e)s, -löhne>* salario *m* complementario; **Zusatzrente** *f <-, -n>* pensión *f* suplementaria; **Zusatzstecker** *m <-s, ->* (*a.* INFOR) conector *m* adicional [*o* auxiliar]; **Zusatzstoff** *m <-(e)s, -e>* aditivo *m*; **Zusatzurlaub** *m <-(e)s, -e>* vacaciones *fpl* adicionales; **Zusatzurteil** *nt <-s, -e>* (JUR) sentencia *f* suplementaria; **Zusatzverpflichtung** *f <-, -en>* obligación *f* accesoria [*o* adicional]; **Zusatzversicherung** *f <-, -en>* seguro *m* complementario; **Zusatzversorgung** *f <-, -en>* previsión *f* adicional; **Zusatzwasser** *nt <-s, -o -wässer>* agua *f* adicional; **Zusatzzahl** *f <-, -en>* número *m* complementario *m*
zuschanden [tsu'ʃandən] *adv:* **ein Auto ~ fahren** dejar un coche para el desguace; **Hoffnungen/Pläne ~ machen** arruinar [*o* echar a perder] esperanzas/planes
zu|schanzen ['tsu:ʃantsən] *vt (fam)* proporcionar
zu|schauen *vi s.* **zusehen**
Zuschauer(in) *m(f) <-s, -; -, -nen>* espectador(a) *m(f)*; *(Fernseh~)* telespectador(a) *m(f)*, televidente *mf*; **die ~ waren begeistert** el público estaba entusiasmado
Zuschauerbefragung *f <-, -en>* encuesta *f* entre los espectadores
Zuschauerin *f <-, -nen> s.* **Zuschauer**
Zuschauerraum *m <-(e)s, -räume>* sala *f* de espectadores; **Zuschauertribüne** *f <-, -n>* tribuna *f* para el público; **Zuschauerzahl** *f <-, -en>* número *m* de espectadores
zu|schicken *vt* enviar, mandar; **sich** *dat* **etw ~ lassen** pedir algo [*o* que le envíen algo]; **etw zugeschickt bekommen** recibir algo por correo
zu|schieben *irr vt* ① *(Fenster, Tür)* cerrar
② *(hinschieben)* pasar; **jdm die Schuld/Verantwortung ~** echar la culpa/responsabilidad a alguien
zu|schießen *irr* I. *vt* ① *(Ball)* tirar, lanzar
② *(fam: Geld)* contribuir (con)
II. *vi sein* precipitarse, abalanzarse *(auf* sobre)
Zuschlag *m <-(e)s, -schläge>* ① *(auf einen Preis)* sobretasa *f*, suplemento *m*, yapa *f Am*; *(im Zug)* suplemento *m*; **einen ~ zahlen** pagar (un) suplemento; **dieser Zug kostet (4 Euro) ~** para este tren hay que pagar un suplemento (de cuatro euros)
② *(bei einer Versteigerung)* remate *m;* **den ~ erhalten** recibir el remate
③ *(für einen Auftrag)* adjudicación *f*; **jdm den ~ für etw erteilen** adjudicar algo a alguien
zu|schlagen *irr* I. *vi* ① *(Person)* golpear
② *sein (Tür)* cerrarse de golpe
③ *(fam: zugreifen)* aprovechar la oportunidad; **schlag zu!** ¡aprovéchalo!
④ *(fam: beim Essen)* atiborrarse
II. *vt* ① *(Tür, Buch)* cerrar (de golpe)
② *(Ball)* lanzar, tirar
③ *(Auftrag, bei einer Versteigerung):* **jdm etw ~** adjudicar algo a alguien

zuschlagfrei *adj* sin recargo; (*a.* EISENB) sin suplemento; **Nahverkehrszüge sind ~** los trenes de cercanías no tienen suplemento
zuschlagpflichtig *adj* con recargo; (*a.* EISENB) con suplemento; **der Intercity ist ~** el Intercity tiene suplemento
Zuschlagstoff *m* <-(e)s, -e> (TECH) áridos *mpl*
zu|schließen *irr vt* cerrar (con llave); **die Tür ~** cerrar la puerta con llave
zu|schnallen *vt* abrochar; **ich habe zugenommen, ich kann den Gürtel kaum noch ~** he engordado, apenas puedo abrocharme el cinturón
zu|schnappen *vi* ① *sein* (*Schloss*) cerrarse de golpe; (*Falle*) caer ② (*Hund*) dar un mordisco
zu|schneiden *irr vt* cortar; **die Stelle war ganz auf ihn zugeschnitten** el puesto de trabajo estaba hecho a su medida; **die Sendung ist genau auf den Publikumsgeschmack zugeschniten** el programa está hecho justo a gusto del público
zu|schneien *vi* cubrir la nieve; **der Weg ist zugeschneit** el camino está bloqueado por la nieve
Zuschnitt¹ *m* <-(e)s, *ohne pl*> (*das Zuschneiden*) corte *m*
Zuschnitt² *m* <-(e)s, -e> ① (*der Kleidung*) corte *m* ② (*einer Person*) categoría *f*
zu|schnüren *vt* atar; **die Angst schnürte ihm die Kehle zu** el miedo le oprimía la garganta
zu|schrauben *vt* ① (*mit Schrauben*) atornillar ② (*durch Drehen*) cerrar
zu|schreiben *irr vt* atribuir; (*Eigentum*) transferir; **dieser Quelle werden Heilkräfte zugeschrieben** a esta fuente se le atribuyen propiedades curativas; **jdm die Schuld an etw** *dat* **~** echar a alguien la culpa de algo; **das hast du dir selbst zuzuschreiben** es culpa tuya
Zuschreibung *f* <-, -en> (JUR) incorporación *f*; **~ eines Grundstücks** incorporación de un inmueble
Zuschrift *f* <-, -en> carta *f*; (*amtlich*) comunicación *f*
zuschulden [-'--] *adv*: **sich** *dat* **etwas ~ kommen lassen** cometer un error
Zuschussᴿᴿ *m* <-es, -schüsse>, **Zuschuß** *m* <-sses, -schüsse> subsidio *m*, ayuda *f* financiera; (*staatlich*) subvención *f*; **verlorener ~** subvención a fondo perdido
Zuschussbedarfᴿᴿ *m* <-(e)s, *ohne pl*> necesidad *f* de subvención; **Zuschussbetrieb**ᴿᴿ *m* <-(e)s, -e>, **Zuschussunternehmen**ᴿᴿ *nt* <-s, -> empresa *f* subvencionada
zu|schustern ['tsu:ʃu:stɐn] *vt* (*fam*) *s.* **zuschanzen**
zu|schütten I. *vt* ① (*mit Erde*) rellenar ② (*fam: dazugeben*) añadir, agregar II. *vr*: **sich ~** (*fam*) emborracharse
zu|sehen *irr vi* ① (*betrachten*) mirar; **er sah ihm bei der Arbeit zu** le miraba mientras trabajaba; **mir wird schon vom Z~ schwindelig** tan sólo con mirarlo me da vueltas la cabeza [*o* me mareo]; **ich kann da nicht länger ~** ya no lo aguanto más ② (*dafür sorgen*): **~, dass ...** procurar que... +*subj*; **sieh mal zu, was du machen kannst!** ¡mira a ver qué puedes hacer!
zusehends ['tsu:ze:ənts] *adv* a ojos vista, visiblemente; **es geht ihm ~ besser** mejora ostensiblemente
zu|sein *irr vi sein s.* **zu II.3.**
zu|senden *irr vt s.* **zuschicken**
Zusendung *f* <-, -en> envío *m*; **die ~ erfolgt nach Zahlungseingang** el envío se efectuará tras cobrar el importe; **morgen werden Sie Ihre ~ erhalten** mañana recibirá su envío
zu|setzen I. *vt* ① (*bedrängen*) apremiar, atosigar; (*belästigen*) molestar, dar la lata *fam* ② (*verletzen*) herir ③ (*Krankheit*) afectar II. *vt* ① (*hinzufügen*) añadir (*zu* a), agregar (*zu* a) ② (*Geld*) perder
zu|sichern *vt* asegurar, garantizar; (*Versprechen*) prometer
Zusicherung *f* <-, -en> garantía *f*, seguridad *f*, promesa *f*; **jdm finanzielle ~en machen** darle a alguien garantías financieras [*o* pecuniarias]
Zuspätkommende(r) [-'-----] *mf* <-n, -n; -, -n> atrasado, -a *m, f*, retrasado, -a *m, f*, rezagado, -a *m, f*
zu|sperren *vt* (*Österr, südd*) cerrar con llave
Zuspiel *nt* <-(e)s, -e> (SPORT) pase *m*
zu|spielen *vt* (*Ball*) pasar; **jdm etw ~** pasar algo a alguien; **mir wurden vertrauliche Unterlagen zugespielt** han llegado a mis manos documentos confidenciales
zu|spitzen *vr*: **sich ~** (*Situation*) agudizarse, agravarse
Zuspitzung *f* <-, -en> (*Situation*) agudización *f*, agravamiento *m*
zu|sprechen *irr* I. *vi*: **jdm ~** tranquilizar a alguien, consolar a alguien; **sie sprach ihm gut zu** le tranquilizó; **dem Alkohol ~** tomar bebidas alcohólicas II. *vt* ① (*Preis*) conceder, otorgar; (*Erbe*) adjudicar; **das Kind wurde der Mutter zugesprochen** la custodia del niño fue otorgada a la madre ② (*zuschreiben*) atribuir; **jdm Trost ~** consolar a alguien; **jdm Mut ~** animar a alguien
Zuspruch *m* <-(e)s, *ohne pl*> (*geh*) ① (*Trost*) consuelo *m* ② (*Besuch*) concurrencia *f*; **die Veranstaltung erfreute sich großen ~s** el acto estuvo muy concurrido
Zustand ['--] *m* <-(e)s, -stände> estado *m*; (*Lage*) situación *f*; (*Beschaffenheit*) condición *f*; **Zustände kriegen** (*fam*) volverse loco; **baulicher ~** estado arquitectónico; **in ordnungsgemäßem ~** en su debido estado; **in unbeschädigtem ~** en perfecto estado; **sie befand sich in lebensbedrohlichem ~** estaba en peligro de muerte; **Zustände wie im alten Rom** (*fam*) ¿dónde vamos a ir a parar?; **das ist doch kein ~!** (*fam*) ¡eso no puede quedar así!
zustande [-'--] *adv*: **etw ~ bringen** lograr algo, realizar algo; **~ kommen** llevarse a cabo; **nicht ~ kommen** malograrse
Zustandekommen *nt* <-s, *ohne pl*> (*eines Kongresses*) realización *f*; (*eines Vertrages*) conclusión *f*
zuständig *adj* competente (*für* para); (*verantwortlich*) responsable (*für* de); **die ~e Behörde** la autoridad competente; **der dafür ~e Beamte** el funcionario responsable
Zuständigkeit *f* <-, -en> atribuciones *fpl*; (*a.* JUR) competencia *f*; **Änderung der ~** cambio de competencia; **ausschließliche ~** competencia exclusiva; **funktionelle ~** competencia jerárquica; **konkurrierende ~** competencia concurrente; **örtliche ~** competencia local; **sachliche ~** competencia objetiva; **~ eines Gerichts/in Kartellsachen** competencia de un tribunal/en materia de cárteles; **nach dem Streitwert** competencia en base a la cuantía del litigio; **das fällt nicht in meine ~** eso no corresponde a mis atribuciones
Zuständigkeitsbereich *m* <-(e)s, -e> ámbito *m* de responsabilidad [*o* de competencias]; **Zuständigkeitserschleichung** *f* <-, -en> subrepción *f* de competencias; **Zuständigkeitsgericht** *nt* <-(e)s, -e> juzgado *m* competente, tribunal *m* competente; **Zuständigkeitskonzentration** *f* <-, -en> concentración *f* de competencias; **Zuständigkeitsregelung** *f* <-, -en> regulación *f* de competencias; **Zuständigkeitsstreit** *m* <-(e)s, -e> conflicto *m* de competencias; **Zuständigkeitsvereinbarung** *f* <-, -en> pacto *m* de sumisión jurisdiccional; **Zuständigkeitsverweisung** *f* <-, -en> atribución *f* de competencias; **Zuständigkeitswechsel** *m* <-s, -> cambio *m* de competencias
Zustandsdelikt *nt* <-(e)s, -e> (JUR) delito *m* instantáneo de efectos permanentes
zustatten [-'--] *adv*: **~ kommen** venir bien, servir, favorecer
zu|stechen *irr vi* pinchar
zu|stecken *vt* ① (*schließen*) cerrar con alfileres ② (*geben*): **jdm etw ~** pasar algo a alguien
zu|stehen *irr vi* corresponder; **darüber steht mir kein Urteil zu** no me corresponde emitir un juicio sobre esto
zu|steigen *irr vi sein* subir; **ist noch jemand zugestiegen?** ¿ha subido alguien más?
Zustellbezirk *m* <-(e)s, -e> zona *f* de reparto, distrito *m* postal
zu|stellen *vt* ① (*versperren*) obstruir, bloquear ② (*formal: schicken*) enviar, remitir; (*aushändigen*) entregar; (*Post*) repartir
Zusteller(in) *m(f)* <-s, -; -, -nen> (*formal*) repartidor(a) *m(f)*
Zustellgebühr *f* <-, -en> gastos *mpl* de entrega
Zustellung *f* <-, -en> (*formal*) entrega *f*, notificación *f*; **öffentliche ~** notificación por edicto; **von Amts wegen** notificación por vía oficial; **~ zur Nachtzeit** notificación nocturna
Zustellungsadressat(in) *m(f)* <-en, -en; -, -nen> destinatario, -a *m, f* de la notificación; **Zustellungsanschrift** *f* <-, -en> dirección *f* a efectos de notificación; **Zustellungsbevollmächtigte(r)** *mf* <-n, -n; -, -n> apoderado, -a *m, f* a efectos de notificación; **Zustellungsempfänger(in)** *m(f)* <-s, -; -, -nen> receptor(a) *m(f)* de la notificación; **Zustellungsfiktion** *f* <-, -en> ficción *f* de la notificación; **Zustellungsmangel** *m* <-s, -mängel> defecto *m* de la notificación; **Zustellungsort** *m* <-(e)s, -e> lugar *m* de la notificación; **Zustellungsurkunde** *f* <-, -n> acta *f* de la notificación; **Zustellungsveranlasser(in)** *m(f)* <-s, -; -, -nen> causante *mf* de la notificación; **Zustellungsvermerk** *m* <-(e)s, -e> documentación *f* del acto; **Zustellungswohnsitz** *m* <-es, -e> domicilio *m* a efectos de notificación
zu|steuern I. *vi sein* poner rumbo (*auf* a), dirigirse (*auf* a); **er ist geradewegs auf uns zugesteuert** se dirigió directamente a nosotros; **wir steuern geradewegs auf eine globale Katastrophe zu** vamos de cabeza a una catástrofe II. *vt* (*fam*) contribuir (con)
zu|stimmen *vi* dar la razón (a), estar de acuerdo (con); **etw** *dat* **~** aprobar algo; **dem kann man nur ~** esto se puede aprobar sin más
zustimmend *adj* aprobatorio, consentidor, conforme; **~ nicken** inclinar la cabeza en señal de asentimiento
Zustimmung *f* <-, -en> (*Billigung*) aprobación *f*; (*Einverständnis*)

asentimiento *m*, consentimiento *m*; **schriftliche** ~ aprobación [*o* consentimiento] por escrito; **seine** ~ **(zu etw** *dat*) **geben/verweigern** dar/denegar su aprobación (a algo); **das findet meine** ~ eso tiene mi aprobación; **unter allgemeiner** ~ bajo asentimiento general; **lebhafte** ~ **finden** hallar gran resonancia, tener una buena acogida

zustimmungspflichtig *adj* sujeto a consentimiento [*o* autorización]

Zustimmungsrecht *nt* <-(e)s, *ohne pl*> derecho *m* de autorización;

Zustimmungsvorbehalt *m* <-(e)s, -e> reserva *f* del derecho de autorización

zu|stoßen *irr* I. *vi* ❶ (*zustechen*) dar una puñalada; (*Stier, Schlange*) arremeter

❷ *sein* (*passieren*) suceder, ocurrir; **für den Fall, dass mir etwas zustößt** por si me ocurre algo

II. *vt* (*Tür*) cerrar dando un golpe

zu|streben *vi sein*: **auf etw** ~ dirigirse (apresuradamente) a algo

Zustrom *m* <-(e)s, *ohne pl*> afluencia *f*; **großen** ~ **zu verzeichnen haben** ser muy popular

zu|stürzen *vi sein* precipitarse (*auf* sobre)

zutage [-'--] *adv*: **etw** ~ **fördern** sacar algo a la luz; ~ **kommen** aparecer; **der Bericht bringt das wahre Ausmaß der Katastrophe** ~ el informe pone al descubierto el verdadero alcance de la catástrofe; **unter dem Sand trat der Fels** ~ bajo la arena asomaba la roca

Zutat *f* <-, -en> ❶ (*Bestandteil*) ingrediente *m*

❷ (*Beiwerk*) accesorio *m*

zuteil [-'--] *adv* (*geh*): **jdm wird etw** ~ algo se le dispensa a alguien; **jdm etw** ~ **werden lassen** conceder [*o* adjudicar] algo a alguien

zu|teilen *vt* ❶ (*austeilen*) repartir, distribuir

❷ (*Rolle, Aufgabe*) destinar, asignar

Zuteilung *f* <-, -en> ❶ (*das Austeilen*) distribución *f*, reparto *m*; **Fleisch gab es nur auf** ~ la carne estaba racionada

❷ (*einer Aufgabe*) asignación *f*

❸ (*Ration*) ración *f*

zuteilungsreif *adj* (WIRTSCH) disponible; **Ihr Bausparvertrag ist im kommenden Jahr** ~ podrá disponer de su cuenta (de) ahorro-vivienda el año próximo

zutiefst [-'--] *adv* profundamente, extremadamente; **etw** ~ **bereuen** sentir algo de todo corazón

zu|tragen *irr* I. *vt* ❶ (*bringen*) llevar

❷ (*Nachricht*) informar (sobre)

II. *vr*: **sich** ~ acontecer, acaecer; **es trug sich zu, dass ...** aconteció que...

Zuträger(in) *m(f)* <-s, -; -, -nen> informante *mf*; (*abw*) delator(a) *m(f)*

zuträglich ['tsu:trɛːklɪç] *adj* (*geh*): **jdm/etw** *dat* ~ **sein** ser ventajoso para alguien/algo

zu|trauen *vt*: **jdm etw** ~ creer a alguien capaz de algo; **das hätte ich ihm nicht zugetraut** no le creí capaz de ello; **das ist ihm zuzutrauen** es capaz de ello; **ihm ist alles zuzutrauen** de él se puede esperar cualquier cosa; **jdm nicht viel** ~ desconfiar de la capacidad de alguien; **traust du dir das zu?** ¿crees que eres capaz?; **sich** *dat* **zu viel** ~ meterse en camisa de once varas

Zutrauen *nt* <-s, *ohne pl*> confianza *f* (*zu* en); **zu jdm** ~ **fassen** entrar en confianza con alguien

zutraulich I. *adj* confiado, (*Tier*) manso

II. *adv* con confianza

zu|treffen *irr vi* ❶ (*richtig sein*) ser correcto; (*wahr sein*) ser verdad; **trifft es zu, dass ...?** ¿es verdad que...?

❷ (*passen*) ser aplicable (*auf* a); (*gelten*) valer (*für/auf* para); **genau das trifft auf ihn zu** (*fam*) justamente eso cae que ni pintado a su caso

zutreffend *adj* acertado; (*richtig*) justo; **eine** ~**e Bemerkung** un comentario acertado; **Z~es bitte ankreuzen** (*formal*) márquese lo que corresponda; **nicht Z~es bitte streichen** (*formal*) táchese lo que no corresponda [*o* proceda]

zu|treten *irr vi* ❶ *haben* dar [*o* propinar] una patada; **... und plötzlich trat er zu** ...y de repente nos propinó una patada

❷ *sein*: **auf jdn/etw** ~ dirigirse a [*o* avanzar hacia] alguien/algo

zu|trinken *irr vi*: **jdm** ~ beber a la salud de alguien

Zutritt *m* <-(e)s, *ohne pl*> (*Zugang*) acceso *m* (*zu* a); (*Eingang*) entrada *f* (*zu* a); **kein ~!**, ~ **verboten!** prohibida la entrada; (**freien**) ~ **haben** tener (libre) acceso; **sich** *dat* ~ **verschaffen** conseguir entrar; **jdm den** ~ **verwehren** (de)negar a alguien la entrada

zu|tun *irr vt* (*fam*) ❶ (*hin*~) añadir, agregar

❷ (*zumachen*) cerrar; **ich habe die ganze Nacht kein Auge zugetan** no pegué ojo en toda la noche

Zutun *nt* <-s, *ohne pl*>: **ohne mein** ~ sin mi intervención

zuungunsten [tsu'ʔʊnɡʊnstən] *präp* +*gen* en perjuicio de

zuunterst [tsu'ʔʊntɛst] *adv* en el fondo, abajo [*o* debajo] (de todo)

zuverlässig ['tsu:fɛɐlɛsɪç] *adj* ❶ (*Person*) cumplidor, de confianza; (*Mittel*) eficaz

❷ (*glaubwürdig*) fidedigno, seguro; **aus** ~**er Quelle** de fuentes fidedignas

Zuverlässigkeit *f* <-, *ohne pl*> ❶ (*einer Person*) fiabilidad *f*; (*eines Mittels*) eficacia *f*; ~ **des Gewerbetreibenden** fiabilidad del comerciante

❷ (*Glaubwürdigkeit*) seguridad *f*, formalidad *f*

Zuversicht ['tsu:fɛɐzɪçt] *f* <-, *ohne pl*> (absoluta) confianza *f*, (firme) esperanza *f*; **in der festen** ~, **dass ...** en la absoluta confianza de que...; **voller** ~ lleno de optimismo [*o* de seguridad]

zuversichtlich I. *adj* confiado, lleno de esperanzas; (*optimistisch*) optimista; **ich bin** ~, **dass ...** confío en que... +*subj*

II. *adv* con toda confianza

zuviel [-'--] *adv s.* **viel I.4.**

zuvor [-'--] *adv* antes; **kurz** ~ poco antes; **am Tag** ~ el día anterior

zuvor|kommen *irr vi sein* adelantarse; **da bin ich ihm zuvorgekommen** me adelanté a él; **etw** *dat* ~ anticiparse a algo

zuvorkommend *adj* cortés, solícito; **jdn** ~ **bedienen** atender a alguien atentamente

Zuvorkommenheit *f* <-, *ohne pl*> (*Höflichkeit*) cortesía *f*; (*Hilfsbereitschaft*) solicitud *f*; (*Aufmerksamkeit*) atención *f*; **jdn mit großer** ~ **behandeln** tratar a alguien con mucha cortesía; **mit großer** ~ **behandelt werden** recibir muchas atenciones

Zuwachs ['tsu:vaks] *m* <-es, -wächse> ❶ (*Wachstum*) crecimiento *m*

❷ (*Zunahme*) incremento *m* (*um/an* de), aumento *m* (*um/an* de); ~ **bekommen** (*fam*) estar esperando familia

zu|wachsen *irr vi sein* ❶ (*Wunde*) cerrarse

❷ (*mit Pflanzen*) cubrirse de vegetación

❸ (*geh: zuteil werden*): **jdm** ~ corresponder [*o* pertenecer] a alguien

Zuwachsrate *f* <-, -n> tasa *f* de incremento

Zuwanderer, -in *m*, *f* <-s, -; -, -nen> inmigrante *mf*

zu|wandern *vi sein* inmigrar

Zuwanderung *f* <-, -en> inmigración *f*

zuwege [-'--] *adv*: **etw** ~ **bringen** conseguir algo, lograr algo

zuweilen [-'--] *adv* (*geh*) de vez en cuando, en ocasiones

zu|weisen *irr vt* asignar

Zuweisung *f* <-, -en> asignación *f*

Zuweisungsgehalt *m* <-(e)s, -e> (JUR) contenido *m* de la imputación;

Zuweisungsrecht *nt* <-(e)s, *ohne pl*> (JUR) derecho *m* de imputación

zu|wenden *irr* I. *vt* ❶ (*Gesicht, Rücken*) volver; **sie wandte ihm ihr Gesicht zu** volvió el rostro hacia él; **jdm seine Aufmerksamkeit** ~ prestar atención a alguien; **etw** *dat* **seine Aufmerksamkeit** ~ poner su atención en algo

❷ (*zukommen lassen*) donar; **jdm einen Betrag** ~ asignar [*o* atribuir] una cantidad a alguien

II. *vr*: **sich jdm/etw** *dat* ~ dedicarse a alguien/algo

Zuwendung¹ *f* <-, *ohne pl*> (*Liebe*) cariño *m*; (*Aufmerksamkeit*) atención *f*; **Kinder brauchen viel** ~ los niños necesitan mucho cariño

Zuwendung² *f* <-, -en> ❶ (*Geld*) ayuda *f*, subsidio *m*; (*Schenkung*) donación *f*; **testamentarische** ~ mejora (testamentaria)

❷ (*Zuweisung*) asignación *f*; **letztwillige** ~ asignación de última voluntad; **staatliche** ~**en** asignaciones del Estado; **unentgeltliche** ~ asignación gratuita

Zuwendungsverhältnis *nt* <-ses, -se> (JUR) relación *f* de la asignación

zuwenig [-'--] *adv s.* **wenig**

zu|werfen *irr vt* ❶ (*Tür*) cerrar de golpe

❷ (*Grube, Graben*) cegar, tapar, obstruir

❸ (*Ball*) pasar; (*Blick*) echar

zuwider [-'--] *adv*: ~ **sein** repugnar; **er ist mir zutiefst** ~ me resulta extremadamente repugnante

zuwider|handeln *vi* (*dem Gesetz*) infringir; (*einem Prinzip*) contravenir

Zuwiderhandelnde(r) *mf* <-n, -n; -n, -n> (*gegen ein Gesetz*) infractor(a) *m(f)*; (*gegen ein Prinzip*) contraventor(a) *m(f)*; **Zuwiderhandlung** *f* <-, -en> contravención *f*, infracción *f*

zuwider|laufen *irr vi sein* ser contrario (a), ir (contra)

zu|winken *vi*: **jdm** ~ saludar con la mano a alguien

zu|zahlen *vt* pagar más

zuzeiten [-'--] *adv* en ocasiones, a veces

zu|ziehen *irr* I. *vt* ❶ (*Tür*) cerrar; (*Vorhang*) correr; (*Knoten*) apretar

❷ (*um Rat fragen*) consultar

❸ (*bekommen*): **sich** *dat* **etw** ~ (*Krankheit*) contraer algo, coger algo; (*Verletzung*) producirse; **sie hat sich schwere Verbrennungen zugezogen** resultó con quemaduras graves; **sich** *dat* **jds Zorn** ~ atraerse las iras de alguien

II. *vi sein* venirse a vivir aquí

III. *vr*: **sich** ~ (*Himmel*) cubrirse

Zuzug *m* <-(e)s, -züge> (*Ankunft*) llegada *f*; (*Einwanderung*) inmigración *f*

zuzüglich ['tsuːtsyːklɪç] *präp +gen* más, a lo que se suma
Zuzugsgenehmigung *f* <-, -en> permiso *m* de residencia; (*aus dem Ausland*) permiso *m* de inmigración; **Zuzugsrecht** *nt* <-(e)s, ohne pl> derecho *m* de residencia
zu|zwinkern *vi* guiñar, hacer un guiño
Zvieri *m o nt* <-s, -> (*Schweiz*) merienda *f*
ZVS [tsɛtfaʊˈʔɛs] *f* <-> *Abk. von* Zentralstelle für die Vergabe von Studienplätzen *en Alemania, central para la adjudicación de plazas de estudio*
zwacken ['tsvakən] **I.** *vi* (*fam: Kleidung*) apretar
II. *vt* (*fam*) pellizcar, dar un pellizco
zwang [tsvaŋ] *3. imp von* **zwingen**
Zwang [tsvaŋ], *pl:* 'tsvɛŋə] *m* <-(e)s, Zwänge> ❶ (*Gewalt*) fuerza *f*, violencia *f*; (*Druck*) presión *f*; ~ **auf jdn ausüben** presionar a alguien; **unter ~ stehen** estar bajo presión; **tu dir keinen ~ an** compórtate como si estuvieses en tu casa; **gesellschaftliche Zwänge** presiones sociales; **einem inneren ~ folgen** seguir el propio impulso; **sich äußeren Zwängen beugen** ceder a la presión exterior
❷ (*Nötigung*) coacción *f*; **unmittelbarer ~** (JUR) coacción inmediata
❸ (*Notwendigkeit*) necesidad *f*; **wirtschaftliche Zwänge** necesidades económicas
zwängen ['tsvɛŋən] **I.** *vt* (*hinein-*) meter a presión (*in* en); (*hindurch-*) hacer pasar por la fuerza (*durch* por); **die Kleider in den Koffer ~** meter la ropa a presión en la maleta
II. *vr:* **sich ~** (*hinein-*) meterse a presión (*in* en); (*hindurch-*) abrirse paso por la fuerza (*durch* por); **er zwängte sich in den Wagen** se metió a presión en el coche
zwanghaft *adj* ❶ (*gezwungen*) forzoso, obligatorio
❷ (*erzwungen*) artificial
zwanglos I. *adj* desenvuelto, desembarazado
II. *adv* sin ceremonias, con soltura
Zwanglosigkeit *f* <-, ohne pl> desembarazo *m*, desenvoltura *f*
Zwangsanleihe *f* <-, -n> empréstito *m* forzoso, préstamo *m* forzoso; **Zwangsarbeit** *f* <-, ohne pl> trabajos *mpl* forzados; **Zwangsausgleich** *m* <-(e)s, ohne pl> compensación *f* obligatoria [*o* forzosa]; **Zwangseintreibung** *f* <-, -en> cobro *m* por vía ejecutiva; **Zwangseinweisung** *f* <-, -en> hospitalización *f* forzosa; **Zwangseinziehung** *f* <-, ohne pl> cobro *m* por vía ejecutiva; **Zwangsenteignung** *f* <-, -en> expropiación *f* forzosa
zwangsernähren* *vt* alimentar por la fuerza
Zwangsernährung *f* <-, ohne pl> alimentación *f* forzosa; **Zwangsgeld** *nt* <-(e)s, -er> multa *f* coercitiva; **Zwangshandlung** *f* <-, -en> (PSYCH) acto *m* compulsivo; **Zwangshypothek** *f* <-, -en> hipoteca *f* necesaria; **Zwangsjacke** *f* <-, -n> camisa *f* de fuerza; **jdn in eine ~ stecken** poner(le) a alguien la camisa de fuerza
Zwangskartell *nt* <-s, -e> cártel *m* obligatorio; **Zwangskartellgesetz** *nt* <-es, -e> ley *f* de cárteles obligatorios
Zwangslage *f* <-, -n> aprieto *m*, apuro *m*; **sich in einer ~ befinden** encontrarse en un apuro
zwangsläufig I. *adj* obligatorio, forzoso; (*unvermeidbar*) inevitable; (*notwendig*) necesario
II. *adv* de por sí, automáticamente
Zwangsläufigkeit *f* <-, -en> curso *m* inevitable de las cosas
Zwangsliquidation *f* <-, -en> (WIRTSCH) liquidación *f* forzosa; **Zwangslizenz** *f* <-, -en> licencia *f* obligatoria; **~ von Amts wegen** licencia obligatoria de oficio; **Zwangsmaßnahme** *f* <-, -n> medida *f* coercitiva [*o* de fuerza]; (*Sanktion*) sanción *f*; **Zwangspensionierung** *f* <-, -en> jubilación *f* forzosa; **Zwangsräumung** *f* <-, -en> (JUR) desahucio *m*
zwangsum|siedeln ['----] *vt* trasladar forzosamente [*o* por la fuerza]
Zwangsumsiedlung *f* <-, -en> traslado *m* involuntario; **Zwangsumtausch** *m* <-(e)s, -e> (*fam*) cambio *m* obligatorio de divisas; **Zwangsverfahren** *nt* <-s, -> (JUR) vía *f* de apremio; **Zwangsverkauf** *m* <-(e)s, -käufe> venta *f* forzosa
zwangsverkaufen* *vt* vender forzosamente
zwangsversteigern* *vt* (JUR) vender en subasta forzosa; **etw ~ lassen** sacar algo a subasta forzosa
Zwangsversteigerung *f* <-, -en> (JUR) subasta *f* forzosa; **Zwangsversteigerungsgesetz** *nt* <-es, -e> ley *f* sobre la liquidación forzosa
Zwangsvertrag *m* <-(e)s, -träge> (JUR) contrato *m* forzoso
zwangsverwaltet *adj* administrado judicialmente
Zwangsverwaltung *f* <-, -en> administración *f* judicial; **unter ~ gestellt werden** ser puesto bajo administración judicial; **Zwangsverwaltungsverfügung** *f* <-, -en> resolución *f* de administración judicial
zwangsvollstrecken *vt* ejecutar, embargar
Zwangsvollstreckung *f* <-, -en> ejecución *f* judicial; **Zwangsvollstreckungsverfahren** *nt* <-s, -> procedimiento *m* ejecutivo de embargo

Zwangsvorstellung *f* <-, -en> (PSYCH) obsesión *f*, idea *f* obsesiva; **unter ~en leiden** sufrir obsesiones
zwangsweise *adv* ❶ (*erzwungen*) a la fuerza; (JUR) por vía de apremio
❷ (*zwangsläufig*) inevitablemente, de por sí
Zwangswirtschaft *f* <-, ohne pl> economía *f* dirigida
zwanzig ['tsvantsɪç] *adj inv* veinte; **ungefähr ~** una veintena; *s. a.* **achtzig**
Zwanziger ['tsvantsɪɡɐ] *m* <-s, -> (*fam*) billete *m* de veinte marcos
Zwanzigerjahre *ntpl:* **die ~** los años veinte
Zwanzigerpackung *f* <-, -en> caja *f* de veinte unidades
zwanzigfach I. *adj* veinte veces tanto
II. *adv* veinte veces; *s. a.* **achtfach**
zwanzigjährig *adj* (*20 Jahre alt*) de veinte años; (*20 Jahre dauernd*) de veinte años de duración; *s. a.* **achtzigjährig**
Zwanzigjährige(r) *mf* <-n, -n; -n, -n> veinteañero, -a *m, f*, joven *mf* de veinte años; *s. a.* **Achtzigjährige(r)**
zwanzigmal *adj* veinte veces; *s. a.* **achtmal**
Zwanzigmarkschein ['--'--] *m* <-(e)s, -e> billete *m* de veinte marcos
zwanzigste(r, s) *adj* vigésimo; **am ~n Mai** el veinte de mayo; *s. a.* **achtzigste(r, s)**
Zwanzigstel *nt* <-s, -> vigésimo, -a *m, f*, vigésima parte *f*; *s. a.* **Achtzigstel**
Zwanziguhrnachrichten *fpl* (RADIO, TV) noticias *fpl* de las ocho (*equivalentes a las noticias de las nueve en España*)
zwar [tsvaːɐ] *adv* ❶ (*einräumend*): **~ ..., aber/doch ...** bien es verdad que... pero..., es cierto que... pero ...; **er ist ~ schön, aber dumm** bien es verdad que es guapo, pero tonto; **das ist ~ wahr, aber ...** esto es cierto pero...
❷ (*erklärend*): **und ~** a saber, o sea; **es gibt vier Landessprachen in Spanien, und ~ ...** hay cuatro lenguas oficiales en España, a saber...; **ich habe noch etwas mitzuteilen, und ~ ...** tengo algo más que decir, y es que...
Zweck ['tsvɛk] *m* <-(e)s, -e> fin *m*, finalidad *f*; (*Ziel*) objetivo *m*; (*Sinn*) sentido *m*; (*Absicht*) intención *f*, propósito *m*; **zu diesem ~** a tal fin, a este efecto; **einem guten ~ dienen** servir a un buen fin; **das erfüllt seinen ~** cumple su finalidad; **für berufliche ~e** por motivos de trabajo [*o* profesionales]; **der ~ heiligt die Mittel** el fin justifica los medios; **es hat ja doch keinen ~ mehr** eso ya no tiene sentido; **zu welchem ~ geschieht das?** ¿qué propósito se persigue con esto?; **das war der ~ der Übung** (*fam*) ésta era la intención del ejercicio
Zweckbau *m* <-(e)s, -ten> edificio *m* funcional
zweckbedingt *adj* determinado por los fines; **die Vorgehensweise ist ~** la manera de proceder se determina por los fines
zweckdienlich *adj* ❶ (*passend*) conveniente, oportuno
❷ (*nützlich*) útil
Zwecke ['tsvɛkə] *f* <-, -n> (*reg*) tachuela *f*
zweckentfremden* ['----] *vt* utilizar para fines extraños
Zweckentfremdung *f* <-, -en> desnaturalización *f*, apartamiento *m* funcional; **Zweckentfremdungstheorie** *f* <-, ohne pl> teoría *f* de la desnaturalización
zweckentsprechend *adj* adecuado, apropiado
Zweckerreichung *f* <-, ohne pl> obtención *f* de la finalidad; **Zweckgemeinschaft** *f* <-, -en> asociación *f* de conveniencia
zwecklos *adj* inútil, vano; **es ist ~** no tiene sentido
Zwecklosigkeit *f* <-, ohne pl> inutilidad *f*, carencia *f* de objetivo [*o* de finalidad]
zweckmäßig *adj* adecuado, apropiado; (*nützlich*) útil
Zweckmäßigkeit *f* <-, ohne pl> conveniencia *f*; (*Nützlichkeit*) utilidad *f*
Zweckmäßigkeitsprüfung *f* <-, -en> comprobación *f* de la conveniencia
Zweck-Mittel-Relation *f* <-, -en> (JUR) relación *f* medios-finalidad
Zweckoptimismus *m* <-, ohne pl> optimismo *m* calculado; **Zweckpessimismus** *m* <-, ohne pl> pesimismo *m* sistemático; **dein ~ ist wenig motivierend** tu eterno pesimismo es poco motivador
zwecks [tsvɛks] *präp +gen* (*formal*) con el fin de, con el objeto de
Zweckschenkung *f* <-, -en> donación *f* por conveniencia; **Zwecksparen** *nt* <-s, ohne pl> ahorro *m* para un fin determinado; **Zweckstörung** *f* <-, -en> (JUR) perturbación *f* de la finalidad; **Zweckveranlasser(in)** *m(f)* <-s, -; -, -nen> (JUR) causante *mf* de la finalidad; **Zweckverband** *m* <-(e)s, -bände> mancomunidad *f* de intereses; **Zweckvermögen** *nt* <-s, -> (JUR) patrimonio *m* de destino
zweckwidrig *adj* inadecuado, inapropiado
Zweckzuwendung *f* <-, -en> (JUR) donación *f* modal
zwei [tsvaɪ] *adj inv* dos; (*Schulnote*) notable; **wir ~ los dos, nosotros dos; er arbeitet für ~** trabaja por dos; **dort gibt es nur ein, ~ Hotels** allí sólo hay uno o dos hoteles; **wenn ~ sich streiten, freut sich der dritte** (*prov*) a río revuelto, ganancia de pescadores; *s. a.* **acht**
zweiarmig *adj* de dos brazos

zweibändig ['-bɛndɪç] *adj* de dos tomos
Zweibeiner *m* <-s, -> (*fam iron*) bípedo *m*, bípede *m*
Zweibettkabine *f* <-, -n> camarote *m* doble; **Zweibettzimmer** *nt* <-s, -> habitación *f* doble
zweideutig ['tsvaɪdɔɪtɪç] *adj* ❶ (*unklar*) ambiguo, de doble sentido ❷ (*anstößig*) picante, verde
Zweideutigkeit[1] *f* <-, ohne *pl*> (*Unklarheit*) ambigüedad *f*, doble sentido *m*
Zweideutigkeit[2] *f* <-, -en> (*Äußerung*) observación *f* ambigua; (*anstößig*) observación *f* picante
zweidimensional ['tsvaɪdimɛnzjonaːl] *adj* de dos dimensiones, bidimensional
Zweidrahtleitung *f* <-, -en> (ELEK, TEL) medio *m* de transmisión a dos hilos
Zweidrittelmehrheit [-'----] *f* <-, -en> (POL) mayoría *f* de dos tercios
zweieiig ['tsvaɪʔaɪɪç] *adj* heterocigótico, bivitelino; **~e Zwillinge** gemelos heterocigóticos, gemelos falsos
zweieinhalb [--'-] *adj inv* dos y medio
Zweier ['tsvaɪɐ] *m* <-s, -> ❶ (SPORT) bote *m* de dos (remeros) ❷ (*fam: Münze*) moneda *f* de dos pfennigs
Zweierbeziehung *f* <-, -en> relación *f* de pareja; **Zweierbob** *m* <-s, -s> (SPORT) bobsleigh *m* de dos; **Zweierkajak** *m* <-s, -s> kayak *m* de dos; **Zweierkanu** *nt* <-s, -s> canoa *f* de dos; **Zweierkiste** *f* <-, -n> (*fam*) pareja *f*
zweierlei ['tsvaɪɐ'laɪ] *adj inv* de dos clases [*o* formas] diferentes, dos clases (diferentes) de; **mit ~ Maß messen** tratar desigualmente; *s. a.* **achterlei**
Zweierreihe *f* <-, -n> fila *f* de dos; **in ~n antreten** hacer filas de dos (en dos)
zweifach I. *adj* doble, duplicado; **in ~er Ausfertigung** por duplicado; **er verdient das Z~e** se merece el doble
II. *adv* dos veces; *s. a.* **achtfach**
Zweifamilienhaus *nt* <-es, -häuser> casa *f* de dos viviendas
zweifarbig *adj* bicolor, de dos colores
Zweifel ['tsvaɪfəl] *m* <-s, -> duda *f*; **außer ~** fuera de toda duda; **ohne ~ in Ziehen** poner en duda; **über alle ~ erhaben sein** estar por encima de cualquier duda; **~ an etw** *dat* **haben** tener dudas sobre algo; **ich bin mir im ~, ob das stimmt** estoy dudando si esto es correcto; **ich habe da meine ~** tengo mis dudas al respecto; **mir kommen ~** me entra la duda; **es steht für mich außer ~, dass ...** para mí está claro que...; **daran besteht kein ~** no cabe la menor duda
zweifelhaft *adj* dudoso, incierto; (*verdächtig*) sospechoso; **es ist ~, ob ... es** dudoso si...
zweifellos *adv* sin duda, indudablemente; **du hast ~ Recht** sin duda tienes razón
zweifeln ['tsvaɪfəln] *vi* dudar (*an* de); **daran habe ich nie gezweifelt** nunca he dudado de esto; **ich zweifle noch, ob ...** todavía dudo si...
Zweifelsfall *m* <-(e)s, -fälle> caso *m* de duda; **im ~** en caso de duda
zweifelsfrei I. *adj* incuestionable, indiscutible
II. *adv* indudablemente
zweifelsohne ['--'-] *adv* sin duda alguna, con toda certeza
Zweifler(in) *m(f)* <-s, -; -, -nen> escéptico, -a *m, f*
Zweifrontenkrieg ['-'---] *m* <-(e)s, -e> guerra *f* en dos frentes; **einen ~ führen** estar en guerra en dos frentes
Zweig [tsvaɪk] *m* <-(e)s, -e> ❶ (*Ast*) rama *f*; **auf keinen grünen ~ kommen** (*fam*) no tener éxito [*o* llegar a ser algo] en la vida ❷ (*Sparte*) ramo *m*, sector *m*; **der ~ eines Unternehmens/einer Wissenschaft** el ramo de una empresa/ciencia ❸ (SCH: *Fachrichtung*) ramo *m*
Zweigbetrieb *m* <-(e)s, -e> sucursal *f*
Zweigespann *nt* <-(e)s, -e> tiro *m* de dos caballos
zweigeteilt *adj* dividido en dos (partes), partido en dos; (*gespalten*) hendido (en dos); (*aus zwei Teilen bestehend*) bipartito; **ein ~es Fenster** una ventana de dos hojas; **Deutschland war früher ein ~es Land** antes Alemania era un país dividido
Zweiggeschäft *nt* <-(e)s, -e> sucursal *f*; **Zweiggesellschaft** *f* <-, -en> sociedad *f* afiliada
zweigleisig *adj* de doble vía; **~ fahren** (*fam*) estar a dos bandas
Zweigniederlassung *f* <-, -en>, **Zweigstelle** *f* <-, -n> sucursal *f*, filial *f*; **Zweigwerk** *nt* <-(e)s, -e> delegación *f*
zweihändig ['tsvaɪhɛndɪç] *adj* de dos manos; **~ spielen** tocar a dos manos
zweihundert ['-'--] *adj inv* doscientos; *s. a.* **achthundert**
zweihundertjährig *adj* de doscientos años; **das ~e Bestehen der Universität** los doscientos años de existencia de la universidad; *s. a.* **achthundertjährig**
zweihundertste(r, s) *adj* ducentésimo *geh*, número doscientos; **das ist jetzt schon der ~ Brief** esta carta hace ya el número doscientos; *s. a.* **achthundertste(r, s)**

zweihunderttausend *adj* doscientos mil
zweijährig ['tsvaɪjɛːrɪç] *adj* (*zwei Jahre alt*) de dos años; (*zwei Jahre dauernd*) de dos años de duración, bienal; *s. a.* **achtjährig**
Zweijährige(r) *mf* <-n, -n; -n, -n> niño, -a *m, f* de dos años
Zweikammersystem *nt* <-s, -e> (POL) bicameralismo *m*, sistema *m* bicameral
Zweikampf *m* <-(e)s, -kämpfe> duelo *m*, combate *m* singular; **jdn zum ~ herausfordern** retar a alguien a un duelo
zweimal *adv* dos veces; **sich** *dat* **etwas nicht ~ sagen lassen** no hacerse de rogar; *s. a.* **achtmal**
zweimalig *adj* doble, dos veces; **nach ~er Wiederholung** después de repetir dos veces
Zweimarkstück ['-'--] *nt* <-(e)s, -e> moneda *f* de dos marcos
Zweimaster *m* <-s, -> velero *m* de dos palos
zweimonatig *adj* de dos meses
zweimonatlich *adj* bimestral
zweimotorig *adj* bimotor
Zweiparteiensystem [--'----] *nt* <-s, -e> (sistema *m* de) bipartidismo *m*
Zweipfennigstück *nt* <-(e)s, -e> moneda *f* de dos pfennigs
Zweiphasenplanung *f* <-, -en> (WIRTSCH) planificación *f* en dos fases; **Zweiphasenstrom** *m* <-(e)s, -ströme> (ELEK) corriente *f* de dos fases
Zweiplätzer ['-plɛtsɐ] *m* <-s, -> (Schweiz) coche *m* de dos plazas [*o* asientos]
zweipolig *adj* bipolar
Zweirad *nt* <-(e)s, -räder> vehículo *m* de dos ruedas; (*Fahrrad*) bicicleta *f*
zweiräd(e)rig ['-rɛːd(ə)rɪç] *adj* de dos ruedas
Zweireiher *m* <-s, -> traje *m* (de chaqueta) cruzado
zweireihig I. *adj* ❶ (*in zwei Reihen*) de dos filas ❷ (*Anzug*) cruzado
II. *adv* en dos filas
Zweisamkeit *f* <-, -en> vida *f* en pareja
zweischneidig *adj* de dos filos; **ein ~es Schwert** (*fig*) un arma de dos filos
zweiseitig *adj* ❶ (*vom Umfang*) de dos páginas ❷ (*zwischen zwei Parteien*) bilateral ❸ (*Kleidung, Stoff*) reversible
zweisilbig *adj* de dos sílabas; (LING) bisílabo
Zweisitzer *m* <-s, -> (AUTO) (vehículo *m* de) dos plazas *m inv*
zweisitzig *adj* de [*o* con] dos plazas [*o* asientos]
zweispaltig *adj* en dos columnas, a doble columna
Zweispänner ['tsvaɪʃpɛnɐ] *m* <-s, -> coche *m* de dos caballos
zweisprachig *adj* bilingüe; **~ aufwachsen** educarse bilingüe
Zweisprachigkeit *f* <-, ohne *pl*> bilingüismo *m*
zweispurig *adj* (*Bahn*) de [*o* con] dos vías; (*Straße*) de [*o* con] dos carriles
zweistellig *adj* de dos cifras
zweistimmig *adj* a dos voces
zweistöckig ['-ʃtœkɪç] *adj* de dos pisos
zweistrahlig *adj* (AERO) de dos reactores, birreactor
Zweistromland *nt* <-(e)s> (HIST) Mesopotamia *f*
Zweistufenverfahren *nt* <-s, -> (TECH) proceso *m* de dos tiempos
zweistufig *adj* (*Plan*) de dos fases; (*Scheibenwischer*) de dos velocidades
zweistündig ['-ʃtʏndɪç] *adj* de dos horas; **mit ~er Verspätung** con dos horas de retraso
zweistündlich *adj* cada dos horas
zweit [tsvaɪt]: **zu ~** de a dos, de dos en dos; *s. a.* **acht**[2]
zweitägig ['-tɛːgɪç] *adj* de dos días; *s. a.* **achttägig**
Zweitakter *m* <-s, ->, **Zweitaktmotor** *m* <-s, -en> motor *m* de dos tiempos
zweitälteste(r, s) *adj* segundo en edad
zweitausend ['-'--] *adj inv* dos mil; **das Jahr ~** el año dos mil; *s. a.* **achttausend**
Zweitausender *m* <-s, -> cumbre *f* de dos mil metros
Zweitausfertigung *f* <-, -en> duplicado *m*; (*Kopie*) copia *f*; **Zweitbescheid** *m* <-(e)s, -e> (JUR) notificación *f* segunda
zweitbeste(r, s) *adj* segundo mejor; **sie wurde Z~** ocupó el segundo lugar, quedó segunda
Zweitbuch *nt* <-(e)s, -bücher> (JUR) libro *m* segundo
zweite(r, s) *adj* segundo, -a; **~r Klasse fahren** viajar en segunda (clase); **jeden ~n Tag** cada dos días; **wie kein Z~r** como ningún otro; **Z~r werden** ocupar el segundo lugar; **aus ~r Hand** de segunda mano; **Z~s Deutsches Fernsehen** segunda cadena de la televisión alemana; **~r Bildungsweg** clases nocturnas; **die ~ Geige spielen** estar en segundo plano, ir de comparsa; *s. a.* **achte(r, s)**
Zweiteiler *m* <-s, -> (*fam*) ❶ (*Bikini*) bikini *m*, biquini *m*

zweiteilig ❷ (*Kleid*) (vestido *m* de) dos piezas *m inv*
zweiteilig *adj* de dos partes; (*Kleid*) de dos piezas
Zweiteilung *f* <-, -en> bipartición *f*; (*Verzweigung*) bifurcación *f*; (MATH) bisección *f*
zweitens ['tsvaɪtəns] *adv* en segundo lugar; (*bei einer Aufzählung*) segundo; *s. a.* **achtens**
Zweitfrisur *f* <-, -en> (*fig*) cabello *m* postizo; **Zweitgerät** *nt* <-(e)s, -e> (RADIO, TV) segundo aparato *m* (*normalmente se refiere a un segundo televisor*); **in vielen Haushalten ist ein ~ vorhanden** en muchos hogares hay dos televisores
zweitgrößte(r, s) *adj* ❶ (*menschliche Größe*) segundo más alto; **er ist der ~ Schüler seiner Klasse** es el segundo alumno más alto de su clase ❷ (*Umfang*) segundo mayor, segundo más grande *fam*; **welche ist die ~ Stadt der Welt?** ¿cuál es la segunda ciudad más grande del mundo?
zweithöchste(r, s) *adj* segundo más alto [*o* en altura]
zweitjüngste(r, s) *adj* penúltimo, segundo más joven; **sie ist das ~ Mädchen der Familie** es la penúltima hija [*o* la segunda hija más joven] de la familia
zweitklassig *adj* (*abw*) de segunda clase [*o* categoría]
Zweitklässler(in) *m(f)* <-s, -; -, -nen>, **Zweitkläßler(in)** *m(f)* <-s, -; -, -nen> (*südd, Schweiz*) alumno, -a *m, f* de la segunda clase (de la escuela primaria)
zweitletzte(r, s) *adj* penúltimo
zweitrangig *adj* ❶ (*weniger wichtig*) secundario, de menor importancia ❷ (*abw: zweitklassig*) de segunda categoría
Zweitschlüssel *m* <-s, -> segunda llave *f*; **Zweitschrift** *f* <-, -en> duplicado *m*; (*Kopie*) copia *f*; **eine ~ anfertigen** hacer un duplicado; **Zweitstimme** *f* <-, -n> (POL) segundo voto *m*
Zweitürer *m* <-s, -> coche *m* de dos puertas
zweitürig *adj* de dos puertas
Zweitvertrag *m* <-(e)s, -träge> (JUR) contrato *m* bilateral; **Zweitverwertung** *f* <-, -en> aprovechamiento *m* secundario [*o* adicional]; **Zweitwagen** *m* <-s, -> segundo coche *m*
Zweitwohnung *f* <-, -en> segundo domicilio *m*; **Zweitwohnungssteuer** *f* <-, -n> impuesto *m* sobre la segunda vivienda
zweiwertig *adj* (CHEM) bivalente
zweiwöchentlich *adj* bisemanal, cada dos semanas
zweiwöchig ['-vœçɪç] *adj* de dos semanas; *s. a.* **achtwöchig**
Zweizeiler *m* <-s, -> pareado *m*
zweizeilig *adj* de dos líneas
Zweizimmerwohnung [-'----] *f* <-, -en> apartamento *m* de dos habitaciones
Zweizylinder *m* <-s, -> (AUTO: *Motor*) motor *m* de dos cilindros; (*Auto*) coche *m* de dos cilindros; (*Motorrad*) motocicleta *f* de dos cilindros; **Zweizylindermotor** *m* <-s, -en> motor *m* de dos cilindros [*o* bicilíndrico]
zweizylindrig *adj* (AUTO) de dos cilindros
Zwerchfell ['tsvɛrçfɛl] *nt* <-(e)s, -e> (ANAT) diafragma *m*
zwerchfellerschütternd *adj* desternillante; **ein ~es Lachen** una risa desternillante; **deine Späße sind ~** tus bromas son desternillantes [*o* para desternillarse]
Zwerg(in) [tsvɛrk] *m(f)* <-(e)s, -e; -, -nen> enano, -a *m, f*, omoto *m Ecua*; **Schneewittchen und die sieben ~e** Blancanieves y los siete enanitos
Zwergbetrieb *m* <-(e)s, -e> microempresa *f*
zwergenhaft *adj* enano, diminuto
Zwerghuhn *nt* <-(e)s, -hühner> gallina *f* enana
Zwergin *f* <-, -nen> *s.* **Zwerg**
Zwergpudel *m* <-s, -> perro *m* de aguas [*o* de lanas] enano; **Zwergschule** *f* <-, -n> escuela muy pequeña en la que las clases para varios cursos tienen lugar en una sola sala; **Zwergstaat** *m* <-(e)s, -en> estado *m* diminuto [*o* minúsculo]; **Zwergvolk** *nt* <-(e)s, -völker> pueblo *m* pigmeo; **Zwergwuchs** *m* <-es, *ohne pl*> (MED) enanismo *m*
zwergwüchsig *adj* de baja estatura; **die Buschmänner sind ein ~es Volk** los bosquimanos son un pueblo bajo de talla
Zwetsch(g)e *f* <-, -n> ciruela *f*
Zwetsch(g)enbaum *m* <-(e)s, -bäume> ciruelo *m*; **Zwetsch(g)enmus** *nt* <-es, -e> compota *f* de ciruela; **Zwetsch(g)enwasser** *nt* <-s, -wässer> aguardiente *m* de ciruelas
Zwetschke ['tsvɛtʃkə] *f* <-, -n> (*Österr*) *s.* **Zwetsch(g)e**
Zwickel ['tsvɪkəl] *m* <-s, -> ❶ (*an Hosen*) entrepierna *f* ❷ (ARCHIT) enjuta *f*, pechina *f*
zwicken ['tsvɪkən] I. *vi* (*Kleidung*) apretar II. *vt* pellizcar; **er zwickte mich in den Arm** me pellizcó en el brazo
Zwicker *m* <-s, -> (*reg, südd, Österr*) binóculo *m*
Zwickmühle *f* <-, -n> (*fam*) dilema *m*; **in der ~ sitzen** estar entre la espada y la pared
Zwieback ['tsvi:bak] *m* <-(e)s, -bäcke *o* -e> pan *m* a la brasa, pan *m*

tostado
Zwiebel ['tsvi:bəl] *f* <-, -n> ❶ (*als Gemüse, Gewürz*) cebolla *f* ❷ (*Knolle*) bulbo *m*
zwiebelförmig *adj* bulboso
Zwiebelgewächs *nt* <-es, -e> planta *f* bulbosa; **Zwiebelkuchen** *m* <-s, -> pastel *m* de cebolla; **Zwiebelkuppel** *f* <-, -n> (ARCHIT) cúpula *f* en forma de bulbo [*o* bulbosa]
zwiebeln *vt* (*fam*) jorobar, dar la lata
Zwiebelring *m* <-(e)s, -e> aro *m* de cebolla; **Zwiebelschale** *f* <-, -n> cáscara *f* de cebolla; **Zwiebelsuppe** *f* <-, -n> sopa *f* de cebolla; **Zwiebelturm** *m* <-(e)s, -türme> torre *f* con tejado imperial
zwiefach ['tsvi:fax] *adj o adv* (*geh, alt*) *s.* **zweifach**
Zwiegespräch ['tsvi:-] *nt* <-(e)s, -e> (*geh*) diálogo *m*; **ein ~ halten** mantener un diálogo; **Zwielicht** *nt* <-(e)s, *ohne pl*> luz *f* crepuscular; **im ~ entre dos luces; ins ~ geraten** estar en una situación embarazosa
zwielichtig *adj* sospechoso, poco claro
Zwiespalt *m* <-(e)s, -e *o* -spälte> dilema *m*; **in einem ~ sein** estar ante un dilema
zwiespältig ['tsvi:ʃpɛltɪç] *adj* contradictorio
Zwietracht *f* <-, *ohne pl*> (*geh*) discordia *f*; **~ säen** [*o* **stiften**] sembrar la discordia, cismar *ElSal*; **in ~ leben** vivir en discordia
Zwillich ['tsvɪlɪç] *m* <-s, -e> cutí *m*, terliz *m*
Zwilling ['tsvɪlɪŋ] *m* <-s, -e> ❶ (*Mensch*) gemelo, -a *m, f*, mellizo, -a *m, f*, cuate, -a *m, f Mex*; **siamesische ~e** (*hermanos*) siameses; **eineiige/zweieiige ~e** gemelos homocigóticos/heterocigóticos ❷ *pl* (ASTR) Géminis *m inv*
Zwillingsbruder *m* <-s, -brüder> hermano *m* gemelo; **Zwillingsdiode** *f* <-, -n> (TECH) diodo *m* doble; **Zwillingsgeburt** *f* <-, -en> parto *m* doble [*o* gemelar]; **Zwillingspaar** *nt* <-(e)s, -e> mellizos *mpl*, (*hermanos mpl*) gemelos *mpl*; **Zwillingsreifen** *m* <-s, -> (AUTO) neumáticos *mpl* gemelos, ruedas *fpl* gemelas; **Zwillingsschwester** *f* <-, -n> hermana *f* gemela; **Zwillingsstecker** *m* <-s, -> enchufe *m* bipolar
Zwingburg ['tsvɪŋbʊrk] *f* <-, -en> castillo *m* feudal, fortaleza *f*
Zwinge ['tsvɪŋə] *f* <-, -n> (TECH) ❶ (*zum Einspannen*) gato *m* ❷ (*zum Zusammenhalten*) abrazadera *f*; (*am Messer*) virola *f*
zwingen ['tsvɪŋən] <zwingt, zwang, gezwungen> I. *vt* obligar (*zu* a); **die Lage zwingt zum Handeln** la situación nos obliga a actuar; **ich sehe mich gezwungen zu …** me veo obligado a…; **ich lasse mich nicht ~** no me dejo avasallar; **ich zwinge Sie nicht** no le obligo; **jdn zu Boden ~** tumbar a alguien por la fuerza; **man zwang sie an den Verhandlungstisch** les obligaron a sentarse a la mesa de negociaciones II. *vr*: **sich ~** obligarse (*zu* a), hacer un esfuerzo (*zu* para); **er musste sich dazu ~, das zu tun** tuvo que obligarse a hacerlo
zwingend *adj* (*unerlässlich*) ineludible, forzoso; (*dringend*) apremiante, urgente; (*überzeugend*) concluyente, irrefutable; **ein ~er Schluss** una conclusión lógica
Zwinger *m* <-s, -> (*Hunde~*) perrera *f*
zwinkern ['tsvɪŋkɐn] *vi* guiñar; **mit den Augen ~** guiñar el ojo
zwirbeln ['tsvɪrbəln] *vt* retorcer
Zwirn [tsvɪrn] *m* <-(e)s, -e> hilo *m*
Zwirnsfaden *m* <-s, -fäden> hebra *f*
zwischen ['tsvɪʃən] I. *präp + dat* entre; (*in der Mitte*) en medio de; **~ dir und mir** entre tú y yo; **ich saß ~ ihm und seiner Frau** estuve sentado entre su mujer y él; **es gab Streit ~ ihnen** hubo una riña entre ellos; **das kostet ~ 100 und 150 Euro** esto cuesta entre 100 y 150 euros II. *präp + akk* (*Richtung*) entre; (*in die Mitte*) en medio de; **er setzte sich ~ die beiden** se sentó entre los dos; **wo soll ich die Vase hinstellen? – ~ die Lampe und die Schale** ¿dónde pongo el jarrón? – entre la lámpara y la fuente
Zwischenablage *f* <-, -n> (*a.* INFOR) portapapeles *m inv*; **Zwischenabschluss**[RR] *m* <-es, -schlüsse> (WIRTSCH) balance *m* provisional; **Zwischenakt** *m* <-(e)s, -e> (THEAT) intermedio *m*, entremés *m*; **Zwischenaufenthalt** *m* <-(e)s, -e> parada *f*; (*mit dem Schiff, Flugzeug*) escala *f*; **einen ~ einlegen** hacer escala; **Zwischenbemerkung** *f* <-, -en> observación *f* entre paréntesis; **eine ~ machen** hacer una interrupción; **Zwischenbenutzungsrecht** *nt* <-(e)s, -e> (JUR) derecho *m* de uso provisional; **Zwischenbericht** *m* <-(e)s, -e> informe *m* parcial; **Zwischenbescheid** *m* <-(e)s, -e> notificación *f* provisional
zwischenbetrieblich *adj*: **~e Vereinbarungen** acuerdos entre empresas, pactos entre empresas
Zwischenbilanz *f* <-, -en> balance *m* provisional; **Zwischenblutung** *f* <-, -en> (MED) pérdida *f* intermenstrual; **Zwischendeck** *nt* <-s, -s> entrepuente *m*, entrecubierta *f*; **Zwischendecke** *f* <-, -n> (ARCHIT) techo *m* falso; **Zwischending** *nt* <-(e)s, -e> (*fam*) cosa *f* intermedia (*zwischen* entre)
zwischendrin ['--'-] *adv* en medio
zwischendurch ['--'-] *adv* ❶ (*immer wieder*) entremedias; (*gleichzeitig*) a la vez

Zwischenergebnis

❷ (*in der Zwischenzeit*) entretanto
❸ (*räumlich*) en medio
Zwischenergebnis *nt* <-ses, -se> resultado *m* provisional
Zwischenfall *m* <-(e)s, -fälle> ❶ (*Ereignis*) incidente *m*
❷ *pl* (*Unruhen*) tumulto *m*, revuelta *f*, alboroto *m*
Zwischenfeststellung *f* <-, -en> (JUR) declaración *f* incidental; **Zwischenfeststellungsklage** *f* <-, -n> (JUR) demanda *f* de declaración incidental
Zwischenfinanzierung *f* <-, -en> (FIN) financiación *f* interina; **Zwischenfinanzierungsgarantie** *f* <-, -n> (FIN) garantía *f* de financiación provisional
Zwischenfrachtführer(in) *m(f)* <-s, -; -, -nen> fletador(a) *m(f)* parcial; **Zwischenfrage** *f* <-, -n> pregunta *f*; jdm eine ~ stellen interrumpir a alguien para hacer una pregunta; **Zwischenfrist** *f* <-, -en> plazo *m* intermedio; **Zwischengas** *nt* <-es, ohne *pl*> (AUTO) desembrague *m* doble; **Zwischengericht** *nt* <-(e)s, -e> (GASTR) entremés *m*; **Zwischengeschoss**[RR] *nt* <-es, -e> entreplanta *f*; **Zwischenglied** *nt* <-(e)s, -er> pieza *f* intermedia; (*Verbindung*) conexión *f*; **Zwischengröße** *f* <-, -n> talla *f* intermedia; **Zwischenhalt** *m* <-(e)s, -e> (*Schweiz*) escala *f*; **Zwischenhandel** *m* <-s, ohne *pl*> comercio *m* intermediario; **Zwischenhändler(in)** *m(f)* <-s, -; -, -nen> (comerciante *mf*) intermediario, -a *m, f*; **Zwischenhirn** *nt* <-(e)s, -e> (ANAT) cerebro *m* intermedio; **Zwischenkonto** *nt* <-s, -konten> cuenta *f* provisional
zwischen|kuppeln *vi* embragar dos veces
Zwischenlager *nt* <-s, -> almacén *m* provisional
zwischen|lagern *vt* almacenar provisionalmente [*o* temporalmente]
Zwischenlagerung *f* <-, -en> almacenamiento *m* provisional [*o* temporal]
zwischen|landen *vi sein* hacer escala
Zwischenlandung *f* <-, -en> escala *f*; **Zwischenlösung** *f* <-, -en> solución *f* provisional; **Zwischenmahlzeit** *f* <-, -en> comida *f* entre horas
zwischenmenschlich *adj* interpersonal
Zwischenprivatrecht *nt* <-(e)s, ohne *pl*> (JUR) derecho *m* privado incidental; **Zwischenprüfung** *f* <-, -en> examen *m* parcial [*o* intermedio]; **Zwischenraum** *m* <-(e)s, -räume> ❶ (*zeitlich*) intervalo *m*
❷ (*räumlich*) espacio *m* intermedio; **einen ~ lassen** dejar un espacio (libre); **Zwischenruf** *m* <-(e)s, -e> interrupción *f*; **einen ~ machen** hacer una interrupción; **Zwischenrufer(in)** *m(f)* <-s, -; -, -nen> persona que interrumpe a un orador; **Zwischenrunde** *f* <-, -n> (SPORT) vuelta *f* intermedia; **Zwischensaison** *f* <-, -s, *südd*, *Österr*: -en> temporada *f* intermedia; **Zwischenschein** *m* <-(e)s, -e> (WIRTSCH) certificado *m* provisional, resguardo *m* provisional; **Zwischenspeicher** *m* <-s, -> (INFOR) memoria *f* intermedia
zwischen|speichern *vt* (INFOR) guardar en la memoria intermedia
Zwischenspiel *nt* <-(e)s, -e> ❶ (MUS) interludio *m* ❷ (LIT) entremés *m*; **Zwischenspurt** *m* <-s, -s> (SPORT) escapada *f*; **der Rennfahrer legte einen ~ ein** el corredor hizo una escapada
zwischenstaatlich *adj* internacional, interestatal
Zwischenstadium *nt* <-s, -stadien> fase *f* intermedia; **Zwischenstation** *f* <-, -en> ❶ (*Zwischenaufenthalt*) parada *f*; (*Schiff, Flugzeug*) escala *f* ❷ (*Ort*) paradero *m*; **Zwischenstecker** *m* <-s, -> (ELEK) adaptador *m*; **Zwischenstellung** *f* <-, -en> posición *f* intermedia; **Zwischenstopp** *m* <-s, -s> alto *m*; (AUTO) parada *f* (intermedia); (AERO) escala *f*; **Zwischenstück** *nt* <-(e)s, -e> pieza *f* intermedia; **Zwischenstufe** *f* <-, -n> etapa *f* intermedia, grado *m* intermedio, estadio *m* intermedio; **Zwischensumme** *f* <-, -n> suma *f* parcial; **Zwischentitel** *m* <-s, -> (FILM) título *m* de enlace; **Zwischenurteil** *nt* <-s, -e> (JUR) sentencia *f* incidental; **Zwischenvereinbarung** *f* <-, -en> (JUR) convenio *m* provisional; **Zwischenverfahren** *nt* <-s, -> (JUR) procedimiento *m* incidental; **Zwischenverfügung** *f* <-, -en> (JUR) acto *m* administrativo provisional; **Zwischenwand** *f* <-, -wände> tabique *m*, pared *f* divisoria; **Zwischenwirt** *m* <-(e)s, -e> (BIOL, MED) huésped *m* intermediario; **Zwischenzeit** *f* <-, -en> ❶ (*Zeitraum*) intervalo *m*, tiempo *m* intermedio; **in der ~** entretanto ❷ (SPORT) tiempo *m* parcial
zwischenzeitlich *adj* en el ínterin, entretanto
Zwischenzeugnis *nt* <-ses, -se> calificaciones *fpl* parciales; **Zwischenzinsen** *mpl* intereses *mpl* interinos

Zwist [tsvɪst] *m* <-(e)s, -e> (*geh*) discordia *f*
Zwistigkeit *f* <-, -en> (*geh*) disputa *f*, querella *f*
zwitschern ['tsvɪtʃɐn] I. *vi* gorjear
II. *vt* (*fam*): **einen ~** echar un trago
Zwitter ['tsvɪtɐ] *m* <-s, -> hermafrodita *mf*
zwitterhaft *adj* hermafrodita
zwo [tsvoː] *adj inv* (*fam*) dos
zwölf [tsvœlf] *adj inv* doce; **die ~ Apostel** los doce Apóstoles; *s. a.* **acht**
Zwölfender ['-ʔɛndɐ] *m* <-s, -> ciervo *m* con doce puntas
zwölffach I. *adj* doce veces tanto; **~ vorhanden sein** tener doce ejemplares
II. *adv* doce veces; *s. a.* **achtfach**
Zwölffingerdarm [-'---] *m* <-(e)s, -därme> (ANAT) duodeno *m*; **Zwölffingerdarmgeschwür** *nt* <-(e)s, -e> (MED) úlcera *f* gastroduodenal [*o* de duodeno]
zwölfjährig *adj* de doce años
Zwölfkampf *m* <-(e)s, -kämpfe> (SPORT) dodecatlón *m*
zwölfmal *adv* doce veces; *s. a.* **achtmal**
zwölfmalig *adj* doce veces; **die ~e Siegerin** la doce veces campeona
Zwölfmeilenzone *f* <-, -n> (GEO, POL) (zona *f* de) doce millas *fpl* convencionales
zwölftägig ['-tɛːɡɪç] *adj* de doce días; **ein ~er Kongress** un congreso de doce días
zwölftausend ['-'---] *adj inv* doce mil; *s. a.* **achttausend**
zwölfte(r, s) ['tsvœlftɐ, -tɐ, -təs] *adj* duodécimo; *s. a.* **achte(r, s)**
zwölftel ['tsvœlftəl] *adj inv* doceavo; *s. a.* **achtel**
Zwölftel *nt* <-s, -> doceavo, -a *m, f*, duodécima parte *f*; *s. a.* **Achtel**
zwölftens ['tsvœlftəns] *adv* en duodécimo lugar; (*bei einer Aufzählung*) duodécimo; *s. a.* **achtens**
Zwölftonlehre *f* <-, ohne *pl*> (MUS) dodecafonismo *m*; **Zwölftonmusik** [-'---] *f* <-, ohne *pl*> (MUS) música *f* dodecafónica
zwote(r, s) ['tsvoːtɐ, -tɐ, -təs] *adj* (*fam*) *s.* **zweite(r, s)**
Zyanid [tsyaˈniːt] *nt* <-s, -e> (CHEM) cianuro *m*
Zyankali [tsyanˈkaːli] *nt* <-s, ohne *pl*> cianuro *m* potásico
Zyklame [tsyˈklaːmə] *f* <-, -n> (*Österr, Schweiz*), **Zyklamen** [tsyˈklaːmən] *nt* <-s, -> (BOT) ciclamen *m*
Zyklen *pl von* **Zyklus**
zyklisch ['tsyːklɪʃ] *adj* cíclico; **~e Blockprüfung** (INFOR, TEL) prueba *f* de redundancia cíclica
Zyklon [tsyˈkloːn] *m* <-s, -e> (METEO) ciclón *m*
Zyklop [tsyˈkloːp] *m* <-en, -en> cíclope *m*
Zyklotron [tsykloˈtroːn, tsyˈkloːtrɔn] *nt* <-s, -s *o* -e> (PHYS) ciclotrón *m*
Zyklus ['tsyːklʊs] *m* <-, Zyklen> (*a.* MED) ciclo *m*
Zylinder [tsiˈlɪndɐ, tsyˈlɪndɐ] *m* <-s, -> ❶ (MATH, TECH) cilindro *m*
❷ (*Hut*) sombrero *m* de copa, tarro *m Am*, galera *f CSur*
Zylinderblock *m* <-(e)s, -blöcke> (TECH) bloque *m* de culata
zylinderförmig [-ˈfœrmɪç] *adj* cilíndrico
Zylinderkopf *m* <-(e)s, -köpfe> (TECH) culata *f*; **Zylinderkopfdichtung** *f* <-, -en> (TECH) junta *f* de culata
Zylinderschloss[RR] *nt* <-es, -schlösser> cerradura *f* de cilindro [*o* de molinillo]
zylindrisch *adj* cilíndrico
Zyniker(in) ['tsyːnikɐ] *m(f)* <-s, -; -, -nen> cínico, -a *m, f*
zynisch ['tsyːnɪʃ] *adj* cínico
Zynismus [tsyˈnɪsmʊs] *m* <-, ohne *pl*> cinismo *m*
Zypern ['tsyːpɐn] *nt* <-s> Chipre *m*
Zyprer(in) *m(f)* <-s, -; -, -nen> chipriota *mf*
Zypresse [tsyˈprɛsə] *f* <-, -n> (BOT) ciprés *m*
Zypr(i)er(in) *m(f)* <-s, -; -, -nen>, **Zypriot(in)** *m(f)* <-en, -en; -, -nen> chipriota *mf*
zypriotisch *adj*, **zyprisch** ['tsyːprɪʃ] *adj* chipriota
Zyste ['tsystə] *f* <-, -n> (MED) quiste *m*
Zytologie [tsytoloˈgiː] *f* <-, ohne *pl*> (MED) citología *f*
Zytolyse *f* <-, -n> (MED) citólisis *f inv*
Zytoplasma [tsytoˈplasma] *nt* <-s, -plasmen> (BIOL) citoplasma *m*
Zytostatikum [tsytoˈstaːtikʊm, *pl*: -ˈstaːtika] *nt* <-s, Zytostatika> (MED, BIOL) citostático *m*
zytostatisch [tsytoˈstaːtɪʃ] *adj* (MED, BIOL) citostático
Zytotoxin *nt* <-s, -e> (BIOL, MED) citotoxina *f*
z.Z(t). *Abk. von* **zur Zeit** por el momento

Anhang II

Apéndice II

Die regelmäßigen und unregelmäßigen spanischen Verben

Los verbos regulares e irregulares españoles

Folgende Abkürzungen werden in der Verbtabelle verwendet:
En la lista de los verbos se recurrirá a las siguientes abreviaturas:

pret. ind.	pretérito indefinido
subj. fut.	subjuntivo futuro
subj. imp.	subjuntivo imperfecto
subj. pres.	subjuntivo presente

Die regelmäßigen Verben auf -ar, -er und -ir
Los verbos regulares terminados en -ar, -er e -ir

hablar

presente	imperfecto	pret. ind.	futuro	
hablo	hablaba	hablé	hablaré	**gerundio**
hablas	hablabas	hablaste	hablarás	hablando
habla	hablaba	habló	hablará	
hablamos	hablábamos	hablamos	hablaremos	**participio**
habláis	hablabais	hablasteis	hablaréis	hablado
hablan	hablaban	hablaron	hablarán	

condicional	subj. pres.	subj. imp.	subj. fut.	imperativo
hablaría	hable	hablara/-ase	hablare	
hablarías	hables	hablaras/-ases	hablares	habla
hablaría	hable	hablara/-ase	hablare	hable
hablaríamos	hablemos	habláramos/-ásemos	habláremos	hablemos
hablaríais	habléis	hablarais/-aseis	hablareis	hablad
hablarían	hablen	hablaran/-asen	hablaren	hablen

comprender

presente	imperfecto	pret. ind.	futuro	
comprendo	comprendía	comprendí	comprenderé	**gerundio**
comprendes	comprendías	comprendiste	comprenderás	comprendiendo
comprende	comprendía	comprendió	comprenderá	
comprendemos	comprendíamos	comprendimos	comprenderemos	**participio**
comprendéis	comprendíais	comprendisteis	comprenderéis	comprendido
comprenden	comprendían	comprendieron	comprenderán	

condicional	subj. pres.	subj. imp.	subj. fut.	imperativo
comprendería	comprenda	comprendiera/-iese	comprendiere	
comprenderías	comprendas	comprendieras/-ieses	comprendieres	comprende
comprendería	comprenda	comprendiera/-iese	comprendiere	comprenda
comprenderíamos	comprendamos	comprendiéramos/-iésemos	comprendiéremos	comprendamos
comprenderíais	comprendáis	comprendierais/-ieseis	comprendiereis	comprended
comprenderían	comprendan	comprendiera/-iesen	comprendieren	comprendan

recibir

presente	imperfecto	pret. ind.	futuro	
recibo	recibía	recibí	recibiré	**gerundio**
recibes	recibías	recibiste	recibirás	recibiendo
recibe	recibía	recibió	recibirá	
recibimos	recibíamos	recibimos	recibiremos	**participio**
recibís	recibíais	recibisteis	recibiréis	recibido
reciben	recibían	recibieron	recibirán	

condicional	subj. pres.	subj. imp.	subj. fut.	imperativo
recibiría	reciba	recibiera/-iese	recibiere	
recibirías	recibas	recibieras/-ieses	recibieres	recibe
recibiría	reciba	recibiera/-iese	recibiere	reciba
recibiríamos	recibamos	recibiéramos/-iésemos	recibiéremos	recibamos
recibiríais	recibáis	reciebierais/-ieseis	recibiereis	recibid
recibirían	reciban	recibieran/-iesen	recibieren	reciban

Verben mit Vokalveränderung
Verbos con irregularidades vocálicas

<e → ie> pensar

presente	imperfecto	pret. ind.	futuro	
pienso	pensaba	pensé	pensaré	**gerundio**
piensas	pensabas	pensaste	pensarás	pensando
piensa	pensaba	pensó	pensará	
pensamos	pensábamos	pensamos	pensaremos	**participio**
pensáis	pensabais	pensasteis	pensaréis	pensado
piensan	pensaban	pensaron	pensarán	

condicional	subj. pres.	subj. imp.	subj. fut.	imperativo
pensaría	piense	pensara/-ase	pensare	
pensarías	pienses	pensaras/-ases	pensares	piensa
pensaría	piense	pensara/-ase	pensare	piense
pensaríamos	pensemos	pensáramos/-ásemos	pensáremos	pensemos
pensaríais	penséis	pensarais/-aseis	pensareis	pensad
pensarían	piensen	pensaran/-asen	pensaren	piensen

<o → ue> contar

presente	imperfecto	pret. ind.	futuro	
cuento	contaba	conté	contaré	**gerundio**
cuentas	contabas	contaste	contarás	contando
cuenta	contaba	contó	contará	
contamos	contábamos	contamos	contaremos	**participio**
contáis	contabais	contasteis	contaréis	contado
cuentan	contaban	contaron	contaron	

condicional	subj. pres.	subj. imp.	subj. fut.	imperativo
contaría	cuente	contara/-ase	contare	
contarías	cuentes	contaras/-ases	contares	cuenta
contaría	cuente	contara/-ase	contare	cuente
contaríamos	contemos	contáramos/-ásemos	contáremos	contemos
contaríais	contéis	contarais/-aseis	contareis	contad
contarían	cuenten	contaran	contaren	cuenten

\<e → i\> pedir

presente	imperfecto	pret. ind.	futuro	
pido	pedía	pedí	pediré	**gerundio**
pides	pedías	pediste	pedirás	pidiendo
pide	pedía	pidió	pedirá	
pedimos	pedíamos	pedimos	pediremos	**participio**
pedís	pedíais	pedisteis	pediréis	pedido
piden	pedían	pidieron	pedirán	

condicional	subj. pres.	subj. imp.	subj. fut.	imperativo
pediría	pida	pidiera/-iese	pidiere	
pedirías	pidas	pidieras/-ieses	pidieres	pide
pediría	pida	pidiera/-iese	pidiere	pida
pediríamos	pidamos	pidiéramos/-iésemos	pidiéremos	pidamos
pediríais	pidáis	pidierais/-ieseis	pidiereis	pedid
pedirían	pidan	pidieran/-iesen	pidieren	pidan

Verben mit orthographischen Abweichungen
Verbos con irregularidades consonánticas

\<c → qu\> atacar

presente	imperfecto	pret. ind.	futuro	
ataco	atacaba	ataqué	atacaré	**gerundio**
atacas	atacabas	atacaste	atacarás	atacando
ataca	atacaba	atacó	atacará	
atacamos	atacábamos	atacamos	atacaremos	**participio**
atacáis	atacabais	atacasteis	atacaréis	atacado
atacan	atacaban	atacaron	atacarán	

condicional	subj. pres.	subj. imp.	subj. fut.	imperativo
atacaría	ataque	atacara/-ase	atacare	
atacarías	ataques	atacaras/-ases	atacares	ataca
atacaría	ataque	atacara/-ase	atacare	ataque
atacaríamos	ataquemos	atacáramos/-ásemos	atacáremos	ataquemos
atacaríais	ataquéis	atacarais/-aseis	atacareis	atacad
atacarían	ataquen	atacaran/-asen	atacaren	ataquen

\<g → gu\> pagar

presente	imperfecto	pret. ind.	futuro	
pago	pagaba	pagué	pagaré	**gerundio**
pagas	pagabas	pagaste	pagarás	pagando
paga	pagaba	pagó	pagará	
pagamos	pagábamos	pagamos	pagaremos	**participio**
pagáis	pagabais	pagasteis	pagaréis	pagado
pagan	pagaban	pagaron	pagarán	

condicional	subj. pres.	subj. imp.	subj. fut.	imperativo
pagaría	pague	pagara/-ase	pagare	
pagarías	pagues	pagaras/-ases	pagares	paga
pagaría	pague	pagara/-ase	pagare	pague
pagaríamos	paguemos	pagáramos/-ásemos	pagáremos	paguemos
pagaríais	paguéis	pagarais/-aseis	pagareis	pagad
pagarían	paguen	pagaran/-asen	pagaren	paguen

<z → c> cazar

presente	imperfecto	pret. ind.	futuro	
cazo	cazaba	cacé	cazaré	**gerundio**
cazas	cazabas	cazaste	cazarás	cazando
caza	cazaba	cazó	cazará	
cazamos	cazábamos	cazamos	cazaremos	**participio**
cazáis	cazabais	cazasteis	cazaréis	cazado
cazan	cazaban	cazaron	cazarán	

condicional	subj. pres.	subj. imp.	subj. fut.	imperativo
cazaría	cace	cazara/-ase	cazare	
cazarías	caces	cazaras/-ases	cazares	caza
cazaría	cace	cazara/-ase	cazare	cace
cazaríamos	cacemos	cazáramos/-ásemos	cazáremos	cacemos
cazaríais	cacéis	cazarais/-aseis	cazareis	cazad
cazarían	cacen	cazaran/-asen	cazaren	cacen

<gu → gü> averiguar

presente	imperfecto	pret. ind.	futuro	
averiguo	averiguaba	averigüé	averiguaré	**gerundio**
averiguas	averiguabas	averiguaste	averiguarás	averiguando
averigua	averiguaba	averiguó	averiguará	
averiguamos	averiguábamos	averiguamos	averiguaremos	**participio**
averiguáis	averiguabais	averiguasteis	averiguaréis	averiguado
averiguan	averiguaban	averiguaron	averiguarán	

condicional	subj. pres.	subj. imp.	subj. fut.	imperativo
averiguaría	averigüe	averiguara/-ase	averiguare	
averiguarías	averigües	averiguaras/-ases	averiguares	averigua
averiguaría	averigüe	averiguara/-ase	averiguare	averigüe
averiguaríamos	averigüemos	averiguáramos/-ásemos	averiguáremos	averigüemos
averiguaríais	averigüéis	averiguarais/-aseis	averiguareis	averiguad
averiguarían	averigüen	averiguaran/-asen	averiguaren	averigüen

<c → z> vencer

presente	imperfecto	pret. ind.	futuro	
venzo	vencía	vencí	venceré	**gerundio**
vences	vencías	venciste	vencerás	venciendo
vence	vencía	venció	vencerá	
vencemos	vencíamos	vencimos	venceremos	**participio**
vencéis	vencíais	vencisteis	venceréis	vencido
vencen	vencían	vencieron	vencerán	

condicional	subj. pres.	subj. imp.	subj. fut.	imperativo
vencería	venza	venciera/-iese	venciere	
vencerías	venzas	vencieras/-ieses	vencieres	vence
vencería	venza	venciera/-iese	venciere	venza
venceríamos	venzamos	venciéramos/-iésemos	venciéremos	venzamos
venceríais	venzáis	vencierais/-ieseis	venciereis	venced
vencerían	venzan	vencieran/-iesen	vencieren	venzan

<g → j> coger

presente	imperfecto	pret. ind.	futuro	
cojo	cogía	cogí	cogeré	**gerundio**
coges	cogías	cogiste	cogerás	cogiendo
coge	cogía	cogió	cogerá	
cogemos	cogíamos	cogimos	cogeremos	**participio**
cogéis	cogíais	cogisteis	cogeréis	cogido
cogen	cogían	cogieron	cogerán	

condicional	subj. pres.	subj. imp.	subj. fut.	imperativo
cogería	coja	cogiera/-iese	cogiere	
cogerías	cojas	cogieras/-ieses	cogieres	coge
cogería	coja	cogiera/-iese	cogiere	coja
cogeríamos	cojamos	cogiéramos/-iésemos	cogiéremos	cojamos
cogeríais	cojáis	cogierais/-ieseis	cogiereis	coged
cogerían	cojan	cogieran/-iesen	cogieren	cojan

<gu → g> distinguir

presente	imperfecto	pret. ind.	futuro	
distingo	distinguía	distinguí	distinguiré	**gerundio**
distingues	distinguías	distinguiste	distinguirás	distinguiendo
distingue	distinguía	distinguió	distinguirá	
distinguimos	distinguíamos	distinguimos	distinguiremos	**participio**
distinguís	distinguíais	distinguisteis	distinguiréis	distinguido
distinguen	distinguían	distinguieron	distinguirán	

condicional	subj. pres.	subj. imp.	subj. fut.	imperativo
distinguiría	distinga	distinguiera/-iese	distinguiere	
distinguirías	distingas	distinguieras/-ieses	distinguieres	distingue
distinguiría	distinga	distinguiera/-iese	distinguiere	distinga
distinguiríamos	distingamos	distinguiéramos/-iésemos	distinguiéremos	distingamos
distinguiríais	distingáis	distinguierais/-ieseis	distinguiereis	distinguid
distinguirían	distingan	distinguieran/-iesen	distinguieren	distingan

<qu → c> delinquir

presente	imperfecto	pret. ind.	futuro	
delinco	delinquía	delinquí	delinquiré	**gerundio**
delinques	delinquías	delinquiste	delinquirás	delinquiendo
delinque	delinquía	delinquió	delinquirá	
delinquimos	delinquíamos	delinquimos	delinquiremos	**participio**
delinquís	delinquíais	delinquisteis	delinquiréis	delinquido
delinquen	delinquían	delinquieron	delinquirán	

condicional	subj. pres.	subj. imp.	subj. fut.	imperativo
delinquiría	delinca	delinquiera/-iese	delinquiere	
delinquirías	delincas	delinquieras/-ieses	delinquieres	delinque
delinquiría	delinca	delinquiera/-iese	delinquiere	delinca
delinquiríamos	delincamos	delinquiéramos/-iésemos	delinquiéremos	delincamos
delinquiríais	delincáis	delinquierais/-ieseis	delinquiereis	delinquid
delinquirían	delincan	delinquieran/-iesen	delinquieren	delincan

Verben mit Betonungsverschiebung
Verbos con cambios de acento

<1. pres: envío> enviar

presente	imperfecto	pret. ind.	futuro	
envío	enviaba	envié	enviaré	**gerundio**
envías	enviabas	enviaste	enviarás	enviando
envía	enviaba	envió	enviará	
enviamos	enviábamos	enviamos	enviaremos	**participio**
enviáis	enviabais	enviasteis	enviaréis	enviado
envían	enviaban	enviaron	enviarán	

condicional	subj. pres.	subj. imp.	subj. fut.	imperativo
enviaría	envíe	enviara/-iase	enviare	
enviarías	envíes	enviaras/-iases	enviares	envía
enviaría	envíe	enviara/-iase	enviare	envíe
enviaríamos	enviemos	enviáramos/-iásemos	enviáremos	enviemos
enviaríais	enviéis	enviarais/-iaseis	enviareis	enviad
enviarían	envíen	enviaran/-iasen	enviaren	envíen

<1. pres: continúo> continuar

presente	imperfecto	pret. ind.	futuro	
continúo	continuaba	continué	continuaré	**gerundio**
continúas	continuabas	continuaste	continuarás	continuando
continúa	continuaba	continuó	continuará	
continuamos	continuábamos	continuamos	continuaremos	**participio**
continuáis	continuabais	continuasteis	continuaréis	continuado
continúan	continuaban	continuaron	continuarán	

condicional	subj. pres.	subj. imp.	subj. fut.	imperativo
continuaría	continúe	continuara/-ase	continuare	
continuarías	continúes	continuaras/-ases	continuares	continúa
continuaría	continúe	continuara/-ase	continuare	continúe
continuaríamos	continuemos	continuáramos/-ásemos	continuáremos	continuemos
continuaríais	continuéis	continuarais/-aseis	continuareis	continuad
continuarían	continúen	continuaran/-asen	continuaren	continúen

Verben, bei denen das unbetonte *i* wegfällt
Verbos que pierden la *i* atónica

<3. pret: tañó> tañer

presente	imperfecto	pret. ind.	futuro	
taño	tañía	tañí	tañeré	**gerundio**
tañes	tañías	tañiste	tañerás	tañendo
tañe	tañía	tañó	tañerá	
tañemos	tañíamos	tañimos	tañeremos	**participio**
tañéis	tañíais	tañisteis	tañeréis	tañido
tañen	tañían	tañeron	tañerán	

condicional	subj. pres.	subj. imp.	subj. fut.	imperativo
tañería	taña	tañera/-ese	tañere	
tañerías	tañas	tañeras/-eses	tañeres	tañe
tañería	taña	tañera/-ese	tañere	taña
tañeríamos	tañamos	tañéramos/-ésemos	tañéremos	tañamos
tañeríais	tañáis	tañerais/-eseis	tañereis	tañed
tañerían	tañan	tañeran/-esen	tañeren	tañan

<3. pret: gruñó> gruñir

presente	imperfecto	pret. ind.	futuro	
gruño	gruñía	gruñí	gruñiré	**gerundio**
gruñes	gruñías	gruñiste	gruñirás	gruñendo
gruñe	gruñía	gruñó	gruñirá	
gruñimos	gruñíamos	gruñimos	gruñiremos	**participio**
gruñís	gruñíais	gruñisteis	gruñiréis	gruñido
gruñen	gruñían	gruñeron	gruñirán	

condicional	subj. pres.	subj. imp.	subj. fut.	imperativo
gruñiría	gruña	gruñera/-ese	gruñere	
gruñirías	gruñas	gruñeras/-eses	gruñeres	gruñe
gruñiría	gruña	gruñera/-ese	gruñere	gruña
gruñiríamos	gruñamos	gruñéramos/-ésemos	gruñéremos	gruñamos
gruñiríais	gruñáis	gruñerais/-eseis	gruñereis	gruñid
gruñirían	gruñan	gruñeran/-esen	gruñeren	gruñan

Die unregelmäßigen Verben
Los verbos irregulares

abolir

presente	subj. pres.	imperativo	
–	–		**gerundio**
–	–	–	aboliendo
–	–	–	
abolimos	–	–	**participio**
abolís	–	abolid	abolido
–	–	–	

abrir

participio :	abierto

adquirir

presente	imperativo		
adquiero		**gerundio**	
adquieres	adquiere	adquiriendo	
adquiere	adquiera		
adquirimos	adquiramos	**participio**	
adquirís	adquirid	adquirido	
adquieren	adquieran		

airar

presente		
aíro		
aíras	**gerundio**	
aíra	airando	
airamos		
airáis	**participio**	
aíran	airado	

andar

presente	pret. ind.		
ando	anduve	**gerundio**	
andas	anduviste	andando	
anda	anduvo		
andamos	anduvimos	**participio**	
andáis	anduvisteis	andado	
andan	anduvieron		

asir

presente	imperativo		
asgo		**gerundio**	
ases	ase	asiendo	
ase	asga		
asimos	asgamos	**participio**	
asís	asid	asido	
asen	asgan		

aullar

presente	imperativo		
aúllo		**gerundio**	
aúllas	aúlla	aullando	
aúlla	aúlle		
aullamos	aullemos	**participio**	
aulláis	aullad	aullado	
aúllan	aúllen		

avergonzar

presente	pret. ind.	imperativo		
avergüenzo	avergoncé		**gerundio**	
avergüenzas	avergonzaste	avergüenza	avergonzando	
avergüenza	avergonzó	avergüence		
avergonzamos	avergonzamos	avergoncemos	**participio**	
avergonzáis	avergonzasteis	avergonzad	avergonzado	
avergüenzan	avergonzaron	avergüencen		

caber

presente	pret. ind.	futuro	condicional		
quepo	cupe	cabré	cabría	**gerundio**	
cabes	cupiste	cabrás	cabrías	cabiendo	
cabe	cupo	cabrá	cabría		
cabemos	cupimos	cabremos	cabríamos	**participio**	
cabéis	cupisteis	cabréis	cabríais	cabido	
caben	cupieron	cabrán	cabrían		

caer

presente	pret. ind.		
caigo	caí	**gerundio**	
caes	caíste	cayendo	
cae	cayó		
caemos	caímos	**participio**	
caéis	caísteis	caído	
caen	cayeron		

ceñir

presente	pret. ind.	imperativo	
ciño	ceñí		**gerundio**
ciñes	ceñiste	ciñe	ciñendo
ciñe	ciñó	ciña	
ceñimos	ceñimos	ciñamos	**participio**
ceñís	ceñisteis	ceñid	ceñido
ciñen	ciñeron	ciñan	

cernir

presente	imperativo	
cierno		**gerundio**
ciernes	cierne	cerniendo
cierne	cierna	
cernimos	cernamos	**participio**
cernís	cernid	cernido
ciernen	ciernan	

cocer

presente	imperativo	
cuezo		**gerundio**
cueces	cuece	cociendo
cuece	cueza	
cocemos	cozamos	**participio**
cocéis	coced	cocido
cuecen	cuezan	

colgar

presente	pret. ind.	imperativo	
cuelgo	colgué		**gerundio**
cuelgas	colgaste	cuelga	colgando
cuelga	colgó	cuelgue	
colgamos	colgamos	colgamos	**participio**
colgáis	colgasteis	colgad	colgado
cuelgan	colgaron	cuelguen	

crecer

presente	imperativo	
crezco		**gerundio**
creces	crece	creciendo
crece	crezca	
crecemos	crezcamos	**participio**
crecéis	creced	crecido
crecen	crezcan	

dar

presente	pret. ind.	subj. pres.	subj. imp.	subj. fut.
doy	di	dé	diera/-ese	diere
das	diste	des	dieras/-eses	dieres
da	dio	dé	diera/-ese	diere
damos	dimos	demos	diéramos/-ésemos	diéremos
dais	disteis	deis	dierais/-eseis	diereis
dan	dieron	den	dieran/-esen	dieren

imperativo	
	gerundio
da	dando
dé	
demos	**participio**
dad	dado
den	

decir

presente	imperfecto	pret. ind.	futuro	
digo	decía	dije	diré	**gerundio**
dices	decías	dijiste	dirás	diciendo
dice	decía	dijo	dirá	
decimos	decíamos	dijimos	diremos	**participio**
decís	decíais	dijisteis	diréis	dicho
dicen	decían	dijeron	dirán	

condicional	subj. pres.	subj. imp.	subj. fut.	imperativo
diría	diga	dijera/-ese	dijere	
dirías	digas	dijeras/-eses	dijeres	di
diría	diga	dijera/-ese	dijere	diga
diríamos	digamos	dijéramos/-ésemos	dijéremos	digamos
diríais	digáis	dijerais/-eseis	dijereis	decid
dirían	digan	dijeran/-esen	dijeren	digan

dormir

presente	pret. ind.	imperativo	
duermo	dormí		**gerundio**
duermes	dormiste	duerme	durmiendo
duerme	durmió	duerma	
dormimos	dormimos	durmamos	**participio**
dormís	dormisteis	dormid	dormido
duermen	durmieron	duerman	

elegir

presente	pret. ind.	imperativo	
elijo	elegí		**gerundio**
eliges	elegiste	elige	eligiendo
elige	eligió	elija	
elegimos	elegimos	elijamos	**participio**
elegís	elegisteis	elegid	elegido
eligen	eligieron	elijan	

empezar

presente	pret. ind.	imperativo	
empiezo	empecé		**gerundio**
empiezas	empezaste	empieza	empezando
empieza	empezó	empiece	
empezamos	empezamos	empecemos	**participio**
empezáis	empezasteis	empezad	empezado
empiezan	empezaron	empiecen	

enraizar

presente	pret. ind.	imperativo	
enraízo	enraicé		**gerundio**
enraízas	enraizaste	enraíza	enraizando
enraíza	enraizó	enraíce	
enraizamos	enraizamos	enraicemos	**participio**
enraizáis	enraizasteis	enraizad	enraizado
enraízan	enraizaron	enraícen	

erguir

presente	pret. ind.	subj. pres	subj. imp.	subj. fut.
yergo	erguí	yerga	irguiera/-ese	irguiere
yergues	erguiste	yergas	irguieras/-eses	irguieres
yergue	irguió	yerga	irguiera/-ese	irguiere
erguimos	erguimos	yergamos	irguiéramos/-ésemos	irguiéremos
erguís	erguisteis	yergáis	irguierais/-eseis	irguiereis
yerguen	irguieron	yergan	irguieran/-esen	irguieren

imperativo		
	gerundio	
yergue	irguiendo	
yerga		
yergamos	**participio**	
erguid	erguido	
yergan		

errar

presente	pret. ind.	imperativo	
yerro	erré		**gerundio**
yerras	erraste	yerra	errando
yerra	erró	yerre	
erramos	erramos	erremos	**participio**
erráis	errasteis	errad	errado
yerran	erraron	yerren	

escribir

participio :	escrito

estar

presente	imperfecto	pret. ind.	futuro	
estoy	estaba	estuve	estaré	**gerundio**
estás	estabas	estuviste	estarás	estando
está	estaba	estuvo	estará	
estamos	estábamos	estuvimos	estaremos	**participio**
estáis	estabais	estuvisteis	estaréis	estado
están	estaban	estuvieron	estarán	

condicional	subj. pres.	subj. imp.	subj. fut.	imperativo
estaría	esté	estuviera/-ese	estuviere	
estarías	estés	estuvieras/-eses	estuvieres	está
estaría	esté	estuviera/-ese	estuviere	esté
estaríamos	estemos	estuviéramos/-ésemos	estuviéremos	estemos
estaríais	estéis	estuvierais/-eseis	estuviereis	estad
estarían	estén	estuvieran/-esen	estuvieren	estén

forzar

presente	pret. ind.	imperativo	
fuerzo	forcé		**gerundio**
fuerzas	forzaste	fuerza	forzando
fuerza	forzó	fuerce	
forzamos	forzamos	forcemos	**participio**
forzáis	forzasteis	forzad	forzado
fuerzan	forzaron	fuercen	

fregar

presente	pret. ind.	imperativo	
friego	fregué		**gerundio**
friegas	fregaste	friega	fregando
friega	fregó	friegue	
fregamos	fregamos	freguemos	**participio**
fregáis	fregasteis	fregad	fregado
friegan	fregaron	frieguen	

freír

presente	pret. ind.	imperativo	
frío	freí		**gerundio**
fríes	freíste	fríe	friendo
fríe	frió	fría	
freímos	freímos	friamos	**participio**
freís	freísteis	freíd	frito
fríen	frieron	frían	

haber

presente	imperfecto	pret. ind.	futuro	
he	había	hube	habré	**gerundio**
has	habías	hubiste	habrás	habiendo
ha	había	hubo	habrá	
hemos	habíamos	hubimos	habremos	**participio**
habéis	habíais	hubisteis	habréis	habido
han	habían	hubieron	habrán	

condicional	subj. pres.	subj. imp.	subj. fut.	imperativo
habría	haya	hubiera/-iese	hubiere	
habrías	hayas	hubieras/-ieses	hubieres	he
habría	haya	hubiera/-iese	hubiere	haya
habríamos	hayamos	hubiéramos/-iésemos	hubiéremos	hayamos
habríais	hayáis	hubierais/-ieseis	hubiereis	habed
habrían	hayan	hubieran/-iesen	hubieren	hayan

hacer

presente	imperfecto	pret. ind.	futuro	
hago	hacía	hice	haré	**gerundio**
haces	hacías	hiciste	harás	haciendo
hace	hacía	hizo	hará	
hacemos	hacíamos	hicimos	haremos	**participio**
hacéis	hacíais	hicisteis	haréis	hecho
hacen	hacían	hicieron	harán	

condicional	subj. pres.	subj. imp.	subj. fut.	imperativo
haría	haga	hiciera/-iese	hiciere	
harías	hagas	hicieras/-ieses	hicieres	haz
haría	haga	hiciera/-iese	hiciere	haga
haríamos	hagamos	hiciéramos/-iésemos	hiciéremos	hagamos
haríais	hagáis	hicierais/-ieseis	hiciereis	haced
harían	hagan	hicieran/-iesen	hicieren	hagan

hartar

| participio : | hartado – *gesättigt* |
| | harto (*nur attributiv*): estoy harto – *ich bin satt* |

huir

presente	pret. ind.	imperativo		
huyo	huí		**gerundio**	
huyes	huiste	huye	huyendo	
huye	huyó	huya		
huimos	huimos	huyamos	**participio**	
huís	huisteis	huid	huido	
huyen	huyeron	huyan		

imprimir

| participio : | impreso |

ir

presente	imperfecto	pret. ind.	subj. pres.	subj. imp.
voy	iba	fui	vaya	fuera/-ese
vas	ibas	fuiste	vayas	fueras/-eses
va	iba	fue	vaya	fuera/-ese
vamos	íbamos	fuimos	vayamos	fuéramos/-ésemos
vais	ibais	fuisteis	vayáis	fuerais/-eseis
van	iban	fueron	vayan	fueran/-esen

subj. fut.	imperativo		
fuere		**gerundio**	
fueres	ve	yendo	
fuere	vaya		
fuéremos	vayamos	**participio**	
fuereis	id	ido	
fueren	vayan		

jugar

presente	pret. ind.	subj. pres.	imperativo	
juego	jugué	juegue		**gerundio**
juegas	jugaste	juegues	juega	jugando
juega	jugó	juegue	juegue	
jugamos	jugamos	juguemos	juguemos	**participio**
jugáis	jugasteis	juguéis	jugad	jugado
juegan	jugaron	jueguen	jueguen	

leer

presente	pret. ind.	
leo	leí	**gerundio**
lees	leíste	leyendo
lee	leyó	
leemos	leímos	**participio**
leéis	leísteis	leído
leen	leyeron	

lucir

presente	imperativo	
luzco		**gerundio**
luces	luce	luciendo
luce	luzca	
lucimos	luzcamos	**participio**
lucís	lucid	lucido
lucen	luzcan	

maldecir

presente	pret. ind.	imperativo		
maldigo	maldije		**gerundio**	
maldices	maldijiste	maldice	maldiciendo	
maldice	maldijo	maldiga		
maldecimos	maldijimos	maldigamos	**participio**	
maldecís	maldijisteis	maldecid	maldecido	– *verflucht*
maldicen	maldijeron	maldigan	maldito	– *Substantiv, Adjektiv*

morir

presente	pret. ind.	imperativo	
muero	morí		**gerundio**
mueres	moriste	muere	muriendo
muere	murió	muera	
morimos	morimos	muramos	**participio**
morís	moristeis	morid	muerto
mueren	murieron	mueran	

oir, oír

presente	pret. ind.	imperativo	subj. imp.	subj. fut.
oigo	oí		oyera/-ese	oyere
oyes	oíste	oye	oyeras/-eses	oyeres
oye	oyó	oiga	oyera/-ese	oyere
oímos	oímos	oigamos	oyéramos/-ésemos	oyéremos
oís	oísteis	oid	oyerais/-eseis	oyereis
oyen	oyeron	oigan	oyeran/-esen	oyeren

gerundio	participio
oyendo	oído

oler

presente	imperativo	
huelo		**gerundio**
hueles	huele	oliendo
huele	huela	
olemos	olamos	**participio**
oléis	oled	olido
huelen	huelan	

pedir

presente	pret. ind.	imperativo	
pido	pedí		**gerundio**
pides	pediste	pide	pidiendo
pide	pidió	pidas	
pedimos	pedimos	pidamos	**participio**
pedís	pedisteis	pedid	pedido
piden	pidieron	pidan	

poder

presente	pret. ind.	futuro	condicional	
puedo	pude	podré	podría	**gerundio**
puedes	pudiste	podrás	podrías	pudiendo
puede	pudo	podrá	podría	
podemos	pudimos	podremos	podríamos	**participio**
podéis	pudisteis	podréis	podríais	podido
pueden	pudieron	podrán	podrían	

podrir, pudrir

presente	imperfecto	pret. ind.	futuro	condicional
pudro	pudría	pudrí	pudriré	pudriría
pudres	pudrías	pudriste	pudrirás	pudrirías
pudre	pudría	pudrió	pudrirá	pudriría
pudrimos	pudríamos	pudrimos	pudriremos	pudriríamos
pudrís	pudríais	pudristeis	pudriréis	pudriríais
pudren	pudrían	pudrieron	pudrirán	pudrirían

imperativo		
	gerundio	
pudre	pudriendo	
pudra		
pudramos	**participio**	
pudrid	podrido	
pudran		

poner

presente	pret. ind.	futuro	condicional	imperativo
pongo	puse	pondré	pondría	
pones	pusiste	pondrás	pondrías	pon
pone	puso	pondrá	pondría	ponga
ponemos	pusimos	pondremos	pondríamos	pongamos
ponéis	pusisteis	pondréis	pondríais	poned
ponen	pusieron	pondrán	pondrían	pongan

gerundio	participio
poniendo	puesto

prohibir

presente	imperativo	
prohíbo		**gerundio**
prohíbes	prohíbe	prohibiendo
prohíbe	prohíba	
prohibimos	prohibamos	**participio**
prohibís	prohibid	prohibido
prohíben	prohíban	

proveer

presente	pret. ind.	
proveo	proveí	**gerundio**
provees	proveíste	proveyendo
provee	proveyó	
proveemos	proveímos	**participio**
proveéis	proveísteis	provisto
proveen	proveyeron	

pudrir *siehe/véase* **podrir**

querer

presente	pret. ind.	futuro	condicional	imperativo
quiero	quise	querré	querría	
quieres	quisiste	querrás	querrías	quiere
quiere	quiso	querrá	querría	quiera
queremos	quisimos	querremos	querríamos	queramos
queréis	quisisteis	querréis	querríais	quered
quieren	quisieron	querrán	querrían	quieran

gerundio	participio
queriendo	querido

raer

presente	pret. ind.	
raigo/rayo	raí	**gerundio**
raes	raíste	rayendo
rae	rayó	
raemos	raímos	**participio**
raéis	raísteis	raído
raen	rayeron	

reír

presente	pret. ind.	imperativo	
río	reí		**gerundio**
ríes	reíste	ríe	riendo
ríe	rió	ría	
reímos	reímos	riamos	**participio**
reís	reísteis	reíd	reído
ríen	rieron	rían	

reunir

presente	imperativo	
reúno		**gerundio**
reúnes	reúne	reuniendo
reúne	reúna	
reunimos	reunamos	**participio**
reunís	reunid	reunido
reúnen	reúnan	

roer

presente	pret. ind.	subj. pres.	subj. imp.	subj. fut.
roo/roigo/royo	roí	roa/roiga/roya	royera/-ese	royere
roes	roíste	roas/roigas/royas	royeras/-eses	royeres
roe	royó	roa/roiga/roya	royera/-ese	royere
roemos	roímos	roamos/roigamos/royamos	royéramos/-ésemos	royéremos
roéis	roísteis	roáis/roigáis/royáis	royerais/-eseis	royereis
roen	royeron	roan/roigan/royan	royeran/-esen	royeren

imperativo		
	gerundio	
roe	royendo	
roa/roiga/roya		
roamos/roigamos/royamos	**participio**	
roed	roído	
roan/roigan/royan		

saber

presente	pret. ind.	futuro	condicional	subj. pres.
sé	supe	sabré	sabría	sepa
sabes	supiste	sabrás	sabrías	sepas
sabe	supo	sabrá	sabría	sepa
sabemos	supimos	sabremos	sabríamos	sepamos
sabéis	supisteis	sabréis	sabríais	sepáis
saben	supieron	sabrán	sabrían	sepan

imperativo		
	gerundio	
sabe	sabiendo	
sepa		
sepamos	**participio**	
sabed	sabido	
sepan		

salir

presente	futuro	condicional	imperativo	
salgo	saldré	saldría		**gerundio**
sales	saldrás	saldrías	sal	saliendo
sale	saldrá	saldría	salga	
salimos	saldremos	saldríamos	salgamos	**participio**
salís	saldréis	saldríais	salid	salido
salen	saldrán	saldrían	salgan	

seguir

presente	pret. ind.	subj. pres.	subj. imp.	subj. fut.
sigo	seguí	siga	siguiera/-ese	siguiere
sigues	seguiste	sigas	siguieras/-eses	siguieres
sigue	siguió	siga	siguiera/-ese	siguiere
seguimos	seguimos	sigamos	siguéramos/-ésemos	siguiéremos
seguís	seguisteis	sigáis	siguierais/-eseis	siguiereis
siguen	siguieron	sigan	siguieran/-esen	siguieren

imperativo	
	gerundio
sigue	siguiendo
siga	
sigamos	**participio**
seguid	seguido
sigan	

sentir

presente	pret. ind.	subj. pres.	subj. imp.	subj. fut.
siento	sentí	sienta	sintiera/-ese	sintiere
sientes	sentiste	sientas	sintieras/-eses	sintieres
siente	sintió	sienta	sintiera/-ese	sintiere
sentimos	sentimos	sintamos	sintiéramos/-ésemos	sintiéremos
sentís	sentisteis	sintáis	sintierais/-eseis	sintiereis
sienten	sintieron	sientan	sintieran/-esen	sintieren

imperativo	
	gerundio
siente	sintiendo
sienta	
sintamos	**participio**
sentid	sentido
sientan	

ser

presente	imperfecto	pret. ind.	futuro	
soy	era	fui	seré	**gerundio**
eres	eras	fuiste	serás	siendo
es	era	fue	será	
somos	éramos	fuimos	seremos	**participio**
sois	erais	fuisteis	seréis	sido
son	eran	fueron	serán	

condicional	subj. pres.	subj. imp.	subj. fut.	imperativo
sería	sea	fuera/-ese	fuere	
serías	seas	fueras/-eses	fueres	sé
sería	sea	fuera/-ese	fuere	sea
seríamos	seamos	fuéramos/-ésemos	fuéremos	seamos
seríais	seáis	fuerais/-eseis	fuereis	sed
serían	sean	fueran/-esen	fueren	sean

soltar

presente	imperativo		
suelto		**gerundio**	
sueltas	suelta	soltando	
suelta	suelte		
soltamos	soltemos	**participio**	
soltáis	soltad	soltado	
sueltan	suelten		

tener

presente	pret. ind.	futuro	condicional	imperativo
tengo	tuve	tendré	tendría	
tienes	tuviste	tendrás	tendrías	ten
tiene	tuvo	tendrá	tendría	tenga
tenemos	tuvimos	tendremos	tendríamos	tengamos
tenéis	tuvisteis	tendréis	tendríais	tened
tienen	tuvieron	tendrán	tendrían	tengan

gerundio	participio
teniendo	tenido

traducir

presente	pret. ind.	imperativo	
traduzco	traduje		**gerundio**
traduces	tradujiste	traduce	traduciendo
traduce	tradujo	traduzca	
traducimos	tradujimos	traduzcamos	**participio**
traducís	tradujisteis	traducid	traducido
traducen	tradujeron	traduzcan	

traer

presente	pret. ind.	imperativo	
traigo	traje		**gerundio**
traes	trajiste	trae	trayendo
trae	trajo	traiga	
traemos	trajimos	traigamos	**participio**
traéis	trajisteis	traed	traído
traen	trajeron	traigan	

valer

presente	futuro	imperativo	
valgo	valdré		**gerundio**
vales	valdrás	vale	valiendo
vale	valdrá	valga	
valemos	valdremos	valgamos	**participio**
valéis	valdréis	valed	valido
valen	valdrán	valgan	

venir

presente	pret. ind.	futuro	condicional	imperativo
vengo	vine	vendré	vendría	
vienes	viniste	vendrás	vendrías	ven
viene	vino	vendrá	vendría	venga
venimos	vinimos	vendremos	vendríamos	vengamos
venís	vinisteis	vendréis	vendríais	venid
vienen	vinieron	vendrán	vendrían	vengan

gerundio	participio
viniendo	venido

ver

presente	imperfecto	pret. ind.	subj. imp.	subj. fut.
veo	veía	vi	viera/-ese	viere
ves	veías	viste	vieras/-eses	vieres
ve	veía	vio	viera/-ese	viere
vemos	veíamos	vimos	viéramos/-ésemos	viéremos
veis	veíais	visteis	vierais/-eseis	viereis
ven	veían	vieron	vieran/-esen	vieren

gerundio	participio
viendo	visto

volcar

presente	pret. ind.	imperativo		
vuelco	volqué		**gerundio**	
vuelcas	volcaste	vuelca	volcando	
vuelca	volcó	vuelque		
volcamos	volcamos	volquemos	**participio**	
volcáis	volcasteis	volcad	volcado	
vuelcan	volcaron	vuelquen		

volver

presente	imperativo		
vuelvo		**gerundio**	
vuelves	vuelve	volviendo	
vuelve	vuelva		
volvemos	volvamos	**participio**	
volvéis	volved	vuelto	
vuelven	vuelvan		

yacer

presente	subj. pres.	imperativo		
yazco/yazgo/yago	yazca/yazga/yaga		**gerundio**	
			yaciendo	
yaces	yazcas/yazgas/yagas	yace/yaz		
yace	yazca/yazga/yaga	yazca/yazga/yaga		
yacemos	yazcamos/yazgamos/yagamos	yazcamos/yazgamos/yagamos	**participio**	
			yacido	
yacéis	yazcáis/yazgáis/yagáis	yaced		
yacen	yazcan/yazgan/yagan	yazcan/yazgan/yagan		

Die regelmäßigen und unregelmäßigen deutschen Verben
Los verbos regulares e irregulares alemanes

Die regelmäßigen Verben (schwache Verben)
Los verbos regulares (conjugación débil)

machen

Präsens	Imperfekt	Perfekt	Plusquamperfekt
mache	machte	habe gemacht	hatte gemacht
machst	machtest	hast gemacht	hattest gemacht
macht	machte	hat gemacht	hatte gemacht
machen	machten	haben gemacht	hatten gemacht
macht	machtet	habt gemacht	hattet gemacht
machen	machten	haben gemacht	hatten gemacht

Futur	Konjunktiv I	Konjunktiv II	Imperativ
werde machen	mache	machte	
wirst machen	machest	machtest	mach(e)
wird machen	mache	machte	machen Sie
werden machen	machen	machten	machen wir
werdet machen	machet	machtet	macht
werden machen	machen	machten	machen Sie

Verben, deren Stamm auf *s, ss, ß* oder *z* endet
Verbos cuya raíz termina en *s, ss, ß* o *z*

rasen

Präsens	Imperfekt	Perfekt	Plusquamperfekt
rase	raste	bin gerast	war gerast
rast	rastest	bist gerast	warst gerast
rast	raste	ist gerast	war gerast
rasen	rasten	sind gerast	waren gerast
rast	rastet	seid gerast	ward gerast
rasen	rasten	sind gerast	waren gerast

Futur	Konjunktiv I	Konjunktiv II	Imperativ
werde rasen	rase	raste	
wirst rasen	rasest	rastest	ras(e)
wird rasen	rase	raste	rasen Sie
werden rasen	rasen	rasten	rasen wir
werdet rasen	raset	rastet	rast
werden rasen	rasen	rasten	rasen Sie

passen

Präsens	Imperfekt	Perfekt	Plusquamperfekt
passe	passte	habe gepasst	hatte gepasst
passt	passtest	hast gepasst	hattest gepasst
passt	passte	hat gepasst	hatte gepasst
passen	passten	haben gepasst	hatten gepasst
passt	passtet	habt gepasst	hattet gepasst
passen	passten	haben gepasst	hatten gepasst

Futur	Konjunktiv I	Konjunktiv II	Imperativ
werde passen	passe	passte	
wirst passen	passest	passtest	pass(e)
wird passen	passe	passte	passen Sie
werden passen	passen	passten	passen wir
werdet passen	passet	passtet	passt
werden passen	passen	passten	passen Sie

grüßen

Präsens	Imperfekt	Perfekt	Plusquamperfekt
grüße	grüßte	habe gegrüßt	hatte gegrüßt
grüßt	grüßtest	hast gegrüßt	hattest gegrüßt
grüßt	grüßte	hat gegrüßt	hatte gegrüßt
grüßen	grüßten	haben gegrüßt	hatten gegrüßt
grüßt	grüßtet	habt gegrüßt	hattet gegrüßt
grüßen	grüßten	haben gegrüßt	hatten gegrüßt

Futur	Konjunktiv I	Konjunktiv II	Imperativ
werde grüßen	grüße	grüßte	
wirst grüßen	grüßest	grüßtest	grüß(e)
wird grüßen	grüße	grüßte	grüßen Sie
werden grüßen	grüßen	grüßten	grüßen wir
werdet grüßen	grüßet	grüßtet	grüßt
werden grüßen	grüßen	grüßten	grüßen Sie

reizen

Präsens	Imperfekt	Perfekt	Plusquamperfekt
reize	reizte	habe gereizt	hatte gereizt
reizt	reiztest	hast gereizt	hattest gereizt
reizt	reizte	hat gereizt	hatte gereizt
reizen	reizten	haben gereizt	hatten gereizt
reizt	reiztet	habt gereizt	hattet gereizt
reizen	reizten	haben gereizt	hatten gereizt

Futur	Konjunktiv I	Konjunktiv II	Imperativ
werde reizen	reize	reizte	
wirst reizen	reizest	reiztest	reiz(e)
wird reizen	reize	reizte	reizen Sie
werden reizen	reizen	reizten	reizen wir
werdet reizen	reizet	reiztet	reizt
werden reizen	reizen	reizten	reizen Sie

Verben, deren Stamm auf *d* oder *t*, mit Konsonant *+m* oder *+n* endet
Verbos cuya raíz termina en *d* o *t*, con consonante *+m* o *+n*

reden

Präsens	Imperfekt	Perfekt	Plusquamperfekt
rede	redete	habe geredet	hatte geredet
redest	redetest	hast geredet	hattest geredet
redet	redete	hat geredet	hatte geredet
reden	redeten	haben geredet	hatten geredet
redet	redetet	habt geredet	hattet geredet
reden	redeten	haben geredet	hatten geredet

Futur	Konjunktiv I	Konjunktiv II	Imperativ
werde reden	rede	redete	
wirst reden	redest	redetest	red(e)
wird reden	rede	redete	reden Sie
werden reden	reden	redeten	reden wir
werdet reden	redet	redetet	redet
werden reden	reden	redeten	reden Sie

wetten

Präsens	Imperfekt	Perfekt	Plusquamperfekt
wette	wettete	habe gewettet	hatte gewettet
wettest	wettetest	hast gewettet	hattest gewettet
wettet	wettete	hat gewettet	hatte gewettet
wetten	wetteten	haben gewettet	hatten gewettet
wettet	wettetet	habt gewettet	hattet gewettet
wetten	wetteten	haben gewettet	hatten gewettet

Futur	Konjunktiv I	Konjunktiv II	Imperativ
werde wetten	wette	wettete	
wirst wetten	wettest	wettetest	wett(e)
wird wetten	wette	wettete	wetten Sie
werden wetten	wetten	wetteten	wetten wir
werdet wetten	wettet	wettetet	wettet
werden wetten	wetten	wetteten	wetten Sie

atmen

Präsens	Imperfekt	Perfekt	Plusquamperfekt
atme	atmete	habe geatmet	hatte geatmet
atmest	atmetest	hast geatmet	hattest geatmet
atmet	atmete	hat geatmet	hatte geatmet
atmen	atmeten	haben geatmet	hatten geatmet
atmet	atmetet	habt geatmet	hattet geatmet
atmen	atmeten	haben geatmet	hatten geatmet

Futur	Konjunktiv I	Konjunktiv II	Imperativ
werde atmen	atme	atmete	
wirst atmen	atmest	atmetest	atme
wird atmen	atmet	atmete	atmen Sie
werden atmen	atmen	atmeten	atmen wir
werdet atmen	atmet	atmetet	atmet
werden atmen	atmen	atmeten	atmen Sie

trocknen

Präsens	Imperfekt	Perfekt	Plusquamperfekt
trockne	trocknete	habe getrocknet	hatte getrocknet
trocknest	trocknetest	hast gestrocknet	hattest getrocknet
trocknet	trocknete	hat getrocknet	hatte getrocknet
trocknen	trockneten	haben getrocknet	hatten getrocknet
trocknet	trocknetet	habt getrocknet	hattet getrocknet
trocknen	trockneten	haben getrocknet	hatten getrocknet

Futur	Konjunktiv I	Konjunktiv II	Imperativ
werde trocknen	trockne	trocknete	
wirst trocknen	trocknest	trocknetest	trockne
wird trocknen	trockne	trocknete	trocknen Sie
werden trocknen	trocknen	trockneten	trocknen wir
werdet trocknen	trocknet	trocknetet	trocknet
werden trocknen	trocknen	trockneten	trocknen Sie

Verben, deren Stamm auf unbetontem *el* oder *er* endet
Verbos cuya raíz termina en *el* o *er* átonas

angeln

Präsens	Imperfekt	Perfekt	Plusquamperfekt
angle	angelte	habe geangelt	hatte geangelt
angelst	angeltest	hast geangelt	hattest geangelt
angelt	angelte	hat geangelt	hatte geangelt
angeln	angelten	haben geangelt	hatten geangelt
angelt	angeltet	habt geangelt	hattet geangelt
angeln	angelten	haben geangelt	hatten geangelt

Futur	Konjunktiv I	Konjunktiv II	Imperativ
werde angeln	angle	angelte	
wirst angeln	angelst	angeltest	angle
wird angeln	angle	angelte	angeln Sie
werden angeln	angeln	angelten	angeln wir
werdet angeln	angelt	angeltet	angelt
werden angeln	angeln	angelten	angeln Sie

zittern

Präsens	Imperfekt	Perfekt	Plusquamperfekt
zittre	zitterte	habe gezittert	hatte gezittert
zitterst	zittertest	hast gezittert	hattest gezittert
zittert	zitterte	hat gezittert	hatte gezittert
zittern	zitterten	haben gezittert	hatten gezittert
zittert	zittertet	habt gezittert	hattet gezittert
zittern	zitterten	haben gezittert	hatten gezittert

Futur	Konjunktiv I	Konjunktiv II	Imperativ
werde zittern	zittre	zitterte	
wirst zittern	zitterst	zittertest	zittre
wird zittern	zittre	zitterte	zittern Sie
werden zittern	zittern	zitterten	zittern wir
werdet zittern	zittert	zittertet	zittert
werden zittern	zittern	zitterten	zittern Sie

Die unregelmäßigen Verben (starke Verben)
Los verbos irregulares (conjugación fuerte)

tragen

Präsens	Imperfekt	Perfekt	Plusquamperfekt
trage	trug	habe getragen	hatte getragen
trägst	trugst	hast getragen	hattest getragen
trägt	trug	hat getragen	hatte getragen
tragen	trugen	haben getragen	hatten getragen
tragt	trugt	habt getragen	hattet getragen
tragen	trugen	haben getragen	hatten getragen

Futur	Konjunktiv I	Konjunktiv II	Imperativ
werde tragen	trage	trüge	
wirst tragen	tragest	trügest	trag(e)
wird tragen	trage	trüge	tragen Sie
werden tragen	tragen	trügen	tragen wir
werdet tragen	trag(e)t	trüg(e)t	tragt
werden tragen	tragen	trügen	tragen Sie

blasen

Präsens	Imperfekt	Perfekt	Plusquamperfekt
blase	blies	habe geblasen	hatte geblasen
bläst	bliest	hast geblasen	hattest geblasen
bläst	blies	hat geblasen	hatte geblasen
blasen	bliesen	haben geblasen	hatten geblasen
blast	bliest	habt geblasen	hattet geblasen
blasen	bliesen	haben geblasen	hatten geblasen

Futur	Konjunktiv I	Konjunktiv II	Imperativ
werde blasen	blase	bliese	
wirst blasen	blasest	bliesest	blas(e)
wird blasen	blase	bliese	blasen Sie
werden blasen	blasen	bliesen	blasen wir
werdet blasen	blast	blieset	blast
werden blasen	blasen	bliesen	blasen Sie

laufen

Präsens	Imperfekt	Perfekt	Plusquamperfekt
laufe	lief	bin gelaufen	war gelaufen
läufst	liefst	bist gelaufen	warst gelaufen
läuft	lief	ist gelaufen	war gelaufen
laufen	liefen	sind gelaufen	waren gelaufen
lauft	lieft	seid gelaufen	ward gelaufen
laufen	liefen	sind gelaufen	waren gelaufen

Futur	Konjunktiv I	Konjunktiv II	Imperativ
werde laufen	laufe	liefe	
wirst laufen	laufest	liefest	lauf(e)
wird laufen	laufe	liefe	laufen Sie
werden laufen	laufen	liefen	laufen wir
werdet laufen	laufet	liefet	lauft
werden laufen	laufen	liefen	laufen Sie

essen

Präsens	Imperfekt	Perfekt	Plusquamperfekt
esse	aß	habe gegessen	hatte gegessen
isst	aßt	hast gegessen	hattest gegessen
isst	aßen	hat gegessen	hatte gegessen
essen	aßen	haben gegessen	hatten gegessen
esst	aßt	habt gegessen	hattet gegessen
essen	aßen	haben gegessen	hatten gegessen

Futur	Konjunktiv I	Konjunktiv II	Imperativ
werde essen	esse	äße	
wirst essen	isst	äßest	iss
wird essen	esse	äße	essen Sie
werden essen	essen	äßen	essen wir
werdet essen	esst	äßet	esst
werden essen	essen	äßen	essen Sie

Die Hilfsverben *sein*, *haben* und *werden*
Los verbos auxiliares *sein*, *haben* y *werden*

sein

Präsens	Imperfekt	Perfekt	Plusquamperfekt
bin	war	bin gewesen	war gewesen
bist	warst	bist gewesen	warst gewesen
ist	war	ist gewesen	war gewesen
sind	waren	sind gewesen	waren gewesen
seid	ward	seid gewesen	ward gewesen
sind	waren	sind gewesen	waren gewesen

Futur	Konjunktiv I	Konjunktiv II	Imperativ
werde sein	sei	wäre	
wirst sein	seist	wär(e)st	sei
wird sein	sei	wäre	seien Sie
werden sein	seien	wären	seien wir
werdet sein	seiet	wär(e)t	seid
werden sein	seien	wären	seien Sie

haben

Präsens	Imperfekt	Perfekt	Plusquamperfekt
habe	hatte	habe gehabt	hatte gehabt
hast	hattest	hast gehabt	hattest gehabt
hat	hatte	hat gehabt	hatte gehabt
haben	hatten	haben gehabt	hatten gehabt
habt	hattet	habt gehabt	hattet gehabt
haben	hatten	haben gehabt	hatten gehabt

Futur	Konjunktiv I	Konjunktiv II	Imperativ
werde haben	habe	hätte	
wirst haben	habest	hättest	hab(e)
wird haben	habe	hätte	haben Sie
werden haben	haben	hätten	haben wir
werdet haben	habet	hättet	habt
werden haben	haben	hätten	haben Sie

werden

Präsens	Imperfekt	Perfekt	Plusquamperfekt
werde	wurde	bin geworden	war geworden
wirst	wurdest	bist geworden	warst geworden
wird	wurde	ist geworden	war geworden
werden	wurden	sind geworden	waren geworden
werdet	wurdet	seid geworden	ward geworden
werden	wurden	sind geworden	waren geworden

Futur	Konjunktiv I	Konjunktiv II	Imperativ
werde werden	werde	würde	
wirst werden	werdest	würdest	werd(e)
wird werden	werde	würde	werden Sie
werden werden	werden	würden	werden wir
werdet werden	werdet	würdet	werdet
werden werden	werden	würden	werden Sie

Die Modalverben
Los verbos modales

können

Präsens	Imperfekt	Perfekt	Plusquamperfekt
kann	konnte	habe gekonnt	hatte gekonnt
kannst	konntest	hast gekonnt	hattest gekonnt
kann	konnte	hat gekonnt	hatte gekonnt
können	konnten	haben gekonnt	hatten gekonnt
könnt	konntet	habt gekonnt	hattet gekonnt
können	konnten	haben gekonnt	hatten gekonnt

Futur	Konjunktiv I	Konjunktiv II
werde können	könne	könnte
wirst können	könnest	könntest
wird können	könne	könnte
werden können	können	könnten
werdet können	könn(e)t	könntet
werden können	können	könnten

dürfen

Präsens	Imperfekt	Perfekt	Plusquamperfekt
darf	durfte	habe gedurft	hatte gedurft
darfst	durftest	hast gedurft	hattest gedurft
darf	durfte	hat gedurft	hatte gedurft
dürfen	durften	haben gedurft	hatten gedurft
dürft	durftet	habt gedurft	hattet gedurft
dürfen	durften	haben gedurft	hatten gedurft

Futur	Konjunktiv I	Konjunktiv II
werde dürfen	dürfe	dürfte
wirst dürfen	dürfest	dürftest
wird dürfen	dürfe	dürfte
werden dürfen	dürfen	dürften
werdet dürfen	dürf(e)t	dürftet
werden dürfen	dürfen	dürften

mögen

Präsens	Imperfekt	Perfekt	Plusquamperfekt
mag	mochte	habe gemocht	hatte gemocht
magst	mochtest	hast gemocht	hattest gemocht
mag	mochte	hat gemocht	hatte gemocht
mögen	mochten	haben gemocht	hatten gemocht
mögt	mochtet	habt gemocht	hattet gemocht
mögen	mochten	haben gemocht	hatten gemocht

Futur	Konjunktiv I	Konjunktiv II
werde mögen	möge	möchte
wirst mögen	mögest	möchtest
wird mögen	möge	möchte
werden mögen	mögen	möchten
werdet mögen	mög(e)t	möchtet
werden mögen	mögen	möchten

müssen

Präsens	Imperfekt	Perfekt	Plusquamperfekt
muss	musste	habe gemusst	hatte gemusst
musst	musstest	hast gemusst	hattest gemusst
muss	musste	hat gemusst	hatte gemusst
müssen	mussten	haben gemusst	hatten gemusst
müsst	musstet	habt gemusst	hattet gemusst
müssen	mussten	haben gemusst	hatten gemusst

Futur	Konditional I	Konditional II
werde müssen	müsse	müsste
wirst müssen	müssest	müsstest
wird müssen	müsse	müsste
werden müssen	müssen	müssten
werdet müssen	müss(e)t	müsstet
werden müssen	müssen	müssten

sollen

Präsens	Imperfekt	Perfekt	Plusquamperfekt
soll	sollte	habe gesollt	hatte gesollt
sollst	solltest	hast gesollt	hattest gesollt
soll	sollte	hat gesollt	hatte gesollt
sollen	sollten	haben gesollt	hatten gesollt
sollt	solltet	habt gesollt	hattet gesollt
sollen	sollten	haben gesollt	hatten gesollt

Futur	Konditional I	Konditional II
werde sollen	solle	sollte
wirst sollen	sollest	solltest
wird sollen	solle	sollte
werden sollen	sollen	sollten
werdet sollen	soll(e)t	solltet
werden sollen	sollen	sollten

wollen

Präsens	Imperfekt	Perfekt	Plusquamperfekt
will	wollte	habe gewollt	hatte gewollt
willst	wolltest	hast gewollt	hattest gewollt
will	wollte	hat gewollt	hatte gewollt
wollen	wollten	haben gewollt	hatten gewollt
wollt	wolltet	habt gewollt	hattet gewollt
wollen	wollten	haben gewollt	hatten gewollt

Futur	Konditional I	Konditional II
werde wollen	wolle	wollte
wirst wollen	wollest	wolltest
wird wollen	wolle	wollte
werden wollen	wollen	wollten
werdet wollen	woll(e)t	wolltet
werden wollen	wollen	wollten

Die wichtigsten Formen des Konjunktivs II
Las formas más importantes del Konjunktiv II

befehlen	beföhle	**graben**	grübe	**schwingen**	schwänge
beginnen	begänne	**haben**	hätte	**schwören**	schwüre
bergen	bärge	**heben**	höbe	**sehen**	sähe
berste	bärste	**helfen**	hülfe	**sein**	wäre
bewegen	bewöge	**klingen**	klänge	**singen**	sänge
biegen	böge	**kommen**	käme	**sinken**	sänke
bieten	böte	**können**	könne	**sinnen**	sänne
binden	bände	**kriechen**	kröche	**sitzen**	säße
bitten	bäte	**laden**	lüde	**spinnen**	spänne
brechen	bräche	**lesen**	läse	**sprechen**	spräche
brennen	brennte	**liegen**	läge	**sprießen**	sprösse
bringen	brächte	**löschen**	lösche	**springen**	spränge
denken	dächte	**lügen**	löge	**stechen**	stäche
dreschen	drösche	**melken**	mölke	**stehen**	stünde/stände
dringen	dränge	**messen**	mäße	**stehlen**	stähle
dürfen	dürfte	**misslingen**	misslänge	**sterben**	stürbe
empfehlen	empföhle	**mögen**	möchte	**stinken**	stänke
empfinde	empfände	**müssen**	müsste	**tragen**	trüge
essen	äße	**nehmen**	nähme	**treffen**	träfe
fahren	führe	**quellen**	quölle	**treten**	träte
finden	fände	**riechen**	röche	**trinken**	tränke
flechten	flöchte	**ringen**	ränge	**trügen**	tröge
fliegen	flöge	**rinnen**	ränne	**tun**	täte
fliehen	flöhe	**saufen**	söffe	**verderben**	verdürbe
fließen	flösse	**schaffen**	schüfe	**verdrießen**	verdrösse
fressen	fräße	**schelten**	schölte	**vergessen**	vergäße
frieren	fröre	**scheren**	schöre	**verlieren**	verlöre
gären	gäre	**schieben**	schöbe	**wachsen**	wüchse
gebären	gebäre	**schießen**	schösse	**waschen**	wüsche
geben	gäbe	**schinden**	schünde	**werben**	würbe
gelingen	gelänge	**schlagen**	schlüge	**werden**	würde
gelten	gälte	**schließen**	schlösse	**werfen**	würfe
genießen	genösse	**schlingen**	schlänge	**wiegen**	wöge
geschehen	geschähe	**schmelzen**	schmölze	**winden**	wände
gewinnen	gewönne	**schwellen**	schwölle	**wissen**	wüsste
gießen	gösse	**schwimmen**	schwömme	**ziehen**	zöge
glimmen	glömme	**schwinden**	schwände	**zwingen**	zwänge

Liste der wichtigsten unregelmäßigen Verben im Deutschen

Lista de los principales verbos irregulares del alemán

Die unregelmäßigen Formen der mit *auf-, ab-, be-, er-, zer-* usw. präfigierten Verben entsprechen denen ihrer Grundform. Neben dem Infinitiv wird zusätzlich die 2. Person Singular angegeben, wenn diese gegenüber der Grundform einen Umlaut aufweist oder eine Vokalveränderung erfährt. Ebenso wird zum Partizip Perfekt das Hilfsverb aufgeführt, mit welchem es gebildet wird.

Las formas de los verbos derivados con los prefijos *auf-, ab-, be-, er-, zer-* etc. corresponden a las de sus respectivos verbos en forma no derivada. Se añade a la forma de infinitivo la 2ª persona del singular si hay 'Umlaut' o cambio vocálico. Igualmente se indica en la forma del participio pasado ('Partizip II') el verbo auxiliar con que se forma.

1. Infinitiv / 1. infinitivo	2. Imperfekt / 2. pretérito	3. Partizip Perfekt / 3. participio pasado ('Partizip II')	4. Imperativ – Sg/Pl / 4. imperativo – sg/pl
backen bäckst, backst	backte buk	hat gebacken	back(e)/backt
befehlen befiehlst	befahl	hat befohlen	befiehl/befehlt
beginnen	begann	hat begonnen	beginn(e)/beginnt
beißen	biss	hat gebissen	beiß(e)/beißt
bergen birgst	barg	hat geborgen	birg/bergt
bersten birst	barst	ist geborsten	birst/berstet
bewegen	bewog	hat bewogen	beweg(e)/bewegt
biegen	bog	hat/ist gebogen	bieg(e)/bewegt
bieten	bot	hat geboten	biet(e)/bietet
binden	band	hat gebunden	bind(e)/bindet
bitten	bat	hat gebeten	bitt(e)/bittet
blasen bläst	blies	hat geblasen	blas(e)/blast
bleiben	blieb	ist geblieben	bleib(e)/bleibt
braten brätst	briet	hat gebraten	brat(e)/bratet
brechen brichst	brach	hat/ist gebrochen	brich/brecht
brennen	brannte	hat gebrannt	brenn(e)/brennt
bringen	brachte	hat gebracht	bring/bringt
denken	dachte	hat gedacht	denk(e)/denkt
dreschen drischst	drosch	hat/ist gedroschen	drisch/drescht
dringen	drang	ist gedrungen	dring(e)/dringt
dürfen darfst	durfte	hat gedurft	
empfangen empfängst	empfing	hat empfangen	empfang(e)/empfangt
empfehlen empfiehlst	empfahl	hat empfohlen	empfiehl/empfehlt
empfinden	empfand	hat empfunden	empfind(e)/empfindet
erschrecken erschrickst	erschrak	ist erschrocken	erschrick/erschreckt
essen isst	aß	hat gegessen	iss/esst
fahren fährst	fuhr	hat/ist gefahren	fahr(e)/fahrt
fallen fällst	fiel	ist gefallen	fall(e)/fallt
fangen fängst	fing	hat gefangen	fang(e)/fangt
fechten fichst	focht	hat gefochten	ficht/fechtet
finden	fand	hat gefunden	find(e)/findet

flechten flichst	flocht	hat geflochten	flicht/flechtet
fliegen	flog	hat/ist geflogen	flieg(e)/fliegt
fliehen	floh	ist geflohen	flieh(e)/flieht
fließen	floss	ist geflossen	fließ(e)/fließt
fressen frisst	fraß	hat gefressen	friss/fresst
frieren	fror	hat gefroren	frier(e)/friert
gären	gor gärte	hat/ist gegoren hat/ist gegärt	gär(e)/gärt
gebären gebierst	gebar	ist geboren	gebier/gebärt
geben gibst	gab	hat gegeben	gib/gebt
gedeihen	gedieh	ist gediehen	gedeih(e)/gedeiht
gehen	ging	ist gegangen	geh(e)/geht
gelingen	gelang	ist gelungen	geling(e)/gelingt
gelten giltst	galt	hat gegolten	gilt/geltet
genießen	genoss	hat genossen	genieß(e)/genießt
geschehen geschieht	geschah	ist geschehen	geschieh/gescheht
gewinnen	gewann	hat gewonnen	gewinn(e)/gewinnt
gießen	goss	hat gegossen	gieß(e)/gießt
gleichen	glich	hat geglichen	gleich(e)/gleicht
gleiten	glitt	ist geglitten	gleit(e)/gleitet
glimmen	glomm	hat geglommen	glimm(e)/glimmt
graben gräbst	grub	hat gegraben	grab(e)/grabt
greifen	griff	hat gegriffen	greif(e)/greift
haben hast	hatte	hat gehabt	hab(e)/habt
halten hältst	hielt	hat gehalten	halt(e)/haltet
hängen	hing	hat gehangen	häng(e)/hängt
hauen	haute hieb	hat gehauen	hau(e)/haut
heben	hob hub	hat gehoben	heb(e)/hebt
heißen	hieß	hat geheißen	heiß(e)/heißt
helfen hilfst	half	hat geholfen	hilf/helft
kennen	kannte	hat gekannt	kenn(e)/kennt
klingen	klang	hat geklungen	kling(e)/klingt
kneifen	kniff	hat gekniffen	kneif(e)/kneift
kommen	kam	ist gekommen	komm(e)/kommt
können kannst	konnte	hat gekonnt	
kriechen	kroch	ist gekrochen	kriech(e)/kriecht
küren	kürte	hat gekürt	kür(e)/kürt
laden lädst	lud	hat geladen	lad(e)/ladet
lassen lässt	ließ	hat gelassen	lass/lasst
laufen läuft	lief	ist gelaufen	lauf(e)/lauft
leiden	litt	hat gelitten	leid(e)/leidet
leihen	lieh	hat geliehen	leih(e)/leiht
lesen liest	las	hat gelesen	lies/lest
liegen	lag	hat gelegen	lieg(e)/liegt
lügen	log	hat gelogen	lüg(e)/lügt

mahlen	mahlte	hat gemahlen	mahl(e)/mahlt
meiden	mied	hat gemieden	meid(e)/meidet
melken	molk melkte	hat gemolken hat gemelkt	melk(e), milk/melkt
messen misst	maß	hat gemessen	miss/messt
misslingen	misslang	ist misslungen	
mögen magst	mochte	hat gemocht	
müssen musst	musste	hat gemusst	
nehmen nimmst	nahm	hat genommen	nimm/nehmt
nennen	nannte	hat genannt	nenn(e)/nennt
pfeifen	pfiff	hat gepfiffen	pfeif(e)/pfeift
preisen	pries	hat gepriesen	preis(e)/preist
quellen quillst	quoll	ist gequollen	quill/quellt
raten rätst	riet	hat geraten	rat(e)/ratet
reiben	rieb	hat gerieben	reib(e)/reibt
reißen	riss	hat/ist gerissen	reiß/reißt
reiten	ritt	hat/ist geritten	reit(e)/reitet
rennen	rannte	ist gerannt	renn(e)/rennt
riechen	roch	hat gerochen	riech(e)/riecht
ringen	rang	hat gerungen	ring(e)/ringt
rinnen	rann	ist geronnen	rinn(e)/rinnt
rufen	rief	hat gerufen	ruf(e)/ruft
saufen säufst	soff	hat gesoffen	sauf(e)/sauft
schaffen	schuf	hat geschaffen	schaff(e)/schafft
scheiden	schied	hat/ist geschieden	scheid(e)/scheidet
scheinen	schien	hat geschienen	schein(e)/scheinet
scheißen	schiss	hat geschissen	scheiß(e)/scheißt
schelten schiltst	schalt	hat gescholten	schilt/scheltet
scheren	schor	hat geschoren hat geschert	scher(e)/schert
schieben	schob	hat geschoben	schieb(e)/schiebt
schießen	schoss	hat geschossen	schieß(e)/schießt
schinden	schindete	hat geschunden	schind(e)/schindet
schlafen schläfst	schlief	hat geschlafen	schlaf(e)/schlaft
schlagen schlägst	schlug	hat geschlagen	schlag(e)/schlagt
schleichen	schlich	ist geschlichen	schleich(e)/schleicht
schleifen	schliff	hat geschliffen	schleif(e)/schleift
schließen	schloss	hat geschlossen	schließ(e)/schließt
schlingen	schlang	hat geschlungen	schling(e)/schlingt
schmeißen	schmiss	hat geschmissen	schmeiß(e)/schmeißt
schmelzen schmilzt	schmolz	ist geschmolzen	schmilz/schmelzt
schneiden	schnitt	hat geschnitten	schneid(e)/schneidet
schrecken schrickst, schreckst	schreckte schrak	hat geschreckt	schrick/schreckt
schreiben	schrieb	hat geschrieben	schreib(e)/schreibt
schreien	schrie	hat geschrie(e)n	schrei(e)/schreit
schreiten	schritt	ist geschritten	schreit(e)/schreitet
schweigen	schwieg	hat geschwiegen	schweig(e)/schweigt
schwellen schwillst	schwoll	ist geschwollen	schwill/schwellt

schwimmen	schwamm	hat/ist geschwommen	schwimm(e)/schwimmt
schwinden	schwand	ist geschwunden	schwind(e)/schwindet
schwingen	schwang	hat geschwungen	schwing(e)/schwingt
schwören	schwor	hat geschworen	schwör(e)/schwört
sehen siehst	sah	hat gesehen	sieh/seht
sein	war	ist gewesen	sei/seid
senden	sandte sendete	hat gesandt hat gesendet	send(e)/sendet
singen	sang	hat gesungen	sing(e)/singt
sinken	sank	ist gesunken	sink(e)/sinkt
sinnen	sann	hat gesonnen	sinn(e)/sinnt
sitzen	saß	hat gesessen	sitz(e)/sitzt
sollen	sollte	hat gesollt	
spalten	spaltete	hat gespalten hat gespaltet	spalt(e)/spaltet
speien	spie	hat gespie(e)n	spei(e)/speit
spinnen	spann	hat gesponnen	spinn(e)/spinnt
sprechen sprichst	sprach	hat gesprochen	sprich/sprecht
sprießen	spross sprießte	ist gesprossen ist gesprießt	sprieß(e)/sprießt
springen	sprang	ist gesprungen	spring(e)/springt
stechen stichst	stach	hat gestochen	stich/stecht
stecken	steckte stak	hat gesteckt	steck(e)/steckt
stehen	stand	hat gestanden	steh(e)/steht
stehlen stiehlst	stahl	hat gestohlen	stiehl/stehlt
steigen	stieg	ist gestiegen	steig(e)/steigt
sterben stirbst	starb	ist gestorben	stirb/sterbt
stinken	stank	hat gestunken	stink(e)/stinkt
stoßen stößt	stieß	hat gestoßen	stoß(e)/stoßt
streichen	strich	hat gestrichen	streich(e)/streicht
streiten	stritt	hat gestritten	streit(e)/streitet
tragen trägst	trug	hat getragen	trag(e)/tragt
treffen triffst	traf	hat getroffen	triff/trefft
treiben	trieb	hat/ist getrieben	treib(e)/treibt
treten trittst	trat	hat getreten	tritt/tretet
triefen	triefte/troff	hat getrieft	trief(e)/trieft
trinken	trank	hat getrunken	trink(e)/trinkt
trügen	trog	hat getrogen	trüg(e)/trügt
tun	tat	hat getan	tu(e)/tut
verderben verdirbst	verdarb	hat/ist verdorben	verdirb/verderbt
verdrießen	verdross	hat verdrossen	verdrieß(e)/verdrießt
vergessen vergisst	vergaß	hat vergessen	vergiss/vergesst
verlieren	verlor	hat verloren	verlier(e)/verliert
verlöschen verlischst	verlosch verlöschte	ist verloschen ist verlöscht	verlisch/verlöscht
verzeihen	verzieh	hat verziehen	verzeih(e)/verzeiht
wachsen wächst	wuchs	ist gewachsen	wachs(e)/wachst
wägen	wog	hat gewogen	wäg(e)/wägt

waschen wäschst	wusch	hat gewaschen	wasch(e)/wascht
weben	wob	hat gewoben	web(e)/webt
weichen	wich	ist gewichen	weich(e)/weicht
weisen	wies	hat gewiesen	weis(e)/weist
wenden	wendete wandte	hat gewendet hat gewandt	wend(e)/wendet
werben wirbst	warb	hat geworben	wirb/werbt
werden wirst	wurde ward	ist geworden	werd(e)/werdet
werfen wirfst	warf	hat geworfen	wirf/werft
wiegen	wog	hat gewogen	wieg(e)/wiegt
winden	wand	hat gewunden	wind(e)/windet
winken	winkte	hat gewinkt hat gewunken	wink(e)/winkt
wissen weißt	wusste	hat gewusst	wiss(e)/wisset
wollen willst	wollte	hat gewollt	woll(e)/wollt
ziehen	zog	hat/ist gezogen	zieh(e)/zieht
zwingen	zwang	hat gezwungen	zwing(e)/zwingt

Die Zahlwörter   Los numerales

Die Grundzahlen   Los numerales cardinales

null	0	cero
einer, eine, eins; ein, eine, ein	1	uno (*apócope* un), una
zwei	2	dos
drei	3	tres
vier	4	cuatro
fünf	5	cinco
sechs	6	seis
sieben	7	siete
acht	8	ocho
neun	9	nueve
zehn	10	diez
elf	11	once
zwölf	12	doce
dreizehn	13	trece
vierzehn	14	catorce
fünfzehn	15	quince
sechzehn	16	dieciséis
siebzehn	17	diecisiete
achtzehn	18	dieciocho
neunzehn	19	diecinueve
zwanzig	20	veinte
einundzwanzig	21	veintiuno (*apócope* veintiún), -a
zweiundzwanzig	22	veintidós
dreiundzwanzig	23	veintitrés
vierundzwanzig	24	veinticuatro
fünfundzwanzig	25	veinticinco
dreißig	30	treinta
einunddreißig	31	treinta y uno (*apócope* treinta y un), -a

zweiunddreißig	32	treinta y dos
dreiunddreißig	33	treinta y tres
vierzig	40	cuarenta
einundvierzig	41	cuarenta y uno (*apócope* cuarenta y un), -a
zweiundvierzig	42	cuarenta y dos
fünfzig	50	cincuenta
einundfünfzig	51	cincuenta y uno (*apócope* cincuenta y un), -a
zweiundfünfzig	52	cincuenta y dos
sechzig	60	sesenta
einundsechzig	61	sesenta y uno (*apócope* sesenta y un), -a
zweiundsechzig	62	sesenta y dos
siebzig	70	setenta
einundsiebzig	71	setenta y uno (*apócope* setenta y un), -a
zweiundsiebzig	72	setenta y dos
fünfundsiebzig	75	setenta y cinco
neunundsiebzig	79	setenta y nueve
achtzig	80	ochenta
einundachtzig	81	ochenta y uno (*apócope* ochenta y un), -a
zweiundachtzig	82	ochenta y dos
fünfundachtzig	85	ochenta y cinco
neunzig	90	noventa
einundneunzig	91	noventa y uno (*apócope* noventa y un), -a
zweiundneunzig	92	noventa y dos
neunundneunzig	99	noventa y nueve
hundert	100	cien
hundert(und)eins	101	ciento uno (*apócope* ciento un), -a
hundert(und)zwei	102	ciento dos
hundert(und)zehn	110	ciento diez
hundert(und)zwanzig	120	ciento veinte
hundert(und)neunundneunzig	199	ciento noventa y nueve
zweihundert	200	doscientos, -as
zweihundert(und)eins	201	doscientos, -as uno (*apócope* doscientos un), -a
zweihundert(und)zweiundzwanzig	222	doscientos, -as veintidós
dreihundert	300	trescientos, -as
vierhundert	400	cuatrocientos, -as
fünfhundert	500	quinientos, -as
sechshundert	600	seiscientos, -as
siebenhundert	700	setecientos, -as
achthundert	800	ochocientos, -as
neunhundert	900	novecientos, -as
tausend	1 000	mil
tausend(und)eins	1 001	mil uno (*apócope* mil un), -a
tausend(und)zehn	1 010	mil diez
tausend(und)einhundert	1 100	mil cien
zweitausend	2 000	dos mil
zehntausend	10 000	diez mil
hunderttausend	100 000	cien mil
eine Million	1 000 000	un millón
zwei Millionen	2 000 000	dos millones
zwei Millionen fünfhunderttausend	2 500 000	dos millones quinientos, -as mil
eine Milliarde	1 000 000 000	mil millones
eine Billion	1 000 000 000 000	un billón

Die Ordnungszahlen Los numerales ordinales

(der, die, das)			(el, la)
erste	1.	1°, 1ª	primero (*apócope* primer), -a
zweite	2.	2°, 2ª	segundo, -a
dritte	3.	3°, 3ª	tercero (*apócope* tercer), -a
vierte	4.	4°, 4ª	cuarto, -a
fünfte	5.	5°, 5ª	quinto, -a
sechste	6.	6°, 6ª	sexto, -a
siebte	7.	7°, 7ª	séptimo, -a
achte	8.	8°, 8ª	octavo, -a
neunte	9.	9°, 9ª	noveno, -a
zehnte	10.	10°, 10ª	décimo, -a
elfte	11.	11°, 11ª	undécimo, -a
zwölfte	12.	12°, 12ª	duodécimo, -a
dreizehnte	13.	13°, 13ª	decimotercero, -a
vierzehnte	14.	14°, 14ª	decimocuarto, -a
fünfzehnte	15.	15°, 15ª	decimoquinto, -a
sechzehnte	16.	16°, 16ª	decimosexto, -a
siebzehnte	17.	17°, 17ª	decimoséptimo, -a
achtzehnte	18.	18°, 18ª	decimoctavo, -a
neunzehnte	19.	19°, 19ª	decimonoveno, -a
zwanzigste	20.	20°, 20ª	vigésimo, -a
einundzwanzigste	21.	21°, 21ª	vigésimo, -a primero, -a (*o* vigesimoprimero, -a)
zweiundzwanzigste	22.	22°, 22ª	vigésimo, -a segundo, -a (*o* vigesimosegundo, -a)
dreiundzwanzigste	23.	23°, 23ª	vigésimo, -a tercero, -a (*o* vigesimotercero, -a)
dreißigste	30.	30°, 30ª	trigésimo, -a
einunddreißigste	31.	31°, 31ª	trigésimo, -a primero, -a
zweiunddreißigste	32.	32°, 32ª	trigésimo, -a segundo, -a
vierzigste	40.	40°, 40ª	cuadragésimo, -a
fünfzigste	50.	50°, 50ª	quincuagésimo, -a
sechzigste	60.	60°, 60ª	sexagésimo, -a
siebzigste	70.	70°, 70ª	septuagésimo, -a
einundsiebzigste	71.	71°, 71ª	septuagésimo, -a primero, -a
zweiundsiebzigste	72.	72°, 72ª	septuagésimo, -a segundo, -a
neunundsiebzigste	79.	79°, 79ª	septuagésimo, -a noveno, -a
achtzigste	80.	80°, 80ª	octogésimo, -a
einundachtzigste	81.	81°, 81ª	octogésimo, -a primero, -a
zweiundachtzigste	82.	82°, 82ª	octogésimo, -a segundo, -a
neunzigste	90.	90°, 90ª	nonagésimo, -a
einundneunzigste	91.	91°, 91ª	nonagésimo, -a primero, -a
neunundneunzigste	99.	99°, 99ª	nonagésimo, -a noveno, -a
hundertste	100.	100°, 100ª	centésimo, -a
hundertunderste	101.	101°, 101ª	centésimo, -a primero, -a
hundertundzehnte	110.	110°, 110ª	centésimo, -a décimo, -a
hundertundfünfundneunzigste	195.	195°, 195ª	centésimo, -a nonagésimo, -a quinto, -a
zweihundertste	200.	200°, 200ª	ducentésimo, -a
dreihundertste	300.	300°, 300ª	tricentésimo, -a
fünfhundertste	500.	500°, 500ª	quingentésimo, -a
tausendste	1 000.	1 000°, 1 000ª	milésimo, -a
zweitausendste	2 000.	2 000°, 2 000ª	dosmilésimo, -a
millionste	1 000 000.	1 000 000°, 1 000 000ª	millonésimo, -a
zehnmillionste	10 000 000.	10 000 000°, 10 000 000ª	diezmillonésimo, -a

Die Bruchzahlen		Números fraccionarios (o quebrados)
ein halb	$1/2$	mitad; medio, -a
ein Drittel	$1/3$	un tercio
ein Viertel	$1/4$	un cuarto
ein Fünftel	$1/5$	un quinto
ein Zehntel	$1/10$	un décimo
ein Hundertstel	$1/100$	un céntesimo
ein Tausendstel	$1/1000$	un milésimo
ein Millionstel	$1/1\,000\,000$	un millonésimo
zwei Drittel	$2/3$	dos tercios
drei Viertel	$3/4$	tres cuartos
zwei Fünftel	$2/5$	dos quintos
drei Zehntel	$3/10$	tres décimos
anderthalb, ein(und)einhalb	$1\,1/2$	uno y medio
zwei(und)einhalb	$2\,1/2$	dos y medio
fünf drei Achtel	$5\,3/8$	cinco tres octavos
eins Komma eins	1,1	uno coma uno

Maße und Gewichte

Dezimalsystem

Medidas y pesos

Sistema (de numeración) decimal

Mega-	1 000 000	M	mega-
Hektokilo-	100 000	hk	hectokilo
Myria-	10 000	Ma	miria-
Kilo-	1 000	K	kilo
Hekto-	100	H	hecto-
Deka-	10	da	deca- (o decá-)
Dezi-	0,1	d	deci- (o decí-)
Zenti-	0,01	c	centi- (o centí-)
Milli-	0,001	m	mili-
Dezimilli-	0,000 1	dm	decimili-
Zentimilli-	0,000 01	cm	centimili-
Mikro-	0,000 001	μ	micro-

Längenmaße

Medidas de longitud

Seemeile	1 852 m	-	milla marina
Kilometer	1 000 m	km	kilómetro
Hektometer	100 m	hm	hectómetro
Dekameter	10 m	dam	decámetro
Meter	1 m	m	metro
Dezimeter	0,1 m	dm	decímetro
Zentimeter	0,01 m	cm	centímetro
Millimeter	0,001 m	mm	milímetro
Mikron, My	0,000 001 m	μ	micrón, micra
Millimikron, -my	0,000 000 001 m	mμ	milimicrón
Ångströmeinheit	0,000 000 000 1 m	Å	ángstrom

Flächenmaße

			Medidas de superficie
Quadratkilometer	1 000 000 m²	km²	kilómetro cuadrado
Quadrathektometer	10 000 m²	hm²	hectómetro cuadrado
Hektar		ha	hectárea
Quadratdekameter	100 m²	dam²	decámetro cuadrado
Ar		a	área
Quadratmeter	1 m²	m²	metro cuadrado
Quadratdezimeter	0,01 m²	dm²	decímetro cuadrado
Quadratzentimeter	0,000 1 m²	cm²	centímetro cuadrado
Quadratmillimeter	0,000 001 m²	mm²	milímetro cuadrado

Kubik- und Hohlmaße

			Medidas de volumen y capacidad
Kubikkilometer	1 000 000 000 m³	km³	kilómetro cúbico
Kubikmeter	1 m³	m³	metro cúbico
Ster		st	estéreo
Hektoliter	0,1 m³	hl	hectolitro
Dekaliter	0,01 m³	dal	decalitro
Kubikdezimeter	0,001 m³	dm³	decímetro cúbico
Liter		l	litro
Deziliter	0,000 1 m³	dl	decilitro
Zentiliter	0,000 01 m³	cl	centilitro
Kubikzentimeter	0,000 001 m³	cm³	centímetro cúbico
Milliliter	0,000 001 m³	ml	mililitro
Kubikmillimeter	0,000 000 001 m³	mm³	milímetro cúbico

Gewichte

			Pesos
Tonne	1 000 kg	t	tonelada
Doppelzentner	100 kg	q	quintal métrico
Kilogramm	1 000 g	kg	kilogramo
Hektogramm	100 g	hg	hectogramo
Dekagramm	10 g	dag	decagramo
Gramm	1 g	g	gramo
Karat	0,2 g	–	quilate
Dezigramm	0,1 g	dg	decigramo (*o* decagramo)
Zentigramm	0,01 g	cg	centigramo
Milligramm	0,001 g	mg	miligramo
Mikrogramm	0,000 001 g	µg, g	microgramo

Länder, Hauptstädte, Zonenzeit, Währung, internationale Vorwahl

Países, capitales, huso horario, moneda, prefijo internacional

Land / *País*	Hauptstadt / *Capital*	MEZ* / *Hora de Europa Central*	Währung / *Moneda*	Tel. / *Tel.*
Afghanistan / *Afganistán*	Kabul	+3 h	Afghani / *afgani*	0093
Ägypten / *Egipto*	Kairo / *El Cairo*	+1 h	Ägyptisches Pfund / *libra egipcia*	0020
Albanien / *Albania*	Tirana	MEZ	Lek / *leke*	00355
Algerien / *Argelia*	Algier / *Argel*	MEZ	Algerischer Dinar / *dinar argelino*	00213
Angola	Luanda	MEZ	Neuer Kwanza / *nuevo kwanza*	00244
Argentinien / *Argentina*	Buenos Aires	−4 h	Argentinischer Peso / *peso argentino*	0054
Aserbaidschan / *Azerbaiyán*	Baku / *Bakú*	+3 h	Manat	00994
Äthiopien / *Etiopía*	Addis Abeba	+2 h	Birr	00251
Australien / *Australia*	Canberra (+9 h)	+7/+9 h	Australischer Dollar / *dólar australiano*	0061
Bahamas	Nassau	−6 h	Bahama-Dollar / *dólar de las Bahamas*	001242
Bahrain / *Bahráin*	Manama / *Manama*	+3 h	Bahrain-Dinar / *dinar bahriní*	00973
Bangladesch / *Bangladesh*	Dhaka	+5 h	Taka	00880
Barbados	Bridgetown	−5 h	Barbados-Dollar / *dólar de Barbados*	001246
Belarus/Weißrussland / *Belarús/Bielorrusia*	Minsk	+1h	Weißruss. Rubel / *rublo bielorruso*	00375
Belgien / *Bélgica*	Brüssel / *Bruselas*	MEZ	Euro	0032
Belize / *Belice*	Belmopan / *Belmopán*	−7 h	Belize-Dollar / *dólar de Belice*	00501
Benin / *Benín*	Porto Novo	−1 h	CFA-Franc / *franco CFA*	00229
Birma/Myanmar / *Birmania/Myanmar*	Rangun/Yangon / *Rangún*	+5 h	Kyat	0095
Bolivien / *Bolivia*	Sucre	−5 h	Peso Boliviano / *peso boliviano*	00591
Bosnien-Herzegowina / *Bosnia y Hercegovina/Bosnia-Hercegovina*	Sarajevo	MEZ	B.-H.-Dinar / *dinar de Bosnia y Hercegovina/de Bosnia-Hercegovina*	00387

| Land | Hauptstadt | MEZ* | Währung | Tel. |
País	Capital	Hora de Europa Central	Moneda	Tel.
Botswana Botsuana	Gaborone	+1 h	Pula	00267
Brasilien Brasil	Brasília (-4 h) Brasilia	-3/-6 h	Real	0055
Brunei Brunéi	Bandar Seri Begawan	+7 h	Brunei-Dollar dólar de Brunéi	00673
Bulgarien Bulgaria	Sofia Sofía	+1 h	Lew lev	00359
Burkina Faso	Ouagadougou Uagadugú	-1 h	CFA-Franc franco CFA	00226
Burundi	Bujumbura	+1 h	Burundi-Franc franco de Burundi	00257
Chile	Santiago de Chile	-5 h	Chilenischer Peso peso chileno	0056
China, Volksrepublik China, República Popular	Beijing/Peking Beijing/Pekín	+7/+8 h	Yuan	0086
Costa Rica	San José	-7 h	Costa-Rica-Colón colón costarricense	00506
Dänemark Dinamarca	Kopenhagen Copenhague	MEZ	Dänische Krone corona danesa	0045
Deutschland Alemania	Berlin Berlín	MEZ	Euro	0049
Djibouti/Dschibuti Yibuti	Djibouti Yibuti	+2 h	Djibouti-Franc franco de Yibuti	00253
Dominikan. Republik República Dominicana	Santo Domingo	-5h	Dominikan. Peso peso dominicano	001809
Ecuador	Quito	-6 h	US-Dollar dólar de EE.UU.	00593
Elfenbeinküste Costa de Marfil	Yamoussoukro Yamusukro	-1 h	CFA-Franc franco CFA	00225
El Salvador	San Salvador	-7 h	El-Salvador-Colón colón salvadoreño	00503
England (GB) Inglaterra (RU)	London Londres	-1h	Pfund Sterling libra esterlina	0044
Eritrea	Asmara	+2 h	Nafka	00291
Estland Estonia	Tallinn Tallin	+1 h	Estnische Krone corona estonia	00372
Fidschi Fidji/Fiyi	Suva	+11 h	Fidschi-Dollar dólar de Fidji/Fiyi	00679
Finnland Finlandia	Helsinki	+1 h	Euro	00358
Frankreich Francia	Paris París	MEZ	Euro	0033
Gabun Gabón	Libreville	MEZ	CFA-Franc franco CFA	00241
Gambia	Banjul	-1 h	Dalasi	00220

Land	Hauptstadt	MEZ*	Währung	Tel.
País	*Capital*	*Hora de Europa Central*	*Moneda*	*Tel.*
Georgien *Georgia*	Tbilissi/Tiflis *Tbilisi/Tiflis*	+3 h	Lari	00995
Ghana	Accra	-1 h	Cedi	00233
Griechenland *Grecia*	Athen *Atenas*	+1 h	Euro	0030
Großbritannien *Gran Bretaña*	London *Londres*	-1 h	Pfund Sterling *libra esterlina*	0044
Guatemala	Guatemala	-7 h	Quetzal	00502
Guinea	Conakry	-1 h	Guinea-Franc *franco guineo*	00224
Guinea-Bissau	Bissau	-1 h	CFA-Franc *franco CFA*	00245
Guyana	Georgetown	-5 h	Guyana-Dollar *dólar de Guyana*	00592
Haiti *Haití*	Port-au-Prince *Puerto Príncipe*	-6h	Gourde *gourde/gurda*	00509
Honduras	Tegucigalpa	-7 h	Lempira	00504
Indien *(la) India*	New Delhi *Nueva Delhi*	+4 h	Indische Rupie *rupia india*	0091
Indonesien *Indonesia*	Jakarta *Yakarta*	+6/+7 h	Rupiah *rupia indonesia*	0062
Irak *Iraq/Irak*	Bagdad	+2h	Irak-Dinar *dinar iraquí*	00964
Iran *Irán*	Teheran *Teherán*	+2 h	Iranischer Rial *rial iraní*	0098
Irland *Irlanda*	Dublin *Dublín*	-1 h	Irisches Pfund *libra irlandesa*	00353
Island *Islandia*	Reykjavik *Reikiavik*	-1h	Isländische Krone *corona islandesa*	00354
Israel	Jerusalem *Jerusalén*	+1 h	Neuer Schekel *nuevo sheqel (pl: nuevos sheqalim)*	00972
Italien *Italia*	Rom *Roma*	MEZ	Euro	0039
Jamaika *Jamaica*	Kingston	-6 h	Jamaika-Dollar *dólar de Jamaica*	001876
Japan *Japón*	Tokyo *Tokio*	+8 h	Yen	0081
Jemen *Yemen*	Sanaa	+2 h	Jemen-Rial *rial yemení*	00967
Jordanien *Jordania*	Amman *Ammán*	+1h	Jordan-Dinar *dinar jordano*	00962
Jugoslawien (Serbien und Montenegro) *Yugoslavia (Serbia y Montenegro)*	Belgrad *Belgrado*	MEZ	Jugoslawischer Dinar *dinar yugoslavo*	00381
Kambodscha *Camboya*	Phnom Penh	+6 h	Riel	00855

Land	Hauptstadt	MEZ*	Währung	Tel.
País	*Capital*	*Hora de Europa Central*	*Moneda*	*Tel.*
Kamerun *Camerún*	Yaoundé *Yaundé*	MEZ	CFA-Franc *franco CFA*	00237
Kanada *Canadá*	Ottawa (-6 h)	−6/−9 h	Kanadischer Dollar *dólar canadiense*	001
Kasachstan *Kazajistán*	Astana	+3 h	Tenge	007
Kenia	Nairobi	+2h	Kenya-Shilling *chelín keniano*	00254
Kirgistan/Kyrgyzstan *Kirguizistán*	Bishkek	+4 h	Kirgistan-Som *som*	00996
Kolumbien *Colombia*	Bogotá *Santa Fe de Bogotá*	−6 h	Kolumbian. Peso *peso colombiano*	0057
Kongo *Congo*	Kinshasa	MEZ	Kongo-Franc *franco congoleño*	00243
Kongo (Brazzaville) *Congo (Brazzaville)*	Brazzaville	MEZ	CFA-Franc *franco CFA*	00242
Korea-Nord *Corea del Norte*	Pjöngjang Pyongyang	+8 h	Won	00850
Korea-Süd *Corea del Sur*	Seoul *Seúl*	+8 h	Won	0082
Kroatien *Croacia*	Zagreb	MEZ	Kuna	00385
Kuba *Cuba*	Havanna *La Habana*	−6 h	Kubanischer Peso *peso cubano*	0053
Kuwait	Kuwait	+2 h	Kuwait-Dinar *dinar kuwaití*	00965
Laos	Vientiane *Vientiane/Vientián*	+6 h	Kip	00856
Lesotho *Lesoto*	Maseru	+1 h	Loti	00266
Lettland *Letonia*	Riga	+1 h	Lats	00371
Libanon *Líbano*	Beirut	+1 h	Libanes. Pfund *libra libanesa*	00961
Liberia	Monrovia	−1 h	Liberian. Dollar *dólar liberiano*	00231
Libyen *Libia*	Tripolis *Trípoli*	MEZ	Libyscher Dinar *dinar libio*	00218
Liechtenstein	Vaduz	MEZ	Schweizer Franken *franco suizo*	004175
Litauen *Lituania*	Vilnius/Wilna *Vilnius/Vilna*	+1 h	Litas	00370
Luxemburg *Luxemburgo*	Luxemburg *Luxemburgo*	MEZ	Euro	00352
Madagaskar *Madagascar*	Antananarivo	+2 h	Madagaskar-Franc *franco malgache*	00261

Land País	Hauptstadt Capital	MEZ* Hora de Europa Central	Währung Moneda	Tel. Tel.
Malawi Malaui	Lilongwe Lilongüe	+1 h	Malawi-Kwacha kwacha de Malaui	00265
Malaysia Malasia	Kuala Lumpur	+6/+7 h	Malays. Ringgit ringgit malayo	0060
Malediven Maldivas	Malé	+4 h	Rufiyaa rufiyaa/rupia de Maldivas	00960
Mali Malí	Bamako	-1 h	CFA-Franc franco CFA	00223
Malta	Valletta Valletta/La Valeta	MEZ	Maltesische Lira lira maltesa	00356
Marokko Marruecos	Rabat	-1 h	Marokkanischer Dirham dirham marroquí	00212
Mauretanien Mauritania	Nouakchott Nuakchot	-1 h	Ouguiya	00222
Mazedonien/Makedonien Macedonia	Skopje Skopie	MEZ	Mazedonischer Denar denar macedonio	00389
Mexiko Méjico/México	Mexico City (-7 h) Ciudad de México/México D.F./México Distrito Federal	-7/-9 h	Mexikanischer Peso peso mexicano	0052
Monaco Mónaco	Monaco-Ville Mónaco	MEZ	Euro	00377
Mongolei Mongolia	Ulan-Bator Ulán Bator	+6 h	Tugrik	00976
Mosambik Mozambique	Maputo	+1 h	Metical	00258
Myanmar/Birma Myanmar/Birmania	Rangun/Yangon Rangún	+5 h	Kyat	0095
Namibia	Windhuk Windhuk/Windhoek	+1 h	Namibia-Dollar dólar namibio	00264
Nepal	Kathmandu Katmandú	+4 h	Nepales. Rupie rupia nepalesa	00977
Neuseeland Nueva Zelanda	Wellington	+11 h	Neuseeland-Dollar dólar neozelandés	0064
Nicaragua	Managua	-7 h	Córdoba	00505
Niederlande Países Bajos	Amsterdam	MEZ	Euro	0031
Niger Níger	Niamey	MEZ	CFA-Franc franco CFA	00227
Nigeria	Abuja	MEZ	Naira	00234
Nordirland Irlanda del Norte	Belfast	-1 h	Pfund Sterling libra esterlina	0044
Norwegen Noruega	Oslo	MEZ	Norwegische Krone corona noruega	0047
Oman Omán	Maskat Mascate	+3 h	Rial Omani rial omaní	00968

| Land | Hauptstadt | MEZ* | Währung | Tel. |
País	Capital	Hora de Europa Central	Moneda	Tel.
Österreich Austria	Wien Viena	MEZ	Euro	0043
Pakistan Paquistán/Pakistán	Islamabad	+4 h	Pakistanische Rupie rupia paquistaní	0092
Panama Panamá	Panama Panamá	−6 h	Balboa	00507
Papua-Neuguinea Papúa-Nueva Guinea/Papúa y Nueva Guinea	Port Moresby	+9 h	Kina	00675
Paraguay	Asunción	−5 h	Guaraní	00595
Peru Perú	Lima	−6 h	Nuevo Sol	0051
Philippinen Filipinas	Manila	+7 h	Philippinischer Peso peso filipino	0063
Polen Polonia	Warschau Varsovia	MEZ	Zloty	0048
Portugal	Lissabon Lisboa	−1 h	Euro	00351
Puerto Rico (USA) Puerto Rico (EE.UU.)	San Juan	−6 h	US-Dollar dólar de EE.UU.	001787
Ruanda	Kigali	+1 h	Ruanda-Franc franco ruandés	00250
Rumänien Rumania/Rumanía	Bukarest Bucarest	+1 h	Leu (pl: Lei)	0040
Russland (Russische Föderation) Rusia (Federación Rusa/de Rusia)	Moskau (+2 h) Moscú	+1/+7 h	Rubel rublo	007
Salomoninseln Islas Salomón	Honiara	+10 h	Salomonen-Dollar dólar de Islas Salomón	00677
Sambia Zambia	Lusaka	+1 h	Sambischer Kwacha kwacha zambiano	00260
Saudi-Arabien Arabia Saudí/Arabia Saudita	Riyadh Riad	+2 h	Saudi Riyal rial saudí/riyal saudí	00966
Schottland (GB) Escocia (RU)	Edinburgh Edimburgo	−1 h	Pfund Sterling libra esterlina	0044
Schweden Suecia	Stockholm Estocolmo	MEZ	Schwedische Krone corona sueca	0046
Schweiz Suiza	Bern Berna	MEZ	Schweizer Franken franco suizo	0041
Senegal	Dakar	−1 h	CFA-Franc franco CFA	00221
Sierra Leone Sierra Leona	Freetown	−1 h	Leone	00232
Simbabwe Zimbabue	Harare	+1 h	Simbabwe-Dollar dólar de Zimbabue	00263
Singapur	Singapur	+7 h	Singapur-Dollar dólar singapurense	0065

| Land | Hauptstadt | MEZ* | Währung | Tel. |
País	Capital	Hora de Europa Central	Moneda	Tel.
Slowakische Republik/Slowakei *República Eslovaca/Eslovaquia*	Bratislava/Preßburg *Bratislava*	MEZ	Slowakische Krone *corona eslovaca*	00421
Slowenien *Eslovenia*	Ljubljana *Ljubljana/Liubliana*	MEZ	Tolar	00386
Somalia	Mogadischu *Mogadiscio*	+2 h	Somalia-Shilling *chelín somalí*	00252
Spanien *España*	Madrid	MEZ	Euro	0034
Sri Lanka	Colombo	+4 h	Sri-Lanka-Rupie *rupia de Sri Lanka*	0094
Südafrika *Sudáfrica*	Pretoria	+1 h	Rand	0027
Sudan *Sudán*	Khartoum *Khartoum/Jartún*	+1 h	Sudanes. Dinar *dinar sudanés*	00249
Suriname *Surinam(e)*	Paramaribo	−4 h	Suriname-Gulden *florín surinamés*	00597
Swasiland *Swazilandia/Suazilandia*	Mbabane	+1 h	Lilangeni	00268
Syrien *Siria*	Damaskus *Damasco*	+1 h	Syrisches Pfund *libra siria*	00963
Taiwan *Taiwán*	Taipeh *Taipei*	+7 h	Taiwan-Dollar *dólar de Taiwán*	00886
Tansania *Tanzania*	Dodoma	+2 h	Tansania-Shilling *chelín tanzano*	00255
Thailand *Tailandia*	Bangkok	+6 h	Baht	0066
Togo	Lomé	−1 h	CFA-Franc *franco CFA*	00228
Trinidad und Tobago *Trinidad y Tobago*	Port of Spain *Puerto España*	−5 h	T.u.T.-Dollar *dólar de Trinidad y Tobago*	001868
Tschad *Chad*	N'Djaména *Yamena*	MEZ	CFA-Franc *franco CFA*	00235
Tschech. Republik/Tschechien *República Checa/Chequia*	Prag *Praga*	MEZ	Tschechische Krone *corona checa*	00420
Tunesien *Túnez*	Tunis *Túnez*	MEZ	Tunesischer Dinar *dinar tunecino*	00216
Türkei *Turquía*	Ankara	+1 h	Türkische Lira *lira turca*	0090
Turkmenistan *Turkmenistán*	Aschchabat *Asjabad*	+4 h	Manat	00993
Uganda	Kampala	+2 h	Uganda-Shilling *chelín ugandés*	00256
Ukraine *Ucrania*	Kiew *Kiev*	+1 h	Hrywnja/Griwna *jrivnia*	00380
Ungarn *Hungría*	Budapest	MEZ	Forint	0036

| Land | Hauptstadt | MEZ* | Währung | Tel. |
País	*Capital*	*Hora de Europa Central*	*Moneda*	*Tel.*
Uruguay	Montevideo	−4 h	Uruguayischer Peso *peso uruguayo*	00598
USA *EE.UU.*	Washington D.C. *(- 6 h) Washington DC*	−6/- 10 h	US-Dollar *dólar de EE.UU.*	001
Usbekistan *Uzbekistán*	Taschkent *Tashkent*	+4 h	Sum *sum*	00998
Venezuela	Caracas	−5 h	Bolívar *bolívar*	0058
Vereinigte Staaten von Amerika/USA *Estados Unidos de América/EE.UU.*	Washington D. C. (- 6 h) *Washington DC*	−6/−10 h	US-Dollar *dólar de EE.UU.*	001
Vereinigte Arabische Emirate *Emiratos Árabes Unidos*	Abu Dhabi	+3 h	Dirham	00971
Vietnam	Hanoi	+6 h	Dong	0084
Wales (GB) *Gales (RU)*	Cardiff	−1 h	Pfund Sterling *libra esterlina*	0044
Weißrussland/Belarus *Bielorrusia/Belarús*	Minsk	+1h	Weißruss. Rubel *rublo bielorruso*	00375
Zentralafrik. Republik *República Centroafricana*	Bangui	MEZ	CFA-Franc *franco CFA*	00236
Zypern *Chipre*	Nicosia	+1 h	Zypern-Pfund *libra chipriota*	00357
Zypern, türkischer Teil *Chipre, parte turca*	Nicosia	+1 h	Türkische Lira *lira turca*	0090

* Beachten Sie bitte auch die **Sommerzeit**.
*Téngase en cuenta el **horario de verano**.*

CFA-Franc = **F**ranc **C**ommunauté **F**inancière **A**fricaine

Deutschland

Länder (und Hauptstädte)

Baden-Württemberg (Stuttgart)	
Bayern (München)	
Berlin (Berlin)	
Brandenburg (Potsdam)	
Bremen (Bremen)	
Hamburg (Hamburg)	
Hessen (Wiesbaden)	
Mecklenburg-Vorpommern (Schwerin)	
Niedersachsen (Hannover)	
Nordrhein-Westfalen (Düsseldorf)	
Rheinland-Pfalz (Mainz)	
Saarland (Saarbrücken)	
Sachsen (Dresden)	
Sachsen-Anhalt (Magdeburg)	
Schleswig-Holstein (Kiel)	
Thüringen (Erfurt)	

Alemania

Länder (y capitales)

Baden-Wurtemberg (Stuttgart)	
Baviera (Munich)	
Berlín (Berlín)	
Brandeburgo (Potsdam)	
Brema (Brema)	
Hamburgo (Hamburgo)	
Hesse (Wiesbaden)	
Meclemburgo-Pomerania Occidental (Schwerin)	
Baja Sajonia (Hannóver)	
Renania del Norte-Westfalia (Düsseldorf)	
Renania-Palatinado (Maguncia)	
Sarre (Saarbrücken)	
Sajonia (Dresde)	
Sajonia-Anhalt (Magdeburgo)	
Schleswig-Holstein (Kiel)	
Turingia (Erfurt)	

Österreich

Bundesländer (und Hauptstädte)

Burgenland (Eisenstadt)

Kärnten (Klagenfurt)

Niederösterreich (St. Pölten)

Oberösterreich (Linz)

Salzburg (Salzburg)

Steiermark (Graz)

Austria

Estados (y capitales)

Burgenland (Eisenstadt)

Carintia (Klagenfurt)

Baja Austria (Sankt Pölten)

Alta Austria (Linz)

Salzburgo (Salzburgo)

Estiria (Graz)

Österreich

Bundesländer (und Hauptstädte)

Tirol (Innsbruck)	
Vorarlberg (Bregenz)	
Wien (Wien)	

Austria

Estados (y capitales)

Tirolo (Innsbruck)	
Vorarlberg (Bregenz)	
Viena (Viena)	

Die Schweiz

Kantone (und Hauptorte)

- Aargau (Aarau)
- Appenzell Ausser-Rhoden (Herisau)
- Appenzell Inner-Rhoden (Appenzell)
- Basel-Landschaft (Liestal)
- Bern (Bern)
- Freiburg (Freiburg)
- Genf (Genf)
- Glarus (Glarus)
- Graubünden (Chur)
- Jura (Delémont)
- Luzern (Luzern)
- Neuenburg (Neuenburg)
- Sankt Gallen (Sankt Gallen)
- Schaffhausen (Schaffhausen)
- Schwyz (Schwyz)
- Solothurn (Solothurn)
- Tessin (Bellinzona)
- Thurgau (Frauenfeld)

Suiza

Cantones (y capitales)

- Argovia (Aarau)
- Appenzell Rhodes Exterior (Herisau)
- Appenzell Rhodes Interior (Appenzell)
- Basilea-Campaña (Liestal)
- Berna (Berna)
- Friburgo (Friburgo)
- Ginebra (Ginebra)
- Glarus (Glarus)
- Grisones (Coira)
- Jura (Delémont)
- Lucerna (Lucerna)
- Neuchatel (Neuchatel)
- Sankt Gallen (Sankt Gallen)
- Schaffhausen (Schaffhausen)
- Schwyz (Schwyz)
- Solothurn (Solothurn)
- Tesino (Bellinzona)
- Turgovia (Frauenfeld)

Die Schweiz

Kantone (und Hauptorte)

Nidwalden
(Stans)

Obwalden
(Sarnen)

Uri
(Altdorf)

Waadt
(Lausanne)

Wallis
(Sitten)

Zug
(Zug)

Zürich
(Zürich)

Suiza

Cantones (y capitales)

Nidwalden
(Stans)

Obwalden
(Sarnen)

Uri
(Altdorf)

Vaud
(Lausana)

Valais
(Sion)

Zug
(Zug)

Zurich
(Zurich)

España

Comunidades Autónomas (y capitales)

Andalucía
(Sevilla)

Aragón
(Zaragoza)

Baleares
(Palma de Mallorca)

Canarias
(Santa Cruz de Tenerife)

Cantabria
(Santander)

Castilla-La Mancha
(Toledo)

Castilla y León
(Valladolid)

Cataluña
(Barcelona)

Comunidad de Madrid
(Madrid)

Comunidad Foral de Navarra
(Pamplona)

Comunidad Valenciana
(Valencia)

Extremadura
(Mérida)

Galicia
(Santiago de Compostela)

La Rioja
(Logroño)

Spanien

Autonome Regionen (und Hauptstädte)

Andalusien
(Sevilla)

Aragonien
(Zaragoza)

Balearen
(Palma de Mallorca)

Kanaren
(Santa Cruz de Tenerife)

Kantabrien
(Santander)

Südkastilien
(Toledo)

Nordkastilien
(Valladolid)

Katalonien
(Barcelona)

Madrid
(Madrid)

Navarra
(Pamplona)

Valencia
(Valencia)

Estremadura
(Mérida)

Galicien
(Santiago de Compostela)

La Rioja
(Logroño)

España

Spanien

Comunidades Autónomas (y capitales) — **Autonome Regionen (und Hauptstädte)**

España	Spanien
País Vasco (Vitoria)	Baskenland (Vitoria)
Principado de Asturias (Oviedo)	Asturien (Oviedo)
Región de Murcia (Murcia)	Murcia (Murcia)

Hispanoamérica

Hispanoamerikanische Länder

Países (y capitales) — **Länder (und Hauptstädte)**

Hispanoamérica	Hispanoamerikanische Länder
Argentina (Buenos Aires)	Argentinien (Buenos Aires)
Bolivia (La Paz)	Bolivien (La Paz)
Chile (Santiago de Chile)	Chile (Santiago de Chile)
Colombia (Santa Fe de Bogotá)	Kolumbien (Bogotá)
Costa Rica (San José)	Costa Rica (San José)
Cuba (La Habana)	Kuba (Havanna)
Ecuador (Quito)	Ecuador (Quito)
El Salvador (San Salvador)	El Salvador (San Salvador)
Guatemala (Guatemala)	Guatemala (Guatemala)
Honduras (Tegucigalpa)	Honduras (Tegucigalpa)
México (México)	Mexiko (Mexiko)
Nicaragua (Managua)	Nicaragua (Managua)
Panamá (Panamá)	Panama (Panama)
Paraguay (Asunción)	Paraguay (Asunción)
Perú (Lima)	Peru (Lima)
Puerto Rico (San Juan)	Puerto Rico (San Juan)
República Dominicana (Santo Domingo)	Dominikanische Republik (Santo Domingo)
Uruguay (Montevideo)	Uruguay (Montevideo)
Venezuela (Caracas)	Venezuela (Caracas)

Es erfolgen Angaben zu **unregelmäßigen Verbformen.**	**rinnen** ['rınən] <rinnt, rann, geronnen> vi sein manar, correr **rann** [ran] *3. imp von* **rinnen** **geronnen** [gə'rɔnən] *pp von* **gerinnen**, **rinnen**	**merendar** [meren'dar] <e→ie> … **fotografiar** [fotoɣrafi'ar] <*1. pres:* fotografío> … **adelgazar** [aðelɣa'θar] <z→c> …	Se indican las **formas irregulares de los verbos.**
Römische Ziffern dienen zur Unterscheidung verschiedener **Wortarten.**	**davon|jagen I.** vi sein (*sich entfernen*) marcharse como una flecha, salir pitando **II.** vt (*vertreiben*) echar	**terco, -a** ['terko, -a] **I.** adj ❶ (*persona*) stur, dickköpfig, halsstarrig; … **II.** m, f Dickkopf m	Las **cifras romanas** indican las distintas partes de la oración.
Arabische Ziffern kennzeichnen die unterschiedlichen **Bedeutungen** eines Stichwortes.	**davon|tragen** irr vt ❶ (*Dinge*) llevarse ❷ (*geh: Sieg*) conseguir ❸ (*Verletzungen*) sufrir	**regadera** [rreɣa'ðera] f ❶ (*recipiente*) Gießkanne f ❷ (*reguera*) Bewässerungsgraben m ❸ (*Col, Méx: ducha*) Dusche f…	Las **cifras arábigas** señalan las distintas acepciones de una entrada.
Zahlreiche **Wegweiser** führen zur jeweils treffenden Übersetzung:			Numerosas **indicaciones** llevan a la traducción correcta:
Definitionen und **Synonyme,** typische **Subjekte** und **Objekte** und andere **Erklärungen,**	**schälen** ['ʃɛːlən] **I.** vt (*Obst, Kartoffel*) pelar; (*Ei, Nuss*) quitar la cáscara (a); (*Baum*) descortezar **II.** vr: sich ~ (*Haut*) pelarse; …	**cojo, -a** ['koxo, -a] **I.** adj ❶ (*persona*) hinkend, humpelnd; (*animal*) lahm; **a la pata coja** auf einem Bein ❷ (*mueble*) wack(e)lig ❸ (*verso, razonamiento*) hinkend **II.** m, f Hinkende(r) mf, Hinkebein nt fam	**definiciones** y **sinónimos,** **sujetos** y **complementos** típicos y otras **explicaciones,**
Sachgebietsangaben,	**Synchronisation** [zynkroniza'tsjoːn] f <-, -en> ❶ (TECH) sincronización f ❷ (FILM) doblaje m	**bobina** [bo'βina] f ❶ (*t.* ELEC) Spule f, Rolle f; … ❷ (FOTO) Filmspule f…	indicaciones de especialidad,
Angaben zur **regionalen Verbreitung** auf der deutschen Seite und Angaben zu **Bedeutung und Gebrauch in Lateinamerika** auf der spanischen Seite,	**Scheit** [ʃaɪt] nt <-(e)s, -e(r)> (*südd, Schweiz, Österr*) leño m	**chucho** ['tʃutʃo] **I.** interj: ¡~! kusch! **II.** m ❶ (*fam: perro*) Köter m ❷ (*Cuba:* FERRO) Weiche f ❸ (*Am: escalofrío*) Schüttelfrost m; …	**indicaciones de uso regional** en la parte alemana e **indicaciones de significado y uso en Latinoamérica** en la parte española,
Stilangaben überall dort, wo es sich nicht um eine neutrale Stilebene handelt.	**ratzen** ['ratsən] vi (*fam*) dormir a pierna suelta	**pirarse** [pi'rarse] vr (*argot*) verschwinden, abhauen; …	**indicaciones de estilo** allí donde no se trata de un estilo neutral.